W9-BIG-930

V. K. MÜLLER

# ENGLISH-RUSSIAN DICTIONARY

53000 entries

Seventeenth Revised and Enlarged Edition

E. P. DUTTON | NEW YORK

АНГЛО-
РУССКИЙ
СЛОВАРЬ

ENGLISH-
RUSSIAN
DICTIONARY

В. К. МЮЛЛЕР

# АНГЛО-РУССКИЙ СЛОВАРЬ

53000 слов

Издание семнадцатое, исправленное и дополненное

E. P. DUTTON | NEW YORK

First published in the U.S.A. in 1981 by Elsevier-Dutton
Publishing Co., Inc., 2 Park Avenue, New York, N.Y. 10016.



Library of Congress Catalog Card Number: 58-5989

ISBN: 0-525-09881-X

Published simultaneously in Canada by Clarke, Irwin & Company
Limited, Toronto and Vancouver

10 9 8 7 6 5 4 3 2 1

# ПРЕДИСЛОВИЕ

Словарь профессора В. К. Мюллера хорошо известен читателю. Он неоднократно переиздавался и успешно оказывает помощь в работе с английским языком.

Словарь подвергся существенной переработке в седьмом издании 1960 года, когда словарь был значительно увеличен в объеме, была пересмотрена по сравнению с предыдущими изданиями вся система подачи материала, был изменен порядок следования частей речи. В подавляющем большинстве случаев на первом месте были даны именные части речи: существительное и прилагательное. Исключение составило лишь незначительное число глаголов типа to be, to get, to give, to go, to make, to take и т. п., которые всюду даны до именных частей речи. Как правило, существительное давалось раньше прилагательного, за исключением случаев с прилагательными, имеющими характерные для прилагательных суффиксы. Эти прилагательные давались перед существительными. При расположении значений слова внутри словарной статьи вместо прежнего исторического принципа был принят принцип расположения значений от более общего и употребительного значения к более частному и специальному. Были существенно переработаны и приведены в систему словарные статьи многозначных глаголов, местоимений, числительных и предлогов. У существительных были выделены атрибутивные значения.

Более широко, чем прежде, были использованы иллюстрации и пояснения для дифференциации значений и употреблений слов. Шире были представлены сложные слова, независимо от слитного или раздельного написания. Пополнены группы глаголов с наречиями и предлогами. Были уточнены и пересмотрены списки географических названий и личных имен. Использован был список наиболее употребительных английских и американских сокращений, составленный В. О. Блувштейном. В проверке и пополнении терминологической части словаря принимал участие С. Н. Тагер.

Переработка и пополнение седьмого издания словаря была проведена авторским коллективом в составе: доцента В. Л. Дашевской, доцента М. Н. Клаза, старшего преподавателя В. А. Каплана и профессора Е. Б. Черкасской. Ответственное редактирование было проведено профессором Е. Б. Черкасской.

При переработке настоящего, семнадцатого, издания авторский коллектив руководствовался, в основном, принципами, выработанными при переработке седьмого издания. Учтены были имеющиеся в Издательстве отзывы и рецензии на предыдущие издания.

За это время словарный состав современного английского языка пополнился значительным количеством новых слов и выражений, в основном, в области общественно-политической и бытовой лексики, что нашло отражение в настоящем издании. Были внесены дополнения как в виде новых словарных статей, так и путем переработки имеющихся словарных статей. Основными источниками пополнения словаря, как и в предыдущем издании, послужили художественные произведения современных английских, американских, австралийских и канадских писателей, вышедшие за последние 10—15 лет, а также современная периодика. Использованы также приложения к новейшим изданиям толковых словарей, вышедшие в Англии и США, и некоторые материалы из диссертаций Л. А. Хахам „Основные типы новообразований в современном английском языке и способы их перевода на русский язык“ М., 1970 и Ю. К. Волошина „Новообразования и собственно неологизмы в современном английском языке“ М., 1972.

Пополнить словарь современной лексикой стало возможным за счет изъятия ряда устаревших слов или устаревших значений отдельных слов, а также за счет изъятия сугубо специальных терминов и терминологических значений. Последнее стало возможным в связи с изданием в 1972 году двухтомного Большого англо-русского словаря под редакцией профессора И. Р. Гальперина, в котором достаточно полно представлены и специальная терминология и архаизмы, а также в связи с наличием в настоящее время большого количества англо-русских отраслевых терминологических словарей.

В настоящем издании проведена дальнейшая работа по усовершенствованию ряда словарных статей, по уточнению отдельных значений слов и порядка их следования. Уточнен и пополнен состав даваемой за ромбом фразеологии. Проведена большая работа по уточнению переводов. Пересмотрены стилистические пометы. Проведена работа по проверке фонетической транскрипции по новому, 13-му изданию словаря Даниеля Джоунза. Орфография выверена по 5-му изданию словаря "The Concise Oxford Dictionary".

Список наиболее употребительных английских и американских сокращений пересмотрен и пополнен В. А. Капланом.

Пополнение и усовершенствование словаря в данном издании проведено авторским коллективом в составе: доцента В. Л. Дашевской, старшего преподавателя В. А. Каплана, старшего преподавателя С. П. Романовой и профессора Е. Б. Черкасской.

К словарю добавлены: Метрическая система измерений (таблица), Таблицы перевода англо-американских единиц измерений в метрическую систему и Соотношение температурной шкалы Фаренгейта и Цельсия. В семнадцатом издании была изменена система подсчета слов: так как считали только заглавные слова и не принимали в расчет словосочетания и фразеологизмы, приводимые в словарной статье, то вместо 70 тысяч слов и выражений на титульном листе стоит 53 тысячи слов.

О всех замеченных недостатках и желательных изменениях просьба сообщать по адресу: 103009, Москва, К-9, Пушкинская ул., 23, Издательство «Русский язык».

*Авторы*

## ЛЕКСИКОГРАФИЧЕСКИЕ ИСТОЧНИКИ


Murray J. A. H., Bradley H., Craigie W. A., Onions C. T. The Oxford English Dictionary vols. I—XII with Supplement and Bibliography. Oxford, 1933.

The Shorter Oxford English Dictionary on Historical Principles. 3d ed. Oxford, 1962.

The Concise Oxford Dictionary of Current English. 5th ed. Oxford, 1972.

Chambers's Twentieth Century Dictionary. Edinburgh, 1972.

Wyld H. C. The Universal Dictionary of the English Language. London, 1956.

Webster's Third New International Dictionary of the English Language. Springfield. Mass., USA, 1961.

Webster's Seventh New Collegiate Dictionary. Springfield. Mass., USA, 1967.

Horwill H. W. A Dictionary of Modern American Usage. Oxford. 1952.

Partridge E. A Dictionary of Slang and Unconventional English. 5th ed. London, 1974.

Smith W. G. The Oxford Dictionary of English Proverbs. 2nd ed. Oxford, 1957.

Jones D. An Everyman's English Pronouncing Dictionary. 13th ed. edited by A. C. Gimson. London, 1972.

Henderson I. F. A Dictionary of Scientific Terms. Fifth edition by J. H. Kenneth. New York, 1953.

Hornby A. S., Gatenby E. V., Wakefield H. The Advanced Learner's Dictionary of Current English. 2nd ed. London, Oxford University Press, 1963.

Hornby A. S. Oxford Advanced Learner's Dictionary of Current English. 3d ed. London, Oxford University Press, 1974.

The Penguin English Dictionary. Compiled by G. N. Garmonsway with Jacqueline Simpson. 2nd ed. Middlesex, England, 1972.

Random House Dictionary of the English Language. The Unabridged Edition. Random House. N. Y., 1973.

Reifer M. Dictionary of New Words in English. Owen, 1957.

American Pocket Medical Dictionary. 19th ed. Philadelphia and London, 1953.

Berg P. C. A Dictionary of New Words in English. 2nd ed. London, 1953.

Большой англо-русский словарь. В 2-х т. Под общ. рук. И. Р. Гальперина. М., „Сов. Энциклопедия", 1972.

Ожегов С. И. Словарь русского языка. Под ред. Н. Ю. Шведовой. Изд. 9-е, испр. и доп. М., „Сов. Энциклопедия", 1972.

Орфографический словарь русского языка. Изд. 13-е, испр. и доп. М., „Русский язык", 1974. (АН СССР. Ин-т рус. яз.).

Отраслевые словари, вышедшие в СССР за последние годы.

## О ПОЛЬЗОВАНИИ СЛОВАРЕМ

Все английские слова расположены в алфавитном порядке.

Каждое слово (в том числе и сложное слово, пишущееся через дефис или раздельно) со всем относящимся к нему материалом образует самостоятельную словарную статью.

При словах иностранного происхождения, сохранивших свое написание и иногда произношение, как, например, fiancée, sou и т. п., дается указание на происхождение слова (*фр.*, *нем.*, *лат.* и т. п.).

**Светлой римской цифрой** отмечаются омонимы, **черной арабской цифрой с точкой** — различные части речи. Каждая часть речи подается с новой строки. Отдельные значения слова отмечаются **светлой арабской цифрой со скобкой**. В тех случаях, когда фразеологический оборот, идиома или сочетание глагола с предлогом имеют несколько значений, переводы этих значений отмечаются русскими буквами со скобкой: а), б) и т. д.

Каждое заглавное английское слово снабжается грамматической характеристикой в виде аббревиатуры *n*, *a*, *v* и т. п. (*см.* список сокращений, стр. 12), а также фонетической транскрипцией.

Дополнительные грамматические сведения (например, *refl.*, *pass.* и т. п.) даются после указания части речи или после цифры, если они относятся лишь к данному значению.

Специальные термины, когда это необходимо, снабжаются условными сокращениями (*тех.*, *воен.* и т. п.). Разговорные выражения, американизмы и т. п. во всех случаях помечаются условными сокращениями (*разг.*, *амер.* и т. п.).

После знака ◇ (ромб) приводятся идиомы, устойчивые сочетания, поговорки и пословицы.

Неправильно образующиеся формы глаголов, степеней сравнения прилагательных или наречий и множественного числа имен существительных приводятся в скобках непосредственно после грамматической аббревиатуры, например:

**go** [gəu] *v* (went; gone)
**bad** [bæd] *a* (worse; worst)
**mouse** [maus] *n* (*pl* mice)

В приведенных примерах точкой с запятой разделены: в первом случае формы past и past participle, во втором случае — сравнительная и превосходная степени.

Если даны две формы глагола, разделенные запятой, это значит, что они обе употребляются и как past и как past participle, например:

**dream** [dri:m] *v* (dreamt, dreamed)

Если дана лишь одна форма, это значит, что past и past participle совпадают.

Каждая из подобных форм, кроме того, приводится как самостоятельное слово на своем месте по алфавиту со ссылкой на основное слово.

Производные, правильно образованные формы наречий, оканчивающиеся на -ly, существительных — на -ness, обычно даются в том случае, когда они имеют иные значения или оттенки значений или если они являются формами очень употребительными. В последнем случае все значения не приводятся, а даются только важнейшие из них со ссылкой на основное слово.

В примерах и фразеологии знак ~ (тильда) заменяет заглавное слово. Сложные слова, пишутся ли они через дефис или раздельно, также заменяются тильдой. Множественное число заглавных слов в примерах обозначается тильдой с наращением s или es, например, вместо hands — ~s, вместо glasses — ~es. Если слово оканчивается буквой y, переходящей во множественном числе в ie, то форма множественного числа дается полностью, например, sky — skies.

Если слово в каком-нибудь значении пишется с прописной буквы, то перед этим значением дается в скобках начальная прописная буква с точкой, например:

**bull** [bul] **1.** *n* 1) бык... 3) (B.) *астр.* Телéц

Прописная буква с точкой заменяет также заглавное слово, пишущееся с прописной буквы в данном сочетании или сложном термине, например:

**council** ['kaunsl] *n* 1) совéт; World Peace C. Всемúрный Совéт Мúра;...

Знак ~ (тильда) в примерах заменяет заглавное слово и в тех случаях, когда дается производная форма, например:

**find...** ~ing, ~s следует читать finding, finds

Знак ≅ показывает, что данный русский эквивалент лишь приблизительно передает значение английского выражения.

В словарных статьях существительного последним значением дается атрибутивное, к которому отнесены соответствующие примеры и фразеология.

В глагольных статьях указывается управление английского глагола. Управление дается после перевода в скобках. В трудных для перевода случаях указываются также соответствующие русские предлоги или падежные формы.

Сочетания глаголов с предлогами и наречиями даются после всех значений глагола отдельной группой, отделяемой знаком ▭ (параллелограмм). Предлоги и наречия в этих случаях выделяются полужирным шрифтом.

Сочетания наречий и предлогов с другими наречиями и предлогами приводятся в соответствующих статьях после всех значений и также отделяются знаком ▭.

Все слова даны в английском написании. Американский вариант приводится самостоятельным словом по алфавиту, со ссылкой на английский вариант.

Все заглавные слова снабжены фонетической транскрипцией, которая ставится в квадратных скобках непосредственно после самого слова. Произношение дается по системе Международной фонетической транскрипции.

Ударение в транскрипции ставится перед ударным слогом. Главное ударение обозначается знаком ударения сверху [ˈ...], второстепенное — знаком ударения снизу [ˌ...].

Вся фонетическая часть выверена по словарю Даниеля Джоунза с учетом изменений, принятых в 13-ом издании словаря под редакцией А. С. Гимсона, профессора фонетики Лондонского университета.

За основу произносительной нормы берется первый вариант слова, поскольку он обычно является наиболее употребительным. Однако наиболее характерные случаи равноправных вариантов в Словаре отмечаются следующим образом:

**action** [ˈækʃ(ə)n], *т. е.* [ˈækʃən] *или* [ˈækʃn]
**duel** [ˈdju(:)əl], *т. е.* [ˈdju:əl] *или* [ˈdjuəl]
**change** [ʧeɪnd(ʒ)], *т. е.* [ʧeɪndʒ] *или* [ʧeɪnʒ]
**layer** [ˈle(ɪ)ə], *т. е.* [ˈleɪə] *или* [ˈleə]

Особое внимание следует обратить на изменение в подаче дифтонга ou:

[əu] в ударном положении, например: **post** [pəust], **stone** [stəun], **goer** [ˈgəuə].
[*əu*] в предударном или безударном положении, например: **November** [n*əu*ˈvembə], **autocrat** [ˈɔ:t*əu*kræt]

Отдельным приложением даны:
Список личных имен
Список географических названий
Список наиболее употребительных английских сокращений.

## ФОНЕТИКО-ОРФОГРАФИЧЕСКИЕ ЗАМЕЧАНИЯ

Ниже даются основные сведения о звуках английского языка и их буквенном изображении.

### I

#### а) гласные

iː — долгий и
ɪ — краткий, открытый и
e — э в словах э́тот, э́кий
æ — более открытый, чем э
aː — долгий, глубокий а
ɔ — краткий, открытый о
ɔː — долгий о
o — закрытый, близкий к у звук о
u — краткий у со слабым округлением губ
uː — долгий у без сильного округления губ
ʌ — краткий гласный, приближающийся к русскому а в словах: вари́ть, брани́ть.

Английский гласный ʌ почти всегда стоит под ударением
əː — долгий гласный, напоминающий русский ё в словах: Фёкла, свёкла
ə — безударный гласный, напоминающий русский безударный гласный в словах: ну́жен, водяно́й, молото́к, ко́мната

#### б) двугласные

eɪ — э$^{й}$ ɔɪ — о$^{й}$
əu — э$^{у}$ ɪə — и$^{а}$
aɪ — а$^{й}$ ɛə — э$^{а}$
au — а$^{у}$ uə — у$^{а}$

#### в) от звука к букве

Ниже рассматриваются случаи, когда один и тот же звук имеет несколько способов буквенного выражения

### [iː]

| e | ee | ea | ie | ei |
|---|---|---|---|---|
| he<br>she<br>we | green<br>tree<br>keep | read<br>speak<br>teach | field<br>chief<br>thief | receive<br>perceive<br>conceive |

### [aː]

| a + r | a + ss | a + st | a + sk | a + sp | a + lf | a + lm | a + nt | ea + r |
|---|---|---|---|---|---|---|---|---|
| car<br>farm<br>dark | class<br>pass<br>grass | past<br>cast<br>mast | ask<br>bask<br>task | grasp<br>clasp | half<br>calf | calm<br>palm | plant<br>can't | heart<br>hearth |

### [ɔː]

| o + r | a + ll | au | aw | augh | ough | wa + r |
|---|---|---|---|---|---|---|
| short<br>horse | all<br>call<br>fall | sauce<br>autumn | draw<br>claw | taught<br>caught<br>daughter | thought<br>brought<br>fought | war<br>warm |

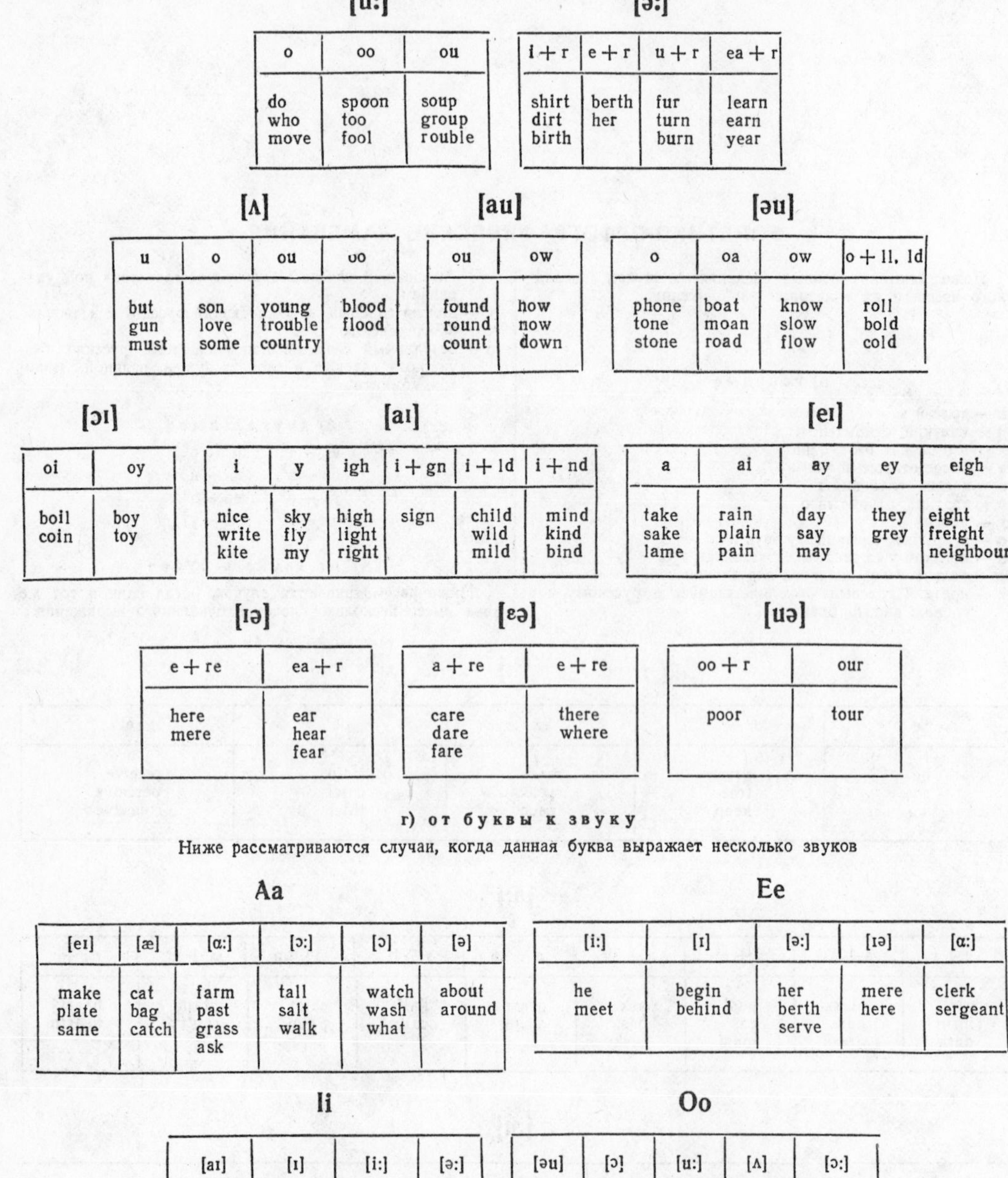

**[u:]**

| o | oo | ou |
|---|---|---|
| do<br>who<br>move | spoon<br>too<br>fool | soup<br>group<br>rouble |

**[ə:]**

| i + r | e + r | u + r | ea + r |
|---|---|---|---|
| shirt<br>dirt<br>birth | berth<br>her | fur<br>turn<br>burn | learn<br>earn<br>year |

**[ʌ]**

| u | o | ou | oo |
|---|---|---|---|
| but<br>gun<br>must | son<br>love<br>some | young<br>trouble<br>country | blood<br>flood |

**[au]**

| ou | ow |
|---|---|
| found<br>round<br>count | how<br>now<br>down |

**[əu]**

| o | oa | ow | o + ll, ld |
|---|---|---|---|
| phone<br>tone<br>stone | boat<br>moan<br>road | know<br>slow<br>flow | roll<br>bold<br>cold |

**[ɔɪ]**

| oi | oy |
|---|---|
| boil<br>coin | boy<br>toy |

**[aɪ]**

| i | y | igh | i + gn | i + ld | i + nd |
|---|---|---|---|---|---|
| nice<br>write<br>kite | sky<br>fly<br>my | high<br>light<br>right | sign | child<br>wild<br>mild | mind<br>kind<br>bind |

**[eɪ]**

| a | ai | ay | ey | eigh |
|---|---|---|---|---|
| take<br>sake<br>lame | rain<br>plain<br>pain | day<br>say<br>may | they<br>grey | eight<br>freight<br>neighbour |

**[ɪə]**

| e + re | ea + r |
|---|---|
| here<br>mere | ear<br>hear<br>fear |

**[ɛə]**

| a + re | e + re |
|---|---|
| care<br>dare<br>fare | there<br>where |

**[uə]**

| oo + r | our |
|---|---|
| poor | tour |

### г) от буквы к звуку

Ниже рассматриваются случаи, когда данная буква выражает несколько звуков

**Aa**

| [eɪ] | [æ] | [ɑ:] | [ɔ:] | [ɔ] | [ə] |
|---|---|---|---|---|---|
| make<br>plate<br>same | cat<br>bag<br>catch | farm<br>past<br>grass<br>ask | tall<br>salt<br>walk | watch<br>wash<br>what | about<br>around |

**Ee**

| [i:] | [ɪ] | [ə:] | [ɪə] | [ɑ:] |
|---|---|---|---|---|
| he<br>meet | begin<br>behind | her<br>berth<br>serve | mere<br>here | clerk<br>sergeant |

**Ii**

| [aɪ] | [ɪ] | [i:] | [ə:] |
|---|---|---|---|
| fine<br>bind<br>sign | is<br>pick<br>ink | machine<br>ravine | fir<br>bird |

**Oo**

| [əu] | [ɔ] | [u:] | [ʌ] | [ɔ:] |
|---|---|---|---|---|
| bone<br>home | not<br>got<br>long | do<br>who<br>move | son<br>come<br>above | more<br>for<br>store |

## Yy

| [aɪ] | [ɪ] | [j] |
|---|---|---|
| sky<br>my<br>by | shaky<br>fully<br>kitty | yes<br>yeast<br>yawn |

## Uu

| [ju:] | [ʌ] | [u] |
|---|---|---|
| tune<br>fume<br>mute | cut<br>fuss<br>plum | put<br>pull<br>full |

## II
### согласные

p — п
b — б
m — м
w — звук, образующийся с положением губ, как при б, но с маленьким отверстием между губами, как при свисте
f — ф
v — в
θ (*без голоса*) } оба звука образуются при помощи языка, кончик которого помещается между передними зубами
ð (*с голосом*) }
s — с
z — з
t — т, произнесенное не у зубов, а у десен
d — д » » »
n — н » » »
l — л » » »
r — звук, несколько похожий на очень твердый русский ж; произносится без вибрации кончика языка в отличие от русского р
ʃ — мягкий русский ш
ʒ — мягкий русский ж в слове вожжи
tʃ — ч
*d*ʒ — озвонченный ч
*k* — к
g — г
ŋ — заднеязычный н, произнесенный задней частью спинки языка
h — простой выдох
j — й

Некоторые звуки, например: ə, d, h, i, k, p, t, u, v в транскрипции могут быть даны курсивом *ə, d, h, i, k, p, t, u, v* для указания факультативности их произнесения.

# СПИСОК СОКРАЩЕНИЙ

### *Английские*

*a* — adjective — имя прилагательное
*adv* — adverb — наречие
*attr.* — attributive — атрибутивное употребление (в качестве определения)

*cj* — conjunction — союз
*conj.* — (pronoun) conjunctive—союзное (местоимение)

*demonstr.* — demonstrative (pronoun) — указательное (местоимение)

*emph.* — emphatic (pronoun) — усилительное (местоимение)
*etc.* — et cetera — и так далее

*imp.* — imperative — повелительное (наклонение)
*impers.* — impersonal — безличный
*indef.* — indefinite (pronoun) — неопределенное (местоимение)
*inf.* — infinitive — неопределенная форма глагола
*int* — interjection — междометие
*inter.* — interrogative (pronoun) — вопросительное (местоимение)

*n* — noun — имя существительное
*num. card.* — numeral cardinal — количественное числительное
*num. ord.* — numeral ordinal — порядковое числительное

*part* — particle — частица
*pass.* — passive — страдательный (залог)
*perf.* — perfect — перфект
*pers.* — personal (pronoun) — личное (местоимение)
*pl* — plural — множественное число
*poss.* — possessive (pronoun) — притяжательное (местоимение)
*p. p.* — past participle — причастие прошедшего времени
*predic.* — predicative — предикативное употребление
*pref* — prefix — приставка
*prep* — preposition — предлог
*pres. p.* — present participle — причастие настоящего времени
*pres. perf.* — present perfect — настоящее совершенное время
*pron* — pronoun — местоимение

*recipr.* — reciprocal (pronoun) — взаимное (местоимение)
*refl.* — reflexive — употребляется с возвратным местоимением
*rel.* — relative (pronoun) — относительное (местоимение)

*sing* — singular — единственное число
*sl.* — slang — сленг, жаргон

*v* — verb — глагол
*vi* — verb intransitive — непереходные значения глагола
*vt* — verb transitive — переходные значения глагола

### *Русские*

*ав.* — авиация
*австрал.* — употребительно в Австралии
*авто* — автомобильное дело
*ак.* — акустика
*амер.* — американизм
*анат.* — анатомия
*антроп.* — антропология
*араб.* — арабский (язык)
*арт.* — артиллерия
*археол.* — археология
*архит.* — архитектура
*астр.* — астрономия

*бакт.* — бактериология
*банк.* — банковский термин
*библ.* — библеизм
*биол.* — биология
*бирж.* — биржевой термин
*бот.* — ботаника
*букв.* — буквально
*бухг.* — бухгалтерия
*б. ч.* — большей частью

*венг.* — венгерский (язык)
*вет.* — ветеринария
*вм.* — вместо
*воен.* — военное дело
*возвыш.* — возвышенно
*вр.* — время
*вульг.* — вульгарное слово, выражение
*г.* — 1) год 2) город
*геогр.* — география
*геод.* — геодезия
*геол.* — геология
*геом.* — геометрия
*геральд.* — геральдика
*гидр.* — гидротехника
*гл.* — глагол
*гл. обр.* — главным образом
*голл.* — голландский
*горн.* — горное дело
*грам.* — грамматика
*греч.* — греческий (язык)
*груб.* — грубое слово, выражение

*д.* — дюйм
*детск.* — детская речь
*диал.* — диалектизм
*дип.* — дипломатия
*дор.* — дорожное дело
*др.-греч.* (*ист*). — древнегреческий (-ая история)
*др.-евр.* — древнееврейский (язык)
*др.-рим.* (*ист.*) — древнеримский (-ая история)

*египт.* — египетский
*ед. ч.* — единственное число

*ж.* — женский род
*жарг.* — жаргон, жаргонизм
*ж.-д.* — железнодорожный транспорт
*жив.* — живопись

*зоол.* — зоология

*инд.* — индийские языки; употребительно в Индии
*и пр.* — и прочее
*ирл.* — ирландский (язык)
*ирон.* — в ироническом смысле, иронический
*иск.* — искусство
*исп.* — испанский (язык)
*ист.* — история
*ит.* — итальянский (язык)

*канад.* — употребительно в Канаде
*канц.* — канцелярское слово, выражение
*карт.* — термин карточной игры
*кино* — кинематография
*кит.* — китайский (язык)
*книжн.* — книжный стиль
*ком.* — коммерческий термин
*кул.* — кулинария

*л.* — лицо
*-л.* — -либо
*ласк.* — ласкательная форма
*лат.* — латинский (язык)

*лес.* — лесное дело
*лингв.* — лингвистика
*лит.* — литература, литературоведение
*лог.* — логика

*малайск.* — малайский (язык)
*мат.* — математика
*мед.* — медицина
*метал.* — металлургия
*метео* — метеорология
*мех.* — механика
*мин.* — минералогия
*миф.* — мифология
*мн. ч.* — множественное число
*мор.* — морской термин
*муз.* — музыка

*нареч.* — наречие
*нем.* — немецкий (язык)
*неодобр.* — неодобрительно
*неол.* — неологизм
*неправ.* — неправильно
*норв.* — норвежский (язык)

*обыкн.* — обыкновенно
*о-в(а)* — остров(а)
*оз.* — озеро
*ок.* — около
*опт.* — оптика
*особ.* — особенно
*отриц.* — отрицательный
*охот.* — охота

*п.* — падеж
*палеонт.* — палеонтология
*парл.* — парламентское выражение
*перен.* — в переносном значении
*перс.* — персидский (язык)
*п-ов* — полуостров
*полигр.* — полиграфия
*полит.* — политический термин
*полит.-эк.* — политическая экономия
*польск.* — польский (язык)
*португ.* — португальский (язык)
*посл.* — пословица
*поэт.* — поэтическое слово, выражение
*превосх. ст.* — превосходная степень
*предл.* — предложение
*презр.* — презрительно
*преим.* — преимущественно
*пренебр.* — пренебрежительно
*прибл.* — приблизительно
*прил.* — имя прилагательное
*прос.* — просодия
*противоп.* — противоположное значение
*психол.* — психология

*р.* — 1) река 2) род
*радио* — радиотехника
*разг.* — разговорное слово, выражение
*распр.* — в распространенном, неточном значении
*реакт.* — реактивная техника
*редк.* — редко
*рез.* — резиновая промышленность
*рел.* — религия
*римск. миф.* — римская мифология
*ритор.* — риторический
*русск.* — русский (язык)

*санскр.* — санскрит
*сев.* — употребительно на севере Англии и в Шотландии
*сканд.* — скандинавский
*см.* — смотри
*собир.* — собирательно
*собств.* — имя собственное
*сокр.* — сокращение, сокращенно
*спец.* — специальный термин
*спорт.* — физкультура и спорт
*ср.* — сравни
*сравн. ст.* — сравнительная степень
*ср.-век.* — в средние века, средневековый
*стат.* — статистика
*стил.* — стилистика
*стих.* — стихосложение
*стр.* — строительное дело
*страх.* — страховой термин
*студ.* — студенческое слово, выражение
*сущ.* — имя существительное
*с.-х.* — сельское хозяйство

*театр.* — театральный термин
*текст.* — текстильное дело
*тех.* — техника
*тж.* — также
*тк.* — только
*тлв.* — телевидение
*тлг.* — телеграфия
*тлф.* — телефония
*топ.* — топография
*тур.* — турецкий (язык)

*уменьш.* — уменьшительная форма
*унив.* — университетское выражение
*употр.* — употребляется
*уст.* — устаревшее слово, выражение
*утв.* — утвердительная частица

*фарм.* — фармакология
*физ.* — физика
*физиол.* — физиология
*филос.* — философия
*фин.* — финансовый термин
*финск.* — финский (язык)
*фон.* — фонетика
*фото* — фотография
*фр.* — французский (язык)

*хим.* — химия
*хир.* — хирургия

*церк.* — церковное слово, выражение

*шахм.* — шахматы
*школ.* — школьное слово, выражение
*шотл.* — употребительно в Шотландии
*шутл.* — шутливое слово, выражение

*эвф.* — эвфемизм
*эк.* — экономика
*эл.* — электротехника
*эллипт.* — эллиптический
*элн.* — электроника
*этн.* — этнография

*южно-амер.* — употребительно в Южной Америке
*южно-афр.* — употребительно в Южной Африке
*юр.* — юридический термин

*яп.* — японский (язык)

## АНГЛИЙСКИЙ АЛФАВИТ

| Печатные буквы | Рукописные буквы | Транскрипция | Печатные буквы | Рукописные буквы | Транскрипция |
|---|---|---|---|---|---|
| Aa | Aa | eɪ | Nn | Nn | en |
| Bb | Bb | bi: | Oo | Oo | əu |
| Cc | Cc | si: | Pp | Pp | pi: |
| Dd | Dd | di: | Qq | Qq | kju: |
| Ee | Ee | i: | Rr | Rr | a: |
| Ff | Ff | ef | Ss | Ss | es |
| Gg | Gg | dʒi: | Tt | Tt | ti: |
| Hh | Hh | eɪtʃ | Uu | Uu | ju: |
| Ii | Ii | aɪ | Vv | Vv | vi: |
| Jj | Jj | dʒeɪ | Ww | Ww | ˈdʌblju(:) |
| Kk | Kk | keɪ | Xx | Xx | eks |
| Ll | Ll | el | Yy | Yy | waɪ |
| Mm | Mm | em | Zz | Zz | zed |

# A

**A, a I** [eɪ] (*pl* As, A's, Aes [eɪz]) 1) *1-я буква англ. алфавита* 2) *условное обозначение чего-л. первого по порядку, сортности и т. п.* 3) *амер.* высшая отметка за классную работу; straight A «круглое отлично» 4) *муз.* ля ◇ from A to Z а) с начала и до конца; б) в совершенстве; полностью; A1 ['eɪ'wʌn] а) 1-й класс в судовом регистре Ллойда; б) *разг.* первоклассный, превосходный; прекрасно, превосходно (*амер.* A No. 1 ['eɪ'nʌmbə'wʌn])

**a II** [eɪ (*полная форма*); ə (*редуцированная форма*)] 1) *грам. неопределённый артикль* (a — *перед согласными, перед* eu *и перед* u, *когда* u *произносится как* [ju:]; an — *перед гласными и перед немым* h; *напр.*: a horse, *но* an hour; a European, a union, *но* an umbrella; *тж.* a one) 2) один; it costs a penny это стоит одно пенни 3) *употр. перед* little, few; good (*или* great) many *и перед счётными существительными* a dozen дюжина, a score два десятка, *напр.*: a little water (time, happiness) немного воды (времени, счастья); a few days (books) несколько дней (книг); a good (*или* great) many days (books) очень много дней (книг) 4) (*обыкн. после* all of, many of) такой же, одинаковый; all of a size все одной и той же величины 5) каждый; twice a day два раза в день 6) некий; a Mr. Henry Green некий мистер Генри Грин

**a-** [ə-] *pref* (*из первоначального предлога* on) 1) *в предикативных прилагательных и в наречиях*; *напр.*: abed в постели; alive живой; afoot пешком; ashore на берег *и т. п.* 2) *в выражениях типа* to go abegging нищенствовать; to go a-hunting идти на охоту

**aard-wolf** ['ɑ:dwulf] *n зоол.* земляной волк

**ab-** [æb-] *pref с отриц. значением* не-, а-; *напр.*: abnormal ненормальный, анормальный

**abaca** ['æbəkə] *n* абака, манильская пенька

**abaci** ['æbəsɪ] *pl от* abacus

**aback** [ə'bæk] *adv уст.* назад; сзади; задом ◇ to stand ~ from держаться на расстоянии, в стороне от; избегать; taken ~ ошеломлённый, захваченный врасплох

**abaction** [æb'ækʃən] *n юр.* крупная кража *или* угон скота

**abacus** ['æbəkəs] *n* (*pl* -es [-ɪz], -ci) 1) *ист.* счёты 2) *архит.* абак(а), верхняя часть капители

**Abaddon** [ə'bædən] *n* 1) *библ.* Авадон (*ангел бездны*) 2) *книжн.* ад, преисподняя

**abaft** [ə'bɑ:ft] *мор.* **1.** *adv* на корме, в сторону кормы, с кормы

**2.** *prep* сзади, позади; ~ the beam позади траверза

**abandon** [ə'bændən] **1.** *v* 1) покидать, оставлять 2) отказываться от 3) *refl.* предаваться (*страсти, отчаянию и т. п.*; to); to ~ oneself to the idea склоняться к мысли

**2.** *n книжн.* развязность, несдержанность

**abandoned** [ə'bændənd] **1.** *p. p. от* abandon 1; ~ to despair предавшийся отчаянию

**2.** *a* 1) заброшенный, покинутый 2) распутный ◇ ~ call несостоявшийся разговор по телефону

**abandonee** [əˌbændə'ni:] *n* страховщик, в пользу которого остаётся застрахованный груз *или* застрахованное судно в случае аварии

**abandonment** [ə'bændənmənt] *n* 1) оставление 2) заброшенность 3) = abandon 2; 4) *юр.* отказ (от иска)

**abase** [ə'beɪs] *v* 1) унижать; to ~ oneself so far as to do smth. докатиться до чего-л. 2) понижать (*в чине и т. п.*)

**abasement** [ə'beɪsmənt] *n* 1) унижение 2) понижение (*в чине и т. п.*)

**abash** [ə'bæʃ] *v* (*обыкн. pass.*) смущать, конфузить; приводить в замешательство

**abashment** [ə'bæʃmənt] *n* смущение, замешательство

**abate** [ə'beɪt] *v* 1) ослаблять, уменьшать, умерять 2) снижать (*цену, налог и т. п.*) 3) делать скидку 4) уменьшаться; ослабевать; успокаиваться; утихать (*о буре, эпидемии и т. п.*) 5) притуплять (*остриё*); стёсывать (*камень*) 6) *юр.* аннулировать, отменять, прекращать 7) *метал.* отпускать (*сталь*)

**abatement** [ə'beɪtmənt] *n* 1) уменьшение; ослабление; смягчение 2) снижение (*цены, налога и т. п.*) 3) скидка 4) *юр.* аннулирование, прекращение

**abatis** ['æbətɪs] *n* (*pl* abatis ['æbəti:z]) засека, завал

**abattoir** ['æbətwɑ:] *фр. n* скотобойня

**abb** [æb] *n текст.* уток

**abbacy** ['æbəsɪ] *n* аббатство

**abbess** ['æbɪs] *n* аббатисса; настоятельница монастыря

**abbey** ['æbɪ] *n* аббатство; монастырь; the A. Вестминстерское аббатство

**abbot** ['æbət] *n* аббат; настоятель монастыря

**abbreviate** [ə'bri:vɪeɪt] *v* сокращать (*текст и т. п.*)

**abbreviation** [əˌbri:vɪ'eɪʃən] *n* 1) сокращение (*текста и т. п.*) 2) аббревиатура, сокращение

**ABC** ['eɪbi:'si:] *n* 1) алфавит, азбука 2) основы, начатки; ABC of chemistry основы химии 3) железнодорожный алфавитный указатель 4) *attr.* простой, простейший

**ABC-book** ['eɪbi:'si:buk] *n* букварь

**abdicate** ['æbdɪkeɪt] *v* отрекаться; слагать полномочия; отказываться (*от права на что-л. и т. п.*)

**abdication** [ˌæbdɪ'keɪʃən] *n* отречение (*от престола*); сложение полномочий; отказ (*от должности и т. п.*)

**abdomen** ['æbdəmen] *n* 1) *анат.* брюшная полость; живот 2) *зоол.* брюшко (*насекомого и т. п.*)

**abdominal** [æb'dɔmɪnl] *a* 1) абдоминальный, брюшной; ~ cavity брюшная полость 2) брюхопёрый (*о рыбах*)

**abdominous** [æb'dɔmɪnəs] *a* толстый, пузатый

**abducent** [æb'dju:sənt] *a анат.* отводящий (*о мышце*)

**abduct** [æb'dʌkt] *v* похищать, насильно *или* обманом увозить (*особ. женщину, ребёнка*)

**abduction** [æb'dʌkʃən] *n* 1) похищение (*особ. женщины, ребёнка*) 2) *физиол.* абдукция, отведение (*мышцы*)

**abductor** [æb'dʌktə] *n* 1) похититель (*особ. женщины, ребёнка*) 2) *анат.* абдуктор, отводящая мышца

**abeam** [ə'bi:m] *adv мор.* на траверзе

**abecedarian** [ˌeɪbi(:)si(:)'dεərɪən] **1.** *a* 1) расположенный в алфавитном порядке 2) азбучный, элементарный

**2.** *n* обучающийся грамоте

**abed** [ə'bed] *adv* в постéли

**Abel** ['eɪbəl] *n библ.* Áвель

**aberdevine** [ˌæbədə'vaɪn] *n* чечётка (*птица*)

**aberrance, -cy** [æ'berəns, -sɪ] *n* 1) отклонéние от прáвильного пути́ 2) *биол.* отклонéние от нóрмы

**aberrant** [æ'berənt] *a* 1) заблуждáющийся; сби́вшийся с пути́ 2) *биол.* отклоня́ющийся от нóрмы

**aberration** [ˌæbə'reɪʃən] *n* 1) заблуждéние, отклонéние от прáвильного пути́ 2) помрачéние умá 3) аберрáция; отклонéние; ~ of the needle отклонéние магни́тной стрéлки 4) *тех.* отклонéние от стандáрта

**abet** [ə'bet] *v* подстрекáть; поощря́ть, содéйствовать (*чему-л. дурному*)

**abetment** [ə'betmənt] *n* подстрекáтельство, поощрéние, содéйствие (*чему-л. дурному*)

**abettor** [ə'betə] *n* 1) подстрекáтель 2) соучáстник

**abeyance** [ə'beɪəns] *n* 1) состоя́ние неопределённости, неизвéстности 2) врéменное бездéйствие 3) *юр.* врéменная отмéна (*закона, права*) ◇ in ~ а) в состоя́нии неизвéстности, ожидáния; б) без владéльца (*о наследстве*); без претендéнта (*о наследственном титуле*); в) врéменно отменённый (*о законе*)

**abhor** [əb'hɔ:] *v* питáть отвращéние; ненави́деть

**abhorrence** [əb'hɔrəns] *n* 1) отвращéние; нéнависть 2) то, что вызывáет отвращéние *или* нéнависть

**abhorrent** [əb'hɔrənt] *a* 1) вызывáющий отвращéние, отврати́тельный; ненави́стный; претя́щий (*кому-л., чему-л.*; to) 2) несовмести́мый (to — с)

**abidance** [ə'baɪdəns] *n* соблюдéние (*чего-л.*); ~ by rules соблюдéние прáвил

**abide** [ə'baɪd] *v* (abode, *уст.* abided [-ɪd]) 1) оставáться вéрным (*кому-л., чему-л.*); придéрживаться; выполня́ть (*обещания*); to ~ by smth. твёрдо держáться чегó-л. 2) ждать 3) выноси́ть, терпéть; he cannot ~ her он её не выно́сит; to ~ by the circumstances мири́ться с обстоя́тельствами

**abiding** [ə'baɪdɪŋ] **1.** *pres. p. от* abide

**2.** *a книжн.* постоя́нный

**ability** [ə'bɪlɪtɪ] *n* 1) спосóбность; умéние; to the best of one's abilities по мéре сил и спосóбностей 2) лóвкость 3) доровáние; a man of great abilities высокоодарённый человéк 4): ~ to pay *ком.* платёжеспосóбность 5) *юр.* компетéнция

**abject** ['æbdʒekt] *a* 1) жáлкий, презрéнный; ни́зкий; ~ fear малоду́шный страх 2) уни́женный, несчáстный; in ~ poverty в крáйней нищетé; he offered an ~ apology он умоля́л прости́ть егó великоду́шно

**abjection** [æb'dʒekʃən] *n* 1) ни́зость 2) прини́женность; унижéние

**abjure** [əb'dʒuə] *v* 1) отрекáться 2) откáзываться (*от требования и т. п.*); to ~ a claim откáзываться от претéнзии, и́ска

**ablactation** [ˌæblək'teɪʃən] *n* отня́тие (*ребёнка*) от груди́

**ablation** [æb'leɪʃən] *n* 1) *хир.* удалéние 2) *геол.* снос, размывáние порóд; тáяние ледникóв

**ablative** ['æblətɪv] *n грам.* абляти́в, твори́тельный падéж

**ablaut** ['æblaut] *n лингв.* абля́ут

**ablaze** [ə'bleɪz] *a predic.* 1) в огнé, в плáмени; to be ~ пылáть 2) сверкáющий; the streets were ~ with lights у́лицы бы́ли я́рко освещены́ 3) возбуждённый; ~ with anger пылáющий гнéвом

**able** ['eɪbl] *a* 1) умéлый, умéющий; знáющий; to be ~ (*с inf.*) умéть, мочь, быть в состоя́нии, в си́лах; to be ~ to swim умéть плáвать 2) спосóбный, талáнтливый

**able-bodied** ['eɪbl'bɔdɪd] *a* крéпкий, здорóвый; гóдный (*к военной службе*); ~ seaman матрóс (*звание*)

**ablet** ['æblɪt] *n* уклéйка (*рыба*)

**abloom** [ə'blu:m] *a predic.* в цвету́

**ablush** [ə'blʌʃ] *a predic.* смущённый, покраснéвший

**ablution** [ə'blu:ʃən] *n* 1) (*обыкн. pl*) омовéние; to perform one's ~s *разг.* умы́ться 2) *тех.* промы́вка

**ably** ['eɪblɪ] *adv* умéло

**abnegate** ['æbnɪgeɪt] *v книжн.* 1) откáзывать себé в 2) откáзываться от 3) отрицáть

**abnormal** [æb'nɔ:məl] *a* ненормáльный, непрáвильный; анормáльный; ~ psychology психопатолóгия

**abnormality** [ˌæbnɔ:'mælɪtɪ] *n* 1) непрáвильность, ненормáльность 2) урóдство 3) аномáлия

**abnormity** [æb'nɔ:mɪtɪ] = abnormality

**aboard** [ə'bɔ:d] *adv, prep* 1) на корабле́, на бортý; в вагóне; welcome ~! привéтствуем вас на бортý самолёта! (*обращение стюардессы к пассажирам*) 2) на корáбль, на борт; в вагóн; to go ~ a ship сесть на корáбль 3) вдоль; to keep the land ~ идти́ вдоль бéрега (*о судне и т. п.*) ◇ all ~! а) посáдка закáнчивается! (*предупреждение об отправлении корабля, вагона и т. п.*); б) посáдка закóнчена! (*сигнал к отправлению*); to fall ~ а) столкну́ться (*с другим судном*); б) *уст.* поссóриться (with, of)

**abode I** [ə'bəud] *n книжн.* жили́ще, местопребывáние; to take up one's ~ посели́ться; to make one's ~ жить (*где-л.*); with (*или* of) no fixed ~ *юр.* без постоя́нного местожи́тельства

**abode II** [ə'bəud] *past и p. p. от* abide

**abolish** [ə'bɔlɪʃ] *v* отменя́ть, уничтожáть, упраздня́ть (*обычаи, учреждения*)

**abolishment** [ə'bɔlɪʃmənt] *n* отмéна, уничтожéние, упразднéние

**abolition** [ˌæbəu'lɪʃən] *n* 1) отмéна, аннули́рование (*договора, закона и т. п.*) 2) *амер. ист.* отмéна, уничтожéние (*рабства, торговли рабами*)

**abolitionism** [ˌæbəu'lɪʃənɪzm] *n амер. ист.* аболициони́зм

**A-bomb** ['eɪbɔm] *n* áтомная бóмба

**abominable** [ə'bɔmɪnəbl] *a* отврати́тельный, проти́вный

**abominate** [ə'bɔmɪneɪt] *v* 1) питáть отвращéние, ненави́деть 2) *разг.* не люби́ть

**abomination** [əˌbɔmɪ'neɪʃən] *n* 1) отвращéние; to hold smth. in ~ питáть отвращéние к чему́-л. 2) что-л. отврати́тельное; мéрзость

**aboriginal** [ˌæbə'rɪdʒənl] **1.** *a* 1) искóнный, коренно́й; тузéмный 2) первобы́тный; мéстный (*о флоре, фауне*); ~ forests первобы́тные лесá

**2.** *n* тузéмец; коренно́й жи́тель, аборигéн

**aborigines** [ˌæbə'rɪdʒɪni:z] *n pl* тузéмцы; коренны́е жи́тели, аборигéны

**abort** [ə'bɔ:t] *v* 1) выки́дывать, преждеврéменно разрешáться от брéмени 2) потерпéть неудáчу 3) *биол.* остáться недорáзвитым; стать бесплóдным

**aborted** [ə'bɔ:tɪd] *v* **1.** *p. p. от* abort

**2.** *a* 1) недонóшенный 2) *биол.* недорáзвитый; рудиментáрный

**abortion** [ə'bɔ:ʃən] *n* 1) преждеврéменное прекращéние берéменности, абóрт, вы́кидыш (*искусственный*) 2) урóдец 3) *биол.* недоразви́тие óргана

**abortive** [ə'bɔ:tɪv] *a* 1) преждеврéменный (*о родах*) 2) неудáвшийся, бесплóдный; ~ scheme мертворождённый план; to render ~ сорвáть (*попытку и т. п.*) 3) *биол.* недорáзвитый

**abortively** [ə'bɔ:tɪvlɪ] *adv* неудáчно, бесплóдно

**abound** [ə'baund] *v* 1) быть в большóм коли́честве 2) имéть в большóм коли́честве, изоби́ловать (in, with); to ~ in courage быть óчень смéлым; the museum ~s with old pictures в музéе мнóжество стáрых карти́н

**about I** [ə'baut] **1.** *adv* 1) кругóм, вокру́г; вездé, повсю́ду; to look ~ огляну́ться вокру́г; don't leave the papers ~ не разбрáсывай бумáги!; rumours are ~ хóдят слу́хи 2) неподалёку, недалекó; he is somewhere ~ он гдé-то здесь 3) приблизи́тельно, óколо, почти́; you are ~ right вы почти́ прáвы; it is ~ two o'clock сейчáс óколо двух часóв 4) в обрáтном направлéнии; to face ~ оберну́ться; ~ face (*или* turn)! *воен.* кругóм! ◇ Mr. Jones is not ~ господи́н Джóунз вы́шел; ~ right а) прáвильно; б) здóрово, основáтельно; to be ~ to go (to speak *etc.*) собирáться уходи́ть (говори́ть *и т. п.*); what are you ~? а) что вам ну́жно?; б) *редк.* что вы дéлаете?

**2.** *prep* 1) *в пространственном значении указывает на:* а) *расположение или движение вокруг чего-л.* вокру́г, кругóм; б) *нахождение вблизи чего-л.* óколо, близ; у; the forests ~ Tomsk лесá под Тóмском; в) *место совершения действия* по; to walk ~ the room ходи́ть по кóмнате 2) *во временном значении указывает на приблизительность* óколо; ~ nightfall к вéчеру 3) о, об; насчёт; I'll see ~ it я позабóчусь об э́том; he went ~ his business он пошёл по свои́м делáм 4): to have smth ~ one имéть что-л. при себé, с собóй; I had all the documents ~ me все докумéнты бы́ли у меня́ с собóй (*или* при мне, под рукóй)

**about** II [ə'baut] *v мор.* меня́ть курс, поворáчивать на другóй галс

**about-face** 1. *n* [ə'bautfeɪs] 1) поворóт кругóм 2) рéзкое изменéние (*отношения, политики и т. п.*)

2. *v* [ə'baut'feɪs] 1) поверну́ть(ся) кругóм 2) рéзко измени́ть (*отношение, политику и т. п.*)

**about-sledge** [ə'bautsledʒ] *n* кувáлда; кузнéчный мóлот

**above** [ə'bʌv] 1. *adv* 1) наверху́; вы́ше 2) вы́ше, рáньше; as stated ~ как скáзано вы́ше 3) навéрх; a staircase leading ~ лéстница (ведýщая) навéрх; from ~ свéрху

2. *prep* 1) над; ~ my head над моéй головóй; ~ board = above-board 2; ~ ground = above-ground 2; 2) свы́ше, бóльше 3) вы́ше; ~ suspicion вне подозрéний; it is ~ me э́то вы́ше моегó понимáния; ~ measure сверх мéры 4) рáньше, до (*в книге, документе и т. п.*) ◇ ~ all прéжде всегó, глáвным óбразом, в основнóм; бóльше всегó

3. *a* упомя́нутый вы́ше; the ~ facts вышеупомя́нутые фáкты

4. *n* (the ~) вышеупомя́нутое

**above-board** [ə'bʌv'bɔ:d] 1. *a predic.* чéстный, откры́тый, прямóй

2. *adv* чéстно, откры́то

**above-ground** [ə'bʌvgraund] 1. *a* 1) живýщий 2) назéмный

2. *adv* в живы́х

**above-mentioned** [ə'bʌv'menʃənd] *a* вышеупомя́нутый

**abracadabra** [,æbrəkə'dæbrə] *n* 1) заклинáние 2) абракадáбра, бессмы́слица

**abradant** [ə'breɪdənt] *n тех.* абрази́в, абрази́вный материáл

**abrade** [ə'breɪd] *v* 1) стирáть; сня́шивать трéнием 2) сдирáть (*кожу*) 3) *тех.* обдирáть

**abranchial** [ə'bræŋkɪəl] = abranchiate

**abranchiate** [ə'bræŋkɪɪt] *a зоол.* безжáберный

**abrasion** [ə'breɪʒən] *n* 1) истирáние 2) ссáдина 3) *геол.* абрáзия; смыв материкá морскóй водóй 4) *тех.* стирáние, сня́шивание 5) *attr.*: ~ marks *фото* царáпины (*на слое эмульсии*) 6) *attr.*: ~ testing испытáние на изнóс

**abrasive** [ə'breɪsɪv] 1. *a* 1) обдирáющий; размывáющий 2) абрази́вный, шлифýющий; ~ wear изнóс, вызывáемый трéнием

2. *n* абрази́вы; наждáк, металли́ческая мочáлка *и т. п.*

**abreast** [ə'brest] *adv* 1) в ряд, ря́дом, на однóй ли́нии; four ~ по четы́ре в ряд; to keep ~ of, to be ~ with не отставáть от, идти́ в нóгу с 2) на ýровне; to keep ~ of (*или* with) the times идти́ в нóгу с вéком 3) *мор.* на трáверзе

**abridge** [ə'brɪdʒ] *v* 1) сокращáть 2) ограни́чивать, урéзывать (*права*) 3) лишáть (*чего-л.*; of)

**abridg(e)ment** [ə'brɪdʒmənt] *n* 1) сокращéние 2) ограничéние (*прав*) 3) сокращённый текст *или* издáние; крáткое изложéние, конспéкт

**abroad** [ə'brɔ:d] *adv* 1) за грани́цей; за грани́цу; from ~ из-за грани́цы 2) широкó; повсю́ду; there is a rumour ~ хóдит слух; to get ~ распространя́ться (*о слухах*) 3) *разг.* в заблуждéнии; to be all ~ а) заблуждáться; б) растеря́ться; смешáться, смути́ться 4) *уст.* вне дóма, вне своегó жили́ща

**abrogate** ['æbrəugeɪt] *v* отменя́ть, аннули́ровать (*закон и т. п.*)

**abrogation** [,æbrəu'geɪʃən] *n* отмéна, аннули́рование (*закона и т. п.*)

**abrupt** [ə'brʌpt] *a* 1) обры́вистый, крутóй 2) внезáпный; ~ discharge *эл.* мгновéнный разря́д 3) рéзкий (*о движении, манере*) 4) нерóвный (*о стиле*)

**abruption** [ə'brʌpʃən] *n* 1) разры́в, разъединéние; отторжéние 2) *геол.* вы́ход на повéрхность (*пласта*)

**abruptness** [ə'brʌptnɪs] *n* 1) крутизнá, обры́вистость 2) внезáпность 3) рéзкость (*движений*) 4) нерóвность (*стиля*)

**abscess** ['æbsɪs] *n* 1) абсцéсс, нары́в, гнойни́к 2) *тех.* рáковина (*в металле*)

**abscissa** [æb'sɪsə] *n* (*pl* -s [-z], -ae) *мат.* абсци́сса

**abscissae** [æb'sɪsi:] *pl от* abscissa

**abscission** [æb'sɪʒən] *n* отня́тие, ампутáция

**abscond** [əb'skɔnd] *v* скрывáться (*обыкн. с чужими деньгами*); скрывáться (*от суда*)

**absence** ['æbsəns] *n* 1) отсýтствие; отлýчка; ~ without leave *воен.* самовóльная отлýчка; leave of ~ óтпуск 2) недостáток, отсýтствие (of — *чего-либо*) 3): ~ of mind рассéянность; отсýтствие внимáния

**absent** 1. *a* ['æbsənt] 1) отсýтствующий 2) рассéянный

2. *v* [æb'sent] *refl.* отлучи́ться; отсýтствовать; to ~ oneself from smth. уклоня́ться от чегó-л.

**absentee** [,æbsən'ti:] *n* 1) отсýтствующий 2) уклоня́ющийся (*от чего-либо*); не учáствующий (*в чём-л.*) 3) *attr.*: ~ ballot открепи́тельный талóн

**absenteeism** [,æbsən'ti:ɪzm] *n* 1) абсентéизм (*уклонение от посещения собраний и т. п.*) 2) прогýл, невы́ход на рабóту без уважи́тельной причи́ны

**absentia** [æb'senʃɪə] *лат. n*: in ~ в отсýтствии; заóчно; to be tried in ~ *юр.* быть суди́мым заóчно

**absently** ['æbsəntlɪ] *adv* рассéянно

**absent-minded** ['æbsənt'maɪndɪd] *a* рассéянный

**absent-mindedness** ['æbsənt'maɪndɪdnɪs] *n* рассéянность

**absinth(e)** ['æbsɪnθ] *n* абсéнт, поли́нная вóдка

**absolute** ['æbsəlu:t] *a* 1) пóлный; безуслóвный, неограни́ченный 2) чи́стый, беспри́месный; ~ alcohol чи́стый, неразбáвленный спирт 3) самовлáстный; абсолю́тный; ~ monarchy абсолю́тная монáрхия 4) *грам.* абсолю́тный; ~ construction абсолю́тная констрýкция

**absolutely** ['æbsəlu:tlɪ] *adv* 1) совершéнно 2) безуслóвно 3) самостоя́тельно, незави́симо; transitive verb used ~ перехóдный глагóл без прямóго дополнéния 4) *разг.* да, конéчно

**absoluteness** ['æbsəlu:tnɪs] *n* 1) безуслóвность 2) неограни́ченность, полнотá влáсти

**absolution** [,æbsə'lu:ʃən] *n* 1) прощéние 2) *церк.* отпущéние грехóв 3) *юр.* оправдáние; освобождéние от наказáния, обязáтельств *и т. п.*

**absolutism** ['æbsəlu:tɪzm] *n* абсолюти́зм

**absolutist** ['æbsəlu:tɪst] *n* сторóнник абсолюти́зма

**absolve** [əb'zɔlv] *v* 1) прощáть (from — *что-л.*) 2) *церк.* отпускáть (*грехи*; of) 3) освобождáть (from — от *обязательств и т. п.*)

**absorb** [əb'sɔ:b] *v* 1) всáсывать, впи́тывать; абсорби́ровать; поглощáть 2) поглощáть (*внимание*); впи́тывать (*знания*) 3) амортизи́ровать (*толчки*)

**absorbent** [əb'sɔ:bənt] 1. *a* всáсывающий; ~ cotton wool гигроскопи́ческая вáта; ~ carbon активи́рованный ýголь

2. *n* всáсывающее веществó, поглоти́тель, абсорбéнт

**absorber** [əb'sɔ:bə] *n тех.* 1) поглоти́тель, абсóрбер 2) амортизáтор

**absorbing** [əb'sɔ:bɪŋ] 1. *pres. p. от* absorb

2. *a* 1) всáсывающий, впи́тывающий; ~ capacity поглощáющая спосóбность 2) захвáтывающий, всепоглощáющий

3. *n* всáсывание; поглощéние

**absorption** [əb'sɔ:pʃən] *n* 1) всáсывание, впи́тывание; поглощéние, абсóрбция 2) погружённость (*в мысли и т. п.*) 3) *attr.*: ~ circuit *радио* поглощáющий кóнтур; ~ factor коэффициéнт поглощéния

**absorptive** [əb'sɔ:ptɪv] *a* впи́тывающий, всáсывающий; поглощáющий; ~ power поглоти́тельная (*или* абсорби́рующая) спосóбность

**absorptivity** [,æbsɔ:p'tɪvɪtɪ] *n* поглоти́тельная (*или* абсорби́рующая) спосóбность

**abstain** [əbˈsteɪn] *v* воздéрживаться (from); to ~ from force воздéрживаться от применéния сѝлы; to ~ from drinking не употреблять спиртных напѝтков

**abstainer** [əbˈsteɪnə] *n* 1) непьющий, трéзвенник (*часто* total ~) 2) воздержáвшийся (*при голосовании*)

**abstemious** [æbˈstiːmjəs] *a* 1) воздéржанный, умéренный (*особ. в пище, питье*) 2) бережлѝвый

**abstention** [əbˈstenʃən] *n* 1) воздержáние (from) 2) неучáстие в голосовáнии (*тж.* ~ from voting)

**abstergent** [əbˈstəːdʒənt] **1.** *a* мóющий

**2.** *n* мóющее срéдство

**abstersion** [əbˈstəːʃən] *n* очищéние, промывáние

**abstinence** [ˈæbstɪnəns] *n* воздержáние (from); умéренность; total ~ пóлный откáз от употреблéния спиртных напѝтков

**abstinent** [ˈæbstɪnənt] *a* 1) умéренный, воздéржанный 2) трéзвый, непьющий

**abstract 1.** *n* [ˈæbstrækt] 1) абстрáкция, отвлечённое понятие; in the ~ отвлечённо, абстрáктно; теоретѝчески 2) конспéкт; резюмé; извлечéние (*из книги и т. п.*)

**2.** *a* [ˈæbstrækt] 1) абстрáктный, отвлечённый; ~ art абстрáктное искýсство 2) трýдный для понимáния 3) *разг.* теоретѝческий

**3.** *v* [æbˈstrækt] 1) отнимáть 2) резюмѝровать; суммѝровать 3) *разг.* красть, прикармáнивать

**abstracted** [æbˈstræktɪd] **1.** *p. p. от* abstract 3

**2.** *a* 1) погружённый в мысли; рассéянный 2) отделённый; удалённый

**abstractedly** [æbˈstræktɪdlɪ] *adv* 1) рассéянно 2) абстрáктно, отвлечённо, отдéльно (from)

**abstractedness** [æbˈstræktɪdnɪs] *n* 1) абстрáктность, отвлечённость 2) рассéянность

**abstraction** [æbˈstrækʃən] *n* 1) абстрáкция; отвлечéние 2) рассéянность 3) *разг.* крáжа

**abstractive** [æbˈstræktɪv] *a* абстрáктный, отвлечённый

**abstractiveness** [æbˈstræktɪvnɪs] *n* абстрáктность, отвлечённость

**abstruse** [æbˈstruːs] *a* 1) глубокомысленный 2) трýдный для понимáния 3) скрытый

**absurd** [əbˈsəːd] *a* нелéпый, абсýрдный; смешнóй, глýпый

**absurdity** [əbˈsəːdɪtɪ] *n* нелéпость; нелéпое утверждéние; глýпость, смехотвóрность

**absurdly** [əbˈsəːdlɪ] *adv* нелéпо, абсýрдно, глýпо

**abundance** [əˈbʌndəns] *n* 1) изобѝлие, избыток (of); богáтство; ~ of the heart избыток чувств 2) мнóжество 3) *хим.* относѝтельное содержáние 4) *физ.* распространённость; isotope ~ распространённость изотóпа

**abundant** [əˈbʌndənt] *a* обѝльный, изобѝлующий; богáтый (in — *чем-л.*); to be ~ имéть(ся) в изобѝлии, кишéть

**abuse 1.** *n* [əˈbjuːs] 1) оскорблéние; брань 2) плохóе обращéние 3) злоупотреблéние 4) непрáвильное употреблéние

**2.** *v* [əˈbjuːz] 1) оскорблять; ругáть; поносѝть, бесчéстить 2) плóхо обращáться (*с кем-л., чем-л.*) 3) злоупотреблять

**abusive** [əˈbjuːsɪv] *a* оскорбѝтельный, брáнный; ~ language брань, ругáтельства

**abut** [əˈbʌt] *v* примыкáть, гранѝчить (*обыкн.* ~ upon); упирáться (against)

**abutment** [əˈbʌtmənt] *n* 1) межá, гранѝца 2) *стр.* контрфóрс; пятá свóда; береговóй устóй (*моста*) 3) *attr.* опóрный; ~ stone *стр.* опóрный, пятóвый кáмень

**abuzz** [əˈbʌz] *a predic.* 1) гудящий, жужжáщий 2) дéятельный

**abysm** [əˈbɪzm] *n поэт.* бéздна, прóпасть; пучѝна

**abysmal** [əˈbɪzməl] *a* 1) бездóнный; глубóкий 2) ужáсный; пóлный, крáйний; ~ ignorance крáйнее невéжество

**abyss** [əˈbɪs] *n* 1) бéздна, прóпасть; пучѝна 2) первѝчный хáос ◇ ~ of despair глубóкое отчаяние

**abyssal** [əˈbɪsəl] *a геол.* глубѝнный; глубоковóдный; ~ depth наибóлее глубóкая часть мóря

**acacia** [əˈkeɪʃə] *n* акáция

**academic** [ˌækəˈdemɪk] **1.** *a* 1) академѝческий, академѝчный 2) учéбный; ~ year учéбный год в университéте

**2.** *n* 1) учёный 2) *pl* чѝсто теоретѝческие, академѝческие аргумéнты *и т. п.*

**academical** [ˌækəˈdemɪkəl] **1.** *a* академѝческий; университéтский

**2.** *n pl* университéтское одеяние (*плащ и берет*)

**academician** [əˌkædəˈmɪʃən] *n* академик

**academy** [əˈkædəmɪ] *n* 1) акадéмия; Royal A. Лóндонская Акадéмия худóжеств; the A. ежегóдная выставка Лóндонской Акадéмии худóжеств 2) высшее учéбное заведéние; (*распр. тж.*) срéднее (чáстное) учéбное заведéние 3) специáльное учéбное заведéние, шкóла; Military A. воéнное учѝлище; riding ~ шкóла верховóй езды; ~ of music музыкáльная шкóла

**academy-figure** [əˈkædəmɪˌfɪgə] *n жив.* акт (*рисунок*)

**acanthi** [əˈkænθaɪ] *pl от* acanthus

**acanthus** [əˈkænθəs] *n* (*pl* -ses [-sɪz], -thi) 1) *бот.* акáнт, медвéжья лáпа 2) *архит.* акáнт (*орнамент*)

**acarpous** [əˈkɑːpəs] *a бот.* не имéющий плодóв

**accede** [ækˈsiːd] *v* 1) соглашáться (to — с *чем-л.*) 2) примыкáть, присоединяться; to ~ to an alliance примкнýть, присоединѝться к сою́зу 3) принимáть (*должность и т. п.*; to)

**accelerant** [əkˈselərənt] *n хим.* катализáтор

**accelerate** [əkˈseləreɪt] *v* ускорять(ся)

**accelerating** [əkˈseləreɪtɪŋ] **1.** *pres. p. от* accelerate

**2.** *a* ускоряющий; ~ force *физ.* ускоряющая сѝла

**acceleration** [əkˌseləˈreɪʃən] *n* ускорéние; акселерáция; ~ of gravity ускорéние сѝлы тяжести

**accelerator** [əkˈseləreɪtə] *n* 1) *тех.* ускорѝтель; акселерáтор 2) *хим.* катализáтор 3) *воен.* многокáморное орýдие

**accent 1.** *n* [ˈæksənt] 1) ударéние 2) произношéние; акцéнт 3) *pl поэт.* речь, язык

**2.** *v* [ækˈsent] 1) дéлать, стáвить ударéние 2) подчёркивать, акцентѝровать 3) произносѝть

**accentual** [ækˈsentjuəl] *a* относящийся к ударéнию, тонѝческий; ~ prosody тонѝческое стихосложéние

**accentuate** [ækˈsentjueɪt] *v* 1) дéлать ударéние 2) подчёркивать, выделять 3) стáвить ударéние

**accentuation** [ækˌsentjuˈeɪʃən] *n* 1) постанóвка ударéния 2) подчёркивание, выделéние 3) манéра произношéния

**accept** [əkˈsept] *v* 1) принимáть; to ~ an offer принять предложéние 2) допускáть; соглашáться; признавáть; I ~ the correctness of your statement признаю прáвильность вáшего утверждéния 3) относѝться благосклóнно 4) *ком.* акцептовáть (*вексель*) ◇ to ~ persons проявлять лицеприятие; to ~ the fact примирѝться с фáктом

**acceptability** [əkˌseptəˈbɪlɪtɪ] *n* приéмлемость

**acceptable** [əkˈseptəbl] *a* 1) приéмлемый 2) приятный, желáнный

**acceptance** [əkˈseptəns] *n* 1) принятие, приём 2) одобрéние 3) прѝнятое значéние слóва 4) *ком.* акцéпт; ~ general акцептовáние вéкселя без какѝх-л. оговóрок; ~ qualified (*или* special) акцептовáние вéкселя с оговóрками в отношéнии услóвий 5) *attr.*: ~ flight *ав.* лётное приёмное испытáние ◇ ~ of persons лицеприятие

**acceptation** [ˌæksepˈteɪʃən] *n* прѝнятое значéние слóва *или* выражéния

**accepted** [əkˈseptɪd] **1.** *p. p. от* accept

**2.** *a* общепрѝнятый, распространённый; the ~ truth общеизвéстная ѝстина

**accepter** [əkˈseptə] *n* тот, кто принимáет, приёмщик ◇ ~ of persons проявляющий пристрáстие

**acceptor** [əkˈseptə] *n ком.* акцептáнт

**access** [ˈækses] *n* 1) дóступ 2) прохóд; подхóд 3) прѝступ (*гнева, болезни*)

**accessary** [əkˈsesərɪ] **1.** *a predic. юр.* соучáствующий

**2.** *n юр.* соучáстник; ~ after the fact кóсвенный соучáстник, укрывáтель; ~ before the fact прямо́й соуча́стник

**accessibility** [ək,sesɪ'bɪlɪtɪ] *n* 1) досту́пность 2) лёгкость осмо́тра *или* ремо́нта 3) *воен.* удо́бство подхо́да

**accessible** [ək'sesəbl] *a* 1) досту́пный (to); достижи́мый 2) поддаю́щийся; пода́тливый; ~ to bribery прода́жный; взя́точник

**accession** [æk'seʃən] **1.** *n* 1) приро́ст; прибавле́ние; пополне́ние 2) до́ступ 3) вступле́ние (*на престол*) 4) *attr.*: ~ catalogue катало́г но́вых поступле́ний

**2.** *v амер.* вноси́ть кни́ги в катало́г

**accessorial** [,æksə'səurɪəl] *a* вспомога́тельный, дополни́тельный

**accessory** [ək'sesərɪ] **1.** *a* 1) доба́вочный; вспомога́тельный; второстепе́нный 2) = accessary 1

**2.** *n* 1) = accessary 2; 2) (the accessories) *pl* принадле́жности; армату́ра

**accidence** ['æksɪdəns] *n* 1) *грам.* морфоло́гия 2) элеме́нты, осно́вы како́го-л. предме́та

**accident** ['æksɪdənt] *n* 1) несча́стный слу́чай; катастро́фа; ава́рия; to meet with an ~ потерпе́ть ава́рию, круше́ние; fatal ~ несча́стный слу́чай со смерте́льным исхо́дом; industrial ~ несча́стный слу́чай на произво́дстве 2) слу́чай; случа́йность; by ~ случа́йно, неча́янно; by a lucky ~ по счастли́вой случа́йности 3) *астр., геол.* неро́вность пове́рхности, скла́дка 4) *лог.* случа́йное сво́йство 5) *attr.*: ~ insurance страхова́ние от несча́стных слу́чаев; ~ prevention предупрежде́ние несча́стных слу́чаев; те́хника безопа́сности; ~ rate *амер.* коэффицие́нт промы́шленного травмати́зма ◇ ~s will happen (in the best regulated families) ≅ в семье́ не без уро́да; сканда́л в благоро́дном семе́йстве

**accidental** [,æksɪ'dentl] **1.** *a* 1) случа́йный 2) второстепе́нный 3) несуще́ственный

**2.** *n* 1) случа́йность 2) несуще́ственная черта́; случа́йный элеме́нт

**accidentally** [,æksɪ'dentəlɪ] *adv* случа́йно; непредуму́шленно

**acclaim** [ə'kleɪm] **1.** *v* шу́мно, бу́рно аплоди́ровать; приве́тствовать 2) провозглаша́ть

**2.** *n* шу́мное приве́тствие

**acclamation** [,æklə'meɪʃən] *n* 1) шу́мное одобре́ние; carried (*или* voted) by ~ при́нято без голосова́ния на основа́нии единоду́шного шу́много одобре́ния 2) (*обыкн. pl*) приве́тственные во́згласы

**acclimate** [ə'klaɪmeɪt] = acclimatize

**acclimation** [,æklaɪ'meɪʃən] = acclimatization

**acclimatization** [ə,klaɪmətaɪ'zeɪʃən] *n* акклиматиза́ция

**acclimatize** [ə'klaɪmətaɪz] *v* 1) акклиматизи́ровать 2) *refl.* акклиматизи́роваться (*тж. перен.*); he couldn't ~ himself to the life in that new place он не мог привы́кнуть к жи́зни на э́том но́вом ме́сте

**acclivity** [ə'klɪvɪtɪ] *n* подъём

**acclivous** [ə'klaɪvəs] *a* поло́гий

**accolade** ['ækəuleɪd] *n ист.* аккола́да (*обряд посвящения в рыцари*)

**accommodate** [ə'kɔmədeɪt] *v* 1) приспоса́бливать 2) снабжа́ть; to ~ smb. with a loan дать кому́-л. де́ньги взаймы́ 3) дава́ть приста́нище; предоставля́ть жильё, помеще́ние; расквартиро́вывать (*войска*) 4) ока́зывать услу́гу 5) примиря́ть; ула́живать (*ссору*); согласо́вывать

**accommodating** [ə'kɔmədeɪtɪŋ] **1.** *pres. p. от* accommodate

**2.** *a* 1) услу́жливый; любе́зный 2) уживчи́вый; усту́пчивый, сгово́рчивый; in an ~ spirit примири́тельно 3) приспоса́бливающийся 4) вмеща́ющий; a hall ~ 500 people зал на 500 челове́к

**accommodation** [ə,kɔmə'deɪʃən] *n* 1) помеще́ние; жильё; стол и ночле́г; ~ with every convenience кварти́ра со все́ми удо́бствами 2) прию́т, убе́жище 3) *воен.* расквартирова́ние войск 4) приспособле́ние 5) согласова́ние; соглаше́ние; компроми́сс 6) ссу́да 7) *физиол.* аккомода́ция

**accommodation-bill** [ə,kɔmə'deɪʃənbɪl] *n ком.* дру́жеский ве́ксель

**accommodation-ladder** [ə,kɔmə'deɪʃən,lædə] *n мор.* забо́ртный трап

**accommodation train** [ə,kɔmə'deɪʃəntreɪn] *n амер.* ме́стный пассажи́рский по́езд со все́ми остано́вками

**accompaniment** [ə'kʌmpənɪmənt] *n* 1) сопровожде́ние 2) *муз.* аккомпанеме́нт

**accompanist** [ə'kʌmpənɪst] *n* аккомпаниа́тор

**accompany** [ə'kʌmpənɪ] *v* 1) сопровожда́ть, сопу́тствовать 2) *муз.* аккомпани́ровать

**accomplice** [ə'kɔmplɪs] *n* соо́бщник, соуча́стник (*преступления*)

**accomplish** [ə'kɔmplɪʃ] *v* 1) соверша́ть, выполня́ть; достига́ть; доводи́ть до конца́, заверша́ть 2) де́лать соверше́нным; соверше́нствовать 3) достига́ть соверше́нства

**accomplished** [ə'kɔmplɪʃt] **1.** *p. p. от* accomplish

**2.** *a* 1) совершённый, завершённый; ~ fact соверши́вшийся факт 2) зако́нченный, соверше́нный; ~ violinist превосхо́дный скрипа́ч 3) получи́вший хоро́шее образова́ние; воспи́танный; культу́рный 4) изы́сканный (*о манерах и т. п.*)

**accomplishment** [ə'kɔmplɪʃmənt] *n* 1) выполне́ние; заверше́ние 2) достиже́ние 3) *pl* образо́ванность; воспита́ние; досто́инства; вне́шний лоск 4) благоустро́йство

**accord** [ə'kɔ:d] **1.** *n* 1) согла́сие; with one ~ единоду́шно 2) соглаше́ние 3) соотве́тствие, гармо́ния 4) *муз.* акко́рд, созву́чие ◇ of one's own ~ доброво́льно; of its own ~ самотёком

**2.** *v* 1) согласо́вывать(ся); соотве́тствовать, гармони́ровать 2) предоставля́ть, жа́ловать; ока́зывать; to ~ a hearty welcome оказа́ть раду́шный приём

**accordance** [ə'kɔ:dəns] *n* согла́сие, соотве́тствие; in ~ with smth. в соотве́тствии с чем-л., согла́сно чему́-л.

**accordant** [ə'kɔ:dənt] *a* 1) согла́сный; созву́чный 2) соотве́тственный

**according** [ə'kɔ:dɪŋ] *adv* 1) = accordingly 2): ~ as (*употр. как cj*) соотве́тственно; соразме́рно; смотря́ по тому́, как; you will be paid ~ as you work вам запла́тят сто́лько, ско́лько бу́дет сто́ить ва́ша рабо́та; ~ to (*употр. как prep*) а) согла́сно, в соотве́тствии с; he came ~ to his promise он пришёл, как и обеща́л; б) по утвержде́нию, по слова́м, по мне́нию; ~ to him по его́ слова́м; ~ to TASS по сообще́нию ТАСС

**accordingly** [ə'kɔ:dɪŋlɪ] *adv* 1) соотве́тственно; в соотве́тствии 2) таки́м о́бразом; сле́довательно; поэ́тому

**accordion** [ə'kɔ:djən] *n муз.* аккордео́н; гармо́ника

**accost** [ə'kɔst] **1.** *n* приве́тствие; обраще́ние

**2.** *v* 1) приве́тствовать; обраща́ться (*к кому-л.*); подойти́ и заговори́ть (*с кем-л.*) 2) пристава́ть (*к кому-л.; особ. о проститутках*)

**accouchement** [ə'ku:ʃmɑ:ŋ] *фр. n* разреше́ние от бре́мени, ро́ды

**accoucheur** [,æku:'ʃə:] *фр. n* акушёр

**accoucheuse** [,æku:'ʃə:z] *фр. n* акуше́рка

**account** [ə'kaunt] **1.** *n* 1) счёт, расчёт; подсчёт; for ~ of smb. за счёт кого́-л.; on ~ в счёт (*чего-л.*) [*ср. тж.* 5) *и* ◇]; ~ current теку́щий счёт; joint ~ о́бщий счёт; to keep ~s *бухг.* вести́ кни́ги; to lay (one's) ~ with smth. а) рассчи́тывать на что-л.; б) принима́ть что-л. в расчёт; to settle (*или* to square) ~s with smb. а) рассчи́тываться с кем-л.; б) своди́ть счёты с кем-л. 2) отчёт; to give an ~ of smth. дава́ть отчёт в чём-л.; to call to ~ призва́ть к отве́ту, потре́бовать объясне́ния, отчёта 3) докла́д; сообще́ние; отчёт 4) мне́ние, оце́нка; by all ~s по о́бщим о́тзывам; to give a good ~ of oneself хорошо́ себя́ зарекомендова́ть; to leave out of ~ не принима́ть во внима́ние; not to hold of much ~ быть невысо́кого мне́ния; to take into ~ принима́ть во внима́ние, в расчёт 5) основа́ние, причи́на; on ~ of из-за, вследствие [*ср. тж.* 1)]; on no ~ ни в ко́ем слу́чае 6) значе́ние, ва́жность; of no ~, of small ~, *амер.* no ~ незначи́тельный; to make ~ of придава́ть значе́ние 7) вы́года, по́льза; to turn to ~ испо́льзовать; извлека́ть вы́году; to turn a thing to ~ испо́льзовать что-л. в свои́х интере́сах 8) торго́вый бала́нс 9) *attr.*: ~ book конто́рская кни́га ◇ to be called to one's ~, to go to one's ~, *амер.* to hand in one's ~ умере́ть;

the great ~ *рел.* день стра́шного суда́, су́дный день; on one's own ~ на свой страх и риск; самостоя́тельно; on smb.'s ~ ра́ди кого́-л. [*ср. тж.* 1) *и* 5)]

2. *v* 1) счита́ть за; рассма́тривать как; I ~ myself happy я счита́ю себя́ счастли́вым 2) отчи́тываться (for — в *чём-л.*); отвеча́ть (for — за *что-л.*) 3) объясня́ть (for — *что-л.*); this ~s for his behaviour вот чем объясня́ется его́ поведе́ние

**accountability** [əˌkauntəˈbɪlɪtɪ] *n* 1) отве́тственность 2) подотчётность

**accountable** [əˈkauntəbl] *a* 1) отве́тственный (to — пе́ред *кем-л.*; for — за *что-л.*) 2) подотчётный (*о лице*) 3) объясни́мый

**accountancy** [əˈkauntənsɪ] *n* бухга́лтерское де́ло, счетово́дство

**accountant** [əˈkauntənt] *n* 1) бухга́лтер 2) *юр.* отве́тчик

**accountant-general** [əˈkauntəntˌdʒenərəl] *n* гла́вный бухга́лтер

**accounting** [əˈkauntɪŋ] 1. *pres. p. от* account 2

2. *n* 1) учёт; отчётность 2) расчёт, баланси́рование 3) *attr.*: ~ cost кальκуля́ция

**accoutre** [əˈku:tə] *v* одева́ть, снаряжа́ть, экипирова́ть

**accoutrements** [əˈku:təmənts] *n pl воен.* ли́чное снаряже́ние (*гл. обр. кожаное*)

**accredit** [əˈkredɪt] *v* 1) уполномо́чивать; аккредитова́ть (*дипломатического представителя*) 2) припи́сывать (to, with) 3) доверя́ть; (по)ве́рить

**accredited** [əˈkredɪtɪd] 1. *p. p. от* accredit

2. *a* 1) аккредито́ванный, облечённый полномо́чиями 2) общепри́нятый 3): ~ milk све́жее молоко́

**accrete** [əˈkri:t] 1. *a бот.* сро́сшийся

2. *v* 1) сраста́ться 2) обраста́ть

**accretion** [æˈkri:ʃən] *n* 1) разраста́ние; приро́ст; прираще́ние 2) сраста́ние; сраще́ние 3) нараще́ние; увеличе́ние 4) *геол.* нано́с земли́

**accrue** [əˈkru:] *v* 1) увели́чиваться, накопля́ться; нараста́ть; ~d interest наро́сшие проце́нты 2) выпада́ть на до́лю, достава́ться (to — *кому-л.*) 3) происходи́ть (from)

**accumulate** [əˈkju:mjuleɪt] *v* 1) аккумули́ровать, нака́пливать; скупа́ть; скла́дывать 2) скопля́ться

**accumulation** [əˌkju:mjuˈleɪʃən] *n* 1) собира́ние; аккумуля́ция 2) накопле́ние; primitive ~ *полит.-эк.* первонача́льное накопле́ние 3) скопле́ние; ма́сса, гру́да

**accumulative** [əˈkju:mjulətɪv] *a* 1) нака́пливающийся; ~ formation *геол.* аккумуляти́вные образова́ния 2) = cumulative

**accumulator** [əˈkju:mjuleɪtə] *n* 1) *эл.* аккумуля́тор 2) *тех.* собира́ющее устро́йство

**accuracy** [ˈækjurəsɪ] *n* 1) то́чность, пра́вильность; ~ of fire *воен.* ку́чность огня́ 2) тща́тельность

**accurate** [ˈækjurɪt] *a* 1) то́чный, пра́вильный 2) тща́тельный; ~ within 0.001 mm с то́чностью до 0,001 мм 3) ме́ткий (*о стрельбе*) 4) калибро́ванный

**accurately** [ˈækjurɪtlɪ] *adv* то́чно

**accursed** [əˈkə:sɪd] *a* 1) проклятый 2) ненави́стный, отврати́тельный

**accurst** [əˈkə:st] = accursed

**accusation** [ˌækju(:)ˈzeɪʃən] *n* 1) обвине́ние 2) *юр.* обвини́тельный акт

**accusative** [əˈkju:zətɪv] *грам.* 1. *a* вини́тельный

2. *n* аккузати́в, вини́тельный паде́ж

**accusatorial** [əˌkju:zəˈtɔ:rɪəl] *a юр.* обвини́тельный

**accusatory** [əˈkju:zətərɪ] *a* 1) = accusatorial 2) обличи́тельный; разоблача́ющий

**accuse** [əˈkju:z] *v* обвиня́ть, предъявля́ть обвине́ние (of — в *чём-л.*)

**accuser** [əˈkju:zə] *n* обвини́тель

**accustom** [əˈkʌstəm] *v* приуча́ть; to ~ oneself to smth. привыка́ть, приуча́ться к чему́-л.

**accustomed** [əˈkʌstəmd] 1. *p. p. от* accustom

2. *a* 1) привы́кший, приу́ченный 2) привы́чный, обы́чный

**ace** [eɪs] *n* 1) очко́ 2) *карт.* туз; the ~ of trumps а) гла́вный ко́зырь; б) са́мый ве́ский до́вод 3) первокла́ссный лётчик, ас; выдаю́щийся спортсме́н *и т. п.*; the ~ of ~s *ав.* лу́чший ас; *перен.* лу́чший из лу́чших ◊ within an ~ of на волосо́к от, чуть не

**acephalous** [əˈsefələs] *a* 1) *зоол.* безголо́вый 2) лишённый главы́, без руководи́теля 3) без пе́рвой строки́ (*о стихотворении*)

**acerbate** 1. *a* [əˈsə:bɪt] *книжн.* озло́бленный, ожесточённый

2. *v* [ˈæsəbeɪt] 1) окисля́ть, придава́ть те́рпкость 2) озлобля́ть, ожесточа́ть

**acerbity** [əˈsə:bɪtɪ] *n книжн.* 1) те́рпкость 2) ре́зкость, жёсткость

**acetate** [ˈæsɪtɪt] *n хим.* 1) соль у́ксусной кислоты́, ацета́т 2) *attr.* ацета́тный; ~ silk ацета́тный, иску́сственный шёлк

**acetic** [əˈsi:tɪk] *a* у́ксусный

**acetify** [əˈsetɪfaɪ] *v хим.* окисля́ть(ся); обраща́ть(ся) в у́ксус

**acetous** [ˈæsɪtəs] *a* у́ксусный; ки́слый

**acetylene** [əˈsetɪli:n] *n* 1) ацетиле́н 2) *attr.* ацетиле́новый; ~ welding ацетиле́новая сва́рка

**ache** [eɪk] 1. *n* боль (*особ. продолжительная, тупая*)

2. *v* 1) боле́ть; my head ~s у меня́ боли́т голова́ 2) жа́ждать, стра́стно стреми́ться (*к чему-л.*)

**acheless** [ˈeɪklɪs] *a* безболе́зненный

**achievable** [əˈtʃi:vəbl] *a* достижи́мый

**achieve** [əˈtʃi:v] *v* 1) достига́ть, добива́ться; to ~ one's purpose (*или* aim) дости́чь це́ли 2) успе́шно выполня́ть; доводи́ть до конца́

**achievement** [əˈtʃi:vmənt] *n* 1) достиже́ние 2) выполне́ние 3) по́двиг

**Achilles** [əˈkɪli:z] *n греч. миф.* Ахилле́с

**achromatic** [ˌækrəuˈmætɪk] *a* 1) ахромати́ческий, бесцве́тный, лишённый окра́ски 2) *мед.* страда́ющий дальтони́змом

**achromatism** [əˈkrəumətɪzm] *n* ахромати́зм, бесцве́тность

**acid** [ˈæsɪd] 1. *n* кислота́

2. *a* 1) ки́слый; ~ looks ки́слая ми́на 2) е́дкий, язви́тельный 3) *хим.* кисло́тный, ки́слый; ~ dye кисло́тный краси́тель; ~ radical кисло́тный радика́л; ~ salt ки́слая соль; ~ test про́ба на ки́слую реа́кцию; *перен.* серьёзное испыта́ние; ~ value коэффицие́нт кисло́тности

**acidic** [əˈsɪdɪk] *a* кисло́тный, ки́слый

**acidify** [əˈsɪdɪfaɪ] *v* 1) подкисля́ть 2) окисля́ть(ся)

**acidity** [əˈsɪdɪtɪ] *n* 1) кисло́тность 2) е́дкость

**acidize** [ˈæsɪdaɪz] *v* окисля́ть

**acidly** [ˈæsɪdlɪ] *adv* 1) е́дко, с раздраже́нием 2) хо́лодно, ледяны́м то́ном

**acid-proof** [ˈæsɪdpru:f] *a* кислотоупо́рный

**acid-resisting** [ˈæsɪdrɪˌzɪstɪŋ] = acid-proof

**acidulated** [əˈsɪdjuleɪtɪd] *a* 1) кислова́тый 2) недово́льный, брюзгли́вый

**acidulous** [əˈsɪdjuləs] *a* кислова́тый, подки́сленный

**ack-ack** [ˈækˈæk] *n воен. жарг.* 1) зени́тные ору́дия 2) ого́нь зени́тной артилле́рии 3) *attr.* зени́тный

**acknowledge** [əkˈnɔlɪdʒ] *v* 1) сознава́ть; признава́ть, допуска́ть 2) подтвержда́ть; to ~ the receipt подтвержда́ть получе́ние 3) быть призна́тельным (*за что-л.*); награжда́ть (*за услугу*)

**acknowledgement** [əkˈnɔlɪdʒmənt] *n* 1) призна́ние 2) подтвержде́ние; уведомле́ние о получе́нии; распи́ска 3) благода́рность; призна́тельность 4) официа́льное заявле́ние

**aclinic** [əˈklɪnɪk] *a* горизонта́льный, без укло́на; ~ line магни́тный эква́тор, аклини́ческая крива́я

**acme** [ˈækmɪ] *n* 1) вы́сшая то́чка (*чего-л.*); кульминацио́нный пункт; ~ of perfection верх соверше́нства 2) *мед.* кри́зис (*болезни*)

**acne** [ˈæknɪ] *n* прыщи́; воспале́ние са́льной железы́

**acock** [əˈkɔk] *adv* 1) набекре́нь 2) вызыва́юще

**acolyte** [ˈækəulaɪt] *n* 1) *церк.* прислу́жник; псало́мщик 2) служи́тель; помо́щник

**aconite** [ˈækənaɪt] *n бот.* акони́т

**acorn** [ˈeɪkɔ:n] *n* 1) жёлудь 2) *attr.* желудёвый

**acoustic** [əˈku:stɪk] *a* 1) акусти́ческий, звуково́й; ~ mine акусти́ческая ми́на 2) *анат.* слухово́й; ~ duct нару́жный слухово́й прохо́д

**acoustics** [ə'ku:stɪks] *n pl* (*употр. как sing*) аку́стика

**acquaint** [ə'kweɪnt] *v* 1) знако́мить; to ~ oneself with smth. знако́миться с чем-л.; to get (*или* to become) ~ed with smth. познако́миться, ознако́миться с чем-л.; to be ~ed with быть знако́мым с 2) сообща́ть, извеща́ть

**acquaintance** [ə'kweɪntəns] *n* 1) знако́мство; nodding (*или* bowing) ~ ша́почное знако́мство; to make the ~ of smb., to make smb.'s ~ познако́миться с кем-л.; to cultivate the ~ подде́рживать знако́мство (of — с) 2) знако́мый

**acquainted** [ə'kweɪntɪd] **1.** *p. p от* acquaint

**2.** *a* 1) знако́мый (*с чем-л., с кем-либо*) 2) зна́ющий (*что-л., кого-л.*)

**acquest** [æ'kwest] *n* приобрете́ние

**acquiesce** [ˌækwɪ'es] *v* уступа́ть (in)

**acquiescence** [ˌækwɪ'esns] *n* усту́пки, согла́сие; усту́пчивость

**acquiescent** [ˌækwɪ'esnt] **1.** *a* усту́пчивый

**2.** *n редк.* челове́к, иду́щий на усту́пки

**acquire** [ə'kwaɪə] *v* 1) приобрета́ть 2) достига́ть; овладева́ть (*каким-л. навыком и т. п.*); to ~ knowledge приобрести́ зна́ния

**acquired** [ə'kwaɪəd] **1.** *p. p. от* acquire

**2.** *a* благоприобре́тенный

**acquirement** [ə'kwaɪəmənt] *n* 1) приобрете́ние; овладе́ние 2) *pl* приобретённые зна́ния, на́выки

**acquisition** [ˌækwɪ'zɪʃən] *n* 1) приобрете́ние (*процесс*); ~ of knowledge приобрете́ние зна́ний 2) приобрете́ние (*часто ценное, существенное*); recent ~s of the library но́вые поступле́ния библиоте́ки

**acquisitive** [ə'kwɪzɪtɪv] *a* 1) стяжа́тельский 2) восприи́мчивый

**acquit** [ə'kwɪt] *v* 1) опра́вдывать (of — в *чём-л.*) 2) освобожда́ть (of, from — от *обязательства и т. п.*) 3) вы́полнить (*обязанность, обязательство*); вы́платить долг; to ~ oneself of a promise испо́лнить обеща́ние 4) *refl.* вести́ себя́; to ~ oneself well (ill) вести́ себя́ хорошо́ (пло́хо)

**acquittal** [ə'kwɪtl] *n* 1) *юр.* оправда́ние 2) освобожде́ние (от до́лга) 3) выполне́ние (*обязанностей и т. п.*)

**acquittance** [ə'kwɪtəns] *n* 1) освобожде́ние от обяза́тельства, до́лга; погаше́ние до́лга 2) распи́ска об упла́те до́лга *и т. п.*

**acre** ['eɪkə] *n* 1) акр (≅ *0,4 га*) 2) *pl* зе́мли, владе́ния; broad ~s обши́рное поме́стье ◇ God's A. кла́дбище

**acreage** ['eɪkərɪdʒ] *n* пло́щадь земли́ в а́крах

**acrid** ['ækrɪd] *a* 1) о́стрый, е́дкий (*на вкус и т. п.*); раздража́ющий 2) ре́зкий (*о характере*); язви́тельный

**acridity** [æ'krɪdɪtɪ] *n* острота́ *и пр.* [*см.* acrid]

**acrimonious** [ˌækrɪ'məunjəs] *a* жёлчный (*о характере*); язви́тельный, саркасти́ческий

**acrimony** ['ækrɪmənɪ] *n* жёлчность (*характера*)

**acrobat** ['ækrəbæt] *n* акроба́т

**acrobatic** [ˌækrəu'bætɪk] *a* акробати́ческий

**acrobatics** [ˌækrəu'bætɪks] *n pl* (*употр. как sing*) акроба́тика

**acropoleis** [ə'krɔpəlaɪs] *pl от* acropolis

**acropolis** [ə'krɔpəlɪs] *n* (*pl* -ses [-sɪz], -leis) акро́поль

**across** [ə'krɔs] **1.** *adv* 1) попере́к; в ширину́ 2) на ту сто́рону; на той стороне́; to put ~ перевози́ть (*на лодке, пароме*) 3) крест-на́крест; with arms ~ скрести́в ру́ки

**2.** *prep* 1) сквозь, че́рез; to run ~ the street перебежа́ть у́лицу; ~ country напрями́к; по пересечённой ме́стности; ~ lots *амер.* напрями́к 2) попере́к; a tree lay ~ the road попере́к доро́ги лежа́ло де́рево ◇ to put it ~ smb. а) нака́зывать кого́-л.; б) своди́ть счёты с кем-л.; в) вводи́ть в заблужде́ние

**acrostic** [ə'krɔstɪk] **1.** *n* акро́сти́х

**2.** *a* име́ющий фо́рму акро́сти́ха

**act** [ækt] **1.** *n* 1) де́ло, посту́пок; акт; ~ of bravery по́двиг; ~ of God стихи́йное бе́дствие; caught in the (very) ~ (of committing a crime) захва́чен на ме́сте преступле́ния; ~ of mutiny вое́нный мяте́ж 2) зако́н, постановле́ние (*парламента, суда*) 3) акт, де́йствие (*часть пьесы*) 4) миниатю́ра, но́мер (*программы варьете или представления в цирке*) ◇ to put on an ~ *разг.* притворя́ться, разыгра́ть сце́ну

**2.** *v* 1) де́йствовать, поступа́ть; вести́ себя́; to ~ up to a promise сдержа́ть обеща́ние 2) рабо́тать, де́йствовать; the brake refused to ~ то́рмоз отказа́л 3) влия́ть, де́йствовать (on, upon) 4) *театр.* игра́ть; to ~ the part of Othello игра́ть роль Оте́лло

**acting** ['æktɪŋ] **1.** *pres. p. от* act 2

**2.** *n театр.* 1) игра́ 2) *attr.* приспосо́бленный для постано́вки; ~ copy текст пье́сы с режиссёрскими указа́ниями и купю́рами

**3.** *a* 1) исполня́ющий обя́занности 2) де́йствующий

**actinia** [æk'tɪnɪə] *n* (*pl* -ae, -s [-z]) *зоол.* акти́ния

**actiniae** [æk'tɪnɪi:] *pl от* actinia

**actinic** [æk'tɪnɪk] *a физ., хим.* актини́ческий; ~ rays *физ.* актини́ческие лучи́ (*фиолетовые и ультрафиолетовые*)

**actinism** ['æktɪnɪzm] *n физ., хим.* актини́зм, актини́чность

**actinium** [æk'tɪnɪəm] *n хим.* акти́ний

**action** ['ækʃən] *n* 1) де́йствие, посту́пок; *полит.* а́кция, выступле́ние; overt ~ against откры́тое выступле́ние про́тив; to take prompt ~ приня́ть сро́чные ме́ры 2) *pl* поведе́ние 3) де́йствие, возде́йствие 4) де́ятельность; ~ of the heart де́ятельность се́рдца; to put out of ~ выводи́ть из стро́я 5) обвине́ние, иск; суде́бный проце́сс; to bring (*или* to enter, to lay) an ~ against smb. возбуди́ть де́ло про́тив кого́-л. 6) бой; in ~ в бою́ [*см. тж.* 7)]; to be killed (*или* to fall) in ~ пасть в бою́ 7) де́йствие механи́зма; in ~ на ходу́, де́йствующий [*см. тж.* 6)] 8) *attr.*: ~ radius ра́диус де́йствия (*самолёта и т. п.*) 9) *attr.* боево́й; ~ spring боева́я пружи́на; ~ station боево́й пост 10) *attr.*: ~ painting фо́рма абстра́ктной жи́вописи (*разбрызгивание краски по холсту*) ◇ ~s speak louder than words *посл.* ≅ не по слова́м су́дят, а по дела́м

**actionable** ['ækʃnəbl] *a юр.* даю́щий основа́ние для суде́бного пресле́дования

**activate** ['æktɪveɪt] *v* 1) *хим., биол.* активи́ровать 2) де́лать радиоакти́вным 3) *амер. воен.* формирова́ть и укомплекто́вывать

**activated** ['æktɪveɪtɪd] **1.** *p. p. от* activate

**2.** *a* активи́рованный

**active** ['æktɪv] **1.** *a* 1) акти́вный; живо́й; энерги́чный, де́ятельный; to become ~ активизи́роваться 2) де́йствующий 3) *эк.* оживлённый; the market is ~ на ры́нке цари́т оживле́ние 4) *воен.*: ~ forces постоя́нная а́рмия; ~ list спи́сок ка́дрового соста́ва; ~ service боева́я слу́жба; *амер.* действи́тельная вое́нная слу́жба 5) *грам.* действи́тельный (*о залоге*); ~ voice действи́тельный зало́г 6) *фин.* проце́нтный, принося́щий проце́нты

**2.** *n* = ~ voice [*см.* 1, 5)]

**activity** [æk'tɪvɪtɪ] *n* 1) де́ятельность; social activities культу́рно-просвети́тельные мероприя́тия 2) акти́вность; эне́ргия

**actor** ['æktə] *n* 1) актёр 2) де́ятель ◇ a bad ~ *амер.* ненадёжный челове́к

**actress** ['æktrɪs] *n* актри́са

**actual** ['æktʃuəl] *a* 1) факти́чески существу́ющий; действи́тельный; по́длинный; ~ speed действи́тельная ско́рость; *ав.* и́стинная ско́рость; ~ capital действи́тельный капита́л; ~ load поле́зная нагру́зка; in ~ fact в действи́тельности; the ~ position факти́ческое, существу́ющее положе́ние (дел) 2) теку́щий, совреме́нный

**actuality** [ˌæktʃu'ælɪtɪ] *n* 1) действи́тельность; реа́льность 2) *pl* существу́ющие усло́вия; фа́кты 3) реали́зм (*в искусстве*)

**actualize** ['æktʃuəlaɪz] *v* 1) реализова́ть; осуществля́ть 2) воссоздава́ть реалисти́чески (*в искусстве*)

**actually** ['æktʃuəlɪ] *adv* 1) факти́чески, на са́мом де́ле 2) в настоя́щее вре́мя

**actuary** ['æktjuərɪ] *n* стати́стик страхово́го о́бщества, актуа́рий

**actuate** ['æktjueɪt] *v* 1) приводи́ть в де́йствие 2) побужда́ть 3) *эл.* возбужда́ть

**actuator** [ˈæktjueɪtə] *n* 1) *тех.* силовóй привóд; рукоя́тка привóда 2) *эл.* соленóид

**acuity** [əˈkju(:)ɪtɪ] *n* 1) острота́ 2) óстрый хара́ктер (*болезни*)

**acumen** [əˈkju:men] *n* проница́тельность, сообрази́тельность

**acuminate** 1. *a* [əˈkju:mɪnɪt] *биол.* остроконéчный, заострённый

2. *v* [əˈkju:mɪneɪt] 1) заостря́ть 2) придава́ть острóту́

**acute** [əˈkju:t] *a* 1) óстрый; ~ angle óстрый ýгол 2) óстрый, си́льный; ~ eyesight óстрое зрéние; ~ pain óстрая боль 3) проница́тельный, сообрази́тельный 4) пронзи́тельный, высóкий (*о звуке*)

**ad** [æd] *сокр. разг. от* advertisement

**adage** [ˈædɪdʒ] *n* послóвица, поговóрка, изречéние

**adagio** [əˈdɑ:dʒɪəu] *n* (*pl* -os [-əuz]) *муз.* ада́жио

**adamant** [ˈædəmənt] 1. *n* 1) твёрдый минера́л *или* мета́лл 2) что-л. твёрдое, несокруши́мое; will of ~ желéзная вóля

2. *a* непреклóнный; твёрдый, несгиба́емый; ~ to entreaties непреклóнный к мольба́м

**adamantine** [ˌædəˈmæntaɪn] 1. *n* стальна́я дробь (*для бурения*)

2. *a* 1) óчень твёрдый 2) несокруши́мый

**Adam's apple** [ˈædəmzˌæpl] *n* кады́к

**adapt** [əˈdæpt] *v* 1) приспоса́бливать, пригоня́ть, прила́живать (to, for) 2) *refl* приспоса́бливаться, применя́ться 3) адапти́ровать, сокраща́ть и упроща́ть 4) передéлывать; to ~ a novel инсцени́ровать ромáн

**adaptability** [əˌdæptəˈbɪlɪtɪ] *n* приспособля́емость, примени́мость

**adaptable** [əˈdæptəbl] *n* легкó приспоса́бливаемый

**adaptation** [ˌædæpˈteɪʃən] *n* 1) адапта́ция, приспособлéние; light ~ адапта́ция к свéту; ~ to the terrain *воен.* применéние к мéстности 2) передéлка; ~ of a musical composition аранжирóвка музыка́льного произведéния 3) *биол.* адапта́ция

**adapter** [əˈdæptə] *n* 1) тот, кто передéлывает, адапти́рует литерату́рное произведéние 2) *тех.* ада́птер, звукосни́матель; соедини́тельное устрóйство; держа́тель

**add** [æd] *v* 1) прибавля́ть, присоединя́ть; this ~s to the expense э́то увели́чивает расхóд; ~ed to everything else к томý же; в дополнéние ко всемý 2) *мат.* скла́дывать □ ~ **in** включа́ть; ~ **to** добавля́ть, увели́чивать; ~ **together**, ~ **up** скла́дывать, подсчи́тывать, подытóживать; находи́ть сýмму ◇ to ~ fuel (*или* oil) to the fire (*или* to the flame) подлива́ть ма́сла в огóнь; to ~ insult to injury наноси́ть нóвые оскорблéния

**addenda** [əˈdendə] *pl от* addendum

**addendum** [əˈdendəm ] *n* (*pl* -da) приложéние, дополнéние (*в книге*), аддéнда

**adder** I [ˈædə] *n* 1) гадю́ка 2) *амер.* уж

**adder** II [ˈædə] *n* сумми́рующее устрóйство

**addict** 1. *n* [ˈædɪkt] наркома́н (*тж.* drug ~) ◇ he is a T V ~ егó не оторвёшь от телеви́зора

2. *v* [əˈdɪkt] увлека́ться (*обыкн. дурным*); to ~ oneself предава́ться (to — *чему-л.*); he is much ~ed to drink он си́льно пьёт

**addiction** [əˈdɪkʃən] *n* склóнность (*к чему-л.*), па́губная привы́чка

**adding machine** [ˈædɪŋməˌʃi:n] *n* арифмóметр; счётная маши́на

**addition** [əˈdɪʃən] *n* 1) прибавлéние, увеличéние, дополнéние; in ~ to вдоба́вок, в дополнéние к, крóме тогó, к томý же 2) *мат.* сложéние 3) *хим.* при́месь

**additional** [əˈdɪʃənl] *a* доба́вочный, дополни́тельный; ~ charges накладны́е расхóды

**additive** [ˈædɪtɪv] *n тех.* приса́дка (*к маслу*); доба́вка (*к топливу*)

**addle** [ˈædl] 1. *a* 1) тýхлый, испóрченный; ~ egg тýхлое яйцó; болтýн (*яйцо*) 2) пустóй, взба́лмошный; пýтаный

2. *v* 1) тýхнуть, пóртиться (*о яйце*) 2) пýтать; to ~ one's head (*или* one's brain) забива́ть себé гóлову (*чем-л*); лома́ть гóлову (*над чем-л.*)

**addle-brained** [ˈædlbreɪnd] *a* 1) пустоголóвый, безмóзглый 2) помéшанный

**addled** [ˈædld] *a* испóрченный, протýхший (*о яйце*)

**addle-head** [ˈædlhed] *n* пустоголóвый человéк, пустáя башкá

**addlement** [ˈædlmənt] *n* пýтаница

**addle-pate** [ˈædlpeɪt] = addle-head

**address** [əˈdres] 1. *n* 1) áдрес 2) обращéние; речь; выступлéние 3) такт; лóвкость; (умéлое) обхождéние 4) *pl* уха́живание; to pay one's ~es to a lady уха́живать за да́мой

2. *v* 1) адресова́ть; направля́ть 2) обраща́ться (*к кому-л.*); выступа́ть; to ~ a meeting выступа́ть с рéчью на собра́нии; to ~ oneself to the audience обраща́ться к аудитóрии 3): to ~ oneself to smth. бра́ться, принима́ться за что-л.

**addressee** [ˌædreˈsi:] *n* адреса́т

**adduce** [əˈdju:s] *v* представля́ть, приводи́ть (*в качестве доказательства*)

**adducent** [əˈdju:sənt] *a анат.* приводя́щий (*о мышце*)

**adduction** [əˈdʌkʃən] *n* 1) приведéние (*фактов, доказательств*) 2) *анат.* аддýкция, приведéние (*мышцы*)

**adductor** [əˈdʌktə] *n анат.* аддýктор, приводя́щая мы́шца

**adenoids** [ˈædɪnɔɪdz] *n pl* аденóиды

**adept** [ˈædept] 1. *n* знатóк, экспéрт
2. *a* свéдущий

**adequacy** [ˈædɪkwəsɪ] *n* 1) соответ́ствие, адеква́тность 2) достáточность 3) соразмéрность 4) компетéнтность

**adequate** [ˈædɪkwɪt] *a* 1) соотвéтствующий, адеква́тный; ~ definition тóчное определéние 2) достáточный 3) компетéнтный; отвеча́ющий трéбованиям

**adequation** [ˌædɪˈkweɪʃən] *n* 1) выра́внивание 2) эквивалéнт

**adhere** [ədˈhɪə] *v* 1) прилипа́ть, пристава́ть (to) 2) твёрдо держа́ться, придéрживаться (*чего-л.*; to); остава́ться вéрным (*принципам и т. п.*; to)

**adherence** [ədˈhɪərəns] *n* 1) привéрженность; вéрность 2) стрóгое соблюдéние (*правил, принципов и т. п.*); ~ to specification соблюдéние техни́ческих услóвий 3) *тех.* сцеплéние

**adherent** [ədˈhɪərənt] 1. *n* привéрженец; сторóнник

2. *a* 1) вя́зкий, клéйкий 2) плóтно прилега́ющий

**adherer** [ədˈhɪərə] = adherent 1

**adhesion** [ədˈhi:ʒən] *n* 1) прилипа́ние; слипа́ние 2) вéрность (*принципам, партии и т. п.*) 3) соглáсие 4) *тех.* сцеплéние (*напр., колёс локомотива с рельсами*); трéние 5) *физ.* молекуля́рное притяжéние 6) *мед.* спа́йка 7) *attr. тех.* сцепнóй; ~ weight сцепнóй вес; ~ wheel фрикциóнное колесó

**adhesive** [ədˈhi:sɪv] *a* ли́пкий, клéйкий; свя́зывающий; ~ power *тех.* си́ла сцеплéния

**adhesiveness** [ədˈhi:sɪvnɪs] *n* 1) клéйкость, ли́пкость 2) *психол.* спосóбность к ассоции́рованию

**ad hoc** [ˈædˈhɔk] *лат. a* специа́льный, устрóенный для да́нной цéли; ~ committee специа́льный комитéт

**adieu** [əˈdju:] *фр.* 1. *int* прощáй(те)!

2. *n* прощáние; to bid smb. ~, to make (*или* to take) one's ~ прощáться

**adipose** [ˈædɪpəus] 1. *n* живóтный жир

2. *a* жи́рный; жировóй; са́льный

**adiposity** [ˌædɪˈpɔsɪtɪ] *n* ожирéние, тýчность

**adit** [ˈædɪt] *n* 1) вход, прохóд 2) приближéние 3) *горн.* штóльня, галерéя

**adjacency** [əˈdʒeɪsənsɪ] *n* сосéдство; смéжность

**adjacent** [əˈdʒeɪsənt] *a* 1) примыка́ющий, смéжный, сосéдний (to); ~ villages близлежа́щие дерéвни 2) *мат.* смéжный; ~ angle смéжный ýгол

**adjectival** [ˌædʒekˈtaɪvəl] *a грам.* употреблённый в ка́честве прилага́тельного, адъективи́рованный

**adjective** [ˈædʒɪktɪv] 1. *n грам.* и́мя прилага́тельное

2. *a* 1) *грам.* имéющий свóйства прилага́тельного; относя́щийся к прилага́тельному 2) несамостоя́тельный, зави́симый; ~ colours дополни́тельные цветá

**adjoin** [əˈdʒɔɪn] *v* примыка́ть, прилега́ть, грани́чить

**adjoining** [ə'dʒɔɪnɪŋ] 1. *pres. p. от* adjoin
2. *a* прилега́ющий, примыка́ющий, сосе́дний, грани́чащий

**adjourn** [ə'dʒə:n] *v* 1) отсро́чивать, откла́дывать 2) де́лать, объявля́ть переры́в (*в работе сессии и т. п.*) 3) закрыва́ть (*заседание*); расходи́ться 4) переходи́ть в друго́е ме́сто; переноси́ть заседа́ние в друго́е помеще́ние; to ~ to the drawing-room *разг.* перейти́ в гости́ную

**adjournment** [ə'dʒə:nmənt] *n* 1) отсро́чка 2) переры́в

**adjudge** [ə'dʒʌdʒ] *v* 1) выноси́ть пригово́р; пригова́ривать (to — к); to ~ smb. guilty признава́ть кого́-л. вино́вным (of — в *чём-л.*) 2) присужда́ть (*премию и т. п.*; to)

**adjudg(e)ment** [ə'dʒʌdʒmənt] *n* 1) суде́бное реше́ние; вынесе́ние пригово́ра 2) присужде́ние (*премии и т. п.*)

**adjudicate** [ə'dʒu:dɪkeɪt] *v* суди́ть; выноси́ть реше́ние (*на конкурсе и т. п.*; on, upon)

**adjunct** ['ædʒʌŋkt] *n* 1) приложе́ние, дополне́ние (to); прида́ток; случа́йное сво́йство 2) *грам.* определе́ние, обстоя́тельственное сло́во 3) *редк.* помо́щник; адъю́нкт

**adjunct professor** ['ædʒʌŋktprə,fesə] *n амер.* адъю́нкт-профе́ссор

**adjuration** [,ædʒuə'reɪʃən] *n* 1) мольба́, заклина́ние 2) кля́тва 3) *юр.* приведе́ние к прися́ге

**adjure** [ə'dʒuə] *v* 1) моли́ть, заклина́ть 2) *юр.* приводи́ть к прися́ге

**adjust** [ə'dʒʌst] *v* 1) приводи́ть в поря́док 2) ула́живать (*спор и т. п.*) 3) приспоса́бливать, пригоня́ть, прила́живать 4) регули́ровать; устана́вливать; выверя́ть

**adjustable** [ə'dʒʌstəbl] *a* регули́руемый, приспособля́емый; передвижно́й; ~ bookshelf подвижна́я по́лка в кни́жном шкафу́; ~ screw-wrench (*или* spanner) раздвижно́й га́ечный ключ

**adjusted** [ə'dʒʌstɪd] 1. *p. p. от* adjust
2. *a* урегули́рованный, устано́вленный; вы́веренный; ~ fire *воен.* прице́льный ого́нь

**adjuster** [ə'dʒʌstə] *n* 1) монта́жник, сбо́рщик; устано́вщик 2) регулиро́вщик 3) *тех.* натяжно́е приспособле́ние; натяжно́й болт (*тж.* ~ bolt)

**adjusting** [ə'dʒʌstɪŋ] 1. *pres. p. от* adjust
2. *a* 1) регули́рующий; устано́вочный; ~ device устано́вочное (*или* регули́рующее) приспособле́ние; ~ tool отве́с для вы́верки 2) сбо́рочный; ~ shop сбо́рочная мастерска́я; сбо́рочный, монта́жный цех

**adjustment** [ə'dʒʌstmənt] *n* 1) регули́рование, приспособле́ние; to make ~ приспосо́биться 2) устано́вка, сбо́рка; регулиро́вка, приго́нка 3) *воен.* корректи́рование; ~ in direction корректи́рование направле́ния; ~ in range корректи́рование да́льности; ~ of sight устано́вка прице́ла 4) *attr.*: ~ fire *воен.* пристре́лка

**adjutancy** ['ædʒutənsɪ] *n* зва́ние *или* до́лжность адъюта́нта

**adjutant** ['ædʒutənt] *n* 1) адъюта́нт; нача́льник отделе́ния ли́чного соста́ва 2) подру́чный 3) *зоол.* инди́йский зоба́тый а́ист

**adjutant-bird** ['ædʒutəntbə:d] = adjutant 3)

**adjuvant** ['ædʒuvənt] 1. *n* помо́щник; вспомога́тельное сре́дство
2. *a* вспомога́тельный, поле́зный

**ad lib** ['æd'lɪb] *лат.* 1. *n* экспро́мт, импровиза́ция
2. *adv* ско́лько уго́дно, свобо́дно

**ad-lib** ['æd'lɪb] *a разг.* импровизи́рованный, неподгото́вленный

**adman** ['ædmæn] *n* (*pl* admen) сотру́дник рекла́много аге́нтства

**admeasure** [æd'meʒə] *v* отмеря́ть, устана́вливать преде́лы, грани́цы

**administer** [əd'mɪnɪstə] *v* 1) управля́ть; вести́ (*дела*) 2) снабжа́ть; ока́зывать по́мощь 3) отправля́ть (*правосудие*); налага́ть (*взыскание*) 4): to ~ an oath to smb., to ~ smb. to an oath приводи́ть кого́-л. к прися́ге 5) назнача́ть, дава́ть (*лекарство*) ◇ to ~ a shock наноси́ть уда́р

**administrate** [əd'mɪnɪstreɪt] *v амер.* управля́ть; контроли́ровать

**administration** [əd,mɪnɪs'treɪʃən] *n* 1) управле́ние (*делами*) 2) администра́ция 3) министе́рство 4) прави́тельство 5) отправле́ние (*правосудия*) 6) назначе́ние *или* приём (*лекарств*)

**administrative** [əd'mɪnɪstrətɪv] *a* 1) администрати́вный; администрати́вно-хозя́йственный; ~ troops *воен.* ча́сти и подразделе́ния служб ты́ла 2) исполни́тельный (*о власти*)

**administrator** [əd'mɪnɪstreɪtə] *n* 1) управля́ющий, администра́тор 2) лицо́, выполня́ющее официа́льные обя́занности (*судья и т. п.*) 3) *юр.* опеку́н

**administratrices** [əd'mɪnɪstreɪtrɪsi:z] *pl от* administratrix

**administratrix** [əd'mɪnɪstreɪtrɪks] *n* (*pl* -es [-ɪz], -ices) же́нщина-администра́тор

**admirable** ['ædmərəbl] *a* замеча́тельный, восхити́тельный, превосхо́дный

**admiral** ['ædmərəl] *n* 1) адмира́л; A. of the Fleet, *амер.* A. of the Navy адмира́л фло́та 2) фла́гманский кора́бль

**admiralty** ['ædmərəltɪ] *n* 1) (A.) адмиралте́йство, морско́е министе́рство (*в Англии*); First Lord of the A. пе́рвый лорд адмиралте́йства (*в Англии*) 2) адмира́льское зва́ние 3) *attr.*: ~ mile (*или* knot) англи́йская ми́ля (= *1853,248 м*)

**admiration** [,ædmə'reɪʃən] *n* 1) восхище́ние; восто́рг; note of ~ восклица́тельный знак; lost in ~ в по́лном восто́рге 2) предме́т восхище́ния

**admire** [əd'maɪə] *v* 1) любова́ться; восхища́ться; выража́ть восто́рг 2) *амер. разг.* хоте́ть, жела́ть (*сделать что-л.*); I should ~ to know я о́чень хоте́л бы знать

**admirer** [əd'maɪərə] *n* покло́нник, обожа́тель

**admissible** [əd'mɪsəbl] *a* 1) допусти́мый, прие́млемый 2) *юр.* име́ющий пра́во быть при́нятым

**admission** [əd'mɪʃən] *n* 1) до́ступ 2) входна́я пла́та; вход; ~ by ticket вход по биле́там 3) приня́тие, допуще́ние 4) призна́ние; ~ of one's guilt призна́ние свое́й вины́ 5) *тех.* впуск, подво́д (*пара в цилиндр*); пода́ча (*воды, воздуха*) 6) *attr.* вступи́тельный; ~ fee вступи́тельный взнос 7) *attr.* *тех.*: ~ space объём наполне́ния; ~ stroke ход вса́сывания; ~ valve впускно́й кла́пан

**admit** [əd'mɪt] *v* 1) допуска́ть; принима́ть; to be ~ted to the bar получи́ть пра́во адвока́тской пра́ктики в суде́ 2) впуска́ть 3) позволя́ть (of); the question ~s of no delay вопро́с не те́рпит отлага́тельства 4) допуска́ть, соглаша́ться; this, I ~, is true допуска́ю, что э́то ве́рно 5) вмеща́ть (*о помещении*)

**admittance** [əd'mɪtəns] *n* 1) до́ступ, вход 2) разреше́ние на вход; no ~! вход воспрещён! 3) *эл.* по́лная проводи́мость

**admittedly** [əd'mɪtɪdlɪ] *adv* 1) по о́бщему призна́нию *или* согла́сию 2) предположи́тельно

**admix** [əd'mɪks] *v* приме́шивать(ся); сме́шивать(ся)

**admixture** [əd'mɪkstʃə] *n* при́месь

**admonish** [əd'mɔnɪʃ] *v* 1) предостерега́ть (of) 2) убежда́ть, увещева́ть, сове́товать 3) де́лать замеча́ние, указа́ние, вы́говор 4) напомина́ть (of)

**admonishment** [əd'mɔnɪʃmənt] = admonition

**admonition** [,ædməu'nɪʃən] *n* 1) предостереже́ние 2) увещева́ние 3) замеча́ние, указа́ние

**admonitory** [əd'mɔnɪtərɪ] *a* 1) увещева́ющий 2) предостерега́ющий

**ado** [ə'du:] *n* 1) суета́, хлопо́ты; without more (*или* further) ~ без дальне́йших церемо́ний; сра́зу 2) затрудне́ние; with much ~ с больши́ми затрудне́ниями ◇ much ~ about nothing мно́го шу́ма из ничего́

**adobe** [ə'dəubɪ] *n* 1) кирпи́ч возду́шной су́шки, необожжённый кирпи́ч, сама́н 2) сама́нная *или* глиноби́тная постро́йка

**adolescence** [,ædəu'lesns] *n* ю́ность

**adolescent** [,ædəu'lesnt] 1. *a* 1) ю́ношеский; ю́ный; подро́стковый 2) *геол.*: ~ river молода́я река́
2. *n* ю́ноша; де́вушка; подро́сток

**Adonis** [ə'dəunɪs] *n* 1) *греч. миф.* Адо́нис 2) краса́вец

**adopt** [ə'dɔpt] *v* 1) усыновля́ть; удочеря́ть 2) принима́ть; to ~ a decision приня́ть реше́ние; to ~ another course of action перемени́ть та́ктику;

to ~ the attitude заня́ть определённую пози́цию (*в чём-л.*) 3) усва́ивать, перенима́ть; to ~ smb.'s methods переня́ть чьи-л. ме́тоды 4) *лингв.* заи́мствовать 5) выбира́ть, брать по вы́бору

**adoptee** [ˌædɔp'tiː] *n* усыновлённый, приёмыш

**adoption** [ə'dɔpʃən] *n* 1) усыновле́ние 2) приня́тие; усвое́ние 3) вы́бор 4) *лингв.* заи́мствование

**adoptive** [ə'dɔptɪv] *a* 1) приёмный, усыновлённый 2) восприи́мчивый, легко́ усва́ивающий

**adorable** [ə'dɔːrəbl] *a* 1) обожа́емый 2) *разг.* преле́стный, восхити́тельный

**adoration** [ˌædɔː'reɪʃən] *n* обожа́ние; поклоне́ние

**adore** [ə'dɔː] *v* обожа́ть; поклоня́ться

**adorer** [ə'dɔːrə] *n* покло́нник, обожа́тель

**adorn** [ə'dɔːn] *v* украша́ть

**adornment** [ə'dɔːnmənt] *n* украше́ние

**adrenal** [əd'riːnl] *анат.* **1.** *a* надпо́чечный

**2.** *n* надпо́чечная железа́, надпо́чечник

**adrenalin** [ə'drenəlɪn] *n* адренали́н

**adrift** [ə'drɪft] *a predic.* по тече́нию; по во́ле волн; по во́ле слу́чая; to cut ~ пусти́ть по тече́нию; he cut himself ~ from his relatives он порва́л со свои́ми родны́ми; to go ~ дрейфова́ть; to turn ~ а) вы́гнать из дому; оста́вить на произво́л судьбы́; б) уво́лить со слу́жбы; a ship ~ дрейфу́ющий кора́бль; a man ~ мора́льно неусто́йчивый челове́к ◇ to be all ~ быть в растерянности

**adroit** [ə'drɔɪt] *a* ло́вкий, прово́рный; иску́сный; нахо́дчивый

**adroitness** [ə'drɔɪtnɪs] *n* ло́вкость, прово́рство; иску́сность; нахо́дчивость

**adsorb** [æd'sɔːb] *v хим.* адсорби́ровать

**adsorbent** [æd'sɔːbənt] *n хим.* адсорбе́нт, адсорби́рующее вещество́

**adsorption** [æd'sɔːpʃən] *n хим.* адсо́рбция

**adulation** [ˌædju'leɪʃən] *n* низкопоклонство; лесть

**adulatory** ['ædjuleɪtərɪ] *a* льсти́вый; уго́дливый

**adult** ['ædʌlt] **1.** *n* взро́слый, совершеннолетний, зре́лый челове́к

**2.** *a* взро́слый, совершенноле́тний, зре́лый

**adulterant** [ə'dʌltərənt] *n* при́месь

**adulterate** [ə'dʌltəreɪt] **1.** *v* фальсифици́ровать; подме́шивать; ~d milk разба́вленное молоко́; ~d facts подтасо́ванные фа́кты

**2.** *a* 1) фальсифици́рованный 2) вино́вный в прелюбоде́янии 3) внебра́чный, незаконнорождённый

**adulteration** [əˌdʌltə'reɪʃən] *n* фальсифика́ция, подде́лка; подме́шивание

**adulterer** [ə'dʌltərə] *n* наруша́ющий супру́жескую ве́рность

**adulteress** [ə'dʌltərɪs] *n* наруша́ющая супру́жескую ве́рность

**adultery** [ə'dʌltərɪ] *n* адюльте́р, наруше́ние супру́жеской ве́рности, прелюбоде́яние

**adumbrate** ['ædʌmbreɪt] *v* 1) бе́гло наброса́ть; дать о́бщее представле́ние; описа́ть в о́бщих черта́х 2) предвеща́ть, предзнаменова́ть 3) затемня́ть, броса́ть тень

**adust** [ə'dʌst] *a* 1) вы́жженный, сожжённый со́лнцем; ссо́хшийся от со́лнца 2) загоре́лый 3) *уст.* жёлчный; мра́чный, угрю́мый

**ad valorem** ['ædvə'lɔːrem] *лат.* **1.** *a* соотве́тствующий сто́имости; ~ duties по́шлины, взима́емые соотве́тственно сто́имости това́ра

**2.** *adv* соотве́тственно сто́имости

**advance** [əd'vɑːns] **1.** *n* 1) продвиже́ние вперёд 2) *воен.* наступле́ние 3) успе́х, прогре́сс; улучше́ние 4) предваре́ние; упрежде́ние (*тж. тех.*); in ~ вперёд, зара́нее; in ~ of smth. а) впереди́ чего́-л.; б) ра́ньше чего́-л.; to be in ~ а) опереди́ть, обогна́ть; б) идти́ вперёд, спеши́ть (*о часах*) 5) продвиже́ние (*по службе*) 6) повыше́ние (*цен и т. п.*) 7) ссу́да; ава́нс 8) *эл.* опереже́ние по фа́зе 9) *attr.* ава́нсовый; ~ notes *ком.* ава́нсовые тра́тты ◇ to make ~s де́лать ава́нсы, предложе́ния; идти́ навстре́чу (*в чём-либо*)

**2.** *v* 1) продвига́ться вперёд 2) *воен.* наступа́ть 3) де́лать успе́хи, развива́ться 4) продвига́ть(ся) (*по службе*) 5) переноси́ть на бо́лее ра́нний срок, ускоря́ть; they ~d the date of their arrival они́ перенесли́ да́ту своего́ прие́зда на бо́лее ра́нний срок 6) повыша́ть(ся) (*в цене*); the bank has ~d the rate of discount to 5% банк повы́сил проце́нт учёта до пяти́ 7) выдвига́ть (*предложение, возражение*) 8) плати́ть ава́нсом 9) ссужа́ть де́ньги

**advanced** [əd'vɑːnst] **1.** *p. p. от* advance 2

**2.** *a* 1) вы́двинутый вперёд 2) передово́й; ~ ideas передовы́е иде́и 3) успева́ющий (*об ученике*) 4) продви́нутый; повы́шенного ти́па; ~ studies заня́тия, курс повы́шенного ти́па для продолжа́ющих обуче́ние; ~ Learner's Dictionary Слова́рь для продви́нутых уча́щихся ◇ ~ in years престаре́лый

**advance-guard** [əd'vɑːnsgɑːd] *n* аванга́рд

**advancement** [əd'vɑːnsmənt] *n* 1) продвиже́ние, распростране́ние (*образования и т. п.*) 2) успе́х, прогре́сс

**advantage** [əd'vɑːntɪdʒ] **1.** *n* 1) преиму́щество (of, over — над); благоприя́тное положе́ние; to have the ~ of smb. име́ть преиму́щество пе́ред кем-л.; to take ~ of smb. обману́ть, перехитри́ть кого́-л.; to take ~ of smth. воспо́льзоваться чем-л.; to take smb. at ~ захвати́ть кого́-л. враспло́х 2) вы́года, по́льза; to ~ вы́годно, хорошо́; в вы́годном све́те; to turn smth. to ~ испо́льзовать что-л. в свои́х интере́сах

**2.** *v книжн.* помога́ть

**advantageous** [ˌædvən'teɪdʒəs] *a* благоприя́тный; вы́годный; поле́зный

**advent** ['ædvənt] *n* 1) прихо́д, прибы́тие 2) (A.) *рел.* прише́ствие 3) (A.) *церк.* рожде́ственский пост

**adventitious** [ˌædven'tɪʃəs] *a* 1) случа́йный, побо́чный 2) доба́вочный

**adventure** [əd'ventʃə] **1.** *n* 1) приключе́ние 2) риско́ванное предприя́тие; риск; авантю́ра 3) собы́тие, пережива́ние 4) *attr.* приключе́нческий; an ~ story приключе́нческий расска́з

**2.** *v* 1) рискова́ть; to ~ one's life рискова́ть жи́знью 2) отва́живаться; рискну́ть сказа́ть *или* сде́лать (*что-л.*)

**adventurer** [əd'ventʃərə] *n* 1) иска́тель приключе́ний 2) авантюри́ст

**adventuress** [əd'ventʃərəs] *n* 1) иска́тельница приключе́ний 2) авантюри́стка

**adventurous** [əd'ventʃərəs] *a* 1) безрассу́дно сме́лый 2) предприи́мчивый 3) опа́сный, риско́ванный

**adverb** ['ædvəːb] *n грам.* наре́чие

**adverbial** [əd'vəːbjəl] *a грам.* наре́чный

**adversary** ['ædvəsərɪ] *n* проти́вник, враг; сопе́рник

**adversative** [əd'vəːsətɪv] *a* 1) *лингв.* выража́ющий противополо́жное поня́тие 2) *грам.* противи́тельный

**adverse** ['ædvəːs] *a* 1) вражде́бный 2) неблагоприя́тный; вре́дный; ~ winds проти́вные ве́тры; it is ~ to their interests э́то противоре́чит их интере́сам 3) лежа́щий (на)про́тив

**adversity** [əd'vəːsɪtɪ] *n* 1) напа́сти, несча́стья, бе́дствия 2) неблагоприя́тная обстано́вка

**advert** [əd'vəːt] *v* ссыла́ться; упомина́ть; обраща́ться (*к чему-л.*); каса́ться; to ~ to other matters косну́ться други́х вопро́сов

**advertence, -cy** [əd'vəːtəns, -sɪ] *n* внима́тельное отноше́ние, чу́ткость

**advertise** ['ædvətaɪz] *v* 1) помеща́ть объявле́ние; реклами́ровать; to ~ for smth. дава́ть объявле́ние о чём-л. 2) иска́ть по объявле́нию 3) *уст.* извеща́ть, объявля́ть

**advertisement** [əd'vəːtɪsmənt] *n* 1) объявле́ние; рекла́ма; ано́нс 2) *attr.* рекла́мный; ~ column столбе́ц *или* отде́л объявле́ний в газе́те

**advertiser** ['ædvətaɪzə] *n* 1) лицо́, помеща́ющее объявле́ние 2) газе́та с объявле́ниями

**advertize** ['ædvətaɪz] = advertise

**advice** [əd'vaɪs] *n* 1) сове́т; to give ~ сове́товать; to follow the doctor's ~ сле́довать сове́ту врача́ 2) консульта́ция (*юриста, врача*) 3) (*обыкн. pl*) сообще́ние 4) *ком.* ави́зо (*тж.* letter of ~)

**advisable** [əd'vaɪzəbl] *a* 1) благоразу́мный 2) рекоменду́емый; целесообра́зный; жела́тельный

**advise** [əd'vaɪz] *v* 1) совéтовать; to ~ with smb. on (*или* about) smth. совéтоваться с кем-л. о чём-л. 2) консульти́ровать 3) извещáть, сообщáть

**advised** [əd'vaɪzd] **1.** *p. p. от* advise **2.** *a уст.* 1) осведомлённый 2) обдýманный, намéренный 3) осторóжный; рассуди́тельный

**advisedly** [əd'vaɪzɪdlɪ] *adv* намéренно; обдýманно

**adviser** [əd'vaɪzə] *n* совéтник; консультáнт; legal ~ юрискóнсульт; medical ~ врач

**advisory** [əd'vaɪzərɪ] *a* совещáтельный; консультати́вный

**advocacy** ['ædvəkəsɪ] *n* 1) защи́та 2) адвокатýра, дéятельность адвокáта 3) пропагáнда (*взглядов и т. п.*)

**advocate 1.** *n* ['ædvəkɪt] 1) защи́тник; сторóнник (*мнения*) 2) адвокáт, защи́тник (*особ. в Шотландии*); Lord A. генерáльный прокурóр Шотлáндии ◇ the devil's ~ а) приди́ра; б) завзя́тый спóрщик

**2.** *v* ['ædvəkeɪt] отстáивать; поддéрживать, пропаганди́ровать (*взгляды и т. п.*); to ~ peace вы́ступить в защи́ту ми́ра

**adynamia** [ˌædaɪ'neɪmɪə] *n мед.* слáбость, потéря сил; прострáция

**adz(e)** [ædz] **1.** *n тех.* теслó; струг

**2.** *v* тесáть, строгáть; обтёсывать

**aegis** ['iːdʒɪs] *n* 1) эги́да 2) защи́та; under the ~ of под защи́той, под покрови́тельством

**aegrotat** [i(ː)'grəutæt] *n* спрáвка о болéзни у отсýтствовавшего на экзáмене студéнта (*в англ. университетах*)

**Aeneas** [i(ː)'niːæs] *n греч. миф.* Энéй

**Aeolian** [i(ː)'əuljən] *a*: ~ harp Эóлова áрфа

**aeon** ['iːən] *n* 1) вéчность 2) *геол.* э́ра

**aerate** ['eɪəreɪt] *v* 1) провéтривать, вентили́ровать 2) гази́ровать

**aerated water** ['eɪəreɪtɪd, wɔːtə] *n* гази́рованная водá

**aeration** [ˌeɪə'reɪʃən] *n* 1) провéтривание, вентили́рование; ~ of the soil аэрáция пóчвы 2) гази́рование

**aerial** ['ɛərɪəl] **1.** *a* 1) воздýшный, эфи́рный; ~ acrobatics вы́сший пилотáж; ~ ambulance санитáрный самолёт; ~ camera = aerocamera; ~ mapping топографи́ческая аэрофотосъёмка; ~ mine авиациóнная ми́на; ~ navigation аэронавигáция; ~ reconnaissance воздýшная развéдка; ~ sickness воздýшная болéзнь; ~ system радиосéть; ~ wire антéнна 2) надзéмный; ~ railway (*или* ropeway) подвеснáя канáтная дорóга 3) нереáльный

**2.** *n* антéнна

**aerie** ['ɛərɪ] *n* 1) гнездó хи́щной пти́цы; *особ.* орли́ное гнездó 2) дом на возвы́шенном уединённом мéсте 3) вы́водок (*хищной птицы*)

**aeriform** ['ɛərɪfɔːm] *a* 1) воздýшный, газообрáзный; ~ body газообрáзное тéло 2) нереáльный

**aerify** ['ɛərɪfaɪ] *v* 1) превращáть в газообрáзное состоя́ние 2) гази́ровать

**aerobatics** ['ɛərəu'bætɪks] *n pl* (*употр. как sing*) вы́сший пилотáж, фигýрные полёты

**aerobiology** ['ɛərəubaɪ'ɔlədʒɪ] *n* аэробиолóгия

**aerobomb** ['ɛərəubɔm] *n* авиабóмба

**aerocamera** [ˌɛərəu'kæmərə] *n фото* аэрокáмера

**aerocarrier** [ˌɛərəu'kærɪə] *n* авианóсец

**aerodrome** ['ɛərədrəum] *n* аэродрóм

**aerodynamic(al)** ['ɛərəudaɪ'næmɪk(əl)] *a* аэродинами́ческий

**aerodynamics** ['ɛərəudaɪ'næmɪks] *n pl* (*употр. как sing*) аэродинáмика

**aerodyne** ['ɛərəudaɪn] *n* летáтельный аппарáт тяжелéе вóздуха

**aeroembolism** [ˌɛərəu'embəlɪzm] *n* кессóнная болéзнь

**aero-engine** [ˌɛərəu'endʒɪn] *n* авиациóнный дви́гатель

**aerofoil** ['ɛərəfɔɪl] *n ав.* аэродинами́ческая повéрхность; прóфиль (крылá); крылó

**aerogram** ['ɛərəugræm] *n* радиогрáмма

**aerogun** ['ɛərəugʌn] *n* авиапýшка; авиапулемёт

**aerojet** ['ɛərəu'dʒet] *a* воздýшно-реакти́вный

**aerolite** ['ɛərəulaɪt] *n геол.* аэроли́т, кáменный метеори́т

**aerology** [ɛə'rɔlədʒɪ] *n* аэролóгия

**aeromechanics** [ˌɛərəumɪ'kænɪks] *n pl* (*употр. как sing*) аэромехáника

**aerometer** [ɛə'rɔmɪtə] *n* аэрóметр

**aeronaut** ['ɛərənɔːt] *n* воздухоплáватель, аэронáвт

**aeronautic(al)** [ˌɛərə'nɔːtɪk(əl)] *a* воздухоплáвательный; авиациóнный

**aeronautics** [ˌɛərə'nɔːtɪks] *n pl* (*употр. как sing*) аэронáвтика

**aeronavigation** ['ɛərəˌnævɪ'geɪʃən] *n* аэронавигáция

**aerophone** ['ɛərəfəun] *n* 1) звукоусили́тель; усили́тель звуковы́х волн 2) слуховóй аппарáт, аудиофóн 3) переговóрное устрóйство на самолёте

**aeroplane** ['ɛərəpleɪn] *n* 1) самолёт, аэроплáн 2) *attr.*: ~ carrier авианóсец; ~ shed ангáр

**aerosol** ['ɛərəusɔl] *n хим.* аэрозóль

**aerostat** ['ɛərəustæt] *n* аэростáт; воздýшный шар

**aerostatics** [ˌɛərəu'stætɪks] *n pl* (*употр. как sing*) 1) аэростáтика 2) воздухоплáвание

**aerostation** [ˌɛərəu'steɪʃən] *n* воздухоплáвание

**aerotechnics** [ˌɛərəu'teknɪks] *n pl* (*употр. как sing*) авиатéхника

**aery** ['ɛərɪ] = aerie

**Aesop** ['iːsɔp] *n* Эзóп

**aesthete** ['iːsθiːt] *n* эстéт

**aesthetic** [iːs'θetɪk] *a* эстети́ческий

**aesthetics** [iːs'θetɪks] *n pl* (*употр. как sing*) эстéтика

**aestho-physiology** ['iːsθəuˌfɪzɪ'ɔlədʒɪ] *n* физиолóгия óрганов чувств

**aetiology** [ˌiːtɪ'ɔlədʒɪ] *n* этиолóгия

**afar** [ə'fɑː] *adv* 1) вдалекé (*обыкн.* ~ off) 2) и́здали, издалекá (*тж.* from ~)

**affability** [ˌæfə'bɪlɪtɪ] *n* привéтливость; любéзность, вéжливость

**affable** ['æfəbl] *a* привéтливый; любéзный, вéжливый

**affair** [ə'fɛə] *n* 1) дéло; it is an ~ of a few days э́то вопрóс нéскольких дней; it is my ~ э́то моё дéло; mind your own ~s *разг.* не сýйтесь не в своё дéло; an ~ of honour а) дéло чéсти; б) дуэ́ль 2) *pl* делá, заня́тия; a man of ~s деловóй человéк; business ~ коммéрческие делá 3) *разг.* «истóрия», «вещь», «штýка»; a complicated ~ слóжная штýка 4) любóвная связь; to have an ~ with smb. быть в свя́зи с кем-л. 5) *воен.* дéло, сты́чка

**affect** I [ə'fekt] **1.** *n психол.* аффéкт

**2.** *v* 1) дéйствовать (*на кого-л.*); воздéйствовать, влия́ть 2) трóгать, волновáть; the news ~ed him извéстие взволновáло егó 3) задевáть, затрáгивать; to ~ the interest затрáгивать интерéсы; to ~ the character порóчить репутáцию 4) поражáть (*о болезни*); ~ed by cold простýженный

**affect** II [ə'fekt] *v* 1) притворя́ться, дéлать вид, прики́дываться; to ~ ignorance прики́дываться незнáющим 2) люби́ть, предпочитáть (*что-л.*)

**affectation** [ˌæfek'teɪʃən] *n* 1) притвóрство, аффектáция, жемáнство 2) искýсственность (*языка, стиля*)

**affected** I [ə'fektɪd] **1.** *p. p. от* affect I, 2

**2.** *a* 1) трóнутый; задéтый 2) находя́щийся под влия́нием (by — *чего-л.*) 3) поражённый болéзнью

**affected** II [ə'fektɪd] **1.** *p. p. от* affect II

**2.** *a* неестéственный, показнóй, притвóрный; жемáнный

**affection** [ə'fekʃən] *n* 1) (*часто pl*) привя́занность, любóвь (towards, for); the object of his ~s предмéт егó люби́ 2) болéзнь; mental ~ психи́ческое заболевáние, душéвная болéзнь

**affectionate** [ə'fekʃnɪt] *a* лю́бящий; нéжный; ~ farewell нéжное прощáние

**affective** [ə'fektɪv] *a* эмоционáльный

**afferent** ['æfərənt] *a физиол.* центростреми́тельный; ~ nerves центростреми́тельные, чувстви́тельные нéрвы

**affiance** [ə'faɪəns] **1.** *n* 1) довéрие (in, on — к) 2) обручéние 3) обещáние вéрности (*при обручении*)

**2.** *v* (*обыкн. pass.*) давáть обещáние (*при обручении*); they were ~d они́ бы́ли обручены́

**affiant** [ə'faɪənt] *n юр.* свидéтель, даю́щий покáзание под прися́гой

**affidavit** [ˌæfɪ'deɪvɪt] *n юр.* пи́сьменное показа́ние под прися́гой; to swear (*или* to make) an ~ дава́ть показа́ния под прися́гой; to take an ~ а) снима́ть показа́ния; б) *распр.* дава́ть показа́ния

**affiliate** [ə'fɪlɪeɪt] *v* 1) принима́ть в чле́ны 2) присоединя́ть как филиа́л (to, with) 3) присоединя́ться (with— к) 4) устана́вливать свя́зи (*культурные и т. п.*) 5) *юр.* устана́вливать отцо́вство 6) проследи́ть исто́чник, устана́вливать а́вторство

**affiliated societies** [ə'fɪlɪeɪtɪdsə'saɪətɪz] *n pl* филиа́лы

**affiliation** [əˌfɪlɪ'eɪʃən] *n* 1) приём в чле́ны *и пр.* [*см.* affiliate] 2) *attr.*: ~ fee вступи́тельный взнос; ~ order суде́бное предписа́ние об алиме́нтах на содержа́ние ребёнка

**affined** [ə'faɪnd] *a* ро́дственный (*в каком-л. отношении*); сро́дный

**affinity** [ə'fɪnɪtɪ] *n* 1) сво́йство́ 2) ро́дственность, бли́зость; родово́е схо́дство (with, between); linguistic ~ языково́е родство́ 3) привлека́тельность 4) влече́ние 5) *хим.* сродство́

**affirm** [ə'fə:m] *v* 1) утвержда́ть 2) подтвержда́ть; I ~ that it is true я подтвержда́ю, что э́то пра́вда 3) *юр.* торже́ственно заявля́ть

**affirmation** [ˌæfə:'meɪʃən] *n* 1) утвержде́ние 2) подтвержде́ние 3) *юр.* торже́ственное заявле́ние (*вместо присяги*)

**affirmative** [ə'fə:mətɪv] **1.** *a* утверди́тельный

**2.** *n*: to answer in the ~ отвеча́ть утверди́тельно

**affix** **1.** *n* ['æfɪks] 1) прибавле́ние, прида́ток 2) *грам.* а́ффикс

**2.** *v* [ə'fɪks] 1) прикрепля́ть (to, on, upon) 2) присоединя́ть 3) поста́вить (*подпись*); приложи́ть (*печать*); to ~ a stamp прикле́ить ма́рку

**affixation** [ˌæfɪk'seɪʃən] *n лингв.* аффикса́ция

**afflatus** [ə'fleɪtəs] *n* 1) вдохнове́ние 2) боже́ственное открове́ние

**afflict** [ə'flɪkt] *v* огорча́ть; причиня́ть боль, страда́ние; беспоко́ить, трево́жить; to be ~ed with the gout страда́ть пода́грой

**afflicted** [ə'flɪktɪd] **1.** *p. p. от* afflict

**2.** *a* огорчённый; страда́ющий (*от болезни*)

**affliction** [ə'flɪkʃən] *n* 1) го́ре, несча́стье; бе́дствие; the bread of ~ го́рький хлеб 2) огорче́ние, печа́ль

**affluence** ['æfluəns] *n* 1) изоби́лие 2) бога́тство 3) наплы́в, стече́ние; прито́к

**affluent** ['æfluənt] **1.** *n* 1) прито́к (*реки*) 2) *гидр.* подпо́р (*реки*)

**2.** *a* 1) изоби́льный 2) бога́тый 3) прилива́ющий; притека́ющий 4) полново́дный

**afflux** ['æflʌks] *n* 1) прили́в, прито́к 2) *мед.* прили́в (*крови*)

**afford** [ə'fɔ:d] *v* 1) (быть в состоя́нии) позво́лить себе́ (*часто* can ~ *или* be able to ~); I can't ~ it э́то мне не по карма́ну; she can ~ to buy a motor-car она́ мо́жет купи́ть себе́ автомоби́ль; I cannot ~ the time мне не́когда 2) дава́ть, предоставля́ть; приноси́ть; the district ~s minerals в э́том райо́не име́ются поле́зные ископа́емые; to ~ a basis служи́ть опо́рой; to ~ cover дава́ть укры́тие; to ~ ground for дава́ть основа́ния для; предоставля́ть возмо́жность 3) доставля́ть; to ~ great pleasure доставля́ть большо́е удово́льствие

**afforest** [æ'fɔrɪst] *v* засади́ть ле́сом, облеси́ть

**afforestation** [æˌfɔrɪs'teɪʃən] *n* лесонасажде́ние; облесе́ние

**affranchise** [ə'frænʧaɪz] *v* отпуска́ть на во́лю

**affray** [ə'freɪ] *n* наруше́ние obще́ственного споко́йствия, сканда́л, дра́ка

**affreightment** [ə'freɪtmənt] *n мор.* фрахтова́ние

**affricate** ['æfrɪkɪt] *n фон.* аффрика́та

**affright** [ə'fraɪt] *поэт.* **1.** *n* испу́г

**2.** *v* пуга́ть

**affront** [ə'frʌnt] **1.** *n* (публи́чное) оскорбле́ние; to put an ~ upon smb., to offer an ~ to smb. нанести́ оскорбле́ние кому́-л.

**2.** *v* 1) оскорбля́ть 2) смотре́ть в лицо́ (*опасности, смерти*); броса́ть вы́зов

**affusion** [ə'fju:ʒən] *n* 1) облива́ние 2) опуска́ние в купе́ль

**Afghan** ['æfgæn] **1.** *a* афга́нский

**2.** *n* 1) афга́нец; афга́нка 2) афга́нский язы́к, пушту́ 3) (a.) *амер.* вя́заный шерстяно́й плато́к

**afghani** [æf'gænɪ] *n* афгани́ (*денежная единица Афганистана*)

**afield** [ə'fi:ld] *adv* 1) в по́ле; на по́ле 2) на войне́; на войну́ ◇ far ~ вдалеке́; to go too far ~ сби́ться с пути́

**afire** [ə'faɪə] **1.** *a predic.* в огне́

**2.** *adv* в ого́нь; в огне́; to set ~ поджига́ть, зажига́ть; with heart ~ с огнём в груди́

**aflame** [ə'fleɪm] *a predic., adv* в огне́, пыла́ющий

**aflat** [ə'flæt] *adv* горизонта́льно; пло́ско

**afloat** [ə'fləut] *a predic., adv* 1) на воде́; на плаву́ 2) в мо́ре 3) на слу́жбе в вое́нном фло́те 4) в (по́лном) разга́ре (*деятельности*) 5) в ходу́; various rumours were ~ ходи́ли ра́зные слу́хи

**afoot** [ə'fut] *a predic.* в движе́нии; to be ~ гото́виться, затева́ться

**afore** [ə'fɔ:] *диал. см.* before

**afore-** [ə'fɔ:-] *pref* пре́жде-, выше-; aforesaid, aforementioned вышеупомя́нутый, вышеизло́женный, вышеска́занный

**aforecited** [ə'fɔ:ˌsaɪtɪd] *a* вышеприведённый, вышеука́занный, вышеупомя́нутый

**aforegoing** [ə'fɔ:ˌgəuɪŋ] *a* предше́ствующий

**aforenamed** [ə'fɔ:neɪmd] *a* вышена́званный

**aforethought** [ə'fɔ:θɔ:t] *a* преднаме́ренный, умы́шленный

**aforetime** [ə'fɔ:taɪm] *adv* пре́жде, встарь, в было́е вре́мя

**afraid** [ə'freɪd] *a predic.* испу́ганный; to be ~ of smth. боя́ться чего́-л.; I am ~ to wake him, I am ~ of waking him я не реша́юсь его́ буди́ть; I am ~ that I shall wake him бою́сь, как бы я его́ не разбуди́л; to make ~ пуга́ть; I'm ~ I'm late *разг.* я, ка́жется, опозда́л

**afreet** ['æfri:t] *n миф.* афри́т (*могучий злой дух, демон*)

**afresh** [ə'freʃ] *adv* сно́ва, сы́знова

**African** ['æfrɪkən] **1.** *a* африка́нский

**2.** *n* африка́нец; африка́нка

**African(d)er** [ˌæfrɪ'kæn(d)ə] = Afrikan(d)er

**Afrikaans** [ˌæfrɪ'kɑ:ns] *n* африка́анс

**Afrikan(d)er** [ˌæfrɪ'kæn(d)ə] *n* уроже́нец Ю́жной А́фрики европе́йского происхожде́ния (*особ.* голла́ндец), африка́ндер

**afrit** ['æfri:t] = afreet

**aft** [ɑ:ft] *adv мор.* в кормово́й ча́сти; в корме́, на корме́; по направле́нию к корме́; за кормо́й; fore and ~ во всю длину́, от но́са к корме́

**after** ['ɑ:ftə] **1.** *prep* 1) *указывает на местонахождение позади данного предмета или движение вдогонку* за, позади́; my name comes ~ yours моя́ фами́лия стои́т за ва́шей; she entered ~ her sister она́ вошла́ вслед за свое́й сестро́й 2) *указывает на последовательную смену явлений или промежуток времени, после которого произошло или произойдёт действие* по́сле, за, че́рез, спустя́; day ~ day день за днём; she will come ~ supper она́ придёт по́сле у́жина; they met ~ ten years они́ встре́тились че́рез де́сять лет; ~ his arrival по́сле его́ прие́зда 3) *указывает на сходство с чем-л. или подражание чему-л.* по, с, согла́сно; ~ the same pattern по тому́ же образцу́; an etching ~ Gainsborough гравю́ра с (карти́ны *или* рису́нка) Ге́йнсборо; ~ the latest fashion по после́дней мо́де; the boy takes ~ his father сын во всём похо́ж на отца́; each acted ~ his kind ка́ждый де́йствовал по-сво́ему 4) *указывает на внимание, заботу о ком-л.* о, за; to look ~ smb. смотре́ть за кем-л.; to ask (*или* to inquire) ~ smb. спра́шивать, справля́ться о ком-л. 5) *выражает уступительность* несмотря́ на; ~ all my trouble he has learnt nothing несмотря́ на все мои́ стара́ния, он ничему́ не научи́лся ◇ ~ all в конце́ концо́в; ~ a manner не о́чень хорошо́, нева́жно; what is he ~? что ему́ ну́жно?; куда́ он гнёт?; who is he ~? кто ему́ ну́жен?

**2.** *cj* по́сле того́ как; soon ~ he arrived he began to work at school по прие́зде он стал рабо́тать в шко́ле

3. *adv* 1) сзади, позади 2) позднее; потом, затем; впоследствии; soon ~ вскоре после этого

4. *a* 1) задний; the ~ part of the ship кормовая часть корабля 2) последующий; in ~ years в будущем

**afterbirth** ['ɑ:ftəbə:θ] *n анат.* послед, детское место

**afterburning** ['ɑ:ftə,bə:nɪŋ] *n тех.* догорание топлива

**after-care** ['ɑ:ftəkeə] *n* уход за выздоравливающим

**aftercrop** ['ɑ:ftəkrɔp] *n с.-х.* второй урожай; второй укос

**afterdamp** ['ɑ:ftədæmp] *n горн.* ядовитая газовая смесь, образующаяся после взрыва рудничного газа

**after-effect** ['ɑ:ftərɪ,fekt] *n* последствие; результат, выявившийся позднее

**after-game** ['ɑ:ftəgeɪm] *n* 1) попытка отыграться 2) средства, пущенные в ход позднее

**afterglow** ['ɑ:ftəgləu] *n* 1) вечерняя заря 2) приятное чувство, оставшееся после чего-л.

**after-grass** ['ɑ:ftəgrɑ:s] *n* отава, второй укос

**afterimage** ['ɑ:ftər,ɪmɪdʒ] *n* 1) *тлв.* остаточное изображение 2) *психол.* последовательный образ

**after-life** ['ɑ:ftəlaɪf] *n* 1) загробная жизнь 2) вторая половина жизни; годы зрелости; последующие годы жизни

**afterlight** ['ɑ:ftəlaɪt] *n* 1) *театр.* задний свет 2) прозрение

**aftermath** ['ɑ:ftəmæθ] *n* 1) = after-grass 2) последствия; the ~ of the earthquake последствия землетрясения

**aftermost** ['ɑ:ftəməust] *a мор.* ближайший к корме

**afternoon** ['ɑ:ftə'nu:n] *n* время после полудня; послеобеденное время; in the ~ после полудня, днём; this ~ сегодня днём; good ~! добрый день!, здравствуйте (*при встрече во второй половине дня*); до свидания! (*при расставании во второй половине дня*) ◇ in the ~ of one's life на склоне лет

**afterpiece** ['ɑ:ftəpi:s] *n* дивертисмент, пьеска, даваемая в заключение представления *или* концерта

**afters** ['ɑ:ftəz] *n pl разг.* второе и третье блюда

**aftershock** ['ɑ:ftəʃɔk] *n геол.* толчок после основного землетрясения

**aftertaste** ['ɑ:ftəteɪst] *n* вкус, остающийся во рту после еды, курения *и т. п.*

**afterthought** ['ɑ:ftəθɔ:t] *n* 1) мысль, пришедшая в голову слишком поздно; he had the ~ ему это только потом пришло в голову 2) раздумье

**afterwards** ['ɑ:ftəwədz] *adv* впоследствии, потом, позже

**again** [ə'gen] *adv* 1) снова, опять; to be oneself ~ оправиться после болезни; ~ and ~ снова и снова, то и дело; now and ~ иногда; время от времени; time and ~ неоднократно, то и дело, часто 2) с другой стороны; же; these ~ are more expensive но эти, с другой стороны, дороже 3) кроме того, к тому же ◇ as much ~ ещё столько же; half as high ~ as smb., half ~ smb.'s height в полтора раза выше, чем кто-л.; half ~ his size гораздо крупнее его

**against** [ə'genst] *prep указывает на* 1) *противоположное направление или положение* против; he went ~ the wind он шёл против ветра; ~ the hair (*или* the grain) против волокна *или* шерсти; *перен.* против шерсти 2) *опору, фон, препятствие* о, об, по, на, к; ~ a dark background на тёмном фоне; she leaned ~ the fence она прислонилась к забору; a ladder standing ~ the wall лестница, прислонённая к стене; to knock ~ a stone споткнуться о камень 3) *непосредственное соседство* рядом, у; the house ~ the cinema дом рядом с кинотеатром 4) *столкновение или соприкосновение* на, с; to run ~ a rock наскочить на скалу; he ran ~ his brother он столкнулся со своим братом 5) *определённый срок* к, на; ~ the end of the month к концу месяца 6) *противодействие, несогласие с чем-л.* против; she did it ~ my will она сделала это против моей воли; to struggle ~ difficulties бороться с трудностями 7) *подготовку к чему-л.* на, про; ~ a rainy day про чёрный день; to store up food ~ winter запастись едой на зиму; they took insurance policy ~ their children's education они застраховались, чтобы обеспечить своим детям образование ◇ to be up ~ (it) стоять перед задачей; встретить трудности; to work ~ time стараться кончить работу к определённому времени; to tell a story ~ smb. наговорить на кого-л.; those ~? кто против?

**agamic** [ə'gæmɪk] *a биол.* бесполый

**agape** [ə'geɪp] *a predic. разг.* разинув рот

**agaric** ['ægərɪk] *n бот.* пластинчатый гриб

**agate** ['ægət] *n* 1) *мин.* агат 2) *амер. полигр.* агат (*шрифт размером в* $5^1/_2$ *пунктов*)

**agave** [ə'geɪvɪ] *n бот.* агава

**agaze** [ə'geɪz] *a predic.* в изумлении

**age** [eɪdʒ] 1. *n* 1) возраст; ~ of discretion возраст, с которого человек считается ответственным за свои поступки (*14 лет*); awkward ~ переходный возраст; tender ~ ранний возраст; middle ~ средний возраст; to be (*или* to act) one's ~ вести себя соответственно возрасту; this wine lacks ~ это вино недостаточно выдержано; ~ of stand *лес.* возраст насаждения 2) совершеннолетие; to be of ~ быть совершеннолетним; to be under ~ быть несовершеннолетним; to come of ~ достичь совершеннолетия 3) старость; the infirmities of ~ старческие немощи 4) поколение 5) век; период, эпоха (*тж. геол.*); the Middle Ages средние века; Ice A. ледниковый период 6) (*часто pl*) *разг.* долгий срок; I have not seen you for ~s я не видел вас целую вечность ◇ to bear one's ~ well хорошо выглядеть для своего возраста; казаться моложе своих лет

2. *v* 1) стареть 2) старить 3) *тех.* подвергать старению

**aged** 1. [eɪdʒd] *p. p. от* age 2

2. *a* 1) ['eɪdʒɪd] старый; пожилой; состарившийся 2) [eɪdʒd] достигший *такого-то* возраста; ~ ten десяти лет 3) [eɪdʒd] старческий ◇ carefully ~ steaks хорошо поджаренные отбивные

3. *n* (the ~) *pl собир.* старики

**ageing** ['eɪdʒɪŋ] 1. *pres. p. от* age 2

2. *n* 1) старение 2) вызревание, созревание 3) *тех.* дисперсионное твердение

**ageless** ['eɪdʒlɪs] *a* нестареющий; вечный

**agelong** ['eɪdʒlɔŋ] *a* очень долгий, вечный

**agency** ['eɪdʒənsɪ] *n* 1) агентство 2) орган (*учреждение, организация*) 3) сила, фактор 4) средство, посредство; содействие, посредничество; by (*или* through) the ~ посредством 5) действие, деятельность ◇ free ~ свобода воли

**agenda** [ə'dʒendə] *n pl* (*иногда употр. как sing*) 1) повестка дня 2) последовательность операций в ЭВМ

**agent** ['eɪdʒənt] *n* 1) деятель 2) агент, представитель, посредник, доверенное лицо; forwarding ~ экспедитор; station ~ *амер.* начальник станции; ticket ~ *амер.* кассир билетной кассы 3) *pl* агентура 4) действующая сила; фактор; вещество; chemical ~ химическое вещество, реактив; physical ~ физическое тело ◇ road ~ *амер.* разбойник с большой дороги

**agential** [ə'dʒenʃəl] *a* относящийся к агенту *или* к агентству

**age-old** ['eɪdʒ'əuld] *a* вековой; очень давний

**agglomerate** 1. *n* [ə'glɔmərɪt] агломерат

2. *v* [ə'glɔməreɪt] собирать(ся); скоплять(ся) (*в кучу, в массу*)

**agglomeration** [ə,glɔmə'reɪʃən] *n* 1) накапливание; скопление 2) *тех.* агломерация; спекание

**agglutinate** 1. *v* [ə'glu:tɪneɪt] 1) склеивать 2) превращать(ся) в клей

2. *a* [ə'glu:tɪnɪt] 1) склеенный 2) *лингв.* агглютинативный

**agglutination** [ə,glu:tɪ'neɪʃən] *n* 1) склеивание 2) *лингв.* агглютинация

**agglutinative** [ə'glu:tɪnətɪv] *a* 1) склеивающий 2) *лингв.* агглютинативный

**aggrandize** [ə'grændaɪz] *v* 1) увеличивать (*мощь, благосостояние*)

2) возвели́чивать 3) повыша́ть (*в ранге*)

**aggrandizement** [ə'grændɪzmənt] *n* 1) увеличе́ние; расшире́ние 2) повыше́ние

**aggravate** ['ægrəveɪt] *v* 1) отягча́ть, усугубля́ть; ухудша́ть; обостря́ть 2) *разг.* раздража́ть, надоеда́ть; огорча́ть

**aggravating** ['ægrəveɪtɪŋ] **1.** *pres. p. от* aggravate

**2.** *a* 1) ухудша́ющий; ~ circumstances *юр.* отягча́ющие вину́ обстоя́тельства 2) доса́дный; надое́дливый

**aggravation** [ˌægrə'veɪʃən] *n* ухудше́ние *и пр.* [*см.* aggravate]

**aggregate 1.** *n* ['ægrɪgɪt] 1) совоку́пность; in the ~ в совоку́пности 2) агрега́т

**2.** *a* ['ægrɪgɪt] 1) со́бранный вме́сте; о́бщий; весь; ~ membership о́бщее число́ чле́нов; the ~ forces совоку́пные си́лы; ~ capacity *тех.* о́бщая мо́щность 2) *биол., бот.* сгруппиро́ванный, сло́жный 3) *геол.* агрега́тный, сло́жный

**3.** *v* ['ægrɪgeɪt] 1) собира́ть в одно́ це́лое; собира́ться 2) приобща́ть (to— к *организации*) 3) *разг.* равня́ться, составля́ть в су́мме

**aggregation** [ˌægrɪ'geɪʃən] *n* 1) собира́ние 2) агрега́т 3) скопле́ние; ма́сса; конгломера́т

**aggression** [ə'greʃən] *n* 1) нападе́ние, агре́ссия; war of ~ агресси́вная война́ 2) агресси́вность; вызыва́ющее поведе́ние

**aggressive** [ə'gresɪv] *a* 1) напада́ющий; агресси́вный 2) энерги́чный, насто́йчивый

**aggressiveness** [ə'gresɪvnɪs] *n* 1) агресси́вность 2) вызыва́ющий о́браз де́йствий, вызыва́ющее поведе́ние

**aggressor** [ə'gresə] *n* 1) агре́ссор 2) напада́ющая сторона́; зачи́нщик

**aggrieve** [ə'gri:v] *v* (*обыкн. pass.*) 1) обижа́ть; огорча́ть; удруча́ть; to be (*или* to feel) ~d обижа́ться 2) *юр.* наноси́ть уще́рб

**aghast** [ə'gɑ:st] *a predic.* поражённый у́жасом; ошеломлённый

**agile** ['ædʒaɪl] *a* прово́рный; бы́стрый, живо́й, подвижно́й; ~ mind живо́й ум

**agility** [ə'dʒɪlɪtɪ] *n* прово́рство, быстрота́, жи́вость, ло́вкость

**agin** [ə'gɪn] *prep шутл.* про́тив

**aging** ['eɪdʒɪŋ] = ageing

**agio** ['ædʒɪəu] *n* (*pl* -os [-əuz]) *фин.* 1) а́жио, лаж 2) биржева́я игра́ 3) ажиота́ж

**agiotage** ['ædʒətɪdʒ] *n* 1) ажиота́ж 2) биржева́я игра́, спекуля́ция

**agitate** I ['ædʒɪteɪt] *v* агити́ровать

**agitate** II ['ædʒɪteɪt] *v* 1) волнова́ть, возбужда́ть; to be ~d волнова́ться 2) трясти́; взба́лтывать 3) переме́шивать

**agitated** ['ædʒɪteɪtɪd] **1.** *p. p. от* agitate II

**2.** *a* взволно́ванный, возбуждённый

**agitation** I [ˌædʒɪ'teɪʃən] *n* агита́ция; outdoor ~ агита́ция вне парла́мента

**agitation** II [ˌædʒɪ'teɪʃən] *n* 1) волне́ние, возбужде́ние, трево́га 2) взба́лтывание; переме́шивание

**agitator** I ['ædʒɪteɪtə] *n* агита́тор

**agitator** II ['ædʒɪteɪtə] *n тех.* меша́лка

**aglet** ['æglɪt] *n* 1) аксельба́нт 2) металли́ческий наконе́чник шнурка́ 3) *бот.* серёжка (*форма соцветия*)

**aglow** [ə'gləu] *a predic.* 1) пыла́ющий; раскалённый до́красна́ 2) возбуждённый; all ~ with delight (exercise) раскрасне́вшись от удово́льствия (упражне́ний)

**agnail** ['ægneɪl] *n* заусе́ница; ногтое́да, панари́ций

**agnate** ['ægneɪt] **1.** *n* ро́дственник по мужско́й ли́нии

**2.** *a* 1) ро́дственный по отцу́; име́ющий о́бщих пре́дков по мужско́й ли́нии 2) бли́зкий, ро́дственный

**agnation** [æg'neɪʃən] *n* родство́ по отцу́

**agnostic** [æg'nɔstɪk] **1.** *n* агно́стик

**2.** *a* агности́ческий

**agnosticism** [æg'nɔstɪsɪzm] *n* агностици́зм

**ago** [ə'gəu] *adv* тому́ наза́д; long ~ давно́; not long ~, a while ~ неда́вно

**agog** [ə'gɔg] *a predic., adv* в напряжённом ожида́нии, в возбужде́нии; to be ~ for news жа́дно ожида́ть новосте́й; to set smb. ~ возбужда́ть чьё-л. любопы́тство

**a-going** [ə'gəuɪŋ] *a predic., adv* в движе́нии; to set ~ пусти́ть в ход, в де́йствие

**agonic** [ə'gɔnɪk] *a* не образу́ющий угла́; ~ line ли́ния нулево́го магни́тного склоне́ния

**agonistic** [ˌægəu'nɪstɪk] *a* 1) атлети́ческий 2) уча́ствующий в спорти́вном состяза́нии 3) полеми́ческий

**agonize** ['ægənaɪz] *v* 1) агонизи́ровать, быть в аго́нии, си́льно му́читься 2) му́чить 3) прилага́ть отча́янные уси́лия, стра́стно боро́ться (after)

**agonized** ['ægənaɪzd] **1.** *p. p. от* agonize

**2.** *a*: ~ shrieks отча́янные кри́ки; ~ moment мучи́тельный моме́нт

**agonizing** ['ægənaɪzɪŋ] **1.** *pres. p. от* agonize

**2.** *a* мучи́тельный, стра́шный; ~ suspense мучи́тельная неизве́стность

**agony** ['ægənɪ] *n* 1) аго́ния; ~ of death предсме́ртная аго́ния 2) му́ка, муче́ние, страда́ние (*душевное или физическое*) 3) взрыв, внеза́пное проявле́ние (*чувства*) 4) си́льная борьба́ 5) *attr.*: ~ wagon *разг.* санита́рная пово́зка, санита́рная маши́на ◇ ~ column газе́тный столбе́ц с объявле́ниями о ро́зыске пропа́вших родны́х *и т. п.*

**agoraphobia** [ˌægərə'fəubɪə] *n мед.* боя́знь простра́нства, откры́той пло́щади *или* толпы́

**agrarian** [ə'grɛərɪən] **1.** *a* 1) агра́рный, земе́льный; ~ laws агра́рные зако́ны 2) *бот.* дикорасту́щий

**2.** *n* 1) кру́пный землевладе́лец, агра́рий 2) сторо́нник агра́рных рефо́рм

**agree** [ə'gri:] *v* 1) соглаша́ться (with — с *кем-л.*; to — с *чем-л.*, on — на *что-л.*) 2) усла́вливаться (on, upon — о *чём-л.*); догова́риваться (about); ~d! решено́!, по рука́м! 3) соотве́тствовать, гармони́ровать, быть схо́дным; быть по душе́ 4) сходи́ться во взгля́дах; ужива́ться (*тж.* ~ together, ~ with); they ~ well они́ хорошо́ ла́дят 5) быть поле́зным *или* прия́тным; быть подходя́щим; wine doesn't ~ with me вино́ мне вре́дно 6) согласо́вывать, приводи́ть в поря́док (*счета и т. п.*) 7) *грам.* согласова́ться ◇ we ~ to differ мы отказа́лись от попы́ток убеди́ть друг дру́га

**agreeable** [ə'grɪəbl] **1.** *a* 1) прия́тный; ми́лый; to make oneself ~ стара́ться понра́виться, угоди́ть 2) *разг.* выража́ющий согла́сие, охо́тно гото́вый (*сделать что-л.*) 3) соотве́тствующий (to) 4) прие́млемый

**2.** *adv* = agreeably

**agreeably** [ə'grɪəblɪ] *adv* 1) прия́тно; ~ surprised прия́тно удивлён(ный) 2) соотве́тственно

**agreement** [ə'gri:mənt] *n* 1) (взаи́мное) согла́сие; ~ of opinion единомы́слие; to come to an ~ прийти́ к соглаше́нию 2) догово́р, соглаше́ние; ~ by piece сде́льная пла́та 3) *грам.* согласова́ние

**agricultural** [ˌægrɪ'kʌltʃərəl] *a* сельскохозя́йственный, земледе́льческий; ~ engineering агроте́хника; ~ chemistry агрохи́мия

**agriculturalist** [ˌægrɪ'kʌltʃərəlɪst] = agriculturist

**agriculture** ['ægrɪkʌltʃə] *n* се́льское хозя́йство; земледе́лие; агроно́мия; Board of A. министе́рство земледе́лия (*в Англии*)

**agriculturist** [ˌægrɪ'kʌltʃərɪst] *n* 1) агроно́м 2) земледе́лец

**agrimony** ['ægrɪmənɪ] *n бот.* репе́йник

**agrimotor** ['ægrɪˌməutə] *n с.-х.* тра́ктор

**agrobiological** ['ægrəuˌbaɪəu'lɔdʒɪkəl] *a* агробиологи́ческий

**agrobiologist** [ˌægrəubaɪ'ɔlədʒɪst] *n* агробио́лог

**agrobiology** [ˌægrəubaɪ'ɔlədʒɪ] *n* агробиоло́гия

**agronomic(al)** [ˌægrəu'nɔmɪk(əl)] *a* агрономи́ческий

**agronomics** [ˌægrəu'nɔmɪks] *n pl* (*употр. как sing*) агроно́мия

**agronomist** [əg'rɔnəmɪst] *n* агроно́м

**agronomy** [ə'grɔnəmɪ] *n* 1) = agronomics 2) се́льское хозя́йство, земледе́лие

**agrostology** [ˌægrəs'tɔlədʒɪ] *n* уче́ние о тра́вах

**aground** [ə'graund] **1.** *a predic.* 1) *мор.* сидя́щий на мели́ 2) в затрудне́нии 3) без средств

2. *adv мор.* на мели́; to go (*или* to run, to strike) ~ сесть на мель

**ague** [ˈeɪgjuː] *n* маляри́я, лихора́дка; лихора́дочный озно́б

**ague-cake** [ˈeɪgjuːkeɪk] *n* увеличе́ние селезёнки при хрони́ческой маляри́и

**ague-spleen** [ˈeɪgjuːspliːn] *n мед.* маляри́йная (увели́ченная) селезёнка

**aguish** [ˈeɪgjuːɪʃ] *a* 1) маляри́йный; подве́рженный маляри́и 2) переме́жающийся

**ah** [ɑː] *int* ах!, а!

**aha** [ɑ(ː)ˈhɑː] *int* ага́!

**ahead** [əˈhed] 1. *a predic.* вперёд, впереди́; to be (*или* to get) ~ of smb. опереди́ть кого́-л.

2. *adv* вперёд; впереди́; full speed ~! по́лный (ход) вперёд!; to go ~ устремля́ться вперёд; идти́ впереди́ (*на состязании*); go ~! а) вперёд!; б) продолжа́йте!

**aheap** [əˈhiːp] *adv* в ку́че

**ahem** [əˈhem] *int* гм!

**ahorse(back)** [əˈhɔːs(bæk)] *a predic.* верхо́м

**ahoy** [əˈhɔɪ] *int мор.*: ship ~! на корабле́!, на су́дне! (*оклик*); all hands ~! авра́л!

**ahull** [əˈhʌl] *adv мор.* с у́бранными паруса́ми и рулём на наве́тренном борту́

**aid** [eɪd] 1. *n* 1) по́мощь, подде́ржка 2) помо́щник 3) *pl ист.* сбо́ры, нало́ги 4) *pl воен.* вспомога́тельные войска́ 5) *pl* вспомога́тельные сре́дства; посо́бия; training ~s уче́бные посо́бия; (audio-)visual ~s нагля́дные посо́бия; ~s and appliances приспособле́ния, материа́льные сре́дства

2. *v* помога́ть; спосо́бствовать

**aide-de-camp** [ˈeɪddəˈkɑːŋ] *фр. n* (*pl* aides-de-camp) адъюта́нт

**aide-memoire** [ˌeɪdmeˈmwɑː] *фр. n* па́мятная запи́ска

**aides-de-camp** [ˈeɪdzdəˈkɑːŋ] *pl от* aide-de-camp

**aiglet** [ˈæglɪt] = aglet

**aigrette** [ˈeɪgret] *n* 1) султа́н, плюма́ж; эгре́т 2) бе́лая ца́пля 3) *тех.* пучо́к луче́й 4) *астр.* сноп луче́й в со́лнечной коро́не

**aiguille** [ˈeɪgwiːl] *фр. n* 1) го́рный пик, остроконе́чная верши́на 2) игла́

**ail** [eɪl] *v* 1) боле́ть, беспоко́ить; причиня́ть страда́ние; what ~s you? что вас беспоко́ит? 2) чу́вствовать недомога́ние

**aileron** [ˈeɪlərɔn] *n* (*обыкн. pl*) *ав.* 1) элеро́н 2) *attr.*: ~ angle у́гол отклоне́ния элеро́на

**ailing** [ˈeɪlɪŋ] 1. *pres. p. от* ail

2. *a* больно́й, нездоро́вый, хво́рый

**ailment** [ˈeɪlmənt] *n* нездоро́вье

**aim** [eɪm] 1. *n* 1) цель, наме́рение 2) прице́л; мише́нь; to take ~ прице́ливаться 3) прице́ливание

2. *v* 1) домога́ться, стреми́ться (at) 2) це́лить(ся), прице́ливаться (at) 3) име́ть в виду́; to ~ high ме́тить высоко́

**aiming** [ˈeɪmɪŋ] 1. *pres. p. от* aim 2

2. *n* прице́ливание, наво́дка

3. *a* прице́льный; ~ circle *воен.* буссо́ль; ~ fire прице́льный ого́нь

**aimless** [ˈeɪmlɪs] *a* бесце́льный

**ain't** [eɪnt] *сокр.* 1) *разг.* = are not 2) *диал.* = am not, is not; have not

**air** [ɛə] 1. *n* 1) во́здух; атмосфе́ра; dead (*или* stale) ~ спёртый, за́тхлый во́здух; to take the ~ прогу́ляться [*ср. тж.* ◇]; by ~ самолётом 2) дунове́ние, ветеро́к 3) вне́шний вид; выраже́ние лица́; with a triumphant ~ с торжеству́ющим ви́дом 4) *pl* аффекта́ция, ва́жничанье; to give oneself ~s, to put on ~s ва́жничать, держа́ться высокоме́рно 5) пе́сня; а́рия; мело́дия ◇ to be in the ~ а) «висе́ть в во́здухе», находи́ться в неопределённом положе́нии; б) носи́ться в во́здухе; rumours are in the ~ хо́дят слу́хи; в) *воен.* быть незащищённым с фла́нгов; to melt (*или* to vanish) into thin ~ скры́ться из виду, бессле́дно исче́знуть; to be on the ~ передава́ться по ра́дио; выступа́ть по ра́дио, вести́ переда́чи; they were off the ~ они́ ко́нчили радиопереда́чу; to give a person the ~ *амер.* уво́лить кого́-л. со слу́жбы; to take ~ получи́ть огла́ску [*ср. тж.* 1)]; to tread (*или* to walk) upon ~ ≅ ног под собо́й не чу́ять; ликова́ть, ра́доваться

2. *a* 1) возду́шный; авиацио́нный, самолётный; ~ fleet возду́шный флот; ~ superiority (*или* supremacy) превосхо́дство в во́здухе; ~ warfare война́ в во́здухе; ~ fight возду́шный бой 2) пневмати́ческий

3. *v* 1) прове́тривать; вентили́ровать 2) суши́ть, просу́шивать 3) выставля́ть напока́з; обнаро́довать

**air-balloon** [ˈɛəbəˌluːn] *n* возду́шный шар; аэроста́т

**air-barrage** [ˈɛəˌbærɑːʒ] *n* 1) возду́шное загражде́ние (*аэростатами*) 2) зени́тный загради́тельный ого́нь

**air-base** [ˈɛəbeɪs] *n* авиаба́за

**air-bed** [ˈɛəbed] *n* надувно́й матра́ц

**air-bladder** [ˈɛəˌblædə] *n* 1) пла́вательный пузы́рь 2) возду́шный пузырёк (*в стекле*) 3) = air-cell

**air-blast** [ˈɛəblɑːst] 1. *n* 1) поры́в во́здуха; возду́шная струя́ 2) дутьё

2. *v* нагнета́ть во́здух

**airborne** [ˈɛəbɔːn] *a* 1) переноси́мый *или* перевози́мый по во́здуху 2) *воен.* возду́шно-деса́нтный 3) *predic.* оторва́вшийся от земли́; находя́щийся в во́здухе; to become ~ оторва́ться от земли́; all planes are ~ все самолёты в во́здухе

**air-brake** [ˈɛəbreɪk] *n тех.* пневмати́ческий то́рмоз

**air-brick** [ˈɛəbrɪk] *n* 1) кирпи́ч возду́шной су́шки, сама́н 2) пустоте́лый кирпи́ч

**air-brush** [ˈɛəbrʌʃ] *n* распыли́тель кра́ски *и т. п.*, краскопу́льт

**air-cell** [ˈɛəsel] *n анат.* лёгочная альвео́ла

**air-chamber** [ˈɛəˌtʃeɪmbə] *n* 1) возду́шная ка́мера 2) *мор.* возду́шный я́щик (*шлюпки*)

**Air Chief Marshal** [ˈɛəˈtʃiːfˌmɑːʃəl] *n* гла́вный ма́ршал авиа́ции

**air command** [ˈɛəkəˈmɑːnd] *n* авиацио́нное кома́ндование (*высшее организационное объединение ВВС*)

**Air Commodore** [ˈɛəˈkɔmədɔː] *n* коммодо́р авиа́ции (*в Англии*)

**air-condition** [ˈɛəkənˌdɪʃən] *v* 1) кондициони́ровать (*воздух*) 2) снабжа́ть кондиционе́ром

**air-conditioned** [ˈɛəkənˌdɪʃənd] 1. *p. p. от* air-condition

2. *a* с кондициони́рованным во́здухом

**air-conditioning** [ˈɛəkənˌdɪʃənɪŋ] 1. *pres. p. от* air-condition

2. *n* кондициони́рование во́здуха

**air-cooled** [ˈɛəkuːld] *a* с возду́шным охлажде́нием

**air-cooling** [ˈɛəˌkuːlɪŋ] *n* возду́шное охлажде́ние

**aircraft** [ˈɛəkrɑːft] *n* 1) самолёт 2) *собир.* самолёты; авиа́ция 3) *attr.* авиацио́нный, авиа-; ~ carrier авиано́сец

**aircraft(s)man** [ˈɛəkrɑːft(s)mən] *n* рядово́й авиа́ции (*в Англии*)

**air crew** [ˈɛəkruː] *n* экипа́ж самолёта *или* дирижа́бля

**air-cushion** [ˈɛəˌkuʃən] *n* 1) надувна́я поду́шка 2) *тех.* де́мпфер

**air-driven** [ˈɛəˌdrɪvn] *a* пневмати́ческий

**airdrome** [ˈɛədrəum] *n* аэродро́м

**Airedale** [ˈɛədeɪl] *n* эрдельтерье́р (*порода собак*)

**air-engine** [ˈɛərˌendʒɪn] *n* авиамото́р

**air-exhauster** [ˈɛərɪgˌzɔːstə] *n* вытяжно́й вентиля́тор

**airfield** [ˈɛəfiːld] *n* аэродро́м

**airfoil** [ˈɛəfɔɪl] = aerofoil

**Air Force** [ˈɛəˈfɔːs] *n* вое́нно-возду́шные си́лы

**air-frame** [ˈɛəfreɪm] *n* о́стов, карка́с самолёта

**air-freighter** [ˈɛəˌfreɪtə] *n* грузово́й самолёт

**air-furnace** [ˈɛəˌfəːnɪs] *n* то́пка с есте́ственной тя́гой

**air-gap** [ˈɛəgæp] *n* 1) зазо́р, просве́т 2) *эл.* возду́шный зазо́р 3) *радио* искрово́й промежу́ток

**air-gas** [ˈɛəgæs] *n* карбюри́рованный во́здух, горю́чая смесь

**air-gauge** [ˈɛəgeɪdʒ] *n* мано́метр

**air-gun** [ˈɛəgʌn] *n* 1) духово́е ружьё 2) *тех.* пульвериза́тор

**air-hammer** [ˈɛəˌhæmə] *n* пневмати́ческий мо́лот

**air hardening** [ˈɛəˌhɑːdnɪŋ] *n метал* возду́шная зака́лка

**air-highway** [ˈɛəˌhaɪweɪ] *n* возду́шная тра́сса

**air hoist** [ˈɛəhɔɪst] *n* пневмати́ческий подъемник

**air-hole** [ˈɛəhəul] *n* 1) отду́шина 2) полынья́ (*на реке*) 3) *ав.* возду́шная я́ма

**air-hostess** [ˈɛəˌhəustɪs] *n* стюарде́сса на самолёте, бортпроводни́ца

**airily** [ˈɛərɪlɪ] *adv* 1) возду́шно, легко́, грацио́зно 2) легкомы́сленно, беззабо́тно

**airing** [ˈɛərɪŋ] 1. *pres. p. от* air 3 2. *n* 1) прове́тривание и просу́шивание 2) вентиля́ция; аэра́ция 3) прогу́лка

**air-jacket** [ˈɛəˌdʒækɪt] *n* надувно́й спаса́тельный жиле́т

**airless** [ˈɛəlɪs] *a* 1) безве́тренный; ду́шный 2) безвозду́шный

**air-lift** [ˈɛəlɪft] *n воен.* перебро́ска по во́здуху; «возду́шный мост»

**airline** [ˈɛəlaɪn] *n* авиали́ния

**air liner** [ˈɛəˌlaɪnə] *n* ре́йсовый самолёт; пассажи́рский самолёт; возду́шный ла́йнер

**air-lock** [ˈɛəlɔk] *n* 1) *тех.* возду́шная про́бка 2) та́мбур газоубе́жища

**air mail** [ˈɛəmeɪl] *n* возду́шная по́чта, авиапо́чта

**airman** [ˈɛəmən] *n* 1) лётчик 2) авиаспециали́ст

**airmanship** [ˈɛəmənʃɪp] *n* лётное мастерство́

**air-map** [ˈɛəmæp] *n* аэронавигацио́нная ка́рта

**Air Marshal** [ˈɛəˌmɑːʃəl] *n* ма́ршал авиа́ции

**air-minded** [ˈɛəˌmaɪndɪd] *a* разбира́ющийся в вопро́сах авиа́ции

**air-monger** [ˈɛəˌmʌŋgə] *n* фантазёр

**airphoto** [ˈɛəˌfəutəu] *n* аэрофотосни́мок

**air-photography** [ˈɛəfəˈtɔgrəfɪ] *n* аэрофотосъёмка

**airplane** [ˈɛəpleɪn] *n амер.* 1) самолёт, аэропла́н 2) *attr.*: ~ observer лётчик-наблюда́тель

**air-pocket** [ˈɛəˌpɔkɪt] *n* 1) *ав.* возду́шная я́ма 2) *метал.* ра́ковина, га́зовый пузы́рь

**airport** [ˈɛəpɔːt] *n* аэропо́рт

**air power** [ˈɛəˌpauə] *n* могу́щество в во́здухе, возду́шная мощь

**air-powered** [ˈɛəˌpauəd] *a* пневмати́ческий

**air-proof** [ˈɛəpruːf] = air-tight

**air-quenching** [ˈɛəˌkwentʃɪŋ] = air hardening

**air-raid** [ˈɛəreɪd] *n* 1) возду́шный налёт 2) *attr.*: ~ warning возду́шная трево́га; ~ relief по́мощь населе́нию, пострада́вшему от возду́шной бомбардиро́вки; ~ shelter бомбоубе́жище

**air-route** [ˈɛəruːt] *n* авиали́ния, возду́шная тра́сса

**air scout** [ˈɛəskaut] *n воен.* возду́шный разве́дчик

**airscrew** [ˈɛəskruː] *n* возду́шный винт, пропе́ллер

**air sentry** [ˈɛəˌsentrɪ] *n воен.* наблюда́тель за во́здухом

**air-shaft** [ˈɛəʃɑːft] *n* вентиляцио́нная ша́хта

**airshed** [ˈɛəʃed] *n* анга́р

**airship** [ˈɛəʃɪp] *n* дирижа́бль, возду́шный кора́бль

**air show** [ˈɛəʃəu] *n* 1) авиацио́нная вы́ставка 2) демонстрацио́нные полёты 3) радиопостано́вка

**airsick** [ˈɛəsɪk] *a* страда́ющий возду́шной боле́знью

**airsickness** [ˈɛəˌsɪknɪs] *n* возду́шная боле́знь

**air speed** [ˈɛəspiːd] *n ав.* возду́шная ско́рость, ско́рость самолёта

**air spraying** [ˈɛəˌspreɪɪŋ] *n* опры́скивание с во́здуха

**Air Staff** [ˈɛəstɑːf] *n* штаб вое́нно-возду́шных сил

**air-stop** [ˈɛəstɔp] *n* ста́нция *или* поса́дочная площа́дка для пассажи́рских вертолётов

**air strip** [ˈɛəstrɪp] *n* взлётно-поса́дочная площа́дка; полево́й аэродро́м

**air target** [ˈɛəˌtɑːgɪt] *n* возду́шная цель

**air-tight** [ˈɛətaɪt] *a* непроница́емый для во́здуха, гермети́ческий

**air-to-air** [ˈɛətuˈɛə] *n* 1) переса́дка с одного́ самолёта на друго́й 2) *attr.*: ~ missile реакти́вный снаря́д кла́сса «во́здух-во́здух»

**air-to-ground** [ˈɛətəˈgraund] *a*: ~ missile реакти́вный снаря́д кла́сса «во́здух-земля́»

**air-track** [ˈɛətræk] = airway 1)

**air-unit** [ˈɛəˌjuːnɪt] *n* авиацио́нная часть

**airway** [ˈɛəweɪ] *n* 1) возду́шная ли́ния, возду́шная тра́сса, авиали́ния 2) *горн.* вентиляцио́нная вы́работка, вентиляцио́нный штрек

**airwoman** [ˈɛəˌwumən] *n* же́нщина-лётчик

**airworthiness** [ˈɛəˌwəːðɪnɪs] *n* приго́дность самолёта к полёту

**airworthy** [ˈɛəˌwəːðɪ] *a* го́дный к полёту (*о самолёте*)

**airy** [ˈɛərɪ] *a* 1) возду́шный, лёгкий; грацио́зный 2) весёлый 3) пусто́й, легкомы́сленный 4) *амер. разг.* зано́счивый

**aisle** [aɪl] *n* 1) боково́й неф хра́ма; приде́л 2) прохо́д (*между рядами в церкви*) 3) *амер.* прохо́д (*между рядами в театре, вагоне и т. п.*) 4) пролёт це́ха

**ait** [eɪt] *n* острово́к (*особ. на реке*)

**aitchbone** [ˈeɪtʃbəun] *n* 1) крестцо́вая кость 2) огу́зок

**ajar I** [əˈdʒɑː] *a predic.* приоткры́тый

**ajar II** [əˈdʒɑː] *adv* в разла́де

**a-kimbo** [əˈkɪmbəu] 1. *a predic.* подбоче́нившийся

2. *adv* подбоче́нясь; with arms ~ ру́ки в бо́ки

**akin** [əˈkɪn] *a predic.* сродни́; сро́дный, бли́зкий, ро́дственный; похо́жий, тако́й же как; pity is ~ to love жа́лость сродни́ любви́

**alabaster** [ˈæləbɑːstə] *n* алеба́стр, гипс

**alack** [əˈlæk] *int поэт.* увы́!

**alacrity** [əˈlækrɪtɪ] *n* жи́вость, гото́вность; рве́ние

**alar** [ˈeɪlə] *a* 1) крыла́тый 2) крылови́дный

**alarm** [əˈlɑːm] 1. *n* 1) боева́я трево́га, сигна́л трево́ги; false ~ ло́жная трево́га; ~ for instruction уче́бная трево́га; ~ of gas хими́ческая трево́га; to give the ~ подня́ть трево́гу 2) смяте́ние, страх; to take ~ встрево́житься 3) *attr.* сигна́льный, трево́жный; ~ bell наба́т, наба́тный ко́локол; сигна́льный звоно́к; ~ blast трево́жный свисто́к, гудо́к

2. *v* 1) подня́ть трево́гу 2) встрево́жить, взволнова́ть

**alarm-clock** [əˈlɑːmklɔk] *n* буди́льник

**alarmist** [əˈlɑːmɪst] *n* паникёр; распространи́тель трево́жных слу́хов

**alarm-post** [əˈlɑːmpəust] *n* ме́сто сбо́ра войск по трево́ге

**alarum** [əˈlɛərəm] *n* 1) *поэт. см.* alarm 1; 2) звон буди́льника 3) механи́зм бо́я в часа́х ◇ ~s and excursions волне́ние, движе́ние и шум (*театральная ремарка*); сты́чки; беспоря́док

**alas** [əˈlæs] *int* увы́!

**alb** [ælb] *n церк.* стиха́рь

**Albanian** [ælˈbeɪnjən] 1. *a* алба́нский

2. *n* 1) алба́нец; алба́нка 2) алба́нский язы́к

**albatross** [ˈælbətrɔs] *n* альбатро́с

**albeit** [ɔːlˈbiːɪt] *cj поэт.* хотя́; he tried, ~ without success он пыта́лся, хотя́ и безуспе́шно

**albert** [ˈælbət] *n* цепо́чка для мужски́х часо́в

**albescent** [ælˈbesənt] *a* становя́щийся бе́лым, беле́ющий

**albinism** [ˈælbɪnɪzm] *n* отсу́тствие пигме́нта в ко́же, волоса́х *и т. п.*; альбини́зм

**albino** [ælˈbiːnəu] *n* (*pl* -os [-əuz]) альбино́с

**Albion** [ˈælbjən] *n поэт.* Альбио́н, А́нглия

**albugo** [ælˈbjuːgəu] *n мед.* бельмо́

**album** [ˈælbəm] *n* 1) альбо́м 2) кни́га авто́графов изве́стных актёров, спортсме́нов *и т. п.* 3) альбо́м пласти́нок

**albumen** [ˈælbjumɪn] *n* 1) (яи́чный) бело́к 2) *биол.* альбуми́н, бело́к; белко́вое вещество́ 3) *attr.*: ~ test про́ба на бело́к

**albumin** [ˈælbjumɪn] *n хим.* альбуми́н

**albuminoid** [ælˈbjuːmɪnɔɪd] 1. *a* белкови́дный

2. *n pl* альбумино́иды

**albuminous** [ælˈbjuːmɪnəs] *a* белко́вый

**alburnum** [ælˈbəːnəm] *n* за́болонь

**alchemic(al)** [ælˈkemɪk(əl)] *a* алхими́ческий

**alchemist** [ˈælkɪmɪst] *n* алхи́мик

**alchemy** [ˈælkɪmɪ] *n* алхи́мия

**alcohol** [ˈælkəhɔl] *n* 1) алкого́ль, спирт; wood ~ древе́сный спирт 2) спиртны́е напи́тки; he does not touch ~ он спиртно́го в рот не берёт 3) *attr.* спиртово́й; ~ thermometer спиртово́й термо́метр

**alcoholic** [ˌælkəˈhɔlɪk] **1.** *a* алкогольный, спиртовой; ~ lamp спиртовка
**2.** *n* алкоголик
**alcoholism** [ˈælkəhɔlɪzm] *n* алкоголизм
**alcoholometer** [ˌælkəhɔˈlɔmɪtə] *n* спиртомер
**Alcoran** [ˌælkɔˈrɑːn] *n* коран
**alcove** [ˈælkəuv] *n* 1) альков, ниша 2) беседка
**alder** [ˈɔːldə] *n* ольха
**alderman** [ˈɔːldəmən] *n* ольдермен, член городского управления, член совета графства
**aldermanry** [ˈɔːldəmənrɪ] *n* 1) звание ольдермена 2) район городского управления
**ale** [eɪl] *n* эль, пиво; Adam's ~ *шутл.* вода
**aleak** [əˈliːk] *a predic.*: the vessel is ~ судно имеет течь
**aleatory** [ˈeɪlɪətərɪ] *a* случайный
**alee** [əˈliː] *adv, a predic. мор.* 1) под ветром 2) в подветренную сторону
**ale-house** [ˈeɪlhaus] *n* пивная
**alembic** [əˈlembɪk] *n* 1) *уст.* перегонный куб 2): through the ~ of fancy сквозь призму воображения
**alert** [əˈləːt] **1.** *n* 1) тревога, сигнал тревоги 2) *воен.* состояние боевой готовности; (to be) on the ~ (быть) настороже, наготове; to keep on the ~ тревожить, не давать покоя
**2.** *a* 1) бдительный, настороженный 2) живой, проворный
**3.** *v* 1) привести в состояние готовности 2) предупреждать об опасности 3) *воен.* объявлять тревогу, поднимать по тревоге
**ale-wife** [ˈeɪlwaɪf] *n* содержательница пивной
**Alexandrine** [ˌælɪgˈzændraɪn] **1.** *n* александрийский стих
**2.** *a* александрийский
**alexandrite** [ˌælegˈzændraɪt] *n мин.* александрит
**alfalfa** [ælˈfælfə] *n бот.* люцерна
**alfresco** [ælˈfreskəu] **1.** *a* происходящий на открытом воздухе; ~ lunch завтрак на открытом воздухе
**2.** *adv* на открытом воздухе
**alga** [ˈælgə] *n* (*pl* -ae) морская водоросль
**algae** [ˈældʒiː] *pl от* alga
**algebra** [ˈældʒɪbrə] *n* алгебра
**algebraic(al)** [ˌældʒɪˈbreɪɪk(əl)] *a* алгебраический
**algebraist** [ˌældʒɪˈbreɪɪst] *n* алгебраист, специалист по алгебре
**Algerian** [ælˈdʒɪərɪən] **1.** *a* алжирский
**2.** *n* алжирец; алжирка
**algid** [ˈældʒɪd] *a мед.* холодный, ледяной
**algorithm** [ˈælgərɪðm] *n мат.* алгоритм
**alias** [ˈeɪlɪæs] **1.** *n* вымышленное имя, прозвище, кличка
**2.** *adv* иначе (называемый); Lewis ~ Smith Льюис, он же Смит
**alibi** [ˈælɪbaɪ] **1.** *n* 1) *юр.* алиби 2) *разг.* оправдание, отговорка
**2.** *v юр.* представить алиби
**alidad, alidade** [ˈælɪdæd, -deɪd] *n тех.* алидада, угломер
**alien** [ˈeɪljən] **1.** *n* чужестранец; иностранец; проживающий в данной стране подданный другого государства
**2.** *a* 1) иностранный 2) чуждый, несвойственный (to, from); it's ~ to my thoughts это чуждо мне
**alienable** [ˈeɪljənəbl] *a юр.* отчуждаемый
**alienate** [ˈeɪljəneɪt] *v* 1) отчуждать (*тж. юр.*) 2) отвращать (from); заставлять отвернуться; my sister ~d me by her behaviour поведение сестры оттолкнуло меня от неё
**alienation** [ˌeɪljəˈneɪʃən] *n* 1) отдаление, отчуждение; ~ of affections охлаждение (чувств) 2) *юр.* отчуждение 3) *мед.* умопомешательство (*обыкн.* mental ~)
**alienee** [ˌeɪljəˈniː] *n юр.* тот, в чью пользу отчуждается имущество
**alien-enemy** [ˈeɪljənˌenɪmɪ] *n юр.* проживающий в стране подданный враждебного государства
**alien-friend** [ˈeɪljənˈfrend] *n юр.* проживающий в стране подданный дружественной страны
**alienism** [ˈeɪljənɪzm] *n* 1) положение иностранца в чужой стране 2) психиатрия
**alienist** [ˈeɪljənɪst] *n* психиатр
**aliform** [ˈeɪlɪfɔːm] *a* крылообразный
**alight I** [əˈlaɪt] *v* 1) сходить, высаживаться (out of, from — из, с; at — у); спешиваться (from) 2) спускаться, садиться (*о птицах, насекомых*; on, upon) 3) *ав.* приземляться
**alight II** [əˈlaɪt] *a predic.* 1) зажжённый; в огне 2) освещённый
**alighting** [əˈlaɪtɪŋ] **1.** *pres. p. от* alight I
**2.** *n ав.* 1) посадка, приземление, спуск 2) *attr.* посадочный; ~ gear посадочное устройство самолёта
**align** [əˈlaɪn] *v* 1) выстраивать в линию, ставить в ряд; выравнивать; to ~ the sights (of rifle) and bull's-eye прицеливаться в яблоко мишени; to ~ the track *ж.-д.* рихтовать путь 2) равняться; строиться 3) *тех.* спрямлять ◇ to ~ oneself with действовать заодно
**aligning** [əˈlaɪnɪŋ] **1.** *pres. p. от* align
**2.** *n* = alignment
**alignment** [əˈlaɪnmənt] *n* 1) выравнивание, регулировка, выверка; ~ of forces расстановка сил 2) *топ.* визирование через несколько точек 3) *воен.* равнение, линия строя 4) *мор.* створ
**alike** [əˈlaɪk] **1.** *a predic.* одинаковый; похожий, подобный
**2.** *adv* точно так же, подобно, одинаково
**aliment** [ˈælɪmənt] **1.** *n* 1) пища 2) материальная и моральная поддержка
**2.** *v* содержать (*кого-л.*); поддерживать
**alimentary** [ˌælɪˈmentərɪ] *a*: ~ canal (*или* tract) пищеварительный тракт
**alimentation** [ˌælɪmenˈteɪʃən] *n* 1) питание, кормление 2) содержание (*кого-л.*)
**alimony** [ˈælɪmənɪ] *n* 1) алименты 2) питание 3) содержание
**aline** [əˈlaɪn] = align
**aliped** [ˈælɪped] **1.** *a* крылоногий
**2.** *n* крылоногое животное (*напр., летучая мышь*)
**aliquant** [ˈælɪkwənt] *a мат.* некратный
**aliquot** [ˈælɪkwɔt] *a мат.* кратный
**alive** [əˈlaɪv] *a predic.* 1) живой; в живых; no man ~ никто на свете; any man ~ любой человек, кто-нибудь 2) живой, бодрый 3) чуткий (*к чему-л.*), ясно понимающий (*что-л.*); to be fully ~ to smth. ясно понимать что-л.; are you ~ to what is going on? вы осознаёте, что происходит? 4) кишащий (with); the river was ~ with boats река была запружена лодками 5) действующий, работающий, на ходу; to keep ~ поддерживать (*огонь, интерес и т. п.*) 6) *эл.* (находящийся) под напряжением ◇ ~ and kicking жив и здоров; полон жизни; look ~! живей!; man ~! *выражение удивления*: man ~! I am glad to see you! боже мой, как я рад вас видеть!
**alizarin(e)** [əˈlɪzərɪn] *n хим.* ализарин
**alkalescence** [ˌælkəˈlesns] *n хим.* слабая щёлочность
**alkalescent** [ˌælkəˈlesnt] *a хим.* слабощелочной
**alkali** [ˈælkəlaɪ] *n* (*pl* -s, -es [-z]) 1) *хим.* щёлочь 2) *attr.*: ~ soils солончаки
**alkalimetry** [ˌælkəˈlɪmɪtrɪ] *n хим.* алкалиметрия
**alkaline** [ˈælkəlaɪn] *a хим.* щелочной
**alkaloid** [ˈælkəlɔɪd] *n хим.* алкалоид
**all** [ɔːl] *pron. indef.* **1.** *как прил.* 1) весь, вся, всё, все; ~ day весь день; ~ the time всё время 2) всякий, всевозможный; in ~ respects во всех отношениях; beyond ~ doubt вне всякого сомнения
**2.** *как нареч.* всецело, вполне; совершенно; the pin was ~ gold булавка была целиком из золота; ~ alone а) в полном одиночестве; б) без всякой помощи, самостоятельно; ~ over а) повсюду, кругом; ~ over the world по всему свету; б) совершенно, полностью; she is her mother ~ over она вылитая мать; ~ around кругом, со всех сторон; ~ round а) = ~ around; б) = all-round; ~ along всё время; ~ at once вдруг, внезапно; ~ the more so тем более
**3.** *как сущ.* 1) все, всё; ~ agree все согласны 2) целое 3) всё имущество; they lost their ~ in the fire при пожаре погибло всё их имущество ◇ ~ told все без исключения; in ~

по́лностью, всего́; a dozen in ~ всего́ дю́жина; ~ but почти́, едва́ не; at ~ вообще́, совсе́м; this plant will only grow in summer if at ~ э́то расте́ние, е́сли и вы́растет, то то́лько ле́том; that's ~ there is to it вот и всё; не́ о чем бо́льше говори́ть; once for ~ навсегда́; ~ one to (соверше́нно) безразли́чно; it is ~ over with him он челове́к ко́нченый; he is not quite ~ there он не в своём уме́; у него́ не все до́ма; ~ and sundry а) ка́ждый и вся́кий; б) все вме́сте и ка́ждый в отде́льности

**Allah** ['ælə] *n* алла́х

**all-around** ['ɔ:lə'raund] **1.** *n спорт.* многобо́рье

**2.** *a* = all-round

**allay** [ə'leɪ] *v* 1) успока́ивать (*волнение, подозрение, боль*) 2) уменьша́ть, ослабля́ть

**all-clear** ['ɔ:lklɪə] *n* сигна́л отбо́я возду́шной трево́ги, отбо́й

**allegation** [ˌælɪ'geɪʃən] *n* 1) голосло́вное утвержде́ние 2) заявле́ние (*особ. перед судом, трибуналом*)

**allege** [ə'ledʒ] *v* 1) ссыла́ться (*в оправдание, в доказательство*); to ~ illness ссыла́ться на боле́знь 2) утвержда́ть (*особ. без основания*); ~d deserter подозрева́емый в дезерти́рстве 3) припи́сывать; delays ~d to be due to... заде́ржки, я́кобы вы́званные...

**allegiance** [ə'li:dʒəns] *n* 1) ве́рность, пре́данность; лоя́льность 2) *ист.* васса́льная зави́симость

**allegoric(al)** [ˌælɪ'gɔrɪk(əl)] *a* аллегори́ческий, иносказа́тельный

**allegorize** ['ælɪgəraɪz] *v* 1) изобража́ть, выска́зываться *или* толкова́ть аллегори́чески 2) изъясня́ться иносказа́тельно

**allegory** ['ælɪgərɪ] *n* аллего́рия; эмбле́ма

**alleluia** [ˌælɪ'lu:jə] = halleluiah

**all-embracing** ['ɔ:lɪm'breɪsɪŋ] *a* всеобъе́млющий

**allergic** [ə'lə:dʒɪk] *a* 1) *мед.* аллерги́ческий 2) *predic. разг.* не переноси́щий (*вида, присутствия*); не выноси́щий, пита́ющий отвраще́ние

**allergy** ['ælədʒɪ] *n* 1) *мед.* аллерги́я; повы́шенная чувстви́тельность 2) *разг.* отвраще́ние

**alleviate** [ə'li:vɪeɪt] *v* облегча́ть (*боль, страдания*); смягча́ть

**alleviation** [əˌli:vɪ'eɪʃən] *n* облегче́ние; смягче́ние

**alley** I ['ælɪ] *n* 1) у́зкая у́лица *или* переу́лок 2) прохо́д ме́жду ряда́ми домо́в 3) алле́я 4) кегельба́н ◇ it is up your ~ э́то по ва́шей ли́нии

**alley** II ['ælɪ] = ally II

**alleyway** ['ælɪweɪ] = alley I, 1) *и* 2)

**All Fools' Day** ['ɔ:l'fu:lzdeɪ] *n* день шутли́вых обма́нов (*1-е апреля*)

**all-honoured** ['ɔ:lˌɔnəd] *a* все́ми почита́емый

**alliance** [ə'laɪəns] *n* 1) сою́з; алья́нс; Holy A. *ист.* Свяще́нный сою́з (*1815 г.*) 2) бра́чный сою́з 3) родство́, о́бщность 4) федера́ция, объедине́ние

**allied** [ə'laɪd] **1.** *p. p. от* ally I, 2

**2.** *a* 1) ро́дственный, бли́зкий; ~ sciences сме́жные нау́ки 2) сою́зный 3) сою́знический

**alligation** [ˌælɪ'geɪʃən] *n* сплав; смеше́ние

**alligator** ['ælɪgeɪtə] *n* 1) *зоол.* аллига́тор 2) *тех.* щеко́вая камнедроби́лка 3) *attr.* из крокоди́ловой ко́жи; под крокоди́ла; ~ bag портфе́ль из крокоди́ловой ко́жи 4) *attr.*: ~ shears *тех.* механи́ческие но́жницы; ~ wrench га́зовый ключ

**all-in** ['ɔ:l'ɪn] *разг.* **1.** *a* уста́вший, изму́ченный

**2.** *adv* включа́я всё

**all-in-all** ['ɔ:lɪn'ɔ:l] **1.** *n* всё (*для кого-л.*), предме́т любви́, обожа́ния

**2.** *a* о́чень ва́жный, реша́ющий

**3.** *adv* 1) целико́м, по́лностью 2) в це́лом, в о́бщем

**all-in-one** ['ɔ:lɪn'wʌn] *a тех.* це́льный, неразъёмный

**alliteration** [əˌlɪtə'reɪʃən] *n* аллитера́ция

**all-metal** ['ɔ:l'metl] *a* цельнометалли́ческий

**all-night** ['ɔ:lnaɪt] *a* ночно́й (*о ресторане, кафе и т. п.*)

**allocate** ['æləukeɪt] *v* 1) размеща́ть, распределя́ть, назнача́ть (to); ассигнова́ть; *амер.* резерви́ровать, брони́ровать (*кредиты, снабжение и т. п.*) 2) локализова́ть

**allocation** [ˌæləu'keɪʃən] *n* 1) размеще́ние, распределе́ние 2) назначе́ние; ассигнова́ние 3) локализа́ция, установле́ние ме́ста

**allocution** [ˌæləu'kju:ʃən] *n* речь, обраще́ние (*в торжественных случаях*)

**allodial** [ə'ləudjəl] *a ист.* аллодиа́льный, свобо́дный от ле́нных пови́нностей

**allodium** [ə'ləudjəm] *n ист.* алло́д, земля́, находя́щаяся в по́лной со́бственности и свобо́дная от ле́нных пови́нностей

**allogamy** [ə'lɔgəmɪ] *n бот.* аллога́мия, перекрёстное оплодотворе́ние

**allopath** ['æləupæθ] *n* аллопа́т

**allopathy** [ə'lɔpəθɪ] *n* аллопа́тия

**allot** [ə'lɔt] *v* 1) распределя́ть (по жре́бию); раздава́ть, наделя́ть; предназнача́ть; to ~ a task возлага́ть зада́чу; to ~ credits предоставля́ть креди́ты 2) *воен.* вводи́ть в соста́в; придава́ть

**allotment** [ə'lɔtmənt] *n* 1) распределе́ние; перечисле́ние (фо́ндов); ~ of billets отведе́ние кварти́р 2) до́ля, часть 3) небольшо́й уча́сток, отведённый под огоро́д; наде́л 4) *воен.* введе́ние в соста́в; прида́ча 5) *воен.* вы́плата (*части зарплаты*) по аттеста́ту (*семье*)

**allottee** [əˌlɔ'ti:] *n* 1) тот, кто получа́ет (*участок земли, деньги по аттестату и т. п.*) 2) ме́лкий аренда́тор

**all-out** ['ɔ:l'aut] *разг.* **1.** *a* 1) по́лный; тота́льный; с примене́нием всех сил и ресу́рсов 2) иду́щий напроло́м; реши́тельный; ~ attack реши́тельное наступле́ние 3) уста́вший, изму́ченный

**2.** *adv* 1) изо всех сил; все́ми сре́дствами; to go ~ боро́ться изо всех сил 2) сполна́, вполне́, по́лностью

**all-outer** ['ɔ:l'autə] *n амер.* сторо́нник кра́йних мер

**all-overish** ['ɔ:l'əuvərɪʃ] *a разг.* чу́вствующий недомога́ние

**all-overishness** ['ɔ:l'əuvərɪʃnɪs] *n разг.* о́бщее недомога́ние

**allow** [ə'lau] *v* 1) позволя́ть, разреша́ть; smoking is not ~ed кури́ть воспреща́ется 2) предоставля́ть, де́лать возмо́жным; this gate ~s access to the garden че́рез э́ти воро́та мо́жно пройти́ в сад 3) допуска́ть; признава́ть; I ~ that I was wrong признаю́, что был непра́в 4) принима́ть во внима́ние, учи́тывать, де́лать ски́дку, де́лать попра́вку (for — на *что-л.*); you must ~ for some mistakes вы должны́ уче́сть не́которые оши́бки; I cannot ~ of such an excuse не могу́ приня́ть тако́го извине́ния 5) дава́ть, регуля́рно выпла́чивать; I ~ him £ 100 a year я даю́ ему́ по 100 фу́нтов сте́рлингов в год 6) *амер. диал.* заявля́ть, утвержда́ть ◇ ~ me! разреши́те!; we have ~ed for twenty people мы бы́ли гото́вы встре́тить, приня́ть два́дцать челове́к

**allowable** [ə'lauəbl] *a* 1) допусти́мый 2) дозво́ленный 3) зако́нный

**allowance** [ə'lauəns] **1.** *n* 1) (годово́е, ме́сячное *и т. п.*) содержа́ние; карма́нные де́ньги; family ~ посо́бие многосеме́йным 2) но́рма вы́дачи; паёк; at no ~ неограни́ченно; ~ of ammunition боекомпле́кт 3) ски́дка 4) допуще́ние; приня́тие; приня́тие в расчёт, во внима́ние; make ~ for his age приме́те во внима́ние его́ во́зраст 5) *pl* дово́льствие 6) разреше́ние, позволе́ние 7) *тех.* при́пуск; до́пуск 8) *спорт.* фо́ра

**2.** *v* назнача́ть, выдава́ть стро́го ограни́ченный паёк, содержа́ние

**allowedly** [ə'lauɪdlɪ] *adv* 1) дозво́ленным о́бразом 2) по о́бщему призна́нию

**alloy** **1.** *n* ['ælɔɪ] 1) сплав 2) при́месь, лигату́ра 3) про́ба (*драгоценного металла*) 4) [ə'lɔɪ] при́месь (*чего-л. дурного к хорошему*); happiness without ~ ниче́м не омрачённое сча́стье 5) *attr.* леги́рованный; ~ steel леги́рованная сталь

**2.** *v* [ə'lɔɪ] 1) сплавля́ть (*металлы*) 2) подме́шивать 3) омрача́ть (*радость, удовольствие и т. п.*)

**all-powerful** ['ɔ:l'pauəful] *a* всемогу́щий

**all-purpose** ['ɔ:l'pə:pəs] *a* универса́льный, многоцелево́й

**all right** ['ɔ:l'raɪt] **1.** *a predic.* 1) в поря́дке; вполне́ удовлетвори́тельный; he is ~ он чу́вствует себя́ хорошо́;

everything is ~ with your plan с ва́шим пла́ном всё в поря́дке 2) подходя́щий, устра́ивающий (*кого-л.*); is it ~ with you? вас э́то устра́ивает?

**2.** *adv* вполне́ удовлетвори́тельно, прие́млемо; как ну́жно

**3.** *int* хорошо́!, ла́дно!, согла́сен!

**all-round** [ˈɔːlˈraund] *a* многосторо́нний, всесторо́нний; кругово́й; ~ man разносторо́нний челове́к; ~ price цена́, включа́ющая накладны́е расхо́ды ◇ ~ champion абсолю́тный чемпио́н

**all-rounder** [ˈɔːlˈraundə] *n* 1) разносторо́нний челове́к 2) *спорт.* десятибо́рец

**All-Russian** [ˈɔːlˈrʌʃən] *a* всеросси́йский

**allseed** [ˈɔːlsiːd] *n бот.* многосемя́нное расте́ние

**allspice** [ˈɔːlspaɪs] *n* 1) *бот.* гвозди́чное де́рево 2) яма́йский пе́рец, души́стый пе́рец

**all-star** [ˈɔːlstɑː] *a театр., кино* состоя́щий то́лько из звёзд; ~ cast спекта́кль, в кото́ром уча́ствуют то́лько звёзды

**all-steel** [ˈɔːlˈstiːl] *a* цельностально́й

**all-time** [ˈɔːltaɪm] *a* небыва́лый, непревзойдённый; са́мый лу́чший, высо́кий *и т. п.*; ~ high prices небыва́ло высо́кие це́ны

**allude** [əˈluːd] *v* 1) упомина́ть; ссыла́ться (to — на) 2) намека́ть (to — на)

**All-Union** [ˈɔːlˈjuːnjən] *a* всесою́зный

**all-up** [ˈɔːlˈʌp] *n ав.* о́бщий вес (самолёта, экипа́жа, пассажи́ров, гру́за *и т. п.*) в во́здухе, по́лный полётный вес

**allure** [əˈljuə] *v* **1.** 1) зама́нивать, завлека́ть, привлека́ть 2) очаро́вывать, пленя́ть

**2.** *n* очарова́ние, привлека́тельность

**allurement** [əˈljuəmənt] *n книжн.* 1) обольще́ние 2) прима́нка, привлека́тельность

**alluring** [əˈljuərɪŋ] **1.** *pres. p. от* allure

**2.** *a* 1) соблазни́тельный; ~ prospects зама́нчивые перспекти́вы 2) очарова́тельный

**allusion** [əˈluːʒən] *n* 1) упомина́ние; ссы́лка (to) 2) намёк (to)

**allusive** [əˈluːsɪv] *a* 1) заключа́ющий в себе́ ссы́лку (to — на) 2) заключа́ющий в себе́ намёк (to — на); иносказа́тельный 3) *геральд.*: ~ arms символи́ческий герб

**alluvia** [əˈluːvjə] *pl от* alluvium

**alluvial** [əˈluːvjəl] *a геол.* нано́сный, аллювиа́льный; ~ deposit *горн.* ро́ссыпь; ~ gold *горн.* ро́ссыпное зо́лото

**alluvion** [əˈluːvjən] *n* 1) нано́с, нано́сная земля́, намы́в 2) = alluvium

**alluvium** [əˈluːvjəm] *n* (*pl* -via, -s [-z]) *геол.* 1) аллю́вий, аллювиа́льные форма́ции; нано́сные образова́ния 2) *attr.*: ~ period четверти́чный пери́од, четверти́чная систе́ма

**all-white** [ˈɔːlˈwaɪt] *a* то́лько для бе́лых; ~ school шко́ла, в кото́рую не принима́ют него́в

**all-wool** [ˈɔːlˈwul] *a* чистошерстяно́й

**ally** I **1.** *n* [ˈælaɪ] сою́зник; ~ of moment вре́менный сою́зник

**2.** *v* [əˈlaɪ] соединя́ть; to ~ oneself вступа́ть в сою́з, соединя́ться (*договором, браком*; to, with); to be allied to быть те́сно свя́занным с; име́ть о́бщие черты́ с; Norwegian is nearly allied to Danish норве́жский язы́к бли́зок к да́тскому

**ally** II [ˈælɪ] *n* мра́морный ша́рик (*для детской игры*) ◇ to give smb. a fair show for an ~ че́стно поступа́ть по отноше́нию к кому́-л.; дать кому́-л. возмо́жность отыгра́ться

**almanac** [ˈɔːlmənæk] *n* календа́рь; альмана́х

**almighty** [ɔːlˈmaɪtɪ] **1.** *a* 1) всемогу́щий 2) *разг.* о́чень си́льный; ужа́сный; we had an ~ row у нас произошёл ужа́сный сканда́л

**2.** *n*: the A. (всемогу́щий) бог

**3.** *adv разг.* ужа́сно

**almond** [ˈɑːmənd] *n* 1) минда́ль 2) *attr.* минда́льный

**almond-eyed** [ˈɑːməndˈaɪd] *a* с миндалеви́дным разре́зом глаз

**almond-oil** [ˈɑːməndˈɔɪl] *n* минда́льное ма́сло

**almond-shaped** [ˈɑːməndʃeɪpt] *a* миндалеви́дный

**almoner** [ˈɑːmənə] *n* 1) чино́вник в больни́це, ве́дающий опла́той лече́ния и обслу́живанием больны́х 2) *уст.* раздаю́щий ми́лостыню; Hereditary Grand A., Lord High A. ве́дающий разда́чей ми́лостыни при англи́йском дворе́

**almost** [ˈɔːlməust] *adv* почти́; едва́ не

**alms** [ɑːmz] *n* (*pl без измен.*; *обыкн. употр. как sing*) ми́лостыня

**alms-deed** [ˈɑːmzdiːd] *n* благотвори́тельность; акт благотвори́тельности

**alms-house** [ˈɑːmzhaus] *n* богаде́льня

**almsman** [ˈɑːmzmən] *n* живу́щий подая́нием, ни́щий

**alodial** [əˈləudjəl] = allodial

**alodium** [əˈləudjəm] = allodium

**aloe** [ˈæləu] *n* 1) *бот.* ало́э; American ~ столе́тник 2) *pl* сабу́р (*слабительное*)

**aloft** [əˈlɔft] *adv* 1) наверху́; на высоте́; наве́рх 2) *мор.* на ма́рсе, на ре́ях ◇ to go ~ *разг.* умере́ть

**alone** [əˈləun] **1.** *a predic.* 1) оди́н, одино́кий 2) сам, без посторо́нней по́мощи; he can do it ~ он мо́жет э́то сде́лать сам, без посторо́нней по́мощи ◇ to let (*или* to leave) smb. ~ оста́вить кого́-л. в поко́е; to let smth. ~ не тро́гать чего́-л., не прикаса́ться к чему́-л.; let ~ не говоря́ уже́ о

**2.** *adv* то́лько, исключи́тельно; he ~ can do it то́лько он мо́жет э́то сде́лать

**along** [əˈlɔŋ] **1.** *adv* 1) вперёд 2) по всей ли́нии 3) с собо́й; come ~! идём (вме́сте)!; he brought his instruments ~ он принёс с собо́й инструме́нты □ ~ with вме́сте ◇ all ~ всё вре́мя; I knew it all ~ я э́то знал с са́мого нача́ла; (all) ~ of *разг.* всле́дствие, из-за; it happened all ~ of your carelessness э́то произошло́ по ва́шей небре́жности; right ~ *амер.* всегда́; непреры́вно; постоя́нно

**2.** *prep* вдоль, по; ~ the river вдоль реки́; ~ the road по доро́ге; ~ the strike *геол.* по простира́нию

**along-shore** [əˈlɔŋˈʃɔ] *adv* вдоль бе́рега

**alongside** [əˈlɔŋˈsaɪd] *adv* 1) бок о́ бок; ря́дом 2) *мор.* борт о́ борт; у бо́рта; у сте́нки 3): ~ of (*употр. как prep*) сбо́ку от, ря́дом с

**aloof** [əˈluːf] **1.** *a predic.* 1) стороня́щийся 2) отчуждённый; равноду́шный 3) надме́нный

**2.** *adv* по́одаль, в стороне́; to hold (*или* to keep) (oneself) ~ (from), to stand ~ (from) держа́ться в стороне́ (от); чужда́ться

**aloofness** [əˈluːfnɪs] *n* отчуждённость; равноду́шие

**aloud** [əˈlaud] *adv* 1) гро́мко, вслух 2) *разг.* си́льно, заме́тно; ощути́мо; it reeks ~ ужа́сно воня́ет

**alp** [ælp] *n* 1) го́рная верши́на 2) го́рное па́стбище в Швейца́рии

**alpaca** [ælˈpækə] *n* 1) *зоол.* альпака́ 2) шерсть альпаки́ 3) ткань из ше́рсти альпаки́

**alpenstock** [ˈælpɪnstɔk] *n спорт.* альпеншто́к

**alpha** [ˈælfə] *n* 1) а́льфа (*первая буква греческого алфавита*) 2) *астр.* гла́вная звезда́ созве́здия ◇ A. and Omega а́льфа и оме́га, нача́ло и коне́ц; основно́е, гла́вное; ~ plus *разг.* превосхо́дный, отме́нный, первокла́ссный

**alphabet** [ˈælfəbɪt] *n* алфави́т; а́збука

**alphabetic** [ˌælfəˈbetɪk] *a* 1) = alphabetical 2) а́збучный

**alphabetical** [ˌælfəˈbetɪkəl] *a* алфави́тный

**alphabetically** [ˌælfəˈbetɪkəlɪ] *adv* в алфави́тном поря́дке

**alphabetize** [ˈælfəbetaɪz] *v* располага́ть в алфави́тном поря́дке

**alpha rays** [ˈælfəˈreɪz] *n pl физ.* а́льфа-лучи́

**alpine** [ˈælpaɪn] *a* альпи́йский

**alpinist** [ˈælpɪnɪst] *n* альпини́ст

**already** [ɔːlˈredɪ] *adv* уже́

**Alsatian** [ælˈseɪʃjən] **1.** *a* эльза́сский

**2.** *n* 1) эльза́сец 2) *ист.* должни́к (*от Alsatia — название района в квартале White Friars в Лондоне, где в XVI—XVII вв. находили себе убежище должники и преступники*) 3) восточноевропе́йская овча́рка

**also** [ˈɔːlsəu] *adv* то́же, та́кже, к тому́ же ◇ ~ ran *разг.* неуда́чливый уча́стник состяза́ния, неуда́чник

**alt** [ælt] *n*: in ~ *муз.* на окта́ву вы́ше; *перен.* в припо́днятом настрое́нии

**altar** ['ɔ:ltə] *n* 1) престо́л, алта́рь (*в христианских церквах*); же́ртвенник; to lead to the ~ вести́ к алтарю́, жени́ться 2) (A.) *астр.* Алта́рь, Же́ртвенник (*созвездие южного неба*) 3) *тех.* пла́менный поро́г (*печи*)

**altar-cloth** ['ɔ:ltəklɔθ] *n церк.* напресто́льная пелена́

**altar-piece** ['ɔ:ltəpi:s] *n церк.* запресто́льный о́браз

**alter** ['ɔ:ltə] *v* 1) измени́ть(ся); меня́ть(ся); вноси́ть измене́ния, переде́лывать; to ~ one's mind переду́мать, передуши́ть; приня́ть друго́е реше́ние 2) *амер.* холости́ть, кастри́ровать (*скот*)

**alterable** ['ɔ:ltərəbl] *a* изменя́емый

**alterant** ['ɔ:ltərənt] **1.** *a* спосо́бный вызыва́ть измене́ния

**2.** *n* что-л. вызыва́ющее измене́ния

**alteration** [,ɔ:ltə'reɪʃən] *n* 1) измене́ние; переме́на; переде́лка, перестро́йка 2) деформа́ция 3) *геол.* измене́ние поро́д по сложе́нию и соста́ву; метаморфи́ческое вытесне́ние

**alterative** ['ɔ:ltərətɪv] **1.** *a* вызыва́ющий измене́ние, переме́ну

**2.** *n мед.* сре́дство, повыша́ющее обме́н веще́ств

**altercate** ['ɔ:ltəkeɪt] *v книжн.* препира́ться, ссо́риться (with)

**altercation** [,ɔ:ltə'keɪʃən] *n книжн.* перебра́нка, ссо́ра

**alter ego** ['æltər'egəu] *лат. n* второ́е я; бли́зкий друг и единомы́шленник

**alternate 1.** *n* [ɔ:l'tə:nɪt] *амер.* замести́тель; дублёр

**2.** *a* [ɔ:l'tə:nɪt] 1) переме́нный, перемежа́ющийся, чередую́щийся; they worked ~ shifts они́ рабо́тали попереме́нно; on ~ days че́рез день 2) запа́сный; дополни́тельный; ~ design вариа́нт прое́кта; ~ materials замени́тели 3): ~ angles *мат.* противолежа́щие углы́

**3.** *v* ['ɔ:ltəneɪt] чередова́ть(ся); сменя́ть друг дру́га

**alternating** ['ɔ:ltəneɪtɪŋ] **1.** *pres. p. от* alternate 3

**2.** *a* переме́нный, перемежа́ющийся; ~ current *эл.* переме́нный ток; ~ motion *тех.* возвра́тно-поступа́тельное движе́ние

**alternation** [,ɔ:ltə'neɪʃən] *n* чередова́ние; ~ of day and night сме́на дня и но́чи

**alternative** [ɔ:l'tə:nətɪv] **1.** *n* альтернати́ва, вы́бор; there is no other ~ but... нет друго́го вы́бора, кро́ме...

**2.** *a* 1) взаимоисключа́ющий, альтернати́вный; these two plans are not necessarily ~ э́ти два пла́на отню́дь не исключа́ют друг дру́га 2) переме́нно де́йствующий, переме́нный

**alternator** ['ɔ:ltəneɪtə] *n эл.* генера́тор переме́нного то́ка

**although** [ɔ:l'ðəu] *cj* хотя́, е́сли бы да́же; несмотря́ на то, что

**altigraph** ['æltɪgrɑ:f] *n ав.* альтигра́ф, прибо́р, регистри́рующий высоту́

**altimeter** ['æltɪmi:tə] *n* альтиме́тр, высотоме́р

**altisonant** [æl'tɪsənənt] *a* гро́мкий, высокопа́рный

**altitude** ['æltɪtju:d] *n* 1) высота́; высота́ над у́ровнем мо́ря; to grab for ~ *ав.* стара́ться набра́ть высоту́; *перен. разг.* си́льно рассерди́ться, рассвирепе́ть; to lose ~ *ав.* теря́ть высоту́ 2) *pl* высо́кие места́, высо́ты; in those ~s the air is thin на э́тих высо́тах во́здух разрежён 3) (*обыкн. pl*) возвы́шенность; *перен.* высо́кое положе́ние 4) *attr. ав.* высо́тный; ~ control высо́тное управле́ние, высо́тный корре́ктор; руль высоты́; ~ correction попра́вка на высоту́; ~ flight высо́тный полёт; ~ gauge (*или* measurer) альтиме́тр, высотоме́р

**alto** ['æltəu] *n* (*pl* -os [-əuz]) 1) альт (*голос и струнный инструмент*) 2) контра́льто

**alto-cumulus** ['æltəu'kju:mjuləs] *n метео* высококучевы́е облака́

**altogether** [,ɔ:ltə'geðə] **1.** *adv* 1) вполне́, всеце́ло; ~ bad соверше́нно него́дный 2) в о́бщем, в це́лом 3) всего́ ◇ for ~ навсегда́

**2.** *n* 1): an ~ це́лое; the ~ *разг.* обнажённая моде́ль; in the ~ *разг.* в обнажённом ви́де (*о модели художника*) 2) *attr.*: ~ coal *горн.* несортиро́ванный, рядово́й у́голь

**alto-relievo** ['æltəurɪ'li:vəu] *n* (*pl* -os [-əuz]) *иск.* горелье́ф

**alto-stratus** ['æltəu'streɪtəs] *n метео* высокослои́стые облака́

**altruism** ['æltruɪzm] *n* альтруи́зм

**altruist** ['æltruɪst] *n* альтруи́ст

**altruistic** [,æltru'ɪstɪk] *a* альтруисти́ческий

**alum** ['æləm] *n* 1) квасцы́ 2) *attr.*: ~ earth = alumina

**alumina** [ə'lju:mɪnə] *n* о́кись алюми́ния; глинозём

**aluminium** [,ælju'mɪnjəm] *n* алюми́ний

**aluminium sulphate** [,ælju:'mɪnjəm-'sʌlfeɪt] *n* сернoки́слый алюми́ний

**aluminous** [ə'lju:mɪnəs] *a* глинозёмный; квасцо́вый

**aluminum** [ə'ljumɪnəm] *амер.* = aluminium

**alumna** [ə'lʌmnə] *лат.* (*pl* -nae) *ж. к* alumnus

**alumnae** [ə'lʌmni:] *pl от* alumna

**alumni** [ə'lʌmnaɪ] *pl от* alumnus

**alumnus** [ə'lʌmnəs] *лат. n* (*pl* -ni) бы́вший пито́мец (*школы или университета*)

**alveolar** [æl'vɪələ] *a анат., фон.* альвеоля́рный; ~ abscess *мед.* флюс

**alveolate** [æl'vi:əlɪt] *a* альвеоля́рный (*имеющий ячеистое строение*)

**alveoli** [æl'vɪəlaɪ] *pl от* alveolus

**alveolus** [æl'vɪələs] *n* (*pl* -li) *анат.* альвео́ла, яче́йка

**always** ['ɔ:lwəz] *adv* всегда́

**am** [æm (*полная форма*), əm, m (*редуцированные формы*)] *1 л. ед. ч. настоящего времени гл.* to be

**amadou** ['æmədu:] *n* трут

**amain** [ə'meɪn] *adv уст., поэт.* 1) бы́стро; сломя́ го́лову 2) с разго́на, по ине́рции 3) си́льно, изо все́х сил

**amalgam** [ə'mælgəm] *n* 1) амальга́ма 2) смесь

**amalgamate** [ə'mælgəmeɪt] *v* 1) соединя́ть(ся); объединя́ть(ся); слива́ться (*об учреждениях, организациях и т. п.*) 2) соединя́ть(ся) со рту́тью; амальгами́ровать

**amalgamated** [ə'mælgəmeɪtɪd] **1.** *p. p. от* amalgamate

**2.** *a* соединённый, объединённый; ~ trade union объединённый профсою́з

**amalgamation** [ə,mælgə'meɪʃən] *n* 1) смеше́ние 2) слия́ние, объедине́ние (*учреждений, организаций и т. п.*) 3) амальгами́рование

**amanuenses** [ə,mænju'ensi:z] *pl от* amanuensis

**amanuensis** [ə,mænju'ensɪs] *лат. n* (*pl* -ses) ли́чный секрета́рь, пи́шущий под дикто́вку

**amaranth** ['æmərænθ] *n* 1) *бот.* щири́ца, амара́нт 2) пурпу́рный цвет

**amaranthine** [,æmə'rænθaɪn] *a* 1) неувяда́ющий 2) пурпу́рный

**amass** [ə'mæs] *v* собира́ть; накопля́ть, копи́ть

**amateur** ['æmətə(:)] *n* 1) люби́тель, дилета́нт 2) спортсме́н-люби́тель 3) *attr.* люби́тельский; ~ theatricals люби́тельский спекта́кль; ~ talent groups худо́жественная самоде́ятельность

**amateurish** [,æmə'tə:rɪʃ] *a* 1) непрофессиона́льный, дилета́нтский 2) неуме́лый; an ~ attempt нело́вкая попы́тка

**amative** ['æmətɪv] *a* 1) влю́бчивый 2) любо́вный

**amatol** ['æmətɔl] *n* амато́л (*взрывчатое вещество*)

**amatory** ['æmətərɪ] *a* 1) любо́вный 2) любя́щий

**amaze** [ə'meɪz] **1.** *v* изумля́ть, поража́ть

**2.** *n поэт. см.* amazement

**amazement** [ə'meɪzmənt] *n* изумле́ние, удивле́ние

**amazing** [ə'meɪzɪŋ] **1.** *pres. p. от* amaze 1

**2.** *a* удиви́тельный, изуми́тельный, порази́тельный

**Amazon** ['æməzən] *n* 1) *греч. миф.* амазо́нка 2) мужеподо́бная же́нщина

**ambages** [æm'beɪdʒi:z] *n pl* 1) обиняки́, околи́чности 2) оття́жки, проволо́чки

**ambassador** [æm'bæsədə] *n* 1) посо́л; ~ extraordinary and plenipotentiary чрезвыча́йный и полномо́чный посо́л; ~ at large посо́л, полномо́чия кото́рого не ограни́чены террито́рией определённого госуда́рства 2) посла́нец, ве́стник; представи́тель; to act as smb.'s ~ представля́ть кого́-л.; he acted as director's ~ at the negotiations на перегово́рах он представля́л дире́ктора

**ambassadorial** [æm,bæsə'dɔ:rɪəl] *a* посо́льский

**ambassadress** [æm'bæsədrɪs] *n* 1) жена́ посла́ 2) же́нщина-посо́л 3) посла́нница, ве́стница; представи́тельница

**amber** ['æmbə] *n* 1) янта́рь; окамене́лая смола́ 2) *attr.* янта́рный; жёлтый (*о сигнале уличного движения*)

**ambergris** ['æmbəgri(:)s] *n* се́рая а́мбра

**ambidext(e)rous** ['æmbɪ'dekstrəs] *a* владе́ющий одина́ково свобо́дно обе́ими рука́ми

**ambience** ['æmbɪəns] *n* окруже́ние

**ambient** ['æmbɪənt] *a* окружа́ющий, обтека́ющий

**ambiguity** [ˌæmbɪ'gju(:)ɪtɪ] *n* 1) двусмы́сленность 2) неопределённость, нея́сность

**ambiguous** [æm'bɪgjuəs] *a* 1) двусмы́сленный 2) сомни́тельный; неопределённый, нея́сный

**ambit** ['æmbɪt] *n* 1) окруже́ние, окре́стность 2) грани́цы; *перен.* сфе́ра; within the ~ of в преде́лах 3) *архит.* откры́тое простра́нство вокру́г зда́ния

**ambition** [æm'bɪʃən] *n* 1) честолю́бие, амби́ция 2) стремле́ние, цель, предме́т жела́ний; it is his ~ to become a writer его́ мечта́ — стать писа́телем

**ambitious** [æm'bɪʃəs] *a* 1) честолюби́вый 2) стремя́щийся, жа́ждущий (of); ~ of power властолюби́вый 3) претенцио́зный

**ambivalent** [æm'bɪvələnt] *a* противополо́жный, противоречи́вый (*о чувстве и т. п.*)

**amble** ['æmbl] **1.** *n* 1) и́ноходь 2) лёгкая похо́дка, лёгкий шаг

**2.** *v* 1) идти́ и́ноходью 2) е́хать на иноходце 3) идти́ лёгким ша́гом

**ambler** ['æmblə] *n* иноходец

**ambrosia** [æm'brəuzjə] *n* 1) *греч. миф.* амбро́зия; *перен. тж.* пи́ща бого́в 2) перга́

**ambulance** ['æmbjuləns] *n* 1) полево́й го́спиталь 2) сре́дство санита́рного тра́нспорта 3) маши́на ско́рой по́мощи, ско́рая по́мощь 4) *attr.* санита́рный; ~ airplane санита́рный самолёт; ~ airdrome *амер.* эвакуацио́нный аэродро́м; ~ box похо́дная апте́чка; ~ car маши́на ско́рой по́мощи; ~ train санита́рный по́езд; ~ transport *мор.* санита́рный тра́нспорт

**ambulance-chaser** ['æmbjulənsˌtʃeɪsə] *n амер. разг.* юри́ст, веду́щий дела́ лиц, пострада́вших от у́личного *или* железнодоро́жного тра́нспорта

**ambulant** ['æmbjulənt] *a* 1) перемеща́ющийся (*о боли*); блужда́ющий (*о болезни*); ~ erysipelas блужда́ющая ро́жа 2) амбулато́рный (*о больном*) 3) не тре́бующий посте́льного режи́ма (*о болезни*)

**ambulatory** ['æmbjulətərɪ] **1.** *a* 1) амбулато́рный, ходя́чий (*о больном*) 2) передвижно́й; вре́менный; ~ court выездно́й суд 3) стра́нствующий 4) приспосо́бленный для ходьбы́

**2.** *n* 1) галере́я для прогу́лок; кры́тая вну́тренняя галере́я монастыря́ 2) стра́нствующий челове́к 3) амбулато́рный больно́й

**ambuscade** [ˌæmbəs'keɪd] = ambush 2, 1) *и* 2)

**ambush** ['æmbuʃ] **1.** *n* заса́да; to make (*или* to lay) an ~ устра́ивать заса́ду; to lie in ~ сиде́ть в заса́де

**2.** *v* 1) находи́ться, сиде́ть в заса́де 2) устра́ивать заса́ду 3) напада́ть из заса́ды

**ameer** [ə'mɪə] *n* эми́р

**ameliorate** [ə'mi:ljəreɪt] *v* улучша́ть(ся)

**amelioration** [əˌmi:ljə'reɪʃən] *n* 1) улучше́ние 2) мелиора́ция

**ameliorative** [ə'mi:ljərətɪv] *a* 1) мелиорати́вный 2) улучша́ющий(ся)

**amen** ['ɑ:'men] *int* ами́нь!; да бу́дет так! ◇ to say ~ to smth. соглаша́ться с чем-л.; одобря́ть что-л.

**amenability** [əˌmi:nə'bɪlɪtɪ] *n* 1) отве́тственность; подсу́дность 2) подве́рженность (*заболеваниям*) 3) пода́тливость

**amenable** [ə'mi:nəbl] *a* 1) отве́тственный; подсу́дный; ~ to law отве́тственный пе́ред зако́ном 2) послу́шный, сгово́рчивый; пода́тливый; ~ to discipline подчиня́ющийся дисципли́не 3) поддаю́щийся; ~ to flattery па́дкий на лесть; ~ to persuasion поддаю́щийся убежде́нию 4) подве́рженный (*заболеваниям*)

**amenably** [ə'mi:nəblɪ] *adv* согла́сно, в соотве́тствии; ~ to the rules согла́сно пра́вилам

**amend** [ə'mend] *v* 1) улучша́ть, исправля́ть 2) вноси́ть попра́вки (*в законопроект, предложение и т. п.*)

**amendable** [ə'mendəbl] *a* исправи́мый

**amendment** [ə'mendmənt] *n* 1) попра́вка (*к резолюции, законопроекту*); to move an ~ внести́ попра́вку (*в резолюцию и т. п.*) 2) исправле́ние, попра́вка

**amends** [ə'mendz] *n pl* (*употр. как sing*) компенса́ция, возмеще́ние; to make ~ to smb. for smth. предоста́вить кому́-л. компенса́цию за что-л., возмеща́ть кому́-л. убы́тки

**amenity** [ə'mi:nɪtɪ] *n* 1) прия́тность; мя́гкость; любе́зность; ве́жливое обхожде́ние 2) *pl* всё, что спосо́бствует хоро́шему настрое́нию, о́тдыху *и т. п.*; the amenities of the famous resort благоприя́тные усло́вия для о́тдыха на знамени́том куро́рте 3) *pl* удово́льствия; amenities of home life пре́лести семе́йной жи́зни

**amenta** [ə'mentə] *pl от* amentum

**amentia** [eɪ'menʃɪə] *n* слабоу́мие

**amentum** [ə'mentəm] *лат. n* (*pl* -ta) = catkin

**amerce** [ə'mə:s] *v* 1) штрафова́ть 2) нака́зывать (with — *чем-л.*)

**amercement** [ə'mə:smənt] *n* 1) наложе́ние штра́фа (*особ. по усмотрению штрафующего*) 2) де́нежный штраф 3) наказа́ние

**American** [ə'merɪkən] **1.** *a* америка́нский

**2.** *n* америка́нец; америка́нка ◇ all ~ *ирон.* стопроце́нтный америка́нец, америка́нец с головы́ до ног

**Americanism** [ə'merɪkənɪzm] *n* американи́зм

**Americanize** [ə'merɪkənaɪz] *v* 1) американизи́ровать 2) употребля́ть американи́змы 3) дава́ть гражда́нство США

**American tiger** [ə'merɪkən'taɪgə] *n* ягуа́р

**amethyst** ['æmɪθɪst] *n* амети́ст

**amethystine** [ˌæmɪ'θɪstaɪn] *a* амети́стовый

**amiability** [ˌeɪmjə'bɪlɪtɪ] *n* 1) дружелю́бие; любе́зность 2) доброду́шие

**amiable** ['eɪmjəbl] *a* 1) дружелю́бный; любе́зный 2) доброду́шный

**amianthus** [ˌæmɪ'ænθəs] *n мин.* го́рный лён

**amicable** ['æmɪkəbl] *a* 1) дру́жеский, дружелю́бный 2) полюбо́вный

**amid** [ə'mɪd] *prep* среди́, посреди́, ме́жду; ~ cries of welcome среди́ приве́тственных во́згласов

**amides** ['æmaɪdz] *n pl хим.* ами́ды, амидогру́ппа, аминогру́ппа

**amidol** ['æmɪdəl] *n хим., фото* амидо́л

**amidships** [ə'mɪdʃɪps] *adv* 1) *мор.* посереди́не корабля́ 2) *ав.* у ми́деля

**amidst** [ə'mɪdst] = amid

**amildar** ['æməldɑ:] *инд. n* податно́й инспе́ктор

**amines** ['æmaɪnz] = amides

**amir** [ə'mɪə] = ameer

**amiss** [ə'mɪs] **1.** *a predic.* 1) плохо́й; непра́вильный, неве́рный; not ~ недурно 2) несвоевре́менный ◇ there is something ~ with him с ним что́-то нела́дно; what's ~? в чём де́ло?

**2.** *adv* 1) пло́хо; непра́вильно, неве́рно; нела́дно; to do (*или* to deal) ~ ошиба́ться; поступа́ть ду́рно; to take ~ непра́вильно истолко́вывать; обижа́ться 2) некста́ти; несвоевре́менно; to come ~ а) прийти́ не во́время, некста́ти; б) не получи́ться ◇ nothing comes ~ to him *разг.* ему́ всё сгоди́тся, он со всем спра́вится

**amity** ['æmɪtɪ] *n* дру́жеские *или* ми́рные отноше́ния

**ammeter** ['æmɪtə] *n эл.* ампермéтр

**ammonal** ['æmənəl] *n* аммона́л

**ammonia** [ə'məunjə] *n* 1) *хим.* аммиа́к; liquid ~ жи́дкий аммиа́к 2) *разг.* нашаты́рный спирт

**ammoniac** [ə'məunɪæk] *a хим.* аммиа́чный

**ammonite** ['æmənaɪt] *n геол.* аммони́т

**ammonium** [ə'məunjəm] *n хим.* 1) аммо́ний 2) *attr.*: ~ chloride нашаты́рный спирт, хло́ристый аммо́ний

**ammunition** [ˌæmju'nɪʃən] **1.** *n* 1) боеприпа́сы; снаря́ды, патро́ны; подрывны́е сре́дства; *мор.* боезапа́с 2) *attr.* артиллери́йский, снаря́дный; ~ belt патро́нная ле́нта, патронта́ш; ~ box а) патро́нный я́щик; б) коро́бка для патро́нной ле́нты; в) ни́ша для боеприпа́сов (*в окопе и т. п.*); ~ depot (*или* establishment) артиллери́йский склад, склад боеприпа́сов; ~ factory снаря́дный, патро́нный заво́д; ~ hoist *мор.* элева́тор, подъёмник для снаря́дов ◇ ~ boots солда́тские похо́дные боти́нки; ~ leg *разг.* деревя́нная нога́, проте́з

2. *v* снабжа́ть боеприпа́сами

**amnesia** [æm'ni:zjə] *n мед.* потеря па́мяти, амнези́я

**amnesty** ['æmnɪstɪ] **1.** *n* 1) амни́стия 2) созна́тельное попусти́тельство

2. *v* амнисти́ровать

**amoeba** [ə'mi:bə] *n* (*pl* -ae) *зоол.* амёба

**amoebae** [ə'mi:bi:] *pl от* amoeba

**amok** [ə'mɔk] = amuck

**among** [ə'mʌŋ] *prep* 1) посреди́, среди́, ме́жду; a village ~ the hills дере́вня в гора́х; they quarrelled ~ themselves они́ пересо́рились 2) из числа́, в числе́; I rate him ~ my friends я счита́ю его́ свои́м дру́гом; he is numbered ~ the dead его́ счита́ют уби́тым 3) из; one ~ a thousand оди́н из ты́сячи 4) у, среди́; ~ the ancient Greeks у дре́вних гре́ков

**amoral** [ˌeɪ'mɔrəl] *a* амора́льный

**amorous** ['æmərəs] *a* 1) влю́бчивый 2) влюблённый (of) 3) любо́вный; аму́рный; she gave him an ~ look она́ посмотре́ла на него́ влюблённо; ~ songs любо́вные пе́сни

**amorousness** ['æmərəsnɪs] *n* 1) влю́бчивость 2) влюблённость

**amorphous** [ə'mɔ:fəs] *a* 1) бесфо́рменный, امо́рфный 2) некристалли́ческий

**amortization** [əˌmɔ:tɪ'zeɪʃən] *n* 1) погаше́ние (до́лга); амортиза́ция 2) отчужде́ние недви́жимости

**amortize** [ə'mɔ:taɪz] *v* 1) погаша́ть (долг); амортизи́ровать 2) отчужда́ть недви́жимость

**amount** [ə'maunt] **1.** *n* 1) коли́чество; a large ~ of work мно́го рабо́ты 2) су́мма, ито́г; what is the ~ of this? ско́лько э́то составля́ет? 3) значи́тельность, ва́жность

2. *v* 1) доходи́ть (*до какого-л. количества*), составля́ть (*сумму*); равня́ться; the bill ~s to £ 40 счёт составля́ет су́мму в 40 фу́нтов сте́рлингов 2) быть ра́вным, равнозна́чащим; this ~s to a refusal э́то равноси́льно отка́зу; to ~ to very little, not to ~ to much быть незначи́тельным, не име́ть большо́го значе́ния; what, after all, does it ~ to? что, в конце́ конц́ов, э́то означа́ет?

**amour** [ə'muə] *n* любо́вь; любо́вная связь, интри́га

**amourette** [ˌæmu'ret] *n* любо́вная интри́жка

**amour-propre** ['æmuə'prɔpr] *фр. n* самолю́бие

**amperage** [æm'pɛərɪdʒ] *n эл.* си́ла то́ка (в ампе́рах)

**ampere** ['æmpɛə] *n физ.* ампе́р

**amperemeter** ['æmpɛəˌmi:tə] *n* амперме́тр

**ampere turn** ['æmpɛə'tə:n] *n* ампе́р-вито́к

**ampersand** ['æmpəsænd] *n* знак & (= and)

**Amphibia** [æm'fɪbɪə] *n pl зоол.* амфи́бии, земново́дные

**amphibian** [æm'fɪbɪən] **1.** *a* 1) земново́дный 2): ~ tank пла́вающий танк

**2.** *n* 1) *зоол.* амфи́бия 2) *ав.* самолёт-амфи́бия 3) *воен.* танк-амфи́бия

**amphibious** [æm'fɪbɪəs] *a* 1) земново́дный 2) *воен.* деса́нтный; ~ operation (комбини́рованная) деса́нтная опера́ция

**amphibology** [ˌæmfɪ'bɔlədʒɪ] *n* двусмы́сленное выраже́ние

**amphitheatre** ['æmfɪˌθɪətə] *n* амфитеа́тр

**amphora** ['æmfərə] *греч. n* (*pl* -ae) а́мфора

**amphorae** ['æmfəri:] *pl от* amphora

**ample** ['æmpl] *a* 1) оби́льный 2) доста́точный; will that be ~ for your needs? э́того вам бу́дет доста́точно? 3) просто́рный; обши́рный 4) простра́нный

**amplification** [ˌæmplɪfɪ'keɪʃən] *n* 1) увеличе́ние; расшире́ние; the subject requires ~ вопро́с тре́бует разрабо́тки 2) преувеличе́ние 3) распростране́ние (*мысли или выражения*) 4) *эл., радио* усиле́ние 5) *attr.*: ~ factor *радио* коэффицие́нт усиле́ния

**amplifier** ['æmplɪfaɪə] *n* 1) *эл., радио* усили́тель 2) ли́нза позади́ объекти́ва микроско́па

**amplify** ['æmplɪfaɪ] *v* 1) расширя́ть(ся) 2) развива́ть (*мысль*) 3) вдава́ться в подро́бности, распространя́ться; to ~ on smth. распространя́ться о чём-л. 4) преувели́чивать 5) *радио* уси́ливать

**amplitude** ['æmplɪtju:d] *n* 1) *физ., астр.* амплиту́да 2) полнота́; оби́лие 3) широта́, разма́х (*мысли*) 4) широта́, просто́р 5) да́льность де́йствия, ра́диус де́йствия

**amplitude modulation** ['æmplɪtju:dˌmɔdju'leɪʃən] *n радио* амплиту́дная модуля́ция

**amply** ['æmplɪ] *adv* 1) оби́льно; по́лно, доста́точно 2) простра́нно

**ampoule, ampule** ['æmpu:l, 'æmpju:l] *n* а́мпула

**amputate** ['æmpjuteɪt] *v* отнима́ть, ампути́ровать

**amputation** [ˌæmpju'teɪʃən] *n* ампута́ция

**amputee** [ˌæmpju'ti:] *n* челове́к с ампути́рованной ного́й *или* руко́й

**amuck** [ə'mʌk] *малайск. adv*: to run ~ а) обезу́меть; быть вне себя́, неи́стовствовать; б) в я́рости набра́сываться на вся́кого встре́чного

**amulet** ['æmjulɪt] *n* амуле́т

**amuse** [ə'mju:z] *v* забавля́ть; развлека́ть; you ~ me вы меня́ смеши́те; to ~ oneself корота́ть вре́мя, занима́ться (*чем-л.*); the children ~d themselves by drawing pictures де́ти занима́лись рисова́нием

**amusement** [ə'mju:zmənt] *n* 1) развлече́ние, увеселе́ние, заба́ва, весе́лье; to find ~ in smth. находи́ть удово́льствие в чём-л. 2) времяпрепровожде́ние 3) *attr.*: ~ park парк с аттракцио́нами

**amusing** [ə'mju:zɪŋ] **1.** *pres. p. от* amuse

2. *a* заба́вный, смешно́й; занима́тельный, заня́тный

**amyloid** ['æmɪlɔɪd] **1.** *n* амило́ид

2. *a* крахма́листый, крахма́льный

**an I** [æn (*полная форма*); ən, n (*редуцированные формы*)] *грам. неопределённый артикль см.* a II

**an II** [æn] *cj уст.* е́сли

**ana** ['ɑ:nə] *n* 1) сбо́рник воспомина́ний, выска́зываний, изрече́ний 2) *pl* анекдо́ты, расска́зы о како́м-л. лице́

**anabaptist** [ˌænə'bæptɪst] *n* анабапти́ст

**anabranch** ['ænəbrɑ:ntʃ] *n* прото́к реки́, возвраща́ющийся в её же ру́сло

**anachronism** [ə'nækrənɪzm] *n* анахрони́зм

**anaconda** [ˌænə'kɔndə] *n* 1) анако́нда (*змея*) 2) (кру́пный) уда́в

**anacreontic** [əˌnækrɪ'ɔntɪk] *a лит.* анакреонти́ческий

**anaemia** [ə'ni:mjə] *n мед.* анеми́я, малокро́вие

**anaemic** [ə'ni:mɪk] *a* 1) *мед.* анеми́чный, малокро́вный 2) сла́бый, безжи́зненный

**anaerobe** ['ænərəub] *n биол.* анаэро́б

**anaesthesia** [ˌænɪs'θi:zjə] *n* анестези́я, обезбо́ливание

**anaesthetic** [ˌænɪs'θetɪk] **1.** *a* анестези́рующий, обезбо́ливающий

2. *n* анестези́рующее, обезбо́ливающее сре́дство

**anaesthetize** [æ'ni:sθɪtaɪz] *v* анестези́ровать, обезбо́ливать

**anagram** ['ænəgræm] *n* анагра́мма

**anal** ['eɪnəl] *a анат.* заднепрохо́дный

**analects** ['ænəlekts] *n pl* литерату́рный сбо́рник

**analgesic** [ˌænæl'dʒesɪk] **1.** *a* болеутоля́ющий

2. *n* болеутоля́ющее сре́дство

**analog** ['ænəlɔg] *n* 1) ана́лог 2) модели́рующее устро́йство *или* систе́ма

**analogical** [ˌænə'lɔdʒɪkəl] *a редк.* 1) аналоги́ческий, осно́ванный на ана́логии 2) фигура́льный, метоними́ческий

**analogous** [ə'næləgəs] *a* аналоги́чный; схо́дный

**analogy** [ə'nælədʒɪ] *n* анало́гия; схо́дство; by ~ with, on the ~ of по анало́гии с

**analyse** ['ænəlaɪz] *v* 1) анализи́ровать 2) *хим.* разлага́ть 3) *грам.* разбира́ть (*предложение*)

**analyses** [ə'næləsi:z] *pl от* analysis

**analysis** [ə'næləsɪs] *n* (*pl* -ses) 1) ана́лиз 2) *хим.* разложе́ние 3) *грам.* разбо́р; sentence ~ синтакси́ческий разбóр 4) психоанáлиз ◇ in the last (*или* final) ~ в конéчном счёте

**analyst** [ˈænəlɪst] *n* 1) аналúтик 2) лабoрáнт-хúмик 3) специалúст по психоанáлизу; психиáтр, пóльзующийся мéтодом психоанáлиза 4) коммен-тáтор

**analytic(al)** [ˌænəˈlɪtɪk(əl)] *a* аналитúческий

**analytics** [ˌænəˈlɪtɪks] *n pl* (*употр. как sing*) 1) испóльзование мéтода анáлиза 2) аналúтика

**anamnesis** [ˌænæmˈniːsɪs] *n* 1) припоминáние 2) *мед.* анáмнез

**anamorphosis** [ˌænəˈmɔːfəsɪs] *n* 1) искажённое изображéние предмéта 2) изменéние фóрмы путём эволюции, анаморфóз

**ananas** [əˈnɑːnəs] *n* ананáс

**anapaest** [ˈænəpiːst] *n лит.* анáпест

**anaplasty** [ˈænəplæstɪ] *n мед.* пластúческая хирургúя

**anarchic(al)** [æˈnɑːkɪk(əl)] *a* анархúческий

**anarchism** [ˈænəkɪzm] *n* анархúзм

**anarchist** [ˈænəkɪst] *n* анархúст

**anarchy** [ˈænəkɪ] *n* анáрхия

**anastomoses** [ˌænəstəˈməusiːz] *pl от* anastomosis

**anastomosis** [ˌænəstəˈməusɪs] *n* (*pl* -ses) *анат., бот.* анастомóз

**anathema** [əˈnæθɪmə] *n* 1) анáфема, отлучéние от цéркви 2) проклятие

**anathematize** [əˈnæθɪmətaɪz] *v* 1) предавáть анáфеме 2) проклинáть

**anatomic** [ˌænəˈtɔmɪk] = anatomical

**anatomical** [ˌænəˈtɔmɪkəl] *a* анатомúческий

**anatomist** [əˈnætəmɪst] *n* 1) анáтом 2) крúтик, аналúтик

**anatomize** [əˈnætəmaɪz] *v* 1) анатомúровать 2) анализúровать; подвергáть тщáтельному разбóру

**anatomy** [əˈnætəmɪ] *n* 1) анатóмия 2) анатомúрование 3) анáлиз, тщáтельный разбóр 4) *разг.* скелéт, «кóжа да кóсти»

**anbury** [ˈænbərɪ] *n* 1) *вет.* фурýнкул, чирéй, вéред 2) килá (*болезнь капусты*)

**ancestor** [ˈænsɪstə] *n* 1) прéдок, прарoдúтель 2) *юр.* предшéствующий владéлец ◇ to be one's own ~ быть всем обязанным самомý себé

**ancestral** [ænˈsestrəl] *a* наслéдственный, родовóй

**ancestry** [ˈænsɪstrɪ] *n* 1) прéдки 2) происхождéние; родословная

**anchor** [ˈæŋkə] **1.** *n* 1) я́корь; at ~ на я́коре; to be (*или* to lie, to ride) at ~ стоя́ть на я́коре; to cast (*или* to drop) ~ брóсить я́корь; to come to (an) ~ брóсить я́корь, стать на я́корь; *перен.* остепенúться, найтú тúхую прúстань; to let go the ~ отдáть я́корь; to weigh ~ снимáться с я́коря; *перен.* возобновля́ть прéрванную рабóту; the ~ comes home я́корь не дéржит, сýдно дрейфýет; *перен.* предприя́тие тéрпит неудáчу 2) я́корь спасéния, сúмвол надéжды; one's sheet ~ вéрное прибéжище, глáвная надéжда 3) *тех.* железная связь, áнкер 4) *attr.*: ~ ice дóнный лёд ◇ to lay an ~ to windward принимáть необходúмые мéры предосторóжности

**2.** *v* 1) стáвить на я́корь 2) брóсить я́корь, стать на я́корь 3) скрепля́ть, закрепля́ть; to ~ a tent to the ground закрепúть палáтку 4) осéсть, остепенúться ◇ to ~ one's hope (in, on) возлагáть надéжды (на)

**anchorage** [ˈæŋkərɪdʒ] *n* 1) я́корная стоя́нка 2) стоя́нка на я́коре 3) *мор.* я́корный сбор 4) *тех.* закреплéние, жёсткая задéлка 5) опóра, я́корь спасéния; нéчто надёжное

**anchored** [ˈæŋkəd] **1.** *p. p. от* anchor 2

**2.** *a* 1) стоя́щий на я́коре 2) вéрный, надёжный

**anchoress** [ˈæŋkərɪs] *n* отшéльница, затвóрница

**anchoret, anchorite** [ˈæŋkərət, -raɪt] *n* затвóрник, отшéльник, анахорéт

**anchovy** [ˈæntʃəvɪ] *n* анчóус, хамсá (*рыба*)

**anchylosis** [ˌæŋkaɪˈləusɪs] *n мед., вет.* анкилóз

**ancient** [ˈeɪnʃənt] **1.** *a* 1) дрéвний; старúнный, стáрый; ~ monuments пáмятники старины́ 2) антúчный; ~ literature антúчная литератýра

**2.** *n* 1) (the ~s) *pl* а) дрéвние нарóды; б) антúчные писáтели 2) стáрец, старéйшина

**ancillary** [ænˈsɪlərɪ] *a* подчинённый, служéбный, вспомогáтельный; ~ industries вспомогáтельные óтрасли промы́шленности

**ancle** [ˈæŋkl] = ankle

**and** [ænd (*полная форма*); ənd, ən, nd, n (*редуцированные формы*)] *cj* 1) *соединительный союз* и; boys ~ girls мáльчики и дéвочки 2) *в сложных словах*: four ~ twenty двáдцать четы́ре; a hundred ~ twenty сто двáдцать; give-and-take policy полúтика взаúмных устýпок 3) *противительный союз* а, но; I shall go ~ you stay here я пойдý, а ты оставáйся здесь; there are books ~ books есть кнúги и кнúги 4) *присоединяет инфинитив к сказуемому*: try ~ do it постарáйтесь э́то сдéлать; come ~ see приходúте посмотрéть; wait ~ see поживём — увúдим ◇ for miles ~ miles бесконéчно; óчень далекó; for hours ~ hours часáми, óчень дóлго; ~ yet и всё же

**andante** [ænˈdæntɪ] *ит. adv, n муз.* андáнте

**andiron** [ˈændaɪən] *n* желéзная подстáвка для дров в камúне

**androgyne** [ænˈdrɔdʒɪn] *n* гермафродúт

**androgynous** [ænˈdrɔdʒɪnəs] *a* 1) двупóлый 2) соединя́ющий в себé противополóжные свóйства

**anecdote** [ˈænɪkdəut] *n* 1) корóткий расскáз; эпизóд 2) анекдóт 3) *pl* подрóбности чáстной жúзни (*обыкн. какого-л. исторического лица*)

**anecdotic** [ˌænekˈdɔtɪk] *a* 1) анекдотúчный 2) невероя́тный, неправдоподóбный

**anemograph** [əˈneməgrɑːf] *n метео* анемóграф, самопúшущий ветромéр

**anemometer** [ˌænɪˈmɔmɪtə] *n метео* анемóметр

**anemone** [əˈnemənɪ] *n бот.* анемóн, вéтреница

**anemoscope** [əˈneməskəup] *n метео* анемоскóп (*прибор для указания направления ветра*)

**aneroid** [ˈænərɔɪd] *n* барóметр-анерóид

**anesthesia** [ˌænɪsˈθiːzjə] = anaesthesia

**anesthetic** [ˌænɪsˈθetɪk] = anaesthetic

**aneurism** [ˈænjuərɪzm] *n мед.* аневрúзм(а)

**anew** [əˈnjuː] *adv* 1) снóва 2) зáново; по-нóвому

**anfractuous** [ænˈfræktjuəs] *a* 1) извúлистый; кривóй; спирáльный 2) запýтанный, слóжный

**angary** [ˈæŋgərɪ] *n* прáво вою́ющей сторону́ на захвáт, испóльзование *или* разрушéние (с компенсáцией) имýщества нейтрáльного госудáрства

**angel** [ˈeɪndʒəl] **1.** *n* 1) áнгел 2) *ист.* золотáя монéта 3) *разг.* театрáльный меценáт 4) *разг.* лицó, окáзывающее комý-л. финáнсовую úли политúческую поддéржку ◇ to rush in where ~s fear to tread глýпо и самонадéянно пускáться в рискóванное предприя́тие; ~'s visits рéдкие, но приятные визúты

**2.** *v разг.* поддéрживать (*какое-л. предприятие*)

**angelic** [ænˈdʒelɪk] *a* áнгельский ◇ ~ patience долготерпéние, áнгельское терпéние

**angelica** [ænˈdʒelɪkə] *n бот.* дýдник, дя́гиль

**anger** [ˈæŋgə] **1.** *n* гнев; раздражéние ◇ ~ is a short madness *посл.* гнев — недóлгое безýмие

**2.** *v* вызывáть гнев; сердúть, раздражáть

**Angevin** [ˈændʒɪvɪn] *a ист.* анжýйский

**angina** [ænˈdʒaɪnə] *n* 1) ангúна 2) = angina pectoris

**angina pectoris** [ænˈdʒaɪnəˈpektərɪs] *n* грудная жáба

**angle** I [ˈæŋgl] **1.** *n* 1) ýгол; ~ of bank *ав.* ýгол крéна; ~ of dip ýгол магнúтного наклонéния, магнúтная широтá; ~ of dive *ав.* ýгол пикúрования; ~ of drift *ав.* ýгол снóса; ~ of roll *ав., мор.* ýгол крéна; ~ of sight *воен.* ýгол прицéливания; ~ of slope ýгол откóса, ýгол наклóна; ~ of view ýгол изображéния; ~ of lag ýгол отставáния; ýгол запáздывания, ýгол замедлéния; solid ~ прострáнственный ýгол 2) тóчка зрéния; to look at the question from all ~s рассмáтривать вопрóс со всех тóчек зрéния; to get (*или* to use) a new ~ on smth. *разг.* усвóить нóвую тóчку зрéния на что-л. 3) положе́ние, ситуа́ция; сторона́ (*вопроса, дела и т. п.*) 4) уго́льник 5) *attr.* углово́й; ~ bar (*или* iron) углова́я сталь; ~ brace углова́я связь; ~ bracket консо́ль; кронште́йн из уголка́

2. *v* искажа́ть (*рассказ, события*)

**angle** II [ˈæŋgl] **1.** *n* рыболо́вный крючо́к

2. *v* уди́ть ры́бу; *перен.* заки́дывать у́дочку ◇ to ~ for a compliment напра́шиваться на комплиме́нт; to ~ with silver hook де́йствовать по́дкупом

**angler** [ˈæŋglə] *n* 1) рыболо́в 2) *зоол.* морско́й чёрт

**angleworm** [ˈæŋglwəːm] *n* червя́к, наса́живаемый на рыболо́вный крючо́к как прима́нка

**Anglican** [ˈæŋglıkən] **1.** *a* 1) англика́нский 2) *амер.* англи́йский

2. *n* лицо́ англика́нского вероиспове́дания

**Anglicism** [ˈæŋglısızm] *n* 1) англици́зм 2) англи́йский обы́чай, англи́йская привы́чка *и т. п.*

**Anglicist** [ˈæŋglısıst] *n* англи́ст

**Anglicize** [ˈæŋglısaız] *v* англизи́ровать

**Anglistics** [æŋˈglıstıks] *n pl* (*употр. как sing*) англи́стика

**Anglomania** [ˈæŋgləuˈmeınjə] *n* англома́ния

**Anglophobia** [ˌæŋgləuˈfəubjə] *n* англофо́бия

**Anglo-Saxon** [ˈæŋgləuˈsæksən] **1.** *a* англосаксо́нский; ~ alphabet а́збука из 23 букв (*без* j, q, w, *существовавшая в Англии до середины XVII в.*)

2. *n* 1) англоса́кс 2) англосаксо́нский, древнеангли́йский язы́к

**angola** [æŋˈgəulə] = angora

**angora** [æŋˈgɔːrə] *n* 1) анго́рская ко́шка (*тж.* ~ cat) 2) анго́рская коза́ (*тж.* ~ goat) 3) ткань из ше́рсти анго́рской козы́

**angrily** [ˈæŋgrılı] *adv* гне́вно, серди́то

**angry** [ˈæŋgrı] *a* 1) серди́тый, раздражённый, разгне́ванный; to be ~ with smb. серди́ться на кого́-л.; to get ~ at smth. рассерди́ться из-за чего́-л.; to make smb. ~ рассерди́ть кого́-л. 2) воспалённый, боле́зненный (*о ране, язве и т. п.*)

**Ångström unit** [ˈæŋstrəmˌjuːnıt] *n физ.* а́нгстрем

**anguine** [ˈæŋgwın] *a* змееви́дный

**anguish** [ˈæŋgwıʃ] **1.** *n* му́ка, боль; ~ of body and mind физи́ческие и душе́вные страда́ния

2. *v* испы́тывать о́струю тоску́

**angular** [ˈæŋgjulə] *a* 1) уго́льный; углово́й; ~ point верши́на угла́; ~ motion углово́е движе́ние; ~ velocity углова́я ско́рость 2) углова́тый, нело́вкий 3) худо́й, костля́вый 4) чо́порный

**angularity** [ˌæŋgjuˈlærıtı] *n* 1) углова́тость 2) худоба́, костля́вость 3) чо́порность

**anhydride** [ænˈhaıdraıd] *n хим.* ангидри́д

**anhydrite** [ænˈhaıdraıt] *n мин.* ангидри́т

**anhydrous** [ænˈhaıdrəs] *a хим.* безво́дный

**anil** [ˈænıl] *n* инди́го (*растение и краска*)

**anile** [ˈeınaıl] *a* 1) стару́шечий 2) слабоу́мный

**aniline** [ˈænıliːn] *n хим.* 1) анили́н 2) *attr.* анили́новый; ~ dye анили́новый краси́тель

**anility** [æˈnılıtı] *n* 1) ста́рость, дря́хлость 2) ста́рческое слабоу́мие

**animadversion** [ˌænımædˈvəːʃən] *n* порица́ние, кри́тика

**animadvert** [ˌænımædˈvəːt] *v* критикова́ть, порица́ть (on, upon)

**animal** [ˈænıməl] **1.** *n* 1) живо́тное 2) *разг.* скоти́на

2. *a* живо́тный; ско́тский; ~ bones костяна́я мука́ (*удобрение*); ~ breeding (*или* husbandry) *амер.* животново́дство; ~ traction ко́нная тя́га; вью́чные перево́зки ◇ ~ spirits жизнера́достность, бо́дрость

**animalcule** [ˌænıˈmælkjuːl] *n* микроскопи́ческое живо́тное

**animalism** [ˈænıməlızm] *n* 1) чу́вственность 2) *филос.* анимали́зм

**animate 1.** *a* [ˈænımıt] 1) живо́й 2) оживлённый; воодушевлённый

2. *v* [ˈænımeıt] 1) оживи́ть, вдохну́ть жизнь 2) оживля́ть; воодушевля́ть; вдохновля́ть

**animated** [ˈænımeıtıd] **1.** *p. p. от* animate 2

2. *a* оживлённый; воодушевлённый; an ~ discussion оживлённая диску́ссия ◇ ~ cartoon мультиплика́ция

**animation** [ˌænıˈmeıʃən] *n* воодушевле́ние; жи́вость; оживле́ние

**animism** [ˈænımızm] *n филос.* аними́зм

**animosity** [ˌænıˈmɔsıtı] *n* вражде́бность, зло́ба

**animus** [ˈænıməs] *лат. n* предубежде́ние; вражде́бность

**anise** [ˈænıs] *n* ани́с (*растение*)

**aniseed** [ˈænısiːd] *n* ани́с (*семя; семена*)

**anker** [ˈæŋkə] *n* а́нкер (*мера жидкости*)

**ankle** [ˈæŋkl] *n* лоды́жка

**ankle-joint** [ˈæŋklˈdʒɔınt] *n* голеносто́пный суста́в

**anklet** [ˈæŋklıt] *n* ножно́й брасле́т

**anna** [ˈænə] *n* а́нна (*индийская монета* = $^1/_{16}$ *рупии*)

**annalist** [ˈænəlıst] *n* 1) историо́граф 2) летопи́сец

**annals** [ˈænlz] *n pl* анна́лы, ле́тописи

**anneal** [əˈniːl] *v* 1) *тех.* отжига́ть; прока́ливать 2) обжига́ть (*стекло, керамические изделия*)

**annealing** [əˈniːlıŋ] **1.** *pres. p. от* anneal

2. *n тех.* о́тжиг

**Annelida** [əˈnelıdə] *n pl зоол.* ко́льчатые че́рви

**annex** I [ˈæneks] *n* 1) прибавле́ние, приложе́ние, дополне́ние 2) пристро́йка, крыло́, фли́гель

**annex** II [əˈneks] *v* 1) присоединя́ть; аннекси́ровать 2) прилага́ть; де́лать приложе́ние (*к книге и т. п.*)

**annexation** [ˌænekˈseıʃən] *n* присоедине́ние; анне́ксия

**annexe** [ˈæneks] = annex I

**annihilate** [əˈnaıəleıt] *v* 1) уничтожа́ть, истребля́ть 2) отменя́ть; упраздня́ть

**annihilation** [əˌnaıəˈleıʃən] *n* 1) уничтоже́ние, истребле́ние 2) отме́на; упраздне́ние

**anniversary** [ˌænıˈvəːsərı] **1.** *n* годовщи́на; юбиле́й

2. *a* ежего́дный; годово́й

**Anno Domini** [ˈænəuˈdɔmınaı] *лат.* **1.** *adv* христиа́нской э́ры, но́вой э́ры; 1972 AD 1972 год на́шей э́ры

2. *n разг.* ста́рость; ~ is the trouble ста́рость — вот беда́

**annotate** [ˈænəuteıt] *v* 1) анноти́ровать 2) снабжа́ть примеча́ниями

**annotation** [ˌænəuˈteıʃən] *n* 1) аннота́ция 2) анноти́рование 3) примеча́ние

**announce** [əˈnauns] *v* 1) объявля́ть, дава́ть знать; заявля́ть; извеща́ть 2) публикова́ть 3) докла́дывать (*о прибытии посетителей, гостей*)

**announcement** [əˈnaunsmənt] *n* объявле́ние, сообще́ние; извеще́ние, уведомле́ние

**announcer** [əˈnaunsə] *n* 1) объявля́ющий програ́мму 2) ди́ктор

**annoy** [əˈnɔı] *v* досажда́ть; докуча́ть, надоеда́ть, раздража́ть

**annoyance** [əˈnɔıəns] *n* 1) доса́да; раздраже́ние; неприя́тность 2) надоеда́ние, пристава́ние

**annoyed** [əˈnɔıd] **1.** *p. p. от* annoy

2. *a* раздражённый, раздоса́дованный

**annoying** [əˈnɔııŋ] **1.** *pres. p. от* annoy

2. *a* раздража́ющий; доса́дный; надое́дливый; how ~! кака́я доса́да!

**annual** [ˈænjuəl] **1.** *a* ежего́дный; годово́й; ~ income годово́й дохо́д; ~ ring (*или* zone) годи́чный слой (*в древесине*)

2. *n* 1) ежего́дник (*книга*) 2) иллюстри́рованный рожде́ственский сбо́рник (*подарок к рождеству*) 3) одноле́тнее расте́ние

**annually** [ˈænjuəlı] *adv* ежего́дно

**annuitant** [əˈnju(ː)ıtənt] *n* получа́ющий ежего́дную ре́нту

**annuity** [əˈnju(ː)ıtı] *n* ежего́дная ре́нта; life ~ пожи́зненная ре́нта; government ~ госуда́рственная ре́нта

**annul** [əˈnʌl] *v* аннули́ровать, отменя́ть; уничтожа́ть; to ~ a judgement касси́ровать реше́ние суда́

**annular** [ˈænjulə] *a* кольцеобра́зный, кольцево́й

**annulary** [ˈænjulərı] *n* безымя́нный па́лец

**annulate** [ˈænjuleıt] *a* ко́льчатый, состоя́щий из коле́ц

**annulet** ['ænjulɪt] *n* 1) колéчко 2) *архит.* поясóк колóнны
**annulment** [ə'nʌlmənt] *n* аннули́рование, отмéна; уничтожéние
**annunciate** [ə'nʌnʃɪeɪt] *v* возвещáть; объявля́ть
**annunciation** [əˌnʌnsɪ'eɪʃən] *n* 1) возвещéние 2) (the A.) *рел.* благовéщение
**annunciator** [ə'nʌnʃɪeɪtə] *n* сигнализáтор; световóй нумерáтор
**anode** ['ænəud] *n эл.* анóд
**anodyne** ['ænəudaɪn] **1.** *n* болеутоля́ющее срéдство; *перен.* успокáивающее срéдство
**2.** *a* болеутоля́ющий; *перен.* успокáивающий
**anoint** [ə'nɔɪnt] *v* 1) намáзывать, смáзывать (*кожу маслом и т. п.*) 2) *рел.* помáзывать
**anointment** [ə'nɔɪntmənt] *n* 1) смáзывание (*кожи маслом и т. п.*) 2) *рел.* помáзание
**anomalistic** [əˌnɔmə'lɪstɪk] *a* 1) аномáльный, непрáвильный 2) *астр.* аномалисти́ческий
**anomalous** [ə'nɔmələs] *a* непрáвильный, аномáльный, ненормáльный
**anomaly** [ə'nɔməlɪ] *n* 1) аномáлия 2) непослéдовательность
**anon** I [ə'nɔn] *adv* 1) скóро, вскóре; see you ~! *шутл.* покá! 2) *уст.* тóтчас; сейчáс; ever and ~ врéмя от врéмени; то и дéло
**anon** II [ə'nɔn] *сокр. от* anonymous
**anonym** ['ænənɪm] *n* 1) анони́м 2) псевдони́м
**anonymity** [ˌænə'nɪmɪtɪ] *n* анони́мность
**anonymous** [ə'nɔnɪməs] *a* анони́мный, безымя́нный
**anopheles** [ə'nɔfɪli:z] *n* анóфелес, маляри́йный комáр (*тж.* ~ mosquito)
**anorak** ['ænəræk] *n* анорáк, кýртка с капюшóном
**anorexia** [ˌænə'reksɪə] *n мед.* потéря аппети́та
**anorganic** [ˌænɔ:'gænɪk] *a* неоргани́ческий
**anosmia** [æ'nɔsmɪə] *n мед.* потéря обоня́ния
**another** [ə'nʌðə] *pron indef.* 1) ещё оди́н; ~ cup of tea? хоти́те ещё чáшку чáю? 2) другóй, отли́чный; I don't like this bag, give me ~ one мне не нрáвится э́та сýмка, дáйте мне другýю 3) нóвый, ещё оди́н похóжий; ~ Shakespeare нóвый, новоя́вленный Шекспи́р ◇ ~ world загрóбный, потусторóнний мир; ~ pair of shoes совсéм другóе дéло; taken one with ~ а) вмéсте взя́тые; б) в срéднем; ~ place *парл.* другáя палáта
**anourous** [ə'nuərəs] *a зоол.* бесхвóстый
**anoxaemia, anoxia** [ˌænɔk'si:mɪə, ə'nɔksɪə] *n* недостáток кислорóда в крови́; кислорóдное голодáние
**anserine** ['ænsəraɪn] *a* 1) гуси́ный 2) глýпый
**answer** ['ɑ:nsə] **1.** *n* 1) отвéт; in ~ to в отвéт на; to know all the ~s имéть на всё готóвый отвéт; бы́стро реаги́ровать; to have a ready ~ имéть готóвый отвéт 2) решéние (*вопроса и т. п.*) 3) возражéние 4) *мат.* решéние (*задачи*) 5) *юр.* возражéние отвéтчика
**2.** *v* 1) отвечáть, откликáться; to ~ the door (*или* the bell) откры́ть дверь (*на звонок, на стук и т. п.*); to ~ the phone подойти́ к телефóну; to ~ a call а) отвéтить по телефóну; б) откли́кнуться на зов; to ~ to the name of... откликáться на *какое-л.* и́мя 2) соотвéтствовать; подходи́ть; to ~ the description (purpose) соотвéтствовать описáнию (цéли) 3) исполня́ть, удовлетворя́ть; to ~ the helm *мор.* слýшаться руля́ 4) ручáться (for — за *кого-л.*); быть отвéтственным; to ~ for the consequences отвечáть за послéдствия 5) возражáть (to — на *обвинение*) 6) удавáться; имéть успéх; the experiment has not ~ed at all óпыт не удáлся 7) реаги́ровать (to) 8) служи́ть (*в качестве или взамен чего-л.*); a piece of paper on the table ~ed for a table-cloth вмéсто скáтерти на столé лежáл лист бумáги □ ~ **back** дерзи́ть
**answerable** ['ɑ:nsərəbl] *a* 1): such a question is not ~ на такóй вопрóс невозмóжно отвéтить 2) отвéтственный; you are ~ to him for it вы отвечáете пéред ним за э́то 3) *уст.* соотвéтственный; to be not ~ to smth. не соотвéтствовать чемý-л.; the results were not ~ to our hopes результáты не оправдáли нáших надéжд
**ant** [ænt] *n* муравéй; white ~ терми́т
**antacid** ['ænt'æsɪd] *мед.* **1.** *n* нейтрализýющее кислотý срéдство
**2.** *a* нейтрализýющий кислотý
**Antaeus** [æn'ti(:)əs] *n греч. миф.* Антéй
**antagonism** [æn'tægənɪzm] *n* 1) антагони́зм, враждá 2) сопротивлéние (to, against)
**antagonist** [æn'tægənɪst] *n* 1) антагони́ст; сопéрник; проти́вник 2) *attr.* антагонисти́ческий
**antagonistic** [ænˌtægə'nɪstɪk] *a* 1) антагонисти́ческий; враждéбный 2) противодéйствующий
**antagonize** [æn'tægənaɪz] *v* 1) противодéйствовать 2) вызывáть антагони́зм, враждý 3) *амер.* борóться, сопротивля́ться
**antarctic** [ænt'ɑ:ktɪk] *a* антаркти́ческий; A. Circle Южный поля́рный круг
**ant-bear** ['ænt'bɛə] *n* муравьéд
**ante-** ['æntɪ-] *pref служит для выражения предшествования во времени или пространстве* до-; перед-; antediluvian допотóпный; anteprandial предобéденный
**ant-eater** ['æntˌi:tə] = ant-bear
**ante-bellum** ['æntɪ'beləm] *лат.* *a* 1) довоéнный 2) *амер. ист.* до граждáнской войны́ в США
**antecedent** [ˌæntɪ'si:dənt] **1.** *n* 1) предшéствующее 2) *pl* прóшлая жизнь, прóшлое; his ~s егó прóшлое 3) *мат.* предыдýщий член отношéния 4) *грам.* антецедéнт
**2.** *a* 1) предшéствующий (to), предыдýщий 2) априóрный
**antechamber** ['æntɪˌtʃeɪmbə] *n* перéдняя, прихóжая, вестибю́ль
**antedate** ['æntɪ'deɪt] **1.** *n* дáта, постáвленная зáдним числóм (*особ. в письме*)
**2.** *v* 1) дати́ровать бóлее рáнним (*или* зáдним) числóм 2) предвосхищáть 3) предшéствовать
**antediluvian** ['æntɪdɪ'lu:vjən] **1.** *a* допотóпный
**2.** *n* 1) глубóкий стари́к 2) старомóдный человéк
**antelope** ['æntɪləup] *n* антилóпа
**antemeridian** ['æntɪmə'rɪdɪən] *a* дополýденный, ýтренний
**ante meridiem** ['æntɪmə'rɪdɪəm] *adv* до полýдня
**antenatal** ['æntɪ'neɪtl] *a* относя́щийся к утрóбной жи́зни; до рождéния
**antenna** [æn'tenə] *n* (*pl* -nae) 1) *зоол.* щýпальце, ýсик 2) *радио* антéнна
**antennae** [æn'teni:] *pl от* antenna
**antenuptial** ['æntɪ'nʌpʃəl] *a* добрáчный
**antepenult(imate)** ['æntɪpɪ'nʌlt(ɪmɪt)] *a* трéтий от концá (*о слоге*)
**anteprandial** ['æntɪ'prændjəl] *a* предобéденный
**anterior** [æn'tɪərɪə] *a* 1) перéдний 2) предшéствующий
**anteriority** [ˌæntɪərɪ'ɔrɪtɪ] *n* пéрвенство; старшинствó
**anteriorly** [æn'tɪərɪəlɪ] *adv* рáньше
**ante-room** ['æntɪrum] *n* перéдняя, приёмная
**ant-fly** ['æntflaɪ] *n* летýчий муравéй (*обыкн. употр. как наживка*)
**ant-heap** ['ænthi:p] = ant-hill
**anthem** ['ænθəm] **1.** *n* 1) гимн; торжéственная пéснь; national ~ госудáрственный гимн 2) *церк.* пéние, церкóвный хорáл
**2.** *v поэт.* петь ги́мны; воспевáть
**anther** ['ænθə] *n бот.* пы́льник
**ant-hill** ['ænthɪl] *n* муравéйник
**anthologist** [æn'θɔlədʒɪst] *n* состави́тель антолóгии
**anthology** [æn'θɔlədʒɪ] *n* антолóгия
**anthracene** ['ænθrəsi:n] *n хим.* антрацéн
**anthracite** ['ænθrəsaɪt] *n* антраци́т
**anthrax** ['ænθræks] *n мед.* 1) карбýнкул 2) сиби́рская я́зва
**anthropoid** ['ænθrəupɔɪd] **1.** *n* антропóид, человекообрáзная обезья́на
**2.** *a* человекообрáзный
**anthropologist** [ˌænθrə'pɔlədʒɪst] *n* антропóлог
**anthropology** [ˌænθrə'pɔlədʒɪ] *n* антропolóгия
**anthropometry** [ˌænθrə'pɔmɪtrɪ] *n* антропомéтрия
**anthropomorphism** ['ænθrəpəu'mɔ:fɪzm] *n* антропоморфи́зм
**anthropophagi** [ˌænθrəu'pɔfəgaɪ] *n pl* людоéды

**anthropophagy** [ˌænθrəuˈpɔfədʒɪ] *n* людоéдство

**anti-** [ˈæntɪ-] *pref* противо-, анти-

**anti-aircraft** [ˈæntɪˈɛəkrɑːft] *воен.* **1.** *n* зени́тная артиллéрия, зени́тные срéдства

**2.** *a* противовозду́шный, зени́тный

**antiaircrafter** [ˈæntɪˈɛəkrɑːftə] *n воен. разг.* зени́тчик

**antibiosis** [ˌæntɪbaɪˈəusɪs] *n биол.* антибиóз

**antibiotic** [ˈæntɪbaɪˈɔtɪk] **1.** *n* антибиóтик

**2.** *a* антибиоти́ческий; ~ treatment лечéние антибиóтиком

**antiblackout suit** [ˈæntɪˈblækaut-sjuːt] *n ав.* противоперегру́зочный костю́м

**antibody** [ˈæntɪˌbɔdɪ] *n физиол.* антитéло

**antic** [ˈæntɪk] *n* 1) *pl* фигля́рство, ужи́мки, шáлости 2) *уст.* гротéск

**anticentre** [ˈæntɪˈsentə] *n геол.* антипóд эпицéнтра (*землетрясения*)

**antichrist** [ˈæntɪkraɪst] *n* анти́христ

**anticipant** [ænˈtɪsɪpənt] **1.** *n* тот, кто ожидáет *и пр.* [*см.* anticipate]

**2.** *a* ожидáющий, предчу́вствующий; предвкушáющий

**anticipate** [ænˈtɪsɪpeɪt] *v* 1) ожидáть, предви́деть; предчу́вствовать, предвкушáть 2) ускоря́ть, приближáть (*наступление чего-л.*); to ~ a disaster ускóрить катастрóфу 3) предупреждáть, предвосхищáть; to ~ smb.'s wishes предупреждáть чьи-л. желáния 4) дéлать (*что-л.*), говори́ть (*о чём-л.*) *и т. п.* рáньше врéмени; забегáть вперёд; to ~ payment *ком.* уплати́ть рáньше срóка 5) испóльзовать, истрáтить зарáнее

**anticipation** [ænˌtɪsɪˈpeɪʃən] *n* 1) ожидáние *и пр.* [*см.* anticipate]; in ~ of smth. в ожидáнии чегó-л.; в предви́дении чегó-л.; thanking you in ~ зарáнее благодáрный (*в письме*) 2) *муз.* предъём

**anticipatory** [ænˈtɪsɪpeɪtərɪ] *a* 1) предвари́тельный; предупреждáющий 2) *грам.* антиципи́рующий

**anticlerical** [ˈæntɪˈklerɪkl] *a* антиклерикáльный

**anticlimax** [ˈæntɪˈklaɪmæks] *n* 1) разря́дка напряжéния; реáкция, упáдок 2) *прос.* антикли́макс, спад

**anticlinal** [ˈæntɪˈklaɪnl] *a геол.* антиклинáльный

**anticline** [ˈæntɪklaɪn] *n геол.* антиклинáль, антиклинáльная склáдка

**anticlockwise** [ˈæntɪˈklɔkwaɪz] *adv* прóтив часовóй стрéлки

**anticyclone** [ˈæntɪˈsaɪkləun] *n* антициклóн

**antidazzle** [ˈæntɪˈdæzl] *a* неослепля́ющий (*о свете фар*)

**antidemocratic** [ˈæntɪˌdeməˈkrætɪk] *a* антидемократи́ческий

**antidotal** [ˈæntɪdəutl] *a* противоя́дный; ~ treatment *мед.* применéние противоя́дия

**antidote** [ˈæntɪdəut] *n* противоя́дие (*тж. перен.*)

**anti-fascist** [ˈæntɪˈfæʃɪst] **1.** *n* антифаши́ст

**2.** *a* антифаши́стский

**antifebrile** [ˈæntɪˈfiːbraɪl] *a* противолихорáдочный

**antifreeze** [ˈæntɪfriːz] *n тех.* антифри́з

**antifriction** [ˈæntɪˈfrɪkʃən] *a тех.* антифрикциóнный

**antigen** [ˈæntɪdʒən] *n физиол.* антигéн

**anti-icer** [ˈæntɪˈaɪsə] *n ав.* антиобледени́тель

**anti-imperialistic** [ˈæntɪɪmˌpɪərɪəˈlɪstɪk] *a* антиимпериалисти́ческий

**antijamming** [ˈæntɪˈdʒæmɪŋ] *радио* **1.** *n* устранéние помéх

**2.** *a* помехоустóйчивый

**antiknock** [ˈæntɪˈnɔk] *n авто, ав.* антидетонáтор

**antilogy** [ænˈtɪlədʒɪ] *n* противорéчие

**antimacassar** [ˈæntɪməˈkæsə] *n* салфéточка (*на спинке мягкой мебели, на столе*)

**antimech(anized)** [ˈæntɪˈmek(ənaɪzd)] *a амер.* противотáнковый

**antimilitaristic** [ˈæntɪˌmɪlɪtəˈrɪstɪk] *a* антимилитари́стский

**anti-missile** [ˈæntɪˈmɪsaɪl] *a* противоракéтный

**antimony** [ˈæntɪmənɪ] *n хим.* сурьмá

**antinomy** [ænˈtɪnəmɪ] *n* 1) противорéчие в закóне, законодáтельстве; антинóмия 2) парадóкс

**antipathetic** [ˌæntɪpəˈθetɪk] *a* антипати́чный, внушáющий отвращéние

**antipathetical** [ˌæntɪpəˈθetɪkəl] = antipathetic

**antipathic** [ˌæntɪˈpæθɪk] *a* 1) противополóжный, обрáтный (*чему-л.*) 2) *мед.* характеризу́ющийся противополóжными симптóмами

**antipathy** [ænˈtɪpəθɪ] *n* 1) антипáтия, отвращéние 2) несовмести́мость

**antipersonnel** [ˈæntɪˌpəːsəˈnel] *a воен.* противопехóтный; оскóлочный

**antiphlogistic** [ˈæntɪfləuˈdʒɪstɪk] *a* противовоспали́тельный

**antipodal** [ænˈtɪpədl] *a* 1) относя́щийся к антипóдам, живу́щий *или* располóженный в противополóжном полушáрии 2) диаметрáльно противополóжный

**antipodes** [ænˈtɪpədiːz] *n pl* 1) антипóды, жи́тели *или* стрáны противополóжных полушáрий 2) противополóжности, антипóды

**antipoison** [ˈæntɪˈpɔɪzn] *n* 1) противоя́дие 2) *attr.* противоя́дный

**antipole** [ˈæntɪpəul] *n* 1) противополóжный пóлюс 2) диаметрáльная противополóжность

**antipyretic** [ˈæntɪpaɪˈretɪk] **1.** *a* жаропонижáющий

**2.** *n* жаропонижáющее срéдство

**antiquarian** [ˌæntɪˈkwɛərɪən] **1.** *a* антиквáрный

**2.** *n* собирáтель, люби́тель дрéвностей, антиквáр

**antiquary** [ˈæntɪkwərɪ] *n* 1) собирáтель дрéвностей, антиквáр 2) торгóвец антиквáрными вещáми

**antiquated** [ˈæntɪkweɪtɪd] *a* 1) устарéлый 2) старомóдный

**antique** [ænˈtiːk] **1.** *n* 1) дрéвняя *или* стари́нная вещь; антиквáрная вещь 2) произведéние дрéвнего (*особ.* анти́чного) искýсства 3) (the ~) дрéвнее (*особ.* анти́чное) искýсство; анти́чный стиль; drawing from the ~ рисовáние с анти́чных модéлей; lover of the ~ люби́тель старины́ 4) *полигр.* анти́ква (*шрифт*)

**2.** *a* 1) дрéвний; стари́нный 2) анти́чный 3) старомóдный

**antiquity** [ænˈtɪkwɪtɪ] *n* 1) дрéвность; старинá; high ~ глубóкая дрéвность 2) класси́ческая дрéвность, анти́чность; the nations of ~ нарóды дрéвнего ми́ра 3) (*обыкн. pl*) дрéвности

**antirrhinum** [ˌæntɪˈraɪnəm] *n бот.* льви́ный зев

**antiscorbutic** [ˈæntɪskɔːˈbjuːtɪk] **1.** *a* противоцинготный

**2.** *n* противоцинготное срéдство

**anti-Semite** [ˌæntɪˈsiːmaɪt] *n* антисеми́т

**anti-Semitic** [ˌæntɪsɪˈmɪtɪk] *a* антисеми́тский

**anti-Semitism** [ˌæntɪˈsemɪtɪzm] *n* антисемити́зм

**antiseptic** [ˌæntɪˈseptɪk] **1.** *a* антисепти́ческий, противогни́лостный

**2.** *n* антисепти́ческое срéдство

**antiskid** [ˈæntɪˈskɪd] *a тех.* нескользя́щий

**antisocial** [ˈæntɪˈsəuʃəl] *a* 1) антиобщéственный 2) необщи́тельный; недружелю́бный

**anti-submarine** [ˈæntɪˌsʌbməˈriːn] *a мор.* противолóдочный; ~ bomb (*сокр.* a. s. bomb) глуби́нная бóмба

**anti-tank** [ˈæntɪˈtæŋk] *a* противотáнковый

**antitheses** [ænˈtɪθɪsiːz] *pl от* antithesis

**antithesis** [ænˈtɪθɪsɪs] *n* (*pl* -ses) 1) антитéза, противопоставлéние противополóжностей 2) контрáст, пóлная противополóжность

**antithetic** [ˌæntɪˈθetɪk] *a* 1) антитети́ческий 2) пря́мо противополóжный

**antithetical** [ˌæntɪˈθetɪkəl] = antithetic

**antitoxic** [ˈæntɪˈtɔksɪk] *a* противоя́дный, антитокси́ческий

**antitoxin** [ˈæntɪˈtɔksɪn] *n* противоя́дие, антитокси́н

**anti-trade** [ˈæntɪˈtreɪd] *n* антипассáт (*ветер*)

**antitrust** [ˌæntɪˈtrʌst] *a* напрáвленный прóтив трéстов, монопóлий *и т. п.*, антитрéстовский

**antitype** [ˈæntɪtaɪp] *n* антити́п; антигерóй

**antityphoid** [ˈæntɪˈtaɪfɔɪd] *a* противотифóзный

**antiviral** [ˈæntɪˈvaɪrəl] *a* противовиру́сный

**antiwar** [ˌæntɪˈwɔː] *a* антивоéнный

**antler** [ˈæntlə] *n* олéний рог; отрóсток олéньего рóга

**ant-lion** ['ænt͵laɪən] *n зоол.* муравьи́ный лев

**antonym** ['æntəunɪm] *n* анто́ним

**anurous** [ə'nu:rəs] = anourous

**anus** ['eɪnəs] *n анат.* за́дний прохо́д

**anvil** ['ænvɪl] *n* накова́льня ◊ on (*или* upon) the ~ в рабо́те; в проце́ссе рассмотре́ния, обсужде́ния; ~ chorus *амер.* хор недово́льных, протесту́ющих, зло́бствующих; a good ~ does not fear the hammer *посл.* хоро́шую накова́льню мо́лотом не разобьёшь

**anxiety** [æŋ'zaɪətɪ] *n* 1) беспоко́йство, трево́га 2) опасе́ние, забо́та 3) стра́стное жела́ние (for — *чего-л.*; *тж. с inf.*)

**anxious** ['æŋkʃəs] *a* 1) озабо́ченный, беспоко́ящийся (for, about — o); to be (*или* to feel) ~ about беспоко́иться о 2) трево́жный, беспоко́йный (*о деле, времени*) 3) си́льно жела́ющий (for — *чего-л.*; *тж. с inf.*); to be ~ for success стреми́ться к успе́ху; I am ~ to see him мне о́чень хо́чется повида́ть его́ ◊ to be on the ~ seat (*или* bench) *амер.* сиде́ть как на иго́лках, му́читься неизве́стностью

**anxiously** ['æŋkʃəslɪ] *adv* 1) с трево́гой, с волне́нием 2) о́чень, си́льно

**any** ['enɪ] **1.** *pron indef.* 1) како́й-нибудь, ско́лько-нибудь (*в вопр. предл.*); никако́й (*в отриц. предл.*); can you find ~ excuse? мо́жете ли вы найти́ како́е-л. извине́ние, оправда́ние?; have you ~ money? есть ли у вас де́ньги?; I did not find ~ mistakes я не нашёл никаки́х оши́бок 2) вся́кий, любо́й (*в утверд. предл.*); you can get it in ~ shop э́то мо́жно доста́ть в любо́м магази́не; in ~ case во вся́ком слу́чае; at ~ time в любо́е вре́мя 3): he had little money if ~ е́сли у него́ и бы́ли де́ньги, то о́чень немно́го, у него́ почти́ не́ было де́нег

**2.** *adv* 1) ниско́лько; ско́лько-нибудь (*при сравн. ст.*); they are not ~ the worse for it они́ ниско́лько от э́того не пострада́ли 2) вообще́; во́все; совсе́м; it did not matter ~ э́то не име́ло никако́го значе́ния

**anybody** ['enɪ͵bɔdɪ] **1.** *pron indef.* 1) кто́-нибудь (*в вопр. предл.*); никто́ (*в отриц. предл.*); I haven't seen ~ я никого́ не ви́дел 2) любо́й (*в утверд. предл.*); ~ will do вся́кому по плечу́

**2.** *n разг.* ва́жное, значи́тельное лицо́; is he ~? он како́е-нибудь ва́жное лицо́? ◊ ~'s guess мо́жет быть и так, кто зна́ет

**anyhow** ['enɪhau] *adv* 1) каки́м бы то ни́ было о́бразом; так и́ли ина́че (*в утверд. предл.*); ника́к (*в отриц. предл.*); I could not get in ~ я ника́к не мог войти́ 2) во вся́ком слу́чае; что бы то ни́ было; you won't be late ~ во вся́ком слу́чае, вы не опозда́ете 3) ка́к-нибудь; ко́е-ка́к; to do one's work ~ рабо́тать ко́е-ка́к ◊ to feel ~ чу́вствовать себя́ расстро́енным, больны́м

**anyone** ['enɪwʌn] *pron indef.* 1) кто́-нибудь (*в вопр. предл.*); никто́ (*в отриц. предл.*) 2) любо́й, вся́кий (*в утверд. предл.*)

**anything** ['enɪθɪŋ] *pron indef.* 1) что́-нибудь (*в вопр. предл.*); ничто́ (*в отриц. предл.*); have you lost ~? вы что́-нибудь потеря́ли?; he hasn't found ~ он ничего́ не нашёл; is he ~ like his father? есть у него́ что́-нибудь о́бщее с отцо́м?, он хоть че́м-нибудь похо́ж на отца́? 2) что уго́дно, всё (*в утверд. предл.*); take ~ you like возьми́те всё, что вам нра́вится; ~ but а) всё что уго́дно, то́лько не; he is ~ but a coward он всё что уго́дно, то́лько не трус; б) далеко́ не; it is ~ but clear э́то далеко́ не я́сно ◊ like ~ *разг.* а) си́льно, стреми́тельно, изо всех сил; he ran like ~ он бежа́л изо всех сил; б) чрезвыча́йно, о́чень, ужа́сно; if ~ пожа́луй, е́сли хоти́те; if ~ he has little changed пожа́луй, он совсе́м не измени́лся

**anyway** ['enɪweɪ] = anyhow

**anywhere** ['enɪwɛə] *adv* 1) где́-нибудь, куда́-нибудь (*в вопр. предл.*); никуда́ (*в отриц. предл.*); I don't want to go ~ мне никуда́ не хо́чется идти́ 2) где уго́дно, везде́, куда́ уго́дно (*в утверд. предл.*); you can get it ~ вы мо́жете всю́ду э́то доста́ть ◊ ~ from... to... *амер.* в преде́лах, от... до...; the paper's circulation is ~ from 50 to 100 thousand тира́ж газе́ты колe̓блется от 50 до 100 ты́сяч

**anywise** ['enɪwaɪz] *adv* каки́м-нибудь о́бразом; в како́й-либо сте́пени

**aorta** [eɪ'ɔ:tə] *n анат.* ао́рта

**aortic** [eɪ'ɔ:tɪk] *a анат.* аорта́льный; ~ arches ду́ги ао́рты

**apace** [ə'peɪs] *adv* бы́стро ◊ ill news comes ~ *посл.* худы́е ве́сти не лежа́т на ме́сте

**apanage** ['æpənɪdʒ] *n* 1) циви́льный лист 2) уде́л; апана́ж 3) атрибу́т, сво́йство

**apart** [ə'pɑ:t] *adv* 1) в стороне́, отде́льно; to stand ~ стоя́ть в стороне́; особняко́м 2) врозь, по́рознь; в отде́льности □ ~ from не говоря́ уже́ о, кро́ме, не счита́я ◊ to take ~ разбира́ть на ча́сти; to grow ~ отдаля́ться друг от дру́га

**apartheid** [ə'pɑ:theɪt] *n* апарте́йд, апа́ртхейд, ра́совая изоля́ция

**apartment** [ə'pɑ:tmənt] *n* 1) ко́мната; *pl* меблиро́ванные ко́мнаты 2) *амер.* кварти́ра; walk-up ~ кварти́ра в до́ме без ли́фта 3) *attr.*: ~ house *амер.* многокварти́рный дом

**apartness** [ə'pɑ:tnɪs] *n* обосо́бленность

**apathetic** [͵æpə'θetɪk] *a* равноду́шный, безразли́чный, апати́чный

**apathy** ['æpəθɪ] *n* апа́тия, безразли́чие; вя́лость

**apatite** ['æpətaɪt] *n мин.* апати́т

**ape** [eɪp] **1.** *n* 1) (человекообра́зная) обезья́на 2) *перен.* обезья́на, кривля́ка; to act (*или* to play) the ~ а) обезья́нничать, передра́знивать; б) глу́по вести́ себя́, валя́ть дурака́; кривля́ться

**2.** *v* подража́ть, обезья́нничать; передра́знивать

**apeak** [ə'pi:k] *adv* 1) *мор.* вертика́льно, отве́сно, (о)пане́р 2) торчко́м, «на попа́»

**ape-man** ['eɪpmən] *n* 1) обезьяноподо́бный челове́к 2) прима́т

**aperient** [ə'pɪərɪənt] *мед.* **1.** *n* слаби́тельное

**2.** *a* слаби́тельный, послабля́ющий

**aperitif** [ə'perɪtɪf] *n* аперити́в

**aperitive** [ə'perɪtɪv] = aperient

**aperture** ['æpətjuə] *n* 1) отве́рстие; сква́жина; щель 2) *стр.* проём; пролёт; ~ of a door дверно́й проём 3) *опт.* аперту́ра

**apery** ['eɪpərɪ] *n* 1) обезья́нничание, кривля́нье 2) обезья́ний пито́мник

**apex** ['eɪpeks] *n* (*pl* -xes [-ksɪz], apices) 1) верху́шка, верши́на 2) *стр.* конёк кры́ши 3) *горн.* приёмная площа́дка укло́на; бре́мсберг 4) *attr.*: ~ stone ключево́й, замыка́ющий ка́мень

**aphasia** [æ'feɪzjə] *n мед.* афа́зия

**aphelion** [æ'fi:ljən] *n астр.* афе́лий

**aphides** ['eɪfɪdi:z] *pl от* aphis

**aphis** ['eɪfɪs] *n* (*pl* aphides) тля

**aphonia** [æ'fəunjə] *n мед.* афони́я

**aphony** ['æfənɪ] = aphonia

**aphorism** ['æfərɪzm] *n* афори́зм

**aphoristic** [͵æfə'rɪstɪk] *a* афористи́чный

**aphrodisiac** [͵æfrəu'dɪzɪæk] **1.** *a* 1) сладостра́стный 2) возбужда́ющий; обольсти́тельный

**2.** *n* сре́дство, уси́ливающее полово́е чу́вство

**Aphrodite** [͵æfrəu'daɪtɪ] *n греч. миф.* Афроди́та

**aphtha** ['æfθə] *n* (*pl* -ae) 1) моло́чница (*детская болезнь*) 2) я́щур (*болезнь скота*) 3) *pl мед.* а́фты

**aphthae** ['æfθi:] *pl от* aphtha

**aphyllous** [ə'fɪləs] *a бот.* не име́ющий ли́стьев, безли́ст(вен)ный

**apian** ['eɪpjən] *a* пчели́ный

**apiarian** [͵eɪpɪ'ɛərɪən] **1.** *a* пчелово́дческий

**2.** *n* = apiarist

**apiarist** ['eɪpjərɪst] *n* пчелово́д

**apiary** ['eɪpjərɪ] *n* пче́льник, па́сека

**apical** ['æpɪkəl] *a* 1) верху́шечный, верши́нный 2) *геол.* апика́льный, верху́шечный, верши́нный

**apices** ['eɪpɪsi:z] *pl от* apex

**apiculture** ['eɪpɪkʌltʃə] *n* пчелово́дство

**apiece** [ə'pi:s] *adv* 1) за шту́ку; поштучно 2) за ка́ждого, с головы́; на ка́ждого; they had five roubles ~ у ка́ждого из них бы́ло по пяти́ рубле́й

**aping** ['eɪpɪŋ] = apery 1)

**apis** ['eɪpɪs] *n* пчела́

**apish** ['eɪpɪʃ] *a* 1) обезья́ний 2) обезья́нничающий 3) глу́пый

**a-plenty** [ə'plentɪ] *adv амер.* в изоби́лии, в избы́тке

**aplomb** [ə'plɔm] *фр. n* апло́мб

**apocalypse** [ə'pɔkəlɪps] *n* апока́липсис

**apocarpous** [ˌæpəuˈkɑːpəs] *a бот.* апока́рпный, разде́льный

**apocope** [əˈpɔkəupɪ] *n лингв.* апо́копа, отпаде́ние после́днего сло́га *или* зву́ка в сло́ве

**apocrypha** [əˈpɔkrɪfə] *n pl* апокрифи́ческие кни́ги

**apocryphal** [əˈpɔkrɪfəl] *a* 1) апокрифи́ческий 2) недостове́рный

**apodal** [ˈæpədəl] *a зоол.* безно́гий, голобрю́хий (*о рыбах, пресмыкающихся и т. п.*)

**apogee** [ˈæpəudʒiː] *n* апоге́й (*тж. астр.*)

**Apollo** [əˈpɔləu] *n* 1) *греч. миф.* Аполло́н 2) краса́вец

**apologetic** [əˌpɔləˈdʒetɪk] *a* 1) извиня́ющийся; he was very ~ он о́чень извиня́лся 2) примири́тельный; he spoke in an ~ tone он говори́л примири́тельным то́ном 3) защити́тельный, апологети́ческий

**apologetics** [əˌpɔləˈdʒetɪks] *n pl* (*употр. как sing*) апологе́тика

**apologize** [əˈpɔlədʒaɪz] *v* извиня́ться (for — в *чём-л.*, to — пе́ред *кем-л.*); приноси́ть официа́льные извине́ния

**apologue** [ˈæpəlɔg] *n* нравоучи́тельная ба́сня

**apology** [əˈpɔlədʒɪ] *n* 1) извине́ние; to make (*или* to offer) an (*или* one's) ~ принести́ извине́ние, извини́ться 2) защи́та, оправда́ние 3) *разг.* не́что второразря́дное, второсо́ртное; an ~ for a painting! карти́на, с позволе́ния сказа́ть!; a mere ~ for a dinner отврати́тельный обе́д; како́й же э́то обе́д?

**apophthegm** [ˈæpəuθem] *n ритор.* апоф(т)е́гма (*краткое изречение*)

**apoplectic** [ˌæpəuˈplektɪk] **1.** *a* 1) апоплекси́ческий 2) *перен.* раздражи́тельный

**2.** *n* 1) челове́к, скло́нный к апопле́ксии 2) больно́й, перене́сший инсу́льт

**apoplexy** [ˈæpəupleksɪ] *n* уда́р, парали́ч

**apostasy** [əˈpɔstəsɪ] *n* отсту́пничество (*от своих принципов и т. п.*); изме́на (*делу, партии*)

**apostate** [əˈpɔstɪt] **1.** *n* отсту́пник; изме́нник

**2.** *a* отсту́пнический

**apostatize** [əˈpɔstətaɪz] *v* отступа́ться (*от своих принципов и т. п.*)

**a posteriori** [ˈeɪpɔsˌterɪˈɔːraɪ] *лат.* **1.** *a* апостерио́рный, осно́ванный на о́пыте

**2.** *adv* апостерио́ри, из о́пыта, по о́пыту

**apostle** [əˈpɔsl] *n* 1) апо́стол 2) побо́рник

**apostolic** [ˌæpəsˈtɔlɪk] *a* 1) апо́стольский 2) па́пский

**apostolical** [ˌæpəsˈtɔlɪkəl] = apostolic

**apostrophe** I [əˈpɔstrəfɪ] *n ритор.* апостро́фа, обраще́ние (*в речи, поэме и т. п.*)

**apostrophe** II [əˈpɔstrəfɪ] *n* апостро́ф (*знак*)

**apostrophize** I [əˈpɔstrəfaɪz] *v ритор.* обраща́ться (*к кому-л. или чему-л. в речи, поэме и т. п.*)

**apostrophize** II [əˈpɔstrəfaɪz] *v* ста́вить знак апостро́фа

**apothecary** [əˈpɔθɪkərɪ] *n* 1) *уст.* апте́карь 2) *амер.* апте́ка

**apothegm** [ˈæpəuθem] = apophthegm

**apotheoses** [əˌpɔθɪˈəusiːz] *pl от* apotheosis

**apotheosis** [əˌpɔθɪˈəusɪs] *n* (*pl* -oses) 1) прославле́ние; апофео́з 2) обожествле́ние 3) *церк.* канониза́ция

**appal** [əˈpɔːl] *v* пуга́ть; устраша́ть

**appalling** [əˈpɔːlɪŋ] **1.** *pres. p. от* appal

**2.** *a* ужа́сный; потряса́ющий, отта́лкивающий

**appallingly** [əˈpɔːlɪŋlɪ] *adv* ужаса́юще; потряса́юще

**appanage** [ˈæpənɪdʒ] = apanage

**apparatus** [ˌæpəˈreɪtəs] *n* (*pl* -uses [-əsɪz], *тж. без измен.*) 1) прибо́р, инструме́нт; аппара́т, аппарату́ра; маши́на 2) гимнасти́ческий снаря́д 3) *собир.* о́рганы; the digestive ~ о́рганы пищеваре́ния

**apparel** [əˈpærəl] **1.** *n* 1) *поэт.* одея́ние 2) *церк.* украше́ние на облаче́нии

**2.** *v поэт.* облача́ть; украша́ть

**apparent** [əˈpærənt] *a* 1) ви́димый; ~ to the naked eye ви́димый невооружённым гла́зом; to become ~ обнару́живаться, выявля́ться 2) я́вный, очеви́дный, несомне́нный; ~ noon *астр.* и́стинный по́лдень; ~ time *астр.* и́стинное вре́мя 3) ка́жущийся 4) *юр.* бесспо́рный

**apparently** [əˈpærəntlɪ] *adv* 1) я́вно, очеви́дно 2) по-ви́димому, ви́димо, вероя́тно

**apparition** [ˌæpəˈrɪʃən] *n* 1) появле́ние (*особ.* неожи́данное) 2) виде́ние; при́зрак, привиде́ние 3) *астр.* ви́димость

**apparitor** [əˈpærɪtɔː] *n* 1) чино́вник в гражда́нском *или* церко́вном суде́; ≅ суде́бный при́став 2) университе́тский пе́дель

**appeal** [əˈpiːl] **1.** *n* 1) призы́в, обраще́ние (to — к) 2) воззва́ние; World Peace Council's A. Обраще́ние Всеми́рного Сове́та Ми́ра 3) про́сьба, мольба́ (for — о); ~ for pardon про́сьба о поми́ловании 4) привлека́тельность; to make an ~ to smb. привлека́ть кого́-л., де́йствовать притяга́тельно на кого́-л.; to have ~ быть привлека́тельным, нра́виться 5) влече́ние 6) *юр.* апелля́ция; пра́во апелля́ции

**2.** *v* 1) апелли́ровать, обраща́ться, прибега́ть, взыва́ть (to — к); to ~ to the fact ссыла́ться на факт; to ~ to reason апелли́ровать к здра́вому смы́слу; to ~ to arms прибега́ть к ору́жию 2) взыва́ть, умоля́ть 3) привлека́ть, притя́гивать; нра́виться; these pictures do not ~ to me э́ти карти́ны не тро́гают меня́ 4) *юр.* подава́ть апелляцио́нную жа́лобу ◇ to ~ to the country распусти́ть парла́мент и назна́чить но́вые вы́боры; to ~ from Philip drunk to Philip sober ≅ угова́ривать отказа́ться от необду́манного реше́ния

**appealable** [əˈpiːləbl] *a* могу́щий быть обжа́лованным, подлежа́щий обжа́лованию

**appealing** [əˈpiːlɪŋ] **1.** *pres. p. от* appeal 2

**2.** *a* 1) тро́гательный 2) привлека́тельный

**appear** [əˈpɪə] *v* 1) пока́зываться; появля́ться 2) проявля́ться 3) выступа́ть на сце́не; to ~ in the character of Othello игра́ть роль Оте́лло 4) выступа́ть (официа́льно, публи́чно); to ~ for the defendant выступа́ть в суде́ в ка́честве защи́тника обвиня́емого 5) предста́ть (*перед судом*) 6) выходи́ть, издава́ться; появля́ться (*в печати*) 7) производи́ть впечатле́ние; каза́ться; strange as it may ~ как бы стра́нно не показа́лось; you ~ to forget вы, по-ви́димому, забыва́ете 8) я́вствовать; it ~s from this из э́того я́вствует

**appearance** [əˈpɪərəns] *n* 1) появле́ние; to put in an ~ появи́ться ненадо́лго (*на собрании, вечере и т. п.*); to make an (*или* one's) ~ пока́зываться, появля́ться 2) (вне́шний) вид, нару́жность 3) ви́димость; to all ~(s) су́дя по всему́; по-ви́димому 4) выступле́ние; her first ~ was a success её дебю́т прошёл с успе́хом 5) вы́ход из печа́ти 6) явле́ние (*обыкн. загадочное*); фено́мен 7) при́зрак ◇ to keep up ~s соблюда́ть прили́чия

**appeasable** [əˈpiːzəbl] *a* покла́дистый, сгово́рчивый

**appease** [əˈpiːz] *v* 1) успока́ивать; умиротворя́ть 2) ублажа́ть, потака́ть 3) облегча́ть (*боль, горе*) 4) утоля́ть

**appeasement** [əˈpiːzmənt] *n* умиротворе́ние *и пр.* [*см.* appease]; a policy of ~ поли́тика попусти́тельства агре́ссору

**appellant** [əˈpelənt] **1.** *n* апеллянт; жа́лобщик

**2.** *a* 1) апелли́рующий, жа́лующийся 2) *юр.* апелляцио́нный

**appellate** [əˈpelɪt] *a* апелляцио́нный; ~ court *амер.* апелляцио́нный суд

**appellation** [ˌæpəˈleɪʃən] *n* и́мя, назва́ние

**appellative** [əˈpelətɪv] **1.** *n* 1) и́мя, назва́ние 2) *грам.* и́мя (существи́тельное) нарица́тельное

**2.** *a грам.* нарица́тельный

**appellee** [ˌæpeˈliː] *n юр.* отве́тчик по апелля́ции

**append** [əˈpend] *v* 1) приве́шивать; присоединя́ть 2) прибавля́ть; прилага́ть (*что-л. к письму, книге и т. п.*)

**appendage** [əˈpendɪdʒ] *n* 1) прида́ток; приве́сок 2) приложе́ние

**appendices** [əˈpendisiːz] *pl от* appendix

**appendicitis** [əˌpendɪˈsaɪtɪs] *n мед.* аппендици́т

**appendix** [ə'pendɪks] *n* (*pl* -ices) 1) добавлéние 2) приложéние (*содержащее библиографию, примечания и т. п.*) 3) *анат.* червеобрáзный отрóсток, аппéндикс 4) аппéндикс (*аэростата*)

**apperception** [ˌæpə(:)'sepʃən] *n психол.* апперцéпция

**appertain** [ˌæpə'teɪn] *v* принадлежáть; относи́ться (to — к *чему-л.*)

**appetence, -cy** ['æpɪtəns, -sɪ] *n* 1) желáние (of, for, after) 2) влечéние (*особ. половое*; for)

**appetite** ['æpɪtaɪt] *n* 1) аппети́т 2) инстинкти́вная потрéбность (*в пище, питье и т. п.*); sexual ~ половóе влечéние 3) охóта, склóнность; an ~ for reading склóнность к чтéнию ◇ ~ comes with eating *посл.* аппети́т прихóдит во врéмя еды́

**appetizer** ['æpɪtaɪzə] *n* 1) то, что возбуждáет аппети́т, придаёт вкус 2) *амер.* закýска

**appetizing** ['æpɪtaɪzɪŋ] *a* аппети́тный, вызывáющий аппети́т; вкýсный; привлекáтельный

**applaud** [ə'plɔ:d] *v* 1) аплоди́ровать, рукоплескáть 2) одобрять; he ~ed my decision он одóбрил моё решéние

**applause** [ə'plɔ:z] *n* 1) аплодисмéнты, рукоплескáния; there was loud ~ for the actor актёру грóмко аплоди́ровали 2) одобрéние

**apple** ['æpl] *n* 1) я́блоко 2) я́блоня ◇ ~ of discord я́блоко раздóра; ~ of one's eye а) зрачóк; б) зени́ца óка; the rotten ~ injures its neighbours *посл.* ≅ парши́вая овцá всё стáдо пóртит

**apple-brandy** ['æplˌbrændɪ] *n* я́блочная вóдка

**apple-cart** ['æplkɑ:t] *n* тележка с я́блоками ◇ to upset smb.'s ~ расстрáивать чьи-л. плáны

**apple dumpling** ['æplˌdʌmplɪŋ] *n* я́блоко, запечённое в тéсте

**apple-grub** ['æplgrʌb] *n* 1) червь 2) червотóчина

**apple-jack** ['æpl'dʒæk] *амер.* = apple-brandy

**apple-pie** ['æpl'paɪ] *n* я́блочный пирóг ◇ ~ order образцóвый, пóлный порядок; ~ bed кровáть, застéленная таки́м óбразом, что невозмóжно вы́тянуть нóги (*проделка, распространённая в английских школьных интернатах*)

**apple-quince** ['æplkwɪns] = quince

**apple sauce** ['æpl'sɔ:s] *n* 1) я́блочное пюрé 2) *амер. разг.* лесть 3) чепухá, ерундá

**apple-tree** ['æpltri:] *n* я́блоня

**appliance** [ə'plaɪəns] *n* 1) приспособлéние, прибóр; domestic electric ~s бытовы́е электроприбóры 2) *редк.* применéние 3) *attr.*: ~ load *эл.* бытовáя нагрýзка

**applicable** ['æplɪkəbl] *a* примени́мый, пригóдный, подходя́щий (to)

**applicant** ['æplɪkənt] *n* 1) претендéнт, кандидáт 2) проси́тель

**application** [ˌæplɪ'keɪʃən] *n* 1) заявлéние; прошéние; to put in an ~ подáть заявлéние 2) применéние; примени́мость 3) приклáдывание (*горчичника, пластыря и т. п.*) 4) употреблéние (*лекарства*) 5) прилежáние, рвéние, старáние (*тж.* ~ to work)

**application blank** [ˌæplɪ'keɪʃən-'blæŋk] = application form

**application form** [ˌæplɪ'keɪʃən'fɔ:m] *n* анкéта поступáющего на рабóту

**applied** [ə'plaɪd] **1.** *p. p. от* apply

**2.** *a* прикладнóй

**appliqué** [æ'pli:keɪ] *фр. n* апплика́ция

**apply** [ə'plaɪ] *v* 1) обращáться (for — за *работой, помощью, справкой, разрешением и т. п.*; to — к *кому-л.*) 2) прилагáть 3) применять; употреблять; to ~ brakes тормози́ть 4) приклáдывать 5) *refl.* занимáться (*чем-л.*), направлять своё внимáние (*на что-л.*) 6) касáться, относи́ться; быть приéмлемым; this rule applies to all э́то прáвило отнóсится ко всем ◇ to ~ the undertakings выполнять обязáтельства

**appoint** [ə'pɔɪnt] *v* 1) назначáть, определять; they found it necessary to ~ the exact time and place of their meeting они́ посчитáли необходи́мым назнáчить тóчное врéмя и мéсто встрéчи; he was ~ed manager егó назнáчили управляющим 2) предпи́сывать 3) устрáивать, приводи́ть в порядок 4) снаряжáть; оборýдовать

**appointed** [ə'pɔɪntɪd] **1.** *p. p. от* appoint

**2.** *a* 1) назнáченный, определённый; to come at the ~ time прийти́ в назнáченное врéмя 2) оборýдованный; well (badly) ~ хорошó (плóхо) оборýдованный

**appointee** [əpɔɪn'ti:] *n* получи́вший назначéние, назнáченный

**appointive** [ə'pɔɪntɪv] *a амер.* замещáемый по назначéнию, а не по вы́борам (*о должности*)

**appointment** [ə'pɔɪntmənt] *n* 1) назначéние, определéние (*на должность*) 2) мéсто, дóлжность; to hold an ~ занимáть дóлжность 3) свидáние, услóвленная встрéча; we made an ~ for tomorrow мы услóвились встрéтиться зáвтра; to keep (to break) an ~ прийти́ (не прийти́) в назнáченное врéмя *или* мéсто; by (previous) ~ по (предвари́тельной) зáписи (*у врача и т. п.*) 4) *юр.* распределéние наслéдственного имýщества по довéренности 5) *pl* оборýдование; обстанóвка, мéбель

**apportion** [ə'pɔ:ʃən] *v* распределять, разделять, дели́ть (*соразмерно, пропорционально*); to ~ one's time распределять своё врéмя

**apportionment** [ə'pɔ:ʃənmənt] *n* пропорционáльное распределéние

**apposite** ['æpəuzɪt] *a* подходя́щий, умéстный; удáчный; an ~ remark умéстное замечáние

**appositely** ['æpəuzɪtlɪ] *adv* кстáти

**apposition** [ˌæpəu'zɪʃən] *n* 1) присоединéние, приклáдывание; ~ of seal приложéние печáти 2) *грам.* приложéние (*тж.* a noun in ~)

**appraisal** [ə'preɪzəl] *n* оцéнка

**appraise** [ə'preɪz] *v* оцéнивать, расцéнивать

**appraisement** [ə'preɪzmənt] *n* оцéнка

**appraiser** [ə'preɪzə] *n* оцéнщик; таксáтор

**appreciable** [ə'pri:ʃəbl] *a* 1) замéтный, ощути́мый 2) поддающийся оцéнке

**appreciate** [ə'pri:ʃɪeɪt] *v* 1) оцéнивать 2) (высокó) цени́ть; I ~ your kindness я ценю вáшу добротý 3) понимáть; I ~ your difficulty я понимáю, как вам трýдно; я понимáю, в чём для вас трýдность 4) принимáть во внимáние; to ~ the necessity учи́тывать, принимáть во внимáние необходи́мость 5) ощущáть; различáть; to ~ colours различáть цветá 6) повышáть(ся) в цéнности

**appreciation** [əˌpri:ʃɪ'eɪʃən] *n* 1) оцéнка 2) высóкая оцéнка 3) понимáние; she has an ~ of art онá (хорошó) понимáет искýсство 4) признáтельность 5) определéние, различéние 6) благоприятный óтзыв; положи́тельная рецéнзия 7) повышéние цéнности; вздорожáние; ~ of capital повышéние стóимости капитáла

**appreciative** [ə'pri:ʃjətɪv] *a* восприи́мчивый; умéющий цени́ть, благодáрный

**apprehend** [ˌæprɪ'hend] *v* 1) понимáть, схвáтывать 2) предчýвствовать (*что-л. дурное*), ожидáть (*несчастья*), опасáться; to ~ danger чýять опáсность 3) задéрживать, арестóвывать

**apprehensible** [ˌæprɪ'hensəbl] *a* понятный, постижи́мый

**apprehension** [ˌæprɪ'henʃən] *n* 1) (*часто pl*) опасéние; мрáчное предчýвствие; to be under ~ of one's life опасáться за свою жизнь 2) понимáние; спосóбность схвáтывать; quick of ~ бы́стро схвáтывающий; dull of ~ тýго соображáющий 3) представлéние, мнéние 4) задержáние, арéст

**apprehensive** [ˌæprɪ'hensɪv] *a* 1) пóлный стрáха, тревóги, предчýвствий 2) понятли́вый, сообрази́тельный

**apprentice** [ə'prentɪs] **1.** *n* 1) учени́к, подмастéрье; to bind smb. ~ отдáть когó-л. в учéние (ремеслý) 2) новичóк; начинáющий

**2.** *v* отдавáть в учéние; to ~ smb. (to a tailor, a shoemaker, *etc.*) отдáть когó-л. в учéние (к портнóму, сапóжнику *и т. п.*)

**apprenticeship** [ə'prentɪʃɪp] *n* 1) учéние, учени́чество; articles of ~ услóвия договóра мéжду ученикóм и хозя́ином 2) срок учéния (*в старину 7 лет*)

**apprise** I [ə'praɪz] *v* извещáть, информи́ровать; to ~ smb. of smth. информи́ровать когó-л. о чём-л.

**apprise** II [ə'praɪz] *v уст.* оцéнивать, расцéнивать

**apprize** I, II [ə'praɪz] = apprise I *и* II

**appro** [æ'prəu] *n* (*сокр. от* approbation, approval): on ~ *эк.* на прóбу (*с правом возвращения товара обратно*)

**approach** [ə'prəutʃ] **1.** *n* 1) приближéние; the ~ of summer наступлéние лéта 2) пóдступ, подхóд (*тж. перен.*); easy of ~ легкодостýпный; difficult of ~ труднодостýпный; to make ~es to smb. старáться привлéчь внимáние когó-л.; *разг.* подъезжáть к комý-л.; he's rather difficult to ~ ≅ к немý не подойдёшь 3) *pl* авáнсы; попы́тки 4) (*обыкн. pl*) *воен.* пóдступ 5) *ав.* захóд на посáдку; instrument ~ захóд на посáдку по прибóрам 6) *attr.*: ~ road подъезднóй путь

**2.** *v* 1) приближáться, подходи́ть 2) приближáться, быть почти́ рáвным, похóжим 3) дéлать предложéния, начинáть переговóры; I ~ed him on the matter я обрати́лся к немý по э́тому вопрóсу; he ~ed me for information он обрати́лся ко мне за свéдениями 4) пытáться повлия́ть (*на когó-л.*)

**approachable** [ə'prəutʃəbl] *a* 1) достýпный; достижи́мый 2) охóтно идýщий навстрéчу (*предложениям и т. п.*)

**approbate** ['æprəubeɪt] *v амер.* 1) одобря́ть 2) санкциони́ровать

**approbation** [ˌæprəu'beɪʃən] *n* 1) одобрéние; on ~ *см.* appro 2) сáнкция, соглáсие; by ~ с соглáсия

**approbatory** ['æprəubeɪtərɪ] *a* одобри́тельный

**appropriate** **1.** *a* [ə'prəuprɪɪt] 1) подходя́щий, соотвéтствующий (to, for) 2) свóйственный, присýщий (to)

**2.** *v* [ə'prəuprɪeɪt] 1) присвáивать 2) предназначáть 3) ассигновáть

**appropriation** [əˌprəuprɪ'eɪʃən] *n* 1) присвоéние 2) назначéние, ассигновáние (*на определённую цель*) ◇ A. Bill финáнсовый законопроéкт

**appropriation-in-aid** [əˌprəuprɪ'eɪʃənɪn'eɪd] *n* дотáция, субси́дия

**approval** [ə'pru:vəl] *n* 1) одобрéние; благоприя́тное мнéние; he gave his ~ to our plan он одóбрил наш план; to meet with ~ получи́ть одобрéние; on ~ *см.* appro 2) утверждéние; сáнкция 3) рассмотрéние; to submit for ~ представить на рассмотрéние, для оцéнки

**approve** [ə'pru:v] *v* 1) одобря́ть (of) 2) утверждáть (*особ. постановление*); санкциони́ровать 3) *refl.* покáзывать, проявля́ть себя́; he ~d himself a good pianist он показáл себя́ хорóшим пиани́стом

**approved** [ə'pru:vd] **1.** *p. p. от* approve

**2.** *a*: ~ school исправи́тельная шкóла для малолéтних правонарушителей

**approvingly** [ə'pru:vɪŋlɪ] *adv* одобри́тельно

**approximate** **1.** *a* [ə'prɔksɪmɪt] 1) находя́щийся бли́зко; бли́зкий (to — к) 2) приблизи́тельный; ~ value *мат.* приближённое значéние

**2.** *v* [ə'prɔksɪmeɪt] 1) приближáть(ся); почти́ соотвéтствовать 2) приблизи́тельно равня́ться

**approximately** [ə'prɔksɪmɪtlɪ] *adv* приблизи́тельно, приближённо, почти́; highly ~ весьмá приблизи́тельно

**approximation** [əˌprɔksɪ'meɪʃən] *n* 1) приближéние 2) приблизи́тельная *или* óчень бли́зкая сýмма, ци́фра *и т. п.*; приближённое значéние

**appurtenance** [ə'pə:tɪnəns] *n* 1) принадлéжность 2) придáток

**appurtenant** [ə'pə:tɪnənt] **1.** *n* 1) принадлéжность 2) придáток

**2.** *a* принадлежáщий; относя́щийся

**apricot** ['eɪprɪkɔt] *n* 1) абрикóс 2) абрикóсовое дéрево 3) абрикóсовый цвет

**April** ['eɪprəl] *n* 1) апрéль 2) *attr.* апрéльский; ~ weather то дождь, то сóлнце; *перен.* то смех, то слёзы ◇ ~ fish первоапрéльская шýтка

**April-fool** ['eɪprəlfu:l] *n* человéк, одурáченный 1-го апрéля

**April-fool-day** ['eɪprəl'fu:ldeɪ] *n* день весёлых обмáнов (*1 апреля*)

**a priori** ['eɪpraɪ'ɔ:raɪ] *лат.* **1.** *a* априóрный

**2.** *adv* априóри

**apriority** [ˌeɪpraɪ'ɔrɪtɪ] *n* априóрность

**apron** ['eɪprən] *n* 1) перéдник, фáртук 2) пóлость (*в экипаже*) 3) *театр.* авансцéна 4) *ав.* бетони́рованная площáдка пéред ангáром 5) *гидр.* порóг, водобóй 6) *тех.* козырёк, фáртук

**apron-strings** ['eɪprən'strɪŋz] *n pl* завя́зки перéдника ◇ to be tied (*или* to be pinned) to one's wife's ~ ≅ быть под каблукóм у жены́, держáться за жёнину юбку

**apropos** ['æprəpəu] *фр.* **1.** *a* своеврéменный, подходя́щий, умéстный

**2.** *adv* 1) кстáти, мéжду прóчим 2) относи́тельно, по пóводу; ~ of this по пóводу э́того

**apse** [æps] *n архит.* апси́да

**apsides** [æp'saɪdi:z] *pl от* apsis

**apsis** ['æpsɪs] *n* (*pl* apsides) *астр.* апси́да

**apt** [æpt] *a* 1) подходя́щий; an ~ quotation удáчная цитáта 2) склóнный, подвéрженный (*с inf.*); ~ to take fire легковоспламеня́ющийся 3) спосóбный (at — к) 4) *predic.* вероя́тный, возмóжный; склóнный; he is ~ to succeed он, вероя́тно, бýдет имéть успéх

**apterous** ['æptərəs] *a зоол.* бескры́лый

**aptitude** ['æptɪtju:d] *n* 1) приго́дность; умéстность 2) склóнность (for) 3) спосóбности

**apyrous** [eɪ'paɪrəs] *a* несгорáемый; огнеупóрный

**aquafortis** ['ækwə'fɔ:tɪs] *n* концентри́рованная азóтная кислотá

**aquafortist** ['ækwə'fɔ:tɪst] *n* офорти́ст

**aqualung** ['ækwəlʌŋ] *n* аквалáнг

**aquamarine** [ˌækwəmə'ri:n] **1.** *n* 1) *мин.* аквамари́н 2) зеленовáто-голубóй цвет

**2.** *a* 1) аквамари́новый 2) зеленовáто-голубóй

**aquaplane** ['ækwəpleɪn] **1.** *n спорт.* аквaплáн

**2.** *v* скользи́ть на аквапла́не

**aqua regia** ['ækwə'ri:dʒjə] *n хим.* цáрская вóдка

**aquarelle** [ˌækwə'rel] *n* акварéль

**aquarellist** [ˌækwə'relɪst] *n* акварели́ст

**aquarium** [ə'kweərɪəm] *n* аквáриум

**Aquarius** [ə'kweərɪəs] *n* Водолéй (*созвездие и знак зодиака*)

**aquatic** [ə'kwætɪk] *a* 1) водянóй 2) вóдный

**aquatics** [ə'kwætɪks] *n pl* вóдные ви́ды спóрта

**aquatint** ['ækwətɪnt] *n иск.* аквати́нта

**aquation** [ə'kweɪʃən] *n хим.* гидратáция

**aqua-vitae** ['ækwə'vaɪti:] *n* вóдка, крéпкий спиртнóй напи́ток

**aqueduct** ['ækwɪdʌkt] *n* 1) акведýк, водопровóд 2) *анат.* канáл, трубá, прохóд

**aqueous** ['eɪkwɪəs] *a* 1) водянóй; водяни́стый; ~ solution вóдный раствóр; ~ chamber *анат.* передняя кáмера глáза 2) *геол.* осáдочный

**aquifer** ['ækwɪfə] *n геол.* водонóсный слой *или* горизóнт

**aquiferous** [ə'kwɪfərəs] *a геол.* водонóсный

**aquiline** ['ækwɪlaɪn] *a* орли́ный

**Arab** ['ærəb] **1.** *n* 1) арáб; арáбка 2) арáбская лóшадь ◇ street ~ беспризóрник, ýличный мальчи́шка

**2.** *a* арáбский

**arabesque** [ˌærə'besk] **1.** *n* арабéска

**2.** *a* 1) арáбский, мавритáнский 2) фантасти́ческий, причýдливый, прихотли́вый

**Arabian** [ə'reɪbjən] **1.** *a* арáбский ◇ ~ 'Nights' Entertainments, ~ Nights арáбские скáзки, «Ты́сяча и однá ночь»; ~ bird скáзочная пти́ца Фéникс

**2.** *n* арави́ец; арави́йка

**Arabic** ['ærəbɪk] **1.** *a* арáбский; арави́йский; ~ numerals арáбские ци́фры

**2.** *n* арáбский язы́к

**arable** ['ærəbl] **1.** *a* пáхотный

**2.** *n* пáхота; пáшня

**arachnid** [ə'ræknɪd] *n* паукообрáзное насекóмое

**arachnitis** [əˌræk'naɪtəs] = arachnoiditis

**arachnoid** [ə'ræknɔɪd] **1.** *n анат.* паути́нная оболóчка (*мозга*)

**2.** *a бот.* паутинообрáзный

**arachnoiditis** [əˌræknɔɪ'daɪtəs] *n мед.* арахноиди́т

**araeometer** [ˌærɪ'ɔmɪtə] = areometer

**Aramaic** [ˌærə'meɪɪk] *n* армéйский язы́к

**arbalest** ['ɑ:bəlɪst] *n ист.* арбалéт, самострéл

**arbalester** [ˈɑːbəlɪstə] *n ист.* арбалéтчик

**arbiter** [ˈɑːbɪtə] *n* 1) арбитр; третéйский судья́ 2) верши́тель сýдеб

**arbitrage** [ˈɑːbɪtrɪdʒ] *n фин.* скýпка цéнных бумáг *и т. п.* для перепродáжи

**arbitral** [ˈɑːbɪtrəl] *a* арбитрáжный, третéйский

**arbitrament** [ɑːˈbɪtrəmənt] *n* 1) арбитрáж 2) решéние, при́нятое арби́тром; авторитéтное решéние

**arbitrary** [ˈɑːbɪtrərɪ] *a* 1) произвóльный 2) каприз́ный 3) деспоти́ческий 4) *мат.*: ~ constant произвóльная постоя́нная ◇ ~ signs and symbols услóвные знáки и обозначéния

**arbitrate** [ˈɑːbɪtreɪt] *v* 1) выноси́ть третéйское решéние, быть третéйским судьёй 2) передавáть вопрóс третéйскому судý

**arbitration** [ˌɑːbɪˈtreɪʃən] *n* третéйский суд, арбитрáж; ~ of exchange *фин.* валю́тный арбитрáж

**arbitrator** [ˈɑːbɪtreɪtə] *n* третéйский судья́, арби́тр

**arbor I** [ˈɑːbɔː] *n амер.* 1) дéрево 2) *attr.*: A. Day весéнний прáздник древонасаждéния

**arbor II** [ˈɑːbə] *n тех.* вал; ось; шпи́ндель; опрáвка

**arboraceous** [ˌɑːbəˈreɪʃəs] *a* древови́дный; древéсный

**arboreal** [ɑːˈbɔːrɪəl] *a* 1) древéсный; относя́щийся к дéреву 2) *зоол.* древéсный, живýщий на дерéвьях

**arboreous** [ɑːˈbɔːrɪəs] *a* 1) леси́стый 2) древови́дный 3) = arboreal 2)

**arborescent** [ˌɑːbəˈresnt] *a* древови́дный

**arboreta** [ˌɑːbəˈriːtə] *pl от* arboretum

**arboretum** [ˌɑːbəˈriːtəm] *лат. n* (*pl* -ta) древéсный питóмник

**arboriculture** [ˈɑːbərɪkʌltʃə] *n* лесовóдство; разведéние, выращивание дерéвьев

**arboriculturist** [ˌɑːbərɪˈkʌltʃərɪst] *n* лесовóд

**arborization** [ˌɑːbərɪˈzeɪʃən] *n* 1) *мин.* древови́дное образовáние в кристáллах, гóрных порóдах 2) *анат.* древови́дное разветвлéние нéрвных клéток *или* кровенóсных сосýдов

**arbour** [ˈɑːbə] *n* бесéдка (*из зéлени*)

**arbutus** [ɑːˈbjuːtəs] *n* земляни́чное дéрево

**arc** [ɑːk] **1.** *n* 1) *мат.* дугá; ~ of fire *воен.* сéктор обстрéла 2) рáдуга 3) электри́ческая дугá 4) *attr.* дуговóй; ~ lamp дуговáя лáмпа; ~ welding электродуговáя свáрка

**2.** *v эл.* образовáть дугý

**arcade** [ɑːˈkeɪd] *n* 1) пассáж с магази́нами 2) *архит.* аркáда; свóдчатая галерéя

**arcadian** [ɑːˈkeɪdjən] **1.** *a* аркáдский; иди́ллический; сéльский

**2.** *n* обитáтель Аркáдии, обитáтель счастли́вой, идилли́ческой страны́

**arcana** [ɑːˈkeɪnə] *pl от* arcanum

**arcanum** [ɑːˈkeɪnəm] *n* (*pl* -na) 1) тáйна 2) *уст.* колдовскóй напи́ток, снáдобье

**arc-boutant** [ˌɑːbu(ː)ˈtɑːŋ] *фр. n* (*pl* arcs-boutants) *стр.* подпóрная áрка, áрочный контрфóрс

**arch I** [ɑːtʃ] **1.** *n* 1) áрка; свод 2) дугá; проги́б 3) рáдуга 4) *attr.* áрочный; свóдчатый; ~ bridge áрочный мост; ~ dam áрочная плоти́на

**2.** *v* 1) перекрывáть свóдом; придавáть фóрму áрки 2) изгибáть(ся) дугóй

**arch II** [ɑːtʃ] *a* игри́вый, лукáвый

**arch-** [ɑːtʃ-] *pref* архи-: а) глáвный, стáрший; archbishop архиепи́скоп; б) отъя́вленный, сáмый большóй; ~-liar отъя́вленный лжец; ~-rogue архиплýт; в) *редк.* пéрвый, первоначáльный; ~-founder основáтель

**Archaean** [ɑːˈkiː(ː)ən] *a геол.* архéйский

**archaeological** [ˌɑːkɪəˈlɔdʒɪkəl] *a* археологи́ческий

**archaeologist** [ˌɑːkɪˈɔlədʒɪst] *n* архéолог

**archaeology** [ˌɑːkɪˈɔlədʒɪ] *n* археолóгия

**archaic** [ɑːˈkeɪɪk] *a* архаи́ческий, устарéлый

**archaism** [ˈɑːkeɪɪzm] *n* архаи́зм, устарéвшее слóво *или* выражéние

**archaize** [ˈɑːkeɪaɪz] *v* 1) подражáть архаи́ческим фóрмам 2) употребля́ть архаи́змы

**archangel** [ˈɑːkˌeɪndʒəl] *n* 1) арха́нгел 2) *бот.* дýдник тёмно-пурпýровый; white ~ глухáя крапи́ва

**archbishop** [ˈɑːtʃˈbɪʃəp] *n* архиепи́скоп

**archbishopric** [ɑːtʃˈbɪʃəprɪk] *n* архиепи́скопство

**archdeacon** [ˈɑːtʃˈdiːkən] *n* архидиáкон

**archdiocese** [ˈɑːtʃˈdaɪəsɪs] *n* епáрхия архиепи́скопа

**arched** [ɑːtʃt] **1.** *p. p. от* arch I, 2

**2.** *a* 1) изóгнутый 2) свóдчатый; куполови́дный 3) áрочный; ~ girder *стр.* áрочная бáлка, фéрма; ~ bridge áрочный мост

**arch-enemy** [ˈɑːtʃˈenɪmɪ] *n* 1) закля́тый враг 2) сатанá

**Archeozoic** [ˌɑːkɪˈzəuɪk] *a геол.* археозóйский

**archer** [ˈɑːtʃə] *n* 1) стрелóк из лýка, лýчник 2) (A.) Стрелéц (*созвéздие и знак зодиака*)

**archery** [ˈɑːtʃərɪ] *n* 1) стрельбá из лýка 2) *собир. разг.* грýппа стрелкóв из лýка

**archetype** [ˈɑːkɪtaɪp] *n* оригинáл, образéц; прототи́п

**arch-fiend** [ˈɑːtʃˈfiːnd] *n* сатанá

**archill** [ˈɑːkɪl] *n бот.* леканóра, рокцéлла (*лишáйники*)

**Archimedean** [ˌɑːkɪˈmiːdjən] *a* архимéдов; ~ screw архимéдов винт

**archipelago** [ˌɑːkɪˈpelɪgəu] *n* (*pl* -os, -oes [-əuz]) 1) архипелáг; грýппа островóв 2) (A.) Эгéйское мóре

**architect** [ˈɑːkɪtekt] *n* 1) архитéктор, зóдчий; civil ~ граждáнский архитéктор; naval ~ корабéльный инженéр 2) *перен.* творéц, создáтель; ~ of one's own fortunes кузнéц своегó счáстья

**architectonic** [ˌɑːkɪtekˈtɔnɪk] *a* 1) архитектýрный 2) конструкти́вный 3) относя́щийся к систематизáции наýки

**architectonics** [ˌɑːkɪtekˈtɔnɪks] *n pl* (*употр. как sing*) 1) архитектóника 2) зóдчество

**architectural** [ˌɑːkɪˈtektʃərəl] *a* архитектýрный; ~ engineering строи́тельная тéхника

**architecture** [ˈɑːkɪtektʃə] *n* 1) архитектýра, зóдчество 2) архитектýрный стиль 3) построéние; the ~ of a speech построéние рéчи

**architrave** [ˈɑːkɪtreɪv] *n архит.* архитрáв

**archival** [ɑːˈkaɪvəl] *a* архи́вный

**archives** [ˈɑːkaɪvz] *n pl* архи́в

**archivist** [ˈɑːkɪvɪst] *n* архивáриус

**archly** [ˈɑːtʃlɪ] *adv* лукáво

**archness** [ˈɑːtʃnɪs] *n* лукáвство

**archway** [ˈɑːtʃweɪ] *n* 1) áрка 2) прохóд под áркой; свóдчатый прохóд

**archwise** [ˈɑːtʃwaɪz] *adv* в ви́де áрки, дугообрáзно

**arcing** [ˈɑːkɪŋ] **1.** *pres. p. от* arc 2

**2.** *n эл.* искрéние; образовáние *или* горéние дуги́

**arcs-boutants** [ˌɑːbu(ː)ˈtɑːŋ] *pl от* arc-boutant

**arctic** [ˈɑːktɪk] **1.** *a* 1) аркти́ческий, поля́рный, сéверный 2) холóдный

**2.** *n* 1) (the A.) Áрктика 2) *pl амер.* тёплые бóты

**Arctic Circle** [ˈɑːktɪkˈsəːkl] *n* Сéверный поля́рный круг

**arctic fox** [ˈɑːktɪkfɔks] *n* песéц

**arcticize** [ˈɑːktɪsaɪz] *v* приспосáбливать к рабóте в аркти́ческих услóвиях; ~d vehicle автомаши́на, оборýдованная для рабóты в аркти́ческих услóвиях

**arcuate, arcuated** [ˈɑːkjuɪt, -ɪd] *a* аркообрáзный, дугови́дный, сóгнутый

**ardent** [ˈɑːdənt] *a* 1) горя́чий, пы́лкий, стрáстный, рéвностный; ~ love горя́чая любóвь; ~ desire стрáстное желáние 2) горя́щий, пылáющий; ~ heat зной ◇ ~ spirits спиртны́е напи́тки

**ardently** [ˈɑːdəntlɪ] *adv* горячó, пы́лко

**ardour** [ˈɑːdə] *n* 1) жар, рвéние, пыл; to damp smb.'s ~ умеря́ть чей-л. пыл 2) зной

**arduous** [ˈɑːdjuəs] *a* 1) трýдный 2) крутóй, труднодостýпный 3) энерги́чный; рéвностный

**are I** [ɑː (*пóлная фóрма*); ə, ər *пéред глáсными* (*редуци́рованные фóрмы*)] *мн. ч. настоя́щего врéмени гл.* to be

**are II** [ɑː] *фр. n* ар (*мéра земéльной плóщади = 100 кв. м*)

**area** [ˈɛərɪə] *n* 1) плóщадь, прострáнство; ~ under crop посевнáя плóщадь; ~ of bearing *тех.* опóрная поверхность 2) *мат.* площадь; ~ of a triangle площадь треугольника 3) район; зона; край; область; residential ~ жилой район 4) *радио, тлв.* зона; mush ~ область плохого радиоприёма; service ~ область уверенного радиоприёма; picture ~ кадр изображения 5) размах, сфера; wide ~ of thought широкий кругозор 6) дворик ниже уровня улицы, через который проходят в полуподвал

**area sketch** [ˈɛərɪəˈsketʃ] *n топ.* кроки

**arena** [əˈriːnə] *n* 1) арена 2) место действия; поле сражения

**arenaceous** [ˌærɪˈneɪʃəs] *a* 1) песчанистый; песчаный 2) содержащий песок 3) *геол.* рассыпчатый

**aren't** [ɑːnt] *сокр. разг.* = are not

**areometer** [ˌærɪˈɔmɪtə] *n* ареометр

**Areopagus** [ˌærɪˈɔpəgəs] *греч. n* ареопаг

**arête** [æˈreɪt] *фр. n* острый гребень горы

**argent** [ˈɑːdʒənt] **1.** *a* серебристый **2.** *n уст., поэт., геральд.* 1) серебро 2) серебристость, белизна

**argentic** [ɑːˈdʒentɪk] *a хим.* содержащий серебро; ~ chloride хлористое серебро

**argentiferous** [ˌɑːdʒənˈtɪfərəs] *a* сребросный, содержащий серебро (*о руде*)

**Argentine** [ˈɑːdʒəntaɪn] **1.** *a* аргентинский **2.** *n* аргентинец; аргентинка

**argentine** [ˈɑːdʒəntaɪn] *a* серебряный; серебристый

**Argentinean** [ˌɑːdʒənˈtɪnjən] *n* аргентинец; аргентинка

**argil** [ˈɑːdʒɪl] *n* гончарная *или* белая глина

**argillaceous** [ˌɑːdʒɪˈleɪʃəs] *a* глинистый, содержащий глину

**argilliferous** [ˌɑːdʒɪˈlɪfərəs] *a* содержащий глину

**argon** [ˈɑːgɔn] *n хим.* аргон

**Argonaut** [ˈɑːgənɔːt] *n* 1) *греч. миф.* аргонавт 2) (a.) *амер.* золотоискатель [*ср.* forty-niner] 3) (a.) *зоол.* кораблик (*моллюск*)

**argosy** [ˈɑːgəsɪ] *n* 1) *ист.* большое торговое судно 2) *поэт.* корабль

**argot** [ˈɑːgəu] *фр. n* арго, жаргон

**argue** [ˈɑːgjuː] *v* 1) спорить (with, against — с *кем-л.*; about — о *чём-л.*); аргументировать; to ~ against выступать против; to ~ smth. away отделаться, отговориться от чего-л.; to ~ in favour of smth. приводить доводы в пользу чего-л.; to ~ smth. out with smb. договориться с кем-л. о чём-л. 2) обсуждать 3) убеждать (into); разубеждать (out of); to ~ a man out of an opinion разубедить кого-л. 4) доказывать; it ~s him (to be) an honest man это доказывает, что он честный человек

**argufy** [ˈɑːgjufaɪ] *v разг.* спорить ради спора

**argument** [ˈɑːgjumənt] *n* 1) довод, аргумент (for — в *пользу чего-л.*; against — против *чего-л.*); a strong ~ убедительный довод; a weak ~ слабый довод 2) аргументация 3) дискуссия, спор; a matter of ~ спорный вопрос 4) краткое содержание (*книги*) 5) *мат.* аргумент, независимая переменная

**argumentation** [ˌɑːgjumenˈteɪʃən] *n* 1) аргументация 2) спор

**argumentative** [ˌɑːgjuˈmentətɪv] *a* 1) любящий спорить; приводящий аргументацию 2) дискуссионный, спорный 3) изобилующий аргументацией 4) логичный 5) показывающий, свидетельствующий (of — о)

**Argus** [ˈɑːgəs] *n* 1) *греч. миф.* Аргус 2) бдительный, неусыпный страж

**Argus-eyed** [ˈɑːgəsˈaɪd] *a* бдительный; зоркий

**argute** [ɑːˈgjuːt] *a* 1) острый, проницательный 2) пронзительный (*о звуке*)

**aria** [ˈɑːrɪə] *n* ария

**arid** [ˈærɪd] *a* 1) сухой, засушливый; безводный; аридный (*о почве*); ~ region засушливый район; аридная *или* пустынная область 2) сухой, скучный, неинтересный

**aridity** [æˈrɪdɪtɪ] *n* сухость *и пр.* [*см.* arid]

**Aries** [ˈɛəriːz] *n* Овен (*созвездие и знак зодиака*)

**aright** [əˈraɪt] *adv* правильно, верно; if I hear you ~ если я вас правильно понимаю

**aril** [ˈærɪl] *n бот.* шелуха, кожура

**arioso** [ˌɑːrɪˈəuzəu] *ит. n., adv муз.* ариозо

**arise** [əˈraɪz] *v* (arose; arisen) 1) возникать, появляться 2) проистекать, являться результатом (from, out of — *чего-л.*) 3) *поэт.* подниматься, вставать 4) *поэт.* восставать; воскресать

**arisen** [əˈrɪzn] *p. p. от* arise

**arista** [əˈrɪstə] *лат. n* (*pl* -ae) *бот.* ость

**aristae** [əˈrɪstiː] *pl от* arista

**aristocracy** [ˌærɪsˈtɔkrəsɪ] *n* аристократия

**aristocrat** [ˈærɪstəkræt] *n* аристократ

**aristocratic** [ˌærɪstəˈkrætɪk] *a* аристократический

**Aristotelian** [ˌærɪstɔˈtiːljən] **1.** *a* аристотелевский **2.** *n* последователь Аристотеля

**arithmetic 1.** *n* [əˈrɪθmətɪk] арифметика; счёт **2.** *a* [ˌærɪθˈmetɪk] = arithmetical

**arithmetical** [ˌærɪθˈmetɪkəl] *a* арифметический; ~ mean среднее арифметическое; ~ progression арифметическая прогрессия

**arithmetician** [əˌrɪθməˈtɪʃən] *n* арифметик

**arithmometer** [ˌærɪθˈmɔmɪtə] *n* арифмометр

**ark** [ɑːk] *n* 1) ящик, ковчег 2) *разг.* корабль; *амер.* баржа ◇ Noah's ~ Ноев ковчег (*тж. как название детской игрушки*); to lay hands on (*или* to touch) the ~ осквернить; ~ of refuge убежище

**arm** I [ɑːm] *n* 1) рука (*от кисти до плеча*); to fold in one's ~s заключить в объятия; under one's ~ под мышкой; with open ~s с распростёртыми объятиями; a child in ~s младенец; take smb. by the ~ брать кого-л. под руку 2) передняя лапа (*животного*) 3) рукав; ~ of a river рукав реки 4) ручка, подлокотник (*кресла*) 5) (большая) ветвь 6) сила, власть; the ~ of the law сила закона 7) *тех.* плечо (*рычага*); ручка, рукоятка; спица (*колеса*); стрела (*крана*); ~s of a balance коромысло весов

**arm** II [ɑːm] **1.** *n* 1) (*обыкн. pl*) оружие; small ~s стрелковое оружие; in ~s вооружённый; up in ~s а) готовый к борьбе, сопротивлению; б) охваченный восстанием; to be up in ~s against smb. нападать, жаловаться на кого-л.; to take up ~s, to appeal to ~s взяться за оружие; to lay down ~s сложить оружие; to ~s! к оружию!; under ~s вооружённый, под ружьём 2) род войск 3) *pl* война 4) военная профессия 5) *pl* герб (*обыкн.* coat of ~s) 6) *pl attr.*: ~s race гонка вооружений; ~s cut сокращение вооружений **2.** *v* 1) вооружать(ся) (*тж. перен.*); to be ~ed with information располагать исчерпывающей информацией 2) заряжать, взводить

**armache** [ˈɑːmeɪk] *n* боль в руке (*особ. ревматическая*)

**armada** [ɑːˈmɑːdə] *n* армада; the Invincible A. *ист.* Непобедимая армада

**armadillo** [ˌɑːməˈdɪləu] *n* (*pl* -os [-əuz]) *зоол.* армадилл, броненосец

**Armageddon** [ˌɑːməˈgedn] *n* 1) *библ.* армагеддон 2) *перен.* великое побоище

**armament** [ˈɑːməmənt] *n* 1) вооружение 2) вооружённая сила 3) оружие; боеприпасы 4) *attr.*: ~ factory (*или* works) военный завод 5) *pl attr.*: ~s drive (*или* race) гонка вооружений

**armature** [ˈɑːmətjuə] *n* 1) вооружение; броня 2) *тех.* арматура 3) *эл.* якорь 4) *эл.* броня (*кабеля*) 5) *зоол., бот.* панцирь

**armband** [ˈɑːmbænd] *n* нарукавная повязка

**arm-chair** [ˈɑːmˈtʃɛə] **1.** *n* кресло (*с подлокотниками*) **2.** *a* кабинетный; доктринёрский; ~ critic критик, слепо следующий какой-либо доктрине, догме

**arme blanche** [ˈɑːmˈblɑːnʃ] *фр. n* 1) холодное оружие 2) кавалерия

**armed** [ɑːmd] **1.** *p. p. от* arm II, 2 **2.** *a* вооружённый; укреплённый; ~ forces вооружённые силы; ~ attack вооружённое нападение; ~ insurrection вооружённое восстание

**-armed** [-ɑːmd] *в сложных словах означает* а) имеющий *столько-то* рук; one-~ однорукий; б) имеющий *такие*-

-*то* ру́ки; *напр.*: long-~ длинноруќий; cross-~ со скрещёнными рука́ми
**Armenian** [ɑ:'mi:njən] **1.** *a* армя́нский
**2.** *n* 1) армяни́н; армя́нка 2) армя́нский язы́к
**armful** ['ɑ:mful] *n* оха́пка
**arm-hole** ['ɑ:mhəul] *n* про́йма
**arm-in-arm** ['ɑ:mɪn'ɑ:m] *adv* по́д руку
**arming** ['ɑ:mɪŋ] **1.** *pres. p. от* arm II, 2
**2.** *n* вооруже́ние; боево́е снаряже́ние
**armistice** ['ɑ:mɪstɪs] *n* прекраще́ние вое́нных де́йствий; коро́ткое переми́рие, прекраще́ние огня́
**armless** I ['ɑ:mlɪs] *a* 1) безру́кий 2) не име́ющий ветве́й
**armless** II ['ɑ:mlɪs] *a* безору́жный
**armlet** ['ɑ:mlɪt] *n* 1) нарука́вная повя́зка 2) брасле́т 3) небольшо́й морско́й зали́в; рука́в реки́
**armor** ['ɑ:mə] *амер.* = armour
**armored** ['ɑ:məd] *амер.* = armoured
**armorial** [ɑ:'mɔ:rɪəl] **1.** *a* геральди́ческий, ге́рбовый
**2.** *n* гербо́вник
**armory** ['ɑ:mərɪ] *n* 1) гера́льдика 2) *амер.* = armoury 3) *амер.* вое́нный заво́д (*обыкн. государственный*) 4) *амер.* уче́бный мане́ж
**armour** ['ɑ:mə] **1.** *n* 1) вооруже́ние; доспе́хи; ла́ты; па́нцирь 2) броня́ (*корабля, танка и т. п.*) 3) бронеси́лы 4) скафа́ндр (*водолаза*) 5) *зоол., бот.* па́нцирь 6) *attr.* бронево́й; брониро́ванный
**2.** *v* покрыва́ть броне́й
**armour-bearer** ['ɑ:mə,bɛərə] *n ист.* оруженосец
**armour-clad** ['ɑ:məklæd] **1.** *a* бронено́сный, брониро́ванный
**2.** *n* броненосец
**armoured** ['ɑ:məd] **1.** *p. p. от* armour 2
**2.** *a* брониро́ванный, бронено́сный; (броне)та́нковый; ~ car бронеавтомоби́ль; ~ forces бронета́нковые си́лы; ~ train бронепо́езд ◊ ~ concrete железобето́н; ~ cow *амер. воен. жарг.* сгущённое молоко́
**armourer** ['ɑ:mərə] *n* 1) оруже́йный ма́стер, оруже́йник 2) владе́лец оруже́йного заво́да 3) заве́дующий оруже́йным скла́дом (*полка и т. п.*)
**armour-piercer** ['ɑ:mə,pɪəsə] *n* бронебо́йный снаря́д
**armour-piercing** ['ɑ:mə,pɪəsɪŋ] *a* бронебо́йный; ~ shell бронебо́йный снаря́д
**armour-plate** ['ɑ:məpleɪt] *n* бронево́й лист, бронева́я плита́
**armour-plated** ['ɑ:mə'pleɪtɪd] *a* брониро́ванный, бронено́сный
**armoury** ['ɑ:mərɪ] *n* склад ору́жия, арсена́л
**armpit** ['ɑ:mpɪt] *n* подмы́шка
**arm-saw** ['ɑ:msɔ:] *n* 1) ручна́я пила́ 2) ножо́вка

**arm-twisting** ['ɑ:m,twɪstɪŋ] *n* 1) вывора́чивание рук 2) *полит.* поли́тика гру́бого нажи́ма
**army** ['ɑ:mɪ] *n* 1) а́рмия; the Soviet A. Сове́тская А́рмия; A. in the Field де́йствующая а́рмия; standing ~ постоя́нная а́рмия; A. at Home а́рмия метропо́лии; to enter (*или* to go into, to join) the ~ поступи́ть на вое́нную слу́жбу 2) мно́жество; ма́сса 3) *attr.* арме́йский, относя́щийся к а́рмии *или* принадлежа́щий а́рмии; ~ command кома́ндование а́рмией; ~ commander кома́ндующий а́рмией; ~ headquarters штаб а́рмии; ~ cloth сукно́ арме́йского образца́; ~ post exchange (*сокр.* P. X.) *амер.* вое́нный магази́н; ~ agent (*или* broker, contractor) поставщи́к на а́рмию
**army-beef** ['ɑ:mɪbi:f] *n* мясны́е консе́рвы (*для армии*)
**army-list** ['ɑ:mɪ'lɪst] *n* спи́сок офице́рского соста́ва а́рмии
**army-rank** ['ɑ:mɪræŋk] *n* действи́тельный во́инский чин (*в отличие от временного или почётного*)
**army register** ['ɑ:mɪ'redʒɪstə] *n* *амер.* спи́сок офице́рского соста́ва а́рмии
**arnica** ['ɑ:nɪkə] *n бот., фарм.* а́рника
**aroma** [ə'rəumə] *n* арома́т, прия́тный за́пах
**aromatic** [,ærəu'mætɪk] *a* аромати́ческий; благово́нный; ~ compound *хим.* соедине́ние аромати́ческого ря́да; ~ series *хим.* аромати́ческий ряд
**arose** [ə'rəuz] *past от* arise
**around** [ə'raund] **1.** *adv* 1) всю́ду, круго́м 2) в окру́жности; в обхва́те; the tree measures four feet ~ де́рево име́ет четы́ре фу́та в обхва́те 3) вблизи́; побли́зости; ~ here в э́том райо́не; непода лёку; to hang ~ быть побли́зости; to get (*или* to come) ~ подойти́, прибли́зиться ◊ to get ~ to doing smth. собра́ться сде́лать что-л., собра́ться осуществи́ть наме́рение
**2.** *prep* 1) вокру́г; to walk ~ the house обойти́ вокру́г до́ма 2) по; за; о́коло; to walk ~ the town гуля́ть по го́роду; ~ corner за угло́м 3) о́коло, приблизи́тельно; he paid ~ a hundred roubles он заплати́л о́коло ста рубле́й ◊ ~ the bend а) до то́чки, до преде́ла; б) на после́днем эта́пе
**around-the-clock** [ə'raundðə'klɔk] = = round-the-clock
**arouse** [ə'rauz] *v* 1) буди́ть 2) просыпа́ться, пробужда́ться (*тж. о чувствах, страсти и т. п.*) 3) пробужда́ть; вызыва́ть, возбужда́ть (*чувства, страсти, энергию*); to ~ one's interest вы́звать чей-л. интере́с 4) раздража́ть (*кого-л.*)
**arquebus** ['ɑ:kwɪbəs] = harquebus
**arrack** ['ærək] *n* ара́к (*спиртной напиток из риса*)
**arraign** [ə'reɪn] *v* 1) привлека́ть к суду́; обвиня́ть; to ~ before the bar of public opinion привле́чь к суду́ обще́ственного мне́ния 2) придира́ться

**arraignment** [ə'reɪnmənt] *n* 1) привлече́ние к суду́; обвине́ние 2) приди́рки
**arrange** [ə'reɪndʒ] *v* 1) приводи́ть в поря́док, располага́ть, классифици́ровать 2) устра́ивать(ся) 3) сгова́риваться, усла́вливаться, догова́риваться; to ~ with smb. about smth. договори́ться с кем-л. о чём-л.; we ~d to meet at six мы усло́вились встре́титься в шесть 4) ула́живать (*спор*); приходи́ть к соглаше́нию 5) принима́ть ме́ры, подгота́вливать (for) 6) приспоса́бливать, переде́лывать (*напр., инсценировать роман для сцены*) 7) *муз.* аранжи́ровать 8) *тех.* монти́ровать
**arrangement** [ə'reɪndʒmənt] *n* 1) приведе́ние в поря́док, расположе́ние, классифика́ция 2) устро́йство 3) соглаше́ние, договорённость; to come to an ~ прийти́ к соглаше́нию; to make ~s догова́риваться (*о чём-л.*); организо́вывать (*что-л.*); to make ~s (with smb.) усла́вливаться (с кем-л.); вступа́ть в соглаше́ние (с кем-л.) 4) (*обыкн. pl*) приготовле́ние, ме́ра, мероприя́тие; план 5) приспособле́ние, переде́лка (*для сцены и т. п.*) 6) *распр.* приспособле́ние, механи́зм 7) *муз.* аранжиро́вка 8) *тех.* монта́ж
**arranger** [ə'reɪndʒə] *n муз.* аранжиро́вщик
**arrant** ['ærənt] *a* настоя́щий; су́щий; отъя́вленный; ~ nonsense су́щий вздор; ~ knave отъя́вленный него́дяй
**arras** ['ærəs] *n* гобеле́ны; шпале́ры, за́тканные фигу́рами
**array** [ə'reɪ] **1.** *n* 1) боево́й поря́док (*тж.* battle ~) 2) войска́ 3) ма́сса, мно́жество 4) *поэт.* наря́д, одея́ние, пы́шное облаче́ние 5) *юр.* спи́сок прися́жных заседа́телей 6) *радио* многовибра́торная сло́жная анте́нна
**2.** *v* 1) выстра́ивать в боево́й поря́док 2) *поэт.* одева́ть (in — во *что-л.*); украша́ть (in — *чем-л.*); to ~ oneself in all one's finery *шутл.* разоде́ться в пух и прах 3) *юр.* составля́ть спи́сок прися́жных заседа́телей
**arrearage** [ə'rɪərɪdʒ] *n* 1) задо́лженность, отстава́ние 2) *pl* долги́ 3) запа́с
**arrears** [ə'rɪəz] *n pl* 1) задо́лженность, недои́мка, долги́; ~ of rent (of wages) задо́лженность по квартпла́те (зарпла́те) 2) отстава́ние; ~ of housing отстава́ние в жили́щном строи́тельстве; ~ of work недоде́ланная рабо́та ◊ to be in ~ а) име́ть задо́лженность; б) отстава́ть (*в чём-л.*)
**arrest** [ə'rest] **1.** *n* 1) задержа́ние, аре́ст; under ~ под аре́стом; ~ to the room дома́шний аре́ст; ~ in quarters каза́рменный аре́ст 2) наложе́ние аре́ста (*на имущество*) 3) заде́ржка, остано́вка; приостано́вка; ~ of judg(e)ment отсро́чка пригово́ра 4) *тех.* сто́порный механи́зм
**2.** *v* 1) аресто́вывать, заде́рживать 2) остана́вливать; приостана́вливать

3) прико́вывать (*взоры, внимание*) 4) выключа́ть (*машину, прибор*); тормози́ть

**arrester** [ə'restə] *n* 1) *эл.* разря́дник; громоотво́д; lightning ~ грозово́й разря́дник 2) *тех.* заде́рживающее приспособле́ние, остано́в

**arresting** [ə'restɪŋ] **1.** *pres. p. от* arrest 2

**2.** *a* 1) привлека́ющий внима́ние; поража́ющий; захва́тывающий; ~ speech захва́тывающая речь 2) заде́рживающий; остана́вливающий; ~ device *тех.* остана́вливающий механи́зм; защёлка, упо́р, соба́чка

**arrière-ban** ['ærɪɛə'bæn] *фр. n ист.* 1) призы́в васса́лов на войну́ 2) ополче́ние васса́лов

**arrière-pensée** [ˌærɪɛəpɑːŋ'seɪ] *фр. n* за́дняя мысль

**arris** ['ærɪs] *n тех.* 1) ребро́ 2) о́стрый у́гол

**arrival** [ə'raɪvəl] *n* 1) прибы́тие 2) вновь прибы́вший 3) приня́тие, достиже́ние (*соглашения и т. п.*); ~ at a decision приня́тие реше́ния 4) *шутл.* новорождённый

**arrive** [ə'raɪv] *v* 1) прибыва́ть (at, in, upon) 2) достига́ть (at); to ~ at a conclusion приходи́ть к заключе́нию; to ~ at an idea прийти́ к мы́сли 3) наступа́ть (*о времени, событии*) 4) доби́ться успе́ха; an actor who has ~d актёр, кото́рый доби́лся успе́ха, просла́вился

**arrogance** ['ærəgəns] *n* 1) высокоме́рие, надме́нность 2) самонаде́янность

**arrogant** ['ærəugənt] *a* 1) высокоме́рный, надме́нный 2) самонаде́янный

**arrogate** ['ærəugeɪt] *v* 1) де́рзко *или* самонаде́янно претендова́ть, тре́бовать 2) без основа́ния припи́сывать (to — *что-л. кому-л.*) 3) присва́ивать

**arrow** ['ærəu] *n* 1) стрела́ 2) стре́лка (*на схемах или чертежах*) 3) стре́лка-указа́тель ◇ an ~ left in one's quiver неиспо́льзованное сре́дство, оста́вшееся про запа́с

**arrow-head** ['ærəuhed] *n* 1) наконе́чник, остриё стрелы́ 2) = arrow 3)

**arrow-headed** ['ærəu'hedɪd] *a* заострённый; клинообра́зный

**arrowroot** ['ærəuruːt] *n* арроуру́т (*крахмал из подземных побегов или корневищ растения*)

**arrowy** ['ærəuɪ] *a* 1) стрелови́дный 2) о́стрый; язви́тельный, ко́лкий; ~ tongue о́стрый язы́к

**arse** [ɑːs] *n груб.* зад

**arsenal** ['ɑːsɪnl] *n* 1) арсена́л; цейхга́уз 2) *перен.* ору́жие

**arsenic** **1.** *n* ['ɑːsnɪk] мышья́к

**2.** *a* [ɑː'senɪk] мышьяко́вый

**arsenical** [ɑː'senɪkəl] = arsenic 2

**arson** ['ɑːsn] *n юр.* поджо́г

**art** I [ɑːt] *n* 1) иску́сство; Faculty of Arts отделе́ние гуманита́рных и математи́ческих нау́к 2) мастерство́; industrial (*или* mechanical, useful) ~s ремёсла 3) уме́ние, мастерство́, иску́сство; military ~ вое́нное иску́сство 4) (*обыкн. pl*) хи́трость; he gained his ends by ~s он хи́тростью дости́г своей це́ли 5) *attr.* худо́жественный; ~ school худо́жественное учи́лище ◇ manly ~ бокс; to have (*или* to be) ~ and part in быть прича́стным к *чему-либо*, быть соуча́стником *чего-л.*; ~ is long, life is short *посл.* жизнь коротка́, иску́сство ве́чно

**art** II [ɑːt] *уст. 2 л. ед. ч. настоящего времени гл.* to be

**Artemis** ['ɑːtɪmɪs] *n греч. миф.* Артеми́да

**arterial** [ɑː'tɪərɪəl] *a* 1) *анат.* артериа́льный 2) разветвля́ющийся; ~ drainage систе́ма дрена́жа с разветвля́ющимися кана́лами 3) магистра́льный; ~ road магистра́ль, гла́вная доро́га; ~ traffic движе́ние по гла́вным у́лицам *или* доро́гам

**arteriosclerosis** [ɑː'tɪərɪəusklɪə'rəusɪs] *n мед.* артериоскляро́з

**artery** ['ɑːtərɪ] *n* 1) *анат.* арте́рия 2) магистра́ль, гла́вный путь

**artesian** [ɑː'tiːzjən] *a* артезиа́нский

**artful** ['ɑːtful] *a* 1) ло́вкий 2) хи́трый

**artfulness** ['ɑːtfulnɪs] *n* 1) ло́вкость 2) хи́трость

**arthritis** [ɑː'θraɪtɪs] *n мед.* артри́т

**Arthurian** [ɑː'θjuərɪən] *a*: ~ romances *лит.* рома́ны Арту́рова ци́кла

**artichoke** ['ɑːtɪtʃəuk] *n бот.* артишо́к

**article** ['ɑːtɪkl] **1.** *n* 1) статья́; leading ~ передова́я статья́ 2) пункт, пара́граф; the Articles of War вое́нный ко́декс (*сухопутных войск Англии и США*); the Thirty-nine Articles 39 до́гматов англика́нского вероиспове́дания; ~ of the Constitution статья́ конститу́ции; main ~s of trade основны́е статьи́ торго́вли; to be under ~s быть свя́занным контра́ктом 3) предме́т, изде́лие, вещь; an ~ of clothing предме́т оде́жды; an ~ of food проду́кт пита́ния 4) предме́т торго́вли, това́р; ~s of daily necessity предме́ты пе́рвой необходи́мости 5) *грам.* арти́кль ◇ in the ~ of death в моме́нт сме́рти

**2.** *v* 1) предъявля́ть пу́нкты обвине́ния (against — про́тив *кого-л.*) 2) отдава́ть по контра́кту в уче́ние

**articular** [ɑː'tɪkjulə] *a анат.* суставно́й

**articulate** **1.** *a* [ɑː'tɪkjulɪt] 1) членоразде́льный 2) я́сный, отчётливый; чётко сформули́рованный, чётко выража́ющий свои́ мы́сли 3) *зоол., анат., бот.* колéнчатый, суста́вчатый; чле́нистый 4) *тех.* шарни́рный

**2.** *v* [ɑː'tɪkjuleɪt] 1) отчётливо произноси́ть 2) *фон.* артикули́ровать 3) (*обыкн. p. p.*) *анат.* свя́зывать; соединя́ть(ся)

**articulation** [ɑːˌtɪkju'leɪʃən] *n* 1) *фон.* артикуля́ция 2) *анат.* сочлене́ние 3) *тех.* сочлене́ние

**artifice** ['ɑːtɪfɪs] *n* 1) изобрете́ние, вы́думка 2) иску́сная проде́лка; хи́трость

**artificer** [ɑː'tɪfɪsə] *n* 1) ремéсленник 2) сле́сарь, меха́ник 3) изобрета́тель 4) *воен.* те́хник (*оружейный*)

**artificial** [ˌɑːtɪ'fɪʃəl] **1.** *a* 1) иску́ственный; ~ butter маргари́н; ~ respiration иску́ственное дыха́ние; ~ atmosphere кондициони́рованный во́здух; ~ numbers *мат.* логари́фмы 2) притво́рный ◇ ~ year гражда́нский *или* календа́рный год (*в отличие от астрономического*)

**2.** *n pl* 1) иску́ственное удобре́ние 2) *амер.* иску́ственные цветы́

**artillerist** [ɑː'tɪlərɪst] *n* артиллери́ст

**artillery** [ɑː'tɪlərɪ] *n* 1) артилле́рия; accompanying ~ артилле́рия сопровожде́ния, артилле́рия подде́ржки пехо́ты; ~ with the army *амер.* артилле́рия а́рмии 2) *attr.* артиллери́йский; оруди́йный; ~ board батаре́йный огнево́й планше́т; ~ emplacement *амер.* оруди́йный око́п; ~ engagement артиллери́йский бой; ~ mount оруди́йная устано́вка; ~ range артиллери́йский полиго́н

**artilleryman** [ɑː'tɪlərɪmən] *n* артиллери́ст

**artisan** [ˌɑːtɪ'zæn] *n* реме́сленник, мастерово́й

**artist** ['ɑːtɪst] *n* 1) худо́жник 2) арти́ст 3) ма́стер своего́ де́ла

**artiste** [ɑː'tiːst] *n* 1) эстра́дный арти́ст 2) арти́ст (*лицо, искусное в своей профессии; тж. шутл.*)

**artistic** [ɑː'tɪstɪk] *a* 1) артисти́ческий 2) худо́жественный

**artless** ['ɑːtlɪs] *a* 1) просто́й, безыску́сственный 2) простоду́шный 3) неиску́сный, неуме́лый

**arty** ['ɑːtɪ] *a разг.* 1) с прете́нзией на худо́жественность (*о вещах*) 2) претенду́ющий на то́нкий (худо́жественный) вкус (*о людях*)

**arum** ['ɛərəm] *n бот.* а́рум, аро́ник

**Aryan** ['ɛərɪən] **1.** *a* ари́йский

**2.** *n* ари́ец; ари́йка

**as** [æz (*полная форма*); əz, z (*редуцированные формы*)] **1.** *pron rel.* 1) како́й, кото́рый; this is the same book as I lost э́то така́я же кни́га, как та, что я потеря́л 2) что; he was a foreigner as they perceived from his accent акце́нт выдава́л в нём иностра́нца

**2.** *adv* 1) как; do as you are told де́лайте, как (вам) ска́зано; as per order *ком.* согла́сно зака́зу 2) как наприме́р; some animals, as the fox and the wolf не́которые живо́тные, как наприме́р лиса́ и волк 3) в ка́честве (*кого-л.*); to appear as Hamlet вы́ступить в ро́ли Га́млета; to work as a teacher рабо́тать преподава́телем □ as... as... так же... как; he is as tall as you are он тако́го же ро́ста, как и вы; as far as а) так далеко́; до; I will go as far as the station with you я провожу́ вас до ста́нции; б) наско́лько;

as far as I know наско́лько мне изве́стно; as far back as 1920 ещё в 1920 году́; as far back as two years ago ещё два го́да тому́ наза́д; as for что каса́ется, что до; as for me, you may rely upon me что каса́ется меня́, то мо́жете на меня́ положи́ться; as much as ско́лько; as much as you like ско́лько хоти́те; I thought as much я так и ду́мал ◇ as good as всё равно́ что; факти́чески; the work is as good as done рабо́та факти́чески зако́нчена; as well а) та́кже; I can do it as well я та́кже могу́ э́то сде́лать; б) с таки́м же успе́хом; as yet пока́ ещё, до сих по́р; there have been no letters from him as yet от него́ ещё пока́ нет пи́сем

**3.** *cj* 1) когда́, в то вре́мя как (*тж.* just as); he came in as I was speaking он вошёл, когда́ я говори́л; just as I reached the door как то́лько я подошёл к две́ри 2) так как; I could not stay, as it was late я не мог остава́ться, так как бы́ло уже́ по́здно 3) хотя́; как ни; cunning as he is he won't deceive me как он ни хитёр, меня́ он не проведёт; I was glad of his help, slight as it was я был рад его́ по́мощи, хотя́ она́ была́ и незначи́тельна 4) (*с inf.*): be so good as to come бу́дьте любе́зны, приходи́те ◇ as if как бу́дто; as it were так сказа́ть; as though = as if; as to, as concerning, as concerns относи́тельно, что каса́ется; they inquired as to the actual reason они́ осве́домились об и́стинной причи́не; as you were! *воен.* отста́вить!

**asbestine** [æz'bestɪn] *a* асбе́стовый

**asbestos** [æz'bestɔs] *n мин.* асбе́ст

**ascend** [ə'send] *v* 1) поднима́ться, всходи́ть; to ~ a mountain взойти́, подня́ться на́ гору 2) восходи́ть; вести́ происхожде́ние (*от чего-л.*) 3) *ав.* набира́ть высоту́

**ascendancy** [ə'sendənsɪ] *n* власть, домини́рующее влия́ние (over)

**ascendant** [ə'sendənt] **1.** *n*: his star is in the ~ его́ звезда́ восхо́дит

**2.** *a* 1) восходя́щий 2) госпо́дствующий

**ascendency** [ə'sendənsɪ] = ascendancy

**ascendent** [ə'sendənt] = ascendant

**ascension** [ə'senʃən] *n* восхожде́ние, подъём; balloon ~ подъём на возду́шном ша́ре

**ascensional** [ə'senʃənl] *a* 1) восходя́щий; ~ ventilation *горн.* восходя́щая вентиля́ция 2) подъёмный; ~ power *ав.* подъёмная си́ла; ~ rate *ав.* ско́рость набо́ра высоты́, ско́рость подъёма

**Ascension-day** [ə'senʃəndeɪ] *n церк.* пра́здник вознесе́ния

**Ascensiontide** [ə'senʃəntaɪd] *n церк.* вре́мя от вознесе́ния до тро́ицына дня

**ascent** [ə'sent] *n* 1) восхожде́ние, подъём 2) крутизна́, круто́й склон; rapid ~ круто́й подъём 3) марш ле́стницы

**ascertain** [ˌæsə'teɪn] *v* устана́вливать, удостоверя́ться, выясня́ть, убежда́ться; to ~ the situation вы́яснить обстано́вку

**ascertainment** [ˌæsə'teɪnmənt] *n* выясне́ние, установле́ние; ~ of facts выясне́ние фа́ктов

**ascetic** [ə'setɪk] **1.** *a* аскети́ческий; возде́ржанный

**2.** *n* аске́т; отше́льник

**asceticism** [ə'setɪsɪzm] *n* аскети́зм

**ascorbic** [əs'kɔ:bɪk] *a*: ~ acid аскорби́новая кислота́

**Ascot** ['æskət] *n* Эскот (*место скачек и самые скачки близ Виндзора*)

**ascribe** [əs'kraɪb] *v* приписывать (to — *кому-л.*); this poem is ~d to Lermontov э́то стихотворе́ние припи́сывается Ле́рмонтову

**ascription** [əs'krɪpʃən] *n* припи́сывание

**asepsis** [æ'sepsɪs] *n* асе́птика

**aseptic** [æ'septɪk] **1.** *n* асепти́ческое сре́дство

**2.** *a* асепти́ческий

**asexual** [æ'seksjuəl] *a* беспо́лый

**ash I** [æʃ] **1.** *n* 1) (*обыкн. pl*) зола́, пе́пел; to burn to ~es сжига́ть дотла́; to lay in ~es разруша́ть, сжига́ть дотла́ 2) *pl* прах, оста́нки ◇ to turn to dust and ~es разлете́ться в прах (*о надеждах*)

**2.** *v* посыпа́ть пе́плом

**ash II** [æʃ] *n бот.* я́сень; mountain ~, wild ~ ряби́на

**ashamed** [ə'ʃeɪmd] *a predic.* пристыжённый; to be ~ of smth. стыди́ться чего́-л.; to be (*или* to feel) ~ for smb. стыди́ться за кого́-л.; I am ~ of myself мне сты́дно за себя́; he was ~ to tell the truth ему́ бы́ло сты́дно сказа́ть пра́вду

**ash-bin** ['æʃbɪn] *n* 1) я́щик, у́рна для му́сора 2) *тех.* зо́льник

**ash-box** ['æʃbɔks] *n тех.* зо́льник; поддува́ло

**ash can** ['æʃkæn] *n амер.* 1) = ash-bin 2) *мор. жарг.* глуби́нная бо́мба

**ashen I** ['æʃn] *a* 1) пе́пельный, из пе́пла 2) пе́пельный, пе́пельного цве́та 3) ме́ртвенно-бле́дный

**ashen II** ['æʃn] *a* я́сеневый

**ash-key** ['æʃki:] *n бот.* крыла́тка (*плод ясеня*)

**ashlar, ashler** ['æʃlə] *n стр.* 1) тёсаный ка́мень (*для облицовки*) 2) *attr.*: ~ facing облицо́вка из тёсаного ка́мня

**ashore** [ə'ʃɔ:] *adv* 1) к бе́регу, на бе́рег; to come ~, to go ~ сходи́ть на бе́рег; to run ~, to be driven ~ наскочи́ть на мель 2) на берегу́, на су́ше

**ash-pan** ['æʃpæn] = ash-box

**ash-pit** ['æʃpɪt] = ash-box

**ash-pot** ['æʃpɔt] *n* пе́пельница

**ash-stand** ['æʃstænd] = ash-tray

**ash-tray** ['æʃtreɪ] *n* 1) пе́пельница 2) *тех.* зо́льник

**Ash Wednesday** ['æʃ'wenzdɪ] *n* среда́ на пе́рвой неде́ле вели́кого поста́

**ashy** ['æʃɪ] *a* 1) пе́пельный 2) бле́дный

**ashy-gray** ['æʃɪgreɪ] = ashy

**Asian** ['eɪʃən] = Asiatic; ~ flu азиа́тский грипп

**Asiatic** [ˌeɪʃɪ'ætɪk] **1.** *n* азиа́т; азиа́тка

**2.** *a* азиа́тский

**aside** [ə'saɪd] **1.** *adv* 1) в сто́рону; в стороне́; to speak ~ говори́ть в сто́рону (*об актёрах*); to take (smb.) ~ отвести́ (кого́-л.) в сто́рону; to turn ~ for a moment отвле́чься на мину́ту 2) отде́льно; в резе́рве; to put ~ отложи́ть □ ~ from а) поми́мо; б) *амер.* за исключе́нием

**2.** *n* слова́, произноси́мые актёром в сто́рону

**asinine** ['æsɪnaɪn] *a* 1) осли́ный 2) глу́пый, упря́мый

**ask** [ɑ:sk] *v* 1) спра́шивать; to ~ a question задава́ть вопро́с 2) осведомля́ться (about, after, for); to ~ after a person's health осве́домиться о чьём-л. здоро́вье 3) спра́шивать, хоте́ть ви́деть (for); a boy is ~ing for you тебя́ како́й-то ма́льчик спра́шивает 4) (по)проси́ть; to ~ a favour (for help) проси́ть об одолже́нии (о по́мощи) 5) (за)проси́ть; to ~ 250 pounds for a horse запроси́ть 250 фу́нтов за ло́шадь; 6) приглаша́ть (*разг. тж.* ~ out) 7) тре́бовать; it ~s (for) attention э́то тре́бует внима́ния ◇ ~ me another! *разг.* не зна́ю, не спра́шивай(те) меня́!; to ~ for (trouble) *разг.* напра́шиваться на неприя́тность, лезть на рожо́н

**askance** [əs'kæns] *adv* 1) кри́во, ко́со 2) и́скоса; с подозре́нием; to look (*или* to view, to glance) ~ at smb. смотре́ть на кого́-л. подозри́тельно, с неодобре́нием

**askant** [əs'kænt] = askance

**askew** [əs'kju:] *adv* 1) кри́во, косо: to hang a picture ~ пове́сить карти́ну ко́со 2) и́скоса; he looked at them ~ он покоси́лся на них

**asking** ['ɑ:skɪŋ] **1.** *pres. p. от* ask

**2.** *n* 1): it's yours for the ~ (вам) сто́ит то́лько попроси́ть 2) *attr.*: the ~ price запра́шиваемая цена́

**aslant** [ə'slɑ:nt] **1.** *adv* ко́со, наи́скось

**2.** *prep* поперёк

**asleep** [ə'sli:p] *a predic.* 1) спя́щий; to be ~ спать; to fall ~ засну́ть 2) тупо́й, вя́лый 3) затёкший (*о руке, ноге*)

**aslope** [ə'sləup] *adv* ко́со, пока́то; на скло́не; на ска́те

**a-smoke** [ə'sməuk] *adv* в дыму́

**asocial** [ə'səuʃəl] *a* необще́ственный, наруша́ющий интере́сы о́бщества

**asp I** [æsp] *n бот.* оси́на

**asp II** [æsp] *n* 1) *зоол.* випе́ра; а́спид 2) *разг.* змея́

**asparagus** [əs'pærəgəs] *n бот.* спа́ржа

**aspect** ['æspekt] *n* 1) (вне́шний) вид, выраже́ние; he has a gentle ~ у него́ доброду́шный вид 2) сторона́; my house has a southern ~ мой дом выхо́дит на юг 3) аспе́кт, сторона́; to consider a question in all its ~s рассма́тривать вопро́с со всех то́чек зре́ния 4) *pl* перспекти́вы; economic ~s экономи́ческие перспекти́вы 5) *грам.* вид

**aspen** ['æspən] **1.** *n* = asp I

**2.** *a* оси́новый; to tremble like an ~ leaf дрожа́ть как оси́новый лист

**asperity** [æs'perɪtɪ] *n* 1) шерохова́тость, неро́вность 2) суро́вость (*климата*) 3) (*обыкн. pl*) тру́дности, лише́ния; the asperities of a cold winter тру́дности холо́дной зимы́ 4) ре́зкость; стро́гость; to speak with ~ говори́ть ре́зко

**asperse** [əs'pə:s] *v* позо́рить, черни́ть, клевета́ть

**aspersion** [əs'pə:ʃən] *n* клевета́; to cast ~s on smb. клевета́ть на кого́-л.

**asphalt** ['æsfælt] **1.** *n* 1) асфа́льт 2) би́тум

**2.** *v* покрыва́ть асфа́льтом, асфальти́ровать

**asphodel** ['æsfədel] *n бот.* асфоде́ль

**asphyxia** [æs'fɪksɪə] *n мед.* уду́шье, асфи́ксия

**asphyxiant** [æs'fɪksɪənt] **1.** *n* удуша́ющее отравля́ющее вещество́

**2.** *a* отравля́ющий; ~ gas удуша́ющий газ

**asphyxiate** [æs'fɪksɪeɪt] *v* 1) вызыва́ть уду́шье; души́ть 2) задыха́ться

**asphyxy** [æs'fɪksɪ] = asphyxia

**aspic** ['æspɪk] *n* заливно́е (блю́до)

**aspidistra** [ˌæspɪ'dɪstrə] *n бот.* азиа́тский ла́ндыш

**aspirant** [əs'paɪərənt] **1.** *n* честолю́бец, претенде́нт (to, for, after)

**2.** *a* честолюби́вый, домога́ющийся

**aspirate 1.** *n* ['æspərɪt] *фон.* 1) придыха́тельный звук 2) знак придыха́ния

**2.** *v* ['æspəreɪt] 1) *фон.* произноси́ть с придыха́нием 2) *мед.* удаля́ть (*жидкость*) из како́й-л. по́лости

**aspiration** [ˌæspə'reɪʃən] *n* 1) стремле́ние; си́льное жела́ние (*достичь чего-л.*) 2) *фон.* придыха́ние 3) *мед.* удале́ние (*жидкости*) из по́лости

**aspirator** ['æspəreɪtə] *n* 1) аспира́тор 2) отса́сывающее устро́йство

**aspire** [əs'paɪə] *v* стреми́ться, домога́ться (to, after, at; *тж. с inf.*)

**aspirin** ['æspərɪn] *n* аспири́н

**ass** [æs] *n* осёл ◇ to be an ~ for one's pains не получи́ть благода́рности́ за свои́ стара́ния; оста́ться в дурака́х; to make an ~ of oneself а) ста́вить себя́ в глу́пое положе́ние; б) валя́ть дурака́; to make an ~ of smb. поста́вить кого́-л. в глу́пое положе́ние; подшути́ть над кем-л.; to play (*или* to act) the ~ валя́ть дурака́

**assagai** ['æsəgaɪ] *n* ассага́й, дро́тик (*у африканских племён*)

**assail** [ə'seɪl] *v* 1) напада́ть, атакова́ть; соверша́ть наси́лие; наступа́ть; I was ~ed with questions меня́ закида́ли вопро́сами; I was ~ed by doubts на меня́ напа́ли сомне́ния, я был охва́чен сомне́ниями 2) ре́зко критикова́ть 3) с жа́ром набра́сываться (*на работу и т. п.*); реши́тельно, энерги́чно бра́ться за тру́дное де́ло

**assailable** [ə'seɪləbl] *a* откры́тый для нападе́ния, уязви́мый

**assailant** [ə'seɪlənt] *n* проти́вник, напада́ющая сторона́

**assassin** [ə'sæsɪn] *n* 1) уби́йца (*обыкн. наёмный, нападающий из-за угла*); hired ~ наёмный уби́йца 2) террори́ст

**assassinate** [ə'sæsɪneɪt] *v* 1) (преда́тельски) убива́ть 2) соверша́ть террористи́ческий акт

**assassination** [əˌsæsɪ'neɪʃən] *n* 1) (преда́тельское) уби́йство 2) террористи́ческий акт

**assassinator** [ə'sæsɪneɪtə] = assassin

**assault** [ə'sɔ:lt] **1.** *n* 1) нападе́ние, ата́ка; штурм, при́ступ; ~ at (*или* of) arms во́инские упражне́ния (*рубка, фехтование и т. п.*); to take (*или* to carry) a fortress by ~ брать кре́пость шту́рмом, при́ступом 2) напа́дки 3) *эвф.* изнаси́лование 4) *юр.* слове́сное оскорбле́ние и угро́за физи́ческим наси́лием; ~ and battery оскорбле́ние де́йствием 5) *воен.* вы́садка деса́нта с бо́ем 6) *attr. воен.* штурмово́й; ~ party штурмово́й отря́д; ~ team штурмова́я гру́ппа; ~ gun штурмово́е ору́дие

**2.** *v* 1) атакова́ть; штурмова́ть, идти́ на при́ступ 2) напада́ть; набра́сываться (*с угрозами и т. п.*) 3) *эвф.* изнаси́ловать 4) *юр.* грози́ть физи́ческим наси́лием

**assaulter** [ə'sɔ:ltə] *n* 1) напада́ющий, атаку́ющий 2) *юр.* напада́ющая сторона́

**assay** [ə'seɪ] **1.** *n* 1) испыта́ние, ана́лиз 2) опро́бование; про́ба мета́ллов; коли́чественный ана́лиз (*руд и металлов*); mark of ~ проби́рное клеймо́ 3) образе́ц для ана́лиза

**2.** *v* про́бовать, испы́тывать, производи́ть коли́чественный ана́лиз (*руд и металлов*)

**assaying** [ə'seɪɪŋ] **1.** *pres. p. от* assay 2

**2.** *n* опро́бование; определе́ние мета́лла в руде́

**assegai** ['æsəgaɪ] = assagai

**assemblage** [ə'semblɪdʒ] *n* 1) собра́ние, сбор 2) скопле́ние; гру́ппа 3) колле́кция 4) *тех.* монта́ж, сбо́рка, соедине́ние 5): ~ of curves *мат.* семе́йство кривы́х

**assemble** [ə'sembl] *v* 1) созыва́ть 2) собира́ть(ся) 3) *тех.* монти́ровать; to ~ a watch собра́ть часы́

**assembly** [ə'semblɪ] *n* 1) собра́ние, сбор 2) ассамбле́я; United Nations General A. Генера́льная Ассамбле́я Организа́ции Объединённых На́ций 3) (A.) законода́тельное собра́ние; законода́тельный о́рган (*в некоторых штатах США*) 4) *тех.* монта́ж, сбо́рка 5) агрега́т 6) *воен.* сигна́л сбо́ра; сбо́р, сосредото́чение 7) *attr.* сбо́рочный; ~ line сбо́рочный конве́йер; ~ shop сбо́рочный цех

**assemblyman** [ə'semblɪmən] *n амер.* член ме́стного законода́тельного о́ргана

**assembly-room** [ə'semblɪrum] *n* 1) зал для конце́ртов, собра́ний *и т. п.* 2) сбо́рочный цех

**assent** [ə'sent] **1.** *n* 1) согла́сие 2) разреше́ние, са́нкция; Royal ~ короле́вская са́нкция (*парламентского законопроекта*)

**2.** *v* соглаша́ться (to — на *что-л.*, с *чем-л.*); изъявля́ть согла́сие (to); he ~ed to our proposal он согласи́лся на на́ше предложе́ние; he ~ed to receive the visitor он согласи́лся приня́ть посети́теля

**assentation** [ˌæsen'teɪʃən] *n* уго́дливость, подобостра́стие

**assert** [ə'sə:t] *v* 1) утвержда́ть; заявля́ть 2) дока́зывать; отста́ивать, защища́ть (*свои права и т. п.*); to ~ oneself а) отста́ивать свои́ права́; быть напо́ристым; б) предъявля́ть чрезме́рные прете́нзии; to ~ one's rights отста́ивать свои́ права́

**assertion** [ə'sə:ʃən] *n* 1) утвержде́ние; a mere ~ голосло́вное утвержде́ние 2) притяза́ние 3) *лог.* сужде́ние

**assertive** [ə'sə:tɪv] *a* 1) утверди́тельный; in an ~ form в утверди́тельной фо́рме 2) чрезме́рно насто́йчивый, самоуве́ренный; напо́ристый

**assess** [ə'ses] *v* 1) определя́ть су́мму нало́га, штра́фа *и т. п.* 2) облага́ть нало́гом; штрафова́ть 3) оце́нивать иму́щество для обложе́ния нало́гом

**assessable** [ə'sesəbl] *a* подлежа́щий обложе́нию (*налогом*)

**assessment** [ə'sesmənt] *n* 1) обложе́ние; су́мма обложе́ния (*налогом*) 2) оце́нка

**assessor** [ə'sesə] *n* 1) *юр.* экспе́рт(-консульта́нт) 2) податно́й чино́вник

**asset** ['æset] *n* 1) *pl юр.* иму́щество несостоя́тельного должника́, иму́щество обанкро́тившейся фи́рмы 2) *pl фин.* акти́в(ы); авуа́ры; ~s and liabilities акти́в и пасси́в 3) иму́щество (*часто об одном предмете*) 4) *разг.* це́нное ка́чество; це́нный вклад; good health is a great ~ хоро́шее здоро́вье — большо́е бла́го

**asseverate** [ə'sevəreɪt] *v* 1) категори́чески *или* кля́твенно утвержда́ть 2) торже́ственно заявля́ть

**asseveration** [əˌsevə'reɪʃən] *n* 1) категори́ческое утвержде́ние 2) торже́ственное заявле́ние

**assiduity** [ˌæsɪ'dju(:)ɪtɪ] *n* 1) усе́рдие, прилежа́ние, стара́ние 2) *pl* уха́живание

**assiduous** [ə'sɪdjuəs] *a* усе́рдный, приле́жный; неутоми́мый

**assiduousness** [ə'sɪdjuəsnɪs] *n* усе́рдие, прилежа́ние

**assign** [ə'saɪn] **1.** *v* 1) назнача́ть, определя́ть (*срок, границы*) 2) поруча́ть (*задание, работу*) 3) назнача́ть, определя́ть на до́лжность 4) предназнача́ть; ассигнова́ть 5) закрепля́ть (*за кем-л.*), передава́ть (*имущество*) 6) припи́сывать; this song is some-

times ~ed to Schubert э́ту пе́сню иногда́ припи́сывают Шу́берту
2. *n юр.* правопрее́мник
**assignation** [ˌæsɪɡ'neɪʃən] *n* 1) назначе́ние 2) *юр.* переда́ча, переусту́пка пра́ва *или* со́бственности 3) усло́вленная встре́ча; та́йная встре́ча; любо́вное свида́ние 4) ассигна́ция
**assignee** [ˌæsɪ'niː] *n* 1) уполномо́ченный; представи́тель 2) *юр.* правопрее́мник; ~ in bankruptcy кура́тор ко́нкурсного управле́ния по дела́м несостоя́тельного должника́
**assignment** [ə'saɪnmənt] *n* 1) назначе́ние; ~ to a position назначе́ние на до́лжность 2) ассигнова́ние 3) распределе́ние; (пред)назначе́ние 4) зада́ние 5) командиро́вка 6) *юр.* переда́ча иму́щества *или* прав 7) докуме́нт о переда́че иму́щества *или* прав 8) *attr.*: ~ clause усло́вие переда́чи (*имущества, прав*)
**assimilate** [ə'sɪmɪleɪt] *v* 1) уподобля́ть, прира́внивать (to, with) 2) сра́внивать (to, with) 3) *биол.* ассимили́ровать(ся); поглоща́ть, усва́ивать
**assimilation** [əˌsɪmɪ'leɪʃən] *n* 1) уподобле́ние 2) *биол.* ассимиля́ция; усвое́ние
**assist** [ə'sɪst] *v* 1) помога́ть, соде́йствовать 2) принима́ть уча́стие (in) 3) прису́тствовать (at)
**assistance** [ə'sɪstəns] *n* по́мощь, соде́йствие; to render ~ ока́зывать по́мощь
**assistant** [ə'sɪstənt] *n* 1) помо́щник; ассисте́нт 2) *юр.* замести́тель судьи́
**assize** [ə'saɪz] *n* 1) суде́бное разбира́тельство 2) *pl* выездна́я се́ссия суда́ прися́жных 3) *ист.* твёрдо устано́вленная цена́, ме́ра *и т. п.*
**associate** 1. *n* [ə'səuʃɪɪt] 1) това́рищ, колле́га; партнёр, компаньо́н 2) сою́зник 3) мла́дший член университе́тской корпора́ции, акаде́мии худо́жеств (*противоп.* fellow); член-корреспонде́нт (*научного общества*) 4) *юр.* соуча́стник, сообщник
2. *a* [ə'səuʃɪɪt] объединённый; свя́занный; присоединённый; ~ societies объединённые о́бщества; ~ editor *амер.* помо́щник реда́ктора; ~ professor *амер.* адъю́нкт-профе́ссор
3. *v* [ə'səuʃɪeɪt] 1) соединя́ть, свя́зывать 2) свя́зываться, ассоции́роваться 3) обща́ться (with) [*ср. тж.* 4)] 4) *refl.* присоединя́ться, вступа́ть; станови́ться партнёром (in); to ~ oneself with присоединя́ться к *чему-либо*, солидаризи́роваться с *чем-л.* [*ср. тж.* 3)]
**associated** [ə'səuʃɪeɪtɪd] 1. *p. p. от* associate 3
2. *a* 1) свя́занный; объединённый 2) де́йствующий совме́стно; взаимоде́йствующий; ~ arms *воен.* взаимоде́йствующие роды́ войск
**association** [əˌsəusɪ'eɪʃən] *n* 1) соедине́ние 2) о́бщество, ассоциа́ция, сою́з 3) ассоциа́ция, связь (*идей*) 4) обще́ние, дру́жба, бли́зость 5) *биол.* ассоциа́ция, жи́зненное соо́бщество 6) *attr.*: ~ football футбо́л
**associative** [ə'səuʃjətɪv] *a* 1) ассоциати́вный 2) общи́тельный
**assonance** ['æsəunəns] *n* 1) созву́чие 2) ассона́нс, непо́лная ри́фма (*одних гласных*)
**assonant** ['æsəunənt] 1. *n лат.* ассона́нт
2. *a* созву́чный
**assorted** [ə'sɔːtɪd] *a* 1) сме́шанный; a pound of ~ sweets фунт ра́зных конфе́т 2) подходя́щий
**assortment** [ə'sɔːtmənt] *n* 1) ассортиме́нт 2) сортиро́вка
**assuage** [ə'sweɪdʒ] *v* 1) успока́ивать (*гнев и т. п.*); смягча́ть (*горе, боль*) 2) утоля́ть (*голод*)
**assuagement** [ə'sweɪdʒmənt] *n* 1) успокое́ние; смягче́ние 2) болеутоля́ющее сре́дство
**assume** [ə'sjuːm] *v* 1) принима́ть на себя́; присва́ивать себе́; to ~ responsibility брать на себя́ отве́тственность; to ~ command принима́ть кома́ндование; to ~ control взять на себя́ управле́ние (*чем-л.*); to ~ office вступа́ть в до́лжность 2) принима́ть (*характер, форму*); his illness ~d a very grave character его́ боле́знь приняла́ о́чень серьёзный хара́ктер 3) напуска́ть на себя́; притворя́ться; симули́ровать; to ~ airs напуска́ть на себя́ ва́жность, ва́жничать 4) предполага́ть, допуска́ть; let us ~ that... допу́стим, что... 5) быть самонаде́янным, высокоме́рным ◊ to ~ measures принима́ть ме́ры; to ~ the offensive *воен.* перейти́ в наступле́ние
**assumed** [ə'sjuːmd] 1. *p. p. от* assume
2. *a* 1) вы́мышленный; an ~ name вы́мышленное и́мя 2) притво́рный 3) допуска́емый, предполага́емый
**assuming** [ə'sjuːmɪŋ] 1. *pres. p. от* assume
2. *a* самонаде́янный; высокоме́рный
**assumption** [ə'sʌmpʃən] *n* 1) присвое́ние, приня́тие на себя́; ~ of power присвое́ние вла́сти 2) вступле́ние (*в должность*) 3) притво́рство 4) предположе́ние, допуще́ние 5) высокоме́рие 6) *церк.* успе́ние
**assumptive** [ə'sʌmptɪv] *a* 1) предположи́тельный, допуска́емый 2) самонаде́янный; высокоме́рный
**assurance** [ə'ʃuərəns] *n* 1) увере́ние; завере́ние, гара́нтия 2) уве́ренность, убеждённость; to make ~ double (*или* doubly) sure а) для бо́льшей ве́рности; б) вдвойне́ застрахова́ться 3) уве́ренность в себе́ 4) самоуве́ренность, самонаде́янность; на́глость; he had the ~ to claim he had done it himself у него́ хвати́ло на́глости заяви́ть, что он э́то сде́лал сам 5) страхова́ние 6) *attr.*: ~ factor *тех.* коэффицие́нт запа́са про́чности
**assure** [ə'ʃuə] *v* 1) уверя́ть; заверя́ть (*кого-л.*); убежда́ть 2) *refl.* убежда́ться 3) гаранти́ровать, обеспе́чивать 4) страхова́ть; to ~ one's life with (*или* in) a company застрахова́ть жизнь в страхово́м о́бществе
**assured** [ə'ʃuəd] 1. *p. p. от* assure
2. *a* 1) уве́ренный 2) гаранти́рованный, обеспе́ченный; success is ~ успе́х обеспе́чен 3) застрахо́ванный 4) самоуве́ренный; на́глый
**assuredly** [ə'ʃuərɪdlɪ] *adv* коне́чно, несомне́нно
**assuredness** [ə'ʃuədnɪs] *n* 1) уве́ренность 2) самоуве́ренность; на́глость
**assurer** [ə'ʃuərə] *n* страхо́вщик
**ass'y** ['æsɪ] *n сокр. от* assembly
**Assyrian** [ə'sɪrɪən] 1. *a* ассири́йский
2. *n* 1) ассири́янин, ассири́ец; ассири́янка 2) ассири́йский язы́к
**astatic** [əs'tætɪk] *a физ.* астати́ческий; ~ needle астати́ческая магни́тная стре́лка
**aster** ['æstə] *n* а́стра
**asterisk** ['æstərɪsk] 1. *n* 1) звёздочка 2) *полигр.* звёздочка, знак сно́ски
2. *v полигр.* отмеча́ть звёздочкой
**astern** [əs'təːn] *adv мор.* 1) на корме́; за кормо́й; позади́ 2) наза́д; full speed ~ по́лный (ход) наза́д
**asteroid** ['æstərɔɪd] 1. *n* 1) *астр.* астеро́ид; ма́лая плане́та 2) *зоол.* морска́я звезда́
2. *a* звездообра́зный
**asthenia** [æs'θiːnjə] *n мед.* астени́я, сла́бость
**asthma** ['æsmə] *n мед.* а́стма, при́ступы уду́шья
**asthmatic** [æs'mætɪk] 1. *a* 1) астмати́ческий 2) страда́ющий а́стмой
2. *n* астма́тик
**astigmatism** [æs'tɪɡmətɪzm] *n мед.* астигмати́зм
**astir** [ə'stəː] 1. *a predic.* 1) находя́щийся в движе́нии 2) возбуждённый, взволно́ванный; the whole town was ~ with the news весь го́род был взволно́ван но́востью 3) на нога́х, вста́вший с посте́ли; to be early ~ быть с утра́ на нога́х
2. *adv* 1) в движе́нии 2) в возбужде́нии 3) на нога́х
**astonish** [əs'tɔnɪʃ] *v* удивля́ть, изумля́ть
**astonishing** [əs'tɔnɪʃɪŋ] 1. *pres. p. от* astonish
2. *a* удиви́тельный, изуми́тельный
**astonishment** [əs'tɔnɪʃmənt] *n* удивле́ние, изумле́ние
**astound** [əs'taund] *v* поража́ть, изумля́ть
**astounding** [əs'taundɪŋ] 1. *pres. p. от* astound
2. *a* порази́тельный
**astraddle** [ə'strædl] *adv, a predic.* широко́ расста́вив но́ги; верхо́м (*тж. на стуле*)
**astragal** ['æstrəɡəl] *n архит.* астрага́л, ободо́к вокру́г коло́нны
**astragali** [əs'træɡəlaɪ] *pl от* astragalus
**astragalus** [əs'træɡələs] *n* (*pl* -li) 1) *анат.* тара́нная кость 2) *бот.* астрага́л
**astrakhan** [ˌæstrə'kæn] *русск.* *n* 1) кара́куль 2) *attr.* кара́кулевый

**astral** ['æstrəl] *a* звёздный, астра́льный

**astray** [əs'treɪ] *adv*: to go ~ заблуди́ться; *перен.* сби́ться с пути́; to lead ~ сбить с пути́ (*тж. перен.*)

**astride** [əs'traɪd] **1.** *adv* 1) верхо́м; to ride ~ е́хать верхо́м 2) расста́вив но́ги
**2.** *prep* верхо́м (*на чём-л.*); to sit ~ a horse (a chair) сиде́ть верхо́м на ло́шади (на сту́ле)

**astringent** [əs'trɪndʒənt] **1.** *a* вя́жущий
**2.** *n* вя́жущее сре́дство

**astrolabe** ['æstrəuleɪb] *n геод.* астроля́бия

**astrologer** [əs'trɔlədʒə] *n* астро́лог, звездочёт

**astrology** [əs'trɔlədʒɪ] *n* астроло́гия

**astronaut** ['æstrənɔ:t] *n* астрона́вт, космона́вт

**astronautics** [ˌæstrə'nɔ:tɪks] *n pl* (*употр. как sing*) астрона́втика, космона́втика

**astronomer** [əs'trɔnəmə] *n* астроно́м

**astronomic** [ˌæstrə'nɔmɪk] = astronomical

**astronomical** [ˌæstrə'nɔmɪkəl] *a* 1) астрономи́ческий 2) *разг.* о́чень большо́й

**astronomy** [əs'trɔnəmɪ] *n* астроно́мия

**astute** [əs'tju:t] *a* 1) хи́трый 2) проница́тельный

**asunder** [ə'sʌndə] *adv* 1) по́рознь, отде́льно; далеко́ друг от дру́га; to rush ~ бро́ситься в ра́зные сто́роны 2) попола́м, в куски́, на ча́сти; to tear ~ разорва́ть на ча́сти

**asylum** [ə'saɪləm] *n* 1) прию́т; убе́жище 2) психиатри́ческая лече́бница (*тж.* lunatic ~)

**asymmetric(al)** [ˌæsɪ'metrɪkəl] *a* асимметри́чный

**asymmetry** [æ'sɪmɪtrɪ] *n* асимметри́я, наруше́ние симметри́и

**asynchronous** [ə'sɪŋkrənəs] *a* асинхро́нный, не совпада́ющий по вре́мени

**asyndetic** [ˌæsɪn'detɪk] *a грам.* бессою́зный

**asyndeton** [æ'sɪndɪtən] *n грам.* аси́ндетон, бессою́зие

**at** [æt (*полная форма*); ət (*редуцированная форма*)] *prep* 1) *в пространств. значении указывает на* а) *местонахождение* в, на, у, при; at Naples в Неа́поле; at a meeting на собра́нии; at a depth of six feet на глубине́ шести́ фу́тов; at the window у окна́; at the hospital при больни́це; at home до́ма; б) *движение в определённом направлении* в, к, на; to throw a stone at smb. бро́сить ка́мнем в кого́-л.; в) *достижение места назначения* к, в, на, до; trains arrive at the terminus every half-hour поезда́ прихо́дят на коне́чную ста́нцию ка́ждые полчаса́ 2) *во временном значении указывает на* а) *момент или период времени* в, на; at six o'clock в шесть часо́в; at dinner-time в обе́денное вре́мя; во вре́мя обе́да; at the end of the lesson в конце́ уро́ка; at dawn на заре́; at night но́чью; at present в настоя́щее вре́мя, тепе́рь; б) *возраст* в; at the age of 25, at 25 years of age в во́зрасте 25 лет; at an early age в ра́нием во́зрасте 3) *указывает на действие, занятие* за; at work а) за рабо́той; б) в де́йствии; at breakfast за за́втраком; at school в шко́ле; at court в суде́; at the piano за роя́лем; at the wheel за рулём; at one's studies за заня́тиями; what are you at now? а) чем вы за́няты тепе́рь?, над чем вы рабо́таете тепе́рь?; б) что вы затева́ете?; he is at it again он сно́ва взя́лся за э́то 4) *указывает на состояние, положение* в, на; at anchor на я́коре; at war в состоя́нии войны́; at peace в ми́ре; at watch на посту́; at leisure на досу́ге 5) *указывает на характер, способ действия* в, с, на; *передаётся тж. твор. падежом*; at a run бего́м; at a gulp одни́м глотко́м; at a snail's pace черепа́шьим ша́гом 6) *указывает на источник* из, в; to get information at the fountain-head получа́ть све́дения из первоисто́чника; to find out the address at the information-bureau узна́ть а́дрес в спра́вочном бюро́ 7) *указывает на причину* при, по, на; *передаётся тж. твор. падежом*; at smb.'s request по чьей-л. про́сьбе; to be surprised at smth. удивля́ться чему́-л.; we were sad at hearing such news мы огорчи́лись, услы́шав таки́е но́вости; he was shocked at what he saw он был потрясён тем, что уви́дел 8) *употр. в словосочетаниях, содержащих указание на количество, меру, цену* при, на, по, с, в, за; at a speed of 70 km со ско́ростью 70 км; at high remuneration за большо́е вознагражде́ние; at three shillings a pound по три ши́ллинга за фунт; at a high price по высо́кой цене́ 9) *указывает на сферу проявления способностей* к; clever at physics спосо́бный к фи́зике; good at languages спосо́бный к языка́м ◇ at that а) прито́м, к тому́ же; she lost her handbag and a new one at that она́ потеря́ла су́мочку, да ещё но́вую к тому́ же; б) на том; let it go at that на том мы и поко́нчили

**at-a-boy** ['ætə'bɔɪ] *int амер. разг.* молоде́ц!

**atavistic** [ˌætə'vɪstɪk] *a* атависти́ческий

**ataxy** [ə'tæksɪ] *n мед.* атакси́я

**ate** [et] *past от* eat

**atelier** ['ætəlɪeɪ] *фр. n* 1) ателье́ 2) сту́дия (*особ. художника*)

**atheism** ['eɪθɪɪzm] *n* атеи́зм

**atheist** ['eɪθɪɪst] *n* атеи́ст

**atheistic(al)** [ˌeɪθɪ'ɪstɪk(əl)] *a* атеисти́ческий

**Athena** [ə'θi:nə] *n греч. миф.* Афи́на

**athenaeum** [ˌæθɪ'ni(:)əm] *n* 1) Атене́ум (*название литературных и научных обществ*); the A. литерату́рный клуб в Ло́ндоне 2) библиоте́ка, чита́льня

**Athene** [ə'θi:ni(:)] = Athena

**Athenian** [ə'θi:njən] **1.** *a* афи́нский
**2.** *n* афиня́нин; афиня́нка

**athlete** ['æθli:t] *n* 1) спортсме́н 2) атле́т

**athletic** [æθ'letɪk] *a* атлети́ческий; ~ field стадио́н; спорти́вная площа́дка

**athletics** [æθ'letɪks] *n pl* (*употр. тж. как sing*) атле́тика; заня́тия спо́ртом; track-and-field ~ лёгкая атле́тика

**at-home** [ət'həum] *n разг.* приём госте́й в определённые дни и часы́

**athwart** [ə'θwɔ:t] **1.** *adv* 1) ко́со; поперёк; перпендикуля́рно 2) про́тив; наперекор
**2.** *prep* 1) поперёк; че́рез; to run ~ a ship вре́заться в борт друго́го су́дна; to throw a bridge ~ a river перебро́сить мост че́рез ре́ку 2) про́тив; вопреки́; ~ his plans вопреки́ его́ пла́нам

**Atlantic** [ət'læntɪk] *a* атланти́ческий

**Atlas** ['ætləs] *n греч. миф.* Атла́нт, Атла́с

**atlas I** ['ætləs] *n* 1) географи́ческий а́тлас 2) *анат.* атла́нт (*первый шейный позвонок*) 3) *архит.* атла́нт (*мужская фигура, служащая для поддержания карниза, балкона и т. п.*) 4) форма́т бума́ги (*писчей 26 д. × 33 д., чертёжной 26 д. × 36 д.*)

**atlas II** ['ætləs] *n текст.* атла́с

**atmosphere** ['ætməsfɪə] *n* 1) атмосфе́ра 2) обстано́вка, атмосфе́ра; tense ~ напряжённая атмосфе́ра 3) *attr.* атмосфе́рный; ~ pressure атмосфе́рное давле́ние

**atmospheric** [ˌætməs'ferɪk] *a* атмосфе́рный, атмосфери́ческий; метеорологи́ческий; ~ condensation атмосфе́рные оса́дки; ~ pressure атмосфе́рное давле́ние; ~ density пло́тность во́здуха; ~ temperature температу́ра во́здуха

**atmospherical** [ˌætməs'ferɪkəl] = atmospheric

**atmospherics** [ˌætməs'ferɪks] *n pl радио* атмосфе́рные поме́хи

**atoll** ['ætɔl] *n* ато́лл, кора́лловый о́стров

**atom** ['ætəm] *n* 1) а́том 2) мельча́йшая части́ца; to break (*или* to smash) to ~s разби́ть вдре́безги; not an ~ of evidence ни те́ни доказа́тельности 3) *attr.*: ~ fission (*или* splitting, smashing) расщепле́ние а́тома

**atomaniac** [ˌætəu'meɪnɪæk] *n* пропове́дник а́томной войны́

**atom bomb** ['ætəmbɔm] *n* а́томная бо́мба

**atom-bomb** ['ætəmbɔm] *v* сбра́сывать а́томные бо́мбы

**atomic** [ə'tɔmɪk] *a* а́томный; ~ bomb а́томная бо́мба; ~ energy а́томная эне́ргия; ~ heat а́томная теплоёмкость; ~ number а́томное число́; ~ rocket раке́та с я́дерным боевы́м заря́дом; ~ weight а́томный вес; ~ pile а́томный котёл, я́дерный реа́ктор; ~ control контро́ль над произво́дством а́томной эне́ргии; ~ warfare а́томная война́

**atomicity** [ˌætəu'mɪsɪtɪ] *n хим.* а́томность, вале́нтность

**atomism** ['ætəmɪzm] *n* атоми́зм, атомисти́ческая тео́рия

**atomistic** [ˌætəu'mɪstɪk] *a* 1) атомисти́ческий 2) раздро́бленный; состоя́щий из мно́жества ме́лких часте́й, элеме́нтов

**atomize** ['ætəumaɪz] *v* 1) распыля́ть 2) дроби́ть

**atomizer** ['ætəumaɪzə] *n* 1) пульвериза́тор 2) *тех.* форсу́нка, распыли́тель 3) гидропу́льт

**atom-smasher** ['ætəm'smæʃə] *n* ускори́тель я́дерных части́ц

**atomy** I ['ætəmɪ] *n* 1) а́том 2) ма́ленькое существо́

**atomy** II ['ætəmɪ] *n* (*сокр. от* anatomy) 1) скеле́т (*анатомический препарат*) 2) *разг.* скеле́т, «ко́жа да ко́сти»

**atone** [ə'təun] *v* 1) загла́живать, искупа́ть (*вину; обыкн.* ~ for) 2) возмеща́ть (*обыкн.* ~ for)

**atonement** [ə'təunmənt] *n* 1) искупле́ние (*вины*) 2) возмеще́ние

**atonic** [æ'tɔnɪk] *a* 1) *фон.* безуда́рный; ~ syllable безуда́рный слог 2) *мед.* ослабе́вший; вя́лый, атони́ческий

**atony** ['ætənɪ] *n мед.* атони́я

**atop** [ə'tɔp] *adv* 1) наверху́ 2): ~ of наверху́, на верши́не; ~ of the cliff на верши́не утёса

**at par** [ət'pɑː] *adv* по номина́лу

**atrabilious** [ˌætrə'bɪljəs] *a* 1) страда́ющий разли́тием жёлчи 2) меланхоли́ческий; жёлчный

**atrip** [ə'trɪp] *a predic., adv*: to be ~ *мор.* отдели́ться от гру́нта (*о якоре*)

**atrocious** [ə'trəuʃəs] *a* 1) жесто́кий, зве́рский 2) *разг.* ужа́сный, отврати́тельный; ~ weather отврати́тельная пого́да

**atrocity** [ə'trɔsɪtɪ] *n* 1) жесто́кость, зве́рство 2) *разг.* гру́бый про́мах, гру́бая беста́ктность 3) *разг.* что-л. ужа́сное, отврати́тельное; that film is an ~ э́то про́сто ужа́сный фильм

**atrophied** ['ætrəfɪd] **1.** *p. p. от* atrophy 2

**2.** *a* 1) атрофи́рованный 2) истощённый; ча́хлый

**atrophy** ['ætrəfɪ] **1.** *n* 1) *мед.* атрофи́я 2) притупле́ние, ослабле́ние, истоще́ние

**2.** *v* 1) атрофи́роваться 2) изнуря́ть

**attaboy** ['ætəbɔɪ] = at-a-boy

**attach** [ə'tætʃ] *v* 1) прикрепля́ть, прикла́дывать; to ~ a seal to a document ста́вить печа́ть на докуме́нте; скрепля́ть докуме́нт печа́тью; to ~ a stamp приклеи́вать ма́рку; the responsibility that ~es to that position отве́тственность, свя́занная с э́тим положе́нием 2): to ~ oneself to присоединя́ться; he ~ed himself to the new arrivals он присоедини́лся к вновь при́бывшим 3) прикомандиро́вывать; назнача́ть; to ~ a teacher to a class прикрепи́ть преподава́теля к кла́ссу 4) привя́зывать, располага́ть к себе́; they are deeply ~ed to her они́ о́чень к ней привя́заны 5) припи́сывать, придава́ть; he ~ed the blame to me он свали́л вину́ на меня́ 6) *юр.* аресто́вывать, заде́рживать; опи́сывать (*имущество*), накла́дывать аре́ст (*на имущество*)

**attaché** [ə'tæʃeɪ] *фр. n* атташе́ посо́льства; air (military, naval) ~ вое́нно-возду́шный (вое́нный, морско́й) атташе́

**attaché case** [ə'tæʃɪkeɪs] *n* ко́жаный ручно́й пло́ский чемода́нчик (*для книг, документов*)

**attached** [ə'tætʃt] **1.** *p. p. от* attach

**2.** *a* 1) привя́занный; пре́данный (*кому-л.*) 2) прикомандиро́ванный 3) прикреплённый 4) опи́санный (*об имуществе*)

**attachedly** [ə'tætʃɪdlɪ] *adv* пре́данно; yours ~ пре́данный вам (*в конце письма*)

**attachment** [ə'tætʃmənt] *n* 1) привя́занность, пре́данность 2) прикрепле́ние 3) *юр.* наложе́ние аре́ста 4) *тех.* приспособле́ние, принадле́жность

**attack** [ə'tæk] **1.** *n* 1) ата́ка, наступле́ние; наступа́тельный бой; нападе́ние 2) *pl* напа́дки 3) при́ступ боле́зни, припа́док 4) *attr. воен.* штурмово́й; ~ plane *ав.* штурмови́к

**2.** *v* 1) атакова́ть, напада́ть 2) напада́ть, критикова́ть 3) предпринима́ть; бра́ться энерги́чно (*за что-л.*), набра́сываться (*на работу и т. п.*); to ~ a problem подходи́ть к реше́нию зада́чи 4) поража́ть (*о болезни*) 5) разруша́ть, разъеда́ть; acid ~s metals кислота́ разъеда́ет мета́ллы

**attackable** [ə'tækəbl] *a* 1) уязви́мый 2) спо́рный

**attain** [ə'teɪn] *v* дости́гнуть, доби́ться

**attainability** [əˌteɪnə'bɪlɪtɪ] *n* достижи́мость

**attainable** [ə'teɪnəbl] *a* достижи́мый

**attainder** [ə'teɪndə] *n юр.* лише́ние гражда́нских и иму́щественных прав за госуда́рственную изме́ну; Act (*или* Bill) of A. парла́ментское осужде́ние вино́вного в госуда́рственной изме́не

**attainment** [ə'teɪnmənt] *n* 1) достиже́ние; приобрете́ние 2) *pl* зна́ния, на́выки; a man of varied ~s разносторо́нний челове́к

**attaint** [ə'teɪnt] **1.** *n* пятно́, позо́р

**2.** *v* 1) лиша́ть иму́щественных и гражда́нских прав [*см.* attainder] 2) бесче́стить, позо́рить

**attar** ['ætə] *n* эфи́рное ма́сло (*из цветов*); ~ of roses ро́зовое ма́сло

**attemper** [ə'tempə] *v* 1) сме́шивать в соотве́тствующих пропо́рциях 2) регули́ровать, приспособля́ть (to) 3) умеря́ть, успока́ивать

**attempt** [ə'tempt] **1.** *n* 1) попы́тка; про́ба; о́пыт 2) покуше́ние; an ~ on smb.'s life покуше́ние на чью-л. жизнь

**2.** *v* пыта́ться, про́бовать, де́лать попы́тку

**attend** [ə'tend] *v* 1) уделя́ть внима́ние; быть внима́тельным (*к кому-л., чему-л.*; to); to ~ to smb.'s needs быть внима́тельным к чьим-л. нужда́м; please, ~! слу́шайте!, бу́дьте внима́тельны! 2) забо́титься, следи́ть (to — за *чем-л.*); выполня́ть; to ~ to the education of one's children следи́ть за воспита́нием свои́х дете́й; your orders will be ~ed to ва́ши прика́зания, зака́зы бу́дут вы́полнены 3) ходи́ть, уха́живать (*за больным*); the patient was ~ed by Dr X больно́го лечи́л до́ктор X 4) прислу́живать, обслу́живать (on, upon) 5) сопровожда́ть; сопу́тствовать; I will ~ you to the theatre я провожу́ вас до теа́тра; success ~s hard work успе́х сопу́тствует упо́рной рабо́те 6) посеща́ть; прису́тствовать (*на лекциях, собраниях и т. п.*); I have to ~ a meeting мне на́до быть на собра́нии; to ~ school посеща́ть шко́лу

**attendance** [ə'tendəns] *n* 1) прису́тствие (at); посеще́ние; your ~ is requested ва́ше прису́тствие жела́тельно; hours of ~ служе́бные, прису́тственные часы́ 2) посеща́емость; poor ~ плоха́я посеща́емость 3) аудито́рия, пу́блика; there was a large ~ at the meeting на собра́нии бы́ло мно́го наро́ду 4) ухо́д, обслу́живание (upon); услу́ги; medical ~ враче́бный ухо́д

**attendant** [ə'tendənt] **1.** *n* 1) сопровожда́ющее, обслу́живающее *или* прису́тствующее лицо́ 2) спу́тник 3) слуга́, служи́тель

**2.** *a* 1) сопровожда́ющий, сопу́тствующий; ~ circumstances сопу́тствующие обстоя́тельства 2) прису́тствующий 3) обслу́живающий (upon)

**attention** [ə'tenʃən] *n* 1) внима́ние; внима́тельность; to attract (*или* to draw, to call) smb.'s ~ to smth. обраща́ть чьё-л. внима́ние на что-л.; to pay ~ (to) обраща́ть внима́ние (на); to compel ~ прико́вывать внима́ние; to slip smb.'s ~ ускользну́ть от чьего́-либо внима́ния; I am all ~ я весь внима́ние; ~! сми́рно!; to stand at ~ стоя́ть в положе́нии «сми́рно» 2) забо́та, забо́тливость; to show much ~ (to smb.) проявля́ть забо́ту (о ком-л.) 3) ухо́д (*за больным и т. п.*) 4) *pl* уха́живание; to pay ~s (to) уха́живать (за) 5) *тех.* ухо́д (*за машиной*)

**attentive** [ə'tentɪv] *a* 1) внима́тельный 2) забо́тливый 3) ве́жливый, предупреди́тельный

**attenuate** **1.** *a* [ə'tenjuɪt] 1) исхуда́вший, худо́й, истощённый 2) разжижённый; ~ substance разжижённое вещество́

**2.** *v* [ə'tenjueɪt] 1) истоща́ть 2) разжижа́ть 3) ослабля́ть; смягча́ть

**attenuation** [əˌtenju'eɪʃən] *n* 1) истоще́ние; ослабле́ние 2) разжиже́ние 3) *физ., тех.* затуха́ние 4) *attr.*: ~

constant *радио* коэффицие́нт затуха́ния

**attest** [ə'test] *v* 1) удостоверя́ть; подтвержда́ть; to ~ a signature засвиде́тельствовать по́дпись 2) свиде́тельствовать, дава́ть свиде́тельские показа́ния 3) приводи́ть к прися́ге

**attestation** [ˌætes'teɪʃən] *n* 1) свиде́тельское показа́ние, подтвержде́ние 2) засвиде́тельствование (*документа*) 3) приведе́ние к прися́ге

**attestor** [ə'testə] *n юр.* свиде́тель

**Attic** ['ætɪk] *a* 1) атти́ческий 2) класси́ческий (*о стиле*) ◇ ~ salt то́нкое остроу́мие

**attic** ['ætɪk] *n* 1) манса́рда; черда́к 2) (the ~s) *pl* ве́рхний черда́чный эта́ж 3) *архит.* фронто́н 4) *шутл.* голова́, «черда́к» ◇ to have rats in the ~ *жарг.* ≅ ви́нтиков не хвата́ет

**atticism** ['ætɪsɪzm] *n* изя́щество выраже́ния; краси́вый слог, изя́щный стиль

**attic-stor(e)y** ['ætɪkˌstɔːrɪ] *n* черда́чный эта́ж

**attire** [ə'taɪə] **1.** *n* 1) наря́д, пла́тье; украше́ние 2) *охот.* оле́ньи рога́

**2.** *v* (*обыкн. pass.*) одева́ть, наряжа́ть; simply ~d про́сто оде́тый

**attitude** ['ætɪtjuːd] *n* 1) пози́ция; отноше́ние (*к чему-л.*); friendly ~ towards smb. дру́жеское отноше́ние к кому́-л. 2): ~ of mind склад ума́ 3) по́за; оса́нка 4) *ав.* положе́ние самолёта в во́здухе

**attitudinize** [ˌætɪ'tjuːdɪnaɪz] *v* принима́ть (театра́льные) по́зы

**attorney** [ə'tɜːnɪ] *n юр.* пове́ренный; адвока́т; юри́ст; прокуро́р; A. General генера́льный атто́рней (*в Англии*); мини́стр юсти́ции (*в США*); district (*или* circuit) ~ прокуро́р о́круга (*в США*); by ~ по дове́ренности, че́рез пове́ренного (*не лично*)

**attract** [ə'trækt] *v* 1) привлека́ть, притя́гивать 2) пленя́ть, прельща́ть

**attractable** [ə'træktəbl] *a* притя́гиваемый

**attraction** [ə'trækʃən] *n* 1) притяже́ние, тяготе́ние 2) привлека́тельность; пре́лесть 3) (*обыкн. pl*) прима́нка 4) аттракцио́н

**attractive** [ə'træktɪv] *a* 1) привлека́тельный, притяга́тельный, зама́нчивый; ~ smile очарова́тельная, чару́ющая улы́бка 2): ~ power *физ.* си́ла притяже́ния

**attribute** **1.** *n* ['ætrɪbjuːt] 1) сво́йство; характе́рный при́знак, характе́рная черта́, атрибу́т 2) *грам.* атрибу́т, определе́ние

**2.** *v* [ə'trɪbjuːt] припи́сывать (*чему-либо, кому-л.*; to); относи́ть (*за счёт чего-л., кого-л.*, to)

**attribution** [ˌætrɪ'bjuːʃən] *n* 1) припи́сывание 2) власть, компете́нция

**attributive** [ə'trɪbjutɪv] **1.** *n грам.* атрибу́т, определе́ние

**2.** *a грам.* атрибути́вный, определи́тельный

**attrition** [ə'trɪʃən] *n* 1) тре́ние 2) изна́шивание от тре́ния, истира́ние; истёртость 3) истоще́ние, изнуре́ние

**attune** [ə'tjuːn] *v* 1) де́лать созву́чным, гармони́чным 2) настра́ивать (*музыкальный инструмент*)

**aubergine** ['əubədʒiːn] *фр. n* баклажа́н

**auburn** ['ɔːbən] *a* золоти́сто-кашта́новый, тёмно-ры́жий, красновато-кори́чневый (*обыкн. о волосах*)

**auction** ['ɔːkʃən] **1.** *n* аукцио́н, торг; to put up to (*амер.* at) ~, to sell by (*амер.* at) ~ продава́ть с аукцио́на

**2.** *v* продава́ть с аукцио́на

**auctioneer** [ˌɔːkʃə'nɪə] **1.** *n* аукциони́ст

**2.** *v* продава́ть с аукцио́на, с молотка́

**audacious** [ɔː'deɪʃəs] *a* 1) сме́лый, де́рзкий 2) на́глый

**audaciousness** [ɔː'deɪʃəsnɪs] = audacity

**audacity** [ɔː'dæsɪtɪ] *n* 1) сме́лость 2) на́глость

**audibility** [ˌɔːdɪ'bɪlɪtɪ] *n* слы́шимость, вня́тность

**audible** ['ɔːdəbl] *a* слы́шный, вня́тный; слы́шимый

**audibly** ['ɔːdəblɪ] *adv* гро́мко, вня́тно; вслух; *перен.* я́вно

**audience** ['ɔːdjəns] *n* 1) пу́блика; зри́тели 2) радиослу́шатели, телезри́тели 3) аудие́нция (of, with — у *кого-л.*); to give an ~ дать аудие́нцию; вы́слушать

**audio frequency** ['ɔːdɪəu'friːkwənsɪ] *n радио* звукова́я частота́

**audiograph** ['ɔːdɪəugrɑːf] *n ак.* аудиограф

**audiometer** [ˌɔːdɪ'ɔmɪtə] *n ак.* аудио́метр

**audit** ['ɔːdɪt] **1.** *n* прове́рка, реви́зия бухга́лтерских книг, докуме́нтов и отчётности

**2.** *v* проверя́ть отчётность, ревизова́ть

**audition** [ɔː'dɪʃən] **1.** *n* 1) слу́шание, выслу́шивание 2) слух, чу́вство слу́ха 3) *театр., кино, тлв.* про́ба, прослу́шивание

**2.** *v* 1) слу́шать, выслу́шивать 2) *театр., кино, тлв.* прослу́шивать

**auditor** ['ɔːdɪtə] *n* 1) ревизо́р, (фина́нсовый) контролёр 2) *юр.* ауди́тор

**auditorial** [ˌɔːdɪ'tɔːrɪəl] *a* ревизио́нный, контро́льный

**auditorium** [ˌɔːdɪ'tɔːrɪəm] *n* зри́тельный зал, аудито́рия

**auditory** ['ɔːdɪtərɪ] *a анат.* слухово́й; ~ nerve слухово́й нерв

**Augean** [ɔː'dʒi(ː)ən] *a*: ~ stables а́вгиевы коню́шни

**auger** ['ɔːgə] *n тех.* 1) сверло́, бура́в 2) шнек (*транспортёра*)

**aught** [ɔːt] **1.** *n* не́что, ко́е-что́; что́-нибудь

**2.** *adv* в како́м-л. отноше́нии; в како́й-л. сте́пени; for ~ I know наско́лько мне изве́стно

**augment** **1.** *n* ['ɔːgmənt] 1) увеличе́ние, прибавле́ние 2) *грам.* прираще́ние, аугме́нт

**2.** *v* [ɔː'gment] увели́чивать, прибавля́ть

**augmentation** [ˌɔːgmen'teɪʃən] *n* увеличе́ние, приро́ст, прираще́ние

**augmentative** [ɔː'gmentətɪv] *a* 1) увели́чивающийся 2) *грам.* увеличи́тельный (*о суффиксе*)

**augur** ['ɔːgə] **1.** *n* 1) *ист.* авгу́р 2) прорица́тель

**2.** *v* предска́зывать, предвеща́ть; предви́деть; to ~ well служи́ть хоро́шим предзнаменова́нием

**augural** ['ɔːgjurəl] *a* предвеща́ющий; ~ sign злове́щий знак

**augury** ['ɔːgjurɪ] *n* 1) гада́ние, предсказа́ние 2) предзнаменова́ние 3) предчу́вствие

**August** ['ɔːgəst] *n* 1) а́вгуст 2) *attr.* а́вгустовский

**august** [ɔː'gʌst] *a* 1) вели́чественный 2) августе́йший

**Augustan** [ɔː'gʌstən] *a*: ~ age век (*или* эпо́ха) А́вгуста; *перен.* класси́ческий век литерату́ры и иску́сства

**auk** [ɔːk] *n* гага́рка (*птица*)

**aunt** [ɑːnt] *n* тётя; тётка ◇ my ~! ≅ вот те на́!, вот так шту́ка!, ну и ну́!

**auntie** ['ɑːntɪ] *n ласк.* тётушка

**Aunt Sally** ['ɑːnt'sælɪ] *n* 1) *народная игра, состоящая в том, чтобы с известного расстояния выбить трубку изо рта деревянной куклы* 2) мише́нь для напа́док *или* оскорбле́ний

**aura** ['ɔːrə] *n* 1) дунове́ние 2) атмосфе́ра (*чего-л.*) 3) *мед.* а́ура, предве́стник эпилепти́ческого припа́дка

**aural** ['ɔːrəl] *a* 1) ушно́й 2) слухово́й; ~ impression слухово́е восприя́тие

**aurally** ['ɔːrəlɪ] *adv* у́стно, на слух

**aureate** ['ɔːrɪɪt] *a* 1) золоти́стый 2) позоло́ченный

**aureola, aureole** [ɔː'rɪəulə, 'ɔːrɪəul] *n* орео́л, сия́ние, ве́нчик

**auric** ['ɔːrɪk] *a* 1) содержа́щий зо́лото 2) *горн.* золотоно́сный

**auricle** ['ɔːrɪkl] *n анат.* 1) ушна́я ра́ковина 2) предсе́рдие

**auricula** [ə'rɪkjulə] *n* (*pl* -las [-ləz], -lae) *бот.* аври́кула

**auriculae** [ə'rɪkjuliː] *pl от* auricula

**auricular** [ɔː'rɪkjulə] *a* 1) ушно́й, слухово́й 2) ска́занный на́ ухо; та́йный 3) *анат.* относя́щийся к предсе́рдию

**auriferous** [ɔː'rɪfərəs] *a* золотоно́сный, золотосодержа́щий

**auriform** ['ɔːrɪfɔːm] *a* име́ющий фо́рму у́ха

**Auriga** [ɔː'raɪgə] *n астр.* Возни́чий (*созвездие*)

**aurochs** ['ɔːrɔks] *n зоол.* зубр

**Aurora** [ɔː'rɔːrə] *n* 1) *римск. миф.* Авро́ра 2) (a.) *поэт.* авро́ра, у́тренняя заря́

**aurora australis** [ɔː'rɔːrəɔːs'treɪlɪs] *n* ю́жное поля́рное сия́ние

**aurora borealis** [ɔː'rɔːrəˌbɔːrɪ'eɪlɪs] *n* се́верное поля́рное сия́ние

**auroral** [ɔː'rɔːrəl] *a* 1) *поэт.* у́тренний 2) *поэт.* сия́ющий; румя́ный

3) вы́званный се́верным *или* ю́жным сия́нием

**aurora polaris** [ɔ:ˈrɔ:rəpəuˈlærɪs] *n* поля́рное сия́ние

**auscultate** [ˈɔ:skəlteɪt] *v мед.* вы-слу́шивать (*больного*)

**auscultation** [ˌɔ:skəlˈteɪʃən] *n мед.* выслу́шивание (*больного*)

**auspices** [ˈɔ:spɪsi:z] *pl* 1) до́брое предзнамено́вание 2) покрови́тельство; under the ~ of smb. под чьим-л. покрови́тельством

**auspicious** [ɔ:sˈpɪʃəs] *a* благоприя́тный

**Aussie** [ˈɔ:zɪ] *разг. см.* Australian 2

**austere** [ɔsˈtɪə] *a* 1) стро́гий 2) суро́вый, аскети́ческий 3) стро́гий, чи́стый, просто́й (*о стиле*)

**austerity** [ɔsˈterɪtɪ] *n* 1) стро́гость 2) суро́вость, аскети́зм 3) простота́

**austral** [ˈɔ:strəl] *a* ю́жный

**Australian** [ɔsˈtreɪljən] **1.** *a* австрали́йский

**2.** *n* австрали́ец; австрали́йка

**authentic** [ɔ:ˈθentɪk] *a* 1) по́длинный, аутенти́чный 2) достове́рный, ве́рный

**authentically** [ɔ:ˈθentɪkəlɪ] *adv* по́длинно; достове́рно

**authenticate** [ɔ:ˈθentɪkeɪt] *v* 1) удостоверя́ть 2) устана́вливать по́длинность

**authentication** [ɔ:ˌθentɪˈkeɪʃən] *n* идентифика́ция

**authenticity** [ˌɔ:θenˈtɪsɪtɪ] *n* по́длинность, достове́рность

**author** [ˈɔ:θə] *n* 1) а́втор; писа́тель 2) творе́ц, созда́тель 3) вино́вник; инициа́тор

**authoress** [ˈɔ:θərɪs] *n* писа́тельница

**authoritarian** [ɔ:ˌθɔrɪˈteərɪən] **1.** *a* авторита́рный

**2.** *n* сторо́нник авторита́рной вла́сти

**authoritative** [ɔ:ˈθɔrɪtətɪv] *a* 1) авторите́тный; надёжный 2) внуши́тельный

**authority** [ɔ:ˈθɔrɪtɪ] *n* 1) власть; the ~ of Parliament власть парла́мента; a man set in ~ челове́к, облечённый вла́стью 2) (*обыкн. pl* the authorities) вла́сти; to apply to the authorities обрати́ться к властя́м 3) полномо́чие (for; *тж. с inf.*); who gave you the ~ to do this? кто уполномо́чил вас сде́лать э́то? 4) авторите́т, вес, влия́ние, значе́ние; to carry ~ име́ть влия́ние 5) авторите́т, кру́пный специали́ст 6) авторите́тный исто́чник (*книга, документ*) 7) основа́ние; on the ~ of the press на основа́нии газе́тных сообще́ний, по утвержде́нию газе́т

**authorization** [ˌɔ:θəraɪˈzeɪʃən] *n* 1) уполномо́чивание 2) са́нкция, разреше́ние

**authorize** [ˈɔ:θəraɪz] *v* 1) уполномо́чивать; поруча́ть 2) санкциони́ровать, разреша́ть 3) опра́вдывать; объясня́ть; his conduct was ~d by the situation его́ поведе́ние опра́вдывалось ситуа́цией

**authorized** [ˈɔ:θəraɪzd] **1.** *p. p. от* authorize

**2.** *a* авторизо́ванный; ~ translation авторизо́ванный перево́д; Authorized Version англи́йский перево́д би́блии изд. 1611 г., при́нятый в англика́нской це́ркви

**authorship** [ˈɔ:θəʃɪp] *n* а́вторство; a book of doubtful ~ кни́га, а́втор кото́рой то́чно не устано́влен

**auto** [ˈɔ:təu] *n сокр. разг.* 1) = automatic pistol [*см.* automatic 1, 1)] 2) *см.* automobile 1

**auto-** [ˈɔ:təu-] *pref* авто-, само-

**autobahn** [ˈɔ:təuba:n] *нем. n* (*pl* -en [-ən]) автостра́да

**autobiographic(al)** [ˈɔ:təuˌbaɪəuˈgræfɪk(əl)] *a* автобиографи́ческий

**autobiography** [ˌɔ:təubaɪˈɔgrəfɪ] *n* автобиогра́фия

**autobus** [ˈɔ:təubʌs] *n амер.* авто́бус

**autocar** [ˈɔ:təuka:] *n* автомоби́ль

**autochthon** [ɔ:ˈtɔkθən] *n* (*pl* -s [-z], -es [-i:z]) коренно́й жи́тель, обита́тель

**autochthonal** [ɔ:ˈtɔkθənəl] *a* коренно́й (*о населении страны*)

**autocracy** [ɔ:ˈtɔkrəsɪ] *n* самодержа́вие, автокра́тия

**autocrat** [ˈɔ:təukræt] *n* 1) самодéржец, автокра́т 2) вла́стный челове́к, де́спот

**autocratic** [ˌɔ:təuˈkrætɪk] *a* 1) самодержа́вный 2) вла́стный, деспоти́ческий

**auto-da-fé** [ˈɔ:təuda:ˈfeɪ] *португ. n* (*pl* autos-da-fé) *ист.* аутодафе́

**autogamous** [ɔ:ˈtɔgəməs] *a бот.* автога́мный, самоопыля́ющийся

**autogenesis** [ˌɔ:təuˈdʒenɪsɪs] *n* автогене́з, самозарожде́ние

**autogenous** [ɔ:ˈtɔdʒɪnəs] *a тех.* автоге́нный; ~ welding автоге́нная сва́рка

**autograph** [ˈɔ:təgra:f] **1.** *n* 1) авто́граф 2) оригина́л ру́кописи

**2.** *v* надпи́сывать, дава́ть авто́граф

**autographic** [ˌɔ:təˈgræfɪk] *a* собственноручно напи́санный; собственнору́чный

**autointoxication** [ˈɔ:təuɪnˌtɔksɪˈkeɪʃən] *n мед.* аутоинтоксика́ция

**automanipulation** [ˈɔ:təuməˌnɪpjuˈleɪʃən] *n* онани́зм

**automat** [ˈɔ:təmət] *n амер.* 1) кафе́-автома́т 2) торго́вый автома́т

**automata** [ɔ:ˈtɔmətə] *pl от* automaton

**automatic** [ˌɔ:təˈmætɪk] **1.** *a* 1) автомати́ческий; ~ pilot автопило́т; ~ pistol автомати́ческий пистоле́т; ~ rifle автомати́ческая винто́вка; ручно́й пулемёт; ~ rifleman пулемётчик; ~ stoker механи́ческая то́пка; ~ coupling *ж.-д.* автосце́пка; ~ fire автомати́ческий ого́нь; ~ telephone system автомати́ческая телефо́нная ста́нция; ~ train stop *ж.-д.* автосто́п; ~ transmitter автомати́ческий переда́тчик 2) машина́льный, непроизво́льный

**2.** *n* 1) автомати́ческий механи́зм; автома́т 2) автомати́ческое ору́жие 3) *амер.* автомати́ческий пистоле́т

**automatical** [ˌɔ:təˈmætɪkəl] = automatic 1

**automation** [ˌɔ:təˈmeɪʃən] *n* автоматиза́ция

**automatism** [ɔ:ˈtɔmətɪzm] *n* автомати́зм; непроизво́льное движе́ние

**automaton** [ɔ:ˈtɔmətən] *n* (*pl* -ta, -tons [-tənz]) автома́т

**automobile** [ˈɔ:təməubi:l] **1.** *n* автомоби́ль

**2.** *a* 1) автомоби́льный; ~ railway car *ж.-д.* автомотри́са; ~ transportation автотра́нспорт; ~ wagon грузово́й автомоби́ль, грузови́к 2) самодви́жущийся

**automotive** [ˌɔ:təˈməutɪv] *a* 1) самодви́жущийся 2) автомоби́льный; ~ industry автомоби́льная промы́шленность

**autonomist** [ɔ:ˈtɔnəmɪst] *n* автономи́ст, сторо́нник автоно́мии

**autonomous** [ɔ:ˈtɔnəməs] *a* автоно́мный, самоуправля́ющийся

**autonomy** [ɔ:ˈtɔnəmɪ] *n* 1) автоно́мия, самоуправле́ние 2) пра́во на самоуправле́ние 3) автоно́мное госуда́рство; автоно́мная о́бласть

**autopilot** [ˈɔ:təuˌpaɪlət] *n* автопило́т

**autopsy** [ˈɔ:təpsɪ] *n* вскры́тие (*трупа*)

**autorifle** [ˈɔ:təuˌraɪfl] *n амер.* ручно́й пулемёт

**autos-da-fé** [ˈɔ:təuzda:ˈfeɪ] *pl от* auto-da-fé

**autostrada** [ˈɔ:təuˌstra:də] *n* автостра́да

**autosuggestion** [ˈɔ:təusəˈdʒestʃən] *n* самовнуше́ние

**auto-training** [ˈɔ:təuˌtreɪnɪŋ] *n* (*сокр.* A. T.) аутоге́нная трениро́вка, аутоТре́нинг; психорегули́рующая трениро́вка

**autotruck** [ˈɔ:təutrʌk] *n амер.* грузови́к

**autotype** [ˈɔ:təutaɪp] **1.** *n* автоти́пия; факси́мильный отпеча́ток

**2.** *v* де́лать автоти́пный сни́мок

**autumn** [ˈɔ:təm] *n* 1) о́сень 2) *перен.* наступле́ние ста́рости 3) *attr.* осе́нний

**autumnal** [ɔ:ˈtʌmnəl] *a* 1) осе́нний 2) цвету́щий *или* созрева́ющий о́сенью

**auxiliary** [ɔ:gˈzɪljərɪ] **1.** *a* 1) вспомога́тельный 2) доба́вочный; запасно́й

**2.** *n* 1) помо́щник 2) *грам.* вспомога́тельный глаго́л 3) *pl* иностра́нные наёмные *или* сою́зные войска́ 4) *тех.* вспомога́тельное устро́йство, вспомога́тельный механи́зм

**auxins** [ˈɔ:ksɪnz] *n pl биол.* гормо́ны ро́ста расте́ний, ауксины

**avail** [əˈveɪl] **1.** *n* по́льза, вы́года; of ~ поле́зный; of no ~ бесполе́зный; of little ~ малоприго́дный; of what ~ is it? кака́я в э́том по́льза?, како́й в э́том смысл?

**2.** *v* 1) быть поле́зным, вы́годным; his efforts did not ~ him его́ уси́лия не помогли́ ему́ 2) *refl.*: to ~ oneself of по́льзоваться, воспо́льзоваться (*случаем, предложением*)

**availability** [əˌveɪləˈbɪlɪtɪ] *n* 1) (при)го́дность 2) нали́чие

**available** [ə'veɪləbl] *a* 1) досту́пный; име́ющийся в распоряже́нии, нали́чный; ~ surface свобо́дное простра́нство; by all ~ means все́ми досту́пными сре́дствами; all ~ funds все нали́чные сре́дства; this book is not ~ э́ту кни́гу нельзя́ доста́ть; to make ~ предоставля́ть 2) (при)го́дный, поле́зный 3) действи́тельный; tickets ~ for one day only биле́ты, действи́тельные то́лько на оди́н день

**avalanche** ['ævəlɑːnʃ] *n* 1) лави́на, сне́жный обва́л 2) град (*пуль, ударов*); пото́к (*писем и т. п.*)

**avant-corps** [ɑː,vɑːŋ'kɔː] *фр. n архит.* выступа́ющий фаса́д

**avarice** ['ævərɪs] *n* а́лчность; жа́дность

**avaricious** [,ævə'rɪʃəs] *a* а́лчный; жа́дный

**avast** [ə'vɑːst] *int мор.* стой!, стоп!

**avatar** [,ævə'tɑː] *n инд. миф.* реа́льное воплоще́ние божества́ (*преим. Вишну*)

**avenge** [ə'venʤ] *v* мстить; to ~ oneself отомсти́ть, отплати́ть за себя́ (on — *кому-л.*, for — за *что-л.*)

**avengeful** [ə'venʤful] *a* мсти́тельный

**avenger** [ə'venʤə] *n* мсти́тель

**avenue** ['ævɪnjuː] *n* 1) доро́га, алле́я к до́му (*через парк, усадьбу и т. п.*) 2) доро́га, обса́женная дере́вьями 3) широ́кая у́лица, проспе́кт (*особ. в США*) 4) путь, сре́дство; an ~ to wealth (to fame) путь к бога́тству (сла́ве); to explore every ~, to leave no ~ unexplored испо́льзовать все возмо́жности 5): ~ of approach *воен.* по́дступ

**aver** [ə'vəː] *v* 1) утвержда́ть 2) *юр.* дока́зывать

**average** ['ævərɪʤ] **1.** *n* 1) сре́днее число́; сре́дняя величина́; on the (*или* an) ~ в сре́днем; to strike an ~ выводи́ть сре́днее число́; below (above) the ~ ни́же (вы́ше) сре́днего 2) *страх.* убы́ток от ава́рии су́дна 3) распределе́ние убы́тка от ава́рии ме́жду владе́льцами (*груза, судна*)

**2.** *a* 1) сре́дний; ~ output сре́дний вы́пуск (*продукции*); ~ rate of profit *полит.-эк.* сре́дняя но́рма при́были 2) сре́дний, обы́чный, норма́льный; ~ height сре́дний, норма́льный рост

**3.** *v* 1) выводи́ть сре́днее число́ 2) в сре́днем равня́ться, составля́ть □ ~ **out** вы́числить сре́днюю величину́; соста́вить сре́днюю величину́

**average adjuster** ['ævərɪʤə,ʤʌstə] *n страх.* диспаше́р

**average statement** ['ævərɪʤ,steɪtmənt] *n страх.* диспа́ша

**averment** [ə'vəːmənt] *n* 1) утвержде́ние 2) *юр.* доказа́тельство

**averruncator** [,ævə'rʌŋkeɪtə] *n* садо́вые но́жницы

**averse** [ə'vəːs] *a* нерасполо́женный, неохо́тный; пита́ющий отвраще́ние (to — к *чему-л.*); not ~ to a good dinner непро́чь хорошо́ пообе́дать

**aversion** [ə'vəːʃən] *n* 1) отвраще́ние, антипа́тия (to) 2) неохо́та 3) предме́т отвраще́ния; one's pet ~ *шутл.* са́мая си́льная антипа́тия

**avert** [ə'vəːt] *v* 1) отводи́ть (*взгляд*; from); he ~ed his face он отверну́лся 2) отвлека́ть (*мысли*; from) 3) отвраща́ть, предотвраща́ть (*удар, опасность и т. п.*)

**avertable** [ə'vəːtəbl] = avertible

**avertible** [ə'vəːtəbl] *a* предотврати́мый

**aviary** ['eɪvjərɪ] *n* пти́чник; волье́р(а)

**aviate** ['eɪvɪeɪt] *v* 1) лета́ть на самолёте, дирижа́бле *и т. п.* 2) управля́ть самолётом, дирижа́блем *и т. п.*

**aviation** [,eɪvɪ'eɪʃən] *n* 1) авиа́ция 2) *attr.* авиацио́нный; ~ engine авиацио́нный мото́р

**aviator** ['eɪvɪeɪtə] *n* лётчик, авиа́тор, пило́т

**aviculture** ['eɪvɪkʌlʧə] *n* птицево́дство

**avid** ['ævɪd] *a* жа́дный; а́лчный (of, for)

**avidity** [ə'vɪdɪtɪ] *n* жа́дность; а́лчность

**avifauna** [,eɪvɪ'fɔːnə] *n зоол.* пти́чья фа́уна, пти́цы (*данной местности, данного района*)

**aviso** [ə'vaɪzəu] *n* (*pl* -os [-əuz]) 1) *банк.* ави́зо 2) *мор.* посы́льное су́дно

**avocado** [,ævəu'kɑːdəu] *n бот.* авока́до

**avocation** [,ævəu'keɪʃən] *n* 1) основно́е заня́тие; призва́ние 2) (*тж. pl*) побо́чное заня́тие; заня́тия в часы́ досу́га, развлече́ния

**avoid** [ə'vɔɪd] *v* 1) избега́ть, сторони́ться 2) уклоня́ться 3) *юр.* отменя́ть, аннули́ровать

**avoidable** [ə'vɔɪdəbl] *a* тако́й, кото́рого мо́жно избежа́ть

**avoidance** [ə'vɔɪdəns] *n* 1) избежа́ние 2) упраздне́ние, отме́на, аннули́рование 3) вака́нсия

**avoirdupois** [,ævədə'pɔɪz] *n* 1) *ист.* «эвердьюпо́йс» (*английская система мер веса для всех товаров, кроме благородных металлов, драгоценных камней и лекарств*); *1 фунт = 454 г*; *тж.* ~ weight) 2) *разг.* ту́чность; тя́жесть, вес

**avouch** [ə'vauʧ] *v* 1) уверя́ть, утвержда́ть; дока́зывать 2) руча́ться, гаранти́ровать 3) признава́ться, сознава́ться

**avow** [ə'vau] *v* 1) откры́то признава́ть 2) *refl.* признава́ться 3) *юр.* признава́ть факт

**avowal** [ə'vauəl] *n* призна́ние

**avowed** [ə'vaud] **1.** *p. p. от* avow

**2.** *a* общепри́знанный

**avowedly** [ə'vauɪdlɪ] *adv* пря́мо, откры́то

**avulsion** [ə'vʌlʃən] *n* 1) отры́в, наси́льственное разъедине́ние 2) *юр.* перемеще́ние уча́стка земли́ к чужо́му владе́нию вследствие наводне́ния *или* измене́ния ру́сла реки́

**avuncular** [ə'vʌŋkjulə] *a* 1) дя́дин 2) фамилья́рный; доброду́шный ◇ ~ relation *шутл.* ростовщи́к

**await** [ə'weɪt] *v* 1) ждать, ожида́ть 2) предстоя́ть

**awake** [ə'weɪk] **1.** *v* (awoke; awoke, awoken, awaked [-t]) 1) буди́ть; *перен. тж.* пробужда́ть (*интерес, сознание*); to ~ smb. to the sense of duty пробуди́ть в ком-л. созна́ние до́лга 2) просыпа́ться; *перен.* насторожи́ться; to ~ to one's danger осозна́ть опа́сность

**2.** *a predic.* 1) бо́дрствующий; to be ~ бо́дрствовать, не спать 2) бди́тельный, насторожённый; to be ~ to smth. я́сно понима́ть что-л. ◇ wide ~ а) вполне́ очну́вшись от сна; б) начеку́, настороже́; в) осмотри́тельный; в ку́рсе всего́ происходя́щего; зна́ющий, как сле́дует поступа́ть

**awaken** [ə'weɪkən] = awake 1, *особ.* пробужда́ть (*талант, чувство и т. п.*)

**awakening** [ə'weɪknɪŋ] **1.** *pres. p. от* awaken

**2.** *n* пробужде́ние (*тж. перен.*); rude ~ го́рькое разочарова́ние

**award** [ə'wɔːd] **1.** *n* 1) присужде́ние (*награды, премии*); ~ of pension назначе́ние пе́нсии 2) присуждённое наказа́ние *или* пре́мия 3) реше́ние (*судей, арбитров*)

**2.** *v* присужда́ть (*что-л.*); награжда́ть (*чем-л.*) ◇ to ~ a contract сдать подря́д на поста́вку това́ров *или* на произво́дство рабо́т

**aware** [ə'wɛə] *a predic.* сознаю́щий, зна́ющий, осведомлённый; to be ~ of (*или* that) знать, сознава́ть, отдава́ть себе́ по́лный отчёт в (*или* в том, что); he is ~ of danger, he is ~ that there in danger он сознаёт грозя́щую ему́ опа́сность

**awash** [ə'wɔʃ] *a predic.* 1) в у́ровень с пове́рхностью воды́ 2) смы́тый водо́й 3) кача́ющийся на волна́х 4) *разг.* навеселе́, «под му́хой»

**away** [ə'weɪ] *adv* 1) *обозначает отдаление от данного места* далеко́ *и т. п.*; ~ from home вдали́ от до́ма; he is ~ его́ нет до́ма 2) *обозначает движение, удаление* прочь; to go ~ уходи́ть; to run ~ убега́ть; to throw ~ отбра́сывать; ~ with you! убира́йся!, прочь!; ~ with it! убери́(те) э́то прочь! 3) *обозначает исчезновение, разрушение*: to boil ~ выкипа́ть; to waste (*или* to pine) ~ ча́хнуть; to make ~ with уничтожа́ть; убива́ть; устраня́ть; to pass ~ прекрати́ться; умере́ть 4) *обозначает непрерывное действие*: he worked ~ он продолжа́л рабо́тать 5) *обозначает передачу другому лицу*: to give ~ подари́ть □ ~ off *амер.* далеко́; ~ back *амер.* давно́, тому́ наза́д; давны́м-давно́ ◇ far and ~ а) несравне́нно, намно́го, гора́здо; б) несомне́нно; out and ~ несравне́нно, намно́го гора́здо; right ~ неме́дленно, то́тчас

**away match** [ə'weɪmæʧ] *n* матч, игра́ на чужо́м по́ле

**away-team** [əˈweɪtiːm] *n спорт.* команда гостей

**awe** [ɔː] **1.** *n* (благоговейный) страх, трепет, благоговение; to stand in ~ of smb. бояться кого-л.; испытывать благоговейный трепет перед кем-л.; to strike with ~ внушать благоговейный страх, благоговение; to keep (*или* to hold) in ~ держать в страхе

**2.** *v* внушать страх, благоговение

**aweary** [əˈwɪərɪ] *a поэт.* усталый, утомлённый

**awesome** [ˈɔːsəm] *a* 1) устрашающий; an ~ sight ужасное *или* внушительное зрелище 2) испытывающий страх; испуганный

**awestruck** [ˈɔːstrʌk] *a* проникнутый, охваченный благоговением, благоговейным страхом

**awful** [ˈɔːful] *a* 1) ужасный 2) внушающий страх, благоговение 3) *уст.* внушающий глубокое уважение; величественный

**awfully** *adv* 1) [ˈɔːfulɪ] ужасно 2) [ˈɔːflɪ] *разг.* очень; крайне; чрезвычайно; ~ good of you очень мило с вашей стороны

**awheel** [əˈwiːl] *adv* на колёсах, на велосипеде

**awhile** [əˈwaɪl] *adv поэт.* на некоторое время, ненадолго; wait ~ подождите немного

**awkward** [ˈɔːkwəd] *a* 1) неуклюжий, неловкий (*о людях, движениях и т. п.*); an ~ gait неуклюжая походка; ~ age переходный возраст 2) неудобный; неловкий, затруднительный; an ~ situation неловкое, щекотливое положение 3) *разг.* трудный (*о человеке*) 4) труднопреодолимый

**awkwardness** [ˈɔːkwədnɪs] *n* неуклюжесть, неловкость

**awl** [ɔːl] *n* шило

**awn** [ɔːn] *n* ость (*колоса*)

**awning** [ˈɔːnɪŋ] *n* 1) навес, тент 2) *attr.*: ~ deck *мор.* тентовая палуба

**awoke** [əˈwəuk] *past и p. p. от* awake 1

**awoken** [əˈwəukən] *p. p. от* awake 1

**awry** [əˈraɪ] **1.** *a predic.* 1) кривой 2) искажённый; a face ~ with pain лицо, искажённое болью 3) неправильный

**2.** *adv* 1) косо, набок; to look ~ смотреть косо, с недоверием 2) неправильно, нехорошо; неудачно; to take ~ толковать в дурную сторону; things went ~ дела пошли скверно

**ax** [aks] *диал. см.* ask

**ax(e)** [æks] **1.** *n* 1) топор; колун 2) топор (*палача*) 3) (the ~) казнь, отсечение головы 4) *жарг.* резкое сокращение бюджета; урезывание, снижение ассигнований 5) *ист.* секира ◇ to fit (*или* to put) the ~ in (*или* on) the helve преодолеть трудность; достигнуть цели; разрешить сомнения; to hang up one's ~ а) отойти от дел; б) отказаться от бесплодной затеи; to have an ~ to grind преследовать личные корыстные цели; to send the ~ after the helve рисковать последним; to set the ~ to smth., to lay the ~ to the root of smth. приступить к уничтожению, разрушению чего-л.

**2.** *v* 1) работать топором 2) *жарг.* сокращать (*штаты*); урезывать (*бюджет, ассигнования*)

**axes I** [ˈæksɪz] *pl от* ax(e) 1

**axes II** [ˈæksiːz] *pl от* axis

**axe-stone** [ˈæksstəun] *n мин.* нефрит

**axial** [ˈæksɪəl] *a* осевой; по направлению оси; ~ angle угол оптических осей

**axil** [ˈæksɪl] *n бот.* влагалище (*листа*); пазуха

**axilla** [ækˈsɪlə] *n* (*pl* -ae) 1) *анат.* подмышка 2) = axil

**axillae** [ækˈsɪliː] *pl от* axilla

**axillary** [ækˈsɪlərɪ] *a* 1) *анат.* подмышечный 2) *бот.* пазушный

**axiom** [ˈæksɪəm] *n* аксиома

**axiomatic** [ˌæksɪəuˈmætɪk] *a* самоочевидный, не требующий доказательства

**axiomatical** [ˌæksɪəuˈmætɪkəl] = = axiomatic

**axis** [ˈæksɪs] *n* (*pl* axes) ось

**axle** [ˈæksl] *n тех.* ось

**axle-bearing** [ˈækslˌbɛərɪŋ] *n тех.* букса

**axle-box** [ˈækslbɔks] *n тех.* букса

**axled** [ˈæksld] *a* осевой

**axle grease** [ˈækslgriːs] *n* тавот, колёсная мазь

**axle-pin** [ˈækslpɪn] *n тех.* чека

**axle-tree** [ˈæksltriː] *n* колёсный вал, ось

**axunge** [ˈæksʌndʒ] *n уст.* сало (*обыкн.* гусиное)

**ay** [aɪ] **1.** *int* да; ~, ~! *мор.* есть!

**2.** *n* (*pl* ayes [aɪz]): the ayes члены парламента, голосующие «за»; the ayes have it большинство за

**ayah** [ˈaɪə] *инд. n* няня-туземка

**Azerbaijanese** [ˌɑːzə(ː)ˌbaɪdʒəˈniːz] = Azerbaijani

**Azerbaijani** [ˌɑːzə(ː)baɪˈdʒɑːniː] *n* 1) азербайджанец; азербайджанка 2) азербайджанский язык

**Azerbaijanian** [ˌɑːzə(ː)baɪˈdʒɑːnjən] = Azerbaijani

**azimuth** [ˈæzɪməθ] *n* 1) азимут; true ~ истинный азимут 2) *attr.* азимутальный; ~ circle буссоль, угломерный круг; ~ deviation *воен.* боковое отклонение; ~ finder авиационный пеленгатор

**azoic** [əˈzəuɪk] *a* 1) безжизненный 2) *геол.* не содержащий органических остатков

**azote** [əˈzəut] *n* азот

**azotic** [əˈzɔtɪk] *a* азотный; азотистый; ~ acid азотная кислота

**azure** [ˈæʒə] **1.** *n поэт.* (небесная) лазурь, небо

**2.** *a* голубой, лазурный; ~ stone *мин.* ляпис-лазурь

# B

**B, b** [biː] *n* (*pl* Bs, B's [biːz]) 1) *2-я буква англ. алфавита* 2) *условное обозначение чего-л., следующего за первым по порядку, сортности и т. п.* 3) *муз.* си ◇ not to know B from a bull's foot не знать ни аза; B flat *шутл.* клоп

**baa** [bɑː] **1.** *n* блеяние овцы

**2.** *v* блеять

**Baal** [ˈbeɪəl] *n* (*pl* Baalim) 1) *миф.* Ваал 2) идол

**baa-lamb** [ˈbɑːlæm] *n детск.* барашек

**Baalim** [ˈbeɪəlɪm] *pl от* Baal

**babbie** [ˈbæbɪ] *диал. см.* baby 1

**babbit** [ˈbæbɪt] = babbitt

**Babbitry** [ˈbæbɪtrɪ] *n* обывательщина, мещанство

**babbitt** [ˈbæbɪt] *тех.* **1.** *n* баббит

**2.** *v* заливать баббитом

**babble** [ˈbæbl] **1.** *n* 1) лепет 2) бормотание 3) болтовня 4) журчание

**2.** *v* 1) лепетать; бормотать; болтать 2) выболтать, проболтаться 3) журчать

**babblement** [ˈbæblmənt] = babble 1

**babbler** [ˈbæblə] *n* болтун; говорун

**babe** [beɪb] *n* 1) *поэт. см.* baby 1, 1); 2) непрактичный человек 3) *амер. разг.* красотка ◇ ~s and sucklings новички, совершенно неопытные люди; ~s in the wood наивные, доверчивые люди; простаки

**babel** [ˈbeɪbəl] *n* 1) (B.) *библ.* вавилонская башня (*тж.* the tower of B.) 2) галдёж; смешение языков; вавилонское столпотворение

**baboo** [ˈbɑːbuː] *инд. n* 1) господин (*как обращение*) 2) чиновник-индус, пишущий по-английски 3) *attr.*: B. English *пренебр.* напыщенная английская речь

**baboon** [bəˈbuːn] *n* бабуин (*обезьяна*)

**baby** [ˈbeɪbɪ] **1.** *n* 1) ребёнок, младенец; малютка; ~'s formula детская питательная смесь 2) детёныш (*особ. об обезьянах*) ◇ to carry (*или* to hold) the ~ а) нести неприятную ответственность; б) быть связанным по рукам и ногам; to plead the ~ act уклоняться от ответственности, ссылаясь на неопытность; to play the ~ ребячиться; to send a ~ on an errand заранее обрекать на неудачу

**2.** *a* 1) детский, младенческий 2) ребяческий, инфантильный 3) небольшой, малый; ~ elephant слонёнок; ~ grand (piano) кабинетный рояль; ~

plane *ав.* авие́тка; ~ car малолитра́жный автомоби́ль

**baby-farmer** ['beɪbɪˌfɑ:mə] *n* же́нщина, беру́щая (за пла́ту) дете́й на воспита́ние

**babyhood** ['beɪbɪhud] *n* младе́нчество

**babyish** ['beɪbɪɪʃ] *a* де́тский, ребя́ческий

**baby-minding** ['beɪbɪˌmaɪndɪŋ] *n* ухо́д за ребёнком

**baby moon** ['beɪbɪmu:n] *n разг.* иску́сственный спу́тник Земли́

**baby-sit** ['beɪbɪsɪt] *v разг.* быть приходя́щей ня́ней

**baby-sitter** ['beɪbɪˌsɪtə] *n разг.* приходя́щая ня́ня

**baby talk** ['beɪbɪtɔ:k] *n* де́тский ле́пет (*тж. перен.*)

**baccalaureate** [ˌbækə'lɔ:rɪɪt] *n* сте́пень бакала́вра

**baccara(t)** ['bækərɑ:] *n* баккара́ (*азартная карточная игра*)

**Bacchanal** ['bækənl] **1.** *a* вакхи́ческий; разгу́льный

**2.** *n* 1) песнопе́ния и пля́ски в честь Ва́кха 2) весе́лье 3) гуля́ка, кути́ла

**Bacchanalia** [ˌbækə'neɪljə] *n* вакхана́лия; пья́ный разгу́л

**Bacchant(e)** ['bækənt(ɪ)] *n* вакха́нка

**Bacchic** ['bækɪk] *a* вакхи́ческий

**Bacchus** ['bækəs] *n миф.* Ба́хус, Вакх

**baccy** ['bækɪ] *n* (*сокр. от* tobacco) *разг.* табачо́к

**bach** [bætʃ] **1.** *n сокр. от* bachelor I

**2.** *v*: to ~ it а) *амер. sl.* жить самостоя́тельно; б) вести́ холостя́цкий о́браз жи́зни

**bachelor** I ['bætʃələ] *n* холостя́к ◇ ~ girl одино́кая де́вушка, живу́щая самостоя́тельно; ~'s wife *шутл.* идеа́льная же́нщина, «мечта́ холостяка́»

**bachelor** II ['bætʃələ] *n* бакала́вр

**bachelorhood** ['bætʃələhud] *n* холоста́я жизнь

**bachelorship** I ['bætʃələʃɪp] = bachelorhood

**bachelorship** II ['bætʃələʃɪp] *n* сте́пень бакала́вра

**bacilli** [bə'sɪlaɪ] *pl от* bacillus

**bacillus** [bə'sɪləs] *n* (*pl* -li) баци́лла

**back** I [bæk] *n* большо́й чан

**back** II [bæk] **1.** *n* 1) спина́; to turn one's ~ upon smb. отверну́ться от кого́-л.; поки́нуть кого́-л.; to be on one's ~ лежа́ть (*больным*) в посте́ли 2) спи́нка (*стула; в одежде, выкройке*) 3) гре́бень (*волны, холма*) 4) за́дняя *или* оборо́тная сторона́; изна́нка, подкла́дка; ~ of the head заты́лок; ~ of the hand ты́льная сторона́ руки́ 5) *мор.*: ~ of a ship киль су́дна 6) корешо́к (*книги*) 7) о́бух 8) *горн., геол.* вися́чий бок (*пласта*); кро́вля (*забоя*); потоло́к (*выработки*) 9) *спорт.* защи́тник (*в футболе*) ◇ with one's ~ to the wall прижа́тый к сте́нке; в безвы́ходном положе́нии; at the ~ of one's mind подсозна́тельно; to be at the ~ of smth. быть та́йной причи́ной чего́-л.; behind one's ~ без ве́дома, за спино́й; to turn one's ~ обрати́ться в бе́гство; to put one's ~ (into) рабо́тать с энтузиа́змом (над); to break the ~ of зако́нчить са́мую трудоёмкую часть (*работы*); to get (*или* to put, to set) smb.'s ~ up рассерди́ть кого́-л.; раздража́ть кого́-л.; to know the way one knows the ~ of one's hand ≅ знать как свои́ пять па́льцев

**2.** *a* 1) за́дний; отдалённый; ~ entrance чёрный ход; ~ street отдалённая у́лица, у́лочка; to take a ~ seat стушева́ться, отойти́ на за́дний план; заня́ть скро́мное положе́ние; ~ vowel *фон.* гла́сный за́днего ря́да; ~ areas *воен.* тылы́, тыловы́е райо́ны; ~ elevation *стр., тех.* вид сза́ди, за́дний фаса́д; ~ filling *стр.* засы́пка, забу́тка 2) запозда́лый; просро́ченный (*о платеже*); ~ payment расчёты за́дним число́м; просро́ченный платёж 3) ста́рый; ~ number а) ста́рый но́мер (*газеты, журнала; тж.* ~ issue); б) отста́лый челове́к; ретрогра́д; в) что-л. устаре́вшее, утра́тившее новизну́ 4) отста́лый; a ~ view of things отста́лые взгля́ды 5) обра́тный

**3.** *v* 1) подде́рживать; подкрепля́ть; субсиди́ровать 2) служи́ть спи́нкой 3) служи́ть фо́ном 4) служи́ть подкла́дкой 5) ста́вить на подкла́дку 6) *амер. разг.* носи́ть на спине́ 7) дви́гать(ся) в обра́тном направле́нии, пя́тить(ся); оса́живать; отступа́ть; идти́ за́дним хо́дом; to ~ water (*или* the oars) *мор.* таба́нить 8) переплета́ть (*книгу*) 9) держа́ть пари́, ста́вить (*на лошадь и т. п.*) 10) индосси́ровать (*вексель*) 11) *амер.* грани́чить, примыка́ть (on, upon) 12) е́здить верхо́м; приуча́ть (*лошадь*) к седлу́; сади́ться в седло́ ▭ ~ **down** отступа́ться, отка́зываться от *чего-л.*; ~ **out** отказа́ться от уча́стия; уклони́ться (of — от *чего*-л.); ~ **up** а) подде́рживать; б) дава́ть за́дний ход ◇ to ~ the wrong horse сде́лать плохо́й вы́бор, просчита́ться, ошиби́ться в расчётах

**4.** *adv* 1) наза́д, обра́тно; ~ home сно́ва до́ма, на ро́дине; ~ and forth взад и вперёд; ~ from the door! прочь от две́ри! 2) тому́ наза́д 3) *указывает на ответное действие*; to talk (*или* to answer) ~ возража́ть; to pay ~ отпла́чивать; to love ~ отвеча́ть взаи́мностью ▭ ~ from а) в стороне́, вдалеке́ от; ~ from the road в стороне́ от доро́ги; б) *амер.* сза́ди, позади́; за (*тж.* ~ of) ◇ to go ~ from (*или* upon) one's word отказа́ться от обеща́ния

**backache** ['bækeɪk] *n* боль в спине́, в поясни́це

**back-bencher** ['bæk'bentʃə] *n* рядово́й член парла́мента, «заднескаме́ечник»

**backbit** ['bækbɪt] *past от* backbite

**backbite** ['bækbaɪt] *v* (backbit; backbitten) злосло́вить за спино́й, клевета́ть

**backbitten** ['bækˌbɪtn] *p. p. от* backbite

**back-blocks** ['bækblɔks] *n pl австрал. разг.* 1) ме́стность, удалённая от путе́й сообще́ния 2) райо́н трущо́б

**back-blow** ['bækbləu] *n* 1) неожи́данный уда́р 2) *воен.* отда́ча; отка́т ору́дия

**backboard** ['bækbɔ:d] *n* 1) деревя́нная спи́нка (*в лодке или повозке*) 2) спинодержа́тель

**backbone** ['bækbəun] *n* 1) спинно́й хребе́т, позвоно́чник 2) твёрдость хара́ктера 3) гла́вная опо́ра; осно́ва; суть 4) корешо́к (*книги*) ◇ to the ~ до мо́зга косте́й, насквозь

**back-breaking** ['bækˌbreɪkɪŋ] *a* изнури́тельный, непоси́льный; ~ labour тя́жкий труд

**back-chat** ['bæktʃæt] *n разг.* де́рзкий отве́т

**back-cloth** ['bækklɔθ] *n театр.* за́дник

**back country** ['bækˌkʌntrɪ] *n* отдалённые от це́нтра райо́ны; глушь

**back-country** ['bækˌkʌntrɪ] *a* отдалённый; ~ district отдалённый се́льский райо́н

**backdoor** ['bæk'dɔ:] **1.** *n* 1) чёрный ход; запа́сный вы́ход 2) закули́сные интри́ги

**2.** *a* та́йный, закули́сный

**backdown** ['bækdaun] *n* отступле́ние, отка́з от притяза́ний

**back-draught** ['bækdrɑ:ft] *n* 1) обра́тная тя́га 2) за́дний ход (*двигателя*)

**backdrop** ['bækdrɔp] *n театр.* за́дник

**backed** [bækt] **1.** *p. p. от* back II, 3

**2.** *a* име́ющий спи́нку, со спи́нкой

**back-end** ['bæk'end] *n* 1) за́дняя часть, коне́ц; the ~ of a car зад маши́ны 2) коне́ц сезо́на; по́здняя о́сень

**backer** ['bækə] *n* 1) тот, кто подде́рживает *и пр.* [*см.* back II, 3] 2) сторо́нник

**backfall** ['bæk'fɔ:l] *n спорт.* паде́ние на́ спину (*в борьбе*)

**backfiller** ['bækˌfɪlə] *n дор.* маши́на для засы́пки (*траншей после укладки труб*)

**back-fire** ['bæk'faɪə] **1.** *n* 1) *амер.* встре́чный пожа́р (*для прекращения лесного пожара*) 2) разры́в патро́на в казённой ча́сти огнестре́льного ору́жия 3) *тех.* обра́тная вспы́шка

**2.** *v* неожи́данно привести́ к обра́тным результа́там

**backfisch** ['bækfɪʃ] *нем. n* де́вочка-подро́сток

**back-formation** ['bækfɔ:ˌmeɪʃən] *n лингв.* обра́тное словообразова́ние

**backgammon** [bæk'gæmən] *n* трикtра́к (*игра*)

**background** ['bækgraund] *n* 1) за́дний план, фон; against the ~ на фо́не; to keep (*или* to stay) in the ~ держа́ться, остава́ться в тени́ 2) подоплёка; подного́тная 3) предпосы́лка; да́нные, объясне́ние 4) исто́ки; происхожде́ние; биографи́ческие да́нные; what's his ~ что он собо́й представля́ет? 5) подгото́вка, квалифика́ция 6) музыка́льное *или* шумово́е сопровожде́ние 7) *attr.*: ~ papers вспомога́тельные материа́лы, докуме́нты

**backhand** ['bækhænd] *n* уда́р сле́ва (*в теннисе*)

**backhanded** ['bæk'hændɪd] *a* 1) нанесённый ты́льной стороно́й руки́ (*об ударе*) 2) нейскренний, двусмы́сленный; ~ compliment сомни́тельный комплиме́нт 3) косо́й, с уклоно́м вле́во (*о почерке*) 4) обра́тный, противополо́жный обы́чному направле́нию

**back-haul** ['bækhɔ:l] *n* обра́тный транзи́т; обра́тный груз

**backing** ['bækɪŋ] **1.** *pres. p. от* back II, 3

**2.** *n* 1) подде́ржка *и пр.* [*см.* back II, 3] 2) *собир.* сторо́нники 3) за́дний ход; враще́ние про́тив часово́й стре́лки 4) подкла́дка (*ткани*) 5) *стр.* прокла́дка; засы́пка ◇ ~ and filling *амер.* колеба́ние, нереши́тельность

**backlash** ['bæklæʃ] *n* 1) *тех.* мёртвый ход 2) *тех* зазо́р, люфт 3) *ав.* скольже́ние винта́ 4) неблагоприя́тная реа́кция (*на политическое событие и т. п.*)

**backless** ['bæklɪs] *a* 1) с ни́зким вы́резом на спине́ (*о платье*) 2) без спи́нки; ~ stool табуре́тка

**backlog** ['bæklɔg] *n эк.* 1) задо́лженность 2) невы́полненные зака́зы 3) резе́рвы (*товаров, материалов и т. п.*)

**backmost** ['bækməust] *a* са́мый за́дний

**backpage** ['bækpeɪdʒ] *n* ле́вая страни́ца (*книги*)

**back pay** ['bækpeɪ] *n амер.* 1) заде́ржка вы́дачи зарпла́ты 2) опла́та за вы́нужденный прогу́л

**backrest** ['bækrest] *n* спи́нка (*скамьи и т. п.*)

**backroom** ['bæk'ru:m] *n разг.* 1) секре́тный отде́л, секре́тная лаборато́рия 2) *attr.* секре́тный, засекре́ченный; ~ boys *разг.* сотру́дники, за́нятые секре́тной нау́чно-иссле́довательской рабо́той 3) *attr.* незако́нный, та́йный, негла́сный

**back settlement** ['bæk'setlmənt] *n амер.* отдалённое поселе́ние

**backside** ['bæk'saɪd] *n* зад; за́дняя, ты́льная сторона́

**back-sight** ['bæksaɪt] *n геод.* обра́тное визи́рование

**back slang** ['bækslæŋ] *n* жарго́н, в кото́ром слова́ произно́сятся в обра́тном поря́дке (*напр.*, gip *вм.* pig)

**back-slapping** ['bæk,slæpɪŋ] *n* (покрови́тельственное) похло́пывание по спине́

**backslide** ['bæk'slaɪd] *v* 1) отпада́ть (*от веры*) 2) сно́ва впада́ть (*в ересь, порок и т. п.*) 3) отка́зываться от пре́жних убежде́ний

**backstage** ['bæk'steɪdʒ] **1.** *a* закули́сный; кулуа́рный; ~ talks закули́сные перегово́ры

**2.** *adv* за кули́сами

**backstairs** ['bæk'stɛəz] *n pl* 1) чёрная ле́стница 2) закули́сные интри́ги 3) *attr.* та́йный, закули́сный; ~ influence та́йное влия́ние 4) *attr.* сканда́льный

**backstay** ['bæksteɪ] *n* (*обыкн. pl*) *мор.* ба́кштаг

**backstitch** ['bækstɪtʃ] *n* стро́чка (*в шитье*)

**backstop** ['bækstɔp] *n* засло́н; сте́нка; *перен. тж.* опло́т

**backstroke** ['bækstrəuk] *n* 1) отве́тный уда́р 2) пла́вание на спине́

**backsword** ['bæksɔ:d] *n ист.* теса́к

**back-talk** ['bæktɔ:k] *n разг.* де́рзкий отве́т, ре́зкое возраже́ние

**backtrack** ['bæktræk] *v* отступа́ться, отка́зываться, отрека́ться; to ~ on one's views отре́чься от свои́х взгля́дов

**back-up** ['bæk'ʌp] *n* 1) дубли́рование (*в космонавтике*) 2) космона́вт-дублёр

**backward** ['bækwəd] **1.** *a* 1) обра́тный (*о движении*) 2) отста́лый; ~ children у́мственно *или* физи́чески отста́лые де́ти 3) заскору́злый, замше́лый 4) запозда́лый; *редк.* про́шлый 5) ме́длящий; неохо́тно де́лающий 6) ро́бкий, засте́нчивый

**2.** *adv* 1) наза́д; за́дом 2) наоборо́т; за́дом наперёд 3) в обра́тном направле́нии, обра́тно

**backwardness** ['bækwədnɪs] *n* отста́лость *и пр.* [*см.* backward 1]

**backwards** ['bækwədz] = backward 2

**backwash** ['bækwɔʃ] *n* 1) вода́, отбра́сываемая колёсами *или* винто́м парохо́да 2) обра́тный пото́к 3) возмущённый пото́к (*воздуха за самолётом*) 4) отголо́сок, после́дствия

**backwater** ['bæk,wɔ:tə] *n* 1) за́водь; запру́женная вода́; *перен.* ти́хая за́водь; боло́то, засто́й 2) прили́в 3) = backwash 1); 4) *attr.* захолу́стный, глухо́й; ~ district медве́жий у́гол

**backwoods** ['bækwudz] *n pl* 1) лесна́я глушь; лесны́е пограни́чные райо́ны 2) *attr. разг.* провинциа́льный; неотёсанный

**backwoodsman** ['bækwudzmən] *n* 1) обита́тель лесно́й глуши́; *перен. разг.* пэр, кото́рый о́чень ре́дко *или* во́все не посеща́ет пала́ту ло́рдов 2) провинциа́л

**bacon** ['beɪkən] *n* 1) копчёная свина́я груди́нка, беко́н; ~ and eggs яи́чница с беко́ном 2) *разг.* чи́стый вы́игрыш, чи́стая при́быль ◇ to save one's ~ *разг.* спасти́ свою́ шку́ру; убра́ться подобру́-поздоро́ву; to bring home the ~ *разг.* доби́ться успе́ха

**bacteria** [bæk'tɪərɪə] *pl от* bacterium

**bacteriological** [bæk,tɪərɪə'lɔdʒɪkəl] *a* бактериологи́ческий

**bacteriologist** [bæk,tɪərɪ'ɔlədʒɪst] *n* бактерио́лог

**bacteriology** [bæk,tɪərɪ'ɔlədʒɪ] *n* бактериоло́гия

**bacteriolysis** [bæk,tɪərɪ'ɔlɪsɪs] *n* бактерио́лиз

**bacterium** [bæk'tɪərɪəm] *n* (*pl* -ria) бакте́рия

**bad** [bæd] **1.** *a* (worse; worst) 1) плохо́й, дурно́й, скве́рный; she feels ~ она́ пло́хо себя́ чу́вствует; ~ name (for) дурна́я репута́ция; ~ coin фальши́вая *или* неполноце́нная моне́та; ~ language сквернносло́вие; ~ luck невезе́ние; it is too ~! вот беда́! 2) испо́рченный; недобросо́вестный; to go ~ испо́ртиться; сгнить 3) развращённый, безнра́вственный 4) вре́дный; beer is ~ for you пи́во вам вре́дно 5) больно́й; ~ leg больна́я нога́; to be taken ~ заболе́ть 6) си́льная (*о боли, холоде и т. п.*); гру́бый (*об ошибке*) 7) *юр.* недействи́тельный ◇ ~ blood ссо́ра; неприя́знь; ~ debt безнадёжный долг; ~ egg (*или* hat, lot) *разг.* моше́нник; непутёвый, никуды́шный челове́к; ~ fairy злой ге́ний; ~ form дурны́е мане́ры; ~ man *амер.* отча́янный челове́к, головоре́з; with a ~ grace неохо́тно

**2.** *n* 1) неуда́ча, несча́стье; to take the ~ with the good сто́йко переноси́ть превра́тности судьбы́ 2) убы́ток; to the ~ в убы́тке, в убы́ток 3) ги́бель; разоре́ние; to go to the ~ пропа́сть, поги́бнуть; сби́ться с пути́ и́стинного

**bad(e)** [bæd (beɪd)] *past от* bid 2

**badge** [bædʒ] *n* 1) значо́к; кока́рда 2) си́мвол; при́знак; знак

**badger** ['bædʒə] **1.** *n* 1) барсу́к; to draw the ~ *охот.* вы́курить барсука́ из норы́; *перен.* заста́вить кого́-л. проговори́ться, вы́дать себя́ 2) кисть из во́лоса барсука́ 3) *амер. разг.* жи́тель шта́та Виско́нсин

**2.** *v* 1) трави́ть, изводи́ть 2) дразни́ть

**badger-baiting** ['bædʒə,beɪtɪŋ] *n* тра́вля барсуко́в соба́ками

**badger-dog** ['bædʒədɔg] *n* та́кса (*порода собак*)

**badger-drawing** ['bædʒə,drɔ:ɪŋ] = badger-baiting

**badger-fly** ['bædʒəflaɪ] *n* иску́сственная му́ха (*наживка*)

**Badger State** ['bædʒə'steɪt] *n амер. разг.* штат Виско́нсин

**badinage** ['bædɪnɑ:ʒ] *фр. n* подшу́чивание

**badlands** ['bædlændz] *n pl амер.* беспло́дные зе́мли

**badly** ['bædlɪ] *adv* (worse; worst) 1) пло́хо, ду́рно 2) о́чень си́льно; ~ wounded тяжело́ ра́нен; I want it ~ мне э́то о́чень ну́жно; to react ~ to smth. боле́зненно реаги́ровать на что-либо ◇ to be ~ off быть в тру́дном положе́нии, нужда́ться

**badminton** ['bædmɪntən] *n* 1) бадминто́н 2) крюшо́н из кра́сного вина́

**Baedeker** ['beɪdɪkə] *n* путеводи́тель по истори́ческим места́м, бедéкер

**badness** [ˈbædnɪs] *n* негóдность *и пр.* [*см.* bad 1]

**bad-tempered** [ˈbædˈtempəd] *a* злой, раздражи́тельный

**baffle** [ˈbæfl] **1.** *n тех.* 1) (раздели́тельная) перегорóдка; экрáн; щит; глуши́тель 2) дефлéктор

**2.** *v* 1) расстрáивать, опроки́дывать (*расчёты, планы*); препя́тствовать, мешáть; to ~ pursuit ускользáть от преслéдования 2) стáвить в тупи́к; сбивáть с тóлку 3) тщéтно борóться 4) отводи́ть *или* изменя́ть течéние ◇ to ~ all description не поддавáться описáнию

**baffle-board** [ˈbæflbɔːd] *n* 1) раздели́тельная перегорóдка 2) *радио* отражáтельная доскá

**baffle-plate** [ˈbæflpleɪt] = baffle 1

**baffler** [ˈbæflə] *n тех.* 1) отражáтель; перегорóдка 2) глуши́тель

**baffle-wall** [ˈbæflwɔːl] = baffle-board

**baffling** [ˈbæflɪŋ] **1.** *pres. p. от* baffle 2

**2.** *a* 1) трýдный; a ~ problem трýдная задáча; ~ complexity чрезвычáйная слóжность 2) неблагоприя́тный; ~ winds перемéнные, неблагоприя́тные вéтры

**bag** I [bæg] **1.** *n* 1) мешóк; сýмка; чемодáн; to empty the ~ опорожни́ть мешóк, сýмку; *перен.* рассказáть, вы́ложить всё 2) ягдтáш; добы́ча (*охотника*); to make the ~ уби́ть ди́чи бóльше, чем другúе учáстники охóты 3) баллóн 4) пóлость (*в горной породе*), кармáн 5) *pl* мешки́ (под глазáми) 6) вы́мя 7) *pl* мнóжество, ýйма 8) *pl разг.* штаны́ (*тж.* pair of ~s) 9) дипломати́ческая пóчта ◇ in the ~ ≅ дéло в шля́пе; дéло вéрное; to set one's ~ (for) *амер.* заи́грывать (*с кем-л.*); ~ and baggage а) со всéми пожи́тками; б) совершéнно; в) в óбщем, в совокýпности; ~ of wind *амер. разг.* болтýн, пустозвóн, хвастýн [*ср.* windbag]; late ~ почтóвый мешóк для пи́сем, полýченных пóсле устанóвленного срóка приёма пóчты; whole ~ of tricks а) вся́ческие ухищрéния; б) всё без остáтка; in the bottom of the ~ в кáчестве крáйнего срéдства; to give smb. the ~ to hold поки́нуть когó-л. в бедé; улизнýть от когó-л.; to put smb. in a ~ взять верх над кем-л., одолéть когó-л.; to bear (*или* to carry) the ~ а) распоряжáться деньгáми; б) быть хозя́ином положéния; to make a (good) ~ of smth. захвати́ть, уничтóжить что-л.

**2.** *v* 1) класть в мешóк 2) уби́ть (*столько-то дичи*) 3) сбить (*самолёт*) 4) собирáть (*коллекцию и т. п.*) 5) оттопы́риваться; висéть мешкóм; надувáться (*о парусах*) 6) *разг., часто шутл.* присвáивать, брать без спрóса 7) *школ. sl.* заявля́ть правá, кричáть «чур»; I ~!, ~s I! чур я!

**bag** II [bæg] *v* жать серпóм

**bagasse** [bəˈgæs] *n* вы́жимки, жом (*отходы сахарной свёклы при производстве сахара*)

**bagatelle** [ˌbægəˈtel] *n* 1) пустя́к; безделýшка 2) род бильярда 3) багатéль, небольшáя музыкáльная пьéса

**bagful** [ˈbægful] *n* (пóлный) мешóк (*мера*)

**baggage** [ˈbægɪdʒ] *n* 1) *амер.* багáж 2) *воен.* вози́мое имýщество, обóз 3) *шутл., пренебр.* девчóнка; impudent ~ нахáлка 4) *шутл.* озорни́ца, плутóвка 5) *груб.* проститýтка 6) *attr.*: ~ animal вью́чное живóтное; ~ train *воен.* вещевóй обóз

**baggage car** [ˈbægɪdʒˈkɑː] *n амер.* багáжный вагóн

**baggage-check** [ˈbægɪdʒˈtʃek] *n амер.* багáжная квитáнция

**baggage-man** [ˈbægɪdʒmæn] *n амер.* носи́льщик

**baggage room** [ˈbægɪdʒˈruːm] *n амер.* кáмера хранéния (багажá)

**bagged** [bægd] **1.** *p. p. от* bag I, 2

**2.** *a* 1) помещённый в мешóк; (как) в мешкé; инкапсули́рованный 2) вися́щий мешкóм

**bagger** [ˈbægə] *n* землечерпáлка

**bagging** [ˈbægɪŋ] **1.** *pres. p. от* bag I, 2

**2.** *n* мешкови́на

**baggy** [ˈbægɪ] *a* мешковáтый (*об одежде*); ~ skin below the eyes мешки́ под глазáми

**bagman** [ˈbægmən] *n* 1) стрáнствующий торгóвец 2) *разг.* коммивояжёр

**bagnio** [ˈbɑːnjəu] *ит. n* 1) *уст.* тюрьмá для рабóв (*на Востоке*) 2) *редк.* публи́чный дом

**bagpiper** [ˈbægˌpaɪpə] *n* волы́нщик

**bagpipes** [ˈbægpaɪps] *n pl* волы́нка (*музыкальный инструмент*)

**bag-sleeve** [ˈbægsliːv] *n* ширóкий рукáв, схвáченный у запя́стья

**bah** [bɑː] *int* ба! (*выражает пренебрежение*)

**baignoire** [ˈbeɪnwɑː] *фр. n театр.* бенуáр

**bail** I [beɪl] **1.** *n* 1) залóг, поручи́тельство; to save (*или* to surrender to) one's ~ яви́ться в суд в назнáченный срок (*о выпущенном на поруки*); to forfeit one's ~ не яви́ться в суд 2) поручи́тель; to accept (*или* to allow, to take) ~, to admit (*или* to hold, to let) to ~ вы́пустить на порýки; to give (*или* to offer) ~ найти́ себé поручи́теля; to go (*или* to be, to become, to stand) ~ for smb. поручи́ться за когó-л.; to justify (as) ~ под присягóй подтверди́ть кредитоспосóбность поручи́теля ◇ to give leg ~ *разг.* удрáть

**2.** *v* брать на порýки (*когó-л.; часто* ~ out)

**bail** II [beɪl] *n* 1) перегорóдка мéжду стóйлами (*в конюшне*) 2) вéрхняя переклáдина (*в крикете*)

**bail** III [beɪl] *v* вычéрпывать вóду (*из лодки; тж.* ~ water out); to ~ out a boat вычéрпывать вóду из лóдки □ ~ **out** а) *ав. разг.* выбрáсываться, пры́гать с парашю́том; б): ~ out of the difficulties выходи́ть из затрудни́тельного положéния

**bail** IV [beɪl] *n* рýчка (*ведра или чайника*)

**bailable** [ˈbeɪləbl] *a* допускáющий вы́пуск на порýки (*о составе преступления*)

**bailee** [beɪˈliː] *n* отвéтственное лицó, котóрому пéреданы товáры на хранéние

**bailer** [ˈbeɪlə] *n* 1) ковш, черпáк; *мор.* лéйка 2) человéк, вычéрпывающий вóду из лóдки

**bailey** [ˈbeɪlɪ] *n ист.* двор зáмка ◇ Old B. Центрáльный уголóвный суд (*в Лондоне*)

**bailiff** [ˈbeɪlɪf] *n* 1) судéбный при́став, бéйлиф 2) управля́ющий имéнием

**bailing** I [ˈbeɪlɪŋ] **1.** *pres. p. от* bail III

**2.** *n горн.* 1) тартáние (*нефти*) 2) откáчка воды́ (*из шахты*)

**bailing** II [ˈbeɪlɪŋ] *pres. p. от* bail I, 2

**bailiwick** [ˈbeɪlɪwɪk] *n ист.* óкруг *или* юрисди́кция бéйлифа

**bailment** [ˈbeɪlmənt] *n* 1) освобождéние на порýки 2) взя́тие на порýки 3) депони́рование, передáча товáра другóму лицý (*на определённых условиях*)

**bailor** [ˈbeɪlə] *n* депонéнт, лицó, передаю́щее товáр другóму лицý (*на определённых условиях*)

**bailsman** [ˈbeɪlzmən] *n* поручи́тель

**bairn** [bɛən] *n шотл.* ребёнок

**bait** [beɪt] **1.** *n* 1) примáнка; нажи́вка 2) искушéние 3) óтдых и кормлéние лошадéй в пути́ ◇ to jump at (*или* to rise to, to swallow) the ~ попáсться на ýдочку

**2.** *v* 1) насáживать нажи́вку на крючóк 2) примáнивать, завлекáть, искушáть 3) корми́ть (*лошадь, особ. в пути*) 4) получáть корм (*о лошади*) 5) останáвливаться в пути́ для óтдыха и еды́ 6) трави́ть (собáками) 7) преслéдовать насмéшками, изводи́ть, не давáть покóя

**baize** [beɪz] *n* бáйка; green ~ зелёное сукнó

**bake** [beɪk] *v* 1) пéчь(ся) 2) суши́ть на сóлнце; обжигáть (*кирпичи*) 3) запекáться; затвердевáть 4) загорáть на сóлнце

**bakehouse** [ˈbeɪkhaus] *n* пекáрня

**baker** [ˈbeɪkə] *n* пéкарь, бýлочник

**baker-legged** [ˈbeɪkəˈlegd] *a* кривонóгий

**bakery** [ˈbeɪkərɪ] *n* пекáрня, бýлочная

**bakestone** [ˈbeɪkstəun] *n* под (*печи*)

**bakhshish** [ˈbækʃiːʃ] = baksheesh

**baking** [ˈbeɪkɪŋ] **1.** *pres. p. от* bake

**2.** *n* 1) вы́печка; коли́чество хлéба, выпекáемого за оди́н раз 2) óбжиг

**3.** *a* паля́щий; ~ sun паля́щее сóлнце, паля́щий зной

**baking-powder** [ˈbeɪkɪŋˌpaudə] *n* пекáрный порошóк (*заменяющий дрожжи*)

**baksheesh** ['bækʃi:ʃ] *перс. n* бакши́ш, взя́тка, чаевы́е

**Balaam** ['beɪlæm] *n* 1) *библ.* Валаа́м 2) ненадёжный, неве́рный сою́зник 3) запасно́й материа́л для заполне́ния свобо́дного ме́ста в газе́те

**Balaam-basket** ['beɪlæm,bɑ:skɪt] = Balaam-box

**Balaam-box** ['beɪlæmbɔks] *n* я́щик для запасно́го материа́ла (*в редакции газеты*)

**balance** ['bæləns] **1.** *n* 1) весы́; quick (*или* Roman) ~ безме́н, пружи́нные весы́ 2) равнове́сие; ~ of forces равнове́сие сил; ~ of power полити́ческое равнове́сие (*между государствами*); to keep one's ~ сохраня́ть равнове́сие; *перен.* остава́ться споко́йным; to lose one's ~ упа́сть, потеря́ть равнове́сие; *перен.* вы́йти из себя́; to be off one's ~ потеря́ть душе́вное равнове́сие 3) (В.) Весы́ (*созвездие и знак зодиака*) 4) противове́с 5) ма́ятник; баланси́р, бала́нс (*в часовом механизме*) 6) *ком.* бала́нс, са́льдо (*тж.* ~ in hand); ~ of payments платёжный бала́нс; ~ of trade акти́вный бала́нс (*внешней торговли*); to strike a ~ подводи́ть бала́нс; *перен.* подводи́ть ито́ги 7) *разг.* оста́ток ◊ to be (*или* to tremble, to swing, to hang) in the ~ висе́ть на воло́ске, быть в крити́ческом положе́нии; the ~ of advantage lies with him на его́ стороне́ значи́тельные преиму́щества; to be weighed in the ~ and found wanting не оправда́ть наде́жд; to hold the ~ распоряжа́ться; upon a fair ~ по зре́лом размышле́нии

**2.** *v* 1) баланси́ровать; сохраня́ть равнове́сие, быть в равнове́сии; уравнове́шивать 2) взве́шивать, обду́мывать; сопоставля́ть (with, against) 3) колеба́ться (between) 4) *ком.* подводи́ть бала́нс; to ~ one's accounts подыто́живать счета́; the accounts don't ~ счета́ не схо́дятся

**balance-beam** ['bælənsbi:m] *n* 1) коромы́сло (*весов*) 2) баланси́р 3) *спорт.* гимнасти́ческое бревно́

**balance-bridge** ['bæləns'brɪdʒ] *n* подъёмный мост

**balanced** ['bælənst] **1.** *p. p. от* balance 2

**2.** *a* уравнове́шенный; гармони́чный; пропорциона́льный

**balance-master** ['bæləns,mɑ:stə] *n* эквилибри́ст

**balancer** ['bælənsə] *n* 1) эквилибри́ст, балансёр 2) *тех.* уравни́тель, стабилиза́тор

**balance-sheet** ['bælənsʃi:t] *n фин.* бала́нс

**balance-step** ['bælənsstep] *n воен.* учебный шаг

**balance weight** ['bælənsweɪt] *n* противове́с, контргру́з

**balance-wheel** ['bælənswi:l] *n* ма́ятник (*в часовом механизме*)

**balconied** ['bælkənɪd] *a* с балко́ном, с балко́нами

**balcony** ['bælkənɪ] *n* 1) балко́н 2) *театр.* балко́н пе́рвого я́руса

**bald** [bɔ:ld] *a* 1) лы́сый; плеши́вый; as ~ as an egg (*или* as a billiard ball, as a coot) го́лый как коле́но, соверше́нно лы́сый 2) оголённый; лишённый расти́тельности, пе́рьев, ме́ха 3) с бе́лой отме́тиной на голове́ (*о животных*) 4) неприкры́тый (*о недостатках*) 5) неприкра́шенный, просто́й, прямо́й 6) убо́гий, бесцве́тный (*о стиле и т. п.*)

**baldachin, baldaquin** ['bɔ:ldəkɪn] *n* балдахи́н

**bald-coot** ['bɔ:ldku:t] *n* 1) лысу́ха (*птица*) 2) *разг.* лы́сый, плеши́вый челове́к

**balderdash** ['bɔ:ldədæʃ] *n* 1) вздор, галиматья́ 2) скверносло́вие

**bald-headed** ['bɔ:ld'hedɪd] **1.** *a* 1) лы́сый; плеши́вый 2) с бе́лой отме́тиной на голове́ (*о животных*)

**2.** *adv*: to go ~ at (*или* into, for) smth. *разг.* идти́ напроло́м, де́йствовать очертя́ го́лову, безрассу́дно; рискова́ть всем

**baldicoot** ['bɔ:ldɪku:t[ = bald-coot

**baldly** ['bɔ:ldlɪ] *adv* 1) откры́то; to put it ~ сказа́ть напрями́к, без обиняко́в 2) ску́дно, убо́го

**baldness** ['bɔ:ldnɪs] *n* плеши́вость *и пр.* [*см.* bald]

**baldric** ['bɔ:ldrɪk] *n* пе́ревязь (*для меча, рога*)

**bale** I [beɪl] **1.** *n* 1) ки́па (*товара*), тюк; cotton ~ ки́па хло́пка 2) *pl* това́р

**2.** *v* укла́дывать в тюки́, увя́зывать в ки́пы

**bale** II [beɪl] *n уст., поэт.* бе́дствие, зло

**bale** III [beɪl] = bail III

**baleen** [bə'li:n] *n* кито́вый ус

**balefire** ['beɪl,faɪə] *n* 1) сигна́льный ого́нь 2) костёр

**baleful** ['beɪlful] *a* 1) ги́бельный; злове́щий 2) зло́бный, злой; ~ look недо́брый взгляд

**balk** [bɔ:k] **1.** *n* 1) оканто́ванное бревно́, ба́лка; брус 2) (the ~s) *pl* черда́чное помеще́ние 3) невспа́ханная полоса́ земли́ 4) препя́тствие; заде́ржка; to meet with a ~ потерпе́ть пораже́ние 5) *мор.* бимс ◊ to make a ~ of good ground упусти́ть удо́бный слу́чай

**2.** *v* 1) препя́тствовать, меша́ть, заде́рживать 2) не оправда́ть (*надежд*); he was ~ed in (*или* of) his desires его́ наде́жды не оправда́лись 3) пропуска́ть, обходи́ть; оставля́ть без внима́ния, игнори́ровать 4) отка́зываться (*от пищи и т. п.*) 5) уклоня́ться (*от исполнения долга*) 6) упуска́ть (*случай*) 7) арта́читься; упира́ться; the horse ~ed at a leap ло́шадь заарта́чилась пе́ред прыжко́м

**Balkan** ['bɔ:lkən] *a* балка́нский

**balky** ['bɔ:kɪ] *a* упря́мый (*о животном*)

**ball** I [bɔ:l] **1.** *n* 1) шар; клубо́к (*шерсти*) 2) мяч 3) уда́р (*мячом*); a good ~ то́чный уда́р 4) бейсбо́л 5) пу́ля; *ист.* ядро́ 6) поду́шечка па́льца 7) *вет.* пилю́ля 8) *pl разг.* чепуха́; to make ~s of smth. натвори́ть дел, напу́тать, привести́ что-л. в беспоря́док ◊ ~-and-socket joint шарово́й шарни́р; ~ of the eye глазно́е я́блоко; ~ of the knee коле́нная ча́шка; ~ of fortune игру́шка судьбы́; three (golden) ~s вы́веска ростовщика́, даю́щего де́ньги под закла́д; to have the ~ at one's feet быть господи́ном положе́ния; име́ть ша́нсы на успе́х; to strike the ~ under the line потерпе́ть неуда́чу; to take up the ~ а) вступа́ть в разгово́р; б) приступа́ть к чему́-л.; to keep the ~ rolling, to keep up the ~ а) подде́рживать разгово́р; б) продолжа́ть де́лать что-л.; to catch (*или* to take) the ~ before the bound де́йствовать сли́шком поспе́шно; the ~ is with you о́чередь за ва́ми; to carry the ~ *амер. разг.* де́йствовать акти́вно; get on the ~! *амер. разг.* скоре́й!, живе́й!, пошеве́ливайся!; on the ~ *амер. разг.* расторо́пный; толко́вый

**2.** *v* собира́ть(ся) в клубо́к; свива́ть(ся) □ ~ up *sl.* а) приводи́ть в смуще́ние; пу́тать; б) провали́ться на экза́мене

**ball** II [bɔ:l] *n* бал, танцева́льный ве́чер; to open (*или* to lead up) the ~ открыва́ть бал; *перен.* начина́ть де́йствовать, брать на себя́ инициати́ву

**ballad** ['bæləd] *n лит.* балла́да (*лирико-эпическая поэма народного характера, преим. относящаяся к англ. и нем. романтизму*)

**ballade** [bæ'lɑ:d] *n стих.* балла́да (*лирическое стихотворение из трёх строф с рефреном и посылкой*)

**ballad-monger** ['bæləd,mʌŋgə] *n* 1) *ист.* а́втор *или* продаве́ц балла́д 2) *пренебр.* рифмоплёт

**balladry** ['bælədrɪ] *n уст.* наро́дные балла́ды и их стиль

**ballast** ['bæləst] **1.** *n* 1) балла́ст; the ship is in ~ су́дно гру́жено балла́стом 2) то, что придаёт усто́йчивость; mental ~ уравнове́шенность, усто́йчивость (*характера*); to lack ~, to have no ~ быть неуравнове́шенным (челове́ком)

**2.** *v* 1) грузи́ть балла́стом 2) *ж.-д.* засыпа́ть балла́стом 3) придава́ть усто́йчивость (*тж. перен.*)

**ball-bearing** ['bɔ:l'bɛərɪŋ] *n тех.* шарикоподши́пник

**ball-cartridge** ['bɔ:l'kɑ:trɪdʒ] *n воен.* боево́й патро́н

**ballerina** [,bælə'ri:nə] *n* балери́на, соли́стка бале́та

**ballet** ['bæleɪ] *фр. n* бале́т

**ballet-dancer** ['bælɪ,dɑ:nsə] *n* арти́ст(ка) бале́та; балери́на

**ballet-master** ['bælɪ,mɑ:stə] *n* балетме́йстер

**balletomane** ['bælɪtəumeɪn] *n* балетома́н

**ballistic** [bə'lɪstɪk] *a* баллисти́ческий; ~ rocket баллисти́ческая ракета; intermediate-range ~ missile ракéта срéдней дáльности; ~ guided missile баллисти́ческий управля́емый реакти́вный снаря́д

**ballistics** [bəˈlɪstɪks] *n pl* (*употр. как sing*) балли́стика

**ballon d'essai** [bɑːˈlɔːŋdeˈseɪ] *фр. n* прóбный шар

**balloon** [bəˈluːn] **1.** *n* 1) воздýшный шар; неуправля́емый аэростáт; ~ on bearings, observation ~ привязнóй аэростáт наблюдéния; trial ~ прóбный шар 2) кружóк, в котóрый заключены́ словá изображённого на карикатýре персонáжа 3) *attr.*: ~ observation наблюдéние с привязны́х аэростáтов

**2.** *v* 1) поднимáться на воздýшном шáре 2) раздувáться

**balloon-car** [bəˈluːnkɑː] *n* гондóла аэростáта

**balloon fabric** [bəˈluːnˌfæbrɪk] *n* бодрю́ш, бодрю́шная матéрия (*для оболочки аэростата*)

**balloonist** [bəˈluːnɪst] *a* аэронáвт, воздухоплáватель

**balloon tire** [bəˈluːnˌtaɪə] *n* баллóн (*шина*)

**ballot** I [ˈbælət] **1.** *n* 1) баллотирóвочный шар; избирáтельный бюллетéнь; tissue ~ *амер.* избирáтельный бюллетéнь на папирóсной бумáге 2) баллотирóвка; голосовáние (*преим. тайное*); to elect (*или* to vote) by ~, to take a ~ голосовáть 3) результáты голосовáния 4) жеребьёвка ◇ Australian ~ тáйное голосовáние; to cast a single ~ *амер.* создáть ви́димость единоду́шного голосовáния

**2.** *v* 1) голосовáть (for — за; against — прóтив) 2) тянýть жрéбий

**ballot** II [ˈbælət] *n* небольшáя ки́па (*весом 70—120 фунтов*)

**ballot-box** [ˈbælətbɔks] *n* 1) избирáтельная ýрна, баллотирóвочный я́щик; to stuff the ~ *амер.* заполня́ть избирáтельную ýрну поддéльными бюллетéнями 2) *attr.*: ~ stuffing *амер. sl.* фальсификáция вы́боров

**ballot-paper** [ˈbælətˌpeɪpə] *n* избирáтельный бюллетéнь

**ball-point pen** [ˈbɔːlpɔɪntˈpen] *n* шáриковая рýчка

**ball-room** [ˈbɔːlrum] *n* 1) танцевáльный зал 2) *attr.* бáльный

**bally** [ˈbælɪ] *sl.* **1.** *a выражает раздражение, нетерпение, радость*: stung by a ~ wasp укýшен проклятóй осóй; whose ~ fault is that? кто виновáт в э́том, чёрт возьми́?

**2.** *adv* ужáсно, стрáшно; too ~ tired чертóвски устáл

**ballyhoo** [ˈbælɪhuː] *n* 1) шуми́ха 2) чепухá

**ballyrag** [ˈbælɪræg] *v* 1) грýбо подшýчивать 2) брани́ть

**balm** [bɑːm] *n* 1) бальзáм, болеутоля́ющее срéдство 2) утешéние

**balm-cricket** [ˈbɑːmˌkrɪkɪt] *n* цикáда

**balmy** [ˈbɑːmɪ] *a* 1) аромáтный 2) благоухáнный, прия́тный (*о воздухе*); нéжный (*о ветерке*) 3) бальзами́ческий, бальзáмовый, дáющий бальзáм (*о дереве*) 4) цели́тельный; успокои́тельный 5) *sl.* глýпый; he's ~ у негó ви́нтика в головé не хватáет [*непр. вм.* barmy 2)]

**balneology** [ˌbælnɪˈɔlədʒɪ] *n мед.* бальнеолóгия

**baloney** [bəˈləunɪ] = boloney 2)

**balsa** [ˈbɔːlsə] *n* 1) бáльза (*дерево*) 2) *мор.* плóтик

**balsam** [ˈbɔːlsəm] *n* 1) бальзáм 2) *бот.* бальзами́н (садóвый) 3) *attr.*: ~ fir пи́хта бальзами́ческая

**balsamic** [bɔːlˈsæmɪk] = balmy 1) *и* 4)

**baluster** [ˈbæləstə] *n* 1) баля́сина 2) *pl* балюстрáда

**balustrade** [ˌbæləsˈtreɪd] *n* балюстрáда

**bam** [bæm] *sl. сокр. от* bamboozle

**bamboo** [bæmˈbuː] *n* (*pl* -boos [-ˈbuːz]) 1) бамбýк 2) *attr.* бамбýковый

**bamboozle** [bæmˈbuːzl] *v sl.* обмáнывать, мистифици́ровать; to ~ smb. out of smth. обмáном взять что-л. у когó-л.

**ban** [bæn] **1.** *n* 1) запрещéние; under a ~ под запрéтом 2) церкóвное проклятие, анáфема 3) приговóр об изгнáнии; объявлéние вне закóна 4) *pl* = banns

**2.** *v* 1) налагáть запрéт; запрещáть 2) *уст.* проклинáть

**banal** [bəˈnɑːl] *a* банáльный

**banality** [bəˈnælɪtɪ] *n* банáльность

**banalize** [ˈbænəlaɪz] *v* опошля́ть

**banana** [bəˈnɑːnə] *n* банáн

**band** I [bænd] **1.** *n* 1) *то, что служит связью, скрепой*: тесьмá, лéнта; обод, óбруч; поясóк; окóлыш; faggot ~ вязáнка хвóроста 2) вáлик, стéржень 3) *pl* две бéлые полóски, спускáющиеся с воротникá (*судьи, англиканского священника*) 4) *эл.* полосá частóт 5) *attr.* лéнточный; ~ conveyer лéнточный транспортёр; ~ filter лéнточный фи́льтр; ~ brake лéнточный тóрмоз

**2.** *v* 1) свя́зывать 2) *уст.* перевя́зывать

**band** II [bænd] **1.** *n* 1) отря́д, грýппа людéй 2) оркéстр; string ~ стрýнный оркéстр 3) отря́д солдáт 4) бáнда 5) стáя ◇ when the ~ begins to play *разг.* когдá положéние станóвится серьёзным

**2.** *v* объединя́ть(ся); собирáться (*часто* ~ together)

**bandage** [ˈbændɪdʒ] **1.** *n* 1) бинт; перевя́зочный материáл 2) бандáж 3) повя́зка (*на глаза*)

**2.** *v* перевя́зывать, бинтовáть

**bandana** [bænˈdɑːnə] = bandanna

**bandanna** [bænˈdænə] *n* цветнóй (носовóй) платóк

**bandar** [ˈbʌndə] *n зоол.* рéзус

**bandar-log** [ˈbʌndəlɔːg] *инд. n* весь обезья́ний род; *перен. разг.* балабóлки

**bandbox** [ˈbændbɔks] *n* картóнка (*для шляп, лент и т. п.*) ◇ to look as if one had just come out of a ~ быть одéтым с иголóчки

**bandeau** [ˈbændəu] *фр. n* (*pl* -x) 1) лéнта для волóс 2) кóжаный *или* шёлковый ободóк, подшивáемый изнутри́ к тульé жéнской шля́пы

**bandeaux** [ˈbændəuz] *pl от* bandeau

**banded** [ˈbændɪd] *a* окаймлённый, имéющий каймý

**banderol(e)** [ˈbændərəul] *n* 1) вы́мпел 2) *иск.* легéнда (*на гравюре*) 3) *архит.* скульптýрное украшéние в ви́де лéнты с нáдписью

**bandicoot** [ˈbændɪkuːt] *n зоол.* бандикýт

**band-iron** [ˈbændˌaɪən] *n тех.* полосовóе, ши́нное *или* óбручное желéзо

**bandit** [ˈbændɪt] *n* (*pl* -its [ɪts], -itti) разбóйник, банди́т

**banditti** [bænˈdɪti(ː)] *n* 1) *pl от* bandit 2) шáйка, бáнда

**bandmaster** [ˈbændˌmɑːstə] *n* капельмéйстер

**bandog** [ˈbændɔg] *n* 1) цепнáя собáка 2) англи́йский дог; ищéйка

**bandoleer** [ˌbændəuˈlɪə] *n воен.* патронтáш

**bandolero** [ˌbændəˈleɪrəu] *исп. n* (*pl* -os [-əuz]) разбóйник

**bandolier** [ˌbændəuˈlɪə] = bandoleer

**bandoline** [ˈbændəuliːn] *n* фиксатуáр

**band-saw** [ˈbændsɔː] *n* лéнточная пилá

**bandsman** [ˈbændzmən] *n* оркестрáнт

**bandstand** [ˈbændstænd] *n* эстрáда для оркéстра

**band-wagon** [ˈbændˌwægən] *n амер.* 1) фургóн *или* грузови́к с оркéстром (*напр., передвижного цирка*) 2) сторонá, одержáвшая побéду (*на выборах*); to climb on (*или* to get into) the ~ примкнýть к движéнию, имéющему шáнсы на успéх; примáзаться к победи́вшей пáртии *или* популя́рному движéнию 3) ви́дное положéние

**bandy** I [ˈbændɪ] *v* 1) переки́дываться, обмéниваться (*мячом; словами, комплиментами и т. п.*); to ~ words перебрáниваться 2) обсуждáть (*тж.* ~ about); to have one's name bandied about быть предмéтом тóлков 3) распространя́ть (*слух*)

**bandy** II [ˈbændɪ] *n* 1) хоккéй с мячóм, бéнди 2) клю́шка для игры́ в хоккéй с мячóм

**bandy** III [ˈbændɪ] *n* бáнди (*индийская повозка*)

**bandy** IV [ˈbændɪ] *a* кривóй, изóгнутый (*о ногах*)

**bandy-legged** [ˈbændɪlegd] *a* кривонóгий

**bane** [beɪn] *n* 1) отрáва, яд 2) *поэт.* проклятие; the ~ of one's life несчáстье чьей-л. жи́зни

**baneful** [ˈbeɪnful] *a* ги́бельный, губи́тельный

**banewort** [ˈbeɪnwəːt] *n* 1) *бот.* лю́тик жгýчий, прыщенéц 2) *диал.* ядови́тое растéние

**bang** I [bæŋ] **1.** *n* удáр, стук; звук вы́стрела, взры́ва *и т. п.*; to shut the door with a ~ грóмко хлóпнуть двéрью ◇ to go over with a ~ проходи́ть блестя́ще, с огрóмным успéхом (*о представлении, приёме, вечере*); to come up with a ~ вспы́хнуть с нóвой си́лой

**2.** *v* 1) удáрить(ся); стýкнуть(ся) 2) хлóпнуть (*дверью*) 3) с шýмом захлóпнуться (*о двери*; *часто* ~ to) 4) грóхнуть, бáхнуть; the gun ~ed раздáлся вы́стрел 5) *разг.* бить, тузи́ть 6) *разг.* превосходи́ть; перегоня́ть □ ~ **down** а) с шýмом захлóпнуть; б) заби́ть, заколоти́ть; ~ **off** (зря) расстрéливать (*патроны*); ~ **up** изби́ть

**3.** *adv разг.* 1) вдруг; to go ~ вы́стрелить (*о ружье*) 2) как раз, прямо; the ball hit him ~ in the eye мяч попáл емý прямо в глаз

**4.** *int* бац!

**bang** II [bæŋ] **1.** *n* чёлка

**2.** *v* подстригáть вóлосы чёлкой

**bang** III [bæŋ] *n* вы́сушенные ли́стья и стéбли инди́йской конопли́; гаши́ш

**bangle** [ˈbæŋgl] *n* браслéт, надевáемый на запя́стье *или* щи́колотку

**bang-up** [ˈbæŋˈʌp] *a* первокла́ссный, превосхóдный

**banian** [ˈbænɪən] *n* 1) индýс-торгóвец 2) мáклер; секретáрь, управля́ющий 3) ширóкая, свобóдная рубáшка; халáт 4) = banian-tree ◇ ~ days пóстные дни; ~ hospital ветеринáрная лечéбница

**banian-tree** [ˈbænɪəntri:] *n* инди́йская смокóвница

**banish** [ˈbænɪʃ] *v* 1) изгоня́ть, высылáть 2) прогоня́ть 3) отгоня́ть (*мысли*)

**banishment** [ˈbænɪʃmənt] *n* изгнáние, вы́сылка

**banister** [ˈbænɪstə] *n* 1) = baluster 1); 2) *pl* пери́ла (*лестницы*)

**banjo** [ˈbændʒəu] *n* (*pl* -os, -oes [-əuz]) 1) *муз.* бáнджо 2) *тех.* корóбка, кожýх, кáртер

**bank** I [bæŋk] **1.** *n* 1) вал, нáсыпь 2) бéрег (*особ. реки*) 3) óтмель, бáнка 4) занóс; занóс; ~ of snow снéжный занóс; сугрóб; ~ of clouds грядá облакóв 5) *ав.* крен 6) *горн.* зáлежь, пласт (*руды, угля в открытых разработках*) 7) *тех.* грýппа (*баллонов, трансформаторов и т. п.*)

**2.** *v* 1) дéлать нáсыпь 2) образовáть нанóсы (*о песке, снеге*; *часто* ~ up) 3) сгребáть (в кýчу), навáливать; окружáть вáлом 4) запрýживать 5) *ав.* дéлать вирáж; накреня́ться 6) игрáть шарá от бóрта, бортóв (*на бильярде*)

**bank** II [bæŋk] **1.** *n* 1) банк; ~ of issue эмиссиóнный банк; to open an account in (*или* with) a ~ откры́ть счёт в бáнке 2) *карт.* банк; to break the ~ сорвáть банк 3) мéсто хранéния запáсов; blood ~ а) дóнорский пункт; б) запáсы консерви́рованной крóви для перели́вания 4) *attr.* бáнковый, бáнковский; ~ account счёт в бáнке; ~ currency банкнóты, вы́пущенные в обращéние национáльными бáнками; ~ holiday установлéнные *или* дополни́тельные неприсýтственные дни для англи́йских слýжащих ◇ you can't put it in the ~ *амер. разг.* э́то ни к чемý, от э́того тóлку мáло

**2.** *v* 1) класть (*деньги*) в банк; держáть (*деньги*) в бáнке; отклáдывать 2) быть банки́ром 3) *карт.* метáть банк ◇ to ~ (up) on smb. полагáться на когó-л.

**bank** III [bæŋk] *n ист.* 1) скамья́ (*на галере*) 2) ряд вёсел (*на галере*) 3) клавиатýра (*органа*); ~ of keys *полигр.* клавиатýра линоти́па 4) верстáк (*в некоторых ремёслах*)

**bankable** [ˈbæŋkəbl] *a фин.* принимáемый бáнком к учёту, пригóдный к учёту

**bank-bill** [ˈbæŋkbɪl] *n* 1) трáтта, вы́ставленная на банк (*или* бáнком) 2) бáнковый билéт, банкнóт

**bank-book** [ˈbæŋkbuk] *n фин.* бáнковская кни́жка, лицевóй счёт

**bank draft** [ˈbæŋkdrɑ:ft] *n* трáтта, вы́ставленная бáнком на другóй банк

**banker** I [ˈbæŋkə] *n* 1) банки́р 2) *pl* банк 3) *карт.* банкомёт

**banker** II [ˈbæŋkə] *n* 1) сýдно, занимáющееся лóвом трески́ у берегóв Ньюфаундлéнда 2) рыбáк, занимáющийся лóвом трески́ 3) *диал.* землекóп

**banket** [bæŋˈket] *n горн.* банкéт (*золотоносный конгломерат*)

**banking** I [ˈbæŋkɪŋ] **1.** *pres. p.* от bank II, 2

**2.** *n* бáнковое дéло

**banking** II [ˈbæŋkɪŋ] **1.** *pres. p.* от bank I, 2

**2.** *n ав., авто* крен, вирáж

**banking-house** [ˈbæŋkɪŋhaus] *n* банк, банки́рский дом

**bank locomotive** [ˈbæŋkˈləukəˌməutɪv] *n ж.-д.* толкáч

**bank-note** [ˈbæŋknəut] *n* креди́тный билéт, банкнóт

**bank-rate** [ˈbæŋkreɪt] *n* учётная стáвка бáнка

**bankrupt** [ˈbæŋkrʌpt] **1.** *n* банкрóт; *распр.* несостоя́тельный должни́к; ~ in reputation человéк с дурнóй репутáцией

**2.** *a* 1) несостоя́тельный; to go ~ обанкрóтиться 2) лишённый (of, in — *чего-л.*)

**3.** *v* сдéлать банкрóтом; довести́ до банкрóтства

**bankruptcy** [ˈbæŋkrəptsɪ] *n* банкрóтство; несостоя́тельность; court of ~ отдéл по делáм о несостоя́тельности

**bankseat** [ˈbæŋksi:t] *n* устóй (*моста*)

**banksman** [ˈbæŋksmən] *n горн.* рукоя́тчик, (стáрший) рабóчий у ýстья шáхты

**banner** [ˈbænə] **1.** *n* 1) знáмя; флаг; стяг; *перен. тж.* си́мвол; under the ~ of Marx, Engels, Lenin под знáменем Мáркса, Э́нгельса, Лéнина; to join (*или* to follow) the ~ of... стать под знамёна...; *перен.* стать на чью-л. сторонý; to unfurl one's ~ *перен.* заяви́ть о своéй прогрáмме 2) заголóвок крýпными бýквами на всю полосý, «шáпка» ◇ to carry the ~ *амер. ирон.* скитáться всю ночь, не имéя пристáнища

**2.** *a* (наи)лýчший; образцóвый; глáвный; ~ year рекóрдный год

**banner-bearer** [ˈbænəˌbɛərə] *n* знаменóсец

**banner-cry** [ˈbænəkraɪ] *n* боевóй клич

**bannerette** [ˌbænəˈret] *n* флажóк

**bannock** [ˈbænək] *n сев.* прéсная лепёшка

**banns** [bænz] *n pl* оглашéние в цéркви имён вступáющих в брак; to ask (*или* to call, to publish) the ~ оглашáть именá вступáющих в брак; to forbid the ~ заяви́ть протéст прóтив заключéния брáка

**banquet** [ˈbæŋkwɪt] **1.** *n* банкéт; пир; звáный обéд ◇ ~ of brine гóрькие слёзы

**2.** *v* 1) давáть банкéт (*в честь кого-либо*) 2) пировáть

**banqueter** [ˈbæŋkwɪtə] *n* учáстник банкéта

**banquette** [bæŋˈket] *n* 1) нáсыпь 2) *воен.* стрелкóвая ступéнь; банкéт

**banshee** [bænˈʃi:] *n* 1) *ирл., шотл. миф.* дух, стóны котóрого предвещáют смерть 2) *разг.* сирéна воздýшной тревóги

**bantam** [ˈbæntəm] *n* 1) бентáмка (*мелкая порода кур*) 2) *разг.* «петýх», задира, забия́ка; ≅ мал да удáл 3) *attr.*: ~ car малолитрáжка

**bantam-weight** [ˈbæntəmweɪt] *n спорт.* легчáйший вес, «вес петухá»

**banter** [ˈbæntə] **1.** *n* добродýшное подшýчивание

**2.** *v* добродýшно подшýчивать, подтрýнивать, поддрáзнивать

**ban-the-bomb** [ˈbænðəbɔm] *a* рáтующий за я́дерное разоружéние

**banting** [ˈbæntɪŋ] *n* лечéние ожирéния диéтой

**bantling** [ˈbæntlɪŋ] *n презр.* отрóдье, вы́родок (*о ребёнке*)

**banyan** [ˈbænɪən] = banian

**baobab** [ˈbeɪəubæb] *n* баобáб (*дерево*)

**bap** [bæp] *n шотл.* бýлочка

**baptism** [ˈbæptɪzm] *n* крещéние; ~ of blood мýченичество; *воен.* пéрвое ранéние; ~ of fire боевóе крещéние

**baptismal** [bæpˈtɪzməl] *a* относя́щийся к крещéнию; ~ certificate свидéтельство о крещéнии; ~ name и́мя, дáнное при крещéнии

**baptist** [ˈbæptɪst] *n* бапти́ст

**baptist(e)ry** [ˈbæptɪstərɪ] *n* 1) баптистéрий 2) купéль (*у баптистов*)

**baptize** [bæpˈtaɪz] *v* крести́ть; давáть и́мя

**bar** I [bɑ:] **1.** *n* 1) полосá (*металла*); брусóк; ~ of gold сли́ток зóлота; ~ of chocolate пли́тка шоколáда; ~ of soap кусóк мы́ла 2) болвáнка (*металла*), чýшка (*свинца*), штык (*меди*) 3) лом (*сокр. от* crow-bar) 4) засо́в; ва́га; behind bolt and ~ под надёжным запо́ром; за решёткой 5) заста́ва 6) *pl* решётка 7) прегра́да, препя́тствие; to let down the ~s устрани́ть препя́тствия, отмени́ть ограниче́ния 8) *спорт.* пла́нка; to clear the ~ перейти́ че́рез пла́нку, взять высоту́; horizontal ~ перекла́дина; parallel ~s (паралле́льные) бру́сья 9) бар, нано́с песка́ (*в устье реки*); мелково́дье, о́тмель 10) пря́жка на о́рденской ле́нте 11) *муз.* та́ктовая черта́; такт 12) полоса́ (*света, краски*)

**2.** *v* 1) запира́ть на засо́в 2) прегражда́ть; all exits are ~red все вы́ходы закры́ты 3) исключа́ть; отстраня́ть; запреща́ть 4) *разг.* име́ть что-л. про́тив *кого-л., чего-л.*, не люби́ть □ ~ **in** запере́ть; не выпуска́ть; ~ **out** не впуска́ть

**3.** *prep.* исключа́я, не счита́я; ~ none без исключе́ния

**bar** II [bɑ:] *n* 1) прила́вок, сто́йка 2) бар, буфе́т, заку́сочная; небольшо́й рестора́н

**bar** III [bɑ:] *n юр.* 1) барье́р, отделя́ющий суде́й от подсуди́мых; prisoner at the ~ обвиня́емый на скамье́ подсуди́мых 2) (the ~, the B.) адвокату́ра; to be called (*или* to go) to the B. получи́ть пра́во адвока́тской пра́ктики; to be at the B. быть адвока́том; to be called within the B. получи́ть назначе́ние на до́лжность короле́вского адвока́та; to pitch smb. over the ~ *разг.* лиша́ть кого́-л. зва́ния адвока́та *или* пра́ва адвока́тской пра́ктики 3) суд, сужде́ние; the ~ of conscience суд со́вести; the ~ of public opinion суд обще́ственного мне́ния

**bar** IV [bɑ:] *n физ.* бар (*единица атмосферного или акустического давления*)

**barathea** [ˌbærə'θi:ə] *n* 1) барате́я (*шерстяная материя, иногда с примесью шёлка или бумаги*) 2) *воен.* ки́тель

**barb** [bɑ:b] **1.** *n* 1) *бот.* ость; ус; шип 2) *зоол.* у́сики (*некоторых рыб*); колю́чка 3) боро́дка (*птичьего пера*) 4) зубе́ц, зазу́брина (*стрелы, копья, рыболовного крючка*) 5) ко́лкость, ко́лкое замеча́ние

**2.** *v* оснасти́ть *или* снабди́ть колю́чками *и т. п.*

**barbarian** [bɑ:'bɛərɪən] **1.** *n* ва́рвар

**2.** *a* ва́рварский

**barbaric** [bɑ:'bærɪk] *a* гру́бый, ва́рварский; первобы́тный

**barbarism** ['bɑ:'bərɪzm] *n* 1) ва́рварство 2) *лингв.* варвари́зм

**barbarity** [bɑ:'bærɪtɪ] *n* 1) ва́рварство; жесто́кость; бесчелове́чность 2) гру́бость (*стиля, вкуса*)

**barbarize** ['bɑ:bəraɪz] *v* 1) *лингв.* засоря́ть (*речь*) варвари́змами 2) поверга́ть в состоя́ние ва́рварства

**barbarous** ['bɑ:bərəs] *a* 1) ва́рварский, ди́кий 2) гру́бый, жесто́кий

**barbate** ['bɑ:beɪt] *a* 1) *бот.* ости́стый 2) *зоол.* борода́тый, уса́тый

**barbecue** ['bɑ:bɪkju:] **1.** *n* 1) целико́м зажа́ренная ту́ша 2) больша́я ра́ма с решёткой для жа́ренья *или* копче́ния мя́са больши́ми куска́ми 3) *амер.* пикни́к с традицио́нным блю́дом из мя́са, зажа́ренного на решётке над у́глями 4) площа́дка для су́шки кофе́йных бобо́в

**2.** *v* 1) жа́рить мя́со над решёткой на ве́ртеле 2) жа́рить (*тушу*) целико́м

**barbed** [bɑ:bd] **1.** *p. p. от* barb 2

**2.** *a* 1) име́ющий колю́чки; колю́чий; ~ wire колю́чая про́волока 2) ко́лкий, ядови́тый; ~ remark ко́лкое замеча́ние

**barbel** ['bɑ:bəl] *n* 1) *зоол.* уса́ч 2) у́сик (*некоторых рыб*) 3) *вет.* я́щур

**bar-bell** ['bɑ:bel] *n pl спорт.* шта́нга

**barber** I ['bɑ:bə] *n* парикма́хер, цирю́льник ◇ every ~ knows that ≅ э́то всем изве́стно, все э́то зна́ют; ~'s block коло́дка для парико́в; ~'s pole шест, окра́шенный в кра́сный и бе́лый цвета́ по спира́ли, слу́жащий вы́веской парикма́хера; ~'s itch *мед.* парази́тарный сико́з

**barber** II ['bɑ:bə] *n* 1) пар над водо́й в моро́зный день 2) си́льный ве́тер при моро́зе

**barber(r)y** ['bɑ:bərɪ] *n бот.* барбари́с

**barbette** [bɑ:'bet] *n воен. уст.* барбе́т

**barbican** ['bɑ:bɪkən] *n воен. ист.* барбака́н, навесна́я ба́шня

**barbiturate** [bɑ:'bɪtjurɪt] *n хим.* барбитура́т

**barbituric** [ˌbɑ:bɪ'tjuərɪk] *a хим.* барбиту́ровый

**Barbizon School** ['bɑ:bɪzənsku:l] *n* барбизо́нская шко́ла жи́вописи (*по названию деревушки близ Парижа*), барбизо́нцы

**barcarol(l)e** ['bɑ:kərəul] *n* баркаро́ла

**bard** [bɑ:d] *n* 1) *ист.* бард 2) *поэт.* бард, пе́вец 3) лауреа́т традицио́нных состяза́ний поэ́тов в Уэ́льсе ◇ the B. of Avon Шекспи́р

**bardic** ['bɑ:dɪk] *a ист.* относя́щийся к ба́рдам; ~ poetry поэ́зия ба́рдов

**bare** [bɛə] **1.** *a* 1) го́лый, обнажённый; ~ feet босы́е но́ги; to lay ~ раскры́ть, обнару́жить; разоблачи́ть 2) пусто́й; лишённый (of — *чего-л.*); бе́дный 3) поно́шенный 4) неприкра́шенный, просто́й 5) едва́ доста́точный; a ~ majority незначи́тельное большинство́; at the ~ mention of при одно́м упомина́нии о; in ~ outlines в о́бщих черта́х; to believe smth. on smb.'s ~ word ве́рить кому́-л. на́ слово 6) мале́йший; ~ possibility мале́йшая возмо́жность 7) *эл.* неизоли́рованный ◇ (as) ~ as the palm of one's hand ≅ хоть шаро́м покати́, соверше́нно пусто́й; in one's ~ skin го́лый

**2.** *v* обнажа́ть; раскрыва́ть; to ~ one's head снима́ть шля́пу

**bareback** ['bɛəbæk] **1.** *a* неосёдланный

**2.** *adv* без седла́; на неосёдланной ло́шади

**barebacked** ['bɛəbækt] = bareback 1

**barefaced** ['bɛəfeɪst] *a* 1) с откры́тым лицо́м (*без маски, без бороды*) 2) *перен.* нескрыва́емый; неприкры́тый 3) бессты́дный

**barefoot** ['bɛəfut] **1.** *a* босо́й

**2.** *adv* боси́ком

**barefooted** ['bɛə'futɪd] *a* босо́й, босоно́гий

**bare-headed** ['bɛə'hedɪd] *a* с непокры́той голово́й

**barelegged** ['bɛə'legd] *a* с го́лыми нога́ми

**barely** ['bɛəlɪ] *adv* 1) то́лько, про́сто 2) едва́, лишь 3) *редк.* пря́мо, откры́то

**barenecked** ['bɛə'nekt] *a* с откры́той ше́ей; декольтиро́ванный

**bareness** ['bɛənɪs] *n* 1) неприкры́тость, нагота́ 2) бе́дность, ску́дность

**baresark** ['bɛəsɑ:k] = berserk(er)

**bar-fly** ['bɑ:flaɪ] *n разг.* завсегда́тай ба́ров

**bargain** ['bɑ:gɪn] **1.** *n* 1) (торго́вая) сде́лка; to make (*или* to strike, to close) a ~ заключи́ть сде́лку; прийти́ к соглаше́нию; a good (bad, hard, losing) ~ вы́годная (невы́годная) сде́лка; to drive a hard ~ мно́го запра́шивать; торгова́ться; to keep one's part of the ~ вести́ торг; to bind a ~ дать зада́ток; to be off (with) one's ~ аннули́ровать сде́лку 2) (a ~) вы́годная поку́пка; дёшево ку́пленная вещь; to buy at a ~ покупа́ть по дешёвке 3) *attr.*: ~ basement отде́л прода́жи това́ров по сни́женным це́нам (*обыкн. в подвале магазина*); ~ basement rates дешёвка, сни́женные це́ны ◇ into the ~ в прида́чу, к тому́ же; to make the best of a bad ~ не па́дать ду́хом в беде́; that's a ~! по рука́м!: де́ло решённое; договори́лись?; a ~ is a ~ угово́р доро́же де́нег; wet (*или* Dutch) ~ сде́лка, сопровожда́емая вы́пивкой

**2.** *v* торгова́ться □ ~ **away** уступи́ть за вознагражде́ние; ~ **for** ожида́ть; быть гото́вым к *чему-л.*; this is more than I ~ed for э́того я не ожида́л, э́то неприя́тный сюрпри́з

**bargain-basement** ['bɑ:gɪnˌbeɪsmənt] *n* ни́жний эта́ж универма́га, где торгу́ют удешевлёнными това́рами

**bargainer** ['bɑ:gɪnə] *n* 1) торго́вец 2) торгу́ющийся

**bargain-sale** ['bɑ:gɪnseɪl] *n* 1) дешёвка 2) распрода́жа

**barge** [bɑ:dʒ] **1.** *n* 1) ба́ржа́; ба́рка 2) двухпа́лубная ба́ржа́ для экску́рсий 3) *мор.* адмира́льский ка́тер 4) *амер.* о́мнибус, авто́бус для экску́рсий 5) *архит.* вы́ступ дымово́й трубы́ над фронто́нной стено́й

**2.** *v* 1) перевози́ть (гру́зы) на ба́рже́ 2) *разг.*: to ~ into (*или* about, against) smth., smb. натолкну́ться на что-л., на кого́-л. □ ~ in вторга́ться

**bargee** [bɑ:ˈdʒi:] *n* 1) ба́рочник 2) грубия́н ◇ lucky ~ *разг.* счастли́вчик; to swear like a ~ руга́ться как изво́зчик

**bargeman** [ˈbɑ:dʒmən] = bargee 1)

**barge-pole** [ˈbɑ:dʒpəul] *n* шест для отта́лкивания ба́ржи ◇ not fit to be touched with a ~ ≅ тако́й (гря́зный, проти́вный *и т. п.*), что стра́шно прикосну́ться

**baric** I [ˈbɛərɪk] *a хим.* ба́риевый

**baric** II [ˈbærɪk] *a* барометри́ческий

**baring** [ˈbɛərɪŋ] **1.** *pres. p. от* bare 2

**2.** *n горн.* обнаже́ние *или* вскры́тие пласта́

**baritone** [ˈbærɪtəun] = barytone

**barium** [ˈbɛərɪəm] *n хим.* ба́рий

**bark** I [bɑ:k] **1.** *n* 1) кора́ (*дерева*) 2) хи́на (*тж.* Jesuit's ~, Peruvian ~, China ~) 3) *sl.* ко́жа 4) *attr.*: ~ grafting *бот.* приви́вка под кору́; ~ mill дроби́лка для коры́ ◇ a man with the ~ on *амер.* неотёсанный челове́к; to come (*или* to go) between the ~ and the tree ≅ вме́шиваться в чужи́е (*особ.* семе́йные) дела́; станови́ться ме́жду му́жем и жено́й *и т. п.*; to take the ~ off smth. обесце́нивать что-л., лиша́ть что-л. привлека́тельности, пока́зывать что-л. без прикра́с

**2.** *v* 1) дуби́ть 2) сдира́ть кору́ (*с дерева*) 3) *разг.* сдира́ть ко́жу

**bark** II [bɑ:k] **1.** *n* 1) лай 2) звук вы́стрела 3) *разг.* ка́шель ◇ his ~ is worse than his bite он бо́льше брани́тся, чем на са́мом де́ле се́рдится

**2.** *v* 1) ла́ять (at — на) 2) *разг.* ря́вкать 3) *разг.* ка́шлять ◇ to ~ up the wrong tree опростоволо́ситься; напа́сть на ло́жный след

**bark** III [bɑ:k] *n* 1) барк (*большое парусное судно*) 2) *поэт.* кора́бль

**barkeeper** [ˈbɑ:ˌki:pə] *n амер.* хозя́ин ба́ра; ба́рмен

**barken** [ˈbɑ:kən] *v* дуби́ть

**barker** I [ˈbɑ:kə] *n* око́рщик

**barker** II [ˈbɑ:kə] *n* 1) крику́н 2) аукциони́ст 3) зазыва́ла 4) *разг.* огнестре́льное ору́жие, *особ.* револьве́р ◇ great ~s are no biters ≅ не бо́йся соба́ки, кото́рая ла́ет

**barkery** [ˈbɑ:kərɪ] *n* дуби́льный заво́д

**barking** I [ˈbɑ:kɪŋ] **1.** *pres. p. от* bark I, 2

**2.** *n* 1) око́рка 2) дубле́ние коро́й

**barking** II [ˈbɑ:kɪŋ] **1.** *pres. p. от* bark II, 2

**2.** *n* лай

**3.** *a* ла́ющий ◇ ~ iron *жарг.* револьве́р

**bark-pit** [ˈbɑ:kpɪt] *n* дуби́льный чан

**barley** [ˈbɑ:lɪ] *n* 1) ячме́нь 2) *attr.* ячме́нный ◇ to cry ~ проси́ть поща́ды *или* переми́рия

**barley-break** [ˈbɑ:lɪbreɪk] *n* пятна́шки (*игра*)

**barleycorn** [ˈbɑ:lɪkɔ:n] *n* 1) ячме́нное зерно́ 2) *уст.* треть дю́йма ◇ John B. Джон Ячме́нное Зерно́, олицетворе́ние ви́ски, пи́ва и други́х спиртны́х и солодо́вых напи́тков

**barley sugar** [ˈbɑ:lɪˈʃu:gə] *n* ледене́ц

**barley-water** [ˈbɑ:lɪˌwɔ:tə] *n* ячме́нный отва́р

**barling** [ˈbɑ:lɪŋ] *n* жердь, шест

**barlow** [ˈbɑ:ləu] *n амер.* большо́й складно́й карма́нный нож (*тж.* ~ knife)

**barm** [bɑ:m] *n* (пивны́е) дро́жжи; заква́ска

**barmaid** [ˈbɑ:meɪd] *n* де́вушка за сто́йкой, барме́нша

**barman** [ˈbɑ:mən] *n* ба́рмен

**barmy** [ˈbɑ:mɪ] *a* 1) пе́нистый; броди́льный 2) *разг.* спя́тивший (*тж.* ~ on the crumpet); to go ~ спя́тить

**barn** [bɑ:n] *n* 1) амба́р; (сенно́й) сара́й; гумно́ 2) некраси́вое зда́ние, сара́й 3) *амер.* коню́шня, коро́вник 4) *амер.* трамва́йный парк

**barnacle** I [ˈbɑ:nəkl] *n* (*обыкн. pl*) 1) кляп; кля́пцы (*на морду неспокойной лошади*) 2) *pl разг.* очки́

**barnacle** II [ˈbɑ:nəkl] *n* 1) каза́рка белощёкая (*птица*) 2) морска́я у́точка (*ракообразное*) 3) *разг.* неотвя́зный челове́к 4) *разг.* ста́рый моря́к

**barn-door** [ˈbɑ:nˈdɔ:] **1.** *n* воро́та амба́ра ◇ as big as a ~ о́чень больши́х разме́ров; not to be able to hit a ~ быть о́чень плохи́м стрелко́м

**2.** *a*: ~ fowl дома́шняя пти́ца

**barn-owl** [ˈbɑ:naul] *n* сипу́ха (*птица*)

**barnstorm** [ˈbɑ:nstɔ:m] *v амер. разг.* 1) игра́ть в сара́е, в случа́йном помеще́нии (*о странствующем актёре*) 2) выступа́ть с реча́ми во вре́мя предвы́борной капа́нии (*в маленьких городках*)

**barnstormer** [ˈbɑ:nˌstɔ:mə] *n амер.* посре́дственный актёр

**barodynamics** [ˌbærəudaɪˈnæmɪks] *n pl* (*употр. как sing*) бародина́мика

**barograph** [ˈbærəugrɑ:f] *n* баро́граф, самопи́шущий баро́метр

**barometer** [bəˈrɔmɪtə] *n* баро́метр

**barometric(al)** [ˌbɑ:rəuˈmetrɪk(əl)] *a* барометри́ческий

**baron** [ˈbærən] *n* 1) баро́н 2) магна́т ◇ ~ of beef то́лстый филе́й

**baronage** [ˈbærənɪdʒ] *n* 1) баро́ны, сосло́вие баро́нов *или* пэ́ров 2) ти́тул баро́на

**baroness** [ˈbærənɪs] *n* бароне́сса

**baronet** [ˈbærənɪt] **1.** *n* бароне́т (*титул*)

**2.** *v* дава́ть ти́тул бароне́та

**baronetcy** [ˈbærənɪtsɪ] *n* ти́тул бароне́та

**baronial** [bəˈrəunjəl] *a* баро́нский

**barony** [ˈbærənɪ] *n* 1) владе́ния баро́на 2) ти́тул баро́на 3) во́тчина, владе́ние

**baroque** [bəˈrɔk] **1.** *n* (the ~) баро́кко

**2.** *a* 1) баро́чный, в сти́ле баро́кко 2) причу́дливый

**baroscope** [ˈbærəskəup] *n* бароско́п

**barouche** [bəˈru:ʃ] *n* ландо́, четырёхме́стная коля́ска

**barque** [bɑ:k] = bark III

**barrack** I [ˈbærək] **1.** *n* 1) бара́к 2) *pl* каза́рмы

**2.** *v* 1) размеща́ть в бара́ках, каза́рмах

**barrack** II [ˈbærək] *v* гро́мко высме́ивать, освисты́вать неуда́чливого игрока́ (*в крикет и др.*)

**barracking** [ˈbærəkɪŋ] **1.** *pres. p. от* barrack I 2 *и* II

**2.** *n* во́згласы неодобре́ния по а́дресу неуда́чливого игрока́ (*в крикет и др.*)

**barracoota** [ˌbærəˈku:tə] = barracuda

**barracuda** [ˌbærəˈku:də] *n зоол.* барраку́да, морска́я щу́ка

**barrage** [ˈbærɑ:ʒ] *n* 1) загражде́ние 2) плоти́на; запру́да 3) *воен.* загради́тельный ого́нь, огнево́й вал (*тж.* ~ fire) 4) *ав.*, *мор.* загражде́ние, барра́ж 5) *attr.*: ~ balloon аэроста́т загражде́ния

**barrator** [ˈbærətə] *n* 1) сутя́га, кля́узник 2) *мор. юр.* капита́н *или* кома́нда су́дна, причини́вшие су́дну умы́шленный вред [*см.* barratry 2)]

**barratry** [ˈbærətrɪ] *n* 1) сутя́жничество, кля́узничество 2) *мор. юр.* бара́трия (*вред, причинённый судну или грузу капитаном или командой умышленно или по преступной небрежности*)

**barrel** [ˈbærəl] **1.** *n* 1) бо́чка, бочо́нок 2) ба́ррель (*мера жидких, сыпучих и некоторых твёрдых материалов*) 3) ствол, ду́ло (*оружия*) 4) брю́хо (*лошади, коровы*) 5) *амер. разг.* де́ньги для финанси́рования како́й-л. капа́нии 6) *тех.* цили́ндр, бараба́н, вал 7) *анат.* бараба́нная по́лость (*уха*) ◇ ~ house, ~ shop *амер. sl.* тракти́р, каба́к; пивна́я; to have smb. over the ~ *амер.* заста́ть кого́-л. враспло́х; to holler down a rain ~ «крича́ть в пусту́ю бо́чку», занима́ться пустозво́нством; to sit on a ~ of gunpowder сиде́ть на бо́чке с по́рохом; ≅ ходи́ть по кра́ю про́пасти

**2.** *v* разлива́ть по бочо́нкам

**barrel-bulk** [ˈbærəlbʌlk] *n* объёмный ба́ррель (≅ *142 л*)

**barrel-head** [ˈbærəlhed] *n* дно бо́чки

**barrel-organ** [ˈbærəlˌɔ:gən] *n* шарма́нка

**barrel-roll** [ˈbærəlˈrəul] *n ав.* бо́чка

**barrel-scraping** [ˈbærəlˈskreɪpɪŋ] *n разг.* собира́ние после́дних ресу́рсов; ≅ «под метёлку»

**barren** [ˈbærən] **1.** *a* 1) беспло́дный; неплодоро́дный; то́щий (*о земле*) 2) бессодержа́тельный; бе́дный, ску́чный; ~ of interest (of ideas) лишённый интере́са (мы́слей)

**2.** *n* (*обыкн. pl*) беспло́дная земля́, пу́стошь

**barrenness** [ˈbærənnɪs] *n* беспло́дие *и пр.* [*см.* barren 1]

**barret** [ˈbærət] *n* бере́т

**barricade** [ˌbærɪ'keɪd] **1.** *n* 1) баррика́да 2) прегра́да
**2.** *v* баррикади́ровать
**barrier** ['bærɪə] **1.** *n* 1) барье́р; заста́ва; шлагба́ум 2) прегра́да, препя́тствие, поме́ха
**2.** *v* огражда́ть, загражда́ть (*обыкн.* ~ off, ~ in)
**barring** I ['bɑ:rɪŋ] *prep* за исключе́нием
**barring** II ['bɑ:rɪŋ] *n* 1) *тех.* пуск в ход (*машины*) 2) *горн.* крепле́ние кро́вли, ша́хтная крепь
**barring** III ['bɑ:rɪŋ] *pres. p. от* bar I, 2
**barrister** ['bærɪstə] *n* адвока́т, ба́рристер; revising ~ *парл.* ба́рристер, проверя́ющий избира́тельные спи́ски
**barrister-at-law** ['bærɪstərət'lɔ:] (*pl* barristers-) = barrister
**barrow** I ['bærəu] *n* курга́н, (моги́льный) холм
**barrow** II ['bærəu] *n* 1) та́чка; ручна́я теле́жка 2)носи́лки 3) по́лная та́чка, носи́лки *и т. п.* чего́-л. 4) *attr.*: ~ truck двухколёсная теле́жка
**barrow-boy** ['bærəubɔɪ] *n* у́личный торго́вец
**bartender** ['bɑ:ˌtendə] *n амер.* ба́рмен
**barter** ['bɑ:tə] **1.** *n* товарообме́н, менова́я торго́вля
**2.** *v* 1) меня́ть, обме́нивать, вести́ менову́ю торго́влю 2) торгова́ться □ ~ **away** прода́ть по о́чень ни́зкой цене́; *перен.* променя́ть (*свободу, положение и т. п.*) на что-л. ме́нее це́нное
**bartizan** ['bɑ:tɪzæn] *n ист.* сторожева́я ба́шенка
**barton** ['bɑ:tən] *n* 1) уса́дьба 2) двор уса́дьбы *или* фе́рмы 3) часть сда́нной в аре́нду уса́дьбы, остаю́щаяся в распоряже́нии владе́льца
**baryta** [bə'raɪtə] *n хим.* о́кись ба́рия
**barytone** ['bærɪtəun] *n* барито́н
**basal** ['beɪsl] *a* лежа́щий в осно́ве, основно́й
**basalt** ['bæsɔ:lt] *n мин.* база́льт
**basaltic** [bə'sɔ:ltɪk] *a мин.* база́льтовый
**bascule** ['bæskju:l] *n* подъёмное крыло́ *или* фе́рма (*моста*)
**bascule-bridge** ['bæskju:l'brɪdʒ] *n* подъёмный мост
**bascule-door** ['bæskju:l'dɔ:] *n* подъёмные воро́та
**base** I [beɪs] **1.** *n* 1) осно́ва, основа́ние; ба́зис 2) ба́за; опо́рный пункт 3) *спорт.* ме́сто ста́рта 4) «дом» (*в играх*); игра́ в ба́ры (*тж.* prisoner's ~) 5) подно́жие (*горы*) 6) *архит.* пьедеста́л, цо́коль; фунда́мент 7) *хим.* основа́ние 8) *грам.* ко́рень (*слова*) 9) *полигр.* но́жка ли́теры; коло́дка для клише́; фаце́тная доска́ ◇ to be off one's ~ *амер. разг.* а) быть не в своём уме́; б) неле́по заблужда́ться (about — в *чём-л.*); to change one's ~ *амер. разг.* отступа́ть, удира́ть; to get to first ~ *амер. разг.* сде́лать пе́рвые шаги́ (*в каком-л. деле*)
**2.** *v* 1) закла́дывать основа́ние 2) бази́ровать, осно́вывать; to ~ oneself upon smth. опира́ться на что-л.
**base** II [beɪs] *a* 1) ни́зкий; ни́зменный, по́длый 2) неблагоро́дный, просто́й, окисля́ющийся (*о металлах*); of ~ alloy низкопро́бный 3) *юр.* усло́вный, неоконча́тельно устано́вленный 4) исхо́дный; ~ period (year) исхо́дный пери́од (год) ◇ ~ coin неполноце́нная *или* фальши́вая моне́та; ~ Latin вульга́рная латы́нь
**base** III [beɪs] *уст.* = bass III
**baseball** ['beɪsbɔ:l] *n спорт.* бейсбо́л
**baseboard** ['beɪsbɔ:d] *n стр.* пли́нтус
**base frequency** ['beɪs'fri:kwənsɪ] *n физ.* основна́я частота́
**baseless** ['beɪslɪs] *a* 1) необосно́ванный 2) не обеспе́ченный ба́зой
**basely** ['beɪslɪ] *adv* ни́зко, бесче́стно
**basement** ['beɪsmənt] *n* 1) основа́ние, фунда́мент 2) подва́л; (полу)подва́льный эта́ж; цо́кольный эта́ж
**bases** ['beɪsi:z] *pl от* basis
**bash** [bæʃ] *разг.* **1.** *n* уда́р; to have a ~ at it пыта́ться, покуша́ться
**2.** *v* бить; си́льно ударя́ть; to ~ one's head against a tree уда́риться голово́й о де́рево
**bashaw** [bə'ʃɔ:] *тур. n* паша́
**basher** ['bæʃə] *n амер. sl.* уби́йца
**bashful** ['bæʃful] *a* застéнчивый, ро́бкий
**bashing** ['bæʃɪŋ] **1.** *pres. p. от* bash 2
**2.** *n разг.* по́рка; to give a ~ зада́ть трёпку
**basic** ['beɪsɪk] *a* 1) основно́й; ~ principles основны́е при́нципы; ~ industry а) основна́я о́трасль промы́шленности; б) тяжёлая промы́шленность; ~ stock *эк.* основно́й капита́л 2) *хим.* осно́вный
**basically** ['beɪsɪkəlɪ] *adv* в свое́й осно́ве; по существу́, в основно́м
**Basic English** ['beɪsɪk'ɪŋglɪʃ] *n лингв.* бе́йсик и́нглиш (*упрощённый английский язык из 850 слов, предложенный Ч. Огденом; система обучения этому языку*)
**basicity** [beɪ'sɪsɪtɪ] *n хим.* вале́нтность, осно́вность
**basic slag** ['beɪsɪkslæg] *n* то́мас-шлак (*удобрение*)
**basil** I ['bæzl] *n бот.* базили́к
**basil** II ['bæzl] *n* дублёная овчи́на
**basil** III ['bæzl] **1.** *n* грань; ско́шенный край
**2.** *v* точи́ть; грани́ть
**basilica** [bə'zɪlɪkə] *n* базили́ка
**basilisk** ['bæzɪlɪsk] **1.** *n* 1) *миф.* васили́ск 2) *зоол.* ма́ленькая америка́нская я́щерица 3) *ист.* васили́ск (*название пушки XVI—XVII вв.*)
**2.** *a* ядови́тый, смерте́льный
**basin** ['beɪsn] *n* 1) таз, ча́шка, ми́ска 2) бассе́йн, резервуа́р; водоём 3) бассе́йн (*реки; каменноугольный*) 4) ма́ленькая бу́хта
**basinet** ['bæsɪnət] *n ист.* стально́й шлем
**basis** ['beɪsɪs] *n* (*pl* bases) 1) основа́ние, ба́зис; on this ~ исходя́ из э́того; on a good and neighbourly ~ на осно́ве добрососе́дских отноше́ний 2) ба́за
**bask** [bɑ:sk] *v* 1) гре́ться (*на солнце, у огня*; in) 2) наслажда́ться (*покоем, счастьем*; in)
**basket** ['bɑ:skɪt] **1.** *n* 1) корзи́на 2) ку́зов 3) *ист.* нару́жные места́ (*в почтовом дилижансе*) 4) *attr.*: ~ dinner, ~ lunch, ~ picnic *амер.* пикни́к ◇ to be left in the ~ оста́ться за бо́ртом; to give the ~ отказа́ть (*сватающемуся*); to have (*или* to put) all one's eggs in one ~ рискова́ть всем, поста́вить всё на ка́рту; the pick of the ~ са́мое отбо́рное; like a ~ of chips *амер. шутл.* о́чень ми́ло, прия́тно
**2.** *v* 1) броса́ть в корзи́ну для нену́жных бума́г 2) оплета́ть про́волокой
**basket-ball** ['bɑ:skɪtbɔ:l] *n спорт.* баскетбо́л
**basketful** ['bɑ:skɪtful] *n* по́лная корзи́на чего́-л.
**basket-hilt** ['bɑ:skɪthɪlt] *n* эфе́с с ча́шкой
**basketry** ['bɑ:skɪtrɪ] *n* плетёные изде́лия
**basket-work** ['bɑ:skɪtwə:k] = basketry
**basnet** ['bæsnɪt] = basinet
**bason** ['beɪsn] **1.** *n* верста́к для обрабо́тки фе́тра
**2.** *v* обраба́тывать фетр
**Basque** [bæsk] **1.** *n* 1) баск 2) ба́скский язы́к
**2.** *a* ба́скский
**basque** [bæsk] *n* 1) ба́ска (*род лифа*) 2) облицо́вка
**bas-relief** ['bæsrɪˌli:f] *n* барелье́ф
**bass** I [bæs] *n* о́кунь
**bass** II [bæs] *n* 1) америка́нская ли́па 2) = bast
**bass** III [beɪs] **1.** *n* бас
**2.** *a* басо́вый, ни́зкий; ~ clef басо́вый ключ; ~ drum туре́цкий бараба́н
**basset** I ['bæsɪt] *n* та́кса (*порода собак*)
**basset** II ['bæsɪt] *n геол.* вы́ход пласто́в
**bassinet(te)** [ˌbæsɪ'net] *n* плетёная колыбе́ль с ве́рхом
**basso** ['bæsəu] *n* (*pl* -os [-əuz]) *муз.* бас
**bassoon** [bə'su:n] *n* фаго́т
**basso-relievo** ['bæsəurɪˌli:vəu] = bas-relief
**bass-relief** ['bæsrɪˌli:f] = bas-relief
**bass-viol** ['beɪsˌvaɪəl] *n* виолонче́ль
**bass-wood** ['bæswud] *n* америка́нская ли́па
**bast** [bæst] *n* 1) лы́ко, луб; моча́ло; лубяно́е волокно́; рого́жа 2) *attr.* лубяно́й; ~ mat цино́вка из лу́ба, рого́жа
**bastard** ['bæstəd] **1.** *n* 1) внебра́чный, побо́чный ребёнок 2) *груб.* ублю́док 3) по́месь, мети́с, гибри́д 4) бастр (*сахар низкого качества*)

2. *a* 1) внебра́чный, незаконнорождённый; ~ slip а) побо́чный ребёнок; б) отро́сток от ко́рня де́рева 2) подде́льный, притво́рный; ~ good nature ка́жущееся доброду́шие 3) ху́дшего ка́чества; непра́вильной фо́рмы; необы́чного разме́ра; ~ French лома́ный францу́зский язы́к

**bastardize** [ˈbæstədaɪz] *v* объявля́ть незаконнорождённым

**bastardy** [ˈbæstədɪ] *n* 1) рожде́ние ребёнка вне бра́ка 2) *attr.*: ~ order *юр.* суде́бное распоряже́ние об алиме́нтах

**baste** I [beɪst] *v* сшива́ть на живу́ю ни́тку, смётывать

**baste** II [beɪst] *v* полива́ть жи́ром (*жаркое*) во вре́мя жа́ренья

**baste** III [beɪst] *v* 1) бить, колоти́ть 2) заки́дывать вопро́сами, крити́ческими замеча́ниями

**bastille** [bæsˈtiːl] *фр. n* тюрьма́, кре́пость; the B. *ист.* Брасти́лия

**bastinado** [ˌbæstɪˈneɪdəu] **1.** *n* (*pl* -oes [-əuz]) па́лочные уда́ры (*особ.* по пя́ткам; *наказание на Востоке*)

2. *v* бить па́лками (*особ.* по пя́ткам)

**basting** [ˈbeɪstɪŋ] **1.** *pres. p. от* baste I, II, III

2. *n* 1) намётка 2) *attr.*: ~ thread ни́тка для намётки

**bastion** [ˈbæstɪən] *n воен.* бастио́н

**bat** I [bæt] *n* лету́чая мышь ◇ to have ~s in one's belfry *разг.* быть ненорма́льным; to go ~s сходи́ть с ума́; like a ~ out of hell о́чень бы́стро, со всех ног; blind as a ~ соверше́нно слепо́й

**bat** II [bæt] **1.** *n* 1) дуби́на; би́ло (*для льна*); бита́ (*в крикете*); лапта́; *редк.* раке́тка (*для тенниса*) 2) = batsman; a good ~ хоро́ший крикети́ст 3) *sl.* ре́зкий уда́р 4) *разг.* шаг, темп; to go full ~ идти́ бы́стро ◇ off one's own ~ без посторо́нней по́мощи, самостоя́тельно; to come to ~ *амер. разг.* столкну́ться с тру́дной зада́чей, тяжёлым испыта́нием

2. *v* бить па́лкой, бито́й

**bat** III [bæt] *v*: to ~ one's eyes мига́ть, морга́ть; not to ~ an eyelid и гла́зом не моргну́ть; never ~ted an eyelid не сомкну́л глаз

**bat** IV [bæt] *n амер. sl.* гуля́нка, кутёж; to go on a ~ гуля́ть, кути́ть

**bat** V [bæt] *n* (the ~) *разг.* язы́к, у́стная речь; to sling the ~ объясня́ться на ло́маном языке́

**bat** VI [bæt] *n воен.* батальо́нное безотка́тное ору́дие «Бэт»

**bat** VII [bæt] *n* вати́н; ва́тная подкла́дка

**batata** [bæˈtɑːtə] *n бот.* бата́т, сла́дкий карто́фель

**bat-blind** [ˈbætblaɪnd] *a* соверше́нно слепо́й

**batch** [bætʃ] *n* 1) коли́чество хле́ба, выпека́емого за оди́н раз 2) па́чка, ку́чка 3) па́ртия, гру́ппа 4) *стр.* замéс бето́на ◇ of the same ~ того́ же со́рта

**batcher** [ˈbætʃə] *n тех.* бу́нкер; пита́тель, доза́тор

**bate** I [beɪt] *v* (*сокр. от* abate) 1) убавля́ть, уменьша́ть; with ~d breath зата́ив дыха́ние 2) слабе́ть; his energy has not ~d его́ эне́ргия не осла́бла 3) притупля́ть; to ~ one's curiosity удовлетвори́ть любопы́тство

**bate** II [beɪt] **1.** *n* раство́р для смягче́ния ко́жи по́сле дубле́ния

2. *v* погружа́ть (*кожу*) в раство́р для смягче́ния

**bate** III [beɪt] *n разг.* я́рость, гнев, бе́шенство; to get in a ~ приходи́ть в я́рость

**bat-eyed** [ˈbætaɪd] *a* 1) тупова́тый 2) ненаблюда́тельный

**batfowl** [ˈbætfaul] *v* лови́ть птиц но́чью, ослепля́я их огнём и сбива́я па́лкой

**bath** [bɑːθ] (*pl* baths [bɑːðz]) **1.** *n* 1) ва́нна 2) купа́ние (*в ванне*); to take (*или* to have) a ~ приня́ть ва́нну 3) (*обыкн. pl*) ба́ня; купа́льное заведе́ние; swimming ~s бассе́йн для пла́вания 4) *тех.* ва́нна; hypo ~ *фото* гипосульфи́тная ва́нна ◇ Order of the B. о́рден Ба́ни

2. *v* мыть, купа́ть

**Bath brick** [ˈbɑːθbrɪk] *n* соста́в для чи́стки металли́ческих изде́лий

**Bath chair** [ˈbɑːθˈtʃɛə] *n* кре́сло на колёсах для больны́х

**bathe** [beɪð] **1.** *n* купа́ние; to have a ~ вы́купаться, искупа́ться

2. *v* 1) купа́ть(ся); окуна́ть(ся); to ~ one's hands in blood обагри́ть ру́ки кро́вью 2) мыть, обмыва́ть (*тело*); промыва́ть (*глаза*) 3) омыва́ть (*берега — о реке, озере*) 4) залива́ть (*о свете*)

**bather** [ˈbeɪðə] *n* купа́льщик; купа́льщица

**bath-house** [ˈbɑːθhaus] *n* 1) ба́ня 2) купа́льня

**bathing** [ˈbeɪðɪŋ] **1.** *pres. p. от* bathe 2

2. *n* купа́ние

**bathing-box** [ˈbeɪðɪŋbɔks] *n* каби́на для купа́ющихся

**bathing-dress** [ˈbeɪðɪŋdres] *n* купа́льный костю́м

**bathing-machine** [ˈbeɪðɪŋməˌʃiːn] *n* каби́на на колёсах для раздева́ния купа́ющихся

**bathometer** [bəˈθɔmɪtə] *n* бато́метр

**bathos** [ˈbeɪθɔs] *n* 1) глубина́; бе́здна; the ~ of stupidity верх глу́пости 2) *лит.* перехо́д от высо́кого к коми́ческому (*о стиле*)

**bathrobe** [ˈbɑːθrəub] *n* купа́льный хала́т

**bath-room** [ˈbɑːθrum] *n* ва́нная (ко́мната)

**bath-tub** [ˈbɑːθtʌb] *n* ва́нна

**bathwater** [ˈbɑːθˌwɔːtə] *n* вода́ в ва́нне ◇ to throw the baby out with the ~ вме́сте с водо́й вы́плеснуть и ребёнка

**bathymetry** [bəˈθɪmɪtrɪ] *n* измере́ние глубины́ (*моря*)

**bathyscaphe** [ˈbæθɪskæf] *n* батиска́ф (*глубоководная камера с механизмами для передвижения под водой*)

**bathysphere** [ˈbæθɪsfɪə] *n* батисфе́ра (*глубоководная камера, опускаемая на тросе*)

**bating** [ˈbeɪtɪŋ] *prep* за исключе́нием

**batiste** [bæˈtiːst] *n* бати́ст

**batman** [ˈbætmən] *n воен.* денщи́к, вестово́й, ордина́рец

**baton** [ˈbætən] **1.** *n* 1) жезл 2) дирижёрская па́лочка 3) *спорт.* эстафе́тная па́лочка; to pass the ~ переда́ть эстафе́ту 4) полице́йская дуби́нка

2. *v* бить дуби́нкой (*о полицейском*)

**batsman** [ˈbætsmən] *n* отбива́ющий мяч (*в крикете, бейсболе*)

**battalion** [bəˈtæljən] *n* батальо́н; *амер. тж.* артиллери́йский дивизио́н

**battels** [ˈbætlz] *n pl* отчёт о су́ммах, израсхо́дованных на содержа́ние колле́джа (*в Оксфорде*)

**batten** I [ˈbætn] **1.** *n* 1) полова́я доска́ 2) дра́нка 3) деревя́нная *или* металли́ческая ре́йка 4) *attr.* доща́тый; ~ wall доща́тая перегоро́дка

2. *v* 1) скрепля́ть (попере́чными) ре́йками; закола́чивать доска́ми 2) *мор.* задра́ивать (*обыкн.* ~ down)

**batten** II [ˈbætn] *v* 1) отка́рмливаться, жире́ть 2) преуспева́ть за счёт други́х 3) *перен.* жить в ро́скоши и безде́лье 4) тучне́ть (*о почве*)

**batter** I [ˈbætə] **1.** *n* 1) взби́тое те́сто 2) мя́тая гли́на; густа́я ли́пкая грязь 3) *воен.* си́льный артиллери́йский обстре́л; урага́нный ого́нь 4) *полигр.* сби́тый шрифт

2. *v* 1) си́льно бить, колоти́ть, дуба́сить; долби́ть (*тж.* ~ about, ~ down); to ~ at the door си́льно стуча́ть в дверь 2) подверга́ть суро́вой кри́тике; громи́ть 3) плю́щить (*металл*); меси́ть, мять (*глину*) 4) разруша́ть; пробива́ть бре́ши (*артиллерийским огнём*) 5) *полигр.* сбива́ть шрифт

**batter** II [ˈbætə] *архит.* **1.** *n* усту́п, укло́н (*стены*)

2. *v* отклоня́ться

**batter** III [ˈbætə] = batsman

**battered** [ˈbætəd] **1.** *p. p. от* batter I, 2

2. *a* 1) изби́тый, разби́тый 2) изно́шенный, потрёпанный 3) мя́тый

**battering-ram** [ˈbætərɪŋræm] *n ист.* тара́н, стенобитное ору́дие

**battery** [ˈbætərɪ] *n* 1) *воен.* батаре́я; дивизио́н (лёгкой артилле́рии); *мор.* артилле́рия корабля́ 2) *эл.* батаре́я; гальвани́ческий элеме́нт; аккумуля́тор (*особ. в автомашине*) 3) *юр.* побо́и, оскорбле́ние де́йствием ◇ cooking ~ ку́хонная посу́да; to turn a man's ~ against himself бить проти́вника его́ же ору́жием; to mask one's batteries скрыва́ть свои́ наме́рения

**battery locomotive** [ˈbætərɪˈləukəməutɪv] *n* электрово́з

**batting** [ˈbætɪŋ] *n* вати́н

**battle** [ˈbætl] **1.** *n* 1) би́тва, сраже́ние, бой; pitched ~ тща́тельно подгото́вленное сраже́ние 2) борьба́; to fight a losing ~ вести́ борьбу́, обречённую на неуда́чу 3) *attr.* боево́й; ~ alarm боева́я трево́га; ~ honour боево́е отли́чие ◇ ~ royal дра́ка, о́бщая сва́лка; шу́мная ссо́ра; half the ~ зало́г успе́ха, побе́ды; the ~ of the books учёная диску́ссия; to fight one's ~s over again сно́ва пережива́ть про́шлое; to come unscathed out of the ~ ≅ вы́йти сухи́м из воды́; general's (soldier's) ~ бой, исхо́д кото́рого реша́ет уме́лое кома́ндование (солда́тская до́блесть); above the ~ беспристра́стный, стоя́щий в стороне́ от схва́тки; to fight smb.'s ~s for him лезть в дра́ку за кого́-л.

**2.** *v* сража́ться, боро́ться (for — за *кого-л., что-л.*; with, against — с *кем-либо, чем-л.*)

**battle-array** [ˈbætləˈreɪ] *n* боево́й поря́док

**battle-axe** [ˈbætlæks] *n ист.* 1) боево́й топо́р 2) алеба́рда

**battlecraft** [ˈbætlkrɑːft] *n* боево́е мастерство́

**battle-cruiser** [ˈbætlˌkruːzə] *n* лине́йный кре́йсер

**battle-cry** [ˈbætlkraɪ] *n* 1) боево́й клич 2) ло́зунг

**battledore** [ˈbætldɔː] *n* 1) валёк; ска́лка 2) раке́тка (*для игры в волан*); ~ and shuttlecock игра́ в вола́н

**battle dress** [ˈbætldres] *n воен.* похо́дная фо́рма

**battle-field** [ˈbætlfiːld] *n* по́ле сраже́ния, по́ле бо́я

**battle-fleet** [ˈbætlfliːt] *n* лине́йный флот

**battle-grey** [ˈbætlˈgreɪ] *a* защи́тного цве́та

**battle-ground** [ˈbætlgraund] *n* 1) райо́н бо́я, сраже́ния; теа́тр вое́нных де́йствий 2) предме́т спо́ра

**battlement** [ˈbætlmənt] *n* (*часто pl*) 1) зубча́тая стена́; зубцы́ (*стен, башен*) 2) зубча́тые верши́ны гор

**battle-order** [ˈbætlˈɔːdə] *n воен.* 1) боево́й поря́док 2) боево́й прика́з 3) похо́дная фо́рма

**battle-piece** [ˈbætlpiːs] *n жив.* бата́льная карти́на

**battle-plane** [ˈbætlpleɪn] *n ав.* штурмово́й самолёт, истреби́тель

**battler** [ˈbætlə] *n* 1) боец 2) выно́сливый боксёр

**battle-seasoned** [ˈbætlˈsiːznd] *a* 1) закалённый в боя́х 2) боеспосо́бный

**battleship** [ˈbætlʃɪp] *n* лине́йный кора́бль, линко́р

**battle-tried** [ˈbætltraɪd] *a* име́ющий боево́й о́пыт; обстре́лянный

**battle-wagon** [ˈbætlˌwægən] *n амер. мор. разг.* линко́р

**battue** [bæˈtuː] *фр. n* 1) обла́ва (*на охоте*) 2) тща́тельные по́иски 3) резня́, бо́йня

**batty** [ˈbætɪ] *a разг.* сумасше́дший, тро́нутый

**bauble** [ˈbɔːbl] *n* 1) игру́шка, безделу́шка; пустя́к 2): fool's ~ жезл шута́ (*с ослиными ушами*)

**baubling** [ˈbɔːblɪŋ] *a* пустя́чный

**baulk** [bɔːk] = balk

**baulky** [ˈbɔːkɪ] = balky

**bauxite** [ˈbɔːksaɪt] *n мин.* бокси́т, алюми́ниевая руда́

**bawbee** [bɔːˈbiː] *n шотл. разг.* полпе́нни

**bawd** [bɔːd] *n уст.* 1) сво́дня; содержа́тельница публи́чного до́ма 2) проститу́тка 3) непристо́йности

**bawdry** [ˈbɔːdrɪ] *n* сквернословие, ру́гань

**bawdy** [ˈbɔːdɪ] **1.** *a* непристо́йный

**2.** *n* сквернословие

**bawdy-house** [ˈbɔːdɪhaus] *n* дом терпи́мости, публи́чный дом

**bawl** [bɔːl] **1.** *n* крик; рёв

**2.** *v* крича́ть, ора́ть (at — на *кого-либо*); to ~ and squall горла́нить □ ~ out крича́ть, выкри́кивать; to ~ out abuse руга́ться; to ~ smb. out накрича́ть, наора́ть на кого́-л.

**bay** I [beɪ] *n* зали́в, бу́хта, губа́

**bay** II [beɪ] *n* 1) *стр.* пролёт (*между колоннами*); пролёт моста́ 2) ни́ша; глубо́кий вы́ступ ко́мнаты с окно́м, «фона́рь» 3) сто́йло 4) железнодоро́жная платфо́рма 5) *ж.-д.* тупи́к 6) судово́й лазаре́т

**bay** III [beɪ] **1.** *n* лай ◇ at ~ в безвы́ходном положе́нии; to bring (*или* to drive) to ~ а) *охот.* загна́ть (*зверя*); б) припере́ть к стене́; в) *воен.* заста́вить (*противника*) приня́ть бой; to hold (*или* to keep) smb. at ~ держа́ть кого́-л. в стра́хе, не подпуска́ть; to stand at ~, to turn to ~ отча́янно защища́ться

**2.** *v* 1) ла́ять 2) пресле́довать, трави́ть; загоня́ть (*зверя*)

**bay** IV [beɪ] **1.** *a* гнедо́й

**2.** *n* гнеда́я ло́шадь

**bay** V [beɪ] *n* 1) лавр, ла́вровое де́рево 2) *pl* ла́вры, лавро́вый вено́к 3) *attr.*: ~ rum лаврови́шневая вода́ (*лосьон для волос*)

**bay** VI [beɪ] **1.** *n* запру́да

**2.** *v* запру́живать

**bayadère** [ˌbɑːjəˈdɛə] *фр. n* 1) баяде́ра 2) полоса́тая мате́рия

**bayonet** [ˈbeɪənɪt] **1.** *n* 1) штык; to charge with the ~ бро́ситься в штыки́; at the point of the ~ си́лой ору́жия; на штыка́х 2) *attr.* штыково́й; ~ fighting штыково́й бой

**2.** *v* коло́ть штыко́м □ ~ **into** заста́вить си́лой, прину́дить

**bayou** [ˈbaɪuː] *n* заболо́ченный рука́в реки́, о́зера *или* морско́го зали́ва (*на юге США*)

**bay-salt** [ˈbeɪˈsɔːlt] *n* оса́дочная морска́я *или* озёрная соль

**bay window** [ˈbeɪˈwɪndəu] *n архит.* э́ркер, фона́рь

**baza(a)r** [bəˈzɑː] *n* 1) восто́чный база́р 2) благотвори́тельный база́р 3) большо́й магази́н; большо́й торго́вый зал; Christmas ~ база́р ёлочных украше́ний

**bazooka** [bəˈzuːkə] *n амер. воен.* реакти́вный противота́нковый гранатомёт «базу́ка»

**be** [biː] *v* (*sing* was, *pl* were; been) 1) быть, существова́ть 2) находи́ться; быва́ть; where are my books? где мои́ кни́ги?; are you often in town? ча́сто ли вы быва́ете в го́роде?; I have never been to the Caucasus я никогда́ не был на Кавка́зе 3) происходи́ть, случа́ться; admission exams are once a year in autumn приёмные испыта́ния прово́дятся оди́н раз в год о́сенью 4) сто́ить; how much is it? ско́лько э́то сто́ит? 5) *в составном именном сказуемом является глаголом-связкой*: he is a teacher он учи́тель; I am cold мне хо́лодно 6) *как вспомогательный глагол служит* а) *для образования длительной формы*: I am reading я чита́ю; б) *для образования пассива*: such questions are settled by the committee подо́бные вопро́сы разреша́ются комите́том 7) *как модальный глагол с последующим инфинитивом означает долженствование, возможность, намерение*: I am to inform you я до́лжен вас извести́ть; he is to be there now он до́лжен быть там сейча́с □ be **about** а) собира́ться (*с inf.*); he is about to go он собира́ется уходи́ть; б) быть за́нятым *чем-л.*; в) быть на нога́х, встать; be **at** намерева́ться; what would you be at? каковы́ ва́ши наме́рения?; be **away** а) отсу́тствовать; б) = be off; be **back** верну́ться; be **for** а) стоя́ть за *кого-л., что-л.*; б) отправля́ться в; be **in** а) прийти́, прибы́ть (*о поезде, пароходе и т. п.*); наступи́ть (*о времени года*); б) поспе́ть (*о фруктах*); в) быть до́ма; г) прийти́ к вла́сти (*о политической партии*); the labour candidate is in кандида́т лейбори́стской па́ртии прошёл на вы́борах: д): be in on smth. уча́ствовать в чём-л.; be **off** уходи́ть; the train is off по́езд ушёл; be **on** а) происходи́ть; б) идти́ (*о спектакле*); what is on at the Bolshoi Theatre today? что идёт в Большо́м теа́тре сего́дня?; be **out** не быть до́ма, в ко́мнате *и т. п.*; be **up** а) зако́нчиться; б) встать, подня́ться; в) повы́ситься в цене́; г) произойти́; д): be up to smth. замышля́ть что-л. ◇ how are you? здра́вствуйте!, как вы пожива́ете?; to be going собира́ться (*с inf. часто придаёт значение будущего времени*); the clock is going to strike часы́ сейча́с бу́дут бить; to let be оставля́ть в поко́е; to be oneself а) прийти́ в себя́; б) быть сами́м собо́й; to be of (a group, class, *etc.*) быть одни́м из (гру́ппы, кла́сса *и т. п.*); they knew he was not of them они́ распозна́ли в нём чужо́го; to be in smb. быть сво́йственным, характе́рным для кого́-л.; it is not in him to do such a thing э́то не в его́ нату́ре, на него́ э́то непохо́же; I've been there *разг.* всё э́то уже́ изве́стно; you've been (and gone) and done it *разг.* ≅ ну и наде́лали вы дел

**be-** [bi:-] *pref* 1) *присоединяется к переходным глаголам со значением*: а) кругом, вокруг; *напр.*: beset, besiege окружить, осадить, обложить (*город, крепость*); б) полностью, целиком; *напр.*: besmear запачкать, замарать, засалить; bescorch опалять, обжигать 2) *в сочетании с прилагательным и существительным образует переходные глаголы с соответствующим значением*; *напр.*: belittle умалять, уменьшать, принижать; bedim затемнять, затуманивать 3) *образует переходные глаголы со значением подвергнуть действию, покрыть, обработать так, как указывает значение существительного или прилагательного*; *напр.*: becloud заволакивать, покрывать тучами; beguile обмануть; bespangle осыпать блёстками

**beach** [bi:ʧ] **1.** *n* пляж, отлогий морской берег, взморье; отмель; берег моря между линиями прилива и отлива; to hit the ~ пристать к берегу, высадиться ◇ to be on the ~ а) разориться; оказаться в тяжёлом положении, на мели; б) *мор. sl.* быть в отставке

**2.** *v* 1) посадить на мель 2) вытаскивать на берег

**beach-comber** ['bi:ʧ,kəumə] *n* 1) океанская волна, набегающая на берег 2) (белый) обитатель островов Тихого океана, перебивающийся случайной работой 3) *разг.* лицо без определённых занятий; бездельник; бродяга

**beach-head** ['bi:ʧhed] *n воен.* береговой плацдарм (при высадке десанта)

**beach-la-mar** ['bi:ʧlə'ma:] *n лингв.* бичламар (*английский жаргон на островах Полинезии*)

**beach-master** ['bi:ʧ,ma:stə] *n воен.* комендант пункта высадки морского десанта

**beacon** ['bi:kən] **1.** *n* 1) маяк (*тж. перен.*); бакен; буй 2) сигнальный огонь 3) сигнальная башня 4) предостережение 5) радиомаяк 6) дорожный знак «переход» (*в Великобритании*) 7) *attr.*: ~ fire, ~ light сигнальный огонь

**2.** *v* 1) освещать сигнальными огнями 2) светить, указывать путь; служить маяком

**beaconage** ['bi:kənɪdʒ] *n* сбор за содержание бакенов и маяков

**bead** [bi:d] *n* 1) шарик, бусина; бисерина 2) *pl* бусы; бисер 3) *pl церк.* чётки; to tell one's ~s читать молитвы (перебирая чётки) 4) капля 5) пузырёк (воздуха) 6) *воен.* прицел, мушка; to draw a ~ on прицеливаться 7) *тех.* борт, отогнутый край, заплечик, реборда, буртик 8) *архит.* капельки (*украшение по краю фронтона*) ◇ to pray without one's ~s просчитаться

**2.** *v* 1) нанизывать (бусы); the houses are ~ed along the river дома тесно стоят (*букв.* нанизаны как бусы) вдоль реки 2) украшать бусами 3) вышивать бисером 4) *уст.* читать молитвы 5) *тех.* отгибать борт; расчеканивать

**beaded** ['bi:dɪd] **1.** *p. p. от* bead 2

**2.** *a* 1) нанизанный (*о бусах или перен.* как бусы) 2) похожий на бусы, бисер, капельки

**beadle** ['bi:dl] *n* 1) университетский педель 2) *уст.* церковный сторож 3) курьер при суде

**beadledom** ['bi:dldəm] *n* 1) формализм 2) канцелярщина; бюрократизм

**beadleship** ['bi:dlʃɪp] *n* должность университетского педеля, церковного сторожа, курьера при суде

**bead-roll** ['bi:drəul] *n* 1) список, перечень 2) родословная 3) чётки 4) *церк. уст.* поминальный список

**beadsman** ['bi:dzmən] *n* 1) призреваемый в богадельне 2) *уст.* молящийся (за благодетеля)

**beady** ['bi:dɪ] *a* 1) похожий на бусинку, маленький и блестящий (*о глазах*); ~ eyes глаза-бусинки 2) покрытый капельками

**beagle** ['bi:gl] **1.** *n* 1) гончая (*собака*); a pack of ~s стая гончих 2) сыщик

**2.** *v* охотиться с гончими

**beak** [bi:k] *n* 1) клюв 2) что-л., напоминающее клюв (крючковатый нос, носик сосуда, выступ на носу старинного корабля *и т. п.*) 3) *разг.* судья 4) *sl.*, *уст.* учитель, директор (*школы*) 5) *архит.* слезник

**beaked** [bi:kt] *a* 1) имеющий клюв 2) выступающий (*о мысе, скале*)

**beaker** ['bi:kə] *n* 1) лабораторный стакан; мензурка 2) *уст.* кубок, чаша

**beam** [bi:m] **1.** *n* 1) луч, пучок лучей 2) сияние; сияющий вид; сияющая улыбка 3) балка; брус, перекладина 4) ткацкий навой 5) *уст.* дышло 6) *тех.* балансир (*тж.* walking ~, working ~); коромысло (*весов*); to kick (*или* to strike) the ~ оказаться легче, подняться до предела (*о чаше весов*); *перен.* потерпеть поражение 7) *мор.* бимс, ширина (*судна*); to be on one's ~ ends лежать на боку (*о судне*); *перен.* быть в опасности, в безвыходном положении 8) *мор.* траверз; on the ~ на траверзе 9) *с.-х.* грядиль (*плуга*) 10) радиосигнал (*для самолёта*) 11) радиус действия (*микрофона, громкоговорителя*) 12) *attr.*: ~ sea боковая волна; ~ aerial *радио* лучевая антенна ◇ ~ in one's eye «бревно в собственном глазу», собственный недостаток; to be on the ~ быть на правильном пути; to be off the ~ сбиться с пути; to be off one's ~ *амер. груб.* рехнуться; to tip (*или* to turn) the ~ решить исход дела

**2.** *v* 1) сиять; светить 2) сиять, лучезарно улыбаться; to ~ with joy просиять от радости 3) испускать лучи, излучать 4) определять местонахождение самолёта с помощью радара 5) *радио* вести направленную передачу

**beam thread** ['bi:mθred] *n текст.* основная нить

**beam wireless** ['bi:m,waɪəlɪs] *n радио* лучевая *или* прожекторная радиосвязь

**bean** [bi:n] *n* 1) боб; kidney (*или* French) ~ фасоль; horse ~s конские бобы 2) *sl.* голова, башка 3) *разг.* монета (*особ.* золотая); not to have a ~ не иметь ни гроша; not worth a ~ ≅ гроша ломаного не стоит ◇ full of ~s а) горячий (*о лошади*); б) живой, энергичный; в приподнятом настроении; like ~s во всю прыть; to give smb. ~s *разг.* а) вздуть, наказать кого-л.; б) побить кого-л. (*в состязании*); to get ~s *разг.* быть наказанным, избитым; a hill of ~s *амер.* пустяки; old ~ *sl.* старина, дружище; to spill the ~s а) выдать секрет, проболтаться; б) расстроить (*чьи-л.*) планы; в) попасть в глупое положение, в беду; every ~ has its black *посл.* ≅ и на солнце есть пятна; he found the ~ in the cake ему посчастливилось, повезло; to know ~s, to know how many ~s make five знать что к чему; быть себе на уме

**bean-feast** ['bi:nfi:st] *n* 1) традиционный обед, устраиваемый хозяином для служащих раз в год 2) пирушка, гулянка

**beano** ['bi:nəu] *n* (*pl* -os [-əuz]) *sl. см.* bean-feast

**bean-pod** ['bi:npɔd] *n* бобовый стручок

**bear** I [bɛə] **1.** *n* 1) медведь 2) грубый, невоспитанный человек; to play the ~ вести себя грубо 3) *бирж.* спекулянт, играющий на понижение 4) *астр.*: Great (Little, Lesser) B. Большая (Малая) Медведица 5) дыропробивной пресс, медведка 6) *метал.* козёл 7) *мор. разг.* швабра (*для мытья палубы*) 8) *attr.*: ~ pool *бирж.* объединение спекулянтов, играющих на понижение; ~ market *бирж.* рынок с понижательной тенденцией ◇ cross (*или* sulky, surly) as a ~ ≅ зол как чёрт; bridled ~ юнец, путешествующий с гувернёром; to take a ~ by the tooth без нужды подвергать себя опасности, лезть на рожон; to sell the ~'s skin before one has caught the ~ делить шкуру неубитого медведя; had it been a ~ it would have bitten you ≅ вы ошиблись, обознались; (оказалось) не так страшно, как вы думали

**2.** *v бирж.* играть на понижение

**bear** II [bɛə] *v* (bore; borne) 1) носить; нести; переносить; перевозить 2) выдерживать; нести груз, тяжесть; поддерживать, подпирать; will the ice ~ today? достаточно ли крепок лёд сегодня? 3) (*p. p.* born) рождать, производить; to ~ children рожать детей; to ~ fruit приносить плоды; born in 1919 рождения 1919 года 4) питать, иметь (*чувство и т. п.*) 5) терпеть, выносить; I can't ~ him я его не выношу 6) *refl.* держаться; вести себя 7) опираться (on) 8) простираться □

~ **away** а) вы́играть (*приз, кубок и т. п.*); вы́йти победи́телем; б): to be borne away быть захва́ченным, увлечённым; ~ **down** а) преодолева́ть; б) *мор.* подходи́ть по ве́тру; в) устремля́ться (upon — к); набра́сываться, напада́ть (upon — на *кого-л.*); г) влия́ть; ~ **in:** to be borne in on smb. станови́ться я́сным, поня́тным кому́-л.; ~ **off** отклоня́ться; ~ **on** каса́ться, име́ть отноше́ние к *чему-л.*; ~ **out** подтвержда́ть; подкрепля́ть; подде́рживать; ~ **up** а) подде́рживать; подба́дривать; б) держа́ться сто́йко; в) *мор.* спуска́ться (*по ветру*); г): to ~ up for взять направле́ние на; ~ **upon** = ~ on; ~ **with** относи́ться терпели́во к *чему-л.*; мири́ться с *чем-л.* ◇ to ~ arms а) носи́ть ору́жие; служи́ть в а́рмии; to ~ arms against smb. подня́ть ору́жие на кого́-л., восста́ть про́тив кого́-л.; б) име́ть *или* носи́ть герб; to ~ company а) составля́ть компа́нию, сопровожда́ть; б) уха́живать; to ~ comparison выде́рживать сравне́ние; to ~ a hand уча́ствовать; помога́ть; to ~ hard on smb. подавля́ть кого́-л.; to ~ in mind по́мнить; име́ть в виду́; to ~ a part принима́ть уча́стие; to ~ a resemblance быть похо́жим, име́ть схо́дство; to ~ to the right *etc.* приня́ть впра́во *и т. п.*; to ~ the signature име́ть по́дпись, быть подпи́санным; to ~ testimony, to ~ witness свиде́тельствовать, пока́зывать, дава́ть показа́ния

**bearable** ['bɛərəbl] *a* сно́сный, терпи́мый

**bear-baiting** ['bɛəˌbeitɪŋ] *n* тра́вля медве́дя

**beard** [bɪəd] **1.** *n* 1) борода́ 2) расти́тельность на лице́ 3) ость (*колоса*) 4) ко́нчик вяза́льного крючка́ 5) зубе́ц; зазу́брина ◇ to laugh in one's ~ смея́ться исподтишка́; ухмыля́ться; to speak in one's ~ бормота́ть; to laugh at smb.'s ~ а) смея́ться в лицо́ кому́-л.; б) пыта́ться одура́чить кого́-либо; to pluck (*или* to take) by the ~ реши́тельно напада́ть

**2.** *v* 1) сме́ло выступа́ть про́тив; to ~ the lion in his den сме́ло подходи́ть к опа́сному *или* стра́шному челове́ку 2) отёсывать края́ доски́ *или* бру́са

**bearded** ['bɪədɪd] **1.** *p. p. от* beard 2

**2.** *a* 1) борода́тый 2) *бот.* ости́стый

**beardless** ['bɪədlɪs] *a* безборо́дый; *перен.* ю́ношеский

**bearer** ['bɛərə] *n* 1) тот, кто но́сит *и пр.* [*см.* bear II] 2) санита́р 3) носи́льщик 4) пода́тель (*письма*); предъяви́тель (*чека*) 5) плодонося́щее расте́ние; this tree is a good (poor) ~ э́то де́рево прино́сит хоро́ший (плохо́й) урожа́й 6) *тех.* опо́ра; поду́шка

**bearer company** ['bɛərəˌkʌmpənɪ] *n* *воен.* носи́лочная ро́та

**beargarden** ['bɛəˌgɑ:dn] *n* 1) *уст.* медве́жий садо́к 2) шу́мное сбо́рище, «база́р»

**bearing** I ['bɛərɪŋ] **1.** *pres. p. от* bear II

**2.** *n* 1) ноше́ние 2) рожде́ние, произведе́ние на свет 3) плодоноше́ние 4) поведе́ние; оса́нка; мане́ра держа́ть себя́ 5) терпе́ние; beyond (*или* past) all ~ нестерпи́мый; нестерпи́мо 6) отноше́ние; to consider a question in all its ~s рассма́тривать вопро́с со всех сторо́н; this has no ~ on the question э́то не име́ет никако́го отноше́ния к де́лу, вопро́су 7) значе́ние; the precise ~ of the word то́чное значе́ние сло́ва 8) деви́з (*на гербе*) 9) *тех.* подши́пник; roller ~ ро́ликовый подши́пник 10) *тех.* опо́ра; то́чка опо́ры 11) *pl* *мор.*, *ав.*, *воен.* пе́ленг, румб; а́зимут; to lose one's ~s потеря́ть ориентиро́вку; заблуди́ться; *перен.* растеря́ться; to take one's ~s ориенти́роваться, определя́ть положе́ние

**3.** *a* 1) несу́щий 2) рожда́ющий, порожда́ющий ◇ ~ finder пеленга́тор; ~ capacity грузоподъёмность; допусти́мая нагру́зка

**bearing** II ['bɛərɪŋ] *pres. p. от* bear I, 2

**bearish** ['bɛərɪʃ] *a* 1) медве́жий 2) гру́бый 3) *бирж.* понижа́тельный

**bearleader** ['bɛəˌli:də] *n* 1) вожа́к (медве́дя) 2) *разг.* гувернёр, путеше́ствующий с бога́тым молоды́м челове́ком

**bear-pit** ['bɛəpɪt] *n* медве́жья я́ма

**bearskin** ['bɛəskɪn] *n* 1) медве́жья шку́ра 2) мехово́й ки́вер (*английских гвардейцев*)

**beast** [bi:st] *n* 1) зверь, живо́тное; скоти́на; тварь; ~ of burden вью́чное живо́тное; ~ of prey хи́щный зверь; to make a ~ of oneself безобра́зно вести́ себя́ 2) *шутл.* упря́мец; неприя́тный челове́к 3) *собир.* отгу́льный скот ◇ a ~ of a job неприя́тная, тру́дная зада́ча

**beastliness** ['bi:stlɪnɪs] *n* 1) свинство, ско́тство 2) га́дость

**beastly** ['bi:stlɪ] **1.** *a* 1) живо́тный, гру́бый; зве́рский; непристо́йный 2) *разг.* ужа́сный, проти́вный; ~ weather отврати́тельная пого́да 3) *разг.* гря́зный, га́дкий

**2.** *adv* *разг.* (*служит для усиления отрицательного признака*) отврати́тельно, ужа́сно; it is ~ wet ужа́сно сы́ро, мо́кро

**beat** [bi:t] **1.** *n* 1) уда́р; бой (*барабана*); бие́ние (*сердца*) 2) колеба́ние (*маятника*) 3) такт; отбива́ние та́кта 4) ритм, разме́р; the measured ~ of the waves разме́ренный плеск волн 5) дозо́р, обхо́д; райо́н (*обхода*); to be on the ~ соверша́ть обхо́д; обходи́ть дозо́ром; to be off (*или* out of) one's ~ быть вне привы́чной сфе́ры де́ятельности *или* компете́нции 6) *амер. sl.* газе́тная сенса́ция 7) *амер. sl.* безде́льник 8) *разг.* что-л. превосходя́щее; I've never seen his ~ он бесподо́бен 9) = beatnik 10) *физ.* бие́ние, пульса́ция (*звуковых или световых волн*) 11) *охот.* ме́сто обла́вы 12) *attr.*: ~ generation би́тники

**2.** *v* (beat; beat, beaten) 1) бить, ударя́ть, колоти́ть 2) выбива́ть (*дробь на барабане*); отбива́ть (*котлету*); взбива́ть (*тесто, яйца*); отбива́ть (*часы*); толо́чь (*в порошок*; *тж.* ~ small); выкола́чивать (*ковёр, одежду, мебель и т. п.*) 3) би́ться (*о сердце*); разбива́ться (*как волны о скалы*); хлеста́ть, стуча́ться (*как дождь в окна*) 4) побива́ть, побежда́ть; the team was ~en for the second time кома́нда втори́чно потерпе́ла пораже́ние; to ~ smb. at his own game бить кого́-л. его́ же ору́жием 5) превосходи́ть; it ~s everything I ever heard э́то превосхо́дит всё, когда́-л. слы́шанное мно́ю; to ~ smth. hollow превзойти́, затми́ть что-л.; it ~s the band (*или* all, anything, creation, my grandmother, the devil, hell, the world) э́то превосхо́дит всё; э́то невероя́тно; ну, э́то уж сли́шком! 6) *амер. разг.* надува́ть; моше́нничать; обходи́ть (*закон и т. п.*); to ~ a bill избежа́ть упла́ты по счёту 7) *охот.* обры́скать (*лес*) 8) *мор.* лави́ровать, боро́ться с встре́чным ве́тром, тече́нием □ ~ **about:** to ~ about the bush ходи́ть вокру́г да о́коло; подходи́ть к де́лу осторо́жно, издалека́; tell me straight what you want without ~ing about the bush говори́те пря́мо, без обиняко́в, что вы хоти́те; ~ **back** отбива́ть, отража́ть; ~ **down** а) сбива́ть (*цену*); б) сломи́ть (*сопротивление, оппозицию*); ~ **in** проломи́ть; раздави́ть; ~ **into** вбива́ть, вкола́чивать; ~ **off** = ~ back; ~ **out** выбива́ть, кова́ть (*металл*); to ~ out the meaning разъясня́ть значе́ние; to be ~en out *амер.* быть в изнеможе́нии; ~ **up** а) взбива́ть (*яйца и т. п.*); б) вербова́ть (*рекрутов*); в) избива́ть; обходи́ться со зве́рской жесто́костью; г): ~ up the quarters of посеща́ть; д) *мор.* продвига́ться про́тив ве́тра, про́тив тече́ния ◇ to ~ smb. hollow (*или* all to pieces, to nothing, to ribbands, to smithereens, to sticks) разби́ть кого́-л. на́голову; to ~ it *разг.* удира́ть; ~ it! *разг.* прочь!, вон!; to ~ goose хло́пать себя́ по бока́м, что́бы согре́ться; to ~ the air (*или* the wind) занима́ться бесполе́зным де́лом, попусту стара́ться; to ~ one's head with (*или* about) a thing лома́ть себе́ над чем-л. го́лову; to ~ one's way пробира́ться; that ~s me не могу́ э́того пости́чь; э́то вы́ше моего́ понима́ния; can you ~ it? мо́жете ли вы себе́ предста́вить что-л. подо́бное?

**beaten** ['bi:tn] **1.** *p. p. от* beat 2

**2.** *a* 1) би́тый, побеждённый, разби́тый 2) изби́тый, бана́льный 3) утомлённый, изму́ченный 4) проторённый; ~ path (*или* track) а) прое́зжая доро́га; б) проторённая доро́жка; рути́на; off the ~ track в стороне́ от большо́й доро́ги; *перен.* в малоизве́стных, малоизу́ченных областя́х 5) ко́ваный 6) *воен.* поража́емый; ~ area обстре́ливаемый райо́н

**beater** [ˈbi:tə] *n* 1) тот, кто бьёт 2) *охот.* загóнщик 3) колотýшка; пéст(ик) 4) *текст.* трепáло; бúло 5) *с.-х.* цеп; бúтер (*комбайна*) ◇ he is no ~ about the bush он человéк прямолинéйный

**beatific(al)** [ˌbi:əˈtɪfɪk(əl)] *a* блажéнный; дающий блажéнство

**beatify** [bi(:)ˈætɪfaɪ] *v* 1) дéлать счастлúвым 2) *церк.* канонизúровать

**beating** [ˈbi:tɪŋ] **1.** *pres. p. от* beat 2

**2.** *n* 1) битьё; пóрка 2) поражéние 3) биéние (*сердца*) 4) взмáхивание (*крыльями*)

**beatitude** [bi(:)ˈætɪtju:d] *n* блажéнство

**beatnik** [ˈbi:tnɪk] *n* бúтник

**beau** [bəu] *фр. n* (*pl* beaux) 1) щёголь, франт 2) кавалéр; поклóнник

**beau ideal** [ˈbəuaɪˈdɪəl] *фр. n* идеáл, образéц совершéнства

**beauteous** [ˈbju:tjəs] *a поэт.* прекрáсный, красúвый

**beautician** [bju:ˈtɪʃən] *n* косметóлог; косметúчка

**beautiful** [ˈbju:təful] *a* 1) красúвый, прекрáсный 2) превосхóдный

**beautify** [ˈbju:tɪfaɪ] *v* украшáть

**beauty** [ˈbju:tɪ] *n* 1) красотá 2) красáвица 3) прéлесть (*часто ирон.*); that's the ~ of it в э́том-то вся прéлесть; you are a ~! хорóш ты, нéчего сказáть! ◇ ~ is in the eye of the gazer (*или* of the beholder) ≅ не по хорóшу мил, а пó милу хорóш; ~ is but skin deep нарýжность обмáнчива; нельзя́ судúть по нарýжности

**beauty parlour** [ˈbju:tɪˌpa:lə] *n* косметúческий кабинéт; институ́т красоты́

**beauty-sleep** [ˈbju:tɪsli:p] *n* 1) сон днём (*особ. перед балом и т. п.*) 2) рáнний сон (*до полуночи*)

**beauty-spot** [ˈbju:tɪspɔt] *n* мýшка (*на лице*)

**beaux** [bəuz] *pl от* beau

**beaver** I [ˈbi:və] *n* 1) бобр 2) бобёр, бобрóвый мех 3) кастóровая шля́па 4) *sl.* бородá 5) *sl.* бородáч

**beaver** II [ˈbi:və] *n ист.* забрáло

**becalm** [bɪˈka:m] *v* 1) успокáивать 2) заштúлеть (*о судне*)

**became** [bɪˈkeɪm] *past от* become

**because** [bɪˈkɔz] *cj* 1) потомý что; так как 2): ~ of (*употр. как предлог*) из-за, вслéдствие

**bechamel** [ˌbeɪʃa:ˈmel] *n* сóус бешамéль

**beck** I [bek] **1.** *n* кивóк; привéтствие рукóй ◇ to be at smb.'s ~ and call быть всецéло в чьём-л. распоряжéнии

**2.** *v* манúть; кивáть; дéлать знáки рукóй

**beck** II [bek] *n сев.* ручéй

**beckon** [ˈbekən] *v* манúть, кивáть; дéлать знак (*рукой, пальцем*)

**becloud** [bɪˈklaud] *v* затемня́ть; заволáкивать; затумáнивать (*зрение, рассудок*)

**become** [bɪˈkʌm] *v* (became; become) 1) *употр. как глагол-связка* делаться, становúться; he became a doctor он стал врачóм; it became cold стáло хóлодно 2) случáться (of); what has ~ of him? что с ним стáлось?; кудá он девáлся? 3) годúться, прилúчествовать 4) быть к лицý; this dress ~s you well э́то плáтье вам óчень идёт

**becoming** [bɪˈkʌmɪŋ] **1.** *pres. p. от* become

**2.** *a* 1) прилúчествующий, подобáющий 2) (идýщий) к лицý (*о платье*)

**3.** *n филос.* становлéние

**bed** [bed] **1.** *n* 1) постéль, кровáть, лóже; ~ of straw солóменный тюфя́к; to make the ~ стлать постéль; to go to ~ ложúться спать; to take to one's ~ слечь в постéль; to keep to (one's) ~ хворáть, лежáть в постéли; to leave one's ~ вы́здороветь, встать с постéли 2) брáчное лóже 3) клýмба; грядá, гря́дка 4) дно (*моря, реки*) 5) *поэт.* могúла; the ~ of honour могúла пáвшего в бою́; брáтская могúла; to put to ~ with a shovel хоронúть 6) *геол.* пласт, слой; залегáние 7) *ж.-д.* баллáстный слой; полотнó 8) *стр.* основáние (*для фундамента*) 9) *тех.* станúна ◇ as you make your ~, so you must lie upon it *посл.* ≅ что посéешь, то и пожнёшь; ~ of roses (*или* flowers) лёгкая жизнь; ~ of thorns тернúстый путь; неприя́тное, трýдное положéние; to go to ~ in one's boots *груб.* быть мертвéцки пья́ным; to die in one's ~ умерéть сóбственной смéртью; to be brought to ~ (of a boy) разрешúться от брéмени (мáльчиком); to go to ~ with the lamb and rise with the lark ≅ ложúться спозарáнку и вставáть с петухáми; to get out of ~ on the wrong side ≅ встать с лéвой ногú, быть в плохóм настроéнии; ~ and board квартúра и стол, пансиóн

**2.** *v* 1) класть в постéль 2) ложúться в постéль 3) стлать подстúлку (*для лошади*) 4) сажáть, высáживать в грунт (*обыкн.* ~ out) 5) класть на надлежáщее основáние (*кирпич на слой извёстки и т. п.*); настилáть

**bedabble** [bɪˈdæbl] *v* замочúть; забры́згать

**bedaub** [bɪˈdɔ:b] *v* запáчкать, замáзать

**bedazzle** [bɪˈdæzl] *v* ослепля́ть блéском

**bed-bug** [ˈbedbʌg] *n* клоп

**bed-clothes** [ˈbedkləuðz] *n pl* постéльное бельё

**bedding** [ˈbedɪŋ] **1.** *pres. p. от* bed 2

**2.** *n* 1) постéльные принадлéжности 2) подстúлка для скотá 3) основáние, лóже; фундáмент 4) *геол.* напластовáние, наслоéние; залегáние 5) высáживание в грунт

**bedeck** [bɪˈdek] *v* украшáть

**bedel(l)** [beˈdel] = beadle 1)

**bedesman** [ˈbi:dzmən] = beadsman

**bedevil** [bɪˈdevl] *v* 1) терзáть, мýчить 2) сбивáть с тóлку 3) околдовáть; «навестú пóрчу»

**bedew** [bɪˈdju:] *v* покрывáть росóй; обры́згивать

**bedfast** [ˈbedfa:st] *a амер.* прикóванный к постéли (*болезнью*)

**bedfellow** [ˈbedˌfeləu] *n* 1) муж; женá 2) спя́щий (*с кем-л.*) в однóй постéли 3) партнёр ◇ a strange ~ случáйный знакóмый

**bedgown** [ˈbedgaun] *n* жéнская ночнáя сорóчка

**bedim** [bɪˈdɪm] *v* затемня́ть; затумáнивать

**bedizen** [bɪˈdaɪzn] *v* я́рко, пёстро украшáть, наряжáть

**bedlam** [ˈbedləm] *n* дом умалишённых; *перен.* бедлáм, сумасшéдший дом

**bedlamite** [ˈbedləmaɪt] **1.** *n* сумасшéдший (человéк)

**2.** *a* сумасшéдший

**bedouin** [ˈbeduɪn] *n* (*pl* -s [-z] *или без измен.*) бедуúн

**bedpan** [ˈbedpæn] *n* подкладнóе сýдно

**bedpost** [ˈbedpəust] *n* стóлбик кровáти ◇ between you and me and the ~ стрóго конфиденциáльно, мéжду нáми

**bedraggle** [bɪˈdrægl] *v* запáчкать, замарáть

**bedrid(den)** [ˈbedˌrɪd(n)] *a* 1) прикóванный к постéли болéзнью 2) бессúльный; bedrid argument слáбый дóвод

**bed-rock** [ˈbedˈrɔk] *n* 1) *геол.* коренная подстилáющая порóда, бéдрок; пóчва (*залежи*) 2) основны́е прúнципы; to get down to ~ добрáться до сýти дéла

**bedroom** [ˈbedru(:)m] *n* спáльня; single (double) ~ кóмната с однóй (двумя́) кровáтью (кровáтями)

**bed-side** [ˈbedsaɪd] *n*: to sit (*или* to watch) at (*или* by) a person's ~ ухáживать за больны́м; to have a good ~ manner умéть подойтú к больнóму (*о враче*); to keep books at one's ~ держáть кнúги у изголóвья кровáти

**bed-side table** [ˈbedsaɪdˌteɪbl] *n* ночнóй стóлик, (прикровáтная) тýмбочка

**bed-sitter** [ˈbedˌsɪtə] *разг. см.* bed-sitting-room

**bed-sitting-room** [ˈbedˈsɪtɪŋrum] *n* жилáя кóмната (*спальня и гостиная*)

**bedsore** [ˈbedsɔ:] *n* прóлежень

**bed-spread** [ˈbedspred] *n* постéльное покрывáло

**bedstead** [ˈbedsted] *n* óстов кровáти

**bedtime** [ˈbedtaɪm] *n* врéмя ложúться спать

**bee** [bi:] *n* 1) пчелá; *перен.* трудолюбúвый человéк 2) встрéча сосéдей, друзéй *и т. п.* для совмéстной рабóты и взаимопóмощи (*тж.* для спортúвных соревновáний и гуля́нья) ◇ to have a ~ in one's bonnet *разг.* а) быть с причýдами; б) быть помéшанным на чём-л.

**beech** [bi:tʃ] **1.** *n* бук, бýковое дéрево

**2.** *a* бýковый

**beef** [bi:f] **1.** *n* (*pl* beeves, *амер.* ~s [-s]) 1) говя́дина; horse ~ конúна

2) бык *или* коро́ва (*откормленные на убой*); мясно́й скот 3) ту́ша 4) *разг.* ту́ша (*о человеке*) 5) си́ла, эне́ргия 6) *жарг.* жа́лоба

**2.** *v жарг.* жа́ловаться

**beefeater** [ˈbiːfˌiːtə] *n* 1) лейб-гварде́ец (*при английском дворе*) 2) служи́тель охра́ны ло́ндонского Та́уэра

**beefsteak** [ˈbiːfˈsteɪk] *n* бифште́кс

**beef tea** [ˈbiːfˈtiː] *n* кре́пкий бульо́н

**beef-witted** [ˈbiːfˈwɪtɪd] *a* глу́пый, тупоу́мный

**beefy** [ˈbiːfɪ] *a* мяси́стый; кре́пкий, му́скулистый

**beehive** [ˈbiːhaɪv] *n* у́лей

**bee-keeper** [ˈbiːˌkiːpə] *n* пчелово́д

**bee-line** [ˈbiːlaɪn] *n* пряма́я (возду́шная) ли́ния

**Beelzebub** [bi(ː)ˈelzɪbʌb] *n* Вельзеву́л

**bee-master** [ˈbiːˌmɑːstə] = bee-keeper

**been** [biːn (*полная форма*); bɪn (*редуцированная форма*)] *p. p. от* be

**beep** [biːp] *n* телеметри́ческий сигна́л

**beer I** [bɪə] *n* пи́во; small ~ а) сла́бое пи́во; б) *перен.* пустяки́; в) *перен.* ничто́жный челове́к; to think no small ~ of oneself быть о себе́ высо́кого мне́ния ◇ ~ and skittles пра́здные развлече́ния; to be in ~ *разг.* быть вы́пивши; ~ chaser *разг.* «прице́п» (*стакан пива вслед за виски*)

**beer II** [bɪə] *n текст.* ход (*основы*)

**beerhouse** [ˈbɪəhaus] *n* пивна́я

**beery** [ˈbɪərɪ] *a* 1) пивно́й; отдаю́щий пи́вом 2) подвы́пивший

**beestings** [ˈbiːstɪŋz] *n pl* молоко́ нотве́льной коро́вы, моло́зиво

**beeswax** [ˈbiːzwæks] **1.** *n* воск

**2.** *v* натира́ть во́ском

**beeswing** [ˈbiːzwɪŋ] *n* 1) налёт на ста́ром, вы́держанном вине́ (*особ. на портвейне*) 2) вы́держанное вино́

**beet** [biːt] *n* свёкла; white ~ са́харная свёкла

**beetle I** [ˈbiːtl] *n* 1) жук; Colorado ~ колора́дский жук 2) *разг.* тарака́н ◇ blind as a ~, ~ blind соверше́нно слепо́й

**beetle II** [ˈbiːtl] **1.** *n тех.* трамбо́вка; ба́ба; кува́лда; three-man ~ трамбо́вка, обслу́живаемая тремя́ рабо́чими ◇ between the ~ and the block ≅ ме́жду мо́лотом и накова́льней; в безвы́ходном положе́нии

**2.** *v* 1) трамбова́ть 2) дроби́ть (*камни*)

**beetle III** [ˈbiːtl] **1.** *a* нави́сший; выступа́ющий

**2.** *v* выступа́ть; нависа́ть □ ~ **off** *разг.* уходи́ть, отправля́ться

**beetle-browed** [ˈbiːtlbraud] *a* 1) с нави́сшими бровя́ми 2) угрю́мый; мра́чный; насу́пленный

**beetle-crusher** [ˈbiːtlˌkrʌʃə] *n шутл.* 1) сапожи́ще 2) но́жища

**beetle-head** [ˈbiːtlhed] *n* болва́н

**beetling I** [ˈbiːtlɪŋ] **1.** *pres. p. от* beetle III, 2

**2.** *a* нави́сший; ~ cliffs (brows) нави́сшие ска́лы (бро́ви)

**beetling II** [ˈbiːtlɪŋ] *pres. p. от* beetle II, 2

**beetroot** [ˈbiːtruːt] *n* свеклови́ца

**beeves** [biːvz] *pl от* beef

**befall** [bɪˈfɔːl] *v* (befell; befallen) случа́ться, приключа́ться, происходи́ть; a strange fate befell him стра́нная судьба́ его́ пости́гла

**befallen** [bɪˈfɔːlən] *p. p. от* befall

**befell** [bɪˈfel] *past от* befall

**befit** [bɪˈfɪt] *v* подходи́ть, прили́чествовать (*кому-л.*)

**befog** [bɪˈfɔg] *v* затума́нивать

**befogged** [bɪˈfɔgd] *a* 1) затума́ненный 2) озада́ченный

**befool** [bɪˈfuːl] *v* одура́чивать, обма́нывать

**before** [bɪˈfɔː] **1.** *adv* 1) впереди́; вперёд 2) ра́ньше, пре́жде, уже́; I have heard it ~ я э́то уже́ слы́шал; long ~ задо́лго до

**2.** *prep* 1) пе́ред; he stood ~ us он стоя́л пе́ред на́ми 2) пе́ред лицо́м, в прису́тствии; to appear ~ the Court предста́ть пе́ред судо́м 3) до; the day ~ yesterday позавчера́, тре́тьего дня; Chaucer lived ~ Shakespeare Чо́сер жил до Шекспи́ра; ~ long ско́ро, вско́ре; ~ now ра́ньше, до сих по́р 4) впереди́; your whole life is ~ you у вас вся жизнь впереди́ 5) вы́ше; бо́льше; to be ~ others in class быть (по успе́хам) впереди́ свои́х однокла́ссников; I love him ~ myself я люблю́ его́ бо́льше самого́ себя́ 6) скоре́е... чем; he would die ~ lying он скоре́е умрёт, чем солжёт

**3.** *cj* пре́жде чем; he arrived ~ I expected him он прие́хал ра́ньше, чем я ожида́л

**beforehand** [bɪˈfɔːhænd] *adv* 1) зара́нее, вперёд; заблаговре́менно; to be ~ with smb. предупреди́ть, опереди́ть кого́-л. 2) (*часто как прил.*) преждевре́менно; you are rather ~ in your conclusions вы де́лаете сли́шком поспе́шные вы́воды

**befoul** [bɪˈfaul] *v* па́чкать; оскверня́ть

**befriend** [bɪˈfrend] *v* относи́ться дру́жески; помога́ть

**befringe** [bɪˈfrɪndʒ] *v* отде́лывать бахромо́й, окаймля́ть

**befuddle** [bɪˈfʌdl] *v* одурма́нивать

**beg** [beg] *v* 1) проси́ть, умоля́ть (of — *кого-л.*; for — о *чём-л.*); to ~ leave проси́ть разреше́ния; to ~ pardon проси́ть извине́ния, проще́ния 2) ни́щенствовать; проси́ть подая́ния 3) служи́ть, стоя́ть на за́дних ла́пах (*о собаке*) 4) (*в официальном обращении, в письме*): to ~ to do smth. взять на себя́ сме́лость, позво́лить себе́ что-л. сде́лать; I ~ to differ позво́лю себе́ не согласи́ться; I ~ to enclose при сём прилага́ю; we ~ to inform you извеща́ем вас □ ~ **off** отпроси́ться; to ~ smb. off доби́ться чьего́-л. проще́ния, смягче́ния наказа́ния ◇ to ~ the question счита́ть спо́рный вопро́с решённым, не тре́бующим доказа́тельств

**begad** [bɪˈgæd] *int разг.* кляну́сь не́бом!

**began** [bɪˈgæn] *past от* begin

**beget** [bɪˈget] *v* (begot; begotten) 1) рожда́ть, производи́ть 2) порожда́ть

**begetter** [bɪˈgetə] *n* 1) *редк.* оте́ц 2) породи́вший; вино́вник; вдохнови́тель

**beggar** [ˈbegə] **1.** *n* 1) ни́щий 2) *шутл.* па́рень, ма́лый; плути́шка; insolent ~ наха́л; poor ~ бедня́га; dull ~ ску́чный, ну́дный челове́к; зану́да; stubborn ~ упря́мец; little ~s малыши́ (*о детях и животных*) ◇ ~s must (*или* should) be no choosers *посл.* беднякáм не прихо́дится выбира́ть; the ~ may sing before the thief *посл.* ≅ го́лый разбо́я не бои́тся; a ~ on horseback вы́скочка; set a ~ on horseback and he'll ride to the devil *посл.* ≅ посади́ свинью́ за стол, она́ и но́ги на стол; to know smth., smb. as well as a ~ knows his bag ≅ знать что-л., кого́-л. как свои́ пять па́льцев

**2.** *v* 1) доводи́ть до нищеты́, разоря́ть; to ~ oneself разори́ться 2) превосходи́ть; it ~s all description э́то не поддаётся описа́нию

**beggarly** [ˈbegəlɪ] **1.** *a* бе́дный; ни́щенский; жа́лкий; ~ hovel жа́лкая лачу́га

**2.** *adv* 1) ни́щенски 2) умоля́юще

**beggary** [ˈbegərɪ] *n* 1) кра́йняя нужда́; нищета́ 2) ни́щенство 3) *собир.* ни́щие

**begging** [ˈbegɪŋ] **1.** *pres. p. от* beg

**2.** *n* ни́щенство; to go (a-) ~ а) ни́щенствовать; б) не име́ть спро́са, ры́нка; в) быть вака́нтным (*о должности*)

**3.** *a* ни́щенствующий; выма́ливающий подая́ние; to proffer a ~ bowl ≅ пуска́ть ша́пку по кру́гу

**begin** [bɪˈgɪn] *v* (began; begun) начина́ть(ся); she began weeping (*или* to weep) она́ запла́кала; to ~ at the beginning начина́ть с са́мого нача́ла; to ~ at the wrong end начина́ть не с того́ конца́; to ~ on (*или* upon) smth. а) бра́ться за что-л.; б) брать нача́ло от чего́-л.; to ~ over начина́ть сы́знова ◇ well begun is half done *посл.* ≅ хоро́шее нача́ло полде́ла откача́ло; to ~ with пре́жде всего́, во-пе́рвых

**beginner** [bɪˈgɪnə] *n* 1) тот, кто начина́ет 2) новичо́к; начина́ющий

**beginning** [bɪˈgɪnɪŋ] **1.** *pres. p. от* begin

**2.** *n* 1) нача́ло; since the ~ of time с незапа́мятных времён 2) то́чка отправле́ния 3) исто́чник; происхожде́ние 4) *pl* исто́ки, нача́льная ста́дия ◇ a good ~ is half the battle, a good ~ makes a good ending *посл.* ≅ хоро́шее нача́ло полде́ла откача́ло; a bad ~ makes a bad ending *посл.* ≅ что посе́ешь, то и пожнёшь; in every ~ think of the end *посл.* начина́я де́ло, ду́май о конце́

**begird** [bɪ'gə:d] *v* (begirt) опоя́сывать; окружа́ть

**begirt** [bɪ'gə:t] *past и p. p. от* begird

**begone** [bɪ'gɔn] *int* убира́йся!, прочь!

**begot** [bɪ'gɔt] *past от* beget

**begotten** [bɪ'gɔtn] *p. p. от* beget

**begrime** [bɪ'graɪm] *v* па́чкать, покрыва́ть са́жей, ко́потью; ~d with dust запылённый

**begrudge** [bɪ'grʌdʒ] *v* 1) зави́довать 2) жале́ть (*что-л.*), скупи́ться

**beguile** [bɪ'gaɪl] *v* 1) обма́нывать; to ~ a man into doing smth. обма́ном заста́вить кого́-л. сде́лать что-л. 2) занима́ть, развлека́ть 3) отвлека́ть *чьё-либо* внима́ние 4) корота́ть, проводи́ть вре́мя

**begum** ['beɪgəm] *n* бегу́ма (*знатная дама в Индии*)

**begun** [bɪ'gʌn] *p. p. от* begin

**behalf** [bɪ'hɑ:f] *n*: on (*или* in) ~ of в интере́сах кого́-л.; от и́мени кого́-л.; on my (his, her) ~ в мои́х (его́, её) интере́сах; от моего́ (его́, её) и́мени; on ~ of my friends от и́мени мои́х друзе́й

**behave** [bɪ'heɪv] *v* 1) поступа́ть, вести́ себя́; to ~ oneself вести́ себя́ как сле́дует; ~ yourself! веди́те себя́ прили́чно! 2) рабо́тать (*о машине*)

**behaviour** [bɪ'heɪvjə] *n* 1) поведе́ние, мане́ры; to be on one's best ~ стара́ться вести́ себя́ как мо́жно лу́чше; to put smb. on his good ~ дать челове́ку возмо́жность испра́виться 2) *тех.* режи́м (*работы*)

**behaviourism** [bɪ'heɪvjərɪzm] *n психол.* бихевиори́зм

**behead** [bɪ'hed] *v* отруба́ть го́лову, обезгла́вливать

**beheading** [bɪ'hedɪŋ] **1.** *pres. p. от* behead

**2.** *n* отсече́ние головы́

**beheld** [bɪ'held] *past и p. p. от* behold 1

**behemoth** [bɪ'hi:məθ] *n библ.* бегемо́т; *перен.* чу́дище

**behest** [bɪ'hest] *n поэт.* приказа́ние, повеле́ние; заве́т

**behind** [bɪ'haɪnd] **1.** *adv* сза́ди, позади́; по́сле; to leave ~ а) оста́вить по́сле себя́; б) обогна́ть, позади́, превзойти́; в) оставля́ть, забыва́ть; I've left the magazines ~ я забы́л (принести́) журна́лы; to be ~ запа́здывать; to fall ~ отстава́ть

**2.** *prep* 1) за, сза́ди, позади́; по́сле; ~ the house за до́мом, позади́ до́ма; ~ the back за спино́й, тайко́м; ~ the scenes за кули́сами; ~ time с опозда́нием; ~ the times отста́лый; устаре́лый; there is more ~ it тут что́-то ещё кро́ется 2) ни́же (*по качеству и т. п.*); he is ~ other boys of his class он отстаёт от свои́х одноклассников (*по успехам, развитию*)

**3.** *n разг.* зад

**behindhand** [bɪ'haɪndhænd] **1.** *a predic.* 1) отста́лый; запозда́вший; he is ~ in his schoolwork он отстаёт в заня́тиях 2) задолжа́вший, в долгу́; he is ~ with his rent он задолжа́л за кварти́ру

**2.** *adv* за́дним число́м

**behold** [bɪ'həuld] **1.** *v* (beheld) 1) ви́деть, замеча́ть 2) смотре́ть, созерца́ть

**2.** *int* смотри́!, вот!

**beholden** [bɪ'həuldən] *a predic.* обя́занный, призна́тельный (to — *кому-л.*, for — за *что-л.*)

**beholder** [bɪ'həuldə] *n* зри́тель; очеви́дец

**behoof** [bɪ'hu:f] *n* по́льза, вы́года, интере́с (*употр. тк. в выражении*: in, on *или* for my, your, his, *etc.* ~)

**behoove, behove** [bɪ'hu:v, bɪ'həuv] *v* сле́довать, надлежа́ть; it ~s you to go вам сле́дует пойти́

**beige** [beɪʒ] *фр. n* 1) цвет беж 2) *уст.* мате́рия из некра́шеной ше́рсти

**be-in** ['bɪ:'ɪn] *n* пра́здник с гуля́ньем; сбо́рище (*обычно у хиппи*)

**being** ['bi:ɪŋ] **1.** *pres. p. от* be; ~ that так как

**2.** *n* 1) бытие́, существова́ние, жизнь; social ~ determines consciousness *филос.* бытие́ определя́ет созна́ние; in ~ живу́щий; существу́ющий; to call into ~ вы́звать к жи́зни, созда́ть 2) существо́, челове́к; human ~s лю́ди 3) существо́, суть; плоть и кровь; to the very roots of one's ~ до мо́зга косте́й

**3.** *a* существу́ющий, настоя́щий; for the time ~ а) в да́нное вре́мя; б) на не́которое вре́мя

**belabour** [bɪ'leɪbə] *v разг.* бить, колоти́ть; мордова́ть

**belaid** [bɪ'leɪd] *past и p. p. от* belay 1

**belated** [bɪ'leɪtɪd] *a* 1) запозда́лый, по́здний 2) засти́гнутый но́чью, темното́й

**belaud** [bɪ'lɔ:d] *v* восхваля́ть, превозноси́ть

**belay** [bɪ'leɪ] **1.** *v* (belayed [-d], belaid) *мор.* заводи́ть (*снасть, швартов на кнехт*)

**2.** *int разг.* стоп!, дово́льно!

**belch** [beltʃ] **1.** *n* 1) отры́жка 2) столб (*огня, дыма*)

**2.** *v* 1) рыга́ть 2) изрыга́ть (*ругательства*; *тж.* ~ forth, ~ out) 3) изверга́ть (*лаву*); выбра́сывать (*огонь, дым*)

**belcher** ['beltʃə] *n* пёстрый плато́к *или* шарф

**beldam(e)** ['beldəm] *n* ста́рая карга́, ве́дьма

**beleaguer** [bɪ'li:gə] *v* осажда́ть

**belfry** ['belfrɪ] *n* колоко́льня; ба́шня

**Belgian** ['beldʒən] **1.** *a* бельги́йский

**2.** *n* бельги́ец; бельги́йка

**Belial** ['bi:ljəl] *n* дья́вол; дух зла; a man of ~ нечести́вец; него́дяй

**belie** [bɪ'laɪ] *v* 1) оболга́ть, оклевета́ть 2) дава́ть неве́рное представле́ние (*о чём-л.*) 3) изоблича́ть 4) опроверга́ть; противоре́чить; his acts ~ his words дела́ его́ расхо́дятся со слова́ми 5) не опра́вдывать (*надежд*)

**belief** [bɪ'li:f] *n* 1) ве́ра; дове́рие (in); beyond ~ невероя́тно; it staggers ~ э́тому тру́дно пове́рить 2) убежде́ние, мне́ние; to the best of my ~ наско́лько мне изве́стно 3) ве́рование

**believable** [bɪ'li:vəbl] *a* вероя́тный, правдоподо́бный

**believe** [bɪ'li:v] *v* 1) ве́рить; we soon ~ what we desire мы охо́тно принима́ем жела́емое за действи́тельное; ~ it or not хоти́те ве́рьте, хоти́те нет 2) доверя́ть; I ~ you я вам ве́рю, доверя́ю; I ~ in you я в вас ве́рю 3) придава́ть большо́е значе́ние; I ~ in early rising я счита́ю о́чень поле́зным встава́ть ра́но 4) ду́мать, полага́ть; I ~ so ка́жется, так; по-мо́ему, так; да (*в ответе*); I ~ not ду́маю, что нет; едва́ ли ◇ you'd better ~ it *амер. разг.* мо́жете быть уве́рены; to make ~ де́лать вид, притворя́ться

**believer** [bɪ'li:və] *n* 1) ве́рующий; true ~ правове́рный 2) сторо́нник, защи́тник; a firm ~ in smth. твёрдый сторо́нник чего́-л.

**belike** [bɪ'laɪk] *adv уст.* вероя́тно, быть мо́жет

**belittle** [bɪ'lɪtl] *v* умаля́ть, преуменьша́ть, принижа́ть

**bell** I [bel] **1.** *n* 1) ко́локол; колоко́льчик 2) звоно́к; бубе́нчик 3) растру́б, расшире́ние 4) *бот.* ча́шечка цветка́; колоко́льчик (*форма цветка*) 5) *мор.* ры́нда (*колокол*); скля́нка; to strike the ~s бить скля́нки 6) *геол.* ку́пол; нави́сшая поро́да 7) ко́нус (*домны*) ◇ to bear the ~ быть вожако́м, пе́рвенствовать; to bear (*или* to carry) away the ~ получи́ть на состяза́нии приз; to lose the ~ потерпе́ть пораже́ние в состяза́нии; to bear the cap and ~s разы́грывать роль шута́; ~, book and candle *ист.* отлуче́ние от це́ркви; by (*или* with) ~, book and candle *разг.* оконча́тельно, бесповоро́тно; to ring the ~ *разг.* име́ть успе́х; торжествова́ть побе́ду; to ring one's own ~ занима́ться саморекла́мой

**2.** *v* снабжа́ть колокола́ми, колоко́льчиками ◇ to ~ the cat брать на себя́ отве́тственность в риско́ванном предприя́тии

**bell** II [bel] **1.** *n* крик, рёв оле́ня (*во время течки у самок*)

**2.** *v* крича́ть, мыча́ть

**belladonna** [ˌbelə'dɔnə] *n бот., фарм.* краса́вка, белладо́нна

**bell-bottomed** ['bel'bɔtəmd] *a* расклёшенный; ~ trousers брю́ки клёш

**bell-boy** ['belbɔɪ] *n* коридо́рный, посы́льный (*в гостинице*)

**bell-buoy** ['belbɔɪ] *n мор.* ба́кен с ко́локолом

**belle** [bel] *n* краса́вица; the ~ of the ball цари́ца ба́ла

**belled** I [beld] **1.** *p. p. от* bell I, 2

**2.** *a* 1) снабжённый *или* уве́шанный колокола́ми 2) расши́ренный, име́ющий растру́б, с растру́бом 3) име́ющий фо́рму колоко́льчика (*о цветке*)

**belled** II [beld] *p. p. от* bell II, 2

**belles-lettres** [ˈbelˈletr] *фр. n pl* худо́жественная литерату́ра, беллетри́стика

**bell-flower** [ˈbelˌflauə] *n бот.* колоко́льчик

**bell-glass** [ˈbelglɑːs] *n* стекля́нный колпа́к

**bell-hop** [ˈbelhɔp] *амер.* = bell-boy

**bellicose** [ˈbelɪkəus] *a* 1) во́инственный; агресси́вный 2) драчли́вый

**bellicosity** [ˌbelɪˈkɔsɪtɪ] *n* 1) во́инственность; агресси́вность 2) драчли́вость

**belligerency** [bɪˈlɪdʒərənsɪ] *n* состоя́ние войны́

**belligerent** [bɪˈlɪdʒərənt] **1.** *n* вою́ющая сторона́

**2.** *a* 1) находя́щийся в состоя́нии войны́; ~ powers вою́ющие держа́вы 2) во́инственный

**bellman** [ˈbelmən] *n ист.* глаша́тай

**bellow** [ˈbeləu] **1.** *n* 1) мыча́ние, рёв (*живо́тных*) 2) рёв, вопль

**2.** *v* 1) мыча́ть, реве́ть (*о живо́тных*); ора́ть 2) бушева́ть, рыча́ть (*от бо́ли*)

**bellows** [ˈbeləuz] *n pl* воздуходу́вные мехи́, кузне́чные мехи́; a pair of ~ ручны́е мехи́

**bell-punch** [ˈbelpʌntʃ] *n* компо́стер (*конду́ктора авто́бусов и трамва́ев*)

**bell-push** [ˈbelpuʃ] *n* кно́пка звонка́

**bell-ringer** [ˈbelˌrɪŋə] *n* 1) звона́рь 2) *амер. разг.* ме́лкий политика́н

**bell-tent** [ˈbeltent] *n* кру́глая пала́тка

**bell-wether** [ˈbelˌweðə] *n* бара́н-вожа́к с бубе́нчиком (*в ста́де*); *перен.* вожа́к

**belly** [ˈbelɪ] **1.** *n* 1) живо́т, брю́хо 2) желу́док 3) ве́рхняя де́ка стру́нного инструме́нта 4) *геол.* утолще́ние пласта́ 5) *мор.* «пу́зо» па́руса ◇ the ~ has no ears, hungry bellies have no ears *посл.* ≅ соловья́ ба́снями не ко́рмят; when the ~ is full, the bones would be at rest *посл.* ≅ по сы́тому брю́ху хоть о́бухом

**2.** *v* надува́ть(ся) (*обыкн.* ~ out); sails ~ out паруса́ напо́лнены ве́тром

**belly-ache** [ˈbelɪeɪk] **1.** *n разг.* боль в животе́

**2.** *v sl.* ворча́ть, жа́ловаться, хны́кать

**belly-band** [ˈbelɪbænd] *n* подпру́га

**belly-button** [ˈbelɪˌbʌtn] *n разг.* пупо́к

**bellyful** [ˈbelɪful] *n разг.* доста́точное коли́чество (*чего-л.*); сы́тость; пресыще́ние; to get (*или* to have) a ~ of smth. пресы́титься чем-л.

**belly-land** [ˈbelɪlænd] *v ав. разг.* производи́ть поса́дку на фюзеля́ж

**belly-landing** [ˈbelɪˌlændɪŋ] **1.** *pres. p. от* belly-land

**2.** *n ав. разг.* поса́дка с у́бранным шасси́, поса́дка на фюзеля́ж

**belly-pinched** [ˈbelɪpɪntʃt] *a* изголода́вшийся

**belong** [bɪˈlɔŋ] *v* 1) принадлежа́ть (to) 2) относи́ться (to — к *чему́-л.*); быть свя́занным (to, with, among — с *кем-л., чем-л.*) 3) быть ро́дом из; происходи́ть; I ~ here а) я ро́дом из э́тих мест; б) моё ме́сто здесь 4) *разг.* быть ча́стью гру́ппы, быть «свои́м»; he felt he did not ~ он чу́вствовал себя́ посторо́нним 5) находи́ться, помеща́ться; the book ~s on that shelf э́та кни́га с той по́лки □ ~ **together** гармони́ровать, подходи́ть друг к дру́гу

**belonging** [bɪˈlɔŋɪŋ] *n* 1) прича́стность, принадле́жность 2) *pl* принадле́жности, ве́щи, пожи́тки 3) *pl* пристро́йки, слу́жбы

**beloved** [bɪˈlʌvd] **1.** *a* возлю́бленный, люби́мый

**2.** *n* возлю́бленный, люби́мый (челове́к); возлю́бленная, люби́мая

**below** [bɪˈləu] **1.** *adv* ни́же, внизу́; as it will be said ~ как бу́дет ска́зано ни́же

**2.** *prep* 1) ни́же, под; ~ zero ни́же нуля́ 2) ни́же (*о ка́честве, положе́нии и т. п.*); to be ~ smb. in intelligence быть ни́же кого́-л. по у́мственному разви́тию; ~ the average ни́же сре́днего; ~ par *фин.* ни́же номина́ла; *перен.* нева́жно; I feel ~ par я себя́ пло́хо чу́вствую

**belt** [belt] **1.** *n* 1) по́яс, реме́нь; портупе́я 2) по́яс, зо́на; shelter ~ полезащи́тная лесна́я полоса́ 3) у́зкий проли́в 4) *тех.* ле́нта конве́йера 5) *тех.* приводно́й реме́нь (*тж.* driving ~) 6) *воен.* патро́нная ле́нта 7) *мор.* бронево́й по́яс 8) *архит.* обло́м ◇ ~ of fire *воен.* огнева́я заве́са; to hit (*или* to strike, to tackle) below the ~ а) *спорт.* нанести́ уда́р ни́же по́яса; б) нанести́ преда́тельский уда́р; to hold the ~ быть чемпио́ном по бо́ксу

**2.** *v* 1) подпоя́сывать; опоя́сывать 2) поро́ть ремнём 3) *sl.* гнать, шпа́рить вовсю́ (*обыкн.* ~ out); the ensemble ~ed the music out in dance tempo музыка́нты вовсю́ шпа́рили танцева́льную му́зыку

**beltane** [ˈbelteɪn] *n ист.* ке́льтский пра́здник костро́в (*1-го ма́я ста́рого сти́ля*)

**belted** [ˈbeltɪd] **1.** *p. p. от* belt 2

**2.** *a* 1) опоя́санный 2) име́ющий реме́нный приво́д

**belting** [ˈbeltɪŋ] **1.** *pres. p. от* belt 2

**2.** *n* 1) ремённая переда́ча, приводно́й реме́нь 2) по́рка (ремнём) 3) материа́л для изготовле́ния ремне́й

**belt-line** [ˈbeltlaɪn] *n амер.* кольцева́я ли́ния метро́, трамва́я *и т. п.*

**belt-saw** [ˈbeltsɔː] *n* ле́нточная пила́

**belvedere** [ˈbelvɪdɪə] *n архит.* бельведе́р

**bemoan** [bɪˈməun] *v* опла́кивать

**bemuse** [bɪˈmjuːz] *v* ошеломля́ть; смуща́ть

**ben** [ben] *n шотл.* втора́я ко́мната в небольшо́м двухко́мнатном до́ме; far ~ во вну́тренних поко́ях; but and ~ пе́рвая и втора́я ко́мнаты, *т. е.* весь дом [*ср.* but II] ◇ to be far ~ with smb. быть в бли́зких отноше́ниях с кем-л.

**bench** [bentʃ] **1.** *n* 1) скамья́ 2) ме́сто (*в парла́менте*) 3) ме́сто судьи́; суд; *собир.* су́дьи; to be raised to the ~ получи́ть ме́сто судьи́ 4) верста́к; стано́к 5) *геол.* терра́са, усту́п 6) *стр.* карни́з 7) *мор.* ба́нка 8) вы́ставка (*соба́к*)

**2.** *v* демонстри́ровать на вы́ставке (*преим. соба́к*)

**bencher** [ˈbentʃə] *n* 1) старшина́ юриди́ческой корпора́ции 2) *уст.* судья́; о́льдермен

**bench-mark** [ˈbentʃmɑːk] *n* 1) отме́тка у́ровня, отме́тка высоты́ 2) исхо́дный пункт 3) *attr.*: ~ data исхо́дные да́нные

**bench-show** [ˈbentʃʃəu] *n* вы́ставка живо́тных (*преим. соба́к*)

**bench-vice** [ˈbentʃvaɪs] *n тех.* верста́чные тиски́

**bench-warmer** [ˈbentʃˌwɔːmə] *n разг.* 1) бездо́мный безрабо́тный 2) запасно́й игро́к

**bench-warrant** [ˈbentʃˌwɔrənt] *n юр.* распоряже́ние суда́

**bend** [bend] **1.** *n* 1) сгиб, изги́б 2) изги́б доро́ги; излу́чина реки́ 3) *мор.* у́зел; *pl* шпангу́оты 4) *тех.* коле́но; отво́д 5) (the ~s) *pl разг.* кессо́нная боле́знь ◇ above one's ~ *амер.* не по си́лам, не по спосо́бностям; on the ~ нече́стным путём

**2.** *v* (bent) 1) сгиба́ть(ся); гну́ть(-ся), изгиба́ть(ся); trees ~ before the wind дере́вья гну́тся от ве́тра; to ~ the knee преклоня́ть коле́на; моли́ться; to ~ one's neck гнуть ше́ю, покоря́ться 2) напряга́ть (*мы́сли, внима́ние и т. п.*; to) 3) направля́ть (*взо́ры, шаги́ и т. п.*) 4) покоря́ть(ся); to ~ to submission подчиня́ть, покоря́ть 5) вяза́ть, привя́зывать (*трос, паруса́*) ◇ to ~ one's brows хму́рить бро́ви; to be bent on smth. устремля́ть свои́ по́мыслы на что-л.; стреми́ться к чему́-л.

**bended** [ˈbendɪd] *a* со́гнутый; on one's ~ knees коленопреклонённо

**bender** [ˈbendə] *n* 1) клещи 2) куте́ж, попо́йка; to go on a ~ кути́ть, загуля́ть; to be on a ~ быть пья́ным 3) *разг.* шестипе́нсовик

**beneath** [bɪˈniːθ] **1.** *adv* внизу́

**2.** *prep* под, ни́же; ~ our (very) eyes (пря́мо) на на́ших глаза́х; ~ criticism ни́же вся́кой кри́тики; to be ~ notice (contempt) не заслу́живать внима́ния (да́же презре́ния); to marry ~ one вступи́ть в нера́вный брак

**benedick, benedict** [ˈbenɪdɪk, -t] *n* новобра́чный, измени́вший своему́ наме́рению никогда́ не жени́ться (*по и́мени геро́я коме́дии Шекспи́ра «Мно́го шу́ма из ничего́»*)

**Benedictine** *n* 1) [ˌbenɪˈdɪktɪn] бенедикти́нец (*мона́х*) 2) [ˌbenɪˈdɪktiːn] ликёр бенедикти́н

**benediction** [ˌbenɪˈdɪkʃən] *n* благослове́ние

**benedictory** [ˌbenɪˈdɪktərɪ] *a* благословля́ющий

**benefaction** [ˌbenɪˈfækʃən] *n* 1) благодея́ние, ми́лость 2) поже́ртвование

**benefactor** [ˈbenɪfæktə] *n* 1) благоде́тель 2) же́ртвователь

**benefactress** [ˈbenɪfæktrɪs] *n* 1) благоде́тельница 2) же́ртвовательница

**benefication** [ˌbenɪfɪˈkeɪʃən] *n горн.* обогаще́ние

**benefice** [ˈbenɪfɪs] *n* бенефи́ция, прихо́д

**beneficence** [bɪˈnefɪsəns] *n* 1) благотвори́тельность 2) благодея́ние

**beneficent** [bɪˈnefɪsənt] *a* благоде́тельный; благотво́рный

**beneficial** [ˌbenɪˈfɪʃəl] *a* 1) благотво́рный 2) целе́бный 3) вы́годный, поле́зный; mutually ~ взаимовы́годный

**beneficiary** [ˌbenɪˈfɪʃərɪ] *n* 1) *ист.* владе́лец бенефи́ции *или* фео́да 2) лицо́, по́льзующееся поже́ртвованиями *или* благодея́ниями 3) лицо́, получа́ющее пе́нсию, страхову́ю пре́мию *или* посо́бие, ре́нту *и т. п.* 4) глава́ церко́вного прихо́да

**benefit** [ˈbenɪfɪt] **1.** *n* 1) вы́года; по́льза; при́быль; to the ~ на бла́го; to be denied the ~s не по́льзоваться преиму́ществами; for your special ~ ра́ди вас; to give smb. the ~ of one's experience (knowledge, *etc.*) подели́ться с кем-л. свои́м о́пытом (зна́ниями *и т. п.*); to reap the ~ of smth. пожина́ть плоды́ чего́-л. 2) *театр.* бенефи́с (*тж.* ~ performance) 3) пе́нсия, (страхово́е) посо́бие; cash ~ де́нежное посо́бие; ~ in kind натура́льное посо́бие; unemployment ~ посо́бие по безрабо́тице; sickness ~ посо́бие по боле́зни ◇ to give smb. the ~ of the doubt оправда́ть кого́-л. за недоста́точностью ули́к; ~ of clergy *ист.* неподсу́дность духове́нства све́тскому суду́; with ~ of clergy освящённый це́рковью; to take the ~ *амер.* объяви́ть себя́ банкро́том (*эллиптически вм.* to take the ~ of the bankruptcy laws)

**2.** *v* 1) помога́ть, приноси́ть по́льзу 2) извлека́ть по́льзу, вы́году (by — из *чего-л.*)

**benefit-society** [ˈbenɪfɪtsəˈsaɪətɪ] *n* о́бщество *или* ка́сса взаимопо́мощи

**benevolence** [bɪˈnevələns] *n* 1) благожела́тельность 2) ще́дрость, благотвори́тельность 3) *ист.* побо́ры с населе́ния под ви́дом доброво́льного приноше́ния

**benevolent** [bɪˈnevələnt] *a* 1) благожела́тельный 2) благотвори́тельный 3) великоду́шный

**Bengal** [beŋˈgɔːl] *a* бенга́льский; ~ tiger бенга́льский тигр

**Bengalee** [beŋˈgɔːlɪ] = Bengali

**Bengali** [beŋˈgɔːlɪ] **1.** *n* 1) бенга́лец; бенга́лка 2) бенга́льский язы́к

**2.** *a* бенга́льский

**Bengal light** [ˈbeŋgɔːlˈlaɪt] *n* бенга́льский ого́нь

**benighted** [bɪˈnaɪtɪd] *a* 1) застигну́тый но́чью 2) погружённый во мрак (*невежества и т. п.*)

**benign** [bɪˈnaɪn] *a* 1) до́брый, ми́лостивый 2) мя́гкий (*о климате*); плодоно́сный (*о почве*) 3) *мед.* в лёгкой фо́рме (*о болезни*); доброка́чественный (*об опухоли*)

**benignant** [bɪˈnɪgnənt] = benign

**benignity** [bɪˈnɪgnɪtɪ] *n* доброта́

**Benjamin** [ˈbenʤəmɪn] *n* мла́дший сын, люби́мый ребёнок, ба́ловень; ~'s mess изря́дная до́ля

**bent I** [bent] **1.** *n* 1) скло́нность, накло́нность; to follow one's ~ сле́довать своему́ влече́нию, свои́м вку́сам; to the top of one's ~ вво́лю, вдо́воль 2) *редк.* изги́б; склон холма́ 3) *стр.* ра́мный усто́й

**2.** *a* 1) изо́гнутый; ~ lever коле́нчатый рыча́г 2) *разг.* бесче́стный

**bent II** [bent] *n* 1) *бот.* полеви́ца (*тж.* ~ grass) 2) луг, по́ле ◇ to flee (*или* to go, to take) to the ~ удра́ть (*спасаясь от опасности, кредиторов*)

**bent III** [bent] *past и p. p. от* bend 2

**Benthamism** [ˈbentəmɪzm] *n* уче́ние Бента́ма, утилитари́зм

**Benthamite** [ˈbentəmaɪt] *n* утилитари́ст

**benthos** [ˈbenθɔs] *n* бе́нтос (*флора и фауна морского дна*)

**benumb** [bɪˈnʌm] *v* 1) приводи́ть в оцепене́ние 2) притупля́ть (*чувства*); парализова́ть (*энергию*)

**benumbed** [bɪˈnʌmd] **1.** *p. p. от* benumb

**2.** *a* 1) окочене́вший от хо́лода 2) притуплённый (*о чувствах*); оцепене́лый

**benzedrine** [ˈbenzədriːn] *n* бензедри́н, фенами́н (*стимулирующее средство*)

**benzene** [ˈbenziːn] *n* бензо́л

**benzine** [ˈbenziːn] **1.** *n* бензи́н

**2.** *v* чи́стить бензи́ном

**benzol(e)** [ˈbenzɔl] *n* бензо́л

**benzyl** [ˈbenzɪl] *n хим.* бензи́л

**bepuzzle** [bɪˈpʌzl] *v* озада́чивать, вызыва́ть замеша́тельство

**bequeath** [bɪˈkwiːð] *v* 1) завеща́ть (*движимость*) 2) передава́ть пото́мству

**bequest** [bɪˈkwest] *n* 1) насле́дство; посме́ртный дар 2) оставле́ние насле́дства

**berate** [bɪˈreɪt] *v* руга́ть, брани́ть

**Berber** [ˈbəːbə] **1.** *n* бербе́р

**2.** *a* бербе́рский

**berber(r)y** [ˈbəːbərɪ] *n бот.* барбари́с

**bereave** [bɪˈriːv] *v* (bereaved [-d], bereft) лиша́ть, отнима́ть (of); an accident bereft the father of his child в результа́те несча́стного слу́чая оте́ц лиши́лся ребёнка

**bereavement** [bɪˈriːvmənt] *n* тяжёлая утра́та

**bereft** [bɪˈreft] *past и p. p. от* bereave

**beret** [ˈbereɪ] *n* бере́т

**berg** [bəːg] *n* а́йсберг, ледяна́я гора́

**berhyme** [bɪˈraɪm] *v* воспева́ть в стиха́х

**beriberi** [ˈberɪˈberɪ] *n* бе́ри-бе́ри, авитамино́з

**berime** [bɪˈraɪm] = berhyme

**Berlin** [bəˈlɪn] **1.** *n* 1) стари́нная доро́жная каре́та 2) *авто* берли́н (*тип кузова*); [*см. тж. Список географических названий*]

**2.** *a*: ~ iron ко́вкое желе́зо; ~ wool вяза́льная шерсть

**bernicle goose** [ˈbəːnɪklguːs] = barnacle II, 1

**berry** [ˈberɪ] **1.** *n* 1) я́года 2) икри́нка, зёрнышко икры́ 3) зерно́ (*кофе, пшеницы и т. п.*) 4) мяси́стый плод (*помидор, банан и т. п.*)

**2.** *v* 1) приноси́ть я́годы 2) собира́ть я́годы

**berserk(er)** [bə(ː)ˈsəːk(ə)] **1.** *n* 1) *ист.* берсе́ркер, древнескандина́вский ви́тязь; неустраши́мый, неи́стовый во́ин 2) неи́стовый челове́к

**2.** *a* бе́шеный, неи́стовый; to go ~ сходи́ть с ума́; ~ fury бе́шенство, я́рость

**berth I** [bəːθ] **1.** *n* 1) ко́йка (*на пароходе и т. п.*); спа́льное ме́сто (*в ж.-д. вагоне, самолёте*); ме́сто (*в дилижансе и т. п.*) 2) *мор.* я́корное ме́сто; прича́л; ме́сто у прича́ла; building ~ ста́пель; covered ~ э́ллинг 3) ме́сто, до́лжность; a good ~ вы́годная до́лжность ◇ to give a wide ~ to обходи́ть (*что-л.*), избега́ть (*кого-л., что-либо*)

**2.** *v* 1) ста́вить (*судно*) на я́корь 2) предоставля́ть спа́льное ме́сто, ко́йку 3) предоставля́ть ме́сто, до́лжность

**berth II** [bəːθ] *v* покрыва́ть *или* обшива́ть доска́ми

**bertha** [ˈbəːθə] *n* бе́рта, кружевно́й воротни́к

**berthing** [ˈbəːθɪŋ] **1.** *pres. p. от* berth I, 2

**2.** *n мор.* 1) постано́вка к прича́лу 2) ме́сто стоя́нки су́дна

**beryl** [ˈberɪl] *n мин.* бери́лл

**beryllium** [beˈrɪljəm] *n хим.* бери́ллий

**beseech** [bɪˈsiːtʃ] *v* (besought) проси́ть, умоля́ть, упра́шивать

**beseeching** [bɪˈsiːtʃɪŋ] **1.** *pres. p. от* beseech

**2.** *a* моля́щий (*о взгляде, тоне*)

**beseem** [bɪˈsiːm] *v книжн.* прили́чествовать, подоба́ть; it ill ~s you to complain вам не подоба́ет жа́ловаться

**beset** [bɪˈset] *v* (beset) 1) окружа́ть; осажда́ть (*тж. перен.*); to ~ with questions осажда́ть вопро́сами 2) занима́ть, прегражда́ть (*дорогу*) 3) украша́ть (*орнаментом*)

**besetting** [bɪˈsetɪŋ] **1.** *pres. p. от* beset

**2.** *a* постоя́нно пресле́дующий; ~ sin преоблада́ющий поро́к, гла́вное иску́шение

**beside** [bɪˈsaɪd] *prep* 1) ря́дом с; о́коло, близ; ~ the river у реки́ 2) по сравне́нию с; she seems dull ~ her sister по сравне́нию со свое́й сестро́й она́ ка́жется неинтере́сной 3) ми́мо; ~ the mark, ~ the question ми́мо це́ли, некста́ти, не по существу́; ~ the purpose нецелесообра́зно 4) *редк.* кро́ме, поми́мо ◊ ~ oneself вне себя́

**besides** [bɪ'saɪdz] **1.** *adv* кро́ме того́, сверх того́

**2.** *prep* кро́ме

**besiege** [bɪ'si:dʒ] *v* 1) *воен.* осажда́ть; обложи́ть, окружи́ть 2) осажда́ть (*просьбами, вопросами*)

**besieger** [bɪ'si:dʒə] *n* осажда́ющая сторона́

**beslaver** [bɪ'slævə] *v* 1) заслюня́вить, замусо́лить 2) чрезме́рно льстить

**beslobber** [bɪ'slɔbə] = beslaver

**besmear** [bɪ'smɪə] *v* 1) па́чкать, мара́ть; заса́ливать 2) поро́чить

**besmirch** [bɪ'smə:tʃ] *v* 1) па́чкать 2) черни́ть, поро́чить; пятна́ть

**besom** ['bi:zəm] **1.** *n* 1) метла́, ве́ник 2) *шотл. разг.* черто́вка, карга́ ◊ to jump the ~ пожени́ться без бра́чного обря́да [*см. тж.* to marry over the broom-stick]

**2.** *v* мести́ (*тж.* ~ away, ~ out)

**besot** [bɪ'sɔt] *v* 1) опьяня́ть, кружи́ть го́лову 2) одурма́нивать, оглупля́ть

**besotted** [bɪ'sɔtɪd] **1.** *p. p. от* besot

**2.** *a* одурма́ненный (*спиртными напитками, наркотиками и т. п.*)

**besought** [bɪ'sɔ:t] *past и p. p. от* beseech

**bespangle** [bɪ'spæŋgl] *v* осыпа́ть блёстками; the ~d sky усе́янное звёздами не́бо

**bespatter** [bɪ'spætə] *v* 1) забры́згивать гря́зью 2) черни́ть, поро́чить

**bespeak** [bɪ'spi:k] *v* (bespoke; bespoke, bespoken) 1) зака́зывать зара́нее; заруча́ться (*чем-л.*) 2) огова́ривать, обусло́вливать 3) обнару́живать, пока́зывать 4) *поэт.* обраща́ться (*к кому-л.*)

**bespectacled** [bɪ'spektəkld] *a* нося́щий очки́, в очка́х

**bespoke** [bɪ'spəuk] **1.** *past и p. p. от* bespeak

**2.** *a* сде́ланный на зака́з

**bespoken** [bɪ'spəukən] *p. p. от* bespeak

**bespread** [bɪ'spred] *v* (bespread) устила́ть, покрыва́ть

**besprent** [bɪ'sprent] *a поэт.* 1) обры́зганный 2) усы́панный

**besprinkle** [bɪ'sprɪŋkl] *v* кропи́ть, обры́згивать; осыпа́ть

**Bessemer** ['besɪmə] *a*: ~ process *метал.* бессеме́ровский проце́сс

**best** [best] **1.** *a* (*превосх. ст. от* good 1) 1) лу́чший 2) бо́льший; the ~ part of the week бо́льшая часть неде́ли 3) *усиливает значение существительного*: ~ liar отъя́вленный лжец; ~ thrashing здоро́вая по́рка

**2.** *n* что-л. са́мое лу́чшее, вы́сшая сте́пень (*чего-л.*); at ~ в лу́чшем слу́чае; to do one's ~ (*или* one's level ~) а) сде́лать всё от себя́ зави́сящее; б) прояви́ть ма́ксимум эне́ргии; if the ~ happened в лу́чшем слу́чае ◊ Sunday ~ пра́здничное пла́тье; *шутл.* лу́чшее пла́тье *или* костю́м; bad is the ~ впереди́ ничего́ хоро́шего не бу́дет; to be at one's ~ быть на высоте́; быть в уда́ре; to get (*или* to have) the ~ of it победи́ть, взять верх (*в споре и т. п.*); to give ~ призна́ть превосхо́дство (*кого-л.*), быть побеждённым; to have the ~ of the bargain быть в наибо́лее вы́годном положе́нии; to make the ~ of smth. а) испо́льзовать что-л. наилу́чшим о́бразом; б) мири́ться с чем-л.; to make the ~ of it (*или* of a bad bargain, business, job) му́жественно переноси́ть затрудне́ния, несча́стье; не уныва́ть в беде́; to make the ~ of one's way идти́ как мо́жно скоре́е, спеши́ть; to send one's ~ передава́ть, посыла́ть приве́т; all the ~ всего́ хоро́шего; to the ~ of one's ability по ме́ре сил, спосо́бностей; to the ~ of my belief наско́лько мне изве́стно; the ~ is the enemy of the good *посл.* лу́чшее — враг хоро́шего; if you cannot have the ~, make the ~ of what you have *посл.* е́сли не име́ешь лу́чшего, испо́льзуй наилу́чшим о́бразом то, что име́ешь

**3.** *adv* (*превосх. ст. от* well II, 1) лу́чше всего́; бо́льше всего́; the ~ hated man са́мый ненави́стный челове́к; you had ~ confess вам лу́чше всего́ созна́ться; he is ~ forgotten о нём лу́чше не вспомина́ть

**4.** *v разг.* взять верх (*над кем-л.*); провести́, перехитри́ть

**bestead** I [bɪ'sted] *v книжн.* (besteaded [-ɪd]; bested, bestead) помога́ть; быть поле́зным

**bestead** II [bɪ'sted] *a уст.* окружённый; ~ by enemies (with dangers) окружённый врага́ми (опа́сностями); ill (well) ~ в тяжёлом (хоро́шем) положе́нии

**bested** I [bɪ'sted] = bestead II

**bested** II [bɪ'sted] *p. p. от* bestead I

**best girl** ['best'gə:l] *n разг.* возлю́бленная; неве́ста

**bestial** ['bestjəl] *a* ско́тский, живо́тный; гру́бый; чу́вственный; развра́тный

**bestiality** [ˌbestɪ'ælɪtɪ] *n* ско́тство *и пр.* [*см.* bestial]

**bestir** [bɪ'stə:] *v* встряхну́ться; энерги́чно взя́ться; ~ yourself! пошевели́вайся!

**best man** ['best'mæn] *n* ша́фер

**bestow** [bɪ'stəu] *v* 1) дава́ть, дарова́ть, награжда́ть (on, upon); to ~ honours воздава́ть по́чести 2) *разг.* приюти́ть 3) помеща́ть

**bestowal** [bɪ'stəuəl] *n* дар; награжде́ние

**bestrew** [bɪ'stru:] *v* (bestrewed [-d]; bestrewed, bestrewn) 1) усыпа́ть 2) разбра́сывать

**bestrewn** [bɪ'stru:n] *p. p. от* bestrew

**bestridden** [bɪ'strɪdn] *p. p. от* bestride

**bestride** [bɪ'straɪd] *v* (bestrode; bestridden) 1) сади́ться *или* сиде́ть верхо́м 2) стоя́ть, расста́вив но́ги 3) переки́нуться (*о мосте, радуге*) 4) защища́ть

**bestrode** [bɪ'strəud] *past от* bestride

**best seller** ['best'selə] *n* 1) хо́дкая кни́га; бестсе́ллер 2) а́втор хо́дкой кни́ги

**bet** [bet] **1.** *n* 1) пари́; even ~ пари́ с ра́вными ша́нсами; to make a ~ заключи́ть пари́; to win a ~ вы́играть пари́; to lay a ~ on smth. держа́ть пари́ на что-л. 2) челове́к, предме́т *и т. п.*, по по́воду кото́рого заключа́ется пари́ 3) ста́вка (*в пари*) ◊ one's best ~ ≅ де́ло ве́рное, вы́игрышное

**2.** *v* (bet, betted [-ɪd]) держа́ть пари́, би́ться об закла́д; to ~ on (against) держа́ть пари́ за (про́тив) ◊ you ~! коне́чно!; ещё бы!; бу́дьте уве́рены!; to ~ one's shirt рискова́ть всем; I'll ~ my life (*или* my bottom dollar, a cookie, my boots, my hat) ≅ даю́ го́лову на отсече́ние

**beta** ['bi:tə] *n* бе́та (*вторая буква греческого алфавита*) ◊ ~ plus немно́го лу́чше второ́го со́рта

**betake** [bɪ'teɪk] *v* (betook; betaken) *refl.* 1) прибега́ть (to — к *чему-л.*) 2) отправля́ться (to) ◊ to ~ oneself to one's heels удира́ть, улепётывать

**betaken** [bɪ'teɪkən] *p. p. от* betake

**beta-particle** ['bi:tə'pa:tɪkl] *n физ.* бе́та-части́ца

**beta rays** ['bi:təreɪz] *n pl физ.* бе́та-лучи́; бе́та-излуче́ние

**betatron** ['bi:tətrɔn] *n физ.* бетатро́н

**betel** ['bi:təl] *n бот.* бе́тель

**bethel** ['beθəl] *n* секта́нтская моле́льня (*в Англии*)

**bethink** [bɪ'θɪŋk] *v* (bethought) *refl.* вспо́мнить, поду́мать (of); заду́мать (to)

**bethought** [bɪ'θɔ:t] *past и p. p.* от bethink

**betid** [bɪ'tɪd] *past и p. p. от* betide

**betide** [bɪ'taɪd] *v* (betid) (*тк. сосл. накл. 3 л. ед. ч.*) постига́ть, случа́ться; whatever ~ что бы ни случи́лось; woe ~ him who... го́ре тому́, кто...

**betimes** [bɪ'taɪmz] *adv* 1) своевре́менно 2) ра́но 3) бы́стро

**betoken** [bɪ'təukən] *v* 1) означа́ть 2) предвеща́ть

**betook** [bɪ'tuk] *past от* betake

**betray** [bɪ'treɪ] *v* 1) предава́ть, изменя́ть 2) выдава́ть; his voice ~ed him го́лос его́ вы́дал 3) не опра́вдывать (*надежд, доверия*); подводи́ть 4) обма́нывать, соблазня́ть

**betrayal** [bɪ'treɪəl] *n* преда́тельство, изме́на; ~ of trust злоупотребле́ние дове́рием

**betrayer** [bɪ'treɪə] *n* преда́тель, изме́нник

**betroth** [bɪ'trəuð] *v* обручи́ть, помо́лвить

**betrothal** [bɪ'trəuðəl] *n* помо́лвка, обруче́ние

**betrothed** [bɪ'trəuðd] **1.** *p. p. от* betroth

**2.** *a* обручённый, помо́лвленный

**better** I [ˈbetə] *n* держа́щий пари́ [*см.* bet 2]

**better** II [ˈbetə] **1.** *a* (*сравн. ст. от* good 1) 1) лу́чший 2) *predic.* чу́вствующий себя́ лу́чше; I am ~ я чу́вствую себя́ лу́чше, мне лу́чше ◇ the ~ part большинство́; the ~ half *разг.* дража́йшая полови́на, жена́; to be ~ off быть бога́че; to be ~ than one's word сде́лать бо́льше обе́щанного; for ~ for worse что́ бы ни случи́лось; на го́ре и ра́дость; the ~ hand преиму́щество, переве́с, превосхо́дство; no ~ than a fool про́сто дура́к

**2.** *n*: one's ~s а) вышестоя́щие ли́ца; б) бо́лее компете́нтные *или* осведомлённые лю́ди ◇ to get the ~ of smb. получи́ть преиму́щество над кем-л., взять верх, победи́ть

**3.** *adv* (*сравн. ст. от* well II, 1) лу́чше; бо́льше; to think ~ of smth. перемени́ть мне́ние о чём-л.; переду́мать ◇ all the ~, so much the ~ тем лу́чше; never ~ *разг.* как нельзя́ лу́чше; you'd be all the ~ (for) вам не меша́ло бы...; none the ~ (for) ничу́ть не лу́чше; you had ~ go вам бы лу́чше пойти́; you'd ~ believe it *амер. разг.* мо́жете быть уве́рены; twice as long and ~ бо́лее чем вдво́е длинне́е; I know ~ меня́ не проведёшь

**4.** *v* 1) улучша́ть(ся); поправля́ть(-ся); исправля́ть(ся); to ~ oneself получи́ть повыше́ние (по слу́жбе) 2) превзойти́, превы́сить

**betterment** [ˈbetəmənt] *n* 1) улучше́ние, исправле́ние 2) мелиора́ция

**betting** [ˈbetɪŋ] **1.** *pres. p. от* bet 2

**2.** *n* пари́

**bettor** [ˈbetə] = better I

**between** [bɪˈtwiːn] **1.** *prep* ме́жду ◇ ~ the cup and the lip a morsel may slip *посл.* ≅ не ра́дуйся ра́ньше вре́мени; ~ the devil and the deep sea в безвы́ходном положе́нии; ме́жду двух огне́й; ~ hay and grass ни то ни сё; ни ры́ба ни мя́со; ~ ourselves, ~ you and me (and the bedpost) ме́жду на́ми, конфиденциа́льно; ~ times, ~ whiles в промежу́тках; ~ this and then на досу́ге; ме́жду де́лом; ~ wind and water в наибо́лее уязви́мом ме́сте

**2.** *adv* ме́жду ◇ visits are few and far ~ посеще́ния ре́дки

**betwixt** [bɪˈtwɪkst] *уст., поэт. см.* between; ~ and between ни то ни сё

**bevel** [ˈbevəl] **1.** *n тех.* 1) скос; заостре́ние; накло́н; обре́з; фа́ска 2) ко́нус

**2.** *a* 1) косо́й; косоуго́льный 2) ко́нусный

**3.** *v* 1) ска́шивать; обтёсывать; снима́ть фа́ску 2) криви́ться, коси́ться

**bevel-gear** [ˈbevəlgɪə] *n тех.* коническая зубча́тая *или* фрикцио́нная переда́ча

**bevel pinion** [ˈbevəlˈpɪnjən] *n тех.* кони́ческая шестерня́

**beverage** [ˈbevərɪdʒ] *n* напи́ток

**bevy** [ˈbevɪ] *n* 1) ста́я (*птиц*); ста́до (*косуль*) 2) о́бщество, собра́ние (*преим. же́нщин*)

**bewail** [bɪˈweɪl] *v* опла́кивать, скорбе́ть

**beware** [bɪˈwɛə] *v* бере́чься, остерега́ться (*обыкн. в imp. с* of); ~ of dogs! остерега́йтесь соба́к!; ~ lest you provoke him смотри́те, не раздража́йте его́

**bewilder** [bɪˈwɪldə] *v* смуша́ть, ста́вить в тупи́к; сбива́ть с то́лку

**bewilderment** [bɪˈwɪldəmənt] *n* 1) смуще́ние; замеша́тельство; недоуме́ние 2) пу́таница

**bewitch** [bɪˈwɪtʃ] *v* 1) заколдо́вывать 2) очаро́вывать

**bewitching** [bɪˈwɪtʃɪŋ] **1.** *pres. p. от* bewitch

**2.** *a* очарова́тельный, чару́ющий

**bewitchment** [bɪˈwɪtʃmənt] *n* 1) колдовство́ 2) очарова́ние, ча́ры

**bewray** [bɪˈreɪ] *v уст.* нево́льно выдава́ть

**bey** [beɪ] *тур. n* бей

**beyond** [bɪˈjɔnd] **1.** *adv* вдали́; на расстоя́нии

**2.** *prep* 1) за, по ту сто́рону 2) по́зже; по́сле; ~ the appointed hour по́зже назна́ченного ча́са 3) вне; сверх, вы́ше; ~ reach вне досяга́емости; ~ belief невероя́тно; ~ compare вне вся́кого сравне́ния; ~ doubt бесспо́рно; ~ hope безнадёжно; ~ measure чрезме́рно; ~ one's depth сли́шком тру́дно; it is ~ me э́то вы́ше моего́ понима́ния

**3.** *n* (the ~) загро́бная жизнь ◇ the back of ~ са́мый отдалённый уголо́к ми́ра, глушь

**bezant** [ˈbezənt] *n* 1) византи́н (*золотая византийская монета*) 2) *архит.* орна́мент в ви́де ря́да ди́сков

**bezel** [ˈbezl] *n* 1) ско́шенное ле́звие стаме́ски 2) гнездо́ (*камня в перстне или в часах*) 3) фасе́т 4) желобо́к, в кото́рый вправля́ется стекло́ часо́в

**bhang** [bæŋ] = bang III

**bi-** [baɪ-] *pref* дву(х)-; *напр.*: bicameral двухпала́тный; bi-monthly а) выходя́щий раз в два ме́сяца; б) выходя́щий два ра́за в ме́сяц

**bias** [ˈbaɪəs] **1.** *n* 1) укло́н, накло́н, склон, пока́тость 2) кося́я ли́ния в тка́ни; to cut on the ~ крои́ть по косо́й ли́нии 3) предубежде́ние (against — про́тив *кого-л.*); пристра́стие (in favour of, towards — в по́льзу *кого-л.*); предвзя́тость, необъекти́вность 4) *радио* смеще́ние

**2.** *v* склоня́ть; ока́зывать влия́ние (*обыкн. плохое*); настра́ивать

**3.** *adv* ко́со, по диагона́ли

**bias(s)ed** [ˈbaɪəst] **1.** *p. p. от* bias 2

**2.** *a* пристра́стный, лицеприя́тный, тенденцио́зный; to be ~ against smb. име́ть предубежде́ние про́тив кого́-л.

**bib** I [bɪb] *n* 1) де́тский нагру́дник 2) ве́рхняя часть фа́ртука ◇ best ~ and tucker лу́чшее пла́тье

**bib** II [bɪb] *v разг.* пья́нствовать

**bibb** [bɪb] *n* затво́р; заты́чка, про́бка, кран

**bibber** [ˈbɪbə] *n* пья́ница

**bibcock, bib-cock** [ˈbɪbkɔk] *n* кран

**bibelot** [ˈbɪbləu] *фр. n* 1) брело́к, безделу́шка 2) кни́га миниатю́рного форма́та

**Bible** [ˈbaɪbl] *n* би́блия

**biblical** [ˈbɪblɪkəl] *a* библе́йский

**bibliofilm** [ˈbɪblɪəufɪlm] *n* микрофи́льм

**bibliographer** [ˌbɪblɪˈɔgrəfə] *n* библио́граф

**bibliographic(al)** [ˌbɪblɪəuˈgræfɪk(əl)] *a* библиографи́ческий

**bibliography** [ˌbɪblɪˈɔgrəfɪ] *n* библиогра́фия

**bibliolater** [ˌbɪblɪˈɔlətə] *n* 1) книголю́б 2) буквали́ст в истолкова́нии би́блии

**bibliomania** [ˌbɪblɪəuˈmeɪnjə] *n* библиома́ния

**bibliomaniac** [ˌbɪblɪəuˈmeɪnɪæk] *n* библиома́н

**bibliophile** [ˈbɪblɪəufaɪl] *n* библиофи́л, книголю́б

**bibliopole** [ˈbɪblɪəupəul] *n* букини́ст

**bibulous** [ˈbɪbjuləs] *a* 1) впи́тывающий вла́гу 2) пья́нствующий

**bicameral** [baɪˈkæmərəl] *a* двухпала́тный

**bicarbonate** [baɪˈkɑːbənɪt] *a хим.* двууглеки́слый

**bice** [baɪs] *n* бле́дно-си́няя кра́ска *или* -ний цвет

**bicentenary** [ˌbaɪsenˈtiːnərɪ] **1.** *n* двухсотле́тняя годовщи́на, двухсотле́тие

**2.** *a* двухсотле́тний

**bicentennial** [ˌbaɪsenˈtenjəl] **1.** *a* двухсотле́тний; повторя́ющийся ка́ждые 200 лет

**2.** *n* двухсотле́тняя годовщи́на, двухсотле́тие

**bicephalous** [baɪˈsefələs] *a* двугла́вый

**biceps** [ˈbaɪseps] *n анат.* би́цепс, двугла́вая мы́шца

**bichloride** [ˈbaɪˈklɔːraɪd] *n хим.* двухло́ристое соедине́ние; ~ of mercury сулема́

**bichromate** [ˈbaɪˈkrəumɪt] *n хим.* соль двухро́мовой кислоты́

**bicker** [ˈbɪkə] **1.** *n* 1) перебра́нка 2) потасо́вка 2) журча́ние, лёгкий шум

**2.** *v* 1) спо́рить, пререка́ться 2) дра́ться 3) журча́ть (*о воде*); стуча́ть (*о дожде*) 4) колыха́ться (*о пламени*)

**biconcave** [baɪˈkɔnkeɪv] *a опт.* двояково́гнутый

**biconvex** [baɪˈkɔnveks] *a опт.* двояковы́пуклый

**bicuspid** [baɪˈkʌspɪd] *анат.* **1.** *n* оди́н из ма́лых коренны́х зубо́в

**2.** *a* 1) двузу́бчатый 2) двуство́рчатый (*клапан*)

**bicycle** [ˈbaɪsɪkl] **1.** *n* велосипе́д

**2.** *v* е́здить на велосипе́де

**bicycler** [ˈbaɪsɪklə] *амер.* = bicyclist

**bicycling** [ˈbaɪsɪklɪŋ] **1.** *pres. p. от* bicycle 2

**2.** *n* езда́ на велосипе́де

**bicyclist** [ˈbaɪsɪklɪst] *n* велосипеди́ст

**bid** [bɪd] **1.** *n* 1) предложе́ние цены́ (*обыкн. на аукционе*); зая́вка (*на торгах*) 2) предлага́емая цена́ 3) *разг.* приглаше́ние 4) прете́нзия, домога́тельство; to make ~s for smth. претендова́ть на что-л., домога́ться чего́-л.

**2.** *v* (bad(e), bid; bidden, bid) 1) предлага́ть це́ну (*обыкн. на аукционе*; for) 2) *уст.* прика́зывать; do as you are ~den де́лай(те), как веля́т, как прика́зано 3) *уст.* проси́ть 4) *уст.* приглаша́ть (*гостей*) □ ~ **against**, ~ **up** набавля́ть це́ну ◇ to ~ fair сули́ть, обеща́ть, каза́ться вероя́тным, предвеща́ть; to ~ farewell (*или* good-bye) проща́ться; to ~ welcome приве́тствовать

**biddable** [ˈbɪdəbl] *a* послу́шный

**bidden** [ˈbɪdn] *p. p. от* bid 2

**bidder** [ˈbɪdə] *n* выступа́ющий на торга́х покупа́тель; покупщи́к; the highest (*или* the best) ~ лицо́, предложи́вшее наивы́сшую це́ну (*на торгах*)

**bidding** [ˈbɪdɪŋ] **1.** *pres. p. от* bid 2

**2.** *n* 1) предложе́ние цены́ 2) торги́ 3) приказа́ние; at smb.'s ~ по чьему́-либо тре́бованию, приказа́нию *и т. п.* 4) приглаше́ние, призы́в

**bide** [baɪd] *v* (bode, bided) *уст.* = abide; to ~ one's time ждать благоприя́тного слу́чая, выжида́ть

**biennial** [baɪˈenɪəl] **1.** *a* 1) двухле́тний, двухгоди́чный 2) случа́ющийся раз в два го́да

**2.** *n* двухле́тнее расте́ние

**bier** [bɪə] *n* 1) похоро́нные дро́ги *или* носи́лки 2) *перен.* моги́ла, смерть 3) гроб

**biff** [bɪf] *разг.* **1.** *n* си́льный уда́р

**2.** *v* ударя́ть

**biffin** [ˈbɪfɪn] *n* тёмно-кра́сное я́блоко для пече́ния *или* ва́рки

**bifid** [ˈbaɪfɪd] *a* разделённый на́двое; расщеплённый

**bifocal** [ˈbaɪˈfəukəl] **1.** *a* бифока́льный, двухфо́кусный

**2.** *n pl* бифока́льные очки́

**bifoliate** [ˈbaɪˈfəulɪɪt] *a* двули́стный

**bifurcate 1.** *a* [ˈbaɪfə:kɪt] раздво́енный

**2.** *v* [ˈbaɪfə:keɪt] раздва́ивать(ся), разветвля́ть(ся)

**bifurcation** [ˌbaɪfə:ˈkeɪʃən] *n* раздвое́ние, разветвле́ние; бифурка́ция

**big I** [bɪg] **1.** *a* 1) большо́й, кру́пный; ~ repair капита́льный ремо́нт 2) высо́кий; широ́кий 3) гро́мкий; ~ noise а) си́льный шум; *перен.* хвастовство́; б) *амер. sl.* хозя́ин, шеф 4) взро́слый 5) бере́менная (*тж.* ~ with child) 6) разду́тый; напо́лненный (with); ~ with news по́лный новосте́й 7) ва́жный, значи́тельный; to look ~ принима́ть ва́жный вид 8) хвастли́вый; ~ talk хвастовство́; ~ mouth *амер.* хвастли́вый болту́н 9) великоду́шный; that's ~ of you э́то великоду́шно с ва́шей стороны́ ◇ ~ business кру́пный капита́л; *собир.* промы́шленные и ба́нковые магна́ты; ~ money де́нежные тузы́; ~ head *амер.* самомне́ние, ва́жничанье; ~ stick «больша́я дуби́нка»; ~ brass вы́сшие офице́ры, большо́е нача́льство; ~ bug (*или* shot) ва́жная персо́на, «ши́шка»; too ~ for one's boots *разг.* самонаде́янный

**2.** *adv разг.* хвастли́во, с ва́жным ви́дом

**big II** [bɪg] = bigg

**bigamist** [ˈbɪgəmɪst] *n* двоеже́нец; двуму́жница

**bigamy** [ˈbɪgəmɪ] *n* бига́мия; двоеже́нство; двоему́жие

**Big Ben** [ˈbɪgˈben] *n* Большо́й Бен (*часы на здании английского парламента*)

**bigg** [bɪg] *n с.-х.* четырёхря́дный ячме́нь

**biggin** [ˈbɪgɪn] *n* капюшо́н

**big-horn** [ˈbɪghɔ:n] *n* сне́жный бара́н, чубу́к

**bight** [baɪt] *n* 1) бу́хта 2) излу́чина (*реки*) 3) *мор.* шлаг (тро́са), бу́хта тро́са

**bigness** [ˈbɪgnɪs] *n* величина́, высота́ *и пр.* [*см.* big I, 1]

**bigot** [ˈbɪgət] *n* 1) слепо́й приве́рженец 2) изуве́р, фана́тик

**bigoted** [ˈbɪgətɪd] *a* фанати́ческий; нетерпи́мый

**bigotry** [ˈbɪgətrɪ] *n* слепа́я приве́рженность (*чему-л.*); фанати́зм

**big time** [ˈbɪgˈtaɪm] *n разг.* успе́х

**big-time** [ˈbɪgtaɪm] *a разг.* 1) по́льзующийся шу́мным успе́хом; ~ comedian знамени́тый коми́ческий актёр 2) выдаю́щийся, из ря́да вон выходя́щий; ~ operator матёрый жу́лик

**big top** [ˈbɪgˈtɔp] *n разг.* 1) ку́пол ци́рка 2) цирк

**big tree** [ˈbɪgtri:] *n амер. бот.* секво́йя

**bigwig** [ˈbɪgwɪg] *n sl.* ва́жная персо́на, «ши́шка»

**bijou** [ˈbi:ʒu:] *фр.* **1.** *n* (*pl* -oux) безделу́шка; драгоце́нная вещь

**2.** *a* ма́ленький и изя́щный

**bijouterie** [bɪˈʒu:tэri:] *фр. n* 1) ювели́рные изде́лия 2) бижуте́рия

**bijoux** [ˈbi:ʒu:z] *pl от* bijou

**bike** [baɪk] *сокр. разг. от* bicycle

**bikini** [bɪˈki:nɪ] *n* бики́ни (*женский купальный костюм*)

**bilabial** [baɪˈleɪbjəl] *a фон.* билабиа́льный

**bilabiate** [baɪˈleɪbɪɪt] *a бот.* двугу́бый

**bilateral** [baɪˈlætərəl] *a* двусторо́нний

**bilberry** [ˈbɪlbərɪ] *n* черни́ка

**bilbo** [ˈbɪlbəu] *n* 1) (bilboes) *pl* ножны́е кандалы́ 2) (*pl* -os [-əuz]) *ист.* испа́нский клино́к

**bile** [baɪl] *n* 1) жёлчь 2) раздражи́тельность; жёлчность

**bile-duct** [ˈbaɪldʌkt] *n анат.* жёлчный прото́к

**bilge** [bɪldʒ] **1.** *n* 1) дни́ще (*судна*); скула́ 2) трю́мная вода́ (*тж.* ~ water) 3) сре́дняя, наибо́лее широ́кая часть бо́чки 4) *разг.* ерунда́, чепуха́ 5) *тех.* стрела́ проги́ба 6) *attr.* трю́мный; ~ pump трю́мная по́мпа

**2.** *v* проби́ть дни́ще

**biliary** [ˈbɪljərɪ] *a* 1) относя́щийся к пе́чени 2) = bilious 2)

**bilingual** [baɪˈlɪŋgwəl] *a* 1) двуязы́чный 2) говоря́щий на двух языка́х

**bilious** [ˈbɪljəs] *a* 1) жёлчный 2) страда́ющий от разли́тия жёлчи 3) раздражи́тельный

**bilk** [bɪlk] **1.** *n* = bilker

**2.** *v* обма́нывать; уклоня́ться от упла́ты (*долгов*)

**bilker** [ˈbɪlkə] *n* жу́лик, моше́нник

**bill I** [bɪl] **1.** *n* 1) клюв 2) у́зкий мыс 3) козырёк (фура́жки) 4) носо́к я́коря

**2.** *v* 1) целова́ться клю́виками (*о голубях*) 2) не́жничать, ласка́ться (*особ.* to ~ and coo)

**bill II** [bɪl] **1.** *n* 1) законопрое́кт, билль; to pass (to throw out) the ~ приня́ть (отклони́ть) законопрое́кт 2) спи́сок; инвента́рь; докуме́нт; ~ of credit аккредити́в; ~ of entry тамо́женная деклара́ция; ~ of fare меню́; ~ of health каранти́нное свиде́тельство; ~ of lading накладна́я, коносаме́нт; ~ of parcels факту́ра; накладна́я; ~ of sale ку́пчая, закладна́я 3) програ́мма (*концерта и т. п.*) 4) счёт; padded ~s разду́тые счета́; ~ of costs счёт адвока́та (*или* пове́ренного) клие́нту за веде́ние де́ла; omnibus ~ счёт по ра́зным статья́м; to run up a ~ име́ть счёт (*у портного, в магазине и т. п.*) 5) ве́ксель, тра́тта (*тж.* ~ of exchange); short ~ краткосро́чная тра́тта 6) афи́ша; рекла́ма, рекла́мный листо́к 7) *амер.* банкно́т; a five dollar ~ биле́т в пять до́лларов 8) *юр.* иск; to find a true ~ передава́ть де́ло в суд; to ignore the ~ прекраща́ть де́ло ◇ B. of Rights а) *ист.* «Билль о права́х» (*в Англии*); б) пе́рвые де́сять попра́вок в конститу́ции США; G. I. Bill (of Rights) *амер.* льго́та для демобилизо́ванных; butcher's ~ *sl.* спи́сок уби́тых на войне́; to fill the ~ *амер.* удовлетворя́ть тре́бованиям; соотве́тствовать своему́ назначе́нию

**2.** *v* 1) объявля́ть в афи́шах 2) раскле́ивать афи́ши 3) *амер.* объявля́ть, обеща́ть 4) выпи́сывать накладну́ю, выдава́ть накладну́ю (to, for)

**bill III** [bɪl] *n* 1) *уст.* алеба́рда 2) садо́вые но́жницы 3) топо́р(ик), сека́ч

**billboard** [ˈbɪlbɔ:d] *n* доска́ для объявле́ний, афи́ш; рекла́мный щит

**bill-broker** [ˈbɪlˌbrəukə] *n* биржево́й ма́клер (*по векселям*)

**bill-discounter** [ˈbɪldɪsˌkauntə] *n* дисконтёр

**billet I** [ˈbɪlɪt] **1.** *n* 1) о́рдер на посто́й 2) помеще́ние для посто́я; to go into ~s расположи́ться на кварти́рах 3) размеще́ние по кварти́рам 4) *разг.* назначе́ние, ме́сто, до́лжность

**2.** *v* расквартиро́вывать (*войска*)

**billet** II ['bılıt] *n* 1) поле́но, чурба́н; пла́шка 2) то́лстая па́лка 3) *метал.* загото́вка, би́ллет, суту́нка

**billet-doux** ['bıleı'du:] *фр. n* любо́вное письмо́

**billfold** ['bılfəuld] *n* бума́жник

**billhead** ['bılhed] *n* бланк для факту́р, накладны́х *и т. п.*

**billhook** ['bılhuk] = bill III, 2)

**billiard** ['bıljəd] *a* билья́рдный; ~ cue кий; ~ room билья́рдная

**billiard-ball** ['bıljədbɔ:l] *n* билья́рдный шар

**billiard-marker** ['bıljəd,ma:kə] *n* марке́р

**billiards** ['bıljədz] *n pl* билья́рд; to play ~ игра́ть в билья́рд

**billingsgate** ['bılıŋzgıt] *n* площадна́я брань (*по названию большого рыбного рынка в Лондоне*); to talk ~ руга́ться, как торго́вка на база́ре

**billion** ['bıljən] *num. card., n* 1) билли́он 2) *амер.* миллиа́рд

**billionaire** [,bıljə'nɛə] *n амер.* миллиарде́р

**Bill Jim** ['bıldʒım] *n* Билл Джим (*прозвище австралийского солдата*)

**billon** ['bılən] *n* билло́н, низкопро́бное зо́лото *или* серебро́

**billot** ['bılət] *n* 1) сли́ток зо́лота *или* серебра́ (*предназначенный для чеканки монеты*) 2) бру́со́к, полоса́

**billow** ['bıləu] **1.** *n* 1) больша́я волна́, вал 2) *перен.* лави́на 3) *поэт.* мо́ре

**2.** *v* вздыма́ться, волнова́ться

**billowy** ['bıləuı] *a* 1) вздыма́ющийся (*о волнах*) 2) волни́стый, пересечённый (*о местности*)

**bill-poster** ['bıl,pəustə] *n* раскле́йщик афи́ш

**bill-sticker** ['bıl,stıkə] = bill-poster

**billy** ['bılı] *n* 1) (полице́йская) дуби́нка 2) *диал.* това́рищ, прия́тель 3) *австрал.* похо́дный котело́к

**billyboy** ['bılıbɔı] *n мор.* биллибо́й, кабота́жное па́русное су́дно

**billycock** ['bılıkɔk] *n разг.* котело́к (*шляпа*)

**billy-goat** ['bılıgəut] *n* козёл

**billy-(h)o** ['bılıəu] *n*: like ~ кре́пко, си́льно, интенси́вно; it is raining like ~ идёт си́льный дождь

**biltong** ['bıltɔŋ] *n* провя́ленное мя́со, наре́занное у́зкими поло́сками

**bimestrial** [baı'mestrıəl] *a* 1) двухме́сячный 2) = bi-monthly 1

**bimetallic** [,baımı'tælık] *a* биметалли́ческий

**bimetallism** [baı'metəlızm] *n эк.* биметалли́зм

**bi-monthly** ['baı'mʌnθlı] **1.** *a* 1) выходя́щий раз в два ме́сяца 2) выходя́щий два ра́за в ме́сяц

**2.** *adv* 1) раз в два ме́сяца 2) два ра́за в ме́сяц

**3.** *n* журна́л, выходя́щий раз в два ме́сяца

**bin** [bın] **1.** *n* 1) за́кром, ларь; бу́нкер 2) му́сорное ведро́ 3) мешо́к *или* корзи́на для сбо́ра хме́ля

**2.** *v* храни́ть в закрома́х *и т. п.*

**binary** ['baınərı] *a* двойно́й, сдво́енный; бина́рный; ~ mixture *хим.* бина́рная смесь

**bind** [baınd] *v* (bound) 1) вяза́ть; свя́зывать 2) обшива́ть, обвя́зывать (*края*) 3) зажима́ть 4) привя́зывать 5) заде́рживать, ограни́чивать 6) переплета́ть (*книгу*) 7) обя́зывать; to ~ oneself взять на себя́ обяза́тельство, обяза́ться; to be bound to take an action быть вы́нужденным что-л. предприня́ть *или* вы́ступить; to be bound to be defeated быть обречённым на пораже́ние 8) затвердева́ть (*о снеге, грязи, глине и т. п.*) 9) скрепля́ть; to ~ the loose sand закрепля́ть пески́ 10) вызыва́ть запо́р □ ~ **over** (*с inf.*) обя́зывать, свя́зывать обяза́тельством; to ~ over to appear обя́зывать яви́ться в суд; to ~ over to keep the peace обя́зывать соблюда́ть обще́ственное споко́йствие; ~ **up** а) перевя́зывать (*раны*); б) переплета́ть в о́бщий переплёт; в) свя́зывать; this problem is bound up with many others э́та пробле́ма свя́зана со мно́гими други́ми ◇ to be bound apprentice быть о́тданным в уче́ние (*ремеслу*)

**binder** ['baındə] *n* 1) переплётчик 2) связу́ющее вещество́ (*клей, цемент и т. п.*) 3) сноповяза́лка

**bindery** ['baındərı] *n* переплётная мастерска́я

**binding** ['baındıŋ] **1.** *pres. p. от* bind

**2.** *n* 1) переплёт 2) обши́вка; око́вка; связь 3) *эл.* сра́щивание (*проводов*) 4) *спорт.* крепле́ние (*лыжное*)

**3.** *a* 1) связу́ющий; вя́жущий; ~ power вя́жущая спосо́бность 2) ограничи́тельный, сде́рживающий 3) обя́зывающий; обяза́тельный; in a ~ form в фо́рме обяза́тельства

**bindweed** ['baındwi:d] *n бот.* вьюно́к

**bine** [baın] *n бот.* побе́г; сте́бель ползу́чего расте́ния (*особ. хмеля*)

**binge** [bındʒ] *n разг.* кутёж, вы́пивка; to have a ~, to go on the ~ кути́ть, пья́нствовать

**bingo** ['bıŋgəu] *n* 1) би́нго (*игра типа лото*) 2) *sl.* бре́нди

**binnacle** ['bınəkl] *n мор.* накто́уз (*ящик для судового компаса*)

**binocular** [bı'nɔkjulə] *a* бинокуля́рный

**binoculars** [bı'nɔkjuləz] *n pl* бино́кль

**binomial** [baı'nəumjəl] **1.** *n мат.* бино́м, двучле́н; B. theorem бино́м Нью́тона

**2.** *a мат.* биномиа́льный, двучле́нный

**binominal** ['baı'nɔmınəl] *a* име́ющий два назва́ния; ~ nomenclature *зоол., бот.* систе́ма классифика́ции по ро́ду и ви́ду

**bint** [bınt] *n sl.* де́вушка

**biochemist** ['baıəu'kemıst] *n* биохи́мик

**biochemistry** ['baıəu'kemıstrı] *n* биохи́мия

**biogenesis** ['baıəu'dʒenısıs] *n* биогене́з

**biographer** [baı'ɔgrəfə] *n* био́граф

**biographic(al)** [,baıəu'græfık(əl)] *a* биографи́ческий

**biography** [baı'ɔgrəfı] *n* биогра́фия

**biologic** [,baıəu'lɔdʒık] = biological

**biological** [,baıəu'lɔdʒıkəl] *a* биологи́ческий; ~ warfare бактериологи́ческая война́

**biologist** [baı'ɔlədʒıst] *n* био́лог

**biology** [baı'ɔlədʒı] *n* биоло́гия

**biolysis** [baı'ɔlısıs] *n биол.* био́лизис, разруше́ние живы́х тка́ней под де́йствием органи́змов

**biometrics** [,baıəu'metrıks] *n pl* (*употр. как sing*) биоме́трия

**biometry** [baı'ɔmıtrı] *n* = biometrics

**bionics** [baı'ɔnıks] *n pl* (*употр. как sing*) био́ника

**bionomics** ['baıəu'nɔmıks] *n pl* (*употр. как sing*) эколо́гия

**biophysics** ['baıəu'fızıks] *n pl* (*употр. как sing*) биофи́зика

**bioplasm, bioplast** ['baıəuplæzm, 'baıəuplæst] *n* биопла́зма, протопла́зма

**biopsy** ['baıɔpsı] *n мед.* биопси́я

**biosphere** ['baıəsfıə] *n* биосфе́ра

**biosynthesis** [,baıəu'sınθısıs] *n* биоси́нтез

**biota** [baı'əutə] *n* фло́ра и фа́уна да́нного райо́на

**bipartisan** [baı,pa:tı'zæn] *a* двухпарти́йный

**bipartite** [baı'pa:taıt] *a* 1) двусторо́нний (*о соглашении и т. п.*) 2) состоя́щий из двух часте́й 3) *бот.* разделённый на две ча́сти, двуразде́льный

**biped** ['baıped] **1.** *n* двуно́гое (*живо́тное*)

**2.** *a* = bipedal

**bipedal** ['baı,pedl] *a* двуно́гий

**biplane** ['baıpleın] *n* бипла́н

**bipod** ['baıpɔd] *n воен.* со́шка; двуно́га

**bipolar** ['baı'pəulə] *a эл.* двухпо́люсный

**biquadratic** [,baıkwɔ'drætık] *мат.* **1.** *a* биквадра́тный

**2.** *n* биквадра́т; биквадра́тное уравне́ние

**birch** [bə:tʃ] **1.** *n* 1) берёза 2) ро́зга 3) *attr.* берёзовый

**2.** *v* сечь ро́згой

**birchen** ['bə:tʃən] *a* берёзовый; сде́ланный из берёзы

**birch-rod** ['bə:tʃrɔd] = birch 1, 2)

**bird** [bə:d] *n* 1) пти́ца; пта́шка 2) *разг.* па́рень, челове́к; a gay (queer) ~ весельча́к (чуда́к) ◇ ~ of Jove орёл; ~ of Juno павли́н; to do smth. like a ~ де́лать что-л. охо́тно; to get the ~ а) быть уво́ленным; б) быть осви́станным; a ~ in the bush не́что нереа́льное; a ~ in the hand не́что реа́льное; a ~ in the hand is worth two in the bush *посл.* ≅ не сули́ журавля́ в не́бе, дай сини́цу в ру́ки; ~s of a feather ≅ одного́ по́ля я́года; оди́н друго́го сто́ит; ~s of a feather flock together *посл.* ≅ рыба́к рыбака́ ви́дит издалека́; an old ~ ≅ стре́ляный воробе́й; an old ~ is not caught with chaff *посл.* ста́рого воробья́ на мяки́не не проведёшь; (it is) the early ~ (that) catches the worm *посл.* ≅ кто ра́но встаёт, того́ уда́ча ждёт; to kill two ~s with one stone ≅ одни́м уда́ром уби́ть двух за́йцев; a little ~ told me ≅ слу́хом земля́ по́лнится; кто́-то мне сказа́л; to make a ~ (of) попа́сть (в *цель*), порази́ть; strictly for the ~s то́лько для несмышлёнышей; никуда́ не годи́тся

**bird-cage** [ˈbəːdkeɪdʒ] *n* кле́тка (*для птиц*)

**bird-call** [ˈbəːdkɔːl] *n* 1) звук, издава́емый пти́цей 2) *охот.* ва́бик

**bird-dog** [ˈbəːddɔg] *n* 1) соба́ка для охо́ты на пти́цу 2) *жарг.* аге́нт (*фирмы*), выполня́ющий зака́зы по поста́вке тех *или* ины́х това́ров 3) *разг.* отбива́ющий (*возлюбленную*)

**birder** [ˈbəːdə] *n* птицело́в

**bird-fancier** [ˈbəːdˌfænsɪə] *n* 1) люби́тель птиц, птицево́д 2) продаве́ц птиц

**birdie** [ˈbəːdɪ] *n* (*уменьш. от* bird) пти́чка, пта́шка

**bird-lime** [ˈbəːdlaɪm] *n* пти́чий клей

**bird-nest** [ˈbəːdnest] = bird's nest

**bird-nesting** [ˈbəːdˌnestɪŋ] = bird's-nesting

**bird of paradise** [ˈbəːdəvˈpærədaɪs] *n зоол.* ра́йская пти́ца

**bird of passage** [ˈbəːdəvˈpæsɪdʒ] *n* перелётная пти́ца

**bird of prey** [ˈbəːdəvˈpreɪ] *n* хи́щная пти́ца

**bird-seed** [ˈbəːdsiːd] *n* пти́чий корм

**bird's-eye** [ˈbəːdzaɪ] *n бот.* первоцве́т (мучни́стый)

**bird's-eye view** [ˈbəːdzaɪˈvjuː] *n* 1) вид с пти́чьего полёта 2) о́бщая перспекти́ва

**bird's nest** [ˈbəːdznest] *n* 1) пти́чье гнездо́ 2) ла́сточкино гнездо́ (*китайское лакомство*)

**bird's-nesting** [ˈbəːdzˌnestɪŋ] *n* охо́та за пти́чьими гнёздами

**Biro(pen)** [ˈbaɪərəu(pen)] *n* ша́риковая ру́чка (*торговая марка*)

**birth** [bəːθ] *n* 1) рожде́ние; an artist by ~ худо́жник по призва́нию; to give ~ to роди́ть, произвести́ на свет [*ср. тж.* 3)]; new (*или* second) ~ второ́е рожде́ние; возрожде́ние 2) ро́ды; two at a ~ дво́йня 3) нача́ло, исто́чник; происхожде́ние; to give ~ to дать нача́ло (*чему-л.*) [*ср. тж.* 1)]

**birth-control** [ˈbəːθkənˌtrəul] *n* 1) регули́рование рожда́емости 2) противозача́точные ме́ры

**birthday** [ˈbəːθdeɪ] *n* 1) день рожде́ния 2) *attr.*: ~ cake торт ко дню рожде́ния; ~ party пра́зднование дня рожде́ния ◇ in one's ~ suit *шутл.* го́лый, в чём мать родила́

**birth-mark** [ˈbəːθmɑːk] *n* ро́динка, роди́мое пятно́

**birth-pill** [ˈbəːθpɪl] *n* противозача́точная табле́тка (*тж.* the Pill)

**birth-place** [ˈbəːθpleɪs] *n* ме́сто рожде́ния, ро́дина

**birth-rate** [ˈbəːθreɪt] *n* рожда́емость; коэффицие́нт рожда́емости

**birthright** [ˈbəːθraɪt] *n* 1) пра́во перворо́дства 2) пра́во по рожде́нию (*в определённой семье и т. п.*)

**bis** [bɪs] *adv* ещё раз, втори́чно, бис

**biscuit** [ˈbɪskɪt] *n* 1) сухо́е пече́нье; ship's ~ суха́рь 2) бискви́тный, неглазиро́ванный фарфо́р 3) све́тло-кори́чневый цвет 4) *attr.* све́тло-кори́чневый

**bisect** [baɪˈsekt] *v* разреза́ть, дели́ть попола́м

**bisection** [baɪˈsekʃən] *n* деле́ние попола́м

**bisector** [baɪˈsektə] *n мат.* биссектри́са

**bisectrices** [ˌbaɪsəkˈtraɪsiːz] *pl от* bisectrix

**bisectrix** [baɪˈsektrɪks] *n* (*pl* -trices) = bisector

**bisexual** [ˈbaɪˈseksjuəl] *a* двупо́лый

**bishop** [ˈbɪʃəp] *n* 1) епи́скоп 2) *шахм.* слон 3) би́шоп (*напиток из вина и фруктового сока*) ◇ the ~ has played the cook *букв.* епи́скоп был тут по́варом (*говорится о подгоревшем блюде*)

**bishopric** [ˈbɪʃəprɪk] *n* 1) сан епи́скопа 2) епа́рхия

**bisk** [bɪsk] = bisque II

**bismuth** [ˈbɪzməθ] *n хим.* ви́смут

**bison** [ˈbaɪsn] *n* бизо́н

**bisque** I [bɪsk] = biscuit 2)

**bisque** II [bɪsk] *n* 1) ра́ковый суп 2) суп из пти́цы *или* кро́лика 3) тома́тный суп-пюре́

**bisque** III [bɪsk] *n* фо́ра (*в игре*)

**bissextile** [bɪˈsekstaɪl] **1.** *a* високо́сный; the ~ day 29-е февраля́

**2.** *n* високо́сный год

**bistort** [ˈbɪstɔːt] *n бот.* горле́ц

**bistoury** [ˈbɪsturɪ] *n* бистури́ (*хирургический нож*)

**bistre** [ˈbɪstə] *n* бистр (*тёмно-коричневая краска*)

**bistro** [ˈbiːstrəu] *фр. n* бистро́, заку́сочная

**bit** I [bɪt] *n* 1) кусо́чек; части́ца, небольшо́е коли́чество; a ~ немно́го; not a ~ ничу́ть; ~ by ~ постепе́нно; wait a ~ подожди́те мину́ту; he is a ~ of a coward он трусова́т 2) ме́лкая моне́та; short ~ *амер.* моне́та в 10 це́нтов; long ~ моне́та в 15 це́нтов; two ~s *амер.* моне́та в 25 це́нтов 3) *attr.*: ~ part эпизоди́ческая роль ◇ to give smb. a ~ of one's mind вы́сказаться напрями́к, открове́нно; to do one's ~ внести́ свою́ ле́пту; де́лать своё де́ло, исполня́ть свой долг; ~s and pieces оста́тки, обре́зки, хлам; to get a ~ on *разг.* быть навеселе́; he (she) is a ~ long in the tooth он (она́) уже́ не ребёнок; to take a ~ of doing тре́бовать затра́ты уси́лий

**bit** II [bɪt] **1.** *n* 1) удила́; мундшту́к; to draw ~ натяну́ть пово́дья, во́жжи; to take the ~ between one's teeth закуси́ть удила́ 2) ре́жущий край инструме́нта; ле́звие 3) бур; бура́в; зуби́ло 4) боро́дка (*ключа*)

**2.** *v* 1) взну́здывать 2) обу́здывать, сде́рживать

**bit** III [bɪt] *past и p. p. от* bite 2

**bit** IV [bɪt] *n* двоичный знак (*в вычислительных машинах*)

**bitbrace** [ˈbɪtbreɪs] *n тех.* коловоро́т

**bitch** [bɪtʃ] **1.** *n* 1) су́ка 2) *в названиях животных означает самку*: ~ wolf волчи́ца 3) *груб.* су́ка

**2.** *v разг.* 1) жа́ловаться, скули́ть 2) по́ртить, па́костить 3) обма́нывать, обводи́ть вокру́г па́льца, облапо́шивать

**bitchy** [ˈbɪtʃɪ] *a разг.* 1) зло́бный 2) раздражи́тельный, озло́бленный 3) цини́чный, разну́зданный

**bite** [baɪt] **1.** *n* 1) уку́с 2) след уку́са 3) клёв (*рыбы*) 4) кусо́к (*пищи*); without ~ or sup не е́вши не пи́вши 5) за́втрак, лёгкая заку́ска; to have a ~ перекуси́ть, закуси́ть 6) острота́, е́дкость 7) травле́ние (*при гравировке*) 8) *мед.* прику́с 9) *тех.* зажа́тие, сцепле́ние

**2.** *v* (bit; bit, bitten) 1) куса́ть(ся); жа́лить 2) клева́ть (*о рыбе*) 3) коло́ть, руби́ть (*саблей*) 4) жечь (*о перце, горчице и т. п.*) 5) щипа́ть, куса́ть (*о морозе*) 6) трави́ть, разъеда́ть (*о кислотах; обыкн.* ~ in) 7) язви́ть, коло́ть 8) приня́ть, ухвати́ться (*за предложение*) 9) (*pass.*) попада́ться, поддава́ться обма́ну 10) *тех.* сцепля́ться; the wheels will not ~ колёса скользя́т; the brake will not ~ то́рмоз не берёт □ ~ **off** отку́сывать ◇ to ~ off more than one can chew взя́ться за непоси́льное де́ло; переоцени́ть свои́ си́лы; to ~ the dust (*или* the ground, the sand) а) быть уби́тым; б) па́дать ниц; быть пове́рженным во прах; быть побеждённым; to ~ one's thumb at smb. *уст.* вы́сказать своё презре́ние кому́-л.

**biter** [ˈbaɪtə] *n* 1) тот, кто куса́ет 2) куса́ющееся живо́тное ◇ the ~ bit ≅ попа́лся, кото́рый куса́лся

**biting** [ˈbaɪtɪŋ] **1.** *pres. p. от* bite 2

**2.** *a* 1) о́стрый, е́дкий 2) язви́тельный, ре́зкий

**bitten** [ˈbɪtn] *p. p. от* bite 2; ◇ to be ~ with заже́чься (*чем-л.*); once ~ twice shy *посл.* ≅ обжёгшись на молоке́, бу́дешь дуть и на во́ду; пу́ганая воро́на (и) куста́ бои́тся

**bitter** [ˈbɪtə] **1.** *a* 1) го́рький; ~ as gall (*или* wormwood) го́рький как полы́нь 2) го́рький, мучи́тельный 3) ре́зкий (*о словах*); е́дкий (*о замечании*) 4) ре́зкий, си́льный (*о ветре*) 5) ожесточённый; ~ enemy зле́йший враг ◇ that which is ~ to endure may be sweet to remember ≅ иногда́ быва́ет прия́тно вспо́мнить то, что бы́ло тяжело́ пережива́ть

**2.** *adv* 1) го́рько 2) ре́зко, жесто́ко 3) *употребляется для усиления прилагательного* о́чень, ужа́сно; it was ~ cold бы́ло о́чень хо́лодно

3. *n* 1) го́речь 2) го́рькое пи́во
**bitter earth** [ˈbɪtərə:θ] *n хим.* магне́зия
**bitter-ender** [ˈbɪtərˈendə] *n* не иду́щий на компроми́сс, сто́йкий, принципиа́льный челове́к
**bitterish** [ˈbɪtərɪʃ] *a* горькова́тый
**bitterly** [ˈbɪtəlɪ] *adv* го́рько *и пр.* [*см.* bitter 1]
**bittern** I [ˈbɪtə(:)n] *n зоол.* выпь
**bittern** II [ˈbɪtə(:)n] *n* ма́точный раство́р (*в солеварнях*)
**bitterness** [ˈbɪtənɪs] *n* го́речь *и пр.* [*см.* bitter 1]
**bitters** [ˈbɪtəz] *n pl* 1) го́рькая насто́йка 2) го́рькое лека́рство ◇ to get one's ~ *амер. ирон.* получи́ть по заслу́гам
**bitter salt** [ˈbɪtəsɔ:lt] *n мед.* го́рькая соль
**bitter-sweet** [ˈbɪtəswi:t] *a* горькова́то-сла́дкий
**bitumen** [ˈbɪtjumɪn] *n* биту́м; асфа́льт
**bituminous** [bɪˈtju:mɪnəs] *a* биту́мный, битумино́зный; ~ concrete биту́мный бето́н, асфальтобето́н
**bivalent** [ˈbaɪˌveɪlənt] *a* двухвале́нтный
**bivalve** [ˈbaɪvælv] *зоол.* **1.** *n* двуство́рчатый моллю́ск
**2.** *a* двуство́рчатый
**bivouac** [ˈbɪvuæk] **1.** *n* бива́к; to go into ~ располага́ться бива́ком
**2.** *v* располага́ться, стоя́ть бива́ком
**bivvy** [ˈbɪvɪ] *n* (*сокр. от* bivouac) *sl.* 1) бива́к 2) пала́тка
**bi-weekly** [ˈbaɪˈwi:klɪ] **1.** *a* 1) выходя́щий раз в две неде́ли 2) выходя́щий два ра́за в неде́лю
**2.** *adv* 1) раз в две неде́ли 2) два ра́за в неде́лю
**3.** *n* журна́л (изда́ние), выходя́щий (-ее) раз в две неде́ли
**biz** [bɪz] *разг. см.* business
**bizarre** [bɪˈzɑ:] *фр. a* стра́нный, причу́дливый, эксцентри́чный
**blab** [blæb] **1.** *n* 1) болту́н 2) болтовня́
**2.** *v* болта́ть (*о чём-л.*); разба́лтывать
**blabber** [ˈblæbə] *n* болту́н; сплётник
**black** [blæk] **1.** *a* 1) чёрный; ~ character = black letter 2) тёмный 3) темноко́жий; сму́глый 4) мра́чный, уны́лый; безнадёжный; things look ~ положе́ние ка́жется безнадёжным 5) серди́тый, злой; ~ looks злы́е взгля́ды; to look ~ вы́глядеть мра́чным, хму́риться 6) дурно́й; he is not so ~ as he is painted он не так плох, как его́ изобража́ют 7) гря́зный (*о руках, белье*) 8) злове́щий ◇ ~ as ink а) чёрный как са́жа; б) мра́чный, безра́достный; ~ art чёрная ма́гия; B. Belt чёрный по́яс, ю́жные райо́ны США, где преоблада́ет негритя́нское населе́ние; the B. Country чёрная страна́, каменноуго́льный и железообраба́тывающий райо́н Ста́ффордшира и Уо́рикшира; ~ as hell (*или* night, pitch, my hat) тьма кроме́шная; ~ as sin (*или* thunder, thundercloud) мрачне́е ту́чи; ~ and blue в синяка́х; to beat ~ and blue изби́ть до синяко́в, живо́го ме́ста не оста́вить; ~ and tan чёрный с ры́жими подпа́линами; B. and Tans *ист.* англи́йские кара́тельные отря́ды в Ирла́ндии по́сле пе́рвой миро́вой войны́, уча́ствовавшие в подавле́нии восста́ния шинфе́йнеров; ~ dog ≅ тоска́ зелёная; дурно́е настрое́ние, уны́ние; ~ gang *мор. жарг.* кочега́ры; ~ hand *sl.* ша́йка банди́тов; ~ in the face багро́вый (*от раздражения или напряжения*); to know ~ from white понима́ть что к чему́, быть себе́ на уме́; ~ hole ка́рцер
**2.** *n* 1) чёрный цвет, чернота́; to swear ~ is white называ́ть чёрное бе́лым, заве́домо говори́ть непра́вду 2) чёрная кра́ска, чернь; Berlin ~ чёрный лак для мета́лла 3) негр 4) чёрное пятно́ 5) пла́тье чёрного цве́та; тра́урное пла́тье
**3.** *v* 1) окра́шивать чёрной кра́ской 2) ва́ксить; to ~ boots чи́стить сапоги́ ва́ксой 3) *перен.* черни́ть □ ~ **out** а) выма́рывать, зама́зывать текст чёрной кра́ской; не пропуска́ть, запреща́ть; б) маскирова́ть; затемня́ть; выключа́ть свет; в) *амер.* засекре́чивать; г) на мгнове́ние теря́ть созна́ние; д) заглуша́ть (*радиопередачу*)
**blackamoor** [ˈblækəmuə] *n презр.* 1) негр 2) темноко́жий; ара́п
**black and white** [ˈblækən(d)ˈwaɪt] *n* 1) рису́нок перо́м 2): in ~ в пи́сьменной фо́рме; to put down in ~ написа́ть чёрным по бе́лому; напеча́тать 3) чёрно-бе́лое изображе́ние (*в кино, телевидении, фото*)
**black ball** [ˈblækbɔ:l] *n* 1) чёрный шар (*при баллотировке*)
**black-ball** [ˈblækbɔ:l] *v* забаллоти́ровать
**black-beetle** [ˈblækˈbi:tl] *n* чёрный тарака́н
**blackberry** [ˈblækbərɪ] *n* 1) ежеви́ка 2) *диал.* чёрная сморо́дина
**blackbird** [ˈblækbə:d] *n* чёрный дрозд
**black-board** [ˈblækbɔ:d] *n* кла́ссная доска́
**black body** [ˈblækˈbɔdɪ] *n физ.* абсолю́тно чёрное те́ло
**black book** [ˈblækbuk] = black-list ◇ to be in smb.'s ~ быть у кого́-л. в неми́лости
**black cap** [ˈblækkæp] *n* 1) суде́йская ша́почка, надева́емая при произнесе́нии сме́ртного пригово́ра 2) чёрная мали́на
**blackcap** [ˈblækkæp] *n* сла́вка-черноголо́вка (*птица*)
**black-chalk** [ˈblæktʃɔ:k] *n мин.* графи́т
**black-cock** [ˈblækkɔk] *n* те́терев
**black-currant** [ˈblækˈkʌrənt] *n* чёрная сморо́дина
**Black Death** [ˈblækˈdeθ] *n ист.* «чёрная смерть» (*чума в Европе в 1348—49 гг.*)
**black draught** [ˈblækˈdrɑ:ft] *n* слаби́тельное (*из александрийского листа*)
**black earth** [ˈblækˈə:θ] *n* чернозём
**blacken** [ˈblækən] *v* 1) черни́ть; па́чкать 2) черне́ть; загора́ть
**black-face** [ˈblækfeɪs] *n амер.* актёр, выступа́ющий в ро́ли не́гра; to appear in ~ выступа́ть в ро́ли не́гра
**black friar** [ˈblækˈfraɪə] *n* доминика́нец (*монах*)
**blackguard** [ˈblægɑ:d] **1.** *n* подле́ц, мерза́вец
**2.** *a* ме́рзкий
**3.** *v* руга́ться, скверносло́вить
**blackguardism** [ˈblægɑ:dɪzm] *n* 1) по́длое поведе́ние 2) сквернросло́вие; брань
**blackguardly** [ˈblægɑ:dlɪ] **1.** *a* = blackguard 2
**2.** *adv* ме́рзко
**black-head** [ˈblækhed] *n* 1) у́горь (*на лице*) 2) черне́ть морска́я (*птица*)
**black-hearted** [ˈblækˈhɑ:tɪd] *a* дурно́й; злой
**blacking** [ˈblækɪŋ] **1.** *pres. p. от* black 3
**2.** *n* ва́кса
**blacking-out** [ˈblækɪŋˈaut] *n* 1) = black-out 1; 2) выма́рывание (це́нзором) те́кста
**blackish** [ˈblækɪʃ] *a* черновáтый
**black jack** [ˈblækˈdʒæk] *n* 1) кувши́н для пи́ва *и т. п.* 2) пира́тский флаг 3) *амер. разг.* дуби́нка 4) *мин.* сфалери́т, ци́нковая обма́нка
**black-jack** [ˈblækdʒæk] *v амер. разг.* избива́ть дуби́нкой
**black-lead** [ˈblækˈled] *n мин.* графи́т
**blackleg** [ˈblækleg] *n* 1) штрейкбре́хер 2) шу́лер, плут
**black letter** [ˈblækˈletə] *n* стари́нный англи́йский готи́ческий шрифт
**black-letter** [ˈblækˈletə] *a* старопеча́тный, со стари́нным готи́ческим шри́фтом; ~ book старопеча́тная кни́га ◇ ~ day бу́дний день
**black-list** [ˈblæklɪst] **1.** *n* чёрный спи́сок
**2.** *v* вноси́ть в чёрный спи́сок
**black-listing** [ˈblækˌlɪstɪŋ] **1.** *pres. p. от* black-list 2
**2.** *n* занесе́ние в чёрный спи́сок
**blackmail** [ˈblækmeɪl] **1.** *n* шанта́ж; вымога́тельство
**2.** *v* шантажи́ровать; вымога́ть де́ньги
**blackmailer** [ˈblækˌmeɪlə] *n* шантажи́ст
**Black Maria** [ˈblækməˈraɪə] *n* тюре́мная каре́та, «чёрный во́рон»
**black market** [ˈblækˈmɑ:kɪt] *n* чёрный ры́нок
**black marketeer** [ˈblækˌmɑ:kɪˈtɪə] *n* торгу́ющий на чёрном ры́нке, спекуля́нт
**black monk** [ˈblækmʌŋk] *n* бенедикти́нец (*монах*)
**blackness** [ˈblæknɪs] *n* чернота́; темнота́; мра́чность

**black-out** [ˈblækaut] **1.** *n* 1) *театр.* выключе́ние све́та в зри́тельном за́ле и на сце́не 2) затемне́ние (*в связи с противовоздушной обороной*) 3) вре́менное отсу́тствие электри́ческого освеще́ния (*вследствие аварии и т. п.*) 4) затемне́ние созна́ния; прова́л па́мяти; вре́менная слепота́ 5) *амер.* засекре́ченность

**2.** *a* 1) затемнённый 2) *амер.* засекре́ченный

**Black Power** [ˈblækˈpauə] *n амер.* «Власть чёрных» (*лозунг негритянского движения в США, требующий большего участия негров в политической и культурной жизни страны*)

**black pudding** [ˈblækˈpudɪŋ] *n* кровяна́я колбаса́

**black-shirt** [ˈblækʃəːt] *n* фаши́ст, черноруба́шечник

**blacksmith** [ˈblæksmɪθ] *n* кузне́ц

**blackstrap** [ˈblækstræp] *n* дешёвый портве́йн *или* ром, сме́шанный с па́токой

**blackthorn** [ˈblækθɔːn] *n бот.* сли́ва колю́чая, тёрн

**blacky** [ˈblækɪ] *a* 1) чернова́тый 2) *разг.* черноко́жий, негр

**bladder** [ˈblædə] *n* 1) *анат.* пузы́рь 2) пузы́рь; football ~ футбо́льная ка́мера 3) пустоме́ля

**bladdery** [ˈblædərɪ] *a* 1) пузы́рчатый 2) пусто́й, по́лый

**blade** [bleɪd] *n* 1) ле́звие; клино́к; поло́тнище (*пилы*) 2) ло́пасть (*винта, весла*) 3) лист, были́нка 4) *ж.-д.* крыло́ (*семафора*); перо́ (*руля*) 5) *разг.* па́рень; a jolly old ~ весельча́к

**blaeberry** [ˈbleɪbərɪ] *n диал.* черни́ка

**blague** [blɑːg] *фр. n* хвастовство́, пуска́ние пы́ли в глаза́

**blah** [blɑː] *n разг.* чепуха́, вздор

**blame** [bleɪm] **1.** *n* 1) порица́ние; упрёк 2) отве́тственность; to bear the ~, to take the ~ upon oneself приня́ть на себя́ вину́; to lay the ~ on (*или* upon) smb., to lay the ~ at smb.'s door возложи́ть вину́ на кого́-либо; to lay the ~ at the right door (*или* on the right shoulders) обвиня́ть того́, кого́ сле́дует; to shift the ~ on smb. свали́ть вину́ на кого́-л.

**2.** *v* порица́ть; счита́ть вино́вным; he is to ~ for it он винова́т в э́том; she ~d it on him она́ счита́ла его́ вино́вным (в э́том)

**blameful** [ˈbleɪmful] *a* 1) = blameworthy 2) *редк.* скло́нный осужда́ть други́х

**blameless** [ˈbleɪmlɪs] *a* безупре́чный

**blameworthy** [ˈbleɪmˌwəːðɪ] *a* заслу́живающий порица́ния

**blanch** [blɑːntʃ] *v* 1) бели́ть, отбе́ливать 2) бледне́ть (*от страха и т. п.*) 3) обесцве́чивать (*растения*) 4) обва́ривать и снима́ть шелуху́ 5) бланширова́ть 6) луди́ть 7) чи́стить до бле́ска (*металл*) □ ~ **over** обеля́ть, выгора́живать

**blancmange** [bləˈmɔnʒ] *фр. n* бланманже́

**bland** [blænd] *a* 1) ве́жливый; ла́сковый; вкра́дчивый 2) мя́гкий (*тж. о климате*) 3) сла́бый; успока́ивающий (*о лекарстве*)

**blandish** [ˈblændɪʃ] *v* 1) зада́бривать, упра́шивать, угова́ривать 2) льстить

**blandishment** [ˈblændɪʃmənt] *n* (*обыкн. pl*) 1) угова́ривание, упра́шивание 2) льсти́вая речь

**blandly** [ˈblændlɪ] *adv* ве́жливо, ла́сково, мя́гко

**blank** [blæŋk] **1.** *a* 1) пусто́й; чи́стый, неиспи́санный (*о бумаге*); незапо́лненный (*о бланке, документе*); ~ check чек на предъяви́теля без обозначе́ния су́ммы опла́ты 2) незастро́енный (*о месте*) 3) лишённый содержа́ния; бессодержа́тельный; his memory is ~ on the subject он ничего́ не по́мнит об э́том; ~ look бессмы́сленный взгляд 4) озада́ченный, смущённый; to look ~ каза́ться озада́ченным 5) по́лный; чисте́йший; ~ silence абсолю́тное молча́ние; ~ despair по́лное отча́яние 6) сплошно́й; ~ wall глуха́я стена́; ~ window ло́жное, слепо́е окно́ 7) *амер.* NN, Н-ский, Х *и т. п.* (*о чём-л., не подлежащем оглашению*); the B. Pursuit Squadron Н-ская истреби́тельная эскадри́лья ◇ ~ verse бе́лый стих; ~ cartridge холосто́й патро́н; to give a ~ cheque предоста́вить свобо́ду де́йствий, дать карт-бла́нш

**2.** *n* 1) пусто́е, свобо́дное ме́сто 2) *амер.* бланк 3) тире́ (*вместо пропущенного или нецензурного слова*) 4) пусто́й лотере́йный биле́т; to draw a ~ вы́нуть пусто́й биле́т; *перен.* потерпе́ть неуда́чу 5) пробе́л; пустота́ (*душевная*); my mind is a complete ~ я ничего́ не по́мню 6) *воен.* бе́лый круг мише́ни; цель 7) *тех.* загото́вка; болва́нка

**3.** *v амер.* наноси́ть кру́пное пораже́ние; обы́грывать «всуху́ю»

**blanket** [ˈblæŋkɪt] **1.** *n* 1) шерстяно́е одея́ло 2) попо́на, чепра́к 3) тяжёлое о́блако 4) густо́й тума́н 5) *геол.* нано́с; пове́рхностный слой; отложе́ние; покро́в ◇ born on the wrong side of the ~ рождённый вне бра́ка, незаконнорождённый; to put a wet ~ on smb., to throw a wet ~ over smb. охлажда́ть чей-л. пыл; to play the wet ~ расхола́живать

**2.** *a* 1) о́бщий, по́лный, всеобъе́млющий, всеохва́тывающий; без осо́бых огово́рок *или* указа́ний; огу́льный 2): ~ sheet *амер.* газе́тный лист большо́го форма́та

**3.** *v* 1) покрыва́ть (одея́лом) 2) *уст.* подбра́сывать на одея́ле 3) охва́тывать, включа́ть в себя́ 4) заглуша́ть (*шум, радиопередачу — о мощной радиостанции*) 5) забра́сывать (*бомбами*); задымля́ть 6) *мор.* отня́ть ве́тер

**blanketing** [ˈblæŋkɪtɪŋ] *n* материа́л для одея́л

**blankly** [ˈblæŋklɪ] *adv* 1) безуча́стно; ту́по, невырази́тельно 2) беспо́мощно 3) пря́мо, реши́тельно 4) кра́йне

**blare** [blɛə] **1.** *n* зву́ки труб; рёв

**2.** *v* гро́мко труби́ть

**blarney** [ˈblɑːnɪ] *разг.* **1.** *n* лесть

**2.** *v* обма́нывать ле́стью; льстить

**blasé** [ˈblɑːzeɪ] *фр. a* пресы́щенный

**blaspheme** [blæsˈfiːm] *v* поноси́ть; богоху́льствовать

**blasphemous** [ˈblæsfɪməs] *a* богоху́льный

**blasphemy** [ˈblæsfɪmɪ] *n* богоху́льство

**blast** [blɑːst] **1.** *n* 1) си́льный поры́в ве́тра 2) пото́к во́здуха 3) звук (*духового инструмента*) 4) взрыв 5) заря́д (*для взрыва*) 6) взрывна́я волна́ 7) па́губное влия́ние 8) вреди́тель, боле́знь (*растений*) 9) *тех.* форси́рованная тя́га; дутьё; to be in (out of) ~ рабо́тать по́лным хо́дом (стоя́ть) (*о доменной печи*) 10) воздуходу́вка ◇ at (*или* in) full ~ в по́лном разга́ре (*о работе и т. п.*)

**2.** *v* 1) взрыва́ть 2) вреди́ть (*растениям и т. п.*) 3) разруша́ть (*планы, надежды*) 4) *тех.* дуть, продува́ть 5) проклина́ть

**blasted** [ˈblɑːstɪd] **1.** *p. p. от* blast 2

**2.** *a* 1) разру́шенный 2) про́клятый

**blastema** [blæsˈtiːmə] *n биол.* бласте́ма

**blast-furnace** [ˈblɑːstˈfəːnɪs] *n* до́мна, до́менная печь

**blasting** [ˈblɑːstɪŋ] **1.** *pres. p. от* blast 2

**2.** *a* 1) губи́тельный 2) взры́вчатый, подрывно́й; ~ cartridge подрывна́я ша́шка; ~ oil нитроглицери́н (*взрывчатое вещество*)

**3.** *n* 1) по́рча, ги́бель 2) подрывны́е рабо́ты; пале́ние шпу́ров 3) дутьё 4) *радио* дребезжа́ние (*громкоговорителя*)

**blastoderm** [ˈblæstəudəːm] *n биол.* бластоде́рма

**blast-off** [ˈblɑːstˈɔf] *n* взлёт (*ракеты*); старт (*космического корабля*)

**blatant** [ˈbleɪtənt] *a* 1) крикли́вый, вульга́рный 2) ужа́сный, вопию́щий 3) очеви́дный, я́вный; a ~ lie я́вная ложь

**blather** [ˈblæðə] = blether

**blatherskite** [ˈblæðəskaɪt] = bletherskate

**blaze** I [bleɪz] **1.** *n* 1) пла́мя; in a ~ в огне́ 2) я́ркий свет *или* цвет 3) блеск, великоле́пие 4) вспы́шка (*огня, страсти*) 5) *pl* ад; go to ~s! убира́йтесь к чёрту!; like ~s с я́ростью; не́истово; what the ~s! како́го чёрта! ◇ ~ of publicity по́лная гла́сность

**2.** *v* 1) горе́ть я́рким пла́менем 2) сия́ть, сверка́ть 3) *перен.* кипе́ть; he was blazing with fury он кипе́л от гне́ва □ ~ **away** а) *воен.* подде́рживать беспреры́вный ого́нь (at); б) бы́стро *или* горячо́ говори́ть, выпа́ливать; в) рабо́тать с увлече́нием (at); ~ away! валя́й!, жарь!; ~ **up** вспы́хнуть

**blaze** II [bleɪz] **1.** *n* 1) бéлая звёздочка (*на лбу живóтного*) 2) мéтка, клеймó (*на дéреве*)

**2.** *v* клеймúть (*дерéвья*); дéлать значкú (*на чём-л.*); отмечáть (*дорóгу*) зарýбками; to ~ the trail проклáдывать путь в лесý, дéлая зарýбки на дерéвьях; *перен.* проклáдывать путь

**blaze** III [bleɪz] *v* разглашáть (*чáсто* ~ abroad)

**blazer** [ˈbleɪzə] *n* 1) я́ркая (*обыкн.* фланéлевая) спортúвная кýртка 2) *sl* возмутúтельная ложь

**blazing** I [ˈbleɪzɪŋ] **1.** *pres. p. от* blaze I, 2

**2.** *a* 1) я́рко горя́щий 2) я́вный, завéдомый; ~ scent *охот.* горя́чий след

**blazing** II [ˈbleɪzɪŋ] *pres. p. от* blaze II, 2 *и* III

**blazon** [ˈbleɪzn] **1.** *n* 1) герб; эмблéма 2) прославлéние

**2.** *v* 1) украшáть геральдúческими знáками 2) = blaze III

**blazonry** [ˈbleɪznrɪ] *n* 1) гербы́ 2) герáльдика 3) великолéпие, блеск; блестя́щее представлéние

**bleach** [bliːʧ] **1.** *n* 1) отбéливающее веществó; хлóрная úзвесть 2) отбéливание

**2.** *v* 1) белúть; отбéливать(ся); обесцвéчивать 2) побелéть

**bleacher** [ˈbliːʧə] *n* 1) отбéльщик 2) белúльный бак 3) (*обыкн. pl*) *амер. спорт.* местá на откры́той трибýне

**bleaching powder** [ˈbliːʧɪŋˌpaudə] *n* белúльная (*или* хлóрная) úзвесть

**bleak** I [bliːk] *a* 1) откры́тый, незащищённый от вéтра 2) холóдный; сурóвый по клúмату 3) лишённый растúтельности 4) уны́лый; мрáчный (*о выражéнии лицá*) 5) бесцвéтный, блéдный

**bleak** II [bliːk] *n* уклéйка (*ры́ба*)

**bleakness** [ˈbliːknɪs] *n* оголённость (*мéстности*) *и пр.* [*см.* bleak I]

**blear** [blɪə] **1.** *a* затумáненный; неясный; смýтный

**2.** *v* затумáнивать (*взор, полирóванную повéрхность и т. п.*); to ~ the eyes тумáнить взор; *перен.* сбивáть с тóлку

**blear-eyed** [ˈblɪəraɪd] *a* 1) с затумáненными глазáми 2) непроницáтельный, недальновúдный 3) туповáтый

**bleary** [ˈblɪərɪ] *a* 1) затумáненный (*о зрéнии, осóб. от устáлости*) 2) неясный, смýтный 3) изнеможённый

**bleat** [bliːt] **1.** *n* блéяние; мычáние (*телёнка*)

**2.** *v* 1) блéять; мычáть (*о телёнке*) 2) говорúть глýпости 3) ныть, скулúть, жáловаться

**bleb** [bleb] *n* 1) волды́рь 2) пузырёк вóздуха (*в водé, стеклé*); рáковина (*в метáлле*)

**bled** [bled] *past и p. p. от* bleed

**bleed** [bliːd] **1.** *v* (bled) 1) кровоточúть; истекáть крóвью; my heart ~s сéрдце крóвью обливáется 2) проливáть кровь 3) пускáть кровь 4) сочúться (*о дерéвьях*); подсáчивать (*дерéвья*) 5) продувáть; спускáть (*вóду*); опорáжнивать (*бак и т. п.*) 6) вымогáть дéньги 7) подвергáться вымогáтельству 8) *полигр.* обрезáть странúцу в край (*не оставля́я полéй*) (*тж.* ~ off) ◇ to ~ white а) обескрóвить; б) обобрáть до нúтки; вы́качать дéньги

**2.** *a полигр.* напечáтанный в край странúцы, без полéй

**bleeder** [ˈbliːdə] *n* 1) тот, кто произвóдит кровопускáние 2) вымогáтель 3) *мед.* страдáющий гемофилúей 4) *тех.* предохранúтельный клáпан (*на трубопровóде*); кран для спýска воды́

**bleeding** [ˈbliːdɪŋ] **1.** *pres. p. от* bleed 1

**2.** *n* 1) кровотечéние 2) кровопускáние

**3.** *a* 1) обливáющийся, истекáющий крóвью 2) обескрóвленный, обессúленный 3) пóлный жáлости, сострадáния

**bleep** [bliːp] *n* сигнáл спýтника Землú

**blemish** [ˈblemɪʃ] **1.** *n* 1) недостáток 2) пятнó, позóр

**2.** *v* 1) пóртить, вредúть 2) пятнáть; позóрить

**blench** I [blenʧ] *v* 1) уклоня́ться; отступáть (*пéред чем-л.*) 2) закрывáть глазá на *что-л.*

**blench** II [blenʧ] *v* белúть, отбéливать

**blend** [blend] **1.** *n* 1) смесь 2) перехóд одногó цвéта *или* одногó оттéнка в другóй

**2.** *v* (blended [-ɪd], blent) 1) смéшивать(ся); изготовля́ть смесь; oil and water will never ~ мáсло с водóй не смéшивается 2) сочетáться, гармонúровать 3) незамéтно переходúть из оттéнка в оттéнок (*о крáсках*) 4) стирáться (*о различиях*)

**blende** [blend] *n мин.* сфалерúт, цúнковая обмáнка

**Blenheim** [ˈblenɪm] *n* 1) разновúдность спаниéля 2): ~ Orange блéним (*сорт золотúстых я́блок*)

**blent** [blent] *past и p. p. от* blend 2

**bless** [bles] *v* (blessed [-t], blest) 1) благословля́ть; освящáть; to ~ oneself *уст.* перекрестúться; to ~ one's stars благодарúть судьбý 2) славослóвить 3) дéлать счастлúвым, осчастлúвливать 4) *ирон.* проклинáть ◇ to ~ the mark а) с позволéния сказáть; б) бóже сохранú (чтóбы); ~ me (*или* my soul), ~ my (*или* your) heart, God ~ me (*или* you), ~ you, I'm blest *выражéние удивлéния, негодовáния*; I haven't a penny to ~ myself with у меня́ нет ни грошá за душóй

**blessed** **1.** [blest] *p. p. от* bless

**2.** *a* [ˈblesɪd] 1) счастлúвый, блажéнный 2) *ирон.* прокля́тый

**blessedness** [ˈblesɪdnɪs] *n* счáстье, блажéнство; single ~ *шутл.* безбрáчие, холостáя жизнь

**blessing** [ˈblesɪŋ] **1.** *pres. p. от* bless

**2.** *n* 1) благословéние 2) блáго, благодея́ние 3) блажéнство, счáстье 4) молúтва (*до или пóсле еды́*) ◇ a ~ in disguise ≅ нé было бы счáстья, да несчáстье помоглó; нет хýда без добрá; неприя́тность, оказáвшаяся благодея́нием

**blest** [blest] **1.** *past и p. p. от* bless

**2.** *a поэт. см.* blessed

**blether** [ˈbleðə] **1.** *n* болтовня́, вздор

**2.** *v* болтáть вздор; трещáть

**bletherskate** [ˈbleðəskeɪt] *n разг.* болтýн

**blew** I, II [bluː] *past от* blow II, 2 *и* III, 2

**blewits** [ˈblu(ː)ɪts] *n* шля́почный гриб

**blight** [blaɪt] **1.** *n* 1) болéзнь растéний (*выражáющаяся в увядáнии и опадáнии лúстьев без гниéния*) 2) насекóмые-паразúты на растéниях 3) дýшная атмосфéра 4) врéдное, пагýбное влия́ние 5) упáдок; гúбель 6) уны́ние; разочаровáние; подáвленность, мрáчность

**2.** *v* 1) приносúть вред (*растéниям*) 2) разбивáть (*надéжды и т. п.*); отравля́ть (*удовóльствие*)

**blighter** [ˈblaɪtə] *n* 1) губúтель 2) *разг.* неприя́тный, нýдный человéк

**Blighty** [ˈblaɪtɪ] *воен. sl.* **1.** *n* Áнглия, рóдина ◇ a ~ one ранéние, обеспéчивающее отпрáвку на рóдину

**2.** *adv* в Áнглию, на рóдину

**blimey** [ˈblaɪmɪ] *int разг.* чтоб мне провалúться!, идú ты!

**blimp** [blɪmp] *n разг.* 1) мáлый дирижáбль мя́гкой систéмы 2) тóлстый, неуклю́жий человéк, ýвалень 3): (Colonel) B. (полкóвник) Блимп, крáйний консервáтор, «твердолóбый»

**blind** [blaɪnd] **1.** *a* 1) слепóй; ~ of an eye слепóй на одúн глаз; ~ flying *ав.* слепóй полёт, полёт по прибóрам; to be ~ to smth. не быть в состоя́нии оценúть что-л. 2) слéпо напечáтанный; неясный; ~ hand нечёткий пóчерк; ~ path éле замéтная тропúнка; ~ letter письмó без áдреса *или* с непóлным, нечётким áдресом 3) дéйствующий вслепýю, безрассýдно; to go it ~ игрáть втёмную; дéйствовать вслепýю, безрассýдно 4) непровéренный, не оснóванный на знáнии, фáктах 5) слепóй, не выходя́щий на повéрхность (*о шáхте, жúле*) 6) глухóй, сплошнóй (*о стенé и т. п.*) 7) *sl.* пья́ный (*тж.* ~ drunk); ~ to the world вдрéбезги пья́ный ◇ ~ date *амер. разг.* а) свидáние с незнакóмым человéком; б) незнакóмец (-ка), с котóрым (-ой) назнáчено свидáние; ~ lantern потайнóй фонáрь; ~ pig (*или* tiger) *амер. sl.* бар, где незакóнно торгýют спиртны́ми напúтками; ~ shell неразорвáвшийся *или* незаря́женный снаря́д; the ~ side (of a person) (чья-л.) слáбая стрýнка, (чьё-л.) слáбое мéсто; ~ Tom жмýрки; to apply (*или* to turn) the ~ eye закрывáть глазá (*на что-л.*)

**2.** *n* 1) (the ~) *pl собир.* слепы́е 2) штóра; маркúза; жалюзú (*тж.* Venetian ~); стáвень 3) предлóг, отгово́рка; уло́вка, обма́н 4) *опт.* диафра́гма, бле́нда

3. *v* 1) ослепля́ть; слепи́ть 2) затемня́ть; затмева́ть 3) *воен.* ослепля́ть 4) *опт.* диафрагми́ровать 5) *разг.* вести́ маши́ну, пренебрега́я пра́вилами движе́ния

**blindage** ['blaɪndɪdʒ] *n* блинда́ж

**blind-alley** ['blaɪnd'ælɪ] **1.** *n* тупи́к; *перен.* безвы́ходное положе́ние

**2.** *a* бесперспекти́вный; безвы́ходный; ~ employment (*или* occupation) бесперспекти́вная рабо́та

**blind coal** ['blaɪndkəul] *n* антраци́т

**blinders** ['blaɪndəz] *n pl* шо́ры

**blindfold** ['blaɪndfəuld] **1.** *a* 1) с завя́занными глаза́ми 2) де́йствующий вслепу́ю; безрассу́дный; не ду́мающий

**2.** *adv* с завя́занными глаза́ми; to know one's way ~ хорошо́ знать доро́гу, быть в состоя́нии найти́ хоть с завя́занными глаза́ми

**3.** *v* завя́зывать глаза́

**blind gut** ['blaɪndgʌt] *n анат.* слепа́я кишка́

**blindly** ['blaɪndlɪ] *adv* 1) сле́по, безрассу́дно 2) как слепо́й

**blind-man's-buff** ['blaɪndmænz'bʌf] *n* жму́рки

**blind man's holiday** ['blaɪndmænz'hɔlədɪ] *n* су́мерки

**blindness** ['blaɪndnɪs] *n* 1) слепота́ 2) ослепле́ние; безрассу́дство

**blink** [blɪŋk] **1.** *n* 1) мерца́ние 2) миг; in a ~ в оди́н миг 3) о́тблеск льда (*на горизонте*) ◇ on the ~ *амер. sl.* а) в плохо́м состоя́нии, не в поря́дке; б) при после́днем издыха́нии

**2.** *v* 1) мига́ть; щу́риться 2) мерца́ть 3) закрыва́ть глаза́ (at — на *что-л.*)

**blinker** ['blɪŋkə] *n* 1) *pl* нагла́зники, шо́ры; to be (*или* to run) in ~s *перен.* име́ть шо́ры на глаза́х 2) *pl sl.* глаза́ 3) *воен.* светосигна́льный аппара́т

**blinking** ['blɪŋkɪŋ] **1.** *pres. p. от* blink 2

**2.** *a разг.* черто́вский, дья́вольский

**blip** [blɪp] *n* изображе́ние на экра́не рада́ра

**bliss** [blɪs] *n* блаже́нство, сча́стье

**blissful** ['blɪsful] *a* блаже́нный, счастли́вый

**blister** ['blɪstə] **1.** *n* 1) волды́рь, водяно́й пузы́рь 2) вытяжно́й пла́стырь 3) *тех.* ра́ковина (*в металле*); плена́ (*в листовом железе*) 4) *ав.* бли́стерная устано́вка

**2.** *v* 1) вызыва́ть пузыри́ 2) покрыва́ться волдыря́ми, пузыря́ми 3) *разг.* му́чить, надоеда́ть 4) *разг.* поколоти́ть

**blister-beetle** ['blɪstə,bi:tl] = blister-fly

**blister-fly** ['blɪstəflaɪ] *n* шпа́нская му́шка

**blithe** [blaɪð] *a* (*обыкн. поэт.*) весёлый, жизнера́достный; счастли́вый

**blither** ['blɪðə] *диал.* = blether

**blithering** ['blɪðərɪŋ] **1.** *pres. p. от* blither

**2.** *a разг.* 1) болтли́вый 2) соверше́нный, зако́нченный 3) презре́нный

**blithesome** ['blaɪðsəm] = blithe

**blitz** [blɪts] *нем. разг.* **1.** *n* 1) = blitzkrieg 2) внеза́пное нападе́ние, *особ.* масси́рованная бомбардиро́вка, бомбёжка

**2.** *v* разгроми́ть, разбомби́ть

**blitzkrieg** ['blɪtskri:g] *нем. n* молниено́сная война́, блицкри́г

**blizzard** ['blɪzəd] *n* сне́жная бу́ря, бура́н

**bloat** I [bləut] *v* раздува́ться, пу́хнуть (*обыкн.* ~ out)

**bloat** II [bləut] *v* копти́ть (*рыбу*)

**bloated** I ['bləutɪd] **1.** *p. p. от* bloat I

**2.** *a* жи́рный, обрю́згший; разду́тый (*тж. перен.*); ~ aristocrat «ду́тый аристокра́т», надме́нный, наду́тый челове́к; ~ armaments непоме́рно разду́тые вооруже́ния

**bloated** II ['bləutɪd] **1.** *p. p. от* bloat II

**2.** *a* копчёный

**bloater** ['bləutə] *n* копчёная ры́ба, *особ.* сельдь

**blob** [blɔb] **1.** *n* 1) ка́пля 2) ма́ленький ша́рик (*земли, глины и т. п.*) 3) *разг.* нуль (*при счёте в крикете*) ◇ on the ~ *sl.* у́стно, на слова́х

**2.** *v* де́лать кля́ксы

**blobber-lipped** ['blɔbə'lɪpt] *a* толстогу́бый

**bloc** [blɔk] *фр. n* блок, объедине́ние

**block** [blɔk] **1.** *n* 1) чурба́н, коло́да 2) глы́ба (*камня*); блок (*для стройки*) 3) кварта́л (*города*); жили́щный масси́в 4) гру́ппа, ма́сса одноро́дных предме́тов; ~ of shares *фин.* паке́т а́кций; in ~ всё вме́сте, цели́ком 5) пла́ха; the ~ казнь на пла́хе 6) деревя́нная печа́тная фо́рма 7) болва́н, фо́рма (*для шляп*) 8) блокно́т 9) ку́бик (*концентрата*) 10) *pl* ку́бики; «строи́тель» (*игрушка*) 11) ша́шка (*подрывная, дымовая*) 12) прегра́да; зато́р (*движения*) 13) *ж.-д.* блокиро́вка; блокпо́ст 14) *тех.* блок, шкив 15) *горн.* цели́к 16) *мед.* блока́да 17) *attr.*: ~ grant единовре́менная субси́дия

**2.** *v* 1) прегражда́ть; заде́рживать; блоки́ровать (*обыкн.* ~ up); to ~ the access закры́ть до́ступ 2) препя́тствовать, создава́ть препя́тствия; to ~ progress стоя́ть на пути́ прогре́сса 3) *парл.* заде́рживать (*прохождение законопроекта*) 4) набра́сывать вчерне́ (*обыкн.* ~ in, ~ out) 5) *фин.* блоки́ровать, заде́рживать, замора́живать 6) засоря́ть(ся)

**blockade** [blɔ'keɪd] **1.** *n* 1) блока́да; to raise (to run) the ~ снять (прорва́ть) блока́ду 2) *амер.* зато́р (*движения*)

**2.** *v* блоки́ровать

**block booking** ['blɔk,bukɪŋ] *n амер.* принуди́тельный ассортиме́нт кинофи́льмов, навя́зываемый кинотеа́трам кинопромы́шленниками

**block-buster** ['blɔk,bʌstə] *n разг.* 1) сверхмо́щная фуга́сная бо́мба 2) супербоеви́к (*о фильме*)

**blocked** [blɔkt] **1.** *p. p. от* block 2

**2.** *a фин.* заморо́женный; блоки́рованный; ~ accounts блоки́рованные счета́

**blockhead** ['blɔkhed] *n* болва́н

**blockhouse** ['blɔkhaus] *n* 1) *стр.* сруб 2) *уст.* блокга́уз

**blocking** ['blɔkɪŋ] **1.** *pres. p. от* block 2

**2.** *n* 1) *ж.-д.* блокиро́вочная систе́ма, блокиро́вка 2) *эл.* запира́ние, блокиро́вка

**blockish** ['blɔkɪʃ] *a* тупо́й, глу́пый

**block letter** ['blɔk'letə] *n* прописна́я печа́тная бу́ква

**block printing** ['blɔk,prɪntɪŋ] *n* ксилогра́фия

**block-signal** ['blɔk,sɪgnl] *n ж.-д.* блок-сигна́л

**block system** ['blɔk,sɪstɪm] = blocking 2, 1)

**bloke** [bləuk] *n разг.* па́рень, ма́лый

**blond(e)** [blɔnd] **1.** *n* блонди́н

**2.** *a* белоку́рый, све́тлый

**blonde** [blɔnd] *n* 1) блонди́нка 2) шёлковая кружевна́я ткань

**blood** [blʌd] **1.** *n* 1) кровь; to let one's ~ пусти́ть кровь 2) род, происхожде́ние 3) родство́; родови́тость; full ~ чистокро́вная ло́шадь; blue (*или* high) ~ аристократи́ческое происхожде́ние, «голуба́я кровь»; it runs in his ~ э́то у него́ в крови́, в роду́ 4) темпера́мент, стра́стность; состоя́ние, настрое́ние; bad ~ вражде́бность; cold ~ хладнокро́вие; in cold ~ хладнокро́вно; hot ~ горя́чность, вспы́льчивость; to make smb.'s ~ boil (creep) приводи́ть кого́-л. в бе́шенство (в содрога́ние); his ~ is up он раздражён 5) уби́йство, кровопроли́тие 6) *уст.* де́нди, све́тский челове́к 7) сок (*плодов, растений*) 8) сенса́ция; сенсацио́нный рома́н ◇ ~ and iron гру́бая си́ла; милитари́зм; ~ is thicker than water ≅ кровь не вода́; you cannot take (*или* get) ~ from (*или* out of) a stone ≅ его́, её не разжа́лобишь

**2.** *v* 1) пуска́ть кровь 2) *охот.* приуча́ть соба́ку к кро́ви

**blood bank** ['blʌdbæŋk] *n* 1) храни́лище консерви́рованной кро́ви и пла́змы 2) запа́с консерви́рованной кро́ви и пла́змы для перелива́ния

**blood brother** ['blʌd,brʌðə] *n* 1) родно́й брат 2) побрати́м

**bloodcurdling** ['blʌd,kə:dlɪŋ] *a* чудо́вищный; вызыва́ющий у́жас; ~ sight зре́лище, от кото́рого кровь сты́нет в жи́лах

**blooded** ['blʌdɪd] **1.** *p. p. от* blood 2

**2.** *a* 1) чистокро́вный (*о лошади*) 2) окрова́вленный 3) *воен.* понёсший поте́ри, ослабленный поте́рями

**blood feud** ['blʌdfju:d] *n* родова́я вражда́; кро́вная месть

**blood group** [ˈblʌdgruːp] *n мед.* гру́ппа кро́ви

**blood-guilty** [ˈblʌdˌgɪltɪ] *a юр.* вино́вный в уби́йстве *или* в чьей-л. сме́рти

**blood-heat** [ˈblʌdhiːt] *n* норма́льная температу́ра те́ла

**blood-horse** [ˈblʌdhɔːs] *n* чистокро́вная ло́шадь

**bloodhound** [ˈblʌdhaund] *n* 1) ище́йка (*поро́да соба́к*) 2) сы́щик

**bloodiness** [ˈblʌdɪnɪs] *n* кровожа́дность

**bloodless** [ˈblʌdlɪs] *a* 1) бескро́вный 2) истощённый; бле́дный 3) безжи́зненный, вя́лый

**blood-letting** [ˈblʌdˌletɪŋ] *n* кровопуска́ние

**blood orange** [ˈblʌdˌɔrɪndʒ] *n* королёк (*сорт апельси́на*)

**blood-poisoning** [ˈblʌdˌpɔɪznɪŋ] *n* зараже́ние кро́ви

**blood pressure** [ˈblʌdˌpreʃə] *n* кровяно́е давле́ние

**blood-pudding** [ˈblʌdˌpudɪŋ] = black pudding

**bloodshed** [ˈblʌdʃed] *n* кровопроли́тие

**bloodshot** [ˈblʌdʃɔt] *a* нали́тый кро́вью (*о глаза́х*)

**blood-stained** [ˈblʌdsteɪnd] *a* 1) запа́чканный кро́вью 2) запя́тнанный кро́вью, вино́вный в уби́йстве

**bloodstone** [ˈblʌdstəun] *n мин.* гелиотро́п, крова́вик

**blood-sucker** [ˈblʌdˌsʌkə] *n* 1) пия́вка 2) кровопи́йца, парази́т, эксплуата́тор

**blood test** [ˈblʌdˈtest] *n* ана́лиз кро́ви, иссле́дование кро́ви

**blood-thirsty** [ˈblʌdˌθəːstɪ] *a* кровожа́дный

**blood transfusion** [ˈblʌdtrænsˈfjuːʒən] *n мед.* перелива́ние кро́ви

**blood-vessel** [ˈblʌdˌvesl] *n* кровено́сный сосу́д

**bloodworm** [ˈblʌdwəːm] *n* 1) кра́сный дождево́й червь 2) моты́ль, личи́нка комаро́в-дергуно́в

**bloody** [ˈblʌdɪ] **1.** *a* 1) окрова́вленный; крова́вый; ~ flux дизентери́я 2) уби́йственный; кровожа́дный 3) *груб.* прокля́тый ◇ to wave a ~ shirt *амер.* натра́вливать одного́ на друго́го; разжига́ть стра́сти; B. Mary во́дка с тома́тным со́ком

**2.** *adv вульг.* черто́вски, о́чень

**3.** *v* окрова́вить

**bloody-minded** [ˈblʌdɪˈmaɪndɪd] *a* жесто́кий; кровожа́дный

**bloom I** [bluːm] **1.** *n* 1) цвет, цвете́ние; in ~ в цвету́ 2) цвету́щая часть расте́ния 3) расцве́т; to take the ~ off smth. испо́ртить, загуби́ть что-л. в са́мом расцве́те 4) румя́нец 5) пушо́к (*на плода́х*)

**2.** *v* цвести́; расцвета́ть (*тж. перен.*)

**bloom II** [bluːm] *n тех.* кри́ца, стальна́я загото́вка, блюм

**bloomer** [ˈbluːmə] *n разг.* гру́бая оши́бка; про́мах

**bloomers** [ˈbluːməz] *n pl уст.* же́нские спорти́вные брю́ки; шарова́ры

**blooming I** [ˈbluːmɪŋ] **1.** *pres. p. от* bloom I, 2

**2.** *a* 1) цвету́щий 2) *эвф. см.* bloody 1, 3); a ~ fool наби́тый дура́к

**blooming II** [ˈbluːmɪŋ] *n тех.* блю́минг

**blooming III** [ˈbluːmɪŋ] *n тлв.* расплыва́ние изображе́ния

**bloomy** [ˈbluːmɪ] *a* цвету́щий

**blossom** [ˈblɔsəm] **1.** *n* 1) цвет, цвете́ние (*преим. плодо́вых дере́вьев*) 2) расцве́т

**2.** *v* 1) цвести́; распуска́ться; расцвета́ть 2) преуспе́ть, доби́ться успе́ха (*обыкн.* ~ forth, ~ out)

**blot** [blɔt] **1.** *n* 1) пятно́ 2) кля́кса, пома́рка 3) пятно́; позо́р, бесче́стье ◇ a ~ on the landscape ≅ ло́жка дёгтя в бо́чке мёда

**2.** *v* 1) па́чкать 2) пятна́ть; бесче́стить; to ~ one's copy-book *разг.* замара́ть свою́ репута́цию, соверши́ть бесче́стный посту́пок 3) промока́ть (*промока́тельной бума́гой*) 4) грунтова́ть, окра́шивать □ ~ **out** а) вычёркивать; стира́ть; б) *перен.* загла́живать; в) уничтожа́ть; a cloud has ~ted out the moon ту́ча закры́ла луну́

**blotch** [blɔtʃ] **1.** *n* 1) прыщ 2) пятно́, кля́кса

**2.** *v* покрыва́ть пя́тнами, кля́ксами

**blotchy** [ˈblɔtʃɪ] *a* покры́тый пя́тнами, кля́ксами

**blotter** [ˈblɔtə] *n* 1) писа́ка 2) промока́тельная бума́га 3) кни́га за́писей 4) мемориа́л; торго́вая кни́га

**blottesque** [blɔˈtesk] *a* напи́санный густы́ми мазка́ми, гру́быми штриха́ми (*о карти́не, описа́нии*)

**blotting-pad** [ˈblɔtɪŋpæd] *n* блокно́т с промока́тельной бума́гой

**blotting-paper** [ˈblɔtɪŋˌpeɪpə] *n* промока́тельная бума́га

**blotto** [ˈblɔtəu] *a sl.* пья́ный, одурма́ненный

**blouse** [blauz] *n* 1) рабо́чая блу́за 2) блу́зка 3) гимнастёрка

**blow I** [bləu] *n* 1) уда́р; at a ~, at one ~ одни́м уда́ром; сра́зу; to come to ~s вступи́ть в бой, в дра́ку, дойти́ до рукопа́шной; to deal (*или* to strike, to deliver) a ~ наноси́ть уда́р; to aim a ~ (at) замахну́ться; to strike a ~ for помога́ть; to strike a ~ against противоде́йствовать 2) несча́стье, уда́р (*судьбы́*)

**blow II** [bləu] **1.** *n* 1) дунове́ние; to get a ~ подыша́ть све́жим во́здухом 2) хвастовство́ 3) *тех.* дутьё; бессемерова́ние 4) кла́дка яи́ц (*му́хами*)

**2.** *v* (blew; blown) 1) дуть, ве́ять 2) развева́ть; гнать (*о ве́тре*) 3) раздува́ть (*ого́нь, ме́хи; тж. перен.*); выдува́ть (*стекля́нные изде́лия*); продува́ть (*тру́бку и т. п.*); пуска́ть (*пузыри́*); to ~ bubbles пуска́ть мы́льные пузыри́; to ~ one's nose смо́ркаться 4) взрыва́ть (*обыкн.* ~ up); to ~ open взрыва́ть, взла́мывать (*с по́мощью взрывча́тки*); to ~ open a safe взлома́ть сейф 5) пыхте́ть, тяжело́ дыша́ть 6) игра́ть (*на духово́м инструме́нте*) 7) звуча́ть (*о трубе́*) 8) свисте́ть, гуде́ть 9) *разг.* хва́стать 10) класть я́йца (*о му́хах*) 11) транжи́рить (*де́ньги; тж.* ~ off); расщедри́ться 12) (*p. p.* blowed) *разг.* проклина́ть; I'll be ~ed if I know провали́ться мне на ме́сте, е́сли я зна́ю □ ~ **about,** ~ **abroad** распространя́ть (*слух, изве́стие*); ~ **in** а) заду́ть, пусти́ть (*доменную печь*); б) *разг.* (внеза́пно) появи́ться; влете́ть; в) взорва́ть и ворва́ться (*в кре́пость и т. п.*); ~ **off** а) *тех.* продува́ть; to ~ off steam вы́пустить пар; *перен.* дать вы́ход избы́тку эне́ргии; разряди́ться; б) *разг.* мота́ть, транжи́рить (*де́ньги*); ~ **out** а) задува́ть, гаси́ть, туши́ть (*свечу́, кероси́новую ла́мпу и т. п.*); га́снуть (*от движе́ния во́здуха*); б) вы́дуть (*до́менную печь*); в) ло́пнуть (*о ши́не и т. п.*); ~ **over** минова́ть, проходи́ть (*о грозе́, кри́зисе и т. п.*); ~ **up** а) раздува́ть; б) взрыва́ть; to ~ up the hell переверну́ть всё вверх дном; в) взлета́ть на во́здух (*при взры́ве*); г) *фо́то* увели́чивать; д) *разг.* брани́ть, руга́ть; е) *разг.* выходи́ть из себя́; ~ **upon** а) лиша́ть све́жести, интере́са; б) роня́ть во мне́нии; в) нагова́ривать; доноси́ть ◇ to ~ out one's brains пусти́ть пу́лю в лоб; ~ high, ~ low что бы ни случи́лось, во что бы то ни ста́ло; to ~ hot and cold колеба́ться, постоя́нно меня́ть то́чку зре́ния; to ~ the gaff (*или* the gab) *sl.* вы́дать секре́т; проболта́ться

**blow III** [bləu] **1.** *n* цвет, цвете́ние

**2.** *v* (blew; blown) цвести́

**blowball** [ˈbləubɔːl] *n* одува́нчик

**blow-by-blow** [ˈbləubaɪˈbləu] *a* методи́чный, вы́полненный во всех дета́лях; a ~ account дета́льнейший отчёт

**blower** [ˈbləuə] *n* 1) тот, кто ду́ет; тот, что раздува́ет (*ме́хи и т. п.*) 2) труба́ч 3) *амер.* хвасту́н 4) *тех.* воздуходу́вка; вентиля́тор 5) *горн.* щель, че́рез кото́рую выделя́ется газ 6) кит 7) *разг.* телефо́н 8) *разг.* громкоговори́тель

**blowfly** [ˈbləuflaɪ] *n* мясна́я му́ха

**blowhole** [ˈbləuhəul] *n* 1) пузы́рь, ра́ковина (*в мета́лле*) 2) дыха́ло (*у ки́та*) 3) вентиля́тор (*в тунне́ле*)

**blowing I** [ˈbləuɪŋ] **1.** *pres. p. от* blow II, 2

**2.** *n* 1) дутьё 2) проса́чивание, уте́чка (*га́за, па́ра*)

**blowing II** [ˈbləuɪŋ] *pres. p. от* blow III, 2

**blowing engine** [ˈbləuɪŋˈendʒɪn] *n* воздуходу́вная маши́на

**blowing machine** [ˈbləuɪŋməˈʃiːn] = blowing engine

**blowing-up** [ˈbləuɪŋˈʌp] *n* 1) взрыв 2) *sl.* нагоня́й

**blowlamp** [ˈbləulæmp] *n* пая́льная ла́мпа

**blown I** [bləun] *p. p. от* blow III, 2

**blown** II [bləun] **1.** *p. p. от* blow II, 2

**2.** *a* запыха́вшийся, е́ле переводя́щий дыха́ние

**blow-off** [ˈbləuˈɔf] *n* 1) вы́пуск (*пара и т. п.*) 2) *разг.* хвасту́н

**blow-out** [ˈbləuˈaut] *n* 1) разры́в (*шины и т. п.*) 2) проры́в (*плотины, дамбы и т. п.*) 3) *разг.* кутёж, шу́мное весе́лье 4) *амер.* вспы́шка гне́ва; ссо́ра

**blowpipe** [ˈbləupaɪp] *n* пая́льная тру́бка

**blowtorch** [ˈbləutɔːtʃ] = blowlamp

**blow-up** [ˈbləuˈʌp] *n* 1) = blow-out 4); 2) взрыв 3) *разг.* нагоня́й, вы́говор 4) *фото* увели́ченный фотосни́мок

**blowy** [ˈbləuɪ] *a* ве́треный (*о погоде*)

**blowzy** [ˈblauzɪ] *a* 1) то́лстый и краснощёкий 2) растрёпанный, неря́шливый (*обыкн. о женщине*)

**blub** [blʌb] *школ. sl. сокр. от* blubber II, 2

**blubber** I [ˈblʌbə] *n* 1) во́рвань 2) меду́за (*разновидность*)

**blubber** II [ˈblʌbə] **1.** *n* плач, рёв

**2.** *v разг.* гро́мко пла́кать, рыда́ть; реве́ть

**blubber** III [ˈblʌbə] *a* то́лстый, выпя́чивающийся (*о губах*)

**blubbered** [ˈblʌbəd] **1.** *p. p. от* blubber II, 2

**2.** *a* зарёванный; ~ face запла́канное лицо́

**bluchers** [ˈbluːtʃəz] *n pl* 1) коро́ткие сапоги́ 2) старомо́дные мужски́е боти́нки на шнурка́х

**bludgeon** [ˈblʌdʒən] **1.** *n* дуби́нка

**2.** *v* бить дуби́нкой

**blue** [bluː] **1.** *a* 1) голубо́й; лазу́рный; си́ний; dark (*или* Navy) ~ си́ний 2) посине́вший; с кровоподтёками 3) испу́ганный; уны́лый, пода́вленный; to look ~ име́ть уны́лый вид; things look ~ дела́ пло́хи; ~ study (мра́чное) разду́мье, размышле́ние; ~ fear (*или* funk) *разг.* испу́г, па́ника, замеша́тельство; be ~ хандри́ть 4) непристо́йный, скабрёзный; to make (*или* to turn) the air ~ сквернослóвить, руга́ться 5) относя́щийся к па́ртии то́ри, консервати́вный; to vote ~ голосова́ть за консерва́торов 6) *ирон.* учёный (*о женщине*) ◇ ~ blood а) аристократи́ческое происхожде́ние, «голуба́я кровь»; б) вено́зная кровь; ~ devils уны́ние; ~ laws *амер.* пурита́нские зако́ны (*закрытие театров по воскресеньям, запрещение продажи спиртных напитков*); ~ sky law *амер.* зако́н, регули́рующий вы́пуск и прода́жу а́кций и це́нных бума́г; ~ chip, ~ chip share (*или* paper) *бирж.* надёжная а́кция, опира́ющаяся на усто́йчивый курс; ~ water откры́тое мо́ре; to drink till all's ~ допи́ться до бе́лой горя́чки; once in a ~ moon о́чень ре́дко

**2.** *n* 1) си́ний цвет; Oxford ~ тёмно-си́ний цвет; Cambridge ~ све́тло-голубо́й цвет 2) си́няя кра́ска; голуба́я кра́ска; си́нька; Paris ~ пари́жская лазу́рь; Berlin ~ берли́нская лазу́рь 3) (the ~) не́бо; out of the ~ соверше́нно неожи́данно; как гром среди́ я́сного не́ба 4) (the ~) мо́ре; океа́н 5) си́няя фо́рменная оде́жда; the men (*или* the gentlemen, the boys) in ~ а) полице́йские; б) матро́сы; в) америка́нские федера́льные войска́ 6) *разг. см.* bluestocking 7) (the ~s) *pl* меланхо́лия, хандра́; to have (*или* to get) the ~s, to be in the ~s быть в плохо́м настрое́нии, хандри́ть; to give smb. the ~s наводи́ть тоску́ на кого́-л. ◇ to cry the ~s *амер. разг.* прибедня́ться; the B. and the Grey «си́ние и се́рые» (*северная и южная армии в американской гражданской войне 1861—1865 гг.*); Dark (*или* Oxford) Blues кома́нда О́ксфорда; Light (*или* Cambridge) Blues кома́нда Ке́мбриджа

**3.** *v* 1) окра́шивать в си́ний цвет; подси́нивать (*бельё*) 2) ворони́ть (*сталь*) 3) *разг.* транжи́рить

**Bluebeard** [ˈbluːbɪəd] *n* 1) Си́няя Борода́ (*сказочный персонаж*) 2) *перен.* женоуби́йца

**bluebell** [ˈbluːbel] *n бот.* 1) колоко́льчик 2) проле́ска (*в Англии*)

**blue-berry** [ˈbluːbərɪ] *n* черни́ка; брусни́ка; голуби́ка

**bluebird** [ˈbluːbəːd] *n* 1) *амер. зоол.* ма́ленькая пе́вчая пти́ца с си́ней окра́ской спины́ 2) дару́ющий сча́стье, си́няя пти́ца сча́стья

**blue-book** [ˈbluːbuk] *n* 1) си́няя кни́га (*сборник официальных документов, парламентские стенограммы и т. п.*) 2) *амер.* спи́сок лиц, занима́ющих госуда́рственные до́лжности 3) *амер.* путеводи́тель для автомобили́стов 4) *амер.* тетра́дь (*в синей обложке*) для экзаменацио́нных рабо́т

**bluebottle** [ˈbluːˌbɔtl] *n* 1) *бот.* василёк (си́ний) 2) *зоол.* му́ха тру́пная 3) *разг.* полице́йский

**blue coat** [ˈbluːkəut] *n* 1) солда́т 2) матро́с 3) полице́йский

**blue-collar worker** [ˈbluːˌkɔləˈwəːkə] *n* рабо́чий

**blue disease** [ˈbluːdɪˌziːz] *n мед.* 1) синю́ха, циано́з 2) лихора́дка Скали́стых гор

**blueing** [ˈbluːɪŋ] **1.** *pres. p. от* blue 3

**2.** *n* 1) вороне́ние (*стали*) 2) си́нька 3) расточи́тельность

**bluejacket** [ˈbluːˌdʒækɪt] *n разг.* матро́с вое́нно-морско́го фло́та

**blue-pencil** [ˈbluːˈpensl] *v* редакти́ровать; сокраща́ть, вычёркивать

**Blue Peter** [ˈbluːˈpiːtə] *n мор.* флаг отплы́тия

**blue print** [ˈbluːprɪnt] *n* 1) светоко́пия, «си́нька» 2) наме́тка, прое́кт, план

**blueprint** [ˈbluːprɪnt] *v* 1) де́лать светоко́пию 2) плани́ровать, намеча́ть

**blue ribbon** [ˈbluːˈrɪbən] *n* 1) о́рденская ле́нта (*особ. ордена Подвязки*) 2) отли́чие; высо́кая награ́да 3) значо́к чле́на о́бщества тре́звенников 4) *attr.*: B. R. Army о́бщество тре́звенников

**blues** [bluːz] *n муз.* блюз

**bluestocking** [ˈbluːˌstɔkɪŋ] *n ирон.* учёная же́нщина, «си́ний чуло́к»; педа́нтка

**blue-stone** [ˈbluːstəun] *n* ме́дный купоро́с

**blue streak** [ˈbluːstriːk] *n* 1) бы́стро дви́жущийся предме́т 2) пото́к слов; to talk ~ говори́ть без у́молку

**bluet** [ˈbluːɪt] *n бот.* василёк

**blue tit** [ˈbluːtɪt] *n* лазо́ревка (*птица*)

**bluett** [ˈbluːɪt] = bluet

**blue vitriol** [ˈbluːˈvɪtrɪəl] *n* ме́дный купоро́с

**bluff** I [blʌf] **1.** *a* 1) отве́сный, круто́й; обры́вистый 2) ре́зкий, прямо́й; грубова́то-доброду́шный

**2.** *n* отве́сный бе́рег; обры́в, утёс

**bluff** II [blʌf] **1.** *n* 1) обма́н, запу́гивание, блеф; to call smb.'s ~ провоци́ровать, подбива́ть (*на что-л.*) 2) обма́нщик

**2.** *v* обма́нывать, запу́гивать, брать на пу́шку

**bluffy** [ˈblʌfɪ] *a* 1) ре́зкий, прямо́й; грубова́то-доброду́шный 2) отве́сный, круто́й; обры́вистый

**bluing** [ˈbluːɪŋ] = blueing 2

**bluish** [ˈbluːɪʃ] *a* голубова́тый, синева́тый

**blunder** [ˈblʌndə] **1.** *n* 1) гру́бая оши́бка 2) про́мах, просчёт

**2.** *v* 1) дви́гаться о́щупью; спотыка́ться (about, along, against, into) 2) гру́бо ошиба́ться 3) пло́хо справля́ться (*с чем-л.*); испо́ртить; напу́тать □ ~ **away** упусти́ть; to ~ away one's chance пропусти́ть удо́бный слу́чай; ~ **on** = ~ upon; ~ **out** сболтну́ть, сказа́ть глу́пость; ~ **upon** случа́йно натолкну́ться на *что-л.*

**blunderbuss** [ˈblʌndəbʌs] *n ист.* мушкето́н (*короткоствольное ружьё с раструбом*)

**blunderhead** [ˈblʌndəhed] *n* болва́н, дура́к

**blundering** [ˈblʌndərɪŋ] **1.** *pres. p. от* blunder 2

**2.** *a* 1) нело́вкий, неуме́лый 2) оши́бочный

**blunge** [blʌndʒ] *v* мять гли́ну; переме́шивать гли́ну с водо́й

**blunt** [blʌnt] **1.** *a* 1) тупо́й; ~ angle тупо́й у́гол; сре́занный у́гол 2) непоня́тливый, тупова́тый 3) грубова́тый 4) прямо́й, ре́зкий

**2.** *v* притупля́ть

**blur** [bləː] **1.** *n* 1) пятно́, кля́кса 2) расплы́вшееся пятно́; нея́сные очерта́ния 3) пятно́, поро́к

**2.** *v* 1) замара́ть, запа́чкать; наде́лать кляксʼ 2) сде́лать нея́сным; затума́нить; затемни́ть (*сознание и т. п.*) 3) запятна́ть (*репутацию*) □ ~ **out** стере́ть, изгла́дить; ~ **over** зама́зывать, затушёвывать (*ошибки, недостатки и т. п.*)

**blurb** [bləːb] *n* изда́тельское рекла́мное объявле́ние; рекла́ма (*обыкн.*

*на обложке или суперобложке книги*)

**blurt** [blə:t] *v* сболтнýть, вы́палить (*обыкн.* ~ out)

**blush** [blʌʃ] **1.** *n* 1) румя́нец; крáска стыдá, смущéния; to put to the ~ застáвить покраснéть; to spare smb.'s ~es щадѝть чью-л. скрóмность, стыдли́вость 2) розовáтый оттéнок 3) *уст.* взгляд; at (the) first ~ на пéрвый взгляд; с пéрвого взгля́да

**2.** *v* краснéть, заливáться румя́нцем от смущéния, стыдá (at, for); to ~ like a rose зардéться как мáков цвет; to ~ like a black (*или* blue) dog отличáться бессты́дством

**blushful** [ˈblʌʃful] *a* 1) застéнчивый; стыдли́вый 2) румя́ный, крáсный

**blushing** [ˈblʌʃıŋ] **1.** *pres. p. от* blush 2

**2.** *a* = blushful

**bluster** [ˈblʌstə] **1.** *n* 1) рёв бýри 2) шум, пусты́е угрóзы, хвастовствó

**2.** *v* 1) бушевáть; ревéть (*о бýре*) 2) шумéть, хвáстаться, грози́ться (at) 3) неи́стовствовать

**blusterer** [ˈblʌstərə] *n* забия́ка; хвастýн

**blusterous, blustery** [ˈblʌstərəs, -rı] *a* 1) бýрный, бýйный 2) шумли́вый, хвастли́вый 3) задѝристый

**bo** [bəu] = boo

**boa** [ˈbəuə] *n* 1) *зоол.* боá; удáв 2) боá, горжéтка

**Boanerges** [ˌbəuəˈnə:dʒi:z] *n* крикли́вый проповéдник *или* орáтор

**boar** [bɔ:] *n* хряк; wild ~ кабáн, вепрь

**board** I [bɔ:d] **1.** *n* 1) доскá; bed of ~s нáры 2) *уст.* стол, *особ.* обéденный; groaning ~ стол, устáвленный я́ствами 3) питáние, харчи́, стол; ~ and lodging квартѝра и стол; пансиóн 4) пóлка 5) *pl* подмóстки, сцéна; to go on the ~s стать актёром; to tread the ~s быть актёром 6) кры́шка переплёта 7) борт (*сýдна*); on ~ на кораблé, на пароxóде, на бортý; *амер. тж.* в вагóне (*железнодорóжном, трамвáйном*); to come (*или* to go) on ~ сесть на корáбль; to go by the ~ пáдать зá борт; *перен.* быть вы́брошенным зá борт 8) *горн.* ширóкая вы́работка в ýгольном пластé 9) *мор.* галс; to make ~s лавѝровать ◇ to sweep the ~ а) *карт.* забрáть все стáвки; б) завладéть всем

**2.** *v* 1) настилáть пол; обшивáть доскáми 2) столовáться (with — у *когó-либо*) 3) предоставля́ть питáние (*жильцý и т. п.*) 4) сесть на корáбль; *амер. тж.* сесть в пóезд, в трамвáй, на самолёт 5) *ист.* брать на абордáж 6) *мор.* лавѝровать

**board** II [bɔ:d] *n* правлéние; совéт; коллéгия; департáмент; министéрство; B. of Directors правлéние; ~ of trustees совéт попечѝтелей; B. of Education а) *уст.* министéрство просвещéния; б) *амер.* (мéстный) отдéл нарóдного образовáния; B. of Health отдéл здравоохранéния; B. of Trade а) министéрство торгóвли (*в Áнглии*); б) торгóвая палáта (*в США*)

**boarder** [ˈbɔ:də] *n* 1) пансионéр; нахлéбник 3) пансионéр (*в шкóле*)

**boarding-house** [ˈbɔ:dıŋhaus] *n* пансиóн; меблирóванные кóмнаты со столóм

**boarding-school** [ˈbɔ:dıŋsku:l] *n* 1) пансиóн, закры́тое учéбное заведéние 2) шкóла-интернáт

**board-wages** [ˈbɔ:dˈweıdʒız] *n* столóвые и квартѝрные дéньги (*выплачиваемые прислýге и т. п.*)

**board-walk** [ˈbɔ:dwɔ:k] *n* дощáтый настѝл для прогýлок на пля́же

**boast** I [bəust] **1.** *n* 1) хвастовствó 2) предмéт гóрдости; to make ~ of smth. хвáстать(ся) чем-л. ◇ great ~, small roast *посл.* ≅ похвальбы́ мнóго, тóлку мáло

**2.** *v* 1) хвáстать(ся) (of, about; that); not much to ~ of нéчем похвáстать(ся) 2) горди́ться; to ~ smth. быть счастли́вым обладáтелем чегó-л.

**boast** II [bəust] *v* грýбо обтёсывать кáмень

**boaster** I [ˈbəustə] *n* хвастýн

**boaster** II [ˈbəustə] *n* пазовѝк, зубѝло (*кáменщика*); скáрпель

**boastful** [ˈbəustful] *a* хвастли́вый

**boat** [bəut] **1.** *n* 1) лóдка; шлю́пка; корáбль; сýдно; подвóдная лóдка; to take the ~ сесть на сýдно; to go by ~ éхать мóрем, плыть на пароxóде 2) кóрытце; gravy ~ сóусник ◇ to be in the same ~ быть в одинáковых услóвиях, в одинáковом положéнии с *кем-л.*; to sail in the same ~ дéйствовать сообщá; to sail one's own ~ дéйствовать самостоя́тельно, идти́ своим путём

**2.** *v* 1) катáться на лóдке 2) перевози́ть в лóдке

**boater** [ˈbəutə] *n* 1) лóдочник; гребéц 2) канотьé (*шля́па*)

**boat-fly** [ˈbəutflaı] *n* водянóй клоп

**boatful** [ˈbəutful] *n* 1) пассажи́ры и комáнда сýдна 2) лóдка, напóлненная до откáза

**boat-hook** [ˈbəuthuk] *n* багóр; *мор.* отпóрный крюк

**boat-house** [ˈbəuthaus] *n* навéс, сарáй для лóдок

**boating** [ˈbəutıŋ] **1.** *pres. p. от* boat 2

**2.** *n* лóдочный спорт; грéбля

**boatman** [ˈbəutmən] *n* лóдочник

**boat-race** [ˈbəutreıs] *n* состязáние по грéбле

**boatswain** [ˈbəusn] *n* бóцман

**boat-tailed** [ˈbəutˈteıld] *a* обтекáемой фóрмы

**boat train** [ˈbəutˈtreın] *n* пóезд, согласóванный с пароxóдным расписáнием

**bob** I [bɔb] **1.** *n* 1) подвéска, висю́лька 2) мáятник; гѝря *или* чáшка (*мáятника*); отвéс; груз отвéса 3) хвост (*игрýшечного змéя*) 4) поплавóк 5) = bob-sleigh 6) завитóк (*вóлос*) 7) парѝк с корóткими завиткáми 8) корóткая стри́жка (*у жéнщин*) 9) подстри́женный хвост (*лошáди или собáки*) 10) шарообрáзный предмéт (*двéрная рýчка, набалдáшник трóсти и т. п.*); помпóн (*на шáпочке*) 11) припéв, рефрéн; to bear a ~ хóром подхвати́ть припéв 12) рéзкое движéние, толчóк 13) приседáние, кни́ксен 14) *мор.* балансѝр

**2.** *v* 1) качáться 2) подскáкивать, подпры́гивать (*тж.* ~ up and down); to ~ up like a cork воспря́нуть дýхом 3) стýкать(ся) 4) неуклю́же приседáть 5) кóротко стри́чься (*о жéнщине*) 6) лови́ть угрéй на нажѝвку □ ~ in, ~ into входи́ть; ~ up появля́ться наповéрхности, всплывáть

**bob** II [bɔb] *n* (*pl без измен.*) *разг.* ши́ллинг

**bobbed** [bɔbd] *a* кóротко подстри́женный (*о жéнской причёске*)

**bobber** [ˈbɔbə] *n* поплавóк

**bobbery** [ˈbɔbərı] **1.** *n* шум, гам

**2.** *a*: ~ pack смéшанная свóра собáк

**bobbin** [ˈbɔbın] *n* 1) катýшка 2) коклю́шка 3) цéвка; шпýлька 4) *эл.* бобѝна, катýшка зажигáния

**bobbish** [ˈbɔbıʃ] *a разг., диал.* оживлённый, весёлый (*особ.* pretty ~)

**bobby** [ˈbɔbı] *n разг.* полисмéн

**bobby pin** [ˈbɔbıpın] *n* закóлка

**bobby-sox** [ˈbɔbısɔks] *n pl амер. разг.* корóтенькие носóчки

**bobby-soxer** [ˈbɔbıˌsɔksə] *n разг.* дéвочка-подрóсток

**bobcat** [ˈbɔbkæt] *n зоол.* рысь ры́жая

**bobolink** [ˈbɔbəlıŋk] *n* ри́совый трупиáл (*пти́ца*)

**bob-sled** [ˈbɔbsled] = bob-sleigh

**bob-sleigh** [ˈbɔbsleı] *n* 1) бóбслей (*сáни с рулём для катáния с гор*) 2) сáнки для перевóзки лéса, подвя́зываемые под концы́ брёвен

**bobtail** [ˈbɔbteıl] *n* 1) обрéзанный хвост 2) лóшадь *или* собáка с обрéзанным хвостóм

**bock** [bɔk] *n* 1) крéпкое тёмное пѝво (*нéмецкое*) 2) *разг.* стакáн пѝва

**bode** I [bəud] *v* предвещáть; сули́ть

**bode** II [bəud] *past и p. p. от* bide

**bodeful** [ˈbəudful] *a* грóзный, зловéщий; предвещáющий несчáстье

**bodega** [bəuˈdi:gə] *исп. n* ви́нный погребóк

**bodice** [ˈbɔdıs] *n* корсáж; лиф (*плáтья*)

**bodiless** [ˈbɔdılıs] *a* бестелéсный

**bodily** [ˈbɔdılı] **1.** *a* телéсный, физи́ческий; ~ fear физи́ческий страх; ~ injury телéсное повреждéние

**2.** *adv* 1) ли́чно, сóбственной персóной; he came ~ он яви́лся сам, ли́чно 2) целикóм; *тех.* в сóбранном ви́де

**bodkin** [ˈbɔdkın] *n* 1) ши́ло 2) длѝнная шпи́лька для волóс 3) *уст.* кинжáл ◇ to sit (to travel) ~ сидéть (éхать) вти́снутым мéжду двумя́ сосéдями

**Bodleian** [bɔdˈli(:)ən] *a*: the ~ (library) Библиотéка и́мени Бодлéя (*при Оксфóрдском университéте*)

**body** [ˈbɔdɪ] **1.** *n* 1) тéло; celestial (*или* heavenly) ~ небéсное тéло, небéсное светúло; to keep ~ and soul together поддéрживать существовáние 2) *разг.* человéк; a poor ~ бедня́к [*ср.* somebody, nobody *и др.*] 3) труп 4) тýловище 5) глáвная, основнáя часть (*чего-л*); кóрпус, óстов, кýзов; фюзеля́ж (*самолёта*); глáвный корáбль (*церкви*); ствол (*дерева*); ствóльная корóбка (*винтовки*); стакáн (*снаряда*); станúна (*станка*); корсáж, лиф (*тж.* ~ of a dress); ~ of a book глáвная часть кнúги (*без предисловия, примечаний и т. п.*); ~ of the order текст прикáза; the main ~ *воен.* глáвные сúлы (*войск*); ядрó (*отряда и т. п.*) 6) грýппа людéй; ~ of electors избирáтели 7) вóинская часть; ~ of cavalry кавалерúйский отря́д; ~ of troops войсковóе соединéние 8) юридúческое лицó 9) корпорáция; организáция; the ~ politic госудáрство; autonomous bodies óрганы самоуправлéния; legislative ~ законодáтельный óрган; learned ~ учёное óбщество; in a ~ в пóлном состáве 10) мáсса; большинствó; a great ~ of facts мáсса фáктов 11) консистéнция, сравнúтельная плóтность (*жидкости*); крóющая спосóбность (*краски*) 12) крéпость (*вина*) 13) перегóнный куб, ретóрта 14) *attr.*: ~ count подсчёт убúтых; to deal a ~ blow ошарáшить

**2.** *v редк.* придавáть фóрму; воплощáть (*обыкн.* ~ forth)

**body-check(ing)** [ˈbɔdɪtʃek(ɪŋ)] *n спорт.* силовóй приём; блокирóвка

**body-cloth** [ˈbɔdɪklɔθ] *n* попóна

**body-colour** [ˈbɔdɪˌkʌlə] *n жив.* кóрпусная крáска; телéсный цвет

**body-guard** [ˈbɔdɪgɑ:d] *n* 1) ли́чная охрáна; эскóрт 2) телохранúтель

**body-snatcher** [ˈbɔdɪˌsnætʃə] *n ист.* 1) похитúтель трýпов 2) *воен. жарг.* снáйпер 3) *амер.* репортёр, освещáющий дéятельность выдающихся лиц

**bodywork** [ˈbɔdɪwə:k] *n* кузовостроéние

**Boeotian** [bɪˈəuʃjən] **1.** *a* грýбый, тупóй

**2.** *n* тупúца, невéжда

**Boer** [ˈbəuə] *n ист.* бур (*голландский поселенец в Южной Африке*)

**boffin** [ˈbɔfɪn] *n разг.* учёный, исслéдователь

**bog** [bɔg] **1.** *n* болóто, трясúна

**2.** *v*: to be (*или* to get) ~ged down увя́знуть (*в болоте*)

**bog-berry** [ˈbɔgˌberɪ] *n* клю́ква

**bogey** [ˈbəugɪ] = bogie

**boggard, boggart** [ˈbɔgəd, ˈbɔgət] *n диал.* 1) привидéние, прúзрак 2) пýгало

**boggle** [ˈbɔgl] *v* 1) пугáться 2) колебáться, останáвливаться (at, about, over—перед *чем-л.*) 3) дéлать (*что-л.*) неумéло, пóртить 4) лукáвить, лицемéрить; увúливать

**boggy** [ˈbɔgɪ] *a* болóтистый

**boghead** [ˈbɔghed] *n* битуминóзный кáменный ýголь

**bogie** [ˈbəugɪ] *n* 1) телéжка; карéтка 2) *ж.-д.* двухóсная телéжка (*паровоза*) 3) = bogy 1), 2) *и* 3)

**bogle** [ˈbɔgl] *n* 1) привидéние 2) пýгало

**bog oak** [ˈbɔgˈəuk] *n* морёный дуб

**bog-trotter** [ˈbɔgˌtrɔtə] *n* 1) обитáтель болóт 2) *шутл.* ирлáндец

**bogus** [ˈbəugəs] *a амер.* поддéльный, фиктúвный; ~ prisoner мнúмый заключённый, осведомúтель

**bogy** [ˈbəugɪ] *n* 1) домовóй 2) привидéние 3) пýгало, жýпел 4) = bogle 1) *и* 2)

**boh** [bəu] = boo

**Bohemia** [bəuˈhi:mjə] *n собир.* богéма

**Bohemian** [bəuˈhi:mjən] **1.** *a* 1) богéмский 2) богéмный

**2.** *n* 1) богéмец 2) представúтель богéмы 3) цыгáн

**boil I** [bɔɪl] **1.** *n* кипéние, тóчка кипéния; to bring to the ~ доводúть до кипéния; to keep on (*или* at) the ~ поддéрживать кипéние

**2.** *v* 1) кипятúть(ся), варúть(ся) 2) кипéть; бурлúть; to make smb.'s blood ~ довестú когó-л. до бéшенства 3) сердúться; кипятúться □ ~ **away** выкипáть; ~ **down** а) увáривать(ся), выпáривать(ся), сгущáть (-ся); б) сокращáть(ся), сжимáть(ся); в) сводúться (*к чему-л.*); ~ **over** а) перекипáть, уходúть чéрез край; б) кипéть, негодовáть, возмущáться

**boil II** [bɔɪl] *n* фурýнкул, нары́в

**boiled** [bɔɪld] **1.** *p. p. от* boil I, 2

**2.** *a* варёный, кипячёный; hard ~ egg яйцó вкрутýю; ~ dinner *амер.* блю́до из мя́са и овощéй; ~ linseed oil олúфа; ~ shirt а) *разг.* крахмáльная рубáшка; б) *амер.* надýтый, чóпорный человéк

**boiler** [ˈbɔɪlə] *n* 1) (паровóй) котёл, бóйлер 2) кипятúльник; куб *или* бак для кипячéния 3) птúца, óвощи, гóдные для вáрки ◇ to burst one's ~ *амер.* дожúть (*или* дойтú) до беды́, плóхо кóнчить; to burst smb.'s ~ довестú когó-л. до беды́

**boiler-house** [ˈbɔɪləhaus] *n* котéльная

**boiler-plate** [ˈbɔɪləpleɪt] *n* котéльное желéзо; котéльный лист

**boiler-room** [ˈbɔɪlərum] *n* котéльное отделéние, котéльная

**boilersuit** [ˈbɔɪləsju:t] *n* рóба, спецóвка

**boiling** [ˈbɔɪlɪŋ] **1.** *pres. p. от* boil I, 2

**2.** *n* 1) кипéние 2) кипячéние ◇ the whole ~ *sl.* вся компáния

**3.** *a* кипя́щий

**boiling heat** [ˈbɔɪlɪŋhi:t] *n* удéльная (*или* скры́тая) теплотá испарéния (*при температуре кипения*)

**boiling-point** [ˈbɔɪlɪŋpɔɪnt] *n* тóчка кипéния (*тж. перен.*)

**boisterous** [ˈbɔɪstərəs] *a* 1) неистóвый, бýрный 2) шумлúвый

**boko** [ˈbəukəu] *n sl.* нос

**bold** [bəuld] *a* 1) смéлый; I make ~ to say осмéлюсь сказáть 2) нáглый, бессты́дный; as ~ as brass нáглый, дéрзкий; to make ~ with позволя́ть себé вóльности с 3) самоувéренный 4) отчётливый (*о почерке, шрифте*); подчёркнутый, рельéфный 5) крутóй, обры́вистый

**bold-faced** [ˈbəuldfeɪst] *a* 1) нáглый 2) жúрный (*о шрифте*)

**boldly** [ˈbəuldlɪ] *adv* 1) смéло 2) нáгло

**bole I** [bəul] *n* ствол

**bole II** [bəul] *n* бóлюс, бол, желéзистая известкóвая глúна

**bolero** *n* 1) [bəˈlɛərəu] болерó (*испанский танец*) 2) [ˈbɔlərəu] корóткая кýрточка с рукавáми *или* без рукавóв, болерó

**boletus** [bəuˈli:təs] *n* гриб

**bolide** [ˈbəulɪd] *n астр.* болúд

**bolivar** [ˈbɔlɪvɑ:] *n* боливáр (*денежная единица Венесуэлы*)

**Bolivian** [bəˈlɪvɪən] **1.** *a* боливúйский

**2.** *n* боливúец; боливúйка

**boliviano** [bəˌli:ˈvjɑ:nəu] *n* (*pl* -s [-əuz]) боливиáно (*денежная единица Боливии*)

**boll** [bəul] *n бот.* семеннáя корóбочка

**bollard** [ˈbɔləd] *n мор.* швартóвная тýмба

**bologna** [bəˈləunjə] = Bologna-sausage

**Bologna-sausage** [bəˈləunjəˌsɔsɪdʒ] *n* болóнская (копчёная) колбасá

**bolometer** [bəuˈlɔmɪtə] *n физ.* болóметр

**boloney** [bəˈləunɪ] *n* 1) = Bologna-sausage 2) *sl.* чепухá, вздор, ерундá

**Bolshevik** [ˈbɔlʃɪvɪk] **1.** *n* большевúк

**2.** *a* большевúстский

**Bolshevism** [ˈbɔlʃɪvɪzm] *n* большевúзм

**Bolshevist** [ˈbɔlʃɪvɪst] **1.** *n* большевúк

**2.** *a* большевúстский

**bolster** [ˈbəulstə] **1.** *n* 1) вáлик под подýшкой 2) брус, поперéчина 3) *тех.* подклáдка; втýлка, шéйка 4) вáга 5) бýфер

**2.** *v* 1) подпирáть (*подушку*) вáликом 2) поддéрживать (*тж.* ~ up); to ~ up smb.'s courage приободрúть, оказáть морáльную поддéржку комý-либо 3) подстрекáть 4) *школ.* бросáться подýшками

**bolt I** [bəult] **1.** *n* 1) засóв; задвúжка; шкворéнь; язы́к (*замкá*); *воен.* (цилиндрúческий) затвóр (*оружия*); behind ~ and bar под надёжным запóром; за решёткой 2) болт 3) *уст.* стрелá арбалéта 4) удáр грóма; a ~ from the blue гром средú я́сного нéба; пóлная неожúданность 5) бéгство; to make (*или* to do) a ~ брóситься, помчáться (for); удрáть (to) 6) *амер. разг.* отхóд от своéй пáртии, прúнципов *и т. п.* 7) вязáнка (*хвороста*) 8) кусóк, рулóн (*холста, шёлковой материи*) ◇ my ~ is shot я сде́лал всё, что мог; he has shot his last ~ он сде́лал после́днее уси́лие

**2.** *v* 1) запира́ть на засо́в 2) скрепля́ть болта́ми 3) нести́сь стрело́й, убега́ть; удира́ть 4) понести́ (*о лошади*) 5) глота́ть не разжёвывая 6) *амер. разг.* отходи́ть от свое́й па́ртии *или* не подде́рживать её кандида́та

**3.** *adv*: ~ upright пря́мо; как стрела́

**bolt** II [bəult] *v* 1) просе́ивать сквозь си́то; грохоти́ть 2) *уст.* отсе́ивать (*тж.* ~ out); to ~ to the bran *перен.* внима́тельно рассле́довать, рассма́тривать

**bolter** I [ˈbəultə] *n* 1) *амер. разг.* отщепе́нец, отколо́вшийся от па́ртии 2) норови́стая ло́шадь

**bolter** II [ˈbəultə] *n* си́то, решето́

**bolt-hole** [ˈbəulthəul] *n* убе́жище

**bolting** I [ˈbəultɪŋ] **1.** *pres. p. от* bolt I, 2

**2.** *n* 1) запира́ние засо́вом 2) крепле́ние болта́ми

**bolting** II [ˈbəultɪŋ] **1.** *pres. p. от* bolt II, 2

**2.** *n* просе́ивание; отсе́ивание

**bolus** [ˈbəuləs] *n* 1) больша́я пилю́ля 2) ша́рик

**bomb** [bɔm] **1.** *n* 1) бо́мба; ми́на (*миномёта*); ручна́я грана́та 2) балло́н (*для сжатого воздуха, сжиженного газа*) 3) конте́йнер для радиоакти́вных материа́лов 4) *геол.* вулкани́ческая бо́мба ◇ to throw a ~ into вы́звать сенса́цию, наде́лать переполо́х

**2.** *v* бомби́ть, сбра́сывать бо́мбы □ ~ **out** разбомби́ть; ~ **up** *ав.* грузи́ть (-ся) бо́мбами

**bombard** **1.** *n* [ˈbɔmbaːd] *ист.* бомба́рда

**2.** *v* [bɔmˈbaːd] 1) бомбардирова́ть 2) *разг.* засыпа́ть, донима́ть (*вопросами*) 3) *физ.* бомбардирова́ть, облуча́ть части́цами

**bombardier** [ˌbɔmbəˈdɪə] *n* бомбарди́р; капра́л артилле́рии

**bombardment** [bɔmˈbaːdmənt] *n* бомбардиро́вка; артиллери́йский *или* миномётный обстре́л; preliminary ~ артиллери́йская подгото́вка

**bombardon** [bɔmˈbaːdn] *n* бомбардо́н (*муз. духовой инструмент*)

**bombasine** [ˈbɔmbəsiːn] *n текст.* бомбази́н (*шёлковая ткань, обыкн. чёрного цвета*)

**bombast** [ˈbɔmbæst] *n* напы́щенность (*в речи, письме*)

**bombastic** [bɔmˈbæstɪk] *a* напы́щенный

**bombazine** [ˈbɔmbəziːn] = bombasine

**bomb-destroy** [ˈbɔmdɪˌstrɔɪ] *v* бомби́ть, уничтожа́ть бо́мбами

**bomb-disposal** [ˈbɔmdɪsˌpəuzəl] *n* обезвре́живание неразорва́вшихся бомб, мин, артиллери́йских снаря́дов

**bomb dropper** [ˈbɔmˌdrɔpə] *n ав.* бомбосбра́сыватель

**bombed-out** [ˈbɔmdˈaut] *a* разбомблённый

**bomber** [ˈbɔmə] *n* 1) *воен.* бомбомета́тель; гранатомётчик 2) *ав.* бомбардиро́вщик

**bombing** [ˈbɔmɪŋ] **1.** *pres. p. от* bomb 2

**2.** *n* бомбомета́ние; бомбёжка

**bomb-load** [ˈbɔmləud] *n* бо́мбовая нагру́зка

**bomb-proof** [ˈbɔmpruːf] *воен.* **1.** *a* непробива́емый бо́мбами

**2.** *n* бомбоубе́жище

**bombshell** [ˈbɔmʃel] *n* 1) бо́мба 2) потряса́ющая но́вость; ≅ гром среди́ я́сного не́ба

**bombshelter** [ˈbɔmˌʃeltə] *n* бомбоубе́жище

**bomb-sight** [ˈbɔmsaɪt] *n ав.* прице́л для бомбомета́ния

**bona fide** [ˈbəunəˈfaɪdɪ] *лат.* **1.** *a* добросо́вестный; настоя́щий

**2.** *adv* добросо́вестно

**bona fides** [ˈbəunəˈfaɪdɪz] *лат. n* че́стное наме́рение; добросо́вестность

**bonanza** [bəuˈnænzə] **1.** *n* 1) *амер.* процвета́ние; (неожи́данная) уда́ча; дохо́дное предприя́тие, «золото́е дно» 2) *горн.* бона́нца (*скопление богатой руды в жиле или залежи*)

**2.** *a* процвета́ющий; ~ farm дохо́дное, процвета́ющее хозя́йство

**bon-bon** [ˈbɔnbɔn, bɔːŋˈbɔːŋ] *фр. n* конфе́та

**bond** I [bɔnd] **1.** *n* 1) связь, у́зы 2) *pl* око́вы; *перен.* тюре́мное заключе́ние; in ~s в тюрьме́ 3) соедине́ние 4) сде́рживающая си́ла 5) долгово́е обяза́тельство; to stand ~ for smb. поручи́ться за кого́-л. 6) (*обыкн. pl*) *фин.* облига́ции; бо́ны 7) тамо́женная закладна́я 8) *шотл.* закладна́я 9) *стр.* перевя́зка (*кирпичной кладки*)

**2.** *v* 1) свя́зывать 2) закла́дывать иму́щество 3) подпи́сывать обяза́тельства 4) *фин.* выпуска́ть облига́ции, бо́ны 5) оставля́ть това́ры на тамо́жне до упла́ты по́шлины 6) *стр.* скрепля́ть, свя́зывать (*кирпичную кладку*)

**bond** II [bɔnd] *уст.* **1.** *n* крепостно́й (крестья́нин)

**2.** *a* крепостно́й

**bondage** [ˈbɔndɪdʒ] *n* 1) ра́бство; крепостно́е состоя́ние 2) зави́симость

**bonded** [ˈbɔndɪd] **1.** *p. p. от* bond I, 2

**2.** *a* 1) обеспе́ченный бо́нами (*о долге*) 2) храня́щийся на тамо́женных скла́дах 3): ~ warehouse тамо́женный склад для хране́ния не опла́ченных по́шлиной това́ров

**bonder** [ˈbɔndə] = bond-stone

**bondholder** [ˈbɔndˌhəuldə] *n* держа́тель облига́ций, бон

**bondmaid** [ˈbɔndmeɪd] *n* крепостна́я же́нщина; раба́

**bondman** [ˈbɔndmən] *n* крепостно́й, вилла́н; раб

**bondservant** [ˈbɔndˌsəːvənt] *n* раб

**bondservice** [ˈbɔndˌsəːvɪs] *n* ра́бство; крепостна́я зави́симость

**bondslave** [ˈbɔndsleɪv] *n* раб

**bondsman** [ˈbɔndzmən] *n* 1) = bondman 2) поручи́тель

**bond-stone** [ˈbɔndstəun] *n стр.* тычо́к, связу́ющий ка́мень

**bond(s)woman** [ˈbɔnd(z)ˌwumən] = bondmaid

**bone** [bəun] **1.** *n* 1) кость; to the ~ наскво́зь; drenched to the ~ наскво́зь промо́кший; frozen to the ~ продро́гший до косте́й 2) *pl* скеле́т; костя́к 3) *pl шутл.* челове́к; те́ло; оста́нки 4) что-л., сде́ланное из ко́сти 5) *pl* (игра́льные) ко́сти; кастанье́ты 6) *pl* домино́ 7) *pl* коклю́шки 8) кито́вый ус 9) *амер. sl.* до́ллар ◇ the ~ of contention я́блоко раздо́ра; to cast (in) a ~ between се́five rознь, вражду́; to cut (costs, *etc.*) to the ~ сни́зить (це́ны *и т. п.*) до ми́нимума; to feel in one's ~s интуити́вно чу́вствовать; to make no ~s about (*или* of) не колеба́ться, не сомнева́ться; не церемо́ниться; to make old ~s *разг.* дожи́ть до глубо́кой ста́рости; on one's ~s *sl.* в тяжёлом положе́нии, на мели́; to have a ~ to pick with smb. име́ть счёты с кем-л.; a bag of ~s ≅ ко́жа да ко́сти; to have a ~ in one's (*или* the) arm (*или* leg) *шутл.* быть уста́лым, быть не в состоя́нии шевельну́ть па́льцем, подня́ться, идти́ да́льше; to have a ~ in one's (*или* the) throat *шутл.* быть не в состоя́нии сказа́ть ни сло́ва; to keep the ~s green сохраня́ть хоро́шее здоро́вье; the nearer the ~ the sweeter the flesh (*или* the meat) *посл.* ≅ оста́тки сла́дки; what is bred in the ~ will not go out of the flesh *посл.* ≅ горба́того моги́ла испра́вит

**2.** *v* 1) снима́ть мя́со с косте́й 2) удобря́ть костяно́й муко́й 3) *sl.* красть □ ~ **up** (on a subject) зубри́ть, долби́ть (предме́т); to ~ up on (one's) Latin зубри́ть (свою́) лати́нь

**bone-black** [ˈbəunblæk] *n* живо́тный *или* ко́стный у́голь

**bone china** [ˈbəunˌtʃaɪnə] *n* сорт тонкосте́нного, просве́чивающегося фарфо́ра

**bone-coal** [ˈbəunkəul] *n* сланцева́тый *или* гли́нистый у́голь

**boned** [bəund] *a* очи́щенный от косте́й

**bone-dry** [ˈbəundraɪ] *a* 1) соверше́нно вы́сохший 2) *амер.* сухо́й, запреща́ющий прода́жу спиртны́х напи́тков (*о законе*)

**bone-dust** [ˈbəundʌst] *n* костяна́я мука́ (*удобрение*)

**bone-head** [ˈbəunhed] *n sl.* дура́к, тупи́ца

**boneless** [ˈbəunlɪs] *a* бесхара́ктерный

**bone-meal** [ˈbəunmiːl] = bone-dust

**boner** [ˈbəunə] *n sl.* про́мах; глу́пая оши́бка

**bone-setter** [ˈbəunˌsetə] *n* костопра́в

**bone-shaker** [ˈbəunˌʃeɪkə] *n разг.* ста́рая расша́танная маши́на *или* ста́рый велосипе́д; драндуле́т

**bone-spavin** [ˈbəunˌspævɪn] *n* ко́стный шпат (*болезнь лошадей*)

**bonfire** [ˈbɔnˌfaɪə] *n* костёр; to make a ~ of сжига́ть (на костре́), уничтожа́ть; разруша́ть

**Boniface** [ˈbɔnɪfeɪs] *n* трактирщик

**bon mot** [bɔŋˈməu] *фр. n* (*pl* bons mots) остроу́мное выраже́ние, остро́та

**bonne** [bɔn] *фр. n* бо́нна

**bonnet** [ˈbɔnɪt] **1.** *n* 1) да́мская шля́па (*без полей*); ка́пор; де́тский че́пчик; мужска́я шотла́ндская ша́почка; to vail the ~ почти́тельно снима́ть шля́пу 2) *разг.* сообщник (*мошенника и т. п.*) 3) *тех.* капо́т (*двигателя*); кожу́х, (по)кры́шка; се́тка ◊ to fill smb.'s ~ заня́ть чьё-л. ме́сто; быть ра́вным кому́-л. во всех отноше́ниях

**2.** *v* 1) наде́ть *или* нахлобу́чить (*кому-л.*) шля́пу 2) туши́ть (*огонь*)

**bonny** [ˈbɔnɪ] *a сев.* 1) краси́вый (*гл. обр. о девушке*) 2) здоро́вый, цвету́щий 3) хоро́ший

**bonny-clabber** [ˈbɔnɪˌklæbə] *n ирл.* простоква́ша

**bons mots** [bɔŋˈməuz] *pl от* bon mot

**bonus** [ˈbəunəs] *n* 1) пре́мия; тантье́ма 2) *attr.*: ~ job сде́льная рабо́та

**bony** [ˈbəunɪ] *a* 1) кости́стый 2) костля́вый

**bonze** [bɔnz] *n* бо́нза

**boo** [bu:] **1.** *int восклицание* а) *неодобрения*; б) *употребляющееся чтобы испугать или удивить*

**2.** *v* 1) произноси́ть неодобри́тельное восклица́ние; осви́стывать; ши́кать 2) прогоня́ть; to ~ a dog out вы́гнать соба́ку

**boob** [bu:b] *n амер.* проста́к

**booby** [ˈbu:bɪ] *n* 1) болва́н, дура́к 2) отстаю́щий учени́к 3) спортсме́н *или* кома́нда, пло́хо вы́ступивший(-ая) в соревнова́нии 4) о́луша (*морская птица*)

**booby prize** [ˈbu:bɪpraɪz] *n* утеши́тельный приз (*дающийся в шутку пришедшему последним в состязании*)

**booby trap** [ˈbu:bɪtræp] *n* 1) лову́шка 2) *воен.* ми́на-сюрпри́з, ми́на-лову́шка

**booby-trap** [ˈbu:bɪtræp] *v воен.* ста́вить подрывны́е ми́ны-лову́шки

**boodle** [ˈbu:dl] *n* 1) толпа́, сбо́рище 2) во́рох 3) *амер.* взя́тка 4) ка́рточная игра́

**booh** [bu:] = boo

**book** [buk] **1.** *n* 1) кни́га, литерату́рное произведе́ние 2) (the B.) би́блия 3) том, кни́га, часть 4) либре́тто; текст (*оперы и т. п.*); сцена́рий 5) конто́рская кни́га 6) сбо́рник отчётов (*коммерческого предприятия, научного общества и т. п.*; *тж.* ~s) 7) букме́керская кни́га за́писи ста́вок пари́ (*на скачках*); за́пись заключа́емых пари́ 8) кни́жечка (*билетов на автобус и т. п.*); a ~ of matches кни́жечка карто́нных спи́чек 9): a ~ of stamps а) альбо́м ма́рок; б) кни́жечка почто́вых ма́рок 10) *карт.* (пе́рвые) шесть взя́ток одно́й из сторо́н (*в висте*) 11) *attr.* кни́жный; ~ learning кни́жные (*или* теорети́ческие) зна́ния ◊ to read smb. like a ~ прекра́сно понима́ть кого́-л., ви́деть насквозь; to speak by the ~ говори́ть (*о чём-л.*) на основа́нии то́чной информа́ции; to be on the ~s зна́читься в спи́ске; to be in smb.'s good (bad, black) ~s быть у кого́-л. на хоро́шем (плохо́м) счету́; one for the ~ досто́йный серьёзного внима́ния, значи́тельный; to bring to ~ призва́ть к отве́ту; to know a thing like a ~ ≅ знать что-л. как свой пять па́льцев; without ~ по па́мяти; to suit smb.'s ~ совпада́ть с чьи́ми-л. пла́нами, отвеча́ть чьим-л. интере́сам

**2.** *v* 1) заноси́ть в кни́гу, (за)регистри́ровать 2) зака́зывать, брать биле́т (*железнодорожный и т. п.*) 3) принима́ть зака́зы на биле́ты; all the seats are ~ed (up) все места́ про́даны 4) заручи́ться согла́сием; приглаша́ть; ангажи́ровать (*актёра, оратора*); I shall ~ you for Friday evening жду вас в пя́тницу ве́чером ◊ I'm ~ed я попа́лся

**bookbinder** [ˈbukˌbaɪndə] *n* переплётчик

**bookbinding** [ˈbukˌbaɪndɪŋ] *n* переплётное де́ло

**bookcase** [ˈbukkeɪs] *n* кни́жный шкаф; кни́жная по́лка; этаже́рка

**book-club** [ˈbukklʌb] *n* клуб люби́телей кни́ги

**booked** [bukt] **1.** *p. p. от* book 2

**2.** *a* 1) зака́занный 2) за́нятый

**book-hunter** [ˈbukˌhʌntə] *n* коллекционе́р ре́дких книг

**bookie** [ˈbukɪ] *n разг.* букме́кер (*на скачках*)

**booking-clerk** [ˈbukɪŋklɑ:k] *n* касси́р биле́тной, бага́жной *или* театра́льной ка́ссы

**booking-office** [ˈbukɪŋˌɔfɪs] *n* 1) биле́тная ка́сса (*железнодорожная, театральная*) 2) конто́ра (*гостиницы*)

**bookish** [ˈbukɪʃ] *a* 1) кни́жный 2) учёный 3) педанти́чный ◊ the ~ литерату́рные круги́

**book-keeper** [ˈbukˌki:pə] *n* бухга́лтер; счетово́д

**book-keeping** [ˈbukˌki:pɪŋ] *n* бухгалте́рия; счетово́дство

**book-learning** [ˈbukˌlə:nɪŋ] *n* кни́жные зна́ния, зна́ния, ото́рванные от жи́зни; кни́жность

**bookless** [ˈbuklɪs] *a* 1) необразо́ванный 2) не име́ющий книг

**booklet** [ˈbuklɪt] *n* брошю́ра, букле́т

**book-maker** [ˈbukˌmeɪkə] *n* букме́кер (*на скачках*)

**bookman** [ˈbukmən] *n* 1) учёный 2) *разг.* продаве́ц книг

**book-mark(er)** [ˈbukˌmɑ:k(ə)] *n* закла́дка (*в книге*)

**bookmobile** [ˈbukˌməubaɪl] *n* передвижна́я библиоте́ка на грузовике́

**book-plate** [ˈbukpleɪt] *n* экслибрис

**bookseller** [ˈbukˌselə] *n* продаве́ц книг; second-hand ~ букини́ст

**bookselling** [ˈbukˌselɪŋ] *n* кни́жная торго́вля

**bookshelf** [ˈbukʃelf] *n* кни́жная по́лка

**bookshop** [ˈbukʃɔp] *n* кни́жный магази́н

**bookstall** [ˈbukstɔ:l] *n* кни́жный кио́ск

**bookstand** [ˈbukstænd] *n* кни́жный стенд

**bookstore** [ˈbukstɔ:] *n амер.* кни́жный магази́н

**bookworm** [ˈbukwə:m] *n* кни́жный червь, люби́тель книг, библиофи́л

**boom I** [bu:m] *n* 1) *мор.* плаву́чий бон, загражде́ние (*в виде брёвен или цепи*) 2) *тех.* стрела́, вы́лет (*крана*); уко́сина 3) *кино, тлв.* микрофо́нный жура́вль 4) *ав.* лонжеро́н хвостово́й фе́рмы 5) *стр.* по́яс (*арки*) 6) *спорт.* бревно́, бум

**boom II** [bu:m] **1.** *n* 1) гул (*грома, выстрела и т. п.*) 2) жужжа́ние, гуде́ние 3) крик вы́пи 4) бум, ре́зкий подъём делово́й акти́вности 5) шуми́ха, шу́мная рекла́ма

**2.** *v* 1) греме́ть 2) жужжа́ть, гуде́ть 3) ора́ть, реве́ть; крича́ть (*о выпи*) 4) производи́ть шум, сенса́цию; станови́ться изве́стным 5) бы́стро расти́ (*о цене, спросе*) 6) реклами́ровать, создава́ть шуми́ху (*вокруг человека, товара и т. п.*)

**boomer I** [ˈbu:mə] *n* саме́ц кенгуру́

**boomer II** [ˈbu:mə] *n разг.* челове́к, реклами́рующий что-л. *или* создаю́щий шуми́ху вокру́г чего́-л.

**boomerang** [ˈbu:məræŋ] *n* бумера́нг

**boon I** [bu:n] *n* 1) бла́го, благодея́ние; дар; преиму́щество, удо́бство 2) *книжн.* про́сьба

**boon II** [bu:n] *a* 1) *уст., поэт.* ще́дрый (*о природе*); прия́тный, благотво́рный (*о климате и т. п.*) 2) доброжела́тельный, прия́тный; ~ companion весёлый собуты́льник

**boon III** [bu:n] *n* 1) сердцеви́на (*дерева*) 2) *с.-х.* костра́, костри́ка

**boor** [buə] *n* гру́бый, невоспи́танный челове́к

**boorish** [ˈbuərɪʃ] *a* невоспи́танный, гру́бый

**boose** [bu:z] = booze

**boost** [bu:st] **1.** *n* 1) *разг.* реклами́рование, подде́ржка; созда́ние популя́рности 2) повыше́ние (*в цене*) 3) *эл.* доба́вочное напряже́ние

**2.** *v* 1) поднима́ть, подпи́хивать, помога́ть подня́ться 2) реклами́ровать, горячо́ подде́рживать; спосо́бствовать ро́сту популя́рности 3) повыша́ть (*цену*) 4) = boom II, 2, 5); 5) *эл.* повыша́ть напряже́ние 6) *тех.* повыша́ть давле́ние; форси́ровать (*двигатель и т. п.*)

**booster** [ˈbu:stə] *n* 1) помо́щник; горя́чий сторо́нник 2) *тех.* побуди́тель; усили́тель 3) *ж.-д.* бу́стер 4) *воен.* раке́та-носи́тель; ста́ртовый дви́гатель

**boot I** [bu:t] **1.** *n* 1) боти́нок; high (*или* riding) ~ сапо́г 2) *pl спорт.* бу́тсы 3) *ист.* коло́дки (*орудие пытки*) 4) фа́ртук (*экипажа*) 5) отделе́ние для багажа́ (*в автомобиле, в карете*) 6) обёртка (*початка кукурузы*) ◇ ~ and saddle! *уст.* «садись!» (*сигнал в кавалерии*); *амер.* «седлай!»; the ~ is on the other leg ответственность лежит на другом; to die in one's ~s а) умереть скоропостижной *или* насильственной смертью; б) умереть на своём посту; to get the (order of the) ~ быть уволенным; to have one's heart in one's ~s струсить; ≅ «душа в пятки ушла»; to be in smb.'s ~s быть на чьём-л. месте, быть в чьей-л. шкуре; like old ~s *sl.* энергично, стремительно, изо всех сил; to move (*или* to start) one's ~s *разг.* уходить, отправляться; seven-league ~s сапоги-скороходы, семимильные сапоги

2. *v* 1) надевать ботинки 2) ударить сапогом 3) *разг.* увольнять □ ~ **out**, ~ **round** выгонять

**boot** II [bu:t] *уст.* **1.** *n* выгода, польза ◇ to ~ *разг.* в придачу

2. *v* помогать; what ~s it? какая от этого польза?; it ~s not это бесполезно

**boot** III [bu:t] *n амер. воен. разг.* 1) новичок 2) *attr.*: ~ camp учебный лагерь новобранцев

**bootblack** ['bu:tblæk] *n преим. амер.* чистильщик сапог

**bootee** ['bu:ti:] *n* 1) (тёплый) дамский ботинок 2) детский вязаный башмачок

**Boötes** [bəu'əuti:z] *n* Волопас (*созвездие*)

**booth** [bu:ð] *n* будка; киоск; палатка; кабина; балаган (*на ярмарке*)

**bootjack** ['bu:tdʒæk] *n* 1) приспособление для снимания сапог 2) *горн.* ловильный крюк

**bootlace** ['bu:tleɪs] *n* шнурок для ботинок

**bootleg** ['bu:tleg] **1.** *n* 1) голенище 2) *горн.* невзорвавшийся шпур 3) спиртные напитки, продаваемые тайно 4) *attr. амер.* контрабандный

2. *v амер. разг.* 1) тайно торговать контрабандными *или* самогонными спиртными напитками 2) тайно продавать

**bootlegger** ['bu:t,legə] *n* 1) торговец контрабандными *или* самогонными спиртными напитками 2) *sl.* торговец запрещёнными товарами

**bootless** I ['bu:tlɪs] *a* без башмаков, без сапог; босоногий

**bootless** II ['bu:tlɪs] *a* бесполезный; ~ effort бесполезное усилие

**bootlicker** ['bu:t,lɪkə] *n* подхалим

**bootmaker** ['bu:t,meɪkə] *n* сапожник

**boots** [bu:ts] *n* коридорный, слуга (*в гостинице*)

**boot-top** ['bu:ttɔp] *n* голенище

**boot-tree** ['bu:ttri:] *n* сапожная колодка

**booty** ['bu:tɪ] *n* награбленное добро, добыча ◇ to play ~ намеренно проигрывать, завлекая неопытного игрока; помогать выигрышу сообщника

**booze** [bu:z] *разг.* **1.** *n* 1) спиртной напиток 2) попойка, пьянка; запой; to be on the ~ пьянствовать

2. *v* пьянствовать

**boozy** ['bu:zɪ] *a разг.* 1) пьяный 2) любящий выпить

**bo-peep** [bəu'pi:p] *n* игра в прятки (*с ребёнком*); to play ~ играть в прятки (*тж. перен.*)

**bora** ['bɔurə] *n* бора, холодный северо-восточный ветер (*в Адриатике*)

**boracic acid** [bə'ræsɪk'æsɪd] *n* борная кислота

**borage** ['bɔrɪdʒ] *n бот.* огуречник аптечный

**borax** ['bɔ:ræks] *n* 1) *хим.* бура 2) *attr.*: ~ soap борное мыло

**Bordeaux** [bɔ:'dəu] *фр. n* бордо (*вино*)

**border** ['bɔ:də] **1.** *n* 1) граница; the B. граница между Англией и Шотландией 2) край; кайма, бордюр; фриз

2. *v* 1) граничить (on, upon — с) 2) походить, быть похожим (upon — на) 3) обшивать, окаймлять

**borderer** ['bɔ:dərə] *n* житель пограничной полосы

**borderland** ['bɔ:dəlænd] *n* 1) пограничная область; пограничная полоса 2) промежуточная область (*в науке*) 3) что-л. неопределённое, промежуточное; нечто среднее

**borderless** ['bɔ:dəlɪs] *a* не имеющий границ; бесконечный

**border line** ['bɔ:dəlaɪn] *n* граница, демаркационная линия

**border-line** ['bɔ:dəlaɪn] *a* пограничный; *перен.* находящийся на грани

**bore** I [bɔ:] **1.** *n* 1) высверленное отверстие, дыра 2) *воен., тех.* канал ствола 3) диаметр отверстия, калибр 4) скучное занятие, скука; what a ~! какая скука! 5) скучный человек

2. *v* 1) сверлить; растачивать; бурить 2) с трудом пробивать себе путь 3) надоедать; he ~s me to death он мне до смерти надоел

**bore** II [bɔ:] *n* сильное приливное течение (*в узких устьях рек*)

**bore** III [bɔ:] *past от* bear II

**boreal** ['bɔ:rɪəl] *a* северный

**Boreas** ['bɔrɪæs] *n поэт.* Борей, северный ветер

**borecole** ['bɔ:kəul] *n* капуста кормовая, браунколь

**bored** [bɔ:d] **1.** *p. p. от* bore I, 2

2. *a* скучающий; I am ~ мне надоело, мне скучно

**boredom** ['bɔ:dəm] *n* скука

**bore hole** ['bɔ:həul] *n* буровая скважина; шпур

**borer** ['bɔ:rə] *n* 1) бурав, бур; сверло 2) бурильщик; сверловщик 3) сверлильщик (*червь*)

**boric** ['bɔ:rɪk] *a хим.* борный

**boring** ['bɔ:rɪŋ[ **1.** *pres. p. от* bore I, 2

2. *n* 1) бурение; сверление 2) буровая скважина; (просверлённое) отверстие 3) докучливость, надоедливость 4) *pl* стружка

3. *a* 1) сверлящий 2) надоедливый, скучный

**boring machine** ['bɔ:rɪŋmə,ʃi:n] *n горн.* бурильная машина; бурильный молоток

**boring mill** ['bɔ:rɪŋmɪl] *n* сверлильный станок

**boring rig** ['bɔ:rɪŋrɪg] *n горн.* буровой станок

**born** [bɔ:n] **1.** *p. p. от* bear II, 3)

2. *a* прирождённый; a poet ~ прирождённый поэт ◇ in all one's ~ days за всю свою жизнь

**borne** [bɔ:n] *p. p. от* bear II

**borné** ['bɔ:neɪ] *фр. a* ограниченный, с узким кругозором

**boron** ['bɔ:rɔn] *n хим.* бор

**borough** ['bʌrə] *n* 1) (небольшой) город; municipal ~ город, имеющий самоуправление [*ср. тж.* 2)]; Parliamentary ~ город, представленный в английском парламенте; close (*или* pocket) ~ город *или* округ, в котором выборы фактически находятся под контролем одного лица; rotten ~ *ист.* гнилое местечко 2) *амер.* один из пяти районов Нью-Йорка (*тж.* municipal ~) 3): the B. Саутуарк (*название округа Лондона*)

**borough-English** ['bʌrə'ɪŋglɪʃ] *n юр. ист.* переход недвижимости к младшему, а не к старшему сыну

**borrow** ['bɔrəu] *v* 1) занимать, брать на время (of, from — у *кого-л.*) 2) заимствовать

**borrowing** ['bɔrəuɪŋ] **1.** *pres. p. от* borrow

2. *n* 1) одалживание; he who likes ~ dislikes paying тот, кто любит брать взаймы, не любит отдавать 2) заимствование

**borsch** [bɔ:ʃ(t)] *русск. n* борщ

**Borstal** ['bɔ:stl] *a*: ~ system система наказания несовершеннолетних преступников, по которой срок заключения зависит от их поведения при отбывании наказания; ~ institution колония для несовершеннолетних преступников; ~ boy подросток, отбывающий срок в колонии

**borzoi** ['bɔ:zɔɪ] *русск. n* борзая (*порода собак*)

**boscage** ['bɔskɪdʒ] *n поэт.* роща; подлесок; кустарник

**bosh** I [bɔʃ] **1.** *n sl.* вздор; (глупая) болтовня

2. *int* вздор!, глупости!

3. *v школ. жарг.* дразнить; дурачить

**bosh** II [bɔʃ] *n тех.* 1) ванна для охлаждения инструмента 2) *pl* заплечики доменной печи

**bosk** [bɔsk] *n поэт.* рощица

**boskage** ['bɔskɪdʒ] = boscage

**bosket** ['bɔskɪt] = bosk

**bosky** ['bɔskɪ] *a* поросший лесом *или* кустарником

**bosom** ['buzəm] **1.** *n* 1) грудь; пазуха; to put in one's ~ положить за пазуху 2) лоно; недра; in the ~ of one's family в кругу семьи; the ~ of the sea морские глубины 3) сердце, душа́ 4) корса́ж, грудь соро́чки *и т. п.*; *амер.* мани́шка ◇ to take to one's ~ а) жени́ться; взять в жёны; б) прибли́зить к себе́, сде́лать свои́м дру́гом

**2.** *v уст.* 1) храни́ть в та́йне 2) пря́тать (за па́зуху); a house ~ed in trees дом, скры́тый дере́вьями

**bosom-friend** [ˈbuzəmfrend] *n* закады́чный друг

**bosquet** [ˈbɔskɪt] = bosk

**boss I** [bɔs] *разг.* **1.** *n* 1) хозя́ин; предпринима́тель; босс; *разг.* шеф; he's the ~ here он здесь хозя́ин 2) *амер.* руководи́тель ме́стной полити́ческой организа́ции 3) деся́тник 4) *горн.* штéйгер

**2.** *v* быть хозя́ином; распоряжа́ться ◇ to ~ the show хозя́йничать, распоряжа́ться всем

**boss II** [bɔs] **1.** *n* 1) ши́шка, вы́пуклость 2) *тех.* бобы́шка, утолще́ние, вы́ступ, прили́в; упо́р 3) *геол.* ку́пол, шток 4) *архит.* релье́фное украше́ние 5) вту́лка колеса́

**2.** *v* 1) де́лать вы́пуклый орна́мент 2) обта́чивать ступи́цу 3) *sl.* промахну́ться, испо́ртить де́ло

**boss III** [bɔs] **1.** *n разг.* 1) про́мах 2) пу́таница

**2.** *v разг.* 1) соверши́ть оши́бку, промахну́ться; напорта́чить 2) напу́тать

**bossy** [ˈbɔsɪ] *a* 1) вы́пуклый 2) шишкова́тый

**Boston, boston** [ˈbɔstən] *n* 1) вальс-босто́н 2) *карт.* босто́н

**botanical** [bəˈtænɪkəl] *a* ботани́ческий

**botanist** [ˈbɔtənɪst] *n* бота́ник

**botanize** [ˈbɔtənaɪz] *v* ботанизи́ровать

**botany** [ˈbɔtənɪ] *n* бота́ника

**Botany Bay** [ˈbɔtənɪˈbeɪ] *n* ссы́лка, ка́торга (*от названия бухты в Новом Южном Уэльсе, служившей местом ссылки*)

**botch** [bɔtʃ] **1.** *n* 1) запла́та 2) пло́хо сде́ланная рабо́та

**2.** *v* 1) неуме́ло лата́ть 2) де́лать небре́жно; по́ртить

**botcher** [ˈbɔtʃə] *n* плохо́й рабо́тник

**bot-fly** [ˈbɔtflaɪ] *n* о́вод

**both** [bəuθ] **1.** *pron indef.* о́ба; they are ~ doctors, ~ of them are doctors о́ба они́ врачи́; ~ are busy о́ба они́ за́няты

**2.** *adv, cj*: ~... and... как..., так и...; и... и...; и к тому́ же; he speaks ~ English and French он говори́т и по-англи́йски и по-францу́зски; he is ~ tired and hungry он уста́л и к тому́ же го́лоден

**bother** [ˈbɔðə] **1.** *n* беспоко́йство, хло́поты; исто́чник беспоко́йства

**2.** *v* 1) надоеда́ть; беспоко́ить 2) беспоко́иться, волнова́ться (about) 3) суети́ться; хлопота́ть; don't ~! не сто́ит беспоко́иться ◇ oh, ~ it! *разг.* чёрт возьми́!

**botheration** [ˌbɔðəˈreɪʃən] **1.** *n* = bother 1

**2.** *int* кака́я доса́да!

**bothersome** [ˈbɔðəsəm] *a* надое́дливый, доку́чливый; беспоко́йный

**bothy** [ˈbɔθɪ] *n шотл.* 1) хиба́рка 2) (бара́чное) помеще́ние для рабо́чих (*на ферме, на стройке*)

**bo-tree** [ˈbəutri:] *n* свяще́нное де́рево (*у буддистов Индии*)

**bottle I** [ˈbɔtl] **1.** *n* 1) буты́лка, буты́ль; флако́н 2) рожо́к (*для грудных детей*); to bring up on the ~ вска́рмливать ребёнка на рожке́, иску́сственно вска́рмливать ребёнка 3) вино́; to be fond of the ~ люби́ть вы́пить; to pass the ~ round передава́ть буты́лку вкругову́ю; to flee from the ~ избега́ть спиртны́х напи́тков; to have a ~ вы́пить, пропусти́ть рю́мочку; over a ~ за буты́лкой вина́; to take to the ~ запи́ть, пристрасти́ться к вину́; to hit (*или* to give up) the ~ стать тре́звенником 4) *тех.* опо́ка ◇ to know smb. from his ~ up знать кого́-л. с пелёнок; black ~ *амер.* яд

**2.** *v* 1) храни́ть в буты́лках 2) разлива́ть по буты́лкам (*тж.* ~ off) 3) *sl.* пойма́ть (на ме́сте преступле́ния) □ ~ **up** сде́рживать, скрыва́ть (*обиду и т. п.*)

**bottle II** [ˈbɔtl] *n редк.* сноп; оха́пка се́на

**bottle-baby** [ˈbɔtlˌbeɪbɪ] *n* вско́рмленный на рожке́ ребёнок, иску́сственник

**bottle-feeding** [ˈbɔtlˌfi:dɪŋ] *n* иску́сственное вска́рмливание

**bottle-glass** [ˈbɔtlglɑ:s] *n* буты́лочное стекло́

**bottle-green** [ˈbɔtlgri:n] *a* тёмно-зелёный, буты́лочного цве́та

**bottle-holder** [ˈbɔtlˌhəuldə] *n* 1) секунда́нт боксёра 2) помо́щник, сторо́нник

**bottle neck** [ˈbɔtlnek] *n* го́рлышко буты́лки

**bottle-neck** [ˈbɔtlnek] **1.** *n* 1) у́зкий прохо́д 2) про́бка (*в уличном движении*) 3) *перен.* у́зкое ме́сто 3) *воен.* дефиле́

**2.** *v* создава́ть зато́р, про́бку

**bottle-screw** [ˈbɔtlskru:] *n* што́пор

**bottle-washer** [ˈbɔtlˌwɔʃə] *n* 1) мо́йщик буты́лок 2) *шутл.* ма́льчик на побегу́шках ◇ head cook and ~ *ирон.* и ста́рший по́вар и судомо́йка; ≅ и швец, и жнец, и в дуду́ игре́ц

**bottom** [ˈbɔtəm] **1.** *n* 1) дно, дни́ще; ~ up вверх дном; to have no ~ быть без дна, не име́ть дна; *перен.* быть неистощи́мым, неисчерпа́емым 2) дно (*моря, реки и т. п.*); to go to the ~ пойти́ ко дну; to send to the ~ потопи́ть; to touch ~ а) косну́ться дна; б) дойти́ до преде́льно ни́зкого у́ровня (*о ценах*); в) *перен.* опусти́ться; г) добра́ться до су́ти де́ла 3) низ, ни́жняя часть; коне́ц; at the ~ of a mountain у подно́жия горы́; at the ~ of the steps на ни́жней ступе́ньке; to be at the ~ of the class занима́ть после́днее ме́сто по успева́емости; at the ~ of the table в конце́ стола́ 4) грунт; по́чва; подстила́ющая поро́да 5) основа́ние, фунда́мент 6) *груб.* зад, за́дняя часть 7) осно́ва, суть; to get (down) to (*или* at) the ~ of добра́ться до су́ти де́ла; good at (the) ~ по существу́ хоро́ший 8) причи́на; to be at the ~ of smth. быть причи́ной *или* зачи́нщиком чего́-л. 9) сиде́нье (*стула*) 10) под (*печи*) 11) подво́дная часть корабля́ 12) су́дно (*торговое*) 13) (*обыкн. pl*) ни́зменность, доли́на (*реки*) 14) запа́с жи́зненных сил, выно́сливость 15) оса́док, подо́нки ◇ there's no ~ to it э́тому конца́ не ви́дно; to knock the ~ out of an argument опрове́ргнуть аргуме́нт; вы́бить по́чву из-под ног; to stand on one's own ~ быть незави́симым, стоя́ть на свои́х нога́х; ~s up! пей до дна!; to be at rock ~ впасть в уны́ние

**2.** *a* 1) ни́жний; ни́зкий; после́дний; ~ price кра́йняя цена́; ~ rung ни́жняя ступе́нька (*приставной лестницы*); one's ~ dollar после́дний до́ллар 2) основно́й

**3.** *v* 1) (*обыкн. pass.*) стро́ить, осно́вывать (on, upon — на) 2) осно́вываться 3) приде́лывать дно 4) каса́ться дна; измеря́ть глубину́ 5) доиска́ться причи́ны; добра́ться до су́ти, вни́кнуть

**bottom drawer** [ˈbɔtəmdrɔ:] *n* я́щик в комо́де, в кото́ром храни́тся прида́ное неве́сты

**bottom-land** [ˈbɔtəmlænd] *n амер.* по́йма; доли́на

**bottomless** [ˈbɔtəmlɪs] *a* 1) бездо́нный 2) непостижи́мый 3) не име́ющий сиде́нья (*о стуле*) 4) необоснова́нный

**bottommost** [ˈbɔtəmməust] *a* са́мый ни́жний

**botulism** [ˈbɔtjulɪzm] *n мед.* ботули́зм

**boudoir** [ˈbu:dwɑ:] *фр. n* будуа́р

**bough** [bau] *n* сук

**bought** [bɔ:t] *past и p. p. от* buy 1

**bougie** [ˈbu:ʒi:] *n* 1) восково́я свеча́ 2) *мед.* буж, расшири́тель

**bouillon** [bu:ˈjɔ:ŋ] *фр. n* 1) бульо́н, суп 2) пы́шные скла́дки

**boulder** [ˈbəuldə] *n* 1) валу́н 2) га́лька

**boulevard** [ˈbu:lvɑ:] *фр. n* 1) бульва́р 2) *амер.* проспе́кт

**boulter** [ˈbəultə] *n* дли́нная ле́са́ с не́сколькими крючка́ми

**bounce** [bauns] **1.** *n* 1) прыжо́к; отско́к; with a ~ одни́м скачко́м 2) глухо́й, внеза́пный уда́р 3) упру́гость 4) хвастовство́; преувеличе́ния 5) *sl.* увольне́ние 6) прыжо́к самолёта при поса́дке

**2.** *v* 1) подпры́гивать; отска́кивать; to ~ into (out of) the room влета́ть в ко́мнату (выска́кивать из ко́мнаты) 2) обма́ном *или* запу́гиванием заста́вить (*сде́лать что-л.*) 3) хва́стать 4) *sl.* увольня́ть 5) *ав.* подпры́гивать при поса́дке, «козли́ть» 6) *фин.* быть возвращённым ба́нком ремите́нту (*ввиду отсутствия средств на счету плательщика — о чеке*)

**3.** *adv* вдруг; внеза́пно и шу́мно

**bouncer** [ˈbaunsə] *n* 1) тот, кто подпрыгивает, подскакивает 2) *разг.* хвастун; лгун 3) *разг.* хвастовство; ложь, фальшь 4) человек *или* вещь крупных размеров 5) *амер. sl.* вышибала

**bouncing** [ˈbaunsıŋ] **1.** *pres. p. от* bounce 2

**2.** *a* 1) здоровый, рослый, крупный, полный 2) хвастливый, чванный

**3.** *n* 1) подпрыгивание автомобиля 2) прыжок самолёта при посадке, «козёл»

**bound** I [baund] **1.** *n* 1) граница, предел 2) (*обыкн. pl*) ограничение; to put (*или* to set) ~s ограничивать (to — *что-л.*) ◇ out of ~s вход запрещён (*обыкн. для школьников*); beyond the ~s of decency в рамках приличия

**2.** *v* 1) ограничивать 2) сдерживать 3) граничить; служить границей

**bound** II [baund] **1.** *n* 1) прыжок, скачок; a ~ forward быстрое движение вперёд 2) отскок (*мяча*) 3) *поэт.* сильный удар сердца

**2.** *v* 1) прыгать, скакать; быстро бежать 2) отскакивать (*о мяче и т. п.*)

**bound** III [baund] **1.** *past и p. p. от* bind

**2.** *a* 1) связанный; ~ up with smb., smth. тесно связанный с кем-л., чем-л. 2) обязанный; вынужденный; ~ to military service военнообязанный 3) непременный, обязательный; he is ~ to succeed ему обеспечен успех 4) уверенный; решившийся (*на что-либо*) 5) переплетённый, в переплёте 6) страдающий запором

**bound** IV [baund] *a* готовый (*особ. к отправлению*); направляющийся (for); the ship is ~ for Leningrad судно направляется в Ленинград; outward ~ готовый к выходу в море, отправляющийся за границу (*о судне*)

**boundary** [ˈbaundərı] *n* 1) граница, межа 2) *attr.* пограничный; ~ lights *ав.* пограничные огни (*аэродрома*)

**bounden** [ˈbaundən] *уст. p. p. от* bind ◇ in ~ duty по долгу, по чувству долга

**bounder** [ˈbaundə] *n разг.* развязный, шумливый человек

**boundless** [ˈbaundlıs] *a* безграничный, беспредельный

**bounteous** [ˈbauntıəs] *a книжн.* 1) щедрый (*о людях*) 2) достаточный, обильный

**bountiful** [ˈbauntıful] = bounteous

**bounty** [ˈbauntı] *n* 1) щедрость 2) щедрый подарок 3) правительственная премия для поощрения промышленности, торговли и сельского хозяйства 4) *воен.* премия при добровольном поступлении на службу

**bouquet** [bu(:)ˈkeı] *n* 1) букет; to hand smb. a ~ for, to throw ~s at smb. *амер. разг.* восхвалять кого-л., расточать комплименты кому-л. 2) букет, аромат (*вина*)

**bourbon** [ˈbuəbən] *n* 1) реакционер 2) сорт виски (*тж.* ~ whisky)

**bourdon** [ˈbuədn] *n* басовый регистр органа *или* фисгармонии; басовая трубка волынки *или* её звучание

**bourgeois** I [ˈbuəʒwɑ:] *фр.* **1.** *n* 1) буржуа 2) *ист.* горожанин

**2.** *a* буржуазный

**bourgeois** II [bə:ˈdʒɔıs] *n полигр.* боргес

**bourgeoisie** [ˌbuəʒwɑ:ˈzi:] *фр. n* буржуазия

**bourgeon** [ˈbə:dʒən] = burgeon

**bourn** I [buən] *n уст.* ручей

**bourn** II [buən] = bourne

**bourne** [buən] *n уст., поэт.* 1) граница, предел 2) цель

**bourse** [buəs] *фр. n* парижская фондовая биржа

**bouse** [bauz] *v* выбирать, тянуть (*снасти*)

**bout** [baut] *n* 1) раз, черёд; круг; что-л. выполненное за один раз, в один присест; кругооборот; заезд; this на этот раз 2) *спорт.* схватка; встреча; ~ with the gloves бокс 3) припадок, приступ (*болезни, кашля*) 4) запой

**boutique** [bu:ˈti:k] *фр. n* небольшой магазин, небольшая лавка (*торгующие предметами дамского туалета*)

**bovine** [ˈbəuvaın] *a* 1) бычачий, бычий 2) тяжеловесный, медлительный; тупой

**bow** I [bau] **1.** *n* поклон; to make one's ~ откланяться; удалиться; to take a ~ раскланиваться (*в ответ на аплодисменты*)

**2.** *v* 1) гнуть(ся), сгибать(ся) (*часто* ~ down); ~ed down by care согнувшийся под бременем забот 2) кланяться; to ~ and scrape раболепствовать; to ~ one's thanks поклониться в знак благодарности; to ~ out откланяться, распрощаться; удалиться; he was ~ed out of the room его с поклонами проводили из комнаты 3) наклонить, склонить голову 4) подчиняться; to ~ to the inevitable покоряться неизбежному 5) преклоняться; to ~ before authority преклоняться перед авторитетом

**bow** II [bəu] **1.** *n* 1) лук, самострел 2) дуга 3) радуга 4) смычок 5) бант 6) *стр.* арка 7) *эл.* токоприёмник, бугель (*трамвая*) ◇ to draw a (*или* the) long ~ преувеличивать, рассказывать небылицы; draw not your ~ till your arrow is fixed *посл.* ≅ семь раз отмерь, один раз отрежь; не следует поступать поспешно, не подготовившись

**2.** *v* владеть смычком

**bow** III [bau] *n* (*часто pl*) нос (*корабля*)

**bow-backed** [ˈbaubækt] *a* сгорбленный, согбенный

**bow-compass(es)** [ˈbəuˌkʌmpəs(ız)] *n* (*pl*) кронциркуль

**bowdlerize** [ˈbaudləraız] *v* выбрасывать (*из книги и т. п.*) всё нежелательное, одиозное

**bowel** [ˈbauəl] *n* (*обыкн. pl*) 1) кишка (*мед. тж. sing*); to have the ~s open *мед.* иметь стул; to evacuate the ~s *мед.* очищать желудок 2) *pl* внутренности 3) недра 4) сострадание; to have no ~s быть безжалостным; the ~s of mercy (*или* pity) чувство сострадания 5) *attr.*: ~ movement *мед.* стул ◇ to get one's ~s in an uproar раздражаться, поднимать шум

**bower** I [ˈbauə] *n* 1) дача, коттедж 2) беседка 3) *поэт.* жилище 4) *уст., поэт.* будуар

**bower** II [ˈbauə] *n мор.* становой якорь

**bower** III [ˈbauə] *n карт.*: right ~ козырной валет; left ~ валет одноцветной с козырем масти

**bower-anchor** [ˈbauəˌæŋkə] = bower II

**bowery** I [ˈbauərı] *a* обсаженный деревьями, кустами, тенистый

**bowery** II [ˈbauərı] *n амер.* 1) *ист.* хутор, ферма 2) улица *или* квартал дешёвых баров, притонов

**bowie-knife** [ˈbəuınaıf] *n амер.* длинный охотничий нож

**bowing** [ˈbəuıŋ] *n* техника владения смычком; игра на скрипичных инструментах

**bowk** [bauk] *n горн.* бадья

**bow-knot** [ˈbəunɔt] = bow II, 1, 5)

**bowl** I [bəul] *n* 1) кубок, чаша; the ~ пир, веселье; the flowing ~ спиртные напитки 2) чашка 3) ваза (*для цветов*) 4) чашеобразная часть (*чего-л.*); углубление (*ложки, подсвечника, чашки весов, резервуара фонтана*) 5) *тех.* тигель; резервуар

**bowl** II [bəul] **1.** *n* 1) шар 2) *pl* игра в шары 3) *pl диал.* кегли 4) *тех.* ролик, блок

**2.** *v* 1) играть в шары 2) катить (*шар, обруч*) 3) катиться 4) *спорт.* подавать мяч (*в крикете*); метать мяч (*в бейсболе*) □ ~ **along** идти, ехать *или* катиться быстро; ~ **off** выйти из игры; ~ **out** выбить из строя; ~ **over** сбить; *перен.* привести в замешательство

**bowlder** [ˈbəuldə] = boulder

**bow-legged** [ˈbəulegd] *a* кривоногий

**bowler** I [ˈbəulə] *n* котелок (*мужская шляпа*); battle ~ *воен. жарг.* стальной шлем

**bowler** II [ˈbəulə] *n* игрок, подающий мяч (*в крикете*) *или* мечущий мяч (*в бейсболе*)

**bowler hat** [ˈbəuləhæt] *n* шляпа-котелок ◇ to get the ~ быть уволенным с военной службы

**bowline** [ˈbəulın] *n мор.* булинь; беседочный узел

**bowling** [ˈbəulıŋ] **1.** *pres. p. от* bowl II, 2

**2.** *n* игра в шары

**bowling-alley** [ˈbəulıŋˈælı] *n* 1) = bowling-green 2) кегельбан

**bowling-green** [ˈbəulıŋgri:n] *n* лужайка для игры в шары

**bowman** I [ˈbəumən] *n* стрелок (*из лука*), лучник

**bowman** II ['baumən] *n мор.* ба́ковый гребе́ц (*ближайший к носу*)

**bow-saw** ['bəusɔ:] *n* лучко́вая пила́

**bowse** [bauz] = bouse

**bowshot** ['bəuʃɔt] *n* да́льность полёта стрелы́

**bowsprit** ['bəusprɪt] *n мор.* бушпри́т

**bow-string** ['bəustrɪŋ] *n* тетива́

**bow-tie** ['bəutaɪ] *n* га́лстук-ба́бочка

**bow window** ['bəu'wɪndəu] *n* 1) *архит.* окно́ с вы́ступом, э́ркер 2) *разг.* брю́хо, пу́зо

**bow-wow** ['bau'wau] **1.** *n* 1) соба́чий лай 2) *детск.* соба́ка ◇ the (big) ~ style (*или* strain) высокопа́рный стиль; категори́ческая мане́ра выраже́ния

**2.** *int* гав-га́в!

**box** I [bɔks] **1.** *n* 1) коро́бка, я́щик, сунду́к (*тж. эллиптически* = letter-~, sentry-~ *и др.*); ~ of dominoes а) рот; б) пиани́но, роя́ль; the eternity ~ *разг.* гроб 2) рожде́ственский пода́рок (*обычно в ящике*) 3) (the ~) *разг.* телеви́зор 4) я́щик под сиде́ньем ку́чера; ко́злы 5) *театр.* ло́жа 6) сто́йло 7) ма́ленькое отделе́ние с перегоро́дкой (*в харчевне*) 8) до́мик (*особ.* охо́тничий) 9) рудни́чная у́гольная вагоне́тка 10) *тех.* бу́кса; вту́лка; вкла́дыш (*подшипника*) ◇ to be in the wrong ~ быть в нело́вком положе́нии; to be in a (tight) ~ быть в тру́дном положе́нии; to be in the same ~ быть в одина́ковом положе́нии (*с кем-л.*); to be in one's thinking ~ серьёзно ду́мать

**2.** *v* 1) запира́ть, класть в я́щик *или* коро́бку 2) подава́ть (*документ*) в суд 3) *лес.* подса́чивать (*дерево*) □ ~ **off** отделя́ть перегоро́дкой; ~ **up** а) вти́скивать, запи́хивать; б) неуме́лыми де́йствиями по́ртить, пу́тать де́ло; вноси́ть беспоря́док ◇ to ~ the compass а) *мор.* называ́ть все ру́мбы ко́мпаса б) соверши́ть по́лный круг; ко́нчить, где нача́л

**box** II [bɔks] **1.** *n* 1) уда́р; ~ on the ear пощёчина 2) бокс

**2.** *v* 1) бить кулако́м; I ~ed his ear я ему́ дал пощёчину 2) бокси́ровать

**box** III [bɔks] *n бот.* самши́т вечнозелёный

**boxcalf** ['bɔks'ka:f] *n* бокс, хро́мовая теля́чья ко́жа

**boxcar** ['bɔkska:] *n амер.* това́рный ваго́н

**box-couch** ['bɔkskautʃ] *n* тахта́ с я́щиком (*для постели*)

**boxen** ['bɔksn] *a уст.* из бу́кса, самши́товый

**Boxer** ['bɔksə] *n ист. участник так наз. боксёрского восстания в Китае в 1900—1901 гг.*

**boxer** ['bɔksə] *n* 1) *спорт.* боксёр 2) боксёр (*порода собак*)

**boxing** I ['bɔksɪŋ] **1.** *pres. p. от* box II, 2

**2.** *n* бокс

**boxing** II ['bɔksɪŋ] **1.** *pres. p. от* box I, 2

**2.** *n* 1) упако́вка (*в ящик*) 2) фане́ра, материа́л для я́щиков, футля́ров 3) та́ра, футля́р

**Boxing-day** ['bɔksɪŋdeɪ] *n* день на свя́тках, когда́, по англи́йскому обы́чаю, слу́ги, письмоно́сцы, посы́льные получа́ют пода́рки

**boxing-gloves** ['bɔksɪŋglʌvz] *n pl* боксёрские перча́тки

**box-keeper** ['bɔks,ki:pə] *n* капельди́нер при ло́жах

**box-office** ['bɔks'ɔfɪs] *n* театра́льная ка́сса

**box-pleat** ['bɔks'pli:t] *n* бантова́я скла́дка

**box-seat** ['bɔks'si:t] *n* 1) сиде́нье на ко́злах 2) ме́сто в ло́же

**box-up** ['bɔks'ʌp] *n sl.* пу́таница, неразбери́ха, беспоря́док

**boxwood** ['bɔkswud] *n* самши́т; древеси́на самши́та

**boy** [bɔɪ] *n* 1) ма́льчик 2) па́рень; молодо́й челове́к; my ~ *разг.* бра́тец, дружи́ще, старина́ 3) сын 4) бой (*слуга-туземец на Востоке*) 5) *мор.* ю́нга 6) (the ~) *sl.* а) шампа́нское; б) *sl.* герои́н ◇ big ~ а) *амер. разг.* заправи́ла; б) *воен. жарг.* тяжёлое ору́дие; pansy ~ *разг.* педера́ст; fly ~ *разг.* лётчик

**boycott** ['bɔɪkət] **1.** *n* бойко́т

**2.** *v* бойкоти́ровать

**boy-friend** ['bɔɪfrend] *n разг.* возлю́бленный, дружо́к

**boyhood** ['bɔɪhud] *n* о́трочество

**boyish** ['bɔɪɪʃ] *a* о́троческий; мальчи́шеский; живо́й

**boyishness** ['bɔɪɪʃnɪs] *n* ребя́чество

**boy scout** ['bɔɪ'skaut] *n* бойска́ут

**bozo** ['bəuzəu] *n амер. sl.* субъе́кт, «тип»

**bra** [bra:] *n разг.* бюстга́льтер

**brabble** ['bræbl] *уст.* **1.** *n* пререка́ния, ссо́ра

**2.** *v* пререка́ться, ссо́риться из-за пустяко́в

**brace** [breɪs] **1.** *n* 1) связь; скоба́, скре́па; подпо́рка; распо́рка 2) (*pl без измен.*) па́ра (*особ. о дичи*); twenty ~ of hares два́дцать парза́йцев; they are a ~ ≅ (они́) два сапога́ па́ра 3) сво́ра (*ремень*) 4) *pl* подтя́жки 5) фигу́рная ско́бка 6) *тех.* коловоро́т; ~ and bit пёрка 7) *мор.* брас

**2.** *v* 1) свя́зывать, скрепля́ть; подпира́ть, подкрепля́ть; обхва́тывать 2) укрепля́ть (*нервы*); to ~ one's energies взять себя́ в ру́ки 3) *мор.* брасо́пить (*реи*) □ ~ **up** подба́дривать

**bracelet** ['breɪslɪt] *n* 1) брасле́т 2) *pl разг.* нару́чники

**bracer** ['breɪsə] *n* 1) скрепле́ние, связь; скоба́ 2) нарука́вник 3) укрепля́ющее сре́дство 4) *разг.* живи́тельная вла́га, алкого́льный напи́ток

**bracing** ['breɪsɪŋ] **1.** *pres. p. от* brace 2

**2.** *a* бодря́щий (*о воздухе*); укрепля́ющий

**3.** *n* крепле́ние, связь; расча́лка

**bracken** ['brækən] *n* па́поротник-орля́к

**bracket** ['brækɪt] **1.** *n* 1) ско́бка; round (square) ~s кру́глые (квадра́тные) ско́бки 2) кроншт́ейн, консо́ль; бра 3) гру́ппа, ру́брика; age ~ возрастна́я гру́ппа 4) га́зовый рожо́к 5) *воен.* ви́лка (*при стрельбе*)

**2.** *v* 1) заключа́ть в ско́бки 2) упомина́ть, ста́вить наряду́ (*с кем-л., с чем-л.*); don't ~ me with him не ста́вьте меня́ на одну́ до́ску с ним 3) *воен.* захва́тывать в ви́лку

**brackish** ['brækɪʃ] *a* 1) солонова́тый (*о воде*) 2) проти́вный (*на вкус*)

**bract** [brækt] *n бот.* прицве́тник

**brad** [bræd] *n* гвоздь без шля́пки, шти́фтик

**bradawl** ['brædɔ:l] *n* ши́ло

**brae** [breɪ] *n диал.* круто́й бе́рег реки́; склон холма́

**brag** [bræg] **1.** *n* 1) хвастовство́ 2) хвасту́н

**2.** *v* хва́статься, бахва́литься, кичи́ться

**braggadocio** [,brægə'dəutʃɪəu] *n* 1) бахва́льство 2) хвасту́н

**braggart** ['brægət] **1.** *n* хвасту́н

**2.** *a* хвастли́вый

**braggery** ['brægərɪ] *n* хвастовство́

**Brahma** ['bra:mə] *n инд. рел.* Бра́ма

**brahma(pootra)** ['bra:mə('pu:trə)] *n* бра́ма(пу́тра) (*порода кур*)

**brahmin** ['bra:mɪn] *n* брами́н

**braid** [breɪd] **1.** *n* 1) шнуро́к; тесьма́; галу́н 2) коса́ (*волос*)

**2.** *v* 1) плести́ 2) обшива́ть тесьмо́й, шнурко́м 3) заплета́ть; завя́зывать ле́нтой (*волосы*) 4) *тех.* оплета́ть, обма́тывать (*провод*)

**brail** [breɪl] *n* 1) *мор.* ги́тов (*снасть для уборки парусов*) 2) пу́ты для со́кола

**braille** [breɪl] *n* 1) шрифт Бра́йля (*для слепых*) 2) систе́ма чте́ния и письма́ (*по выпуклым точкам*) для слепы́х

**brain** [breɪn] **1.** *n* 1) мозг; disease of the ~ боле́знь мо́зга; dish of ~s мозги́ (*блюдо*) 2) рассу́док, ум 3) *pl разг.* у́мственные спосо́бности 4) *разг.* у́мница, «голова́» 5) *разг.* электро́нная вычисли́тельная маши́на ◇ to beat (*или* to puzzle, to rack) one's ~s about (*или* with) smth. лома́ть себе́ го́лову над чем-л.; to crack one's ~(s) спя́тить, свихну́ться; to have one's ~s on ice *разг.* сохраня́ть ледяно́е споко́йствие; smth. on the ~ неотвя́зная мысль; to have (got) smb., smth. on the ~ неотсту́пно ду́мать о ком-л., чём-л.; an idle ~ is the devil's workshop *посл.* ≅ пра́здность ума́ — мать всех поро́ков; to make smb.'s ~ reel порази́ть кого́-л.; to pick (*или* to suck) smb.'s ~s испо́льзовать чужи́е мы́сли; to turn smb.'s ~ а) вскружи́ть кому́-л. го́лову; б) сбить кого́-л. с то́лку

**2.** *v* размозжи́ть го́лову

**brain-child** [ˈbreɪntʃaɪld] *n* (*pl* -children) порождéние умá, идéя, вы́думка

**brain-drain** [ˈbreɪndreɪn] **1.** *n* «утéчка мозгóв», перемáнивание специали́стов за грани́цу

**2.** *v* перемáнивать специали́стов за грани́цу

**brain-fag** [ˈbreɪnfæg] *n* нéрвное истощéние

**brain fever** [ˈbreɪnˌfiːvə] *n* 1) воспалéние мóзга 2) болéзнь, осложнённая мозговы́ми явлéниями

**brain-growth** [ˈbreɪngrəuθ] *n* óпухоль головнóго мóзга

**brainless** [ˈbreɪnlɪs] *a* глу́пый, безмóзглый

**brain-pan** [ˈbreɪnpæn] *n* черепнáя корóбка, чéреп

**brain-power** [ˈbreɪnˌpauə] *n* нау́чные кáдры; нау́чно-техни́ческая интеллигéнция

**brain-sick** [ˈbreɪnsɪk] *a* помéшанный, сумасшéдший

**brain-storm** [ˈbreɪnstɔːm] *n* *разг.* 1) бу́йный припáдок; душéвное потрясéние 2) внезáпная идéя; плодотвóрная мысль

**Brains Trust** [ˈbreɪnztrʌst] *n* мозговóй трест

**brain-tunic** [ˈbreɪnˈtjuːnɪk] *n* мозговáя оболóчка

**brainwash** [ˈbreɪnwɔʃ] **1.** *n* = brainwashing

**2.** *v* *разг.* «промывáть мозги́», подвергáть идеологи́ческой обрабóтке

**brainwashing** [ˈbreɪnˌwɔʃɪŋ] *n* *разг.* «промывáние мозгóв», идеологи́ческая обрабóтка

**brain wave** [ˈbreɪnweɪv] *n* *разг.* счастли́вая мысль, блестя́щая идéя

**brainy** [ˈbreɪnɪ] *a* мозгови́тый, у́мный, спосóбный; остроу́мный

**braird** [ˈbrɛəd] *шотл.* **1.** *n* пéрвый рostóк

**2.** *v* давáть пéрвые ростки́; всходи́ть (*о траве, посевах*)

**braise** [breɪz] **1.** *n* тушёное мя́со

**2.** *v* туши́ть (*мясо*)

**brake** I [breɪk] **1.** *n* тóрмоз

**2.** *v* тормози́ть

**brake** II [breɪk] **1.** *n* 1) трепáло (*для льна, пеньки*) 2) тестомешáлка 3) большáя боронá

**2.** *v* 1) мять, трепáть (*лён, пеньку*) 2) меси́ть (*тесто*) 3) разбивáть кóмья (*бороной*)

**brake** III [breɪk] *n* чáща, кустáрник

**brakeband** [ˈbreɪkbænd] *n* *тех.* тормознáя лéнта

**brakesman** [ˈbreɪksmən] *n* 1) тормознóй конду́ктор 2) *горн.* машини́ст шáхтной подъёмной маши́ны

**brake-van** [ˈbreɪkvæn] *n* тормознóй вагóн

**braky** [ˈbreɪkɪ] *a* зарóсший кустáрником *или* пáпоротником

**bramble** [ˈbræmbl] *n* *бот.* ежеви́ка

**bran** [bræn] *n* óтруби; вы́севки

**brancard** [ˈbræŋkəd] *n* подсти́лка для лóшади

**branch** [brɑːntʃ] **1.** *n* 1) ветвь; вéтка 2) óтрасль; *воен.* род войск. слу́жба 3) филиáл, отделéние 4) ли́ния (*родства*) 5) рукáв (*реки*); ручеёк 6) отрóг (*горной цепи*) 7) ответвлéние (*дороги*) 8) *тех.* тройни́к, отвóд 9) *attr.* вспомогáтельный; ~ establishment (*или* office) филиáл 10) *attr.* ответвля́ющийся, боковóй; ~ line железнодорóжная вéтка; ~ track *ж.-д.* маневрóвый путь, боковóй путь; ~ pipe *тех.* пáтрубок

**2.** *v* 1) раски́дывать вéтви 2) разветвля́ться; расширя́ться; отходи́ть (*обыкн.* ~ out, ~ off, ~ forth)

**branchiae** [ˈbræŋkiiː] *n pl* *зоол.* жáбры

**branchial, branchiate** [ˈbræŋkɪəl, ˈbræŋkɪeɪt] *a* жáберный; жаброви́дный

**branchless** [ˈbrɑːntʃlɪs] *a* 1) без су́чьев 2) без ответвлéний (*о дороге, трубопроводе и т. п.*)

**branchy** [ˈbrɑːntʃɪ] *a* 1) ветви́стый 2) разветвлённый

**brand** [brænd] **1.** *n* 1) головня́; головéшка 2) раскалённое желéзо 3) вы́жженное клеймó; таврó 4) фабри́чное клеймó, фабри́чная мáрка 5) клеймó, печáть позóра 6) сорт, кáчество; of the best ~ вы́сшей мáрки 6) *поэт.* фáкел 7) *поэт.* меч 8) *бот.* головня́ ◇ a ~ from the burning (*или* the fire) человéк, спасённый от грози́вшей емý опáсности

**2.** *v* 1) выжигáть клеймó 2) отпечáтываться в пáмяти, оставля́ть неизглади́мое впечатлéние; it is ~ed on my memory э́то врéзалось мне в пáмять 3) клейми́ть, позóрить

**brandish** [ˈbrændɪʃ] *v* махáть, размáхивать (*мечом, палкой*)

**brandling** [ˈbrændlɪŋ] *n* дождевóй червь

**brand-new** [ˈbrændˈnjuː] *a* совершéнно нóвый; «с игóлочки»

**brandy** [ˈbrændɪ] *n* коня́к, брéнди

**bran-new** [ˈbrænˈnjuː] = brand-new

**brant(-goose)** [ˈbrænt(ˈguːs)] *n* *зоол.* казáрка

**brash** I [bræʃ] **1.** *n* гру́да облóмков

**2.** *a* *разг.* 1) хру́пкий, лóмкий 2) дéрзкий, нахáльный, нáглый

**brash** II [bræʃ] *n* 1) изжóга, ки́слая отры́жка 2) лёгкий при́ступ тошноты́ 3) внезáпный ли́вень

**brass** [brɑːs] **1.** *n* 1) латýнь, жёлтая медь; red ~ томпáк 2) мéдная мемориáльная доскá 3) (the ~) духовы́е инструмéнты, «медь»; double in ~ *амер. sl.* а) игрáющий на двух духовы́х инструмéнтах; б) зарабáтывающий в двух местáх; в) спосóбный, разносторóнний 4) *разг.* медяки́, дéньги 5) *разг.* бессты́дство 6) *воен. жарг.* начáльство; вы́сший воéнный чин, стáрший офицéр 7) *разг.* воéнщина 8) *тех.* вклáдыш

**2.** *a* мéдный, латýнный; ~ plate дощéчка на двéри ◇ to come (*или* to get) down to (the) ~ tacks (*или* nails) добрáться до су́ти дéла; to part ~ rags with smb. *мор. sl.* порвáть дру́жбу с кем-л.

**brassard** [ˈbræsɑːd] *n* нарукáвная повя́зка

**brass band** [ˈbrɑːsˈbænd] *n* духовóй оркéстр

**brass hat** [ˈbrɑːsˈhæt] *n* *воен. жарг.* штабнóй офицéр; высóкий чин

**brassière** [ˈbræsɪə] *фр. n* бюстгáльтер, ли́фчик

**brass knuckles** [ˈbrɑːsˌnʌklz] *n pl* кастéт

**brass works** [ˈbrɑːswəːks] *n* медеплави́льный завóд

**brassy** [ˈbrɑːsɪ] **1.** *a* 1) латýнный, мéдный 2) металли́ческий (*о звуке*) 3) бессты́дный

**2.** *n* клю́шка с мéдным наконéчником (*для игры в гольф*)

**brat** [bræt] *n* 1) *пренебр.* ребёнок; отрóдье 2) *горн.* тóнкий пласт у́гля́ с пири́том

**brattice** [ˈbrætɪs] *n* *горн.* перемы́чка, пáрус

**brattle** [ˈbrætl] *преим. шотл.* **1.** *n* грóхот; тóпот

**2.** *v* грохотáть; топотáть

**bravado** [brəˈvɑːdəu] *n* (*pl* -oes, -os [-əuz]) хвастовствó, бравáда, напускнáя хрáбрость

**brave** [breɪv] **1.** *a* 1) хрáбрый, смéлый 2) превосхóдный, прекрáсный 3) *уст., книжн.* наря́дный ◇ none but the ~ deserve the fair *посл.* ≅ смéлость горoдá берёт

**2.** *n* индéйский вóин

**3.** *v* хрáбро встречáть (*опасность и т. п.*) ◇ to ~ it out вести́ себя́ вызывáюще

**bravery** [ˈbreɪvərɪ] *n* 1) хрáбрость, му́жество 2) великолéпие, наря́дность; показнáя рóскошь

**bravo** [ˈbrɑːˈvəu] *int* брáво!

**brawl** [brɔːl] **1.** *n* 1) шу́мная ссóра; у́личный скандáл 2) журчáние

**2.** *v* 1) ссóриться, кричáть, скандáлить 2) журчáть

**brawler** [ˈbrɔːlə] *n* скандали́ст; крику́н

**brawn** [brɔːn] *n* 1) му́скулы; му́скульная си́ла 2) засóленная *или* консерви́рованная свини́на 3) сту́день из свинóй головы́ и говя́жьих нóжек

**brawny** [ˈbrɔːnɪ] *a* си́льный, му́скули́стый

**bray** I [breɪ] *v* *уст.* толóчь

**bray** II [breɪ] **1.** *n* 1) крик ослá 2) неприя́тный, рéзкий звук

**2.** *v* 1) кричáть (*об осле*) 2) издавáть неприя́тный звук

**braze** [breɪz] *v* 1) пая́ть твёрдым припóем из мéди и ци́нка 2) дéлать твёрдым

**brazen** [ˈbreɪzn] **1.** *a* 1) мéдный; брóнзовый 2) бессты́дный

**2.** *v*: to ~ it out нáгло вести́ себя́; держáться вызывáюще; нáгло выкру́чиваться, изворáчиваться

**brazen-faced** [ˈbreɪznfeɪst] *a* нáглый, бессты́дный

**brazier** I [ˈbreɪzjə] *n* мéдник

**brazier** II [ˈbreɪzjə] *n* жарóвня

**brazil** [ˈbræzɪl] *n* *мин.* сéрный колчедáн, пири́т

**Brazilian** [brəˈzɪljən] **1.** *a* брази́льский

**2.** *n* брази́лец; бразилья́нка

**brazil-nut** [brəˈzɪlˈnʌt] *n* америка́нский (*или* брази́льский) оре́х

**brazil-wood** [brəˈzɪlˈwud] *n* брази́льское де́рево, цезальпи́ния; древеси́на цезальпи́нии

**brazing** [ˈbreɪzɪŋ] **1.** *pres. p.* от braze

**2.** *n* 1) па́йка твёрдым припо́ем 2) *attr.*: ~ spelter твёрдый припо́й; ~ torch пая́льная ла́мпа

**breach** [bri:tʃ] **1.** *n* 1) проло́м, отве́рстие; брешь 2) разры́в (*отношений*) 3) наруше́ние (*закона, обязательства*); ~ of faith злоупотребле́ние дове́рием, вероло́мство; супру́жеская изме́на; ~ of justice несправедли́вость; ~ of order наруше́ние регла́мента; ~ of prison бе́гство из тюрьмы́; ~ of privilege наруше́ние прав парла́мента; ~ of the peace наруше́ние обще́ственного поря́дка; ~ of promise наруше́ние обеща́ния (*особ.* жени́ться) 4) интерва́л 5) *мор.* во́лны, разбива́ющиеся о кора́бль; clean ~ волна́, снося́щая ма́чты *и т. п.* с корабля́; clear ~ волна́, перекати́вшаяся че́рез су́дно не разби́вшись ◇ to heal the ~ положи́ть коне́ц до́лгой ссо́ре; to stand in the ~ приня́ть на себя́ гла́вный уда́р; without a ~ of continuity непреры́вно

**2.** *v* 1) пробива́ть брешь, прола́мывать 2) вы́скочить из воды́ (*о ките*)

**bread** [bred] **1.** *n* 1) хлеб; *перен.* кусо́к хле́ба, сре́дства к существова́нию; daily ~ хлеб насу́щный; to make one's ~ зараба́тывать на жизнь; to take the ~ out of smb.'s mouth отбива́ть хлеб у кого́-л.; ~ and butter а) хлеб с ма́слом, бутербро́д; б) сре́дства к существова́нию; to have one's ~ buttered for life быть материа́льно обеспе́ченным на всю жизнь; ~ buttered on both sides благополу́чие, обеспе́ченность 2) пи́ща; ~ and cheese простая́ *или* ску́дная пи́ща ◇ all ~ is not baked in one oven ≅ лю́ди ра́зные быва́ют; to eat smb.'s ~ and salt быть чьим-л. го́стем; to break ~ with smb. по́льзоваться чьим-л. гостеприи́мством; to eat the ~ of affliction ≅ хлебну́ть го́ря; to know which side one's ~ is buttered ≅ быть себе́ на уме́

**2.** *v* обва́ливать в сухаря́х, панирова́ть

**bread-and-butter** [ˈbredən(d)ˈbʌtə] *a* 1) де́тский, ю́ный, ю́ношеский; ~ miss шко́льница, де́вочка шко́льного во́зраста 2) повседне́вный, прозаи́ческий ◇ ~ letter письмо́, в кото́ром выража́ется благода́рность за гостеприи́мство

**bread-basket** [ˈbredˌbɑ:skɪt] *n* 1) корзи́на для хле́ба 2) гла́вный зерново́й райо́н 3) *sl.* желу́док

**bread-crumb** [ˈbredkrʌm] *n* 1) хле́бный мя́киш 2) *pl* кро́шки хле́ба

**bread-fruit** [ˈbredfru:t] *n* 1) хле́бное де́рево 2) плод хле́бного де́рева

**bread-line** [ˈbredlaɪn] *n амер.* о́чередь безрабо́тных за беспла́тным пита́нием

**bread-stuffs** [ˈbredstʌfs] *n pl* 1) зерно́ 2) мука́

**breadth** [bredθ] *n* 1) ширина́ 2) поло́тнище 3) широта́ (*кругозора, взглядов*); широ́кий разма́х ◇ to a hair's ~ точь-в-то́чь, то́чно; by (within) a hair's ~ of smth. на волоске́ от чего́-л.

**breadthways** [ˈbredθweɪz] *adv* в ширину́

**breadthwise** [ˈbredθwaɪz] = breadthways

**bread-ticket** [ˈbredˌtɪkɪt] *n* хле́бная ка́рточка

**bread-winner** [ˈbredˌwɪnə] *n* 1) корми́лец (семьи́) 2) исто́чник существова́ния

**break** I [breɪk] **1.** *n* 1) отве́рстие; тре́щина; проло́м 2) проры́в 3) переры́в, па́уза; переме́на (*в школе*); coffee ~ переры́в на ча́шку ко́фе 4): ~ of day рассве́т; by the ~ of day на рассве́те 5) *тлг.* тире́-многото́чие 6) раско́л; разры́в (*отношений*); to make a ~ with smb. порва́ть с кем-л. 7) обмо́лвка; оши́бка; to make a bad ~ а) сде́лать оши́бку, ло́жный шаг; б) проговори́ться, обмо́лвиться; в) обанкро́титься 8) *амер.* внеза́пное паде́ние цен 9) *диал.* большо́е коли́чество (*чего-л.*) 10) *разг.* шанс, возмо́жность; to get the ~s испо́льзовать благоприя́тные обстоя́тельства; име́ть успе́х; a lucky ~ уда́ча 11) *хим.* расслое́ние жи́дкости 12) *геол.* разры́в; ма́лый сброс 13) *спорт.* прекраще́ние бо́я при захва́те (*в боксе*) ◇ ~ in the clouds луч наде́жды, просве́т

**2.** *v* (broke; broken) 1) лома́ть(ся), разбива́ть(ся); разруша́ть(ся); рва́ть(-ся), разрыва́ть(ся); взла́мывать 2) рассе́иваться, расходи́ться, расступа́ться 3) прерыва́ть (*сон, молчание, путешествие*); to ~ monotony нару́шить однообра́зие 4) распеча́тывать (*письмо*); отку́поривать (*бутылку, бочку*) 5) прокла́дывать (*дорогу*) 6) разме́нивать (*деньги*) 7) разоря́ть(-ся) 8) разро́знивать (*коллекцию и т. п.*) 9) сломи́ть (*сопротивление, волю*); подорва́ть (*силы, здоровье, могущество*); ослабить; to ~ a fall осла́бить си́лу паде́ния 10) ослабе́ть 11) порыва́ть (*отношения*; with — с *кем-л.*, с *чем-л.*) 12) наруша́ть (*обещание, закон, правило*); to ~ the peace нару́шить поко́й, мир 13): day is ~ing, day ~s (рас)света́ет 14) (*о голосе*) лома́ться; прерыва́ться (*от волнения*) 15) приуча́ть (*лошадь к поводьям*; to); дрессирова́ть, обуча́ть 16) избавля́ть(ся), отуча́ть (of — от *привычки и т. п.*) 17) разжа́ловать 18) вскрыва́ться (*о реке*; *о нарыве*) 19) вы́рваться, сорва́ться; a cry broke from his lips крик сорва́лся с его́ уст 20) поби́ть (*рекорд*) 21) *эл.* прерыва́ть (*ток*); размыка́ть (*цепь*) 22) *текст.* мять, трепа́ть 23) сепари́ровать (*масло от обрата, мёд от воска*) 24) *хим.* осветля́ть (*жидкость*) □ ~ **away** а) убежа́ть, вы́рваться (*из тюрьмы и т. п.*); б) поко́нчить (from — с); в) отдели́ться, отпа́сть; ~ **down** а) разбива́ть, толо́чь; б) разруша́ть(ся); в) сломи́ть (*сопротивление*); г) ухудша́ться, сдава́ть (*о здоровье*); д) разбира́ть (*на части*); дели́ть, подразделя́ть, расчленя́ть; классифици́ровать; е) распада́ться (*на части*); ж) анализи́ровать; з) провали́ться; потерпе́ть неуда́чу; и) не вы́держать, потеря́ть самооблада́ние; ~ **forth** а) вы́рваться; прорва́ться; б) разрази́ться; to ~ forth into tears распла́каться; ~ **in** а) вла́мываться, врыва́ться; б) вмеша́ться (*в разговор и т. п.*; *тж.* on, upon); прерва́ть (*разговор*); в) дрессирова́ть; укроща́ть; объезжа́ть (*лошадей*); дисциплини́ровать; ~ **into** а) вла́мываться; б) разрази́ться (*смехом, слезами*); в): to ~ into smb.'s time отня́ть у кого́-л. вре́мя; г) прерва́ть (*разговор*); д): to ~ into a run побежа́ть; ~ **off** а) отла́мывать; б) внеза́пно прекраща́ть, обрыва́ть (*разговор, дружбу, знакомство и т. п.*); to ~ off action (*или* combat, the fight) *воен.* вы́йти из бо́я; ~ **out** а) выла́мывать; б) (у)бежа́ть (*из тюрьмы*); в) вспы́хивать (*о пожаре, войне, эпидемии и т. п.*); г) разрази́ться; he broke out laughing он расхохота́лся; д) появля́ться; a rash broke out on his body у него́ вы́ступила сыпь; ~ **through** прорва́ться; ~ **up** а) разбива́ть (*на мелкие куски*); to ~ up into groups, categories дели́ть на гру́ппы, катего́рии; классифици́ровать; б) слабе́ть; в) расходи́ться (*о собрании, компании и т. п.*); г) закрыва́ться на кани́кулы; д) распуска́ть (*учеников на каникулы*); е) расформиро́вывать; ж) меня́ться (*о погоде*) ◇ to ~ the back (*или* the neck) of smth. а) уничто́жить, погуби́ть что-либо; б) сломи́ть сопротивле́ние чего́-л.; одоле́ть са́мую тру́дную часть чего́-л.; [*см. тж.* neck 1 ◇]; to ~ a butterfly on the wheel *см.* wheel 1 ◇; to ~ the ice *см.* ice 1, 1); to ~ the ground, to ~ fresh (*или* new) ground а) распа́хивать целину́; б) прокла́дывать но́вые пути́; начина́ть но́вое де́ло; де́лать пе́рвые шаги́ в чём-л.; в) *воен.* нача́ть рытьё око́пов; г) расчища́ть площа́дку (*при строительстве*); рыть котлова́н; to ~ camp снима́ться с ла́геря; to ~ a lance with smb. «лома́ть ко́пья», спо́рить с кем-л.; to ~ the news осторо́жно сообща́ть (неприя́тную) но́вость; to ~ a story опублико́вать (*в газете*) отчёт, сообще́ние, информа́цию; to ~ cover а) вы́браться, вы́йти из укры́тия; б) вы́йти нару́жу; вы́ступить на пове́рхность; to ~ surface всплыть (*о подводной лодке и т. п.*); to ~ bank *карт.* сорва́ть банк; to ~ loose а) вы́рваться на свобо́ду; б) сорва́ться с це́пи; to ~ open взла́мывать; to ~ wind освободи́ться от гáзов; to ~ even остáться при своúх (*в игре*); who ~s, pays *посл.* ≅ сам заварúл кáшу, сам и расхлёбывай; to ~ a secret вы́дать тáйну

**break** II [breɪk] *n* открытый экипáж с двумя́ продóльными скамья́ми

**breakable** [ˈbreɪkəbl] **1.** *a* лóмкий, хру́пкий

**2.** *n pl* хру́пкие предмéты (*посуда и т. п.*)

**breakage** [ˈbreɪkɪdʒ] *n* 1) лóмка; полóмка; авáрия 2) полóманные предмéты; бой 3) компенсáция за полóмку 4) *горн.* отбóйка (*породы, руды*); измельчéние, дроблéние 5) *текст.* обры́вность нúтей

**breakaway** [ˈbreɪkəweɪ] *n* 1) отхóд (*от традиций и т. п.*) 2) *спорт.* отры́в (*от группы в беге, эстафете и т. п.*); ухóд от защúты (*в футболе и т. п.*) 3) *спорт.* фальстáрт 4) *спорт.* прекращéние бóя при захвáте (*в боксе*)

**break-down** [ˈbreɪkdaun] *n* 1) пóлный упáдок сил, здорóвья; nervous ~ нéрвное расстрóйство 2) распáд; развáл 3) полóмка механúзма, машúны; авáрия 4) шу́мный, стремúтельный негритя́нский тáнец 5) разбóрка (*на части*); распределéние; расчленéние; делéние на категóрии; классификáция 6) анáлиз 7) схéма организáции 8) *эл.* пробóй (*диэлектрика*); 9) *attr.*: ~ gang аварúйная комáнда

**breaker** I [ˈbreɪkə] *n* 1) дробúльщик 2) нарушúтель (*закона и т. п.*) 3) отбóйщик 4) буру́н 5) *тех.* дробúлка 6) *эл.* выключáтель; прерывáтель 7) *текст.* мя́ло, трепáлка 8) *гидр.* ледорéз; бык (*моста*) ◇ ~s ahead! впередú опáсность!, берегúсь!

**breaker** II [ˈbreɪkə] *n* небольшóй бочóнок

**breakfast** [ˈbrekfəst] **1.** *n* у́тренний зáвтрак ◇ laugh before ~ you'll cry before supper *посл.* ≅ рáно птáшечка запéла, как бы кóшечка не съéла

**2.** *v* зáвтракать

**breaking** [ˈbreɪkɪŋ] **1.** *pres. p. от* break I, 2

**2.** *n* 1) лóмка, полóмка 2) дроблéние 3) *амер.* подъём целины́, взмёт землú 4) разрушéние волн 5) проры́в плотúны 6) начáло, наступлéние; ~ of September начáло сентября́ 7) *эл.* прерывáние 8) *горн.* отбóйка 9) *текст.* трепáние 10) *attr.*: ~ point *мех.* предéл прóчности; ~ strength *тех.* прóчность на разры́в; ~ test прóба на излóм

**breakneck** [ˈbreɪknek] *a*: at (a) ~ pace (*или* speed) сломя́ гóлову, с головокружúтельной быстротóй

**breakstone** [ˈbreɪkstəun] *n* щéбень

**break-through** [ˈbreɪkˈθruː] *n* 1) кру́пное достижéние, открытие; шаг вперёд в какóй-л óбласти 2) *воен.* проры́в

**break-up** [ˈbreɪkˈʌp] *n* 1) развáл; разру́ха; распáд 2) закры́тие шкóлы (*на каникулы*)

**breakwater** [ˈbreɪkˌwɔːtə] *n* волнолóм, волнорéз; мол

**bream** I [briːm] *n* лещ

**bream** II [briːm] *v* очищáть (*подводную часть корабля*)

**breast** [brest] **1.** *n* 1) грудь 2) грудна́я железá 3) сóвесть, душá 4) *стр.* часть стены́ от подокóнника до пóла 5) отвáл (*плуга*) 6) *горн.* грудь забóя ◇ to make a clean ~ of it чистосердéчно сознáться в чём-л.

**2.** *v* стать грýдью (*против чего-л.*); протúвиться, восставáть

**breast-band** [ˈbrestbænd] *n* шлéйка (*в упряжи*)

**breastbone** [ˈbrestbəun] *n* грудна́я кость; грудúна

**breast-feeding** [ˈbrestˌfiːdɪŋ] *n* вскáрмливание (*младенца*) грýдью

**breast-high** [ˈbrestˈhaɪ] *a* 1) доходя́щий до грудú 2) погружённый по грудь

**breast-pin** [ˈbrestpɪn] *n* булáвка для гáлстука

**breastplate** [ˈbrestpleɪt] *n* 1) нагрýдник (*кирасы*) 2) нагрýдный знак 3) груднóй ремéнь, подпéрсье (*в сбруе*) 4) нúжняя часть щитá (*черепахи*)

**breast-pocket** [ˈbrestˌpɔkɪt] *n* нагрýдный кармáн

**breast-stroke** [ˈbreststrəuk] *n* *спорт.* брасс

**breastwork** [ˈbrestwəːk] *n* 1) *воен.* повы́шенный брýствер 2) *мор.* пóручни

**breath** [breθ] *n* 1) дыхáние; вздох; to be out of ~ запыхáться, задыхáться; to bate (*или* to hold) one's ~ затаúть дыхáние; to take ~ передохнýть; перевестú дух; to draw ~ дышáть; жить; to draw the first ~ родúться, появúться на свет; to draw one's last ~ испустúть дух, умерéть; short of ~ страдáющий оды́шкой; all in a (*или* one) ~, all in the same ~ едúным дýхом; below (*или* under) one's ~ тúхо, шёпотом; second ~ *спорт.* вторóе дыхáние; *перен.* нóвый прилúв энéргии 2) жизнь 3) дуновéние 4) *attr.* *фон.*: ~ consonant глухóй соглáсный ◇ to take smb.'s ~ away удивúть, поразúть когó-л.; to waste (*или* to spend) ~ говорúть на вéтер, пóпусту трáтить словá

**breathalyser, breathalyzer** [ˈbreθəˌlaɪzə] *n* аппарáт для получéния прóбы на алкогóль (*у водителя автомашины*)

**breathe** [briːð] *v* 1) дышáть; вздохнýть, перевестú дух; to ~ again, to ~ freely свобóдно вздохнýть, вздохнýть с облегчéнием 2) жить, существовáть; a better fellow does not ~ лýчше негó нет человéка 3) дать передохнýть 4) издавáть прия́тный зáпах 5) дуть слегкá (*о ветре*) 6) говорúть (тúхо); not to ~ a word не проронúть ни звýка, держáть в секрéте 7) выражáть *что-л.*, дышáть *чем-л.* (*о лице, наружности*) □ ~ **again** почýвствовать облегчéние ◇ to ~ (a) new life into вдохнýть нóвую жизнь (в *кого-л.*, во *что-л.*); to ~ upon марáть репутáцию; to ~ a vein *уст.* пустúть кровь

**breather** [ˈbriːðə] *n* 1) живóе существó 2) дыхáтельное упражнéние 3) корóткая переды́шка 4) респирáтор 5) *тех.* сапýн

**breathing** [ˈbriːðɪŋ] **1.** *pres. p. от* breathe

**2.** *n* 1) дыхáние 2) лёгкое дуновéние 3) *фон.* придыхáние

**3.** *a* (слóвно) живóй, ды́шащий жúзнью (*о статуе и т. п.*)

**breathing-space** [ˈbriːðɪŋspeɪs] *n* переды́шка

**breathless** [ˈbreθlɪs] *a* 1) запыхáвшийся; задыхáющийся 2) затаúвший дыхáние; ~ attention напряжённое внимáние 3) бездыхáнный 4) безвéтренный; неподвúжный (*о воздухе, воде и т. п.*)

**breath-taking** [ˈbreθˌteɪkɪŋ] *a* захвáтывающий, поразúтельный, потрясáющий

**breath-test** [ˈbreθtest] *n* провéрка на алкогóль (*водителей автомашин и т. п.*)

**breccia** [ˈbretʃɪə] *n* *геол.* брéкчия

**bred** [bred] **1.** *past и p. p. от* breed 2

**2.** *a*: ~ in the bone врождённый

**breech** [briːtʃ] *n* 1) я́годица, зад 2) *воен.* казённая часть (*орудия*; *тж.* ~ end)

**breech-block** [ˈbriːtʃblɔk] *n* *воен.* затвóр

**breeches** [ˈbrɪtʃɪz] *n pl* 1) брúджи 2) *разг.* брю́ки ◇ ~ part мужскáя роль, исполня́емая жéнщиной

**breeches-buoy** [ˈbrɪtʃɪzˈbɔɪ] *n* спасáтельная лю́лька (*для снятия людей с аварийного судна*)

**breech-loader** [ˈbriːtʃˌləudə] *n* *воен.* орýдие, заряжáющееся с казённой чáсти

**breech-sight** [ˈbriːtʃsaɪt] *n* *воен.* прицéл

**breed** [briːd] **1.** *n* 1) порóда, плéмя 2) потóмство, поколéние

**2.** *v* (bred) 1) выводúть, разводúть (*животных*); вскáрмливать 2) высúживать (*птенцов*) 3) воспúтывать, обучáть 4) размножáться; to ~ true давáть порóдистый приплóд 5) порождáть; вызывáть ◇ to ~ in and in заключáть брáки мéжду рóдственниками

**breeder** [ˈbriːdə] *n* 1) тот, кто развóдит живóтных; cattle ~ скотовóд; sheep ~ овцевóд 2) производúтель (*о животном*) 3) *тех.* аппаратýра для (расширенного) воспроизвóдства я́дерного тóплива

**breeding** [ˈbriːdɪŋ] **1.** *pres. p. от* breed 2

**2.** *n* 1) разведéние (*животных*); cattle ~ скотовóдство; sheep ~ овцевóдство 2) размножéние 3) хорóшие манéры, воспúтанность 4) *тех.* расширенное воспроизвóдство я́дерного тóплива

**breeze** I [briːz] **1.** *n* 1) лёгкий ветерóк, бриз; *мор.* вéтер 2) *разг.* шум, ссóра, перебрáнка 3) нóвость; слух ◇

to fan the ~s ≅ занима́ться беспло́дным де́лом

2. *v* 1) ве́ять, продува́ть 2) *амер. разг.* промча́ться □ ~ **in** вбежа́ть, влете́ть; ~ **up** крепча́ть (*о ветре*)

**breeze** II [bri:z] *n* о́вод, слепе́нь

**breeze** III [bri:z] *n* каменноуго́льный му́сор; у́гольная пыль; штыб

**breeze block** ['bri:zblɔk] *n стр.* шлакобето́нный блок

**breezy** ['bri:zɪ] *a* 1) све́жий, прохла́дный 2) живо́й, весёлый

**brekker** ['brekə] *n унив. жарг.* за́втрак

**brent(-goose)** ['brent('gu:s)] *n зоол.* каза́рка чёрная

**brer** [brə:] *n диал.* (*сокр. от* brother) бра́тец; B. Rabbit Бра́тец Кро́лик (*сказочный персонаж*)

**brethren** ['breðrɪn] *n* (*pl от* brother) *уст.* собра́тья; бра́тия

**breve** [bri:v] *n* 1) *полигр.* значо́к кра́ткости над гла́сными (ă) 2) *ист.* па́пское бре́ве (*послание*)

**brevet** ['brevɪt] **1.** *n* 1) *воен.* пате́нт на сле́дующий чин без измене́ния окла́да 2) *ав.* пило́тское свиде́тельство

2. *v* присва́ивать сле́дующее зва́ние без измене́ния окла́да

**breviary** ['bri:vjərɪ] *n* 1) сокраще́ние; сокращённое изложе́ние, конспе́кт 2) *церк.* католи́ческий тре́бник

**brevier** [brə'vɪə] *n полигр.* пети́т

**brevity** ['brevɪtɪ] *n* кра́ткость

**brew** [bru:] **1.** *v* 1) вари́ть (*пиво*) 2) сме́шивать; приготовля́ть (*пунш*); зава́ривать (*чай*) 3) замышля́ть (*мятеж, восстание*); затева́ть (*ссору и т. п.*) 4) назрева́ть, надвига́ться; a storm is ~ing гроза́ собира́ется ◇ drink as you have ~ed ≅ что посе́ешь, то и пожнёшь

2. *n* 1) ва́рка (*напитка*) 2) ва́рево; напи́ток (*сваренный и настоянный*)

**brewer** ['bru(:)ə] *n* пивова́р

**brewery** ['bruərɪ] *n* пивова́ренный заво́д

**brewing** ['bru:ɪŋ] **1.** *pres. p. от* brew 1

2. *n* 1) пивоваре́ние 2) коли́чество пи́ва, кото́рое ва́рится за оди́н раз 3) *мор.* скопле́ние грозовы́х туч

**Brewster Sessions** ['bru:stə'seʃənz] *n название инстанции в Англии, выдающей патенты на право торговли спиртными напитками*

**briar** I, II ['braɪə] = brier I *и* II

**bribable** ['braɪbəbl] *a* подкупно́й, прода́жный

**bribe** [braɪb] **1.** *n* взя́тка, по́дкуп

2. *v* подкупа́ть; дава́ть, предлага́ть взя́тку

**briber** ['braɪbə] *n* тот, кто даёт взя́тку, взяткода́тель

**bribery** ['braɪbərɪ] *n* взя́точничество

**bribetaker** ['braɪb,teɪkə] *n* взя́точник; взяткополуча́тель

**bric-à-brac** ['brɪkəbræk] *фр. n* безделу́шки; стари́нные ве́щи

**brick** [brɪk] **1.** *n* 1) кирпи́ч; кли́нкер 2) брусо́к (*мыла, чая и т. п.*); box of ~s де́тские ку́бики 3) *разг.* сла́вный па́рень, молодчи́на ◇ to drop a ~ сде́лать ля́псус, допусти́ть беста́ктность; to have a ~ in one's hat *sl.* быть пья́ным; like a hundred (*или* a thousand) of ~s *разг.* с огро́мной си́лой; like a cat on hot ~s ≅ как на горя́чих у́гольях; to make ~s without straw *библ.* рабо́тать, не име́я ну́жного материа́ла; затева́ть безнадёжное де́ло

2. *a* кирпи́чный ◇ to run one's head against a ~ wall прошиба́ть лбом сте́ну, добива́ться невозмо́жного

3. *v* класть кирпичи́; облицо́вывать *или* мости́ть кирпичо́м □ ~ **in,** ~ **up** закла́дывать кирпича́ми

**brick-bat** ['brɪkbæt] *n* 1) обло́мок кирпича́ 2) нелéстный о́тзыв; ре́зкое замеча́ние

**brick-field** ['brɪkfi:ld] *n* кирпи́чный заво́д

**brick-kiln** ['brɪkkɪln] *n* печь для о́бжига кирпича́

**bricklayer** ['brɪk,leɪə] *n* ка́менщик

**bricklaying** ['brɪk,leɪɪŋ] *n* кла́дка кирпича́

**brickwork** ['brɪkwə:k] *n* кирпи́чная кла́дка

**brickyard** ['brɪkjɑ:d] *n* кирпи́чный заво́д

**bridal** ['braɪdl] **1.** *n* сва́дебный пир, сва́дьба

2. *a* сва́дебный

**bride** [braɪd] *n* неве́ста; новобра́чная ◇ the B. of the Sea «неве́ста мо́ря», Вене́ция

**bridecake** ['braɪdkeɪk] *n* сва́дебный пиро́г

**bridegroom** ['braɪdgrum] *n* жени́х; новобра́чный

**bridesmaid** ['braɪdzmeɪd] *n* подру́жка неве́сты

**bridesman** ['braɪdzmən] *n* ша́фер, дру́жка (*на свадьбе*)

**bridewell** ['braɪdwəl] *n* исправи́тельный дом, тюрьма́

**bridge** I [brɪdʒ] **1.** *n* 1) мост; мо́стик, перемы́чка; ~ of boats понто́нный, плашко́утный мост; raft ~ напла́вной мост; gold (*или* silver) ~ *перен.* путь к почётному отступле́нию 2) капита́нский мо́стик 3) перено́сица 4) кобы́лка (*скрипки, гитары и т. п.*) 5) мост (*для искусственных зубов*) 6) поро́г то́пки 7) *эл.* паралле́льное соедине́ние, шунт

2. *v* 1) соединя́ть мосто́м; наводи́ть мост, стро́ить мост; перекрыва́ть 2) преодолева́ть препя́тствия, выходи́ть из затрудне́ния; to ~ over the difficulties преодоле́ть тру́дности 3) *эл.* шунти́ровать ◇ to ~ a gap ликвиди́ровать разры́в

**bridge** II [brɪdʒ] *n* бридж (*карточная игра*)

**bridge crane** ['brɪdʒkreɪn] *n* порта́льный кран

**bridge-head** ['brɪdʒhed] *n воен.* (предмо́стный) плацда́рм; предмо́стная пози́ция; предмо́стное укрепле́ние; плацда́рм на террито́рии проти́вника, уде́рживаемый до подхо́да основны́х сил

**bridle** ['braɪdl] **1.** *n* 1) узда́, узде́чка; to give a horse the ~ отпусти́ть пово́дья; *перен.* предоста́вить по́лную свобо́ду; to put a ~ on сде́рживать, обу́здывать; to turn ~ поверну́ть наза́д 2) узде́чка (*аэростата*) 3) *мор.* бри́дель

2. *v* 1) взну́здывать 2) обу́здывать, сде́рживать □ ~ **up** а) задира́ть нос, ва́жничать; б) выража́ть негодова́ние

**bridle-hand** ['braɪdlhænd] *n* ле́вая рука́ вса́дника

**bridle-path** ['braɪdlpɑ:θ] *n* (го́рная) вью́чная, верхова́я тропа́

**bridle-rein** ['braɪdlreɪn] *n* по́вод

**brief** [bri:f] **1.** *a* 1) коро́ткий, недо́лгий 2) кра́ткий, сжа́тый; лакони́чный 3) отры́вистый, гру́бый

2. *n* 1) сво́дка, резюме́ 2) *юр.* кра́ткое пи́сьменное изложе́ние де́ла с привлече́нием фа́ктов и докуме́нтов, с кото́рым сторона́ выступа́ет в суде́; to have plenty of ~s име́ть большу́ю пра́ктику (*об адвокате*); to take a ~ принима́ть на себя́ веде́ние де́ла в суде́; to hold a ~ вести́ де́ло в суде́ в ка́честве адвока́та; *перен.* выступа́ть в защи́ту (*кого-л.*); to throw down one's ~ отка́зываться от дальне́йшего веде́ния де́ла 3) *ав.* инстру́кция, дава́емая лётчику пе́ред боевы́м вы́летом 4) па́пское бре́ве ◇ in ~ вкра́тце, в немно́гих слова́х

3. *v* 1) резюми́ровать, составля́ть кра́ткое изложе́ние 2) поруча́ть (адвока́ту) веде́ние де́ла в суде́ 3) *ав.* инструкти́ровать (лётчиков пе́ред боевы́м вы́летом)

**brief-case** ['bri:fkeɪs] *n* портфе́ль

**briefing** ['bri:fɪŋ] **1.** *pres. p. от* brief 3

2. *n* 1) инструкти́вное *или* информацио́нное совеща́ние (*часто для журналистов*), бри́финг 2) инструкта́ж, указа́ние

**briefless** ['bri:flɪs] *a* не име́ющий пра́ктики (*об адвокате*)

**briefly** ['bri:flɪ] *adv* кра́тко, сжа́то

**briefness** ['bri:fnɪs] *n* кра́ткость, сжа́тость

**brier** I ['braɪə] *n* 1) *бот.* э́рика (*род вереска*) 2) кури́тельная тру́бка, сде́ланная из ко́рня э́рики

**brier** II ['braɪə] *n* шипо́вник

**briery** ['braɪərɪ] *a* колю́чий

**brig** [brɪg] *n* 1) бриг, двухма́чтовое су́дно 2) *амер.* помеще́ние для аресто́ванных на вое́нном корабле́

**brigade** [brɪ'geɪd] **1.** *n* 1) брига́да 2) кома́нда, отря́д 3) *attr.* брига́дный; ~ major нача́льник операти́вно-разве́дывательного отделе́ния шта́ба брига́ды

2. *v* формирова́ть брига́ду

**brigadier** [,brɪgə'dɪə] *n воен.* 1) бригади́р 2) брига́дный генера́л

**brigand** ['brɪgənd] *n* разбо́йник, банди́т

**brigandage** ['brɪgəndɪdʒ] *n* разбо́й, банди́тизм

**bright** [braɪt] **1.** *a* 1) я́ркий; блестя́щий; све́тлый 2) я́сный (*о звуке*) 3) све́тлый, прозра́чный (*о жидкости*) 4) полиро́ванный 5) блестя́щий; великоле́пный 6) спосо́бный, смышлёный; живо́й, расторо́пный 7) весёлый ◇ to look on the ~ side (of things) оптимисти́чески смотре́ть на ве́щи

**2.** *adv* я́рко; блестя́ще

**brighten** [ˈbraɪtn] *v* 1) очища́ть, полирова́ть (*металл*); придава́ть блеск 2) проясня́ться 3) улучша́ть(-ся) (*о перспективах и т. п.*)

**brightness** [ˈbraɪtnɪs] *n* я́ркость *и т. д.* [*см.* bright 1]

**Bright's disease** [ˈbraɪtsdɪˈziːz] *n мед.* бра́йтова боле́знь, хрони́ческий нефри́т

**brill** [brɪl] *n зоол.* ка́мбала-ромб

**brilliance, -cy** [ˈbrɪljəns, -sɪ] *n* 1) я́ркость, блеск 2) великоле́пие, блеск

**brilliant** [ˈbrɪljənt] **1.** *n* 1) бриллиа́нт 2) *полигр.* диама́нт

**2.** *a* 1) блестя́щий, сверка́ющий 2) блестя́щий, выдаю́щийся

**brim** [brɪm] **1.** *n* 1) край (*сосуда*) 2) поля́ (*шляпы*)

**2.** *v* наполня́ться до краёв ▭ ~ over перелива́ться че́рез край (*тж. перен*); he ~s over with health он пы́щет здоро́вьем

**brimful** [ˈbrɪmˈful] *a* по́лный до краёв

**brimmer** [ˈbrɪmə] *n* по́лный бока́л, ку́бок

**brimstone** [ˈbrɪmstən] *n уст., разг.* се́ра

**brindled** [ˈbrɪndld] *a* пёстрый, пятни́стый, полоса́тый

**brine** [braɪn] **1.** *n* 1) морска́я вода́ 2) рассо́л; тузлу́к 3) рапа́, соляно́й раство́р 4) *поэт.* мо́ре, океа́н 5) *поэт.* слёзы

**2.** *v* соли́ть, заса́ливать

**Brinell hardness** [brɪˈnelˈhɑːdnɪs] *n тех.* твёрдость по Брине́ллю

**brine pit** [ˈbraɪnpɪt] *n* солева́рня

**bring** [brɪŋ] *v* (brought) 1) приноси́ть, доставля́ть, приводи́ть, привози́ть 2) влечь за собо́й, причиня́ть; доводи́ть (to — до); to ~ to an end довести́ до конца́, заверши́ть; to ~ water to the boil довести́ во́ду до кипе́ния; to ~ to a fixed proportion установи́ть определённое соотноше́ние 3) заставля́ть, убежда́ть; to ~ oneself to do smth. заста́вить себя́ сде́лать что-л. 4) возбужда́ть (*дело*); to ~ an action against smb. возбуди́ть де́ло про́тив кого́-л.; to ~ charges against smb. выдвига́ть обвине́ния про́тив кого́-л. ▭ ~ about а) осуществля́ть; б) вызыва́ть; ~ back а) приноси́ть обра́тно; б) вызыва́ть, воскреша́ть в па́мяти, напомина́ть; ~ down а) снижа́ть (*цены*); б) сбива́ть (*самолёт*); в) подстрели́ть (*птицу*); ~ forth производи́ть, порожда́ть; ~ forward а) выдвига́ть (*предложение*); б) де́лать перено́с (*счёта*) на сле́дующую страни́цу; ~ in а) вводи́ть; б) приноси́ть (*доход*); в) вноси́ть (*законопроект, предложение*); г) выноси́ть (*приговор*); to ~ in guilty выноси́ть обвини́тельный пригово́р; д) ввози́ть, импорти́ровать; ~ into: to ~ into action а) вводи́ть в бой, в де́ло; б) приводи́ть в де́йствие; to ~ into being вводи́ть в де́йствие; to ~ into play приводи́ть в де́йствие; to ~ into step синхронизи́ровать; ~ off а) спаса́ть; б) (успе́шно) заверша́ть; ~ on навлека́ть, вызыва́ть; ~ out а) выска́зывать (*мнение и т. п.*); выявля́ть; б) опублико́вывать; ста́вить (*пьесу*); в) вывози́ть (*девушку в свет*); г) *воен.* снять с фро́нта, отвести́ в тыл; ~ over а) переубеди́ть; привле́чь на свою́ сто́рону; б) приводи́ть с собо́й; ~ round а) приводи́ть в себя́, в созна́ние; б) переубежда́ть; в) доставля́ть; ~ through а) провести́ че́рез (*какие-л. трудности*); б) вы́лечить; в) подгото́вить к экза́менам; ~ to а) приводи́ть в созна́ние; б) *мор.* останови́ть(ся) (*о судне*); ~ together свести́ вме́сте (*спорящих, враждующих*); ~ under а) подчиня́ть; б) включа́ть, заноси́ть (*в графу, категорию и т. п.*); в) осва́ивать; to ~ under cultivation *с.-х.* вводи́ть в культу́ру; ~ up а) приводи́ть, приноси́ть наве́рх; б) вска́рмливать, воспи́тывать; в) поднима́ть (*вопрос*); заводи́ть (*разговор*); г) де́лать изве́стным; д) привлека́ть к суду́; е) *разг.* вы́рвать, стошни́ть; ж) увели́чивать; to ~ up the score *спорт.* увели́чивать счёт; з) *мор.* поста́вить *или* стать на я́корь ◇ to ~ down fire *воен.* откры́ть ого́нь, накры́ть огнём; to ~ to a head обостря́ть; to ~ to bear influence употребля́ть власть, ока́зывать влия́ние; to ~ up to date а) ста́вить в изве́стность; вводи́ть в курс де́ла; б) модернизи́ровать

**brink** [brɪŋk] *n* 1) край (*обрыва, пропасти*); on the ~ of the grave на краю́ моги́лы; on the ~ of ruin на гра́ни разоре́ния 2) бе́рег (*обыкн.* обры́вистый, круто́й)

**brinkmanship** [ˈbrɪŋkmənʃɪp] *n* баланси́рование на гра́ни войны́

**briny** [ˈbraɪnɪ] **1.** *a* солёный

**2.** *n sl.* мо́ре

**briquette** [brɪˈket] *n* брике́т

**brise-bise** [ˈbriːzˈbiːz] *фр. n* занаве́ска (*на нижней части окна*)

**brisk** [brɪsk] **1.** *a* 1) живо́й, оживлённый; прово́рный 2) отры́вистый (*о тоне, манере говорить*) 3) све́жий (*о ветре*) 4) шипу́чий (*о напитках*)

**2.** *v* оживля́ть(ся) (*обыкн.* ~ up); ▭ ~ about бы́стро дви́гаться

**brisket** [ˈbrɪskɪt] *n* груди́нка

**bristle** [ˈbrɪsl] **1.** *n* щети́на ◇ to set up one's ~s ощети́ниться, рассерди́ться

**2.** *v* 1) ощети́ниться 2) поднима́ться ды́бом 3) рассерди́ться; рассвирепе́ть 4) изоби́ловать (with); to ~ with difficulties (quotations) изоби́ловать тру́дностями (цита́тами)

**bristly** [ˈbrɪstlɪ] *a* щети́нистый; жёсткий; колю́чий

**Bristol board** [ˈbrɪstlbɔːd] *n* бри́стольский карто́н

**Bristol fashion** [ˈbrɪstlˌfæʃən] *a мор.* (находя́щийся) в образцо́вом поря́дке

**Britannia** [brɪˈtænjə] *n поэт.* Великобрита́ния (*тж. олицетворение Великобритании в виде женской фигуры на монетах и т. п.*)

**Britannia metal** [brɪˈtænjəˌmetl] *n* брита́нский мета́лл (*сплав олова, меди, сурьмы, иногда цинка*)

**Britannic** [brɪˈtænɪk] *a* брита́нский (*в дипломатическом титуле короля или царствующей королевы*)

**Briticism** [ˈbrɪtɪsɪzm] *n* англици́зм; идио́ма, типи́чная для англича́н, но не употребля́емая в США

**British** [ˈbrɪtɪʃ] **1.** *a* (велико)брита́нский; англи́йский; ~ thermal unit *тех.* брита́нская теплова́я едини́ца ◇ ~ warm коро́ткая тёплая шине́ль (*для офицеров*)

**2.** *n* (the ~) *pl собир.* англича́не, брита́нцы

**Britisher** [ˈbrɪtɪʃə] *n амер. разг.* брита́нец, англича́нин

**Britishism** [ˈbrɪtɪʃɪzm] = Briticism

**Briton** [ˈbrɪtn] *n* 1) *ист.* бритт 2) брита́нец, англича́нин; North ~ шотла́ндец

**brittle** [ˈbrɪtl] *a* хру́пкий, ло́мкий

**broach** [brəutʃ] **1.** *n* 1) ве́ртел 2) шпиль це́ркви (*тж.* ~ spire) 3) *тех.* развёртка; протя́жка

**2.** *v* 1) де́лать проко́л, отве́рстие; поча́ть (*бочку вина*); откры́ть (*бутылку вина*) 2) оглаcи́ть; нача́ть обсужда́ть (*вопрос*); to ~ a subject подня́ть разгово́р о чём-л.; откры́ть диску́ссию 3) *тех.* развёртывать, протя́гивать, прошива́ть отве́рстие 4) обтёсывать (*камень*) 5) *горн.* нача́ть разрабо́тку (*шахты и т. п.*)

**broad** [brɔːd] **1.** *a* 1) широ́кий 2) обши́рный; просто́рный 3) широ́кий, свобо́дный, терпи́мый 4) о́бщий, да́нный в о́бщих черта́х 5) гла́вный, основно́й 6) я́сный, я́вный, я́сно вы́раженный; in ~ daylight средь бе́ла дня; ~ hint я́сный намёк; ~ Scotch ре́зкий шотла́ндский акце́нт 7) гру́бый, неприли́чный; ~ joke гру́бая шу́тка 8) *фон.* откры́тый (*о звуке*) ◇ it is as ~ as it is long ≅ то же на то же выхо́дит; что в лоб, что по́ лбу

**2.** *adv* 1) широко́ 2) свобо́дно, откры́то 3) вполне́; ~ awake вполне́ очну́вшись от сна *или* просну́вшись 4) с ре́зким акце́нтом

**3.** *n* 1) широ́кая часть (*спины, спинки*) 2) *груб.* де́вка, ба́ба

**broad arrow** [ˈbrɔːdˈærəu] *n* англи́йское прави́тельственное клеймо́

**broad-brim** [ˈbrɔːdbrɪm] *n* 1) широкопо́лая шля́па 2) *разг.* ква́кер

**broadcast** [ˈbrɔːdkɑːst] **1.** *n* 1) радиовеща́ние; TV ~ телеви́дение, телевизио́нное веща́ние 2) радиопереда́ча; телепереда́ча

2. *a* 1) радиовеща́тельный; ~ appeal обраще́ние по ра́дио 2) посе́янный вразбро́с, разбро́санный, рассе́янный

3. *v* 1) передава́ть по ра́дио; вести́ радиопереда́чу; веща́ть 2) передава́ть по телеви́дению 3) распространя́ть 4) разбра́сывать (*семена и т. п.*)

**broadcaster** ['brɔːdkɑːstə] *n* ди́ктор

**broadcasting** ['brɔːdkɑːstɪŋ] *n* радиовеща́ние, трансля́ция; радиопереда́ча

**broadcloth** ['brɔːdklɔθ] *n* 1) то́нкое чёрное сукно́ с шелкови́стой отде́лкой двойно́й ширины́ 2) бума́жная *или* шёлковая ткань в ру́бчик

**broaden** ['brɔːdn] *v* расширя́ть(ся)

**broad-gauge** ['brɔːdgeɪdʒ] *a* 1) *ж.-д.* ширококоле́йный 2) широ́ких взгля́дов; либера́льный

**broadly** ['brɔːdlɪ] *adv* широко́ *и т. д.* [*см.* broad 1]; ~ speaking вообще́ говоря́; в о́бщих черта́х

**broadminded** ['brɔːd'maɪndɪd] *a* с широ́кими взгля́дами, с широ́ким кругозо́ром; терпи́мый; либера́льный

**broadness** ['brɔːdnɪs] *n* гру́бость (*речи, шутки*)

**broadsheet** ['brɔːdʃiːt] *n* большо́й лист бума́ги с печа́тным те́кстом на одно́й стороне́; листо́вка; плака́т

**broadside** ['brɔːdsaɪd] *n* 1) борт (*корабля*) 2) ору́дия одного́ бо́рта; бортово́й залп; to give a ~ *мор.* дать бортово́й залп 3) град бра́ни, упрёков *и т. п.*; to give smb. a ~ обру́шиться на кого́-л. 4) = broadsheet

**broadsword** ['brɔːdsɔːd] *n* пала́ш

**broadtail** ['brɔːdteɪl] *n* каракульча́

**broadways** ['brɔːdweɪz] *adv* вширь, в ширину́, поперёк

**broadwise** ['brɔːdwaɪz] = broadways

**brocade** [brəu'keɪd] *n* парча́

**brocaded** [brəu'keɪdɪd] *a* парчо́вый

**brochure** ['brəuʃjuə] *n* брошю́ра

**brock** [brɔk] *n* 1) барсу́к 2) *разг.* гря́зный тип, подо́нок

**brocket** ['brɔkɪt] *n* двухгодова́лый оле́нь

**brogue** I [brəug] *n* гру́бый башма́к

**brogue** II [brəug] *n* провинциа́льный (*особ.* ирла́ндский) акце́нт

**broidery** ['brɔɪdərɪ] = embroidery

**broil** I [brɔɪl] *n* шум, ссо́ра

**broil** II [brɔɪl] **1.** *n* 1) жар 2) жа́реное мя́со

2. *v* 1) жа́рить(ся) на огне́ 2) *разг.* жа́риться на со́лнце 3) горе́ть, бу́рно пережива́ть; to ~ with impatience горе́ть нетерпе́нием

**broiler** I ['brɔɪlə] *n* 1) бро́йлер, потрошёный мясно́й цыплёнок (*вес до 1 кг*) 2) *разг.* о́чень жа́ркий день

**broiler** II ['brɔɪlə] *n разг.* зачи́нщик ссор, задира, забия́ка

**broke** [brəuk] **1.** *past от* break I, 2

2. *уст. p. p. от* break I, 2

3. *a* 1) разорённый; to go ~ разори́ться 2) *уст.* распа́ханный

**broken** ['brəukən] **1.** *p. p. от* break I, 2

2. *a* 1) сло́манный, разби́тый; ~ stone щёбень 2) нару́шенный (*о законе, обещании*) 3) разорённый, разори́вшийся 4) ло́маный (*о языке*) 5) преры́вистый (*о голосе, сне*) 6) вы́езженный (*о лошади*) 7) неусто́йчивый, переме́нчивый (*о погоде*) 8) осла́бленный, подо́рванный (*о здоровье*) 9) сло́мленный, сокрушённый; ~ spirits уны́ние ◇ ~ bread (*или* meat) оста́тки пи́щи; ~ tea спито́й чай; ~ ground а) пересечённая ме́стность; б) вспа́ханная земля́; ~ money ме́лкие де́ньги; ме́лочь; ~ numbers дро́би; ~ water неспоко́йное мо́ре

**broken-bellied** ['brəukən'belɪd] *a* страда́ющий гры́жей

**broken-down** ['brəukən'daun] *a* 1) надло́мленный, сло́мленный; разби́тый 2) поло́манный; вы́шедший из стро́я

**broken-hearted** ['brəukən'hɑːtɪd] *a* уби́тый го́рем; с разби́тым се́рдцем

**brokenly** ['brəukənlɪ] *adv* 1) уры́вками 2) су́дорожно; отры́висто

**broken wind** ['brəukənwɪnd] *n вет.* оды́шка, запа́л (*у лошади*)

**broker** ['brəukə] *n* 1) ма́клер, комиссионе́р; посре́дник; insurance ~ страхово́й аге́нт 2) торго́вец подёржанными веща́ми 3) оце́нщик 4) лицо́, производя́щее прода́жу опи́санного иму́щества

**brokerage** ['brəukərɪdʒ] *n* 1) ма́клерство 2) комиссио́нное вознагражде́ние

**broking** ['brəukɪŋ] *n* ма́клерство, посре́дничество

**brolly** ['brɔlɪ] *n sl.* 1) (*сокр. от* umbrella) зо́нтик 2) парашю́т 3) *attr.*: ~ hop прыжо́к с парашю́том

**bromide** ['brəumaɪd] *n* 1) *хим.* бро́ми́д, бро́мистое соедине́ние 2) снотво́рное 3) зауря́дный, бана́льный челове́к 4) изби́тая, стереоти́пная фра́за, бана́льность

**bromine** ['brəumiːn] *n хим.* бром

**bronchi, bronchia** ['brɔŋkaɪ, 'brɔŋkɪə] *n pl анат.* бро́нхи

**bronchial** ['brɔŋkjəl] *a* бронхиа́льный

**bronchitis** [brɔŋ'kaɪtɪs] *n* бронхи́т

**broncho** ['brɔŋkəu] = bronco

**bronco** ['brɔŋkəu] *n* (*pl* -os [-əuz]) *амер.* полуди́кая ло́шадь

**bronze** [brɔnz] **1.** *n* 1) бро́нза 2) изде́лия из бро́нзы 3) порошо́к для бронзиро́вки 4) *спорт.* бро́нзовая меда́ль

2. *a* бро́нзовый

3. *v* 1) бронзи́ровать 2) загора́ть на со́лнце

**bronzed** [brɔnzd] **1.** *p. p. от* bronze 3

2. *a* 1) бро́нзовый, цве́та бро́нзы 2) загоре́лый

**brooch** [brəutʃ] *n* брошь

**brood** I [bruːd] **1.** *n* 1) вы́водок; *пренебр.* семья́; де́ти 2) ста́я; толпа́; ку́ча

2. *v* 1) сиде́ть на я́йцах 2) размышля́ть (*особ. грустно*; on, over — над); вына́шивать (*в уме, в душе*) 3) нависа́ть (*об облаках, тьме и т. п.*) 4) тяготи́ть (*о заботах*)

**brood** II [bruːd] *n геол.* пустая́ поро́да

**brooder** ['bruːdə] *n* 1) челове́к, постоя́нно погружённый в разду́мье (*обыкн. мрачное*) 2) бру́дер (*аппарат для выращивания цыплят, выведенных в инкубаторе*)

**brood-hen** ['bruːdhen] *n* насе́дка, клу́ша

**brood-mare** ['bruːdmɛə] *n* племенна́я кобы́ла, конема́тка

**broody** ['bruːdɪ] **1.** *n* клу́ша, насе́дка

2. *a* 1) выси́живающая я́йца (*о наседке*) 2) заду́мчивый; пода́вленный

**brook** I [bruk] *v* терпе́ть, выноси́ть (*в отриц. предложениях*); the matter ~s no delay де́ло не те́рпит отлага́тельства

**brook** II [bruk] *n* ручей́

**brooklet** ['bruklɪt] *n* ручеёк

**broom** **1.** *n* 1) [brum] метла́, ве́ник 2) [bruːm] *бот.* раки́тник ◇ a new ~ «но́вая метла́», но́вое нача́льство; a new ~ sweeps clean *посл.* но́вая метла́ чи́сто метёт

2. *v* [brum] мести́, подмета́ть

**broom-stick** ['brumstɪk] *n* метлови́ще ◇ to marry over the ~ повенча́ть(-ся) вокру́г раки́тового куста́

**broth** [brɔθ] *n* суп, похлёбка, мясно́й отва́р, бульо́н; Scotch ~ перло́вый суп ◇ a ~ of a boy сла́вный па́рень, моло́де́ц

**brothel** ['brɔθl] *n* публи́чный дом

**brother** ['brʌðə] *n* (*pl* brothers [-z]; *см. тж.* brethren) 1) брат; ~ german родно́й брат; ~s uterine единоутро́бные бра́тья; sworn ~s назва́ные бра́тья, побрати́мы 2) собра́т; колле́га; ~ in arms собра́т по ору́жию; ~ of the brush собра́т по ки́сти (*художник*); ~ of the quill собра́т по перу́ (*писатель*) 3) земля́к ◇ B. Jonathan *шутл.* я́нки (*прозвище американцев*)

**brotherhood** ['brʌðəhud] *n* 1) бра́тство 2) бра́тские, дру́жеские отноше́ния; the ~ of nations бра́тство наро́дов 3) лю́ди одно́й профе́ссии 4) *амер.* профсою́з железнодоро́жников

**brother-in-law** ['brʌðərɪnlɔː] *n* (*pl* brothers-in-law) зять (*муж сестры*); шу́рин (*брат жены*); своя́к (*муж свояченицы*); де́верь (*брат мужа*)

**brotherly** ['brʌðəlɪ] **1.** *a* бра́тский

2. *adv* по-бра́тски

**brothers-in-law** ['brʌðəzɪnlɔː] *pl от* brother-in-law

**brougham** ['bru(ː)əm] *n* 1) одноко́нная двухме́стная каре́та 2) *авто* брога́м (*тип кузова*)

**brought** [brɔːt] *past и p. p. от* bring

**brow** I [brau] *n* 1) бровь; to knit (*или* to bend) the (*или* one's) ~s хму́рить бро́ви, (на)хму́риться; насу́питься 2) *поэт.* лоб, чело́ 3) выраже́ние лица́; вид, нару́жность 4) высту (*скалы и т. п.*) 5) *горн.* кро́мка усту́па, бро́вка

**brow** II [brau] *n мор. уст.* мостки́, схо́дни

**brow-ague** [ˈbrauˈeɪgjuː] *n* мигре́нь

**browbeat** [ˈbraubiːt] *v* запу́гивать, застраща́ть

**brown** [braun] **1.** *a* 1) кори́чневый; бу́рый; ~ bread хлеб из непросе́янной муки́; ~ paper гру́бая обёрточная бума́га; ~ powder бу́рый ды́мный по́рох 2) сму́глый; загоре́лый 3) ка́рий (*о глазах*) 4) *текст.* суро́вый, небелёный ◇ ~ study глубо́кое разду́мье; мра́чное настрое́ние; ~ sugar бастр, жёлтый са́харный песо́к; ~ ware гли́няная посу́да; to do ~ *разг.* обману́ть, наду́ть, обжу́лить

**2.** *n* 1) кори́чневый цвет; кори́чневая кра́ска 2) *sl.* медя́к

**3.** *v* 1) де́лать(ся) тёмным, кори́чневым; загора́ть 2) поджа́ривать, подрумя́нивать 3) ворони́ть (*металл*)

**brown coal** [ˈbraunkəul] *n* лигни́т, бу́рый у́голь

**browned off** [ˈbraundˈɔf] *a sl.* раздражённый; I'm ~ with it мне э́то осточерте́ло

**brownie** I [ˈbraunɪ] *n* тип фотографи́ческого аппара́та

**brownie** II [ˈbraunɪ] *n* домово́й

**brownie** III [ˈbraunɪ] *n* де́вочка-скаут мла́дшего во́зраста

**brownie** IV [ˈbraunɪ] *n* шокола́дное пиро́жное с оре́хами

**browning** I [ˈbraunɪŋ] *n* бра́унинг

**browning** II [ˈbraunɪŋ] **1.** *pres. p. от* brown 3

**2.** *n* 1) поджа́ривание 2) припра́ва (*для соуса*) 3) глазуро́вка (*гончарных изделий*)

**brownout** [ˈbraunˈaut] *n* 1) *амер.* уменьше́ние освеще́ния у́лиц и витри́н (*для экономии электроэнергии*) 2) части́чное затемне́ние

**browse** [brauz] **1.** *n* 1) молоды́е побе́ги 2) ощи́пывание молоды́х побе́гов

**2.** *v* 1) объеда́ть, ощи́пывать ли́стья, молоды́е побе́ги (on) 2) *распр.* пасти́сь (on) 3) чита́ть, занима́ться беспоря́дочно; пролиста́ть, прогляде́ть; небре́жно рассма́тривать (*товары и т. п.*)

**Bruin** [ˈbru(ː)ɪn] *n* Ми́шка (*прозвище медведя в фольклоре*)

**bruise** [bruːz] **1.** *n* 1) синя́к, кровоподтёк; уши́б; конту́зия 2) поврежде́ние (*растений, фруктов*)

**2.** *v* 1) подставля́ть синяки́; ушиба́ть; конту́зить 2) повреди́ть, помя́ть (*растения, фрукты*) 3) толо́чь 4) нести́сь сломя́ го́лову (*тж.* ~ along)

**bruiser** [ˈbruːzə] *n* 1) боксёр-профессиона́л; боре́ц 2) *тех.* прибо́р для шлифо́вки опти́ческих стёкол

**bruit** [bruːt] *уст.* **1.** *n* молва́, слух

**2.** *v* распуска́ть слух; it is ~ed about (*или* abroad) that хо́дят слу́хи, что

**brumal** [ˈbruːməl] *a* зи́мний

**brumby** [ˈbrʌmbɪ] *n австрал. разг.* необъе́зженная ло́шадь

**brume** [bruːm] *n* тума́н, мгла; ды́мка; испаре́ние

**Brummagem** [ˈbrʌmədʒəm] **1.** *n* дешёвое, низкопро́бное *или* подде́льное изде́лие; *тж.* фальши́вая моне́та (*от диал. и презр. названия г. Бирмингема, где в XVII в. чеканились фальшивые деньги*)

**2.** *a* 1) дешёвый; подде́льный 2) сде́ланный в Би́рмингеме

**brumous** [ˈbruːməs] *a* мгли́стый, тума́нный

**brunch** [brʌntʃ] *n разг.* по́здний за́втрак (*заменяющий первый и второй завтрак*)

**brunette** [bruːˈnet] *n* брюне́тка

**Brunswick line** [ˈbrʌnzwɪkˈlaɪn] *n ист.* Ганно́верская дина́стия (*1714—1901 гг.*)

**brunt** [brʌnt] *n* 1) гла́вный уда́р, ата́ка; to bear the ~ приня́ть на себя́, вы́держать гла́вный уда́р (*неприятеля*) 2) кри́зис

**brush** [brʌʃ] **1.** *n* 1) щётка 2) кисть; the ~ иску́сство худо́жника; to give it another ~ порабо́тать над чем-л. ещё, оконча́тельно отде́лать что-л. 3) хвост (*особ. лисий*) 4) чи́стка щёткой; to have a ~ почи́стить щёткой 5) сса́дина 6) сты́чка, столкнове́ние 7) лёгкое прикоснове́ние 8) *австрал.* ни́зкий куста́рник 9) *эл.* щётка

**2.** *v* 1) чи́стить щёткой 2) причёсывать (*волосы*) 3) легко́ каса́ться, задева́ть 4) обса́живать куста́рником □ ~ **against** слегка́ задева́ть; ~ **aside** а) сма́хивать; б) отде́лываться, отстраня́ть от себя́; отма́хиваться; ~ **away** отчища́ть, счища́ть; отмета́ть; ~ **by** прошмыгну́ть ми́мо; ~ **off** а) удаля́ть, устраня́ть; б) бы́стро убежа́ть; в) отма́хиваться; ~ **up** а) чи́стить(ся); приводи́ть (себя́) в поря́док; б) освежа́ть (*знания*); I must ~ up my French мне ну́жно освежи́ть в па́мяти францу́зский язы́к

**brush-fire war** [ˈbrʌʃˌfaɪəˈwɔː] *n разг.* лока́льная война́

**brush-off** [ˈbrʌʃˈɔf] *n амер. разг.* отка́з, неприня́тие уха́живания

**brush-up** [ˈbrʌʃʌp] *n* повторе́ние, восстановле́ние в па́мяти; I must give my French a ~ мне ну́жно освежи́ть свои́ зна́ния францу́зского языка́, мне на́до подзаня́ться францу́зским (языко́м)

**brushwood** [ˈbrʌʃwud] *n* 1) за́росль, куста́рник 2) хво́рост, вале́жник

**brush-work** [ˈbrʌʃwəːk] *n* мане́ра письма́ (*живописца*)

**brushy** I [ˈbrʌʃɪ] *a* 1) похо́жий на щётку; щети́нистый 2) гру́бый, шерохова́тый

**brushy** II [ˈbrʌʃɪ] *a* покры́тый куста́рником

**brusque** [brusk] **1.** *a* отры́вистый, ре́зкий; бесцеремо́нный

**2.** *v* обходи́ться гру́бо, бесцеремо́нно (*с кем-л.*)

**brut** [bruːt] *a* сухо́й (*о вине*)

**brutal** [ˈbruːtl] *a* 1) жесто́кий, зве́рский 2) *разг.* отврати́тельный

**brutality** [bruːˈtælɪtɪ] *n* жесто́кость, зве́рство

**brutalize** [ˈbruːtəlaɪz] *v* 1) доводи́ть до звероподо́бного состоя́ния 2) доходи́ть до звероподо́бного состоя́ния 3) обходи́ться гру́бо и жесто́ко

**brute** [bruːt] **1.** *n* 1) живо́тное 2) жесто́кий, гру́бый *или* глу́пый и тупо́й челове́к; «скоти́на» 3) (the ~) (*употр. как pl*) гру́бые, живо́тные инсти́нкты

**2.** *a* 1) гру́бый; живо́тный, чу́вственный 2) жесто́кий 3) неразу́мный, бессмы́сленный

**brutish** [ˈbruːtɪʃ] *a* 1) гру́бый; зве́рский; звероподо́бный 2) тупо́й

**bryology** [braɪˈɔlədʒɪ] *n* бриоло́гия, нау́ка о мхах

**bubal** [ˈbjuːbəl] *n* североафрика́нская антило́па

**bubble** [ˈbʌbl] **1.** *n* 1) пузы́рь 2) пузырёк во́здуха *или* га́за (*в жидкости*); пузырёк во́здуха (*в стекле*) 3) ду́тое предприя́тие, «мы́льный пузы́рь»

**2.** *v* 1) пузы́риться; кипе́ть 2) бить ключо́м (*тж.* ~ over, ~ up); he ~d over with fun он был неистощи́м на шу́тки 3) журча́ть (*о речи*) 4) *уст.* обма́нывать, дура́чить

**bubble-and-squeak** [ˈbʌblənˈskwiːk] *n* жарко́е из холо́дного варёного мя́са с овоща́ми

**bubble car** [ˈbʌblˈkɑː] *n* ми́ни-кар с прозра́чной кры́шей

**bubble gum** [ˈbʌblˌgʌm] *a амер.* надувна́я жева́тельная рези́нка

**bubbler** [ˈbʌblə] *n амер.* фонта́нчик для питья́

**bubbly** [ˈbʌblɪ] **1.** *a* 1) пе́нящийся (*о вине*) 2) пузы́рчатый (*о стекле*)

**2.** *n разг.* шампа́нское

**bubbly-jock** [ˈbʌblɪdʒɔk] *n* индю́к

**bubo** [ˈbjuːbəu] *n* (*pl* -oes [-əuz]) *мед.* бубо́н

**bubonic** [bju(ː)ˈbɔnɪk] *a мед.* бубо́нный

**bubonocele** [bju(ː)ˈbɔnəsiːl] *n мед.* пахова́я гры́жа

**bubs** [bʌbz] *n pl груб.* бюст

**buccaneer** [ˌbʌkəˈnɪə] **1.** *n* пира́т

**2.** *v* занима́ться морски́м разбо́ем

**buccinator** [ˈbʌksɪneɪtə] *n* щёчный му́скул, му́скул труба́чей

**buck** I [bʌk] **1.** *n* 1) саме́ц (*оленя, антилопы, зайца, кролика*) 2) *уст.* де́нди, щёголь; old ~ дружи́ще, старина́ 3) *презр.* южноамерика́нский инде́ец 4) *амер. разг.* до́ллар 5) ма́рка в по́кере, ука́зывающая, чья сда́ча 6) брыка́ние ◇ to pass the ~ to *амер.* сва́ливать отве́тственность на *другого*

**2.** *v* 1) станови́ться на дыбы́; брыка́ться 2) *амер. разг.* выслу́живаться □ ~ **against** *амер.* проти́виться, выступа́ть про́тив; ~ **along** трясти́сь в экипа́же; ~ **off** сбра́сывать (*с седла*); ~ **up** (*особ. в imp.*) *разг.* а) встряхну́ться, оживи́ться, прояви́ть эне́ргию;

б) спеши́ть ◇ much ~ed дово́льный, оживлённый

**buck** II [bʌk] **1.** *n амер.* 1) ко́злы для пи́лки дров 2) козёл (*гимнастический снаряд*)

**2.** *v* 1) распи́ливать (*деревья*) на брёвна 2) дроби́ть (*руду*)

**buck** III [bʌk] **1.** *n* щёлок

**2.** *v* бу́чить; стира́ть в щёлоке

**bucket** [ˈbʌkɪt] **1.** *n* 1) ведро́; бадья́ 2) черпа́к, ковш (*землечерпалки и т. п.*); гре́йфер 3) по́ршень насо́са 4) подъёмная клеть, лю́лька 5) большо́е коли́чество ◇ to give the ~ увольня́ть со слу́жбы; to kick the ~ протяну́ть но́ги, умере́ть

**2.** *v* 1) че́рпать 2) гнать ло́шадь изо все́х сил; скака́ть сломя́ го́лову; спеши́ть 3) нава́ливаться (*на вёсла при гребле*)

**bucket seat** [ˈbʌkɪtsi:t] *n* одноме́стное сиде́нье (*в самолёте или автомобиле*)

**bucket-shop** [ˈbʌkɪtʃɔp] *n* биржева́я конто́ра, в кото́рой нелега́льно ведётся спекуляти́вная игра́

**buck-eye** [ˈbʌkaɪ] *n* 1) ко́нский кашта́н 2) *амер. разг.* жи́тель шта́та Ога́йо

**buck-horn** [ˈbʌkhɔ:n] *n* оле́ний рог (*материал*)

**bucking** I [ˈbʌkɪŋ] **1.** *pres. p. от* buck III, 2

**2.** *n* щелоче́ние; бу́чение (*белья*)

**bucking** II [ˈbʌkɪŋ] **1.** *pres. p. от* buck II, 2

**2.** *n* дробле́ние *или* измельче́ние руды́

**bucking** III [ˈbʌkɪŋ] *pres. p. от* buck I, 2

**Buckingham Palace** [ˈbʌkɪŋəmˈpælɪs] *n* Букинге́мский дворе́ц (*лондонская резиденция короля*)

**buckish** [ˈbʌkɪʃ] *a* щегольско́й, фатова́тый

**buckle** [ˈbʌkl] **1.** *n* 1) пря́жка 2) изги́б, проги́б (*вертикальный*) 3) *тех.* хому́тик, скоба́, стя́жка ◇ to cut the ~ подпры́гивать, присту́кивать каблука́ми (*в танце*)

**2.** *v* 1) застёгивать пря́жку 2) *шутл. разг.* жени́ться 3) пригото́виться (for); принима́ться энерги́чно за де́ло 4) сгиба́ть; гнуть, выгиба́ть 5) сгиба́ться (*от давления*) ▭ ~ **up** коро́биться

**buckler** [ˈbʌklə] **1.** *n* 1) небольшо́й кру́глый щит 2) *мор.* кру́глый ста́вень 3) защи́та, прикры́тие

**2.** *v* защища́ть; заслоня́ть

**bucko** [ˈbʌkəu] *мор. sl.* **1.** *n* (*pl* -oes [-əuz]) хвасту́н

**2.** *a* хвастли́вый, чванли́вый

**buckram** [ˈbʌkrəm] **1.** *n* 1) клеёнка; клеёный холст 2) чо́порность

**2.** *a* чо́порный

**bucksaw** [ˈbʌksɔ:] *n* лучко́вая пила́

**buck-shot** [ˈbʌkʃɔt] *n* кру́пная дробь, карте́чь

**buckskin** [ˈbʌkskɪn] *n* 1) оле́нья ко́жа 2) *pl* штаны́ из оле́ньей ко́жи

**buckthorn** [ˈbʌkθɔ:n] *n бот.* круши́на

**buck-tooth** [ˈbʌktu:θ] *n* торча́щий зуб

**buckwheat** [ˈbʌkwi:t] *n* 1) гречи́ха 2) *attr.* гре́чневый; ~ cakes *амер.* греча́шные блины́ *или* ола́дьи

**bucolic** [bju:(:)ˈkɔlɪk] **1.** *a* 1) буколи́ческий 2) *шутл.* се́льский

**2.** *n* 1) (*обыкн. pl*) буко́лика 2) буколи́ческий поэ́т 3) *шутл.* се́льский жи́тель

**bud** [bʌd] **1.** *n* 1) по́чка; in ~ в пери́оде почкова́ния 2) буто́н 3) *разг.* де́вушка-подро́сток 4) *ласк.* кро́шка *и т. п.* 5) = buddy ◇ to nip (*или* to check, to crush) in the ~ пресе́чь в ко́рне, подави́ть в заро́дыше; ~ of promise *амер.* подаю́щая наде́жды дебюта́нтка

**2.** *v* 1) дава́ть по́чки, пуска́ть ростки́ 2) *с.-х.* привива́ть глазко́м 3) развива́ться

**Buddha** [ˈbudə] *n* Бу́дда

**buddhism** [ˈbudɪzm] *n* будди́зм

**buddhistic** [buˈdɪstɪk] *a* будди́йский

**budding** [ˈbʌdɪŋ] **1.** *pres. p. от* bud 2

**2.** *a* подаю́щий наде́жды; многообеща́ющий

**3.** *n с.-х.* окулиро́вка; приви́вка глазко́м

**buddy** [ˈbʌdɪ] *n амер. разг.* дружи́ще, прия́тель ◇ ~ seat коля́ска мотоци́кла

**budge** I [bʌdʒ] *v* (*в отриц. предложениях*) 1) шевели́ться 2) пошевельну́ть, сдви́нуть с ме́ста

**budge** II [bʌdʒ] *n* овчи́на

**budget** [ˈbʌdʒɪt] **1.** *n* 1) бюдже́т; фина́нсовая сме́та 2) запа́с; a ~ of news ку́ча новосте́й 3) *уст.* су́мка и её содержи́мое

**2.** *v* 1) предусма́тривать в бюдже́те, ассигнова́ть (for) 2) составля́ть бюдже́т

**budgetary** [ˈbʌdʒɪtərɪ] *a* бюдже́тный

**buff** [bʌf] **1.** *n* 1) бу́йволовая ко́жа; то́лстая быча́чья ко́жа 2) *разг. уст.* ко́жа челове́ка; in ~ нагишо́м, в чём мать родила́; to strip to the ~ разде́ть догола́; 3) цвет бу́йволовой ко́жи, тёмно-жёлтый цвет 4) *амер. разг.* боле́льщик, люби́тель

**2.** *a* 1) из бу́йволовой ко́жи 2) цве́та бу́йволовой ко́жи

**3.** *v* 1) полирова́ть (*кожаным кругом*) 2) поглоща́ть уда́ры, смягча́ть толчки́

**buffalo** [ˈbʌfələu] *n* (*pl* -oes [-əuz]) 1) бу́йвол; бизо́н 2) танк-амфи́бия ◇ ~ bug ковро́вая моль

**buffer** [ˈbʌfə] *n* 1) *тех.* бу́фер; амортиза́тор, де́мпфер, глуши́тель 2) бу́фер, бу́ферное госуда́рство (*тж.* ~ State) 3) *воен.* то́рмоз отка́та 4) *мор. sl.* помо́щник бо́цмана 5) *attr.* бу́ферный; ~ disk *ж.-д.* бу́ферная таре́лка; ~ stock *эк.* резе́рвный запа́с ◇ old ~ *пренебр.* старика́шка, ста́рый хрыч

**buffet** I [ˈbʌfɪt] **1.** *n* уда́р (*рукой; тж. перен.*)

**2.** *v* 1) наноси́ть уда́ры; ударя́ть 2) боро́ться (*особ. с волнами*) 3) прота́скиваться, прота́лкиваться

**buffet** II *n* 1) [ˈbʌfɪt] буфе́т (*для посуды*); го́рка (*для серебра, фарфора*) 2) [ˈbufeɪ] буфе́т, буфе́тная сто́йка ◇ ~ car а) ваго́н-буфе́т, ваго́н-рестора́н; ~ luncheon лёгкий за́втрак

**buffi** [ˈbufi:] *pl от* buffo

**buffo** [ˈbufəu] **1.** *n* (*pl* buffi) коми́ческий актёр (*в опере, на эстраде*)

**2.** *a* коми́ческий

**buffoon** [bəˈfu:n] **1.** *n* шут, фигля́р, буффо́н

**2.** *a* шутовско́й

**3.** *v* пая́сничать, фигля́рничать

**buffoonery** [bəˈfu:nərɪ] *n* шутовство́; буффона́да

**bug** [bʌg] **1.** *n* 1) клоп 2) насеко́мое; жук 3) *разг.* ви́рус; ви́русное заболева́ние 4) *амер. разг.* безу́мная иде́я, помеша́тельство; to go ~s сойти́ с ума́ 5) *разг.* диктофо́н; аппара́т для подслу́шивания, та́йного наблюде́ния 6) *амер. разг.* техни́ческий дефе́кт

**2.** *v разг.* устана́вливать аппарату́ру для подслу́шивания, та́йного наблюде́ния; подслу́шивать, вести́ та́йное наблюде́ние (*с помощью специальной аппаратуры*)

**bugaboo** [ˈbʌgəbu:] *n* пу́гало, бу́ка

**bugbear** [ˈbʌgbɛə] = bugaboo

**bugger** [ˈbʌgə] *n* 1) *юр.* содоми́т, мужело́жец 2) педера́ст (*тж. груб. как бранное слово*)

**buggery** [ˈbʌgərɪ] *n юр.* содоми́я

**buggy** I [ˈbʌgɪ] *n* 1) лёгкая двухме́стная коля́ска с откидны́м ве́рхом; кабриоле́т 2) ма́ленькая вагоне́тка

**buggy** II [ˈbʌgɪ] *a* киша́щий клопа́ми

**bughouse** [ˈbʌghaus] *амер. sl.* **1.** *n* сумасше́дший дом

**2.** *a* ненорма́льный, сумасше́дший; to go ~ сойти́ с ума́

**bug-hunter** [ˈbʌgˌhʌntə] *n разг.* охо́тник за жучка́ми (*шутл. об энтомологе*)

**bugle** I [ˈbju:gl] **1.** *n* 1) охо́тничий рог; рожо́к; горн, сигна́льная труба́ 2) *attr.*: ~ call сигна́л на го́рне

**2.** *v* труби́ть в рог

**bugle** II [ˈbju:gl] *n* стекля́рус; би́сер

**bugle** III [ˈbju:gl] *n бот.* дубро́вка ползу́чая

**bugler** [ˈbju:glə] *n воен.* горни́ст, сигнали́ст

**buglet** [ˈbju:glɪt] *n уст.* велосипе́дный рожо́к

**buhl** [bu:l] *n* ме́бель сти́ля «буль» (*с инкрустацией из бронзы, черепахи и т. п.*)

**build** [bɪld] **1.** *n* 1) констру́кция; фо́рма; стиль 2) телосложе́ние 3) *текст.* образова́ние (початка)

**2.** *v* (built) 1) стро́ить, сооружа́ть; to ~ a fire разводи́ть ого́нь *или* костёр 2) создава́ть; to ~ plans стро́ить пла́ны 3) вить (*гнёзда*) 4) осно́вываться, полага́ться (on) ▭ ~ **in**, ~

into вде́лывать, вмуро́вывать (*в стену*); ~ **up** а) воздвига́ть; постепе́нно создава́ть, стро́ить; б) укрепля́ть (*здоровье*); в) закла́дывать кирпичо́м (*окно, дверь*); г) застра́ивать; to ~ up a district застро́ить райо́н; to ~ up with new blocks of flats застро́ить но́выми дома́ми; д) монти́ровать (*машину*); е) нара́щивать, накопля́ть; ж) широко́ реклами́ровать; ~ **upon** осно́вывать на *чём-л.*; рассчи́тывать на *что-л.*

**builder** [ˈbɪldə] *n* 1) строи́тель 2) подря́дчик 3) пло́тник; ка́менщик

**building** [ˈbɪldɪŋ] **1.** *pres. p. от* build 2

**2.** *n* 1) зда́ние, постро́йка; строе́ние, сооруже́ние 2) *pl* надво́рные постро́йки, слу́жбы 3) строи́тельство 4) *attr.* строи́тельный; ~ engineer инжене́р-строи́тель; ~ yard стройплоща́дка; ~ and loan association *амер.* креди́тно-строи́тельное о́бщество

**building-lease** [ˈbɪldɪŋˈliːs] *n* аре́нда земе́льного уча́стка для застро́йки

**building-paper** [ˈbɪldɪŋˌpeɪpə] *n стр.* облицо́вочный карто́н

**building-society** [ˈbɪldɪŋsəˈsaɪətɪ] *n* жили́щно-строи́тельная коопера́ция, жили́щно-строи́тельный кооперати́в

**build-up** [ˈbɪldʌp] *n* 1) *разг.* рекла́ма; хвале́бные коммента́рии, предваря́ющие выступле́ние (*по радио, телевидению и т. п.*) 2) *воен.* сосредото́чение; нара́щивание (*сил, средств*)

**built** [bɪlt] *past и p. p. от* build 2

**built-in** [ˈbɪltˈɪn] *a* 1) встро́енный; стенно́й; ~ wardrobe стенно́й шкаф 2) сво́йственный, прису́щий (*чему-л.*); неотъе́млемый

**bulb** [bʌlb] **1.** *n* 1) *бот., анат.* лу́ковица 2) ша́рик (*термометра*); ко́лба электри́ческой ла́мпы; электри́ческая ла́мпа, ла́мпочка 3) балло́н, сосу́д 4) пузырёк 5) вы́пуклость

**2.** *v* расширя́ться в фо́рме лу́ковицы □ ~ **up** завива́ться (*о кочане капусты*)

**bulbaceous** [bʌlˈbeɪʃəs] = bulbous

**bulbil** [ˈbʌlbɪl] *n бот.* возду́шная лу́ковка, па́зушная лу́ковка

**bulbous** [ˈbʌlbəs] *a* 1) лу́ковичный; луковицеобра́зный 2) вы́пуклый

**Bulgarian** [bʌlˈɡɛərɪən] **1.** *a* болга́рский

**2.** *n* 1) болга́рин; болга́рка 2) болга́рский язы́к

**bulge** [bʌldʒ] **1.** *n* 1) вы́пуклость; ~ of a curve горб криво́й (ли́нии) 2) (the ~) *амер. sl.* преиму́щество; to have the ~ on smb. име́ть преиму́щество пе́ред кем-л. 3) *разг.* взду́тие цен; вре́менное увеличе́ние в объёме *или* в коли́честве 4) *воен.* вы́ступ, клин 5) = bilge 1, 1); 6) *мор.* противоми́нная наде́лка 7) *горн.* разду́в (*жилы*) 8) *attr.*: ~ ship кора́бль, снабжённый противоми́нными наде́лками

**2.** *v* 1) выпя́чиваться; выдава́ться 2) деформи́роваться; to ~ at the seams треща́ть по швам 3) раздава́ться, быть напо́лненным до отка́за (*о кошельке, рюкзаке и т. п.*)

**bulging** [ˈbʌldʒɪŋ] **1.** *pres. p. от* bulge 2

**2.** *a* 1) разбу́хший; вы́пуклый; ~ eyes глаза́ навы́кате 2) вы́пяченный, оттопы́ривающийся

**bulgy** [ˈbʌldʒɪ] = bulging 2

**bulimia** [bju(ː)ˈlɪmɪə] *n мед.* (ненорма́льно) повы́шенное чу́вство го́лода, *перен.* жа́дность (*к чему-л.*)

**bulimy** [ˈbjuːlɪmɪ] = bulimia

**bulk** [bʌlk] **1.** *n* 1) объём; вмести́мость 2) больши́е разме́ры; большо́е коли́чество; to sell in ~ продава́ть гурто́м 3) основна́я ма́сса, бо́льшая часть (*чего-л.*); great ~ огро́мное большинство́ 4) ко́рпус (*здания и т. п.*) 5) груз (*судна*); to break ~ начина́ть разгру́зку; to load in ~ грузи́ть нава́лом 6) *attr.*: ~ cargo *мор.* насыпно́й *или* наливно́й груз; ~ buying опто́вые заку́пки

**2.** *v* 1) каза́ться больши́м, ва́жным 2) устана́вливать вес (*груза*) 3) ссыпа́ть, сва́ливать в ку́чу; нагромажда́ть □ ~ **up** составля́ть изря́дную су́мму; доходи́ть (to — до)

**bulkhead** [ˈbʌlkhed] *n* 1) перебо́рка (*на судне*); перемы́чка (*в руднике и т. п.*) 2) кры́ша над пристро́йкой; наве́с 3) надстро́йка

**bulky** [ˈbʌlkɪ] *a* 1) большо́й, объёмистый; громо́здкий 2) гру́зный

**bull I** [bul] **1.** *n* 1) бык; бу́йвол; *тж. самец кита, слона, аллигатора и др. крупных животных* 2) *бирж.* спекуля́нт, игра́ющий на повыше́ние 3) (B.) Теле́ц (*созвездие и знак зодиака*) 4) *sl.* шпик; полице́йский ◇ a ~ in a china shop ≅ слон в посу́дной ла́вке; to take the ~ by the horns взять быка́ за рога́

**2.** *a* 1) быча́чий, бы́чий 2) *бирж.* повыша́тельный, игра́ющий на повыше́ние

**3.** *v* 1) *бирж.* спекули́ровать на повыше́ние 2) повыша́ться в цене́ 3) преуспева́ть; приобрета́ть влия́ние, значе́ние

**bull II** [bul] *n* (па́пская) бу́лла

**bull III** [bul] *n* я́вная неле́пость, противоре́чие; вздор, вра́ки; to shoot the ~ нести́ околёсицу, моло́ть вздор

**bull-calf** [ˈbulˈkɑːf] *n* 1) бычо́к 2) проста́к

**bulldog** [ˈbuldɔɡ] *n* 1) бульдо́г 2) *перен.* упо́рный, це́пкий челове́к 3) *разг.* пе́дель (*в старых англ. университетах*) 4) *разг.* револьве́р 5) *разг.* кури́тельная тру́бка

**bulldoze** [ˈbuldəuz] *v* 1) разбива́ть кру́пные куски́ (*руды, породы*) 2) выра́внивать грунт, расчища́ть при по́мощи бульдо́зеров 3) *амер. разг.* шантажи́ровать, запу́гивать; грози́ть наси́лием; принужда́ть

**bulldozer** [ˈbulˌdəuzə] *n* 1) бульдо́зер 2) бульдозери́ст

**bullet** [ˈbulɪt] *n* 1) пу́ля; ядро́ 2) грузи́ло 3) *pl воен. sl.* горо́х ◇ every ~ has its billet *посл.* ≅ от судьбы́ не уйдёшь; пу́ля винова́того найдёт

**bullet-head** [ˈbulɪthed] *n* 1) челове́к с кру́глой голово́й 2) *амер.* упря́мец

**bulletin** [ˈbulɪtɪn] **1.** *n* 1) бюллете́нь 2) сво́дка 3) *attr.*: ~ board доска́ объявле́ний

**2.** *v* выпуска́ть бюллете́ни

**bullet-proof** [ˈbulɪtpruːf] *a* не пробива́емый пу́лями, пуленепробива́емый

**bullfight** [ˈbulfaɪt] *n* бой быко́в

**bullfinch** [ˈbulfɪntʃ] *n* 1) снеги́рь 2) густа́я жива́я и́згородь со рвом

**bullhead** [ˈbulhed] *n* 1) подка́менщик (*рыба*) 2) болва́н, тупи́ца

**bullion** [ˈbuljən] *n* 1) сли́ток зо́лота *или* серебра́ 2) кру́жево с золото́й *или* серебря́ной ни́тью ◇ ~ dealer меня́ла

**bullish** [ˈbulɪʃ] *a бирж.* игра́ющий на повыше́ние

**bullock** [ˈbulək] *n* вол

**bull-pen** [ˈbulpen] *n* 1) сто́йло для быка́ 2) *амер.* ка́мера предвари́тельного заключе́ния

**bull session** [ˈbulˈseʃən] *n разг.* разгово́ры, бесе́да в мужско́й компа́нии

**bull's-eye** [ˈbulzaɪ] *n* 1) кру́глое (слухово́е) окно́ 2) увеличи́тельное стекло́ 3) фона́рь с увеличи́тельным стекло́м 4) *мор.* иллюмина́тор 5) чёрный круг, я́блоко мише́ни; to hit (*или* to make, to score) the ~ попада́ть в цель 6) стари́нные карма́нные часы́, «лу́ковица» 7) конфе́ты драже́

**bulltrout** [ˈbultraut] *n зоол.* ку́мжа, лосо́сь-таймéнь

**bully I** [ˈbulɪ] **1.** *n* 1) зади́ра, забия́ка; хвасту́н 2) хулига́н 3) сутенёр ◇ a ~ is always a coward *посл.* зади́ра всегда́ трус

**2.** *v* задира́ть; запу́гивать

**bully II** [ˈbulɪ] *a амер. разг.* перворазря́дный, великоле́пный ◇ ~ for you! молоде́ц!, бра́во!

**bully III** [ˈbulɪ] *n* мясны́е консе́рвы (*тж.* ~ beef)

**bullyrag** [ˈbulɪræɡ] *v разг.* 1) запу́гивать 2) брани́ть, поноси́ть

**bulrush** [ˈbulrʌʃ] *n бот.* камы́ш (озёрный); си́тник

**bulwark** [ˈbulwək] **1.** *n* 1) вал; бастио́н 2) опло́т; защи́та 3) мол 4) (*обыкн. pl*) *мор.* фальшбо́рт

**2.** *v* 1) укрепля́ть ва́лом 2) служи́ть опло́том

**bum** [bʌm] **1.** *n* 1) *груб.* зад, за́дница 2) *разг.* ло́дырь, безде́льник, лентя́й; to go on the ~ жить на чужо́й счёт 3) (*сокр. от* bum-bailiff) суде́бный при́став

**2.** *a* 1) плохо́й, ни́зкого ка́чества 2) нече́стный; досто́йный порица́ния

**3.** *v* ло́дырничать, шата́ться без де́ла; жить на чужо́й счёт

**bum-bailiff** [ˈbʌmˌbeɪlɪf] *n* суде́бный при́став

**bumble** [ˈbʌmbl] *v* 1) пу́тать 2) запина́ться, заика́ться

**bumble-bee** [ˈbʌmblbiː] *n* шмель

**bumbledom** [ˈbʊmbldəm] *n разг.* бюрократи́зм, мелкочино́вное чва́нство (*по имени приходского сторожа в романе Диккенса «Оливер Твист»*)

**bumble-puppy** [ˈbʌmblˌpʌpɪ] *n* плоха́я игра́ (*в карты, в теннис*)

**bumbling** [ˈbʌmblɪŋ] *a* неуклю́жий, неуме́лый

**bumbo** [ˈbʌmbəu] *n* холо́дный пунш

**bum-boat** [ˈbʌmbəut] *n* ло́дка, доставля́ющая прови́зию на суда́

**bumf** [bʌmf] *n sl.* 1) туале́тная бума́га 2) *презр.* бума́ги, докуме́нты

**bummer** [ˈbʌmə] *n амер.* лентя́й, ло́дырь

**bump I** [bʌmp] **1.** *n* 1) столкнове́ние; глухо́й уда́р 2) о́пухоль; ши́шка 3) вы́гиб, вы́пуклость 4) ши́шка (*в френологии*); *разг.* спосо́бность; the ~ of locality спосо́бность ориенти́роваться на ме́стности 5) уха́б 6) *pl ав.* возду́шные возмуще́ния; возду́шные я́мы

**2.** *v* 1) ударя́ть(ся) 2) толка́ть, подта́лкивать 3) *спорт.* победи́ть в па́русных го́нках 4) *амер. воен. sl.* обстре́ливать □ ~ **off** *амер. sl.* устрани́ть си́лой; уби́ть

**3.** *adv* вдруг, внеза́пно; to come ~ on the floor шлёпнуться о́б пол

**bump II** [bʌmp] **1.** *n* крик вы́пи

**2.** *v* крича́ть (*о выпи*)

**bumper** [ˈbʌmpə] *n* 1) бока́л, по́лный до краёв 2) *тех.* ба́мпер; амортиза́тор 3) *attr.* о́чень большо́й; ~ crop (*или* harvest) небыва́лый урожа́й

**bumpkin** [ˈbʌmpkɪn] *n* неотёсанный па́рень, мужла́н

**bumptious** [ˈbʌmpʃəs] *a разг.* самоуве́ренный, надме́нный; наха́льный

**bumpy** [ˈbʌmpɪ] *a* уха́бистый, тря́ский (*о дороге*)

**bun I** [bʌn] *n* 1) сдо́бная бу́лочка с изю́мом 2) пучо́к, у́зел (*волос*) 3) *с.-х.* костра́ конопли́ ◇ to get a ~ on *разг.* опроки́нуть рю́мочку, другу́ю; вы́пить; to take the ~ *разг.* получи́ть приз, заня́ть пе́рвое ме́сто, быть лу́чше всех; it takes the ~ *разг.* э́то превосхо́дит всё; э́то невероя́тно

**bun II** [bʌn] *n ласк. название белки в сказках*

**buna** [ˈbu:nə] *n хим.* бу́на (*вид синтетического каучука*)

**bunch** [bʌntʃ] **1.** *n* 1) свя́зка, пучо́к, па́чка (*чего-л. однородного*); ~ of keys свя́зка ключе́й; ~ of grapes кисть, гроздь виногра́да; ~ of fives *sl.* пятерня́, рука́, кула́к 2) *разг.* гру́ппа, компа́ния; he is the best of the ~ он лу́чший из них 3) *амер.* ста́до 4) *физ.* сгу́сток (электро́нов)

**2.** *v* 1) образо́вывать пучки́, гро́здья 2) сбива́ть(ся) в ку́чу 3) собира́ть в сбо́рки (*платье*)

**bunchy** [ˈbʌntʃɪ] *a* 1) вы́пуклый 2) горба́тый 3) расту́щий пучка́ми *или* гро́здьями 4) *горн.* неравноме́рно залега́ющий

**bunco** [ˈbʌŋkəu] *амер.* **1.** *n* (*pl* -os [-əuz]) обма́н, жу́льничество

**2.** *v* 1) получа́ть с по́мощью обма́на 2) плутова́ть в ка́ртах

**buncombe** [ˈbʌŋkəm] = bunkum

**bunco-steerer** [ˈbʌŋkəuˌstɪərə] *n амер. sl.* моше́нник; шу́лер

**bund** [bʌnd] **1.** *n* 1) на́бережная (*в Японии и в Китае*) 2) да́мба, плоти́на (*в Индии*)

**2.** *v* защища́ть бе́рег реки́ на́сыпью, да́мбой

**bunder** [ˈbʌndə] *n* при́стань; на́бережная; порт, га́вань (*в странах Востока*)

**bundle** [ˈbʌndl] **1.** *n* 1) у́зел, свя́зка; вяза́нка 2) пучо́к 3) паке́т; свёрток 4) *амер.* две стопы́ бума́ги 5) два́дцать мотко́в льняно́й пря́жи ◇ ~ of nerves комо́к не́рвов

**2.** *v* 1) свя́зывать в у́зел (*часто* ~ up); собира́ть ве́щи (пе́ред отъе́здом) 2) отсыла́ть, спрова́живать (*обыкн.* ~ away, ~ off, ~ out); I ~d him off я спрова́дил его́, отде́лался от него́ 3) бы́стро уйти́, «вы́катиться» (*обыкн.* ~ out, ~ off)

**bung** [bʌŋ] **1.** *n* 1) (больша́я) про́бка, заты́чка, вту́лка 2) тракти́рщик 3) *sl.* ложь, обма́н

**2.** *v* 1) затыка́ть, заку́поривать (*обыкн.* ~ up); ~ed up nose зало́женный нос (*при насморке*) 2) подби́ть (*глаз в драке*) 3) *sl.* швыря́ть (*камни и т. п.*) □ ~ **off** *sl.* удира́ть

**3.** *a австрал. sl.* 1) мёртвый, уме́рший 2) обанкро́тившийся ◇ to go ~ а) умере́ть; б) обанкро́титься

**bungalow** [ˈbʌŋgələu] *n* одноэта́жная да́ча, дом с вера́ндой, бу́нгало

**bungle** [ˈbʌŋgl] **1.** *n* 1) плоха́я рабо́та; to make a ~ of it напо́ртить; запоро́ть 2) оши́бка; пу́таница

**2.** *v* рабо́тать неуме́ло, по́ртить рабо́ту; де́лать ко́е-ка́к

**bungler** [ˈbʌŋglə] *n* плохо́й рабо́тник, «сапо́жник»; растя́па

**bunion** [ˈbʌnjən] *n мед.* су́мка на нару́жной стороне́ большо́го па́льца ноги́

**bunk I** [bʌŋk] **1.** *n* ко́йка

**2.** *v амер.* спать на ко́йке; ложи́ться спать

**bunk II** [bʌŋk] *sl.* **1.** *n* бе́гство; to do a ~ сбежа́ть

**2.** *v* исче́знуть, убежа́ть

**bunk III** [bʌŋk] = bunkum

**bunker** [ˈbʌŋkə] **1.** *n* 1) *мор.* у́гольная я́ма, бу́нкер; ash ~ зо́льник 2) *спорт.* неро́вность, препя́тствие (*на поле для гольфа*) 3) сило́сная я́ма 4) бу́нкер, убе́жище 5) *воен.* блинда́ж с кре́пким покры́тием 6) *attr.* бу́нкерный; ~ coal бу́нкерный у́голь

**2.** *v* 1) грузи́ть(ся) у́глем, то́пливом 2) *спорт.* загна́ть (*мяч*) в лу́нку 3) попа́сть в лу́нку (*о мяче*) 4) (*обыкн. p. p.*) попа́сть в затрудни́тельное положе́ние

**bunko** [ˈbʌŋkəu] = bunco

**bunkum** [ˈbʌŋkəm] *n* треску́чие фра́зы; болтовня́; to talk ~ поро́ть чушь, нести́ ахине́ю

**bunny** [ˈbʌnɪ] *n ласк.* кро́лик

**bunt I** [bʌnt] *n* 1) *мор.* пу́зо (*паруса*) 2) мотня́ (*невода*)

**bunt II** [bʌnt] **1.** *n* уда́р (*головой, рогами*); пино́к, толчо́к

**2.** *v* ударя́ть; пиха́ть; бода́ть

**bunt III** [bʌnt] *n бот.* мо́края головня́

**bunting I** [ˈbʌntɪŋ] *n* 1) мате́рия для фла́гов 2) *собир.* фла́ги 3) *мор.* фла́гдук 4) *ав.* обра́тный иммельма́н

**bunting II** [ˈbʌntɪŋ] *n зоол.* овся́нка

**bunting III** [ˈbʌntɪŋ] *pres. p. от* bunt II, 2

**buoy** [bɔɪ] **1.** *n* буй, ба́кен, буёк; ве́ха

**2.** *v* 1) ста́вить ба́кены 2) подде́рживать на пове́рхности (*обыкн.* ~ up) 3) поднима́ть на пове́рхность 4) подде́рживать (*энергию, надежду и т. п.*); he was ~ed up by the news изве́стие подбодри́ло его́

**buoyage** [ˈbɔɪɪdʒ] *n* устано́вка ба́кенов

**buoyancy** [ˈbɔɪənsɪ] *n* 1) плаву́честь; спосо́бность держа́ться на пове́рхности воды́ 2) жизнера́достность, душе́вная эне́ргия; he lacks ~ ему́ не хвата́ет эне́ргии 3) повыша́тельная тенде́нция (*на бирже*)

**buoyant** [ˈbɔɪənt] *a* 1) плаву́чий; спосо́бный держа́ться на пове́рхности 2) жизнера́достный, бо́дрый 3) *бирж.* повыша́тельный 4) *эк., бирж.* оживлённый; ~ demand оживлённый, огро́мный спрос

**bur** [bə:] *n* 1) шип, колю́чка (*растения*) 2) репе́йник, репе́й; to stick like a ~ ≅ приста́ть как ба́нный лист 3) назо́йливый челове́к 4) *текст.* ворсова́льная ши́шка

**burberry** [ˈbə:bərɪ] *n* 1) (B.) «Ба́рберри» (*торговый знак*) 2) непромока́емая ткань «ба́рберри»

**burble** [ˈbə:bl] **1.** *n* 1) бормота́ние; болтовня́

**2.** *v* бормота́ть; болта́ть

**burbot** [ˈbə:bət] *n* нали́м

**burden I** [ˈbə:dn] **1.** *n* 1) но́ша, тя́жесть; груз 2) бре́мя; a ~ of care бре́мя забо́т; ~ of proof *юр.* бре́мя доказа́тельства 3) *мор.* тонна́ж (*судна*) 4) накладны́е расхо́ды 5) *горн.* пуста́я поро́да, покрыва́ющая руду́ ◇ a ~ of one's choice is not felt *посл.* ≅ своя́ но́ша не тя́нет

**2.** *v* 1) нагружа́ть 2) обременя́ть, отягоща́ть

**burden II** [ˈbə:dn] *n* 1) припе́в, рефре́н 2) те́ма; основна́я мысль, суть; the ~ of the remarks суть э́тих замеча́ний

**burdensome** [ˈbə:dnsəm] *a* обремени́тельный, тя́гостный

**burdock** [ˈbə:dɔk] *n бот.* лопу́х большо́й

**bureau** [bjuəˈrəu] *n* (*pl* -eaux, -eaus [-əuz]) 1) бюро́, отде́л, управле́ние, комите́т 2) бюро́, конто́рка, пи́сьменный стол 3) *амер.* комо́д (с зе́ркалом)

**bureaucracy** [bjuəˈrɔkrəsɪ] *n* 1) *собир.* бюрократия 2) бюрократизм

**bureaucrat** [ˈbjuərəukræt] *n* бюрократ

**bureaucratic** [ˌbjuərəuˈkrætɪk] *a* бюрократический

**bureaux** [bjuəˈrəuz] *pl от* bureau

**burette** [bjuəˈret] *n хим.* бюретка

**burg** [bəːg] *n амер. разг.* город

**burgee** [ˈbəːdʒiː] *n мор.* треугольный флажок

**burgeon** [ˈbəːdʒən] *поэт.* **1.** *n* бутон; почка; росток

**2.** *v* давать почки, ростки; распускаться

**burgess** [ˈbəːdʒɪs] *n* 1) гражданин *или* житель города, имеющего самоуправление 2) *ист.* член парламента от города с самоуправлением *или* от университета

**burgh** [ˈbʌrə] *n шотл.* город с самоуправлением

**burgher** [ˈbəːgə] *n ист.* горожанин, бюргер

**burglar** [ˈbəːglə] *n* вор-взломщик; ночной грабитель

**burglarious** [bəˈglɛərɪəs] *a* воровской, грабительский

**burglarize** [ˈbəːgləraɪz] *v амер.* совершать кражу со взломом

**burglary** [ˈbəːglərɪ] *n* ночная кража со взломом

**burgle** [ˈbəːgl] = burglarize

**burgomaster** [ˈbəːgəuˌmɑːstə] *n* 1) бургомистр (*в голландских, фламандских и германских городах*) 2) *зоол.* полярная чайка, бургомистр

**burgoo** [bəːˈguː] *n* 1) *мор. разг.* густая овсянка 2) *амер.* сухари, сваренные в патоке 3) *амер.* тушёные овощи с мясом в густой подливе

**burgundy** [ˈbəːgəndɪ] *n* красное бургундское вино

**burial** [ˈberɪəl] *n* похороны

**burial-ground** [ˈberɪəlgraund] *n* кладбище

**burial-mound** [ˈberɪəlmaund] *n* могильный холм, курган

**burial-place** [ˈberɪəlpleɪs] *n* место погребения

**burial-service** [ˈberɪəlˌsəːvɪs] *n* заупокойная служба

**burin** [ˈbjuərɪn] *n* резец гравёра, грабштихель

**burke** [bəːk] *v* 1) замять (*дело и т. п.*); запретить (*книгу*) до выхода в свет; сорвать (*прения, предложение*) 2) *уст.* задушить

**burl** [bəːl] **1.** *n* 1) *текст.* узел на нитке в ткани 2) наплыв на дереве

**2.** *v текст.* очищать суровьё от посторонних включений и узлов

**burlap** [ˈbəːlæp] *n* джутовая *или* пеньковая мешочная ткань

**burlesque** [bəːˈlesk] **1.** *n* бурлеск; пародия; карикатура; *амер.* эстрадное представление с элементами фарса

**2.** *a* шуточный

**3.** *v* пародировать

**burly** [ˈbəːlɪ] *a* 1) дородный, плотный 2) большой и сильный

**Burmese** [bəːˈmiːz] **1.** *a* бирманский

**2.** *n* 1) бирманец; бирманка; the ~ *pl собир.* бирманцы 2) бирманский язык

**burn I** [bəːn] *n шотл.* ручей

**burn II** [bəːn] **1.** *n* 1) ожог 2) клеймо 3) выжигание растительности на земле, предназначенной к обработке ◇ to give smb. a ~ окинуть кого-л. уничтожающим взглядом

**2.** *v* (burnt, burned) 1) жечь, палить, сжигать; прожигать; выжигать; to ~ to a crisp сжигать дотла 2) сгорать, гореть, пылать (*тж. перен.*); to ~ with fever быть (как) в жару; пылать, как в огне 3) обжигать, получать ожог 4) вызывать загар (*о солнце*) 5) загорать (*о коже*) 6) подгорать (*о пище*) 7) обжигать (*кирпичи*) 8) *мед.* прижигать 9) сжигать в ядерном реакторе 10) резать (*металл*) автогеном □ ~ **away** а) сгорать; б) сжигать; the sun ~s away the mist солнце рассеивает туман; ~ **down** а) сжигать дотла; б) догорать; ~ **into** врезаться; the spectacle of injustice burnt into his soul зрелище несправедливости глубоко ранило его душу; ~ **out** а) выжечь; б) выгореть; ~ **up** а) зажигать; сжигать; б) *sl.* вспылить; рассвирепеть ◇ she has money to ~ ≅ у неё денег куры не клюют; to ~ the candle at both ends безрассудно тратить силы, энергию; to ~ daylight а) жечь свет днём; б) тратить силы зря; to ~ the midnight oil засиживаться за работой до глубокой ночи; to ~ one's bridges (boats) сжигать свои мосты (корабли); to ~ one's fingers обжечься (*на чём-л.*); to ~ the water лучить рыбу; to ~ the wind (*или* the earth), *амер.* to ~ up the road нестись (во весь опор); his money ~s a hole in his pocket деньги у него долго не держатся, деньги ему жгут карман

**burner** [ˈbəːnə] *n* 1) топка 2) горелка 3) форсунка

**burning** [ˈbəːnɪŋ] **1.** *pres. p. от* burn II, 2

**2.** *n* 1) горение 2) обжиг, обжигание; прокаливание 3) *горн.* расширение (*шпуров*) взрывами

**3.** *a* горящий; жгучий (*тж. перен.*); ~ bush *библ.* неопалимая купина; ~ oil керосин; ~ question жгучий вопрос; ~ shame жгучий стыд

**burning-glass** [ˈbəːnɪŋglɑːs] *n* зажигательное стекло

**burnish** [ˈbəːnɪʃ] **1.** *n* 1) полировка 2) блеск

**2.** *v* 1) чистить, полировать; воронить (*сталь*) 2) блестеть

**burnisher** [ˈbəːnɪʃə] *n* 1) полировщик 2) инструмент для полировки

**burnous** [bəːˈnuːs] *n* бурнус

**burnouse** [bəːˈnuːz] = burnous

**burn-out** [ˈbəːnˈaut] *n* прекращение горения (*в ракетном двигателе*)

**burnt** [bəːnt] **1.** *past и p. p. от* burn II, 2

**2.** *a* жжёный, горелый; ~ gas отработанный газ; ~ offering *библ.* всесожжение ◇ ~ child dreads the fire *посл.* ≅ обжёгшись на молоке, будешь дуть и на воду; пуганая ворона и куста боится

**burr I** [bəː] **1.** *n* 1) шум, грохот (*машин и т. п.*) 2) *фон.* заднеязычное произношение звука [r] (*на севере Англии*); картавость

**2.** *v фон.* произносить [r] спинкой языка; картавить

**burr II** [bəː] = bur

**burr III** [bəː] *n* 1) заусенец; грат (*на металле*) 2) треугольное долото 3) жерновой камень 4) оселок, точильный камень

**burr IV** [bəː] *n астр.* ореол (*луны или звезды*)

**burro** [ˈbəːrəu] *исп. n* (*pl* -os [-əuz]) *разг.* ослик

**burrock** [ˈbəːrɔk] *n* небольшая запруда на реке

**burrow** [ˈbəːrəu] **1.** *n* 1) нора 2) червоточина 3) *горн.* отбросы, пустая порода; отвалы

**2.** *v* 1) рыть нору, ход 2) прятаться в норе; жить в норе 3) рыться (*в книгах, архивах*; *часто* ~ into)

**bursar** [ˈbəːsə] *n* 1) казначей (*особ. в университетах*) 2) стипендиат

**bursary** [ˈbəːsərɪ] *n* 1) канцелярия казначея (*в университетах*) 2) стипендия

**burse** [bəːs] *n* 1) = bursary 2); 2) *уст.* кошель 3) *уст.* биржа

**burst** [bəːst] **1.** *n* 1) взрыв; ~ of applause (of laughter) взрыв аплодисментов (смеха) 2) разрыв (*снаряда*); пулемётная очередь 3) вспышка (*пламени и т. п.*) 4) порыв; ~ of energy прилив энергии; *спорт.* бросок, рывок 5) кутёж; to go on the ~ загулять, закутить

**2.** *v* (burst) 1) лопаться; разрываться, взрываться (*о снаряде, котле*); прорываться (*о плотине*; *о нарыве*); to ~ open а) распахнуться; б) взломать 2) разражаться 3) взрывать, разрывать, разрушать; разламывать; вскрывать; rivers ~ their banks реки размывают свой берега; to ~ a blood-vessel получить *или* вызвать разрыв кровеносного сосуда; □ ~ **in** ворваться, вломиться; ~ **into:** to ~ into blossom расцвести; to ~ into flame вспыхнуть пламенем; to ~ into tears (into laughter) залиться слезами (смехом); to ~ into the room ворваться в комнату; to ~ into (*или* upon) the view внезапно появиться (*в поле зрения*); ~ **out** вспыхивать (*о войне, эпидемии*); to ~ out crying (laughing) = to ~ into tears (into laughter); ~ **up** а) взорваться; б) *разг.* потерпеть неудачу, крушение; ~ **with** лопаться; to ~ with envy лопнуть от зависти; to ~ with plenty ломиться от избытка ◇ I am simply ~ing to tell you я горю нетерпением рассказать вам; to ~ one's sides надорвать животики от смеха

**burster** [ˈbə:stə] *n* разрывно́й заря́д

**bursting** [ˈbə:stɪŋ] **1.** *pres. p. от* burst 2

**2.** *n* 1) взрыв, разры́в 2) растре́скивание

**3.** *a* разрывно́й; ~ charge = burster

**burthen** [ˈbə:ðən] *поэт. см.* burden I *и* II

**bury** [ˈberɪ] *v* 1) хорони́ть, зарыва́ть в зе́млю; to have buried one's relatives потеря́ть, похорони́ть бли́зких 2) пря́тать; to ~ one's face in one's hands закры́ть лицо́ рука́ми; to ~ one's hands in one's pockets засу́нуть ру́ки в карма́ны; to ~ oneself in books зары́ться в кни́ги 3) похорони́ть, преда́ть забве́нию; to ~ the past преда́ть забве́нию про́шлое 4) погружа́ться; to be buried in thought погрузи́ться в разду́мье

**bus** [bʌs] **1.** *n* 1) авто́бус; о́мнибус 2) *эл.* ши́на 3) *разг.* пассажи́рский самолёт; автомоби́ль ◇ ~ boy, ~ girl *амер.* помо́щник, помо́щница официа́нта, убира́ющий, -ая гря́зную посу́ду со стола́ в рестора́не

**2.** *v*: to ~ it е́хать в авто́бусе, о́мнибусе

**busby** [ˈbʌzbɪ] *n* гуса́рский ки́вер, гуса́рская ша́пка

**bush** I [buʃ] **1.** *n* 1) куст, куста́рник 2) больши́е простра́нства некультиви́рованной земли́, покры́тые куста́рником (*в Австралии и Южной Африке*), буш 3) ча́ща, чащо́ба 4) густы́е во́лосы; ~ of hair копна́ воло́с 5) *уст.* ве́тка плюща́ (*в старой Англии служила вывеской таверны*); таве́рна ◇ to take to the ~ стать бродя́гой

**2.** *v* 1) обса́живать куста́рником 2) гу́сто разраста́ться 3) боронова́ть (*землю*)

**bush** II [buʃ] **1.** *n тех.* вту́лка, вкла́дыш; ги́льза, бу́кса

**2.** *v* вставля́ть вту́лку

**bushel** I [ˈbuʃl] *n* бу́шель (*мера ёмкости ≅ 36,3 л*) ◇ to hide one's light under a ~ *библ.* держа́ть свет под спу́дом; зарыва́ть свой тала́нт (в зе́млю); to measure others' corn by one's own ~ ≅ ме́рить на свой арши́н

**bushel** II [ˈbuʃl] *v амер.* чини́ть, лата́ть мужско́е пла́тье

**bushing** I [ˈbuʃɪŋ] **1.** *pres. p. от* bush II, 2

**2.** *n тех.* (изоли́рующая) вту́лка, вкла́дыш

**bushing** II [ˈbuʃɪŋ] *pres. p. от* bush I, 2

**Bushman** [ˈbuʃmən] *n* 1) бушме́н (*народность в Африке*) 2) *австрал.* жи́тель се́льской ме́стности 3) *презр.* дереве́нщина

**bush-ranger** [ˈbuʃˌreɪndʒə] *n австрал.* бе́глый престу́пник, скрыва́ющийся в за́рослях и живу́щий грабежо́м

**bush-telegraph** [ˈbuʃˈtelɪɡrɑ:f] *n* бы́строе распростране́ние све́дений, слу́хов *и т. п.*

**bushwhack** [ˈbuʃwæk] *v* 1) расчища́ть за́росли; пробива́ть тропу́ в за́рослях 2) скрыва́ться в ча́ще 3) соверша́ть нападе́ние, скрыва́ясь в ча́ще

**bush-whacker** [ˈbuʃˌwækə] *n* 1) *амер.* жи́тель лесно́й глуши́ 2) *амер.* бродя́га 3) *воен. ист.* партиза́н 4) реза́к для расчи́стки за́рослей куста́рника

**bushy** [ˈbuʃɪ] *a* 1) покры́тый куста́рником 2) густо́й (*о бровях, бороде и т. п.*) 3) пуши́стый (*о хвосте лисицы и др. животных*)

**busily** [ˈbɪzɪlɪ] *adv* 1) делови́то 2) назо́йливо, навя́зчиво; с изли́шним любопы́тством

**business** I [ˈbɪznɪs] *n* 1) де́ло, заня́тие; the ~ of the day (*или* meeting) пове́стка дня; on ~ по де́лу; to be out of ~ обанкро́титься; man of ~ а) делово́й челове́к; б) аге́нт, пове́ренный 2) профе́ссия 3) би́знес; комме́рческая де́ятельность; to set up in ~ нача́ть торго́вое де́ло 4) торго́вое предприя́тие, фи́рма 5) (вы́годная) сде́лка 6) обя́занность; пра́во; to make it one's ~ счита́ть свое́й обя́занностью; you had no ~ to do it вы не име́ли основа́ния, пра́ва э́то де́лать 7) *пренебр.* де́ло, исто́рия; I am sick of the whole ~ мне вся э́та исто́рия надое́ла 8) *театр.* де́йствие, игра́, ми́мика, же́сты (*не диалог*) 9) *attr.* практи́ческий, делово́й; the ~ end практи́ческая, наибо́лее ва́жная сторона́ де́ла; ~ hours часы́ торго́вли *или* приёма; ~ executives руководя́щий администрати́вный персона́л; «капита́ны» промы́шленности; ~ interests делово́й мир, деловы́е круги́; ~ index и́ндекс делово́й акти́вности ◇ big ~ кру́пный капита́л, большо́й би́знес; to mean ~ говори́ть всерьёз; име́ть серьёзные наме́рения; бра́ться (*за что-л.*) серьёзно, реши́тельно; everybody's ~ is nobody's ~ ≅ у семи́ ня́нек дитя́ без гла́зу; mind you own ~! не ва́ше де́ло!; занима́йтесь свои́м де́лом!; to send smb. about his ~ прогоня́ть, выпрова́живать кого́-л.; what is your ~ here? что вам здесь на́до?; it has done his ~ э́то его́ докона́ло

**business** II [ˈbɪzɪnɪs] = busyness

**business-like** [ˈbɪznɪslaɪk] *a* делово́й, практи́чный; ~ air делови́тость

**business man** [ˈbɪznɪsmən] *n* 1) делово́й челове́к, коммерса́нт 2) деле́ц, бизнесме́н; big business men кру́пные капитали́сты, бизнесме́ны

**business manager** [ˈbɪznɪsˌmænɪdʒə] *n* управля́ющий дела́ми; комме́рческий дире́ктор, заве́дующий комме́рческой ча́стью

**busk** I [bʌsk] *n* планше́тка (*в корсете*)

**busk** II [bʌsk] *v шотл.* 1) гото́виться 2) одева́ться 3) торопи́ться, спеши́ть

**busk** III [bʌsk] *v мор.* борозди́ть, ры́скать

**buskin** [ˈbʌskɪn] *n* коту́рн; *перен.* траге́дия; to put on the ~s а) писа́ть в сти́ле высо́кой траге́дии; б) игра́ть в траге́дии

**busman** [ˈbʌsmən] *n* води́тель авто́буса ◇ ~'s holiday а) день о́тдыха, проведённый за обы́чной рабо́той; б) испо́рченный о́тпуск

**buss** [bʌs] *уст.* **1.** *n* зво́нкий поцелу́й

**2.** *v* целова́ть

**bust** I [bʌst] *n* 1) бюст 2) же́нская грудь

**bust** II [bʌst] **1.** *n* 1) *разг.* банкро́тство, разоре́ние 2) *диал.* кутёж [*см. тж.* burst 1, 5)]

**2.** *v* 1) обанкро́титься (*тж.* to go ~) 2) запи́ть (*тж.* to go on the ~) 3) *амер. разг.* разжа́ловать, сни́зить в чи́не 4) *sl.* схвати́ть с поли́чным; арестова́ть

**bustard** [ˈbʌstəd] *n зоол.* дрофа́

**buster** [ˈbʌstə] *n амер. sl.* 1) что-л. необыкнове́нное 2) пиру́шка, кутёж, попо́йка

**bustle** I [ˈbʌsl] **1.** *n* сумато́ха, суета́

**2.** *v* 1) торопи́ть(ся); to ~ through a crowd пробива́ться сквозь толпу́ 2) суети́ться (*тж.* ~ about)

**3.** *int* живе́е!

**bustle** II [ˈbʌsl] *n* турню́р

**bustling** [ˈbʌslɪŋ] **1.** *pres. p. от* bustle I, 2

**2.** *n* суета́, суетли́вость

**3.** *a* суетли́вый, шу́мный

**busy** I [ˈbɪzɪ] **1.** *a* 1) де́ятельный; занято́й (at, in, with); ~ as a bee (*или* a beaver) о́чень занято́й 2) за́нятый; the line is ~ но́мер (телефо́на) за́нят; ли́ния занята́; ~ signal сигна́л «за́нято» (*по телефону*) 3) оживлённый (*об улице*) 4) беспоко́йный, суетли́вый; ~ idleness тра́та эне́ргии на пустяки́

**2.** *v* 1) дава́ть рабо́ту, засади́ть за рабо́ту, заня́ть рабо́той; I have busied him for the whole day я дал ему́ рабо́ту на весь день; to ~ one's brains лома́ть себе́ го́лову 2) *refl.* занима́ться

**busy** II [ˈbɪzɪ] *n sl.* сы́щик

**busy-body** [ˈbɪzɪˌbɔdɪ] *n* 1) хлопоту́н 2) челове́к, лю́бящий вме́шиваться в чужи́е дела́

**busyness** [ˈbɪzɪnɪs] *n* за́нятость, делови́тость

**but** I [bʌt (*полная форма*); bət (*редуцированная форма*)] **1.** *adv* то́лько, лишь; I saw him ~ a moment я ви́дел его́ лишь ме́льком; she is ~ nine years old ей то́лько де́вять лет ◇ ~ just то́лько что; all ~ почти́; едва́ не; he all ~ died of his wound он едва́ не у́мер от свое́й ра́ны

**2.** *prep* кро́ме, за исключе́нием; all ~ one passenger were drowned утону́ли все, кро́ме одного́ пассажи́ра ◇ the last ~ one предпосле́дний; anything ~ далеко́ не; всё что уго́дно, то́лько не; he is anything ~ a coward тру́сом его́ не назовёшь

**3.** *cj* 1) но, а, одна́ко, тем не ме́нее; ~ then но с друго́й стороны́ 2) е́сли (бы) не; как не; что́бы не; I cannot

~... не могу́ не...; I cannot ~ agree with you не могу́ не согласи́ться с ва́ми; what could he do ~ confess? что ему́ остава́лось, как не созна́ться?; he would have fallen ~ that I caught him он упа́л бы, е́сли бы я его́ не подхвати́л; he would have fallen ~ for me он упа́л бы, е́сли бы не я

**4.** *pron rel.* кто бы не; there is no one ~ knows it нет никого́, кто бы э́того не знал; there are few men ~ would risk all for such a prize ма́ло найдётся таки́х, кто не рискну́л бы всем ра́ди подо́бной награ́ды

**5.** *n*: ~ me no ~s пожа́луйста, без «но», без возраже́ний

**but** II [bʌt] *n шотл.* пе́рвая *или* ра́бочая ко́мната в небольшо́м двухко́мнатном до́ме

**butadiene** [ˌbju:tə'daii:n] *n хим.* бутадие́н

**butane** ['bju:teɪn] *n хим.* бута́н

**butcher** ['butʃə] **1.** *n* 1) мясни́к; ~'s meat мя́со; ~'s knife нож мясника́ 2) уби́йца, пала́ч 3) *амер.* разно́счик в по́езде 4) иску́сственная му́ха (*для ловли лососей*) ◇ ~'s bill спи́сок уби́тых на войне́

**2.** *v* 1) бить (*скот*) 2) безжа́лостно убива́ть 3) по́ртить, искажа́ть

**butcher-bird** ['butʃəbə:d] *n зоол.* се́рый сорокопу́т

**butcherly** ['butʃəlɪ] *a* жесто́кий, крово́жа́дный; ва́рварский

**butchery** ['butʃərɪ] *n* 1) (ското-) бо́йня 2) бо́йня, резня́ ◇ ~ business торго́вля мя́сом

**butler** ['bʌtlə] *n* дворе́цкий, ста́рший лаке́й

**butt** I [bʌt] *n* 1) больша́я бо́чка (*для вина, пива*) 2) бо́чка (*как мера ёмкости* ≅ *490,96 л*)

**butt** II [bʌt] *n* 1) стре́льбищный вал 2) *pl* стре́льбище, полиго́н 3) цель, мише́нь 4) предме́т насме́шек

**butt** III [bʌt] *n* 1) то́лстый коне́ц (*чего-л.*); торе́ц, ко́мель (*дерева*); прикла́д (*ружья*; *тж.* the ~ of the rifle) 2) *разг.* оку́рок 3) *разг.* сигаре́та

**butt** IV [bʌt] **1.** *n* 1) уда́р (*головой, рогами*) 2) приты́к; стык 3) пе́тля, наве́с (*двери*)

**2.** *v* 1) ударя́ть голово́й 2) натыка́ться (against, into — на) 3) бода́ться 4) высо́вываться, выдава́ться 5) *разг.* натыка́ться 6) соединя́ть впри́тык □ ~ **in** вме́шиваться

**butter** ['bʌtə] **1.** *n* 1) ма́сло 2) *разг.* гру́бая лесть ◇ he looks as if ~ would not melt in his mouth ≅ сло́вно и воды́ не замути́т; он то́лько ка́жется тихо́ней

**2.** *v* 1) нама́зывать ма́слом 2) гру́бо льстить (*часто* ~ up) ◇ fine (*или* kind, soft) words ~ no parsnips *посл.* ≅ соловья́ ба́снями не ко́рмят

**butter-boat** ['bʌtəbəut] *n* со́усник

**buttercup** ['bʌtəkʌp] *n бот.* лю́тик

**butter-dish** ['bʌtədɪʃ] *n* маслёнка

**butter-fingers** ['bʌtəˌfɪŋgəz] *n pl разг.* растя́па

**butterfly** ['bʌtəflaɪ] *n* 1) ба́бочка 2) *спорт.* баттерфля́й (*стиль плавания*; *тж.* ~ stroke)

**butterfly-nut** ['bʌtəflaɪ'nʌt] *n тех.* га́йка-бара́шек

**butterfly-screw** ['bʌtəflaɪ'skru:] *n тех.* винт-бара́шек

**butterfly table** ['bʌtəflaɪ'teɪbl] *n* стол с откидны́ми боковы́ми доска́ми

**buttermilk** ['bʌtəmɪlk] *n* па́хта

**butter-nut** ['bʌtənʌt] *n* оре́х се́рый (*дерево и плод*)

**butter-scotch** ['bʌtəskɔtʃ] *n* 1) ири́ски 2) *attr.*: ~ colour цвет жжёного са́хара, све́тло-кори́чневый цвет

**buttery** I ['bʌtərɪ] *n* кладова́я (*для хранения провизии и напитков*)

**buttery** II ['bʌtərɪ] *a* 1) ма́сляный; маслени́стый 2) льсти́вый

**buttery-hatch** ['bʌtərɪ'hætʃ] *n* разда́точное окно́ для вы́дачи проду́ктов из кладово́й

**butting** I ['bʌtɪŋ] *n* преде́л, грани́ца

**butting** II ['bʌtɪŋ] *pres. p. от* butt IV, 2

**butt-joint** ['bʌtdʒɔɪnt] *n тех.* стык, стыково́е соедине́ние

**buttocks** ['bʌtəks] *n pl* я́годицы

**button** ['bʌtn] **1.** *n* 1) пу́говица 2) кно́пка; to press the ~ нажа́ть кно́пку; *перен.* нажа́ть все кно́пки, пусти́ть в ход свя́зи 3) *спорт.* ши́шечка (*на острие рапиры*) 4) буто́н 5) молодо́й, неразви́вшийся гриб 6) *attr.* кно́почный; ~ switch кно́почный выключа́тель ◇ not to care a (brass) ~ относи́ться с по́лным равноду́шием; наплева́ть; he has not all his ~s *разг.* у него́ ви́нтика не хвата́ет

**2.** *v* 1) пришива́ть пу́говицы 2) застёгивать(ся) на пу́говицы □ ~ **up** а) застегну́ть(ся) на все пу́говицы; б) *воен.* приводи́ть в поря́док войска́; в) закры́ть(ся), запере́ть(ся) (*внутри помещения*); to ~ up one's mouth *разг.* храни́ть молча́ние; to ~ up one's purse (*или* pockets) *разг.* скупи́ться

**button-hold** ['bʌtnhəuld] = buttonhole 2, 2)

**buttonhole** ['bʌtnhəul] **1.** *n* 1) пе́тля 2) цвето́к в петли́це; бутонье́рка

**2.** *v* 1) промётывать пе́тли 2) заде́рживать (*кого-л.*) для до́лгого и ну́дного разгово́ра

**buttonhook** ['bʌtnhuk] *n* крючо́к для застёгивания башмако́в, перча́ток

**button-on** ['bʌtnɔn] *a* пристёгивающийся (*о воротнике и т. п.*)

**buttons** ['bʌtnz] *n* ма́льчик-посы́льный (*в гостинице*)

**buttress** ['bʌtrɪs] **1.** *n* 1) *стр.* контрфо́рс; подпо́ра, усто́й; бык 2) опо́ра, подде́ржка

**2.** *v* подде́рживать, служи́ть опо́рой (*часто* ~ up); to ~ up by facts подкрепля́ть фа́ктами

**butty** ['bʌtɪ] *n разг.* 1) това́рищ 2) компаньо́н; па́йщик по подря́дной рабо́те (*обычно в шахте*)

**butyl** ['bju:tɪl] *n хим.* бути́л

**butyric** [bju:'tɪrɪk] *a хим.* ма́сляный

**buxom** ['bʌksəm] *a* 1) по́лная, полногру́дая; пы́шущая здоро́вьем, кре́пкая 2) доброду́шная, серде́чная, весёлая

**buy** [baɪ] **1.** *v* (bought) 1) покупа́ть; приобрета́ть; to ~ on tick *разг.* покупа́ть в креди́т 2) подкупа́ть □ ~ **in** а) закупа́ть; б) выкупа́ть (*собственные вещи на аукционе*); ~ **off** откупа́ться; ~ **out** выкупа́ть; ~ **over** подкупа́ть, перема́нивать на свою сто́рону; ~ **up** скупа́ть ◇ to ~ over smb.'s head перехвати́ть у кого́-л. поку́пку за бо́лее дорогу́ю це́ну; to ~ a white horse *разг.* транжи́рить де́ньги; to ~ time оттяну́ть вре́мя; I will not ~ that ≅ э́то со мной не пройдёт, я э́того не допущу́

**2.** *n разг.* поку́пка; a good (bad) ~ уда́чная (неуда́чная) поку́пка; to be on the ~ производи́ть значи́тельные поку́пки

**buyer** ['baɪə] *n* покупа́тель ◇ ~s over *ком.* спрос превыша́ет предложе́ние; ~s' market *ком.* конъюнкту́ра ры́нка, вы́годная для покупа́телей

**buz(z)** [bʌz] *int* старо́!, слыха́ли!

**buzz** I [bʌz] **1.** *n* 1) жужжа́ние; гул (*голосов*) 2) слу́хи, молва́ 3) *разг.* телефо́нный звоно́к; I'll give you a ~ tomorrow я звя́кну тебе́ за́втра 4) *амер.* кру́глая пила́

**2.** *v* 1) жужжа́ть, гуде́ть 2) лете́ть на бре́ющем полёте (*о самолёте*) 3) броса́ть, швыря́ть 4) распространя́ть слу́хи 5) носи́ться (*о слухах*) 6) *разг.* звони́ть по телефо́ну □ ~ **about** ви́ться, увива́ться; ~ **off** уходи́ть, удаля́ться; улизну́ть

**buzz** II [bʌz] *v* осуша́ть, выпива́ть (буты́лку, стака́н) до после́дней ка́пли

**buzzard** ['bʌzəd] *n зоол.* каню́к

**buzz-bomb** ['bʌzbɔm] *n воен. ист.* самолёт-снаря́д

**buzzer** ['bʌzə] *n* 1) гудо́к; сире́на 2) *разг.* звоно́к 3) *эл.* зу́ммер, пи́щик; автомати́ческий прерыва́тель 4) *воен. жарг.* связи́ст

**buzz-saw** ['bʌzsɔ:] *n амер.* кру́глая пила́ ◇ to monkey with a ~ ≅ шути́ть *или* игра́ть с огнём

**by** [baɪ] **1.** *prep* 1) *в пространственном значении указывает на*: а) *близость* у, при, о́коло; a house by the river дом у реки́; a path by the river тропи́нка вдоль бе́рега реки́; б) *прохождение мимо предмета или через определённое место* ми́мо; we went by the house мы прошли́ ми́мо до́ма; we travelled by a village мы прое́хали че́рез дере́вню 2) *во временном значении указывает на приближение к определённому моменту, сроку и т. п.* к; by tomorrow к за́втрашнему дню; by five o'clock к пяти́ часа́м; by then к тому́ вре́мени 3) *указывает на автора*; *передаётся тв. или род. падежом*: a book by Tolstoy кни́га напи́санная Толсты́м, произведе́ние Толсто́го; the book was written by a famous writer кни́га была́ напи́сана знамени́тым писа́телем 4) *указывает на средство передвижения*; *передаётся тв. падежом*:

by plane самолётом; by air mail воздушной по́чтой; авиапо́чтой 5) *указывает на причину, источник* че́рез, посре́дством, от, по; to know by experience знать по о́пыту; to perish by starvation поги́бнуть от го́лода 6) *указывает на меры веса, длины и т. п.* в, на, по; *передаётся тж. тв. падежом*: by the yard в я́рдах, я́рдами; by the pound в фу́нтах, фу́нтами 7) *указывает на характер действия*: by chance случа́йно; by the law по зако́ну; by chute, by gravity самотёком 8) *указывает на соответствие, согласованность* по; согла́сно; by agreement по догово́ру; by your leave с ва́шего разреше́ния 9) *указывает на соотношение между сравниваемыми величинами* на; by two years older ста́рше на два го́да ◇ by George ≅ ей-бо́гу!; by the way кста́ти, ме́жду про́чим; by and large в о́бщем и це́лом, в о́бщем

2. *adv* 1) бли́зко, ря́дом 2) ми́мо; she passed by она́ прошла́ ми́мо ◇ by and by вско́ре

**by-blow** [ˈbaɪbləu] *n* 1) случа́йный уда́р; *перен.* непредви́денный слу́чай 2) внебра́чный ребёнок

**bye** [baɪ] *n* 1) что-л. второстепе́нное 2): to draw (*или* to have) the ~ *спорт.* быть свобо́дным от соревнова́ний

**bye-bye** I [ˈbaɪbaɪ] *n разг.* бай-ба́й; сон; вре́мя спать

**bye-bye** II [ˈbaɪˈbaɪ] *разг. см.* good-bye 1

**by-effect** [ˈbaɪɪˌfekt] *n тех.* побо́чное явле́ние

**by-election** [ˈbaɪɪˌlekʃən] *n* дополни́тельные вы́боры

**Byelorussian** [ˌbjeləˈrʌʃən] **1.** *a* белору́сский

**2.** *n* 1) белору́с; белору́ска 2) белору́сский язы́к

**by-end** [ˈbaɪend] *n* побо́чная *или* та́йная цель

**bygone** [ˈbaɪgɔn] **1.** *a* про́шлый

**2.** *n pl* про́шлое; про́шлые оби́ды ◇ let ~s be ~s *посл.* ≅ кто ста́рое помя́нет, тому́ глаз вон

**by-law** [ˈbaɪlɔː] *n* 1) постановле́ние о́рганов ме́стной вла́сти 2) уста́вные но́рмы (*организации*)

**by-line** [ˈbaɪlaɪn] *n* 1) побо́чная рабо́та 2) строка́ (*в газете, журнале*), на кото́рой помеща́ется фами́лия а́втора

**by-name** [ˈbaɪneɪm] *n* про́звище

**bypass** [ˈbaɪpɑːs] **1.** *n* 1) обхо́д 2) обво́дный кана́л 3) обхо́дный путь 4) *эл.* шунт

**2.** *v* 1) обходи́ть 2) окружа́ть, окаймля́ть 3) пренебрега́ть; не принима́ть во внима́ние 4) *воен.* обтека́ть (*опорные пункты противника*)

**bypath** [ˈbaɪpɑːθ] *n* уединённая бокова́я тропа́ *или* доро́га

**by-pit** [ˈbaɪpɪt] *n горн.* вентиляцио́нная ша́хта

**byplay** [ˈbaɪpleɪ] *n* побо́чная (*часто* нема́я) сце́на; эпизо́д (*в пьесе*)

**by-plot** [ˈbaɪplɔt] *n* второстепе́нная интри́га (*в пьесе*)

**by-product** [ˈbaɪˌprɔdʌkt] *n* побо́чный проду́кт

**byre** [ˈbaɪə] *n* коро́вник

**by-road** [ˈbaɪrəud] = by-way

**bystander** [ˈbaɪˌstændə] *n* свиде́тель; наблюда́тель

**bystreet** [ˈbaɪstriːt] *n* переу́лок, у́лочка

**by-way** [ˈbaɪweɪ] *n* 1) доро́га второстепе́нного значе́ния; ме́нее лю́дная доро́га 2) кратча́йший путь 3) негла́вная, малоизу́ченная о́бласть (*науки и т. п.*); ~s of learning ме́нее изу́ченные и сравни́тельно второстепе́нные о́бласти зна́ния

**byword** [ˈbaɪwəːd] *n* 1) погово́рка 2) люби́мое, ча́сто повторя́емое слове́чко 3) при́тча во язы́цех; олицетворе́ние, си́мвол; a ~ for iniquity олицетворе́ние вся́ческой несправедли́вости

**by-work** [ˈbaɪwəːk] *n* побо́чная рабо́та

**Byzantine** [bɪˈzæntaɪn] **1.** *a* византи́йский

**2.** *n* византи́ец

**Byzantinesque** [bɪˌzæntɪˈnesk] *a* византи́йский (*о стиле*)

# C

**C, c** [siː] *n* (*pl* Cs C's [siːz]) 1) *3-я буква англ. алфавита* 2) *муз.* до 3) *амер.* сто до́лларов

**Caaba** [ˈkɑːəbə] *араб. n* кааба

**cab** I [kæb] (*сокр. от* cabriolet) **1.** *n* 1) такси́; to take a ~ взять такси́; е́хать в такси́ 2) наёмный экипа́ж, кеб, изво́зчик

**2.** *v разг.* е́хать в такси́, на изво́зчике *и т. п.* (*тж.* ~ it)

**cab** II [kæb] *n* (*сокр. от* cabin) бу́дка (*на паровозе*); каби́на води́теля (*автомобиля*)

**cab** III [kæb] *сокр. от* cabbage III

**cabal** [kəˈbæl] **1.** *n* 1) интри́га; полити́ческий манёвр 2) полити́ческая кли́ка; гру́ппа загово́рщиков 3) (the C.) *ист.* «каба́льный» сове́т (*при Карле II*)

**2.** *v* интригова́ть; вступа́ть в за́говор

**cabala** [kəˈbɑːlə] = cabbala

**cabalistic** [ˌkæbəˈlɪstɪk] = cabbalistic

**cabana** [kəˈbɑːnə] *исп. n* 1) ма́ленький до́мик; котте́дж 2) *амер.* каби́нка для переодева́ния (*на пляже*)

**cabaret** [ˈkæbəreɪ] *фр. n* 1) кабаре́ 2) эстра́дное выступле́ние в кабаре́

**cabas** [ˈkæbɑː] *n амер.* 1) рабо́чая корзи́нка 2) су́мочка

**cabbage** I [ˈkæbɪdʒ] **1.** *n* 1) (коча́нная) капу́ста 2) *attr.* капу́стный

**2.** *v* завива́ться кочано́м

**cabbage** II [ˈkæbɪdʒ] **1.** *n* обре́зки мате́рии зака́зчика, остаю́щиеся у портно́го

**2.** *v* 1)ута́ивать обре́зки мате́рии (*о портном*) 2) ворова́ть, прикарма́нивать

**cabbage** III [ˈkæbɪdʒ] *школ. разг.* **1.** *n* шпарга́лка

**2.** *v* по́льзоваться шпарга́лкой

**cabbage butterfly** [ˈkæbɪdʒˈbʌtəflaɪ] *n зоол.* капу́стница

**cabbage-head** [ˈkæbɪdʒhed] *n* 1) коча́н капу́сты 2) *разг.* тупи́ца

**cabbage-rose** [ˈkæbɪdʒrəuz] *n бот.* ро́за столи́стная, ро́за центифо́лия

**cabbala** [kəˈbɑːlə] *n* каб(б)ала́

**cabbalistic** [ˌkæbəˈlɪstɪk] *a* каб(б)алисти́ческий; таи́нственный, мисти́ческий

**cabby** [ˈkæbɪ] *n разг.* 1) такси́ст 2) изво́зчик

**cabin** [ˈkæbɪn] **1.** *n* 1) хи́жина 2) до́мик, котте́дж 3) каби́на, каби́нка, бу́дка 4) каю́та, сало́н 5) *ав.* закры́тая каби́на 6) прицепна́я каби́на (*трейлера*) 7) *ж.-д.* блокпо́ст 8) *attr.*: ~ class *мор.* класс пассажи́рских судо́в без I кла́сса; ~ plane самолёт с закры́той каби́ной

**2.** *v* 1) помеща́ть в те́сную ко́мнату, каби́ну *и т. п.* 2) жить в хи́жине 3) юти́ться

**cabin-boy** [ˈkæbɪnbɔɪ] *n* ю́нга

**cabined** [ˈkæbɪnd] **1.** *p. p. от* cabin 2

**2.** *a* стеснённый, сжа́тый

**cabinet** [ˈkæbɪnɪt] *n* 1) кабине́т мини́стров, прави́тельство; inner ~ англи́йский кабине́т мини́стров в у́зком соста́ве 2) шкаф с выдвижны́ми я́щиками; застеклённый шка́фчик, го́рка 3) я́щик (*радиоприёмника*) 4) *уст.* кабине́т 5) *attr.* прави́тельственный, министе́рский; ~ council сове́т мини́стров; ~ crisis прави́тельственный кри́зис; C. Minister член сове́та мини́стров 6) *attr.* кабине́тный; ~ photograph кабине́тная фотографи́ческая ка́рточка; ~ size кабине́тный форма́т

**cabinet-maker** [ˈkæbɪnɪtˌmeɪkə] *n* 1) столя́р-краснодере́вщик 2) *шутл.* премье́р-мини́стр

**cabinet-work** [ˈkæbɪnɪtwəːk] *n* то́нкая столя́рная рабо́та

**cable** [ˈkeɪbl] **1.** *n* 1) ка́бель 2) кана́т, трос; я́корная цепь; to slip the ~ *мор.* вы́травить цепь 3) *мор.* ка́бельтов 4) телегра́мма; каблогра́мма 5) *архит.* вито́й орна́мент 6) *attr.* кана́тный; ~ way кана́тная доро́га, фуникулёр ◇ to cut (*или* to slip) one's ~ *sl.* умере́ть, отда́ть концы́

**2.** *v* 1) закрепля́ть кана́том, привя́зывать тро́сом 2) телеграфи́ровать (по подво́дному ка́белю) 3) *архит.* украша́ть виты́м орна́ментом

**cablegram** [ˈkeɪblgræm] = cable 1, 4)

**cablese** [keɪb'li:z] *n разг.* лаконичный «телеграфный» язык (*с пропусками вспомогательных слов; употр. корреспондентами*)

**cablet** ['keɪblɪt] *n мор.* перлинь

**cabling** ['keɪblɪŋ] **1.** *pres. p. от* cable 2

**2.** *n* 1) укладка кабеля 2) кручение, свивание (*тросов, канатов*) 3) *архит.* заполнение каннелюр колонн выпуклым профилем

**cabman** ['kæbmən] *n* 1) шофёр такси 2) извозчик

**caboodle** [kə'bu:dl] *n амер. разг.*: the whole ~ а) вся компания, вся орава; б) вся куча, всё хозяйство

**caboose** [kə'bu:s] *n* 1) *мор.* камбуз 2) *амер.* служебный вагон в товарном поезде; тормозной вагон 3) *амер.* печь на открытом воздухе

**cabotage** ['kæbətɑ:ʒ] *n мор.* каботаж

**cab-rank** ['kæbræŋk] = cabstand

**cabriole** ['kæbrɪəul] *a* гнутый (*о ножке мебели*)

**cabriolet** [ˌkæbrɪəu'leɪ] *n* 1) наёмный экипаж, кабриолет, кеб 2) автомобиль; такси

**cabstand** ['kæbstænd] *n* стоянка такси, извозчиков

**ca'canny** [kə'kænɪ] *см.* canny ◇

**cacao** [kə'kɑ:əu] *n* 1) какаовое дерево 2) какао (*боб и напиток*)

**cacao-tree** [kə'kɑ:əutri:] = cacao 1)

**cachalot** ['kæʃələt] *n* кашалот

**cache** [kæʃ] **1.** *n* 1) тайник; тайный склад оружия 2) запас провианта, оставленный научной экспедицией в скрытом месте для обратного пути *или* для других экспедиций 3) запас зерна *или* мёда, сделанный животным на зиму

**2.** *v* 1) прятать провиант в условленных, скрытых местах для нужд экспедиций 2) прятать про запас в потайном месте

**cachectic** [kə'kektɪk] *a* болезненный, истощённый, худосочный

**cachet** ['kæʃeɪ] *фр. n* 1) печать; отпечаток 2) отличительный знак (*подлинности происхождения и т. п.*); courtesy is the ~ of good breeding вежливость свидетельствует о хорошем воспитании 3) *мед.* облатка, капсула для приёма лекарств

**cachexy** [kə'keksɪ] *n мед.* кахексия, истощение, худосочие

**cacique** [kæ'si:k] *исп. n* 1) касик (*вождь, царёк американских индейцев и племён Вест-Индии*) 2) *амер.* политический заправила

**cackle** ['kækl] **1.** *n* 1) кудахтанье; гоготанье 2) хихиканье 3) болтовня; cut the ~! *разг.* замолчите!

**2.** *v* 1) кудахтать; гоготать 2) хихикать 3) болтать

**cacology** [kæ'kɔlədʒɪ] *n* плохая речь (*с ошибками, плохим произношением и т. п.*)

**cacophony** [kæ'kɔfənɪ] *n* какофония

**cactaceous** [kæk'teɪʃəs] *a бот.* принадлежащий к семейству кактусовых; кактусовый

**cacti** ['kæktaɪ] *pl от* cactus

**cactus** ['kæktəs] *n* (*pl* -es [-ɪz], cacti) кактус

**cacuminal** [kæ'kju:mɪnl] *a фон.* какуминальный, ретрофлексный

**cad** [kæd] *n* 1) невоспитанный, грубый человек; хам 2) = caddy I

**cadastral** [kə'dæstrəl] *a юр.* кадастровый

**cadastre** [kə'dæstə] *n юр.* кадастр

**cadaver** [kə'deɪvə] *n* труп

**cadaveric** [kə'dævərɪk] *a* трупный

**cadaverous** [kə'dævərəs] *a* 1) трупный 2) смертельно бледный; he had a ~ face у него было мертвенно-бледное лицо

**caddie** ['kædɪ] = caddy I

**caddis** ['kædɪs] *n* 1) саржа 2) гарусная тесьма

**caddis fly** ['kædɪsflaɪ] *n* веснянка, майская муха

**caddish** ['kædɪʃ] *a* грубый, вульгарный

**caddy I** ['kædɪ] *n* мальчик, подносящий клюшки, мячи при игре в гольф

**caddy II** ['kædɪ] *n* чайница

**cade I** [keɪd] *n бот.* можжевельник

**cade II** [keɪd] *n* бочонок

**cade III** [keɪd] *n* ягнёнок *или* жеребёнок, выкормленный искусственно

**cadence** ['keɪdəns] *n* 1) модуляция; понижение голоса 2) *муз.* каденция 3) ритм 4) *воен.* мерный шаг; движение в ногу

**cadency** ['keɪdənsɪ] *n* 1) = cadence 3); 2) младшая линия (*в генеалогии*)

**cadet** [kə'det] *n* 1) курсант военного училища; *ист.* кадет 2) младший сын; младший брат 3) *амер. жарг.* сутенёр; сводник 4) кадет (*член русской конституционно-демократической партии нач. XX в.*) 5) *attr.* кадетский; ~ corps кадетский корпус

**cadge** [kædʒ] *v* попрошайничать; жить на чужой счёт

**cadger I** ['kædʒə] *n* 1) разносчик; уличный торговец 2) попрошайка; прихлебатель

**cadger II** ['kædʒə] *n тех.* карманная маслёнка

**cadi** ['kɑ:dɪ] *араб. n* кади(й) (*духовное лицо у мусульман, несущее обязанности судьи*)

**cadmium** ['kædmɪəm] *n хим.* кадмий

**cadre** ['kɑ:də] *n* 1) остов; схема 2) *воен.* кадр(ы), кадровый состав

**caducity** [kə'dju:sɪtɪ] *n* 1) бренность 2) дряхлость

**caducous** [kə'dju:kəs] *a бот.* рано опадающий (*о листьях*)

**caeca** ['si:kə] *pl от* caecum

**caecum** ['si:kəm] *n* (*pl* caeca) *анат.* слепая кишка

**Caesar** ['si:zə] *n* 1) *ист.* Цезарь 2) самодержец; кесарь ◇ render to ~ the things that are ~'s кесарево кесарю

**Caesarian** [ˌsi:zə'rɪən] *a* самодержавный, автократический

**Caesarian operation** [ˌsi:zə'rɪənˌɔpə'reɪʃən] *n мед.* кесарево сечение

**caesium** ['si:zjəm] *n хим.* цезий

**caesura** [si(:)'zjuərə] *n стих.* цезура

**café** ['kæfeɪ] *фр. n* 1) кафе 2) кофейня

**cafeteria** [ˌkæfɪ'tɪərɪə] *n* кафетерий, кафе-закусочная

**caffeine** ['kæfi:n] *n фарм.* кофеин

**caftan** ['kæftən] *перс. n* 1) кафтан 2) длинный восточный халат

**cage** [keɪdʒ] **1.** *n* 1) клетка 2) *перен.* тюрьма 3) кабина лифта 4) *горн.* клеть (*в шахтах*) 5) *тех.* обойма (*подшипника*) 6) садок (*для насекомых или рыб*)

**2.** *v* 1) сажать в клетку 2) *разг.* заключать в тюрьму

**cagey** ['keɪdʒɪ] *a разг.* уклончивый в ответах; don't be so ~ отвечайте прямо, не виляйте

**cahoot** [kə'hu:t] *n амер. разг.* соучастие, сообщничество; to go ~s делить поровну расходы и доходы

**caiman** ['keɪmən] = cayman

**Cain** [keɪn] *n* 1) *библ.* Каин 2) братоубийца, предатель ◇ to raise ~ поднять шум, устроить скандал

**caique** [kaɪ'i:k] *n* кайк, турецкая шлюпка

**cairn** [kɛən] *n* пирамида из камней (*памятник, межевой или какой-л. условный знак*) ◇ to add a stone to smb.'s ~ превозносить кого-л. после смерти

**cairngorm** ['kɛən'gɔ:m] *n мин.* дымчатый топаз, жёлтая *или* дымчато-бурая разновидность кварца

**caisson** [kə'su:n] *n* 1) *тех.* кессон 2) *воен.* зарядный ящик 3) *мор.* батопорт

**caitiff** ['keɪtɪf] *поэт.* **1.** *n* трус, негодяй

**2.** *a* трусливый; презренный

**cajole** [kə'dʒəul] *v* льстить, обхаживать; обманывать □ ~ **into** склонить лестью к *чему-л.*; ~ **out:** to ~ smth. out of smb. выклянчить, выпросить что-л. у кого-л.

**cajolement** [kə'dʒəulmənt] *n* 1) лесть 2) выманивание, обман (*с помощью лести*)

**cajolery** [kə'dʒəulərɪ] = cajolement

**cake** [keɪk] **1.** *n* 1) торт, кекс, пирожное, лепёшка 2) лепёшка грязи *или* глины (*приставшая к платью*) 3) плитка (*табака*); кусок, брусок; брикет; ~ of soap кусок мыла 4) жмых, макуха ◇ ~s and ale веселье; you cannot eat your ~ and have it too *посл.* ≅ один пирог два раза не съешь; нельзя совместить несовместимое; to go (*или* to sell) like hot ~s раскупаться (*или* продаваться) нарасхват; to take the ~ получить приз, занять первое место; быть лучше всех; that takes the ~ это превосходит всё; вот это да!

**2.** *v* (*обыкн. refl. или pass.*) затвердевать, спекаться

**cake ice** ['keɪkaɪs] *n* сало (*на реке*)

**cake-walk** ['keɪkwɔ:k] *n* кекуок (*танец*)

**caking coal** ['keɪkɪŋkəul] *n горн.* спека́ющийся у́голь

**calabar** [ˌkælə'bɑ:] = calaber

**calabash** ['kæləbæʃ] *n* 1) *бот.* горля́нка, буты́лочная ты́ква 2) буты́лка *или* кури́тельная тру́бка из горля́нки; кальян

**calaber** [ˌkælə'bɑ:] *n* се́рый бе́личий мех

**calaboose** [ˌkælə'bu:s] *n амер. разг.* тюрьма́, кутузка

**calamanco** [ˌkælə'mæŋkəu] *n текст.* каламя́нка

**calamitous** [kə'læmɪtəs] *a* 1) па́губный 2) бе́дственный

**calamity** [kə'læmɪtɪ] *n* 1) бе́дствие 2) *attr.*: ~ howler *амер.* челове́к, постоя́нно предска́зывающий како́е-л. бе́дствие; ны́тик; пессими́ст

**calamus** ['kæləməs] *n бот.* 1) а́ир тростнико́вый *или* и́рный 2) па́льма кала́мус

**calash** [kə'læʃ] *n* 1) коля́ска 2) верх коля́ски

**calcareous** [kæl'kɛərɪəs] *a* известко́вый, содержа́щий и́звесть

**calceolaria** [ˌkælsɪə'lɛərɪə] *n бот.* кальцеоля́рия, кошельки́

**calces** ['kælsi:z] *pl от* calx

**calciferol** [kæl'sɪfərəl] *n* витами́н D

**calcification** [ˌkælsɪfɪ'keɪʃən] *n* 1) обызвествле́ние 2) отверде́ние, окамене́ние; окостене́ние

**calcify** ['kælsɪfaɪ] *v* превраща́ть(ся) в и́звесть; отвердева́ть

**calcimine** ['kælsɪmaɪn] *n* известко́вый раство́р (*для побелки*)

**calcinate** ['kælsɪneɪt] = calcine

**calcination** [ˌkælsɪ'neɪʃən] *n тех.* кальцини́рование, прока́ливание, о́бжиг

**calcine** ['kælsaɪn] *v* 1) *тех.* кальцини́ровать; пережига́ть *или* превраща́ть в и́звесть 2) сжига́ть дотла́

**calcitrant** ['kælsɪtrənt] *a тех.* огнесто́йкий, тугопла́вкий

**calcium** ['kælsɪəm] *n хим.* ка́льций

**calculable** ['kælkjuləbl] *a* 1) подда́ющийся исчисле́нию, измере́нию 2) надёжный

**calculate** ['kælkjuleɪt] *v* 1) вычисля́ть; подсчи́тывать; калькули́ровать 2) рассчи́тывать 3) *амер.* ду́мать, полага́ть

**calculated** ['kælkjuleɪtɪd] **1.** *p. p. от* calculate

**2.** *a* 1) вы́численный 2) рассчи́танный; го́дный (for) 3) преднаме́ренный, (пред)умы́шленный

**calculating** ['kælkjuleɪtɪŋ] **1.** *pres. p. от* calculate

**2.** *a* 1) счётный 2) расчётливый

**calculating-machine** ['kælkjuleɪtɪŋməˌʃi:n] *n* счётная, вычисли́тельная маши́на

**calculation** [ˌkælkju'leɪʃən] *n* 1) вычисле́ние; калькуля́ция 2) расчёт 3) обду́мывание 4) *амер.* предположе́ние; предви́дение

**calculator** ['kælkjuleɪtə] *n* 1) вычисли́тель, калькуля́тор 2) счётно-реша́ющее устро́йство; вычисли́тельный прибо́р, арифмо́метр; счётчик (*прибор*)

**calculi** ['kælkjulaɪ] *pl от* calculus I

**calculus I** ['kælkjuləs] *n* (*pl* -li) *мед.* ка́мень

**calculus II** ['kælkjuləs] *n* (*pl* -es [-ɪz]) *мат.* исчисле́ние; differential ~ дифференциа́льное исчисле́ние; integral ~ интегра́льное исчисле́ние

**caldron** ['kɔ:ldrən] = cauldron

**Caledonia** [ˌkælɪ'dəunjə] *n поэт.* Шотла́ндия

**Caledonian** [ˌkælɪ'dəunjən] *поэт.* **1.** *a* шотла́ндский

**2.** *n* шотла́ндец; шотла́ндка

**calefactory** [ˌkælɪ'fæktərɪ] *a* нагрева́тельный, согрева́ющий

**calendar** ['kælɪndə] **1.** *n* 1) календа́рь, летосчисле́ние 2) свя́тцы 3) о́пись; указа́тель; рее́стр; спи́сок 4) *юр.* спи́сок дел, назна́ченных к слу́шанию 5) *амер.* пове́стка дня

**2.** *v* 1) регистри́ровать, вноси́ть в спи́сок 2) составля́ть и́ндекс 3) инвентаризи́ровать

**calender I** ['kælɪndə] *тех.* **1.** *n* кала́ндр, като́к, лощи́льный пресс

**2.** *v* каландри́ровать, лощи́ть, гла́дить, ката́ть

**calender II** ['kælɪndə] *перс. n* ни́щенствующий де́рвиш

**calends** ['kælɪndz] *n. pl* кале́нды, пе́рвое число́ ме́сяца (*у древних римлян*) ◇ on (*или* at) the Greek ~ *шутл.* никогда́ (*у греков календ не было*)

**calendula** [kə'lendjulə] *n* 1) *бот.* ното́тки 2) *фарм.* кале́ндула

**calenture** ['kæləntjuə] *n мед.* тропи́ческая лихора́дка, сопровожда́ющаяся бре́дом

**calf I** [kɑ:f] *n* (*pl* calves) 1) телёнок; cow in (*или* with) ~ сте́льная коро́ва 2) детёныш (*оленя, слона, кита, тюленя и т. п.*) 3) теля́чья ко́жа, опо́ек; bound in ~ переплетённый в теля́чью ко́жу 4) придуркова́тый па́рень; «телёнок» (*употр. тж. в ласк. смысле*) 5) небольша́я плаву́чая льди́на ◇ to kill the fatted ~ *библ.* закла́ть упи́танного тельца́, ра́достно встре́тить (*как блудного сына*); golden ~ золото́й теле́ц

**calf II** [kɑ:f] *n* (*pl* calves) икра́ (*ноги*)

**calf-knee** ['kɑ:fni:] *n анат.* во́гнутое коле́но

**calflove** ['kɑ:flʌv] *n* ребя́ческая любо́вь; ю́ношеское увлече́ние

**calfskin** ['kɑ:fskɪn] = calf I, 3)

**calf's teeth** ['kɑ:vzti:θ] *n pl* моло́чные зу́бы

**Caliban** ['kælɪbæn] *n* калиба́н; гру́бый, зло́бный челове́к (*по имени персонажа «Бури» Шекспира*)

**caliber** ['kælɪbə] *амер.* = calibre

**calibrate** ['kælɪbreɪt] *v* 1) калиброва́ть; градуи́ровать; тари́ровать 2) проверя́ть, выверя́ть 3) *воен.* определя́ть нача́льную ско́рость

**calibration** [ˌkælɪ'breɪʃən] *n* 1) калиброва́ние; градуиро́вка; тарирова́ние 2) *воен.* определе́ние нача́льной ско́рости

**calibre** ['kælɪbə] *n* 1) кали́бр; диа́метр 2) широта́ ума́; мора́льные ка́чества; значи́тельность (*человека*)

**caliche** [kɑ:'li:tʃeɪ] *n* саморо́дная чили́йская сели́тра

**calico** ['kælɪkəu] *n* (*pl* -os, -oes [-əuz]) 1) коленко́р, мitка́ль 2) *амер.* набивно́й си́тец

**calico-printer** ['kælɪkəuˌprɪntə] *n* набо́йщик (*в текст. промышленности*)

**calico-printing** ['kælɪkəuˌprɪntɪŋ] *n* ситценабивно́е де́ло

**calif** ['kælɪf] = caliph

**californium** [ˌkælɪ'fɔ:njəm] *n хим.* калифо́рний

**calipash** ['kælɪpæʃ] *n* филе́й под спинны́м щитко́м черепа́хи

**calipee** ['kælɪpi:] *n* филе́й над брюшны́м щитко́м черепа́хи

**calipers** ['kælɪpəz] = callipers

**caliph** ['kælɪf] *n* хали́ф, кали́ф

**caliphate** ['kælɪfeɪt] *n* халифа́т

**calisthenics** [ˌkælɪs'θenɪks] = callisthenics

**calk I** [kɔ:k] **1.** *n* 1) шип (подко́вы) 2) *амер.* подко́вка (*на каблуке*)

**2.** *v* 1) подко́вывать на шипа́х 2) *амер.* набива́ть подко́вки (*на каблуки*)

**calk II** [kɔ:k] = caulk

**calk III** [kɔ:k] *n* негашёная и́звесть

**calk IV** [kɔ:k] *v* кальки́ровать

**calkin** ['kælkɪn] = calk I, 1

**call** [kɔ:l] **1.** *n* 1) зов, о́клик 2) крик (*животного, птицы*) 3) призы́в; сигна́л 4) вы́зов; телефо́нный вы́зов; one ~ was for me оди́н раз вызыва́ли меня́ 5) перекли́чка 6) призва́ние, влече́ние 7) визи́т, посеще́ние; to pay a ~ нанести́ визи́т 8) захо́д (*парохода*) в порт; остано́вка (*поезда*) на ста́нции 9) приглаше́ние; предложе́ние (*места, кафедры и т. п.*) 10) тре́бование; спрос; тре́бование упла́ты до́лга 11) нужда́, необходи́мость; you have no ~ to blush вам не́чего красне́ть 12) мано́к, ду́дка (*птицелова*) ◇ ~ of duty чу́вство до́лга; at ~ нагото́ве, к услу́гам; on ~ а) по тре́бованию, по вы́зову; б) *ком.* на онко́льном счёте; within ~ побли́зости

**2.** *v* 1) звать; оклика́ть; to ~ to one another переклика́ться (друг с дру́гом) 2) называ́ть; дава́ть и́мя 3) вызыва́ть, призыва́ть; созыва́ть; to ~ smb.'s attention to smth. обраща́ть чьё-л. внима́ние на что-л.; to ~ to mind (*или* memory, remembrance) припо́мнить, вспо́мнить 4) буди́ть 5) заходи́ть, навеща́ть; to ~ at a house зайти́ в дом; to ~ (up)on a person навести́ть кого́-л. 6) счита́ть; I ~ this a good house я нахожу́, что э́то хоро́ший дом □ ~ **at** остана́вливаться (*где-л.*); ~ **away** отзыва́ть; ~ **back** а) звать обра́тно; б) брать наза́д; ~ **down** а) навлека́ть; б) порица́ть, де́лать вы́говор; в) оспа́ривать, отводи́ть (*довод и т. п.*); ~ **for** а) тре́бовать; the situation ~ed for drastic measures положе́ние тре́бовало приня́тия реши́тельных мер; letters to be ~ed for пи́сьма до востре́бования; б) заходи́ть за *кем-л.*; в) предусма́тривать; ~ **forth** вызыва́ть, тре́бовать; this affair ~s forth all his energy э́то де́ло потре́бует всей его́ эне́ргии; ~ **in** а) потре́бовать наза́д (*долг*); б) изыма́ть из обраще́ния (*денежные знаки*); в) приглаша́ть; г) призыва́ть на вое́нную слу́жбу; ~ **into:** to ~ into existence (*или* being) вызыва́ть к жи́зни, создава́ть; осуществля́ть; приводи́ть в де́йствие; ~ **off** а) отзыва́ть; отменя́ть; прекраща́ть; откла́дывать, переноси́ть; the game was ~ed off игру́ отложи́ли; б) отвлека́ть (*внимание*); ~ **on** а) взыва́ть, апелли́ровать; б) приглаша́ть вы́сказаться; the chairman ~ed on the next speaker председа́тель предоста́вил сло́во сле́дующему ора́тору; в) звони́ть по телефо́ну *кому-л.*; ~ **out** а) вызыва́ть; to ~ out for training призыва́ть на уче́бный сбор; б) вызыва́ть на дуэ́ль; в) выкри́кивать; крича́ть; ~ **over** де́лать перекли́чку; ~ **to:** to ~ to account призва́ть к отве́ту; потре́бовать объясне́ния; to ~ to attention *воен.* скома́ндовать «сми́рно»; to ~ to order а) призва́ть к поря́дку; б) *амер.* откры́ть собра́ние; ~ **together** созыва́ть; ~ **up** а) звать наве́рх; б) призыва́ть (*на военную службу*); в) вызыва́ть (*по телефону*); г) вызыва́ть в па́мяти; д) представля́ть на рассмотре́ние (*законопроект и т. п.*); ~ **upon** а) = ~ on; б): to be ~ed upon быть вы́нужденным ◇ to ~ in question подверга́ть сомне́нию; to ~ names руга́ть (-ся); to ~ it a day прекрати́ть (*что-либо*); I'm tired, let's ~ it a day я уста́л, пора́ конча́ть; to ~ it square удовлетворя́ться, примиря́ться; to ~ smb. over the coals руга́ть кого́-л., де́лать кому́-л. вы́говор; to have nothing to ~ one's own ничего́ не име́ть, быть без средств; ≅ ни кола́ ни двора́

**call-box** [ˈkɔːlbɔks] *n* телефо́нная бу́дка

**call-boy** [ˈkɔːlbɔɪ] *n* 1) ма́льчик-рассы́льный; коридо́рный (*в гостинице и т. п.*) 2) *театр.* ма́льчик, приглаша́ющий актёра на сце́ну

**caller** I [ˈkɔːlə] *n* 1) гость; посети́тель 2) выклика́ющий имена́ во вре́мя перекли́чки 3) тот, кто звони́т по телефо́ну

**caller** II [ˈkælə] *a диал.* 1) све́жий; ~ herring све́жая селёдка 2) прохла́дный (*о ветре, погоде*)

**call-girl** [ˈkɔːlgəːl] *n* проститу́тка, вызыва́емая по телефо́ну

**calligraphy** [kəˈlɪgrəfɪ] *n* 1) каллигра́фия; чистописа́ние 2) по́черк

**calling** [ˈkɔːlɪŋ] **1.** *pres. p. от* call 2

**2.** *n* 1) призва́ние 2) профе́ссия; заня́тие

**calliper** [ˈkælɪpə] *n* (*обыкн. pl*) 1) кронци́ркуль; inside ~ нутроме́р 2) кали́бр

**callisthenics** [ˌkælɪsˈθenɪks] *n pl* (*употр. как sing*) пла́стика, ритми́ческая гимна́стика; физи́ческая подгото́вка; free ~ а) во́льные движе́ния; б) худо́жественная гимна́стика

**callosity** [kæˈlɔsɪtɪ] *n* 1) затверде́ние (*на коже*); мозо́ль 2) = callousness

**callous** [ˈkæləs] *a* 1) огрубе́лый, мозо́листый 2) бессерде́чный, чёрствый

**callousness** [ˈkæləsnɪs] *n* гру́бость, бессерде́чность

**callow** [ˈkæləu] **1.** *n диал.* низи́на; затопля́емый, боло́тистый луг

**2.** *a* 1) неопери́вшийся 2) нео́пытный; ~ youth зелёный юне́ц

**call slot** [ˈkɔːlslɔt] *n* щель, в кото́рую вставля́ют ключ для вы́зова ли́фта

**call-up** [ˈkɔːlˈʌp] *n* 1) призы́в на вое́нную слу́жбу 2) *attr.*: ~ paper пове́стка о я́вке на призывно́й пункт

**callus** [ˈkæləs] *n* 1) *мед.* мозо́ль (*гл. обр. ко́стная*) 2) *бот.* наплы́в

**calm** [kɑːm] **1.** *a* 1) споко́йный; ти́хий; ми́рный 2) безве́тренный 3) *разг.* беззасте́нчивый

**2.** *n* 1) тишина́; споко́йствие 2) штиль, зати́шье

**3.** *v* успока́ивать; умиротворя́ть □ ~ **down** успока́ивать(ся), смягча́ть (-ся)

**calmative** [ˈkælmətɪv] *мед.* **1.** *a* успокои́тельный

**2.** *n* успока́ивающее сре́дство

**calmly** [ˈkɑːmlɪ] *adv* споко́йно, хладнокро́вно

**calmness** [ˈkɑːmnɪs] *n* 1) тишина́, споко́йствие 2) невозмути́мость, хладнокро́вие

**calomel** [ˈkæləumel] *n хим.* ка́ломель; хло́ристая ртуть

**caloric** [kəˈlɔrɪk] **1.** *n* теплота́

**2.** *a* теплово́й

**calorie** [ˈkælərɪ] *n* кало́рия

**calorific** [ˌkæləˈrɪfɪk] *a* теплово́й; теплотво́рный, калори́ческий; ~ capacity (*или* effect, value) теплотво́рная спосо́бность, калори́йность

**calorification** [kəˌlɔrɪfɪˈkeɪʃən] *n* выделе́ние теплоты́

**calorifics** [ˌkæləˈrɪfɪks] *n pl* (*употр. как sing*) теплоте́хника

**calorimeter** [ˌkæləˈrɪmɪtə] *n физ.* калори́метр

**calory** [ˈkælərɪ] = calorie

**calotte** [kəˈlɔt] *n* 1) скуфе́йка 2) *архит.* кру́глый свод; верх сфероида́льного ку́пола

**caltrop** [ˈkæltrəp] *n* 1) *воен.* про́волочные ежи́ 2) (*обыкн. pl*) *бот.* василёк колючеголо́вый

**calumet** [ˈkæljumet] *n* тру́бка ми́ра (*у североамериканских индейцев*)

**calumniate** [kəˈlʌmnɪeɪt] *v* клевета́ть; огова́ривать; поро́чить

**calumniation** [kəˌlʌmnɪˈeɪʃən] *n* огово́р; клевета́

**calumniator** [kəˈlʌmnɪeɪtə] *n* клеветни́к

**calumniatory** [kəˈlʌmnɪətərɪ] *a* клеветни́ческий

**calumnious** [kəˈlʌmnɪəs] = calumniatory

**calumny** [ˈkæləmnɪ] *n* клевета́, клеветни́ческие измышле́ния

**Calvados** [ˈkælvədəs] *n* кальвадо́с, я́блочная во́дка

**Calvary** [ˈkælvərɪ] *n* 1) *библ.* Голго́фа 2) (c.) изображе́ние распя́тия

**calve** [kɑːv] *v* 1) отели́ться; роди́ть детёныша (*о слонах, китах, тюленях и т. п.*) 2) отрыва́ться от леднико́в *или* а́йсбергов (*о льдинах*) 3) *горн.* обру́шиваться при подко́пе

**calves** I, II [kɑːvz] *pl от* calf I *и* II

**Calvinism** [ˈkælvɪnɪzm] *n* кальвини́зм

**calvish** [ˈkɑːvɪʃ] *a* 1) теля́чий 2) глу́пый

**calx** [kælks] *n* (*pl* -lces) 1) ока́лина 2) зола́ 3) и́звесть

**calyces** [ˈkeɪlɪsiːz] *pl от* calyx

**calyx** [ˈkeɪlɪks] *n* (*pl* -es [-ɪz], calyces) 1) *бот.* ча́шечка (*цветка*) 2) *анат.* чашеви́дная по́лость

**cam** [kæm] **1.** *n* 1) *тех.* копи́р; кулачо́к; эксце́нтрик; шабло́н 2) поводко́вый патро́н 3) *горн.* рудоразбо́рный стол

**2.** *v тех.* отводи́ть, поднима́ть (*кулачком*)

**camaraderie** [ˌkæməˈrɑːdəri(ː)] *фр. n* това́рищество

**camarilla** [ˌkæməˈrɪlə] *исп. n* камари́лья

**camber** [ˈkæmbə] **1.** *n* 1) вы́пуклость; изо́гнутость, кривизна́ 2) *стр.* подъём (*в мостах*); ~ of arch прове́с *или* стрела́ а́рки, подъёма, проги́ба 3) *тех.* бомбиро́вка (*вала*) 4) *ав.* кривизна́; изо́гнутость; ду́жка крыла́

**2.** *v* выгиба́ть; дава́ть подъём

**cambist** [ˈkæmbɪst] *n* биржево́й ма́клер

**cambium** [ˈkæmbɪəm] *n бот.* ка́мбий

**cambrel** [ˈkæmbrəl] *n* распо́рка для туш (*у мясников*)

**Cambria** [ˈkæmbrɪə] *n поэт.* Уэ́льс

**Cambrian** [ˈkæmbrɪən] **1.** *a* 1) *поэт.* уэ́льский 2) *геол.* кембри́йский

**2.** *n* уроже́нец Уэ́льса

**cambric** [ˈkeɪmbrɪk] *n* бати́ст

**came** [keɪm] *past от* come

**camel** [ˈkæməl] *n* 1) верблю́д; Arabian ~ одного́рбый верблю́д; Bactrian ~ двуго́рбый верблю́д 2) *мор.* каме́ль (*приспособление для подъёма судов*) ◇ the last straw to break the ~'s back ≅ после́дняя ка́пля, переполня́ющая ча́шу (*терпения*)

**camelcade** [ˈkæm(ə)lkeɪd] *n* карава́н верблю́дов

**cameleer** [ˌkæmɪˈlɪə] *n* пого́нщик верблю́дов

**camellia** [kəˈmiːljə] *n* каме́лия

**camelry** [ˈkæməlrɪ] *n воен.* отря́д на верблю́дах

**cameo** [ˈkæmɪəu] *n* (*pl* -os [-əuz]) каме́я

**camera** [ˈkæmərə] *n* 1) фотографи́ческий аппара́т 2) киноаппара́т, кинока́мера 3) *тлв.* ка́мера 4) *стр.* сво́дчатое покры́тие *или* помеще́ние 6) *юр.* кабине́т судьи́; in ~ а) в кабине́те судьи́ (*не в открытом судебном заседании*); б) без посторо́нних ◇ ~ eye *амер.* хоро́шая зри́тельная па́мять

**camera-man** [ˈkæmərəmæn] *n* 1) фото́граф, фоторепортёр 2) кинооперáтор

**camion** [ˈkæmɪən] *n* 1) фурго́н 2) грузови́к (*особ. для перевозки орудий*)

**camisole** [ˈkæmɪsəul] *n* 1) ли́фчик 2) *уст.* камзо́л

**camlet** [ˈkæmlɪt] *n текст.* камло́т

**camomile** [ˈkæməumaɪl] *n* 1) рома́шка 2) *attr.*: ~ tea насто́й рома́шки

**camouflage** [ˈkæmuflɑ:ʒ] **1.** *n* 1) маскиро́вка, камуфля́ж 2) хи́трость, уло́вка для отво́да глаз; очковтира́тельство

**2.** *v* маскирова́ть(ся), применя́ть маскиро́вку, дымову́ю заве́су *и т. п.*

**camp** [kæmp] **1.** *n* 1) ла́герь; стан; ~ of instruction *воен.* уче́бный ла́герь 2) стоя́нка; бива́к, ме́сто прива́ла, ночёвка на откры́том во́здухе (*экскурсантов и т. п.*) 3) ла́герь, стан, сторона́; Peter an Jack belong to different ~s Пи́тер и Джек принадлежа́т к ра́зным лагеря́м; in the same ~ одного́ о́браза мы́слей 4) *амер.* за́городный до́мик, да́ча (*в лесу*) ◇ to take into ~ уби́ть

**2.** *v* 1) располага́ться ла́герем 2) жить (*где-л.*) вре́менно без вся́ких удо́бств □ ~ **out** ночева́ть в пала́тках *или* на откры́том во́здухе

**campaign** [kæmˈpeɪn] **1.** *n* 1) кампа́ния; похо́д; political ~ полити́ческая кампа́ния; press ~ кампа́ния в печа́ти 2) *с.-х.* страда́ 3) *attr.*: ~ biography *амер.* биогра́фия кандида́та (*особ. на пост президента*), публику́емая незадо́лго до вы́боров с агитацио́нной це́лью

**2.** *v* 1) уча́ствовать в похо́де 2) проводи́ть кампа́нию

**campaigner** [kæmˈpeɪnə] *n* уча́стник кампа́нии; old ~ ста́рый служа́ка, ветера́н; быва́лый челове́к; peace ~ боре́ц за мир, сторо́нник ми́ра

**campanile** [ˌkæmpəˈni:lɪ] *n архит.* колоко́льня (*отдельно стоящая*)

**campanula** [kəmˈpænjulə] *n бот.* колоко́льчик

**camp-bed** [ˈkæmpˈbed] *n* похо́дная *или* складна́я крова́ть

**camp-chair** [ˈkæmpˈtʃɛə] *n* складно́й стул

**camp-cot** [ˈkæmpˈkɔt] *n* раскладу́шка

**camper** [ˈkæmpə] *n* 1) отдыха́ющий, экскурса́нт, тури́ст 2) до́мик на колёсах

**campestral** [kæmˈpestrəl] *a* полево́й

**camp-fever** [ˈkæmpˌfi:və] *n* тиф

**camp-fire** [ˈkæmpˌfaɪə] *n* бива́чный костёр

**camp-follower** [ˈkæmpˌfɔləuə] *n* 1) гражда́нское лицо́, сопровожда́ющее а́рмию 2) прима́завшийся, подпева́ла

**camphor** [ˈkæmfə] *n* камфара́

**camphorated** [ˈkamfəreɪtɪd] *a* пропи́танный камфаро́й; ~ oil камфа́рное ма́сло

**camphor balls** [ˈkæmfəbɔ:lz] *n* нафтали́н

**camphoric** [kæmˈfɔrɪk] *a* камфа́рный

**camping** [ˈkæmpɪŋ] *n* ке́мпинг, ла́герь для автотури́стов

**campion** [ˈkæmpjən] *n бот.* ли́хнис

**camp-stool** [ˈkæmpstu:l] = camp-chair

**campus** [ˈkæmpəs] *n амер.* ка́мпус, террито́рия университе́та, колле́джа *или* шко́лы (*двор, городок и т. п.*)

**cam-shaft** [ˈkæmʃɑ:ft] *n тех.* распредели́тельный вал, кулачко́вый вал

**camwood** [ˈkæmwud] *n* 1) *бот.* ба́фия я́ркая 2) древеси́на ба́фии я́ркой (*используемая как краситель*)

**can I** [kæn (*полная форма*); kən, kn (*редуцированные формы*)] *v* (could) *модальный недостаточный глагол* 1) мочь, быть в состоя́нии, име́ть возмо́жность; уме́ть; I will do all I ~ я сде́лаю всё, что могу́; I ~ speak French я говорю́ (уме́ю говори́ть) по-францу́зски; I ~not я не могу́; I ~not away with this терпе́ть э́того не могу́; I ~not but я не могу́ не 2) мочь, име́ть пра́во; you ~ go вы свобо́дны, мо́жете идти́ 3) *выражает сомнение, неуверенность, недоверие*: it can't be true! не мо́жет быть!; ~ it be true? неуже́ли?; she can't have done it! не мо́жет быть, что́бы она́ э́то сде́лала! ◇ what ~not be cured must be endured что нельзя́ испра́вить, то сле́дует терпе́ть

**can II** [kæn] **1.** *n* 1) бидо́н 2) жестяна́я коро́бка *или* ба́нка; garbage ~ а) помо́йное ведро́; я́щик для му́сора; б) *жарг.* лачу́га в рабо́чем посёлке 3) ба́нка консе́рвов 4) *амер.* стульча́к, сиде́нье в убо́рной 5) *амер. жарг.* тюрьма́ ◇ to be in the ~ быть зако́нченным и гото́вым к употребле́нию

**2.** *v* 1) консерви́ровать (*мясо, овощи, фрукты*) 2) *амер. жарг.* отде́латься (*от кого-л.*); уво́лить 3) *амер. жарг.* посади́ть в тюрьму́ 4) *амер. жарг.* останови́ть(ся)

**Canaan** [ˈkeɪnən] *n библ.* Ханаа́н, земля́ обетова́нная

**Canadian** [kəˈneɪdjən] **1.** *a* кана́дский

**2.** *n* кана́дец; кана́дка

**canaille** [kæˈneɪl] *фр. n* сброд, чернь

**canal** [kəˈnæl] *n* 1) кана́л (*искусственный*) 2) *анат.* кана́л, прохо́д

**canalization** [ˌkænəlaɪˈzeɪʃən] *n* устро́йство кана́лов; систе́ма кана́лов

**canalize** [ˈkænəlaɪz] *v* 1) проводи́ть кана́лы 2) направля́ть че́рез определённые кана́лы

**canard** [kæˈnɑ:d] *фр. n* «у́тка», ло́жный слух

**canary** [kəˈnɛərɪ] **1.** *n* 1) канаре́йка 2) *уст.* сорт вина́

**2.** *a* я́рко-жёлтый, канаре́ечный

**canary-bird** [kəˈnɛərɪbə:d] = canary 1, 1)

**Canasta** [kəˈnæstə] *n* кана́ста (*карточная игра*)

**canaster** [kəˈnæstə] *n* кна́стер (*сорт табака*)

**can-buoy** [ˈkænbɔɪ] *n мор.* тупоконе́чный буй

**cancan** [ˈkænkæn] *фр. n* канка́н (*танец*)

**cancel** [ˈkænsəl] **1.** *n* 1) зачёркивание 2) отме́на, аннули́рование 3) *полигр.* вычёркивание (*в гранках*) 4) *полигр.* перепеча́тка (*листа*) 5) (*обыкн. pl*) компо́стер (*тж.* pair of ~s)

**2.** *v* 1) аннули́ровать; отменя́ть; to ~ debts аннули́ровать долги́; to ~ leave отменя́ть о́тпуск; ~! *воен.* отста́вить! (*команда*) 2) вычёркивать 3) погаша́ть (*марки*) 4) *мат.* сокраща́ть дробь *или* уравне́ние (*тж.* ~ out) 5) сводить на нет

**cancellated** [ˈkænsəleɪtɪd] *a* решётчатый, се́тчатый

**cancellation** [ˌkænsəˈleɪʃən] *n* 1) аннули́рование; отме́на 2) вычёркивание 3) погаше́ние (*марок*) 4) *мат.* сокраще́ние

**cancer** [ˈkænsə] *n* 1) *мед.* рак 2) бич, бе́дствие 3) (C.) Рак (*созвездие и знак зодиака*); tropic of C. тро́пик Ра́ка

**cancerous** [ˈkænsərəs] *a мед.* ра́ковый

**cancroid** [ˈkæŋkrɔɪd] **1.** *n мед.* 1) ракообра́зная о́пухоль; канкро́ид 2) рак ко́жи

**2.** *a зоол., мед.* ракообра́зный

**candelabra** [ˌkændɪˈlɑ:brə] *pl от* candelabrum

**candelabrum** [ˌkændɪˈlɑ:brəm] *n* (*pl* -ra) канделя́бр

**candescence** [kænˈdesns] *n* бе́лое кале́ние, нака́ливание добела́

**candescent** [kænˈdesnt] *a* раскалённый добела́; светя́щийся, ослепи́тельный

**candid** [ˈkændɪd] *a* 1) и́скренний; прямо́й; чистосерде́чный 2) беспристра́стный ◇ ~ friend челове́к, с удово́льствием говоря́щий неприя́тные ве́щи с ви́дом дру́га; ~ camera а) *амер. тлв.* скры́тая ка́мера; б) детекти́вный фотоаппара́т

**candidacy** [ˈkændɪdəsɪ] *n* кандидату́ра

**candidate** [ˈkændɪdɪt] *n* кандида́т

**candidature** [ˈkændɪdɪtʃə] = candidacy

**candied** [ˈkændɪd] **1.** *p. p. от* candy 2

**2.** *a* 1) заса́харенный; сва́ренный в са́харе; ~ fruit, ~ peel цука́ты 2) заса́харившийся (*о мёде и т. п.*) 3) медоточи́вый, льсти́вый

**candle** [ˈkændl] **1.** *n* 1) свеча́ 2) междунаро́дная свеча́ (*единица силы света*) 3) га́зовая горе́лка ◇ to hold a ~ to the devil сверну́ть с пути́ и́стинного; потво́рствовать, соде́йствовать заве́домо дурно́му; not fit to hold a ~ to, cannot hold (*или* show) a ~ to ≅ в подмётки не годиться (*кому-л.*)

**2.** *v* проверять свежесть яиц на свет

**candlebomb** [ˈkændlbɔm] *n ав.* светящаяся авиационная бомба

**candle-end** [ˈkændlend] *n* огарок ◇ to save ~s наводить грошовую экономию

**candlelight** [ˈkændllaɪt] *n* 1) свет горящей свечи *или* свечей; искусственное освещение 2) сумерки

**candle-power** [ˈkændlˌpauə] *n эл.* сила света (*в свечах*); a burner of 25 ~ лампочка в 25 свечей

**candlestick** [ˈkændlstɪk] *n* подсвечник

**candle-wick** [ˈkændlwɪk] *n* фитиль

**can-dock** [ˈkændɔk] *n бот.* жёлтая кувшинка

**candour** [ˈkændə] *n* 1) искренность, прямота 2) беспристрастие

**candy** [ˈkændɪ] **1.** *n* 1) леденец 2) *амер.* конфета; конфеты, сласти

**2.** *v* 1) варить в сахаре 2) засахаривать(ся)

**candytuft** [ˈkændɪtʌft] *n бот.* иберийка (зонтичная)

**cane** [keɪn] **1.** *n* 1) камыш; тростник 2) трость; палка; прут; ~ of wax палочка сургуча 3) сахарный тростник

**2.** *v* 1) бить палкой 2) *разг.* вдалбливать урок (into)

**cane-brake** [ˈkeɪnbreɪk] *n* заросли (сахарного) тростника

**cane chair** [ˈkeɪnʧɛə] *n* плетёное кресло (*из камыша*)

**cane-sugar** [ˈkeɪnˌʃugə] *n* тростниковый сахар, сахароза

**canicular** [kəˈnɪkjulə] *a*: ~ days знойные дни (*в июле и августе*)

**canine 1.** *a* [ˈkeɪnaɪn] собачий; ~ madness водобоязнь, бешенство ◇ ~ appetite (*или* hunger) волчий аппетит

**2.** *n* [ˈkænaɪn] клык (*тж.* ~ tooth)

**canister** [ˈkænɪstə] *n* 1) небольшая жестяная коробка (*для чая, кофе и т. п.*) 2) коробка противогаза 3) = canister-shot

**canister-shot** [ˈkænɪstəʃɔt] *n* картечь

**canker** [ˈkæŋkə] **1.** *n* 1) язва; червоточина 2) *мед.* гангренозный стоматит 3) *вет.* болезнь стрелки (*у лошадей*) 4) = canker-worm

**2.** *v* 1) разъедать 2) заражать; губить

**cankerous** [ˈkæŋkərəs] *a* 1) разъедающий 2) губительный

**canker-worm** [ˈkæŋkəwə:m] *n зоол.* плодовый червь

**cannabic** [ˈkænəbɪk] *a* конопляный; пеньковый

**canned** [kænd] **1.** *p. p. от* can II, 2

**2.** *a* 1) консервированный (*о продуктах*); ~ goods консервы 2) *жарг.* пьяный 3): ~ music (lecture) *амер. разг.* музыка (лекция), записанная на граммофонную пластинку *или* на магнитофонную плёнку

**cannelure** [ˈkænəljuə] *n тех.* каннелюра; желобок; выемка; кольцевая канавка; продольный паз

**cannery** [ˈkænərɪ] *n* консервный завод

**cannibal** [ˈkænɪbəl] **1.** *n* 1) людоед, каннибал 2) животное, пожирающее себе подобных

**2.** *a* людоедский, каннибальский

**cannibalism** [ˈkænɪbəlɪzm] *n* людоедство

**cannikin** [ˈkænɪkɪn] *n* 1) жестянка 2) кружечка

**canning** [ˈkænɪŋ] *n* консервирование

**cannon** I [ˈkænən] *n* 1) (*pl* -s [-z] *и без измен.*) пушка, орудие 2) артиллерийские орудия 3) = cannon-bone

**cannon** II [ˈkænən] **1.** *n* карамболь (*в бильярде*)

**2.** *v* 1) сделать карамболь 2) отскочить при столкновении 3) столкнуться (into, against, with)

**cannonade** [ˌkænəˈneɪd] **1.** *n* канонада, орудийный огонь, пушечная стрельба

**2.** *v* обстреливать артиллерийским огнём

**cannon-ball** [ˈkænənbɔ:l] *n* пушечное ядро

**cannon-bit** [ˈkænənbɪt] *n* мундштук (*для лошади*)

**cannon-bone** [ˈkænənbəun] *n* берцовая кость (*у копытных*)

**cannoneer** [ˌkænəˈnɪə] *n* канонир, артиллерист

**cannon-fodder** [ˈkænənˌfɔdə] *n* пушечное мясо

**cannon-shot** [ˈkænənʃɔt] *n* 1) пушечный выстрел; пушечный снаряд 2) дальность пушечного выстрела

**cannot** [ˈkænɔt] *отриц. форма гл.* can I

**canny** [ˈkænɪ] *a* хитрый; осторожный; себе на уме ◇ ca'canny (*сокр. от* call ~) *диал.* работать медленно, без напряжения; проводить итальянскую забастовку

**canoe** [kəˈnu:] **1.** *n* каноэ; челнок; байдарка

**2.** *v* плыть в челноке, на байдарке

**canon** I [ˈkænən] *n* 1) правило; критерий 2) *церк.* канон 3) список произведений какого-л. автора, подлинность которых установлена 4) католические святцы 5) *полигр.* канон (*шрифт в 48 пунктов*) 6) ухо, кольцо колокола 7) *attr.* канонический; ~ law каноническое право

**canon** II [ˈkænən] *n церк.* каноник

**cañon** [ˈkænjən] = canyon

**canonical** [kəˈnɔnɪkəl] **1.** *a* канонический

**2.** *n pl* церковное облачение

**canonization** [ˌkænənaɪˈzeɪʃən] *n* канонизация; причисление к лику святых

**canonize** [ˈkænənaɪz] *v* канонизировать

**canoodle** [kəˈnu:dl] *v разг.* ласкать, нежить

**can-opener** [ˈkænˌəupnə] *n* консервный нож

**canopy** [ˈkænəpɪ] **1.** *n* 1) балдахин; полог, навес; тент 2) купол (парашюта) 3) *тех.* нескладывающийся верх над открытой кабиной (трактора) 4) *эл.* верхняя розетка люстры ◇ ~ of heaven *поэт.* небесный свод; under the ~ на земле; what under the ~ does he want? что ему в конце концов надо?

**2.** *v* покрывать балдахином, навесом

**canorous** [kəˈnɔ:rəs] *a* мелодичный

**cant** I [kænt] **1.** *n* 1) косяк 2) скошенный, срезанный край 3) наклон; наклонное положение; отклонение от прямой 4) *амер.* обтёсанное бревно, брус 5) толчок, удар

**2.** *v* 1) скашивать 2) наклонять 3) опрокидывать(ся); перевёртывать(-ся); ставить под углом 4) кантовать

**cant** II [kænt] **1.** *n* 1) жаргон; арго, тайный язык 2) плаксивый тон (*нищего*) 3) лицемерие, ханжество

**2.** *a* 1) имеющий характер жаргона, принадлежащий жаргону; ~ phrase ходячее словцо, выражение 2) лицемерный, ханжеский

**3.** *v* 1) употреблять жаргон 2) говорить нараспев (*о нищем*); клянчить; попрошайничать 3) лицемерить; быть ханжой 4) сплетничать, клеветать; ругать

**can't** [kɑ:nt] *сокр. разг.* = cannot

**Cantab** [ˈkæntæb] *сокр. от* Cantabrigian 2

**Cantabrigian** [ˌkæntəˈbrɪdʒɪən] **1.** *a* кембриджский

**2.** *n* студент (*тж.* бывший) Кембриджского университета

**cantaloup** [ˈkæntəlu:p] *n* канталупа, мускусная дыня

**cantankerous** [kənˈtæŋkərəs] *a* сварливый, придирчивый

**cantata** [kænˈtɑ:tə] *n* кантата

**canteen** [kænˈti:n] *n* 1) войсковая лавка; dry (wet) ~ войсковая лавка без продажи (с продажей) спиртных напитков 2) буфет, столовая (*при заводе, учреждении и т. п.*) 3) (солдатская) фляга 4) походный ящик с кухонными и столовыми принадлежностями

**canter** I [ˈkæntə] *n* 1) говорящий на жаргоне 2) попрошайка 3) лицемер

**canter** II [ˈkæntə] **1.** *n* лёгкий галоп; preliminary ~ а) проездка лошадей перед бегами; б) предварительный набросок; предварительная намётка ◇ to win in a ~ легко достигнуть победы (успеха)

**2.** *v* ехать *или* пускать лошадь лёгким галопом

**canterbury** [ˈkæntəbərɪ] *n* резная этажерка (*для нот, папок, газет и т. п.*)

**canticle** [ˈkæntɪkl] *n* 1) песнь, гимн 2) (Canticles) *библ.* Песнь песней

**cantilever** [ˈkæntɪli:və] *n* 1) *стр.* консоль, кронштейн; укосина 2) *attr.*: ~ wing *ав.* свободнонесущее крыло

**canting** I [ˈkæntɪŋ] **1.** *pres. p. от* cant II, 3

**2.** *a* лицемерный, неискренний, ханжеский

**canting** II [ˈkæntɪŋ] *pres. p. от* cant I, 2

**canto** [ˈkæntəu] *n* (*pl* -os [-əuz]) 1) песнь (*часть поэмы*) 2) *муз.* вéрхний гóлос; сопрáно

**canton** [ˈkæntɔn] *n* кантóн, óкруг (*в Швейцарии*)

**cantonal** [ˈkæntənl] *a* кантонáльный

**cantonment** [kənˈtu:nmənt] *n* 1) расквартировáние (*войск*) 2) вoéнный городóк; барáчный городóк; winter ~ зи́мние кварти́ры

**cantrip** [ˈkæntrɪp] *n шотл.* 1) колдовствó 2) шýтка; мистификáция

**canty** [ˈkæntɪ] *a шотл.* весёлый

**Canuck** [kəˈnʌk] *n амер.* канáдец (*особ. французского происхождения*)

**canvas** [ˈkænvəs] *n* 1) холст, паруси́на; брезéнт 2) пáрус; *собир.* парусá, судá 3) полотнó, холст, карти́на 4) канвá ◇ under ~ а) *воен.* в палáтках; б) *мор.* под парусáми

**canvass** [ˈkænvəs] *v* 1) обсуждáть; дебати́ровать 2) собирáть голосá пéред вы́борами, вербовáть сторóнников пéред вы́борами 3) собирáть (*заказы, пожертвования, взносы*); the book-agent ~ed the town for subscriptions агéнт кни́жной фи́рмы рабóтал по распространéнию подпи́ски в гóроде

**canvasser** [ˈkænvəsə] *n* 1) вербýющий сторóнников кандидáта пéред вы́борами 2) представи́тель фи́рмы; сбóрщик пожéртвований

**cany** [ˈkeɪnɪ] *a* камышóвый

**canyon** [ˈkænjən] *n* каньóн, глубóкое ущéлье

**caoutchouc** [ˈkautʃuk] *n* каучýк

**cap** [kæp] **1.** *n* 1) кéпка; фурáжка; шáпка 2) чепéц; колпáк 3) шля́пка (*гриба*) 4) верхýшка, кры́шка 5) *тех.* колпачóк; голóвка; наконéчник; насáдка (*сваи*) 6) пистóн, кáпсюль 7) *эл.* цóколь (*электролампы*) 8) пи́счая бумáга большóго формáта ◇ ~ and bells шутовскóй колпáк; ~ and gown берéт и плащ (*одежда англ. студентов и профессоров*); ~ in hand покóрно, смирéнно; уни́женно; the ~ fits ≅ не в бровь, а в глаз; if the ~ fits, wear it ≅ éсли э́то замечáние вы принимáете на свой счёт, что ж, на здорóвье; to put on one's thinking (*или* considering) ~ серьёзно подýмать; to set one's ~ (at, *амер.* for) заи́грывать (*с кем-л.*); завлекáть (*кого-л.*)

**2.** *v* 1) надевáть шáпку; покрывáть гóлову 2) покрывáть, крыть 3) присуждáть учёную стéпень (*в шотландских университетах*) 4) *спорт.* приня́ть в состáв комáнды 5) вставля́ть кáпсюль, пистóн, запáл 6) перекры́ть, перещеголя́ть; to ~ the climax перещеголя́ть всех, перейти́ все грани́цы; превзойти́ всё (*о поступках, выражениях*); to ~ a quotation отвечáть на цитáту ещё лýчшей цитáтой; to ~ verses цити́ровать стихи́, начинáющиеся с послéдней бýквы предыдýщего стихá (*в игре*) ◇ to ~ the misery a fast rain began в довершéние всех бед пошёл ещё проливнóй дождь

**capability** [ˌkeɪpəˈbɪlɪtɪ] *n* 1) спосóбность 2) *pl* (потенциáльные) возмóжности

**capable** [ˈkeɪpəbl] *a* 1) спосóбный; одарённый 2) умéлый 3) поддаю́щийся (*чему-л.*), допускáющий (*что-л.*); ~ of improvement поддаю́щийся улучшéнию, усовершéнствованию; ~ of explanation объясни́мый 4) спосóбный (of — на *что-л. дурное*)

**capacious** [kəˈpeɪʃəs] *a* 1) простóрный, вмести́тельный 2) широ́кий; ~ mind восприи́мчивый ум

**capacitance** [kəˈpæsɪtəns] *n эл.* ёмкость; ёмкостное сопротивлéние

**capacitate** [kəˈpæsɪteɪt] *v* 1) дéлать спосóбным 2) *юр.* дéлать правомóчным

**capacity** [kəˈpæsɪtɪ] *n* 1) вмести́мость; to fill to ~ наполня́ть до откáза; seating ~ коли́чество сидя́чих мест; to play to ~ *театр.* дéлать пóлные сбóры 2) ёмкость; объём; measure of ~ мéра объёма 3) спосóбность (for — к *чему-л.*); *особ.* ýмственные спосóбности; a mind of great ~ глубóкий ум 4) компетéнция; in (out of) my ~ в (вне) моéй компетéнции 5) возмóжность; ~ for adjustments приспособля́емость; export ~ э́кспортные возмóжности; 6) положéние; кáчество; in the ~ of an engineer в кáчестве инженéра; in a civil ~ на граждáнском положéнии; I've come in the ~ of a friend я пришёл как друг; in his ~ as legal adviser he must... он как юриско́нсульт дóлжен... 7) *юр.* правоспосóбность 8) *тех.* мóщность, производи́тельность, нагрýзка; labour ~ производи́тельность трудá; carrying ~ пропускнáя спосóбность 9) электри́ческая ёмкость 10) *attr.*: ~ house переполненный теáтр; ~ production нормáльная производи́тельность 11) *attr.*: ~ reactance *эл.* ёмкостное сопротивлéние

**cap-à-pie** [ˌkæpəˈpi:] *adv* с головы́ до ног; armed ~ вооружённый до зубóв

**caparison** [kəˈpærɪsn] **1.** *n* 1) попóна, чепрáк 2) убóр; украшéние

**2.** *v* 1) покрывáть попóной, чепракóм 2) разукрáшивать

**cape** I [keɪp] *n* наки́дка (*с капюшоном*); пелери́на

**cape** II [keɪp] *n геогр.* мыс; the C. (*сокр. от* the C. of Good Hope) Мыс Дóброй Надéжды

**caper** I [ˈkeɪpə] *n* 1) кáперсовый куст 2) *pl* кáперсы

**caper** II [ˈkeɪpə] **1.** *n* прыжóк; шáлость, прокáза; to cut a ~, to cut ~s пры́гать, вы́делывать антрашá; дурáчиться

**2.** *v* дéлать прыжки́, вы́делывать антрашá; дурáчиться; шали́ть

**caper** III [ˈkeɪpə] *n ист.* кáпер

**capercailye, capercailzie** [ˌkæpəˈkeɪljɪ, ˌkæpəˈkeɪlzɪ] *n* глухáрь

**capful** [ˈkæpful] *n* пóлная шáпка (*чего-л.*) ◇ ~ of wind лёгкий поры́в вéтра

**capias** [ˈkeɪpɪæs] *лат. n юр.* óрдер на арéст

**capillarity** [ˌkæpɪˈlærɪtɪ] *n физ.* капилля́рность, волосность

**capillary** [kəˈpɪlərɪ] **1.** *n* капилля́р

**2.** *a* волоснóй, капилля́рный

**capita** [ˈkæpɪtə] *лат. n pl*: per ~ на человéка, на дýшу населéния

**capital** I [ˈkæpɪtl] *n* 1) капитáл; состоя́ние; circulating ~ оборóтный капитáл; industrial ~ промы́шленный капитáл; to make ~ (out of smth.) нажи́ть капитáл (на чём-л.) 2) класс капитали́стов 3) *attr.*: ~ goods а) срéдства произвóдства; б) капитáльное имýщество; ~ flow движéние капитáла; ~ gains дохóды с капитáла; ~ issue вы́пуск цéнных бумáг

**capital** II [ˈkæpɪtl] **1.** *n* 1) столи́ца 2) прописнáя бýква

**2.** *a* 1) глáвный, основнóй, капитáльный; важнéйший; ~ stock основнóй капитáл 2): ~ letter прописнáя бýква 3) *разг.* превосхóдный; ~ speech прекрáсная речь; ~ fellow чудéсный пáрень 4) *юр.* уголóвный; карáемый смéртью; ~ crime преступлéние, наказýемое смéртной кáзнью; ~ sentence смéртный пригово́р; ~ punishment смéртная казнь, вы́сшая мéра наказáния ◇ ~ ship крýпный боевóй корáбль

**capital** III [ˈkæpɪtl] *n архит.* капитéль

**capitalism** [ˈkæpɪtəlɪzm] *n* капитали́зм

**capitalist** [ˈkæpɪtəlɪst] **1.** *n* капитали́ст

**2.** *a* капиталисти́ческий; ~ class класс капитали́стов

**capitalistic** [ˌkæpɪtəˈlɪstɪk] *a* капиталисти́ческий

**capitalization** [kəˌpɪtəlaɪˈzeɪʃən] *n* капитализáция; превращéние в капитáл

**capitalize** I [kəˈpɪtəlaɪz] *v* капитализи́ровать; превращáть в капитáл □ ~ **upon** извлекáть вы́году из *чего-л.*; наживáть капитáл на *чём-л.*

**capitalize** II [kəˈpɪtəlaɪz] *v* печáтать *или* писáть прописны́ми бýквами

**capitally** [ˈkæpɪtlɪ] *adv* 1) превосхóдно, великолéпно 2) чрезвычáйно; основáтельно ◇ to punish ~ подвéргнуть смéртной кáзни

**capitate(d)** [ˈkæpɪteɪt(ɪd)] *a* 1) имéющий фóрму головы́ 2) *бот.* головчáтый

**capitation** [ˌkæpɪˈteɪʃən] *n* 1) исчислéние, производи́мое «с головы́» 2) *attr.* взимáемый *или* исчисля́емый «с головы́»; ~ tax подýшная пóдать; ~ grant дотáция, исчи́сленная в определённой сýмме на человéка

**Capitol** [ˈkæpɪtl] *n* 1) *др.-рим.* Капитóлий 2) здáние конгрéсса США; здáние, в котóром помещáются óрганы госудáрственной влáсти какóго-л. штáта

**capitulate** [kə'pıtjuleıt] *v* капитули́ровать, сдава́ться

**capitulation** [kə,pıtju'leıʃən] *n* капитуля́ция

**capon** ['keıpən] *n* 1) каплу́н 2) трус ◇ Norfolk ~ копчёная селёдка

**caponier** [,kæpə'nıə] *воен.* капони́р

**capote** [kə'pəut] *n* 1) плащ с капюшо́ном 2) дли́нная шине́ль 3) же́нская шля́пка с завя́зками 4) откидно́й верх экипа́жа 5) капо́т автомоби́льного мото́ра

**caprice** [kə'pri:s] *n* 1) капри́з; причу́да 2) изме́нчивость; непостоя́нство

**capricious** [kə'prıʃəs] *a* капри́зный; непостоя́нный

**Capricorn** ['kæprıkɔ:n] *n* Козеро́г (*созвездие и знак зодиака*); tropic of ~ тро́пик Козеро́га

**caprine** ['kæpraın] *a* козли́ный

**capriole** ['kæprıəul] **1.** *n* прыжо́к (*манежной лошади на месте*); каприо́ль

**2.** *v* де́лать прыжо́к на ме́сте (*о лошади*); выполня́ть каприо́ль

**capsicum** ['kæpsıkəm] *n* стручко́вый пе́рец

**capsize** [kæp'saız] *v* опроки́дывать (-ся) (*о лодке, судне, телеге и т. п.*)

**capstan** ['kæpstən] *n* кабеста́н, во́рот; *мор.* шпиль

**cap-stone** ['kæpstəun] *n* 1) *стр.* замко́вый ка́мень 2) кульминацио́нный пункт

**capsule** ['kæpsju:l] **1.** *n* 1) ка́псюль 2) *биол.* ка́псула, оболо́чка 3) *мед.* обла́тка 4) *бот.* семенна́я коро́бочка 5) *тех.* мембра́на 6) отделя́емая (*от космического корабля*) каби́на 7) резюме́ 8) *attr.* кра́ткий, конспекти́вный; ~ version сокращённый вариа́нт

**2.** *v* сумми́ровать, де́лать резюме́; to ~ the discussion подвести́ ито́ги обсужде́ния

**captain** ['kæptın] **1.** *n* 1) *воен.* капита́н; *амер. тж.* команди́р ро́ты, эскадро́на, батаре́и; ~ of the day дежу́рный офице́р 2) *мор.* капита́н 1 ра́нга; команди́р вое́нного корабля́; капита́н торго́вого су́дна; C. of the Fleet нача́льник снабже́ния фло́та (*в штабе флагмана*) 3) полково́дец 4) руководи́тель; магна́т; ~s of industry промы́шленные магна́ты 5) *спорт.* капита́н кома́нды 6) брандме́йстер, нача́льник пожа́рной кома́нды 7) *амер.* метрдоте́ль 8) старшина́ клу́ба 9) *горн.* заве́дующий ша́хтой; ште́йгер

**2.** *v* 1) руководи́ть, вести́ 2) быть капита́ном корабля́ 3) быть капита́ном спорти́вной кома́нды

**captaincy** ['kæptınsı] *n* зва́ние капита́на

**captainship** ['kæptınʃıp] *n* 1) = captaincy 2) иску́сство полково́дца

**captation** [kæp'teıʃən] *n* 1) заи́скивание 2) *горн.* капта́ж (*скважины*)

**caption** ['kæpʃən] *n* 1) заголо́вок (*статьи, главы*) 2) *кино* титр, на́дпись на экра́не 3) *юр.* аре́ст 4) *юр.* сопроводи́тельная на́дпись *или* бума́га к докуме́нту

**captious** ['kæpʃəs] *a* приди́рчивый; ка́верзный

**captivate** ['kæptıveıt] *v* пленя́ть, очаро́вывать, увлека́ть

**captivating** ['kæptıveıtıŋ] **1.** *pres. p.* от captivate

**2.** *a* плени́тельный, очарова́тельный

**captive** ['kæptıv] **1.** *a* взя́тый в плен; to take ~ взять в плен; to hold ~ держа́ть в плену́

**2.** *n* пле́нник; пле́нный

**captive balloon** ['kæptıvbə,lu:n] *n* привязно́й аэроста́т

**captivity** [kæp'tıvıtı] *n* плен; плене́ние

**captor** ['kæptə] *n* взя́вший, захвати́вший в плен

**capture** ['kæptʃə] **1.** *n* 1) пои́мка; захва́т 2) добы́ча 3) *мор.* приз 4) *физ.* захва́т, поглоще́ние (*элементарных частиц*)

**2.** *v* 1) захва́тывать си́лой; брать в плен; ~d material трофе́и, трофе́йное иму́щество 2) захвати́ть, увле́чь; to ~ the attention привле́чь внима́ние, увле́чь; to ~ the headlines завоева́ть популя́рность; получи́ть широ́кую огла́ску (*в печати*)

**Capuchin** ['kæpjuʃın] *n* 1) капуци́н (*монах*) 2) плащ с капюшо́ном 3) капуци́н (*обезьяна*)

**car** [kɑ:] *n* 1) автомоби́ль, маши́на 2) ваго́н (*трамвая, амер. тж. железнодорожный*); parlor ~ *амер.* сало́н-ваго́н; hand ~ дрези́на 3) теле́жка; пово́зка; ваго́нетка 4) гондо́ла дирижа́бля 5) *амер.* каби́на ли́фта 6) *поэт.* колесни́ца

**carabine** ['kærəbın] = carbine

**carabineer** [,kærəbı'nıə] *n воен.* карабине́р

**caracal** ['kærəkæl] *n зоол.* карака́л, рысь степна́я

**caracole** ['kærəkəul] *n* 1) карако́ль 2) винтова́я ле́стница

**caracul** ['kærəkəl] *n* 1) кара́куль 2) кара́кулевая овца́

**carafe** [kə'ræf] *n* графи́н

**caramel** ['kærəmel] *n* 1) караме́ль 2) жжёный са́хар (*для подкрашивания кондитерских изделий*)

**carapace** ['kærəpeıs] *n зоол.* щито́к черепа́хи и ракообра́зных

**carat** ['kærət] *n* кара́т (*единица веса драгоценных камней = 0,2 г*)

**caravan** ['kærəvæn] **1.** *n* 1) карава́н 2) фурго́н; кры́тая цыга́нская теле́га 3) передвижно́й дом на колёсах; дом-автоприце́п, дом-фурго́н

**2.** *v*: to go ~ning проводи́ть о́тпуск, свобо́дное вре́мя *и т. п.*, путеше́ствуя в до́ме-автоприце́пе, до́ме-фурго́не

**caravanserai** [,kærə'vænsəraı] *n* 1) карава́н-сара́й 2) больша́я гости́ница

**caravel** ['kærəvel] = carvel

**caraway** ['kærəweı] *n* тмин

**carbarn** ['kɑ:bɑ:n] *n амер.* трамва́йный парк

**carbide** ['kɑ:baıd] *n хим.* карби́д

**carbine** ['kɑ:baın] *n* караби́н

**carbineer** [,kɑ:bı'nıə] = carabineer

**carbo-hydrate** ['kɑ:bəu'haıdreıt] *n хим.* углево́д

**carbolic** [kɑ:'bɔlık] **1.** *a* карбо́ловый; ~ acid карбо́ловая кислота́

**2.** *n разг.* карбо́лка

**carbon** ['kɑ:bən] *n* 1) *хим.* углеро́д 2) *эл.* у́голь, у́гольный электро́д 3) хими́чески чи́стый у́голь 4) листо́к копирова́льной бума́ги, копи́рка 5) *attr.* у́гольный; углеро́дистый; ~ black са́жа; ~ dioxide углекислота́, углеки́слый газ; ~ oil бензо́л; ~ steel углеро́дистая сталь

**carbonaceous** [,kɑ:bəu'neıʃəs] *a хим.* у́глистый; содержа́щий углеро́д

**carbonari** [,kɑ:bə'nɑ:rı] *ит. n собир. ист.* карбона́рии

**carbonate** ['kɑ:bənıt] *n* 1) *хим.* углеки́слая соль, соль у́гольной кислоты́ 2) *геол.* карбона́т, чёрный алма́з

**carbon-copy** ['kɑ:bən,kɔpı] *n* 1) ко́пия, полу́ченная че́рез копи́рку 2) *разг.* то́чная ко́пия (*чего-л., кого-л.*)

**carbonic** [kɑ:'bɔnık] *a* у́гольный, углеро́дный, углеро́дистый; ~ acid у́гольная кислота́; ~ oxide о́кись углеро́да

**carboniferous** [,kɑ:bə'nıfərəs] *a* 1) углено́сный 2) каменноуго́льный (*о периоде, системе, формации*); ~ limestone известня́к каменноуго́льного пери́ода

**carbonization** [,kɑ:bənaı'zeıʃən] *n тех.* 1) обу́гливание; карбониза́ция 2) науглеро́живание; цемента́ция 3) коксова́ние

**carbonize** ['kɑ:bənaız] *v тех.* обу́гливать; науглеро́живать

**carbon monoxide** ['kɑ:bənmɔ'nɔksaıd] *n* уга́рный газ

**carbon-paper** ['kɑ:bən,peıpə] *n* копирова́льная бума́га, копи́рка

**carborundum** [,kɑ:bə'rʌndəm] *n* карбору́нд

**carboy** ['kɑ:bɔı] *n* оплетённая буты́ль (*для кислот*)

**carbuncle** ['kɑ:bʌŋkl] *n мед., мин.* карбу́нкул

**carburet** ['kɑ:bjuret] *v хим.* карбюри́ровать, соединя́ть с углеро́дом

**carburetter, carburet(t)or** ['kɑ:bjuretə] *n тех.* карбюра́тор

**carcajou** ['kɑ:kədʒu:] *n зоол.* росома́ха

**carcase** ['kɑ:kəs] = carcass

**carcass** ['kɑ:kəs] *n* 1) ту́ша 2) те́ло, труп (*пренебр. о мёртвом человеке, пренебр. и шутл. о живом человеке*); to save one's ~ спаса́ть свою́ шку́ру 3) карка́с, о́стов; ко́рпус; ку́зов (*корабля*) 4) *стр.* армату́ра, констру́кция 5) разва́лины, обло́мки 6) *воен. ист.* зажига́тельное ядро́, зажига́тельный снаря́д 7) *attr.*: ~ meat парно́е мя́со (*в отличие от консервированного или солонины*)

**carcinoma** [,kɑ:sı'nəumə] *n мед.* ра́ковое новообразова́ние, карцино́ма

**card** I [kɑ:d] *n* 1) ка́рта (*игральная*); *pl* ка́рты; игра́ в ка́рты 2) ка́рточка; откры́тка; visiting ~, *амер.* calling ~ визи́тная ка́рточка 3) биле́т;

Party ~ парти́йный биле́т; invitation ~ пригласи́тельный биле́т 4) карту́шка (*компаса*) 5) *амер.* объявле́ние в газе́те, публика́ция 6) *разг.* челове́к; «тип»; a cool ~ хладнокро́вный челове́к; an odd ~, a queer ~ чуда́к 7) *attr.*: ~ man, ~ holder *амер. разг.* член профсою́за; ~ vote голосова́ние манда́том ◇ on the ~s возмо́жно, вероя́тно; one's best (*или* trump) ~ са́мый ве́ский до́вод; «ко́зырь»; to play the wrong ~ сде́лать непра́вильную ста́вку, просчита́ться; to have a ~ up one's sleeve име́ть ко́зырь про запа́с; to hold the ~s име́ть преиму́щество; to speak by the ~ выража́ться то́чно; that's the ~ вот э́то и́менно то, что ну́жно; house of ~s ка́рточный до́мик; to throw up one's ~s (с)пасова́ть; сда́ться, призна́ть себя́ побеждённым

**card** II [kɑːd] *текст.* **1.** *n* ка́рда, ка́рдная ле́нта; чеса́льный аппара́т

**2.** *v* чеса́ть, прочёсывать, кардова́ть

**cardamom** [ˈkɑːdəməm] *n* кардамо́н

**cardan** [ˈkɑːdən] *тех.* **1.** *n* карда́н

**2.** *a*: ~ joint карда́нный, универса́льный шарни́р

**cardboard** [ˈkɑːdbɔːd] *n* карто́н

**carder** [ˈkɑːdə] *n текст.* 1) чеса́льщик; чеса́льщица; ворси́льщик; ворси́льщица 2) ка́рдная маши́на

**cardiac** [ˈkɑːdɪæk] **1.** *n* сре́дство, возбужда́ющее серде́чную де́ятельность

**2.** *a анат.* серде́чный

**cardigan** [ˈkɑːdɪgən] *n* шерстяна́я ко́фта на пу́говицах без воротника́

**cardinal** [ˈkɑːdɪnl] **1.** *a* 1) гла́вный, основно́й, кардина́льный 2) *грам.* коли́чественный; ~ numbers коли́чественные числи́тельные 3) я́рко-кра́сный ◇ ~ point страна́ све́та; гла́вный румб; ~ winds ве́тры, ду́ющие с се́вера, за́пада *и т. д.*

**2.** *n* 1) *церк.* кардина́л 2) *грам.* коли́чественное числи́тельное 3) кардина́л (*птица из семейства дубоносов*)

**card index** [ˈkɑːdˈɪndeks] *n* картоте́ка

**cardiology** [ˌkɑːdɪˈɔləʤɪ] *n мед.* кардиоло́гия

**care** [kɛə] **1.** *n* 1) забо́та; попече́ние, ухо́д; medical ~ медици́нская по́мощь; to take ~ of smb. смотре́ть за кем-л., забо́титься о ком-л.; in ~ of на попече́нии; under the ~ of a physician под наблюде́нием врача́ 2) внима́ние, осторо́жность; the work needs great ~ рабо́та тре́бует осо́бой тща́тельности; have a ~!, take ~! береги́(те)сь! 3) *тж. pl* забо́та, забо́ты, трево́га ◇ c/o (*читается* care of) че́рез; по а́дресу; Mr White c/o Mr Jones г-ну Джо́унзу для переда́чи г-ну Уа́йту; ~ killed the cat *посл.* ≅ не рабо́та ста́рит, а забо́та

**2.** *v* 1) забо́титься (for, of, about); the children are well ~d for за детьми́ прекра́сный ухо́д 2) пита́ть интере́с, любо́вь (for); she really ~s for him она́ его́ действи́тельно лю́бит; to ~ for music интересова́ться му́зыкой; not to ~ for meat не люби́ть мя́са 3) беспоко́иться, трево́житься 4) име́ть жела́ние (to); I don't ~ мне всё равно́; I don't ~ to go мне не хо́чется идти́ ◇ I don't ~ a straw (*или* a damn, a button, a brass farthing, a fig, a feather, a whoop) мне безразли́чно, наплева́ть; I don't ~ if I do *разг.* я не прочь; ничего́ не име́ю про́тив

**careen** [kəˈriːn] *v мор.* 1) кренгова́ть, килева́ть 2) крени́ться

**careenage** [kəˈriːnɪʤ] *n мор.* 1) кренгова́ние 2) ме́сто для кренгова́ния 3) сто́имость кренгова́ния

**career** [kəˈrɪə] **1.** *n* 1) карье́ра; успе́х 2) род де́ятельности, профе́ссия 3) бы́строе движе́ние; карье́р; in full ~ во весь опо́р 4) *attr.*: ~ diplomatist, ~ man профессиона́льный диплома́т

**2.** *v* бы́стро дви́гаться; нести́сь

**career-guidance** [kəˈrɪəˌgaɪdəns] *n* профориента́ция

**careerist** [kəˈrɪərɪst] *n* карьери́ст

**carefree** [ˈkɛəfriː] *a* беззабо́тный, беспе́чный

**careful** [ˈkɛəful] *a* 1) забо́тливый, проявля́ющий забо́ту (for, of) 2) стара́тельный, аккура́тный; внима́тельный; ~ examination of the question тща́тельное обсужде́ние, рассле́дование вопро́са 3) то́чный, аккура́тный 4) осторо́жный

**carefully** [ˈkɛəflɪ] *adv* 1) бе́режно, внима́тельно, забо́тливо 2) осторо́жно, с осторо́жностью

**careless** [ˈkɛəlɪs] *a* 1) небре́жный; неосторо́жный 2) легкомы́сленный 3) беззабо́тный; ~ of danger не ду́мающий об опа́сности

**caress** [kəˈres] **1.** *n* ла́ска

**2.** *v* ласка́ть, гла́дить

**caret** [ˈkærət] *n полигр.* знак (ʌ) вста́вки (*буквы или слова*)

**care-taker** [ˈkɛəˌteɪkə] *n* 1) лицо́, присма́тривающее за до́мом, кварти́рой *и т. п.* 2) смотри́тель (*здания*) 3) *attr.*: ~ government прави́тельство, вре́менно руководя́щее страно́й до но́вых вы́боров

**care-worn** [ˈkɛəwɔːn] *a* изму́ченный забо́тами

**carfare** [ˈkɑːfɛə] *n* сто́имость прое́зда на трамва́е

**carfax** [ˈkɑːfæks] *n* 1) перекрёсток четырёх у́лиц, доро́г; распу́тье

**cargo** [ˈkɑːgəu] *n* (*pl* -oes [-əuz]) 1) груз 2) *attr.* грузово́й; ~ ship (*или* boat) грузово́е су́дно; ~ tank та́нкер, нефтеналивно́е су́дно

**carhop** [ˈkɑːhɔp] *n амер.* официа́нт рестора́на для автомобили́стов, обслу́живающий клие́нтов пря́мо в маши́не

**cariboo, caribou** [ˈkærɪbuː] *n* кари́бу (*северный канадский олень*)

**caricature** [ˌkærɪkəˈtjuə] **1.** *n* карикату́ра

**2.** *v* изобража́ть в карикату́рном ви́де

**caricaturist** [ˌkærɪkəˈtjuərɪst] *n* карикатури́ст

**carillon** [kəˈrɪljən] *фр. n* 1) подбо́р колоколо́в 2) мелоди́чный перезво́н (*колоколов*)

**cariosity** [ˌkærɪˈɔsɪtɪ] *n мед.* карио́зный проце́сс

**carious** [ˈkɛərɪəs] *a мед.* карио́зный, разруша́ющий кость; име́ющий по́лость (*о зубе*)

**car-load** [ˈkɑːləud] *n* па́ртия гру́за на оди́н ваго́н

**Carmagnole** [ˈkɑːmənjəul] *фр. n* карманьо́ла

**carman** [ˈkɑːmən] *n* 1) во́зчик 2) *амер.* вагоновожа́тый

**Carmelite** [ˈkɑːmɪlaɪt] *n* кармели́т (*монах*)

**carminative** [ˈkɑːmɪnətɪv] *мед.* **1.** *a* ветрого́нный

**2.** *n* ветрого́нное сре́дство

**carmine** [ˈkɑːmaɪn] **1.** *n* карми́н

**2.** *a* карми́нного цве́та

**carnage** [ˈkɑːnɪʤ] *n* резня́, крова́вая бо́йня

**carnal** [ˈkɑːnl] *a* пло́тский, чу́вственный; ~ knowledge половы́е снош́ения

**carnality** [kɑːˈnælɪtɪ] *n* чу́вственность, по́хоть

**carnation** [kɑːˈneɪʃən] **1.** *n* 1) гвозди́ка 2) ра́зные отте́нки краснова́тых тоно́в (*от бледно-розового до тёмно-красного*) 3) *уст.* теле́сный цвет 4) *pl жив.* ча́сти карти́ны, изобража́ющие наго́е те́ло

**2.** *a* а́лый

**carnival** [ˈkɑːnɪvəl] *n* 1) карнава́л 2) ма́сленица (*в католических странах*)

**carnivore** [ˈkɑːnɪvɔː] *n* 1) *зоол.* плотоя́дное живо́тное 2) *бот.* насекомоя́дное расте́ние

**carnivorous** [kɑːˈnɪvərəs] *a* плотоя́дный

**carol** [ˈkærəl] **1.** *n* весёлая песнь; гимн (*обыкн. рождественский*)

**2.** *v* воспева́ть; сла́вить

**Caroline** [ˈkærəlaɪn] *a* 1) кароли́нгский 2) относя́щийся к эпо́хе Ка́рла I *или* Ка́рла II в Англии

**carom** [ˈkærəm] *амер.* **1.** *n* карамбо́ль (*бильярд*)

**2.** *v* отска́кивать

**carotene** [ˈkærətiːn] = carotin

**carotid** [kəˈrɔtɪd] *n анат.* со́нная арте́рия

**carotin** [ˈkærətɪn] *n* кароти́н

**carousal** [kəˈrauzəl] *n* 1) пиру́шка, попо́йка 2) *амер. непр. вм.* carrousel 2)

**carouse** [kəˈrauz] **1.** *n* = carousal 1)

**2.** *v* пирова́ть; кути́ть

**carp** I [kɑːp] *n* карп; саза́н

**carp** II [kɑːp] *v* придира́ться, находи́ть недоста́тки, критикова́ть

**carpal** [ˈkɑːpəl] *a анат.* кистево́й, запя́стный

**carpel** [ˈkɑːpel] *n бот.* плодоли́стик

**carpenter** [ˈkɑːpɪntə] **1.** *n* пло́тник; ~'s bench верста́к

**2.** *v* пло́тничать

**carpenter-ant** [ˈkɑːpɪntəˈɑːnt] *n* муравей-древоточец

**carpenter-bee** [ˈkɑːpɪntəbiː] *n* шмель-плотник

**carpentry** [ˈkɑːpɪntrɪ] *n* плотничные работы; плотничное дело

**carper** [ˈkɑːpə] *n* придира

**carpet** [ˈkɑːpɪt] **1.** *n* 1) ковёр; ~ of flowers ковёр цветов 2) *стр.* покрытие; одежда (*дороги*) 3) *тех.* защитный слой ◊ on the ~ а) на обсуждении (*о вопросе*); б): to have smb. on the ~ давать нагоняй кому-л.

**2.** *v* 1) устилать, покрывать коврами 2) устилать (*цветами*) 3) *разг.* вызывать для замечания, выговора

**carpet-bag** [ˈkɑːpɪtbæg] *n* саквояж (*первоначально* ковровый) ◊ ~ government *амер. жарг.* правительство политических проходимцев

**carpet-bagger** [ˈkɑːpɪtˌbægə] *n* 1) *амер. ист.* «саквояжник», северянин, добившийся влияния и богатства на юге (*после войны 1861—65 гг.*) 2) *амер.* политический авантюрист 3) политический деятель (*в Англии*), не связанный происхождением *или* местожительством со своим избирательным округом

**carpet-knight** [ˈkɑːpɪtnaɪt] *n* 1) солдат, отсиживающийся в тылу 2) салонный шаркун 3) *ист.* рыцарь, получивший своё звание не на поле битвы, а во дворце, преклонив колена на ковре

**carpet-rod** [ˈkɑːpɪtrɔd] *n* металлический прут для укрепления ковра на лестнице

**carpet-sweeper** [ˈkɑːpɪtˌswiːpə] *n* щётка для чистки ковров

**carpi** [ˈkɑːpaɪ] *pl от* carpus

**carping** [ˈkɑːpɪŋ] **1.** *pres. p. от* carp II

**2.** *a* придирчивый, находящий недостатки; ~ tongue злой язык

**carpus** [ˈkɑːpəs] *n* (*pl* -pi) *анат.* запястье

**carrag(h)een** [ˈkærəgiːn] *n* ирландский *или* жемчужный мох (*съедобные водоросли*)

**carrel** [ˈkærəl] *n* кабина для индивидуальной научной работы (*в библиотеке и т. п.*)

**carriage** [ˈkærɪdʒ] *n* 1) экипаж, коляска; ~ and pair (four) экипаж, запряжённый парой (четвёркой) лошадей 2) *ж.-д.* пассажирский вагон; to change ~s делать пересадку 3) вагонетка 4) каретка (*пишущей машинки, станка*); суппорт 5) шасси; рама; несущее устройство 6) лафет, станок (*орудия*) 7) перевозка, транспорт 8) стоимость перевозки, пересылки; ~ paid за перевозку уплачено 9) выполнение, проведение (*законопроекта, предложения*) 10) осанка; манера себя держать; посадка (*головы*)

**carriageable** [ˈkærɪdʒəbl] *a* удобный, проезжий (*о дороге*)

**carriage-company** [ˈkærɪdʒˌkʌmpənɪ] *n* «избранное общество» (*имеющее своих лошадей*)

**carriage-dog** [ˈkærɪdʒdɔg] *n* далматский пятнистый дог

**carriage-forward** [ˈkærɪdʒˈfɔːwəd] *n* стоимость пересылки за счёт получателя

**carriage-free** [ˈkærɪdʒˈfriː] *n* пересылка бесплатно; франко-место назначения

**carriage-way** [ˈkærɪdʒweɪ] *n* проезжая часть дороги

**carrier** [ˈkærɪə] *n* 1) носильщик; возчик; перевозчик 2) транспортная контора, транспортное агентство 3) посыльный, курьер 4) = carrier-pigeon 5) *амер.* почтальон 6) *мор.* авианосец 7) транспортный самолёт 8) транспортёр 9) багажник (*на мотоцикле*) 10) *мед.* бациллоноситель 11) *тех.* держатель; кронштейн; поддерживающее *или* несущее приспособление 12) *тех.* салазки; ходовой механизм *или* ходовая часть 13) *воен.* рама затвора 14) *attr. эл.* несущий (*о токе, частоте*)

**carrier-borne** [ˈkærɪəˈbɔːn] *a*: ~ aircraft самолёты, действующие с авианосца; ~ attack воздушная атака с авианосца; ~ squadron авиаотряд авианосца

**carrier-nation** [ˈkærɪəˌneɪʃən] *n* государство, широко использующее свой флот для перевозки товаров других стран

**carrier-pigeon** [ˈkærɪəˌpɪdʒɪn] *n* почтовый голубь

**carrier-plane** [ˈkærɪəpleɪn] *n* бортовой самолёт

**carrier rocket** [ˈkærɪəˌrɔkɪt] *n* ракета-носитель

**carriole** [ˈkærɪəul] *n* 1) канадские сани 2) одноколка; лёгкий крытый одноконный экипаж

**carrion** [ˈkærɪən] **1.** *n* 1) падаль; мертвечина 2) мясо, негодное к употреблению

**2.** *a* гниющий; отвратительный

**carrion-crow** [ˈkærɪənˈkrəu] *n* чёрная ворона

**carrot** [ˈkærət] *n* 1) морковь 2) *pl разг.* рыжие волосы; рыжеволосый человек; рыжий (*разг.*) 3) приманка, стимул ◊ the stick and the ~ policy ≅ политика кнута и пряника

**carroty** [ˈkærətɪ] *a* морковного цвета; рыжеволосый, рыжий

**carrousel** [ˌkæruˈzel] *n* 1) балаган 2) карусель

**carry** [ˈkærɪ] **1.** *v* 1) везти, перевозить; to ~ hay (corn) убирать сено (хлеб); the wine will not ~ well это вино портится от перевозки 2) нести, носить, переносить; to ~ the war into the enemy's country а) переносить войну на территорию противника; б) предъявлять встречное обвинение 3) нести на себе тяжесть, поддерживать (*о колоннах и т. п.*) 4) *refl.* держаться; вести себя; to ~ oneself with dignity держаться с достоинством 5) передавать 6) приносить (*доход, процент*) 7) доводить; to ~ to extremes доводить до крайности; to ~ into effect приводить в исполнение, осуществлять 8) брать приступом (*крепость и т. п.*) 9) увлекать за собой; he carried his audience with him он увлёк слушателей 10) добиться; to ~ one's point отстоять свою позицию; добиться своего 11) проводить; принимать; the bill was carried законопроект был принят 12) влечь за собой; to ~ penalty влечь за собой наказание 13) достигать; доходить, доноситься; долетать (*о снаряде, звуке*); попадать в цель 14) продолжать, удлинять 15) торговать, продавать; держать; the store also carries hardware магазин торгует также скобяными изделиями 16) содержать; заключать; the book carries many tables в книге много таблиц; the hospital carries a good staff в больнице хороший персонал; to ~ conviction убеждать, быть убедительным ▭ ~ **away** а) уносить; б) увлекать; ~ **back**: to ~ smb. back напоминать кому-л. прошлое; ~ **forward** а) продвигать (*дело*); б) = ~ over б); ~ **off** а) уносить, уводить; похищать; захватывать; to ~ off a sentry *воен.* «снять», захватить часового; б) выигрывать (*приз*); в) скрашивать; г) выдерживать; though frightened he carried it off very well хотя он и испугался, но не показал вида; ~ **on** а) продолжать; вести (*дело*); ~ on! так держать!, продолжайте в том же духе!; to ~ on hostile acts совершать враждебные действия; б) *разг.* флиртовать (with); в) вести себя запальчиво; don't ~ on so! веди себя спокойно!, не злись так!; ~ **out** а) доводить до конца; выполнять, проводить; to ~ out in(to) practice осуществлять, проводить в жизнь; б) выносить (*покойника*); ~ **over** а) перевозить; б) *бухг.* переносить в другую графу, на другую страницу, в другую книгу; ~ **through** а) доводить до конца; б) помогать, поддерживать ◊ to ~ all (или everything) before one а) преодолевать все препятствия; б) иметь большой успех; преуспевать; выйти победителем; взять верх; to ~ weight иметь вес, влияние; to ~ the day одержать победу; to ~ one *мат.* (держать) один в уме; to ~ too many guns for one оказаться не по силам кому-л.

**2.** *n* 1) переноска; перевозка 2) дальнобойность (*орудия*); дальность полёта (*снаряда; мяча в гольфе*) 3) *воен.* положение «на плечо» 4) волок (*лодки*)

**carryall** [ˈkærɪˈɔːl] *n* 1) вещевой мешок; большая сумка 2) просторный крытый экипаж; большой закрытый автомобиль с двумя продольными скамейками по бокам

**carrying capacity** [ˈkærɪɪŋkəˈpæsɪtɪ] 1) пропускная способность 2) грузоподъёмность

**carryings-on** [ˈkærɪɪŋzˈɔn] *n pl разг.* фривольное, легкомысленное поведение

**carrying trade** [ˈkærɪɪŋˈtreɪd] *n* перево́зка това́ров во́дным путём, фрахто́вое де́ло

**carry-over** [ˈkærɪˌəuvə] *n* 1) изли́шек, переходя́щий оста́ток 2) пережи́ток 3) перено́с (*слова на другую строку*) 4) *бирж.* репо́рт (*отсрочка сделки*)

**carsick** [ˈkɑːsɪk] *a* не переноси́щий езды́ в автотра́нспорте

**cart** [kɑːt] **1.** *n* 1) теле́га; пово́зка; подво́да; теле́жка; двуко́лка; Whitechapel ~ лёгкая рессо́рная двуко́лка 2) *attr.*: ~ house экипа́жный сара́й ◇ to put the ~ before the horse начина́ть не с того́ конца́; де́лать что-л. ши́ворот-навы́ворот; принима́ть сле́дствие за причи́ну; in the ~ *разг.* в затрудни́тельном положе́нии

**2.** *v* е́хать, везти́ в теле́ге

**cartage** [ˈkɑːtɪdʒ] *n* 1) гужева́я перево́зка 2) сто́имость гужево́й перево́зки

**carte** [kɑːt] *фр. n* меню́; ка́рта вин

**carte blanche** [ˈkɑːtˈblɑːnʃ] *фр. n* карт-бла́нш; to give ~ предоста́вить (*или* дать) по́лную свобо́ду де́йствий

**cartel** [kɑːˈtel] *n* 1) *эк.* карте́ль 2) соглаше́ние ме́жду вою́ющими сторона́ми (*об обмене пленными, почтой и т. п.*); обме́н пле́нными 3) карте́ль, пи́сьменный вы́зов на дуэ́ль

**carter** [ˈkɑːtə] *n* во́зчик; ломово́й изво́зчик

**Cartesian** [kɑːˈtiːzjən] **1.** *a* картезиа́нский, дека́ртовский

**2.** *n* после́дователь Дека́рта

**cartful** [ˈkɑːtful] *n* воз (*мера груза*)

**Carthaginian** [ˌkɑːθəˈdʒɪnɪən] **1.** *a* карфаге́нский; пуни́ческий

**2.** *n* карфаге́нянин

**cart-horse** [ˈkɑːthɔːs] *n* ломова́я ло́шадь

**Carthusian** [kɑːˈθjuːzjən] *n* картезиа́нец (*монах*)

**cartilage** [ˈkɑːtɪlɪdʒ] *n* хрящ

**cartilaginous** [ˌkɑːtɪˈlædʒɪnəs] *a* хрящево́й; ~ fish *собир.* бе́лая ры́ба

**cart-load** [ˈkɑːtləud] = cartful

**cartographer** [kɑːˈtɔgrəfə] *n* карто́граф

**cartographic(al)** [ˌkɑːtəuˈgræfɪk(əl)] *a* картографи́ческий

**cartography** [kɑːˈtɔgrəfɪ] *n* картогра́фия, составле́ние карт

**cartomancy** [ˈkɑːtəumænsɪ] *n* гада́ние на ка́ртах

**carton** [ˈkɑːtən] *n* 1) (больша́я) карто́нная коро́бка, карто́нка 2) карто́н 3) бе́лый кружо́к в це́нтре мише́ни

**cartoon** [kɑːˈtuːn] **1.** *n* 1) карикату́ра (*преим. политическая*) 2) *иск.* карто́н (*этюд для фрески и т. п.*) 3) мультиплика́ция (*тж.* animated ~)

**2.** *v* 1) рисова́ть карикату́ры 2) изобража́ть в карикату́рном ви́де

**cartoonist** [kɑːˈtuːnɪst] *n* карикатури́ст

**cartouche** [kɑˈtuːʃ] *фр. n* 1) карту́ш, орнамента́льный завито́к (*на капители, на титуле книги*) 2) *воен.* ляду́нка; патро́нная су́мка

**cartridge** [ˈkɑːtrɪdʒ] *n* 1) патро́н; заря́д (*в картузе*); blank ~ холосто́й патро́н 2) кату́шка с фотографи́ческими плёнками

**cartridge-belt** [ˈkɑːtrɪdʒbelt] *n* 1) патронта́ш 2) патро́нная ле́нта

**cartridge-box** [ˈkɑːtrɪdʒbɔks] *n* патро́нный я́щик

**cartridge-case** [ˈkɑːtrɪdʒkeɪs] *n* патро́нная ги́льза

**cartridge-clip** [ˈkɑːtrɪdʒklɪp] *n* патро́нная обо́йма

**cartridge-paper** [ˈkɑːtrɪdʒˌpeɪpə] *n* пло́тная бума́га (*для рисования и патронных гильз*)

**cartridge-pouch** [ˈkɑːtrɪdʒpauʧ] *n* патро́нная су́мка

**cart-road, cart-track** [ˈkɑːtrəud, ˈkɑːttræk] *n* просёлочная, гужева́я доро́га

**cartulary** [ˈkɑːtjulərɪ] *n* журна́л за́писей, рее́стр

**cart-wheel** [ˈkɑːtwiːl] *n* 1) колесо́ теле́ги 2) кувырка́нье «колесо́м»; to turn (*или* to throw) ~s кувырка́ться «колесо́м» 3) *ав.* переворо́т че́рез крыло́ 4) *разг.* больша́я моне́та (*напр. крона, серебряный доллар и т. п.*)

**cart-wright** [ˈkɑːtraɪt] *n* экипа́жный ма́стер, каре́тник

**caruncle** [ˈkærəŋkl] *n* мяси́стый наро́ст (*напр. у индюка*)

**carve** [kɑːv] *v* (carved [-d]; carved, carven) 1) ре́зать, выреза́ть (*по дереву или кости*; out, of, in, on); гравирова́ть; высека́ть (*из камня*) 2) ре́зать (*мясо за столом*) 3) дели́ть, дроби́ть (*обыкн.* ~ up) 4) разде́лывать (*тушу*) ◇ to ~ one's way пробива́ть себе́ доро́гу; to ~ out a career for oneself сде́лать карье́ру

**carvel** [ˈkɑːvəl] *n* *ист.* караве́лла (*испанский корабль XV—XVII вв.*)

**carvel-built** [ˈkɑːvəlbɪlt] *a* *мор.* с обши́вкой вгладь (*противоп.* clinker-built)

**carven** [ˈkɑːvən] *поэт. и ритор. p. p. от* carve

**carver** [ˈkɑːvə] *n* 1) ре́зчик (*по дереву*); гравёр 2) нож для нареза́ния мя́са (*за столом*); a pair of ~s большо́й нож и ви́лка

**carving** [ˈkɑːvɪŋ] **1.** *pres. p. от* carve

**2.** *n* 1) резьба́ по де́реву 2) резна́я рабо́та

**carving chisel** [ˈkɑːvɪŋˌʧɪzl] *n* долбёжная стаме́ска

**carving-knife** [ˈkɑːvɪŋnaɪf] = carver 2)

**car-wash** [ˈkɑːwɔʃ] *n* мо́йка (*автомобилей*)

**caryatid** [ˌkærɪˈætɪd] *n* (*pl* -s [-z], -es [-iːz]) *архит.* кариати́да

**cascade** [kæsˈkeɪd] **1.** *n* 1) каска́д, водопа́д 2) *эл.* каска́д

**2.** *v* ниспада́ть каска́дом

**case** I [keɪs] *n* 1) слу́чай; обстоя́тельство; положе́ние; де́ло; as the ~ stands при да́нном положе́нии дел; in ~ в слу́чае; just in ~ на вся́кий слу́чай; in any ~ во вся́ком слу́чае; in that ~ в тако́м слу́чае; it is not the ~ э́то не так; to put the ~ that предположи́м, что... 2) *юр.* суде́бное де́ло; слу́чай в суде́бной пра́ктике, прецеде́нт; *pl* суде́бная пра́ктика; the ~ for the defendant фа́кты в по́льзу отве́тчика, подсуди́мого 3) фа́кты, доказа́тельства, до́воды; to state one's ~ изложи́ть свои́ до́воды; to make out one's ~ доказа́ть свою́ правоту́ 4) *мед.* заболева́ние, слу́чай; исто́рия боле́зни 5) *мед.* больно́й, пацие́нт; ра́неный 6) *грам.* паде́ж 7) *жарг.* «тип», чуда́к

**case** II [keɪs] **1.** *n* 1) коро́бка, ларе́ц; я́щик; конте́йнер; cigarette ~ портсига́р 2) су́мка; чемода́н 3) футля́р, чехо́л 4) кры́шка (*переплёта*); ко́рпус (*часов*) 5) кассе́та 6) *тех.* кожу́х 7) *полигр.* набо́рная ка́сса; lower ~ отделе́ние со строчны́ми ли́терами, ци́фрами и зна́ками препина́ния; upper ~ отделе́ние с прописны́ми бу́квами 8) витри́на (*в музеях*), застеклённый стенд 9) *стр.* коро́бка (*оконная, дверная*)

**2.** *v* 1) класть, упако́вывать в я́щик 2) вставля́ть в опра́ву 3) обшива́ть, покрыва́ть; ~d in armour одéтый в броню́

**case-harden** [ˈkeɪsˌhɑːdn] *v* 1) *тех.* цементи́ровать (*сталь*) 2) де́лать нечувстви́тельным, ожесточа́ть

**case-hardened** [ˈkeɪsˌhɑːdnd] **1.** *p. p. от* case-harden

**2.** *a* 1) *тех.* закалённый, цементи́рованный 2) нечувстви́тельный; загрубе́лый; закорене́лый

**case-hardening** [ˈkeɪsˌhɑːdnɪŋ] **1.** *pres. p. от* case-harden

**2.** *n* *тех.* цемента́ция, пове́рхностная зака́лка

**case-history** [ˈkeɪsˌhɪstərɪ] *n* исто́рия боле́зни

**casein** [ˈkeɪsiːɪn] *n* *хим.* казеи́н

**case-knife** [ˈkeɪsnaɪf] *n* нож в футля́ре

**case-law** [ˈkeɪslɔː] *n* *юр.* прецеде́нтное пра́во

**casemate** [ˈkeɪsmeɪt] *n* *воен.* казема́т; эска́рповая галере́я

**casement** [ˈkeɪsmənt] *n* 1) створ́ный око́нный переплёт 2) око́нная ство́рка 3) *поэт.* окно́ 4) *attr.*: ~ stay ветрово́й крючо́к

**caseous** [ˈkeɪsɪəs] *a* творо́жистый; сы́рный

**case-record** [ˈkeɪsˌrekɔːd] *n* исто́рия боле́зни; ка́рточка (*амбулаторная, диспансерная*)

**casern(e)** [kəˈzəːn] *фр. n* (*обыкн. pl*) каза́рма; бара́к

**case-shot** [ˈkeɪsʃɔt] *n* карте́чь

**case-worm** [ˈkeɪswəːm] *n* *зоол.* ку́колка, ко́кон

**cash** [kæʃ] **1.** *n* 1) де́ньги; in ~ при деньга́х; out of (*или* short of) ~ не при деньга́х 2) нали́чные де́ньги, нали́чный расчёт; зво́нкая моне́та; ready ~ нали́чные (де́ньги); sold for ~ про́дан за нали́чный расчёт; to pay

~ расплати́ться нали́чными; ~ on delivery нало́женным платежо́м; с упла́той при доста́вке 3) *attr.*: ~ crop това́рная культу́ра; ~ payment нали́чный расчёт; ~ price цена́ при упла́те нали́чными ◇ ~ down!, ~ on the nail! ≅ де́ньги на бо́чку!

**2.** *v* получа́ть *или* плати́ть де́ньги по че́ку ◇ to ~ in on smth. *разг.* нажи́ться на чём-л.; to ~ in one's checks [*см.* check 1 ◇]

**cash-book** [ˈkæʃbuk] *n* ка́ссовая кни́га

**cashew** [kæˈʃu:] *n* 1) *бот.* анака́рд (*вид дерева, растущего в Южной Америке*) 2) оре́х кешу́

**cashier** I [kæˈʃɪə] *n* касси́р

**cashier** II [kəˈʃɪə] *v* 1) увольня́ть со слу́жбы 2) *воен.* увольня́ть со слу́жбы (*за недостойное поведение*)

**cashmere** [kæʃˈmɪə] *n* 1) кашеми́р 2) кашеми́ровая шаль

**casing** [ˈkeɪsɪŋ] **1.** *pres. p. от* case II, 2

**2.** *n* 1) обши́вка; оболо́чка, оби́вка; опа́лубка; покры́шка 2) *тех.* ка́ртер; футля́р; руба́шка; ра́ма; опра́ва 3) *горн.* обса́дные тру́бы

**casino** [kəˈsi:nəu] *n* (*pl* -os [-əuz]) иго́рный дом, казино́

**cask** [kɑ:sk] *n* бочо́нок, бо́чка

**casket** [ˈkɑ:skɪt] *n* 1) шкату́лка 2) *амер.* гроб 3) конте́йнер (*для радиоактивных материалов*)

**cassation** [kæˈseɪʃən] *n юр.* касса́ция

**cassava** [kəˈsɑ:və] *n бот.* манио́ка

**casserole** [ˈkæsərəul] *фр. n* 1) кастрю́ля (*из жаропрочного материала*) 2) запека́нка (*из риса, овощей и мяса*)

**cassia** [ˈkæsɪə] *n бот.* ка́ссия

**cassiopeium** [ˌkæsɪəuˈpi(:)jəm] *n хим.* кассио́пий

**cassock** [ˈkæsək] *n* 1) ря́са; сута́на 2) *разг.* свяще́нник, поп

**cassowary** [ˈkæsəweərɪ] *n зоол.* казуа́р

**cast** [kɑ:st] **1.** *n* 1) бросо́к 2) броса́ние, мета́ние; забра́сывание (*сети, удочки, лота*) 3) расстоя́ние, про́йденное бро́шенным предме́том 4) риск; to stake (*или* to set, to put) on a ~ поста́вить на ка́рту, рискну́ть; the last ~ после́дний шанс 5) фо́рма для отли́вки 6) ги́псовый сле́пок 7) ги́псовая повя́зка 8) подсчёт 9) *театр.* распределе́ние роле́й; соста́в исполни́телей (*в данном спектакле*) 10) отте́нок 11) образе́ц, обра́зчик 12) склад (*ума, характера*); тип; a mind of philosophic ~ филосо́фский склад ума́ 13) выраже́ние (*лица*) 14) поворо́т, отклоне́ние; ~ in the eye лёгкое косогла́зие

**2.** *v* (cast) 1) броса́ть, кида́ть, швыря́ть; мета́ть; отбра́сывать; to ~ anchor броса́ть я́корь; to ~ ashore выбра́сывать на бе́рег; to ~ a look (*или* a glance, an eye) (at) бро́сить взгляд (на); to ~ light (upon) пролива́ть свет (на); вноси́ть я́сность (в); to ~ a net заки́дывать сеть 2) теря́ть (*зубы*); меня́ть (*рога*); сбра́сывать (*кожу*); роня́ть (*листья*); to ~ the coat линя́ть (*о животных*) 3) вы́кинуть, роди́ть ра́ньше вре́мени (*о животных*) 4) подсчи́тывать (*обыкн.* ~ up) 5) распределя́ть (*роли*); to ~ actors for parts назнача́ть актёров на определённые ро́ли; to ~ parts to actors распределя́ть ро́ли ме́жду актёрами 6) бракова́ть (*лошадей и т. п.*) 7) *тех.* отлива́ть, лить (*металлы*) 8) *юр.* присужда́ть к упла́те убы́тков □ ~ **about** а) обду́мывать; б) изы́скивать сре́дства; в) *мор.* меня́ть курс; ~ **away** отбра́сывать; отверга́ть; to be ~ away потерпе́ть круше́ние; ~ **down** а) сверга́ть; разруша́ть; перевёртывать; б) опуска́ть (*глаза*); в) поверга́ть в уны́ние, угнета́ть; to be ~ down быть в уны́нии; ~ **off** а) броса́ть, покида́ть; сбра́сывать (*оковы*); б) зака́нчивать рабо́ту; в) *мор.* отдава́ть (*швартовы*); отва́ливать; г) спуска́ть (*собаку*); ~ **out** а) выгоня́ть; б) изверга́ть (*пищу*); в) *воен.* выбрако́вывать (*лошадей*); ~ **up** а) изверга́ть; б) вски́дывать (*глаза, голову*); в) подсчи́тывать ◇ to ~ a vote подава́ть го́лос (*на выборах*); to ~ the blame on smb. взва́ливать вину́ на кого́-л.; to ~ smth. in smb.'s teeth брани́ть кого́-л. за что-л.; броса́ть кому́-л. упрёк в чём-л.; to ~ lots бро́сить жре́бий; to ~ in one's lot with smb., smth. связа́ть судьбу́ с кем-л., чем-л.; to ~ a spell upon smb. очарова́ть, околдова́ть кого́-л.

**castanets** [ˌkæstəˈnets] *n pl* кастанье́ты

**castaway** [ˈkɑ:stəweɪ] **1.** *n* 1) потерпе́вший кораблекруше́ние 2) па́рия; отве́рженный

**2.** *a* отве́рженный

**caste** [kɑ:st] *n* 1) ка́ста 2) ка́ста, привилегиро́ванный класс; to lose ~ а) потеря́ть привилегиро́ванное положе́ние; б) лиши́ться уваже́ния

**castellan** [ˈkɑ:stɪlən] *n* кастеля́н, смотри́тель за́мка

**castellated** [ˈkæsteleɪtɪd] *a* 1) постро́енный в ви́де за́мка 2) изоби́лующий за́мками 3) *тех.* зазу́бренный

**caster** I [ˈkɑ:stə] *n* 1) лите́йщик 2) *воен.* вы́бракованная ло́шадь

**caster** II [ˈkɑ:stə] = castor II

**castigate** [ˈkæstɪgeɪt] *v* 1) нака́зывать; бить 2) брани́ть; жесто́ко критикова́ть 3) исправля́ть (*лит. произведение*)

**casting** [ˈkɑ:stɪŋ] **1.** *pres. p. от* cast 2

**2.** *n* 1) броса́ние, мета́ние 2) *тех.* литьё, отли́вка (*процесс и изделие*) 3) коробле́ние (*древесины*) 4) удале́ние вы́копанного гру́нта 5) *театр.* подбо́р актёров; распределе́ние роле́й

**3.** *a* лите́йный; ~ bed лите́йный двор; ~ box опо́ка; ~ form изло́жница

**casting-voice** [ˈkɑ:stɪŋˈvɔɪs] = casting-vote

**casting-vote** [ˈkɑ:stɪŋˈvəut] *n* го́лос, даю́щий переве́с, реша́ющий го́лос председа́теля при ра́венстве голосо́в

**cast iron** [ˈkɑ:stˈaɪən] *n* чугу́н

**cast-iron** [ˈkɑ:stˈaɪən] *a* 1) чугу́нный 2) непреклóнный, твёрдый; ~ discipline желе́зная дисципли́на

**castle** [ˈkɑ:sl] **1.** *n* 1) за́мок; дворе́ц 2) тверды́ня; убе́жище 3) *шахм.* ладья́ ◇ ~s in the air (*или* in the sky, in Spain) возду́шные за́мки

**2.** *v шахм.* рокирова́ть(ся)

**castle-builder** [ˈkɑ:slˌbɪldə] *n* фантазёр

**cast-off** [ˈkɑ:stˈɔf] **1.** *n* 1) отве́рженный; изгна́нник 2) вы́брошенная вещь 3) *pl* обно́ски, объе́дки

**2.** *a* него́дный; поно́шенный; нену́жный, бро́совый

**castor** I [ˈkɑ:stə] *n* 1) бобро́вый мех 2) касто́р 3) шля́па из бобро́вого *или* кро́личьего ме́ха 4) *мед.* бобро́вая струя́

**castor** II [ˈkɑ:stə] *n* 1) ро́лик, колёсико (*на ножках мебели*) 2) соло́нка; пе́речница (*с перфорированной крышкой*); a set of ~s судо́чек (*для приправ*)

**castor oil** [ˈkɑ:stərˈɔɪl] *a* касто́ровое ма́сло

**castor sugar** [ˈkɑ:stəˌʃugə] *n* са́харная пу́дра

**castrate** [kæsˈtreɪt] **1.** *n* 1) кастра́т, е́внух 2) кастри́рованное живо́тное

**2.** *v* 1) кастри́ровать, холости́ть 2) уре́зывать (*текст*)

**castration** [kæsˈtreɪʃən] *n* кастра́ция

**casual** [ˈkæʒjuəl] **1.** *a* 1) случа́йный 2) непреднаме́ренный 3) небре́жный 4) случа́йный, нерегуля́рный; ~ labourer (*или* worker) рабо́чий, не име́ющий постоя́нной рабо́ты; ~ poor лю́ди, вре́менно *или* периоди́чески получа́ющие посо́бие по бе́дности

**2.** *n* 1) вре́менный рабо́чий 2) случа́йный посети́тель, клие́нт, покупа́тель *и т. п.* 3) бродя́га

**casualize** [ˈkæʒjuəlaɪz] *v* переводи́ть на непостоя́нную рабо́ту

**casualty** [ˈkæʒjuəltɪ] *n* 1) несча́стный слу́чай; ава́рия 2) челове́к, пострада́вший от несча́стного слу́чая 3) *воен.* ра́неный; уби́тый 4) *воен.* подби́тая маши́на; the tank became a ~ танк был подби́т, вы́веден из строя́ 5) *pl* поте́ри (*на войне*); to sustain casualties понести́ поте́ри 6) *attr.*: ~ rate коли́чество уби́тых и ра́неных

**casualty clearing station** [ˈkæʒjuəltɪˌklɪərɪŋˈsteɪʃən] *n* эвакуацио́нный пункт

**casualty list** [ˈkæʒjuəltɪˈlɪst] *n* спи́сок уби́тых, ра́неных и пропа́вших бе́з вести (*на войне*)

**casualty ward** [ˈkæʒjuəltɪˈwɔ:d] *n* пала́та (в больни́це) для пострада́вших от несча́стных слу́чаев

**casuist** [ˈkæzjuɪst] *n* казуи́ст

**casuistic(al)** [ˌkæzjuˈɪstɪk(əl)] *a* казуисти́ческий

**casuistry** ['kæzjuɪstrɪ] *n* казуи́стика; игра́ слова́ми; софи́стика

**casus belli** ['kɑ:sus'beli:] *лат. n* по́вод для объявле́ния войны́, ка́зус бе́лли

**cat** I [kæt] **1.** *n* 1) кот; ко́шка; tom ~ кот; pussy ~ ко́шка, ко́шечка 2) *зоол.* живо́тное семе́йства коша́чьих 3) ко́шка (*плеть*) 4) *разг.* сварли́вая же́нщина 5) двойно́й тре-но́жник 6) *мор.* кат ◇ barber's ~ *разг.* болту́н, трепло́; to fight like Kilkenny ~s дра́ться до взаи́много уничтоже́ния; to lead a ~ and dog life жить как ко́шка с соба́кой (*особ. о супругах*); постоя́нно ссо́риться, враждова́ть; enough to make a ~ laugh ≅ и мёртвого мо́жет рассмеши́ть; о́чень смешно́; to grin like a Cheshire ~ (постоя́нно) бессмы́сленно улыба́ться во весь рот, ухмыля́ться; оскла́биться; to let the ~ out of the bag ≅ вы́болтать секре́т; to see which way the ~ jumps, to wait for the ~ to jump ≅ выжида́ть, куда́ ве́тер поду́ет; that ~ won't jump *разг.* ≅ э́тот но́мер не пройдёт; to turn ~ in the pan стать перебе́жчиком

**2.** *v* 1) бить плётью 2) *мор.* брать я́корь на кат 3) *жарг.* изрыга́ть; блева́ть

**cat** II [kæt] *n* (*сокр. от* caterpillar tractor) *амер разг.* 1) гу́сеничный тра́ктор 2) *attr.*: ~ skinner *жарг.* трактори́ст

**cataclysm** ['kætəklɪzm] *n* 1) катаклизм; полити́ческий *или* социа́льный переворо́т 2) пото́п

**catacomb** ['kætəku:m] *n* (*часто pl*) подземе́лье; катако́мба; the Catacombs ри́мские катако́мбы

**catafalque** ['kætəfælk] *n* 1) катафа́лк, погреба́льная колесни́ца 2) катафа́лк, помо́ст под балдахи́ном для гро́ба

**Catalan** ['kætələn] **1.** *a* катало́нский; катала́нский (*о языке*)

**2.** *n* 1) катало́нец 2) катала́нский язы́к

**catalepsy** ['kætəlepsɪ] *n мед.* катале́псия; столбня́к; оцепене́ние

**cataleptic** [,kætə'leptɪk] *a мед.* каталепти́ческий

**catalog** ['kætəlɔg] = catalogue

**catalogue** ['kætəlɔg] **1.** *n* 1) катало́г; card ~ ка́рточный катало́г 2) прейскура́нт 3) *амер.* рее́стр, спи́сок; проспе́кт, програ́мма, уче́бный план

**2.** *v* каталогизи́ровать, вноси́ть в катало́г

**cataloguer** ['kætəlɔgə] *n* каталогиза́тор, состави́тель катало́га

**catalogue raisonné** [,kɑ:tɑ:'lɔ:grezɔ:'neɪ] *фр. n* системати́ческий катало́г с кра́ткими объясне́ниями

**catalysis** [kə'tælɪsɪs] *n хим.* ката́лиз

**catalyst** ['kætəlɪst] *n хим.* катализа́тор

**catalyzer** ['kætəlaɪzə] = catalyst

**catamaran** [,kætəmə'ræn] *n* 1) *мор.* катамара́н 2) *разг.* сварли́вая же́нщина, мегера

**catamount** ['kætəmaunt] *n зоол.* 1) европе́йская ди́кая ко́шка 2) североамерика́нская рысь

**cat-and-mouse** ['kætənd'maus] *n*: to behave in a ~ way ≅ игра́ть в ко́шки-мы́шки

**cataplasm** ['kætəplæzm] *n* припа́рка

**catapult** ['kætəpʌlt] **1.** *n* 1) *ист.* мета́тельная маши́на; катапу́льта 2) *ав.* катапу́льта 3) рога́тка 4) *attr.*: ~ launching *ав.* пуск с катапу́льты

**2.** *v* 1) *ист.* мета́ть 2) *ав.* катапульти́ровать; выбра́сывать катапу́льтой 3) стреля́ть из рога́тки

**cataract** ['kætərækt] *n* 1) большо́й водопа́д 2) си́льный ли́вень 3) пото́к (*красноречия*) 4) *мед.* катара́кта 5) *тех.* катара́кт, гидравли́ческий регуля́тор, то́рмоз, де́мпфер

**catarrh** [kə'tɑ:] *n* ката́р; просту́да

**catastrophe** [kə'tæstrəfɪ] *n* 1) катастро́фа; ги́бель; несча́стье 2) развя́зка (*в драме*) 3) *геол.* катастро́фа

**catastrophic** [,kætə'strɔfɪk] *a* катастрофи́ческий

**catbird** ['kætbə:d] *n амер.* дрозд

**catcall** ['kætkɔ:l] **1.** *n* 1) свист, осви́стывание 2) свисто́к

**2.** *v* осви́стывать

**catch** [kætʃ] **1.** *n* 1) по́имка; захва́т 2) уло́в; добы́ча 3) вы́года; вы́годное приобрете́ние; that is not much of a ~ бары́ш невели́к 4) хи́трость; лову́шка 5) приостано́вка (*дыхания, голоса*) 6) *тех.* захва́тывающее, запира́ющее приспособле́ние; щеко́лда, задви́жка, защёлка; шпингале́т; стяжно́й болт 7) *тех.* то́рмоз, сто́пор; аррети́р ◇ that's the ~ в э́том-то всё де́ло

**2.** *v* (caught) 1) лови́ть; пойма́ть; схва́тывать; to ~ hold of smth. ухвати́ться за что-л.; to ~ a glimpse of smth. уви́деть что-л. на мгнове́ние; to ~ in a web опу́тать паути́ной 2) улови́ть; to ~ a person's meaning улови́ть, поня́ть чью-л. мысль; to ~ the eye a) пойма́ть взгляд; б) попа́сться на глаза́; to ~ a likeness улови́ть (и переда́ть) схо́дство 3) схвати́ть; зарази́ться; to ~ (a) cold простуди́ться; to ~ measles зарази́ться ко́рью; paper ~es fire easily бума́га легко́ воспламеня́ется 4) успе́ть, заста́ть; to ~ the train поспе́ть к по́езду; to ~ a person in the act заста́ть кого́-л. на ме́сте преступле́ния; to be caught in the rain попа́сть под дождь 5) догна́ть 6) зацепи́ть(ся); заде́ть; защеми́ть; завязи́ть; to ~ one's finger in a door прищеми́ть себе́ па́лец две́рью; the boat was caught in the reeds ло́дка застря́ла в камыша́х 7) заде́рживать 8) уда́рить; попа́сть; I caught him one in the eye я подста́вил ему́ синя́к под гла́зом 9) прерыва́ть, перебива́ть 10) покрыва́ться льдом (*тж.* ~ over); the river ~es река́ ста́ла □ ~ at a) ухвати́ться за *что-л.*; б) обра́доваться *чему-л.*; ~ away утащи́ть; ~ off *амер. жарг.* засну́ть; ~ on a) ухвати́ться за *что-л.*; б) понима́ть; в) станови́ться мо́дным; ~ up a) подня́ть; подхвати́ть (*тж. перен., напр. новое слово*); б) догна́ть; we had caught up on sleep нам удало́сь отоспа́ться; в) прерва́ть; г) *амер.* пригото́вить лошаде́й (*для путешественников*) ◇ to ~ it *разг.* получи́ть нагоня́й; I caught it мне доста́лось, попа́ло; ~ me (doing that)! чтоб я э́то сде́лал? Никогда́!; to ~ one's foot споткну́ться; to ~ one's breath a) затаи́ть дыха́ние; б) перевести́ дух; to ~ the Speaker's eye *парл.* получи́ть сло́во в пала́те о́бщин

**catching** ['kætʃɪŋ] **1.** *pres. p. от* catch 2

**2.** *a* 1) зарази́тельный 2) привлека́тельный 3) неусто́йчивый (*о погоде*) 4) захва́тывающий, остана́вливающий, зацепля́ющий

**catchment** ['kætʃmənt] *n* дрена́ж

**catchment-area** ['kætʃmənt,ɛərɪə] *n* бассе́йн (*реки*), водосбо́рная пло́щадь

**catchment-basin** ['kætʃmənt,beɪsn] = catchment-area

**catchpenny** ['kætʃ,penɪ] **1.** *n* не́что показно́е, рассчи́танное на дешёвый успе́х и привлече́ние покупа́телей (*гл. обр. об изданиях*)

**2.** *a* показно́й, рассчи́танный на дешёвый успе́х

**catchpoll** ['kætʃpəul] *n* суде́бный при́став, суде́бный исполни́тель

**catchup** ['kætʃəp] = ketchup

**catchword** ['kætʃwə:d] *n* 1) мо́дное слове́чко 2) сло́во *или* фра́за, испо́льзуемые как ло́зунг 3) *полигр.* колонти́тул в словаря́х и энциклопе́диях 4) загла́вное сло́во (*словарной статьи*) 5) *театр.* ре́плика 6) рифмо́ванное сло́во 7) паро́ль

**catchy** ['kætʃɪ] *a* 1) привлека́тельный 2) легко́ запомина́ющийся (*о мелодии*) 3) хитроу́мный, заковы́ристый; тру́дный 4) поры́вистый (*о ветре*)

**catechism** ['kætɪkɪzm] *n* 1) *церк.* катехи́зис 2) ряд вопро́сов и отве́тов; допро́с

**catechize** ['kætɪkaɪz] *v* 1) излага́ть в фо́рме вопро́сов и отве́тов 2) допра́шивать 3) *церк.* преподава́ть катехи́зис, наставля́ть

**catechu** ['kætɪtʃu:] *n* дуби́льный экстра́кт

**catechumen** [,kætɪ'kju:men] *n* 1) *церк.* новообращённый 2) начина́ющий, новичо́к

**categorical** [,kætɪ'gɔrɪkəl] *a* 1) безусло́вный, категори́ческий 2) реши́тельный; я́сный, недвусмы́сленный 3) *филос.* категори́ческий, безусло́вный; категориа́льный

**categorize** ['kætɪgəraɪz] *v* распределя́ть по катего́риям

**category** ['kætɪgərɪ] *n* 1) катего́рия; разря́д; класс 2) *attr.*: ~ man *воен.*

признанный годным к этапной (гарнизонной) службе

**catena** [kə'ti:nə] *n* (*pl* -nae) цепь, связь, ряд

**catenae** [kə'ti:ni:] *pl от* catena

**catenarian** [ˌkæti'nɛəriən] *a* цепной

**catenary** [kə'ti:nəri] **1.** *n мат.* цепная линия

**2.** *a* цепной; ~ suspension цепная подвеска (*электрической железной дороги*)

**catenate** ['kætineit] *v* сцеплять; связывать; образовать цепь

**catenation** [ˌkæti'neiʃən] *n* сцепление

**cater** ['keitə] *v* 1) поставлять провизию (for) 2) обслуживать зрителя, посетителя (*о театрах и т. п.*) 3) стараться доставлять удовольствие, угождать (to, for)

**cater-cousin** ['keitəˌkʌzn] *n* 1) дальний родственник 2) закадычный друг

**caterer** ['keitərə] *n* поставщик провизии

**catering** ['keitəriŋ] **1.** *pres. p. от* cater

**2.** *n* 1) общественное питание 2) *attr.*: the ~ trade ресторанное дело

**caterpillar** ['kætəpilə] *n* 1) *зоол.* гусеница 2) *тех.* гусеница; гусеничный ход 3) *attr. тех.* гусеничный; ~ tractor гусеничный трактор; ~ ordnance гусеничная самоходная артиллерия

**caterwaul** ['kætəwɔ:l] **1.** *n* кошачий концерт

**2.** *v* 1) кричать по-кошачьи 2) задавать кошачий концерт, терзать слух 3) ссориться как коты на крыше

**catgut** ['kætgʌt] *n* 1) струна (*для музыкальных инструментов и ракеток*) 2) *хир.* кетгут

**catharsis** [kə'θɑ:sis] *n* 1) *мед.* очищение желудка 2) *филос., психол.* катарсис

**cathartic** [kə'θɑ:tik] **1.** *a* слабительный

**2.** *n* слабительное (средство)

**Cathay** [kæ'θei] *n уст., поэт.* Китай

**cathead** ['kæthed] *n мор.* кат-балка; *ист.* крамбол, кран-балка

**cathedral** [kə'θi:drəl] **1.** *n* кафедральный собор

**2.** *a* соборный

**Catherine-wheel** ['kæθərinwi:l] *n* 1) огненное колесо (*фейерверк*) 2) *архит.* круглое окно, «роза» 3) кувырканье «колесом»

**catheter** ['kæθitə] *n мед.* катетер

**cathode** ['kæθəud] *n физ.* катод

**catholic** ['kæθəlik] **1.** *a* 1) (C.) католический (*обыкн.* Roman C.) 2) (C.) *церк.* вселенский 3) широкий, всеобъемлющий

**2.** *n* католик

**Catholicism** [kə'θɔlisizm] *n* католичество, католицизм

**catholicity** [ˌkæθəu'lisiti] *n* 1) (C.) католичество 2) широта; всеобщность; универсальность

**catholicize** [kə'θɔlisaiz] *v* обращать в католичество

**cat-ice** ['kætais] *n* тонкий ледок

**cation** ['kætaiən] *n хим.* катион

**catkin** ['kætkin] *n* серёжка (*на деревьях*)

**cat-lap** ['kætlæp] *n разг.* очень слабый чай; безалкогольные напитки

**cat-like** ['kætlaik] *a* кошачий

**catling** ['kætliŋ] *n* 1) *хир.* ампутационный нож 2) *хир.* тонкий кетгут 3) *редк.* кошечка

**cat-mint** ['kætmint] *n бот.* котовик кошачий, кошачья мята

**catnap** ['kætnæp] **1.** *n* сон урывками

**2.** *v* вздремнуть, подремать; спать урывками

**catnip** ['kætnip] *амер.* = cat-mint

**cat-o'-mountain** [ˌkætə'mauntin] = catamount

**cat-o'-nine-tails** ['kætə'nainteilz] *n* кошка (*плеть*)

**catoptric** [kə'tɔptrik] *a физ. уст.* катоптрический, отражательный

**catoptrics** [kə'tɔptriks] *n pl* (*употр. как sing*) *физ. уст.* катоптрика

**cat-sleep** ['kætsli:p] = catnap 1

**cat's-meat** ['kætsmi:t] *n* конина, покупаемая для кошек

**cat's-paw** ['kætspɔ:] *n* 1) орудие в чьих-л. руках; to make a ~ of a person сделать кого-л. своим орудием 2) лёгкий бриз, рябь на воде

**catsup** ['kætsəp] = ketchup

**cat's-whisker** ['kætsˌwiskə] *n радио* контактная пружина, «усик»

**cattily** ['kætili] *adv* назло

**cattish** ['kætiʃ] *a* 1) кошачий 2) хитрый; злой

**cattle** ['kætl] *n* 1) крупный рогатый скот 2) *презр.* скоты (*о людях*)

**cattle-dealer** ['kætlˌdi:lə] *n* торговец скотом, скотопромышленник

**cattle-feeder** ['kætlˌfi:də] *n* машина для автоматического распределения и подачи корма

**cattle-grid** ['kætlgrid] *n* приспособление, препятствующее выходу скота с пастбища на дорогу

**cattle-leader** ['kætlˌli:də] *n* кольцо, продетое через нос животного

**cattle-lifter** ['kætlˌliftə] *n* вор, угоняющий скот

**cattleman** ['kætlmən] *n* 1) пастух; скотник 2) *амер.* скотовод

**cattle-pen** ['kætlpen] *n* загон для скота

**cattle-ranch** ['kætlræntʃ] *n* скотоводческая ферма, животноводческое хозяйство

**cattle-rustler** ['kætlˌrʌslə] *амер.* = cattle-lifter

**cattle-truck** ['kætltrʌk] *n ж.-д.* платформа для перевозки скота

**catty** I ['kæti] = cattish

**catty** II ['kæti] *n* катти (*мера веса в Китае, Индии* = 604,8 *г*)

**Caucasian** [kɔ:'keizjən] **1.** *a* кавказский

**2.** *n* кавказец

**caucus** ['kɔ:kəs] *n* 1) *амер.* предвыборное фракционное *или* партийное совещание 2) (*в Англии презр.*) политика подтасовки выборов, давления на избирателей *и т. п.*

**caudal** ['kɔ:dl] *a анат.* хвостовой; ~ appendage хвостовидный придаток

**caudate** ['kɔ:deit] *a* хвостатый, имеющий хвост

**caudle** ['kɔ:dl] *n* горячий пряный напиток для больных (*смесь вина с яйцами и сахаром*)

**caught** [kɔ:t] *past и p. p. от* catch 2

**caul** [kɔ:l] *n* 1) *анат.* водная оболочка плода; «сорочка» (*у новорождённого*) 2) *анат.* большой сальник 3) *ист.* чепчик

**cauldron** ['kɔ:ldrən] *n* 1) котёл; котелок 2) *геол.* котлообразный провал

**caulescent** [kɔ:'lesənt] *a бот.* имеющий стебель (*о травянистых растениях*)

**cauliflower** ['kɔliflauə] *n* цветная капуста

**caulk** [kɔ:k] *v* 1) конопатить и смолить (*судa*) 2) затыкать, замазывать (*щели в окнах*)

**caulker** ['kɔ:kə] *n* 1) конопатчик 2) чеканщик 3) *жарг.* глоток спиртного 4) нечто удивительное, невероятное, *особ.* ложь, враньё

**causal** ['kɔ:zəl] *a* 1) *филос.* причинный; каузальный 2) *грам.* причинный; ~ clause придаточное предложение причины

**causality** [kɔ:'zæliti] *n филос.* причинность, причинная связь

**causation** [kɔ:'zeiʃən] *n* 1) причинение 2) = causality

**causative** ['kɔ:zətiv] *a* 1) причинный 2) *грам.* каузативный

**cause** [kɔ:z] **1.** *n* 1) причина 2) основание; мотив, повод (for) 3) дело; to support the ~ of the workers защищать дело рабочего класса; the ~ of peace дело мира; to make common ~ with smb. объединяться с кем-л. ради общего дела; in the ~ of science ради (*или* во имя) науки; in a good ~ чтобы сделать добро 4) *юр.* дело, процесс; to plead a ~ защищать дело в суде 5) *attr.*: ~ célèbre знаменитый судебный процесс

**2.** *v* 1) быть причиной, причинять, вызывать; to ~ smb. to be informed поставить кого-л. в известность 2) заставлять; to ~ a thing to be done велеть что-л. выполнить

**'cause** [kɔz] *уст.* = because

**causeless** ['kɔ:zlis] *a* беспричинный; необоснованный

**cause-list** ['kɔ:zlist] *n юр.* список дел к слушанию

**causer** ['kɔ:zə] *n* виновник

**causeway** ['kɔ:zwei] **1.** *n* 1) мостовая; мощёная дорожка; тротуар 2) дамба; гать

**2.** *v* 1) строить плотину, дамбу 2) мостить

**causey** ['kɔ:z(e)i] = causeway

**caustic** ['kɔ:stik] **1.** *n хим.* едкое вещество; каустическое средство; lunar ~ ляпис

**2.** *a* 1) *хим.* едкий; каустический; ~ lime негашёная известь; ~ silver

ля́пис; ~ soda е́дкий натр 2) е́дкий, язви́тельный, ко́лкий; ~ tongue злой язы́к; ~ remarks язви́тельные замеча́ния
**causticity** [kɔːsˈtɪsɪtɪ] *n* 1) е́дкость 2) язви́тельность
**cauterization** [ˌkɔːtəraɪˈzeɪʃən] *n мед.* прижига́ние
**cauterize** [ˈkɔːtəraɪz] *v* 1) *мед.* прижига́ть 2) де́лать бессерде́чным, чёрствым, нечувстви́тельным
**cautery** [ˈkɔːtərɪ] *n мед.* 1) прижига́ние 2) прижига́ющее сре́дство 3) термока́утер (*инструмент для прижигания*)
**caution** [ˈkɔːʃən] **1.** *n* 1) осторо́жность; предусмотри́тельность; предосторо́жность 2) предостереже́ние, предупрежде́ние; ~! береги́(те)сь! 3) *жарг.* необыкнове́нный челове́к, челове́к с больши́ми стра́нностями; стра́нная вещь
**2.** *v* предостерега́ть (against)
**cautionary** [ˈkɔːʃnərɪ] *a* предостерега́ющий, предупрежда́ющий
**caution board** [ˈkɔːʃənbɔːd] *n* предупрежда́ющая (об опа́сности) на́дпись
**caution money** [ˈkɔːʃənˌmʌnɪ] *n* зало́г (*вносимый, напр., студентами Оксфорда и Кембриджа в обеспечение возможных долгов*)
**cautious** [ˈkɔːʃəs] *a* осторо́жный; предусмотри́тельный
**cavalcade** [ˌkævəlˈkeɪd] *n* кавалька́да, гру́ппа вса́дников
**cavalier** [ˌkævəˈlɪə] **1.** *n* 1) вса́дник; кавалери́ст 2) *ист.* ры́царь 3) *уст.* кавале́р 4) (C.) *ист.* роялист (*времён Карла I*)
**2.** *a* 1) бесцеремо́нный 2) непринуждённый 3) надме́нный 4) *ист.* (C.) роялистский
**cavalry** [ˈkævəlrɪ] *n* кавале́рия, ко́нница
**cavalryman** [ˈkævəlrɪmən] *n* кавалери́ст
**cave** [keɪv] **1.** *n* 1) пеще́ра 2) по́лость, впа́дина 3) *полит.* фра́кция; оппозицио́нная *или* отколо́вшаяся от па́ртии гру́ппа 4) *геол.* ка́рстовое образова́ние
**2.** *v* 1) выда́лбливать 2) *горн.* обру́шивать кро́влю □ ~ **in** а) оседа́ть, опуска́ться; б) *разг.* уступа́ть, отступа́ть, сдава́ться
**caveat** [ˈkeɪvɪæt] *n* 1) предостереже́ние, проте́ст 2) *юр.* хода́тайство о приостано́вке суде́бного разбира́тельства; to enter (*или* to put in) a ~ пода́ть заявле́ние о приостано́вке суде́бного разбира́тельства
**cave-dweller** [ˈkeɪvˌdwelə] = cave-man
**cave-man** [ˈkeɪvmæn] *n* троглоди́т, пеще́рный челове́к (*тж. перен.*)
**cavendish** [ˈkævəndɪʃ] *n* пли́точный таба́к (*сдобренный патокой*)
**cavern** [ˈkævən] *n* пеще́ра
**cavernous** [ˈkævənəs] *a* 1) изоби́лующий пеще́рами 2) *мед.* пеще́ристый; полостно́й; каверно́зный 3) похо́жий на пеще́ру 4) впа́лый 5) глубо́кий и глухо́й (*о звучании*)
**caviar(e)** [ˈkævɪɑː] *n* икра́ (*употребляемая в пищу*) ◇ ~ to the general сли́шком то́нкое блю́до для гру́бого вку́са
**cavil** [ˈkævɪl] **1.** *n* приди́рка
**2.** *v* придира́ться, находи́ть недоста́тки
**caviller** [ˈkævɪlə] *n* приди́рчивый челове́к, приди́ра
**cavity** [ˈkævɪtɪ] *n* 1) впа́дина; по́лость 2) *мед.* каве́рна 3) тре́щина в поро́де
**cavity magnetron** [ˈkævɪtɪˈmægnɪtrɔn] *n физ.* магнетро́н, обеспе́чивающий большо́й вы́ход эне́ргии
**cavort** [kəˈvɔːt] *v разг.* пры́гать, скака́ть
**caw** [kɔː] **1.** *n* ка́рканье
**2.** *v* ка́ркать
**cay** [keɪ] *n* 1) кора́лловый риф 2) песча́ная о́тмель
**cayenne** [keɪˈen] *n* кра́сный стручко́вый пе́рец
**cayman** [ˈkeɪmən] *n зоол.* кайма́н
**cease** [siːs] **1.** *v* 1) перестава́ть, прекраща́ть(ся) 2) приостана́вливать (*часто с герундием*); to ~ talking замолча́ть; ~ fire! прекрати́ть стрельбу́!; to ~ payment прекрати́ть платежи́, обанкро́титься
**2.** *n*: without ~ непреста́нно; to work without ~ рабо́тать не покладая рук
**cease-fire** [ˈsiːsˌfaɪə] *n* прекраще́ние огня́
**ceaseless** [ˈsiːslɪs] *a* непреры́вный, непреста́нный
**cecils** [ˈseslz] *n pl* мясны́е фрикаде́льки
**cecity** [ˈsiːsɪtɪ] *n* слепота́
**cedar** [ˈsiːdə] *n* кедр
**cede** [siːd] *v* 1) сдава́ть (*территорию*); уступа́ть, передава́ть (*территорию, права*) 2) уступа́ть (*в споре*)
**cedilla** [sɪˈdɪlə] *n* седи́ль (*орфографический знак*)
**ceil** [siːl] *v стр.* покрыва́ть, перекрыва́ть; штукату́рить, отде́лывать потоло́к
**ceiling** [ˈsiːlɪŋ] *n* 1) потоло́к 2) перекры́тие, обши́вка; доска́ для обши́вки 3) *ав.* потоло́к, преде́льная высота́ 4) *эк.* максима́льная цена́; максима́льный вы́пуск проду́кции *и т. п.*
**celadon** [ˈselədɔn] *n* све́тлый серова́то-зелёный цвет *или* цвет морско́й волны́
**celandine** [ˈseləndaɪn] *n бот.* чистоте́л
**celebrant** [ˈselɪbrənt] *n* свяще́нник, отправля́ющий церко́вную слу́жбу
**celebrate** [ˈselɪbreɪt] *v* 1) (от)пра́здновать 2) прославля́ть 3) отправля́ть церко́вную слу́жбу 4) *разг.* весели́ться, отмеча́ть прия́тное собы́тие
**celebrated** [ˈselɪbreɪtɪd] **1.** *p. p. от* celebrate
**2.** *a* знамени́тый; просла́вленный
**celebration** [ˌselɪˈbreɪʃən] *n* 1) пра́зднование; торжества́ 2) церко́вная слу́жба
**celebrity** [sɪˈlebrɪtɪ] *n* 1) изве́стность 2) знамени́тый челове́к; знамени́тость
**celerity** [sɪˈlerɪtɪ] *n* быстрота́
**celery** [ˈselərɪ] *n бот.* сельдере́й
**celestial** [sɪˈlestjəl] **1.** *a* 1) небе́сный; астрономи́ческий; ~ map ка́рта звёздного не́ба; ~ pole *астр.* по́люс ми́ра; ~ blue небе́сно-голубо́й 2) великоле́пный; боже́ственный
**2.** *n* небожи́тель
**celibacy** [ˈselɪbəsɪ] *n* 1) целиба́т, обе́т безбра́чия 2) безбра́чие
**celibatarian** [ˌselɪbəˈtɛərɪən] **1.** *a* безбра́чный
**2.** *n* холостя́к
**celibate** [ˈselɪbɪt] **1.** *n* 1) холостя́к 2) челове́к, да́вший обе́т безбра́чия
**2.** *a* 1) холосто́й 2) да́вший обе́т безбра́чия
**cell** [sel] **1.** *n* 1) яче́йка; яче́й; *полит.* яче́йка 2) тюре́мная ка́мера; condemned ~ ка́мера сме́ртников 3) ке́лья 4) небольшо́й монасты́рь; оби́тель; скит 5) *поэт.* моги́ла 6) *биол.* кле́тка; кле́точка 7) *тех.* отсе́к, ка́мера 8) *эл.* элеме́нт 9) *ав.* се́кция крыла́
**2.** *v* 1) помеща́ть в кле́тку 2) находи́ться в кле́тке 3) сиде́ть за решётко́й (*в тюрьме*)
**cellar** [ˈselə] **1.** *n* 1) подва́л; по́греб 2) ви́нный по́греб; to keep a good ~ име́ть хоро́ший запа́с вин
**2.** *v* храни́ть в подва́ле, в по́гребе
**cellarage** [ˈselərɪdʒ] *n* 1) подва́лы, погреба́ 2) хране́ние в подва́лах 3) пла́та за хране́ние в подва́лах
**cellarer** [ˈselərə] *n* ке́ларь (*эконом в монастыре*)
**cellaret** [ˌseləˈret] *n* погребе́ц
**'cellist** [ˈtʃelɪst] *n* (*сокр. от* violoncellist) виолончели́ст
**'cello** [ˈtʃeləu] *n* (*pl* -os [-əuz]; *сокр. от* violoncello) виолонче́ль
**cellophane** [ˈseləufeɪn] *n* целлофа́н ◇ wrapped in ~ непристу́пный, надме́нный
**cellular** [ˈseljulə] *a* кле́точный, кле́точного строе́ния; яче́истый; ~ tissue *анат.* клетча́тка
**cellulate** [ˈseljuleɪt] *a* состоя́щий из кле́ток; яче́истый
**cellule** [ˈseljuːl] *n* 1) *биол.* клéточка 2) *ав.* коро́бка кры́льев
**celluloid** [ˈseljulɔɪd] *n* 1) целлуло́ид 2) киноплёнка 3) *разг.* кино́; to put smb. on ~ снима́ть в кино́
**cellulose** [ˈseljuləus] *n* 1) целлюло́за; клетча́тка 2) *attr.*: ~ nitrate нитроцеллюло́за
**Celsius** [ˈselsjəs] *n* термо́метр Це́льсия; шкала́ термо́метра Це́льсия
**Celt** [kelt] *n* кельт
**celt** [selt] *n археол.* ка́менное *или* бро́нзовое долото́
**Celtic** [ˈkeltɪk] **1.** *a* ке́льтский
**2.** *n* ке́льтский язы́к

**celticism** ['keltɪsɪzm] *n* 1) ке́льтский обы́чай 2) *лингв.* ке́льтское выраже́ние; кельтици́зм

**celtuce** ['seltəs] *n* гибри́д сельдере́я и сала́та

**cembalo** ['tʃembələu] *n* (*pl* -os [-euz]) цимба́лы

**cement** [sɪ'ment] **1.** *n* 1) цеме́нт 2) вся́кое вещество́, скрепля́ющее подо́бно цеме́нту; вя́жущее вещество́ 3) связь, сою́з

**2.** *v* 1) скрепля́ть цеме́нтом; цементи́ровать 2) цементи́роваться 3) соединя́ть кре́пко; to ~ a friendship скрепля́ть дру́жбу

**cementation** [ˌsi:men'teɪʃən] *n* 1) цементи́рование 2) цемента́ция

**cemetery** ['semɪtrɪ] *n* кла́дбище

**cenotaph** ['senəutɑ:f] *n* 1) кенота́фий (*пустая гробница*) 2) па́мятник неизве́стному солда́ту; the C. па́мятник, воздви́гнутый в честь поги́бших во вре́мя пе́рвой мирово́й войны́ (*в Лондоне*)

**cense** [sens] *v* *церк.* кади́ть ла́даном

**censer** ['sensə] *n* кади́ло; кури́льница

**censor** ['sensə] **1.** *n* 1) це́нзор 2) надзира́тель (*в английских колледжах*) 3) критика́н; блюсти́тель нра́вов

**2.** *v* подверга́ть цензу́ре; просма́тривать

**censorial** [sen'sɔ:rɪəl] *a* це́нзорский; цензу́рный

**censorious** [sen'sɔ:rɪəs] *a* стро́гий; скло́нный осужда́ть; ~ remarks крити́ческие замеча́ния

**censorship** ['sensəʃɪp] *n* 1) цензу́ра 2) до́лжность це́нзора

**censurable** ['senʃərəbl] *a* досто́йный порица́ния

**censure** ['senʃə] **1.** *n* осужде́ние, порица́ние; vote of ~ во́тум недове́рия

**2.** *v* порица́ть, осужда́ть

**census** ['sensəs] *n* 1) пе́репись; population ~ пе́репись населе́ния 2) *attr.*: ~ returns результа́ты пе́реписи

**census-paper** ['sensəsˌpeɪpə] *n* бланк, заполня́емый при пе́реписи

**cent** [sent] *n* 1) цент (*0,01 доллара, гульдена, рупии*) 2) сто, со́тня (*обыкн. в выражении* per ~ проце́нт); ten per ~ де́сять проце́нтов; ~ per ~ сто на́ сто (*ростовщический процент*) 3) *физ.* цент (*одна сотая единицы радиоактивности*)

**cental** ['sentl] *n* англи́йский квинта́л (*мера сыпучих тел, равная 100 англ. фунтам или 45,36 кг*)

**centaur** ['sentɔ:] *n* 1) *миф.* кента́вр 2) (C.) созве́здие Кента́вра

**centenarian** [ˌsentɪ'neərɪən] **1.** *a* столе́тний

**2.** *n* челове́к ста (и бо́лее) лет

**centenary** [sen'ti:nərɪ] **1.** *n* 1) столе́тие 2) столе́тняя годовщи́на 3) день пра́зднования столе́тней годовщи́ны

**2.** *a* столе́тний

**centennial** [sen'tenjəl] **1.** *a* 1) столе́тний 2) происходя́щий раз в сто лет

**2.** *n* = centenary 1, 2)

**center** ['sentə] *амер.* = centre

**centering** ['sentərɪŋ] **1.** *pres. p.* от centre 2

**2.** *n* 1) *тех.* центри́рование 2) *стр.* кружа́ло, опа́лубка

**centesimal** [sen'tesɪməl] *a* со́тый; разделённый на сто часте́й; со́тенный; ~ balance со́тенные весы́

**centigrade** ['sentɪgreɪd] *a* стогра́дусный; разделённый на сто гра́дусов; ~ thermometer термо́метр Це́льсия, термо́метр со стогра́дусной шкало́й

**centigram(me)** ['sentɪgræm] *n* сантигра́мм

**centime** ['sɑ:nti:m] *фр.* *n* санти́м (*0,01 франка*)

**centimeter** ['sentɪˌmi:tə] *амер.* = centimetre

**centimetre** ['sentɪˌmi:tə] *n* сантиме́тр

**centipede** ['sentɪpi:d] *n* *зоол.* многоно́жка, сороконо́жка

**centner** ['sentnə] *n* це́нтнер (*50 кг; в Англии = 100 фунтам или 45,36 кг*); metric (*или* double) ~ метри́ческий це́нтнер (*=100 кг или 220,46 англ. фунта*)

**central** ['sentrəl] **1.** *a* 1) центра́льный; гла́вный; ~ idea основна́я иде́я 2) располо́женный в це́нтре *или* недалеко́ от це́нтра; C. Asia а) Сре́дняя А́зия; б) Центра́льная А́зия

**2.** *n* *амер.* центра́льная телефо́нная ста́нция

**centralization** [ˌsentrəlaɪ'zeɪʃən] *n* централиза́ция; сосредото́чение

**centralize** ['sentrəlaɪz] *v* централизова́ть

**centre** ['sentə] **1.** *n* 1) центр; средото́чие; середи́на (*чего-л.*); in the ~ посереди́не; at the ~ of events в са́мой гу́ще собы́тий; where's the shopping ~? где здесь торго́вый центр?; ~ of attraction центр притяже́ния; центр внима́ния; ~ of buoyancy а) *мор.* центр величины́; б) центр подъёмной си́лы аэроста́та; ~ of gravity центр тя́жести; ~ of impact *воен.* сре́дняя то́чка попада́ния; ~ of a wheel ступи́ца колеса́ 2) *тех.* шабло́н, уго́льник 3) *спорт.* центра́льный игро́к (*нападающий, защитник и т. д.*); центрово́й 4) *attr.* центра́льный; ~ boss ступи́ца колеса́

**2.** *v* 1) помеща́ть(ся) в це́нтре; концентри́ровать(ся); сосредото́чивать (-ся) (in, on, at, round, about); to ~ one's hopes on (*или* in) smb. возлага́ть все наде́жды на кого́-л.; the interest ~s in интере́с сосредото́чен на; the discussion ~d round one point в це́нтре обсужде́ния находи́лся оди́н пункт 2) *тех.* центри́ровать; отмеча́ть ке́рнером

**centre-board** ['sentəbɔ:d] *n* *мор.* выдвижно́й киль

**centreing** ['sentərɪŋ] = centering

**centre-piece** ['sentəpi:s] *n* 1) украше́ние из серебра́, хрусталя́ *и т. п.* на середи́не стола́ 2) орна́мент на середи́не потолка́

**centre-section** ['sentəˌsekʃən] *n* *ав.* центропла́н

**centric(al)** ['sentrɪk(əl)] *a* центра́льный

**centrifugal** [sen'trɪfjugəl] **1.** *a* центробе́жный; ~ machine (*или* wringer) центрифу́га; ~ force центробе́жная си́ла

**2.** *n* = centrifuge

**centrifuge** ['sentrɪfju:dʒ] *n* центрифу́га

**centring** ['sentərɪŋ] = centering

**centripetal** [sen'trɪpɪtl] *a* центростреми́тельный; ~ force центростреми́тельная си́ла

**centuple** ['sentjupl] **1.** *a* стокра́тный

**2.** *v* увели́чивать во сто раз; умножа́ть на́ сто

**centuplicate** **1.** *n* [sen'tju:plɪkɪt] сто экземпля́ров; in ~ в ста экземпля́рах

**2.** *a* [sen'tju:plɪkɪt] = centuple 1

**3.** *v* [sen'tju:plɪkeɪt] = centuple 2

**century** ['sentʃurɪ] *n* 1) столе́тие; век 2) *ист.* центу́рия 3) со́тня (*чего-либо*); *разг.* сто фу́нтов сте́рлингов; *амер.* сто до́лларов

**century plant** ['sentʃurɪplɑ:nt] *n* *бот.* ага́ва америка́нская, столе́тник

**cephalic** [ke'fælɪk] *a* *анат.* головно́й; ~ index *антр.* черепно́й и́ндекс

**cephalitis** [ˌsefə'laɪtɪs] *n* *мед.* энцефали́т, воспале́ние головно́го мо́зга

**cephalopoda** [ˌsefə'lɔpədə] *n pl* *зоол.* головоно́гие

**ceramet** ['serəmet] = cermet

**ceramic** [sɪ'ræmɪk] *a* гонча́рный; керами́ческий

**ceramics** [sɪ'ræmɪks] *n pl* 1) (*употр. как* sing) кера́мика; гонча́рное произво́дство 2) (*употр. с гл. во мн. ч.*) керами́ческие изде́лия

**ceramist** ['serəmɪst] *n* гонча́р

**cerastes** [sɪ'ræsti:z] *n* *зоол.* гадю́ка рога́тая

**cerate** ['sɪərɪt] *n* вощано́й спуск (*мазь из воска и масла*)

**cere** [sɪə] *n* *зоол.* восковина (*покрывающая птичий клюв*)

**cereal** ['sɪərɪəl] **1.** *n* 1) (*обыкн. pl*) хле́бный злак 2) *амер.* ка́ша (*кушанье из круп*)

**2.** *a* хле́бный, зерново́й

**cerebellum** [ˌserɪ'beləm] *n* *анат.* мозжечо́к

**cerebral** ['serɪbrəl] **1.** *a* 1) *анат.*, *мед.* мозгово́й; ~ hemispheres полуша́рия головно́го мо́зга; ~ haemorrhage кровоизлия́ние в мозг 2) *фон.* церебра́льный (*звук*)

**2.** *n* *фон.* церебра́льный звук

**cerebration** [ˌserɪ'breɪʃən] *n* мозгова́я де́ятельность, рабо́та мо́зга

**cerebrum** ['serɪbrəm] *n* *анат.* головно́й мозг

**cerecloth** ['sɪəklɔθ] = cerement 1)

**cerement** ['sɪəmənt] *n* 1) навощённая холсти́на, са́ван 2) *pl* погреба́льные оде́жды

**ceremonial** [ˌserɪ'məunjəl] **1.** *a* формáльный; официáльный; обря́довый

**2.** *n* 1) церемониáл; распоря́док 2) обря́д

**ceremonious** [ˌserɪ'məunjəs] *a* 1) церемониáльный 2) церемóнный 3) манéрный, чóпорный

**ceremony** ['serɪmənɪ] *n* 1) обря́д 2) церемóния; to stand on ~ церемóниться; держáться формáльно, чóпорно; without ~ зáпросто; без церемóний 3) церемóнность; формáльность ◇ Master of Ceremonies а) ведýщий (*концерт, телепередачу и т. п.*); б) распоряди́тель (*бала, вечера и т. п.*); в) церемонийме́йстер

**Ceres** ['sɪəri:z] *n миф., астр.* Церéра

**cerise** [sə'ri:z] **1.** *n* свéтло-вишнёвый цвет

**2.** *a* свéтло-вишнёвый

**cerium** ['sɪərɪəm] *n хим.* цéрий

**cermet** ['sə:met] *n тех.* металлокерáмика

**ceroplastics** ['sɪərəu'plæstɪks] *n pl* (*употр. как sing*) церопла́стика (*художественная лепка из воска*)

**certain** ['sə:tn] **1.** *a* 1) *attr.* определённый; I have no ~ abode у меня́ нет определённого пристáнища 2) *attr.* оди́н, нéкий, нéкоторый; I felt a ~ joy я почýвствовал нéкоторую рáдость; there was a ~ Mr Jones был нéкий ми́стер Джóунз; under ~ conditions при извéстных (*или* при нéкоторых) услóвиях 3) *predic.* увéренный; to feel ~ быть увéренным 4): to make ~ of удостовéриться в; make ~ of your facts before you argue провéрьте свои́ дáнные, прéжде чем спóрить 5) *predic.* надёжный, вéрный, несомнéнный; the fact is ~ факт несомнéнен ◇ of a ~ age пожилóго вóзраста

**2.** *n*: not to know for ~ не знать наверня́кá

**certainly** ['sə:tnlɪ] *adv* конéчно, непремéнно; несомнéнно; he is ~ better today емý, несомнéнно, лýчше сегóдня; may I visit him? — Yes, ~ мóжно егó навести́ть? — Да, конéчно

**certainty** ['sə:tntɪ] *n* 1) несомнéнный факт 2) увéренность; I know for a ~ я знáю наверня́кá; with ~ с увéренностью

**certificate** **1.** *n* [sə'tɪfɪkɪt] 1) пи́сьменное удостоверéние; свидéтельство; сертификáт; ~ of birth свидéтельство о рождéнии; мéтрика; ~ of health медици́нское свидéтельство 2) пáспорт (*оборудования*) 3) *амер.* свидéтельство об окончáнии срéднего учéбного заведéния; аттестáт

**2.** *v* [sə'tɪfɪkeɪt] выдавáть пи́сьменное удостоверéние; удостоверя́ть

**certificated** [sə'tɪfɪkeɪtɪd] **1.** *p. p. от* certificate 2

**2.** *a* дипломи́рованный; ~ teacher учи́тель, имéющий дипло́м

**certification** [ˌsə:tɪfɪ'keɪʃən] *n* 1) удостоверéние 2) вы́дача свидéтельства

**certify** ['sə:tɪfaɪ] *v* 1) удостоверя́ть, заверя́ть 2) ручáться 3) увеpя́ть 4) выдавáть удостоверéние о заболевáнии (*особ. о психическом расстройстве*)

**certitude** ['sə:titju:d] *n* увéренность, несомнéнность

**cerulean** [sɪ'ru:ljən] *a* небéсно-голубóго цвéта; лазýрный

**cerumen** [sɪ'ru:men] *n* ушнáя сéра

**ceruse** ['sɪəru:s] *n* 1) (свинцóвые) бели́ла 2) бели́ла (*косметические*)

**cervical** [sə(:)'vaɪkəl] *a анат.* заты́лочный, шéйный; ~ vertebrae шéйные позвонки́

**cervices** [sə:'vaɪsi:z] *pl от* cervix

**cervine** ['sə:vaɪn] *a* олéний

**cervix** ['sə:vɪks] *n* (*pl* -vices, -es [-ɪz]) *анат.* шéя; ~ uteri шéйка мáтки

**cesium** ['si:zɪəm] = caesium

**cess** [ses] *n* 1) налóг, пóдать 2) *ирл.* мéстный налóг 3) *шотл.* поземéльный налóг ◇ bad ~ to you! чтоб тебé пýсто бы́ло!

**cessation** [se'seɪʃən] *n* 1) прекращéние 2) остано́вка; переры́в; ~ of arms (*или* of hostilities) прекращéние воéнных дéйствий, переми́рие

**cession** ['seʃən] *n* устýпка, передáча; ~ of rights передáча прав

**cesspit** ['sespɪt] *n* помóйная я́ма; выгребнáя я́ма

**cesspool** ['sespu:l] *n* выгребнáя я́ма; стóчный колóдец

**cestoid** ['sestɔɪd] *n зоол.* лéнточный червь

**cetacean** [sɪ'teɪʃjən] **1.** *a* китóвый

**2.** *n* живóтное из семéйства китóвых

**cetaceous** [sɪ'teɪʃjəs] *a* китообрáзный

**cevitamic acid** ['si:vaɪtæmɪk'æsɪd] *n фарм.* кристалли́ческий витами́н С

**chafe** [tʃeɪf] **1.** *n* 1) ссáдина 2) раздражéние; in a ~ в состоя́нии раздражéния

**2.** *v* 1) терéть, растирáть; втирáть; согревáть растирáнием (*руки и т. п.*) 2) натирáть 3) терéться (*обо что-л.— о животных*) 4) раздражáться, горячи́ться, нéрвничать

**chafer** ['tʃeɪfə] *n* мáйский жук

**chaff** [tʃɑ:f] **1.** *n* 1) мяки́на 2) мéлко нарéзанная солóма, сéчка 3) отбрóсы 4) вы́севки 5) костри́ка (*отходы трепания и чесания*) 6) подшýчивание, поддрáзнивание; болтовня́ 7) *attr.* солóменный; ~ bed солóменный тюфя́к ◇ a grain of wheat in a bushel of ~ ≅ ничтóжные результáты, несмотря́ на большúе уси́лия; an old bird is not caught with ~ *посл.* стáрого воробья́ на мяки́не не проведёшь

**2.** *v* 1) руби́ть, рéзать (*солому и т. п.*) 2) подшýчивать, поддрáзнивать

**chaff-cutter** ['tʃɑ:fˌkʌtə] *n с.-х.* соломорéзка

**chaffer** ['tʃæfə] **1.** *n* спор (*из-за цены*), торг

**2.** *v* торговáться, выторгóвывать

**chaffinch** ['tʃæfɪntʃ] *n* зя́блик

**chaffy** ['tʃɑ:fɪ] *a* 1) покры́тый мяки́ной 2) пустóй, негóдный

**chafing-dish** ['tʃeɪfɪŋdɪʃ] *n* 1) жарóвня 2) электри́ческая кастрю́ля; электри́ческий тéрмос

**chafing-gear** ['tʃeɪfɪŋgɪə] *n мор.* обмóтка трóса для предохранéния от трéния

**chagrin** ['ʃægrɪn] **1.** *n* досáда; огорчéние; разочаровáние

**2.** *v* (*часто pass.*) досаждáть; огорчáть; to feel ~ed (at, by) быть огорчённым *чем-л.*

**chain** [tʃeɪn] **1.** *n* 1) цепь; цепóчка; a ~ of mountains гóрная цепь; a ~ of happenings цепь собы́тий; ~ and buckets *тех.* нóрия 2) (*обыкн. pl*) окóвы, ýзы 3) мéрная цепь (*тж.* Gunter's ~ = *66 фут.* ≅ *20 м*) 4) одноти́пные магази́ны, теáтры *и т. п.*, принадлежáщие однóй фи́рме; систéма, сеть; newspaper ~s газéтные трéсты, объединéния 5) *attr.* цепнóй; ~ reaction цепнáя реáкция; ~ armour (*или* mail) кольчýга; ~ belt а) *тех.* цепнáя передáча, цепнóй привóд; б) пóяс из металли́ческих колéц; ~ bridge цепнóй мост; ~ broadcasting *радио* одновремéнная передáча однóй прогрáммы нéсколькими стáнциями; ~ cable я́корная цепь

**2.** *v* 1) скрепля́ть цéпью 2) скóвывать; держáть в цепя́х; to ~ up a dog посади́ть собáку на цепь 3) привя́зывать; ~ed to the desk прикóванный к пи́сьменному столý

**chain-gang** ['tʃeɪngæŋ] *n* грýппа кáторжников в кандалáх, скóванных óбщей цéпью

**chainlet** ['tʃeɪnlɪt] *n* цепóчка

**chain-rule** ['tʃeɪnru:l] *n мат.* цепнóе прáвило

**chainsmoke** ['tʃeɪnsməuk] *v* закýривать от папирóсы, непреры́вно кури́ть

**chain-smoker** ['tʃeɪnˌsməukə] *n* зая́длый кури́льщик

**chain-stitch** ['tʃeɪnstɪtʃ] *n* тáмбурная стрóчка

**chain-stores** ['tʃeɪnstɔ:z] *n pl амер.* одноти́пные магази́ны однóй фи́рмы

**chair** [tʃɛə] **1.** *n* 1) стул; to take a ~ сади́ться 2) кáфедра; профессýра 3) председáтельское мéсто; *амер.* председáтель (*собрания*); to address the ~ обращáться к председáтелю собрáния; ~!, ~! к порядку!; to take the ~ стать председáтелем собрáния; откры́ть собрáние *или* заседáние; to be (*или* to sit) in the ~ председáтельствовать; to leave the ~ закры́ть собрáние 4) *амер.* электри́ческий стул; to go to the ~ быть казнённым на электри́ческом стýле 5) *амер.* мéсто свидéтеля в судé 6) *ж.-д.* рéльсовая подýшка ◇ ~ days стáрость

**2.** *v* 1) возглавля́ть, стоя́ть во главé; стáвить во главé 2) председáтельствовать 3) поднимáть и нести́ на стýле (*в знак одержанной победы*)

**chair-bed** ['tʃɛə'bed] *n* крéсло-кровáть

**chair-car** ['tʃɛə'kɑ:] *n амер. ж.-д.* салóн-вагóн

**chairman** ['tʃɛəmən] *n* председáтель

**chairmanship** [ˈʧɛəmənʃɪp] *n* обязанности председателя

**chair warmer** [ˈʧɛəˈwɔ:mə] *n амер. жарг.* ленивец, бездельник

**chairwoman** [ˈʧɛəˌwumən] *n* председательница

**chaise** [ʧeɪz] *фр. n* 1) фаэтон 2) почтовая карета

**chaise-longue** [ˌʃeɪzˈlɔ:ŋ] *n* шезлонг

**chalcedony** [kælˈsedənɪ] *n мин.* халцедон

**chalcography** [kælˈkɔgrəfɪ] *n* гравирование на меди

**Chaldean** [kælˈdi(:)ən] **1.** *a* халдейский; древневавилонский

**2.** *n* 1) халдей 2) халдейский язык

**chaldron** [ˈʧɔ:ldrən] *n* мера угля (*=1,66 м*$^3$)

**chalet** [ˈʃæleɪ] *фр. n* 1) шале, сельский домик (*в Швейцарии*) 2) дача в швейцарском стиле 3) уличная уборная

**chalk** [ʧɔ:k] **1.** *n* 1) мел 2) мелок (*для рисования, записи*) 3) кредит, долг 4) счёт (*в игре*) 5) *жарг.* шрам; царапина ◇ as like as ~ and cheese ≅ похоже, как гвоздь на панихиду; ничего общего; not to know ~ from cheese не разбираться в простых вещах; абсолютно ничего не понимать в каком-л. вопросе; ~s away, by a long ~, by long ~s (на)много, значительно, гораздо; not by a long ~ отнюдь нет; далеко не; ни в коем случае; to walk the ~ а) пройти прямо по проведённой мелом черте (*в доказательство своей трезвости*); б) вести себя безупречно; to walk (*или* to stump) one's ~s *жарг.* убраться, удрать

**2.** *v* 1) писать, рисовать *или* натирать мелом 2) удобрять известью □ ~ **out** а) набрасывать; б) намечать (*для выполнения*); в) записывать (*долг*); ~ **up** вести счёт (*в игре*)

**chalk-stone** [ˈʧɔ:kstəun] *n* 1) известняк 2) *pl мед.* подагрические утолщения на суставах

**chalky** [ˈʧɔ:kɪ] *a* 1) меловой; известковый 2) *мед.* подагрический

**challenge** [ˈʧælɪndʒ] **1.** *n* 1) вызов (*на состязание, дуэль и т. п.*) 2) оклик (*часового*) 3) сложная задача, проблема 4) *мор.* опознавательные (*сигнал*) 5) *юр.* отвод (*присяжных*); peremptory ~ отвод без указания причины (*в уголовных делах*)

**2.** *v* 1) вызывать, бросать вызов; to ~ to socialist emulation вызывать на социалистическое соревнование 2) сомневаться, отрицать; the teacher ~d my knowledge учитель усомнился в моих знаниях 3) оспаривать; подвергать сомнению; to ~ the accuracy of a statement оспаривать правильность утверждения 4) требовать (*внимания, уважения и т. п.*) 5) окликать (*о часовом*); спрашивать пароль, пропуск 6) *мор.* показывать опознавательные 7) *юр.* давать отвод присяжным

**challenger** [ˈʧælɪndʒə] *n* 1) посылающий вызов 2) претендент 3) возражающий против чего-л., оспаривающий что-л.

**chalybeate** [kəˈlɪbɪɪt] *a* железистый (*об источнике*)

**chamber** [ˈʧeɪmbə] **1.** *n* 1) комната (*гл. обр.* спальня) 2) *pl* холостяя меблированная квартира 3) *pl* контора адвоката; кабинет судьи 4) палата (*парламента*); Lower C. нижняя палата; Star C. *ист.* Звёздная палата; C. of Commerce торговая палата 5) *тех.* камера 6) *воен.* патронник; камора 7) *горн.* прострел 8) = chamber-pot

**2.** *a* 1) камерный; ~ concert камерный концерт; ~ music камерная музыка 2) *юр.*: ~ counsel юрист, дающий советы в своей конторе, но не выступающий в суде; ~ practice юридическая консультация

**3.** *v* 1) заключать в камеру 2) рассверливать, высверливать 3) *горн.* расширять дно скважины

**chamberlain** [ˈʧeɪmbəlɪn] *n* 1) управляющий двором короля 2) камергер

**chamber-maid** [ˈʧeɪmbəmeɪd] *n* горничная в гостинице

**chamber-pot** [ˈʧeɪmbəpɔt] *n* ночной горшок

**chameleon** [kəˈmi:ljən] *n* хамелеон

**chamfer** [ˈʧæmfə] **1.** *n* 1) жёлоб; выемка; hollow ~ *стр.* гáлтель 2) *тех.* скос, фаска

**2.** *v* 1) вынимать пазы 2) скашивать, стёсывать острые углы (*ребра, кромки и т. п.*)

**chamois** [ˈʃæmwa:] *фр.* **1.** *n* 1) *зоол.* серна 2) [ˈʃæmɪ] замша

**2.** *v* протирать замшей

**champ** [ʧæmp] **1.** *n* чавканье

**2.** *v* 1) чавкать; жевать 2) грызть удила

**champagne** [ʃæmˈpeɪn] *фр. n* шампанское

**champaign** [ˈʧæmpeɪn] *n* равнина, открытое поле

**champerty** [ˈʧæmpə(:)tɪ] *n юр.* «чемперти», незаконная покупка *или* финансирование чужого процесса

**champignon** [ʧæmˈpɪnjən] *фр. n* шампиньон (*гриб*)

**champion** [ˈʧæmpjən] **1.** *n* 1) борец 2) поборник, защитник; ~s of peace борцы за мир 3) чемпион, победитель 4) получивший приз (*о людях, животных, растениях*)

**2.** *a разг.* первоклассный; ~ chess-player первоклассный шахматист

**3.** *v* защищать; бороться за что-л. to ~ a cause бороться за какое-л. дело

**championship** [ˈʧæmpjənʃɪp] *n* 1) *спорт.* первенство, чемпионат; world ~ первенство мира 2) звание чемпиона 3) поборничество; защита (*кого-л. или чего-л.*)

**chance** [ʧa:ns] **1.** *n* 1) случай; случайность; by ~ случайно; on the ~ в случае 2) риск; games of ~ азартные игры 3) судьба; удача, счастье 4) возможность; вероятность; шанс; theory of ~s *мат.* теория вероятностей; give me a (*или* another) ~! отпустите, простите меня на этот раз!; to stand a good ~ иметь хорошие шансы; to take one's (*или* a) ~ (of) решиться (*на что-л.*); рискнуть ◇ to have an eye to the main ~ преследовать личные (*особ.* корыстные) цели

**2.** *a* случайный

**3.** *v* 1) случаться; I ~d to be at home я случайно был дома 2) рискнуть, let's ~ it рискнём □ ~ **upon** случайно наткнуться, найти

**chance-comer** [ˈʧa:nsˌkʌmə] *n* случайный *или* неожиданный посетитель

**chanceful** [ˈʧa:nsful] *a* рискованный, опасный

**chancel** [ˈʧa:nsəl] *n* алтарь

**chancellery** [ˈʧa:nsələrɪ] *n* 1) звание канцлера 2) канцелярия (*посольства, консульства*)

**chancellor** [ˈʧa:nsələ] *n* 1) канцлер; C. of the Exchequer канцлер казначейства (*министр финансов Англии*); Lord (High) C. лорд-канцлер (*глава судебного ведомства и верховный судья Англии, председатель палаты лордов и одного из отделений верховного суда*) 2) первый секретарь посольства 3) номинальный президент университета (*в США действительный*) 4) *шотл.* старшина присяжных заседателей

**chancellory** [ˈʧa:nsələrɪ] = chancellery

**chance-medley** [ˈʧa:nsˌmedlɪ] *n юр.* непредумышленное убийство, несчастная случайность

**chancery** [ˈʧa:nsərɪ] *n* 1) (C.) суд лорда-канцлера; in ~ а) *юр.* на рассмотрении в суде лорда-канцлера; б) в безвыходном положении; в петле 2) *амер.* суд совести 3) архив, канцелярия 4) *спорт.* захват головы

**chancre** [ˈʃæŋkə] *n мед.* твёрдый шанкр, язва (*тж.* indurated ~)

**chancroid** [ˈʃæŋkrɔɪd] *n мед.* мягкий шанкр

**chancy** [ˈʧa:nsɪ] *a* 1) *разг.* рискованный 2) *разг.* неопределённый 3) счастливый, удачный

**chandelier** [ˌʃændɪˈlɪə] *n* канделябр; люстра

**chandler** [ˈʧa:ndlə] *n* 1) свечной фабрикант 2) торговец свечами; лавочник, мелочной торговец

**chandlery** [ˈʧa:ndlərɪ] *n* 1) склад свечей 2) мелочной товар

**change** [ʧeɪndʒ] **1.** *n* 1) перемена; изменение; сдвиг; social ~ общественные (*или* социальные) сдвиги; ~ of air а) перемена обстановки; б) *тех.* обмен воздуха; ~ of life *мед.* климактерий 2) замена 3) разнообразие; for a ~ для разнообразия 4) смена (*белья, платья*) 5) сдача; мелкие деньги, мелочь; small ~ а) мелкие деньги, мелочь; б) что-л. мелкое, незначительное 6) пересадка (*на желез-*

*ной дороге, трамвае*); no ~ for Oxford в Оксфорд без переса́дки 7) но́вая фа́за Луны́, новолу́ние 8) (*обыкн. pl*) трезво́н, перезво́н колоколо́в 9): 'Change (*сокр. от* Exchange) ло́ндонская би́ржа 10) *attr.*: ~ gear *тех.* механи́зм переме́ны направле́ния движе́ния ◇ to get no ~ out of smb. *разг.* ничего́ не доби́ться от кого́-л.; to ring the ~s (on) повторя́ть, тверди́ть на все лады́ одно́ и то же; to take the ~ on smb. *разг.* обману́ть кого́-л.; to take the ~ out of a person *разг.* отомсти́ть кому́-л.

**2.** *v* 1) обме́нивать(ся) 2) меня́ть (-ся), изменя́ть(ся); сменя́ть, заменя́ть; times ~ времена́ меня́ются; to ~ colour покрасне́ть *или* побледне́ть; to ~ countenance измени́ться в лице́; to ~ one's mind переду́мать, измени́ть реше́ние; to ~ hands переходи́ть из рук в ру́ки; переходи́ть к друго́му владе́льцу; to ~ sides перейти́ на другу́ю сто́рону (*в политике, в споре и т. п.*) 3) разменя́ть (*деньги*) 4) переодева́ться 5) де́лать переса́дку, переса́живаться (to — на *другой поезд, трамвай и т. п.*); all ~! переса́дка! 6) скиса́ть, прокиса́ть; по́ртиться 7) to ~ up (down) *авто* переходи́ть на бо́льшую (ме́ньшую) ско́рость □ ~ **over** а) меня́ться места́ми; б) переходи́ть (to — на *что-л.*) ◇ to ~ horses in the midstream производи́ть кру́пные переме́ны в крити́ческий *или* опа́сный моме́нт

**changeability** [ˌʧeɪnʤəˈbɪlɪtɪ] *n* переме́нчивость, изме́нчивость; непостоя́нство

**changeable** [ˈʧeɪnʤəbl] *a* 1) непостоя́нный, изме́нчивый; неусто́йчивый 2) поддаю́щийся измене́ниям

**changeful** [ˈʧeɪnʤful] *a* 1) по́лный переме́н 2) = changeable 1)

**changeless** [ˈʧeɪnʤlɪs] *a* неизме́нный, постоя́нный

**changeling** [ˈʧeɪnʤlɪŋ] *n* кака́я-л. вещь *или* ребёнок, оставля́емые э́льфами взаме́н похи́щенного (*в сказках*)

**change-over** [ˈʧeɪnʤˌəuvə] *n* 1) переключе́ние; перенастро́йка 2) измене́ние; перестро́йка; ~ in editors сме́на реда́кторов

**channel** [ˈʧænl] **1.** *n* 1) проли́в; the (English) C. Ла-Ма́нш 2) кана́л; ру́сло; фарва́тер; прото́к 3) сток; сто́чная кана́ва 4) путь, исто́чник; the information was received through the usual ~s информа́ция была́ полу́чена обы́чным путём 5) *тех.* жёлоб; вы́емка; паз, шпунт; шве́ллер 6) *радио* звуково́й тракт

**2.** *v* 1) проводи́ть кана́л; рыть кана́ву; the river has ~led its way through the rocks река́ проложи́ла себе́ путь в ска́лах 2) пуска́ть по кана́лу; *перен.* направля́ть в определённое ру́сло 3) *стр.* де́лать вы́емки *или* пазы́ □ ~ **off** расходи́ться (*в разных направлениях*); растека́ться

**chanson** [ʃɑːŋˈsɔːŋ] *фр. n* пе́сня

**chant** [ʧɑːnt] **1.** *n* 1) *поэт.* песнь 2) *церк.* моното́нное песнопе́ние; пе́ние псалма́

**2.** *v* 1) *поэт.* петь 2) воспева́ть; to ~ the praises of smb. восхваля́ть *или* расхва́ливать кого́-л. 3) расска́зывать *или* петь моното́нно; говори́ть нараспе́в; сканди́ровать (*лозунги и т. п.*) 4) *жарг.* расхва́ливать при прода́же ло́шадь, скрыва́я её недоста́тки; бары́шничать

**chantage** [ˈʧɑːntɪʒ] *фр. n* шанта́ж

**chanter** [ˈʧɑːntə] *n* 1) хори́ст, пе́вчий 2) ре́гент церко́вного хо́ра 3) тру́бка волы́нки, исполня́ющая мело́дию 4) *жарг.* лошади́ный бары́шник 5) завиру́шка (*лесная птица*)

**chanterelle** [ˌʧæntəˈrel] *фр. n* лиси́чка (*гриб*)

**chantey** [ˈʧɑːntɪ] *амер.* = chanty

**chanticleer** [ˌʧæntɪˈklɪə] *фр. n* шантекле́р (*петух*)

**chantry** [ˈʧɑːntrɪ] *n церк.* 1) вклад, оста́вленный на отправле́ние заупоко́йных месс (*по завещателе*) 2) часо́вня

**chanty** [ˈʧɑːntɪ] *n* хорова́я матро́сская пе́сня (*которую поют при подъёме тяжестей и т. п.*)

**chaos** [ˈkeɪɔs] *n* хао́с; по́лный беспоря́док

**chaotic** [keɪˈɔtɪk] *a* хаоти́ческий

**chap I** [ʧæp] *n разг.* ма́лый, па́рень; merry ~ весельча́к; nice ~ сла́вный ма́лый; old ~ старина́, прия́тель

**chap II** [ʧæp] **1.** *n* 1) щель, тре́щина 2) *мед.* сса́дина

**2.** *v* 1) образо́вывать тре́щину; cold weather ~s the skin ко́жа тре́скается от хо́лода 2) тре́скаться (*особ. о руках на морозе*) 3) *шотл.* толо́чь, измельча́ть

**chap III** [ʧæp] *n* (*обыкн. pl*) 1) че́люсть (*преим. у животных*) 2) пасть (*обыкн. у животных, шутл. у человека*) 3) щека́

**chaparral** [ˌʧæpəˈræl] *n амер.* 1) чапаре́ль, за́росль вечнозелёного карликового ду́ба 2) колю́чий куста́рник

**chap-book** [ˈʧæpbuk] *n* дешёвое изда́ние наро́дных ска́зок, преда́ний, балла́д

**chape** [ʧeɪp] *n* око́вка но́жен

**chapel** [ˈʧæpəl] *n* 1) часо́вня; це́рковь (*тюремная, полковая, домовая и т. п.*) 2) *уст.* капе́лла; неанглика́нская це́рковь; моле́льня 3) богослуже́ние, слу́жба в часо́вне 4) пе́вческая капе́лла (*обыкн. придворная*) 5) типогра́фия; коллекти́в *или* собра́ние типогра́фских рабо́чих; to call a ~ созва́ть коллекти́в типогра́фии на собра́ние 6) *attr.*: ~ folk нонконформи́сты

**chaperon** [ˈʃæpərəun] **1.** *n* пожила́я да́ма, сопровожда́ющая молоду́ю де́вушку на балы́ *и пр.*; компаньо́нка

**2.** *v* сопровожда́ть (*молодую девушку*)

**chap-fallen** [ˈʧæpˌfɔːlən] *a* 1) с отви́слой че́люстью 2) уны́лый, удручённый

**chapiter** [ˈʧæpɪtə] *n архит.* капите́ль коло́нны

**chaplain** [ˈʧæplɪn] *n* 1) капелла́н 2) свяще́нник

**chaplet** [ˈʧæplɪt] *n* 1) вено́к, гирля́нда, ле́нта (*на голове*) 2) чётки 3) бу́сы; ожере́лье 4) *метал.* жеребе́йка

**chapman** [ˈʧæpmən] *n* стра́нствующий торго́вец; коробе́йник

**chappie** [ˈʧæpɪ] *n разг.* паренёк, парни́шка

**chappy I** [ˈʧæpɪ] *a* потре́скавшийся

**chappy II** [ˈʧæpɪ] = chappie

**chapter** [ˈʧæptə] **1.** *n* 1) глава́ (*книги*); to the end of the ~ до конца́ главы́; *перен.* до са́мого конца́; ~ and verse глава́ и стих би́блии; *перен.* то́чная ссы́лка на исто́чник 2) те́ма, сюже́т; enough on that ~ дово́льно об э́том 3) собра́ние кано́ников *или* чле́нов мона́шеского *или* ры́царского о́рдена ◇ the ~ of accidents непредви́денное стече́ние обстоя́тельств; the ~ of possibilities возмо́жный ход собы́тий

**2.** *v* разбива́ть кни́гу на гла́вы

**char I** [ʧɑː] **1.** *n* 1) (*обыкн. pl*) случа́йная, подённая рабо́та 2) *pl* дома́шняя рабо́та 3) *разг. сокр. от* charwoman

**2.** *v* 1) выполня́ть подённую рабо́ту 2) чи́стить, убира́ть (*дом*)

**char II** [ʧɑː] **1.** *n* 1) что-л. обу́глившееся 2) древе́сный у́голь

**2.** *v* обжига́ть; обу́гливать(ся)

**char III** [ʧɑː] *n* 1) голе́ц (*рыба*) 2) *амер.* ручьева́я форе́ль, пестру́шка

**char IV** [ʧɑː] *n разг.* чай; a cup of ~ стака́н ча́ю

**char-à-banc(s)** [ˈʃærəbæŋ(z)] *фр. n* 1) шараба́н 2) авто́бус (*для экскурсий*)

**character** [ˈkærɪktə] **1.** *n* 1) хара́ктер; a man of ~ челове́к с (си́льным) хара́ктером; a man of no ~ сла́бый, бесхара́ктерный челове́к 2) репута́ция 3) пи́сьменная рекоменда́ция, характери́стика 4) фигу́ра, ли́чность; a public ~ обще́ственный де́ятель; a bad ~ тёмная ли́чность 5) *лит.* о́браз, геро́й; тип; роль, де́йствующее лицо́ (*в драме*) 6) *разг.* оригина́л, чуда́к; quite a ~ оригина́льный челове́к 7) характе́рная осо́бенность; отличи́тельный при́знак; innate ~s *биол.* насле́дственные при́знаки; acquired ~ *биол.* благоприобре́тенный отличи́тельный при́знак органи́зма (*в отличие от наследственного*) 8) ка́чество, сво́йство 9) бу́ква; ли́тера; иеро́глиф; ци́фра; алфави́т; письмо́; Chinese ~s кита́йские иеро́глифы; Runic ~ руни́ческое письмо́ 10) *attr.* характе́рный; ~ actor актёр на характе́рных роля́х ◇ to be in ~ (with) соотве́тствовать; to be out of ~ не соотве́тствовать

**2.** *v* 1) запечатлева́ть 2) *уст.* характеризова́ть

**characteristic** [ˌkærɪktəˈrɪstɪk] **1.** *a* характе́рный; типи́чный (of)

2. *n* 1) характе́рная черта́; осо́бенность, сво́йство 2) *мат.* характери́стика (*логарифма*)

**characteristically** [ˌkærɪktəˈrɪstɪkəlɪ] *adv* типи́чно, характе́рно; Peter ~ discovers truths Пётр, как э́то ему́ сво́йственно, открыва́ет и́стины

**characterization** [ˌkærɪktəraɪˈzeɪʃən] *n* 1) характери́стика; описа́ние хара́ктера 2) *лит.* иску́сство созда́ния о́бразов

**characterize** [ˈkærɪktəraɪz] *v* 1) характеризова́ть, изобража́ть 2) отлича́ть; служи́ть отличи́тельным при́знаком

**characterless** [ˈkærɪktəlɪs] *a* 1) сла́бый, бесхара́ктерный 2) не име́ющий рекоменда́ции

**charade** [ʃəˈrɑːd] *n* шара́да

**charcoal** [ˈtʃɑːkəul] **1.** *n* 1) древе́сный у́голь 2) ра́шкуль, у́гольный каранда́ш 3) рису́нок углём

2. *v* отмеча́ть, рисова́ть углём

**charcoal-burner** [ˈtʃɑːkəulˌbəːnə] *n* у́гольщик

**chare** [tʃɛə] = char I

**charge** [tʃɑːdʒ] **1.** *n* 1) заря́д 2) нагру́зка, загру́зка; бре́мя 3) забо́та, попече́ние; надзо́р; хране́ние; children in ~ of a nurse де́ти, пору́ченные ня́не; a nurse in ~ of children ня́ня, кото́рой пору́чена забо́та о де́тях; this is left in my ~ and is not my own э́то оста́влено мне на хране́ние, э́то не моё; to give smb. in ~ переда́ть кого́-л. в ру́ки поли́ции 4) лицо́, состоя́щее на попече́нии; her little ~s её ма́ленькие пито́мцы; young ~s де́ти, находя́щиеся на чьём-л. попече́нии 5) обя́занности; отве́тственность; I am in ~ of this department э́тот отде́л подчинён мне, я заве́дую э́тим отде́лом; to be in ~ *воен.* быть за ста́ршего, кома́ндовать 6) предписа́ние; поруче́ние; тре́бование 7) цена́; *pl* расхо́ды, изде́ржки; at his own ~ на его́ со́бственный счёт; free of ~ беспла́тно; ~s forward доста́вка за счёт покупа́теля 8) занесе́ние на счёт 9) нало́г 10) обвине́ние; to lay to smb.'s ~ обвини́ть кого́-л. 11) *юр.* заключи́тельная речь судьи́ к присяжны́м 12) *воен.* нападе́ние, ата́ка (*тж. перен.* — *в разговоре, споре*); сигна́л к ата́ке; to return to the ~ возобнови́ть ата́ку 13) *церк.* посла́ние епи́скопа к па́стве 14) *церк.* па́ства 15) *метал.* шихта; коло́ша

2. *v* 1) заряжа́ть (*оружие*; *аккумулятор*) 2) нагружа́ть; загружа́ть; обременя́ть (*память*); насыща́ть; наполня́ть (*стакан вином при тосте*) 3) поруча́ть, вверя́ть; to ~ with an important mission дава́ть ва́жное поруче́ние; to ~ oneself with smth. взять на себя́ забо́ту о чём-л., отве́тственность за что-л. 4) назнача́ть це́ну, проси́ть (for — за *что-л.*); they ~d us ten dollars for it они́ взя́ли с нас за э́то де́сять до́лларов; what do you ~ for it? ско́лько вы про́сите за э́то?, ско́лько э́то сто́ит? 5) запи́сывать в долг 6) обвиня́ть; to ~ with murder обвиня́ть в уби́йстве 7) предпи́сывать; тре́бовать (*особ. о судье, епископе*); I ~ you to obey я тре́бую, что́бы вы повинова́лись 8) *юр.* напу́тствовать присяжны́х (*о судье*) 9) *воен.* атакова́ть (*особ. в конном строю*)

**chargeable** [ˈtʃɑːdʒəbl] *a* 1) заслу́живающий упрёка, обвине́ния (with — в *чём-л.*) 2) отве́тственный 3) относи́мый за чей-л. счёт; this is ~ to the account of... э́то сле́дует отнести́ на счёт... 4) подлежа́щий обложе́нию, опла́те

**chargé d'affaires** [ˈʃɑːʒeɪdæˈfɛə] *фр. n дип.* (*pl* chargés d'affaires [-dæˈfɛəz] пове́ренный в дела́х

**charger** [ˈtʃɑːdʒə] *n* 1) тот, кто нагружа́ет 2) заряжа́ющий 3) обвини́тель 4) *воен.* патро́нная обо́йма 5) *воен.* строева́я ло́шадь, боево́й конь 6) *метал.* са́дочная маши́на, шаржирмаши́на

**charge-sheet** [ˈtʃɑːdʒʃiːt] *n юр.* спи́сок аресто́ванных с указа́нием их просту́пков, находя́щийся в полице́йском уча́стке

**chariness** [ˈtʃɛərɪnɪs] *n* 1) осторо́жность 2) забо́тливость 3) бережли́вость

**chariot** [ˈtʃærɪət] *поэт.* **1.** *n* колесни́ца

2. *v* 1) везти́ в колесни́це 2) е́хать в колесни́це

**charioteer** [ˌtʃærɪəˈtɪə] **1.** *n* 1) *уст.* возни́ца 2) (C.) Возни́чий (*созвездие*)

2. *v* везти́ в колесни́це

**charisma** [ˈkærɪzmə] *n* (*pl* -mata) 1) *рел.* бо́жий дар 2) и́скра бо́жья, обая́ние; уме́ние (*вести за собой, управлять и т. п.*) 3) гениа́льность (*о художественном даре или исполнении*)

**charitable** [ˈtʃærɪtəbl] *a* 1) благотвори́тельный 2) милосе́рдный; ще́дрый

**charity** [ˈtʃærɪtɪ] *n* 1) милосе́рдие 2) благотвори́тельность, ми́лостыня 3) *pl* благотвори́тельные учрежде́ния *или* дела́ ◇ ~ begins at home ≅ своя́ руба́шка бли́же к те́лу

**charity-school** [ˈtʃærɪtɪskuːl] *n* прию́т

**charivari** [ˈʃɑːrɪˈvɑːrɪ] *фр. n* шум, гам, коша́чий конце́рт

**charlatan** [ˈʃɑːlətən] *n* шарлата́н, обма́нщик; зна́харь

**Charles's Wain** [ˈtʃɑːlzɪzˈweɪn] *n* Больша́я Медве́дица (*созвездие*)

**Charleston** [ˈtʃɑːlstən] *n* чарльсто́н (*танец*)

**Charley I** [ˈtʃɑːlɪ] *n* 1) Ча́рли (*прозвище лисы в фольклоре*) 2) *амер. воен.* бу́ква «C», тре́тий

**Charley II** [ˈtʃɑːlɪ] *n разг.* 1) ночно́й сто́рож 2) боро́дка кли́нышком

**Charlie** I, II [ˈtʃɑːlɪ] = Charley I, II

**charlock** [ˈtʃɑːlɔk] *n бот.* ди́кая горчи́ца

**charlotte** [ˈʃɑːlət] *фр. n* шарло́тка (*сладкое блюдо*)

**charm** [tʃɑːm] **1.** *n* 1) обая́ние, очарова́ние 2) (*обыкн. pl*) ча́ры; to act like a ~ де́йствовать сло́вно чу́до (*о лекарстве*) 3) амуле́т 4) брело́к

2. *v* 1) очаро́вывать; прельща́ть; I shall be ~ed to see you я бу́ду о́чень рад вас ви́деть 2) заколдо́вывать; заклина́ть; to ~ a secret out of smb. вы́ведать та́йну у кого́-л. 3) успока́ивать (*боль*) 4) прируча́ть (*или* заклина́ть) (*змею*)

**charmer** [ˈtʃɑːmə] *n* 1) *шутл.* очарова́тельный, обая́тельный челове́к (*особ. о женщине*); чаро́дейка, чаровни́ца 2) волше́бник 3) заклина́тель змей

**charming** [ˈtʃɑːmɪŋ] **1.** *pres. p. от* charm 2

2. *a* очарова́тельный, преле́стный

**charnel-house** [ˈtʃɑːnlhaus] *n* склеп

**chart** [tʃɑːt] **1.** *n* 1) морска́я ка́рта 2) ка́рта; мерка́торская ка́рта 3) диагра́мма, схе́ма, чертёж, табли́ца; barometric ~ метеорологи́ческая табли́ца 4) *attr.*: ~ room *мор.* шту́рманская ру́бка

2. *v* наноси́ть на ка́рту; составля́ть ка́рту

**charter** [ˈtʃɑːtə] **1.** *n* 1) ха́ртия, гра́мота; The Great C. *ист.* Вели́кая ха́ртия во́льностей (*1215 г.*); The People's C. програ́мма чарти́стов (*1838 г.*); United Nations C. Уста́в ООН 2) пра́во, привиле́гия 3) уста́в 4) = charter-party; time ~ тайм-ча́ртер, догово́р на фрахтова́ние су́дна на определённый рейс 5) сда́ча напрока́т (*автомобиля и т. п.*) 6) *attr.*: ~ member *амер.* оди́н из основа́телей како́й-л. организа́ции

2. *v* 1) дарова́ть привиле́гию 2) фрахтова́ть (*судно*) 3) *разг.* зака́зывать, нанима́ть

**chartered** [ˈtʃɑːtəd] **1.** *p. p. от* charter 2

2. *a* 1) привилегиро́ванный; ~ accountant обще́ственный бухга́лтер 2) зафрахто́ванный 3) *разг.* зака́занный

**charterer** [ˈtʃɑːtərə] *n* 1) фрахтова́тель 2) зака́зчик (*самолёта, автобуса*)

**Charterhouse** [ˈtʃɑːtəhaus] *n* дом для престаре́лых пенсионе́ров (*в Лондоне*)

**charter-party** [ˈtʃɑːtəˌpɑːtɪ] *n мор., ком.* фра́хтовый контра́кт, ча́ртер-па́ртия

**chartism** [ˈtʃɑːtɪzm] *n ист.* карти́зм

**chartist** [ˈtʃɑːtɪst] *n ист.* чарти́ст

**chartreuse** [ʃɑːˈtrəːz] *фр. n* 1) ликёр шартре́з 2) *ист.* картезиа́нский монасты́рь

**charwoman** [ˈtʃɑːˌwumən] *n* подёнщица для дома́шней рабо́ты; убо́рщица

**chary** [ˈtʃɛərɪ] *a* 1) осторо́жный; to be ~ of giving offence стара́ться не оби́деть 2) сде́ржанный, скупо́й (of — на *слова и т. п.*)

**chase I** [tʃeɪs] **1.** *n* 1) охо́та; ме́сто охо́ты; уча́стники охо́ты 2) пресле́дование, пого́ня; *разг.* сле́жка, тра́вля; to give ~ гна́ться, пресле́довать; in ~ of в пого́не за 3) живо́тное, пресле́дуемое охо́тником 4) *мор.* пресле́дуемый кора́бль 5) террито́рия для охо́ты

**2.** *v* 1) охо́титься 2) гна́ться; пресле́довать 3) прогоня́ть; рассе́ивать, разгоня́ть; to ~ all fear отбро́сить вся́кий страх ◇ go ~ yourself! *амер.* убира́йтесь вон!

**chase** II [ʧeɪs] **1.** *n* 1) *воен.* ду́льная часть ствола́ ору́дия 2) *тех.* фальц 3) *полигр.* ра́ма 4) опра́ва (*драгоценного камня*)

**2.** *v* 1) нареза́ть (*винт*) 2) гравирова́ть (*орнамент*) 3) запечатлева́ть; the sight is ~d on my memory э́то зре́лище запечатле́лось в моёй па́мяти

**chaser** I ['ʧeɪsə] *n* 1) пресле́дователь 2) *ав.* истреби́тель 3) *мор.* морско́й охо́тник 4) судово́е ору́дие 5) *разг.* глото́к воды́ по́сле спиртно́го; рю́мка ликёра по́сле ко́фе

**chaser** II ['ʧeɪsə] *n* 1) гравёр (*по металлу*); чека́нщик 2) *тех.* винторе́зная гребёнка; винторе́зная пла́шка, резьбово́й резе́ц 3) *горн.* бегу́н

**chasing** I ['ʧeɪsɪŋ] **1.** *pres. p. от* chase I, 2

**2.** *n* пресле́дование, пого́ня

**chasing** II ['ʧeɪsɪŋ] **1.** *pres. p. от* chase II, 2

**2.** *n* резна́я рабо́та

**chasm** ['kæzm] *n* 1) глубо́кая рассе́лина; глубо́кое уще́лье 2) бе́здна, про́пасть 3) пробе́л, разры́в 4) глубо́кое расхожде́ние в мне́ниях, вку́сах и взгля́дах

**chassis** ['ʃæsɪ] *n* (*pl* chassis ['ʃæsɪz]) *тех.* шасси́; ра́ма; ходова́я часть

**chaste** [ʧeɪst] *a* 1) целому́дренный; де́вственный 2) стро́гий, чи́стый (*о стиле*); просто́й

**chasten** ['ʧeɪsn] *v* 1) кара́ть 2) сде́рживать, дисциплини́ровать 3) очища́ть (*литературный стиль*)

**chastise** [ʧæs'taɪz] *v* 1) подверга́ть наказа́нию (*особ.* теле́сному) 2) = chasten 1)

**chastisement** ['ʧæstɪzmənt] *n* дисциплина́рное взыска́ние; наказа́ние

**chastity** ['ʧæstɪtɪ] *n* 1) целому́дрие, де́вственность 2) возде́ржанность 3) стро́гость, чистота́ (*стиля*)

**chasuble** ['ʧæzjubl] *n церк.* ри́за

**chat** I [ʧæt] **1.** *n* дру́жеский разгово́р; бесе́да; болтовня́; let's have a ~ поболта́ем

**2.** *v* непринуждённо болта́ть

**chat** II [ʧæt] *n* чека́н (*птица*)

**château** ['ʃætəu] *фр. n* (*pl* châteaux) за́мок, дворе́ц

**châteaux** ['ʃætəuz] *pl от* château

**châtelaine** ['ʃætəleɪn] *фр. n* 1) хозя́йка за́мка; хозя́йка до́ма 2) цепо́чка на по́ясе для ключе́й, кошелька́, брело́ков *и т. п.*

**chatoyant** [ʃə'tɔɪənt] *фр. a* перели́вчатый

**chattel** ['ʧætl] *n* (*обыкн. pl*) 1) дви́жимое иму́щество (*тж.* ~s personal); ~s real недви́жимое иму́щество 2) *attr.*: ~ slavery system систе́ма ра́бского труда́

**chatter** ['ʧætə] **1.** *n* 1) болтовня́ 2) щебета́ние 3) журча́ние 4) дребезжа́ние

**2.** *v* 1) болта́ть 2) разба́лтывать (*секрет*) 3) щебета́ть; стрекота́ть (*особ. о сороках*); to ~ like a magpie треща́ть как соро́ка 4) журча́ть 5) дребезжа́ть 6) стуча́ть (*зубами*) 7) дрожа́ть, вибри́ровать

**chatterbox** ['ʧætəbɔks] *n* 1) болту́н(ья), пустоме́ля 2) *амер. воен. жарг.* пулемёт

**chatterer** ['ʧætərə] *n* болту́н(ья)

**chatty** I ['ʧætɪ] *a* 1) болтли́вый 2) *воен. жарг.* вши́вый 3) *мор. жарг.* гря́зный и неря́шливый

**chatty** II ['ʧætɪ] *инд. n* гли́няный кувши́н

**Chaucerian** [ʧɔ:'sɪərɪən] *a* чо́серовский

**chauffer** ['ʧɔ:fə] *n* небольша́я переносна́я желе́зная печь

**chauffeur** ['ʃəufə] *фр. n* шофёр

**chauvinism** ['ʃəuvɪnɪzm] *n* шовини́зм

**chauvinist** ['ʃəuvɪnɪst] *n* шовини́ст

**chaw** [ʧɔ:] **1.** *n груб.* 1) ча́вканье 2) жва́чка

**2.** *v груб.* жева́ть; ча́вкать □ ~ **up** разби́ть на́голову (*врага, противника в игре*); разби́ть вдре́безги

**chaw-bacon** ['ʧɔ:ˌbeɪkən] *n* неотёсанный, неуклю́жий па́рень, рази́ня

**cheap** [ʧi:p] **1.** *a* 1) дешёвый; ~ trip экску́рсия, путеше́ствие по льго́тному тари́фу; dirt ~ о́чень дешёвый; ~ money *фин.* дешёвый креди́т; ~ loan заём на вы́годных усло́виях 2) обесце́ненный (*о валюте*) 3) плохо́й; ни́зкий, по́длый 4) *predic.*: to feel ~ пло́хо себя́ чу́вствовать; быть не в ду́хе; чу́вствовать себя́ нело́вко, не в свое́й таре́лке; to hold smth. ~ ни в грош не ста́вить; to make oneself ~ вести́ себя́ недосто́йно; позволя́ть во́льности по отноше́нию к се́бе ◇ to appear on the ~ side прибедня́ться

**2.** *adv* дёшево; to get off ~ (*или* cheaply) дёшево отде́латься; ~ and nasty дёшево да гни́ло

**3.** *n*: on the ~ *разг.* по недорого́й цене́, по дешёвке

**cheapen** ['ʧi:pən] *v* 1) дешеве́ть, 2) снижа́ть це́ну 3) унижа́ть

**Cheap Jack** ['ʧi:pʤæk] *n* стра́нствующий разно́счик, торгу́ющий дешёвыми това́рами (*тж.* Cheap John)

**cheaply** ['ʧi:plɪ] *adv* 1) дёшево 2) легко́

**cheat** [ʧi:t] **1.** *n* 1) моше́нничество; обма́н 2) обма́нщик, плут ◇ topping ~ ви́селица

**2.** *v* 1) моше́нничать; обма́нывать; he ~ed me (out) of five dollars он наду́л меня́ на пять до́лларов; to ~ on smb. вести́ себя́ нече́стно по отноше́нию к кому́-л. (*другу, партнёру, мужу и т. п.*) 2) избежа́ть (*чего-л.*); to ~ the gallows избежа́ть ви́селицы 3) занима́ть (*чем-л.*); to ~ time корота́ть вре́мя; to ~ the journey корота́ть вре́мя в пути́

**check** [ʧek] **1.** *n* 1) препя́тствие; остано́вка; заде́ржка; without ~ без заде́ржки, безостано́вочно 2) *шахм.* шах (*употр. тж. как int*); the king is in ~ королю́ объя́влен шах 3) поте́ря охо́тничьей соба́кой сле́да 4) контро́ль, прове́рка; loyalty ~ *амер.* прове́рка лоя́льности (*государственных служащих*) 5) контро́льный ште́мпель; га́лочка (*знак проверки*) 6) ярлы́к; бага́жная квита́нция 7) номеро́к (*в гардеробе*) 8) контрама́рка; корешо́к (*билета и т. п.*) 9) *амер.* чек [*см. тж.* cheque] 10) *амер.* фи́шка, ма́рка (*в карт. игре*) 11) кле́тка (*на материи*); клётчатая ткань 12) тре́щина, щель (*в дереве*) 13) *attr.* контро́льный; ~ experiment контро́льный о́пыт; ~ ballot прове́рочное голосова́ние 14) *attr.* клётчатый ◇ to keep (*или* to hold) in ~ сде́рживать; to cash (*или* to hand, to pass (in one's ~s умере́ть

**2.** *v* 1) остана́вливать(ся); сде́рживать; препя́тствовать 2) *шахм.* объявля́ть шах 3) располага́ть в ша́хматном поря́дке 4) проверя́ть, контроли́ровать 5) де́лать вы́говор; дава́ть нагоня́й 6) *амер.* сдава́ть (*в гардероб, в камеру хранения, в багаж и т. п.*) □ ~ **in** сдава́ть под распи́ску; регистри́ровать(ся), запи́сывать(ся); ~ **out** а) *амер.* отме́титься при ухо́де с рабо́ты по оконча́нии рабо́чего дня; б) *амер.* уйти́ в отста́вку; в) освободи́ть но́мер в гости́нице; г) *радио* отстро́иться; ~ **up** проверя́ть; ~ **with** совпада́ть, соотве́тствовать

**checker** I ['ʧekə] = chequer

**checker** II ['ʧekə] *n амер.* ша́шка (*в игре в шашки*)

**checkerboard** ['ʧekəbɔ:d] *n* ша́хматная доска́

**checkered** ['ʧekəd] = chequered 2

**checking-room** ['ʧekɪŋrum] = check-room

**checkmate** ['ʧekmeɪt] **1.** *n* 1) шах и мат (*употр. тж. как int*) 2) по́лное пораже́ние

**2.** *v* 1) сде́лать мат 2) нанести́ по́лное пораже́ние; расстро́ить пла́ны; парализова́ть проти́вника

**check-nut** ['ʧeknʌt] *n тех.* контрга́йка

**check-off** ['ʧek'ɔf] *n амер.* 1) удержа́ние профсою́зных чле́нских взно́сов непосре́дственно из за́работной пла́ты 2) удержа́ние из за́работной пла́ты сто́имости поку́пок, сде́ланных в ла́вке компа́нии, квартпла́ты *и т. п.* 3) *attr.*: ~ agreement соглаше́ние ме́жду профсою́зом и предпринима́телем об удержа́нии профсою́зных взно́сов из за́работной пла́ты

**check-out** ['ʧek'aut] *n* 1) контро́ль, испыта́ние 2) контро́ль (*у выхода в библиотеке или в магазине самообслуживания*)

**check-point** [ˈʧekpɔɪnt] *n* контро́льно-пропускно́й пункт

**check-room** [ˈʧekrum] *n* 1) гардеро́б, раздева́лка 2) ка́мера хране́ния

**checkrow** [ˈʧekrəu] *n с.-х.* квадра́тно-гнездово́й посе́в

**check-taker** [ˈʧekˌteɪkə] *n* 1) *театр.* билетёр 2) *ж.-д.* конду́ктор

**check-up** [ˈʧekˈʌp] *n* 1) прове́рка; реви́зия, контро́ль 2) *attr.* прове́рочный, ревизио́нный; ~ committee ревизио́нная коми́ссия

**check-weigher** [ˈʧekˌweɪə] *n горн.* учётчик добы́чи; контро́льный весовщи́к

**Cheddar** [ˈʧedə] *n* че́ддер (*сорт сыра*)

**cheek** [ʧiːk] **1.** *n* 1) щека́ 2) *разг.* на́глость, самоуве́ренность; to have the ~ to say smth. име́ть на́глость сказа́ть что-л. 3) *тех.* бокова́я сто́йка; кося́к; *pl* щёки тиско́в 4) *геол.* бок жи́лы 5) *pl мор.* чи́ксы (*на мачте*) ◇ ~ by jowl ря́дом, бок о́ бок; to one's own ~ всё для себя́ одного́; ~ brings success *посл.* ≅ сме́лость города́ берёт

**2.** *v разг.* наха́льничать, говори́ть де́рзости

**cheek-bone** [ˈʧiːkbəun] *n* скула́

**cheek-tooth** [ˈʧiːktuːθ] *n* коренно́й зуб, моля́р

**cheeky** [ˈʧiːkɪ] *a разг.* наха́льный

**cheep** [ʧiːp] **1.** *n* писк (*птенцов, мышей*)

**2.** *v* пища́ть

**cheeper** [ˈʧiːpə] *n* 1) птене́ц (*особ.* куропа́тки *или* те́терева) 2) писку́н; младе́нец

**cheer** [ʧɪə] **1.** *n* 1) одобри́тельное *или* приве́тственное восклица́ние; ~s ура́!; three ~s for our visitors! да здра́вствуют на́ши го́сти!; words of ~ ободря́ющие слова́ 2) *pl* аплодисме́нты, одобри́тельные во́згласы 3) настрое́ние; to be of good (bad) ~ быть в хоро́шем (плохо́м) настрое́нии 4) весе́лье 5) хоро́шее угоще́ние; to make good ~ пирова́ть, угоща́ться

**2.** *v* 1) приве́тствовать гро́мкими во́згласами 2) ободря́ть; поощря́ть одобри́тельными восклица́ниями 3) аплоди́ровать □ ~ **up** утє́шить (-ся); obo´дрить(ся); ~ up! не унывай(те)!, не па́дайте ду́хом!

**cheerful** [ˈʧɪəful] *a* 1) бо́дрый, весёлый 2) я́ркий, све́тлый (*о дне*)

**cheerio** [ˈʧɪərɪˈəu] *int разг.* 1) за ва́ше здоро́вье!; 2) всего́ хоро́шего! 3) здоро́во!, приве́т!

**cheerless** [ˈʧɪəlɪs] *a* уны́лый, мра́чный, угрю́мый

**cheery** [ˈʧɪərɪ] *a* весёлый, живо́й; ра́достный

**cheese I** [ʧiːz] *n* 1) сыр; a ~ голо́вка *или* круг сы́ра; Cheshire ~ че́стер (*сыр*); green ~ молодо́й сыр; ripe ~ вы́держанный сыр 2) *амер. жарг.* болва́н, тупи́ца ◇ big ~ *амер. разг.* ва́жная персо́на, «ши́шка»; to get the ~ потерпе́ть неуда́чу; quite the ~, that's the ~ *разг.* как раз то, что на́до

**cheese II** [ʧiːz] *v*: ~ it! *жарг.* а) замолчи́!, переста́нь!, брось!; б) беги́!, удира́й!

**cheese-cake** [ˈʧiːzkeɪk] *n* 1) сдо́бная ватру́шка 2) *амер. жарг.* фотогра́фия обнажённой же́нщины

**cheese-cloth** [ˈʧiːzklɔθ] *n* ма́рля

**cheesemonger** [ˈʧiːzˌmʌŋgə] *n* торго́вец сы́ром

**cheese-paring** [ˈʧiːzˌpɛərɪŋ] **1.** *n* 1) ко́рка сы́ра 2) ску́пость 3) *pl* отбро́сы, отхо́ды

**2.** *a* скупо́й

**cheesy** [ˈʧiːzɪ] *a* 1) сы́рный 2) *жарг.* мо́дный, сти́льный

**cheetah** [ˈʧiːtə] *n зоол.* гепа́рд

**chef** [ʃef] *фр. n* шеф-по́вар, гла́вный по́вар

**chef-d'oeuvre** [ʃeɪˈdəːvr] *фр. n* (*pl* chefs-d'oeuvre) шеде́вр

**chefs-d'oeuvre** [ʃeɪˈdəːvr] *pl от* chef-d'oeuvre

**cheiromancy** [ˈkaɪərəumænsɪ] = chiromancy

**cheiroptera** [kaɪəˈrɔptərə] *n pl зоол.* рукокры́лые

**chela** [ˈkiːlə] *n* (*pl* -lae) *зоол.* клешня́

**chelae** [ˈkiːliː] *pl от* chela

**chemical** [ˈkemɪkəl] **1.** *a* хими́ческий; ~ fertilizers минера́льные удобре́ния; ~ war gases боевы́е отравля́ющие вещества́; ~ warfare хими́ческая война́; ~ defence противохими́ческая оборо́на

**2.** *n pl* химика́лии; хими́ческие препара́ты

**chemise** [ʃɪˈmiːz] *n* же́нская соро́чка

**chemisette** [ˌʃemi(ː)ˈzet] *n* шемизе́тка, мани́шка (*женская*)

**chemist** [ˈkemɪst] *n* 1) хи́мик 2) апте́карь; ~'s shop апте́ка

**chemistry** [ˈkemɪstrɪ] *n* хи́мия; agricultural ~ агрохи́мия; applied ~ прикладна́я хи́мия

**chemotherapy** [ˌkeməuˈθerəpɪ] *n мед.* химиотерапи́я

**chenille** [ʃəˈniːl] *n* сине́ль

**cheque** [ʧek] **1.** *n* ба́нковый чек [*см. тж.* check 1, 9)]; to cash a ~ получи́ть де́ньги по че́ку; to draw a ~ вы́писать чек

**2.** *v*: to ~ out получи́ть по че́ку

**cheque-book** [ˈʧekbuk] *n* че́ковая кни́жка

**chequer** [ˈʧekə] **1.** *n* 1) *pl* ша́хматная доска́ (*как вывеска гостиницы*) 2) *pl амер.* ша́шки (*игра*) 3) (*обыкн. pl*) клетча́тая мате́рия

**2.** *v* 1) графи́ть в кле́тку 2) размеща́ть в ша́хматном поря́дке 3) пестри́ть, разнообра́зить

**chequered** [ˈʧekəd] **1.** *p. p. от* chequer 2

**2.** *a* 1) клетча́тый 2) пёстрый 3) разнообра́зный, изме́нчивый; ~ fortune изме́нчивое сча́стье; ~ light and shade свето́тень

**chequer-wise** [ˈʧekəwaɪz] *adv* в ша́хматном поря́дке

**cherish** [ˈʧerɪʃ] *v* 1) леле́ять (*надежду, мысль*) 2) храни́ть (*в памяти*) 3) забо́тливо выра́щивать (*растения*) 4) не́жно люби́ть (*детей*)

**cheroot** [ʃəˈruːt] *n* сорт сига́р с обре́занными конца́ми

**cherry** [ˈʧerɪ] **1.** *n* 1) ви́шня (*плод*) 2) = cherry-tree ◇ to make two bites of a ~ прилага́ть изли́шние стара́ния к о́чень лёгкому де́лу

**2.** *a* 1) вишнёвого цве́та 2) вишнёвый; ~ brandy вишнёвая нали́вка, вишнёвый ликёр

**cherry-pie** [ˈʧerɪˈpaɪ] *n* 1) пиро́г с ви́шнями 2) гелиотро́п

**cherry-stone** [ˈʧerɪstəun] *n* 1) вишнёвая ко́сточка 2) *зоол.* жёсткая раку́шка

**cherry-tree** [ˈʧerɪtriː] *n* ви́шня, вишнёвое де́рево

**chert** [ʧəːt] *n мин.* черт, кремни́стый известня́к, сла́нец

**cherub** [ˈʧerəb] *n* (*pl* -s [-z], -bim) херуви́м

**cherubic** [ʧeˈruːbɪk] *a* 1) неви́нный как херуви́м; ангелоподо́бный 2) розовощёкий; пу́хлый (*о ребёнке*)

**cherubim** [ˈʧerəbɪm] *pl от* cherub

**chervil** [ˈʧəːvɪl] *n бот.* ке́рвель

**chess I** [ʧes] *n* ша́хматы

**chess II** [ʧes] *n* око́нная ра́ма

**chess-board** [ˈʧesbɔːd] *n* ша́хматная доска́

**chess-man** [ˈʧesmæn] *n* ша́хматная фигу́ра

**chess-player** [ˈʧesˌpleɪə] *n* шахмати́ст

**chest** [ʧest] *n* 1) я́щик; сунду́к; ~ of drawers комо́д; medicine ~ дома́шняя апте́чка 2) казначе́йство; казна́; фонд 3) грудна́я кле́тка; weak ~ сла́бые лёгкие ◇ to get smth. off one's ~ чистосерде́чно призна́ться в чём-л.; облегчи́ть ду́шу

**chesterfield** [ˈʧestəfiːld] *n* 1) дли́нное пальто́ в та́лию 2) дли́нный мя́гкий дива́н

**chest-note** [ˈʧestnəut] *n* ни́зкая грудна́я но́та

**chestnut** [ˈʧesnʌt] **1.** *n* 1) кашта́н (*тж.* Spanish *или* Sweet ~) 2) ба́бка (*у лошади*) 3) *разг.* гнеда́я ло́шадь 4) *разг.* изби́тый анекдо́т 5) *pl жарг.* пу́ли ◇ to put the ~s in the fire ≅ завари́ть ка́шу; to pull the ~s out of the fire for smb. таска́ть для кого́-л. кашта́ны из огня́

**2.** *a* 1) кашта́нового цве́та 2) гнедо́й

**chest-trouble** [ˈʧestˌtrʌbl] *n* хрони́ческая боле́знь лёгких

**chest-voice** [ˈʧestvɔɪs] *n* грудно́й, ни́зкий го́лос

**cheval-glass** [ʃəˈvælglɑːs] *n* высо́кое зе́ркало на подвижно́й ра́ме, псише́

**chevalier** [ˌʃevəˈlɪə] *n* 1) *ист.* ры́царь 2) кавале́р о́рдена 3) кавале́р ◇ ~ of fortune (*или* of industry) авантюри́ст, моше́нник

**chevaux de frise** [ʃəˈvəudəˈfriːz] *фр. n pl* 1) *воен.* рога́тка 2) торча́щие гво́зди *или* куски́ би́того стекла́ наверху́ стены́

**cheviot** [ˈʧevɪət] *n* шевио́т

**chevron** [ˈʃevrən] *n* 1) шевро́н 2) *стр.* стропи́ло

**chevy** [ˈʧevɪ] **1.** *n* 1) охо́та; пого́ня 2) охо́тничий крик при пого́не за лиси́цей

**2.** *v* 1) гна́ться 2) удира́ть

**chew** [ʧu:] **1.** *n* 1) жва́чка 2) жева́тельный таба́к

**2.** *v* 1) жева́ть; to ~ the cud жева́ть жва́чку 2) обду́мывать, размышля́ть (*часто* ~ on, ~ upon) ◇ to ~ the fat (*или* the rag) ворча́ть, придира́ться, «пили́ть»

**chewing-gum** [ˈʧu(:)ɪŋgʌm] *n* жева́тельная рези́нка

**chiaroscuro** [kɪˈɑ:rəsˈkuərəu] *ит. n* 1) *жив.* распределе́ние светоте́ни 2) контра́стное сопоставле́ние (*в поэзии*)

**chiasmus** [kaɪˈæzməs] *n стил.* хиа́зм (*инверсия во второй половине фразы; напр.: he rose up and down sat she*)

**chibouk, chibouque** [ʧɪˈbu:k] *тур. n* чубу́к

**chic** [ʃi:k] *фр.* **1.** *n* шик

**2.** *a* шика́рный, мо́дный, наря́дный ◇ ~ sale *амер. эвф.* убо́рная

**chicane** [ʃɪˈkeɪn] **1.** *n* 1) приди́рка 2) крючкотво́рство

**2.** *v* 1) придира́ться 2) занима́ться крючкотво́рством

**chicanery** [ʃɪˈkeɪnərɪ] *n* 1) = chicane 1; 2) софи́стика

**chick** [ʧɪk] *n* 1) цыплёнок; птене́ц 2) *ласк.* ребёнок

**chickabiddy** [ˈʧɪkəˌbɪdɪ] *n ласк.* птённчик, цыплёночек

**chickadee** [ˌʧɪkəˈdi:] *n зоол.* га́ичка (*вид синицы*)

**chickaree** [ˌʧɪkəˈri:] *n* североамерика́нская бе́лка

**chicken** [ˈʧɪkɪn] *n* 1) цыплёнок, птене́ц; *амер. тж.* ку́рица, пету́х 2) ку́рица (*кушанье*); ~ soup кури́ный бульо́н 3) *ласк.* ребёнок; (нео́пытный) юне́ц; she is no ~ она́ уже́ не ребёнок; она́ уже́ не пе́рвой мо́лодости; spring ~ желторо́тый юне́ц 4) *attr.* новоиспечённый ◇ don't count your ~s before they are hatched *посл.* цыпля́т по о́сени счита́ют; Mother Car(e)y's ~ буреве́стник

**chicken-breasted** [ˈʧɪkɪnˌbrestɪd] *a мед.* с кури́ной гру́дью

**chicken-hearted** [ˈʧɪkɪnˌhɑ:tɪd] *a* трусли́вый, малоду́шный

**chicken-liver** [ˈʧɪkɪnˌlɪvə] *n* трус

**chicken-pox** [ˈʧɪkɪnpɔks] *n мед.* ве́тряная о́спа, ветря́нка

**chickling** [ˈʧɪklɪŋ] *n* 1) цыплёнок 2) *бот.* чи́на посевна́я (*тж.* ~ vetch)

**chick-pea** [ˈʧɪkpi:] *n бот.* нут, горо́х туре́цкий

**chick-weed** [ˈʧɪkwi:d] *n бот.* песча́нка; мокри́чник

**chicle** [ˈʧɪkl] *n* 1) чикл (*натуральный каучук*) 2) жва́чка, жева́тельная рези́нка

**chicory** [ˈʧɪkərɪ] *n* 1) цико́рий 2) *attr.*: ~ salad сала́т из ли́стьев цико́рия

**chid** [ʧɪd] *past и p. p. от* chide

**chidden** [ˈʧɪdn] *p. p. от* chide

**chide** [ʧaɪd] *v* (chid; chid, chidden) 1) брани́ть, упрека́ть; ворча́ть 2) шуме́ть, реве́ть (*о ветре*)

**chief** [ʧi:f] **1.** *n* 1) глава́, руководи́тель; ли́дер; нача́льник; шеф; ~ of police нача́льник поли́ции 2) вождь (*племени, клана*)

**2.** *a* 1) гла́вный, руководя́щий 2) основно́й; важне́йший; ~ problem основна́я пробле́ма; ~ wall капита́льная стена́

**chiefly** [ˈʧi:flɪ] *adv* гла́вным о́бразом, осо́бенно

**chieftain** [ˈʧi:ftən] *n* 1) вождь (*клана, племени*) 2) *поэт.* вое́нный вождь 3) ата́ман разбо́йников

**chieftaincy, chieftainship** [ˈʧi:ftənsɪ, ˈʧi:ftənʃɪp] *n* положе́ние *или* власть атама́на, вождя́ кла́на

**chiff-chaff** [ˈʧɪfʧæf] *n* пе́ночка-кузне́чик (*птица*)

**chiffonier** [ˌʃɪfəˈnɪə] *n* шифонье́р (-ка)

**chigoe** [ˈʧɪgəu] *n* чигу́ (*тропическая песчаная блоха, откладывающая яйца под кожу человека*)

**chilblain** [ˈʧɪlbleɪn] *n* 1) обморо́жение 2) обморо́женное ме́сто

**child** [ʧaɪld] *n* (*pl* children) 1) ребёнок; дитя́; ча́до; сын; дочь; from a ~ с де́тства; the ~ unborn неви́нный младе́нец; to be with ~ быть бере́менной 2) о́тпрыск, пото́мок 3) де́тище 4) порожде́ние; fancy's ~ порожде́ние мечты́ 5) *attr.*: ~ welfare охра́на младе́нчества (*или* де́тства) ◇ to throw out the ~ along with the bath вы́плеснуть вме́сте с водо́й и ребёнка; a (*или* the) burnt ~ dreads the fire *посл.* ≅ пу́ганая воро́на куста́ бои́тся

**child-bearing** [ˈʧaɪldˌbɛərɪŋ] *n* деторожде́ние, ро́ды

**childbed** [ˈʧaɪldbed] *n* ро́ды; to die in ~ умере́ть от ро́дов

**child-birth** [ˈʧaɪldbə:θ] *n* 1) ро́ды 2) рожда́емость

**Childermas** [ˈʧɪldəmæs] *n церк.* день избие́ния младе́нцев (*28 декабря*)

**childhood** [ˈʧaɪldhud] *n* 1) де́тство; to be in second ~ впасть в де́тство 2) *attr.* де́тский; ~ disease де́тская боле́знь

**childish** [ˈʧaɪldɪʃ] *a* 1) де́тский; ~ sports де́тские и́гры, заба́вы 2) ребя́ческий, несерьёзный

**childless** [ˈʧaɪldlɪs] *a* безде́тный

**childlike** [ˈʧaɪldlaɪk] *a* просто́й, неви́нный, и́скренний, непосре́дственный как ребёнок

**childly** [ˈʧaɪldlɪ] *поэт.* **1.** *a* де́тский; ребя́чливый

**2.** *adv* по-де́тски

**child-minder** [ˈʧaɪldˌmaɪndə] *n* ня́ня, присма́тривающая за детьми́, пока́ роди́тели нахо́дятся на рабо́те

**childness** [ˈʧaɪldnɪs] *n редк.* де́тскость; ребя́чливость

**children** [ˈʧɪldrən] *pl от* child

**child's-play** [ˈʧaɪldzpleɪ] *n* лёгкая зада́ча, пустяко́вое де́ло

**Chilean** [ˈʧɪlɪən] **1.** *a* чили́йский

**2.** *n* чили́ец

**chiliad** [ˈkɪlɪæd] *n* 1) ты́сяча 2) тысячеле́тие

**Chilian** [ˈʧɪlɪən] = Chilean

**chill** [ʧɪl] **1.** *n* 1) хо́лод; to take the ~ off подогре́ть 2) просту́да, озно́б; дрожь; ~s and fever маляри́я; to catch a ~ простуди́ться 3) прохла́да; хо́лодность (*в обращении*); to cast a ~ расхола́живать 4) *тех.* зака́лка 5) *тех.* изло́жница

**2.** *a* 1) неприя́тно холо́дный 2) прохла́дный; расхола́живающий 3) холо́дный; бесчу́вственный 4) *тех.* закалённый; ~ cast iron закалённый чугу́н; ~ mould чугу́нная изло́жница, коки́ль

**3.** *v* 1) охлажда́ть; студи́ть; ~ed to the bone продро́гший до косте́й 2) холоде́ть 3) чу́вствовать озно́б 4) приводи́ть в уны́ние; расхола́живать 5) *разг.* слегка́ подогрева́ть (*жидкость*) 6) *тех.* зака́ливать, отлива́ть в изло́жницы

**chilli** [ˈʧɪlɪ] *исп. n бот.* (кра́сный) стручко́вый пе́рец

**chilly** I [ˈʧɪlɪ] = chilli

**chilly** II [ˈʧɪlɪ] **1.** *a* 1) холо́дный; прохла́дный (*о погоде*) 2) зя́бкий 3) сухо́й, чо́порный

**2.** *adv* 1) зя́бко, хо́лодно 2) су́хо, чо́порно

**Chiltern Hundreds** [ˈʧɪltə(:)nˈhʌndrədz] *n pl*: to accept (*или* to apply for) the ~ слага́ть с себя́ полномо́чия чле́на парла́мента

**chimb** [ʧaɪm] = chime II

**chime** I [ʧaɪm] **1.** *n* 1) (*часто pl*) подбо́р колоколо́в; кура́нты 2) перезво́н, выбива́емая колокола́ми мело́дия; звон кура́нтов 3) гармо́ния, му́зыка (*стиха*) 4) согла́сие, гармони́чное сочета́ние; in ~ в гармо́нии; в согла́сии

**2.** *v* 1) выбива́ть (*мелодию*); отбива́ть (*часы*) 2) звуча́ть согла́сно 3) соотве́тствовать, гармони́ровать (in, with) 4) однообра́зно повторя́ть(ся) (*часто* ~ over) □ ~ **in** вступа́ть в о́бщий разгово́р

**chime** II [ʧaɪm] *n* 1) уто́р (*бочки*) 2) *attr.*: ~ hoop кра́йний о́бруч (*бочки*)

**chimera** [kaɪˈmɪərə] *n* химе́ра, фанта́зия, несбы́точная мечта́

**chimerical** [kaɪˈmerɪkəl] *a* химери́ческий, несбы́точный

**chimney** [ˈʧɪmnɪ] *n* 1) труба́ (*дымовая или вытяжная*); дымохо́д 2) *диал.* ками́н 3) ла́мповое стекло́ 4) отве́рстие вулка́на, кра́тер 5) расще́лина, по кото́рой мо́жно взобра́ться на отве́сную скалу́ 6) *геол.* крутопа́дающий ру́дный столб; эо́ловый столб

**chimney-cap** [ˈʧɪmnɪkæp] *n* колпа́к дымово́й трубы́

**chimney-corner** [ˈʧɪmnɪˌkɔːnə] *n* мéсто у камúна

**chimney-piece** [ˈʧɪmnɪpiːs] *n* пóлка над камúном; камúнная доскá

**chimney-pot** [ˈʧɪmnɪpɔt] *n* 1) = chimney-cap 2) *attr.*: ~ hat *разг.* цилúндр (*шляпа*)

**chimney-stack** [ˈʧɪmnɪstæk] *n* óбщий вы́ход нéскольких дымовы́х труб; дымовáя трубá

**chimney-stalk** [ˈʧɪmnɪstɔːk] *n* заводскáя трубá; дымовáя трубá

**chimney-sweep, chimney-sweeper** [ˈʧɪmnɪswiːp, ˈʧɪmnɪˌswiːpə] *n* трубочúст

**chimpanzee** [ˌʧɪmpənˈziː] *n* шимпанзé

**chin** [ʧɪn] **1.** *n* подборóдок ◇ up to the ~ ≅ по гóрло; to take things on the ~ не пáдать дýхом, держáться бóдро; ~s up! не унывáй(те)!, вы́ше нос!

**2.** *v* 1) *амер. жарг.* болтáть, разговáривать 2) *refl. спорт.* подтянýться на рукáх (up)

**China** [ˈʧaɪnə] *a* китáйский

**china** [ˈʧaɪnə] **1.** *n* фарфóр, фарфóровые издéлия; egg-shell ~ тóнкий фарфóр ◇ to break ~ взбудорáжить, вы́звать переполóх

**2.** *a* фарфóровый; ~ shop магазúн фарфóровых издéлий

**china-clay** [ˈʧaɪnəˈkleɪ] *n* фарфóровая глúна, каолúн

**china-closet** [ˈʧaɪnəˌklɔzɪt] *n* буфéт

**China ink** [ˈʧaɪnəˈɪŋk] *n* (китáйская) тушь

**Chinaman** [ˈʧaɪnəmən] *n пренебр.* китáец

**chinaman** [ˈʧaɪnəmən] *n* торгóвец фарфóровыми издéлиями

**Chinatown** [ˈʧaɪnətaun] *n* китáйский квартáл (*в некитайском городе*)

**china-ware** [ˈʧaɪnəwɛə] *n* фарфóровые издéлия

**Chinawoman** [ˈʧaɪnəˌwumən] *n пренебр.* китая́нка

**chinch** [ʧɪnʧ] *n* клоп постéльный; клоп-черепáшка

**chinchilla** [ʧɪnˈʧɪlə] *n* 1) *зоол.* шиншúлла 2) шиншúлловый мех

**chin-chin** [ˈʧɪnˈʧɪn] *int разг.* ≅ а) привéт! (*восклицание при встрече и прощании*); б) за Вáше здорóвье! (*шутливый тост*)

**chine** I [ʧaɪn] *n* 1) спиннóй хребéт живóтного 2) филéй 3) гóрная грядá

**chine** II [ʧaɪn] *n* ущéлье

**Chinee** [ʧaɪˈniː] *n разг.* китáец

**Chinese** [ˈʧaɪˈniːz] **1.** *a* китáйский; ~ white китáйские белúла

**2.** *n* 1) китáец; китая́нка; the ~ *pl собир.* китáйцы 2) китáйский язы́к

**Chink** [ʧɪŋk] *n* чинк (*презрительная кличка китайца в США*)

**chink** I [ʧɪŋk] **1.** *n* 1) звон, звя́канье (*стаканов, монет*) 2) трескотня́ (*кузнечиков*) 3) *разг.* монéты, дéньги

**2.** *v* звенéть, звя́кать

**chink** II [ʧɪŋk] *n* щель, трéщина, расщéлина, сквáжина

**chink** III [ʧɪŋk] *n* припáдок сýдорожного смéха *или* кáшля

**chinkapin, chinquapin** [ˈʧɪŋkəpɪn] *n амер. бот.* кáрликовое каштáновое дéрево, каштáн низкорóслый

**chintz** [ʧɪnts] *n* (вощёный) сúтец

**chip** [ʧɪp] **1.** *n* 1) щéпка, лучúна; стрýжка 2) облóмок (*камня*); оскóлок (*стекла*); отбúтый кусóк (*посуды*) 3) мéсто, где отбúт кусóк; изъя́н 4) тóнкий кусóчек (*сушёного яблока, поджаренного картофеля и т. п.*); fish and ~s ры́ба с жáреным картóфелем 5) *pl разг.* чúпсы, жáреный хрустя́щий картóфель 6) фúшка, мáрка (*в играх*) 7) *pl разг.* дéньги, монéты; to buy ~s помещáть, вклáдывать дéньги 8) ничегó не стóящая вещь 9) *pl* щéбень ◇ to hand (*или* to pass) in one's ~s а) рассчитáться; б) умерéть; a ~ of the old block характéром весь в отцá; I don't care a ~ мне наплевáть; to have (*или* to wear) a ~ on one's shoulder быть готóвым к дрáке; искáть пóвода к ссóре; держáться вызывáюще; dry as a ~ неинтерéсный; such carpenters, such ~s ≅ вúдно мáстера по рабóте

**2.** *v* 1) стругáть, обтёсывать; откáлывать 2) отбивáть края́ (*посуды и т. п.*) 3) откáлываться, отлáмываться; бúться; this china ~s easily э́тот фарфóр легкó бьётся 4) пробивáть яúчную скорлупý (*о цыплятах*) 5) жáрить сырóй картóфель лóмтиками □ ~ in *разг.* вмéшиваться; принимáть учáстие (*в разговоре, складчине и т. п.*)

**chip basket** [ˈʧɪpˌbɑːskɪt] *n* лёгкая корзúна из стрýжек (*для цветов, фруктов*)

**chipboard** [ˈʧɪpbɔːd] *n* доскá из прессóванных опúлок

**chipmuck, chipmunk** [ˈʧɪpmʌk, ˈʧɪpmʌŋk] *n зоол.* бурундýк

**Chippendale** [ˈʧɪpəndeɪl] *n* чúппендель (*стиль англ. мебели XVIII в.*)

**chippie** [ˈʧɪpɪ] = chippy 2

**chippy** [ˈʧɪpɪ] **1.** *a* 1) зазýбренный (*о ноже*); облóманный (*о краях посуды*) 2) сухóй (как щéпка) 3) *жарг.* раздражúтельный; испы́тывающий недомогáние *или* тошнотý (*с похмелья*)

**2.** *n амер. жарг.* потаскýшка

**chirk** [ʧəːk] *амер. разг.* **1.** *a* оживлённый, весёлый

**2.** *v* 1) развеселúть 2) оживля́ться (*часто* ~ up)

**chirm** [ʧəːm] *n* шум (*голосов*); птúчий щéбет

**chiromancy** [ˈkaɪərəumænsɪ] *n* хиромáнтия, гадáние по рукé

**chiropodist** [kɪˈrɔpədɪst] *n* лицó, дéлающее педикю́р, мозóльный оператóр

**chiropody** [kɪˈrɔpədɪ] *n* педикю́р; ухóд за ногáми

**chirp** [ʧəːp] **1.** *n* чирúканье; щебетáние

**2.** *a амер.* = chirpy

**3.** *v* чирúкать, щебетáть

**chirpy** [ˈʧəːpɪ] *a* живóй, весёлый

**chirr** [ʧəː] **1.** *n* стрекотáние, трескотня́

**2.** *v* 1) стрекотáть, трещáть (*о кузнечиках, сверчках*) 2) шуршáть (*о сухом тростнике*)

**chirrup** [ˈʧɪrəp] **1.** *n* щéбет, щебетáние

**2.** *v* 1) щебетáть; чирúкать 2) *жарг.* аплодúровать (*о клакёрах*)

**chirruper** [ˈʧɪrəpə] *n жарг.* клакёр

**chisel** [ˈʧɪzl] **1.** *n тех.* резéц; долотó, стамéска, зубúло; чекáн ◇ full ~ *амер. разг.* во весь опóр

**2.** *v* 1) вая́ть; высекáть (*из мрамора и т. п.*) 2) *тех.* рабóтать зубúлом, долотóм, стамéской, чекáном 3) отдéлывать (*литературное произведение*) 4) *разг.* надувáть обмáнывать □ ~ in *разг.* вмéшиваться; навя́зываться

**chiselled** [ˈʧɪzld] **1.** *p. p. от* chisel 2

**2.** *a* точёный; отдéланный; ~ features точёные черты́ лицá

**chit** I [ʧɪt] *n* ребёнок, крóшка; a ~ of a girl девчýшка

**chit** II [ʧɪt] **1.** *n* ростóк

**2.** *v* пускáть росткú

**chit** III [ʧɪt] *n* 1) корóткое письмó; запúска 2) счёт 3) рекомендáция, óтзыв, аттестáт 4) распúска ◇ farewell ~ *воен. жарг.* увольнúтельный билéт

**chit-chat** [ˈʧɪtʧæt] *n* 1) болтовня́ 2) пересýды

**chiton** [ˈkaɪtən] *n* хитóн

**chitterlings** [ˈʧɪtəlɪŋz] *n pl* требухá

**chivalrous** [ˈʃɪvəlrəs] *a* ры́царский, ры́царственный

**chivalry** [ˈʃɪvəlrɪ] *n* ры́царство

**chive** [ʧaɪv] *n* 1) (*обыкн. pl*) лук-рéзанец, лук-скородá 2) зубóк чеснокá; лýковичка

**chivied** [ˈʧɪvɪd] *a* измýченный, замотáвшийся

**chivy** [ˈʧɪvɪ] = chevy

**chloral** [ˈklɔːrəl] *n хим.* хлорáл

**chlorate** [ˈklɔːrɪt] *n хим.* хлорáт, соль хлорновáтой кислоты́

**chloric** [ˈklɔːrɪk] *a хим.* хлорновáтый; ~ acid хлорновáтая кислотá

**chloride** [ˈklɔːraɪd] *хим.* **1.** *n* хлорúд, соль хлористоводорóдной кислоты́; sodium ~ повáренная соль

**2.** *a* хлóристый

**chlorine** [ˈklɔːriːn] **1.** *n хим.* хлор

**2.** *a* свéтло-зелёный

**chloroform** [ˈklɔrəfɔːm] **1.** *n* хлорофóрм

**2.** *v* хлороформúровать

**chlorophyll** [ˈklɔrəfɪl] *n бот.* хлорофúлл

**chlorosis** [kləˈrəusɪs] *n* 1) *мед.* хлорóз, блéдная нéмочь 2) *бот.* хлорóз, желтовáтая окрáска (*листьев*)

**chlorous** [ˈklɔːrəs] *a хим.* хлóристый; ~ acid хлóристая кислотá

**chock** [ʧɔk] **1.** *n* 1) клин 2) подстáвка; подпóрка; распóрка 3) тормознáя колóдка (*под колёса*); башмáк 4) *горн.* кострóвая крепь 5) *тех.* подýшка, подшúпник; вклáдыш, чекá, клин 6) *мор.* полуклю́з

**2.** *v* 1) подпирáть (*тж.* ~ off); подклáдывать подпóрку 2) *горн.* крепúть костро́вой кре́пью □ ~ **up** заби́ть, загромозди́ть, заста́вить

**chock-a-block** ['tʃɔkə'blɔk] *a* 1) *мор.* до упо́ра, до отка́за 2) *разг.* по́лный; битко́м наби́тый

**chock-full** ['tʃɔkful] *a* битко́м наби́тый; перепо́лненный

**chocolate** ['tʃɔkəlɪt] **1.** *n* 1) шокола́д; a bar of ~ пли́тка шокола́да 2) *pl* шокола́дные конфе́ты

**2.** *a* 1) шокола́дный 2) шокола́дного цве́та

**choice** [tʃɔɪs] **1.** *n* 1) вы́бор, отбо́р; альтернати́ва; a wide (a poor) ~ большо́й (бе́дный) вы́бор; to make ~ of smth. выбира́ть, отбира́ть что-л.; to make (*или* to take) one's ~ сде́лать вы́бор; take your ~ выбира́йте; I have no ~ but у меня́ нет ино́го вы́хода, кро́ме; я принуждён 2) не́что отбо́рное; here is the ~ of the whole garden э́то лу́чшее, что есть в саду́ 3) избра́нник; избра́нница ◇ Hobson's ~ отсу́тствие вы́бора, нали́чие то́лько одного́ предложе́ния, «э́то и́ли ничего́»; for ~ преиму́щественно

**2.** *a* 1) отбо́рный, лу́чший 2) разбо́рчивый, осторо́жный; to be ~ of one's company быть осторо́жным в знако́мствах

**choicely** ['tʃɔɪslɪ] *adv* осторо́жно, с вы́бором

**choir** ['kwaɪə] **1.** *n* 1) церко́вный хор 2) хорово́й анса́мбль 3) ме́сто хо́ра (*в соборе*)

**2.** *v* петь хо́ром

**choir-master** ['kwaɪə,mɑ:stə] *n* хорме́йстер

**choke I** [tʃəuk] **1.** *n* 1) припа́док уду́шья 2) удуше́ние 3) завя́занный коне́ц (*мешка*) 4) *тех.* возду́шная засло́нка; дро́ссель 5) *эл.* дро́ссельная кату́шка

**2.** *v* 1) души́ть 2) дави́ться (*от кашля*); задыха́ться (*от волнения, гнева*); tears ~d him слёзы души́ли его́ 3) заглуша́ть (*тж.* ~ up); to ~ a fire потуши́ть ого́нь (*или* костёр); to ~ a plant заглуша́ть расте́ние 4) засоря́ть, забива́ть 5) *тех.* дроссели́ровать; заглуша́ть □ ~ **down** а) с трудо́м прогла́тывать (*пищу*); б) с трудо́м подавля́ть (*слёзы, волнение и т. п.*); he ~d down his anger он поборо́л свой гнев; ~ **in** *амер. разг.* возде́рживаться от разгово́ра; держа́ть язы́к за зуба́ми; ~ **off** а) заста́вить отказа́ться (*от попытки, намерения*); б) устрани́ть *кого-л.*, отде́латься от *кого-л.*; ~ **up** а) засоря́ть; заглуша́ть (*сорными травами*); б) заноси́ть (*реку песком*); запружа́ть; в) загроможда́ть; г) *амер.* = ~ in

**choke II** [tʃəuk] *n* сердцеви́на артишо́ка

**choke-bore** ['tʃəukbɔ:] *n* 1) чокбо́р (*канал ружейного ствола, суживающийся у дула*) 2) ружьё чокбо́р

**choke-coil** ['tʃəukkɔɪl] *n эл.* дро́ссельная кату́шка

**choke-damp** ['tʃəukdæmp] *n* уду́шливый газ

**choke-full** ['tʃəukful] *a* битко́м наби́тый, перепо́лненный

**choker** ['tʃəukə] *n* 1) души́тель 2) *разг.* стоя́чий воротни́к (*преим. у духовных лиц*) 3) бе́лый га́лстук (*тж.* white ~) 4) *тех.* дро́ссельная засло́нка

**chokidar** ['tʃəukɪdɑ:] *инд. n* сто́рож

**choky I** ['tʃəukɪ] *a* 1) задыха́ющийся (*особ. от волнения*) 2) уду́шливый

**choky II** ['tʃəukɪ] *инд. n* 1) полице́йское отделе́ние 2) тамо́жня 3) *жарг.* тюрьма́

**cholera** ['kɔlərə] *n* холе́ра; Asiatic ~, malignant ~ азиа́тская холе́ра; summer ~ ле́тний поно́с, холери́на

**choleraic** [,kɔlə'reɪɪk] *a* холе́рный

**choleric** ['kɔlərɪk] *a* раздражи́тельный, жёлчный; холери́ческий

**cholerine** ['kɔlərɪn] *n* холери́на

**choose** [tʃu:z] *v* (chose; chosen) 1) выбира́ть 2) избира́ть 3) реша́ть, реша́ться; предпочита́ть (*часто* ~ rather) 4) *разг.* хоте́ть; he did not ~ to see her он не захоте́л её ви́деть ◇ I cannot ~ but go мне необходи́мо пойти́; not much (*или* nothing) to ~ between them оди́н друго́го сто́ит

**chooser** ['tʃu:zə] *n* тот, кто выбира́ет

**choos(e)y** ['tʃu:zɪ] *a разг.* привере́дливый, разбо́рчивый

**chop I** [tʃɔp] **1.** *n* 1) (ру́бящий) уда́р 2) отбивна́я (котле́та); mutton (pork) ~ бара́нья (свина́я) отбивна́я 3) се́чка (*корм*)

**2.** *v* 1) руби́ть 2) нареза́ть; кроши́ть 3) отчека́нивать (*слова*) □ ~ **about** обруба́ть [*см. тж.* chop III, 2]; ~ **down** сруба́ть; ~ **off** отруба́ть; ~ **up** нареза́ть, кроши́ть

**chop II** [tʃɔp] *n* (*обыкн. pl*) че́люсть [*см. тж.* chap III, 1)] ◇ to lick one's ~s предвкуша́ть (*особ.* удово́льствие от еды́); ~s of the Channel вход в Ла-Ма́нш из Атланти́ческого океа́на

**chop III** [tʃɔp] **1.** *n* 1) переме́на; колеба́ние; ~s and changes измене́ния; постоя́нные переме́ны 2) обме́н 3) лёгкое волне́ние, зыбь (*на море*) 4) *геол.* сброс

**2.** *v* 1) обме́нивать, меня́ть 2) меня́ться (*о ветре*) 3) колеба́ться; to ~ and change проявля́ть нереши́тельность, колеба́ться; меня́ть свои́ пла́ны, взгля́ды *и т. п.* 4) обме́ниваться слова́ми; to ~ logic спо́рить, резонёрствовать □ ~ **about** внеза́пно меня́ть направле́ние (*о ветре*) [*см. тж.* chop I, 2]; ~ **in** вме́шиваться в разгово́р; ~ **round** = ~ about

**chop IV** [tʃɔp] *n* клеймо́, фабри́чная ма́рка; first- (second-) ~ пе́рвый (второ́й) сорт

**chop-chop** ['tʃɔp'tʃɔp] *adv диал.* бы́стро-бы́стро

**chop-house** ['tʃɔphaus] *n* дешёвый рестора́н

**chopper I** ['tʃɔpə] *n* 1) нож (мясника́); коса́рь 2) колу́н 3) *амер.* лесору́б 4) *амер.* билетёр, биле́тный контролёр 5) *эл.* ти́ккер; прерыва́тель

**chopper II** ['tʃɔpə] *инд. n* соло́менная кры́ша

**chopper switch** ['tʃɔpəswɪtʃ] *n эл.* руби́льник

**choppy** ['tʃɔpɪ] *a* 1) ча́сто меня́ющийся, поры́вистый (*о ветре*); неспоко́йный (*о море*) 2) потре́скавшийся

**chopsticks** ['tʃɔpstɪks] *n pl* па́лочки для еды́ (*у китайцев, корейцев и японцев*)

**chop-suey** ['tʃɔp'su:ɪ] *n* кита́йское рагу́

**choral** ['kɔ:rəl] *a* хорово́й; ~ speaking хорова́я деклама́ция

**choral(e)** [kɔ'rɑ:l] *n* хора́л

**chord I** [kɔ:d] *n* 1) струна́ (*тж. перен.*); to strike (*или* to touch) the right ~ заде́ть чувстви́тельную струну́; сыгра́ть на како́м-л. чу́встве 2) *анат.* свя́зка; vocal ~s голосовы́е свя́зки; spinal ~ спинно́й мозг 3) *мат.* хо́рда 4) *стр.* по́яс (*фермы*)

**chord II** [kɔ:d] *n* 1) акко́рд 2) га́мма кра́сок

**chorda** ['kɔ:də] *n* (*pl* -dae) *анат.* 1) = chord I, 2); 2) спинна́я струна́, хо́рда

**chordae** ['kɔ:di:] *pl от* chorda

**chore** [tʃɔ:] = char I

**chorea** [kɔ'rɪə] *n мед.* хоре́я

**choree** [kɔ'ri:] *n стих.* хоре́й, тро́хей

**choreographer** [,kɔrɪ'ɔgrəfə] *n* балетме́йстер, хорео́граф

**choreographic** [,kɔrɪə'græfɪk] *a* хореографи́ческий

**choreography** [,kɔrɪ'ɔgrəfɪ] *n* хореогра́фия

**choriamb** ['kɔrɪæmb] *n стих.* хориа́мб

**chorine** ['kəurɪn] *n амер.* хори́стка

**chorister** ['kɔrɪstə] *n* 1) хори́ст; пе́вчий 2) *амер.* ре́гент (*хора*)

**chortle** ['tʃɔ:tl] **1.** *n* 1) сда́вленный смех; хихи́канье 2) ликова́ние

**2.** *v* 1) сме́яться сда́вленным сме́хом; хихи́кать 2) гро́мко ликова́ть, торжествова́ть

**chorus** ['kɔ:rəs] **1.** *n* 1) хор; хорова́я гру́ппа; in ~ хо́ром; to swell the ~ присоедини́ть и свой го́лос, присоедини́ться к мне́нию большинства́ 2) кордебале́т 3) хорово́й анса́мбль 4) припе́в, подхва́тываемый всем хо́ром; рефре́н 5) музыка́льное произведе́ние для хо́ра

**2.** *v* петь, повторя́ть хо́ром

**chose** [tʃəuz] *past от* choose

**chosen** ['tʃəuzn] **1.** *p. p. от* choose

**2.** *a* и́збранный

**chough** [tʃʌf] *n* клуши́ца (*птица*)

**choultry** ['tʃaultrɪ] *инд. n* 1) карава́н-сара́й 2) колонна́да хра́ма

**chouse** [tʃaus] *разг.* **1.** *n* моше́нничество; мистифика́ция

**2.** *v* обма́нывать; выма́нивать

**chow** [tʃau] *n* 1) ча́у (*название китайской породы собак*) 2) *амер. жарг.* еда́

**chow-chow** ['tʃau'tʃau] *кит. n* 1) смесь 2) пи́кули, овощно́й марина́д

**chowder** [ˈʧaudə] *n амер.* густáя похлёбка из рыбы, моллюсков, свинины, овощéй *и т. п.*

**chrism** [ˈkrɪzm] *n церк.* 1) елéй 2) помáзание

**Christ** [kraɪst] *n* Христóс; мессия

**christen** [ˈkrɪsn] *v* 1) крестить 2) давáть имя при крещéнии 3) давáть имя, прóзвище

**Christendom** [ˈkrɪsndəm] *n* христиáнский мир

**christening** [ˈkrɪsnɪŋ] **1.** *pres. p. от* christen

**2.** *n* крещéние

**Christian** [ˈkrɪstjən] **1.** *a* христиáнский; ~ name имя (*в отличие от фамилии*)

**2.** *n* христианин, христиáнка

**Christianity** [ˌkrɪstɪˈænɪtɪ] *n* христиáнство

**christianize** [ˈkrɪstjənaɪz] *v* обращáть в христиáнство

**Christmas** [ˈkrɪsməs] *n* 1) рождествó (*сокр. тж.* Xmas); Father ~ дед-морóз 2) *attr.* рождéственский

**Christmas-box** [ˈkrɪsməsbɔks] *n* корóбка с рождéственскими подáрками, рождéственский подáрок

**Christmassy** [ˈkrɪsməsɪ] *a разг.* рождéственский, прáздничный

**Christmas-tide** [ˈkrɪsməstaɪd] *n* святки

**Christmas-tree** [ˈkrɪsməstriː] *n* рождéственская ёлка

**Christy minstrels** [ˈkrɪstɪˈmɪnstrəlz] *n pl* трýппа, загримирóванных нéграми исполнителей негритянских пéсен

**chromatic** [krəuˈmætɪk] *a* 1) цветнóй; ~ printing цветнáя печáть 2) *муз.* хроматический; ~ scale хроматическая гáмма

**chromatics** [krəuˈmætɪks] *n pl* (*употр. как sing*) наýка о цветáх *или* крáсках

**chrome** [krəum] *n* 1) = chromium 2) жёлтая крáска; жёлтый цвет

**chromic** [ˈkrəumɪk] *a хим.* хрóмовый; ~ acid хрóмовая кислотá

**chromium** [ˈkrəumjəm] *n хим.* хром

**chromolithograph** [ˈkrəuməuˈlɪθəugrɑːf] *n* хромолитогрáфия

**chromosome** [ˈkrəuməsəum] *n биол.* хромосóма

**chromosphere** [ˈkrəuməsfɪə] *n* хромосфéра

**chromotype** [ˈkrəuməutaɪp] *n полигр.* хромотипия

**chronic** [ˈkrɔnɪk] **1.** *a* 1) хронический; застарéлый (*о болезни*) 2) постоянный; привычный; ~ doubts вéчные сомнéния; ~ complaints вéчные жáлобы 3) *разг.* ужáсный; something ~ нéчто ужáсное

**2.** *n* хрóник

**chronicle** [ˈkrɔnɪkl] **1.** *n* хрóника; лéтопись

**2.** *v* 1) заносить (*в дневник, летопись*) 2) отмечáть (*в прессе*); вести хрóнику

**chronicler** [ˈkrɔnɪklə] *n* 1) хроникёр 2) летописец

**chronograph** [ˈkrɔnəugrɑːf] *n* хронóграф

**chronologic** [ˌkrɔnəˈlɔdʒɪk] = chronological

**chronological** [ˌkrɔnəˈlɔdʒɪkəl] *a* хронологический

**chronology** [krəˈnɔlədʒɪ] *n* 1) хронолóгия 2) хронологическая таблица

**chronometer** [krəˈnɔmɪtə] *n* хронóметр

**chronopher** [ˈkrɔnəfə] *n радио* аппарáт, автоматически передающий сигнáлы врéмени

**chrysalides** [krɪˈsælɪdiːz] *pl от* chrysalis

**chrysalis** [ˈkrɪsəlɪs] *n* (*pl* -es [-ɪz], -ides) *зоол.* кýколка (*насекомых*)

**chrysanthemum** [krɪˈsænθəməm] *n* хризантéма

**chryselephantine** [ˌkrɪselɪˈfæntaɪn] *a* из зóлота и слонóвой кóсти; покрытый зóлотом и слонóвой кóстью (*о статуе*)

**chrysolite** [ˈkrɪsəulaɪt] *n мин.* хризолит

**chub** [ʧʌb] *n* голáвль (*рыба*)

**chubby** [ˈʧʌbɪ] *a* круглолицый, полнощёкий

**chuck I** [ʧʌk] **1.** *n* 1) *тех.* зажимный патрóн 2) *attr. тех.*: ~ jaw кулачóк зажимного патрóна

**2.** *v тех.* зажимáть, обрабáтывать в патрóне

**chuck II** [ʧʌk] **1.** *n* 1) подёргивание (*головой*) 2) = chuck-farthing 3) *разг.* увольнéние; to give smb. the ~ уволить когó-л.; порвáть отношéния с кем-л.

**2.** *v* 1) бросáть, швырять 2) лáсково похлóпывать, трепáть (under); to ~ under the chin потрепáть по подборóдку □ ~ **away** а) трáтить понапрáсну, терять; б) упускáть (*возможность*); ~ **out** выгонять; выводить, выставлять (*беспокойного посетителя из комнаты, общественного места*); ~ **up** бросáть (*дело, службу и т. п.*) ◇ ~ it! *разг.* молчи!; перестáнь!; to ~ one's hand in сдáться; признáть себя побеждённым; to ~ one's weight about держáться надмéнно

**chuck III** [ʧʌk] **1.** *n* 1) цыплёнок 2) *ласк.* цыпочка 3) кудáхтанье

**2.** *v* 1) кудáхтать 2) скликáть домáшнюю птицу 3) понукáть лóшадь

**3.** *int*: ~!, ~! цып-цып!

**chuck IV** [ʧʌk] *n жарг.* пища, едá; hard ~ *мор.* сухари

**chuck-farthing** [ˈʧʌkˌfɑːðɪŋ] *n* игрá в орлянку

**chuck-hole** [ˈʧʌkhəul] *n амер.* выбоина

**chuckle I** [ˈʧʌkl] **1.** *n* 1) довóльный смех; хихиканье 2) рáдость 3) кудáхтанье

**2.** *v* 1) посмéиваться; хихикать 2) рáдоваться; he is chuckling at (*или* over) his success он рáдуется своемý успéху 3) кудáхтать

**chuckle II** [ˈʧʌkl] *a* 1) большóй (*обыкн. о голове*) 2) неуклюжий

**chuckle-head** [ˈʧʌklhed] *n* болвáн

**chuddar** [ˈʧʌdə] *инд. n* 1) шерстянáя шаль 2) покрывáло на мусульмáнской гробнице

**chuff** [ʧʌf] *n* грубиян

**chug** [ʧʌg] **1.** *n* пыхтéние (*паровоза, машины*)

**2.** *v* двигаться с пыхтéнием (*о паровозе и т. п.*)

**chum** [ʧʌm] *разг.* **1.** *n* товáрищ, приятель; закадычный друг

**2.** *v* 1) быть в дрýжбе 2) жить вмéсте в однóй кóмнате (together, with) □ ~ **in**, ~ **up** сблизиться (with — с *кем-л.*)

**chummage** [ˈʧʌmɪdʒ] *n* 1) помещéние двух и бóлее человéк в однóй кóмнате (*в общежитии, тюрьме*) 2) угощéние, котóрое по стáрому тюрéмному обычаю устрáивал нóвый арестáнт товáрищам по кáмере

**chummery** [ˈʧʌmərɪ] *n* 1) сожительство в однóй кóмнате 2) кóмната, занимáемая нéсколькими товáрищами

**chummy** [ˈʧʌmɪ] *a разг.* общительный

**chump** [ʧʌmp] *n* 1) колóда, чурбáн 2) тóлстый конéц (*чего-л.*) 3) филéйная часть (*мяса*) 4) *разг.* головá, «башкá»; to go off one's ~ а) быть óчень взволнóванным; б) сойти с умá, «трóнуться»; 5) *разг.* болвáн, дурáк

**chunk** [ʧʌŋk] **1.** *n* 1) = chump 1) *и* 2); 2) *разг.* тóлстый кусóк; ломóть 3) коренáстый и пóлный человéк 4) коренáстая лóшадь

**2.** *v амер. разг.* 1) метнýть, швырнýть, запустить 2) выбить, выколотить □ ~ **up** а) подбрóсить тóплива (*в огонь*); б) набрáть тóплива

**chunking** [ˈʧʌŋkɪŋ] **1.** *n* лязг; шум от движéния большóй машины

**2.** *a* большóй, неуклюжий; ~ piece of beef огрóмный кусóк мяса

**church** [ʧəːʧ] *n* 1) цéрковь; C. of England, Anglican C. англикáнская цéрковь; to go to ~ а) ходить в цéрковь; быть нáбожным; б) жениться; выходить зáмуж; to go into (*или* to enter) the C. принимáть духóвный сан 2) *attr.* церкóвный

**church-goer** [ˈʧəːʧˌgəuə] *n* (человéк) регулярно посещáющий цéрковь

**churchman** [ˈʧəːʧmən] *n* 1) церкóвник 2) вéрующий

**church-owl** [ˈʧəːʧaul] = barn owl

**church-rate** [ˈʧəːʧreɪt] *n* мéстный налóг на содержáние цéркви

**church service** [ˈʧəːʧˌsəːvɪs] *n* церкóвная слýжба, богослужéние

**church-text** [ˈʧəːʧtekst] *n полигр.* английский чёрный готический шрифт

**churchwarden** [ˈʧəːʧˈwɔːdn] *n* 1) церкóвный стáроста 2) *разг.* длинная курительная трýбка

**churchy** [ˈʧəːʧɪ] *a разг.* 1) прéданный цéркви 2) елéйный, хáнжеский

**churchyard** [ˈʧəːʧˈjɑːd] *n* 1) клáдбище, погóст 2) *уст.* церкóвный двор

**churl** [ʧəːl] *n* 1) грубый, дýрно воспитанный человéк 2) скряга 3) деревéнщина

**churlish** [ˈtʃə:lɪʃ] *a* 1) грубый 2) скупой 3) упорный, неподатливый 4) неблагодарный (*о труде*); труднообрабатываемый (*о почве*) 5) тугоплавкий (*о металле*)

**churn** [tʃə:n] **1.** *n* 1) маслобойка 2) мешалка

**2.** *v* 1) сбивать (*масло*) 2) взбалтывать; вспенивать; the wind ~ed the river to foam ветер вспенил реку

**churn-staff** [ˈtʃə:nstɑ:f] *n* мутовка

**chut** [tʃt, ʃ:t, tʃʌt] *int выражает нетерпение* (≅ да ну же!)

**chute** [ʃu:t] *n* 1) стремнина; крутой скат 2) покатый настил; горка (*ледяная, деревянная*) 3) *тех.* спуск; лоток, жёлоб, спускной жёлоб 4) мусоропровод 5) *горн.* скат

**'chute** [ʃu:t] *n* (*сокр. от* parachute) *ав. разг.* парашют

**'chutist** [ˈʃu:tɪst] *n* (*сокр. от* parachutist) *ав. разг.* парашютист

**chyle** [kaɪl] *n физиол.* млечный сок, хилус

**chyme** [kaɪm] *n физиол.* пищевая кашица, химус

**cicada** [sɪˈkɑ:də] *n* цикада

**cicatrice** [ˈsɪkətrɪs] *n* шрам, рубец

**cicatrization** [ˌsɪkətraɪˈzeɪʃən] *n* заживление, рубцевание

**cicatrize** [ˈsɪkətraɪz] *v* 1) заживлять 2) заживать, зарубцовываться 3) покрывать(ся) рубцами

**cicely** [ˈsɪsɪlɪ] = chervil

**Cicero** [ˈsɪsərəu] *n* Цицерон

**cicerone** [ˌtʃɪtʃəˈrəunɪ] *ит. n* (*pl* -ni) проводник, гид, чичероне

**ciceroni** [ˌtʃɪtʃəˈrəunɪ:] *pl от* cicerone

**Ciceronian** [ˌsɪsəˈrəunjən] *a* цицероновский, красноречивый

**cider** [ˈsaɪdə] *n* сидр ◇ all talk and no ~ *амер.* ≅ шума много, а толку мало

**ci-devant** [ˌsi:dəˈvɑ:ŋ] *фр. a* прежний; ~ chairman бывший председатель

**cigar** [sɪˈgɑ:] *n* сигара

**cigarette** [ˌsɪgəˈret] *n* сигарета; папироса; have a ~! закуривайте!; filter-tipped ~ сигарета с фильтром

**cigarette-case** [ˌsɪgəˈretkeɪs] *n* портсигар

**cigarette-end** [ˌsɪgəˈretend] *n* окурок

**cigarette-holder** [ˌsɪgəˈretˌhəuldə] *n* мундштук

**cigarette-lighter** [ˌsɪgəˈretˌlaɪtə] *n* зажигалка

**cigarette-paper** [ˌsɪgəˈretˌpeɪpə] *n* папиросная бумага

**cigarette-stub** [ˌsɪgəˈretstʌb] = cigarette-end

**cigar-holder** [sɪˈgɑ:ˌhəuldə] *n* мундштук для сигар

**cilery** [ˈsɪlərɪ] = cillery

**cilia** [ˈsɪlɪə] *n pl* 1) *анат.* ресницы 2) *бот., зоол.* реснички

**ciliary** [ˈsɪlɪərɪ] *a анат., бот.* ресничный, мерцательный

**ciliated** [ˈsɪlɪeɪtɪd] *a* 1) опушённый ресницами 2) *бот., зоол.* снабжённый ресничками, реснитчатый

**cilice** [ˈsɪlɪs] *n* ткань из волоса

**cillery** [ˈsɪlərɪ] *n архит.* украшение в виде листвы (*на капители колонны*)

**Cimmerian** [sɪˈmɪərɪən] *a миф.* 1) киммерийский 2) тёмный, непроглядный (*о ночи*)

**cinch** [sɪntʃ] *амер.* **1.** *n* 1) подпруга 2) *разг.* нечто надёжное, верное 3) предрешённое дело 4) влияние; контроль; to have a ~ on smb. держать кого-л. в узде

**2.** *v* 1) подтягивать подпругу (*тж.* ~ up) 2) *жарг.* нажимать (*на кого-либо*), «загнать в угол» 3) обеспечить (*успех дела*)

**cinchona** [sɪŋˈkəunə] *n* 1) хинная кора; хинин 2) хинное дерево

**cincture** [ˈsɪŋktʃə] **1.** *n* 1) *поэт.* пояс 2) опоясывание 3) *архит.* поясок (*колонны*)

**2.** *v* опоясывать, окружать

**cinder** [ˈsɪndə] **1.** *n* 1) тлеющие угли 2) шлак, окалина 3) (*часто pl*) зола; угольный мусор; пепел; to burn to a ~ дать подгореть; пережарить (*пищу*)

**2.** *v* сжигать, обращать в пепел

**cinder-box** [ˈsɪndəbɔks] *n тех.* зольник

**Cinderella** [ˌsɪndəˈrelə] *n* Золушка

**cinder-path** [ˈsɪndəpɑ:θ] *n спорт.* беговая, гаревая дорожка

**cinder-sifter** [ˈsɪndəˌsɪftə] *n* грохот для отсеивания золы от шлака

**cinder track** [ˈsɪndətræk] = cinder-path

**cine-camera** [ˈsɪnɪˌkæmərə] *n* киноаппарат (*съёмочный*)

**cine-film** [ˈsɪnɪfɪlm] *n* киноплёнка

**cinema** [ˈsɪnəmə] *n* 1) кино, кинематография, кинематограф (*тж.* the ~) 2) кинотеатр 3) кинофильм

**cinema-circuit** [ˈsɪnəməˌsə:kɪt] *n* кинотеатры, принадлежащие одному владельцу

**cinemactor** [ˈsɪnəmˌæktə] *n амер.* киноактёр

**cinemactress** [ˈsɪnəmˌæktrɪs] *n амер.* киноактриса

**cinemaddict** [ˈsɪnəmˌædɪkt] *n амер. жарг.* страстный любитель кино, киноман

**cinema-goer** [ˈsɪnəməˌgəuə] *n* кинозритель

**cinemascope** [ˈsɪnəməskəup] *n* синемаскоп (*система широкоэкранного кино*)

**cinematics** [ˌsɪnəˈmætɪks] *n pl* (*употр. как sing*) *физ.* кинематика

**cinematograph** [ˌsɪnəˈmætəgrɑ:f] *n* кинематограф

**cinematographic** [ˌsɪnəˌmætəˈgræfɪk] *a* кинематографический

**cinematography** [ˌsɪnəməˈtɔgrəfɪ] *n* кинематография

**cine-projector** [ˌsɪnəprəˈdʒektə] *n* проекционный аппарат

**cinerama** [ˌsɪnəˈrɑ:mə] *кино* синерама

**cineraria I** [ˌsɪnəˈrɛərɪə] *pl от* cinerarium

**cineraria II** [ˌsɪnəˈrɛərɪə] *n бот.* цинерария, пепельник

**cinerarium** [ˌsɪnəˈrɛərɪəm] *лат. n* (*pl* -ria) ниша для урны с прахом

**cinerary** [ˈsɪnərərɪ] *a* пепельный; ~ urn урна с прахом

**cinereous** [sɪˈnɪərɪəs] *a* пепельного цвета

**Cingalese** [ˌsɪŋgəˈli:z] **1.** *a* 1) сингальский, сингалезский 2) *уст.* цейлонский

**2.** *n* 1) сингалез, сингалец; the ~ сингалезцы, сингальцы 2) сингалезский, сингальский язык

**cinnabar** [ˈsɪnəbɑ:] *n* киноварь

**cinnamon** [ˈsɪnəmən] *n* 1) корица 2) светло-коричневый цвет

**cinq(ue)** [sɪŋk] *n* пятёрка, пять очков (*в картах, домино, игральных костях*)

**Cinque Ports** [ˈsɪŋkˈpɔ:ts] *n pl ист. название группы портовых городов* (*первоначально пять — Dover, Sandwich, Romney, Hastings, Hythe*) *в юго-восточной Англии, пользовавшихся особыми привилегиями*

**cipher** [ˈsaɪfə] **1.** *n* 1) шифр; in ~ зашифрованный 2) арабская цифра; a number of three ~s трёхзначное число 3) нуль; ничтожество; to stand for ~ быть полным ничтожеством 4) монограмма 5) *attr.*: ~ officer шифровальщик (*в посольстве*)

**2.** *v* 1) высчитывать, вычислять (*часто* ~ out) 2) шифровать, зашифровывать 3) клеймить условным знаком

**circa** [ˈsə:kə] *лат. prep* приблизительно, около (*сокр.* c.); died ~ (*или* c.) 1183 умер примерно в 1183 г.

**Circassian** [sə:ˈkæsɪən] **1.** *a* черкесский

**2.** *n* 1) черкес; черкешенка 2) черкесский язык

**Circe** [ˈsə:sɪ] *n греч. миф.* Цирцея

**circle** [ˈsə:kl] **1.** *n* 1) круг; окружность 2) группа, круг (*людей*); ruling ~s правящие круги 3) кружок 4) сфера, область; a wide ~ of interests широкий круг интересов 5) круговорот; цикл; ~ of the seasons смена всех четырёх времён года; to come full ~ завершить цикл; закончиться у исходной точки 6) округ 7) *театр.* ярус; dress ~ бельэтаж; upper ~ балкон; parquet ~ амфитеатр 8) *астр.* орбита 9) *астр.* круг (*вокруг Луны и т. п.*) 10) *геогр.* круг

**2.** *v* 1) двигаться по кругу; вращаться; the Earth ~s the Sun Земля вращается вокруг Солнца 2) *поэт.* окружать 3) передавать по кругу (*вино, закуску и т. п.*)

**circlet** [ˈsə:klɪt] *n* 1) кружок 2) кольцо, браслет; ~ of flowers венок

**circs** [sə:ks] *n pl* (*сокр. от* circumstances) *разг.* 1) обстоятельства, условия 2) материальное положение

**circuit** [ˈsə:kɪt] **1.** *n* 1) кругооборот 2) длина окружности; ~ of the globe окружность земного шара 3) объезд, круговая поездка; to make (*или* to take) а ~ пойти́ обхо́дным путём 4) *юр.* выездна́я се́ссия суда́ (*тж.* ~ court) 5) о́круг (*судебный, церковный и т. п.*); уча́сток, райо́н; ~ of action райо́н де́йствия 6) цикл, совоку́пность опера́ций 7) ряд зре́лищных предприя́тий под одни́м управле́нием 8) *эл.* цепь, ко́нтур; схе́ма; broken (*или* open) ~ разо́мкнутая цепь; detector ~ дете́кторная схе́ма 9) *attr.*: ~ rider *амер. ист.* свяще́нник

**2.** *v* обходи́ть вокру́г; соверша́ть круг; враща́ться

**circuit breaker** [ˈsəːkɪtˌbreɪkə] *n эл.* автомати́ческий выключа́тель; преры-ва́тель

**circuitous** [sə(ː)ˈkju(ː)ɪtəs] *a* кру́жный, око́льный (*путь*)

**circular** [ˈsəːkjulə] **1.** *a* 1) кру́глый; ~ saw кру́глая (*или* ци́ркульная) пила́; ~ staircase винтова́я ле́стница 2) кругово́й; ~ motion кругово́е движе́ние; ~ railway окружна́я желе́зная доро́га 3) дугово́й; ~ arc дуга́, дугово́й сегме́нт 4) циркуля́рный; ~ letter а) циркуля́р(ное письмо́); б) = ~ note; ~ note циркуля́рное аккредити́вное письмо́

**2.** *n* 1) циркуля́р 2) рекла́ма; проспе́кт

**circularity** [ˌsəːkjuˈlærɪtɪ] *n* кругообра́зность, округлость

**circularize** [ˈsəːkjuləraɪz] *v* рассыла́ть циркуля́ры, рекла́мы

**circulate** [ˈsəːkjuleɪt] *v* 1) циркули́ровать; име́ть кругово́е движе́ние 2) распространя́ть(ся) 3) передава́ть 4) быть в обраще́нии, обраща́ться (*о деньгах*) 5) повторя́ться (*о цифре в периодической дроби*) 6) *амер.* = circularize

**circulating** [ˈsəːkjuleɪtɪŋ] **1.** *pres. p. от* circulate

**2.** *a* обраща́ющийся; переходя́щий; ~ capital оборо́тный капита́л; ~ decimal (*или* fraction) периоди́ческая дробь; ~ library библиоте́ка с вы́дачей книг на́ дом; ~ medium *фин.* платёжное сре́дство

**circulation** [ˌsəːkjuˈleɪʃən] *n* 1) кругооборо́т, циркуля́ция; кругово́е движе́ние 2) кровообраще́ние (*тж.* ~ of the blood) 3) де́нежное обраще́ние 4) тира́ж (*газет, журналов*) 5) распростране́ние (*слухов и т. п.*) 6) обраще́ние; to put into ~ пусти́ть в обраще́ние; withdrawn from ~ изъя́тый из обраще́ния; ~ of commodities обраще́ние това́ров 7) *attr.* свя́занный с распростране́нием; ~ department отде́л распростране́ния (*в газете, журнале и т. п.*); ~ manager нача́льник отде́ла распростране́ния (*газеты, журнала и т. п.*)

**circulator** [ˈsəːkjuleɪtə] *n* 1) распространи́тель; ~ of infection распространи́тель зара́зы 2) *мат.* периоди́ческая дробь

**circulatory** [ˈsəːkjulətərɪ] *a* циркули́рующий

**circum-** [ˈsəːkəm-] *в сложных словах означает* вокру́г, круго́м

**circumambient** [ˌsəːkəmˈæmbɪənt] *a* окружа́ющий (*о воздухе, среде*); омыва́ющий

**circumambulate** [ˌsəːkəmˈæmbjuleɪt] *v* 1) (об)ходи́ть вокру́г 2) ходи́ть вокру́г да о́коло

**circumaviate** [ˌsəːkəmˈeɪvɪeɪt] *v* лета́ть вокру́г; to ~ the earth соверша́ть кругосве́тный перелёт

**circumbendibus** [ˌsəːkəmˈbendɪbəs] *n шутл.* 1) око́льный путь 2) = circumlocution

**circumcise** [ˈsəːkəmsaɪz] *v* 1) *церк.* соверша́ть обре́зание 2) *мед.* соверша́ть кругово́е сече́ние 3) очища́ть духо́вно

**circumcision** [ˌsəːkəmˈsɪʒən] *n* 1) *церк.* обре́зание 2) *мед.* кругово́е сече́ние 3) духо́вное очище́ние

**circumference** [səˈkʌmfərəns] *n* 1) *мат.* окру́жность; периферия 2) окру́га

**circumferential** [səˌkʌmfəˈrenʃəl] *a* относя́щийся к окру́жности; перифери́ческий

**circumflex** [ˈsəːkəmfleks] *n* циркумфле́кс, диакрити́ческий знак над гла́сной (*в др.-греч. языке означает ударение; во франц. языке — удлинение звука вследствие исчезновения другого звука, напр.* fête *вместо прежнего* feste)

**circumfluent** [səˈkʌmfluənt] *a* омыва́ющий со всех сторо́н, обтека́ющий

**circumfluous** [səˈkʌmfluəs] *a* 1) = circumfluent 2) омыва́емый, окружённый водо́й

**circumgyration** [ˈsəːkəmˌdʒaɪəˈreɪʃən] *n* враще́ние (вокру́г свое́й о́си); круже́ние

**circumjacent** [ˌsəːkəmˈdʒeɪsənt] *a* окружа́ющий, располо́женный вокру́г

**circumlittoral** [ˌsəːkəmˈlɪtərəl] *a* прибре́жный

**circumlocution** [ˌsəːkəmləˈkjuːʃən] *n* 1) многоречи́вость 2) уклóнчивые ре́чи; околи́чности 3) *лингв.* иносказа́ние, парафра́з(а) ◇ C. Office учрежде́ние, где процвета́ет волоки́та, бюрократи́зм, формали́зм (*по названию бюрократического учреждения в романе Диккенса «Крошка Доррит»*)

**circumlocutional** [ˌsəːkəmləˈkjuːʃənl] *a* 1) многоречи́вый 2) укло́нчивый

**circumlocutory** [ˌsəːkəmˈlɔkjutərɪ] *a* 1) многосло́вный 2) *лингв.* описа́тельный, перифрасти́ческий

**circum-meridian** [ˌsəːkəmməˈrɪdɪən] *a астр.* бли́зкий к меридиа́ну (*о звезде и т. п.*)

**circumnavigate** [ˌsəːkəmˈnævɪgeɪt] *v* пла́вать вокру́г; to ~ the globe (*или* the earth, the world) соверша́ть кругосве́тное пла́вание

**circumnavigation** [ˈsəːkəmˌnævɪˈgeɪʃən] *n* кругосве́тное пла́вание

**circumnavigator** [ˌsəːkəmˈnævɪgeɪtə] *n* 1) кругосве́тный морепла́ватель 2) *мор.* прибо́р Кэ́рби

**circumscribe** [ˈsəːkəmskraɪb] *v* 1) ограни́чивать; обознача́ть преде́лы; to ~ smb.'s power of action ограни́чивать чьи-л. права́ 2) *геом.* опи́сывать

**circumscription** [ˌsəːkəmˈskrɪpʃən] *n* 1) ограниче́ние, преде́л 2) райо́н; о́круг 3) на́дпись (*по окружности монеты, по краям марки и т. п.*)

**circumsolar** [ˌsəːkəmˈsəulə] *a астр.* враща́ющийся вокру́г Со́лнца; бли́зкий к Со́лнцу

**circumspect** [ˈsəːkəmspekt] *a* 1) осторо́жный, осмотри́тельный (*о человеке*) 2) проду́манный (*о плане, решении и т. п.*)

**circumspection** [ˌsəːkəmˈspekʃən] *n* осторо́жность, осмотри́тельность; настороженность

**circumspective** [ˌsəːkəmˈspektɪv] *a* 1) = circumspect 2) осма́тривающий, замеча́ющий всё круго́м

**circumstance** [ˈsəːkəmstəns] *n* 1) обстоя́тельство; слу́чай; the ~ that тот факт, что; lucky ~ счастли́вый слу́чай; unforeseen ~ непредви́денное обстоя́тельство 2) *pl* обстоя́тельства, усло́вия; under (*или* in) no ~s ни при каки́х усло́виях, никогда́; under the ~s при да́нных обстоя́тельствах, в э́тих усло́виях 3) *pl* материа́льное положе́ние; in easy (reduced) ~s в хоро́шем (стеснённом) материа́льном положе́нии 4) подро́бность, дета́ль; to omit no essential ~ не пропусти́ть ни одно́й суще́ственной дета́ли 5) церемо́ния; he was received with great ~ ему́ устро́или пы́шную встре́чу ◇ not a ~ to *амер.* ничто́ по сравне́нию с, не идёт ни в како́е сравне́ние с

**circumstanced** [ˈsəːkəmstənst] *a* поста́вленный в (*такие-то*) усло́вия

**circumstantial** [ˌsəːkəmˈstænʃəl] **1.** *a* 1) подро́бный, обстоя́тельный 2) случа́йный, привходя́щий (*об обстоятельствах*); ~ evidence ко́свенные, дополни́тельные ули́ки

**2.** *n* 1) дета́ль; подро́бность 2) *pl* привходя́щий моме́нт; difference between substantials and ~s ра́зница ме́жду суще́ственным и несуще́ственным

**circumstantiality** [ˈsəːkəmˌstænʃɪˈælɪtɪ] *n* обстоя́тельность

**circumstantially** [ˌsəːkəmˈstænʃəlɪ] *adv* 1) подро́бно, обстоя́тельно 2) не пря́мо, с по́мощью ко́свенных доказа́тельств

**circumvent** [ˌsəːkəmˈvent] *v* 1) обману́ть, обойти́, перехитри́ть 2) расстра́ивать, опроки́дывать (*планы*)

**circumvention** [ˌsəːkəmˈvenʃən] *n* обма́н, хи́трость

**circumvolution** [ˌsəːkəmvəˈljuːʃən] *n* 1) враще́ние (*вокруг общего центра*) 2) изви́лина, изги́б

**circus** [ˈsəːkəs] *n* 1) цирк 2) кру́глая пло́щадь с радиа́льно расходя́щимися у́лицами 3) *геол.* го́рный амфитеа́тр; цирк 4) *attr.*: ~ floor *геол.* дно ци́рка

**cirque** [səːk] *n* 1) *поэт.* амфитеа́тр; аре́на 2) = circus 3)

**cirrhosis** [sɪˈrəusɪs] *n мед.* цирро́з пе́чени

**cirri** [ˈsɪraɪ] *pl от* cirrus

**cirro-cumulus** [ˈsɪrəuˈkuːmjuləs] *n* пéристо-кучевы́е облакá, «барáшки»

**cirro-stratus** [ˈsɪrəuˈstrɑːtəs] *n* пéристо-слои́стые облакá

**cirrous** [ˈsɪrəs] *a* пéристый

**cirrus** [ˈsɪrəs] *n* (*pl* cirri) 1) пéристые облакá 2) *бот.*, *зоол.* ýсик

**cisalpine** [sɪsˈælpaɪn] *a* цизальпи́нский (*находящийся по южную сторону Альп*)

**cisatlantic** [ˌsɪsətˈlæntɪk] *a* на европéйской сторонé Атланти́ческого океáна

**cissy** [ˈsɪsɪ] *n разг.* 1) дéвочка, девчýшка 2) изнéженный мáльчик *или* мужчи́на; нéженка, мáменькин сынóк

**cist** [sɪst] *n археол.* гробни́ца

**Cistercian** [sɪsˈtəːʃjən] *n* цистерциáнец (*монах примыкавшего к бенедиктинцам ордена*)

**cistern** [ˈsɪstən] *n* 1) цистéрна, бак; резервуáр 2) водоём

**citadel** [ˈsɪtədl] *n* 1) крéпость, цитадéль 2) тверды́ня; оплóт; убéжище

**citation** [saɪˈteɪʃən] *n* 1) цити́рование; ссы́лка, упоминáние; цитáта 2) перечислéние; ~ of facts перечислéние фáктов 3) *юр.* вы́зов (*в суд*) 4) *воен.* упоминáние в спи́сках отличи́вшихся; to get a ~ быть отмéченным в прикáзе

**cite** [saɪt] *v* 1) ссылáться; цити́ровать 2) вызывáть (*в суд, преим. церковный*) 3) *воен.* упоминáть в спи́сках отличи́вшихся

**cither(n)** [ˈsɪθə(n)] *n поэт.*, *ист.* кифáра, ли́ра

**citify** [ˈsɪtɪfaɪ] *v* придавáть городскóй вид

**citizen** [ˈsɪtɪzn] *n* 1) граждани́н; граждáнка 2) горожáнин; горожáнка 3) *амер.* штáтский (человéк)

**citizenry** [ˈsɪtɪznrɪ] *n* граждáнское населéние, грáждане

**citizenship** [ˈsɪtɪznʃɪp] *n* граждáнство

**citrate** [ˈsɪtrɪt] *n хим.* соль лимóнной кислоты́

**citric** [ˈsɪtrɪk] *a* лимóнный

**citrine** [sɪˈtriːn] **1.** *n мин.* цитри́н, фальши́вый топáз

**2.** *a* лимóнного цвéта

**citron** [ˈsɪtrən] *n* 1) цитрóн, слáдкий лимóн 2) лимóнный цвет (*тж.* ~ colour)

**citrus** [ˈsɪtrəs] *n бот.* ци́трус

**cits** [sɪts] *n pl амер. разг.* штáтская одéжда

**cittern** [ˈsɪtəːn] = cither(n)

**city** [ˈsɪtɪ] *n* 1) большóй, стари́нный гóрод (*в Англии*); вся́кий бóлее или мéнее значи́тельный гóрод с мéстным самоуправлéнием (*в США*) 2): the C. Си́ти, деловóй квартáл в цéнтре Лóндона; финáнсовые и коммéрческие круги́ Лóндона 3) *attr.* городскóй, муниципáльный; ~ council муниципáльный совéт; ~ hall *амер.* здáние муниципалитéта, рáтуша; ~ planning планирóвка горóдов; ~ water водá из (городскóго) водопровóда 4) (C.) *attr.*: C. man финанси́ст, коммерсáнт, делéц; C. article статья́ в газéте по финáнсовым и коммéрческим вопрóсам; C. editor а) редáктор финáнсового отдéла газéты; б) *амер.* завéдующий репортáжем

**city-state** [ˈsɪtɪsteɪt] *n ист.* пóлис, гóрод-госудáрство

**civet** [ˈsɪvɪt] *n* 1) *зоол.* вивéрра, цивéтта 2) цибети́н (*ароматическое вещество из желёз виверры или циветты; употр. в парфюмерии*)

**civet-cat** [ˈsɪvɪtkæt] = civet 1)

**civic** [ˈsɪvɪk] *a* граждáнский; ~ consciousness граждáнственность

**civic-minded** [ˈsɪvɪkˈmaɪndɪd] *a* с рáзвитым чýвством граждáнского дóлга

**civics** [ˈsɪvɪks] *n pl* (*употр. как sing*) 1) оснóвы граждáнственности; граждáнское прáво 2) *юр.* граждáнские делá

**civil** [ˈsɪvl] *a* 1) граждáнский; ~ rights граждáнские правá; ~ strife междоусóбица 2) штáтский (*противоп.* воéнный); ~ engineer инженéр-строи́тель; ~ servant госудáрственный граждáнский слýжащий, чинóвник; C. Service госудáрственная граждáнская слýжба; C. Defence организáция противовоздýшной оборóны 3) *юр.* граждáнский (*противоп.* уголóвный); ~ case граждáнское дéло; C. Law граждáнское прáво 4) вéжливый; воспи́танный; to keep a ~ tongue (in one's head) держáться в рáмках прили́чия, быть вéжливым, учти́вым ◇ ~ list циви́льный лист (*сумма на содержание лиц королевской семьи*)

**civilian** [sɪˈvɪljən] **1.** *n* 1) штáтский (человéк) 2) *pl* граждáнское населéние 3) лицó, состоя́щее на граждáнской слýжбе 4) *юр.* цивили́ст, специали́ст по граждáнскому прáву

**2.** *a* штáтский; ~ clothes штáтская одéжда; ~ population граждáнское населéние

**civility** [sɪˈvɪlɪtɪ] *n* любéзность, вéжливость; to exchange civilities обменя́ться любéзностями

**civilization** [ˌsɪvɪlaɪˈzeɪʃən] *n* 1) цивилизáция 2) цивилизóванный мир

**civilize** [ˈsɪvɪlaɪz] *v* цивилизовáть

**civilized** [ˈsɪvɪlaɪzd] **1.** *p. p. от* civilize

**2.** *a* 1) цивилизóванный 2) воспи́танный, культýрный

**civilly** [ˈsɪvɪlɪ] *adv* вéжливо, учти́во, любéзно

**civil-spoken** [ˈsɪvlˈspəukn] *a* учти́вый в разговóре

**civ(v)y** [ˈsɪvɪ] *n разг.* 1) штáтский (человéк) 2) *pl воен.* штáтская одéжда 3) *attr.*: C. Street *воен. разг.* «граждáнка», граждáнская жизнь

**clabber** [ˈklæbə] **1.** *n* простоквáша

**2.** *v* скисáть, свёртываться (*о молоке*)

**clack** [klæk] **1.** *n* 1) треск; щёлканье 2) шум голосóв; болтовня́ 3) погремýшка 4) = clack-valve

**2.** *v* 1) трещáть; щёлкать 2) грóмко болтáть 3) кудáхтать, гоготáть

**clack-valve** [ˈklækˈvælv] *n тех.* откиднóй *или* ствóрчатый клáпан

**clad** [klæd] *past и p. p. от* clothe

**cladmetal** [ˈklædˌmetl] *n* плакирóванный метáлл

**claim** [kleɪm] **1.** *n* 1) трéбование; претéнзия; притязáние; утверждéние, заявлéние; to raise a ~ предъяви́ть претéнзию; to lay ~ to smth., to put smth. in a ~ предъявля́ть правá на что-л. 2) иск; реклáмация 3) *преим. амер. и австрал.* учáсток земли́, отведённый под разрабóтку недр; зая́вка на отвóд учáстка; to jump a ~ а) незакóнно захвати́ть учáсток, отведённый другóму; б) незакóнно захвати́ть что-л., принадлежáщее другóму; to stake out a ~ а) отмечáть грани́цы отведённого учáстка; б) закрепля́ть своё прáво на что-л.

**2.** *v* 1) трéбовать; to ~ damages трéбовать возмещéния убы́тков; to ~ attention трéбовать к себé внимáния; to ~ one's right трéбовать своегó 2) претендовáть, предъявля́ть претéнзию, заявля́ть правá (*на что-л.*); to ~ the victory настáивать на своéй побéде 3) утверждáть, заявля́ть 4) *юр.* возбуждáть иск о возмещéнии убы́тков

**claimant** [ˈkleɪmənt] *n* 1) предъявля́ющий правá; претендéнт 2) истéц

**claim check** [ˈkleɪmˈtʃek] *n* квитáнция на получéние закáза, вещéй пóсле ремóнта *и т. п.*

**claiming race** [ˈkleɪmɪŋˈreɪs] *n* скáчки, пóсле котóрых любáя из лошадéй мóжет быть кýплена

**clairvoyance** [kleəˈvɔɪəns] *n* 1) яснови́дение 2) проницáтельность; предви́дение

**clairvoyant** [kleəˈvɔɪənt] **1.** *n* 1) яснови́дец; яснови́дица 2) прови́дец

**2.** *a* 1) яснови́дящий 2) дальнови́дный, прозорли́вый

**clam** [klæm] **1.** *n* 1) съедóбный морскóй моллю́ск (рази́нька, венéрка *и пр.*) 2) *амер. разг.* скры́тный, необщи́тельный человéк ◇ as happy as a ~ (at high tide) ≅ рад-радёшенек; счастли́вый, довóльный

**2.** *v* 1) собирáть моллю́сков 2) ли́пнуть, прилипáть 3) *амер. разг.* быть *или* стать молчали́вым, необщи́тельным; замолчáть

**clamant** [ˈkleɪmənt] *a* 1) шумли́вый 2) вопию́щий; настоя́тельный; a ~ need for changes настоя́тельная необходи́мость в перемéнах

**clamber** [ˈklæmbə] **1.** *n* карáбканье; трýдный подъём

**2.** *v* карáбкаться, цепля́ться (*часто* ~ up)

**clambering plant** [ˈklæmbərɪŋˈplɑːnt] *n* вью́щееся растéние

**clamminess** [ˈklæmɪnɪs] *n* клéйкость, ли́пкость

**clammy** [ˈklæmɪ] *a* 1) клéйкий, ли́пкий 2) холóдный и влáжный на óщупь

**clamorous** [ˈklæmərəs] *a* 1) шу́мный, крикли́вый 2) настоя́тельный, неотло́жный

**clamour** [ˈklæmə] **1.** *n* 1) шум, кри́ки 2) шу́мные проте́сты 3) возмуще́ние, ро́пот

**2.** *v* шу́мно тре́бовать; крича́ть □ ~ **against** выступа́ть, восстава́ть про́тив *чего-л.*; ~ **down** заста́вить замолча́ть (*криками*); ~ **for** тре́бовать; to ~ for peace тре́бовать ми́ра; ~ **out** шу́мно протестова́ть

**clamp** I [klæmp] *тех.* **1.** *n* зажи́м; хому́т, струбци́на; скоба́

**2.** *v* скрепля́ть, зажима́ть; смыка́ть □ ~ **down (on)** *разг.* подавля́ть; прекраща́ть; стать тре́бовательнее (*к кому-л.*)

**clamp** II [klæmp] **1.** *n* ку́ча (*картофеля, прикрытого на зиму соломой и землёй*); клё́тка (*кирпича, сложенного для обжига*); шта́бель (*сухого торфа*)

**2.** *v* скла́дывать в ку́чу (*обыкн.* ~ up)

**clamp** III [klæmp] **1.** *n* тяжёлая по́ступь

**2.** *v* тяжело́ ступа́ть

**clam-shell** [ˈklæmʃel] *n* 1) ра́ковина моллю́ска 2) *тех.* гре́йфер

**clan** [klæn] *n* 1) клан, род (*в Шотландии*) 2) кли́ка

**clandestine** [klænˈdestɪn] *a* та́йный, скры́тый; нелега́льный

**clang** [klæŋ] **1.** *n* лязг, звон, ре́зкий металли́ческий звук (*оружия, молота, колоколов; в поэзии — труб*)

**2.** *v* производи́ть лязг, звон, ре́зкий звук; to ~ glasses together чо́каться, звене́ть стака́нами

**clangour** [ˈklæŋgə] *n* ре́зкий металли́ческий звук, лязг металли́ческих предме́тов

**clank** [klæŋk] **1.** *n* звон, лязг (*цепей, железа*); бряца́ние

**2.** *v* греме́ть (*цепью*); бряца́ть

**clannish** [ˈklænɪʃ] *a* 1) родово́й, кла́новый 2) приве́рженный к своему́ ро́ду, кла́ну 3) ограни́ченный, обосо́бленный, за́мкнутый в своём кругу́, гру́ппе *и т. п.*

**clanship** [ˈklænʃɪp] *n* 1) принадле́жность *или* пре́данность своему́ кла́ну, ро́ду 2) разделе́ние на вражде́бные гру́ппы, кружковщи́на, обосо́бленность

**clansman** [ˈklænzmən] *n* член кла́на

**clap** I [klæp] **1.** *n* 1) хло́панье; хлопо́к 2) уда́р (*грома*) 3) = clapper

**2.** *v* 1) хло́пать, аплоди́ровать; the audience ~ped the singer пу́блика аплоди́ровала певцу́ 2) хло́пать (*дверями, крыльями и т. п.*); to ~ the lid of a box to захло́пнуть кры́шку сундука́ 3) похло́пать; to ~ smb. on the back похло́пывать кого́-л. по плечу́ 4) *разг.* упря́тать, упе́чь (in); to ~ in prison упе́чь в тюрьму́ 5) надвига́ть (бы́стро *или* энерги́чно); налага́ть; to ~ duties on goods облага́ть това́ры по́шлиной; to ~ a hat on one's head нахлобу́чить шля́пу □ ~ **on:** to ~ on sails подня́ть паруса́; to ~ on to smb. подсу́нуть кому́-л. (*что-л.*); ~ **up:** to ~ up (a bargain, match, peace) поспе́шно, на́спех заключи́ть (сде́лку, брак, мир) ◇ to ~ eyes on smb. *разг.* уви́деть, заме́тить кого́-л.

**clap** II [klæp] *груб.* **1.** *n* три́ппер

**2.** *v* зарази́ть три́ппером

**clapboard** [ˈklæpbɔːd] *n* 1) клёпка (*бочарная*); ко́лотый лесоматериа́л для клёпки 2) *амер.* доска́ клинообра́зного сече́ния

**clap-net** [ˈklæpnet] *n* сило́к для птиц

**clapper** [ˈklæpə] *n* 1) язы́к (*колокола и шутл. — человека*) 2) трещо́тка (*для отпугивания птиц*) 3) клакёр

**clapperclaw** [ˈklæpəklɔː] *v* 1) цара́пать, рвать когтя́ми 2) брани́ть, ре́зко критикова́ть

**claptrap** [ˈklæptræp] **1.** *n* треску́чая фра́за; что-л. рассчи́танное на дешёвый эффе́кт

**2.** *a* рассчи́танный на дешёвый эффе́кт, показно́й

**claque** [klæk] *фр. n* кла́ка, гру́ппа клакёров

**claqueur** [ˈklækə] *фр. n* клакёр

**clarence** [ˈklærəns] *n* закры́тая четырёхме́стная каре́та

**clarendon** [ˈklærəndən] *n полигр.* полужи́рный шрифт

**claret** [ˈklærət] *n* 1) кра́сное вино́, кларе́т 2) цвет бордо́ 3) *жарг.* кровь; to tap smb.'s ~ разби́ть кому́-л. нос в кровь

**claret-cup** [ˈklærətkʌp] *n* крюшо́н из кра́сного вина́

**clarification** [ˌklærɪfɪˈkeɪʃən] *n* 1) проясне́ние 2) очище́ние 3) очи́стка

**clarify** [ˈklærɪfaɪ] *v* 1) де́лать(ся) прозра́чным (*о воздухе, жидкости*) 2) де́лать(ся) я́сным (*о стиле, мысли и т. п.*) 3) вноси́ть я́сность; to ~ the disputes ула́живать спо́ры

**clarinet** [ˌklærɪˈnet] *n муз.* кларне́т

**clarinettist** [ˌklærɪˈnetɪst] *n* кларнети́ст

**clarion** [ˈklærɪən] **1.** *n* 1) *поэт.* рожо́к, горн 2) звук рожка́; призы́вный звук

**2.** *a* гро́мкий, чи́стый (*о звуке*); ~ call гро́мкий призы́в

**clarionet** [ˌklærɪəˈnet] = clarinet

**clarity** [ˈklærɪtɪ] *n* 1) чистота́, прозра́чность 2) я́сность

**clary** [ˈkleərɪ] *n бот.* шалфе́й муска́тный

**clash** [klæʃ] **1.** *n* 1) лязг (*оружия*); гул (*колоколов*) 2) столкнове́ние; ~ of interests столкнове́ние интере́сов; ~ of opinions расхожде́ние во взгля́дах 3) конфли́кт

**2.** *v* 1) ста́лкиваться, сту́каться, ударя́ться друг о дру́га (*особ. об оружии*) 2) ударя́ть с гро́хотом; производи́ть гул, шум, звон; звони́ть во все колокола́ 3) расходи́ться (*о взглядах*) 4) ста́лкиваться (*об интересах*); приходи́ть в столкнове́ние 5) дисгармони́ровать; these colours ~ э́ти цвета́ не гармони́руют 6) совпада́ть во вре́мени; our lectures ~ на́ши ле́кции совпада́ют

**clasp** [klɑːsp] **1.** *n* 1) пря́жка, застёжка 2) пожа́тие; объя́тие, объя́тия; he gave my hand a warm ~ он тепло́ пожа́л мне ру́ку 3) *тех.* зажи́м

**2.** *v* 1) застёгивать 2) сжима́ть, обнима́ть; to ~ in one's arms заключа́ть в объя́тия; to ~ smb.'s hand пожима́ть кому́-л. ру́ку; to ~ (one's own) hands лома́ть ру́ки в отча́янии 3) обвива́ться (*о вьющемся растении*)

**clasp-knife** [ˈklɑːspnaɪf] *n* складно́й нож

**clasp-pin** [ˈklɑːsppɪn] *n* 1) безопа́сная (англи́йская) була́вка 2) зако́лка

**class** I [klɑːs] **1.** *n* (обще́ственный) класс; the working ~ рабо́чий класс; the middle ~ сре́дняя буржуази́я; the upper ~ кру́пная буржуази́я; аристокра́тия; the ~es иму́щие кла́ссы

**2.** *a* кла́ссовый; ~ alien кла́ссово чу́ждый элеме́нт

**class** II [klɑːs] **1.** *n* 1) класс; разря́д; гру́ппа; катего́рия; ~ of problems круг вопро́сов 2) сорт, ка́чество; in a ~ by itself первокла́ссный; it is no ~ *разг.* э́то никуда́ не годи́тся 3) *биол.* класс 4) класс (*в школе*); the top of the ~ пе́рвый учени́к (*в классе*) 5) вре́мя нача́ла заня́тий (*в школе*); when is ~? когда́ начина́ются заня́тия? 6) курс (*обучения*); to take ~es (in) проходи́ть курс обуче́ния (*где-л.*) 7) *амер.* вы́пуск (*студентов или учащихся такого-то года*) 8) отли́чие; to get (*или* to obtain) a ~ око́нчить курс с отли́чием 9) класс (*на железной дороге, пароходе*); to travel third ~ е́здить в тре́тьем кла́ссе 10) *воен.* призывники́ одного́ и того́ же го́да рожде́ния; the 1957 ~ призывники́ 1957 го́да (рожде́ния) 11) *мор.* тип корабля́

**2.** *a* кла́ссный

**3.** *v* 1) классифици́ровать 2) распределя́ть отли́чия (*в результате экзаменов*); Tompkins obtained a degree, but was not ~ed То́мпкинс получи́л сте́пень, но без отли́чия 3) соста́вить себе́ мне́ние, оцени́ть □ ~ **with** ста́вить наряду́ с

**class-book** [ˈklɑːsbuk] *n* уче́бник

**class-consciousness** [ˈklɑːsˈkɔnʃəsnɪs] *n* кла́ссовое созна́ние

**class-fellow** [ˈklɑːsˌfeləu] *n* однокла́ссник, шко́льный това́рищ

**classic** [ˈklæsɪk] **1.** *a* 1) классиче́ский 2) образцо́вый

**2.** *n* 1) кла́ссик 2) специали́ст по анти́чной филоло́гии 3) класси́ческое произведе́ние 4) *pl* класси́ческие языки́; класси́ческая литерату́ра

**classical** [ˈklæsɪkəl] *a* класси́ческий; ~ scholar = classic 2, 2)

**classicism** [ˈklæsɪsɪzm] *n* 1) класси́ци́зм; сле́дование класси́ческим образца́м 2) изуче́ние класси́ческих языко́в и класси́ческой литерату́ры 3) *лингв.* лати́нская *или* гре́ческая идио́ма

**classicize** [ˈklæsɪsaɪz] *v* 1) подражáть класси́ческому сти́лю 2) возводи́ть в образéц
**classification** [ˌklæsɪfɪˈkeɪʃən] *n* классифика́ция
**classified** [ˈklæsɪfaɪd] **1.** *p. p. от* classify
**2.** *a амер. воен.* секрéтный
**classify** [ˈklæsɪfaɪ] *v* классифици́ровать
**classless** [ˈklɑːslɪs] *a* бескла́ссовый; ~ society бескла́ссовое óбщество
**classman** [ˈklɑːsmæn] *n* студéнт, вы́державший экзáмен с отли́чием
**class-mate** [ˈklɑːsmeɪt] = class-fellow
**class-room** [ˈklɑːsrum] *n* класс, кла́ссная кóмната; аудитóрия (*в учéбном заведéнии*)
**classy** [ˈklɑːsɪ] *a разг.* 1) первокла́ссный, отли́чный 2) шика́рный
**clastic** [ˈklæstɪk] *a геол.* облóмочный
**clatter** [ˈklætə] **1.** *n* 1) стук; звон (*посу́ды*) 2) грóхот (*маши́н*) 3) болтовня́, трескотня́; гул (*голосóв*) 4) тóпот
**2.** *v* 1) стуча́ть; гремéть 2) болта́ть □ ~ **along** тóпать; стуча́ть копы́тами (*о лóшади*); ~ **down** с грóхотом свали́ться вниз; «загремéть» (*вниз по лéстнице*)
**clause** [klɔːz] *n* 1) *грам.* предложéние (*являющееся частью слóжного предложéния*); principal (subordinate) ~ гла́вное (прида́точное) предложéние 2) статья́, пункт; кла́узула (*в договóре*); escape ~ *дип.* пункт договóра, предусма́тривающий откáз от взя́того обяза́тельства; saving ~ *дип.* статья́, содержа́щая оговóрку
**clave** [kleɪv] *past от* cleave II
**clavecin** [ˈklævɪsɪn] *n муз.* клавеси́н
**clavichord** [ˈklævɪkɔːd] *n муз.* клавикóрды
**clavicle** [ˈklævɪkl] *n анат.* ключи́ца
**clavicular** [kləˈvɪkjulə] *a анат.* ключи́чный
**clavier** *n* 1) [ˈklævɪə] клавиату́ра 2) [kləˈvɪə] клави́р (*стари́нное назвáние фортепиáно*)
**claw** [klɔː] **1.** *n* 1) кóготь 2) ла́па с когтя́ми 3) клешня́ 4) *презр.* рука́, ла́па 5) *тех.* кула́к, па́лец, вы́ступ, зубéц; ла́па; клéщи ◇ to put out a ~ покáзывать кóгти; to draw in one's ~s присмирéть; to cut (*или* to clip, to pare) smb.'s ~s ≅ подрéзать кому́-л. кры́лышки; обезору́жить когó-л.
**2.** *v* 1) цара́пать, рвать когтя́ми; когти́ть 2) хвата́ть; to ~ hold of smth. вцепи́ться во что-л. 3) *мор.* лави́ровать; to ~ off the land *мор.* держа́ться да́льше от бéрега ◇ ~ me and I'll ~ thee *посл.* ≅ услу́га за услу́гу
**claw-hammer** [ˈklɔːˌhæmə] *n* молотóк с расщéпом для выта́скивания гвоздéй ◇ ~ coat *шутл.* фрак
**clay** [kleɪ] **1.** *n* 1) гли́на, глинозём 2) ил, ти́на 3) тéло, плоть 4) *поэт.* прах 5) гли́няная тру́бка (*тж.* ~ pipe) 6) *attr.*: ~ mill глиномя́лка ◇ to moisten one's ~ вы́пить, промочи́ть гóрло; ~ pigeon мишéнь (*в ти́ре*)
**2.** *v* обма́зывать гли́ной
**clayey** [ˈkleɪɪ] *a* 1) гли́нистый; ~ soil сугли́нок 2) ли́пкий как гли́на; запа́чканный гли́ной
**claymore** [ˈkleɪmɔː] *n* стари́нный пала́ш (*шотл. гóрцев*)
**clean** [kliːn] **1.** *a* 1) чи́стый; опря́тный; ~ room чи́стая кóмната; ~ copy белови́к 2) чи́стый, без при́меси; без порóков; ~ wheat пшени́ца без при́меси; ~ timber чистосóртный леснóй материа́л (*без сучкóв и др. дефéктов*) 3) неиспи́санный (*о ли́сте бума́ги, страни́це*) 4) незапя́тнанный, непорóчный; to have a ~ record имéть харóшую репута́цию 5) хорошó слóжённый (*о человéке*) 6) лóвкий, иску́сный; ~ stroke лóвкий уда́р 7) гла́дкий, рóвный; to make a ~ cut рéзать рóвно ◇ to have ~ hands in the matter не быть замéшанным в какóм-л. дéле; to make a ~ sweep of smth. совершéнно отдéлаться, изба́виться от чегó-л.; подчи́стить под метлу́
**2.** *n* чи́стка, убóрка; to give it a ~ почи́стить, убра́ть
**3.** *adv* 1) пóлностью, совершéнно; I ~ forgot to ask я совершéнно забы́л спроси́ть 2) на́чисто 3) пря́мо; как раз; to hit ~ in the eye попа́сть пря́мо в глаз
**4.** *v* 1) чи́стить 2) очища́ть; протира́ть; сгла́живать; полирова́ть (*метáлл*); промыва́ть (*зóлото*) □ ~ **down** а) смета́ть (*пыль со стен и т. п.*); б) чи́стить (*лóшадь*); ~ **out** а) очи́стить; б) *разг.* обворова́ть, «обчи́стить»; ~ **up** а) прибира́ть, приводи́ть в поря́док; б) зака́нчивать на́чатую рабóту; в) *жарг.* сорва́ть большóй куш
**clean-cut** [ˈkliːnˈkʌt] *a* 1) рéзко очéрченный; ~ features рéзко вы́раженные черты́ 2) я́сный, определённый; тóчный
**cleaner** [ˈkliːnə] *n* 1) убóрщик, чи́стильщик 2) срéдство для чи́стки
**cleaner(s)** [ˈkliːnə(z)] *n разг.* химчи́стка
**clean-fingered** [ˈkliːnˈfɪŋgəd] *a* неподку́пный
**clean-handed** [ˈkliːnˈhændɪd] *a* чéстный, неви́нный
**cleaning** [ˈkliːnɪŋ] **1.** *pres. p. от* clean 4
**2.** *n* 1) чи́стка, убóрка; очи́стка 2) *горн.* обогащéние 3) *attr.*: ~ woman убóрщица, убира́ющая гря́зную посу́ду в рестора́не
**clean-limbed** [ˈkliːnˈlɪmd] *a* стрóйный (*о фигу́ре*)
**cleanliness** [ˈklenlɪnɪs] *n* чистота́; чистоплóтность; опря́тность
**cleanly 1.** *a* [ˈklenlɪ] чистоплóтный
**2.** *adv* [ˈkliːnlɪ] чи́сто; целому́дренно
**cleanness** [ˈkliːnnɪs] *n* чистота́
**cleanse** [klenz] *v* 1) чи́стить, очища́ть 2) дезинфици́ровать 3) очища́ть желу́док (*слаби́тельным*)
**clean-shaven** [ˈkliːnˈʃeɪvn] *a* чи́сто вы́бритый
**clean-up** [ˈkliːnˈʌp] *n разг.* 1) убóрка; чи́стка 2) (мора́льное) очищéние (*от порóка, преступлéния и т. п.*)
**clear** [klɪə] **1.** *a* 1) я́сный, свéтлый; ~ sky безóблачное нéбо 2) прозра́чный 3) чи́стый (*о вéсе, дохóде; о сóвести*) 4) свобóдный; ~ passage свобóдный прохóд; all ~ а) путь свобóден; б) *воен.* проти́вник не обнару́жен; в) отбóй (*пóсле трево́ги*); all ~ signal сигна́л отбóя; ~ from suspicion вне подозрéний; ~ of debts свобóдный от долгóв; ~ line *ж.-д.* свобóдный перегóн (*мéжду стáнциями*) 5) цéлый, пóлный; a ~ month цéлый мéсяц 6) я́сно слы́шный, отчётливый 7) поня́тный, я́сный, недвусмы́сленный 8) я́сный (*об умé*) ◇ to get away ~ отдéлаться; in ~ а) откры́тым тéкстом, в незашифрóванном ви́де; б) *тех.* в свету́; to keep ~ of smb. остерега́ться, избега́ть когó-л.
**2.** *adv* 1) я́сно; to see one's way ~ не имéть затруднéний 2) совсéм, целикóм (*тж. нéсколько уси́ливает знач. нарéчий* away, off, through *при глагóлах*); three feet ~ цéлых три фу́та
**3.** *v* 1) очища́ть(ся); расчища́ть; to ~ the air разряди́ть атмосфéру; положи́ть конéц недоразумéниям; to ~ the dishes убира́ть посу́ду со столá; to ~ the table убира́ть со столá 2) освобожда́ть, очища́ть 3) станови́ться прозра́чным (*о винé*) 4) проясня́ться 5) рассéивать (*сомнéния, подозрéния*) 6) опра́вдывать 7) эваку́ировать 8) распродава́ть (*товáр*); great reductions in order to ~ больша́я ски́дка с цéлью распродáжи 9) проходи́ть ми́мо, минова́ть 10) не задéть, проéхать *или* перескочи́ть чéрез барьéр, не задéв егó; to ~ an obstacle взять препя́тствие; this horse can ~ 5 feet э́та лóшадь берёт барьéр в 5 фу́тов 11) получа́ть чи́стую при́быль 12) упла́чивать пóшлины, очища́ть от пóшлин □ ~ **away** а) убира́ть со столá; б) рассéивать (*сомнéния*); в) рассéиваться (*о тумáне, облакáх*); ~ **off** а) отдéлываться от *чегó-л.*; б) проясня́ться (*о погóде*); в) *разг.* убира́ться; just ~ off at once! убира́йтесь немéдленно!; ~ **out** а) очища́ть; б) *разг.* разоря́ть; в) внезáпно уéхать, уйти́; ~ **up** а) прибира́ть, убира́ть; б) выясня́ть; распу́тывать (*дéло*); в) проясня́ться (*о погóде*) ◇ to ~ the skirts of smb. смыть позóрное пятнó с когó-л.; восстанови́ть чью-л. репута́цию; to ~ the decks (for action) *мор.* приготóвиться к бóю (*перен.* к дéйствиям); to ~ the way подготóвить пóчву; to ~ one's expenses покры́ть свои́ расхóды
**clearance** [ˈklɪərəns] *n* 1) очи́стка; security ~ провéрка благонадёжности 2) вы́рубка (*лéса*); расчи́стка под па́шню 3) *ком.* очи́стка от тамóженных пóшлин 4) устранéние препя́тствий 5) разрешéние (*напр., остáвить госудáрственную дóлжность*) 6) про-

изво́дство расчётов че́рез расчётную пала́ту 7) холосто́й ход 8) *тех.* зазо́р; вре́дное простра́нство (*в цилиндре*; *тж.* ~ space) 9) кли́ренс (*автомобиля, танка*) 10) *attr.*: ~ sale (дешёвая) распрода́жа 11) *attr.*: ~ papers *ком.* докуме́нты, удостоверя́ющие очи́стку от по́шлин

**clearcole** [ˈklɪəkəul] *n стр.* грунто́вка

**clear-cut** [ˈklɪəˈkʌt] *a* я́сно очерченный; чёткий, я́сный

**clear-headed** [ˈklɪəˈhedɪd] *a* здравомы́слящий, с я́сным умо́м

**clearing** [ˈklɪərɪŋ] **1.** *pres. p. от* clear 3

**2.** *n* 1) проясне́ние *и пр.* [*см.* clear 3]; ~ of signal отме́на сигна́ла 2) уча́сток (*леса*), расчи́щенный под па́шню, ро́счисть 3) *фин.* кли́ринг (*система взаимных расчётов между банками*) 4) вскры́тие реќи

**clearing bank** [ˈklɪərɪŋˈbæŋk] *n* кли́ринговый банк

**clearing-house** [ˈklɪərɪŋhaus] *n ком.* расчётная пала́та [*см.* clearing 2, 3)]

**clearing-off** [ˈklɪərɪŋˈɔf] *n* расчёт, распла́та

**clearing station** [ˈklɪərɪŋˌsteɪʃən] *n* эвакуацио́нный пункт

**clearly** [ˈklɪəlɪ] *adv* я́сно; очеви́дно; несомне́нно; коне́чно (*в ответе*)

**clear-sighted** [ˈklɪəˈsaɪtɪd] *a* проница́тельный, дальнови́дный

**clear-starch** [ˈklɪəstaːtʃ] *v* крахма́лить

**clearstory** [ˈklɪəstərɪ] = clerestory

**clear-way** [ˈklɪəweɪ] *n* фарва́тер

**cleat** [kliːt] *n* 1) *тех.* клё́мма, зажи́м; клин 2) *тех.* волочи́льная доска́ 3) *тех.* шпунт, соедине́ние в шпунт 4) пла́нка 5) *мор.* крепи́тельная у́тка; крепи́тельная пла́нка 6) *геол.* вертика́льный клива́ж

**cleavage** [ˈkliːvɪdʒ] *n* 1) расщепле́ние; раска́лывание 2) расхожде́ние, раско́л; ~ in regard to views расхожде́ние во взгля́дах; ~ of society into classes разделе́ние о́бщества на кла́ссы 3) *геол., горн.* слои́стость; спа́йность

**cleave I** [kliːv] *v* (clove, cleft; cloven, cleft) 1) раска́лывать(ся) (*часто* ~ asunder, ~ in two) 2) прокла́дывать себе́ путь, пробива́ться (*через что-л.*) 3) разреза́ть

**cleave II** [kliːv] *v* (clave, cleaved [-d]; cleaved) 1) остава́ться ве́рным, пре́данным (to) 2) *уст.* прилипа́ть

**cleaver** [ˈkliːvə] *n* 1) дровоко́л 2) большо́й нож мясника́

**cleavers** [ˈkliːvəz] *n бот.* подмаре́нник це́пкий

**clef** [klef] *n муз.* ключ

**cleft I** [kleft] *n* тре́щина, рассе́лина

**cleft II** [kleft] **1.** *past и p. p. от* cleave I

**2.** *a* расщеплённый; ~ palate *мед.* во́лчья пасть ◇ in a ~ stick в безвы́ходном положе́нии

**cleg** [kleg] *n* о́вод, слепе́нь

**clem** [klem] *v диал.* 1) голода́ть 2) мори́ть го́лодом

**clematis** [ˈklemətɪs] *n бот.* ломоно́с

**clemency** [ˈklemənsɪ] *n* 1) милосе́рдие; снисходи́тельность 2) мя́гкость (*климата*)

**clement** [ˈklemənt] *a* 1) милосе́рдный, ми́лостивый 2) мя́гкий (*о климате*)

**clench** [klentʃ] **1.** *n* 1) сжима́ние (*кулаков*); сти́скивание (*зубов*) 2) заклёпывание 3) убеди́тельный аргуме́нт 4) = clinch 1

**2.** *v* 1) захва́тывать, зажима́ть 2) сжима́ть (*кулаки*); сти́скивать (*зубы*) 3) утвержда́ть, оконча́тельно реша́ть 4) = clinch 2

**clepsydra** [ˈklepsɪdrə] *n ист.* клепси́дра, водяны́е часы́

**clerestory** [ˈklɪəstərɪ] *n архит.* ве́рхний ряд о́кон, освеща́ющий хо́ры; зени́тный фона́рь

**clergy** [ˈkləːdʒɪ] *n* 1) духове́нство, клир 2) *собир. разг.* свяще́нники; twenty ~ were present прису́тствовало два́дцать духо́вных лиц

**clergyman** [ˈkləːdʒɪmən] *n* свяще́нник ◇ ~'s week (fortnight) о́тпуск, включа́ющий два (три) воскресе́нья

**cleric** [ˈklerɪk] *n* духо́вное лицо́, церко́вник

**clerical** [ˈklerɪkəl] **1.** *a* 1) клерика́льный 2) канцеля́рский; ~ work канцеля́рская, конто́рская рабо́та; ~ error канцеля́рская оши́бка, опи́ска перепи́счика

**2.** *n* клерика́л

**clericalism** [ˈklerɪkəlɪzm] *n* клерикали́зм

**clericalist** [ˈklerɪkəlɪst] = clerical 2

**clerihew** [ˈklerɪhjuː] *n* коми́ческое четверости́шие

**clerk** [klaːk] **1.** *n* 1) клерк, письмоводи́тель; конто́рский слу́жащий; correspondence ~ *ком.* корреспонде́нт 2) *воен.* пи́сарь 3) чино́вник; секрета́рь; Chief C. управля́ющий дела́ми, секрета́рь городско́го управле́ния 4) прика́зчик, торго́вый слу́жащий; ~ of the works производи́тель рабо́т (*на стройке*) 5) *уст.* духо́вное лицо́; образо́ванный *или* гра́мотный челове́к ◇ C. of the Weather *шутл.* ≅ «хозя́ин пого́ды»; метеоро́лог; *амер. шутл.* нача́льник метеорологи́ческого отде́ла управле́ния свя́зи

**2.** *v амер.* служи́ть, быть чино́вником

**clerkly** [ˈklaːklɪ] *a* 1) облада́ющий хоро́шим по́черком; ~ hand хоро́ший по́черк 2) *уст.* духо́вный, церко́вный 3) *уст.* гра́мотный, учёный

**clerkship** [ˈklaːkʃɪp] *n* до́лжность секретаря́, клерка *и т. п.* [*см.* clerk 1]

**clever** [ˈklevə] *a* 1) у́мный 2) ло́вкий; иску́сный; ~ piece of work иску́сная рабо́та 3) спосо́бный, дарови́тый; he is ~ at biology у него́ спосо́бности к биоло́гии 4) *амер. разг.* доброду́шный

**cleverness** [ˈklevənɪs] *n* 1) одарённость 2) ло́вкость; иску́сность, уме́ние

**clevis** [ˈklevɪs] *n* 1) ва́га (*дышла*) 2) *тех.* скоба́; тя́говая серьга́; караби́н

**clew** [kluː] **1.** *n* 1) клубо́к 2) *мор.* шко́товый у́гол па́руса

**2.** *v* (*обыкн.* ~ up) 1) сма́тывать в клубо́к 2) *мор.* брать (паруса́) на ги́товы 3) *мор. разг.* зака́нчивать каку́ю-л. рабо́ту

**clewline** [ˈkluːlaɪn] *n мор.* ги́тов

**cliché** [ˈkliːʃeɪ] *фр. n* 1) *полигр.* клише́; пласти́нка стереоти́па 2) штамп; изби́тая фра́за

**click** [klɪk] **1.** *n* 1) щёлканье (*затвора, щеколды*); щелчо́к (*в механизме*) 2) *фон.* щёлкающий звук (*в некоторых южноафриканских языках*) 3) засе́чка (*у лошади*) 4) *тех.* защёлка, соба́чка; трещо́тка

**2.** *v* 1) щёлкать; to ~ the door защёлкнуть за собо́й дверь; to ~ one's tongue прищёлкнуть языко́м; to ~ one's heels together щёлкнуть каблука́ми 2) *разг.* то́чно соотве́тствовать, подходи́ть (*по характеру*); ла́дить 3) *разг.* отлича́ться чёткостью, сла́женностью 4) *разг.* име́ть успе́х

**click beetle** [ˈklɪkˌbiːtl] *n зоол.* жук-щелку́н

**clicker** [ˈklɪkə] *n* 1) загото́вщик (*обуви*) 2) *полигр.* метранпа́ж 3) *разг.* зазыва́ла (*в магазин*)

**client** [ˈklaɪənt] *n* 1) клие́нт 2) постоя́нный покупа́тель, зака́зчик

**clientage** [ˈklaɪəntɪdʒ] *n* 1) клие́нты, клиенту́ра 2) отноше́ния патро́на и клие́нтов

**clientèle** [ˌkliːaːnˈtel] *фр. n* 1) = clientage 1); 2) постоя́нные покупа́тели, зака́зчики; постоя́нные посети́тели (*театра и т. п.*)

**cliff** [klɪf] *n* 1) отве́сная скала́; утёс 2) круто́й обры́в

**cliff-hanger** [ˈklɪfˌhæŋə] *n амер. разг.* 1) увлека́тельный рома́н *или* расска́з, частя́ми передаю́щийся по ра́дио 2) захва́тывающий приключе́нческий фильм 3) собы́тие (*состязание и т. п.*), исхо́д кото́рого волну́юще неизве́стен до после́днего моме́нта

**climacteric** [klaɪˈmæktərɪk] **1.** *n* 1) климакте́рий, крити́ческий во́зраст 2) крити́ческий пери́од

**2.** *a* 1) климактери́ческий 2) крити́ческий, опа́сный

**climate** [ˈklaɪmɪt] *n* 1) кли́мат 2) атмосфе́ра; настрое́ние; состоя́ние обще́ственного мне́ния (*часто* ~ of opinion); international ~ междунаро́дная обстано́вка; in a friendly ~ в атмосфе́ре дру́жбы

**climatic** [klaɪˈmætɪk] *a* климати́ческий

**climatology** [ˌklaɪməˈtɔlədʒɪ] *n* климатоло́гия

**climax** [ˈklaɪmæks] **1.** *n* 1) вы́сшая то́чка, кульминацио́нный пункт 2) *ритор.* нараста́ние

2. *v* дойти́ *или* довести́ до кульминацио́нного пу́нкта

**climb** [klaɪm] **1.** *n* 1) подъём, восхожде́ние 2) *ав.* набо́р высоты́; rate of ~ ско́рость подъёма 3) *attr.*: ~ indicator *ав.* указа́тель вертика́льной ско́рости

**2.** *v* 1) поднима́ться, кара́бкаться, влеза́ть; to ~ (up) a tree влеза́ть на де́рево; to ~ to power стреми́ться к вла́сти 2) *ав.* набира́ть высоту́ 3) ла́зить 4) ви́ться (*о растениях*) □ ~ **down** а) слеза́ть; б) отступа́ть, уступа́ть (*в споре*)

**climb-down** [ˈklaɪmˈdaun] *n* 1) спуск 2) усту́пка (*в споре*)

**climber** [ˈklaɪmə] *n* 1) альпини́ст 2) *pl* монтёрские ко́гти 3) выо́щееся расте́ние 4) честолю́бец, карьери́ст

**climbing-irons** [ˈklaɪmɪŋˈaɪənz] *n pl* 1) = climber 2); 2) шипы́ на о́буви альпини́стов

**clime** [klaɪm] *n поэт.* 1) кли́мат 2) страна́, край

**clinch** [klɪntʃ] **1.** *n* 1) зажи́м; скоба́; заклёпка 2) игра́ слов, каламбу́р 3) клинч, захва́т (*в боксе*)

**2.** *v* 1) прибива́ть гвоздём, загиба́я его́ шля́пку; заклёпывать 2) оконча́тельно реша́ть, догова́риваться; to ~ a bargain заключи́ть, закрепи́ть сде́лку; to ~ an argument реши́ть спор; to ~ the matter реши́ть вопро́с 3) войти́ в клинч (*в боксе*)

**clincher** [ˈklɪntʃə] *n* 1) заклёпка, болт; скоба́ 2) клепа́льщик 3) *разг.* реша́ющий до́вод 4) *авто* кли́нчер

**cling** [klɪŋ] *v* (clung) (*часто* ~ to) 1) цепля́ться; прилипа́ть 2) держа́ться (*берега, дома и т. п.*); to ~ together держа́ться вме́сте 3) остава́ться ве́рным (*взглядам, друзьям*) 4) льнуть 5) облега́ть (*о платье*)

**clingstone** [ˈklɪŋstəun] *n* пло́хо отделя́емая ко́сточка (*персика, абрикоса и т. п.*)

**clingy** [ˈklɪŋɪ] *a* ли́пкий, це́пкий

**clinic** [ˈklɪnɪk] *n* 1) кли́ника, лече́бница 2) амбулато́рия, медпу́нкт (*при больнице*) 3) практи́ческие заня́тия студе́нтов-ме́диков в кли́нике

**clinical** [ˈklɪnɪkəl] *a* клини́ческий; ~ record исто́рия боле́зни

**clink** I [klɪŋk] **1.** *n* 1) звон (*тонкого металла, стекла*) 2) *шотл. разг.* зво́нкая моне́та

**2.** *v* звене́ть; звуча́ть; to ~ glasses звене́ть бока́лами, чо́каться

**clink** II [klɪŋk] *n жарг.* тюрьма́; *воен.* «губа́»

**clinker** I [ˈklɪŋkə] *n* 1) кли́нкер, голла́ндский кирпи́ч 2) шлак 3) засты́вшая ла́ва 4) штукату́рный гвоздь

**clinker** II [ˈklɪŋkə] *n жарг.* прекра́сный экземпля́р *или* образе́ц чего́-л. (*напр. прекрасная лошадь, меткий выстрел, удар и т. п.*)

**clinker-built** [ˈklɪŋkəbɪlt] *a мор.* обши́тый внакро́й (*противоп.* carvel-built)

**clinking** [ˈklɪŋkɪŋ] **1.** *pres. p. от* clink I, 2

**2.** *a* 1) звеня́щий 2) *разг.* превосхо́дный, первокла́ссный

**3.** *adv разг.* о́чень; ~ good о́чень хоро́ший

**clinkstone** [ˈklɪŋkstəun] *n мин.* феноли́т, звеня́щий ка́мень, порфи́рный сла́нец

**clinometer** [klaɪˈnɔmɪtə] *n* 1) клино́метр 2) оруди́йный квадра́нт

**clip** I [klɪp] **1.** *n* 1) *тех.* зажи́мные клёщи; зажи́мная скоба́ 2) скре́пка; зажи́м; хому́тик; ~ of cartridges патро́нная обо́йма 3) клипс (*брошь, серьга*)

**2.** *v* 1) зажима́ть, сжима́ть, кре́пко обхва́тывать 2) скрепля́ть (*бумаги*)

**clip** II [klɪp] **1.** *n* 1) стри́жка 2) настри́г ше́рсти 3) *pl шотл.* но́жницы (*для стрижки овец*) 4) *разг.* си́льный уда́р

**2.** *v* 1) стричь (*особ. овец*) 2) обреза́ть; отреза́ть; отсека́ть; обрыва́ть; to ~ the coin обреза́ть край моне́ты 3) надрыва́ть (*билет в трамвае и т. п.*); компости́ровать 4) де́лать вы́резки (*из газет и т. п.*) 5) глота́ть, сокраща́ть (*слова*)

**clip** III [klɪp] **1.** *n* 1) *разг.* бы́страя похо́дка; at a fast ~ о́чень бы́стро 2) *амер.* де́рзкая, наха́льная девчо́нка

**2.** *v разг.* бы́стро идти́, бежа́ть

**clipper** I [ˈklɪpə] *n* 1) тот, кто стрижёт 2) *pl* но́жницы 3) *тех.* куса́чки

**clipper** II [ˈklɪpə] *n* 1) кли́пер (*быстроходное парусное судно; тж. тяжёлая летающая лодка*) 2) скоростно́й самолёт для да́льних (*особ. трансокеанских*) перелётов 3) кле́ппер (*лошадь*) 4) *жарг.* что-л. первосо́ртное

**clippie** [ˈklɪpɪ] *n разг.* же́нщина-конду́ктор (*в автобусе и т. п.*)

**clipping** [ˈklɪpɪŋ] **1.** *pres. p. от* clip II, 2

**2.** *n* 1) газе́тная вы́резка 2) обре́зок 3) обре́зывание, сре́зывание

**3.** *a* 1) ре́жущий; ре́зкий 2) *жарг.* первокла́ссный

**clipping room** [ˈklɪpɪŋrum] *n кино* монта́жная

**clique** [kliːk] *фр. n* кли́ка

**cliqu(e)y** [ˈkliːkɪ] *фр. a* 1) име́ющий хара́ктер кли́ки 2) за́мкнутый

**clitoris** [ˈklɪtərɪs] *n анат.* кли́тор, похотни́к

**clivers** [ˈklɪvəz] = cleavers

**cloaca** [kləuˈeɪkə] *n* 1) клоа́ка, выводно́е отве́рстие для экскреме́нтов (*у рыб и т. п.*) 2) канализацио́нная сто́чная труба́; кана́л для сто́ка нечисто́т 3) клоа́ка, атмосфе́ра безнра́вственности

**cloak** [kləuk] **1.** *n* 1) плащ; ма́нтия 2) покро́в; ~ of snow покро́в сне́га 3) предло́г; ма́ска, личи́на; under the ~ of loyalty под ма́ской лоя́льности

**2.** *v* 1) покрыва́ть плащо́м; надева́ть плащ 2) скрыва́ть, прикрыва́ть, маскирова́ть

**cloak-and-dagger** [ˈkləukən(d)ˈdægə] *a* 1) приключе́нческий; романти́ческий; ~ comedy коме́дия «плаща́ и шпа́ги» 2) шпио́нский; ~ agents шпио́ны

**cloak-and-sword** [ˈkləukən(d)ˈsɔːd] = cloak-and-dagger

**cloak-room** [ˈkləukrum] *n* 1) гардеро́б, раздева́льня 2) *ж.-д.* ка́мера хране́ния 3) убо́рная

**clobber** [ˈklɔbə] *v разг.* 1) избива́ть, колошма́тить 2) по́лностью разби́ть, разгроми́ть

**cloche** [kləuʃ] *фр. n* 1) вид тепли́чной ра́мы 2) стекля́нная гермети́чески закрыва́ющаяся кры́шка скорова́рки (*в форме колокола*) 3) да́мская шля́па «ко́локол»

**clock** I [klɔk] **1.** *n* 1) часы́ (*стенные, настольные, башенные*); like a ~ пунктуа́льно; he worked the ~ round он прорабо́тал кру́глые су́тки 2): what o'clock is it? кото́рый час? ◇ the ~ strikes for him наста́л его́ час; to put (*или* to set) back the ~ ≅ (пыта́ться) поверну́ть наза́д колесо́ исто́рии; заде́рживать разви́тие

**2.** *v* 1) отмеча́ть вре́мя прихо́да на рабо́ту (in, on) *или* ухо́да с рабо́ты (out, off) (*на специальных часах*) 2) *спорт.* показа́ть вре́мя; he ~ed 11.6 seconds for the 80 metres hurdles он показа́л вре́мя 11,6 секу́нды в барье́рном бе́ге на 80 ме́тров 3) хронометри́ровать

**clock** II [klɔk] *n* стре́лка (*чулка*)

**clock-case** [ˈklɔkkeɪs] *n* футля́р для часо́в

**clock-face** [ˈklɔkfeɪs] *n* цифербла́т

**clock-glass** [ˈklɔkglɑːs] *n* стекля́нный колпа́к для часо́в

**clock-house** [ˈklɔkhaus] *n амер.* проходна́я (*завода, фабрики и т. п.*)

**clocking** [ˈklɔkɪŋ] *a*: ~ hen насе́дка, клу́ша

**clockwatcher** [ˈklɔkˌwɔtʃə] *n* челове́к, рабо́тающий «от и до»; челове́к, форма́льно относя́щийся к свое́й рабо́те

**clockwise** [ˈklɔkwaɪz] **1.** *a* движу́щийся по часово́й стре́лке

**2.** *adv* по часово́й стре́лке

**clock-work** [ˈklɔkwəːk] **1.** *n* часово́й механи́зм; like ~ с то́чностью часово́го механи́зма

**2.** *a* 1) то́чный 2) заводно́й; ~ toys заводны́е игру́шки

**clod** [klɔd] **1.** *n* 1) ком, глы́ба 2) прах, мёртвое те́ло 3) ду́рень, о́лух

**2.** *v* 1) слёживаться ко́мьями 2) швыря́ть ко́мьями

**cloddish** [ˈklɔdɪʃ] *a* 1) глу́пый 2) неуклю́жий

**clodhopper** [ˈklɔdˌhɔpə] *n* неповоро́тливый, грубова́тый, неотёсанный па́рень

**clod-poll** [ˈklɔdpəul] = clod 1, 3)

**clog** [klɔg] **1.** *n* 1) препя́тствие 2) засоре́ние 3) башма́к на деревя́нной подо́шве

**2.** *v* 1) обременя́ть, меша́ть, препя́тствовать 2) засоря́ть(ся); засто́поривать(ся) 3) надева́ть пу́ты, спу́-

тывать (*лошадь*) 4) надева́ть башма-ки́ на деревя́нной подо́шве

**cloggy** [ˈklɔgɪ] *a* 1) комкова́тый; сбива́ющийся в ко́мья 2) густо́й, вя́з-кий 3) легко́ засоря́ющийся

**cloisonné** [ˌklɔɪzəˈneɪ] *фр. n* клуа-зоне́

**cloister** [ˈklɔɪstə] **1.** *n* 1) монасты́рь 2) *архит.* кры́тая арка́да 3) *attr.*: ~ vault *архит.* монасты́рский свод

**2.** *v* 1) заточа́ть в монасты́рь 2) уединя́ться (*часто* ~ oneself)

**cloistered** [ˈklɔɪstəd] **1.** *p. p. от* cloister 2

**2.** *a* 1) заточённый 2) уединённый 3) окружённый арка́дами

**cloisterer** [ˈklɔɪstərə] *n* мона́х

**cloistral** [ˈklɔɪstrəl] *a* 1) монасты́р-ский; мона́шеский 2) уединённый

**cloistress** [ˈklɔɪstrɪs] *n* мона́хиня

**cloning** [ˈkləunɪŋ] *n биол.* вегета-ти́вное размноже́ние

**clonus** [ˈkləunəs] *n мед.* мы́шечное сокраще́ние, кло́нус

**clop** [klɔp] *n* стук (*копыт*)

**close I** [kləus] **1.** *a* 1) закры́тый 2) уединённый; скры́тый; to keep a thing ~ держа́ть что-л. в секре́те; to keep (*или* to lie) ~ пря́таться 3) за́м-кнутый, молчали́вый, скры́тный; to keep oneself ~ держа́ться за́мкнуто 4) стро́гий (*об аресте, изоляции*) 5) спёртый, ду́шный 6) бли́зкий (*о времени и месте*); те́сный; ~ contact те́сный конта́кт; to get to ~ quarters сбли́зиться, подойти́ на бли́зкую ди-ста́нцию; ~ attack *воен.* наступле́ние с бли́жней диста́нции; ~ column со́-мкнутая коло́нна; ~ order со́мкнутый строй; ~ defence непосре́дственное охране́ние 7) бли́зкий, инти́мный; ~ friend бли́зкий друг 8) внима́тельный; тща́тельный; подро́бный; ~ investiga-tion подро́бное обсле́дование; ~ read-ing внима́тельное, ме́дленное чте́ние 9) то́чный; ~ translation то́чный пе-рево́д 10) сжа́тый (*о почерке, стиле*); ~ print убо́ристая печа́ть 11) без про́-пусков, пробе́лов; свя́зный 12) пло́т-ный; густо́й (*о лесе*); ~ texture пло́т-ная ткань 13) облега́ющий (*об оде-жде*); хорошо́ при́гнанный; то́чно со-отве́тствующий 14) почти́ ра́вный (*о шансах*) 15) скупо́й; he is ~ with his money он скупова́т ◇ (by) a ~ shave а) на волосо́к от; б) с минима́льным преиму́ществом; ~ call *амер.* на во-лосо́к от; ~ contest упо́рная борьба́ на вы́борах; ~ vote почти́ ра́вное де-ле́ние голосо́в; ~ district *амер.* изби-ра́тельный о́круг, где побе́да на вы́бо-рах оде́ржана незначи́тельным боль-шинство́м; ~ season вре́мя, когда́ за-прещена́ охо́та *или* ры́бная ло́вля

**2.** *adv* 1) бли́зко; ~ up побли́зости; ~ on почти́, приблизи́тельно; there were ~ on a hundred people present прису́тствовало почти́ сто челове́к 2) почти́; he ran me very ~ он почти́ догна́л меня́ 3) ко́ротко; ~ cropped ко́ротко остри́женный; to cut one's hair ~ ко́ротко постри́чься

**close II** [kləuz] **1.** *n* 1) коне́ц, за-верше́ние, оконча́ние; to bring to a ~ довести́ до конца́, заверши́ть, зако́н-чить 2) закры́тие 3) *муз.* каде́нция; када́нс

**2.** *v* 1) закрыва́ть(ся); конча́ть (*торговлю, занятия*) 2) зака́нчивать (-ся); заключа́ть (*речь и т. п.*); to ~ a discussion прекрати́ть обсужде́ние 3) подходи́ть бли́зко; сближа́ться вплотну́ю 4) *эл.* замыка́ть (*цепь*) □ ~ **about** оку́тывать; окружа́ть; ~ **down** а) закрыва́ть (*предприятие*); прекраща́ть рабо́ту; б) применя́ть ре-пре́ссии; подавля́ть; в) *мор.* задра́и-вать; ~ **in** а) приближа́ться; насту-па́ть; б) окружа́ть, огора́живать; в) сокраща́ться (*о днях*); ~ **on** при-ходи́ть к соглаше́нию; ~ **round** окру-жа́ть; ~ **up** а) закрыва́ть; б) ликви-ди́ровать; в) закрыва́ться (*о ране*); г) зака́нчивать; д) сомкну́ть ряды́; ~ **upon** = ~ on; ~ **with** а) вступа́ть в борьбу́; б) принима́ть предложе́ние, заключа́ть сде́лку ◇ to ~ one's days умере́ть; to ~ the door on smth. по-ложи́ть коне́ц обсужде́нию чего́-л.; сде́лать что-л. невозмо́жным

**close III** [kləus] *n* 1) огоро́женное ме́сто (*часто вокруг собора*) 2) шко́ль-ная площа́дка

**closed** [kləuzd] **1.** *p. p. от* close II, 2

**2.** *a* 1) за́пертый, закры́тый; ~ sea вну́треннее мо́ре (*все берега которого принадлежат одному государству*); ~ work *горн.* подзе́мные рабо́ты; ~ shop *амер.* предприя́тие, принима́ю-щее на рабо́ту то́лько чле́нов проф-сою́за (*на основании договора с профсоюзом*); ~ economy автарки́-ческая эконо́мия, авта́ркия; ~ sea-son вре́мя, когда́ запрещена́ охо́та 2) зако́нченный 3) *фон.* закры́тый; ~ syllable закры́тый слог 4) *эл.* под то́ком ◇ ~ mind ограни́ченность

**close-down** [ˈkləuzˈdaun] *n* остано́в-ка рабо́ты в связи́ с закры́тием пред-прия́тия

**close-fisted** [ˈkləusˈfɪstɪd] *a* скупо́й

**close-grained** [ˈkləusˈgreɪnd] *a* мел-козерни́стый, мелковолокни́стый

**close-hauled** [ˈkləusˈhɔːld] *a мор.* иду́щий в круто́й бейдеви́нд

**close-in** [ˈkləusˈɪn] *a*: ~ fighting бли́жний бой; рукопа́шная схва́тка

**closely** [ˈkləuslɪ] *adv* 1) бли́зко, те́сно 2) внима́тельно; to look ~ at smth. при́стально смотре́ть на что-л. ◇ ~ confined в стро́гой изоля́ции

**closely-knit** [ˈkləuslɪˈnɪt] *a* сплочён-ный

**closeness** [ˈkləusnɪs] *n* 1) бли́зость 2) пло́тность 3) духота́ 4) ску́пость 5) уедине́ние

**close-out** [ˈkləusˈaut] *n* распро-да́жа

**close-stool** [ˈkləusstuːl] *n* стульча́к; пара́ша

**closet** [ˈklɔzɪt] **1.** *n* 1) чула́н 2) (стенно́й) шкаф; jam ~ буфе́т; bed ~ ни́ша для крова́ти; ма́ленькая спа́льня 3) *уст.* кабине́т 4) убо́рная 5) *attr.* кабине́тный; ~ strategist ка-бине́тный страте́г

**2.** *v* запира́ть; to be ~ed with smb. совеща́ться с кем-л. наедине́

**close-up** [ˈkləusˈʌp] *n* 1) *кино, тлв.* кру́пный план 2) *амер.* тща́тельный осмо́тр 3) *attr.*: ~ pictures *кино* ка́д-ры, сня́тые кру́пным пла́ном

**closing** [ˈkləuzɪŋ] **1.** *pres. p. от* close II, 2

**2.** *n* 1) заключе́ние, коне́ц 2) за-кры́тие; запира́ние 3) смыка́ние 4) *эл.* замыка́ние

**3.** *a* заключи́тельный; ~ speech за-ключи́тельное сло́во

**closing-time** [ˈkləuzɪŋtaɪm] *n* вре́мя закры́тия (*магазинов, учреждений и т. п.*)

**closure** [ˈkləuʒə] **1.** *n* 1) закры́тие; *фон.* смыка́ние 2) *парл.* прекраще́ние пре́ний

**2.** *v* закрыва́ть пре́ния

**clot** [klɔt] **1.** *n* 1) комо́к, сгу́сток 2) *геол.* уча́сток (поро́ды) 3) свер-ну́вшаяся кровь 4) *мед.* тромб 5) *разг.* идио́т, болва́н

**2.** *v* 1) свёртываться, запека́ться (*о крови*) 2) сгуща́ться; створа́живаться (*о молоке*)

**cloth** [klɔθ] *n* 1) ткань; сукно́; по-лотно́; холст; бума́жная мате́рия; ~ of gold (silver) золота́я (серебряная) парча́; bound in ~ в переплёте из ма-те́рии 2) *pl* куски́ мате́рии; сорта́ су́-кон, мате́рий 3) пы́льная тря́пка 4) ска́терть; to lay the ~ накрыва́ть на стол 5) духо́вный сан; gentlemen of the ~ духове́нство

**clothe** [kləuð] *v* (clothed [-d], clad) 1) одева́ть; to ~ one's children обес-пе́чивать дете́й оде́ждой; to ~ oneself одева́ться 2) облека́ть; ~d with au-thority облечённый вла́стью; to ~ one's thoughts in words облека́ть мы́с-ли в слова́ 3) покрыва́ть; spring ~s the land with verdure весна́ покрыва́ет зе́млю зе́ленью

**clothes** [kləuðz] *n pl* 1) пла́тье, оде́жда 2) (посте́льное) бельё

**clothes-bag** [ˈkləuðzbæg] = clothes--basket

**clothes-basket** [ˈkləuðzˌbɑːskɪt] *n* бельева́я корзи́на

**clothes-brush** [ˈkləuðzbrʌʃ] *n* платя-на́я щётка

**clothes-horse** [ˈkləuðzhɔːs] *n* ра́ма для су́шки белья́

**clothes-line** [ˈkləuðzlaɪn] *n* верёв-ка для разве́шивания и су́шки белья́

**clothes-man** [ˈkləuðzmæn] *n* старь-ёвщик

**clothes-pin** [ˈkləuðzpɪn] *n* защи́пка для разве́шанного белья́

**clothes-press** [ˈkləuðzpres] *n* 1) ко-мо́д для белья́ 2) приспособле́ние для глаже́ния оде́жды

**clothier** [ˈkləuðɪə] *n* 1) торго́вец ма-нуфакту́рой и мужско́й оде́ждой 2) портно́й 3) фабрика́нт су́кон

**clothing** [ˈkləuðɪŋ] **1.** *pres. p. от* clothe

2. *n* 1) одéжда, плáтье 2) *воен.* обмундировáние 3) *тех.* обши́вка 4) *мор.* парусá

**clotted** ['klɔtɪd] **1.** *p. p. от* clot 2

**2.** *a* свернýвшийся, запёкшийся; ~ hair сли́пшиеся, свалявшиеся вóлосы ◇ ~ nonsense сýщий вздор

**clou** [klu:] *фр. n* 1) основнáя мысль 2) то, что нахóдится в цéнтре внимáния; гвоздь прогрáммы

**cloud** [klaud] **1.** *n* 1) óблако; тýча; mushroom ~ грибови́дное óблако (*при атомном взрыве*); ~s of smoke клубы́ ды́ма; ~s of dust клубы́ пы́ли; a ~ on one's happiness óблачко, омрачáющее чьё-л. счáстье 2) мнóжество, тьма, тýча (*птиц, стрел и т. п.*) 3) пятнó; a ~ on one's reputation пятнó на чьей-л. репутáции; to be under a ~ of suspicion быть под подозрéнием 4) покрóв; under ~ of night под покрóвом нóчи 5) шерстянáя шаль ◇ to be (*или* to have one's head) in the ~s витáть в облакáх; in the ~s нереáльный, воображáемый; under a ~ а) в тяжёлом положéнии; б) в немúлости, в опáле; в) под подозрéнием; every ~ has a (*или* its) silver lining *посл.* ≅ нет хýда без добрá

**2.** *v* 1) покрывáть(ся) облакáми, тýчами 2) омрачáть(ся); затемня́ть; мути́ть 3) очерни́ть; запятнáть (*репутацию*) □ ~ **over,** ~ **up** заволáкиваться

**cloudberry** ['klaud͵berɪ] *n бот.* морóшка

**cloud-burst** ['klaudbə:st] *n* ли́вень

**cloud-capped** ['klaudkæpt] *a* закры́тый облакáми, тýчами (*о горных вершинах*)

**cloud-castle** ['klaud͵kɑ:sl] *n* воздýшные зáмки, мечты́, фантáзии

**cloud-drift** ['klauddrɪft] *n* плывýщие облакá

**cloud-land** ['klaudlænd] *n* скáзочная странá, мир грёз

**cloudless** ['klaudlɪs] *a* безóблачный, я́сный

**cloudlet** ['klaudlɪt] *n* óблачко, тýчка

**cloud-world** ['klaudwə:ld] = cloud-land

**cloudy** ['klaudɪ] *a* 1) óблачный 2) непрозрáчный, мýтный (*о жидкости*) 3) пýтаный; тумáнный (*о мысли*) 4) затумáненный, нея́сный (*о зрении, о видимости*) 5) хмýрый, мрáчный 6) с пя́тнами, прожи́лками (*о мраморе и т. п.*)

**clout** [klaut] **1.** *n* 1) лоскýт, тря́пка 2) *разг.* затрéщина 3) = clout-nail

**2.** *v* 1) *уст., диал.* грýбо чини́ть *или* латáть 2) *разг.* давáть затрéщину

**clout-nail** ['klautneɪl] *n* гвоздь с плóской шля́пкой; штукатýрный гвоздь

**clove** I [kləuv] *n* 1) гвозди́ка (*пряность*); oil of ~s гвозди́чное мáсло 2) гвозди́чное дéрево

**clove** II [kləuv] *n* зубóк чеснóчной головки; лýковичка

**clove** III [kləuv] *past от* cleave I

**clove-gillyflower** ['kləuv'dʒɪlɪ͵flauə] *n бот.* гвозди́чное дéрево

**clove hitch** ['kləuvhɪtʃ] *n мор.* вы́бленочный ýзел

**cloven** ['kləuvn] **1.** *p. p. от* cleave I

**2.** *a* раздвóенный, расщеплённый; ~ hoof раздвóенное копы́то (*у парнокопытных*) ◇ to show the ~ hoof (*или* foot) обнарýживать дьявольский харáктер (*дьявола обычно изображали с раздвоенным копытом*)

**clover** ['kləuvə] *n* клéвер ◇ he is in ~, he lives in ~ ≅ он как сыр в мáсле катáется; он живёт припевáючи

**clow** [klau] *n* шлюзные ворóта

**clown** [klaun] **1.** *n* 1) клóун 2) шут 3) неотёсанный пáрень

**2.** *v* дурáчиться, изображáть из себя́ клóуна

**clownery** ['klaunərɪ] *n* клоунáда

**clownish** ['klaunɪʃ] *a* 1) шутовскóй 2) грýбый; неотёсанный

**cloy** [klɔɪ] *v* пресыщáть ◇ too many sweets ~ the palate избы́ток слáдостей вызывáет отвращéние

**club** I [klʌb] **1.** *n* 1) дуби́нка 2) *спорт.* клю́шка; битá; булавá 3) приклáд (*ружья*)

**2.** *v* бить (*дубиной, прикладом*)

**club** II [klʌb] *n pl карт.* трéфы, трефóвая масть

**club** III [klʌb] **1.** *n* клуб

**2.** *v* 1) собирáться вмéсте 2) устрáивать склáдчину (together, with)

**clubbable** ['klʌbəbl] *a* 1) достóйный быть члéном клýба 2) общи́тельный; лю́бящий (клýбное) óбщество

**clubbing** I ['klʌbɪŋ] **1.** *pres. p. от* club I, 2

**2.** *n* избиéние дуби́нкой

**clubbing** II ['klʌbɪŋ] *pres. p. от* club III, 2

**club-foot** ['klʌb'fut] **1.** *n* косолáпость; изурóдованная ступня́

**2.** *a* = club-footed

**club-footed** ['klʌb'futɪd] *a* косолáпый, с изурóдованной ступнёй

**club-law** I ['klʌb'lɔ:] *n* кулáчное прáво

**club-law** II ['klʌb'lɔ:] *n* устáв клýба

**clubman** ['klʌbmən] *n* 1) член клýба 2) *амер.* свéтский человéк; прожигáтель жи́зни

**club-shaped** ['klʌbʃeɪpt] *a* утолщённый на однóм концé, булавови́дный

**clubwoman** ['klʌb͵wumən] *n* жéнщина — член *или* завсегдáтай клýба

**cluck** [klʌk] **1.** *n* кудáхтанье, клохтáнье

**2.** *v* кудáхтать, клохтáть

**clue** [klu:] *n* 1) ключ (*к разгадке чего-л.*); ули́ка 2) нить (*рассказа и т. п.*); ход мы́слей

**clump** [klʌmp] **1.** *n* 1) грýппа (*деревьев*) 2) звук тяжёлых шагóв 3) двойнáя подóшва

**2.** *v* 1) тяжелó ступáть (*обыкн.* ~ about) 2) сажáть грýппами 3) стáвить двойнýю подóшву

**clumsy** ['klʌmzɪ] *a* 1) неуклю́жий, нелóвкий; неповорóтливый 2) грýбый, топóрный 3) бестáктный

**clung** [klʌŋ] *past и p. p. от* cling

**cluster** ['klʌstə] **1.** *n* 1) кисть, пучóк, гроздь; куст; ~ of grapes гроздь виногрáда 2) грýппа; ~ of spectators кýчка зри́телей 3) рой (*пчёл*) 4) скоплéние, концентрáция 5) *attr.*: ~ sampling вы́борочное обслéдование 6) *attr.*: ~ switch *эл.* группово́й выключáтель

**2.** *v* 1) расти́ пучкáми, грóздьями; roses ~ed round the house вокрýг дóма росли́ кусты́ роз 2) собирáться грýппами, толпи́ться, тесни́ться; the children ~ed round their teacher дéти окружи́ли учи́тельницу; memories of the past ~ round this spot с э́тим мéстом свя́заны воспоминáния прóшлого

**clutch** I [klʌtʃ] **1.** *n* 1) сжáтие; захвáт; to make a ~ at smth. схвати́ть что-л. 2) *pl* кóгти, лáпы 3) власть, тиски́; to get into the ~es of moneylenders попáсть во власть (*или* в лáпы) ростовщикóв 4) *тех.* зажи́мное устрóйство; мýфта, сцеплéние; to throw in (out) the ~ сцепи́ть (разобщи́ть) мýфту

**2.** *v* схвати́ть; зажáть; ухвати́ть(ся) ◇ to ~ at a straw хватáться за солóминку

**clutch** II [klʌtʃ] **1.** *n* 1) я́йца, на котóрых сиди́т кýрица 2) вы́водок

**2.** *v* выси́живать (*цыплят*)

**clutter** ['klʌtə] **1.** *n* 1) суматóха 2) беспоря́док; хаóс 3) шум, гам

**2.** *v* 1) создавáть суматóху 2) приводи́ть в беспоря́док, загромождáть вещáми (*часто* ~ up); her desk was ~ed up with old papers её стол был завáлен стáрыми бумáгами 3) создавáть помéхи, мешáть; to ~ traffic затрудня́ть (ýличное) движéние 4) шумéть

**Clydesdale** ['klaɪdzdeɪl] *n* клейдесдáльская порóда лошадéй-тяжеловóзов

**clyster** ['klɪstə] *n мед.* 1) кли́зма; клисти́р 2) *attr.*: ~ pipe клисти́рная трýбка

**co-** [kəu-] *в сложных словах означает общность, совместность действий, сотрудничество, взаимность и т. п.; напр.* co-ordinate координи́ровать; согласóвывать; co-education совмéстное обучéние лиц мужскóго и жéнского пóла

**coach** I [kəutʃ] **1.** *n* 1) карéта, экипáж; ~ and four (six) карéта, запряжённая четвёркой (шестёркой) 2) *ж.-д.* пассажи́рский вагóн 3) автóбус (междугорóдного сообщéния) 4) *ист.* почтóвая карéта ◇ to drive a ~ and four (*или* six) through свести́ на нéт, аннули́ровать, обойти́ закóн (юриди́ческое постановлéние *и т. п.*), ссылáясь на нетóчность *или* нея́сность в тéксте; найти́ лазéйку

**2.** *v* 1) éхать в карéте 2) перевози́ть в карéте

**coach** II [kəutʃ] **1.** *n* 1) репети́тор (*подготавливающий к экзаменам*) 2) трéнер; инструктор

**2.** *v* 1) подготáвливать *или* натáскивать к экзáмену 2) занимáться с репетúтором 3) тренировáть, подготáвливать к состязáниям 4) *ав.* инструктúровать пилóта по рáдио во врéмя ночны́х полётов

**coach-box** [ˈkəutʃbɔks] *n* кóзлы

**coach-house** [ˈkəutʃhaus] *n* карéтный сарáй

**coachman** [ˈkəutʃmən] *n* 1) кýчер 2) искýсственная мýха (*употр. при рыбной ловле*)

**coadjutor** [kəuˈædʒutə] *n* коадъю́тор, помóщник, заместúтель (*особ. духовного лица*)

**coagulant** [kəuˈægjulənt] *n хим.* сгущáющее веществó, коагуля́нт

**coagulate** [kəuˈægjuleɪt] *v* сгущáть (-ся), свёртывать(ся); коагулúровать

**coagulation** [kəuˌægjuˈleɪʃən] *n* коагуля́ция, свёртывание

**coal** [kəul] **1.** *n* 1) (кáменный) ýголь 2) уголёк ◇ to call (*или* to haul) over the ~s дéлать вы́говор; давáть нагоня́й; to carry ~s to Newcastle возúть товáр тудá, где егó и без тогó мнóго; ≅ éхать в Тýлу со своúм самовáром; занимáться бессмы́сленным дéлом (*г. Ньюкасл — центр угольной промышленности*); to heap ~s of fire on smb.'s head *библ.* ≅ пристыдúть когó-л., воздáв добрóм за зло

**2.** *v* 1) грузúть(ся) ýглем 2) обýгливаться

**coal-bed** [ˈkəulbed] *n* ýгольный пласт

**coal-black** [ˈkəulˈblæk] *a* чёрный как смоль

**coal-burner** [ˈkəulˌbəːnə] *n* корáбль, рабóтающий на ýгле

**coal-cutter** [ˈkəulˌkʌtə] *n* врýбовая машúна

**coal-dust** [ˈkəuldʌst] *n* мéлкий ýголь, ýгольная пыль

**coaler** [ˈkəulə] *n* 1) ýгольщик (*пароход*) 2) грýзчик угля́

**coalesce** [ˌkəuəˈles] *v* 1) срастáться 2) объединя́ться (*о людях*)

**coalescence** [ˌkəuəˈlesns] *n* 1) сращéние, соединéние 2) объединéние (*в группы и т. п.*); смесь ◇ ~ of councils единодýшие, единоглáсие

**coal-field** [ˈkəulfiːld] *n* каменноýгóльный бассéйн; месторождéние кáменного угля́

**coal-flap** [ˈkəulflæp] *n* кры́шка находя́щегося на тротуáре лю́ка ýгольного подвáла

**coal-gas** [ˈkəulgæs] *n* каменноугóльный газ, светúльный газ

**coal-heaver** [ˈkəulˌhiːvə] *n* вóзчик угля́

**coal-hole** [ˈkəulhəul] *n* 1) подвáл для хранéния угля́ 2) люк для спýска угля́ в подвáл

**coaling** [ˈkəulɪŋ] **1.** *pres. p. от* coal 2

**2.** *n* погрýзка угля́, бункерóвка

**coaling-station** [ˈkəulɪŋˌsteɪʃən] *n* ýгольная стáнция, ýгольная бáза

**coalite** [ˈkəulaɪt] *n хим.* коалúт

**coalition** [ˌkəuəˈlɪʃən] *n* 1) коалúция; сою́з (*временный*) 2) *attr.* коалициóнный; a ~ government коалициóнное правúтельство

**coalitionist** [ˌkəuəˈlɪʃənɪst] *n* учáстник коалúции

**coalman** [ˈkəulmæn] *n* 1) углекóп 2) ýгольщик (*пароход*)

**coal-measures** [ˈkəulˌmeʒəz] *n pl геол.* каменноýгóльные пласты́; каменноýгóльная свúта; каменноýгóльные отложéния

**coal-mine** [ˈkəulmaɪn] *n* ýгольная шáхта, копь

**coal-pit** [ˈkəulpɪt] = coal-mine

**coal-plough machine** [ˈkəulplaumə-ˌʃiːn] *n* ýгольный комбáйн

**coal-scuttle** [ˈkəulˌskʌtl] *n* ведёрко для угля́

**coal-seam** [ˈkəulsiːm] = coal-bed

**coal-tar** [ˈkəulˈtɑː] *n* каменноýгóльная смолá, каменноýгóльный дёготь

**coaly** [ˈkəulɪ] *a* 1) ýгольный, содержáщий ýголь 2) чёрный как ýголь 3) покры́тый ýгольной пы́лью; чумáзый

**coaming** [ˈkəumɪŋ] *n мор.* кóмингс

**coarse** [kɔːs] *a* 1) грýбый (*о пище, одежде и т. п.*); ~ thread сурóвые нúтки 2) крýпный; ~ sand крýпный песóк 3) необрабóтанный, шероховáтый (*о материале*) 4) нúзкого сóрта 5) грýбый, невéжливый 6) непристóйный, вульгáрный

**coarse-grained** [ˈkɔːsgreɪnd] *a* 1) крупнозернúстый; ~ wood широкослóйная древесúна 2) неотёсанный, грýбый (*о человеке*)

**coarsen** [ˈkɔːsn] *v* 1) дéлать грýбым 2) грубéть

**coast** [kəust] **1.** *n* 1) морскóй бéрег, побережье 2) *амер.* снéжная гóрка 3) *амер.* спуск с горы́ на сáнках 4) спуск под уклóн с вы́ключенным мотóром *или* без педáлей ◇ the ~ is clear путь свобóден, препя́тствий нет

**2.** *v* 1) плáвать вдоль побережья 2) *амер.* катáться с горы́ 3) спускáться под уклóн с вы́ключенным мотóром *или* без педáлей

**coastal** [ˈkəustəl] **1.** *a* береговóй; ~ traffic каботáжное плáвание; ~ command береговáя охрáна; ~ submarine подвóдная лóдка прибрéжного дéйствия

**2.** *n* сýдно береговóй охрáны

**coaster** [ˈkəustə] *n* 1) каботáжное сýдно 2) жúтель береговóго райóна 3) подстáвка для стакáна (*и т. п.*); серéбряный поднóс (*часто на колёсиках*) для графúна

**coastguard** [ˈkəustgɑːd] *n* береговáя охрáна; *амер.* морскáя погранúчная слýжба

**coasting** [ˈkəustɪŋ] **1.** *pres. p. от* coast 2

**2.** *n* 1) каботáжное судохóдство 2) *амер.* спуск с горы́; катáнье с гор 3) *attr.* каботáжный; ~ trade каботáжная торгóвля

**coastline** [ˈkəustlaɪn] *n* береговáя лúния

**coast waiter** [ˈkəustˌweɪtə] *n* тамóженный чинóвник, надзирáющий за каботáжными судáми

**coast warning** [ˈkəustˌwɔːnɪŋ] *n мор.* штормовóй сигнáл

**coastwise** [ˈkəustwaɪz] **1.** *a* каботáжный

**2.** *adv* вдоль побережья

**coat** [kəut] **1.** *n* 1) пиджáк; мундúр; френч; кúтель; Eton ~ корóткая чёрная кýртка; tail (*или* claw-hammer) ~ фрак; morning ~ визúтка; ~ and skirt жéнский костю́м 2) вéрхнее плáтье, пальтó; to take off one's ~ снять пальтó [*ср. тж.* ◇] 3) мех, шерсть; *редк.* шýбка (*животного*); оперéние (*птицы*) 4) слой, покрóв; ~ of snow снеговóй покрóв; ~ of paint слой крáски; ~ of dust слой пы́ли 5) *анат.* оболóчка, плевá 6) *тех.* облицóвка, обшúвка; обклáдка; грунт ◇ ~ of arms гéрбовый щит, герб; ~ of mail кольчýга; to dust a man's ~ (for him) вздуть, отколотúть когó-л.; to take off one's ~ приготóвиться к дрáке [*ср. тж.* 2)]; to take off one's ~ to (the) work горячó взя́ться за рабóту; to turn one's ~ меня́ть свои́ убеждéния, взгля́ды; переходúть на стóрону протúвника

**2.** *v* 1) покрывáть (*краской и т. п.*); his tongue is ~ed у негó язы́к обложéн 2) облицóвывать

**coatee** [ˈkəutiː] *n* корóткая кýртка

**coating** [ˈkəutɪŋ] **1.** *pres. p. от* coat 2

**2.** *n* 1) слой (*краски и т. п.*); шпаклёвка, грунт 2) *тех.* обшúвка; покры́тие 3) материáл для пальтó

**co-author** [kəuˈɔːθə] *n* соáвтор

**co-ax** [kəuks] *n воен.* пулемёт кóмплексной установки

**coax** [kəuks] **1.** *v* 1) упрáшивать (*лаской, терпеливо и т. п.*), уговáривать; задáбривать; she ~ed the child to take the medicine онá уговорúла ребёнка приня́ть лекáрство 2) добúться чегó-л. с пóмощью уговóров, лéсти (into, out of); he was ~ed into coming here егó упросúли прийтú сюдá; to ~ smth. out of smb. добúться лáской *и т. п.* чегó-л. от когó-л.; to ~ the fire into burning терпелúво разжигáть огóнь

**2.** *n* человéк, котóрый умéет упросúть, убедúть

**coaxal** [ˈkəuˈæksəl] *a* коаксáльный, имéющий óбщую ось

**coaxial** [ˈkəuˈæksɪəl] = coaxal

**coaxing** [ˈkəuksɪŋ] **1.** *pres. p. от* coax 1

**2.** *n* задáбривание, уговáривание

**cob I** [kɔb] **1.** *n* 1) глы́ба, ком 2) = cob-swan 3) *название породы невысоких, коренастых верховых лошадей* 4) кочеры́жка кукурýзного початкá 5) крýпный орéх

**2.** *v* 1) бросáть, швыря́ть 2) бить 3) *горн.* дробúть рудý вручнýю молоткóм

**cob II** [kɔb] *n* 1) смесь глúны с солóмой (*для обмазки стен*) 2) *attr.*; ~ wall глинобúтная стенá

**cobalt** [kəu'bɔ:lt] *n* 1) *хим.* ко́бальт 2) ко́бальтовая си́няя кра́ска

**cobber** ['kɔbə] *n австрал. разг.* прия́тель

**cobble** I ['kɔbl] **1.** *n* 1) булы́жник 2) *pl* кру́пный у́голь

**2.** *v* мости́ть (*булыжником*)

**cobble** II ['kɔbl] **1.** *n* пло́хо сде́ланная рабо́та

**2.** *v* чини́ть, лата́ть (*обувь*)

**cobbler** ['kɔblə] *n* 1) сапо́жник, занима́ющийся почи́нкой о́буви; ~'s wax воск (*для вощения ниток*) 2) плохо́й рабо́тник 3) напи́ток из вина́ с са́харом, лимо́ном и льдом

**cobble-stone** ['kɔblstəun] = cobble I, 1, 1)

**cobby** ['kɔbı] *a* низкоро́слый, корена́стый

**coble** ['kəubl] *n* плоскодо́нная ры-ба́чья ло́дка

**cob-nut** ['kɔbnʌt] *n* род воло́шского оре́ха, фунду́к

**cobra** ['kəubrə] *n* ко́бра, очко́вая змея́

**cob-swan** ['kɔbswɔn] *n* ле́бедь-саме́ц

**cobweb** ['kɔbweb] *n* 1) паути́на 2) лёгкая прозра́чная ткань 3) *pl* хитросплете́ния, то́нкости ◇ ~ morning тума́нное у́тро; to blow away the ~s прове́триться; прогуля́ться; he has a ~ in his throat у него́ го́рло пересо́хло

**cobwebby** ['kɔb,webı] *a* затя́нутый паути́ной

**coca** ['kəukə] *n бот.* ко́ка (*южноамер. кустарник и его листья*)

**coca-cola** ['kəukə'kəulə] *n* ко́ка-ко́ла

**cocaine** [kə'keın] *n* кокаи́н

**cocainize** [kə'keınaız] *v* впры́скивать кокаи́н

**cocci** ['kɔksaı] *pl от* coccus

**coccus** ['kɔkəs] *n* (*pl* cocci) *мед.* кокк

**coccyx** ['kɔksıks] *n анат.* ко́пчик

**cochin(-china)** ['kɔtʃın('tʃaınə)] *n* кохинхи́нка (*порода кур*)

**cochineal** ['kɔtʃıni:l] *n* кошени́ль (*краска*)

**cochlea** ['kɔklıə] *n* (*pl* -leae) *анат.* ули́тка (*уха*)

**cochleae** ['kɔklıi:] *pl от* cochea

**cochleare** [,kɔklı'εəri:] *n мед.* ло́жка (*мера лекарства; в рецептах сокр.* cochl.)

**cock** I [kɔk] **1.** *n* 1) пету́х; ~ of the wood те́терев, глуха́рь 2) саме́ц (*птицы*) 3) петуши́ный крик (*на заре*); we sat till the second ~ мы сиде́ли до вторы́х петухо́в 4) кран 5) флю́гер 6) куро́к; at full ~ на по́лном взво́де 7) сторожо́к (*весов*); стре́лка (*солнечных часов*) 8) *ав.* сиде́нье лётчика 9) вожа́к, коново́д; ~ of the school пе́рвый коново́д и драчу́н в шко́ле 10) *груб.* полово́й член ◇ ~ of the walk *разг.* а) хозя́ин положе́ния; б) ва́жная персо́на, ме́стный заправи́ла; to live like a fighting ~ жить припева́ючи; old ~ дружи́ще; that ~ won't fight ≅ э́тот но́мер не пройдёт

**2.** *v* поднима́ть; to ~ (up) one's ears настора́живать у́ши (*о животном*); навостри́ть у́ши, насторожи́ться; to ~ one's hat зала́мывать шля́пу набекре́нь; to ~ one's pistol взводи́ть куро́к пистоле́та ◇ to ~ one's eye подмигну́ть; взгляну́ть многозначи́тельно; to ~ one's nose задира́ть нос, ва́жничать

**cock** II [kɔk] **1.** *n* стог

**2.** *v* скла́дывать се́но в стога́

**-cock** [-kɔk] *в сложных словах означает самца птиц*

**cockade** [kɔ'keıd] *n* кока́рда

**cock-a-doodle-doo** ['kɔkədu:dl'du:] *n* 1) кукареку́ 2) пету́х, петушо́к

**cock-a-hoop** ['kɔkə'hu:p] *a* 1) *predic.* лику́ющий; торжеству́ющий 2) самодово́льный; хвастли́во-задо́рный; высокоме́рный

**Cockaigne** [kɔ'keın] *n* ска́зочная страна́ изоби́лия и пра́здности; the land of ~ *ирон.* Ло́ндон и его́ окре́стности

**cockalorum** [,kɔkə'lɔ:rəm] *n разг.* «петушо́к», самоуве́ренный молодо́й челове́к небольшо́го ро́ста

**cock-and-bull** ['kɔkən(d)'bul] *a*: ~ story неправдоподо́бная исто́рия; небыли́цы

**cockatoo** [,kɔkə'tu:] *n* 1) какаду́ (*попугай*) 2) *австрал. разг.* ме́лкий фе́рмер

**cockatrice** ['kɔkətraıs] *n* васили́ск

**Cockayne** [kə'keın] = Cockaigne

**cockboat** ['kɔkbəut] *n* судова́я шлю́пка

**cockchafer** ['kɔk,tʃeıfə] *n зоол.* ма́йский жук, хрущ

**cock-crow** ['kɔkkrəu] *n* вре́мя, когда́ начина́ют петь петухи́, рассве́т

**cocked** [kɔkt] **1.** *p. p. от* cock I, 2

**2.** *a* 1) по́днятый 2) за́дранный кве́рху

**cocked hat** ['kɔkthæt] *n* 1) треуго́лка 2) письмо́, сло́женное треуго́льником

**Cocker** ['kɔkə] *n*: according to ~ как по Ко́керу (*Кокер — автор учебника арифметики в XVII в.*), то́чно, соверше́нно пра́вильно

**cocker** I ['kɔkə] *v* ласка́ть, балова́ть (*детей*) □ ~ **up** потво́рствовать (in); зака́рмливать сла́достями

**cocker** II ['kɔkə] *n* ко́кер-спанье́ль (*охотничья собака*)

**cockerel** ['kɔkərəl] *n* 1) петушо́к 2) драчу́н, задира

**cock-eye** ['kɔkaı] **1.** *n разг.* кося́щий глаз

**2.** *a* косо́й

**cock-eyed** ['kɔkaıd] *a разг.* 1) косогла́зый 2) косо́й 3) пья́ный 4) бестолко́вый, дура́цкий

**cock-fight(ing)** ['kɔk,faıt(ıŋ)] *n* петуши́ный бой

**cock-horse** ['kɔk'hɔ:s] **1.** *n* па́лочка-лоша́дка (*детская игрушка*)

**2.** *adv* верхо́м на па́лочке

**cockiness** ['kɔkınıs] *n* самонаде́янность; де́рзость

**cockle** I ['kɔkl] *n бот.* 1) ку́коль посевно́й 2) пле́вел опьяня́ющий

**cockle** II ['kɔkl] *n зоол.* съедо́бный моллю́ск ◇ to warm (*или* to rejoice) the ~s of one's heart ра́довать, согрева́ть се́рдце

**cockle** III ['kɔkl] **1.** *n* морщи́на, изъя́н (*в бумаге, материи*)

**2.** *v* 1) морщи́ниться 2) покрыва́ться бара́шками (*о море*) 3) завёртывать(ся) винто́м *или* спира́лью

**cockle** IV ['kɔkl] *n* печь для су́шки хме́ля

**cockle-boat** ['kɔklbəut] = cockle-shell 2)

**cockle-shell** ['kɔklʃel] *n* 1) ра́ковина 2) «скорлу́пка», у́тлое судёнышко, у́тлая лодчо́нка

**cock-loft** ['kɔklɔft] *n* 1) манса́рда 2) черда́к

**cockney** ['kɔknı] *n* 1) ко́кни, ло́ндонец из низо́в (*особ. уроженец Ист-Энда*) 2) ко́кни (*лондонское просторечие, преимущественно Ист-Энда*) 3) *пренебр.* горожа́нин 4) *attr.* сво́йственный ко́кни; ~ pronunciation произноше́ние ко́кни

**cockpit** ['kɔkpıt] *n* 1) аре́на для петуши́ных боёв 2) аре́на борьбы́; ~ of Europe *уст.* Бе́льгия 3) *мор.* ку́брик; ко́кпит 4) *ав.* каби́на в самолёте

**cockroach** ['kɔkrəutʃ] *n* тарака́н

**cockscomb** ['kɔkskəum] *n* 1) петуши́ный гре́бень 2) дура́цкий, шутовско́й колпа́к 3) *бот.* пету́ший гребешо́к

**cocksfoot** ['kɔksfut] *n бот.* ёжа сбо́рная

**cockshead** ['kɔkshed] *n бот.* эспарце́т

**cock-shot** ['kɔkʃɔt] = cock-shy 2)

**cock-shy** ['kɔkʃaı] *n* 1) наро́дная игра́ (*в которой участвующий, попадая в мишень палкой, получает приз*) 2) мише́нь

**cock sparrow** ['kɔk,spærəu] *n* 1) воробе́й-саме́ц 2) забия́ка, задира

**cock-sure** ['kɔk'ʃuə] *a* 1) вполне́ уве́ренный; I was ~ of (*или* about) his horse я был уве́рен, что его́ ло́шадь вы́играет 2) самоуве́ренный 3) неизбе́жный (*о событии*)

**cockswain** ['kɔksweın, 'kɔksn] = coxswain

**cocksy** ['kɔksı] = cocky

**cocktail** ['kɔkteıl] *n* 1) кокте́йль 2) ло́шадь с подре́занным хвосто́м; скакова́я полукро́вка 3) вы́скочка

**cocky** ['kɔkı] *a* самоуве́ренный; де́рзкий; наха́льный

**cocky-leeky** ['kɔkı'li:kı] *n шотл.* кури́ный бульо́н, запра́вленный лу́ком

**coco** ['kəukəu] *n* 1) коко́совая па́льма 2) = coconut 1)

**cocoa** ['kəukəu] *n* 1) кака́о (*порошок и напиток*) 2) *attr.* кака́овый; ~ bean боб кака́о; ~ nibs зёрна кака́о, очи́щенные от шелухи́ 3) *attr.*: ~ powder бу́рый по́рох

**cocoa-husks** ['kəukəhʌsks] = cocoa-shells

**cocoa-nut** ['kəukənʌt] = coconut

**cocoa-shells** [ˈkəukəʃelz] *n pl* кака́-ве́лла

**coconut** [ˈkəukənʌt] *n* 1) коко́с 2) *разг.* башка́ 3) *разг.* до́ллар 4) *attr.* коко́совый; ~ fibre коко́совая моча́лка; ~ milk мле́чный сок в коко́совом оре́хе ◇ that accounts for the milk in the ~ *шутл.* вот тепе́рь всё поня́тно

**coconut-tree** [ˈkəukənʌtˈtriː] *n* коко́совая па́льма

**cocoon** [kəˈkuːn] *n* ко́кон

**cocoonery** [kəˈkuːnərɪ] *n амер.* червово́дня; ста́нция для вы́водки целлюля́рной гре́ны

**coco-palm** [ˈkəukəpɑːm] *n* коко́совая па́льма

**cod** I [kɔd] *n* (*pl без измен.*) треска́

**cod** II [kɔd] *v разг.* надува́ть, обма́нывать

**cod** III [kɔd] *n* стручо́к, шелуха́

**coda** [ˈkəudə] *n муз.* ко́да

**coddle** I [ˈkɔdl] **1.** *n* не́женка

**2.** *v* 1) уха́живать (*как за больны́м*); ку́тать; изне́живать 2) балова́ть

**coddle** II [ˈkɔdl] *v* 1) обва́ривать кипятко́м, вари́ть на ме́дленном огне́ 2) *диал.* печь (я́блоки)

**code** [kəud] **1.** *n* 1) *юр.* ко́декс, свод зако́нов; civil ~ гражда́нский ко́декс; criminal ~ уголо́вный ко́декс 2) код; Morse ~ а́збука (*или* код) Мо́рзе 3) зако́ны че́сти, мора́ли; мора́льные но́рмы; ~(s) of conduct но́рмы поведе́ния

**2.** *v* шифрова́ть по ко́ду, коди́ровать

**codeine** [ˈkəudiːn] *n фарм.* кодеи́н

**codex** [ˈkəudeks] *лат. n* (*pl* codices) 1) стари́нная ру́копись *или* сбо́рник стари́нных ру́кописей 2) *редк.* ко́декс

**cod-fish** [ˈkɔdfɪʃ] = cod I

**codger** [ˈkɔdʒə] *n разг.* чуда́к; эксцентри́чный старика́шка

**codices** [ˈkəudɪsiːz] *pl от* codex

**codicil** [ˈkɔdɪsɪl] *n юр.* дополни́тельное распоряже́ние; припи́ска (к духо́вному завеща́нию)

**codification** [ˌkɔdɪfɪˈkeɪʃən] *n* кодифика́ция, сведе́ние в ко́декс

**codify** [ˈkɔdɪfaɪ] *v* 1) составля́ть ко́декс, кодифици́ровать 2) приводи́ть в систе́му (*условные знаки, сигналы и т. п.*) 3) шифрова́ть

**cod-liver oil** [ˈkɔdlɪvərˈɔɪl] *n* ры́бий жир

**co-ed, coed** [ˈkəuˈed] *n разг.* (*сокр. от* co-educated) студе́нтка уче́бного заведе́ния для лиц обо́его по́ла

**co-education** [ˈkəuˌedjuːˈkeɪʃən] *n* совме́стное обуче́ние лиц обо́его по́ла

**coefficient** [ˌkəuɪˈfɪʃənt] **1.** *n* 1) коэффицие́нт; ~ of efficiency *тех.* коэффицие́нт поле́зного де́йствия 2) соде́йствующий фа́ктор

**2.** *a* соде́йствующий

**coemption** [kəuˈempʃən] *n эк.* ску́пка всего́ име́ющегося това́ра

**coenobite** [ˈsiːnəubaɪt] *n церк.* мона́х; и́нок

**coequal** [kəuˈiːkwəl] *a* ра́вный друго́му (*по чину, званию и т. п.*)

**coerce** [kəuˈəːs] *v* 1) принужда́ть; to ~ into silence заста́вить замолча́ть, умо́лкнуть 2) сообщи́ть движе́ние

**coercible** [kəuˈəːsɪbl] *a* 1) поддаю́щийся принужде́нию, наси́лию 2) сжима́ющийся (*о газах*)

**coercion** [kəuˈəːʃən] *n* принужде́ние, наси́лие ◇ C. Act, C. Bill зако́н о приостано́вке конституцио́нных гара́нтий

**coercive** [kəuˈəːsɪv] *a* принуди́тельный; ~ force *физ.* коэрцити́вная си́ла

**coeval** [kəuˈiːvəl] **1.** *n* 1) све́рстник 2) совреме́нник

**2.** *a* 1) одного́ во́зраста 2) совреме́нный (with)

**coexist** [ˈkəuɪgˈzɪst] *v* сосуществова́ть

**coexistence** [ˈkəuɪgˈzɪstəns] *n* сосуществова́ние; совме́стное существова́ние

**coexistent** [ˈkəuɪgˈzɪstənt] *a* сосуществу́ющий

**coextensive** [ˈkəuɪksˈtensɪv] *a* одина́кового протяже́ния во вре́мени *или* простра́нстве

**coffee** [ˈkɔfɪ] *n* ко́фе; white ~ ко́фе с молоко́м

**coffee-bean** [ˈkɔfɪbiːn] *n* кофе́йный боб

**coffee-berry** [ˈkɔfɪˈberɪ] = coffee-bean

**coffee-cup** [ˈkɔfɪkʌp] *n* ма́ленькая (кофе́йная) ча́шка

**coffee-grinder** [ˈkɔfɪˌgraɪndə] *n* 1) кофе́йная ме́льница 2) *воен. жарг.* пулемёт

**coffee-grounds** [ˈkɔfɪgraundz] *n pl* кофе́йная гу́ща

**coffee-house** [ˈkɔfɪhaus] *n* кафе́

**coffee-mill** [ˈkɔfɪmɪl] *n* кофе́йная ме́льница

**coffee-palace** [ˈkɔfɪˌpælɪs] = coffee-house

**coffee-pot** [ˈkɔfɪpɔt] *n* кофе́йник

**coffee-room** [ˈkɔfɪrum] *n* кафе́, столо́вая в гости́нице

**coffee-table** [ˈkɔfɪˌteɪbl] кофе́йный сто́лик ◇ ~ books «чти́во»

**coffer** [ˈkɔfə] **1.** *n* 1) металли́ческий (*особ.* де́нежный) сунду́к 2) *pl* казна́ 3) *архит.* кессо́н (*потолка*) 4) *гидр.*, *стр.* кессо́н; ка́мера; шлюз; опускно́й коло́дец

**2.** *v* запира́ть в сунду́к

**coffer-dam** [ˈkɔfədæm] *n гидр.* кессо́н для подво́дных рабо́т, кофердА́м; перемы́чка; водонепроница́емая крепь

**coffin** [ˈkɔfɪn] **1.** *n* 1) гроб 2) фу́нтик, бума́жный паке́тик 3) = coffin-bone 4) *мор. жарг.* «ста́рая кало́ша» (*негодное к плаванию судно*) 5) забро́шенная ша́хта

**2.** *v* 1) класть в гроб 2) упря́тать пода́льше (*что-л.*)

**coffin-bone** [ˈkɔfɪnbəun] *n* копы́тная кость

**cog** I [kɔg] *n* 1) зубе́ц; вы́ступ 2) *разг.* ме́лкая со́шка 3) *горн.* костро́вая крепь ◇ to slip a ~ допусти́ть просчёт, сде́лать оши́бку

**cog** II [kɔg] **1.** *n* обма́н, жу́льничество

**2.** *v* обма́нывать, жу́льничать

**cog** III [kɔg] *n* небольша́я рыба́чья ло́дка

**cogence, -cy** [ˈkəudʒəns, -sɪ] *n* убеди́тельность, неоспори́мость, неопровержи́мость

**cogent** [ˈkəudʒənt] *a* убеди́тельный; неоспори́мый; обосно́ванный

**cogged** [kɔgd] *a* зубча́тый

**cogitable** [ˈkɔdʒɪtəbl] *a* мы́слимый, досту́пный понима́нию

**cogitate** [ˈkɔdʒɪteɪt] *v* обду́мывать; размышля́ть

**cogitation** [ˌkɔdʒɪˈteɪʃən] *n* обду́мывание; размышле́ние

**cogitative** [ˈkɔdʒɪtətɪv] *a* 1) мысли́тельный 2) мы́слящий, размышля́ющий

**cognac** [ˈkɔnjæk] *n* конья́к

**cognate** [ˈkɔgneɪt] **1.** *n* 1) *pl лингв.* слова́ и́ли языки́ о́бщего происхожде́ния 2) *юр.* ро́дственник (*по материнской линии*)

**2.** *a* ро́дственный; схо́дный; бли́зкий; одного́ происхожде́ния; похо́жий; ~ words слова́ одного́ ко́рня

**cognation** [kɔgˈneɪʃən] *n* 1) *лингв.* родство́ (*слов, языков*) 2) *шотл. юр.* кро́вное родство́ (*по материнской линии*)

**cognition** [kɔgˈnɪʃən] *n* 1) познава́тельная спосо́бность 2) зна́ние; позна́ние

**cognitive** [ˈkɔgnɪtɪv] *a* познава́тельный

**cognizable** [ˈkɔgnɪzəbl] *a* 1) познава́емый 2) *юр.* подсу́дный

**cognizance** [ˈkɔgnɪzəns] *n* 1) зна́ние; узнава́ние; to have ~ of smth. знать о чём-л.; to take ~ of smth. заме́тить что-л., обрати́ть внима́ние на что-л. 2) компете́нция; within one's ~ в преде́лах чьей-л. компете́нции 3) юрисди́кция, подсу́дность 4) отличи́тельный знак; герб

**cognizant** [ˈkɔgnɪzənt] *a* зна́ющий, осведомлённый (of — о *чём-л.*); осозна́вший; позна́вший

**cognize** [kɔgˈnaɪz] *v* 1) узнава́ть; замеча́ть, обраща́ть внима́ние 2) *филос.* познава́ть

**cognomen** [kɔgˈnəumen] *n* 1) фами́лия 2) про́звище

**cognoscente** [ˌkɔnjəuˈʃentɪ] *ит. n* (*pl* -nti) знато́к (*искусства, литературы и т. п.*)

**cognoscenti** [ˌkɔnjəuˈʃentiː] *pl от* cognoscente

**cognovit** [kɔgˈnəuvɪt] *лат. n юр.* призна́ние отве́тчиком свое́й неправоты́

**cog-wheel** [ˈkɔgwiːl] *n тех.* зубча́тое колесо́

**cohabit** [kəuˈhæbɪt] *v* сожи́тельствовать (*в браке или вне брака*)

**cohabitant** [kəuˈhæbɪtənt] *n* сожи́тель, сожи́тельница [*см.* cohabit]

**cohabitation** [ˌkəuhæbɪ'teɪʃən] *n* сожи́тельство [*см.* cohabit]

**coheir** ['kəu'ɛə] *n* сонасле́дник

**coheiress** ['kəu'ɛərɪs] *n* сонасле́дница

**cohere** [kəu'hɪə] *v* 1) быть сцепленным, свя́занным, быть объединённым 2) быть свя́зным, членоразде́льным 3) согласова́ться

**coherence, -cy** [kəu'hɪərəns, -sɪ] *n* 1) связь, сцепле́ние 2) свя́зность 3) согласо́ванность

**coherent** [kəu'hɪərənt] *a* 1) сцепленный 2) свя́зный 3) согласо́ванный 4) после́довательный 5) поня́тный; я́сный; разбо́рчивый

**coherer** [kəu'hɪərə] *n радио* коге́рер

**cohesion** [kəu'hi:ʒən] *n* 1) сцепле́ние; связь 2) *физ.* си́ла сцепле́ния 3) сплочённость

**cohesive** [kəu'hi:sɪv] *a* 1) спосо́бный к сцепле́нию 2) связу́ющий

**cohort** ['kəuhɔ:t] *n* 1) *др.-рим.* ко́горта 2) (*обыкн. pl*) отря́д, во́йско 3) гру́ппа, компа́ния 4) после́дователь, сторо́нник

**coif** [kɔɪf] *фр.* **1.** *n уст.* ша́почка, чепе́ц

**2.** *v* завива́ть, причёсывать

**coiffeur** [kwɑ:'fə:] *фр. n* парикма́хер

**coiffure** [kwɑ:'fjuə] *фр. n* причёска

**coign** [kɔɪn] *n архит.* вне́шний у́гол (*здания*) ◇ ~ of vantage вы́годная пози́ция, удо́бный наблюда́тельный пункт

**coil** I [kɔɪl] **1.** *n* 1) верёвка, сло́женная витка́ми в круг 2) вито́к, кольцо́ (*верёвки, змеи и т. п.*) 3) про́волочная спира́ль 4) *мор.* бу́хта (*троса*) 5) *тех.* змееви́к 6) *эл.* кату́шка 7) *attr.*: ~ antenna *радио* ра́мочная анте́нна

**2.** *v* 1) свёртываться кольцо́м, спира́лью (*часто* ~ up); извива́ться 2) нама́тывать, обма́тывать 3) *мор.* укла́дывать в бу́хту (*трос*)

**coil** II [kɔɪl] *n уст.* суета́, шум, сумато́ха

**coil pipe** ['kɔɪlpaɪp] *n тех.* змееви́к

**coin** [kɔɪn] **1.** *n* 1) моне́та; *разг.* де́ньги; false ~ фальши́вая моне́та; *перен.* подде́лка; small ~ разме́нная моне́та; to spin (*или* to toss up) a ~ а) игра́ть в орля́нку; б) реша́ть пари́ подбра́сыванием моне́ты 2) *тех.* ште́мпель, чека́н, пуансо́н 3) = coign 4) *attr.*: ~ slot отве́рстие для опуска́ния моне́т (*напр., в телефоне-автомате*) ◇ to pay a man back in his own ~ отпла́чивать той же моне́той, отпла́чивать тем же

**2.** *v* 1) чека́нить; выбива́ть (*медаль*); штампова́ть; to ~ money *разг.* де́лать де́ньги 2) фабрикова́ть, измышля́ть 3) создава́ть (*новые слова, выражения*)

**coinage** ['kɔɪnɪdʒ] *n* 1) чека́нка моне́ты 2) моне́тная систе́ма 3) созда́ние (*новых слов, выражений*); word of modern ~ неологи́зм 4) вы́думка, вы́мысел

**coincide** [ˌkəuɪn'saɪd] *v* 1) совпада́ть 2) соотве́тствовать; равня́ться

**coincidence** [kəu'ɪnsɪdəns] *n* 1) совпаде́ние 2) случа́йное стече́ние обстоя́тельств

**coincident** [kəu'ɪnsɪdənt] *a* 1) совпада́ющий 2) соотве́тствующий

**coincidental** [kəuˌɪnsɪ'dentl] *a* 1) случа́йный 2) = coincident 1)

**coiner** ['kɔɪnə] *n* 1) чека́нщик (*монеты*) 2) фальшивомоне́тчик 3) вы́думщик

**coir** ['kɔɪə] *n* коко́совые воло́кна, охло́пья

**coition** [kəu'ɪʃən] *n* совокупле́ние, со́итие

**coke** I [kəuk] **1.** *n* кокс

**2.** *v* коксова́ть

**coke** II [kəuk] *n разг.* ко́ка-ко́ла (*напиток*)

**coke-oven** ['kəuk'ʌvn] *n* ко́ксовая печь

**coking** ['kəukɪŋ] **1.** *pres. p. от* coke I, 2

**2.** *n* коксова́ние

**col** [kɔl] *n* седло́, седлови́на (*в горах*)

**col-** [kɔl-] *pref см.* com-

**cola** ['kəulə] *n* ко́ла (*тропическое дерево, семена которого употребляются как тонизирующее средство*)

**colander** ['kʌləndə] *n* дуршла́г

**cold** [kəuld] **1.** *a* 1) холо́дный; to be (*или* to feel) ~ зя́бнуть, мёрзнуть; I am ~ мне хо́лодно; as ~ as ice (*или* as a stone, as a key) холо́дный как лёд (*или* ка́мень); ~ steel (*или* iron) arms холо́дное ору́жие; it makes one's blood run ~ от э́того кровь сты́нет в жи́лах; ~ brittleness *тех.* хладноло́мкость 2) безуча́стный, равноду́шный; music leaves him ~ му́зыка его́ не волну́ет; in ~ blood хладнокро́вно, обду́манно 3) неприве́тливый; ~ greeting холо́дный приём; сде́ржанное приве́тствие; ~ look холо́дный, надме́нный взгляд 4) сла́бый; ~ scent едва́ заме́тный след; ~ comfort сла́бое утеше́ние; ~ colours холо́дные тона́ (*голубой, серый*) 5) *тех.* неде́йствующий ◇ ~ war холо́дная война́; ~ feet тру́сость; ~ deck краплёные ка́рты; ~ truth жесто́кая пра́вда; to throw ~ water (on a plan, proposal, *etc.*) охлажда́ть пыл, отрезвля́ть, обескура́живать (*кого-л.*); as ~ as charity а) холо́дный как лёд; б) бессерде́чный, чёрствый, бесчу́вственный

**2.** *n* 1) хо́лод; to be dead with ~ промёрзнуть до косте́й; to leave out in the ~ а) выставля́ть на хо́лод; б) трети́ровать, ока́зывать холо́дный приём; в) оставля́ть в дурака́х 2) просту́да; to catch (*или* to take) ~ простуди́ться; ~ in the head на́сморк; ~ in the chest грипп́озное состоя́ние; common ~ просту́да ◇ to be in the ~ остава́ться в одино́честве

**cold-blooded** ['kəuld'blʌdɪd] *a* 1) хладнокро́вный; бесчу́вственный, равноду́шный; невозмути́мый; ~ murder преднаме́ренное уби́йство 2) зя́бкий 3) *зоол.* холоднокро́вный

**cold chisel** ['kəuld'tʃɪzl] *n тех.* сле́сарное *или* ручно́е зуби́ло

**cold cream** ['kəuld'kri:m] *n* кольдкре́м

**cold-frame** ['kəuldfreɪm] *n* тепли́ца

**cold-hammer** ['kəuldˌhæmə] *v* кова́ть вхоло́дную

**cold-hardening** ['kəuld'hɑ:dnɪŋ] *n тех.* накле́п

**cold-hearted** ['kəuld'hɑ:tɪd] *a* бессерде́чный, чёрствый

**coldish** ['kəuldɪʃ] *a* холоднова́тый; дово́льно холо́дный

**cold-livered** ['kəuld'lɪvəd] *a* бесстра́стный, невозмути́мый

**coldly** ['kəuldlɪ] *adv* 1) хо́лодно 2) неприве́тливо; с холодко́м

**coldness** ['kəuldnɪs] *n* 1) хо́лод 2) холо́дность

**cold-short** ['kəuld'ʃɔ:t] *a* хладноло́мкий (*о стали*)

**cold shoulder** ['kəuld'ʃəuldə] *n* холо́дный приём; to give smb. the ~ оказа́ть кому́-л. холо́дный приём, приня́ть кого́-л. хо́лодно, неприве́тливо

**cold-shoulder** ['kəuld'ʃəuldə] *v* ока́зывать холо́дный приём

**cold-slaw** ['kəuldslɔ:] = cole-slaw

**cold-storage** ['kəuldˏstɔ:rɪdʒ] *n* 1) холоди́льник 2) хране́ние в холоди́льнике

**cole** [kəul] *n* капу́ста (огоро́дная)

**coleopterous** [ˌkɔlɪ'ɔptərəs] *a* жесткокры́лый (*о насекомых*)

**cole-rape** ['kəulreɪp] *n* кольра́би

**cole-seed** ['kəulsi:d] *n бот.* суре́пица

**cole-slaw** ['kəulslɔ:] *n амер.* сала́т из шинко́ванной капу́сты

**colic** ['kɔlɪk] *n* ко́лика, ре́зкая боль

**colicky** ['kɔlɪkɪ] *a* 1) име́ющий хара́ктер ко́лик 2) вызыва́ющий ко́лики

**Coliseum** [ˌkɔlɪ'sɪəm] *n* Колизе́й (*в Риме*)

**colitis** [kɔ'laɪtɪs] *n мед.* коли́т

**collaborate** [kə'læbəreɪt] *v* 1) сотру́дничать 2) преда́тельски сотру́дничать (*с врагом*)

**collaboration** [kəˌlæbə'reɪʃən] *n* 1) сотру́дничество; совме́стная рабо́та 2) преда́тельское сотру́дничество; to work in ~ with the enemy сотру́дничать с враго́м

**collaborationist** [kəˌlæbə'reɪʃənɪst] *n* коллаборациони́ст

**collaborator** [kə'læbəreɪtə] *n* 1) сотру́дник 2) = collaborationist

**collapsable** [kə'læpsəbl] = collapsible 1

**collapse** [kə'læps] **1.** *n* 1) обва́л, разруше́ние; оса́дка 2) круше́ние; ги́бель; паде́ние; крах; прова́л 3) ре́зкий упа́док сил, изнеможе́ние 4) *мед.* колла́пс 5) продо́льный изги́б

**2.** *v* 1) ру́шиться, обва́ливаться 2) терпе́ть крах (*о предприятии, планах и т. п.*) 3) си́льно ослабе́ть; свали́ться от боле́зни, сла́бости; to ~ in mind and body по́лностью лиши́ться мора́льных и физи́ческих сил 4) па́-

дать ду́хом 5) сплю́щиваться; сжима́ться

**collapsible** [kə'læpsəbl] *a* 1) разбо́рный; складно́й 2) откидно́й

**collar** ['kɔlə] **1.** *n* 1) воротни́к; воротничо́к 2) ожере́лье 3) оше́йник; to slip the ~ сбро́сить оше́йник; *перен.* сбро́сить ярмо́ 4) хому́т; to wear the ~ *перен.* наде́ть на себя́ хому́т; быть в подчине́нии 5) *бот.* корнево́й че́хлик 6) *тех.* вту́лка, са́льник; кольцо́; о́бруч; ша́йба; фла́нец; пе́тля 7) *горн.* отве́рстие бурово́й сква́жины; у́стье ша́хты 8) *мор.* краг (*у штага*) ◇ against the ~ с больши́м напряже́нием; to be in ~ име́ть рабо́ту; out of ~ без рабо́ты, без слу́жбы; to work up to the ~ рабо́тать не покладая рук; to get hot under the ~ рассерди́ться, вы́йти из себя́

**2.** *v* 1) схвати́ть за во́рот 2) наде́ть хому́т (*тж. перен.*) 3) *разг.* завладе́ть; захвати́ть 4) свёртывать в руле́т (*мясо и т. п.*)

**collar-bone** ['kɔləbəun] *n анат.* ключи́ца

**collaret(te)** [ˌkɔlə'ret] *n* кружевно́й *или* мехово́й воротничо́к

**collate** [kɔ'leɪt] *v* 1) дета́льно слича́ть; сра́внивать; сопоставля́ть; to ~ with the original слича́ть с оригина́лом 2) *полигр.* проверя́ть листы́ брошю́руемой кни́ги 3) *церк.* жа́ловать бенефи́ций

**collateral** [kɔ'lætərəl] **1.** *a* 1) побо́чный, второстепе́нный; ~ reading дополни́тельное, факультати́вное чте́ние 2) ко́свенный; ~ relationship бокова́я ли́ния (*о родстве*); ~ security дополни́тельное обеспе́чение 3) паралле́льный

**2.** *n* 1) родство́ *или* ро́дственник по боково́й ли́нии 2) дополни́тельное обеспе́чение

**collation** [kɔ'leɪʃən] *n* 1) сличе́ние, сра́внивание 2) заку́ска, лёгкий у́жин

**colleague** ['kɔli:g] *n* сослужи́вец, колле́га

**collect** **1.** *v* [kə'lekt] 1) собира́ть 2) коллекциони́ровать 3) получа́ть (*деньги в уплату долга, налога и т. п.*); I'll have to ~ from you вам придётся расплати́ться со мной 4) *ком.* инкасси́ровать 5) востре́бовать (*письма, товары и т. п.*) 6) комплектова́ть 7) *разг.* заходи́ть за *кем-л.*, *чем-л.*; he went to ~ his suitcase он пошёл за свои́м чемода́ном 8) собира́ться, скопля́ться 9) овладева́ть собо́й; сосредото́чиваться; to ~ one's faculties взять себя́ в ру́ки 10) заключа́ть, де́лать вы́вод

**2.** *n* ['kɔlekt] кра́ткая моли́тва (*в англиканской и католической церкви*)

**3.** *a* [kə'lekt]: the telegram is sent ~ телегра́мма должна́ быть опла́чена получа́телем

**collectanea** [ˌkɔlek'tɑ:njə] *лат. n pl* собра́ние заме́ток, вы́писок; смесь

**collected** [kə'lektɪd] **1.** *p. p.* от collect 1

**2.** *a* 1) со́бранный; сосредото́ченный 2) хладнокро́вный, споко́йный

**collection** [kə'lekʃən] *n* 1) собира́ние 2) колле́кция, собра́ние 3) скопле́ние; толпа́ 4) де́нежный сбор; *ком.* инка́ссо 5) *pl* экза́мены в конце́ семе́стра (*в Оксфорде*)

**collective** [kɔ'lektɪv] **1.** *a* 1) коллекти́вный; совме́стный; совоку́пный; ~ agreement коллекти́вный догово́р; ~ bargaining перегово́ры ме́жду предпринима́телями и профсою́зами о заключе́нии коллекти́вного догово́ра; ~ opinion о́бщее мне́ние; ~ consumption совоку́пное потребле́ние 2): ~ noun *грам.* и́мя существи́тельное собира́тельное

**2.** *n* 1) коллекти́в 2) колхо́з

**collective farm** [kə'lektɪv'fɑ:m] *n* колхо́з

**collective farmer** [kə'lektɪvˌfɑ:mə] *n* колхо́зник; колхо́зница

**colectivism** [kə'lektɪvɪzm] *n* коллективи́зм

**collectivity** [ˌkɔlek'tɪvɪtɪ] *n* 1) коллекти́в, коллекти́вная организа́ция 2) коллективи́зм

**collectivization** [kəˌlektɪvaɪ'zeɪʃən] *n* коллективиза́ция

**collector** [kə'lektə] *n* 1) сбо́рщик (*налогов и т. п.*); ticket ~ контролёр, проверя́ющий биле́ты 2) коллекционе́р, собира́тель 3) *ком.* инкасса́тор 4) *эл.* токосъёмник; щётки 5) *тех.* колле́ктор

**colleen** ['kɔli:n] *n ирл.* де́вушка (*тж.* ~ bawn)

**college** ['kɔlɪdʒ] *n* 1) университе́тский колле́дж 2) *амер.* университе́т 3) специа́льное вы́сшее уче́бное заведе́ние (*педагогическое, военное, морское и т. п.*) 4) сре́дняя шко́ла с интерна́том 5) корпора́ция; колле́гия 6) *жарг.* тюрьма́

**colleger** ['kɔlɪdʒə] = collegian

**collegian** [kə'li:dʒjən] *n* 1) студе́нт колле́джа 2) лицо́, око́нчившее колле́дж 3) *жарг.* заключённый (*в тюрьме*)

**collegiate** [kə'li:dʒɪɪt] *a* 1) университе́тский, академи́ческий 2) коллегиа́льный

**collet** ['kɔlɪt] *n* 1) коро́нка, в кото́рой закрепля́ется драгоце́нный ка́мень; гнездо́ для руби́на в часово́м механи́зме 2) *тех.* ца́нга; зажи́мная вту́лка, ца́нговый патро́н

**collide** [kə'laɪd] *v* 1) ста́лкиваться 2) вступи́ть в противоре́чие; the interests of the two countries ~d интере́сы э́тих двух стран столкну́лись

**collie** ['kɔlɪ] *n* ко́лли, шотла́ндская овча́рка

**collier** ['kɔlɪə] *n* 1) углеко́п, шахтёр 2) у́гольщик (*судно*) 3) матро́с на у́гольщике

**colliery** ['kɔljərɪ] *n* каменноуго́льная копь

**colligate** ['kɔlɪgeɪt] *v* свя́зывать, обобща́ть (*факты*)

**collision** [kə'lɪʒən] *n* 1) столкнове́ние 2) колли́зия, противоре́чие (*интересов*); to be in ~ (with) находи́ться в противоре́чии (с); to come into ~ (with) вступа́ть в противоре́чие (с)

**collocate** ['kɔləukeɪt] *v* располага́ть; расстана́вливать

**collocation** [ˌkɔləu'keɪʃən] *n* 1) расположе́ние; расстано́вка 2) *лингв.* сочета́ние слов в предложе́нии; словосочета́ние

**collocutor** [kə'lɔkjutə] *n* собесе́дник

**collodion** [kə'ləudjən] *n* колло́дий

**collogue** [kə'ləug] *v разг.* бесе́довать инти́мно, наедине́

**colloid** ['kɔlɔɪd] **1.** *n* колло́ид

**2.** *a* колло́идный

**colloidal** [kə'lɔɪdəl] *a* колло́идный

**colloquial** [kə'ləukwɪəl] *a* разгово́рный; нелитерату́рный (*о речи, слове, стиле*)

**colloquialism** [kə'ləukwɪəlɪzm] *n* разгово́рное сло́во *или* выраже́ние, коллоквиали́зм

**colloquy** ['kɔləkwɪ] **1.** *n* 1) разгово́р, собесе́дование 2) литерату́рное произведе́ние в фо́рме диало́га

**2.** *v* говори́ть, перебра́сываться ре́пликами

**collude** [kə'lu:d] *v уст.* та́йно сгова́риваться (*в ущерб третьей стороне*)

**collusion** [kə'lu:ʒən] *n* сго́вор, та́йное соглаше́ние (*в ущерб третьей стороне*)

**collusive** [kə'lu:sɪv] *a* ула́женный та́йным сго́вором

**colly** ['kɔlɪ] = collie

**collywobbles** ['kɔlɪˌwɔblz] *n pl разг.* урча́ние в животе́

**Colombian** [kə'lɔmbɪən] **1.** *a* колумби́йский

**2.** *n* колумби́ец; колумби́йка

**colon I** ['kəulən] *n* двоето́чие

**colon II** ['kəulən] *n анат.* ободо́чная кишка́, то́лстая кишка́

**colon III** [kɔ'lɔn] *n* коло́н (*денежная единица Коста-Рики и Сальвадора*)

**colonel** ['kə:nl] *n* полко́вник

**colonelcy** ['kə:nlsɪ] *n* чин, зва́ние полко́вника

**colonial** [kə'ləunjəl] **1.** *a* колониа́льный; C. Office *ист.* министе́рство коло́ний (*в Англии*); ~ architecture (furniture) *амер.* архитекту́ра (ме́бель) пери́ода, предше́ствовавшего войне́ за незави́симость

**2.** *n* 1) жи́тель коло́ний 2) *амер. ист.* солда́т америка́нской а́рмии в эпо́ху борьбы́ за незави́симость

**colonialism** [kə'ləunjəlɪzm] *n* 1) колониали́зм; колониа́льный режи́м 2) колониа́льный налёт (*выражающийся в манерах, речи и т. п.*)

**colonialist** [kə'ləunjəlɪst] *n* колониза́тор

**colonist** ['kɔlənɪst] *n* колони́ст, поселе́нец

**colonization** [ˌkɔlənaɪ'zeɪʃən] *n* колониза́ция

**colonize** ['kɔlənaɪz] *v* 1) колонизи́ровать, заселя́ть (*чужую страну*) 2) поселя́ть(ся) 3) *амер.* вре́менно переселя́ть избира́телей в друго́й избира́тельный о́круг с це́лью незако́нного втори́чного голосова́ния

**colonizer** [ˈkɔlənaɪzə] *n* 1) колониза́тор 2) поселе́нец; колони́ст 3) *амер.* избира́тель, вре́менно пересели́вшийся в друго́й избира́тельный о́круг с це́лью незако́нного втори́чного голосова́ния

**colonnade** [ˌkɔləˈneɪd] *n* 1) колонна́да 2) (двойно́й) ряд дере́вьев

**colony** [ˈkɔlənɪ] *n* 1) коло́ния 2) поселе́ние; summer ~ *амер.* да́чный посёлок 3) *биол.* семья́ (*пчёл, муравьёв и т. п.*)

**colophon** [ˈkɔləfən] *n полигр.* 1) концо́вка 2) выходны́е све́дения (*в конце старинных книг*)

**colophony** [kəˈlɔfənɪ] *n* канифо́ль

**color** [ˈkʌlə] *амер.* = colour

**Colorado beetle** [ˌkɔləˈrɑːdəuˈbiːtl] *n* колора́дский жук

**coloration** [ˌkʌləˈreɪʃən] *n* 1) окра́ска, раскра́ска, расцве́тка 2) окра́шивание

**coloratura** [ˌkɔlərəˈtuərə] *ит. муз.* **1.** *n* 1) колорату́ра 2) = ~ soprano

**2.** *a* колорату́рный; ~ soprano колорату́рное сопра́но

**colorific** [ˌkɔləˈrɪfɪk] *a* 1) кра́сящий 2) кра́сочный 3) цвети́стый (*о стиле*)

**colossal** [kəˈlɔsl] *a* 1) колосса́льный, грандио́зный, грома́дный 2) *разг.* великоле́пный, замеча́тельный

**Colosseum** [ˌkɔləˈsɪəm] = Coliseum

**colossi** [kəˈlɔsaɪ] *pl от* colossus

**colossus** [kəˈlɔsəs] *n* (*pl* colossi) коло́сс

**colour** [ˈkʌlə] **1.** *n* 1) цвет; отте́нок; тон; primary (*или* simple, fundamental) ~s основны́е цвета́; all the ~s of the rainbow все цвета́ ра́дуги; out of ~ вы́цветший; вы́горевший; without ~ бесцве́тный; *перен.* лишённый индивидуа́льных черт 2) кра́ска; кра́сящее вещество́, пигме́нт; ко́лер; to paint in bright (dark) ~s рисова́ть я́ркими (мра́чными) кра́сками 3) свет, вид; отте́нок; to cast (*или* to put) a false ~ on smth. искажа́ть, представля́ть что-л. в ло́жном све́те; to come out in one's true ~s предста́ть в своём настоя́щем ви́де; to give some ~ of truth to smth. придава́ть не́которое правдоподо́бие чему́-л.; to paint in true (false) ~s изобража́ть правди́во (лжи́во); to lay on the ~s too thickly *разг.* сгуща́ть кра́ски; си́льно преувели́чивать; хвати́ть че́рез край 4) румя́нец (*тж.* high ~); to gain ~ порозове́ть; to lose ~ побледне́ть; поблёкнуть 5) колори́т; local ~ ме́стный колори́т 6) предло́г; under ~ of smth. а) под предло́гом чего́-л.; б) под ви́дом чего́-л. 7) индивидуа́льность, я́ркая ли́чность 8) (*обыкн. pl*) зна́мя; regimental ~ полково́е зна́мя; King's (Queen's) ~ штанда́рт короля́ (короле́вы); to call to the ~s *воен.* призва́ть, мобилизова́ть; to come off with flying ~s а) верну́ться с развева́ющимися знамёнами; б) доби́ться успе́ха, одержа́ть побе́ду; to desert the ~s *воен.* измени́ть своему́ зна́мени; дезерти́ровать; to join the ~s вступа́ть в а́рмию; to lower (*или* to strike) one's ~s сдава́ться, покоря́ться; with the ~s в де́йствующей а́рмии 9) *pl* цветна́я ле́нта; цветно́й значо́к; цветно́е пла́тье; to dress in ~s одева́ться в я́ркие цвета́ 10) *муз.* отте́нок, тембр 11) *attr.* цветно́й; ~ bar, ~ line «цветно́й барье́р», ра́совая дискримина́ция ◇ to see the ~ of smb.'s money получи́ть де́ньги от кого́-л.; to take one's ~ from smb. подража́ть кому́-л.; to stick to one's ~s остава́ться до конца́ ве́рным свои́м убежде́ниям; to nail one's ~s to the mast откры́то отста́ивать свои́ убежде́ния; проявля́ть насто́йчивость; не отступа́ть; to sail under false ~s обма́нывать, лицеме́рить

**2.** *v* 1) кра́сить, раскра́шивать; окра́шивать 2) прикра́шивать; искажа́ть; an account ~ed by prejudice тенденцио́зный о́тзыв; the facts were improperly ~ed фа́кты бы́ли искажены́ 3) принима́ть окра́ску, окра́шиваться 4) красне́ть, рдеть (*о лице, о плоде; часто* ~ up)

**colourable** [ˈkʌlərəbl] *a* 1) поддаю́щийся окра́ске 2) благови́дный; правдоподо́бный; ~ imitation уда́чная имита́ция

**colouration** [ˌkʌləˈreɪʃən] = coloration

**colour-blind** [ˈkʌləblaɪnd] *a* страда́ющий дальтони́змом, не различа́ющий цвето́в

**colour-blindness** [ˈkʌləˌblaɪndnɪs] *n* дальтони́зм, неспосо́бность различа́ть цвета́

**colour-box** [ˈkʌləbɔks] *n* я́щик с кра́сками

**colourcast** [ˈkʌləkɑːst] *n* цветно́е телеви́дение

**coloured** [ˈkʌləd] **1.** *p. p. от* colour 2

**2.** *a* 1) цветно́й; ~ print цветна́я гравю́ра 2) раскра́шенный, окра́шенный 3) кра́сочный 4) цветно́й (*о неграх, мулатах*)

**colour film** [ˈkʌləˈfɪlm] *n* 1) цветно́й фильм 2) цветна́я плёнка

**colour filter** [ˈkʌləˌfɪltə] *n фото* светофи́льтр

**colourful** [ˈkʌləful] *a* кра́сочный, я́ркий

**colouring** [ˈkʌlərɪŋ] **1.** *pres. p. от* colour 2

**2.** *n* 1) кра́сящее вещество́ (*тж.* ~ matter) 2) колори́т 3) окра́ска, раскра́ска; protective ~ *зоол., бот.* покрови́тельственная. (*или* защи́тная) окра́ска 4) чу́вство цве́та (*у художника*) 5) цвет (*лица, волос и т. п.*)

**colourless** [ˈkʌləlɪs] *a* бесцве́тный, бле́дный (*тж. перен.*)

**colour-man** [ˈkʌləmən] *n* торго́вец кра́сками

**colour-printing** [ˈkʌləˌprɪntɪŋ] *n* хромоти́пия, многокра́сочная печа́ть

**colour-process** [ˈkʌləˌprəuses] *n* цветно́й спо́соб фотогра́фии

**colour-wash** [ˈkʌləˈwɔʃ] **1.** *n* клеева́я кра́ска

**2.** *v* кра́сить клеево́й кра́ской

**colporteur** [ˈkɔlˌpɔːtə] *n* разно́счик книг (*особ. религиозных*)

**Colt** [kəult] *n* 1) кольт (*револьвер или пистолет*) 2) *attr.*: ~ machine-gun станко́вый пулемёт Ко́льта

**colt** [kəult] *n* 1) жеребёнок; *тж.* ослёнок, верблюжо́нок 2) *разг.* новичо́к 3) *мор.* линёк ◇ to cast one's ~'s teeth остепени́ться

**colter** [ˈkəultə] *n с.-х.* предплу́жник

**coltish** [ˈkəultɪʃ] *a* жеребя́чий, игри́вый

**coltsfoot** [ˈkəultsfut] *n бот.* мать-и-ма́чеха

**coluber** [ˈkɔljubə] *n зоол.* по́лоз

**columbaria** [ˌkɔləmˈbɛərɪə] *pl от* columbarium

**columbarium** [ˌkɔləmˈbɛərɪəm] *n* (*pl* -ria) 1) колумба́рий 2) голубя́тня

**Columbian** [kəˈlʌmbɪən] **1.** *a* 1) колумби́йский 2) относя́щийся к Колу́мбу 3) относя́щийся к Аме́рике

**2.** *n полигр.* ке́гель в 16 пу́нктов

**Columbine** [ˈkɔləmbaɪn] *n* коломби́на

**columbine** [ˈkɔləmbaɪn] **1.** *n бот.* водосбо́р

**2.** *a* голуби́ный; ~ simplicity голуби́ная кро́тость, неви́нность

**column** [ˈkɔləm] *n* 1) *архит.* коло́нна 2) *воен.* коло́нна; *амер. мор.* строй кильва́тера; close ~ со́мкнутая коло́нна; in ~ в коло́нне, в заты́лок; *амер. мор.* в строю кильва́тера 3) сто́лб(ик); ~ of mercury сто́лбик рту́ти (*в термометре*); ~ of smoke столб ды́ма 4) столбе́ц (*напр., цифр*); графа́; newspaper ~ газе́тный столбе́ц; in our ~s на страни́цах на́шей газе́ты 5) столп, подде́ржка, опо́ра 6) *attr.*: ~ foot *архит.* ба́за коло́нны

**columnar** [kəˈlʌmnə] *a* 1) колоннообра́зный 2) напеча́танный столбца́ми 3) подде́рживаемый на столба́х 4) стебе́льчатый 5) *геол.* сто́лбчатый

**columned** [ˈkɔləmd] = columnar

**columnist** [ˈkɔləmnɪst] *n амер.* 1) обозрева́тель; gossip ~ сотру́дник реда́кции, веду́щий отде́л све́тской хро́ники 2) фельетони́ст

**colza** [ˈkɔlzə] *n бот.* 1) рапс 2) суре́пица

**colza-oil** [ˈkɔlzəˈɔɪl] *n* суре́пное ма́сло

**com-** [kɔm-] (*тж.* col-, con-, cor- — *в зависимости от последующего звука*) *pref* 1) *означает совместимость или взаимность действия; напр.*: collaborate сотру́дничать 2) *означает завершённость или полноту действия; напр.*: conclude заверша́ть; compete соревнова́ться; corrupt по́ртить

**coma** I [ˈkəumə] *n мед.* 1) ко́ма 2) *attr.*: ~ vigil бред тифо́зных больны́х в бессозна́тельном состоя́нии, но с откры́тыми глаза́ми

**coma** II [ˈkəumə] *n* (*pl* -mae) 1) *бот.* волосяны́е семенны́е прида́тки (*некоторых растений*) 2) *астр.* оболо́чка комéты 3) *фото* кóма, несимметри́ческая аберрáция

**comae** ['kəumi:] *pl от* coma II

**comatose** ['kəumətəus] *a мед.* коматóзный

**comb** I [kəum] **1.** *n* 1) грéбень; расчёска; large- (small-) toothed ~ рéдкий (чáстый) грéбень 2) скребни́ца 3) *текст.* бёрдо; рядóк; чесáлка 4) конёк (*крыши*) 5) пчели́ные сóты ◇ to cut the ~ of smb. сбить спесь с когó-л.; to set up one's ~ вáжничать, хорохóриться

**2.** *v* 1) расчёсывать 2) *воен.* «прочёсывать» (*разведкой, огнём*) 3) *текст.* чесáть; мять; трепáть 4) чи́стить скребни́цей 5) разбивáться (*о волнах*) □ ~ **out** а) вычёсывать; б) производи́ть переосвидéтельствование рáнее освобождённых от воéнной слýжбы; в) разы́скивать ◇ to ~smb.'s hair for him «намы́лить гóлову» комý-л.; дать комý-л. нагоня́й; to ~ smb.'s hair the wrong way ≅ глáдить когó-л. прóтив шёрстки

**comb** II [kəum] = coomb

**combat** ['kɔmbət] **1.** *n* 1) бой; single ~ единоборство; поеди́нок 2) *attr.* боевóй; похóдный; строевóй; ~ arm род войск; ~ company а) боевáя рóта; б) сапёрная рóта; ~ liaison связь взаимодéйствия в бою́; ~ suit *воен.* боевáя фóрма одéжды

**2.** *v* сражáться, борóться (against — прóтив *чего-л.*; for — за *что-л.*)

**combatant** ['kɔmbətənt] **1.** *n* 1) боéц; учáстник сражéния 2) вою́ющая сторонá 3) побóрник

**2.** *a* 1) боевóй, строевóй; ~ forces строевы́е чáсти; боевы́е си́лы; ~ officer строевóй офицéр; ~ value боеспосóбность; ~ zone фронтовáя полосá, полосá боевы́х дéйствий; ~ arms *амер. воен.* роды́ войск (*в отличие от служб*) 2) воинственный

**combative** ['kɔmbətɪv] *a* боевóй; вои́нственный; драчли́вый

**combe** [ku:m] = coomb

**comber** ['kəumə] *n* 1) *текст.* чесáльщик 2) *текст.* гребнечесáльная маши́на 3) большáя волнá

**combination** [ˌkɔmbɪ'neɪʃən] *n* 1) соединéние; комбинáция; сочетáние; in ~ в сочетáнии, во взаимодéйствии; ~ of forces *мех.* сложéние сил 2) *pl* комбинáция (*бельё*) 3) комбинезóн 4) сою́з, объединéние (*синдикат, трест и т. п.*) 5) мотоци́кл с прицепнóй коля́ской 6) *attr.*: ~ gas богáтый нéфтью естéственный газ; ~ lock секрéтный замóк; ~ laws закóны, напрáвленные прóтив сою́зов (*в Англии*)

**combination-room** [ˌkɔmbɪ'neɪʃənrum] = common-room

**combinative** ['kɔmbɪnətɪv] *a* 1) комбинациóнный; ~ sound change комбинатóрное изменéние звýка 2) склóнный к комбинáциям

**combinatorial** [kəmˌbaɪnə'tɔ:rɪəl] *a мат.* комбинатóрный, оснóванный на комбини́ровании

**combine 1.** *n* ['kɔmbaɪn] 1) *с.-х.* комбáйн 2) картéль, синдикáт, комбинáт 3) объединéние

**2.** *v* [kəm'baɪn] 1) объединя́ть(ся) 2) комбини́ровать, сочетáть(ся); смéшивать(ся) 3) убирáть комбáйном

**combined** [kəm'baɪnd] *a* комбини́рованный, объединённый; ~ operations (exercises) *воен.* общевойсковы́е оперáции (манёвры), совмéстные дéйствия сухопýтных, воздýшных и морски́х сил

**combing machine** ['kəumɪŋməˌʃi:n] *n текст.* гребнечесáльная маши́на

**combings** ['kəumɪŋz] *n* 1) расчёсывание 2) *pl* вóлосы, остаю́щиеся на грéбне пóсле расчёсывания 3) *pl текст.* гребённые очёски

**comb-out** ['kəum'aut] *n* 1) вычёсывание 2) чи́стка (*служащих, членов союза и т. п.*) 3) переосвидéтельствование (*ранее овобождённых от военной службы*)

**combustibility** [kəmˌbʌstə'bɪlɪtɪ] *n* горю́честь, воспламеня́емость

**combustible** [kəm'bʌstəbl] **1.** *a* горю́чий, воспламеня́емый

**2.** *n pl* горю́чее; тóпливо

**combustion** [kəm'bʌstʃən] *n* 1) горéние, сгорáние; сожжéние; spontaneous ~ самовоспламенéние, самовозгорáние 2) *хим.* окислéние (*органич. веществ*) 3) волнéние; смятéние, беспоря́док 4) *attr.*: ~ chamber *тех.* кáмера сгорáния; ~ engine дви́гатель внýтреннего сгорáния

**come** [kʌm] *v* (came; come) 1) приходи́ть, подходи́ть; help came in the middle of the battle в разгáр бóя подошлá пóмощь; one shot came after another вы́стрелы слéдовали оди́н за други́м; to ~ before the Court предстáть пéред судóм 2) прибывáть; приезжáть; she has just ~ from London онá тóлько что приéхала из Лóндона 3) дéлаться, станови́ться; things will ~ right всё обойдётся, всё бýдет хорошó; my dreams came true мои́ мечты́ сбыли́сь; butter will not ~ мáсло никáк не сбивáется; the knot has ~ undone ýзел развязáлся; to ~ short а) не хвати́ть; б) не дости́гнуть цéли; в) не оправдáть ожидáний 4) доходи́ть, достигáть; равня́ться; the bill ~s to 500 roubles счёт составля́ет 500 рублéй 5) вести́ своё происхождéние; происходи́ть; he ~s from London он урожéнец Лóндона; he ~s of a working family он из рабóчей семьи́; that ~s from your carelessness всё э́то от твоéй небрéжности 6) случáться, происходи́ть, бывáть; how did it ~ that..? как э́то случи́лось, что..?; how ~s it? почемý э́то получáется?, как э́то выхóдит?; ~ what may будь, что бýдет 7) выпадáть (*на чью-л. долю*); доставáться (*кому-л.*); it came on my head э́то свали́лось мне на гóлову; ill luck came to me меня́ пости́гла неудáча; this work ~s to me э́та рабóта прихóдится на мою́ дóлю 8) *в повелительном наклонении восклицание, означающее приглашение, побуждение или лёгкий упрёк*: ~, tell me all you know about it ну, расскажи́те же всё, что вы об э́том знáете; ~, ~, be not so hasty! подождите, подождите, не торопи́тесь! 9) *в сочетании с причастием настоящего времени передаёт возникновение действия, выраженного причастием*: the boy came running into the room мáльчик вбежáл в кóмнату; the moonshine came streaming in through the open window в откры́тое oкнó ли́лся лýнный свет □ ~ **about** а) происходи́ть, случáться; б) меня́ть направлéние (*о ветре*); ~ **across** (случáйно) встрéтиться с *кем-л.*; натолкнýться на *что-л.*; ~ across! *разг.* а) признавáйся!; б) раскошéливайся!; ~ **after** а) искáть, домогáться; б) слéдовать; в) наслéдовать; ~ **again** возвращáться; ~ **along** а) идти́; сопровождáть; ~ along! идём!; поторáпливайся!; б) соглашáться; ~ **apart**, ~ **asunder** распадáться на чáсти; ~ **at** а) нападáть, набрáсываться; добрáться до *кого-л.*; just let me ~ at him дáйте мне тóлько добрáться до негó; б) получи́ть дóступ к *чему-л.*, доби́ться *чего-л.*; how did you ~ at the information? как вы э́то узнáли?; ~ **away** а) уходи́ть; б) отлáмываться; the handle came away in my hand рýчка отломи́лась и остáлась у меня́ в рукáх; ~ **back** а) возвращáться; б) вспоминáться; в) очнýться, прийти́ в себя́; г) *спорт.* обрести́ прéжнюю фóрму; д) *спорт.* отставáть; е) *разг.* отвечáть тем же сáмым, отплати́ть той же монéтой; ~ **before** а) предшéствовать; б) превосходи́ть; ~ **by** а) проходи́ть ми́мо; б) доставáть, достигáть; в) *амер.* заходи́ть; ~ **down** а) пáдать (*о снеге, дожде*); б) спускáться; опускáться; в) спадáть, ниспадáть; г) переходи́ть по тради́ции; д) приходи́ть, приезжáть; е) быть повáленным (*о дереве*); ж) быть разрýшенным (*о постройке*); з) деградировáть; to ~ down in the world потеря́ть состоя́ние, положéние; опусти́ться; и) набрáсываться (upon, on — на); брани́ть, накáзывать (upon, on — *кого-л.*); к) *разг.* раскошéлиться; ~ down with your money! раскошéливайтесь!; л) *амер. разг.* заболéть (with — *чем-л.*); ~ **for** а) заходи́ть за; б) нападáть на; ~ **forward** а) выходи́ть вперёд; выдвигáться; б) откликáться; в) предлагáть свои́ услýги; ~ **in** а) входи́ть; б) прибывáть (*о поезде, пароходе*); в) вступáть (*в должность*); приходи́ть к влáсти; г) входи́ть в мóду; д) созревáть; е) *амер.* жереби́ться, тели́ться; ж) оказáться полéзным, пригоди́ться (*тж.* ~ in useful); where do I ~ in? *разг.* чем я могý быть полéзен?; какóе э́то имéет ко мне отношéние?; з) *спорт.* прийти́ к фи́нишу; to ~ in first победи́ть, прийти́ пéрвым; ~ **in for** получи́ть *что-л.* (*напр., свою долю и т. п.*); he came in for a lot of trouble ему́ здо́рово доста́лось; ~ **into** а) вступа́ть в; б) получа́ть в насле́дство; в): to ~ into being (*или* existence) возника́ть; to ~ into the world роди́ться; to ~ into force вступа́ть в си́лу; to ~ into notice привле́чь внима́ние; to ~ into play нача́ть де́йствовать; to ~ into position *воен.* заня́ть пози́цию; to ~ into sight появи́ться; ~ **off** а) сходи́ть, слеза́ть; б) удаля́ться; в) отрыва́ться (*напр., о пу́говице*); г) име́ть успе́х; удава́ться, проходи́ть с успе́хом; all came off satisfactorily всё сошло́ благополу́чно; to ~ off with honour вы́йти с че́стью; д) отде́лываться; he came off a loser он оста́лся в про́игрыше; he came off clear он вы́шел сухи́м из воды́; е) происходи́ть, име́ть ме́сто; ж) *амер.* замолча́ть; oh, ~ off it! да переста́нь же!; ~ **on** а) приближа́ться; налете́ть, разрази́ться (*о ветре, шквале*); a storm is coming on приближа́ется гроза́; б) появля́ться (*на сцене*); в) натыка́ться, наска́кивать; поража́ть (*о болезни*); г) расти́; д) преуспева́ть; де́лать успе́хи; е) наступа́ть, напада́ть; ж) рассма́триваться (*в суде*); з) возника́ть (*о вопросе*); и): ~ on! живе́й!; продолжа́йте!; идём (*тж. как формула вызова*); ~ **out** а) выходи́ть; to ~ out of oneself стать ме́нее за́мкнутым; б) появля́ться (*в печати*); в) дебюти́ровать (*на сцене, в обществе*); г) обнару́живаться; проявля́ться; the secret came out секре́т раскры́лся; д) распуска́ться (*о листьях, цветах*); е) забастова́ть; ж) выводи́ться, своди́ться (*о пятнах*); з) вы́ступить (with — с *заявлением, разоблачением*); и) вы́палить (with); ~ **over** а) переезжа́ть; приезжа́ть; б) переходи́ть на другу́ю сто́рону; в) получа́ть преиму́щество; г) охвати́ть, овладе́ть; a fear came over me мной овладе́л страх; ~ **round** а) объе́хать, обойти́ круго́м; б) заходи́ть ненадо́лго; загляну́ть; a friend came round last night вчера́ ве́чером заходи́л прия́тель; в) приходи́ть в себя́ (*после обморока, болезни*); г) изменя́ться к лу́чшему; I hope things will ~ round наде́юсь, всё обра́зуется; д) меня́ть своё мне́ние, соглаша́ться с *чьей-л.* то́чкой зре́ния; е) хитри́ть, обма́нывать; ~ **through** а) проходи́ть внутрь, проника́ть; б) оста́ться в живы́х; в) вы́путаться из неприя́тного положе́ния; ~ **to** а) прийти́ в себя́, очну́ться (*тж.* to ~ to oneself) б) доходи́ть до; to ~ to blows дойти́ до рукопа́шной; it came to my knowledge я узна́л; to ~ to find out случа́йно обнару́жить, узна́ть, вы́яснить; to ~ to good име́ть хоро́ший результа́т; to ~ to no good испо́ртиться; в) сто́ить, равня́ться; ~ **together** а) объедини́ться, собра́ться вме́сте; б) сойти́сь (*о мужчине и женщине*); ~ **up** а) поднима́ться, выраста́ть, возника́ть; to ~ up for discussion стать предме́том обсужде́ния; б) всходи́ть (*о растениях*); в) приезжа́ть (*из провинции в большой город, университет и т. п.*); г) предста́ть пе́ред судо́м; д) подходи́ть (to); е) достига́ть у́ровня, сра́вниваться (to); ж) нагоня́ть (with — *кого-л.*); ~ **upon** а) натолкну́ться, напа́сть неожи́данно; б) предъяви́ть тре́бование; в) лечь бре́менем на *чьи-либо* пле́чи ◇ to ~ to bat *амер.* столкну́ться с тру́дной пробле́мой, тяжёлым испыта́нием; to ~ easy to smb. не представля́ть тру́дностей для кого́-л.; to ~ to harm пострада́ть; to ~ out with one's life оста́ться в живы́х, уцеле́ть (*после боя и т. п.*); to ~ in useful прийти́сь кста́ти; to ~ to stay утверди́ться, укорени́ться; it has come to stay э́то надо́лго; to ~ natural быть есте́ственным; (which is) to ~ гряду́щий; бу́дущий; things to ~ гряду́щее; in days to ~ в бу́дущем; pleasure to ~ предвкуша́емое удово́льствие; let'em all ~! *разг.* будь что бу́дет!; to ~ to pass случа́ться, происходи́ть; to ~ to the book приноси́ть прися́гу пе́ред исполне́нием обя́занностей судьи́; light ~ light go что доста́лось легко́, бы́стро исчеза́ет; to ~ it strong *разг.* де́йствовать энерги́чно; to ~ it too strong *разг.* перестара́ться; to ~ clean *разг.* говори́ть пра́вду

**come-and-go** [ˈkʌmənd'gəu] *n* 1) движе́ние взад и вперёд 2) *attr.*: ~ people случа́йные лю́ди, сменя́ющие оди́н друго́го

**come-at-able** [kʌmˈætəbl] *a разг.* легкодосту́пный

**come-back** [ˈkʌmbæk] *n* 1) *разг.* возвраще́ние (*к власти, популярности и т. п.*); to make a sharp ~ возника́ть с но́вой си́лой 2) выздоровле́ние; возвраще́ние в норма́льное состоя́ние; to make a complete ~ оконча́тельно попра́виться 3) *разг.* возраже́ние; остроу́мный отве́т, ехи́дная ре́плика 4) возме́здие; возда́ние по заслу́гам

**come-between** [ˈkʌmbɪˈtwiːn] *n* посре́дник; посре́дница

**come-by-chance** [ˈkʌmbaɪˈtʃɑːns] *n разг.* 1) не́что случа́йное; случа́йная нахо́дка 2) незаконнорождённый ребёнок

**comedian** [kəˈmiːdjən] *n* 1) а́втор коме́дий 2) ко́мик, комеди́йный актёр; low ~ ко́мик-буфф

**comédienne** [kəˌmeɪdɪˈen] *фр. n* комеди́йная актри́са

**comedietta** [kəˌmiːdɪˈetə] *ит. n* одноа́ктная коме́дия

**comedo** [ˈkɔmiːdəu] *n* (*pl* -ones, -os [-əuz]) *мед.* у́горь

**comedones** [ˌkɔmɪˈdəuniːz] *pl от* comedo

**come-down** [ˈkʌmdaun] *n* 1) паде́ние; спуск 2) ухудше́ние 3) упа́док

**comedy** [ˈkɔmɪdɪ] *n* 1) коме́дия 2) заба́вное собы́тие, коми́чный слу́чай

**comeliness** [ˈkʌmlɪnɪs] *n* миловидность

**comely** [ˈkʌmlɪ] *a* миловидный; хоро́шенький

**come-off** [ˈkʌmˈɔf] *n* 1) заверше́ние 2) уло́вка, отгово́рка, отпи́ска

**comer** [ˈkʌmə] *n* тот, кто прихо́дит; приходя́щий; пришéлец; посети́тель; who is the ~? кто пришёл?; first ~ пе́рвый пришéдший ◇ against all ~s про́тив кого́ бы то ни́ было; for all ~s для всех жела́ющих

**comestible** [kəˈmestɪbl] **1.** *n* (*обыкн. pl*) съестны́е припа́сы

**2.** *a* съедо́бный

**comet** [ˈkɔmɪt] *n* коме́та

**comeuppance** [ˌkʌmˈʌpəns] *n амер. разг.* о́тповедь, взбу́чка

**comfit** [ˈkʌmfɪt] *n* 1) конфе́та 2) *pl* заса́харенные фру́кты

**comfort** [ˈkʌmfət] **1.** *n* 1) утеше́ние; успокое́ние, ободре́ние; подде́ржка 2) о́тдых, поко́й 3) комфо́рт; *pl* удо́бства

**2.** *v* утеша́ть; успока́ивать

**comfortable** [ˈkʌmfətəbl] **1.** *a* 1) удо́бный; комфорта́бельный; ую́тный 2) споко́йный; дово́льный 3) *разг.* доста́точный, прили́чный (*напр., о заработке*)

**2.** *n* = comforter 4)

**comforter** [ˈkʌmfətə] *n* 1) утеши́тель 2) со́ска, пусты́шка 3) шерстяно́й шарф; тёплое кашне́ 4) *амер.* стёганое ва́тное одея́ло

**comforting** [ˈkʌmfətɪŋ] *a* утеши́тельный

**comfortless** [ˈkʌmfətlɪs] *a* 1) неую́тный 2) печа́льный, безуте́шный

**comfort station** [ˈkʌmfətˈsteɪʃən] *n амер.* обще́ственная убо́рная

**comfy** [ˈkʌmfɪ] *разг. см.* comfortable 1

**comic** [ˈkɔmɪk] **1.** *a* 1) коми́ческий, юмористи́ческий; смешно́й; ~ strip ко́микс 2) комеди́йный

**2.** *n* 1) *разг.* актёр-ко́мик 2) (the ~) коми́зм

**comical** [ˈkɔmɪkəl] *a* смешно́й, заба́вный, потéшный; чудно́й

**comicality** [ˌkɔmɪˈkælɪtɪ] *n* 1) коми́чность; чуда́чество 2) что-л. смешно́е

**comics** [ˈkɔmɪks] *n pl* ко́миксы; бульва́рная литерату́ра

**coming** [ˈkʌmɪŋ] **1.** *pres. p. от* come

**2.** *n* прие́зд, прихо́д, прибы́тие

**3.** *a* 1) бу́дущий, наступа́ющий; предстоя́щий; ожида́емый 2) многообеща́ющий, подаю́щий наде́жды (*писатель, поэт и т. п.*)

**coming-in** [ˈkʌmɪŋˈɪn] *n* ввоз (*товаров*)

**coming-out** [ˈkʌmɪŋˈaut] *n* вы́воз (*товаров*)

**comity** [ˈkɔmɪtɪ] *n* ве́жливость; ~ of nations взаи́мное призна́ние зако́нов и обы́чаев ра́зными на́циями

**comma** [ˈkɔmə] *n* запята́я; inverted ~s кавы́чки

**command** [kəˈmɑːnd] **1.** *n* 1) кома́нда, прика́з 2) кома́ндование; to be in ~ of a regiment кома́ндовать полко́м; under ~ of smb. под чьим-л. нача́льством; at ~ в распоряже́нии 3) войска́, находя́щиеся под (*чьим-л.*) кома́ндованием; Fighter C. кома́ндование истреби́тельной авиа́ции 4) вое́нный о́круг (*в Англии*) 5) госпо́дство, власть; ~ of the air госпо́дство в во́здухе 6) владе́ние; ~ of one's emotions уме́ние владе́ть собо́й; he has good (*или* complete, great) ~ of the language он свобо́дно владе́ет языко́м 7) *топ.* превыше́ние 8) *attr.* кома́ндный; находя́щийся в распоряже́нии кома́ндования; ~ post а) кома́ндный пункт; б) *амер.* штаб вое́нного подразделе́ния; ~ car штабно́й автомоби́ль; ~ airplane самолёт кома́ндования

**2.** *v* 1) прика́зывать 2) кома́ндовать, управля́ть 3) госпо́дствовать; to ~ the seas госпо́дствовать на моря́х 4) владе́ть; располага́ть, име́ть в своём распоряже́нии; to ~ a large vocabulary име́ть большо́й запа́с слов; to ~ the services of smb. по́льзоваться чьи́ми-л. услу́гами; yours to ~ к ва́шим услу́гам 5) внуша́ть (*напр., уважение*) 6) сто́ить; приноси́ть, дава́ть; this article ~s a good price за э́тот това́р мо́жно взять хоро́шую це́ну 7) госпо́дствовать, возвыша́ться; the window ~ed a lovely view из окна́ открыва́лся прекра́сный вид 8) *воен.* держа́ть под обстре́лом

**commandant** [ˌkɔmən'dænt] *n* 1) нача́льник, команди́р 2) коменда́нт

**commandeer** [ˌkɔmən'dɪə] *v* 1) принуди́тельно набира́ть (*в армию*) 2) реквизи́ровать 3) *разг.* присва́ивать

**commander** [kə'mɑːndə] *n* 1) команди́р; нача́льник; кома́ндующий; ~ of the guard нача́льник карау́ла 2) *мор.* капита́н 3 ра́нга; ста́рший помо́щник команди́ра 3) *тех.* трамбо́вка

**Commander-in-Chief** [kə'mɑːndərɪn'ʧiːf] *n* 1) главнокома́ндующий; кома́ндующий войска́ми о́круга 2) *мор.* кома́ндующий фло́том *или* отде́льной эска́дрой

**command-in-chief** [kə'mɑːndɪn'ʧiːf] *n* гла́вное кома́ндование

**commanding** [kə'mɑːndɪŋ] **1.** *pres. p. от* command 2

**2.** *a* 1) кома́ндующий 2) домини́рующий; ~ eminence домини́рующая высота́ 3) внуши́тельный; ~ speech внуши́тельная речь

**commandment** [kə'mɑːndmənt] *n* 1) прика́з 2) за́поведь

**command-module** [kə'mɑːnd'mɔdjuːl] основно́й блок, кома́ндный отсе́к (*космического корабля*)

**commando** [kə'mɑːndəu] *n* (*pl* -os, -oes [-əuz]) *воен.* 1) диверсио́нно-деса́нтный отря́д 2) боец диверсио́нно-деса́нтного отря́да

**commemorate** [kə'meməreɪt] *v* 1) пра́здновать (*годовщину*); отмеча́ть (*событие*) 2) чтить па́мять 3) служи́ть напомина́нием

**commemoration** [kəˌmemə'reɪʃən] *n* 1) пра́зднование *или* ознаменова́ние (*годовщины*); in ~ of в па́мять о; C. (Day) акт О́ксфо́рдского университе́та с помина́нием основа́телей, присужде́нием почётных степене́й *и пр.* 2) *церк.* поминове́ние

**commemorative** [kə'memərətɪv] *a* па́мятный, мемориа́льный

**commence** [kə'mens] *v* начина́ть (-ся)

**commencement** [kə'mensmənt] *n* 1) нача́ло 2) день присужде́ния университе́тских степене́й в Ке́мбридже, Ду́блине *и др.* 3) акт; а́ктовый день (*в амер. учебных заведениях*); at ~ на выпускно́м а́кте

**commend** [kə'mend] *v* 1) хвали́ть; рекомендова́ть 2) *refl.* привлека́ть, прельща́ть

**commendable** [kə'mendəbl] *a* похва́льный, досто́йный похвалы́

**commendation** [ˌkɔmen'deɪʃən] *n* 1) похвала́ 2) *амер. воен.* объявле́ние благода́рности в прика́зе 3) рекоменда́ция

**commensal** [kə'mensəl] *n* 1) сотрапе́зник 2) *биол.* комменса́л

**commensurable** [kə'menʃərəbl] *a* 1) соизмери́мый 2) пропорциона́льный

**commensurate** [kə'menʃərɪt] *a* соотве́тственный; соразме́рный

**comment** ['kɔment] **1.** *n* 1) замеча́ние, о́тзыв 2) *собир.* то́лки, сужде́ния

**2.** *v* де́лать (крити́ческие) замеча́ния; выска́зывать мне́ние (on — о); комменти́ровать; to ~ on the book а) рецензи́ровать кни́гу; б) комменти́ровать кни́гу; it ~s itself э́то само́ за себя́ говори́т

**commentary** ['kɔməntərɪ] *n* 1) коммента́рий; running ~ а) (радио)репорта́ж; б) подстро́чный коммента́рий 2) *кино* ди́кторский текст

**commentation** [ˌkɔmən'teɪʃən] *n* 1) комменти́рование; толкова́ние (*текста*) 2) аннота́ция

**commentator** ['kɔmenteɪtə] *n* 1) (радио)коммента́тор 2) толкова́тель

**commerce** ['kɔmə(ː)s] *n* 1) (опто́вая) торго́вля, комме́рция; home ~ вну́тренняя торго́вля; Chamber of C. Торго́вая пала́та 2) обще́ние; to have no ~ with smb. не име́ть ничего́ о́бщего с кем-л.

**commercial** [kə'məːʃəl] **1.** *a* торго́вый, комме́рческий; ~ aviation гражда́нская авиа́ция; ~ interests торго́вцы, коммерса́нты; ~ law торго́вое пра́во; ~ traveller коммивояжёр; ~ treaty торго́вый догово́р; ~ vehicle грузови́к, фурго́н; ~ driver води́тель грузово́го автотра́нспорта; ~ broad- *или* telecast комме́рческая радио- *или* телепереда́ча (*оплаченная рекламодателем*)

**2.** *n разг.* 1) = ~ traveller 2) = ~ broadcast

**commercialese** [kəˌməːʃə'liːz] *n* стиль комме́рческих докуме́нтов

**commercialism** [kə'məːʃəlɪzm] *n* 1) торга́шеский дух 2) сло́во *или* выраже́ние, испо́льзуемое в комме́рческом языке́

**commercialize** [kə'məːʃəlaɪz] *v* превраща́ть в исто́чник при́были; ста́вить на комме́рческую но́гу

**commingle** [kɔ'mɪŋgl] *v* сме́шивать (-ся)

**comminute** ['kɔmɪnjuːt] *v* 1) толо́чь, превраща́ть в порошо́к 2) дроби́ть, дели́ть на ме́лкие ча́сти (*имущество*)

**comminuted** ['kɔmɪnjuːtɪd] **1.** *p. p. от* comminute

**2.** *a*: ~ fracture *мед.* оско́лочный перело́м

**comminution** [ˌkɔmɪ'njuːʃən] *n* размельче́ние, раздробле́ние

**commiserate** [kə'mɪzəreɪt] *v* сочу́вствовать, выража́ть соболе́знование (with); to ~ a misfortune выража́ть соболе́знование по по́воду несча́стья

**commiseration** [kəˌmɪzə'reɪʃən] *n* сочу́вствие; соболе́знование

**commiserative** [kə'mɪzərətɪv] *a* сочу́вствующий, соболе́знующий

**commissar** [ˌkɔmɪ'sɑː] *n русск.* комисса́р

**commissariat** [ˌkɔmɪ'sɛərɪət] *n* 1) *русск.* комиссариа́т 2) интенда́нтство 3) продово́льственное снабже́ние

**commissary** ['kɔmɪsərɪ] *n* 1) *русск.* комисса́р; уполномо́ченный 2) интенда́нт 3) вое́нный продово́льственный магази́н; вое́нный магази́н

**commission** [kə'mɪʃən] **1.** *n* 1) дове́ренность; полномо́чие; in ~ име́ющий полномо́чия; I cannot go beyond my ~ я не могу́ превы́сить свои́ полномо́чия 2) коми́ссия; standing ~ постоя́нная коми́ссия; interim ~ вре́менная коми́ссия 3) пате́нт на офице́рский чин *или* на зва́ние мирово́го судьи́; to get a ~ получи́ть офице́рский чин; to resign one's ~ пода́ть в отста́вку с вое́нной слу́жбы 4) поруче́ние; зака́з (*особ. художнику*) 5) комиссио́нная прода́жа; to have goods on ~ име́ть това́ры на коми́ссии 6) комиссио́нное вознагражде́ние 7) соверше́ние (*преступления и т. п.*); the ~ of murder соверше́ние уби́йства 8) *мор.* вооруже́ние; введе́ние в строй су́дна; to come into ~ вступа́ть в строй по́сле постро́йки *или* ремо́нта (*о корабле*); in ~ в испра́вности; в по́лной гото́вности; out of ~ в неиспра́вности; a ship in ~ су́дно, гото́вое к пла́ванию ◇ sins of ~ and omission сде́лаешь — пло́хо, а не сде́лаешь — то́же пло́хо

**2.** *v* 1) назнача́ть на до́лжность; to ~ an officer присво́ить пе́рвое офице́рское зва́ние 2) уполномо́чивать 3) поруча́ть; дава́ть зака́з (*особ. художнику*) 4) *мор.* подгота́вливать кора́бль к пла́ванию; укомплекто́вывать ли́чным соста́вом; назнача́ть команди́ра корабля́

**commissionaire** [kəˌmɪʃə'nɛə] *n* 1) комиссионе́р (*при гостинице*) 2) посы́льный; швейца́р; the Corps of Commissionaires арте́ль бы́вших военнослу́жащих (*основанная в Лондоне в 1859 г.*), поставля́ющая швейца́ров, курье́ров *и т. п.*

**commissioned** [kə'mɪʃənd] 1. *p. p. от* commission 2

2. *a* 1) облечённый полномо́чиями; получи́вший поруче́ние 2) получи́вший офице́рское зва́ние; ~ officer офице́р 3) укомплекто́ванный ли́чным соста́вом и гото́вый к пла́ванию (*о корабле*)

**commissioner** [kə'mɪʃnə] *n* 1) специа́льный уполномо́ченный, комисса́р; High C. верхо́вный комисса́р (*представитель одной из стран Содружества наций в другой стране Содружества; представитель колонии или британского доминиона в Англии*) 2) член коми́ссии

**commit** [kə'mɪt] *v* 1) соверша́ть (*преступление и т. п.*); to ~ suicide поко́нчить жизнь самоуби́йством; to ~ an error соверши́ть оши́бку; to ~ a crime соверши́ть преступле́ние 2) предава́ть; to ~ to flames предава́ть огню́; to ~ a body to the ground преда́ть те́ло земле́; to ~ smb. for trial предава́ть кого́-л. суду́; to ~ to prison заключа́ть в тюрьму́ 3) поруча́ть, вверя́ть 4) передава́ть законопрое́кт в коми́ссию (*парламента*) 5) фикси́ровать; to ~ to memory зау́чивать, запомина́ть; to ~ to paper, to ~ to writing запи́сывать 6): to ~ oneself а) принима́ть на себя́ обяза́тельство (*особ. рискованное, опасное*); свя́зывать себя́; б) компромети́ровать себя́ 7) *воен.* вводи́ть в де́ло; to ~ to attack бро́сить в ата́ку; to ~ to battle вводи́ть в бой ◇ to ~ the command *воен.* свя́зывать свобо́ду де́йствий кома́ндования

**commitment** [kə'mɪtmənt] *n* 1) вруче́ние, переда́ча 2) переда́ча законопрое́кта в коми́ссию 3) заключе́ние под стра́жу 4) обяза́тельство 5) соверше́ние (*преступления и т. п.*)

**committal** [kə'mɪtl] *n* 1) = commitment 2) погребе́ние

**committee** I [kə'mɪtɪ] *n* 1) комите́т; Soviet Peace C. Сове́тский комите́т защи́ты ми́ра; ~ of action *полит.* комите́т де́йствия; strike ~ ста́чечный комите́т; steering ~ организацио́нный, подготови́тельный комите́т 2) коми́ссия; credentials ~ манда́тная коми́ссия; C. of the whole House заседа́ние парла́мента на права́х комите́та для обсужде́ния законопрое́кта; the House goes into C., the House resolves itself into C. *парл.* пала́та объявля́ет себя́ коми́ссией для обсужде́ния како́го-л. вопро́са; to go into ~ пойти́ на рассмотре́ние коми́ссии (*о законопроекте*); a check-up ~ *амер.* ревизио́нная коми́ссия 3) *attr.*: ~ English канцеля́рский англи́йский язы́к

**committee** II [ˌkɔmɪ'ti:] *n юр.* опеку́н

**committee-man** [kə'mɪtɪmən] *n* член коми́ссии *или* комите́та

**commixture** [kɔ'mɪkstʃə] *n* смеше́ние; сме́сь

**commode** [kə'məud] *n* 1) комо́д 2) стульча́к (*для ночного горшка*)

**commodious** [kə'məudjəs] *a* 1) просто́рный 2) *редк.* удо́бный

**commodity** [kə'mɔdɪtɪ] *n* 1) предме́т потребле́ния; staple commodities гла́вные предме́ты торго́вли 2) (*часто pl*) това́р; value of ~ това́рная сто́имость 3) *редк.* удо́бство 4) *attr. эк.* това́рный; ~ composition (*или* pattern) това́рная структу́ра; ~ exchange това́рная би́ржа; ~ capital това́рный капита́л; ~ production това́рное произво́дство

**commodore** ['kɔmədɔ:] *n* 1) *мор.* коммодо́р, капита́н 1-го ра́нга; кома́ндующий соедине́нием корабле́й 2) нача́льник конво́я 3) командо́р яхт-клу́ба

**common** ['kɔmən] 1. *a* 1) о́бщий; ~ lot о́бщий уде́л; ~ interests о́бщие интере́сы; by ~ consent с о́бщего согла́сия; to make ~ cause де́йствовать сообща́ 2) обще́ственный, публи́чный; ~ land обще́ственный вы́гон; ~ membership коллекти́вное чле́нство; C. Market «О́бщий Ры́нок» 3) просто́й, обыкнове́нный; ~ honesty элемента́рная че́стность; the ~ man обыкнове́нный челове́к; ~ soldier *воен.* рядово́й; ~ labour неквалифици́рованный труд; чёрная рабо́та; a man of no ~ abilities челове́к незауря́дных спосо́бностей; ~ fraction *мат.* проста́я дробь 4) просто́й, гру́бый; ду́рно сде́ланный (*об одежде*) 5) общепри́нятый, распространённый; it is ~ knowledge э́то общеизве́стно, э́то всем изве́стно 6) вульга́рный, бана́льный; ~ manners гру́бые мане́ры 7) *грам.* о́бщий; ~ gender о́бщий род; ~ case о́бщий паде́ж; ~ noun и́мя нарица́тельное 8) *мат.* о́бщий; ~ factor о́бщий дели́тель; ~ multiple о́бщий мно́житель ◇ ~ or garden *разг.* обы́чный, изве́стный; шабло́нный, изби́тый; ~ sense здра́вый смысл; ~ woman а) вульга́рная же́нщина; б) проститу́тка

2. *n* 1) о́бщее; обы́чное; in ~ совме́стно; to have nothing in ~ with smb. не име́ть ничего́ о́бщего с кем-л.; out of the ~ незауря́дный, из ря́да вон выходя́щий; nothing out of the ~ ничего́ осо́бенного, та́к себе 2) общи́нная земля́; вы́гон; пусты́рь 3) пра́во на обще́ственное по́льзование землёй; ~ of pasturage пра́во на обще́ственный вы́гон

**commonage** ['kɔmənɪdʒ] *n* 1) пра́во на обще́ственный вы́гон 2) = commonalty

**commonalty** ['kɔmənltɪ] *n ист.* о́бщи́ны; наро́д (*т. е. третье сословие без высших сословий*)

**common council** ['kɔmənˌkaunsɪl] *n* муниципа́льный сове́т

**commoner** ['kɔmənə] *n* 1) челове́к из наро́да, просто́й челове́к 2) *редк.* член пала́ты о́бщин 3) име́ющий о́бщи́нные права́ 4) студе́нт, не получа́ющий стипе́ндии (*в Оксфордском университете*)

**common law** ['kɔmənlɔ:] *юр.* 1) о́бщее пра́во; обы́чное пра́во; некодифици́рованное пра́во 2) непи́санный зако́н

**commonly** ['kɔmənlɪ] *adv* 1) обы́чно, обыкнове́нно; ~ held view широко́ распространённый взгляд 2) дёшево, пло́хо

**commonness** ['kɔmənnɪs] *n* 1) обы́чность, обы́денность 2) бана́льность

**commonplace** ['kɔmənpleɪs] 1. *n* о́бщее ме́сто, бана́льность

2. *a* бана́льный, изби́тый

3. *v* 1) повторя́ть о́бщие места́ 2) запи́сывать в о́бщую тетра́дь

**commonplace-book** ['kɔmənpleɪs'buk] *n* тетра́дь для заме́ток, о́бщая тетра́дь

**common-room** ['kɔmənrum] *n* 1) о́бщая ко́мната (*в общественных учреждениях*) 2) профе́ссорская (*в Оксфордском университете; тж.* senior ~); junior ~ зал для студе́нтов

**commons** ['kɔmənz] *n pl* 1) (the C.) пала́та о́бщин (*тж.* House of C.) 2) просто́й наро́д; *ист.* тре́тье сосло́вие 3) по́рция, рацио́н; short ~ ску́дный стол, ску́дное пита́ние ◇ Doctors' C. ассоциа́ция юри́стов по гражда́нским дела́м

**commonweal** ['kɔmən'wi:l] *n* 1) о́бщее бла́го 2) *уст.* = commonwealth

**commonwealth** ['kɔmənwelθ] *n* 1) госуда́рство, респу́блика; содру́жество, федера́ция; the (British) ~ (of Nations) (Брита́нское) Содру́жество (На́ций); the C. of England *ист.* Англи́йская респу́блика (*1649—60 гг.*) 2) (все)о́бщее благосостоя́ние; for the good of the ~ для о́бщего бла́га

**commotion** [kə'məuʃən] *n* 1) волне́ние (*моря*) 2) смяте́ние; потрясе́ние (*нервное, душевное*) 3) сумато́ха, суета́

**communal** ['kɔmjunl] *a* 1) о́бщи́нный; ~ ownership of land о́бщи́нное землевладе́ние 2) коллекти́вный, коммуна́льный, обще́ственный; ~ kitchen обще́ственная столо́вая; фа́брика-ку́хня 3) относя́щийся к религио́зной о́бщи́не (*в Индии*)

**communard** ['kɔmjunɑ:d] *фр. n* коммуна́р, уча́стник Пари́жской Комму́ны

**commune** 1. *n* ['kɔmju:n] 1) о́бщи́на 2) комму́на; the C. (of Paris) Пари́жская Комму́на

2. *v* [kə'mju:n] обща́ться, бесе́довать

**communicable** [kə'mju:nɪkəbl] *a* 1) поддаю́щийся переда́че 2) передаю́щийся, сообща́ющийся; ~ desease зара́зная боле́знь 3) приве́тливый, общи́тельный

**communicant** [kə'mju:nɪkənt] 1. *n* 1) сообща́ющий но́вости 2) *церк.* прича́стник; прича́стница

2. *a анат.* сообща́ющийся

**communicate** [kə'mju:nɪkeɪt] *v* 1) сообща́ть; передава́ть (to) 2) сообща́ться (with); сноси́ться (by) 3) *церк.* причаща́ть(ся)

**communicating** [kə'mju:nɪkeɪtɪŋ] 1. *pres. p. от* communicate
2. *a* смежный (*о комнате*)

**communication** [kəˌmju:nɪ'keɪʃən] *n* 1) передача, сообщение (*мыслей, сведений и т. п.*); информация; vocal ~ устное сообщение; privileged ~ сведения, не подлежащие оглашению; lines of ~ пути сообщения 2) коммуникация; связь; средство сообщения (*железная дорога, телеграф, телефон и т. п.*) 3) *pl* коммуникации; коммуникационные линии 4) общение, средство общения; *pl* связи, контакты; to be in ~ with smb. переписываться с кем-л. 5) *attr.* служащий для сообщения, связи; ~ trench *воен.* ход сообщения; ~ service служба связи; ~ satellite спутник связи

**communicative** [kə'mju:nɪkətɪv] *a* общительный, разговорчивый

**communicator** [kə'mju:nɪkeɪtə] *n тех.* коммуникатор, передающий механизм

**communicatory** [kə'mju:nɪkeɪtərɪ] *a* информационный

**communion** [kə'mju:njən] *n* 1) общение; общность 2) вероисповедание 3) группа людей одинакового вероисповедания 4) *церк.* причастие

**communion-table** [kə'mju:njən'teɪbl] *n церк.* престол

**communiqué** [kə'mju:nɪkeɪ] *фр. n* официальное сообщение; коммюнике

**communism** ['kɔmjunɪzm] *n* коммунизм

**communist** ['kɔmjunɪst] 1. *n* коммунист
2. *a* коммунистический; C. Party of the Soviet Union Коммунистическая партия Советского Союза; All-Union Lenin Young C. League Всесоюзный Ленинский коммунистический союз молодёжи; Young C. League Комсомол

**communistic** [ˌkɔmju'nɪstɪk] *a* коммунистический

**communitarian** [ˌkɔmju:nɪ'tɛərɪən] *n* член коммуны

**community** [kə'mju:nɪtɪ] *n* 1) община 2) группа лиц, объединённых какими-л. признаками; объединение, сообщество; national communities национальные образования; world ~ мировое сообщество; children's ~ детский дом, школа-интернат; детский городок; business ~ деловые круги 3) (the ~) общество; the interests of the ~ интересы общества 4) общность; ~ of goods общность владения имуществом 5) местность, населённый пункт, округа; микрорайон; жители микрорайона 6) *attr.* общественный; ~ centre здание *или* помещение для проведения культурных и общественных мероприятий; ~ theatre *амер.* непрофессиональный (любительский) театр

**commutation** [ˌkɔmju(:)'teɪʃən] *n* 1) замена; ~ of rations *воен.* замена натурального довольствия денежным 2) *юр.* смягчение наказания 3) *амер.* поездки по железной дороге из пригорода на работу 4) *эл.* коммутация, коммутирование, переключение 5) *attr.*: ~ ticket *амер.* сезонный железнодорожный билет

**commutator** ['kɔmju(:)teɪtə] *n эл.* преобразователь тока; коллектор; коммутатор; переключатель

**commute** [kə'mju:t] *v* 1) заменять 2) *юр.* смягчать наказание 3) *эл.* переключать (*ток*) 4) пользоваться сезонным билетом 5) совершать регулярные поездки на работу в город из пригорода

**commuter** [kə'mju:tə] *n* 1) *амер.* пассажир, пользующийся сезонным билетом 2) *attr.*: ~ station *ж.-д.* станция пригородного сообщения

**compact** I ['kɔmpækt] *n* соглашение, договор

**compact** II 1. *a* [kəm'pækt] 1) компактный; плотный 2) сжатый (*напр., о стиле*) 3) сплошной, массивный
2. *n* ['kɔmpækt] пудреница с пудрой и румянами
3. *v* [kəm'pækt] сжимать, уплотнять

**compacted** [kəm'pæktɪd] 1. *p. p. от* compact II, 3
2. *a* компактный; плотно упакованный *или* уложенный

**companion** [kəm'pænjən] 1. *n* 1) товарищ; faithful ~ верный друг; ~ in misfortune товарищ по несчастью 2) спутник; попутчик, случайный сосед (*по вагону и т. п.*) 3) компаньон; компаньонка; ~ in crime соучастник преступления 4) собеседник; poor ~ неинтересный собеседник 5) кавалер ордена (*низшей степени*) 6) предмет, составляющий пару 7) справочник; gardener's ~ справочник садовода 8) = companion-ladder 9) *attr.* парный; ~ portrait парный портрет
2. *v* сопровождать; быть компаньоном, спутником

**companionable** [kəm'pænjənəbl] *a* общительный

**companion-in-arms** [kəm'pænjənɪn-'ɑ:mz] *n* товарищ (*или* собрат) по оружию, соратник

**companion-ladder** [kəm'pænjənˌlædə] *n мор.* сходной трап

**companionship** [kəm'pænjənʃɪp] *n* 1) общение, товарищеские отношения 2) бригада наборщиков, работающих под наблюдением метранпажа

**companion-way** [kəm'pænjənweɪ] = companion-ladder

**company** ['kʌmpənɪ] *n* 1) общество; компания; to bear (*или* to keep) smb. ~ составлять кому-л. компанию, сопровождать кого-л.; to keep ~ *разг.* ухаживать; to keep ~ with smb. общаться, встречаться с кем-л.; to keep good ~ встречаться с хорошими людьми, бывать в хорошем обществе; to keep bad ~ водиться с плохими людьми; to part ~ with smb. прекратить связь, знакомство с кем-л. 2) *ком.* товарищество, компания 3) гости; to receive a great deal of ~ часто принимать гостей 4) собеседник; he is poor (good) ~ он скучный (интересный) собеседник 5) труппа, ансамбль артистов; stock ~ постоянная труппа 6) экипаж (*судна*) 7) *воен.* рота 8) *attr. воен.* ротный 9) *attr.*: ~ store фабричная лавка; ~ union *амер.* «компанейский» профсоюз (*организуемый предпринимателем для борьбы с независимыми профсоюзами*) ◊ present ~ excepted о присутствующих не говорят; for ~ за компанию; a man is known by the ~ he keeps *посл.* ≅ скажи мне, кто твой друг, и я скажу, кто ты

**company checkers** ['kʌmpənɪˌtʃekəz] *n pl амер.* шпики, доносчики

**company spotters** ['kʌmpənɪˌspɔtəz] = company checkers

**comparable** ['kɔmpərəbl] *a* 1) сравнимый; заслуживающий сравнения 2) сопоставимый; in ~ prices в сопоставимых ценах; on ~ terms на аналогичных условиях

**comparative** [kəm'pærətɪv] 1. *a* 1) сравнительный; the ~ method сравнительный метод; ~ anatomy сравнительная анатомия 2) сравнительный; относительный 3) *грам.* сравнительный
2. *n грам.* сравнительная степень

**comparatively** [kəm'pærətɪvlɪ] *adv* сравнительно; относительно

**compare** [kəm'pɛə] 1. *v* 1) сравнивать, сличать (with) 2) сравнивать, ставить наравне 3) сравниться; выдерживать сравнение; not to be ~d with (*или* to) не может сравниться с; to ~ favourably with smth. выгодно отличаться от чего-л.; as ~d with по сравнению с 4) уподоблять (to) ◊ to ~ notes обмениваться мнениями, впечатлениями
2. *n*: beyond (*или* past, without) ~ вне всякого сравнения

**comparison** [kəm'pærɪsn] *n* сравнение; to make a ~ проводить сравнение; beyond (all) ~ вне (всякого) сравнения; in ~ with в сравнении с; to bear (*или* to stand) ~ with выдержать сравнение с; there is no ~ between them невозможно их сравнивать; degrees of ~ *грам.* степени сравнения

**compartment** [kəm'pɑ:tmənt] *n* отделение; купе; water-tight ~ *мор.* водонепроницаемый отсек ◊ to live in water-tight ~s *разг.* жить совершенно изолированно от людей

**compass** ['kʌmpəs] 1. *n* 1) компас (*тж.* mariner's ~); буссоль; wireless ~ радиокомпас 2) окружность; круг; to fetch (*или* to go) a ~ идти обходным путём; делать крюк 3) объём, обхват; диапазон; voice of great ~ голос обширного диапазона 4) граница; предел(ы); within the ~ of a lifetime в пределах человеческой жизни; beyond one's ~ за пределами чьих-л. возможностей, чьего-л. понимания; to keep one's desires within ~ сдерживать свои́ жела́ния 5) (*часто pl*) ци́ркуль

**2.** *a* 1) ко́мпасный; ~ bearing ко́мпасный пе́ленг 2) полукру́глый; ~ window *архит.* полукру́глое окно́

**3.** *v* 1) достига́ть, осуществля́ть; to ~ one's purpose дости́чь це́ли 2) понима́ть, схва́тывать 3) замышля́ть (*что-л. дурное*) 4) обходи́ть круго́м; окружа́ть; осажда́ть

**compassion** [kəm'pæʃən] *n* жа́лость, сострада́ние; сочу́вствие; to have (*или* to take) ~ (up)on smb. жале́ть кого́-либо; относи́ться с сострада́нием к кому́-л.

**compassionate 1.** *a* [kəm'pæʃənɪt] 1) жа́лостливый, сострада́тельный; сочу́вствующий 2) благотвори́тельный; ~ allowance благотвори́тельное посо́бие; discharge on ~ grounds *воен.* увольне́ние по семе́йным обстоя́тельствам

**2.** *v* [kəm'pæʃəneɪt] относи́ться с сострада́нием; сочу́вствовать

**compatibility** [kəm,pætə'bɪlɪtɪ] *n* совмести́мость

**compatible** [kəm'pætəbl] *a* совмести́мый (with)

**compatriot** [kəm'pætrɪət] *n* сооте́чественник

**compeer** [kɔm'pɪə] *n* ро́вня; това́рищ

**compel** [kəm'pel] *v* 1) заставля́ть, принужда́ть; to ~ silence заста́вить замолча́ть 2) подчиня́ть; to ~ attention прико́вывать внима́ние

**compelling** [kəm'pelɪŋ] **1.** *pres. p. от* compel

**2.** *a* неотрази́мый, непреодоли́мый; ~ force непреодоли́мая си́ла

**compendia** [kəm'pendɪə] *pl от* compendium

**compendious** [kəm'pendɪəs] *a* кра́ткий, сжа́тый

**compendium** [kəm'pendɪəm] *лат. n* (*pl* -dia) 1) компе́ндиум, кра́ткое руково́дство (*учебник*) 2) конспе́кт; резюме́

**compensate** ['kɔmpenseɪt] *v* 1) вознагражда́ть 2) возмеща́ть (*убытки*); компенси́ровать (for) 3) *эк.* подде́рживать усто́йчивость валю́ты 4) *тех.* баланси́ровать; ура́внивать

**compensation** [,kɔmpen'seɪʃən] *n* 1) вознагражде́ние 2) возмеще́ние, компенса́ция; to make ~ for smth. компенси́ровать что-л. 3) *тех.* уравнове́шивание; ура́внивание; компенса́ция

**compensative** [kəm'pensətɪv] *a* 1) вознагражда́ющий 2) компенси́рующий, возмеща́ющий 3) *тех.* ура́внивающий

**compensator** ['kɔmpenseɪtə] *n эл.* трансформа́тор

**compensatory** [kəm'pensətərɪ] = compensative

**compère** ['kɔmpɛə] *фр.* **1.** *n* конферансье́, веду́щий (програ́мму)

**2.** *v* конфери́ровать, вести́ програ́мму

**compete** [kəm'pi:t] *v* 1) состяза́ться, соревнова́ться 2) конкури́ровать (with — с *кем-л.*; for — из-за *чего-л.*, ра́ди *чего-л.*) 3) принима́ть уча́стие в спорти́вном соревнова́нии

**competence** ['kɔmpɪtəns] *n* 1) спосо́бность; уме́ние; I doubt his ~ for such work (*или* to do such work) я сомнева́юсь, что у него́ есть да́нные для э́той рабо́ты 2) компете́нтность 3) доста́ток, хоро́шее материа́льное положе́ние 4) *юр.* компете́нция, правомо́чность

**competency** ['kɔmpɪtənsɪ] = competence

**competent** ['kɔmpɪtənt] *a* 1) компете́нтный, зна́ющий 2) *юр.* полнопра́вный; правомо́чный 3) доста́точный 4) устано́вленный, зако́нный; ~ majority тре́буемое зако́ном большинство́

**competition** [,kɔmpɪ'tɪʃən] *n* 1) соревнова́ние; to be in ~ with smb. соревнова́ться с кем-л. 2) соревнова́ние, состяза́ние, встре́ча; chess ~ ша́хматный поеди́нок, ша́хматный турни́р 3) конкуре́нция; cut-throat ~ жесто́кая конкуре́нция 4) ко́нкурс; ко́нкурсный экза́мен

**competitioner** [,kɔmpɪ'tɪʃənə] *n* 1) уча́стник соревнова́ния 2) лицо́, поступа́ющее на слу́жбу по ко́нкурсу

**competitive** [kəm'petɪtɪv] *a* 1) сопе́рничающий, конкури́рующий; конкуре́нтный, конкурентоспосо́бный; ~ ability конкурентоспосо́бность 2) соревну́ющийся 3) ко́нкурсный; ~ examination ко́нкурсный экза́мен

**competitor** [kəm'petɪtə] *n* конкуре́нт; сопе́рник

**compilation** [,kɔmpɪ'leɪʃən] *n* 1) компиля́ция; компили́рование 2) собира́ние (*материала, фактов и т. п.*)

**compile** [kəm'paɪl] *v* 1) компили́ровать 2) составля́ть; to ~ a dictionary составля́ть слова́рь 3) собира́ть (*материал, факты и т. п.*) 4) *разг.* нака́пливать

**compiler** [kəm'paɪlə] *n* 1) состави́тель 2) компиля́тор

**complacence, -cy** [kəm'pleɪsns, -sɪ] *n* 1) благоду́шие; удовлетворённость 2) самодово́льство

**complacent** [kəm'pleɪsnt] *a* 1) благоду́шный; удовлетворённый 2) самодово́льный

**complain** [kəm'pleɪn] *v* 1) выража́ть недово́льство (of — *чем-л.*) 2) подава́ть жа́лобу, жа́ловаться (to — *кому-л.*; of — на *что-л.*) 3) жа́ловаться (of — на *боль и т. п.*)

**complainant** [kəm'pleɪnənt] *n* 1) жа́лобщик 2) *юр.* исте́ц

**complaint** [kəm'pleɪnt] *n* 1) недово́льство 2) жа́лоба; to lodge (*или* to make) a ~ against smb. подава́ть жа́лобу на кого́-л.; I have no ~ to make мне не́ на что жа́ловаться; without ~ безро́потно 3) боле́знь, неду́г

**complaisance** [kəm'pleɪzəns] *n* 1) услу́жливость; почти́тельность; обходи́тельность; любе́зность

**complaisant** [kəm'pleɪzənt] *a* услу́жливый; почти́тельный; обходи́тельный; любе́зный

**complement 1.** *n* ['kɔmplɪmənt] 1) дополне́ние (*тж. грам.*); ~ of an angle *мат.* дополне́ние угла́ до 90° 2) компле́кт 3) *воен.* (шта́тный) ли́чный соста́в вое́нной ча́сти *или* корабля́

**2.** *v* ['kɔmplɪment] 1) дополня́ть, служи́ть дополне́нием до це́лого 2) укомплекто́вывать

**complementary** [,kɔmplɪ'mentərɪ] *a* дополни́тельный, доба́вочный; ~ angles *мат.* два угла́, взаи́мно дополня́ющие друг дру́га до 90°

**complete** [kəm'pli:t] **1.** *a* 1) по́лный; зако́нченный; ~ set of works по́лное собра́ние сочине́ний 2) соверше́нный; he is a ~ failure он соверше́нный неуда́чник

**2.** *adv разг. см.* completely

**3.** *v* 1) зака́нчивать, заверша́ть; to ~ an agreement заключи́ть соглаше́ние 2) комплектова́ть, укомплекто́вывать

**completely** [kəm'pli:tlɪ] *adv* соверше́нно, по́лностью, вполне́, всеце́ло

**completeness** [kəm'pli:tnɪs] *n* полнота́; зако́нченность, завершённость

**completion** [kəm'pli:ʃən] *n* заверше́ние, оконча́ние; заключе́ние

**completive** [kəm'pli:tɪv] *a* заверша́ющий, зака́нчивающий

**complex** ['kɔmpleks] **1.** *n* ко́мплекс, совоку́пность

**2.** *a* 1) сло́жный, ко́мплексный, составно́й; ~ machinery сло́жные маши́ны 2) сло́жный, тру́дный; запу́танный 3) *мат.* ко́мплексный; ~ number ко́мплексное число́ 4) *грам.*: ~ sentence сложноподчинённое предложе́ние

**complexion** [kəm'plekʃən] *n* 1) цвет лица́ (*иногда тж.* воло́с *и* глаз) 2) вид; аспе́кт; to put a different ~ on the matter предста́вить де́ло в друго́м све́те

**-complexioned** [-kəm'plekʃənd] *в сложных словах означает* име́ющий *такой-то* цвет лица́; *напр.*: dark-~ сму́глый; pale-~ бледноли́цый

**complexity** [kəm'pleksɪtɪ] *n* 1) сло́жность; запу́танность 2) запу́танное де́ло

**compliance** [kəm'plaɪəns] *n* 1) согла́сие; in ~ with your wish в соотве́тствии с ва́шим жела́нием 2) пода́тливость, усту́пчивость

**compliant** [kəm'plaɪənt] *a* пода́тливый, усту́пчивый

**complicacy** ['kɔmplɪkəsɪ] = complexity

**complicate** ['kɔmplɪkeɪt] *v* усложня́ть; to ~ matters запу́тать де́ло

**complicated** ['kɔmplɪkeɪtɪd] **1.** *p. p. от* complicate

**2.** *a* 1) запу́танный; сло́жный; ~ machine сло́жная маши́на 2) осложнённый; ~ disease боле́знь с осложне́ниями

**complication** [,kɔmplɪ'keɪʃən] *n* 1) сло́жность; запу́танность 2) осложне́ние

**complicative** [ˈkɔmplikeɪtɪv] *a* усложня́ющий

**complice** [ˈkɔmplɪs] *уст.* = accomplice

**complicity** [kəmˈplɪsɪtɪ] *n* соуча́стие (*в преступлении и т. п.*)

**compliment** 1. *n* [ˈkɔmplɪmənt] 1) комплиме́нт, похвала́; любе́зность; to pay (*или* to make) a ~ сде́лать комплиме́нт; it is no ~ to him э́то не де́лает ему́ че́сти 2) *pl* поздравле́ние; приве́т, покло́н; ~s of the season поздрави́тельные приве́тствия, пожела́ния (*соответственно праздникам*); give him my ~s переда́йте ему́ приве́т (от меня́); with ~s с приве́том (*в конце письма*) ◇ Bristol ~ пода́рок, нену́жный самому́ даря́щему

2. *v* [ˈkɔmplɪment] 1) говори́ть комплиме́нты, хвали́ть; льсти́ть 2) приве́тствовать, поздравля́ть; to ~ smb. on smth. поздравля́ть кого́-л. с чем-л. 3) подари́ть (with — *что-л.*)

**complimentary** [ˌkɔmplɪˈmentərɪ] *a* 1) поздрави́тельный 2) ле́стный; to be ~ about smb.'s work ле́стно отзыва́ться о чьей-л. рабо́те ◇ ~ ticket пригласи́тельный биле́т

**complin(e)** [ˈkɔmplɪn] *n* повече́рие (*в христианской церкви*)

**comply** [kəmˈplaɪ] *v* 1) уступа́ть; соглаша́ться 2) исполня́ть (*просьбу, требование и т. п.*; with) 3) подчиня́ться (*правилам*; with)

**component** [kəmˈpəunənt] 1. *n* 1) компоне́нт; составна́я часть, составно́й элеме́нт 2) *pl* дета́ли

2. *a* составно́й; составля́ющий, слага́ющий; ~ parts *тех.* комплекту́ющие ча́сти

**comport** [kəmˈpɔːt] *v* 1) согласова́ться (with — с *чем-л.*); соотве́тствовать 2) *refl.* вести́ себя́ (хорошо́)

**compose** [kəmˈpəuz] *v* 1) составля́ть; to ~ a delegation формирова́ть делега́цию 2) сочиня́ть, создава́ть, писа́ть (*музыкальное или литературное произведение*); to ~ a picture заду́мать и вы́работать план карти́ны 3) ула́живать (*ссору*); успока́ивать; to ~ oneself успока́иваться; to ~ differences ула́живать разногла́сия 4) *обыкн. pass.* состоя́ть (*из*); our group was ~d of teachers and doctors на́ша гру́ппа состоя́ла из учителе́й и враче́й 5) *полигр.* набира́ть

**composed** [kəmˈpəuzd] 1. *p. p. от* compose

2. *a* споко́йный, сде́ржанный

**composer** [kəmˈpəuzə] *n* компози́тор

**composing** [kəmˈpəuzɪŋ] 1. *pres. p. от* compose

2. *a* 1) составля́ющий 2) успока́ивающий; ~ medicine успока́ивающее сре́дство

**composing-machine** [kəmˈpəuzɪŋməˈʃiːn] *n полигр.* набо́рная маши́на

**composing-room** [kəmˈpəuzɪŋrum] *n полигр.* набо́рный цех

**composing-stick** [kəmˈpəuzɪŋstɪk] *n полигр.* верста́тка

**composite** [ˈkɔmpəzɪt] 1. *n* 1) смесь; что-л. составно́е 2) *бот.* расте́ние семе́йства сложноцве́тных

2. *a* 1) составно́й; сло́жный; ~ carriage *ж.-д.* комбини́рованный ваго́н; ~ style *иск.* сме́шанный стиль; ~ index сво́дный и́ндекс (*в статистике*) 2) *бот.* сложноцве́тный

**composition** [ˌkɔmpəˈzɪʃən] *n* 1) литерату́рное *или* музыка́льное произведе́ние 2) шко́льное сочине́ние 3) структу́ра, соста́в 4) составле́ние, образова́ние, построе́ние; *лингв.* словосложе́ние 5) компози́ция, компоно́вка 6) соста́в (*химический*); составны́е ча́сти 7) соедине́ние, смесь, сплав; ~ of forces *физ.* сложе́ние сил 8) склад ума́, хара́ктер; he has a touch of madness in his ~ он «тро́нулся», он не в своём уме́ 9) соглаше́ние; компроми́сс 10) *юр.* компроми́ссное соглаше́ние должника́ с кредито́рами 11) *воен.* соглаше́ние о переми́рии, о прекраще́нии вое́нных де́йствий 12) *полигр.* набо́р 13) *attr.*: ~ book *амер.* тетра́дь для упражне́ний

**composition-metal** [ˌkɔmpəˈzɪʃənˌmetl] *n* сплав ме́ди с ци́нком; лату́нь

**compositive** [kəmˈpɔzɪtɪv] *a* синтети́ческий

**compositor** [kəmˈpɔzɪtə] *n* набо́рщик

**compos (mentis)** [ˈkɔmpɔs (ˈmentɪs)] *лат. а юр.* находя́щийся в здра́вом уме́ и твёрдой па́мяти; вменя́емый

**compost** [ˈkɔmpɔst] 1. *n* компо́ст, составно́е удобре́ние

2. *v* 1) удобря́ть компо́стом 2) гото́вить компо́ст

**composure** [kəmˈpəuʒə] *n* 1) споко́йствие 2) хладнокро́вие; самооблада́ние

**compote** [ˈkɔmpɔt] *фр. n* компо́т

**compound** I 1. *n* [ˈkɔmpaund] 1) смесь; соста́в, соедине́ние 2) *лингв.* сло́жное сло́во 3) *тех.* компа́унд (*тж.* ~ engine)

2. *a* [ˈkɔmpaund] составно́й; сло́жный; *грам.* сложносочинённый; ~ addition (subtraction *etc.*) сложе́ние (вычита́ние *и т. д.*) имено́ванных чи́сел ◇ ~ householder аренда́тор до́ма, в аре́ндную пла́ту кото́рого включа́ются нало́ги, вноси́мые владе́льцем; ~ wound *мед.* уши́бленная ра́на

3. *v* [kəmˈpaund] 1) сме́шивать, соединя́ть; составля́ть 2) ула́живать; примиря́ть (*интересы*) 3) приходи́ть к компроми́ссу (*с кредитором*); части́чно погаша́ть долг 4) *юр.*: to ~ a felony отка́зываться от суде́бного пресле́дования за материа́льное вознагражде́ние

**compound** II [ˈkɔmpaund] *n* 1) огоро́женная террито́рия вокру́г фа́брики, конто́ры *и т. п.* европе́йцев (*на Востоке*) 2) огоро́женное ме́сто (*напр.*, для военнопле́нных) 3) посёлок не́гров-рабо́чих фи́рмы (*в Африке*)

**comprador** [ˌkɔmprəˈdɔː] *португ. n* компрадо́р (*туземец на службе европ. фирмы, являющийся посредником между ней и туземными покупателями*)

**comprehend** [ˌkɔmprɪˈhend] *v* 1) понима́ть, постига́ть 2) охва́тывать, включа́ть

**comprehensible** [ˌkɔmprɪˈhensəbl] *a* поня́тный, постижи́мый

**comprehension** [ˌkɔmprɪˈhenʃən] *n* 1) понима́ние; поня́тливость 2) охва́т, включе́ние

**comprehensive** [ˌkɔmprɪˈhensɪv] *a* 1) объе́млющий; исче́рпывающий; обстоя́тельный; ~ arrangement всеобъе́млющее соглаше́ние; ~ mechanization ко́мплексная механиза́ция 2) обши́рный 3) всесторо́нний; ~ school общеобразова́тельная шко́ла; еди́ная, ко́мплексная шко́ла 4) поня́тливый, легко́ схва́тывающий

**compress** 1. *n* [ˈkɔmpres] 1) компре́сс 2) *хир.* мя́гкая, да́вящая повя́зка

2. *v* [kəmˈpres] сжима́ть; сда́вливать

**compressed** [kəmˈprest] 1. *p. p. от* compress 2

2. *a* сжа́тый

**compressibility** [kəmˌpresɪˈbɪlɪtɪ] *n* сжима́емость

**compressible** [kəmˈpresəbl] *a* сжима́ющийся

**compression** [kəmˈpreʃən] *n* 1) сжа́тие; сда́вливание 2) *тех.* компре́ссия 3) *тех.* наби́вка, уплотне́ние, прокла́дка 4) *attr.*: ~ member *тех.* элеме́нт (*конструкции*), рабо́тающий на сжа́тие; ~ chamber *авто* ка́мера сжа́тия *или* сгора́ния

**compressor** [kəmˈpresə] *n тех.* компре́ссор

**comprise** [kəmˈpraɪz] *v* 1) включа́ть, заключа́ть в себе́, охва́тывать; this dictionary ~s about 60 000 words в э́том словаре́ о́коло 60 000 слов 2) содержа́ть; вмеща́ть 3) входи́ть в соста́в

**compromise** [ˈkɔmprəmaɪz] 1. *n* компроми́сс

2. *v* 1) пойти́ на компроми́сс 2) компромети́ровать; подверга́ть ри́ску, опа́сности (*репутацию и т. п.*)

**compromiser** [ˈkɔmprəmaɪzə] *n* примире́нец, соглаша́тель

**comprovincial** [ˌkɔmprəˈvɪnʃəl] *a* того́ же о́круга

**comptometer** [kɔmpˈtɔmɪtə] *n* арифмо́метр, компто́метр

**comptroller** [kəmˈtrəulə] = controller

**compulsion** [kəmˈpʌlʃən] *n* принужде́ние; under (*или* upon) ~ вы́нужденный

**compulsive** [kəmˈpʌlsɪv] *a* 1) принуди́тельный 2) спосо́бный заста́вить ◇ she is a ~ smoker она́ заядлый кури́льщик

**compulsory** [kəmˈpʌlsərɪ] *a* принуди́тельный; обяза́тельный; ~ education обяза́тельное обуче́ние; ~ measures принуди́тельные ме́ры; ~ (military) service во́инская пови́нность

**compunction** [kəm'pʌŋkʃən] *n* 1) угрызе́ния со́вести; раска́яние 2) сожале́ние; without ~ без сожале́ния

**compunctious** [kəm'pʌŋkʃəs] *a* испы́тывающий угрызе́ния со́вести

**computable** [kəm'pju:təbl] *a* исчисли́мый

**computation** [ˌkɔmpju(:)'teıʃən] *n* вычисле́ние, вы́кладка; расчёт

**compute** [kəm'pju:t] **1.** *v* счита́ть, подсчи́тывать; вычисля́ть, де́лать вы́кладки

**2.** *n редк.* вычисле́ние; beyond ~ неисчисли́мый

**computer** [kəm'pju:tə] *n* 1) компью́тер; счётно-реша́ющее устро́йство; (электро́нно-)вычисли́тельная маши́на, ЭВМ; счётчик 2) тот, кто вычисля́ет

**computerisation** [kəmˌpju:tərar'zeıʃ(ə)n] *n* испо́льзование счётных маши́н

**comrade** ['kɔmrıd] *n* това́рищ

**comrade-in-arms** ['kɔmrıdın'a:mz] *n* (*pl* comrades-) сора́тник, това́рищ по ору́жию, боево́й това́рищ

**comradely** ['kɔmrıdlı] *a* това́рищеский

**comradeship** ['kɔmrıdʃıp] *n* това́рищеские отноше́ния

**con** I [kɔn] *v* зау́чивать наизу́сть; зубри́ть, долби́ть

**con** II [kɔn] **1.** *n мор.* пода́ча кома́нд рулево́му

**2.** *v* 1) вести́ су́дно, управля́ть кораблём 2) направля́ть мысль, де́йствия (*челове́ка*)

**con** III [kɔn] *n* (*сокр. от лат.* contra): the pros and ~s до́воды за и про́тив

**con** IV [kɔn] *n* стук

**con** V [kɔn] *sl.* **1.** *n* 1) жу́льничество 2) жу́лик

**2.** *a* жу́льнический

**3.** *v* жу́льничать, надува́ть

**con-** [kɔn-] *см.* com-

**conacre** ['kɔnˌeıkə] *n* сда́ча в аре́нду небольшо́го уча́стка вспа́ханной земли́ на оди́н сезо́н (*в Ирла́ндии*)

**conation** [kəu'neıʃən] *n психол.* спосо́бность к волево́му движе́нию

**concatenate** [kɔn'kætıneıt] *v* сцепля́ть, свя́зывать

**concatenation** [kɔnˌkætı'neıʃən] *n* 1) сцепле́ние (*собы́тий, иде́й*); взаи́мная связь (*причи́нная*); ~ of circumstances стече́ние обстоя́тельств 2) *тех.* каска́дное соедине́ние; цепь

**concave** ['kɔn'keıv] **1.** *a* во́гнутый; впа́лый

**2.** *n* 1) впа́дина 2) *архит.* свод 3) небе́сный свод

**3.** *v* де́лать во́гнутым

**concavity** [kɔn'kævıtı] *n* во́гнутая пове́рхность, во́гнутость

**concavo-concave** [kɔn'keıvəu'kɔnkeıv] *a* двояково́гнутый (*о ли́нзе*)

**concavo-convex** [kɔn'keıvəu'kɔnveks] *a* во́гнуто-вы́пуклый (*о ли́нзе*)

**conceal** [kən'si:l] *v* 1) скрыва́ть; ута́ивать, ума́лчивать 2) маскирова́ть; пря́тать

**concealer** [kən'si:lə] *n* укрыва́тель

**concealment** [kən'si:lmənt] *n* 1) скрыва́ние, ута́ивание, сокры́тие; укрыва́тельство 2) та́йное убе́жище 3) маскиро́вка

**concede** [kən'si:d] *v* 1) уступа́ть 2) допуска́ть (*возмо́жность, пра́вильность чего́-л.*); признава́ть 3) *спорт. разг.* прои́грывать

**conceit** [kən'si:t] *n* 1) самонаде́янность; самомне́ние; тщесла́вие; чва́нство; he is full of ~ он о себе́ высо́кого мне́ния; он по́лон самодово́льства 2) причу́дливый о́браз (*преим. в поэ́зии XVI—XVII вв.*) ◊ to be out of ~ with smb. разочарова́ться в ком-л.

**conceited** [kən'si:tıd] *a* самодово́льный; тщесла́вный

**conceivable** [kən'si:vəbl] *a* мы́слимый, постижи́мый; возмо́жный

**conceivably** [kən'si:vəblı] *adv* предположи́тельно

**conceive** [kən'si:v] *v* 1) постига́ть, понима́ть; представля́ть себе́ 2) заду́мывать; a well ~d scheme хорошо́ заду́манный план 3) почу́вствовать, возыме́ть; to ~ an affection for smb. привяза́ться к кому́-л.; to ~ a dislike for smb. невзлюби́ть кого́-л. 4) заче́ть, забере́менеть

**conceiving** [kən'si:vıŋ] **1.** *pres. p. от* conceive

**2.** *n* зача́тие, зарожде́ние

**concentrate** ['kɔnsəntreıt] **1.** *n* 1) концентра́т 2) обогащённый проду́кт

**2.** *v* 1) сосредото́чивать(ся); концентри́ровать(ся) (on, upon) 2) *хим.* сгуща́ть, выпа́ривать 3) *горн.* обогаща́ть руду́

**concentrated** ['kɔnsəntreıtıd] **1.** *p. p. от* concentrate 2

**2.** *a* 1) сосредото́ченный; концентри́рованный 2) *хим.* сгущённый

**concentration** [ˌkɔnsən'treıʃən] *n* 1) концентра́ция; сосредото́чение; сосредото́ченность; кре́пость (*раство́ра*) 2) сгуще́ние 3) обогаще́ние руды́ 4) *attr.*: ~ camp концентрацио́нный ла́герь

**concentre** [kɔn'sentə] *v* 1) концентри́ровать(ся); сосредото́чивать (*мы́сли и т. п.*) 2) сходи́ться в це́нтре, име́ть о́бщий центр

**concentric** [kɔn'sentrık] *a* концентри́ческий

**concentrically** [kɔn'sentrıkəlı] *adv* концентри́чески

**concentricity** [ˌkɔnsən'trısıtı] *n* концентри́чность

**concept** ['kɔnsept] *n* поня́тие, иде́я; о́бщее представле́ние; конце́пция

**conception** [kən'sepʃən] *n* 1) понима́ние; it is beyond my ~ э́то вы́ше моего́ понима́ния 2) поня́тие 3) конце́пция 4) за́мысел 5) *физиол.* зача́тие; оплодотворе́ние

**conceptual** [kən'septjuəl] *a* 1) умозри́тельный 2) поняти́йный

**concern** [kən'sə:n] **1.** *n* 1) забо́та, беспоко́йство; огорче́ние; to feel ~ about smth. беспоко́иться о чём-л., быть озабо́ченным чем-л.; with deep ~ с больши́м огорче́нием 2) уча́стие, интере́с; to have a ~ in a business быть уча́стником како́го-л. предприя́тия 3) де́ло, отноше́ние, каса́тельство; it is no ~ of mine э́то не моё де́ло, э́то меня́ не каса́ется 4) значе́ние, ва́жность; a matter of great ~ о́чень ва́жное де́ло 5) предприя́тие, фи́рма

**2.** *v* 1) каса́ться, име́ть отноше́ние; as ~s что каса́ется; as far as his conduct is ~ed что каса́ется его́ поведе́ния; his life is ~ed речь идёт о его́ жи́зни 2) забо́титься, беспоко́иться; to be ~ed about the future беспоко́иться о бу́дущем 3) *refl.* занима́ться, интересова́ться (*чем-л.*)

**concerned** [kən'sə:nd] **1.** *p. p. от* concern 2

**2.** *a* 1) за́нятый (*чем-л.*); свя́занный (*с чем-л.*); име́ющий отноше́ние (*к чему́-л.*); ~ parties заинтересо́ванные сто́роны 2) озабо́ченный; ~ air озабо́ченный вид

**concerning** [kən'sə:nıŋ] **1.** *pres. p. от* concern 2

**2.** *prep* относи́тельно, каса́тельно

**concernment** [kən'sə:nmənt] *n* 1) ва́жность; a matter of ~ ва́жное де́ло 2) уча́стие, заинтересо́ванность 3) озабо́ченность

**concert** **1.** *n* ['kɔnsə(:)t] 1) конце́рт 2) согла́сие, соглаше́ние; in ~ во взаимоде́йствии, дру́жно; to act in ~ де́йствовать сообща́, по угово́ру 3) *attr.* конце́ртный; ~ grand конце́ртный роя́ль

**2.** *v* [kən'sə:t] сгова́риваться, догова́риваться; сообща́ принима́ть ме́ры; to ~ action согласо́вывать де́йствия

**concerted** [kən'sə:tıd] **1.** *p. p. от* concert 2

**2.** *a* согласо́ванный; to take ~ action де́йствовать согласо́ванно, по угово́ру

**concertina** [ˌkɔnsə'ti:nə] *n* концерти́но (*шестигра́нная гармо́ника*)

**concerto** [kən'tʃə:təu] *ит. n* (*pl* -os [-əuz]) конце́рт (*музыка́льная фо́рма*)

**concession** [kən'seʃən] *n* 1) усту́пка; a ~ to public opinion усту́пка обще́ственному мне́нию 2) конце́ссия

**concessionaire** [kənˌseʃə'nɛə] *фр. n* концессионе́р

**concessioner** [kən'seʃənə] *амер.* = concessionaire

**concessive** [kən'sesıv] *a* 1) усту́пчивый 2) *грам.* уступи́тельный

**concetti** [kən'tʃetı] *pl от* concetto

**concetto** [kən'tʃetəu] *ит. n* (*pl* -tti) = conceit 2)

**conch** [kɔŋk] *n* 1) ра́ковина 2) *архит.* абси́да, полукру́глый вы́ступ

**concha** ['kɔŋkə] *n* 1) *анат.* ушна́я ра́ковина 2) = conch 2)

**conchoid** ['kɔŋkɔıd] *n мат.* конхо́ида

**conchy** ['kɔntʃı] *n разг.* = conscientious objector [*см.* conscientious]

**concierge** [ˌkɔːnsɪ'ɛəʒ] *фр. n* консьéрж; консьéржка

**concilia** [kən'sɪlɪə] *pl от* concilium

**conciliate** [kən'sɪlɪeɪt] *v* 1) успокáивать, умиротворя́ть 2) расположи́ть к себé; снискáть довéрие, любóвь

**conciliation** [kənˌsɪlɪ'eɪʃən] *n* 1) примирéние; умиротворéние 2) *юр.* согласи́тельная процеду́ра; court of ~ суд примири́тельного произвóдства

**conciliator** [kən'sɪlɪeɪtə] *n* 1) миротвóрец; примири́тель 2) *юр.* мировóй посрéдник 3) *полит.* примирéнец

**conciliatory** [kən'sɪlɪətərɪ] *a* 1) примири́тельный 2) *полит.* примирéнческий

**concilium** [kən'sɪlɪəm] *n* (*pl* -lia) конси́лиум

**concise** [kən'saɪs] *a* 1) крáткий; сжáтый; немногослóвный 2) чёткий; вырази́тельный

**conciseness** [kən'saɪsnɪs] *n* 1) крáткость, сжáтость 2) вырази́тельность

**concision** [kən'sɪʒən] = conciseness

**conclave** ['kɔnkleɪv] *n* 1) тáйное совещáние; to sit in ~ учáствовать в тáйном совещáнии 2) *церк.* конклáв

**conclude** [kən'kluːd] *v* 1) закáнчивать(ся); he ~d his speech with the following remark (*или* by making the following remark) он закóнчил речь слéдующими словáми; to ~ итáк (*в конце речи*) 2) заключáть; to ~ a treaty заключáть договóр 3) выводи́ть заключéние; дéлать вы́вод; заключáть 4) (*б. ч. амер.*) решáть, принимáть решéние

**conclusion** [kən'kluːʒən] *n* 1) окончáние; завершéние; in ~ в заключéние; to bring to a ~ завершáть, доводи́ть до концá 2) заключéние; ~ of a treaty заключéние договóра 3) умозаключéние, вы́вод; to draw a ~ дéлать вы́вод; to arrive at a ~ прийти́ к заключéнию; to jump to (*или* at) a ~ дéлать поспéшный вы́вод; foregone ~ предрешённое дéло; предвзя́тое мнéние 4) исхóд, результáт ◊ to try ~s прóбовать; to try ~s with smb. вступáть в состязáние с кем-л.

**conclusive** [kən'kluːsɪv] *a* 1) заключи́тельный 2) окончáтельный, решáющий 3) убеди́тельный; ~ evidence убеди́тельное доказáтельство

**concoct** [kən'kɔkt] *v* 1) стря́пать 2) приду́мать, состря́пать (*небылицу, сюжет рассказа и т. п.*) 3) *тех.* концентри́ровать, сгущáть

**concoction** [kən'kɔkʃən] *n* 1) вáрево; стряпня́ 2) «бáсни», вы́мысел, небыли́цы 3) составлéние, приду́мывание 4) *тех.* концентрáт; сгущéние

**concomitance** [kən'kɔmɪtəns] *n* сопу́тствование

**concomitant** [kən'kɔmɪtənt] **1.** *a* сопу́тствующий

**2.** *n* сопу́тствующее обстоя́тельство

**concord** ['kɔŋkɔːd] *n* 1) соглáсие 2) соглашéние; договóр, конвéнция 3) согласовáние (*тж. грам.*) 4) *муз.* гармóния, созву́чие

**concordance** [kən'kɔːdəns] *n* 1) соглáсие; соответ́ствие; in ~ with smth. в соответ́ствии с чем-л., соглáсно чему́-л. 2) алфави́тный указáтель слов *или* изречéний, встречáющихся в какóй-л. кни́ге *или* у какóго-л. класси́ческого писáтеля

**concordant** [kən'kɔːdənt] *a* 1) соглáсный; согласу́ющийся (with) 2) гармони́чный

**concordat** [kɔn'kɔːdæt] *n* конкордáт, договóр

**concourse** ['kɔŋkɔːs] *n* 1) стечéние нарóда, толпá 2) скоплéние (*чего-л.*); ~ of circumstances стечéние обстоя́тельств 3) откры́тое мéсто, где собирáется пу́блика 4) *амер.* глáвный вести́бюль вокзáла

**concrescence** [kɔn'kresəns] *n биол.* сращéние

**concrete** ['kɔnkriːt] **1.** *n* 1) бетóн; reinforced (*или* armoured) ~ железобетóн; prestressed ~ предвари́тельно напряжённый бетóн 2) нéчто конкрéтное, реáльное; in the ~ реáльно, практи́чески

**2.** *a* 1) конкрéтный; ~ number имено́ванное числó 2) бетóнный

**3.** *v* 1) бетони́ровать 2) [kən'kriːt] сгущáть(ся); твердéть; срастáться; срáщивать

**concrete-mixer** ['kɔnkriːt'mɪksə] *n* бетономешáлка

**concretion** [kən'kriːʃən] *n* 1) сращéние; срáщивание 2) сгущéние, оседáние, осаждéние, коагуля́ция 3) твёрдая срóсшаяся мáсса 4) *геол.* конкрéция 5) *мед.* кáмень, конкремéнт

**concretionary** [kən'kriːʃənərɪ] *a геол.* конкрециóнный; стремя́щийся к срастáнию

**concretize** ['kɔnkri(ː)taɪz] *v* конкретизи́ровать

**concubinage** [kɔn'kjuːbɪnɪdʒ] *n* внебрáчное сожи́тельство

**concubine** ['kɔŋkjubaɪn] *n* 1) налóжница, любóвница 2) млáдшая женá (*у народов, где распространено многожёнство*)

**concupiscence** [kən'kjuːpɪsəns] *n* 1) похотли́вость 2) стрáстное желáние

**concupiscent** [kən'kjuːpɪsənt] *a* похотли́вый, сладострáстный

**concur** [kən'kəː] *v* 1) совпадáть 2) соглашáться; сходи́ться в мнéниях 3) дéйствовать сообщá, совмéстно

**concurrence** [kən'kʌrəns] *n* 1) совпадéние (*мнений и т. п.*); стечéние (*обстоятельств*) 2) соглáсие; согласóванность (*действий*)

**concurrent** [kən'kʌrənt] **1.** *n* 1) неотъéмлемая часть; фáктор 2) сопу́тствующее обстоя́тельство

**2.** *a* 1) совпадáющий 2) дéйствующий совмéстно *или* одноврéменно

**concuss** [kən'kʌs] *v* 1) сотрясáть, потрясáть 2) *мед.* вызывáть сотрясéние (*мозга*) 3) запу́гивать; принуждáть (*к чему-л.*); to ~ into smth., to ~ to do smth. понуждáть к чему́-л.

**concussion** [kən'kʌʃən] *n* 1) сотрясéние; толчóк 2) конту́зия; ~ of the brain сотрясéние мóзга 3) *юр.* принуждéние путём запу́гивания *или* наси́лия

**condemn** [kən'dem] *v* 1) осуждáть, порицáть 2) пригова́ривать, выноси́ть приговóр 3) бракова́ть; признавáть негóдным 4) конфисковáть (*судно, груз*) 5) уличáть; his looks ~ him лицó выдаёт егó 6) нáглухо забивáть

**condemnation** [ˌkɔndem'neɪʃən] *n* 1) осуждéние, приговóр 2) конфискáция, наложéние арéста

**condemnatory** [kən'demnətərɪ] *a* осуждáющий; обвини́тельный

**condemned** [kən'demd] **1.** *p. p. от* condemn

**2.** *a* 1) осуждённый; приговорённый 2): ~ cell кáмера смéртника

**condensable** [kən'densəbl] *a* 1) поддáющийся сжимáнию *или* сгущéнию 2) преврати́мый в жи́дкое состоя́ние (*о газе*)

**condensation** [ˌkɔnden'seɪʃən] *n* 1) сгущéние, уплотнéние, конденсáция 2) сжáтость (*стиля*)

**condense** [kən'dens] *v* 1) сгущáть(-ся); конденси́ровать 2) сжáто выражáть (*мысль*)

**condensed** [kən'denst] **1.** *p. p. от* condense

**2.** *a* конденси́рованый; сгущённый; ~ milk сгущённое молокó

**condenser** [kən'densə] *n* 1) конденсáтор 2) *тех.* холоди́льник 3) *эл.* конденсáтор 4) *опт.* кондéнсор

**condescend** [ˌkɔndɪ'send] *v* 1) снисходи́ть; удостáивать 2) унижáться (to — до *чего-л.*), роня́ть своё достóинство

**condescension** [ˌkɔndɪ'senʃən] *n* 1) снисхождéние 2) снисходи́тельность

**condign** [kən'daɪn] *a* заслу́женный (*о наказании*)

**condiment** ['kɔndɪmənt] *n* припрáва

**condition** [kən'dɪʃən] **1.** *n* 1) услóвие; on (*или* upon) ~ при услóвии 2) состоя́ние, положéние; in (out of) ~ в хорóшем (плохóм) состоя́нии (*тж. о здоровье*); in good ~ гóдный к употреблéнию (*о пище*) 3) *pl* обстоя́тельства; обстанóвка; under such ~s при таки́х обстоя́тельствах; international ~s междунарóдная обстанóвка 4) общéственное положéние; humble ~ of life скрóмное положéние; men of all ~s лю́ди вся́кого звáния; to change one's ~ вы́йти зáмуж, жени́ться 5) *амер.* переэкзаменóвка; зачёт *или* экзáмен, не сдáнный в срок, «хвост»

**2.** *v* 1) стáвить услóвия, обуслóвливать; choice is ~ed by supply вы́бор обуслóвлен предложéнием 2) испы́тывать (*напр., степень влажности шёлка, шерсти и т. п.*) 3) улучшáть состоя́ние; to ~ the team *спорт.* подготáвливать, тренировáть комáнду 4) улучшáть (*породу скота*) 5) кондициони́ровать (*воздух*) 6) принимáть мéры к сохранéнию (*чего-л.*) в свéжем состоя́нии 7) *амер.* сдавáть переэкзаменóвку 8) *амер.* принимáть *или* переводи́ть с переэкзаменóвкой

**conditional** [kən'dɪʃənl] *a* 1) условный, обусловленный; ~ sale *ком.* продáжа с принуди́тельным ассортимéнтом 2) *грам.* услóвный; ~ sentence услóвное предложéние; ~ mood услóвное наклонéние

**conditioned** [kən'dɪʃənd] **1.** *p. p. от* condition 2

**2.** *a* 1) обуслóвленный; ~ reflex услóвный рефлéкс 2) кондициóнный, отвечáющий стандáрту; well ~ cattle кондициóнный скот 3) кондициони́рованный

**conditioning** [kən'dɪʃnɪŋ] **1.** *pres. p. от* condition 2

**2.** *n* 1) мéры к улучшéнию физи́ческого состоя́ния; physical ~ физи́ческая закáлка 2) мéры к сохранéнию (*чего-л.*) в свéжем состоя́нии 3) кондициони́рование (*воздуха*)

**3.** *a* тренирóвочный

**condolatory** [kən'dəulətrɪ] *a* сочу́вствующий, соболéзнующий

**condole** [kən'dəul] *v* сочу́вствовать, соболéзновать; выражáть соболéзнование

**condolence** [kən'dəuləns] *n* (*обыкн. pl*) соболéзнование; to present one's ~s to smb. выражáть своё соболéзнование кому́-л.

**condominium** ['kɔndə'mɪnɪəm] *n* кондоми́ниум, совладéние

**condonation** [ˌkɔndəu'neɪʃən] *n* терпи́мость (*особ. к супружеской неверности*)

**condone** [kən'dəun] *v* мири́ться, смотрéть сквозь пáльцы

**condor** ['kɔndɔ:] *n зоол.* кóндор

**conduce** [kən'dju:s] *v* способствовать, вести́ (*к чему-л.*)

**conducive** [kən'dju:sɪv] *a* благоприя́тный; способствующий; ~ to smth. веду́щий к чему́-л.

**conduct** **1.** *n* ['kɔndʌkt] 1) поведéние; óбраз дéйствий 2) руковóдство, ведéние; ~ of operations *воен.* ведéние операций 3) *attr.*: ~ sheet кондуи́т, лист для зáписи взыскáний

**2.** *v* [kən'dʌkt] 1) вести́; ~ oneself вести́ себя́ 2) сопровождáть; экскорти́ровать 3) руководи́ть (*делом*) 4) дирижи́ровать (*оркестром, хором*) 5) *физ.* проводи́ть; служи́ть проводникóм

**conductance** [kən'dʌktəns] = conduction

**conduction** [kən'dʌkʃən] *n физ.* проводи́мость

**conductive** [kən'dʌktɪv] *a физ.* проводя́щий

**conductivity** [ˌkɔndʌk'tɪvɪtɪ] *n физ.* удéльная проводи́мость; электропровóдность

**conduct-money** ['kɔndʌktˌmʌnɪ] *n* оплáта расхóдов по достáвке свидéтеля в суд

**conductor** [kən'dʌktə] *n* 1) кондýктор (*трамвая, автобуса — в Англии*) 2) *амер. ж.-д.* проводни́к 3) гид 4) руководи́тель 5) дирижёр 6) *физ.* проводни́к 7) *эл.* прóвод; жи́ла 8) громоотвóд

**conductress** [kən'dʌktrɪs] *n* 1) кондýкторша 2) руководи́тельница

**conduit** ['kɔndɪt] *n* 1) трубопровóд; водопровóдная трубá; акведýк 2) подзéмный потайнóй ход; *перен.* канáл 3) [*тж.* 'kɔndjuɪt] *эл.* изоляциóнная трýбка 4) *attr.*: ~ head резервуáр

**cone** [kəun] **1.** *n* 1) кóнус; ~ of paper фýнтик, бумáжный кулёк; ice-cream ~ морóженое в вáфельном *или* бумáжном стакáнчике; ~ of rays *физ.* пучóк лучéй 2) *бот.* ши́шка

**2.** *v* 1) придавáть фóрму кóнуса 2) (*обыкн. pass.*): to be ~d быть обнарýженным врáжескими прожектóрами (*о самолёте*)

**coney** ['kəunɪ] = cony

**confab** ['kɔnfæb] *разг.* **1.** *n сокр. от* confabulation

**2.** *v сокр. от* confabulate

**confabulate** [kən'fæbjuleɪt] *v* разговáривать, бесéдовать, болтáть

**confabulation** [kənˌfæbju'leɪʃən] *n* болтовня́, дрýжеский разговóр

**confection** [kən'fekʃən] **1.** *n* 1) слáсти 2) изготовлéние сластéй 3) конфекциóн; готóвые принадлéжности жéнского туалéта

**2.** *v* 1) приготовля́ть конфéты, слáсти 2) изготовля́ть предмéты жéнского туалéта

**confectioner** [kən'fekʃnə] *n* конди́тер

**confectionery** [kən'fekʃnərɪ] *n* 1) конди́терская 2) конди́терские издéлия

**confederacy** [kən'fedərəsɪ] *n* 1) конфедерáция; ли́га; союз госудáрств 2) зáговор

**confederate** **1.** *n* [kən'fedərɪt] 1) член конфедерáции, сою́зник 2) соóбщник, соучáстник (*преступления*) 3) *амер. ист.* конфедерáт, сторóнник ю́жных штáтов (*в 1860—65 гг.*)

**2.** *a* [kən'fedərɪt] сою́зный, федерати́вный; the C. States of America *ист.* конфедерáция 11 ю́жных штáтов, отошéдших от США в 1860—1861 гг.

**3.** *v* [kən'fedəreɪt] объединя́ть(ся) в сою́з, составля́ть федерáцию

**confederation** [kənˌfedə'reɪʃən] *n* конфедерáция, федерáция, сою́з

**confer** [kən'fə:] *v* 1) даровáть; присвáивать (*звание*); присуждáть (*степень*); to ~ powers наделя́ть влáстью; to ~ a title on smb. давáть ти́тул комý-л. 2) обсуждáть, совещáться (together, with) 3) (*imp.*) сопостáвь, сравни́; ~ remark on the next page сравни́ замечáние на слéдующей страни́це

**conferee** [ˌkɔnfə'ri:] *n* учáстник переговóров, конферéнции

**conference** ['kɔnfərəns] *n* 1) конферéнция; совещáние; съезд; to be in ~ быть на совещáнии; заседáть 2) *амер.* ассоциáция (университéтов, спорти́вных комáнд, церквéй *и т. п.*) 3) *attr.*: ~ circuit диспéтчерская связь; ~ rate *ком.* картéльная фрáхтовая стáвка

**conferment** [kən'fə:mənt] *n* присвоéние (*звания*); присуждéние (*степени*)

**conferva** [kɔn'fə:və] *n бот.* конфéрва, нитчáтка; водянóй мох; ря́ска

**confess** [kən'fes] *v* 1) признавáть (-ся); сознавáться 2) исповéдовать (-ся)

**confessedly** [kən'fesɪdlɪ] *adv* по ли́чному *или* óбщему признáнию

**confession** [kən'feʃən] *n* 1) признáние (*вины, ошибки*) 2) и́споведь 3) вероисповéдание

**confessional** [kən'feʃənl] *n* исповéдальня

**confessor** [kən'fesə, 'kɔnfesə] *n* духовни́к; исповéдник

**confetti** [kən'feti(:)] *ит. n* конфетти́

**confidant** [ˌkɔnfɪ'dænt] *n* напéрсник

**confidante** [ˌkɔnfɪ'dænt] *n* напéрсница

**confide** [kən'faɪd] *v* 1) доверя́ть, поверя́ть (in — *кому-л.*); полагáться (in — на *кого-л.*) 2) вверя́ть; поручáть (to) 3) признавáться, сообщáть по секрéту (to)

**confidence** ['kɔnfɪdəns] *n* 1) довéрие; to enjoy smb.'s ~ пóльзоваться чьим-л. довéрием; to take a person into one's ~ довéрить комý-л. свои́ тáйны; to place ~ in a person доверя́ть комý-л. 2) конфиденциáльное сообщéние; in strict ~ стрóго конфиденциáльно; to tell smth. in ~ сказáть что-л. по секрéту 3) увéренность 4) самонадéянность, самоувéренность ◇ ~ game (*или* trick) получéние дéнег обмáнным путём (посрéдством внушéния жéртве довéрия); ~ man мошéнник, получи́вший дéньги обмáнным путём

**confident** ['kɔnfɪdənt] **1.** *a* 1) увéренный (of — в *успехе и т. п.*) 2) самоувéренный, самонадéянный

**2.** *n* = confidant

**confidential** [ˌkɔnfɪ'denʃəl] *a* 1) конфиденциáльный; секрéтный 2) доверя́ющий; довери́тельный 3) пóльзующийся довéрием

**confidentially** [ˌkɔnfɪ'denʃəlɪ] *adv* по секрéту, конфиденциáльно

**configuration** [kənˌfɪgju'reɪʃən] *n* конфигурáция; очертáние; фóрма

**confine** [kən'faɪn] *v* 1) ограни́чивать 2) заключáть в тюрьмý 3) заточáть, держáть взаперти́; to ~ to barracks *воен.* держáть на казáрменном положéнии 4): to be ~d рожáть; to be ~d to bed (to one's room) быть прикóванным к постéли (не выходи́ть по болéзни из кóмнаты) 5) *refl.* придéрживаться (*чего-л.*); to ~ oneself strictly to the subject стрóго придéрживаться тéмы

**confined** [kən'faɪnd] **1.** *p. p. от* confine

**2.** *a* 1) ограни́ченный 2) тéсный; ýзкий 3) заключённый 4) рожáющая 5) *мед.* страдáющий запóром

**confinement** [kən'faɪnmənt] *n* 1) ограничéние 2) тюрéмное заключéние 3) рóды

**confines** ['kɔnfaɪnz] *n pl* граница; рубéж; within the ~ of smth. в предéлах, рáмках чегó-л.

**confirm** [kən'fə:m] *v* 1) подтверждáть 2) утверждáть; закреплять 3) ратифицировать 4) подкреплять, поддéрживать 5) *церк.* конфирмовáть

**confirmation** [,kɔnfə'meɪʃən] *n* 1) подтверждéние 2) утверждéние; ~ to a post утверждéние в дóлжности 3) подкреплéние 4) *церк.* конфирмáция

**confirmative, confirmatory** [kən'fə:mətɪv, -tərɪ] *a* подтверждáющий; подкрепляющий

**confirmed** [kən'fə:md] **1.** *p. p. от* confirm

**2.** *a* 1) хронúческий 2) закоренéлый, убеждённый

**confirmee** [,kɔnfə'mi:] *n церк.* конфирмáнт

**confiscate** ['kɔnfɪskeɪt] *v* конфисковáть, реквизúровать

**confiscation** [,kɔnfɪs'keɪʃən] *n* конфискáция, реквизúция

**confiture** ['kɔnfɪtʃə] *n* конфитюр, варéнье

**conflagration** [,kɔnflə'greɪʃən] *n* 1) большóй пожáр, пожáрище 2) сожжéние

**conflate** [kən'fleɪt] *v* объединять два вариáнта тéкста

**conflation** [kən'fleɪʃən] *n* объединéние двух вариáнтов тéкста в оди́н

**conflict 1.** *n* ['kɔnflɪkt] 1) конфли́кт, столкновéние; ~ of laws *юр.* а) коллизиóнное прáво; чáстное междунарóдное прáво; б) конфли́кт правовы́х норм 2) противорéчие; internal ~s внýтренние противорéчия

**2.** *v* [kən'flɪkt] 1) быть в конфли́кте 2) противорéчить (with — *чему-л.*); to ~ with reality противорéчить (реáльной) действи́тельности

**conflicting** [kən'flɪktɪŋ] **1.** *pres. p. от* conflict 2

**2.** *a* противоречи́вый; ~ opinions противоречи́вые мнéния

**confluence** ['kɔnfluəns] *n* 1) слия́ние (*рек*); пересечéние (*дорог*); мéсто слия́ния 2) стечéние нарóда, толпá

**confluent** ['kɔnfluənt] **1.** *a* 1) сливáющийся 2) *мед.* сливнóй; ~ smallpox сливнáя óспа

**2.** *n* однá из сливáющихся рек; притóк реки́

**conflux** ['kɔnflʌks] = confluence

**conform** [kən'fɔ:m] *v* 1) сообразовáть(ся); согласовáться (to — с); соотвéтствовать (to — *чему-л.*) 2) приспособля́ть(ся) 3) подчиня́ться (*правилам*)

**conformable** [kən'fɔ:məbl] *a* 1) подчиня́ющийся, послýшный 2) подóбный

**conformation** [,kɔnfɔ:'meɪʃən] *n* 1) устрóйство, фóрма; структýра 2) приспособлéние (to) 3) подчинéние

**conformist** [kən'fɔ:mɪst] *n* конформи́ст

**conformity** [kən'fɔ:mɪtɪ] *n* 1) соотвéтствие; согласóванность 2) схóдство 3) подчинéние 4) ортодоксáльность; слéдование дóгмам англикáнской цéркви

**confound** [kən'faund] *v* 1) смéшивать, спýтывать 2) поражáть, приводи́ть в смущéние; стáвить в тупи́к 3) разрушáть (*планы, надежды*) ◊ ~ it! к чёрту!; будь онó прóклято!

**confounded** [kən'faundɪd] **1.** *p. p. от* confound

**2.** *a разг.* отъя́вленный; he is a ~ bore он áдски скýчен

**confoundedly** [kən'faundɪdlɪ] *adv разг.* чрезвычáйно, ужáсно, стрáшно

**confraternity** [,kɔnfrə'tə:nɪtɪ] *n* брáтство

**confrère** ['kɔnfrɛə] *фр. n* собрáт, коллéга

**confront** [kən'frʌnt] *v* 1) стоя́ть лицóм к лицý; стоя́ть прóтив 2) противостоя́ть; смотрéть в лицó (*смерти, опасности*) 3) (*pass.*) быть постáвленным пéред (with); he was ~ed with demands емý бы́ли предъя́влены трéбования 4) дéлать óчную стáвку (with) 5) сопоставля́ть, сличáть

**confrontation** [,kɔnfrʌn'teɪʃən] *n* 1) конфронтáция, противобóрство 2) óчная стáвка 3) сличéние, сопоставлéние

**Confucianism** [kən'fju:ʃjənɪzm] *n* учéние Конфýция

**confuse** [kən'fju:z] *v* 1) смéшивать, спýтывать; he must have ~d me with somebody else он должнó быть при́нял меня́ за другóго 2) производи́ть беспоря́док; приводи́ть в беспоря́док; создавáть пýтаницу 3) приводи́ть в замешáтельство, смущáть; сбивáть с тóлку 4) помрачáть сознáние

**confused** [kən'fju:zd] **1.** *p. p. от* confuse

**2.** *a* 1) смущённый; to become ~ смути́ться, спýтаться 2) спýтанный; ~ mass беспоря́дочная мáсса; ~ tale бессвя́зный расскáз; ~ answer тумáнный отвéт

**confusedly** [kən'fju:zɪdlɪ] *adv* 1) смущённо; в смущéнии, в замешáтельстве 2) беспоря́дочно; в беспоря́дке

**confusion** [kən'fju:ʒən] *n* 1) смущéние 2) смятéние, замешáтельство 3) беспоря́док 4) пýтаница, неразбери́ха

**confutation** [,kɔnfju:'teɪʃən] *n* опровержéние

**confute** [kən'fju:t] *v* опровергáть

**cong** [kɔŋ] *амер. сокр. от* congress

**congé** ['kɔ:nʒeɪ] *фр. n* óтпуск

**congeal** [kən'dʒi:l] *v* 1) заморáживать 2) замерзáть, застывáть 3) сгущáть(ся); свёртываться

**congee** ['kɔndʒi:] = conjee

**congelation** [,kɔndʒɪ'leɪʃən] *n* 1) заморáживание 2) застывáние; point of ~ тóчка, температýра замерзáния 3) затвердéние

**congener** ['kɔndʒɪnə] **1.** *n* 1) собрáт, сорóдич 2) рóдственная вещь

**2.** *a* рóдственный

**congeneric(al)** [,kɔndʒɪ'nerɪk(əl)] *a* однорóдный

**congenerous** [kən'dʒenərəs] *a* рóдственный; однорóдный; несýщий одинáковые фýнкции (*с другим*)

**congenial** [kən'dʒi:njəl] *a* 1) бли́зкий по дýху; конгениáльный 2) благоприя́тный; подходя́щий 3) врождённый, свóйственный

**congeniality** [kən,dʒi:nɪ'ælɪtɪ] *n* конгениáльность, сродствó, схóдство, бли́зость

**congenital** [kən'dʒenɪtl] *a* прирождённый, врождённый

**conger** ['kɔŋgə] *n зоол.* морскóй ýгорь (*тж.* ~ eel)

**congeries** [kɔn'dʒɪəri:z] *n* (*pl без измен.*) мáсса; кýча; скоплéние

**congest** [kən'dʒest] *v* 1) перегружáть; переполня́ть 2) скопля́ть(ся), накопля́ть(ся)

**congested** [kən'dʒestɪd] **1.** *p. p. от* congest

**2.** *a* 1) перенаселённый (*о районе и т. п.*); ~ streets кишáщие людьми́ ýлицы 2) *мед.* перепóлненный крóвью (*об органах*); застóйный

**congestion** [kən'dʒestʃən] *n* 1) перенаселённость 2) кýча, грýда; скоплéние 3) перегрýженность, затóр (*уличного движения*) 4) *мед.* закýпорка; застóй; venous ~ закýпорка вен

**conglobate** ['kɔngləubeɪt] **1.** *a* шарообрáзный, сфери́ческий

**2.** *v* придавáть *или* принимáть сфери́ческую фóрму

**conglomerate 1.** *n* [kən'glɔmərɪt] 1) конгломерáт 2) *геол.* облóмочная гóрная порóда

**2.** *v* [kən'glɔməreɪt] 1) собирáть (-ся); скопля́ться 2) превращáться в сли́тную мáссу

**conglomeration** [kən,glɔmə'reɪʃən] *n* конгломерáция; накоплéние, скоплéние; сгýсток

**conglutination** [kən,glu:tɪ'neɪʃən] *n* 1) склéивание, слипáние 2) *мед.* спáйка

**congou** ['kɔŋgəu] *n* сорт чёрного китáйского чáя

**congratulate** [kən'grætjuleɪt] *v* поздравля́ть (on, upon)

**congratulation** [kən,grætju'leɪʃən] *n* (*обыкн. pl*) поздравлéние; a letter of ~s поздрави́тельное письмó

**congratulatory** [kən'grætjulətərɪ] *a* поздрави́тельный

**congregate** ['kɔŋgrɪgeɪt] *v* собирáть (-ся); скопля́ться, сходи́ться

**congregation** [,kɔŋgrɪ'geɪʃən] *n* 1) скоплéние, собрáние; схóдка 2) университéтский совéт 3) *церк.* прихожáне; моля́щиеся (*в церкви*); пáства 4) *церк.* конгрегáция; религиóзное брáтство

**Congregationalism** [,kɔŋgrɪ'geɪʃnəlɪzm] *n* индепендéнтство; конгрегационали́зм (*требование церковного*

*самоуправления для каждого прихода*)

**congress** [ˈkɔŋgres] *n* 1) конгре́сс; съезд; The World Peace C. Всеми́рный конгре́сс сторо́нников ми́ра; to go into ~ заседа́ть 2) (the C.) конгре́сс США 3): (Indian National) C. па́ртия «Индийский национа́льный конгре́сс»

**congressional** [kɔŋˈgreʃənl] *a* относя́щийся к конгре́ссу; C. district *амер.* избира́тельный о́круг для вы́боров в конгре́сс; C. records *амер.* отчёты конгре́сса США

**Congressman** [ˈkɔŋgresmən] *n амер.* член конгре́сса

**congruence** [ˈkɔŋgruəns] *n* 1) согласо́ванность; соотве́тствие; to be in ~ with соотве́тствовать чему́-л. 2) совпаде́ние 3) *мат.* конгруэ́нтность

**congruent** [ˈkɔŋgruənt] = congruous

**congruous** [ˈkɔŋgruəs] *a* 1) соотве́тствующий; гармони́рующий; подходя́щий 2) *мат.* конгруэ́нтный; совпада́ющий

**conic** [ˈkɔnɪk] = conical 1)

**conical** [ˈkɔnɪkəl] *a* 1) кони́ческий 2) ко́нусный, конусообра́зный

**conifer** [ˈkəunɪfə] *n* хво́йное де́рево

**coniferous** [kəuˈnɪfərəs] *a* хво́йный, шишконо́сный

**coniform** [ˈkəunɪfɔːm] = conical

**conjectural** [kənˈdʒektʃərəl] *a* предположи́тельный

**conjecture** [kənˈdʒektʃə] **1.** *n* 1) дога́дка, предположе́ние; to hazard a ~ вы́сказать дога́дку, сде́лать предположе́ние 2) *лингв.* конъекту́ра

**2.** *v* 1) предполага́ть, гада́ть 2) предлага́ть исправле́ние те́кста, конъекту́ру

**conjee** [ˈkɔndʒiː] *n* ри́совый отва́р

**conjoin** [kənˈdʒɔɪn] *v* соединя́ть(ся); сочета́ть(ся)

**conjoint** [ˈkɔndʒɔɪnt] *a* соединённый, объединённый; о́бщий, совме́стный; ~ action объединённые де́йствия

**conjugal** [ˈkɔndʒugəl] *a* супру́жеский; бра́чный

**conjugality** [ˌkɔndʒuˈgælɪtɪ] *n* супру́жество, состоя́ние в бра́ке

**conjugate 1.** *a* [ˈkɔndʒugɪt] 1) соединённый 2) *мат.* сопряжённый; ~ angles сопряжённые углы́ 3) *бот.* па́рный (*о листьях*) 4) *лингв.* ро́дственный по ко́рню и по значе́нию (*о слове*)

**2.** *n* [ˈkɔndʒugɪt] *лингв.* сло́во, ро́дственное по ко́рню *или* значе́нию

**3.** *v* [ˈkɔndʒugeɪt] 1) *грам.* спряга́ть 2) *биол.* соединя́ться

**conjugation** [ˌkɔndʒuˈgeɪʃən] *n* 1) соедине́ние 2) *грам.* спряже́ние 3) *биол.* конъюга́ция

**conjunct** [kənˈdʒʌŋkt] *a* соединённый; свя́занный; объединённый

**conjunction** [kənˈdʒʌŋkʃən] *n* 1) соедине́ние, связь; in ~ вме́сте, сообща́ 2) совпаде́ние; стече́ние; сочета́ние 3) пересече́ние доро́г, перекрёсток 4) *грам.* сою́з

**conjunctiva** [ˌkɔndʒʌŋkˈtaɪvə] *n анат.* конъюнкти́ва (*слизистая оболочка глаза*)

**conjunctive** [kənˈdʒʌŋktɪv] **1.** *a* 1) свя́зывающий; ~ tissue *физиол.* соедини́тельная ткань 2) *грам.*: ~ mood сослага́тельное наклоне́ние; ~ adverb соедини́тельное наре́чие; ~ pronoun соедини́тельное местоиме́ние

**2.** *n* = ~ mood

**conjunctivitis** [kənˌdʒʌŋktɪˈvaɪtɪs] *n мед.* конъюнктиви́т

**conjuncture** [kənˈdʒʌŋktʃə] *n* 1) стече́ние обстоя́тельств; at this ~ в сложи́вшихся усло́виях 2) конъюнкту́ра

**conjuration** [ˌkɔndʒuəˈreɪʃən] *n* заклина́ние; колдовство́

**conjure** [ˈkʌndʒə] *v* 1) занима́ться ма́гией; колдова́ть 2) вызыва́ть, заклина́ть (ду́хов) (*тж.* ~ up) 3) изгоня́ть ду́хов (*тж.* ~ away, ~ out of); to ~ out of a person изгоня́ть ду́хов из кого́-л. 4) вызыва́ть в воображе́нии (*обыкн.* ~ up) 5) пока́зывать фо́кусы 6) [kənˈdʒuə] умоля́ть, заклина́ть ◇ a name to ~ with влия́тельное лицо́; большо́е влия́ние

**conjurer, conjuror** [ˈkʌndʒərə] *n* 1) волше́бник, чаро́де́й 2) фо́кусник ◇ he is no ~ ≅ он по́роха не вы́думает

**conk** [kɔŋk] *sl.* **1.** *n* 1) нос, носи́ще 2) *амер. жарг.* голова́ 3) уда́р по́ носу (*амер.* по голове́) 4) неиспра́вная рабо́та дви́гателя (*перебои, стуки*)

**2.** *v* 1) дать в нос 2) умере́ть □ ~ out испо́ртиться, слома́ться, загло́хнуть (*о двигателе*)

**conker** [ˈkɔŋkə] *n pl разг.* ко́нские кашта́ны с продéтой бечёвкой (*детская игра*)

**conn** [kɔn] = con II

**connate** [ˈkɔneɪt] *a* 1) врождённый, прирождённый 2) рождённый *или* возни́кший одновре́ме́нно 3) ро́дственный, конгениа́льный 4) *геол.* рели́ктовый; ~ water рели́ктовая вода́ (*в пустотах пород*)

**connatural** [kəˈnætʃrəl] *a* 1) врождённый 2) одноро́дный

**connect** [kəˈnekt] *v* 1) соединя́ть (-ся); свя́зывать(ся); сочета́ть(ся); ~ed to earth *эл.* заземлённый 2) ассоции́ровать; ста́вить в причи́нную связь 3) быть согласо́ванным 4) *воен.* устана́вливать непосре́дственную связь

**connected** [kəˈnektɪd] **1.** *p. p. от* connect

**2.** *a* 1) свя́занный (with — с) 2) име́ющий больши́е (ро́дственные) свя́зи 3) свя́зный (*о рассказе и т. п.*) 4) соединённый

**connecting-link** [kəˈnektɪŋlɪŋk] *n* 1) связу́ющее звено́ 2) *тех.* кули́са, серьга́

**connecting-rod** [kəˈnektɪŋrɔd] *n тех.* шату́н, тя́га

**connection** [kəˈnekʃən] = connexion

**connective** [kəˈnektɪv] **1.** *a* соедини́тельный; связу́ющий; ~ tissue *анат.* соедини́тельная ткань; ~ word *грам.* сою́зное сло́во; ~ pronoun *грам.* соедини́тельное местоиме́ние; ~ adverb *грам.* соедини́тельное наре́чие

**2.** *n грам.* соедини́тельное сло́во

**connexion** [kəˈnekʃən] *n* 1) связь; соедине́ние; присоедине́ние; in this ~ а) в э́той связи́; б) в тако́м конте́ксте; in ~ with this в связи́ с э́тим; to cut the ~ порва́ть вся́кую связь, порва́ть отноше́ния 2) (*обыкн. pl*) свя́зи, знако́мства 3) родство́; свойство́ 4) (*часто pl*) ро́дственник, сво́йственник 5) полова́я связь; criminal ~ *юр.* внебра́чная связь; to form a ~ вступи́ть в связь 6) сочлене́ние 7) (*обыкн. pl*) согласо́ванность расписа́ния (*поездов, пароходов*); to miss a ~ опозда́ть на переса́дку 8) клиенту́ра; покупа́тели

**conning tower** [ˈkɔnɪŋˌtauə] *n мор.* боева́я ру́бка

**conniption** [kəˈnɪpʃən] *n разг.* припа́док истери́и; при́ступ гне́ва (*тж.* ~ fit)

**connivance** [kəˈnaɪvəns] *n* 1) потво́рство; попусти́тельство 2) молчали́вое согла́сие

**connive** [kəˈnaɪv] *v* потво́рствовать; смотре́ть сквозь па́льцы

**connoisseur** [ˌkɔnəˈsəː] *фр. n* знато́к

**connotate** [ˈkɔnəuteɪt] = connote

**connotation** [ˌkɔnəuˈteɪʃən] *n* 1) дополни́тельное, сопу́тствующее значе́ние; то, что подразумева́ется 2) *лингв.* коннота́ция

**connote** [kɔˈnəut] *v* 1) име́ть дополни́тельное, второстепе́нное значе́ние (*о слове*) 2) име́ть дополни́тельное сле́дствие (*о факте и т. п.*) 3) *разг.* означа́ть

**connubial** [kəˈnjuːbjəl] *a* супру́жеский, бра́чный

**conoid** [ˈkəunɔɪd] **1.** *n мат.* коно́ид; усечённый ко́нус

**2.** *a* конусообра́зный

**conquer** [ˈkɔŋkə] *v* 1) завоёвывать, покоря́ть, подчиня́ть; подавля́ть 2) побежда́ть; преодолева́ть; превозмога́ть

**conqueror** [ˈkɔŋkərə] *n* 1) завоева́тель; победи́тель; The C. *ист.* Вильге́льм Завоева́тель 2) *спорт.* реша́ющая па́ртия

**conquest** [ˈkɔŋkwest] *n* 1) завоева́ние, покоре́ние; побе́да; to make a ~ of smb. а) одержа́ть побе́ду над кем-либо; б) завоева́ть чью-л. привя́занность; The (Norman) C. *ист.* завоева́ние Англии норма́ннами (*1066 г.*) 2) завоёванная террито́рия; захва́ченное иму́щество *и т. п.* 3) тот, чью привя́занность удало́сь завоева́ть, покорённое се́рдце

**consanguine** [kɔnˈsæŋgwɪn] = consanguineous

**consanguineous** [ˌkɔnsæŋˈgwɪnɪəs] *a* единокро́вный, ро́дственный, бли́зкий

**consanguinity** [ˌkɔnsæŋˈgwɪnɪtɪ] *n* родство́, единокро́вность, бли́зость

**conscience** [ˈkɔnʃəns] *n* со́весть; good (*или* clear) ~ чи́стая со́весть; bad (*или* evil) ~ нечи́стая со́весть; for ~(') sake для успокое́ния со́вести; to have smth. on one's ~ иметь что-л. на со́вести, чу́вствовать себя́ винова́тым в чём-л.; to get smth. off one's ~ успоко́ить свою́ со́весть в отноше́нии чего́-л.; in all ~, upon one's ~ по со́вести говоря́; коне́чно, пои́стине; to make a matter of ~ поступа́ть по со́вести; the freedom of ~ свобо́да со́вести; свобо́да вероиспове́дания ◇ to have the ~ име́ть на́глость (*сказать, сделать что-л.*)

**conscienceless** [ˈkɔnʃənslɪs] *a* бессо́вестный

**conscience-smitten** [ˈkɔnʃənsˌsmɪtn] *a* испы́тывающий угрызе́ния со́вести

**conscientious** [ˌkɔnʃɪˈenʃəs] *a* добросо́вестный; созна́тельный, че́стный (*об отношении к чему-л.*); ~ attitude созна́тельное отноше́ние ◇ ~ objector челове́к, отка́зывающийся от вое́нной слу́жбы по полити́ческим *или* религио́зно-эти́ческим убежде́ниям

**conscious** [ˈkɔnʃəs] *a* 1) сознаю́щий; he was ~ of his guilt он сознава́л свою́ вину́ 2) ощуща́ющий; ~ of pain (cold) чу́вствующий боль (хо́лод) 3) созна́тельный, здра́вый; with ~ superiority с созна́нием своего́ превосхо́дства 4) *predic.* находя́щийся в созна́нии; she was ~ to the last она́ была́ в созна́нии до после́дней мину́ты ◇ with a ~ air засте́нчиво

**-conscious** [-ˈkɔnʃəs] *в сложных словах означает* сознаю́щий, понима́ющий; *напр.*: class-~ worker созна́тельный рабо́чий

**consciousness** [ˈkɔnʃəsnɪs] *n* 1) созна́ние; to lose ~ потеря́ть созна́ние; to recover (*или* to regain) ~ прийти́ в себя́ 2) созна́тельность; самосозна́ние

**conscript** 1. *n* [ˈkɔnskrɪpt] при́званный на вое́нную слу́жбу, призывни́к, новобра́нец

2. *a* [ˈkɔnskrɪpt] при́званный на вое́нную слу́жбу

3. *v* [kənˈskrɪpt] призыва́ть на вое́нную слу́жбу; мобилизова́ть

**conscription** [kənˈskrɪpʃən] *n* 1) во́инская пови́нность 2) набо́р (в а́рмию) ◇ ~ of wealth вое́нный нало́г (*на освобождённых во время войны от военной службы*)

**consecrate** [ˈkɔnsɪkreɪt] 1. *a* 1) посвящённый 2) освящённый

2. *v* 1) посвяща́ть 2) освяща́ть

**consecration** [ˌkɔnsɪˈkreɪʃən] *n* 1) посвяще́ние 2) освяще́ние

**consecution** [ˌkɔnsɪˈkjuːʃən] *n* 1) после́довательность 2) сле́дование (*событий и т. п.*)

**consecutive** [kənˈsekjutɪv] *a* 1) после́довательный; for the fifth ~ time пя́тый раз подря́д; ~ reaction *хим.* после́довательная ступе́нчатая реа́кция 2) *грам.* сле́дственный; ~ clause предложе́ние сле́дствия

**consenescence** [ˌkɔnsɪˈnesns] *n* старе́ние, одряхле́ние

**consensus** [kənˈsensəs] *n* 1) согла́сие, единоду́шие 2) *полит.* консе́нсус, согласо́ванное мне́ние 3) *физиол.* согласо́ванность де́йствий разли́чных о́рганов те́ла

**consent** [kənˈsent] 1. *n* 1) согла́сие; half-hearted ~ вы́нужденное согла́сие; to withhold one's ~ не дава́ть согла́сия; by common (*или* with one) ~ с о́бщего согла́сия; to carry the ~ of smb. быть одо́бренным кем-л.; получи́ть чьё-л. согла́сие 2) разреше́ние ◇ age of ~ совершенноле́тие; silence gives ~ *посл.* молча́ние — знак согла́сия

2. *v* 1) соглаша́ться, дава́ть согла́сие, уступа́ть 2) позволя́ть, разреша́ть

**consentaneity** [kənˌsentəˈniːɪtɪ] *n* 1) согласо́ванность 2) единоду́шие

**consentaneous** [ˌkɔnsenˈteɪnɪəs] *a* 1) согласо́ванный, совпада́ющий, соотве́тственный 2) единоду́шный

**consentient** [kənˈsenʃənt] *a* 1) единоду́шный; соглаша́ющийся (to) 2) согласо́ванный

**consequence** [ˈkɔnsɪkwəns] *n* 1) (по)сле́дствие; in ~ of вследствие; в результа́те; to take the ~s of отвеча́ть, нести́ отве́тственность за после́дствия 2) вы́вод, заключе́ние 3) значе́ние, ва́жность; of no ~ несуще́ственный, нева́жный 4) влия́тельность, влия́тельное положе́ние; person of ~ ва́жное, влия́тельное лицо́

**consequent** [ˈkɔnsɪkwənt] 1. *a* 1) (логи́чески) после́довательный 2) явля́ющийся результа́том (*чего-л.*)

2. *n* 1) результа́т, после́дствие 2) *грам.* второ́й член усло́вного предложе́ния, сле́дствие 3) *мат.* второ́й член пропо́рции

**consequential** [ˌkɔnsɪˈkwenʃəl] *a* 1) логи́чески вытека́ющий 2) ва́жный 3) ва́жничающий, по́лный самомне́ния

**consequently** [ˈkɔnsɪkwəntlɪ] *adv* сле́довательно; поэ́тому; в результа́те

**conservancy** [kənˈsəːvənsɪ] *n* 1) охра́на рек и лесо́в; охра́на приро́ды 2) комите́т по охра́не рек и лесо́в 3) *attr.*: ~ area запове́дник

**conservation** [ˌkɔnsə(ː)ˈveɪʃən] *n* 1) сохране́ние; ~ of energy *физ.* сохране́ние эне́ргии; faculty of ~ *психол.* па́мять 2) = conservancy 1); 3) консерви́рование (*плодов*) 4) *амер.* запове́дник

**conservatism** [kənˈsəːvətɪzm] *n* консервати́зм

**conservative** [kənˈsəːvətɪv] 1. *a* 1) консервати́вный, реакцио́нный 2) охрани́тельный 3) уме́ренный; осторо́жный; ~ estimate скро́мный подсчёт

2. *n* 1) консерва́тор, реакционе́р; to go ~ стать консерва́тором 2) (C.) член консервати́вной па́ртии

**conservatoire** [kənˈsəːvətwɑː] *фр. n* консервато́рия

**conservator** [ˈkɔnsə(ː)veɪtə] *n* 1) храни́тель (*музея и т. п.*) 2) слу́жащий управле́ния охра́ны рек и лесо́в 3) [kənˈsəːvətə] охрани́тель; опеку́н

**conservatory** [kənˈsəːvətrɪ] *n* 1) оранжере́я, тепли́ца 2) *амер.* = conservatoire

**conserve** [kənˈsəːv] 1. *v* 1) сохраня́ть, сберега́ть; to ~ one's strength бере́чь си́лы 2) консерви́ровать

2. *n* (*часто pl*) консерви́рованные заса́харенные фру́кты; варе́нье, джем

**consider** [kənˈsɪdə] *v* 1) рассма́тривать, обсужда́ть 2) обду́мывать 3) полага́ть, счита́ть; he is ~ed a rich man он счита́ется богачо́м 4) принима́ть во внима́ние, учи́тывать; all things ~ed приня́в всё во внима́ние 5) счита́ться с *кем-л.*; проявля́ть уваже́ние к *кому-л.*; to ~ others счита́ться с други́ми

**considerable** [kənˈsɪdərəbl] 1. *a* 1) значи́тельный; ва́жный 2) большо́й; a ~ amount of time нема́ло вре́мени

2. *n амер. разг.* мно́жество, мно́го

**considerate** [kənˈsɪdərɪt] *a* внима́тельный к други́м; делика́тный, такти́чный

**consideration** [kənˌsɪdəˈreɪʃən] *n* 1) рассмотре́ние, обсужде́ние; under ~ на рассмотре́нии, рассма́триваемый, обсужда́емый; to give a problem one's careful ~ тща́тельно обсуди́ть вопро́с 2) соображе́ние; to take into ~ принима́ть во внима́ние; that's a ~ э́то ва́жное соображе́ние *или* обстоя́тельство; in ~ of принима́я во внима́ние; on (*или* under) no ~ ни под каки́м ви́дом; overriding ~s соображе́ния, име́ющие важне́йшее значе́ние; budgetary ~s *фин.* бюдже́тные предположе́ния 3) внима́ние, предупреди́тельность; уваже́ние; to show great ~ for smb. быть о́чень предупреди́тельным к кому́-л.; accept the assurance of my highest ~ приму́те увере́ние в моём соверше́нном (к Вам) уваже́нии (*в официальных письмах*) 4) возмеще́ние, компенса́ция; for a ~ за вознагражде́ние

**considering** [kənˈsɪdərɪŋ] 1. *pres. p. от* consider

2. *prep* 1) учи́тывая, принима́я во внима́ние; he ran very well ~ his age он бежа́л о́чень хорошо́, е́сли уче́сть его́ во́зраст 2): you acted properly ~ *разг.* вы де́йствовали пра́вильно (*учитывая все обстоятельства*)

**consign** [kənˈsaɪn] *v* 1) передава́ть; поруча́ть 2) (пред)назнача́ть 3) предава́ть (*земле*) 4) *ком.* отправля́ть, посыла́ть на консигна́цию (*груз, товар*) 5) *фин.* вноси́ть в депози́т ба́нка

**consignation** [ˌkɔnsaɪˈneɪʃən] *n* 1) *ком.* отпра́вка това́ров на консигна́цию 2) *фин.* внесе́ние су́ммы в депози́т ба́нка

**consignee** [ˌkɔnsaɪˈniː] *n* грузополуча́тель

**consigner** [kənˈsaɪnə] = consignor

**consignment** [kənˈsaɪnmənt] *n* 1) груз; па́ртия това́ров 2) *ком.* консигнацио́нная отпра́вка това́ров; country of ~ страна́ назначе́ния (*при экспор-*

*те*); страна́ происхожде́ния (*при импорте*) 3) накладна́я, коносаме́нт

**consignor** [kən'saınə] *n* грузоотправи́тель

**consilience** [kən'sılıəns] *n* совпаде́ние

**consilient** [kən'sılıənt] *a* совпада́ющий, согла́сный

**consist** [kən'sıst] **1.** *v* 1) состоя́ть (of — из); заключа́ться (in — в) 2) совмеща́ться, совпада́ть (with)

**2.** *n разг.* соста́в (*особ. поезда*)

**consistence** [kən'sıstəns] *n* 1) консисте́нция; пло́тность 2) сте́пень пло́тности, густоты́

**consistency** [kən'sıstənsı] *n* 1) = consistence 2) после́довательность, логи́чность 3) постоя́нство 4) согласо́ванность

**consistent** [kən'sıstənt] *a* 1) после́довательный, сто́йкий 2) совмести́мый, согласу́ющийся; ~ pattern закономе́рность; it is not ~ with what you said before э́то противоре́чит ва́шим пре́жним слова́м 3) твёрдый, пло́тный

**consistory** [kən'sıstərı] *n церк.* 1) консисто́рия 2) церко́вный суд

**consolation** [ˌkɔnsə'leıʃən] *n* 1) утеше́ние 2) *attr. спорт.* утеши́тельный; ~ prize утеши́тельный приз; ~ race бега́ для лошаде́й, проигра́вших в предыду́щих заезда́х

**consolatory** [kən'sɔlətərı] *a* утеши́тельный

**console** I [kən'səul] *v* утеша́ть

**console** II ['kɔnsəul] *n архит., тех.* 1) консо́ль, кронште́йн 2) ко́рпус *или* шка́фчик радиоприёмника, телеви́зора *и т. п.* (*стоящий на полу*)

**console-mirror** ['kɔnsəul'mırə] *n* трюмо́

**consolidate** [kən'sɔlıdeıt] *v* 1) укрепля́ть(ся) 2) объединя́ть(ся) (*о территориях, обществах*); to ~ two offices слить два учрежде́ния 3) тверде́ть; затвердева́ть 4) *воен.* закрепля́ть(ся) 5) *фин.* консолиди́ровать (*займы*)

**consolidated** [kən'sɔlıdeıtıd] **1.** *p. p. от* consolidate

**2.** *a* 1) консолиди́рованный; ~ annuities = consols; C. Fund консолиди́рованный фонд (*из которого оплачиваются проценты по государственному долгу и некоторые другие расходы*) 2) объединённый; сво́дный; ~ return сво́дка, сво́дные да́нные; сво́дное донесе́ние 3) затверде́вший; ~ mud засо́хшая грязь

**consolidation** [kənˌsɔlı'deıʃən] *n* 1) консолида́ция; укрепле́ние 2) затвердева́ние, отверде́ние

**consols** [kən'sɔlz] *n pl фин.* консо́ли, $2^1/_2$% (первонача́льно 3%) англи́йская консолиди́рованная ре́нта

**consonance** ['kɔnsənəns] *n* 1) созву́чие, ассона́нс 2) согла́сие, гармо́ния 3) *муз.* консона́нс

**consonant** ['kɔnsənənt] **1.** *n* 1) *фон.* согла́сный звук 2) бу́ква, обознача́ющая согла́сный звук

**2.** *a* 1) согла́сный (to — с); совмести́мый (with) 2) созву́чный; гармони́чный

**consonantal** [ˌkɔnsə'næntl] *a фон.* согла́сный

**consort** **1.** *n* ['kɔnsɔːt] 1) супру́г(а) (*особ. о королевской семье*); Prince C. принц-консо́рт, супру́г ца́рствующей короле́вы (*не являющийся сам королём*) 2) *мор.* кора́бль сопровожде́ния

**2.** *v* [kən'sɔːt] 1) обща́ться 2) гармони́ровать, соотве́тствовать

**consortium** [kən'sɔːtjəm] *n фин.* консо́рциум

**conspectus** [kən'spektəs] *лат. n* 1) обзо́р 2) конспе́кт

**conspicuous** [kən'spıkjuəs] *a* ви́дный, заме́тный, броса́ющийся в глаза́; to make oneself ~ обраща́ть на себя́ внима́ние; to be ~ by one's absence блиста́ть свои́м отсу́тствием; ~ failure я́вная неуда́ча

**conspiracy** [kən'spırəsı] *n* 1) конспира́ция 2) за́говор; та́йный сго́вор 3) та́йная, подпо́льная организа́ция

**conspirator** [kən'spırətə] *n* заговорщик

**conspiratorial** [kənˌspırə'tɔːrıəl] *a* загово́рщический; законспири́рованный

**conspire** [kən'spaıə] *v* устра́ивать за́говор, та́йно замышля́ть; сгова́риваться (against — про́тив *кого-л.*); all things ~ed to please him всё бы́ло для него́ сло́вно по зака́зу, всё ему́ благоприя́тствовало

**constable** ['kʌnstəbl] *n* 1) консте́бль, полице́йский (чин); полисме́н; Chief C. нача́льник поли́ции (*в городе, графстве*) 2) *ист.* коннета́бль ◇ to outrun the ~ жить не по сре́дствам, влезть в долги́

**constabulary** [kən'stæbjulərı] **1.** *n* полице́йские си́лы, поли́ция; mounted ~ ко́нная поли́ция

**2.** *a* полице́йский

**constancy** ['kɔnstənsı] *n* 1) постоя́нство 2) ве́рность; твёрдость

**constant** ['kɔnstənt] **1.** *n физ., мат.* постоя́нная (величина́), конста́нта; ~ of friction коэффицие́нт тре́ния

**2.** *a* 1) постоя́нный; in terms of ~ prizes в неизме́нных це́нах 2) твёрдый; ве́рный (*идее и т. п.*) 3) неизме́нный, неосла́бный

**constantly** ['kɔnstəntlı] *adv* 1) постоя́нно 2) ча́сто, то и де́ло

**constellate** ['kɔnstəleıt] *v астр.* образо́вывать созве́здие

**constellation** [ˌkɔnstə'leıʃən] *n астр.* созве́здие (*тж. перен.*)

**consternation** [ˌkɔnstə(ː)'neıʃən] *n* у́жас; испу́г; оцепене́ние (*от страха*)

**constipate** ['kɔnstıpeıt] *v мед.* вызыва́ть запо́р

**constipation** [ˌkɔnstı'peıʃən] *n мед.* запо́р

**constituency** [kən'stıtjuənsı] *n* 1) *собир.* избира́тели; to sweep a ~ получи́ть подавля́ющее большинство́ голосо́в 2) избира́тельный о́круг 3) *амер. разг.* клиенту́ра (*покупатели, подписчики на газету и т. п.*)

**constituent** [kən'stıtjuənt] **1.** *n* 1) составна́я часть 2) избира́тель 3) *лингв.* составля́ющая; immediate ~s непосре́дственно составля́ющие

**2.** *a* 1) составля́ющий часть це́лого; ~ element компоне́нт 2) избира́ющий 3) облада́ющий законода́тельной вла́стью; правомо́чный вырабо́тывать конститу́цию; ~ assembly учреди́тельное собра́ние

**constitute** ['kɔnstıtjuːt] *v* 1) составля́ть; socialism ~s the first phase of communism социали́зм — пе́рвая фа́за коммуни́зма; to ~ justification служи́ть оправда́нием; to ~ a menace представля́ть угро́зу 2) осно́вывать; учрежда́ть 3) назнача́ть (*комиссию, должностное лицо*) 4) издава́ть *или* вводи́ть в си́лу (*закон*)

**constituted** ['kɔnstıtjuːtıd] **1.** *p. p. от* constitute

**2.** *a*: ~ authorities зако́нные вла́сти

**constitution** [ˌkɔnstı'tjuːʃən] *n* 1) конститу́ция, основно́й зако́н 2) учрежде́ние, устро́йство, составле́ние 3) конститу́ция, телосложе́ние; склад; the ~ of one's mind склад ума́; strong ~ си́льный органи́зм 4) соста́в 5) *ист.* установле́ние, указ (*особ. церк.*)

**constitutional** [ˌkɔnstı'tjuːʃənl] **1.** *a* 1) конституцио́нный; ~ government конституцио́нный о́браз правле́ния 2) *мед.* органи́ческий; конституцио́нальный 3) *тех.*: ~ formula фо́рмула строе́ния, структу́рная фо́рмула

**2.** *n* моцио́н, прогу́лка

**constitutionalism** [ˌkɔnstı'tjuːʃnəlızm] *n* 1) конституцио́нная систе́ма правле́ния 2) конституционали́зм

**constitutive** ['kɔnstıtjuːtıv] *a* 1) учреди́тельный 2) устана́вливающий, образу́ющий; конструкти́вный 3) суще́ственный 4) составно́й

**constitutor** ['kɔnstıtjuːtə] *n* учреди́тель, основа́тель

**constrain** [kən'streın] *v* 1) принужда́ть, вынужда́ть 2) сде́рживать; сжима́ть; стесня́ть 3) заключа́ть в тюрьму́

**constrained** [kən'streınd] **1.** *p. p. от* constrain

**2.** *a* 1) вы́нужденный, принуждённый 2) ско́ванный, несвобо́дный (*о движениях*) 3) стеснённый 4) напряжённый, смущённый; натя́нутый (*о тоне, манерах*); сда́вленный (*о голосе*) 5) *тех.* с принуди́тельным движе́нием

**constrainedly** [kən'streınıdlı] *adv* 1) понево́ле, по принужде́нию 2) стеснённо 3) напряжённо, с уси́лием

**constraint** [kən'streınt] *n* 1) принужде́ние; under ~ по принужде́нию, под давле́нием 2) принуждённость, стесне́ние 3) напряжённость; ско́ванность 4) тюре́мное заключе́ние

**constrict** [kən'strıkt] *v* стя́гивать, сжима́ть, сокраща́ть, сужа́ть

**constriction** [kən'strıkʃən] *n* стя́гивание, сжа́тие, сокраще́ние, суже́ние

**constrictor** [kən'strıktə] *n* 1) *анат.* :онстриктор; мышца, сжимающая орган 2) *зоол.* обыкновенный удав

**constringency** [kən'strındʒənsı] *n* *ризиол.* сжатие; стягивание

**constringent** [kən'strındʒənt] *a анат.* :жимающий; стягивающий

**construct** [kən'strʌkt] *v* 1) строить, ооружать; воздвигать; конструировать 2) создавать; сочинять; придумывать; to ~ the plot of a novel придумать сюжет романа 3) *грам.* составлять (*предложение*)

**construction** [kən'strʌkʃən] *n* 1) :троительство, стройка; under ~ в процессе строительства; строящийся !) строение, здание 3) истолкование; ıe puts the best (worst) ~ on everything он всё перетолковывает в лучшую (худшую) сторону 4) *грам.* конструкция (предложения *и т. п.*) ;) *мат.* построение 6) *иск.* произведение в конструктивистском стиле ') *attr.* строительный; ~ engineering :троительная техника; ~ plant строительная площадка; ~ timber строительный лесоматериал

**constructional** [kən'strʌkʃənl] *a* :троительный, конструктивный; структурный

**constructionism** [kən'strʌkʃənızm] *n* *иск.* конструктивизм

**constructive** [kən'strʌktıv] *a* 1) конструктивный; строительный 2) творческий; созидательный; a ~ suggestion конструктивное предложение ;) подразумеваемый; не выраженный прямо, а выведенный путём умозаключения; ~ denial косвенный отказ; ~ crime *юр.* поступок, сам по себе не заключающий состава преступления, ю могущий быть истолкованным как таковой 4) конструктивный (*о критике*)

**constructor** [kən'strʌktə] *n* 1) конструктор; строитель 2) *мор.* инженер-кораблестроитель

**construe** [kən'stru:] *v* 1) толковать, истолковывать 2) делать синтаксический разбор 3) поддаваться грамматическому разбору 4) *грам.* управлять, требовать (*падежа и т. п.*); "to depend" is ~d with "upon" глагол depend требует после себя upon

**consuetude** ['kɔnswıtju:d] *n* 1) обычай; неписаный закон 2) дружеское общение

**consuetudinary** [ˌkɔnswı'tju:dınərı]
1. *n церк.* устав (*особ.* монастырский)
2. *a* обычный; ~ law *юр.* обычное право

**consul** ['kɔnsəl] *n* консул

**consular** ['kɔnsjulə] *a* консульский

**consulate** ['kɔnsjulıt] *n* 1) консульство 2) консульское звание 3) срок пребывания консула в своей должности

**consul-general** ['kɔnsəl'dʒenərəl] *n* генеральный консул

**consulship** ['kɔnsəlʃıp] *n* должность консула

**consult** [kən'sʌlt] *v* 1) советоваться; консультироваться; to ~ a doctor посоветоваться с врачом; обратиться к врачу 2) совещаться 3) справляться; to ~ a dictionary справляться в словаре, искать нужное слово в словаре; to ~ a watch посмотреть на часы 4) принимать во внимание; I shall ~ your interests я учту ваши интересы

**consultant** [kən'sʌltənt] *n* консультант

**consultation** [ˌkɔnsəl'teıʃən] *n* 1) консультация 2) совещание; to hold a ~ совещаться 3) опрос; popular ~ (все)народный опрос 4) консилиум (врачей)

**consultative** [kən'sʌltətıv] *a* совещательный; консультативный

**consulting** [kən'sʌltıŋ] 1. *pres. p.* *от* consult
2. *a* 1) консультирующий; ~ physician врач-консультант 2) для консультаций; ~ hours приёмные часы (*врача и т. п.*); ~ room кабинет врача

**consume** [kən'sju:m] *v* 1) потреблять; расходовать 2) съедать; поглощать 3) (*pass.*) быть снедаемым (with); he is ~d with envy его гложет зависть 4) истреблять (*об огне*) 5) расточать (*состояние, время*) 6) чахнуть (*часто* ~ away)

**consumer** [kən'sju:mə] *n* 1) потребитель 2) *attr.* потребительский; ~ commodities потребительские товары

**consummate** 1. *a* [kən'sʌmıt] совершенный, законченный; a ~ master of his craft непревзойдённый мастер своего дела
2. *v* ['kɔnsʌmeıt] 1) доводить до конца, завершать 2) осуществить брачные отношения 3) *уст.* совершенствовать

**consummately** [kən'sʌmıtlı] *adv* 1) полностью, совершенно 2) в совершенстве

**consummation** [ˌkɔnsə'meıʃən] *n* 1) завершение (*работы*) 2) конец, смерть 3) достижение, осуществление (*цели*) 4) осуществление брачных отношений 5) *уст.* совершенство

**consumption** [kən'sʌmpʃən] *n* 1) потребление; расход 2) *эк.* сфера потребления 3) чахотка, туберкулёз лёгких 4) увядание (*от болезни*)

**consumptive** [kən'sʌmptıv] 1. *a* 1) туберкулёзный, чахоточный 2) истощающий
2. *n* больной туберкулёзом

**contact** 1. *n* ['kɔntækt] 1) соприкосновение; контакт; to come into ~ a) прийти в соприкосновение; б) прийти к столкновению; to make ~ установить контакт; to make (to break) ~ *эл.* включать (выключать) ток 2) *pl* отношения, знакомства, связи 3) знакомый (*обыкн. деловой*) 4) связной 5) сцепление, связь 6) *мат.* касание 7) бациллоноситель 8) *хим.* катализатор 9) *attr.* контактный, связывающий; ~ lenses контактные линзы (*очки*); ~ man агент, посредник 10) *attr.*: ~ print *фото* контактная печать; ~ flight *ав.* полёт с визуальной ориентацией
2. *v* [kən'tækt] 1) быть в соприкосновении; (со)прикасаться (with) 2) приводить в соприкосновение 3) устанавливать связь (*с кем-л. по телефону, по почте и т. п.*); связаться; where can I ~ Mr. B.? где я могу найти мистера Б.? 4) *эл.* включать

**contact-breaker** ['kɔntæktˌbreıkə] *n* *эл.* рубильник

**contactor** ['kɔntæktə] *n эл.* контактор, замыкатель

**contagion** [kən'teıdʒən] *n* 1) зараза, инфекция 2) инфекционное заболевание, заразная болезнь 3) распространение вредных настроений, мыслей *и т. п.* 4) вредное влияние; моральное разложение

**contagious** [kən'teıdʒəs] *a* 1) заразный, инфекционный, контагиозный; передающийся непосредственно и через третьих лиц 2) заразительный (*смех и т. п.*)

**contain** [kən'teın] *v* 1) содержать в себе, вмещать 2) сдерживать; ~ your anger укроти свой гнев; to ~ the enemy сдерживать противника 3) *refl.* сдержаться; he could not ~ himself for joy он не мог сдержать себя от радости 4) *мат.* делиться без остатка

**container** [kən'teınə] *n* 1) вместилище; сосуд 2) стандартная тара, контейнер 3) резервуар; приёмник

**contaminate** [kən'tæmıneıt] *v* 1) загрязнять 2) портить; разлагать, оказывать пагубное влияние 3) осквернять 4) заражать, делать радиоактивным (*в результате атомного взрыва*)

**contaminated** [kən'tæmıneıtıd] 1. *p. p. от* contaminate
2. *a*: ~ ground (*или* area) *воен.* участок заражения

**contamination** [kənˌtæmı'neıʃən] *n* 1) загрязнение; порча 2) осквернение 3) заражение 4) *лингв.* контаминация 5) *attr.*: ~ meter прибор для определения наличия радиоактивных веществ

**contango** [kən'tæŋgəu] *n* (*pl* -os [-əuz]) *бирж.* надбавка к цене, взимаемая продавцом, за отсрочку расчёта по фондовой сделке

**contango-day** [kən'tæŋgəudeı] *n* *бирж.* день, предшествующий кануну платежа; дата отсрочки платежа по биржевой сделке

**contemn** [kən'tem] *v книжн.* презирать, относиться с пренебрежением, пренебрегать

**contemplate** ['kɔntempleıt] *v* 1) созерцать 2) обдумывать, размышлять 3) рассматривать 4) предполагать, намереваться 5) ожидать; I do not ~ any opposition from him я не ожидаю с его стороны противодействия

**contemplation** [ˌkɔntem'pleıʃən] *n* 1) созерцание 2) размышление

3) рассмотре́ние, изуче́ние 4) предположе́ние 5) ожида́ние

**contemplative** ['kɔntempleitiv] *a* 1) созерца́тельный 2) заду́мчивый; ~ look заду́мчивый вид

**contemporaneity** [kən͵tempərə'ni:iti] *n* 1) совреме́нность 2) одновре́менность, совпаде́ние (*во времени*)

**contemporaneous** [kən͵tempə'reinjəs] *a* 1) совреме́нный 2) одновре́ме́нный

**contemporary** [kən'tempərəri] **1.** *n* 1) совреме́нник 2) све́рстник 3) изда́ние, произведе́ние, вы́шедшее в тот же пери́од, что и друго́е

**2.** *a* 1) совреме́нный 2) одновре́ме́нный 3) одного́ во́зраста; одно́й эпо́хи

**contemporize** [kən'tempəraiz] *v* 1) приуро́чивать к тому́ же вре́мени 2) существова́ть одновре́ме́нно; совпада́ть во вре́мени

**contempt** [kən'tem*p*t] *n* 1) презре́ние (for — к); to fall into ~ вызыва́ть к себе́ презре́ние; to have (*или* to hold) in ~ презира́ть 2) *юр.* неуваже́ние (*к власти и т. п.*); ~ of court оскорбле́ние суда́, неуваже́ние к суду́ ◇ in ~ of вопреки́, невзира́я на

**contemptible** [kən'tem*p*təbl] *a* презре́нный

**contemptuous** [kən'tem*p*tjuəs] *a* презри́тельный; пренебрежи́тельный; высокоме́рный

**contemptuously** [kən'tem*p*tjuəsli] *adv* презри́тельно; с презре́нием

**contend** [kən'tend] *v* 1) боро́ться 2) сопе́рничать, состяза́ться (with — с *кем-л.*; for — в *чём-л.*) 3) спо́рить 4) утвержда́ть, заявля́ть (that)

**contender** [kən'tendə] *n* 1) сопе́рник (*на состязании, на выборах*) 2) претенде́нт; кандида́т (*на пост*)

**content** I ['kɔntent] *n* 1) (*обыкн. pl*) содержа́ние; the ~s of a book содержа́ние кни́ги; table of ~s оглавле́ние; form and ~ фо́рма и содержа́ние 2) (*обыкн. pl*) содержи́мое 3) суть, су́щность; the ~ of proposition, of a statement суть предложе́ния, заявле́ния 4) объём; вмести́мость, ёмкость 5) до́ля, содержа́ние (*вещества*)

**content** II [kən'tent] **1.** *n* 1) дово́льство; чу́вство удовлетворе́ния; to one's heart's ~ вво́лю, всласть 2) член пала́ты ло́рдов, голосу́ющий за предложе́ние *или* законопрое́кт; го́лос «за»

**2.** *a* 1) *predic.* дово́льный (with) 2) согла́сный; голосу́ющий за (*в палате лордов*)

**3.** *v* 1) удовлетворя́ть 2) *refl.* дово́льствоваться (with — *чем-л.*)

**contented** [kən'tentid] **1.** *p. p. от* content II, 3

**2.** *a* дово́льный, удовлетворённый

**contention** [kən'tenʃən] *n* 1) борьба́, спор, ссо́ра; раздо́р 2) соревнова́ние 3) предме́т спо́ра, ссо́ры 4) утвержде́ние, заявле́ние ◇ bone of ~ я́блоко раздо́ра

**contentious** [kən'tenʃəs] *a* 1) спо́рный 2) вздо́рный; приди́рчивый; сварли́вый

**contentment** [kən'tentmənt] *n* удовлетворённость, дово́льство

**conterminal** [kɔn'tə:minl] *a* име́ющий о́бщую грани́цу, сме́жный, пограни́чный (to, with)

**conterminous** [kɔn'tə:minəs] *a* 1) = conterminal 2) совпада́ющий

**contest** **1.** *n* ['kɔntest] 1) спор 2) сопе́рничество 3) соревнова́ние; состяза́ние; ко́нкурс

**2.** *v* [kən'test] 1) оспа́ривать, опроверга́ть 2) спо́рить, боро́ться (with); выступа́ть про́тив (against) 3) отста́ивать; to ~ every inch of ground боро́ться за ка́ждую пядь земли́ 4) добива́ться (*премии, места в парламенте и т. п.*); уча́ствовать, конкури́ровать (*в выборах — о кандидатах*)

**contestant** [kən'testənt] *n* 1) конкуре́нт, сопе́рник, проти́вник 2) уча́стник соревнова́ния, состяза́ния

**contestation** [͵kɔntes'teiʃən] *n* 1) борьба́ 2) соревнова́ние

**contested** [kən'testid] **1.** *p. p. от* contest 2

**2.** *a*: ~ election вы́боры, пра́вильность кото́рых оспа́ривается

**context** ['kɔntekst] *n* 1) конте́кст 2) ситуа́ция, связь, фон; обстано́вка

**contextual** [kɔn'tekstjuəl] *a* контекстуа́льный, вытека́ющий из конте́кста

**contexture** [kɔn'tekstʃə] *n* 1) сплете́ние; ткань 2) компози́ция (*литературного произведения*)

**contiguity** [͵kɔnti'gju(:)iti] *n* 1) сме́жность; соприкоснове́ние, бли́зость 2) *психол.* ассоциа́ция иде́й

**contiguous** [kən'tigjuəs] *n* соприкаса́ющийся, сме́жный, прилега́ющий; бли́зкий

**continence** ['kɔntinəns] *n* 1) сде́ржанность 2) воздержа́ние (*особ. половое*)

**continent** I ['kɔntinənt] *a* 1) сде́ржанный 2) возде́ржанный; целому́дренный

**continent** II ['kɔntinənt] *n* 1) матери́к, контине́нт 2) (the C.) Европе́йский матери́к (*в противоп. Британским островам*) 3) (the C.) *амер. ист.* коло́нии (*в эпоху борьбы за независимость*), впосле́дствии образова́вшие Соединённые Шта́ты

**continental** [͵kɔnti'nentl] **1.** *a* 1) континента́льный 2) иностра́нный, небрита́нский 3) *амер. ист.* относя́щийся к америка́нским коло́ниям в эпо́ху борьбы́ за незави́симость ◇ ~ breakfast лёгкий за́втрак (*кофе с булочкой*)

**2.** *n* 1) жи́тель европе́йского контине́нта; иностра́нец, неанглича́нин 2) *амер. ист.* солда́т эпо́хи борьбы́ за незави́симость 3) *амер. ист.* обесце́ненные бума́жные де́ньги (*эпохи борьбы за независимость*) ◇ I don't care a ~ *амер.* мне наплева́ть; not worth a ~ *амер.* гроша́ ло́маного не сто́ит

**contingency** [kən'tindʒənsi] *n* слу[чай]ность, слу́чай; непредви́денное об[с]тоя́тельство

**contingent** [kən'tindʒənt] **1.** *n* 1) пропорциона́льное коли́чество (*участ[ников]*) 2) *воен.* континге́нт, ли́чны[й] соста́в

**2.** *a* случа́йный; возмо́жный, усло[в]ный; непредви́денный; зави́сящий [от] обстоя́тельств; ~ fee on cure пла́т[а] врачу́ по излече́нии

**continual** [kən'tinjuəl] *a* постоя́н[]ный, непреры́вный; то и де́ло повто[]ря́ющийся

**continuance** [kən'tinjuəns] *n* 1) пр[о]должи́тельность, дли́тельность; дл[и]тельный пери́од; ~ in office дли́тел[ь]ное пребыва́ние в до́лжности 2) пр[о]долже́ние 3) *юр.* отсро́чка (*в разбор[е] судебного дела*)

**continuant** [kən'tinjuənt] *n* *фо[н.]* фрикати́вный согла́сный звук

**continuation** [kən͵tinju'eiʃən] 1) продолже́ние 2) возобновле́ни[е] 3) *attr.*: ~ school (*или* classes) д[о]полни́тельная шко́ла (*для пополнени[я] образования по выходе из начально[й] школы*)

**continue** [kən'tinju(:)] *v* 1) продол[]жа́ть(ся); остава́ться; сохраня́ть(ся) пребыва́ть; to be ~d продолже́ни[е] сле́дует; to ~ smb. in office оста[в]ля́ть кого́-л. в до́лжности 2) тяну́ть[ся] простира́ться 3) служи́ть продолж[е]нием 4) *юр.* отсро́чить разбо́р суде[б]ного де́ла

**continued** [kən'tinju(:)d] **1.** *p. p.* [от] continue

**2.** *a* непреры́вный; продолжа[ю]щийся; ~ fraction *мат.* непреры́вна[я] дробь

**continuity** [͵kɔnti'nju(:)iti] *n* 1) н[е]преры́вность; неразры́вность; це́лос[т]ность 2) после́довательная сме́н[а] (*напр., кадров в кинофильме*) 3) пре[]е́мственность 4) *театр.* представле́ни[е] передава́емое частя́ми по ра́дио *и[ли]* телеви́дению 5) сцена́рий 6) электро[]прово́дность (*цепи*) 7) *attr.*: ~ tit[le] *кино* соедини́тельная на́дпись

**continuous** [kən'tinjuəs] **1.** *a* 1) н[е]преры́вный; постоя́нного де́йстви[я] дли́тельный; ~ flight *ав.* беспоса́до[ч]ный перелёт 2) сплошно́й; ~ stret[ch] of water сплошно́е во́дное простра[н]ство 3) *эл.* постоя́нный (*о токе*); ~ waves *радио* незатуха́ющие колеба[]ния 4) *грам.* дли́тельный; ~ for[m] дли́тельная фо́рма глаго́ла

**2.** *n* = ~ form [*см.* 1, 4)]

**contort** [kən'tɔ:t] *v* 1) искривля́[ть] 2) искажа́ть

**contortion** [kən'tɔ:ʃən] *n* 1) искри[в]ле́ние 2) искаже́ние 3) *мед.* выви[х;] искривле́ние

**contortionist** [kən'tɔ:ʃnist] *n* акро[]ба́т, «челове́к-змея́»

**contour** ['kɔntuə] **1.** *n* 1) ко́нту[р] очерта́ние; а́брис 2) *топ.* горизонта́л[ь] (*тж.* ~ line) 3) *амер.* положе́ние де[л,] разви́тие собы́тий; he is jubilant ov[er] the ~ of things он дово́лен полож[ением] [н]ием вещей 4): ~ fighter штурмовой [с]амолёт (*для бреющих полётов*) [5]) *attr.* контурный; ~ map *топ.* карта, вычерченная в горизонталях, контурная карта

2. *v* наносить контур; вычерчивать в [г]оризонталях

**contra** [ˈkɔntrə] *лат.* 1. *n* нечто противоположное; (all) pro and ~ (все) за и против

2. *adv* напротив, наоборот

3. *prep* против

**contra-** [ˈkɔntrə-] *в сложных словах значает* противо-; *напр.*: contradistinction противоположность; противопоставление

**contraband** [ˈkɔntrəbænd] 1. *n* 1) контрабанда; ~ of war а) военная контрабанда; б) = 2); 2) *амер. ист.* беглый негр, попавший в расположение северян (*во время гражданской войны 1861—65 гг.*)

2. *a* контрабандный

**contrabandist** [ˈkɔntrəbændɪst] *n* контрабандист

**contrabass** [ˈkɔntrəˈbeɪs] *n муз.* контрабас

**contraception** [ˌkɔntrəˈsepʃən] *n* применение противозачаточных средств; предупреждение беременности

**contraceptive** [ˌkɔntrəˈseptɪv] 1. *a* противозачаточный

2. *n* противозачаточное средство

**contract** 1. *n* [ˈkɔntrækt] 1) контракт, договор; соглашение 2) брачный договор; помолвка, обручение 3) *разг.* предприятие (*особ. строительное*) 4) *attr.* договорный; ~ price договорная цена; ~ law *юр.* договорное право

2. *v* [kənˈtrækt] 1) сжимать(ся); сокращать(ся); to ~ expenses сокращать расходы; to ~ efforts уменьшать усилия; to ~ muscles сокращать мышцы 2) хмурить; морщить; to ~ the brow (*или* the forehead) морщить лоб 3) заключать договор, соглашение; принимать на себя обязательство 4) вступать (*в брак, в союз*) 5) заводить (*дружбу*); завязать (*знакомство*) 6) приобретать (*привычку*); получать, подхватывать; to ~ a disease заболеть 7) делать (*долги*) 8) *тех.* давать усадку; спекаться 9) *лингв.* стягивать [*см.* contracted 2, 5)]

**contracted** [kənˈtræktɪd] 1. *p. p. от* contract 2

2. *a* 1) обусловленный договором, договорный; ~ worker законтрактованный рабочий 2) помолвленный 3) сморщенный; нахмуренный 4) узкий, ограниченный (*о взглядах*); суженный 5) *лингв.* сокращённый; стяжённый (*о слове*; *напр.*: can't *вм.* cannot, o'er *вм.* over); ~ sentence слитное предложение

**contractile** [kənˈtræktaɪl] *a* сжимающий(ся); сокращающийся

**contractility** [ˌkɔntrækˈtɪlɪtɪ] *n* сжимаемость; сокращаемость

**contracting parties** [kənˈtræktɪŋˈpɑːtɪz] *n pl* договаривающиеся стороны; контрактанты, контрагенты

**contraction** [kənˈtrækʃən] *n* 1) сжатие; сужение; стягивание, уплотнение; уменьшение; укорочение, сокращение 2) заключение (*брака и т. п.*) 3) приобретение (*привычки*) 4) *тех.* усадка (*при твердении*) 5) *лингв.* стяжение, стяжённая форма; сокращение, контрактура

**contractive** [kənˈtræktɪv] *a* сжимающийся, сокращающийся; способный к сжатию, сокращению

**contractor** [kənˈtræktə] *n* 1) подрядчик; builder and ~ подрядчик-строитель 2) поставщик; контрагент 3) *анат.* стягивающая мышца

**contractual** [kənˈtræktjuəl] *a* договорный

**contradict** [ˌkɔntrəˈdɪkt] *v* 1) противоречить; возражать 2) опровергать, отрицать

**contradiction** [ˌkɔntrəˈdɪkʃən] *n* 1) противоречие, расхождение; ~ in terms явное противоречие 2) опровержение; an official ~ of the recent rumours официальное опровержение недавних слухов 3) противоположность; контраст

**contradictious** [ˌkɔntrəˈdɪkʃəs] *a* 1) отрицающий, опровергающий 2) любящий возражать, противоречить

**contradictor** [ˌkɔntrəˈdɪktə] *n* 1) оппонент; противник 2) спорщик

**contradictory** [ˌkɔntrəˈdɪktərɪ] 1. *a* противоречащий; несовместимый; внутренне противоречивый

2. *n* положение, противоречащее другому

**contradistinction** [ˌkɔntrədɪsˈtɪŋkʃən] *n* противопоставление; различение; in ~ to (*реже* from) в отличие от

**contradistinguish** [ˌkɔntrədɪsˈtɪŋgwɪʃ] *v* противопоставлять; различать

**contrail** [kənˈtreɪl] *n ав.* след инверсии самолёта

**contraindication** [ˌkɔntrəˌɪndɪˈkeɪʃən] *n мед.* противопоказание

**contralto** [kənˈtræltəu] *ит. n* (*pl* -os [-əuz]) *муз.* контральто

**contraposition** [ˌkɔntrəpəˈzɪʃən] *n* противоположение, антитеза

**contraption** [kənˈtræpʃən] *n разг.* новоизобретённое хитроумное приспособление

**contrapuntal** [ˌkɔntrəˈpʌntl] *a муз.* контрапунктический

**contrapuntist** [ˈkɔntrəpʌntɪst] *n муз.* контрапунктист

**contrariety** [ˌkɔntrəˈraɪətɪ] *n* 1) противоречие, расхождение, разногласие 2) препятствие; противодействие

**contrariness** [ˈkɔntrərɪnɪs] *n* упрямство, своеволие

**contrariwise** [ˈkɔntrərɪwaɪz] *adv* 1) наоборот 2) в противоположном направлении 3) с другой стороны

**contrary** [ˈkɔntrərɪ] 1. *n* нечто обратное, противоположное; противоположность; on the ~ наоборот; to the ~ в обратном смысле, иначе; unless I hear to the ~ если я не услышу чего-нибудь иного, противоположного; there is no evidence to the ~ нет доказательств противного, обратного; to interpret by contraries толковать, понимать в обратном смысле

2. *a* 1) противоположный 2) противный (*о ветре*); неблагоприятный; ~ weather неблагоприятная погода 3) [kənˈtrɛərɪ] упрямый; своевольный; капризный; ~ disposition сварливый нрав

3. *adv* вопреки, против (to); to act ~ to common sense поступать вопреки здравому смыслу

**contrast** 1. *n* [ˈkɔntrɑːst] 1) противоположность; контраст 2) противоположение; сопоставление; in ~ with smth. а) в противоположность чему-либо; б) по сравнению с чем-л. 3) оттенок

2. *v* [kənˈtrɑːst] 1) противополагать 2) сопоставлять 3) контрастировать; these two colours ~ very well эти два цвета хорошо контрастируют

**contravene** [ˌkɔntrəˈviːn] *v* 1) нарушать, преступать (*закон и т. п.*) 2) противоречить (*правилу, закону и т. п.*); идти вразрез (*с чем-л.*) 3) оспаривать, возражать

**contravention** [ˌkɔntrəˈvenʃən] *n* нарушение (*закона и т. п.*)

**contretemps** [ˈkɔːŋtrətɑːŋ] *фр. n* непредвиденное осложнение, затруднение, несчастье

**contribute** [kənˈtrɪbju(:)t] *v* 1) содействовать, способствовать 2) жертвовать (*деньги*; to) 3) делать вклад (*в науку и т. п.*; to) 4) отдавать (*время*) 5) сотрудничать (*в газете, журнале*; to)

**contribution** [ˌkɔntrɪˈbjuːʃən] *n* 1) содействие 2) вклад (*денежный, научный и т. п.*) 3) пожертвование; взнос 4) статья (*для газеты, журнала*) 5) сотрудничество (*в газете и т. п.*) 6) налог; контрибуция; to lay under ~ налагать контрибуцию

**contributor** [kənˈtrɪbjutə] *n* 1) содействующий; помощник 2) жертвователь 3) (постоянный) сотрудник газеты, журнала

**contributory** [kənˈtrɪbjutərɪ] *a* 1) содействующий; способствующий; ~ negligence неосторожность пострадавшего, вызвавшая несчастный случай 2) делающий взнос, пожертвование; ~ scheme порядок уплаты взносов 3) сотрудничающий

**contrite** [ˈkɔntraɪt] *a* сокрушающийся, кающийся

**contritely** [ˈkɔntraɪtlɪ] *adv* покаянно, с раскаянием; сокрушённо

**contrition** [kənˈtrɪʃən] *n* раскаяние

**contrivance** [kənˈtraɪvəns] *n* 1) изобретательность 2) выдумка, затея; план 3) изобретение 4) приспособление (*механическое*)

**contrive** [kənˈtraɪv] *v* 1) придумывать; изобретать 2) затевать; замышлять 3) ухитряться, умудряться

4) справля́ться, устра́ивать свои́ дела́ ◇ to cut and ~ ухитря́ться своди́ть концы́ с конца́ми

**contriver** [kən'traɪvə] *n* 1) изобрета́тель 2): good ~ хоро́ший, эконо́мный хозя́ин

**control** [kən'trəul] **1.** *n* 1) управле́ние, руково́дство 2) власть 3) надзо́р; сде́рживание; контро́ль, прове́рка; регули́рование; birth ~ регули́рование рожда́емости; social ~ обще́ственный контро́ль; to be in ~, to have ~ over управля́ть, контроли́ровать; to be beyond (*или* out of) ~ вы́йти из подчине́ния; to bring under ~ подчини́ть; to pass under the ~ of smb. перейти́ в чьё-л. ве́дение; ~ of epidemics борьба́ с эпидеми́ческими заболева́ниями 4) сде́ржанность, самооблада́ние 5) регулиро́вка 6) *радио* модуля́ция 7) *pl тех.* рычаги́ управле́ния 8) (*обыкн. pl*) *радио* ру́чки настро́йки радиоприёмника 9) контро́льный пацие́нт (*в эксперименте*); контро́льное подо́пытное живо́тное 10) *attr.* контро́льный; ~ experiment контро́льный о́пыт

**2.** *v* 1) управля́ть, распоряжа́ться 2) регули́ровать; контроли́ровать; проверя́ть 3) руководи́ть; госпо́дствовать; заправля́ть; име́ть большинство́ (*в парламенте и т. п.*) 4) *тех.* настра́ивать 5) обусло́вливать; нормирова́ть (*потребление*) 6) сде́рживать (*чувства, слёзы*); to ~ oneself сде́рживаться, сохраня́ть самооблада́ние

**control-gear** [kən'trəulgɪə] *n тех.* механи́зм управле́ния

**controllable** [kən'trəuləbl] *a* 1) управля́емый, регули́руемый 2) поддаю́щийся прове́рке, контро́лю 3) подда́ющийся обузда́нию

**controller** [kən'trəulə] *n* 1) контролёр; ревизо́р; инспе́ктор 2) *тех.* контро́ллер; регуля́тор

**controversial** [ˌkɔntrə'və:ʃəl] *a* 1) спо́рный, дискуссио́нный 2) лю́бящий поле́мику

**controversialist** [ˌkɔntrə'və:ʃəlɪst] *n* спо́рщик; полеми́ст

**controversy** ['kɔntrəvə:sɪ] *n* 1) спор, диску́ссия, поле́мика; without (*или* beyond) ~ неоспори́мо, бесспо́рно 2) спор, ссо́ра

**controvert** ['kɔntrəvə:t] *v* 1) оспа́ривать, полемизи́ровать 2) возража́ть, отрица́ть

**contumacious** [ˌkɔntju(:)'meɪʃəs] *a* 1) непоко́рный, неподчиня́ющийся 2) упо́рный; упря́мый 3) *юр.* не явля́ющийся на вы́зов суда́ *или* не подчиня́ющийся распоряже́нию суда́

**contumacy** ['kɔntjuməsɪ] *n* 1) неповинове́ние, неподчине́ние, 2) упо́рство; упря́мство 3) *юр.* нея́вка в суд; неподчине́ние постановле́нию суда́

**contumelious** [ˌkɔntju(:)'mi:ljəs] *a* оскорби́тельный; де́рзкий

**contumely** ['kɔntju(:)mlɪ] *n* 1) оскорбле́ние; де́рзость 2) бесче́стье

**contuse** [kən'tju:z] *v* контузи́ть; ушиби́ть

**contusion** [kən'tju:ʒən] *n* ушиб, конту́зия

**conundrum** [kə'nʌndrəm] *n* зага́дка; головоло́мка

**conurbation** [ˌkɔnə:'beɪʃən] *n* большо́й го́род со все́ми при́городами

**convalesce** [ˌkɔnvə'les] *v* выздора́вливать

**convalescence** [ˌkɔnvə'lesns] *n* выздора́вливание; выздоровле́ние

**convalescent** [ˌkɔnvə'lesnt] **1.** *n* выздора́вливающий

**2.** *a* выздора́вливающий; поправля́ющийся

**convection** [kən'vekʃən] *n физ.* конве́кция

**convenances** [ˌkɔnvɪ'nɑ:nsɪz] *фр. n pl* прили́чия; благопристо́йность, благоприли́чие

**convene** [kən'vi:n] *v* 1) созыва́ть (*собрание, съезд*) 2) вызыва́ть (*в суд*) 3) собира́ть(ся)

**convener** [kən'vi:nə] *n* член (*комитета, комиссии*), кото́рому пору́чено созыва́ть собра́ния

**convenience** [kən'vi:njəns] *n* 1) удо́бство; at your ~ как *или* когда́ вам бу́дет удо́бно; to await (*или* to suit) smb.'s ~ счита́ться с чьи́ми-л. удо́бствами; for ~' sake для удо́бства 2) *pl* комфо́рт; удо́бства; a house with modern ~s дом со все́ми (совреме́нными) удо́бствами 3) убо́рная 4) приго́дность 5) вы́года; for the ~ of.. в интере́сах..; to make a ~ of smb. беззасте́нчиво испо́льзовать кого́-л. в свои́х интере́сах; злоупотребля́ть чьим-л. внима́нием, дру́жбой; marriage of ~ брак по расчёту 6) *attr.*: ~ food проду́кты, гото́вые к употребле́нию

**convenient** [kən'vi:njənt] *a* удо́бный, подходя́щий; приго́дный; ~ time удо́бное вре́мя

**convent** ['kɔnvənt] *n* монасты́рь (*преим. женский*)

**conventicle** [kən'ventɪkl] *n пренебр., ритор.* 1) секта́нтская моле́льня (*в Англии*) 2) *ист.* та́йное собра́ние *или* моле́ние англи́йских пурита́н (*при Карле II и Иакове II*)

**convention** [kən'venʃən] *n* 1) собра́ние, съезд; *ист.* конве́нт 2) догово́р, соглаше́ние, конве́нция 3) о́бщее согла́сие 4) обы́чай 5) усло́вность

**conventional** [kən'venʃənl] *a* 1) обусло́вленный; договорённый; ~ tariff конвенцио́нные по́шлины 2) усло́вный; ~ sign усло́вный знак 3) обы́чный, общепри́нятый; традицио́нный; шабло́нный; he made a very ~ speech в свое́й ре́чи он ничего́ но́вого не сказа́л 4) *воен.* обы́чный (*о вооружении — в отличие от атомного*); ~ weapons обы́чные ви́ды ору́жия; ~ bombs бо́мбы обы́чного ти́па; ~ attack (*или* aggression) нападе́ние с примене́нием обы́чных ви́дов ору́жия 5) *тех.* станда́ртный; удовлетворя́ющий техни́ческим усло́виям

**conventionalism** [kən'venʃnəlɪzm] *n* усло́вность; рути́нность

**conventionality** [kənˌvenʃə'nælɪtɪ] *n* 1) усло́вность 2) (the conventionalities) *pl* усло́вности (*принятые в обществе*)

**conventionalize** [kən'venʃnəlaɪz] *v* 1) де́лать усло́вным 2) *иск.* изобража́ть усло́вно, в традицио́нном сти́ле

**conventual** [kən'ventjuəl] **1.** *a* монасты́рский

**2.** *n* мона́х; мона́хиня

**converge** [kən'və:dʒ] *v* 1) сходи́ться (*о линиях, дорогах и т. п.*) 2) своди́ть в одну́ то́чку 3) *мат.* приближа́ться (*к пределу*)

**convergence** [kən'və:dʒəns] *n* 1) схожде́ние в одно́й то́чке 2) *мат.* сходи́мость (*бесконечного ряда*), конверге́нция 3) *биол., мед.* конверге́нция

**convergent** [kən'və:dʒənt] *a* сходя́щийся в одно́й то́чке; ~ angle *мат.* у́гол конверге́нции

**converging** [kən'və:dʒɪŋ] **1.** *pres. p. от* converge

**2.** *a* сходя́щийся; сосредото́ченный; дви́гающийся по сходя́щимся направле́ниям; ~ fire *воен.* перекрёстный ого́нь

**conversable** [kən'və:səbl] *a* 1) обще́ительный; разгово́рчивый 2) интере́сный как собесе́дник 3) подходя́щий для разгово́ра (*о теме*)

**conversance** [kən'və:səns] *n* осведомлённость (with)

**conversant** [kən'və:sənt] *a* 1) хорошо́ знако́мый; ~ with a subject (with a person) знако́мый с предме́том (с челове́ком) 2) све́дущий

**conversation** [ˌkɔnvə'seɪʃən] *n* 1) разгово́р, бесе́да; to make ~ вести́ пусто́й разгово́р 2) *pl* перегово́ры 3) *жив.* жа́нровая карти́на (*тж.* ~ piece)

**conversational** [ˌkɔnvə'seɪʃənl] *a* 1) разгово́рный 2) разгово́рчивый

**conversationalist** [ˌkɔnvə'seɪʃnəlɪst] *n* 1) ма́стер поговори́ть 2) интере́сный собесе́дник

**conversazione** ['kɔnvəˌsætsɪ'əunɪ] *ит. n* (*pl* -ni) ве́чер, устра́иваемый нау́чным *или* литерату́рным о́бществом

**conversazioni** ['kɔnvəˌsætsɪ'əuni:] *pl от* conversazione

**converse** I **1.** *v* [kən'və:s] 1) разгова́ривать, бесе́довать 2) обща́ться, подде́рживать отноше́ния (*с кем-л.*)

**2.** *n* ['kɔnvə:s] 1) разгово́р, бесе́да 2) обще́ние

**converse** II ['kɔnvə:s] **1.** *n* 1) обра́тное утвержде́ние, положе́ние *или* отноше́ние 2) *мат.* обра́тная теоре́ма

**2.** *a* обра́тный; перевёрнутый

**conversely** ['kɔnvə:slɪ] *adv* обра́тно наоборо́т

**conversion** [kən'və:ʃən] *n* 1) превращение (to, into); перехо́д (*из одного состояния в другое*); измене́ние; ~ of a solid into a liquid превраще́ние твёрдой ма́ссы в жи́дкую 2) обраще́ние (*в какую-л. веру*); перехо́д (*в другую веру*) 3) переме́на фро́нт (*переход из одной партии в другую и т. п.*) 4) перево́д (*одних единиц в другие*); пересчёт 5) *фин.* конверси

6) *юр.* присвое́ние, обраще́ние в свою́ по́льзу (*об имуществе*) 7) *лингв.* конве́рсия 8) *мат.* превраще́ние (*простой дроби в десятичную*) 9) *тех.* превраще́ние, перерабо́тка; трансформи́рование 10) *метал.* переде́л чугуна́ в сталь

**convert** 1. *n* ['kɔnvə:t] 1) *рел.* новообращённый 2) переше́дший из одно́й па́ртии в другу́ю

2. *v* [kən'və:t] 1) превраща́ть; переде́лывать 2) обраща́ть (*на путь истины, в другую веру и т. п.*) 3) *юр.* присва́ивать, обраща́ть в свою́ по́льзу (*имущество*) 4) *фин.* конверти́ровать

**converter** [kən'və:tə] *n* 1) *эл.* конве́ртер, преобразова́тель то́ка 2) *тех.* конве́ртер, рето́рта 3) *амер.* шифрова́льный прибо́р

**convertibility** [kən,və:tə'bɪlɪtɪ] *n* 1) обрати́мость, изменя́емость 2) *фин.* обрати́мость, свобо́дный междунаро́дный обме́н валю́ты

**convertible** [kən'və:təbl] 1. *a* 1) обрати́мый, изменя́емый; замени́мый; heat is ~ into electricity теплота́ мо́жет быть превращена́ в электри́чество; ~ terms сино́нимы; ~ husbandry *с.-х.* плодопереме́нное хозя́йство 2) откидно́й; ~ seat откидно́е сиде́нье 3) *фин.* обрати́мый, конверти́руемый

2. *n* 1) автомоби́ль с откидны́м ве́рхом 2) дива́н-крова́ть

**converting** [kən'və:tɪŋ] 1. *pres. p.* от convert 2

2. *n* 1) преобразова́ние; превраще́ние; обраще́ние 2) *метал.* бессемерова́ние

**convex** ['kɔn'veks] *a* вы́пуклый

**convexity** [kɔn'veksɪtɪ] *n* вы́пуклость

**convexo-concave** [kɔn'veksəu'kɔnkeɪv] *a* вы́пукло-во́гнутый

**convexo-convex** [kɔn'veksəu'kɔnveks] *a* двояковы́пуклый

**convey** [kən'veɪ] *v* 1) перевози́ть, переправля́ть (*пассажиров, товары*); транспорти́ровать 2) передава́ть (*запах, звук, благодарность и т. п.*) 3) сообща́ть (*известия*) 4) выража́ть (*идею и т. п.*); it does not ~ anything to my mind э́то мне ничего́ не говори́т 5) *юр.* передава́ть (*имущество или право на владение имуществом*)

**conveyance** [kən'veɪəns] *n* 1) перево́зка, транспортиро́вка 2) перево́зочные сре́дства 3) наёмный экипа́ж 4) сообще́ние (*идей и т. п.*) 5) *юр.* переда́ча (*имущества*) 6) *юр.* докуме́нт (*о передаче имущества*) 7) *горн.* транспортёр, конве́йер

**conveyancer** [kən'veɪənsə] *n* *юр.* юри́ст, веду́щий дела́ по переда́че иму́щества

**conveyancing** [kən'veɪənsɪŋ] *n* *юр.* составле́ние нотариа́льных а́ктов о переда́че иму́щества

**conveyer** [kən'veɪə] *n* *тех.* 1) конве́йер; транспортёр 2) *attr.*: ~ screw винтово́й (*или* шне́ковый) транспортёр

**convict** 1. *n* ['kɔnvɪkt] осуждённый, заключённый; ка́торжник

2. *v* [kən'vɪkt] 1) *юр.* признава́ть вино́вным; выноси́ть пригово́р 2) привести́ к созна́нию (*проступка, вины и т. п.*)

**conviction** [kən'vɪkʃən] *n* 1) *юр.* осужде́ние, призна́ние вино́вным; summary ~ пригово́р, вы́несенный без уча́стия прися́жных 2) убежде́ние; to carry ~ убежда́ть, быть убеди́тельным 3) уве́ренность, убеждённость (of — в; that) 4) *церк.* созна́ние грехо́вности

**convince** [kən'vɪns] *v* 1) убежда́ть, уверя́ть 2) доводи́ть до созна́ния (*ошибку, проступок и т. п.*)

**convinced** [kən'vɪnst] 1. *p. p.* от convince

2. *a* убеждённый (of — в)

**convincing** [kən'vɪnsɪŋ] 1. *pres. p.* от convince

2. *a* убеди́тельный

**convive** ['kɔnvaɪv] *n* собуты́льник

**convivial** [kən'vɪvɪəl] *a* 1) пра́здничный; пи́ршественный 2) весёлый; общи́тельный, компане́йский

**conviviality** [kən,vɪvɪ'ælɪtɪ] *n* весёлость; пра́здничное настрое́ние *и пр.* [*см.* convivial]

**convocation** [,kɔnvəu'keɪʃən] *n* 1) созы́в 2) собра́ние 3) (С.) сове́т (*Оксфордского или Даремского университета*) 4) *церк.* сино́д (*в Кентербери и Йорке*)

**convoke** [kən'vəuk] *v* собира́ть, созыва́ть (*парламент, собрание*)

**convolute** ['kɔnvəlu:t] *a* *бот.* свёрнутый, сви́тый

**convoluted** ['kɔnvəlu:tɪd] *a* 1) свёрнутый спира́лью; име́ющий изви́лины 2) зави́тый, изо́гнутый (*о бараньих рогах и т. п.*)

**convolution** [,kɔnvə'lu:ʃən] *n* 1) свёрнутость; изо́гнутость 2) оборо́т (*спирали*); вито́к 3) *анат.* изви́лина (*мозговая*)

**convolve** [kən'vɔlv] *v* свёртывать (-ся); скру́чивать(ся); сплета́ть(ся)

**convolvulus** [kən'vɔlvjuləs] *лат.* *n* *бот.* вьюно́к

**convoy** ['kɔnvɔɪ] 1. *n* 1) сопровожде́ние 2) *воен.* коло́нна автотра́нспорта; *мор.* конво́й (*караван судов с конвоирами*) 3) погреба́льная проце́ссия 4) *attr.* сопровожда́ющий; конво́йный

2. *v* сопровожда́ть; конвои́ровать

**convulse** [kən'vʌls] *v* 1) потряса́ть; the ground was ~d земля́ дрожа́ла 2) (*обыкн. pass.*) вызыва́ть су́дороги, конву́льсии; to be ~d ко́рчиться в конву́льсиях 3) (*обыкн. pass.*) заста́вить задрожа́ть (*от смеха, горя и т. п.*) 4) волнова́ть

**convulsion** [kən'vʌlʃən] *n* 1) колеба́ние (*почвы*); ~ of nature землетрясе́ние, изверже́ние вулка́на *и т. п.* 2) (*обыкн. pl*) су́дорога, конву́льсия; he went into ~s с ним сде́лался припа́док 3) *pl* су́дорожный смех 4) потрясе́ние (*тж. общественное*)

**convulsive** [kən'vʌlsɪv] *a* су́дорожный, конвульси́вный

**cony** ['kəunɪ] *n* 1) кро́лик 2) кра́шеная кро́личья шку́рка (*промышленное название*)

**coo** [ku:] 1. *n* воркова́ние

2. *v* воркова́ть; говори́ть воркую́щим го́лосом

**cook** [kuk] 1. *n* куха́рка, по́вар; *мор.* кок ◊ too many ~s spoil the broth *посл.* ≅ у семи́ ня́нек дитя́ без гла́зу

2. *v* 1) стря́пать, приготовля́ть пи́щу; жа́рить(ся); вари́ть(ся) 2) жа́риться на со́лнце 3) подде́лывать, фабрикова́ть (*документ*); состря́пать (*историю*), приду́мать (*что-л. в извинение*) ◊ to ~ smb.'s goose распра́виться с кем-л.; погуби́ть кого́-л.; to ~ one's (own) goose погуби́ть себя́

**cookbook** ['kukbuk] *амер.* = cookery-book

**cooker** ['kukə] *n* 1) плита́; печь 2) кастрю́ля 3) сорт фру́ктов, го́дный для ва́рки 4) тот, кто подде́лывает, сочиня́ет *и т. п.* [*см.* cook 2, 3)]

**cookery** ['kukərɪ] *n* кулина́рия; стряпня́

**cookery-book** ['kukərɪbuk] *n* пова́ренная кни́га

**cook-galley** ['kuk'gælɪ] *n* *мор.* ка́мбуз

**cook-general** ['kuk,dʒenərəl] *n* прислу́га, выполня́ющая обя́занности куха́рки и го́рничной, прислу́га «за всё»

**cook-house** ['kukhaus] *n* похо́дная *или* судова́я ку́хня

**cook-housemaid** ['kuk'hausmeɪd] = cook-general

**cookie** ['kukɪ] *n* *шотл., амер.* дома́шнее пече́нье; бу́лочка

**cook-room** ['kukrum] *n* ку́хня; *мор.* ка́мбуз

**cook-shop** ['kukʃɔp] *n* столо́вая; харче́вня

**cook-table** ['kuk,teɪbl] *n* ку́хонный стол

**cooky** ['kukɪ] *n* 1) = cookie 2) куха́рка

**cool** [ku:l] 1. *a* 1) прохла́дный, све́жий; нежа́ркий; to get ~ стать прохла́дным; осты́ть 2) споко́йный, невозмути́мый; хладнокро́вный; to keep ~ (one's head) сохраня́ть споко́йствие, хладнокро́вие; не теря́ть го́лову 3) равноду́шный, безуча́стный; сухо́й, нела́сковый, неприве́тливый 4) де́рзкий, беззасте́нчивый, наха́льный; a ~ hand (*или* customer) беззасте́нчивый челове́к; ~ cheek наха́льство 5) *разг.* кру́глый (*о сумме*); a ~ thousand dollars кру́гленькая су́мма в ты́сячу до́лларов; a ~ twenty kilometres до́брых два́дцать киломе́тров

2. *n* 1) прохла́да 2) хладнокро́вие

3. *v* охлажда́ть(ся); остыва́ть (*часто* ~ down, ~ off)

**coolant** ['ku:lənt] *n* *тех.* сма́зочно-охлажда́ющая эму́льсия

**cooler** ['ku:lə] *n* 1) холоди́льник 2) ведёрко для охлажде́ния буты́лки вина́ 3) бачо́к с водо́й 4) прохлади́тельный напи́ток 5) *воен. жарг.* гауптва́хта 6) *жарг.* араста́нтская ка́мера;

тюрьма́; «холо́дная» 7) *тех.* гради́рня; *спорт. жарг.* скамья́ штрафнико́в

**cool-headed** [ˈku:lˈhedɪd] *a* хладнокро́вный, споко́йный

**coolie** [ˈku:lɪ] *n* ку́ли

**cooling** [ˈku:lɪŋ] **1.** *pres. p. от* cool 3

**2.** *n* охлажде́ние

**coolness** [ˈku:lnɪs] *n* 1) прохла́да, све́жесть 2) ощуще́ние прохла́ды 3) хладнокро́вие; споко́йствие 4) холодо́к (*в тоне и т. п.*); охлажде́ние (*в отношениях*)

**coomb** [ku:m] *n* ложби́на, овра́г; у́зкая доли́на, уще́лье

**coon** [ku:n] *n* 1) (*сокр. от* racoon) ено́т 2) *разг.* хи́трый па́рень (*тж.* an old ~); a gone ~ пропа́щий челове́к 3) *амер. презр.* негр

**co-op** [kəuˈɔp] *n* (*сокр. от* co-operative) кооперати́в, кооперати́вное о́бщество; on the ~ на кооперати́вных нача́лах

**coop** [ku:p] **1.** *n* куря́тник; кле́тка для дома́шней пти́цы

**2.** *v* сажа́ть в куря́тник, в кле́тку □ ~ in, ~ up а) держа́ть взаперти́; б) (*обыкн. p. p.*) набива́ть битко́м

**cooper** [ˈku:pə] **1.** *n* 1) бо́нда́рь, боча́р 2) спиртно́й напи́ток

**2.** *v* бонда́рить, боча́рничать

**cooperage** [ˈku:pərɪdʒ] *n* 1) бонда́рное ремесло́ 2) бонда́рня 3) пла́та за бонда́рную рабо́ту

**co-operate** [kəuˈɔpəreɪt] *v* 1) сотру́дничать 2) соде́йствовать; спосо́бствовать 3) коопери́роваться; объединя́ться 4) *воен.* взаимоде́йствовать (with, in, for)

**co-operation** [kəu͵ɔpəˈreɪʃən] *n* 1) сотру́дничество; совме́стные де́йствия 2) коопера́ция 3) *воен.* взаимоде́йствие

**co-operative** [kəuˈɔpərətɪv] **1.** *a* 1) совме́стный, объединённый, согласо́ванно де́йствующий; in a ~ spirit в ду́хе сотру́дничества 2) кооперати́вный

**2.** *n* кооперати́в; кооперати́вное о́бщество; кооперати́вный магази́н (*тж.* ~ shop); consumers' ~ потреби́тельский кооперати́в; producers' ~ произво́дственный кооперати́в

**co-operator** [kəuˈɔpəreɪtə] *n* 1) сотру́дник 2) коопера́тор

**co-opt** [kəuˈɔpt] *v* коопти́ровать

**co-optation** [͵kəuɔpˈteɪʃən] *n* коопта́ция

**co-ordinate** **1.** *a* [kəuˈɔ:dnɪt] 1) одного́ разря́да, той же сте́пени, ра́вный 2) одного́ ра́нга, не подчинённый 3) *грам.* сочинённый (*о предложении*); ~ conjunction сочини́тельный сою́з

**2.** *n* [kəuˈɔ:dnɪt] 1) что-л. координи́рованное 2) *pl мат.* координа́ты; систе́ма координа́т

**3.** *v* [kəuˈɔ:dɪneɪt] координи́ровать, устана́вливать пра́вильное соотноше́ние; согласо́вывать

**co-ordination** [kəu͵ɔ:dɪˈneɪʃən] *n* 1) координа́ция; согласова́ние 2) *грам.* сочине́ние

**coot** [ku:t] *n* 1) лысу́ха (*птица*) 2) *разг.* проста́к ◇ bald as a ~ лы́сый, плеши́вый

**cootie** [ˈku:ti] *n воен. жарг.* платяна́я вошь

**co-ownership** [ˈkəuˈəunəʃɪp] *n* совме́стное владе́ние

**cop I** [kɔp] *разг.* **1.** *n* 1) полице́йский; полисме́н, «фарао́н» 2) поимка; fair ~ поимка на ме́сте преступле́ния

**2.** *v* пойма́ть, заста́ть (at — на *месте преступления*); to ~ it *разг.* а) пойма́ть, сца́пать; б) попа́сться, попа́сть в беду́; you will ~ it тебе́ попадёт

**cop II** [kɔp] *n* 1) верху́шка (*чего-либо*) 2) хохоло́к (*птицы*) 3) *текст.* поча́ток

**copaiba** [kɔˈpaɪbə] *n* копа́йский бальза́м

**copal** [ˈkəupəl] *n* копа́л (*современная или ископаемая смола деревьев*); каме́дь

**coparcenary** [ˈkəuˈpɑ:sɪnərɪ] *n юр.* совме́стное насле́дование; неразделённое насле́дство

**coparcener** [ˈkəuˈpɑ:sɪnə] *n юр.* сонасле́дник

**copartner** [ˈkəuˈpɑ:tnə] *n* член това́рищества; уча́стник в при́былях

**cope I** [kəup] *v* спра́виться; совлада́ть (with)

**cope II** [kəup] **1.** *n* 1) *церк.* ри́за 2): the ~ of heaven небе́сный свод; the ~ of night покро́в но́чи 3) бу́дка; каби́на 4) *тех.* колпа́к, кожу́х, кры́шка лите́йной фо́рмы

**2.** *v* 1) крыть, покрыва́ть 2) обхва́тывать 3) покупа́ть, обме́нивать

**copeck** [ˈkəupek] *русск. n* копе́йка

**coper I** [ˈkəupə] *n* торго́вец лошадьми́, ко́нский бары́шник

**coper II** [ˈkəupə] *n* су́дно, та́йно снабжа́ющее рыбако́в спиртны́ми напи́тками в откры́том мо́ре

**cope-stone** [ˈkəupstəun] *n* 1) карни́зный ка́мень; леща́дная плита́ 2) заверше́ние; после́днее сло́во (*науки и т. п.*); it was the ~ of his misfortunes э́то бы́ло для него́ после́дним уда́ром

**co-pilot** [ˈkəuˈpaɪlət] *n* второ́й пило́т

**coping I** [ˈkəupɪŋ] *pres. p. от* cope I

**coping II** [ˈkəupɪŋ] **1.** *pres. p. от* cope II, 2

**2.** *n* 1) *стр.* перекрыва́ющий ряд кла́дки стены́; парапе́тная плита́ 2) гре́бень плоти́ны

**coping-stone** [ˈkəupɪŋstəun] = cope-stone

**copious** [ˈkəupjəs] *a* оби́льный; обши́рный; ~ writer плодови́тый писа́тель; ~ vocabulary бога́тый слова́рный запа́с

**copper I** [ˈkɔpə] **1.** *n* 1) медь 2) ме́дная *или* бро́нзовая моне́та 3) ме́дный котёл 4) пая́льник ◇ hot ~s су́хость го́рла с похме́лья; to cool one's ~s опохмели́ться

**2.** *a* 1) ме́дный 2) ме́дно-кра́сный (*о цвете*)

**3.** *v* покрыва́ть ме́дью

**copper II** [ˈkɔpə] *n разг.* полице́йский, полисме́н

**copperas** [ˈkɔpərəs] *n* (желе́зный) купоро́с

**copper-bottomed** [ˈkɔpəˈbɔtəmd] *a* 1) *мор.* обши́тый ме́дью (*о дне корабля*) 2) кре́пкий, надёжный; платёжеспосо́бный

**copper-butterfly** [ˈkɔpə͵bʌtəflaɪ] *n* голубя́нка, а́ргус щаве́левый (*бабочка*)

**copperhead** [ˈkɔpəhed] *n* 1) мокаси́новая змея́ 2) (C.) та́йный сторо́нник южа́н (*среди северян в эпоху американской гражданской войны 1861—65 гг.*)

**copperplate** [ˈkɔpəpleɪt] *n* 1) ме́дная гравирова́льная доска́ 2) о́ттиск с тако́й доски́ 3) *attr.*: ~ hand каллиграфи́ческий по́черк

**copper-smith** [ˈkɔpəsmɪθ] *n* ме́дник; коте́льщик

**coppery** [ˈkɔpərɪ] *a* 1) цве́та ме́ди 2) содержа́щий медь

**coppice** [ˈkɔpɪs] *n* 1) ро́щица; подле́сок 2) лесно́й уча́сток (*для периодической вырубки*)

**copra** [ˈkɔprə] *n* ко́пра, сушёное ядро́ коко́сового оре́ха

**copse** [kɔps] = coppice

**Copt** [kɔpt] *n* копт

**copter, 'copter** [ˈkɔptə] *сокр. от* helicopter

**Coptic** [ˈkɔptɪk] **1.** *a* ко́птский

**2.** *n* ко́птский язы́к

**copula** [ˈkɔpjulə] *n грам., анат.* свя́зка

**copulate** [ˈkɔpjuleɪt] *v биол.* спа́риваться

**copulation** [͵kɔpjuˈleɪʃən] *n* 1) *биол.* копуля́ция; спа́ривание; слу́чка 2) соедине́ние

**copulative** [ˈkɔpjulətɪv] **1.** *a* 1) *биол.* детоpо́дный 2) *грам.* соедини́тельный 3) связу́ющий

**2.** *n грам.* соедини́тельный сою́з

**copy** [ˈkɔpɪ] **1.** *n* 1) экземпля́р; advance ~ сигна́льный экземпля́р 2) ру́копись; fair (*или* clean) ~ перепи́санная на́чисто ру́копись; rough (*или* foul) ~ черни́вик, оригина́л 3) ко́пия 4) репроду́кция 5) материа́л для статьи́, кни́ги; this makes good ~ э́то хоро́ший материа́л (*для печати*) 6) образе́ц 7) *ист. юр.* ко́пия протоко́ла манориа́льного (поме́стного) суда́, формули́рующего усло́вия аре́нды земе́льного уча́стка

**2.** *v* 1) снима́ть ко́пию; копи́ровать; воспроизводи́ть; де́лать по шабло́ну 2) спи́сывать; перепи́сывать 3) подража́ть, брать за образе́ц

**copy-book** [ˈkɔpɪbuk] *n* 1) тетра́дь с про́писями 2) тетра́дь *или* па́пка, содержа́щая ко́пии пи́сем *или* други́х докуме́нтов ◇ ~ maxims пропи́сные и́стины; ~ morality ходя́чая мора́ль; a ~ performance нехи́трое де́ло, несло́жная зада́ча

**copyhold** [ˈkɔpɪhəuld] *n ист.* 1) аре́ндные права́ 2) аре́ндная земля́, копиго́льд

**copyholder** ['kɔpɪˌhəuldə] *n* 1) *ист.* наслéдственный *или* пожи́зненный арендáтор помéщичьей земли́, копигóльдер 2) коррéктор-подчи́тчик 3) *полигр.* тенáкль

**copying pencil** ['kɔpɪɪŋ'pensl] *n* хими́ческий карандáш

**copyist** ['kɔpɪɪst] *n* 1) перепи́счик 2) копирóвщик 3) имитáтор, подражáтель

**copy-reader** ['kɔpɪˌri:də] *n амер.* 1) = copyholder 2); 2) помóщник редáктора (*газеты*)

**copyright** ['kɔpɪraɪt] **1.** *n* áвторское прáво; ~ reserved áвторское прáво сохраненó (*перепечатка воспрещается*)

**2.** *a predic.* охраня́емый áвторским прáвом; this book is ~ на э́ту кни́гу распространя́ется áвторское прáво

**3.** *v* обеспéчивать áвторское прáво

**coquet** [kɔ'ket] *фр. v* кокéтничать

**coquetry** ['kɔkɪtrɪ] *фр. n* кокéтство

**coquette** [kɔ'ket] *фр. n* кокéтка

**cor-** [kɔ:-] *см.* com-

**coracle** ['kɔrəkl] *n* рыбáчья лóдка, сплетённая из ивнякá и обтя́нутая кóжей *или* брезéнтом (*в Ирландии и Уэльсе*)

**coral** ['kɔrəl] **1.** *n* корáлл

**2.** *a* 1) корáлловый 2) корáллового цвéта

**coral-island** ['kɔrəlˌaɪlənd] *n* корáлловый óстров

**coralline** ['kɔrəlaɪn] **1.** *n* корáлловый мох

**2.** *a* корáлловый

**coral-reef** ['kɔrəlri:f] *n* корáлловый риф

**corbel** ['kɔ:bəl] **1.** *n* 1) *архит.* поясóк, вы́ступ 2) *тех.* кронштéйн

**2.** *v тех.* расположи́ть на кронштéйне; поддéрживать кронштéйном

**corbie** ['kɔ:bɪ] *n шотл.* вóрон

**corbie-steps** ['kɔ:bɪsteps] *n pl архит.* ступéнчатый фронтóн

**cord** [kɔ:d] **1.** *n* 1) верёвка, шнур(óк) 2) тóлстая струнá 3) *анат.* свя́зка; vocal ~s голосовы́е свя́зки; 4) рýбчик (*на материи*) 5) *pl* брю́ки из рýбчатого плисa [*см. тж.* corduroy 1, 2)] 6) корд (*мера дров = 128 куб. фут. или 3,63 м³*)

**2.** *v* 1) свя́зывать верёвкой (*часто* ~ up) 2) склáдывать дровá в кóрды

**cordage** ['kɔ:dɪdʒ] *n* верёвки; снáсти, такелáж

**cordate** ['kɔ:deɪt] *a бот.* сердцеви́дный

**corded** ['kɔ:dɪd] **1.** *p. p. от* cord 2

**2.** *a* 1) перевя́занный верёвкой 2) рýбчатый (*о материи*)

**cordelier** [ˌkɔ:dɪ'lɪə] *n ист.* 1) кордельéр (*монах-францисканец*) 2) кордельéр (*член клуба «Друзей прав человека и гражданина» эпохи Французской буржуазной революции 1789 г.*)

**cordial** ['kɔ:djəl] **1.** *a* сердéчный; и́скренний; радýшный, тёплый (*о приёме*); ~ dislike си́льная антипáтия, неприя́знь

**2.** *n* (стимули́рующее) сердéчное срéдство; крéпкий (стимули́рующий) напи́ток

**cordiality** [ˌkɔ:dɪ'ælɪtɪ] *n* сердéчность, радýшие

**cordially** ['kɔ:djəlɪ] *adv* 1) сердéчно; по душáм; радýшно 2) *амер.* с совершéнным почтéнием (*форма заключения письма*)

**cordite** ['kɔ:daɪt] *n* корди́т (*бездымный порох*)

**cordon** ['kɔ:dn] *n* 1) кордóн; охранéние 2) óрденская лéнта (*преим. иностранная*) 3) *архит.* кордóн (*верхний край цоколя*)

**cordon bleu** ['kɔ:dən'blə:] *фр. n* 1) вáжная персóна 2) *шутл.* первоклáссный пóвар

**cordovan** ['kɔ:dəvən] *n* 1) *ист.* кордóвская цветня́я дублёная кози́ная *или* кóнская кóжа (*тж.* ~ leather) 2) (C.) жи́тель *г.* Кордóвы

**corduroy** ['kɔ:dərɔɪ] **1.** *n* 1) рýбчатый плис; вельвéт 2) *pl* пли́совые *или* вельвéтовые штаны́; бри́джи 3) бревéнчатая мостовáя *или* дорóга (*тж.* ~ road)

**2.** *v* стрóить бревéнчатую мостовýю *или* дорóгу

**core** [kɔ:] **1.** *n* 1) сердцеви́на; внýтренность; ядрó; to the ~ насквóзь 2) центр, сéрдце (*чего-л.*) 3) суть; the very ~ of the subject сáмая суть дéла 4) *тех.* сердéчник; стéржень 5) *эл.* жи́ла кáбеля

**2.** *v* вырезáть сердцеви́ну

**cored** [kɔ:d] **1.** *p. p. от* core 2

**2.** *a* пóлый

**co-religionist** ['kəurɪ'lɪdʒənɪst] *n* исповéдующий ту же вéру, единовéрец

**coreopsis** [ˌkɔrɪ'ɔpsɪs] *n бот.* кореóпсис

**co-respondent** ['kəurɪsˌpɔndənt] *n юр.* соотвéтчик (*в бракоразводном процессе*)

**corf** [kɔ:f] *n* 1) садóк; корзи́на (*для живой рыбы*) 2) *ист.* рудни́чная вагонéтка

**coriaceous** [ˌkɔrɪ'eɪʃəs] *a* кóжистый; твёрдый, как кóжа

**Corinthian** [kə'rɪnθɪən] **1.** *a* кори́нфский; ~ order *архит.* кори́нфский óрдер

**2.** *n* 1) коринфя́нин 2) *уст.* свéтский человéк 3) состоя́тельный человéк, увлекáющийся спóртом

**cork** [kɔ:k] **1.** *n* 1) прóбка 2) корá прóбкового дýба 3) поплавóк; like a ~ плавýчий, держáщийся на водé; *перен.* бóдрый, жизнерáдостный 4) луб

**2.** *a* прóбковый; ~ jacket (*или* vest) прóбковый спасáтельный жилéт

**3.** *v* 1) затыкáть прóбкой 2) мáзать жжёной прóбкой 3) сдéрживать(ся); затáивать, пря́тать (*часто* ~ up)

**corkage** ['kɔ:kɪdʒ] *n* 1) закýпоривание и откýпоривание буты́лок 2) дополни́тельная оплáта за откýпоривание и подáчу принесённого с собóй винá (*в гостинице и т. п.*)

**corked** [kɔ:kt] **1.** *p. p. от* cork 3

**2.** *a* 1) закýпоренный 2) намáзанный жжёной прóбкой 3) отдаю́щий прóбкой (*о вине*)

**corker** ['kɔ:kə] *n* 1) маши́на для закýпоривания буты́лок 2) *разг.* решáющий дóвод, неопровержи́мое доказáтельство

**corking** ['kɔ:kɪŋ] **1.** *pres. p. от* cork 3

**2.** *a разг.* потрясáющий, замечáтельный

**cork-screw** ['kɔ:kskru:] **1.** *n* штóпор

**2.** *a* спирáльный, винтообрáзный; ~ spin *ав.* спуск штóпором

**3.** *v* 1) дви́гаться (как) по спирáли 2) проти́скиваться, пробирáться 3) *ав.* вводи́ть самолёт в штóпор

**cork-tree** ['kɔ:ktri:] *n бот.* дуб прóбковый

**corkwood** ['kɔ:kwud] *n* прóбковое дéрево

**corky** ['kɔ:kɪ] *a* 1) прóбковый 2) *разг.* живóй, весёлый, подви́жный; вéтреный

**cormorant** ['kɔ:mərənt] *n* 1) *зоол.* большóй баклáн 2) жáдина; обжóра

**corn I** [kɔ:n] **1.** *n* 1) зернó; зёрнышко 2) *собир.* хлебá; *особ.* пшени́ца 3) *амер.* кукурýза, маи́с (*тж.* Indian ~) 4) *амер. разг.* кукурýзная вóдка 5) зёрнышко; крупи́нка, песчи́нка 6) *амер. разг.* шýтки, развлечéния; банáльные *или* сентиментáльные мы́сли 7) *attr.* зерновóй; *амер.* кукурýзный; ~ bread *амер.* хлеб из кукурýзы, маи́совый хлеб; ~ failure неурожáй

**2.** *v* 1) наливáться зернóм (*часто* ~ up) 2) сéять пшени́цу (*амер.* кукурýзу) 3) соли́ть, засáливать (*мясо*) 4) *тех.* зерни́ть, гранули́ровать

**corn II** [kɔ:n] *n* мозóль (*обыкн. на ноге*)

**corn-chandler** ['kɔ:nˌtʃɑ:ndlə] *n* рóзничный торгóвец хлéбом и фуражóм

**corn-cob** ['kɔ:nkɔb] *n* кочеры́жка кукурýзного почáтка

**corn-cockle** ['kɔ:nˌkɔkl] *n бот.* кýколь обыкновéнный

**corn-crake** ['kɔ:nkreɪk] *n* коростéль (*птица*)

**corndodger** ['kɔ:nˌdɔdʒə] = dodger 3)

**cornea** ['kɔ:nɪə] *n анат.* роговáя обóлочка глáза

**corned I** [kɔ:nd] *a* солёный; ~ beef солони́на

**corned II** [kɔ:nd] *p. p. от* corn I, 2

**cornel** ['kɔ:nəl] *n бот.* кизи́л настоя́щий

**cornelian** [kɔ:'ni:ljən] *n мин.* сердоли́к

**corneous** ['kɔ:nɪəs] *a* роговóй; рогови́дный

**corner** ['kɔ:nə] **1.** *n* 1) ýгол, уголóк; to cut off a ~ срéзать ýгол, пойти́ напрями́к; round the ~ за углóм; *перен.* совсéм бли́зко, ря́дом; to turn the ~ а) завернýть зá угол; б) вы́йти из трýдного положéния; в) благополýчно перенести́ кри́зис (*болезни*); г) *воен. sl.* дезерти́ровать 2) кант 3) закоýлок, потайнóй уголóк; done in a ~ сдéлано исподтишкá, потихóньку

4) часть, райо́н; the four ~s of the earth четы́ре страны́ све́та 5) нело́вкое положе́ние; затрудне́ние; to drive into a ~ загна́ть в у́гол, припере́ть к стене́ 6) *эк.* ску́пка монополи́стами това́ра со спекуляти́вными це́лями 7) *спорт.* ко́рнер, углово́й уда́р ◇ hole and ~ transactions та́йные махина́ции

2. *v* 1) (*обыкн. p. p.*) снабжа́ть угла́ми 2) загоня́ть в у́гол, в тупи́к; припере́ть к стене́ 3) заверну́ть за́ угол 4) скупа́ть това́ры со спекуляти́вными це́лями; to ~ the market овладе́ть ры́нком, скупа́я това́ры

**corner-boy** [ˈkɔ:nəbɔɪ] *ирл.* = corner-man 2)

**cornered** [ˈkɔ:nəd] 1. *p. p. от* corner 2

2. *a* 1) с угла́ми, име́ющий углы́ 2) в тру́дном положе́нии; припёртый к стене́

**corner-man** [ˈkɔ:nəmən] *n* 1) исполня́ющий коми́ческую роль в негритя́нском анса́мбле 2) у́личный зева́ка 3) кру́пный (биржево́й) спекуля́нт [*см.* corner 2, 4)]

**corner-stone** [ˈkɔ:nəstəun] *n* 1) *архит.* углово́й ка́мень 2) краеуго́льный ка́мень

**cornet** [ˈkɔ:nɪt] *n* 1) *муз.* корне́т, корне́т-а-писто́н 2) корнети́ст 3) фу́нтик (*из бумаги*); ва́фля с моро́женым

**cornet-à-pistons** [ˈkɔ:nɪtəˈpɪstənz] *фр. n* (*pl* cornets-à-pistons) *муз.* корне́т, корне́т-а-писто́н

**cornets-à-pistons** [ˈkɔ:nɪtsəˈpɪstənz] *pl от* cornet-à-pistons

**corn-exchange** [ˈkɔ:nɪksˈtʃeɪndʒ] *n* хле́бная би́ржа

**corn-field** [ˈkɔ:nfi:ld] *n* по́ле, ни́ва; *амер.* кукуру́зное по́ле

**corn-flakes** [ˈkɔ:nfleɪks] *n pl* корнфле́кс, кукуру́зные хло́пья

**corn-floor** [ˈkɔ:nflɔ:] *n* гумно́; ток

**corn-flour** [ˈkɔ:nflauə] *n* кукуру́зная, ри́совая (*в Шотландии* — овся́ная) мука́

**corn-flower** [ˈkɔ:nflauə] *n* василёк (си́ний)

**cornice** [ˈkɔ:nɪs] *n* 1) *архит.* карни́з; свес 2) нави́сшая глы́ба (*снега*)

**cornicle** [ˈkɔ:nɪkl] *n* рожо́к (*улитки*); у́сик (*насекомого*)

**Cornish** [ˈkɔ:nɪʃ] 1. *a* корнуо́ллский

2. *n ист.* корнуо́ллский, корни́йский язы́к

**cornopean** [kəˈnəupjən] = cornet 1)

**corn-pone** [ˈkɔ:npəun] *n амер.* кукуру́зная лепёшка

**corn-rent** [ˈkɔ:nrent] *n* земе́льная аре́нда, упла́чиваемая зерно́м

**corn-stalk** [ˈkɔ:nstɔ:k] *n* 1) *амер.* сте́бель кукуру́зы 2) *разг.* ды́лда

**cornucopia** [ˌkɔ:njuˈkəupjə] *n* рог изоби́лия

**corny** I [ˈkɔ:nɪ] *a* хле́бный, зерново́й; хлеборо́дный

**corny** II [ˈkɔ:nɪ] *a* 1) мозо́листый 2) *разг.* жёсткий; шерохова́тый 3) *разг.* бана́льный; ~ joke изби́тая шу́тка 4) *амер.* заскору́злый, ко́сный

**corolla** [kəˈrɔlə] *n бот.* ве́нчик

**corollary** [kəˈrɔlərɪ] *n* 1) *лог.* вы́вод; заключе́ние 2) есте́ственное сле́дствие, результа́т

**corona** [kəˈrəunə] *n* 1) со́лнечная коро́на (*видимая при полном затмении*); кольцо́ (*вокруг Луны или Солнца*) 2) *архит.* вене́ц, отли́вина 3) ве́нчик цветка́ 4) *эл.* коро́на, свече́ние на провода́х 5) *анат.* коро́нка зу́ба 6) *амер.* чепра́к под выо́чное седло́

**coronach** [ˈkɔrənək] *n* 1) похоро́нная песнь, похоро́нная му́зыка (*в горной Шотландии*) 2) похоро́нный плач, причита́ния (*в Ирландии*)

**coronal** 1. *n* [ˈkɔrənl] 1) коро́на, вене́ц 2) вено́к

2. *a* [kəˈrəunl] вене́чный; корона́рный; ~ suture *анат.* вене́чный шов

**coronary** [ˈkɔrənərɪ] *a мед.* корона́рный; ~ thrombosis тромбо́з вене́чных сосу́дов

**coronate** [ˈkɔrəneɪt] *v* короnова́ть

**coronation** [ˌkɔrəˈneɪʃən] *n* 1) корона́ция, коронова́ние 2) (успе́шное) заверше́ние

**coroner** [ˈkɔrənə] *n* ко́ронер, сле́дователь, веду́щий дела́ о наси́льственной *или* скоропости́жной сме́рти

**coronet** [ˈkɔrənɪt] *n* 1) коро́на (*пэров*) 2) диаде́ма 3) *поэт.* вено́к 4) ни́жняя часть ба́бки (*у лошади*), во́лосень

**corpora** [ˈkɔ:pərə] *pl от* corpus

**corporal** I [ˈkɔ:pərəl] *a* теле́сный; ~ defects физи́ческие недоста́тки; ~ punishment теле́сное наказа́ние, по́рка

**corporal** II [ˈkɔ:pərəl] *n* капра́л; ship's ~ капра́л корабе́льной поли́ции

**corporal** III [ˈkɔ:pərəl] *n церк.* антими́нс

**corporate** [ˈkɔ:pərɪt] *a* корпорати́вный, о́бщий; ~ body корпорати́вная организа́ция; ~ responsibility отве́тственность ка́ждого чле́на корпора́ции; ~ town го́род, име́ющий самоуправле́ние

**corporation** [ˌkɔ:pəˈreɪʃən] *n* 1) корпора́ция; municipal ~ муниципалите́т 2) *амер.* акционе́рное о́бщество; banking ~ акционе́рный банк 3) *разг.* большо́й живо́т

**corporator** [ˈkɔ:pəreɪtə] *n* член корпора́ции

**corporeal** [kɔ:ˈpɔ:rɪəl] *a* 1) теле́сный 2) веще́ственный, материа́льный

**corporeality** [kɔ:ˌpɔ:rɪˈælɪtɪ] *n* веще́ственность, материа́льность

**corporeity** [ˌkɔ:pɔ:ˈri:ɪtɪ] = corporeality

**corposant** [ˈkɔ:pɔzænt] *n* явле́ние атмосфе́рного электри́чества; *особ.* свече́ние на конца́х мачт (*так наз. огни св. Эльма*)

**corps** [kɔ:] *фр. n* (*pl* corps [kɔ:z]) 1) ко́рпус; C. diplomatique дипломати́ческий ко́рпус 2) *воен.* ко́рпус; род во́йск, слу́жба

**corps-de-ballet** [ˌkɔ:dəbæˈleɪ] *фр. n* кордебале́т

**corpse** [kɔ:ps] *n* труп

**corpulence** [ˈkɔ:pjuləns] *n* доро́дность; ту́чность

**corpulent** [ˈkɔ:pjulənt] *a* доро́дный, по́лный, ту́чный, жи́рный

**corpus** [ˈkɔ:pəs] *лат. n* (*pl* -pora) 1) свод (*законов*), ко́декс; собра́ние; the ~ of American poetry антоло́гия америка́нской поэ́зии; ~ juris [-dʒuərɪs] свод зако́нов; ~ delicti [-di:ˈlɪktaɪ] *юр.* соста́в преступле́ния 2) основно́й капита́л 3) *шутл.* ту́ловище, те́ло (*человека или животного*)

**Corpus Christi** [ˈkɔ:pəsˈkrɪstɪ] *n церк.* пра́здник те́ла Христо́ва

**corpuscle** [ˈkɔ:pʌsl] *n* 1) части́ца, те́льце; корпу́скула; red (white) ~s *физиол.* кра́сные (бе́лые) кровяны́е ша́рики 2) *физ.* а́том; электро́н; корпу́скула

**corpuscular** [kɔ:ˈpʌskjulə] *a физ.* корпускуля́рный; а́томный

**corral** [kɔˈrɑ:l] 1. *n* 1) заго́н (*для скота*) 2) ла́герь, окружённый обо́зными пово́зками (*для заслона*)

2. *v* 1) загоня́ть в заго́н 2) окружа́ть ла́герь пово́зками 3) *разг.* присва́ивать

**correct** [kəˈrekt] 1. *a* 1) пра́вильный, ве́рный, то́чный 2) соотве́тствующий, подходя́щий (*о поведении, одежде*) ◇ the ~ card програ́мма спорти́вного состяза́ния

2. *v* 1) исправля́ть, поправля́ть, корректи́ровать; to ~ barometer reading to sea level вноси́ть в показа́ния баро́метра попра́вку на высоту́ да́нного ме́ста 2) де́лать замеча́ние, вы́говор; нака́зывать 3) нейтрализова́ть (*вредное влияние*) 4) регули́ровать 5) пра́вить (*корректуру*)

**correction** [kəˈrekʃən] *n* 1) исправле́ние, (по)пра́вка; to speak under ~ говори́ть, допуска́я возмо́жность оши́бки 2) наказа́ние 3) *эл.* корре́кция 4) *attr.*: ~ factor попра́вочный коэффицие́нт

**correctional** [kəˈrekʃənl] *a* исправи́тельный; C. Institutions исправи́тельные заведе́ния, тю́рьмы

**corrective** [kəˈrektɪv] 1. *a* 1) исправи́тельный 2) нейтрализу́ющий (*о лекарстве*)

2. *n* 1) корректи́в; попра́вка, измене́ние 2) *мед.* нейтрализу́ющее сре́дство

**correctly** [kəˈrektlɪ] *adv* 1) пра́вильно, ве́рно 2) корре́ктно, ве́жливо; to behave ~ вести́ себя́ корре́ктно

**corrector** [kəˈrektə] *n* 1) исправля́ющий; ~ of the press корре́ктор 2) кри́тик 3) нака́зывающий

**correlate** [ˈkɔrɪleɪt] 1. *n* корреля́т, соотноси́тельное поня́тие

2. *v* находи́ться в свя́зи, в определённом соотноше́нии; устана́вливать соотноше́ние (to, with)

**correlation** [ˌkɔrɪˈleɪʃən] *n* взаимосвя́зь, соотноше́ние; корреля́ция; взаимозави́симость

**correlative** [kɔˈrelətɪv] **1.** *a* 1) соотноси́тельный 2) корреляти́вный, па́рный

**2.** *n* 1) корреля́т 2) *лингв.* корреляти́вное сло́во; сло́во, обы́чно употребля́емое в па́ре с други́м (*напр.*, so — as, either — or)

**correspond** [ˌkɔrɪsˈpɔnd] *v* 1) соотве́тствовать (with, to); согласо́вываться 2) быть аналоги́чным (to) 3) перепи́сываться (with)

**correspondence** [ˌkɔrɪsˈpɔndəns] *n* 1) соотве́тствие 2) соотноше́ние; анало́гия 3) корреспонде́нция, перепи́ска; пи́сьма 4) *attr.*: ~ column столбе́ц в газе́те для пи́сем в реда́кцию; ~ courses зао́чные ку́рсы

**correspondent** [ˌkɔrɪsˈpɔndənt] **1.** *n* корреспонде́нт

**2.** *a редк.* согла́сный, в согла́сии, соотве́тственный (to, with)

**corresponding** [ˌkɔrɪsˈpɔndɪŋ] **1.** *pres. p. от* correspond

**2.** *a* 1) соотве́тственный 2) веду́щий перепи́ску

**corresponding member** [ˌkɔrɪsˈpɔndɪŋˈmembə] *n* член-корреспонде́нт (*академии наук и т. п.*)

**corridor** [ˈkɔrɪdɔː] *n* коридо́р

**corrigenda** [ˈkɔrɪˈdʒendə] *pl от* corrigendum

**corrigendum** [ˈkɔrɪˈdʒendəm] *лат. n* (*pl* -da) 1) опеча́тка 2) *pl* спи́сок опеча́ток

**corrigible** [ˈkɔrɪdʒəbl] *a* исправи́мый, поправи́мый

**corroborant** [kəˈrɔbərənt] **1.** *a* подтвержда́ющий; подкрепля́ющий

**2.** *n* 1) подтвержда́ющий факт 2) *мед.* тонизи́рующее, укрепля́ющее сре́дство

**corroborate** [kəˈrɔbəreɪt] *v* подтвержда́ть; подкрепля́ть (*теорию и т. п.*)

**corroborative** [kəˈrɔbərətɪv] **1.** *a* укрепля́ющий; подтвержда́ющий

**2.** *n мед.* укрепля́ющее сре́дство

**corroboratory** [kəˈrɔbərətərɪ] = corroborative 1

**corrode** [kəˈrəud] *v* 1) разъеда́ть (*тж. перен.*); вытравля́ть (*кислотой*) 2) ржа́веть; подверга́ться де́йствию корро́зии

**corrodent** [kəˈrəudənt] **1.** *n* разъеда́ющее вещество́

**2.** *a* разъеда́ющий; коррози́йный

**corrosion** [kəˈrəuʒən] *n* корро́зия; ржа́вление; разъеда́ние; окисле́ние

**corrosive** [kəˈrəusɪv] **1.** *a* е́дкий, разъеда́ющий; коррози́йный; ~ sublimate *хим.* сулема́

**2.** *n* е́дкое, разъеда́ющее вещество́

**corrugate** [ˈkɔrugeɪt] *v* 1) смо́рщивать(ся) 2) *тех.* де́лать волни́стым, гофриро́ванным, рифлёным

**corrugated** [ˈkɔrugeɪtɪd] **1.** *p. p. от* corrugate

**2.** *a* гофриро́ванный, рифлёный; ~ iron волни́стое *или* рифлёное желе́зо

**corrugation** [ˌkɔruˈgeɪʃən] *n* 1) скла́дка, морщи́на (*на лбу*) 2) вы́боина (*дороги*) 3) *тех.* смо́рщивание; рифле́ние; волни́стость

**corrupt** [kəˈrʌpt] **1.** *a* 1) испо́рченный; развращённый 2) испо́рченный (*о воздухе и т. п.*) 3) искажённый, недостове́рный (*о тексте*) 4) прода́жный; ~ practices взя́точничество, бесче́стные приёмы

**2.** *v* 1) по́ртить(ся), развраща́ть(-ся) 2) подкупа́ть 3) по́ртить, гнои́ть 4) гнить, разлага́ться 5) искажа́ть (*текст*) 6) *юр.* лиша́ть гражда́нских прав

**corruptibility** [kəˌrʌptəˈbɪlɪtɪ] *n* 1) прода́жность, подку́пность 2) подве́рженность по́рче

**corruptible** [kəˈrʌptəbl] *a* 1) по́ртящийся 2) подку́пный

**corruption** [kəˈrʌpʃən] *n* 1) по́рча; гние́ние; ~ of the body разложе́ние тру́па 2) извраще́ние; искаже́ние (*слова, текста*) 3) развраще́ние 4) разложе́ние (*моральное*); прода́жность, корру́пция

**corsage** [kɔːˈsɑːʒ] *фр. n* 1) корса́ж 2) *разг.* буке́т, прико́лотый к корса́жу

**corsair** [ˈkɔːsɛə] *n ист.* 1) пира́т, корса́р 2) ка́пер (*судно*)

**corse** [kɔːs] *n поэт. см.* corpse

**corselet** [ˈkɔːslɪt] *n* 1) *ист.* ла́ты 2) корсе́т

**corset** [ˈkɔːsɪt] *n* 1) корсе́т 2) (*часто pl*) гра́ция; по́яс

**corslet** [ˈkɔːslɪt] = corselet

**cortège** [kɔːˈteɪʒ] *фр. n* корте́ж, торже́ственное ше́ствие

**Cortes** [ˈkɔːtes] *n pl* корте́сы (*парламент в Испании, Португалии*)

**cortex** [ˈkɔːteks] *n* (*pl* -tices) 1) *бот.* кора́ 2) *анат.* кора́ головно́го мо́зга

**cortical** [ˈkɔːtɪkəl] *a* ко́рковый

**corticate** [ˈkɔːtɪkɪt] *a* покры́тый коро́й; ко́рковый; коркови́дный

**corticated** [ˈkɔːtɪkeɪtɪd] = corticate

**cortices** [ˈkɔːtɪsiːz] *pl от* cortex

**coruscate** [ˈkɔrəskeɪt] *v* сверка́ть; блиста́ть

**coruscation** [ˌkɔrəsˈkeɪʃən] *n* сверка́ние, блеск

**corvée** [ˈkɔːveɪ] *фр. n* 1) *ист.* ба́рщина 2) тяжёлая, поднево́льная рабо́та

**corvette** [kɔːˈvet] *n мор.* корве́т; сторожево́й кора́бль

**corvine** [ˈkɔːvaɪn] *a* воро́ний

**corymb** [ˈkɔrɪmb] *n бот.* щито́к

**corymbose** [kəˈrɪmbəus] *a бот.* щитови́дный

**coryphaei** [ˌkɔrɪˈfiːaɪ] *pl от* coryphaeus

**coryphaeus** [ˌkɔrɪˈfiːəs] *греч. n* (*pl* -phaei) корифе́й

**coryphée** [ˌkɔrɪˈfeɪ] *фр. n* корифе́йка (*в балете*)

**cos** [kɔs] *n бот.* сала́т ромэ́н (*тж.* C. lettuce)

**cosaque** [kɔˈzɑːk] *фр. n* хлопу́шка с конфе́той

**cose** [kəuz] *v* удо́бно, ую́тно расположи́ться, устро́иться

**cosecant** [ˈkəuˈsiːkənt] *n мат.* косе́канс

**coseismal** [kəuˈsaɪməl] *n геол.* сейсми́ческая крива́я (*тж.* ~ line, ~ curve)

**cosh** [kɔʃ] *n разг.* тяжёлая (полице́йская) дуби́нка, на́литая свинцо́м

**cosher I** [ˈkɔʃə] *v* балова́ть, не́жить

**cosher II** [ˈkɔʃə] *v ирл.* пирова́ть; жить на чужо́й счёт

**cosher III** [ˈkɔʃə] *v разг.* болта́ть, разгова́ривать за́просто

**co-signatory** [ˈkəuˈsɪgnətərɪ] *n юр.* лицо́ *или* госуда́рство, подпи́сывающее соглаше́ние вме́сте с други́ми ли́цами *или* госуда́рствами

**cosily** [ˈkəuzɪlɪ] *adv* ую́тно

**cosine** [ˈkəusaɪn] *n мат.* ко́синус

**cosiness** [ˈkəuzɪnɪs] *n* ую́т, ую́тность

**cosmetic** [kɔzˈmetɪk] **1.** *a* космети́ческий

**2.** *n* косме́тика; космети́ческое сре́дство

**cosmetologist** [ˌkɔzmɪˈtɔlədʒɪst] *n* косметоло́г; космети́чка

**cosmetology** [ˌkɔzmɪˈtɔlədʒɪ] *n* косме́тика

**cosmic** [ˈkɔzmɪk] *a* 1) косми́ческий 2) огро́мный, всеобъе́млющий; ~ sadness мирова́я скорбь 3) *редк.* упоря́доченный, организо́ванный

**cosmodrome** [ˈkɔzmədrəum] *n* космодро́м

**cosmogony** [kɔzˈmɔgənɪ] *n* космого́ния

**cosmography** [kɔzˈmɔgrəfɪ] *n* космогра́фия

**cosmology** [kɔzˈmɔlədʒɪ] *n* космоло́гия

**cosmonaut** [ˈkɔzmənɔːt] *n* космона́вт

**cosmonautics** [ˌkɔzməˈnɔːtɪks] *n* космона́втика

**cosmopolitan** [ˌkɔzməuˈpɔlɪtən] **1.** *n* космополи́т

**2.** *a* космополити́ческий

**cosmopolitanism** [ˌkɔzməˈpɔlɪtənɪzm] *n* космополити́зм

**cosmopolite** [kɔzˈmɔpəlaɪt] = cosmopolitan 1

**cosmopolitism** [ˌkɔzməˈpɔlɪtɪzm] = cosmopolitanism

**cosmos** [ˈkɔzmɔs] *греч. n* 1) ко́смос, вселе́нная 2) упоря́доченная систе́ма

**Cossack** [ˈkɔsæk] *русск. n* 1) каза́к 2) *attr.* каза́цкий

**cosset** [ˈkɔsɪt] **1.** *n* 1) люби́мый ягнёнок 2) люби́мец; ба́ловень

**2.** *v* балова́ть, ласка́ть, не́жить

**cost** [kɔst] **1.** *n* 1) цена́, сто́имость (*тж. перен.*); prime ~ фабри́чная себесто́имость; ~s of production изде́ржки произво́дства; ~ of living прожи́точный ми́нимум; ~ and freight *ком.* сто́имость и фрахт; ~, insurance and freight (*сокр.* c. i. f.) *ком.* сто́имость, страхова́ние, фрахт 2) расхо́д (*времени*); расхо́дование 3) *pl* суде́бные изде́ржки 4) *attr.*: ~ price себесто́имость; ~ accounting веде́ние отчётности; калькуля́ция сто́имости ◇ at any ~, at all ~s любо́й цено́й; во что́ бы то ни ста́ло; at the ~ of smth.

цено́ю чего́-л.; at one's ~ за чей-л. счёт; to count the ~ взве́сить все обстоя́тельства; to know (to learn) to one's own ~ знать (узна́ть) по го́рькому о́пыту

**2.** *v* (cost) 1) сто́ить, обходи́ться; it ~ him infinite labour э́то сто́ило ему́ огро́много труда́; it may ~ you your life э́то мо́жет сто́ить вам жи́зни 2) назнача́ть це́ну, расце́нивать (*товар*)

**costal** [ˈkɔstl] *a* рёберный

**co-star** [ˈkəuˈstɑ:] *v* 1) игра́ть гла́вную роль (*в фильме или пьесе*) в па́ре (*с кем-л.*) 2) (*о фильме*) име́ть в гла́вных роля́х двух «звёзд»

**costard** [ˈkʌstəd] *n название сорта крупных английских яблок*

**coster (monger)** [ˈkɔstə(ˌmʌŋgə)] *n* у́личный торго́вец фру́ктами, овоща́ми, ры́бой *и т. п.*

**costive** [ˈkɔstɪv] *a* 1) страда́ющий запо́ром 2) медли́тельный; не уме́ющий вы́разить слова́ми свои́ мы́сли и чу́вства 3) скупова́тый

**costless** [ˈkɔstlɪs] *a* дарово́й, ничего́ не сто́ящий

**costliness** [ˈkɔstlɪnɪs] *n* дорога́я цена́; дорогови́зна

**costly** [ˈkɔstlɪ] *a* 1) дорого́й, це́нный 2) пы́шный, роско́шный

**costume** [ˈkɔstju:m] **1.** *n* 1) оде́жда, пла́тье, костю́м 2) стиль в оде́жде, костю́м; English ~ of the XVIII century оде́жда англича́н XVIII ве́ка 3) костю́м (*дамский, для верховой езды и т. п.*) 4) *attr.*: ~ ball костюми́рованный бал, бал-маскара́д

**2.** *v* одева́ть; снабжа́ть оде́ждой

**costume piece** [ˈkɔstju:mˈpi:s] *n театр.* истори́ческая пье́са

**costumier** [kɔsˈtju:mɪə] *n* костюме́р; торго́вец театра́льными и маскара́дными костю́мами

**cosy** [ˈkəuzɪ] **1.** *a* ую́тный, удо́бный

**2.** *n* стёганый чехо́л (*для чайника*)

**cot I** [kɔt] *n* 1) де́тская крова́тка 2) ко́йка 3) лёгкая похо́дная крова́ть, раскладу́шка 4) *attr.*: ~ case *мед.* лежа́чий больно́й

**cot II** [kɔt] *n* 1) заго́н, хлев 2) *поэт.* хи́жина

**cot III** [kɔt] *сокр. от* cotangent

**cotangent** [ˈkəuˈtænd͡ʒənt] *n мат.* кота́нгенс

**cote** [kəut] *n* заго́н, хлев, овча́рня

**co-tenant** [ˈkəuˈtenənt] *n* соаренда́тор

**coterie** [ˈkəutərɪ] *n* 1) кружо́к (*литературный, артистический и т. п.*) 2) и́збранный, за́мкнутый круг

**cothurni** [kəuˈθə:naɪ] *pl от* cothurnus

**cothurnus** [kəuˈθə:nəs] *n* (*pl* =ni) 1) *др.-греч.* коту́рн 2) траге́дия 3) высокопа́рный стиль

**co-tidal** [kəuˈtaɪdl] *a*: ~ line котида́льная ли́ния (*соединяющая пункты одновременного прилива*)

**cotill(i)on** [kəˈtɪljən] *n* котильо́н (*танец*)

**cottage** [ˈkɔtɪd͡ʒ] *n* 1) котте́дж; *амер.* ле́тняя да́ча 2) изба́; хи́жина 3) *австрал.* одноэта́жный дом 4) *attr.*: ~ cheese прессо́ванный тво́ро́г; ~ hospital небольша́я се́льская больни́ца (*без живущих при ней врачей*); больни́ца, состоя́щая из не́скольких разбро́санных котте́джей; ~ piano небольшо́е пиани́но

**cottager** [ˈkɔtɪd͡ʒə] *n* 1) живу́щий в хи́жине, котте́дже 2) батра́к; крестья́нин [*см. тж.* cottar] 3) *амер.* да́чник

**cottar** [ˈkɔtə] *n* 1) *шотл.* батра́к (*живущий при ферме*) 2) *ирл. уст.* бедня́к-аренда́тор (*плативший ренту, установленную на публичных торгах*)

**cotter I** [ˈkɔtə] = cottar

**cotter II** [ˈkɔtə] *n тех.* 1) клин, чека́, шпо́нка 2) *attr.*: ~ bolt болт с чеко́й

**cottier** [ˈkɔtɪə] = cottar 2)

**cotton I** [ˈkɔtn] **1.** *n* 1) хло́пок; хлопча́тник 2) хлопча́тая бума́га; бума́жная ткань 3) *pl* оде́жда из бума́жной тка́ни 4) ни́тка; a needle and ~ иго́лка с ни́ткой 5) ва́та (*тж.* ~ wool)

**2.** *a* 1) хло́пковый 2) хлопчатобума́жный

**cotton II** [ˈkɔtn] *v* 1) согласова́ться; ужива́ться (together, with) 2) полюби́ть, привяза́ться (to); I don't ~ to him at all он мне совсе́м не по душе́ □ ~ **on** а) сдружи́ться (to — c); б) *разг.* понима́ть; ~ **up (to)** стара́ться расположи́ть к себе́

**cotton-cake** [ˈkɔtnkeɪk] *n* хло́пковый жмых

**cotton-gin** [ˈkɔtnd͡ʒɪn] *n текст.* волокноотдели́тель

**cotton-grass** [ˈkɔtngrɑ:s] *n бот.* пуши́ца

**cotton-grower** [ˈkɔtnˌgrəuə] *n* хлопково́д

**cotton-lord** [ˈkɔtnlɔ:d] *n* тексти́льный магна́т

**cotton-machine** [ˈkɔtnməˌʃi:n] *n* бумагопряди́льная маши́на

**cotton mill** [ˈkɔtnmɪl] *n* хлопкопряди́льная фа́брика

**cottonocracy** [ˌkɔtəˈnɔkrəsɪ] *n шутл.* магна́ты хло́пковой торго́вли и хлопчатобума́жной промы́шленности

**Cottonopolis** [ˌkɔtəˈnɔpəlɪs] *n шутл. г.* Манче́стер (*как центр хлопчатобумажной промышленности*)

**cotton-picker** [ˈkɔtnˌpɪkə] *n* 1) сбо́рщик хло́пка 2) хлопкоубо́рочная маши́на

**cotton-plant** [ˈkɔ:tnplɑ:nt] *n* хлопча́тник

**cotton-planter** [ˈkɔ:tnˌplɑ:ntə] *n* хлопково́д

**cotton-spinner** [ˈkɔ:tnˌspɪnə] *n* 1) хлопкопряди́льщик 2) владе́лец бумагопряди́льни

**cotton-tail** [ˈkɔtnteɪl] *n* америка́нский кро́лик

**cotton waste** [ˈkɔtnweɪst] *n текст.* 1) обти́рочный материа́л 2) уга́р

**cotton weed** [ˈkɔtnwi:d] = cudweed

**cotton wool** [ˈkɔtnˈwul] *n* 1) хло́пок-сыре́ц 2) ва́та

**cottony** [ˈkɔtnɪ] *a* 1) хло́пковы 2) пуши́стый, мя́гкий

**cotton yarn** [ˈkɔtnjɑ:n] *n* хлопчат бума́жная пря́жа

**cotyledon** [ˌkɔtɪˈli:dən] *n бот.* семя до́ля

**couch I** [kautʃ] **1.** *n* 1) куше́тка тахта́ 2) *поэт.* ло́же 3) ло́говищ берло́га; нора́ 4) *жив.* грунт, предва ри́тельный слой (*краски, лака на хол сте*)

**2.** *v* 1) (*тк. в р. р.*) ложи́ться 2) ле жа́ть, притаи́ться (*о зверях*) 3) изла га́ть, выража́ть, формули́ровать; th refusal was ~ed in polite terms отка́ был облечён в ве́жливую фо́рм 4) *мед.* удаля́ть катара́кту 5) взят наперевес, на́ руку (*копьё, пику*) 6) *с.-х.* прора́щивать (*семена и т. п.*

**couch II** [kautʃ] = couch-grass

**couchette** [ku:ˈʃet] *n* спа́льное мест (*в вагоне*)

**couch-grass** [ˈkautʃgrɑ:s] *n бот.* пы ре́й ползу́чий

**cougar** [ˈku:gə] *n зоол.* пу́ма, ку гуа́р

**cough** [kɔf] **1.** *n* ка́шель

**2.** *v* ка́шлять □ ~ **down** ка́шле заста́вить замолча́ть (*говорящего*) ~ **out** отха́ркивать; ~ **up** *разг.* а) = ~ out; б) сболтну́ть, проболта́тьс вы́дать (*что-л.*); в) вы́жать из се бя́

**cough-drop** [ˈkɔfdrɔp] *n* сре́дство о ка́шля

**cough-lozenge** [ˈkɔfˌlɔzɪnd͡ʒ] *n* таб ле́тки от ка́шля

**could** [kud (*полная форма*); kə (*редуцированная форма*)] *past* о can I

**coulee** [ˈku:leɪ] *n* 1) *геол.* отверде́ ший пото́к ла́вы 2) *амер.* глубо́кий ов ра́г; сухо́е ру́сло

**coulisse** [ku:ˈli:s] *фр. n* 1) *театр.* ку ли́са 2) *тех.* вы́емка, паз 3) *attr.*: ~ gossip закули́сные спле́тни

**couloir** [ˈku:lwɑ:] *фр. n* уще́лье

**coulomb** [ˈku:lɔm] *n эл.* куло́н

**coulter** [ˈkəultə] *n* реза́к, нож плу́ га

**council** [ˈkaunsl] *n* 1) сове́т; Worl Peace C. Всеми́рный Сове́т Ми́ра; Security C. Сове́т Безопа́сности; town ~ муниципалите́т, городско́й сове́т; ~ о war вое́нный сове́т (*тж. перен.*) 2) со веща́ние; ~ of physicians конси́лиу враче́й 3) церко́вный собо́р 4) *библ* синедрио́н

**council-board** [ˈkaunslbɔ:d] *n* 1) за седа́ние сове́та 2) стол, за кото́ры происхо́дит заседа́ние сове́та

**councillor** [ˈkaunsɪlə] *n* член сове́та; сове́тник

**councilman** [ˈkaunslmən] *n амер* член сове́та (*особ. муниципального*)

**counsel** [ˈkaunsəl] **1.** *n* 1) обсужде́ние, совеща́ние; to take ~ with сове ща́ться с 2) сове́т; to give good ~ дать хоро́ший сове́т 3) наме́рение пла́ны; to keep one's own ~ пома́лки вать; держа́ть в секре́те 4) адвока́т юриско́нсульт; гру́ппа адвока́тов (

*каком-л. деле, процессе*); King's (*или* Queen's) C. королевский адвокат (*по назначению правительства*)

**2.** *v* давать совет; рекомендовать

**counsellor** ['kaunslə] *n* 1) советник 2) *амер., ирл.* адвокат

**count** I [kaunt] **1.** *n* 1) счёт, подсчёт; to keep ~ вести счёт, учёт, подсчёт; to lose ~ потерять счёт 2) сосчитанное число; итог 3) *юр.* любой пункт обвинительного акта, достаточный для возбуждения дела 4) *физ.* одиночный импульс 5) *текст.* номер пряжи (*тж.* ~ of yarn)

**2.** *v* 1) считать, подсчитывать, пересчитывать; it can be ~ed on one hand по пальцам можно сосчитать 2) принимать во внимание, считать; there are ten of us ~ing the children вместе с детьми нас десять (человек) 3) полагать, считать 4) иметь значение; идти в расчёт; that does not ~ это не считается, не идёт в расчёт; every little ~s всякий пустяк имеет значение; he does not ~ с ним не стоит считаться □ ~ **for** стоить; иметь значение; to ~ for much (little) иметь большое (малое) значение; to ~ for nothing не идти в счёт; не иметь никакого значения; ~ **in** включать; ~ **on** рассчитывать на *что-л.*, на *кого-л.*; ~ **out** а) опускать, пропускать; б) исключить, не считать, не принимать во внимание; в) *парл.* отложить заседание из-за отсутствия кворума; г) *амер.* производить неверный подсчёт избирателей; д) *спорт.* объявить боксёра нокаутированным; ~ **upon** = ~ on

**count** II [kaunt] *n* граф (*не английский*)

**countable** ['kauntəbl] *a* исчислимый, исчисляемый

**countdown** ['kauntdaun] *n* 1) отсчёт времени в обратном порядке 2) (от-) счёт времени перед запуском (*ракеты и т. п.*); счёт времени готовности (*ракеты и т. п.*)

**countenance** ['kauntɪnəns] **1.** *n* 1) выражение лица; лицо; to change one's ~ измениться в лице; to keep one's ~ а) не показывать вида; б) удерживаться от смеха 2) спокойствие, самообладание; to lose ~ потерять самообладание; to put smb. out of ~ смутить кого-л.; привести кого-либо в замешательство 3) сочувственный взгляд; проявление сочувствия; моральная поддержка, поощрение; to lend (*или* to give) one's ~ оказать моральную поддержку; подбодрить

**2.** *v* 1) одобрять, санкционировать, разрешать 2) морально поддерживать, поощрять; относиться сочувственно

**counter** I ['kauntə] *v* прилавок; стойка; to serve behind the ~ служить в магазине

**counter** II ['kauntə] *n* 1) фишка, марка (*для счёта в играх*) 2) шашка (*в игре*) 3) *тех.* счётчик; тахометр

**counter** III ['kauntə] **1.** *n* 1) противное, обратное; as a ~ to smth. в противовес чему-л. 2) отражение удара; встречный удар, нанесённый одновременно с парированием удара противника 3) задник (*сапога*) 4) восьмёрка (*конькобежная фигура*) 5) холка; загривок 6) *мор.* кормовой подзор

**2.** *a* противоположный; обратный; встречный

**3.** *adv* обратно; в обратном направлении; напротив; to run ~ идти против

**4.** *v* 1) противостоять; противиться; противоречить; to ~ a claim опровергать утверждение 2) *спорт.* нанести встречный удар (*в боксе*)

**counter-** ['kauntə-] *pref* противо-, контр-

**counteract** [ˌkauntə'rækt] *v* 1) противодействовать 2) нейтрализовать

**counteraction** [ˌkauntə'rækʃən] *n* 1) противодействие 2) нейтрализация 3) *юр.* встречный иск

**counteractive** [ˌkauntə'ræktɪv] *a* 1) противодействующий 2) нейтрализующий

**counter-attack** ['kauntərəˌtæk] **1.** *n* контратака, контрнаступление

**2.** *v* контратаковать

**counter-attraction** ['kauntərəˌtrækʃən] *n* 1) обратное притяжение 2) отвлекающее средство

**counterbalance 1.** *n* ['kauntəˌbæləns] противовес

**2.** *v* [ˌkauntə'bæləns] уравновешивать, служить противовесом

**counterblast** ['kauntəblɑ:st] *n* 1) встречный порыв ветра 2) контрмера; энергичный протест (*против чего-л.*) 3) контробвинение

**counterblow** ['kauntəbləu] *n* встречный удар, контрудар

**countercharge** ['kauntətʃɑ:dʒ] **1.** *n* встречное обвинение

**2.** *v* предъявлять встречное обвинение

**countercheck** ['kauntətʃek] *n* противодействие; препятствие

**counter-claim** ['kauntəkleɪm] **1.** *n* встречный иск, контрпретензия

**2.** *v* предъявлять встречный иск

**counter-clockwise** ['kauntə'klɔkwaɪz] *adv* против (движения) часовой стрелки

**counter-espionage** ['kauntərˌespɪə'nɑ:ʒ] *n* контрразведка

**counterfeit** ['kauntəfɪt] **1.** *n* 1) подделка 2) обманщик; подставное лицо

**2.** *a* 1) поддельный, подложный; фальшивый 2) притворный; ~ grief притворное горе

**3.** *v* 1) подделывать 2) притворяться; обманывать 3) подражать; быть похожим

**counterfoil** ['kauntəfɔɪl] *n* корешок чека, квитанции, билета *и т. п.*

**counterfort** ['kauntəfɔ:t] *n* *стр.* контрфорс, подпорка

**counter-intelligence** ['kauntərɪnˌtelɪdʒəns] *n* контрразведка

**counter-irritant** ['kauntəˌɪrɪtənt] *n* *мед.* оттягивающее *или* отвлекающее средство

**counter-jumper** ['kauntəˈdʒʌmpə] *разг. пренебр. см.* counterman

**counterman** ['kauntəmən] *n* продавец, приказчик

**countermand** [ˌkauntə'mɑ:nd] **1.** *n* контрприказ; приказ в отмену прежнего приказа

**2.** *v* 1) отменять приказ(ание) *или* заказ 2) отзывать (*лицо, воинскую часть*)

**countermarch** ['kauntəmɑ:tʃ] **1.** *n* *воен.* контрмарш

**2.** *v* возвращаться обратно *или* в обратном порядке

**countermark** ['kauntəmɑ:k] *n* контрольное *или* пробирное клеймо

**counter-measure** ['kauntəˌmeʒə] *n* контрмера

**countermine 1.** *n* ['kauntəmaɪn] контрмина

**2.** *v* [ˌkauntə'maɪn] 1) закладывать контрмины 2) расстраивать происки

**counter-offensive** ['kauntərəˌfensɪv] *n* *воен.* контрнаступление

**counterpane** ['kauntəpeɪn] *n* стёганое покрывало (*на кровати*)

**counterpart** ['kauntəpɑ:t] *n* 1) копия; дубликат 2) двойник 3) что-л. (*человек или вещь*), дополняющее другое, хорошо сочетающееся с другим 4) *юр.* противная сторона (*в процессе*)

**counterplot** ['kauntəplɔt] **1.** *n* контрзаговор

**2.** *v* организовать контрзаговор

**counterpoint** ['kauntəpɔɪnt] *n* *муз.* контрапункт

**counterpoise** ['kauntəpɔɪz] **1.** *n* 1) противовес 2) равновесие

**2.** *v* уравновешивать

**counter-revolution** ['kauntəˌrevə'lu:ʃən] *n* контрреволюция

**counter-revolutionary** ['kauntəˌrevə'lu:ʃnərɪ] **1.** *n* контрреволюционер

**2.** *a* контрреволюционный

**counterscarp** ['kauntəskɑ:p] *n* *воен.* контрэскарп

**countershaft** ['kauntəʃɑ:ft] *n* *тех.* контрпривод, промежуточный вал

**countersign** ['kauntəsaɪn] **1.** *n* 1) *воен.* пароль 2) скрепа, контрассигнация

**2.** *v* скреплять (*документ*) подписью, ставить вторую подпись

**countersink** ['kauntəsɪŋk] *тех.* **1.** *n* зенковка, конический зенкер

**2.** *v* зенковать

**countervail** ['kauntəveɪl] *v* компенсировать; уравновешивать

**countervailing duty** ['kauntəˌveɪlɪŋ'dju:tɪ] *n* *эк.* компенсационная пошлина

**counterweigh** [ˌkauntə'weɪ] *v* уравновешивать

**counterweight** ['kauntəweɪt] *n* противовес, контргруз

**counterwork 1.** *n* ['kauntəwə:k] противодействие

**2.** *v* [ˌkauntəˈwəːk] противодействовать; расстраивать (*планы*)

**countess** [ˈkauntɪs] *n* графиня

**counting-house** [ˈkauntɪŋhaus] *n* 1) контора 2) бухгалтерия

**counting-room** [ˈkauntɪŋrum] *амер.* = counting-house

**countless** [ˈkauntlɪs] *a* несчётный, бесчисленный, неисчислимый

**countrified** [ˈkʌntrɪfaɪd] *a* имеющий деревенский вид

**country** [ˈkʌntrɪ] *n* 1) страна 2) родина, отечество (*тж.* old ~); to leave the ~ уехать за границу 3) деревня (*в противоположность городу*); сельская местность; in the ~ за городом; в деревне; на даче; in the open ~ на лоне природы 4) периферия, провинция 5) местность; территория 6) ландшафт 7) область, сфера; this subject is quite unknown ~ to me этот вопрос — чуждая мне область 8) жители страны, население 9) *attr.* сельский; деревенский ◇ to appeal (*или* to go) to the ~ распустить парламент и назначить новые выборы

**country cousin** [ˈkʌntrɪˌkʌzn] *n* 1) родственник из провинции 2) провинциал, впервые увидевший город

**country dance** [ˈkʌntrɪdɑːns] *n* контрданс (*танец*)

**countryfolk** [ˈkʌntrɪfəuk] *n pl* сельские жители

**country-house** [ˈkʌntrɪˈhaus] *n* 1) помещичий дом 2) загородный дом, дача

**countryman** [ˈkʌntrɪmən] *n* 1) соотечественник, земляк 2) крестьянин, сельский житель

**country party** [ˈkʌntrɪˈpɑːtɪ] *n* аграрная партия

**country-seat** [ˈkʌntrɪˈsiːt] *n* поместье; имение

**country-side** [ˈkʌntrɪsaɪd] *n* 1) сельская местность; округа 2) местное сельское население

**country town** [ˈkʌntrɪˈtaun] *n* провинциальный город

**countrywoman** [ˈkʌntrɪˌwumən] *n* 1) соотечественница, землячка 2) крестьянка, сельская жительница

**county** [ˈkauntɪ] *n* 1) графство (*административная единица в Англии*); округ (*в США*) 2) жители графства *или* округа 3) *attr.* относящийся к графству *или* округу; окружной; ~ borough город с населением свыше 50 тысяч, административно выделенный в самостоятельную единицу; ~ council совет графства *или* округа; ~ court местный суд графства *или* округа; ~ town (*или* seat) главный город графства *или* округа

**coup** [kuː] *фр. n* удачный ход; удача в делах

**coup de grâce** [ˈkuːdəˈgrɑːs] *фр. n* завершающий смертельный удар

**coup d'état** [ˈkuːdeɪˈtɑː] *фр. n* государственный переворот

**coupé** [ˈkuːpeɪ] *фр. n* 1) двухместная карета 2) двухместный закрытый автомобиль 3) *ж.-д.* двухместное купе

**couple** [ˈkʌpl] **1.** *n* 1) два, пара; lend me a ~ of pencils дай мне пару карандашей 2) чета, пара 3) свора 4) пара борзых на своре *или* гончих на смычке 5) *тех.* пара сил 6) *эл.* элемент ◇ to hunt in ~s быть неразлучными

**2.** *v* 1) соединять 2) связывать, ассоциировать 3) пожениться 4) спариваться 5) *ж.-д.* сцеплять

**coupler** [ˈkʌplə] *n* 1) сцепщик 2) *тех.* сцепка; соединительный прибор; сцепляющая муфта 3) *радио* устройство связи

**couplet** [ˈkʌplɪt] *n* рифмованное двустишие

**coupling** [ˈkʌplɪŋ] **1.** *pres. p.* от couple 2

**2.** *n* 1) соединение; стыковка (*космических кораблей*) 2) совокупление; спаривание 3) *тех.* муфта; сцепление; сопряжение 4) *радио* связь

**coupon** [ˈkuːpɔn] *n* 1) купон; талон (*продовольственной или промтоварной карточки*) 2) *полит.* санкция лидера партии кандидату от партии на выборах

**courage** [ˈkʌrɪdʒ] *n* храбрость, смелость, отвага, мужество; to muster (*или* to pluck) (up) ~ отважиться, набраться храбрости; to lose ~ испугаться; to have the ~ of one's convictions (*или* opinions) иметь мужество поступать согласно своим убеждениям ◇ Dutch ~ смелость во хмелю

**courageous** [kəˈreɪdʒəs] *a* смелый, отважный, храбрый

**courier** [ˈkurɪə] *n* 1) курьер, нарочный, посыльный 2) агент

**course** [kɔːs] **1.** *n* 1) курс, направление 2) ход; течение; ~ of events ход событий; in the ~ of a year в течение года; the ~ of nature естественный, нормальный порядок вещей 3) течение (*реки*) 4) порядок; очередь, постепенность; in ~ по очереди, по порядку; in due ~ а) своевременно; б) должным образом 5) линия поведения, действия 6) курс (*лекций, обучения, лечения*) 7) блюдо; a dinner of three ~s обед из трёх блюд 8): ~ of exchange валютный курс 9) скаковой круг 10) *стр.* горизонтальный ряд кладки 11) *мор.* нижний прямой парус 12) *геол.* простирание залежи; пласт (*угля*), жила 13) *pl физиол.* менструация ◇ a matter of ~ нечто само собой разумеющееся; of ~ конечно

**2.** *v* 1) преследовать, гнаться по пятам 2) гнаться за дичью (*о гончих*); охотиться с гончими 3) бежать, течь 4) *горн.* проветривать

**courser** [ˈkɔːsə] *n* 1) рысак 2) *поэт.* (боевой) конь

**court** [kɔːt] **1.** *n* 1) двор 2) двор (*короля и т. п.*); to hold a ~ устраивать приём при дворе 3) суд; *амер. тж.* судья, судьи; Supreme C. Верховный суд; ~ of justice суд; C. of Appeal апелляционный суд; to be out of ~ потерять право на иск; *перен.* потерять силу; this book is now out of ~ эта книга теперь устарела 4) *амер.* правление (*предприятия*) 5) площадка для игр; корт 6) ухаживание; to make (*или* to pay) ~ to smb. ухаживать за кем-л.

**2.** *v* 1) ухаживать; искать расположения, популярности 2) льстить 3) добиваться; to ~ applause стремиться сорвать аплодисменты 4) соблазнять (into, to, from) ◇ to ~ disaster накликать несчастье

**court-card** [ˈkɔːtkɑːd] *n* фигурная карта в колоде

**courteous** [ˈkəːtjəs] *a* вежливый, учтивый, обходительный

**courtesan** [ˌkɔːtɪˈzæn] *n* куртизанка

**courtesy** [ˈkəːtɪsɪ] *n* учтивость, обходительность, вежливость; правила вежливости, этикет; by (the) ~ of... благодаря любезности..; as a matter of ~ в порядке любезности ◇ ~ title титул, носимый по обычаю, а не по закону (*напр.*, honourable); ~ of the port освобождение от таможенного осмотра багажа

**courtezan** [ˌkɔːtɪˈzæn] = courtesan

**court-house** [ˈkɔːtˈhaus] *n* 1) здание суда 2) здание, в котором помещаются местные органы управления (*в графстве или округе*)

**courtier** [ˈkɔːtjə] *n* 1) придворный 2) льстец

**courtliness** [ˈkɔːtlɪnɪs] *n* 1) вежливость, учтивость 2) изысканность 3) льстивость

**courtly** [ˈkɔːtlɪ] *a* 1) вежливый 2) изысканный 3) льстивый

**court martial** [ˈkɔːtˈmɑːʃəl] *n* (*pl* courts martial) военный суд, трибунал

**court-martial** [ˈkɔːtˈmɑːʃəl] *v* судить военным судом

**court plaster** [ˈkɔːtˈplɑːstə] *n* лейкопластырь

**courtship** [ˈkɔːtʃɪp] *n* ухаживание

**courts martial** [ˈkɔːtsˈmɑːʃəl] *pl* от court martial

**courtyard** [ˈkɔːtjɑːd] *n* внутренний двор

**cousin** [ˈkʌzn] *n* 1) двоюродный брат, кузен; двоюродная сестра, кузина (*тж.* first ~, ~ german); second ~ троюродный брат; троюродная сестра; first ~ once removed ребёнок двоюродного брата *или* двоюродной сестры 2) родственник; to call ~ (*или* ~s) with smb. считать кого-л. роднёй, претендовать на родство с кем-л. 3) титул, применяемый лицом королевского рода в обращении к другому лицу королевского рода в своей стране ◇ forty-second ~ дальний родственник; ~ Betty слабоумный (человек)

**cove I** [kəuv] **1.** *n* 1) бухточка; убежище среди скал 2) *стр.* свод; выкружка

**2.** *v стр.* сооружать свод

**cove II** [kəuv] *n разг.* парень, малый

**coven** [ˈkʌvən] *n шотл.* сбо́рище; ша́баш ведьм

**covenant** [ˈkʌvənənt] **1.** *n* 1) соглаше́ние, договорённость 2) *юр.* догово́р; отде́льная статья́ догово́ра; C. of the League of Nations *ист.* статья́ Верса́льского догово́ра об учрежде́нии Ли́ги на́ций 3) *библ.* заве́т; the books of the Old and the New C. кни́ги Ве́тхого и Но́вого заве́та; land of the C. «земля́ обетова́нная»

**2.** *v* заключа́ть соглаше́ние

**covenanted** [ˈkʌvənəntɪd] **1.** *p. p. от* covenant 2

**2.** *a* свя́занный догово́ром

**coventrate** [ˈkɔvəntreɪt] *v* подверга́ть разруши́тельной бомбардиро́вке с во́здуха

**coventrize** [ˈkɔvəntraɪz] = coventrate

**cover** [ˈkʌvə] **1.** *n* 1) (по)кры́шка; обёртка; чехо́л; покрыва́ло; футля́р, колпа́к 2) конве́рт; under the same ~ в том же конве́рте 3) обло́жка, переплёт, кры́шка переплёта; to read from ~ to ~ проче́сть от ко́рки до ко́рки (*о книге*) 4) убе́жище, укры́тие; прикры́тие; засло́н; under ~ в укры́тии, под защи́той [*ср. тж.* 5) *и* 7)]; to take ~ укры́ться 5) ши́рма; предло́г; отгово́рка; личи́на, ма́ска; under ~ of friendship под личи́ной дру́жбы [*ср. тж.* 4) *и* 7)] 6) обши́вка 7) покро́в; under ~ of darkness под покро́вом темноты́ [*ср. тж.* 4) *и* 5)] 8) *ком.* гаранти́йный фонд 9) прибо́р (*обеденный*) 10) = cover-point

**2.** *v* 1) закрыва́ть; покрыва́ть; накрыва́ть; прикрыва́ть; перекрыва́ть; to ~ a wall with paper окле́ивать сте́ну обо́ями; to ~ one's face with one's hands закры́ть лицо́ рука́ми; to ~ the retreat прикрыва́ть отступле́ние; to ~ one's tracks замета́ть свои́ следы́ 2) укрыва́ть, огражда́ть, защища́ть; he ~ed his friend from the blow with his own body он свои́м те́лом закры́л дру́га от уда́ра 3) скрыва́ть; to ~ one's confusion (annoyance) что́бы скрыть (*или* не показа́ть) своё смуще́ние (доса́ду) 4) охва́тывать; относи́ться (*к чему-л.*); the book ~s the whole subject кни́га даёт исче́рпывающие све́дения по всему́ предме́ту 5) расстила́ться; распространя́ться; the city ~s ten square miles го́род занима́ет де́сять квадра́тных миль 6) преодолева́ть, проходи́ть (*какое-л. расстояние*); *спорт.* пройти́ (*дистанцию*) 7) дава́ть материа́л, отчёт (*для прессы*) 8) разреша́ть, предусма́тривать; the circumstances are ~ed by this clause обстоя́тельства предусмо́трены э́тим пу́нктом 9) покрыва́ть (*кобылу и т. п.*) 10) сиде́ть (*на яйцах*) 11) це́литься (*из ружья и т. п.*); держа́ть под угро́зой □ ~ in а) закры́ть; б) заброса́ть землёй (*могилу*); ~ **over** скрыть, прикры́ть; ~ **up** спря́тать, тща́тельно прикры́ть

**coverage** [ˈkʌvərɪdʒ] *n* 1) охва́т 2) зо́на де́йствия 3) освеще́ние в печа́ти, по ра́дио *и т. п.*

**coverall(s)** [ˈkʌvərɔːl(z)] *n* (*pl*) рабо́чий комбинезо́н, спецоде́жда

**cove-crop** [ˈkʌvəkrɔp] *n с.-х.* покро́вная культу́ра

**covered** [ˈkʌvəd] **1.** *p. p. от* cover 2

**2.** *a* 1) (за)кры́тый; укры́тый, защищённый 2) в шля́пе; pray be ~ пожа́луйста, наде́нь(те) шля́пу; to remain ~ не снима́ть шля́пы

**cover girl** [ˈkʌvəˈgəːl] *n* хоро́шенькая де́вушка, изображе́ние кото́рой помеща́ют на обло́жке журна́ла; журна́льная красо́тка

**covering** [ˈkʌvərɪŋ] **1.** *pres. p. от* cover 2

**2.** *n* 1) покры́шка, чехо́л; оболо́чка; покро́в 2) обши́вка; облицо́вка 3) насти́л, покры́тие 4) засы́пка

**3.** *a* 1) сопроводи́тельный; ~ letter сопроводи́тельное письмо́; ~ note сопроводи́тельная запи́ска 2) *воен.*: ~ party прикры́тие; ~ sergeant замыка́ющий сержа́нт

**coverlet** [ˈkʌvəlɪt] *n* покрыва́ло; одея́ло

**coverlid** [ˈkʌvəlɪd] = coverlet

**cover-point** [ˈkʌvəˈpɔɪnt] *n спорт.* 1) защи́тник (*в крикете*) 2) ме́сто защи́тника (*в крикете*)

**covert 1.** *n* [ˈkʌvə] 1) убе́жище для дичи (*лес, чаща*) 2) *текст.* коверко́т (*тж.* ~ cloth) 3) *pl* опере́ние

**2.** *a* [ˈkʌvət] скры́тый, завуали́рованный, та́йный; ~ glance взгляд укра́дкой

**coverture** [ˈkʌvətjuə] *n* 1) укры́тие, убе́жище 2) *юр.* ста́тус заму́жней же́нщины

**cover-up** [ˈkʌvərˈʌp] *n* 1) прикры́тие; «дымова́я заве́са» 2) предло́г

**covet** [ˈkʌvɪt] *v* жа́ждать, домога́ться (*чужого, недоступного*)

**covetous** [ˈkʌvɪtəs] *a* 1) жа́дный, а́лчный (of) 2) скупо́й 3) зави́стливый

**covey I** [ˈkʌvɪ] *n* 1) вы́водок, ста́я (*особ. куропаток*); to spring a ~ вспугну́ть ста́ю 2) *шутл.* ста́йка, гру́ппа (*особ. детей, женщин*)

**covey II** [ˈkəuvɪ] = cove II

**cow I** [kau] *n* 1) (*pl* -s [-z], *уст. тж.* kine) коро́ва 2) са́мка слона́, носоро́га, кита́, тюле́ня *и т. д.* ◇ till the ~s come home ≅ по́сле до́ждичка в четве́рг

**cow II** [kau] *v* запу́гивать, терроризи́ровать; усмиря́ть

**coward** [ˈkauəd] **1.** *n* трус

**2.** *a* 1) трусли́вый 2) ро́бкий; малоду́шный

**cowardice** [ˈkauədɪs] *n* 1) тру́сость 2) малоду́шие; ро́бость

**cowardly** [ˈkauədlɪ] **1.** *a* трусли́вый; малоду́шный

**2.** *adv редк.* трусли́во

**cowberry** [ˈkaubərɪ] *n* брусни́ка

**cow-boy** [ˈkaubɔɪ] *n амер.* ковбо́й

**cow-catcher** [ˈkauˌkætʃə] *n амер. ж.-д.* скотосбра́сыватель (*на паровозе*)

**cower** [ˈkauə] *v* сжима́ться, съёживаться (*от страха, холода*)

**cow-fish** [ˈkaufɪʃ] *n* 1) морска́я коро́ва 2) се́рый дельфи́н

**cow-heel** [ˈkauhiːl] *n* говя́жий сту́день (*из ножек*)

**cowherd** [ˈkauhəːd] *n* 1) пасту́х 2) ско́тник

**cow-hide** [ˈkauhaɪd] **1.** *n* 1) воло́вья ко́жа 2) *амер.* плеть из воло́вьей ко́жи

**2.** *v* стега́ть ремнём

**cow-house** [ˈkauhaus] *n* хлев

**cowl** [kaul] *n* 1) ря́са, сута́на с капюшо́ном; капюшо́н 2) зонт над дымово́й трубо́й 3) капо́т дви́гателя 4) *ав.* обтека́тель

**cow-leech** [ˈkauliːtʃ] *n разг.* ветерина́р

**cowlick** [ˈkaulɪk] *n* вихо́р, чуб

**cowling** [ˈkaulɪŋ] *n ав.* капо́т дви́гателя, обтека́тель

**cowman** [ˈkaumən] *n* 1) рабо́чий на фе́рме 2) *амер.* скотопромы́шленник

**cow-pox** [ˈkaupɔks] *n мед.* коро́вья о́спа

**cow-puncher** [ˈkauˌpʌntʃə] *n амер. разг.* ковбо́й

**cowrie, cowry** [ˈkaurɪ] *n* ка́ури (*раковина, заменяющая деньги в некоторых частях Азии и Африки*)

**cowshed** [ˈkauʃed] *n* хлев, коро́вник

**cowslip** [ˈkauslɪp] *n бот.* 1) первоцве́т и́стинный *или* апте́чный 2) *амер.* калу́жница боло́тная

**cox** [kɔks] *сокр. разг. от* coxswain

**coxcomb** [ˈkɔkskəum] *n* самодово́льный хлыщ, фат

**coxcombical** [ˈkɔksˌkəumɪkl] *a* фатова́тый, самодово́льный

**coxcombry** [ˈkɔksˌkəumrɪ] *n* самодово́льство, фатовство́

**coxswain** [ˈkɔksweɪn, ˈkɔksn] *n* 1) старшина́ шлю́пки 2) рулево́й

**coxy** [ˈkɔksɪ] = cocksy

**coy** [kɔɪ] *a* 1) засте́нчивый, скро́мный 2) уединённый

**coyote** [ˈkɔɪəut] *n зоол.* лугово́й волк, койо́т

**coyoting** [ˈkɔɪəutɪŋ] *n разг.* хи́щническая разрабо́тка недр

**cozen** [ˈkʌzn] *v* надува́ть, моро́чить

**cozenage** [ˈkʌznɪdʒ] *n* обма́н, надува́тельство

**cozy** [ˈkəuzɪ] = cosy

**crab I** [kræb] *n* 1) ди́кое я́блоко 2) ди́кая я́блоня

**crab II** [kræb] **1.** *n* 1) *зоол.* краб 2) (C.) Рак (*созвездие и знак зодиака*) 3) *тех.* лебёдка, во́рот ◇ to catch a ~ ≅ «пойма́ть леща́»

**2.** *v* 1) цара́пать когтя́ми (*о хищной птице*) 2) *разг.* находи́ть недоста́тки, приди́рчиво критикова́ть 3) *мор., ав.* сноси́ться ве́тром

**crab III** [kræb] *n разг.* 1) неудо́бство; неуда́ча 2) раздражи́тельный, ворчли́вый челове́к

**crabbed 1.** [kræbd] *p. p. от* crab II, 2

**2.** [ˈkræbɪd] *a* 1) раздражи́тельный, ворчли́вый 2) тру́дно понима́емый; неразбо́рчивый (*о почерке*)

**crabber** [ˈkræbə] *n мор.* краболо́в

**crabby** [ˈkræbɪ] *a* раздражи́тельный

**crack** [kræk] **1.** *n* 1) треск; щёлканье (*хлыста*) 2) тре́щина; щель, рассе́лина; свищ 3) уда́р; затре́щина 4) кто-л. *или* что-л. замеча́тельное 5) лома́ющийся го́лос (*у мальчика*) 6) *амер. разг.* остро́та, шу́тка; саркасти́ческое замеча́ние

**2.** *a разг.* великоле́пный, первокла́ссный; знамени́тый

**3.** *v* 1) производи́ть треск, шум, вы́стрел; щёлкать (*хлыстом*) 2) дава́ть тре́щину, тре́скаться; раска́лывать(ся); коло́ть, расщепля́ть 3) лома́ться (*о голосе*) 4) *тех.* подверга́ть (*нефть*) кре́кингу □ ~ **down** сломи́ть (*сопротивление*); ~ **up** *разг.* а) превозноси́ть; реклами́ровать; б) разбива́ться (вдре́безги); разруша́ться; потерпе́ть ава́рию (*о самолёте*); вы́звать ава́рию (*самолёта*); в) старе́ть; слабе́ть (*от старости*) ◇ to ~ a bottle распи́ть, «раздави́ть» буты́лку (вина́); to ~ a joke отпусти́ть шу́тку; to ~ a smile улыбну́ться; to ~ a record *амер.* поста́вить *или* поби́ть реко́рд; to ~ a window распахну́ть окно́

**crackajack** [ˈkrækəʤæk] *разг.* **1.** *n* замеча́тельный, тала́нтливый челове́к

**2.** *a* замеча́тельный, тала́нтливый

**crack-brained** [ˈkrækbreɪnd] *a* 1) слабоу́мный, поме́шанный 2) бессмы́сленный, неразу́мный (*о поведении, поступке*)

**crackdown** [ˈkrækdaun] *n* примене́ние суро́вых мер, наступле́ние на демокра́тию, жесто́кое пресле́дование

**cracked** [krækt] **1.** *p. p. от* crack 3

**2.** *a* 1) тре́снувший 2) пошатну́вшийся (*о репутации, кредите*) 3) вы́живший из ума́; his brains are ~ он ненорма́льный 4) ре́зкий; надтре́снутый (*о голосе*)

**cracker** [ˈkrækə] *n* 1) шути́ха, хлопу́шка-конфе́та 2) *амер.* то́нкое сухо́е пече́нье, кре́кер 3) *pl* щипцы́ для оре́хов 4) *амер. прозвище белых бедняков в южных штатах США* 5) *жарг.* ложь 6) *тех.* дроби́лка

**cracking** [ˈkrækɪŋ] **1.** *pres. p. от* crack 3

**2.** *n тех.* кре́кинг

**crackjack** [ˈkrækʤæk] *n жарг.* ма́стер своего́ де́ла

**crack-jaw** [ˈkrækʤɔ:] *a разг.* с трудо́м вы́говариваемый (*о слове*)

**crackle** [ˈkrækl] **1.** *n* потре́скивание; треск; хруст

**2.** *v* потре́скивать; хрусте́ть

**crackling** [ˈkræklɪŋ] **1.** *pres. p. от* crackle 2

**2.** *n* 1) треск; хруст 2) поджа́ристая ко́рочка (*свинины*) 3) *pl* шква́рки

**cracknel** [ˈkræknl] *n* 1) сухо́е пече́нье 2) поджа́ристая свини́на 3) *pl* шква́рки

**crackpot** [ˈkrækpɔt] *n разг.* ненорма́льный, чо́кнутый

**cracksman** [ˈkræksmən] *n* взло́мщик

**cracky** [ˈkrækɪ] *a* 1) потре́скавшийся 2) легко́ тре́скающийся 3) *разг.* поме́шанный

**cradle** [ˈkreɪdl] **1.** *n* 1) колыбе́ль, лю́лька; from the ~ с колыбе́ли, прирождённый; from the ~ to the grave всю жизнь 2) нача́ло; исто́ки; младе́нчество; the ~ of civilization исто́ки цивилиза́ции 3) рыча́г (*телефона*); he dropped the receiver into its ~ он положи́л тру́бку 4) *тех.* ра́ма, опо́ра 5) *воен.* лю́лька (*орудия*) 6) *горн.* лото́к для промы́вки золотоно́сного песка́ 7) *мор.* спусковы́е сала́зки

**2.** *v* 1) кача́ть в лю́льке; убаю́кивать 2) воспи́тывать с са́мого ра́ннего де́тства 3) *горн.* промыва́ть (*золотой песок*)

**cradling** [ˈkreɪdlɪŋ] **1.** *pres. p. от* cradle 2

**2.** *n* 1) кача́ние в лю́льке 2) *стр.* ра́ма; кружа́ло

**craft** [krɑ:ft] *n* 1) ремесло́ 2) ло́вкость, уме́ние, иску́сство; сноро́вка 3) хи́трость, обма́н 4) (the C.) масо́нское бра́тство 5) су́дно; *собир.* суда́ вся́кого наименова́ния 6) самолёт(ы) 7) *attr.* цехово́й; ~ union а) профсою́з, организо́ванный по цехово́му при́нципу, цехово́й профсою́з; б) *ист.* ги́льдия

**craft-brother** [ˈkrɑ:ftˌbrʌðə] *n* това́рищ по ремеслу́

**craftily** [ˈkrɑ:ftɪlɪ] *adv* 1) хи́тро 2) обма́нным путём

**craftiness** [ˈkrɑ:ftɪnɪs] *n* хи́трость, лука́вство

**craftsman** [ˈkrɑ:ftsmən] *n* 1) ма́стер, реме́сленник 2) худо́жник, ма́стер

**craftsmanship** [ˈkrɑ:ftsmənʃɪp] *n* мастерство́

**crafty** [ˈkrɑ:ftɪ] *a* хи́трый, кова́рный

**crag** [kræg] *n* скала́, утёс

**craggy** [ˈkrægɪ] *a* 1) скали́стый, изоби́лующий ска́лами 2) круто́й, отве́сный

**cragsman** [ˈkrægzmən] *n* альпини́ст

**crake** [kreɪk] *n зоол.* коросте́ль, дерга́ч

**cram** [kræm] **1.** *n* 1) да́вка, толкотня́ 2) нахва́танные зна́ния 3) зубрёжка 4) *разг.* обма́н, мистифика́ция

**2.** *v* 1) впи́хивать, вти́скивать (into) 2) переполня́ть; the theatre was ~med теа́тр был наби́т битко́м 3) пи́чкать, отка́рмливать 4) наеда́ться 5) вбива́ть в го́лову; втолко́вывать; ната́скивать к экза́мену 6) на́спех зазу́бривать (*часто* ~ up) 7) *разг.* лгать

**crambo** [ˈkræmbəu] *n* 1) игра́ в подыска́ние рифм 2) *пренебр.* рифмоплётство 3) ри́фма ◇ dumb ~ шара́да-пантоми́ма

**cram-ful** [ˈkræmˈful] *a* наби́тый до отка́за

**crammer** [ˈkræmə] *n* 1) репети́тор, ната́скивающий к экза́мену 2) *разг.* ложь

**cramp** [kræmp] **1.** *n* 1) су́дорога, спазм 2) *pl амер.* ко́лики 3) *тех.* зажи́м, скоба́ 4) *горн.* цели́к

**2.** *v* 1) вызыва́ть су́дорогу, спа́змы 2) свя́зывать, стесня́ть (*движение*); меша́ть (*развитию*); су́живать 3) *тех.* скрепля́ть скобо́й

**cramped** [kræmpt] **1.** *p. p. от* cramp 2

**2.** *a* 1) страда́ющий от су́дорог 2) сти́снутый; стеснённый (*в пространстве*) 3) чрезме́рно сжа́тый (*о стиле*) 4) неразбо́рчивый (*о почерке*) 5) ограни́ченный (*об умственных способностях*)

**cramp-fish** [ˈkræmpfɪʃ] *n зоол.* электри́ческий скат

**cramp-iron** [ˈkræmpˌaɪən] = crampon 1)

**crampon** [ˈkræmpən] *n* 1) *тех.* желе́зный захва́т 2) *pl* шипы́ на подо́швах обу́ви *или* на подко́вах

**cranage** [ˈkreɪnɪʤ] *n* 1) по́льзование подъёмным кра́ном 2) пла́та за по́льзование кра́ном

**cranberry** [ˈkrænbərɪ] *n* клю́ква

**crane** [kreɪn] **1.** *n* 1) жура́вль 2) *тех.* (грузо)подъёмный кран 3) сифо́н

**2.** *v* 1) вытя́гивать ше́ю, что́бы лу́чше разгляде́ть (*часто* ~ out, ~ over, ~ down) 2) поднима́ть кра́ном 3) *разг.* остана́вливаться, колеба́ться пе́ред тру́дностями, опа́сностью (at)

**crane-fly** [ˈkreɪnflaɪ] *n зоол.* долгоно́жка

**crane's-bill** [ˈkreɪnzbɪl] *n бот.* гера́нь, жураве́льник

**crania** [ˈkreɪnjə] *pl от* cranium

**cranial** [ˈkreɪnjəl] *a* черепно́й

**craniometry** [ˌkreɪnɪˈɔmɪtrɪ] *n* измере́ние че́репа, краниоме́трия

**cranium** [ˈkreɪnjəm] *n* (*pl* -nia) че́реп

**crank I** [kræŋk] **1.** *n тех.* кривоши́п; коле́но; коле́нчатый рыча́г; заводна́я ру́чка, рукоя́тка

**2.** *v* 1) сгиба́ть 2) заводи́ть рукоя́тью

**crank II** [kræŋk] **1.** *n* 1) причу́дливый оборо́т (*речи*) 2) при́хоть, причу́да 3) челове́к с причу́дами

**2.** *a* 1) *см.* cranky 2) *мор.* ва́лкий

**crank case** [ˈkræŋkkeɪs] *n тех.* ка́ртер дви́гателя

**cranked** [kræŋkt] **1.** *p. p. от* crank I, 2

**2.** *a* коле́нчатый, изо́гнутый

**crankshaft** [ˈkræŋkʃɑ:ft] *n тех.* коле́нчатый вал

**crankweb** [ˈkræŋkweb] *n тех.* плечо́ кривоши́па

**cranky** [ˈkræŋkɪ] *a* 1) расша́танный, неиспра́вный (*о механизме*) 2) *разг.* сла́бый (*о здоровье*) 3) раздражённый, всем недово́льный; капри́зный; с причу́дами 4) эксцентри́чный 5) изви́листый, по́лный закоу́лков

**crannied** [ˈkrænɪd] *a* потре́скавшийся

**cranny** [ˈkrænɪ] *n* щель, тре́щина

**crap** [kræp] *n* 1) *диал.* греча́ха 2) *разг.* чепуха́ 3) *диал.* де́ньги ◇ to do (*или* to take) a ~ оправля́ться (*в уборной*)

**crape** [kreɪp] *n* 1) креп; *перен.* тра́ур 2) тра́урная повя́зка, повя́зка из кре́па

**craped** [kreɪpt] *a* 1) завитóй 2) одéтый в трáур 3) отдéланный крéпом

**craps** [kræps] *n амер.* азáртная игрá в кóсти ◇ ~! чёрт побери́!

**crapulence** [ˈkræpjuləns] *n* 1) похмéлье 2) пья́ный разгу́л

**crapulent** [ˈkræpjulənt] *a* 1) в состоя́нии похмéлья 2) предаю́щийся какóму-л. порóку (*распутству, пьянству, обжорству*)

**crapulous** [ˈkræpjuləs] = crapulent

**crapy** [ˈkreɪpɪ] *a* крéповый

**crash** I [kræʃ] **1.** *n* 1) грóхот; треск 2) си́льный удáр при падéнии, столкновéнии 3) авáрия, полóмка, крушéние 4) крах, банкрóтство

**2.** *adv* с грóхотом, с трéском

**3.** *v* 1) пáдать, ру́шиться с трéском, грóхотом (*часто* ~ through, ~ down); грохотáть; to ~ into smth. наскочи́ть на что-л. с трéском 2) разби́ть, разру́шить; вы́звать авáрию; to ~ a plane сбить самолёт 3) потерпéть авáрию, крушéние; разби́ться при падéнии 4) потерпéть крах 5) *амер. разг.* проникну́ть «зáйцем», без билéта *или* без приглашéния; to ~ a party яви́ться без приглашéния; to ~ the gate пройти́ в теáтр (на концéрт *и т. п.*) без билéта □ ~ in вторгáться

**crash** II [kræʃ] *n* сурóвое полотнó, холст

**crash-helmet** [ˈkræʃ,helmɪt] *n* защи́тный шлем лётчика, космонáвта, води́теля автомаши́ны *или* мотоцикли́ста

**crash-land** [ˈkræʃlænd] *v ав.* разби́ться при посáдке

**crash-landing** [ˈkræʃ,lændɪŋ] *n ав.* вы́нужденная авари́йная посáдка

**crashproof** [ˈkræʃpruːf] *a тех.* неломáющийся

**crash-test** [ˈkræʃtest] **1.** *n* авари́йное испытáние

**2.** *v* проводи́ть авари́йное испытáние

**crass** [kræs] *a* 1) гру́бый 2) полнéйший (*о невежестве и т. п.*)

**crassitude** [ˈkræsɪtjuːd] *n* крáйняя ту́пость, глу́пость

**cratch** [krætʃ] *n* корму́шка (*для кормления животных на открытом воздухе*)

**crate** [kreɪt] **1.** *n* 1) (деревя́нный) я́щик; упакóвочная клеть *или* корзи́на 2) рáма стекóльщика 3) *ав. жарг.* самолёт

**2.** *v* упакóвывать в клéти, корзи́ны

**crater** [ˈkreɪtə] *n* 1) крáтер (*вулкана*) 2) ворóнка (*от снаряда*) 3) *археол.* крáтер (*сосуд*)

**cravat** [krəˈvæt] *фр. n* гáлстук; шарф

**crave** [kreɪv] *v* 1) стрáстно желáть, жáждать (for) 2) проси́ть, умоля́ть 3) трéбовать (*об обстоятельствах*)

**craven** [ˈkreɪvən] **1.** *a* малоду́шный; трусли́вый; to cry ~ сдáться; стру́сить

**2.** *n* трус

**craving** [ˈkreɪvɪŋ] **1.** *pres. p. от* crave

**2.** *n* стрáстное желáние, стремлéние (for)

**craw** [krɔː] *n* зоб (*у птицы*)

**crawfish** [ˈkrɔːfɪʃ] **1.** *n* = crayfish

**2.** *v амер. разг.* идти́ на попя́тный

**crawl** [krɔːl] **1.** *v* 1) пóлзать; ползти́; to ~ about éле передвигáть нóги (*о больном*) 2) пресмыкáться 3) киш́еть (*насекомыми*; with) 4) чу́вствовать мурáшки по тéлу

**2.** *n* 1) пóлзание, мéдленное движéние; to go at a ~ ходи́ть, дви́гаться мéдленно 2) пресмыкáтельство 3) *спорт.* кроль (*стиль плавания*; *тж.* ~ stroke) 4) *гидр.* затóн, тóня

**crawler** [ˈkrɔːlə] *n* 1) пресмыкáющееся живóтное 2) низкопоклóнник 3) мéдленно éдущий извóзчик 4) *тех.* гу́сеничный ход 5) *pl* ползунки́ (*одежда для детей*) 6) *attr. тех.* гу́сеничный

**crawly** [ˈkrɔːlɪ] *a разг.* испы́тывающий ощущéние мурáшек по тéлу

**crayfish** [ˈkreɪfɪʃ] *n* 1) речнóй рак 2) лангу́ст(а), десятинóгий морскóй рак

**crayon** [ˈkreɪən] **1.** *n* 1) цветнóй карандáш; цветнóй мелóк; пастéль 2) рису́нок цветны́м карандашóм *или* мелкóм; рису́нок пастéлью 3) карандáш для бровéй 4) *эл.* у́голь в дуговóй лáмпе 5) *attr.* рисовáльный, для рисовáния; ~ paper рисовáльная бумáга

**2.** *v* рисовáть цветны́м карандашóм *или* мелкóм

**craze** [kreɪz] **1.** *n* 1) мáния; пункт помешáтельства 2) *разг.* мóда, повáльное увлечéние (for); to be the ~ быть в мóде, производи́ть фурóр 3) трéщина в глазу́ри

**2.** *v* (*обыкн. p. p.*) 1) своди́ть с умá 2) сходи́ть с умá 3) дéлать волосны́е трéщины на глазу́ри

**crazy** [ˈkreɪzɪ] *a* 1) сумасшéдший, безу́мный 2) *разг.* помéшанный (*на чём-л.*); си́льно увлечённый (about) 3) шáткий; развáливающийся 4) покры́тый трéщинами (*о глазури*) 5) сдéланный из кускóв различ́ной фóрмы; ~ quilt лоску́тное одея́ло; ~ bone = funny-bone

**creak** [kriːk] **1.** *n* скрип

**2.** *v* скрипéть

**creaky** [ˈkriːkɪ] *a* скрипу́чий

**cream** [kriːm] **1.** *n* 1) сли́вки; крем 2) что-л. отбóрное, сáмое лу́чшее; цвет (*чего-л.*); the ~ of the joke (*или* of the story) соль шу́тки (*или* расскáза); the ~ of society «сли́вки óбщества» 3) крем (*косметическое средство*) 4) пéна 5) *attr.* = cream-coloured 6) *attr.*: ~ freezer морóженица

**2.** *v* 1) отстáиваться 2) пéниться 3) снимáть сли́вки (*тж. перен.*) 4) прибавля́ть сли́вки (*в чай и т. п.*) 5) *кул.* смéшивать; to ~ butter and sugar till soft смешáть мáсло с сáхаром до однорóдной мáссы

**cream cheese** [ˈkriːmˈtʃiːz] *n* сли́вочный сыр

**cream-coloured** [ˈkriːm,kʌləd] *a* крéмового цвéта

**creamery** [ˈkriːmərɪ] *n* 1) маслобóйня; сыровáрня 2) молóчная

**cream-laid paper** [ˈkriːmleɪd,peɪpə] *n* бумáга верже́ крéмового цвéта

**cream of tartar** [ˈkriːməvˈtɑːtə] *n* ви́нный кáмень

**cream-wove paper** [ˈkriːmwəuv,peɪpə] *n* велéневая бумáга крéмового цвéта

**creamy** [ˈkriːmɪ] *a* 1) сли́вочный; жи́рный 2) крéмовый

**crease** [kriːs] **1.** *n* 1) склáдка; сгиб; заги́б; отутю́женная склáдка брюк 2) чертá, грани́ца (*в играх*) 3) конёк (*крыши*) 4) стáрое ру́сло реки́

**2.** *v* 1) мять(ся); this material ~s easily э́та матéрия легкó мнётся 2) утю́жить склáдки 3) загибáть, фальцевáть

**creasy** [ˈkriːsɪ] *a* смя́тый, морщи́нистый, лежáщий склáдками

**create** [kri(ː)ˈeɪt] *v* 1) твори́ть, создавáть 2) возводи́ть в звáние; he was ~d a baronet он получи́л ти́тул баронéта 3) вызывáть (*какое-л. чувство и т. п.*); производи́ть (*впечатление и т. п.*) 4) *разг.* сует́иться, волновáться; he is always creating about nothing он всегдá суети́тся без тóлку

**creation** [kri(ː)ˈeɪʃən] *n* 1) создáние; (со)творéние, созидáние 2) произведéние (*науки, искусства*) 3) мироздáние 4) возведéние в звáние

**creative** [kri(ː)ˈeɪtɪv] *a* твóрческий, созидáтельный; ~ personality твóрческая ли́чность

**creator** [kri(ː)ˈeɪtə] *n* 1) творéц, создáтель; áвтор 2) (the C.) бог

**creature** [ˈkriːtʃə] *n* 1) создáние, творéние 2) живóе существó 3) тварь 4) креату́ра, стáвленник 5) *шутл.* «зéлье», спиртны́е напи́тки ◇ ~ comforts а) земны́е блáга; б) *воен.* мéлкие предмéты ли́чного потреблéния (*папиросы и т. п.*)

**crèche** [kreɪʃ] *фр. n* дéтские я́сли

**credence** [ˈkriːdəns] *n* 1) вéра, довéрие; to give ~ to smb. повéрить комý-л.; letter of ~ рекомендáтельное письмó 2) жéртвенник (*в алтаре*; *тж.* ~ table)

**credent** [ˈkriːdənt] *a* довéрчивый

**credential** [krɪˈdenʃəl] *n* 1) мандáт; удостоверéние ли́чности; рекомендáция 2) *pl* вери́тельные грáмоты (*посла*) 3) *pl attr.* мандáтный

**credibility** [,kredɪˈbɪlɪtɪ] *n* 1) вероя́тность, правдоподóбие 2) довéрие

**credible** [ˈkredəbl] *a* вероя́тный; заслу́живающий довéрия

**credit** [ˈkredɪt] **1.** *n* 1) довéрие; вéра; to give ~ to smth. повéрить чемý-л. 2) хорóшая репутáция 3) похвалá, честь; to one's ~ к чьей-л. чéсти; the boy is a ~ to his family мáльчик дéлает честь своéй семьé; to do smb. ~ дéлать честь комý-л. 4) влия́ние; значéние; уважéние (of, for) 5) *амер.* зачёт; удостоверéние о прохождéнии какóго-л. кýрса в учéбном заведéнии 6) *фин.* креди́т; долг; сýмма, запи́санная на приход; правая сторона бухгалтерской книги; on ~ в долг; в кредит; to allow ~ предоставить кредит 7) *attr.*: ~ card кредитная карточка (*форма безналичного расчёта*); ~ worthiness кредитоспособность

2. *v* 1) доверять; верить 2) приписывать; to ~ smb. with good intentions приписывать кому-л. добрые намерения 3) *фин.* кредитовать

**creditable** [ˈkredɪtəbl] *a* похвальный, делающий честь (*кому-л.*)

**creditor** [ˈkredɪtə] *n* 1) кредитор 2) правая сторона бухгалтерской книги

**credo** [ˈkri:dəu] *лат. n* (*pl* -os [-əuz]) 1) убеждения, кредо 2) *церк.* символ веры

**credulity** [krɪˈdju:lɪtɪ] *n* легковерие, доверчивость

**credulous** [ˈkredjuləs] *a* легковерный, доверчивый

**creed** [kri:d] *n* 1) кредо, убеждения 2) вероучение; символ веры

**creek** [kri:k] *n* 1) бухта, залив; устье реки 2) *амер.* приток; небольшая река; ручей

**creel** [kri:l] *n* 1) корзина для рыбы 2) *текст.* рама для катушек

**creep** [kri:p] **1.** *v* (crept) 1) ползать; пресмыкаться 2) еле передвигать ноги (*о больном*) 3) стлаться, виться (*о ползучих растениях*) 4) пресмыкаться, раболепствовать 5) красться, подкрадываться (*часто* ~ in, ~ into, ~ up); to ~ about on tiptoe ходить на цыпочках; to ~ into smb.'s favour втираться к кому-л. в доверие 5) содрогаться; чувствовать мурашки по телу; it makes my flesh (*или* blood) ~ меня мороз по коже подирает от этого 6) *мор.* тралить 7) *тех.* набегать по инерции (*о ремне и т. п.*)

2. *n* 1) *pl разг.* содрогание; мурашки 2) лазейка для скота (*в изгороди*) 3) *геол.* движущийся оползень; обвал 4) *тех.* крип, ползучесть металла 5) *мор.* донный трал, драга 6) *тех.* набегание ремня

**creeper** [ˈkri:pə] *n* 1) ползучее растение 2) пресмыкающееся животное; рептилия 3) *pl* ползунки (*одежда для детей*) 4) *pl* шипы на подошвах 5) *тех.* драга

**creeping** [ˈkri:pɪŋ] **1.** *pres. p. от* creep 1

2. *a* раболепный, угодливый, пресмыкающийся

**creepy** [ˈkri:pɪ] *a* 1) вызывающий мурашки, бросающий в дрожь 2) ползучий 3) пресмыкающийся

**creese** [kri:s] *n* малайский кинжал

**cremate** [krɪˈmeɪt] *v* кремировать, сжигать трупы

**cremation** [krɪˈmeɪʃən] *n* кремация

**cremator** [krɪˈmeɪtə] *n* 1) тот, кто сжигает 2) кремационная печь 3) печь для сжигания мусора

**crematoria** [ˌkreməˈtɔ:rɪə] *pl от* crematorium

**crematorium** [ˌkreməˈtɔ:rɪəm] *n* (*pl* -s [-z], -ria) крематорий

**crematory** [ˈkremətərɪ] = crematorium

**crenel** [ˈkrenəl] = crenelle

**crenel(l)ated** [ˈkrenɪleɪtɪd] *a* зубчатый

**crenelle** [krɪˈnel] *n архит.* амбразура

**Creole** [ˈkri:əul] *n* креол; креолка

**creosote** [ˈkrɪəsəut] *n хим.* креозот

**crêpe** [kreɪp] *фр. n* 1) креп (*ткань*); ~ de Chine крепдешин 2) *attr.*: ~ paper гофрированная бумага; ~ shoes ботинки на резиновой подошве

**crepitate** [ˈkrepɪteɪt] *v* 1) хрустеть, потрескивать 2) хрипеть

**crepitation** [ˌkrepɪˈteɪʃən] *n* 1) хруст, потрескивание 2) хрипы (*при пневмонии*)

**crept** [krept] *past и p. p. от* creep 1

**crepuscular** [krɪˈpʌskjulə] *a* 1) сумеречный; тусклый 2) *зоол.* сумеречный

**crescendo** [krɪˈʃendəu] *ит.* **1.** *n муз.* крещендо

2. *adv* в бурном темпе, нарастая

**crescent** [ˈkresnt] **1.** *n* 1) полумесяц; серп луны; первая *или* последняя четверть луны 2) полукруг ◇ C. City *амер. г.* Новый Орлеан

2. *a* 1) имеющий форму полумесяца, серповидный 2) растущий, возрастающий

**cress** [kres] *n* кресс (*салат*)

**cresset** [ˈkresɪt] *n* факел, светоч

**crest** [krest] **1.** *n* 1) гребешок (*петуха*); хохолок (*птицы*) 2) грива; холка 3) гребень шлема; *поэт.* шлем 4) гребень (*волны, горы, крыши*); on the ~ of the wave на гребне волны; *перен.* на вершине славы 5) конёк (*крыши*) 6) *геральд.* украшение наверху гербового щита 7) герб (*на флагах и т. п.*) 8) *тех.* пик (*нагрузки*)

2. *v* 1) служить гребнем; увенчивать 2) достигать вершины 3) *поэт.* вздыматься (*о волнах*)

**crested** [ˈkrestɪd] **1.** *p. p. от* crest 2

2. *a* снабжённый, украшенный гребнем, хохолком

**crest-fallen** [ˈkrestˌfɔ:lən] *a* упавший духом, унылый; удручённый

**cretaceous** [krɪˈteɪʃəs] *a геол.* меловой

**Cretan** [ˈkri:tən] **1.** *a* критский

**2.** *n* критянин

**cretin** [ˈkretɪn] *n* кретин

**cretinism** [ˈkretɪnɪzm] *n* кретинизм

**cretonne** [kreˈtɔn] *n текст.* кретон

**crevasse** [krɪˈvæs] *n* расселина в леднике

**crevice** [ˈkrevɪs] *n* 1) щель, расщелина 2) трещина, содержащая жилу

**crew** I [kru:] *n* 1) судовая команда; экипаж (*судна*) 2) *воен.* орудийный *или* пулемётный расчёт 3) бригада *или* артель рабочих; engine ~ паровозная бригада 4) компания, шайка; a noisy, disreputable ~ шумная, непристойная компания

**crew** II [kru:] *past от* crow 2

**crew-cut** [ˈkru:kʌt] *n* мужская стрижка «ёжик»

**crewel** [ˈkru:ɪl] *n* 1) тонкая шерсть (*для вышивания*) 2) вышивание шерстью

**crib** [krɪb] **1.** *n* 1) ясли, кормушка; стойло 2) детская кроватка (*с боковыми стенками*) 3) хижина; небольшая комната 4) ларь, закром 5) верша для ловли лососей 6) *школ.* шпаргалка 7) *разг.* подстрочник 8) *разг.* плагиат (from) 9) *жарг.* квартира, дом; магазин; to crack a ~ совершить кражу со взломом 10) *горн.* сруб крепи; костровая крепь

2. *v* 1) запирать, заключать в тесное помещение 2) *школ.* списывать тайком, пользоваться шпаргалкой 3) *разг.* совершать плагиат (from) 4) *разг.* красть, воровать

**cribble** [ˈkrɪbl] *n* грохот; решето; сито

**cribriform** [ˈkrɪbrɪfɔ:m] *a* 1) *анат.* решётчатый 2) *бот.* ситовидный

**crick** [krɪk] **1.** *n* растяжение мышц

**2.** *v* растянуть мышцу

**cricket** I [ˈkrɪkɪt] *n* сверчок ◇ lively (*или* merry) as a ~ жизнерадостный

**cricket** II [ˈkrɪkɪt] *спорт.* **1.** *n* крикет ◇ it is not ~ *разг.* **не по правилам;** нечестно, низко

2. *v* играть в крикет

**cricket** III [ˈkrɪkɪt] *n диал.* низкий стул *или* табурет; скамеечка для ног

**cried** [kraɪd] *past и p. p. от* cry 2

**crier** [ˈkraɪə] *n* 1) крикун 2) чиновник в суде, делающий публичные объявления 3) глашатай (*тж.* street ~)

**cries** [kraɪz] *pl от* cry 1

**crikey** [ˈkraɪkɪ] *int разг.* ≅ боже мой! (*восклицание удивления*)

**crime** [kraɪm] **1.** *n* 1) преступление; злодеяние; ~s against humanity преступление против человечности 2) преступность

2. *v воен.* карать за нарушение устава

**Crimean** [kraɪˈmɪən] *a* крымский

**crime-sheet** [ˈkraɪmʃi:t] *n воен.* обвинительное заключение

**criminal** [ˈkrɪmɪnl] **1.** *a* преступный; криминальный, уголовный; ~ law уголовное право; ~ action уголовное дело

2. *n* преступник; war ~ военный преступник

**criminalist** [ˈkrɪmɪnəlɪst] *n* криминалист, специалист по уголовному праву

**criminality** [ˌkrɪmɪˈnælɪtɪ] *n* преступность; виновность

**criminally** [ˈkrɪmɪnəlɪ] *adv* 1) преступно 2) согласно уголовному праву

**criminate** [ˈkrɪmɪneɪt] *v* 1) обвинять в преступлении; инкриминировать 2) осуждать, порицать

**crimination** [ˌkrɪmɪˈneɪʃən] *n* 1) обвинение в преступлении 2) резкое порицание

**criminative** [ˈkrɪmɪnətɪv] *a* обвинительный, обличительный

**criminatory** [ˈkrɪmɪnətrɪ] *a* обличающий, обвиняющий

**criminology** [ˌkrɪmɪ'nɔlədʒɪ] *n* криминоло́гия

**crimp** I [krɪmp] **1.** *n* аге́нт, вербу́ющий матро́сов и солда́т обма́нным путём

**2.** *v* вербова́ть обма́нным путём

**crimp** II [krɪmp] **1.** *n* 1) *pl* завиты́е во́лосы 2) завито́к 3) поме́ха, препя́тствие; to put a ~ in (*или* into) (по)меша́ть (*в чём-л.*)

**2.** *a* 1) ло́мкий, хрустя́щий 2) гофриро́ванный (*о материи*) 3) волни́стый (*о волосах*)

**3.** *v* 1) завива́ть; гофрирова́ть 2) надреза́ть мя́со *или* ры́бу пе́ред гото́вкой

**crimped** [krɪmpt] *a* завито́й

**crimper** ['krɪmpə] *n* 1) обжима́ние 2) щипцы́ (*для завивки*) 3) *метал.* обжи́мные щипцы́

**crimpy** I ['krɪmpɪ] *a* курча́вый; вью́щийся; волни́стый

**crimpy** II ['krɪmpɪ] *a разг.* о́чень холо́дный; to expect ~ weather ожида́ть больши́х моро́зов

**crimson** ['krɪmzn] **1.** *a* тёмно-кра́сный, мали́новый

**2.** *n* 1) мали́новый цвет 2) румя́нец

**3.** *v* 1) окра́шивать(ся) в мали́новый цвет 2) красне́ть, покрыва́ться румя́нцем

**cringe** [krɪndʒ] *v* 1) раболе́пствовать (to) 2) проявля́ть раболе́пный страх; съёживаться (*от страха*)

**cringing** ['krɪndʒɪŋ] *n* раболе́пие, низкопокло́нство

**cringle** ['krɪŋgl] *n мор.* лю́верс; кре́нгельс

**crinkle** ['krɪŋkl] **1.** *n* 1) изги́б, изви́лина 2) скла́дка, морщи́на

**2.** *v* 1) извива́ться 2) мо́рщить(ся) 3) завива́ть (*волосы*); ~d paper гофриро́ванная бума́га

**crinoline** ['krɪnəli:n] *n* 1) ткань из ко́нского во́лоса; борто́вка 2) кринол́ин

**cripple** ['krɪpl] **1.** *n* кале́ка, инвали́д

**2.** *v* 1) кале́чить, уро́довать; лиша́ть трудоспосо́бности 2) хрома́ть 3) приводи́ть в него́дность; наноси́ть вред, уро́н 4) *воен.* поврежда́ть (*технику*)

**crippling** ['krɪplɪŋ] **1.** *pres. p. от* cripple 2

**2.** *n тех.* деформа́ция

**crises** ['kraɪsi:z] *pl от* crisis

**crisis** ['kraɪsɪs] *n* (*pl* crises) 1) кри́зис; economic ~ экономи́ческий кри́зис; the general ~ of capitalism о́бщий кри́зис капитали́зма 2) перело́м (*в ходе болезни*)

**crisis-ridden** ['kraɪsɪsˌrɪdn] *a* охва́ченный кри́зисом

**crisp** [krɪsp] **1.** *a* 1) рассы́пчатый, хрустя́щий 2) твёрдый, жёсткий 3) све́жий, бодря́щий, живи́тельный (*о воздухе*) 4) я́сно очерченный, чёткий (*о чертах лица*) 5) живо́й (*о стиле и т. п.*) 6) реши́тельный (*об ответе, нраве*) 7) кудря́вый, завито́й 8) покры́тый ря́бью

**2.** *v* 1) хрусте́ть 2) де́лать све́жим, освежа́ть (*хлеб и т. п.*) 3) завива́ть (-ся) 4) покрыва́ться ря́бью 5) *текст.* ворси́ть

**3.** *n* 1) хрустя́щий карто́фель 2) хрустя́щая ко́рочка

**criss-cross** ['krɪskrɔs] **1.** *a* 1) перекре́щивающийся; перекрёстный 2) раздражи́тельный; ворчли́вый

**2.** *n* 1) крест (*вместо подписи неграмотного*) 2) де́тская игра́ в кре́стики

**3.** *adv* 1) крест-на́крест 2) вкось

**4.** *v* перекре́щивать; оплета́ть (крест-на́крест)

**cristate** ['krɪsteɪt] *a* хохла́тый, гребе́нчатый

**criteria** [kraɪ'tɪərɪə] *pl от* criterion

**criterion** [kraɪ'tɪərɪən] *n* (*pl* -ia) крите́рий, мери́ло

**critic** ['krɪtɪk] *n* 1) кри́тик 2) критика́н

**critical** ['krɪtɪkəl] *a* 1) крити́ческий 2) разбо́рчивый 3) перело́мный, реша́ющий 4) *амер.* дефици́тный; кра́йне необходи́мый; нормиру́емый 5) риско́ванный, опа́сный; крити́ческий, угрожа́ющий

**criticaster** ['krɪtɪˌkæstə] *n* приди́ра, критика́н

**criticism** ['krɪtɪsɪzm] *n* 1) кри́тика; beneath ~ ни́же вся́кой кри́тики; destructive ~ уничтожа́ющая кри́тика 2) крити́ческий разбо́р, крити́ческая статья́

**criticize** ['krɪtɪsaɪz] *v* 1) критикова́ть; well ~d получи́вший благоприя́тный о́тзыв 2) осужда́ть

**critique** [krɪ'ti:k] *фр. n* 1) кри́тика 2) реце́нзия; крити́ческая статья́

**croak** [krəuk] **1.** *n* ка́рканье; ква́канье

**2.** *v* 1) ка́ркать; ква́кать 2) ворча́ть, брюзжа́ть 3) накли́кать, напроро́чить беду́ 4) *разг.* умере́ть 5) *разг.* уби́ть

**croaker** ['krəukə] *n* 1) ка́ркающая пти́ца; ква́кающее живо́тное 2) ворчу́н 3) прорица́тель дурно́го

**Croat** ['krəuət] *n* хорва́т

**Croatian** [krəu'eɪʃjən] *a* хорва́тский

**crochet** ['krəuʃeɪ] *фр.* **1.** *n* 1) вышива́ние та́мбуром 2) вяза́льный крючо́к

**2.** *v* вышива́ть та́мбуром

**crock** I [krɔk] *n* 1) гли́няный кувши́н *или* горшо́к 2) гли́няный черепо́к

**crock** II [krɔk] **1.** *n* кля́ча (*тж. перен.*)

**2.** *v* (*обыкн.* ~ up) 1) заезди́ть (*лошадь*) 2) *разг.* вы́мотать си́лы (*у человека*) 3) *разг.* вы́мотаться (*о человеке*)

**crocked** [krɔkt] **1.** *p. p. от* crock II, 2

**2.** *a* замо́танный, заезженный, за́гнанный

**crockery** ['krɔkərɪ] *n* посу́да (*глиняная, фаянсовая*)

**crocket** ['krɔkɪt] *n архит.* ли́ственный орна́мент

**crocodile** ['krɔkədaɪl] *n* 1) крокоди́л 2) *шутл.* гуля́нье па́рами (*о школьницах*) 3) *attr.* крокоди́ловый ◇ ~ shears *тех.* рыча́жные но́жницы

**crocodilian** [ˌkrɔkə'dɪlɪən] *a* крокоди́ловый

**crocus** ['krəukəs] *n* 1) *бот.* кро́кус, шафра́н 2) *тех.* кро́кус (*окись железа в порошке*)

**Croesus** ['kri:səs] *n* 1) *миф.* Крез 2) облада́тель несме́тных бога́тств

**croft** [krɔft] *n* 1) приуса́дебный уча́сток (*в Англии*) 2) небольша́я фе́рма (*в Шотландии*)

**crofter** ['krɔftə] *n* аренда́тор небольшо́й фе́рмы (*в Шотландии*)

**crone** [krəun] *n* стару́ха, ста́рая карга́

**crony** ['krəunɪ] *n* бли́зкий, закады́чный друг

**crook** [kruk] **1.** *n* 1) крюк 2) по́сох 3) поворо́т, изги́б (*реки, дороги*); a ~ in the back горб на спине́; a ~ in the nose горби́нка на носу́ 4) *разг.* обма́нщик, плут ◇ a ~ in the lot тяжёлое испыта́ние; уда́р судьбы́; on the ~ обма́нным путём

**2.** *v* 1) сгиба́ть(ся); изгиба́ть, искривля́ть; скрю́чивать(ся); го́рбиться 2) выла́вливать, лови́ть крючко́м 3) *жарг.* укра́сть, спере́ть

**crook-back(ed)** ['krukbæk(t)] *a* горба́тый

**crooked** **1.** [krukt] *p. p. от* crook 2

**2.** *a* ['krukɪd] 1) изо́гнутый, криво́й; ~ nail *тех.* косты́ль 2) искривлённый; сго́рбленный; согбе́нный 3) непрямо́й, нече́стный; извращённый 4) добы́тый нече́стным путём

**croon** [kru:n] **1.** *n* ти́хое проникнове́нное пе́ние (*особ. перед микрофоном*)

**2.** *v* напева́ть вполго́лоса

**crooner** ['kru:nə] *n* эстра́дный певе́ц

**crop** [krɔp] **1.** *n* 1) урожа́й; жа́тва; посе́в; heavy ~ бога́тый урожа́й 2) хлеб на корню́; land under ~ засе́янная земля́; land out of ~ незасе́янная *или* невозде́ланная земля́ 3) *с.-х.* культу́ра; technical (*или* industrial) ~s техни́ческие культу́ры 4) зоб (*у птиц*) 5) кнутови́ще 6) ко́ротко остри́женные во́лосы; Eton ~ да́мская стри́жка «под ма́льчика» 7) оби́лие; ма́сса 8) дублёная шку́ра 9) *горн.* добы́ча (руды́) 10) *attr.*: ~ rotation севооборо́т; ~ failure неурожа́й, недоро́д

**2.** *v* 1) собира́ть урожа́й 2) дава́ть урожа́й 3) подстрига́ть, обреза́ть 4) щипа́ть, объеда́ть (*траву и т. п.*) □ ~ **out** *геол.* обнажа́ться, выходи́ть на пове́рхность (*о пласте*); ~ **up** а) неожи́данно обнару́живаться; возника́ть; б) = ~ out

**crop-eared** ['krɔpɪəd] *a* 1) корноу́хий, с обре́занными уша́ми 2) ко́ротко подстри́женный (*о пуританах*)

**cropper** ['krɔpə] *n* 1) косе́ц, жнец 2) издо́льщик (*в хлопковых районах США*); испо́льщик 3) коси́лка, жне́йка 4): a good (*или* heavy) ~ расте́ние, даю́щее хоро́ший урожа́й; a light ~ расте́ние, даю́щее небольшо́й урожа́й 5) зоба́стый го́лубь ◇ to come a ~ а) упа́сть с ло́шади вниз голово́й; б) потерпе́ть крах

**crop plants** [ˈkrɔpplɑːnts] *n pl* хле́бные зла́ки

**croppy** [ˈkrɔpɪ] *n ист.* круглоголо́вый

**croquet** [ˈkrəukeɪ] *фр.* **1.** *n* кроке́т

**2.** *v* крокирова́ть

**croquette** [krɔˈket] *фр. n* кроке́ты (*кушанье*)

**crosier** [ˈkrəuʒə] *n* епи́скопский по́сох

**cross** [krɔs] **1.** *n* 1) крест; Red C. Кра́сный Крест 2) распя́тие 3) (the C.) христиа́нство 4) черта́, перечёркивающая бу́квы t, f 5) страда́ния, испыта́ния; to bear one's ~ нести́ свой крест 6) *тех.* крестови́на, крест 7) *биол.* гибридиза́ция, скре́щивание (*пород*) 8) по́месь, гибри́д (between) 9) *топ.* э́ккер

**2.** *a* 1) попере́чный; пересека́ющийся; перекрёстный 2) проти́вный (*о ветре*); противополо́жный; неблагоприя́тный 3) *разг.* раздражённый, злой, серди́тый; he is ~ with you он серди́т на вас ◇ as ~ as two sticks о́чень не в ду́хе; зол как чёрт

**3.** *v* 1) скре́щивать (*шпаги, руки и т. п.*) 2) пересека́ть; переходи́ть (*через улицу и т. п.*); переправля́ться; to ~ the Channel пересе́чь Ла-Ма́нш, пое́хать на контине́нт *или* с контине́нта в А́нглию; to ~ smb.'s path а) встре́титься с кем-л.; б) стать кому́-л. поперёк доро́ги 3): to ~ oneself (пере)крести́ться 4) перечёркивать; to ~ a cheque *ком.* перечёркивать (*или* кросси́ровать) чек 5) размину́ться, разойти́сь (*о людях, письмах*) 6) противоде́йствовать, противоре́чить; препя́тствовать 7) *биол., с.-х.* скре́щиваться 8) *воен.* форси́ровать □ ~ **off**, ~ **out** вычёркивать; ~ **over** переходи́ть, пересека́ть, переезжа́ть, переправля́ться ◇ to ~ one's mind прийти́ в го́лову; to ~ one's t's and dot one's i's ≅ ста́вить то́чки над i; to ~ the Rubicon перейти́ Рубико́н, приня́ть бесповоро́тное реше́ние; to ~ the floor of the House *парл.* перейти́ из одно́й па́ртии в другу́ю

**cross-arm** [ˈkrɔsɑːm] *n тех.* попере́чина, тра́верса

**cross-armed** [ˈkrɔsˈɑːmd] *a predic.* скрести́в ру́ки

**cross-bar** [ˈkrɔsbɑː] *n* 1) *тех.* попере́чина, распо́рка 2) *спорт.* пла́нка (*для прыжков в высоту*); перекла́дина (*ворот в футболе и т. п.*)

**cross-beam** [ˈkrɔsbiːm] *n тех.* попере́чная ба́лка, коромы́сло

**cross-bench** [ˈkrɔsbentʃ] *n* скамья́ в англи́йском парла́менте для незави́симых депута́тов

**cross-bencher** [ˈkrɔsˌbentʃə] *n* незави́симый член парла́мента

**crossbill** [ˈkrɔsbɪl] *n* клёст (*птица*)

**cross-bones** [ˈkrɔsbəunz] *n pl* изображе́ние двух скрещённых косте́й, эмбле́ма сме́рти

**cross-bow** [ˈkrɔsbəu] *n ист.* самостре́л; арбале́т

**cross-bred** [ˈkrɔsbred] *a* сме́шанный, гибри́дный

**cross-breed** [ˈkrɔsbriːd] **1.** *n* по́месь, гибри́д

**2.** *v* скре́щивать

**cross-country** [ˈkrɔsˈkʌntrɪ] **1.** *n* пересечённая ме́стность

**2.** *a* 1) проходя́щий прямико́м, без доро́ги; ~ race *спорт.* го́нка, кросс, бег по пересечённой ме́стности; ~ flight *ав.* маршру́тный полёт 2) вездехо́дный; ~ vehicle вездехо́д

**cross-cut** [ˈkrɔskʌt] **1.** *n* 1) кратча́йший путь 2) *горн.* квершла́г

**2.** *a* попере́чный

**cross-examination** [ˈkrɔsɪgˌzæmɪˈneɪʃən] *n юр.* перекрёстный допро́с

**cross-examine** [ˈkrɔsɪgˈzæmɪn] *v юр.* подверга́ть перекрёстному допро́су

**cross-eyed** [ˈkrɔsaɪd] *a* косо́й, косогла́зый

**cross-fertilize** [ˈkrɔsˈfəːtɪlaɪz] *v* перекрёстно опыля́ть (*растения*)

**cross-fire** [ˈkrɔsˌfaɪə] *n воен.* перекрёстный ого́нь

**cross-grained** [ˈkrɔsgreɪnd] *a* 1) свилева́тый (*о древесине*) 2) упря́мый, несговó́рчивый

**cross-hatch** [ˈkrɔshætʃ] *v* гравирова́ть *или* штрихова́ть перекрёстными штриха́ми

**cross head** [ˈkrɔshed] *n* 1) = cross heading 2) *тех.* крейцкопф, ползу́н

**cross heading** [ˈkrɔsˌhedɪŋ] *n* подзаголо́вок (*в газетной статье*)

**crossing** [ˈkrɔsɪŋ] **1.** *pres. p. от* cross 3

**2.** *n* 1) пересече́ние; скре́щивание; скреще́ние 2) перекрёсток; перехо́д (*через улицу*) 3) перее́зд по воде́, перепра́ва 4) перечёркивание, зачёркивание 5) *ж.-д.* перее́зд; пересече́ние двух ж.-д. ли́ний; разъе́зд 6) *биол.* скре́щивание

**cross-legged** [ˈkrɔslegd] *a* сидя́щий, положи́в но́гу на́ ногу *или* поджа́в но́ги «по-туре́цки»

**cross-light** [ˈkrɔslaɪt] *n* 1) *pl* пересека́ющиеся лучи́; перекрёстное освеще́ние 2) освеще́ние вопро́са с разли́чных то́чек зре́ния

**crossly** [ˈkrɔslɪ] *adv* раздражённо, сварли́во; серди́то

**crossness** [ˈkrɔsnɪs] *n* раздражи́тельность, сварли́вость

**cross-patch** [ˈkrɔspætʃ] *n разг.* сварли́вый челове́к

**cross-piece** [ˈkrɔspiːs] *n* 1) попере́чина; *тех.* крестови́на 2) *мор.* кра́спица

**cross purpose** [ˈkrɔsˈpəːpəs] *n* 1) (*обыкн. pl*) противополо́жное наме́рение; to be at cross purposes спо́рить, де́йствовать наперекóр друг дру́гу 2) недоразуме́ние, осно́ванное на взаи́мном непонима́нии 3) *pl* игра́-зага́дка

**cross question** [ˈkrɔsˈkwestʃən] *n* вопро́с, поста́вленный при перекрёстном допро́се

**cross reference** [ˈkrɔsˈrefrəns] *n* перекрёстная ссы́лка

**cross-road** [ˈkrɔsrəud] *n* пересека́ющая доро́га; перекрёсток ◇ at the ~s на распу́тье

**cross section** [ˈkrɔsˈsekʃən] *n* попере́чное сече́ние, попере́чный разре́з, про́филь

**cross-stitch** [ˈkrɔsstɪtʃ] *n* вы́шивка кре́стиками; кре́стик

**cross-trees** [ˈkrɔstriːz] *n pl мор.* са́линг

**cross-wind** [ˈkrɔswɪnd] *n* встре́чный, проти́вный ве́тер

**crosswise** [ˈkrɔswaɪz] *adv* крестообра́зно; крест-на́крест

**cross-word** [ˈkrɔswəːd] *n* кроссво́рд (*тж.* ~ puzzle)

**crotch** [krɔtʃ] *n* 1) разви́лина; разветвле́ние 2) ви́лы; крюк 3) проме́жность

**crotchet** [ˈkrɔtʃɪt] *n* 1) крючо́к; крюк 2) *муз.* четвертна́я но́та 3) *разг.* фанта́зия, причу́да, капри́з

**crotcheteer** [ˌkrɔtʃəˈtɪə] *n* фантазёр, челове́к с причу́дами

**crotchety** [ˈkrɔtʃɪtɪ] *a* своенра́вный; капри́зный

**croton-bug** [ˈkrəutənbʌg] *n зоол.* тарака́н-руса́к

**crouch** [krautʃ] *v* 1) припа́сть к земле́ (*от страха или для нападения — о животных*) 2) раболе́пствовать, пресмыка́ться; to ~ one's back гнуть спи́ну (*перед кем-л.*)

**croup I** [kruːp] *n* круп (*болезнь*)

**croup II** [kruːp] *n* зад, круп (*лошади*)

**croupe** [kruːp] = croup II

**croupier** [ˈkruːpɪə] *фр. n* 1) крупье́, банкомёт 2) замести́тель председа́теля на официа́льном банке́те

**crow** [krəu] **1.** *n* 1) воро́на 2) пе́ние петуха́ 3) ра́достный крик (*младенца*) 4) *сокр. от* crow-bar ◇ as the ~ flies, in a ~ line по прямо́й ли́нии; to have a ~ to pick (*или* to pluck) with smb. име́ть счёты с кем-л.

**2.** *v* (crowed, crew; crowed) 1) крича́ть кукареку́ 2) издава́ть ра́достные зву́ки (*о детях*); ликова́ть □ ~ **over** восторжествова́ть над *кем-л.*

**crow-bar** [ˈkrəubɑː] *n тех.* лом, ва́га, а́ншпуг

**crow-bill** [ˈkrəubɪl] *n* хирурги́ческие щипцы́

**crowd** [kraud] **1.** *n* 1) толпа́ 2) толкотня́; да́вка 3) мно́жество, ма́сса (*чего-л.*) 4) *разг.* компа́ния, гру́ппа люде́й 5) *театр.* стати́сты ◇ he might pass in the ~ он не ху́же други́х

**2.** *v* 1) собира́ться толпо́й, толпи́ться; тесни́ться; набива́ться битко́м 2) тесни́ть, вытесня́ть 3) *амер.* ока́зывать давле́ние; торопи́ть, пристава́ть (*с чем-л.*) 4): to ~ (on) sail *мор.* спеши́ть, идти́ на всех паруса́х □ ~ **into** проти́скиваться, вти́скиваться; ~ **out** вытесня́ть; ~ **through** = ~ into

**crowded** [ˈkraudɪd] **1.** *p. p. от* crowd 2

**2.** *a* 1) перепóлненный, биткóм набѝтый; ~ streets ýлицы, перепóлненные нарóдом 2) пóлный, напóлненный; life ~ with great events жизнь, пóлная велѝких собы́тий 3) *амер.* прижáтый, притѝснутый ◇ to be ~ for time имéть врéмени в обрéз

**crowfoot** [ˈkrəufut] *n* 1) (*pl* -foots [-s]) лю́тик 2) (*pl* -feet) = crow's-foot 2); 3) (*pl* -feet) *горн.* ловѝльный крюк

**crown** [kraun] **1.** *n* 1) венéц, корóна 2) (C.) корóна, престóл; королéвская власть; корóль; королéва; to succeed to the ~ наслéдовать престóл 3) (C.) госудáрство; верхóвная власть (*в Англии*) 4) венóк (*цветов*) 5) венéц, завершéние 6) крóна, верхýшка дéрева 7) макýшка, тéмя; головá 8) тулья́ (*шляпы*) 9) корóнка (*зуба*) 10) крóна (*монета достоинством в 5 шиллингов*) 11) формáт бумáги (*амер. 15 д. × 19 д. — писчей; англ. 16½ д. × 21 д. — печатной, 15 д. × × 19 д. — чертёжной*) 12) *архит.* шелы́га áрки *или* свóда 13) *мор.* пя́тка я́коря 14) *тех.* корóнка, венéц

**2.** *v* 1) венчáть; коронoвáть 2) вознаграждáть 3) возглавля́ть 4) завершáть, увéнчивать; закáнчивать 5) провестѝ в дáмки (*шашку*) 6) постáвить корóнку (*на зуб*) ◇ the end ~s the work *посл.* конéц венчáет дéло

**Crown Colony** [ˈkraunˈkɔlənɪ] *n* британская колóния, не имéющая самоуправлéния

**crowned** [kraund] **1.** *p. p. от* crown 2

**2.** *a* 1) коронóванный 2) увéнчанный (with) 3) закóнченный, завершённый 4): high (low) ~ с высóкой (нѝзкой) тульёй 5): ~ tooth зуб с корóнкой

**crown-glass** [ˈkraunˈglɑːs] *n* кронглáс (*сорт стекла*)

**crown law** [ˈkraunlɔː] *n* уголóвное прáво

**Crown prince** [ˈkraunˈprɪns] *n* наслéдный принц, наслéдник престóла, кронпрѝнц

**crown-wheel** [ˈkraunwiːl] *n тех.* корóнная шестерня́

**crow-quill** [ˈkrəukwɪl] *n* 1) ворóнье перó 2) тóнкое стальнóе перó

**crow's-foot** [ˈkrəuzfut] *n* (*pl* -feet) 1) *pl* морщѝнки в уголкáх глаз 2) *воен.* прóволочные силкѝ 3) *pl ав.* гусѝные лáпы

**crow's-nest** [ˈkrəuznest] *n* 1) ворóнье гнездó 2) *мор.* наблюдáтельный пост (*на мачте*), «ворóнье гнездó»

**croze** [krəuz] *n* утóр (*в бочке*)

**crucial** [ˈkruːʃəl] *a* 1) решáющий (*о моменте, опыте*); критѝческий (*о периоде*) 2) *мед.* крестообрáзный

**crucian** [ˈkruːʃən] *n* карáсь

**cruciate** [ˈkruːʃɪeɪt] *a* крестообрáзный

**crucible** [ˈkruːsɪbl] *n* тѝгель; *перен.* сурóвое испытáние

**cruciferous** [kruːˈsɪfərəs] *a бот.* крестоцвéтный

**crucifix** [ˈkruːsɪfɪks] *n* распя́тие

**crucifixion** [ˌkruːsɪˈfɪkʃən] *n* 1) распя́тие на крестé 2) мýки, страдáния

**cruciform** [ˈkruːsɪfɔːm] *a* крестообрáзный

**crucify** [ˈkruːsɪfaɪ] *v* 1) распинáть 2) умерщвля́ть (*плоть*) 3) мýчить

**crude** [kruːd] *a* 1) сырóй, незрéлый 2) необработанный; неочѝщенный; ~ oil неочѝщенная нефть 3) грýбый 4) незрéлый, непродýманный 5) гóлый (*о фактах*) 6) кричáщий (*о красках*)

**crude iron** [ˈkruːdˌaɪən] *n* чугýн

**crudity** [ˈkruːdɪtɪ] *n* незрéлость, необрабóтанность, грýбость *и пр.* [*см.* crude]

**cruel** [kruəl] *a* 1) жестóкий; безжáлостный, бессердéчный 2) мучѝтельный; ужáсный; ~ suffering ужáсные страдáния; ~ war сурóвая, жестóкая войнá; ~ fate гóрькая судьбѝна; ~ disease тяжёлая, мучѝтельная болéзнь

**cruelly** [ˈkruəlɪ] *adv* 1) жестóко; безжáлостно 2) мучѝтельно

**cruelty** [ˈkruəltɪ] *n* жестóкость; безжáлостность, бессердéчие

**cruet** [ˈkru(ː)ɪt] *n* буты́лочка, графѝнчик для ýксуса *или* мáсла

**cruet-stand** [ˈkru(ː)ɪtstænd] *n* судóк

**cruise** [kruːz] **1.** *n* 1) крéйсерство 2) морскóе путешéствие, плáвание; круѝз

**2.** *v мор.* крейсѝровать; совершáть рéйсы

**cruiser** [ˈkruːzə] *n мор.* крéйсер; armoured (belted, protected) ~ *ист.* броненóсный (бронепáлубный) крéйсер

**cruiser-carrier** [ˈkruːzəˌkærɪə] *n мор.* крéйсер-авианóсец

**cruiser-weight** [ˈkruːzəweɪt] *n разг.* 1) полутяжёлый вес 2) боксёр полутяжёлого вéса

**cruising speed** [ˈkruːzɪŋspiːd] *n мор.* крéйсерская скóрость

**cruising submarine** [ˈkruːzɪŋˌsʌbməˈriːn] *n мор.* крéйсерская подвóдная лóдка

**cruller** [ˈkrʌlə] *n амер.* жáреный пирожóк

**crumb** [krʌm] **1.** *n* 1) (*обыкн. pl*) крóшка (*особ. хлеба*) 2) мя́киш (*хлеба*) 3) *pl* крóхи, крупѝцы; ~s of information обры́вки свéдений

**2.** *v* 1) крошѝть 2) обсыпáть крóшками; обвáливать в сухаря́х 3) сметáть крóшки (*со стола*)

**crumb-brush** [ˈkrʌmbrʌʃ] *n* щётка для сметáния крóшек (*со стола*)

**crumble** [ˈkrʌmbl] *v* 1) крошѝться; осыпáться; обвáливаться 2) крошѝть, раздробля́ть, толóчь, растирáть (*в порошок*) 3) распадáться, разрушáться, гѝбнуть (*часто* ~ away); his hopes have ~d to nothing егó надéжды рýхнули

**crumbly** [ˈkrʌmblɪ] *a* крошáщийся, рассы́пчатый, ры́хлый

**crumby** [ˈkrʌmɪ] *a* 1) усы́панный крóшками 2) мя́гкий (*как мякиш*)

**crummy** [ˈkrʌmɪ] *a* 1) = crumby 2) *разг.* пýхленькая, пóлная (*о женщине*)

**crump** [krʌmp] **1.** *n* 1) сѝльный удáр; тяжёлое падéние 2) *воен. жарг.* тяжёлый фугáсный снаря́д 3) звук от разры́ва тяжёлого снаря́да

**2.** *v* 1) сѝльно ударя́ть 2) *воен. жарг.* обстрéливать

**crumpet** [ˈkrʌmpɪt] *n* 1) сдóбная пы́шка 2) *разг.* башкá; barmy on the ~ сумасбрóдный, взбáлмошный

**crumple** [ˈkrʌmpl] *v* 1) мять(ся); кóмкать; мóрщиться; съёживаться; this cloth ~s very easily э́та матéрия óчень мнётся 2) сгибáть, закрýчивать 3) свалѝться, рýхнуть 4) пáдать дýхом

**crunch** [krʌntʃ] **1.** *n* 1) хруст 2) скрип; треск

**2.** *v* 1) грызть; хрустéть 2) скрипéть под ногáми; трещáть

**crupper** [ˈkrʌpə] *n* 1) подхвóстник (*часть сбруи*) 2) круп (*лошади*)

**crural** [ˈkrurəl] *a анат.* бéдренный

**crusade** [kruːˈseɪd] **1.** *n* 1) *ист.* крестóвый похóд 2) похóд, кампáния (*против чего-л. или за что-л.*)

**2.** *v* вы́ступить похóдом; борóться (*против чего-л. или в защиту чего-л., кого-л.*)

**crusader** [ˈkruːˈseɪdə] *n* 1) *ист.* крестонóсец 2) учáстник общéственной кампáнии

**crush** [krʌʃ] **1.** *n* 1) раздáвливание, дроблéние *и пр.* [*см.* 2] 2) фруктóвый сок 3) дáвка; толкотня́ 4) *разг.* шýмное собрáние, большóе сбóрище 5) приём (*гостей*) 6) *разг.* увлечéние, пы́лкая любóвь; to have (got) a ~ on smb. сѝльно увлéчься кем-л.

**2.** *v* 1) (раз)давѝть 2) выжимáть, давѝть (*виноград*) 3) дробѝть, толóчь, размельчáть 4) втѝскивать 5) мять (-ся) 6) уничтожáть, подавля́ть, сокрушáть □ ~ **down** а) смять; придавѝть; б) раздробѝть; в) подавѝть (*восстание, оппозицию*); ~ **out** подавѝть; ~ **up** размельчѝть, растолóчь, смять ◇ to ~ a bottle of wine вы́пить, «раздавѝть» буты́лку (*вина*)

**crusher** [ˈkrʌʃə] *n* 1) тот, кто *или* то, что сокрушáет 2) *разг.* потрясáющее собы́тие, нóвость 3) *жарг.* полисмéн 4) *тех.* дробѝлка

**crush-hat** [ˈkrʌʃˈhæt] *n* 1) мя́гкая (фéтровая) шля́па 2) шапокля́к (*складной цилиндр*)

**crushing** [ˈkrʌʃɪŋ] **1.** *pres. p. от* crush 2

**2.** *a* сокрушѝтельный; a ~ defeat сокрушѝтельный разгрóм, тяжёлое поражéние; a ~ reply уничтожáющий отвéт

**crush-room** [ˈkrʌʃrum] *n театр.* фойé

**crust** [krʌst] **1.** *n* 1) кóрка (*хлеба*); *перен.* срéдства к существовáнию; to earn one's ~ зарабáтывать на кусóк хлéба 2) твёрдый повéрхностный слой, ко́рка; ко́рка на ра́не, затверде́вший слой сне́га 3) оса́док (*вина на стенках бутылки*) 4) *геол.* земна́я кора́; пове́рхностные отложе́ния 5) *метал.* на́стыль

2. *v* 1) покрыва́ть(ся) коро́й, ко́ркой 2) дава́ть оса́док (*о вине*)

**Crustacea** [krʌs'teɪʃjə] *n pl зоол.* ракообра́зные

**crusted** ['krʌstɪd] 1. *p. p. от* crust 2

2. *a* 1) покры́тый ко́ркой 2) с образова́вшимся оса́дком (*о вине*) 3) дре́вний; укорени́вшийся

**crustily** ['krʌstɪlɪ] *adv* сварли́во; с раздраже́нием

**crustiness** ['krʌstɪnɪs] *n* сварли́вость; раздражи́тельность

**crusty** ['krʌstɪ] *a* 1) покры́тый коро́й, ко́ркой; твёрдый, жёсткий 2) сварли́вый; раздражи́тельный; ре́зкий

**crutch** [krʌtʃ] *n* 1) косты́ль (*обыкн. pl, тж.* a pair of ~es); *перен.* опо́ра, подде́ржка 2) раздво́енная подпо́рка; ви́лка 3) сто́йка (*мотоцикла и т. п.*) 4) *мор.* кормово́й бре́штук; уклю́чина

**crux** [krʌks] *n* 1) затрудне́ние; тру́дный вопро́с; недоуме́ние; the ~ of the matter суть де́ла 2) (C.) созве́здие Ю́жного Креста́ ◇ to put one's finger on the ~ попа́сть в са́мую то́чку

**cruzeiro** [kru'zeɪrəu] *n* крузе́йро (*денежная единица Бразилии*)

**cry** [kraɪ] 1. *n* 1) крик 2) вопль; мольба́ 3) плач; she had a good ~ она́ вы́плакалась 4) (боево́й) клич; ло́зунг 5) крик у́личных разно́счиков 6) молва́; on the ~ по слу́хам; the popular ~ о́бщее мне́ние, «глас наро́да» 7) звук, издава́емый живо́тным 8) соба́чий лай 9) сво́ра соба́к ◇ much ~ and little wool ≅ мно́го шу́ма из ничего́; шу́ма мно́го, то́лку ма́ло; far ~ а) далёкое расстоя́ние; б) больша́я ра́зница; in full ~ а) в бе́шеной пого́не; б) в по́лном разга́ре

2. *v* 1) крича́ть; вопи́ть 2) восклица́ть; взыва́ть; to ~ poverty прибедня́ться 3) пла́кать; to ~ bitter tears пла́кать го́рькими слеза́ми 4) оглаша́ть; объявля́ть 5) предлага́ть для прода́жи (*об уличном разносчике*) 6) издава́ть зву́ки (*о животных*) □ ~ **away** го́рько рыда́ть, облива́ться слеза́ми; ~ **down** а) осужда́ть; б) умаля́ть, принижа́ть; в) сбива́ть це́ну; г) раскритикова́ть; д) заглуша́ть кри́ками; ~ **for** проси́ть, тре́бовать себе́ *чего-л.*; to ~ for the moon жела́ть невозмо́жного; ~ **off** отка́зываться от сде́лки, наме́рения *и т. п.*, идти́ на попя́тный; ~ **out** а) объявля́ть во всеуслы́шание, выкликать; б): to ~ one's heart out α) го́рько рыда́ть; β) ча́хнуть от тоски́; ~ **up** превозноси́ть, прославля́ть ◇ there's no use to ~ (*или* crying) over spilt milk *посл.* ≅ сде́ланного, поте́рянного не воро́тишь; to ~ shame upon smb. порица́ть, стыди́ть, поноси́ть кого́-л.; to ~ stinking fish а) хули́ть то, в чём сам заинтересо́ван; б) выноси́ть сор из избы́

**cry-baby** ['kraɪ,beɪbɪ] *n* пла́кса, рёва

**crying** ['kraɪɪŋ] 1. *pres. p. от* cry 2

2. *a* 1) крича́щий, пла́чущий 2) вопию́щий, возмути́тельный; a ~ need насу́щная необходи́мость

**cryochemistry** [,kraɪəu'kemɪstrɪ] *n* хи́мия ни́зких температу́р

**cryogenics** [,kraɪəu'dʒenɪks] *n* фи́зика ни́зких температу́р

**cryolite** ['kraɪəlaɪt] *n мин.* криоли́т

**cryology** [kraɪ'ɔlədʒɪ] *n* криоло́гия, нау́ка о возде́йствии хо́лода на физи́ческие тела́

**crypt** [krɪpt] *n* 1) *ист.* кри́пта 2) склеп, подзе́мная часо́вня 3) потайно́е ме́сто, тайни́к

**cryptic** ['krɪptɪk] *a* 1) зага́дочный, таи́нственный; сокрове́нный 2) *биол., мед.* скры́тый, ляте́нтный

**cryptogam** ['krɪptəugæm] *n бот.* тайнобра́чное (*или* спо́ровое) расте́ние

**cryptogram** ['krɪptəugræm] *n* криптогра́мма, та́йнопись; шифро́ванный докуме́нт

**cryptograph** ['krɪptəugrɑ:f] = cryptogram

**cryptographer** [krɪp'tɔgrəfə] *n* шифрова́льщик

**crystal** ['krɪstl] 1. *n* 1) криста́лл 2) прозра́чный предме́т (*особ. поэт.* вода́, лёд, слеза́, глаз) 3) хруста́ль 4) хруста́льная посу́да 5) *амер.* стекло́ для карма́нных и ручны́х часо́в 6) *радио* детекторный криста́лл

2. *a* 1) кристалли́ческий 2) чи́стый, прозра́чный, криста́льный 3) хруста́льный

**crystal-gazing** ['krɪstl,geɪzɪŋ] *n* гада́ние с зе́ркалом *или* посре́дством «маги́ческого криста́лла»

**crystalline** ['krɪstəlaɪn] = crystal 2; ~ lens *анат.* хруста́лик (*глаза*)

**crystallite** ['krɪstəlaɪt] *n* кристалли́т

**crystallization** [,krɪstəlaɪ'zeɪʃən] *n* кристаллиза́ция

**crystallize** ['krɪstəlaɪz] *v* 1) кристаллизова́ть(ся) 2) вылива́ться в определённую фо́рму 3) заса́харивать (-ся) (*о фруктах*)

**crystallography** [,krɪstə'lɔgrəfɪ] *n* кристаллогра́фия

**crystalloid** ['krɪstəlɔɪd] 1. *n* кристалло́ид

2. *a* кристаллови́дный

**crystalware** ['krɪstlwɛə] *n* хруста́льные изде́лия

**ctenoid** ['ti:nɔɪd] *a зоол.* гребневи́дный

**cub** [kʌb] 1. *n* 1) *зоол.* детёныш 2) *шутл., пренебр.* молокосо́с, юне́ц; невоспи́танный ма́льчик; unlicked ~ зелёный юне́ц 3) *амер. разг.* новичо́к

2. *v* 1) щени́ться 2) охо́титься на лися́т

**cubage** ['kju:bɪdʒ] *n* кубату́ра

**Cuban** ['kju:bən] 1. *a* куби́нский

2. *n* куби́нец

**cubbing** ['kʌbɪŋ] 1. *pres. p. от* cub 2

2. *n* охо́та на лися́т

**cubbish** ['kʌbɪʃ] *a* 1) неуклю́жий 2) ду́рно воспи́танный

**cubby** ['kʌbɪ] *n* ую́тное месте́чко *или* жили́ще (*обыкн.* ~-hole)

**cube** [kju:b] 1. *n* 1) *мат.* куб; the ~ of 4 is 64 4 в ку́бе равня́ется 64 2) *дор.* брусча́тка 3) *attr.* куби́ческий; the ~ root of 64 is 4 ко́рень куби́ческий из 64 равня́ется 4 ◇ ~ sugar пилёный са́хар

2. *v* 1) *мат.* возводи́ть в куб 2) вычисля́ть кубату́ру, куби́ческий объём 3) мости́ть брусча́ткой 4): to ~ ice коло́ть лёд на ку́бики

**cubic(al)** ['kju:bɪk(əl)] *a* куби́ческий

**cubicle** ['kju:bɪkl] *n* 1) небольша́я отгоро́женная спа́льня в шко́льном общежи́тии 2) одноме́стная больни́чная пала́та

**cubiform** ['kju:bɪfɔ:m] *a* кубови́дный

**cubism** ['kju:bɪzm] *n иск.* куби́зм

**cubit** ['kju:bɪt] *n* 1) *анат.* локтева́я кость 2) *ист.* ло́коть (*мера длины = 45 см*)

**cubital** ['kju:bɪtl] *a* локтево́й

**cuboid** ['kju:bɔɪd] 1. *n* 1) *мат.* кубо́ид 2) *анат.* кубови́дная кость (*плюсны ноги*)

2. *a* име́ющий фо́рму ку́ба

**cucking-stool** ['kʌkɪŋstu:l] *n ист.* позо́рный стул, к кото́рому привя́зывали же́нщин дурно́го поведе́ния и торго́вцев-моше́нников

**cuckold** ['kʌkəuld] 1. *n* рогоно́сец, обма́нутый муж

2. *v* наставля́ть рога́, изменя́ть своему́ му́жу

**cuckoo** 1. *n* ['kuku:] 1) куку́шка 2) кукова́ние 3) *разг.* глупе́ц, рази́ня, «воро́на»

2. *a* ['kuku:] *разг.* не в своём уме́, сумасше́дший

3. *int* ['ku'ku:] ку́-ку́!

4. *v* кукова́ть

**cuckoo-clock** ['kuku:klɔk] *n* часы́ с куку́шкой

**cuckoo-flower** ['kuku:,flauə] *n бот.* 1) серде́чник лугово́й 2) горицве́т, куку́шкин цвет

**cucumber** ['kju:kʌmbə] *n* огуре́ц ◇ as cool as a ~ невозмути́мый, споко́йный, хладнокро́вный

**cucurbit** [kju'kə:bɪt] *n хим.* перего́нный куб, рето́рта

**cud** [kʌd] *n* жва́чка; to chew the ~ жева́ть жва́чку; *перен.* пережёвывать ста́рое, размышля́ть

**cudbear** ['kʌdbɛə] *n* ла́кмусовый я́гель (*краситель*)

**cuddle** ['kʌdl] 1. *n* объя́тия

2. *v* 1) прижима́ть к себе́; обнима́ть 2) прижима́ться (*друг к другу; часто* ~ up, ~ together) 3) сверну́ться кала́чиком

**cuddy** I ['kʌdɪ] *n* 1) небольша́я каю́та 2) чула́н; буфе́т

**cuddy** II ['kʌdɪ] *n шотл.* 1) осёл 2) дура́к

**cudgel** ['kʌdʒəl] **1.** *n* дуби́на; to take up the ~s for a) заступа́ться за *кого-л.*; б) отста́ивать *что-л.*
**2.** *v* бить па́лкой
**cudweed** ['kʌdwi:d] *n бот.* суши́ница
**cue** I [kju:] *n* 1) *театр.* ре́плика 2) намёк; to give smb. the ~ намекну́ть, подсказа́ть кому́-л.; to take one's ~ from smb. воспо́льзоваться чьим-л. намёком, указа́нием 3) *тлф., радио* сигна́л 4) *attr.*: ~ card *тлв., кино* текст ро́ли, лежа́щий пе́ред глаза́ми ди́ктора *или* исполни́теля
**cue** II [kju:] *n* кий
**cueist** ['kju:ɪst] *n* игро́к на билья́рде
**cuff** I [kʌf] *n* манже́та; обшла́г
**cuff** II [kʌf] **1.** *n* лёгкий уда́р руко́й *или* кулако́м
**2.** *v* слегка́ ударя́ть руко́й; шлёпать
**cuff-link** ['kʌflɪŋk] *n* за́понка для манже́т
**cuirass** [kwɪ'ræs] *n* кира́са, па́нцирь
**cuirassier** [ˌkwɪrə'sɪə] *n ист.* кираси́р
**cuisine** [kwi(:)'zi:n] *фр. n* ку́хня, стол (*питание; поваренное искусство*)
**cuke** [kju:k] *n разг.* огу́рчик, корнишо́н
**cul-de-sac** ['kuldə'sæk] *фр. n* 1) тупи́к; глухо́й переу́лок 2) *воен.* мешо́к 3) тупи́к, безвы́ходное положе́ние 4) *анат.* слепо́й мешо́к 5) *attr.* тупико́вый; ~ station *ж.-д.* тупико́вая ста́нция
**culinary** ['kʌlɪnərɪ] *a* 1) кулина́рный; ку́хонный 2) го́дный для ва́рки (*об овощах*)
**cull** [kʌl] **1.** *n* (*обыкн. pl*) 1) отбрако́ванный нагу́льный скот 2) *амер.* забрако́ванные материа́лы, отбро́сы
**2.** *v* 1) собира́ть (*цветы*) 2) отбира́ть; бракова́ть
**cullender** ['kʌlɪndə] = colander
**cully** ['kʌlɪ] *n* 1) *редк.* же́ртва обма́на; проста́к 2) *разг.* друг, това́рищ
**culm** I [kʌlm] *n бот.* сте́бель (*трав, злаков*); соло́мина
**culm** II [kʌlm] *n геол.* кульм, верши́на
**culm** III [kʌlm] *n* у́гольная ме́лочь; антраци́товый штыб
**culminate** ['kʌlmɪneɪt] *v* 1) достига́ть вы́сшей то́чки *или* сте́пени 2) *астр.* кульмини́ровать
**culmination** [ˌkʌlmɪ'neɪʃən] *n* 1) наивы́сшая то́чка; кульминацио́нный пункт 2) *астр.* кульмина́ция; зени́т
**culpability** [ˌkʌlpə'bɪlɪtɪ] *n юр.* вино́вность
**culpable** ['kʌlpəbl] *a* заслу́живающий порица́ния; вино́вный, престу́пный
**culprit** ['kʌlprɪt] *n* 1) обвиня́емый 2) престу́пник; вино́вный
**cult** [kʌlt] *n* 1) вероисповеда́ние 2) культ, преклоне́ние; ~ of the individual культ ли́чности
**cultivate** ['kʌltɪveɪt] *v* 1) обраба́тывать, возде́лывать 2) *с.-х.* культиви́ровать (*почву, растения*) 3) развива́ть, культиви́ровать; to ~ the acquaintance of smb. цени́ть, стара́ться подде́рживать знако́мство с кем-л.
**cultivated** ['kʌltɪveɪtɪd] **1.** *p. p. от* cultivate
**2.** *a* 1) обраба́тываемый; обрабо́танный; ~ area посевна́я пло́щадь 2) культу́рный, развито́й; утончённый
**cultivation** [ˌkʌltɪ'veɪʃən] *n* 1) возде́лывание (*земли*) 2) разведе́ние, культу́ра (*растений, бактерий и т. п.*) 3) разви́тие (*путём упражнения*); культиви́рование
**cultivator** ['kʌltɪveɪtə] *n* 1) тот, кто культиви́рует (*что-л.*) 2) земледе́лец 3) культива́тор (*с.-х. орудие*)
**cultural** ['kʌltʃərəl] *a* 1) культу́рный 2) *с.-х.* обраба́тываемый; иску́сственно выра́щиваемый
**culture** ['kʌltʃə] *n* 1) культу́ра 2) сельскохозя́йственная культу́ра 3) разведе́ние, возде́лывание; ~ of vine (oysters, *etc.*) разведе́ние виногра́дной лозы́ (у́стриц *и т. п.*) 4) *бакт.* культу́ра, выра́щивание бакте́рий 5) отме́тки и назва́ния на топографи́ческих ка́ртах
**cultured** ['kʌltʃəd] *a* 1) культу́рный, развито́й 2) культиви́рованный; ~ pearls культиви́рованный же́мчуг
**culver** ['kʌlvə] *n* ди́кий го́лубь
**culvert** ['kʌlvət] *n* 1) кульве́рт; водопропускна́я труба́ 2) *горн.* дрена́жная што́льня
**cum** [kʌm] *лат. prep* с; ~ dividend включа́я дивиде́нд
**cumber** ['kʌmbə] **1.** *n* затрудне́ние, стесне́ние; препя́тствие
**2.** *v* затрудня́ть, стесня́ть; препя́тствовать
**cumbersome** ['kʌmbəsəm] *a* 1) нескла́дный; громо́здкий 2) обремени́тельный
**Cumbrian** ['kʌmbrɪən] **1.** *n* жи́тель Ка́мберленда
**2.** *a* ка́мберлендский
**cumbrous** ['kʌmbrəs] = cumbersome
**cumin** ['kʌmɪn] *n* тмин
**cummer** ['kʌmə] *n шотл.* 1) крёстная мать 2) прия́тельница 3) спле́тница, ку́мушка
**cummin** ['kʌmɪn] = cumin
**cumulate** **1.** *a* ['kju:mjulɪt] нако́пленный; со́бранный в ку́чу
**2.** *v* ['kju:mjuleɪt] нака́пливать; аккумули́ровать; собира́ть в ку́чу
**cumulation** [ˌkju:mju'leɪʃən] *n* накопле́ние; скопле́ние
**cumulative** ['kju:mjulətɪv] *a* совоку́пный, нако́пленный; кумуляти́вный; ~ changes о́бщие сдви́ги; ~ vote систе́ма вы́боров, при кото́рой ка́ждый избира́тель име́ет сто́лько голосо́в, ско́лько вы́ставлено кандида́тов, и мо́жет отда́ть все свои́ голоса́ одному́ кандида́ту *или* распредели́ть их по своему́ жела́нию
**cumuli** ['kju:mjulaɪ] *pl от* cumulus
**cumulo-nimbus** ['kju:mjulə'nɪmbəs] *n* ку́чево-дождевы́е облака́
**cumulus** ['kju:mjuləs] *n* (*pl* -li) 1) кучевы́е облака́ 2) мно́жество, скопле́ние
**cuneiform** ['kju:nɪɪfɔ:m] **1.** *a* клинообра́зный
**2.** *n* клинообра́зный знак (*в ассирийских надписях*)
**cunning** ['kʌnɪŋ] **1.** *n* 1) хи́трость, кова́рство 2) *уст.* ло́вкость, уме́ние
**2.** *a* 1) хи́трый, кова́рный 2) *уст.* иску́сный, спосо́бный, ло́вкий; изобрета́тельный 3) *амер. разг.* преле́стный, изя́щный, интере́сный, пика́нтный; ~ smile очарова́тельная улы́бка
**cup** [kʌp] **1.** *n* 1) ча́ш(к)а; ку́бок 2) до́ля, судьба́; his ~ of happiness was full он был сча́стлив; a bitter ~ го́рькая ча́ша; the ~ of life ча́ша жи́зни 2) *бот.* ча́шечка (*цветка*) 3) *эл.* ю́бка (*изолятора*) 4) *тех.* манже́та 5) = cupping-glass ◇ one's ~ of tea увлече́ние; то, что нра́вится; it's not quite English ~ of tea э́то не совсе́м то, что нра́вится (*или* сво́йственно) англича́нам; to be in one's ~s быть навеселе́; to be a ~ too low быть в пода́вленном настрое́нии; to fill up the ~ перепо́лнить ча́шу терпе́ния
**2.** *v* 1) *бот.* придава́ть чашеви́дную фо́рму 2) *мед.* ста́вить ба́нки
**cup and ball** ['kʌpən'bɔ:l] *n* бильбоке́ (*игра*)
**cup-bearer** ['kʌpˌbɛərə] *n ист.* виноче́рпий
**cupboard** ['kʌbəd] *n* 1) шкаф, буфе́т 2) стенно́й шкаф; чула́н ◇ ~ love коры́стная любо́вь
**cupel** ['kju:pel] **1.** *n* проби́рная ча́шка
**2.** *v* определя́ть про́бу (*драгоценных металлов*)
**cupful** ['kʌpful] *n* по́лная ча́шка (*чего-л.*)
**Cupid** ['kju:pɪd] *n римск. миф.* Купидо́н
**cupidity** [kju(:)'pɪdɪtɪ] *n* а́лчность, жа́дность; ска́редность
**cupola** ['kju:pələ] *n* 1) ку́пол 2) *тех.* вагра́нка 3) *воен., мор.* враща́ющийся бронево́й ку́пол (*для тяжёлых орудий*)
**cuppa** ['kʌpə] *n разг.* ча́шка ча́ю
**cupping** ['kʌpɪŋ] **1.** *pres. p. от* cup 2
**2.** *n* примене́ние ба́нок
**cupping-glass** ['kʌpɪŋglɑ:s] *n мед.* ба́нка
**cupreous** ['kju:prɪəs] *a* ме́дный; содержа́щий медь
**cupriferous** [kju(:)'prɪfərəs] *a* меди́стый, содержа́щий медь
**cuprite** ['kju:praɪt] *n* купри́т, кра́сная ме́дная руда́
**cuprous** ['kju:prəs] *a хим.*: ~ chloride хло́ристая медь
**cuprum** ['kju:prəm] *n хим.* медь
**cur** [kə:] *n* 1) дворня́жка (*особ. злая, кусающаяся*); ша́вка 2) ду́рно воспи́танный, гру́бый *или* трусли́вый челове́к
**curability** [ˌkjuərə'bɪlɪtɪ] *n* излечи́мость
**curable** ['kjuərəbl] *a* излечи́мый
**curaçao** [ˌkjuərə'səu] *n* ликёр кюрасо́

**curacy** [ˈkjuərəsɪ] *n* 1) сан свяще́нника 2) прихо́д (*церковный*)

**curare** [kjuˈrɑːrɪ] *n* кура́ре

**curate** [ˈkjuərɪt] *n* вика́рий, исправля́ющий до́лжность свяще́нника

**curative** [ˈkjuərətɪv] **1.** *a* цели́тельный, целе́бный

**2.** *n* целе́бное сре́дство

**curator** [kjuəˈreɪtə] *n* 1) храни́тель (*музея, библиотеки*) 2) кура́тор, член правле́ния (*в университете*) 3) *шотл. юр.* опеку́н

**curb** [kəːb] **1.** *n* 1) подгу́бный реме́нь *или* цепо́чка, «це́пка» (*уздечки*) 2) узда́; обузда́ние 3) твёрдая о́пухоль на ноге́ у ло́шади 4) бордю́рный ка́мень; обо́чина (*тротуара*; *см. тж.* kerb) 5) нару́жный сруб коло́дца 6) *attr.* мундшту́чный; ~ bit мундшту́чное уди́ло; ~ bridle мундшту́чная узде́чка

**2.** *v* 1) надева́ть узду́ (*на лошадь*) 2) обу́здывать; сде́рживать

**curb roof** [ˈkəːbruːf] *n* манса́рдная кры́ша

**curbstone** [ˈkəːbstəun] = kerb-stone [*см. тж.* kerb *и* curb 1, 4)]

**curcuma** [ˈkəːkjumə] = turmeric

**curd** [kəːd] *n* 1) сверну́вшееся молоко́ 2) (*обыкн. pl*) творо́г

**curdle** [ˈkəːdl] *v* 1) свёртывать(ся) (*о крови, молоке*) 2) засты́ть (*от ужаса*), оцепене́ть 3): to ~ the blood леденить кровь

**curdy** [ˈkəːdɪ] *a* сверну́вшийся, створо́жившийся

**cure** I [kjuə] **1.** *n* 1) лека́рство; сре́дство 2) лече́ние; курс лече́ния 3) излече́ние 4) *церк.* попече́ние (о па́стве) 5) *тех.* вулканиза́ция (*резины*)

**2.** *v* 1) вылечивать, исцеля́ть 2) исправля́ть (*вред, зло*) 3) заготовля́ть, консерви́ровать 4) вулканизи́ровать (*резину*) ◇ what cannot be ~d must be endured *посл.* ≅ что нельзя́ испра́вить, то сле́дует терпе́ть

**cure** II [kjuə] *n жарг.* чуда́к

**cure-all** [ˈkjuərˈɔːl] *n* панаце́я, лека́рство от всех боле́зней

**cureless** [ˈkjuəlɪs] *a* неизлечи́мый

**curette** [kjuəˈret] *хир.* **1.** *n* кюре́тка

**2.** *v* выска́бливать кюре́ткой

**curfew** [ˈkəːfjuː] *n* 1) коменда́нтский час 2) *ист.* вече́рний звон (*сигнал для гашения огней*) 3) колпачо́к (*для тушения огня*)

**curie** [ˈkjuərɪ] *n физ.* кюри́ (*единица радиоактивности*)

**curing** [ˈkjuərɪŋ] *n* 1) лече́ние 2) исцеле́ние 3) консерви́рование, загото́вка

**curio** [ˈkjuərɪəu] *n* (*pl* -os [-əuz]) ре́дкая, антиква́рная вещь

**curiosity** [ˌkjuərɪˈɔsɪtɪ] *n* 1) любопы́тство 2) любозна́тельность 3) (а ~) дико́вина, ре́дкость 4) стра́нность 5) антиква́рная, ре́дкая вещь 6) *attr.* антиква́рный; ~ shop антиква́рный магази́н; «ла́вка дре́вностей»

**curious** [ˈkjuərɪəs] *a* 1) любопы́тный 2) любозна́тельный, пытли́вый 3) стра́нный, курьёзный; возбужда́ющий любопы́тство 4) тща́тельный; иску́сный; a ~ inquiry тща́тельное иссле́дование

**curiously** [ˈkjuərɪəslɪ] *adv* стра́нно; необыча́йно; ~ enough любопы́тно, как ни стра́нно

**curium** [ˈkjuərɪəm] *n хим.* кю́рий

**curl** [kəːl] **1.** *n* 1) ло́кон; завито́к; *pl* вью́щиеся во́лосы 2) зави́вка 3) завито́к; спира́ль; кольцо́ (*дыма*) 4) вихрь, завихре́ние 5): ~ of the lips крива́я, презри́тельная улы́бка, усме́шка

**2.** *v* 1) завива́ть(ся); ви́ться (*о волосах*); крути́ть 2) ви́ться, клуби́ться (*о дыме, облаках*) 3) ряби́ть (*водную поверхность*) 4): to ~ one's lips презри́тельно криви́ть гу́бы ▭ ~ **up** а) скру́чивать(ся), смо́рщивать(ся); б) *разг.* скрути́ть (*о несчастье, горе и т. п.*); в) испыта́ть потрясе́ние

**curler** [ˈkəːlə] *n* 1) тот, кто завива́ет, скру́чивает 2) бигуди́, папильо́тка

**curlew** [ˈkəːljuː] *n* кроншне́п (*птица*)

**curlicue** [ˈkəːlɪkjuː] *n* причу́дливый узо́р, причу́дливая завиту́шка

**curling** [ˈkəːlɪŋ] **1.** *pres. p. от* curl 2

**2.** *n* 1) завива́ние; скру́чивание 2) ке́рлинг (*шотландская игра*)

**3.** *a* вью́щийся

**curling-irons** [ˈkəːlɪŋˌaɪənz] *n pl* щипцы́ для зави́вки

**curling-tongs** [ˈkəːlɪŋtɔŋz] = curling-irons

**curl-paper** [ˈkəːlˌpeɪpə] *n* папильо́тка

**curly** [ˈkəːlɪ] *a* 1) кудря́вый, курча́вый; вью́щийся; волни́стый 2) изо́гнутый ◇ ~ grain свилева́тость, кососло́й (*в древесине*)

**curmudgeon** [kəːˈmʌdʒən] *n разг.* 1) грубия́н 2) скупе́ц, скря́га

**curmudgeonly** [kəːˈmʌdʒənlɪ] *a* 1) гру́бый 2) скупо́й

**currant** [ˈkʌrənt] *n* 1) кори́нка 2) сморо́дина

**currency** [ˈkʌrənsɪ] *n* 1) де́нежное обраще́ние 2) валю́та, де́ньги 3) употреби́тельность; this word (this game) is in common ~ э́то о́чень распространённое сло́во (распространённая игра́); to give ~ to smth. пуска́ть что-л. в обраще́ние

**current** [ˈkʌrənt] **1.** *n* 1) струя́; пото́к 2) тече́ние; ход (*событий и т. п.*) 3) *эл.* ток 4) *гидр.* тече́ние, пото́к ◇ against the ~ про́тив тече́ния; to breast the ~ идти́ про́тив тече́ния

**2.** *a* 1) ходя́чий; находя́щийся в обраще́нии; ~ coin ходя́чая моне́та; *перен.* общераспространённое мне́ние; to go (*или* to pass, to run) ~ быть общепри́нятым 2) теку́щий, тепе́решний; совреме́нный; ~ week, ~ month, *etc.* теку́щая неде́ля, теку́щий ме́сяц *и т. д.*; ~ issue теку́щий но́мер (*журнала*); of ~ interest злободне́вный, актуа́льный

**curricle** [ˈkʌrɪkl] *n* па́рный двухколёсный экипа́ж

**curricula** [kəˈrɪkjulə] *pl от* curriculum

**curriculum** [kəˈrɪkjuləm] *n* (*pl* -la) курс обуче́ния, уче́бный план (*школы, института, университета*)

**currish** [ˈkəːrɪʃ] *a* ду́рно воспи́танный; гру́бый; сварли́вый

**curry** I [ˈkʌrɪ] **1.** *n* 1) ке́рри (*приправа из куркумового корня, чеснока и разных пряностей*) 2) блю́до, припра́вленное ке́рри

**2.** *v* приготовля́ть блю́да с ке́рри, приправля́ть ке́рри

**curry** II [ˈkʌrɪ] *v* 1) чи́стить скребни́цей 2) выде́лывать ко́жу ◇ to ~ favour заи́скивать, подли́зываться

**curry-comb** [ˈkʌrɪkəum] *n* скребни́ца

**curse** [kəːs] **1.** *n* 1) прокля́тие; руга́тельство 2) бич, бе́дствие; the ~ of drink па́губа, прокля́тие пья́нства 3) отлуче́ние от це́ркви ◇ don't care a ~ наплева́ть; wouldn't give a ~ гроша́ бы не дал (*за что-л.*); not worth a ~ никуда́ не го́дный, гроша́ не сто́ит; ~s come home to roost прокля́тия обру́шиваются на го́лову проклина́ющего; ≅ не рой друго́му я́му, сам в неё попадёшь

**2.** *v* 1) проклина́ть; руга́ться 2) кощу́нствовать 3) отлуча́ть от це́ркви 4) (*обыкн. pass.*) му́чить, причиня́ть страда́ния

**cursed 1.** [kəːst] *p. p. от* curse 2

**2.** *a* [ˈkəːsɪd] 1) про́клятый 2) прокля́тый, окая́нный 3) *разг.* отврати́тельный

**3.** *adv* [ˈkəːsɪd] 1) черто́вски 2) = cursedly

**cursedly** [ˈkəːsɪdlɪ] *adv* ме́рзко, отврати́тельно

**cursive** [ˈkəːsɪv] **1.** *n* 1) ско́ропись 2) рукопи́сный шрифт

**2.** *a* 1) скорописный 2) рукопи́сный

**cursor** [ˈkəːsə] *n тех.* стре́лка, указа́тель, движо́к (*на шкале*)

**cursorial** [kəːˈsɔːrɪəl] *a* бе́гающий (*о птицах*)

**cursory** [ˈkəːsərɪ] *a* бе́глый, пове́рхностный, курсо́рный; to give a ~ glance бро́сить бе́глый взгляд

**curst** [kəːst] = cursed 2 *и* 3

**curt** [kəːt] *a* 1) кра́ткий; сжа́тый (*о стиле*) 2) отры́висто-гру́бый (*об ответе*)

**curtail** [kəːˈteɪl] *v* 1) сокраща́ть, укора́чивать, уре́зывать 2) лиша́ть

**curtailment** [kəːˈteɪlmənt] *n* 1) сокраще́ние, уре́зывание 2) лише́ние

**curtain** [ˈkəːtn] **1.** *n* 1) занаве́ска; to draw the ~ задёрнуть занаве́ску 2) за́навес; to drop the ~ опусти́ть за́навес; the ~ falls (*или* drops, is dropped) за́навес па́дает, представле́ние око́нчено; the ~ rises (*или* is raised) за́навес поднима́ется, представле́ние начина́ется; to lift the ~ подня́ть за́навес; *перен.* приподня́ть заве́су (*над чем-л.*) 3) *воен.* заве́са 4) *воен.* курти́на 5) *pl разг.* коне́ц, крышка ◇ ~ lecture выговор, получаемый мужем от жены наедине; behind the ~ за кулисами, не публично; to take the ~ выходить на аплодисменты

**2.** *v* занавешивать □ ~ **off** отделять занавесом

**curtain-call** [ˈkə:tnkɔ:l] *n* вызов актёра (*на аплодисменты*)

**curtain-fire** [ˈkə:tnˌfaɪə] *n воен.* огневая завеса

**curtain-raiser** [ˈkə:tnˌreɪzə] *n* одноактная пьеса, исполняемая перед началом спектакля

**curtilage** [ˈkə:tɪlɪdʒ] *n юр.* участок, прилегающий к дому

**curtsey** [ˈkə:tsɪ] **1.** *n* реверанс, приседание; to make (*или* to drop) a ~ присесть, сделать реверанс

**2.** *v* приседать, делать реверанс

**curtsy** [ˈkə:tsɪ] = curtsey

**curvature** [ˈkə:vətʃə] *n* кривизна, изгиб, искривление

**curve** [kə:v] **1.** *n* 1) кривая (*линия*); дуга 2) кривая (*диаграмма*) 3) изгиб, кривизна, закругление 4) лекало

**2.** *v* гнуть, сгибать; изгибать(ся)

**curve piece** [ˈkə:vpi:s] *n стр.* кружало

**curvet** [kə:ˈvet] **1.** *n* курбет

**2.** *v* делать курбет

**curvilinear** [ˌkə:vɪˈlɪnɪə] *a* криволинейный

**cushat** [ˈkʌʃət] *n диал.* лесной голубь, вяхирь

**cushion** [ˈkuʃən] **1.** *n* 1) (диванная) подушка 2) борт (*бильярда*) 3) подушка (*для плетения кружев*) 4) *тех.* упругая прокладка, подушка

**2.** *v* 1) снабжать подушками; подкладывать подушку 2) замалчивать, обходить молчанием 3) ставить шар к борту (*бильярда*) ◇ to ~ a shock смягчить удар

**cushioncraft** [ˈkuʃənkrɑ:ft] *n* судно на воздушной подушке

**cushiony** [ˈkuʃənɪ] *a* похожий на подушку; мягкий, как подушка

**cushy** [ˈkuʃɪ] *a жарг.* лёгкий и хорошо оплачиваемый; a ~ job «тёпленькое местечко»; ~ wound лёгкая рана

**cusp** [kʌsp] *n* 1) рог луны 2) (горный) пик; выступ; мыс 3) острый кончик зуба 4) точка пересечения (*двух кривых*)

**cuspid** [ˈkʌspɪd] *n анат.* клык

**cuspidal** [ˈkʌspɪdl] *a* остроконечный

**cuspidate(d)** [ˈkʌspɪdeɪt(ɪd)] *a* остроконечный

**cuspidor** [ˈkʌspɪdɔ:] *n амер.* плевательница

**cuss** [kʌs] *разг.* **1.** *n* 1) проклятие 2) парень 3) негодный малый, «наказание» ◇ not to care a ~ относиться наплевательски

**2.** *v* ругаться

**cussed** [ˈkʌsɪd] *a разг.* упрямый

**custard** [ˈkʌstəd] *n* сладкий крем (*из яиц и молока*)

**custodian** [kʌsˈtəudjən] *n* 1) сторож 2) хранитель (*музея и т. п.*) 3) опекун

**custody** [ˈkʌstədɪ] *n* 1) опека, попечение; охрана, хранение 2) заключение; заточение; to take into ~ арестовать, взять под стражу

**custom** [ˈkʌstəm] **1.** *n* 1) обычай; привычка 2) клиентура; покупатели 3) заказы 4) *pl* таможенные пошлины 5) *attr.*: ~s clearance таможенная очистка; ~s duties таможенные пошлины и сборы; ~s policy таможенная полиция; ~s union таможенный союз

**2.** *a амер.* изготовленный, сделанный на заказ; ~ clothes платье, сшитое на заказ

**customable** [ˈkʌstəməbl] *a* подлежащий таможенному обложению

**customary** [ˈkʌstəmərɪ] *a* обычный, привычный; основанный на опыте, обычае; ~ law *юр.* обычное право

**custom-built** [ˈkʌstəmˈbɪlt] *a амер.* 1) построенный по специальному заказу 2) изготовленный на заказ

**customer** [ˈkʌstəmə] *n* заказчик, покупатель; клиент; *перен.* завсегдатай ◇ rum (*или* queer) ~ чудак, странный человек

**custom-house** [ˈkʌstəmhaus] *n* таможня

**custom-made** [ˈkʌstəmˈmeɪd] = custom-built 2)

**cut I** [kʌt] **1.** *v* (cut) 1) резать; срезать, отрезать, разрезать; стричь; to ~ oneself порезаться; ~ loose отделять, освобождать; to ~ oneself loose from one's family порвать с семьёй 2) косить, жать; убирать урожай 3) рубить, валить (*лес*) 4) кроить 5) высекать (*из камня*); резать (*по дереву*); тесать, стёсывать; шлифовать, гранить (*драгоценные камни*) 6) бурить; копать; рыть 7) резаться, прорезываться (*о зубах*) 8) кастрировать (*животное*) 9) урезывать; сокращать (*статью, книгу, продукцию, расходы*) 10) снижать (*цены, налоги*) 11) пересекать(ся) (*о линиях, дорогах*) 12) прерывать знакомство (*с кем-л.*); не кланяться, делать вид, что не замечаешь (*кого-л.*); to ~ smb. dead совершенно игнорировать кого-л. 13) пропускать, не присутствовать; to ~ a lecture пропустить лекцию 14) *разг.* переставать, прекращать 15) *разг.* удирать 16) *карт.* снимать колоду; to ~ for partners выниманием карт определить партнёров □ ~ **at** наносить удар (*мечом, кнутом; тж. перен.*); ~ **away** а) срезать; б) *разг.* убегать; ~ **back** *кино* повторить данный ранее кадр (*обычно в воспоминаниях и т. п.*); ~ **down** а) сокращать (*расходы, статью и т. п.*); б) рубить (*деревья*); в) (*обыкн. pass.*) сражать (*о болезни, смерти*); ~ **in** а) вмешиваться; б) *эл.* включать; в) вклиниваться между машинами; ~ **off** а) обрезать, отсекать; прерывать; operator, I have been ~ off послушайте, станция, нас разъединили; б) приводить к ранней смерти; в) отрезать (*отступление*); г) выключать (*электричество, воду, газ и т. п.*); ~ **out** а) вырезать; кроить; б) вытеснять; в) *мор.* отрезать судно от берега; г) *эл.* выключать; д) *карт.* выходить из игры; ~ **over** вырубать лес; ~ **under** продавать дешевле (*конкурирующих фирм*); ~ **up** а) разрубать, разрезать на куски; б) раскритиковать; в) подрывать (*силы, здоровье*); причинять страдания; be ~ up мучиться, страдать ◇ ~ the coat according to the cloth ≅ по одёжке протягивай ножки; to ~ and come again есть с аппетитом; to ~ and run убегать, удирать; to ~ both ways быть обоюдоострым; to ~ a joke отпустить, отколоть шутку; to be ~ out for smth. быть словно созданным для чего-л.; ~ it out! *разг.* перестаньте!, бросьте!; to ~ up well оставить после своей смерти большое состояние; to ~ up rough негодовать, возмущаться; to ~ to the heart (*или* to the quick) задеть за живое, глубоко уязвить, глубоко задеть (*чьи-л. чувства*); to ~ to pieces разбить наголову; раскритиковать; to ~ a feather *уст.* а) вдаваться в излишние тонкости; б) *разг.* щеголять, красоваться, выставлять напоказ; to ~ short прерывать, обрывать

**2.** *n* 1) разрез, порез; рана; зарубка, засечка 2) отрезок 3) покрой 4) вырезка (*тж. из книги, статьи*); a ~ from the joint вырезка, филей 5) *кино* монтаж; rough ~ предварительный монтаж 6) *кино* быстрая смена кадров 7) снижение (*цен, количества*) 8) гравюра на дереве (*доска или оттиск*) 9) прекращение (*знакомства*); to give smb. the ~ direct прекратить знакомство с кем-л. 10) кратчайший путь (*тж.* a short ~) 11) *карт.* снятие (*колоды*) 12) канал; выемка 13) профиль, сечение; пролёт (*моста*) ◇ the ~ of one's rig (*или* jib) *разг.* внешний вид человека

**cut II** [kʌt] **1.** *p. p. от* cut I, 1

**2.** *a* 1) отрезанный, подрезанный, срезанный 2) порезанный 3) скроенный 4) сниженный, уменьшенный 5) кастрированный ◇ ~ and dried (*или* dry) а) заранее подготовленный; в законченном виде; б) трафаретный, тривиальный, банальный

**cutaneous** [kju(:)ˈteɪnjəs] *a мед.* кожный

**cut-away** [ˈkʌtəweɪ] *n* визитка

**cutback** [ˈkʌtbæk] *n* сокращение, снижение; ~ of economic activity экономический спад

**cute** [kju:t] *a разг.* 1) умный, сообразительный; остроумный, находчивый 2) привлекательный, миловидный

**cut-glass** [ˈkʌtglɑ:s] *n* гранёное стекло

**cuticle** [ˈkju:tɪkl] *n анат., бот.* кутикула

**cutlass** [ˈkʌtləs] *n* 1) *мор. ист.* абордáжная сáбля 2) заострённая мотыга
**cutler** [ˈkʌtlə] *n* ножóвщик; торгóвец ножевыми издéлиями
**cutlery** [ˈkʌtlərɪ] *n* 1) ножевые издéлия; ножевóй товáр 2) ремеслó ножóвщика
**cutlet** [ˈkʌtlɪt] *n* отбивнáя котлéта
**cut-off** [ˈkʌtɔf] *n* 1) *тех.* отсéчка пáра 2) *воен.* пластинка-замыкáтель магазина (*в винтовке*) 3) *гидр.* спрямлéние рýсла 4) *амер.* сокращéние пути, обхóд, обхóдная дорóга
**cut-off date** [ˈkʌtɔfˈdeɪt] *n* конéчный, послéдний срок
**cut-out** [ˈkʌtaut] *n* 1) очертáние, áбрис, прóфиль, кóнтур 2) *эл.* предохранитель; автоматический выключáтель; рубильник 3) аппликáция
**cut sugar** [ˈkʌtˌʃugə] *n* пилёный сáхар
**cutter** [ˈkʌtə] *n* 1) рéзчик (*по дереву, камню*) 2) закрóйщик; закрóйщица 3) *кино* монтажёр 4) рéжущий инструмéнт *или* станóк; резéц; резáк; фрезá; бур *и т. п.* 5) *мор.* кáтер; тéндер (*одномачтовая парусная яхта*) 6) *горн.* врубовая машина 7) забóйщик 8) *амер.* двухмéстные сáни
**cutthroat** [ˈkʌtθrəut] *n* 1) головорéз, убийца 2) *attr.* беспощáдный, ожесточённый; ~ competition конкурéнция не на жизнь, а на смéрть
**cutting** [ˈkʌtɪŋ] **1.** *pres. p. от* cut I, 1
**2.** *n* 1) рéзание; рýбка; тесáние; гранéние; фрезеровáние 2) закрóйка 3) вырезка (*газетная, журнальная*) 4) *pl* обрéзки, опилки, стрýжки ◇ railway ~ выемка железнодорóжного пути
**3.** *a* 1) óстрый, рéзкий; язвительный (*о замечании*) 2) пронизывающий (*о ветре*) 3) рéжущий; для рéзания; ~ speed скóрость рéзания; ~ tool резéц; рéжущий инструмéнт
**cutting area** [ˈkʌtɪŋˈεərɪə] *n* лесосéка
**cutting room** [ˈkʌtɪŋrum] *n* монтáжная
**cuttle** [ˈkʌtl] = cuttle-fish
**cuttle-fish** [ˈkʌtlfɪʃ] *n* *зоол.* каракáтица
**cutty** [ˈkʌtɪ] *n* 1) корóтенькая глиняная трýбка 2) корóткая лóжка 3) *разг.* безнрáвственная жéнщина
**cutty-stool** [ˈkʌtɪstu:l] *n* 1) низкий табурéт 2) *ист.* позóрный стул в шотлáндских церквáх
**cutwater** [ˈkʌtˌwɔ:tə] *n* 1) *мор.* водорéз 2) *стр.* волнолóм (*быка*)

**cutworm** [ˈkʌtwə:m] *n* *зоол.* гýсеница озимой сóвки, озимый червь
**cuvette** [kju:ˈvet] *фр.* *n* *фото* ювéтка
**cyanic** [saɪˈænɪk] *a* *хим.* циáновый; ~ acid циáновая кислотá
**cyanide** [ˈsaɪənaɪd] *n* *хим.* цианид, соль цианистоводорóдной кислоты; ~ of potassium циáнистый кáлий
**cyanogen** [saɪˈænədʒɪn] *n* *хим.* циáн
**cyanosis** [ˌsaɪəˈnəusɪs] *n* *мед.* цианóз, синюха
**cybernated** [ˈsaɪbəneɪtɪd] *a* кибернетизированный; оснащённый компьютерами
**cybernation** [ˌsaɪbəˈneɪʃən] *n* кибернетизáция; внедрéние компьютеров
**cybernetics** [ˌsaɪbə:ˈnetɪks] *n* *pl* (*употр. как sing*) кибернéтика
**cyclamen** [ˈsɪkləmən] *n* *бот.* цикламéн
**cycle** [ˈsaɪkl] **1.** *n* 1) цикл; круг; круговорóт 2) *разг.* (*сокр. от* bicycle) велосипéд 3) *тех.* (кругов́ой) процéсс, такт
**2.** *v* 1) совершáть цикл развития 2) дéлать оборóты (*о колесе и т. п.*) 3) éздить на велосипéде
**cycle-car** [ˈsaɪklkɑ:] *n* 1) малолитрáжный автомобиль с мотоциклéтным двигателем 2) колясска мотоцикла
**cycler** [ˈsaɪklə] *амер.* = cyclist
**cyclic(al)** [ˈsaɪklɪk(əl)] *a* циклический
**cycling** [ˈsaɪklɪŋ] **1.** *pres. p. от* cycle 2
**2.** *n* издá на велосипéде
**cyclist** [ˈsaɪklɪst] *n* велосипедист
**cycloid** [ˈsaɪklɔɪd] *n* *геом.* циклóида
**cyclometer** [saɪˈklɔmɪtə] *n* циклóметр (*инструмент*)
**cyclone** [ˈsaɪkləun] *n* циклóн
**cyclonic** [saɪˈklɔnɪk] *a* циклонический
**cyclop(a)edia** [ˌsaɪkləuˈpi:djə] *n* (*сокр. от* encyclop(a)edia) энциклопéдия
**cyclop(a)edic** [ˌsaɪkləuˈpi:dɪk] *a* энциклопедический
**Cyclopean** [saɪˈkləupjən] *a* циклопический; громáдный, гигáнтский
**Cyclopes** [saɪˈkləupi:z] *pl от* Cyclops
**Cyclops** [ˈsaɪklɔps] *n* (*pl* -opes) 1) *миф.* циклóп 2) *pl* *зоол.* циклóпы (*сем. низших раков с одним глазом*)
**cyclotron** [ˈsaɪklətrɔn] *n* *физ.* циклотрóн
**cyder** [ˈsaɪdə] = cider
**cygnet** [ˈsɪgnɪt] *n* молодóй лéбедь

**cylinder** [ˈsɪlɪndə] *n* 1) *геом.* цилиндр 2) *тех.* цилиндр; вáлик, валóк; барабáн; gas ~ баллóн 3) барабáн револьвéра 4) *attr.* цилиндровый; ~ bore диáметр цилиндра в светý; ~ head крышка цилиндра
**cylindrical** [sɪˈlɪndrɪkəl] *a* цилиндрический; ~ spiral spring винтовáя пружина
**cymbal** [ˈsɪmbəl] *n* 1) *библ.* кимвáл 2) *pl* *муз.* тарéлки
**cyme** [saɪm] *n* *бот.* слóжный зóнтик
**cymograph** [ˈsaɪməugrɑ:f] *n* кимóграф
**cymometer** [saɪˈmɔmɪtə] *n* *радио* волномéр; частотомéр
**cymoscope** [ˈsaɪməskəup] *n* *эл.* индикáтор колебáний
**Cymric** [ˈkɪmrɪk] *a* уэ́льский
**cynic** [ˈsɪnɪk] *n* циник
**cynical** [ˈsɪnɪkəl] *a* циничный; бесстыдный
**cynicism** [ˈsɪnɪsɪzm] *n* цинизм
**cynosure** [ˈsɪnəzjuə] *n* 1) созвéздие Мáлой Медвéдицы 2) Полярная звездá 3) путевóдная звездá 4) центр внимáния
**Cynthia** [ˈsɪnθɪə] *n* *миф.* Диáна, Артемида
**cypher** [ˈsaɪfə] = cipher
**cypress** [ˈsaɪprɪs] *n* *бот.* кипарис
**Cyprian** [ˈsɪprɪən] **1.** *a* 1) кипрский 2) *уст.* распýтный
**2.** *n* 1) урожéнец Кипра, киприóт 2) *уст.* распýтник; распýтница
**Cypriote** [ˈsɪprɪəut] *n* урожéнец Кипра, киприóт
**Cyrillic** [sɪˈrɪlɪk] *a*: ~ alphabet кириллица (*древнеславянская азбука*)
**Cyrus** [ˈsaɪərəs] *n* Сáйрес; *ист.* Кир
**cyst** [sɪst] *n* 1) *анат.* пузырь; *бот.* циста 2) *мед.* кистá
**cystic** [ˈsɪstɪk] *a* пузырный
**cystitis** [sɪsˈtaɪtɪs] *n* *мед.* воспалéние мочевóго пузыря, цистит
**cytology** [saɪˈtɔlədʒɪ] *n* учéние о клéтке, цитолóгия
**cytoplasm** [ˈsaɪtəplæzm] *n* *биол.* протоплáзма клéтки, цитоплáзма
**czar** [zɑ:] *русск.* *n* 1) царь 2) дéспот; самодéржец
**czardas** [ˈtʃɑ:dæʃ] *венгр.* *n* чáрдаш
**czarevitch** [ˈzɑ:rɪvɪtʃ] *русск.* *n* царéвич
**czarina** [zɑ:ˈri:nə] *русск.* *n* царица
**Czech** [tʃek] **1.** *a* чéшский
**2.** *n* 1) чех; чéшка 2) чéшский язык
**Czechoslovak** [ˈtʃekəuˈsləuvæk] **1.** *a* чехословáцкий
**2.** *n* житель Чехословáкии
**Czekh** [tʃek] = Czech

# D

**D, d** [di:] *n* (*pl* Ds, D's [di:z]) 1) *4-я буква англ. алфавита* 2) *муз.* ре 3) *тех.* что-л., имéющее фóрму Д [*см.* dee 2)]
**d** [di:] *эвф. см.* damn
**'d** [-d] *сокр. разг. от* had, should, would; he'd go он пошёл бы

**da** [dɑ:] *разг. см.* dad
**dab** I [dæb] **1.** *n* 1) лёгкий удáр 2) прикосновéние 3) мазóк 4) пятнó (*краски*)
**2.** *v* 1) слегкá прикасáться 2) тыкать; ударять (at); to ~ with one's finger тыкать пáльцем 3) клевáть 4) приклáдывать что-л. мягкое *или* мóкрое; to ~ one's forehead with a handkerchief приклáдывать ко лбу платóк 5) намáзывать 6) покрывáть (*краской, штукатуркой*); дéлать лёг-

кие мазки́ (*тряпкой, кистью;* on) 7) *тех.* отмеча́ть ке́рнером
**dab** II [dæb] *n зоол.* ершова́тка, лима́нда
**dab** III [dæb] *n разг.* знато́к; ма́стер своего́ де́ла
**dabble** ['dæbl] *v* 1) плеска́ть(ся), бры́згать(ся); бара́хтаться (*в воде, грязи*) 2) опры́скивать, ороша́ть 3) занима́ться (*чем-л.*) пове́рхностно, по-любительски; to ~ in politics политика́нствовать
**dabbler** ['dæblə] *n пренебр.* люби́тель, дилета́нт
**dabby** ['dæbɪ] *a* сыро́й; мо́крый и ли́пнущий к те́лу (*о платье*)
**dabster** ['dæbstə] *n* 1) (*преим. диал.*) знато́к, специали́ст [*см.* dab III] 2) *разг.* неуме́лый рабо́тник
**dace** [deɪs] *n* еле́ц (*рыба*); плотва́
**dachshund** ['dækshund] *нем. n* та́кса (*порода собак*)
**dactyl** ['dæktɪl] *n* 1) *прос.* да́ктиль 2) *зоол.* па́лец (*животного*)
**dactylic** [dæk'tɪlɪk] **1.** *a* дактили́ческий
**2.** *n* (*обыкн. pl*) дактили́ческий стих
**dactyliography** [,dæktɪlɪ'ɔgrəfɪ] *n* исто́рия иску́сства гравирова́ния (*на драгоценных камнях и кольцах*)
**dactylogram** [dæk'tɪləugræm] *n* отпеча́ток па́льца
**dactylography** [,dæktɪ'lɔgrəfɪ] *n* дактилоскопи́я
**dactylology** [,dæktɪ'lɔlədʒɪ] *n* разгово́р при по́мощи па́льцев, дактилоло́гия
**dad, daddy** [dæd, 'dædɪ] *n разг.* па́па, па́почка
**daddylonglegs** ['dædɪ'lɔŋlegz] *n* 1) долгоно́жка (*насекомое*) 2) пау́к-сеноко́сец
**dado** ['deɪdəu] **1.** *n* (*pl* -os [-əuz]) *архит.* 1) цо́коль 2) пане́ль (*стены*)
**2.** *v* 1) обшива́ть пане́лью; распи́сывать пане́ль 2) *тех.* выбира́ть пазы́
**daedal** ['di:dəl] *a поэт.* 1) иску́сный 2) зате́йливый, сло́жный
**Daedalian** [di(:)'deɪlɪən] *a* сло́жный; запу́танный, как лабири́нт, хитроу́мный
**daemon** ['di:mən] = demon
**daemonic** [di:'mɔnɪk] = demonic
**daffadowndilly** ['dæfədaun'dɪlɪ] = daffodil 1, 1)
**daffodil** ['dæfədɪl] **1.** *n* 1) *бот.* бле́дно-жёлтый нарци́сс (*является национальной эмблемой валлийцев*) 2) бле́дно-жёлтый цвет
**2.** *a* бле́дно-жёлтый
**daffodilly** ['dæfədɪlɪ] = daffodil 1, 1)
**daffy** ['dɑ:fɪ] *n разг.* взба́лмошный, сумасбро́дный; сумасше́дший
**daft** [dɑ:ft] *a разг.* 1) слабоу́мный; сумасше́дший; to go ~ рехну́ться; потеря́ть го́лову 2) безрассу́дный, глу́пый, идио́тский 3) легкомы́сленный; бесшаба́шный
**dag** I [dæg] *n* клок сби́вшейся ше́рсти
**dag** II [dæg] *n ист.* большо́й пистоле́т
**dagger** ['dægə] **1.** *n* 1) кинжа́л; to be at ~s drawn with smb. быть на ножа́х с кем-л. 2) *полигр.* кре́стик ◇ to look ~s зло́бно смотре́ть, броса́ть гне́вные взгля́ды; to speak ~s говори́ть озло́бленно, с раздраже́нием
**2.** *v* 1) пронза́ть кинжа́лом 2) *полигр.* отмеча́ть кре́стиком
**daggle** ['dægl] *v* тащи́ть, волочи́ть по гря́зи
**dago** ['deɪgəu] *n* (*pl* -os, -oes [-əuz]) *амер. презр.* да́го (*прозвище итальянца, испанца, португальца*)
**daguerreotype** [də'gerəutaɪp] *n* дагерроти́п
**dahlia** ['deɪljə] *n бот.* георги́н
**Dail (Eireann)** ['daɪl('ɛərən)] *n* ни́жняя пала́та парла́мента Ирла́ндии
**daily** ['deɪlɪ] **1.** *a* ежедне́вный; повседне́вный; су́точный; it is of ~ occurrence э́то происхо́дит ежедне́вно; э́то повседне́вное явле́ние; ~ living needs, ~ wants насу́щные потре́бности, бытовы́е ну́жды; ~ allowance *воен.* су́точное дово́льствие; ~ duty дежу́рство ◇ ~ dozen *спорт. разг.* заря́дка
**2.** *n* 1) ежедне́вная газе́та 2) *разг.* приходя́щая рабо́тница (*тж.* ~ woman)
**3.** *adv* ежедне́вно
**daintiness** ['deɪntɪnɪs] *n* утончённость, изы́сканность
**dainty** ['deɪntɪ] **1.** *n* ла́комство, делика́те́с
**2.** *a* 1) утончённый; изя́щный, элега́нтный 2) ла́комый; вку́сный 3) разбо́рчивый, приве ре́дливый
**dairy** ['dɛərɪ] *n* 1) маслоде́льня; сырова́рня 2) моло́чная 3) = dairy-farm 4) *attr.* моло́чный; ~ produce моло́чные проду́кты; ~ cattle моло́чный скот
**dairy-farm** ['dɛərɪfɑ:m] *n* моло́чная фе́рма
**dairying** ['dɛərɪɪŋ] *n* моло́чное хозя́йство
**dairymaid** ['dɛərɪmeɪd] *n* рабо́тница на моло́чной фе́рме; доя́рка
**dairyman** ['dɛərɪmən] *n* 1) владе́лец *или* рабо́тник моло́чной фе́рмы 2) продаве́ц моло́чных проду́ктов; торго́вец моло́чными проду́ктами
**dais** ['deɪɪs] *n* помо́ст, возвыше́ние (*особ. в конце зала для трона, кафедры*)
**daisied** ['deɪzɪd] *a* покры́тый маргари́тками
**daisy** ['deɪzɪ] *n* 1) маргари́тка 2) *амер. бот.* попо́вник, нивя́ник обыкнове́нный 3) *жарг.* что-л. первокла́ссное, первосо́ртное
**daisy-cutter** ['deɪzɪ,kʌtə] *n* 1) ло́шадь, едва́ поднима́ющая но́ги во вре́мя бе́га 2) мяч, скользя́щий по земле́ (*в крикете*)
**dak** [dɑ:k] *инд. n* 1) сме́нные носи́льщики *или* ло́шади 2) по́чта на перекладны́х *или* на сме́нных носи́льщиках
**dak bungalow** ['dɑ:k'bʌŋgələu] *n* гости́ница при почто́вой ста́нции (*в Индии и Пакистане*)
**Dalai Lama** ['dælaɪ'lɑ:mə] *n* дала́й-ла́ма
**dale** [deɪl] *n поэт.* доли́на, дол ◇ up hill and down ~ по гора́м, по дола́м; не разбира́я доро́ги; to curse up hill and down ~ ≅ руга́ть на чём свет стои́т
**-dale** [-deɪl] *в сложных словах означает* доли́на; *напр.*, Clydesdale
**dalesman** ['deɪlzmən] *n* жи́тель доли́н (*на севере Англии*)
**dalle** [dæl] *n* 1) ка́фель; пли́тка (*для настилки полов*) 2) *pl амер.* стремни́ны, быстри́ны (*в ущелье*)
**dalliance** ['dælɪəns] *n* 1) пра́здное времяпрепровожде́ние 2) развлече́ние 3) несерьёзное отноше́ние (*к чему-л.*) 4) флирт
**dally** ['dælɪ] *v* 1) занима́ться пустяка́ми; болта́ться без де́ла; to ~ with an idea носи́ться с мы́слью (*ничего не предпринимая*) 2) оття́гивать, откла́дывать 3) развлека́ться 4) коке́тничать, флиртова́ть ▭ ~ **away** а) зря теря́ть вре́мя; б) упуска́ть возмо́жность; ~ **off** откла́дывать в до́лгий я́щик; уклоня́ться от *чего-л.*
**Dalmatian** [dæl'meɪʃjən] **1.** *a* далма́тский
**2.** *n* далма́тский дог
**dalmatic** [dæl'mætɪk] *n церк.* далма́тик (*облачение католических священнослужителей*)
**daltonism** ['dɔ:ltənɪzm] *n мед.* дальтони́зм
**dam** I [dæm] **1.** *n* 1) да́мба, плоти́на, запру́да; гать; переми́чка; мол 2) запру́женная вода́
**2.** *v* запру́живать во́ду (*часто* ~ up) ▭ ~ **back** сде́рживать, уде́рживать; ~ **out** заде́рживать, отводи́ть плоти́ной (*воду*)
**dam** II [dæm] *n* ма́тка (*о животном*)
**damage** ['dæmɪdʒ] **1.** *n* 1) вред; поврежде́ние 2) убы́ток; уще́рб 3) *pl юр.* убы́тки; компенса́ция за убы́тки; to bring an action of ~s against smb. предъяви́ть кому́-л. иск за убы́тки 4) (*тж. pl*) *разг.* сто́имость; what's the ~? ско́лько э́то сто́ит?; I will stand the ~s я заплачу́
**2.** *v* 1) поврежда́ть, по́ртить 2) наноси́ть уще́рб, убы́ток 3) *разг.* ушиби́ть, повреди́ть (*о частях тела*) 4) позо́рить, дискредити́ровать
**damageable** ['dæmɪdʒəbl] *a* легко́ поврежда́емый *или* по́ртящийся
**damage control** ['dæmɪdʒkən,trəul] *n* ремо́нтно-восстанови́тельные рабо́ты
**daman** ['dæmən] *n зоол.* дама́н
**damascene** ['dæməsi:n] *v* украша́ть насе́чкой из зо́лота *или* серебра́ (*металл*); вороне́ть (*сталь*)
**damask** ['dæməsk] **1.** *n* 1) дама́ст, камка́ (*узорчатая шёлковая или полотняная ткань*) 2) камча́тное полотно́ (*для скатертей*) 3) дама́сская сталь; була́т 4) а́лый цвет

**2.** *a* 1) камча́тный 2) сде́ланный из дама́сской ста́ли, була́тный; ~ steel була́т 3) а́лый

**3.** *v* 1) ткать с узо́рами 2) украша́ть насе́чкой из зо́лота *или* серебра́; ворони́ть (*сталь*)

**dame** [deɪm] *n* 1) кавале́рственная да́ма (*титул жены баронета или женщины, имеющей орден Британской Империи*) 2) *шутл.* пожила́я же́нщина 3) *уст.* госпожа́, да́ма 4) *уст.* нача́льница шко́лы 5) *амер. разг.* же́нщина ◇ D. Nature мать-приро́да; D. Fortune госпожа́ форту́на

**dame-school** [ˈdeɪmsku:l] *n* шко́ла для ма́леньких дете́й (*возглавляемая женщиной*)

**dammar** [ˈdæmə] *n* дамма́ра, дамма́ровая смола́

**damme** [ˈdæmɪ] *int* (*сокр. от* damn me) будь я про́клят!

**damn** [dæm] **1.** *n* 1) прокля́тие 2) руга́тельство ◇ not to care a ~ соверше́нно не интересова́ться, наплева́ть; not worth a ~ ≅ вы́еденного яйца́ не сто́ит

**2.** *v* 1) проклина́ть; ~ it all! тьфу, про́пасть!; I'll be ~ed if будь я про́клят, е́сли 2) осужда́ть; порица́ть, критикова́ть 3) провали́ть, освиста́ть; to ~ a play хо́лодно приня́ть, провали́ть пье́су; to ~ with faint praise ≅ похвали́ть так, что не поздоро́вится 4) руга́ться

**damnable** [ˈdæmnəbl] *a* 1) заслу́живающий осужде́ния 2) *разг.* ужа́сный, отврати́тельный

**damnably** [ˈdæmnəblɪ] *adv* 1) отврати́тельно 2) *разг.* ужа́сно, о́чень, чрезвыча́йно

**damnation** [dæmˈneɪʃən] **1.** *n* 1) прокля́тие; may ~ take him! будь он про́клят! 2) *церк.* ве́чные му́ки (*в аду*) 3) осужде́ние, стро́гая кри́тика 4) освиста́ние (*пьесы*)

**2.** *int* прокля́тие!

**damnatory** [ˈdæmnətərɪ] *a* 1) осужда́ющий 2) вызыва́ющий осужде́ние; па́губный 3) *юр.* веду́щий к осужде́нию (*о показании*)

**damned** [dæmd] **1.** *p. p. от* damn 2

**2.** *a* 1) осуждённый, про́клятый 2) прокля́тый, трекля́тый; отврати́тельный, черто́вский (*часто употр. для усиления*); none of your ~ nonsense! не валя́йте дурака́!; it is ~ hot черто́вски жа́рко

**damnific** [dæmˈnɪfɪk] *a* вредоно́сный, па́губный

**damnification** [ˌdæmnɪfɪˈkeɪʃən] *n* *юр.* причине́ние вреда́, уще́рба

**damnify** [ˈdæmnɪfaɪ] *v* причиня́ть вред, уще́рб 2) наноси́ть оби́ду

**damning** [ˈdæmɪŋ] **1.** *pres. p. от* damn 2

**2.** *a* 1) *юр.* вызыва́ющий осужде́ние; ~ evidence изоблича́ющие ули́ки 2) *разг.* убийственный

**Damocles** [ˈdæməkli:z] *n* *греч. миф.* Дамо́кл; sword of ~ дамо́клов меч

**damp** [dæmp] **1.** *n* 1) сы́рость, вла́жность; испаре́ния 2) уны́ние, угнетённое состоя́ние ду́ха; to cast a ~ over smb. огорча́ть, разочаро́вывать кого́-л.; приводи́ть в уны́ние, угнета́ть кого́-л. 3) *горн.* рудни́чный газ

**2.** *a* вла́жный, сыро́й; ~ summer сыро́е ле́то

**3.** *v* 1) сма́чивать, увлажня́ть 2) спусти́ть жар в пе́чи, затуши́ть (*топку*; *часто* ~ down) 3) обескура́живать, угнета́ть (*о мысли и т. п.*); to ~ smb.'s ardour охлади́ть чей-л. пыл; to ~ smb.'s spirits испо́ртить кому́-л. настрое́ние 4) *физ.* уменьша́ть амплиту́ду колеба́ний; заглуша́ть (*звук*) 5) *тех.* тормози́ть; амортизи́ровать; демпфи́ровать □ ~ **off** ги́бнуть от ми́лдью (*о растениях*)

**damp course** [ˈdæmpkɔ:s] *n* *стр.* изоли́рующий от сы́рости слой в стене́; гидроизоля́ция

**dampen** [ˈdæmpən] *v* 1) = damp 3; 2) отсырева́ть

**damper** [ˈdæmpə] *n* 1) увлажни́тель; гу́бка *или* ро́лик для сма́чивания ма́рок 2) *тех.* глуши́тель; амортиза́тор 3) регуля́тор тя́ги; дымова́я засло́нка; вью́шка (*в печах*) 4) де́мпфер (*в фортепиано*); surди́на 5) кто-либо, что-л. де́йствующее угнета́юще; to put (*или* to cast) a ~ on обескура́живать *кого-л.*, расхола́живать 6) *австрал.* пре́сная лепёшка (*испечённая в золе*)

**damping** [ˈdæmpɪŋ] **1.** *pres. p. от* damp 3

**2.** *n* 1) увлажне́ние, сма́чивание 2) глуше́ние; торможе́ние 3) *радио* затуха́ние

**dampish** [ˈdæmpɪʃ] *a* сырова́тый, слегка́ вла́жный

**damp-proof** [ˈdæmppru:f] *a* влагонепроница́емый

**dampy** [ˈdæmpɪ] *a* 1) сырова́тый 2) *горн.* га́зовый, содержа́щий рудни́чный газ

**damsel** [ˈdæmzəl] *n* *шутл.* деви́ца

**damson** [ˈdæmzən] *n* тернosли́в, ме́лкая чёрная сли́ва

**damson cheese** [ˈdæmzənʧi:z] *n* пластово́й мармела́д из сли́вы

**damson-coloured** [ˈdæmzənˌkʌləd] *a* красновáто-си́ний (*цвета сливы*)

**Dan** [dæn] *n* *уст., поэт.* господи́н, су́дарь

**dan** [dæn] *n* *мор.* буёк

**dance** [dɑ:ns] **1.** *n* 1) та́нец 2) тур (*в танцах*) 3) бал, танцева́льный ве́чер 4) му́зыка для та́нцев ◇ to lead smb. a (pretty) ~ води́ть кого́-л. за́ нос, заста́вить кого́-л. пому́читься; St. Vitus's ~ пля́ска св. Ви́тта (*болезнь*)

**2.** *v* 1) танцева́ть, пляса́ть 2) пры́гать, скака́ть; to ~ for joy пляса́ть от ра́дости 3) кружи́ться (*о листьях*); дви́гаться (*о тени*); скользи́ть (*о лучах*); кача́ться (*о лодке*) 4) кача́ть (*ребёнка*) ◇ to ~ attendance upon smb. ходи́ть пе́ред кем-л. на за́дних ла́пках; to ~ to smb.'s tune (*или* whistle, piping) пляса́ть под чью-л. ду́дку; to ~ to another (*или* to a different) tune запе́ть друго́е; to ~ upon nothing *ирон.* быть пове́шенным

**dancer** [ˈdɑ:nsə] *n* 1) танцо́р, танцо́вщик; танцо́вщица; балери́на; арти́ст(ка) бале́та; ~ at shows бала́ганный шут, пая́ц 2) танцу́ющий ◇ merry ~s се́верное сия́ние

**dancing** [ˈdɑ:nsɪŋ] **1.** *pres. p. от* dance 2

**2.** *n* 1) та́нцы, пля́ска 2) *attr.* танцева́льный; ~ master учи́тель та́нцев; ~ party танцева́льный ве́чер

**dancing-hall** [ˈdɑ:nsɪŋhɔ:l] *n* да́нсинг

**dandelion** [ˈdændɪlaɪən] *n* одува́нчик

**dander** I [ˈdændə] *n* *разг.* раздраже́ние; зло́сть; негодова́ние; to get one's ~ up рассерди́ть(ся); вы́вести *или* вы́йти из терпе́ния

**dander** II [ˈdændə] = dandruff

**dandiacal** [dænˈdaɪəkəl] *a* *редк.* щего́льски оде́тый

**dandified** [ˈdændɪfaɪd] **1.** *past и p. p. от* dandify

**2.** *a* щегольско́й; ~ appearance фатова́тая вне́шность

**dandify** [ˈdændɪfaɪ] *v* одева́ть щёголем; принаряжа́ть

**dandle** [ˈdændl] *v* 1) кача́ть на рука́х *или* на коле́нях (*ребёнка*) 2) ласка́ть; балова́ть

**dandruff** [ˈdændrʌf] *n* пе́рхоть

**dandy** I [ˈdændɪ] **1.** *n* 1) де́нди, щёголь, франт 2) (the ~) *разг.* что-л. первокла́ссное

**2.** *a* 1) щегольско́й 2) *разг.* превосхо́дный, первокла́ссный

**dandy** II [ˈdændɪ] *n* 1) *мор.* шлюп *или* те́ндер с выносно́й биза́нью 2) *мор.* выносна́я биза́нь 3) *тех.* двухколёсная та́чка

**dandy** III [ˈdændɪ] *инд.* *n* 1) ло́дочник (*на р. Ганг*) 2) паланки́н

**dandy** IV [ˈdændɪ] *n* *непр. вм.* dengue

**dandy-brush** [ˈdændɪbrʌʃ] *n* скребни́ца, жёсткая щётка (*из китового уса для чистки лошадей*)

**dandyism** [ˈdændɪɪzm] *n* денди́зм, франтовство́, щегольство́

**Dane** [deɪn] *n* 1) датча́нин 2) да́тский дог (*тж.* Great ~)

**Danelagh** [ˈdeɪnlɔ:] = Danelaw

**Danelaw** [ˈdeɪnlɔ:] *n* *ист.* 1) да́тские зако́ны (*установленные в сев.-восточной Британии в X в.*) 2) о́бласть, где де́йствовали э́ти зако́ны [*см.* 1)]

**dang** [dæŋ] *v*: ~ it! чёрт побери́!

**danger** [ˈdeɪnʤə] *n* 1) опа́сность; out of ~ вне опа́сности; in ~ в опа́сном положе́нии; in ~ of one's life с опа́сностью для жи́зни; to keep out of ~ избега́ть опа́сности 2) угро́за; a ~ to peace угро́за ми́ру

**danger arrow** [ˈdeɪnʤərˌærəu] *n* зигзагообра́зная стрела́, знак мо́лнии (*обозначение токов высокого напряжения*)

**dangerous** [ˈdeɪnʤrəs] *a* опа́сный; риско́ванный; to look ~ быть в раздражённом состоя́нии

**danger-signal** [ˈdeɪndʒəˌsɪgnl] *n* 1) сигна́л опа́сности 2) *ж.-д.* сигна́л «путь закры́т»

**dangle** [ˈdæŋgl] *v* 1) свобо́дно свиса́ть, кача́ться 2) пока́чивать 3) мани́ть, соблазня́ть, дразни́ть □ ~ **after** бе́гать за *кем-л.*, волочи́ться; ~ **around** слоня́ться, болта́ться

**dangle-dolly** [ˈdæŋglˌdɔlɪ] *n* игру́шка, кото́рая подве́шивается в автомаши́не

**dangler** [ˈdæŋglə] *n* 1) безде́льник 2) волоки́та

**dangling** [ˈdæŋglɪŋ] *a* 1) вися́щий, свиса́ющий 2) *грам.* обосо́бленный

**Danish** [ˈdeɪnɪʃ] **1.** *a* да́тский ◇ ~ balance безме́н

**2.** *n* да́тский язы́к

**dank** [dæŋk] *a* вла́жный; сыро́й; промо́зглый

**dap** [dæp] **1.** *n* 1) подпры́гивание (*мяча*) 2) зару́бка; зазу́брина

**2.** *v* 1) уди́ть ры́бу (*слегка погружая приманку в воду*) 2) ударя́ть(ся) о зе́млю (*о мяче*)

**daphne** [ˈdæfnɪ] *n бот.* волчея́годник

**dapper** [ˈdæpə] *a* 1) опря́тно *или* щегольски́ оде́тый 2) подви́жный, энерги́чный

**dapple** [ˈdæpl] *v* покрыва́ть(ся) (кру́глыми) пя́тнами

**dapple-bay** [ˈdæplbeɪ] *n* гнедо́й в я́блоках конь

**dappled** [ˈdæpld] **1.** *p. p. от* dapple

**2.** *a* пёстрый, пятни́стый; испещрённый; ~ deer пятни́стый оле́нь

**dapple-grey** [ˈdæplˈgreɪ] **1.** *a* се́рый в я́блоках

**2.** *n* се́рый в я́блоках конь

**darby** [ˈdɑːbɪ] *n стр.* прави́ло штукату́ра; лопа́тка ка́менщика; мастеро́к для зати́рки

**dare** [deə] **1.** *v* (dared [-d], durst; dared; *3 л. ед. ч. настоящего времени* dares *и* dare) 1) *модальный глагол* сметь, отва́живаться; he won't ~ to deny it он не осме́лится отрица́ть э́то; I ~ swear я уве́рен в э́том; I ~ say полага́ю, осме́люсь сказа́ть (*иногда ирон.*) 2) пренебрега́ть опа́сностью, рискова́ть; to ~ the perils of arctic travel пренебре́чь все́ми опа́сностями поля́рного путеше́ствия 3) вызыва́ть (to — на *что-л.*); подзадо́ривать; I ~ you to jump the stream! а ну, перепры́гните че́рез э́тот руче́й!

**2.** *n* 1) вы́зов; to take a ~ приня́ть вы́зов 2) подзадо́ривание

**dare-devil** [ˈdeəˌdevl] **1.** *n* смельча́к, бесшаба́шный челове́к, сорвиголова́

**2.** *a* отва́жный; безрассу́дный, опроме́тчивый

**daresay** [ˈdeəˈseɪ] = dare say [*см.* dare 1, 1)]

**daring** [ˈdeərɪŋ] **1.** *pres. p. от* dare 1

**2.** *n* сме́лость; отва́га; бесстра́шие

**3.** *a* 1) сме́лый, отва́жный, бесстра́шный 2) де́рзкий

**dark** [dɑːk] **1.** *a* 1) тёмный; it is getting ~ стано́вится темно́, темне́ет; ~ closet (*или* room) *фото* тёмная ко́мната 2) сму́глый; темноволо́сый; ~ complexion сму́глый цвет лица́ 3) необразо́ванный, тёмный 4) та́йный, секре́тный; непоня́тный; нея́сный; to keep ~ скрыва́ться; to keep a thing ~ держа́ть что-л. в секре́те 5) дурно́й, нечи́стый (*о поступке*) 6) мра́чный, угрю́мый; безнадёжный, печа́льный; ~ humour мра́чный ю́мор; to look on the ~ side of things быть пессими́стом ◇ the ~ ages средневеко́вье; the D. and Bloody Ground *амер.* штат Кенту́кки; the D. Continent Африка

**2.** *n* 1) темнота́, тьма; after ~ по́сле наступле́ния темноты́; at ~ в темноте́; before ~ до наступле́ния темноты́ 2) неве́жество 3) неве́дение; to be in the ~ быть в неве́дении, не знать (about); to keep smb. in the ~ держа́ть кого́-л. в неве́дении; скрыва́ть (*что-л.*) от кого́-л. 4) *жив.* тень; the lights and ~s of a picture свет и те́ни в карти́не ◇ in the ~ of the moon а) в новолу́ние; б) в кроме́шной тьме

**darken** [ˈdɑːkən] *v* 1) затемня́ть, де́лать тёмным; ослепля́ть 2) темне́ть; станови́ться тёмным 3) затемня́ть (*смысл*); to ~ counsel запу́тать вопро́с 4) омрача́ть 5) *жив.* дать бо́лее насы́щенный тон (*в красках*) ◇ not to ~ smb.'s door again не переступи́ть бо́льше чьего́-л. поро́га

**darkey** [ˈdɑːkɪ] *n презр.* негр, «черномА́зый»

**dark lantern** [ˈdɑːkˈlæntən] *n* потайно́й фона́рь

**darkle** [ˈdɑːkl] *v* 1) темне́ть, ме́ркнуть 2) хму́риться

**darkling** [ˈdɑːklɪŋ] **1.** *pres. p. от* darkle

**2.** *a* темне́ющий; находя́щийся в темноте́, во мра́ке; тёмный

**3.** *adv* в темноте́, во мра́ке; to sit ~ су́мерничать

**darkly** [ˈdɑːklɪ] *adv* 1) мра́чно; зло́бно 2) зага́дочно; нея́сно

**darkness** [ˈdɑːknɪs] *n* темнота́, мрак *и пр.* [*см.* dark 1]

**darksome** [ˈdɑːksəm] *a поэт.* 1) тёмный 2) мра́чный, хму́рый

**darky** [ˈdɑːkɪ] = darkey

**darling** [ˈdɑːlɪŋ] **1.** *n* 1) люби́мый; люби́мая; my ~! мой дорого́й!, голу́бчик! 2) люби́мец, ба́ловень; the ~ of fortune ба́ловень судьбы́

**2.** *a* 1) люби́мый; ми́лый; дорого́й 2) преле́стный 3) горя́чий, заве́тный (*о желании*)

**darn** I [dɑːn] **1.** *n* зашто́панное ме́сто; што́пка

**2.** *v* што́пать; чини́ть

**darn** II [dɑːn] **1.** *a* прокля́тый, ужа́сный

**2.** *v* (*эвф. вм.* damn) проклина́ть, руга́ться

**darnel** [ˈdɑːnl] *n бот.* пле́вел

**darner** [ˈdɑːnə] *n* 1) што́пальщик; што́пальщица 2) = darning-needle 1); 3) «гриб» (*для штопки*)

**darning** I [ˈdɑːnɪŋ] **1.** *pres. p. от* darn I, 2

**2.** *n* 1) што́панье, што́пка 2) 2) ве́щи, нужда́ющиеся в што́панье

**darning** II [ˈdɑːnɪŋ] *pres. p. от* darn II, 2

**darning-needle** [ˈdɑːnɪŋˌniːdl] *n* 1) што́пальная игла́ 2) *амер.* стрекоза́

**dart** [dɑːt] **1.** *n* 1) о́строе мета́тельное ору́жие; дро́тик, стрела́ 2) жа́ло 3) вы́тачка, шов 4) бы́строе, как мо́лния, движе́ния; бросо́к, рыво́к 5) мета́ние (*дротика, стрелы*)

**2.** *v* 1) мета́ть (*стрелы; тж. перен.*); his eyes ~ed flashes of anger его́ глаза́ мета́ли мо́лнии 2) помча́ться стрело́й; устреми́ться □ ~ **away** умча́ться; ~ **down(wards)** ри́нуться вниз; *ав.* пики́ровать

**darter** [ˈdɑːtə] *n* 1) мета́тель дро́тика 2) *зоол.* змееше́йка, змеи́ная пти́ца

**darting** [ˈdɑːtɪŋ] **1.** *pres. p. от* dart 2

**2.** *a* стреми́тельный

**dartre** [ˈdɑːtə] *n мед.* лиша́й

**Darwinian** [dɑːˈwɪnɪən] **1.** *n* дарвини́ст

**2.** *a* дарвини́стский

**Darwinism** [ˈdɑːwɪnɪzm] *n* дарвини́зм, уче́ние Да́рвина

**Darwinist** [ˈdɑːwɪnɪst] = Darwinian 1

**dash** [dæʃ] **1.** *n* 1) стреми́тельное движе́ние; поры́в; на́тиск; to make a ~ against the enemy стреми́тельно бро́ситься на проти́вника; to make a ~ for smth. ки́нуться к чему́-л. 2) эне́ргия, реши́тельность; a man of skill and ~ уме́лый и реши́тельный челове́к 3) уда́р, взмах; at one ~ с одного́ ра́за 4) *спорт.* рыво́к, бросо́к (*в беге, игре*); забе́г 5) плеск 6) при́месь (*чего-л.*); чу́точка; there is a romantic ~ about it в э́том есть что́-то романти́ческое 7) бы́стрый набро́сок; мазо́к; штрих; ро́счерк 8) черта́; тире́ 9) рисо́вка; to cut a ~ рисова́ться, выставля́ть что-л. напока́з 10) *тех.* рукоя́тка мо́лота ◇ ~ (and ~) line пункти́рная ли́ния

**2.** *v* 1) бро́сить, швырну́ть 2) бро́ситься, ри́нуться; мча́ться, нести́сь; to ~ up to the door бро́ситься к две́ри 3) *спорт.* сде́лать рыво́к в бе́ге 4) разбива́ть(ся); the waves ~ed against the cliff во́лны разбива́лись о скалу́ 5) бры́згать, плеска́ть; to ~ colours on the canvas набра́сывать пя́тна кра́сок на холст 6) обескура́живать; смуща́ть 7) разруша́ть (*планы, надежды и т. п.*) 8) разбавля́ть, сме́шивать; подме́шивать 9) подчёркивать 10) *разг. см.* damn 2; ~ it!, ~ you! к чёрту! □ ~ **off** бы́стро наброса́ть (*письмо, записку и т. п.*)

**dash-board** [ˈdæʃbɔːd] *n* 1) крыло́ (*экипажа*) 2) *авто, ав.* щито́к; прибо́рная доска́ 3) *стр.* отливна́я доска́

**dasher** [ˈdæʃə] *n* 1) челове́к, производя́щий фуро́р 2) муто́вка, би́ло (*в маслобойке*) 3) *амер.* крыло́ (*экипажа*)

**dashing** [ˈdæʃɪŋ] **1.** *pres. p. от* dash 2

**2.** *a* 1) лихо́й 2) стреми́тельный 3) живо́й, энерги́чный 4) франтова́тый

**dash-pot** ['dæʃpɔt] *n тех.* возду́шный *или* ма́сляный бу́фер, амортиза́тор

**dastard** ['dæstəd] *n* трус; негодя́й, де́йствующий исподтишка́

**dastardly** ['dæstədlɪ] *a* трусли́вый; по́длый

**data** ['deɪtə] *n pl* 1) *pl от* datum 2) (*часто употр. как sing*) да́нные; фа́кты; све́дения 3) (*часто употр. как sing*) информа́ция

**datable** ['deɪtəbl] *a* поддающийся датиро́вке

**dataller** ['deɪtələ] = daytaler

**data-sheet** ['deɪtəʃi:t] *n* 1) специфика́ция 2) *attr.*: ~ computer а) счётно-реша́ющее устро́йство; б) *воен.* прибо́р управле́ния зени́тным огнём

**date** I [deɪt] **1.** *n* 1) да́та, число́ (*месяца*); ~ of birth день рожде́ния 2) срок, пери́од; out of ~ устаре́лый; up to ~ стоя́щий на у́ровне совреме́нных тре́бований; совреме́нный; нове́йший; at that ~ в то вре́мя, в тот пери́од 3) *разг.* свида́ние; I have got a ~ у меня́ свида́ние; to make a ~ назна́чить свида́ние 4) *разг.* тот, кому́ назнача́ют свида́ние

**2.** *v* 1) дати́ровать 2) вести́ нача́ло (*от чего-л.*); восходи́ть (*к определённой эпохе; тж.* ~ back); this manuscript ~s from the XIVth century э́та ру́копись отно́сится к XIV ве́ку 3) вести́ исчисле́ние (*от какой-л. даты*) 4) *амер. разг.* назнача́ть свида́ние; to ~ a girl назна́чить свида́ние де́вушке 5) вы́йти из употребле́ния; устаре́ть

**date** II [deɪt] *n* 1) фи́ник 2) фи́никовая па́льма

**dated** ['deɪtɪd] **1.** *p. p. от* date I, 2 **2.** *a* 1) дати́рованный 2) вы́шедший из употребле́ния; устаре́вший

**dateless** ['deɪtlɪs] *a* 1) недати́рованный 2) *поэт.* бесконе́чный; незапа́мятный 3) *амер. разг.* неприглашённый, не получи́вший приглаше́ния

**date-line** ['deɪtlaɪn] *n* 1) *астр., мор.* демаркацио́нная ли́ния су́точного вре́мени 2) указа́ние ме́ста и да́ты корреспонде́нции, статьи́ *и т. п.* 3) *полигр.* выходны́е да́нные

**date-palm** ['deɪtpɑ:m] *n* фи́никовая па́льма

**dative** ['deɪtɪv] **1.** *a* 1) *грам.* да́тельный 2) сменя́емый (*о должности судьи, чиновника и т. п.*)

**2.** *n грам.* да́тельный паде́ж

**datum** ['deɪtəm] *n* (*pl* data) 1) да́нная величина́, исхо́дный факт 2) характери́стика

**datum-level** ['deɪtəm'levl] *n спец.* пло́скость *или* у́ровень, при́нятые за нуль (*для измерения высоты*); нуль высо́ты

**datum line** ['deɪtəmlaɪn] *n спец.* ба́зовая ли́ния; ба́зис, нуль высо́т

**datura** [də'tjuːrə] *n бот.* дурма́н

**daub** [dɔ:b] **1.** *n* 1) штукату́рка из строи́тельного раство́ра с соло́мой, обма́зка 2) мазо́к 3) плоха́я карти́на; мазня́; пачкотня́

**2.** *v* 1) обма́зывать, ма́зать (*глиной, извёсткой и т. п.*) 2) малева́ть 3) па́чкать, грязни́ть

**dauber** ['dɔ:bə] *n* 1) плохо́й худо́жник, мази́лка 2) поду́шечка, пропи́танная кра́ской (*употр. при гравировании*)

**daubster** ['dɔ:bstə] = dauber 1)

**dauby** ['dɔ:bɪ] *a* 1) пло́хо напи́санный (*о картине*) 2) ли́пкий

**daughter** ['dɔ:tə] *n* 1) дочь 2) *attr.* доче́рний; ро́дственный

**daughter-in-law** ['dɔ:tərɪnlɔ:] *n* (*pl* daughters-in-law) жена́ сы́на, неве́стка, сноха́

**daughterly** ['dɔ:təlɪ] *a* доче́рний

**daughters-in-law** ['dɔ:təzɪnlɔ:] *pl от* daughter-in-law

**daunt** [dɔ:nt] *v* 1) укроща́ть 2) устраша́ть, запу́гивать; nothing ~ed нима́ло не смуща́ясь, неустраши́мо 3) обескура́живать

**dauntless** ['dɔ:ntlɪs] *a* неустраши́мый; бесстра́шный

**dauphin** ['dɔ:fɪn] *n ист.* дофи́н

**davenport** ['dævnpɔ:t] *n* 1) небольшо́й сти́льный пи́сьменный стол 2) *амер.* тахта́, дива́н-крова́ть

**davit** ['dævɪt] *n мор.* шлюпба́лка; fish ~ фишба́лка, бока́нец

**daw** [dɔ:] *n* га́лка

**dawdle** ['dɔ:dl] *v* зря тра́тить вре́мя, безде́льничать (*часто* ~ away)

**dawdler** ['dɔ:dlə] *n* 1) ло́дырь 2) копу́ша

**dawn** [dɔ:n] **1.** *n* 1) рассве́т, у́тренняя заря́; at ~ на рассве́те, на заре́ 2) зача́тки, нача́ло, про́блески; the ~ of brighter days заря́ лу́чшей жи́зни

**2.** *v* 1) (рас)света́ть 2) начина́ться; проявля́ться; пробужда́ться (*о таланте и т. п.*); впервы́е появля́ться, пробива́ться (*об усиках*) 3) станови́ться я́сным, проясня́ться; it has just ~ed upon me меня́ вдруг осени́ло, мне пришло́ в го́лову

**day** [deɪ] *n* 1) день; су́тки; on that ~ в тот день; all (the) ~ весь день; all ~ long день-деньско́й; by the ~ подённо; solar (*или* astronomical, nautical) ~ астрономи́ческие су́тки (*исчисляются от 12 ч. дня*); civil ~ гражда́нские су́тки (*исчисляются от 12 ч. ночи*); the ~ теку́щий день; every other ~, ~ about че́рез день; the present ~ сего́дня; теку́щий день; the ~ after tomorrow послеза́втра; the ~ before накану́не; the ~ before yesterday тре́тьего дня, позавчера́; one ~ одна́жды; the other ~ на дня́х; some ~ когда́-нибудь; ка́к-нибудь на дня́х; one of these ~s в оди́н из ближа́йших дней; ~ in, ~ out изо дня́ в де́нь; ~ by (*или* after) ~, from ~ to ~ день за днём; изо дня́ в де́нь; со дня́ на́ день; first ~ (of the week) воскресе́нье; ~ off выходно́й день; ~ out а) день, проведённый вне до́ма; б) свобо́дный день для прислу́ги; far in the ~ к концу́ дня; this ~ week, month, *etc.* ро́вно че́рез неде́лю, ме́сяц *и т. п.*, спустя́ неде́лю, ме́сяц *и т. п.*; three times a ~ три ра́за в день 2) знамена́тельный день; May D. Пе́рвое ма́я; Victory D. День побе́ды; Inauguration D. день вступле́ния в до́лжность вновь и́збранного президе́нта США; high (*или* banner) ~ пра́здник 3) дневно́е вре́мя; by ~ днём; at ~ на заре́, на рассве́те; before ~ до рассве́та; between two ~s *амер.* но́чью 4) (*часто pl*) пери́од, отре́зок вре́мени; эпо́ха; in the ~s of yore (*или* old) в старину́, в бы́лые времена́; in these latter ~s в после́днее вре́мя; in ~s to come в бу́дущем, в гряду́щие времена́; men of the ~ ви́дные лю́ди (*эпохи*) 5) пора́, вре́мя (*расцвета, упадка и т. п.*); вся жизнь челове́ка; to have had (*или* to have seen) one's ~ устаре́ть, отслужи́ть своё, вы́йти из употребле́ния; he will see his better ~s yet он ещё опра́вится, насту́пят и для него́ лу́чшие времена́; one's early ~s ю́ность; his ~ is gone его́ вре́мя прошло́, око́нчилась его́ счастли́вая пора́; his ~s are numbered дни его́ сочтены́; to close (*или* to end) one's ~s око́нчить дни свои́; сконча́ться; поко́нчить счёты с жи́знью 6) побе́да; to carry (*или* to win) the ~ одержа́ть побе́ду; the ~ is ours мы одержа́ли побе́ду, мы вы́играли сраже́ние; to lose the ~ проигра́ть сраже́ние 7) *геол.* дневна́я пове́рхность; пласт, ближа́йший к земно́й пове́рхности ◇ good ~ а) до́брый день; б) до свида́ния; to a ~ день в день; early in the ~ во́время; rather late in the ~ поздновáто; увы́, сли́шком по́здно; a ~ after the fair сли́шком по́здно; a ~ before the fair сли́шком ра́но, преждевре́менно; if a ~ ни бо́льше ни ме́ньше; как раз; she is fifty if she is a ~ ей все пятьдеся́т (лет), ника́к не ме́ньше; to be on one's ~ быть в уда́ре; to make a ~ of it ве́село провести́ день; a creature of a ~ а) *зоол.* эфемери́да; б) недолгове́чное существо́ *или* явле́ние; to save the ~ спасти́ положе́ние; every ~ is not Sunday *посл.* ≅ не всё коту́ ма́сленица; to name on (*или* in) the same ~ with ≅ поста́вить на одну́ до́ску с; to call it a ~ а) счита́ть де́ло зако́нченным; let us call it a ~ на сего́дня хва́тит; б) быть дово́льным дости́гнутыми результа́тами; the ~ of doom (*или* of judgement) *библ.* день стра́шного суда́; коне́ц све́та, светопреставле́ние

**day-and-night** ['deɪən(d)'naɪt] *a* круглосу́точный

**day-bed** ['deɪbed] *n* куше́тка; тахта́

**day-blindness** ['deɪ'blaɪndnɪs] *n мед.* гемерало́пия, дневна́я слепота́

**day-boarder** ['deɪˌbɔ:də] *n* полупансионе́р (*о школьнике*)

**day-book** ['deɪbuk] *n* 1) дневни́к; 2) *бухг.* журна́л

**day-boy** ['deɪbɔɪ] *n* ученик, не живущий при школе, приходящий ученик

**daybreak** ['deɪbreɪk] *n* рассвет

**day-dream** ['deɪdri:m] **1.** *n* грёзы, мечты; фантазия

**2.** *v* грезить наяву; фантазировать, мечтать

**day-dreamer** ['deɪˌdri:mə] *n* мечтатель; фантазёр

**day-fly** ['deɪflaɪ] *n зоол.* подёнка

**day-girl** ['deɪgə:l] *n* приходящая ученица; ученица, не живущая при школе

**day-labour** ['deɪˌleɪbə] *n* подённая работа

**day-labourer** ['deɪˌleɪbərə] *n* подёнщик

**daylight** ['deɪlaɪt] *n* 1) дневной свет; естественное освещение 2) рассвет 3) гласность; in broad (*или* open) ~ средь бела дня; публично; to let ~ into предать гласности 4) *pl жарг.* «глядёлки», глаза ◇ to see ~ видеть просвет, находить выход из положения

**daylight-saving** ['deɪlaɪtˌseɪvɪŋ] *n* перевод летом часовой стрелки (на час) вперёд (*с целью экономии электроэнергии*)

**day-lily** ['deɪˌlɪlɪ] *n бот.* красоднев, лилейник

**day-long** ['deɪlɔŋ] **1.** *adv* весь день

**2.** *a* длящийся целый день

**day nursery** ['deɪˌnə:sərɪ] *n* (дневные) ясли для детей

**day-school** ['deɪsku:l] *n* 1) школа для приходящих учеников, школа без пансиона 2) школа с дневными часами занятий 3) обычная школа (*в противоп. воскресной*)

**day-shift** ['deɪʃɪft] *n* дневная смена

**daysman** ['deɪzmən] *n* подённый рабочий, подёнщик

**day-spring** ['deɪsprɪŋ] *n поэт.* заря, рассвет

**day-star** ['deɪstɑ:] *n* 1) утренняя звезда 2) *поэт.* солнце

**daytaler** ['deɪˌteɪlə] *n* подённый рабочий (*особ. в угольных копях*)

**day-time** ['deɪtaɪm] *n* день; дневное время; in the ~ днём

**day-to-day** ['deɪtə'deɪ] *a* повседневный

**day-work** ['deɪwə:k] *n* 1) подённая работа 2) дневная работа 3) дневная выработка 4) *горн.* работа на поверхности земли

**daze I** [deɪz] **1.** *n* изумление

**2.** *v* изумить; удивить, ошеломить

**daze II** [deɪz] *n мин.* слюда

**dazedly** ['deɪzɪdlɪ] *adv* изумлённо; с изумлением

**dazzle** ['dæzl] **1.** *n* 1) ослепление 2) ослепительный блеск 3) *attr.*: ~ paint *мор.* защитная окраска (*военных судов*); камуфляж

**2.** *v* 1) ослеплять ярким светом, блеском, великолепием; поражать, прельщать 2) *мор.* маскировать окраской (*суда*)

**d — d** [d — d] *сокр. эвф. от* damned 2

**D-day** ['di:deɪ] *n* 1) *воен.* день начала операции 2) *ист.* день высадки союзных войск в Европе (*6 июня 1944 г.*)

**de-** [di:-, dɪ-, de-] *pref* 1) *указывает на*: а) *отделение, лишение*: defrock лишать духовного сана; degas дегазировать; б) *плохое качество, недостаточность и т. п.*: degenerate вырождаться; derange приводить в беспорядок 2) *придаёт слову противоположное значение*; *напр.*: naturalize натурализовать — denaturalize денатурализовать; merit заслуга — demerit недостаток; mobilize мобилизовать — demobilize демобилизовать

**deacon** ['di:kən] **1.** *n* дьякон

**2.** *v амер.* 1) читать вслух псалмы 2) *разг.* подкрашивать фрукты при продаже; выстилять лучшие экземпляры сверху; фальсифицировать товары

**deaconess** ['di:kənɪs] *n* 1) диакониса 2) дьяконица

**dead** [ded] **1.** *a* 1) мёртвый, умерший; дохлый 2) неодушевлённый, неживой 3) неподвижный 4) утративший, потерявший основное свойство; ~ lime гашёная известь; ~ steam отработанный пар; ~ volcano потухший вулкан 5) заглохший, не работающий; the motor is ~ мотор заглох 6) сухой, увядший (*о растениях*) 7) неплодородный (*о почве*) 8) онемевший, нечувствительный; my fingers are ~ у меня онемели пальцы 9) безжизненный, вялый; безразличный (to — к *чему-л.*) 10) однообразный, унылый; неинтересный; ~ season мёртвый сезон; *эк.* застой (*в делах*), спад деловой активности; ~ time простой (*на работе*) 11) вышедший из употребления (*о законе, обычае*) 12) вышедший из игры; ~ ball шар, который не считается 13) полный, совершенный; ~ certainty полная уверенность; ~ failure полная неудача; ~ earnest твёрдая решимость; ~ faint полная потеря сознания; to come to a ~ stop остановиться как вкопанный 14) *употр. для усиления*: to be ~ with cold промёрзнуть насквозь; to be ~ with hunger умирать с голоду 15) *полигр.* негодный 16) *горн.* непроветриваемый (*о выработке*); застойный (*о воздухе*) 17) *горн.* пустой, не содержащий полезного ископаемого 18) *эл.* не находящийся под напряжением; ~ wire провод не под током ◇ ~ above the ears *амер. разг.* тупой, глупый; ~ and gone давно прошедший; ~ gold матовое золото; ~ horse работа, за которую было заплачено вперёд; ~ hours глухие часы ночи; ~ leaf *ав.* падение листом; ~ marines (*или* men) *разг.* пустые винные бутылки; more ~ than alive ужасно усталый; as ~ as a doornail (*или* as mutton, as a nit) без каких-л. признаков жизни

**2.** *n* 1) (the ~) *pl собир.* умершие, покойники 2) глухая пора; in the ~ of night глубокой ночью, в глухую полночь; in the ~ of winter глубокой зимой

**3.** *adv* 1) полностью, совершенно; ~ against а) как раз в лицо (*о ветре*); б) решительно против 2) *употр. для усиления*: ~ asleep заснувший мёртвым сном; ~ drunk мертвецки пьяный; ~ tired до смерти усталый; ~ calm совершенно спокойный

**dead-alive** ['dədə'laɪv] *a* 1) безжизненный, вялый; монотонный; скучный; удручающий 2) удручённый

**dead-beat** ['ded'bi:t] **1.** *a* 1) *разг.* смертельно усталый; измотанный; загнанный (*о лошади*) 2) успокоенный (*о магнитной стрелке*) 3) апериодический (*об измерительном приборе*)

**2.** *n амер. жарг.* бездельник, паразит; авантюрист

**dead centre** ['ded'sentə] *n* мёртвая точка

**dead colour** ['dedˌkʌlə] *n жив.* грунтовка

**dead earth** ['ded'ə:θ] *n эл.* полное заземление

**deaden** ['dedn] *v* 1) лишать(ся) жизненной энергии, силы, радости; делать(ся) нечувствительным (*к чему-л.*) 2) заглушать, ослаблять 3) лишать блеска, аромата 4) *амер.* губить деревья кольцеванием

**dead(-)end** ['ded'end] **1.** *n* тупик (*тж. перен.*)

**2.** *a* 1) безвыходный, бесперспективный 2) *тех.* заглушённый 3): ~ kid уличный мальчишка

**dead-eye** ['dedaɪ] *n мор.* юферс

**deadfall** ['dedfɔ:l] *n амер.* 1) западня, капкан 2) куча поваленных деревьев, бурелом

**dead ground** ['ded'graund] *n воен., ав.* мёртвое пространство

**dead-hand** ['dedhænd] = mortmain

**deadhead** ['dedhed] *n* 1) бесплатный посетитель театров; бесплатный пассажир 2) нерешительный, неэнергичный человек, «пустое место»

**dead heat** ['ded'hi:t] *n спорт.* одновременный финиш; финиш грудь в грудь

**dead-house** ['dedhaus] *n* мертвецкая, морг

**dead letter** ['ded'letə] *n* 1) не применяющийся, но и не отменённый закон 2) письмо, не востребованное адресатом *или* не доставленное ему

**dead-level** ['ded'levl] *n* 1) совершенно гладкая поверхность; равнина 2) монотонность, однообразие

**dead lift** ['ded'lɪft] *n* 1) напрасное усилие (*при подъёме тяжести*) 2) геодезическая высота подъёма

**deadlight** ['dedlaɪt] *n мор.* глухой иллюминатор; глухое окно

**dead-line** ['dedlaɪn] *n* 1) черта, за которую нельзя переходить 2) крайний срок, к которому должен быть готов материал для очередного номера (*газеты, журнала*)

**dead load** ['ded'ləud] *n тех.* мёртвый груз; собственный вес, вес конструкции; постоянная нагрузка

**deadlock** ['dedlɔk] **1.** *n* мёртвая точка; тупик, безвыходное положение; застой

**2.** *v* зайти в тупик

**deadly** ['dedlı] **1.** *a* 1) смертельный; смертоносный; ~ poison смертельный яд 2) смертный; ~ sin смертный грех 3) неумолимый, беспощадный; убийственный; ~ struggle борьба не на жизнь, а на смерть 4) *разг.* ужасный, чрезвычайный; ~ paleness смертельная бледность; ~ gloom страшный мрак; in ~ haste в страшной спешке

**2.** *adv* 1) смертельно 2) *разг.* ужасно, чрезвычайно

**deadly nightshade** ['dedlı'naıtʃeıd] *n бот.* красавка, белладонна, сонная одурь

**dead man's handle** ['dedmənz'hændl] *n* автоматический тормоз в электропоездах (*останавливающий поезд в случае внезапного заболевания или смерти водителя*)

**dead march** ['ded'mɑ:tʃ] *n* похоронный марш

**dead-nettle** ['ded'netl] *n бот.* яснотка

**dead-office** ['ded,ɔfıs] *n* панихида

**dead-pan** ['dedpæn] *n разг.* невозмутимый вид; бесстрастное, неподвижное лицо

**dead-point** ['ded'pɔınt] = dead centre

**dead reckoning** ['ded'reknıŋ] *n мор., ав.* навигационное счисление (*пути*)

**dead set** ['ded'set] **1.** *n* 1) *охот.* (мёртвая) стойка 2) решимость

**2.** *a predic.* полный решимости; he is ~ on going to Moscow он решил во что бы то ни стало поехать в Москву

**dead short** ['dedʃɔ:t] *n эл.* полное короткое замыкание

**dead shot** ['dedʃɔt] *n* стрелок, не дающий промаха

**dead-spot** ['ded'spɔt] *n радио* зона молчания

**dead wall** ['ded'wɔ:l] *n стр.* глухая стена

**dead-water** ['ded,wɔ:tə] *n* 1) стоячая вода 2) *мор.* кильватер

**dead weight** ['dedweıt] *n* 1) *мор.* полная грузоподъёмность (*судна*), дедвейт 2) *стр.* мёртвый груз; вес конструкции

**dead-wind** ['ded'wınd] *n* встречный лобовой ветер

**dead window** ['ded'wındəu] *n архит.* фальшивое окно, глухое окно

**dead-wood** ['dedwud] *n* 1) сухостойное дерево; сухостой; сухостойная древесина 2) *мор.* дейдвуд 3) *ж.-д.* буферный брус (упора)

**deaf** [def] *a* 1) глухой, глуховатый, тугой на ухо; ~ of an ear, ~ in one ear глухой на одно ухо 2) глухой, отказывающийся слушать; he was ~ to our advice он не послушался нашего совета ◇ to turn a ~ ear to smb., smth. не слушать кого-л., пропускать мимо ушей; не обращать внимания на что-л.; ~ as an adder (*или* a beetle, a stone, a post) ≅ глухая тетеря

**deaf-and-dumb** ['defən(d)'dʌm] *a* глухонемой

**deafen** ['defn] *v* 1) оглушать 2) заглушать 3) делать звуконепроницаемым

**deafening** ['defnıŋ] **1.** *pres. p. от* deafen

**2.** *a* 1) оглушительный 2) заглушающий

**3.** *n* звукоизолирующий материал

**deaf-mute** ['def'mju:t] *n* глухонемой

**deafness** ['defnıs] *n* глухота

**deal I** [di:l] **1.** *n* 1) некоторое количество; there is a ~ of truth in it в этом есть доля правды; a great ~ of много; a great ~ better гораздо лучше 2) сделка; соглашение; to do (*или* to make) a ~ with smb. заключить сделку с кем-л. 3) обхождение, обращение 4) *карт.* сдача 5) правительственный курс, система мероприятий; New D. *амер. ист.* «новый курс» (*система экономических мероприятий президента Ф. Рузвельта*)

**2.** *v* (dealt) 1) раздавать, распределять (*обыкн.* ~ out) 2) *карт.* сдавать 3) наносить (*удар*); причинять (*обиду*) 4) торговать (in — *чем-л.*); вести торговые дела (with — с *кем-л.*) 5) быть клиентом, покупать в определённой лавке (at, with) 6) общаться, иметь дело (*с кем-л.*); to refuse to ~ with smb. отказываться иметь дело с кем-л. 7) вести дело, ведать, рассматривать вопрос (with); to ~ with a problem разрешать вопрос; to ~ with an attack отражать атаку 8) обходиться, поступать; to ~ honourably поступать благородно; to ~ generously (cruelly) with (*или* by) smb. обращаться великодушно (жестоко) с кем-л. 9) принимать меры (*к чему-либо*); бороться; to ~ with fires бороться с пожарами

**deal II** [di:l] **1.** *n* 1) еловая *или* сосновая доска определённого размера, дильс 2) хвойная древесина

**2.** *a* сосновый *или* еловый (*о древесине*); из дильса

**dealer** ['di:lə] *n* 1) торговец; retail ~ розничный торговец; ~ in old clothes старьёвщик 2) *карт.* сдающий карты 3) агент по продаже (*особ. автомобилей*) ◇ a plain ~ прямой откровенный человек; a double ~ двурушник, двуличный человек

**dealing** ['di:lıŋ] **1.** *pres. p. от* deal I, 2

**2.** *n* 1) распределение 2) поведение 3) *pl* дружеские отношения 4) *pl* торговые дела; сделки; to have ~s with smb. вести дела, иметь торговые связи с кем-л. ◇ plain ~ прямота; откровенность; straight ~ честность; double ~ двурушничество; лицемерие

**dealt** [delt] *past и p. p. от* deal I, 2

**dean I** [di:n] *n* 1) *церк.* декан (*титул старшего после епископа духовного лица в католической и англиканской церкви*) 2) *церк.* настоятель собора; старший священник; rural ~ благочинный 3) декан (*факультета*) 4) старшина дипломатического корпуса, дуайен

**dean II** [di:n] *n* балка, глубокая и узкая долина

**deanery** ['di:nərı] *n* 1) деканство 2) деканат 3) дом декана *или* настоятеля 4) церковный округ (*подчинённый благочинному*)

**dear** [dıə] **1.** *a* 1) дорогой, милый 2) славный, прелестный; he is a ~ fellow он прекрасный парень 3) *вежливая или иногда ироническая форма обращения*: my ~ Jones любезный (*или* любезнейший) Джоунз; D. Sir милостивый государь (*офиц. обращение в письме*) 4) дорогой, дорого стоящий; ~ shop магазин, в котором товары продаются по более дорогой цене

**2.** *n* 1) возлюбленный, милый; возлюбленная, милая 2) *разг.* прелесть; what ~s they are! как они прелестны!

**3.** *adv* дорого (*тж. перен.*)

**4.** *int выражает симпатию, сожаление, огорчение, нетерпение, удивление, презрение*: ~ me! is it so? неужели?; oh ~, my head aches! ох, как болит голова!

**dearborn** ['dıəbɔ:n] *n амер.* лёгкий четырёхколёсный экипаж

**dear-bought** ['dıəbɔ:t] *a* дорого доставшийся

**dearly** ['dıəlı] *adv* 1) нежно; ~ beloved нежно любимый 2) дорогой ценой, дорого (*особ. перен.*); he would ~ love to see his mother again он дорого был дал, чтобы увидеть снова мать

**dearth** [də:θ] *n* 1) нехватка продуктов; голод; in time of ~ во время голода 2) нехватка, недостаток; ~ of workmen недостаток рабочих рук

**deary** ['dıərı] *n разг.* (*обыкн. в обращении*) дорогой; дорогая; милочка, душечка; голубчик; голубушка

**death** [deθ] *n* 1) смерть; natural (violent) ~ естественная (насильственная) смерть; civil ~ гражданская смерть; поражение в правах гражданства; to meet one's ~ найти свою смерть; at ~'s door при смерти; на краю гибели; to be in the jaws of ~ быть в когтях смерти, в крайней опасности; to put (*или* to do) to ~ казнить, убивать; wounded to ~ смертельно раненный; war to the ~ война на истребление 2) конец, гибель; the ~ of one's hopes конец чьим-л. надеждам 3): the Black D. *ист.* чума в Европе в XIV в., «чёрная смерть» 4) *употр. для усиления*: tired to ~ смертельно усталый; to work smb. to ~ не давать кому-л. передышки, загнать кого-л. до полусмерти; this will be the ~ of me это сведёт меня в могилу; это меня ужасно огорчит 5) *attr.* смертный, смертельный ◇ to be in at the ~ а) *охот.* присутствовать при том, как на охоте убивают затравленную лисицу; б) быть свидетелем завершения каких-л. событий; like grim ~ отчаянно, изо всех сил; worse than ~ очень плохой

**death-adder** [ˈdeθˌædə] *n зоол.* шипохвост австралийский

**death-agony** [ˈdeθˌægənɪ] *n* предсмертная агония

**deathbed** [ˈdeθbed] *n* 1) смертное ложе; on one's ~ на смертном одре 2) предсмертные минуты 3) *attr.* предсмертный; ~ repentance запоздалое раскаяние

**death-bell** [ˈdeθbel] *n* похоронный звон

**death-blow** [ˈdeθbləu] *n* смертельный *или* роковой удар

**death-cup** [ˈdeθkʌp] *n* бледная поганка (*гриб*)

**death-damp** [ˈdeθdæmp] *n* холодный пот (*у умирающего*)

**death-duties** [ˈdeθˌdju:tɪz] *n pl* налог на наследство

**death-feud** [ˈdeθfju:d] *n* смертельная вражда

**death-hunter** [ˈdeθˌhʌntə] *n* мародёр, обирающий убитых на поле сражения

**deathless** [ˈdeθlɪs] *a* бессмертный

**deathlike** [ˈdeθlaɪk] *a* подобный смерти

**deathly** [ˈdeθlɪ] **1.** *a* смертельный, роковой; подобный смерти; ~ silence гробовое молчание

**2.** *adv* смертельно

**death-mask** [ˈdeθmɑ:sk] *n* посмертная маска

**death-rate** [ˈdeθreɪt] *n* смертность; показатель смертности

**death-rattle** [ˈdeθˌrætl] *n* предсмертный хрип

**death-roll** [ˈdeθrəul] *n* список убитых *или* погибших

**death's-head** [ˈdeθshed] *n* 1) череп (*как эмблема смерти*); to look like a ~ on a mopstick быть похожим на мертвеца 2) мёртвая (*или* адамова) голова (*бабочка*)

**death-struggle** [ˈdeθˌstrʌgl] *n* агония

**death-toll** [ˈdeθtəul] = death-roll

**death-trap** [ˈdeθtræp] *n* опасное, гиблое место

**death-warrant** [ˈdeθˌwɔrənt] *n* 1) распоряжение о приведении в исполнение смертного приговора 2) что-л., равносильное смертному приговору (*напр.*, прогноз врача)

**death-watch** [ˈdeθwɔtʃ] *n* 1) бодрствование у постели умирающего *или* умершего 2) часовой, приставленный к приговорённому к смертной казни 3) *зоол.* жук-могильщик

**deb** [deb] *n* (*сокр. от* débutante) *разг.* дебютантка

**débâcle** [deɪˈbɑ:kl] *фр. n* 1) вскрытие рекй; ледоход 2) стихийный прорыв вод 3) разгром; паническое бегство 4) ниспровержение, падение (*правительства*)

**debar** [dɪˈbɑ:] *v* воспрещать, не допускать; отказывать; лишать права; to ~ smb. from voting лишить кого-л. права голоса; to ~ smb. from holding public offices лишать кого-л. права занимать общественные должности; to ~ passage не давать пройти

**debark** [dɪˈbɑ:k] *v* высаживать(ся); выгружать(ся) (*на берег*)

**debarkation** [ˌdi:bɑ:ˈkeɪʃən] *n* высадка (*людей*); выгрузка (*товара*)

**debarkment** [dɪˈbɑ:kmənt] = debarkation

**debase** [dɪˈbeɪs] *v* 1) унижать достоинство 2) понижать качество, ценность; портить; to ~ the coinage *фин.* снизить курс валюты

**debasement** [dɪˈbeɪsmənt] *n* 1) унижение 2) снижение ценности, качества

**debatable** [dɪˈbeɪtəbl] *a* 1) спорный, дискуссионный 2) оспариваемый; ~ ground территория, оспариваемая двумя странами; *перен.* предмет спора

**debate** [dɪˈbeɪt] **1.** *n* 1) дискуссия, прения, дебаты; to open a ~ открыть дискуссию 2) спор, полемика; beyond ~ бесспорно 3) (the ~s) *pl* официальный отчёт о парламентских заседаниях

**2.** *v* 1) обсуждать, дебатировать; спорить; оспаривать 2) обдумывать; рассматривать; to ~ a matter in one's mind взвешивать, обдумывать что-л.

**debater** [dɪˈbeɪtə] *n* участник дебатов, прений; skilful ~ искусный спорщик

**debating-society** [dɪˈbeɪtɪŋsəˈsaɪətɪ] *n* дискуссионный клуб

**debauch** [dɪˈbɔ:tʃ] **1.** *n* 1) попойка, дебош, оргия 2) разврат, распутство

**2.** *v* 1) совращать, развращать; обольщать (*женщину*) 2) портить, искажать (*вкус, суждение*)

**debauchee** [ˌdebɔ:ˈtʃi:] *n* развратник, распутник

**debauchery** [dɪˈbɔ:tʃərɪ] *n* 1) пьянство, обжорство, невоздержанность 2) разврат, распущенность 3) *pl* оргии, кутёж

**debenture** [dɪˈbentʃə] *n фин.* 1) долговое обязательство, долговая расписка 2) облигация акционерного общества, компании 3) сертификат таможни на возврат пошлин 4) *attr.*: ~ bond облигация акционерного общества; ~ stock облигации

**debilitate** [dɪˈbɪlɪteɪt] *v мед.* ослаблять, расслаблять; истощать

**debilitation** [dɪˌbɪlɪˈteɪʃən] *n мед.* ослабление, слабость; истощение

**debility** [dɪˈbɪlɪtɪ] *n* 1) слабость, бессилие 2) болезненность; слабость здоровья

**debit** [ˈdebɪt] *бухг.* **1.** *n* дебет; to put to the ~ of smb. записать в дебет кому-л.

**2.** *v* дебетовать, вносить в дебет

**debonair** [ˌdebəˈnɛə] *a* 1) добродушный, любезный 2) весёлый, жизнерадостный

**debouch** [dɪˈbautʃ] *v* 1) выходить из ущелья на открытую местность (*о реке*) 2) *воен.* дебушировать

**debouchment** [dɪˈbautʃmənt] *n* 1) выход из ущелья 2) устье реки 3) *воен.* дебуширование, выход из теснины *или* укрытия

**debris** [ˈdeɪbri:] *фр. n* 1) осколки, обломки; обрезки; лом 2) развалины 3) строительный мусор 4) *геол.* обломки пород; наносная порода, покрывающая месторождение; пустая порода

**debt** [det] *n* долг; to contract ~s наделать долгов; to incur a ~, to get (*или* to run) into ~ влезть в долги; a bad ~ безнадёжный долг; ~ of gratitude долг благодарности; ~ of honour долг чести; he is heavily in ~ ≅ он в долгу как в шелку; to be in smb.'s ~ быть у кого-л. в долгу; I am very much in your ~ я вам очень обязан

**debtor** [ˈdetə] *n* 1) должник, дебитор; ~'s prison долговая тюрьма; 2) *бухг.* дебет, приход

**debt service** [ˈdetˌsə:vɪs] *n* уплата капитального долга и процентов по государственному долгу

**debunk** [ˈdi:ˈbʌŋk] *v разг.* 1) разоблачать обман 2) развенчивать, лишать престижа

**debus** [di:ˈbʌs] *v* высаживать(ся), выгружать(ся) из автомашин

**debussing-point** [di:ˈbʌsɪŋˈpɔɪnt] *n* место высадки из автомашин

**début** [ˈdeɪbu:] *фр. n* дебют; to make one's ~ дебютировать

**débutant** [ˈdebju(:)tɑ:ŋ] *фр. n* дебютант

**débutante** [ˈdebju(:)tɑ:nt] *фр. n* дебютантка

**deca-** [ˈdekə-] *pref* дека-, десяти-

**decachord** [ˈdekəkɔ:d] *n* десятиструнная арфа (*древнегреческая*)

**decadal** [ˈdekədəl] *a* происходящий каждые десять лет

**decade** [ˈdekeɪd] *n* 1) группа из десяти, десяток 2) десятилетие

**decadence, -cy** [ˈdekədəns, -sɪ] *n* 1) упадок, ухудшение 2) декадентство, упадочничество, декаданс (*в искусстве*)

**decadent** [ˈdekədənt] **1.** *n* декадент

**2.** *a* упадочный, декадентский

**decagon** [ˈdekəgən] *n* десятиугольник

**decagonal** [deˈkægənəl] *a* десятиугольный

**decagram(me)** [ˈdekəgræm] *n* декаграмм

**decahedral** [ˌdekəˈhi:drəl] *a* десятигранный

**decalcify** [di:ˈkælsɪfaɪ] *v* удалять известковое вещество, декальцинировать

**decalitre** [ˈdekəˌli:tə] *n* декалитр

**dekalogue** [ˈdekəlɔg] *n библ.* десять заповедей, декалог

**decametre** [ˈdekəˌmi:tə] *n* декаметр

**decamp** [dɪ'kæmp] *v* 1) сниматься с лагеря, выступать из лагеря 2) удирать, скрываться

**decampment** [dɪ'kæmpmənt] *n* 1) выступление из лагеря 2) быстрый уход; побег, бегство

**decanal** [dɪ'keɪnl] *a* деканский

**decandrous** [dɪ'kændrəs] *a бот.* с десятью тычинками

**decangular** [de'kæŋgjulə] *a* десятиугольный

**decant** [dɪ'kænt] *v* 1) фильтровать; декантировать; отмучивать 2) сцеживать; переливать из бутылки в графин (*вино*)

**decanter** [dɪ'kæntə] *n* графин

**decaphyllous** [ˌdekə'fɪləs] *a бот.* десятилистный

**decapitate** [dɪ'kæpɪteɪt] *v* обезглавливать, отрубать голову

**decapitation** [dɪˌkæpɪ'teɪʃən] *n* обезглавливание

**decapod** ['dekəpɔd] *зоол.* **1.** *n* десятиногий рак

**2.** *a* десятиногий

**decarbonate, decarbonize** [di:'kɑ:bəneɪt, -naɪz] *v* 1) *хим.* обезуглероживать 2) очищать от нагара, копоти

**decasualize** [di:'kæʒjuəlaɪz] *v эк.* ликвидировать *или* сократить текучесть рабочей силы

**decasyllabic** ['dekəsɪ'læbɪk] **1.** *a* десятисложный

**2.** *n* десятисложный стих

**decathlon** [dɪ'kæθlɔn] *n спорт.* десятиборье

**decay** [dɪ'keɪ] **1.** *n* 1) гниение, распад 2) сгнившая часть (*яблока и т. п.*) 3) разложение, упадок, загнивание; распад (*государства, семьи и т. п.*); to fall into ~ приходить в упадок, разрушаться 4) расстройство (*здоровья*) 5) разрушение (*здания*) 6) *физ.* распад

**2.** *v* 1) гнить, разлагаться 2) портиться; ухудшаться; хиреть, слабеть, угасать 3) приходить в упадок; распадаться (*о государстве, семье и т. п.*) 4) опуститься (*о человеке*)

**decease** [dɪ'si:s] **1.** *n* смерть, кончина

**2.** *v* скончаться

**deceased** [dɪ'si:st] **1.** *p. p. от* decease 2

**2.** *a* покойный, умерший

**3.** *n* (the ~) покойник, покойный, умерший

**decedent** [dɪ'si:dənt] *n юр.* покойный

**deceit** [dɪ'si:t] *n* 1) обман; to practise ~ хитрить, обманывать 2) хитрость 3) лживость

**deceitful** [dɪ'si:tful] *a* 1) вводящий в заблуждение; обманчивый 2) лживый; предательский

**deceive** [dɪ'si:v] *v* обманывать; вводить в заблуждение; to ~ oneself обманываться

**decelerate** [di:'seləreɪt] *v* уменьшать скорость, ход, число оборотов; замедлять

**deceleration** ['di:ˌselə'reɪʃən] *n* замедление; торможение

**December** [dɪ'sembə] *n* 1) декабрь 2) *attr.* декабрьский

**Decembrist** [dɪ'sembrɪst] *n ист.* декабрист

**decemvir** [dɪ'semvə] *лат. n* (*pl* -rs [-əz], -iri) *ист.* децемвир

**decemviri** [dɪ'semvəraɪ] *pl от* decemvir

**decenary** [dɪ'senərɪ] = decennary

**decency** ['di:snsɪ] *n* 1) приличие, благопристойность; a breach of ~ нарушение приличий, декорума; in common ~ из уважения к приличиям; have the ~ to confess имейте совесть признаться; to serve the decencies соблюдать приличия 2) вежливость; любезность; порядочность 3) *pl* (the ~s) соблюдение приличий, правила хорошего тона

**decennary** [dɪ'senərɪ] *n* десятилетие

**decenniad** [dɪ'senɪæd] = decennary

**decennial** [dɪ'senjəl] *a* 1) десятилетний; продолжающийся десять лет 2) повторяющийся каждые десять лет

**decent** ['di:snt] *a* 1) приличный, порядочный; подходящий; a pretty ~ house довольно приличный дом 2) скромный; сдержанный 3) *разг.* славный, хороший; that's very ~ of you это очень мило с вашей стороны 4) *школ.* нестрогий, добрый

**decently** ['di:sntlɪ] *adv* 1) порядочно, прилично, хорошо 2) скромно 3) любезно, мило

**decentralize** [di:'sentrəlaɪz] *v* децентрализовать

**deception** [dɪ'sepʃən] *n* обман, жульничество; ложь; хитрость; to practise ~ обманывать

**deceptive** [dɪ'septɪv] *a* обманчивый, вводящий в заблуждение; appearances are often ~ наружность часто обманчива; ~ gas *воен.* маскирующий газ

**deci-** [desɪ-] *pref* деци- (*обозначает десятую часть, особ. в метрической системе*)

**decide** [dɪ'saɪd] *v* решать(ся), принимать решение; to ~ against (in favour of) smb. выносить решение против (в пользу) кого-л.; that ~s me! решено!; to ~ between two things сделать выбор □ ~ **on** выбрать; she ~d on the green hat она выбрала зелёную шляпу

**decided** [dɪ'saɪdɪd] **1.** *p. p. от* decide

**2.** *a* 1) решительный 2) определённый, решённый; бесспорный; ~ superiority явное превосходство

**decidedly** [dɪ'saɪdɪdlɪ] *adv* 1) решительно 2) несомненно, явно, бесспорно

**deciduous** [dɪ'sɪdjuəs] *a* 1) *бот.* листопадный (*о деревьях*); лиственный 2) периодически сбрасываемый (*о рогах*) 3) молочный (*о зубах*) 4) быстротечный, преходящий

**decigram(me)** ['desɪgræm] *n* дециграмм

**decilitre** ['desɪˌli:tə] *n* децилитр

**decimal** ['desɪməl] **1.** *a* десятичный; ~ fraction десятичная дробь; ~ notation обозначение арабскими цифрами; ~ numeration десятичная система счисления; ~ coinage десятичная монетная система; ~ point точка в десятичной дроби, отделяющая целое от дроби

**2.** *n* десятичная дробь; recurring ~ периодическая десятичная дробь

**decimalism** ['desɪməlɪzm] *n* применение десятичной системы

**decimalize** ['desɪməlaɪz] *v* 1) обращать в десятичную дробь 2) переводить на метрическую систему мер

**decimally** ['desɪməlɪ] *adv* по десятичной системе

**decimate** ['desɪmeɪt] *v* 1) казнить каждого десятого 2) уничтожать, косить; cholera ~d the population холера косила население 3) *ист.* взимать десятину

**decimation** [ˌdesɪ'meɪʃən] *n* 1) казнь, расстрел каждого десятого 2) опустошение, мор 3) *ист.* взимание десятины

**decimetre** ['desɪˌmi:tə] *n* дециметр

**decimosexto** [ˌdesɪməu'sekstəu] *n полигр.* формат книги в 1/16 листа

**decipher** [dɪ'saɪfə] *v* 1) расшифровывать 2) разбирать (*неясный почерк, древние письмена и т. п.*)

**decipherable** [dɪ'saɪfərəbl] *a* поддающийся расшифровке, чтению

**decision** [dɪ'sɪʒən] *n* 1) решение; to arrive at (*или* to come to) a ~ принять решение 2) *юр.* заключение, приговор 3) решимость, решительность; a man of ~ решительный человек; to lack ~ быть нерешительным; with ~ уверенно, решительно

**decisive** [dɪ'saɪsɪv] *a* 1) решающий, имеющий решающее значение 2) решительный (*о характере, человеке*) 3) убедительный (*о фактах, уликах*)

**deck** [dek] **1.** *n* 1) палуба; on ~ а) на палубе; б) *амер. разг.* под рукой; в) *амер.* готовый к действиям; to clear the ~s (for action) *мор.* приготовиться к бою; *перен.* приготовиться к действиям 2) крыша вагона; складной *или* съёмный верх (автомобиля) 3) пол в вагоне трамвая *или* автобуса 4) *амер.* колода (*карт*) 5) *мор. жарг.* земля

**2.** *v* 1) настилать палубу 2) украшать, убирать (*цветами, флагами; часто* ~ out)

**deck alighting** ['dekəˌlaɪtɪŋ] = deck landing

**deck-bridge** ['dekbrɪdʒ] *n* мост с ездой поверху

**deck-cabin** ['dek'kæbɪn] *n* каюта на палубе

**deck-cargo** ['dek'kɑ:gəu] *n* палубный груз

**deck-chair** ['dektʃεə] *n* шезлонг, лонгшез (*для пассажиров на палубе*)

**-decker** [-dekə] *в сложных словах означает*: имеющий *столько-то* палуб; one- ~ (two- ~) однопалубное (двухпалубное) судно

**deck-hand** [ˈdekhænd] *n* 1) матрóс 2) *pl* пáлубная комáнда

**deck-house** [ˈdekhaus] *n мор.* 1) рýбка 2) салóн на вéрхней пáлубе

**decking** [ˈdekɪŋ] **1.** *pres. p. от* deck 2

**2.** *n* 1) украшéние 2) пáлубный материáл 3) опáлубка, настúл

**deck landing** [ˈdekˌlændɪŋ] *n мор. ав.* посáдка на пáлубу

**deckle** [ˈdekl] **1.** *n тех.* дéкель

**2.** *v* 1) обрезáть края́ бумáги 2) трепáть, обрывáть (*край бумаги*)

**deckle-edged** [ˈdeklˈedʒd] *a* с нерóвными края́ми (*о бумаге*)

**deck-light** [ˈdeklaɪt] *n мор.* пáлубный иллюминáтор

**deck-passage** [ˈdekˌpæsɪdʒ] *n* проéзд на пáлубе (*без права пользования каютой*)

**deck-passenger** [ˈdekˌpæsɪndʒə] *n* пáлубный пассажи́р

**deck start** [ˈdekstɑːt] *n мор. ав.* взлёт с пáлубы

**declaim** [dɪˈkleɪm] *v* 1) произноси́ть с пáфосом (*речь*) 2) осуждáть (*в выступлении*), выступáть прóтив (against) 3) деклами́ровать, читáть (*стихи*)

**declamation** [ˌdekləˈmeɪʃən] *n* 1) декламáция; худóжественное чтéние 2) торжéственная речь 3) красноречие 4) хорóшая фразирóвка (*при пении*)

**declamatory** [dɪˈklæmətərɪ] *a* 1) декламациóнный 2) орáторский 3) напы́щенный

**declarable** [dɪˈkleərəbl] *a* облагáемый пóшлиной на тамóжне

**declarant** [dɪˈkleərənt] *n юр.* 1) тот, кто подаёт заявлéние, декларáцию 2) *амер.* инострáнец, подáвший заявлéние о приня́тии егó в америкáнское граждáнство

**declaration** [ˌdekləˈreɪʃən] *n* 1) заявлéние, декларáция; to make a ~ сдéлать заявлéние 2) объявлéние (*войны и т. п.*); ~ of the poll объявлéние результáтов голосовáния 3) *юр.* исковóе заявлéние истцá; торжéственное заявлéние (*свидетеля без присяги*) 4) тамóженная декларáция 5) объяснéние в любви́

**declarative** [dɪˈklærətɪv] a 1) декларати́вный 2) *грам.* повествовáтельный (*о предложении*)

**declaratory** [dɪˈklærətərɪ] *a* 1) = declarative 1); 2) объясни́тельный, поясни́тельный

**declare** [dɪˈkleə] *v* 1) объявля́ть; to ~ one's love объясня́ться в любви́ 2) признавáть, объявля́ть (*кого-л. кем-л.*); he was ~d an invalid он был при́знан инвали́дом 3) заявля́ть, провозглашáть, объявля́ть публи́чно; well, I ~! *разг.* однáко, скажý я вам! 4) выскáзываться (for — за; against — прóтив); to ~ oneself а) вы́сказаться; б) показáть себя́ 5) называ́ть, предъявля́ть вéщи, облагáемые пóшлиной (*в таможне*); have you anything to ~? предъяви́те вéщи, подлежáщие обложéнию пóшлиной 6) *карт.* объявля́ть кóзырь □ ~ in заяви́ть о своём соглáсии баллоти́роваться; ~ off откáзáться от (*сделки и т. п.*)

**declared** [dɪˈkleəd] **1.** *p. p. от* declare

**2.** *a* 1) объя́вленный, заявленный; ~ value *ком.* объя́вленная цéнность (*товаров*) 2) я́вный, при́знанный

**déclassé** [ˌdeɪklɑːˈseɪ] *фр.* = declassed

**declassed** [ˈdiːˈklɑːst] *a* деклассúрованный

**declassify** [diːˈklæsɪfaɪ] *v* рассекрéчивать (*документы, материалы*)

**declension** [dɪˈklenʃən] *n* 1) отклонéние (*от образца*); ухудшéние 2) *грам.* склонéние; клáссы склонéний ◇ in the ~ of years на склóне лет

**declensional** [dɪˈklenʃənl] *a грам.* относя́щийся к склонéнию; ~ endings падéжные окончáния

**declinable** [dɪˈklaɪnəbl] *a грам.* склоня́емый

**declination** [ˌdeklɪˈneɪʃən] *n* 1) отклонéние 2) магни́тное склонéние 3) наклóн, наклонéние 4) *грам.* склонéние

**declinator** [ˈdeklɪneɪtə] = declinometer

**declinatory** [dɪˈklaɪnətərɪ] *a* 1) отклоня́ющий(ся) 2) откáзывающий(ся)

**decline** [dɪˈklaɪn] **1.** *n* 1) склон, уклóн 2) падéние, упáдок, спад; business ~ спад деловóй акти́вности; on the ~ а) в состоя́нии упáдка; б) на ущéрбе, на склóне; the ~ of the moon лунá на ущéрбе 3) снижéние (*цены*) 4) ухудшéние (*здоровья, жизненного уровня и т. п.*) 5) конéц, закáт (*жизни, дня*) 6) изнури́тельная болéзнь, *особ.* туберкулёз

**2.** *v* 1) клони́ться, наклоня́ться; заходи́ть о сóлнце 2) идти́ к концý 3) приходи́ть в упáдок; ухудшáться (*о здоровье, жизненном уровне и т. п.*) 4) уменьшáться, идти́ на ýбыль; спадáть (*о температуре*) 5) отклоня́ть (*предложения и т. п.*); откáзывать(ся) 6) наклоня́ть, склоня́ть; to ~ one's head on one's breast склони́ть (*или* урони́ть) гóлову на грудь 7) *грам.* склоня́ть

**declining** [dɪˈklaɪnɪŋ] **1.** *pres. p. от* decline 2

**2.** *a* преклóнный; ~ years преклóнные гóды; закáт дней

**declinometer** [ˌdeklɪˈnɔmɪtə] *n* уклономéр; деклинóметр; деклинáтор

**declivitous** [dɪˈklɪvɪtəs] *a* довóльно крутóй (*о спуске*)

**declivity** [dɪˈklɪvɪtɪ] *n* покáтость; спуск; склон; откóс; уклóн (*пути*)

**declivous** [dɪˈklaɪvəs] *a* покáтый; отлóгий

**declutch** [ˈdiːˈklʌtʃ] *v тех.* расцепля́ть

**decoct** [dɪˈkɔkt] *v* приготовля́ть отвáр; отвáривать; настáивать

**decoction** [dɪˈkɔkʃən] *n* 1) вывáривание 2) (лечéбный) отвáр, декóкт

**decode** [ˈdiːkəud] *v* расшифрóвывать; декоди́ровать

**decohere** [ˌdiːkəuˈhɪə] *v радио* декогери́ровать

**decollate** [dɪˈkɔleɪt] *v уст.* обезглáвливать

**decollation** [ˌdiːkəˈleɪʃən] *n уст.* обезглáвливание

**décolleté** [deɪˈkɔlteɪ] (*ж.* -tée [-te]) *фр. a* декольтирóванный

**decolonization** [diːˌkɔlənaɪˈzeɪʃən] *n* деколонизáция

**decolo(u)r** [diːˈkʌlə] = dekolo(u)rize

**decolo(u)rant** [diːˈkʌlərənt] *n* обесцвéчивающее веществó

**decolo(u)ration** [diːˌkʌləˈreɪʃən] *n* обесцвéчивание

**decolo(u)rize** [diːˈkʌləraɪz] *v* обесцвéчивать

**decompensation** [diːˌkɔmpenˈseɪʃən] *n мед.* декомпенсáция

**decomplex** [ˌdiːkəmˈpleks] *a* вдвойнé слóжный, имéющий слóжные чáсти

**decompose** [ˌdiːkəmˈpəuz] *v* 1) разлагáть на составны́е чáсти; to ~ a force *физ.* разложи́ть си́лу 2) разлагáться, гнить 3) растворя́ть(ся) 4) анализи́ровать (*причины, мотивы и т. п.*)

**decomposite** [diːˈkɔmpəzɪt] **1.** *a* состáвленный из слóжных частéй; составнóй

**2.** *n* что-л. состáвленное из слóжных частéй (*вещество, слово и т. п.*)

**decomposition** [ˌdiːkɔmpəˈzɪʃən] *n* 1) *физ., хим.* разложéние 2) распáд, гниéние

**decompound** [ˌdiːkəmˈpaund] **1.** *a* = decomposite 1; ~ leaf *бот.* перистослóжный лист

**2.** *v* 1) составля́ть из слóжных частéй 2) разлагáть на составны́е чáсти

**decompress** [ˌdiːkəmˈpres] *v* уменьшáть давлéние

**deconsecrate** [diːˈkɔnsɪkreɪt] *v* секуляризи́ровать (*церковные земли, имущество*)

**decontaminate** [ˈdiːkənˈtæmɪneɪt] *v* обеззарáживать; дегази́ровать

**decontrol** [ˈdiːkənˈtrəul] *n* освобождéние от госудáрственного контрóля

**décor** [ˈdeɪkɔː] *фр. n* 1) оформлéние (*выставки и т. п.*); *театр.* декорáции 2) орнáмент

**decora** [dɪˈkɔːrə] *pl от* decorum

**decorate** [ˈdekəreɪt] *v* 1) украшáть, декори́ровать 2) отдéлывать (*дом, помещение*) 3) награждáть знáками отли́чия, орденáми

**decorated** [ˈdekəreɪtɪd] **1.** *p. p. от* decorate

**2.** *a* 1) укрáшенный, декори́рованный; ~ style англи́йская гóтика XIV вéка 2) награждённый

**decoration** [ˌdekəˈreɪʃən] *n* 1) украшéние; убрáнство 2) *архит.* нарýжная и внýтренняя отдéлка, украшéние дóма 3) *pl* прáздничные флáги, гирля́нды 4) óрден, знак отли́чия; to confer a ~ on smb. награди́ть когó-л. óрденом, знáком отли́чия 5) *attr.*: D. Day *амер.* = Memorial Day [*см.* memorial 2]

**decorative** [ˈdekərətɪv] *a* декорати́вный

**decorator** [ˈdekəreɪtə] *n* 1) архитéктор-декорáтор 2) маля́р; обóйщик

**decorous** [ˈdekərəs] *a* прили́чный, пристóйный

**decorticate** [dɪˈkɔːtɪkeɪt] *v* сдирáть (*кору, шелуху и т. п.*)

**decorum** [dɪˈkɔːrəm] *лат. n* (*pl* -s [-z], -ra) внéшнее прили́чие, декóрум; этикéт

**decoy** 1. *n* [ˈdiːkɔɪ] 1) примáнка; манóк 2) западня́, ловýшка 3) пруд, затя́нутый сéткой (*для заманивания диких птиц с помощью манков*) 4) *воен.* макéт

2. *v* [dɪˈkɔɪ] 1) примáнивать, замáнивать в ловýшку 2) завлекáть

**decoy-duck** [dɪˈkɔɪdʌk] *n* 1) манóк для замáнивания ди́ких ýток 2) примáнка

**decoy ship** [dɪˈkɔɪʃɪp] *n мор. уст.* сýдно-примáнка, сýдно-ловýшка

**decrease** 1. *n* [ˈdiːkriːs] уменьшéние, убывáние, понижéние; убавлéние; спад; to be on the ~ идти́ на ýбыль

2. *v* [diːˈkriːs] уменьшáть(ся), убывáть

**decree** [dɪˈkriː] 1. *n* 1) укáз, декрéт, прикáз 2) постановлéние, решéние (*суда по гражданским делам*) 3) постановлéние церкóвного совéта 4) *pl церк. ист.* декретáлии ◇ ~ of nature закóн прирóды

2. *v* 1) издавáть декрéт, декрети́ровать 2) отдавáть распоряжéние

**decree nisi** [dɪˈkriːˈnaɪsaɪ] *лат. n юр.* постановлéние о развóде, вступáющее в си́лу чéрез шесть мéсяцев, éсли онó не бýдет отмененó до э́того

**decrement** [ˈdekrɪmənt] *n* 1) уменьшéние, стéпень ýбыли 2) *физ.* декремéнт 3) *тех.* успокоéние, демпфи́рование

**decrepit** [dɪˈkrepɪt] *a* 1) дря́хлый 2) вéтхий, изнóшенный

**decrepitate** [dɪˈkrepɪteɪt] *v* 1) *тех.* обжигáть, прокáливать до растрéскивания 2) потрéскивать на огнé

**decrepitation** [dɪˌkrepɪˈteɪʃən] *n* 1) *тех.* обжигáние, прокáливание 2) потрéскивание при накáливании

**decrepitude** [dɪˈkrepɪtjuːd] *n* 1) дря́хлость 2) вéтхость

**decrescent** [dɪˈkresnt] *a* убывáющий

**decretal** [dɪˈkriːtəl] *n церк.* 1) декрéт, постановлéние 2) *pl ист.* декретáлии

**decretive** [dɪˈkriːtɪv] *a* декрéтный

**decretory** [dɪˈkriːtərɪ] = decretive

**decrial** [dɪˈkraɪəl] *n* откры́тое осуждéние, порицáние

**decry** [dɪˈkraɪ] *v* 1) порицáть, хули́ть 2) принижáть, преуменьшáть значéние (*чего-л.*)

**decuman** [ˈdekjumən] *a книжн.* могýчий, мóщный (*о волне*); ~ wave девя́тый вал

**decumbent** [dɪˈkʌmbənt] *a* 1) лежáщий 2) *бот.* стéлющийся по землé

**decuple** [ˈdekjupl] 1. *n* удесятерённое числó

2. *a* удесятерённый

3. *v* удесятеря́ть

**decussate** [ˈdekəseɪt] 1. *a* 1) пересекáющийся под прямы́м углóм 2) *бот.* располóженный крестообрáзно

2. *v* пересекáть(ся) под прямы́м углóм, крест-нáкрест

**dedans** [deˈdɑːŋ] *фр. n спорт.* 1) пóле подáчи (*в теннисе*) 2) (the ~) *собир.* зри́тели на тéннисном мáтче

**dedicate** [ˈdedɪkeɪt] *v* 1) посвящáть 2) предназначáть 3) надпи́сывать (*книгу*) 4) *амер.* открывáть (*торжественно*)

**dedicated** [ˈdedɪkeɪtɪd] 1. *p. p. от* dedicate

2. *a* прéданный; посвяти́вший себя́ (*долгу, делу*); убеждённый (*о стороннике чего-л.*)

**dedicatee** [ˌdedɪkəˈtiː] *n* лицó, котóрому что-л. посвященó

**dedication** [ˌdedɪˈkeɪʃən] *n* 1) посвящéние 2) прéданность, самоотвéрженность

**dedicator** [ˈdedɪkeɪtə] *n* тот, кто посвящáет, посвящáющий

**dedicatory** [ˈdedɪkətərɪ] *a* посвяти́тельный; посвящáющий

**deduce** [dɪˈdjuːs] *v* 1) выводи́ть (*заключение, следствие, формулу*) 2) проследи́ть, установи́ть происхождéние

**deduct** [dɪˈdʌkt] *v* вычитáть, отнимáть; удéрживать; сбавля́ть

**deduction** [dɪˈdʌkʃən] *n* 1) вычитáние, вы́чет; удержáние; ~ in pay вы́четы, удержáния из жáлованья 2) вычитáемое 3) ски́дка 4) вы́вод, заключéние; *лог.* дедýкция

**deductive** [dɪˈdʌktɪv] *a лог.* дедукти́вный

**dee** [diː] *n* 1) *название буквы* D 2) *тех.* D-образное кольцó, рым

**deed** [diːd] 1. *n* 1) дéйствие, постýпок 2) дéло, факт; in word and ~ слóвом и дéлом; in ~ and not in name на дéле, а не на словáх (тóлько); in very ~ в сáмом дéле, в действи́тельности 3) пóдвиг 4) *юр.* докумéнт, акт; to draw up a ~ составля́ть докумéнт

2. *v амер.* передавáть по áкту

**deed-poll** [ˈdiːdpəul] *n юр.* односторóннее обязáтельство

**deem** [diːm] *v* полагáть, дýмать, считáть

**deemster** [ˈdiːmstə] *n* оди́н из двух судéй на о-ве Мэн

**deep** [diːp] 1. *a* 1) глубóкий; ~ water бóльшая глубинá; ~ sleep глубóкий сон; to my ~ regret к моемý глубóкому сожалéнию; to keep smth. a ~ secret храни́ть что-л. в стрóгой тáйне; ~ in debt пó уши в долгý 2) серьёзный, не повéрхностный; ~ knowledge серьёзные, глубóкие знáния 3) погружённый (*во что-л.*); поглощённый (*чем-л.*); зáнятый (*чем-л.*); ~ in a book (in a map) погружённый, ушéдший с головóй в кни́гу (в изучéние кáрты); ~ in thought, ~ in meditation (глубокó) задýмавшийся, погружённый в размышлéния 4) си́льный, глубóкий; ~ feelings глубóкие чýвства; ~ delight огрóмное наслаждéние 5) таи́нственный, труднопостигáемый 6) насы́щенный, тёмный, густóй (*о краске, цвете*) 7) ни́зкий (*о звуке*) ◇ a ~ one тóнкая бéстия; to draw up five (six) ~ *воен.* стрóить(ся) в пять (шесть) рядóв; ~ pocket богáтство, состоя́тельность

2. *n* 1) глубóкое мéсто 2) (the ~) *поэт.* мóре, океáн 3) бéздна, прóпасть 4) сáмое сокровéнное

3. *adv* глубокó; ~ in one's mind в глубинé души́; to dig ~ рыть глубокó; *перен.* докáпываться; ~ into the night до глубóкой нóчи ◇ still waters run ~ *посл.* ≅ в ти́хом óмуте чéрти вóдятся

**deep-brown** [ˈdiːpˈbraun] *a* тёмно-кори́чневый

**deep-draft** [ˈdiːpˈdrɑːft] *n* глубóкая осáдка сýдна

**deep-drawing** [ˈdiːpˌdrɔːɪŋ] *n тех.* глубóкая вы́тяжка

**deep-drawn** [ˈdiːpˈdrɔːn] *a* вы́рвавшийся из глубины́ (*о вздохе*)

**deepen** [ˈdiːpən] *v* 1) углубля́ть(ся) 2) уси́ливать(ся) 3) дéлать(ся) темнée; сгущáть(ся) (*о красках, тенях*) 4) понижáть(ся) (*о звуке, голосе*)

**deep-felt** [ˈdiːpˈfelt] *a* глубокó прочýвствованный

**deepfreeze** [ˈdiːpfriːz] 1. *n* морози́льник

2. *v* заморáживать (продýкты)

**deep-frozen** [ˈdiːpˌfrəuzn] *a* 1) свежезаморóженный 2): ~ soil вéчная мерзлотá

**deep-laid** [ˈdiːpˈleɪd] *a* 1) глубокó залóженный 2) детáльно разрабóтанный и секрéтный (*о плане*)

**deeply** [ˈdiːplɪ] *adv* глубокó; he is ~ in debt он кругóм в долгý; to feel (to regret) smth. ~ глубокó пережи-вáть что-л. (сожалéть о чём-л.); to drink ~ пить запóем

**deep mining** [ˈdiːpˌmaɪnɪŋ] *n горн.* подзéмная добы́ча ýгля́

**deep-mouthed** [ˈdiːpˈmauðd] *a* 1) зы́чный 2) грóмко лáющий

**deepness** [ˈdiːpnɪs] *n* глубинá *и пр.* [*см.* deep 1]

**deep-piled** [ˈdiːpˈpaɪld] *a*: a ~ carpet ковёр с дли́нным вóрсом

**deep-rooted** [ˈdiːpˈruːtɪd] *a* глубокó укорени́вшийся

**deep-sea** [ˈdiːpˈsiː] *a* глубоковóдный; ~ fishing лóвля ры́бы в глубóких водáх

**deep-seated** [ˈdiːpˈsiːtɪd] *a* 1) глубокó сидя́щий; вкорени́вшийся; ~ abscess глубóкий нары́в; ~ disease скры́тая болéзнь 2) затаённый (*о чувстве*) 3) твёрдый (*об убеждении*)

**deer** [dɪə] *n* (*pl без измен.*) олéнь; лань; *собир.* крáсный зверь; red ~ благорóдный олéнь; to run like ~ бежáть быстрéе лáни, нести́сь стрелóй

**deer-forest** [ˈdɪəˌfɔrɪst] *n* олéний заповéдник

**deer-hound** [ˈdɪəhaund] *n* шотлáндская борзáя

**deer-lick** [ˈdɪəlɪk] *n* уча́сток солонча́ковой по́чвы, где олени ли́жут соль, лизуне́ц

**deer-neck** [ˈdɪənek] *n* то́нкая ше́я (*лошади*)

**deer-park** [ˈdɪəpɑ:k] = deer-forest

**deerskin** [ˈdɪəskɪn] *n* оле́нья ко́жа, лоси́на, за́мша

**deerstalker** [ˈdɪəˌstɔ:kə] *n* 1) охо́тник на оле́ней 2) во́йлочная шля́па

**deerstalking** [ˈdɪəˌstɔ:kɪŋ] *n* охо́та на оле́ней

**deface** [dɪˈfeɪs] *v* 1) по́ртить; искажа́ть 2) стира́ть, де́лать неудобочита́емым 3) дискредити́ровать

**defacement** [dɪˈfeɪsmənt] *n* 1) по́рча; искаже́ние 2) стира́ние 3) то, что по́ртит

**de facto** [ˈdi:ˈfæktəu] *лат. adv* на де́ле, факти́чески, де-фа́кто (*противоп.* de jure); the government ~ находя́щееся у вла́сти прави́тельство

**defalcate** [ˈdi:fælkeɪt] *v* 1) обману́ть дове́рие 2) нару́шить долг 3) произвести́ растра́ту; присво́ить чужи́е де́ньги

**defamation** [ˌdefəˈmeɪʃən] *n* клевета́; диффама́ция

**defamatory** [dɪˈfæmətərɪ] *a* бесче́стящий, клеветни́ческий, дискредити́рующий

**defame** [dɪˈfeɪm] *v* поноси́ть, клевета́ть, поро́чить; позо́рить

**defatted** [di:ˈfætɪd] *a* обезжи́ренный

**default** [dɪˈfɔ:lt] **1.** *n* 1) невыполне́ние обяза́тельств (*особ. денежных*) 2) упуще́ние; недосмо́тр 3) прови́нность, просту́пок 4) нея́вка в суд; judgement by ~ зао́чное реше́ние суда́ в по́льзу истца́ (*вследствие неявки ответчика*) 5) *спорт.* вы́ход из состяза́ния ◇ in ~ of за неиме́нием, за отсу́тствием

**2.** *v* 1) не вы́полнить свои́х обяза́тельств; прекрати́ть платежи́ 2) не яви́ться по вы́зову суда́ 3) вы́нести зао́чное реше́ние (*в пользу истца*) 4) *спорт.* вы́йти из состяза́ния до его́ оконча́ния

**defaulter** [dɪˈfɔ:ltə] *n* 1) лицо́, не выполня́ющее свои́х обяза́тельств; банкро́т 2) растра́тчик 3) уклони́вшийся от я́вки (*в суд*) 4) *воен.* провини́вшийся; получи́вший взыска́ние 5) *спорт.* уча́стник, вы́бывший из соревнова́ний до оконча́ния ма́тча, встре́чи *и т. п.* 6) *attr.*: ~ book *воен.* журна́л взыска́ний

**defeasance** [dɪˈfi:zəns] *n* 1) аннули́рование, отме́на 2) *юр.* огово́рка в докуме́нте (*могущая аннулировать его*); усло́вие отме́ны

**defeasible** [dɪˈfi:zəbl] *a* могу́щий быть отменённым, аннули́рованным

**defeat** [dɪˈfi:t] **1.** *n* 1) пораже́ние; to sustain (*или* to suffer) a ~ потерпе́ть пораже́ние 2) расстро́йство (*планов*); круше́ние (*надежд*) 3) *юр.* аннули́рование

**2.** *v* 1) наноси́ть пораже́ние 2) расстра́ивать (*планы*); разруша́ть (*надежды и т. п.*); прова́ливать (*законопроект*) 3) *юр.* отменя́ть, аннули́ровать

**defeatism** [dɪˈfi:tɪzm] *n* пораже́нчество

**defeatist** [dɪˈfi:tɪst] *n* пораже́нец, капитуля́нт

**defeature** [dɪˈfi:tʃə] *v* де́лать неузнава́емым; искажа́ть

**defecate** [ˈdefɪkeɪt] *v* 1) очища́ть (-ся); отста́ивать, осветля́ть (*жидкость*) 2) испражня́ться

**defecation** [ˌdefɪˈkeɪʃən] *n* 1) очище́ние, осветле́ние (*жидкости*) 2) испражне́ние

**defect** [dɪˈfekt] **1.** *n* 1) недоста́ток, неиспра́вность, дефе́кт, недочёт; поро́к, изъя́н 2) поврежде́ние

**2.** *v* нару́шить свой долг; отступи́ться (*от своей партии и т. п.*)

**defection** [dɪˈfekʃən] *n* 1) наруше́ние (*долга, верности*); дезерти́рство; отсту́пничество (from) 2) прова́л, неуда́ча

**defective** [dɪˈfektɪv] **1.** *a* 1) несоверше́нный 2) недоста́точный; непо́лный 3) неиспра́вный; повреждённый; дефе́ктный 4) плохо́й (*о памяти*) 5) дефекти́вный, у́мственно отста́лый 6) *грам.* недоста́точный (*о глаголе*)

**2.** *n* 1) *мед.* дефекти́вный субъе́кт 2) *грам.* недоста́точный глаго́л

**defence** [dɪˈfens] *n* 1) оборо́на; защи́та 2) *pl воен.* укрепле́ния, оборони́тельные сооруже́ния 3) *юр.* защи́та (*на суде*); оправда́ние, реабилита́ция; counsel for the ~ защи́тник обвиня́емого 4) *спорт.* защи́та 5) запреще́ние (*рыбной ловли*) ◇ best ~ is offence нападе́ние — лу́чший вид защи́ты

**defenceless** [dɪˈfenslɪs] *a* 1) беззащи́тный 2) незащищённый, уязви́мый 3) необороня́емый

**defend** [dɪˈfend] *v* 1) обороня́ть (-ся), защища́ть(ся) 2) отста́ивать, подде́рживать (*мнение*); опра́вдывать (*меры и т. п.*) 3) *юр.* защища́ть в суде́, выступа́ть защи́тником; to ~ the case защища́ться (*на суде*)

**defendant** [dɪˈfendənt] *n юр.* отве́тчик; подсуди́мый, обвиня́емый

**defender** [dɪˈfendə] *n* 1) защи́тник; ~s of peace сторо́нники ми́ра 2) *спорт.* чемпио́н, защища́ющий своё зва́ние

**defense** [dɪˈfens] *амер.* = defence

**defensible** [dɪˈfensəbl] *a* 1) *воен.* удо́бный для оборо́ны; защити́мый 2) опра́вдываемый

**defensive** [dɪˈfensɪv] **1.** *n* оборо́на; оборони́тельная пози́ция; to act (*или* to be, to stand) on the ~ обороня́ться, защища́ться

**2.** *a* оборони́тельный; оборо́нный

**defer I** [dɪˈfə:] *v* 1) откла́дывать, отсро́чивать 2) *воен.* предоставля́ть отсро́чку от призы́ва

**defer II** [dɪˈfə:] *v* счита́ться с чьим-либо мне́нием; уступа́ть, поступа́ть по сове́ту *или* жела́нию друго́го; to ~ to smb.'s experience полага́ться на чей-л. о́пыт

**deference** [ˈdefərəns] *n* уваже́ние, почти́тельное отноше́ние; to pay (*или* to show) ~ to smb. относи́ться почти́тельно к кому́-л.; in (*или* out of) ~ to smb., smth. из уваже́ния к кому́-л., чему́-л.; with all due ~ to smb., smth. при всём уваже́нии к кому́-л., чему́-л.

**deferent** [ˈdefərənt] *a* 1) *анат.* выводя́щий, выводя́щий (*о протоках, артериях*) 2) отводя́щий (*о каналах*)

**deferential** [ˌdefəˈrenʃəl] *a* почти́тельный

**deferment** [dɪˈfə:mənt] *n* отсро́чка, откла́дывание

**deferred I** [dɪˈfə:d] **1.** *p. p. от* defer I

**2.** *a* 1) заме́дленный 2) отсро́ченный; ~ annuity отсро́ченный платёж по ежего́дной ре́нте; ~ pass *амер.* усло́вный перево́д на сле́дующий курс с обяза́тельством сда́чи академи́ческой задо́лженности

**deferred II** [dɪˈfə:d] *p. p. от* defer II

**defervescence** [ˌdi:fə(:)ˈvesns] *n мед.* паде́ние температу́ры; сниже́ние температу́ры до норма́льной

**defiance** [dɪˈfaɪəns] *n* 1) вы́зов (*на бой, спор*) 2) вызыва́ющее поведе́ние; откры́тое неповинове́ние; по́лное пренебреже́ние; to bid ~ to, to set at ~ пренебрега́ть, броса́ть вы́зов, не счита́ться с; ни во что не ста́вить ◇ in ~ of а) вопреки́; б) с я́вным пренебреже́нием к

**defiant** [dɪˈfaɪənt] *a* вызыва́ющий; откры́то неповину́ющийся, де́рзкий

**deficiency** [dɪˈfɪʃənsɪ] *n* 1) отсу́тствие (*чего-л.*), нехва́тка, дефици́т 2) недоста́ток, неполноце́нность 3) *attr.*: ~ disease авитамино́з

**deficient** [dɪˈfɪʃənt] *a* 1) недоста́точный; недостаю́щий; непо́лный 2) несоверше́нный; лишённый (*чего-л.*; in); mentally ~ слабоу́мный

**deficit** [ˈdefɪsɪt] *n* дефици́т; нехва́тка; недочёт; to meet a ~ покры́ть дефици́т

**defilade** [ˌdefɪˈleɪd] *воен.* **1.** *n* есте́ственное укры́тие

**2.** *v* укрыва́ть релье́фом (от наблюде́ния и огня́ прямо́й наво́дкой)

**defile I** [dɪˈfaɪl] *v* 1) загрязня́ть, па́чкать 2) оскверня́ть, профани́ровать 3) развраща́ть, растлева́ть

**defile II** **1.** *n* [ˈdi:faɪl] дефиле́, тесни́на; уще́лье

**2.** *v* [dɪˈfaɪl] дефили́ровать, проходи́ть у́зкой коло́нной (*о войсках*)

**defilement** [dɪˈfaɪlmənt] *n* 1) загрязне́ние 2) оскверне́ние, профана́ция 3) растле́ние

**definable** [dɪˈfaɪnəbl] *a* поддаю́щийся определе́нию, определи́мый

**define** [dɪˈfaɪn] *v* 1) определя́ть, дава́ть определе́ние 2) дава́ть характери́стику 3) устана́вливать значе́ние (*слова и т. п.*) 4) оче́рчивать, обознача́ть (*границы*)

**definite** [ˈdefɪnɪt] *a* 1) определённый (*тж. грам.*); for a ~ period на определённый срок; ~ article *грам.* определённый арти́кль (*в англ. языке* the) 2) то́чный, я́сный

**definition** [ˌdefɪ'nɪʃən] *n* 1) определе́ние 2) я́сность, чёткость 3) *радио, тлв.* ре́зкость, чёткость

**definitive** [dɪ'fɪnɪtɪv] *a* 1) оконча́тельный; реши́тельный; безусло́вный 2) *биол.* вполне́ разви́той, дефинити́вный

**deflagrate** ['defləgreɪt] *v* бы́стро сжига́ть *или* сгора́ть

**deflagration** [ˌdeflə'greɪʃən] *n* 1) сгора́ние взры́вчатых веще́ств без взры́ва 2) вспы́шка

**deflate** [dɪ'fleɪt] *v* 1) спуска́ть (*шину и т. п.*); выка́чивать, выпуска́ть во́здух, газ 2) сплю́щиваться 3) *фин.* сокраща́ть вы́пуск де́нежных зна́ков 4) снижа́ть це́ны 5) опроверга́ть (*довод и т. п.*)

**deflation** [dɪ'fleɪʃən] *n* 1) выка́чивание, выпуска́ние во́здуха, га́за 2) *фин.* дефля́ция

**deflect** [dɪ'flekt] *v* 1) отклоня́ть (-ся) от прямо́го направле́ния 2) преломля́ть(ся)

**deflected** [dɪ'flektɪd] *a* ото́гнутый, отклонённый; искривлённый

**deflection** [dɪ'flekʃən] *n* 1) отклоне́ние от прямо́го направле́ния 2) склоне́ние магни́тной стре́лки; отклоне́ние стре́лки (*приборов*) 3) *воен.* у́гол горизонта́льной наво́дки; угломе́р основно́го ору́дия; попра́вка; упрежде́ние 4) *тех.* проги́б, прове́с; 5) *опт.* преломле́ние

**deflective** [dɪ'flektɪv] *a* вызыва́ющий отклоне́ние

**deflector** [dɪ'flektə] *n тех.* дефле́ктор, отража́тель; отклоня́ющее устро́йство

**deflexion** [dɪ'flekʃən] = deflection

**deflorate** [dɪ'flɔːrɪt] *a бот.* отцве́тший

**defloration** [ˌdiːflɔː'reɪʃən] *n* 1) лише́ние де́вственности 2) обрыва́ние цвето́в

**deflower** [diː'flauə] *v* 1) лиша́ть де́вственности; изнаси́ловать 2) обрыва́ть цветы́ 3) по́ртить

**defoliate** [dɪ'fəulɪɪt] **1.** *a* лишённый ли́стьев

**2.** *v* 1) лиша́ть листвы́ 2) уничтожа́ть расти́тельность

**defoliation** [dɪˌfəulɪ'eɪʃən] *n* 1) *бот.* опаде́ние ли́стьев; листопа́д 2) удале́ние листвы́

**deforest** [dɪ'fɔrɪst] *v* вы́рубить леса́; обезле́сить (*местность*)

**deform** [dɪ'fɔːm] *v* 1) уро́довать 2) искажа́ть (*мысль*) 3) *тех.* деформи́ровать

**deformation** [ˌdiːfɔː'meɪʃən] *n* 1) уро́дование 2) искаже́ние 3) *тех.* деформа́ция

**deformity** [dɪ'fɔːmɪtɪ] *n* 1) уро́дливость; уро́дство (*физическое или нравственное*) 2) уро́д 3) изуро́дованная вещь

**defraud** [dɪ'frɔːd] *v* 1) обма́нывать 2) обма́ном лиша́ть (*чего-л.*); выма́нивать; to ~ smb. of his rights обма́ном лиша́ть кого́-л. прав

**defray** [dɪ'freɪ] *v* опла́чивать; to ~ the expenses (of) брать на себя́ расхо́ды (по)

**defrayal** [dɪ'freɪəl] *n* опла́та (*издержек*)

**defrayment** [dɪ'freɪmənt] = defrayal

**defreeze** [diː'friːz] *v* размора́живать (*продукты*)

**defrock** ['diː'frɔk] *v* расстри́чь (*монаха*); лиши́ть духо́вного са́на

**defrost** [diː'frɔst] *v* 1) размора́живать (*холодильник и т. п.*) 2) = defreeze 3) *эк.* размора́живать (*фонды иностранного государства*)

**defroster** [diː'frɔstə] *n тех.* 1) антиобледени́тель 2) дефро́стер, размора́живатель (*в холодильнике*)

**deft** [deft] *a* ло́вкий, иску́сный; прово́рный

**defunct** [dɪ'fʌŋkt] **1.** *a* 1) уме́рший, усо́пший 2) несуществу́ющий, исче́знувший, вы́мерший

**2.** *n* (the ~) поко́йный, поко́йник

**defy** [dɪ'faɪ] *v* 1) вызыва́ть, броса́ть вы́зов; I ~ you to do it! ну́-ка, сде́лайте э́то! 2) ока́зывать откры́тое неповинове́ние; игнори́ровать, пренебрега́ть; to ~ the law игнори́ровать зако́н; to ~ public opinion пренебрега́ть обще́ственным мне́нием 3) попира́ть (*принципы и т. п.*) 4) не поддава́ться, представля́ть непреодоли́мые тру́дности; it defies description э́то не поддаётся описа́нию; the problem defies solution э́то неразреши́мая пробле́ма

**degas** [dɪ'gæs] *v* дегази́ровать

**degeneracy** [dɪ'dʒenərəsɪ] *n* 1) вырожде́ние, дегенерати́вность 2) упа́док

**degenerate 1.** *n* [dɪ'dʒenərɪt] дегенера́т, вы́родок

**2.** *a* [dɪ'dʒenərɪt] вырожда́ющийся

**3.** *v* [dɪ'dʒenəreɪt] вырожда́ться; ухудша́ться

**degeneration** [dɪˌdʒenə'reɪʃən] *n* 1) вырожде́ние; дегенера́ция 2) *мед.* перерожде́ние

**degenerative** [dɪ'dʒenərətɪv] *a* вырожда́ющийся; дегенерати́вный

**degradation** [ˌdegrə'deɪʃən] *n* 1) упа́док; деграда́ция; ухудше́ние 2) пониже́ние; разжа́лование 3) уменьше́ние масшта́ба 4) *биол.* вырожде́ние 5) *жив.* ослабле́ние интенси́вности то́на 6) *геол.* размы́тие, подмы́в; пониже́ние земно́й пове́рхности 7) *хим., физ.* деграда́ция

**degrade** [dɪ'greɪd] *v* 1) приходи́ть в упа́док; деградировать 2) снижа́ть, убавля́ть, уменьша́ть (*силу, ценность и т. п.*) 3) понижа́ть (*в чине, звании и т. п.*); разжа́ловать; низводи́ть на ни́зшую ступе́нь 4) унижа́ть 5) *жив.* ослабля́ть интенси́вность то́на 6) *геол.* размыва́ть; разруша́ть

**degraded** [dɪ'greɪdɪd] **1.** *p. p. от* degrade

**2.** *a* 1) находя́щийся в состоя́нии упа́дка, деградиро́вавший 2) разжа́лованный; пони́женный в чи́не, зва́нии 3) уни́женный 4) *жив.* деградиро́ванный (*о тоне*) 5) *биол.* вырожда́ющийся 6) *геол.* размы́тый; пони́зившийся

**degree** [dɪ'griː] *n* 1) сте́пень; ступе́нь; by ~s постепе́нно; not in the least (*или* slightest) ~ ничу́ть, ниско́лько; ни в како́й сте́пени; in some ~ в не́которой сте́пени; in a varying ~ в той и́ли ино́й сте́пени; to a ~ *разг.* о́чень, значи́тельно; to a certain ~ до изве́стной сте́пени; to the last ~ до после́дней сте́пени; to a lesser ~ в ме́ньшей сте́пени; to what ~? в како́й сте́пени?, до како́й сте́пени?; a ~ better (warmer, *etc.*) чуть лу́чше (тепле́е *и т. п.*) 2) у́ровень 3) сте́пень родства́, коле́но; prohibited ~s *юр.* сте́пени родства́, при кото́рых запреща́ется брак 4) положе́ние, ранг 5) зва́ние, учёная сте́пень; to take one's ~ получи́ть сте́пень; honorary ~ почётное зва́ние 6) гра́дус; we had ten ~s of frost last night вчера́ ве́чером бы́ло де́сять гра́дусов моро́за; an angle of ninety ~s у́гол в 90° 7) ка́чество, досто́инство, сорт 8) *грам.* сте́пень; ~s of comparison сте́пени сравне́ния 9) *мат.* сте́пень ◇ third ~ допро́с с примене́нием пы́ток

**degression** [dɪ'greʃən] *n* 1) уменьше́ние; спад 2) сниже́ние нало́гов

**degressive** [dɪ'gresɪv] *a* 1) нисходя́щий 2) пропорциона́льно уменьша́ющийся (*о налоге*)

**dehisce** [dɪ'hɪs] *v* раскрыва́ться, растре́скиваться (*о семенных коробочках*)

**dehiscent** [dɪ'hɪsnt] *a* раскрыва́ющийся, растре́скивающийся (*о семенных коробочках*)

**dehorn** [diː'hɔːn] *v* спи́ливать рога́

**dehumanize** [diː'hjuːmənaɪz] *v* де́лать гру́бым, бесчелове́чным

**dehydration** [ˌdiːhaɪ'dreɪʃən] *n хим.* обезво́живание

**dehydrogenize** ['diː'haɪdrədʒɪnaɪz] *v хим.* удаля́ть водоро́д

**de-ice** ['diː'aɪs] *v ав.* предотвраща́ть обледене́ние

**de-icer** ['diː'aɪsə] *n ав.* антиобледени́тель

**deictic** ['daɪktɪk] *a лог.* непосре́дственно дока́зывающий

**deification** [ˌdiːɪfɪ'keɪʃən] *n* обожествле́ние

**deify** ['diːɪfaɪ] *v* 1) обожествля́ть 2) обоготворя́ть; боготвори́ть

**deign** [deɪn] *v* соизво́лить; снизойти́; соблаговоли́ть; удосто́ить; he did not ~ to speak он не соизво́лил заговори́ть; he did not ~ an answer он не удосто́ил нас отве́том

**deism** ['diːɪzm] *n* деи́зм

**deist** ['diːɪst] *n* деи́ст

**deity** ['diːɪtɪ] *n* 1) божество́ 2) боже́ственность

**deject** [dɪ'dʒekt] *v* удруча́ть, угнета́ть; to ~ smb.'s spirit по́ртить кому́-л. настрое́ние

**dejecta** [dɪ'dʒektə] *n pl* испражне́ния

**dejection** [dɪ'dʒekʃən] *n* 1) пода́вленное настрое́ние, уны́ние 2) *физиол.*

дефека́ция 3) *геол.* ла́ва, пе́пел, выбра́сываемые вулка́ном
**déjeuner** ['deɪʒəneɪ] *фр. n* пара́дный *или* официа́льный за́втрак
**de jure** [diː'dʒuərɪ] *лат. adv* юриди́чески, де-ю́ре (*противоп.* de facto)
**delaine** [də'leɪn] *n* лёгкая пла́тельная ткань
**delate** [dɪ'leɪt] *v* 1) обвиня́ть; доноси́ть 2) оглаша́ть, распространя́ть
**delation** [dɪ'leɪʃən] *n* доно́с
**delator** [dɪ'leɪtə] *n* доно́счик
**delay** [dɪ'leɪ] **1.** *n* 1) отлага́тельство, отсро́чка 2) заде́ржка, приостано́вка, препя́тствие 3) замедле́ние, промедле́ние; проволо́чка; without ~ безотлага́тельно
**2.** *v* 1) откла́дывать; отсро́чивать 2) заде́рживать; препя́тствовать 3) ме́длить; ме́шкать; опа́здывать
**delayed-action mine** [dɪ'leɪd,ækʃən'maɪn] *n воен.* ми́на заме́дленного де́йствия
**delayed drop** [dɪ'leɪddrɔp] *n* затяжно́й парашю́тный прыжо́к
**dele** ['diːli(ː)] **1.** *n* корректу́рный знак вы́броски
**2.** *v* вычёркивать знак *или* гру́ппу зна́ков (*в корректуре*)
**delectable** [dɪ'lektəbl] *a ирон.* восхити́тельный, преле́стный
**delectation** [,diːlek'teɪʃən] *n* наслажде́ние, удово́льствие; for ~ of smb. на поте́ху кому́-л.
**delectus** [dɪ'lektəs] *лат. n школ.* лати́нская *или* гре́ческая хрестома́тия
**delegacy** ['delɪgəsɪ] *n* 1) делега́ция 2) делеги́рование 3) полномо́чия делега́та
**delegate 1.** *n* ['delɪgɪt] 1) делега́т; представи́тель 2) *амер.* депута́т террито́рии [*см.* territory 2)] в конгре́ссе
**2.** *v* ['delɪgeɪt] 1) делеги́ровать; уполномо́чивать; передава́ть полномо́чия 2) поруча́ть
**delegated legislation** ['delɪgeɪtɪd,ledʒɪs'leɪʃən] *n* пра́во мини́стров издава́ть прика́зы, име́ющие си́лу зако́нов
**delegation** [,delɪ'geɪʃən] *n* 1) делега́ция, депута́ция 2) посы́лка делега́ции
**delete** [dɪ'liːt] *v* 1) вычёркивать, стира́ть 2) изгла́живать (из па́мяти), не оставля́ть следо́в
**deleterious** [,delɪ'tɪərɪəs] *a* вре́дный, вредоно́сный
**deletion** [dɪ'liːʃən] *n* 1) вычёркивание, стира́ние 2) то, что вы́черкнуто, стёрто
**delft** [delft] *n* (де́льфтский) фая́нс
**deliberate 1.** *a* [dɪ'lɪbərɪt] 1) преднаме́ренный, умы́шленный, нарочи́тый; ~ lie преднаме́ренная ложь 2) обду́манный 3) осторо́жный, осмотри́тельный 4) неторопли́вый (*о движениях, речи и т. п.*)
**2.** *v* [dɪ'lɪbəreɪt] 1) обду́мывать, взве́шивать 2) совеща́ться; обсужда́ть; to ~ on (*или* upon, over, about) a matter обсужда́ть вопро́с
**deliberately** [dɪ'lɪbərɪtlɪ] *adv* 1) умы́шленно, наро́чно 2) обду́манно 3) осторо́жно, осмотри́тельно 4) ме́дленно, не спеша́
**deliberation** [dɪ,lɪbə'reɪʃən] *n* 1) обду́мывание, взве́шивание; after long ~ по зре́лом размышле́нии 2) (*часто pl*) обсужде́ние, диску́ссия 3) осмотри́тельность, осторо́жность 4) медли́тельность; неторопли́вость; he spoke with ~ он говори́л ме́дленно, тща́тельно подбира́я слова́
**deliberative** [dɪ'lɪbərətɪv] *a* совеща́тельный; ~ body совеща́тельный о́рган
**delicacy** ['delɪkəsɪ] *n* 1) утончённость, изы́сканность, то́нкость 2) делика́тность, учти́вость, такт 3) не́жность (*красок, оттенков; кожи*) 4) сло́жность, щекотли́вость (*положения*); a position of extreme ~ о́чень щекотли́вое положе́ние 5) хру́пкость, боле́зненность 6) чувстви́тельность (*приборов*) 7) деликате́с, ла́комство; the delicacies of the season ра́нние фру́кты, о́вощи *и т. п.*
**delicate** ['delɪkɪt] *a* 1) утончённый, изы́сканный, то́нкий 2) иску́сный (*о работе*); изя́щный, то́нкий 3) делика́тный, учти́вый, ве́жливый 4) не́жный; блёклый (*о красках и т. п.*) 5) то́нкий, о́стрый (*о слухе*) 6) щекотли́вый, затрудни́тельный (*о положении*) 7) хру́пкий, боле́зненный; сла́бый (*о здоровье*) 8) чувстви́тельный (*о приборе*)
**delicatessen** [,delɪkə'tesn] *нем. n pl* 1) деликате́сы; кулина́рия 2) гастрономи́ческий магази́н
**delicious** [dɪ'lɪʃəs] *a* 1) восхити́тельный, преле́стный 2) о́чень вку́сный, прия́тный
**delict** ['diːlɪkt] *n юр.* дели́кт, наруше́ние зако́на, правонаруше́ние; in flagrant ~ на ме́сте преступле́ния
**delight** [dɪ'laɪt] **1.** *n* 1) удово́льствие, наслажде́ние; to take (a) ~ in smth. находи́ть удово́льствие в чём-л., наслажда́ться чем-л. 2) восхище́ние, восто́рг
**2.** *v* 1) восхища́ть(ся) 2) доставля́ть наслажде́ние 3) наслажда́ться; to ~ in music наслажда́ться му́зыкой; (I am) ~ed (to meet you) о́чень рад (познако́миться с ва́ми)
**delightful** [dɪ'laɪtful] *a* восхити́тельный, очарова́тельный
**delightsome** [dɪ'laɪtsəm] *a поэт.* восхити́тельный
**delimit** [diː'lɪmɪt] *v* определя́ть грани́цы; размежёвывать
**delimitate** [diː'lɪmɪteɪt] = delimit
**delimitation** [dɪ,lɪmɪ'teɪʃən] *n* определе́ние грани́ц; размежева́ние
**delineate** [dɪ'lɪnɪeɪt] *v* 1) оче́рчивать, обрисо́вывать; устана́вливать очерта́ния *или* разме́ры 2) изобража́ть; опи́сывать
**delineation** [dɪ,lɪnɪ'eɪʃən] *n* 1) оче́рчивание 2) чертёж, план; очерта́ние, а́брис 3) изображе́ние; описа́ние
**delineator** [dɪ'lɪnɪeɪtə] *n* 1) тот, кто устана́вливает разме́ры, очерта́ния *и пр.* [*см.* delineate] 2) вы́кройка, при́годная для ра́зных разме́ров оде́жды; патро́нка
**delinquency** [dɪ'lɪŋkwənsɪ] *n* 1) просту́пок; упуще́ние; прови́нность 2) правонаруше́ние (*особ. несовершеннолетних*) 3) *attr.*: ~ list *воен.* све́дения о провини́вшихся
**delinquent** [dɪ'lɪŋkwənt] **1.** *n* правонаруши́тель, престу́пник
**2.** *a* 1) вино́вный 2) *амер.* неупла́ченный (*о налоге и т. п.*)
**deliquesce** [,delɪ'kwes] *v хим.* переходи́ть в жи́дкое состоя́ние; растворя́ться
**deliquescence** [,delɪ'kwesns] *n хим.* сво́йство вещества́ растворя́ться, притя́гивая вла́гу из во́здуха; раствори́мость
**deliquescent** [,delɪ'kwesnt] *a* растворя́ющийся (в поглощённой из во́здуха вла́ге)
**delirious** [dɪ'lɪrɪəs] *a* 1) (находя́щийся) в бреду́ 2) безу́мный, исступлённый; горя́чечный; ~ with delight вне себя́ от ра́дости 3) бредово́й; бессвя́зный (*о речи*)
**delirium** [dɪ'lɪrɪəm] *n* 1) бред, бредово́е состоя́ние 2) исступле́ние
**delirium tremens** [dɪ'lɪrɪəm'triːmenz] *n* бе́лая горя́чка
**delitescence** [,delɪ'tesns] *n мед.* скры́тое, лате́нтное состоя́ние; инкубацио́нный пери́од
**delitescent** [,delɪ'tesnt] *a мед.* скры́тый, лате́нтный (*о симптомах болезни*)
**deliver** [dɪ'lɪvə] *v* 1) доставля́ть, разноси́ть (*письма, товары*) 2) передава́ть; официа́льно вруча́ть; to ~ an order отдава́ть прика́з; to ~ a message вруча́ть донесе́ние (*или* распоряже́ние) 3) представля́ть (*отчёт и т. п.*) 4) освобожда́ть, избавля́ть (from) 5) сдава́ть (*город, крепость; тж.* ~ up); уступа́ть; to ~ oneself up отда́ться в ру́ки (*властей и т. п.*) 6) произноси́ть; to ~ a lecture чита́ть ле́кцию; to ~ oneself of a speech произнести́ речь; to ~ oneself of an opinion торже́ственно вы́сказать мне́ние 7) (*обыкн. pass.*) *мед.* принима́ть (*младенца*); to be ~ed (of) разреши́ться (*от бремени; тж. перен. чем-либо*) 8) снабжа́ть, пита́ть 9) поставля́ть 10) выраба́тывать, производи́ть; выпуска́ть (*с завода*) 11) нагнета́ть (*о насосе*) 12) *воен.* наноси́ть (*удар, поражение и т. п.*); to ~ an attack произвести́ ата́ку; to ~ a battle дать бой; to ~ fire вести́ ого́нь; to ~ the bombs сбро́сить бо́мбы □ ~ **over** передава́ть; ~ **up** сдава́ть (*крепость и т. п.*) ◇ to ~ the goods вы́полнить взя́тые на себя́ обяза́тельства
**deliverance** [dɪ'lɪvərəns] *n* 1) освобожде́ние, избавле́ние 2) официа́льное заявле́ние; мне́ние, вы́сказанное публи́чно 3) *юр.* верди́кт
**delivery** [dɪ'lɪvərɪ] *n* 1) поста́вка; доста́вка; разно́ска (*писем, газет*); the early (*или* the first) ~ пе́рвая

разно́ска пи́сем (*утром*); special ~ а) сро́чная доста́вка; б) спе́шная по́чта; ~ at door доста́вка зака́зов на́ дом 2) переда́ча, вруче́ние 3) *юр.* форма́льная переда́ча (*собственности*); ввод во владе́ние 4) сда́ча; вы́дача 5) произнесе́ние (*речи и т. п.*); мане́ра произнесе́ния; a good ~ хоро́шая ди́кция 6) ро́ды 7) пита́ние, снабже́ние (*током, водой*); пода́ча (*угля*) 8) *тех.* нагнета́ние; нагнета́тельный насо́с 9) *спорт.* пода́ча (*особ. в крикете*) 10) *attr.*: ~ desk стол вы́дачи книг на́ дом; абонеме́нт (*в библиотеке*) 11) *attr. тех.* пита́ющий, нагнета́тельный; ~ pipe подаю́щая труба́; напо́рная труба́

**delivery note** [dɪ'lɪvərɪnəut] *n ком.* накладна́я

**delivery van** [dɪ'lɪvərɪvæn] *n* фурго́н для доста́вки поку́пок и зака́зов на́ дом

**dell** [del] *n* леси́стая доли́на, ложби́на

**Delphian** ['delfɪən] *a* 1) *др.-греч.* дельфи́йский; ~ oracle дельфи́йский ора́кул 2) непоня́тный, зага́дочный; двусмы́сленный

**Delphic** ['delfɪk] = Delphian

**delphinium** [del'fɪnɪəm] *n бот.* дельфи́ниум, жи́вокость, шпо́рник

**delta** ['deltə] *n* 1) де́льта (*греческая буква*) 2) де́льта (*реки*); the D. де́льта Ни́ла 3) *attr.*: ~ connection *эл.* соедине́ние треуго́льником

**deltaic** [del'teɪɪk] *a* образу́ющий де́льту

**deltoid** ['deltɔɪd] **1.** *a* дельтови́дный; треуго́льный

**2.** *n анат.* дельтови́дная мы́шца

**delude** [dɪ'lu:d] *v* вводи́ть в заблужде́ние, обма́нывать; to ~ oneself заблужда́ться; обма́нывать себя́

**deluge** ['delju:dʒ] **1.** *n* 1) пото́п; the D. *библ.* всеми́рный пото́п 2) ли́вень (*тж.* ~s of rain) 3) пото́к (*слов*); град (*вопросов*); то́лпы (*посетителей*)

**2.** *v* затопля́ть, наводня́ть (*тж. перен.*); to ~ with invitations засы́пать приглаше́ниями

**delusion** [dɪ'lu:ʒən] *n* 1) заблужде́ние, иллю́зия; to be (*или* to labour) under a ~ заблужда́ться, ошиба́ться 2) обма́н 3) *мед.* галлюцина́ция; ма́ния; ~ of grandeur ма́ния вели́чия; ~ of persecution ма́ния пресле́дования

**delusive, delusory** [dɪ'lu:sɪv, -sərɪ] *a* обма́нчивый, иллюзо́рный, нереа́льный; ~ hopes несбы́точные наде́жды

**de luxe** [də'luks] *фр. a* роско́шный; an edition ~, a ~ edition роско́шное изда́ние; ~ suite но́мер люкс (*в гостинице*)

**delve** [delv] **1.** *n* впа́дина; ры́твина

**2.** *v* 1) де́лать изыска́ния; ры́ться (*в документах*); копа́ться (*в книгах*) 2) *уст.* копа́ть, рыть; to dig and ~ копа́ть

**demagnetization** ['di:,mægnɪtaɪ'zeɪʃən] *n* размагни́чивание

**demagnetize** ['di:'mægnɪtaɪz] *v* размагни́чивать

**demagog** ['deməgɔg] = demagogue

**demagogic** [,demə'gɔgɪk] *a* демагоги́ческий

**demagogue** ['deməgɔg] *n* демаго́г

**demagogy** ['deməgɔgɪ] *n* демаго́гия

**demand** [dɪ'mɑ:nd] **1.** *n* 1) тре́бование; payable on ~ подлежа́щий опла́те по предъявле́нии 2) запро́с 3) потре́бность 4) *эк.* спрос; a ~ for labour спрос на рабо́чую си́лу; to be in great ~ быть в большо́м спро́се 5) *attr.*: ~ bill счёт, опла́чиваемый по предъявле́нии; ве́ксель, сро́чный по предъявле́нии; ~ deposit бессро́чный вклад; ~ loan заём *или* ссу́да до востре́бования; ~ factor коэффицие́нт спро́са ◇ I have many ~s on my purse у меня́ мно́го расхо́дов; I have many ~s on my time у меня́ о́чень мно́го дел

**2.** *v* 1) тре́бовать (of, from — с *кого-л.*, от *кого-л.*); предъявля́ть тре́бование 2) нужда́ться; this problem ~s attention э́тот вопро́с тре́бует внима́ния 3) спра́шивать, задава́ть вопро́с; he ~ed my business он спроси́л, что мне ну́жно

**demandant** [dɪ'mɑ:ndənt] *n юр.* исте́ц

**demarcate** ['di:mɑ:keɪt] *v* 1) разграни́чивать 2) проводи́ть демаркацио́нную ли́нию

**demarcation** [,di:mɑ:'keɪʃən] *n* 1) разграниче́ние 2) демарка́ция; line of ~ демаркацио́нная ли́ния

**démarche** ['deɪmɑ:ʃ] *фр. n дип.* дема́рш

**demean** I [dɪ'mi:n] *v refl.* вести́ себя́

**demean** II [dɪ'mi:n] *v* унижа́ть; to ~ oneself роня́ть своё досто́инство; поступа́ть ни́зко

**demeanour** [dɪ'mi:nə] *n* поведе́ние, мане́ра вести́ себя́

**dement** [dɪ'ment] *v* сводить с ума́

**demented** [dɪ'mentɪd] **1.** *p. p. от* dement

**2.** *a* сумасше́дший; to be (*или* to become) ~ сходи́ть с ума́; it will drive me ~ *разг.* э́то меня́ с ума́ сведёт

**démenti** [,deɪmɑ:ŋ'ti:] *фр. n дип.* официа́льное опроверже́ние (*слухов и т. п.*)

**dementia** [dɪ'menʃɪə] *n мед.* слабоу́мие

**demerit** [di:'merɪt] *n* 1) недоста́ток, дефе́кт, дурна́я черта́ 2) *школ.* плоха́я отме́тка (*особ. за поведение*; *тж.* ~ mark)

**demeritorious** [dɪ,merɪ'tɔ:rɪəs] *a редк.* заслу́живающий порица́ния

**demesne** [dɪ'meɪn] *n* 1) владе́ние (*недвижимостью*); to hold in ~ владе́ть 2) владе́ния (*зе́мли*) 3) *уст.* поме́стье, не сдава́емое владе́льцем в аре́нду; Royal ~ земе́льная со́бственность короле́вской семьи́ 4) сфе́ра, по́ле де́ятельности

**demi-** ['demɪ-] *pref* 1) *обозначает половинную часть чего-л.* полу-, наполови́ну, части́чно 2) *указывает на недостаточно хорошее качество, небольшой размер и т. п.*: ~-tasse ма́ленькая ча́шечка (*чёрного кофе*)

**demigod** ['demɪgɔd] *n* полубо́г

**demijohn** ['demɪdʒɔn] *n* больша́я оплетённая буты́ль

**demilitarize** ['di:'mɪlɪtəraɪz] *v* демилитаризи́ровать

**demilune** ['demɪlju:n] *n* 1) *уст.* полуме́сяц 2) *воен. ист.* равели́н, люне́т

**demi-monde** ['demɪ'mɔ(:)nd] *фр. n* полусве́т

**demi-rep** ['demɪrep] *n* же́нщина сомни́тельного поведе́ния

**demisable** [dɪ'maɪzəbl] *a* могу́щий быть о́тданным в аре́нду, пе́реданным по насле́дству (*об имуществе*)

**demise** [dɪ'maɪz] **1.** *n* 1) переда́ча иму́щества по насле́дству 2) сда́ча иму́щества в аре́нду 3) отрече́ние от престо́ла; перехо́д коро́ны *или* прав насле́днику 4) смерть, кончи́на

**2.** *v* 1) сдава́ть в аре́нду 2) оставля́ть по духо́вному завеща́нию (*имущество*); передава́ть по насле́дству 3) отрека́ться (of — от *престола*)

**demission** [dɪ'mɪʃən] *n редк.* сложе́ние зва́ния; отста́вка; отрече́ние

**demit** [dɪ'mɪt] *v редк.* уходи́ть в отста́вку; отка́зываться от до́лжности

**demiurge** ['di:mɪə:dʒ] *n* 1) демиу́рг, творе́ц, созда́тель ми́ра (*в платоновской философии*) 2) *ист.* демиу́рг

**demo** ['deməu] *n разг. сокр. от* demonstration 4)

**demob** ['di:'mɔb] *v разг. сокр. от* demobilize

**demobee** [,di:mə'bi:] *n разг.* демобилизо́ванный

**demobilization** ['di:,məubɪlaɪ'zeɪʃən] *n* демобилиза́ция

**demobilize** [di:'məubɪlaɪz] *v* демобилизова́ть

**democracy** [dɪ'mɔkrəsɪ] *n* 1) демокра́тия 2) демократи́ческое госуда́рство 3) демократи́зм 4) (D.) *амер.* демократи́ческая па́ртия

**democrat** ['deməkræt] *n* 1) демокра́т 2) (D.) *амер.* член демократи́ческой па́ртии 3) *амер.* лёгкий откры́тый экипа́ж (*тж.* ~ wagon)

**democratic** [,demə'krætɪk] *a* демократи́ческий; демократи́чный

**democratize** [dɪ'mɔkrətaɪz] *v* демократизи́ровать

**démodé** [,deɪməu'deɪ] *фр. a* вы́шедший из мо́ды, устаре́вший

**demoded** [di:'məudɪd] = démodé

**demographic** [,di:mə'græfɪk] *a* демографи́ческий; ~ explosion (*или* outburst) демографи́ческий взрыв

**demography** [di:'mɔgrəfɪ] *n* демогра́фия

**demoiselle** [,demwɑ:'zel] *фр. n* 1) *шутл.* де́вушка 2) жура́вль-краса́вка 3) хвосто́вка, стрекоза́-лю́тка

**demolish** [dɪ'mɔlɪʃ] *v* 1) разруша́ть; сноси́ть (*здание*) 2) разбива́ть, опроверга́ть (*теорию, довод*) 3) *разг.* съеда́ть

**demolition** [,demə'lɪʃən] *n* 1) разруше́ние; снос, разбо́рка 2) ло́мка, уничтоже́ние 3) *attr.*: ~ bomb фуга́сная бо́мба; ~ work подрывны́е рабо́ты

**demon** [ˈdiːmən] *n* 1) де́мон, дья́вол, сатана́; злой дух-искуси́тель; a regular ~ *разг.* су́щий дья́вол 2) *разг.* энерги́чный челове́к; he is a ~ for work *разг.* он рабо́тает как чёрт

**demonetize** [diːˈmʌnɪtaɪz] *v* 1) лиша́ть станда́ртной сто́имости (*моне́ту*) 2) изыма́ть из обраще́ния (*моне́ту*)

**demoniac, demoniacal** [dɪˈməunɪæk, ˌdiːməuˈnaɪəkəl] *a* 1) беснова́тый, одержи́мый 2) дья́вольский, демони́ческий

**demonic** [diːˈmɔnɪk] *a* 1) демони́ческий, дья́вольский 2) необыча́йно одарённый

**demonstrable** [ˈdemənstrəbl] *a* доказу́емый

**demonstrate** [ˈdemənstreɪt] *v* 1) демонстри́ровать; нагля́дно пока́зывать 2) дока́зывать; служи́ть доказа́тельством 3) проявля́ть (*чу́вства и т. п.*) 4) уча́ствовать в демонстра́ции 5) *воен.* производи́ть демонстра́цию, наноси́ть отвлека́ющий уда́р

**demonstration** [ˌdemənsˈtreɪʃən] *n* 1) демонстри́рование нагля́дными приме́рами 2) доказа́тельство 3) проявле́ние (*симпа́тии и т. п.*) 4) демонстра́ция 5) *воен.* демонстра́ция сил; показно́е уче́ние

**demonstrationist** [ˌdemənsˈtreɪʃənɪst] = demonstrator 1)

**demonstrative** [dɪˈmɔnstrətɪv] **1.** *a* 1) нагля́дный, доказа́тельный, убеди́тельный 2) экспанси́вный, несде́ржанный 3) демонстрати́вный 4) *грам.* указа́тельный

**2.** *n* указа́тельное местоиме́ние

**demonstrator** [ˈdemənstreɪtə] *n* 1) демонстра́нт; уча́стник демонстра́ции 2) демонстра́тор, лабора́нт; ассисте́нт профе́ссора

**demoralization** [dɪˌmɔrəlaɪˈzeɪʃən] *n* деморализа́ция

**demoralize** [dɪˈmɔrəlaɪz] *v* 1) деморализова́ть 2) подрыва́ть дисципли́ну, вноси́ть дезорганиза́цию

**Demos** [ˈdiːmɔs] *др.-греч. n* де́мос, наро́д

**Demosthenic** [ˌdemɔsˈθenɪk] *a* демосфе́новский, красноречи́вый

**demote** [dɪˈməut] *v амер.* понижа́ть в до́лжности, в зва́нии

**demotic** [di(ː)ˈmɔtɪk] *a* 1) наро́дный; простонаро́дный 2) демоти́ческий (*о египетском письме*)

**demount** [dɪˈmaunt] *v* разбира́ть, демонти́ровать

**demountable** [dɪˈmauntəbl] *a* разбо́рный, съёмный

**demulcent** [dɪˈmʌlsənt] *мед.* **1.** *n* успокои́тельное сре́дство

**2.** *a* мягчи́тельный, успокои́тельный

**demur** [dɪˈməː] **1.** *n* 1) колеба́ние 2) возраже́ние; without ~ без возраже́ний; no ~ возраже́ний нет

**2.** *v* 1) сомнева́ться, колеба́ться 2) представля́ть возраже́ния; to ~ to a proposal возража́ть про́тив предложе́ния; he ~red at working so late он возража́л про́тив того́, что́бы рабо́тать так по́здно 3) *юр.* заявля́ть процессуа́льный отво́д

**demure** [dɪˈmjuə] *a* 1) скро́мный, сде́ржанный; серьёзный 2) притво́рно засте́нчивый

**demurrage** [dɪˈmʌrɪdʒ] *n ком.* 1) просто́й (*су́дна, ваго́на*) 2) де́мерредж, пла́та за просто́й (*су́дна, ваго́на*) 3) пла́та за хране́ние гру́зов сверх сро́ка

**demurrer** I [dɪˈmʌrə] *n юр.* 1) процессуа́льный отво́д 2) возраже́ние

**demurrer** II [dɪˈməːrə] *n* тот, кто колеблется, сомнева́ется *и пр.* [*см.* demur 2]

**demy** [dɪˈmaɪ] *n* 1) форма́т бума́ги 2) стипендиа́т колле́джа Магдали́ны в О́ксфорде

**den** [den] **1.** *n* 1) ло́гово, берло́га нора́; пеще́ра 2) кле́тка для ди́ких звере́й (*в зоологи́ческом саду́*) 3) *разг.* небольшо́й обосо́бленный рабо́чий кабине́т 4) камо́рка 5) прибе́жище 6) прито́н

**2.** *v* жить в пеще́ре, кле́тке *и т. п.*; забира́ться в берло́гу

**denarius** [dɪˈnɛərɪəs] *n* дена́рий (*древнери́мская сере́бряная моне́та*; *сокр.* d. *означа́ет* пе́нни)

**denary** [ˈdiːnərɪ] *a* десятери́чный

**denationalize** [diːˈnæʃnəlaɪz] *v* 1) лиша́ть национа́льных прав *или* черт 2) передава́ть госуда́рственные предприя́тия в ча́стные ру́ки, денационализи́ровать

**denaturalize** [diːˈnætʃrəlaɪz] *v* 1) лиша́ть приро́дных свойств 2) денатурализова́ть, лиша́ть по́дданства, прав гражда́нства

**denature** [diːˈneɪtʃə] *v* 1) изменя́ть есте́ственные сво́йства 2) денатури́ровать (*спирт*)

**denatured alcohol** [diːˈneɪtʃədˈælkəhɔl] *n* денатура́т

**denazification** [diːˌnɑːtsɪfɪˈkeɪʃən] *n* денацифика́ция

**denazify** [diːˈnɑːtsɪfaɪ] *v* денацифици́ровать

**dendriform** [ˈdendrɪfɔːm] *a* древови́дный

**dendritic** [denˈdrɪtɪk] *a* древови́дный, дендрити́ческий; ветвя́щийся

**dendroid(al)** [denˈdrɔɪd(əl)] = dendritic

**dendrology** [denˈdrɔlədʒɪ] *n* дендроло́гия

**dene** I [diːn] *n* доли́на

**dene** II [diːn] *n* прибре́жные пески́, дю́ны

**dengue** [ˈdeŋgɪ] *n* тропи́ческая лихора́дка

**denial** [dɪˈnaɪəl] *n* 1) отрица́ние 2) опроверже́ние; flat ~ категори́ческое опроверже́ние 3) отка́з; to take no ~ не принима́ть отка́за 4) отрече́ние

**denigrate** [ˈdenɪgreɪt] *v редк.* черни́ть, клевета́ть, поро́чить

**denigration** [ˌdenɪˈgreɪʃən] *n редк.* клевета́, диффама́ция

**denim** [ˈdenɪm] *n* гру́бая хлопчатобума́жная ткань

**denitrify** [diːˈnaɪtrɪfaɪ] *v хим.* удаля́ть азо́т из соедине́ний; денитрифици́ровать

**denizen** [ˈdenɪzn] **1.** *n* 1) жи́тель, обита́тель 2) натурализова́вшийся иностра́нец 3) акклиматизи́ровавшееся живо́тное *или* расте́ние 4) заи́мствованное сло́во, воше́дшее в употребле́ние

**2.** *v* 1) принима́ть в число́ гра́ждан; натурализова́ть 2) акклиматизи́ровать (*живо́тное, расте́ние*) 3) вводи́ть иностра́нное сло́во в употребле́ние

**denominate** [dɪˈnɔmɪneɪt] *v* называ́ть; обознача́ть

**denomination** [dɪˌnɔmɪˈneɪʃən] *n* 1) назва́ние 2) обозначе́ние, называ́ние 3) наименова́ние; to reduce feet and inches to the same ~ свести́ фу́ты и дю́ймы к одному́ наименова́нию 4) досто́инство, сто́имость; coins of small ~s моне́ты ма́лого досто́инства 5) вероиспове́дание

**denominational** [dɪˌnɔmɪˈneɪʃənl] *a* 1) относя́щийся к како́му-л. вероиспове́данию 2) секта́нтский

**denominative** [dɪˈnɔmɪnətɪv] **1.** *a* 1) нарица́тельный 2) *грам.* образо́ванный от существи́тельного *или* прилага́тельного

**2.** *n грам.* произво́дное от существи́тельного *или* прилага́тельного

**denominator** [dɪˈnɔmɪneɪtə] *n мат.* знамена́тель; to reduce to a common ~ приводи́ть к о́бщему знамена́телю

**denotata** [ˌdiːnəuˈteɪtə] *pl от* denotatum

**denotation** [ˌdiːnəuˈteɪʃən] *n* 1) обозначе́ние; 2) знак; указа́ние 3) (то́чное) значе́ние; смысл 4) *лог.* объём поня́тия 5) *лингв.* предме́тная отнесённость

**denotative** [dɪˈnəutətɪv] *a* 1) означа́ющий 2) ука́зывающий (of — на)

**denotatum** [ˌdiːnəuˈteɪtəm] *лат. n pl* (-ta) *лингв.* обознача́емое

**denote** [dɪˈnəut] *v* 1) означа́ть, обознача́ть, зна́чить 2) ука́зывать на (*что-л.*), пока́зывать

**denotement** [dɪˈnəutmənt] *n* 1) обозначе́ние 2) знак 3) указа́ние

**dénouement** [deɪˈnuːmɑːŋ] *фр. n* 1) развя́зка (*в рома́не, дра́ме*) 2) заверше́ние, исхо́д

**denounce** [dɪˈnauns] *v* 1) обвиня́ть, осужда́ть; поноси́ть 2) доноси́ть 3) угрожа́ть 4) денонси́ровать, расторга́ть (*догово́р*); to ~ a truce *воен.* заяви́ть о досро́чном прекраще́нии переми́рия 5) предрека́ть, предсказы́вать (*плохо́е*)

**denouncement** [dɪˈnaunsmənt] = denunciation

**dense** [dens] *a* 1) пло́тный; компа́ктный; ~ texture пло́тная ткань; ~ ignorance глубо́кое неве́жество; ~ population высо́кая пло́тность населе́ния 2) ча́стый; густо́й; ~ forest густо́й лес 3) тупо́й, глу́пый 4) *фото* пло́тный, непрозра́чный

**densely** [ˈdenslɪ] *adv* гу́сто, пло́тно; a ~ populated area густонаселённая ме́стность

**densimeter** [denˈsɪmɪtə] *n* денси́метр, пикно́метр, арео́метр

**density** [ˈdensɪtɪ] *n* 1) густота́, пло́тность; компа́ктность 2) глу́пость, ту́пость 3) *физ.* уде́льный вес; пло́тность

**dent I** [dent] **1.** *n* вы́боина, впа́дина, во́гнутое *или* вда́вленное ме́сто; вмя́тина

**2.** *v* вда́вливать, оставля́ть след, вы́боину; вмина́ть

**dent II** [dent] **1.** *n тех.* зуб, зубе́ц; насе́чка, зару́бка; наре́зка

**2.** *v* нареза́ть, насека́ть

**dental** [ˈdentl] **1.** *a* 1) зубно́й 2) зубовраче́бный 3) *фон.* зубно́й, дента́льный

**2.** *n* зубно́й *или* дента́льный согла́сный

**dentate** [ˈdenteɪt] *a бот.* зубча́тый

**dentation** [denˈteɪʃən] *n бот.* зубча́тость

**denticle** [ˈdentɪkl] *n* 1) зу́бчик 2) *архит.* денти́кула

**denticular** [denˈtɪkjulə] = denticulate

**denticulate, denticulated** [denˈtɪkjuleɪt, -ɪd] *a* 1) зазу́бренный 2) *архит.* снабжённый денти́кулами

**dentiform** [ˈdentɪfɔːm] *a* име́ющий фо́рму зу́ба

**dentifrice** [ˈdentɪfrɪs] *n* зубно́й поро́шок *или* зубна́я па́ста

**dentil** [ˈdentɪl] = denticle 2)

**dentilingual** [ˈdentɪˈlɪŋgwəl] *a фон.* межзу́бный

**dentine** [ˈdentiːn] *n* денти́н

**dentist** [ˈdentɪst] *n* зубно́й врач, данти́ст

**dentistry** [ˈdentɪstrɪ] *n* 1) лече́ние зубо́в 2) профе́ссия зубно́го врача́

**dentition** [denˈtɪʃən] *n* 1) проре́зывание *или* рост зубо́в 2) расположе́ние зубо́в

**denture** [ˈdentʃə] *n* ряд зубо́в (*особ. искусственных*); зубно́й проте́з

**denuclearization** [ˈdiːˌnjuːklɪəraɪˈzeɪʃən] *n* созда́ние зо́ны, свобо́дной от я́дерного ору́жия

**denuclearized** [diːˈnjuːklɪəraɪzd] *a* безъя́дерный; ~ zone безъя́дерная зо́на; зо́на, свобо́дная от я́дерного ору́жия

**denudation** [ˌdiːnju(ː)ˈdeɪʃən] *n* 1) оголе́ние, обнаже́ние 2) *геол.* денуда́ция, эро́зия

**denudative** [dɪˈnjuːdətɪv] *a* обнажа́ющий, оголя́ющий

**denude** [dɪˈnjuːd] *v* 1) обнажа́ть, оголя́ть 2) лиша́ть (*чего-л.*); отбира́ть; to ~ of hope лиша́ть наде́жды; to ~ of money отобра́ть де́ньги 3) *геол.* обнажа́ть смы́вом

**denunciation** [dɪˌnʌnsɪˈeɪʃən] *n* 1) откры́тое обличе́ние, обвине́ние; осужде́ние 2) угро́за 3) денонси́рование, расторже́ние (*договора*)

**denunciative** [dɪˈnʌnsɪətɪv] *a* 1) обвини́тельный 2) угрожа́ющий

**denunciator** [dɪˈnʌnsɪeɪtə] *n* 1) обвини́тель 2) доно́счик

**denunciatory** [dɪˈnʌnsɪətərɪ] = denunciative

**deny** [dɪˈnaɪ] *v* 1) отрица́ть; to ~ the charge отверга́ть обвине́ние 2) отка́зывать(ся); to ~ a request отказа́ть в про́сьбе; to ~ oneself every luxury не позволя́ть себе́ ничего́ ли́шнего 3) не допуска́ть; отка́зывать в приёме (*гостей*); she denied herself to visitors она́ не приняла́ госте́й; he was denied admission его́ не впусти́ли 4) отрека́ться 5) отпира́ться, отка́зываться, брать наза́д; to ~ one's signature отка́зываться от свое́й по́дписи; to ~ one's words отка́зываться от свои́х слов

**deodar** [ˈdɪəudɑː] *n* гимала́йский кедр

**deodorant** [diːˈəudərənt] **1.** *n* дезодора́тор, деодора́нт

**2.** *a* уничтожа́ющий (дурно́й) за́пах

**deodorize** [diːˈəudəraɪz] *v* уничтожа́ть, отбива́ть (дурно́й) за́пах, дезодори́ровать

**deodorizer** [diːˈəudəraɪzə] = deodorant 1

**deontology** [ˌdiːɔnˈtɔlədʒɪ] *n* э́тика

**deoxidate** [diːˈɔksɪdeɪt] = deoxidize

**deoxidize** [diːˈɔksɪdaɪz] *v хим.* раскисля́ть, отнима́ть кислоро́д; восстана́вливать

**depart** [dɪˈpɑːt] *v* 1) уходи́ть; уезжа́ть; отбыва́ть, отправля́ться 2) отклоня́ться, уклоня́ться, отступа́ть (from); to ~ from tradition отступа́ть от тради́ции; to ~ from one's word (promise) нару́шить своё сло́во (обеща́ние); to ~ from one's plans измени́ть свои́ пла́ны 3) умира́ть; сконча́ться

**departed** [dɪˈpɑːtɪd] **1.** *p. p. от* depart

**2.** *a* 1) поко́йный, уме́рший 2) *поэт.* было́й, мину́вший; ~ joys были́е ра́дости

**3.** *n* (the ~) поко́йник(и)

**department** [dɪˈpɑːtmənt] *n* 1) отде́л; отделе́ние; the men's clothing ~ отде́л мужско́го гото́вого пла́тья (*в магазине*) 2) о́бласть, о́трасль (*науки, знания*) 3) ве́домство; департа́мент 4) *амер.* министе́рство; State D. госуда́рственный департа́мент (*министерство иностранных дел США*); D. of the Navy вое́нно-морско́е министе́рство США 5) войсково́й о́круг 6) цех, отделе́ние 7) факульте́т 8) *attr.* ве́домственный; относя́щийся к ве́домству; ~ hospital райо́нный го́спиталь

**departmental** [ˌdiːpɑːtˈmentl] *a* 1) ве́домственный 2): ~ teaching систе́ма обуче́ния, при кото́рой преподаётся то́лько оди́н предме́т *или* не́сколько ро́дственных предме́тов

**departmentalism** [ˌdiːpɑːtˈmentəlɪzm] *n* бюрократи́зм

**department store** [dɪˈpɑːtməntˈstɔː] *n* универса́льный магази́н, универма́г

**departure** [dɪˈpɑːtʃə] *n* 1) отправле́ние, отбы́тие, отъе́зд; ухо́д; to take one's ~ уходи́ть; уезжа́ть 2) исхо́дный моме́нт, отправна́я то́чка; a new ~ но́вая отправна́я то́чка, но́вая ли́ния поведе́ния (*в политике и т. п.*) 3) отклоне́ние, уклоне́ние 4) *уст.* кончи́на, смерть 5) *мор.* отше́ствие; отше́дший пункт 6) *attr.* исхо́дный, отправно́й; ~ position исхо́дное положе́ние; the ~ platform платфо́рма отправле́ния поездо́в

**depasture** [diːˈpɑːstʃə] *v* 1) пасти́(сь) 2) выгоня́ть на па́стбище (*скот*)

**depauperate** [diːˈpɔːpəreɪt] *v* 1) доводи́ть до нищеты́ 2) истоща́ть, лиша́ть сил

**depauperize** [ˈdiːˈpɔːpəraɪz] *v* избавля́ть от нищеты́; изжива́ть нищету́

**depend** [dɪˈpend] *v* 1) зави́сеть (on, upon — от) 2) находи́ться на иждиве́нии; to ~ upon one's parents находи́ться на иждиве́нии роди́телей; 3) полага́ться, рассчи́тывать; you may ~ upon him мо́жете на него́ положи́ться; ~ upon it бу́дьте уве́рены; I ~ on you to do it я рассчи́тываю, что вы э́то сде́лаете 4) находи́ться на рассмотре́нии суда́, парла́мента ◇ it (all) ~s как сказа́ть!, поживём — уви́дим

**dependability** [dɪˌpendəˈbɪlɪtɪ] *n* надёжность

**dependable** [dɪˈpendəbl] *a* надёжный; заслу́живающий дове́рия; ~ news достове́рные све́дения

**dependant** [dɪˈpendənt] = dependent 2, 1)

**dependence** [dɪˈpendəns] *n* 1) зави́симость (upon); подчинённое положе́ние; to live in ~ находи́ться в зави́симости (*от кого-л.*); жить на иждиве́нии (*кого-л.*); he was her sole ~ он был её еди́нственной опо́рой 2) дове́рие; to place (*или* to put) ~ in smb. пита́ть к кому́-л. дове́рие 3) *юр.* неразрешённость (*дела*); ожида́ние реше́ния

**dependency** [dɪˈpendənsɪ] *n* 1) зави́симость; подчинённое положе́ние 2) зави́симая страна́ 3) *attr.*: ~ allowance посо́бие на иждиве́нцев

**dependent** [dɪˈpendənt] **1.** *a* 1) подчинённый, подвла́стный 2) зави́симый; зави́сящий (on — от); ~ variable *мат.* зави́симая переме́нная, фу́нкция 3) находя́щийся на иждиве́нии (on) 4) *грам.* подчинённый (*о предложении*)

**2.** *n* 1) иждиве́нец 2) подчинённый 3) *ист.* васса́л

**dephosphorize** [diːˈfɔsfəraɪz] *v хим.* удаля́ть, отнима́ть фо́сфор

**depict** [dɪˈpɪkt] *v* 1) рисова́ть, изобража́ть 2) опи́сывать, обрисо́вывать

**depicture** [dɪˈpɪktʃə] *v книжн.* 1) = depict 2) представля́ть себе́, вообража́ть

**depilate** [ˈdepɪleɪt] *v* удаля́ть во́лосы

**depilatory** [dɪˈpɪlətərɪ] **1.** *a* спосо́бствующий удале́нию воло́с

2. *n* сре́дство для удале́ния воло́с
**deplane** [diː'pleɪn] *v* выса́живать (-ся) из самолёта
**deplenish** [dɪ'plenɪʃ] *v* опорожня́ть, опустоша́ть
**deplete** [dɪ'pliːt] *v* 1) истоща́ть, исче́рпывать (*запас, силы и т. п.*); опорожня́ть; *перен.* обескро́вливать; ~d strength *воен.* уме́ньшившийся соста́в (*вследствие потерь*) 2) *мед.* очища́ть кише́чник 3) *мед.* производи́ть кровопуска́ние
**depletion** [dɪ'pliːʃən] *n* 1) истоще́ние, исче́рпывание (*запасов, сил и т. п.*); опорожне́ние 2) *мед.* очище́ние, опорожне́ние кише́чника 3) *мед.* кровопуска́ние
**depletive** [dɪ'pliːtɪv] 1. *a* слаби́тельный
2. *n* слаби́тельное сре́дство
**depletory** [dɪ'pliːtərɪ] = depletive 1
**deplorable** [dɪ'plɔːrəbl] *a* приско́рбный, плаче́вный
**deplore** [dɪ'plɔː] *v* 1) опла́кивать, сожале́ть 2) счита́ть предосуди́тельным, порица́ть
**deploy** [dɪ'plɔɪ] 1. *n* *воен.* развёртывание
2. *v* 1) *воен.* развёртывать(ся) 2) *эк.* разблоки́ровать; to ~ resources испо́льзовать ресу́рсы
**deployment** [dɪ'plɔɪmənt] *n* развёртывание
**deplume** [dɪ'pluːm] *v* ощи́пывать пе́рья; *перен.* лиша́ть (*власти, состояния и т. п.*)
**depolarise** [diː'pəuləraɪz] *v* 1) *физ.* деполяризова́ть 2) расша́тывать, разбива́ть (*убеждения и т. п.*)
**depone** [dɪ'pəun] *v* *юр.* дава́ть показа́ние под прися́гой
**deponent** [dɪ'pəunənt] 1. *n* 1) *юр.* свиде́тель, даю́щий показа́ние под прися́гой 2) *грам.* отложи́тельный глаго́л (*в греч. и лат. языках*)
2. *a* *грам.* отложи́тельный (*о греч. и лат. глаголе*)
**depopulate** [diː'pɔpjuleɪt] *v* 1) уменьша́ть *или* истребля́ть населе́ние; обезлю́дить 2) уменьша́ться, сокраща́ться (*о населении*)
**depopulation** [diːˌpɔpju'leɪʃən] *n* 1) истребле́ние населе́ния 2) уменьше́ние населе́ния
**deport** I [dɪ'pɔːt] *v* высыла́ть, ссыла́ть; выдворя́ть
**deport** II [dɪ'pɔːt] *v* *refl.* вести́ себя́
**deportation** [ˌdiːpɔː'teɪʃən] *n* вы́сылка, ссы́лка, изгна́ние
**deportee** [ˌdiːpɔː'tiː] *n* со́сланный; высыла́емый
**deportment** [dɪ'pɔːtmənt] *n* 1) мане́ры, уме́ние держа́ть себя́; поведе́ние 2) оса́нка, вы́правка
**depose** [dɪ'pəuz] *v* 1) смеща́ть (*с должности*); сверга́ть (*с престола*) 2) *юр.* свиде́тельствовать, дава́ть показа́ния под прися́гой
**deposit** [dɪ'pɔzɪt] 1. *n* 1) вклад (*в банк*) 2) зада́ток, зало́г; депози́т; to place money on ~ вноси́ть де́ньги в депози́т 3) храни́лище 4) отложе́ние; отсто́й; оса́док 5) *геол.* ро́ссыпь, за́лежь, месторожде́ние
2. *v* 1) класть 2) класть в банк; депони́ровать 3) дава́ть зада́ток, обеспе́чение 4) сдава́ть на хране́ние 5) отлага́ть, осажда́ть, дава́ть оса́док 6) класть я́йца (*о птицах*)
**depositary** [dɪ'pɔzɪtərɪ] *n* 1) лицо́, кото́рому вве́рены вкла́ды, взно́сы 2) = depository
**deposition** [ˌdepə'zɪʃən] *n* 1) сверже́ние (*с престола*); лише́ние (*власти*) 2) *библ.* сня́тие с креста́ 3) *юр.* показа́ние под прися́гой 4) взнос, вклад (*денег в банк*) 5) отложе́ние, на́кипь, оса́док
**depositor** [dɪ'pɔzɪtə] *n* вкла́дчик; вкла́дчица; депози́тор
**depository** [dɪ'pɔzɪtərɪ] *n* склад, храни́лище; *перен.* кла́дезь, сокро́вищница; he is a ~ of learning он кла́дезь учёности, прему́дрости
**depot** ['depəu] *n* 1) склад; храни́лище; амба́р, сара́й 2) *воен.* ба́зовый склад 3) *воен.* уче́бная часть 4) ['diːpəu] *амер.* железнодоро́жная ста́нция 5) *attr.* запасно́й, запа́сный; ~ battery запа́сная (уче́бная) батаре́я 6) *attr.*: ~ ship су́дно-ба́за, плаву́чая ба́за; ~ aerodrome аэродро́м-ба́за
**depravation** [ˌdeprə'veɪʃən] *n* 1) развраще́ние; развращённость 2) ухудше́ние, по́рча
**deprave** [dɪ'preɪv] *v* 1) развраща́ть; по́ртить 2) ухудша́ть, искажа́ть
**depraved** [dɪ'preɪvd] 1. *p. p.* от deprave
2. *a* испо́рченный; развращённый
**depravity** [dɪ'prævɪtɪ] *n* 1) поро́чность; развращённость 2) *церк.* грехо́вность
**deprecate** ['deprɪkeɪt] *v* ре́зко осужда́ть, возража́ть, протестова́ть, выступа́ть про́тив; to ~ war энерги́чно выступа́ть про́тив войны́; to ~ hasty action выска́зываться про́тив поспе́шных де́йствий
**deprecation** [ˌdeprɪ'keɪʃən] *n* осужде́ние, неодобре́ние; возраже́ние; проте́ст
**deprecative** ['deprɪkeɪtɪv] *a* 1) неодобри́тельный 2) = deprecatory 1)
**deprecatory** ['deprɪkətərɪ] *a* 1) моля́щий об отвраще́нии како́й-л. беды́ 2) стара́ющийся уми́лостивить; зада́бривающий, проси́тельный
**depreciate** [dɪ'priːʃɪeɪt] *v* 1) обесце́нивать(ся), па́дать в цене́ 2) унижа́ть, умаля́ть, недооце́нивать
**depreciatingly** [dɪ'priːʃɪeɪtɪŋlɪ] *adv* пренебрежи́тельно, неуважи́тельно
**depreciation** [dɪˌpriːʃɪ'eɪʃən] *n* 1) обесце́нивание, обесце́нение; сниже́ние сто́имости 2) умале́ние; пренебреже́ние 3) ски́дка на по́рчу това́ра (*при расчётах*) 4) *тех.* амортиза́ция, изна́шивание
**depreciatory** [dɪ'priːʃjətərɪ] *a* 1) обесце́нивающий 2) умаля́ющий
**depredate** ['deprɪdeɪt] *v* 1) гра́бить 2) опустоша́ть
**depredation** [ˌdeprɪ'deɪʃən] *n* (*обыкн. pl*) 1) грабёж, расхище́ние 2) опустоше́ние; разруши́тельное де́йствие
**depredator** ['deprɪdeɪtə] *n* 1) граби́тель 2) разруши́тель
**depress** [dɪ'pres] *v* 1) подавля́ть, угнета́ть, приводи́ть в уны́ние; огорча́ть 2) понижа́ть; ослабля́ть; to ~ the action of the heart ослабля́ть де́ятельность се́рдца; the trade is ~ed в торго́вле засто́й 3) опуска́ть; to ~ eyes опуска́ть глаза́; to ~ the voice понижа́ть го́лос 4) понижа́ть це́ну, сто́имость (*чего-л.*)
**depressant** [dɪ'presənt] *мед.* 1. *n* успокои́тельное сре́дство
2. *a* понижа́ющий де́ятельность како́го-л. о́ргана
**depressed** [dɪ'prest] 1. *p. p.* от depress
2. *a* 1) пода́вленный, уны́лый 2) пони́женный, сни́женный 3) во́гнутый, сплю́щенный ◇ ~ areas райо́ны хрони́ческой безрабо́тицы
**depressing** [dɪ'presɪŋ] 1. *pres. p.* от depress
2. *a* гнету́щий, тя́гостный; уны́лый; наводя́щий тоску́
**depression** [dɪ'preʃən] *n* 1) угнетённое состоя́ние, уны́ние; депре́ссия 2) сниже́ние, паде́ние (*давления и т. п.*) 3) *эк.* депре́ссия; ~ of trade засто́й в торго́вле 4) пониже́ние ме́стности, низи́на, впа́дина, углубле́ние; ~ in the ground ложби́нка 5) *астр.* углово́е склоне́ние (*звезды*) 6) *воен.* склоне́ние (*орудия*) 7) *физ.* разреже́ние, ва́куум
**depressor** [dɪ'presə] *n* *анат.* депре́ссор (*тж.* ~ muscle)
**deprivation** [ˌdeprɪ'veɪʃən] *n* 1) потеря́; лише́ние 2) *церк.* лише́ние бенефи́ции
**deprive** [dɪ'praɪv] *v* 1) лиша́ть (of — *чего-л.*) 2) *церк.* отреша́ть от до́лжности; отбира́ть бенефи́цию
**depth** [depθ] *n* 1) глубина́, глубь; in the ~ of one's heart в глубине́ души́ 2) *pl* *поэт.* глуби́ны, пучи́на 3) си́ла, глубина́; the ~ of one's feelings глубина́ чувств; in ~ глубоко́, тща́тельно; in the ~ of despair в по́лном отча́янии 4) густота́ (*цвета, краски*); глубина́ (*звука*) 5) разга́р, середи́на; in the ~ of night глубо́кой но́чью; in the ~ of winter в разга́р зимы́; the ~s of a forest ча́ща ле́са ◇ to be out of (*или* beyond) one's ~ а) попа́сть на глубо́кое ме́сто (*в реке, море*); б) быть недосту́пным понима́нию; быть не по зуба́м; в) растеря́ться, не поня́ть; to get (*или* to go) out of one's ~ потеря́ть по́чву под нога́ми
**depth-bomb** ['depθbɔm] *n* глуби́нная бо́мба
**depth-charge** ['depθtʃɑːdʒ] = depth-bomb
**depth-gauge** ['depθgeɪdʒ] *n* водоме́рная ре́йка; глубиноме́р
**depurate** ['depjureɪt] *v* очища́ть(ся)
**depuration** [ˌdepju'reɪʃən] *n* очище́ние

**deputation** [ˌdepju(ː)'teɪʃən] *n* 1) делегáция, депутáция 2) делегíрование

**depute** [dɪ'pjuːt] *v* 1) делегíровать 2) передавáть полномóчия 3) назначáть заместíтелем

**deputize** ['depjutaɪz] *v* 1) представлять (*кого-л.*; for) 2) назначáть депутáтом 3) замещáть 4) дублíровать (*об актёре, музыканте*)

**deputy** ['depjutɪ] *n* 1) депутáт, делегáт; представíтель; Chamber of Deputies палáта депутáтов (*во Франции*) 2) заместíтель; by ~ по довéренности, по уполномóчию 3) *амер. сокр. от* deputy sheriff 4) *горн.* десятник по безопáсности; крепíльщик

**deputy sheriff** ['depjutɪ'ʃerɪf] *n амер.* лицó, облечённое правáми шерифа

**deracinate** [dɪ'ræsɪneɪt] *v* вырывáть с кóрнем; искоренять

**derail** [dɪ'reɪl] *v* 1) вызывáть крушéние (*поезда*); the car was ~ed вагóн сошёл с рéльсов 2) сходíть с рéльсов

**derailment** [dɪ'reɪlmənt] *n* сход с рéльсов; крушéние

**derange** [dɪ'reɪndʒ] *v* 1) приводíть в беспорядок; расстрáивать (*мысли, планы*) 2) выводíть из стрóя (*машину и т. п.*) 3) сводíть с умá; доводíть до сумасшéствия

**deranged** [dɪ'reɪndʒd] **1.** *p. p. от* derange

**2.** 1) ненормáльный, сумасшéдший; to be (mentally) ~ сойтí с умá, быть сумасшéдшим 2) перепýтанный, находящийся в беспорядке

**derangement** [dɪ'reɪndʒmənt] *n* 1) приведéние в беспорядок, расстрóйство 2) психíческое расстрóйство

**derate** [diː'reɪt] *v* уменьшáть размéры мéстных налóгов

**deration** ['diː'ræʃən] *v* отменять нормировáние, кáрточную систéму

**Derby** ['dɑːbɪ] *n* 1) дéрби 2) (d.) ['dəːbɪ] *амер.* котелóк (*мужская шляпа*) 3) *attr.*: ~ day день ежегóдных скáчек в Эпсоме (*близ Лондона*)

**derelict** ['derɪlɪkt] **1.** *a* 1) покíнутый, брóшенный; бесхóзный; беспризóрный 2) покíнутый владéльцем 3) *амер.* нарушáющий (*долг, обязанности*)

**2.** *n* 1) что-л. брóшенное за негóдностью 2) сýдно, брóшенное комáндой 3) всéми покíнутый, избегáемый человéк, отщепéнец; отвéрженный 4) *амер.* человéк, уклоняющийся от исполнéния дóлга 5) сýша, образовáвшаяся благодаря отступлéнию мóря *или* реки

**dereliction** [ˌderɪ'lɪkʃən] *n* 1) забрóшенность 2) оставлéние 3) нарушéние дóлга (*тж.* ~ of duty); упущéние 4) отступлéние мóря от бéрега; морскóй нанóс

**derequisition** ['diːˌrekwɪ'zɪʃən] *v* прекращáть реквизíцию сóбственности (*в пользу государства*)

**derestrict** ['diːrɪs'trɪkt] *v* снимáть ограничéния

**deride** [dɪ'raɪd] *v* осмéивать, высмéивать

**derision** [dɪ'rɪʒən] *n* 1) высмéивание, осмеяние; to hold (*или* to have) in ~ насмехáться; to be in ~ быть посмéшищем; to bring into ~ дéлать посмéшищем 2) *редк.* посмéшище

**derisive** [dɪ'raɪsɪv] *a* 1) насмéшливый, ирони́ческий 2) смехотвóрный; ~ attempts смехотвóрные, явно неудáчные попытки

**derivable** [dɪ'raɪvəbl] *a* получáемый, извлекáемый

**derivation** [ˌderɪ'veɪʃən] *n* 1) происхождéние; истóчник; начáло 2) *лингв.* деривáция, словопроизвóдство 3) установлéние происхождéния 4) *мат.* взятие производной; решéние; вывод 5) *гидр.* деривáция; отвóд (*воды*) 6) *эл.* ответвлéние, шунт 7) *мед.* отвлечéние

**derivative** [dɪ'rɪvətɪv] **1.** *n* 1) *лингв.* производное слóво 2) *мат.* производная (фýнкция); деривáт

**2.** *a* производный; to be logically ~ from smth. логíчески вытекáть из чего-л.

**derive** [dɪ'raɪv] *v* 1) получáть, извлекáть; to ~ an income извлекáть дохóды; to ~ pleasure получáть удовóльствие (from — от) 2) происходíть; the word "evolution" is ~d from Latin слóво «эволюция» латíнского происхождéния 3) устанáвливать происхождéние; производíть (*от чего-либо*), выводíть; to ~ religion from myths устанáвливать происхождéние религии от мифов 4) наслéдовать; he ~s his character from his father он унаслéдовал харáктер отцá 5) отводíть (*воду*) 6) *эл.* ответвлять, шунтовáть

**derm(a)** ['dəːm(ə)] *n анат.* кóжа

**dermal** ['dəːməl] *a анат.* кóжный

**dermatic** [dəː'mætɪk] = dermal

**dermatitis** [ˌdəːmə'taɪtɪs] *n мед.* воспалéние кóжи, дерматíт

**dermatologist** [ˌdəːmə'tɔlədʒɪst] *n* дерматóлог, врач по кóжным болéзням

**dermatology** [ˌdəːmə'tɔlədʒɪ] *n* дерматолóгия

**dernier** ['dəːnɪə] *фр. a* послéдний; ~ cri послéдний крик мóды; ~ ressort послéднее срéдство

**derogate** ['derəugeɪt] *v* 1) умалять (*заслуги, достоинство*); отнимáть (*часть прав и т. п.*); to ~ from smb.'s reputation задевáть чью-л. репутáцию 2) унижáть себя, ронять своё достóинство

**derogation** [ˌderəu'geɪʃən] *n* 1) умалéние (*прав, заслуг*); подрыв (*репутации*); it is said on ~ of his character это скáзано, чтóбы подорвáть егó репутáцию 2) унижéние

**derogatory** [dɪ'rɔgətərɪ] *a* 1) умаляющий; нарушáющий (*права и т. п.*) 2) унизíтельный

**derrick** ['derɪk] *n* 1) *тех.* дéррик-крáн; вóрот для подъёма тяжестей; *мор.* подъёмная стрелá 2) буровáя вышка 3) *ист.* вíселица (*по имени лондонского палача XVII в.*)

**derring-do** ['derɪŋ'duː] *n* отчáянная хрáбрость; безрассýдство

**derringer** ['derɪndʒə] *n амер.* небольшóй крупнокалíберный пистолéт

**dervish** ['dəːvɪʃ] *тур. n* дéрвиш

**desalt** [diː'sɔːlt] *v* опреснять

**descale** ['diː'skeɪl] *v* снимáть окáлину, нáкипь

**descant 1.** *n* ['deskænt] 1) пéсня, мелóдия, напéв 2) дíскант; сопрáно 3) длíнное рассуждéние

**2.** *v* [dɪs'kænt] 1) подрóбно обсуждáть, распространяться (upon) 2) петь, распевáть

**descend** [dɪ'send] *v* 1) спускáться, сходíть; to ~ a hill спустíться с холмá 2) опускáться, снижáться 3) происходíть; to ~ from a peasant family происходíть из крестьянской семьí 4) передавáться по наслéдству, переходíть (from); to ~ from father to son переходíть от отцá к сыну 5) пасть; опустíться (*морально*); унизиться 6) обрýшиться; налетéть, нагрянуть (upon) 7) переходíть (*от прошлого к настоящему, от общего к частному и т. п.*) 8) *астр.* склоняться к горизóнту

**descendable** [dɪ'sendəbl] *редк.* = descendible

**descendant** [dɪ'sendənt] *n* потóмок; direct (*или* lineal) ~ потóмок по прямóй линии

**descendible** [dɪ'sendəbl] *a* передавáемый по наслéдству

**descent** [dɪ'sent] *n* 1) спуск; снижéние; to make a parachute ~ спустíться с парашютом 2) склон, скат 3) понижéние (*звука, температуры и т. п.*) 4) происхождéние 5) поколéние (*по определённой линии*) 6) передáча по наслéдству, наслéдование (*имущества, черт характера*) 7) падéние (*моральное*) 8) внезáпное нападéние (*особ. с моря*); десáнт

**describe** [dɪs'kraɪb] *v* 1) опíсывать, изображáть; характеризовáть(ся); to ~ one's purposes изложíть свой намéрения 2) описáть (*круг, кривую*); начертíть

**description** [dɪs'krɪpʃən] *n* 1) описáние, изображéние; to answer (to) the ~ соответствовать описáнию; совпадáть с примéтами; to beggar (*или* to baffle, to defy) ~ не поддавáться описáнию; beyond ~ не поддающийся описáнию 2) вид, род, сорт; books of every ~ всевозмóжные кнíги; of the worst ~ хýдшего тíпа; сáмого хýдшего сóрта 3) вычéрчивание, описáние

**descriptive** [dɪs'krɪptɪv] *a* описáтельный; изобразíтельный; наглядный; ~ attribute *грам.* описáтельное определéние; ~ geometry начертáтельная геомéтрия; ~ style стиль, богáтый описáниями

**descry** [dɪs'kraɪ] *v* 1) рассмотре́ть, заме́тить, уви́деть (*особ. издали*) 2) обнару́жить 3) *поэт.* ви́деть

**desecrate** ['desɪkreɪt] *v* оскорбля́ть; осквернять (*святыню*)

**desecration** [ˌdesɪ'kreɪʃən] *n* оскверне́ние, профана́ция

**desegregation** [diːˌsegrɪ'geɪʃən] *n* десегрега́ция, ликвида́ция сегрега́ции

**desensitize** ['diː'sensɪtaɪz] *v* 1) уменьша́ть восприи́мчивость; сде́лать безразли́чным 2) *мед.* возвраща́ть в норма́льное психи́ческое состоя́ние 3) *фото* десенсибилизи́ровать

**desert** I **1.** *n* ['dezət] 1) пусты́ня 2) необита́емое пусты́нное ме́сто 3) ску́чная те́ма, рабо́та *и т. п.*

**2.** *a* ['dezət] 1) пусты́нный; ~ island необита́емый о́стров 2) го́лый, беспло́дный

**3.** *v* [dɪ'zəːt] 1) покида́ть, оставля́ть; броса́ть (*семью*); his courage ~ed him сме́лость поки́нула его́ 2) *воен.* дезерти́ровать

**desert** II [dɪ'zəːt] *n* 1) заслу́га 2) (*обыкн. pl*) заслу́женное (*в хорошем или дурном смысле*); награ́да; to treat people according to their ~s поступа́ть с людьми́ по заслу́гам; to obtain (*или* to meet with) one's ~s получи́ть по заслу́гам

**deserter** [dɪ'zəːtə] *n* 1) дезерти́р 2) перебе́жчик

**desertion** [dɪ'zəːʃən] *n* 1) оставле́ние (*семьи и т. п.*) 2) дезерти́рство 3) забро́шенность; in utter ~ поки́нутый все́ми

**deserve** [dɪ'zəːv] *v* заслу́живать, быть досто́йным (*чего-л.*); to ~ attention заслу́живать внима́ния; to ~ well (ill) заслу́живать награ́ды (наказа́ния); to ~ well of one's country име́ть больши́е заслу́ги пе́ред ро́диной

**deserved** [dɪ'zəːvd] **1.** *p. p. от* deserve

**2.** *a* заслу́женный

**deservedly** [dɪ'zəːvɪdlɪ] *adv* заслу́женно, по заслу́гам, по досто́инству

**deserving** [dɪ'zəːvɪŋ] **1.** *pres. p. от* deserve

**2.** *a* заслу́живающий; досто́йный

**déshabillé** [ˌdeɪzæ'biːeɪ] *фр.* = dishabille

**desiccate** ['desɪkeɪt] *v* 1) высу́шивать; ~d milk сухо́е молоко́; ~d fruit сушёные фру́кты 2) высыха́ть, теря́ть вла́жность

**desiccation** [ˌdesɪ'keɪʃən] *n* высу́шивание; су́шка; десика́ция

**desiccator** ['desɪkeɪtə] *n* суши́льная печь, суши́льный шкаф; эксика́тор, десика́тор; испари́тель

**desiderata** [dɪˌzɪdə'reɪtə] *pl от* desideratum

**desiderate** [dɪ'zɪdəreɪt] *v книжн.* чу́вствовать отсу́тствие (*чего-л.*), ощуща́ть недоста́ток (*в чём-л.*); жела́ть (*чего-л.*)

**desideratum** [dɪˌzɪdə'reɪtəm] *лат. n* (*pl* -ta) что-л. недостаю́щее, жела́емое; пробе́л, кото́рый жела́тельно воспо́лнить

**design** [dɪ'zaɪn] **1.** *n* 1) за́мысел, план 2) наме́рение, цель; by ~ (пред)наме́ренно 3) прое́кт; план; чертёж; констру́кция, расчёт; a ~ for a building прое́кт зда́ния 4) рису́нок, эски́з; узо́р 5) компози́ция (*картины и т. п.*) 6) (*тж. pl*) (злой) у́мысел; to have (*или* to harbour) ~s on (*или* against) smb. вына́шивать кова́рные за́мыслы про́тив кого́-л.

**2.** *v* 1) предназнача́ть; this room is ~ed as a study э́та ко́мната предназнача́ется для кабине́та 2) заду́мывать, замышля́ть, намерева́ться, предполага́ть; we did not ~ this result мы не ожида́ли тако́го результа́та; we ~ed for his good мы де́лали всё для его́ бла́га 3) составля́ть план, проекти́ровать; конструи́ровать 4) рисова́ть, изобража́ть; де́лать эски́зы (*костюмов и т. п.*)

**designate** **1.** *a* ['dezɪgnɪt] (*обыкн. после сущ.*) назна́ченный, но ещё не вступи́вший в до́лжность

**2.** *v* ['dezɪgneɪt] 1) определя́ть, обознача́ть; ука́зывать 2) называ́ть, характеризова́ть 3) предназнача́ть 4) назнача́ть на до́лжность

**designation** [ˌdezɪg'neɪʃən] *n* 1) обозначе́ние; называ́ние 2) указа́ние 3) (пред)назначе́ние, цель 4) указа́ние профе́ссии и а́дреса (*при фамилии*) 5) назначе́ние на до́лжность

**designed** [dɪ'zaɪnd] **1.** *p. p. от* design 2

**2.** *a* 1) соотве́тствующий пла́ну, прое́кту *и т. п.* 2) предназна́ченный 3) предумы́шленный

**designedly** [dɪ'zaɪnɪdlɪ] *adv* умы́шленно, с наме́рением

**designer** [dɪ'zaɪnə] *n* 1) констру́ктор; проектиро́вщик 2) чертёжник 3) рисова́льщик 4) модельéр, констру́ктор оде́жды 5) интрига́н

**designing** [dɪ'zaɪnɪŋ] **1.** *pres. p. от* design 2

**2.** *n* 1) проекти́рование, конструи́рование 2) интрига́нство

**3.** *a* 1) плани́рующий, проекти́рующий 2) интригу́ющий; хи́трый, кова́рный

**desirability** [dɪˌzaɪərə'bɪlɪtɪ] *n* жела́тельность

**desirable** [dɪ'zaɪərəbl] *a* 1) жела́тельный, жела́нный 2) подходя́щий, хоро́ший

**desire** [dɪ'zaɪə] **1.** *n* 1) (си́льное) жела́ние (for) 2) про́сьба; пожела́ние; at your ~ по ва́шей про́сьбе 3) страсть, вожделе́ние 4) предме́т жела́ния; мечта́

**2.** *v* 1) жела́ть; хоте́ть; to leave much to be ~d оставля́ть жела́ть мно́го лу́чшего 2) проси́ть, тре́бовать; I ~ you to go at once я тре́бую (прошу́), что́бы вы пошли́ неме́дленно

**desirous** [dɪ'zaɪərəs] *a* жела́ющий, жа́ждущий (*чего-л.*); to be ~ to succeed (*или* of success) стреми́ться к успе́ху

**desist** [dɪ'zɪst] *v* перестава́ть, прекраща́ть; возде́рживаться; to ~ from attempts отказа́ться от попы́ток

**desk** [desk] *n* 1) пи́сьменный стол; рабо́чий стол 2) конто́рка 3) па́рта 4) *муз.* пюпи́тр 5) пульт управле́ния 6) *церк.* анало́й; ка́федра пропове́дника 7) па́сторское зва́ние 8) канцеля́рская рабо́та 9) *амер.* реда́кция (*газеты*) 10) *attr.* насто́льный; ~ set насто́льный телефо́н

**desk book** ['deskbuk] *n* насто́льная кни́га; спра́вочник

**desman** ['desmən] *n зоол.* вы́хухоль

**desolate** **1.** *a* ['desəlɪt] 1) забро́шенный, запу́щенный, разру́шенный 2) необита́емый, безлю́дный 3) поки́нутый, одино́кий 4) несча́стный; неуте́шный

**2.** *v* ['desəleɪt] 1) опустоша́ть; разоря́ть; обезлю́дить 2) де́лать несча́стным; приводи́ть в отча́яние

**desolation** [ˌdesə'leɪʃən] *n* 1) опустоше́ние, разоре́ние, запусте́ние 2) одино́чество, забро́шенность 3) го́ре, отча́яние

**despair** [dɪs'pɛə] **1.** *n* 1) отча́яние; безысхо́дность; to fall into ~ впасть в отча́яние; out of ~ с отча́яния 2) исто́чник огорче́ния; he is the ~ of his mother он причиня́ет свое́й ма́тери одни́ лишь огорче́ния

**2.** *v* отча́иваться, теря́ть наде́жду (of); his life is ~ed of его́ состоя́ние безнадёжно (*о больном*)

**despairingly** [dɪs'pɛərɪŋlɪ] *adv* в отча́янии; безнадёжно

**despatch** [dɪs'pætʃ] = dispatch

**desperado** [ˌdespə'rɑːdəu] *исп. n* (*pl* -oes [-əuz]) отча́янный челове́к; головоре́з; сорвиголова́

**desperate** ['despərɪt] *a* 1) отча́янный, безнадёжный; in ~ condition в отча́янном положе́нии 2) доведённый до отча́яния; безрассу́дный; ~ daring а) безу́мная отва́га; б) хра́брость отча́яния 3) ужа́сный; отъя́вленный; ~ storm ужа́сная бу́ря; ~ fool отъя́вленный дура́к

**desperation** [ˌdespə'reɪʃən] *n* 1) безрассу́дство, безу́мство; to drive smb. to ~ *разг.* доводи́ть кого́-л. до кра́йности, до бе́шенства 2) отча́яние

**despicable** ['despɪkəbl] *a* презре́нный

**despise** [dɪs'paɪz] *v* презира́ть

**despite** [dɪs'paɪt] **1.** *n* 1) зло́ба; презре́ние 2): in ~ of (*употр. как prep*) вопреки́; несмотря́ на; in his ~ ему́ на́зло

**2.** *prep* несмотря́ на; ~ our efforts несмотря́ на на́ши уси́лия

**despiteful** [dɪs'paɪtful] *a поэт.* зло́бный, жесто́кий

**despoil** [dɪs'pɔɪl] *v* гра́бить, обира́ть; лиша́ть (of — *чего-л.*)

**despoilment** [dɪs'pɔɪlmənt] *n* ограбле́ние; грабёж; расхище́ние

**despoliation** [dɪˌspəulɪ'eɪʃən] = despoilment

**despond** [dɪs'pɔnd] **1.** *v* па́дать ду́хом, унывать, теря́ть наде́жду

2. *n уст.* = despondency

**despondency** [dɪs'pɔndənsɪ] *n* отчаяние, уныние, упадок духа

**despondent** [dɪs'pɔndənt] *a* унылый, подавленный

**despot** ['despɔt] *n* деспот

**despotic** [des'pɔtɪk] *a* деспотический

**despotism** ['despətɪzm] *n* 1) деспотизм 2) деспотия

**desquamate** ['deskwəmeɪt] *v мед.* шелушиться, лупиться

**dessert** [dɪ'zə:t] *n* десерт, сладкое (*блюдо*)

**dessert-spoon** [dɪ'zə:tspu:n] *n* десертная ложка

**destination** [ˌdestɪ'neɪʃən] *n* 1) назначение, предназначение 2) место назначения (*тж.* place of ~); цель (*путешествия, похода и т. п.*)

**destine** ['destɪn] *v* 1) назначать, предназначать 2) предопределять; the plan was ~d to fail этому плану не суждено было осуществиться 3) направляться; we are ~d for Moscow мы направляемся в Москву

**destined** ['destɪnd] **1.** *p. p. от* destine

2. *a* предназначенный

**destiny** ['destɪnɪ] *n* 1) судьба, удел 2) неизбежный ход событий; неизбежность 3) (D.) *миф.* богиня судьбы; *pl* Парки

**destitute** ['destɪtju:t] **1.** *a* 1) лишённый (of — *чего-л.*) 2) сильно нуждающийся; to be left ~ остаться без средств

2. *n* (the ~) нуждающиеся, бедные

**destitution** [ˌdestɪ'tju:ʃən] *n* лишения; нужда; нищета

**destrier** ['destrɪə] *n ист.* боевой конь

**destroy** [dɪs'trɔɪ] *v* 1) разрушать; уничтожать 2) делать бесполезным, сводить к нулю 3) истреблять

**destroyer** [dɪs'trɔɪə] *n* 1) разрушитель 2) *мор.* эскадренный миноносец, эсминец 3) *ав.* истребитель

**destruction** [dɪs'trʌkʃən] *n* 1) разрушение; уничтожение 2) разорение 3) причина гибели *или* разорения; overconfidence was his ~ чрезмерная самоуверенность погубила его

**destructive** [dɪs'trʌktɪv] **1.** *a* 1) разрушительный; ~ agency средство разрушения 2) пагубный, вредный; ~ to health вредный для здоровья 3): ~ distillation *хим.* сухая перегонка

2. *n* 1) разрушитель 2) средство разрушения

**destructor** [dɪs'trʌktə] *n* мусоросжигательная печь

**desuetude** [dɪ'sju(:)ɪtju:d] *n* неупотребительность; устарелость; to fall into ~ выходить из употребления

**desulphurize** [di:'sʌlfəraɪz] *v хим.* удалять серу, обессеривать

**desultory** ['desəltərɪ] *a* несвязный, отрывочный; несистематический; ~ conversation бессвязный разговор; ~ reading бессистемное чтение; ~ remark случайное замечание; ~ fighting *воен.* отдельные стычки и перестрелка; ~ fire *воен.* беспорядочная стрельба

**detach** [dɪ'tætʃ] *v* 1) отделять(ся); отвязывать; разъединять; отцеплять; прерывать соединение (from) 2) *воен., мор.* отряжать, посылать (*отряд, судно*)

**detachable** [dɪ'tætʃəbl] *a* 1) съёмный 2) отрывной; отрезной

**detached** [dɪ'tætʃt] **1.** *p. p. от* detach

2. *a* 1) отдельный, обособленный; отделённый; ~ house особняк; 2) беспристрастный; независимый; ~ opinion (*или* view) независимое мнение 3) бесстрастный; in a ~ way невозмутимо 4) *воен.* (от)командированный; ~ duty командировка; ~ service *амер.* откомандирование из части; to place on ~ service прикомандировывать (*для службы, учёбы и т. п.*)

**detachment** [dɪ'tætʃmənt] *n* 1) отделение; выделение; разъединение 2) отчуждённость; отрешённость; обособленность; an air of ~ отрешённый вид 3) беспристрастность; независимость (*суждений и т. п.*) 4) *воен., мор.* отряд войск *или* кораблей; орудийный *или* миномётный расчёт 5) *воен.* (от)командирование

**detail** ['di:teɪl] **1.** *n* 1) подробность; деталь; to go (*или* to enter) into ~s вдаваться в подробности; in ~ обстоятельно; подробно 2) *pl* детали (*здания или машины*); части, элементы 3) *воен.* наряд; команда 4) *attr.* детальный, подробный; ~ drawing детальный чертёж

2. *v* 1) подробно рассказывать, входить в подробности 2) *воен.* выделять; наряжать, назначать в наряд

**detailed** ['di:teɪld] **1.** *p. p. от* detail 2

2. *a* 1) подробный, детальный 2) *воен.* назначенный; выделенный

**detailing** ['di:teɪlɪŋ] **1.** *pres. p. от* detail 2

2. *n воен.* выделение, назначение в наряд; ~ for guard наряд в караул

**detain** [dɪ'teɪn] *v* 1) задерживать; заставлять ждать 2) удерживать (*деньги и т. п.*) 3) арестовывать; содержать под стражей 4) замедлять; мешать (*движению и т. п.*)

**detainee** [ˌdi:teɪ'ni:] *n юр.* задержанный, находящийся под арестом

**detainer** [dɪ'teɪnə] *n юр.* 1) незаконное задержание имущества 2) предписание о дальнейшем содержании арестованного под стражей

**detank** [di:'tæŋk] *v воен.* высаживать(ся) из танка

**detect** [dɪ'tekt] *v* 1) открывать, обнаруживать 2) *радио* детектировать, выпрямлять

**detection** [dɪ'tekʃən] *n* 1) открытие, обнаружение 2) *радио* детектирование

**detective** [dɪ'tektɪv] **1.** *n* агент сыскной полиции, сыщик; детектив

2. *a* сыскной; детективный; ~ novel детективный роман

**detector** [dɪ'tektə] *n* 1) прибор для обнаружения; lie ~ индикатор лжи 2) *радио* детектор 3) *хим.* индикатор

**detent** [dɪ'tent] *n тех.* стопор, защёлка, собачка; арретир

**détente** [de'tɑ:ŋt] *фр. n* разрядка, ослабление напряжения (*особ. в отношениях между государствами*)

**detention** [dɪ'tenʃən] *n* 1) задержание 2) арест; содержание под арестом 3) вынужденная задержка 4) удержание 5) *школ.* оставление после уроков 6) *attr.*: ~ camp лагерь для интернированных

**détenu** [ˌdetə'nju:] *фр. n* арестованный, заключённый

**deter** [dɪ'tə:] *v* удерживать (from — от *чего-л.*); отпугивать (from)

**deterge** [dɪ'tə:dʒ] *v мед.* очищать

**detergent** [dɪ'tə:dʒənt] **1.** *n* очищающее, моющее средство; детергент

2. *a* очищающий, моющий

**deteriorate** [dɪ'tɪərɪəreɪt] *v* 1) ухудшать(ся); портить(ся) 2) разрушаться 3) вырождаться

**deterioration** [dɪˌtɪərɪə'reɪʃən] *n* 1) ухудшение; порча 2) изнашивание, износ

**deteriorative** [dɪ'tɪərɪəreɪtɪv] *a* ухудшающий

**determinant** [dɪ'tə:mɪnənt] **1.** *n* 1) решающий, определяющий фактор 2) *мат.* детерминант, определитель

2. *a* определяющий, решающий, обусловливающий

**determinate** **1.** *a* [dɪ'tə:mɪnɪt] 1) определённый, установленный 2) решённый, окончательный 3) решительный

2. *v* [dɪ'tə:mɪneɪt] определять

**determination** [dɪˌtə:mɪ'neɪʃən] *n* 1) определение; установление (*границ и т. п.*); ~ of price калькуляция 2) решение; приговор 3) решительность; решимость 4) *мед.* прилив (*крови*)

**determinative** [dɪ'tə:mɪnətɪv] **1.** *a* 1) определяющий; решающий 2) ограничивающий

2. *n* 1) решающий фактор 2) *грам.* определяющее слово

**determine** [dɪ'tə:mɪn] *v* 1) определять; устанавливать 2) решать(ся); to ~ upon a course of action решить, как действовать; определить линию поведения 3) обусловливать, детерминировать 4) побуждать, заставлять 5) *юр.* кончаться, истекать (*о сроке, аренде и т. п.*) 6) ограничивать; определять границы

**determined** [dɪ'tə:mɪnd] **1.** *p. p. от* determine

2. *a* 1) принявший решение, решившийся 2) решительный; полный решимости; непреклонный; ~ character твёрдый характер

**determinism** [dɪ'tə:mɪnɪzm] *n филос.* детерминизм

**deterrence** [dɪ'terəns] *n* 1) удержание (*от враждебных действий*) 2) устрашение, отпугивание

**deterrent** [dɪ'terənt] **1.** *n* сре́дство устраше́ния; сде́рживающее сре́дство **2.** *a* 1) отпу́гивающий, устраша́ющий; уде́рживающий 2) предохрани́тельный

**detersive** [dɪ'tə:sɪv] = detergent

**detest** [dɪ'test] *v* ненави́деть, пита́ть отвраще́ние

**detestable** [dɪ'testəbl] *a* отврати́тельный; ме́рзкий; ~ act ме́рзкий посту́пок

**detestation** [ˌdi:tes'teɪʃən] *n* 1) си́льное отвраще́ние 2) предме́т *или* челове́к, вызыва́ющий отвраще́ние, не́нависть

**dethrone** [dɪ'θrəun] *v* 1) сверга́ть с престо́ла 2) разве́нчивать

**dethronement** [dɪ'θrəunmənt] *n* 1) сверже́ние с престо́ла 2) развенча́ние

**detinue** ['detɪnju:] *n юр.* незако́нный захва́т чужо́го иму́щества; action of ~ иск о возвраще́нии незако́нно захва́ченного иму́щества

**detonate** ['detəuneɪt] *v* детони́ровать, взрыва́ть(ся)

**detonating** ['detəuneɪtɪŋ] **1.** *pres. p. от* detonate **2.** *a* детони́рующий; ~ fuse детони́рующий запа́л, уда́рная тру́бка; взрыва́тель; ~ gas грему́чий газ

**detonation** [ˌdetəu'neɪʃən] *n* детона́ция; взрыв

**detonator** ['detəuneɪtə] *n* 1) детона́тор; ка́псюль 2) *ж.-д.* пета́рда

**detour** ['di:tuə] *n* око́льный путь, обхо́д; объе́зд; to make a ~ сде́лать крюк

**detract** [dɪ'trækt] *v* 1) отнима́ть; уменьша́ть 2) умаля́ть, принижа́ть; that does not ~ from his merit э́то не умаля́ет его́ заслу́ги

**detraction** [dɪ'trækʃən] *n* 1) умале́ние, приниже́ние 2) клевета́; злосло́вие

**detractive** [dɪ'træktɪv] *a* 1) умаля́ющий досто́инства 2) поро́чащий

**detractor** [dɪ'træktə] *n* клеветни́к

**detractory** [dɪ'træktərɪ] = detractive

**detrain** [di:'treɪn] *v* 1) выса́живать (-ся) из по́езда (*обыкн. о войсках*) 2) разгружа́ть, выгружа́ть (ваго́ны)

**detriment** ['detrɪmənt] *n* уще́рб, вред; without ~ to без уще́рба для; I know nothing to his ~ я не зна́ю за ним ничего́ предосуди́тельного; to the ~ of one's health в уще́рб своему́ здоро́вью

**detrimental** [ˌdetrɪ'mentl] **1.** *a* 1) принося́щий убы́ток; уще́рб 2) вре́дный; ~ to one's health вре́дный для здоро́вья **2.** *n разг.* незави́дная па́ртия (*о женихе*)

**detrition** [dɪ'trɪʃən] *n преим. геол.* стира́ние, изна́шивание от тре́ния

**detritus** [dɪ'traɪtəs] *n* 1) *геол.* детри́т 2) *attr.*: ~ mineral обло́мочный минера́л

**de trop** [də'trəu] *фр. a predic.* изли́шний, нену́жный, нежела́тельный; ни к чему́

**detruck** [di:'trʌk] *v амер.* 1) выса́живать(ся) из грузовико́в 2) разгружа́ть грузови́к

**detrude** [dɪ'tru:d] *v* сбра́сывать, выта́лкивать

**detruncate** [di:'trʌŋkeɪt] *v* среза́ть, укора́чивать

**detune** [di:'tju:n] *v радио* расстра́ивать

**deuce** I [dju:s] *n* 1) дво́йка, два очка́ 2) ра́вный счёт (*в теннисе*)

**deuce** II [dju:s] *n* чёрт (*в ругательствах, восклицаниях*); (the) ~ take it! чёрт побери́!; (the) ~ a bit ничу́ть!; (the) ~ a man! никто́!; to play the ~ with smb. причиня́ть вред кому́-л.; where the ~ did I put the book? чёрт его́ зна́ет, куда́ я положи́л кни́гу!

**deuced** [dju:st] **1.** *a разг.* черто́вский; ужа́сный; I'm in a ~ hurry я ужа́сно спешу́ **2.** *adv* черто́вски, ужа́сно

**deuterium** [dju(:)'tɪərɪəm] *n хим., физ.* дейте́рий, тяжёлый водоро́д

**Deuteronomy** [ˌdju:tə'rɔnəmɪ] *n библ.* Второзако́ние

**devaluate** ['di:'væljueɪt] *v* 1) обесце́нивать 2) *фин.* проводи́ть девальва́цию

**devaluation** [ˌdi:vælju'eɪʃən] *n* 1) обесце́нение 2) *фин.* девальва́ция

**devalue** ['di:'v'ælju:] = divaluate

**devastate** ['devəsteɪt] *v* опустоша́ть, разоря́ть

**devastated** ['devəsteɪtɪd] *a* опустошённый, разорённый; ~ areas пострада́вшие (*от какого-л. бедствия*) райо́ны, райо́ны бе́дствия

**devastating** ['devəsteɪtɪŋ] **1.** *pres. p. от* devastate **2.** *a* 1) опустоши́тельный, разруши́тельный 2) огро́мный; ~ contrast рази́тельный контра́ст

**devastation** [ˌdevəs'teɪʃən] *n* 1) опустоше́ние, разоре́ние 2) *юр.* растра́та иму́щества (*душеприказчиками*)

**develop** [dɪ'veləp] *v* 1) развива́ть (-ся) 2) соверше́нствовать 3) распространя́ться, развива́ться (*о болезни, эпидемии*) 4) разраба́тывать; to ~ a mine разраба́тывать копь; to ~ the plot of a story разраба́тывать сюже́т расска́за 5) конструи́ровать, разраба́тывать 6) излага́ть, раскрыва́ть (*аргументы, мотивы и т. п.*) 7) проявля́ть (-ся); he has ~ed a tendency to brood у него́ появи́лась привы́чка размышля́ть; он стал ча́сто заду́мываться 8) выясня́ть(ся), обнару́живать(ся), станови́ться очеви́дным; it ~ed that he had made a mistake вы́яснилось, что он оши́бся; to ~ the enemy разве́дать проти́вника 9) *фото* проявля́ть 10) *амер. воен.* развёртывать(ся); to ~ an attack развёртываться для наступле́ния

**developer** [dɪ'veləpə] *n* 1) застро́йщик 2) *фото* прояви́тель

**development** [dɪ'veləpmənt] *n* 1) разви́тие; эволю́ция; рост; расшире́ние 2) развёртывание 3) улучше́ние, усоверше́нствование (*механизмов*) 4) разрабо́тка, созда́ние 5) (*часто pl*) обстоя́тельство; собы́тие; to meet unexpected ~s столкну́ться с непредви́денными обстоя́тельствами 6) вы́вод, заключе́ние 7) но́вое строи́тельство, застро́йка; предприя́тие 8) *фото* проявле́ние 9) *горн.* подготови́тельные рабо́ты, подгото́вка месторожде́ния 10) *attr.*: ~ theory эволюцио́нная тео́рия ◇ ~ battalion уче́бный батальо́н; ~ type о́пытный образе́ц

**developmental** [dɪˌveləp'mentl] *a* 1) свя́занный с разви́тием; ~ diseases боле́зни ро́ста; ~ resources ресу́рсы, необходи́мые для экономи́ческого разви́тия 2) эволюцио́нный

**deviate** ['di:vɪeɪt] *v* отклоня́ться; отступа́ть; уклоня́ться; to ~ from the truth отклони́ться от и́стины; to ~ ships вынужда́ть суда́ уклоня́ться от ку́рса

**deviation** [ˌdi:vɪ'eɪʃən] *n* 1) отклоне́ние 2) *полит.* укло́н 3) девиа́ция (*магнитной стрелки*) 4) *мор. ком.* девиа́ция, отклоне́ние от договорённого ре́йса 5) *attr.*: ~ clause *мор.* пункт во фрахто́вом контра́кте, предусма́тривающий захо́д су́дна в друго́й порт, поми́мо по́рта назначе́ния

**device** [dɪ'vaɪs] *n* 1) устро́йство; приспособле́ние; механи́зм; аппара́т, прибо́р 2) спо́соб, сре́дство, приём 3) план; схе́ма; прое́кт 4) зате́я; злой у́мысел 5) деви́з, эмбле́ма ◇ to leave smb. to his own ~s предоста́вить кого́-л. самому́ себе́

**devil** ['devl] **1.** *n* 1) дья́вол, чёрт, бес 2) *разг.* энерги́чный, напо́ристый челове́к; a ~ to work рабо́тает как чёрт; a ~ to eat ест за четверы́х 3) *употр. для усиления или придания иронического или отрицательного оттенка*: what the ~ do you mean? что вы э́тим хоти́те сказа́ть, чёрт возьми́?; как бы не так!; ~ a bit of money did he give! дал он де́нег, чёрта с два! [*ср.* deuce II] 4) литера́тор, журнали́ст, выполня́ющий рабо́ту для друго́го, «негр» 5) ма́льчик на побегу́шках; учени́к в типогра́фии (*тж.* printer's ~) 6) *разг.* челове́к, па́рень; lucky ~ счастли́вец; poor ~ бедня́га; a ~ of a fellow хра́брый ма́лый; little (*или* young) ~ *шутл.* чертёнок; *ирон.* су́щий дья́вол, отча́янный ма́лый 7) жа́реное мясно́е *или* ры́бное блю́до с пря́ностями и спе́циями 8) *зоол.* су́мчатый волк (*в Тасмании*); су́мчатый дья́вол 9) *тех.* волк-маши́на ◇ talk of the ~ (and he is sure to appear) ≅ лёгок на поми́не!; ~ among the tailors а) о́бщая дра́ка, сва́лка; б) род фейерве́рка; the ~ (and all) to pay грозя́щая неприя́тность, беда́; затрудни́тельное положе́ние; the ~ is not so bad as he is painted *посл.* не так стра́шен чёрт, как его́ малю́ют; to paint the ~ blacker than he is сгуща́ть кра́ски; between the ~ and the deep sea ≅ ме́жду двух огне́й; ~'s own luck ≅ черто́вски везёт; необыкнове́нное сча́стье; ~ take the hindmost ≅ го́ре неуда́чникам; к чёрту неуда́чников; всяк за себя́; to give the ~ his due отдава́ть до́лжное проти́внику; to play the ~ with причини́ть вред; испо́ртить; to raise the ~ шуме́ть, буя́нить; поднима́ть сканда́л

2. *v* 1) рабо́тать (for — на); исполня́ть черновую́ рабо́ту для литера́тора, журнали́ста 2) гото́вить о́строе мясно́е *или* ры́бное блю́до 3) надоеда́ть; дразни́ть 4) разрыва́ть в клочки́

**devildom** [ˈdevldəm] *n* дья́вольщина, чертовщи́на

**devil-fish** [ˈdevlfɪʃ] *n зоол.* 1) скат— морско́й дья́вол 2) осьмино́г 3) карака́тица

**devilish** [ˈdevlɪʃ] **1.** *a* дья́вольский, а́дский

2. *adv разг.* черто́вски, ужа́сно; ~ funny (nice, cold, *etc.*) черто́вски смешно́ (хорошо́, хо́лодно *и т. п.*)

**devil-may-care** [ˈdevlmeɪˈkɛə] *a* беззабо́тный; безрассу́дный; бесшаба́шный; ~ attitude наплева́тельское отноше́ние, всё трын-трава́

**devilment** [ˈdevlmənt] = devilry 1), 2) *и* 3)

**devilry** [ˈdevlrɪ] *n* 1) чёрная ма́гия; чертовщи́на 2) жесто́кость, зло́ба 3) прока́зы, ша́лости 4) *собир.* дья́волы, нечи́стая си́ла

**devil's bones** [ˈdevlzbəunz] *n pl разг.* игра́льные ко́сти

**devil's books** [ˈdevlzbuks] *n pl разг.* ка́рты

**devil's coach-horse** [ˈdevlzˈkəutʃhɔ:s] *n* большо́й чёрный жук

**devil's darning-needle** [ˈdevlzˈdɑ:nɪŋˌni:dl] *n амер.* стрекоза́

**deviltry** [ˈdevltrɪ] = devilry

**devil-worship** [ˈdevlˌwə:ʃɪp] *n* культ сатаны́

**devious** [ˈdi:vjəs] *a* 1) отклоня́ющийся от прямо́го пути́; блужда́ющий 2) око́льный, кру́жный; изви́листый; ~ paths око́льные пути́ 3) хи́трый; неи́скренний, нече́стный 4) отдалённый, уединённый

**devisable** [dɪˈvaɪzəbl] *a* 1) могу́щий быть приду́манным, изобретённым 2) *юр.* могу́щий быть заве́щанным, пе́реданным по насле́дству

**devise** [dɪˈvaɪz] **1.** *n юр.* завеща́ние; заве́щанное иму́щество (*недвижимое*)

2. *v* 1) заду́мывать, приду́мывать; изобрета́ть 2) *юр.* завеща́ть (*недвижимость*)

**devisee** [ˌdevɪˈzi:] *n юр.* насле́дник (*недвижимого имущества*)

**deviser** [dɪˈvaɪzə] *n* 1) изобрета́тель 2) *юр.* завеща́тель

**devisor** [ˌdevɪˈzɔ:] = deviser 2)

**devitalize** [di:ˈvaɪtəlaɪz] *v* лиша́ть жи́зненной си́лы; де́лать безжи́зненным

**devitrification** [ˈdi:ˌvɪtrɪfɪˈkeɪʃən] *n геол., хим.* расстеклова́ние

**devocalize** [di:ˈvəukəlaɪz] *v фон.* лиша́ть зво́нкости, оглуша́ть

**devoid** [dɪˈvɔɪd] *a* лишённый (of — *чего-л.*); свобо́дный (of — от); ~ of sense лишённый смы́сла; ~ of substance лишённый основа́ния; ~ of fear бесстра́шный

**devoir** [ˈdevwɑ:] *фр. n* 1) долг, обя́занность 2) *pl* акт ве́жливости; to pay one's ~s to smb. засвиде́тельствовать кому́-л. своё почте́ние; нанести́ визи́т

**devolution** [ˌdi:vəˈlu:ʃən] *n* 1) переда́ча (*власти, обязанностей и т. п.*) 2) перехо́д (*имущества*) по насле́дству 3) *биол.* вырожде́ние, регре́сс

**devolve** [dɪˈvɔlv] *v* 1) передава́ть (*полномочия, обязанности и т. п.*) 2) переходи́ть к друго́му лицу́ (*о должности, работе и т. п.*; upon) 3) переходи́ть по насле́дству (*об имуществе*) 4) обва́ливаться, осыпа́ться (*о земле*); ска́тываться

**Devonian** [deˈvəunjən] **1.** *a* 1) девонши́рский 2) *геол.* дево́нский

2. *n* 1) уроже́нец Девонши́ра 2) *геол.* дево́н, дево́нский пери́од

**devote** [dɪˈvəut] *v* 1) посвяща́ть, уделя́ть; to ~ much time to studies уделя́ть мно́го вре́мени заня́тиям 2) предава́ться (*чему-л.*)

**devoted** [dɪˈvəutɪd] **1.** *p. p. от* devote

2. *a* 1) пре́данный; не́жный 2) посвящённый 3) увлека́ющийся (*чем-л.*); he is ~ to sports он увлека́ется спо́ртом

**devotedly** [dɪˈvəutɪdlɪ] *adv* пре́данно

**devotee** [ˌdevəuˈti:] *n* 1) челове́к, всеце́ло пре́данный како́му-л. де́лу; приве́рженец; энтузиа́ст своего́ де́ла 2) на́божный челове́к; свято́ша, фана́тик

**devotion** [dɪˈvəuʃən] *n* 1) пре́данность; си́льная привя́занность 2) посвяще́ние себя́ (*чему-л.*) 3) увлече́ние; ~ to tennis увлече́ние те́ннисом 4) на́божность 5) *pl* религио́зные обря́ды; моли́твы

**devotional** [dɪˈvəuʃənl] *a* на́божный, благочести́вый

**devour** [dɪˈvauə] *v* 1) пожира́ть; есть жа́дно 2) *перен.* поглоща́ть; уничтожа́ть; ~ed by curiosity (anxiety) снеда́емый любопы́тством (беспоко́йством); to ~ novel after novel поглоща́ть рома́н за рома́ном; to ~ the way бы́стро дви́гаться; he ~ed every word он жа́дно лови́л ка́ждое сло́во

**devouringly** [dɪˈvauərɪŋlɪ] *adv* жа́дно; to gaze ~ at с жа́дностью смотре́ть на

**devout** [dɪˈvaut] *a* 1) благогове́йный; на́божный, благочести́вый 2) и́скренний; пре́данный

**dew** [dju:] **1.** *n* 1) роса́ 2) *поэт.* све́жесть; the ~ of youth све́жесть ю́ности 3) ка́пля по́та; слеза́ ◇ mountain ~ ви́ски

2. *v* 1) ороша́ть, сма́чивать; обры́згивать 2) *поэт.* покрыва́ть росо́й; it is beginning to dew, it ~s появля́ется роса́

**dewberry** [ˈdju:berɪ] *n* ежеви́ка

**dew-claw** [ˈdju:klɔ:] *n* рудимента́рный отро́сток в ви́де па́льца на ла́пе *или* копы́те (*у некоторых пород собак и парнокопытных*)

**dew-drop** [ˈdju:drɔp] *n* ка́пля росы́, роси́нка

**dew-fall** [ˈdju:fɔ:l] *n* 1) выпаде́ние росы́ 2) вре́мя выпаде́ния росы́, ве́чер

**dewiness** [ˈdju:ɪnɪs] *n* роси́стость

**dewlap** [ˈdju:læp] *n* 1) подгру́док (*у крупного рогатого скота*) 2) серёжка (*у индюка*) 3) *разг.* второ́й подборо́док

**dew-point** [ˈdju:pɔɪnt] *n метео* то́чка росы́; температу́ра та́яния, температу́ра конденса́ции

**dewy** [ˈdju:ɪ] *a* 1) покры́тый росо́й; роси́стый 2) вла́жный, увлажнённый 3) *поэт.* све́жий; освежа́ющий

**dexter** [ˈdekstə] *a* 1) пра́вый 2) *геральд.* находя́щийся на ле́вой (*от смотрящего*) стороне́ герба́

**dexterity** [deksˈterɪtɪ] *n* 1) прово́рство; ло́вкость; сноро́вка 2) хоро́шие спосо́бности

**dexterous** [ˈdekstərəs] *a* 1) ло́вкий, прово́рный 2) проявля́ющий хоро́шие спосо́бности, спосо́бный

**dextrin(e)** [ˈdekstrɪn] *n хим.* декстри́н

**dextrogyrate** [ˌdekstrəuˈdʒaɪəreɪt] *a хим.* правовраща́ющий, враща́ющий пло́скость поляриза́ции впра́во

**dextro-rotatory** [ˌdekstreuˈreutətərɪ] = dextrogyrate

**dextrorse** [deksˈtrɔ:s] *a бот.* вью́щийся сле́ва напра́во

**dextrose** [ˈdekstrəus] *n хим.* декстро́за

**dextrous** [ˈdekstrəs] = dexterous

**dhole** [dəul] *инд. n* ди́кая соба́ка

**dhoti** [ˈdəutɪ] *инд. n* набе́дренная повя́зка инду́сов

**dhow** [dau] *n* одноима́чтовое ара́бское кабота́жное су́дно

**dhurrie, dhurry** [ˈdʌrɪ] *n* инди́йская бума́жная ткань с бахромо́й, употребля́емая для занаве́сок, оби́вки дива́нов *и т. п.*

**di-** [dɪ, daɪ-] *pref* 1) = dis-; diatomic двуа́томный 2) = dia-

**dia-** [ˈdaɪə-] *pref* чрез-, между-

**diabase** [ˈdaɪəbeɪs] *n мин.* диаба́з

**diabetes** [ˌdaɪəˈbi:ti:z] *n мед.* диабе́т, са́харная боле́знь

**diabetic** [ˌdaɪəˈbetɪk] **1.** *n* диабе́тик

2. *a* диабети́ческий

**diablerie** [dɪˈɑ:blərɪ] *фр. n* чертовщи́на; чёрная ма́гия

**diabolic(al)** [ˌdaɪəˈbɔlɪk(əl)] *a* 1) дья́вольский 2) (*обыкн.* diabolical) зло́й, жесто́кий

**diabolism** [daɪˈæbəlɪzm] *n* 1) культ сатаны́ 2) чёрная ма́гия, колдовство́ 3) дья́вольская зло́ба; жесто́кость 4) беснова́тость, одержи́мость

**diachylon, diachylum** [daɪˈækɪlən, -ləm] *n мед.* свинцо́вый пла́стырь

**diacritic** [ˌdaɪəˈkrɪtɪk] *грам.* **1.** *a* диакрити́ческий

2. *n* диакрити́ческий знак

**diacritical** [ˌdaɪəˈkrɪtɪkəl] = diacritic 1

**diadem** [ˈdaɪədem] **1.** *n* 1) диадéма, венéц; корóна; венóк на головé 2) власть монáрха
**2.** *v* венчáть корóной, короновáть
**diaeresis** [daɪˈɪərɪsɪs] *лат. n* (*pl* -eses) *лингв.* тремá (*знак над гласной для произнесения её отдельно от предшествующей гласной; напр.*, naïve)
**diagnose** [ˈdaɪəgnəuz] *v* стáвить диáгноз
**diagnoses** [ˌdaɪəgˈnəusiːz] *pl от* diagnosis
**diagnosis** [ˌdaɪəgˈnəusɪs] *лат. n* (*pl* -oses) 1) диáгноз; to make a ~ постáвить диáгноз 2) тóчное определéние, оцéнка
**diagnostic** [ˌdaɪəgˈnɔstɪk] **1.** *a* диагностúческий
**2.** *n* 1) симптóм (*болезни*) 2) = diagnosis
**diagnosticate** [ˌdaɪəgˈnɔstɪkeɪt] = diagnose
**diagnostician** [ˌdaɪəgnɔsˈtɪʃən] *n* диагнóст
**diagnostics** [ˌdaɪəgˈnɔstɪks] *n pl* (*употр. как sing*) диагнóстика
**diagonal** [daɪˈægənl] **1.** *a* диагонáльный, идýщий нáискось; ~ cloth диагонáль, ткань с косы́ми рýбчиками
**2.** *n* диагонáль
**diagram** [ˈdaɪəgræm] **1.** *n* 1) диагрáмма; грáфик; assembled ~ свóдная диагрáмма 2) схéма; (объяснúтельный) чертёж 3) *attr.* графúческий; in ~ form графúчески
**2.** *v* 1) составля́ть диагрáмму 2) изображáть схематúчески
**diagrammatic(al)** [ˌdaɪəgrəˈmætɪk(əl)] *a* схематúческий
**diagrammatize** [ˌdaɪəˈgræmətaɪz] = diagram 2
**dial** [ˈdaɪəl] **1.** *n* 1) циферблáт; кругóвая шкалá 2) *тлф.* диск набóра 3) сóлнечные часы́ 4) *разг.* крýглое лицó, «лунá» 5) угломéрный круг, лимб 6) гóрный кóмпас (*тж.* miner's ~)
**2.** *v* 1) измеря́ть по шкалé, циферблáту 2) набирáть нóмер (*по автоматическому телефону*) 3) настрáивать (*приёмник, телевизор*)
**dialect** [ˈdaɪəlekt] *n лингв.* 1) диалéкт, нарéчие; гóвор 2) *attr.* диалектáльный
**dialectal** [ˌdaɪəˈlektl] *a лингв.* диалектáльный
**dialectical** [ˌdaɪəˈlektɪkəl] *a* 1) *филос.* диалектúческий; ~ materialism диалектúческий материалúзм; ~ method диалектúческий мéтод 2) = dialectal
**dialectician** [ˌdaɪəlekˈtɪʃən] *n филос.* диалéктик
**dialectics** [ˌdaɪəˈlektɪks] *n pl* (*употр. как sing*) диалéктика
**dialectology** [ˌdaɪəlekˈtɔlədʒɪ] *n* диалектолóгия
**dialogic** [ˌdaɪəˈlɔdʒɪk] *a* диалогúческий
**dialogue** [ˈdaɪəlɔg] *n* 1) диалóг (*в драме, романе*) 2) разговóр

**dialysis** [daɪˈælɪsɪs] *n хим.* диáлиз
**diameter** [daɪˈæmɪtə] *n* диáметр
**diametral** [daɪˈæmɪtrəl] *a* диаметрáльный; поперéчный
**diametric(al)** [ˌdaɪəˈmetrɪk(əl)] *a* диаметрáльный (*тж. перен.*)
**diametrically** [ˌdaɪəˈmetrɪkəlɪ] *adv* диаметрáльно
**diamond** [ˈdaɪəmənd] **1.** *n* 1) алмáз; бриллиáнт; black ~ чёрный алмáз; ~ of the first water бриллиáнт чúстой воды́; *перен.* замечáтельный человéк; rough ~ неотшлифóванный алмáз; *перен.* человéк, обладáющий внýтренними достóинствами, но не имéющий внéшнего лóска; false ~ фальшúвый бриллиáнт 2) алмáз для рéзки стеклá 3) *геом.* ромб 4) *pl карт.* бýбны 5) *амер.* площáдка для игры́ в бейсбóл 6) *полигр.* диамáнт (*мелкий шрифт в* $4^1/_2$ *пункта*) ◇ ~ cut ~ ≅ оди́н другóму не устýпит (*в хитрости, остроумии и т. п.*)
**2.** *a* 1) алмáзный; бриллиáнтовый; ~ mine алмáзная копь; the D. State *амер.* штат Дéлавэр 2) ромбоидáльный ◇ ~ anniversary шестидесятилéтний, *амер. тж.* семидесятипятилéтний юбилéй
**3.** *v* украшáть бриллиáнтами
**diamond-field** [ˈdaɪəmən*d*fiːld] *n* алмáзная копь
**diamond-point** [ˈdaɪəmən*d*pɔɪnt] *n* 1) иглá для гравировáния с алмáзным наконéчником 2) *pl ж.-д.* мéсто косóго пересечéния двух рéльсовых путéй
**Diana** [daɪˈænə] *n римск. миф.* Диáна
**diapason** [ˌdaɪəˈpeɪsn] *n* 1) диапазóн 2) основнóй регúстр оргáна 3) камертóн
**diaper** [ˈdaɪəpə] **1.** *n* 1) узóрчатое полотнó 2) полотéнце, салфéтка из узóрчатого полотнá 3) пелёнка 4) ромбовúдный узóр
**2.** *v* 1) украшáть ромбовúдным узóром 2) завёртывать в пелёнки, пеленáть
**diaphanous** [daɪˈæfənəs] *a* прозрáчный, просвéчивающий
**diaphoretic** [ˌdaɪəfə*u*ˈretɪk] **1.** *a* потогóнный
**2.** *n* потогóнное срéдство
**diaphragm** [ˈdaɪəfræm] *n* 1) *анат.* диафрáгма 2) перегорóдка, перемы́чка 3) *тех.* мембрáна 4) *бот., зоол.* перепóнка
**diaphragmatic** [ˌdaɪəfrægˈmætɪk] *a* относя́щийся к диафрáгме
**diarchy** [ˈdaɪɑːkɪ] *n* двоевлáстие
**diarist** [ˈdaɪərɪst] *n* человéк, ведýщий дневнúк
**diarize** [ˈdaɪəraɪz] *v* вестú дневнúк
**diarrhoea** [ˌdaɪəˈrɪə] *n мед.* понóс
**diary** [ˈdaɪərɪ] *n* 1) дневнúк 2) запиcompleteная кни́жка-календáрь
**diastole** [daɪˈæstəlɪ] *n физиол.* диáстола
**diathermancy** [ˌdaɪəˈθəːmənsɪ] *n физ.* диатермúчность, теплопрозрáчность
**diathermic** [ˌdaɪəˈθəːmɪk] *a физ.* диатермúческий; теплопрозрáчный

**diathermy** [ˈdaɪəθəːmɪ] *n мед.* диатермúя
**diathesis** [daɪˈæθɪsɪs] *n мед.* диатéз
**diatom** [ˈdaɪətəm] *n бот.* диатóмовая (кремнёвая) вóдоросль
**diatomic** [ˌdaɪəˈtɔmɪk] *a хим.* двухáтомный
**diatonic** [ˌdaɪəˈtɔnɪk] *a муз.* диатонúческий
**diatribe** [ˈdaɪətraɪb] *n книжн.* диатрúба, рéзкая обличúтельная речь
**dibasic** [daɪˈbeɪsɪk] *хим.* **1.** *a* двухоснóвный
**2.** *n* двухоснóвная кислотá
**dibble** [ˈdɪbl] *с.-х.* **1.** *n* ямкодéлатель, сажáльный кол
**2.** *v* сажáть под кол, дéлать я́мки в землé
**dibhole** [ˈdɪbhəul] *n горн.* зумпф
**dibs** [dɪbz] *n pl* 1) бáбки (*игра*) 2) фúшки
**dice** [daɪs] **1.** *n pl* 1) *pl от* die I, 1, 1); 2) игрá в кóсти
**2.** *v* 1) игрáть в кóсти 2) нарезáть в фóрме кýбиков (*в кулинарии*) 3) вышивáть узóр квадрáтиками 4) графúть в клéтку □ ~ away проигрывать в кóсти
**dice-box** [ˈdaɪsbɔks] *n* стакáнчик, из котóрого бросáют игрáльные кóсти
**dicer** [ˈdaɪsə] *n* игрóк в кóсти
**dichogamy** [daɪˈkɔgəmɪ] *n бот.* дихогáмия, разновремéнное созревáние ты́чинок и пéстиков растéния
**dichotomy** [daɪˈkɔtəmɪ] *n* 1) *спец.* послéдовательное делéние цéлого на две чáсти; дихотомúя 2) *лог.* делéние клáсса на два противопоставля́емых друг дрýгу подклáсса 3) *бот.* вилообрáзное разветвлéние 4) *астр.* фáза луны́ *или* планéты, при котóрой тóлько половúна дúска освещенá
**dichromatic** [ˌdaɪkrə*u*ˈmætɪk] *a* двухцвéтный
**dichromic** [daɪˈkrəumɪk] *a мед.* умéющий различáть тóлько два основны́х цвéта
**dickens** [ˈdɪkɪnz] *n разг.* чёрт; what the ~ do you want? какóго чёрта вам нýжно?
**dicker** [ˈdɪkə] **1.** *n* 1) *ком.* дю́жина (*прежде* десятóк, *особ. шкур, кож*) 2) мéлкая сдéлка 3) вéщи *или* товáры, слýжащие для обмéна *или* расплáты
**2.** *v* торговáться по мелочáм
**dickey, dicky** [ˈdɪkɪ] **1.** *n* 1) манúшка; встáвка 2) фáртук; дéтский нагрýдник 3) *разг.* птúчка, птáшка 4) сидéнье для кýчера *или* лакéя позадú экипáжа 5) зáднее складнóе сидéнье в двухмéстном автомобúле
**2.** *a разг.* 1) слáбый, нездорóвый; нетвёрдый на ногáх 2) ненадёжный (*о торговом предприятии и т. п.*)
**dicotyledon** [ˈdaɪˌkɔtɪˈliːdən] *n бот.* двудóльное растéние
**dicotyledonous** [ˈdaɪˌkɔtɪˈliːdənəs] *a бот.* двудóльный
**dicta** [ˈdɪktə] *pl от* dictum

**dictagraph** [ˈdɪktəgrɑːf] = dictograph

**dictaphone** [ˈdɪktəfəun] *n* диктофо́н

**dictate** 1. *n* [ˈdɪkteɪt] 1) (*часто pl*) предписа́ние, веле́ние; the ~s of reason (of conscience) веле́ние ра́зума (со́вести) 2) *полит.* дикта́т

2. *v* [dɪkˈteɪt] 1) диктова́ть (*письмо и т. п.*) 2) предпи́сывать; диктова́ть (*условия и т. п.*)

**dictation** [dɪkˈteɪʃən] *n* 1) дикто́вка; дикта́нт; to write at smb.'s ~ писа́ть под чью-л. дикто́вку; to take ~ писа́ть под дикто́вку; *перен.* подчиня́ться прика́зу 2) предписа́ние; to do smth. at smb.'s ~ де́лать что-л. по чьему́-л. предписа́нию, прика́зу 3) = dictate 1, 2)

**dictator** [dɪkˈteɪtə] *n* дикта́тор

**dictatorial** [ˌdɪktəˈtɔːrɪəl] *a* 1) дикта́торский 2) вла́стный, повели́тельный

**dictatorship** [dɪkˈteɪtəʃɪp] *n* диктату́ра; the ~ of the proletariat диктату́ра пролетариа́та

**diction** [ˈdɪkʃən] *n* 1) стиль, мане́ра выраже́ния мы́слей; вы́бор слов; poetic ~ язы́к поэ́зии 2) ди́кция

**dictionary** [ˈdɪkʃənrɪ] *n* слова́рь

**dictograph** [ˈdɪktəgrɑːf] *n* дикто́граф

**dictum** [ˈdɪktəm] *n* (*pl* dicta) 1) изрече́ние, афори́зм 2) официа́льное, авторите́тное заявле́ние 3) *юр.* выска́зывание судьи́, не име́ющее си́лы пригово́ра

**did** [dɪd] *past от* do I

**didactic** [dɪˈdæktɪk] *a* 1) дидакти́ческий; поучи́тельный 2) лю́бящий поуча́ть

**didacticism** [dɪˈdæktɪsɪzm] *n* дидакти́зм; скло́нность к поуче́нию

**didactics** [dɪˈdæktɪks] *n pl* (*употр. как sing*) дида́ктика

**didder** [ˈdɪdə] = dither 2, 1)

**diddle** [ˈdɪdl] *v* 1) *разг.* обма́нывать, надува́ть; to ~ smb. out of his money вы́манить у кого́-л. де́ньги 2) тра́тить вре́мя зря

**dido** [ˈdaɪdəu] *n* (*pl* -oes [-əuz]) *амер. разг.* ша́лость, прока́за; to cut ~es валя́ть дурака́

**didst** [dɪdst] *уст. 2-е л. ед. ч. прошедшего времени гл.* to do

**die** I [daɪ] 1. *n* 1) (*pl* dice) игра́льная кость; to play with loaded dice жу́льничать 2) штамп, пуансо́н; ште́мпель; ма́трица 3) *тех.* винторе́зная голо́вка; клупп 4) *архит.* цо́коль (*колонны*) 5) *тех.* волочи́льная доска́; филье́ра ◇ the ~ is cast (*или* thrown) жре́бий бро́шен, вы́бор сде́лан; to be upon the ~ быть поста́вленным на ка́рту

2. *v* штампова́ть, чека́нить

**die** II [daɪ] *v* 1) умере́ть, сконча́ться (of, from — от *чего-л.*; for — за *что-л.*); to ~ in one's bed умере́ть есте́ственной сме́ртью 2) *разг.* томи́ться жела́нием (for); I am dying for a glass of water мне до́ смерти хо́чется пить; I am dying to see him я ужа́сно хочу́ его́ ви́деть 3) конча́ться, исчеза́ть; быть забы́тым 4) станови́ться безуча́стным, безразли́чным 5) затиха́ть (*о ветре*) 6) испаря́ться (*о жидкости*) 7) загло́хнуть (*о моторе*; *тж.* ~ out) □ ~ **away** а) увяда́ть; б) па́дать в о́бморок; в) замира́ть (*о звуке*); ~ **down** = ~ away; ~ **off** а) отмира́ть; б) умира́ть оди́н за други́м; ~ **out** а) вымира́ть; б) загло́хнуть (*о моторе*); в) *воен.* захлебну́ться (*об атаке*) ◇ to ~ game умере́ть му́жественно, пасть сме́ртью хра́брых; to ~ hard а) сопротивля́ться до конца́; б) быть живу́чим; to ~ in the last ditch стоя́ть на́смерть; to ~ in harness умере́ть за рабо́той; умере́ть на своём посту́; to ~ in one's boots умере́ть скоропости́жной *или* наси́льственной сме́ртью; a man can ~ but once *посл.* ≅ двум смертя́м не быва́ть, а одно́й не минова́ть; never say ~ *посл.* ≅ никогда́ не сле́дует отча́иваться

**die-away** [ˈdaɪəˌweɪ] *a* то́мный; страда́льческий

**die-hard** [ˈdaɪhɑːd] *n* 1) консервати́вный челове́к 2) *полит.* твердоло́бый, консерва́тор

**dielectric** [ˌdaɪɪˈlektrɪk] *эл.* 1. *n* диэле́ктрик, непроводни́к

2. *a* диэлектри́ческий

**Diesel** [ˈdiːzəl] *n тех.* дви́гатель Ди́зеля, ди́зель (*тж.* ~ engine, ~ motor)

**dieses** [ˈdaɪɪsɪz] *pl от* diesis

**die-sinker** [ˈdaɪˌsɪŋkə] *n* ре́зчик печа́тей, штемпеле́й

**dies irae** [ˈdiːeɪzˈɪəraɪ] *лат. n рел.* су́дный день

**diesis** [ˈdaɪɪsɪs] *n* (*pl* -eses) *полигр.* знак сно́ски в ви́де двойно́го кре́стика

**dies non** [ˈdaɪiːzˈnɔn] *лат. n* непрису́тственный день

**die-stock** [ˈdaɪstɔk] *n тех.* клупп

**diet** I [ˈdaɪət] 1. *n* 1) пи́ща, пита́ние, стол; simple ~ просто́й стол 2) дие́та; to be on ~ быть на дие́те; a milk-free ~ дие́та с исключе́нием молока́

2. *v* держа́ть на дие́те; to ~ oneself соблюда́ть дие́ту

**diet** II [ˈdaɪət] *n* 1) парла́мент (*неанглийский*) 2) междунаро́дная конфере́нция 3) *шотл.* однодне́вное заседа́ние

**dietary** [ˈdaɪətərɪ] 1. *n* 1) паёк 2) дие́та

2. *a* дие(те)ти́ческий

**dietetic** [ˌdaɪɪˈtetɪk] *a* дие(те)ти́ческий

**dietetics** [ˌdaɪɪˈtetɪks] *n pl* (*употр. как sing*) диете́тика

**dietitian** [ˌdaɪɪˈtɪʃən] *n* диетвра́ч; диетсестра́

**dif-** [dɪf-] = dis-

**differ** [ˈdɪfə] *v* 1) различа́ться; отлича́ться (*часто* ~ from) 2) не соглаша́ться, расходи́ться (from, with); ссо́риться; to ~ in opinion расходи́ться во мне́ниях; I beg to ~ извини́те, но я с ва́ми не согла́сен; let's agree to ~ пусть ка́ждый оста́нется при своём мне́нии

**difference** [ˈdɪfrəns] 1. *n* 1) ра́зница; разли́чие; it makes no ~ нет нико́кой ра́зницы; э́то не име́ет значе́ния; it makes all the ~ in the world э́то суще́ственно меня́ет де́ло; э́то о́чень ва́жно 2) отличи́тельный при́знак 3) разногла́сие, расхожде́ние во мне́ниях; ссо́ра; to settle the ~s ула́дить спор; to iron out the ~s сгла́дить, устрани́ть разногла́сия; to have ~s ссо́риться, расходи́ться во мне́ниях 4) *мат.* ра́зность ◇ to split the ~ а) раздели́ть по́ровну оста́ток; б) идти́ на компроми́сс

2. *v* 1) отлича́ть; служи́ть отличи́тельным при́знаком 2) *мат.* вычисля́ть ра́зность

**different** [ˈdɪfrənt] *a* 1) друго́й, не тако́й; несхо́дный; непохо́жий; отли́чный (from, to); this is ~ from what he said э́то не соотве́тствует тому́, что он говори́л; that is quite ~ э́то совсе́м друго́е де́ло 2) разли́чный, ра́зный; a lot of ~ things мно́го ра́зных веще́й 3) необы́чный

**differentia** [ˌdɪfəˈrenʃɪə] *n* (*pl* -ae) отличи́тельное сво́йство ви́да *или* кла́сса

**differentiae** [ˌdɪfəˈrenʃɪiː] *pl от* differentia

**differential** [ˌdɪfəˈrenʃəl] 1. *n* 1) *мат., тех.* дифференциа́л 2) ра́зница в опла́те труда́ квалифици́рованных и неквалифици́рованных рабо́чих одно́й о́трасли *или* рабо́чих ра́зных о́траслей промы́шленности 3) *ж.-д.* ра́зница в сто́имости прое́зда в одно́ и то же ме́сто ра́зными маршру́тами

2. *a* 1) отличи́тельный 2) *мат.* дифференциа́льный; ~ gear *тех.* дифференциа́льная переда́ча, дифференциа́л 3) *эк.* дифференциа́льный; ~ rent дифференциа́льная ре́нта; ~ rate бо́лее ни́зкая опла́та прое́зда

**differentiate** [ˌdɪfəˈrenʃɪeɪt] *v* 1) различа́ть(ся), отлича́ть(ся); to ~ one from another отлича́ть одно́ от друго́го 2) дифференци́ровать(ся) 3) видоизменя́ться

**differentiation** [ˌdɪfərenʃɪˈeɪʃən] *n* 1) дифференциа́ция 2) дифференци́рование, различе́ние 3) видоизмене́ние

**differently** [ˈdɪfrəntlɪ] *adv* разли́чно, по-ра́зному; по-ино́му; и́наче; now he thinks quite ~ about it тепе́рь он совсе́м друго́го мне́ния об э́том

**difficile** [ˈdɪfɪsiːl] *фр. a* тяжёлый, несгово́рчивый, капри́зный

**difficult** [ˈdɪfɪkəlt] *a* 1) тру́дный; тяжёлый 2) затрудни́тельный, неприя́тный 3) тре́бовательный; оби́дчивый; неужи́вчивый; ~ person тяжёлый челове́к; тру́дный субъе́кт

**difficulty** [ˈdɪfɪkəltɪ] *n* 1) тру́дность; the difficulties of English тру́дности в изуче́нии англи́йского языка́; to find ~ in doing smth. столкну́ться с тру́дностями в чём-л. 2) препя́тствие, затрудне́ние; to put difficulties in the way ста́вить препя́тствия на пути́; to overcome difficulties преодолевáть трýдности, препя́тствия; to make (*или* to raise) difficulties чини́ть препя́тствия 3) *pl* затруднéния (*материальные*); I am in difficulties for money я испы́тываю дéнежные затруднéния

**diffidence** ['dɪfɪdəns] *n* 1) неуверéнность в себé 2) скрóмность, застéнчивость, рóбость

**diffident** ['dɪfɪdənt] *a* 1) неувéренный в себé 2) скрóмный, застéнчивый, рóбкий

**diffluent** ['dɪfluənt] *a* 1) растекáющийся; расплывáющийся 2) переходя́щий в жи́дкое состоя́ние

**diffract** [dɪ'frækt] *v опт.* дифраги́ровать, преломля́ть (*лучи*)

**diffraction** [dɪ'frækʃən] *n опт.* дифрáкция, преломлéние (*лучей*)

**diffuse 1.** *a* [dɪ'fju:s] 1) рассéянный (*о свете и т. п.*) 2) распространённый, разбрóсанный 3) многослóвный, расплы́вчатый

**2.** *v* [dɪ'fju:z] 1) рассéивать (*свет, тепло и т. п.*) 2) распространя́ть; to ~ learning (*или* knowledge) распространя́ть знáния 3) распыля́ть; рассыпáть, разбрáсывать 4) *физ.* диффунди́ровать (*о газах и жидкостях*)

**diffused light** [dɪ'fju:zdlaɪt] *n* рассéянный свет

**diffusible** [dɪ'fju:zəbl] *a физ.* спосóбный к распространéнию *или* к диффýзии

**diffusion** [dɪ'fju:ʒən] *n* 1) распространéние 2) многослóвие 3) *физ.* рассéивание, диффýзия

**diffusive** [dɪ'fju:sɪv] *a* 1) распространя́ющийся 2) многослóвный 3) *физ.* диффýзный

**dig** [dɪg] **1.** *v* (dug, *уст.* digged [-d]) 1) копáть, рыть; выкáпывать, раскáпывать (*тж.* ~ out) 2) *перен.* откáпывать, разы́скивать; to ~ the truth out of smb. вы́удить и́стину у когó-л.; to ~ for information откáпывать свéдения 3) вонзáть, ты́кать, толкáть (*обыкн.* ~ in); to ~ smb. in the ribs толкнýть когó-л. в бок 4) *амер. разг.* усéрдно долби́ть, зубри́ть □ ~ **for** искáть; ~ **from** выкáпывать; ~ **in,** ~ **into** а) зарывáть; to ~ oneself in окáпываться; б) вонзáть (*шпоры, нож и т. п.*); ~ **out** а) выкáпывать, раскáпывать (of); б) *амер. разг.* внезáпно покидáть; поспéшно уходи́ть, уезжáть; ~ **through** прокопáть, проры́ть; ~ **up** а) вы́рыть; *перен.* вы́копать, разыскáть; б) подня́ть целинý; в) *амер. разг.* сдéлать взнос; наскрести́ определённую сýмму; г) *амер. разг.* получи́ть (*деньги*)

**2.** *n* 1) толчóк, тычóк 2) насмéшка; to have a ~ at smb. зло посмея́ться над кем-л. 3) *pl разг.* берлóга, норá (*о своей комнате или квартире*) 4) *амер. разг.* прилéжный студéнт ◇ I am going to have a ~ at Spanish я собирáюсь взя́ться за испáнский язы́к

**digamist** ['dɪgəmɪst] *n* человéк, вторúчно вступи́вший в брак

**digamy** ['dɪgəmɪ] *n* вторóй брак; двоебрáчие

**digastric** [daɪ'gæstrɪk] *анат.* **1.** *a* двубрю́шный (*о мышцах*)

**2.** *n* двубрю́шная мы́шца (*челюсти*)

**digest 1.** *n* ['daɪdʒest] 1) сбóрник (*материалов*); спрáвочник; резюмé; компéндиум, крáткое изложéние (*законов*); крáткий сбóрник решéний судá; крáткий обзóр периоди́ческой литератýры 2) (the D.) Юстиниáновы дигéсты, пандéкты

**2.** *v* [dɪ'dʒest] 1) перевáривать(ся) (*о пище*); this food ~s well э́та пи́ща хорошó перевáривается, легкó усвáивается 2) усвáивать; to read, mark and inwardly ~ хорошó усвáивать прочи́танное; to ~ the events разобрáться в собы́тиях 3) освáивать (*территорию*) 4) терпéть, переноси́ть 5) приводи́ть в систéму, классифици́ровать; составля́ть и́ндекс 6) вывáривать(ся); выпáривать(ся); настáивать(ся) 7) *с.-х.* приготовля́ть компóст

**digester** [dɪ'dʒestə] *n* 1) срéдство, спосóбствующее пищеварéнию 2) гермети́чески закрывáющийся сосýд для вáрки; кастрю́ля-скоровáрка 3) *тех.* автоклáв

**digestibility** [dɪˌdʒestə'bɪlɪtɪ] *n* удобовари́мость

**digestible** [dɪ'dʒestəbl] *a* удобовари́мый, легкó усвáиваемый

**digestion** [dɪ'dʒestʃən] *n* 1) пищеварéние 2) усвоéние (*знаний и т. п.*)

**digestive** [dɪ'dʒestɪv] **1.** *n* срéдство, спосóбствующее пищеварéнию

**2.** *a* 1) пищевари́тельный 2) спосóбствующий пищеварéнию

**digger** ['dɪgə] *n* 1) землекóп 2) горнорабóчий; углекóп, отбóйщик; золотоискáтель 3) *разг.* австрали́ец *или* новозелáндец; австрали́йский *или* новозелáндский солдáт 4) (Diggers) *pl* индéйское плéмя, питáющееся корéньями (*в Сев. Калифорнии*) 5) приспособлéние для копáния; копáтель, копáлка; potato ~ картофелекопáлка 6) (Diggers) *pl ист.* ди́ггеры (*участники аграрного движения в эпоху англ. буржуазной революции XVII в.*) 7) *pl* земляны́е óсы

**digger-wasp** ['dɪgəwɔsp] *n* землянáя осá

**digging** ['dɪgɪŋ] **1.** *pres. p. от* dig 1

**2.** *n* 1) копáние, рытьё; земляны́е рабóты 2) *pl* рудни́к, копь; золоты́е при́иски 3) добы́ча (*полезных ископаемых*) 4) раскóпки 5) *pl разг.* жили́ще, жильё; «норá» 6) *pl амер. разг.* райóн, мéстность

**digit** ['dɪdʒɪt] *n* 1) пáлец 2) ширинá пáльца (*как мера;* = $^3/_4$ *дюйма*) 3) *мат.* однознáчное числó (*от 0 до 9*)

**digital** ['dɪdʒɪtl] **1.** *a* 1) пальцеви́дный, пальцеобрáзный 2) цифровóй; ~ computer цифровáя вычисли́тельная маши́на

**2.** *n* 1) пáлец 2) клáвиша

**digitalis** [ˌdɪdʒɪ'teɪlɪs] *n бот., мед.* дигитáлис, наперстя́нка

**digitate** ['dɪdʒɪtɪt] *a* 1) *зоол.* имéющий развиты́е пáльцы 2) *бот.* пáльчатый

**digitated** ['dɪdʒɪteɪtɪd] = digitate

**dignified** ['dɪgnɪfaɪd] **1.** *p. p. от* dignify

**2.** *a* 1) обладáющий чýвством сóбственного достóинства 2) вели́чественный; величáвый 3) достóйный (*о человеке*)

**dignify** ['dɪgnɪfaɪ] *v* 1) придавáть достóинство; облагорáживать 2) удостáивать 3) величáть; удостáивать и́мени; he dignifies his few books by the name of library онименýет свои́ нéсколько книг библиотéкой

**dignitary** ['dɪgnɪtərɪ] *n* санóвник, лицó, занимáющее высóкий пост (*особ. церковный*)

**dignity** ['dɪgnɪtɪ] *n* 1) достóинство; чýвство сóбственного достóинства; to stand on one's ~ держáть себя́ с бóльшим достóинством; beneath one's ~ ни́же своегó достóинства 2) звáние, сан, ти́тул; to confer the ~ of a peerage дать звáние пэ́ра 3) *собир.* ли́ца высóкого звáния; знать

**digraph** ['daɪgrɑ:f] *n* диграф

**digress** [daɪ'gres] *v* отступáть; отвлекáться, отклоня́ться (*от темы и т. п.*)

**digression** [daɪ'greʃən] *n* 1) отступлéние, отклонéние (*от темы*) 2) *астр.* угловóе расстоя́ние (планéты) от Сóлнца

**digressive** [daɪ'gresɪv] *a* отклоня́ющийся, отступáющий (*от темы и т. п.*)

**digue** [di:g] = dike

**dihedral** [daɪ'hi:drəl] *мат.* **1.** *a* образýемый двумя́ пересекáющимися плоскостя́ми; ~ angle двугрáнный ýгол

**2.** *n* = dihedral angle [*см.* 1]

**dike** [daɪk] **1.** *n* 1) дáмба; плоти́на; гать 2) прегрáда, препя́тствие 3) стóчная канáва, ров 4) дернóвая *или* кáменная огрáда 5) *геол.* дáйка

**2.** *v* 1) защищáть дáмбой 2) окáпывать рвом 3) осушáть (*местность*) канáвами 4) мочи́ть (*лён, пеньку*) в канáвах

**dike-reeve** ['daɪkri:v] *n* завéдующий шлю́зами, плоти́нами, дренáжем (*в болотистых округах Англии*)

**dilapidate** [dɪ'læpɪdeɪt] *v* 1) приходи́ть *или* приводи́ть в упáдок; разрушáть(ся); ломáть(ся); развáливаться 2) растрáтить, промотáть

**dilapidated** [dɪ'læpɪdeɪtɪd] **1.** *p. p. от* dilapidate

**2.** *a* 1) полуразрýшенный, полуразвали́вшийся; вéтхий 2) разорённый 3) неопря́тный, неря́шливо одéтый

**dilapidation** [dɪˌlæpɪ'deɪʃən] *n* 1) полуразрýшенное состоя́ние; обветшáние; упáдок 2) приведéние в полуразрýшенное состоя́ние 3) разорéние

**dilatable** [daɪ'leɪtəbl] *a* спосóбный расширя́ться, растяжи́мый

**dilatation** [ˌdaɪleɪ'teɪʃən] *n* 1) расшире́ние 2) распростране́ние

**dilate** [daɪ'leɪt] *v* 1) расширя́ть(ся); with ~d eyes с широко́ раскры́тыми глаза́ми 2) распространя́ться; to ~ upon smth. простра́нно говори́ть о чём-л.

**dilation** [daɪ'leɪʃən] = dilatation

**dilative** [daɪ'leɪtɪv] *a* расширя́ющий(ся)

**dilator** [daɪ'leɪtə] *n* 1) *мед.* расшири́тель 2) расширя́ющая мы́шца

**dilatory** ['dɪlətərɪ] *a* 1) ме́дленный 2) медли́тельный; оття́гивающий (*вре́мя*) 3) запозда́лый

**dilemma** [dɪ'lemə] *n* диле́мма; затрудни́тельное положе́ние; to be put into a ~, to be in a ~ стоя́ть пе́ред диле́ммой ◇ to be on the horns of a ~ быть вы́нужденным выбира́ть из двух зол

**dilettante** [ˌdɪlɪ'tæntɪ] *ит.* 1. *n* (*pl* -ti) дилета́нт, люби́тель

2. *a* дилета́нтский, люби́тельский

**dilettanti** [ˌdɪlɪ'tænti:] *pl от* dilettante

**dilettantism** [ˌdɪlɪ'tæntɪzm] *n* дилета́нтство, дилетанти́зм

**diligence** I ['dɪlɪdʒəns] *n* прилежа́ние, усе́рдие, стара́ние

**diligence** II ['dɪlɪʒɑ:ns] *фр. n* дилижа́нс

**diligent** ['dɪlɪdʒənt] *a* 1) приле́жный, усе́рдный, стара́тельный 2) *разг.* тща́тельно вы́полненный

**dill** [dɪl] *n* укро́п

**dilly-dally** ['dɪlɪdælɪ] *v* колеба́ться; ме́шкать, теря́ть вре́мя в нереши́тельности

**diluent** ['dɪljuənt] *мед.* 1. *n* вещество́, разжижа́ющее кровь, разжижи́тель

2. *a* разжижа́ющий, растворя́ющий

**dilute** [daɪ'lju:t] 1. *v* 1) разжижа́ть, разбавля́ть, разводи́ть; разрежа́ть 2) обескро́вливать, выхола́щивать (*тео́рию, програ́мму и т. п.*) 3) слабе́ть, станови́ться слабе́е ◇ to ~ labour заменя́ть квалифици́рованных рабо́чих неквалифици́рованными

2. *a* разведённый, разба́вленный

**dilutee** [ˌdaɪlju:'ti:] *n* малоквалифици́рованный рабо́чий, при́нятый на заво́д на квалифици́рованную рабо́ту в связи́ с расшире́нием произво́дства

**dilution** [daɪ'lu:ʃən] *n* 1) разжиже́ние, разведе́ние, растворе́ние 2) ослабле́ние ◇ ~ of labour заме́на квалифици́рованных рабо́чих неквалифици́рованными

**diluvial** [daɪ'lu:vjəl] *a геол.* дилювиа́льный

**diluvium** [daɪ'lu:vjəm] *n геол.* дилю́вий

**dim** [dɪm] 1. *a* 1) ту́склый; нея́сный; ~ room тёмная ко́мната 2) ма́товый 3) сла́бый (*о зре́нии; об интелле́кте*) 4) сму́тный, тума́нный; потускне́вший; the inscription is ~ на́дпись неразбо́рчива, стёрлась; ~ recollection сму́тное воспомина́ние; ~ idea сму́тное представле́ние 5) тупо́й, бестолко́вый 6) с нея́сным созна́нием ◇ to take a ~ view of smth. смотре́ть на что-л. скепти́чески *или* пессимисти́чески

2. *v* потускне́ть; де́лать(ся) ту́склым, затума́нивать(ся) □ ~ **out** затемня́ть

**dime** [daɪm] *n амер.* 1) моне́та в 10 це́нтов 2) *attr.* дешёвый; ~ novel дешёвый бульва́рный рома́н ◇ not to care a ~ ≅ ни в грош не ста́вить; наплева́ть

**dimension** [dɪ'menʃən] 1. *n* 1) измере́ние; of three ~s трёх измере́ний 2) *pl* разме́ры, величина́; объём; протяже́ние; scheme of vast ~s план огро́мной ва́жности, огро́много разма́ха

2. *v* проставля́ть разме́ры; придава́ть ну́жные разме́ры

**dimensional** [dɪ'menʃənl] *a* име́ющий измере́ние; простра́нственный

**-dimensional** [-dɪ'menʃənl] *в сло́жных слова́х означа́ет* име́ющий сто́лько-то измере́ний; *напр.*: one-~ одного́ измере́ния

**dimerous** ['dɪmərəs] *a бот., зоол.* состоя́щий из двух часте́й

**dimeter** ['dɪmɪtə] *n* четырёхсто́пный стих

**dimethyl** [daɪ'meθɪl] *n хим.* эта́н

**dimidiate** 1. *a* [dɪ'mɪdɪɪt] разделённый на две ра́вные ча́сти

2. *v* [dɪ'mɪdɪeɪt] дели́ть попола́м, дели́ть на две ча́сти

**diminish** [dɪ'mɪnɪʃ] *v* 1) уменьша́ть(-ся), убавля́ть(ся) 2) ослабля́ть 3) унижа́ть

**diminished** [dɪ'mɪnɪʃt] 1. *p. p. от* diminish

2. *a* 1) уме́ньшенный; ~ arch *архит.* сжа́тая, пло́ская а́рка; ~ column су́живающаяся кве́рху коло́нна 2) уни́женный; to hide one's ~ head стыди́ться, смуща́ться

**diminuendo** [dɪˌmɪnju'endəu] *ит. n, adv муз.* диминуэ́ндо

**diminution** [ˌdɪmɪ'nju:ʃən] *n* 1) уменьше́ние; сокраще́ние; убавле́ние 2) *архит.* суже́ние коло́нны 3) *муз.* повторе́ние те́мы но́тами полови́нной *или* четвертно́й дли́тельности

**diminutival** [dɪˌmɪnju'taɪvəl] *грам.* 1. *a* уменьши́тельный

2. *n* уменьши́тельный су́ффикс

**diminutive** [dɪ'mɪnjutɪv] 1. *a* 1) ма́ленький, миниатю́рный 2) *грам.* уменьши́тельный

2. *n грам.* уменьши́тельное сло́во

**dimity** ['dɪmɪtɪ] *n* канифа́с, ткань для занаве́сок, покрыва́л *и т. п.*

**dimmer** ['dɪmə] *n эл.* реоста́т для регули́рования си́лы све́та ла́мпы

**dimmish** ['dɪmɪʃ] *a* тускловáтый, нея́сный

**dimness** ['dɪmnɪs] *n* ту́склость *и пр.* [*см.* dim I]

**dimorphic** [daɪ'mɔ:fɪk] *a* димо́рфный, могу́щий существова́ть в двух фо́рмах

**dimorphism** [daɪ'mɔ:fɪzm] *n* диморфи́зм

**dimorphous** [daɪ'mɔ:fəs] = dimorphic

**dim-out** ['dɪmaut] *n* части́чное затемне́ние, светомаскиро́вка

**dimple** ['dɪmpl] 1. *n* 1) я́мочка (*на щеке́, подборо́дке*) 2) рябь (*на воде́*) 3) впа́дина

2. *v* покрыва́ться ря́бью

**dimply** ['dɪmplɪ] *a* 1) покры́тый я́мочками 2) подёрнутый ря́бью (*о воде́*)

**dimwit** ['dɪmwɪt] *n разг.* неу́мный челове́к, дура́к

**dim-witted** ['dɪm'wɪtɪd] *a* тупо́й, неу́мный

**din** [dɪn] 1. *n* шум; гро́хот

2. *v* 1) шуме́ть, грохота́ть; оглуша́ть 2) гуде́ть, звене́ть в уша́х 3) назо́йливо повторя́ть; to ~ smth. into smb.'s ears (head) прожужжа́ть кому́-либо у́ши (вда́лбливать кому́-л. в го́лову)

**dinar** ['di:nɑ:] *n* дина́р (*де́нежная едини́ца Югосла́вии, Ира́ка, Ира́на и др. стран*)

**dine** [daɪn] *v* 1) обе́дать; to ~ out обе́дать не до́ма; to ~ on smth. пообе́дать чем-л. 2) угоща́ть обе́дом, дава́ть обе́д; he ~d me handsomely он угости́л меня́ прекра́сным обе́дом 3): this table (this room) ~s twelve comfortably за э́тим столо́м (в э́той ко́мнате) вполне́ мо́гут обе́дать двена́дцать челове́к ◇ to ~ with Duke Humphrey *шутл.* оста́ться без обе́да

**diner** ['daɪnə] *n* 1) обе́дающий 2) ваго́н-рестора́н

**diner-out** ['daɪnər'aut] *n* челове́к, ча́сто обе́дающий вне до́ма

**dinette** [daɪ'net] *n амер.* ни́ша, в кото́рой устро́ена столо́вая (*в ма́ленькой кварти́ре*)

**ding** [dɪŋ] 1. *n* звон ко́локола

2. *v* (dinged [-d], dung) 1) звене́ть (*о мета́лле и т. п.*) 2) назо́йливо повторя́ть

**ding-dong** ['dɪŋ'dɔŋ] 1. *n* 1) динг-до́нг, динь-до́н (*о перезво́не колоко́лов*) 2) приспособле́ние в часа́х, выбива́ющее ка́ждую че́тверть 3) моното́нное повторе́ние

2. *a* 1) звеня́щий 2) череду́ющийся; ~ fight (упо́рный) бой с переме́нным успе́хом

3. *adv* с упо́рством, серьёзно

**dingey, dinghy** ['dɪŋgɪ] *n* 1) инди́йская ма́ленькая шлю́пка 2) я́лик 3) надувна́я рези́новая ло́дка

**dingle** ['dɪŋgl] *n* глубо́кая лощи́на

**dingle-dangle** ['dɪŋgl'dæŋgl] 1. *n* кача́ние взад и вперёд

2. *adv* кача́ясь

**dingo** ['dɪŋgəu] *n* (*pl* -oes [-əuz]) *зоол.* ди́нго

**dingy** ['dɪndʒɪ] *a* 1) ту́склый, вы́цветший 2) тёмный, гря́зный (*от са́жи, пы́ли*); закопте́лый 3) сомни́тельный (*о репута́ции*) 4) пло́хо оде́тый, обтрёпанный

**dining-car** ['daɪnɪŋkɑ:] *n* ваго́н-рестора́н

**dining-room** ['daɪnɪŋrum] *n* столо́вая

**dinkey** ['dɪŋkɪ] *n амер.* небольшо́й парово́з, «куку́шка»

**dinky** ['dɪŋkɪ] *a разг.* привлека́тельный; наря́дный, изя́щный

**dinner** ['dɪnə] *n* 1) обе́д; to have (*или* to take) ~ обе́дать; to give a ~ устра́ивать зва́ный обе́д 2) *attr.* обе́денный; ~ break обе́денный переры́в; ~ companion сотрапе́зник ◇ ~ without grace ≅ бра́чные отноше́ния до бра́ка; after ~ comes the reckoning *посл.* ≅ лю́бишь ката́ться, люби́ и са́ночки вози́ть

**dinner-bell** ['dɪnəbel] *n* звоно́к к обе́ду

**dinner-jacket** ['dɪnə,dʒækɪt] *n* смо́кинг

**dinner-pail** ['dɪnəpeɪl] *n* судки́

**dinner-party** ['dɪnə,pɑːtɪ] *n* зва́ный обе́д; го́сти к обе́ду

**dinner-service, dinner-set** ['dɪnə,səːvɪs, -set] *n* обе́денный серви́з, обе́денный прибо́р

**dinner-time** ['dɪnətaɪm] *n* вре́мя (*или* час) обе́да

**dinner-wagon** ['dɪnə,wægən] *n* сто́лик (*на колёсиках*)

**dinosaur** ['daɪnəusɔː] *n* диноза́вр

**dint** [dɪnt] **1.** *n* 1) след от уда́ра; вмя́тина 2): by ~ of (*употр.* как *prep*) посре́дством, путём

**2.** *v* оставля́ть след, вмя́тину

**diocesan** [daɪ'ɔsɪsən] **1.** *a* епархиа́льный

**2.** *n* епи́скоп (*иногда* свяще́нник *или* прихожа́нин) да́нной епа́рхии

**diocese** ['daɪəsɪs] *n* епа́рхия

**diode** ['daɪəud] *n радио* дио́д

**dioecious** [daɪ'iːʃəs] *a бот.* двудо́мный

**Dionysiacs** [,daɪə'nɪzɪæks] *n pl* диони́сии, пра́зднества в честь бо́га Дио́ниса (*в древней Греции*)

**diopter, dioptre** [daɪ'ɔptə] *n опт.* 1) диоптри́я 2) дио́птр (*визирный прибор*)

**dioptric** [daɪ'ɔptrɪk] *a опт.* диоптри́ческий, преломля́ющий

**dioptrics** [daɪ'ɔptrɪks] *n pl* (*употр. как sing*) дио́птрика

**diorama** [,daɪə'rɑːmə] *n иск.* диора́ма

**dioxide** [daɪ'ɔksaɪd] *n хим.* двуо́кись

**dip** [dɪp] **1.** *n* 1) погруже́ние (*в жидкость*); to take (*или* to have) a ~ (in the sea) окуну́ться (в мо́ре) 2) жи́дкость, раство́р (*для крашения, очистки металла, для уничтожения паразитов на овцах и т. п.*) 3) ма́каная свеча́ (*тж.* farthing ~, ~ candle) 4) приспу́щенное положе́ние фла́га 5) укло́н, отко́с 6) наклоне́ние ви́димого горизо́нта 7) *жарг.* вор-карма́нник 8) *геол.* паде́ние (*жилы, пласта*) 9) наклоне́ние магни́тной стре́лки 10) *ав.* ре́зкое паде́ние высоты́ (*самолёта*)

**2.** *v* (dipped [-t], dipt) 1) погружа́ть(ся); окуна́ть(ся); ныря́ть; to ~ one's fingers in water обма́кивать па́льцы в во́ду; to ~ a pen into ink обмакну́ть перо́ в черни́ла 2) опуска́ть в осо́бый раство́р; to ~ candles де́лать ма́каные све́чи; to ~ a dress кра́сить, перекра́шивать пла́тье; to ~ sheep купа́ть ове́ц в дезинфици́рующем раство́ре 3) че́рпать (*тж.* ~ out) 4) наклоня́ть (*голову при приветствии*) 5) спуска́ться, опуска́ться; the sun ~s below the horizon со́лнце скрыва́ется за горизо́нт; the road ~s доро́га спуска́ется по́д гору 6) спуска́ть (*парус*); салютова́ть (*флагом*) 7) погружа́ться (*в изучение, исследование*); пыта́ться вы́яснить что-л.; to ~ (deep) into the future загляну́ть в бу́дущее 8) пове́рхностно, невнима́тельно просма́тривать (into); to ~ into a book просмотре́ть кни́гу 9) *разг.* запу́тывать (*в долгах*) 10) *геол.* па́дать, понижа́ться (*о пластах*) 11) *ав.* ре́зко теря́ть высоту́ (*о самолёте*) □ ~ **out,** ~ **up** вычёрпывать ◇ to ~ into one's pocket (*или* purse) раскоше́ливаться; to ~ in the gravy прикарма́нить обще́ственные де́ньги; to ~ one's pen in gall зло, жёлчно писа́ть (*о чём-л.*)

**diphasic** [daɪ'feɪzɪk] *a эл.* двухфа́зный

**diphtheria** [dɪf'θɪərɪə] *n мед.* дифтери́я, дифтери́т

**diphtheric, diphtheritic** [dɪf'θerɪk, ,dɪfθə'rɪtɪk] *a* дифтери́тный

**diphthong** ['dɪfθɔŋ] *n фон.* дифто́нг

**diphthongal** [dɪf'θɔŋgəl] *a фон.* име́ющий хара́ктер дифто́нга

**diphthongize** ['dɪfθɔŋgaɪz] *v фон.* образо́вывать дифто́нг; обраща́ть в дифто́нг

**diploma** [dɪ'pləumə] **1.** *n* 1) дипло́м; свиде́тельство; ~ in architecture дипло́м архите́ктора 2) официа́льный докуме́нт

**2.** *v* (*обыкн. p. p.*) выдава́ть дипло́м

**diplomacy** [dɪ'pləuməsɪ] *n* диплома́тия

**diplomaed** [dɪ'pləuməd] **1.** *p. p.* от diploma 2

**2.** *a* име́ющий *или* получи́вший дипло́м, диплоstarting дипломи́рованный

**diplomat** ['dɪpləmæt] *n* диплома́т

**diplomatic** [,dɪplə'mætɪk] *a* 1) дипломати́ческий; ~ body (*или* corps) дипломати́ческий ко́рпус; ~ bag (*или* pouch) мешо́к с дипломати́ческой по́чтой, дипломати́ческая по́чта 2) дипломати́чный, такти́чный; be ~ диплома́тничать 3) нейскренний 4) текстуа́льный, буква́льный; ~ copy то́чная ко́пия

**diplomatics** [,dɪplə'mætɪks] *n pl* (*употр. как sing*) 1) дипломати́ческое иску́сство 2) диплома́тика (*отдел палеографии*)

**diplomatist** [dɪ'pləumətɪst] = diplomat

**diplomatize** [dɪ'pləumətaɪz] *v* де́йствовать дипломати́чно

**dip-needle** ['dɪp,niːdl] *n* магни́тная стре́лка

**dip-net** ['dɪpnet] *n* небольша́я рыболо́вная сеть (*с длинной ручкой*)

**dipnoi** ['dɪpnɔɪ] *n pl зоол.* двоякоды́шащие (ры́бы)

**dipolar** [daɪ'pəulə] *a физ.* име́ющий два по́люса

**dipper** ['dɪpə] *n* 1) ковш; черпа́к 2) краси́льщик 3) анабапти́ст; бапти́ст 4): the (Big) D. *амер.* Больша́я Медве́дица; the Little D. *амер.* Ма́лая Медве́дица 5) оля́пка (*птица*) 6) *геол.* нисходя́щий сброс

**dipping** ['dɪpɪŋ] **1.** *pres. p.* от dip 2

**2.** *n* погруже́ние, мака́ние; окуна́ние

**dipping-needle** ['dɪpɪŋ,niːdl] = dip-needle

**dippy** ['dɪpɪ] *a разг.* рехну́вшийся, сумасше́дший

**dipsomania** [,dɪpsəu'meɪnjə] *n мед.* алкоголи́зм

**dipsomaniac** [,dɪpsəu'meɪnɪæk] *n* алкого́лик, запо́йный пья́ница

**dipt** [dɪpt] *past и p. p.* от dip 2

**dipteral** ['dɪptərəl] **1.** *a* 1) *архит.* окружённый по́ртиком с двумя́ ряда́ми коло́нн 2) = dipterous

**2.** *n архит.* зда́ние с двумя́ кры́льями; гре́ческий храм, окружённый двумя́ ряда́ми коло́нн

**dipterous** ['dɪptərəs] *a зоол., бот.* двукры́лый

**diptych** ['dɪptɪk] *n* 1) *ист.* ди́птих (*вощёные дощечки для письма*) 2) *церк.* ди́птих; двуство́рчатый скла́день

**dire** ['daɪə] *a* 1) ужа́сный, стра́шный 2) по́лный, кра́йний; ~ necessity жесто́кая необходи́мость, нужда́; ~ plight ужа́сное положе́ние

**direct** [dɪ'rekt] **1.** *a* 1) прямо́й; ~ road пряма́я доро́га 2) прямо́й, непосре́дственный, ли́чный; ~ descendant пото́мок по прямо́й ли́нии; ~ influence непосре́дственное влия́ние; ~ drive пряма́я переда́ча; ~ (laying) fire *воен.* ого́нь, стрельба́ прямо́й наво́дкой; ~ hit *воен.* прямо́е попада́ние; ~ pointing *амер. воен.* пряма́я наво́дка 3) по́лный, абсолю́тный; ~ opposite по́лная (диаметра́льная) противополо́жность 4) прямо́й, откры́тый; я́сный; правди́вый; ~ answer прямо́й, неукло́нчивый отве́т 5) *грам.* прямо́й; ~ speech пряма́я речь 6) *астр.* дви́жущийся с за́пада на восто́к 7) *эл.* постоя́нный; ~ current постоя́нный ток

**2.** *adv* пря́мо, непосре́дственно

**3.** *v* 1) руководи́ть; управля́ть; to ~ a business руководи́ть предприя́тием, фи́рмой 2) направля́ть; to ~ one's remarks (efforts, attention) (to) направля́ть свои́ замеча́ния (уси́лия, внима́ние) (на); to ~ one's eyes обрати́ть свой взор; to ~ one's steps направля́ться 3) адресова́ть; to ~ a parcel адресова́ть посы́лку 4) наце́ливать(ся) 5) ука́зывать доро́гу; can you ~ me to the post-office? не ска́жете ли вы мне, как пройти́ на по́чту? 6) прика́зывать; do as you are ~ed де́лайте, как вам прика́зано 7) дирижи́ровать (*оркестром, хором*) 8) *театр.* ста́вить (*о режиссёре*) 9) подска́зывать, побужда́ть, направля́ть; duty ~s my actions все́ми мои́ми посту́пками руководи́т чу́вство до́лга

**directing-post** [dɪ'rektɪŋpəust] *n* доро́жный указа́тельный столб

**direction** [dɪ'rekʃən] *n* 1) руково́дство, управле́ние; to work under the ~ of smb. рабо́тать под руково́дством кого́-л. 2) дире́кция; правле́ние 3) указа́ние; инстру́кция; распоряже́ние; at the ~ по указа́нию, по распоряже́нию; to give ~s отдава́ть распоряже́ния 4) *pl* директи́вы 5) направле́ние; in the ~ of по направле́нию к 6) а́дрес (*на письме и т. п.*) 7) сфе́ра, о́бласть; there is a marked improvement in many ~s произошло́ заме́тное улучше́ние во мно́гих областя́х; new ~s of research но́вые пути́ иссле́дования 8) *театр.* постано́вка (*спектакля, фильма*); режиссу́ра

**directional** [dɪ'rekʃənl] *a* напра́вленный, напра́вленного де́йствия; ~ radio напра́вленное ра́дио; радиопеленга́ция; ~ transmitter передаю́щая, радиопеленгато́рная ста́нция

**direction-finder** [dɪ'rekʃən,faɪndə] *n* радиопеленга́тор

**direction sign** [dɪ'rekʃənsaɪn] *n* доро́жный (указа́тельный) знак

**directive** [dɪ'rektɪv] **1.** *n* директи́ва, указа́ние

**2.** *a* 1) направля́ющий; ука́зывающий 2) директи́вный

**directly** [dɪ'rektlɪ] **1.** *adv* 1) пря́мо 2) непосре́дственно 3) неме́дленно; то́тчас

**2.** *cj разг.* как то́лько; to get up ~ the bell rings встава́ть по звонку́

**director** [dɪ'rektə] *n* 1) член правле́ния; дире́ктор; managing ~ замести́тель дире́ктора по администрати́вно-хозя́йственной ча́сти, управля́ющий 2) руководи́тель 3) *воен.* нача́льник управле́ния 4) *церк.* духовни́к 5) (кино)режиссёр 6) дирижёр (*оркестра, хора*) 7) *воен.* буссо́ль; прибо́р управле́ния артиллери́йским огнём

**directorate** [dɪ'rektərɪt] *n* 1) дире́кция, (у)правле́ние 2) дире́кторство

**directorial** [,dɪrək'tɔːrɪəl] *a* дире́кторский; ~ board правле́ние

**directorship** [dɪ'rektəʃɪp] *n* дире́кторство; руково́дство

**directory** [dɪ'rektərɪ] **1.** *n* 1) руково́дство, указа́тель 2) а́дресная кни́га; спра́вочник; telephone ~ телефо́нная кни́га 3) *амер.* дире́кция 4) (D.) *ист.* Директо́рия

**2.** *a* директи́вный, содержа́щий указа́ния, инстру́кции

**directress** [dɪ'rektrɪs] *n* директри́са, нача́льница уче́бного заведе́ния

**directrices** [dɪ'rektrɪsiːz] *pl от* directrix

**directrix** [dɪ'rektrɪks] *лат. n* (*pl* -rices) *геом.* директри́са, направля́ющая ли́ния

**direful** ['daɪəful] *a* ужа́сный; стра́шный; злове́щий

**dirge** [dəːdʒ] *n* 1) погреба́льная песнь 2) панихи́да

**dirigible** ['dɪrɪdʒəbl] **1.** *n* дирижа́бль

**2.** *a* управля́емый (*особ. об аэростате*)

**diriment** ['dɪrɪmənt] *a юр.* аннули́рующий; ~ impediment of marriage обстоя́тельство, аннули́рующее брак

**dirk** [dəːk] **1.** *n* 1) кинжа́л 2) *мор.* ко́ртик

**2.** *v* вонза́ть кинжа́л

**dirndl** ['dəːndl] *нем. n* 1) пла́тье с у́зким ли́фом и широ́кой ю́бкой 2) широ́кая ю́бка в сбо́рку (*тж.* ~ skirt)

**dirt** [dəːt] *n* 1) грязь, сор; нечисто́ты 2) земля́; по́чва; грунт 3) непоря́дочность; га́дость; to do smb. ~ сде́лать кому́-л. га́дость 4) непристо́йные ре́чи, брань, оскорбле́ние; to fling (*или* to throw, to cast) ~ at smb. осыпа́ть бра́нью, поро́чить кого́-л.; to fling ~ about злосло́вить 5) *геол.* нано́сы; пуста́я поро́да; включе́ния; золотосодержа́щий песо́к 6) *attr.* земляно́й; грунтово́й; ~ floor земляно́й пол; ~ road грунтова́я доро́га 7) *attr.* му́сорный; ~ wagon *амер.* фурго́н для вы́возки му́сора ◇ as cheap as ~ ≅ деше́вле па́реной ре́пы; ~ farmer *амер.* фе́рмер, ли́чно обраба́тывающий зе́млю; yellow ~ *разг.* зо́лото; to treat smb. like ~ пло́хо обраща́ться с кем-л., пренебрега́ть кем-л.

**dirt-cheap** ['dəːt'tʃiːp] *a* о́чень дешёвый; ≅ дешёвле па́реной ре́пы

**dirtily** ['dəːtɪlɪ] *adv* 1) гря́зно 2) ни́зко, бесче́стно

**dirtiness** ['dəːtɪnɪs] *n* 1) грязь; неопря́тность 2) ни́зость, га́дость

**dirt track** ['dəːttræk] *n* трек с га́ревым покры́тием для мотого́нок

**dirty** ['dəːtɪ] **1.** *a* 1) гря́зный 2) скабрёзный, неприли́чный; ~ conduct непристо́йное поведе́ние 3) нече́стный; ~ player нече́стный игро́к 4) *мор.* нена́стный; бу́рный; ~ weather нена́стная пого́да ◇ ~ work а) нече́стный посту́пок; б) тяжёлая, ну́дная рабо́та; to do smb.'s ~ work for him выполня́ть за кого́-л. тяжёлую рабо́ту

**2.** *n*: to do the ~ on smb. подложи́ть свинью́ кому́-л.

**3.** *v* загрязня́ть, па́чкать

**dis-** [dɪs-] *pref* 1) *придаёт слову отрицательное значение* не-, дез-; obedient послу́шный — disobedient непослу́шный; to organize организо́вывать — to disorganize дезорганизо́вывать 2) *указывает на лишение чего-л.*: to disinherit лиша́ть насле́дства; to disbar лиша́ть пра́ва адвока́тской пра́ктики; to disbranch обруба́ть су́чья; dismasted лишённый мачт 3) *указывает на разделение, отделение, рассеяние в разные стороны, разложение на составные части*: to distribute распределя́ть; to dismiss распуска́ть 4) *усиливает значение отрицательного по содержанию слова*: to disannul аннули́ровать

**disability** [,dɪsə'bɪlɪtɪ] *n* 1) неспосо́бность, бесси́лие; нетрудоспосо́бность 2) *юр.* неправоспосо́бность 3) неплатёжеспосо́бность 4) *attr.*: ~ pension пе́нсия по нетрудоспосо́бности

**disable** [dɪs'eɪbl] *v* 1) де́лать неспосо́бным, неприго́дным; кале́чить 2) *юр.* де́лать неправоспосо́бным, лиша́ть пра́ва 3) *воен.* вы́вести из стро́я

**disabled** [dɪs'eɪbld] **1.** *p. p. от* disable

**2.** *a* искале́ченный; вы́веденный из стро́я; ~ soldier (*или* veteran) инвали́д войны́; ~ worker инвали́д труда́

**disablement** [dɪs'eɪblmənt] *n* 1) выведе́ние из стро́я 2) лише́ние трудоспосо́бности 3) лише́ние прав

**disabuse** [,dɪsə'bjuːz] *v*: ~ smb. of error выводи́ть кого́-л. из заблужде́ния ◇ to ~ one's mind переста́ть ду́мать; вы́бросить из головы́

**disaccord** [,dɪsə'kɔːd] **1.** *n* разногла́сие, расхожде́ние

**2.** *v* расходи́ться во взгля́дах

**disadvantage** [,dɪsəd'vɑːntɪdʒ] *n* 1) невы́года, невы́годное положе́ние; to be at a ~ быть в невы́годном положе́нии; to take smb. at a ~ а) заста́ть кого́-л. врасплох; б )быть в бо́лее вы́годном положе́нии, чем кто-л.; to put smb. at a ~ поста́вить кого́-л. в невы́годное положе́ние 2) вред, уще́рб; неудо́бство 3) поме́ха

**disadvantageous** [,dɪsædvɑːn'teɪdʒəs] *a* невы́годный, неблагоприя́тный

**disaffected** [,dɪsə'fektɪd] *a* 1) недово́льный 2) нелоя́льный

**disaffirm** [,dɪsə'fəːm] *v* 1) отрица́ть 2) *юр.* отменя́ть (*решение*)

**disafforest** [,dɪsə'fɔrɪst] *v* 1) выруба́ть леса́ 2) *юр.* переводи́ть на положе́ние обы́чной земли́ (*о бывшей лесной площади*)

**disagree** [,dɪsə'griː] *v* 1) не совпада́ть, не соотве́тствовать, противоре́чить оди́н друго́му 2) расходи́ться во мне́ниях; не соглаша́ться; I ~ with you я с ва́ми не согла́сен 3) не ла́дить, ссо́риться; they ~ они ссо́рятся 4) не подходи́ть, быть противопока́занным, быть вре́дным (*о климате, пище*; with)

**disagreeable** [,dɪsə'grɪəbl] **1.** *a* 1) неприя́тный 2) неприве́тливый; хму́рый

**2.** *n* (*обыкн. pl*) неприя́тности

**disagreement** [,dɪsə'griːmənt] *n* 1) расхожде́ние во мне́ниях; разногла́сие 2) разла́д, ссо́ра

**disallow** ['dɪsə'lau] *v* 1) отверга́ть 2) отка́зывать; to ~ a claim отка́зывать в и́ске 3) запреща́ть

**disallowance** [,dɪsə'lauəns] *n* 1) отка́з 2) запреще́ние

**disannul** [,dɪsə'nʌl] *v* отменя́ть, аннули́ровать; по́лностью уничтожа́ть

**disappear** [,dɪsə'pɪə] *v* 1) исчеза́ть; скрыва́ться 2) пропада́ть

**disappearance** [,dɪsə'pɪərəns] *n* 1) исчезнове́ние 2) пропа́жа

**disappoint** [,dɪsə'pɔɪnt] *v* 1) разочаро́вывать; to be ~ed at smth. разочарова́ться в чём-л. 2) обма́нывать (*надежды*) 3) лиша́ть; he was ~ed of the prize его́ лиши́ли награ́ды

**disappointed** [ˌdɪsəˈpɔɪntɪd] **1.** *p. p. от* disappoint

**2.** *a* разочаро́ванный, разочарова́вшийся; огорчённый

**disappointing** [ˌdɪsəˈpɔɪntɪŋ] **1.** *pres. p. от* disappoint

**2.** *a* неутеши́тельный, разочаро́вывающий; печа́льный

**disappointment** [ˌdɪsəˈpɔɪntmənt] *n* 1) разочарова́ние; обма́нутая наде́жда 2) неприя́тность, доса́да 3) что-л., не оправда́вшее ожида́ний

**disapprobation** [ˌdɪsæprəuˈbeɪʃən] *n* неодобре́ние; осужде́ние

**disapprobative, disapprobatory** [dɪsˈæprəubeɪtɪv, -beɪtərɪ] *a* неодобри́тельный, осужда́ющий

**disapproval** [ˌdɪsəˈpruːvəl] *n* неодобре́ние; осужде́ние

**disapprove** [ˈdɪsəˈpruːv] *v* не одобря́ть; неодобри́тельно относи́ться (of — к)

**disapprovingly** [ˈdɪsəˈpruːvɪŋlɪ] *adv* неодобри́тельно

**disarm** [dɪsˈɑːm] *v* 1) обезору́живать; умиротворя́ть 2) разоружа́ть(ся)

**disarmament** [dɪsˈɑːməmənt] *n* разоруже́ние

**disarming** [dɪsˈɑːmɪŋ] **1.** *pres. p. от* disarm

**2.** *a* обезору́живающий

**disarrange** [ˈdɪsəˈreɪndʒ] *v* 1) расстра́ивать, дезорганизова́ть 2) приводи́ть в беспоря́док

**disarrangement** [ˌdɪsəˈreɪndʒmənt] *n* расстро́йство; дезорганиза́ция

**disarray** [ˈdɪsəˈreɪ] **1.** *n* 1) беспоря́док, смяте́ние, замеша́тельство 2) беспоря́док в оде́жде; небре́жный костю́м

**2.** *v* 1) приводи́ть в беспоря́док, в смяте́ние 2) *поэт.* раздева́ть, снима́ть оде́жду

**disarticulate** [ˈdɪsɑːˈtɪkjuleɪt] *v* разъединя́ть, расчленя́ть

**disassemble** [ˈdɪsəˈsembl] *v* разбира́ть (*на части*); демонти́ровать

**disaster** [dɪˈzɑːstə] *n* бе́дствие, несча́стье; to invite ~ накли́кать беду́

**disastrous** [dɪˈzɑːstrəs] *a* бе́дственный, ги́бельный

**disavow** [ˈdɪsəˈvau] *v* 1) отрица́ть 2) отрека́ться, отка́зываться; отмежёвываться; снима́ть с себя́ отве́тственность 3) *полит.* дезавуи́ровать

**disavowal** [ˈdɪsəˈvauəl] *n* 1) отрица́ние 2) отрече́ние, отка́з 3) *полит.* дезавуи́рование

**disbalance** [dɪsˈbæləns] *n* наруше́ние равнове́сия, дисбала́нс

**disband** [dɪsˈbænd] *v* 1) распуска́ть 2) *воен.* расформиро́вывать 3) разбега́ться, рассе́иваться

**disbar** [dɪsˈbɑː] *v юр.* лиша́ть зва́ния адвока́та, лиша́ть пра́ва адвока́тской пра́ктики

**disbarment** [dɪsˈbɑːmənt] *n юр.* 1) лише́ние адвока́тского зва́ния 2) лише́ние пра́ва выступа́ть в суде́ в ка́честве адвока́та

**disbelief** [ˈdɪsbɪˈliːf] *n* неве́рие; недове́рие

**disbelieve** [ˈdɪsbɪˈliːv] *v* 1) не ве́рить; не доверя́ть (in) 2) быть скепти́ком

**disbeliever** [ˈdɪsbɪˈliːvə] *n* неве́рующий

**disboscation** [ˌdɪsbɔsˈkeɪʃən] *n с.-х.* обезле́сение, превраще́ние лесны́х площаде́й в па́шни

**disbosom** [dɪsˈbuzəm] *v* излива́ть ду́шу; признава́ться

**disbranch** [dɪsˈbrɑːntʃ] *v* обреза́ть ве́тви; подстрига́ть (*дерево*)

**disbud** [dɪsˈbʌd] *v* обреза́ть (*лишние*) молоды́е побе́ги, по́чки

**disburden** [dɪsˈbəːdn] *v* освобожда́ть(ся) от тя́жести, *перен.* от бре́мени; to ~ one's mind (of) вы́сказаться, отвести́ ду́шу

**disburse** [dɪsˈbəːs] *v* плати́ть; расплачиваться; опла́чивать

**disbursement** [dɪsˈbəːsmənt] *n* 1) опла́та, распла́та 2) вы́плаченная су́мма

**disc** [dɪsk] = disk

**discard** **1.** *n* [ˈdɪskɑːd] 1) сбра́сывание карт 2) сбро́шенная ка́рта 3) что-либо нену́жное, него́дное; брак; to throw into the ~ вы́бросить за нена́добностью

**2.** *v* [dɪsˈkɑːd] 1) сбра́сывать ка́рту 2) отбра́сывать, выбра́сывать (*за ненадобностью*) 3) отка́зываться (*от прежних взглядов, дружбы и т. п.*) 4) увольня́ть

**discern** [dɪˈsəːn] *v* 1) различа́ть, распознава́ть; разгляде́ть; we ~ed a sail in the distance вдали́ мы уви́дели па́рус; to ~ smb.'s intentions разгада́ть чьи-л. наме́рения 2) отлича́ть; проводи́ть разли́чие; to ~ no difference не ви́деть ра́зницы

**discernible** [dɪˈsəːnəbl] *a* ви́димый, различи́мый; заме́тный

**discerning** [dɪˈsəːnɪŋ] **1.** *pres. p. от* discern

**2.** *a* 1) уме́ющий различа́ть, распознава́ть 2) проница́тельный

**discernment** [dɪˈsəːnmənt] *n* 1) уме́ние различа́ть, распознава́ть 2) проница́тельность

**discharge** [dɪsˈtʃɑːdʒ] **1.** *n* 1) разгру́зка 2) вы́стрел; залп 3) увольне́ние 4) рекоменда́ция (*выдаваемая увольняемому*) 5) освобожде́ние (*заключённого*) 6) реабилита́ция; оправда́ние (*подсудимого*) 7) упла́та (*долга*) 8) исполне́ние (*обязанностей*) 9) вытека́ние; спуск, сток; слив 10) де́бит (*воды*) 11) выделе́ние (*гноя и т. п.*) 12) *эл.* разря́д 13) *текст., хим.* обесцве́чивание тка́ней; раство́р для обесцве́чивания тка́ней 14) *тех.* выпускно́е отве́рстие; вы́хлоп 15) *attr.*: ~ pipe выпускна́я, отво́дная труба́

**2.** *v* 1) разгружа́ть; to ~ cargo from a ship разгружа́ть кора́бль 2) вы́пустить заря́д, вы́стрелить 3) выпуска́ть; спуска́ть, вылива́ть; the chimney ~s smoke из трубы́ идёт дым; the wound ~s matter ра́на выделя́ет гной; to ~ oaths разрази́ться бра́нью 4) нести́ свои́ во́ды (*о реке*) 5) увольня́ть, дава́ть расчёт; *воен.* демобилизова́ть; увольня́ть в отста́вку *или* в запа́с 6) освобожда́ть (*заключённого*) 7) реабилити́ровать; восстана́вливать в права́х (*банкрота*) 8) выпи́сывать (*из больницы*) 9) выпла́чивать (*долги*) 10) выполня́ть (*обязанности*) 11) *эл.* разряжа́ть 12) *текст., хим.* удаля́ть кра́ску, обесцве́чивать 13) рассна́щивать (*судно*) 14) прорыва́ться (*о нарыве*)

**dischargee** [ˌdɪstʃɑːˈdʒiː] *n амер.* уво́ленный из а́рмии, демобилизо́ванный

**discharger** [dɪsˈtʃɑːdʒə] *n* 1) тот, кто освобожда́ет, разгружа́ет *и пр.* [*см.* discharge 2] 2) *эл.* разря́дник; lightning ~ молниеотво́д 3) пусково́е устро́йство раке́ты

**disci** [ˈdɪskaɪ] *pl от* discus

**disciple** [dɪˈsaɪpl] *n* 1) учени́к, после́дователь; сторо́нник 2) *церк.* апо́стол

**disciplinarian** [ˌdɪsɪplɪˈnɛərɪən] *n* 1) сторо́нник дисципли́ны 2) *ист.* приве́рженец пресвитериа́нства

**disciplinary** [ˈdɪsɪplɪnərɪ] *a* 1) дисциплина́рный, исправи́тельный 2) дисциплини́рующий

**discipline** [ˈdɪsɪplɪn] **1.** *n* 1) дисципли́на, поря́док 2) дисциплини́рованность 3) дисципли́на (*отрасль знания*) 4) наказа́ние 5) *церк.* епитимья́; умерщвле́ние пло́ти 6) *перен.* па́лка; кнут

**2.** *v* 1) дисциплини́ровать 2) тренирова́ть 3) нака́зывать; подверга́ть дисциплина́рному взыска́нию

**discipular** [dɪˈsɪpjulə] *a книжн.* учени́ческий

**disc jockey** [ˈdɪskˌdʒɔkɪ] = disk jockey

**disclaim** [dɪsˈkleɪm] *v* 1) отрека́ться; to ~ responsibility снима́ть с себя́ отве́тственность 2) отрица́ть, не признава́ть 3) *юр.* отка́зываться (*от прав на что-л.*)

**disclaimer** [dɪsˈkleɪmə] *n* 1) отрече́ние, отка́з 2) *юр.* отка́з (*от права на что-л.*)

**disclamation** [ˌdɪskləˈmeɪʃən] = disclaimer

**disclose** [dɪsˈkləuz] *v* обнару́живать, разоблача́ть, раскрыва́ть

**disclosure** [dɪsˈkləuʒə] *n* откры́тие, обнару́жение, разоблаче́ние, раскры́тие

**discoboli** [dɪsˈkɔbəlaɪ] *pl от* discobolus

**discobolus** [dɪsˈkɔbələs] *греч. n* (*pl* -li) дискобо́л

**discoid** [ˈdɪskɔɪd] *a* име́ющий фо́рму ди́ска

**discolo(u)r** [dɪsˈkʌlə] *v* 1) изменя́ть цвет, окра́ску; обесцве́чивать(ся) 2) па́чкать(ся)

**discolo(u)ration** [dɪsˌkʌləˈreɪʃən] *n* 1) измене́ние цве́та, обесцве́чивание 2) пятно́

**discomfit** [dɪsˈkʌmfɪt] *v* 1) расстра́ивать (*планы и т. п.*) 2) приводи́ть в замеша́тельство 3) *книжн.* наноси́ть пораже́ние

**discomfiture** [dɪsˈkʌmfɪtʃə] *n* 1) расстро́йство пла́нов 2) смуще́ние, замеша́тельство 3) *книжн.* пораже́ние (*в бою*)

**discomfort** [dɪsˈkʌmfət] **1.** *n* 1) неудо́бство; нело́вкость 2) стеснённое положе́ние; лише́ния 3) беспоко́йство

**2.** *v* беспоко́ить; причиня́ть неудо́бство; затрудня́ть

**discommend** [ˌdɪskəˈmend] *v* 1) не одобря́ть; порица́ть 2) не рекомендова́ть, отсове́товать

**discommode** [ˌdɪskəˈməud] = discomfort 2

**discommodity** [ˌdɪskəˈmɔdɪtɪ] *n* 1) неудо́бство 2) невы́годность; что-л. бесполе́зное

**discommon** [dɪsˈkɔmən] *v* 1) лиша́ть пра́ва по́льзования обще́ственной землёй 2) *ист.* лиша́ть торго́вца *или* реме́сленника пра́ва обслу́живания студе́нтов (*Оксфордского и Кембриджского университетов*)

**discompose** [ˌdɪskəmˈpəuz] *v* расстра́ивать; беспоко́ить; (вз)волнова́ть, (вс)трево́жить

**discomposedly** [ˌdɪskəmˈpəuzɪdlɪ] *adv* беспоко́йно; трево́жно; взволно́ванно

**discomposure** [ˌdɪskəmˈpəuʒə] *n* беспоко́йство, волне́ние, замеша́тельство

**disconcert** [ˌdɪskənˈsə:t] *v* 1) смуща́ть; приводи́ть в замеша́тельство 2) расстра́ивать (*планы*)

**disconcerted** [ˌdɪskənˈsə:tɪd] **1.** *p. p. от* disconcert

**2.** *a* 1) смущённый 2) расстро́енный

**disconnect** [ˈdɪskəˈnekt] *v* 1) разъединя́ть, разобща́ть, расцепля́ть (with, from) 2) *эл.* разъединя́ть; отключа́ть

**disconnected** [ˈdɪskəˈnektɪd] **1.** *p. p. от* disconnect

**2.** *a* 1) разъединённый 2) бессвя́зный, отры́вистый

**disconnectedly** [ˈdɪskəˈnektɪdlɪ] *adv* бессвя́зно, отры́висто

**disconnection, disconnexion** [ˌdɪskəˈnekʃən] *n* 1) разъедине́ние; разобще́ние 2) разобщённость 3) *эл.* отключе́ние

**disconsider** [ˌdɪskənˈsɪdə] *v* дискредити́ровать, испо́ртить репута́цию

**disconsolate** [dɪsˈkɔnsəlɪt] *a* неуте́шный, печа́льный, несча́стный

**discontent** [ˈdɪskənˈtent] **1.** *n* недово́льство; неудовлетворённость, доса́да

**2.** *a* недово́льный; неудовлетворённый

**3.** *v* вызыва́ть недово́льство; to be ~ed быть недово́льным

**discontentedly** [ˈdɪskənˈtentɪdlɪ] *adv* недово́льно; неудовлетворённо; с доса́дой

**discontentment** [ˈdɪskənˈtentmənt] = discontent 1

**discontiguous** [ˌdɪskənˈtɪgjuəs] *a* несоприкаса́ющийся, несме́жный

**discontinuance** [ˌdɪskənˈtɪnjuəns] *n* 1) прекраще́ние, переры́в 2) *юр.* прекраще́ние (*дела*)

**discontinuation** [ˌdɪskəntɪnjuˈeɪʃən] = discontinuance

**discontinue** [ˈdɪskənˈtɪnju(:)] *v* 1) прерыва́ть(ся), прекраща́ть(ся); упраздня́ть; publication will ~ изда́ние бу́дет прекращено́; to ~ a unit *амер. воен.* расформиро́вывать часть 2) *юр.* прекраща́ть (*дело*)

**discontinuity** [ˈdɪsˌkɔntɪˈnju(:)ɪtɪ] *n* 1) отсу́тствие непреры́вности, после́довательности 2) переры́в, разры́в

**discontinuous** [ˈdɪskənˈtɪnjuəs] *a* преры́вистый, прерыва́емый; прерыва́ющийся, перемежа́ющийся; ~ waves *радио* затуха́ющие во́лны; ~ function *мат.* преры́вная фу́нкция

**discord 1.** *n* [ˈdɪskɔ:d] 1) разногла́сие, разла́д; раздо́ры; to sow ~ се́ять вражду́ 2) шум; ре́зкие зву́ки 3) *муз.* диссона́нс

**2.** *v* [dɪsˈkɔ:d] 1) расходи́ться во взгля́дах, мне́ниях (with, from) 2) дисгармони́ровать; не соотве́тствовать 3) *муз.* звуча́ть диссона́нсом

**discordance** [dɪsˈkɔ:dəns] *n* 1) разногла́сие 2) *муз.* диссона́нс

**discordant** [dɪsˈkɔ:dənt] *a* 1) несогла́сный, противоречи́вый 2) нестро́йный, диссони́рующий (*о звуках*); ~ note диссона́нс

**discount** [ˈdɪskaunt] **1.** *n* 1) ски́дка; at a ~ а) ни́же номина́льной цены́; обесце́ненный; б) *разг.* непопуля́рный; не в ходу́ 2) *фин.* диско́нт, учёт векселе́й 3) *фин.* проце́нт ски́дки, ста́вка учёта 4) (мы́сленная) попра́вка на преувеличе́ние (*рассказчика*)

**2.** *v* 1) *фин.* дисконти́ровать, учи́тывать векселя́ 2) *фин.* получа́ть проце́нты вперёд при да́че де́нег взаймы́ 3) де́лать ски́дку 4) обесце́нивать; уменьша́ть, снижа́ть (*доход и т. п.*) 5) не принима́ть в расчёт 6) де́лать попра́вку на преувеличе́ние, не доверя́ть всему́ слы́шанному

**discountenance** [dɪsˈkauntɪnəns] *v* 1) не одобря́ть; обескура́живать 2) отка́зывать в подде́ржке 3) смуща́ть, приводи́ть в замеша́тельство

**discourage** [dɪsˈkʌrɪdʒ] *v* 1) обескура́живать, расхола́живать, отбива́ть охо́ту 2) отгова́ривать, отсове́товать (from)

**discouragement** [dɪsˈkʌrɪdʒmənt] *n* 1) обескура́живание 2) упа́док ду́ха, обескура́женность 3) отгова́ривание

**discouraging** [dɪsˈkʌrɪdʒɪŋ] **1.** *pres. p. от* discourage

**2.** *a* расхола́живающий, обескура́живающий

**discourse** [dɪsˈkɔ:s] **1.** *n* рассужде́ние (*письменное или устное*); ле́кция, докла́д, речь

**2.** *v* ора́торствовать; рассужда́ть; излага́ть в фо́рме ре́чи, ле́кции, про́поведи

**discourteous** [dɪsˈkə:tjəs] *a* невоспи́танный, неве́жливый, неучти́вый

**discourtesy** [dɪsˈkə:tɪsɪ] *n* невоспи́танность, неве́жливость, неучти́вость

**discover** [dɪsˈkʌvə] *v* 1) узнава́ть, обнару́живать, раскрыва́ть; to ~ good reasons подыска́ть подходя́щие моти́вы 2) де́лать откры́тия, открыва́ть

**discovert** [dɪsˈkʌvət] *a юр.* незаму́жняя; вдо́вая

**discovery** [dɪsˈkʌvərɪ] *n* 1) откры́тие 2) раскры́тие, обнару́жение 3) развёртывание (*сюжета*) ◇ D. Day день откры́тия Аме́рики (*12 октября*)

**discredit** [dɪsˈkredɪt] **1.** *n* 1) дискредита́ция; to bring ~ on oneself дискредити́ровать себя́; such behaviour is a ~ to him тако́е поведе́ние позо́рит, дискредити́рует его́; to bring into ~ навле́чь дурну́ю сла́ву, дискредити́ровать 2) недове́рие; to throw ~ upon smth. подве́ргнуть что-л. сомне́нию 3) *фин.* лише́ние комме́рческого креди́та

**2.** *v* 1) дискредити́ровать; позо́рить; his behaviour ~s him with the public его́ поведе́ние дискредити́рует его́ в глаза́х о́бщества 2) не доверя́ть; the report is ~ed э́тому сообще́нию не ве́рят

**discreditable** [dɪsˈkredɪtəbl] *a* дискредити́рующий, позо́рный

**discreet** [dɪsˈkri:t] *a* 1) осторо́жный, осмотри́тельный, благоразу́мный 2) сде́ржанный, неболтли́вый

**discrepancy** [dɪsˈkrepənsɪ] *n* 1) разли́чие, несхо́дство 2) разногла́сие, противоре́чие; расхожде́ние

**discrepant** [dɪsˈkrepənt] *a* отлича́ющийся (*от чего-л.*); несхо́дный; противоречи́вый; разноречи́вый; ~ rumours противоречи́вые слу́хи

**discrete** [dɪsˈkri:t] *a* 1) разде́льный, состоя́щий из разро́зненных часте́й; дискре́тный 2) *филос.* абстра́ктный

**discretion** [dɪsˈkreʃən] *n* 1) благоразу́мие, осторо́жность; the years of ~ во́зраст (*в Англии — 14 лет*), с кото́рого челове́к счита́ется отве́тственным за свои́ посту́пки; to act with ~ вести́ себя́ осторо́жно, благоразу́мно; to show ~ проявля́ть благоразу́мие 2) свобо́да де́йствий; усмотре́ние; the instructions leave me a wide ~ инстру́кции предоставля́ют мне бо́льшую свобо́ду де́йствий; at the ~ of smb. на усмотре́ние кого́-л.; I leave it to your ~ де́лайте, как вы счита́ете ну́жным; to use one's ~ реша́ть, де́йствовать по своему́ усмотре́нию; at ~ по со́бственному усмотре́нию; to surrender at ~ безоговоро́чно сда́ться на ми́лость победи́теля ◇ ~ is the better part of valour ≅ сле́дует избега́ть нену́жного ри́ска (*обыкн. как шутливое оправдание трусости*)

**discretionary** [dɪsˈkreʃnərɪ] *a* 1) предоста́вленный на со́бственное усмотре́ние 2) де́йствующий по со́бственному усмотре́нию, дискрецио́нный; ~ powers дискрецио́нная власть

**discriminate 1.** *a* [dɪsˈkrɪmɪnɪt] 1) отчётливый; име́ющий отличи́тельные при́знаки 2) различа́ющий(ся)

**2.** *v* [dɪsˈkrɪmɪneɪt] 1) отлича́ть, выделя́ть 2) (уме́ть) различа́ть, распознава́ть (between) 3) дискримини́ровать; относи́ться по-ра́зному; to ~ in favour of smb. ста́вить кого́-л. в благоприя́тные усло́вия; to ~ against smb. ста́вить кого́-л. в ху́дшие усло́вия

**discriminating** [dɪsˈkrɪmɪneɪtɪŋ] **1.** *pres. p. от* discriminate 2

**2.** *a* 1) отличи́тельный (*о признаке и т. п.*) 2) уме́ющий различа́ть, разбира́ющийся; разбо́рчивый; проница́тельный; ~ taste то́нкий вкус 3) дифференциа́льный

**discrimination** [dɪsˌkrɪmɪˈneɪʃən] *n* 1) уме́ние разбира́ться, проница́тельность 2) дискримина́ция; разли́чный подхо́д, неодина́ковое отноше́ние; race ~ ра́совая дискримина́ция

**discriminative** [dɪsˈkrɪmɪnətɪv] = discriminating 2, 1) *и* 2)

**discriminatory** [dɪsˈkrɪmɪnətərɪ] *a* 1) отличи́тельный 2) пристра́стный

**discrown** [dɪsˈkraun] *v* лиша́ть коро́ны; *перен.* разве́нчивать

**discursive** [dɪsˈkə:sɪv] *a* 1) переска́кивающий с одного́ вопро́са на друго́й 2) *лог.* дискурси́вный

**discus** [ˈdɪskəs] *n* (*pl* disci) диск

**discuss** [dɪsˈkʌs] *v* 1) обсужда́ть, дискути́ровать 2) *шутл.* есть, пить с удово́льствием; смакова́ть

**discussion** [dɪsˈkʌʃən] *n* 1) обсужде́ние; the question is under ~ вопро́с обсужда́ется 2) пре́ния, диску́ссия 3) перегово́ры; direct ~ непосре́дственные, прямы́е перегово́ры 4) *шутл.* смакова́ние

**disdain** [dɪsˈdeɪn] **1.** *n* 1) презре́ние, пренебреже́ние 2) надме́нность

**2.** *v* 1) презира́ть 2) счита́ть ни́же своего́ досто́инства; смотре́ть свысока́

**disdainful** [dɪsˈdeɪnful] *a* презри́тельный, пренебрежи́тельный

**disease** [dɪˈzi:z] **1.** *n* боле́знь

**2.** *v* поража́ть (*о болезни*); вызыва́ть боле́знь

**diseased** [dɪˈzi:zd] **1.** *p. p. от* disease 2

**2.** *a* 1) больно́й, заболе́вший 2) боле́зненный, нездоро́вый

**disembark** [ˈdɪsɪmˈbɑ:k] *v* 1) выса́живать(ся) (*с судов*) 2) выгружа́ть (*товары, груз с судов*)

**disembarkation** [ˌdɪsembɑ:ˈkeɪʃən] *n* вы́садка, вы́грузка (*на берег*)

**disembarrass** [ˈdɪsɪmˈbærəs] *v* 1) выводи́ть из затрудне́ния, замеша́тельства; освобожда́ть (of — от *стеснений, хлопот*) 2) распу́тывать (*что-л. сложное*; from)

**disembody** [ˈdɪsɪmˈbɔdɪ] *v* (*обыкн. p. p.*) 1) расформиро́вывать, распуска́ть (*войска*) 2) отделя́ть от конкре́тного воплоще́ния (*идею и т. п.*); *рел.* освобожда́ть от теле́сной оболо́чки

**disembogue** [ˌdɪsɪmˈbəug] *v* 1) впада́ть, влива́ться (*о реке*) 2) вылива́ться (*о толпе*) 3) излива́ться, выска́зываться

**disembosom** [ˌdɪsɪmˈbuzəm] *v* 1) поверя́ть (*тайну, чувство*) 2) *refl.* откры́ть ду́шу, откры́ться (*кому-л.*)

**disembowel** [ˌdɪsɪmˈbauəl] *v* потроши́ть

**disembroil** [ˌdɪsɪmˈbrɔɪl] *v* распу́тывать

**disenable** [ˌdɪsɪnˈeɪbl] *v* де́лать неспосо́бным; дисквалифици́ровать

**disenchant** [ˌdɪsɪnˈtʃɑ:nt] *v* освобожда́ть от чар, иллю́зий, разочаро́вывать

**disencumber** [ˈdɪsɪnˈkʌmbə] *v* освобожда́ть от затрудне́ний, препя́тствий, бре́мени

**disendow** [ˈdɪsɪnˈdau] *v* лиша́ть поже́ртвований, заве́щанных вкла́дов *и т. п.* (*обыкн. о церкви*)

**disenfranchise** [ˈdɪsɪnˈfræntʃaɪz] = disfranchise

**disengage** [ˈdɪsɪnˈgeɪdʒ] *v* 1) освобожда́ть(ся); отвя́зывать(ся) 2) разобща́ть; выключа́ть; разъединя́ть 3) *воен.* выходи́ть из бо́я; отрыва́ться от проти́вника

**disengaged** [ˈdɪsɪnˈgeɪdʒd] **1.** *p. p. от* disengage

**2.** *a* 1) вы́свобожденный 2) разобщённый 3) свобо́дный, неза́нятый; I am ~ this evening сего́дня ве́чером я свобо́ден

**disengagement** [ˌdɪsɪnˈgeɪdʒmənt] *n* 1) освобожде́ние; свобо́да (*от обязательств, дел и т. п.*) 2) расторже́ние помо́лвки 3) есте́ственность (*манер*); непринуждённость 4) *воен.* вы́ход из бо́я 5) *хим.* выделе́ние

**disentail** [ˈdɪsɪnˈteɪl] *v юр.* снять ограниче́ние с насле́дника, предоста́вив ему́ пра́во завеща́ть иму́щество по своему́ усмотре́нию [*см.* tail II]

**disentangle** [ˈdɪsɪnˈtæŋgl] *v* 1) распу́тывать(ся) 2) выпу́тывать(ся) из затрудне́ний (from)

**disenthral(l)** [ˈdɪsɪnˈθrɔ:l] *v* отпуска́ть на во́лю; освобожда́ть от ра́бства

**disentitle** [ˈdɪsɪnˈtaɪtl] *v* 1) лиша́ть пра́ва (*на что-л.*) 2) лиша́ть ти́тула

**disentomb** [ˈdɪsɪnˈtu:m] *v* выка́пывать из моги́лы; *перен.* отка́пывать, находи́ть

**disequilibrium** [ˈdɪsekwɪˈlɪbrɪəm] *n* отсу́тствие *или* поте́ря равнове́сия; неусто́йчивость

**disestablish** [ˈdɪsɪsˈtæblɪʃ] *v* 1) разруша́ть, отменя́ть (*установленное*) 2) отделя́ть це́рковь от госуда́рства

**disfavour** [ˈdɪsˈfeɪvə] **1.** *n* 1) неми́лость; to fall into ~ впасть в неми́лость; to be in ~ быть в неми́лости 2) неодобре́ние; to regard with ~ относи́ться с неодобре́нием

**2.** *v* не одобря́ть

**disfeature** [dɪsˈfi:tʃə] *v* обезобра́живать, уро́довать (*внешность*)

**disfiguration** [dɪsˌfɪgjuəˈreɪʃən] = disfigurement

**disfigure** [dɪsˈfɪgə] *v* обезобра́живать, уро́довать, по́ртить

**disfigurement** [dɪsˈfɪgəmənt] *n* 1) обезобра́живание 2) физи́ческий недоста́ток, уро́дство

**disforest** [dɪsˈfɔrɪst] *v* выруба́ть леса́; обезле́сить

**disfranchise** [ˈdɪsˈfræntʃaɪz] *v* лиша́ть гражда́нских (*особ.* избира́тельных) прав

**disfrock** [dɪsˈfrɔk] *v* лиша́ть духо́вного зва́ния, са́на

**disgorge** [dɪsˈgɔ:dʒ] *v* 1) изверга́ть (*лаву и т. п.*); выбра́сывать (*клубы дыма и т. п.*) 2) изрыга́ть (*пищу*) 3) разгружа́ть(ся), опорожня́ть(ся) 4) влива́ться, впада́ть; the river ~s into the sea река́ впада́ет в мо́ре 5) неохо́тно возвраща́ть (*особ. нечестно присвоенное, захваченное*)

**disgrace** [dɪsˈgreɪs] **1.** *n* 1) позо́р, бесче́стие; позо́рный посту́пок; to bring ~ upon smb. навле́чь позо́р на кого́-л. 2) неми́лость; to be in (deep) ~ быть в неми́лости, опа́ле; to fall into ~ впада́ть в неми́лость

**2.** *v* 1) позо́рить, бесче́стить 2) разжа́ловать; лиши́ть расположе́ния; подве́ргнуть неми́лости

**disgraceful** [dɪsˈgreɪsful] *a* позо́рный, посты́дный; ~ behaviour недосто́йное поведе́ние

**disgruntle** [dɪsˈgrʌntl] *v* серди́ть, приводи́ть в дурно́е настрое́ние, раздража́ть

**disgruntled** [dɪsˈgrʌntld] **1.** *p. p. от* disgruntle

**2.** *a* в плохо́м настрое́нии, раздражённый, рассе́рженный; to be ~ быть не в ду́хе

**disguise** [dɪsˈgaɪz] **1.** *n* 1) маскиро́вка; переодева́ние; in ~ переоде́тый; замаскиро́ванный; скры́тый 2) обма́нчивая вне́шность, ма́ска, личи́на; to throw off one's ~ сбро́сить личи́ну, ма́ску

**2.** *v* 1) переодева́ть; маскирова́ть 2) де́лать неузнава́емым; a door ~d as a bookcase потайна́я дверь, замаскиро́ванная под кни́жный шкаф; to ~ one's voice меня́ть го́лос 3) скрыва́ть; to ~ one's intentions (feelings *etc.*) скрыва́ть свои́ наме́рения (чу́вства *и т. п.*) ◇ ~d with drink подвы́пивши(й)

**disgust** [dɪsˈgʌst] **1.** *n* отвраще́ние, омерзе́ние

**2.** *v* внуша́ть отвраще́ние; быть проти́вным; to be ~ed чу́вствовать отвраще́ние; возмуща́ться

**disgustful** [dɪsˈgʌstful] *a* отврати́тельный, проти́вный

**disgusting** [dɪsˈgʌstɪŋ] **1.** *pres. p. от* disgust 2

**2.** *a* = disgustful

**dish** [dɪʃ] **1.** *n* 1) блю́до, таре́лка, ми́ска; *pl* посу́да 2) блю́до, ку́шанье 3) *разг.* де́вушка, красо́тка 4) ложби́на, впа́дина; котлова́н ◇ to have a hand in the ~ быть заме́шанным в чём-л.

**2.** *v* 1) класть на блю́до 2) выгиба́ть; придава́ть во́гнутую фо́рму 3) *разг.* провести́, перехитри́ть (*особ. своих политических противников*) □ ~ **out** раскла́дывать ку́шанье; ~ **up** а) подава́ть ку́шанье к столу́; сервирова́ть; *перен.* уме́ть преподнести́ (*анекдот и т. п.*); б) *разг.* мыть посуду ◇ to ~ it out to smb. дать жару кому-л.

**dishabille** [ˌdɪsæ'bi:l] *фр. n* домашнее платье; дезабилье

**dishabituate** [ˌdɪshə'bɪtjueɪt] *v* отучать от привычки (for)

**dishallow** [dɪs'hæləu] *v* осквернять (*святыню*); профанировать

**disharmonious** [ˌdɪshɑ:'məunjəs] *a* 1) дисгармоничный 2) несоответствующий

**disharmonize** [dɪs'hɑ:mənaɪz] *v* 1) дисгармонировать 2) вносить разногласие, нарушать гармонию

**disharmony** ['dɪs'hɑ:mənɪ] *n* 1) дисгармония 2) разногласие

**dish-cloth** ['dɪʃklɔθ] *n* 1) посудное, кухонное полотенце 2) тряпка для мытья посуды

**dishearten** [dɪs'hɑ:tn] *v* приводить в уныние, расхолаживать; don't be ~ed не унывай(те)

**disherison** [dɪs'herɪzn] *n* лишение наследства

**dishevel** [dɪ'ʃevəl] *v* растрепать, взъерошить

**dishevelled** [dɪ'ʃevəld] **1.** *p. p. от* dishevel

**2.** *a* растрёпанный, всклокоченный, взъерошенный

**dish-gravy** ['dɪʃˌgreɪvɪ] *n* подливка (*из сока жаркого*)

**dishonest** [dɪs'ɔnɪst] *a* нечестный; мошеннический

**dishonesty** [dɪs'ɔnɪstɪ] *n* 1) нечестность; обман 2) недобросовестность

**dishonour** [dɪs'ɔnə] **1.** *n* бесчестье, позор

**2.** *v* 1) бесчестить, позорить; оскорблять; to ~ one's promise не сдержать своего обещания 2) *фин.*: to ~ a cheque отказывать в платеже по векселю

**dishonourable** [dɪs'ɔnərəbl] *a* 1) бесчестный, позорный; подлый 2) позорящий, низкий

**dishorn** [dɪs'hɔ:n] *v* удалять рога

**dish-rag** ['dɪʃræg] = dish-cloth

**dish-washer** ['dɪʃˌwɔʃə] *n* 1) судомойка 2) посудомоечная машина

**dish-water** ['dɪʃˌwɔ:tə] *n* помои

**disillusion** [ˌdɪsɪ'lu:ʒən] **1.** *n* утрата иллюзий; разочарование

**2.** *v* разрушать иллюзии; открывать правду; разочаровывать

**disillusionize** [ˌdɪsɪ'lu:ʒənaɪz] = disillusion 2

**disincentive** [ˌdɪsɪn'sentɪv] *n* сдерживающее средство, препятствие

**disinclination** [ˌdɪsɪnklɪ'neɪʃən] *n* несклонность (to); нерасположение; нежелание, неохота (*что-л. сделать*; for; to do)

**disincline** ['dɪsɪn'klaɪn] *v* 1) лишать желания, отбивать охоту (for; to do) 2) не чувствовать склонности

**disincorporate** [ˌdɪsɪn'kɔ:pəreɪt] *v* распустить, закрыть (*общество, корпорацию*)

**disinfect** [ˌdɪsɪn'fekt] *v* дезинфицировать

**disinfectant** [ˌdɪsɪn'fektənt] **1.** *n* дезинфицирующее средство

**2.** *a* дезинфицирующий

**disinfection** [ˌdɪsɪn'fekʃən] *n* 1) дезинфекция, обеззараживание 2) *attr.* дезинфекционный; ~ plant дезинфекционная камера

**disinflation** [ˌdɪsɪn'fleɪʃən] *n эк.* дефляция

**disingenuous** [ˌdɪsɪn'dʒenjuəs] *a* неискренний, хитрый; лицемерный

**disinherit** ['dɪsɪn'herɪt] *v* лишать наследства

**disinheritance** [ˌdɪsɪn'herɪtəns] *n* лишение наследства

**disintegrate** [dɪs'ɪntɪgreɪt] *v* 1) разделять(ся) на составные части; дезинтегрировать; раздроблять 2) распадаться, разрушаться 3) *хим., физ.* расщеплять

**disintegration** [dɪsˌɪntɪ'greɪʃən] *n* 1) разделение на составные части; дезинтеграция; измельчение 2) распадение, разрушение 3) *хим., физ.* расщепление

**disintegrator** [dɪs'ɪntɪgreɪtə] *n тех.* дезинтегратор, дробилка; мешалка; дефибрер

**disinter** ['dɪsɪn'tə:] *v* выкапывать (из могилы), отрывать; *перен.* откапывать, отыскивать

**disinterested** [dɪs'ɪntrɪstɪd] *a* 1) бескорыстный, незаинтересованный; ~ help бескорыстная помощь 2) беспристрастный; we are not ~ мы не относимся безучастно

**disinvestment** [ˌdɪsɪn'vestmənt] *n* сокращение капиталовложений; изъятие капиталовложений

**disject** [dɪs'dʒekt] *v* разбрасывать, рассеивать

**disjecta membra** [dɪs'dʒektə 'membrə] *лат. n pl* отрывки, обрывки (*цитат и т. п.*)

**disjoin** [dɪs'dʒɔɪn] *v* разъединять; разобщать

**disjoint** [dɪs'dʒɔɪnt] *v* 1) расчленять; разбирать на части 2) разделять 3) вывихнуть

**disjointed** [dɪs'dʒɔɪntɪd] **1.** *p. p. от* disjoint

**2.** *a* 1) расчленённый 2) несвязный (*о речи*) 3) вывихнутый

**disjunct** [dɪs'dʒʌŋkt] *a* разобщённый; разъединённый

**disjunction** [dɪs'dʒʌŋkʃən] *n* 1) разделение; разобщение; разъединение 2) *эл.* размыкание (*цепи*)

**disjunctive** [dɪs'dʒʌŋktɪv] **1.** *n* 1) *грам.* разделительный союз 2) *лог.* альтернатива

**2.** *a* 1) разъединяющий; ~ conjunction *грам.* разделительный союз 2) *лог.* альтернативный

**disk** [dɪsk] **1.** *n* 1) диск; круг 2) патефонная пластинка 3) *attr.* дисковый, дискообразный; ~ coil *радио* плоская катушка; ~ harrow *с.-х.* дисковый культиватор; ~ valve *тех.* тарельчатый клапан

**2.** *v* 1) придавать форму диска 2) *с.-х.* обрабатывать дисковым культиватором 3) записывать на пластинку

**disk jockey** ['dɪskˌdʒɔkɪ] *n* диктор, ведущий программу, составленную из звукозаписей

**dislike** [dɪs'laɪk] **1.** *n* нелюбовь, неприязнь, нерасположение, антипатия (for, of, to)

**2.** *v* не любить, испытывать неприязнь, нерасположение

**dislocate** ['dɪsləukeɪt] *v* 1) вывихнуть 2) нарушать; расстраивать (*планы и т. п.*); to ~ traffic нарушать движение 3) сдвигать, перемещать, смещать

**dislocation** [ˌdɪsləu'keɪʃən] *n* 1) вывих 2) расстройство 3) неувязка, неурядица, неполадка 4) *геол.* дислокация, нарушение, перемещение (*пластов*)

**dislodge** [dɪs'lɔdʒ] *v* 1) удалять; смещать; вытеснять 2) выгонять (*зверя из берлоги*) 3) выбивать с позиции (*противника*)

**disloyal** ['dɪs'lɔɪəl] *a* 1) нелояльный 2) вероломный, предательский

**disloyalty** ['dɪs'lɔɪəltɪ] *n* 1) неверность, нелояльность 2) вероломство, предательство

**dismal** ['dɪzməl] **1.** *a* 1) мрачный; унылый; ~ prospects мрачные перспективы 2) печальный; угрюмый; ~ mood подавленное настроение 3) гнетущий; ~ weather мрачная, гнетущая погода

**2.** *n* (the ~s) *pl* подавленное настроение; печальные обстоятельства

**dismantle** [dɪs'mæntl] *v* 1) раздевать; снимать (*одежду, покров*) 2) разбирать (*машину*); демонтировать; лишать оборудования 3) разоружать, расснащивать (*корабль*) 4) срывать (*крепость*)

**dismantling** [dɪs'mæntlɪŋ] **1.** *pres. p. от* dismantle

**2.** *n* демонтаж, разборка

**dismast** ['dɪs'mɑ:st] *v мор.* снимать, сносить мачты

**dismay** [dɪs'meɪ] **1.** *n* 1) страх, тревога; испуг; in ~ с тревогой; we were struck with ~ мы были испуганы 2) уныние

**2.** *v* 1) ужасать, пугать 2) приводить в уныние

**dismember** [dɪs'membə] *v* 1) расчленять, разрывать на части 2) *редк.* лишать членства

**dismemberment** [dɪs'membəmənt] *n* расчленение, разделение на части

**dismiss** [dɪs'mɪs] **1.** *v* 1) отпускать (*класс и т. п.*); распускать; to ~ a meeting закрыть собрание 2) увольнять 3) *воен.* распускать, подавать команду «разойдись!» 4) освобождать (*заключённого*) 5) прогонять; *перен.* гнать от себя (*мысль, опасение*); to ~ smth. from one's mind выбросить что-л. из головы 6) отделываться (*от чего-л.*); to ~ the subject прекратить обсуждение вопроса 7) *юр.* прекращать (*дело*); отклонять (*заявление, иск*)

**2.** *n* (the ~) *воен.* команда «разойдись!»

**dismissal** [dɪs'mɪsəl] *n* 1) предоставле́ние о́тпуска; ро́спуск (*на каникулы и т. п.*) 2) увольне́ние; отста́вка 3) освобожде́ние 4) отстране́ние от себя́ (*неприятной мысли и т. п.*) 5) *attr.*: ~ pay (*или* wage) выходно́е посо́бие

**dismission** [dɪs'mɪʃən] = dismissal

**dismount** ['dɪs'maunt] *v* 1) спе́шиваться, слеза́ть; ~! *воен.* слеза́й! (*команда*) 2) сбра́сывать с ло́шади 3) снима́ть (*с подставки, пьедестала*); вынима́ть (*из оправы*); to ~ a gun снима́ть ору́дие с лафе́та 4) разбира́ть (*машину*)

**disobedience** [ˌdɪsə'bi:djəns] *n* неповинове́ние, непослуша́ние; civil ~ гражда́нское неповинове́ние

**disobedient** [ˌdɪsə'bi:djənt] *a* непоко́рный, непослу́шный

**disobey** ['dɪsə'beɪ] *v* не повинова́ться, не подчиня́ться, ослу́шаться

**disoblige** ['dɪsə'blaɪdʒ] *v* 1) поступа́ть нелюбе́зно; досажда́ть; he did it to ~ me он сде́лал э́то в пи́ку мне 2) не счита́ться с (*чьим-л.*) жела́нием, удо́бством

**disobligingly** ['dɪsə'blaɪdʒɪŋlɪ] *adv* 1) не счита́ясь с други́ми 2) нелюбе́зно

**disorder** [dɪs'ɔ:də] **1.** *n* 1) беспоря́док 2) (*обыкн. pl*) беспоря́дки (*массовые волнения*); непола́дки 3) *мед.* расстро́йство

**2.** *v* (*обыкн. p. p.*) 1) расстра́ивать (*здоровье*) 2) приводи́ть в беспоря́док

**disorderly** [dɪs'ɔ:dəlɪ] **1.** *a* 1) беспоря́дочный 2) неаккура́тный, неопря́тный 3) расстро́енный (*о здоровье*) 4) необу́зданный, бу́йный, беспоко́йный; недисциплини́рованный 5) непристо́йный; распу́щенный; ~ conduct хулига́нство, наруше́ние обще́ственного поря́дка; ~ person *юр.* лицо́, вино́вное в наруше́нии обще́ственного поря́дка; ~ house а) дом терпи́мости; б) иго́рный дом

**2.** *adv* беспоря́дочно *и пр.* [*см.* 1]

**3.** *n* беспоря́дочный, неопря́тный *или* распу́щенный челове́к

**disorganization** [dɪsˌɔ:gənaɪ'zeɪʃən] *n* дезорганиза́ция, расстро́йство; беспоря́док

**disorganize** [dɪs'ɔ:gənaɪz] *v* дезорганизова́ть, расстра́ивать

**disorient** [dɪs'ɔ:rɪənt] = disorientate

**disorientate** [dɪs'ɔ:rɪenteɪt] *v* дезориенти́ровать; сбива́ть с то́лку, вводи́ть в заблужде́ние

**disown** [dɪs'əun] *v* не признава́ть, отрица́ть, отка́зываться, отрека́ться

**disparage** [dɪs'pærɪdʒ] *v* 1) говори́ть пренебрежи́тельно 2) относи́ться с пренебреже́нием; трети́ровать; унижа́ть

**disparagement** [dɪs'pærɪdʒmənt] *n* 1) недооце́нка, умале́ние 2) пренебрежи́тельное отноше́ние

**disparaging** [dɪs'pærɪdʒɪŋ] **1.** *pres. p. от* disparage

**2.** *a* унизи́тельный; пренебрежи́тельный; a ~ remark пренебрежи́тельное замеча́ние

**disparate** ['dɪspərɪt] *a* в ко́рне отли́чный, несравни́мый, несопостави́мый; несоизмери́мый

**disparity** [dɪs'pærɪtɪ] *n* нера́венство; несоотве́тствие; несоразме́рность; ~ in years ра́зница в года́х

**dispart** [dɪs'pɑ:t] *v* 1) *уст.*, *поэт.* разделя́ть(ся) 2) расходи́ться 3) распределя́ть

**dispassionate** [dɪs'pæʃnɪt] *a* 1) беспристра́стный 2) бесстра́стный, хладнокро́вный; споко́йный

**dispatch** [dɪs'pætʃ] **1.** *n* 1) отпра́вка, отправле́ние (*курьера, почты*) 2) (дипломати́ческая) депе́ша; официа́льное донесе́ние 3) быстрота́, бы́строе выполне́ние (*работы*); to do smth. with ~ де́лать что-л. бы́стро; the matter requires ~ э́то сро́чное де́ло 4) преда́ние сме́рти, казнь; уби́йство; happy ~ а) харaки́ри; б) мгнове́нная смерть при ка́зни

**2.** *v* 1) посыла́ть; отсыла́ть, отправля́ть по назначе́нию 2) бы́стро выполня́ть, справля́ться (*с делом, работой*); to ~ one's dinner на́скоро пообе́дать 3) *уст.* спеши́ть 4) *книжн.* отправля́ть на тот свет, убива́ть

**dispatch-boat** [dɪs'pætʃbəut] *n* посы́льное су́дно

**dispatch-box** [dɪs'pætʃbɔks] *n* су́мка (курье́ра) для официа́льных бума́г

**dispatcher** [dɪs'pætʃə] *n* 1) экспеди́тор 2) диспе́тчер

**dispatch-station** [dɪs'pætʃ'steɪʃən] *n ж.-д.* ста́нция отправле́ния

**dispel** [dɪs'pel] *v* разгоня́ть; рассе́ивать; to ~ apprehensions рассе́ять опасе́ния

**dispensable** [dɪs'pensəbl] *a* 1) необяза́тельный 2) несуще́ственный

**dispensary** [dɪs'pensərɪ] *n* 1) апте́ка (*особ. бесплатная для бедняков*) 2) амбулато́рия (*часто бесплатная*)

**dispensation** [ˌdɪspen'seɪʃən] *n* 1) разда́ча, распределе́ние 2) освобожде́ние (*от обязательства, от обета*); разреше́ние бра́ка (*между родственниками в католической церкви*) 3): ~ of justice отправле́ние правосу́дия 4) осо́бая ми́лость, (осо́бое) разреше́ние 5) *рел.* бо́жий про́мысл

**dispensatory** [dɪs'pensətərɪ] *n* фармакопе́я

**dispense** [dɪs'pens] *v* 1) раздава́ть, распределя́ть (*пищу и т. п.*) 2) отправля́ть (*правосудие*) 3) приготовля́ть и распределя́ть (*лекарства*) 4) освобожда́ть (from — от *обязательства*) □ ~ **with** обходи́ться без *чего-л.*; to ~ with smb.'s services обходи́ться без чьих-л. услу́г; machinery ~s with much labour маши́ны даю́т большу́ю эконо́мию челове́ческого труда́

**dispenser** [dɪs'pensə] *n* 1) фармаце́вт 2) торго́вый автома́т 3) *тех.* разда́точное устро́йство

**-dispenser** [-dɪs'pensə] *в сложных словах означает*: а) автома́т для прода́жи чего́-л.; *напр.*: gum-~ автома́т для прода́жи жева́тельной рези́нки; б) я́щичек *или* сосу́д, содержа́щий предме́т о́бщего по́льзования; *напр.*: toilet-paper-~ я́щик с туале́тной бума́гой

**dispeople** ['dɪs'pi:pl] *v* обезлю́дить, уме́ньшить населе́ние

**dispersal** [dɪs'pə:səl] *n* 1) рассе́ивание; рассыпа́ние; рассредото́чение 2) *attr.*: ~ field *ав.* запасно́й аэродро́м

**disperse** [dɪs'pə:s] *v* 1) разгоня́ть, рассе́ивать 2) рассе́иваться, исчеза́ть 3) расходи́ться 4) разбра́сывать, рассыпа́ть 5) распространя́ть

**dispersion** [dɪs'pə:ʃən] *n* 1) разбра́сывание; рассе́ивание 2) разбро́санность 3) *физ., хим.* диспе́рсия

**dispersive** [dɪs'pə:sɪv] *a* разбра́сывающий; рассе́ивающий

**dispirit** [dɪ'spɪrɪt] *v* (*обыкн. p. p.*) приводи́ть в уны́ние, удруча́ть

**dispiteous** [dɪs'pɪtɪəs] *a* безжа́лостный

**displace** [dɪs'pleɪs] *v* 1) перемеща́ть; переставля́ть, перекла́дывать 2) вытесня́ть, замеща́ть 3) смеща́ть, увольня́ть 4) име́ть водоизмеще́ние (*о судне*) 5) *хим.* замеща́ть оди́н элеме́нт други́м

**displaced person** [dɪs'pleɪstˌpə:sn] *n* перемещённое лицо́

**displacement** [dɪs'pleɪsmənt] *n* 1) перемеще́ние, перестано́вка; ~ of track *ж.-д.* уго́н пути́ 2) смеще́ние, вытесне́ние 3) водоизмеще́ние 4) *геол.* сдвиг (*пластов*) 5) *тех.* литра́ж (*цилиндра*); производи́тельность (*насоса*) 6) *эл.* ви́димый разря́д 7) *хим.* замеще́ние 8) фильтрова́ние

**display** [dɪs'pleɪ] **1.** *n* 1) пока́з, вы́ставка; there was a great ~ of goods бы́ло вы́ставлено мно́го това́ров 2) проявле́ние (*смелости и т. п.*) 3) выставле́ние напока́з; хвастовство́; to make great ~ of generosity хва́статься свое́й ще́дростью 4) *полигр.* выделе́ние осо́бым шри́фтом

**2.** *v* 1) выставля́ть, пока́зывать; демонстри́ровать; to ~ the colours украси́ть фла́гами 2) проявля́ть, обнару́живать 3) хва́статься 4) *полигр.* выделя́ть осо́бым шри́фтом

**displease** [dɪs'pli:z] *v* 1) не нра́виться; быть неприя́тным, не по вку́су (*кому-л.*) 2) серди́ть, раздража́ть; ~d at (*или* with) smth. недово́льный чем-л.

**displeasing** [dɪs'pli:zɪŋ] **1.** *pres. p. от* displease

**2.** *a* неприя́тный, проти́вный

**displeasure** [dɪs'pleʒə] **1.** *n* неудово́льствие, недово́льство; доса́да; to incur smb.'s ~ навле́чь на себя́ чей-л. гнев; to take ~ оби́деться; to be in ~ with smb. быть у кого́-л. в неми́лости

**2.** *v* вызыва́ть неудово́льствие, серди́ть

**displume** [dɪs'plu:m] *v* 1) *поэт.* ощи́пывать пе́рья 2) *разг.* лиши́ть зна́ков отли́чия; разжа́ловать

**disport** [dɪs'pɔ:t] *v* (*обыкн. refl.*) развлека́ться, забавля́ться; резви́ться

**disposable** [dɪs'pəuzəbl] *a* 1) находя́щийся (*или* име́ющийся) в распоряже́нии; свобо́дный; ~ income *фин.* чи́стый дохо́д 2) устрани́мый; выбра́сываемый; a ~ paper towel бума́жное полоте́нце однора́зового по́льзования

**disposal** [dɪs'pəuzəl] *n* 1) расположе́ние, размеще́ние 2) *воен.* диспози́ция 3) возмо́жность распоряди́ться (*чем-л.*); at one's ~ в чьём-л. распоряже́нии; at your ~ к ва́шим услу́гам; to place at smb's ~ предоста́вить в чьё-л. распоряже́ние 4) переда́ча; прода́жа; ~ of property переда́ча иму́щества 5) избавле́ние (*от чего-л.*); устране́ние; удале́ние (*нечистот и т. п.*); ~ of bombs обезвре́живание бомб

**dispose** [dɪs'pəuz] *v* 1) располага́ть, размеща́ть, расставля́ть 2) располага́ть, склоня́ть; I am ~d to think that я скло́нен ду́мать, что; they are well (*или* kindly) ~d towards us они́ хорошо́ к нам отно́сятся □ ~ **of** а) распоряди́ться; to ~ of property распоряди́ться иму́ществом (*путём продажи, дара, завещания*); б) отде́латься, изба́виться; ликвиди́ровать; to ~ of an argument устрани́ть, опрове́ргнуть аргуме́нт

**disposition** [,dɪspə'zɪʃən] *n* 1) расположе́ние, размеще́ние (*в определённом порядке и т. п.*) 2) (*обыкн. pl*) *воен.* диспози́ция; дислока́ция; military ~s боевы́е поря́дки 3) распоряже́ние; возмо́жность распоряди́ться (*чем-л.*); to have in one's ~ име́ть в своём распоряже́нии 4) предрасположе́ние, скло́нность (to — к *чему-л.*) 5) хара́ктер, нрав; he is of a cheerful (gentle) ~ у него́ весёлый (мя́гкий) хара́ктер; social ~ общи́тельный хара́ктер; well-oiled ~ покла́дистый хара́ктер 6) избавле́ние; прода́жа; the ~ of property прода́жа иму́щества 7) *pl* приготовле́ния; to make ~s for a campaign гото́виться к кампа́нии

**dispossess** ['dɪspə'zes] *v* 1) лиша́ть со́бственности, пра́ва владе́ния (of) 2) выселя́ть ◇ to ~ smb. of an error выводи́ть кого́-л. из заблужде́ния

**disproof** ['dɪs'pru:f] *n* опроверже́ние

**disproportion** ['dɪsprə'pɔ:ʃən] *n* несоразме́рность, непропорциона́льность, диспропо́рция

**disproportionate** [,dɪsprə'pɔ:ʃnɪt] *a* несоразме́рный, непропорциона́льный

**disprove** ['dɪs'pru:v] *v* опроверга́ть; дока́зывать ло́жность *или* оши́бочность (*чего-л.*)

**disputable** [dɪs'pju:təbl] *a* спо́рный, сомни́тельный; находя́щийся под вопро́сом

**disputant** [dɪs'pju:tənt] **1.** *n* 1) уча́стник ди́спута, диску́ссии 2) спо́рщик

**2.** *a* принима́ющий уча́стие в диску́ссии; спо́рящий

**disputation** [,dɪspju(:)'teɪʃən] *n* 1) деба́ты 2) ди́спут 3) спор

**disputatious** [,dɪspju(:)'teɪʃəs] *a* лю́бящий спо́рить

**dispute** [dɪs'pju:t] **1.** *n* 1) ди́спут; деба́ты, поле́мика; beyond (*или* past, without) ~ вне сомне́ния; бесспо́рно; the matter is in ~ де́ло нахо́дится в ста́дии обсужде́ния 2) спор, разногла́сия; пререка́ния; labour (*или* industrial, trade) ~ трудово́й конфли́кт

**2.** *v* 1) спо́рить, дискути́ровать (with, against — с; on, about — о) 2) обсужда́ть 3) пререка́ться, ссо́риться 4) оспа́ривать, подверга́ть сомне́нию (*право на что-л., достоверность чего-л. и т. п.*) 5) оспа́ривать (*первенство в состязании и т. п.*) 6) проти́виться; препя́тствовать; ока́зывать сопротивле́ние; отста́ивать; to ~ in arms every inch of ground отста́ивать с ору́жием в рука́х ка́ждую пядь земли́; to ~ the enemy's advance сде́рживать наступле́ние, продвиже́ние проти́вника

**disqualification** [dɪs,kwɔlɪfɪ'keɪʃən] *n* 1) дисквалифика́ция (*тж. спорт.*); лише́ние пра́ва (*на что-л.*) 2) него́дность (for — к) 3) *юр.* неправоспосо́бность

**disqualify** [dɪs'kwɔlɪfaɪ] *v* 1) де́лать него́дным, неспосо́бным 2) дисквалифици́ровать (*тж. спорт.*); лиша́ть пра́ва, признава́ть неспосо́бным, него́дным

**disquiet** [dɪs'kwaɪət] **1.** *n* беспоко́йство, волне́ние, трево́га

**2.** *a* беспоко́йный, трево́жный

**3.** *v* беспоко́ить, трево́жить

**disquieting** [dɪs'kwaɪətɪŋ] **1.** *pres. p.* *от* disquiet 3

**2.** *a* беспоко́йный, трево́жный

**disquietude** [dɪs'kwaɪɪtju:d] *n* беспоко́йство, трево́га

**disquisition** [,dɪskwɪ'zɪʃən] *n* иссле́дование, изыска́ние

**disquisitional** [,dɪskwɪ'zɪʃənl] *a* иссле́довательский, нося́щий хара́ктер иссле́дования

**disrate** [dɪs'reɪt] *v амер. воен.* понижа́ть в разря́де, ра́нге, зва́нии

**disregard** ['dɪsrɪ'gɑ:d] **1.** *n* 1) равноду́шие, невнима́ние; ~ of self самозабве́ние, самоотве́рженность 2) пренебреже́ние, игнори́рование (of, for)

**2.** *v* 1) не обраща́ть внима́ния, не придава́ть значе́ния 2) пренебрега́ть, игнори́ровать

**disrelish** [dɪs'relɪʃ] **1.** *n* нерасположе́ние, отвраще́ние; to regard a person with ~ чу́вствовать нерасположе́ние к кому́-л.

**2.** *v* не люби́ть, испы́тывать отвраще́ние

**disrepair** ['dɪsrɪ'pɛə] *n* ве́тхость; плохо́е состоя́ние, неиспра́вность (*здания и т. п.*)

**disreputable** [dɪs'repjutəbl] **1.** *a* 1) по́льзующийся дурно́й репута́цией 2) дискредити́рующий; позо́рный

**2.** *n* челове́к с сомни́тельной репута́цией

**disreputation** [dɪs,repju(:)'teɪʃən] = disrepute

**disrepute** ['dɪsrɪ'pju:t] *n* дурна́я сла́ва, плоха́я репута́ция; to fall (to bring) into ~ получи́ть (навле́чь) дурну́ю сла́ву; to be in ~ име́ть плоху́ю репута́цию

**disrespect** ['dɪsrɪs'pekt] **1.** *n* неуваже́ние, непочти́тельность; to treat with ~, to show ~ относи́ться без уваже́ния

**2.** *v* относи́ться непочти́тельно

**disrespectful** [,dɪsrɪs'pektful] *a* непочти́тельный, неве́жливый

**disrobe** ['dɪs'rəub] *v* 1) раздева́ть; разоблача́ть (*тж. перен.*) 2) раздева́ться, разоблача́ться

**disroot** [dɪs'ru:t] *v редк.* вырыва́ть с ко́рнем; *перен.* искореня́ть

**disrupt** [dɪs'rʌpt] *v* 1) разрыва́ть, разруша́ть (*употр. тж. как p. p. вм.* disrupted); срыва́ть 2) *перен.* подрыва́ть

**disruption** [dɪs'rʌpʃən] *n* 1) разруше́ние 2) разры́в; раско́л; подры́в, срыв 3) *геол.* распа́д, дезинтегра́ция (*пород*) 4) *эл.* пробо́й

**disruptive** [dɪs'rʌptɪv] *a* 1) разруши́тельный 2) *перен.* подрывно́й 3) *эл.* пробивно́й, разря́дный

**dissatisfaction** ['dɪs,sætɪs'fækʃən] *n* неудовлетворённость, недово́льство

**dissatisfactory** ['dɪs,sætɪs'fæktərɪ] *a* неудовлетвори́тельный

**dissatisfied** ['dɪs'sætɪsfaɪd] **1.** *p. p.* *от* dissatisfy

**2.** *a* неудовлетворённый, недово́льный, раздоса́дованный (with, at)

**dissatisfy** ['dɪs'sætɪsfaɪ] *v* (*обыкн. pass.*) не удовлетворя́ть; вызыва́ть недово́льство

**dissect** [dɪ'sekt] *v* 1) рассека́ть 2) вскрыва́ть, анатоми́ровать 3) анализи́ровать; разбира́ть крити́чески

**dissecting-room** [dɪ'sektɪŋrum] *n мед.* секцио́нный зал, прозе́кторская

**dissection** [dɪ'sekʃən] *n* 1) рассече́ние 2) вскры́тие, анатоми́рование 3) ана́лиз, разбо́р

**dissector** [dɪ'sektə] *n мед.* прозе́ктор

**dissector (-tube)** [dɪ'sektə(tju:b)] *n* диссе́ктор (*передающая телевизионная трубка*)

**disseise** ['dɪs'si:z] *v юр.* незако́нно лиша́ть пра́ва владе́ния недви́жимостью

**disseisee** [,dɪssi:'zi:] *n юр.* лицо́, лишённое пра́ва владе́ния недви́жимостью

**disseisin** ['dɪs'si:zɪn] *n юр.* незако́нное лише́ние пра́ва владе́ния недви́жимостью

**disseize, disseizee, disseizin** ['dɪs'si:z, dɪssi:'zi:, 'dɪs'si:zɪn] = disseise, disseisee, disseisin

**dissemblance** I [dɪ'sembləns] *n* разли́чие; отсу́тствие схо́дства; ра́зница

**dissemblance** II [dɪ'sembləns] *n* притво́рство, лицеме́рие

**dissemble** [dɪˈsembl] *v* 1) скрыва́ть; to ~ one's anger не пока́зывать своего́ гне́ва 2) притворя́ться, лицеме́рить 3) умы́шленно не замеча́ть (*оби́ды, оскорбле́ния и т. п.*); ума́лчивать, не упомина́ть (*факт, дета́ль и т. п.*)

**dissembler** [dɪˈsemblə] *n* лицеме́р, притво́рщик

**disseminate** [dɪˈsemɪneɪt] *v* 1) рассе́ивать, разбра́сывать (*семена́*) 2) распространя́ть (*уче́ние, взгля́ды*) 3) се́ять (*недово́льство*)

**disseminated** [dɪˈsemɪneɪtɪd] **1.** *p. p. от* disseminate

**2.** *a* 1) рассе́янный; ~ sclerosis *мед.* рассе́янный склеро́з 2) *геол.* мелковкра́пленный

**dissension** [dɪˈsenʃən] *n* 1) разногла́сие 2) разла́д, ра́спри, раздо́ры

**dissent** [dɪˈsent] **1.** *n* 1) разногла́сие, расхожде́ние во взгля́дах; несогла́сие 2) *церк.* секта́нтство, раско́л

**2.** *v* 1) расходи́ться во мне́ниях, взгля́дах (from) 2) *церк.* отступа́ть от взгля́дов госпо́дствующей це́ркви; принадлежа́ть к се́кте

**dissenter** [dɪˈsentə] *n* 1) секта́нт; раско́льник; диссиде́нт 2) *амер.* недово́льный, оппозицио́нно настро́енный челове́к

**dissentient** [dɪˈsenʃɪənt] **1.** *n* 1) инакомы́слящий, приде́рживающийся други́х взгля́дов челове́к 2) го́лос про́тив; the motion was passed with only two ~s предложе́ние бы́ло при́нято при двух голоса́х про́тив

**2.** *a* не соглаша́ющийся, инакомы́слящий; раско́льнический; without a ~ voice единогла́сно

**dissenting vote** [dɪˈsentɪŋvəut] *n* голоса́ про́тив; without a ~ единогла́сно

**dissepiment** [dɪˈsepɪmənt] *n бот., зоол.* перегоро́дка

**dissert, dissertate** [dɪˈsəːt, ˈdɪsə(ː)teɪt] *v* 1) рассужда́ть (upon — о *чём-л.*) 2) писа́ть иссле́дование, диссерта́цию

**dissertation** [ˏdɪsə(ː)ˈteɪʃən] *n* диссерта́ция; тракта́т

**disserve** [dɪsˈsəːv] *v* оказа́ть плоху́ю услу́гу, напо́ртить, навреди́ть

**disservice** [ˈdɪsˈsəːvɪs] *n* плоха́я услу́га; уще́рб, вред; to do smb. a ~ оказа́ть кому́-л. плоху́ю услу́гу; нанести́ кому́-л. уще́рб

**dissever** [dɪsˈsevə] *v* разъединя́ть (-ся), отделя́ть(ся); дели́ть на ча́сти

**disseverance** [dɪsˈsevərəns] *n* разъедине́ние, отделе́ние

**dissident** [ˈdɪsɪdənt] **1.** *n* диссиде́нт, раско́льник

**2.** *a* инакомы́слящий; приде́рживающийся други́х взгля́дов; раско́льнический

**dissimilar** [ˈdɪˈsɪmɪlə] *a* непохо́жий, несхо́дный (to); разноро́дный

**dissimilarity** [ˏdɪsɪmɪˈlærɪtɪ] *n* несхо́дство, разли́чие

**dissimilation** [ˈdɪsɪmɪˈleɪʃən] *n лингв.* диссимиля́ция

**dissimilitude** [ˏdɪsɪˈmɪlɪtjuːd] *n* несхо́дство

**dissimulate** [dɪˈsɪmjuleɪt] *v* 1) скрыва́ть (*чу́вства и т. п.*) 2) симули́ровать; притворя́ться, лицеме́рить

**dissimulation** [dɪˏsɪmjuˈleɪʃən] *n* симуля́ция; притво́рство, обма́н, лицеме́рие

**dissimulator** [dɪˈsɪmjuleɪtə] *n* притво́рщик, лицеме́р

**dissipate** [ˈdɪsɪpeɪt] *v* 1) рассе́ивать, разгоня́ть (*облака́, мрак, страх и т. п.*) 2) рассе́иваться 3) расточа́ть, растра́чивать (*вре́мя, си́лы*); прома́тывать (*де́ньги*) 4) *разг.* кути́ть, развлека́ться; вести́ распу́тный о́браз жи́зни

**dissipated** [ˈdɪsɪpeɪtɪd] **1.** *p. p. от* dissipate

**2.** *a* 1) рассе́янный 2) растра́ченный (*понапра́сну*) 3) распу́щенный; беспу́тный, распу́тный

**dissipation** [ˏdɪsɪˈpeɪʃən] *n* 1) рассе́яние 2) расточе́ние 3) легкомы́сленные развлече́ния; беспу́тный о́браз жи́зни 4) уте́чка

**dissociable** [dɪˈsəuʃjəbl] *a* 1) раздели́мый, разъедини́мый 2) [dɪˈsəuʃəbl] необщи́тельный 3) несоотве́тствующий

**dissocial** [dɪˈsəuʃəl] *a* необщи́тельный

**dissociate** [dɪˈsəuʃɪeɪt] *v* 1) разъединя́ть, отделя́ть (from); разобща́ть 2) *refl.* отмежёвываться 3) *хим.* диссоции́ровать; разлага́ть

**dissociation** [dɪˏsəusɪˈeɪʃən] *n* 1) разъедине́ние, отделе́ние; разобще́ние 2) отмежева́ние 3) *психол.* диссоциа́ция, расщепле́ние ли́чности 4) *хим.* распа́д, разложе́ние 5) *тех.* кре́кинг-проце́сс

**dissociative** [dɪˈsəusɪətɪv] *a* 1) разъединя́ющий, разобща́ющий 2) диссоции́рующий

**dissolubility** [dɪˏsɔljuˈbɪlɪtɪ] *n* 1) растворя́мость; разложи́мость 2) расторжи́мость

**dissoluble** [dɪˈsɔljubl] *a* 1) раствори́мый; разложи́мый 2) расторжи́мый (*о догово́ре, бра́ке*)

**dissolute** [ˈdɪsəluːt] *a* распу́щенный, беспу́тный, распу́тный

**dissolution** [ˏdɪsəˈluːʃən] *n* 1) растворе́ние; разжиже́ние; разложе́ние (*на составны́е ча́сти*) 2) та́яние (*сне́га, льда*) 3) расторже́ние (*догово́ра, бра́ка*); отме́на 4) ро́спуск, закры́тие (*парла́мента и т. п.*) 5) расформирова́ние 6) распа́д (*госуда́рства*) 7) коне́ц, смерть; исчезнове́ние 8) *ком.* ликвида́ция

**dissolvable** [dɪˈzɔlvəbl] *a* 1) разложи́мый на составны́е ча́сти 2) расторжи́мый

**dissolve** [dɪˈzɔlv] **1.** *n кино* наплы́в

**2.** *v* 1) растворя́ть(ся); та́ять; разжижа́ть(ся); испаря́ть(ся); разлага́ть (-ся) (*на составны́е ча́сти*); ice ~s in the sun лёд та́ет на со́лнце; sun ~s ice со́лнце растапливает лёд; ~d in tears залива́ясь слеза́ми 2) распуска́ть (*парла́мент и т. п.*) 3) аннули́ровать, расторга́ть; to ~ a marriage расто́ргнуть брак 4) постепе́нно исчеза́ть 5) *кино* появля́ться, пока́зываться наплы́вом

**dissolvent** [dɪˈzɔlvənt] **1.** *n* раствори́тель

**2.** *a* растворя́ющий

**dissonance** [ˈdɪsənəns] *n* 1) *муз.* неблагозву́чие, диссона́нс 2) несоотве́тствие; несхо́дство (*хара́ктеров и т. п.*); разла́д

**dissonant** [ˈdɪsənənt] *a* 1) *муз.* нестро́йный, диссони́рующий 2) *редк.* противоречи́вый, ста́лкивающийся (*об интере́сах, взгля́дах*)

**dissuade** [dɪˈsweɪd] *v* 1) отгова́ривать, отсове́товать (from) 2) разубежда́ть

**dissuasion** [dɪˈsweɪʒən] *n* разубежде́ние, отгова́ривание

**dissuasive** [dɪˈsweɪsɪv] *a* разубежда́ющий

**dissyllabic** [ˈdɪsɪˈlæbɪk] *a* двусло́жный

**dissyllable** [dɪˈsɪləbl] *n* двусло́жное сло́во

**dissymmetrical** [ˈdɪsɪˈmetrɪkəl] *a* 1) несимметри́чный; асимметри́чный 2) зерка́льно симметри́чный

**dissymmetry** [ˈdɪˈsɪmɪtrɪ] *n* 1) отсу́тствие симметри́и; асимметри́я, несимметри́чность 2) зерка́льная симметри́я

**distaff** [ˈdɪstɑːf] *n* пря́лка ◇ the ~ а) же́нское де́ло; б) же́нщины; the ~ side же́нская ли́ния (*в генеало́гии*)

**distal** [ˈdɪstəl] *a анат.* отдалённый от це́нтра, перифери́ческий

**distance** [ˈdɪstəns] **1.** *n* 1) расстоя́ние; диста́нция; at a ~ на изве́стном расстоя́нии; out of ~, beyond striking (*или* listening) ~ вне досяга́емости; within striking (*или* listening) ~ в преде́лах досяга́емости; to hit the ~ *спорт.* пробежа́ть диста́нцию 2) отдалённость; да́льность; даль; in the ~ вдали́; from a ~ издалека́; it is quite a ~ from here э́то дово́льно далеко́ отсю́да; a good ~ off дово́льно далеко́; no ~ at all совсе́м недалеко́ 3) сде́ржанность, хо́лодность (*в обраще́нии*); to keep one's ~ from smb. избега́ть кого́-л.; to keep a person at a ~ держа́ть кого́-л. на почти́тельном расстоя́нии, избега́ть сближе́ния с кем-л. 4) даль, перспекти́ва (*в жи́вописи*); middle ~ сре́дний план 5) промежу́ток, пери́од (*вре́мени*); отре́зок; the ~ between two events промежу́ток вре́мени ме́жду двумя́ собы́тиями; at this ~ of time сто́лько вре́мени спустя́ 6) *муз.* интерва́л ме́жду двумя́ но́тами 7) *attr.*: ~ control дистанцио́нное управле́ние, телеуправле́ние

**2.** *v* 1) оставля́ть далеко́ позади́ себя́ 2) размеща́ть на ра́вном расстоя́нии 3) отдаля́ть

**distance-piece** [ˈdɪstənspiːs] *n тех.* распо́рка

**distant** [ˈdɪstənt] *a* 1) да́льний; далёкий; отдалённый; five miles ~ отстоя́щий на 5 миль; ~ likeness отдалённое схóдство; ~ relative дáльний рóдственник 2) далёкий, дáвний, прóшлый; ~ centuries далёкие, давнопрошéдшие векá 3) сдéржанный, сухóй, холóдный; ~ politeness холóдная вéжливость; to be on ~ terms быть в стрóго официáльных отношéниях

**distaste** ['dɪs'teɪst] **1.** *n* отвращéние; неприя́знь (for); to have a ~ for smth. испы́тывать отвращéние к чемý-л.

**2.** *v* питáть отвращéние; испы́тывать неприя́знь

**distasteful** [dɪs'teɪstf*u*l] *a* прóтивный, неприя́тный (*особ. на вкус*; to)

**distemper** I [dɪs'tempə] **1.** *n* 1) собáчья чумá 2) беспоря́дки, волнéния, смýта 3) *амер.* душéвное расстрóйство; хандрá

**2.** *v* 1) расстрáивать здорóвье 2) нарушáть душéвное равновéсие

**distemper** II [dɪs'tempə] *жив.* **1.** *n* 1) тéмпера; живóпись тéмперой 2) клеевáя крáска

**2.** *v* 1) писáть тéмперой 2) крáсить клеевóй крáской

**distempered** I [dɪs'tempəd] **1.** *p. p. от* distemper I, 2

**2.** *a* расстрóенный; a ~ fancy (*или* mind) расстрóенное воображéние

**distempered** II [dɪs'tempəd] *p. p. от* distemper II, 2

**distend** [dɪs'tend] *v* надувáть(ся), раздувáть(ся)

**distensible** [dɪs'tensəbl] *a* растяжи́мый, эласти́чный

**distension** [dɪs'tenʃən] *n* растяжéние, расширéние

**distent** [dɪs'tent] *a* надýтый, раздýтый

**distich** ['dɪstɪk] *n* двустиши́е, ди́стих

**distichous** ['dɪstɪkəs] *a бот.* расположéнный двумя́ рядáми, двуря́дный

**distil** [dɪs'tɪl] *v* 1) дистилли́ровать, очищáть; опресня́ть (*вóду*) 2) перегоня́ть, гнать (*спирт и т. п.*) 3) извлекáть эссéнцию (*из растений*); *перен.* извлекáть сýщность 4) сочи́ться, кáпать

**distillate** ['dɪstɪlɪt] *n* продýкт перегóнки, дистилля́ции, дистиллят

**distillation** [ˌdɪstɪ'leɪʃən] *n* 1) дистилля́ция, перегóнка; возгóнка; ректификáция; dry ~ сухáя перегóнка, возгóнка; fractional ~ дрóбная (*или* фракциóнная) перегóнка 2) сýщность, квинтэссéнция

**distillatory** [dɪs'tɪlətərɪ] *a* очищáющий, дистилли́рующий; ~ vessel перегóнный куб

**distiller** [dɪs'tɪlə] *n* 1) винокýр; дистилля́тор 2) дисти́ллер, перегóнный аппарáт

**distillery** [dɪs'tɪlərɪ] *n* 1) винокýренный завóд; перегóнный завóд 2) установка для перегóнки

**distinct** [dɪs'tɪŋ*k*t] *a* 1) отдéльный; осóбый, индивидуáльный; отли́чный (*от других*); ~ type of mind осóбый склад умá 2) отчётливый; я́сный, вня́тный 3) определённый

**distinction** [dɪs'tɪŋ*k*ʃən] *n* 1) различéние; распознавáние; разграничéние 2) разли́чие, отли́чие; рáзница; nice ~ тóнкое разли́чие; a ~ without a difference искýсственное, (тóлько) кáжущееся разли́чие; all without ~ все без разли́чия, без исключéния 3) отличи́тельная осóбенность, оригинáльность, индивидуáльность; his style lacks ~ в егó сти́ле нет индивидуáльности 4) отли́чие; знак отли́чия; mark of ~ знак отли́чия 5) высóкие кáчества; извéстность; знáтность; poet of ~ выдаю́щийся, знамени́тый поэ́т

**distinctive** [dɪs'tɪŋ*k*tɪv] *a* 1) отличи́тельный, характéрный; ~ feature отличи́тельная чертá; ~ mark отличи́тельный знак 2) осóбый; ~ mission осóбая ми́ссия

**distinctly** [dɪs'tɪŋ*k*tlɪ] *adv* 1) я́сно, отчётливо 2) определённо, замéтно; days are growing ~ shorter дни становя́тся замéтно корóче

**distinctness** [dɪs'tɪŋ*k*tnɪs] *n* я́сность, отчётливость; определённость

**distingué** [dɪs'tæŋgeɪ] *фр. a* изы́сканный, изя́щный

**distinguish** [dɪs'tɪŋgwɪʃ] *v* 1) различи́ть; разгляде́ть 2) ви́деть *или* проводи́ть разли́чие, различáть, распознавáть; I can hardly ~ between the two brothers, I can hardly ~ the two brothers one from the other я с трудóм различáю э́тих двух брáтьев 3) отмечáть 4) характеризовáть, отличáть; with the geniality which ~es him со свóйственным емý добродýшием; to ~ oneself by smth. вы́делиться, отличи́ться чем-л.; стать извéстным благодаря́ чемý-л.

**distinguishable** [dɪs'tɪŋgwɪʃəbl] *a* различи́мый, отличи́мый

**distinguished** [dɪs'tɪŋgwɪʃt] **1.** *p. p. от* distinguish

**2.** *a* 1) выдаю́щийся, извéстный; ~ guest высóкий гость; ~ appearance представи́тельная внéшность; ~ service *воен.* отли́чная слýжба 2) изы́сканный, утончённый; необы́чный; ~ style утончённый стиль

**distinguishing** [dɪs'tɪŋgwɪʃɪŋ] **1.** *pres. p. от* distinguish

**2.** *a* отличи́тельный, характéрный

**distort** [dɪs'tɔːt] *v* 1) искажáть; искривля́ть; перекáшивать 2) извращáть (*фáкты и т. п.*)

**distortion** [dɪs'tɔːʃən] *n* 1) искажéние; искривлéние; перекáшивание 2) извращéние (*фáктов и т. п.*)

**distortionist** [dɪs'tɔːʃənɪst] *n* 1) акробáт, «человéк-змея́» 2) человéк, искажáющий смысл (*чегó-л.*) 3) карикатури́ст

**distract** [dɪs'trækt] *v* 1) отвлекáть, рассéивать (*внимáние и т. п.*; from) 2) сбивáть с тóлку; смущáть; расстрáивать; ~ed by (*или* with, at) smth. расстрóенный чем-л.

**distracted** [dɪs'træktɪd] **1.** *p. p. от* distract

**2.** *a* обезýмевший; to drive a person ~ сводить когó-л. с умá

**distraction** [dɪs'trækʃən] *n* 1) отвлечéние внимáния 2) то, что отвлекáет внимáние, развлекáет; noise is a ~ when one is working шум óчень мешáет, когдá человéк рабóтает 3) развлечéние 4) рассéянность 5) раздражéние; си́льное возбуждéние, отчáяние 6) безýмие; to love to ~ люби́ть до безýмия; to be driven to ~ быть доведённым до безýмия

**distrain** [dɪs'treɪn] *v юр.* наклáдывать арéст на имýщество в обеспéчение дóлга

**distrainee** [ˌdɪstreɪ'niː] *n юр.* лицó, у котóрого опи́сано имýщество (*за долги*)

**distrainment** [dɪs'treɪnmənt] *n юр.* óпись имýщества в обеспéчение дóлга

**distraint** [dɪs'treɪnt] = distrainment

**distrait** [dɪs'treɪ] *м.*, **distraite** [dɪs'treɪt] *ж. фр. a* рассéянный, невнимáтельный

**distraught** [dɪs'trɔːt] *a* потеря́вший рассýдок, обезýмевший (*от горя*)

**distress** [dɪs'tres] **1.** *n* 1) гóре, страдáние 2) несчáстье; бедá; бéдствие; a ship in ~ сýдно, тéрпящее бéдствие 3) недомогáние; утомлéние; истощéние 4) нуждá; нищетá; to relieve ~ помóчь нуждáющимся 5) = distrainment 6) *attr.*: ~ signal сигнáл бéдствия (SOS)

**2.** *v* 1) причиня́ть страдáние, гóре, боль; to ~ oneself беспокóиться, мýчиться 2) доводи́ть до нищеты́ 3) = distrain

**distressed** [dɪs'trest] **1.** *p. p. от* distress

**2.** *a* 1) бéдствующий; ~ areas райóны хрони́ческой безрабóтицы 2) потерпéвший авáрию

**distressful** [dɪs'tresf*u*l] *a* многострадáльный, скóрбный; гóрестный; ~ situation бéдственное положéние

**distress-gun** [dɪs'tresgʌn] *n* вы́стрел с корабля́ как сигнáл бéдствия

**distressing** [dɪs'tresɪŋ] **1.** *pres. p. от* distress 2

**2.** *a* огорчи́тельный, внушáющий беспокóйство; most ~ news весьмá печáльная нóвость

**distributable** [dɪs'trɪbjutəbl] *a* подлежáщий распределéнию

**distributary** [dɪs'trɪbjutərɪ] *n* рукáв реки́

**distribute** [dɪs'trɪbju(:)t] *v* 1) распределя́ть, раздавáть (among, to); to ~ letters разноси́ть пи́сьма; to ~ profits выплáчивать дивидéнды (*акционерам и т. п.*) 2) (рóвно) размáзывать (*крáску*); (равномéрно) разбрáсывать; to ~ manure over a field разбросáть удобрéние пó полю 3) распространя́ть 4) классифици́ровать; to ~ books into classes распределя́ть кни́ги по отдéлам 5) *полигр.* разобрáть шрифт и разложи́ть егó по кáссам 6) *лог.* испóльзовать тéрмин в сáмом óбщем и ширóком смы́сле

**distributing** [dɪs'trɪbju(:)tɪŋ] **1.** *pres. p. от* distribute

**2.** *a* распредели́тельный; ~ facilities торго́вая сеть
**distribution** [ˌdıstrıˈbjuːʃən] *n* 1) распределе́ние; разда́ча; commodity ~ това́рное обраще́ние 2) распростране́ние; age ~ возрастна́я структу́ра (*населения*) 3) *мат., лингв.* дистрибу́ция 4) *полигр.* разбо́р шри́фта и распределе́ние его́ по ка́ссам
**distributive** [dısˈtrıbjutıv] **1.** *a* 1) распредели́тельный 2): ~ trades железнодоро́жные и морски́е перево́зки; ро́зничная торго́вля 3) *грам.* раздели́тельный 4) *мат., лингв.* дистрибути́вный
**2.** *n грам.* раздели́тельное местоиме́ние; раздели́тельное прилага́тельное
**distributor** [dısˈtrıbjutə] *n* 1) распредели́тель 2) *авто* распредели́тель зажига́ния 3) *дор.* гудрона́тор
**district** [ˈdıstrıkt] **1.** *n* 1) райо́н; о́круг; уча́сток; the lake ~ озёрный край (*на севере Англии*) 2) *амер.* избира́тельный о́круг 3) самостоя́тельный церко́вный прихо́д (*в Англии*) 4) *attr.* райо́нный; окружно́й; ~ council окружно́й сове́т; ~ court *амер.* окружно́й суд; ~ attorney *амер.* окружно́й прокуро́р; ~ heating теплофика́ция; централизо́ванное отопле́ние райо́на; D. Railway электри́ческая желе́зная доро́га, соединя́ющая Ло́ндон с при́городами
**2.** *v* дели́ть на райо́ны, округа́, райони́ровать
**distrust** [dısˈtrʌst] **1.** *n* недове́рие, сомне́ние; подозре́ние
**2.** *v* не доверя́ть, сомнева́ться (*в ком-л.*); подозрева́ть
**distrustful** [dısˈtrʌstful] *a* недове́рчивый; подозри́тельный
**distune** [dısˈtjuːn] *v* расстра́ивать (*инструмент*)
**disturb** [dısˈtəːb] *v* 1) беспоко́ить, меша́ть 2) наруша́ть (*покой, молчание, душевное равновесие*); волнова́ть, смуща́ть; to ~ confidence подорва́ть дове́рие 3) расстра́ивать (*планы*) 4) приводи́ть в беспоря́док
**disturbance** [dısˈtəːbəns] *n* 1) наруше́ние (*тишины, покоя, порядка и т. п.*) 2) трево́га, беспоко́йство 3) (*тж. pl*) волне́ния; беспоря́дки 4) *юр.* наруше́ние (*прав*) 5) неиспра́вность, поврежде́ние 6) *геол.* дислока́ция 7) переры́в (*геологического периода*) 8) *радио* атмосфе́рные поме́хи
**disturber** [dısˈtəːbə] *n* 1) наруши́тель (*тишины, прав и т. п.*) 2) поме́ха
**disunion** [ˈdısˈjuːnjən] *n* 1) разделе́ние; разъедине́ние; разобще́ние 2) разногла́сие, разла́д
**disunite** [ˈdısjuːˈnaıt] *v* разделя́ть; разобща́ть(ся); разъединя́ть(ся)
**disunity** [ˈdısˈjuːnıtı] *n* отсу́тствие еди́нства; разла́д; разобщённость, разъединённость
**disuse** **1.** *n* [ˈdısˈjuːs] неупотребле́ние; to come (*или* to fall) into ~ вы́йти из употребле́ния
**2.** *v* [ˈdısˈjuːz] переста́ть употребля́ть, переста́ть по́льзоваться (*чем-л.*)
**disyllabic** [ˈdısıˈlæbık] = dissyllabic
**ditch** [dıtʃ] **1.** *n* 1) кана́ва; ров; кюве́т 2) транше́я; вы́емка, котлова́н ◇ to die in the last ~, to fight up to the last ~ би́ться до конца́, до после́дней ка́пли кро́ви; стоя́ть на́смерть
**2.** *v* 1) ока́пывать (*рвом, канавой*) 2) чи́стить кана́ву, ров 3) осуша́ть по́чву с по́мощью кана́в 4) *амер.* сбра́сывать в кана́ву; пуска́ть под отко́с 5) *разг.* покида́ть в беде́ 6) *разг.* де́лать вы́нужденную поса́дку на́ воду
**ditcher** [ˈdıtʃə] *n* 1) землеко́п 2) канавокопа́тель (*машина*)
**ditching** [ˈdıtʃıŋ] **1.** *pres. p. от* ditch 2
**2.** *n* рытьё кана́в (*часто* hedging and ~)
**ditch-water** [ˈdıtʃˌwɔːtə] *n* стоя́чая, стоя́лая вода́ ◇ dull as ~ невыноси́мо ску́чный
**ditheism** [ˈdaıθiızm] *n* религио́зный дуали́зм, двоебо́жие
**dither** [ˈdıðə] **1.** *n* 1) дрожь 2) озно́б 3) *разг.* си́льное возбужде́ние; to be all of a ~, have the ~s находи́ться в состоя́нии си́льного возбужде́ния 4) смуще́ние
**2.** *v* 1) дрожа́ть, трясти́сь 2) ёжиться 3) смуща́ть(ся) 4) *разг.* колеба́ться
**dithyramb** [ˈdıθıræmb] *n* дифира́мб
**dittany** [ˈdıtənı] *n бот.* ясене́ц бе́лый
**ditto** [ˈdıtəu] **1.** *n* (*pl* -os [-əuz]) 1) то же, сто́лько же, тако́й же (*употребляется в инвентарных списках, счетах и т. п. для избежания повторения*); paid to A 100 roubles, ~ to B упла́чено A 100 рубле́й и сто́лько же упла́чено B 2) *pl* костю́м из одного́ материа́ла (*тж.* suit of ~s) 3) *разг.* то́чная ко́пия ◇ to say ~ to smb. *шутл.* подда́кивать кому́-л.
**2.** *v* де́лать повторе́ния
**3.** *adv* таки́м же о́бразом
**ditty** [ˈdıtı] *n* пе́сенка
**ditty-bag, ditty-box** [ˈdıtıbæg, -bɔks] *n* мешо́чек, коро́бочка солда́та, матро́са для иго́лок, ни́ток и *др.* мелоче́й
**diuresis** [ˌdaıjuəˈriːsıs] *n мед.* диуре́з
**diuretic** [ˌdaıjuəˈretık] **1.** *n* мочего́нное сре́дство
**2.** *a* мочего́нный
**diurnal** [daıˈəːnl] *a* 1) дневно́й (*противоп.* nocturnal) 2) ежедне́вный 3) *астр.* су́точный
**diva** [ˈdiːvə] *ит. n* примадо́нна
**divagate** [ˈdaıvəgeıt] *v* 1) отклоня́ться от те́мы 2) броди́ть, блужда́ть
**divagation** [ˌdaıvəˈgeıʃən] *n* 1) разгово́ры, рассужде́ния, отклоня́ющиеся от те́мы 2) бесце́льное хожде́ние
**divalent** [ˈdaıˌveılənt] *a хим.* двухвале́нтный
**divan** [dıˈvæn] *n* 1) тахта́ 2) кури́тельная ко́мната 3) *шутл.* таба́чная ла́вка 4) сбо́рник восто́чных стихо́в, антоло́гия 5) *ист.* дива́н (*государственный совет в Турции*); зал сове́та
**divan-bed** [dıˈvænbed] *n* куше́тка
**divaricate** [daıˈværıkeıt] **1.** *a бот., зоол.* разветвлённый
**2.** *v* 1) разветвля́ться 2) расходи́ться (*о дорогах*)
**divarication** [daıˌværıˈkeıʃən] *n* 1) разветвле́ние 2) расхожде́ние 3) разви́лка (*дорог*)
**dive** [daıv] **1.** *n* 1) ныря́ние, прыжо́к в во́ду 2) прыжо́к (вниз) 3) погруже́ние (*подводной лодки*) 4) *ав.* пики́рование 5) внеза́пное исчезнове́ние 6) *разг.* дешёвый рестора́н, «подва́льчик» 7) *амер.* ви́нный погребо́к; кабачо́к; прито́н
**2.** *v* 1) ныря́ть; броса́ться в во́ду 2) броса́ться вниз 3) погружа́ться (*о подводной лодке*) 4) *ав.* пики́ровать 5) углубля́ться (*в лес, работу и т. п.*) 6) внеза́пно скры́ться и́з виду, шмыгну́ть; to ~ into the bushes юркну́ть в кусты́ 7) су́нуть ру́ку (*в воду, в карман*)
**dive-bomb** [ˈdaıvbɔm] *v воен. ав.* бомби́ть с пики́рования
**dive-bomber** [ˈdaıvˌbɔmə] *n* пики́рующий бомбардиро́вщик
**diver** [ˈdaıvə] *n* 1) прыгу́н в во́ду, ныря́льщик 2) водола́з 3) иска́тель же́мчуга; лове́ц гу́бок 4) гага́ра (*птица*) 5) *разг.* вор-карма́нник
**diverge** [daıˈvəːdʒ] *v* 1) расходи́ться 2) отклоня́ться; уклоня́ться 3) отходи́ть от но́рмы *или* станда́рта
**divergence, -cy** [daıˈvəːdʒəns, -sı] *n* 1) расхожде́ние 2) отклоне́ние 3) *мат., эк.* диверге́нция
**divergent** [daıˈvəːdʒənt] *a* 1) расходя́щийся 2) отклоня́ющийся; диверге́нтный 3) *опт.* рассе́ивающий (*о линзе*)
**divers** [ˈdaıvə(ː)z] *a уст.* ра́зный; разли́чный; in ~ places в ра́зных места́х
**diverse** [daıˈvəːs] *a* 1) ино́й, отли́чный (*от чего-л.*) 2) разнообра́зный, ра́зный
**diversified** [daıˈvəːsıfaıd] *a* разнообра́зный, разносторо́нний, многосторо́нний; ~ agriculture многоотраслево́е се́льское хозя́йство
**diversiform** [daıˈvəːsıfɔːm] *a* разнообра́зный; име́ющий разли́чные фо́рмы
**diversify** [daıˈvəːsıfaı] *v* 1) разнообра́зить 2) *амер.* вкла́дывать в разли́чные предприя́тия (*капитал*)
**diversion** [daıˈvəːʃən] *n* 1) отклоне́ние 2) отвлече́ние внима́ния 3) развлече́ние 4) *воен.* отвлека́ющий мане́вр; демонстра́ция 5) обхо́д, отво́д 6) *attr.*: ~ dam отводна́я плоти́на
**diversity** [daıˈvəːsıtı] *n* 1) разнообра́зие; многообра́зие; разноро́дность 2) несхо́дство; разли́чие 3) разнови́дность
**divert** [daıˈvəːt] *v* 1) отводи́ть; отклоня́ть 2) отвлека́ть (*внимание*) 3) забавля́ть, развлека́ть

**diverting** [daɪ'vɜ:tɪŋ] **1.** *pres. p. от* divert

**2.** *a* развлека́ющий, занима́тельный

**divertissement** [dɪˌvertɪs'mɑ:ŋ] *фр. n* 1) развлече́ние 2) дивертисме́нт

**Dives** ['daɪvi:z] *n библ.* бога́ч

**divest** [daɪ'vest] *v* 1) раздева́ть, снима́ть (*одежду и т. п.*; of) 2) лиша́ть (of); to ~ smb. of his right лиши́ть кого́-л. пра́ва; I cannot ~ myself of the idea я не могу́ отде́латься от мы́сли

**divestiture** [daɪ'vestɪtʃə] *n* 1) раздева́ние 2) лише́ние (*прав и т. п.*)

**divestment** [daɪ'vestmənt] = divestiture

**divide** [dɪ'vaɪd] **1.** *n* 1) *разг.* разделе́ние; делёж 2) *амер.* водоразде́л ◇ the Great D. а) перева́л в Скали́стых гора́х; б) смерть; to cross the Great D. умере́ть

**2.** *v* 1) дели́ть(ся); разделя́ться; to ~ into several parts (among several persons) раздели́ть на не́сколько часте́й (ме́жду не́сколькими ли́цами) 2) подразделя́ть; дроби́ть 3) распределя́ть (among, between); дели́ться (with) 4) градуи́ровать, наноси́ть деле́ния (*на шкалу*) 5) *мат.* дели́ть; дели́ться без оста́тка; sixty ~d by twelve is five шестьдеся́т, делённое на двена́дцать, равня́ется пяти́ 6) отделя́ть(ся); разъединя́ть(ся) 7) вызыва́ть разногла́сия; расходи́ться (*во взглядах*); opinions are ~d on the point по э́тому вопро́су мне́ния расхо́дятся 8) *парл.* голосова́ть; ~!, ~! *возгласы, требующие прекращения прений и перехода к голосованию*; to ~ the House провести́ поимённое голосова́ние

**divided** [dɪ'vaɪdɪd] **1.** *p. p. от* divide 2

**2.** *a* 1) разделённый, отделённый; разде́льный; разъёмный, составно́й 2) рассечённый, резно́й (*о листьях*) 3) градуи́рованный

**dividend** ['dɪvɪdend] *n* 1) *мат.* дели́мое 2) *фин.* дивиде́нд

**dividend-warrant** ['dɪvɪdendˌwɔrənt] *n* сертифика́т на получе́ние дивиде́нда

**divider** [dɪ'vaɪdə] *n* 1) тот, кто *или* то, что де́лит 2) *pl* ци́ркуль

**dividing** [dɪ'vaɪdɪŋ] **1.** *pres. p. от* divide 2

**2.** *a* 1) разделя́ющий 2) *тех.* дели́тельный

**dividual** [dɪ'vɪdjuəl] *a* 1) отде́льный; разделённый 2) дели́мый

**divination** [ˌdɪvɪ'neɪʃən] *n* 1) гада́ние, ворожба́ 2) предсказа́ние; прорица́ние 3) уда́чный, пра́вильный прогно́з

**divine** [dɪ'vaɪn] **1.** *n* богосло́в; духо́вное лицо́

**2.** *a* 1) боже́ственный 2) проро́ческий 3) *разг.* боже́ственный, превосхо́дный

**3.** *v* 1) проро́чествовать; предска́зывать 2) (пред)уга́дывать 3) предполага́ть

**diving** ['daɪvɪŋ] **1.** *pres. p. от* dive 2

**2.** *n* ныря́ние; *спорт.* прыжки́ в во́ду

**3.** *a* пики́рующий

**diving-bell** ['daɪvɪŋbel] *n* водола́зный ко́локол

**diving board** ['daɪvɪŋbɔ:d] *n* трампли́н для прыжко́в в во́ду

**diving-dress** ['daɪvɪŋdres] *n* скафа́ндр

**diving-rudder** ['daɪvɪŋˌrʌdə] *n ав.* руль глубины́

**divining-rod** [dɪ'vaɪnɪŋrɔd] *n* волше́бный (и́вовый) прут для отыска́ния подпо́чвенных вод *или* мета́ллов (*в поверьях*)

**divinity** [dɪ'vɪnɪtɪ] *n* 1) боже́ственность 2) божество́; небе́сное созда́ние 3) богосло́вие 4) богосло́вский факульте́т

**divinize** ['dɪvɪnaɪz] *v* обожествля́ть

**divisibility** [dɪˌvɪzɪ'bɪlɪtɪ] *n* дели́мость

**divisible** [dɪ'vɪzəbl] *a* 1) дели́мый 2) *мат.* де́лящийся без оста́тка

**division** [dɪ'vɪʒən] *n* 1) деле́ние 2) разделе́ние; ~ of labour разделе́ние труда́ 3) *мат.* деле́ние 4) перегоро́дка; межа́, грани́ца; барье́р 5) часть, разде́л 6) отде́л 7) администрати́вный *или* избира́тельный о́круг 8) расхожде́ние во взгля́дах, разногла́сия 9) *парл.* разделе́ние голосо́в во вре́мя голосова́ния; голосова́ние 10) *воен.* диви́зия 11) *мор.* дивизио́н

**divisional** [dɪ'vɪʒənl] *a* 1) относя́щийся к деле́нию; дро́бный 2) *воен.* дивизио́нный; ~ area (тылово́й) райо́н диви́зии

**divizor** [dɪ'vaɪzə] *n мат.* дели́тель

**divorce** [dɪ'vɔ:s] **1.** *n* 1) разво́д, расторже́ние бра́ка 2) отделе́ние, разъедине́ние, разры́в

**2.** *v* 1) разводи́ться, расторга́ть брак 2) отделя́ть, разъединя́ть; to ~ from the soil обезземе́ливать

**divorcé** [dɪˌvɔ:'si:] *фр. n* разведённый (муж)

**divorcée** [di(:)ˌvɔ:'seɪ] *фр. n* разведённая (жена́)

**divorcee** [dɪˌvɔ:'si:] *n* разведённый муж *или* -ая жена́

**divorcement** [dɪ'vɔ:smənt] *n* 1) разво́д, расторже́ние бра́ка 2) разры́в, разъедине́ние

**divot** ['dɪvət] *n шотл.* дёрн

**divulgation** [ˌdaɪvʌl'geɪʃən] *n* разглаше́ние (*тайны*)

**divulge** [daɪ'vʌldʒ] *v* разглаша́ть (*тайну*)

**divvy** ['dɪvɪ] *разг.* **1.** *n* пай, до́ля

**2.** *v* 1) дели́ть(ся) 2) войти́ в пай (*тж.* ~ up)

**Dixie** ['dɪksɪ] *n общее название Южных штатов США* (*тж.* Dixie('s) Land)

**dixie, dixy** ['dɪksɪ] *n воен. разг.* 1) похо́дный ку́хонный котёл 2) похо́дный котело́к

**dizain** [dɪ'zeɪn] *n прос.* десятистро́чная строфа́ *или* -ое стихотворе́ние

**dizzily** ['dɪzɪlɪ] *adv* головокружи́тельно

**dizziness** ['dɪzɪnɪs] *n* головокруже́ние

**dizzy** ['dɪzɪ] **1.** *a* 1) чу́вствующий головокруже́ние; I am ~ у меня́ голова́ кру́жится 2) ошеломлённый 3) головокружи́тельный

**2.** *v* 1) вызыва́ть головокруже́ние 2) ошеломля́ть

**do** I [du: (*полная форма*); du, də, d (*редуцированные формы*)] **1.** *v* (did; done) 1) де́лать, выполня́ть; to do one's lessons гото́вить уро́ки; to do one's work де́лать свою рабо́ту; to do lecturing чита́ть ле́кции; to do one's correspondence писа́ть пи́сьма, отвеча́ть на пи́сьма; вести́ перепи́ску; to do a sum реша́ть арифмети́ческую зада́чу; what can I do for you? *разг.* чем могу́ служи́ть? 2) де́йствовать, проявля́ть де́ятельность, быть акти́вным; поступа́ть; вести́ себя́ 3) исполня́ть (*роль*); де́йствовать в ка́честве (*кого-л.*); to do Hamlet исполня́ть роль Га́млета 4) устра́ивать, пригото́влять 5) прибира́ть, приводи́ть в поря́док; to do one's hair причёсываться; to do the room убира́ть ко́мнату 6) причиня́ть; to do smb. good быть (*или* оказа́ться) поле́зным кому́-л.; it doesn't do to complain что по́льзы в жа́лобах; it'll only do you good э́то вам бу́дет то́лько на по́льзу; to do harm причиня́ть вред 7) ока́зывать 8) гото́вить, жа́рить, туши́ть; I like my meat very well done я люблю́, что́бы мя́со бы́ло хорошо́ прожа́рено; done to a turn прожа́рено хорошо́, в ме́ру; the potatoes will be done in 10 minutes карто́шка бу́дет гото́ва че́рез 10 мину́т; to do brown а) поджа́рить *или* испе́чь до появле́ния румя́ной ко́рочки; б) *разг.* одура́чить 9) осма́тривать (*достопримечательности*); to do the British Museum осма́тривать Брита́нский музе́й 10) подходи́ть, годи́ться; удовлетворя́ть тре́бованиям; быть доста́точным; he will do for us он нам подхо́дит; this sort of work won't do for him э́та рабо́та ему́ не подойдёт; that will do доста́точно, хорошо́; it won't do to play all day нельзя́ це́лый день игра́ть; this hat will do э́та шля́па подхо́дит 11) (*perf.*) конча́ть, зака́нчивать; поко́нчить (*с чем-л.*); I have done with my work я ко́нчил свою́ рабо́ту; let us have done with it оста́вим э́то, поко́нчим с э́тим; have done! дово́льно!, хва́тит!; переста́нь(те)!; that's done it э́то доверши́ло де́ло 12) процвета́ть, преуспева́ть; чу́вствовать себя́ хорошо́; flowers will not do in this soil цветы́ не бу́дут расти́ на э́той по́чве; to do well поправля́ться, чу́вствовать себя́ хорошо́ 13) пожива́ть; how do you do? (*тж.* how d'ye do?) здра́вствуйте! 14) *разг.* отбыва́ть срок (*в тюрьме*) 15) *разг.* обма́нывать, надува́ть; I think you've been done мне ка́жется, что вас провели́ 16) *употр. в каче-*

тве вспомогательного глагола в от-
оиц. и вопр. формах в Present и Past
ndefinite: I do not speak French я не
оворю по-францу́зски; he did not see
ne он меня́ не ви́дел; did you not see
ne? ра́зве вы меня́ не ви́дели?; do you
moke? вы ку́рите? 17) употр. для
усиления: do come пожа́луйста, при-
ходи́те; I did say so and I do say so
ow да, я э́то (действи́тельно) ска-
а́л и ещё раз повторя́ю 18) употр.
вместо другого глагола в Present и
Past Indefinite во избежание его повторения: he works as much as you
lo (=work) он рабо́тает сто́лько же,
ко́лько и вы; he likes bathing and so
o I он лю́бит купа́ться и я то́же
9) употр. при инверсии в Present и
Past Indefinite: well do I remember it
хорошо́ э́то по́мню □ do **away with**
ничто́жить; разде́латься; отменя́ть;
his old custom is done away with с
тим ста́рым обы́чаем поко́нчено; he
id away with himself он поко́нчил с
обо́й; do **by** обраща́ться; do as you
vould be done by поступа́й с другими
ак, как ты хоте́л бы, что́бы посту-
а́ли с тобо́й; do **down** разг. а) наду-
а́ть, обма́нывать; б) брать верх;
) уст. подавля́ть; преодолева́ть; do
or разг. а) забо́титься, присма́три-
ать; вести́ хозя́йство (кого-л.);
) справля́ться; to do for oneself об-
оди́ться без посторо́нней по́мощи;
) (обыкн. pass.) губи́ть, убива́ть; he
s done for с ним поко́нчено; г) (ис)-
о́ртить; do **in** разг. а) погуби́ть, уби́ть;
) обману́ть; в) разру́шить; г) пере-
томи́ть; д) одоле́ть; победи́ть в со-
тяза́нии; do **into** переводи́ть; done
nto English переведено́ на англи́й-
кий (язы́к); do **out** убира́ть, приби-
а́ть; do **over** а) покрыва́ть (краской
т. п.), обма́зывать; б) переде́лывать,
е́лать вновь; do **to**, do **unto** = do by;
o **up** а) приводи́ть в поря́док, приби-
а́ть; to do the suite up привести́ квар-
и́ру в поря́док; to do one's dress up
астегну́ть пла́тье; б) (обыкн. p. p.)
ра́йне утомля́ть; he is quite done up
fter his journey он о́чень уста́л по́сле
оездки; в) завёртывать (пакет); do
**ith** а) терпе́ть, выноси́ть; ла́дить с
ем-л.; I can't do with him я его́ не
ыношу́; б) быть дово́льным, удовле-
воря́ться; I could do with a meal я
ы что́-нибудь съел; I can do with a
up of milk for my supper я могу́ обой-
и́сь ча́шкой молока́ на у́жин; do
**ithout** обходи́ться без; he can't do
ithout his pair of crutches он не
о́жет ходи́ть без костыле́й ◇ to do
neself well доставля́ть себе́ удово́ль-
твие; to do a beer вы́пить (кру́жку)
и́ва; to do the business for smb. разг.
огуби́ть кого́-л.; to do smb. out of
mth. наду́ть кого́-л.; to do in the eye
сарг. на́гло обма́нывать, дура́чить;
апа́костить; to do to death разг.
би́ть; to do or die, to do and die со-
верша́ть герои́ческие по́двиги; ≅ побе-
ди́ть и́ли умере́ть; what's to do? в чём

де́ло?; what is done cannot be undone
сде́ланного не воро́тишь; to do one's
worst из ко́жи вон лезть; done!, done
with you! ла́дно, по рука́м!; well done!
бра́во!, молодцо́м!

**2.** *n* 1) *разг.* обма́н, моше́нничество 2) *разг.* приём госте́й, вечери́нка; *шутл.* собы́тие; we've got a do on tonight у нас сего́дня ве́чер 3) *pl* уча́стие, до́ля; fair do's! чур, попола́м! 4) *разг.* приказа́ние, распоряже́ние 5) *австрал. разг.* успе́х

**do** II [dəu] *n муз.* до

**do** III [du:] *сокр. от* ditto

**doable** [ˈdu:əbl] *a* выполни́мый

**do-all** [ˈdu:ɔ:l] *n* 1) ма́стер на все ру́ки 2) факто́тум, посре́дник

**dobbin** [ˈdɔbɪn] *n* ло́шадь (*особ. спокойная, старая*)

**doc** [dɔk] *n разг.* до́ктор

**docile** [ˈdəusaɪl] *a* 1) послу́шный, поко́рный 2) поня́тливый

**docility** [dəuˈsɪlɪtɪ] *n* 1) послуша́ние 2) поня́тливость

**dock** I [dɔk] *n* щаве́ль

**dock** II [dɔk] **1.** *n* 1) док; floating ~ плаву́чий док; wet ~ мо́крый док; dry ~ сухо́й док; to be in dry ~ *разг.* оказа́ться на мели́; оста́ться без рабо́ты 2) (*обыкн. pl*) порто́вый бассе́йн 3) *воен. разг.* го́спиталь 4) *амер.* при́стань 5) *ж.-д.* тупи́к 6) *театр.* склад декора́ций

**2.** *v* 1) ста́вить су́дно в док 2) входи́ть в док 3) обору́довать до́ками, стро́ить до́ки 4) производи́ть стыко́вку (*космических кораблей*)

**dock** III [dɔk] *n* скамья́ подсуди́мых

**dock** IV [dɔk] **1.** *n* 1) ре́пица (*хвоста животного*) 2) обру́бленный хвост

**2.** *v* 1) обруба́ть (*хвост*) 2) ко́ротко стричь (*волосы*) 3) уменьша́ть, сокраща́ть; лиша́ть ча́сти (*чего-л.*); to ~ wages уре́зывать за́работную пла́ту; to ~ the entail *юр.* отменя́ть ограниче́ния в пра́ве вы́бора насле́дника

**dockage** I [ˈdɔkɪdʒ] *n* 1) стоя́нка судо́в в до́ках 2) сбор за по́льзование до́ком

**dockage** II [ˈdɔkɪdʒ] *n* сокраще́ние, уре́зка

**dock-dues** [ˈdɔkdju:z] = dockage I, 2)

**docker** [ˈdɔkə] *n* до́кер, порто́вый рабо́чий

**docket** [ˈdɔkɪt] **1.** *n* 1) ярлы́к (*с адресом грузополучателя*) 2) этике́тка 3) квита́нция об упла́те тамо́женной по́шлины 4) на́дпись на докуме́нте *или* приложе́ние к докуме́нту с кра́тким изложе́нием его́ содержа́ния 5) *юр.* вы́писка из пригово́ра 6) *юр.* рее́стр суде́бных дел; trial ~ спи́сок дел, назна́ченных к слу́шанию; on the ~ *амер. разг.* в проце́ссе обсужде́ния, рассмотре́ния; to clear the ~ *амер.* исчёрпать спи́сок дел, назна́ченных к слу́шанию

**2.** *v* 1) де́лать на́дпись на докуме́нте, письме́ с кра́тким изложе́нием его́ содержа́ния 2) маркирова́ть, накле́ивать этике́тки 3) вноси́ть содержа́ние суде́бного де́ла в рее́стр

**docking** [ˈdɔkɪŋ] **1.** *pres. p. от* dock II, 2

**2.** *n косм.* стыко́вка

**dock-master** [ˈdɔkˌmɑ:stə] *n* нача́льник до́ка

**dockyard** [ˈdɔkjɑ:d] *n* 1) судоремо́нтный заво́д с до́ками, ве́рфями, э́ллингами и скла́дами 2) (*обыкн. pl*) судострои́тельная верфь

**doctor** [ˈdɔktə] **1.** *n* 1) врач, до́ктор 2) до́ктор (*учёная степень*) 3) иску́сственная му́ха (*употр. для ужения*) 4) *мор. жарг.* судово́й по́вар 5) вспомога́тельный механи́зм ◇ D. Fell *лицо, вызывающее невольную, необъяснимую антипатию*

**2.** *v* 1) занима́ться враче́бной пра́ктикой; лечи́ть; to ~ oneself лечи́ться 2) ремонти́ровать, чини́ть на ско́рую ру́ку 3) подде́лывать (*документы*); фальсифици́ровать (*пищу, вино*)

**doctoral** [ˈdɔktərəl] *a* до́кторский

**doctorate** [ˈdɔktərɪt] *n* до́кторская сте́пень

**Doctors' Commons** [ˈdɔktəzˈkɔmənz] *n pl ист.* колле́гия юри́стов гражда́нского пра́ва в Ло́ндоне

**doctrinaire** [ˌdɔktrɪˈnɛə] **1.** *n* доктринёр

**2.** *a* доктринёрский

**doctrinal** [dɔkˈtraɪnl] *a* относя́щийся к доктри́не; содержа́щий доктри́ну

**doctrinarian** [ˌdɔktrɪˈnɛərɪən] = doctrinaire

**doctrine** [ˈdɔktrɪn] *n* 1) уче́ние, доктри́на; ~ of descent *биол.* тео́рия происхожде́ния ви́дов 2) ве́ра, до́гма

**doctrinist** [ˈdɔktrɪnɪst] *n* слепо́й приве́рженец како́й-л. доктри́ны

**document** **1.** *n* [ˈdɔkjumənt] докуме́нт; свиде́тельство

**2.** *v* [ˈdɔkjument] 1) подтвержда́ть докуме́нтами, документи́ровать 2) снабжа́ть докуме́нтами (*особ. судовыми*)

**documentary** [ˌdɔkjuˈmentərɪ] **1.** *a* документа́льный

**2.** *n* документа́льный фильм

**documentation** [ˌdɔkjumenˈteɪʃən] *n* 1) документа́ция, подтвержде́ние докуме́нтами 2) *мор.* снабже́ние (*судна*) докуме́нтами

**dodder** I [ˈdɔdə] *n бот.* повили́ка

**dodder** II [ˈdɔdə] *v* 1) ковыля́ть (*тж.* ~ along) 2) дрожа́ть, трясти́сь (*от слабости, старости*) 3) мя́млить

**doddered** [ˈdɔdəd] *a* с поражённой верху́шкой (*о деревьях*)

**doddering** [ˈdɔdərɪŋ] **1.** *pres. p. от* dodder II

**2.** *a* = doddery

**doddery** [ˈdɔdərɪ] *a* 1) нетвёрдый на нога́х, дрожа́щий, трясу́щийся 2) глу́пый, слабоу́мный; ста́рчески болтли́вый

**dodecagon** [dəuˈdekəgən] *n* двенадцатиуго́льник

**dodecahedron** [ˈdəudɪkəˈhedrən] *n* додека́эдр, двенадцатигра́нник

**dodge** [dɔdʒ] **1.** *n* 1) увёртка, уклонéние 2) улóвка, хи́трость 3) *спорт.* обмáнное движéние, финт 4) *разг.* хи́трое приспособлéние *или* срéдство; приём; a good ~ for remembering names хорóший спóсоб запоминáть именá

**2.** *v* 1) избегáть, увёртываться, уклоня́ться (*от удара*) 2) пря́таться (behind, under) 3) уви́ливать; хитри́ть; уклоня́ться

**dodger** ['dɔdʒə] *n* 1) увёртливый человéк; хитрéц 2) *амер.* реклáмный листóк 3) *амер.* кукурýзная лепёшка

**dodgery** ['dɔdʒərɪ] *n* 1) увёртка 2) плутовствó

**dodgy** ['dɔdʒɪ] *a* 1) изворóтливый, лóвкий 2) хи́трый; нечéстный 3) хитроýмный (*о приспособлении*)

**dodo** ['dəudəu] *n* (*pl* -oes, -os [-euz]) 1) дронт (*вымершая птица*) 2) кóсный, неýмный человéк

**doe** [dəu] *n* сáмка олéня (*тж.* зáйца, крóлика, кры́сы, мы́ши *и* хорькá)

**doer** ['du(:)ə] *n* 1) исполни́тель; he is a ~, not a talker он лю́бит дéйствовать, а не болтáть 2) дéятель, созидáтель 3) *шотл. юр.* довéренное лицó, агéнт 4): a good (bad) ~ растéние, котóрое бýйно (плóхо) растёт *или* цветёт

**doeskin** ['dəuskɪn] *n* 1) олéнья кóжа; зáмша 2) ткань, имити́рующая зáмшу

**dog** [dɔg] **1.** *n* 1) собáка, пёс; Greater (Lesser) Dog созвéздие Большóго (Мáлого) Пса 2) кобéль; самéц вóлка, лисы́ (*тж.* ~-wolf, ~-fox) 3) *разг.* пáрень (*переводится по контексту*); gay (*или* jolly) ~ весельчáк; lucky ~ счастли́вец; lazy ~ лентя́й; dirty ~ дрянь-человéк, «свинья́» 4) *pl разг.* состязáние борзы́х 5) = dogfish 6) = andiron 7) *тех.* собáчка; гвоздодёр; останóв 8) *мор.* задрáйка ◇ a ~'s life собáчья жизнь; let sleeping ~s lie не касáйтесь неприя́тных вопрóсов без необходи́мости; ≅ не трóнь ли́хо, покá спит ти́хо; there is life in the old ~ yet ≅ есть ещё пóрох в пороховни́цах; ~s of war ýжасы войны́, спýтники войны́; a ~'s age дóлгое врéмя; a dead ~ человéк *или* вещь, ни на что не гóдный, -ая; to go to the ~s ги́бнуть; разоря́ться; ≅ идти́ к чертя́м; to help a lame ~ over a stile помóчь комý-л. в бедé; every ~ has his day ≅ бýдет и на нáшей ýлице прáздник; hot ~! *амер. восклицание одобрения*; spotty ~ варёный пýдинг с кори́нкой; to put on ~ *разг.* вáжничать; держáть себя́ высокомéрно; to throw to the ~s вы́бросить за негóдностью; ~ on it! проклятие!; чёрт побери́!; top ~ а) собáка, победи́вшая в дрáке; б) хозя́ин положéния; господствующая *или* победи́вшая сторонá; under ~ а) собáка, побеждённая в дрáке; б) подчиня́ющаяся *или* побеждённая сторонá; в) человéк, котóрому не повезлó в жи́зни, неудáчник

**2.** *v* 1) ходи́ть по пятáм, выслéживать (*тж.* ~ smb.'s footsteps) 2) *перен.* преслéдовать; ~ged by misfortune преслéдуемый несчáстьями 3) трави́ть собáками 4) *мор.*: to ~ down задрáивать

**dog-ape** ['dɔgeɪp] *n зоол.* бабуи́н

**dogate** ['dəugeɪt] *n* сан дóжа

**dog-bane** ['dɔgbeɪn] *n бот.* кенды́рь

**dog-bee** ['dɔgbi:] *n* трýтень

**Dogberry** ['dɔgberɪ] *n прозвище безграмотного самоуверенного чиновника* (*по имени персонажа комедии Шекспира «Много шума из ничего»*)

**dogberry** ['dɔgberɪ] *n бот.* свиди́на кровáво-крáсная (*растение с несъедобными ягодами*)

**dog-biscuit** ['dɔg,bɪskɪt] *n* собáчья галéта (*корм*)

**dog-box** ['dɔgbɔks] *n* отделéние для собáк в багáжном вагóне

**dogcart** ['dɔgkɑ:t] *n* 1) высóкий двухколёсный экипáж с поперéчными сидéньями и мéстом для собáк под сидéньями 2) лёгкая тележка, запряжённая собáками

**dog-cheap** ['dɔgtʃi:p] *амер. разг.* **1.** *a* óчень дешёвый

**2.** *adv* óчень дёшево; ≅ дешéвле пáреной рéпы

**dog-collar** ['dɔg,kɔlə] *n* 1) ошéйник 2) *разг.* высóкий жёсткий воротни́к (*у лиц духовного звания*)

**dog-days** ['dɔgdeɪz] *n pl* сáмые жáркие лéтние дни

**doge** [dəudʒ] *n ист.* дож

**dog-eared** ['dɔgɪəd] *a*: a ~ book кни́га с зáгнутыми уголкáми страни́ц

**dogface** ['dɔgfeɪs] *n амер. разг.* 1) солдáт-пехоти́нец 2) рéкрут, новобрáнец

**dog-fancier** ['dɔg,fænsɪə] *n* собаковóд

**dogfight** ['dɔgfaɪt] *n* 1) свáлка, беспоря́дочная дрáка 2) рукопáшный бой 3) *ав. разг.* воздýшный бой

**dogfish** ['dɔgfɪʃ] *n* морскáя собáка (*акула*)

**dog-fox** ['dɔgfɔks] *n* самéц лиси́цы, лис

**dogged** [dɔgd] **1.** *p. p. от* dog 2

**2.** *a* ['dɔgɪd] упря́мый, упóрный, настóйчивый; it's ~ that does it ≅ терпéние и труд всё перетрýт

**3.** *adv разг.* чрезвычáйно, óчень

**dogger** I ['dɔgə] *n* двухмáчтовое голлáндское рыболóвное сýдно

**dogger** II ['dɔgə] *n геол.* срéдняя ю́ра

**doggerel** ['dɔgərəl] **1.** *n* плохи́е стихи́, ви́рши

**2.** *a* бессмы́сленный, сквéрный (*о стихах*)

**doggery** ['dɔgərɪ] *n* 1) свóра 2) собáчьи повáдки 3) *амер. разг.* пóртерная; кабачóк

**doggie** ['dɔgɪ] = doggy 1

**doggish** ['dɔgɪʃ] *a* 1) собáчий 2) жестóкий; грýбый 3) *редк.* раздражи́тельный; огрызáющийся 4) *разг.* крикли́во-мóдный

**doggo** ['dɔgəu] *adv разг.*: to lie ~ притаи́ться; выжидáть

**doggone** ['dɔg'gɔn] *int* досáда какáя!; чёрт побери́! (*тж.* doggoned)

**doggy** ['dɔgɪ] **1.** *n* собáчка, собачóнка, пёсик

**2.** *a* 1) собáчий 2) лю́бящий собáк

**dog-hole** ['dɔghəul] *n* собáчья конурá, камóрка

**dog-house** ['dɔghaus] *n* собáчья конурá ◇ in the ~ опозóренный, в неми́лости

**dog-in-a-blanket** ['dɔgɪnə'blæŋkɪt] *n* род пýдинга

**dog-in-the-manger** ['dɔgɪnðə'meɪndʒə] *n* собáка на сéне

**dog latin** ['dɔg'lætɪn] *n* испóрченная, «кýхонная» латы́нь

**dog-lead** ['dɔgli:d] *n* собáчий повóдóк

**dog-licence** ['dɔg'laɪsəns] *n* регистрациóнное свидéтельство на собáку

**dogma** ['dɔgmə] *n* (*pl* -as [-əz], -ata) 1) дóгма 2) дóгмат

**dogmata** ['dɔgmətə] *pl от* dogma

**dogmatic** [dɔg'mætɪk] *a* 1) догмати́ческий 2) диктáторский; категори́ческий, не допускáющий возражéний

**dogmatically** [dɔg'mætɪkəlɪ] *adv* 1) догмати́чески 2) авторитéтным тóном

**dogmatics** [dɔg'mætɪks] *n pl* (*употр. как sing*) догмáтика; догмати́ческое богослóвие

**dogmatize** ['dɔgmətaɪz] *v* 1) догматизи́ровать 2) говори́ть авторитéтным тóном

**dog nail** ['dɔgneɪl] *n тех.* кости́ль

**dog-poor** ['dɔgpuə] *a predic.* ни́щий; ≅ гол как сокóл

**dog-rose** ['dɔgrəuz] *n* ди́кая рóза, шипóвник

**dog-salmon** ['dɔg,sæmən] *n зоол.* кéта, горбýша

**dog's-eared** ['dɔgzɪəd] = dog-eared

**dog's-grass** ['dɔgzgrɑ:s] *n бот.* пырéй ползýчий

**dogshores** ['dɔgʃɔ:z] *n pl мор.* подпóры салáзок для спýска сýдна на вóду

**dog-sick** ['dɔg'sɪk] *a predic. разг.* he was ~ он себя́ отврати́тельно чýвствовал

**dogskin** ['dɔgskɪn] *n* лáйка (*кожа*)

**dog-sleep** ['dɔgsli:p] *n* чýткий сон; сон уры́вками

**dog's letter** ['dɔgz,letə] *n старинное название буквы* R

**dog's-meat** ['dɔgzmi:t] *n* 1) мя́со для собáк, *особ.* кони́на 2) пáдаль

**Dog's Tail** ['dɔgzteɪl] *n астр.* Мáлая Медвéдица

**dog's-tail** ['dɔgzteɪl] *n бот.* гребéнник

**Dog-star** ['dɔgstɑ:] *n разг.* Си́риус (*звезда*)

**dog tag** ['dɔgtæg] *n* 1) регистрациóнный нóмер собáки 2) *амер. воен. разг.* ли́чный знак

**dog-tail** ['dɔgteɪl] = dog's-tail

**dog-tired** ['dɔg'taɪəd] *a* устáлый как собáка

**dog-tooth** [ˈdɔgtu:θ] *n* 1) клык 2) *архит. название пирамидального орнамента английской готики*

**dog-tree** [ˈdɔgtri:] = dogwood

**dogtrot** [ˈdɔgtrɔt] *n* рысца́

**dog-violet** [ˈdɔg,vaɪəlɪt] *n бот.* фиа́лка соба́чья; ди́кая фиа́лка

**dog-watch** [ˈdɔgwɔʧ] *n мор.* полува́хта (*от 16 до 18 ч. или от 18 до 20 ч.*)

**dog-weary** [ˈdɔgˈwɪərɪ] = dog-tired

**dogwood** [ˈdɔgwud] *n бот.* кизи́л

**doily** [ˈdɔɪlɪ] *n* салфе́точка

**doing** [ˈdu(:)ɪŋ] **1.** *pres. p. от* do I

**2.** *n* 1) *pl* дела́, де́йствия, поведе́ние, посту́пки; fine ~s these! хоро́шенькие дела́ творя́тся!; I have heard of your ~s *ирон.* слы́шал я о ва́ших по́двигах 2) *pl* собы́тия 3) *pl* возня́, шум 4) *разг.* нахлобу́чка 5) *pl амер. разг.* зате́йливые блю́да

**doit** [dɔɪt] *n* 1) *ист.* ме́лкая моне́та 2) ме́лочь, пустя́к; not to care a ~ ни во что не ста́вить; not worth a ~ гроша́ ло́маного не сто́ит

**doited** [ˈdɔɪtɪd] *a шотл.* вы́живший из ума́

**do-it-yourself** [ˈdu:ɪtjɔ:ˈself] **1.** *n разг.* ≅ «сде́лай сам» (*ремонт, изготовление чего-л.*)

**2.** *a разг.* предназна́ченный для самоде́ятельного заня́тия; a ~ kit for building a radio обору́дование для изготовле́ния самоде́льного радиоприёмника

**doldrums** [ˈdɔldrəmz] *n pl* 1) дурно́е настрое́ние; депре́ссия; to be in the ~ хандри́ть, быть в плохо́м настрое́нии 2) *мор., метео* экваториа́льная штилева́я полоса́

**dole** I [dəul] **1.** *n* 1) посо́бие по безрабо́тице; to be (*или* to go) on the ~ получа́ть посо́бие 2) небольшо́е вспомоществова́ние; пода́чка 3) *уст.* до́ля, судьба́

**2.** *v* 1) ску́по выдава́ть, раздава́ть в ску́дных разме́рах (*обыкн.* ~ out) 2) раскла́дывать (*на тарелки*) 3) ока́зывать благотвори́тельную по́мощь 4) расхо́довать де́ньги на вы́дачу посо́бий (*обыкн.* ~ out)

**dole** II [dəul] *n разг. поэт.* го́ре, скорбь

**doleful** [ˈdəulful] *a* ско́рбный, печа́льный; меланхоли́ческий

**dolichocephalic** [ˈdɔlɪkəukeˈfælɪk] *a мед.* длинноголо́вый, долихоцефа́льный

**doll** [dɔl] **1.** *n* 1) ку́кла; Paris ~ манеке́н 2) ку́колка, хоро́шенькая пустоголо́вая де́вушка *или* же́нщина

**2.** *v разг.* наряжа́ть(ся) (*обыкн.* ~ up); ~ed up разря́женный

**dollar** [ˈdɔlə] *n* 1) до́ллар (= *100 центам*); the ~s де́ньги, бога́тство 2) *разг.* кро́на (*монета в 5 шиллингов*) 3) *attr.* до́лларовый; ~ diplomacy диплома́тия до́ллара

**dollish** [ˈdɔlɪʃ] *a* ку́кольный, похо́жий на ку́клу

**doll-like** [ˈdɔllaɪk] *a* ку́кольный

**dollop** [ˈdɔləp] *n разг.* кусо́к, небольшо́е коли́чество

**dolly** [ˈdɔlɪ] **1.** *n* 1) ку́колка 2) бельево́й валёк 3) теле́жка на катка́х для перево́зки брёвен, до́сок *и т. п.* 4) локомоти́в узкоколе́йной желе́зной доро́ги, «куку́шка» 5) *горн.* пест для размельче́ния руды́ 6) *тех.* опра́вка; подде́ржка (*для заклёпок*)

**2.** *a разг.* 1) ку́кольный; де́тский 2) лёгкий, несло́жный

**3.** *v* 1) бить валько́м (*бельё*) 2) *горн.* переме́шивать (*руду*) во вре́мя её промы́вки; дроби́ть (*руду*) пестико́м

**dolly-bag** [ˈdɔlɪbæg] *n* ма́ленькая да́мская су́мочка

**dolly-shop** [ˈdɔlɪʃɔp] *n* 1) ла́вка для матро́сов 2) та́йная ссу́дная ка́сса

**dolly-tub** [ˈdɔlɪtʌb] *n* 1) поха́нь; коры́то 2) *горн.* отса́дочная маши́на

**dolman** [ˈdɔlmən] *n* 1) долома́н (*гусарский мундир*) 2) долома́н (*род женской одежды*)

**dolmen** [ˈdɔlmen] *n археол.* дольме́н, кро́млех

**dolomite** [ˈdɔləmaɪt] *n мин.* доломи́т

**dolorous** [ˈdɔlərəs] *a поэт.* печа́льный, гру́стный

**dolose** [dəuˈləus] *a юр.* злонаме́ренный, с престу́пной це́лью

**dolour** [ˈdəulə] *n поэт.* печа́ль, го́ре

**dolphin** [ˈdɔlfɪn] *n* 1) *зоол.* дельфи́н (настоя́щий); дельфи́н-белобо́чка 2) *мор.* шварто́вый пал; сва́йный куст; деревя́нный кра́нец

**dolt** [dəult] *n* ду́рень, болва́н

**doltish** [ˈdəultɪʃ] *a* тупо́й, придуркова́тый

**domain** [dəuˈmeɪn] *n* 1) владе́ние; име́ние; террито́рия; Eminent D. сувере́нное пра́во госуда́рства отчужда́ть ча́стную со́бственность (за компенса́цию) 2) о́бласть, сфе́ра

**dome** [dəum] **1.** *n* 1) ку́пол; свод; ~ of heaven *поэт.* небе́сный свод 2) *поэт.* вели́чественное зда́ние 3) *разг.* голова́, башка́ 4) *тех.* колпа́к; steam ~ сухопа́рник

**2.** *v* 1) венча́ть ку́полом 2) возвыша́ться в ви́де ку́пола

**domed** [dəumd] **1.** *p. p. от* dome 2

**2.** *a* 1) куполообра́зный 2) укра́шенный ку́полом

**Domesday Book** [ˈdu:mzdeɪbuk] *n* (*букв.* кни́га стра́шного суда́) *ист.* када́стровая кни́га, земе́льная о́пись А́нглии, произведённая Вильге́льмом Завоева́телем (*в 1086 г.*)

**domestic** [dəuˈmestɪk] **1.** *a* 1) дома́шний; семе́йный; ~ science домово́дство; ~ appliances предме́ты дома́шнего обихо́да 2) домосе́дливый, лю́бящий семе́йную жизнь 3) вну́тренний; оте́чественный; ~ industry оте́чественная промы́шленность; ~ trade вну́тренняя торго́вля; ~ issue внутриполити́ческий вопро́с 4) дома́шний, ручно́й (*о животных*)

**2.** *n* 1) прислу́га 2) *pl* това́ры оте́чественного произво́дства 3) *pl амер.* просты́е хлопчатобума́жные тка́ни

**domesticable** [dəuˈmestɪkəbl] *a* поддаю́щийся прируче́нию (*о животных*)

**domesticate** [dəuˈmestɪkeɪt] *v* 1) прируча́ть (*животных*); культиви́ровать (*растения*); акклиматизи́ровать 2) цивилизова́ть 3) осва́ивать; to ~ space осва́ивать ко́смос 4) привя́зывать к до́му, к семе́йной жи́зни 5) обуча́ть веде́нию хозя́йства

**domestication** [dəu,mestɪˈkeɪʃən] *n* 1) привы́чка, любо́вь к до́му, к семе́йной жи́зни 2) прируче́ние (*животных*)

**domesticity** [,dəumesˈtɪsɪtɪ] *n* 1) семе́йная, дома́шняя жизнь 2) любо́вь к семе́йной жи́зни, к ую́ту 3) (the domesticities) *pl* дома́шние дела́

**domett** [dəuˈmet] *n* полушерстяна́я ткань, доме́тт

**domic(al)** [ˈdəumɪk(əl)] *a* куполообра́зный, ку́польный

**domicile** [ˈdɔmɪsaɪl] **1.** *n* 1) постоя́нное местожи́тельство 2) *юр.* юриди́ческий а́дрес лица́ *или* фи́рмы 3) *ком.* ме́сто платежа́ по ве́кселю

**2.** *v* 1) посели́ться на постоя́нное жи́тельство 2) *ком.* обозна́чить ме́сто платежа́ по ве́кселю

**domiciliary** [,dɔmɪˈsɪljərɪ] *a* дома́шний, по ме́сту жи́тельства; ~ visit а) дома́шний о́быск; б) осмо́тр до́ма официа́льными о́рганами

**dominance** [ˈdɔmɪnəns] *n* госпо́дство; влия́ние; преоблада́ние

**dominant** [ˈdɔmɪnənt] **1.** *a* 1) госпо́дствующий; домини́рующий, преоблада́ющий 2) возвыша́ющийся (*о скале и т. п.*) 3) наибо́лее влия́тельный

**2.** *n* 1) домина́нта, основно́й при́знак 2) *муз.* домина́нта, пя́тая ступе́нь диатони́ческой га́ммы

**dominate** [ˈdɔmɪneɪt] *v* 1) госпо́дствовать; вла́ствовать 2) домини́ровать, преоблада́ть 3) возвыша́ться (*над чем-л.*) 4) име́ть влия́ние (*на кого-л.*) 5) сде́рживать, подавля́ть; овладева́ть; to ~ one's emotions владе́ть свои́ми чу́вствами 6) занима́ть, всеце́ло поглоща́ть

**domination** [,dɔmɪˈneɪʃən] *n* 1) госпо́дство, власть 2) преоблада́ние

**domineer** [,dɔmɪˈnɪə] *v* 1) де́йствовать деспоти́чески, вла́ствовать; повелева́ть; запу́гивать 2) держа́ть себя́ высокоме́рно 3) влады́чествовать

**domineering** [,dɔmɪˈnɪərɪŋ] **1.** *pres. p. от* domineer

**2.** *a* 1) деспоти́ческий, вла́стный, не допуска́ющий возраже́ний 2) высокоме́рный 3) госпо́дствующий, возвыша́ющийся (*над местностью*)

**dominical** [dəˈmɪnɪkəl] *a церк.* 1) госпо́дний, христо́в 2) воскре́сный; ~ day воскресе́нье

**Dominican** [dəˈmɪnɪkən] **1.** *a* домини́канский

**2.** *n* 1) доминика́нец; доминика́нка 2) доминика́нец (*монах*)

**dominie** [ˈdɔmɪnɪ] *n* 1) *шотл.* шко́льный учи́тель 2) *амер.* свяще́нник

**dominion** [dəˈmɪnjən] *n* 1) доминио́н 2) (*часто pl*) владе́ние 3) влады́чество, власть 4) суверéнное пра́во 5) *attr.*: D. Day пра́здник 1 ию́ля в Кана́де (*годовщина образования доминиона*)

**domino** [ˈdɔmɪnəu] *n* (*pl* -oes [-əuz]) 1) домино́ (*маскарадный костюм*) 2) уча́стник маскара́да 3) кость (домино́) 4) *pl* домино́ (*игра*) ◇ it's ~ with smb., smth. всё ко́нчено с кем-л., чем-л., нет наде́жды

**dominoed** [ˈdɔmɪnəud] *a* оде́тый в домино́

**don** I [dɔn] *n* 1) (D.) дон (*испанский титул*) 2) преподава́тель, член сове́та колле́джа (*в Оксфорде и Кембридже*)

**don** II [dɔn] *v уст.* надева́ть

**dona(h)** [ˈdəunə] *n разг.* 1) же́нщина 2) возлю́бленная

**donate** [dəuˈneɪt] *v* дари́ть, же́ртвовать

**donation** [dəuˈneɪʃən] *n* 1) дар 2) де́нежное поже́ртвование 3) *attr.*: ~ duty нало́г на да́рственную переда́чу иму́щества

**donative** [ˈdəunətɪv] **1.** *n* 1) дар, пода́рок 2) *церк.* бенефи́ций, назнача́емый же́ртвователем без обы́чных форма́льностей

**2.** *a* да́рственный; поже́ртвованный

**donatory** [ˈdəunətərɪ] *n* лицо́, получа́ющее дар, пода́рок

**do-naught** [ˈdu:nɔ:t] = do-nothing

**done** [dʌn] **1.** *p. p. от* do I; ~ in English соста́влено на англи́йском языке́ (*об официальном документе*); it isn't ~ так не поступа́ют; э́то не при́нято

**2.** *a* 1) сде́ланный 2) соотве́тствующий обы́чаю, мо́де 3) хорошо́ пригото́вленный; прожа́ренный 4) уста́лый, в изнеможе́нии (*часто* ~ up) 5) *разг.* обма́нутый (*тж.* ~ brown) ◇ ~ for а) разорённый; б) приговорённый, ко́нченый; в) уби́тый; ~ to the world (*или* to the wide) *разг.* разгро́мленный, побеждённый; потерпе́вший по́лную неуда́чу

**donee** [dəuˈni:] *n* получа́ющий дар, пода́рок

**donga** [ˈdɔŋgə] *n южно-афр.* уще́лье

**donjon** [ˈdɔndʒən] *n архит.* гла́вная ба́шня (средневеко́вого за́мка)

**donkey** [ˈdɔŋkɪ] *n* 1) осёл 2) (D.) *амер. прозвище демократической партии* 3) *тех.* = donkey-engine ◇ to talk the hind leg off a ~ *разг.* заговори́ть, утоми́ть многосло́вием

**donkey-engine** [ˈdɔŋkɪˌendʒɪn] *n тех.* 1) небольша́я вспомога́тельная парова́я маши́на; небольшо́й стациона́рный дви́гатель 2) лебёдка, во́рот

**donnish** [ˈdɔnɪʃ] *a* 1) педанти́чный 2) высокоме́рный, ва́жный, чва́нный

**Donnybrook Fair** [ˈdɔnɪbrukˈfɛə] *n* 1) *ист. название ежегодной ярмарки близ Дублина* 2) шу́мное сбо́рище; гвалт; сва́лка

**donor** [ˈdəunə] *n* 1) же́ртвователь 2) *мед.* до́нор

**do-nothing** [ˈdu:ˌnʌθɪŋ] *n* безде́льник, лентя́й

**don't** [dəunt] *разг.* 1) *сокр.* = do not 2) не на́до, по́лно, переста́нь(те) 3) *употр. как сущ. в знач.* запреще́ние; I am sick and tired of your don'ts мне надое́ли ва́ши запреще́ния

**doodle** [ˈdu:dl] *разг.* **1.** *n* болва́н

**2.** *v* машина́льно черти́ть *или* рисова́ть

**doodle-bug** [ˈdu:dlbʌg] *n разг.* 1) самолёт-снаря́д 2) плаву́чая *или* передвижна́я золотомо́йка

**doolie** [ˈdu:lɪ] *инд. n* носи́лки (*употребляемые в полевых госпиталях*)

**doom** [du:m] **1.** *n* 1) рок, судьба́ 2) ги́бель; смерть; to go to one's ~ идти́ на ве́рную смерть; to send a man to his ~ посыла́ть челове́ка на ве́рную смерть 3) *уст.* осужде́ние; пригово́р 4) *ист.* стату́т, декре́т ◇ crack of ~ *рел.* тру́бный глас

**2.** *v* 1) осужда́ть, обрека́ть, предопределя́ть 2) *юр.* выноси́ть обвини́тельный пригово́р

**doomed** [du:md] **1.** *p. p. от* doom 2

**2.** *a* обречённый; осуждённый

**dooms** [du:mz] *adv шотл.* о́чень, кра́йне; ужа́сно

**doomsday** [ˈdu:mzdeɪ] *n* 1) *рел.* день стра́шного суда́; to wait till ~ ждать до второ́го прише́ствия (*т. е.* бесконе́чно) 2) светопреставле́ние, коне́ц све́та 3) день пригово́ра

**door** [dɔ:] *n* 1) дверь; две́рца; дверно́й проём; front ~ пара́дный вход; to close the ~ (up)on smb. закры́ть за кем-л. дверь; to answer the ~ откры́ть дверь (*на стук или звонок*); behind closed ~s за закры́тыми дверя́ми, та́йно; to slam (*или* to shut) the ~ in smb.'s face захло́пнуть дверь пе́ред са́мым но́сом кого́-л. 2) *перен.* путь, доро́га; a ~ to success путь к успе́ху; to close the ~ to (*или* upon) smth. отре́зать путь к чему́-л.; сде́лать что-л. невозмо́жным; to open a ~ to (*или* for) smth. откры́ть путь к чему́-л.; сде́лать что-л. возмо́жным; 3) *перен.* дом, кварти́ра, помеще́ние; out of ~s на откры́том во́здухе, на у́лице; within ~s = indoors; to turn smb. out of ~s вы́ставить за дверь, прогна́ть кого-л.; next ~ сосе́дний дом; he lives next ~ (four ~s off) он живёт в сосе́днем до́ме (че́рез 4 до́ма отсю́да); next ~ to а) по сосе́дству, ря́дом; б) на грани́це *чего-л.*; почти́; he is next ~ to bankruptcy он накану́не разоре́ния 4) *тех.* засло́нка 5) *attr.* дверно́й ◇ to lay smth. at smb.'s ~ обвиня́ть кого́-либо в чём-л.

**doorbell** [ˈdɔ:bel] *n* дверно́й звоно́к

**door-case** [ˈdɔ:keɪs] *n* дверна́я коро́бка

**door-frame** [ˈdɔ:freɪm] = door-case

**door-keeper** [ˈdɔ:ˌki:pə] *n* швейца́р привра́тник

**door-man** [ˈdɔ:mən] = door-keeper

**doormat** [ˈdɔ:mæt] *n* 1) полови́ для вытира́ния ног 2) *разг.* сла́бый бесхара́ктерный челове́к, «тря́пка»

**door-money** [ˈdɔ:ˌmʌnɪ] *n* пла́та з вход

**door-plate** [ˈdɔ:pleɪt] *n* табли́чка н дверя́х (*с фамилией*)

**door-post** [ˈdɔ:pəust] *n* дверно́й ко ся́к ◇ deaf as a ~ ≅ глух как пен

**door's-man** [ˈdɔ:zmən] = door-keeper

**doorstep** [ˈdɔ:step] *n* поро́г

**door-stone** [ˈdɔ:stəun] *n* ка́менна плита́ (*крыльца*)

**doorway** [ˈdɔ:weɪ] *n* 1) дверно́ проём, пролёт две́ри; вход в помеще́ние; in the ~ в дверя́х 2) *перен* путь, доро́га (*к чему-л.*)

**door-yard** [ˈdɔ:ˈjɑ:d] *n амер.* дво́рик пе́ред до́мом

**dope** [dəup] **1.** *n* 1) густо́е сма́зывающее вещество́, па́ста 2) аэрола́ 3) *хим.* поглоти́тель 4) *разг.* нарко́тик, дурма́н 5) до́пинг 6) *жарг.* секре́тная информа́ция о ша́нсах н вы́игрыш той или ино́й ло́шади (*н скачках, бегах*); (ло́жная *или* секре́тная) информа́ция, испо́льзуемая жур нали́стами 7) *разг.* дура́к, осто ло́п

**2.** *v* 1) дава́ть нарко́тики *или* до́пинг; to ~ oneself with cocaine ню́хать кокаи́н 2) одурма́нивать, убаю́кивать 3) покрыва́ть аэрола́ком 4) *тех* залива́ть горю́чее; добавля́ть приса́дки 5) *жарг.* получа́ть секре́тную информа́цию; предска́зывать (*что-л.* на основа́нии та́йной информа́ции

**dop(e)y** [ˈdəupɪ] *a разг.* 1) вя́лый полусо́нный, одурма́ненный 2) одурма́нивающий; наркоти́ческий

**dor** [dɔ:] *n* жук (*майский, навоз ный*)

**dorado** [dəˈrɑ:dəu] *n* (*pl* -os [-əuz] корифе́на (*рыба*)

**dor-beetle** [ˈdɔ:ˌbi:tl] = dor

**dor-bug** [ˈdɔ:bʌg] *амер.* = dor

**Dorcas** [ˈdɔ:kəs] *n название английского женского благотворительного общества для снабжения бедны одеждой* (*тж.* ~ Society)

**dor-beetle** [ˈdɔ:ˌbi:tl] dor

**dorhawk** [ˈdɔ:hɔ:k] *диал.* = goatsucker

**Dorian** [ˈdɔ:rɪən] **1.** *a* дори́чески **2.** *n* дори́ец

**Doric** [ˈdɔrɪk] **1.** *a* 1) дори́ческий ~ order *архит.* дори́ческий орде 2) провинциа́льный (*о диалекте*)

**2.** *n* 1) дори́ческое наре́чие 2) ме́стный диале́кт; to speak one's native ~ говори́ть на родно́м диале́кте

**Dorking** [ˈdɔ:kɪŋ] *n* до́ркинг (*английская порода мясных кур*)

**dorm** [dɔ:m] *разг. см.* dormitory 1

**dormancy** [ˈdɔ:mənsɪ] *n* 1) дремо́т 2) состоя́ние безде́йствия 3) спя́чк (*животных*) 4) состоя́ние поко́я (*семян, растений*)

**dormant** [ˈdɔːmənt] *a* 1) дрéмлющий; спя́щий 2) бездéйствующий; ~ capital мёртвый капитáл 3) потенциальный, скры́тый (*о способностях, силах и т. п.*); to lie ~ бездéйствовать; находиться в скры́том состоя́нии; a ~ volcano потýхший вулкáн 4) находящийся в спя́чке (*о животных*); находящийся в состоя́нии покóя (*о растениях*) 5) *геральд.* спя́щий ◇ ~ partner *см.* partner 1, 2)

**dormer(-window)** [ˈdɔːmə(ˈwɪndəu)] *n* слуховóе, мансáрдное окнó

**dormice** [ˈdɔːmaɪs] *pl от* dormouse

**dormitory** [ˈdɔːmɪtrɪ] *n* 1) дортуáр, общая спáльня 2) пригородный рабóчий посёлок (*из стандартных домов*) (*тж.* ~ suburb)

**dormouse** [ˈdɔːmaus] *n* (*pl* dormice) *зоол.* сóня

**dorothy bag** [ˈdɔrəθɪbæg] *n* дáмская сýмочка-мешóчек

**dorp** [dɔːp] *n южно-афр.* дерéвня

**dorr** [dɔː] = dor

**dorsal** [ˈdɔːsəl] **1.** *a анат., зоол.* дорсáльный, спиннóй

**2.** *n* = dossal

**dorse** [dɔːs] *n* молодáя трескá

**dorter, dortour** [ˈdɔːtə] *n ист.* монасты́рский дортуáр

**dory I** [ˈdɔːrɪ] *n* сóлнечник (обыкновéнный) (*рыба*)

**dory II** [ˈdɔːrɪ] *n* рыбáчья плоскодóнная лóдка (*в Сев. Америке*)

**dosage** [ˈdəusɪdʒ] *n* 1) дозирóвка 2) дóза

**dose** [dəus] **1.** *n* 1) дóза, приём; lethal ~ смертéльная дóза 2) *разг.* пóрция, дóля; to have a regular ~ of smth. приня́ть что-л. в большóм колúчестве 3) ингредиéнт, прибавля́емый к винý 4) *sl.* венерúческая болéзнь, *особ.* гонорéя

**2.** *v* 1) давáть лекáрство дóзами; дозúровать 2) прибавля́ть (*спирт к вину*)

**dosimeter** [dəuˈsɪmɪtə] *n физ.* дозимéтр

**doss** [dɔs] *жарг.* **1.** *n* 1) кровáть, кóйка (*в ночлежном доме*) 2) сон

**2.** *v* 1) ночевáть (*в ночлежном доме*) 2) спать

**dossal** [ˈdɔsəl] *n церк.* зáнавес за алтарём

**doss-house** [ˈdɔshaus] *n* ночлéжка

**dossier** [ˈdɔsɪeɪ] *фр. n* досьé; дéло

**dossil** [ˈdɔsɪl] *n* 1) *мед.* тампóн 2) *полигр.* подýшечка для стирáния крáски

**dost** [dʌst] *уст. 2-е л. ед. ч. настоящего времени гл.* to do

**dot I** [dɔt] **1.** *n* 1) тóчка (*тж. в азбуке Морзе*) 2) пя́тнышко 3) крóшечная вещь; a ~ of a child крóшка, малю́тка 4) *муз.* тóчка для удлинéния предшéствующей нóты ◇ to a ~ до мельчáйших подрóбностей; тóчно; to come on the ~ *разг.* (прийтú) минýта в минýту; off one's ~ *жарг.* чóкнутый

**2.** *v* 1) стáвить тóчки 2) отмечáть пунктúром 3) усéивать ◇ to ~ the i's and cross the t's стáвить тóчки над i, уточня́ть все детáли; to ~ and carry one переносúть в слéдующий разря́д (*при сложении*)

**dot II** [dɔt] *n* придáное

**dotage** [ˈdəutɪdʒ] *n* 1) стáрческое слабоýмие; to be in one's ~ впасть в дéтство 2) слепáя любóвь; обожáние

**dot and carry one** [ˈdɔtənˈkærɪwʌn] *n* 1) перенóс в слéдующий разря́д (*при сложении*) 2) *шутл.* учúтель арифмéтики

**dot-and-dash** [ˈdɔtənˈdæʃ] *a*: ~ code áзбука Мóрзе

**dot and go one** [ˈdɔtənˈgəuwʌn] **1.** *n* 1) ковыля́ющая похóдка 2) калéка на деревя́нной ногé

**2.** *v* хромáть, ковыля́ть

**dotard** [ˈdəutəd] *n* вы́живший из умá старúк; стáрый дурáк

**dote** [dəut] *v* любúть до безýмия (on, upon)

**doth** [dʌθ] *v уст. 3-е л. ед. ч. настоящего времени гл.* to do

**doting** [ˈdəutɪŋ] **1.** *pres. p. от* dote

**2.** *a* 1) страдáющий стáрческим слабоýмием 2) сúльно лю́бящий, óчень прéданный

**dotted line** [ˈdɔtɪdlaɪn] *n* 1) пунктúрная лúния, пунктúр 2) предполагáемая лúния поведéния ◇ sign on the ~ срáзу согласúться

**dotterel** [ˈdɔtrəl] *n* 1) ржáнка (*птица*) 2) *диал.* простофúля

**dottle** [ˈdɔtl] *n* остáток недокýренного табакá в трýбке

**dottrel** [ˈdɔtrəl] = dotterel

**dotty** [ˈdɔtɪ] *a* 1) усéянный тóчками; тóчечный; 2) *разг.* нетвёрдый на ногáх 3) *разг.* рехнýвшийся

**doty** [ˈdəutɪ] *a* поражённый гнúлью (*о древесине*)

**double** [ˈdʌbl] **1.** *n* 1) двойнúк 2) дубликáт, дублéт 3) прототúп 4) *pl спорт.* пáрные úгры (*напр., в теннисе*); mixed ~s игрá смéшанных пар (*каждая из мужчины и женщины*) 5) крутóй поворóт (*преследуемого зверя*); пéтля (*зайца*) 6) изгúб (*реки*) 7) хúтрость 8) двойнóе колúчество 9) *театр.* актёр, исполня́ющий в пьéсе две рóли 10) *театр.* дублёр 11) *воен.* бéглый шаг; to advance at the ~ наступáть бегóм; at the ~ мúгом, бегóм

**2.** *a* 1) двойнóй, сдвóенный; пáрный; ~ chin двойнóй подборóдок; ~ bed двуспáльная кровáть 2) удвóенный; усúленный; ~ whisky двойнóе вúски; ~ brush *перен. разг.* язвúтельное замечáние; ~ speed удвóенная скóрость; ~ feature *амер. театр.* представлéние по расширенной прогрáмме 3) двоя́кий 4) двóйственный, двулúчный; двусмы́сленный; ~ game двойнáя игрá; двулúчие, лицемéрие; to go in for (*или* to engage in) ~ dealing вестú двойнýю игрý 5) *бот.* махрóвый

**3.** *v* 1) удвáивать(ся); сдвáивать; to ~ the work сдéлать двойнýю рабóту; to ~ for smth. одновремéнно служúть для чегó-л. другóго; the indoors basketball court ~d for dances on week-ends баскетбóльный зал по суббóтам испóльзовался для тáнцев 2) склáдывать вдвóе 3) сжимáть (*кулак*) 4) *мор.* огибáть (*мыс*) 5) дéлать изгúб (*о реке*) 6) запýтывать след, дéлать пéтли (*о преследуемом звере*) 7) замещáть 8) *театр.* дублúровать роль 9) *театр.* исполня́ть в пьéсе две рóли; he's doubling the parts of a servant and a country labourer он исполня́ет роль слугú и роль батракá 10) *воен.* двúгаться бéглым шáгом □ ~ **back** а) запýтывать след (*о преследуемом звере*); б) убегáть обрáтно по сóбственным следáм; ~ **in** подогнýть; загнýть внутрь; ~ **up** скрю́чить(ся); сгибáться; ~d up with pain скрю́чившийся от бóли; his knees ~d up under him колéни у негó подгибáлись; ~ **upon** *мор.* обойтú, окружúть (*неприятельский флот*)

**4.** *adv* 1) вдвойнé, вдвóе 2) вдвоём; to ride ~ éхать вдвоём на однóй лóшади ◇ he sees ~ у негó двоúтся в глазáх (*о пьяном*)

**double-acting** [ˈdʌblˌæktɪŋ] *a* двойнóго дéйствия (*о механизме*)

**double-barrelled** [ˈdʌblˌbærəld] *a* 1) двуствóльный; ~ gun двуствóлка 2) двусмы́сленный

**double-bass** [ˈdʌblˈbeɪs] *n муз.* контрабáс

**double-bedded** [ˈdʌblˌbedɪd] *a* 1) имéющий две кровáти *или* двуспáльную кровáть (*о комнате*) 2) двойнóй (*о номере в гостинице*)

**double-breasted** [ˈdʌblˈbrestɪd] *a* двубóртный (*о пиджаке и т. п.*)

**double-charge** [ˈdʌblˈtʃɑːdʒ] *v* заряжáть двойны́м заря́дом

**double-cross** [ˈdʌblˈkrɔs] *v разг.* надýть, перехитрúть

**double-dealer** [ˈdʌblˈdiːlə] *n* обмáнщик; двурýшник

**double-dealing** [ˈdʌblˈdiːlɪŋ] **1.** *n* двурýшничество

**2.** *a* двурýшнический

**double-decker** [ˈdʌblˈdekə] *n* 1) двухпáлубное сýдно 2) *разг.* двухэтáжный трамвáй, автóбус, троллéйбус 3) *ав. разг.* биплáн

**double-dyed** [ˈdʌblˈdaɪd] *a* 1) два рáза окрáшенный; пропúтанный крáской 2) закоренéлый, матёрый; ~ scoundrel закоренéлый негодя́й

**double eagle** [ˈdʌblˈiːgl] *n* 1) *геральд.* двуглáвый орёл 2) *амер.* старúнная золотáя монéта в 20 дóлларов

**double-edged** [ˈdʌblˈedʒd] *a* 1) обоюдоóстрый 2) допускáющий двойнóе толковáние (*о доводе и т. п.*)

**double entendre** [ˈduːblɑːŋˈtɑːŋdr] *фр. n* двусмы́сленное выражéние, двусмы́сленность

**double entry** [ˈdʌblˈentrɪ] *n ком.* двойнáя бухгалтéрия

**double-event** [ˈdʌblɪˌvent] *n спорт.* двоебóрье

**double-faced** [ˈdʌblfeɪst] *a* 1) двулúчный; нейскренний 2) двусторóнний (*о материи*) 3): ~ hammer *тех.* двубойкóвый мóлот

**double-first** [ˈdʌblˈfəːst] *n* 1) око́нчивший англи́йский университе́т с дипло́мом пе́рвой сте́пени по двум специа́льностям 2) дипло́м пе́рвой сте́пени по двум специа́льностям

**double-handed** [ˈdʌblˌhændɪd] *a* 1) име́ющий две руки́ 2) снабжённый двумя́ рукоя́тками

**double-header** [ˈdʌblˌhedə] *n амер.* 1) по́езд на двойно́й тя́ге 2) два ма́тча, сы́гранные подря́д в оди́н день те́ми же кома́ндами

**double-hearted** [ˈdʌblˌhɑːtɪd] *a* двоеду́шный; вероло́мный

**double-lock** [ˈdʌbllɔk] *v* запере́ть, поверну́в ключ в замке́ два ра́за

**double-manned** [ˈdʌblˈmænd] *a воен., мор.* с удво́енным ли́чным соста́вом

**double meaning** [ˈdʌblˌmiːnɪŋ] *n* 1) двоя́кое значе́ние 2) двусмы́сленность

**double-meaning** [ˈdʌblˌmiːnɪŋ] *a* обма́нчивый, вводя́щий в заблужде́ние

**double-minded** [ˈdʌblˈmaɪndɪd] *a* 1) нереши́тельный, колеблю́щийся 2) двоеду́шный, фальши́вый

**double-natured** [ˈdʌblˈneɪtʃəd] *a* дво́йственный

**double-quick** [ˈdʌblˈkwɪk] **1.** *a* о́чень бы́стрый

**2.** *adv* о́чень бы́стро; ускоренным ма́ршем

**3.** *v амер.* 1) дви́гаться бе́глым ша́гом 2) приказа́ть дви́гаться бе́глым ша́гом

**double-reef** [ˈdʌblˈriːf] *v мор.* брать два ри́фа на па́русе

**double standard** [ˈdʌblˈstændəd] *n* двойна́я мора́ль; ра́зный подхо́д

**double-stop** [ˈdʌblˈstɔp] *v* прижа́ть две струны́ одновре́ме́нно (*при игре на скрипке и т. п.*)

**doublet** [ˈdʌblɪt] *n* 1) дублика́т; па́рная вещь 2) *лингв.* дубле́т 3) *охот.* дупле́т (*две птицы, убитые дуплетом*) 4) дупле́т (*в бильярде*) 5) *pl* одина́ковое число́ очко́в на двух костя́х, бро́шенных одновре́ме́нно 6) *ист.* род камзо́ла XIV—XVII вв. 7) *радио* вибра́тор; дипо́ль

**double-talk** [ˈdʌbltɔːk] *n* лицеме́рие; лицеме́рная болтовня́

**double time** [ˈdʌbltaɪm] *n* ускоренный марш

**double-tongued** [ˈdʌblˈtʌŋd] *a* лжи́вый

**doubletree** [ˈdʌbltriː] *n* крестови́на (*плуга и т. п.*)

**doubling** [ˈdʌblɪŋ] **1.** *pres. p. от* double 3

**2.** *n* 1) удвое́ние, сдва́ивание 2) повторе́ние, дубли́рование 3) внеза́пный поворо́т (*в беге*) 4) уклончи́вость; уло́вка; увёртки 5) *текст.* круче́ние, суче́ние 6) *attr.*: ~ effect *радио* э́хо

**doubloon** [dʌbˈluːn] *n ист.* дубло́н (*испанская золотая монета*)

**doublure** [duːˈbləː] *фр. n* вну́тренняя сторона́ переплёта (*из кожи, парчи и т. п.*)

**doubly** [ˈdʌblɪ] *adv* 1) вдвойне́, вдво́е; to be ~ careful быть осо́бенно осторо́жным 2) двоя́ко 3) дво́йственно; нече́стно; to deal ~ вести́ двойну́ю игру́

**doubt** [daut] **1.** *n* сомне́ние; I have my ~s about him у меня́ на его́ счёт есть сомне́ния; the final outcome of this affair is still in ~ исхо́д э́того де́ла всё ещё не я́сен; to make ~ сомнева́ться; to make no ~ а) не сомнева́ться; быть уве́ренным; б) прове́рить; make no ~ about it не сомнева́йтесь в э́том, бу́дьте уве́рены; no ~, without ~, beyond ~ несомне́нно, вне сомне́ния; there is not a shadow of ~ нет ни мале́йшего сомне́ния

**2.** *v* 1) сомнева́ться, име́ть сомне́ния; быть неуве́ренным, колеба́ться 2) не доверя́ть, подозрева́ть; you surely don't ~ me вы, наде́юсь, мне доверя́ете

**doubtful** [ˈdautful] *a* 1) по́лный сомне́ний; сомнева́ющийся, колеблю́щийся; I am ~ what I ought to do я не зна́ю, что мне де́лать 2) нея́сный, неопределённый 3) сомни́тельный, вызыва́ющий подозре́ния, подозри́тельный; ~ character (*или* reputation) сомни́тельная репута́ция

**doubting** [ˈdautɪŋ] **1.** *pres. p. от* doubt 2

**2.** *a* сомнева́ющийся, колеблю́щийся ◇ ~ Thomas Фома́ неве́рный, скéптик

**doubtless** [ˈdautlɪs] **1.** *adv* 1) несомне́нно 2) *разг.* вероя́тно

**2.** *a поэт.* несомне́нный

**douce** [duːs] *a шотл.* споко́йный, степе́нный

**douceur** [duːˈsəː] *фр. n* 1) чаевы́е 2) взя́тка

**douche** [duːʃ] **1.** *n* 1) душ, облива́ние 2) промыва́ние ◇ to throw a cold ~ upon smb. расхола́живать кого́-л., вы́лить на кого́-л. уша́т холо́дной воды́

**2.** *v* 1) полива́ть из ду́ша; принима́ть душ; облива́ть(ся) водо́й 2) промыва́ть

**dough** [dəu] *n* 1) те́сто 2) па́ста, густа́я ма́сса 3) *жарг.* де́ньги ◇ my (our) cake is ~ моё (на́ше) де́ло пло́хо

**doughboy** [ˈdəubɔɪ] *n* 1) клёцка; по́нчик 2) *амер. жарг.* солда́т-пехоти́нец

**doughface** [ˈdəufeɪs] *n амер.* мягкоте́лый, слабохара́ктерный челове́к

**doughnut** [ˈdəunʌt] *n* по́нчик; жа́реный пирожо́к ◇ it is dollars to ~s *амер.* несомне́нно, наверняка́

**doughtily** [ˈdautɪlɪ] *adv* до́блестно, отва́жно

**doughtiness** [ˈdautɪnɪs] *n* до́блесть, отва́га, му́жество

**doughty** [ˈdautɪ] *a книжн. шутл.* сме́лый, отва́жный, хра́брый, му́жественный, до́блестный

**doughy** [ˈdəuɪ] *a* 1) тестообра́зный; пло́хо пропечённый 2) бле́дный (*о цвете лица*); одутлова́тый 3) тупо́й (*о человеке*)

**dour** [ˈduə] *a* суро́вый, стро́гий, не преклонный

**douse** [daus] *v* 1) окуна́ть(ся), погружа́ть(ся) в во́ду 2) бы́стро спуска́ть па́рус 3) туши́ть, гаси́ть; to ~ the glim *разг.* гаси́ть свет

**dove** [dʌv] *n* 1) го́лубь; голу́бка ~ of peace го́лубь ми́ра 2) *ласк.* голу́бчик; голу́бушка 3) *амер. разг.* сторо́нник поли́тики ми́ра

**dove-colour** [ˈdʌvˌkʌlə] *n* си́зый цве

**dove-cot(e)** [ˈdʌvkɔt] *n* голубя́тня ◇ to flutter the dove-cotes подня́ть переполо́х, переполоши́ть весь «куря́тник»

**dove-eyed** [ˈdʌvˈaɪd] *a* с неви́нным выраже́нием лица́, с кро́тким взгля́дом

**dove-like** [ˈdʌvlaɪk] *a* голуби́ный, не́жный, кро́ткий

**dovetail** [ˈdʌvteɪl] **1.** *n тех., стр.* ла́сточкин хвост, ла́па, шип

**2.** *v* 1) *стр.* вяза́ть в ла́пу 2) подгоня́ть, пло́тно прила́живать 3) согласо́вывать, увя́зывать 4) подходи́ть, соотве́тствовать, совпада́ть

**dowager** [ˈdauədʒə] *n* 1) вдова́ (*вы сокопоставленного лица*); the Queen ~ (the ~ duchess) вдо́вствующая королёва (герцоги́ня) 2) *разг.* вели́чественная престаре́лая да́ма

**dowdy** [ˈdaudɪ] **1.** *n* неря́шливо и немо́дно оде́тая же́нщина

**2.** *a* 1) неря́шливо и немо́дно оде́тый (*о женщине*) 2) немо́дный, неэлега́нтный (*о платье*)

**dowdyish** [ˈdaudɪɪʃ] *a* немо́дный, неэлега́нтный

**dowel** [ˈdauəl] *тех.* **1.** *n* дю́бель, штырь; шпо́нка; чека́

**2.** *v* скрепля́ть шпо́нками

**dower** [ˈdauə] **1.** *n* 1) вдо́вья часть (насле́дства) 2) прида́ное 3) приро́дный дар, тала́нт

**2.** *v* 1) оставля́ть насле́дство (*вдове*) 2) дава́ть прида́ное 3) наделя́ть тала́нтом (with)

**dower-chest** [ˈdauətʃest] *n* сунду́к (с прида́ным)

**dowlas** [ˈdauləs] *n* «до́улас», сорт про́чного коленко́ра *или* полотна́

**down I** [daun] *n* пух, пушо́к

**down II** [daun] *n* (*обыкн. pl*) холм безле́сная возвы́шенность; the Downs гряда́ мелово́х холмо́в в Ю́жной Англии

**down III** [daun] **1.** *adv* 1) вниз; to climb ~ слеза́ть; to come ~ спуска́ться; to flow ~ стека́ть 2) внизу́; the sun is ~ со́лнце зашло́, се́ло; the blinds are ~ што́ры спу́щены; to hit a man who is ~ бить лежа́чего 3) до конца́, вплоть до; to read ~ to the last page дочита́ть до после́дней страни́цы; ~ to the time of Shakespeare вплоть до вре́мени, до эпо́хи Шекспи́ра 4) *означает уменьшение количества, размера; ослабление, уменьшение силы; ухудшение*: to boil ~ выкипа́ть, ува́риваться; to bring ~ the price снижа́ть це́ну; to be ~ ослабева́ть, снижа́ться; the temperature (th death-rate) is very much ~ температура (смертность) значительно понизилась; to calm ~ успокаиваться; the quality of ale has gone ~ качество пива ухудшилось; worn ~ with use изношенный 5) *означает движение от центра к периферии, из столицы в провинцию и т. п.*: to go ~ to the country ехать в деревню; to go ~ to Brighton ехать (*из Лондона*) в Брайтон 6) *амер. означает движение к центру города, в столицу, к югу*: trains going ~ поезда, идущие в южном направлении 7) *придаёт глаголам значение совершенного вида*: to write ~ записать; to fall ~ упасть ◇ ~ and out в беспомощном состоянии; разорённый; потерпевший крушение в жизни; ~ in the mouth в унынии, в плохом настроении; ~ on the nail сразу, немедленно; cash ~ деньги на бочку; ~ with! долой!; to be ~ with fever лежать в жару, в лихорадке; to be ~, to be ~ at (*или* in) health хворать, быть слабого здоровья; to come (*или* to drop) ~ on smb. набрасываться на кого-л., бранить кого-л.; to face smb. ~ нагнать страху на кого-л. своим взглядом

**2.** *prep* вниз; (вниз) по; вдоль по; ~ the river вниз по реке; ~ wind по ветру; to go ~ the road идти по дороге

**3.** *n* 1) (*обыкн. pl*) спуск 2) *разг.* неудовольствие; нападки; to have a ~ on smb. иметь зуб против кого-л. 3) *амер. спорт.* мяч вне игры (*в футболе и т. п.*)

**4.** *a* 1) направленный книзу; ~ grade уклон железнодорожного пути; *перен.* ухудшение 2): ~ train поезд, идущий из столицы, из большого города; ~ platform перрон для поездов, идущих из столицы *или* из большого города 3): ~ payment первый взнос (*напр., при покупке товаров в кредит*) 4) *спорт.* отстающий от противника; he is one ~ он отстал на одно очко ◇ to be ~ on smb. сердиться на кого-л.

**5.** *v разг.* 1) опускать, спускать 2) сбивать (*самолёт, человека*) 3) осиливать, одолевать; подчинять 4) кончать (*с чем-л.*), разделываться ◇ to ~ tools прекратить работу, забастовать

**downcast** I ['daunka:st] *a* 1) опущенный вниз; потупленный (*о взгляде*) 2) удручённый, подавленный 3) нисходящий, направленный вниз

**downcast** II ['daunka:st] *n горн.* вентиляционная шахта

**down-draught** ['daun'dra:ft] *n тех.* нижняя тяга

**downfall** ['daunfɔ:l] *n* 1) падение; гибель; разорение 2) ниспровержение 3) ливень; сильный снегопад; осадки

**down-grade** ['daungreɪd] **1.** *n* 1) уклон 2) упадок

**2.** *v* понижать (*в должности и т. п.*)

**down-hearted** ['daun'hɑ:tɪd] *a* упавший духом, унылый

**downhill** ['daun'hɪl] **1.** *n* 1) склон; ~ of life закат дней, закат жизни 2) *спорт.* скоростной спуск

**2.** *a* покатый, наклонный

**3.** *adv* 1) вниз; под гору; под уклон 2) на закате, в упадке; на склоне; to go ~ ухудшаться (*о здоровье, материальном положении*); *перен.* катиться по наклонной плоскости

**downiness** ['daunɪnɪs] *n* пушистость; пушок

**Downing Street** ['daunɪŋ'stri:t] *n* 1) Даунинг-стрит (*улица в Лондоне, на которой помещается министерство иностранных дел и официальная резиденция премьера*) 2) *перен.* английское правительство

**downlead** ['daunli:d] *n радио* антенный спуск

**downpour** ['daunpɔ:] *n* ливень

**downright** ['daunraɪt] **1.** *a* 1) прямой, откровенный, честный 2) явный; очевидный 3) отъявленный

**2.** *adv* совершенно, явно

**downstage** ['daunsteɪdʒ] **1.** *a* 1) относящийся к авансцене 2) *разг.* дружеский

**2.** *adv* 1) на авансцене 2) на авансцену

**downstair** ['daun'stɛə] = downstairs 1

**downstairs** ['daun'stɛəz] **1.** *a* расположенный в нижнем этаже

**2.** *adv* 1) вниз; to go ~ спуститься, сойти вниз 2) внизу; в нижнем этаже

**downstream** ['daun'stri:m] **1.** *adv* вниз по течению

**2.** *n гидр.* низовая сторона плотины, нижний бьеф

**downthrow** ['daunθrəu] *n геол.* сброс, нижнее крыло сброса

**downtime** ['dauntaɪm] *n амер.* простой, вынужденное бездействие

**downtown** ['dauntaun] *амер.* **1.** *n* деловая часть города

**2.** *a* расположенный в деловой части города

**3.** *adv* 1) в деловой центр 2) в деловой части города

**downtrend** ['dauntrend] *n* тенденция к понижению

**downtrodden** ['daun,trɔdn] *a* 1) растоптанный, втоптанный 2) попранный, угнетённый

**downturn** ['dauntə:n] *n* 1) загиб 2) *эк.* уменьшение, спад

**downward** ['daunwəd] **1.** *a* спускающийся; ухудшающийся; ~ tendency *полит.-эк.* понижательная тенденция

**2.** *adv* вниз, книзу

**downwards** ['daunwədz] = downward 2

**downy** I ['daunɪ] *a* 1) пушистый, мягкий как пух 2) пуховый 3) мягкий, нежный; ~ bed мягкая постель

**downy** II ['daunɪ] *a* холмистый

**downy** III ['daunɪ] *a sl.* хитрый, продувной

**dowry** ['dauərɪ] *n* 1) приданое 2) природный талант

**dowse** [dauz] *v* определять наличие подпочвенных вод *или* минералов при помощи ивового прута [*ср.* divining-rod]

**dowser** ['dauzə] *n* человек, определяющий присутствие подпочвенной воды *или* минералов при помощи ивового прута [*ср.* divining-rod]

**dowsing-rod** ['dauzɪŋrɔd] = divining-rod

**doxy** I ['dɔksɪ] *n* 1) доктрина, теория 2) верование

**doxy** II ['dɔksɪ] *n уст. жарг.* 1) проститутка; шлюха; 2) нищенка; бродяга

**doyen** ['dɔɪən] *фр. n* 1) дуайен, старшина (*дипломатического корпуса*) 2) старейшина, старшина (*корпорации*)

**doze** [dəuz] **1.** *n* 1) дремота 2) дряблость (*древесины*)

**2.** *v* дремать

**dozen** ['dʌzn] *n* 1) дюжина; by the ~ дюжинами 2) *pl* множество, масса ◇ baker's (*или* printer's, devil's, long) ~ чёртова дюжина; daily ~ зарядка; to talk nineteen to the ~ говорить без умолку

**dozer** ['dəuzə] *сокр. от* bulldozer

**dozy** ['dəuzɪ] *a* сонный, дремлющий

**drab** I [dræb] **1.** *n* 1) тускло-коричневый цвет 2) плотная шерстяная ткань тускло-коричневого цвета 3) серость, однообразие

**2.** *a* 1) тускло-коричневый; желтовато-серый 2) скучный, бесцветный, однообразный; a ~ existence серые будни, однообразие

**drab** II [dræb] *n* 1) неряшливая женщина 2) проститутка

**drabbet** ['dræbɪt] *n* сорт грубого небелёного полотна

**drabble** ['dræbl] *v* забрызгать(ся), замочить(ся), испачкать(ся)

**Dracaena** [drə'si:nə] *n бот.* драконник, драконово дерево

**drachm** [dræm] *n* 1) драхма (*древнегреческая монета*) 2) = dram 1); 3) небольшое количество (*чего-л.*)

**drachma** ['drækmə] *n* (*pl* -mae, -mas [-məz]) драхма (*денежная единица Греции*)

**drachmae** ['drækmi:] *pl от* drachma

**Draco** ['dreɪkəu] *n* 1) *астр.* Дракон (*созвездие*) 2) *зоол.* летучий дракон (*ящерица*)

**Draconian, Draconic** [dreɪ'kəunjən, dreɪ'kɔnɪk] *a* драконовский, суровый

**draff** [dræf] *n* 1) помои; отбросы 2) пойло 3) барда (*отходы винокурения и пивоварения*) 4) дрянь

**draft** [dra:ft] **1.** *n* 1) чертёж, план; эскиз, рисунок 2) проект, набросок; черновик (*документа и т. п.*) 3) чек; тратта; получение по чеку; to make a ~ on a fund взять часть вклада с текущего счёта; *перен.* извлечь выгоду, воспользоваться (*дружбой, хорошим отношением, доверием*) 4) *ком.* скидка на провес 5) *см.* draught 1, 1);

6) *тех.* тя́га, дутьё 7) отбо́р (*особ. солдат*) для специа́льной це́ли; отря́д; подкрепле́ние 8) оса́дка (*судна*) 9) *воен.* набо́р, призы́в, вербо́вка 10) *attr.*: ~ treaty прое́кт догово́ра 11) *attr.*: ~ dodger лицо́, уклоня́ющееся от призы́ва на вое́нную слу́жбу

**2.** *v* 1) де́лать чертёж 2) составля́ть план, законопрое́кт 3) набра́сывать черно́вик 4) производи́ть отбо́р; выделя́ть (*солдат для определённой цели*) 5) цеди́ть, отце́живать

**draftee** [ˌdrɑːfˈtiː] *n* призывни́к

**drafter** [ˈdrɑːftə] *n* ломова́я ло́шадь, упряжна́я ло́шадь

**drafting** [ˈdrɑːftɪŋ] **1.** *pres. p. от* draft 2

**2.** *n* 1) составле́ние (*документа, законопроекта*); the ~ of this clause is very obscure формулиро́вка э́того пу́нкта нея́сна́, о́чень нечётка 2) черче́ние 3) *attr.* чертёжный; ~ room *амер.* чертёжная; ~ paper чертёжная бума́га 4) *attr.*: ~ committee редакцио́нная коми́ссия

**draftsman** [ˈdrɑːftsmən] *n* 1) чертёжник 2) рисова́льщик 3) составитель докуме́нта, а́втор законопрое́кта

**draftsmanship** [ˈdrɑːftsmənʃɪp] *n* черче́ние, иску́сство черче́ния

**drag** [dræg] **1.** *n* 1) дра́га; ко́шка; землечерпа́лка 2) тяжёлая борона́ 3) то́рмоз, тормозно́й башма́к 4) торможе́ние, заде́ржка движе́ния; ме́дленное движе́ние 5) обу́за; бре́мя; to be a ~ on a person быть для кого́-л. обу́зой 6) экипа́ж, запряжённый четвёркой, с сиде́ньями внутри́ и наверху́ 7) бре́день, не́вод 8) *охот.* след (*зверя*); за́пах (*оставленный пахучей приманкой*) 9) *ав., авто* лобово́е сопротивле́ние 10) *амер.* проте́кция, блат 11) *разг.* затя́жка; she took a long ~ on (*или* to) her cigarette она́ затяну́лась папиро́сой

**2.** *v* 1) (с уси́лием) тащи́ть(ся), волочи́ть(ся); тяну́ть; to ~ one's feet а) волочи́ть но́ги; б) неохо́тно, лени́во де́лать что-л. 2) тяну́ться 3) отстава́ть 4) борони́ть (*поле*) 5) чи́стить дно (*реки, озера, пруда*) дра́гой 6) букси́ровать □ ~ **in** *разг.* а) втащи́ть; вовле́чь; б) притяну́ть; to ~ in by the head and shoulders ≅ притяну́ть за́ уши (*довод и т. п.*); ~ **on** продолжа́ть всё то же; ску́чно тяну́ться (*о времени, жизни*); ~ **out** а) выта́скивать; б) растя́гивать (*рассказ и т. п.*); тяну́ть, ме́длить; ~ **up** *разг.* пло́хо воспи́тывать

**dragée** [drɑːˈʒeɪ] *фр. n* драже́

**draggle** [ˈdrægl] *v* 1) волочи́ть(ся); тащи́ть(ся) по грязи́ 2) испа́чкать, выва́лять в грязи́ 3) тащи́ться в хвосте́ 4) ме́длить

**draggle-tail** [ˈdrægltteɪl] *n* 1) *pl* замы́зганный подо́л 2) неря́ха, замара́шка

**dragline** [ˈdræglaɪn] *n тех.* дра́глайн, скребко́вый экскава́тор

**drag-net** [ˈdrægnet] *n* 1) бре́день, не́вод 2) сеть для ло́вли птиц

**dragoman** [ˈdrægəumən] *n* (*pl* -mans [-mənz], -men) драгома́н, перево́дчик (*на Востоке*)

**dragon** [ˈdrægən] *n* 1) драко́н 2) о́чень стро́гий челове́к; дуэ́нья 3) (D.) *астр.* Драко́н (*созвездие*) 4) *зоол.* лету́чий драко́н (*ящерица*) 5) караби́н 6) караби́нер 7) *воен.* артиллери́йский тра́ктор «Дрэ́гон»

**dragon-fly** [ˈdrægənflaɪ] *n* стрекоза́

**dragon's-blood** [ˈdrægənzblʌd] *n* драко́нова кровь (*красная смола драконова и некоторых других деревьев*)

**dragon's teeth** [ˈdrægənztiːθ] *n* 1) *воен.* противота́нковые на́долбы 2) *миф.* зу́бы драко́на

**dragon-tree** [ˈdrægəntriː] *n* драко́ново де́рево, драко́нник

**dragoon** [drəˈguːn] **1.** *n воен.* драгу́н

**2.** *v* 1) посыла́ть кара́тельную экспеди́цию 2) принужда́ть си́лой (*тж. шутл.*)

**drain** [dreɪn] **1.** *n* 1) дрена́ж; дрена́жная кана́ва 2) канализацио́нная труба́ 3) водосто́к, водоотво́д 4) *мед.* дрена́жная тру́бка 5) вытека́ние 6) постоя́нная уте́чка; расхо́д; истоще́ние; ~ of specie from a country уте́чка валю́ты из страны́; it is a great ~ on my health э́то о́чень истоща́ет моё здоро́вье 7) *разг.* глото́к 8) *attr.*: ~ cock (*или* valve) спускно́й кран

**2.** *v* 1) дрени́ровать, осуша́ть (*почву*) 2): the river ~s the whole region река́ собира́ет во́ды всей окру́ги 3) проводи́ть канализа́цию; this house is well (badly) ~ed в до́ме хоро́шая (плоха́я) канализа́ция 4) стека́ть (*в реку*); сочи́ться, проса́чиваться 5) суши́ть; to ~ dishes суши́ть посу́ду (*после мытья*) 6) дрени́ровать (*рану*) 7) фильтрова́ть 8) осуша́ть, пить до дна (*тж.* ~ dry, ~ to the dregs) 9) истоща́ть (*силы, средства*); to ~ smb. of money лиши́ть кого́-л. де́нег

**drainage** [ˈdreɪnɪdʒ] *n* 1) дрена́ж; осуше́ние; сток 2) канализа́ция 3) *мед.* дрени́рование (*раны*) 4) нечисто́ты

**drainage-basin** [ˈdreɪnɪdʒˌbeɪsn] *n* бассе́йн (*реки*)

**drainage-tube** [ˈdreɪnɪdʒtjuːb] *n мед.* дрена́жная тру́бка

**drain-away** [ˈdreɪnəˌweɪ] **1.** *n* «уте́чка мозго́в» (*о переманивании учёных, специалистов*)

**2.** *v* перема́нивать (*учёных, специалистов*)

**drain-ditch** [ˈdreɪndɪtʃ] *n* водосто́чная кана́ва

**drake I** [dreɪk] *n* се́лезень

**drake II** [dreɪk] *n* 1) му́ха-подёнка (*употр. как наживка при ужении*) 2) стари́нная небольша́я пу́шка 3) стари́нная скандина́вская гале́ра с изображе́нием драко́на на носу́

**dram** [dræm] *n* 1) дра́хма ($^1/_8$ *унции в аптекарском весе*, $^1/_{16}$ *унции в торговом весе*) 2) глото́к спиртно́го; he is fond of a ~ он лю́бит вы́пить

**drama** [ˈdrɑːmə] *n* дра́ма

**dramatic** [drəˈmætɪk] *a* 1) драмати́ческий 2) драмати́чный 3) мелодрамати́ческий; театра́льный; актёрский; де́ланный 4) волну́ющий, впечатля́ющий, эффе́ктный 5) рази́тельный, броса́ющийся в глаза́; a ~ change рази́тельная переме́на

**dramatics** [drəˈmætɪks] *n pl* (*употр. как sing и как pl*) 1) драмати́ческое иску́сство 2) драмати́ческое произведе́ние 3) представле́ние, спекта́кль (*особ. любительский*) 4) исте́рика; she goes in for ~ она́ зака́тывает исте́рики

**dramatis personae** [ˈdrɑːmətɪspəːˈsəunaɪ] *лат. n pl* (*часто употр. как sing*) де́йствующие ли́ца (*пьесы*); спи́сок де́йствующих лиц

**dramatist** [ˈdræmətɪst] *n* драмату́рг

**dramatization** [ˌdræmətaɪˈzeɪʃən] *n* драматиза́ция; инсцениро́вка

**dramatize** [ˈdræmətaɪz] *v* 1) драматизи́ровать; инсцени́ровать (*литературное произведение*) 2) годи́ться для переде́лки в дра́му 3) преувели́чивать; разы́грывать траге́дию; сгуща́ть кра́ски

**dramaturge** [ˈdræmətəːdʒ] = dramatist

**dramaturgic** [ˌdræməˈtəːdʒɪk] *a* драматурги́ческий

**dramaturgist** [ˈdræmətəːdʒɪst] = dramatist

**dramaturgy** [ˈdræmətəːdʒɪ] *n* драматурги́я

**dram-drinker** [ˈdræmˌdrɪŋkə] *n* пья́ница

**dram-shop** [ˈdræmʃɔp] *n* бар; пивна́я

**drank** [dræŋk] *past от* drink 2

**drape** [dreɪp] **1.** *n* 1) портье́ра, драпиро́вка 2) обо́йный материа́л

**2.** *v* 1) драпирова́ть, украша́ть тка́нями, за́навесами 2) надева́ть широ́кую оде́жду так, что́бы она́ ложи́лась изя́щными скла́дками

**draper** [ˈdreɪpə] *n* торго́вец мануфакту́рными това́рами

**drapery** [ˈdreɪpərɪ] *n* 1) драпиро́вка 2) тка́ни 3) магази́н тка́ней

**drastic** [ˈdræstɪk] *a* 1) сильнодейству́ющий (*о лекарстве*) 2) реши́тельный, круто́й; радика́льный; ~ changes коренны́е измене́ния

**drat** [dræt] *int груб.* провали́сь ты!, пропади́ ты про́падом!

**D-ration** [ˈdiːˈræʃən] *n амер.* авари́йный паёк

**dratted** [ˈdrætɪd] *a груб.* прокля́тый

**draught** [drɑːft] **1.** *n* 1) тя́га во́здуха; сквозня́к 2) наце́живание; beer on ~ пи́во из бо́чки 3) глото́к; to drink at a ~ вы́пить за́лпом 4) заки́дывание не́вода; одна́ заки́дка не́вода уло́в 5) до́за жи́дкого лека́рства black ~ слаби́тельное из александри́йского листа́ и магне́зии 6) *мор.* оса́дка, водоизмеще́ние (*судна*) 7) *pl* ша́шки (*игра*) 8) тя́га; упря́жь; beasts of ~ живо́е тя́гло, рабо́чий скот 9) *attr.* тя́гловый; ~ animal рабо́чий скот; ~ horse ломова́я ло́шадь

10) *attr.*: ~ beer бочково́е пи́во; [*см. тж.* draft 1] ◇ to feel the ~ *разг.* находи́ться в неблагоприя́тных усло́виях (*обыкн. о денежных затруднениях*)

2. *v редк.* = draft 2

**draughtboard** ['drɑːftbɔːd] *n* ша́шечная доска́

**draughtsman** ['drɑːftsmən] *n* 1) = draftsman 2) ша́шка (*в игре*)

**draughtsmanship** ['drɑːftsmənʃɪp] = draftsmanship

**draughty** ['drɑːftɪ] *a* располо́женный на сквозняке́

**draw** [drɔː] **1.** *n* 1) тя́га; вытя́гивание 2) жеребьёвка; лотере́я 3) жре́бий; вы́игрыш 4) то, что привлека́ет, нра́вится; прима́нка; the play is a ~ э́та пье́са име́ет успе́х 5) игра́ вничью́, ничья́ 6) замеча́ние, име́ющее це́лью вы́пытать что-л.; наводя́щий вопро́с; a sure ~ замеча́ние, кото́рое обяза́тельно заста́вит друго́го проговори́ться 7) *стр.* разводна́я часть мо́ста 8) *бот.* молодо́й побе́г 9) *амер.* выдвижно́й я́щик комо́да ◇ he is quick on the ~ он сра́зу хвата́ется за ору́жие

2. *v* (drew; drawn) 1) тащи́ть, волочи́ть; тяну́ть, натя́гивать; to ~ wire тяну́ть про́волоку; to ~ a parachute раскры́ть парашю́т; to ~ bridle (*или* rein) натя́гивать пово́дья, остана́вливать ло́шадь; *перен.* остана́вливаться; сде́рживаться; сокраща́ть расхо́ды 2) натя́гивать, надева́ть (*шапку*; *тж.* ~ on) 3) тяну́ть, броса́ть (*жребий*); they drew for places они́ бро́сили жре́бий, кому́ где сесть 4) выта́скивать, выдёргивать; вырыва́ть; to ~ the sword обнажи́ть шпа́гу; *перен.* нача́ть войну́; to ~ the knife угрожа́ть ножо́м 5) задёргивать; to ~ the curtain поднима́ть *или* опуска́ть за́навес; *перен.* скрыва́ть *или* выставля́ть напока́з (*что-л.*) 6) искажа́ть; a face drawn with pain лицо́, искажённое от бо́ли 7) получа́ть (*деньги и т. п.*); to ~ a prize получи́ть приз 8) добыва́ть (*сведения, информацию*); че́рпать (*вдохновение и т. п.*) 9) потроши́ть; to ~ a fowl потроши́ть пти́цу 10) име́ть тя́гу; the chimney ~s well в трубе́ хоро́шая тя́га 11) наста́ивать (-ся) (*о чае*) 12) привлека́ть (*внимание, интерес*); I felt drawn to him меня́ потяну́ло к нему́; the play still ~s пье́са всё ещё де́лает сбо́ры 13) навлека́ть; to ~ troubles upon oneself накли́кать на себя́ беду́ 14) вызыва́ть (*на разговор, откровенность и т. п.*); to ~ no reply не получи́ть отве́та 15) вызыва́ть (*слёзы, аплодисменты*) 16) пуска́ть (*кровь*) 17) вдыха́ть, втя́гивать, вбира́ть; to ~ a sigh вздохну́ть; to ~ a breath передохну́ть; to ~ a deep breath сде́лать глубо́кий вздох 18) выводи́ть (*заключение*); to ~ conclusions де́лать вы́воды 19) проводи́ть (*различие*) 20) черти́ть, рисова́ть; проводи́ть ли́нию, черту́; to ~ the line (at) поста́вить (*себе или другому*) преде́л 21) составля́ть, оформля́ть (*документ*); выпи́сывать (*чек*; *часто* ~ out, ~ up) 22) приближа́ться, подходи́ть; to ~ to a close подходи́ть к концу́ 23) конча́ть (*игру*) вничью́ 24) сиде́ть в воде́ (*о судне*); this steamer ~s 12 feet э́тот парохо́д име́ет оса́дку в 12 фу́тов 25) *карт.* брать ка́рты из коло́ды 26) *тех.* отпуска́ть (*сталь*); зака́ливать 27) *тех.* вса́сывать, втя́гивать □ ~ **aside** отводи́ть в сто́рону; ~ **away** а) уводи́ть; б) отвлека́ть; в) *спорт.* оторва́ться от проти́вника; ~ **back** отступа́ть; выходи́ть из де́ла, предприя́тия, игры́; ~ **down** а) спуска́ть (*штору, занавес*); б) навлека́ть (*гнев, неудовольствие и т. п.*); в) втяну́ть; затяну́ться (*папиросой и т. п.*); ~ **in** а) вовлека́ть; б) сокраща́ть (*расходы и т. п.*); в) бли́зиться к концу́ (*о дне*); сокраща́ться (*о днях*); г): to ~ in on a cigarette затяну́ться папиро́сой; ~ **off** а) отвлека́ть; б) отводи́ть (*воду*); в) оття́гивать (*войска*); г) отступа́ть (*о войсках*); д) снима́ть, стя́гивать (*сапоги, перчатки и т. п.*); ~ **on** а) натя́гивать, надева́ть (*перчатки и т. п.*); б) = ~ down б); в) наступа́ть, приближа́ться; autumn is ~ing on о́сень приближа́ется; г) че́рпать, заи́мствовать; ~ **out** а) вытя́гивать, выта́скивать; б) выводи́ть (*войска*); в) отряжа́ть, откомандиро́вывать; г) набра́сывать; to ~ out a scheme наброса́ть план; д) вызыва́ть на разгово́р, допы́тываться; е) затя́гиваться, продолжа́ться; the speech drew out interminably речь тяну́лась без конца́; ~ **over** перема́нивать на свою́ сто́рону; ~ **round** собира́ться вокру́г (*стола, огня, ёлки и т. п.*); ~ **up** а) составля́ть (*документ*); б) остана́вливаться; the carriage drew up before the door экипа́ж останови́лся у подъе́зда; в) *refl.* подтяну́ться; вы́прямиться; г) *воен.* выстра́ивать(ся); ~ **upon** че́рпать, брать (*из средств, фонда и т. п.*) ◇ to ~ amiss *охот.* идти́ по ло́жному сле́ду; to ~ a bow at a venture сде́лать *или* сказа́ть что-л. науга́д; случа́йным замеча́нием попа́сть в то́чку; to ~ the cloth убира́ть со стола́ (*особ. перед десертом*); to ~ the (enemy's) fire (upon oneself) вы́звать ого́нь на себя́; ~ it mild! *разг.* не преувели́чивай(те)!; to ~ one's pen against smb. вы́ступить в печа́ти про́тив кого́-л.; to ~ the teeth off ≅ вы́рвать жа́ло у змеи́; обезвре́дить; to ~ to a head а) нарыва́ть (*о фурункуле*); б) назрева́ть; достига́ть апоге́я; to ~ the wool over smb.'s eyes вводи́ть кого́-л. в заблужде́ние; втира́ть очки́

**drawback** ['drɔːbæk] *n* 1) препя́тствие; поме́ха 2) недоста́ток, отрица́тельная сторона́ 3) *ком.* возвра́тная по́шлина 4) усту́пка (*в цене*)

**drawbar** ['drɔːbɑː] *n* 1) *ж.-д.* тя́говый сте́ржень (*паровоза, вагона*) 2) упряжна́я тя́га

**drawbridge** ['drɔːbrɪdʒ] *n* подъёмный мост, разводно́й мост

**drawee** [drɔː'iː] *n фин.* трасса́т

**drawer I** ['drɔːə] *n* 1) чертёжник; рисова́льщик 2) состави́тель (*документа*)

**drawer II** ['drɔːə] *n фин.* трасса́нт

**drawer III** [drɔː] *n* (выдвижно́й) я́щик (*стола, комода*)

**drawer IV** ['drɔːə] *n* буфе́тчик

**drawers** [drɔːz] *n pl* кальсо́ны, подшта́нники, трусы́ (*тж.* a pair of ~)

**drawing** ['drɔːɪŋ] **1.** *pres. p. от* draw 2

2. *n* 1) рисова́ние; черче́ние (*тж.* mechanical ~); out of ~ нарисо́ванный с наруше́нием перспекти́вы 2) рису́нок 3) *тех.* волоче́ние (*проволоки*), вытя́гивание, протя́гивание; прока́тка 4) щепо́тка ча́я для зава́рки

**drawing-bench** ['drɔːɪŋbentʃ] *n тех.* волочи́льный стано́к

**drawing-block** ['drɔːɪŋblɔk] *n* тетра́дь, блокно́т для рисова́ния

**drawing-board** ['drɔːɪŋbɔːd] *n* чертёжная доска́

**drawing card** ['drɔːɪŋkɑːd] *n* гвоздь програ́ммы

**drawing-knife** ['drɔːɪŋnaɪf] *n* струг, ско́бель

**drawing-machine** ['drɔːɪŋməˌʃiːn] *n тех.* 1) волочи́льная маши́на 2) подъёмная лебёдка 3) чертёжные приспособле́ния

**drawing-pad** ['drɔːɪŋpæd] *n* блокно́т для рисова́ния

**drawing-paper** ['drɔːɪŋˌpeɪpə] *n* рисова́льная бума́га; чертёжная бума́га

**drawing-pen** ['drɔːɪŋpen] *n* рейсфе́дер

**drawing-pin** ['drɔːɪŋpɪn] *n* чертёжная *или* канцеля́рская кно́пка

**drawing-room I** ['drɔːɪŋrum] *n* 1) гости́ная 2) *амер.* купе́ в сало́н-ваго́не 3) *attr.*: ~ comedy сало́нная пье́са

**drawing-room II** ['drɔːɪŋrum] *n* чертёжный зал, чертёжная

**drawing scale** ['drɔːɪŋskeɪl] *n* масшта́бная лине́йка

**drawl** [drɔːl] **1.** *n* протя́жное произноше́ние, медли́тельность ре́чи

2. *v* растя́гивать слова́, произноси́ть с подчёркнутой медли́тельностью

**drawn** [drɔːn] **1.** *p. p. от* draw 2

2. *a* 1) нерешённый, с нея́сным исхо́дом (*о сражении и т. п.*); зако́нчившийся вничью́ 2) оття́нутый наза́д; отведённый 3) обнажённый (*о шпаге и т. п.*) 4) расто́пленный; ~ butter топлёное ма́сло 5) искажённый; ~ face искажённое лицо́ 6) *горн.* вы́работанный

**drawn-out** ['drɔːnaut] *a* дли́тельный, продолжи́тельный

**draw-plate** ['drɔːpleɪt] *n тех.* волочи́льная доска́

**draw-tongs** ['drɔːtɔŋz] *n pl* (*иногда употр. как sing*) *тех.* клещи́ для натя́гивания прово́дов

**draw-vice** ['drɔːvaɪs] = draw-tongs

**draw-well** ['drɔːwel] *n* коло́дец (с ведро́м на верёвке)

**dray** [dreɪ] *n* подво́да, теле́га

**dray-horse** [ˈdreɪhɔ:s] *n* ломовáя лóшадь

**drayman** [ˈdreɪmən] *n* ломовóй извóзчик

**dread** [dred] **1.** *n* 1) страх, боя́знь; опасéние; to have a ~ of smth. боя́ться чегó-л. 2) то, что порождáет страх; пýгало

**2.** *v* страши́ться, боя́ться; опасáться

**3.** *a уст., поэт.* ужáсный, стрáшный

**dreadful** [ˈdredful] **1.** *a* 1) ужáсный, стрáшный 2) *разг.* óчень плохóй, отврати́тельный

**2.** *n ист.* сенсациóнный ромáн ýжасов (*тж.* penny ~)

**dreadnought** [ˈdrednɔ:t] *n* 1) *мор.* дреднóут 2) тóлстое сукнó (*для пальтó*); пальтó из тóлстого сукнá

**dream** [dri:m] **1.** *n* 1) сон, сновидéние; to go to one's ~s ложи́ться спать, заснýть; to see a ~ ви́деть сон 2) мечтá; грёза; the land of ~s цáрство грёз 3) видéние ◇ ~s go by opposites наявý всё наоборóт

**2.** *v* (dreamt, dreamed [-d]) 1) ви́деть сны, ви́деть во сне 2) мечтáть, грéзить, воображáть (of) 3) дýмать, помышля́ть (*в отрицательных предложениях*); I shouldn't ~ of doing such a thing я бы и не подýмал сдéлать что-л. подóбное ▭ ~ **away**: to ~ away one's life проводи́ть жизнь в мечтáх; ~ **up** *разг.* выдýмывать, фантази́ровать; придýмывать

**dreamer** [ˈdri:mə] *n* 1) мечтáтель 2) фантазёр

**dream-hole** [ˈdri:mhəul] *n* отвéрстие для свéта (*в башне, колокольне и т. п.*)

**dreamily** [ˈdri:mɪlɪ] *adv* мечтáтельно; как во сне

**dream-land** [ˈdri:mlænd] *n* скáзочная странá, мир грёз

**dreamless** [ˈdri:mlɪs] *a* без сновидéний

**dreamlike** [ˈdri:mlaɪk] *a* 1) скáзочный 2) при́зрачный

**dreamt** [dremt] *past и p. p. от* dream 2

**dream-world** [ˈdri:mwə:ld] = dream-land

**dreamy** [ˈdri:mɪ] *a* 1) мечтáтельный, непракти́чный 2) скáзочный, при́зрачный 3) нея́сный; смýтный 4) *поэт.* пóлный сновидéний

**drear** [drɪə] *поэт. см.* dreary

**dreary** [ˈdrɪərɪ] *a* 1) мрáчный, тоскли́вый; отчáянно скýчный 2) печáльный, грýстный

**dredge** I [dredʒ] **1.** *n* 1) *тех.* землечерпáлка, дрáга, экскавáтор 2) сеть для вылáвливания ýстриц 3) *хим.* взвесь 4) *горн.* хýдшая часть руды́ (*после отборки*)

**2.** *v* 1) производи́ть дноуглуби́тельные рабóты, углубля́ть; драги́ровать 2) лови́ть ýстриц сéтью

**dredge** II [dredʒ] *v* посыпáть (*мукой, сахаром и т. п.*)

**dredger** I [ˈdredʒə] *n* 1) землечерпáлка, экскавáтор 2) дрáгер; ýстричное сýдно

**dredger** II [ˈdredʒə] *n* сосýд с мáленькими ды́рочками в кры́шке для посыпáния (*мукой, сахаром и т. п.*)

**dree** [dri:] *v уст.* страдáть, терпéть; to ~ one's weird покоря́ться судьбé

**dreg** [dreg] *n* 1) *pl* осáдок; отбрóсы; to drink to the ~s вы́пить до дна; ~s of society подóнки óбщества 2) *хим.* отстóй, муть

**dreggy** [ˈdregɪ] *a* содержáщий осáдок *или* нечистóты; мýтный

**drench** [drentʃ] **1.** *n* 1) промокáние 2) ли́вень 3) дóза лекáрства (*для животных*)

**2.** *v* 1) смáчивать, мочи́ть, промáчивать насквóзь; орошáть 2) вливáть лекáрство (*животным*)

**drencher** [ˈdrentʃə] *n* 1) ли́вень 2) приспособлéние для вливáния лекáрства (*животным*)

**Dresden** [ˈdrezdən] *n* дрéзденский фарфóр (*тж.* ~ china)

**dress** [dres] **1.** *n* 1) плáтье; одéжда; evening ~ фрак; смóкинг; вечéрнее плáтье; бáльный туалéт; morning ~ а) домáшний костю́м; б) визи́тка; the (*или* a) ~ дáмское наря́дное плáтье 2) внéшний покрóв; одея́ние; оперéние 3) *attr.* парáдный (*об одежде*) 4) *attr.* плáтельный; ~ goods ткáни для плáтьев, плáтельные ткáни

**2.** *v* 1) одевáть(ся) 2) наряжáть (-ся); украшáть(ся); to ~ a shop window убирáть витри́ну; the ballet will be newly ~ed балéт бýдет постáвлен в нóвых костю́мах; to ~ for dinner (пере)одевáться к обéду 3) причёсывать, дéлать причёску 4) чи́стить (*лошадь*) 5) перевя́зывать (*рану*) 6) приготовля́ть; приправля́ть (*кушанье*) 7) раздéлывать (*тушу*) 8) унавóживать, удобря́ть (*почву*); обрабáтывать (*землю*) 9) выдéлывать (*кожу*) 10) вырáвнивать; ровня́ть 11) шлифовáть (*камень*) 12) обтёсывать, строгáть (*доски*) 13) *мор.* расцвéчивать (*флагами*) 14) *воен.* равня́ться; вырáвнивать(ся); ~! равня́йсь!; right (left) ~! напрáво (налéво) равня́йсь! 15) *горн.* обогащáть (*руду*) 16) *текст.* аппрети́ровать 17) подрезáть, подстригáть (*деревья, растения*) ▭ ~ **down** *разг.* задáть головомóйку, отругáть; ~ **out** украшáть; наряжáть (-ся) ~ **up** а) изы́сканно одевáть (-ся); б) надевáть маскарáдный костю́м

**dressage** [ˈdresɑ:ʒ] *фр. n* 1) объéздка лошадéй 2) *attr.*: ~ tests прóбные испытáния, вы́водка лошадéй

**dress cap** [ˈdreskæp] *n амер. воен.* фóрменная фурáжка

**dress-circle** [ˈdresˈsə:kl] *n театр.* бельэтáж

**dress coat** [ˈdresˈkəut] *n* 1) фрак 2) *воен.* парáдный мунди́р

**dresser** I [ˈdresə] *n* 1) оформи́тель витри́н 2) хирурги́ческая сестрá 3) *театр.* костюмéр 4) кожéвник 5) *горн.* сортирóвщик; обогати́тель 6) *амер.* человéк, одевáющийся со вкýсом; франт (*тж.* smart ~)

**dresser** II [ˈdresə] *n* 1) кýхонный стол с пóлками для посýды 2) кýхонный шкаф для посýды 3) *амер.* туалéтный стóлик, туалéт

**dress-guard** [ˈdresgɑ:d] *n* предохрани́тельная сéтка (*на дамском велосипеде*)

**dressing** [ˈdresɪŋ] **1.** *pres. p. от* dress 2

**2.** *n* 1) одевáние 2) украшéние, убрáнство 3) отдéлка, очи́стка; шлифóвка 4) перевя́зочный материáл 5) припрáва (*к рыбе, салату*) 6) удобрéние 7) *воен.* равнéние 8) *текст.* шлихтовáние; аппрети́рование 9) *горн.* обогащéние (*руды*) 10) = **dressing down**

**dressing-bag** [ˈdresɪŋbæg] = dressing-case

**dressing-bell** [ˈdresɪŋbel] *n* звонóк, приглашáющий переодéться к обéду

**dressing-case** [ˈdresɪŋkeɪs] *n* 1) нессéр 2) я́щик для перевя́зочного материáла

**dressing down** [ˈdresɪŋˈdaun] *n разг.* вы́говор, пóрка; to give a good ~ задáть хорóшую головомóйку

**dressing-gown** [ˈdresɪŋgaun] *n* халáт, пеньюáр

**dressing-room** [ˈdresɪŋrum] *n* туалéтная кóмната; гардерóбная

**dressing station** [ˈdresɪŋˌsteɪʃən] *n воен.* перевя́зочный пункт

**dressing-table** [ˈdresɪŋˌteɪbl] *n* туалéтный стóлик

**dressmaker** [ˈdresˌmeɪkə] *n* портни́ха

**dressmaking** [ˈdresˌmeɪkɪŋ] *n* шитьё дáмского плáтья

**dress-preserver** [ˈdresprɪˈzə:və] *n* подмы́шник

**dress rehearsal** [ˈdresrɪˈhə:səl] *n* генерáльная репети́ция

**dress-shield** [ˈdresʃi:ld] = dress-preserver

**dressy** [ˈdresɪ] *a разг.* 1) лю́бящий, умéющий наря́дно и мóдно одевáться 2) изя́щный, шикáрный (*о платье*)

**drew** [dru:] *past от* draw 2

**drey** [dreɪ] *n* бéличье гнездó

**dribble** [ˈdrɪbl] **1.** *n* 1) кáпля 2) мородя́щий дождь 3) ведéние мячá (*в футболе*)

**2.** *v* 1) кáпать 2) пускáть слю́ни 3) вести́ мяч (*в футболе и т. п.*) 4) гнать шар в лýзу (*в бильярде*) ▭ ~ **along** тяну́ться (*о времени*)

**dribbler** [ˈdrɪblə] *n* игрóк, ведýщий мяч (*в футболе и т. п.*)

**dribblet** [ˈdrɪblɪt] *n* 1) небольшáя сýмма 2) чýточка; кáпелька; by (*или* in) ~s небольши́ми частя́ми, по кáпельке

**dried** [draɪd] *a* сухóй, вы́сушенный; ~ milk порошкóвое молокó

**drier** [ˈdraɪə] **1.** *n* = dryer

**2.** *a сравн. ст. от* dry 1

**drift** [drɪft] **1.** *n* 1) мéдленное течéние 2) направлéние, тендéнция 3) намéрение, стремлéние; the ~ of a speech смысл рéчи; I don't understand your ~ я не понимáю, кудá вы клóните

4) пасси́вность; the policy of ~ поли́тика безде́йствия *или* самотёка 5) сугро́б (*снега*); ку́ча (*песка, листьев и т. п.*), нанесённая ве́тром 6) *мор.* дрейф; *ав.* девиа́ция, снос; ско́рость сно́са 7) *геол.* леднико́вый нано́с 8) дри́фтерная сеть 9) *горн.* штрек, горизонта́льная вы́работка 10) *воен.* дерива́ция

2. *v* 1) относи́ть ве́тром, тече́нием; относи́ться, перемеща́ться по ве́тру, тече́нию; дрейфова́ть 2) наноси́ть ве́тром, тече́нием 3) скопля́ться ку́чами (*о снеге, песке и т. п.*) 4) быть пасси́вным, предоставля́ть всё судьбе́; to ~ into war быть втя́нутым в войну́ 5) *тех.* расширя́ть, пробива́ть отве́рстия □ ~ **apart** разойти́сь (*тж. перен.*); ~ **together** сбли́зиться

**driftage** [ˈdrɪftɪdʒ] *n* 1) снос, дрейф (*судна в море*) 2) предме́ты, вы́брошенные на бе́рег мо́ря

**drifter** [ˈdrɪftə] *n* 1) дри́фтер (*судно для лова рыбы плавными сетями*) 2) рыба́к, пла́вающий на дри́фтере 3) *разг.* никчёмный челове́к 4) *амер. разг.* бродя́га

**drift-ice** [ˈdrɪftaɪs] *n* дрейфу́ющий лёд

**drift-net** [ˈdrɪftnet] *n* дри́фтерная сеть

**drift-wood** [ˈdrɪftwud] *n* 1) сплавно́й лес 2) лес, приби́тый к бе́регу мо́ря; плавни́к

**drill I** [drɪl] **1.** *n* 1) (физи́ческое) упражне́ние, трениро́вка 2) (строево́е) уче́ние; муштро́вка; муштра́ 3) *attr.*: ~ cartridge уче́бный патро́н

**2.** *v* 1) тренирова́ть; to ~ in grammar ната́скивать по грамма́тике 2) обуча́ть (стро́ю); to ~ troops обуча́ть войска́ 3) проходи́ть строево́е обуче́ние

**drill II** [drɪl] *тех.* **1.** *n* 1) сверло́ 2) дрель, коловоро́т 3) бур; бура́в

**2.** *v* сверли́ть, бури́ть

**drill III** [drɪl] *с.-х.* **1.** *n* 1) борозда́ 2) (рядова́я) се́ялка

**2.** *v* се́ять, сажа́ть ряда́ми

**drill IV** [drɪl] *n* тик (*ткань*)

**drill V** [drɪl] *n* мандри́лл (*обезьяна*)

**driller** [ˈdrɪlə] *n* 1) бури́льщик 2) сверли́льный стано́к

**drill ground** [ˈdrɪlgraund] *n* *воен.* уче́бный плац

**drill-hall** [ˈdrɪlhɔːl] *n* мане́ж

**drillhole** [ˈdrɪlhəul] *n* бурова́я сква́жина

**drilling I** [ˈdrɪlɪŋ] **1.** *pres. p. от* drill I, 2

**2.** *n* обуче́ние (*войск*)

**drilling II** [ˈdrɪlɪŋ] **1.** *pres. p. от* drill II, 2

**2.** *n* 1) высве́рливание 2) буре́ние

**drilling III** [ˈdrɪlɪŋ] **1.** *pres. p. от* drill III, 2

**2.** *n* посе́в рядово́й се́ялкой

**Drill Regulations** [ˈdrɪlˌregjuˈleɪʃənz] *n* *воен.* строево́й уста́в

**drill-sergeant** [ˈdrɪlˌsɑːdʒənt] *n* *воен.* сержа́нт-инстру́ктор по стро́ю

**drink** [drɪŋk] **1.** *n* 1) питьё; напи́ток; soft ~s безалкого́льные напи́тки 2) глото́к; стака́н (*вина, воды*); to have a ~ вы́пить; попи́ть, напи́ться 3) спиртно́й напи́ток (*тж.* ardent ~, strong ~) 4) скло́нность к спиртно́му, пья́нство; in ~ в пья́ном ви́де, пья́ный; to be on the ~ пить запо́ем; to take to ~ стать пья́ницей 5): the ~ *разг.* мо́ре; to fall into ~ па́дать за́ борт ◇ the big ~ *амер. шутл.* а) Атланти́ческий океа́н; б) река́ Миссиси́пи; long ~ of water *амер. разг.* челове́к о́чень высо́кого ро́ста

**2.** *v* (drank; drunk) 1) пить, вы́пить 2) пить, пья́нствовать; to ~ the health of smb. пить за чьё-л. здоро́вье; to ~ brotherhood вы́пить на брудерша́фт; to ~ hard, to ~ heavily, to ~ like a fish си́льно пья́нствовать; to ~ deep а) сде́лать большо́й глото́к; б) си́льно пья́нствовать 3) впи́тывать (*влагу; о растениях*) 4) вдыха́ть (*воздух*) □ ~ **down** вы́пить за́лпом; ~ **in** жа́дно впи́тывать; упива́ться (*красотой и т. п.*); ~ **off** = ~ down; ~ **to** пить за здоро́вье, за процвета́ние; ~ **up** а) = ~ down; б) вы́пить до дна ◇ I could ~ the sea dry меня́ му́чит жа́жда, я о́чень хочу́ пить

**drinkable** [ˈdrɪŋkəbl] **1.** *a* го́дный для питья́

**2.** *n pl* напи́тки

**drinker** [ˈdrɪŋkə] *n* 1) пью́щий, тот, кто пьёт 2) пья́ница

**drinking-bout** [ˈdrɪŋkɪŋbaut] *n* запо́й

**drinking fountain** [ˈdrɪŋkɪŋˌfauntɪn] *n* питьево́й фонта́нчик

**drinking-horn** [ˈdrɪŋkɪŋhɔːn] *n* рог (*для вина*)

**drinking-song** [ˈdrɪŋkɪŋsɔŋ] *n* засто́льная пе́сня

**drinking-water** [ˈdrɪŋkɪŋˌwɔːtə] *n* питьева́я вода́

**drink-offering** [ˈdrɪŋkˌɔfərɪŋ] *n* возлия́ние вина́ (*жертвоприношение*)

**drip** [drɪp] **1.** *n* 1) ка́панье 2) шум па́дающих ка́пель 3) = dripstone 1); 4) *горн.* капёж

**2.** *v* ка́пать, па́дать ка́плями; the tap is ~ping кран течёт; to ~ with wet промо́кнуть насквозь

**drip-dry** [ˈdrɪpdraɪ] *n* быстросо́хнущая ткань

**drip-moulding** [ˈdrɪpˌməuldɪŋ] = dripstone 1)

**dripping** [ˈdrɪpɪŋ] **1.** *pres. p. от* drip 2

**2.** *n* 1) ка́панье; проса́чивание 2) па́дающая ка́плями жи́дкость 3) жир, ка́пающий с мя́са во вре́мя жа́ренья

**3.** *a* 1) мо́крый, промо́кший; ~ wet насквозь мо́крый 2) ка́пающий, ка́плющий

**dripping-pan** [ˈdrɪpɪŋpæn] *n* 1) сковорода́; про́тивень 2) *тех.* маслосбо́рник, маслоулови́тель

**dripstone** [ˈdrɪpstəun] *n* 1) *архит.* слезни́к; отли́вина 2) фильтр из по́ристого ка́мня

**drive** [draɪv] **1.** *n* 1) ката́ние, езда́, прогу́лка (*в экипаже, автомобиле*); to go for a ~ соверши́ть прогу́лку 2) доро́га (*для экипажей*); подъездна́я алле́я (*к дому*) 3) пресле́дование (*неприятеля или зверя*) 4) больша́я эне́ргия, напо́ристость 5) побужде́ние, сти́мул 6) го́нка, спе́шка (*в работе*) 7) тенде́нция 8) сплав, го́нка (*леса*) 9) *тех.* переда́ча, приво́д 10) пло́ский уда́р (*в теннисе, крикете*) 11) *воен.* энерги́чное наступле́ние, уда́р, ата́ка 12) *амер.* (обще́ственная) кампа́ния (*по привлечению новых членов и т. п.*); to put on a ~ нача́ть кампа́нию; a ~ to raise funds кампа́ния по сбо́ру средств 13) *горн.* штрек 14) *амер. разг.* прода́жа по ни́зким це́нам (*с целью конкуренции*)

**2.** *v* (drove; driven) 1) везти́ (*в автомобиле, экипаже и т. п.*) 2) е́хать (*в автомобиле, экипаже и т. п.*); бы́стро дви́гаться, нести́сь 3) пра́вить (*лошадьми*); to ~ a pair пра́вить па́рой 4) управля́ть (*машиной, автомобилем*) 5) гнать; пресле́довать (*зверя, неприятеля*); to ~ into a corner загна́ть в у́гол; *перен. тж.* припере́ть к сте́нке; driven ashore вы́брошенный на бе́рег 6) вбива́ть, вкола́чивать (*тж.* ~ into); to ~ a nail home вбить гвоздь по са́мую шля́пку; *перен.* довести́ (*что-л.*) до конца́; убеди́ть; to ~ home убежда́ть, внедря́ть в созна́ние 7) проводи́ть, прокла́дывать; to ~ a railway through the desert стро́ить желе́зную доро́гу че́рез пусты́ню 8) доводи́ть, приводи́ть; to ~ to despair доводи́ть до отча́яния; to ~ mad, to ~ out of one's senses, to ~ crazy своди́ть с ума́ 9) соверша́ть, вести́; to ~ a bargain заключа́ть сде́лку; to ~ a trade вести́ торго́влю 10) переутомля́ть, перегружа́ть рабо́той; he was very hard driven он был о́чень перегру́жен 11) *спорт.* де́лать пло́ский уда́р (*в теннисе, крикете*) 12) *горн.* проходи́ть горизонта́льную вы́работку □ ~ **at** ме́тить; клони́ть к *чему-л.*; what is he driving at? куда́ он гнёт?; ~ **away** а) прогоня́ть; б) рассе́ивать; в) уе́хать; ~ **in** а) загоня́ть; to ~ the cows in загна́ть коро́в; б) въе́хать; ~ **into** вбива́ть; *перен.* вда́лбливать, растолко́вывать; ~ **out** а) выбива́ть; вытесня́ть; б) прое́хаться, прокати́ться (*в автомобиле*); ~ **up** подъе́хать, подкати́ть ◇ to ~ a quill, to ~ a pen быть писа́телем; to let ~ at ме́тить, направля́ть уда́р в; ~ yourself car маши́на напрока́т без шофёра

**drive-in** [ˈdraɪvˈɪn] *n* 1) *амер.* кино́ под откры́тым не́бом (*где фильм смотрят, не выходя из автомобиля*; *тж* ~ motion-picture theater) 2) магази́н, банк, мастерска́я *и т. п.* (*где обслуживают клиентов прямо в автомобилях*)

**drivel** [ˈdrɪvl] **1.** *n* бессмы́слица, глу́пая болтовня́; чушь, бред

**2.** *v* 1) поро́ть чушь, нести́ чепуху́ 2) распусти́ть слю́ни

**driveler** ['drɪvlə] *амер.* = driveller

**driveller** ['drɪvlə] *n* 1) слюня́вый ребёнок; слюнтя́й 2) идио́т; глу́пый болту́н

**driven** ['drɪvn] *p. p. от* drive 2

**driven wheel** ['drɪvnwi:l] *n тех.* ведо́мое колесо́

**driver** ['draɪvə] *n* 1) шофёр; води́тель; машини́ст; вагоновожа́тый; ку́чер 2) гуртовщи́к; пого́нщик скота́ 3) надсмо́трщик за раба́ми; хозя́ин-эксплуата́тор 4) перви́чный дви́гатель 5) дли́нная клю́шка (*для гольфа*) 6) *мор.* 5-я, 6-я *или* 7-я ма́чта (*шхуны*); биза́нь-ма́чта 7) *тех.* веду́щее колесо́, веду́щий шкив 8) *тех.* вся́кий инструме́нт *или* приспособле́ние для ввинчи́вания, зави́нчивания, вкола́чивания *и т. п.* 9) *горн.* коного́н

**driveway** ['draɪvweɪ] *n* доро́га, прое́зд

**driving** ['draɪvɪŋ] **1.** *pres. p. от* drive 2

**2.** *n* 1) ката́ние; езда́ 2) вожде́ние автомоби́ля 3) *тех.* переда́ча, приво́д 4) = drive 1, 10; 5) *горн.* прохо́дка штре́ка 6) *мор.* дрейф

**3.** *a* 1) си́льный, име́ющий большу́ю си́лу; ~ storm си́льная бу́ря; ~ rain проливно́й дождь 2) дви́жущий, приводя́щий в движе́ние 3) *тех.* приводно́й

**driving-axle** ['draɪvɪŋ,æksl] *n* веду́щая ось

**driving-belt** ['draɪvɪŋbelt] *n* приводно́й реме́нь

**driving force** ['draɪvɪŋfɔ:s] *n* дви́жущая си́ла

**driving-wheel** ['draɪvɪŋwi:l] *n* веду́щее колесо́

**drizzle** ['drɪzl] **1.** *n* ме́лкий дождь, и́зморось

**2.** *v* мороси́ть; it ~s мороси́т

**drogher** ['drəugə] *голл. n* небольшо́е вест-и́ндское кабота́жное су́дно

**drogue** [drəug] *n* 1) буёк, прикреплённый к гарпуну́ 2) плаву́чий я́корь

**droll** [drəul] **1.** *n* шут, фигля́р

**2.** *a* чудно́й; заба́вный; смешно́й

**3.** *v редк.* шути́ть, валя́ть дурака́

**drollery** ['drəulərɪ] *n* шу́тки, ю́мор

**drome** [drəum] *сокр. разг. от* aerodrome

**dromedary** ['drʌmədərɪ] *n* одного́рбый верблю́д, дромаде́р

**dromon** ['drɔmən] = dromond

**dromond** ['drɔmənd] *n ист.* вое́нное *или* торго́вое су́дно, име́вшее и паруса́ и вёсла

**drone** [drəun] **1.** *n* 1) тру́тень; *перен.* тру́тень, тунея́дец 2) жужжа́ние, гуде́ние 3) басо́вая тру́бка волы́нки *или* её звук 4) *ав.* управля́емый снаря́д; беспило́тный самолёт

**2.** *v* 1) жужжа́ть, гуде́ть 2) бубни́ть, чита́ть, петь моното́нно 3) безде́льничать

**droningly** ['drəunɪŋlɪ] *adv* моното́нно, зауны́вно

**drool** [dru:l] **1.** *n* чепуха́, чушь

**2.** *v* 1) течь, сочи́ться (*о слюне, крови*) 2) нести́ чепуху́

**droop** [dru:p] **1.** *n* 1) пониже́ние, поника́ние; накло́н 2) суту́лость 3) изнеможе́ние; упа́док ду́ха

**2.** *v* 1) свиса́ть, склоня́ться, поника́ть 2) наклоня́ть 3) пове́сить, пону́рить (*голову*); поту́пить (*глаза, взор*) 4) сполза́ть, спуска́ться (*о плечике, бретельке*) 5) увяда́ть; ослабева́ть; plants ~ from drought расте́ния вя́нут от за́сухи 6) изнемога́ть 7) уныва́ть, па́дать ду́хом 8) *поэт.* опуска́ться; клони́ться к зака́ту

**drop** [drɔp] **1.** *n* 1) ка́пля; a ~ in the bucket, a ~ in the ocean ≅ ка́пля в мо́ре; ~ by ~, by ~s ка́пля за ка́плей 2) *pl мед.* ка́пли 3) глото́к (*спиртного*); to have a ~ in one's eye быть навеселе́; to take a ~ too much хлебну́ть ли́шнего 4) драже́; леденец 5) серьга́, подве́ска 6) паде́ние, пониже́ние; сниже́ние; ~ in prices (temperature) паде́ние цен (температу́ры); a ~ on smth. сниже́ние по сравне́нию с чем-л. 7) па́дающий за́навес (*в театре*) 8) расстоя́ние (*сверху вниз*); a ~ of 10 feet from the window to the ground от окна́ до земли́ 10 фу́тов 9) уда́р по мячу́, отскочи́вшему от земли́ (*в футболе*) 10) нали́чник (*замка́*) 11) щель для моне́ты *или* жето́на (*в автомате*) 12) па́далица (*о плодах*) 13) *тех.* перепа́д ◇ at the ~ of a hat а) по зна́ку, по сигна́лу, как заведённый; б) без колеба́ний

**2.** *v* 1) ка́пать 2) выступа́ть ка́плями 3) пролива́ть (*слёзы*) 4) роня́ть 5) па́дать; спада́ть; to ~ as if one had been shot упа́сть как подко́шенный; he is ready to ~ он с ног ва́лится, о́чень уста́л; to ~ asleep засну́ть 6) отправля́ть, опуска́ть (*письмо*); ~ me a line ≅ черкни́(те) мне не́сколько строк 7) броса́ть (*привычку, занятие*); прекраща́ть; ~ it! бро́сь(те)!, оста́вь(те)!; переста́нь(те)!; to ~ smoking бро́сить кури́ть 8) сбра́сывать (*с самолёта*) 9) пророни́ть (*слово*) 10) прекраща́ть (*работу, разговор*); let us ~ the subject прекрати́м разгово́р на э́ту те́му 11) оставля́ть, покида́ть (*семью, друзей*) 12) понижа́ть (*голос*); потупля́ть (*глаза*) 13) па́дать, снижа́ться; спада́ть, понижа́ться (*о цене и т. п.*) 14) пропуска́ть, опуска́ть; to ~ a letter пропусти́ть бу́кву 15) выса́живать, довози́ть до; оставля́ть; I'll ~ you at your door я подвезу́ вас до (ва́шего) до́ма 16) срази́ть (*ударом, пулей*) 17) спуска́ться; опуска́ться; his jaw ~ped у него́ отви́сла че́люсть 18) отели́ться, ожереби́ться *и т. п.* ра́ньше вре́мени 19) теря́ть, прои́грывать (*деньги*) 20) *амер. разг.* увольня́ть □ ~ **across** *разг.* а) случа́йно встре́тить; б) сде́лать вы́говор; ~ **away** уходи́ть оди́н за други́м; ~ **back** *воен., спорт.* отступа́ть, отходи́ть; ~ **behind** отстава́ть; ~ **in** *разг.* а) зайти́, загляну́ть; б) входи́ть оди́н за други́м; ~ **into** а) случа́йно зайти́, загляну́ть; б) втяну́ться, приобрести́ привы́чку; в) вяза́ться (*в разговор*); ~ **off** а) расходи́ться; б) уменьша́ться; в) засну́ть г) умере́ть; ~ **on** сде́лать вы́говор наказа́ть; ~ **out** а) бо́льше не участвовать (*в конкурсе и т. п.*); б) *полигр* вы́пасть (*из набора*); в) опусти́ть, н включи́ть ◇ to ~ short а) не хвата́ть б) не достига́ть це́ли; to ~ a word i favour of smb. замо́лвить за кого́-л слове́чко; to ~ from the clouds сва ли́ться как снег на́ голову; to ~ lik a hot potato поспеши́ть изба́виться о *чего-л.*; to ~ from sight исче́знуть и по́ля зре́ния

**drop-curtain** ['drɔp,kə:tn] *n* па́даю щий за́навес (*в театре*)

**drop-hammer** ['drɔp,hæmə] *n тех* копёр; па́дающий мо́лот

**drop-kick** ['drɔpkɪk] *n спорт.* уда́р полулёта (*в футболе*)

**drop-leaf** ['drɔpli:f] *n* откидна́я до ска́ (*у стола*)

**droplet** ['drɔplɪt] *n* ка́пелька

**drop-letter** ['drɔp,letə] *n амер.* ме́ст ное, городско́е письмо́

**drop-light** ['drɔplaɪt] *n амер.* элек три́ческая ла́мпа на ги́бком под ве́се

**drop-out** ['drɔpaut] *n разг.* 1) вы бывший, исключённый 2) уча́щийся бро́сивший шко́лу

**dropping-gear** ['drɔpɪŋgɪə] *n* 1) *ав* бомбосбра́сыватель 2) *мор.* торпедо сбра́сыватель

**droppings** ['drɔpɪŋz] *n pl* 1) то, чт упа́ло *или* па́дает ка́плями (*дожд стекающий жир и т. п.*) 2) помёт жи во́тных, наво́з

**drop-scene** ['drɔpsi:n] *n* 1) = drop -curtain 2) заключи́тельная сце́на

**drop-shutter** ['drɔp,ʃʌtə] *n фото* па́ дающий затво́р

**dropsical** ['drɔpsɪkəl] *a* 1) страда́ю щий водя́нкой 2) опу́хший; отёчный

**dropsy** ['drɔpsɪ] *n* водя́нка

**drosometer** [drɔ'sɔmɪtə] *n* росоме́ (*прибор для измерения количеств выпавшей росы*)

**dross** [drɔs] *n* ока́лина; шлак у́гольный му́сор; *перен.* отбро́сы; ос та́тки, подо́нки

**drossy** ['drɔsɪ] *a* 1) изоби́лующи шла́ком 2) нечи́стый, со́рный

**drought** [draut] *n* 1) за́суха 2) су́ хость во́здуха

**droughty** ['drautɪ] *a* сухо́й; засу́ш ливый

**drouth** [drauθ] *n поэт., шотл. см* drought

**drove** I [drəuv] *past от* drive 2

**drove** II [drəuv] *n* 1) гурт, ста́д 2) толпа́; to stand in ~s толпи́тьс 3) *тех.* зуби́ло для обтёски камне́й

**drover** ['drəuvə] *n* 1) гуртовщи 2) скотопромы́шленник

**drown** [draun] *v* 1) тону́ть; to b ~ed утону́ть 2) топи́ть(ся) 3) затоп ля́ть, залива́ть; ~ed in tears весь слеза́х, залива́ясь слеза́ми; ~ed i sleep погружённый в сон; совсе́м со́н ный 4) заглуша́ть (*звук, голос; то ску*) ◇ a ~ing man will catch at straw утопа́ющий хвата́ется за соло́минку

**drowse** [drauz] **1.** *n* 1) дремо́та, полусо́н 2) сонли́вость

**2.** *v* 1) дрема́ть, быть со́нным 2) ока́зывать снотво́рное де́йствие; наводи́ть сон 3) проводи́ть вре́мя в безде́йствии

**drowsily** ['drauzılı] *adv* со́нно; вя́ло

**drowsy** ['drauzı] *a* 1) со́нный, дре́млющий 2) навева́ющий дремо́ту; снотво́рный 3) вя́лый

**drub** [drʌb] *v* 1) (по)би́ть, (по)колоти́ть; to ~ into smb. вбить кому́-л. в го́лову; to ~ out of smb. вы́бить у кого́-л. из головы́ 2) то́пать, стуча́ть, бараба́нить 3) руга́ть, поноси́ть

**drubbing** ['drʌbıŋ] **1.** *pres. p. от* drub

**2.** *n* избие́ние, побо́и

**drudge** [drʌdʒ] **1.** *n* челове́к, выполня́ющий тяжёлую, ну́дную рабо́ту

**2.** *v* выполня́ть тяжёлую, ну́дную рабо́ту

**drudgery** ['drʌdʒərı] *n* тяжёлая, ну́дная рабо́та

**drudgingly** ['drʌdʒıŋlı] *adv* усе́рдно, стара́тельно; с трудо́м

**drug** [drʌg] **1.** *n* 1) лека́рство, медикаме́нт 2) нарко́тик 3) нехо́дкий това́р; то, что никому́ не ну́жно (*обыкн.* ~ in *или* on the market) 4) *attr.* лека́рственный; ~ plants лека́рственные расте́ния 5) *attr.* наркоти́ческий; ~ addict (*или* taker) наркома́н; the ~ habit наркома́ния

**2.** *v* 1) подме́шивать нарко́тики *или* яд (*в пищу*) 2) дава́ть нарко́тики 3) употребля́ть нарко́тики 4) притупля́ть (*чувства*)

**drugget** ['drʌgıt] *n* драге́т (*грубая шерстяная материя для половиков*)

**druggist** ['drʌgıst] *n* апте́карь

**drugstore** ['drʌgstɔ:] *n амер.* 1) апте́ка 2) апте́карский магази́н, торгу́ющий лека́рствами, моро́женым, ко́фе, журна́лами, косме́тикой *и т. п.*

**Druid** ['dru(:)ıd] *n ист.* друи́д, жрец

**drum** [drʌm] **1.** *n* 1) бараба́н 2) бараба́нный бой 3) *анат.* бараба́нная перепо́нка 4) я́щик для упако́вки сушёных фру́ктов 5) *тех.* бараба́н; цили́ндр ◊ to beat the (big) ~ а) беззасте́нчиво реклами́ровать; б) шу́мно протестова́ть

**2.** *v* 1) бить в бараба́н 2) бараба́нить па́льцами 3): to ~ smth. into smb., to ~ smth. into smb.'s head вда́лбливать что-л. кому́-л. 4) стуча́ть, то́пать 5) хло́пать кры́льями (*о птицах*) ▭ ~ **up** созыва́ть, зазыва́ть; to ~ up customers *амер.* зазыва́ть покупа́телей, зака́зчиков

**drumbeat** ['drʌmbi:t] *n* 1) бараба́нный бой 2) мгнове́нье

**drumfire** ['drʌmˌfaıə] *n воен.* урага́нный ого́нь

**drum-fish** ['drʌmfıʃ] *n* бараба́нщик (*рыба*)

**drumhead** ['drʌmhed] *n* 1) ко́жа на бараба́не 2) *анат.* бараба́нная перепо́нка 3) *мор.* дромге́д, голова́ шпи́ля ◊ ~ court martial вое́нно-полево́й суд

**drum major** ['drʌm'meıdʒə] *n* ста́рший полково́й бараба́нщик; тамбурмажо́р

**drummer** ['drʌmə] *n* 1) бараба́нщик 2) *амер. разг.* коммивояжёр 3) *австрал.* бродя́га

**drumstick** ['drʌmstık] *n* 1) бараба́нная па́лочка 2) но́жка варёной *или* жа́реной пти́цы (*курицы, утки, гуся и т. п.*)

**drunk** [drʌŋk] **1.** *p. p. от* drink 2

**2.** *a predic.* 1) пья́ный; to get ~ напи́ться пья́ным; ~ as a lord (*или* as a fiddler) ≅ пьян как сапо́жник, как сте́лька; blind (*или* dead) ~ мертве́цки пьян 2) опьянённый (*успехом и т. п.*; with)

**3.** *n разг.* 1) пья́ный 2) попо́йка 3) разбо́р де́ла о дебоши́рстве в полице́йском суде́

**drunkard** ['drʌŋkəd] *n* пья́ница, алкого́лик

**drunken** ['drʌŋkən] *a* пья́ный; ~ brawl пья́ная ссо́ра; ~ driving вожде́ние автомоби́ля в нетре́звом ви́де

**drupaceous** [dru:'peıʃəs] *a бот.* ко́сточковый (*о плоде*)

**drupe** [dru:p] *n бот.* ко́сточковый плод (*слива, вишня, персик и т. п.*)

**drupel(et)** ['dru:pl(ıt)] *n* костя́ночка (*малины, ежевики и т. п.*)

**druse** [dru:z] *n мин.* дру́за

**dry** [draı] **1.** *a* 1) сухо́й; ~ cough сухо́й ка́шель; ~ bread а) хлеб без ма́сла; б) засо́хший хлеб; ~ masonry *стр.* кла́дка без раство́ра (*насухо*); ~ cell (*или* battery) суха́я электри́ческая батаре́я 2) сухо́й, высо́хший (*о колодце*) 3) засу́шливый 4) сухо́й, несла́дкий (*о вине*) 5) *разг.* испы́тывающий жа́жду (*о человеке*) 6) сухо́й, ску́чный, неинтере́сный; ~ book ску́чная кни́га 7) холо́дный; сде́ржанный; бесстра́стный; ~ humour сде́ржанный ю́мор 8) *амер.* антиалкого́льный, запреща́ющий прода́жу спиртны́х напи́тков; ~ town го́род, в кото́ром запрещена́ прода́жа спиртны́х напи́тков; to go ~ ввести́ сухо́й зако́н 9) *воен.* уче́бный; ~ shot холосто́й вы́стрел ◊ ~ cow я́ловая коро́ва; ~ death смерть без проли́тия кро́ви; ~ facts го́лые фа́кты; ~ light непредубеждённый взгляд (*на вещи*); he's not even ~ behind the ears ≅ у него́ ещё молоко́ на губа́х не обсо́хло

**2.** *n* 1) за́суха; сушь; суха́я пого́да 2) су́ша 3) *амер.* сторо́нник запреще́ния спиртны́х напи́тков

**3.** *v* 1) суши́ть(ся), со́хнуть, высыха́ть; to ~ herbs суши́ть тра́вы; to ~ oneself суши́ться 2) иссяка́ть 3) вытира́ть по́сле мытья́; he dried his hands on the towel он вы́тер ру́ки полоте́нцем ▭ ~ **up** а) высу́шивать; to ~ up one's tears осуши́ть слёзы; б) высыха́ть, пересыха́ть (*о колодце, реке*); *перен.* истощи́ться, исся́кнуть (*о воображении и т. п.*); в) *разг.* замолча́ть; переста́ть; ~ up! замолчи́(те)!; переста́нь(те)!

**dryad** ['draıəd] *n миф.* дриа́да

**Dryasdust** ['draıəzdʌst] **1.** *n* ску́чный, педанти́чный челове́к, «суха́рь»; учёный, профе́ссор *и т. п.*

**2.** *a* (d.) сухо́й, ску́чный

**dry-bob** ['draıbɔb] *n* уча́щийся — люби́тель спо́рта (*не водного*) [*ср.* wet-bob]

**dry-cargo ship** ['draıˌka:gəu'ʃıp] *n мор.* сухогру́зный тра́нспорт

**dry-clean** ['draı'kli:n] *v* подверга́ть хими́ческой чи́стке

**dry-cleaners** ['draı'kli:nəz] *n pl* хими́ческая чи́стка, химчи́стка (*мастерская*)

**dry-cleaning** ['draı'kli:nıŋ] **1.** *pres. p. от* dry-clean

**2.** *n* хими́ческая чи́стка (*процесс*)

**dryer** ['draıə] *n* 1) суши́лка 2) суши́льный аппара́т 3) *тех.* сиккати́в

**dry farming** ['draı'fa:mıŋ] *n* безырригацио́нная обрабо́тка земли́ (*в засушливых районах*)

**dry-fly** ['draıflaı] *n* иску́сственная му́шка (*употребляемая при рыбной ловле*)

**dry goods** ['draıgudz] *n pl* мануфакту́ра, галантере́я

**dryish** ['draııʃ] *a* сухова́тый

**dry measure** ['draıˌmeʒə] *n* ме́ра сыпу́чих тел

**dry-nurse** ['draı'nə:s] **1.** *n* ня́ня; ня́нька

**2.** *v* ня́нчить

**dry-point** ['draıpɔınt] **1.** *a* 1) игла́ для гравирова́ния без кислоты́ 2) гравирова́ние сухо́й иглой́ 3) гравю́ра, вы́полненная сухо́й иглой́

**2.** *v* гравирова́ть иглой́ без кислоты́

**dry-rot** ['draı'rɔt] *n* 1) суха́я гниль (*древесины*) 2) мора́льное разложе́ние; упа́док, загнива́ние

**dry-salter** ['draıˌsɔ:ltə] *n* 1) торго́вец москате́льными това́рами 2) торго́вец сушёными проду́ктами, марина́дами, консе́рвами

**dry-saltery** ['draıˌsɔ:ltərı] *n* торго́вля москате́льными това́рами *и пр.* [*см.* dry-salter]

**dry-shod** ['draı'ʃɔd] *adv*: to pass over ~ перейти́, не замочи́в ног

**dry wall** ['draı'wɔ:l] *n стр.* стена́ сухо́й кла́дки

**dual** ['dju(:)əl] **1.** *a* двойственный; двойно́й; состоя́щий из двух часте́й; ~ ownership совме́стное владе́ние (*двух лиц*); ~ nationality (*или* citizenship) двойно́е гражда́нство, по́дданство; the D. Monarchy *ист.* а́встро-венге́рская мона́рхия

**2.** *n грам.* 1) дво́йственное число́ 2) сло́во в дво́йственном числе́

**dualism** ['dju(:)əlızm] *n филос.* дуали́зм

**duality** [dju(:)'ælıtı] *n* дво́йственность

**dualize** ['dju(:)əlaız] *v* раздва́ивать

**dub** I [dʌb] *v* 1) обруба́ть 2) обтёсывать; строга́ть 3) ровня́ть; пригонять; отделывать 4) смазывать жиром (*сапоги, кожу и т. п.*)

**dub** II [dʌb] *v* дублировать фильм; производить дубляж

**dub** III [dʌb] *v* 1) посвящать в рыцари 2) давать титул 3) *шутл.* окрестить, дать прозвище

**dub** IV [dʌb] *n амер. разг.* увалень, неумелый человек

**dubbin, dubbing** ['dʌbɪn, 'dʌbɪŋ] *n* жир для смазывания кожи

**dubiety** [dju(:)'baɪətɪ] *n* 1) сомнение, колебание 2) что-л. сомнительное

**dubious** ['dju:bjəs] *a* 1) сомнительный, подозрительный; ~ character подозрительная личность 2) сомневающийся, колеблющийся

**ducal** ['dju:kəl] *a* герцогский

**ducat** ['dʌkət] *n ист.* дукат (*монета*)

**duchess** ['dʌtʃɪs] *n* герцогиня

**duchy** ['dʌtʃɪ] *n* герцогство

**duck** I [dʌk] *n* 1) утка 2) утиное мясо 3) *ласк.* голубушка; душка 4) *разг.* растратчик; банкрот 5) *разг.* парень 6) *воен. разг.* грузовик-амфибия 7) *attr.*: ~ tail утиный хвост; *перен.* вихор, хохолок ◊ like a ~ in a thunderstorm с растерянным видом; fine weather for young ~s *шутл.* дождливая погода; like water off a ~'s back ≅ как с гуся вода; ~s and drakes игра, состоящая в бросании плоских камешков по поверхности воды; to play ~s and drakes with smth. расточать, проматывать что-л., поступать безрассудно, рисковать чем-л.; to take to smth. like a ~ to water чувствовать себя в чём-л. как рыба в воде; a ~ of *разг.* прелестный, восхитительный

**duck** II [dʌk] **1.** *n* 1) ныряние; окунание 2) быстрое наклонение головы

**2.** *v* 1) нырять; окунать(ся) 2) увёртываться (*от удара, снаряда*) 3) быстро наклонять голову 4): to ~ a curtsy *разг.* приседать, делать реверанс

**duck** III [dʌk] *n* 1) грубое полотно, парусина 2) *pl* парусиновые брюки

**duckbill** ['dʌkbɪl] *n зоол.* утконос

**duck-boards** ['dʌkbɔ:dz] *n pl* дощатый настил

**ducket** ['dʌkɪt] *n жарг.* 1) (лотерейный) билет 2) *амер.* профсоюзный билет

**duck-hawk** ['dʌkhɔ:k] *n зоол.* лунь болотный

**ducking** ['dʌkɪŋ] **1.** *pres. p. от* duck II, 2

**2.** *n* погружение в воду; I got a good ~ я сильно промок

**ducking-stool** ['dʌkɪŋstu:l] = cucking-stool

**duck-legged** ['dʌklegd] *a* коротконогий, ходящий вперевалку

**duckling** ['dʌklɪŋ] *n* утёнок

**duck-out** ['dʌkaut] *n воен.* 1) дезертирство 2) дезертир

**duck's-egg** ['dʌkseg] *n* 1) счёт 0 (*в крикете*) 2) тёмный серо-зелёный цвет

**duck's meat** ['dʌksmi:t] = duckweed

**duckweed** ['dʌkwi:d] *n бот.* ряска

**ducky** ['dʌkɪ] = duck I, 3)

**duct** [dʌkt] *n* 1) *анат.* проток, канал 2) трубопровод; труба

**ductile** ['dʌktaɪl] *a* 1) эластичный 2) ковкий, тягучий; вязкий (*о металле*) 3) податливый, послушный; поддающийся влиянию (*о человеке*)

**ductility** [dʌk'tɪlɪtɪ] *n* 1) эластичность 2) ковкость, тягучесть; вязкость (*металла*) 3) податливость, послушание

**ductless** ['dʌktlɪs] *a анат.* не имеющий выводного протока; ~ glands железы внутренней секреции

**dud** [dʌd] *разг.* **1.** *n* 1) неудача 2) никчёмный человек; неудачник 3) подделка; денежный документ, признанный недействительным 4) неразорвавшийся снаряд 5) *pl* лохмотья, рвань 6) *pl* одежонка, плохонькая одежда

**2.** *a* поддельный, негодный, недействительный

**dude** [dju:d] *n амер. разг.* хлыщ, фат, пижон

**dudgeon** I ['dʌdʒən] *n ист.* деревянная рукоятка кинжала

**dudgeon** II ['dʌdʒən] *n* обида, возмущение; in high (*или* deep, great) ~ в глубоком возмущении

**due** [dju:] **1.** *n* 1) должное; то, что причитается; to give smb. his ~ воздавать кому-л. по заслугам; отдавать должное 2) *pl* сборы, налоги, пошлины; custom ~s таможенные пошлины 3) *pl* членские взносы; party ~s партийные взносы ◊ for a full ~ основательно, прочно

**2.** *a* 1) должный, надлежащий, соответствующий; with ~ attention с должным вниманием; after ~ consideration после внимательного рассмотрения 2) обусловленный; his death was ~ to nephritis смерть его была вызвана нефритом 3) *predic.* должный, обязанный (*по соглашению, по договору*); he is ~ to speak at the meeting он должен выступить на собрании 4) *predic.* ожидаемый; the train is ~ and over-due поезд давным-давно должен был прийти 5) причитающийся; his wages are ~ заработная плата ему ещё не выплачена 6): ~ to (*употр. как prep*) благодаря

**3.** *adv* точно, прямо (*о стрелке компаса*); they went ~ south они держали курс прямо на юг

**duel** ['dju(:)əl] **1.** *n* 1) дуэль, поединок; Pushkin lost his ~ Пушкин был убит на дуэли 2) состязание, борьба

**2.** *v* драться на дуэли

**duellist** ['dju(:)əlɪst] *n* участник дуэли, дуэлянт

**duenna** [dju(:)'enə] *исп. n* дуэнья; пожилая гувернантка, компаньонка (*молодой девушки*)

**duet(t)** [dju(:)'et] *n* дуэт

**duetto** [dju(:)'etəu] *ит.* = duet

**duff** I [dʌf] *n* 1) *диал.* тесто 2) *разг.* пудинг (*обыкн.* currant ~) 3) угольная мелочь

**duff** II [dʌf] *v разг.* 1) фальсифицировать (*товары*); подновлять 2) обманывать 3) *австрал.* воровать скот и менять клеймо

**duffel** ['dʌfəl] *n* 1) шерстяная байка 2) *амер.* снаряжение (*туриста*); туристический *или* спортивный костюм

**duffel-bag** ['dʌfəlbæg] *n* вещевой мешок

**duffer** ['dʌfə] *n* 1) *разг.* тупица; никчёмный, неспособный человек 2) фальсификатор, подделыватель 3) фальшивая монета 4) выработанная шахта 5) *уст.* коробейник

**duffle** ['dʌfl] = duffel

**dug** I [dʌg] *past и p. p. от* dig 1

**dug** II [dʌg] *n* 1) сосок (*животного*) 2) вымя

**dug-out** ['dʌgaut] *n* 1) челнок, выдолбленный из бревна 2) *воен.* убежище; блиндаж; землянка; укрытие 3) *воен. жарг.* офицер, вновь призванный на службу из отставки

**duiker** ['daɪkə] *голл. n* дукер (*антилопа*)

**duke** [dju:k] *n* герцог; Grand D. великий князь

**dukedom** ['dju:kdəm] *n* 1) герцогство 2) титул герцога

**dulcet** ['dʌlsɪt] *a* сладкий, нежный (*о звуках*)

**dulcify** ['dʌlsɪfaɪ] *v* 1) делать мягким, приятным 2) *редк.* подслащивать

**dulcimer** ['dʌlsɪmə] *n муз.* цимбалы

**dull** [dʌl] **1.** *a* 1) тупой, глупый 2) скучный; монотонный; ~ beggar (*или* fish) скучный человек 3) тупой; притупленный; ~ pain тупая боль; ~ of hearing тугой на ухо 4) тупой, неотточенный 5) тусклый 6) пасмурный 7) неясный; ~ sight слабое зрение 8) безрадостный, унылый, понурый 9) вялый (*о торговле*) 10) неходкий, не имеющий спроса (*о товаре*)

**2.** *v* притуплять(ся); делать(ся) тупым, тусклым, вялым, скучным; to ~ the edge of one's appetite заморить червячка

**dullard** ['dʌləd] *n* тупица, олух

**dullish** ['dʌlɪʃ] *a* 1) туповатый 2) скучноватый

**dulse** [dʌls] *n* тёмно-красная съедобная водоросль

**duly** ['dju:lɪ] *adv* 1) должным образом, правильно 2) в должное время

**dumb** [dʌm] *a* 1) немой; deaf and ~ глухонемой; ~ show немая сцена, пантомима 2) бессловесный; ~ animals бессловесные животные 3) онемевший (*от страха и т. п.*) 4) без звýчный; this piano has several ~ notes у э́того пиани́но нéсколько клáвишей не звучáт 5) молчали́вый; a ~ dog *разг.* молчали́вый пáрень 6) *амер. разг.* глýпый; тупóй ◇ ~ barge несамохóдная бáржа

**dumb-bell** [ˈdʌmbel] **1.** *n* 1) *pl* ги́ри; гантéли 2) *амер. разг.* болвáн, дурáк

**2.** *v* выполня́ть упражнéния с гантéлями

**dumbfound** [dʌmˈfaund] *v* ошарáшить, ошеломи́ть

**dumbness** [ˈdʌmnɪs] *n* немотá

**dumb piano** [ˈdʌmpɪˌænəu] *n* немáя клавиатýра

**dumb-waiter** [ˈdʌmˈweɪtə] *n* 1) вращáющийся стóлик, откры́тая этажéрка для закýсок 2) *амер.* лифт для подáчи блюд с одногó этажá на другóй, кýхонный лифт

**dumdum** [ˈdʌmdʌm] *n* пýля «думдýм» (*тж.* ~ bullet)

**dummy** [ˈdʌmɪ] **1.** *n* 1) кýкла, чýчело; манекéн; модéль 2) макéт 3) сóска (*тж.* baby's ~) 4) подставнóе, фикти́вное лицó 5) орýдие в чужи́х рукáх; марионéтка 6) *карт.* болвáн 7) *спорт.* финт, обмáнное движéние (*в футболе и т. п.*) ◇ tailor's ~ франт, пижóн

**2.** *a* 1) поддéльный; подставнóй; фикти́вный; ~ window лóжное окнó 2) учéбный, модéльный; ~ cartridge учéбный патрóн 3) врéменный 4) *тех.* холостóй

**dump** I [dʌmp] **1.** *n* 1) свáлка, грýда хлáма; мýсорная кýча 2) *воен.* врéменный полевóй склад 3) штáбель ýгля́ *или* руды́; отвáл, кýча шлáка 4) глухóй звук от падéния тяжёлого предмéта

**2.** *v* 1) сбрáсывать, свáливать (*мусор*) 2) опроки́дывать (*вагонетку*); разгружáть 3) *эк.* устрáивать дéмпинг 4) роня́ть с шýмом

**dump** II [dʌmp] *n* 1) свинцóвый кружóк; свинцóвая фи́шка 2) *разг.* мéлкая монéта; *pl* дéньги; not worth a ~ грошá мéдного не стóит 3) = dumpy II, 2

**dump-car(t)** [ˈdʌmpkɑ:(t)] *n* опроки́дывающаяся телéжка *или* вагонéтка, дýмпкар

**dumping** [ˈdʌmpɪŋ] **1.** *pres. p. от* dump I, 2

**2.** *n* 1) *эк.* дéмпинг, брóсовый э́кспорт 2) разгрýзка, свáливание в отвáл

**dumpish** [ˈdʌmpɪʃ] *a* грýстный

**dumpling** [ˈdʌmplɪŋ] *n* 1) клёцка 2) я́блоко, запечённое в тéсте 3) *разг.* коротышка

**dumps** [dʌmps] *n pl*: to be (down) in the ~ *разг.* быть в плохóм настроéнии, хандри́ть

**dumpy** I [ˈdʌmpɪ] *a* уны́лый

**dumpy** II [ˈdʌmpɪ] **1.** *a* коренáстый **2.** *n* невысóкий коренáстый человéк

**dun** I [dʌn] **1.** *n* 1) сероватó-кори́чневый цвет 2) искýсственная серая мýшка (*в рыбной ловле*)

**2.** *a* 1) сероватó-кори́чневый 2) *поэт.* тёмный, сýмрачный

**dun** II [dʌn] **1.** *n* 1) назóйливый кредитóр 2) настóйчивое трéбование уплáты

**2.** *v* 1) настóйчиво трéбовать уплáты дóлга; to ~ smb. out of his money вымогáть дéньги 2) надоедáть

**dun-bird** [ˈdʌnbə:d] *n зоол.* нырóк красноголóвый

**dunce** [dʌns] *n* болвáн, тупи́ца; неуспевáющий учени́к; ~'s cap бумáжный колпáк, надевáемый лени́вым ученикáм в клáссе в ви́де наказáния

**dunderhead** [ˈdʌndəhed] *n* глýпая башкá, болвáн

**dune** [dju:n] *n* дю́на

**dung** I [dʌŋ] *n* помёт, навóз; удобрéние

**dung** II [dʌŋ] *past и p. p. от* ding 2

**dungaree** [ˌdʌŋgəˈri:] *n* 1) грýбая бумáжная ткань 2) *pl* рабóчие брю́ки из грýбой бумáжной ткáни

**dung-beetle** [ˈdʌŋˌbi:tl] *n* навóзный жук; скарабéй

**dungeon** [ˈdʌnʤən] *n* 1) подзéмная тюрьмá; темни́ца 2) = donjon

**dung-fork** [ˈdʌŋfɔ:k] *n* навóзные ви́лы

**dunghill** [ˈdʌŋhɪl] *n* навóзная кýча

**dungy** [ˈdʌŋɪ] *a* навóзный, гря́зный

**duniwassal** [ˈdu:nɪˈwɔsəl] *n шотл.* мéлкий дворяни́н

**dunk** [dʌŋk] *v* 1) макáть (*сухарь, печенье в чай, вино*) 2) замочи́ть, смочи́ть

**dunlin** [ˈdʌnlɪn] *n* чернозóбик (*птица*)

**dunnage** [ˈdʌnɪʤ] *n мор.* подсти́лка под груз

**duodecimal** [ˌdju(:)əuˈdesɪməl] **1.** *n* двенáдцатая часть

**2.** *a* двенадцатери́чный

**duodecimo** [ˌdju(:)əuˈdesɪməu] *n* формáт кни́ги в двенáдцатую дóлю листá

**duodenal** [ˌdju(:)əuˈdi:nl] *a анат.* дуоденáльный; ~ ulcer я́зва двенадцатипéрстной кишки́

**duodenary** [ˌdju(:)əuˈdi:nərɪ] *a* двенадцатери́чный

**duodenitis** [ˌdju(:)əudi:ˈnaɪtɪs] *n мед.* воспалéние двенадцатипéрстной кишки́

**duodenum** [ˌdju(:)əuˈdi:nəm] *n* (*pl* -na) *анат.* двенадцатипéрстная кишкá

**duologue** [ˈdjuəlɔg] = dialogue

**dupable** [ˈdju:pəbl] = dupeable

**dupe** [dju:p] **1.** *n* 1) простофи́ля 2) жéртва обмáна

**2.** *v* обмáнывать, одурáчивать

**dupeable** [ˈdju:pəbl] *a* легкó поддающийся обмáну

**dupery** [ˈdju:pərɪ] *n* надувáтельство

**duple** [ˈdju:pl] *a* 1) *мат.* двойнóй 2) *муз.* двухтáктный

**duplex** [ˈdju:pleks] *a* двухсторóнний; спáренный, двойнóй; ~ house двухквартúрный дом; ~ apartment *амер.* квартúра, располóженная в двух этажáх с внýтренней лéстницей

**duplicate 1.** *n* [ˈdju:plɪkɪt] 1) дубликáт; кóпия; in ~ в двух экземпля́рах 2) *pl* запасны́е чáсти 3) залóговая квитáнция

**2.** *a* [ˈdju:plɪkɪt] 1) двойнóй, удвóенный; *тех.* спáренный; ~ ratio (*или* proportion) *мат.* отношéние квадрáтов 2) воспроизведённый в тóчности; аналоги́чный 3) запáсный, запаснóй

**3.** *v* [ˈdju:plɪkeɪt] 1) снимáть кóпию; дéлать дубликáт 2) удвáивать, увели́чивать вдвóе 3) дубли́ровать

**duplication** [ˌdju:plɪˈkeɪʃən] *n* 1) удвáивание 2) сня́тие кóпий; размножéние

**duplicator** [ˈdju:plɪkeɪtə] *n* копировáльный аппарáт

**duplicity** [dju(:)ˈplɪsɪtɪ] *n* двули́чность

**durability** [ˌdjuərəˈbɪlɪtɪ] *n* 1) прóчность; стóйкость; продолжи́тельность срóка слýжбы; долговéчность 2) дли́тельность

**durable** [ˈdjuərəbl] *a* 1) прóчный, надёжный; a ~ pair of shoes прóчные тýфли 2) дли́тельный, долговрéменный 3) *эк.* дли́тельного пóльзования

**duralumin** [djuəˈræljumɪn] *n* дюралюми́ний

**duramen** [djuəˈreɪmen] *n* 1) *бот.* сердцеви́на (*дерева*) 2) *лес.* ядрóвая древеси́на

**duration** [djuəˈreɪʃən] *n* продолжи́тельность; for the ~ of the war на врéмя войны́; of short ~ недолговéчный

**durbar** [ˈdə:bɑ:] *инд. n* торжéственный приём

**duress(e)** [djuəˈres] *n* 1) лишéние свобóды; заключéние (в тюрьмý) 2) *юр.* принуждéние; to do smth. under ~ дéлать что-л. по принуждéнию, под давлéнием

**during** [ˈdjuərɪŋ] *prep* в течéние, в продолжéние; во врéмя

**durmast** [ˈdə:mɑ:st] *n бот.* дуб скáльный

**durst** [də:st] *past от* dare 1

**dusk** [dʌsk] **1.** *n* сýмерки; сýмрак; till ~ дотемнá; scarcely visible in the ~ едвá различи́мый в темнотé

**2.** *a поэт.* сýмеречный, сýмрачный, нея́сный

**3.** *v поэт.* смеркáться

**duskiness** [ˈdʌskɪnɪs] *n* 1) сýмрак, темнотá 2) смýглость

**dusky** [ˈdʌskɪ] *a* 1) сýмеречный, тёмный; ~ thicket тёмная чáща 2) смýглый

**dust** [dʌst] **1.** *n* 1) пыль; gold ~ золотóй песóк; atomic ~ радиоакти́вная пыль; cosmic ~ космúческая пыль 2) *поэт.* прах 3) *бот.* пыльцá 4) *разг.* дéньги, презрéнный метáлл ◇ to raise (*или* to make) a ~ поднимáть шум, суматóху; humbled in (*или* to) the ~ крáйне уни́женный; повéрженный во прах; to give the ~ to smb. *амер.* обогнáть, опереди́ть когó-л.; to take smb.'s ~ *амер.* отставáть от когó-л.; плести́сь в хвостé; to throw ~ in smb.'s eyes ≅ втирáть очки́ комý-л.

2. *v* 1) вытира́ть, выбива́ть пыль; to ~ a table вытира́ть пыль со стола́ 2) запыли́ть 3) посыпа́ть са́харной пу́дрой, муко́й *и т. п.* ◇ to ~ the eyes of обма́нывать *кого-л.*

**dustbin** [ˈdʌstbɪn] *n* му́сорный я́щик

**Dust Bowl** [ˈdʌstbəul] *n название засушливых районов на западе США*

**dust-cart** [ˈdʌstkɑːt] *n* му́сорный фурго́н

**dust-cloak** [ˈdʌstkləuk] = dust-coat

**dust-coat** [ˈdʌstkəut] *n* пы́льник (*плащ*)

**dust-colour** [ˈdʌstˌkʌlə] *n* серова́то-кори́чневый цвет

**dust-cover** [ˈdʌstˌkʌvə] *n* супероб-ло́жка (*книги*)

**duster** [ˈdʌstə] *n* 1) пы́льная тря́пка; щётка для обмета́ния, чи́стки *и т. п.* 2) *амер.* = dust-coat 3) приспособле́ние для посыпа́ния (*сахарной пудрой, перцем и т. п.*) 4) *горн.* непродукти́вная сква́жина

**dust-hole** [ˈdʌsthəul] *n* му́сорная я́ма, сва́лка

**dusting** [ˈdʌstɪŋ] **1.** *pres. p. от* dust 2

2. *n* 1) вытира́ние пы́ли 2) антисепти́ческий порошо́к для присы́пки ран 3) *разг.* побо́и; to give a ~ изби́ть, поколоти́ть 4) *разг.* морска́я ка́чка

**dust-jacket** [ˈdʌstˌdʒækɪt] = dust-cover

**dustman** [ˈdʌstmən] *n* му́сорщик

**dustpan** [ˈdʌstpæn] *n* сово́к для му́сора

**dust-proof** [ˈdʌstpruːf] *a* пыленепроница́емый

**dust-shot** [ˈdʌstʃɔt] *n* са́мая ме́лкая дробь

**dust-storm** [ˈdʌststɔːm] *n* пы́льная бу́ря

**dust-up** [ˈdʌstˈʌp] *n разг.* шум, перебра́нка, сканда́л

**dusty** [ˈdʌstɪ] *n* 1) пы́льный 2) ме́лкий; как пыль; размельчённый 3) неопределённый (*об ответе и т. п.*) 4) сухо́й, неинтере́сный ◇ not so ~ *разг.* неду́рно, непло́хо

**Dutch** [dʌtʃ] **1.** *a* 1) нидерла́ндский; голла́ндский 2) *ист., амер. разг.* неме́цкий ◇ ~ auction аукцио́н со сниже́нием цен, пока́ не найдётся покупа́тель; ~ barn наве́с для се́на *или* соло́мы; ~ carpet полови́к из гру́бой полушерстяно́й тка́ни; ~ comfort ≅ могло́ быть и ху́же; сла́бое утеше́ние; ~ concert пе́ние, при кото́ром ка́ждый поёт своё; ≅ «кто в лес, кто по дрова́»; ~ tile ка́фель, изразе́ц; ~ lunch (*или* supper, treat) угоще́ние, при кото́ром ка́ждый пла́тит за себя́; ~ feast пиру́шка, на кото́рой хозя́ин напива́ется ра́ньше госте́й; to talk like a ~ uncle оте́чески наставля́ть, жури́ть

2. *n* 1) (the ~) *pl собир.* нидерла́ндцы; голла́ндцы 2) нидерла́ндский, голла́ндский язы́к 3) *ист.* неме́цкий язы́к; High ~ верхненеме́цкий язы́к; Low ~ нижненеме́цкий язы́к ◇ double ~ тараба́рщина; that (*или* it) beats the ~ э́то превосхо́дит всё

**dutch** [dʌtʃ] *n разг.* жена́; my old ~ моя́ стару́ха (*о жене*)

**Dutchman** [ˈdʌtʃmən] *n* 1) нидерла́ндец; голла́ндец 2) *ист.* не́мец 3) голла́ндское су́дно; Flying ~ Лету́чий голла́ндец ◇ I'm a ~, if I do! провали́ться мне на э́том ме́сте е́сли...; я не я бу́ду, е́сли...

**Dutch metal** [ˈdʌtʃˈmetl] *n* сплав ме́ди с ци́нком («*под золото*»)

**Dutch oven** [ˈdʌtʃʌvn] *n* 1) жаро́вня (*для жаренья мяса перед огнём камина*) 2) *амер. воен.* полево́й ку́хонный оча́г

**Dutchwoman** [ˈdʌtʃˌwumən] *n* нидерла́ндка; голла́ндка

**duteous** [ˈdjuːtjəs] *поэт.* = dutiful

**dutiable** [ˈdjuːtjəbl] *a* подлежа́щий обложе́нию (тамо́женной) по́шлиной

**dutiful** [ˈdjuːtɪful] *a* 1) испо́лненный созна́ния до́лга; послу́шный до́лгу 2) поко́рный

**duty** [ˈdjuːtɪ] *n* 1) долг, обя́занность; to do one's ~ исполня́ть свой долг 2) служе́бные обя́занности; дежу́рство; to take up one's duties приступи́ть к свои́м обя́занностям; on ~ на дежу́рстве; при исполне́нии служе́бных обя́занностей; doctor on ~ дежу́рный врач; off ~ вне слу́жбы; out of ~ вне слу́жбы, в свобо́дное от рабо́ты вре́мя 3) по́шлина; ге́рбовый сбор; customs duties тамо́женные по́шлины 4) почте́ние; he sends his ~ to you он свиде́тельствует вам своё почте́ние 5) *тех.* рабо́та, производи́тельность, режи́м (*машины*); мо́щность; ~ of water *с.-х.* гидромо́дуль 6) *attr.* официа́льный; ~ call официа́льный визи́т 7) *attr.* служе́бный; ~ journey служе́бная пое́здка, команди-ро́вка 8) *attr.* дежу́рный; ~ officer *амер. воен.* дежу́рный офице́р

**duty-bound** [ˈdjuːtɪbaund] *a* обя́занный

**duty-free** [ˈdjuːtɪˈfriː] **1.** *a* не подлежа́щий обложе́нию тамо́женной по́шлиной *или* сбо́ром

2. *adv* беспо́шлинно

**duty list** [ˈdjuːtɪlɪst] *n воен.* гра́фик дежу́рств

**duty-paid** [ˈdjuːtɪpeɪd] *a* опла́ченный по́шлиной

**duumvir** [dju(:)ˈʌmvə] *n* (*pl* -s [-z], -ri) *ист.* дуумви́р (*в древнем Риме*)

**duumvirate** [dju(:)ˈʌmvɪrɪt] *n ист.* дуумвира́т (*в древнем Риме*)

**duumviri** [dju(:)ˈumvɪriː] *pl от* duumvir

**dwarf** [dwɔːf] **1.** *n* 1) ка́рлик 2) ка́рликовое живо́тное *или* расте́ние 3) *миф.* гном

2. *a* ка́рликовый

3. *v* 1) меша́ть ро́сту; остана́вливать разви́тие 2) создава́ть впечатле́ние ме́ньшего разме́ра; the little cottage was ~ed by the surrounding elms ма́ленький котте́дж каза́лся ещё ме́ньше из-за окружа́ющих его́ высо́ких вя́зов

**dwarfish** [ˈdwɔːfɪʃ] *a* 1) ка́рликовый 2) недора́звитый

**dwell** [dwel] *v* (dwelt) 1) жить, обита́ть, находи́ться, пребыва́ть (in, at, on) 2) подро́бно остана́вливаться, заде́рживаться (on, upon — на *чём-л.*); to ~ on a note выде́рживать но́ту 3) остана́вливаться, заде́рживаться пе́ред препя́тствием (*о лошади*)

**dweller** [ˈdwelə] *n* 1) жи́тель, обита́тель 2) ло́шадь, заде́рживающаяся пе́ред препя́тствием

**dwelling** [ˈdwelɪŋ] **1.** *pres. p. от* dwell

2. *n* 1) жили́ще, дом 2) прожива́ние

**dwelling-house** [ˈdwelɪŋhaus] *n* жило́й дом

**dwelling-place** [ˈdwelɪŋpleɪs] *n* местожи́тельство

**dwelt** [dwelt] *past и p. p. от* dwell

**dwindle** [ˈdwɪndl] *v* 1) уменьша́ться, сокраща́ться; истоща́ться 2) теря́ть значе́ние; ухудша́ться, приходи́ть в упа́док; вырожда́ться

**dyad** [ˈdaɪæd] *греч. n* 1) число́ два; дво́йка, па́ра 2) *хим.* двухвале́нтный элеме́нт 3) *биол.* бивале́нт, диа́да ◇ one's other ~ чьё-л. второ́е «я»; чей-л. двойни́к

**dyadic** [daɪˈædɪk] *греч. a* состоя́щий из двух элеме́нтов

**dye** [daɪ] **1.** *n* 1) кра́ска; кра́сящее вещество́; краси́тель 2) окра́ска 3) цвет ◇ scoundrel of the deepest ~ отъя́вленный негодя́й

2. *v* 1) кра́сить, окра́шивать 2) принима́ть кра́ску, окра́шиваться; ~ in the wool (*или* in the grain) окра́шивать в пря́же, про́чно пропи́тывать кра́ской

**d'ye** [djə] *сокр. разг.* = do you

**dyed-in-the wool** [ˈdaɪdɪnðəˈwul] *a* 1) вы́крашенный в пря́же 2) отъя́вленный, закорене́лый; ~ Tory твердоло́бый то́ри 3) выно́сливый, сто́йкий

**dye-house** [ˈdaɪhaus] *n* краси́льня

**dyeing** [ˈdaɪɪŋ] **1.** *pres. p. от* dye 2

2. *n* 1) кра́шение, окра́ска тка́ней 2) краси́льное де́ло

**dyer** [ˈdaɪə] *n* краси́льщик

**dyer's broom** [ˈdaɪəzbruːm] *n бот.* краси́льный дрок

**dyer's weed** [ˈdaɪəzwiːd] *n бот.* ва́йда краси́льная; дрок краси́льный; резеда́ краси́льная, це́рва

**dye-stuff** [ˈdaɪstʌf] *n* кра́сящее вещество́, краси́тель

**dye-wood** [ˈdaɪwud] *n* краси́льное де́рево

**dye-works** [ˈdaɪwəːks] *n* краси́льная фа́брика, краси́льня

**dying** I [ˈdaɪɪŋ] **1.** *pres. p. от* die II

2. *n* 1) умира́ние; смерть 2) уга-са́ние; затуха́ние

3. *a* 1) умира́ющий 2) предсме́ртный; till one's ~ day до конца́ дней свои́х 3) угаса́ющий

**dying** II [ˈdaɪɪŋ] *pres. p. от* die I, 2

**dyke** [daɪk] = dike

**dynamic** [daɪ'næmɪk] *a* 1) динами́ческий 2) акти́вный, де́йствующий, энерги́чный 3) *мед.* функциона́льный

**dynamical** [daɪ'næmɪkəl] *a* динами́ческий

**dynamics** [daɪ'næmɪks] *n pl* 1) (*употр. как sing*) дина́мика 2) дви́жущие си́лы

**dynamism** ['daɪnəmɪzm] *n филос.* динами́зм

**dynamite** ['daɪnəmaɪt] **1.** *n* динами́т

**2.** *v* взрыва́ть динами́том

**dynamiter** ['daɪnəmaɪtə] *n* террори́ст, динами́тчик

**dynamitic** [ˌdaɪnə'mɪtɪk] *a* динами́тный

**dynamo** ['daɪnəməu] *n* (*pl* -os [-əuz]) *эл.* дина́мо-маши́на, дина́мо

**dynamometer** [ˌdaɪnə'mɔmɪtə] *n* динамо́метр

**dynast** ['dɪnəst] *n* представи́тель дина́стии

**dynastic** [dɪ'næstɪk] *a* династи́ческий

**dynasty** ['dɪnəstɪ] *n* дина́стия

**dyne** [daɪn] *n физ.* ди́на (*единица силы*)

**dysenteric** [ˌdɪsn'terɪk] *a* дизентери́йный

**dysentery** ['dɪsntrɪ] *n мед.* дизентери́я

**dyslogistic** [ˌdɪslə'dʒɪstɪk] *a* неодобри́тельный

**dyspepsia** [dɪs'pepsɪə] *n мед.* расстро́йство пищеваре́ния, диспепси́я

**dyspeptic** [dɪs'peptɪk] **1.** *n* 1) челове́к, страда́ющий дурны́м пищеваре́нием 2) *редк.* челове́к, находя́щийся в пода́вленном состоя́нии

**2.** *a* 1) страда́ющий дурны́м пищеваре́нием 2) находя́щийся в пода́вленном состоя́нии

**dyspnoea** [dɪs'pni(:)ə] *n мед.* оды́шка, затруднённое дыха́ние

**dysprosium** [dɪs'prəuʃɪəm] *n хим.* диспро́зий

**dystrophy** ['dɪstrəfɪ] *n мед.* дистрофи́я

# E

**E, e** [i:] *n* (*pl* Es, E's [i:z]) 1) *5-я буква англ. алфавита* 2) *муз.* ми 3) *мор.* су́дно 2-го кла́сса

**each** [i:tʃ] *pron indef.* **1.** *как сущ.* ка́ждый, вся́кий; ~ of us ка́ждый из нас; ~ and all все без разбо́ра

**2.** *как прил.* ка́ждый, вся́кий; ~ student has to learn it by heart ка́ждый студе́нт до́лжен вы́учить э́то наизу́сть

**each other** ['i:tʃ'ʌðə] *pron. recipr.* друг дру́га (*обычно о двух*)

**eager** ['i:gə] *a* 1) по́лный стра́стного жела́ния; си́льно жела́ющий, стремя́щийся; ~ for (*или* after) fame жа́ждущий сла́вы; ~ to be off стремя́щийся уйти́ 2) нетерпели́вый, горя́чий (*о желании и т. п.*) 3) энерги́чный; ~ pursuit энерги́чное пресле́дование; ~ beaver а) энтузиа́ст; б) кра́йне приле́жный, добросо́вестный рабо́тник, работя́га 4) о́стрый (*на вкус*) 5) *уст.* язви́тельный, ре́зкий

**eagerness** ['i:gənɪs] *n* пыл, рве́ние

**eagle** ['i:gl] *n* 1) орёл 2) *амер. уст.* золота́я моне́та в 10 до́лларов

**eagle-eyed** ['i:gl'aɪd] *a* с проница́тельным взгля́дом; проница́тельный

**eagle-owl** ['i:gl'aul] *n* фи́лин

**eaglet** ['i:glɪt] *n* орлёнок

**eagre** ['eɪgə] *n* прили́вный вал в у́стье реки́

**ear** I [ɪə] *n* 1) у́хо 2) слух; an ~ for music музыка́льный слух; to play by ~ игра́ть по слу́ху; to have a good (bad) ~ име́ть хоро́ший (плохо́й) слух; to strain one's ~s напряга́ть слух 3) ушко́, проу́шина, ду́жка, ру́чка 4) *редк.* отве́рстие, сква́жина ◇ to be all ~s преврати́ться в слух; слу́шать с напряжённым внима́нием; to give ~ to smb. вы́слушать кого́-л.; to gain the ~ of smb. быть вы́слушанным кем-л.; in at one ~ and out at the other в одно́ у́хо вошло́, в друго́е вы́шло; to keep one's ~s open прислу́шаться; навостри́ть у́ши; насторожи́ться; up to the ~s по́ уши (*в работе и т. п.*); to bring a storm about one's ~s вы́звать бу́рю негодова́ния; вы́звать больши́е нарека́ния; to have smb.'s ~ по́льзоваться чьим-л. благоскло́нным внима́нием; to set by the ~s рассо́рить; by the ~s в ссо́ре; to be on one's ~ быть раздражённым; to have long (*или* itching) ~s быть любопы́тным

**ear** II [ɪə] **1.** *n* 1) ко́лос 2) поча́ток (кукуру́зы)

**2.** *v* колоси́ться

**ear-ache** ['ɪəreɪk] *n* боль в у́хе

**ear-drop** ['ɪədrɔp] = ear-ring

**ear-drops** ['ɪədrɔps] *n pl* ка́пли для у́ха

**ear-drum** ['ɪədrʌm] *n* бараба́нная перепо́нка

**ear-flaps** ['ɪəflæps] *n pl* нау́шники (*меховой шапки*)

**earl** [ə:l] *n* граф (*английский*)

**ear-lap** ['ɪəlæp] *n* 1) мо́чка (*уха*) 2) у́хо (*шапки и т. п.*)

**earldom** ['ə:ldəm] *n* 1) ти́тул гра́фа, гра́фство 2) *ист.* (земе́льные) владе́ния гра́фа, гра́фство

**earless** ['ɪəlɪs] *a* 1) безу́хий 2) лишённый музыка́льного слу́ха 3) не име́ющий ру́чки (*о сосуде*)

**ear-lobe** ['ɪələub] = ear-lap

**ear-lock** ['ɪəlɔk] *n* прядь воло́с, завито́к у у́ха

**early** ['ə:lɪ] **1.** *a* 1) ра́нний; the ~ bird *шутл.* ра́нняя пта́шка; at an ~ date в ближа́йшем бу́дущем; it is ~ days yet ещё сли́шком ра́но, вре́мя не наста́ло; one's ~ days ю́ность 2) преждевре́менный; *с.-х.* скороспе́лый 3) заблаговре́менный; своевре́менный; ~ diagnosis ра́ннее распознава́ние боле́зни 4) бли́зкий, ско́рый (*о сроке*); ~ post-war years пе́рвые послевое́нные го́ды 5) *геол.* ни́жний (*о свитах*); дре́вний

**2.** *adv* 1) ра́но; ~ in the year в нача́ле го́да; ~ in life в мо́лодости; ~ in the day ра́но у́тром; *перен.* заблаговре́менно; 2) заблаговре́менно; своевре́менно 3) преждевре́менно ◇ ~ to bed and ~ to rise makes a man healthy, wealthy and wise *посл.* кто ра́но ложи́тся и ра́но встаёт, здоро́вье, бога́тство и ум наживёт

**earmark** ['ɪəmɑ:k] **1.** *n* 1) клеймо́ на у́хе; тавро́ 2) отличи́тельный при́знак

**2.** *v* 1) клейми́ть; накла́дывать тавро́ 2) откла́дывать, предназнача́ть; ассигнова́ть

**ear-muff** ['ɪəmʌf] *n амер.* нау́шник (*для защиты от холода*)

**earn** [ə:n] *v* 1) зараба́тывать; to ~ one's living (*или* one's daily bread) зараба́тывать на жизнь 2) заслу́живать; to ~ fame доби́ться изве́стности, просла́виться

**earnest** I ['ə:nɪst] **1.** *a* 1) серьёзный; ва́жный 2) и́скренний; убеждённый 3) горя́чий, ре́вностный

**2.** *n*: in ~ а) всерьёз, серьёзно; б) усе́рдно, стара́тельно; in real (*или* dead) ~ соверше́нно серьёзно

**earnest** II ['ə:nɪst] *n* зада́ток; зало́г; an ~ of more to come зало́г бу́дущих благ

**earnestly** ['ə:nɪstlɪ] *adv* настоя́тельно, убеди́тельно

**earnings** ['ə:nɪŋz] *n pl* зарабо́танные де́ньги, за́работок; при́быль

**ear-phone** ['ɪəfəun] = head-phone

**ear-ring** ['ɪərɪŋ] *n* серьга́

**earshot** ['ɪəʃɔt] *n* расстоя́ние, на кото́ром слы́шен звук; within (out of) ~ в преде́лах (вне преде́лов) слы́шимости

**ear-splitting** ['ɪəˌsplɪtɪŋ] *a* оглуши́тельный

**earth** [ə:θ] **1.** *n* 1) земля́, земно́й шар; on ~ на земле́ 2) су́ша 3) по́чва; floating ~ плывуны́; scorched ~ вы́жженная земля́ 4) прах 5) нора́; to take ~ скры́ться в нору́ (*о лисе*); to run to ~ а) = to take ~; б) спря́таться, притаи́ться; в) вы́следить; насти́гнуть; отыска́ть 6) *эл.* заземле́ние 7) *употр. для усиления*: how on ~? каки́м о́бразом?; no use on ~ реши́тельно ни к чему́; why on ~? с како́й ста́ти? 8) *attr.* земляно́й; грунтово́й; ~ water жёсткая вода́; ~ wax *геол.* озокери́т ◇ to come back to ~ спуститься с облаков на землю, вернуться к реальности

**2.** *v* 1) зарывать, закапывать; покрывать землёй; окучивать 2) загонять *или* зарываться в нору 3) *эл., радио* заземлять 4) *ав.* сажать (*самолёт*); to be ~ed сделать вынужденную посадку

**earth-born** ['ə:θbɔ:n] *a* 1) смертный; человеческий 2) *миф.* рождённый землёй

**earth-bound** ['ə:θbaund] *a* 1) земной, житейский 2) направленный к земле

**earthen** ['ə:θən] *a* 1) земляной; глиняный 2) земной

**earthenware** ['ə:θənwɛə] *n* 1) глиняная посуда, гончарные изделия; керамика 2) глина 3) *attr.* глиняный

**earth-flax** ['ə:θflæks] *n* асбест

**earthing** ['ə:θɪŋ] **1.** *pres. p.* от earth 2

**2.** *n эл., радио* заземление

**earth-light** ['ə:θlaɪt] = earth-shine

**earthly** ['ə:θlɪ] **1.** *a* 1) земной; суетный 2) *разг.* возможный; no ~ use (reason) бесполезно (бессмысленно)

**2.** *n*: not an ~ *разг.* ни малейшей надежды

**earthly-minded** ['ə:θlɪ'maɪndɪd] *a* чрезмерно практичный, насквозь земной

**earth-nut** ['ə:θnʌt] *n* земляной орех, арахис

**earthquake** ['ə:θkweɪk] *n* 1) землетрясение 2) потрясение, катастрофа

**earth-shaking** ['ə:θ,ʃeɪkɪŋ] *a* имеющий особо важное значение, первостепенной важности

**earth-shine** ['ə:θʃaɪn] *n астр.* пепельный свет (*Луны*)

**earthward(s)** ['ə:θwəd(z)] *adv* по направлению к земле

**earthwork** ['ə:θwə:k] *n* земляное укрепление; земляные работы

**earth-worm** ['ə:θwə:m] *n* 1) земляной (*или* дождевой) червь 2) низкая душа; подхалим

**earthy** ['ə:θɪ] *a* 1) земляной, землистый 2) земной, житейский 3) грубый

**ear-wax** ['ɪəwæks] *n* ушная сера

**earwig** ['ɪəwɪg] *n зоол.* уховёртка

**ease** [i:z] **1.** *n* 1) покой; свобода, непринуждённость; ~ of body and mind физический и душевный покой; at one's ~ свободно, удобно, непринуждённо; to feel ill at ~ чувствовать себя неловко; конфузиться; a life of ~ спокойная, лёгкая жизнь; social ~ умение держать себя, простота в обращении; to stand at ~ *воен.* стоять вольно; at ~! *воен.* вольно! 2) досуг; to take one's ~ а) наслаждаться досугом, отдыхать; б) успокоиться 3) праздность, лень 4) лёгкость; with ~ а) с лёгкостью; б) непринуждённо; to learn with ~ учиться без труда 5) облегчение (*боли*), прекращение (*тревоги и т. п.*)

**2.** *v* 1) облегчать (*боль, ношу*); to ~ smb. of his purse (*или* cash) *шутл.* обокрасть 2) успокаивать 3) ослаблять, освобождать 4) осторожно устанавливать (in, into); to ~ a piano into place поставить рояль на место; to ~ a bloc into position опустить и установить (*строительный*) блок на место 5) выпускать (*швы в платье*); растягивать (*обувь*) 6) *мор.* отдавать, (по)травить (*тж.* ~ away, ~ down, ~ off); ~ her! убавить ход! (*команда*) □ ~ **down** а) замедлять ход; б) уменьшать напряжение, усилие; ~ **off** а) стать менее напряжённым; ослаблять(ся); расслабляться; б) *мор.* отдавать (*канат, конец*)

**easeful** ['i:zful] *a книжн.* 1) успокоительный 2) спокойный 3) незанятый, праздный

**easel** ['i:zl] *n* 1) мольберт 2) подставка; пюпитр

**easement** ['i:zmənt] *n* 1) удобство 2) пристройки, службы 3) *юр.* право прохода, проведения освещения *и т. п.* по чужой земле 4) *уст.* облегчение, успокоение

**easily** ['i:zɪlɪ] *adv* легко; свободно, без труда

**easiness** ['i:zɪnɪs] *n* 1) лёгкость 2) непринуждённость

**east** [i:st] **1.** *n* 1) восток; *мор.* ост; to the ~ (of) к востоку (от) 2) (the E.) Восток; Far E. Дальний Восток; Middle E. Ближний Восток 3) восточный ветер (*тж.* ~ wind) ◊ E. or West home is best *посл.* ≅ в гостях хорошо, а дома лучше

**2.** *a* восточный

**3.** *adv* 1) на восток; к востоку 2) с востока (*о ветре*); to blow ~ дуть с востока

**east-bound** ['i:stbaund] *a* движущийся на восток

**East End** ['i:st'end] *n* Ист-Энд, восточная (*беднейшая*) часть Лондона

**Easter** ['i:stə] *n церк.* 1) пасха (*праздник*) 2) *attr.* пасхальный

**easterly** ['i:stəlɪ] **1.** *a* восточный

**2.** *n* восточный ветер

**3.** *adv* 1) на восток; к востоку 2) с востока (*о ветре*)

**eastern** ['i:stən] **1.** *a* 1) восточный; ~ window окно, выходящее на восток 2) расположенный в (северо)восточной части США *или* относящийся к ней

**2.** *n* (E.) житель Востока

**easterner** ['i:stənə] *n* 1) = eastern 2 2) житель восточной части США

**easternmost** ['i:stənməust] *a* самый восточный

**Eastertide** ['i:stə'taɪd] *n церк.* 1) пасхальная неделя 2) период от пасхи до праздника вознесения *или* троицы

**East India Company** ['i:st,ɪndjə-'kʌmpənɪ] *n ист.* Ост-Индская компания

**easting** ['i:stɪŋ] *n мор.* курс на ост; отшествие на восток

**East Side** ['i:st'saɪd] *n* Ист-Сайд, восточная (*беднейшая*) часть Нью-Йорка

**eastward** ['i:stwəd] **1.** *a* движущийся *или* обращённый на восток

**2.** *adv* на восток, к востоку, в восточном направлении

**3.** *n* восточное направление

**eastwards** ['i:stwədz] = eastward 2

**easy** ['i:zɪ] **1.** *a* 1) лёгкий, нетрудный; ~ of access доступный; ~ money шальные деньги 2) удобный; ~ coat просторное пальто 3) непринуждённый, свободный, естественный; ~ manners непринуждённые манеры 4) спокойный; make your mind ~ успокойтесь 5) покладистый; терпимый; to be ~ on smb., smth. относиться снисходительно к кому-л., чему-л. 6) излишне уступчивый; чересчур податливый; of ~ virtue не (слишком) строгих правил 7) неторопливый; at an ~ pace не спеша 8) обеспеченный, состоятельный; ~ circumstances достаток 9) *эк.* не имеющий спроса (*о товаре*); вялый, застойный (*о рынке и т. п.*) 10) пологий (*о скате*) ◊ ~ street богатство; to be on ~ street процветать; as ~ as falling off a log (*или* as ABC) очень легко

**2.** *adv* 1) легко 2) спокойно; неторопливо; to take it ~ а) не торопиться, не усердствовать; б) относиться спокойно; to break the news ~ сообщить о случившемся осторожно *или* деликатно ◊ ~ all! *мор.* суши вёсла! (*команда*); ~ does it *посл.* ≅ тише едешь, дальше будешь; ~ come, ~ go ≅ как нажито, так и прожито; easier said than done легче сказать, чем сделать

**easy chair** ['i:zɪ'tʃɛə] *n* мягкое кресло

**easy-going** ['i:zɪ,gəuɪŋ] *a* 1) добродушно-весёлый; беспечный, беззаботный 2) лёгкий, спокойный (*о ходе лошади*)

**easy rider** ['i:zɪ,raɪdə] *n* проходимец

**eat** [i:t] *v* (ate; eaten) 1) есть; поедать, поглощать; to ~ crisp хрустеть, есть с хрустом; to ~ well а) иметь хороший аппетит; б) иметь приятный вкус 2) разъедать, разрушать □ ~ **away** а) съедать, пожирать; б) = 2); to ~ away at one's nerves действовать на нервы, изводить; ~ **in** а) питаться дома; б) столоваться по месту работы; в) въедаться (*о хим. веществах и т. п.*); ~ **into** а) = ~ in в); б) растрачивать (*состояние*); ~ **off** отъедать (*о кислоте и т. п.*); ~ **up** а) пожирать; поглощать; ~en up with pride снедаемый гордостью; б) быстро покрывать какое-л. расстояние ◊ to ~ **one's heart out** страдать молча; to ~ **the ginger** *амер. sl.* брать всё лучшее, снимать пенки, сливки; to ~ dirt (*или* humble pie, *амер.* crow) а) смириться, проглотить обиду, покориться; б) унижаться; униженно извиняться; to ~ one's terms (*или* dinners), to ~ for the bar учиться на юридическом факультете; готовиться к адвокатуре; to

~ one's words брать назад свой слова; to ~ out of smb.'s hand безоговорочно подчиняться кому-л.; становиться совсем ручным; to ~ smb. out of house and home объедать кого-л., разорять кого-л.; I'll ~ my boots (*или* hat, head) даю голову на отсечение; what's ~ing you? какая муха тебя укусила?

**eatable** ['i:təbl] **1.** *a* съедобный
**2.** *n pl разг.* съестное, пища

**eaten** ['i:tn] *p. p. от* eat

**eater** ['i:tə] *n* 1) едок 2) столовые фрукты

**eatery** ['i:tərɪ] *n разг.* столовая; закусочная, забегаловка

**eating** ['i:tɪŋ] **1.** *pres. p. от* eat
**2.** *n* 1) приём пищи, еда 2) пища
**3.** *attr.*: ~ apple столовое яблоко; ~ club (*или* hall) *амер.* университетская столовая

**eating-house** ['i:tɪŋhaus] *n* дешёвый ресторан

**eats** [i:ts] *n pl sl.* еда, пища

**eau-de-Cologne** ['əudəkə'ləun] *фр. n* одеколон

**eau-de-vie** ['əudə'vi:] *фр. n* коньяк; водка, виски

**eaves** [i:vz] *n pl* 1) *стр.* карниз; свес крыши 2) *поэт.* веки, ресницы

**eavesdrop** ['i:vzdrɔp] *v* подслушивать (on)

**eavesdropper** ['i:vz,drɔpə] *n* подслушивающий, соглядатай

**ebb** [eb] **1.** *n* 1) отлив 2) перемена к худшему; упадок; to be at an ~, to be at a low ~ а) быть в затруднительном положении; б) находиться в упадке; his courage was at the lowest ~ он совсем струсил
**2.** *v* 1) отливать, убывать 2) ослабевать, угасать (*часто* ~ away); daylight was ~ing fast стало быстро смеркаться

**ebb-tide** ['eb'taɪd] *n* отлив

**ebon** ['ebən] *a поэт.* 1) эбеновый 2) чёрный

**ebonite** ['ebənaɪt] *n тех.* эбонит

**ebony** ['ebənɪ] **1.** *n* 1) эбеновое, чёрное дерево 2) *амер. sl.* чёрный, негр
**2.** *a* 1) эбеновый 2) чёрный как смоль

**ebullience, -cy** [ɪ'bʌljəns, -sɪ] *n книжн.* 1) кипение 2) возбуждение

**ebullient** [ɪ'bʌljənt] *a книжн.* 1) кипящий 2) кипучий, полный энтузиазма

**ebullition** [,ebə'lɪʃən] *n книжн.* 1) кипение; вскипание 2) радостное возбуждение

**écarté** [eɪ'kɑ:teɪ] *фр. n* экарте (*карточная игра*)

**ecaudate** [i:'kɔ:deɪt] *a зоол.* бесхвостый

**eccentric** [ɪk'sentrɪk] **1.** *a* 1) эксцентричный; странный 2) *геом., тех.* эксцентрический; эксцентриковый; нецентральный (*напр., об ударе*); ~ rod эксцентриковая тяга
**2.** *n* 1) эксцентричный человек; оригинал, чудак 2) *тех.* эксцентрик, кулак

**eccentricity** [,eksen'trɪsɪtɪ] *n* 1) эксцентричность, странность; оригинальность 2) *тех.* эксцентричность; эксцентриситет

**ecclesiastic** [ɪ,kli:zɪ'æstɪk] **1.** *n* духовное лицо, священнослужитель
**2.** *a* = ecclesiastical

**ecclesiastical** [ɪ,kli:zɪ'æstɪkəl] *a* духовный; церковный

**echelon** ['eʃəlɔn] **1.** *n* 1) *воен.* звено; инстанция; эшелон; ~ of attack эшелон боевого порядка при наступлении 2) уступ, ступенчатое расположение
**2.** *v* располагать уступами; эшелонировать

**echidna** [e'kɪdnə] *n зоол.* ехидна

**echini** [e'kaɪnaɪ] *pl от* echinus

**echinus** [e'kaɪnəs] *n* (*pl* -ni) 1) *зоол.* морской ёж 2) *архит.* эхин

**echo** ['ekəu] **1.** *n* (*pl* -oes [-əuz]) 1) эхо; to the ~ громко; восторженно 2) отголосок, подражание; faint ~ слабый отголосок 3) подражатель 4) *амер. разг.* плагиатор 5) *attr.*: ~ sounder эхолот; ~ sounding измерение глубины эхолотом
**2.** *v* 1) отдаваться эхом; отражаться (*о звуке*) 2) вторить, подражать, поддакивать

**echoic** [e'kəuɪk] *a* звукоподражательный

**echo-image** ['ekəu,ɪmɪdʒ] *n фото* стереоскопический снимок

**éclair** ['eɪklɛə] *фр. n* эклер (*пирожное*)

**eclampsia** [ɪ'klæmpsɪə] *n мед.* эклампсия

**éclat** ['eɪklɑ:] *фр. n* 1) блеск, слава 2) успех, шум; with great ~ с большим успехом

**eclectic** [ek'lektɪk] **1.** *a* эклектический
**2.** *n* эклектик

**eclecticism** [ek'lektɪsɪzm] *n* эклектизм; эклектика

**eclipse** [ɪ'klɪps] **1.** *n* 1) *астр.* затмение; total (partial) ~ полное (частичное) затмение 2) потускнение, помрачение; his fame has suffered an ~ слава его померкла
**2.** *v* затмевать (*тж. перен.*); заслонять; in sports he quite ~d his brother в спорте он затмил своего брата

**ecliptic** [ɪ'klɪptɪk] *астр.* **1.** *n* эклиптика
**2.** *a* эклиптический

**eclogue** ['eklɔg] *n лит.* эклога

**ecological** [,ekə'lɔdʒɪkəl] *a* экологический

**ecology** [ɪ'kɔlədʒɪ] *n* экология

**economic** [,i:kə'nɔmɪk] *a* 1) экономический; хозяйственный; ~ forces экономические факторы; ~ miracle «экономическое чудо» 2) рентабельный; экономически выгодный, целесообразный 3) практический, прикладной; ~ botany прикладная ботаника

**economical** [,i:kə'nɔmɪkəl] *a* 1) экономный, бережливый 2) экономический; относящийся к экономике *или* политической экономии 3) материальный

**economically** [,i:kə'nɔmɪkəlɪ] *adv* 1) экономно, бережливо, практично 2) экономически, с точки зрения экономики

**economics** [,i:kə'nɔmɪks] *n pl* (*употр. как sing*) 1) экономика; народное хозяйство; planned ~ плановое хозяйство 2) политическая экономия

**economist** [i(:)'kɔnəmɪst] *n* 1) экономист 2) бережливый человек, экономный хозяин

**economize** [i(:)'kɔnəmaɪz] *v* экономить

**economizer** [i(:)'kɔnəmaɪzə] *n тех.* экономайзер, подогреватель

**economy** [i(:)'kɔnəmɪ] *n* 1) хозяйство, экономика; the socialist system of ~ социалистическая система хозяйства 2) экономия, бережливость 3) (*часто pl*) сэкономленное; сбережения; little economies маленькие сбережения 4) структура, организация

**ecru** ['eɪkru:] *фр. a* цвета небелёного, сурового полотна

**ecstasize** ['ekstəsaɪz] *v* 1) приводить в восторг 2) приходить в восторг

**ecstasy** ['ekstəsɪ] *n* экстаз, исступлённый восторг; in the ~ of joy в порыве радости

**ecstatic** [eks'tætɪk] *a* исступлённый; экстатический; восторженный; в экстазе

**ectoplasm** ['ektəuplæzm] *n биол.* эктоплазма

**Ecuadoran** [,ekwə'dɔ:rən] = Ecuadorian

**Ecuadorian** [,ekwə'dɔ:rɪən] **1.** *a* эквадорский
**2.** *n* житель Эквадора

**ecumenic(al)** [,i:kju(:)'menɪk(əl)] *a церк.* вселенский (*особ. о соборе*)

**eczema** ['eksɪmə] *n мед.* экзема

**edacious** [ɪ'deɪʃəs] *a* 1) прожорливый 2) жадный

**edacity** [ɪ'dæsɪtɪ] *n* 1) прожорливость 2) жадность

**Edam** ['i:dæm] *n* эдамский сыр

**edaphology** [,edə'fɔlədʒɪ] *n* почвоведение

**eddish** ['edɪʃ] *n диал. с.-х.* отава; жнивьё, стерня

**eddy** ['edɪ] **1.** *n* 1) маленький водоворот 2) вихрь 3) облако, клубы (*дыма, пыли*) 4) *физ.* вихревое, турбулентное движение 5) *attr.*: ~ currents *эл.* вихревые токи
**2.** *v* 1) крутиться в водовороте 2) клубиться

**edelweiss** ['eɪdlvaɪs] *нем. n бот.* эдельвейс

**Eden** ['i:dn] *n* Эдем; рай

**edentate** [ɪ'dentɪt] *a* 1) *зоол.* неполнозубый 2) *шутл.* беззубый

**edge** [edʒ] **1.** 1) край, кромка; ~ of a wood опушка леса 2) остриё, лезвие; острота; the knife has no ~ нож затупился 3) кряж, хребет; ~ of a mountain гребень горы 4) критическое положение 5) обрез (*книги*);

бордю́р; uncut ~s неразре́занные страни́цы 6) опо́рная при́зма (*маятника, коромысла весов*) 7) грань 8) *разг.* преиму́щество; to have an ~ on smb. име́ть преиму́щество пе́ред кем-л. 9) боро́дка (*ключа*) ◇ (all) on ~ нетерпели́вый; раздражённый; to give an ~ to one's appetite раздразни́ть аппети́т; to take the ~ off one's appetite замори́ть червячка́; to take the ~ off an argument осла́бить си́лу до́вода; to give the ~ of one's tongue to smb. ре́зко с кем-л. говори́ть; to set smb.'s nerves on ~ раздража́ть кого́-л.; to set the teeth on ~ де́йствовать на не́рвы; ре́зать слух; вызыва́ть отвраще́ние (*у кого-л.*); to have an ~ on *sl.* быть навеселе́; to be on the ~ of doing smth. реши́ться на что-л.

**2.** *v* 1) точи́ть; заостря́ть 2) окаймля́ть, обрамля́ть 3) обреза́ть края́; сра́внивать, сгла́живать, обтёсывать углы́ 4) подстрига́ть (*траву*) 5) пододвига́ть незаме́тно *или* постепе́нно; продвига́ться незаме́тно *или* ме́дленно; пробира́ться, пролеза́ть □ ~ **away** отходи́ть осторо́жно, бочко́м; ~ **into** вти́скивать(ся); to ~ oneself into the conversation вмеша́ться в (чужо́й) разгово́р; ~ **off** = ~ away; ~ **on** подстрека́ть; ~ **out** а) осторо́жно выбира́ться; б) вытесня́ть

**edge-bone** ['edʒbəun] = aitchbone

**edge stone** ['edʒstəun] *n* 1) жёрнов, бегу́н (*в дробилке*) 2) *дор.* бордю́рный ка́мень

**edge-tool** ['edʒtu:l] *n* о́стрый, ре́жущий инструме́нт; to play with ~s ≅ игра́ть с огнём

**edgeways** ['edʒweɪz] *adv* остриём, кра́ем (вперёд); бо́ком; to get a word in ~ вверну́ть слове́чко

**edgewise** ['edʒwaɪz] = edgeways

**edging** ['edʒɪŋ] **1.** *pres. p. от* edge 2

**2.** *n* 1) край, кайма́, бордю́р 2) *attr.*: ~ saw *тех.* обрезна́я пила́

**edgy** ['edʒɪ] *a* 1) о́стрый, ре́жущий 2) *жив.* име́ющий ре́зкий ко́нтур 3) раздражённый; раздражи́тельный

**edibility** [,edɪ'bɪlɪtɪ] *n* съедо́бность

**edible** ['edɪbl] **1.** *a* съедо́бный; го́дный в пи́щу

**2.** *n* (*обыкн. pl*) съедо́бное, съестно́е, еда́

**edict** ['i:dɪkt] *n* эди́кт, ука́з

**edification** [,edɪfɪ'keɪʃən] *n* назида́ние, наставле́ние

**edifice** ['edɪfɪs] *n* 1) зда́ние, сооруже́ние 2) систе́ма взгля́дов, доктри́на

**edify** ['edɪfaɪ] *v* поуча́ть, наставля́ть

**edit** ['edɪt] *v* 1) редакти́ровать, гото́вить к печа́ти; рабо́тать *или* быть реда́ктором 2) осуществля́ть руково́дство изда́нием 3) монти́ровать (*фильм*) □ ~ **out** выма́рывать, вычёркивать

**edition** [ɪ'dɪʃən] *n* 1) изда́ние; pocket ~ карма́нное изда́ние 2) вы́пуск; morning ~ у́тренний вы́пуск (*газеты*) 3) тира́ж (*книги, газеты и т. п.*) 4) ко́пия, вариа́нт; she is a more charming ~ of her sister она́ вы́литая сестра́, но ещё бо́лее очарова́тельна

**editor** ['edɪtə] *n* 1) реда́ктор 2) а́втор передови́ц (*в газете*)

**editorial** [,edɪ'tɔ:rɪəl] **1.** *a* реда́кторский, редакцио́нный; ~ office реда́кция (*помещение*); ~ staff редакцио́нные рабо́тники, сотру́дники реда́кции; ~ board редакцио́нная колле́гия

**2.** *n* передова́я *или* редакцио́нная статья́

**editorialist** [,edɪ'tɔ:rɪəlɪst] *n* пи́шущий передовы́е *или* редакцио́нные статьи́

**editorialize** [,edɪ'tɔ:rɪəlaɪz] *v амер.* тенденцио́зно излага́ть *или* интерпрети́ровать материа́л (*в газете*)

**editor-in-chief** ['edɪtərɪn'tʃi:f] *n* (*pl* editors-in-chief) гла́вный реда́ктор

**educate** ['edju(:)keɪt] *v* 1) воспи́тывать; дава́ть образова́ние 2) тренирова́ть; to ~ the ear развива́ть слух

**educated** ['edju(:)keɪtɪd] **1.** *p. p. от* educate

**2.** *a* 1) (высоко)образо́ванный 2) трениро́ванный; ~ taste (mind) развито́й вкус (ум)

**education** [,edju(:)'keɪʃən] *n* 1) образова́ние; просвеще́ние, обуче́ние; all-round ~ разносторо́ннее образова́ние; trade ~ специа́льное образова́ние; classical (commercial, art) ~ класси́ческое (комме́рческое, худо́жественное) образова́ние; vocational ~ профессиона́льно-техни́ческое образова́ние; higher ~ вы́сшее образова́ние 2) воспита́ние, разви́тие (*характера, способностей*) 3) культу́ра, образо́ванность 4) дрессиро́вка, обуче́ние (*животных*)

**educational** [,edju(:)'keɪʃənl] *a* образова́тельный; воспита́тельный; уче́бный; педагоги́ческий; ~ film уче́бный фильм

**educationalist** [,edju(:)'keɪʃnəlɪst] *n* педаго́г-теоре́тик

**educationally** [,edju(:)'keɪʃnəlɪ] *adv* педагоги́чески; с то́чки зре́ния воспита́ния, образова́ния

**educationist** [,edju(:)'keɪʃnɪst] = educationalist

**educative** ['edju(:)kətɪv] *a* воспи́тывающий, воспита́тельный; просвети́тельный

**educator** ['edju(:)keɪtə] *n* 1) воспита́тель, педаго́г 2) = educationalist

**educe** [i(:)'dju:s] *v* 1) выявля́ть (*скрытые способности*); развива́ть 2) выводи́ть (*заключение*; from) 3) *хим.* выделя́ть

**eduction** [i(:)'dʌkʃən] *n* 1) выявле́ние (*скрытых способностей*) 2) вы́вод 3) вы́пуск; вы́ход 4) извлече́ние 5) *хим.* выделе́ние

**edulcorate** [ɪ'dʌlkəreɪt] *v хим.* очища́ть от кисло́т, соле́й *и т. п.* промы́вкой

**Edwardian** [əd'wɔ:djən] *a* вре́мени, эпо́хи одного́ из англи́йских короле́й Эдуа́рдов

**eel** [i:l] *n зоол.* у́горь

**eel-buck** ['i:lbʌk] *n* ве́рша для ло́вли угре́й

**eel-pout** ['i:lpaut] *n зоол.* бельдю́га

**eel-spear** ['i:lspɪə] *n* трезу́бец для ло́вли угре́й

**e'en** [i:n] *поэт. см.* even I *и* II, 2

**e'er** [ɛə] *поэт. см.* ever

**eerie, eery** ['ɪərɪ] *a* 1) жу́ткий; мра́чный; сверхъесте́ственный 2) *шотл.* суеве́рно боязли́вый

**efface** [ɪ'feɪs] *v* стира́ть; вычёркивать; изгла́живать; to ~ oneself стушева́ться, держа́ться в тени́

**effect** [ɪ'fekt] **1.** *n* 1) сле́дствие, результа́т; cause and ~ причи́на и сле́дствие; of (*или* to) no ~, without ~ а) безрезульта́тный; б) бесполе́зный; в) безрезульта́тно; бесце́льно; to have ~ име́ть жела́тельный результа́т; поде́йствовать 2) де́йствие, влия́ние; возде́йствие; the ~ of light on plants де́йствие све́та на расте́ния; argument has no ~ on him убежде́ние на него́ ника́к не де́йствует 3) де́йствие, си́ла; to go (*или* to come) into ~, to take ~ вступа́ть в си́лу (*о законе, постановлении, правиле и т. п.*); the law goes into ~ soon зако́н ско́ро всту́пит в си́лу; with ~ from today вступа́ющий в си́лу с сего́дняшнего дня; to bring to ~, to give ~ to, to carry (*или* to put) into ~ осуществля́ть, приводи́ть в исполне́ние, проводи́ть в жизнь; no ~s нет средств (*надпись банка на неакцептованном чеке*); in ~ в действи́тельности, в су́щности 4) эффе́кт, впечатле́ние; general ~ о́бщее впечатле́ние; calculated for ~ рассчи́танный на эффе́кт; to do smth. for ~ де́лать что-л., что́бы произвести́ впечатле́ние, пусти́ть пыль в глаза́ 5) *pl театр., кино* звуковы́е эффе́кты 6) цель, наме́рение; to this ~ для э́той це́ли; в э́том смы́сле 7) содержа́ние; the letter was to the following ~ письмо́ бы́ло сле́дующего содержа́ния 8) *pl* иму́щество, пожи́тки; sale of household ~s распрода́жа дома́шних веще́й; to leave no ~s умере́ть, ничего́ не оста́вив насле́дникам 9) *тех.* поле́зный эффе́кт, производи́тельность (*машины*)

**2.** *v* производи́ть; выполня́ть, соверша́ть; осуществля́ть; to ~ a change in a plan произвести́ измене́ние в пла́не; to ~ an insurance policy застрахова́ть

**effective** [ɪ'fektɪv] **1.** *a* 1) действи́тельный, эффекти́вный, результати́вный; ~ demand *эк.* платёжеспосо́бный спрос 2) де́йствующий, име́ющий си́лу (*о законе и т. п.*); to become ~ входи́ть в си́лу; ~ from 22 hours, December 31 вступа́ющий в си́лу с десяти́ часо́в ве́чера 31 декабря́; ~ until the end of the month действи́телен то́лько до конца́ теку́щего ме́сяца 3) эффе́ктный; производя́щий впечатле́ние, впечатля́ющий 4) *воен.* го́дный; (по́лностью) гото́вый к де́йствию; де́йствующий; эффекти́вный; ~ range да́льность действи́тельного огня́; ~ fire действи́тельный ого́нь 5) име́ющий хожде́ние (*о денежных знаках*) 6) поле́зный; ~ area рабо́чая пове́рхность (*площади*); ~ head *гидр.* поле́зный напо́р

**2.** *n* 1) *воен.* бое́ц 2) *pl* боево́й соста́в

**effectless** [ɪ'fektlɪs] *a* безрезульта́тный, неэффекти́вный

**effectual** [ɪ'fektjuəl] *a* 1) достига́ющий це́ли, де́йственный; действи́тельный 2) *юр.* име́ющий си́лу

**effectuate** [ɪ'fektjueɪt] *v* соверша́ть, приводи́ть в исполне́ние

**effectuation** [ɪˌfektju'eɪʃən] *n* выполне́ние

**effeminacy** [ɪ'femɪnəsɪ] *n* изне́женность, же́нственность (*в мужчине*)

**effeminate** [ɪ'femɪnɪt] **1.** *a* 1) изне́женный, женоподо́бный 2) сла́бый, привы́кший к не́ге, избало́ванный; ~ civilization упа́дочная цивилиза́ция

**2.** *n* 1) женоподо́бный мужчи́на; сла́бый, изне́женный челове́к 2) гомосексуали́ст

**efferent** ['efərənt] *a* выносящий (*о кровеносных сосудах*); центробе́жный; ~ nerve дви́гательный нерв

**effervesce** [ˌefə'ves] *v* 1) выделя́ться в ви́де пузырько́в га́за; шипе́ть, пе́ниться; игра́ть (*о шипучем напитке*) 2) быть в возбужде́нии; испы́тывать подъём, и́скриться

**effervescence, -cy** [ˌefə'vesns, -sɪ] *n* 1) выделе́ние пузырько́в га́за; шипе́ние, вскипа́ние 2) возбужде́ние, волне́ние

**effervescent** [ˌefə'vesnt] *a* 1) шипу́чий 2) кипу́чий; искромётный 3) возбуждённый

**effete** [e'fi:t] *a* 1) истощённый, сла́бый 2) беспло́дный 3) изне́женный, избало́ванный 4) упа́дочный

**efficacious** [ˌefɪ'keɪʃəs] *a* де́йственный, эффекти́вный; производи́тельный; an ~ cure for a disease эффекти́вное лече́ние боле́зни

**efficacy** ['efɪkəsɪ] *n* эффекти́вность, си́ла; де́йственность

**efficiency** [ɪ'fɪʃənsɪ] *n* 1) де́йственность, эффекти́вность 2) продукти́вность, производи́тельность 3) уме́ние, подгото́вленность; дееспосо́бность, операти́вность; работоспосо́бность 4) *тех.* отда́ча, коэффицие́нт поле́зного де́йствия 5) рента́бельность 6) *attr.*: ~ expert (*или* engineer) специали́ст по нау́чной организа́ции труда́

**efficient** [ɪ'fɪʃənt] **1.** *a* 1) де́йственный, эффекти́вный 2) уме́лый, подгото́вленный, квалифици́рованный (*о человеке*) 3) целесообра́зный, рациона́льный 4) *тех.* продукти́вный, с высо́ким коэффицие́нтом поле́зного де́йствия

**2.** *n* 1) *мат.* фа́ктор; сомно́житель; 2) *pl воен. ист.* обу́ченные доброво́льцы

**effigy** ['efɪdʒɪ] *n* изображе́ние, портре́т; to burn in ~ сжечь (*чьё-л.*) изображе́ние

**effloresce** [ˌeflɔ:'res] *v* 1) зацвета́ть, расцвета́ть 2) *хим.* выцвета́ть, покрыва́ться вы́цветом; выкристаллизо́вываться 3) *геол.* выве́триваться

**efflorescence** [ˌeflɔ:'resns] *n* 1) нача́ло цвете́ния; расцве́т 2) *хим.* вы́цвет, выцвета́ние; проду́кт кристаллиза́ции 3) *геол.* выве́тривание криста́ллов 4) *мед.* высыпа́ние

**effluence** ['efluəns] *n* истече́ние; эмана́ция; an ~ of light from an open door пото́к (*или* сноп) све́та из откры́той две́ри

**effluent** ['efluənt] **1.** *n* 1) река́; пото́к, вытека́ющий из друго́й реки́ *или* о́зера; исто́к 2) сток

**2.** *a* вытека́ющий (*из чего-л.*); проса́чивающийся

**effluvia** [e'flu:vjə] *pl от* effluvium

**effluvium** [e'flu:vjəm] *n* (*pl* -s [-z], -via) испаре́ние (*особ. вредное или зловонное*); миа́змы

**efflux** ['eflʌks] *n* 1) уте́чка, истече́ние (*жидкости, газа*) 2) истече́ние (*срока, времени*) 3) эмана́ция 4) *тех.* га́зовая струя́

**effort** ['efət] *n* 1) уси́лие, попы́тка; напряже́ние; to make an ~ сде́лать уси́лие, попыта́ться; to make ~s приложи́ть уси́лия; to spare no ~s не щади́ть уси́лий; without ~ легко́, не прилага́я уси́лий 2) *разг.* достиже́ние

**effortless** ['efətlɪs] *a* 1) не де́лающий уси́лий; пасси́вный 2) не тре́бующий уси́лий; лёгкий

**effrontery** [ɪ'frʌntərɪ] *n* на́глость, бессты́дство, наха́льство

**effulgence** [e'fʌldʒəns] *n* лучеза́рность, блеск, сия́ние

**effulgent** [e'fʌldʒənt] *a* лучеза́рный

**effuse 1.** *a* [e'fju:s] 1) *книжн.* лью́щийся, разлива́ющийся 2) *бот.* разро́сшийся

**2.** *v* [e'fju:z] 1) излива́ть; испуска́ть (*запах и т. п.*) 2) распространя́ть 3) излива́ться из кровено́сных сосу́дов (*в мозг и т. п.*)

**effusion** [ɪ'fju:ʒən] *n* 1) излия́ние; ~ of blood а) кровоизлия́ние; б) поте́ря кро́ви 2) изверже́ние (*лавы*) 3) излия́ние (*душевное*); вдохнове́нный пото́к (*стихов и т. п.*) 4) *физ.* эффу́зия 5) *мед.* вы́пот; истече́ние, излия́ние

**effusive** [ɪ'fju:sɪv] *a* 1) экспанси́вный; несде́ржанный; ~ compliments неуме́ренные комплиме́нты 2) *геол.* эффузи́вный

**eft** [eft] *n зоол.* трито́н

**egad** [ɪ'gæd] *int уст.* ей-бо́гу!

**egalitarian** [ɪˌgælɪ'teərɪən] *a* побо́рник равнопра́вия, эгалитари́ст

**egg I** [eg] *n* 1) яйцо́; soft (-boiled) ~, lightly boiled ~ яйцо́ всмя́тку; hard-boiled ~ круто́е яйцо́; ham and ~s я́ичница с ветчино́й 2) *воен. sl.* бо́мба; грана́та 3) *биол.* яйцекле́тка ◇ in the ~ в зача́точном состоя́нии; to crush in the ~ подави́ть в заро́дыше, пресе́чь в ко́рне; a bad ~ *разг.* а) непутёвый, никуды́шный челове́к; б) неуда́чная зате́я; a good ~ *разг.* а) молоде́ц, молодчи́на!; б) отли́чная шту́ка!; to teach your grandmother to suck ~s ≅ не учи́ учёного; я́йца ку́рицу не у́чат; as full as an ~ битко́м наби́тый

**egg II** [eg] *v* 1) сма́зывать яйцо́м 2) забра́сывать ту́хлыми я́йцами 3) нау́ськивать, подстрека́ть (*тж.* ~ on)

**egg-beater** ['egˌbi:tə] *n* 1) взбива́лка для яиц 2) *воен. sl.* вертолёт

**egg-cup** ['egkʌp] *n* рю́мка для яйца́

**egg-dance** ['egdɑ:ns] *n* 1) та́нец, выполня́емый с завя́занными глаза́ми среди́ яи́ц 2) сло́жная, трудновыполни́мая зада́ча

**egg-flip** ['egflɪp] = egg-nog

**egghead** ['eghed] *n презр.* интеллиге́нт; у́мник, эруди́т

**egg-nog** ['egnɔg] *n* яи́чный желто́к, растёртый с са́харом, с добавле́нием сли́вок, молока́ *или* спиртно́го напи́тка

**egg-plant** ['egplɑ:nt] *n* баклажа́н

**egg-shaped** ['egʃeɪpt] *a* яйцеви́дный, в фо́рме яйца́, ова́льный

**egg-shell** ['egʃel] **1.** *n* 1) яи́чная скорлупа́ 2) хру́пкий предме́т ◇ to walk (*или* to tread) upon ~s де́йствовать с большо́й осторо́жностью

**2.** *a* хру́пкий и прозра́чный; ~ china то́нкий фарфо́р

**egg-timer** ['egˌtaɪmə] *n* трёхмину́тные песо́чные часы́ (*для варки яиц*)

**egg-white** ['egwaɪt] *n* яи́чный бело́к

**eglantine** ['egləntaɪn] *n* ро́за эглант́ерия

**ego** ['egəu] *n* 1) *филос.* субъе́кт, э́го, мы́слящая ли́чность, моё «я» 2) *разг.* эгои́зм

**egocentric** [ˌegəu'sentrɪk] *a* эгоцентри́ческий, эгоисти́чный

**egoism** ['egəuɪzm] *n* эгои́зм

**egoist** ['egəuɪst] *n* эгои́ст

**egoistic(al)** [ˌegəu'ɪstɪk(əl)] *a* эгоисти́чный; эгоисти́ческий

**egotism** ['egəutɪzm] *n* эготи́зм; самомне́ние, самовлюблённость

**egotist** ['egəutɪst] *n* эготи́ст; эгоцентри́ст

**egregious** [ɪ'gri:dʒəs] *a книжн.* отъя́вленный, вопию́щий; ~ error гру́бая, вопию́щая оши́бка; ~ lie вопию́щая ложь; ~ fool отъя́вленный дура́к

**egress** ['i:gres] *n* 1) вы́ход 2) пра́во вы́хода 3) *геол.* вы́ход на пове́рхность

**egression** [i(:)'greʃən] *n книжн.* вы́ход

**egret** ['i:gret] *n* 1) бе́лая ца́пля 2) эгре́т(ка) 3) голо́вка одува́нчика, чертополо́ха; [*см. тж.* aigrette]

**Egyptian** [ɪ'dʒɪpʃən] **1.** *a* еги́петский

**2.** *n* 1) египтя́нин; египтя́нка 2) *уст.* цыга́н, цыга́нка

**Egyptology** [ˌi:dʒɪp'tɔlədʒɪ] *n* египтоло́гия

**eh** [eɪ] *int выражает вопрос, удивление, надежду на согласие слушающего* а?, как?, что (вы сказа́ли)?, вот как!, не пра́вда ли?

**eider** [ˈaɪdə] *n* 1) *зоол.* га́га (обыкнове́нная) 2) = eider-down

**eider-down** [ˈaɪdədaun] *n* 1) гага́чий пух 2) пухо́вое стёганое одея́ло

**eidolon** [aɪˈdəulɔn] *n* 1) о́браз, подо́бие 2) привиде́ние, фанто́м

**eight** [eɪt] **1.** *num. card.* во́семь

**2.** *n* 1) восьмёрка 2) (the Eights) *pl* гребны́е состяза́ния ме́жду оксфо́рдскими и ке́мбриджскими студе́нтами 3): in ~s в восьму́ю до́лю листа́ ◇ to cut ~s де́лать восьмёрки (*в фигурном катании*); to be behind the ~ ball оказа́ться в опа́сном *или* кра́йне затрудни́тельном положе́нии; to have one over the ~ *sl.* напи́ться, опьяне́ть

**eighteen** [ˈeɪˈtiːn] *num. card.* восемна́дцать

**eighteenth** [ˈeɪˈtiːnθ] **1.** *num. ord.* восемна́дцатый

**2.** *n* 1) восемна́дцатая часть 2) (the ~) восемна́дцатое число́

**eighth** [eɪtθ] **1.** *num. ord.* восьмо́й

**2.** *n* 1) восьма́я часть 2) (the ~) восьмо́е число́

**eighties** [ˈeɪtɪz] *n pl* 1) (the ~) восьмидеся́тые го́ды 2) во́семьдесят лет; девя́тый деся́ток (*возраст между 80 и 89 годами*)

**eightieth** [ˈeɪtɪɪθ] **1.** *num. ord.* восьмидеся́тый

**2.** *n* восьмидеся́тая часть

**eighty** [ˈeɪtɪ] **1.** *num. card.* во́семьдесят; he is over ~ ему́ за во́семьдесят; ~-one во́семьдесят оди́н; ~-two во́семьдесят два *и т. д.*

**2.** *n* во́семьдесят (*единиц, штук*)

**einsteinium** [aɪnˈstaɪnɪəm] *n хим.* эйнште́йний

**eirenicon** [aɪˈriːnɪkɔn] *греч. n* миролюби́вое предложе́ние; план подде́ржания ми́ра

**eisteddfod** [aɪsˈteðvɔd] *n* ежего́дный фестива́ль ба́рдов (*в Уэльсе*)

**either** I [ˈaɪðə] *pron indef.* **1.** *как сущ.* 1) оди́н из двух; тот и́ли друго́й; ~ of the two boys may go оди́н из э́тих двух ма́льчиков мо́жет пойти́ 2) и тот и друго́й; о́ба; ка́ждый, любо́й (из двух); ~ will do подойдёт и тот и друго́й

**2.** *как прил.* 1) оди́н из двух; тако́й *или* друго́й; э́тот *или* ино́й; you may put the lamp at ~ end of the table вы мо́жете поста́вить ла́мпу на тот *или* друго́й коне́ц стола́ 2) ка́ждый, любо́й (*из двух*); there are curtains on ~ side of the window по обе́им сторона́м окна́ вися́т занаве́ски; ~ way и так и э́так

**3.** *как нареч.* та́кже (*при отрицании*); if you do not go I shall not ~ е́сли вы не пойдёте, то и я не пойду́

**either** II [ˈaɪðə] *cj* и́ли; ~... or... и́ли... и́ли...; ~ come in or go out ли́бо входи́те, ли́бо выходи́те

**ejaculate** [ɪˈdʒækjuleɪt] *v* 1) восклица́ть 2) изверга́ть (*жидкость*)

**ejaculation** [ɪˌdʒækjuˈleɪʃən] *n* 1) восклица́ние 2) изверже́ние 3) *физиол.* эякуля́ция

**eject** I [i(ː)ˈdʒekt] *v* 1) изгоня́ть (from); лиша́ть до́лжности 2) выселя́ть 3) изверга́ть, выбра́сывать; выпуска́ть (*дым и т. п.*)

**eject** II [ˈiːdʒekt] *n* плод воображе́ния

**ejection** [i(ː)ˈdʒekʃən] *n* 1) изгна́ние; лише́ние до́лжности 2) выселе́ние 3) изверже́ние, выбра́сывание (*дыма, лавы и т. п.*) 4) вы́брошенная, извéрженная ма́сса, ла́ва 5) *ав.* катапульти́рование 6) *attr.*: ~ seat (chair) *ав.* катапульти́руемое кре́сло (сиде́нье)

**ejectment** [i(ː)ˈdʒektmənt] *n юр.* 1) выселе́ние 2) суде́бное де́ло о возвраще́нии земе́ль

**ejector** [i(ː)ˈdʒektə] *n* 1) тот, кто изгоня́ет *и пр.* [*см.* eject I] 2) *тех.* эжéктор; отража́тель (*в оружии*); стру́йный насо́с

**eke** I [iːk] *v*: to ~ out восполня́ть, пополня́ть (with); to ~ out one's existence перебива́ться ко́е-ка́к, умудря́ться своди́ть концы́ с конца́ми

**eke** II [iːk] *adv уст.* та́кже, то́же; к тому́ же

**el** [el] *n* 1) *название буквы* L 2) = ell II, 2); 3) *амер. разг.* (*сокр. от elevated railroad*; *часто* E.) надзе́мная желе́зная доро́га

**elaborate** **1.** *a* [ɪˈlæbərɪt] 1) тща́тельно разрабо́танный; проду́манный; вы́работанный; иску́сно сде́ланный; сло́жный; ~ dinner изы́сканный обе́д 2) усоверше́нствованный

**2.** *v* [ɪˈlæbəreɪt] 1) тща́тельно разраба́тывать, разраба́тывать в дета́лях 2) выраба́тывать; развива́ть

**elaboration** [ɪˌlæbəˈreɪʃən] *n* 1) разрабо́тка; разви́тие; уточне́ние; соверше́нствование 2) сло́жность 3) *физиол.* вы́работка, перерабо́тка

**elan** [eɪˈlɑːŋ] *фр. n* стреми́тельность, поры́в

**eland** [ˈiːlənd] *n зоол.* антило́па ка́нна

**elapse** [ɪˈlæps] *v* проходи́ть, пролета́ть, лете́ть (*о времени*)

**elastic** [ɪˈlæstɪk] **1.** *a* 1) эласти́чный; ги́бкий и упру́гий; ~ limit *тех.* преде́л упру́гости 2) ги́бкий; приспособля́ющийся; ~ rule пра́вило, кото́рое мо́жно по-ра́зному толкова́ть 3) бы́стро оправля́ющийся (*от огорчения, переживаний*); ~ conscience легко́ успока́ивающаяся со́весть

**2.** *n* 1) рези́нка (*шнур*) 2) рези́нка, подвя́зка

**elasticity** [ˌelæsˈtɪsɪtɪ] *n* 1) эласти́чность *и пр.* [*см.* elastic 1] 2) *тех.* упру́гость

**elastic-sides** [ɪˈlæstɪksaɪdz] *n pl* штибле́ты с рези́нкой (*тж.* elastic-side boots)

**elate** [ɪˈleɪt] *v* поднима́ть настрое́ние, подбодря́ть

**elated** [ɪˈleɪtɪd] **1.** *p. p. от* elate

**2.** *a* в припо́днятом настрое́нии, лику́ющий; ~ by success окрылённый успе́хом

**elation** [ɪˈleɪʃən] *n* припо́днятое настрое́ние; восто́рг; бу́рная ра́дость; энтузиа́зм

**elbow** [ˈelbəu] **1.** *n* 1) ло́коть; at one's ~ под руко́й; ря́дом 2) подлоко́тник (*кресла*) 3) *тех.* коле́но; уго́льник ◇ to be out at ~s а) ходи́ть в лохмо́тьях; быть бе́дно оде́тым; б) нужда́ться, бе́дствовать; to crook (*или* to lift) the ~ *sl.* выпива́ть; to rub ~s with smb. якша́ться с кем-л.; up to the ~s in work по го́рло в рабо́те

**2.** *v* 1) толка́ть(ся) локтя́ми 2) прота́лкиваться, проти́скиваться (*в толпе*); to ~ one's way прота́лкиваться; to ~ one's way out выбира́ться (*из толпы*); to ~ into smth. а) вти́скиваться; б) втира́ться

**elbow-chair** [ˈelbəuˈtʃɛə] *n* кре́сло с подлоко́тниками

**elbow-grease** [ˈelbəugriːs] *n шутл.* 1) уси́ленная поліро́вка 2) тяжёлая, упо́рная рабо́та 3) *разг.* пот

**elbow-rest** [ˈelbəurest] *n* подлоко́тник

**elbow-room** [ˈelbəurum] *n* 1) просто́р (*для движения*) 2) *перен.* просто́р, свобо́да

**eld** [eld] *n уст., поэт.* 1) старина́ 2) ста́рость

**elder** I [ˈeldə] **1.** *a* 1) *сравн. ст. от* old 1; 2) ста́рший (*в семье*); my ~ brother мой ста́рший брат

**2.** *n* 1) *pl* ста́рые лю́ди, ста́ршие 2) старе́йшина 3) ста́рец 4) *церк.* церко́вный ста́роста 5) заслу́женный госуда́рственный де́ятель

**elder** II [ˈeldə] *n бот.* бузина́

**elderberry** [ˈeldəˌberɪ] *n* я́года бузины́

**elderly** [ˈeldəlɪ] *a* пожило́й, почте́нный

**eldest** [ˈeldɪst] *a* 1) *превосх. ст. от* old 1; 2) са́мый ста́рший (*в семье*) 3): the ~ hand *карт.* пе́рвая рука́

**El Dorado** [ˌeldəˈrɑːdəu] *исп. n* Эльдора́до, страна́ ска́зочных бога́тств

**eldritch** [ˈeldrɪtʃ] *a шотл.* жу́ткий, сверхъесте́ственный

**elecampane** [ˌelɪkæmˈpeɪn] *n бот.* девяси́л

**elect** [ɪˈlekt] **1.** *a* и́збранный (*но ещё не вступивший в должность*) ◇ bride ~ наречённая (неве́ста)

**2.** *n* избра́нник; the ~ *pl собир.* и́збранные

**3.** *v* 1) избира́ть; выбира́ть (*голосованием*); they ~ed him chairman они́ вы́брали его́ председа́телем; he was ~ed chairman он был вы́бран председа́телем 2) назнача́ть (*на должность*) 3) реши́ть, предпоче́сть; he ~ed to remain at home он предпочёл оста́ться до́ма

**election** [ɪˈlekʃən] *n* 1) вы́боры; general (special) ~ всео́бщие (*амер.* дополни́тельные) вы́боры; to hold an ~ проводи́ть вы́боры 2) избра́ние 3) *рел.* предопределе́ние 4) *attr.* избира́тельный, свя́занный с вы́борами; ~ campaign избира́тельная кампа́ния

**electioneer** [ɪˌlekʃəˈnɪə] *v* проводи́ть предвы́борную кампа́нию; агити́ровать за кандида́та

**electioneering** [ɪˌlekʃəˈnɪərɪŋ] **1.** *pres. p. от* electioneer

**2.** *n* предвы́борная кампа́ния

**elective** [ɪˈlektɪv] *a* 1) вы́борный; ~ office вы́борная до́лжность 2) избира́тельный; ~ franchise избира́тельное пра́во 3) име́ющий избира́тельные права́; an ~ body избира́тели 4) *амер.* факультати́вный, необяза́тельный; ~ course систе́ма обуче́ния, при кото́рой студе́нту предоста́влено пра́во выбира́ть для изуче́ния интересу́ющие его́ дисципли́ны, не приде́рживаясь обяза́тельной програ́ммы 5) *хим.*: ~ affinity избира́тельное сродство́; *перен.* родство́ душ

**elector** [ɪˈlektə] *n* 1) избира́тель; вы́борщик 2) *амер.* член колле́гии вы́борщиков [*см.* electoral]

**electoral** [ɪˈlektərəl] *a* избира́тельный; ~ system избира́тельная систе́ма; ~ law избира́тельный зако́н; ~ college *амер.* колле́гия вы́борщиков (*избираемых в штатах для выборов президента и вице-президента*); ~ mandate нака́з избира́телей

**electorate** [ɪˈlektərɪt] *n* 1) континге́нт избира́телей 2) избира́тельный о́круг

**electric** [ɪˈlektrɪk] *a* 1) электри́ческий; ~ fan электри́ческий вентиля́тор; ~ light электри́ческий свет, электри́чество; ~ lighting электри́ческое освеще́ние; ~ locomotive электрово́з 2) удиви́тельный, волну́ющий, порази́тельный ◇ ~ seal кро́личий мех «под ко́тик»

**electrical** [ɪˈlektrɪkəl] *a* электри́ческий; ~ engineering электроте́хника

**electric blue** [ɪˈlektrɪkˈbluː] *n* электри́к (*цвет*)

**electric chair** [ɪˈlektrɪkˈtʃɛə] *n* электри́ческий стул

**electrician** [ɪlekˈtrɪʃən] *n* 1) электроте́хник 2) электромонтёр

**electricity** [ɪlekˈtrɪsɪtɪ] *n* электри́чество

**electrification** [ɪˌlektrɪfɪˈkeɪʃən] *n* 1) электрифика́ция 2) электриза́ция

**electrify** [ɪˈlektrɪfaɪ] *v* 1) электрифици́ровать 2) электризова́ть; заряжа́ть электри́ческим то́ком 3) возбужда́ть, электризова́ть; to ~ one's audience наэлектризова́ть свои́х слу́шателей

**electrization** [ɪˌlektrɪˈzeɪʃən] *n* электриза́ция

**electrize** [ɪˈlektraɪz] = electrify 1) *и* 2)

**electro** [ɪˈlektrəu] *сокр. разг. от* electroplate *и* electrotype

**electrocardiogram** [ɪˌlektrəuˌkɑːdɪəˈgræm] *n мед.* электрокардиогра́мма

**electrochemistry** [ɪˌlektrəuˈkemɪstrɪ] *n* электрохи́мия

**electrocute** [ɪˈlektrəkjuːt] *v* 1) убива́ть электри́ческим то́ком 2) казни́ть на электри́ческом сту́ле

**electrocution** [ɪˌlektrəˈkjuːʃən] *n* казнь на электри́ческом сту́ле

**electrode** [ɪˈlektrəud] *n* электро́д

**electrodynamics** [ɪˈlektrəudaɪˈnæmɪks] *n pl* (*употр. как sing*) электродина́мика

**electrokinetics** [ɪˈlektrəukaɪˈnetɪks] *n pl* (*употр. как sing*) электрокине́тика

**electrolier** [ɪˌlektrəuˈlɪə] *n* лю́стра

**electrolyse** [ɪˈlektrəulaɪz] *v* подверга́ть электро́лизу

**electrolysis** [ɪlekˈtrɔlɪsɪs] *n* электро́лиз

**electrolyte** [ɪˈlektrəulaɪt] *n* электроли́т

**electromagnet** [ɪˈlektrəuˈmægnɪt] *n* электромагни́т

**electromagnetic** [ɪˈlektrəumægˈnetɪk] *a* электромагни́тный; ~ waves электромагни́тные во́лны

**electrometallurgy** [ɪˈlektrəumeˈtælədʒɪ] *n* электрометаллурги́я

**electrometer** [ɪlekˈtrɔmɪtə] *n* электро́метр

**electromotive** [ɪˈlektrəuməutɪv] *a* электродви́жущий; ~ force электродви́жущая си́ла

**electromotor** [ɪˈlektrəuˈməutə] *n* электромото́р

**electron** [ɪˈlektrɔn] *n физ.* 1) электро́н 2) *attr.* электро́нный; ~ microscope электро́нный микроско́п; ~ beam пучо́к электро́нов

**electronegative** [ɪˈlektrəuˈnegətɪv] *a* электроотрица́тельный

**electronic** [ɪlekˈtrɔnɪk] *a* электро́нный; ~ computer (*или разг.* brain) электро́нная вычисли́тельная маши́на (ЭВМ)

**electronics** [ɪlekˈtrɔnɪks] *n pl* (*употр. как sing*) электро́ника

**electron-volt** [ɪˈlektrɔnˈvəult] *n физ.* электро́н-во́льт

**electropathy** [ɪlekˈtrɔpəθɪ] *n мед.* электролече́ние, электротерапи́я

**electrophone** [ɪˈlektrəfəun] *n* 1) электрофо́н 2) телефо́н для тугоу́хих 3) систе́ма радиовеща́ния по провода́м

**electroplate** [ɪˈlektrəupleɪt] **1.** *n* гальваностереоти́п

**2.** *v* наноси́ть слой мета́лла гальвани́ческим спо́собом

**electroplating** [ɪˈlektrəuˌpleɪtɪŋ] **1.** *pres. p. от* electroplate 2;

**2.** *n* гальванопокры́тие

**electropositive** [ɪˈlektrəuˈpɔzətɪv] *a* электроположи́тельный

**electroscope** [ɪˈlektrəskəup] *n* электроско́п

**electrostatics** [ɪˈlektrəuˈstætɪks] *n pl* (*употр. как sing*) электроста́тика

**electrotherapy** [ɪˈlektrəuˈθerəpɪ] *n* электротерапи́я

**electrotype** [ɪˈlektrəutaɪp] *n* 1) гальванопла́стика; электроти́пия 2) гальва́но

**electuary** [ɪˈlektjuərɪ] *n мед.* электуа́рий, лека́рственная ка́шка

**eleemosynary** [ˌeliːˈmɔsɪnərɪ] *a* 1) благотвори́тельный 2) живу́щий ми́лостыней

**elegance, -cy** [ˈelɪgəns, -sɪ] *n* элега́нтность, изя́щество; to dress with ~ одева́ться со вку́сом

**elegant** [ˈelɪgənt] **1.** *a* 1) изя́щный, элега́нтный, изы́сканный 2) *амер. разг.* прекра́сный; лу́чший; первокла́ссный

**2.** *n разг.* челове́к с претёнзиями на элега́нтность; щёголь

**elegiac** [ˌelɪˈdʒaɪək] **1.** *a* элеги́ческий; гру́стный

**2.** *n pl* элеги́ческие стихи́

**elegize** [ˈelɪdʒaɪz] *v ирон.* писа́ть эле́гии (upon)

**elegy** [ˈelɪdʒɪ] *n* эле́гия

**element** [ˈelɪmənt] *n* 1) элеме́нт; составна́я часть; небольша́я часть, след; an ~ of truth до́ля пра́вды 2) *хим.* элеме́нт 3) *pl* осно́вы (*науки и т. п.*); азы́ 4) стихи́я; war of the ~s борьба́ стихи́й; the four ~s земля́, во́здух, ого́нь, вода́; the devouring ~ ого́нь 5) *тех.* се́кция (*котла и т. п.*) 6) *воен.* подразделе́ние 7) *амер. ав.* звено́ (*самолётов*) ◇ to be in one's ~ быть в свое́й стихи́и; чу́вствовать себя́, как ры́ба в воде́; he is out of his ~ он занима́ется не свои́м де́лом; он чу́вствует себя́ как ры́ба, вы́нутая из воды́

**elemental** [ˌelɪˈmentl] *a* 1) стихи́йный 2) основно́й; изнача́льный 3) образу́ющий составну́ю часть 4) *уст.* элемента́рный

**elementary** [ˌelɪˈmentərɪ] *a* 1) элемента́рный, просто́й; ~ particle *физ.* элемента́рная части́ца 2) первонача́льный 3) первичный; ~ cell заро́дышевая кле́тка 4) *хим.* неразложи́мый

**elephant** [ˈelɪfənt] *n* 1) слон 2) (E.) *амер.* слон (*эмблема республиканской партии*) 3) форма́т бума́ги 4) *attr.*: ~ bull слон; ~ calf слонёнок; ~ cow слони́ха; ~ trumpet рёв слона́ ◇ white ~ обремени́тельное иму́щество; пода́рок, кото́рый неизве́стно куда́ дева́ть; to see the ~, to get a look at the ~ *амер.* узна́ть жизнь, уви́деть свет; уви́деть жизнь большо́го го́рода

**elephantiasis** [ˌelɪfənˈtaɪəsɪs] *n мед.* слоно́вая боле́знь, элефантиа́з(ис)

**elephantine** [ˌelɪˈfæntaɪn] *a* 1) слоно́вый 2) слоноподо́бный; неуклю́жий, тяжелове́сный; ~ humour гру́бый ю́мор

**Eleusinian mysteries** [ˌelju(ː)ˈsɪnɪənˈmɪstərɪz] *n pl др.-греч. ист.* элевси́нии, элевси́нские та́инства

**elevate** [ˈelɪveɪt] *v* 1) поднима́ть, повыша́ть; to ~ hopes возбужда́ть наде́жды; to ~ the voice повыша́ть го́лос 2) повыша́ть (*по службе*) 3) облагора́живать, улучша́ть; to ~ the mind расширя́ть кругозо́р; облагора́живать ум 4) *воен.* придава́ть у́гол возвыше́ния (*орудию*)

**elevated** [ˈelɪveɪtɪd] **1.** *p. p. от* elevate

**2.** *a* 1) возвы́шенный (*тж. перен.*); припо́днятый; ~ railway, *амер.* ~

railroad надземная железная дорога (на эстакаде); ~ train поезд надземной железной дороги 2) *разг.* подвыпивший

3. *n амер. разг.* = ~ railroad [*см.* 2, 1)]

**elevating** [ˈelɪveɪtɪŋ] **1.** *pres. p. от* elevate

**2.** *a* подъёмный

**elevation** [ˌelɪˈveɪʃən] *n* 1) поднятие, повышение 2) величие; возвышенность; облагораживание; ~ of style возвышенность стиля 3) пригорок; высота (*над уровнем моря*) 4) *воен.* угол возвышения; вертикальная наводка 5) *астр.* высота небесного тела над горизонтом 6) *тех.* профиль, вертикаль; front ~ фасад; вид спереди (*на чертеже*); side ~ боковой фасад; бок; вид сбоку

**elevator** [ˈelɪveɪtə] *n* 1) грузоподъёмник 2) *амер.* лифт 3) элеватор (*тж.* grain ~) 4) *ав.* руль высоты 5) *анат.* поднимающая мышца

**elevator operator** [ˈelɪveɪtəˌɔpəreɪtə] *n амер.* лифтёр

**eleven** [ɪˈlevn] **1.** *num. card.* одиннадцать

**2.** *n* команда из одиннадцати человек (*в футболе или крикете*)

**elevenses** [ɪˈlevnzɪz] *n разг.* лёгкий завтрак около 11 часов утра

**eleventh** [ɪˈlevnθ] **1.** *num. ord.* одиннадцатый ◇ at the ~ hour ≅ в последнюю минуту

**2.** *n* 1) одиннадцатая часть 2) (the ~) одиннадцатое число

**elf** [elf] *n* (*pl* elves) 1) *миф.* эльф 2) карлик 3) проказник

**elf-bolt** [ˈelfbəult] *n* 1) кремнёвый наконечник стрелы 2) *геол.* белемнит

**elfin** [ˈelfɪn] **1.** *a* 1) относящийся к эльфам; волшебный 2) похожий на эльфа, миниатюрный 3) проказливый

**2.** *n* = elf

**elf-lock** [ˈelflɔk] *n* спутанные волосы, колтун

**elicit** [ɪˈlɪsɪt] *v* 1) извлекать; вытягивать; вызывать, выявлять; to ~ a fact выявить факт; to ~ applause вызывать аплодисменты 2) допытываться; to ~ a reply добиться ответа 3) делать вывод, устанавливать

**elide** [ɪˈlaɪd] *v* 1) выпускать, обходить молчанием 2) *лингв.* выпускать (*слог или гласный*) при произношении

**eligibility** [ˌelɪdʒəˈbɪlɪtɪ] *n* 1) право на избрание 2) приемлемость

**eligible** [ˈelɪdʒəbl] *a* 1) могущий быть избранным (for); ~ for membership имеющий право быть членом 2) подходящий, желательный; ~ young man *разг.* подходящий жених

**Elijah** [ɪˈlaɪdʒə] *n библ.* (пророк) Илия

**eliminate** [ɪˈlɪmɪneɪt] *v* 1) устранять; исключать (from); to ~ a possibility исключить возможность 2) уничтожать, ликвидировать 3) игнорировать, не считаться 4) *хим., физиол.* очищать; выделять; удалять из организма 5) *мат.* исключать (*неизвестное*)

**elimination** [ɪˌlɪmɪˈneɪʃən] *n* 1) исключение *и пр.* [*см.* eliminate]; ~ of waste использование отходов 2) *attr.* отобранный путём отсева; ~ trials *спорт.* отборочные соревнования

**eliminator** [ɪˈlɪmɪneɪtə] *n* 1) сепаратор, отделитель (*воды, масла и т. п.*) 2) *тех.* выталкиватель

**elision** [ɪˈlɪʒən] *n лингв.* элизия

**élite** [eɪˈliːt] *фр. n* элита, отборная часть, цвет (*общества и т. п.*)

**elixir** [ɪˈlɪksə] *n* 1) эликсир 2) панацея 3) *редк.* философский камень (*алхимиков*)

**Elizabethan** [ɪˌlɪzəˈbiːθən] **1.** *a* эпохи королевы Елизаветы

**2.** *n* современник елизаветинской эпохи, елизаветинец

**elk** [elk] *n* лось

**ell I** [el] *n ист.* мера длины (≅ *113 см*) ◇ give him an inch and he'll take an ~ ≅ дай ему палец, он всю руку откусит

**ell II** [el] *n* 1) крыло дома 2) *амер.* пристройка, флигель

**ellipse** [ɪˈlɪps] *n* 1) *мат.* эллипс; овал 2) = ellipsis

**ellipses** [ɪˈlɪpsiːz] *pl от* ellipsis

**ellipsis** [ɪˈlɪpsɪs] *n* (*pl* ellipses) *лингв.* эллипсис

**elliptic(al)** [ɪˈlɪptɪk(əl)] *a лингв.* эллиптический

**elm** [elm] *n бот.* вяз, ильм

**elocution** [ˌeləˈkjuːʃən] *n* 1) ораторское искусство 2) дикция

**elongate** [ˈiːlɔŋgeɪt] **1.** *v* 1) растягивать(ся); удлинять(ся) 2. продлевать (*срок*)

**2.** *a* вытянутый, удлинённый

**elongation** [ˌiːlɔŋˈgeɪʃən] *n* 1) удлинение 2) продление; продолжение

**elope** [ɪˈləup] *v* 1) сбежать (*с возлюбленным*) 2) скрыться (from)

**elopement** [ɪˈləupmənt] *n* тайное бегство (*с возлюбленным*)

**eloquence** [ˈeləukwəns] *n* красноречие; ораторское искусство

**eloquent** [ˈeləukwənt] *a* 1) красноречивый; ~ speech проникновенная речь 2) выразительный; ~ eyes выразительные глаза

**else** [els] **1.** *adv* 1) (*с pron indef. и pron inter.*) ещё, кроме; no one ~ has come никто больше не приходил; what ~? что ещё?; who ~? кто ещё? 2) (*обыкн. после* or) иначе; а то; или же; take care or ~ you will fall будьте осторожны, иначе упадёте

**2.** *pron indef.* другой; somebody ~'s hat шляпа кого-то другого; more than anything ~ больше, чем что-л. другое

**elsewhere** [ˈelsˈwɛə] *adv* где-нибудь в другом месте 2) куда-нибудь в другое место

**elucidate** [ɪˈluːsɪdeɪt] *v* объяснять, разъяснять, проливать свет

**elucidation** [ɪˌluːsɪˈdeɪʃən] *n* разъяснение

**elucidative** [ɪˈluːsɪdeɪtɪv] *a* объяснительный, проливающий свет

**elucidatory** [ɪˈluːsɪdeɪtərɪ] = elucidative

**elude** [ɪˈluːd] *v* 1) избегать, уклоняться; to ~ pursuit (observation) ускользать от преследования (наблюдения) 2) не приходить на ум; ускользать; the meaning ~s me не могу вспомнить значение

**elusion** [ɪˈluːʒən] *n* увёртка, уклонение

**elusive** [ɪˈluːsɪv] *a* неуловимый, уклончивый; an ~ memory слабая память

**elusory** [ɪˈluːsərɪ] *a* легко ускользающий

**elutriate** [ɪˈljuːtrɪeɪt] *v хим., тех.* вымывать; отмучивать

**eluvium** [ɪˈljuːvɪəm] *n геол.* элювий

**elver** [ˈelvə] *n зоол.* молодой угорь

**elves** [elvz] *pl от* elf

**elvish** [ˈelvɪʃ] *a* 1) волшебный 2) маленький 3) проказливый

**Elysium** [ɪˈlɪzɪəm] *n греч. миф.* элизиум, элизий; поля блаженных; рай

**elytra** [ˈelɪtrə] *pl от* elytron

**elytron** [ˈelɪtrɔn] *n* (*pl* -ra) надкрылье (*у насекомых*)

**Elzevir** [ˈelzɪvɪə] *n* 1) эльзевир (*книга голландского издания XVI—XVII вв.*) 2) *attr.*: ~ type шрифт эльзевир

**em** [em] *n* 1) *название буквы* M 2) *полигр.* буква m как единица измерения печатной строки (*соответствует круглой*)

**'em** [əm] *разг. сокр. от* them

**em-** [em-, ɪm-] *pref см.* en-

**emaciate** [ɪˈmeɪʃɪeɪt] *v* истощать, изнурять

**emaciated** [ɪˈmeɪʃɪeɪtɪd] **1.** *p. p. от* emaciate

**2.** *a* истощённый; ~ soil истощённая земля

**emaciation** [ɪˌmeɪsɪˈeɪʃən] *n* истощение, изнурение

**emanate** [ˈeməneɪt] *v* 1) исходить, истекать 2) происходить (from)

**emanation** [ˌeməˈneɪʃən] *n* эманация; истечение; излучение, испускание

**emancipate** [ɪˈmænsɪpeɪt] *v* 1) освобождать; эмансипировать 2) *юр.* освобождать от родительской опеки, объявлять совершеннолетним

**emancipation** [ɪˌmænsɪˈpeɪʃən] *n* 1) освобождение; эмансипация; ~ of slaves освобождение рабов; ~ from slavery освобождение от рабства 2) *юр.* совершеннолетие, выход из-под родительской опеки

**emancipationist** [ɪˌmænsɪˈpeɪʃənɪst] *n* сторонник эмансипации

**emancipist** [ɪˈmænsɪpɪst] *n австрал.* бывший каторжник

**emasculate 1.** *v* [ɪˈmæskjuleɪt] 1) кастрировать 2) обессиливать; ослаблять 3) изнеживать; расслаблять 4) выхолащивать (*идею и т. п.*); обеднять (*язык*)

**2.** *a* [ɪˈmæskjulɪt] 1) кастрированный 2) лишённый силы; выхолощенный 3) изнеженный; расслабленный

**emasculation** [ɪˌmæskju'leɪʃən] *n* 1) кастра́ция 2) выхола́щивание 3) бесси́лие

**embalm** [ɪm'bɑ:m] *v* 1) бальзами́ровать 2) сохраня́ть от забве́ния 3) наполня́ть благоуха́нием

**embalmment** [ɪm'bɑ:mmənt] *n* бальзами́рование

**embank** [ɪm'bæŋk] *v* 1) защища́ть на́сыпью, обноси́ть ва́лом; запру́живать плоти́ной 2) заключа́ть реку в ка́менную на́бережную

**embankment** [ɪm'bæŋkmənt] *n* 1) да́мба, на́сыпь, гать 2) на́бережная

**embargo** [em'bɑ:gəu] **1.** *n* (*pl* -oes [-əuz]) эмба́рго; запреще́ние, запре́т; oil is under an ~ на торго́влю не́фтью нало́жено эмба́рго; to lay an ~ on (*или* upon) налага́ть запреще́ние на; to lift (*или* to take off) an ~ снима́ть запреще́ние

**2.** *v* 1) накла́дывать эмба́рго; to ~ a ship заде́рживать су́дно в порту́ 2) реквизи́ровать; конфискова́ть 3) накла́дывать запре́т

**embark** [ɪm'bɑ:k] *v* 1) грузи́ть(ся), сади́ться на кора́бль 2) начина́ть; вступа́ть (*в дело, в войну*); to ~ on a venture пуска́ться в како́е-л. предприя́тие; to ~ on hostilities прибе́гнуть к вое́нным де́йствиям 3) отпра́виться на корабле́ (for — в)

**embarkation** [ˌembɑ:'keɪʃən] *n* 1) поса́дка, погру́зка (*на суда*) 2) груз

**embarrass** [ɪm'bærəs] *v* 1) затрудня́ть, стесня́ть 2) смуща́ть, приводи́ть в замеша́тельство 3) (*часто p. p.*) запу́тывать (*в делах*); обременя́ть (*долгами*)

**embarrassed** [ɪm'bærəst] **1.** *p. p. от* embarrass

**2.** *a* 1) стеснённый 2) смущённый; расте́рянный

**embarrassing** [ɪm'bærəsɪŋ] **1.** *pres. p. от* embarrass

**2.** *a* 1) стесни́тельный 2) смуща́ющий

**embarrassingly** [ɪm'bærəsɪŋlɪ] *adv* ошеломля́юще

**embarrassment** [ɪm'bærəsmənt] *n* 1) затрудне́ние; препя́тствие, поме́ха 2) замеша́тельство, смуще́ние 3) запу́танность (*в делах, долгах*)

**embassy** ['embəsɪ] *n* посо́льство

**embattle I** [ɪm'bætl] *v* (*обыкн. p. p.*) стро́ить в боево́й поря́док

**embattle II** [ɪm'bætl] *v ист.* защища́ть зубца́ми и бойни́цами (*стены башни и т. п.*)

**embay** [ɪm'beɪ] *v* 1) вводи́ть в зали́в (*судно*) 2) запира́ть, окружа́ть; 3) изре́зывать (*берег*) зали́вами

**embed** [ɪm'bed] *v* 1) вставля́ть, вреза́ть, вде́лывать; a thorn ~ded in the finger шип, глубоко́ вонзи́вшийся в па́лец 2) запечатле́ться; that day is ~ded for ever in my recollection э́тот день навсегда́ вре́зался в мою́ па́мять 3) внедря́ть

**embellish** [ɪm'belɪʃ] *v* 1) украша́ть 2) приукра́шивать (*выдумкой рассказ и т. п.*)

**embellishment** [ɪm'belɪʃmənt] *n* 1) украше́ние 2) приукра́шивание

**ember I** ['embə] *n* (*обыкн. pl*) 1) после́дние кра́сные уго́льки́ (*тлеющие в золе*) 2) горя́чая зола́

**ember II** ['embə] *a*: ~ days 12 дней поста́ (*по три дня четыре раза в год в англиканской и католической церкви*; *тж.* ~ week, ~ tide)

**ember-goose** ['embəgu:s] *n зоол.* гага́ра поля́рная

**embezzle** [ɪm'bezl] *v* присва́ивать, растра́чивать (*чужие деньги*)

**embezzlement** [ɪm'bezlmənt] *n* растра́та, хище́ние; присвое́ние (*чужого имущества*)

**embitter** [ɪm'bɪtə] *v* 1) озлобля́ть, раздража́ть; наполня́ть го́речью 2) отравля́ть (*существование*) 3) растравля́ть; отягча́ть (*горе и т. п.*)

**emblazon** [ɪm'bleɪzən] *v* 1) распи́сывать герб 2) превозноси́ть, сла́вить

**emblem** ['embləm] **1.** *n* эмбле́ма, си́мвол; national ~ госуда́рственный герб

**2.** *v* служи́ть эмбле́мой; символизи́ровать

**emblematic(al)** [ˌemblɪ'mætɪk(əl)] *a* символи́ческий

**emblematize** [em'blemətaɪz] *v* служи́ть эмбле́мой; символизи́ровать

**embodied** [ɪm'bɔdɪd] *a* воплощённый, олицетворённый

**embodiment** [ɪm'bɔdɪmənt] *n* 1) воплоще́ние 2) объедине́ние, слия́ние

**embody** [ɪm'bɔdɪ] *v* 1) воплоща́ть; изобража́ть, олицетворя́ть 2) осуществля́ть (*идею*) 3) заключа́ть в себе́ 4) объединя́ть; включа́ть; embodied in the armed forces входя́щие в соста́в вооружённых сил

**embolden** [ɪm'bəuldən] *v* 1) ободря́ть, придава́ть хра́брости 2) поощря́ть

**embolism** ['embəlɪzm] *n мед.* эмболи́я, заку́порка кровено́сного сосу́да

**embonpoint** [ˌɔ:mbɔm'pwæŋ] *фр. n* полнота́, доро́дность

**embosom** [ɪm'buzəm] *v* 1) обнима́ть, прижима́ть к груди́ 2) окружа́ть; trees ~ing the house окружа́ющие дом дере́вья

**emboss** [ɪm'bɔs] *v* 1) выбива́ть, выда́вливать вы́пуклый рису́нок; чека́нить; гофрирова́ть 2) лепи́ть релье́ф; украша́ть релье́фом

**embouchure** [ˌɔmbu'ʃuə] *фр. n* 1) у́стье (*реки*) 2) вход (*в долину*) 3) *муз.* мундшту́к, амбушю́р

**embowel** [ɪm'bauəl] *v* потроши́ть

**embower** [ɪm'bauə] *v* окружа́ть, укрыва́ть, осеня́ть

**embrace** [ɪm'breɪs] **1.** *n* объя́тие; объя́тия

**2.** *v* 1) обнима́ть(ся) 2) воспо́льзоваться (*случаем, предложением*) 3) принима́ть (*веру, теорию*) 4) избира́ть (*специальность*) 5) охва́тывать (*взглядом, мыслью*) 6) включа́ть, заключа́ть в себе́, содержа́ть

**embracery** [ɪm'breɪsərɪ] *n юр.* незако́нное давле́ние на судью́ *или* прися́жных

**embranchment** [ɪm'brɑ:ntʃmənt] *n* 1) ответвле́ние, ветвь 2) разветвле́ние

**embrangle** [ɪm'bræŋgl] *v разг.* запу́тывать, сбива́ть с то́лку

**embrasure** [ɪm'breɪʒə] *n* 1) *архит.* проём в стене́ 2) *воен.* амбразу́ра, бойни́ца

**embrittle** [em'brɪtl] *v* де́лать ло́мким *или* хру́пким

**embrocate** ['embrəukeɪt] *v* 1) растира́ть жи́дкой ма́зью 2) класть припа́рки

**embrocation** [ˌembrəu'keɪʃən] *n* 1) растира́ние 2) жи́дкая мазь, примо́чка

**embroider** [ɪm'brɔɪdə] *v* 1) выши́вать 2) расцве́чивать, приукра́шивать (*рассказ*)

**embroidery** [ɪm'brɔɪdərɪ] *n* 1) выши́вание 2) вы́шивка; вы́шитое изде́лие 3) украше́ние 4) прикра́сы, приукра́шивание

**embroil** [ɪm'brɔɪl] *v* 1) запу́тывать (*дела, фабулу*) 2) впу́тывать (*в неприятности*) 3) ссо́рить (with)

**embroilment** [ɪm'brɔɪlmənt] *n* 1) пу́таница 2) ссо́ра, сканда́л 3) вовлече́ние в ссо́ру, сканда́л *и т. п.*

**embrown** [ɪm'braun] *v* придава́ть кори́чневый *или* бу́рый оттéнок

**embryo** ['embrɪəu] **1.** *n* (*pl* -os [-əuz]) эмбрио́н, заро́дыш; in ~ в зача́точном состоя́нии

**2.** *a* заро́дышевый; эмбриона́льный

**embryology** [ˌembrɪ'ɔləʤɪ] *n* эмбриоло́гия

**embryonic** [ˌembrɪ'ɔnɪk] *a* 1) эмбриона́льный; незре́лый, не успе́вший разви́ться

**embus** [ɪm'bʌs] *v* сажа́ть; сади́ться, грузи́ть(ся) в автомаши́ны

**emend, emendate** [i(:)'mend, 'i:mendeɪt] *v* изменя́ть *или* исправля́ть (*текст*)

**emendation** [ˌi:men'deɪʃən] *n* измене́ние *или* исправле́ние те́кста (*литерату́рного*) произведе́ния

**emerald** ['emərəld] **1.** *n* 1) изумру́д 2) изумру́дный цвет 3) *полигр.* имера́льд (*шрифт в* $6^1/_2$ *пунктов*)

**2.** *a* изумру́дный ◇ E. Isle Ирла́ндия

**emerge** [ɪ'mə:ʤ] *v* 1) появля́ться; всплыва́ть; выходи́ть 2) выясня́ться 3) встава́ть, возника́ть (*о вопросе и т. п.*) ◇ to ~ unscathed ≅ вы́йти сухи́м из воды́

**emergence** [ɪ'mə:ʤəns] *n* 1) вы́ход; появле́ние 2) = emergency 1)

**emergency** [ɪ'mə:ʤənsɪ] *n* 1) непредви́денный слу́чай; кра́йняя необходи́мость; кра́йность; in case of ~ в слу́чае кра́йней необходи́мости; on ~ на кра́йний слу́чай; ready for all emergencies гото́вый ко всем неожи́данностям; to save for an ~ прибере́гать на кра́йний слу́чай 2) крити́ческое положе́ние; ава́рия; to rise to the ~ быть на высоте́ положе́ния; the state of ~ чрезвыча́йное положе́ние 3) *спорт.* запасно́й игро́к 4) *attr.* вспомога́тельный, запа́сный, запасно́й, авари́йный; ~ door (*или* exit) запа́сный вы́ход; ~ ration а) неприкоснове́нный запа́с; б) *ав.* авари́йный паёк; ~ store неприкоснове́нный запа́с; ~ barrage *воен.* вспомога́тельный заградительный ого́нь; ~ brake *ж.-д.* э́кстренный (*или* запасно́й) то́рмоз; ~ measures чрезвыча́йные ме́ры; ~ forces си́лы осо́бого назначе́ния; ~ powers чрезвыча́йные полномо́чия; ~ ambulance ско́рая по́мощь (*машина*); ~ station *мед.* пункт пе́рвой по́мощи; травматологи́ческий пункт

**emergent** [ɪ'mə:dʒənt] *a* 1) неожи́данно появля́ющийся, внеза́пно всплыва́ющий 2) *полит.* но́вый, получи́вший незави́симость; ~ nations страны, получи́вшие незави́симость, развива́ющиеся стра́ны

**emeritus** [i(:)'merɪtəs] *a*: ~ professor заслу́женный профе́ссор в отста́вке

**emersion** [i(:)'mə:ʃən] *n* 1) появле́ние (*обыкн. солнца, луны после затмения*) 2) всплы́тие (*подводной лодки*)

**emery** ['emərɪ] *n* нажда́к, кору́нд

**emery-cloth** ['emərɪklɔθ] *n* нажда́чное полотно́, шку́рка

**emery-paper** ['emərɪˌpeɪpə] *n* нажда́чная бума́га

**emery-wheel** ['emərɪwi:l] *n* точи́ло, шлифова́льный круг; нажда́чный круг

**emetic** [ɪ'metɪk] **1.** *a* рво́тный

**2.** *n* рво́тное (лека́рство)

**emetine** ['emətɪn] *n хим.* эмети́н

**emeu** ['i:mju:] = emu

**emigrant** ['emɪgrənt] **1.** *n* эмигра́нт (*не политический*); переселе́нец

**2.** *a* эмигри́рующий; переселе́нческий; ~ labourers кочу́ющие рабо́чие

**emigrate** ['emɪgreɪt] *v* 1) переселя́ть(ся); эмигри́ровать 2) *разг.* переезжа́ть

**emigration** [ˌemɪ'greɪʃən] *n* переселе́ние; эмигра́ция

**emigratory** ['emɪgrətərɪ] *a* переселя́ющийся; эмиграцио́нный

**émigré** ['emɪgreɪ] *фр. n* эмигра́нт (*обыкн.* полити́ческий)

**eminence** ['emɪnəns] *n* 1) высота́; возвы́шенность 2) высо́кое положе́ние; знамени́тость; a man of ~ знамени́тый челове́к 3) (E.) преосвяще́нство, эмине́нция (*титул кардинала*)

**eminent** ['emɪnənt] *a* 1) возвы́шенный, возвыша́ющийся 2) выдаю́щийся, ви́дный, знамени́тый

**emir** [e'mɪə] *араб. n* эми́р

**emissary** ['emɪsərɪ] *n* 1) эмисса́р, аге́нт 2) шпио́н, лазу́тчик

**emission** [ɪ'mɪʃən] *n* 1) выделе́ние, распростране́ние (*тепла, света, запаха*) 2) *физ.* эми́ссия электро́нов 3) *фин.* вы́пуск, эми́ссия 4) *физиол.* поллю́ция

**emissive** [ɪ'mɪsɪv] *a* выделя́ющий; испуска́ющий; излуча́ющий

**emit** [ɪ'mɪt] *v* 1) испуска́ть, выделя́ть 2) издава́ть (*крик, звук*) 3) *физ.* излуча́ть 4) выбра́сывать, изверга́ть (*дым, лаву*) 5) выпуска́ть (*деньги, воззвания и т. п.*)

**emmet** ['emɪt] *n уст., диал.* мураве́й

**emollient** [ɪ'mɔlɪənt] **1.** *a* смягча́ющий

**2.** *n* мягчи́тельное сре́дство

**emolument** [ɪ'mɔljumənt] *n* (*обыкн. pl*) за́работок, вознагражде́ние; жа́лованье, дохо́д

**emote** [ɪ'məut] *v разг.* 1) проявля́ть показны́е чу́вства 2) *театр.* переигрывать, изобража́ть стра́сти

**emotion** [ɪ'məuʃən] *n* 1) душе́вное волне́ние, возбужде́ние 2) чу́вство; эмо́ция

**emotional** [ɪ'məuʃənl] *a* 1) эмоциона́льный 2) взволно́ванный 3) волну́ющий (*напр. о музыке*)

**emotionalism** [ɪ'məuʃnəlɪzm] *n* повы́шенная эмоциона́льность

**emotionality** [ɪˌməuʃə'nælɪtɪ] *n* эмоциона́льность

**emotive** [ɪ'məutɪv] *a* 1) эмоциона́льный 2) волну́ющий; возбужда́ющий

**empale** [ɪm'peɪl] = impale

**empanel** [ɪm'pænl] *v* составля́ть спи́сок прися́жных; включа́ть в спи́сок прися́жных

**empathy** ['empəθɪ] *n* сочу́вствие; сопережива́ние

**empennage** [em'penɪʒ] *фр. n ав.* хвостово́е опере́ние

**emperor** ['empərə] *n* 1) импера́тор 2) форма́т бума́ги

**emphases** ['emfəsi:z] *pl от* emphasis

**emphasis** ['emfəsɪs] (*pl* -ses) *n* 1) вырази́тельность, си́ла, ударе́ние; эмфа́за; to lay special ~, to make an ~ on smth. придава́ть осо́бое значе́ние, осо́бенно подчёркивать что-л.; with great ~ насто́ятельно 2) *лингв.* ударе́ние, акце́нт 3) *жив.* ре́зкость ко́нтуров 4) *полигр.* выдели́тельный шрифт (*курсив, разрядка*); ~ mine подчёркнуто мно́ю (*авторское замечание в тексте*)

**emphasize** ['empfəsaɪz] *v* 1) придава́ть осо́бое значе́ние; подчёркивать; акценти́ровать 2) де́лать осо́бое ударе́ние (*на слове, факте*) 3) *лингв.* ста́вить ударе́ние

**emphatic** [ɪm'fætɪk] *a* 1) вырази́тельный; эмфати́ческий 2) подчёркнутый 3) насто́йчивый

**emphatically** [ɪm'fætɪkəlɪ] *adv* 1) насто́йчиво 2) многозначи́тельно

**emphysema** [ˌemfɪ'si:mə] *n мед.* эмфизе́ма

**Empire** ['empaɪə] **1.** *n* стиль ампи́р

**2.** *a* в сти́ле ампи́р

**empire** ['empaɪə] **1.** *n* импе́рия; the E. а) Брита́нская импе́рия; б) *ист.* Свяще́нная Ри́мская импе́рия

**2.** *a* импе́рский

**Empire City** ['empaɪə'sɪtɪ] *n амер.* г. Нью-Йо́рк

**Empire State** ['empaɪə'steɪt] *n* штат Нью-Йо́рк

**empiric** [em'pɪrɪk] **1.** *n* 1) эмпи́рик 2) ле́карь-шарлата́н

**2.** *a* эмпири́ческий, осно́ванный на о́пыте

**empirical** [em'pɪrɪkəl] = empiric 2

**empiricism** [em'pɪrɪsɪzm] *n* эмпири́зм

**empiricist** [em'pɪrɪsɪst] *n* эмпи́рик

**emplacement** [ɪm'pleɪsmənt] *n* 1) устано́вка на ме́сто; назначе́ние ме́ста (*для постройки и т. п.*) 2) *редк.* местоположе́ние 3) *воен.* обору́дованная огнева́я пози́ция; ору́дийный око́п

**emplane** [ɪm'pleɪn] *v* сажа́ть, сади́ться, грузи́ть(ся) на самолёт(ы)

**employ** [ɪm'plɔɪ] **1.** *n* слу́жба; рабо́та по на́йму; to be in smb.'s ~ служи́ть, рабо́тать у кого́-л.

**2.** *v* 1) держа́ть на слу́жбе; предоставля́ть рабо́ту; нанима́ть; to be ~ed by рабо́тать, служи́ть у; the new road will ~ hundreds of men на но́вой доро́ге бу́дут за́няты со́тни люде́й 2) занима́ть (*чьё-л. время и т. п.*); how do you ~ yourself of an evening? что вы де́лаете ве́чером? 3) употребля́ть, применя́ть, испо́льзовать (in, on, for); to ~ theory in one's experiments в свои́х экспериме́нтах опира́ться на тео́рию

**employable** [ɪm'plɔɪəbl] *a* трудоспосо́бный

**employé** [ɔm'plɔɪeɪ] *фр.* = employee

**employee** [ˌemplɔɪ'i:] *n* слу́жащий; рабо́тающий по на́йму; number of ~s число́ за́нятых

**employer** [ɪm'plɔɪə] *n* 1) предпринима́тель 2) нанима́тель, работода́тель

**employment** [ɪm'plɔɪmənt] *n* 1) слу́жба; заня́тие, рабо́та; out of ~ без рабо́ты; full ~ *эк.* по́лная за́нятость 2) примене́ние, испо́льзование; ~ of industrial capacity испо́льзование произво́дственных мо́щностей 3) *attr.*: ~ bureau бюро́ на́йма (*рабочих и служащих*); ~ exchange би́ржа труда́ и страхова́я ка́сса; ~ agent аге́нт по на́йму; ~ book расчётная кни́жка

**empoison** [ɪm'pɔɪzn] *v* 1) отравля́ть; *перен.* по́ртить (*жизнь*) 2) ожесточа́ть

**emporium** [em'pɔ:rɪəm] *n* 1) торго́вый центр; ры́нок; 2) *разг.* большо́й магази́н, универма́г

**empower** [ɪm'pauə] *v* 1) уполномо́чивать; to ~ the Ambassador to conduct negotiations уполномо́чить посла́ на веде́ние перегово́ров 2) дава́ть возмо́жность, разреша́ть (*делать что-л.*)

**empress** ['emprɪs] *n* императри́ца

**emprise** [ɪm'praɪz] *n уст., поэт.* сме́лое предприя́тие; ры́царский по́двиг

**emptiness** ['emptɪnɪs] *n* пустота́

**empty** ['emptɪ] **1.** *a* 1) пусто́й; поро́жний; ~ sheet of paper чи́стый лист бума́ги; ~ crate пуста́я та́ра; tank ~ of petrol пусто́й бензоба́к; 2) необита́емый 3) пусто́й, бессодержа́тельный; ~ words, words ~ of meaning слова́, лишённые смы́сла; пусты́е слова́; ~ rhetoric пустосло́вие 4) *разг.* голо́дный; to feel ~ чу́вствовать го́лод; ~ stomachs голода́ющие 5) *тех.* без нагру́зки, холосто́й ◇ the ~ vessel makes the greatest sound *посл.* пуста́я бо́чка пу́ще греми́т

2. *n* (*обыкн. pl*) 1) поро́жняя та́ра (*бутылки, ящики и т. п.*); returned empties возвращённые пусты́е буты́лки, ба́нки *и т. п.* 2) *ж.-д.* порожня́к

3. *v* 1) опорожня́ть; осуша́ть (*стакан*); вылива́ть, высыпа́ть; выка́чивать, выпуска́ть 2) опорожня́ться; пусте́ть 3) впада́ть (*о реке*; into)

**empty-handed** [ˈemptɪˈhændɪd] *a* с пусты́ми рука́ми; to go ~ уйти́ ни с чем; ≅ оста́ться при пи́ковом интере́се

**empty-headed** [ˈemptɪˈhedɪd] *a* пустоголо́вый; неве́жественный

**emptyings** [ˈemptɪɪŋz] *n pl разг.* 1) отсто́й (*на дне сосуда*), оса́док 2) *амер.* заква́ска

**empurple** [ɪmˈpə:pl] *v* обагря́ть

**empyreal** [ˌempaɪˈri(:)əl] *a поэт.* небе́сный, забо́блачный; неземно́й

**empyrean** [ˌempaɪˈri(:)ən] **1.** *n* 1) *греч. миф.* эмпире́и, небеса́ 2) *поэт.* небе́сная твердь, не́бо

2. *a* = empyreal; ~ love чи́стая, неземна́я любо́вь

**emu** [ˈi:mju:] *n зоол.* э́му

**emulate** [ˈemjuleɪt] *v* 1) соревнова́ться, стреми́ться превзойти́ 2) сопе́рничать 3) подража́ть

**emulation** [ˌemjuˈleɪʃən] *n* 1) соревнова́ние; socialist ~ социалисти́ческое соревнова́ние 2) сопе́рничество 3) подража́ние (*примеру*)

**emulative** [ˈemjulətɪv] *a* соревнова́тельный; ~ spirit дух соревнова́ния

**emulous** [ˈemjuləs] *a* 1) соревну́ющийся 2) жа́ждущий (of — *чего-л.*) 3) побужда́емый чу́вством сопе́рничества

**emulsify** [ɪˈmʌlsɪfaɪ] *v* де́лать эму́льсию; превраща́ть в эму́льсию

**emulsion** [ɪˈmʌlʃən] *n* эму́льсия

**emulsive** [ɪˈmʌlsɪv] *a* эмульсио́нный; масляни́стый

**en** [en] *n* 1) *название буквы* N 2) *полигр.* бу́ква n как едини́ца измере́ния печа́тной строки́ (*соответствует полукруглой*)

**en-** [en-, ɪn-] *pref* (em- *перед* b, p, m) *служит для образования глаголов и придаёт им значение а) включения внутрь чего-л.*: to encage сажа́ть в кле́тку; to entruck сажа́ть на грузови́к; б) *приведения в какое-л. состояние*: to enslave порабоща́ть; to encourage ободря́ть

**enable** [ɪˈneɪbl] *v* 1) дава́ть возмо́жность *или* пра́во (*что-л. сделать*) 2) облегча́ть 3) *уст.* приспоса́бливать; де́лать го́дным

**enact** [ɪˈnækt] *v* 1) предпи́сывать; вводи́ть зако́н; постановля́ть 2) ста́вить на сце́не; игра́ть роль 3) (*обыкн. pass.*) происходи́ть, разы́грываться

**enacting** [ɪˈnæktɪŋ] **1.** *pres. p. от* enact

2. *a* вводя́щий, постановля́ющий; ~ clause преа́мбула зако́на, конве́нции *и т. п.*

**enactment** [ɪˈnæktmənt] *n* 1) введе́ние зако́на в си́лу 2) зако́н, ука́з

**enamel** [ɪˈnæməl] **1.** *n* 1) эма́ль; фини́фть 2) глазу́рь, поли́ва 3) эма́ль (*на зубах*) 4) космети́ческое сре́дство для ко́жи; лак для ногте́й

2. *v* 1) покрыва́ть эма́лью, глазу́рью; эмалирова́ть 2) испещря́ть; fields ~led with flowers поля́, усе́янные цвета́ми

**enamour** [ɪˈnæmə] *v* возбужда́ть любо́вь; очаро́вывать; to be ~ed of smb. быть влюблённым в кого́-л.; to be ~ed of smth. стра́стно увлека́ться чем-л.

**encaenia** [enˈsi:njə] *n* пра́зднование годовщи́ны (*основания*)

**encage** [ɪnˈkeɪdʒ] *v* сажа́ть в кле́тку

**encamp** [ɪnˈkæmp] *v* располага́ть (-ся) ла́герем

**encampment** [ɪnˈkæmpmənt] *n* 1) ла́герь, ме́сто ла́геря 2) расположе́ние ла́герем

**encase** [ɪnˈkeɪs] *v* 1) упако́вывать, класть (*в ящик*) 2) по́лностью закрыва́ть, заключа́ть; ~d in armour зако́ванный в ла́ты 3) вставля́ть, обрамля́ть 4) *стр.* опа́лубить

**encasement** [ɪnˈkeɪsmənt] *n* 1) обши́вка; облицо́вка; опа́лубка 2) футля́р; кожу́х; покры́шка; упако́вка

**encash** [ɪnˈkæʃ] *v ком.* реализова́ть; получа́ть нали́чными деньга́ми

**encaustic** [enˈkɔ:stɪk] **1.** *a* 1) энкаусти́ческий, относя́щийся к жи́вописи восковы́ми кра́сками 2) обожжённый, относя́щийся к о́бжигу (*о керамике, эмали*); ~ tile разноцве́тный изразе́ц

2. *n* энка́устика, жи́вопись восковы́ми кра́сками (*с помощью горячих металлических инструментов*)

**enceinte I** [ɑ:ŋˈsænt] *фр. a* бере́менная

**enceinte II** [ɑ:ŋˈsænt] *фр. n воен.* крепостна́я огра́да

**encephalic** [ˌenkəˈfælɪk] *a анат.* мозгово́й

**encephalitis** [ˌenkefəˈlaɪtɪs] *n мед.* энцефали́т

**enchain** [ɪnˈtʃeɪn] *v* 1) сажа́ть на цепь; зако́вывать 2) прико́вывать (*внимание*); ско́вывать (*чувства и т. п.*) 3) *уст.* сцепля́ть, соединя́ть

**enchant** [ɪnˈtʃɑ:nt] *v* 1) очаро́вывать, приводи́ть в восто́рг 2) околдо́вывать, опу́тывать ча́рами

**enchanter** [ɪnˈtʃɑ:ntə] *n* чароде́й, волше́бник

**enchantment** [ɪnˈtʃɑ:ntmənt] *n* 1) очарова́ние, обая́ние 2) колдовство́, ма́гия, волшебство́

**enchantress** [ɪnˈtʃɑ:ntrɪs] *n* 1) чароде́йка, колду́нья, волше́бница 2) чаровни́ца, обворожи́тельная же́нщина

**enchase** [ɪnˈtʃeɪs] *v* 1) оправля́ть, заде́лывать в опра́ву 2) инкрусти́ровать; гравирова́ть

**enchiridion** [ˌenkaɪəˈrɪdɪən] *n книжн.* спра́вочник, руково́дство

**encipher** [enˈsaɪfə] *v* зашифро́вывать, писа́ть ши́фром сообще́ние

**encircle** [ɪnˈsə:kl] *v* окружа́ть; де́лать круг

**encirclement** [ɪnˈsə:klmənt] *n* окруже́ние

**encircling** [ɪnˈsə:klɪŋ] **1.** *pres. p. от* encirle

2. *a*: ~ force *воен.* гру́ппа, производя́щая обхо́д; ~ manoeuvre обхо́д; мане́вр на окруже́ние

**enclasp** [ɪnˈklɑ:sp] *v* обхва́тывать, обнима́ть

**enclave** [ˈenkleɪv] *фр. n* террито́рия, окружённая чужи́ми владе́ниями, энкла́в

**enclitic** [ɪnˈklɪtɪk] *лингв.* **1.** *a* энклити́ческий

2. *n* энкли́тика

**enclose** [ɪnˈkləuz] *v* 1) окружа́ть, огора́живать; заключа́ть 2) вкла́дывать (*в письмо и т. п.*); прилага́ть 3) *ист.* огора́живать общи́нные зе́мли

**enclosure** [ɪnˈkləuʒə] *n* 1) огоро́женное ме́сто 2) огражде́ние, огра́да 3) отгора́живание 4) вложе́ние, приложе́ние 5) *ист.* огора́живание общи́нных земе́ль (*в Англии*) 6) *стр.* тепля́к

**encode** [ɪnˈkəud] *v* коди́ровать, шифрова́ть

**encomia** [enˈkəumjə] *редк. pl от* encomium

**encomiast** [enˈkəumɪæst] *n книжн.* панегири́ст

**encomiastic** [enˌkəumɪˈæstɪk] *a книжн.* панегири́ческий хвале́бный

**encomium** [enˈkəumjəm] *лат. n книжн.* (*pl* -s [-z], -ia) панеги́рик, восхвале́ние

**encompass** [ɪnˈkʌmpəs] *v* окружа́ть (*тж. перен., напр., заботой и т. п.*); заключа́ть

**encore** [ɔŋˈkɔ:] *фр.* **1.** *int* бис!

2. *n* вы́зов на «бис»

3. *v* тре́бовать повторе́ния, крича́ть «бис», вызыва́ть

**encounter** [ɪnˈkauntə] **1.** *n* 1) неожи́данная встре́ча 2) столкнове́ние, схва́тка, сты́чка

2. *v* 1) (неожи́данно) встре́тить(ся) 2) ста́лкиваться; име́ть столкнове́ние 3) ната́лкиваться (*на трудности и т. п.*)

**encourage** [ɪnˈkʌrɪdʒ] *v* 1) ободря́ть 2) поощря́ть, подде́рживать 3) потво́рствовать; подстрека́ть

**encouragement** [ɪnˈkʌrɪdʒmənt] *n* ободре́ние *и пр.* [*см.* encourage]

**encouraging** [ɪnˈkʌrɪdʒɪŋ] **1.** *pres. p. от* encourage

2. *a* ободря́ющий; обнадёживающий

**encroach** [ɪnˈkrəutʃ] *v* 1) вторга́ться (upon) 2) покуша́ться на чужи́е права́, посяга́ть (on, upon); ~ upon smb.'s time отнима́ть вре́мя у кого́-л.

**encroachment** [ɪnˈkrəutʃmənt] *n* вторже́ние

**encrust** [ɪnˈkrʌst] *v* 1) инкрусти́ровать 2) покрыва́ть(ся) ко́ркой, ржа́вчиной *и т. п.*

**encumber** [ɪnˈkʌmbə] *v* 1) загроможда́ть 2) меша́ть, затрудня́ть, препя́тствовать 3) обременя́ть (*долгами и т. п.*; with)

**encumbrance** [ɪnˈkʌmbrəns] *n* 1) препя́тствие, затрудне́ние 2) бре́мя, обу́за 3) лицо́, находя́щееся на иждиве́нии (*особ. о ребёнке*); without ~ *разг.* безде́тный 4) *юр.* закладна́я (*на имущество*)

**encumbrancer** [ɪnˈkʌmbrənsə] *n юр.* залогодержа́тель

**encyclic(al)** [enˈsɪklɪk(əl)] *церк.* **1.** *a* предназна́ченный для широ́кого распростране́ния; ~ letter циркуля́рное письмо́, циркуля́р

**2.** *n* энци́клика

**encyclop(a)edia** [enˌsaɪkləuˈpiːdjə] *n* энциклопе́дия ◇ walking ~ ходя́чая энциклопе́дия

**encyclop(a)edic(al)** [enˌsaɪkləuˈpiːdɪk(əl)] *a* энциклопеди́ческий

**encyclop(a)edist** [enˌsaɪkləuˈpiːdɪst] *n* энциклопеди́ст

**encyst** [ɪnˈsɪst] *v мед.* образова́ть оболо́чку, ка́псулу

**end** [end] **1.** *n* 1) коне́ц; оконча́ние; преде́л; ~ on концо́м вперёд; to put an ~ to smth., to make an ~ of smth. положи́ть коне́ц чему́-л., уничто́жить что-л.; in the ~ в заключе́ние; в коне́чном счёте; they won the battle in the ~ в коне́чном счёте они́ доби́лись побе́ды; at the ~ of в конце́ (*чего-л.*); at the ~ of the story в конце́ расска́за; at the ~ of the month в конце́ ме́сяца 2) коне́ц, смерть; he is near(ing) his ~ он умира́ет 3) оста́ток, обло́мок; обре́зок; отры́вок 4) край; грани́ца; ~s of the earth край земли́; глухома́нь; the world's ~ край све́та 5) цель; to that ~ с э́той це́лью; to gain one's ~s дости́чь це́ли; ~s and means це́ли и сре́дства 6) результа́т, сле́дствие; happy ~ благополу́чная развя́зка, счастли́вый коне́ц; it is difficult to foresee the ~ тру́дно предви́деть результа́т 7) *sl* зад 8) дни́ще 9) *амер.* аспе́кт, сторона́; the political ~ of smth. полити́ческий аспе́кт чего́-л. 10) *амер.* часть, отде́л; the retail ~ of a business отде́л ро́зничной торго́вли 11) *pl стр.* э́ндсы, диле́ны ◇ to be on the ~ of a line попа́сться на у́дочку; to make both (*или* two) ~s meet своди́ть концы́ с конца́ми; no ~ *разг.* безме́рно; в вы́сшей сте́пени; no ~ obliged to you чрезвыча́йно вам призна́телен; no ~ of *разг.* а) мно́го, ма́сса; no ~ of trouble ма́сса хлопо́т, неприя́тностей; б) прекра́сный, исключи́тельный; he is no ~ of a fellow он чуде́сный ма́лый; we had no ~ of a time мы прекра́сно провели́ вре́мя; on ~ а) стойма́; ды́бом; б) беспреры́вно, подря́д; for two years on ~ два го́да подря́д; to begin at the wrong ~ нача́ть не с того́ конца́; to the bitter ~ до преде́ла, до то́чки; до после́дней ка́пли кро́ви; to keep one's ~ up сде́лать всё от себя́ зави́сящее; не сдава́ться; ~ to ~ непреры́вной це́пью; laid ~ to ~ вме́сте взя́тые; the ~ justifies the means цель опра́вдывает сре́дства; any means to an ~ все сре́дства хороши́

**2.** *v* 1) конча́ть; зака́нчивать; прекраща́ть; to ~ all wars положи́ть коне́ц всем во́йнам; to ~ one's life поко́нчить с собо́й 2) конча́ться, заверша́ться (in, with); to ~ in disaster око́нчиться катастро́фой; the story ~s with the hero's death расска́з конча́ется сме́ртью геро́я □ ~ **off**, ~ **up** ока́нчиваться, прекраща́ться, обрыва́ться

**endanger** [ɪnˈdeɪndʒə] *v* подверга́ть опа́сности

**endear** [ɪnˈdɪə] *v* заста́вить полюби́ть; внуши́ть любо́вь

**endearment** [ɪnˈdɪəmənt] *n* ла́ска, выраже́ние не́жности, привя́занности

**endeavor** [ɪnˈdevə] *амер.* = endeavour

**endeavour** [ɪnˈdevə] **1.** *n* попы́тка, стара́ние; стремле́ние

**2.** *v* пыта́ться, прилага́ть уси́лия, стара́ться

**endemic** [enˈdemɪk] **1.** *a* эндеми́ческий; сво́йственный да́нной ме́стности

**2.** *n* эндеми́ческое заболева́ние

**end-game** [ˈendgeɪm] *n шахм.* э́ндшпиль

**ending** [ˈendɪŋ] **1.** *pres. p. от* end 2

**2.** *n* 1) оконча́ние 2) *грам.* оконча́ние, фле́ксия

**3.** *a* коне́чный, заключи́тельный

**endive** [ˈendɪv] *n бот.* цико́рий-энди́вий, энди́вий зи́мний

**endless** [ˈendlɪs] *a* 1) бесконе́чный; нескончáемый; ~ chain *тех.* цепь при́во́да *или* переда́чи 2) бесчи́сленный; ~ attempts бесчи́сленные попы́тки

**endlong** [ˈendlɔŋ] *adv* 1) пря́мо, вдоль 2) стойма́, вертика́льно

**endocarditis** [ˌendəukɑːˈdaɪtɪs] *n мед.* эндокарди́т

**endocrine** [ˈendəukraɪn] *a* эндокри́нный; ~ glands же́лезы вну́тренней секре́ции, эндокри́нные же́лезы

**endocrinology** [ˌendəukraɪˈnɔlədʒɪ] *n* эндокриноло́гия

**endogamy** [enˈdɔgəmɪ] *n* эндога́мия

**endogenous** [enˈdɔdʒɪnəs] *a* эндоге́нный

**endorse** [ɪnˈdɔːs] *v* 1) распи́сываться на оборо́те докуме́нта; to ~ by signature скрепля́ть по́дписью 2) *фин.* индосси́ровать, де́лать переда́точную на́дпись 3) подтвержда́ть, одобря́ть; подде́рживать

**endorsement** [ɪnˈdɔːsmənt] *n* 1) *фин.* индоссаме́нт, переда́точная на́дпись (*на векселе, чеке*) 2) подтвержде́ние; подде́ржка

**endosperm** [ˈendəuspəːm] *n бот.* эндоспе́рм

**endow** [ɪnˈdau] *v* 1) обеспе́чивать постоя́нным дохо́дом; завеща́ть постоя́нный дохо́д, де́лать вклад 2) (*часто p. p.*) наделя́ть, одаря́ть; man is ~ed with reason челове́к одарён ра́зумом

**endowment** [ɪnˈdaumənt] *n* 1) вклад, дар, поже́ртвование; наде́л; ~ with information сообще́ние све́дений 2) дарова́ние; mental ~s у́мственные спосо́бности 3) *attr.*: ~ insurance сме́шанное страхова́ние

**end-paper** [ˈendˌpeɪpə] *n* пусто́й лист в нача́ле и в конце́ кни́ги, фо́рзац

**end play** [ˈendpleɪ] *n* 1) *шахм.* э́ндшпиль 2) *тех.* осево́й люфт

**end-product** [ˈendˌprɔdʌkt] *n* 1) гото́вый проду́кт 2) коне́чный проду́кт; результа́т

**endue** [ɪnˈdjuː] *v* (*обыкн. pass.*) одаря́ть; наделя́ть (*полномочиями, качествами*; with); to ~ with force наделя́ть си́лой

**end-up** [ˈendˈʌp] *a разг.* курно́сый

**endurable** [ɪnˈdjuərəbl] *a* 1) переноси́мый, терпи́мый 2) *редк.* про́чный

**endurance** [ɪnˈdjuərəns] *n* 1) выно́сливость, спосо́бность переноси́ть (*боль, страдание и т. п.*); this is past (*или* beyond) ~ э́то невыноси́мо 2) про́чность, сто́йкость; сопротивля́емость изна́шиванию 3) дли́тельность, продолжи́тельность 4) *attr.*: ~ test испыта́ние на долгове́чность; space ~ test прове́рка переноси́мости дли́тельного пребыва́ния в косми́ческом простра́нстве

**endure** [ɪnˈdjuə] *v* 1) выноси́ть; терпе́ть; I cannot ~ the thought я не могу́ примири́ться с мы́слью 2) дли́ться; продолжа́ться; as long as life ~s в тече́ние всей жи́зни 3) выде́рживать испыта́ние вре́менем

**enduring** [ɪnˈdjuərɪŋ] **1.** *pres. p. от* endure

**2.** *a* 1) терпели́вый, выно́сливый 2) дли́тельный, продолжи́тельный 3) про́чный; постоя́нный

**end-view** [ˈendvjuː] *n* концево́й вид, вид сбо́ку (*на чертеже*)

**endways** [ˈendweɪz] *adv* 1) концо́м вперёд 2) вверх; стойма́ 3) вдоль

**endwise** [ˈendwaɪz] = endways

**Eneas** [iː(ː)ˈniːæs] *n римск. миф.* Эне́й

**enema** [ˈenɪmə] *n мед.* кли́зма

**enemy** [ˈenɪmɪ] **1.** *n* враг; неприя́тель, проти́вник; to be one's own ~ де́йствовать во вред самому́ себе́ ◇ the (old) E. дья́вол; how goes the ~? кото́рый час?; to kill the ~ корота́ть вре́мя, стара́ться уби́ть вре́мя

**2.** *a* вражде́бный; вра́жеский, неприя́тельский

**energetic** [ˌenəˈdʒetɪk] *a* энерги́чный

**energetics** [ˌenəˈdʒetɪks] *n pl* (*употр. как sing*) энерге́тика

**energize** [ˈenədʒaɪz] *v* 1) *книжн.* возбужда́ть, сообща́ть *или* проявля́ть эне́ргию 2) *эл.* пропуска́ть ток

**energy** [ˈenədʒɪ] *n* 1) эне́ргия; си́ла; мо́щность; potential (latent) ~ потенциа́льная (скры́тая) эне́ргия 2) *pl* си́лы, эне́ргия (*в борьбе и т. п.*)

**enervate** [ˈenəːveɪt] **1.** *a* сла́бый, рассла́бленный

**2.** *v* 1) обесси́ливать, расслабля́ть 2) лиша́ть во́ли, му́жества

**enervation** [ˌenəːˈveɪʃən] *n* 1) *мед.* снижéние нéрвной энéргии 2) слáбость, расслáбленность

**enfeeble** [ɪnˈfiːbl] *v* ослаблять

**enfetter** [ɪnˈfetə] *v* 1) закóвывать (*в кандалы*) 2) скóвывать, свя́зывать; порабощáть

**enfilade** [ˌenfɪˈleɪd] **1.** *n* 1) *уст.* анфилáда (*комнат*) 2) *воен.* продóльный огóнь

**2.** *v воен.* обстрéливать продóльным огнём

**enfold** [ɪnˈfəuld] *v* 1) завёртывать, закýтывать (in, with) 2) обнимáть, обхвáтывать

**enforce** [ɪnˈfɔːs] *v* 1) окáзывать давлéние, принуждáть, заставля́ть; навя́зывать; to ~ obedience доби́ться повиновéния 2) проводи́ть в жизнь; придавáть си́лу; to ~ the laws проводи́ть закóны в жизнь; насаждáть закóнность 3) *уст.* уси́ливать

**enforceable** [ɪnˈfɔːsəbl] *a* 1) осуществи́мый 2) обеспéчиваемый применéнием си́лы *или* угрóзой примени́ть си́лу

**enforcement** [ɪnˈfɔːsmənt] *n* 1) давлéние, принуждéние 2) *attr.* принуди́тельный; ~ measures принуди́тельные мéры

**enframe** [ɪnˈfreɪm] *v* 1) вставля́ть в рáм(к)у 2) обрамля́ть

**enfranchise** [ɪnˈfræntʃaɪz] *v* 1) предоставля́ть избирáтельные правá 2) давáть (*городу*) прáво представи́тельства в парлáменте 3) освобождáть, отпускáть на вóлю (*раба*)

**enfranchisement** [ɪnˈfræntʃɪzmənt] *n* 1) освобождéние (*от рабства, зависимости и т. п.*) 2) предоставлéние избирáтельных прав

**engage** [ɪnˈgeɪdʒ] *v* 1) нанимáть; закáзывать зарáнее (*комнату, место*) 2) занимáться (*чем-л.*); say I am ~d скажи́те, что я зáнят; to ~ in a discussion приня́ть учáстие в дискýссии; to be ~d in smth. занимáться чем-л. 3) занимáть, привлекáть; вовлекáть; to ~ smb.'s attention завладéть чьим-л. внимáнием 4) обя́зывать(ся); to ~ by new commitments связывать нóвыми обязáтельствами 5) (*обыкн. pass*) обручи́ться; to be ~d быть помóлвленным(и) 6) *воен.* вступáть в бой; открывáть огóнь; to be ~d in hostilities быть вовлечённым в воéнные дéйствия 7) *тех.* зацепля́ть(ся); включáть □ ~ for обещáть, гаранти́ровать; ручáться (*за кого-л.*)

**engaged** [ɪnˈgeɪdʒd] **1.** *p. p. от* engage

**2.** *a* 1) зáнятый 2) заинтересóванный, поглощённый (*чем-л.*) 3) помóлвленный

**engagement** [ɪnˈgeɪdʒmənt] *n* 1) дéло, заня́тие 2) свидáние, встрéча; приглашéние 3) обязáтельство; to meet one's ~s выполня́ть свои́ обязáтельства; плати́ть долги́ 4) помóлвка 5) *воен.* бой, сты́чка 6) *тех.* зацеплéние 7) *attr.* обручáльный; ~ ring обручáльное кольцó с кáмнем

**engaging** [ɪnˈgeɪdʒɪŋ] **1.** *pres. p. от* engage

**2.** *a* 1) очаровáтельный, обая́тельный; ~ smile очаровáтельная улы́бка; ~ frankness подкупáющая откровéнность 2) *тех.* зацепля́ющийся

**engender** [ɪnˈdʒendə] *v* порождáть, вызывáть, возбуждáть

**engine** [ˈendʒɪn] *n* 1) маши́на, дви́гатель; мотóр 2) локомоти́в, паровóз 3) *уст.* орýдие, инструмéнт, срéдство 4) *attr.* паровóзный 5) *attr.* маши́нный; мотóрный; ~ oil маши́нное мáсло

**engine-crew** [ˈendʒɪnkruː] *n* паровóзная бригáда

**engine-driver** [ˈendʒɪnˌdraɪvə] *n ж.-д.* машини́ст

**engineer** [ˌendʒɪˈnɪə] **1.** *n* 1) инженéр 2) механик 3) *амер.* машини́ст 4) сапёр; Royal Engineers, *амер.* Corps of Engineers инженéрные войскá

**2.** *v* 1) сооружáть; проекти́ровать 2) рабóтать в кáчестве инженéра 3) *разг.* устрáивать, затевáть; придýмывать, изобретáть 4) подстрáивать; провоци́ровать; to ~ acts of sabotage организовáть дивéрсии

**engineering** [ˌendʒɪˈnɪərɪŋ] **1.** *pres. p. от* engineer 2

**2.** *a* прикладнóй (*о науке*)

**3.** *n* 1) инженéрное искýсство; тéхника 2) машинострoéние 3) *разг.* махинáции, прóиски 4) *attr.* машинострои́тельный; ~ plant машинострои́тельный завóд; ~ worker рабóчий-машинострои́тель

**engine-house** [ˈendʒɪnhaus] *n* паровóзное депó

**engine-room** [ˈendʒɪnrum] *n* маши́нное отделéние

**enginery** [ˈendʒɪnərɪ] *n собир.* маши́ны; механи́ческое оборýдование

**engird** [ɪnˈgəːd] *v* (engirded [-ɪd], engirt) опоя́сывать

**engirdle** [ɪnˈgəːdl] = engird

**engirt** [ɪnˈgəːt] *past и p. p. от* engird

**English** [ˈɪŋglɪʃ] **1.** *a* англи́йский

**2.** *n* 1) (the ~) *pl собир.* англичáне 2) англи́йский язы́к; Modern (Standard) ~ совремéнный (литератýрный) англи́йский язы́к; to speak ~ умéть говори́ть по-англи́йски; to speak in ~ говори́ть, выступáть на англи́йском языкé; spoken (broken) ~ разговóрный (лóманый) англи́йский язы́к; not ~ не по-англи́йски 3) *полигр.* ми́ттель, кегль 14 ◇ in plain ~ пря́мо, без обинякóв

**3.** *v* (english) *уст.* переводи́ть на англи́йский язы́к

**Englishism** [ˈɪŋglɪʃɪzm] *n* 1) англи́йская чертá, англи́йский обы́чай 2) идиóма, употребля́емая в Áнглии 3) привя́занность ко всемý англи́йскому

**Englishman** [ˈɪŋglɪʃmən] *n* англичáнин

**Englishwoman** [ˈɪŋglɪʃˌwumən] *n* англичáнка

**engorge** [ɪnˈgɔːdʒ] *v* 1) жáдно и мнóго есть 2) *мед.* нали́ться крóвью (*об органе*)

**engraft** [ɪnˈgrɑːft] *v* 1) *бот.* дéлать приви́вку (upon, into) 2) прививáть, внедря́ть (in)

**engrail** [ɪnˈgreɪl] *v* дéлать нарéзку; зазýбривать

**engrain** [ɪnˈgreɪn] *v* 1) крáсить кошени́лью, прóчной крáской; пропи́тывать (*краской*) 2) *текст.* крáсить в пря́же 3) внедря́ть, укореня́ть

**engrained** [ɪnˈgreɪnd] **1.** *p. p. от* engrain

**2.** *a* = ingrained

**engrave** [ɪnˈgreɪv] *v* 1) гравировáть; рéзать (*по камню, дереву, металлу*) 2) запечатлевáть (on, upon)

**engraver** [ɪnˈgreɪvə] *n* гравёр

**engraving** [ɪnˈgreɪvɪŋ] **1.** *pres. p. от* engrave

**2.** *n* 1) гравировáние 2) гравю́ра

**engross** [ɪnˈgrəus] *v* 1) поглощáть (*время, внимание и т. п.*); завладевáть (*разговором*) 2) (*pass.*) быть поглощённым (*чем-л.*), углуби́ться (*во что-л.*) 3) писáть крýпными бýквами; краси́во и чётко переписывать (*документ и т. п.*), облекáя егó в юриди́ческую фóрму 4) *ист.* монополизи́ровать; сосредотóчивать в свои́х рукáх товáр

**engrossing** [ɪnˈgrəusɪŋ] **1.** *pres. p. от* engross

**2.** *a* всепоглощáющий; захвáтывающий, увлекáтельный

**engulf** [ɪnˈgʌlf] *v* 1) поглощáть 2) *перен.* завáливать, засыпáть; ~ed by letters завáленный пи́сьмами

**enhance** [ɪnˈhɑːns] *v* 1) увели́чивать, уси́ливать, усугубля́ть 2) повышáть (*цену*)

**enharmonic** [ˌenhɑːˈmɔnɪk] *a муз.* энгармони́ческий

**enigma** [ɪˈnɪgmə] *n* загáдка

**enigmatic(al)** [ˌenɪgˈmætɪk(əl)] *a* загáдочный

**enisle** [ɪnˈaɪl] *v поэт.* 1) превращáть в óстров 2) помести́ть на óстров; изоли́ровать

**enjoin** [ɪnˈdʒɔɪn] *v* 1) предпи́сывать (on, upon); прикáзывать (that); to ~ silence upon smb., to ~ smb. to be silent велéть комý-л. молчáть; I ~ed that they should be silent я потрéбовал, чтóбы они́ замолчáли 2) *юр.* запрещáть

**enjoy** [ɪnˈdʒɔɪ] *v* 1) (*тж. refl.*) получáть удовóльствие; наслаждáться; how did you ~ yourself? как вы провели́ врéмя?; how did you ~ the book? как вам понрáвилась кни́га? 2) пóльзоваться (*правами и т. п.*) 3) обладáть; to ~ good (poor) health отличáться хорóшим (плохи́м) здорóвьем

**enjoyable** [ɪnˈdʒɔɪəbl] *a* прия́тный, доставля́ющий удовóльствие

**enjoyment** [ɪnˈdʒɔɪmənt] *n* 1) наслаждéние, удовóльствие; to take ~ in получáть удовóльствие от 2) обладáние

**enkindle** [ɪn'kɪndl] *v* зажигáть, воспламеня́ть, воодушевля́ть

**enlace** [ɪn'leɪs] *v* 1) опу́тывать, обвивáть 2) окружáть

**enlarge** [ɪn'lɑːdʒ] *v* 1) увели́чивать (-ся); укрупня́ть(ся) 2) расширя́ть (-ся) 3) распространя́ться (upon — о *чём-л.*) 4) *уст., амер.* освобождáть (*из-под стражи*) 5) *фото* увели́чивать; поддавáться увеличе́нию

**enlarged** [ɪn'lɑːdʒd] **1.** *p. p. от* enlarge

**2.** *a* увели́ченный, расши́ренный; ~ meeting расши́ренное заседáние; revised and ~ edition перерабóтанное и допóлненное издáние

**enlargement** [ɪn'lɑːdʒmənt] *n* 1) расшире́ние; увеличе́ние; укрупне́ние 2) пристрóйка 3) *уст., амер.* освобожде́ние (*из тюрьмы, от рабства*) 4) *фото* увеличе́ние

**enlighten** [ɪn'laɪtn] *v* 1) просвещáть 2) осведомля́ть; информи́ровать 3) *поэт.* проливáть свет

**enlightened** [ɪn'laɪtnd] **1.** *p. p. от* enlighten

**2.** *a* просвещённый; thoroughly ~ upon the subject хорошó осведомлённый в дáнном вопрóсе

**enlightening** [ɪn'laɪtnɪŋ] *a* 1) поучи́тельный 2) разъясня́ющий

**enlightenment** [ɪn'laɪtnmənt] *n* 1) просвеще́ние 2) просвещённость

**enlist** [ɪn'lɪst] *v* 1) вербовáть на воéнную слу́жбу 2) поступáть на воéнную слу́жбу 3) заручи́ться поддéржкой; привле́чь на свою́ стóрону; to ~ smb.'s support заручи́ться чьей-либо поддéржкой

**enlisted** [ɪn'lɪstɪd] **1.** *p. p. от* enlist

**2.** *a воен.* срочнослу́жащий; ~ man солдáт; военнослу́жащий рядовóго *или* сержáнтского состáва

**enlistee** [ˌenlɪs'tiː] *n воен.* поступи́вший на воéнную слу́жбу

**enliven** [ɪn'laɪvn] *v* 1) оживля́ть, подбодря́ть 2) дéлать интерéснее, веселéе, разнообрáзить

**enmesh** [ɪn'meʃ] *v* опу́тывать, запу́тывать

**enmity** ['enmɪtɪ] *n* враждá; неприя́знь, враждéбность; unexpressed ~ затаённая враждá; at ~ with во враждéбных отношéниях с

**ennoble** [ɪ'nəubl] *v* 1) облагорáживать 2) жáловать дворя́нством, дéлать дворяни́ном

**ennoblement** [ɪ'nəublmənt] *n* 1) облагорáживание 2) пожáлование дворя́нством

**ennui** [ɑː'nwiː] *фр. n* ску́ка; вну́тренняя опустошённость; апáтия

**Enoch** ['iːnɔk] *n библ.* Енóх

**enormity** [ɪ'nɔːmɪtɪ] *n* 1) гну́сность 2) чудóвищное преступлéние

**enormous** [ɪ'nɔːməs] *a* 1) громáдный; огрóмный; ~ changes огрóмные перемéны 2) *амер.* чудóвищный, ужáсный

**enormously** [ɪ'nɔːməslɪ] *adv* чрезвычáйно

**enough** [ɪ'nʌf] **1.** *a* достáточный; to have ~ time располагáть достáточным запáсом врéмени

**2.** *n* достáточное коли́чество; he has ~ and to spare он имéет бóльше, чем ну́жно; I've had ~ of him он мне надоéл

**3.** *adv* достáточно, довóльно; strangely ~ как э́то ни стрáнно; you know well ~ вы отли́чно знáете; he did it well ~ он сдéлал э́то довóльно хорошó

**enounce** [i(ː)'nauns] *v* 1) выражáть; излагáть 2) произноси́ть

**enow** [ɪ'nau] *уст., поэт. см.* enough

**enplane** [ɪn'pleɪn] *v* сажáть, сади́ться, грузи́ть(ся) в самолёт

**enquire** [ɪn'kwaɪə] = inquire

**enquiry** [ɪn'kwaɪərɪ] = inquiry

**enrage** [ɪn'reɪdʒ] *v* беси́ть, приводи́ть в я́рость

**enrapture** [ɪn'ræptʃə] *v* восхищáть, приводи́ть в востóрг; захвáтывать

**enrich** [ɪn'rɪtʃ] *v* 1) обогащáть 2) удобря́ть (*почву*) 3) украшáть 4) витаминизи́ровать

**enrobe** [ɪn'rəub] *v* облачáть

**enrol(l)** [ɪn'rəul] *v* 1) вноси́ть в спи́сок (*учащихся, членов какой-л. организации и т. п.*); регистри́ровать 2) вербовáть; зачисля́ть в áрмию 3) поступáть на воéнную слу́жбу 4) запи́сываться, вступáть в члéны (*какой-л. организации*)

**enrolment** [ɪn'rəulmənt] *n* 1) внесéние в спи́ски, регистрáция; the ~ of new members приём нóвых члéнов (*в профсоюз и т. п.*) 2) вербóвка

**enroot** [ɪn'ruːt] *v* (*обыкн. p. p.*) укореня́ть; *перен.* внедря́ть

**en route** [ɑːn'ruːt] *фр. adv* по пути́, по дорóге; в пути́

**ensanguined** [ɪn'sæŋgwɪnd] *a* 1) окровáвленный 2) кровáво-крáсный

**ensconce** [ɪn'skɔns] *v* (*часто refl.*) 1) укрывáть(ся) 2) устрáивать(ся) удóбно *или* ую́тно; to ~ oneself cosily усéсться ую́тно

**ensemble** [ɑːn'sɑːmbl] *фр. n* 1) ансáмбль (*тж.* tout ~) 2) óбщее впечатлéние 3) *муз.* ансáмбль 4) костю́м, туалéт; ансáмбль

**enshrine** [ɪn'ʃraɪn] *v* 1) *церк.* помещáть в рáку 2) храни́ть, лелéять (*воспоминание и т. п.*)

**enshroud** [ɪn'ʃraud] *v* заку́тывать, обволáкивать; ~ed in darkness погружённый во тьму́

**ensign** ['ensaɪn] *n* 1) значóк, эмблéма, кокáрда 2) знáмя; флаг; вы́мпел; blue ~ си́ний (англи́йский) кормовóй флаг; red ~ англи́йский торгóвый флаг; white ~ англи́йский воéнно-морскóй флаг 3) *ист.* прáпорщик 4) *амер. мор.* лейтенáнт, э́нсин (*первичное офицерское звание*) 5) *attr.*: ~ ship флáгманское су́дно; ~ staff *мор.* кормовóй флагштóк

**ensilage** ['ensɪlɪdʒ] *с.-х.* **1.** *n* 1) силосовáние 2) силóсованный корм

**2.** *v* силосовáть

**enslave** [ɪn'sleɪv] *v* порабощáть; покоря́ть; дéлать рабóм

**enslavement** [ɪn'sleɪvmənt] *n* 1) порабощéние; покорéние 2) рáбство 3) рáбская покóрность

**enslaver** [ɪn'sleɪvə] *n* 1) поработи́тель 2) *перен.* покори́тель; покори́тельница, обольсти́тельница

**ensnare** [ɪn'snɛə] *v* 1) поймáть в лову́шку 2) замáнивать 3): to ~ oneself (in) поддáться обмáну, обольщéнию

**ensoul** [ɪn'səul] *v* воодушевля́ть

**ensue** [ɪn'sjuː] *v* 1) получáться в результáте; происходи́ть (from, on) 2) слéдовать; silence ~d послéдовало молчáние

**ensuing** [ɪn'sjuːɪŋ] **1.** *pres. p. от* ensue

**2.** *a* 1) (по)слéдующий, бу́дущий (*иногда* next ~); in the ~ year в слéдующем году́ 2) вытекáющий; ~ consequences вытекáющие послéдствия

**ensure** [ɪn'ʃuə] *v* 1) обеспéчивать, гаранти́ровать; to ~ the independence гаранти́ровать незави́симость 2) ручáться

**entablature** [en'tæblətʃə] = entablement

**entablement** [ɪn'teɪblmənt] *n архит.* антаблемéнт

**entail** [ɪn'teɪl] **1.** *n* 1) *юр.* акт, закрепля́ющий поря́док наслéдования земли́ без прáва отчуждéния; майорáтное наслéдование 2) майорáт

**2.** *v* 1) влечь за собóй; вызывáть (*что-л.*) 2) навлекáть (upon — на) 3) *юр.* определя́ть поря́док наслéдования земли́ без прáва отчуждéния

**entangle** [ɪn'tæŋgl] *v* 1) запу́тывать (*тж. перен.*) 2) поймáть в лову́шку; обойти́ (*лестью*)

**entanglement** [ɪn'tæŋglmənt] *n* 1) запу́танность; затрудни́тельное положéние 2) *воен.* (прóволочное) заграждéние

**entente** [ɑːn'tɑːnt] *фр. n полит.* дру́жеское соглашéние мéжду гру́ппой госудáрств; the E. *ист.* Антáнта

**enter** ['entə] *v* 1) входи́ть; проникáть; to ~ a room войти́ в кóмнату; the idea never ~ed my head такáя мысль мне никогдá в гóлову не приходи́ла 2) вонзáться; the pin ~ed the finger булáвка уколóла пáлец 3) вступáть, поступáть; to ~ a school поступи́ть в шкóлу 4) впи́сывать, вноси́ть (*в книги, списки*); запи́сывать, регистри́ровать; to ~ smb.'s name внести́ чью-л. фами́лию (*в список, реестр и т. п.*); to ~ a word in a dictionary включи́ть слóво в словáрь; to ~ a team for the event внести́ комáнду в спи́сок учáстников состязáния; to ~ an event зафикси́ровать факт; to ~ a boy at a school подáть заявлéние о приёме мáльчика в шкóлу; to ~ at the Stationers' Hall заяви́ть áвторское прáво 5) сдéлать пи́сьменное заявлéние, представлéние; to ~ an affidavit предстáвить пи́сьменное свидéтельское показáние 6) *юр.* начинáть проце́сс 7) начина́ть; бра́ться (*за что-л.*; *тж.* ~ upon) □ ~ for запи́сывать (-ся) (*для участия в чём-л.*); ~ **into** а) вступа́ть; to ~ into a contract заключа́ть догово́р; to ~ into negotiations вступа́ть в перегово́ры; б) входи́ть; явля́ться составно́й ча́стью (*чего-л.*); water ~s into the composition of all vegetables вода́ явля́ется составно́й ча́стью всех овоще́й; в) заня́ться, приступи́ть; to ~ into a new undertaking приня́ть на себя́ но́вые обяза́тельства; г) разделя́ть (*чувство*), понима́ть; I could not ~ into the fun я не мог раздели́ть э́того удово́льствия; ~ **upon** а) приступа́ть к *чему-л.*; б) *юр.* вступа́ть во владе́ние

**enteric** [en'terɪk] **1.** *a анат.* брюшно́й, кише́чный; ~ fever брюшно́й тиф

**2.** *n мед.* брюшно́й тиф

**enteritis** [ˌentə'raɪtɪs] *n мед.* энтери́т, воспале́ние то́нких кишо́к

**enterprise** ['entəpraɪz] *n* 1) сме́лое предприя́тие 2) предприи́мчивость, сме́лость; инициати́ва 3) предпринима́тельство; free (*или* private) ~ ча́стное предпринима́тельство 4) промы́шленное предприя́тие (*фабрика, завод и т. п.*)

**enterprising** ['entəpraɪzɪŋ] *a* предприи́мчивый; инициати́вный

**entertain** [ˌentə'teɪn] *v* 1) принима́ть, угоща́ть (*гостей*); we don't ~ мы не устра́иваем у себя́ приёмов 2) развлека́ть, занима́ть 3) пита́ть (*надежду, сомнение*); леле́ять (*мечту*) 4) подде́рживать (*переписку*) ◇ to ~ a suggestion откли́кнуться на предложе́ние; to ~ a proposal одобря́ть, подде́рживать предложе́ние; to ~ a request удовлетвори́ть про́сьбу; to ~ a feeling against smb. ≅ име́ть зуб про́тив кого́-л.

**entertaining** [ˌentə'teɪnɪŋ] **1.** *pres. p. от* entertain

**2.** *a* заба́вный, занима́тельный, развлека́тельный

**entertainment** [ˌentə'teɪnmənt] *n* 1) приём (*гостей*); ве́чер; вечери́нка 2) развлече́ния, увеселе́ния; эстра́дный конце́рт, дивертисме́нт 3) *уст.* гостеприи́мство; угоще́ние 4) *attr.*: ~ unit брига́да арти́стов; ~ tax нало́г на зре́лища

**enthalpy** [en'θælpɪ] *n физ.* энтальпи́я, теплосодержа́ние

**enthral(l)** [ɪn'θrɔːl] *v* 1) порабоща́ть 2) очаро́вывать, увлека́ть, захва́тывать

**enthralling** [ɪn'θrɔːlɪŋ] **1.** *pres. p. от* enthral(l)

**2.** *a* увлека́тельный, захва́тывающий

**enthrone** [ɪn'θrəun] *v* возводи́ть на престо́л; to be ~d in the hearts цари́ть в сердца́х

**enthronement** [ɪn'θrəunmənt] *n* возведе́ние на престо́л

**enthuse** [ɪn'θjuːz] *v разг.* 1) приходи́ть в восто́рг 2) приводи́ть в восто́рг

**enthusiasm** [ɪn'θjuːzɪæzm] *n* 1) восто́рг; энтузиа́зм 2) восторженность 3) (религио́зное) исступле́ние

**enthusiast** [ɪn'θjuːzɪæst] *n* восто́рженный челове́к; энтузиа́ст

**enthusiastic** [ɪnˌθjuːzɪ'æstɪk] *a* 1) восто́рженный; по́лный энтузиа́зма, эне́ргии 2) увлечённый; ~ comment горя́чие о́тклики; to be ~ about (*или* over) smth., smb. быть в восто́рге от чего́-л., кого́-л.

**entice** [ɪn'taɪs] *v* 1) соблазня́ть 2) перема́нивать (from — с, от; into — на, в) □ ~ **away** увле́чь

**enticement** [ɪn'taɪsmənt] *n* 1) замáнивание; перема́нивание 2) прима́нка, собла́зн 3) очарова́ние

**enticing** [ɪn'taɪsɪŋ] **1.** *pres. p. от* entice

**2.** *a* соблазни́тельный, привлека́тельный

**entire** [ɪn'taɪə] **1.** *a* 1) по́лный, соверше́нный 2) це́лый, це́льный; сплошно́й 3) не кастри́рованный (*о животном*) 4) чи́стый, беспри́месный

**2.** *n* 1) (the ~) це́лое; полнота́ 2) некастри́рованное живо́тное, *особ.* жеребе́ц

**entirely** [ɪn'taɪəlɪ] *adv* по́лностью, всеце́ло, соверше́нно

**entirety** [ɪn'taɪətɪ] *n* 1) полнота́, це́льность; in its ~ по́лностью; в це́лом; во всей полноте́ 2) о́бщая су́мма 3) *юр.* совме́стное владе́ние нераздел ённым недви́жимым иму́ществом

**entitle** [ɪn'taɪtl] *v* 1) называ́ть, дава́ть назва́ние; озагла́вливать 2) жа́ловать ти́тул 3) дава́ть пра́во (to — на *что-л.*); to be ~d to smth. име́ть пра́во на что-л.

**entity** ['entɪtɪ] *n* 1) *филос.* бытие́ 2) су́щность, существо́ 3) не́что реа́льно существу́ющее 4) существо́, органи́зм; организа́ция; political ~ полити́ческая организа́ция; legal ~ юриди́ческое лицо́ 5) *разг.* вещь, объе́кт

**entomb** [ɪn'tuːm] *v* 1) погреба́ть 2) служи́ть гробни́цей 3) *перен.* укрыва́ть

**entombment** [ɪn'tuːmmənt] *n* 1) погребе́ние 2) моги́ла, гробни́ца

**entomological** [ˌentəmə'lɔdʒɪkəl] *a* энтомологи́ческий

**entomologist** [ˌentəu'mɔlədʒɪst] *n* энтомо́лог

**entomology** [ˌentəu'mɔlədʒɪ] *n* энтомоло́гия

**entourage** [ˌɔntu'rɑːʒ] *фр. n* 1) окруже́ние; окружа́ющая обстано́вка 2) сопровожда́ющие ли́ца, сви́та

**entr'acte** ['ɔntrækt] *фр. n* антра́кт

**entrails** ['entreɪlz] *n pl* 1) вну́тренности; кишки́ 2) не́дра

**entrain** [ɪn'treɪn] *v* 1) грузи́ть(ся) в по́езд 2) сади́ться в по́езд

**entrance** I ['entrəns] *n* 1) вход (*в здание и т. п.*); front (back) ~ пара́дный (чёрный) ход 2) вход, вхожде́ние, въезд; no ~ вхо́да *или* въе́зда нет, вход *или* въезд воспрещён; to force an ~ (into) ворва́ться 3) вступле́ние; до́ступ; пра́во вхо́да 4) пла́та за вход 5) *театр.* вы́ход (*актёра на сцену*) 6) *attr.* входно́й; вступи́тельный; ~ visa въездна́я ви́за; ~ fee а) вступи́тельный взнос; б) входна́я пла́та; ~ examination вступи́тельный экза́мен

**entrance** II [ɪn'trɑːns] *v* приводи́ть в состоя́ние тра́нса, восто́рга, испу́га

**entrancing** [ɪn'trɑːnsɪŋ] **1.** *pres. p. от* entrance II

**2.** *a* чару́ющий; очарова́тельный

**entrant** ['entrənt] *n* 1) тот, кто вхо́дит, вступа́ет (*напр.*, посети́тель, гость; вступа́ющий в чле́ны клу́ба, о́бщества *и т. п.*) 2) вступа́ющий в до́лжность, приступа́ющий к отправле́нию обя́занностей 3) прие́зжий, приезжа́ющий (*в страну*) 4) (зая́вленный) уча́стник (*состязания и т. п.*)

**entrap** [ɪn'træp] *v* пойма́ть в лову́шку; обману́ть, запу́тать, завле́чь

**entreat** [ɪn'triːt] *v* умоля́ть, упра́шивать

**entreaty** [ɪn'triːtɪ] *n* мольба́, про́сьба

**entrechat** [ˌɑːŋtrə'ʃɑː] *фр. n* антраша́

**entrée** ['ɔntreɪ] *фр. n* 1) пра́во вхо́да, до́ступ 2) блю́до, подава́емое ме́жду ры́бой и жарки́м

**entrements** ['ɔntrəmeɪ] *фр. n pl* дополни́тельные блю́да (*подаваемые между основными*)

**entrench** [ɪn'trentʃ] *v* 1) *воен.* ока́пывать, укрепля́ть транше́ями; to ~ oneself а) ока́пываться; б) закрепи́ться, заня́ть про́чное положе́ние 2) отста́ивать свой взгля́ды, защища́ть свою́ пози́цию 3) *редк.* наруша́ть (*чужие права*); покуша́ться (upon — на *чужие права*); to ~ upon the truth греши́ть про́тив и́стины

**entrenched** [ɪn'trentʃt] **1.** *p. p. от* entrench

**2.** *a* укорени́вшийся, закрепи́вшийся; ~ habits укорени́вшиеся привы́чки

**entrenchment** [ɪn'trentʃmənt] *n* 1) *воен.* око́п; транше́я, полево́е укрепле́ние 2) *уст.* наруше́ние, посяга́тельство

**entrepôt** ['ɔntrəpəu] *фр. n* пакга́уз; склад, перева́лочный пункт (*для транзитных грузов*)

**entrepreneur** [ˌɔntrəprə'nəː] *фр. n* 1) антрепренёр 2) предпринима́тель

**entresol** ['ɔntresɔl] *фр. n архит.* антресо́ли; полуэта́ж (*обыкн. между первым и вторым этажами*)

**entruck** [ɪn'trʌk] *v амер.* сажа́ть, сади́ться; грузи́ть(ся) на грузови́к(и́)

**entrust** [ɪn'trʌst] *v* вверя́ть; возлага́ть, поруча́ть

**entry** ['entrɪ] *n* 1) вход, въезд; no ~! вход (*или* въезд) запрещён! 2) вход; дверь, воро́та; прохо́д 3) вестибю́ль; пере́дняя, холл; *амер.* ле́стничная площа́дка 4) вступле́ние (*в организацию*); вхожде́ние; ~ into the territorial waters вторже́ние в территориа́льные во́ды (*страны*) 5) занесе́ние (*в список, в торговые книги*) 6) отде́льная за́пись; book-keeping by double ~ двойна́я бухгалте́рия 7) статья́ (*в словаре, энциклопедии, справочнике и т. п.*) 8) у́стье реки́ 9) *амер.* нача́ло (*месяца и т. п.*) 10) торже́ственный вы́ход короля́; вы́ход актёра на сце́ну 11) зая́вка на уча́стие (*в спортивном состязании, выставке и т. п.*); large ~ большо́й ко́нкурс 12) *юр.* вступле́ние во владе́ние 13) *юр.* вторже́ние, проникнове́ние в дом с це́лью соверше́ния преступле́ния 14) тамо́женная деклара́ция 15) *горн.* отка́точный штрек; 16) *attr.* входно́й, въездно́й; ~ visa въездна́я ви́за; ~ list соста́в уча́стников (*спортивного состязания, конкурса, выставки и т. п.*)

**entwine** [ɪnˈtwaɪn] *v* 1) сплета́ть (-ся); вплета́ть 2) обвива́ть (with, about) 3) обхва́тывать

**enucleate** [ɪˈnjuːklɪeɪt] *v* 1) *книжн.* выясня́ть, выявля́ть 2) *мед.* вылу́щивать (*опухоль и т. п.*)

**enumerate** [ɪˈnjuːməreɪt] *v* перечисля́ть

**enumeration** [ɪˌnjuːməˈreɪʃən] *n* 1) перечисле́ние 2) пе́речень

**enunciate** [ɪˈnʌnsɪeɪt] *v* 1) я́сно, отчётливо произноси́ть 2) объявля́ть; провозглаша́ть 3) формули́ровать (*теорию и т. п.*)

**enunciation** [ɪˌnʌnsɪˈeɪʃən] *n* 1) хоро́шее произноше́ние, ди́кция 2) возвеще́ние; провозглаше́ние 3) формулиро́вка

**enure** [ɪˈnjuə] = inure

**envelop** [ɪnˈveləp] *v* 1) обёртывать; завёртывать 2) заку́тывать; оку́тывать; ~ed in flames объя́тый пла́менем; ~ed in mystery оку́танный та́йной 3) *воен.* окружа́ть, охва́тывать, обходи́ть

**envelope** [ˈenvələup] *n* 1) конве́рт 2) обёртка, обло́жка 3) оболо́чка (*аэростата и т. п.*); покры́шка 4) обвёртка (*у растений*); плёнка (*в яйце*) 5) *мат.* огиба́ющая (ли́ния)

**envelopment** [ɪnˈveləpmənt] *n* 1) обёртывание 2) покры́шка 3) *воен.* охва́т

**envenom** [ɪnˈvenəm] *v* отравля́ть

**envenomed** [ɪnˈvenəmd] **1.** *p. p. от* envenom

**2.** *a* зло́бный, ядови́тый; ~ tongue злой язы́к

**enviable** [ˈenvɪəbl] *a* зави́дный

**envious** [ˈenvɪəs] *a* зави́стливый

**environ** [ɪnˈvaɪərən] *v* окружа́ть

**environment** [ɪnˈvaɪərənmənt] *n* окруже́ние, окружа́ющая обстано́вка; окружа́ющая среда́

**environmental** [ɪnˌvaɪərənˈmentl] *a* относя́щийся к окружа́ющей среде́; относя́щийся к борьбе́ с загрязне́нием окружа́ющей среды́; ~ research иссле́дование окружа́ющей среды́

**environmentalist** [ɪnˌvaɪərənˈmentəlɪst] *n* учёный, разраба́тывающий сре́дства борьбы́ с загрязне́нием окружа́ющей среды́

**environs** [ɪnˈvaɪərənz] *n pl* 1) окре́стности 2) окруже́ние, среда́

**envisage** [ɪnˈvɪzɪdʒ] *v* 1) смотре́ть пря́мо в глаза́ (*опасности, фактам*) 2) рассма́тривать (*вопрос*) 3) предусма́тривать

**envision** [ɪnˈvɪʒən] *v книжн.* вообража́ть (*что-л.*), рисова́ть в своём воображе́нии; представля́ть себе́

**envoy** I [ˈenvɔɪ] *n* 1) посла́нник; посла́нец, эмисса́р 2) аге́нт, дове́ренное лицо́

**envoy** II [ˈenvɔɪ] *n* заключи́тельная строфа́ поэ́мы

**envy** [ˈenvɪ] **1.** *n* 1) за́висть (of, at) 2) предме́т за́висти

**2.** *v* зави́довать

**enwrap** [ɪnˈræp] *v* 1) завёртывать (in, with) 2) оку́тывать

**enzyme** [ˈenzaɪm] *n* энзи́м, ферме́нт

**eocene** [ˈi(ː)əusiːn] *n геол.* эоце́н

**eolation** [ˌiːəuˈleɪʃən] *n геол.* выве́тривание

**eon** [ˈiːən] = aeon

**eparchy** [ˈepɑːkɪ] *n* епа́рхия

**epaulet(te)** [ˈepəulet] *n* эполе́т

**epenthetic** [ˌepenˈθetɪk] *a лингв.* вставно́й (*о звуке или букве; напр.* b *в словах* nimble, debt)

**ephemera** [ɪˈfemərə] *n* 1) *зоол.* разнови́дность подёнки 2) что-л. мимолётное, преходя́щее

**ephemeral** [ɪˈfemərəl] *a* 1) эфеме́рный, преходя́щий; недолгове́чный 2) *биол.* живу́щий оди́н день (*о насекомых, растениях*)

**epic** [ˈepɪk] **1.** *n* 1) эпи́ческая поэ́ма 2) *разг.* многосери́йный приключе́нческий фильм; приключе́нческий рома́н с продолже́ниями

**2.** *a* эпи́ческий

**epical** [ˈepɪkəl] = epic 2

**epicene** [ˈepɪsiːn] *a грам.* о́бщего ро́да

**epicentre** [ˈepɪsentə] *n* эпице́нтр (*землетрясения*)

**epicure** [ˈepɪkjuə] *n* эпикуре́ец

**epicurean** [ˌepɪkjuəˈri(ː)ən] **1.** *a* эпикуре́йский

**2.** *n* = epicure

**epicureanism** [ˌepɪkjuəˈri(ː)ənɪzm] *n* 1) уче́ние Эпику́ра 2) эпикуре́йство

**epicurism** [ˈepɪkjuərɪzm] = epicureanism

**epicycle** [ˈepɪsaɪkl] *n мат.* эпици́кл

**epicycloid** [ˈepɪˈsaɪklɔɪd] *n мат.* эпициклo̕ида

**epidemic** [ˌepɪˈdemɪk] **1.** *n* эпиде́мия

**2.** *a* эпидеми́ческий

**epidemical** [ˌepɪˈdemɪkəl] = epidemic 2

**epidemiology** [ˌepɪˌdiːmɪˈɔlədʒɪ] *n* эпидемиоло́гия

**epidermal** [ˌepɪˈdəːməl] *a анат.* эпиде́рми́ческий

**epidermic** [ˌepɪˈdəːmɪk] = epidermal

**epidermis** [ˌepɪˈdəːmɪs] *n анат., бот.* эпиде́рма, эпиде́рмис

**epidiascope** [ˌepɪˈdaɪəskəup] *n* эпидиаско́п

**epigastric** [ˌepɪˈgæstrɪk] *a анат.* надчре́вный; ~ burning *мед.* изжо́га

**epigastrium** [ˌepɪˈgæstrɪəm] *n анат.* надчре́вная о́бласть

**epiglottis** [ˌepɪˈglɔtɪs] *n анат.* надгорта́нник

**epigone** [ˈepɪgəun] *n редк.* эпиго́н

**epigram** [ˈepɪgræm] *n* эпигра́мма

**epigrammatist** [ˌepɪˈgræmətɪst] *n* а́втор эпигра́мм

**epigraph** [ˈepɪgrɑːf] *n* эпи́граф

**epigraphy** [eˈpɪgrəfɪ] *n* эпигра́фика

**epilepsy** [ˈepɪlepsɪ] *n мед.* эпиле́псия

**epileptic** [ˌepɪˈleptɪk] **1.** *a* эпилепти́ческий

**2.** *n* эпиле́птик

**epilogue** [ˈepɪlɔg] *n* эпило́г

**Epiphany** [ɪˈpɪfənɪ] *n* 1) *церк.* богоявле́ние, креще́ние (*праздник*) 2) (e.) прозре́ние

**epiphyte** [ˈepɪfaɪt] *n* 1) *бот.* эпифи́т 2) *мед.* грибко́вый парази́т (*животного*)

**episcopacy** [ɪˈpɪskəpəsɪ] *n* 1) епископа́льная систе́ма церко́вного управле́ния 2) епи́скопство

**episcopal** [ɪˈpɪskəpəl] *a* епи́скопский; епископа́льный

**episcopalian** [ɪˌpɪskəuˈpeɪljən] **1.** *n* приве́рженец *или* член епископа́льной це́ркви

**2.** *a* епископа́льный

**episcopate** [ɪˈpɪskəupɪt] *n* 1) сан епи́скопа 2) епа́рхия

**episode** [ˈepɪsəud] *n* эпизо́д

**episodic(al)** [ˌepɪˈsɔdɪk(əl)] *a* 1) эпизоди́ческий 2) случа́йный

**epistle** [ɪˈpɪsl] *n шутл.* посла́ние

**epistolary** [ɪˈpɪstələrɪ] *a* эпистоля́рный

**epistyle** [ˈepɪstaɪl] *n* 1) *архит.* эпи́стиль, архитра́в 2) *стр.* перекла́дина

**epitaph** [ˈepɪtɑːf] *n* эпита́фия; на́дпись на надгро́бном па́мятнике

**epithelial** [ˌepɪˈθiːljəl] *a анат.* эпителиа́льный

**epithelium** [ˌepɪˈθiːljəm] *n анат.* эпите́лий

**epithet** [ˈepɪθet] *n* эпи́тет

**epitome** [ɪˈpɪtəmɪ] *n книжн.* 1) конспе́кт, сокраще́ние 2) изображе́ние в миниатю́ре

**epitomize** [ɪˈpɪtəmaɪz] *v книжн.* конспекти́ровать, кра́тко излага́ть; сокраща́ть

**epizootic** [ˌepɪzəuˈɔtɪk] *вет.* **1.** *a* эпизооти́ческий

**2.** эпизоо́тия

**epoch** [ˈiːpɔk] *n* эпо́ха; век; э́ра

**epochal** [ˈepɔkəl] *a* эпоха́льный

**epoch-making** [ˈiːpɔkˌmeɪkɪŋ] *a* значи́тельный, эпоха́льный; мирово́й; ~ discovery откры́тие мирово́го значе́ния

**epopee** [ˈepəupiː] *n редк.* эпопе́я

**epos** [ˈepɔs] *n* э́пос; эпи́ческая поэ́ма

**Epsom** [ˈepsəm] *n* Э́псом (*место скачек и самые скачки*) ◇ ~ salt(s) англи́йская (*или* го́рькая) соль

**equability** [ˌekwəˈbɪlɪtɪ] *n* 1) равноме́рность 2) уравнове́шенность

**equable** ['ekwəbl] *a* 1) равноме́рный; ро́вный 2) уравнове́шенный, споко́йный (*о человеке*)

**equal** ['i:kwəl] **1.** *a* 1) ра́вный, одина́ковый; равноси́льный; on ~ terms, on an ~ footing на ра́вных нача́лах; he speaks French and German with ~ ease он одина́ково свобо́дно говори́т по-францу́зски и по-неме́цки; twice two is ~ to four два́жды два — четы́ре; of ~ rank в одина́ковом чи́не; ~ rights равнопра́вие; everything else being ~ при про́чих ра́вных усло́виях 2) равнопра́вный; ~ partners равнопра́вные партнёры (*владельцы фирмы, члены ассоциации и т. п.*) 3) приго́дный; спосо́бный; he is not ~ to the task он не мо́жет спра́виться с э́той зада́чей; ~ to the occasion на до́лжной высоте́ 4) споко́йный, вы́держанный (*о характере*); to preserve (*или* to keep) an ~ mind сохраня́ть вы́держку, споко́йствие ◇ ~ mark (*или* sign) знак ра́венства

**2.** *n* ра́вный; ро́вня; he has no ~ ему́ нет ра́вного

**3.** *v* 1) равня́ться, быть ра́вным 2) прира́внивать, ура́внивать 3) оказа́ться на (до́лжной) высоте́; to ~ the hopes оправда́ть наде́жды

**equality** [i(:)'kwɔlıtı] *n* ра́венство; равнопра́вие; on an ~ with на ра́вных усло́виях, права́х (*с кем-л.*)

**equalization** [ˌi:kwəlaı'zeıʃən] *n* ура́внивание, уравне́ние

**equalize** ['i:kwəlaız] *v* 1) де́лать ра́вными (with, to); ура́внивать, уравнове́шивать 2) *спорт.* сравня́ть счёт

**equalizer** ['i:kwəlaızə] *n* 1) *тех.* баланси́р; уравни́тель 2) *амер. sl.* пистоле́т

**equally** ['i:kwəlı] *adv* 1) равно́, в ра́вной сте́пени; одина́ково 2) по́ровну

**equanimity** [ˌekwə'nımıtı] *n* споко́йствие, самооблада́ние; хладнокро́вие, невозмути́мость

**equate** [ı'kweıt] *v* 1) равня́ть; ура́внивать; счита́ть ра́вным, ста́вить знак ра́венства 2) *мат.* прира́внивать; запи́сывать в ви́де уравне́ния

**equation** [ı'kweıʒən] *n* 1) выра́внивание 2) *мат.* уравне́ние

**equator** [ı'kweıtə] *n* эква́тор; celestial ~ небе́сный эква́тор

**equatorial** [ˌekwə'tɔ:rıəl] *a* экваториа́льный

**equerry** ['ekwerı] *n ист.* коню́ший

**equestrian** [ı'kwestrıən] **1.** *n* вса́дник; нае́здник

**2.** *a* ко́нный; ~ statue ко́нная ста́туя; ~ sport ко́нный спорт

**equestrienne** [ıˌkwestrı'en] *n* вса́дница; нае́здница (*особ. в цирке*)

**equiangular** [ˌi:kwı'æŋgjulə] *a геом.* равноуго́льный

**equidistant** ['i:kwı'dıstənt] *a геом.* равноотстоя́щий

**equilateral** ['i:kwı'lætərəl] *a геом.* равносторо́нний

**equilibrate** [ˌi:kwı'laıbreıt] *v* уравнове́шивать(ся)

**equilibration** [ˌi:kwılaı'breıʃən] *n* 1) уравнове́шивание 2) равнове́сие; сохране́ние равнове́сия

**equilibrist** [i(:)'kwılıbrıst] *n* акроба́т; эквилибри́ст

**equilibrium** [ˌi:kwı'lıbrıəm] *n* 1) равнове́сие 2) уравнове́шенность; to maintain (to lose) one's ~ сохраня́ть споко́йствие (вы́йти из себя́)

**equimultiples** ['i:kwı'mʌltıplz] *n pl* чи́сла, име́ющие о́бщие мно́жители

**equine** ['ekwaın] *a книжн.* ко́нский, лошади́ный

**equinoctial** [ˌi:kwı'nɔkʃəl] **1.** *a* равноде́нственный

**2.** *n* 1) равноде́нственная ли́ния; небе́сный эква́тор 2) *pl* бу́ри, возника́ющие в пери́од равноде́нствия

**equinox** ['i:kwınɔks] *n* равноде́нствие

**equip** [ı'kwıp] *v* 1) снаряжа́ть; экипирова́ть; обору́довать 2) дава́ть (*необходимые знания, образование и т. п.*; with)

**equipage** ['ekwıpıdʒ] *n* 1) экипа́ж; вы́езд 2) снаряже́ние; dressing ~ несессе́р 3) *уст.* сви́та

**equipment** [ı'kwıpmənt] *n* 1) обору́дование; оснаще́ние; армату́ра 2) (*часто pl*) *воен.* материа́льная часть; боева́я те́хника 3) *ж.-д.* подвижно́й соста́в

**equipoise** ['ekwıpɔız] **1.** *n* 1) равнове́сие 2) противове́с

**2.** *v* уравнове́шивать, держа́ть в равнове́сии

**equipollent** [ˌi:kwı'pɔlənt] *a книжн.* ра́вный по си́ле; равноце́нный

**equiponderant** [ˌi:kwı'pɔndərənt] *a* 1) ра́вный по ве́су 2) не име́ющий переве́са

**equiponderate** [ˌi:kwı'pɔndəreıt] *v* уравнове́шивать, служи́ть противове́сом

**equitable** ['ekwıtəbl] *a* справедли́вый, беспристра́стный; ~ to the interest of both parties отвеча́ющий интере́сам той и друго́й стороны́; ~ treaty равнопра́вный догово́р

**equitation** [ˌekwı'teıʃən] *n* верхова́я езда́; иску́сство верхово́й езды́

**equity** ['ekwıtı] *n* 1) справедли́вость; беспристра́стность 2) *юр.* пра́во справедли́вости (*дополнение к обычному праву*); Court of E. суд, реша́ющий дела́, осно́вываясь на пра́ве справедли́вости 3) часть зало́женного иму́щества, оста́вшаяся по́сле удовлетворе́ния прете́нзий кредито́ров 4) *pl бирж.* обыкнове́нные а́кции, а́кции без фикси́рованного дивиде́нда 5) (E.) «Эквити» (*профсоюз актёров в Великобритании*)

**equivalence, ~cy** [ı'kwıvələns, -sı] *n* эквивале́нтность, равноце́нность; равнозна́чность

**equivalent** [ı'kwıvələnt] **1.** *n* эквивале́нт

**2.** *a* равноце́нный, равнозна́чащий; равноси́льный; эквивале́нтный

**equivocal** [ı'kwıvəkəl] *a* 1) двусмы́сленный 2) сомни́тельный

**equivocate** [ı'kwıvəkeıt] *v* говори́ть двусмы́сленно; увиливать; затемня́ть смысл

**equivocation** [ıˌkwıvə'keıʃən] *n* уви́ливание (*от прямого ответа*); укло́нчивость

**equivoke, equivoque** ['ekwıvəuk] *n* двусмы́сленность; каламбу́р; экиво́к

**era** ['ıərə] *n* э́ра; эпо́ха

**eradiate** [ı'reıdıeıt] *v* излуча́ть, сия́ть

**eradiation** [ıˌreıdı'eıʃən] *n* излуче́ние

**eradicate** [ı'rædıkeıt] *v* 1) вырыва́ть с ко́рнем 2) искореня́ть, уничтожа́ть

**eradication** [ıˌrædı'keıʃən] *n* искорене́ние, уничтоже́ние

**erase** [ı'reız] *v* 1) стира́ть, соска́бливать, подчища́ть 2) стира́ть, изгла́живать, вычёркивать (*из памяти*) 3) *sl.* убива́ть

**eraser** [ı'reızə] *n* ла́стик, рези́нка

**erasure** [ı'reıʒə] *n* 1) подчи́стка; соска́бливание 2) подчи́щенное, стёртое ме́сто в те́ксте 3) уничтоже́ние

**erbium** ['ə:bıəm] *n хим.* э́рбий

**ere** [ɛə] **1.** *prep поэт.* до; пе́ред; ~ long вско́ре

**2.** *cj поэт.* пре́жде чем; скоре́е чем; he would die ~ he would consent он скоре́е умрёт, чем согласи́тся

**Erebus** ['erıbəs] *n греч. миф.* Эре́б, подзе́мный мир, ца́рство мёртвых

**erect** [ı'rekt] **1.** *a* 1) прямо́й; вертика́льный 2) по́днятый; with head ~ с (высоко́) по́днятой голово́й 3) ощети́нившийся 4) бо́дрый

**2.** *adv* пря́мо

**3.** *v* 1) сооружа́ть; устана́вливать; поднима́ть; воздвига́ть 2) выпрямля́ть 3) создава́ть 4) *тех.* собира́ть; монти́ровать

**erectile** [ı'rektaıl] *a* 1) спосо́бный выпрямля́ться 2) *физиол.* спосо́бный напряга́ться; ~ tissue пеще́ристая ткань

**erection** [ı'rekʃən] *n* 1) выпрямле́ние 2) сооруже́ние, возведе́ние 3) *физиол.* эре́кция 4) *тех.* сбо́рка, устано́вка, монта́ж

**erector** [ı'rektə] *n* 1) строи́тель 2) основа́тель 3) сбо́рщик, монтёр 4) *анат.* выпрямля́ющая мы́шца

**erelong** [ˌɛə'lɔŋ] *adv поэт.* вско́ре

**eremite** ['erımaıt] *n поэт.* отше́льник; затво́рник, анахоре́т; пусты́нник

**eremitic(al)** [ˌerı'mıtık(əl)] *a поэт.* отше́льнический, затво́рнический

**erenow** [ˌɛə'nau] *adv поэт.* пре́жде, ра́ньше

**erethism** ['erıθızm] *n мед.* эрети́зм, повы́шенная возбуди́мость тка́ни *или* о́ргана

**erf** [erf] *n* (*pl* erven) *южно-афр.* огоро́дный *или* садо́вый уча́сток

**erg** [ə:g] *n физ.* эрг

**ergo** ['ə:gəu] *лат. adv обыкн. шутл.* ита́к, сле́довательно

**ergon** ['ə:gɔn] = erg

**ergonomics** [ˌə:gəu'nɔmıks] *n* эргоно́мика (*отрасль научной организа-*

*ции труда, изучающая трудовые процессы*)

**ergot** [ˈə:gət] *n бот.* спорынья́

**ergotism** [ˈə:gətɪzm] *n* отравле́ние спорыньёй

**erica** [ˈerɪkə] *n бот. собир.* ве́ресковые

**Erin** [ˈɪərɪn] *n поэт.* Ирла́ндия

**eristic** [eˈrɪstɪk] *книжн.* **1.** *a* возбужда́ющий спор, диску́ссию

**2.** *n* 1) люби́тель спо́ра, спо́рщик 2) иску́сство поле́мики

**ermine** [ˈə:mɪn] *n* горноста́й ◇ to assume (to wear) the ~ стать (быть) чле́ном (верхо́вного) суда́

**erne** [ə:n] *n зоол.* орла́н-белохво́ст

**erode** [ɪˈrəud] *v* 1) разъеда́ть; вытравля́ть; разруша́ть (*ткани*) 2) *геол.* выве́тривать; размыва́ть

**erogenous** [ɪˈrɔdʒɪnɪs] *a* эро(то)ге́нный; эроти́ческий

**Eros** [ˈɪərɔs] *n греч. миф.* Э́рос, Эро́т

**erosion** [ɪˈrəuʒən] *n* эро́зия, разъеда́ние; разруше́ние; размыва́ние; выве́тривание

**erosive** [ɪˈrəusɪv] *a* эрози́йный, вызыва́ющий эро́зию; размыва́ющий; выве́тривающий

**erotic** [ɪˈrɔtɪk] **1.** *a* любо́вный; эроти́ческий

**2.** *n* любо́вное стихотворе́ние

**eroticism** [ɪˈrɔtɪsɪzm] *n* 1) *мед.* эроти́зм 2) чу́вственность

**err** [ə:] *v* 1) ошиба́ться, заблужда́ться; to ~ is human челове́ку сво́йственно ошиба́ться 2) греши́ть 3) *уст.* блужда́ть

**errancy** [ˈerənsɪ] *n редк.* заблужде́ние

**errand** [ˈerənd] *n* поруче́ние; командиро́вка; to go on an ~ пое́хать, пойти́ по поруче́нию; to run (on) ~s быть на посы́лках ◇ fool's ~ бесполе́зное де́ло; беспло́дная зате́я; to send smb. on fool's ~ дать кому́-л. бессмы́сленное поруче́ние; to make an ~ вы́думать предло́г, что́бы уйти́

**errand-boy** [ˈerəndbɔɪ] *n* ма́льчик на посы́лках; рассы́льный, курье́р (*в конторе*)

**errant** [ˈerənt] *a* 1) стра́нствующий 2) блужда́ющий (*о мыслях*) 3) заблу́дший, сби́вшийся с пути́

**errantry** [ˈerəntrɪ] *n* приключе́ния стра́нствующего ры́царя

**errata** [eˈrɑ:tə] *n pl* 1) *pl от* erratum 2) спи́сок опеча́ток

**erratic** [ɪˈrætɪk] *a* 1) стра́нный, неусто́йчивый, беспоря́дочный, рассе́янный (*о мыслях, взглядах и т. п.*); ~ behaviour сумасбро́дное поведе́ние; ~ temperature неусто́йчивая температу́ра 2) *уст.* блужда́ющий 3) *геол.* эрати́ческий; ~ block валу́н

**erratum** [eˈrɑ:təm] *лат. n* (*pl* -ta) опеча́тка, опи́ска

**erring** [ˈə:rɪŋ] **1.** *pres. p. от* err

**2.** *a* заблу́дший, гре́шный

**erroneous** [ɪˈrəunjəs] *a* ло́жный; оши́бочный; ~ policies непра́вильная поли́тика, непра́вильный курс

**error** [ˈerə] *n* 1) оши́бка, заблужде́ние; to make an ~ соверши́ть оши́бку, ошиби́ться; in ~ по оши́бке, оши́бочно; to be in ~ заблужда́ться 2) грех 3) *поэт.* блужда́ние 4) отклоне́ние, уклоне́ние, погре́шность 5) *радио* рассогласова́ние

**ersatz** [ˈεəzæts] *нем. n* эрза́ц, суррога́т, замени́тель

**Erse** [ə:s] *n уст.* 1) ирла́ндский гэ́льский язы́к 2) шотла́ндский гаэ́льский язы́к

**erst** [ə:st] *adv уст.* пре́жде, не́когда

**erstwhile** [ˈə:stwaɪl] *уст.* **1.** *a* пре́жний, было́й

**2.** *adv* пре́жде, не́когда, быва́ло

**erubescent** [ˌeru(:)ˈbesnt] *a* 1) красне́ющий 2) *амер.* краснова́тый

**eructate** [ɪˈrʌkteɪt] *v* 1) рыга́ть, отры́гивать 2) изрыга́ть; изверга́ть

**eructation** [ˌi:rʌkˈteɪʃən] *n* 1) отры́жка 2) изверже́ние (*вулкана*)

**erudite** [ˈeru(:)daɪt] **1.** *n* эруди́т; учёный

**2.** *a* учёный; эруди́рованный; начи́танный

**erudition** [ˌeru(:)ˈdɪʃən] *n* эруди́ция, учёность; начи́танность

**erupt** [ɪˈrʌpt] *v* 1) изверга́ть(ся) (*о вулкане, гейзере*) 2) прорыва́ться 3) проре́зываться (*о зубах*)

**eruption** [ɪˈrʌpʃən] *n* 1) изверже́ние (*вулкана*) 2) взрыв (*смеха, гнева*) 3) *мед.* сыпь, высыпа́ние 4) проре́зывание (*зубов*)

**eruptive** [ɪˈrʌptɪv] *a* 1) *геол.* эрупти́вный, изве́рженный, вулкани́ческий 2) *мед.* сопровожда́емый сы́пью; ~ stage ста́дия высыпа́ния

**erven** [ˈervən] *pl от* erf

**erysipelas** [ˌerɪˈsɪpɪləs] *n мед.* ро́жа, ро́жистое воспале́ние

**erythema** [ˌerɪˈθi:mə] *n мед.* эрите́ма

**Esau** [ˈi:sɔ:] *n библ.* Иса́в

**escalade** [ˌeskəˈleɪd] *n воен. ист.* штурм стены́ (*с помощью лестниц*), эскала́да

**escalate** [ˈeskəleɪt] *v* 1) соверша́ть (постепе́нное) восхожде́ние 2) расширя́ть, обостря́ть (*конфликт и т. п.*); to ~ confrontation углубля́ть конфронта́цию □ to ~ **down** смягча́ть (*конфликт и т. п.*)

**escalating** [ˈeskəleɪtɪŋ] **1.** *pres. p. от* escalate

**2.** *a* возраста́ющий, расту́щий; ~ costs всё возраста́ющие затра́ты, расхо́ды

**escalation** [ˌeskəˈleɪʃən] *n* эскала́ция, увеличе́ние масшта́бов, расшире́ние; обостре́ние (*конфликта и т. п.*); the danger of ~ опа́сность обостре́ния (*конфликта и т. п.*)

**escalator** [ˈeskəleɪtə] *n* эскала́тор ◇ ~ clause усло́вие «скользя́щей шкалы́» (*в коллективных договорах*)

**escallop** [ɪsˈkɔləp] = scallop

**escapade** [ˌeskəˈpeɪd] *n* 1) весёлая, сме́лая проде́лка; шальна́я вы́ходка 2) побе́г (*из заключения*)

**escape** [ɪsˈkeɪp] **1.** *n* 1) бе́гство; побе́г; *перен.* ухо́д от действи́тельности 2) избавле́ние; спасе́ние; to have a hairbreadth ~ едва́ избежа́ть опа́сности, быть на волосо́к (*от чего-л.*) 3) истече́ние, выделе́ние (*крови и т. п.*) 4) утёчка (*газа, пара и т. п.*); вы́пуск (*газа, пара*) 5) *тех.* выпускно́е отве́рстие 6) одича́вшее культу́рное расте́ние 7) *attr.* спаса́тельный; ~ ladder спаса́тельная ле́стница; ~ route доро́га к отступле́нию; ~ hatch а) деса́нтный люк; б) люк для вы́хода в косми́ческое простра́нство (*в космическом корабле*); ~ velocity втора́я косми́ческая ско́рость

**2.** *v* 1) бежа́ть, соверша́ть побе́г (*из заключения, плена*) 2) избежа́ть (*опасности*), спасти́сь; изба́виться; отде́латься; to ~ punishment избежа́ть наказа́ния 3) уходи́ть, отключа́ться, отстраня́ться, замыка́ться в себе́ 4) дава́ть утёчку; улету́чиваться 5) ускольза́ть; your point ~s me я не улавлива́ю ва́шей мы́сли; his name had ~d my memory не могу́ припо́мнить его́ и́мени; nothing ~s you! всё-то вы замеча́ете! 6) вырыва́ться (*о стоне и т. п.*)

**escapee** [ˌɪskeɪˈpi:] *n* беглёц

**escapement** [ɪsˈkeɪpmənt] *n* 1) бе́гство *и пр.* [*см.* escape 2] 2) спуск, регуля́тор хо́да (*часов*) 3) *тех.* вы́ход, вы́пуск

**escapism** [ɪsˈkeɪpɪzm] *n лит.* эскапи́зм, бе́гство от жи́зни

**escapist** [ɪsˈkeɪpɪst] **1.** *n* 1) стремя́щийся уйти́ от действи́тельности 2) *лит.* писа́тель-эскапи́ст

**2.** *a лит.* эскапи́стский

**escarp** [ɪsˈkɑ:p] **1.** *n* 1) крута́я на́сыпь, отко́с 2) *воен.* эска́рп

**2.** *v* 1) де́лать отко́с 2) *воен.* эскарпи́ровать

**escarpment** [ɪsˈkɑ:pmənt] *n воен.* эска́рп

**eschalot** [ˈeʃəlɔt] = shallot

**eschar** [ˈeskɑ:] *n мед.* струп (*после ожога*)

**escheat** [ɪsˈtʃi:t] *юр.* **1.** *n* 1) вы́морочное иму́щество 2) перехо́д вы́морочного иму́щества в казну́

**2.** *v* 1) станови́ться вы́морочным (*об имуществе*) 2) конфискова́ть вы́морочное иму́щество

**eschew** [ɪsˈtʃu:] *v книжн.* избега́ть, сторони́ться, возде́рживаться, остерега́ться

**escort** **1.** *n* [ˈeskɔ:t] 1) провожа́тый 2) охра́на, конво́й, прикры́тие 3) сопровожде́ние, сви́та; эско́рт

**2.** *v* [ɪsˈkɔ:t] конвои́ровать; сопровожда́ть, эскорти́ровать

**escribe** [əˈskraɪb] *v мат.* опи́сывать (*круг*)

**escritoire** [ˌeskri(:)ˈtwɑ:] *фр. n* секрете́р

**esculent** [ˈeskjulənt] *книжн.* **1.** *a* съедо́бный, го́дный в пи́щу (*особ. об овощах*)

**2.** *n* съедо́бное, съестно́е (*особ. об овощах*)

**escutcheon** [ɪsˈkʌtʃən] *n* 1) щит герба́ 2) *архит.* орнамента́льный щит 3) доска́ с назва́нием су́дна ◇ a blot on one's ~ пятно́ позо́ра, запя́тнанная репута́ция *или* честь

**Eskimo** [ˈeskɪməu] **1.** *n* (*pl* -oes [-əuz]) эскимо́с ◇ ~ dog ла́йка; ~ pie эскимо́ (*моро́женое*)

**2.** *a* эскимо́сский

**esophagus** [i(:)ˈsɔfəgəs] *n* (*pl* -gi) *анат.* пищево́д

**esoteric** [ˌesəuˈterɪk] **1.** *a* та́йный; изве́стный *или* поня́тный лишь посвящённым

**2.** *n* посвящённый

**espalier** [ɪsˈpæljə] *фр. n* шпале́ры, шпале́рник (*в саду*)

**esparto** [esˈpɑ:təu] *n бот.* трава́ а́льфа, эспа́рто (*тж.* ~ grass)

**especial** [ɪsˈpeʃəl] *a* осо́бенный, специа́льный; my ~ aversion предме́т моего́ осо́бого отвраще́ния; of ~ importance осо́бо ва́жный

**especially** [ɪsˈpeʃəlɪ] *adv* осо́бенно, гла́вным о́бразом

**Esperanto** [ˌespəˈræntəu] *n* (язы́к) эспера́нто

**espial** [ɪsˈpaɪəl] *n* та́йное наблюде́ние; выsле́живание

**espionage** [ˌespɪəˈnɑ:ʒ] *n* шпиона́ж, шпио́нство

**esplanade** [ˌespləˈneɪd] *n* 1) эсплана́да, площа́дка для прогу́лок 2) *воен.* эсплана́да

**espousal** [ɪsˈpauzəl] *n* 1) уча́стие, подде́ржка (*како́го-л. де́ла*) 2) (*обыкн. pl*) *уст.* сва́дьба; обруче́ние

**espouse** [ɪsˈpauz] *v* 1) подде́рживать (*иде́ю и т. п.*); отдава́ться (*кому́-л. де́лу*) 2) *уст.* выдава́ть за́муж; жени́ть

**espresso** [esˈpresəu] *ит. n* (*pl* -os [-əuz]) 1) кофева́рка «экспре́сс» 2) кафе́ «экспре́сс» (*тж.* ~ bar)

**espy** [ɪsˈpaɪ] *v* 1) заме́тить, уви́деть издалека́ 2) неожи́данно обнару́жить (*недоста́ток и т. п.*)

**Esquimau** [ˈeskɪməu] *n* (*pl* -aux [-əuz]) = Eskimo

**esquire** [ɪsˈkwaɪə] *n* 1) эсква́йр 2) (Esq.) господи́н (*как ве́жливое обраще́ние; пи́шется в а́дресе по́сле и́мени адреса́та*); John Smith, Esq. г-ну Джо́ну Сми́ту 2) *уст.* = squire 1

**essay 1.** *n* [ˈeseɪ] 1) о́черк, этю́д, набро́сок; эссе́ 2) попы́тка 3) про́ба, о́пыт

**2.** *v* [eˈseɪ] 1) подверга́ть испыта́нию 2) пыта́ться; to ~ a hard task брать на себя́ неблагода́рный труд

**essayist** [ˈeseɪɪst] *n* очерки́ст; эссеи́ст

**essence** [ˈesns] *n* 1) су́щность, существо́; in ~ по существу́; of the ~ суще́ственно 2) существова́ние 3) экстра́кт, эссе́нция 4) *уст.* духи́ 5) арома́т 6) *авто* бензи́н

**essential** [ɪˈsenʃəl] **1.** *a* 1) суще́ственный; составля́ющий су́щность, неотъе́млемый 2) необходи́мый, весьма́ ва́жный, це́нный 3): ~ oils эфи́рные масла́

**2.** *n* 1) су́щность; неотъе́млемая часть; the ~s of education осно́вы воспита́ния 2) *pl* предме́ты пе́рвой необходи́мости

**essentiality** [ɪˌsenʃɪˈælɪtɪ] *n* су́щность; суще́ственность

**essentially** [ɪˈsenʃəlɪ] *adv* 1) по существу́ 2) суще́ственным о́бразом

**establish** [ɪsˈtæblɪʃ] *v* 1) осно́вывать; создава́ть; учрежда́ть 2) устана́вливать, создава́ть; устра́ивать; to ~ favourable conditions (*for smth.*) созда́ть благоприя́тные усло́вия (*для чего́-л.*); to ~ oneself in a new house посели́ться в но́вом до́ме 3) устана́вливать (*обы́чай, факт*) 4) упро́чивать; to ~ one's health восстанови́ть своё здоро́вье; to ~ one's reputation упро́чить свою́ репута́цию 5) (юриди́чески) доказа́ть 6) заложи́ть (*фунда́мент*)

**established** [ɪsˈtæblɪʃt] **1.** *p. p. от* establish

**2.** *a* 1) учреждённый; E. Church госуда́рственная це́рковь 2) устано́вленный; упро́чившийся, укорени́вшийся; ~ truth непрело́жная и́стина; ~ practice устоя́вшаяся пра́ктика; long ~ освящённый вре́менем; общепри́нятый 3) акклиматизи́ровавшийся 4) авторите́тный

**establishment** [ɪsˈtæblɪʃmənt] *n* 1) основа́ние; введе́ние 2) учрежде́ние, заведе́ние; ве́домство 3) штат (*служа́щих*) 4) хозя́йство, семья́, дом; separate ~ побо́чная семья́ 5): the E. а) госуда́рственная це́рковь; б) исте́блишмент; совоку́пность осно́в и усто́ев госуда́рственного и социа́льного стро́я; консервати́вно-бюрократи́ческий аппара́т сохране́ния вла́сти; пра́вящая эли́та

**estate** [ɪsˈteɪt] *n* 1) сосло́вие; the fourth ~ *ирон.* «четвёртое сосло́вие», пре́сса 2) иму́щество; personal (real) ~ дви́жимое (недви́жимое) иму́щество 3) име́ние, поме́стье 4) *уст.* положе́ние; to suffer in one's ~ тяготи́ться свои́м положе́нием; man's ~ возмужа́лость 5) *attr.*: ~ agent а) управля́ющий име́нием; б) аге́нт по прода́же домо́в, земе́льных уча́стков и име́ний (*тж.* real ~ agent); ~ duty нало́г на насле́дство

**esteem** [ɪsˈti:m] **1.** *n* уваже́ние; to hold in (high) ~ пита́ть (большо́е) уваже́ние

**2.** *v* 1) уважа́ть, почита́ть; I ~ him highly я глубоко́ его́ уважа́ю; я высо́ко́ его́ ценю́ 2) счита́ть, рассма́тривать; дава́ть оце́нку; I shall ~ it a favour я сочту́ э́то за любе́зность

**ester** [ˈestə] *n хим.* сло́жный эфи́р

**estimable** [ˈestɪməbl] *a* 1) досто́йный уваже́ния 2) *уст.* це́нный

**estimate 1.** *n* [ˈestɪmɪt] 1) оце́нка 2) сме́та; наме́тка; калькуля́ция; the Estimates прое́кт госуда́рственного бюдже́та по расхо́дам (*представля́емый ежего́дно в англ. парламе́нт*)

**2.** *v* [ˈestɪmeɪt] 1) оце́нивать, дава́ть оце́нку 2) составля́ть сме́ту; подсчи́тывать приблизи́тельно; прики́дывать

**estimation** [ˌestɪˈmeɪʃən] *n* 1) сужде́ние; мне́ние; оце́нка; in my ~ по моему́ мне́нию 2) уваже́ние; to hold in ~ уважа́ть 3) подсчёт, вычисле́ние; определе́ние глазоме́ром; прики́дка

**estimator** [ˈestɪmeɪtə] *n* оце́нщик

**Estonian** [esˈtəunjən] **1.** *a* эсто́нский

**2.** *n* 1) эсто́нец; эсто́нка 2) эсто́нский язы́к

**estop** [ɪsˈtɔp] *v юр.* 1) отводи́ть како́е-л. заявле́ние, противоре́чащее пре́жним выска́зываниям того́ же лица́ 2) заявля́ть процессуа́льный отво́д

**estoppel** [ɪsˈtɔpəl] *n юр.* процессуа́льный отво́д

**estrange** [ɪsˈtreɪndʒ] *v* отдаля́ть, отстраня́ть, де́лать чу́ждым; to ~ oneself from smb. отходи́ть, отдаля́ться от кого́-л.

**estrangement** [ɪsˈtreɪndʒmənt] *n* 1) отчуждённость, отчужде́ние; охлажде́ние, холодо́к (*в отноше́ниях*) 2) отдале́ние; отры́в, разры́в

**estreat** [ɪsˈtri:t] *v* 1) *юр.* направля́ть ко взыска́нию докуме́нты о штра́фе, недои́мке *и т. п.* 2) штрафова́ть

**estuary** [ˈestjuərɪ] *n* эстуа́рий, де́льта; у́стье реки́

**esurient** [ɪˈsjuərɪənt] *a книжн.* 1) голо́дный 2) жа́дный

**et cetera, etcetera** [ɪtˈsetrə] *лат.* 1) и так да́лее, и про́чее 2) *pl* вся́кая вся́чина; несуще́ственные дополне́ния

**etch** [etʃ] *v* гравирова́ть; трави́ть на мета́лле

**etcher** [ˈetʃə] *n* гравёр; офорти́ст

**etching** [ˈetʃɪŋ] *n* 1) гравиро́вка 2) гравю́ра, офо́рт 3) травле́ние, вытра́вливание 4) *attr.*: ~ ground офо́ртный грунт; ~ needle офо́ртная игла́

**eternal** [i(:)ˈtə:nl] *a* 1) ве́чный; изве́чный, векове́чный; the E. City Рим 2) неизме́нный, твёрдый, непрело́жный (*о при́нципах и т. п.*) 3) *разг.* беспреры́вный, постоя́нный; his ~ jokes ве́чные его́ шу́тки

**eternalize** [i(:)ˈtə:nəlaɪz] *v* увекове́чивать; де́лать ве́чным

**eternity** [i(:)ˈtə:nɪtɪ] *n* 1) ве́чность 2) *pl* ве́чные и́стины 3) загро́бный мир

**eternize** [i:ˈtə:naɪz] = eternalize

**Etesian** [ɪˈti:ʒjən] *a* периоди́ческий, годи́чный; ~ winds ле́тние се́веро-за́падные пасса́тные ве́тры (*на Средизе́мном мо́ре*)

**ethane** [ˈeθeɪn] *n хим.* эта́н

**ether** [ˈi:θə] *n* 1) *хим., физ.* эфи́р; over the ~ по ра́дио 2) *поэт.* не́бо, небеса́

**ethereal** [i(:)ˈθɪərɪəl] *a* 1) эфи́рный 2) лёгкий, возду́шный; беспло́тный 3) неземно́й

**ethereality** [i(:)ˌθɪərɪˈælɪtɪ] *n* эфи́рность, лёгкость, возду́шность

**etherization** [ˌi:θəraɪˈzeɪʃən] *n* 1) *мед.* примене́ние эфи́рного нарко́за 2) превраще́ние в эфи́р

**etherize** [ˈi:θəraɪz] *v* 1) *мед.* усыпля́ть эфи́ром 2) *хим.* превраща́ть в эфи́р

**ethic(al)** [ˈeθɪk(əl)] *a* нра́вственный, эти́ческий; эти́чный

**ethics** [ˈeθɪks] *n pl* (*употр. как sing*) э́тика; a code of ~ мора́льный ко́декс

**Ethiopian** [ˌi:θɪˈəupjən] **1.** *a* эфио́пский

**2.** *n* эфио́п

**ethmoid** [ˈeθmɔɪd] *a* решётчатый; ~ bone *анат.* решётчатая кость

**ethnic(al)** [ˈeθnɪk(əl)] *a* 1) этни́ческий 2) язы́ческий

**ethnographic(al)** [ˌeθnəuˈgræfɪk(əl)] *a* этнографи́ческий

**ethnography** [eθˈnɔgrəfɪ] *n* этногра́фия

**ethnologic(al)** [ˌeθnəuˈlɔdʒɪk(əl)] *a* этнологи́ческий

**ethnology** [eθˈnɔlədʒɪ] *n* этноло́гия

**ethology** [i(:)ˈθɔlədʒɪ] *n* 1) иссле́дование, посвящённое поведе́нию органи́змов в среде́ обита́ния 2) нау́ка о поведе́нии челове́ка

**ethos** [ˈi:θɔs] *греч. n* хара́ктер, преоблада́ющая черта́; пова́дки

**ethyl** [ˈeθɪl] *n* 1) *хим.* эти́л 2) *attr.*: ~ alcohol ви́нный спирт

**etiolate** [ˈi:tɪəuleɪt] *v* 1) *бот.* выра́щивать расте́ние в темноте́, этиоли́ровать 2) де́лать бле́дным, придава́ть боле́зненный вид

**etiology** [ˌi:tɪˈɔlədʒɪ] *n* этиоло́гия

**etiquette** [ˈetɪket] *n* 1) этике́т 2) профессиона́льная э́тика

**etna** [ˈetnə] *n* род спирто́вки

**Eton** [ˈi:tn] *n* 1) Ито́нский колле́дж 2) *attr.*: ~ collar широ́кий отложно́й воротни́к

**Etonian** [i(:)ˈtəunjən] **1.** *a* относя́щийся к Ито́нскому колле́джу

**2.** *n* воспи́танник Ито́нского колле́джа

**Etruscan** [ɪˈtrʌskən] *ист.* **1.** *a* этру́сский

**2.** *n* 1) этру́ск 2) этру́сский язы́к

**etude** [eɪˈtju:d] *фр. n муз.* этю́д

**etui, etwee** [eˈtwi:] *фр. n* я́щичек для иго́лок, була́вок *и пр.*; футля́р

**etymologic(al)** [ˌetɪməˈlɔdʒɪk(əl)] *a* этимологи́ческий

**etymologist** [ˌetɪˈmɔlədʒɪst] *n* этимо́лог

**etymologize** [ˌetɪˈmɔlədʒaɪz] *v* изуча́ть этимоло́гию; определя́ть этимоло́гию сло́ва

**etymology** [ˌetɪˈmɔlədʒɪ] *n* этимоло́гия

**etymon** [ˈetɪmɔn] *n лингв.* этимо́н

**eucalypti** [ˌju:kəˈlɪptaɪ] *pl от* eucalyptus

**eucalyptus** [ˌju:kəˈlɪptəs] *n* (*pl* -tuses [-təsɪz], -ti) *бот.* эвкали́пт

**Eucharist** [ˈju:kərɪst] *n церк.* евхари́стия, прича́стие

**euchre** [ˈju:kə] **1.** *n* род ка́рточной игры́

**2.** *v* 1) *карт.* обреми́зить проти́вника 2) *sl.* перехитри́ть, взять верх, одоле́ть

**Euclid** [ˈju:klɪd] *n* 1) Эвкли́д 2) эвкли́дова геоме́трия

**eudiometer** [ˌju:dɪˈɔmɪtə] *n хим.* эвдио́метр

**eugenic** [ju:ˈdʒenɪk] *a* евгени́ческий

**eugenics** [ju:ˈdʒenɪks] *n pl* (*употр. как sing*) евге́ника

**eulogist** [ˈju:lədʒɪst] *n* панегири́ст

**eulogistic(al)** [ˌju:ləˈdʒɪstɪk(əl)] *a* хвале́бный, панегири́ческий

**eulogize** [ˈju:lədʒaɪz] *v* хвали́ть, превозноси́ть, восхваля́ть

**eulogy** [ˈju:lədʒɪ] *n* хвале́бная речь, панеги́рик; to pronounce a ~ on smb., to pronounce smb.'s ~ расхвали́ть кого́-л.

**eunuch** [ˈju:nək] *n* е́внух, скопе́ц

**eupeptic** [ju:ˈpeptɪk] *a* 1) име́ющий хоро́шее пищеваре́ние 2) спосо́бствующий пищеваре́нию 3) удобовари́мый 4) *перен.* жизнера́достный

**euphemism** [ˈju:fɪmɪzm] *n* эвфеми́зм

**euphemistic(al)** [ˌju:fɪˈmɪstɪk(əl)] *a* эвфемисти́ческий

**euphonic(al)** [ju:ˈfɔnɪk(əl)] *a* благозву́чный

**euphonious** [ju:ˈfəunjəs] = euphonic(al)

**euphonize** [ˈju:fənaɪz] *v* де́лать благозву́чным

**euphony** [ˈju:fənɪ] *n* благозву́чие

**euphoria** [ju(:)ˈfɔ:rɪə] *n* 1) *мед.* эйфори́я 2) повы́шенно-ра́достное настрое́ние; in a state of ~ в припо́днятом настрое́нии

**euphrasy** [ˈju:frəsɪ] *n бот.* оча́нка лека́рственная

**euphuism** [ˈju:fju(:)ɪzm] *n лит.* эвфуи́зм, напы́щенный стиль

**Eurasian** [juəˈreɪʒjən] **1.** *a* еврази́йский

**2.** *n* еврази́ец

**eureka** [juəˈri:kə] *греч. int* э́врика!

**European** [ˌjuərəˈpi(:)ən] **1.** *a* европе́йский

**2.** *n* европе́ец

**europium** [ju:ˈrəupɪəm] *n хим.* евро́пий

**Eustachian tube** [ju:sˈteɪʃjənˈtju:b] *n анат.* евста́хиева труба́

**euthanasia** [ˌju:θəˈneɪzjə] *греч. n* 1) лёгкая смерть, безболе́зненный ухо́д из жи́зни 2) эйтана́зия, умерщвле́ние в слу́чае неизлечи́мой боле́зни

**evacuate** [ɪˈvækjueɪt] *v* 1) эваку́ировать, вывози́ть 2) опорожня́ть; *мед.* очища́ть (*желудок и т. п.*) 3) *тех.* отка́чивать, разрежа́ть (*воздух*)

**evacuation** [ɪˌvækjuˈeɪʃən] *n* 1) эвакуа́ция 2) *физиол.* испражне́ние 3) *мед.* опорожне́ние, эвакуа́ция

**evacuee** [ɪˌvækju(:)ˈi:] *n* эваку́ированный; эваку́ируемый

**evade** [ɪˈveɪd] *v* 1) ускольза́ть 2) избега́ть 3) уклоня́ться; обходи́ть (*закон, вопрос*) 4) не поддава́ться (*усилиям, определению и т. п.*)

**evaluate** [ɪˈvæljueɪt] *v* 1) оце́нивать; определя́ть коли́чество 2) *мат.* выража́ть в чи́слах

**evaluation** [ɪˌvæljuˈeɪʃən] *n* оце́нка, определе́ние

**evanesce** [ˌi:vəˈnes] *v* 1) исчеза́ть и́з виду 2) изгла́живаться, стира́ться

**evanescence** [ˌi:vəˈnesns] *n* исчезнове́ние

**evanescent** [ˌi:vəˈnesnt] *a* 1) мимолётный; бы́стро исчеза́ющий 2) *мат.* бесконе́чно ма́лый, приближа́ющийся к нулю́

**evangelic** [ˌi:vænˈdʒelɪk] *a* ева́нгельский

**evangelical** [ˌi:vænˈdʒelɪkəl] **1.** *a* 1) ева́нгельский 2) евангели́ческий, протеста́нтский

**2.** *n* протеста́нт

**evangelist** [ɪˈvændʒɪlɪst] *n* 1) евангели́ст 2) стра́нствующий пропове́дник; миссионе́р

**evanish** [ɪˈvænɪʃ] *v поэт.* исчеза́ть; замира́ть (*о звуках и т. п.*)

**evaporate** [ɪˈvæpəreɪt] *v* 1) испаря́ть(ся) 2) *разг.* исчеза́ть; умира́ть; his hopes ~d от его́ наде́жд ничего́ не оста́лось 3) выпа́ривать; сгуща́ть

**evaporated** [ɪˈvæpəreɪtɪd] **1.** *p. p. от* evaporate

**2.** *a* сгущённый; ~ milk сгущённое молоко́ (*без сахара*)

**evaporation** [ɪˌvæpəˈreɪʃən] *n* 1) испаре́ние; парообразова́ние 2) выпа́ривание

**evaporative** [ɪˈvæpərətɪv] *a* испаря́ющий; парообразу́ющий

**evaporator** [ɪˈvæpəreɪtə] *n тех.* испари́тель

**evasion** [ɪˈveɪʒən] *n* 1) уклоне́ние; увёртка, отгово́рка *и пр.* [*см.* evade]; his answer was a mere ~ он про́сто уклони́лся от отве́та 2) *редк.* бе́гство

**evasive** [ɪˈveɪsɪv] *a* 1) укло́нчивый 2) неуловимый

**Eve** [i:v] *n библ.* Е́ва; же́нщина; daughters of ~ же́нщины, же́нский пол

**eve** [i:v] *n* 1) кану́н; on the ~ накану́не; Christmas ~ соче́льник 2) *уст., поэт.* ве́чер

**even** I [ˈi:vən] *n поэт.* ве́чер

**even** II [ˈi:vən] **1.** *a* 1) ро́вный, гла́дкий 2) ра́вный, на одно́м у́ровне (with); одина́ковый; тот же са́мый; схо́дный; ~ with the ground вро́вень с землёй; ~ date *бухг.* то же число́ 3) однообра́зный, моното́нный; равноме́рный; ~ movement равноме́рное движе́ние 4) уравнове́шенный; ~ temper ро́вный, споко́йный хара́ктер 5) справедли́вый, беспристра́стный 6) чётный; evenly ~ кра́тный четырём (*о числе*); oddly (*или* unevenly) ~ кра́тный двум, но не кра́тный четырём (*о числе*) ◇ to get (*или* to be) ~ with smb. свести́ счёты, расквита́ться с кем-л.

**2.** *adv* 1) ро́вно 2) как раз; то́чно 3) да́же; ~ if, ~ though да́же е́сли; хотя́ бы; ~ as как раз

**3.** *v* 1) выра́внивать (*поверхность*); сгла́живать 2) равня́ть, ста́вить на одну́ до́ску 3) уравнове́шивать (*тж.* ~ up) ◇ to ~ up on smb. расквита́ться, рассчита́ться с кем-л.

**even-handed** [ˈi:vənˈhændɪd] *a* беспристра́стный, справедли́вый

**evening** [ˈiːvnɪŋ] *n* 1) ве́чер 2) вечери́нка, ве́чер 3) *attr.* вече́рний; ~ star вече́рняя звезда́; ~ meal у́жин

**evenly** [ˈiːvənlɪ] *adv* 1) ро́вно, по́ровну; одина́ково 2) беспристра́стно, справедли́во 3) равноме́рно 4) споко́йно; уравнове́шенно

**even-minded** [ˈiːvənˈmaɪndɪd] *a* споко́йный; уравнове́шенный

**event** [ɪˈvent] *n* 1) собы́тие; the course of ~s ход собы́тий; quite an ~ це́лое, настоя́щее собы́тие 2) слу́чай, происше́ствие; in the ~ of his death в слу́чае его́ сме́рти; at all ~s во вся́ком слу́чае; in any (*или* in either) ~ так и́ли ина́че 3) исхо́д, результа́т; his plan was unhappy in the ~ в коне́чном результа́те его́ план потерпе́л неуда́чу 4) но́мер (*в програ́мме состяза́ний*) 5) соревнова́ние по определённому ви́ду спо́рта 6) *тех.* такт (*дви́гателя вну́треннего сгора́ния*) 7) *физ.* я́дерное превраще́ние (*тж.* nuclear ~)

**eventful** [ɪˈventful] *a* по́лный собы́тий, бога́тый собы́тиями

**eventide** [ˈiːvəntaɪd] *n поэт.* ве́чер, вече́рняя пора́

**eventless** [ɪˈventlɪs] *a* бе́дный собы́тиями

**eventual** [ɪˈventʃuəl] *a* 1) возмо́жный, могу́щий случи́ться, эвентуа́льный 2) коне́чный, оконча́тельный

**eventuality** [ɪˌventjuˈælɪtɪ] *n* возмо́жный слу́чай; возмо́жность; случа́йность

**eventually** [ɪˈventʃəlɪ] *adv* в коне́чном счёте, в конце́ концо́в; со вре́менем

**eventuate** [ɪˈventjueɪt] *v* 1) конча́ться, разреша́ться (in — *чем-л.*) 2) явля́ться результа́том, возника́ть, случа́ться

**ever** [ˈevə] *adv* 1) всегда́; ~ after, ~ since с тех по́р (как); for ~ (and ~), for ~ and a day а) навсегда́, наве́чно; б) беспреста́нно; ~ yours всегда́ Ваш (*по́дпись в письме́*) 2) когда́-либо; it is the best symphony I have ~ heard э́то лу́чшая симфо́ния, кото́рую я когда́-либо слы́шал; hardly ~ едва́ ли когда́-нибудь; почти́ никогда́ 3): as ~ как то́лько; I shall do it as soon as ~ I can я сде́лаю э́то, как то́лько смогу́ 4) *разг. употр. для усиле́ния*: why ~ did you do it? да почему́ же вы э́то сде́лали?; what ~ do you mean? что же вы хоти́те э́тим сказа́ть? ◇ ~ so *разг.* а) о́чень; thank you ~ so much большо́е вам спаси́бо; б) как бы ни; be the weather ~ so bad, I must go как бы плоха́ пого́да ни была́, я до́лжен идти́

**ever frost** [ˈevəfrɔst] *n* ве́чная мерзлота́

**everglade** [ˈevəgleɪd] *n* боло́тистая ни́зменность, места́ми поро́сшая высо́кой траво́й ◇ E. State Боло́тистый штат (*назва́ние шта́та Фло́рида*)

**evergreen** [ˈevəgriːn] **1.** *a* вечнозелёный

**2.** *n* вечнозелёное расте́ние

**evergrowing** [ˌevəˈgrəuɪŋ] *a* постоя́нно, неукло́нно расту́щий; ~ demand всё увели́чивающийся спрос

**everlasting** [ˌevəˈlɑːstɪŋ] **1.** *a* 1) ве́чный 2) ве́чный, дли́тельный, постоя́нный; this ~ noise э́тот постоя́нный шум 3) надое́дливый, доку́чливый 4) выно́сливый, про́чный 5) сохраня́ющий цвет и фо́рму в засу́шенном ви́де (*о расте́ниях*)

**2.** *n* 1) ве́чность; from ~ споко́н веко́в 2) *бот.* имморте́ль, бессме́ртник (*тж.* ~ flower)

**evermore** [ˈevəˈmɔː] *adv* наве́ки; навсегда́

**ever-present** [ˌevəˈpreznt] *a* вездесу́щий

**evert** [ɪˈvəːt] *v* вывора́чивать наизна́нку, нару́жу

**every** [ˈevrɪ] *pron indef.* 1) ка́ждый; вся́кий; ~ time а) всегда́; б) когда́ бы ни, ка́ждый раз; в) *разг.* без исключе́ния; без колеба́ния 2) вся́кий, все; ~ gun was loaded все ору́дия бы́ли заря́жены ◇ ~ now and then, ~ now and again вре́мя от вре́мени, то и де́ло; ~ bit (*или* whit) *разг.* во всех отноше́ниях; соверше́нно; ~ so often вре́мя от вре́мени; with ~ good wish с лу́чшими пожела́ниями

**everybody** [ˈevrɪbɔdɪ] *pron indef.* ка́ждый, вся́кий (челове́к); все; ~ is happy все сча́стливы

**everyday** [ˈevrɪdeɪ] *a* ежедне́вный; повседне́вный, обы́чный; ~ sentences обихо́дные фра́зы; ~ talk разгово́р на бытовы́е те́мы

**Everyman** [ˈevrɪmæn] *n* обыкнове́нный, сре́дний челове́к; обыва́тель

**everyone** [ˈevrɪwʌn] = everybody

**everything** [ˈevrɪθɪŋ] *pron indef.* всё

**every way** [ˈevrɪweɪ] *adv* 1) во всех направле́ниях 2) во всех отноше́ниях

**everywhere** [ˈevrɪwɛə] *adv* всю́ду, везде́

**evict** [i(ː)ˈvɪkt] *v* 1) выселя́ть; изгоня́ть 2) оттяга́ть по суду́ (*зе́млю и т. п.*; of, from — у)

**eviction** [i(ː)ˈvɪkʃən] *n* 1) выселе́ние; изгна́ние 2) *юр.* лише́ние иму́щества (*по суду́*)

**evidence** [ˈevɪdəns] **1.** *n* 1) очеви́дность; in ~ заме́тный, броса́ющийся в глаза́ [*ср. тж.* 3)] 2) основа́ние; да́нные, при́знаки; to give (*или* to bear) ~ свиде́тельствовать; on this ~ в све́те э́того; from all ~, there is ample ~ that всё говори́т за то, что 3) *юр.*ули́ка; свиде́тельское показа́ние; piece of ~ ули́ка; cumulative ~ совоку́пность ули́к; to call in ~ вызыва́ть (*в суд*) для да́чи показа́ний [*ср. тж.* 1)]; to turn King's (*или* Queen's, *амер.* State's) ~ вы́дать сообщников и стать свиде́телем обвине́ния; in ~ при́нятый в ка́честве доказа́тельства [*ср. тж.* 1)]

**2.** *v* служи́ть доказа́тельством, дока́зывать

**evident** [ˈevɪdənt] *a* очеви́дный, я́сный

**evidential** [ˌevɪˈdenʃəl] *a* 1) осно́ванный на очеви́дности 2) доказа́тельный

**evidentiary** [ˌevɪˈdenʃərɪ] = evidential

**evidently** [ˈevɪdəntlɪ] *adv* очеви́дно; несомне́нно

**evil** [ˈiːvl] **1.** *n* 1) зло; вред; to do ~ наноси́ть уще́рб; твори́ть зло; ~ comes from ~ зло порожда́ет зло; (the) lesser ~ ме́ньшее зло 2) бе́дствие, несча́стье 3) грех, поро́к 4) *уст.* боле́знь; King's ~ золоту́ха; St. John's ~ эпиле́псия ◇ of two ~s choose the less *посл.* из двух зол выбира́й ме́ньшее

**2.** *a* 1) дурно́й, злой; злове́щий; the Evil One дья́вол; ~ tongue злой язы́к; ~ eye дурно́й глаз 2) вре́дный; па́губный; ~ results злосча́стные после́дствия 3) зло́стный 4) поро́чный, дурно́й; ~ life распу́тная жизнь ◇ to fall on ~ days (*или* times) обнища́ть; попа́сть в полосу́ неуда́ч; впасть в ничто́жество

**evil-doer** [ˈiːvlˈdu(ː)ə] *n* 1) престу́пник, злоде́й 2) гре́шник

**evil-minded** [ˈiːvlˈmaɪndɪd] *a* 1) злонаме́ренный 2) зло́бный, злой

**evince** [ɪˈvɪns] *v* 1) проявля́ть, выка́зывать 2) *редк.* дока́зывать

**evincible** [ɪˈvɪnsəbl] *a* доказу́емый

**evincive** [ɪˈvɪnsɪv] *a* дока́зывающий; доказа́тельный

**evirate** [ˈiːvɪreɪt] *v книжн.* 1) кастри́ровать 2) лиша́ть му́жественности

**eviscerate** [ɪˈvɪsəreɪt] *v* 1) потроши́ть 2) лиша́ть содержа́ния, выхола́щивать

**evocative** [ˈevəukətɪv] *a* восстана́вливающий в па́мяти; ~ device *кино* приём напомина́ния показом предше́ствующих собы́тий

**evoke** [ɪˈvəuk] *v* 1) вызыва́ть (*воспомина́ние, восхище́ние и т. п.*) 2) *юр.* истре́бовать (*де́ло*) из нижестоя́щего суда́ в вышестоя́щий

**evolution** [ˌiːvəˈluːʃən] *n* 1) эволю́ция; Theory of E. эволюцио́нная тео́рия 2) развёртывание; разви́тие 3) выделе́ние (*га́за, теплоты́ и т. п.*) 4) *мат.* извлече́ние ко́рня 5) (*обыкн. pl*) *воен., мор.* перестрое́ние; манёвр; передвиже́ние 6) образова́ние небе́сных тел путём концентра́ции косми́ческого вещества́

**evolutional** [ˌiːvəˈluːʃənl] *a* эволюцио́нный

**evolutionary** [ˌiːvəˈluːʃnərɪ] = evolutional

**evolutionism** [ˌiːvəˈluːʃənɪzm] *n* тео́рия эволю́ции

**evolutionist** [ˌiːvəˈluːʃənɪst] *n* эволюциони́ст

**evolutive** [ˈiːvəluːtɪv] *a* спосо́бствующий разви́тию; находя́щийся в проце́ссе разви́тия

**evolve** [ɪˈvɔlv] *v* 1) эволюциони́ровать 2) развива́ться; развёртываться 3) развива́ть (*тео́рию и т. п.*); to ~ a plan наме́тить план 4) выделя́ть (*га́зы, теплоту́*); издава́ть (*за́пах*)

**evolvent** [ɪ'vɔlvənt] *n мат.* эвольве́нта, развёртка

**evulsion** [ɪ'vʌlʃən] *n* наси́льственное извлече́ние, вырыва́ние с ко́рнем

**ewe** [ju:] *n* овца́ ◇ one's ~ lamb еди́нственное сокро́вище; еди́нственный ребёнок

**ewer** ['ju(:)ə] *n* кувши́н

**ex-** [eks-] *pref* 1) *указывает на изъятие, исключение и т. п.* из-, вне-; extract вырыва́ть; exterritorial экстерриториа́льный 2) бы́вший, пре́жний, экс-; ex-president бы́вший президе́нт

**exacerbate** [eks'æsə(:)beɪt] *v* 1) обостря́ть, уси́ливать 2) раздража́ть, ожесточа́ть

**exacerbation** [eks,æsə(:)'beɪʃən] *n* 1) обостре́ние, усиле́ние 2) раздраже́ние 3) *мед.* пароксизм; обостре́ние (*болезни*)

**exact** [ɪg'zækt] **1.** *a* то́чный; стро́гий (*о правилах, порядке*); аккура́тный; соверше́нно пра́вильный, ве́рный; ~ sciences то́чные нау́ки; ~ memory хоро́шая па́мять

**2.** *v* 1) (настоя́тельно) тре́бовать; домога́ться 2) взы́скивать (from, of) 3) вымога́ть

**exacting** [ɪg'zæktɪŋ] **1.** *pres. p. от* exact 2

**2.** *a* 1) тре́бовательный; приди́рчивый; суро́вый 2) напряжённый; изнуря́ющий

**exaction** [ɪg'zækʃən] *n* 1) настоя́тельное тре́бование; домога́тельство 2) вымога́тельство 3) чрезме́рный нало́г, побо́ры *и т. п.*

**exactitude** [ɪg'zæktɪtju:d] *n* то́чность; аккуратность

**exactly** [ɪg'zæktlɪ] *adv* 1) то́чно; как раз; not ~ the same не совсе́м то же са́мое 2) и́менно, да, соверше́нно ве́рно (*в ответе*)

**exactness** [ɪg'zæktnɪs] *n* то́чность; аккура́тность

**exactor** [ɪg'zæktə] *n* вымога́тель

**exaggerate** [ɪg'zædʒəreɪt] *v* 1) преувели́чивать 2) изли́шне подчёркивать

**exaggerated** [ɪg'zædʒəreɪtɪd] **1.** *p. p. от* exaggerate

**2.** *a* 1) преувели́ченный 2) *мед.* ненорма́льно расши́ренный, увели́ченный (*о сердце и т. п.*)

**exaggeratedly** [ɪg'zædʒəreɪtɪdlɪ] *adv* преувели́ченно; подчёркнуто

**exaggeration** [ɪg,zædʒə'reɪʃən] *n* преувеличе́ние

**exaggerative** [ɪg'zædʒərətɪv] *a* преувели́чивающий; не соблюда́ющий чу́вства ме́ры

**exalt** [ɪg'zɔ:lt] *v* 1) возвыша́ть; возноси́ть; возвели́чивать 2) превозноси́ть; восхваля́ть; to ~ to the skies превозноси́ть до небе́с 3) уси́ливать, сгуща́ть (*краски и т. п.*) 4) поднима́ть настрое́ние

**exaltation** [,egzɔ:l'teɪʃən] *n* 1) возвыше́ние; повыше́ние; возвели́чение 2) восто́рг, экзальта́ция

**exalted** [ɪg'zɔ:ltɪd] **1.** *p. p. от* exalt

**2.** *a* 1) возвы́шенный (*о чувстве, стиле и т. п.*); досто́йный, благоро́дный 2) высокопоста́вленный 3) экзальтиро́ванный

**exam** [ɪg'zæm] *n разг.* экза́мен

**examination** [ɪg,zæmɪ'neɪʃən] *n* 1) осмо́тр; иссле́дование; освиде́тельствование; эксперти́за; custom-house ~ тамо́женный досмо́тр; ~ by touch *мед.* пальпа́ция; post-mortem ~ *мед.* вскры́тие тру́па 2) экза́мен; to go in for an ~ держа́ть экза́мен; to take an ~ сдава́ть экза́мен; to pass one's ~ вы́держать экза́мен; to fail in an ~ провали́ться на экза́мене 3) *юр.* сле́дствие 4) *юр.* допро́с

**examinational** [ɪg,zæmɪ'neɪʃənl] *a* экзаменацио́нный

**examination-paper** [ɪg,zæmɪ'neɪʃən-,peɪpə] *n* экзаменацио́нная рабо́та

**examine** [ɪg'zæmɪn] *v* 1) рассма́тривать; иссле́довать (*тж.* ~ into) 2) *мед.* выслу́шивать, осма́тривать 3) экзаменова́ть 4) *воен., юр.* допра́шивать; опра́шивать

**examinee** [ɪg,zæmɪ'ni:] *n* экзамену́ющийся

**examiner** [ɪg'zæmɪnə] *n* 1) экзамена́тор; to satisfy the ~s сдать экза́мен удовлетвори́тельно, без отли́чия 2) обсле́дователь; наблюда́тель

**example** [ɪg'zɑ:mpl] *n* 1) приме́р; for ~ наприме́р; to set a good (bad) ~ (по)дава́ть хоро́ший (дурно́й) приме́р; without ~ без прецеде́нта; беспрецеде́нтный; бесприме́рный; to take ~ by подража́ть, брать за образе́ц 2) приме́рное наказа́ние, уро́к; let it make an ~ for him пусть э́то послу́жит ему́ уро́ком; to make an ~ of smb. наказа́ть кого́-л. в назида́ние други́м 3) образе́ц

**exanimate** [ɪg'zænɪmɪt] *a* 1) без при́знаков жи́зни 2) безжи́зненный; вя́лый

**exanthema** [,eksæn'θi:mə] *n мед.* экзанте́ма

**exarch** ['eksɑ:k] *n церк.* экза́рх

**exarchate** ['eksɑ:keɪt] *n церк.* экзарха́т

**exasperate** [ɪg'zɑ:spəreɪt] *v* 1) серди́ть; раздража́ть; изводи́ть, доводи́ть до бе́лого кале́ния 2) уси́ливать (*боль, гнев и т. п.*); to ~ enmity разжига́ть вражду́

**exasperating** [ɪg'zɑ:spəreɪtɪŋ] **1.** *pres. p. от* exasperate

**2.** *a* раздража́ющий, изводя́щий

**exasperation** [ɪg,zɑ:spə'reɪʃən] *n* 1) раздраже́ние; озлобле́ние, гнев 2) усиле́ние, обостре́ние (*боли, болезни и т. п.*)

**excavate** ['ekskəveɪt] *v* 1) копа́ть, рыть; вынима́ть грунт; рыть котлова́н 2) выка́пывать, отка́пывать 3) *археол.* производи́ть раско́пки

**excavation** [,ekskə'veɪʃən] *n* 1) вы́капывание 2) вы́рытая я́ма, вы́емка 3) выда́лбливание 4) *тех.* экскава́ция, вы́емка гру́нта; земляны́е рабо́ты 5) *археол.* раско́пки 6) го́рная вы́работка

**excavator** ['ekskəveɪtə] *n* 1) экскава́тор 2) землеко́п

**exceed** [ɪk'si:d] *v* 1) превыша́ть, переходи́ть грани́цы; to ~ one's instructions превы́сить свои́ полномо́чия 2) превосходи́ть; to ~ smb. in strength (in height) быть сильне́е кого́-л. (вы́ше ро́стом, чем кто-л.) 3) преувели́чивать

**exceeding** [ɪk'si:dɪŋ] **1.** *pres. p. от* exceed

**2.** *a* безме́рный, чрезме́рный

**exceedingly** [ɪk'si:dɪŋlɪ] *adv* чрезвыча́йно, о́чень

**excel** [ɪk'sel] *v* 1) превосходи́ть (in, at); to ~ smb. at smth. превосходи́ть кого́-л. в чём-л. 2) выдава́ться, выделя́ться; to ~ as an orator быть выдаю́щимся ора́тором

**excellence** ['eksələns] *n* 1) превосхо́дство 2) высо́кое ка́чество; выдаю́щееся мастерство́

**excellency** ['eksələnsɪ] *n* 1) превосходи́тельство 2) *уст.* = excellence

**excellent** ['eksələnt] *a* превосхо́дный, отли́чный

**excelsior** [ek'selsɪɔ:] **1.** *int* вы́ше и вы́ше!

**2.** *n амер.* мя́гкая упако́вочная стру́жка

**except** [ɪk'sept] **1.** *v* 1) исключа́ть 2) возража́ть (against, to) 3) *юр.* отводи́ть (*свидетеля*)

**2.** *prep* 1) исключа́я, кро́ме; everybody went ~ John все отпра́вились, а Джон оста́лся 2): ~ for а) (*употр. как сложный предлог*) за исключе́нием; кро́ме; everything is settled ~ for a few details обо всём договорено́, за исключе́нием не́которых дета́лей; б) (*употр. как cj*) е́сли бы не

**3.** *cj уст.* е́сли не

**excepting** [ɪk'septɪŋ] **1.** *pres. p. от* except 1

**2.** *prep* за исключе́нием

**exception** [ɪk'sepʃən] *n* 1) исключе́ние; the ~ proves the rule исключе́ние подтвержда́ет пра́вило; with the ~ of... за исключе́нием... 2) возраже́ние; to take ~ to smth. возража́ть про́тив чего́-л. 3) оби́да; to take ~ (at) обижа́ться, оскорбля́ться (на) 4) *юр.* отво́д

**exceptionable** [ɪk'sepʃnəbl] *a* небезупре́чный, вызыва́ющий возраже́ния

**exceptional** [ɪk'sepʃənl] *a* исключи́тельный; необы́чный

**exceptionally** [ɪk'sepʃənlɪ] *adv* исключи́тельно; ~ interesting кра́йне, удиви́тельно занима́тельный

**exceptive** [ɪk'septɪv] *a* 1) составля́ющий исключе́ние 2) приди́рчивый 3) = exceptional

**excerpt 1.** *n* ['eksə:pt] 1) отры́вок, вы́держка 2) (отде́льный) о́ттиск

**2.** *v* [ek'sə:pt] выбира́ть (*отрывки*), де́лать вы́держки, подбира́ть цита́ты

**excerption** [ek'sə:pʃən] *n* 1) вы́бор отры́вка; подбо́р цита́т 2) цита́та; отры́вок; вы́держка

**excess** [ɪk'ses] *n* 1) избы́ток, изли́шек; in ~ of сверх, бо́льше чем

2) (*обыкн. pl*) эксцéсс; крáйность 3) неумéренность; to ~ до излишества; слишком мнóго 4) *attr.* дополнительный; ~ luggage багáж выше нóрмы; ~ fare *ж.-д.* доплáта, приплáта (*за билет*); ~ profit сверхприбыль; ~ profits tax налóг на сверхприбыль

**excessive** [ɪk'sesɪv] *a* чрезмéрный

**exchange** [ɪks'tʃeɪndʒ] **1.** *n* 1) обмéн; мéна; in ~ for в обмéн на; cultural ~ культýрный обмéн; ~ of prisoners обмéн военноплéнными 2) *фин.* размéн дéнег; rate (*или* course) of ~ валютный курс; foreign ~ инострáнная валюта; перевóдный вéксель; bill of ~ вéксель, трáтта 3) биржа; commodity ~ товáрная биржа; grain (*или* corn) ~ хлéбная биржа; labour ~ биржа трудá 4) центрáльная телефóнная стáнция; коммутáтор 5) *attr.* меновóй

**2.** *v* 1) обмéнивать 2) размéнивать (*деньги*) 3) меняться; to ~ seats поменяться местáми; to ~ words with smb. обменяться с кем-л. нéсколькими словáми; to ~ ratifications обменяться ратификациóнными грáмотами; to ~ into another regiment перевестись в другóй полк путём встрéчного обмéна

**exchangeable** [ɪks'tʃeɪndʒəbl] *a* 1) подлежáщий обмéну; not ~ обмéну не подлежит 2) гóдный для обмéна 3) *тех.* взаимозаменяемый, смéнный

**exchequer** [ɪks'tʃekə] *n* 1) казначéйство; Chancellor of the E. кáнцлер казначéйства (*министр финансов Великобритании*) 2) казнá 3) *разг.* ресýрсы, финáнсы 4) *attr.*: ~ bill казначéйский вéксель

**excisable** [ek'saɪzəbl] *a* облагáемый акцизным сбóром

**excise** I [ek'saɪz] *v* 1) вырезáть; отрезáть 2) *мед.* вырезáть, иссекáть; удалять

**excise** II [ek'saɪz] **1.** *n* 1) акциз (*тж.* ~ duty) 2) (the E.) акцизное управлéние

**2.** *v* взимáть акцизный сбор

**exciseman** [ek'saɪzmæn] *n* акцизный чинóвник

**excision** [ek'sɪʒən] *n* 1) вырезáние, отрезáние 2) *мед.* иссечéние, удалéние

**excitability** [ɪk,saɪtə'bɪlɪtɪ] *n* возбудимость

**excitable** [ɪk'saɪtəbl] *a* (легкó) возбудимый

**excitant** ['eksɪtənt] **1.** *a* возбуждáющий

**2.** *n* возбуждáющее срéдство

**excitation** [,eksɪ'teɪʃən] *n* возбуждéние

**excitative** [ek'saɪtətɪv] *a* возбудительный, возбуждáющий

**excitatory** [ek'saɪtətərɪ] = excitative

**excite** [ɪk'saɪt] *v* 1) возбуждáть, волновáть; he was ~d by (*или* at, about) the news он был взволнóван извéстием; don't ~! не волнýйтесь!, сохраняйте спокóйствие! 2) побуждáть; вызывáть (*ревность, ненависть*); пробуждáть (*интерес и т. п.*); to ~ rebellion поднимáть восстáние 3) *эл.* возбуждáть (*ток*)

**excitement** [ɪk'saɪtmənt] *n* возбуждéние, волнéние

**exciter** [ɪk'saɪtə] *n* *эл.* возбудитель

**exciting** [ɪk'saɪtɪŋ] **1.** *pres. p. от* excite

**2.** *a* 1) возбуждáющий, волнýющий 2) захвáтывающий; an ~ story увлекáтельный рассказ

**exclaim** [ɪks'kleɪm] *v* восклицáть □ ~ **against** протестовáть, грóмко обвинять; ~ **at** выразить крáйнее удивлéние

**exclamation** [,eksklə'meɪʃən] *n* восклицáние; mark of ~ восклицáтельный знак (!)

**exclamatory** [eks'klæmətərɪ] *a* 1) восклицáтельный; ~ sentence восклицáтельное предложéние 2) шумливый, крикливый

**exclude** [ɪks'klu:d] *v* исключáть (from); не впускáть; не допускáть (*возможности и т. п.*); to ~ smb. from a house отказáть комý-л. от дóма

**exclusion** [ɪks'klu:ʒən] *n* исключéние ◇ to the ~ of за исключéнием

**exclusive** [ɪks'klu:sɪv] *a* 1) исключительный; ~ privileges осóбые привилéгии 2) единственный; ~ occupation единственное занятие 3) недостýпный; с ограниченным дóступом (*о клубе и т. п.*) 4) *разг.* отличный, первоклáссный ◇ ~ of не считáя, исключáя; there were 49 pages ~ of the title page (всегó) было 49 страниц без титульного листá

**exclusively** [ɪks'klu:sɪvlɪ] *adv* исключительно, единственно, тóлько

**excogitate** [eks'kɒdʒɪteɪt] *v* выдýмывать, придýмывать; измышлять

**excogitation** [eks,kɒdʒɪ'teɪʃən] *n* выдýмывание, придýмывание; измышлéние, вымысел

**excommunicate** [,ekskə'mju:nɪkeɪt] **1.** *v* отлучать от цéркви

**2.** *a* отлучённый от цéркви

**excommunication** ['ekskə,mju:nɪ'keɪʃən] *n* отлучéние от цéркви

**excoriate** [eks'kɔ:rɪeɪt] *v* 1) содрáть кóжу, ссадить 2) подвергáть сурóвой критике; устрóить разнóс

**excoriation** [eks,kɔ:rɪ'eɪʃən] *n* 1) сдирáние кóжи 2) ссáдина 3) сурóвая критика; разнóс

**excorticate** [eks'kɔ:tɪkeɪt] *v* сдирáть корý, кóжу, оболóчку, шелуху

**excrement** ['ekskrɪmənt] *n* (*часто pl*) *физиол.* экскремéнты, испражнéния

**excrescence** [ɪks'kresns] *n* 1) разрастáние 2) нарóст, шишка

**excrescent** [ɪks'kresnt] *a* 1) ненормáльно разрастáющийся; образýющий нарóст 2) лишний

**excreta** [eks'kri:tə] *n pl физиол.* выделéния, испражнéния

**excrete** [eks'kri:t] *v* выделять, извергáть

**excretion** [eks'kri:ʃən] *n* *физиол.* выделéние

**excretive** [eks'kri:tɪv] *a* 1) *физиол.* способствующий выделéнию 2) *анат.* выводящий

**excretory** [eks'kri:tərɪ] *a анат.* выводнóй, выделительный, экскретóрный

**excruciate** [ɪks'kru:ʃɪeɪt] *v* мýчить, терзáть, истязáть

**excruciating** [ɪks'kru:ʃɪeɪtɪŋ] **1.** *pres. p. от* excruciate

**2.** *a* мучительный

**excruciation** [ɪks,kru:ʃɪ'eɪʃən] *n* 1) терзáние, мучéние 2) мýка, пытка

**exculpate** ['ekskʌlpeɪt] *v юр.* оправдывать; реабилитировать

**exculpation** [,ekskʌl'peɪʃən] *n юр.* 1) оправдáние, реабилитáция 2) основáние для реабилитáции; опрáвдывающее обстоятельство

**exculpatory** [eks'kʌlpətərɪ] *a* опрáвдывающий; оправдáтельный

**excursion** [ɪks'kə:ʃən] *n* 1) экскýрсия; поéздка; to go on an ~ поéхать на экскýрсию; отправиться в туристическую поéздку 2) экскурс 3) *тех.* возврáтно-поступáтельное движéние (*поршня и т. п.*) 4) *attr.*: ~ train пóезд для экскурсáнтов по снижéнному тарифу; ~ rates сниженные расцéнки для туристов (*на билеты, гостиницы и т. п.*)

**excursionist** [ɪks'kə:ʃnɪst] *n* экскурсáнт, турист

**excursive** [eks'kə:sɪv] *a* 1) отклоняющийся (*от пути, курса*) 2) бессистéмный, беспорядочный; ~ reading беспорядочное чтéние 3) изобилующий áвторскими отступлéниями (*о стиле*)

**excursus** [eks'kə:səs] *n* (*pl* -es [-ɪz]) 1) отступлéние (*от темы, от сути*); экскурс 2) подрóбное обсуждéние какóй-л. детáли *или* пýнкта в книге (*обыкн. в приложении*)

**excusable** [ɪks'kju:zəbl] *a* извинительный, простительный

**excusatory** [ɪks'kju:zətərɪ] *a* извинительный; оправдáтельный

**excuse** **1.** *n* [ɪks'kju:s] 1) извинéние, оправдáние; in ~ of smth. в оправдáние чегó-л.; ignorance of the law is no ~ незнáние закóна не мóжет служить оправдáнием 2) отговóрка, предлóг; a poor ~ неудáчная, слáбая отговóрка; to offer ~s опрáвдываться 3) освобождéние (*от обязанности*)

**2.** *v* [ɪks'kju:z] 1) извинять, прощáть; ~ me! извините!, виновáт!; ~ my coming late, ~ me for coming late простите меня за опоздáние; to ~ oneself извиняться; опрáвдываться 2) освобождáть (*от работы, обязанности*); your attendance today is ~d вы мóжете сегóдня не присýтствовать; you're ~d мы вас не задéрживаем, мóжете быть свобóдны; to ~ from duty *воен.* освободить от несéния слýжбы 3) служить оправдáнием, извинéнием ◇ ~ me for living! *ирон.* уж и спросить нельзя!

**exeat** ['eksɪæt] *лат.* *n* разрешéние на отлýчку (*в университете или монастыре*)

**execrable** [ˈeksɪkrəbl] *a* отврати́тельный, отта́лкивающий

**execrate** [ˈeksɪkreɪt] *v* 1) ненави́деть; пита́ть отвраще́ние 2) проклина́ть

**execration** [ˌeksɪˈkreɪʃən] *n* 1) прокля́тие 2) омерзе́ние, отвраще́ние 3) предме́т отвраще́ния

**execute** [ˈeksɪkju:t] *v* 1) выполня́ть, осуществля́ть; доводи́ть до конца́ 2) исполня́ть (*музыкальное произведение*) 3) исполня́ть (*распоряжение*) 4) казни́ть 5) выполня́ть (*обязанности, функции*) 6) *юр.* приводи́ть в исполне́ние (*решение суда и т. п.*) 7) *юр.* оформля́ть (*документ*)

**execution** [ˌeksɪˈkju:ʃən] *n* 1) выполне́ние 2) исполне́ние (*музыкального произведения*) 3) мастерство́ исполне́ния 4) казнь 5) *юр.* приведе́ние в исполне́ние (*решения суда и т. п.*) 6) *юр.* выполне́ние форма́льностей; оформле́ние (*документов*); writ of ~ исполни́тельный лист 7) *разг.* уничтоже́ние; опустоше́ние; to make good ~ разгроми́ть; переби́ть (*противника*)

**executioner** [ˌeksɪˈkju:ʃnə] *n* пала́ч

**executive** [ɪgˈzekjutɪv] **1.** *a* исполни́тельный; *амер. тж.* администрати́вный; ~ council *амер.* исполни́тельный сове́т; ~ committee исполни́тельный комите́т; ~ board правле́ние; ~ secretary отве́тственный секрета́рь; управля́ющий дела́ми (*в органах ООН*); ~ agreement *амер.* догово́р, заключа́емый президе́нтом с иностра́нным госуда́рством и не тре́бующий утвержде́ния сена́та; ~ order *амер.* прика́з президе́нта; ~ officer *мор.* строево́й офице́р; *амер.* ста́рший помо́щник команди́ра; ~ session *амер.* закры́тое заседа́ние; to go into ~ session *амер.* удаля́ться на закры́тое заседа́ние, совеща́ние

**2.** *n* 1) (the ~) исполни́тельная власть, исполни́тельный о́рган 2) (E.) *амер.* глава́ исполни́тельной вла́сти; Chief E. президе́нт США 3) *амер.* должностно́е лицо́, руководи́тель, администра́тор (*фирмы, компании*); business ~s представи́тели деловы́х круго́в 4) *амер. воен.* нача́льник шта́ба (ча́сти); помо́щник команди́ра

**executor** [ɪgˈzekjutə] *n* 1) душеприка́зчик 2) *редк.* суде́бный исполни́тель

**executrix** [ɪgˈzekjutrɪks] *n* душеприка́зчица

**exegesis** [ˌeksɪˈdʒi:sɪs] *n* экзеге́за, толкова́ние (*особ. библии*)

**exemplar** [ɪgˈzemplə] *n* 1) образе́ц, приме́р для подража́ния 2) тип 3) экземпля́р

**exemplary** [ɪgˈzemplərɪ] *a* 1) образцо́вый, приме́рный; досто́йный подража́ния 2) типи́чный, типово́й 3) иллюстрати́вный

**exemplification** [ɪgˌzemplɪfɪˈkeɪʃən] *n* 1) поясне́ние приме́ром; иллюстра́ция 2) *юр.* заве́ренная ко́пия

**exemplify** [ɪgˈzemplɪfaɪ] *v* 1) приводи́ть приме́р 2) служи́ть приме́ром 3) снима́ть и заверя́ть ко́пию

**exempt** [ɪgˈzempt] **1.** *a* 1) освобождённый (*от налога, военной службы и т. п.*) 2) свобо́дный (*от недостатков и т. п.*)

**2.** *v* освобожда́ть (*от обязанности, налога*; from)

**exemption** [ɪgˈzempʃən] *n* освобожде́ние (*от налога и т. п.*); ~ from military service освобожде́ние от вое́нной слу́жбы

**exequatur** [ˌeksɪˈkweɪtə] *n дип.* экзекват́ура

**exequies** [ˈeksɪkwɪz] *n pl* по́хороны

**exercise** [ˈeksəsaɪz] **1.** *n* 1) упражне́ние; трениро́вка; five-finger ~s упражне́ния на роя́ле; Latin ~ шко́льный лати́нский перево́д 2) физи́ческая заря́дка; моцио́н; to take ~s де́лать моцио́н; занима́ться спо́ртом 3) осуществле́ние, проявле́ние; the ~ of good will проявле́ние до́брой во́ли 4) *воен.* уче́ние, заня́тие; боева́я подгото́вка 5) *pl амер.* торжества́, пра́здненства: graduation ~s выпускно́й акт (*в колледжах*) 6) *pl* ритуа́л 7) *attr.*: ~ book тетра́дь; ~ yard прогу́лочный плац (*в тюрьме*); ~ ground *воен.* уче́бный плац

**2.** *v* 1) упражня́ть(ся); развива́ть, тренирова́ть 2) *воен.* проводи́ть уче́ние; обуча́ться 3) выполня́ть (*обязанности*) 4) испо́льзовать, осуществля́ть (*права*); по́льзоваться (*правами*) 5) проявля́ть (*способности*); to ~ one's personality вы́разить свою́ индивидуа́льность 6) *pass.* беспоко́иться (over, about); I am ~d about his future меня́ беспоко́ит его́ бу́дущее

**exergue** [ekˈsə:g] *n* ме́сто для на́дписи и на́дпись (*на оборотной стороне монеты, медали*)

**exert** [ɪgˈzə:t] *v* 1) напряга́ть (*силы*); to ~ every effort прилага́ть все уси́лия; to ~ oneself де́лать уси́лия, стара́ться; лезть из ко́жи вон 2) ока́зывать давле́ние; влия́ть; to ~ one's influence оказа́ть влия́ние 3) *тех.* вызыва́ть (напряже́ние)

**exertion** [ɪgˈzə:ʃən] *n* 1) напряже́ние, уси́лие 2) испо́льзование (*авторитета и т. п.*) 3) проявле́ние (*силы воли, терпения*)

**exes** [ˈeksɪz] *n pl сокр. разг.* расхо́ды

**exeunt** [ˈeksɪʌnt] *лат. театр.* «ухо́дят» (*ремарка*)

**exfoliate** [eksˈfəulɪeɪt] *v* лупи́ться, сходи́ть слоя́ми, шелуши́ться; отсла́иваться; рассла́иваться

**exfoliation** [eksˌfəulɪˈeɪʃən] *n* шелуше́ние, отслое́ние, рассло́ение *и пр.* [*см.* exfoliate]

**exhalation** [ˌekshəˈleɪʃən] *n* 1) выдыха́ние 2) испаре́ние 3) пар, тума́н

**exhale** [eksˈheɪl] *v* 1) выдыха́ть; производи́ть вы́дох 2) выделя́ть (*пар и т. п.*); испари́ться, растая́ть в во́здухе, исче́знуть как дым 3) дава́ть вы́ход (*гневу и т. п.*)

**exhaust** [ɪgˈzɔ:st] **1.** *n тех.* 1) выхлопна́я труба́; вы́хлоп, вы́пуск 2) *attr.* выхлопно́й, выпускно́й; ~ steam мя́тый, отрабо́танный пар

**2.** *v* 1) истоща́ть (*человека, силы; запасы и т. п.*); изнуря́ть; to ~ all reserves истощи́ть все резе́рвы; to ~ oneself with work рабо́тать до (по́лного) изнеможе́ния 2) исче́рпывать; to ~ the subject исче́рпать те́му 3) разрежа́ть, выка́чивать, выса́сывать, вытя́гивать (*воздух*); выпуска́ть (*пар*)

**exhausted** [ɪgˈzɔ:stɪd] **1.** *p. p. от* exhaust 2

**2.** *a* 1) истощённый, изнурённый; изму́ченный; обесси́ленный 2) исче́рпанный

**exhauster** [ɪgˈzɔ:stə] *n тех.* 1) вса́сывающий вентиля́тор, эксга́устер 2) пылесо́с 3) аспира́тор

**exhaustible** [ɪgˈzɔ:stəbl] *a* истощи́мый; небезграни́чный

**exhausting** [ɪgˈzɔ:stɪŋ] **1.** *pres. p. от* exhaust 2

**2.** *a* утоми́тельный; изнури́тельный

**exhaustion** [ɪgˈzɔ:stʃən] *n* 1) изнеможе́ние, истоще́ние; to dance oneself to ~ танцева́ть до упа́ду 2) вытя́гивание, выса́сывание; вы́пуск 3) разреже́ние (*воздуха*)

**exhaustive** [ɪgˈzɔ:stɪv] *a* 1) исче́рпывающий 2) истоща́ющий

**exhibit** [ɪgˈzɪbɪt] **1.** *n* 1) экспона́т 2) пока́з, экспони́рование 3) *юр.* веще́ственное доказа́тельство

**2.** *v* 1) пока́зывать; проявля́ть; 2) выставля́ть; экспони́ровать(ся) на вы́ставке 3) *юр.* представля́ть веще́ственное доказа́тельство

**exhibition** [ˌeksɪˈbɪʃən] *n* 1) вы́ставка 2) пока́з, проявле́ние; to make an ~ of oneself а) пока́зывать себя́ с дурно́й стороны́, вызыва́ть осужде́ние; б) де́лать из себя́ посме́шище 3) стипе́ндия 4) *амер.* публи́чный экза́мен 5) представле́ние суду́ (*документов и т. п.*)

**exhibitioner** [ˌeksɪˈbɪʃnə] *n* стипендиа́т

**exhibitionism** [ˌeksɪˈbɪʃnɪzm] *n* 1) *мед.* эксгибициони́зм 2) скло́нность к саморекла́ме, самолюбова́нию

**exhibitionist** [ˌeksɪˈbɪʃnɪst] *n мед.* эксгибициони́ст

**exhibitor** [ɪgˈzɪbɪtə] *n* экспоне́нт

**exhilarate** [ɪgˈzɪləreɪt] *v* развесели́ть; оживля́ть, подбодря́ть

**exhilarated** [ɪgˈzɪləreɪtɪd] **1.** *p. p. от* exhilarate

**2.** *a* 1) весёлый 2) навеселе́, подвы́пивший

**exhilaration** [ɪgˌzɪləˈreɪʃən] *n* 1) весёлость; ра́достное настрое́ние, прия́тное возбужде́ние 2) то, что вызыва́ет хоро́шее, ра́достное настрое́ние, спосо́бствует хоро́шему расположе́нию ду́ха

**exhort** [ɪgˈzɔ:t] *v* 1) увещева́ть, убежда́ть; призыва́ть кого́-л. сде́лать что-л.; заклина́ть 2) предупрежда́ть

3) подде́рживать, защища́ть (*рефо́рму и т. п.*)

**exhortation** [ˌegzɔːˈteɪʃən] *n книжн.* 1) увещева́ние, призы́в 2) про́поведь 3) предупрежде́ние 4) подде́ржка

**exhortative** [ɪgˈzɔːtətɪv] *a* увещева́тельный, нравоучи́тельный

**exhumation** [ˌeks*h*juːˈmeɪʃən] *n* эксгума́ция, выка́пывание тру́па

**exhume** [eksˈhjuːm] *v* 1) эксгуми́ровать 2) выка́пывать из земли́

**exigence, -cy** [ˈeksɪdʒəns, -sɪ] *n книжн.* о́страя необходи́мость, кра́йность

**exigent** [ˈeksɪdʒənt] *a* 1) не те́рпящий отлага́тельства, сро́чный 2) тре́бовательный

**exigible** [ˈeksɪdʒɪbl] *a книжн.* подлежа́щий взыска́нию

**exiguity** [ˌeksɪˈgju(ː)ɪtɪ] *n книжн.* ску́дость, незначи́тельность

**exiguous** [egˈzɪgjuəs] *a книжн.* ску́дный, ма́лый, незначи́тельный

**exile** [ˈeksaɪl] **1.** *n* 1) изгна́ние; ссы́лка; to live in ~ быть *или* жить в изгна́нии; to be sent into ~ быть со́сланным, вы́сланным 2) изгна́нник; ссы́льный

**2.** *v* изгоня́ть; ссыла́ть

**exility** [egˈzɪlɪtɪ] *n* то́нкость; утончённость

**exist** [ɪgˈzɪst] *v* 1) существова́ть; жить 2) находи́ться, быть; lime ~s in many soils и́звесть встреча́ется во мно́гих по́чвах 3) *разг.* влачи́ть жа́лкое существова́ние

**existence** [ɪgˈzɪstəns] *n* 1) существова́ние; жизнь; a wretched ~ жа́лкое существова́ние 2) нали́чие; всё существу́ющее; in ~ существу́ющий в приро́де 3) существо́

**existent** [ɪgˈzɪstənt] *a* существу́ющий; происходя́щий; нали́чный

**existentialism** [ˌegzɪsˈtenʃəlɪzm] *n филос.* экзистенциали́зм

**exit** [ˈeksɪt] **1.** *n* 1) вы́ход; no ~! нет вы́хода! 2) ухо́д (*актёра со сце́ны*) 3) *перен.* исчезнове́ние, смерть 4) *attr.*: ~ visa (*или* permit) выездна́я ви́за

**2.** *v театр.* «ухо́дит» (*рема́рка*)

**ex-libris** [eksˈlaɪbrɪs] *лат. n* экслибрис, кни́жный знак

**exodus** [ˈeksədəs] *n* 1) ма́ссовый отъе́зд (*особ. об эмигрантах*) 2) *библ.* исхо́д евре́ев из Еги́пта 3) (the E.) Исхо́д (*2-я книга Ветхого завета*)

**ex officio** [ˌeksəˈfɪʃɪəu] *лат. a, adv* по до́лжности

**exogamy** [ekˈsɔgəmɪ] *n* экзога́мия

**exonerate** [ɪgˈzɔnəreɪt] *v* 1) снять бре́мя (*вины, долга*) 2) реабилити́ровать; to ~ oneself оправда́ться, доказа́ть свою́ невино́вность

**exoneration** [ɪgˌzɔnəˈreɪʃən] *n* оправда́ние, реабилита́ция

**exonerative** [ɪgˈzɔnərətɪv] *a* снима́ющий бре́мя (*вины, долга*); реабилити́рующий

**exorbitance, -cy** [ɪgˈzɔːbɪtəns, -sɪ] *n* непоме́рность, чрезме́рность

**exorbitant** [ɪgˈzɔːbɪtənt] *a* чрезме́рный, непоме́рный

**exorcism** [ˈeksɔːsɪzm] *n* заклина́ние, изгна́ние нечи́стой си́лы

**exorcize** [ˈeksɔːsaɪz] *v* заклина́ть, изгоня́ть злых ду́хов

**exordia** [ekˈsɔːdjə] *pl от* exordium

**exordial** [ekˈsɔːdjəl] *a* вступи́тельный, вво́дный

**exordium** [ekˈsɔːdjəm] *n* (*pl* -dia, -diums [-djəmz]) *книжн.* вступле́ние, введе́ние (*в речи, трактате*)

**exoteric** [ˌeksəuˈterɪk] *a книжн.* экзотери́ческий, общедосту́пный; поня́тный непосвящённым

**exothermal** [ˌeksəuˈθəːməl] = exothermic

**exothermic** [ˌeksəuˈθəːmɪk] *a физ.* экзотерми́ческий

**exotic** [egˈzɔtɪk] **1.** *a* экзоти́ческий; инозе́мный

**2.** *n* 1) экзоти́ческое расте́ние 2) иностра́нное сло́во (*в языке*)

**expand** [ɪksˈpænd] *v* 1) расширя́ть (-ся); увели́чивать(ся) в объёме; растя́гивать(ся) 2) расправля́ть (*крылья*); раски́дывать (*ветви*) 3) развива́ть(ся) (into) 4) излага́ть подро́бно; распространя́ться 5) *бот.* распуска́ться, расцвета́ть 6) *мат.* раскрыва́ть (*формулу*) 7) станови́ться бо́лее общи́тельным, открове́нным

**expanse** [ɪksˈpæns] *n* 1) (широ́кое) простра́нство; протяже́ние; an ~ of lake (of field) гладь о́зера (просто́р по́ля) 2) экспа́нсия, расшире́ние

**expansibility** [ɪksˌpænsəˈbɪlɪtɪ] *n* растяжи́мость

**expansible** [ɪksˈpænsəbl] *a* растяжи́мый

**expansion** [ɪksˈpænʃən] *n* 1) расшире́ние; растяже́ние; распростране́ние 2) экспа́нсия 3) простра́нство, протяже́ние 4) *мат.* раскры́тие (*формулы*) 5) *тех.* раска́тка, развальцо́вка

**expansionism** [ɪksˈpænʃənɪzm] *n* экспансиони́зм, поли́тика захва́та чужи́х террито́рий и ры́нков сбы́та

**expansive** [ɪksˈpænsɪv] *a* 1) спосо́бный расширя́ться; расшири́тельный 2) обши́рный 3) экспанси́вный; открове́нный; откры́тый (*о характере*); an ~ smile располага́ющая улы́бка

**expansivity** [ˌekspænˈsɪvɪtɪ] *n* экспанси́вность

**expatiate** [eksˈpeɪʃɪeɪt] *v* распространя́ться, разглаго́льствовать (*на какую-л. тему* — upon)

**expatriate** [eksˈpætrɪeɪt] **1.** *n* эмигра́нт; изгна́нник

**2.** *v* 1) изгоня́ть из оте́чества; экспатрии́ровать 2) *refl.* эмигри́ровать; отка́зываться от гражда́нства

**expatriation** [eksˌpætrɪˈeɪʃən] *n* 1) изгна́ние из оте́чества; экспатриа́ция 2) эмигра́ция

**expect** [ɪksˈpekt] *v* 1) ждать, ожида́ть 2) рассчи́тывать, наде́яться 3) *разг.* предполага́ть, полага́ть, ду́мать 4): to be ~ing *эвф.* ожида́ть ребёнка, быть в положе́нии

**expectance, -cy** [ɪksˈpektəns, -sɪ] *n* 1) ожида́ние 2) предвкуше́ние; наде́жда, упова́ние 3) вероя́тность

**expectant** [ɪksˈpektənt] **1.** *n* кандида́т, претенде́нт

**2.** *a* 1) ожида́ющий (of) 2) выжида́тельный; ~ policy выжида́тельная поли́тика; ~ treatment *мед.* выжида́тельная терапи́я; симптомати́ческое лече́ние 3) рассчи́тывающий (*на получение чего-л.*) 4) *эвф.* бере́менная; ~ mother же́нщина, гото́вящаяся стать ма́терью

**expectation** [ˌekspekˈteɪʃən] *n* 1) ожида́ние 2) наде́жда, предвкуше́ние; *pl* ви́ды на бу́дущее, на насле́дство; beyond (contrary to) ~ сверх (про́тив) ожида́ния 3) вероя́тность; ~ of life предполага́емая сре́дняя продолжи́тельность жи́зни

**expectorant** [eksˈpektərənt] *n мед.* отха́ркивающее сре́дство

**expectorate** [eksˈpektəreɪt] *v* отха́ркивать, отка́шливать, плева́ть

**expectoration** [eksˌpektəˈreɪʃən] *n* 1) отха́ркивание *и пр.* [*см.* expectorate] 2) вы́деленная мокро́та

**expedience, -cy** [ɪksˈpiːdjəns, -sɪ] *n* целесообра́зность; вы́годность

**expedient** [ɪksˈpiːdjənt] **1.** *a* подходя́щий, надлежа́щий, целесообра́зный, соотве́тствующий (*обстоятельствам*); вы́годный

**2.** *n* сре́дство для достиже́ния це́ли; приём, уло́вка; to go to every ~ пойти́ на всё

**expedite** [ˈekspɪdaɪt] **1.** *a* 1) бы́стрый; незатруднённый 2) удо́бный

**2.** *v* 1) ускоря́ть; бы́стро выполня́ть 2) устраня́ть препя́тствия; облегча́ть, упроща́ть; to ~ matters упрости́ть де́ло 3) бы́стро отправля́ть

**expediter** [ˈekspɪdaɪtə] *n* 1) диспе́тчер 2) аге́нт, кото́рому пору́чено продвиже́ние выполне́ния зака́зов *и т. п.*; ≅ толка́ч

**expedition** [ˌekspɪˈdɪʃən] *n* 1) экспеди́ция 2) быстрота́; поспе́шность; with ~ сро́чно, незамедли́тельно

**expeditionary** [ˌekspɪˈdɪʃənərɪ] *a* экспедицио́нный; ~ force экспедицио́нные войска́

**expeditious** [ˌekspɪˈdɪʃəs] *a* бы́стрый, ско́рый

**expel** [ɪksˈpel] *v* 1) выгоня́ть, исключа́ть; удаля́ть 2) выбра́сывать, выта́лкивать 3) изгоня́ть, высыла́ть (*из страны*)

**expellee** [ˌɪkspeˈliː] *n* изгна́нник

**expend** [ɪksˈpend] *v* тра́тить (on), расхо́довать

**expendable** [ɪksˈpendəbl] *a* 1) потребля́емый, расхо́дуемый 2) невозврати́мый

**expendables** [ɪksˈpendəblz] *n pl воен.* расхо́дуемые предме́ты снабже́ния

**expenditure** [ɪksˈpendɪtʃə] *n* 1) тра́та, расхо́д 2) потребле́ние

**expense** [ɪksˈpens] *n* 1) тра́та, расхо́д; heavy ~s больши́е расхо́ды; to cut down ~s сократи́ть расхо́ды; to go to ~ тратиться; to put smb. to ~ вводить кого-л. в расход, заставить раскошелиться 2) статья расхода 3) цена; at the ~ of one's life ценой жизни; to profit at the ~ of another получить выгоду за счёт другого; to laugh at smb.'s ~ смеяться над кем-л., выставлять кого-л. на посмешище

**expensive** [ɪks'pensɪv] *a* дорогой, дорогостоящий

**experience** [ɪks'pɪərɪəns] **1.** *n* 1) (жизненный) опыт; to know smth. by (*или* from) ~ знать что-л. по опыту; to learn by ~ познать что-л. на (горьком) опыте 2) переживание 3) случай; an unpleasant ~ неприятный случай 4) *pl* (по)знания 5) стаж, опыт работы 6) квалификация, мастерство

**2.** *v* испытывать, знать по опыту; to ~ bitterness of smth. познать горечь чего-л.

**experienced** [ɪks'pɪərɪənst] **1.** *p. p. от* experience 2

**2.** *a* опытный, знающий

**experiential** [eks,pɪərɪ'enʃəl] *a филос.* основанный на опыте; эмпирический

**experiment 1.** *n* [ɪks'perɪmənt] опыт, эксперимент

**2.** *v* [ɪks'perɪment] производить опыты, экспериментировать (on, with)

**experimental** [eks,perɪ'mentl] *a* 1) экспериментальный, основанный на опыте 2) пробный 3) подопытный

**experimentalize** [eks,perɪ'mentəlaɪz] *v* производить опыты, экспериментировать

**experimentally** [eks,perɪ'mentəlɪ] *adv* опытным путём, в порядке опыта

**experimentation** [eks,perɪmen'teɪʃən] *n* экспериментирование

**experimenter** [ɪks'perɪmentə] *n* экспериментатор, опытник

**expert** ['ekspə:t] **1.** *n* 1) знаток, эксперт; специалист 2) *attr.*: ~ evidence мнение, показание специалистов

**2.** *a* опытный, искусный (at, in — в); квалифицированный

**expertise** [,ekspə:'ti:z] *фр. n* 1) знания и опыт (*в данной специальности*); компетенция, знание дела 2) экспертиза

**expiate** ['ekspɪeɪt] *v книжн.* искупать (*вину*)

**expiation** [,ekspɪ'eɪʃən] *n книжн.* искупление

**expiatory** ['ekspɪətərɪ] *a* искупительный

**expiration** [,ekspaɪə'reɪʃən] *n* 1) выдыхание; выдох 2) окончание, истечение (*срока*)

**expiratory** [ɪks'paɪərətərɪ] *a* 1) выдыхательный 2) *фон.* экспираторный

**expire** [ɪks'paɪə] *v* 1) выдыхать 2) кончаться, истекать (*о сроке*); терять силу (*о законе и т. п.*) 3) умирать; угасать

**expiry** [ɪks'paɪərɪ] *n* окончание, истечение срока

**explain** [ɪks'pleɪn] *v* 1) объяснять; толковать (*значение*) 2) оправдывать, объяснять (*поведение*); to ~ oneself объясниться; представить объяснения (в своё оправдание) □ ~ **away** оправдываться

**explainable** [ɪks'pleɪnəbl] *a* объяснимый; поддающийся толкованию

**explanation** [,eksplə'neɪʃən] *n* 1) объяснение, разъяснение 2) толкование 3) оправдание

**explanatory** [ɪks'plænətərɪ] *a* объяснительный; толковый (*о словаре*)

**expletive** [eks'pli:tɪv] **1.** *a* 1) служащий для заполнения пустого места; дополнительный, вставной 2) бранный

**2.** *n* 1) вставное слово 2) присловье *или* бранное выражение

**explicable** ['eksplɪkəbl] *a* объяснимый

**explicate** ['eksplɪkeɪt] *v* объяснять, развивать (*идею*); излагать (*план*)

**explication** [,eksplɪ'keɪʃən] *n* 1) объяснение; толкование 2) развёртывание (*лепестков*) 3) *театр.* экспликация, план постановки (*пьесы*)

**explicative** [eks'plɪkətɪv] *a* объяснительный

**explicatory** [eks'plɪkətərɪ] = explicative

**explicit** [ɪks'plɪsɪt] *a* 1) ясный, подробный, высказанный до конца; явный; точный, определённый; he is quite ~ on the point он совершенно точно формулирует своё мнение по этому вопросу 2) *мат.* явный; ~ function явная функция

**explode** [ɪks'pləud] *v* 1) взрывать(-ся) 2) разбивать, подрывать (*теорию и т. п.*) 3) разражаться (*гневом и т. п.*); to ~ with laughter разразиться громким смехом 4) распускаться (*о цветах*)

**exploded** [ɪks'pləudɪd] **1.** *p. p. от* explode

**2.** *a*: ~ custom упразднённый обычай

**exploder** [ɪks'pləudə] *n* взрыватель; детонатор

**exploit I** ['eksplɔɪt] *n* подвиг

**exploit II** [ɪks'plɔɪt] *v* 1) эксплуатировать 2) разрабатывать (*копи*) 3) *воен.*: to ~ success развивать успех

**exploitation** [,eksplɔɪ'teɪʃən] *n* 1) эксплуатация 2) *горн.* разработка месторождения

**exploiter** [ɪks'plɔɪtə] *n* эксплуататор

**exploration** [,eksplɔ:'reɪʃən] *n* 1) исследование 2) *воен. уст.* дальняя разведка

**explorative** [eks'plɔ:rətɪv] = exploratory

**exploratory** [eks'plɔ:rətərɪ] *a* исследующий; исследовательский

**explore** [ɪks'plɔ:] *v* 1) исследовать; обследовать; изучать 2) выяснять, разведывать 3) исследовать, зондировать (*рану*) 4) *горн., геол.* разведывать

**explorer** [ɪks'plɔ:rə] *n* 1) исследователь; геологоразведчик 2) *мед.* зонд

**explosion** [ɪks'pləuʒən] *n* 1) взрыв 2) вспышка (*гнева и т. п.*) 3) *attr.*: ~ engine *тех.* двигатель внутреннего сгорания; ~ stroke рабочий такт (*двигателя внутреннего сгорания*)

**explosive** [ɪks'pləusɪv] **1.** *a* взрывчатый; ~ bomb фугасная бомба; ~ bullet разрывная пуля 2) вспыльчивый 3) *фон.* взрывной

**2.** *n* 1) взрывчатое вещество 2) *фон.* взрывной согласный

**exponent** [eks'pəunənt] **1.** *n* 1) истолкователь 2) представитель (*теории, направления и т. п.*) 3) исполнитель (*музыкального произведения и т. п.*) 4) образец, тип 5) экспонент; лицо *или* организация, принимающие участие в выставке 6) *мат.* экспонент, показатель степени

**2.** *a* объяснительный

**exponential** [,ekspəu'nenʃəl] *a мат.* экспоненциальный, показательный

**export 1.** *n* ['ekspɔ:t] 1) экспорт, вывоз 2) предмет вывоза 3) (*обыкн. pl*) общее количество, общая сумма вывоза 4) *attr.* экспортный, вывозной; ~ duty экспортная пошлина

**2.** *v* [eks'pɔ:t] экспортировать, вывозить (*товары*)

**exportation** [,ekspɔ:'teɪʃən] *a* вывоз, экспортирование

**exporter** [eks'pɔ:tə] *n* экспортёр

**expose** [ɪks'pəuz] *v* 1) выставлять, подвергать действию (*солнца, ветра и т. п.*); оставлять незащищённым; a house ~d to the south дом, обращённый на юг 2) подвергать (*опасности, риску и т. п.*); бросать на произвол судьбы; to ~ to difficulties ставить в затруднительное положение; to ~ a child оставить ребёнка на произвол судьбы, подкинуть ребёнка 3) выставлять (*напоказ, на продажу*) 4) раскрывать (*секрет*) 5) разоблачать 6) *фото* делать выдержку

**exposé** [eks'pəuzeɪ] *фр. n* публичное разоблачение

**exposition** [,ekspəu'zɪʃən] *n* 1) описание, изложение; толкование 2) выставка, показ, экспозиция 3) *фото* выдержка, экспозиция 4) *лит., муз.* экспозиция

**expositive** [eks'pɔzɪtɪv] *a* описательный; объяснительный

**expositor** [eks'pɔzɪtə] *n* толкователь; комментатор

**expository** [eks'pɔzɪtərɪ] *a* объяснительный

**expostulate** [ɪks'pɔstjuleɪt] *v* 1) дружески пенять; увещевать (with — *кого-л.*; about, for, on — в *чём-л.*) 2) спорить 3) протестовать

**expostulation** [ɪks,pɔstju'leɪʃən] *n* увещевание, попытка разубедить

**exposure** [ɪks'pəuʒə] *n* 1) выставление (*на солнце, под дождь и т. п.*) 2) подвергание (*риску, опасности и т. п.*) 3) оставление (*ребёнка*) на произвол судьбы 4) разоблачение 5) выставка (*гл. обр. товаров*) 6) местоположение, вид; the room has a southern ~ комната выходит на юг

7) *фото* экспози́ция 8) *геол.* обнаже́ние *или* вы́ход пласто́в 9) метеорологи́ческая сво́дка 10) *attr.*: ~ hazards риск, свя́занный с возде́йствием вне́шних фа́кторов (*облучением и т. п.*); ~ meter *фото* экспоно́метр

**expound** [ɪks'paund] *v* 1) излага́ть 2) разъясня́ть, толкова́ть

**express** [ɪks'pres] **1.** *n* 1) *ж.-д.* экспре́сс 2) сро́чное (почто́вое) отправле́ние 3) *амер.* пересы́лка де́нег, багажа́, това́ров *и т. п.* с на́рочным *или* че́рез посре́дство тра́нспортной конто́ры 4) *амер.* ча́стная тра́нспортная конто́ра (*тж.* ~ company)

**2.** *a* 1) определённый, то́чно вы́раженный; ~ desire насто́йчивое жела́ние; настоя́тельная про́сьба; the ~ image of his person его́ то́чная ко́пия 2) специа́льный, нарочи́тый 3) сро́чный; курье́рский; ~ train курье́рский по́езд, экспре́сс; ~ delivery сро́чная доста́вка; ~ bullet облегчённая пу́ля с повы́шенной ско́ростью; ~ rifle винто́вка с повы́шенной нача́льной ско́ростью пу́ли

**3.** *adv* 1) спе́шно, о́чень бы́стро; с на́рочным 2): to travel ~ е́хать экспре́ссом

**4.** *v* 1) выража́ть (пря́мо, я́сно); to be unable to ~ oneself не уме́ть вы́сказаться, вы́разить свои́ мы́сли; the agreement is ~ed so as... соглаше́ние предусма́тривает... 2) выжима́ть (from, out of) 3) отправля́ть сро́чной по́чтой *или* с на́рочным (*письмо, посылку*) 4) *амер.* отправля́ть че́рез посре́дство тра́нспортной конто́ры (*багаж и т. п.*) 5) е́хать экспре́ссом

**expressible** [ɪks'presəbl] *a* вырази́мый

**expression** [ɪks'preʃən] *n* 1) выраже́ние; beyond ~ невырази́мо; to give ~ to one's feelings выража́ть свои́ чу́вства, дава́ть вы́ход свои́м чу́вствам 2) выраже́ние (*лица, глаз и т. п.*) 3) выраже́ние, оборо́т ре́чи 4) вырази́тельность, экспре́ссия 5) выжима́ние (*сока, масла и т. п.*)

**expressionism** [ɪks'preʃnɪzm] *n иск.* экспрессиони́зм

**expressive** [ɪks'presɪv] *a* 1) вырази́тельный; многозначи́тельный; ~ glance многозначи́тельный взгляд 2) выража́ющий; ~ of joy (despair) выража́ющий ра́дость (отча́яние)

**expressly** [ɪks'preslɪ] *adv* 1) нарочи́то; специа́льно 2) то́чно, я́сно

**expressman** [ɪks'presmæn] *n амер.* аге́нт тра́нспортной конто́ры

**express way** [ɪks'pres'weɪ] *n* автостра́да; автомагистра́ль с сквозны́м движе́нием

**expropriate** [eks'prəuprɪeɪt] *v* 1) экспроприи́ровать 2) отчужда́ть, лиша́ть

**expropriation** [eks,prəuprɪ'eɪʃən] *n* 1) экспроприа́ция 2) отчужде́ние: конфиска́ция иму́щества

**expulsion** [ɪks'pʌlʃən] *n* 1) изгна́ние; исключе́ние (*из школы, клуба*) 2) *тех.* вы́хлоп, вы́пуск; проду́вка

**expulsive** [ɪks'pʌlsɪv] *a* изгоня́ющий

**expunge** [eks'pʌndʒ] *v* вычёркивать (*из списка, из книги*)

**expurgate** ['ekspə:geɪt] *v* вычёркивать нежела́тельные места́ (*в книге*)

**expurgation** [,ekspə:'geɪʃən] *n* вычёркивание (*нежелательных мест в книге*)

**exquisite** ['ekskwɪzɪt] **1.** *n* фат, щёголь, де́нди

**2.** *a* 1) изы́сканный, утончённый 2) соверше́нный, зако́нченный 3) о́стрый (*об ощущении*)

**exsanguinate** [ek'sæŋgwɪneɪt] *v* обескро́вить

**exsanguine** [ek'sæŋgwɪn] *a* бескро́вный, анеми́чный

**exscind** [ek'sɪnd] *v* выреза́ть, отсека́ть

**ex-service** ['eks'sə:vɪs] *a* демобилизо́ванный, отставно́й

**ex-serviceman** ['eks'sə:vɪsmən] *n* демобилизо́ванный *или* отставно́й вое́нный; ветера́н войны́, бы́вший фронтови́к

**exsiccate** ['eksɪkeɪt] *v* 1) высу́шивать 2) иссыха́ть

**exsiccation** [,eksɪ'keɪʃən] *n* высу́шивание

**extant** [eks'tænt] *a* сохрани́вшийся, существу́ющий в настоя́щее вре́мя, нали́чный

**extemporaneous** [eks,tempə'reɪnjəs] *a* 1) импровизи́рованный, неподгото́вленный 2) случа́йный, незаплани́рованный; спонта́нный

**extemporary** [ɪks'tempərərɪ] = extempore 1

**extempore** [eks'tempərɪ] **1.** *a* неподгото́вленный, импровизи́рованный

**2.** *adv* без подгото́вки, экспро́мтом

**extemporization** [eks,tempəraɪ'zeɪʃən] *n* импровиза́ция; экспро́мт

**extemporize** [ɪks'tempəraɪz] *v* импровизи́ровать

**extend** [ɪks'tend] *v* 1) простира́ть (-ся); тяну́ть(ся) 2) протя́гивать; to ~ one's hand for a handshake протяну́ть ру́ку для рукопожа́тия 3) вытя́гивать; натя́гивать (*проволоку между столбами и т. п.*) 4) расширя́ть (*дом и т. п.*); продолжа́ть (*дорогу и т. п.*); удлиня́ть, продли́ть, оттяну́ть (*срок*) 5) распространя́ть (*влияние*) 6) ока́зывать (*покровительство, внимание* — to); to ~ sympathy and kindness to smb. прояви́ть симпа́тию и внима́ние к кому́-л. 7) увели́чивать вы́ход проду́кта доба́вками, приме́сями (*обыкн. ухудшающими качество*) 8) *воен.* рассыпа́ть(ся) це́пью 9) (*обыкн. pass.*) *спорт.* напряга́ть си́лы

**extended** [ɪks'tendɪd] **1.** *p. p. от* extend

**2.** *a* 1) протя́нутый 2) дли́тельный; обши́рный 3) продо́лженный; ~ payment продлённый срок упла́ты 4) протяжённый; ~ order *воен.* расчленённый строй 5) *грам.* распространённый; simple ~ sentence просто́е распространённое предложе́ние

**extender** [ɪks'tendə] *n тех.* наполни́тель (*пластмассы и т. п.*)

**extensibility** [ɪks,tensə'bɪlɪtɪ] *n* растяжи́мость

**extensible** [ɪks'tensəbl] *a* растяжи́мый

**extensile** [eks'tensaɪl] *a* растяжи́мый

**extension** [ɪks'tenʃən] *n* 1) вытя́гивание 2) протяже́ние; протяжённость 3) расшире́ние, распростране́ние; удлине́ние; продолже́ние, разви́тие; to put an ~ to one's house сде́лать пристро́йку к до́му; the son was an ~ of his father сын был весь в отца́ 4) отсро́чка; продле́ние 5) *ж.-д.* ве́тка 6) *мед.* выпрямле́ние; вытяже́ние 7) *тех.* наста́вка, удлини́тель 8) дополни́тельный телефо́н (*с тем же номером*); отводна́я тру́бка; доба́вочный но́мер (*в коммутаторе*) 9) *воен.* размыка́ние (*строя*) 10) *attr.*: ~ table раздвижно́й стол; ~ apparatus *мед.* приспособле́ние (*в ортопедии*) для вытяже́ния ◊ University E. популя́рные ле́кции; зао́чные ку́рсы; практи́ческие заня́тия, организу́емые университе́том для лиц, не явля́ющихся студе́нтами

**extensive** [ɪks'tensɪv] *a* 1) обши́рный, простра́нный; ~ discussion широ́кое обсужде́ние 2) далеко́ иду́щий; ~ plans широ́кие пла́ны 3) *с.-х.* экстенси́вный

**extensively** [ɪks'tensɪvlɪ] *adv* 1) широко́ 2) простра́нно 3) во все сто́роны; to travel ~ мно́го путеше́ствовать; е́здить по ра́зным стра́нам

**extensor** [ɪks'tensə] *n анат.* разгиба́ющая мы́шца, разгиба́тель

**extent** [ɪks'tent] *n* 1) протяже́ние, простра́нство 2) сте́пень, ме́ра; to what ~? до како́й сте́пени, ско́лько?; to a great ~ в значи́тельной сте́пени; to the full ~ of one's power в по́лную си́лу; to such an ~ до тако́й сте́пени; to exert oneself to the utmost ~ стара́ться изо всех сил

**extenuate** [eks'tenjueɪt] *v* 1) ослабля́ть 2) стара́ться найти́ извине́ние; смягча́ть (*вину*) 3) служи́ть оправда́нием, извине́нием; nothing can ~ his wrong-doing его́ посту́пку нет оправда́ния

**extenuation** [eks,tenju'eɪʃən] *n* 1) изнуре́ние, истоще́ние; ослабле́ние 2) извине́ние, части́чное оправда́ние

**extenuatory** [eks'tenjuətərɪ] *a* смягча́ющий (*вину*); ослабля́ющий (*боль*)

**exterior** [eks'tɪərɪə] **1.** *n* 1) вне́шность, нару́жность; вне́шняя, нару́жная сторона́ 2) экстерье́р (*животного*) 3) *жив.* откры́тый пейза́ж 4) *кино* нату́ра; съёмка на нату́ре

**2.** *a* 1) вне́шний, нару́жный; ~ angle вне́шний у́гол 2) иностра́нный, зарубе́жный 3) посторо́нний; without ~ help без посторо́нней по́мощи

**exteriority** [eks,tɪərɪ'ɔrɪtɪ] *n* вне́шняя сторона́; положе́ние вне чего́-л.

**exteriorize** [eks'tɪərɪəraɪz] = externalize

**exterminate** [ɪks'tə:mɪneɪt] *v* искореня́ть; истребля́ть

**extermination** [ɪks,tə:mɪ'neɪʃən] *n* уничтоже́ние, истребле́ние; искорене́ние

**exterminator** [ɪks'tə:mɪneɪtə] *n* 1) истреби́тель, искорени́тель 2) истребля́ющее сре́дство

**exterminatory** [ɪks'tə:mɪnətərɪ] *a* истребля́ющий, истреби́тельный

**external** [eks'tə:nl] **1.** *a* 1) нару́жный, вне́шний; for ~ use only то́лько для нару́жного употребле́ния; ~ ear *анат.* нару́жное у́хо 2) находя́щийся, лежа́щий вне, за преде́лами (*чего-л.*); ~ force вне́шняя си́ла; ~ reality объекти́вное существова́ние ми́ра вне нас; ~ evidence объекти́вные показа́ния *или* да́нные; ~ world вне́шний мир, мир вне нас 3) (чи́сто) вне́шний, несуще́ственный; ~ circumstances обстоя́тельства, не име́ющие суще́ственного значе́ния 4) иностра́нный, вне́шний (*о политике, торговле*)

**2.** *n pl* 1) вне́шность; вне́шнее, несуще́ственное; to judge by ~s суди́ть по вне́шности 2) вне́шние обстоя́тельства

**externality** [,ekstə:'nælɪtɪ] *n* вне́шность

**externalize** [eks'tə:nəlaɪz] *v* 1) воплоща́ть, придава́ть материа́льную фо́рму; облека́ть в конкре́тную фо́рму 2) ви́деть причи́ну во вне́шних обстоя́тельствах; to ~ one's failure приписа́ть неуда́чу де́йствию вне́шних фа́кторов

**exterritorial** ['eks,terɪ'tɔ:rɪəl] *a* экстерриториа́льный

**exterritoriality** ['eks,terɪtɔ:rɪ'ælɪtɪ] *n* экстерриториа́льность

**extinct** [ɪks'tɪŋkt] *a* 1) поту́хший; ~ volcano поту́хший вулка́н 2) уга́сший (*о чувствах, жизни и т. п.*) 3) вы́мерший 4) не име́ющий продолжа́теля ро́да, насле́дника (*дворянского титула и т. п.*) 5) вы́шедший из употребле́ния (*о слове, обычае и т. п.*)

**extinction** [ɪks'tɪŋkʃən] *n* 1) туше́ние 2) угаса́ние, потуха́ние 3) гаше́ние (*извести*) 4) вымира́ние (*рода*) 5) прекраще́ние (*вражды*) 6) *юр.* погаше́ние (*долга*)

**extinguish** [ɪks'tɪŋgwɪʃ] *v* 1) гаси́ть, туши́ть 2) затмева́ть 3) уничтожа́ть, убива́ть (*надежду, любовь, жизнь*) 4) *юр.* выпла́чивать, погаша́ть; аннули́ровать

**extinguisher** [ɪks'tɪŋgwɪʃə] *n* гаси́тель; огнетуши́тель

**extirpate** ['ekstə:peɪt] *v* 1) искореня́ть, вырыва́ть с ко́рнем; истребля́ть 2) *мед.* удаля́ть; вылу́щивать

**extirpation** [,ekstə:'peɪʃən] *n* 1) искорене́ние, истребле́ние 2) *мед.* удале́ние; вылуще́ние, экстирпа́ция

**extirpator** ['ekstə:peɪtə] *n* 1) искорени́тель 2) *с.-х.* экстирпа́тор, культива́тор

**extol** [ɪks'təul] *v* превозноси́ть

**extort** [ɪks'tɔ:t] *v* вымога́ть (*деньги*); выпы́тывать (*тайну и т. п.*)

**extortion** [ɪks'tɔ:ʃən] *n* 1) вымога́тельство 2) назначе́ние грабительских цен

**extortionate** [ɪks'tɔ:ʃnɪt] *a* 1) вымога́тельский 2) граби́тельский (*о ценах*)

**extortioner** [ɪks'tɔ:ʃnə] *n* вымога́тель, граби́тель

**extra** ['ekstrə] **1.** *n* 1) что-л. дополни́тельное; сверх програ́ммы; припла́та; service, fire and light are ~s за услу́ги, отопле́ние и освеще́ние осо́бая пла́та 2) вы́сший сорт 3) э́кстренный вы́пуск (*газеты*) 4) *театр., кино* стати́ст 5) *pl* накладны́е расхо́ды

**2.** *a* 1) доба́вочный, дополни́тельный; ~ duty дополни́тельные обя́занности 2) ли́шний, изли́шний; she has nothing ~ around her waist у неё безукори́зненная та́лия; ≅ ничего́ ли́шнего 3) вы́сшего ка́чества

**3.** *adv* 1) осо́бо, осо́бенно 2) дополни́тельно; charged ~ опла́чиваемый дополни́тельно

**extra-** ['ekstrə-] *pref* сверх-, особо-, вне-, экстра-; extraordinary необы́чный, чрезвыча́йный; extra-territorial экстерриториа́льный

**extracellular** ['ekstrə'seljulə] *a* *биол.* внекле́точный

**extract 1.** *n* ['ekstrækt] 1) *хим.* экстра́кт 2) вы́держка, извлече́ние (*из книги*)

**2.** *v* [ɪks'trækt[ 1) выта́скивать, удаля́ть (*зуб*); извлека́ть (*пулю*); выжима́ть (*сок*) 2) вырыва́ть (*согласие и т. п.*); извлека́ть (*выгоду, удовольствие и т. п.*); to ~ information вы́удить све́дения 3) получа́ть экстра́кт 4) *мат.* извлека́ть (*корень*) 5) выбира́ть (*примеры, цитаты*); де́лать вы́держки

**extraction** [ɪks'trækʃən] *n* 1) извлече́ние; добыва́ние; экстра́кция 2) происхожде́ние; of Indian ~ инди́ец по происхожде́нию 3) экстра́кт, эссе́нция

**extractive** [ɪks'træktɪv] **1.** *a* 1) извлека́емый, добыва́емый 2) добыва́ющий; ~ industries добыва́ющие о́трасли промы́шленности 3) экстракти́вный

**2.** *n* экстра́кт

**extractor** [ɪks'træktə] *n* 1) извлека́ющее устро́йство; экстра́ктор 2) *мед.* щипцы́ 3) выбра́сыватель (*в оружии*)

**extraditable** ['ekstrədaɪtəbl] *a* 1) подлежа́щий вы́даче (*о преступнике*) 2) обусло́вливающий вы́дачу (*преступника*)

**extradite** ['ekstrədaɪt] *v* выдава́ть (*преступника другому государству*)

**extradition** [,ekstrə'dɪʃən] *n* вы́дача (*преступника другому государству*), экстради́ция

**extra-judicial** ['ekstrədʒu(:)'dɪʃəl] *a* *юр.* не относя́щийся к рассма́триваемому де́лу; неофициа́льный; сде́ланный вне заседа́ния суда́ (*о заявлении сторон*)

**extramarital** ['ekstrə'mærɪtl] *a* внебра́чный; добра́чный; ~ affair связь на стороне́ (*женатого или замужней*)

**extra-mundane** ['ekstrə'mʌndeɪn] *a* потусторо́нний

**extra-mural** ['ekstrə'mjuərəl] *a* 1): ~ interment погребе́ние вне городски́х стен 2) зао́чный *или* вече́рний; ~ courses ку́рсы зао́чного обуче́ния; ци́клы университе́тских ле́кций и заня́тий для лиц, не явля́ющихся студе́нтами

**extraneous** [eks'treɪnjəs] *a* вне́шний, поступа́ющий извне́; чу́ждый, посторо́нний; ~ body иноро́дное те́ло

**extra-official** ['ekstrəə'fɪʃəl] *a* не входя́щий в круг обы́чных обя́занностей

**extraordinarily** [ɪks'trɔ:dnrɪlɪ] *adv* соверше́нно необы́чно, необыча́йным о́бразом

**extraordinary** [ɪks'trɔ:dnrɪ] *a* 1) необыча́йный; выдаю́щийся, незауря́дный 2) чрезвыча́йный; экстраордина́рный; ~ measures чрезвыча́йные ме́ры 3) необы́чный, стра́нный; удиви́тельный 4) [,ekstrə'ɔ:dnrɪ] *дип.* чрезвыча́йный (*посланник и т. п.*)

**extrapolation** [eks,træpəu'leɪʃən] *n* *мат.* экстраполя́ция

**extrasensory** ['ekstrə'sensərɪ] *a* *филос.* непознава́емый чу́вствами

**extra-territorial** ['ekstrə,terɪ'tɔ:rɪəl] = exterritorial

**extravagance, -cy** [ɪks'trævɪgəns, -sɪ] *n* 1) расточи́тельность 2) сумасбро́дство; блажь; причу́ды 3) преувеличе́ние, кра́йность; несде́ржанность

**extravagant** [ɪks'trævɪgənt] *a* 1) расточи́тельный 2) сумасбро́дный, неле́пый; экстрава́гантный (*о внешности, поступке*) 3) непоме́рный (*о требованиях, цене*) 4) кра́йний (*о взглядах, мнении*) 5) *уст.* блужда́ющий

**extravaganza** [eks,trævə'gænzə] *n* 1) фантасти́ческая пье́са; буффона́да; фее́рия 2) неле́пая вы́ходка; несде́ржанная речь

**extravasation** [eks,trævə'seɪʃən] *n* *мед.* 1) кровоизлия́ние 2) кровоподтёк, синя́к

**extravehicular** ['ekstrəvɪ'hɪkjulə] *a* свя́занный с вы́ходом космона́вта из косми́ческого корабля́ в ко́смос; ~ period вре́мя пребыва́ния вне косми́ческого корабля́; ~ activity рабо́та вне косми́ческого корабля́

**extreme** [ɪks'tri:m] **1.** *n* 1) кра́йняя сте́пень, кра́йность; to run to an ~ впада́ть в кра́йность; to go to ~s идти́ на кра́йние ме́ры; in the ~ в вы́сшей сте́пени; ~s meet кра́йности схо́дятся 2) *pl* *мат.* кра́йние чле́ны (*пропорции*)

**2.** *a* 1) кра́йний; ~ old age глубо́кая ста́рость; ~ views кра́йние, экстреми́стские взгля́ды; ~ youth ра́нняя мо́лодость; the ~ penalty (of the law) *юр.* вы́сшая ме́ра наказа́ния; ~ reform радика́льная рефо́рма 2) чрезвыча́йный 3) после́дний; in one's ~ moments пе́ред сме́ртью

**extremely** [ɪks'tri:mlɪ] *adv* чрезвыча́йно, кра́йне; *разг.* о́чень

**extremeness** [ɪks'tri:mnɪs] *n* крáйность (*взглядов*)
**extremist** [ɪks'tri:mɪst] *n* экстремист, сторóнник крáйних мер, крáйних взглядов
**extremity** [ɪks'tremɪtɪ] *n* 1) конéц, край, оконéчность 2) *pl* конéчности 3) крáйность, крáйняя нуждá; in the worst ~ в слýчае крáйней необходимости; to drive smb. to ~ доводить когó-л. до крáйности, до отчáяния 4) *pl* чрезвычáйные мéры
**extricate** ['ekstrɪkeɪt] *v* 1) выводить (*из затруднительного положения*; from, out of); to ~ oneself а) выпýтываться; б) *воен.* отрывáться от противника; to ~ casualties *воен.* выносить рáненых 2) разрешáть (*сложную проблему*) 3) *уст.* распýтывать (*клубок*)
**extrication** [ˌekstrɪ'keɪʃən] *n* выпýтывание, высвобождéние
**extrinsic(al)** [eks'trɪnsɪk(əl)] *a* 1) внéшний, посторóнний 2) несвóйственный, неприсýщий
**extroversion** [ˌekstrəu'və:ʃən] *n* 1) *психол.* сосредотóченность на внéшних предмéтах 2) чрезмéрная заинтересóванность во внéшнем успéхе, материáльных блáгах; отсýтствие духóвных интерéсов
**extrovert** ['ekstrəuvə:t] *n* 1) *психол.* человéк, интересýющийся тóлько внéшними предмéтами 2) человéк, интересýющийся тóлько личным благополýчием; человéк без духóвных интерéсов
**extrude** [eks'tru:d] *v* 1) вытáлкивать, вытеснять 2) *тех.* штамповáть, прессовáть, выдáвливать
**extrusion** [eks'tru:ʒən] *n* 1) вытáлкивание, вытеснéние; изгнáние 2) *тех.* экструзия
**exuberance, -cy** [ɪg'zju:bərəns, -sɪ] *n* изобилие, избыток, богáтство
**exuberant** [ɪg'zju:bərənt] *a* 1) обильный; ~ health избыток здорóвья 2) бýйный, пышно растýщий (*о растительности*) 3) бьющий чéрез край; бýрный; ~ high spirits неудержимое весéлье 4) плодовитый (*о писателе и т. п.*) 5) многослóвный, цветистый
**exuberate** [ɪg'zju:bəreɪt] *v редк.* изобиловать
**exudation** [ˌeksju:'deɪʃən] *n* 1) проступáние, выделéние (*пота*) чéрез пóры 2) *мед.* экссудáт
**exude** [ɪg'zju:d] *v* выделять(ся) (*о поте и т. п.*); проступáть сквозь пóры
**exult** [ɪg'zʌlt] *v* рáдоваться, ликовáть, торжествовáть; to ~ at (*или* over) one's success рáдоваться своим успéхам; to ~ in one's victory торжествовáть свою побéду
**exultancy** [ɪg'zʌltənsɪ] = exultation
**exultant** [ɪg'zʌltənt] *a* ликýющий
**exultation** [ˌegzʌl'teɪʃən] *n* ликовáние, торжествó
**exuviae** [ɪg'zju:vɪi:] *n pl* 1) *зоол.* сбрóшенные при линьке покрóвы живóтных (*кожа, чешуя*) 2) *геол.* остáтки первобытной фáуны
**exuviate** [ɪg'zju:vɪeɪt] *v* линять, сбрáсывать кóжу, чешую
**exuviation** [ɪgˌzju:vɪ'eɪʃən] *n* линька, сбрáсывание кóжи, чешуи
**eyas** ['aɪəs] *n* 1) соколёнок, птенéц сóкола 2) *attr.* неоперившийся; ~ thoughts незрéлые мысли
**eye** [aɪ] **1.** *n* 1) глаз; óко; зрéние 2) взгляд, взор; easy on the ~ приятный на вид; to set ~s on smb., smth. остановить свой взгляд на ком-л., чём-л.; обратить внимáние на когó-л., что-л. 3) взгляды; суждéние; in the ~s of smb. в чьих-л. глазáх; in my ~s по-мóему; in the ~ of the law в глазáх закóна 4) глазóк (*в двери для наблюдения*) 5) ушкó (*иголки*); пéтелька; проýшина 6) *бот.* глазóк 7) рисýнок в фóрме глáза (*на оперении павлина*) 8) глазóк (*в сыре*) 9) *sl.* сыщик, детектив; a private ~ чáстный сыщик 10) *sl.* экрáн телевизора 11) *горн.* ýстье шáхты 12) *метео* центр тропического циклóна ◇ black ~ а) подбитый глаз; б) *амер.* плохáя репутáция; a quick ~ óстрый глаз, наблюдáтельность; to be all ~s глядéть во все глазá; to have (*или* to keep) an ~ on (*или* to) smb., smth. следить за кем-л., чем-л.; to close one's ~s to smth. закрывáть глазá на что-л., не замечáть чегó-л.; to make ~s at smb. дéлать глáзки komý-л.; to have an ~ for smth. а) обладáть наблюдáтельностью; имéть зóркий глаз; б) быть знатокóм чегó-л.; умéть разбирáться в чём-л.; to have a good ~ for a bargain покупáть с тóлком; to see with half an ~ срáзу увидеть, понять (*что-л.*); one could see it with half an ~ это было видно с пéрвого взгляда; if you had half an ~... éсли бы вы нé были совершéнно слéпы...; up to the ~ in work (in debt) ≅ пó уши в рабóте (в долгý); ~s right! (left!, front!) *воен.* равнéние напрáво! (налéво!, прямо!) (*команда*); the ~ of day сóлнце; небéсное óко; ~ for ~ *библ.* óко за óко; four ~s see more than two *посл.* ≅ ум хорошó, а два лýчше; to have ~s at the back of one's head всё замечáть; in the mind's ~ в воображéнии, мысленно; to keep one's ~s open (*или* clean, skinned, peeled) *sl.* смотрéть в óба; держáть ýхо востpó; with an ~ to с цéлью; для тогó, чтóбы; to make smb. open his (her) ~s удивить когó-л.; it was a sight for sore ~s это ласкáло глаз; (oh) my ~(s)! *восклицание удивления*; all my ~ (and Betty Martin)! чепухá!, вздор!
**2.** *v* смотрéть, пристально разглядывать; наблюдáть
**eyeball** ['aɪbɔ:l] *n* глазнóе яблоко
**eye-bath** ['aɪbɑ:θ] *n мед.* глазнáя вáнночка
**eye-beam** ['aɪbi:m] *n* быстрый взгляд
**eyebrow** ['aɪbrau] *n* 1) бровь; to raise the ~s поднять брóви (*выражая удивление или пренебрежение*) 2) *attr.*: ~ pencil карандáш для бровéй
**eye-catcher** ['aɪˌkætʃə] *n* нéчто, бросáющееся в глазá; яркое зрéлище
**eye-cup** ['aɪkʌp] *n мед.* глазнáя вáночка (*в форме рюмки*)
**eyeful** ['aɪful] *n* 1): to get an ~ вдóсталь насладиться созерцáнием (*чего-л.*) 2) *разг.* восхитительное зрéлище 3) *разг.* прелéстная жéнщина
**eye-glass** ['aɪglɑ:s] *n* 1) линза; окуляр 2) монóкль 3) *pl* пенснé; лорнéт; очки 4) = eye-bath
**eyehole** ['aɪhəul] *n* 1) глазнáя впáдина 2) щёлка (*для подсматривания*), глазóк
**eyelash** ['aɪlæʃ] *n* 1) ресничка 2) (*тж. pl*) ресницы ◇ without turning an ~ ничуть не смущáясь
**eyeless** ['aɪlɪs] *a* 1) безглáзый 2) *поэт.* незрячий, слепóй
**eyelet** ['aɪlɪt] *n* 1) ушкó, пéтелька; небольшóе отвéрстие 2) = eyehole 2)
**eyelid** ['aɪlɪd] *n* вéко
**eye-opener** ['aɪˌəupnə] *n* 1) *разг.* что-л., вызывáющее сильное удивлéние; что-л., открывáющее человéку глазá на действительное положéние вещéй 2) *sl.* глотóк спиртнóго (*особ. утром*)
**eyepiece** ['aɪpi:s] *n* окуляр (*оптического прибора*)
**eye-service** ['aɪˌsə:vɪs] *n* 1) рабóта, хорошó исполняемая тóлько под наблюдéнием; рабóта из-под пáлки 2) показнáя прéданность
**eyeshadow** ['aɪˌʃædəu] *n* карандáш для век
**eyeshot** ['aɪʃɔt] *n* пóле зрéния; out of (within) ~ вне пóля (в пóле) зрéния
**eyesight** ['aɪsaɪt] *n* зрéние; good (poor) ~ хорóшее (плохóе) зрéние
**eye-socket** ['aɪˌsɔkɪt] *n* глазница
**eyesore** ['aɪsɔ:] *n* что-л. противное, оскорбительное (*для глаза*); бельмó на глазý; to be an ~ оскорблять взор
**eye-spotted** ['aɪˌspɔtɪd] *a* испещрённый глазкáми, пятнышками
**eye-tooth** ['aɪtu:θ] *n анат.* глазнóй зуб ◇ to cut one's eye-teeth приобрести жизненный óпыт, образýмиться, остепениться
**eyewash** ['aɪwɔʃ] *n* 1) примóчка для глаз 2) *разг.* очковтирáтельство
**eyewater** ['aɪˌwɔ:tə] *n* 1) = eyewash 1); 2) слёзы 3) *sl.* джин
**eye-wink** ['aɪwɪŋk] *n* 1) (быстрый) взгляд 2) миг
**eyewitness** ['aɪ'wɪtnɪs] *n* очевидец; свидéтель
**eyre** [ɛə] *n ист.* выезднáя сéссия судá
**eyrie** ['aɪərɪ] = aerie

# F

**F, f** [ef] *n* (*pl* Fs, F's [efs]) 1) *6-я буква англ. алфавита* 2) *муз.* фа 3) *амер.* неудовлетвори́тельная оце́нка (*в школе и некоторых колледжах*) 4) *амер. разг.* пло́хо успева́ющий студе́нт

**fa** [fɑ:] *n муз.* фа

**fab** [fæb] *a sl.* потряса́ющий; ска́зочный

**Fabian** ['feɪbjən] **1.** *a* 1) осторо́жный, выжида́тельный (*о политике, стратегии, тактике*) 2) фабиа́нский

2. *n* фабиа́нец

**fable** ['feɪbl] **1.** *n* 1) ба́сня 2) *собир.* ми́фы 3) небыли́ца; вы́думка; ложь 4) *редк.* фа́була

2. *v уст., поэт.* выду́мывать, расска́зывать ба́сни

**fabler** ['feɪblə] *n* 1) баснопи́сец 2) ска́зочник 3) сочини́тель небыли́ц, вы́думщик

**fabliau** ['fæblɪəu] *фр. n* (*pl.* -aux) *лит.* фабльо́

**fabliaux** ['fæblɪəuz] *pl от* fabliau

**fabric** ['fæbrɪk] *n* 1) ткань, мате́рия; материа́л 2) изде́лие, фабрика́т 3) вы́делка 4) структу́ра, строе́ние, устро́йство; the ~ of society обще́ственный строй 5) сооруже́ние, зда́ние; о́стов 6) *attr.* тка́ный, мате́рчатый; ~ gloves ни́тяные перча́тки

**fabricate** ['fæbrɪkeɪt] *v* 1) выду́мывать; to ~ a charge состря́пать обвине́ние 2) подде́лывать (*документы*) 3) производи́ть, фабрикова́ть, выде́лывать, изготовля́ть; собира́ть из станда́ртных часте́й 4) *редк.* стро́ить

**fabricated house** ['fæbrɪkeɪtɪd'haus] *n* станда́ртный дом; дом из сбо́рных элеме́нтов, изгото́вленных заводски́м спо́собом

**fabrication** [ˌfæbrɪ'keɪʃən] *n* 1) вы́думка 2) подде́лка; фальши́вка 3) произво́дство, изготовле́ние 4) *редк.* сооруже́ние

**fabulist** ['fæbjulɪst] *n* 1) баснопи́сец 2) вы́думщик, лгун

**fabulosity** [ˌfæbju'lɔsɪtɪ] *n* баснoсло́вность, легенда́рность

**fabulous** ['fæbjuləs] *a* 1) баснoсло́вный, мифи́ческий, легенда́рный; ~ wealth ска́зочное бога́тство 2) невероя́тный, неправдоподо́бный; преувели́ченный

**façade** [fə'sɑ:d] *фр. n* 1) фаса́д 2) нару́жность, вне́шний вид 3) (чи́сто) вне́шняя сторона́ (*вопроса и т. п.*); ви́димость; he maintained a ~ of contentment он сде́лал вид, что вполне́ дово́лен

**face** [feɪs] **1.** *n* 1) лицо́; лик; физионо́мия; ~ to ~ а) лицо́м к лицу́; б) наедине́, без посторо́нних; in the ~ of а) пе́ред лицо́м; б) вопреки́; in (*или* to) smb.'s ~ откры́то, в лицо́, в глаза́; to laugh in smb.'s ~ откры́то смея́ться над кем-л.; black (*или* blue, red) in the ~ багро́вый (*от гнева, усилий и т. п.*); full ~ анфа́с; half ~ в про́филь; straight ~ бесстра́стное, ничего́ не выража́ющее лицо́; to keep a straight ~ сохраня́ть невозмути́мый вид 2) выраже́ние лица́; a sad (*или* long) ~ печа́льный, мра́чный вид 3) грима́са; to draw (*или* to make) ~s ко́рчить ро́жи 4) вне́шний вид; on the ~ of it су́дя по вне́шнему ви́ду; на пе́рвый взгляд; to put a new ~ on предста́вить всё в но́вом све́те; прида́ть друго́й вид; to put a bold ~ on не растеря́ться 5) пере́дняя, лицева́я сторона́, лицо́ (*медали и т. п.*); пра́вая сторона́ (*ткани*; *тж.* ~ of cloth) 6) *уст.* вид спе́реди; фаса́д 7) на́глость; to have the ~ (to say) име́ть на́глость (сказа́ть *что-л.*); to show a ~ вызыва́юще держа́ться 8) цифербла́т 9) *тех.* (лобова́я) пове́рхность; торе́ц; срез, фа́ска 10) *воен.* фас; right about ~! напра́во круго́м! 11) *геом.* грань 12) *горн.* забо́й; пло́скость забо́я 13) облицо́вка 14) *полигр.* очко́ (*литеры*) 15) *стр.* ширина́ (*доски*) 16) *спорт.* стру́нная пове́рхность (*теннисной ракетки*) ◇ to fling (*или* to cast, to throw) smth. in smb.'s ~ броса́ть в лицо́; before smb.'s ~ пе́ред (са́мым) но́сом у кого́-л.; to save one's ~ спасти́ репута́цию, прести́ж; избежа́ть позо́ра; to lose ~ потеря́ть прести́ж; to set one's ~ against smth. (реши́тельно) проти́виться чему́-л.; to open one's ~ *амер.* заговори́ть, переста́ть отма́лчиваться; it's written all over his ~ ≅ э́то у него́ на лбу напи́сано; to travel on (*или* to run) one's ~ *амер.* испо́льзовать располага́ющую вне́шность для достиже́ния це́ли; выезжа́ть на смазли́вой мо́рдочке

2. *v* 1) стоя́ть лицо́м (*к чему-л.*); смотре́ть в лицо́; быть обращённым в определённую сто́рону; to ~ page 20 к страни́це 20 (*о рисунке*); the man now facing me челове́к, кото́рый нахо́дится передо мно́й; my windows ~ the sea мои́ о́кна выхо́дят на мо́ре 2) встреча́ть сме́ло; смотре́ть в лицо́ без стра́ха; to ~ the facts смотре́ть в лицо́ фа́ктам; учи́тывать реа́льные обстоя́тельства; to ~ reality счита́ться (с реа́льной) действи́тельностью; to ~ danger подверга́ться опа́сности 3) ста́лкиваться (*с необходимостью*); ната́лкиваться (*на трудности и т. п.*); to ~ a task стоя́ть пе́ред необходи́мостью реша́ть зада́чу; вы́полнить тре́бование 4) полирова́ть; обта́чивать 5) обкла́дывать, облицо́вывать (*камнем*) 6) отде́лывать (*платье*) 7) подкра́шивать (*чай*) □ ~ **about** *воен.* повора́чиваться круго́м; ~ **down** осади́ть; запуга́ть; ~ **out** а) не испуга́ться, вы́держать сме́ло; б) вы́полнить *что-л.*; ~ **up** а) примири́ться с *чем-л.* непри́ятным (to); б) быть гото́вым встре́тить (to) ◇ to ~ the music а) встреча́ть, не дро́гнув, кри́тику *или* тру́дности; б) держа́ть отве́т, распла́чиваться; to ~ the knocker проси́ть ми́лостыню у двере́й

**face-ache** ['feɪseɪk] *n мед.* невралги́я лицево́го не́рва

**face card** ['feɪskɑ:d] *n* фигу́ра (*в картах*)

**face-guard** ['feɪsgɑ:d] *n спорт.* защи́тная ма́ска

**face-lifting** ['feɪsˌlɪftɪŋ] *n* пласти́ческая опера́ция лица́ с космети́ческой це́лью

**facer** ['feɪsə] *n* 1) уда́р в лицо́ 2) *амер. разг.* неожи́данное препя́тствие, непредви́денные тру́дности

**facet** ['fæsɪt] **1.** *n* 1) грань; фа́ска; фаце́т 2) аспе́кт

2. *v* грани́ть; шлифова́ть

**facetiae** [fə'si:ʃɪi:] *лат. n pl* 1) шу́тки, остро́ты 2) кни́ги лёгкого *или* непристо́йного содержа́ния

**facetious** [fə'si:ʃəs] *a* 1) шутли́вый; шу́точный 2) весёлый; живо́й

**face value** ['feɪsˌvælju:] *n* номина́льная сто́имость (*монеты, марки и т. п.*) ◇ to accept (*или* to take) smth. at its ~ принима́ть что-л. за чи́стую моне́ту

**facia** ['feɪʃə] = fascia 2)

**facial** ['feɪʃəl] **1.** *a* лицево́й (*тж. анат.*); ~ artery лицева́я арте́рия; ~ angle лицево́й у́гол; ~ expression выраже́ние лица́

2. *n* масса́ж лица́

**facile** ['fæsaɪl] *a* 1) лёгкий; не тре́бующий уси́лий; ~ victory лёгкая побе́да 2) лёгкий, пла́вный (*о стиле, речи и т. п.*); ~ verse гла́дкие стихи́ 3) поспе́шный, пове́рхностный 4) покла́дистый, усту́пчивый; снисходи́тельный (*о человеке*); a ~ handler лёгкий челове́к

**facilitate** [fə'sɪlɪteɪt] *v* облегча́ть; соде́йствовать; спосо́бствовать; продвига́ть

**facilitation** [fəˌsɪlɪ'teɪʃən] *n* облегче́ние, по́мощь

**facility** [fə'sɪlɪtɪ] *n* 1) лёгкость; отсу́тствие препя́тствий и поме́х 2) лёгкость, пла́вность (*речи*) 3) ги́бкость (*ума*) 4) пода́тливость, усту́пчивость 5) (*обыкн. pl*) возмо́жности, благоприя́тные усло́вия; льго́ты; facilities for study благоприя́тные усло́вия для учёбы 6) *pl* обору́дование; приспособле́ния; аппарату́ра; mechanical facilities техни́ческие приспособле́ния; athletic facilities спорти́вные сооруже́ния 7) ~ of access досту́пность (*для осмотра, смазки станка и т. п.*) 8) *pl* сре́дства обслу́живания; удо́бства

**facing** ['feɪsɪŋ] **1.** *pres. p. от* face 2

2. *n* 1) облицо́вка; отде́лка 2) нару́жное покры́тие, вне́шний слой 3) обто́чка (*поверхности*) 4) отде́лка, кант 5) *pl* отде́лка мунди́ра (*обшлага, воротник и т. п. из материала другого*

*цвета, кант*) 6) *pl воен.* поворóт на мéсте 7) *attr.* облицóвочный; ~ sand облицóвочный песóк; ~ stone а) облицóвочный кáмень; б) оселóк ◇ to put smb. through his ~s провéрить чьи-л. знáния, «прощу́пать» когó-л.; подвéргнуть когó-л. испытáнию

**facsimile** [fæk'sɪmɪlɪ] **1.** *n* факси́миле; in ~ в тóчности

**2.** *v* воспроизводи́ть в ви́де факси́миле

**fact** [fækt] *n* 1) обстоя́тельство; факт; собы́тие; явлéние; stark ~ гóлый, неприкрáшенный факт 2) и́стина, действи́тельность; this is a ~ and not a matter of opinion э́то непрелóжный факт 3) су́щность, факт; the ~ that he was there, shows... то, что он был там, покáзывает...; the ~ is that дéло в том, что; the ~ of the matter is that су́щность заключáется в том, что ◇ in ~, in point of ~ факти́чески, на сáмом дéле, в действи́тельности; по су́ти, в су́щности; на повéрку

**fact-finding** ['fækt,faɪndɪŋ] *n* 1) расслéдование обстоя́тельств; установлéние фáктов 2) *attr.*: ~ board (*или* committee) коми́ссия по расслéдованию

**faction** ['fækʃən] *n* 1) фрáкция; группирóвка 2) кли́ка 3) раздóры, дух интри́ги

**factionalism** ['fækʃnəlɪzm] *n* фракциóнность

**factious** ['fækʃəs] *a* фракциóнный, раскóльнический

**factitious** [fæk'tɪʃəs] *a* иску́сственный; поддéльный; наи́гранный

**factitive** ['fæktɪtɪv] *a грам.* каузáльный, фактити́вный

**factor** ['fæktə] *n* 1) фáктор, дви́жущая си́ла; ~ of time фáктор врéмени 2) момéнт, осóбенность 3) комиссионéр; агéнт, посрéдник 4) *шотл.* управля́ющий (*имением*) 5) *мат.* мнóжитель 6) *тех.* коэффициéнт, фáктор; correction ~ попрáвочный коэффициéнт; ~ of safety коэффициéнт безопáсности; запáс прóчности

**factorial** I [fæk'tɔːrɪəl] *n мат.* факториáл

**factorial** II [fæk'tɔːrɪəl] *a редк.* фабри́чный

**factory** ['fæktərɪ] *n* 1) завóд, фáбрика 2) *ист.* фактóрия 3) *attr.* фабри́чный; ~ committee фабри́чно-завóдской комитéт; F. Acts фабри́чное законодáтельство; ~ accident производственная трáвма; ~ farming ведéние сéльского хозя́йства промы́шленными мéтодами

**factory-buster** ['fæktərɪ,bʌstə] *n разг.* тяжёлая фугáсная бóмба

**factotum** [fæk'təutəm] *n* фактóтум, довéренный слугá

**factual** ['fæktʃuəl] *a* факти́ческий, действи́тельный; оснóванный на фáктах

**facultative** ['fækəltətɪv] *a* 1) факультати́вный, необязáтельный 2) случáйный; несистемати́ческий

**faculty** ['fækəltɪ] *n* 1) спосóбность, дар; ~ of speech дар рéчи; ~ for music музыкáльные спосóбности; to be in possession of all one's faculties (пóлностью) сохраня́ть все свои́ физи́ческие и у́мственные спосóбности 2) óбласть наýки *или* иску́сства 3) факультéт 4) профéссорско-преподавáтельский состáв 5) (the F.) *распр.* ли́ца медици́нской профéссии 6) власть; прáво

**fad** [fæd] *n* при́хоть, причу́да; фантáзия; конёк; преходя́щее увлечéние (*чем-л.*); to be full of ~s and fancies имéть мáссу причу́д и фантáзий

**faddiness** ['fædɪnɪs] *n* чудáчество

**faddist** ['fædɪst] *n* чудáк

**faddy** ['fædɪ] *a* чудаковáтый; постоя́нно нося́щийся с каки́м-л. нóвым капри́зом *или* увлечéнием

**fade** [feɪd] *v* 1) вя́нуть, увядáть, блёкнуть 2) выгорáть, линя́ть, блёкнуть 3) постепéнно исчезáть (*часто* ~ away); all memory of the past has ~d воспоминáние о прóшлом изглáдилось 4) стирáться, сливáться (*об оттенках*); замирáть (*о звуках*) 5) обесцвéчивать □ ~ **away** угасáть; расплывáться; ~ **in** *радио, кино, тлв.* постепéнно увели́чивать си́лу звýка *или* чёткость изображéния; ~ **out** *радио, кино, тлв.* постепéнно уменьшáть си́лу звýка *или* чёткость изображéния

**fadeaway** ['feɪdəweɪ] *n амер.* постепéнное исчезновéние

**fade-in** ['feɪd'ɪn] *n* 1) *кино, радио, тлв.* постепéнное появлéние (*звука или изображения*) 2) *кино* съёмка «из затемнéния»

**fadeless** ['feɪdlɪs] *a* неувядáющий

**fade-out** ['feɪd'aut] *n* 1) *кино, радио, тлв.* постепéнное исчезновéние (*звука или изображения*) 2) *кино* съёмка «в затемнéние»

**fade-over** ['feɪd,əuvə] *n кино* напы́в

**fading** ['feɪdɪŋ] **1.** *pres. p. от* fade

**2.** *n радио* затухáние, фéдинг

**faeces** ['fiːsiːz] *n pl* 1) осáдок 2) испражнéния; кал

**faerie, faery** ['feɪərɪ] *n* 1) волшéбное цáрство; волшебствó 2) фéя 3) *attr.* волшéбный, феери́ческий; воображáемый

**fag** [fæg] **1.** *n* 1) *разг.* тяжёлая, утоми́тельная *или* скýчная рабóта 2) млáдший учени́к, окáзывающий услýги стáршему (*в англ. школах*) 3) *разг.* сигарéта 4) *редк.* изнурéние, утомлéние

**2.** *v* 1) (*тж.* ~ away) труди́ться, корпéть (at — над) 2) утомля́ться (*тж.* ~ out) 3) пóльзоваться услýгами млáдших товáрищей; окáзывать услýги стáршим товáрищам (*в англ. школах*) □ ~ **out** а) утомля́ться до изнеможéния; б) отбивáть мяч (*в крикете*)

**fag-end** ['fæg'end] *n разг.* 1) негóдный *или* ненýжный остáток (*чего-л.*) 2) окýрок 3) конéц; the ~ of smth. (сáмый) конéц чегó-л.; at the ~ of a book в сáмом концé кни́ги; the ~ of the day конéц дня

**faggot** ['fægət] **1.** *n* 1) вязáнка, охáпка хвóроста; пук прýтьев; фаши́на 2) *ист.* сожжéние (на кострé) 3) запечённая и припрáвленная рýбленая печёнка 4) *разг.* гомосексуали́ст 5) *attr.*: ~ wood фаши́нник

**2.** *v* 1) вязáть хвóрост в вязáнки; свя́зывать 2) *ист.* сжигáть на кострé

**fagot** ['fægət] *амер.* = faggot

**Fahrenheit** ['færənhaɪt] *n* термóметр Фаренгéйта; шкалá термóметра Фаренгéйта

**faience** [faɪ'ɑːns] *n* фая́нс

**fail** [feɪl] **1.** *n*: without ~ наверня́кá, непремéнно, обязáтельно

**2.** *v* 1) потерпéть неудáчу; не имéть успéха; my attempt has ~ed моя́ попы́тка не удалáсь 2) *разг.* провали́ть (-ся) на экзáменах; to ~ in mathematics провали́ться по матемáтике 3) не сбывáться, обмáнывать ожидáния, не удавáться; the maize ~ed that year кукурýза не удалáсь в тот год; I will never ~ you я никогдá вас не подведý 4) измени́ть; поки́нуть; his courage ~ed him мýжество поки́нуло егó; his heart ~ed him у негó сéрдце упáло, он испугáлся 5) не испóлнить, не сдéлать; to ~ in one's duties пренебрегáть свои́ми обя́занностями; don't ~ to let me know не забýдьте дать мне знать; he ~ed to make use of the opportunity он не воспóльзовался э́той возмóжностью; don't ~ to come обязáтельно приходи́те; I ~ to see your meaning не могý поня́ть, о чём вы говори́те 6) недоставáть, не хватáть; имéть недостáток (*в чём-л.*); words ~ me не нахожý слов; this novel ~s in unity в э́том ромáне нет еди́нства; time would ~ me я не успéю, мне не позвóлит врéмя 7) ослабевáть, теря́ть си́лы; his sight has ~ed of late егó зрéние рéзко ухýдшилось за послéднее врéмя 8) перестáть дéйствовать; вы́йти из стрóя

**failing** ['feɪlɪŋ] **1.** *pres. p. от* fail 2

**2.** *n* недостáток; слáбость

**3.** *a* 1) недостаю́щий 2) слабéющий

**4.** *prep* за неимéнием; в слýчае отсýтствия; ~ an answer to my letter I shall telegraph éсли я не получý отвéта на письмó, бýду телеграфи́ровать

**faille** [feɪl] *фр. n текст.* фай

**failure** ['feɪljə] *n* 1) неуспéх, неудáча, провáл; harvest ~ неурожáй; to end in ~ кóнчиться неудáчей; to meet with ~ потерпéть неудáчу; the play was a ~ пьéса провали́лась 2) недостáток, отсýтствие (*чего-л.*) 3) банкрóтство, несостоя́тельность 4) неспосóбность, несостоя́тельность; ~ to respond in a proper way неумéние прáвильно реаги́ровать 5) неудáчник; неудáвшееся дéло 6) небрéжность 7) *тех.* авáрия, повреждéние; откáз в рабóте, остановка *или* переры́в в дéйствии 8) *геол.* обвáл, обрушение

**fain** I [feɪn] **1.** *a predic. книжн.* 1) принуждённый (to); he was ~ to comply он был вынужден согласиться 2) *уст.* склонный, готовый сделать *что-л.*

**2.** *adv уст., поэт.* (*употр. тк. с* would) охотно, с радостью; he would ~ depart он рад был бы уйти

**fain** II [feɪn] *v*: ~(s) I! чур не я!; ~s wicket-keeping! чур не мне водить!

**fainéant** [ˌfeɪneɪ'ɑːŋ] *фр.* **1.** *n* лентяй, бездельник

**2.** *a* ленивый, праздный

**faint** [feɪnt] **1.** *n* обморок, потеря сознания; dead ~ полная потеря сознания, глубокий обморок

**2.** *a* 1) слабый, слабеющий; вялый 2) тусклый, неотчётливый; бледный; ~ sound слабый, едва различимый звук 3) недостаточный, незначительный, слабый; not the ~est hope ни малейшей надежды 4) обморочный, близкий к обмороку; to feel ~ чувствовать дурноту 5) приторный, тошнотворный ◊ ~ heart never won fair lady *посл.* ≅ сробел — пропал; робость мешает успеху

**3.** *v* 1) слабеть; падать в обморок 2) *уст., поэт.* терять мужество

**faint-heart** ['feɪnthɑːt] *n* трус; малодушный человек; ≅ заячья душа

**faint-hearted** ['feɪnt'hɑːtɪd] *a* трусливый, малодушный

**faint-heartedly** ['feɪnt'hɑːtɪdlɪ] *adv* трусливо, малодушно; нерешительно

**fainting-fit** ['feɪntɪŋfɪt] *n* обморок

**faintly** ['feɪntlɪ] *adv* бледно; слабо; едва; ~ discernible едва различимый

**fair** I [fɛə] *n* 1) ярмарка; Bartholomew F. *ист.* Варфоломеева ярмарка (*ежегодная ярмарка в Лондоне в день св. Варфоломея — 24 августа*) 2) благотворительный базар 3) выставка; world ~ всемирная выставка ◊ the day after the ~ слишком поздно

**fair** II [fɛə] **1.** *a* 1) честный; справедливый, беспристрастный; законный; ~ game законная добыча; it is ~ to say справедливости ради следует отметить; ~ and square открытый, честный; ~ play игра по правилам; *перен.* честная игра, честность; by ~ means честным путём; by ~ means or foul любыми средствами; ~ price справедливая, настоящая цена 2) порядочный, значительный; a ~ amount изрядное количество 3) посредственный, средний; ~ to middling так себе, неважный; this film was only ~ фильм был весьма посредственный 4) белокурый; светлый; ~ complexion белый (не смуглый) цвет лица; ~ man блондин 5) благоприятный, неплохой; ~ weather хорошая, ясная погода; a ~ chance of success хорошие шансы на успех 6) чистый, незапятнанный; ~ name хорошая репутация 7) вежливый, учтивый 8) *уст.* прекрасный, красивый; ~ one прекрасная *или* любимая женщина; the ~ sex прекрасный пол, женщины ◊ ~ field and no favour игра *или* борьба на равных условиях; all's ~ in love and war *посл.* в любви и на войне все средства хороши

**2.** *adv* 1) честно; to hit (to fight) ~ нанести удар (бороться) по правилам 2) точно, прямо; to strike ~ in the face ударить прямо в лицо 3) чисто, ясно 4) *уст.* любезно, учтиво; to speak smb. ~ любезно, вежливо поговорить с кем-л. ◊ ~ and softly! тише!, легче!; does the boat lie ~? *мор.* у борта ли шлюпка?; ~ enough *разг.* ладно, хорошо

**3.** *n уст.* красавица; the ~ *поэт.* прекрасный пол ◊ for ~ *амер.* действительно, несомненно

**fair-dealing** ['fɛəˌdiːlɪŋ] **1.** *n* честность, прямота

**2.** *a* честный

**fairing** I ['fɛərɪŋ] *n* гостинец, подарок с ярмарки ◊ to get one's ~ получить по заслугам

**fairing** II ['fɛərɪŋ] *n ав.* обтекатель

**fairly** ['fɛəlɪ] *adv* 1) справедливо, беспристрастно 2) довольно; в известной степени; сносно; ~ often (well) довольно часто (хорошо) 3) явно; совершенно; in ~ close relations в весьма близких отношениях 4) *амер.* безусловно; фактически

**fair-maid** ['fɛəmeɪd] *n* 1) = fumade 2) *встречается в названиях различных растений, напр.*: February ~s подснежники

**fairness** ['fɛənɪs] *n* справедливость; чистота, незапятнанность *и пр.* [*см.* fair II, 1]; in all ~ по совести (говоря)

**fair-spoken** ['fɛə'spəukən] *a* обходительный, вежливый, мягкий

**fairway** ['fɛəweɪ] *n мор.* фарватер; судоходный канал; проход

**fair-weather** ['fɛəˌweðə] *a* пригодный только в хорошую погоду ◊ ~ friends ненадёжные друзья, друзья только в счастье; ~ sailor неопытный *или* робкий моряк

**fairy** ['fɛərɪ] **1.** *n* 1) фея; волшебница; эльф; bad ~ злой дух, злой гений 2) *амер. sl.* гомосексуалист

**2.** *a* 1) волшебный, сказочный; похожий на фею 2) воображаемый 3) прозрачный, просвечивающий

**Fairyland** ['fɛərɪlænd] *n* сказочная, волшебная страна

**fairy-mushroom** ['fɛərɪˌmʌʃrum] *n* поганка (*гриб*)

**fairy-tale** ['fɛərɪteɪl] *n* 1) (волшебная) сказка 2) *разг.* выдумка, небылица, «бабушкины сказки»

**fait accompli** [ˌfetɑːkɔm'pliː] *фр. n* совершившийся факт; to present with a ~ ставить перед совершившимся фактом

**faith** [feɪθ] *n* 1) вера, доверие; to place one's ~ (*in smth.*) слепо верить (*чему-л.*); to shake (*или* to shatter) smb.'s ~ поколебать чью-л. веру 2) вера, вероисповедание; the Reformed ~ протестантизм 3) честность; верность, лояльность; in good ~ честно; добросовестно; in bad ~ вероломно 4) обещание, ручательство, слово; to plight (to break) one's ~ дать (нарушить) слово ◊ by my ~!, in ~! клянусь (честью)!; ей-ей!; in ~ whereof *канц.* в удостоверение чего

**faithful** ['feɪθful] **1.** *a* 1) верный, преданный 2) верующий, правоверный 3) правдивый; заслуживающий доверия, точный

**2.** *n* (the ~) *pl собир.* верующие; правоверные; Father of the ~ калиф

**faithfully** ['feɪθfulɪ] *adv* верно; честно; yours ~ ≅ с совершенным почтением (*заключительная фраза письма*)

**faithfulness** ['feɪθfulnɪs] *n* верность, лояльность

**faithless** ['feɪθlɪs] *a* 1) вероломный; ненадёжный; не заслуживающий доверия 2) *редк.* неверующий; неверный

**fake** I [feɪk] *v мор.* укладывать (*канат*) в бухту

**fake** II [feɪk] **1.** *n* 1) подделка; фальшивка 2) плутовство

**2.** *v* 1) подделывать, фабриковать (*обычн.* ~ up) 2) мошенничать, обжуливать 3) прикидываться 4) *театр.* импровизировать

**faked** [feɪkt] *a* фальшивый, поддельный; сфабрикованный; ~ diamonds фальшивые бриллианты; ~ report сфабрикованный отчёт

**faked-up** ['feɪktʌp] *a*: ~ evidence состряпанное обвинение

**faker** ['feɪkə] *n* 1) жулик; обманщик 2) разносчик; уличный торговец; коробейник 3) *амер.* литературный правщик

**fakir** ['feɪkɪə] *n* факир

**Falangist** [fə'lɑːndʒɪst] *n* фалангист

**falcate, falcated** ['fælkeɪt, -ɪd] *a спец.* серповидный

**falchion** ['fɔːltʃən] *n* 1) короткая широкая кривая сабля 2) *поэт.* меч

**falciform** ['fælsɪfɔːm] *a спец.* серповидный

**falcon** ['fɔːlkən] *n* 1) сокол 2) = falconet 2)

**falconer** ['fɔːlkənə] *n* соколиный охотник; сокольничий

**falconet** ['fɔːlkənɪt] *n* 1) *зоол.* сорокопут 2) *ист.* фальконет (*пушка*)

**falconry** ['fɔːlkənrɪ] *n* 1) соколиная охота 2) выноска ловчих птиц

**falderal** ['fældə'ræl] *n* 1) безделушка, украшение 2) ничего не значащий припев в старинных песнях

**faldstool** ['fɔːldstuːl] *n* 1) складное кресло епископа 2) небольшой складной аналой

**fall** [fɔːl] **1.** *n* 1) падение; снижение 2) выпадение осадков; a heavy ~ of rain ливень 3) *амер.* осень 4) (*обычн. pl*) водопад (*напр.*, Niagara Falls) 5) впадение (*реки*) 6) уклон, обрыв, склон (*холма*); скат, понижение профиля местности 7) выпадение (*волос и т. п.*) 8) количество сваленного леса 9) упадок, закат, потеря могущества 10) моральное падение; потеря чести; the F. of man *библ.* грехопадение 11) спад; падение цен, обесценение 12) *спорт.* схватка (*в борьбе*); to try a ~ with smb. боро́ться с кем-л. 13) *тех.* напо́р, высота́ напо́ра 14) *тех.* кана́т *или* цепь подъёмного бло́ка (*обыкн.* block and ~) 15) *мор.* фал ◇ pride will have a ~ *посл.* ≅ го́рдый поки́чился да во прах скати́лся; спесь в добро́ не вво́дит, горды́ня до добра́ не доведёт

2. *v* (fell; fallen) 1) па́дать, спада́ть, понижа́ться; the Neva has ~en вода́ в Неве́ спа́ла; prices are ~ing це́ны понижа́ются 2) ниспада́ть; (свобо́дно) па́дать (*об одежде, волосах и т. п.*) 3) опуска́ться, па́дать; the curtain ~s за́навес опуска́ется; the temperature has ~en температу́ра упа́ла; похолода́ло; my spirits fell моё настрое́ние упа́ло 4) пасть мора́льно 5) ги́бнуть; to ~ in battle пасть в бою́; быть уби́тым; the fortress fell кре́пость па́ла 6) *глагол-связка* станови́ться; to ~ dumb онеме́ть; to ~ silent замолча́ть; to ~ asleep засну́ть; to ~ dead упа́сть за́мертво; to ~ victim (to) пасть же́ртвой; to ~ astern *мор.* отста́ть; to ~ due подлежа́ть упла́те (*о векселе*) 7) приходи́ться, па́дать; достава́ться; his birthday ~s on Monday день его́ рожде́ния прихо́дится на понеде́льник; the expense ~s on me расхо́д па́дает на меня́ 8) утра́тить власть 9) потерпе́ть крах; разори́ться 10) сни́кнуть; her face fell её лицо́ вы́тянулось 11) оседа́ть, обва́ливаться 12) впада́ть (*о реке*; into — в) 13) спуска́ться, сходи́ть; night fell спусти́лась ночь 14) стиха́ть (*о ветре и т. п.*) 15) рожда́ться (*о ягнятах и т. п.*) 16) руби́ть (*лес*); вали́ть (*дерево*); вали́ться (*о дереве*) □ ~ **about** *разг.* па́дать от хо́хота; ~ **abreast of** не отстава́ть от; идти́ в но́гу с; ~ **across** встре́тить случа́йно; ~ **among** попа́сть случа́йно; ~ **away** а) покида́ть, изменя́ть; б) спада́ть; уменьша́ться; в) ча́хнуть, со́хнуть; ~ **back** отступа́ть; ~ **back (up)on** а) прибега́ть к *чему-л.*; б) обраща́ться *к кому-л.* в нужде́; ~ **behind** а) отстава́ть, остава́ться позади́; б) опа́здывать с упла́той; ~ **down** а) упа́сть; пасть ниц; б) *разг.* потерпе́ть неуда́чу; to ~ down on one's work не спра́виться со свое́й рабо́той; ~ **for** *разг.* а) влюбля́ться; чу́вствовать влече́ние; поддава́ться (*чему-л.*); б) попада́ться на у́дочку; ~ **in** а) прова́ливаться, обру́шиваться; б) *воен.* станови́ться в строй, стро́иться; в) истека́ть (*о сроке аренды, долга, векселя*); ~ **in** (with) а) случа́йно встре́титься, столкну́ться; б) уступа́ть; соглаша́ться, быть в согла́сии (с *кем-л.*); ~ **into** а) начина́ть *что-л.*, принима́ться за *что-л.*; б) распада́ться на; the book ~s into three parts кни́га распада́ется на три ча́сти; в) относи́ться к; to ~ into the category относи́ться к катего́рии, подпада́ть под катего́рию; г) *приходить в определённое состояние*: to ~ into a rage впада́ть в бе́шенство; ~ **off** а) отпада́ть; отва́ливаться; б) уменьша́ться; ослабева́ть; в) *мор.* не слу́шаться руля́ (*о корабле*); ~ **on** а) напада́ть; набра́сываться; б) выпада́ть на чью-л. до́лю; в) приступа́ть к *чему-л.*; ~ **out** а) выпада́ть; б) *воен.* выходи́ть из стро́я; в) случа́ться; it so fell out that случи́лось так, что; г) ссо́риться; ~ **over** *амер.* а) споткну́ться обо *что-л.*; б) увлека́ться; ~ **through** провали́ться; потерпе́ть неуда́чу; ~ **to** а) начина́ть, принима́ться за *что-л.*; б) принима́ться за еду́; в) напада́ть; г) выпада́ть, достава́ться; to ~ to smb.'s lot выпада́ть на чью-л. до́лю; ~ **under** а) подверга́ться; б) подпада́ть; to ~ under item 26 подпада́ть под де́йствие разде́ла 26; ~ **upon** а) напада́ть; б) натáлкиваться ◇ to ~ in love влюбля́ться; he ~s in and out of love too often он непостоя́нен в любви́; to ~ on one's face ≅ провали́ться с тре́ском, оскanда́литься; to ~ to pieces развали́ться; to ~ flat не произвести́ ожида́емого впечатле́ния; his joke fell flat его́ шу́тка не име́ла успе́ха; to ~ from grace а) согреши́ть; б) впасть в е́ресь; to ~ into line *воен.* постро́иться, стать в строй; to ~ into line with подчиня́ться, соглаша́ться с; to ~ foul of а) *мор.* ста́лкиваться; б) ссо́риться; напада́ть; to ~ over oneself лезть из ко́жи вон; to ~ over one another, to ~ over each other дра́ться, боро́ться, ожесточённо сопе́рничать друг с дру́гом; let ~! *мор.* отпуска́й!

**fallacious** [fəˈleɪʃəs] *a* оши́бочный, ло́жный

**fallacy** [ˈfæləsɪ] *n* 1) оши́бка, заблужде́ние; ло́жный вы́вод 2) оши́бочность, обма́нчивость 3) софи́зм, ло́жный до́вод

**fal-lal** [ˈfæˈlæl] *n* украше́ние, блестя́щая безделу́шка

**fallen** [ˈfɔːlən] **1.** *p. p. от* fall 2

**2.** *a* 1) па́вший 2) па́дший; the ~ woman па́дшая же́нщина

**3.** *n* (the ~) *pl собир.* па́вшие (в бою́)

**fall-guy** [ˈfɔːlˈgaɪ] *n sl.* козёл отпуще́ния

**fallibility** [ˌfælɪˈbɪlɪtɪ] *n* подве́рженность оши́бкам; оши́бочность; погре́шность

**fallible** [ˈfæləbl] *a* подве́рженный оши́бкам

**falling** [ˈfɔːlɪŋ] **1.** *pres. p. от* fall 2

**2.** *n* 1) паде́ние 2) пониже́ние

**3.** *a* 1) па́дающий 2) понижа́ющийся

**falling sickness** [ˈfɔːlɪŋˈsɪknɪs] *n* эпиле́псия; паду́чая

**fall-out** [ˈfɔːlaut] *n* 1) выпаде́ние радиоакти́вных оса́дков 2) радиоакти́вные оса́дки (*тж.* nuclear ~)

**fallow I** [ˈfæləu] **1.** *n с.-х.* пар

**2.** *a* 1) вспа́ханный под пар (*о поле*); to lie ~ остава́ться под па́ром 2) неразвито́й (*об уме, о человеке*)

**3.** *v с.-х.* поднима́ть пар; вспа́хивать под пар

**fallow II** [ˈfæləu] *a* коричнева́то-же́лтый; красно́вато-же́лтый

**fallow-deer** [ˈfæləudɪə] *n* лань

**false** [fɔːls] **1.** *a* 1) ло́жный, оши́бочный, непра́вильный; ~ pride ло́жная го́рдость 2) фальши́вый, вероло́мный; лжи́вый; обма́нчивый; ~ pretences обма́н, притво́рство 3) фальши́вый (*о деньгах*); иску́сственный (*о волосах, зубах*) 4): ~ keel *мор.* фальшки́ль ◇ to give a ~ colour to smth., to put a ~ colour on smth. искажа́ть, представля́ть что-л. в ло́жном све́те; to show a ~ face лицеме́рить

**2.** *adv*: to play smb. ~ обману́ть, преда́ть кого́-л.

**false arch** [ˈfɔːlsɑːtʃ] *n стр.* декорати́вная а́рка

**false-bottomed** [ˈfɔːlsˈbɔtəmd] *a* с двойны́м дном

**false-hearted** [ˈfɔːlsˈhɑːtɪd] *a* вероло́мный

**falsehood** [ˈfɔːlshud] *n* 1) ложь, непра́вда; фальшь 2) лжи́вость; вероло́мство

**falsely** [ˈfɔːlslɪ] *adv* 1) притво́рно, фальши́во 2) ло́жно, оши́бочно

**falseness** [ˈfɔːlsnɪs] *n* 1) фальшь; лжи́вость; вероло́мство 2) оши́бочность

**falsetto** [fɔːlˈsetəu] *n* фальце́т

**falsework** [ˈfɔːlswəːk] *n стр.* опа́лубка; леса́, по́дмости

**falsification** [ˈfɔːlsɪfɪˈkeɪʃən] *n* фальсифика́ция, подде́лка; искаже́ние

**falsify** [ˈfɔːlsɪfaɪ] *v* 1) фальсифици́ровать, подде́лывать (*документы*); искажа́ть (*показания и т. п.*) 2) обма́нывать (*надежду*) 3) опроверга́ть

**falsity** [ˈfɔːlsɪtɪ] *n* 1) ло́жность, оши́бочность 2) вероло́мство

**falter** [ˈfɔːltə] *v* 1) шата́ться, спотыка́ться 2) запина́ться; говори́ть нереши́тельно; to ~ out an excuse пробормота́ть извине́ние 3) де́йствовать нереши́тельно, колеба́ться; дро́гнуть

**faltering** [ˈfɔːltərɪŋ] **1.** *pres. p. от* falter

**2.** *a* запина́ющийся, нереши́тельный; ~ voice дрожа́щий го́лос

**fame** [feɪm] **1.** *n* 1) сла́ва, изве́стность 2) репута́ция 3) *уст.* молва́ ◇ house of ill ~ публи́чный дом

**2.** *v* прославля́ть

**famed** [feɪmd] **1.** *p. p. от* fame 2

**2.** *a* изве́стный, знамени́тый, просла́вленный

**familiar** [fəˈmɪljə] **1.** *a* 1) бли́зкий, инти́мный; хорошо́ знако́мый, привы́чный; обы́чный; a ~ sight привы́чная карти́на 2) фамилья́рный; бесцеремо́нный 3) хорошо́ зна́ющий, осведомлённый; to be ~ with smth. знать что-л.; быть в ку́рсе чего́-л.

**2.** *n* бли́зкий друг

**familiarity** [fəˌmɪlɪˈærɪtɪ] *n* 1) бли́зкие, дру́жественные отноше́ния; to treat with a kind ~ обходи́ться ла́сково 2) фамилья́рность 3) хоро́шая осведомлённость; thorough ~ with a language хоро́шее зна́ние языка́ ◇ ~ breeds contempt *посл.* ≅ чем бли́же знáешь, тем мéньше почитáешь

**familiarization** [fəˌmɪljəraɪ'zeɪʃən] *n* освáивание, ознакомлéние

**familiarize** [fə'mɪljəraɪz] *v* ознакомля́ть; to ~ oneself with smth. освóиться, ознакóмиться с чем-л.

**familiarly** [fə'mɪljəlɪ] *adv* бесцеремóнно; фамилья́рно

**family** ['fæmɪlɪ] *n* 1) семья́, семéйство; род; a man of ~ а) семéйный человéк; б) человéк знáтного рóда; a ~ of languages *лингв.* языковáя семья́ 2) содрýжество 3) *attr.* семéйный; родовóй; фами́льный; ~ circle а) семéйный круг; б) *амер. театр.* галёрка; балкóн; ~ estate родовóе имéние; ~ man семéйный человéк; домосéд; ~ name а) фами́лия; б) и́мя, чáстое в родý; ~ tree родослóвное дéрево; ~ hotel гости́ница для семéйных; ~ likeness фами́льное схóдство; отдалённое схóдство; ~ friend друг семьи́; ~ jewels фами́льные драгоцéнности; ~ planning контрóль рождáемости ◇ to be in the ~ way быть в интерéсном положéнии (*быть беременной*); the President's official ~ *амер.* члéны кабинéта (мини́стров)

**famine** ['fæmɪn] *n* 1) гóлод (*стихийное бедствие*); голодáние 2) недостáток; water ~ óстрая нехвáтка воды́ 3) *attr.*: ~ prices цéны, взви́нченные во врéмя гóлода

**famish** ['fæmɪʃ] *v* 1) мори́ть гóлодом 2) голодáть; I am ~ed *разг.* умирáю с гóлоду

**famous** ['feɪməs] *a* 1) знамени́тый, извéстный, прослáвленный, слáвный; world ~ всеми́рно извéстный; to be ~ for smth. слáвиться чем-л. 2) *разг.* отли́чный, замечáтельный; he has a ~ appetite у негó замечáтельный аппети́т; that's ~! блестя́ще!, отли́чно!

**famously** ['feɪməslɪ] *adv разг.* здóрово, ли́хо, отли́чно

**famuli** ['fæmjulaɪ] *pl от* famulus

**famulus** ['fæmjuləs] *n* (*pl* -li) 1) ассистéнт профéссора 2) ассистéнт иллюзиони́ста

**fan I** [fæn] **1.** *n* 1) вéер, опахáло 2) вентиля́тор 3) вéялка 4) крылó ветряно́й мéльницы 5) лóпасть (воздýшного *или* гребнóго винтá)

**2.** *v* 1) вéять (*зерно*) 2) обмáхивать; to ~ oneself обмáхиваться вéером 3) раздувáть; to ~ the flame *перен.* разжигáть стрáсти 5) развёртывать вéером 6) *разг.* оды́скивать □ ~ **out** *воен.* развёртывать(ся) вéером

**fan II** [fæn] *n разг.* энтузиáст, болéльщик; люби́тель

**fanatic** [fə'nætɪk] **1.** *n* фанáтик, изувéр

**2.** *a* фанати́ческий, изувéрский

**fanatical** [fə'nætɪkəl] = fanatic 2

**fanaticism** [fə'nætɪsɪzm] *n* фанати́зм, изувéрство

**fancier** ['fænsɪə] *n* знатóк, люби́тель

**fanciful** ['fænsɪful] *a* 1) капри́зный, с причýдами 2) причýдливый, прихотли́вый, стрáнный 3) нереáльный, фантасти́ческий

**fancy** ['fænsɪ] **1.** *n* 1) фантáзия; воображéние 2) мы́сленный óбраз 3) при́хоть, причýда, капри́з 4) склóнность; пристрáстие; конёк; вкус (*к чему-л.*); to have a ~ for smth. люби́ть что-л., увлекáться чем-л.; to take a ~ for (*или* to) smb., smth. увлéчься кем-л., чем-л.; полюби́ть когó-л., что-л.; to take (*или* to catch) the ~ of smb. привлéчь внимáние когó-л.; захвати́ть когó-л., полюби́ться комý-л.; to tickle smb.'s ~ понрáвиться комý-л., возбуди́ть чьё-л. любопы́тство 5) (the ~) люби́тели, энтузиáсты; болéльщики

**2.** *a* 1) причýдливый, прихотли́вый 2) фантасти́ческий; ~ picture фантасти́ческое описáние; ~ price баснослóвно дорогáя ценá 3) орнаментáльный, разукрáшенный; фасóнный; ~ bread сдóба 4) маскарáдный; ~ dress маскарáдный костю́м 5) мóдный; вы́сшего кáчества; ~ articles мóдные товáры; безделýшки; галантерéя; ~ fair базáр мóдных вещéй 6) обладáющий осóбыми свóйствами, полýченными путём селéкции (*о растении или животном*) 7) многоцвéтный (*о растениях*) ◇ ~ man а) любóвник; б) *sl.* сутенёр; ~ woman (*или* lady) а) любóвница; б) проститýтка

**3.** *v* 1) воображáть, представля́ть себé; ~!, just (*или* only) ~! мóжете себé представить!, подýмай(те) тóлько! 2) полагáть, предполагáть 3) нрáвиться; люби́ть; you may eat anything that you ~ вы мóжете есть всё (что угóдно) 4) *refl. разг.* воображáть, быть о себé высóкого мнéния 5) выращивать живóтных *или* растéния улýчшенной порóды *или* ви́да

**fancy-ball** ['fænsɪ'bɔ:l] *n* костюми́рованный бал, маскарáд

**fancy-dress** ['fænsɪ'dres] *a* костюми́рованный; ~ ball маскарáд

**fancy-free** ['fænsɪ'fri:] *a* невлюблённый

**fancy-work** ['fænsɪwə:k] *n* вышивка; вышивáние

**fandango** [fæn'dæŋgəu] *n* (*pl* -oes [-əuz]) 1) фандáнго (*испанский танец*) 2) *амер. разг.* бал; танцевáльный вéчер

**fane** [feɪn] *n поэт.* храм

**fanfare** ['fænfɛə] *n* фанфáра

**fanfaronade** [ˌfænfærə'nɑ:d] *n* фанфарóнство, бахвáльство

**fang** [fæŋ] *n* 1) клык 2) ядови́тый зуб (*змеи*) 3) кóрень зýба 4) *тех.* крюк; захвáт 5) *горн.* вентиляциóнная штóльня ◇ to fall into smb.'s ~s попáсть в чьи-л. лáпы

**fan-light** ['fænlaɪt] *n* веерообрáзное окнó (*особ. над дверью*)

**fanner** ['fænə] *n* вéялка

**fanny** ['fænɪ] *n* 1) кормá 2) *груб.* зáдница, зад

**fan-tail** ['fænteɪl] *n* трубáстый гóлубь

**fantasia** [fæn'teɪzjə] *n муз.* фантáзия

**fantastic(al)** [fæn'tæstɪk(əl)] *a* 1) фантасти́ческий; причýдливый; гротéскный; ~ ideas стрáнные вы́думки; ~ lies несусвéтная ложь; ~ profits баснослóвные при́были 2) нереáльный, воображáемый; ~ fears надýманные стрáхи 3) *разг.* превосхóдный, чудéсный

**fantasticality** [fænˌtæstɪ'kælɪtɪ] *n* фантасти́чность, причýдливость

**fantasy** ['fæntəsɪ] *n* 1) воображéние, фантáзия 2) иллю́зия; игрá воображéния 3) капри́з 4) = fantasia

**fantoccini** [ˌfæntɔ'tʃi:nɪ] *ит. n pl* марионéтки; теáтр марионéток

**fan tracery** ['fænˌtreɪsərɪ] *n архит.* рёбра (ребри́стого) свóда; нервю́ра

**faquir** ['fɑ:kɪə] = fakir

**far** [fɑ:] **1.** *a* (farther, further; farthest, furthest) дáльний, далёкий; отдалённый (*тж.* ~ off); a ~ bank противоположный бéрег

**2.** *adv* (farther, further; farthest, furthest) 1) далекó; на большóм расстоя́нии (*тж.* ~ away, ~ off, ~ out); ~ back in the past в далёком прóшлом; ~ and near повсю́ду; ~ and wide а) повсю́ду; б) всесторóнне; he saw ~ and wide он обладáл широ́ким кругозóром; ~ in the day к концý дня; ~ into the night допозднá; ~ into the air высокó в вóздух; ~ into the ground глубокó в зéмлю; to go ~ далекó пойти́; to go (*или* to carry it) too ~ заходи́ть сли́шком далекó; ~ from далекó от; it is ~ from true э́то далекó не так 2) гораздо, намнóго; ~ different значи́тельно отличáющийся; ~ better значи́тельно лýчше; ~ the best сáмый лýчший ◇ as ~ back as the 27th of January ещё 27 января́; ~ and away а) несравнéнно, намнóго, гораздо; б) несомнéнно; so ~ so good покá всё хорошó; ~ from it ничýть, отню́дь нет; ~ be it from me ни за что; я вóвсе не э́то имéю ввидý

**3.** *n* 1) значи́тельное коли́чество; by ~ намнóго; to surpass by ~ намнóго превзойти́; to prefer by ~ отдавáть серьёзное предпочтéние 2) большóе расстоя́ние; from ~ издалекá

**farad** ['færəd] *n эл.* фарáда

**faradization** [ˌfærədɪ'zeɪʃən] *n* фарадизáция (*лечение индукционным током*)

**far-away** ['fɑ:rəweɪ] *a* 1) дáльний, отдалённый 2) отсýтствующий, рассéянный; she has a ~ look in her eyes у неё отсýтствующий взгляд

**far-between** ['fɑ:bɪ'twi:n] *a* рéдкий

**farce I** [fɑ:s] *n* 1) *театр.* фарс 2) фарс, грýбая вы́ходка

**farce II** [fɑ:s] **1.** *n* фарш

**2.** *v* фаршировáть; шпиговáть

**farcical** ['fɑ:sɪkəl] *a* 1) фáрсовый, шýточный 2) смехотвóрный, нелéпый

**farcy** ['fɑ:sɪ] *n вет.* кóжный сап

**fardel** ['fɑ:dəl] *n уст.* 1) ýзел (*с вещами*) 2) брéмя, груз

**fare** [fɛə] **1.** *n* 1) стóимость проéзда, плáта за проéзд; what is the ~? скóлько стóит проéзд, билéт? 2) ездóк, пассажи́р 3) пи́ща, стол, прови́зия, съестны́е припа́сы 4) *амер.* уло́в (*рыболовного судна*)

**2.** *v* 1) быть, пожива́ть; случа́ться; how ~s it? как дела́?; it has ~d ill with him ему́ пло́хо пришло́сь; ~ you well! проща́йте, счастли́вого пути́! 2) *поэт.* е́хать, путеше́ствовать 3) пита́ться ◊ you may go farther and ~ worse *посл.* ≅ от добра́ добра́ не и́щут

**Far-Eastern** [ˈfɑːrˈiːstən] *a* дальневосто́чный

**farewell** [ˈfɛəˈwel] **1.** *n* проща́ние; to bid one's ~, to make one's ~s проща́ться

**2.** *a* проща́льный

**3.** *int* до свида́ния!, до́брый путь!; ~ to school! проща́й, шко́ла!

**far-famed** [ˈfɑːˈfeɪmd] *a* широко́ изве́стный

**far-fetched** [ˈfɑːˈfetʃt] *a* 1) принесённый *или* привезённый издалека́ 2) натя́нутый, неесте́ственный, иску́сственный; притя́нутый за́ уши (*об аргументе, доводе*)

**far-flung** [ˈfɑːˈflʌŋ] *a* широко́ раски́нувшийся, обши́рный

**far gone** [ˈfɑːˈgɔn] *a* 1) далеко́ заше́дший 2) в после́дней ста́дии (*болезни*) 3) ≅ по́ уши в долга́х 4) си́льно пья́ный 5) си́льно *или* безнадёжно влюблённый

**farina** [fəˈraɪnə] *n* 1) мука́ 2) порошо́к 3) *бот.* пыльца́ 4) крахма́л, карто́фельная мука́ 5) ма́нная крупа́

**farinaceous** [ˌfærɪˈneɪʃəs] *a* мучни́стый, мучно́й

**farinose** [ˈfærɪnəus] *a* 1) мучни́стый 2) сло́вно муко́й посы́панный

**farm** [fɑːm] **1.** *n* 1) фе́рма, хозя́йство; ху́тор; milk ~ моло́чная фе́рма 2) (крестья́нское) хозя́йство; collective ~ колхо́з; state ~ совхо́з; individual ~ единоли́чное хозя́йство 3) питомник 4) = farm-house 5) *attr.* сельскохозя́йственный; ~ labourer батра́к; ~ tenure усло́вия аре́нды земли́

**2.** *v* 1) обраба́тывать зе́млю; he ~ed in Australia он был фе́рмером в Австра́лии 2) брать на о́ткуп 3) сдава́ть в аре́нду (*имение*) 4) брать на воспита́ние дете́й (*за плату*) □ ~ **out** а) отдава́ть, передоверя́ть часть рабо́ты друго́му; б) сдава́ть в аре́нду

**farmer** [ˈfɑːmə] *n* 1) фе́рмер; аренда́тор 2) откупщи́к

**farm-hand** [ˈfɑːmhænd] *n* сельскохозя́йственный рабо́чий

**farm-house** [ˈfɑːmhaus] *n* жило́й дом на фе́рме

**farming** [ˈfɑːmɪŋ] **1.** *pres. p. от* farm 2

**2.** *n* 1) се́льское хозя́йство; mixed ~ неспециализи́рованное многоотраслево́е се́льское хозя́йство 2) заня́тие се́льским хозя́йством

**farmstead** [ˈfɑːmsted] *n* фе́рма со слу́жбами; уса́дьба

**farmyard** [ˈfɑːmjɑːd] *n* двор фе́рмы

**faro** [ˈfɛərəu] *n* фарао́н (*карт. игра*)

**far-off** [ˈfɑːrˈɔf] *a* отдалённый

**farouche** [fəˈruːʃ] *фр. a* нелюди́мый, ди́кий, угрю́мый

**far-out** [ˈfɑːrˈaut] *a* 1) передово́й, нетрадицио́нный; свобо́дный от предрассу́дков и усло́вностей 2) кра́йний

**farraginous** [fəˈrɑːdʒɪnəs] *a* сме́шанный, сбо́рный

**farrago** [fəˈrɑːgəu] *n* (*pl* -os [-əuz]) смесь, мешани́на; вся́кая вся́чина

**far-reaching** [ˈfɑːˈriːtʃɪŋ] *a* 1) далеко́ иду́щий; чрева́тый серьёзными после́дствиями 2) широ́кий

**farrier** [ˈfærɪə] *n* 1) кузне́ц (*подковывающий лошадей*) 2) *уст.* конова́л

**farriery** [ˈfærɪərɪ] *n* 1) ко́вка лошаде́й 2) ку́зница 3) *уст.* ветерина́рная хирурги́я

**farrow I** [ˈfærəu] **1.** *n* 1) опоро́с; помёт поросят 2) *уст.* поросёнок

**2.** *v* пороси́ться

**farrow II** [ˈfærəu] *a амер.* я́ловая (*о корове*)

**far-seeing** [ˈfɑːˈsiːŋ] *a* дальнови́дный, прозорли́вый, предусмотри́тельный

**far-sighted** [ˈfɑːˈsaɪtɪd] *a* 1) дальнозо́ркий 2) дальнови́дный, прозорли́вый, предусмотри́тельный

**fart** [fɑːt] *груб.* **1.** *n* (гро́мкий) треск при вы́ходе га́зов из органи́зма

**2.** *v* издава́ть (гро́мкий) треск, освобожда́ясь от га́зов

**farther** [ˈfɑːðə] **1.** *a* 1) *сравн. ст. от* far 1; 2) бо́лее отдалённый; дальне́йший, поздне́йший 3) дополни́тельный; have you anything ~ to say? что ещё вы мо́жете доба́вить?

**2.** *adv* 1) *сравн. ст. от* far 2; 2) да́льше, да́лее 3) *редк.* кро́ме того́, та́кже

**3.** *v редк.* = further 3

**farthermost** [ˈfɑːðəməust] *a* са́мый да́льний, наибо́лее отдалённый

**farthest** [ˈfɑːðɪst] **1.** *a* 1) *превосх. ст. от* far 1; 2) са́мый да́льний 3) са́мый до́лгий, са́мый по́здний; at (the) ~ са́мое бо́льшее; са́мое по́зднее

**2.** *adv* 1) *превосх. ст. от* far 1); 2) да́льше всего́

**farthing** [ˈfɑːðɪŋ] *n уст.* фа́ртинг (1/4 *пенни*) ◊ the uttermost ~ после́дний грош; it does not matter a ~ э́то ро́вно ничего́ не зна́чит; it's not worth a ~ гроша́ ло́маного не сто́ит; not to care a brass ~ наплева́ть

**farthingale** [ˈfɑːðɪŋgeɪl] *n* ю́бка с фи́жмами (*по моде XVI в.*)

**fasces** [ˈfæsiːz] *n pl др.-рим.* пучо́к пру́тьев ли́ктора

**fascia** [ˈfeɪʃə] *n* (*pl* -iae) 1) поло́ска, полоса́, по́яс 2) вы́веска 3) *архит.* поясо́к, ва́лик 4) [ˈfæʃɪə] *мед.* повя́зка, бинт; *анат.* фа́сция

**fasciae** [ˈfeɪʃɪiː] *pl от* fascia

**fascicle** [ˈfæsɪkl] *n* 1) *бот.* пучо́к, гроздь 2) отде́льный вы́пуск (*какого-либо издания*)

**fascicule** [ˈfæsɪkjuːl] = fascicle

**fascinate** [ˈfæsɪneɪt] *v* 1) очаро́вывать, пленя́ть 2) зачаро́вывать взгля́дом

**fascinating** [ˈfæsɪneɪtɪŋ] **1.** *pres. p. от* fascinate

**2.** *a* обворожи́тельный, очарова́тельный, плени́тельный

**fascination** [ˌfæsɪˈneɪʃən] *n* очарова́ние, обая́ние; пре́лесть

**fascinator** [ˈfæsɪneɪtə] *n* 1) чароде́й 2) *уст.* лёгкая кружевна́я наки́дка для головы́

**fascine** [fæˈsiːn] *n* 1) фаши́на 2) *attr.*: ~ dwelling сва́йная постро́йка

**fascism** [ˈfæʃɪzm] *n* фаши́зм

**fascist** [ˈfæʃɪst] **1.** *n* фаши́ст

**2.** *a* фаши́стский

**fash** [fæʃ] *шотл.* **1.** *n* беспоко́йство; муче́ние; доса́да

**2.** *v* беспоко́ить(ся); му́чить(ся)

**fashion** [ˈfæʃən] **1.** *n* 1) о́браз, мане́ра; after (*или* in) a ~ а) не́которым о́бразом, до изве́стной сте́пени; б) ко́е-ка́к; after the ~ of smth. по образцу́ чего́-л.; in one's own ~ по-сво́ему 2) фасо́н, покро́й; фо́рма 3) стиль, мо́да; to be the ~, to be in ~ быть в мо́де; to be in the ~ сле́довать мо́де; to bring into ~ вводи́ть в мо́ду; dressed in the height of ~ оде́тый по после́дней мо́де; a man of ~ све́тский челове́к, сле́дующий мо́де; out of ~ вы́шедший из мо́ды

**2.** *v* 1) придава́ть вид, фо́рму (into, to); *тех.* формова́ть, фасони́ровать, модели́ровать; to ~ a vase from clay лепи́ть сосу́д из гли́ны 2) *редк.* приспоса́бливать (to)

**fashionable** [ˈfæʃnəbl] **1.** *a* мо́дный; све́тский; фешене́бельный

**2.** *n* све́тский челове́к

**fashioner** [ˈfæʃnə] *n* портно́й, костюме́р

**fashion-monger** [ˈfæʃənˌmʌŋgə] *n* мо́дник; мо́дница

**fashion-paper** [ˈfæʃənˌpeɪpə] *n* мо́дный журна́л, журна́л мод

**fashion-plate** [ˈfæʃənpleɪt] *n* 1) мо́дная карти́нка 2) *разг.* сверхмо́дно оде́тая же́нщина 3) франт

**fast I** [fɑːst] **1.** *n* пост; to break (one's) ~ разгове́ться ◊ a clean ~ is better than a dirty breakfast ≅ бедне́е, да честне́е

**2.** *v* пости́ться

**fast II** [fɑːst] **1.** *a* 1) про́чный, кре́пкий, твёрдый; сто́йкий; закреплённый; ~ colour про́чная кра́ска; ~ friendship про́чная дру́жба; ~ sleep беспробу́дный сон; ~ coupling *тех.* постоя́нная (соедини́тельная) му́фта; to make ~ а) закрепля́ть; б) запира́ть (*дверь*) 2) ско́рый, бы́стрый; ~ train ско́рый по́езд; ~ neutron *физ.* бы́стрый нейтро́н; ~ track *ж.-д.* ли́ния с движе́нием поездо́в большо́й ско́рости 3) нето́чный; the watch is ~ часы́ спеша́т; the scales are ~ весы́ пока́зывают бо́льший вес 4) фриво́льный; легкомы́сленный; a ~ set кутя́щее о́бщество; to lead a ~ life вести́ беспу́тную жизнь; прожига́ть жизнь ◊ a ~ prisoner у́зник; ~ tennis-court удо́бная, хоро́шая те́ннисная площа́дка; ~ and loose непостоя́нный, изме́нчивый, ненадёжный; to play ~ and loose (with) поступа́ть безотве́тственно (с); быть непосле́довательным, ненадёжным; наруша́ть обеща́ние

**2.** *adv* 1) кре́пко, си́льно, про́чно; ~ shut пло́тно закры́тый; to be ~ asleep кре́пко спать 2) бы́стро, ча́сто; ско́ро 3): to live ~ прожига́ть жизнь ◇ ~ by (*или* beside) совсе́м ря́дом; stand ~! *воен.* стой!

**3.** *n* 1) *мор.* швартов, прича́л 2) *горн.* штрек

**fasten** [ˈfɑːsn] *v* 1) прикрепля́ть, привя́зывать (to, upon, on — к); свя́зывать (together, up, in); скрепля́ть, укрепля́ть, зажима́ть, сви́нчивать; сжима́ть, сти́скивать (*руки, зубы*); to ~ a nickname on smb. дава́ть кому́-л. про́звище 2) навя́зывать; to ~ a quarrel upon smb. поссо́риться с кем-л., придра́ться к кому́-л.; to ~ the blame on smb. возлага́ть на кого́-л. вину́ 3) запира́ть(ся); застёгивать(ся); to ~ a door запере́ть дверь; to ~ a glove застегну́ть перча́тку 4) устремля́ть (*взгляд, мысли и т. п.* — on upon); to ~ one's eyes on smb., smth. при́стально смотре́ть на кого́-л., что-л. 5) *стр.* затвердева́ть (*о растворе*) □ ~ **off** закрепи́ть (*нитку*); ~ **up** закрыва́ть; завя́зывать; to ~ up a box заколоти́ть я́щик; ~ **upon** ухвати́ться, набро́ситься; to ~ upon an idea (a pretext) ухвати́ться за мысль (предло́г); the bees ~ed upon me пчёлы облепи́ли меня́

**fastener** [ˈfɑːsnə] *n* 1) запо́р, задви́жка 2) застёжка; «мо́лния» 3) зажи́м 4) скре́пка для бума́г

**fastening** [ˈfɑːsnɪŋ] **1.** *pres. p. от* fasten

**2.** *n* 1) свя́зывание, скрепле́ние; замыка́ние 2) = fastener

**faster-than-sound** [ˈfɑːstəðənˈsaund] *a* сверхзвуково́й; ~ aircraft сверхзвуково́й самолёт, самолёт со сверхзвуково́й ско́ростью

**fasti** [ˈfæstiː] *лат. n pl* ле́топись, анна́лы

**fastidious** [fəsˈtɪdɪəs] *a* 1) привере́дливый, разбо́рчивый 2) утончённый, изощрённый

**fasting** [ˈfɑːstɪŋ] **1.** *pres. p. от* fast I, 2

**2.** *n* пост

**3.** *a* постя́щийся, соблюда́ющий пост

**4.** *adv* на голо́дный желу́док, натоща́к

**fastness** [ˈfɑːstnɪs] *n* 1) про́чность *и пр.* [*см.* fast II, 1] 2) кре́пость, тверды́ня, опло́т, цитаде́ль 3) сопротивля́емость органи́зма не́которым я́дам

**fat** [fæt] **1.** *n* 1) жир, са́ло; расти́тельное ма́сло (*тж.* vegetable ~) 2) сма́зка, мазь; таво́т 3) полнота́, ту́чность; ожире́ние; to be inclined to ~ быть скло́нным к полноте́; to run to ~ *разг.* жире́ть, толсте́ть 4) лу́чшая часть (*чего-л.*); to live on the ~ of the land *библ.* жить роско́шно 5) *театр.* вы́игрышная роль; вы́игрышное ме́сто ро́ли 6) *sl.* сре́дства, пожи́ва 7) *амер. полигр.* вы́годная печа́ть ◇ ~ cat *амер. sl.* лицо́, субсиди́рующее полити́ческое мероприя́тие; ~ fryer тот, кто добыва́ет *или* вымога́ет де́ньги для полити́ческих махина́ций; to live on one's own ~ а) жить ста́рыми запа́сами (*знаний и т. п.*); б) жить на свой капита́л; the ~ is in the fire ≅ де́ло сде́лано, быть беде́

**2.** *a* 1) жи́рный; са́льный (*о пище*); маслянистый; ~ type жи́рный шрифт 2) упи́танный, то́лстый, ту́чный; отко́рмленный; ~ cheeks пу́хлые щёки; ~ fingers то́лстые коро́ткие па́льцы 3) плодоро́дный (*о почве*) 4) вы́годный, дохо́дный; ~ job вы́годное де́ло; тёпленькое месте́чко; ~ part вы́игрышная роль 5) оби́льный, бога́тый 6) тупоу́мный, глу́пый ◇ a ~ lot *разг.* мно́го, о́чень (*обыкн. ирон.* ма́ло); a ~ lot you care ≅ вам на э́то наплева́ть; to cut up ~ оста́вить большо́е насле́дство

**fatal** [ˈfeɪtl] *a* 1) рокова́й, фата́льный, неизбе́жный 2) смерте́льный, губи́тельный, па́губный ◇ the ~ sisters *миф.* па́рки; the ~ thread нить жи́зни; the ~ shears смерть

**fatalism** [ˈfeɪtəlɪzm] *n* фатали́зм

**fatality** [fəˈtælɪtɪ] *n* 1) рок; фата́льность, обречённость 2) несча́стье; смерть (*от несчастного случая и т. п.*)

**fata morgana** [ˈfɑːtəmɔːˈgɑːnə] *ит. n* фа́та-морга́на, мира́ж

**fate** [feɪt] **1.** *n* 1) рок, судьба́; жре́бий, уде́л; as sure as ~ несомне́нно 2) ги́бель, смерть; to go to one's ~ идти́ на ги́бель 3) (the Fates) *pl миф.* па́рки

**2.** *v* (*обыкн. pass.*) предопределя́ть; he was ~d to do it ему́ суждено́ бы́ло сде́лать э́то

**fated** [ˈfeɪtɪd] **1.** *p. p. от* fate 2

**2.** *a* предопределённый; обречённый

**fateful** [ˈfeɪtful] *a* 1) рокова́й 2) обречённый 3) реши́тельный, ва́жный (*по последствиям*) 4) проро́ческий; злове́щий

**fat-guts** [ˈfætgʌts] *n разг.* толстя́к

**fat-head** [ˈfæthed] *n* о́лух, болва́н

**father** [ˈfɑːðə] **1.** *n* 1) оте́ц, роди́тель; natural ~ оте́ц внебра́чного ребёнка; adoptive ~ приёмный оте́ц, усынови́тель 2) пре́док, родонача́льник, прароди́тель 3) старе́йший член; *pl* старе́йшины; F. of the House а) старе́йший (*по годам непрерывности депутатского звания*) член пала́ты о́бщин; б) *амер.* старе́йшина пала́ты представи́телей 4) покрови́тель; засту́пник, «оте́ц родно́й» 5) созда́тель, творе́ц; вдохнови́тель 6) духо́вный оте́ц, епи́скоп; the Holy F. па́па ри́мский ◇ the wish is ~ to the thought жела́ние порожда́ет мысль; ≅ лю́ди скло́нны ве́рить тому́, чему́ хотя́т ве́рить; F. Thames ≅ ма́тушка Те́мза; F. of lies сатана́; to be gathered to one's ~s отпра́виться к пра́отцам; F. of Waters *амер.* река́ Миссиси́пи

**2.** *v* 1) быть отцо́м; производи́ть, порожда́ть, быть а́втором, творцо́м 2) усыновля́ть; оте́чески забо́титься 3) припи́сывать отцо́вство; припи́сывать а́вторство; возлага́ть отве́тственность (за а́вторство) (on, upon — на)

**father-figure** [ˈfɑːðəˌfɪgə] *n* челове́к, кото́рого ребёнок лю́бит и уважа́ет как родно́го отца́

**fatherhood** [ˈfɑːðəhud] *n* отцо́вство

**father image** [ˈfɑːðərˌɪmɪdʒ] = father-fiqure

**father-in-law** [ˈfɑːðərɪnlɔː] *n* (*pl* fathers-in-law) 1) свёкор (*отец мужа*) 2) тесть (*отец жены*)

**fatherland** [ˈfɑːðəlænd] *n редк.* оте́чество, отчи́зна

**fatherless** [ˈfɑːðəlɪs] *a* оста́вшийся без отца́

**fatherly** [ˈfɑːðəlɪ] **1.** *a* отцо́вский; оте́ческий, не́жный

**2.** *adv* оте́чески

**fathom** [ˈfæðəm] **1.** *n* (*pl с цифрами обыкн. без изменений*) 1) морска́я са́жень (= *6 футам 182 см*) 2) изоба́та ◇ to be ~s deep in love быть влюблённым по́ уши

**2.** *v* 1) измеря́ть глубину́ (*воды*); де́лать проме́р ло́том 2) вника́ть, понима́ть; I cannot ~ his meaning я не могу́ поня́ть, что он хо́чет сказа́ть

**fathometer** [fæˈðɔmɪtə] *n мор.* эхоло́т

**fathomless** [ˈfæðəmlɪs] *a* 1) неизмери́мый; бездо́нный; the ~ depths of the sea бездо́нные глуби́ны мо́ря 2) непостижи́мый

**fatidical** [feɪˈtɪdɪkəl] *a* проро́ческий

**fatigue** [fəˈtiːg] **1.** *n* 1) уста́лость, утомле́ние 2) утоми́тельность 3) утоми́тельная рабо́та 4) = ~-duty 5) *pl воен.* ро́ба, рабо́чая оде́жда солда́та 6) *тех.* уста́лость (*металлов*)

**2.** *v* утомля́ть, изнуря́ть

**fatigue-dress** [fəˈtiːgˈdres] *n воен.* рабо́чая оде́жда солда́та

**fatigue-duty** [fəˈtiːgˌdjuːtɪ] *n воен.* нестроево́й наря́д

**fatigue-party** [fəˈtiːgˌpɑːtɪ] *n воен.* рабо́чая кома́нда

**fatten** [ˈfætn] *v* 1) отка́рмливать на убо́й 2) жире́ть, толсте́ть 3) удобря́ть (*землю*)

**fatty** [ˈfætɪ] **1.** *a* жи́рный; жирово́й; ~ degeneration *мед.* жирово́е перерожде́ние, ожире́ние; ~ degeneration of the heart ожире́ние се́рдца; ~ acids *хим.* жи́рные кисло́ты

**2.** *n* толстя́к

**fatuity** [fəˈtju(ː)ɪtɪ] *n* 1) самодово́льная глу́пость; бессмы́сленность 2) *уст.* тще́тность

**fatuous** [ˈfætjuəs] *a* 1) глу́пый, дура́цкий; ~ smile бессмы́сленная улы́бка 2) *уст.* пусто́й, бесполе́зный (*о попытке*)

**fat-witted** [ˈfætˈwɪtɪd] *a* тупо́й, глу́пый

**faubourg** [ˈfəubuəg] *фр. n* предме́стье, при́город (*особ. Парижа*)

**fauces** [ˈfɔːsiːz] *n pl анат.* зев, го́рло, ротогло́тка

**faucet** [ˈfɔːsɪt] *n* 1) ве́нтиль; вту́лка; растру́б; заты́чка 2) *амер.* водопрово́дный кран

**faugh** [fɔ:] *int* тьфу!, фу!

**fault** [fɔ:lt] **1.** *n* 1) недоста́ток, дефе́кт; to find ~ with smb., smth. а) придира́ться к кому́-л., к чему́-л.; брани́ть кого́-л.; б) жа́ловаться на что-л. 2) про́мах, оши́бка; to be at ~ ошиба́ться [*см. тж.* 5)] 3) просту́пок, вина́; in ~ винова́тый; whose ~ is it?, who is in ~? кто винова́т?; through no ~ of mine не по мое́й вине́ 4) *спорт.* непра́вильно по́данный мяч 5) *охот.* поте́ря сле́да; to be at ~ потеря́ть след; *перен.* быть озада́ченным; находи́ться в затрудне́нии [*см. тж.* 2)] 6) *геол.* разло́м, сдвиг, сброс 7) *тех.* ава́рия, поврежде́ние, неиспра́вность ◇ to a ~ о́чень; сли́шком; чрезме́рно; a ~ confessed is half redressed *посл.* ≅ пови́нную го́лову меч не сечёт

**2.** *v* 1) *редк.* придира́ться 2) *спорт.* непра́вильно подава́ть мяч 3) *геол.* образова́ть разры́в *или* сброс

**faultfinder** [ˈfɔ:ltˌfaɪndə] *n* приди́ра

**faultfinding** [ˈfɔ:ltˌfaɪndɪŋ] **1.** *n* 1) приди́рки, приди́рчивость 2) *тех.* обнару́же́ние ава́рии

**2.** *a* приди́рчивый

**faultless** [ˈfɔ:ltlɪs] *a* 1) безупре́чный 2) безоши́бочный

**faulty** [ˈfɔ:ltɪ] *a* 1) несоверше́нный 2) непра́вильный, оши́бочный 3) испо́рченный, повреждённый 4) наделённый недоста́тками

**faun** [fɔ:n] *n римск. миф.* фавн

**fauna** [ˈfɔ:nə] *n* (*pl* -ae, -as [-əz]) фа́уна

**faunae** [ˈfɔ:ni:] *pl от* fauna

**faux pas** [ˈfəuˈpɑ:] *фр. n* ло́жный шаг

**favor, favorable, favored, favorite, favoritism** [ˈfeɪvə, ˈfeɪvərəbl, ˈfeɪvəd, ˈfeɪvərɪt, ˈfeɪvərɪtɪzm] *амер.* = favour, favourable, favoured, favourite, favouritism

**favour** [ˈfeɪvə] **1.** *n* 1) благоскло́нность, расположе́ние; одобре́ние; to find ~ in the eyes of smb., to win smb.'s ~ сниска́ть чьё-л. расположе́ние; угоди́ть кому́-л.; to look with ~ on smb., smth. относи́ться доброжела́тельно к кому́-л., чему́-л.; to stand high in smb.'s ~ быть в ми́лости у кого́-л.; in ~ в почёте; out of ~ в неми́лости; to enjoy the ~s of a woman по́льзоваться благоскло́нностью же́нщины 2) одолже́ние; любе́зность; to do smth. as a ~ сде́лать одолже́ние, оказа́ть любе́зность; do me a ~, read this carefully бу́дьте добры́, прочти́те э́то внима́тельно 3) пристра́стие (*к кому́-л.*); покрови́тельство; he gained his position more by ~ than by merit (скоре́е) не ли́чные заслу́ги, а покрови́тельство помогло́ ему́ дости́чь тако́го положе́ния 4) по́льза, интере́с; по́мощь; in ~ of а) за; to be in ~ of smth. стоя́ть за что-л., быть сторо́нником чего́-л.; б) в по́льзу (*кого́-л., чего́-л.*); to draw a cheque in smb.'s ~ вы́писать чек на чьё-л. и́мя; under ~ of the darkness под покро́вом темноты́ 5) значо́к; бант, розе́тка; сувени́р 6) *ком.* письмо́; your ~ of yesterday ва́ше вчера́шнее письмо́ 7) *уст.* вне́шность, лицо́ ◇ by your ~ *уст.* с ва́шего позволе́ния; under ~ с позволе́ния сказа́ть; those in ~? кто за?

**2.** *v* 1) благоволи́ть, быть благоскло́нным; ока́зывать внима́ние, любе́зность; please, ~ me with an answer благоволи́те мне отве́тить 2) благоприя́тствовать; помога́ть, подде́рживать 3) покрови́тельствовать; быть пристра́стным, ока́зывать предпочте́ние 4) *разг.* бере́чь, оберега́ть, щади́ть 5) *разг.* быть похо́жим; the boy ~s his father ма́льчик похо́ж на отца́ ◇ ~ed by smb. пе́реданное кем-л. (*письмо*)

**favourable** [ˈfeɪvərəbl] *a* 1) благоприя́тный; подходя́щий; удо́бный; ~ answer благоприя́тный отве́т; ~ wind попу́тный ве́тер 2) благоскло́нный, располо́женный, симпатизи́рующий

**favoured** [ˈfeɪvəd] **1.** *p. p. от* favour 2

**2.** *a* 1) привилегиро́ванный, по́льзующийся преиму́ществом; most ~ nation *дип.* наибо́лее благоприя́тствуемая на́ция; ~ few немно́гие и́збранные 2) благода́тный (*о климате*)

**favourite** [ˈfeɪvərɪt] **1.** *n* 1) люби́мец; фавори́т 2) люби́мая вещь; that book is a great ~ of mine я о́чень люблю́ э́ту кни́гу 3) фавори́т (*о лошади*) 4) кандида́т, име́ющий наибо́льший шанс на успе́х (*на выборах*)

**2.** *a* люби́мый, излю́бленный ◇ ~ son *амер.* полити́ческий де́ятель, вы́двинутый представи́телями своего́ шта́та на пост президе́нта

**favouritism** [ˈfeɪvərɪtɪzm] *n* фаворити́зм

**fawn I** [fɔ:n] **1.** *n* молодо́й оле́нь (*до одного года*); in ~ сте́льная (*о ланке*)

**2.** *a* желтова́то-кори́чневый

**3.** *v* тели́ться (*о ланке*)

**fawn II** [fɔ:n] *v* 1) ласка́ться; виля́ть хвосто́м 2) подли́зываться, прислу́живаться, лебези́ть (on, upon)

**fawn-coloured** [ˈfɔ:nˌkʌləd] = fawn I, 2

**fawning I** [ˈfɔ:nɪŋ] *pres. p. от* fawn I, 3

**fawning II** [ˈfɔ:nɪŋ] **1.** *pres. p. от* fawn II

**2.** *a* раболе́пный

**fay I** [feɪ] *n уст.* ве́ра; ве́рность; by my ~! че́стное сло́во!

**fay II** [feɪ] *n поэт.* фе́я; эльф

**fay III** [feɪ] *v* 1) пло́тно соединя́ть 2) примыка́ть

**faze** [feɪz] *v амер. разг.* беспоко́ить, досажда́ть; расстра́ивать

**fealty** [ˈfi:əltɪ] *n ист.* ве́рность васса́ла феода́лу; to swear ~ to (*или* for) smb. присяга́ть на ве́рность кому́-л.

**fear** [fɪə] **1.** *n* 1) страх, боя́знь; for ~ (of smth.) из боя́зни (чего́-л.); for ~ of exposure боя́сь разоблаче́ния; in ~ of one's life в стра́хе за свою́ жизнь; without ~ or favour беспристра́стно 2) опасе́ние; возмо́жность, вероя́тность (*чего-л. нежелательного*); no ~ *разг.* вряд ли; едва́ ли

**2.** *v* 1) боя́ться, страши́ться; never ~ не бо́йтесь; I ~ me *уст.* я бою́сь 2) опаса́ться; ожида́ть (*чего-л. нежелательного*)

**fearful** [ˈfɪəful] *a* 1) ужа́сный, стра́шный 2) испу́ганный, напу́ганный; a ~ glance испу́ганный взгляд 3) *разг.* огро́мный, ужа́сный; in a ~ mess в стра́шном беспоря́дке; a ~ bore скучне́йший челове́к 4) *уст.* по́лный стра́ха, испу́ганный (of); испо́лненный благогове́ния 5) ро́бкий; ~ to do smth. боя́щийся сде́лать что-л.

**fearless** [ˈfɪəlɪs] *a* бесстра́шный, неустраши́мый; му́жественный

**fear-monger** [ˈfɪəˌmʌŋgə] *n* паникёр

**fearnought** [ˈfɪənɔ:t] *n* касто́р (*сукно*)

**fearsome** [ˈfɪəsəm] *a* (*обыкн. шутл.*) гро́зный, стра́шный; to be ~ внуша́ть опасе́ния (*или* страх)

**feasible** [ˈfi:zəbl] *a* 1) выполни́мый, осуществи́мый 2) возмо́жный, вероя́тный; правдоподо́бный

**feast** [fi:st] **1.** *n* 1) пир; пра́зднество; банке́т 2) удово́льствие, наслажде́ние; a ~ for the eye(s) прия́тное зре́лище 3) пра́здник; ежего́дный се́льский церко́вный *или* прихо́дский пра́здник ◇ ~ today and fast tomorrow *посл.* ≅ ра́зом гу́сто, ра́зом пу́сто; enough is as good as a ~ *посл.* ≅ от добра́ добра́ не и́щут; бо́льше, чем доста́точно

**2.** *v* 1) пирова́ть, пра́здновать 2) принима́ть, чествова́ть; угоща́ть(ся) 3) наслажда́ться; to ~ one's eyes on smb., smth. любова́ться кем-л., чем-л.

**feast-day** [ˈfi:stdeɪ] *n* пра́здник; (семе́йное) торжество́

**feat** [fi:t] **1.** *n* 1) по́двиг; ~ of arms боево́й по́двиг 2) проявле́ние большо́й ло́вкости, иску́сства

**2.** *a уст.* ло́вкий, иску́сный

**feather** [ˈfeðə] **1.** *n* 1) перо́ (*птичье*); *собир. или pl* опере́ние; she is light as a ~ она́ лёгкая как пёрышко 2) *охот.* дичь 3) плюма́ж 4) волосна́я тре́щина (*порок в драгоценном камне*) 5) не́что лёгкое; пустячо́к 6) *тех.* вы́ступ, гре́бень; шпо́нка ◇ in full (*или* in fine) ~ в по́лном пара́де; во всём бле́ске; in high ~ в хоро́шем настрое́нии; to show (*или* to fly) the white ~ стру́сить, прояви́ть малоду́шие; to knock down with a ~ ошеломи́ть; to smooth one's ruffled ~s прийти́ в себя́; опра́виться; to preen one's ~s прихора́шиваться; a ~ in one's cap (*или* bonnet) предме́т го́рдости, достиже́ние, успе́х

**2.** *v* 1) украша́ть(ся) пе́рьями 2) придава́ть фо́рму пера́; boughs ~ed with snow су́чья, опушённые сне́гом 3) оперя́ться 4) *тех.* соединя́ть на шпунт *или* шпо́нку 5) *охот.* сбить пе́рья с пти́цы вы́стрелом 6) *мор., спорт.* выноси́ть весло́ плашмя́ 7) ре́зать во́здух (*крылом и т. п.*) 8) *ав.* цикли́чески изменя́ть шаг (*несущего *винта вертолёта*) 9) *охот.* дрожа́ть, виля́я хвосто́м (*о собаке, разыскивающей след*) ◇ to ~ one's nest ≅ нагре́ть ру́ки; наби́ть себе́ карма́н; обогати́ться

**feather-bed** [ˈfeðəbed] **1.** *n* 1) пери́на 2) удо́бное месте́чко 3) ро́скошь

**2.** *v* 1) балова́ть; изне́живать 2) нормализова́ть нагру́зку на одного́ рабо́чего путём увеличе́ния шта́тов *или* сокраще́ния объёма произво́дства по тре́бованию профсою́за

**feather-brain** [ˈfeðəbreɪn] *n* вертопра́х, пусто́й челове́к

**feather-brained** [ˈfeðəˈbreɪnd] *a* глу́пый, пусто́й, ве́треный

**feathered** [ˈfeðəd] **1.** *p. p. от* feather 2

**2.** *a* 1) покры́тый *или* укра́шенный пе́рьями 2) име́ющий вид пера́ 3) крыла́тый, бы́стрый ◇ our ~ friends на́ши крыла́тые друзья́ (*птицы*)

**feather-grass** [ˈfeðəgrɑːs] *n бот.* ковы́ль

**feather-head** [ˈfeðəhed] = feather-brain

**feather-headed** [ˈfeðəˈhedɪd] = feather-brained

**feathering** [ˈfeðərɪŋ] **1.** *pres. p. от* feather 2

**2.** *n* 1) опере́ние 2) что-л., похо́жее на опере́ние

**feather-pate** [ˈfeðəpeɪt] = feather-brain

**feather-pated** [ˈfeðəˈpeɪtɪd] = feather-brained

**feather-stitch** [ˈfeðəstɪtʃ] *n* шов та́мбуром, в ёлочку

**feather-weight** [ˈfeðəweɪt] *n* 1) о́чень лёгкий челове́к *или* предме́т 2) *спорт.* полулёгкий вес, «вес пера́»

**feathery** [ˈfeðərɪ] *a* 1) = feathered 2; 2) похо́жий на перо́; лёгкий, пуши́стый

**feature** [ˈfiːtʃə] **1.** *n* 1) осо́бенность, характе́рная черта́; при́знак, сво́йство, дета́ль; a ~ of a treaty положе́ние догово́ра; agricultural ~s агротехни́ческие осо́бенности 2) (*обыкн. pl*) черты́ лица́ 3) больша́я (газе́тная) статья́ 4) сенсацио́нный материа́л (*о статье, сообщении по радио или телевидению*) 5) гвоздь програ́ммы; аттракцио́н 6) полнометра́жный фильм; основно́й фильм кинопрогра́ммы; центра́льная переда́ча телепрогра́ммы 7) *топ.* ме́стный предме́т; подро́бность релье́фа ме́стности 8) *attr.*: ~ film худо́жественный фильм; ~ article о́черк

**2.** *v* 1) изобража́ть, рисова́ть, набра́сывать; обрисо́вывать 2) быть характе́рной черто́й 3) пока́зывать (*на экране*); выводи́ть в гла́вной ро́ли 4) де́лать гвоздём програ́ммы 5) отводи́ть важне́йшее ме́сто; the newspaper ~s a story газе́та на ви́дном ме́сте помеща́ет расска́з 6) исполня́ть гла́вную роль, выступа́ть в гла́вной ро́ли 7) *разг.* напомина́ть черта́ми лица́, походи́ть (*на кого-л., что-л.*)

**feature-length** [ˈfiːtʃəleŋθ] *a кино* полнометра́жный

**featureless** [ˈfiːtʃəlɪs] *a* лишённый характе́рных черт, невырази́тельный

**febrifuge** [ˈfebrɪfjuːdʒ] *мед.* **1.** *n* жаропонижа́ющее (сре́дство)

**2.** *a* жаропонижа́ющий

**febrile** [ˈfiːbraɪl] *a* лихора́дочный

**February** [ˈfebruərɪ] *n* 1) февра́ль 2) *attr.* февра́льский

**fecit** [ˈfiːsɪt] *лат. v* испо́лнил, сде́лал (*подпись художника*)

**feck** [fek] *n шотл.* 1) це́нность 2) си́ла 3) бо́льшая часть; большинство́

**feckless** [ˈfeklɪs] *a* беспо́мощный; бесполе́зный

**feculence** [ˈfekjuləns] *n* муть, му́тность; му́тный оса́док

**feculent** [ˈfekjulənt] *a* му́тный

**fecund** [ˈfiːkənd] *a* 1) плодоро́дный 2) плодови́тый (*тж. перен.*)

**fecundate** [ˈfiːkəndeɪt] *v* 1) де́лать плодоро́дным 2) оплодотворя́ть

**fed** [fed] *past и p. p. от* feed I, 2

**federal** [ˈfedərəl] **1.** *a* федера́льный, сою́зный

**2.** *n* федерали́ст; the Federals войска́ северя́н (*в гражданской войне в Америке 1861—65 гг.*)

**federate** **1.** *a* [ˈfedərɪt] федерати́вный

**2.** *v* [ˈfedəreɪt] объединя́ть(ся) на федерати́вных нача́лах

**federation** [ˌfedəˈreɪʃən] *n* 1) федера́ция, сою́з 2) объедине́ние, организа́ция; World F. of Trade Unions Всеми́рная федера́ция профсою́зов

**federative** [ˈfedərətɪv] *a* федерати́вный

**fedora** [fɪˈdɔːrə] *n амер.* мя́гкая фе́тровая шля́па

**fed-up** [ˈfedˈʌp] *a разг.* 1) насы́щенный; пресы́щенный 2) сы́тый по го́рло, пресы́тившийся; I am ~ с меня́ хва́тит; надое́ло

**fee** [fiː] **1.** *n* 1) гонора́р, вознагражде́ние 2) вступи́тельный *или* чле́нский взнос 3) пла́та за уче́ние 4) *ист.* лен, феода́льное поме́стье; ~ simple *юр.* поме́стье, насле́дуемое без ограниче́ний

**2.** *v* (feed) 1) плати́ть гонора́р 2) нанима́ть

**feeble** [ˈfiːbl] *a* 1) сла́бый 2) не́мощный, хи́лый 3) ничто́жный

**feeble-minded** [ˈfiːblˈmaɪndɪd] *a* слабоу́мный

**feed** I [fiːd] **1.** *n* 1) пита́ние, кормле́ние 2) пи́ща; оби́льная еда́ 3) корм, фура́ж 4) по́рция, да́ча (*корма*) 5) *уст.* па́стбище, вы́гон; out at ~ на подно́жном корму́ 6) *тех.* пода́ча материа́ла, пита́ние; по́данный материа́л 7) *attr.* кормово́й; ~ crop *с.-х.* кормова́я культу́ра 8) *attr.* загру́зочный; ~ box *тех.* коро́бка пода́ч ◇ to be off one's ~ не име́ть аппети́та

**2.** *v* (fed) 1) пита́ть(ся); корми́ть(-ся) 2) пасти́(сь); задава́ть корм 3) подде́рживать; снабжа́ть то́пливом, водо́й, сырьём (*машину*; into, to) □ ~ **down** испо́льзовать (*землю как пастбище*); ~ **on,** ~ **upon** пита́ть(ся) *чем-л.*; ~ **up** отка́рмливать, уси́ленно пита́ть ◇ to ~ suspicions подогрева́ть подозре́ния; to ~ on the fat of one's memory испо́льзовать ресу́рсы свое́й па́мяти

**feed** II [fiːd] *past и p. p. от* fee 2

**feed-back** [ˈfiːdbæk] *n* 1) *радио* обра́тная связь 2) *эл.* обра́тное пита́ние

**feeder** [ˈfiːdə] *n* 1) едо́к; a large (*или* gross) ~ обжо́ра; he is a quick ~ он ест о́чень бы́стро 2) прито́к (*реки*); кана́л 3) = feeding-bottle 4) де́тский нагру́дник 5) корму́шка 6) *эл.* фи́дер 7) *тех.* пита́тель, подаю́щий механи́зм 8) *ж.-д.* ве́тка 9) вспомога́тельная возду́шная, авто́бусная *и т. п.* ли́ния

**feeding-bottle** [ˈfiːdɪŋˌbɔtl] *n* де́тский рожо́к

**feed-pipe** [ˈfiːdpaɪp] *n тех.* пита́тельная труба́

**feed-pump** [ˈfiːdpʌmp] *n тех.* пита́тельный насо́с

**feed-screw** [ˈfiːdskruː] *n тех.* ходово́й винт, подаю́щий червя́к, шнек

**feed-stuff** [ˈfiːdstʌf] *n* 1) корма́, фура́ж 2) пита́тельные вещества́, входя́щие в соста́в кормо́в

**feed-tank** [ˈfiːdtæŋk] *n* резервуа́р пита́ющей воды́, расхо́дный бак

**feed-trough** [ˈfiːdtrɔf] = feed-tank

**fee-faw-fum** [ˈfiːfɔːˈfʌm] **1.** *int восклицание людоеда в англ. сказках*

**2.** *n* смехотво́рная угро́за; this is all ~ э́то всё чепуха́

**feel** [fiːl] **1.** *v* (felt) 1) чу́вствовать 2) ощу́пывать; тро́гать, осяза́ть; to ~ the edge of a knife про́бовать ле́звие ножа́; to ~ the pulse of smb. щу́пать чей-л. пульс; *перен.* стара́ться вы́яснить чьи-л. жела́ния, наме́рения *и т. п.*; прощу́пывать 3) ша́рить, иска́ть о́щупью; to ~ in one's pocket иска́ть (*что-л.*) в карма́не; to ~ one's way пробира́ться о́щупью; *перен.* де́йствовать осторо́жно; зонди́ровать по́чву, выясня́ть обстано́вку 4) ощуща́ть; to ~ the heat (the cold) быть чувстви́тельным к жаре́ (к хо́лоду) 5) о́стро *или* то́нко воспринима́ть, быть чувстви́тельным (*к чему-л.*); to ~ beauty (poetry) чу́вствовать красоту́ (поэ́зию); the ship ~s her helm су́дно слу́шается руля́ 6) пережива́ть; to ~ a friend's death пережива́ть смерть дру́га 7) *глагол-связка в составном именном сказуемом*: а) чу́вствовать себя́; I ~ hot (cold) мне жа́рко (хо́лодно); to ~ fine (bad) чу́вствовать себя́ прекра́сно (пло́хо); to ~ low чу́вствовать себя́ пода́вленным; to ~ quite oneself опра́виться, прийти́ в себя́; to ~ angry серди́ться; to ~ certain быть уве́ренным; to ~ tired чу́вствовать себя́ уста́лым; do you ~ hungry? вы голодны́?; б) дава́ть ощуще́ние; your hand ~s cold у вас холо́дная рука́; velvet ~s soft ба́рхат мя́гок на о́щупь 8) полага́ть, счита́ть; I ~ it my duty я счита́ю э́то свои́м до́лгом; to ~ bound to say быть вы́нужденным сказа́ть 9) предчу́вствовать 10) *воен.*

*разг.* «прощу́пывать»; разве́дывать ▭ ~ **about** а) дви́гаться о́щупью; б) ша́рить, нащу́пывать (for); ~ **for** а) сочу́вствовать; I really ~ for you я вам и́скренне сочу́вствую; б) нащу́пывать; ~ **up to** быть в состоя́нии; ~ **with** разделя́ть (*чьё-л.*) чу́вство; сочу́вствовать; сопережива́ть ◇ to ~ like (eating, *etc.*) быть скло́нным, хоте́ть (пое́сть *и т. п.*); to ~ like putting smb. on *амер.* испы́тывать жела́ние помо́чь кому́-л.; it ~s like rain вероя́тно, бу́дет дождь; to ~ strongly about испы́тывать чу́вство возмуще́ния, быть про́тив; to ~ one's feet (*или* legs) почу́вствовать по́чву под нога́ми; быть уве́ренным в себе́; to ~ in one's bones быть соверше́нно уве́ренным; what do you ~ about it? что вы об э́том ду́маете?

**2.** *n* 1) осяза́ние; ощуще́ние; cold to the ~ холо́дный на о́щупь; the cool ~ of smth. ощуще́ние хо́лода от прикоснове́ния чего́-л. *или* к чему́-л. by ~ на о́щупь 2) чутьё; вкус

**feeler** [ˈfiːlə] *n* 1) *зоол.* щу́пальце; у́сик 2) про́ба, про́бный шар 3) *воен.* о́рган разве́дки 4) разве́дчик ◇ to send out a ~ зонди́ровать по́чву

**feeling** [ˈfiːlɪŋ] **1.** *pres. p. от* feel 1

**2.** *n* 1) чу́вство, ощуще́ние, созна́ние; he had a ~ of safety он чу́вствовал себя́ в безопа́сности; to appeal to smb.'s better ~s взыва́ть к лу́чшим чу́вствам кого́-л.; стара́ться разжа́лобить кого́-л. 2) эмо́ция, волне́ние; чу́вство; ~ ran high стра́сти разгоре́лись; to hurt smb.'s ~s оби́деть кого́-л.; to relieve one's ~s отвести́ ду́шу 3) отноше́ние, настрое́ние; (*часто pl*) взгляд; the general ~ was against him о́бщее настрое́ние бы́ло про́тив него́; good ~ доброжела́тельность; ill ~ неприя́знь, предубежде́ние; вражде́бность; strong ~(s) (глубо́кое) возмуще́ние 4) то́нкое восприя́тие (*искусства, красоты*) 5) ощуще́ние, впечатле́ние; bad ~ плохо́е впечатле́ние 6) интуи́ция, предчу́вствие; a ~ of danger ощуще́ние надвига́ющейся опа́сности ◇ I have no ~ in this leg у меня́ нога́ онеме́ла

**3.** *a* 1) чувстви́тельный 2) прочу́вствованный 3) по́лный сочу́вствия

**feelingly** [ˈfiːlɪŋlɪ] *adv* с чу́вством, с жа́ром

**feet** [fiːt] *pl от* foot 1

**feeze** [fiːz] *уст., диал.* **1.** *n* 1) возбужде́ние 2) трево́га

**2.** *v* 1) беспоко́ить(ся) 2) бить

**feign** [feɪn] *v* 1) притворя́ться, симули́ровать; to ~ indifference притворя́ться безразли́чным 2) *редк.* выду́мывать, приду́мывать; to ~ an excuse приду́мывать оправда́ние

**feigned** [feɪnd] **1.** *p. p. от* feign

**2.** *a* 1) притво́рный 2): ~ column *архит.* ло́жная коло́нна

**feigningly** [ˈfeɪnɪŋlɪ] *adv* притво́рно

**feint** I [feɪnt] **1.** *n* 1) притво́рство; to make a ~ of doing smth. притворя́ться де́лающим что-л. 2) ло́жный вы́пад, финт; манёвр для отвлече́ния внима́ния проти́вника

**2.** *v* сде́лать манёвр для отвлече́ния внима́ния проти́вника (at, upon, against)

**feint** II [feɪnt] = faint 2, 2)

**feist** [faɪst] *n амер. диал.* собачо́нка

**feldspar** [ˈfeldspɑː] *n мин.* полево́й шпат

**felicitate** [fɪˈlɪsɪteɪt] *v* 1) поздравля́ть (on — с); жела́ть сча́стья 2) *редк.* осчастли́вливать

**felicitation** [fɪˌlɪsɪˈteɪʃən] *n* (*обыкн. pl*) поздравле́ние

**felicitous** [fɪˈlɪsɪtəs] *a* уда́чный, уме́стный, счастли́вый; ~ remark ме́ткое замеча́ние

**felicity** [fɪˈlɪsɪtɪ] *n* 1) сча́стье; блаже́нство 2) счастли́вое уме́ние (*писать, рисовать и т. п.*); ~ of phrase спосо́бность находи́ть уда́чные выраже́ния; красноре́чие 3) уда́чность, ме́ткость (*выражения*)

**feline** [ˈfiːlaɪn] **1.** *n зоол.* живо́тное из семе́йства коша́чьих

**2.** *a* 1) *зоол.* коша́чий 2) по-коша́чьи хи́трый *или* зло́бный; ~ amenities *шутл.* скры́тые ко́лкости

**fell** I [fel] *n* шку́ра (*тж. перен.*); ~ of hair ко́смы воло́с

**fell** II [fel] *n сев.* 1) гора́ (*в названиях*) 2) пусты́нная боло́тистая ме́стность (*на севере Англии*)

**fell** III [fel] *a поэт.* жесто́кий, свире́пый, беспоща́дный

**fell** IV [fel] **1.** *v* 1) руби́ть, вали́ть (*дерево*) 2) сбить с ног 3) запошива́ть (*шов*); подруба́ть (*ткань*)

**2.** *n* коли́чество сру́бленного ле́са

**fell** V [fel] *past от* fall 2

**fella** [ˈfelə] *разг. см.* fellow 2)

**fellah** [ˈfelə] *араб. n* (*pl* fellaheen, -ahs [-əz]) фелла́х

**fellaheen** [ˌfeləˈhiːn] *pl от* fellah

**feller** [ˈfelə] *разг. см.* fellow 2)

**felling** [ˈfelɪŋ] **1.** *pres. p. от* fell IV, 1

**2.** *n* ру́бка, ва́лка (*леса*)

**felloe** [ˈfeləu] *n* о́бод (*колеса*)

**fellow** [ˈfeləu] *n* 1) това́рищ, собра́т; a ~ in misery това́рищ по несча́стью; ~s in arms това́рищи по ору́жию 2) *разг.* челове́к; па́рень; a good ~ сла́вный ма́лый; my dear ~ дорого́й мой; old ~ старина́, дружи́ще 3) па́рная вещь; па́ра; I shall never find his ~ я никогда́ не найду́ ра́вного ему́ 4) (*обыкн.* F.) член сове́та колле́джа; стипендиа́т, занима́ющийся иссле́довательской рабо́той 5) (*обыкн.* F.) член нау́чного о́бщества 6) *амер. разг.* ухажёр, покло́нник 7) *attr.*: ~ citizen сограждани́н; ~ creature бли́жний; ~ soldier това́рищ по ору́жию

**fellow-countryman** [ˈfeləuˈkʌntrɪmən] *n* соотéчественник, земля́к

**fellow-feeling** [ˈfeləuˈfiːlɪŋ] *n* 1) сочу́вствие, симпа́тия 2) о́бщность взгля́дов *или* интере́сов

**fellowship** [ˈfeləuʃɪp] *n* 1) това́рищество, чу́вство това́рищества; бра́тство; good ~ чу́вство това́рищества 2) корпора́ция 3) зва́ние чле́на сове́та колле́джа; зва́ние стипендиа́та, занима́ющегося иссле́довательской рабо́той 4) чле́нство (*в научном обществе и т. п.*) 5) стипе́ндия, выпла́чиваемая ли́цам, око́нчившим университе́т и веду́щим при нём иссле́довательскую рабо́ту; holder of ~ стипендиа́т

**fellow-traveller** [ˈfeləuˈtrævlə] *n* 1) спу́тник; попу́тчик 2) *полит.* попу́тчик; сочу́вствующий

**felly** [ˈfelɪ] = felloe

**felo de se** [ˈfiːləudiːˈsiː] *n* (*pl* felones de se, felos de se) 1) самоуби́йца 2) (*тк. sing*) самоуби́йство

**felon** I [ˈfelən] **1.** *n юр.* уголо́вный престу́пник

**2.** *a поэт.* престу́пный; жесто́кий; ~ deed жесто́кий посту́пок

**felon** II [ˈfelən] *n мед.* панари́ций

**felones de se** [ˈfeləuniːzdiːˈsiː] *pl от* felo de se

**felonious** [fɪˈləunjəs] *a юр.* престу́пный

**felonry** [ˈfelənrɪ] *n собир.* престу́пные элеме́нты

**felony** [ˈfelənɪ] *n юр.* уголо́вное преступле́ние

**felos de se** [ˈfiːləuzdiːˈsiː] *pl от* felo de se

**felspar** [ˈfelspɑː] = feldspar

**felt** I [felt] **1.** *n* 1) во́йлок; фетр 2) *attr.* во́йлочный; фе́тровый; ~ boots ва́ленки

**2.** *v* 1) сбива́ть во́йлок; сбива́ться в во́йлок; валя́ть шерсть 2) покрыва́ть во́йлоком

**felt** II [felt] *past и p. p. от* feel 1

**felt pen** [ˈfeltpen] *n* флома́стер

**felucca** [feˈlʌkə] *n мор.* фелю́га, фелю́ка

**female** [ˈfiːmeɪl] **1.** *n* 1) же́нщина (*часто пренебр.*) 2) *зоол.* са́мка; ма́тка 3) *бот.* же́нская о́собь

**2.** *a* 1) же́нского по́ла, же́нский; ~ child де́вочка; ~ insect насеко́мое-са́мка; ~ suffrage избира́тельное пра́во для же́нщин; ~ weakness же́нская сла́бость 2) *тех.* охва́тывающий, обнима́ющий; с вну́тренней наре́зкой; ~ screw га́йка; га́ечная резьба́

**feme** [fiːm] *n юр.*: ~ covert заму́жняя же́нщина; ~ sole а) де́вушка; б) вдова́; в) заму́жняя же́нщина с незави́симым состоя́нием

**feminine** [ˈfemɪnɪn] *a* 1) же́нский, сво́йственный же́нщинам; ~ gender *грам.* же́нский род; ~ rhyme *прос.* же́нская ри́фма 2) же́нственный 3) женоподо́бный

**femininity** [ˌfemɪˈnɪnɪtɪ] *n* 1) же́нственность 2) *собир.* же́нский пол

**feminism** [ˈfemɪnɪzm] *n* феминизм

**feminist** [ˈfemɪnɪst] *n* фемини́ст

**feminize** [ˈfemɪnaɪz] *v* де́лать(ся) же́нственным, изне́живать(ся)

**femora** [ˈfemərə] *pl от* femur

**femoral** [ˈfemərəl] *a анат.* бе́дренный

**femur** [ˈfiːmə] *n* (*pl* -s [-z], femora) *анат.* бедро́

**fen** I [fen] *n* боло́то, топь, фен; the ~s боло́тистая ме́стность в Ке́мбриджшире и Ли́нкольншире

**fen** II [fen] = fain II

**fence** [fens] **1.** *n* 1) забо́р, и́згородь, огра́да, огражде́ние; green (wire) ~ жива́я (про́волочная) и́згородь 2) фехтова́ние; master of ~ иску́сный фехтова́льщик; *перен.* иску́сный спо́рщик 3) *sl.* укрыва́тель *или* ску́пщик кра́деного 4) *sl.* прито́н для укрыва́ния кра́деного, «мали́на» 5) *тех.* направля́ющий уго́льник 6) *attr.*: ~ roof наве́с ◇ to mend one's ~s *амер.* а) *полит.* уси́ливать свои́ ли́чные полити́ческие пози́ции; б) *разг.* стара́ться установи́ть хоро́шие, дру́жеские отноше́ния; to be (*или* to sit) on the ~, the straddle the ~ занима́ть нейтра́льную *или* выжида́тельную пози́цию; держа́ться выжида́тельного о́браза де́йствий; колеба́ться ме́жду двумя́ мне́ниями *или* реше́ниями; to come down on the right side of the ~ встать на сто́рону победи́теля

**2.** *v* 1) фехтова́ть; to ~ with a question уклоня́ться от отве́та; пари́ровать вопро́с вопро́сом 2) огора́живать; загора́живать; защища́ть 3) запреща́ть охо́ту и ры́бную ло́влю (*на како́м-л. уча́стке*) 4) брать препя́тствие (*о лошади*) 5) *sl.* укрыва́ть кра́деное; продава́ть кра́деное 6) предвари́тельно обраба́тывать избира́телей (*перед выборами*) □ ~ **about**, ~ **in** окружа́ть, огражда́ть; ~ **off**, ~ **out** отража́ть, отгоня́ть; ~ **round** = ~ about

**fenceless** [ˈfenslɪs] *a* 1) неогоро́женный; откры́тый 2) *поэт.* незащищённый, беззащи́тный

**fence-month** [ˈfensmʌnθ] *n* вре́мя го́да, когда́ охо́та запрещена́

**fencer** [ˈfensə] *n* 1) фехтова́льщик 2) ло́шадь, уча́ствующая в ска́чках с препя́тствиями

**fence-season, fence-time** [ˈfensˌsiːzn, ˈfenstaɪm] = fence-month

**fencing** [ˈfensɪŋ] **1.** *pres. p.* от fence 2

**2.** *n* 1) огора́живание; огражде́ние 2) и́згородь, забо́р, огра́да; материа́л для и́згородей 3) фехтова́ние 4) *sl.* укрыва́тельство кра́деного

**fencing-cully** [ˈfensɪŋˌkʌlɪ] *n sl.* укрыва́тель *или* ску́пщик кра́деного

**fencing-ken** [ˈfensɪŋken] *n sl.* прито́н для хране́ния кра́деного, «мали́на»

**fend** [fend] *v* отража́ть, отгоня́ть; пари́ровать (*обыкн.* ~ off, ~ away, ~ from) ◇ to ~ for oneself ко́е-ка́к перебива́ться; забо́титься о себе́

**fender** [ˈfendə] *n* 1) ками́нная решётка 2) предохрани́тельная решётка (*впереди трамвая или паровоза*) 3) *амер.* крыло́ (*автомобиля*) 4) *мор.* кра́нец

**fen-fire** [ˈfenˌfaɪə] *n* блужда́ющий огонёк

**Fenian** [ˈfiːnjən] *ист.* **1.** *n* фе́ний (*член тайного общества, боровшегося за освобождение Ирландии от английского владычества*)

**2.** *a* фениа́нский

**fennel** [ˈfenl] *n* фе́нхель (*сладкий укроп*)

**fenny** [ˈfenɪ] *a* боло́тистый; боло́тный

**fens** [fenz] = fain II

**fenugreek** [ˈfenjugriːk] *n* па́житник, шамбала́ (*бобовая мелкосеменная культура*)

**feoff** [fef] = fief

**feoffee** [feˈfiː] *n ист.* владе́лец ле́на, ле́нник

**ferae naturae** [ˈfɪəriːnəˈtjuəriː] *лат. a predic.* неприручённый, ди́кий

**feral** I [ˈfɪərəl] *a* 1) ди́кий; неприручённый 2) одича́вший; полево́й (*о растениях*) 3) гру́бый, нецивилизо́ванный

**feral** II [ˈfɪərəl] *a* 1) похоро́нный 2) рокову́й, смерте́льный

**feretory** [ˈferɪtərɪ] *n* 1) ра́ка; гробни́ца; склеп 2) похоро́нные дро́ги

**ferial** [ˈfɪərɪəl] *a* бу́дний, непра́здничный

**ferine** [ˈfɪəraɪn] = feral I

**ferity** [ˈferɪtɪ] *n* ди́кое *или* нецивилизо́ванное состоя́ние, ди́кость

**ferment 1.** *n* [ˈfəːment] 1) заква́ска, ферме́нт 2) *хим.* броже́ние 3) возбужде́ние, броже́ние, волне́ние

**2.** *v* [fə(ː)ˈment] 1) вызыва́ть броже́ние 2) *хим.* броди́ть 3) волнова́ть(-ся), возбужда́ть(ся) 4) выха́живать (-ся) (*о пиве*)

**fermentable** [fə(ː)ˈmentəbl] *a* спосо́бный к броже́нию; спосо́бный производи́ть броже́ние

**fermentation** [ˌfəːmenˈteɪʃən] *n* 1) броже́ние, фермента́ция 2) волне́ние, возбужде́ние

**fern** [fəːn] *n бот.* па́поротник (мужско́й)

**fernery** [ˈfəːnərɪ] *n* ме́сто, заро́сшее па́поротником

**fern-owl** [ˈfəːnaul] *n* козодо́й (*птица*)

**ferny** [ˈfəːnɪ] *a* 1) поро́сший па́поротником 2) папоротникови́дный

**ferocious** [fəˈrəuʃəs] *a* 1) ди́кий 2) жесто́кий, свире́пый 3) *разг.* ужа́сный, си́льный; ~ heat стра́шная жара́

**ferocity** [fəˈrɔsɪtɪ] *n* 1) ди́кость 2) свире́пость, жесто́кость

**ferrate** [ˈfereɪt] *n* ферра́т, соль желе́зной кислоты́

**ferret** I [ˈferɪt] **1.** *n* хорёк

**2.** *v* 1) охо́титься с хорько́м (*особ.* to go ~ing); выгоня́ть из норы́ (*обыкн.* ~ away, ~ out) 2) разню́хивать; ры́ться, ша́рить, выи́скивать (for, about) [*ср. тж.* ~ out] □ ~ **out** вынюхивать; разве́дывать, разы́скивать [*ср. тж.* 2)]; to ~ out a secret вы́ведать та́йну

**ferret** II [ˈferɪt] *n* пло́тная бума́жная, шерстяна́я *или* шёлковая тесьма́

**ferreting** [ˈferɪtɪŋ] = ferret II

**ferriage** [ˈferɪɪdʒ] *n* 1) перево́з, перепра́ва 2) пла́та за перепра́ву

**ferric** [ˈferɪk] *a хим. обозначает соединения окиси железа*: ~ acid желе́зная кислота́ ($H_2FeO_4$)

**ferriferous** [feˈrɪfərəs] *a* содержа́щий желе́зо, желе́зистый

**Ferris wheel** [ˈferɪsˈwiːl] *n* чёртово колесо́ (*аттракцион*)

**ferro-alloy** [ˈferəuˈælɔɪ] *n* ферроспла́в, желе́зный сплав

**ferroconcrete** [ˈferəuˈkɔŋkriːt] *n* железобето́н

**ferromagnetic** [ˈferəumægˈnetɪk] *a* ферромагни́тный

**ferrotype** [ˈferəutaɪp] *n фото* ферроти́пия

**ferrous** [ˈferəs] *a хим.* желе́зистый; ~ metals чёрные мета́ллы

**ferruginous** [feˈruːdʒɪnəs] *a* 1) содержа́щий желе́зо, желе́зистый 2) ржа́вый 3) цве́та ржа́вчины; красно-ва́то-кори́чневый

**ferrule** [ˈferuːl] *n* 1) металли́ческий ободо́к *или* наконе́чник 2) о́бруч, му́фта 3) *воен.* предохрани́тельное кольцо́

**ferry** [ˈferɪ] **1.** *n* 1) перево́з, перепра́ва 2) паро́м 3) регуля́рная (вое́нная) авиатра́нспортная слу́жба 4) *ав.* перего́нка самолётов 5) *attr.*: ~ pilot лётчик, перегоня́ющий самолёт на операти́вную ба́зу ◇ Charon's ~ ладья́ Харо́на; to take the ~, to cross the Stygian ~ перепра́виться че́рез Стикс, отпра́виться к пра́отцам, умере́ть

**2.** *v* 1) перевози́ть (*на лодке, пароме*) 2) переезжа́ть (*на лодке, пароме*) 3) перегоня́ть (*самолёты*) 4) доставля́ть по во́здуху

**ferry-boat** [ˈferɪbəut] *n* паро́м, су́дно для перево́за че́рез ре́ку *и т. п.*

**ferry-bridge** [ˈferɪbrɪdʒ] *n мор.* схо́дни ме́жду при́станью и паро́мом, аппаре́ль

**ferryman** [ˈferɪmən] *n* перево́зчик, паро́мщик

**fertile** [ˈfəːtaɪl] *a* 1) плодоро́дный; изоби́льный (*часто* ~ in, ~ of); ~ in resources изоби́лующий приро́дными бога́тствами 2) плодови́тый, насы́щенный; ~ in ideas бога́тый мы́слями 3) всхо́жий (*о семенах*); плодонося́щий 4) *физ.*: ~ material я́дерное то́пливное сырьё

**fertility** [fə(ː)ˈtɪlɪtɪ] *n* 1) плодоро́дие; изоби́лие 2) бога́тство (*фантазии и т. п.*) 3) плодови́тость; спосо́бность к воспроизведе́нию пото́мства

**fertilization** [ˌfəːtɪlaɪˈzeɪʃən] *n* 1) удобре́ние (*почвы*) 2) *биол.* оплодотворе́ние; опыле́ние

**fertilize** [ˈfəːtɪlaɪz] *v* 1) удобря́ть 2) *биол.* оплодотворя́ть; опыля́ть

**fertilizer** [ˈfəːtɪlaɪzə] *n* 1) удобре́ние; удобри́тельный тук 2) *биол.* оплодотвори́тель; опыли́тель

**ferula** [ˈferjuːlə] = ferule

**ferule** [ˈferuːl] **1.** *n* 1) лине́йка (*для наказания школьников*) 2) шко́льная дисциплина; строгий режим; to be under the ~ быть под началом (*у кого-л.*) 3) плоская дощечка

**2.** *v* наказывать линейкой

**fervency** [ˈfəːvənsɪ] *n* горячность, рвение

**fervent** [ˈfəːvənt] *a* 1) горячий, жаркий; пылающий 2) пылкий, пламенный; ~ desire пылкое желание; ~ hatred жгучая ненависть

**fervid** [ˈfəːvɪd] *a поэт.* горячий, пылкий

**fervour** [ˈfəːvə] *n* 1) жар, пыл, страсть; рвение, усердие 2) зной

**fescue** [ˈfeskjuː] *n* 1) указка 2) *бот.* овсяница

**festal** [ˈfestl] *a* праздничный, весёлый; ~ occasion радостное событие (*свадьба, день рождения и т. п.*); ~ music весёлая музыка

**fester** [ˈfestə] **1.** *n* 1) гноящаяся ранка 2) нагноение

**2.** *v* 1) гноиться (*о ранке*); вызывать нагноение 2) глодать, мучить (*о зависти и т. п.*); растравлять

**festival** [ˈfestəvəl] *n* празднество; фестиваль

**festive** [ˈfestɪv] *a* праздничный, весёлый

**festivity** [fesˈtɪvɪtɪ] *n* 1) веселье 2) *pl* празднества; торжества

**festoon** [fesˈtuːn] **1.** *n* гирлянда; фестон

**2.** *v* украшать гирляндами, фестонами

**festschrift** [ˈfestʃrɪft] *нем. n* сборник статей, посвящённых деятельности выдающегося учёного, общественного деятеля

**fetal** [ˈfiːtl] *a* эмбриональный

**fetch** I [fetʃ] **1.** *v* 1) сходить за *кем-л.*; принести; достать; to (go and) ~ a doctor привести врача 2) приносить убитую дичь (*о собаке*) 3) вызывать (*слёзы, кровь*) 4) *разг.* привлекать, нравиться, очаровывать 5) достигать, добиваться (*часто* ~ up) 6) получать, выручать; the vase is sure to ~ a high price эту вазу можно продать за хорошие деньги 7): to ~ one's breath перевести дух; to ~ a sigh тяжело вздохнуть 8) *разг.* ударить; he was ~ed on the head from behind кто-то сзади нанёс ему удар по голове □ ~ **away** вырваться, освободиться; ~ **down** = bring down [*см.* bring]; ~ **out** выявлять; выделять; оттенять; ~ **up** а) рвать, блевать; he ~es up его рвёт; б) нагонять, навёрстывать; в) останавливаться; г): to ~ up against smth. стукнуться обо что-л.; д) *амер.* довершать, заканчивать ◇ to ~ up all standing внезапно остановиться; to ~ and carry (for) прислуживать; to ~ and carry news распространять новости

**2.** *n* хитрость, уловка

**fetch** II [fetʃ] *n* привидение; двойник

**fetching** [ˈfetʃɪŋ] **1.** *pres. p. от* fetch I, 1

**2.** *a разг.* привлекательный, очаровательный; a ~ smile очаровательная улыбка

**fête** [feɪt] *фр.* **1.** *n* 1) празднество, праздник 2) именины

**2.** *v* чествовать (*кого-л.*); праздновать

**fête champêtre** [ˈfeɪt ʃɑːŋˈpɛətr] *фр. n* праздник на лоне природы, пикник

**fête-day** [ˈfeɪtdeɪ] = fête 1, 1)

**fetich(e)** [ˈfiːtɪʃ] = fetish

**fetid** [ˈfetɪd] *a* зловонный, вонючий

**fetish** [ˈfiːtɪʃ] *n* 1) фетиш; амулет 2) идол, кумир

**fetishist** [ˈfiːtɪʃɪst] *n* фетишист

**fetlock** [ˈfetlɔk] *n* щётка (*волосы за копытом у лошади*)

**fetor** [ˈfiːtə] *n* зловоние

**fetter** [ˈfetə] **1.** *n* 1) (*обыкн. pl*) путы; ножные кандалы 2) *pl* оковы, узы; to burst one's ~s сломать оковы, вырваться на свободу

**2.** *v* 1) сковывать, заковывать 2) спутывать (*лошадь*); *перен.* связывать по рукам и ногам

**fetterless** [ˈfetəlɪs] *a* свободный

**fetterlock** [ˈfetəlɔk] *n* путы для лошади

**fettle** [ˈfetl] **1.** *n* 1) состояние, положение; in good ~ в хорошем состоянии; in fine (splendid) ~ в хорошем (прекрасном) настроении 2) *метал.* футеровка

**2.** *v* 1) чинить, поправлять; исправлять 2) *метал.* футеровать (*печь*)

**fetus** [ˈfiːtəs] = foetus

**feud** I [fjuːd] *n* длительная, *часто* наследственная, вражда; междоусобица; deadly ~ а) смертельная, непримиримая вражда; to be at deadly ~ with smb. враждовать, быть на ножах с кем-л.; б) кровная месть; to sink a ~ забыть вражду, помириться

**feud** II [fjuːd] *n ист.* лен, феодальное поместье

**feudal** [ˈfjuːdl] *a* феодальный, ленный; ~ lord феодал

**feudalism** [ˈfjuːdəlɪzm] *n* феодализм

**feudalist** [ˈfjuːdəlɪst] *n* 1) феодал 2) приверженец феодального строя

**feudality** [fjuːˈdælɪtɪ] *n* феодализм

**feudalize** [ˈfjuːdəlaɪz] *v* 1) превращать в лен (*землю*) 2) превращать в вассалов

**feudatory** [ˈfjuːdətərɪ] **1.** *a* вассальный; подчинённый

**2.** *n* 1) феодальный вассал 2) лен

**feu de joie** [ˈfəːdəˈʒwɑː] *фр. n* салют в честь знаменательного события

**fever** [ˈfiːvə] **1.** *n* 1) жар, лихорадка 2) нервное возбуждение; mike ~ *разг.* страх перед микрофоном (*у новичков, выступающих по радио*) 3) *attr.* лихорадочный; ~ heat жар, высокая температура (*во время болезни*) ◇ Channel ~ тоска по родине (*об англичанах*)

**2.** *v* вызывать жар, лихорадку; бросать в жар; лихорадить

**fevered** [ˈfiːvəd] **1.** *p. p. от* fever 2

**2.** *a* лихорадочный; возбуждённый; ~ imagination пылкое воображение

**feverfew** [ˈfiːvəfjuː] *n бот.* пиретрум девичий

**feverish** [ˈfiːvərɪʃ] *a* лихорадочный; возбуждённый, беспокойный; взволнованный

**feverous** [ˈfiːvərəs] *a* 1) способствующий повышению температуры 2) = feverish

**fever therapy** [ˈfiːvəˈθerəpɪ] *n мед.* лихорадочная терапия, электропирексия

**few** [fjuː] **1.** *a* 1) немногие, немного, мало; ~ possessions скудные пожитки; he is a man of ~ words он немногословен; every ~ hours каждые несколько часов; his friends are ~ у него мало друзей; his visitors are ~ у него гости редки 2) (a ~) несколько; quite a ~ порядочное число, довольно много ◇ in ~ *уст.*, in a ~ words кратко; в нескольких словах; ~ and far between отделённые большим промежутком времени; редкие

**2.** *n* незначительное число; ~ could tell мало кто мог сказать; ~ if any почти никто; почти ничего; the ~ меньшинство ◇ not a ~, a good ~ *разг.* порядочное число; добрая половина; some ~ незначительное число, несколько, немного

**fewness** [ˈfjuːnɪs] *n* немногочисленность

**fey** [feɪ] *a шотл.* обречённый, умирающий

**fez** [fez] *n* феска

**fiacre** [fɪˈɑːkr] *фр. n* фиакр, наёмный экипаж

**fiancé** [fɪˈɑːnseɪ] *фр. n* жених

**fiancée** [fɪˈɑːnseɪ] *фр. n* невеста

**fiasco** [fɪˈæskəu] *n* (*pl* -os [-əuz]) провал, неудача, фиаско

**fiat** [ˈfaɪæt] *лат. n* 1) декрет, указ 2) *attr.*: ~ money *амер.* бумажные деньги (*не обеспеченные золотом*)

**fib** I [fɪb] **1.** *n* выдумка, неправда; to tell a ~ наврать, нагородить

**2.** *v* выдумывать, привирать

**fib** II [fɪb] *спорт. sl.* **1.** *n* удар

**2.** *v* сыпать удары, тузить

**fibber** [ˈfɪbə] *n* выдумщик, враль

**fiber** [ˈfaɪbə] = fibre

**fiberglass** [ˈfaɪbəglɑːs] *n* стекловолокно

**fibre** [ˈfaɪbə] *n* 1) волокно; фибра; нить; древесное волокно; лыко, мочало 2) *бот.* боковой корень 3) склад характера

**fibred** [ˈfaɪbəd] *a* волокнистый (*гл. образом в сочетаниях, напр.*, finely-~ *и т. п.*)

**fibril** [ˈfaɪbrɪl] *n* 1) *анат.* тонкое нервное волокно 2) *бот.* волоконце, фибрилла

**fibrillation** [ˌfaɪbrɪˈleɪʃən] *n* 1) свёртывание крови 2) *мед.* мерцание, трепетание; мерцательная аритмия

**fibrin** [ˈfaɪbrɪn] *n физиол.* фибрин

**fibroid** [ˈfaɪbrɔɪd] **1.** *n мед.* фиброзная опухоль, фиброид

**2.** *a* волокнистый

**fibroin** [ˈfaɪbrəuɪn] *n хим.* фиброин

**fibroma** [faɪ'brəumə] *n* (*pl* -ta) *мед.* фибро́ма

**fibromata** [faɪ'brəumətə] *pl от* fibroma

**fibrous** ['faɪbrəs] *a* волокни́стый, жи́листый, фибро́зный

**fibster** ['fɪbstə] *n разг.* лгуни́шка, враль

**fibula** ['fɪbjulə] *n* (*pl* -ae, -as [-əz]) *анат.* малоберцо́вая кость

**fibulae** ['fɪbjuli:] *pl от* fibula

**ficelle** [fɪ'sel] *a* цве́та небелёной тка́ни

**fichu** ['fi:ʃu:] *фр. n* фишю́, кружевна́я косы́нка

**fickle** ['fɪkl] *a* непостоя́нный, переме́нчивый; ненадёжный

**fickleness** ['fɪklnɪs] *n* непостоя́нство, переме́нчивость

**fictile** ['fɪktɪl] *a* 1) гли́няный 2) гонча́рный

**fiction** ['fɪkʃən] *n* 1) вы́мысел, вы́думка, фи́кция 2) беллетри́стика; худо́жественная литерату́ра; works of ~ рома́ны; по́вести 3) *юр.* фи́кция; legal ~ юриди́ческая фи́кция

**fictional** ['fɪkʃənl] *a* вы́мышленный *и пр.* [*см.* fiction]

**fiction-monger** ['fɪkʃən,mʌŋgə] *n* вы́думщик, враль; сплéтник

**fictitious** [fɪk'tɪʃəs] *a* 1) вы́мышленный, вообража́емый 2) фикти́вный; ~ marriage фикти́вный брак 3) взя́тый из рома́на; a ~ character литерату́рный геро́й

**fid** [fɪd] *n* 1) клин, ко́лышек 2) *мор.* сва́йка (*для рассучивания*); шлагто́в (*стеньги*) 3) *диал.* небольшо́й то́лстый кусо́к (*пищи и т. п.*) 4) ку́ча, гру́да; ~s of smth. вели́кое мно́жество чего́-л.

**fiddle** ['fɪdl] **1.** *n* 1) *разг.* скри́пка; to play first ~ игра́ть пе́рвую скри́пку; занима́ть руководя́щее положе́ние; to play second ~ игра́ть втору́ю скри́пку; занима́ть второстепе́нное положе́ние 2) *мор.* се́тка на столе́ (*чтобы вещи не падали во время качки*) 3) *разг.* надува́тельство 4) *sl.* торго́вля из-под полы́ 5) *sl.* щекота́ние; зуд ◇ a face as long as a ~ мра́чное лицо́

2. *v* 1) игра́ть на скри́пке 2) верте́ть в рука́х, игра́ть (with — *чем-л.*) 3) *sl.* соверша́ть махина́ции (*с документами и т. п.*) 4) *sl.* торгова́ть из-под полы́ □ ~ **about** безде́льничать; шата́ться без де́ла; ~ **away** прома́тывать, расточа́ть, растра́чивать

**fiddle-bow** ['fɪdlbəu] = fiddlestick 1

**fiddle-case** ['fɪdlkeɪs] *n* футля́р для скри́пки

**fiddle-de-dee** ['fɪdldɪ'di:] **1.** *n* чепуха́, безде́лица, ерунда́, вздор

2. *int* вздор!, чепуха́!

**fiddle-faddle** ['fɪdl,fædl] **1.** *n* пустяки́, глу́пости; болтовня́

2. *a* пустя́чный, пустяко́вый

3. *v* безде́льничать; болта́ть вздор

4. *int* вздор!

**fiddle-head** ['fɪdlhed] *n мор.* резно́е украше́ние на носу́ корабля́

**fiddler** ['fɪdlə] *n* скрипа́ч (*особ. уличный*)

**fiddlestick** ['fɪdlstɪk] **1.** *n* смычо́к

2. *int* (*обыкн.* ~s) вздор!, чепуха́!

**fiddling** ['fɪdlɪŋ] *a разг.* 1) пусто́й; за́нятый пустяка́ми 2) ничто́жный, пустя́чный

**fidelity** [fɪ'delɪtɪ] *n* 1) ве́рность, пре́данность, лоя́льность 2) то́чность, пра́вильность; with greatest ~ с большо́й то́чностью 3) *тех., радио* (безукори́зненная) то́чность воспроизведе́ния

**fidget** ['fɪdʒɪt] **1.** *n* 1) (*часто* the ~s) беспоко́йное состоя́ние; не́рвные, суетли́вые движе́ния 2) суетли́вый, беспоко́йный челове́к; непосе́да

2. *v* 1) беспоко́йно дви́гаться; ёрзать (*часто* ~ about); to ~ with smth. игра́ть чем-л., не́рвно перебира́ть что-л., don't ~! не ёрзай! 2) быть в волне́нии, не быть в состоя́нии сосредото́чить внима́ние 3) приводи́ть в беспоко́йное состоя́ние; нерви́ровать; it ~s me not to know where he is меня́ беспоко́ит, что я не зна́ю, где он нахо́дится

**fidgety** ['fɪdʒɪtɪ] *a* неугомо́нный, суетли́вый, беспоко́йный

**fiducial** [fɪ'dju:ʃjəl] *a* 1) осно́ванный на ве́ре *или* дове́рии 2) *астр., топ.* при́нятый за осно́ву сравне́ния; ~ point отправна́я то́чка измере́ния

**fiduciary** [fɪ'dju:ʃjərɪ] **1.** *n* попечи́тель, опеку́н

2. *a* 1) дове́ренный, пору́ченный 2) *фин.* осно́ванный на обще́ственном дове́рии; ~ fiat money бума́жные де́ньги в обраще́нии (*не имеющие обеспечения золотом*)

**fie** [faɪ] *int* фу!; тьфу!; ~ upon you!, ~, for shame! сты́дно!

**fief** [fi:f] *n ист.* феода́льное поме́стье, лен

**fie-fie** ['faɪfaɪ] *a* неприли́чный

**field** [fi:ld] *n* 1) по́ле; луг; большо́е простра́нство 2) о́бласть, сфе́ра де́ятельности, наблюде́ния; in the whole ~ of our history на всём протяже́нии на́шей исто́рии 3) по́ле де́йствия; ~ of view (*или* vision) по́ле зре́ния; magnetic ~ магни́тное по́ле 4) по́ле сраже́ния; сраже́ние; a hard-fought ~ серьёзное сраже́ние; in the ~ на войне́, в похо́де; в полевы́х усло́виях; ~ of honour а) ме́сто дуэ́ли; б) по́ле би́твы; to conquer the ~ одержа́ть побе́ду; *перен. тж.* взять верх в спо́ре; to enter the ~ вступа́ть в борьбу́; *перен. тж.* вступа́ть в соревнова́ние, вступа́ть в спор; to hold the ~ уде́рживать пози́ции; to keep the ~ продолжа́ть сраже́ние; to leave the ~ отступи́ть; потерпе́ть пораже́ние 5) *геральд.* по́ле *или часть* по́ля (*щита*) 6) фон, грунт (*картины и т. п.*) 7) спорти́вная площа́дка 8) все уча́стники состяза́ния *или* все, за исключе́нием сильне́йших 9) *геол.* месторожде́ние (*преим. в сложных словах, напр.,* diamond-fields, gold-fields) 10) *эл.* возбужде́ние (*тока*) 11) *attr.* полево́й; ~ force(s) де́йствующая а́рмия; ~ fortification(s) полевы́е укрепле́ния; ~ ambulance *воен.* а) медици́нский отря́д; б) санита́рная маши́на; ~ equipment а) полево́е обору́дование; б) кинопередви́жка; в) похо́дное снаряже́ние; ~ service(s) *воен.* хозя́йственные подразделе́ния; ~ security контрразве́дка в де́йствующей а́рмии; ~ magnet возбужда́ющий магни́т; ~ theory *мат.* тео́рия по́ля; ~ trial испыта́ния служе́бных соба́к в полевы́х усло́виях

**field-allowance** ['fi:ldə'lauəns] *n воен.* полева́я но́рма снабже́ния; полева́я надба́вка

**field-artillery** ['fi:ldɑ:'tɪlərɪ] *n воен.* (лёгкая) полева́я артилле́рия

**field-book** ['fi:ldbuk] *n* кни́га за́писей геодези́ческих заме́ров

**field court martial** ['fi:ld'kɔ:t,mɑ:ʃəl] *n* вое́нно-полево́й суд

**field crops** ['fi:ldkrɔps] *n pl с.-х.* полевы́е культу́ры

**field-day** ['fi:lddeɪ] *n* 1) *воен.* манёвры; такти́ческие заня́тия на ме́стности 2) день, посвящённый атлети́ческим состяза́ниям, охо́те *или* ботанизи́рованию 3) па́мятный, знамена́тельный день

**field duty** ['fi:ld,dju:tɪ] *n* слу́жба в де́йствующей а́рмии

**fielder** ['fi:ldə] = fieldsman

**field events** ['fi:ldɪ'vents] *n pl* соревнова́ния по легкоатлети́ческим ви́дам спо́рта (*исключая бег*)

**fieldfare** ['fi:ldfeə] *n* дрозд-ряби́нник

**field-glasses** ['fi:ld,glɑ:sɪz] *n pl* полево́й бино́кль

**field-gun** ['fi:ldgʌn] *n воен.* полева́я пу́шка

**field hockey** ['fi:ld,hɔkɪ] *n* хокке́й на траве́

**field hospital** ['fi:ld'hɔspɪtl] *n* 1) полево́й го́спиталь 2) санита́рная маши́на

**field-house** ['fi:ldhaus] *n* 1) раздева́лка и ме́сто хране́ния спорти́вного инвентаря́ при стадио́не 2) закры́тый мане́ж

**Field Marshal** ['fi:ld'mɑ:ʃəl] *n* фельдма́ршал

**field-mouse** ['fi:ldmaus] *n* полева́я мышь

**field-night** ['fi:ldnaɪt] = field-day 3)

**field-officer** ['fi:ld,ɔfɪsə] *n* штаб-офице́р (*офицер, имеющий чин не ниже майора и не выше полковника*)

**fieldsman** ['fi:ldzmən] *n спорт.* принима́ющий игро́к (*в крикете*)

**field-sports** ['fi:ldspɔ:ts] *n pl* заня́тия охо́той, ры́бной ло́влей *и т. п.*

**field-work** ['fi:ldwə:k] *n* 1) рабо́та в по́ле (*геолога и т. п.*); разве́дка, съёмка *и т. п.* 2) *воен.* полево́е укрепле́ние 3) *pl воен.* оборони́тельные сооруже́ния 4) сбор на места́х статисти́ческих да́нных для нау́чной рабо́ты

**fiend** [fi:nd] *n* 1) дья́вол; де́мон 2) злоде́й, и́зверг; a very ~ су́щий дьявол 3) *разг.* человек, пристрастившийся к вредной привычке; drug (*или* dope) ~ наркоман; fresh-air ~ *шутл.* энтузиаст свежего воздуха 4) *разг.* человек, отличающийся редкой целеустремлённостью

**fiendish** [ˈfi:ndɪʃ] *a* дьявольский, жестокий

**fierce** [fɪəs] *a* 1) свирепый, лютый 2) сильный (*о буре, жаре*); горячий; неистовый 3) *разг.* неприятный, болезненный

**fieri facias** [ˈfaɪəraɪˈfeɪʃəs] *лат. n юр.* предписание шерифу покрыть взыскиваемую судом сумму из имущества обвиняемого

**fiery** [ˈfaɪərɪ] *a* 1) огненный, пламенный; горящий; *перен.* жгучий, горячий, пламенный; ~ eyes огненный взор 2) пылкий, вспыльчивый; ~ horse горячая лошадь 3) огненно-красный 4) воспламеняющийся (*о газе*) 5) *горн.* газовый; содержащий гремучий газ

**fiesta** [ˈfjestɑ:] *исп. n* праздник, фиеста

**fife** [faɪf] **1.** *n* дудка; маленькая флейта

**2.** *v* играть на дудке

**fifteen** [ˈfɪfˈti:n] **1.** *num. card.* пятнадцать

**2.** *n спорт.* команда игроков в регби ◊ the F. *ист.* восстание якобитов в 1715 г.

**fifteenth** [ˈfɪfˈti:nθ] **1.** *num. ord.* пятнадцатый

**2.** *n* 1) пятнадцатая часть 2) (the ~) пятнадцатое число

**fifth** [fɪfθ] **1.** *num. ord.* пятый; ~ part пятая часть ◊ ~ column пятая колонна, предатели внутри страны *или* организации; ~ wheel пятая спица в колеснице

**2.** *n* 1) пятая часть 2) (the ~) пятое число 3) $^1/_5$ галлона (*единица измерения спиртных напитков*) 4) *муз.* квинта

**fifthly** [ˈfɪfθlɪ] *adv* в-пятых

**fifties** [ˈfɪftɪz] *n pl* 1) (the ~) пятидесятые годы 2) пятьдесят лет; шестой десяток (*возраст между 50 и 59 годами*); he is in his early (late) ~ ему пятьдесят с небольшим (далеко за пятьдесят)

**fiftieth** [ˈfɪftɪɪθ] **1.** *num. ord.* пятидесятый

**2.** *n* пятидесятая часть

**fifty** [ˈfɪftɪ] **1.** *num. card.* пятьдесят; ~-one пятьдесят один; ~-two пятьдесят два *и т. д.*; he is over ~ ему за пятьдесят

**2.** *n* пятьдесят (*единиц, штук*)

**fifty-fifty** [ˈfɪftɪˈfɪftɪ] *adv разг.* поровну; пополам; to go ~ делить поровну

**fig I** [fɪg] *n* 1) винная ягода, инжир 2) фиговое дерево; смоковница 3) *разг.* шиш, фига; I don't care a ~ мне наплевать

**fig II** [fɪg] **1.** *n* 1) наряд; in full ~ в полном параде; в парадном костюме; в вечернем туалете 2) состояние, настроение; **in good ~** в хорошем состоянии

**2.** *v* наряжать, украшать (*обыкн.* ~ out, ~ up)

**fight** [faɪt] **1.** *n* 1) бой; running ~ отступление с боями; sham ~ учебный бой 2) драка 3) спор, борьба; to have the ~ of one's life выдержать тяжёлую борьбу 4) задор, драчливость; to have plenty of ~ in one быть полным боевого задора; не сдаваться; to show ~ быть готовым к борьбе; не поддаваться

**2.** *v* (fought) 1) драться, сражаться, воевать, бороться (against — против, for — за, with — с); to ~ for dear life драться отчаянно; сражаться не на живот, а на смерть; to ~ a battle а) провести бой; дать сражение; б) *спорт.* вести бой (*в боксе, фехтовании*); to ~ a bout провести схватку (*в боксе*); to ~ a duel драться на дуэли 2) отстаивать, защищать; to ~ a suit отстаивать дело (*в суде*) 3) *воен.* вести бой 4) *мор.* управлять, маневрировать (*кораблём в шторм, в бою*) 5) науськивать, стравливать; to ~ cocks проводить петушиные бои ▭ ~ **back** сопротивляться, давать отпор; to ~ back tooth and claw яростно сопротивляться; ~ **down** победить; подавить; ~ **off** отбить, отогнать, выгнать; ~ **out**: to ~ (it) out а) довести борьбу (*или* спор) до конца; б) добиваться силой ◊ to ~ a lone hand бороться в одиночку; to ~ one's way прокладывать себе дорогу; to ~ the good fight бороться за справедливое дело; to ~ through every hardship преодолеть (все) трудности; to ~ shy of smb., smth. избегать кого-л., чего-л.; to ~ one's battles over again вспоминать минувшие дни; to ~ for one's own hand отстаивать свои интересы; постоять за себя

**fighter** [ˈfaɪtə] *n* 1) боец; борец 2) *ав.* истребитель

**fighter pilot** [ˈfaɪtəˌpaɪlət] *n* лётчик-истребитель

**fighting** [ˈfaɪtɪŋ] **1.** *pres. p. от* fight 2

**2.** *n* бой, сражение; драка, борьба; house-to-house ~ борьба за каждый дом; street ~ уличные бои

**3.** *a* боевой; ~ arm род войск; ~ machine *ав.* боевая машина; самолёт-истребитель; ~ fund боевой фонд, избирательный фонд (*политической партии*)

**fig-leaf** [ˈfɪgli:f] *n* фиговый лист(ок)

**figment** [ˈfɪgmənt] *n* вымысел, фикция; ~ of the imagination плод воображения

**fig-tree** [ˈfɪgtri:] *n* фиговое дерево; смоковница ◊ one's own vine and ~ свой дом, домашний очаг; under one's own vine and ~ дома; в родном доме; в безопасности

**figurant** [ˈfɪgjurənt] *фр. n* 1) артист кордебалета 2) статист

**figurante** [ˌfɪgjuˈrɑ:nt] *фр. n* 1) артистка кордебалета 2) статистка

**figuration** [ˌfɪgjuˈreɪʃən] *n* 1) вид, форма, контур 2) придание формы, оформление 3) орнаментация

**figurative** [ˈfɪgjurətɪv] *a* 1) фигуральный, переносный; метафорический; in a ~ sense в переносном смысле; ~ style образный стиль; ~ writer писатель, (часто) пользующийся метафорами *и т. п.* 2) изобразительный, пластический, живописный

**figure** [ˈfɪgə] **1.** *n* 1) фигура; внешний вид; облик, образ; to keep one's ~ следить за фигурой 2) личность, фигура; a person of ~ выдающаяся личность; public ~ общественный деятель 3) изображение, картина, статуя 4) иллюстрация, рисунок (*в книге*); диаграмма, чертёж 5) *геом.* фигура, тело 6) риторическая фигура; ~ of speech а) риторическая фигура; б) преувеличение, неправда 7) фигура (*в танцах, фигурном катании, пилотаже*) 8) гороскоп 9) цифра; *pl* цифровые данные; in round ~s круглым счётом 10) *pl* арифметика 11) цена; at a high (low) ~ дорого (дёшево) ◊ to cut a poor ~ а) играть незначительную роль; б) казаться жалким; to cut a ~ *амер.* привлекать внимание, производить впечатление; to cut no ~ не производить никакого впечатления; a ~ of fun нелепая, смешная фигура

**2.** *v* 1) изображать (*графически, диаграммой и т. п.*) 2) представлять себе (*часто* ~ to oneself) 3) фигурировать; играть видную роль 4) служить символом, символизировать 5) украшать (*фигурами*) 6) обозначать цифрами 7) *амер. разг.* подсчитывать, оценивать; исчислять 8) выполнять фигуры (*в фигурном катании и т. п.*) 9) придавать форму ▭ ~ **on** *амер. разг.* рассчитывать на; делать расчёты; ~ **out** а) вычислять; б) понимать, постигать; в) разгадывать; ~ **up** подсчитывать

**figured** [ˈfɪgəd] **1.** *p. p. от* figure 2

**2.** *a* 1) фигурный; узорчатый; ~ silk узорчатый шёлк 2) метафорический, образный

**figure-head** [ˈfɪgəhed] *n* 1) *мор.* носовое украшение 2) номинальный глава; подставное лицо

**figure-of-eight** [ˈfɪgərəvˈeɪt] *a* имеющий форму восьмёрки

**figure-skating** [ˈfɪgəˌskeɪtɪŋ] *n* фигурное катание (*на коньках*)

**figure work** [ˈfɪgəwə:k] *n полигр.* табличный набор

**figurine** [ˈfɪgjuri:n] *n* статуэтка

**fig-wort** [ˈfɪgwə:t] *n бот.* норичник

**filaceous** [fɪˈleɪʃəs] *a бот.* волокнистый

**filagree** [ˈfɪləgri:] = filigree

**filament** [ˈfɪləmənt] *n* 1) *бот.* нить 2) *эл.* нить накала 3) волокно, волосок 4) *attr.*: ~ lamp лампа накаливания

**filamentary** [ˌfɪləˈmentərɪ] *a* волокнистый

**filamentous** [ˌfɪləˈmentəs] *a* волокни́стый, состоя́щий из воло́кон

**filar** [ˈfaɪlə] *a тех.* филя́рный, ни́точный

**filature** [ˈfɪlətʃə] *n* 1) шёлкопряде́ние 2) шёлкопряди́льная фа́брика; шёлкомота́льная фа́брика

**filbert** [ˈfɪlbə(:)t] *n* 1) лещи́на, фунду́к; америка́нский лесно́й оре́х 2) оре́шник

**filch** [fɪltʃ] *v* укра́сть, стяну́ть, стащи́ть (*ме́лочи*)

**file** I [faɪl] **1.** *n* 1) *тех.* напи́льник 2) пи́лочка (*для ногте́й*) 3) отде́лка, поліро́вка; to need the ~ тре́бовать отде́лки 4) огло́бля, ды́шло 5) *sl.* ловка́ч ◇ close ~ скря́га; old (*или* deep) ~ *груб.* продувна́я бе́стия, тёртый кала́ч

**2.** *v* 1) пили́ть, подпи́ливать 2) отде́лывать (*стиль и т. п.*) □ ~ **away,** ~ **down,** ~ **off** спи́ливать, обраба́тывать, отшлифо́вывать

**file** II [faɪl] **1.** *n* 1) скоросшива́тель (*для бума́г*); шпи́лька (*для нака́лывания бума́г*) 2) подши́тые бума́ги, де́ло; досье́ 3) подши́вка (*газе́т*) 4) картоте́ка

**2.** *v* 1) регистри́ровать и храни́ть (*докуме́нты*) в како́м-л. определённом поря́дке; подшива́ть к де́лу (*тж.* ~ away) 2) сдава́ть в архи́в 3) *амер.* представля́ть, подава́ть како́й-л. докуме́нт; to ~ resignation пода́ть заявле́ние об отста́вке 4) приня́ть зака́з к исполне́нию

**file** III [faɪl] **1.** *n воен.* 1) ряд, шере́нга; коло́нна (*люде́й*); a ~ of men два бойца́; blank (full) ~ непо́лный (по́лный) ряд; to march in ~ идти́ (в коло́нне) по́ два; in single (*или* in Indian) ~ гуське́м, по одному́ 2) *шахм.* вертика́ль 3) о́чередь, хвост 4) *attr.*: ~ leader головно́й ря́да, головно́й коло́нны по одному́; ~ closer замыка́ющий

**2.** *v* идти́ гуське́м; передвига́ть(ся) коло́нной □ ~ **away** = ~ off; ~ **in** входи́ть шере́нгой; ~ **off** уходи́ть гуське́м, по одному́, по́ два; ~ **out** выходи́ть шере́нгой

**file cabinet** [ˈfaɪlˌkæbɪnɪt] = file II, 1, 4)

**file-cutter** [ˈfaɪlˌkʌtə] *n* насека́льщик напи́льников

**filet** [ˈfɪlet] *n* филе́ (*кру́жево*)

**filial** [ˈfɪljəl] *a* 1) сыно́вний, доче́рний 2): ~ branch (*или* agency) филиа́л

**filiation** [ˌfɪlɪˈeɪʃən] *n* 1) отноше́ние родства́, происхожде́ние (from — от) 2) *юр.* установле́ние отцо́вства 3) ответвле́ние, ветвь 4) филиа́л 5) образова́ние филиа́ла, ме́стного отделе́ния

**filibeg** [ˈfɪlɪbeg] = kilt 1

**filibuster** [ˈfɪlɪbʌstə] **1.** *n* 1) флибустье́р, пира́т 2) *амер. полит.* обструкциони́ст

**2.** *v* 1) занима́ться морски́м разбо́ем 2) *амер.* тормози́ть приня́тие зако́на *или* реше́ния (*путём обструкции*)

**filicide** [ˈfɪlɪsaɪd] *n* 1) детоуби́йство 2) детоуби́йца

**filiform** [ˈfɪlɪfɔ:m] *a* нитеви́дный

**filigree** [ˈfɪlɪgri:] *n* филигра́нная рабо́та

**filing** [ˈfaɪlɪŋ] *n* 1) опило́вка 2) *pl* металли́ческие опи́лки

**filing cabinet** [ˈfaɪlɪŋˌkæbɪnɪt] *n* 1) шкаф для хране́ния докуме́нтов 2) картоте́ка

**fill** [fɪl] **1.** *v* 1) наполня́ть(ся); sails ~ed with wind а) паруса́ наду́лись; б) паруса́, наду́тые ве́тром 2) заполня́ть (*отве́рстия и т. п.*); закла́дывать 3) наполня́ть, заполня́ть (*сосу́д доверху*) 4) *амер.* пломбирова́ть (*зу́бы*) 5) удовлетворя́ть; насыща́ть; food that ~s пи́ща, даю́щая ощуще́ние сы́тости; to ~ smb. (in) on smth. *разг.* дать по́лное представле́ние о чём-л. 6) занима́ть (*до́лжность*); исполня́ть (*обя́занности*); his place will not be easily ~ed его́ не легко́ замени́ть 7) занима́ть (*свобо́дное вре́мя*) 8) исполня́ть, выполня́ть (*зака́з и т. п.*) 9) пригота́вливать лека́рство (*по реце́пту врача́*) □ ~ **in** а) заполня́ть; to ~ in one's name вписа́ть своё и́мя; б) замеща́ть; I'm just ~ing in here temporarily я здесь то́лько вре́менно замеща́ю друго́го; в) разраба́тывать (*дета́ли и т. п.*); ~ **out** а) расширя́ть(ся); наполня́ть(ся); his cheeks have ~ed out его́ лицо́ пополне́ло; б) заполня́ть (*анке́ту*); ~ **up** а) наполня́ть(ся); набива́ть; заполня́ть (*вака́нсию*); б) возмеща́ть (*недостаю́щее*); to ~ up a form а) заполня́ть бланк; б) заполня́ть анке́ту

**2.** *n* 1) доста́точное коли́чество (*чего́-л.*); a ~ of tobacco щепо́тка табаку́ (*доста́точная, что́бы наби́ть тру́бку*); I've had my ~ of it с меня́ хва́тит 2) сы́тость; to eat (to drink, to weep) one's ~ нае́сться (напи́ться, напла́каться) до́сыта 3) *диал.* = file I, 1, 4); 4) *амер. ж.-д.* на́сыпь

**fill-dike** [ˈfɪldaɪk] *n* дождли́вый пери́од (*обыкн.* февра́ль); February ~ февра́ль-водоле́й

**filler** [ˈfɪlə] *n* 1) тот, кто *или* то, что наполня́ет *или* заполня́ет 2) заря́д (*снаря́да*) 3) *тех.* наливно́е отве́рстие, воро́нка 4) наполни́тель (*вещество́*)

**fillet** [ˈfɪlɪt] **1.** *n* 1) ле́нта *или* у́зкая повя́зка (*на го́лову*); у́зкая дли́нная ле́нта из любо́го материа́ла 2) филе́(й) 3) *тех., стр.* ва́лик, ободо́к; баге́т 4) *тех.* га́лтель, утолще́ние 5) углубле́ние, желобо́к 6) *текст.* кро́мка

**2.** *v* 1) повя́зывать ле́нтой *или* повя́зкой 2) приготовля́ть филе́ из ры́бы

**fill-in** [ˈfɪlˈɪn] *n* вре́менная заме́на

**filling** [ˈfɪlɪŋ] **1.** *pres. p. от* fill 1

**2.** *n* 1) наполне́ние 2) погру́зка; на́сыпка 3) зали́вка, запра́вка горю́чим 4) пло́мба (*в зу́бе*) 5) наби́вка; прокла́дка; шпатлёвка 6) *текст.* уто́к 7) фарш, начи́нка 8) заря́д (*снаря́да*) 9) *стр.* торкрети́рование

**filling-station** [ˈfɪlɪŋˌsteɪʃən] *n* автозапра́вочная ста́нция; *разг.* бензоколо́нка

**fillip** [ˈfɪlɪp] *n* 1) щелчо́к 2) толчо́к 3) сти́мул 4) пустя́к

**fillister** [ˈfɪlɪstə] *n тех.* фальцо́вка, калёвка

**filly** [ˈfɪlɪ] *n* 1) молода́я кобы́ла 2) жива́я, весёлая де́вушка

**film** [fɪlm] **1.** *n* 1) плёнка; лёгкий слой (*чего́-л.*); оболо́чка; перепо́нка; a ~ of fog лёгкий тума́н; ды́мка 2) фотоплёнка, киноплёнка, плёнка 3) фильм; (*ча́сто pl*) кино́; to be in the ~s снима́ться в кино́ 4) фотосло́й 5) то́нкая нить 6) *attr.* кино-

**2.** *v* 1) покрыва́ть(ся) плёнкой, оболо́чкой; застила́ться ды́мкой (over) 2) снима́ть, производи́ть киносъёмку; экранизи́ровать (*литерату́рное произведе́ние*) 3) снима́ться в кино́ ◇ she ~s well она́ фотогени́чна

**filmland** [ˈfɪlmlænd] *n* мир кино́; ~ actor киноактёр

**film star** [ˈfɪlmstɑ:] *n* кинозвезда́

**film-strip** [ˈfɪlmstrɪp] *n* диафи́льм

**film test** [ˈfɪlmtest] *n* кинопро́ба бу́дущего исполни́теля ро́ли

**filmy** [ˈfɪlmɪ] *a* 1) плёнчатый, покры́тый плёнкой 2) тума́нный 3) то́нкий, как паути́нка

**filoselle** [ˌfɪləˈsel] *n* шёлк-сыре́ц

**filter** [ˈfɪltə] **1.** *n* фильтр

**2.** *v* 1) фильтрова́ть, проце́живать 2) проса́чиваться, проника́ть

**filter-bed** [ˈfɪltəbed] *n тех.* фильтру́ющий слой

**filter-tipped** [ˈfɪltətɪpt] *a*: ~ cigarette сигаре́та с фи́льтром

**filth** [fɪlθ] *n* 1) грязь; отбро́сы 2) непристо́йность; ме́рзость; развра́т 3) скверносло́вие

**filthy** [ˈfɪlθɪ] *a* 1) гря́зный 2) отврати́тельный, ме́рзкий; ~ lucre *шутл.* презре́нный мета́лл 3) развращённый; непристо́йный

**filtrate** **1.** *n* [ˈfɪltrɪt] *хим.* фильтра́т

**2.** *v* [ˈfɪltreɪt] фильтрова́ть

**fin** [fɪn] **1.** *n* 1) плавни́к (*ры́бы*) 2) *sl.* рука́ 3) *ав.* киль, стабилиза́тор 4) *тех.* ребро́, заусе́нец 5) *pl спорт.* ла́сты

**2.** *v* 1) обреза́ть плавники́ 2) пла́вать как ры́ба

**finable** I [ˈfaɪnəbl] *a* облага́емый штра́фом, пе́ней

**finable** II [ˈfaɪnəbl] *a* поддаю́щийся рафини́рованию

**finagle** [fɪˈneɪgl] *v* 1) *разг.* надува́ть; обжу́ливать 2) *карт.* объявля́ть рено́нс

**final** [ˈfaɪnl] **1.** *a* 1) коне́чный, заключи́тельный; ~ cause коне́чная цель; the ~ chapter после́дняя глава́; ~ blow заверша́ющий уда́р; ~ age спе́лость (*ле́са для ру́бки*) 2) оконча́тельный, реша́ющий; to give a ~ touch оконча́тельно отде́лать; is that ~? э́то после́днее сло́во?, э́то окончательно? 3) целево́й; ~ clause *грам.* предложе́ние це́ли

2. *n* 1) (*часто pl*) реша́ющая игра́ в ма́тче; после́дний зае́зд в ска́чках, го́нках *и т. п.* 2) (*тж. pl*) выпускно́й экза́мен 3) *разг.* после́дний вы́пуск газе́ты

**finale** [fɪ'nɑ:lɪ] *ит. n муз., лит.* фина́л, заключе́ние

**finality** [faɪ'nælɪtɪ] *n* 1) зако́нченность; оконча́тельность; with an air of ~ с таки́м ви́дом, что всё решено́ (*или* что все разгово́ры ко́нчены) 2) заключи́тельное де́йствие, заверше́ние

**finalize** ['faɪnəlaɪz] *v* 1) заверша́ть, зака́нчивать 2) придава́ть оконча́тельную фо́рму

**finally** ['faɪnəlɪ] *adv* 1) в заключе́ние 2) в коне́чном счёте, в конце́ концо́в 3) оконча́тельно

**finance** [faɪ'næns] **1.** *n* 1) *pl* фина́нсы, дохо́ды; family ~s семе́йный бюдже́т 2) фина́нсовое де́ло

2. *v* 1) финанси́ровать 2) занима́ться фина́нсовыми опера́циями

**financial** [faɪ'nænʃəl] *a* 1) фина́нсовый; ~ year отчётный год 2) де́нежный; ~ interests материа́льные интере́сы; ~ resources де́нежные ресу́рсы

**financier** [faɪ'nænsɪə] **1.** *n* финанси́ст

2. *v* вести́ фина́нсовые опера́ции (*обыкн. презр.*)

**fin-back** ['fɪnbæk] *n зоол.* кит-полоса́тик

**finch** [fɪntʃ] *n название многих певчих птиц, преим.* зя́блик

**find** [faɪnd] **1.** *v* (found) 1) находи́ть; встреча́ть; признава́ть; обнару́живать; застава́ть; to ~ no sense не ви́деть смы́сла; to ~ oneself найти́ своё призва́ние; обрести́ себя́; to ~ time улучи́ть вре́мя 2) убежда́ться, приходи́ть к заключе́нию; счита́ть; I ~ it necessary to go there я счита́ю необходи́мым пое́хать туда́ 3) обрести́; получи́ть, доби́ться; to ~ one's account in smth. убеди́ться в вы́годе чего́-л.; испо́льзовать что-л. в свои́х (ли́чных) интере́сах 4) снабжа́ть; обеспе́чивать; £2 a week and ~ yourself 2 фу́нта (сте́рлингов) в неде́лю на свои́х харча́х 5) попа́сть (*в цель*); the blow found his chest уда́р пришёлся ему́ в грудь 6) *юр.* устана́вливать; выноси́ть реше́ние; to ~ smb. guilty призна́ть кого́-л. вино́вным 7) *мат.* вычисля́ть 8) *охот.* подня́ть (*зверя*) 9) *воен.* выделя́ть, выставля́ть ▭ ~ **in**: to ~ smb. (oneself) in smth. обеспе́чивать кого́-л. (себя́) чем-л.; they ~ him in clothes они́ его́ одева́ют; ~ **out** узна́ть, разузна́ть, вы́яснить; поня́ть; раскры́ть (*обман, тайну*); to ~ out the truth узна́ть пра́вду; to ~ smb. out разоблачи́ть кого́-л.; to ~ out for oneself добра́ться до и́стины ◇ all found на всём гото́вом; £100 a year and all found 100 фу́нтов (сте́рлингов) в год на всём гото́вом; how do you ~ yourself? как вы себя́ чу́вствуете?; как пожива́ете?; to ~ one's way а) дости́гнуть; to ~ one's way home добра́ться домо́й; б) прони́кнуть; пробра́ться; how did it ~ its way into print? как э́то попа́ло в печа́ть?; to ~ one's feet а) научи́ться ходи́ть (*о ребёнке*); б) стать на́ ноги, обрести́ самостоя́тельность; наби́ть ру́ку

2. *n* нахо́дка; a great ~ це́нная нахо́дка; a sure ~ *охот.* местонахожде́ние зве́ря

**finder** ['faɪndə] *n тех.* 1) иска́тель 2) *фото* видоиска́тель

**finding** ['faɪndɪŋ] **1.** *pres. p. от* find 1

2. *n* 1) нахо́дка; обнару́же́ние 2) реше́ние (*присяжных*); пригово́р (*суда*); *pl* вы́воды (*комиссии*) 3) *pl* прикла́д (*для платья и т. п.*); фурниту́ра; shoe ~s мазь, шнурки́ *и пр.* для обуви 4) определе́ние (*местонахождения*), ориента́ция, ориентиро́вка 5) *pl* полу́ченные да́нные, добы́тые све́дения

**fine** I [faɪn] **1.** *n* пе́ня, штраф

2. *v* штрафова́ть, налага́ть пе́ню, штраф

**fine** II [faɪn] *n*: in ~ а) в о́бщем, сло́вом, вкра́тце; б) наконе́ц; в заключе́ние; в ито́ге

**fine** III [faɪn] **1.** *a* 1) то́нкий, утончённый, изя́щный; высо́кий, возвы́шенный (*о чувствах*); ~ needle то́нкая игла́; ~ skin не́жная ко́жа; ~ distinction то́нкое разли́чие; ~ intellect утончённый ум; a ~ lady! *разг. ирон.* что за (*или* ну и) ба́рыня!; ~ point (*или* question) тру́дный, делика́тный вопро́с 2) хоро́ший; прекра́сный, превосхо́дный (*часто ирон.*); to have a ~ time *разг.* хорошо́ провести́ вре́мя; a ~ friend you are! *ирон.* хоро́ш друг!; ~ income изря́дный дохо́д 3) высо́кого ка́чества; очи́щенный, рафини́рованный; высокопро́бный; gold 22 carats ~ зо́лото 88-й про́бы 4) то́чный; ~ mechanics то́чная меха́ника 5) я́сный, хоро́ший; сухо́й (*о погоде*); a ~ morning пого́жее у́тро; ~ air здоро́вый во́здух; one ~ day одна́жды, в оди́н прекра́сный день; one of these ~ days в оди́н прекра́сный день (*о будущем*); когда́-нибудь 6) блестя́щий, наря́дный 7) о́стрый; ~ edge о́строе ле́звие; to talk ~ говори́ть остроу́мно 8) ме́лкий; ~ sand ме́лкий песо́к 9) густо́й (*о сети и т. п.*) ◇ the ~ arts изобрази́тельные иску́сства; ~ feathers make ~ birds *посл.* ≅ оде́жда кра́сит челове́ка

2. *adv* 1) *разг.* отли́чно, прекра́сно; that will suit me ~ э́то мне как раз подойдёт 2) изя́щно, утончённо ◇ to cut it too ~ дать сли́шком ма́ло (*особ. времени*)

3. *n* хоро́шая, я́сная пого́да

4. *v* де́лать(ся) прозра́чным, очища́ть(ся) (*тж.* ~ down) ▭ ~ **away**, ~ **down**, ~ **off** де́лать(ся) изя́щнее, то́ньше; уменьша́ться; сокраща́ться

**fine-draw** ['faɪn'drɔ:] *v* (fine-drew; fine-drawn) 1) сшива́ть незаме́тным швом; штукова́ть 2) волочи́ть то́нкие сорта́ (*проволоки*)

**fine-drawn** ['faɪn'drɔ:n] **1.** *p. p. от* fine-draw

2. *a* 1) сши́тый незаме́тным швом 2) о́чень то́нкий; то́нкого волоче́ния (*о проволоке*) 3) иску́сный 4) *спорт.* оптима́льный (*о весе боксёра, борца и т. п.*)

**fine-drew** ['faɪn'dru:] *past от* fine-draw

**fine-fleece** ['faɪn'fli:s] *a* тонкору́нный

**fine-grained** ['faɪn'greɪnd] *a* мелкозерни́стый

**finely-fibred** ['faɪnlɪ'faɪbəd] *a* тонковолокни́стый

**fineness** ['faɪnnɪs] *n* 1) то́нкость, изя́щество *и пр.* [*см.* fine III, 1] 2) острота́ (*чувств*) 3) про́ба (*благородных металлов*) 4) высо́кое ка́чество 5) мелкозерни́стость; величина́ зерна́ 6) *ав.* аэродинами́ческое ка́чество

**finery** I ['faɪnərɪ] *n* пы́шный наря́д, пы́шное украше́ние, убра́нство; cheap ~ дешёвые украше́ния

**finery** II ['faɪnərɪ] *n тех.* кри́чный горн

**fine-spun** ['faɪn'spʌn] *a* 1) то́нкий (*о ткани*) 2) хитросплетённый; запу́танный 3) изощрённый до преде́ла *или* абсу́рда

**finesse** [fɪ'nes] *фр.* **1.** *n* 1) то́нкость; иску́сность 2) ухищре́ние, ло́вкий приём; хи́трость 3) *карт.* проре́зывание (*ход*)

2. *v* 1) де́йствовать иску́сно *или* хитро́ 2) *карт.* проре́зать

**finger** ['fɪŋgə] **1.** *n* 1) па́лец (*руки, перчатки*); my ~s itch *перен.* у меня́ ру́ки че́шутся; by a ~'s breadth е́ле-е́ле; to lay (*или* to put) a ~ on smb. тро́нуть кого́-л.; I had not laid a ~ on him я его́ и па́льцем не тро́нул; to let slip through the ~s упусти́ть из рук 2) *тех.* па́лец, штифт 3) стре́лка (*часов*); указа́тель (*на шкале*) ◇ to lay (*или* to put) one's ~ on smth. а) то́чно указа́ть что-л.; б) ≅ попа́сть в то́чку; пра́вильно поня́ть, установи́ть что-л.; to turn (*или* to twist) smb. roud one's (little) ~ обвести́ кого́-л. вокру́г па́льца; not to move a ~ ≅ па́лец о па́лец не уда́рить; with a wet ~ с лёгкостью; his ~s are all thumbs он о́чень нело́вок, неуклю́ж; his ~s turned to thumbs па́льцы его́ одеревене́ли; to have a ~ in smth. уча́ствовать в чём-л.; вме́шиваться во что-л.; he has a ~ in the pie ≅ у него́ ры́льце в пушку́; он заме́шан в э́том де́ле

2. *v* 1) тро́гать, перебира́ть па́льцами (*часто* ~ over) 2) *разг.* брать взя́тки; ворова́ть 3) *муз.* ука́зывать аппликату́ру

**finger-alphabet** ['fɪŋgər,ælfəbɪt] *n* а́збука глухонемы́х

**finger-board** ['fɪŋgəbɔ:d] *n муз.* гриф; клавиату́ра

**finger-bowl** [ˈfɪŋgəbəul] *n* небольша́я ча́ша (*для споласкивания па́льцев после десерта*)
**finger-end** [ˈfɪŋgərend] = finger-tip
**finger-flower** [ˈfɪŋgəˌflauə] *n бот.* наперстя́нка
**finger-glass** [ˈfɪŋgəglɑ:s] = finger-bowl
**fingerhold** [ˈfɪŋgəhəuld] *n* ша́ткая опо́ра; to have no (*или* never) more than a ~ не име́ть ро́вно никако́й опо́ры
**finger-hole** [ˈfɪŋgəhəul] *n* боково́е отве́рстие, кла́пан (*в духовом инструменте*)
**fingering** I [ˈfɪŋgərɪŋ] **1.** *pres. p. от* finger 2
**2.** *n* 1) прикоснове́ние па́льцев 2) *муз.* игра́ на инструме́нте 3) *муз.* аппликату́ра
**fingering** II [ˈfɪŋgərɪŋ] *n* то́нкая шерсть (*для чулок*)
**finger-mark** [ˈfɪŋgəmɑ:k] **1.** *n* 1) пятно́ от па́льца 2) дактилоскопи́ческий отпеча́ток (*пальца*)
**2.** *v* захвата́ть гря́зными па́льцами
**finger-nail** [ˈfɪŋgəneɪl] *n* но́готь
**finger-plate** [ˈfɪŋgəpleɪt] *n* нали́чник дверно́го замка́
**finger-post** [ˈfɪŋgəpəust] *n* указа́тельный столб на разви́лке доро́ги
**finger-print** [ˈfɪŋgəprɪnt] **1.** *n* = finger-mark 1, 2)
**2.** *v* снима́ть отпеча́тки па́льцев
**finger-stall** [ˈfɪŋgəstɔ:l] *n* напа́лок, напа́льчник
**finger-tip** [ˈfɪŋgətɪp] *n* ко́нчик па́льца ◊ to have at one's ~s знать, как свои́ пять па́льцев; to one's ~s ≅ от головы́ до пят; до ко́нчиков ногте́й; to arrive at one's ~s ≅ а) дойти́ до ру́чки; впасть в нищету́; б) исчерпа́ть все возмо́жности
**finical** [ˈfɪnɪkəl] *a* 1) разбо́рчивый; ме́лочно тре́бовательный 2) жема́нный, аффекти́рованный 3) чересчу́р отшлифо́ванный; перегру́женный дета́лями
**finicking, finicky, finikin** [ˈfɪnɪkɪŋ, -kɪ, -kɪn] = finical
**fining** I [ˈfaɪnɪŋ] *pres. p. от* fine I, 2
**fining** II [ˈfaɪnɪŋ] **1.** *pres. p. от* fine III, 4
**2.** *n* очи́стка, рафини́рование
**finis** [ˈfɪnɪs] *лат. n* (*тк. sing*) 1) коне́ц (*пишется в конце книги*) 2) коне́ц жи́зни
**finish** [ˈfɪnɪʃ] **1.** *n* 1) оконча́ние; коне́ц; *спорт.* фи́ниш; to be in at the ~ прису́тствовать на после́днем эта́пе (*соревнований, дебатов и т. п.*); *перен.* ≅ прийти́ к ша́почному разбо́ру; to fight to a ~ би́ться до конца́ 2) зако́нченность; отде́лка; to lack ~ быть неотде́ланным 3) *текст.* аппрету́ра
**2.** *v* 1) конча́ть(ся); зака́нчивать; заверша́ть; *спорт.* финиши́ровать 2) отде́лывать (*тж.* ~ off); сгла́живать, выра́внивать 3) зака́нчивать что-л. на́чатое, доводи́ть до конца́ (*тж.* ~ up); haven't you ~ed that book yet? вы ещё не дочита́ли э́ту кни́гу?; we have ~ed the pie мы доéли э́тот пиро́г 4) прико́нчить, уби́ть (*тж.* ~ off) 5) до кра́йности изнуря́ть; the long march has quite ~ed the troops дли́нный перехо́д обесси́лил войска́
**finished** [ˈfɪnɪʃt] **1.** *p. p. от* finish 2
**2.** *a* зако́нченный; отде́ланный; обрабо́танный; ~ goods гото́вые изде́лия; ~ manners лощёные мане́ры; ~ gentleman настоя́щий джентльме́н
**finisher** [ˈfɪnɪʃə] *n* 1) *текст.* аппрету́рщик 2) *тех.* вся́кое приспособле́ние для оконча́тельной отде́лки 3) *разг.* реша́ющий до́вод; сокруша́ющий уда́р 4) фи́нишер (*дорожная машина*)
**finishing** [ˈfɪnɪʃɪŋ] **1.** *pres. p. от* finish 2
**2.** *n текст.* аппрету́ра; отде́лка
**3.** *a* заверша́ющий
**finite** [ˈfaɪnaɪt] *a* 1) ограни́ченный, име́ющий преде́л; ~ risk не́который риск 2) *грам.* ли́чный (*о глаголе*)
**fink** [fɪŋk] *амер. sl.* **1.** *n* штрейкбре́хер
**2.** *v* 1) быть штрейкбре́хером 2) доноси́ть, предава́ть
**Finn** [fɪn] *n* финн; фи́нка
**finnan** [ˈfɪnən] *n* копчёная пи́кша (*тж.* ~ haddock)
**Finnic** [ˈfɪnɪk] *a* фи́нский
**Finnish** [ˈfɪnɪʃ] **1.** *a* фи́нский
**2.** *n* фи́нский язы́к
**Finno-Ugrian** [ˈfɪnəuˈju:grɪən] *a* фи́нно-уго́рский (*о языках*)
**finny** [ˈfɪnɪ] *a* 1) име́ющий плавники́ 2) бога́тый ры́бой
**fiord** [fjɔ:d] *норв. n* фио́рд
**fir** [fə:] *n бот.* 1) пи́хта; *распр.* ель; Scotch F. сосна́; Silver F. пи́хта 2) ель (*древесина*)
**fir-cone** [ˈfə:kəun] *n* ело́вая ши́шка
**fire** [ˈfaɪə] **1.** *n* 1) ого́нь, пла́мя; to strike ~ вы́сечь ого́нь; to lay a ~ разложи́ть костёр; развести́ ого́нь (*в очаге, печи и т. п.*); electric ~ электри́ческая печь *или* ками́н; gas ~ га́зовая плита́ *или* ками́н; it is too warm for ~s сли́шком тепло́, что́бы топи́ть; to light (*или* to make up) the ~ затопи́ть пе́чку; to nurse the ~ подде́рживать ого́нь; to stir the ~ помеша́ть в пе́чке; between two ~s *перен.* ме́ж(ду) двух огне́й; to blow the ~ раздува́ть ого́нь; *перен.* разжига́ть стра́сти (*и т. п.*) 2) пожа́р; to catch (*или* to take) ~ загоре́ться; *перен.* заже́чься (*чем-л.*); to be on ~ горе́ть; *перен.* быть в возбужде́нии; to set ~ to smth., to set smth. on ~, *амер.* to set a ~ поджига́ть (*что-л.*) 3) пыл, воодушевле́ние; *поэт.* вдохнове́ние 4) свече́ние 5) жар, лихора́дка 6) *воен.* ого́нь, стрельба́; to be under ~ подверга́ться обстре́лу; *перен.* служи́ть мише́нью напа́док; to stand ~ выде́рживать ого́нь проти́вника (*тж. перен.*); running ~ бе́глый ого́нь; *перен.* град крити́ческих замеча́ний ◊ not to set the Thames on ~ ≅ звёзд с не́ба не хвата́ть; to play with ~ игра́ть с огнём; to fight ~ with ~ ≅ клин кли́ном вышиба́ть
**2.** *v* 1) зажига́ть, поджига́ть; to ~ a house подже́чь дом 2) воспламеня́ть(ся) 3) топи́ть (печь) 4) загора́ться 5) воодушевля́ть; возбужда́ть 6) обжига́ть (*кирпичи*); суши́ть (*чай и т. п.*) 7) *вет.* прижига́ть (*калёным железом*) 8) стреля́ть, пали́ть, вести́ ого́нь (at, on, upon); to ~ a mine взрыва́ть ми́ну 9) *разг.* увольня́ть □ ~ **away** начина́ть; ~ away! *разг.* валя́й!, начина́й!, жарь!; ~ **off** дать вы́стрел; *перен.* вы́палить (*замечание и т. п.*); ~ **out** *разг.* выгоня́ть; увольня́ть; ~ **up** вспыли́ть
**fire-alarm** [ˈfaɪərəˌlɑ:m] *n* 1) пожа́рная трево́га 2) автомати́ческий пожа́рный сигна́л
**fire-arm** [ˈfaɪərɑ:m] *n* (*обыкн. pl*) огнестре́льное ору́жие
**fire-ball** [ˈfaɪəbɔ:l] *n* 1) боли́д 2) шарова́я мо́лния 3) *ист.* зажига́тельное ядро́
**fire-bar** [ˈfaɪəbɑ:] *n тех.* колосни́к
**fire-bomb** [ˈfaɪəbɔm] *n* зажига́тельная бо́мба
**fire-box** [ˈfaɪəbɔks] *n тех.* огнева́я коро́бка, то́пка
**fire-brand** [ˈfaɪəbrænd] *n* 1) головня́ (*обгорелое полено*) 2) зачи́нщик, подстрека́тель; смутья́н
**fire-brick** [ˈfaɪəbrɪk] *n* огнеупо́рный кирпи́ч
**fire-bridge** [ˈfaɪəbrɪdʒ] *n тех.* пла́менный поро́г; то́почный поро́г
**fire-brigade** [ˈfaɪəbrɪˌgeɪd] *n* пожа́рная кома́нда
**fire-bug** [ˈfaɪəbʌg] *n* 1) *зоол.* светля́к 2) *разг.* поджига́тель
**fire-clay** [ˈfaɪəkleɪ] *n* огнеупо́рная гли́на
**fire-cock** [ˈfaɪəkɔk] *n* пожа́рный кран
**fire-company** [ˈfaɪəˌkʌmpənɪ] *n* 1) пожа́рная кома́нда 2) о́бщество страхова́ния от огня́
**fire-control** [ˈfaɪkənˌtrəul] *n* 1) *воен.* управле́ние огнём 2) *лес.* борьба́ с лесны́ми пожа́рами
**fire-damp** [ˈfaɪədæmp] *n* рудни́чный газ, гриму́чий газ
**fire-department** [ˈfaɪədɪˈpɑ:tmənt] *n амер.* пожа́рное депо́
**fire-dog** [ˈfaɪədɔg] = andiron
**fire-door** [ˈfaɪədɔ:] *n тех.* то́почная две́рца
**fire-drill** [ˈfaɪədrɪl] *n* 1) уче́бные заня́тия пожа́рной кома́нды 2) обуче́ние населе́ния противопожа́рным ме́рам
**fire-eater** [ˈfaɪərˌi:tə] *n* 1) пожира́тель огня́ (*о фокуснике*) 2) дуэля́нт, бретёр; драчу́н
**fire-engine** [ˈfaɪərˌendʒɪn] *n* 1) пожа́рная маши́на 2) *attr.*: ~ red я́рко-кра́сный цвет
**fire-escape** [ˈfaɪərɪsˌkeɪp] *n* 1) пожа́рная ле́стница 2) спаса́тельные приспособле́ния во вре́мя пожа́ра (*лестницы и т. п.*)

**fire-extinguisher** [ˈfaɪərɪksˌtɪŋgwɪʃə] *n* огнетуши́тель

**fire-eyed** [ˈfaɪəraɪd] *a поэт.* с горя́щим взо́ром

**fire fighter** [ˈfaɪəˌfaɪtə] *n* 1) пожа́рный, пожа́рник 2) пожа́рник-доброво́лец

**firefly** [ˈfaɪəflaɪ] *n* светля́к (*летающий*)

**fire-glass** [ˈfaɪəglɑːs] *n* решётчатое око́шечко пе́чи

**fire-grate** [ˈfaɪəgreɪt] *n тех.* колоснико́вая решётка

**fire-guard** [ˈfaɪəgɑːd] *n* ками́нная решётка

**fire-hose** [ˈfaɪəhəuz] *n* пожа́рный рука́в

**fire-insurance** [ˈfaɪərɪnˌʃuərəns] *n* страхова́ние от огня́

**fire-irons** [ˈfaɪərˌaɪənz] *n pl* ками́нный прибо́р

**fire-light** [ˈfaɪəlaɪt] *n* свет от ками́на, костра́ *и т. п.*

**fire-lighter** [ˈfaɪəˌlaɪtə] *n* расто́пка

**firelock** [ˈfaɪələk] *n* 1) кремнёвое ружьё 2) кремнёвый руже́йный замо́к

**fireman** [ˈfaɪəmən] *n* 1) пожа́рный 2) кочега́р

**fire-office** [ˈfaɪərˌɔfɪs] *n* конто́ра о́бщества страхова́ния от огня́

**fire-pan** [ˈfaɪəpæn] *n* жаро́вня

**fire-place** [ˈfaɪəpleɪs] *n* 1) ками́н, оча́г 2) горн

**fire-plug** [ˈfaɪəplʌg] *n* пожа́рный кран, гидра́нт

**fire-policy** [ˈfaɪəˈpɔlɪsɪ] *n* по́лис (*страхования от огня*)

**fireproof** [ˈfaɪəpruːf] *a* несгора́емый; огнеупо́рный

**fire-raising** [ˈfaɪəˌreɪzɪŋ] *n редк.* поджо́г

**fire-screen** [ˈfaɪəskriːn] *n* ками́нный экра́н

**fire-ship** [ˈfaɪəʃɪp] *n мор. ист.* бра́ндер

**fireside** [ˈfaɪəsaɪd] *n* 1) ме́сто о́коло ками́на; by the ~ у камелька́ 2) дома́шний оча́г, семе́йная жизнь

**firespotter** [ˈfaɪəˌspɔtə] *n* пожа́рник на вы́шке

**fire-squad** [ˈfaɪəskwɔd] *n* (противо)-пожа́рная брига́да

**fire-step** [ˈfaɪəˈstep] *n воен.* стрелко́вая ступе́нь (*в окопе*)

**fire wall** [ˈfaɪəwɔl] *n* брандма́уер

**fire-warden** [ˈfaɪəˌwɔːdn] *n* 1) нача́льник лесно́й пожа́рной охра́ны 2) брандме́йстер

**fire-watcher** [ˈfaɪəˌwɔtʃə] = fire-spotter

**fire-water** [ˈfaɪəˌwɔːtə] *n разг.* «о́гненная вода́» (*водка и т. п.*)

**firewood** [ˈfaɪəwud] *n* дрова́; расто́пка

**firework** [ˈfaɪəwəːk] = fireworks 1)

**fireworker** [ˈfaɪəˌwəːkə] *n* пироте́хник

**fireworks** [ˈfaɪəwəːks] *n pl* 1) фейерве́рк 2) блеск ума́, остроу́мия *и т. п.* 3) вспы́льчивость

**fire-worship** [ˈfaɪəˌwəːʃɪp] *n* огнепокло́нничество

**firing** [ˈfaɪərɪŋ] **1.** *pres. p. от* fire 2

**2.** *n* 1) стрельба́; произво́дство вы́стрела *или* взры́ва 2) то́пливо 3) сжига́ние то́плива, отопле́ние 4) раста́пливание 5) о́бжиг 6) *вет.* прижига́ние 7) *горн.* пале́ние шпу́ров 8) за́пуск (*ракеты*) 9) рабо́та (*реактивного двигателя*)

**firing ground** [ˈfaɪərɪŋgraund] *n* стре́льбище, полиго́н

**firing-line** [ˈfaɪərɪŋlaɪn] *n воен.* огнево́й рубе́ж; ли́ния огня́

**firing party** [ˈfaɪərɪŋˌpɑːtɪ] *n воен.* 1) кома́нда, наря́женная для расстре́ла 2) салю́тная кома́нда

**firing squad** [ˈfaɪərɪŋskwɔd] = firing party 1)

**firkin** [ˈfəːkɪn] *n* ма́ленький бочо́нок (≅ 8—9 галлонам)

**firm I** [fəːm] *n* фи́рма, торго́вый дом ◇ long ~ компа́ния моше́нников

**firm II** [fəːm] **1.** *a* 1) кре́пкий, твёрдый; ~ ground су́ша; to be on ~ ground чу́вствовать твёрдую по́чву под нога́ми; чу́вствовать себя́ уве́ренно 2) усто́йчивый; сто́йкий, непоколеби́мый; ~ step твёрдая по́ступь; ~ prices усто́йчивые це́ны; (as) ~ as a rock твёрдый *или* неподви́жный как скала́ 3) реши́тельный; насто́йчивый; ~ measures реши́тельные ме́ры

**2.** *adv* твёрдо, кре́пко

**3.** *v* укрепля́ть(ся); уплотня́ть(ся); to ~ the ground after planting утрамбова́ть зе́млю по́сле поса́дки расте́ний

**firmament** [ˈfəːməmənt] *n* (*обыкн.* the ~) небе́сный свод

**firman** [fəːˈmɑːn] *перс. n* фирма́н (*указ султана или шаха*); разреше́ние; лице́нзия

**fir-needle** [ˈfəːˌniːdl] *n* ело́вая *или* сосно́вая игла́, хво́я

**firry** [ˈfəːrɪ] *a* ело́вый; заро́сший пи́хтами, е́лями

**first** [fəːst] **1.** *num. ord.* пе́рвый; ~ form пе́рвый класс (*в школе*)

**2.** *a* 1) пе́рвый; ра́нний; ~ thing пе́рвым до́лгом; I'll do it ~ thing in the morning я пе́рвым де́лом за́втра займу́сь э́тим; to come ~ прийти́ пе́рвым; they were the ~ to come они́ пришли́ пе́рвыми; in the ~ place сперва́; пре́жде всего́; в пе́рвую о́чередь 2) пе́рвый, выдаю́щийся; значи́тельный; the ~ scholar of the day са́мый выдаю́щийся учёный своего́ вре́мени; ~ violin пе́рвая скри́пка 3) са́мая высо́кая па́ртия в музыка́льной пье́се *или* са́мый высо́кий го́лос в анса́мбле ◇ F. Commoner спи́кер (*в палате общин до 1919 г.*); F. Sea Lord пе́рвый морско́й лорд, нача́льник гла́вного морско́го шта́ба (*Англии*); ~ water чисте́йшей воды́ (*о бриллиантах*); to be on a ~ name basis with smb. ≅ быть на ты с кем-л.

**3.** *n* 1) нача́ло; at ~ сперва́; на пе́рвых пора́х, внача́ле; at the ~ of the year в нача́ле го́да; from the ~ с са́мого нача́ла; from ~ to last с нача́ла до конца́ 2) (the ~) пе́рвое число́ 3) *pl* това́ры вы́сшего ка́чества

**4.** *adv* 1) сперва́, снача́ла; ~ of all пре́жде всего́ 2) впервы́е; I ~ met him last year впервы́е я его́ встре́тил в про́шлом году́ 3) скоре́е, предпочти́тельно ◇ ~ and last в о́бщем и це́лом; ~, last and all the time *амер.* реши́тельно и бесповоро́тно; раз и навсегда́; ~ or last ра́но и́ли по́здно

**first-aid** [ˈfəːsteɪd] *n* 1) пе́рвая по́мощь; ско́рая по́мощь 2) *тех.* авари́йный ремо́нт 3) *attr.*: ~ kit *амер. воен.* санита́рная су́мка; ~ station пункт пе́рвой по́мощи

**first-born** [ˈfəːstbɔːn] *n* пе́рвенец

**first-chop** [ˈfəːstˈtʃɔp] *a разг.* первосо́ртный

**first-class** [ˈfəːstˈklɑːs] **1.** *n* пе́рвый класс; вы́сший сорт

**2.** *a* первокла́ссный

**3.** *adv* 1) *разг.* превосхо́дно; to feel ~ великоле́пно себя́ чу́вствовать 2): to travel ~ е́хать в пе́рвом кла́ссе, пе́рвым кла́ссом

**first cost** [ˈfəːstkɔst] *n* себесто́имость

**first-cousin** [ˈfəːstˈkʌzn] *n* двою́родный брат; двою́родная сестра́

**first-day** [ˈfəːstˈdeɪ] *n* воскресе́нье (*у квакеров*)

**first floor** [ˈfəːstˈflɔː] *n* 1) второ́й эта́ж 2) *амер.* пе́рвый эта́ж

**first-floor** [ˈfəːstflɔː] *a* 1) находя́щийся на второ́м этаже́ *или* относя́щийся ко второ́му этажу́ 2) *амер.* находя́щийся на пе́рвом этаже́ *или* относя́щийся к пе́рвому этажу́

**first-foot** [ˈfəːstfut] *n шотл.* пе́рвый гость в Но́вом году́

**first-fruits** [ˈfəːstfruːts] *n pl* пе́рвые плоды́ (*тж. перен.*)

**first-hand** [ˈfəːstˈhænd] **1.** *a* полу́ченный из пе́рвых рук ◇ to have ~ knowledge испыта́ть на себе́; знать по со́бственному о́пыту

**2.** *adv* из пе́рвых рук

**3.** *n*: at ~ из со́бственного о́пыта; to see at ~ вооч́ию убеди́ться

**firstling** [ˈfəːstlɪŋ] *n* 1) (*обыкн. pl*) пе́рвые плоды́ 2) пе́рвенец (*у животных*)

**firstly** [ˈfəːstlɪ] *adv* во-пе́рвых

**first-night** [ˈfəːstnaɪt] *n* премье́ра, пе́рвое представле́ние

**first-nighter** [ˌfəːstˈnaɪtə] *n разг.* постоя́нный посети́тель театра́льных премье́р

**first-rate** [ˈfəːstˈreɪt] **1.** *a* 1) первокла́ссный; первостепе́нной ва́жности *или* значе́ния 2) превосхо́дный

**2.** *adv разг.* прекра́сно, превосхо́дно; to do ~ преуспева́ть

**firth** [fəːθ] *n* у́зкий морско́й зали́в; лима́н; у́стье реки́ (*особ. в Шотландии*)

**fir-tree** [ˈfəːtriː] = fir 1)

**fiscal** [ˈfɪskəl] *a* фиска́льный; фина́нсовый; ~ year фина́нсовый год

**fish I** [fɪʃ] **1.** *n* 1) (*pl часто без измен.*) ры́ба; *распр. тж.* кра́бы, у́стрицы; ~ and chips ры́ба с жа́реной карто́шкой 2) *пренебр.* тип; cool ~ наха́л, нагле́ц; odd (*или* queer) ~ чуда́к; poor ~ никуды́шный челове́к 3) (the F. *или* Fishes) Ры́бы (*созвездие и знак зодиака*) 4) *амер. разг.* до́ллар 5) *attr.* ры́бный; ~ corral садо́к для ры́бы ◊ all's ~ that comes to his net *посл.* ≅ до́брому во́ру всё впо́ру; он ниче́м не брёзгует; to feed the ~es *разг.* а) утону́ть; б) страда́ть морско́й боле́знью; to have other ~ to fry име́ть други́е дела́; to make ~ of one and flesh of another относи́ться к лю́дям неро́вно, пристра́стно; a pretty kettle of ~! *разг.* ≅ весёленькая исто́рия!; хоро́шенькое де́ло!; ~ story ≅ «охо́тничий расска́з»; преувеличе́ние, небыли́цы; neither ~, flesh nor fowl (*или* good red herring) ни ры́ба ни мя́со; ни то́ ни сё

**2.** *v* 1) лови́ть *или* уди́ть ры́бу 2): to ~ the anchor *мор.* поднима́ть я́корь □ ~ **for** а) иска́ть в воде́ (*жемчуг и т. п.*); б) *разг.* выу́живать (*секреты*); в) *разг.* напра́шиваться, набива́ться; to ~ for compliments (for an invitation) напра́шиваться на комплиме́нты (на приглаше́ние); ~ **out** *разг.* а) достава́ть; выта́скивать (*из кармана*); б) выу́живать, выпы́тывать (*секреты*); ~ **up** выта́скивать (*из воды*) ◊ to ~ or cut bait *амер.* сде́лать вы́бор, не откла́дывая в до́лгий я́щик

**fish II** [fɪʃ] **1.** *n* 1) *мор.* фиш (*в якорном устройстве*); шка́ло (*у мачты*) 2) = fish-plate

**2.** *v тех.* соединя́ть накла́дкой; скрепля́ть сты́ком

**fish III** [fɪʃ] *n* фи́шка

**fish-ball** [ˈfɪʃbɔːl] *n* ры́бная котле́та

**fishbolt** [ˈfɪʃbəult] *n тех., ж.-д.* стыково́й болт

**fisher I** [ˈfɪʃə] *n* 1) *уст.* рыба́к; рыбо́лов 2) рыба́чья ло́дка

**fisher II** [ˈfɪʃə] *n уст. sl.* банкно́т в 1 фунт сте́рлингов

**fisherman** [ˈfɪʃəmən] *n* 1) рыба́к, рыбо́лов 2) рыболо́вное су́дно

**fishery** [ˈfɪʃərɪ] *n* 1) рыболо́вство; ры́бный про́мысел 2) ры́бные места́; то́ня 3) *юр.* пра́во ры́бной ло́вли

**fish-farming** [ˈfɪʃˌfɑːmɪŋ] *n* рыбово́дство

**fish-fork** [ˈfɪʃfɔːk] *n* острога́

**fish-gig** [fɪʃgɪg] = fizgig 3)

**fish-glue** [ˈfɪʃgluː] *n* ры́бный клей

**fish-hook** [ˈfɪʃhuk] *n* рыболо́вный крючо́к

**fishily** [ˈfɪʃɪlɪ] *adv разг.* подозри́тельно; сомни́тельно

**fishing** [ˈfɪʃɪŋ] **1.** *pres. p. от* fish I, 2

**2.** *n* 1) ры́бная ло́вля 2) пра́во ры́бной ло́вли 3) = fishery 2)

**fishing-line** [ˈfɪʃɪŋlaɪn] *n* ле́са́

**fishing-rod** [ˈfɪʃɪŋrɔd] *n* уди́лище

**fishing-tackle** [ˈfɪʃɪŋˌtækl] *n* рыболо́вные сна́сти

**fish-kettle** [ˈfɪʃˌketl] *n* котёл для ва́рки ры́бы целико́м

**fish-knife** [ˈfɪʃnaɪf] *n* столо́вый нож для ры́бы

**fish-ladder** [ˈfɪʃˌlædə] *n* рыбохо́д (*в плотине*)

**fishmonger** [fɪʃˌmʌŋgə] *n* торго́вец ры́бой

**fish-net** [ˈfɪʃnet] *a*: ~ stockings ажу́рные чулки́

**fish-plate** [ˈfɪʃpleɪt] *n ж.-д., тех.* стыкова́я накла́дка

**fish-pond** [ˈfɪʃpɔnd] *n* 1) пруд для разведе́ния ры́бы, садо́к 2) *шутл.* мо́ре

**fish-pot** [ˈfɪʃpɔt] *n* ве́рша (*для крабов, угрей*)

**fish-slice** [ˈfɪʃslaɪs] *n* широ́кий прямоуго́льный ку́хонный нож для ры́бы

**fish-tackle** [ˈfɪʃˌtækl] *n* рыболо́вные принадле́жности

**fish-tail** [ˈfɪʃteɪl] **1.** *n* ры́бий хвост

**2.** *a* име́ющий фо́рму ры́бьего хвоста́; ~ wind ве́тер, ча́сто меня́ющий направле́ние

**fishwife** [ˈfɪʃwaɪf] *n* 1) торго́вка ры́бой 2) шумли́вая вульга́рная же́нщина

**fishy** [ˈfɪʃɪ] *a* 1) ры́бный; ры́бий; ~ eye ту́склый взгляд 2) изоби́лующий ры́бой 3) с ры́бным при́вкусом 4) *разг.* подозри́тельный, сомни́тельный; ~ tale неправдоподо́бная исто́рия

**fissile** [ˈfɪsaɪl] *a* 1) расщепля́ющийся; ~ materials расщепля́ющиеся материа́лы 2) раска́лывающийся пласта́ми; сланцева́тый

**fission** [ˈfɪʃən] **1.** *n* 1) расщепле́ние, разделе́ние 2) *физ.* расщепле́ние, деле́ние а́томного ядра́ при цепно́й реа́кции 3) *биол.* размноже́ние путём деле́ния кле́ток

**2.** *v* расщепля́ться *и пр.* [*см.* 1]

**fissionable** [ˈfɪʃnəbl] *a* расщепля́емый, спосо́бный к я́дерному распа́ду

**fissure** [ˈfɪʃə] *n* 1) тре́щина, расще́лина; изло́м 2) *анат.* борозда́ (*мозга*) 3) *мед.* тре́щина; надло́м (*кости*)

**fist** [fɪst] **1.** *n* 1) кула́к 2) *разг.* рука́; give us your ~ да́йте ва́шу ла́пу 3) *шутл.* по́черк; he writes a good ~ у него́ хоро́ший по́черк 4) указа́тельный знак в ви́де изображе́ния па́льца руки́ ◊ he made a better ~ of it де́ло у него́ пошло́ лу́чше; he made a poor ~ of it де́ло у него́ не задало́сь

**2.** *v* 1) *уст.* уда́рить кулако́м 2) *преим. мор.* зажима́ть в руке́ (*весло и т. п.*)

**fistful** [ˈfɪstful] *n* (по́лная) горсть (*чего-л.*); при́горшня

**fistic** [ˈfɪstɪk] *a разг.* кула́чный

**fisticuff** [ˈfɪstɪkʌf] **1.** *n* 1) уда́р кулако́м 2) *pl* кула́чный бой

**2.** *v* дра́ться в кула́чном бою́

**fistula** [ˈfɪstjulə] *n мед.* фистула́, свищ

**fit I** [fɪt] *n* 1) припа́док, пароксизм, при́ступ; ~ of apoplexy апопле́ксия, уда́р 2) *pl* су́дороги, конву́льсии; истери́я; to scream oneself into ~s ≅ отча́янно вопи́ть 3) поры́в, настрое́ние; a ~ of energy прили́в сил ◊ to give smb. a ~ (*или* ~s) *разг.* порази́ть, возмути́ть, оскорби́ть кого́-л.; to throw a ~ *разг.* а) разозли́ться; заката́ть исте́рику; б) *амер.* встрево́житься; to knock (*или* to beat) smb. into ~s по́лностью победи́ть, разби́ть кого́-л.; by ~s and starts поры́вами, уры́вками

**fit II** [fɪt] **1.** *n* 1) *тех.* приго́нка, поса́дка 2): to be a good (bad) ~ хорошо́ (пло́хо) сиде́ть (*о платье и т. п.*)

**2.** *a* 1) го́дный, подходя́щий; соотве́тствующий; приспосо́бленный; ~ time and place надлежа́щее вре́мя и ме́сто; the food here isn't ~ to eat пи́ща здесь не съедо́бна 2) досто́йный; подоба́ющий; I am not ~ to be seen я не могу́ показа́ться; it is not ~ не подоба́ет; do as you think ~ де́лайте, как счита́ете ну́жным 3) гото́вый, спосо́бный; ~ to die of shame гото́вый умере́ть со стыда́; I am ~ for another mile я могу́ пройти́ ещё ми́лю 4) в хоро́шем состоя́нии, в хоро́шей фо́рме (*о спортсмене*); си́льный, здоро́вый; to feel (*или* to keep) ~ быть бо́дрым и здоро́вым ◊ (as) ~ as a fiddle а) соверше́нно здоро́в; б) в прекра́сном настрое́нии; в) как нельзя́ лу́чше

**3.** *v* 1) соотве́тствовать, годи́ться, быть впо́ру; совпада́ть, то́чно соотве́тствовать; the coat ~s well пальто́ сиди́т хорошо́ 2) прила́живать(ся); приспоса́бливать(ся); to ~ oneself to new duties пригото́виться к исполне́нию но́вых обя́занностей 3) устана́вливать, монти́ровать 4) снабжа́ть (with) 5) *амер. разг.* гото́вить (*к поступлению в университет*) □ ~ **in** а) приспоса́бливать(ся); приновра́вливать(ся); подходи́ть; б) вставля́ть; в) подгоня́ть; вти́скивать; ~ **on** примеря́ть, пригоня́ть; ~ **out** а) снаряжа́ть, снабжа́ть необходи́мым, экипирова́ть; б) *австрал.* нака́зывать, воздава́ть по заслу́гам; ~ **up** а) отде́лывать; б) снабжа́ть; оснаща́ть; the hotel is ~ted up with all modern conveniences гости́ница име́ет все (совреме́нные) удо́бства; в) собира́ть, монти́ровать ◊ to ~ like a glove быть как раз впо́ру; to ~ like a ball of wax облега́ть, облипа́ть; to ~ the bill отвеча́ть всем тре́бованиям

**fitch** [fɪtʃ] *n* 1) хорько́вый мех 2) щётка, кисть из воло́с хорька́

**fitchew** [ˈfɪtʃuː] *n* 1) хорёк 2) = fitch 1)

**fitful** [ˈfɪtful] *a* су́дорожный; перемежа́ющийся, преры́вистый; ~ energy проявля́ющаяся вспы́шками эне́ргия; ~ gleams мерца́ющий свет; ~ wind поры́вистый ве́тер

**fitment** [ˈfɪtmənt] *n* 1) предме́т обстано́вки 2) (*обыкн. pl*) армату́ра; обору́дование

**fitness** [ˈfɪtnɪs] *n* (при)го́дность, соотве́тствие

**fit-out** [ˈfɪtˈaut] *n разг.* снаряже́ние; обмундирова́ние; обору́дование

**fitter** [ˈfɪtə] *n* 1) сле́сарь-монта́жник, монтёр, сбо́рщик 2) портно́й, занима́ющийся переде́лкой, приме́ркой *и т. п.*

**fitting** [ˈfɪtɪŋ] **1.** *pres. p. от* fit II, 3

**2.** *n* 1) приго́нка, прила́живание; приме́рка 2) устано́вка, сбо́рка, монта́ж 3) *pl тех.* фи́тинги; гарниту́ра 4) *pl эл.* освети́тельные прибо́ры

3. *a* подходя́щий, го́дный, надлежа́щий

**fitting-room** [ˈfɪtɪŋrum] *n* приме́рочная

**fitting-shop** [ˈfɪtɪŋʃɔp] *n* 1) сбо́рочная мастерска́я 2) монта́жный цех

**five** [faɪv] 1. *num. card.* пять

2. *n* 1) пятёрка 2) *pl* пя́тый но́мер (*размер перчаток, обуви и т. п.*) 3) банкно́т в пять фу́нтов *или* в пять до́лларов 4) спорти́вная кома́нда из пяти́ челове́к (*в баскетболе, крикете*) ◇ time is now ~ minutes to twelve а) без пяти́ двена́дцать; б) вре́мя не ждёт

**five-day** [ˈfaɪvdeɪ] *a* пятидне́вный

**five-finger** [ˈfaɪvˌfɪŋgə] *n* 1) *бот.* ла́пчатка 2) *зоол.* морска́я звезда́ 3) *attr.* пятиконе́чный, звездообра́зный

**fivefold** [ˈfaɪvfəuld] 1. *a* пятикра́тный

2. *adv* впя́теро; в пятикра́тном разме́ре

**five-o'clock tea** [ˈfaɪvəklɔkˈtiː] *n* файвокло́к (*час между вторым завтраком и обедом*)

**fiver** [ˈfaɪvə] *n разг.* пятёрка (*пять фунтов стерлингов или пять долларов*)

**fives** [faɪvz] *n pl* (*употр. как sing*) род игры́ в мяч

**fivescore** [ˈfaɪvskɔː] *n* со́тня, сто

**five-year** [ˈfaɪvˈjəː] *a* пятиле́тний; ~ plan пятиле́тний план

**fix** [fɪks] 1. *v* 1) укрепля́ть, закрепля́ть, устана́вливать 2) внедря́ть; вводи́ть 3) реша́ть, назнача́ть (*срок, цену и т. п.*) 4) привлека́ть (*внимание*); остана́вливать (*взгляд, внимание*; on, upon — на); to ~ one's eyes on smth. фикси́ровать внима́ние на чём-л.; не своди́ть глаз, пя́литься 5) *фото* фикси́ровать, закрепля́ть 6) осéда́ть, густе́ть, тверде́ть 7) *хим.* сгуща́ть, свя́зывать 8) договори́ться, ула́дить 9) устро́иться; to ~ oneself in a place устро́иться, посели́ться где-л. 10) то́чно определи́ть местоположе́ние 11) подстро́ить, организова́ть (*что-л.*) жу́льническим спо́собом *или* с по́мощью взя́тки 12) *разг.* разде́латься, распра́виться 13) *амер. разг. употр. вместо самых разнообразных глаголов, обозначающих приведение в порядок, приготовление и т. п., напр.*: to ~ a broken lock почини́ть сло́манный замо́к; to ~ a coat почини́ть пиджа́к; to ~ breakfast пригото́вить за́втрак; to ~ one's hair привести́ приче́ску в поря́док; to ~ the fire развести́ ого́нь *и т. п.* □ ~ **on** вы́брать, останови́ться на *чём-л.*; ~ **up** *разг.* а) устро́ить, дать прию́т; б) реши́ть; в) организова́ть; устрани́ть препя́тствия; г) ула́дить; привести́ в поря́док; урегули́ровать; договори́ться; д) почини́ть; подпра́вить; ~ **upon** = ~ on

2. *n* 1) *разг.* диле́мма; затрудни́тельное положе́ние; to get into a terrible ~ попа́сть в стра́шную переде́лку; in the same ~ в одина́ково тяжёлом положе́нии 2) местоположе́ние; to take a ~ определи́ть своё положе́ние в простра́нстве 3) *амер.*: out of ~ в беспоря́дке; нужда́ющийся в ремо́нте 4) до́за нарко́тика

**fixation** [fɪkˈseɪʃən] *n* 1) фикса́ция, закрепле́ние 2) сгуще́ние 3) тяготе́ние, пристра́стие (*к чему-л.*)

**fixative** [ˈfɪksətɪv] 1. *a* фикси́рующий

2. *n* фиксати́в; фикса́ж

**fixature** [ˈfɪksətʃə] *n* фиксатуа́р

**fixed** [fɪkst] 1. *p. p. от* fix 1

2. *a* 1) неподви́жный, постоя́нный; закреплённый; стациона́рный; with ~ bayonets с при́мкнутыми штыка́ми 2) неизме́нный, твёрдый; ~ prices твёрдые це́ны 3) непрело́жный; ~ fact *амер.* устано́вленный факт 4) навя́зчивый; ~ idea навя́зчивая иде́я 5) *амер. жарг.* подстро́енный, подтасо́ванный 6) *хим.* свя́занный; нелету́чий ◇ ~ capital основно́й капита́л; well ~ *амер.* состоя́тельный, обеспе́ченный

**fixedly** [ˈfɪksɪdlɪ] *adv* 1) при́стально; в упо́р 2) твёрдо, кре́пко, про́чно

**fixedness** [ˈfɪksɪdnɪs] *n* 1) неподви́жность; закреплённость 2) сто́йкость

**fixer** [ˈfɪksə] *n* 1) фикса́ж 2) ма́стер-нала́дчик 3) *амер. полит. sl.* челове́к, занима́ющийся устро́йством вся́ких сомни́тельных дел

**fixings** [ˈfɪksɪŋz] *n pl разг.* 1) снаряже́ние, принадле́жности, обору́дование 2) отде́лка (*платья*) 3) *кул.* гарни́р

**fixity** [ˈfɪksɪtɪ] *n* 1) неподви́жность; ~ of look при́стальность взгля́да 2) сто́йкость, усто́йчивость 3) *физ.* нелету́честь

**fixture** [ˈfɪkstʃə] *n* 1) армату́ра; приспособле́ние, прибо́р; подста́вка 2) прикрепле́ние 3) *тех.* постоя́нная принадле́жность (*какой-л. машины*) 4) *юр.* дви́жимое иму́щество, соединённое с недви́жимым 5) *разг.* лицо́ *или* учрежде́ние, про́чно обосновáвшееся в како́м-л. ме́сте; our guest seems to become a ~ наш гость сли́шком до́лго засиде́лся 6) число́, на кото́рое наме́чено спорти́вное состяза́ние

**fizgig** [ˈfɪzgɪg] *n* 1) ве́треная, коке́тливая же́нщина 2) шути́ха (*фейерверк*) 3) гарпу́н, острога́

**fizz** [fɪz] 1. *n* 1) шипе́ние 2) *разг.* шампа́нское; шипу́чий напи́ток 3) свист

2. *v* 1) шипе́ть, и́скри́ться, игра́ть (*о вине*) 2) свисте́ть

**fizzle** [ˈfɪzl] 1. *n* 1) шипя́щий звук 2) *разг.* фиа́ско, неуда́ча

2. *v* сла́бо шипе́ть □ ~ **out** выдыха́ться; *перен.* конча́ться неуда́чей

**fizzy** [ˈfɪzɪ] *a разг.* газиро́ванный, шипу́чий

**flabbergast** [ˈflæbəgɑːst] *v разг.* поража́ть, изумля́ть

**flabby** [ˈflæbɪ] *a* 1) отви́слый, вя́лый, дря́блый 2) слабохара́ктерный, мягкоте́лый

**flaccid** [ˈflæksɪd] *a* 1) сла́бый, вя́лый 2) бесси́льный 3) слабохара́ктерный, нереши́тельный; пасси́вный

**flag I** [flæg] 1. *n* 1) флаг, зна́мя, стяг; ~ of truce парламентёрский флаг 2) хвост (*сеттера или ньюфаундленда*) 3) *полигр.* корректу́рный знак про́пуска ◇ to lower (*или* to strike) ~ *мор.* сдава́ться; to hoist (to strike) one's ~ *мор.* принима́ть (сдава́ть) кома́ндование

2. *v* 1) сигнализи́ровать фла́гами 2) украша́ть фла́гами □ ~ **down** *разг.* сигнализи́ровать води́телю с тре́бованием останови́ть маши́ну

**flag II** [flæg] *n бот.* каса́тик

**flag III** [flæg] 1. *n* 1) плита́ (*для мощения*); плитня́к 2) *pl* вы́мощенный пли́тами тротуа́р

2. *v* выстила́ть пли́тами

**flag IV** [flæg] *v* 1) пови́снуть, пони́кнуть 2) ослабева́ть, уменьша́ться; our conversation was ~ging наш разгово́р не кле́ился

**flag-captain** [ˈflægˈkæptɪn] *n* команди́р фла́гманского корабля́

**Flag Day** [ˈflægdeɪ] *n амер.* 14 ию́ня — день установле́ния госуда́рственного фла́га США (*1777 г.*)

**flag-day** [ˈflægdeɪ] *n* день прода́жи на у́лице ма́леньких флажко́в с благотвори́тельной це́лью

**flagellant** [ˈflædʒɪlənt] *n* 1) *ист.* флагелла́нт 2) челове́к, занима́ющийся самобичева́нием

**flagellate** [ˈflædʒeleɪt] *v* бичева́ть, поро́ть

**flagellation** [ˌflædʒeˈleɪʃən] *n* бичева́ние; по́рка

**flageolet** [ˌflædʒəuˈlet] *n муз.* флажоле́т

**flagging I** [ˈflægɪŋ] 1. *pres. p. от* flag III, 2

2. *n* у́стланная пли́тами мостова́я; пол из плитняка́

**flagging II** [ˈflægɪŋ] 1. *pres. p. от* flag IV

2. *a* слабе́ющий, ни́кнущий

**flagging III** [ˈflægɪŋ] *pres. p. от* flag I, 2

**flagitious** [fləˈdʒɪʃəs] *a* престу́пный; гну́сный, позо́рный

**flagman** [ˈflægmən] *n* сигна́льщик

**flag-officer** [ˈflægˌɔfɪsə] *n мор.* 1) адмира́л; вице-адмира́л; контр-адмира́л 2) кома́ндующий

**flagon** [ˈflægən] *n* графи́н *или* больша́я буты́ль со сплю́снутыми бока́ми

**flagpole** [ˈflægpəul] = flagstaff

**flagrant** [ˈfleɪgrənt] *a* 1) ужаса́ющий, вопию́щий; огро́мный; позо́рный 2) ужа́сный, стра́шный (*о преступнике и т. п.*)

**flagship** [ˈflægʃɪp] *n* фла́гманский кора́бль, фла́гман

**flagstaff** [ˈflægstɑːf] *n* флагшто́к

**flag-station** [ˈflæɡˌsteɪʃən] *n* стáнция, где пóезд останáвливается по осóбому трéбованию

**flagstone** [ˈflæɡstəun] = flag III, 1, 1)

**flag-wagging** [ˈflæɡˌwæɡɪŋ] *n* 1) *воен. sl.* сигнализáция флáгами 2) *перен.* бряцáние орýжием

**flail** [fleɪl] **1.** *n* 1) цеп 2) *attr.*: ~ tank *воен.* танк-разградúтель

**2.** *v* молотúть

**flair** [flɛə] *фр. n* 1) нюх, чутьё 2) склóнность, спосóбность

**flak** [flæk] *n* 1) зенúтная артиллéрия 2) зенúтный огóнь

**flake I** [fleɪk] **1.** *n* 1) *pl* хлóпья; ~ of snow снежúнка 2) слой, ряд 3) чешýйка

**2.** *v* 1) пáдать, сыпать(ся) хлóпьями 2) расслáиваться, шелушúться (*тж.* ~ away, ~ off)

**flake II** [fleɪk] *n* 1) сушúлка для рыбы 2) *мор.* люлька для рабóты за бортóм 3) *мор.* бýхта (*кабеля*)

**flaky** [ˈfleɪkɪ] *a* 1) похóжий на хлóпья 2) слоúстый, чешуйчатый

**flam** [flæm] **1.** *n* 1) фальшúвка; ложь 2) лесть; фальшь

**2.** *v* 1) обманýть, одурáчить 2) лебезúть

**flambeau** [ˈflæmbəu] *фр. n* (*pl* -eaus [-əuz], -eaux) фáкел

**flamboyant** [flæmˈbɔɪənt] **1.** *n* óгненно-крáсный цветóк

**2.** *a* 1) цветúстый, яркий; чрезмéрно пышный 2) *архит.* «пламенéющий» (*название стиля поздней французской готики*)

**flame** [fleɪm] **1.** *n* 1) плáмя; the ~s огóнь; to burst into ~(s) вспыхнуть плáменем; to commit to the ~s сжигáть; in ~s пылáющий, в огнé; the ~s of sunset зáрево закáта 2) яркий свет 3) пыл, страсть; to fan the ~ разжигáть стрáсти 4) *шутл.* предмéт любвú; an old ~ of his егó стáрая любóвь

**2.** *v* 1) горéть, пламенéть, пылáть 2) вспыхнуть, покраснéть; her face ~d with excitement её лицó разгорéлось от волнéния □ ~ **out,** ~ **up** а) вспыхнуть, запылáть; б) вспылúть

**flame-thrower** [ˈfleɪmˌθrəuə] *n* огнемёт

**flaming** [ˈfleɪmɪŋ] **1.** *pres. p. от* flame 2

**2.** *a* 1) пламенéющий, пылáющий 2) яркий 3) óчень жáркий 4) пылкий, плáменный 5) *разг.* отъявленный

**flamingo** [fləˈmɪŋɡəu] *n* (*pl* -os, -oes [-əuz]) *зоол.* фламúнго

**flammable** [ˈflæməbl] *a* огнеопáсный; легковоспламенúющийся

**flamy** [ˈfleɪmɪ] *a* óгненный, плáменный

**flan** [flæn] *фр. n* 1) открытый пирóг с ягодами, фрýктами *и т. п.* 2) диск для чекáнки монéты

**flange** [flændʒ] **1.** *n* 1) *тех.* флáнец; крóмка 2) *ж.-д.* ребóрда (*колеса*) 3) грéбень, выступ, борт

**2.** *v* *тех.* фланцевáть, загибáть крóмку

**flank** [flæŋk] **1.** *n* 1) бок, сторонá 2) бочóк (*часть мясной туши*) 3) склон (*горы*) 4) *воен.* фланг 5) крылó (*здания*) 6) *attr. воен.* флангóвый; ~ file флангóвый ряд

**2.** *v* 1) быть располóженным *или* располагáть сбóку, на флáнге 2) защищáть *или* прикрывáть фланг 3) угрожáть с флáнга 4) фланкúровать; обстрéливать продóльным огнём 5) гранúчить (on — с); примыкáть

**flanker** [ˈflæŋkə] *n воен. разг.* обхóд; охвáт, удáр во фланг

**flannel** [ˈflænl] **1.** *n* 1) фланéль 2) фланéлька (*употр. для чистки и т. п.*) 3) *pl* фланéлевые брюки (*особ.* спортúвные); фланéлевый костюм; фланéлевое бельё

**2.** *a* фланéлевый ◇ ~ cake *амер.* тóнкая лепёшка

**3.** *v* 1) протирáть фланéлью 2) *разг.* угождáть (*начальству*)

**flannelette** [ˌflænlˈet] *n текст.* фланелéт

**flannelled** [ˈflænld] **1.** *p. p. от* flannel 3

**2.** *a* одéтый в фланéлевый костюм

**flap** [flæp] **1.** *n* 1) что-л., прикреплённое за одúн конéц, свéшивающееся *или* развевáющееся на ветрý 2) звук, производúмый развевáющимся флáгом 3) взмах крыльев, колыхáние знáмени *и т. п.* 4) удáр, хлопóк; шлепóк 5) хлопýшка (*для мух*) 6) клáпан (*карманный*) 7) полá 8) откиднáя доскá (*стола*) 9) длúнное висячее ýхо (*животного*) 10) *тех.* клáпан, заслóнка, ствóрка 11) крылó (*седла*) 12) *ав.* щитóк; закрылок 13) *разг.* тревóга, беспокóйство; пáника

**2.** *v* 1) взмáхивать (*крыльями*) 2) махáть; развевáть(ся); колыхáть(ся); the wind ~s the sails вéтер полóщет парусá 3) хлóпать, шлёпать; ударять; бить (*ремнём*); to ~ flies away отгонять мух (*платком и т. п.*) 4) свисáть 5) *разг.* впадáть в пáнику; суетúться, волновáться ◇ to ~ one's mouth, to ~ about болтáть, толковáть

**flapdoodle** [ˈflæpˌduːdl] *n разг.* глýпости, чепухá

**flap-eared** [ˈflæpɪəd] *a* вислоýхий

**flapjack** [ˈflæpdʒæk] *n* 1) блин, олáдья, лепёшка 2) плóская пýдреница

**flapper** [ˈflæpə] *n* 1) хлопýшка (*для мух*); колотýшка (*для птиц*); молотúло (*часть цепа*) 2) клáпан 3) полá, фáлда 4) ласт (*тюленя, моржа и т. п.*) 5) птенéц; дúкий утёнок 6) *уст. разг.* дéвушка-подрóсток

**flare** [flɛə] **1.** *n* 1) яркий, нерóвный свет, сиянúе; сверкáние; блеск 2) вспышка *или* язык плáмени 3) световóй сигнáл 4) сигнáльная ракéта; осветúтельный патрóн 5) выпуклость (*сосуда и т. п.*)

**2.** *v* 1) ярко вспыхивать (*тж.* ~ up); ослеплять блéском 2) горéть ярким, нерóвным плáменем; коптúть (*о лампе*) 3) расширять(ся); раздвигáть 4) выступáть, выдавáться нарýжу 5) *разг.* рассердúться, прийтú в ярость (*тж.* ~ up) □ ~ **up** а) вспыхнуть; б) разразúться гнéвом, вспылúть

**flared skirt** [ˈflɛədskəːt] *n* юбка-клёш

**flare-up** [ˈflɛərˈʌp] *n* 1) вспышка (*тж. перен. о гневе и т. п.*); шýмная ссóра 2) световóй сигнáл

**flaring** [ˈflɛərɪŋ] **1.** *pres. p. от* flare 2

**2.** *a* 1) ярко, нерóвно горящий 2) бросáющийся в глазá; кричáщий, безвкýсный 3) выпуклый 4) расширяющийся кнúзу, выступáющий нарýжу

**flash** [flæʃ] **1.** *n* 1) вспышка, сверкáние; a ~ of lightning вспышка мóлнии 2) вспышка (*чувства*); ~ of hope прóблеск надéжды 3) óчень корóткий отрéзок врéмени, мгновéние; in a ~ в одúн миг, в мгновéние óка 4) *разг.* внéшний, показнóй блеск 5) *разг.* воровскóй жаргóн, аргó 6) *амер.* «в послéднюю минýту», корóткая телегрáмма в газéту (*посылаемая до подробного отчёта*); bulletin ~ свóдка о хóде выборов (*передаваемая по радио*) 7) *кино* корóткий кадр (*фильма*) ◇ a ~ in the pan осéчка; неудáча

**2.** *v* 1) сверкáть; вспыхивать; давáть óтблески, отражáть; his eyes ~ed fire егó глазá метáли мóлнии; to ~ a look (*или* a glance, one's eyes) at метнýть взгляд на; his old art ~ed out occasionally инoгдá появлялись прóблески егó прéжнего мастерствá 2) быстро промелькнýть, пронестúсь; замелькáть; the train ~ed past пóезд пронёсся мúмо 3) осенúть, прийтú в гóлову; блеснýть (*о догадке*); the idea ~ed across (*или* into, through) my mind, the idea ~ed upon me меня вдруг осенúло 4) передавáть по телегрáфу, рáдио *и т. п.* (*известия*) 5) *разг.* выставлять себя напокáз, красовáться; бахвáлиться

**flashback** [ˈflæʃbæk] *n* 1) взгляд в прóшлое, воспоминáние, ретроспéкция 2) *кино* обрáтный кадр; сéрия кáдров, прерывáющих повествовáние, чтóбы вернýться к прóшлому (*в мыслях героев и т. п.*)

**flash burn** [ˈflæʃbəːn] *n* ожóг, вызванный теплов ым излучéнием

**flash-house** [ˈflæʃhaus] *n sl.* притóн

**flashing** [ˈflæʃɪŋ] **1.** *pres. p. от* flash 2

**2.** *n* 1) сверкáние *и пр.* [*см.* flash 2] 2) *тех.* óтжиг стеклá

**flash-light** [ˈflæʃlaɪt] *n* 1) сигнáльный огóнь; прóблесковый свет маякá 2) всякий нерóвный, мигáющий свет (*световые рекламы, иллюминация и т. п.*) 3) *фото* вспышка мáгния 4) ручнóй электрúческий фонáрь

5) *attr.*: ~ photograph сни́мок при вспы́шке ма́гния

**flash-point** [ˈflæʃpɔɪnt] *n* температу́ра вспы́шки, то́чка воспламене́ния

**flashy** [ˈflæʃɪ] = flash 2, 1) и 2)

**flask** [flɑːsk] *n* 1) фля́жка; фля́га; буты́ль; ко́лба, флако́н; скля́нка 2) пороховни́ца 3) оплетённая буты́лка с у́зким го́рлом 4) *тех.* опо́ка

**flasket** [ˈflɑːskɪt] *n* 1) ма́ленькая фля́жка 2) корзи́на для белья́

**flat I** [flæt] **1.** *n* 1) пло́скость, пло́ская пове́рхность; the ~ of the hand ладо́нь; on the ~ *жив.* на пло́скости, в двух измере́ниях 2) равни́на, низи́на; о́тмель; ни́зкий бе́рег 3) широ́кая неглубо́кая корзи́на 4) фа́ска, грань 5) *pl* ту́фли без каблуко́в 6) *разг.* простофи́ля 7) *амер. разг.* спу́щенная ши́на 8) *муз.* бемо́ль 9) *театр.* за́дник 10) *стр.* насти́л 11) = flat-car 12) *геол.* поло́гая за́лежь 13) *тех.* боёк молотка́ ◇ to join the ~s прида́ть вид еди́ного це́лого, скомпонова́ть

**2.** *a* 1) пло́ский, ро́вный; распростёртый во всю длину́; a ~ roof пло́ская кры́ша; the storm left the oats ~ бу́ря поби́ла (*или* положи́ла) овёс; ~ hand ладо́нь с вы́тянутыми па́льцами; ~ nose приплю́снутый нос 2) нерелье́фный, пло́ский; ~ ground сла́бо пересечённая ме́стность 3) вя́лый, ску́чный, однообра́зный; life is very ~ in your town жизнь о́чень скучна́, однообра́зна в ва́шем го́роде 4) ску́чный, уны́лый; безжи́зненный; неэнерги́чный; неостроу́мный; невразуми́тельный; to fall ~ не произвести́ впечатле́ния [*см. тж.* 3, 1)] 5) *ком.* неоживлённый, вя́лый (*о рынке*) 6) твёрдый, единообра́зный; ~ rate еди́ная ста́вка (*налога, расценок и т. п.*) 7) вы́дохшийся (*о пиве и т. п.*); ослабе́вший; спусти́вшийся (*о пневматической шине и т. п.*) 8) пло́ский (*о шутке*) 9) категори́ческий, прямо́й; that's ~ э́то оконча́тельно (решено́) 10) *муз.* детони́рующий; снижа́ющий, бемо́льный, мино́рный 11) *воен.* насти́льный (*о траектории*) 12) *полигр.* нефальцо́ванный (*о листе*); фла́товый (*о бумаге*); ◇ ~ race ска́чка без препя́тствий

**3.** *adv* 1) пло́ско; врастя́жку, плашмя́; to fall ~ упа́сть плашмя́ [см. тж. 2, 4)] 2) то́чно, как раз; to go ~ against orders идти́ вразре́з с приказа́ниями 3) пря́мо, без обиняко́в; реши́тельно

**4.** *v тех.* де́лать *или* станови́ться ро́вным, пло́ским

**flat II** [flæt] *n* 1) кварти́ра (*расположенная в одном этаже*) 2) *pl* дом с таки́ми кварти́рами

**flat-boat** [ˈflætbəut] *n* плоскодо́нка

**flat-broke** [ˈflætbrəuk] *a разг.* разорённый вконе́ц, обанкро́тившийся

**flat-car** [ˈflætkɑː] *n амер. ж.-д.* ваго́н-платфо́рма

**flat-fish** [ˈflætfɪʃ] *n* пло́ская ры́ба (*камбала и т. п.*)

**flat-foot** [ˈflætfut] *n* 1) *мед.* плоскосто́пие 2) *sl.* проста́к 3) *sl.* полице́йский; сы́щик 4) *sl.* моря́к, матро́с

**flat-footed** [ˈflætˈfutɪd] *a* 1) *мед.* плоскосто́пный 2) *амер. разг.* реши́тельный, твёрдый; he came out ~ for the measure он по́лностью, реши́тельно поддержа́л э́то мероприя́тие 3) *разг.* неуклю́жий; тупова́тый

**flat-iron** [ˈflætˌaɪən] *n* 1) утю́г 2) полосово́е желе́зо

**flatlet** [ˈflætlɪt] *n* небольша́я кварти́рка

**flatly** [ˈflætlɪ] *adv* 1) пло́ско, ро́вно 2) ску́чно, уны́ло 3) реши́тельно; to refuse ~ наотре́з отказа́ть(ся)

**flatness** [ˈflætnɪs] *n* 1) пло́скость 2) безвку́сица 3) ску́ка; вя́лость 4) категори́чность, реши́тельность 5) *воен.* насти́льность (*траектории*)

**flat-out** [ˈflætˈaut] *adv разг.* 1) изо всех сил 2) без сил

**flatten** [ˈflætn] *v* 1) де́лать(ся) ро́вным, пло́ским; выра́внивать, разгла́живать 2) стиха́ть (*о ветре, буре*) 3) выдыха́ться, станови́ться безвку́сным (*о пиве, вине*) 4) станови́ться вя́лым, ску́чным 5) придава́ть ма́товость 6) *разг.* приводи́ть в уны́ние 7) нанести́ уда́р, сбить с ног; раздави́ть □ ~ out а) раска́тывать, расплю́щивать; б) выра́внивать (*самолёт*); в) приводи́ть в замеша́тельство, в у́жас

**flatter I** [ˈflætə] *v* 1) льсти́ть 2): to ~ oneself that те́шить себя́, льсти́ть себя́ (*надеждой*); I ~ myself that сме́ю ду́мать, что 3) приукра́шивать; преувели́чивать досто́инства; the portrait ~s him э́тот портре́т приукра́шивает его́ 4) быть прия́тным; ласка́ть (*взор, слух*)

**flatter II** [ˈflætə] *n тех.* рихтова́льный мо́лот

**flatterer** [ˈflætərə] *n* льстец

**flattering** [ˈflætərɪŋ] **1.** *pres. p. от* flatter I

**2.** *a* 1) льсти́вый 2) ле́стный

**flattery** [ˈflætərɪ] *n* лесть

**flatting** [ˈflætɪŋ] **1.** *pres. p. от* flat I, 4

**2.** *n тех.* 1) прока́тка; плю́щение 2) *attr.*: ~ mill листопрока́тный стан

**flattop** [ˈflættɔp] *n амер. разг.* авиано́сец

**flatty** [ˈflætɪ] *см.* flat-foot 2), 3) и 4)

**flatulence, -cy** [ˈflætjuləns, -sɪ] *n* 1) *мед.* скопле́ние га́зов, метеори́зм 2) напы́щенность, претенцио́зность

**flatulent** [ˈflætjulənt] *a* 1) *мед.* вызыва́ющий га́зы (*в кишечнике*) 2) *мед.* страда́ющий от га́зов 3) напы́щенный, претенцио́зный; пусто́й

**flatware** [ˈflætwɛə] *n* 1) столо́вый прибо́р (*нож, вилка и ложка*) 2) ме́лкая *или* пло́ская посу́да

**flatways, flatwise** [ˈflætweɪz, -waɪz] *adv* плашмя́

**flaunt** [flɔːnt] *v* 1) го́рдо развева́ться (*о знамёнах*) 2) выставля́ть (себя́) напока́з, рисова́ться; щеголя́ть

**flautist** [ˈflɔːtɪst] *n* флейти́ст

**flavin** [ˈfleɪvɪn] *n* жёлтая кра́ска

**flavor, flavorless** [ˈfleɪvə, ˈfleɪvəlɪs] *амер.* = flavour, flavourless

**flavour** [ˈfleɪvə] **1.** *n* 1) вкус (*обыкн. приятный*); буке́т (*вина*) 2) арома́т, за́пах 3) осо́бенность; при́вкус; there is a ~ of romance in the affair в э́той исто́рии есть что́-то романти́ческое

**2.** *v* приправля́ть; придава́ть вкус, за́пах; *перен.* придава́ть интере́с, пика́нтность

**flavourless** [ˈfleɪvəlɪs] *a* 1) безвку́сный 2) без за́паха

**flaw I** [flɔː] **1.** *n* 1) тре́щина, щель, поро́к (*в металле, фарфоре и т. п.*) 2) брак (*товара*) 3) пятно́, недоста́ток, изъя́н, поро́к; a ~ in an argument сла́бое ме́сто в аргумента́ции 4) *юр.* упуще́ние, оши́бка (*в документе, в показаниях и т. п.*)

**2.** *v* 1) вызыва́ть тре́щину; тре́скаться; по́ртить(ся); поврежда́ть; раска́лывать 2) *юр.* де́лать недействи́тельным

**flaw II** [flɔː] *n уст.* поры́в ве́тра; шквал

**flawless** [ˈflɔːlɪs] *a* без изъя́на, безупре́чный

**flawy** [ˈflɔːɪ] *a* с изъя́нами, поро́ками *и пр.* [*см.* flaw I, 1]

**flax** [flæks] *n* 1) лён 2) куде́ль

**flaxen** [ˈflæksən] *a* 1) льняно́й 2) све́тло-жёлтый, соло́менный (*о цвете волос*)

**flax-seed** [ˈflækssiːd] *n* льняно́е се́мя

**flaxy** [ˈflæksɪ] *a* 1) льняно́й 2) похо́жий на лён

**flay** [fleɪ] *v* 1) сдира́ть ко́жу; свежева́ть 2) чи́стить, снима́ть ко́жицу, обдира́ть кору́ *и т. п.* 3) вымога́ть, разоря́ть; драть шку́ру 4) беспоща́дно критикова́ть

**flay-flint** [ˈfleɪflɪnt] *n* вымога́тель; скря́га

**flea** [fliː] *n* блоха́ ◇ a ~ in one's ear а) ре́зкое замеча́ние, разно́с; б) отпо́р; в) раздража́ющий отве́т; to send smb. away with a ~ in his ear дать кому́-л. пощёчину; дать ре́зкий отпо́р кому́-л., осади́ть кого́-л.

**flea-bag** [ˈfliːbæg] *n разг.* спа́льный мешо́к

**flea-bane** [ˈfliːbeɪn] *n бот.* блошни́ца дизентери́йная

**flea-bite** [ˈfliːbaɪt] *n* 1) блоши́ный уку́с 2) ничто́жная боль, ма́ленькое неудо́бство *или* неприя́тность 3) ры́жее пятно́ на бе́лой ше́рсти ло́шади

**flea-bitten** [ˈfliːˌbɪtn] *a* 1) иску́санный бло́хами 2) чуба́рый (*о лошади*) 3) *разг.* захуда́лый; поно́шенный

**fleam** [fliːm] *n* ланце́т

**flea-pit** [ˈfliːpɪt] *n разг.* 1) гря́зная, обша́рпанная ко́мната; развалю́ха, «сара́й» 2) дешёвое кино́

**fleck** [flek] **1.** *n* 1) пятно́, кра́пинка; ~s of sunlight со́лнечные бли́ки 2) весну́шка 3) части́ца; a ~ of dust пыли́нка

**2.** *v* покрыва́ть пя́тнами, кра́пинками

**flecker** [ˈflekə] *v* испещря́ть

**flection** [ˈflekʃən] = flexion

**fled** I [fled] *past и p. p. от* flee

**fled** II [fled] *past и p. p. от* fly II, 2, 8)

**fledge** [fledʒ] *v* 1) оперя́ться 2) выка́рмливать птенцо́в 3) оперя́ть (*стрелу*) 4) выстила́ть пу́хом и пе́рьями (*гнездо*)

**fledged** [fledʒd] **1.** *p. p. от* fledge

**2.** *a* опери́вшийся; спосо́бный лета́ть (*о птицах*); a fully ~ engineer *перен.* зна́ющий инжене́р

**fledg(e)ling** [ˈfledʒlɪŋ] *n* 1) опери́вшийся птене́ц 2) ребёнок; нео́пытный юне́ц

**flee** [fli:] *v* (fled) 1) бежа́ть, спаса́ться бе́гством (from; out of; away) 2) избега́ть 3) (*тк. past и p. p.*) исче́знуть, пролете́ть; the clouds fled before the wind ве́тер рассе́ял облака́

**fleece** [fli:s] **1.** *n* 1) руно́; ове́чья шерсть 2) на́стриг с одно́й овцы́ 3) копна́ воло́с 4) *текст.* начёс, ворс

**2.** *v* 1) *редк.* стричь ове́ц 2) обдира́ть, вымога́ть (*деньги*); he was ~d of his money ≅ его́ ободра́ли как ли́пку 3) покрыва́ть сло́вно ше́рстью

**fleecy** [ˈfli:sɪ] *a* 1) покры́тый ше́рстью 2) шерсти́стый; ~ cloud кудря́вое о́блако; ~ hair курча́вые во́лосы

**fleer** [flɪə] **1.** *n* презри́тельный взгляд; насме́шка

**2.** *v* презри́тельно улыба́ться; насмеха́ться; ска́лить зу́бы

**fleet** I [fli:t] *n* 1) флот 2) флоти́лия; ~ of whalers китобо́йная флоти́лия 3) парк (*автомобилей, тракторов и т. п.*)

**fleet** II [fli:t] **1.** *a* 1) бы́стрый; ~ glance бе́глый взгляд 2) *поэт.* быстроте́чный 3) ме́лкий (*о воде*)

**2.** *adv диал.* неглубо́ко́

**3.** *v* 1) плыть по пове́рхности 2) бы́стро протека́ть, минова́ть

**fleet-footed** [ˈfli:tˈfutɪd] *a* быстроно́гий

**fleeting** [ˈfli:tɪŋ] **1.** *pres. p. от* fleet II, 3

**2.** *a* бы́стрый, мимолётный, скороте́чный; ~ impression пове́рхностное впечатле́ние

**Fleet Street** [ˈfli:tˈstri:t] *n* у́лица в Ло́ндоне, где располо́жены основны́е изда́тельства; центр англи́йской газе́тной индустри́и; *перен.* англи́йская пре́сса

**Fleming** [ˈflemɪŋ] *n* флама́ндец

**Flemish** [ˈflemɪʃ] **1.** *a* флама́ндский; ~ brick кли́нкер; ~ point гипю́р (*кружевная ткань*)

**2.** *n* флама́ндский язы́к

**flench** [flentʃ] = flense

**flense** [flenz] *v* обдира́ть (*кита, тюленя*); добыва́ть во́рвань

**flesh** [fleʃ] **1.** *n* 1) (сыро́е) мя́со; wolves live on ~ во́лки пита́ются мя́сом 2) те́ло, плоть; ~ and blood плоть и кровь; челове́ческая приро́да; род челове́ческий; one's own ~ and blood со́бственная плоть и кровь, свои́ де́ти, *тж.* бра́тья, сёстры; all ~ всё живо́е; in the ~ живы́м, во плоти́ 3) полнота́; in ~ в те́ле, по́лный; to lose ~ худе́ть; to make (*или* to gain) ~, to put on ~ полне́ть 4) мя́коть, мя́со (*плода*) 5) по́хоть

**2.** *v* 1) приуча́ть (*собаку, сокола к охоте*) вку́сом кро́ви 2) обагри́ть меч кро́вью (*впервые*) 3) разжига́ть кровожа́дность; ожесточа́ть 4) отка́рмливать 5) *разг.* полне́ть 6) мездри́ть

**flesh-coloured** [ˈfleʃˌkʌləd] *n* теле́сного цве́та

**flesh-fly** [ˈfleʃflaɪ] *n* мясна́я му́ха

**fleshings** [ˈfleʃɪŋz] *n pl* трико́ теле́сного цве́та (*для сцены*)

**fleshly** [ˈfleʃlɪ] *a* 1) теле́сный 2) пло́тский, чу́вственный

**flesh-pot** [ˈfleʃpɔt] *n* котёл для ва́рки мя́са ◇ ~s (of Egypt) *библ.* а) дово́льство, бога́тая жизнь, материа́льное благополу́чие; б) зла́чные места́

**flesh tights** [ˈfleʃtaɪts] = fleshings

**flesh-wound** [ˈfleʃwu:nd] *n* пове́рхностная ра́на

**fleshy** [ˈfleʃɪ] *a* 1) мяси́стый 2) то́лстый

**fleur-de-lis** [ˈflə:dəˈli:] *фр. n* (*pl* fleurs-de-lis) 1) *бот.* и́рис 2) геральди́ческая ли́лия (*особ. эмблема французского королевского дома*)

**flew** [flu:] *past от* fly II, 2

**flews** [flu:z] *n pl* отви́слые гу́бы (*у собаки-ищейки и т. п.*)

**flex** [fleks] **1.** *n эл.* ги́бкий шнур

**2.** *v* сгиба́ть, гнуть

**flexible** [ˈfleksəbl] *a* 1) ги́бкий; гну́щийся 2) эласти́чный 3) пода́тливый, усту́пчивый

**flexile** [ˈfleksɪl] *редк.* = flexible

**flexion** [ˈflekʃən] *n* 1) сгиб, изо́гнутость 2) *тех., мед.* сгиба́ние 3) *грам.* фле́ксия 4) *мат.* кривизна́, изги́б (*линии, поверхности*)

**flexor** [ˈfleksə] *n* сгиба́ющая мы́шца

**flexure** [ˈflekʃə] *n* 1) сгиба́ние 2) сгиб; изги́б; проги́б; вы́гиб, кривизна́, искривле́ние 3) = flexion 4); 4) *геол.* флексу́ра (*изгиб в слоях горных пород*)

**flibbertigibbet** [ˈflɪbətɪˈdʒɪbɪt] *n* 1) легкомы́сленный *или* ненадёжный челове́к; челове́к без твёрдых убежде́ний 2) болту́н(ья); спле́тник; спле́тница

**flick** [flɪk] **1.** *n* 1) лёгкий уда́р (*хлыстом, ногтем и т. п.*) 2) ре́зкое движе́ние 3) *pl разг.* киносеа́нс

**2.** *v* 1) слегка́ уда́рить, стегну́ть 2) смахну́ть *или* сбро́сить (*что-л.*) лёгким уда́ром *или* щелчко́м (*пепел с сигареты, крошки и т. п.*; *обыкн.* ~ off, ~ away) □ ~ **out** бы́стро вы́тащить, вы́хватить

**flicker** I [ˈflɪkə] **1.** *n* 1) мерца́ние 2) трепета́ние; дрожа́ние 3) коро́ткая вспы́шка 4) *pl разг.* кинокарти́на, фильм

**2.** *v* 1) мерца́ть; a faint hope still ~ed in her breast сла́бая наде́жда всё ещё те́плилась в её душе́ 2) колыха́ться; дрожа́ть 3) бить, маха́ть кры́льями

**flicker** II [ˈflɪkə] *n амер.* дя́тел

**flickering** [ˈflɪkərɪŋ] **1.** *pres. p. от* flicker I, 2

**2.** *a* трепе́щущий, колѐблющийся; the ~ tongue of a snake дрожа́щий язычо́к змеи́; ~ shadows дрожа́щие те́ни

**flier** [ˈflaɪə] = flyer

**flight** I [flaɪt] **1.** *n* 1) полёт (*тж перен.*); birds in ~ пти́цы в полёте; to take (*или* to wing) one's ~ улете́ть; a ~ of fancy (*или* imagination) полёт фанта́зии; a ~ of wit пробле́ск остроу́мия 2) перелёт 3) расстоя́ние полёта, перелёта 4) *ав.* рейс 5) стая (*птиц*) 6) град (*стрел, пуль и т. п.*); залп 7) звено́ (*самолётов*) 8) *разг* вы́водок (*птиц*) 9) бы́строе тече́ние (*времени*) 10) ряд барье́ров (*на скачках*) 11) ряд ступе́ней; пролёт ле́стницы 12) ряд шлю́зов (*на канале*) 13) *attr.*: ~ path а) направле́ние полёта (*самолёта*); б) *воен.* траекто́рия полёта; ~ book *ав.* бортово́й журна́л ◇ in the first ~ в пе́рвых ряда́х, в аванга́рде; занима́ющий веду́щее ме́сто

**2.** *v* соверша́ть перелёт; слета́ться (*о стае птиц*)

**flight** II [flaɪt] *n* бе́гство, поспе́шное отступле́ние; побе́г; to seek safety in ~ спаса́ться бе́гством; to put to ~ обраща́ть в бе́гство; to take (to) ~ обраща́ться в бе́гство

**flight-deck** [ˈflaɪtdek] *n ав.* 1) полётная па́луба (*на авианосце*) 2) каби́на экипа́жа авиала́йнера

**flight-lieutenant** [ˈflaɪtlefˈtenənt] *n* капита́н авиа́ции (*в Англии*)

**flight-shot** [ˈflaɪtʃɔt] *n* 1) да́льность полёта стрелы́ 2) вы́стрел вле́т

**flighty** [ˈflaɪtɪ] *a* непостоя́нный, изме́нчивый; ве́треный, капри́зный

**flim-flam** [ˈflɪmflæm] *разг.* **1.** *n* 1) вздор, ерунда́ 2) трюк, моше́нническая проде́лка

**2.** *v* обма́нывать, моше́нничать

**flimsy** [ˈflɪmzɪ] **1.** *n* 1) папиро́сная *или* то́нкая бума́га (*для копий*) 2) *sl* банкно́т, «бума́жка» 3) *sl.* телегра́мма

**2.** *a* 1) лёгкий, то́нкий (*о ткани*) 2) непро́чный, хру́пкий 3) необосно́ванный, ша́ткий; ~ argument неубеди́тельный до́вод

**flinch** I [flɪntʃ] *v* 1) вздра́гивать (*от боли*); дро́гнуть 2) уклоня́ться, отступа́ть (from — от *выполнения долга, намеченного пути и т. п.*)

**flinch** II [flɪntʃ] = flense

**flinders** [ˈflɪndəz] *n pl* куски́; обло́мки, ще́пки; to break (*или* to fly) in ~ разлете́ться вдре́безги

**fling** [flɪŋ] **1.** *n* 1) броса́ние, швыря́ние 2) си́льное, ре́зкое *или* торопли́вое движе́ние 3) *разг.* ре́зкое, насме́шливое замеча́ние 4) весёлое вре мяпрепровождение; to have one's ~ *разг.* погулять, перебеситься ◇ the Highland ~ бурный шотландский танец; at one ~ одним ударом, сразу; to have a ~ at smb. пройтись на чей-л. счёт; to have a ~ at smth. попытаться, попробовать что-л., in full ~ в полном разгаре

**2.** *v* (flung) 1) кидать(ся), бросать (-ся), швырять(ся); to ~ a stone at smb. швырнуть камнем в кого-л.; to ~ out of a room выскочить из комнаты; to ~ oneself into the saddle вскочить в седло; to ~ oneself into a chair броситься в кресло; to ~ smth. in smb.'s teeth бросить кому-л. в лицо (*упрёк и т. п.*) 2) сделать быстрое, стремительное движение (*руками и т. п.*); to ~ one's arms round smb.'s neck обвить чью-л. шею руками; to ~ open распахнуть, раскрыть настежь 3) брыкаться (*о животном*) 4) распространять (*звук, свет, запах*); the flowers ~ their fragrance around цветы распространяют благоухание 5) решительно приниматься (into — за); to ~ oneself into an undertaking с головой уйти в какое-л. предприятие □ ~ **about** разбрасывать; to ~ one's arms about яростно жестикулировать; ~ **aside** отвергнуть, пренебречь; ~ **away** а) отбросить; б) промотать; в) броситься вон; ~ **down** а) сбрасывать на землю; б) разрушать; ~ **off** а) броситься вон; б) сбрасывать, стряхивать; the horse flung his rider off лошадь сбросила седока; в) отделаться от; to ~ off one's pursuers убежать от преследования; ~ **on** набрасывать, накидывать; to ~ one's clothes on накинуть платье впопыхах; ~ **out** а) разразиться (*бранью и т. п.*); б) брыкаться (*о лошади*); ~ **to** захлопнуть; ~ **up**: to ~ one's arms up всплеснуть руками; ~ **upon**: to ~ oneself upon smb.'s mercy отдаться на милость кого-л. ◇ to ~ up one's heels удирать, сверкать пятками

**flint** [flɪnt] *n* 1) кремень; кремнёвая галька 2) что-л. очень твёрдое *или* жёсткое как камень; a heart of ~ каменное сердце ◇ to wring water from a ~ делать чудеса

**flint-glass** [ˈflɪntˈglɑːs] *n* флинтглас

**flint-hearted** [ˈflɪntˈhɑːtɪd] *a* жестокосердный

**flint-lock** [ˈflɪntlɔk] *n ист.* 1) замок кремнёвого ружья 2) кремнёвое ружьё

**flint-paper** [ˈflɪntˌpeɪpə] *n* наждачная бумага

**flinty** [ˈflɪntɪ] *a* 1) кремнистый, кремнёвый 2) суровый, твёрдый как скала

**flip I** [flɪp] **1.** *n* 1) щелчок, лёгкий удар 2) *разг.* (непродолжительный) полёт в самолёте 3) *attr.*: the ~ side *разг.* обратная сторона (*грампластинки*)

**2.** *v* 1) щёлкать, ударять слегка 2) смахнуть, стряхнуть (*пепел с сигареты и т. п.*) 3) подбросить; to ~ a nickel *амер.* бросить жребий

**flip II** [flɪp] *n* горячий напиток из подслащённого пива со спиртом

**flip-flap** [ˈflɪpflæp] *n* 1) хлопающие звуки 2) сальто-мортале 3) род фейерверка; шутиха 4) качели (*на ярмарке*) 5) *амер.* род печенья (*к чаю*)

**flippancy** [ˈflɪpənsɪ] *n* 1) легкомыслие, ветреность 2) дерзость

**flippant** [ˈflɪpənt] *a* 1) легкомысленный, ветреный 2) дерзкий 3) *уст.* болтливый

**flipper** [ˈflɪpə] *n* 1) *зоол.* плавник, плавательная перепонка; ласт; *pl* ласты (*пловца*) 2) *sl.* рука 3) *авто* флиппер

**flirt** [fləːt] **1.** *n* 1) кокетка 2) внезапный толчок; взмах

**2.** *v* 1) флиртовать, кокетничать (with) 2) заигрывать, притворяться заинтересованным; he ~ed with the idea of dropping the cards он подумывал о том, чтобы (окончательно) перестать играть в карты 3) быстро двигать(ся) *или* махать; to ~ a fan играть веером

**flirtation** [fləːˈteɪʃən] *n* флирт

**flirty** [ˈfləːtɪ] *a* любящий пофлиртовать, кокетливый

**flit** [flɪt] **1.** *n* перемена местожительства (*особ. тайно от кредиторов*)

**2.** *v* 1) перелетать, порхать; to ~ past пролетать; recollections ~ through one's mind воспоминания проносятся в голове 2) легко и бесшумно двигаться (about) 3) переезжать на другую квартиру (*особ. тайно от кредиторов*)

**flitch** [flɪtʃ] *n* 1) засоленный и копчёный свиной бок 2) филе палтуса 3) *лес.* горбыль

**flitter** [ˈflɪtə] *v* порхать, летать; махать крыльями

**flivver** [ˈflɪvə] *n амер. разг.* 1) дешёвый автомобиль 2) что-л. маленькое, дешёвое, незначительное 3) провал, неудача

**float** [fləut] **1.** *n* 1) пробка; поплавок; буй 2) паром; плот 3) плавательный пояс 4) пузырь (*у рыбы*) 5) плавучая масса (*льда и т. п.*) 6) гонка, сплав (*леса*) 7) *геол.* нанос 8) лопасть (*гребного колеса*) 9) (*часто pl*) *театр.* рампа 10) телега 11) низкая платформа на колёсах, используемая для рекламных, карнавальных и др. целей 12) мастерок (*штукатура*) 13) = floater 2) ◇ on the ~ на плаву

**2.** *v* 1) плавать; всплывать; держаться на поверхности воды 2) поддерживать на поверхности воды 3) плыть по небу (*об облаках*) 4) проноситься; to ~ in the mind проноситься в мыслях; to ~ before the eyes промелькнуть перед глазами 5) затоплять, наводнять 6) спускать на воду; снимать с мели 7) сплавлять (*лес*) 8) пустить в ход (*торговое предприятие, проект*) 9) выпускать, размещать (*заём, акции*) 10) *фин.* вводить свободно колеблющийся курс валюты 11) распространять (*слух*) 12) *тех.* работать вхолостую 13) быть в равновесии

**floatable** [ˈfləutəbl] *a* 1) плавучий 2) сплавной

**floatage** [ˈfləutɪdʒ] *n* 1) плавучесть 2) *собир.* то, что плавает; плавающие обломки после кораблекрушения 3) надводная часть судна

**floatation** [fləuˈteɪʃən] *n* 1) плавучесть 2) *ком.* основание предприятия 3) *тех.* флотация

**floater** [ˈfləutə] *n* 1) сезонный рабочий 2) *амер.* избиратель, голос которого можно купить ◇ to make a ~ попасть впросак, влипнуть

**floating** [ˈfləutɪŋ] **1.** *pres. p. от* float 2

**2.** *a* 1) плавающий, плавучий; ~ cargo морской груз; ~ light *мор.* светящий плавучий знак; ~ piston плавающий, свободный поршень 2) изменчивый; ~ population текучее народонаселение 3) *мед.* блуждающий; ~ kidney блуждающая почка ◇ ~ rate (of exchange) *фин.* свободно колеблющийся курс валюты; ~ debt текущая задолженность; краткосрочный долг

**floating bridge** [ˈfləutɪŋˈbrɪdʒ] *n* понтонный *или* наплавной мост

**floating earth** [ˈfləutɪŋˈəːθ] *n* плывуны

**float-plane** [ˈfləutpleɪn] *n* поплавковый гидросамолёт

**floaty** [ˈfləutɪ] *a* 1) плавучий 2) лёгкий

**flocculate** [ˈflɔkjuleɪt] *v хим.* выпадать хлопьями, флоккулировать

**flock I** [flɔk] *n* 1) пушинка; клочок; пучок (*волос*) 2) *pl* шерстяные *или* хлопчатобумажные очёски

**flock II** [flɔk] **1.** *n* 1) стадо (*обыкн. овец*); стая (*обыкн. птиц*); ~s and herds овцы и рогатый скот; the flower of the ~ *перен.* краса, украшение семьи 2) толпа; группа; to come in ~s приходить толпами 3) *церк.* паства

**2.** *v* стекаться; держаться вместе; the children ~ed round their teacher ребята окружили учителя

**floe** [fləu] *n* 1) плавучая льдина 2) ледяное поле

**flog** [flɔg] *v* 1) стегать, пороть, сечь 2) ловить рыбу внахлёстку 3) *sl.* продавать *или* менять что-л. из-под полы □ ~ **along** погонять кнутом; ~ **into** вбивать, вколачивать (*в голову*); побоями заставлять (*учить что-л.*); ~ **out** выбить (*лень и т. п.*; of) ◇ to ~ a dead horse ≅ решетом воду носить; зря тратить силы

**flogging** [ˈflɔgɪŋ] **1.** *pres. p. от* flog

**2.** *n* порка, телесное наказание

**flood** [flʌd] **1.** *n* 1) наводнение; половодье, паводок; разлитие, разлив; the F., Noah's F. *библ.* всемирный потоп (*тж. перен.*) 2) прилив; подъём воды 3) поток, изобилие; a ~ of words поток слов; a ~ of tears пото́ки, мо́ре слёз; a ~ of light мо́ре огне́й; a ~ of anger волна́ гне́ва 4) *уст., поэт.* мо́ре, о́зеро, река́ ◇ at the ~ в удо́бный, благоприя́тный моме́нт

2. *v* 1) затопля́ть, наводня́ть 2) поднима́ться (*об уровне реки*); выступа́ть из берего́в; the river is ~ed by the rains река́ взду́лась от дожде́й 3) устреми́ться, хлы́нуть пото́ком 4) *мед.* страда́ть ма́точным кровотече́нием

**flood-gate** ['flʌdgeɪt] *n* шлюз, шлю́зные воро́та, шлю́зный затво́р ◇ to open the ~s а) дать во́лю (*чему-л.*); б) распла́каться, зали́ться слеза́ми

**floodlight** ['flʌdlaɪt] **1.** *n* (*обыкн. pl*) проже́ктор(ное освеще́ние)

2. *v* освеща́ть проже́ктором

**floor** [flɔ:] **1.** *n* 1) пол; насти́л, междуэта́жное перекры́тие 2) места́ для чле́нов (законода́тельного) собра́ния; ~ of the House места́ чле́нов парла́мента в за́ле заседа́ния 3) пра́во выступа́ть на собра́нии; to have (*или* to take) the ~ выступа́ть, брать сло́во; to get the ~ получи́ть сло́во; a question from the ~ вопро́с с ме́ста 4) эта́ж; я́рус; third ~ четвёртый эта́ж; *амер.* тре́тий эта́ж 5) гумно́ 6) дно (*моря, пещеры*) 7) минима́льный у́ровень (*особ. цен*) 8) киносту́дия 9) произво́дство фи́льма; to go on the ~ идти́ в произво́дство (*о фильме*); to be on the ~ быть в произво́дстве 10) *attr.*: ~ exercise во́льные движе́ния; ~ space разме́ры помеще́ния

2. *v* 1) настила́ть пол 2) повали́ть на́ пол; сбить с ног 3) *разг.* одоле́ть, спра́виться (*с кем-л.*); to ~ the question суме́ть отве́тить на вопро́с 4) *разг.* срази́ть, смути́ть, заста́вить замолча́ть; the question ~ed him вопро́с поста́вил его́ в тупи́к 5) *школ.* посади́ть на ме́сто (*ученика, не знающего урока*)

**floor-cloth** ['flɔ:klɔθ] *n* 1) лино́леум 2) полова́я тря́пка

**floorer** ['flɔ:rə] *n* 1) сногсшиба́тельный уда́р 2) *разг.* озада́чивающий вопро́с; тяжёлое изве́стие; затрудни́тельное положе́ние; сло́жная зада́ча

**flooring** ['flɔ:rɪŋ] **1.** *pres. p. от* floor 2

2. *n* 1) насти́л, пол 2) насти́лка поло́в 3) *стр.* половы́е до́ски

**floor-lamp** ['flɔ:læmp] *n* торше́р

**floor show** ['flɔ:ʃəu] *n* представле́ние среди́ пу́блики (*в кабаре и т. п.*)

**floorwalker** ['flɔ:ˌwɔ:kə] *n* администра́тор универса́льного магази́на

**floosie, floozie, floozy** ['flu:zɪ] *n sl.* шлю́ха

**flop** [flɔp] **1.** *n* 1) шлёпанье 2) *разг.* прова́л; to go ~ потерпе́ть неуда́чу, потерпе́ть фиа́ско 3) *амер. разг.* шля́па с мя́гкими поля́ми 4) *амер. разг.* челове́к, не оправда́вший возлага́вшихся на него́ наде́жд, обману́вший ожида́ния

2. *v* 1) шлёпнуться; плю́хнуться; he ~ped down on his knees and begged for mercy он бу́хнулся на коле́ни и моли́л о поща́де 2) уда́рить; би́ть(ся); the fish ~ped about in the boat ры́ба би́лась в ло́дке 3) бить кры́льями 4) *разг.* переметну́ться, переки́нуться (*к другой полит. партии*; *часто* ~ over) 5) *разг.* потерпе́ть неуда́чу, провали́ться 6) полоска́ться (*о парусах*) 7) *разг.* свали́ться (*от усталости*); завали́ться спать

3. *adv*: to fall ~ into the water плю́хнуться в во́ду

4. *int* шлёп!

**flophouse** ['flɔphaus] *n амер. sl.* ночле́жка

**floppy** ['flɔpɪ] *a* 1) свобо́дно вися́щий 2) лени́вый, пасси́вный (*об уме*); небре́жный (*о стиле*)

**flora** ['flɔ:rə] *n* (*pl* -ae, -as [-əz]) фло́ра

**florae** ['flɔ:ri:] *pl от* flora

**floral** ['flɔ:rəl] *a* 1) цвето́чный 2) относя́щийся к фло́ре, расти́тельный

**Florentine** ['flɔrəntaɪn] **1.** *a* флоренти́йский

2. *n* 1) флоренти́нец 2) (f.) флоренти́н (*род шёлковой материи*)

**florescence** [flɔ:'resns] *n* 1) цвете́ние; вре́мя цвете́ния 2) *перен.* расцве́т

**floret** ['flɔ:rɪt] *n* 1) *бот.* цвето́к, цвето́чек (*в корзинке сложноцветных*) 2) ма́ленький цвето́к

**floriated** ['flɔ:rɪeɪtɪd] *a* с цвето́чным орна́ментом

**floriculture** ['flɔ:rɪkʌltʃə] *n* цветово́дство

**florid** ['flɔrɪd] *a* 1) цвети́стый, напы́щенный; ~ style витиева́тый стиль 2) кра́сный, багро́вый (*о лице*) 3) крича́щий (*о наряде*)

**florin** ['flɔrɪn] *n* флори́н (*монета в разных странах*)

**florist** ['flɔrɪst] *n* 1) торго́вец цвета́ми 2) цветово́д

**floruit** ['flɔ:ruɪt] *лат. n* го́ды де́ятельности истори́ческого лица́

**floss** [flɔs] *n* шёлк-сыре́ц

**flossy** ['flɔsɪ] *a* шелкови́стый

**flotage** ['fləutɪdʒ] = floatage

**flotation** [flə'u'teɪʃən] = floatation

**flotilla** [flə'u'tɪlə] *n мор.* флоти́лия (*обыкн. мелких судов*)

**flotsam** ['flɔtsəm] *n* вы́брошенный и пла́вающий на пове́рхности груз; пла́вающие обло́мки ◇ ~ and jetsam а) обло́мки кораблекруше́ния; б) нену́жные ве́щи; в) бродя́ги; безрабо́тные; неприка́янные лю́ди

**flounce I** [flauns] **1.** *n* ре́зкое нетерпели́вое движе́ние

2. *v* броса́ться, мета́ться; ре́зко дви́гаться (*обыкн.* ~ away, ~ out, ~ about, ~ down, ~ up); to ~ out of the room бро́ситься вон из ко́мнаты

**flounce II** [flauns] **1.** *n* обо́рка

2. *v* отде́лывать обо́рками

**flounder I** ['flaundə] *v* 1) бара́хтаться; дви́гаться с трудо́м 2) пу́таться (*в словах*); to ~ through a speech объясня́ться с трудо́м (*напр., на иностранном языке*)

**flounder II** ['flaundə] *n* ме́лкая ка́мбала

**flour** ['flauə] **1.** *n* 1) мука́, крупча́тка 2) порошо́к; пу́дра 3) *attr.*: ~ paste кле́йстер

2. *v* 1) посыпа́ть муко́й 2) *амер.* моло́ть, разма́лывать

**flourish** ['flʌrɪʃ] **1.** *n* 1) разма́хивание 2) ро́счерк, завиту́шка 3) цвети́стое выраже́ние 4) фанфа́ры; ~ of trumpets туш; *перен.* пы́шное представле́ние (*кого-л.*); шу́мная рекла́ма; торже́ственная церемо́ния (*при открытии чего-л. и т. п.*)

2. *v* 1) пы́шно расти́; разраста́ться 2) процвета́ть, преуспева́ть; быть в расцве́те 3) жить, де́йствовать (*в определённую эпоху*); Socrates ~ed about 400 B. C. Сокра́т жил приблизи́тельно в IV в. до на́шей э́ры 4) разма́хивать (*чем-л.*) 5) *перен.* выставля́ть напока́з 6) де́лать ро́счерк перо́м 7) цвети́сто выража́ться

**flourishing** ['flʌrɪʃɪŋ] **1.** *pres. p. от* flourish 2

2. *a* 1) здоро́вый, цвету́щий 2) процвета́ющий

**floury** ['flauərɪ] *a* 1) мучно́й 2) мучни́стый 3) посы́панный муко́й

**flout** [flaut] *v* 1) презира́ть; попира́ть; to ~ smb.'s advice пренебрега́ть чьим-л. сове́том 2) *уст.* насмеха́ться, глуми́ться, издева́ться (at — над)

**flow** [fləu] **1.** *n* 1) тече́ние, пото́к, струя́ 2) прили́в; the tide is on the ~ вода́ прибыва́ет 3) изоби́лие; ~ of spirits жизнера́достность 4) пла́вность (*речи, линий*) 5) *гидр.* деби́т воды́ 6) *мед.* менструа́ция

2. *v* 1) течь, ли́ться, струи́ться; пла́вно переходи́ть от одного́ к друго́му (*о линиях, очертаниях и т. п.*) 2) ниспада́ть 3) проистека́ть, происходи́ть (from) 4) хлы́нуть; разрази́ться пото́ком; *перен.* уплыва́ть; gold ~s from the country происхо́дит уте́чка зо́лота за грани́цу 5) *уст.* изоби́ловать (with)

**flower** ['flauə] **1.** *n* 1) цвето́к; цветко́вое расте́ние 2) расцве́т; цвете́ние; in ~ в цвету́; to come to full ~ расцвести́ пы́шным цве́том; in the ~ of one's age во цве́те лет 3) цвет, лу́чшая, отбо́рная часть (*чего-л.*) 4) *pl хим.* пе́на, образу́ющаяся при броже́нии; оса́док 5) *разг.* менструа́ция 6): ~s of speech краси́вые оборо́ты ре́чи; *часто ирон.* цвети́стые фра́зы 7) *attr.*: ~ children *разг. собир.* хи́ппи

2. *v* 1) цвести́ 2) быть в расцве́те

**flowerbed** ['flauəbed] *n* клу́мба

**flower-de-luce** ['flauədə'lu:s] = fleur-de-lis

**flowered** ['flauəd] **1.** *p. p. от* flower 2

2. *a* укра́шенный цвето́чным узо́ром; ~ silk тра́вчатый шёлк

**floweret** ['flauərɪt] *n поэт.* цвето́чек

**flower-garden** ['flauəˌgɑ:dn] *n* цветни́к

**flower-girl** ['flauəgə:l] *n* цвето́чница, продавщи́ца цвето́в

**flowering** ['flauərɪŋ] **1.** *pres. p. от* flower 2

**2.** *n* расцве́т; цвете́ние

**3.** *a* цвету́щий, в цвету́

**flower-piece** ['flauəpi:s] *n жив.* карти́на с изображе́нием цвето́в

**flowerpot** ['flauəpɔt] *n* цвето́чный горшо́к

**flower-show** ['flauəʃəu] *n* вы́ставка цвето́в

**flowery** ['flauərɪ] *a* 1) у́бранный цвета́ми 2) цвети́стый (*о стиле и т. п.*)

**flowing** ['fləuɪŋ] **1.** *pres. p. от* flow 2

**2.** *a* 1) теку́щий; ~ tide прили́в; *перен.* что-л. надвига́ющееся, нараста́ющее; ~ waters прото́чная вода́ 2) гла́дкий, пла́вный (*о стиле*) 3) мя́гкий (*о линиях, контуре*) 4) ниспада́ющий; ~ draperies ниспада́ющая свобо́дными скла́дками драпиро́вка

**flown** [fləun] *p. p. от* fly II, 2

**flow sheet** ['fləuʃi:t] *n* ка́рта технологи́ческого проце́сса

**flu** [flu:] *n разг.* грипп

**flubdub** ['flʌbdʌb] *амер.* = flapdoodle

**fluctuate** ['flʌktjueɪt] *v* колеба́ться; колыха́ться; быть неусто́йчивым, меня́ться

**fluctuation** [ˌflʌktju'eɪʃən] *n* колеба́ние; неусто́йчивость; кача́ние, колыха́ние; ~s of temperature неусто́йчивая температу́ра

**flue I** [flu:] *n* 1) дымохо́д 2) *тех.* жарова́я труба́ (*котла*)

**flue II** [flu:] *n* 1) пушо́к 2) хло́пья пы́ли (*под мебелью*)

**flue III** [flu:] *n* род рыболо́вной се́ти

**flue IV** [flu:] = fluke II, 1) *и* 2)

**flue V** [flu:] = flu

**fluency** ['flu(:)ənsɪ] *n* пла́вность; бе́глость (*речи*)

**fluent** ['flu(:)ənt] **1.** *a* 1) гла́дкий; пла́вный; бе́глый (*о речи*); to speak ~ English свобо́дно говори́ть по-англи́йски 2) владе́ющий ре́чью; a ~ speaker уме́лый ора́тор 3) напы́щенный и пусто́й (*о словах и т. п.*); ~ phrases пусты́е слова́ 4) теку́чий, жи́дкий

**2.** *n мат.* переме́нная величина́; фу́нкция

**fluently** ['flu(:)əntlɪ] *adv* 1) пла́вно, гла́дко 2) бе́гло (*о речи*)

**fluey** ['flu:ɪ] *a* пуши́стый, покры́тый пушко́м

**fluff** [flʌf] **1.** *n* 1) пух, пушо́к 2) оплошность; to make a ~ *разг.* дать ма́ху 3) *театр. sl.* пло́хо вы́ученная роль ◇ a bit of ~ *sl.* де́вушка

**2.** *v* 1) взбива́ть(ся); вспуши́ть; to ~ one's feathers распуши́ть пе́рья (*о птице; тж. перен.*) 2) *театр. sl.* пло́хо знать роль 3) чита́ть (*текст*) с огово́рками, запина́ясь 4) промахну́ться, прома́зать

**fluffy** ['flʌfɪ] *a* 1) пуши́стый; взби́тый 2) *sl.* забы́вчивый 3) *sl.* нетвёрдо стоя́щий на нога́х, пья́ный

**fluid** ['flu(:)ɪd] **1.** *n* жи́дкость; жи́дкая *или* газообра́зная среда́

**2.** *a* 1) жи́дкий, теку́чий 2) (постоя́нно) меня́ющийся; подви́жный, изме́нчивый

**fluidity** [flu(:)'ɪdɪtɪ] *n* 1) жи́дкое состоя́ние 2) теку́честь 3) пла́вность (*речи*) 4) подви́жность, изме́нчивость

**fluke I** [flu:k] *n* 1) ка́мбала, па́лтус; пло́ская ры́ба 2) тремато́да (*глист*) 3) сорт карто́феля

**fluke II** [flu:k] *n* 1) ла́па (*якоря*) 2) *амер.* зазу́брина гарпуна́ 3) *pl* хвостово́й плавни́к кита́

**fluke III** [flu:k] **1.** *n* счастли́вая случа́йность; by a ~ по счастли́вой случа́йности

**2.** *v* 1) получи́ть что-л. *или* вы́играть игру́ благодаря́ счастли́вой случа́йности 2) *амер. разг.* обмишу́литься

**flume** [flu:m] *n* 1) *амер.* го́рное уще́лье с пото́ком 2) *тех.* жёлоб; подводя́щий кана́л, акведу́к

**flummery** ['flʌmərɪ] *n* 1) род дрочёны 2) *разг.* пусты́е комплиме́нты; болтовня́, вздор 3) овся́ная каши́ца

**flummox** ['flʌməks] *v разг.* смуща́ть, ста́вить в затрудни́тельное положе́ние

**flump** [flʌmp] **1.** *n* глухо́й шум, стук

**2.** *v* 1) па́дать с глухи́м шу́мом 2) ста́вить, броса́ть (*что-л.*) на́ пол с глухи́м шу́мом, сту́ком

**flung** [flʌŋ] *past и p. p. от* fling 2

**flunk** [flʌŋk] *sl.* **1.** *n* по́лный прова́л

**2.** *v* 1) провали́ть(ся) на экза́мене 2) исключи́ть за неуспева́емость (*из учебного заведения*)

**flunkey** ['flʌŋkɪ] *n* ливре́йный лаке́й; *перен.* лаке́й, подхали́м, подли́за

**fluorescence** [fluə'resns] *n* свече́ние, флуоресце́нция

**fluorescent** [fluə'resnt] *a* флуоресце́нтный; ~ lamp ла́мпа дневно́го све́та; ~ light флуоресце́нтный свет

**fluorine** ['fluəri:n] *n хим.* фтор

**fluor-spar** ['fluəspɑ:] *n мин.* плавико́вый шпат

**flurry** ['flʌrɪ] **1.** *n* 1) беспоко́йство, волне́ние; сумато́ха; смяте́ние 2) шквал; неожи́данный ли́вень *или* снегопа́д 3) мета́ния смерте́льно ра́ненного кита́

**2.** *v* (*обыкн. p. p.*) волнова́ть; будора́жить (*особ. спешкой*); don't get flurried не волну́йтесь

**flush I** [flʌʃ] **1.** *n* 1) внеза́пный прили́в, пото́к (*воды*) 2) смыва́ние, промыва́ние си́льной струёй воды́ (*в унитазе и т. п.*) 3) прили́в кро́ви; кра́ска (*на лице*), румя́нец 4) при́ступ (*лихорадки*) 5) прили́в (*чувства*); упое́ние (*успехом и т. п.*); ~ of hope вспы́шка наде́жды 6) бу́йный рост (*зелени и т. п.*) 7) расцве́т (*молодости, сил и т. п.*) 8) бы́стрый прито́к, внеза́пное изоби́лие (*чего-л.*)

**2.** *a* 1) по́лный (*до краёв — о реке*) 2) *predic.* изоби́лующий; ще́дрый, расточи́тельный (with); to be ~ with money а) быть обеспе́ченным, быть с (больши́м) доста́тком; б) не счита́ть де́ньги, сори́ть деньга́ми 3) *тех.* находя́щийся на одно́м у́ровне, заподлицо́ (*с чем-л.*)

**3.** *v* 1) бить струёй; оби́льно течь, хлы́нуть 2) прилива́ть к лицу́ (*о крови*); вызыва́ть кра́ску на лице́ 3) вспы́хнуть, (по)красне́ть (*часто* ~ up); she ~ed (up) when I spoke to her лицо́ её залило́сь кра́ской, когда́ я заговори́л с ней 4) затопля́ть 5) промыва́ть си́льным напо́ром струи́; to ~ the toilet спусти́ть во́ду в убо́рной 6) наполня́ть, переполня́ть (*чувством*); to be ~ed with joy (pride, *etc.*) быть охва́ченным ра́достью (го́рдостью *и т. п.*); ~ed with victory упоённый побе́дой 7) *редк.* дава́ть но́вые побе́ги (*о растениях*)

**flush II** [flʌʃ] **1.** *n* вспу́гнутая ста́я птиц

**2.** *v* 1) спу́гивать (*дичь*) 2) взлета́ть, вспа́рхивать

**flush III** [flʌʃ] *n* ка́рты одно́й ма́сти

**fluster** ['flʌstə] **1.** *n* суета́, волне́ние; all in a ~ в волне́нии; в возбужде́нии

**2.** *v* 1) волнова́ть(ся); возбужда́ть(-ся) 2) слегка́ опьяне́ть

**flute** [flu:t] **1.** *n* 1) фле́йта 2) *архит.* канелю́ра, желобо́к 3) вы́емка, ри́фля

**2.** *v* 1) свисте́ть (*о птице*) 2) де́лать вы́емки, желоби́ть

**flutist** ['flu:tɪst] *n* флейти́ст

**flutter** ['flʌtə] **1.** *n* 1) порха́ние 2) маха́ние 3) волне́ние; тре́пет; to put smb. into a ~ взбудора́жить кого́-л.; to make (*или* to cause) a ~ производи́ть сенса́цию 4) *sl.* риск (*обыкн. в азартных играх*) 5) *тех.* вибра́ция 6) *ав.* фла́ттер

**2.** *v* 1) маха́ть *или* бить кры́льями; перепа́рхивать 2) трепета́ть; би́ться неро́вно (*о сердце*) 3) маха́ть; развева́ться (*на ветру*) 4) дрожа́ть от волне́ния; волнова́ть(ся), беспоко́ить(ся) 5) *тех.* вибри́ровать

**fluty** ['flu:tɪ] *a* напомина́ющий звук фле́йты; мя́гкий и чи́стый

**fluvial** ['flu:vjəl] *a* речно́й

**flux** [flʌks] **1.** *n* 1) тече́ние; пото́к 2) постоя́нная сме́на; постоя́нное движе́ние; ~ and reflux прили́в и отли́в; in a state of ~ в состоя́нии постоя́нного *или* непреры́вного измене́ния 3) *мед.* истече́ние; *уст.* дизентери́я 4) *физ.* пото́к 5) *метал.* флюс, пла́вень

**2.** *v* 1) истека́ть 2) дава́ть слаби́тельное, очища́ть 3) *тех.* пла́вить, растопля́ть 4) *метал.* обраба́тывать флю́сом 5) отшлакова́ть

**fluxion** ['flʌkʃən] *n* 1) *мед.* прили́в кро́ви *или* жи́дкости (*к лицу и др. частям тела*) 2) *мат.* флю́ксия, произво́дная

**fly** I [flaɪ] *n* 1) му́ха 2) *с.-х. разг.* вреди́тель ◇ a ~ in the ointment ≅ ло́жка дёгтя в бо́чке мёда; a ~ on the wheel ≅ самомне́ния ему́ не занима́ть стать; there are no flies on him он не дура́к, его́ не проведёшь

**fly** II [flaɪ] **1.** *n* 1) полёт; расстоя́ние полёта; on the ~ на лету́ 2) *уст.* одноко́нный наёмный экипа́ж 3) *тех.* ма́ятник; баланси́р 4) *pl театр.* колосники́ 5) крыло́ (*ветряка*) 6) длина́ (*флага*) 7) край (*флага*) 8) откидно́е поло́тнище пала́тки 9) шири́нка (*у брюк*)

**2.** *v* (flew; flown) 1) лета́ть, пролета́ть; to ~ across the continent лете́ть че́рез (весь) контине́нт 2) спеши́ть; the children flew to meet their mother де́ти бро́сились навстре́чу к ма́тери 3) развева́ть(ся) 4) улета́ть, исчеза́ть (*тж. перен.*); the bird has flown ≅ «пти́чка улете́ла», престу́пник скры́лся; it is late, we must ~ уже́ по́здно, нам пора́ убира́ться 5): to ~ pigeons гоня́ть голубе́й 6) пилоти́ровать (*самолёт*) 7) переправля́ть пассажи́ров (*или* гру́зы) по во́здуху 8) (*past и p. p.* fled) улепётывать, удира́ть; спаса́ться бе́гством □ ~ **at** напада́ть; набра́сываться с бра́нью; to let ~ at а) стреля́ть в *кого́-л.*, во *что-либо*; б) отпуска́ть руга́тельства по *чьему-л. адресу*; ~ **in** доставля́ть по во́здуху; ~ **into** а) прийти́ (*в ярость, в восторг*); б) влете́ть (*в комнату и т. п.*); ~ **off** а) поспе́шно убега́ть; уклоня́ться; б) соска́кивать, отлета́ть; to ~ off the handle соскочи́ть с рукоя́тки (*о молотке*); *перен.* вы́йти из себя́, вспыли́ть; he flew off the handle он как с це́пи сорва́лся; ~ **on** = ~ at; ~ **out** вспыли́ть, рассерди́ться (at — на); ~ **over** перепры́гнуть, перемахну́ть че́рез; ~ **round** кружи́ться, крути́ться (*о колесе*); ~ **upon** = ~ at ◇ to ~ open распахну́ть(ся); to ~ high высоко́ заноси́ться, быть честолюби́вым; to ~ the flag *мор.* нести́ флаг; пла́вать под фла́гом; the glass flew into pieces стекло́ разби́лось вдре́безги; to ~ in the face of smb. броса́ть вы́зов кому́-л.; откры́то не повинова́ться; не счита́ться; to ~ in the face of Providence искуша́ть судьбу́; to make the money ~ а) швыря́ть(ся) деньга́ми; б) промота́ть де́ньги; to make the feathers ~ страви́ть (*противников*), раззадо́рить; to send smb. ~ing сбить кого́-л. с ног, свали́ть кого́-л. уда́ром на зе́млю; to send things ~ing расшвыря́ть ве́щи; to ~ to arms взя́ться за ору́жие; нача́ть войну́; to ~ to smb.'s arms бро́ситься в чьи-л. объя́тия

**fly** III [flaɪ] *a разг.* 1) ло́вкий; прово́рный 2) хи́трый

**fly-agaric** [ˈflaɪˌægərɪk] *n* мухомо́р

**fly-away** [ˈflaɪəˈweɪ] *a* 1) широ́кий, свобо́дный (*об одежде*) 2) развева́ющийся (*о волосах*) 3) ве́треный, непостоя́нный (*о человеке*)

**fly-bitten** [ˈflaɪˌbɪtn] *a* заси́женный му́хами

**fly-blow** [ˈflaɪbləu] **1.** *n* яйцо́ му́хи (*в мясе*)

**2.** *v* откла́дывать я́йца (*о мухе*)

**fly-blown** [ˈflaɪˈbləun] *a* 1) испо́рченный (*о мясе, поражённом яйцами мух*) 2) *перен.* зама́ранный

**fly-by-night** [ˈflaɪbaɪˈnaɪt] *a* ненадёжный; безотве́тственный

**flyer** [ˈflaɪə] *n* 1) пти́ца, насеко́мое, лету́чая мышь *и т. п.* 2) лётчик, пило́т 3) что-л. бы́стро дви́жущееся 4) *амер.* экспре́сс 5) *sl.* риско́ванное предприя́тие; аванто́ра 6) *тех.* махови́к 7) *текст.* банкобро́ш 8) *стр.* прямо́й марш ле́стницы ◇ to take a ~ упа́сть вниз голово́й

**fly-fishing** [ˈflaɪˌfɪʃɪŋ] *n* уже́ние на му́ху

**flying** [ˈflaɪɪŋ] **1.** *pres. p. от* fly II, 2

**2.** *n* лета́ние, полёты; лётное де́ло

**3.** *a* 1) лета́ющий; лету́чий; лета́тельный; ~ machine самолёт 2) *ав.* лётный; ~ gear лётное снаряже́ние; ~ field лётное по́ле 3) бы́стрый ~ visit мимолётный визи́т; she paid us a ~ visit она́ заглян́ула к нам на мину́тку; ~ jump *спорт.* прыжо́к с разбе́га; ~ column лету́чий отря́д

**flying adder** [ˈflaɪɪŋˌædə] *n* стреко́за

**flying boat** [ˈflaɪɪŋˈbəut] *n ав.* лета́ющая ло́дка

**flying bridge** [ˈflaɪɪŋˈbrɪdʒ] *n* 1) перекидно́й мост 2) паро́м-самолёт

**flying fortress** [ˈflaɪɪŋˈfɔːtrɪs] *n ав.* «лета́ющая кре́пость»

**flying instrument** [ˈflaɪɪŋˈɪnstrumənt] *n ав.* пилота́жный прибо́р

**flying man** [ˈflaɪɪŋˈmæn] *n* лётчик

**Flying Officer** [ˈflaɪɪŋˌɔfɪsə] *n* офице́р-лётчик (*в Англии*)

**fly-leaf** [ˈflaɪliːf] *n полигр.* фо́рзац, чи́стый лист в нача́ле *или* в конце́ кни́ги

**flyman** [ˈflaɪmən] *n* 1) *театр.* рабо́чий на колосника́х 2) ку́чер

**flyover** [ˈflaɪˌəuvə] *n* 1) эстака́да 2) *attr.*: ~ crossing пересече́ние доро́г на ра́зных у́ровнях

**fly-paper** [ˈflaɪˌpeɪpə] *n* ли́пкая бума́га от мух

**fly-sheet** [ˈflaɪʃiːt] *n* листо́вка

**fly title** [ˈflaɪˌtaɪtl] *n полигр.* шмуцти́тул

**fly-trap** [ˈflaɪtræp] *n* мухоло́вка

**fly-wheel** [ˈflaɪwiːl] *n* махово́е колесо́

**foal** [fəul] **1.** *n* жеребёнок; ослёнок; in (*или* with) ~ жерёбая

**2.** *v* жереби́ться

**foalfoot** [ˈfəulfut] *n бот.* мать-и-ма́чеха

**foam** [fəum] **1.** *n* 1) пе́на 2) мы́ло (*на лошади*) 3) *поэт.* мо́ре

**2.** *v* 1) пе́ниться 2) быть в бе́шенстве (*часто* ~ at the mouth) 2) взмы́литься (*о лошади*)

**foam-rubber** [ˈfəumˌrʌbə] *n* гу́бчатая рези́на; пороло́н (*для набивки матрацев, спинок и сидений мебели и т. п.*)

**foamy** [ˈfəumɪ] *a* 1) пе́нящийся 2) покры́тый пе́ной, взмы́ленный

**fob** I [fɔb] *n* карма́шек для часо́в

**fob** II [fɔb] *v*: to ~ off smb. with smth., to ~ smth. off on smb. надува́ть кого́-л. (*поддельной вещью, ложными обещаниями и т. п.*)

**focal** [ˈfəukəl] *a* 1) *физ.* фо́кусный; ~ distance (*или* length) фо́кусное расстоя́ние 2) центра́льный; she has come to be the ~ point of his thinking она́ занима́ет гла́вное ме́сто в его́ мы́слях; ~ points основны́е, узловы́е моме́нты *или* пу́нкты

**foci** [ˈfəusaɪ] *pl от* focus

**fo'c's'le** [ˈfəuksl] = forecastle

**focus** [ˈfəukəs] **1.** *n* (*pl* -ci, -ses [-ɪz]) 1) *физ.* фо́кус; in ~ в фо́кусе; out of ~ не в фо́кусе 2) оча́г (*инфекции, землетрясения*) 3) *мед.* фо́кус, центр 4) центр, средото́чие; ~ of interest круг интере́сов; to bring to a ~ выдвига́ть (*вопрос и т. п.*)

**2.** *v* 1) собира́ть(ся), помеща́ть в фо́кусе; сфокуси́ровать 2) сосредото́чивать (*внимание и т. п.*; on — на)

**fodder** [ˈfɔdə] **1.** *n* корм для скота́; фура́ж

**2.** *v* задава́ть корм (*скоту*)

**foe** [fəu] *n поэт.* враг, проти́вник; недоброжела́тель

**foetid** [ˈfiːtɪd] = fetid

**foetus** [ˈfiːtəs] *n* утро́бный плод

**fog** I [fɔg] **1.** *n* 1) густо́й тума́н 2) дым *или* пыль, стоя́щие в во́здухе; мгла 3): in a ~ как в тума́не; в замеша́тельстве, в затрудне́нии 4) *фото* вуа́ль

**2.** *v* 1) оку́тывать тума́ном; затума́нивать(ся) 2) напуска́ть тума́ну, озада́чивать

**fog** II [fɔg] *с.-х.* **1.** *n* 1) ота́ва 2) трава́, оста́вшаяся неско́шенной

**2.** *v* 1) пасти́ скот на ота́ве 2) оставля́ть траву́ неско́шенной

**fogey** [ˈfəugɪ] *n* старомо́дный, отста́лый (*иногда* чудакова́тый) челове́к (*обыкн.* old ~)

**foggy** [ˈfɔgɪ] *a* 1) тума́нный; тёмный; a ~ idea сму́тное представле́ние 2) *физ.* нея́сный

**fog-horn** [ˈfɔghɔːn] *n* сире́на, подаю́щая сигна́лы суда́м во вре́мя тума́на

**fogy** [ˈfəugɪ] = fogey

**foible** [ˈfɔɪbl] *n* 1) сла́бая стру́нка, сла́бость, недоста́ток 2) сла́бая, ги́бкая часть клинка́

**foil** I [fɔɪl] **1.** *n* 1) фо́льга, станио́ль 2) *архит.* орна́мент в ви́де ли́стьев (*в готическом стиле*) 3) контра́ст; фон; to serve as a ~ to служи́ть контра́стом, подчёркивать (*что-л.*)

**2.** *v редк.* служи́ть контра́стом, подчёркивать (*что-л.*)

**foil** II [fɔɪl] **1.** *n* след зве́ря

**2.** *v* 1) сбива́ть (*собаку*) со сле́да 2) ста́вить в тупи́к; расстра́ивать (*чьи-л.*) пла́ны; срыва́ть (*что-л.*) 3) *уст.* отрази́ть нападе́ние, одоле́ть

**foil** III [fɔɪl] *n* рапи́ра

**foist** [fɔɪst] *v* всу́нуть, всучи́ть (off)

**fold** I [fəuld] **1.** *n* 1) скла́дка, сгиб; a dress hanging in loose ~s пла́тье, па́дающее свобо́дными скла́дками 2) впа́дина, падь; изви́лины уще́лья, каньо́на 3) створ (*двери*) 4) *тех.* фальц 5) *геол.* флексу́ра, скла́дка 6) кольцо́ (*змеи*)

**2.** *v* 1) скла́дывать (*ткань и т. п.*) вдво́е, вче́тверо *и т. п.*; сгиба́ть, загиба́ть, перегиба́ть; to ~ one's arms скрести́ть ру́ки на груди́; to ~ one's hands сложи́ть ру́ки; *перен.* безде́йствовать 2) завёртывать (in) 3) обнима́ть, обхва́тывать; to ~ smb. to one's breast прижа́ть кого́-л. к груди́ 4) оку́тывать; hills ~ed in mist го́ры, оку́танные тума́ном 5) *полигр.* фальцева́ть 6) *текст.* дубли́ровать 7) *кул.* сбива́ть, выме́шивать (*негустое тесто и т. п.*) □ ~ **back** отверну́ть; to ~ back the bedclothes сверну́ть посте́ль; ~ **up** а) свёртывать, завёртывать; б) *разг.* сверну́ться; the business finally ~ed up last week предприя́тие, в конце́ концо́в, на про́шлой неде́ле прекрати́ло существова́ние

**fold** II [fəuld] **1.** *n* 1) заго́н (*для овец*), овча́рня; коша́ра 2) *церк.* па́ства ◇ to return to the ~ а) верну́ться в о́тчий дом; б) верну́ться в ло́но единомы́шленников

**2.** *v* загоня́ть (*овец*)

**folder** ['fəuldə] *n* 1) па́пка, скоросшива́тель 2) несши́тая брошю́рка 3) кни́жечка (*рекламная; расписание поездов или самолётов*) 4) *амер.* кни́жечка с карто́нными спи́чками 5) *полигр.* фальцева́льная маши́на 6) фальцо́вщик 7) *pl* складны́е очки́, складно́й бино́кль *и т. п.*

**folding** I ['fəuldɪŋ] **1.** *pres. p. от* fold I, 2

**2.** *n* фальцо́вка

**3.** *a* складно́й; створ́чатый; откидно́й; ~ door(s) раздвижны́е две́ри; ~ screen ши́рма

**folding** II ['fəuldɪŋ] *pres. p. от* fold II, 2

**folding-bed** ['fəuldɪŋbed] *n* похо́дная крова́ть; крова́ть-расклад́ушка

**folding-chair** ['fəuldɪŋtʃɛə] *n* складно́й стул

**folding-cot** ['fəuldɪŋkɔt] = folding-bed

**folding-stool** ['fəuldɪŋstuːl] = folding-chair

**foliage** ['fəulɪɪdʒ] *n* 1) листва́ 2) зелёная расти́тельность; расти́тельный мир 3) ли́ственный орна́мент

**foliar** ['fəulɪə] *a* ли́ственный

**foliate** **1.** *a* ['fəulɪɪt] 1) ли́ственный 2) листообра́зный

**2.** *v* ['fəulɪeɪt] 1) покрыва́ться ли́стьями 2) *архит.* украша́ть ли́ственным орна́ментом 3) наводи́ть рту́тную амальга́му (*на зеркало*) 4) расщепля́ть(ся) на то́нкие сло́и 5) нумерова́ть листы́ кни́ги (*не страницы*)

**folio** ['fəulɪəu] *n* (*pl* -os [-əuz]) 1) инфо́лио (*формат в пол-листа*) 2) фолиа́нт 3) лист (*бухгалтерской книги*) 4) *юр.* едини́ца измере́ния длины́ докуме́нта (*в Англии 72—90 слов, в США — 100 слов*) 5) *полигр.* колонци́фра

**folk** [fəuk] *n* 1) (*употр. с гл. во мн. ч.*) лю́ди; old ~ старики́; rich ~ богачи́; my ~s *разг.* родня́; the old ~s at home старики́, роди́тели 2) *уст.* наро́д 3) *attr.* наро́дный

**folk-etymology** ['fəuk,etɪ'mɔlədʒɪ] *n лингв.* наро́дная этимоло́гия

**folk-lore** ['fəuklɔː] *n* фолькло́р

**folksy** ['fəuksɪ] *a разг.* 1) бли́зкий к наро́ду, наро́дный 2) общи́тельный

**folkways** ['fəukweɪz] *n pl* наро́дные обы́чаи, нра́вы

**follicle** ['fɔlɪkl] *n* 1) *зоол.* ко́кон 2) *анат.* фолли́кул, су́мка, мешо́чек 3) *бот.* стручо́к

**follow** ['fɔləu] *v* 1) сле́довать, идти́ за; a concert ~ed the lecture, the lecture was ~ed by a concert по́сле ле́кции состоя́лся конце́рт; one misfortune ~ed (upon) another одна́ беда́ смени́лась друго́й 2) пресле́довать 3) следи́ть, провожа́ть (*взглядом*) 4) слу́шать, следи́ть (*за словами*); (do) you ~ me? поня́тно? 5) сопровожда́ть (*кого-л.*) 6) приде́рживаться; ~ this path! иди́те э́той доро́гой!; to ~ the policy приде́рживаться (определённой) поли́тики 7) занима́ться *чем-л.*; to ~ the plough паха́ть; to ~ the hounds охо́титься с соба́ками; to ~ the law быть, стать юри́стом; to ~ the sea быть, стать моряко́м 8) смени́ть (*кого-л.*); быть прее́мником 9) разделя́ть взгля́ды, подде́рживать; быть после́дователем; I cannot ~ you in all your views я не со все́ми ва́шими взгля́дами могу́ согласи́ться 10) логи́чески вытека́ть; from what you say it ~s из ва́ших слов сле́дует □ ~ **on** *разг.* продолжа́ть (пре)сле́довать; ~ **out** выполня́ть до конца́; осуществля́ть; ~ **through** *спорт.* заверша́ть (*удар, бросок и т. п.*); ~ **up** а) пресле́довать упо́рно, энерги́чно (*тж. перен.*); б) доводи́ть до конца́; развива́ть, заверша́ть ◇ as ~s сле́дующее; the letter reads as ~s в письме́ говори́тся сле́дующее

**follower** ['fɔləuə] *n* 1) после́дователь; сторо́нник 2) *уст.* ухажёр 3) *тех.* ведо́мый механи́зм; толка́тель; подава́тель (*в оружии*)

**following** ['fɔləuɪŋ] **1.** *pres. p. от* follow

**2.** *n* 1) после́дователи, приве́рженцы; he has a large ~ у него́ мно́го после́дователей 2) (the ~) сле́дующее; the ~ is noteworthy ну́жно обрати́ть внима́ние на сле́дующее

**3.** *a* 1) сле́дующий, после́дующий 2) попу́тный (*о ветре, течении*)

**follow my leader** ['fɔləumɪ'liːdə] *n* де́тская игра́ «де́лай как я»

**follow-up** ['fɔləu'ʌp] *n* 1) прове́рка исполне́ния 2) мероприя́тие, проведённое во исполне́ние како́го-л. реше́ния; a ~ to the conference дальне́йшие шаги́ по́сле совеща́ния 3) дополни́тельное сообще́ние 4) *attr.* дополня́ющий

**folly** ['fɔlɪ] *n* 1) глу́пость; недомы́слие; безрассу́дство; безу́мие 2) глу́пый посту́пок; до́рого сто́ящий каприз

**foment** [fəu'ment] *v* 1) класть припа́рки 2) подстрека́ть; раздува́ть, разжига́ть (*ненависть, беспорядки и т. п.*)

**fomentation** [,fəumen'teɪʃən] *n* 1) припа́рка 2) подстрека́тельство; ~ of discontent разжига́ние недово́льства

**fond** [fɔnd] *a* 1) не́жный, лю́бящий; in ~ remembrance of smb., smth. в знак (до́брой) па́мяти о ком-л., чём-л. 2): to be ~ of smb., smth. люби́ть кого́-л., что-л. 3) изли́шне дове́рчивый, изли́шне оптимисти́чный; ~ hope необосно́ванная, тще́тная наде́жда

**fondant** ['fɔndənt] *n кул.* пома́дка

**fondle** ['fɔndl] *v* ласка́ть

**fondling** ['fɔndlɪŋ] **1.** *pres. p. от* fondle

**2.** *n* люби́мец

**fondly** ['fɔndlɪ] *adv* 1) не́жно 2) наи́вно, дове́рчиво

**fondness** ['fɔndnɪs] *n* не́жность, любо́вь

**font** [fɔnt] *n* 1) *церк.* купе́ль 2) *поэт.* исто́чник, фонта́н 3) резервуа́р кероси́новой *или* ма́сляной ла́мпы 4) = fount II

**food** [fuːd] *n* 1) пи́ща, пита́ние; еда́, корм; the ~ there is excellent там хорошо́ ко́рмят; ~ for thought (*или* reflection) пи́ща для ума́, духо́вная пи́ща; to become ~ for fishes утону́ть; to become ~ for worms умере́ть 2) съестны́е припа́сы, прови́зия, продово́льствие 3) *attr.* пита́тельный; ~ value пита́тельность 4) *attr.* продово́льственный; ~ rationing ка́рточная систе́ма (*распределения продуктов*)

**food-card** ['fuːdkaːd] *n* продово́льственная ка́рточка

**food crop** ['fuːdkrɔp] *n с.-х.* продово́льственная культу́ра

**food-stuffs** ['fuːdstʌfs] *n* продово́льствие, проду́кты пита́ния

**fool** I [fuːl] **1.** *n* 1) дура́к, глупе́ц; to make a ~ of smb. одура́чить кого́-либо; to make a ~ of oneself поста́вить себя́ в глу́пое положе́ние, сваля́ть дурака́; to play the ~ валя́ть дурака́; to play the ~ with а) дура́чить, обма́нывать; б) по́ртить 2) шут ◇ every man has a ~ in his sleeve *посл.* ≅ на вся́кого мудреца́ дово́льно простоты́; no ~ like an old ~ ≅ седина́ в бо́роду, а бес в ребро́; to be a ~ for one's pains напра́сно потруди́ться

**2.** *a разг.* глу́пый, безрассу́дный

**3.** *v* дура́чить(ся); одура́чивать; обма́нывать □ ~ **about** зряболта́ться; ~ **after** волочи́ться за *кем-л.*; ~ **around** *амер.* = ~ about; ~ **away** тра́тить зря; упуска́ть (*случай*); to ~ away one's time по́пусту тра́тить вре́мя; ~ **out** добива́ться обма́ном (of — у); ~ **with** забавля́ться, игра́ть

**fool** II [fu:l] *n* кисе́ль; gooseberry ~ крыжо́венный кисе́ль со сби́тыми сли́вками

**foolery** [ˈfu:lərɪ] *n* дура́чество; глу́пый посту́пок

**foolhardy** [ˈfu:lˌhɑ:dɪ] *a* 1) безрассу́дно хра́брый 2) лю́бящий риск

**foolish** [ˈfu:lɪʃ] *a* глу́пый; безрассу́дный; дура́шливый

**foolishness** [ˈfu:lɪʃnɪs] *n* глу́пость, безрассу́дство

**foolproof** [ˈfu:lpru:f] *n разг.* 1) несло́жный; поня́тный всем и ка́ждому 2) безопа́сный, защищённый от неосторо́жного *или* неуме́лого обраще́ния 3) ве́рный (*о деле*)

**foolscap, fool's-cap** *n* 1) [ˈfu:lzkæp] шутовско́й колпа́к 2) [ˈfu:lskæp] форма́т бума́ги (*13 д.* × *17 д.*)

**foot** [fut] **1.** (*pl* feet) 1) ступня́; нога́ (*ниже щиколотки*); ла́па (*животного*); to be on one's feet быть на нога́х, опра́виться по́сле боле́зни; *перен.* стоя́ть на свои́х нога́х, быть самостоя́тельным, материа́льно обеспе́ченным 2) шаг, похо́дка, по́ступь; at a ~'s pace ша́гом; fleet (*или* swift) of ~ *поэт.* быстроно́гий; light (heavy) ~ лёгкая (тяжёлая) по́ступь; on ~ пешко́м; *перен.* в движе́нии, в ста́дии пригото́вления; to put one's best ~ forward а) приба́вить ша́гу, потороп́иться; б) де́лать всё возмо́жное; to run a good ~ хорошо́ бежа́ть (*о лошади*) 3) *воен.* пехо́та 4) (*pl часто без измен.*) фут (= *30,48 см*); cubic ~ куби́ческий фут; a square ~ of land пядь земли́ 5) основа́ние, опо́ра, подно́жие; the ~ of a staircase основа́ние ле́стницы 6) ни́жняя часть, ни́жний край; at the ~ (of the bed) в нога́х (крова́ти); at the ~ of a page (of a table) в конце́ страни́цы (стола́) 7) но́жка (*мебели*); подно́жка, сто́йка 8) (*pl* -s [-s]) оса́док; подо́нки 9) *прос.* стопа́ 10) носо́к (*чулка*) ◇ to be on ~ проекти́роваться; to put one's feet up безде́льничать; to set (*или* to put, to have) one's ~ on the neck of smb. поработи́ть кого́-л.; to carry smb. off his feet вы́звать чей-л. восто́рг; си́льно взволнова́ть, возбуди́ть кого́-л.; to fall on one's feet сча́стливо отде́латься, уда́чно вы́йти из тру́дного положе́ния; to put one's ~ down *разг.* заня́ть твёрдую пози́цию; приня́ть твёрдое реше́ние; реши́тельно воспроти́виться; to put one's ~ in (*или* into) it *разг.* вли́пнуть, обмишу́литься; соверши́ть беста́ктный посту́пок; сесть в лу́жу; to know (*или* to get, to find, to have, to take) the length of smb.'s ~ узна́ть чью-л. сла́бость, раскуси́ть челове́ка; under ~ на земле́, под нога́ми; my ~! (кака́я) чепуха́!; как бы не так!

**2.** *v* 1) идти́ пешко́м; to ~ it *разг.* а) танцева́ть; б) идти́ пешко́м 2) надвя́зывать (*чулок*) 3) подыто́живать; подсчи́тывать; to ~ the bill *разг.* оплати́ть счёт (*или* расхо́ды); *перен.* испы́тывать на себе́ после́дствия, распла́чиваться 4) составля́ть, достига́ть; his losses ~ up to £ 100 его́ убы́ток достига́ет 100 фу́нтов (сте́рлингов) 5) *разг.* ляга́ть

**foot-and-mouth disease** [ˈfutənd-ˈmauθdɪˈzi:z] *n вет.* я́щур

**football** [ˈfutbɔ:l] *n* 1) футбо́л 2) футбо́льный мяч

**footballer** [ˈfutbɔ:lə] *n* футболи́ст

**football-player** [ˈfutbɔ:lˌpleɪə] = footballer

**foot-bath** [ˈfutbɑ:θ] *n* ножна́я ва́нна

**footboard** [ˈfutbɔ:d] *n* 1) подно́жка (*экипажа, железнодорожного вагона, автомобиля*); запя́тки; ступе́нька 2) *тех.* подкла́дка 3) изно́жье (*кровати*)

**foot brake** [ˈfutbreɪk] *n* ножно́й то́рмоз

**foot-bridge** [ˈfutbrɪdʒ] *n* пешехо́дный мо́стик

**footer** [ˈfutə] *n sl.* футбо́л

**-footer** [-futə] *в сложных словах означает столько-то* фу́тов ро́стом; *напр.*: a six-~ челове́к шести́ фу́тов ро́стом

**footfall** [ˈfutfɔ:l] *n* 1) по́ступь 2) звук шаго́в

**foot-fault** [ˈfutfɔ:lt] *n* поте́ря пода́чи из-за непра́вильного положе́ния ног подаю́щего (*в теннисе*), заша́г

**foot-gear** [ˈfutgɪə] *n собир.* 1) о́бувь 2) чулки́ и носки́

**Foot Guards** [ˈfutgɑ:dz] *n pl* гварде́йская пехо́та

**foot-hill** [ˈfuthɪl] *n* предго́рье

**foothold** [ˈfuthəuld] *n* 1) опо́ра для ноги́ 2) то́чка опо́ры; опо́рный пункт, плацда́рм; to gain a ~ стать твёрдой ного́й, утверди́ться, укрепи́ться

**footing** [ˈfutɪŋ] **1.** *pres. p. от* foot 2

**2.** *n* 1) опо́ра для ноги́; to lose one's ~ поскользну́ться, оступи́ться 2) основа́ние, фунда́мент, опо́ра 3) про́чное положе́ние (*в обществе, учреждении и т. п.*); to get (*или* to gain) a ~ in society приобрести́ положе́ние в о́бществе 4) ито́г, су́мма столбца́ цифр ◇ to pay (for) one's ~ *разг.* а) сде́лать вступи́тельный взнос (*в виде дара, для организации вечеринки и т. п.*); б) поста́вить магары́ч; to be on a friendly ~ with smb. быть на дру́жеской ноге́ с кем-л.; on an equal ~ на ра́вных основа́ниях; to put on a war ~ приводи́ть в боеву́ю гото́вность; переводи́ть на вое́нное положе́ние

**footle** [ˈfu:tl] *разг.* **1.** *n* болтовня́, ерунда́; глу́пость

**2.** *v* дури́ть, болта́ть чепуху́

**footless** [ˈfutlɪs] *a* 1) безно́гий 2) лишённый основа́ния 3) *амер.* неуклю́жий, неуме́лый

**footlights** [ˈfutlaɪts] *n pl театр.* огни́ ра́мпы; ра́мпа; to appear before the ~ выступа́ть на сце́не; стать актёром; to get over the ~ име́ть успе́х, понра́виться пу́блике (*о пьесе, спектакле*)

**footling** [ˈfutlɪŋ] *a разг.* пустяко́вый

**footloose** [ˈfutlu:s] *a* свобо́дный, незави́симый; ~ and fancy free ≅ свобо́ден, как во́льная пта́шка

**footman** [ˈfutmən] *n* (ливре́йный) лаке́й

**foot-mark** [ˈfutmɑ:k] *n* след, отпеча́ток (ноги́)

**foot-note** [ˈfutnəut] **1.** *n* подстро́чное примеча́ние; сно́ска

**2.** *v* снабжа́ть подстро́чными примеча́ниями

**foot-pace** [ˈfutpeɪs] *n* шаг; at (a) ~ ша́гом

**footpad** [ˈfutpæd] *n ист.* разбо́йник

**foot-passenger** [ˈfutˌpæsɪndʒə] *n* пешехо́д

**foot-path** [ˈfutpɑ:θ] *n* пешехо́дная доро́жка, тропи́нка

**foot-plate** [ˈfutpleɪt] *n* 1) площа́дка машини́ста паровоза 2) *attr.* паровозный; ~ crew паровозная брига́да

**foot-pound** [ˈfutpaund] *n тех.* футо-фу́нт

**footprint** [ˈfutprɪnt] *n* след, отпеча́ток (ноги́)

**foot-race** [ˈfutreɪs] *n* состяза́ние по ходьбе́

**foot-rule** [ˈfutru:l] *n* лине́йка, складно́й фут

**footsie** [ˈfutsɪ] *n*: to play ~ заи́грывать (*с кем-л.*)

**foot-slogger** [ˈfutˌslɔgə] *n разг.* 1) пехоти́нец 2) пешехо́д

**footsore** [ˈfutsɔ:] *a* со стёртыми нога́ми

**footstalk** [ˈfutstɔ:k] *n бот.* сте́бель

**footstep** [ˈfutstep] *n* 1) след; по́ступь, похо́дка; to follow in smb.'s ~s идти́ по чьим-л. стопа́м 2) подно́жка, ступе́нька 3) *тех.* опо́ра, пята́

**footstool** [ˈfutstu:l] *n* скаме́ечка для ног

**footway** [ˈfutweɪ] *n* 1) пешехо́дная доро́жка; тротуа́р 2) *горн.* ле́стница (*в шахте*)

**foot-wear** [ˈfutwɛə] *n* о́бувь

**footwork** [ˈfutwə:k] *n* рабо́та ног (*в спорте, танцах и т. п.*)

**footworn** [ˈfutwɔ:n] *a* 1) уста́лый (*о путнике*) 2) исхо́женный, уто́птанный (*о тропинке и т. п.*)

**foozle** [ˈfu:zl] *разг.* **1.** *n* 1) неуда́чный уда́р (*в гольфе*) 2) *амер.* дура́к

**2.** *v* 1) де́лать неуда́чный уда́р (*в гольфе*) 2) де́лать ко́е-ка́к (*что-л.*)

**fop** [fɔp] *n* фат, щёголь, хлыщ

**foppery** [ˈfɔpərɪ] *n* фатовство́, щегольство́

**foppish** [ˈfɔpɪʃ] *a* фатова́тый, пусто́й

**for** [fɔ: (*полная форма*); fə (*редуцированная форма*)] **1.** *prep* 1) для, ра́ди; *передаётся тж. дательным падежом*; ~ my sake ра́ди меня́; it is very good ~ you вам о́чень поле́зно; ~ children для дете́й; ~ sale для прода́жи 2) за; we are ~ peace мы за мир 3) ра́ди, за (*о цели*); just ~ fun ра́ди шу́тки; to send ~ a doctor посла́ть за врачо́м 4) про́тив, от; medicine ~ a cough лекарство от кашля 5) в направлении; к; to start ~ направиться в 6) из-за, за, по причине, вследствие; ~ joy от радости; to dance ~ joy плясать от радости; ~ many reasons по многим причинам; famous ~ smth. знаменитый чем-л. 7) в течение, в продолжение; to last ~ an hour длиться час; to wait ~ years ждать годами 8) на расстояние; to run ~ a mile бежать милю 9) вместо, в обмен; за (*что-л.*); I got it ~ 5 dollars я купил это за пять долларов; will you please act ~ me in the matter? прошу вас заняться этим вопросом вместо меня 10) на (*определённый момент*); the lecture was arranged ~ two o'clock лекция была назначена на 2 часа 11) в; на; ~ the first time в первый раз; ~ (this) once на этот раз 12) от; *передаётся тж. родительным падежом*; member ~ Oxford член парламента от Оксфорда 13) *употр. со сложным дополнением и другими сложными членами предложения*: it seems useless ~ them to take this course им, по-видимому, бесполезно идти по этому пути; I'd have given anything ~ this not to have happened я бы многое теперь отдал за то, чтобы ничего этого не произошло; this is ~ you to decide вы должны решить это сами ◇ ~ all I know насколько мне известно; ~ all that несмотря на всё это; ~ all that I wouldn't talk like that и всё-таки я бы так не говорил; as ~ me, ~ all I care что касается меня; he is free to do what he likes ~ all I care по мне, пусть поступает, как хочет; oh, ~ ..! ах, если бы ..!; oh, ~ a fine day! (как было бы славно,) если бы выпал хороший, ясный день!; to hope ~ the best надеяться на лучшее; put my name down ~ two tickets запишите два билета на моё имя; it's too beautiful ~ words слов нет — это прекрасно, это выше всяких слов

2. *cj* ибо; ввиду того, что

**forage** ['fɔrɪdʒ] **1.** *n* 1) фураж, корм 2) *воен.* фуражировка

2. *v* 1) *воен.* фуражировать 2) добывать продовольствие *или* что-л. необходимое; to ~ (about) for a meal отыскивать место, где можно поесть 3) опустошать, грабить

**forage-cap** ['fɔrɪdʒkæp] *n* пилотка

**forager** ['fɔrɪdʒə] *n* фуражир

**foramen** [fɔ'reɪmen] *n* (*pl* -mina, -mens [-menz]) *анат., зоол., бот.* отверстие, канал, проход

**foramina** [fɔ'ræmɪnə] *pl от* foramen

**forasmuch** [fərəz'mʌtʃ] *adv*: ~ as ввиду того что, поскольку

**foray** ['fɔreɪ] **1.** *n* набег; мародёрство

2. *v* производить грабительский набег

**forbad** [fə'bæd] *редк. past от* forbid

**forbade** [fə'beɪd] *past от* forbid

**forbear I** ['fɔ:bɛə] *n* (*обыкн. pl*) предок

**forbear II** [fɔ:'bɛə] *v* (forbore; forborne) 1) воздерживаться (from) 2) быть терпеливым; to bear and ~ быть терпеливым и терпимым

**forbearance** [fɔ:'bɛərəns] *n* 1) воздержанность 2) снисходительность, терпеливость

**forbid** [fə'bɪd] *v* (forbad, forbade; forbidden) запрещать; не позволять; to ~ smb. the country запретить кому-л. въезд в страну; to ~ the house отказать от дома; time ~s время не позволяет; I am ~den tobacco мне запрещено курить ◇ God ~! боже упаси!

**forbidden** [fə'bɪdn] **1.** *p. p. от* forbid

2. *a* запретный; запрещённый ◇ ~ fruit запретный плод; ~ ground запретная тема (разговора)

**forbidding** [fə'bɪdɪŋ] **1.** *pres. p. от* forbid

2. *a* 1) непривлекательный, отталкивающий; a ~ look отталкивающая внешность 2) угрожающий; страшный 3) неприступный; a ~ coast неприступный берег; his attitude was ~ он держал себя неприступно

**forbore** [fɔ:'bɔ:] *past от* forbear II

**forborne** [fɔ:'bɔ:n] *p. p. от* forbear II

**force** [fɔ:s] **1.** *n* 1) сила; by ~ силой, насильно; by ~ of (arms) силой, посредством (оружия); he did it by ~ of habit он сделал это в силу привычки 2) насилие, принуждение; brute ~ грубая сила, насилие 3) вооружённый отряд 4): the ~ полиция 5) (*обыкн. pl*) вооружённые силы, войска 6) сила, действие (*закона, постановления и т. п.*); to come into ~ вступать в силу; to put in ~ вводить в действие, осуществлять, проводить в жизнь; to remain in ~ оставаться в силе, действовать 7) влияние, действенность, убедительность; by ~ of circumstances в силу обстоятельств; there is ~ in what you say вы говорите убедительно 8) смысл, значение; the ~ of a clause смысл статьи (*договора*) 9) *физ.* сила; ~ of gravity сила тяжести; земное притяжение ◇ to come in full ~ прибыть в полном составе

2. *v* 1) заставлять, принуждать; навязывать; to ~ a confession вынудить признание; to ~ a smile выдавить улыбку; заставить себя улыбнуться; to ~ tears from smb.'s eyes заставить кого-л. расплакаться, довести кого-л. до слёз; to ~ an action а) *воен.* навязать бой; б) вынудить (*кого-л.*) сделать что-л.; to ~ division потребовать голосования (*особ. в англ. парламенте*) 2) брать силой, форсировать; to ~ a lock взломать замок; to ~ one's way проложить себе дорогу; to ~ a crossing *воен.* форсировать водную преграду 3) *тех.* вставлять с силой 4) форсировать (*ход*); перегружать машину 5) ускорять (*движение*); добавлять обороты 6) напрягать, насиловать; to ~ one's voice напрягать голос 7) выводить, выращивать ▭ ~ in а) продавить; б) втиснуться; ~ into втиснуть; to ~ into application вводить, насаждать ◇ to ~ down the throat навязать (*что-л.*) силой; to ~ smb.'s hand заставлять кого-л. действовать немедленно, вопреки его желанию; толкать (*на что-л.*), подталкивать; to ~ up prices вздувать, взвинчивать цены

**forced** [fɔ:st] **1.** *p. p. от* force 2

2. *a* 1) принудительный; ~ landing *ав.* вынужденная посадка 2) натянутый (*об улыбке*); аффектированный, притворный; неестественный 3) *воен.* форсированный 4) *тех.* форсированный; принудительный; ~ draught искусственная тяга

**forcedly** ['fɔ:sɪdlɪ] *adv* вынужденно; принуждённо

**forceful** ['fɔ:sful] *a* 1) сильный 2) действенный, убедительный

**force-land** ['fɔ:slænd] *v ав. разг.* совершать вынужденную посадку

**forceless** ['fɔ:slɪs] *a* бессильный

**force-meat** ['fɔ:smi:t] *n* фарш

**forceps** ['fɔ:seps] *n* (*употр. как sing и как pl*) 1) хирургические щипцы; пинцет 2) *attr.*: a ~ delivery наложение щипцов (*при родах*)

**force-pump** ['fɔ:spʌmp] *n тех.* нагнетательный насос

**forcible** ['fɔ:səbl] *a* 1) насильственный 2) веский, убедительный (*о доводе и т. п.*); яркий

**forcing** ['fɔ:sɪŋ] **1.** *pres. p. от* force 2

2. *n* 1) насилие, принуждение 2) стимуляция (*роста*); выгонка (*растения*) в парнике 3) *тех.* форсирование 4) *attr.*: ~ bed парник; теплица

**Ford** [fɔ:d] *n* форд (*автомобиль*)

**ford** [fɔ:d] **1.** *n* 1) брод 2) *уст., поэт.* река, поток

2. *v* переходить вброд

**fore** [fɔ:] **1.** *n мор.* нос, носовая часть судна ◇ to the ~ а) поблизости; б) налицо (*о деньгах и т. п.*); в) впереди, на переднем плане; заметный; to come to the ~ выступать, выдвигаться вперёд; he has come to the ~ recently с некоторых пор о нём заговорили

2. *a* передний; *мор.* носовой

3. *adv мор.* впереди; ~ and aft на носу и на корме; вдоль всего судна

**fore-** [fɔ:-] *pref* пред-, перед; *напр.*: forearm предплечье; to foresee предвидеть

**fore-and-aft** ['fɔ:rəndɑ:ft] *a мор.* продольный; ~ rigged с косым парусным вооружением; ~ sail косой парус ◇ ~ cap *воен.* пилотка

**forearm I** ['fɔ:rɑ:m] *n* предплечье

**forearm II** [fɔ:r'ɑ:m] *v* заранее вооружаться

**forebear** [fɔ:'bɛə] = forbear I

**forebode** [fɔ:'bəud] *v* 1) предвещать 2) предчувствовать (*преим. дурное*)

**foreboding** [fɔ:'bəudɪŋ] **1.** *pres. p. от* forebode

2. *n* 1) плохо́е предзнаменова́ние; предве́стник беды́ 2) предчу́вствие (*дурного*)

**fore-cabin** [ˈfɔːˌkæbɪn] *n мор.* 1) сало́н команди́ра 2) пассажи́рское помеще́ние 2-го кла́сса

**forecast** [ˈfɔːkɑːst] 1. *n* предсказа́ние; прогно́з; population ~ демографи́ческий прогно́з; crop ~ ви́ды на урожа́й

2. *v* (forecast, forecasted [-ɪd]) предви́деть, предска́зывать

**forecastle** [ˈfəuksl] *n мор.* бак; полуба́к; носово́й ку́брик (*для матросов*)

**foreclose** [fɔːˈkləuz] *v* 1) *юр.* исключа́ть, лиша́ть пра́ва по́льзования 2) *юр.* отка́зывать в пра́ве вы́купа закладно́й вслéдствие просро́чки 3) предреша́ть (*вопрос*)

**foreclosure** [fɔːˈkləuʒə] *n юр.* лише́ние пра́ва вы́купа закладно́й

**forecourt** [ˈfɔːkɔːt] *n* вне́шний двор (*перед домом*)

**foredoom** [fɔːˈduːm] *v* (*обыкн. pass.*) 1) предреша́ть (*судьбу*); предопределя́ть 2) обрека́ть (to); it was an attempt ~ed to failure э́та попы́тка была́ обречена́ на неуда́чу

**fore-edge** [ˈfɔːredʒ] *n* пере́дний обре́з кни́ги

**forefather** [ˈfɔːˌfɑːðə] *n* (*преим. pl*) пре́док; Forefathers' Day *амер.* годовщи́на вы́садки англи́йских колони́стов на америка́нском берегу́ (*21 декабря 1620 г.*), пра́зднуемая 22 декабря́

**forefinger** [ˈfɔːˌfɪŋgə] *n* указа́тельный па́лец

**forefoot** [ˈfɔːfut] *n* пере́дняя нога́ *или* ла́па

**forefront** [ˈfɔːfrʌnt] *n* 1) *воен.* передова́я ли́ния (фро́нта); пере́дний край 2) важне́йшее ме́сто, центр де́ятельности; to bring to the ~, to place in the ~ выдвига́ть на пере́дний план

**forego** [fɔːˈgəu] *v* (forewent; foregone) 1) предше́ствовать 2) = forgo

**foregoing** [fɔːˈgəuɪŋ] 1. *pres. p. от* forego

2. *a* предше́ствующий, упомя́нутый вы́ше

**foregone** [fɔːˈgɔn] 1. *p. p. от* forego

2. *a* изве́стный *или* при́нятый зара́нее; ~ conclusion предрешённый вы́вод, зара́нее изве́стное реше́ние

**foreground** [ˈfɔːgraund] *n* 1) пере́дний план (*картины*) 2) *театр.* авансце́на 3) са́мое ви́дное ме́сто; to keep oneself in the ~ держа́ться на виду́

**forehand** [ˈfɔːhænd] 1. *n* 1) пере́дняя часть ко́рпуса ло́шади (*перед всадником*) 2) уда́р спра́ва (*теннис*)

2. *a* заблаговре́менный

**forehanded** [ˈfɔːˈhændɪd] *a* 1) своевре́менный, заблаговре́менный 2) *амер.* расчётливый, предусмотри́тельный 3) *амер.* преуспева́ющий

**forehead** [ˈfɔrɪd] *n* лоб

**foreign** [ˈfɔrɪn] *a* 1) иностра́нный; зарубе́жный; ~ policy вне́шняя поли́тика; ~ problems вопро́сы вне́шней поли́тики; the F. Office министе́рство иностра́нных дел (*в Англии*); F. Secretary мини́стр иностра́нных дел (*в Англии*); ~ service дипломати́ческая слу́жба; ~ economic relations внешнеэкономи́ческие свя́зи; ~ traffic междунаро́дное сообще́ние 2) чужо́й, незде́шний 3) чу́ждый; lying is ~ to his nature ложь не в его́ хара́ктере 4) не относя́щийся к де́лу; несоотве́тствующий; ~ to the matter in hand не име́ющий отноше́ния к да́нному вопро́су 5) *мед., хим.* инoро́дный

**foreigner** [ˈfɔrɪnə] *n* 1) иностра́нец 2) чужо́й (челове́к) 3) *разг.* иностра́нный кора́бль 4) *разг.* расте́ние, живо́тное *и т. п.*, вы́везенное из друго́й страны́

**forejudge** [fɔːˈdʒʌdʒ] *v* принима́ть предвзя́тое реше́ние; предреша́ть

**foreknew** [fɔːˈnjuː] *past от* foreknow

**foreknow** [fɔːˈnəu] *v* (foreknew; foreknown) знать напере́д

**foreknowledge** [ˈfɔːˈnɔlɪdʒ] *n* предви́дение

**foreknown** [fɔːˈnəun] *p. p. от* foreknow

**foreland** [ˈfɔːlənd] *n* 1) мыс 2) прибре́жная, примо́рская полоса́; коса́

**foreleg** [ˈfɔːleg] *n* пере́дняя нога́ *или* ла́па

**forelock** [ˈfɔːlɔk] *n* 1) прядь воло́с на лбу; хохо́л; чуб 2) *тех.* шплинт, чека́ ◇ to take time (*или* occasion) by the ~ воспо́льзоваться слу́чаем; испо́льзовать благоприя́тный моме́нт; не зева́ть

**foreman** [ˈfɔːmən] *n* 1) ма́стер; ста́рший рабо́чий; деся́тник; прора́б, те́хник; нача́льник це́ха; *горн.* ште́йгер 2) *юр.* старшина́ прися́жных

**foremast** [ˈfɔːmɑːst] *n мор.* фок-ма́чта

**foremilk** [ˈfɔːmɪlk] *n* моло́зиво

**foremost** [ˈfɔːməust] 1. *a* 1) пере́дний, передово́й; head ~ голово́й вперёд 2) са́мый гла́вный, выдаю́щийся; ~ authority крупне́йший специали́ст

2. *adv* на пе́рвом ме́сте; пре́жде всего́; во-пе́рвых, в пе́рвую о́чередь (*обыкн.* first and ~)

**forename** [ˈfɔːneɪm] *n* и́мя (*в отличие от фамилии на бланках, анкетах и т. п.*)

**forenoon** [ˈfɔːnuːn] *n* вре́мя до полу́дня; у́тро

**forensic** [fəˈrensɪk] *a* суде́бный; ~ medicine суде́бная медици́на; ~ eloquence красноре́чие адвока́та

**foreordain** [ˈfɔːrɔːˈdeɪn] *v книжн.* предопределя́ть

**forepart** [ˈfɔːpɑːt] *n* 1) пере́дняя часть 2) пе́рвая часть

**fore-runner** [ˈfɔːˌrʌnə] *n* 1) предте́ча 2) предве́стник

**foresail** [ˈfɔːseɪl] *n мор.* фок

**foresaw** [fɔːˈsɔː] *past от* foresee

**foresee** [fɔːˈsiː] *v* (foresaw; foreseen) предви́деть

**foreseeable** [fɔːˈsiːəbl] *a* поддаю́щийся предви́дению

**foreseen** [fɔːˈsiːn] *p. p. от* foresee

**foreshadow** [fɔːˈʃædəu] *v* предзнамено́вать, предвеща́ть; to be ~ed намеча́ться

**foreshore** [ˈfɔːʃɔː] *n* берегова́я полоса́, затопля́емая прили́вом

**foreshorten** [fɔːˈʃɔːtn] *v* рисова́ть *или* черти́ть в перспекти́ве *или* раку́рсе

**foreshow** [fɔːˈʃəu] *v* (foreshowed [-d]; foreshown) предска́зывать, предвеща́ть

**foreshown** [fɔːˈʃəun] *p. p. от* foreshow

**foresight** [ˈfɔːsaɪt] *n* 1) предви́дение 2) предусмотри́тельность 3) *воен.* му́шка

**foreskin** [ˈfɔːskɪn] *n анат.* кра́йняя плоть

**forest** [ˈfɔrɪst] 1. *n* 1) лес 2) *юр.* запове́дник (*для охоты*); зака́зник 3) *attr.* лесно́й; ~ conservation охра́на лесо́в; ~ shelter belt полезащи́тная лесна́я полоса́

2. *v* заса́живать ле́сом

**forestall** [fɔːˈstɔːl] *v* 1) предупрежда́ть, предвосхища́ть; опережа́ть, забега́ть вперёд 2) скупа́ть това́ры *или* препя́тствовать их поступле́нию на ры́нок с це́лью повыше́ния цен

**forester** [ˈfɔrɪstə] *n* 1) лесни́к, лесни́чий 2) обита́тель лесо́в

**forestry** [ˈfɔrɪstrɪ] *n* 1) лесни́чество 2) лесово́дство; лесно́е хозя́йство 3) леса́, лесны́е масси́вы

**foretaste** 1. *n* [ˈfɔːteɪst] предвкуше́ние

2. *v* [fɔːˈteɪst] предвкуша́ть

**foretell** [fɔːˈtel] *v* (foretold) предска́зывать

**forethought** [ˈfɔːθɔːt] *n* предусмотри́тельность; уме́ние рассчита́ть зара́нее

**forethoughtful** [fɔːˈθɔːtful] *a* предусмотри́тельный

**foretime** [ˈfɔːtaɪm] *n* ста́рые времена́; бы́лые дни; про́шлое

**foretoken** 1. *n* [ˈfɔːˌtəukən] плохо́е предзнамено́вание

2. *v* [fɔːˈtəukən] предвеща́ть

**foretold** [fɔːˈtəuld] *past и p. p. от* foretell

**foretooth** [ˈfɔːtuːθ] *n* пере́дний зуб

**forever** [fəˈrevə] *adv* 1) навсегда́ 2) постоя́нно; беспреста́нно

**forewarn** [fɔːˈwɔːn] *v* предостерега́ть ◇ ~ed is forearmed *посл.* кто предостережён, тот вооружён

**forewent** [fɔːˈwent] *past от* forego

**forewoman** [ˈfɔːˌwumən] *n* 1) же́нщина-деся́тник; же́нщина-те́хник; же́нщина-ма́стер 2) *юр.* старшина́ же́нщин-прися́жных

**foreword** [ˈfɔːwəːd] *n* предисло́вие

**forfeit** [ˈfɔːfɪt] 1. *n* 1) распла́та (*за проступок и т. п.*); штраф 2) конфиско́ванная вещь 3) конфиска́ция; поте́ря (*чего-л.*) 3) фант; *pl* игра́ в фа́нты

2. *a* конфиско́ванный

3. *v* поплати́ться (*чем-л.*); потеря́ть пра́во (*на что-л.*)

**forfeiture** [ˈfɔːfɪtʃə] *n* потéря; конфиска́ция

**forgather** [fɔːˈgæðə] *v* собира́ться, встреча́ться

**forgave** [fəˈgeɪv] *past от* forgive

**forge I** [fɔːdʒ] **1.** *n* 1) ку́зница 2) (кузне́чный) горн

**2.** *v* 1) кова́ть, выко́вывать 2) выду́мывать, изобрета́ть 3) подде́лывать (*документ, подпись и т. п.*)

**forge II** [fɔːdʒ] *v* постепе́нно обгоня́ть; постепе́нно выходи́ть на пе́рвое ме́сто; возглавля́ть, лиди́ровать (*о бегуне и т. п.*) (*тж.* ~ ahead)

**forger** [ˈfɔːdʒə] *n* 1) тот, кто подде́лывает докуме́нты, по́дписи *и т. п.* 2) фальшивомоне́тчик 3) кузне́ц

**forgery** [ˈfɔːdʒərɪ] *n* 1) подло́г, подде́лка 2) подде́лывание 3) фальши́вые де́ньги

**forget** [fəˈget] *v* (forgot; forgotten) забыва́ть; to ~ oneself а) забыва́ть себя́, ду́мая то́лько о други́х; б) забы́ться; в) забыва́ться, вести́ себя́ недосто́йно ◇ ~ it! не обраща́йте внима́ния!, пустяки́!; не сто́ит благода́рности!, пожа́луйста!

**forgetful** [fəˈgetful] *a* 1) забы́вчивый; he is ~ of dates у него́ плоха́я па́мять на да́ты 2) невнима́тельный, небре́жный; ~ of one's duties пло́хо по́мнящий о свои́х обя́занностях

**forget-me-not** [fəˈgetmɪnɔt] *n* незабу́дка

**forgivable** [fəˈgɪvəbl] *a* прости́тельный

**forgive** [fəˈgɪv] *v* (forgave; forgiven) 1) проща́ть 2) не тре́бовать, не взы́скивать (долг)

**forgiven** [fəˈgɪvn] *p. p. от* forgive

**forgiveness** [fəˈgɪvnɪs] *n* проще́ние

**forgiving** [fəˈgɪvɪŋ] **1.** *pres. p. от* forgive

**2.** *a* снисходи́тельный, всепроща́ющий

**forgo** [fɔːˈgəu] *v* (forwent; forgone) отка́зываться, возде́рживаться (*от чего-л.*); to ~ one's custom оста́вить привы́чку

**forgone** [fɔːˈgɔn] *p. p. от* forgo

**forgot** [fəˈgɔt] *past от* forget

**forgotten** [fəˈgɔtn] **1.** *p. p. от* forget

**2.** *a* забы́тый; the ~ man *разг.* неуда́чник, па́сынок судьбы́

**fork** [fɔːk] **1.** *n* 1) ви́лка 2) рога́тина; ви́лы 3) камерто́н 4) разветвле́ние; ответвле́ние 5) разви́лка (*дорог*), распу́тье 6) рука́в (*реки*) 7) ви́лка (*велосипеда*) 8) пах ◇ ~s of flame языки́ пла́мени

**2.** *v* 1) разветвля́ться 2) рабо́тать ви́лами □ ~ **out** *разг.* раскоше́литься; ~ **up** = ~ out

**forked** [fɔːkt] **1.** *p. p. от* fork 2

**2.** *a* раздво́енный; разветвлённый; вилкообра́зный; ~ lightning зигзагообра́зная мо́лния

**fork-lift** [ˈfɔːklɪft] *n* грузоподъёмник (*тж.* ~ truck)

**forlorn** [fəˈlɔːn] *a уст., поэт.* несча́стный, забро́шенный; одино́кий, поки́нутый ◇ ~ hope а) о́чень сла́бая наде́жда; б) безнадёжное предприя́тие (*тж. воен.*); в) *воен.* отря́д, выполня́ющий опа́сное зада́ние *или* обречённый на ги́бель

**form** [fɔːm] **1.** *n* 1) фо́рма; вне́шний вид; очерта́ние; in the ~ of a globe в фо́рме ша́ра; to take the ~ of smth. приня́ть фо́рму чего́-л. 2) фигу́ра (*особ. человека*) 3) вид, разнови́дность 4) поря́док; общепри́нятая фо́рма; in due ~ в до́лжной фо́рме, по всем пра́вилам 5) образе́ц, бланк; анке́та 6) *воен.* формирова́ние, построе́ние 7) состоя́ние, гото́вность; the horse is in ~ ло́шадь вполне́ подгото́влена к бега́м; in (good) ~ а) «в фо́рме» (*о спортсмене*); б) в уда́ре 8) форма́льность, этике́т, церемо́ния; good (bad) ~ хоро́ший (дурно́й) тон, хоро́шие (плохи́е) мане́ры 9) скамья́ 10) класс (*в школе*) 11) *грам.* фо́рма 12) *иск.* фо́рма, вид; literary ~ литерату́рная фо́рма 13) *тех.* фо́рма, моде́ль 14) *полигр.* печа́тная фо́рма 15) нора́ (*зайца*) 16) *стр.* опа́лубка 17) *ж.-д.* формирова́ние (*поездов*)

**2.** *v* 1) придава́ть *или* принима́ть фо́рму, вид; to ~ a vessel out of clay вы́лепить сосу́д из гли́ны 2) составля́ть; parts ~ a whole ча́сти образу́ют це́лое 3) создава́ть(ся), образо́вывать(ся); I can ~ no idea of his character не могу́ соста́вить себе́ представле́ния о его́ хара́ктере 4) воспи́тывать, выраба́тывать (*характер, качества и т. п.*); дисциплини́ровать; тренирова́ть 5) формирова́ть(ся), образо́вывать(ся); стро́иться 6) *воен.* формирова́ть (*части*) 7) *ж.-д.* формирова́ть (*поезда*) 8) *тех.* формова́ть

**formal** [ˈfɔːməl] *a* 1) официа́льный; ~ call официа́льный визи́т; ~ permission официа́льное разреше́ние 2) форма́льный; номина́льный; ~ acquiescence форма́льное согла́сие 3) относя́щийся к вне́шней фо́рме, вне́шний; ~ resemblance вне́шнее схо́дство 4) пра́вильный, соотве́тствующий пра́вилам; симметри́чный; ~ garden(s) англи́йский парк

**formaldehyde** [fɔːˈmældɪhaɪd] *n хим.* формальдеги́д

**formalin** [ˈfɔːməlɪn] *n* формали́н

**formalism** [ˈfɔːməlɪzm] *n* 1) формали́зм; педанти́чность 2) *иск.* формали́зм 3) *рел.* обря́довость

**formalist** [ˈfɔːməlɪst] *n* формали́ст; педа́нт

**formality** [fɔːˈmælɪtɪ] *n* 1) соблюде́ние устано́вленных норм и пра́вил; педанти́чность 2) форма́льность; legal formalities юриди́ческие форма́льности; a mere ~ чи́стая форма́льность

**formalize** [ˈfɔːməlaɪz] *v* 1) оформля́ть; придава́ть определённую фо́рму 2) де́йствовать официа́льно 3) подходи́ть форма́льно

**format** [ˈfɔːmæt] *фр. n* форма́т кни́ги

**formate I** [fɔːˈmeɪt] *v ав.* лете́ть стро́ем

**formate II** [ˈfɔːmɪt] *n хим.* соль муравьи́ной кислоты́

**formation** [fɔːˈmeɪʃən] *n* 1) образова́ние, созда́ние; формирова́ние; составле́ние; price ~ ценообразова́ние 2) строе́ние, констру́кция 3) хара́ктер, строе́ние; national ~ национа́льный склад 4) *воен.* расположе́ние; строй, поря́док (*войск*) 5) *ав.* боево́й поря́док, строй самолётов в во́здухе 6) *геол.* форма́ция, сви́та пласто́в

**formative** [ˈfɔːmətɪv] *a* 1) образу́ющий; созида́тельный; ~ influences влия́ния, формиру́ющие хара́ктер *и т. п.*; in a ~ stage в ста́дии становле́ния (*или* формирова́ния) 2) *лингв.* словообразу́ющий

**forme** [fɔːm] = form 1, 13)

**former I** [ˈfɔːmə] *n* 1) состави́тель; творе́ц; созда́тель 2) *ж.-д.* состави́тель (*поездов*) 3) *тех.* копи́р; шабло́н; моде́ль; фасо́нный резе́ц 4) *полигр.* словоли́тчик

**former II** [ˈfɔːmə] *a* 1) пре́жний, бы́вший; in ~ times в пре́жние времена́, в старину́ 2) предше́ствующий; the ~ пе́рвый (*из двух названных*)

**formic** [ˈfɔːmɪk] *a хим.* муравьи́ный; ~ acid муравьи́ная кислота́

**formica** [ˈfɔːmaɪkə] *n* огнеупо́рная пластма́сса (*торговая марка*)

**formicary** [ˈfɔːmɪkərɪ] *n* мураве́йник

**formication** [ˌfɔːmɪˈkeɪʃən] *n* мура́шки по те́лу

**formidable** [ˈfɔːmɪdəbl] *a* 1) стра́шный, гро́зный 2) грома́дный, огро́мный, труднопреодоли́мый; ~ task грандио́зная зада́ча 3) значи́тельный, внуши́тельный; ~ personality ва́жная персо́на

**formless** [ˈfɔːmlɪs] *a* бесфо́рменный, амо́рфный

**form-master** [ˈfɔːmˌmɑːstə] *n* кла́ссный руководи́тель

**formula** [ˈfɔːmjulə] *n* (*pl* -as [-əz], -ae) 1) фо́рмула, формулиро́вка 2) фо́рмула (*в точных науках*) 3) ло́зунг, доктри́на 4) реце́пт

**formulae** [ˈfɔːmjuliː] *pl от* formula

**formulate** [ˈfɔːmjuleɪt] *v* 1) формули́ровать 2) выража́ть в ви́де фо́рмулы

**formulation** [ˌfɔːmjuˈleɪʃən] *n* формулиро́вка, реда́кция; final ~ оконча́тельная реда́кция

**formulism** [ˈfɔːmjulɪzm] *n* слепо́е сле́дование фо́рмуле

**fornicate** [ˈfɔːnɪkeɪt] *v* вступа́ть во внебра́чную связь

**fornication** [ˌfɔːnɪˈkeɪʃən] *n* внебра́чная связь; блуд

**forrader** [ˈfɔrədə] *adv разг.* вперёд; (I) can't get any ~ да́льше мне не пройти́

**forsake** [fəˈseɪk] *v* (forsook, forsaken) 1) оставля́ть, покида́ть 2) отка́зываться (*от привычки и т. п.*)

**forsaken** [fə'seɪkən] **1.** *p. p. от* forsake

**2.** *a* брóшенный, покúнутый

**forsook** [fə'suk] *past от* forsake

**forsooth** [fə'su:θ] *adv ирон.* несомнéнно, поистúне

**forswear** [fɔ:'swɛə] *v* (forswore; forsworn) 1) отрекáться 2): to ~ oneself лóжно клясться; нарушáть клятву

**forswore** [fɔ:'swɔ:] *past от* forswear

**forsworn** [fɔ:'swɔ:n] **1.** *p. p. от* forswear

**2.** *n* (the ~) клятвопрестýпник(и)

**fort** [fɔ:t] *n* форт

**forte I** [fɔ:t] *n* сúльная сторонá (*в человеке*); Latin is not my ~ в латы́ни я не силён

**forte II** ['fɔ:tɪ] *ит. adv, n муз.* фóрте

**forth** [fɔ:θ] **1.** *adv* 1) вперёд, дáльше; back and ~ тудá и сюдá; взад и вперёд 2) нарýжу; to put ~ leaves покрывáться лúстьями 3) впредь; from this time (*или* day) ~ с э́того врéмени ◇ and so ~ и так дáлее; so far ~ постóльку

**2.** *prep уст.* из

**forthcoming** [fɔ:θ'kʌmɪŋ] **1.** *n* появлéние, приближéние

**2.** *a* 1) предстоя́щий, грядýщий; приближáющийся; a ~ book кнúга, закáнчивающаяся печáтанием; кнúга, котóрая скóро вы́йдет 2) *predic.* ожидáемый; the help we hoped for was not ~ пóмощь, на котóрую мы рассчúтывали, не поступáла 3) *разг.* обходúтельный, привéтливый; общúтельный (*о человеке*)

**forthright 1.** *a* ['fɔ:θraɪt] 1) прямóй 2) откровéнный; прямолинéйный, чéстный

**2.** *adv* [fɔ:θ'raɪt] пря́мо, решúтельно

**forthwith** ['fɔ:θ'wɪθ] *adv* тóтчас, немéдленно

**forties** ['fɔ:tɪz] *n pl* 1) (the ~) сороковы́е гóды 2) пя́тый деся́ток (*возраст между 40 и 49 годами*) ◇ the roaring ~ бýрная зóна Атлáнтики (*39—50° сев. широты*)

**fortieth** ['fɔ:tɪɪθ] **1.** *num. ord.* сороковóй

**2.** *n* сороковáя часть

**fortification** [,fɔ:tɪfɪ'keɪʃən] *n* 1) фортификáция 2) *pl* укреплéния 3) спиртовáние, креплéние (*вина*)

**fortified** ['fɔ:tɪfaɪd] **1.** *p. p. от* fortify

**2.** *a* 1) *воен.* укреплённый; ~ area укреплённый райóн 2) обогащённый; креплёный; ~ wine креплёное винó

**fortify** ['fɔ:tɪfaɪ] *v* 1) укрепля́ть 2) поддéрживать (*морально, физически*) 3) подтверждáть, подкрепля́ть (*фактами*) 4) *воен.* укрепля́ть, сооружáть укреплéние 5) добавля́ть спирт к винý

**fortissimo** [fɔ:'tɪsɪməu] *ит. adv, n муз.* фортúссимо

**fortitude** ['fɔ:tɪtju:d] *n* сúла дýха, стóйкость

**fortnight** ['fɔ:tnaɪt] *n* две недéли; a ~ today, this day ~ рóвно чéрез две недéли; this ~ послéдние *или* послéдующие две недéли

**fortnightly** ['fɔ:t,naɪtlɪ] **1.** *a* двухнедéльный; выходя́щий раз в две недéли (*о журнале*); происходя́щий кáждые две недéли

**2.** *adv* раз в две недéли

**fortress** ['fɔ:trɪs] *n* крéпость

**fortuitous** [fɔ:'tju(:)ɪtəs] *a* случáйный

**fortuity** [fɔ:'tju(:)ɪtɪ] *n* случáйность; слýчай

**fortunate** ['fɔ:tʃnɪt] *a* счастлúвый, удáчный; благоприя́тный; if one is ~ в слýчае удáчи; в лýчшем слýчае

**fortune** ['fɔ:tʃən] **1.** *n* 1) удáча; счáстье; счастлúвый слýчай; bad (*или* ill) ~ несчáстье, неудáча; by good ~ по счастлúвой случáйности; to seek one's ~ искáть счáстья 2) судьбá; to read smb.'s ~, to tell ~s гадáть; to tell smb. his ~ предсказáть комý-л. судьбý 3) богáтство, состоя́ние; a man of ~ богáч; to come into a ~ получúть наслéдство; to make a ~ разбогатéть; to marry a ~ женúться на деньгáх; a small ~ *разг.* ≅ цéлое состоя́ние, большáя сýмма

**2.** *v уст., поэт.* 1) случáться 2) наткнýться (upon)

**fortune-hunter** ['fɔ:tʃən,hʌntə] *n* охóтник за придáным, искáтель богáтых невéст

**fortuneless** ['fɔ:tʃənlɪs] *a* 1) незадáчливый; несчáстный 2) бéдный

**fortune-teller** ['fɔ:tʃən,telə] *n* гадáлка, ворожея́

**forty** ['fɔ:tɪ] **1.** *num. card.* сóрок; ~-one сóрок одúн; ~-two сóрок два *и т. д.* ◇ ~ winks корóткий (послеобéденный) сон; the F.-five якобúтское восстáние 1745 г.

**2.** *n* 1) сóрок (*единиц, штук*)

**forty-niner** [,fɔ:tɪ'naɪnə] *n амер. разг.* золотоискáтель (*прибывший в Калифорнию в 1849 г. после открытия в ней золота*)

**forum** ['fɔ:rəm] *n* 1) *ист.* фóрум 2) суд (*совести, чести, общественного мнения*) 3) фóрум, собрáние 4) свобóдная дискýссия

**forward** ['fɔ:wəd] **1.** *a* 1) перéдний 2) передовóй, прогрессúвный 3) идýщий впередú другúх; рабóтающий *или* успевáющий лýчше другúх 4) готóвый (*помочь и т. п.*) 5) всю́ду сую́щийся; развя́зный; нахáльный 6) рáнний; скороспéлый; преждеврéменный; необы́чно рáнний 7) заблаговрéменный (*о закупках, контрактах*); ~ estimate предварúтельная смéта *или* оцéнка

**2.** *adv* 1) вперёд; дáльше 2) вперёд, впредь; from this time ~ с э́того врéмени; to look ~ смотрéть в бýдущее ◇ backward(s) and ~(s) взад и вперёд, to look ~ to smth. предвкушáть что-л.

**3.** *n спорт.* нападáющий (*в футболе*); centre ~ центр нападéния

**4.** *v* 1) ускоря́ть; помогáть, спосóбствовать; to ~ a scheme продвигáть проéкт 2) отправля́ть, пересылáть; посылáть, препровождáть

**5.** *int* вперёд!

**forwarder** ['fɔ:wədə] *n* экспедúтор

**forward-looking** ['fɔ:wəd'lukɪŋ] *a* предусмотрúтельный, дальновúдный

**forwardness** ['fɔ:wədnɪs] *n* 1) рáннее развúтие 2) готóвность 3) самоувéренность, развя́зность; нахáльство

**forwent** [fɔ:'went] *past от* forgo

**forworn** [fɔ:'wɔ:n] *a уст., поэт.* устáлый, измýченный

**fossa** ['fɔsə] *n* (*pl* -ae) *анат.* я́мка, впáдина

**fossae** ['fɔsi:] *pl от* fossa

**fosse** [fɔs] *n* 1) *воен.* ров, канáва, траншéя 2) = fossa

**fossick** ['fɔsɪk] *v разг.* шáрить, искáть

**fossil** ['fɔsl] **1.** *n* окаменéлость, ископáемое (*тж. перен.*)

**2.** *a* 1) окаменéлый, ископáемый 2) старомóдный, допотóпный

**fossilize** ['fɔsɪlaɪz] *v* 1) превращáть(ся) в окаменéлость 2) закоснéть

**foster** ['fɔstə] *v* 1) воспúтывать, выхáживать; ходúть (*за детьми, больными*) 2) питáть (*чувство*); лелéять (*мысль*) 3) поощря́ть; благоприя́тствовать

**fosterage** ['fɔstərɪdʒ] *n* 1) воспитáние (*чужого*) ребёнка 2) отдáча (*ребёнка*) на воспитáние 3) поощрéние

**foster-brother** ['fɔstə,brʌðə] *n* молóчный брат

**foster-child** ['fɔstətʃaɪld] *n* приёмыш; воспúтанник

**foster-father** ['fɔstə,fɑ:ðə] *n* приёмный отéц

**fosterling** ['fɔstəlɪŋ] *n* питóмец; подопéчный

**foster-mother** ['fɔstə,mʌðə] *n* 1) кормúлица 2) приёмная мать 3) брýдер, искýсственная мáтка (*для цыплят*)

**foster-sister** ['fɔstə,sɪstə] *n* молóчная сестрá

**fought** [fɔ:t] *past и p. p. от* fight 2

**foul** [faul] **1.** *a* 1) гря́зный, отвратúтельный, воню́чий 2) загрязнённый; гнóйный (*о ране*); зарáзный (*о болезни*) 3) бесчéстный, нрáвственно испóрченный; пóдлый; предáтельский; by fair means or ~ любы́ми срéдствами 4) *спорт.* непрáвильный, сы́гранный не по прáвилам; ~ blow запрещённый удáр 5) непристóйный, непотрéбный; ~ language сквернословие 6) *разг.* гáдкий, отвратúтельный, сквéрный; ~ journey отвратúтельная поéздка; ~ dancer плохóй танцóр 7) бýрный; вéтреный (*о погоде*) 8) протúвный, встрéчный (*о ветре*) 9) *мор.* зарóсший ракýшками и вóдорослями (*о подводной части судна*) 10) *мор.* запýтанный (*о снастях, якоре*)

**2.** *n* 1) что-л. дурнóе, гря́зное *и т. п.* 2) столкновéние (*при беге, верховой езде и т. п.*) 3) *спорт.* на рушéние прáвил игры́; to claim a ~ *спорт.* опротестовáть побéду своегó протúвника ввидý нарушéния им прáвил игры́

3. *adv* нечéстно

4. *v* 1) пáчкать(ся); засорять(ся) 2) обрастáть (*о дне судна*) 3) образовáть затóр (*движения*) 4) *мор.* запýтывать(ся) (*о снастях*) 5) *спорт.* нечéстно игрáть ◇ to ~ one's hands with smth. унúзиться до чегó-л.

**foulard** [ˈfuːlɑː] *фр. n* фуляр

**foulé** [fuːˈleɪ] *фр. n текст.* фулé

**foully** [ˈfaulɪ] *adv* 1) грязно, отвратúтельно 2) предáтельски; жестóко

**foul-mouthed** [ˈfaulmauðd] *a* сквернослóвящий

**foulness** [ˈfaulnɪs] *n* 1) грязь, испóрченность *и пр.* [*см.* foul 1] 2) *геол.* газонóсность

**foul-up** [ˈfaulʌp] *n разг.* пúковое положéние

**foumart** [ˈfuːmɑːt] *n* хорёк

**found** I [faund] *v* 1) заклáдывать (*фундамент, город*) 2) оснóвывать, учреждáть; создавáть 3) обосновывать, подводúть оснóву; to be well ~ed быть хорошó обоснóванным, убедúтельным 4) опирáться, оснóвываться (*о доводах и т. п.*; on, upon — на)

**found** II [faund] *v* плáвить, лить, отливáть; варúть (*стекло*)

**found** III [faund] 1. *past и p. p. от* find 1

2. *a* снабжённый всем необходúмым

**foundation** [faunˈdeɪʃən] *n* 1) фундáмент; основáние, оснóва; to lay the ~(s) of smth. заложúть фундáмент чегó-л.; положúть начáло чемý-л. 2) *pl* оснóвы; устóи 3) основáние (*города и т. п.*) 4) основáние, обоснóванность; the rumour has no ~ это ни на чём не оснóванный слух 5) организáция, учреждéние 6) фонд, пожéртвованный на культýрные начинáния 7) учреждéние, существýющее на пожéртвованный фонд 8) *attr.*: ~ pit *стр.* котловáн под фундáмент; ~ garment корсéт, грáция; ~ cream крем под пýдру

**foundationer** [faunˈdeɪʃnə] *n* стипендиáт (*получающий стипендию из благотворительных средств*)

**foundation-stone** [faunˈdeɪʃənstəun] *n* 1) *тех.* фундáментный кáмень 2) краеугóльный кáмень; оснóва; основнóй прúнцип

**founder** I [ˈfaundə] *n* основáтель, учредúтель

**founder** II [ˈfaundə] *n* плавúльщик; литéйщик

**founder** III [ˈfaundə] 1. *n вет.* ламинúт

2. *v* 1) идтú ко дну (*о корабле*) 2) пустúть ко дну (*корабль*) 3) оседáть (*о здании*) 4) охромéть; упáсть (*о лошади*)

**foundling** [ˈfaundlɪŋ] *n* подкúдыш, найдёныш

**foundling-hospital** [ˈfaundlɪŋˈhɔspɪtl] *n* приют, воспитáтельный дом

**foundress** [ˈfaundrɪs] *n* основáтельница, учредúтельница

**foundry** [ˈfaundrɪ] *n* 1) литéйная, литéйный цех 2) литьё

**foundry hand** [ˈfaundrɪhænd] *n* литéйщик

**fount** I [faunt] *n* 1) istóчник, ключ 2) = font 3)

**fount** II [faunt] *n полигр.* комплéкт шрúфта

**fountain** [ˈfauntɪn] *n* 1) ключ, истóчник; истóк рекú 2) фонтáн 3) резервуáр (*керосиновой лампы, авторучки*)

**fountain-head** [ˈfauntɪnˈhed] *n* 1) ключ, истóчник 2) первоистóчник; to go to the ~ обратúться к первоистóчнику

**fountain-pen** [ˈfauntɪnpen] *n* авторýчка

**four** [fɔː] 1. *num. card.* четы́ре

2. *n* 1) четвёрка 2) *pl* четвёртый нóмер (*размер перчаток, обуви и т. п.*) 3) *разг.* четвёрка (*лодка*); комáнда четвёрки 4) *pl воен.* строй по четы́ре; form ~s! ряды́ вздвой! 5) *фин.* четырёхпроцéнтные áкции *или* цéнные бумáги ◇ on all ~s а) на четвереньках; б) тóчно совпадáющий; аналогúчный, тождéственный

**four-ale** [ˈfɔːreɪl] *n* 1) *уст.* пúво, продавáвшееся по 4 пéнса за квáрту 2) *attr.*: ~ bar пивнóй бар

**four-cornered** [ˈfɔːˈkɔːnəd] *a* четырёхугóльный

**four-cycle** [ˈfɔːˈsaɪkl] *a тех.* четырёхтáктный

**Four-F** [ˈfɔːˈef] *n амер. воен.* негóдный к дéйствительной воéнной слýжбе

**four-flusher** [ˈfɔːˈflʌʃə] *n sl.* обмáнщик

**fourfold** [ˈfɔːfəuld] 1. *a* четырёхкрáтный

2. *adv* четы́режды; вчéтверо

**four-footed** [ˈfɔːˈfutɪd] *a* четвероногий

**four-handed** [ˈfɔːˈhændɪd] *a* 1) четверорýкий (*об обезьяне*) 2) для четырёх человéк (*об игре*) 3) разы́грываемый в четы́ре рукú (*на рояле*)

**four-in-hand** [ˈfɔːrɪnˈhænd] *n* 1) экипáж четвёркой 2) гáлстук-самовя́з, завя́зывающийся свобóдным узлóм с двумя́ длúнными концáми

**four-letter word** [ˈfɔːletəˈwəːd] *n* непристóйное слóво, ругáтельство

**four-oar** [ˈfɔːrɔː] *n* четвёрка (*лодка*)

**four-poster** [ˈfɔːˈpəustə] *n* кровáть с пóлогом на четырёх стóлбиках

**fourscore** [ˈfɔːˈskɔː] *n* 1) вóсемьдесят 2) вóсемьдесят лет (*о возрасте*)

**four-seater** [ˈfɔːˈsiːtə] *n* четырёхмéстная машúна

**foursome** [ˈfɔːsəm] *n* 1) игрá в гольф мéжду двумя́ пáрами 2) *разг.* компáния, грýппа из четырёх человéк

**four-square** [ˈfɔːˈskwɛə] 1. *n* квадрáт

2. *a* 1) квадрáтный 2) *разг.* чéстный

3. *adv* прямо; чéстно

**fourteen** [ˈfɔːˈtiːn] *num. card.* четы́рнадцать

**fourteenth** [ˈfɔːˈtiːnθ] 1. *num. ord.* четы́рнадцатый

2. *n* 1) четы́рнадцатая часть 2) (the ~ ) четы́рнадцатое числó

**fourth** [fɔːθ] 1. *num. ord.* четвёртый ◇ the ~ arm воéнно-воздýшные сúлы

2. *n* 1) чéтверть 2) (the ~) четвёртое числó; the F. (of July) *амер.* 4 июля (*день провозглашения независимости США*)

**fourth dimension** [ˈfɔːθdɪˈmenʃən] *n мат.* четвёртое измерéние

**fourthly** [ˈfɔːθlɪ] *adv* в-четвёртых

**four-wheeler** [ˈfɔːˈwiːlə] *n* извóзчичья карéта

**fowl** [faul] 1. *n* 1) *редк.* птúца (*тж. собир.*); дичь 2) домáшняя птúца, *обыкн.* кýрица *или* петýх

2. *v* 1) охóтиться на дичь 2) ловúть птиц

**fowler** [ˈfaulə] *n* птицелóв; охóтник

**fowling bag** [ˈfaulɪŋbæg] *n* ягдтáш

**fowling-piece** [ˈfaulɪŋpiːs] *n* охóтничье ружьё

**fowl-run** [ˈfaulrʌn] *n* птúчий двор, птúчник

**fox** [fɔks] 1. *n* 1) лисúца, лисá 2) лúсий мех 3) хитрéц, лисá 4) *амер. унив. sl.* первокýрсник 5) *attr.* лúсий

2. *v* 1) *sl.* дéйствовать лóвко; хитрúть, обмáнывать 2) покрывáть(ся) бýрыми пя́тнами (*о бумаге*)

**foxbane** [ˈfɔksbeɪn] *n бот.* аконúт, борéц

**fox-brush** [ˈfɔksbrʌʃ] *n* лúсий хвост

**fox-earth** [ˈfɔksəːθ] = foxhole 1)

**foxfire** [ˈfɔksˌfaɪə] *n амер.* фосфоресцúрующий свет (*гнилого дерева*)

**foxglove** [ˈfɔksglʌv] *n бот.* наперстя́нка

**foxhole** [ˈfɔkshəul] *n* 1) лúсья норá 2) *воен.* стрелкóвая ячéйка

**foxhound** [ˈfɔkshaund] *n* англúйская парáтая гóнчая

**foxtail** [ˈfɔksteɪl] *n* 1) = fox-brush 2) *бот.* лисохвóст

**fox-terrier** [ˈfɔksˌterɪə] *n* фокстерьéр

**foxtrot** [ˈfɔkstrɔt] 1. *n* фокстрóт

2. *v* танцевáть фокстрóт

**foxy** [ˈfɔksɪ] *a* 1) лúсий 2) хúтрый 3) ры́жий; крáсно-бýрый; ~ hair ры́жие вóлосы 4) покры́тый пя́тнами сы́рости (*о бумаге*) 5) прокúсший (*о вине, пиве*) 6) имéющий рéзкий зáпах

**foyer** [ˈfɔɪeɪ] *фр. n* фойé

**frabjous** [ˈfræbjəs] *a разг.* 1) великолéпный 2) рáдостный

**fracas** [ˈfrækɑː] *фр. n* шýмная ссóра; скандáл

**fraction** [ˈfrækʃən] *n* 1) дробь; common ~ простáя дробь; proper (improper) ~ прáвильная (непрáвильная) дробь 2) частúца, дóля, крупúца; облóмок, оскóлок; not by a ~ ни на йóту 3) *хим.* фрáкция 4) *уст.* преломлéние, излóм, разры́в, переры́в

**fractional, fractionary** ['frækʃənl, -nərɪ] *a* 1) дро́бный; части́чный 2) *разг.* незначи́тельный 3) *хим.* фракцио́нный

**fractionate** ['frækʃəneɪt] *v* *хим.* фракциони́ровать

**fractious** ['frækʃəs] *a* капри́зный, раздражи́тельный; беспоко́йный; ~ horse норови́стая ло́шадь

**fracture** ['fræktʃə] **1.** *n* 1) *хир.* перело́м 2) тре́щина, изло́м; разры́в

**2.** *v* лома́ть(ся); вызыва́ть перело́м; раздробля́ть

**frag bomb** ['fræg'bɔm] *n* *воен.* *разг.* оско́лочная бо́мба

**fragile** ['frædʒaɪl] *a* 1) хру́пкий, ло́мкий 2) хру́пкий, сла́бый 3) преходя́щий, недолгове́чный

**fragility** [frə'dʒɪlɪtɪ] *n* 1) хру́пкость, ло́мкость 2) хру́пкость, сла́бость 3) недолгове́чность

**fragment** ['frægmənt] *n* 1) обло́мок; оско́лок; кусо́к 2) отры́вок; фрагме́нт 3) обры́вок; to overhear ~s of conversation услы́шать обры́вки разгово́ра

**fragmentary** ['frægməntərɪ] *a* 1) отры́вочный; фрагмента́рный 2) *геол.* обло́мочный

**fragmentation** [,frægmen'teɪʃən] *n* 1) дробле́ние, раздробле́ние 2) разры́в (снаря́да) на оско́лки

**fragmentation bomb** [,frægmen'teɪʃənbɔm] *n* оско́лочная бо́мба

**fragmented** ['frægməntɪd] *a* разби́тый на куски́

**fragrance** ['freɪgrəns] *n* арома́т, благоуха́ние

**fragrant** ['freɪgrənt] *a* арома́тный, благоуха́ющий

**frail I** [freɪl] *n* 1) тростни́к 2) корзи́на из тростника́

**frail II** [freɪl] *a* 1) хру́пкий, непро́чный 2) хи́лый, боле́зненный 3) бре́нный 4) нра́вственно неусто́йчивый

**frailty** ['freɪltɪ] *n* 1) хру́пкость; непро́чность 2) бре́нность 3) мора́льная неусто́йчивость

**frame** [freɪm] **1.** *n* 1) сооруже́ние, строе́ние 2) о́стов, скеле́т, костя́к, карка́с; сруб 3) строе́ние, структу́ра; систе́ма; the ~ of government структу́ра прави́тельства; the ~ of society социа́льная систе́ма 4) телосложе́ние; sobs shook the child's ~ рыда́ния сотряса́ли те́ло ребёнка 5) ра́мка, ра́ма; опра́ва (*очков*) 6) парнико́вая ра́ма 7) *тех.* стани́на; ра́ма 8) *кино* кадр 9) *attr.* *радио* ра́мочный; ~ antenna ра́мочная анте́нна ◇ ~ of mind расположе́ние ду́ха, настрое́ние; ~ of reference а) то́чка зре́ния; крите́рий; in a somewhat different ~ of reference в не́сколько друго́м разре́зе; б) компете́нция, сфе́ра де́ятельности

**2.** *v* 1) создава́ть, вырабáтывать; составля́ть; to ~ a plan составля́ть план 2) стро́ить, сооружа́ть 3) вставля́ть в ра́мку; обрамля́ть 4) приспоса́бливать; a man ~d for hardships челове́к, спосо́бный боро́ться с тру́дностями 5) развива́ться 6) выража́ть в слова́х; произноси́ть; to ~ a sentence постро́ить предложе́ние 7) *разг.* сфабрикова́ть, подстро́ить ло́жное обвине́ние; ло́жно обвиня́ть 8) *тех.* собира́ть (*конструкцию*) □ ~ up *разг.* подстра́ивать (*что-л.*); подтасо́вывать фа́кты; суди́ть на основа́нии сфабрико́ванных обвине́ний

**frame-house** ['freɪmhaus] *n* карка́сный дом

**frame-saw** ['freɪmsɔ:] *n* ра́мная пила́

**frame-up** ['freɪmʌp] *n* *разг.* 1) та́йный сго́вор 2) подтасо́вка фа́ктов; ло́жное обвине́ние, провока́ция; суде́бная инсцениро́вка 3) лову́шка, западня́ 4) *attr.* инсцени́рованный; ~ trial инсцени́рованный проце́сс

**framework** ['freɪmwə:k] *n* 1) сруб; о́стов, ко́рпус, карка́с; набо́р (*корпуса корабля*) 2) ра́ма, обрамле́ние; коро́бка 3) структу́ра; ра́мки; within the ~ of (*smth.*) в ра́мках, в преде́лах (*чего-л.*); the ~ of society обще́ственный строй; to return into the ~ воссоедини́ться 4) = frame of reference *см.* frame 1 ◇; 5) *стр.* фе́рма; стропи́ла

**framing** ['freɪmɪŋ] **1.** *pres. p.* *от* frame 2

**2.** *n* 1) ра́ма, обрамле́ние; a new ~ of mutual relations но́вая структу́ра взаимоотноше́ний 2) о́стов, сруб 3) *кино, тлв.* устано́вка в ра́мку

**franc** [fræŋk] *n* франк (*денежная единица Франции, Бельгии и Швейцарии*)

**franchise** ['fræntʃaɪz] *n* 1) (*обыкн.* the ~) пра́во уча́ствовать в вы́борах, пра́во го́лоса 2) (*обыкн. амер.*) привиле́гия

**Franciscan** [fræn'sɪskən] **1.** *a* франциска́нский

**2.** *n* франциска́нец (*монах*)

**frangible** ['frændʒɪbl] *a* ло́мкий, хру́пкий

**Frank** [fræŋk] *n* *ист.* франк

**frank I** [fræŋk] *a* и́скренний, открове́нный, откры́тый

**frank II** [fræŋk] *v* франки́ровать (*письмо*)

**Frankenstein** ['fræŋkenstaɪn] *n* 1) творе́ние рук челове́ческих, принося́щее ги́бель своему́ созда́телю 2) чудо́вище в о́блике челове́ка (*герой одноимённого романа Мэри Шелли*)

**frankfurter** ['fræŋkfətə] *n* соси́ска; ~s with sauerkraut соси́ски с тушёной ки́слой капу́стой

**frankincense** ['fræŋkɪn,sens] *n* ла́дан

**franklin** ['fræŋklɪn] *n* *ист.* свобо́дный землевладе́лец недворя́нского происхожде́ния

**frantic** ['fræntɪk] *a* неи́стовый, безу́мный; she was ~ with grief она́ обезу́мела от го́ря

**fraternal** [frə'tə:nl] *a* бра́тский; ~ order (*или* society, association) о́бщество (*часто* та́йное)

**fraternity** [frə'tə:nɪtɪ] *n* 1) бра́тство; общи́на; содру́жество; the ~ of the Press журнали́сты, газе́тчики 2) *амер.* студе́нческая организа́ция

**fraternization** [,frætənaɪ'zeɪʃən] *n* 1) те́сная дру́жба 2) брата́ние

**fraternize** ['frætənaɪz] *v* 1) относи́ться по-бра́тски 2) брата́ться 3) *разг.* вступа́ть в те́сные отноше́ния с населе́нием оккупи́рованной страны́

**fratricidal** [,freɪtrɪ'saɪdl] *a* братоуби́йственный

**fratricide** ['freɪtrɪsaɪd] *n* 1) братоуби́йца 2) братоуби́йство

**fraud** [frɔ:d] *n* 1) обма́н; моше́нничество; подде́лка 2) обма́нщик, моше́нник

**fraudulent** ['frɔ:djulənt] *a* обма́нный; моше́ннический; ~ bankruptcy *юр.* зло́стное банкро́тство

**fraught** [frɔ:t] *a* 1) (*обыкн. predic.*) по́лный; преиспо́лненный; чрева́тый; ~ with danger чрева́тый опа́сностью 2) *поэт.* нагружённый

**fray I** [freɪ] *n* столкнове́ние, дра́ка; eager for the ~ гото́вый лезть в дра́ку (*тж. перен.*)

**fray II** [freɪ] **1.** *n* протёршееся ме́сто

**2.** *v* 1) протира́ть(ся), изна́шивать(-ся); обтрёпывать(ся) 2) раздража́ть; истрепа́ть, издёргать (*нервы*)

**frazil** ['freɪzɪl] *n* 1) шуга́; до́нный лёд 2) на́ледь

**frazzle** ['fræzl] *разг.* *преим. амер.* **1.** *n* 1) изно́шенность (*платья*) 2) потёртые *или* обтрёпанные края́ пла́тья, махры́ ◇ beaten (*или* worn) to a ~ *разг.* измо́танный, измоча́ленный; to work oneself to a ~ измота́ться

**2.** *v* 1) протере́ть(ся), износи́ть(ся) до лохмо́тьев 2) изму́чить, вы́мотать (*тж.* ~ out)

**freak** [fri:k] **1.** *n* 1) капри́з; причу́да; чуда́чество 2) уро́дец (*тж.* ~ of nature) 3) *разг.* челове́к *или* явле́ние, выходя́щее за ра́мки обы́чного 4) ненорма́льный ход (*какого-л. естественного процесса*) 5) *радио* внеза́пное прекраще́ние *или* восстановле́ние радиоприёма 6) *кино* частота́

**2.** *a* *разг.* необы́чный, стра́нный; причу́дливый

**3.** *v* покрыва́ть пя́тнами *или* полоса́ми, испещря́ть; разнообра́зить

**freaked** [fri:kt] **1.** *p. p.* *от* freak 3

**2.** *a* испещрённый

**freakish** ['fri:kɪʃ] *a* 1) капри́зный 2) причу́дливый, стра́нный

**freckle** ['frekl] **1.** *n* весну́шка

**2.** *v* покрыва́ть(ся) весну́шками

**freckled** ['frekld] *a* весну́шчатый

**free** [fri:] **1.** *a* 1) свобо́дный, во́льный; находя́щийся на свобо́де; незави́симый; to make ~ use of smth. по́льзоваться чем-л. без ограниче́ний; широко́ по́льзоваться чем-л.; to get ~ освободи́ться; to make (*или* to set) ~ освобожда́ть; ~ choice свобо́да вы́бора 2) доброво́льный, без принужде́ния 3) неза́нятый, свобо́дный 4) лёгкий, грацио́зный; ~ gesture непринуждённый жест 5) неограни́ченный, не стеснённый пра́вилами, обы́чаями *и т. п.*; ~ love свобо́дная любо́вь 6) ще́дрый; оби́льный; to be ~ with one's money быть ще́дрым, расточи́тельным 7) беспла́тный, даровой; освобождённый от опла́ты; ~ education беспла́тное образова́ние; ~ of charge беспла́тный; ~ of debt не име́ющий долго́в, задо́лженности; ~ of duty беспо́шлинный; ~ imports беспо́шлинные това́ры; ~ on board *ком.* а) фоб, фра́нко-борт; б) *амер.* фра́нко-ваго́н; ~ port во́льная га́вань, по́рто-фра́нко 8) откры́тый, досту́пный; ~ access свобо́дный до́ступ 9) неприкреплённый, незакреплённый 10) лишённый (from — *чего-л.*); свобо́дный (from — от *чего-л.*); a day ~ from wind безве́тренный день; ~ from pain безболе́зненный 11) *фин.*: ~ currency необрати́мая валю́та, валю́та, не име́ющая обеспе́чения ◇ ~ labour а) *ист.* труд свобо́дных люде́й (*не рабов*); б) труд лиц, не принадлежа́щих к профсою́зам; в) рабо́чие, не явля́ющиеся чле́нами профсою́за; to make ~ with smb. позволя́ть себе́ во́льности, бесцеремо́нность по отноше́нию к кому́-л.; ~ of за преде́лами; we're not ~ of the suburbs yet мы ещё не вы́брались из при́городов; ~ pardon по́лное проще́ние; амни́стия; to give with a ~ hand раздава́ть ще́дрой руко́й; to spend with a ~ hand швыря́ться деньга́ми; to have (to give) a ~ hand име́ть (дава́ть) по́лную свобо́ду де́йствий

2. *adv* 1) свобо́дно; to run ~ бе́гать на свобо́де 2) беспла́тно

3. *v* освобожда́ть (from, of — от); выпуска́ть на свобо́ду

**free agency** ['fri:ˌeɪdʒənsɪ] *n* свобо́да во́ли; свобо́дная во́ля

**free and easy** ['fri:ənd'i:zɪ] 1. *a* непринуждённый, чу́ждый усло́вностей

2. *n разг.* 1) конце́рт, встре́ча *и т. п.*, где цари́т непринуждённость 2) кабачо́к

**free-board** ['fri:bɔ:d] *n мор.* надво́дный борт; высота́ надво́дного бо́рта

**freebooter** ['fri:ˌbu:tə] *n* граби́тель; пира́т, флибустье́р

**free-born** ['fri:'bɔ:n] *a* свободнорождённый

**Free Church** ['fri:'tʃə:tʃ] *n* 1) це́рковь, отделённая от госуда́рства 2) нонконформи́стская це́рковь

**free city** ['fri:ˌsɪtɪ] *n ист.* во́льный го́род

**freedom** ['fri:dəm] *n* 1) свобо́да, незави́симость 2) пра́во, привиле́гия; ~ of speech (of the press) свобо́да сло́ва (печа́ти); academic ~s академи́ческие свобо́ды (*права университетов и студенческого волеизъявления*); ~ of the city почётное гражда́нство и вытека́ющие из него́ привиле́гии; ~ of the seas свобо́дное морепла́вание для судо́в нейтра́лов во вре́мя войны́ 3) свобо́дное по́льзование 4) *разг.* свобо́да, во́льность; to take (*или* to use) ~s with smb. позволя́ть себе́ во́льности по отноше́нию к кому́-л.

**free enterprise** ['fri:'entəpraɪz] *n* свобо́дное предпринима́тельство

**free-for-all** ['fri:fərˌɔ:l] 1. *a* откры́тый, общедосту́пный, досту́пный для всех

2. *n амер.* всео́бщая дра́ка, сва́лка

**free-hand** ['fri:hænd] *n* 1) свобо́да де́йствий 2) рису́нок от руки́

**free-handed** ['fri:'hændɪd] *a* ще́дрый

**free-hearted** ['fri:'hɑ:tɪd] *a* 1) открове́нный, чистосерде́чный 2) ще́дрый

**freeholder** ['fri:ˌhəuldə] *n ист.* фриго́льдер, свобо́дный замлевладе́лец

**free lance** ['fri:'lɑ:ns] *n* 1) *ист.* ландскне́хт 2) поли́тик, не принадлежа́щий к определённой па́ртии 3) журнали́ст, не свя́занный с определённой реда́кцией

**free-lance** ['fri:'lɑ:ns] *v* 1) рабо́тать не по на́йму 2) *разг.* де́йствовать на свой страх и риск

**free-list** ['fri:'lɪst] *n* 1) спи́сок не облага́емых по́шлиной това́ров 2) спи́сок лиц, по́льзующихся беспла́тным до́ступом куда́-л. *и т. п.*

**free-liver** ['fri:ˌlɪvə] *n* жуи́р, бонвива́н

**freely** ['fri:lɪ] *adv* 1) свобо́дно; во́льно 2) оби́льно; широко́

**freeman** ['fri:mən] *n* 1) почётный граждани́н го́рода 2) полнопра́вный граждани́н

**freemason** ['fri:ˌmeɪsn] *n* масо́н

**free-spoken** ['fri:'spəukən] *a* открове́нный, прямо́й

**freestone** I ['fri:stəun] *n* строи́тельный ка́мень, легко́ поддаю́щийся обрабо́тке

**freestone** II ['fri:stəun] *n* плод с легко́ отделя́ющейся ко́сточкой (*персик, абрикос, слива и т. п.*)

**free-thinker** ['fri:'θɪŋkə] *n* вольноду́мец, свободомы́слящий; ате́ист

**free trade** ['fri:'treɪd] *n* 1) беспо́шлинная торго́вля 2) *ист.* контраба́нда

**free-trader** ['fri:'treɪdə] *n* 1) *полит.* фритре́дер 2) *ист.* контрабанди́ст

**free-way** ['fri:weɪ] *n амер.* автостра́да, многопу́тная доро́га

**free wheel** ['fri:'wi:l] *n* 1) свобо́дное колесо́ 2) спуск с горы́ с вы́ключенным мото́ром (*об автомобиле*)

**free will** ['fri:'wɪl] *n* свобо́да во́ли; of one's own ~ доброво́льно

**free-will** ['fri:'wɪl] *a* доброво́льный

**freeze** [fri:z] *v* (froze; frozen) 1) замерза́ть, покрыва́ться льдом (*часто* ~ over); мёрзнуть 2) замора́живать 3) (*в безл. оборотах*): it ~s моро́зит 4) застыва́ть, затвердева́ть; *перен.* сты́нуть; it made my blood ~ у меня́ от э́того кровь засты́ла в жи́лах 5) *разг.* замора́живать (*фонды и т. п.*); to ~ wages (prices) замора́живать за́работную пла́ту (це́ны); to ~ credits заморо́зить *или* заблоки́ровать креди́ты 6) запреща́ть испо́льзование, произво́дство *или* прода́жу сырья́ *или* гото́вой проду́кции 7) *амер.* оконча́тельно приня́ть, стандартизи́ровать (*конструкцию, чертежи и т. п.*) □ ~ in вмерза́ть; to be frozen in быть затёртым льда́ми; вмёрзнуть; ~ on *разг.* а) кре́пко ухвати́ться, вцепи́ться (to); б) привяза́ться к *кому-л.*; ~ out *разг.* отде́латься (*от соперника*); ~ up: to be frozen up а) засты́ть, закочене́ть; б) замкну́ться, приня́ть холо́дный, непристу́пный вид

**freezer** ['fri:zə] *n* 1) испари́тель (*холодильника*); морози́лка, ка́мера замора́живания 2) *австрал. разг.* поставщи́к моро́женой бара́нины для э́кспорта 3) моро́женица

**freezing** ['fri:zɪŋ] 1. *pres. p. от* freeze

2. *n* замерза́ние, застыва́ние; замора́живание

3. *a* 1) ледяно́й; леденя́щий 2) охлажда́ющий, замора́живающий

**freezing-point** ['fri:zɪŋpɔɪnt] *n* то́чка замерза́ния

**freight** [freɪt] 1. *n* 1) фрахт, сто́имость перево́зки 2) фрахт, груз 3) наём су́дна для перево́зки гру́зов 4) *амер.* това́рный по́езд 5) *attr.* грузово́й; това́рный; ~ carrier грузово́й самолёт; ~ train *амер.* това́рный по́езд

2. *v* 1) грузи́ть 2) фрахтова́ть

**freightage** ['freɪtɪdʒ] *n* 1) фрахто́вка 2) перево́зка гру́зов

**freighter** ['freɪtə] *n* 1) фрахто́вщик; нанима́тель *или* владе́лец грузово́го су́дна 2) грузово́е су́дно 3) грузово́й самолёт

**French** [frentʃ] 1. *a* францу́зский ◇ ~ brandy конья́к; ~ polish политу́ра; ~ red (*или* rouge) карми́н; ~ roof манса́рдная кры́ша; ~ sash око́нный переплёт, доходя́щий до по́ла; ~ window двуство́рчатое окно́, доходя́щее до по́ла; ~ door застеклённая ство́рчатая дверь; ~ turnip брю́ква; ~ chalk портня́жный мел; ~ horn валто́рна (*муз. инструмент*); to assist in the ~ sense *ирон.* прису́тствовать, не принима́я уча́стия; ~ leave ухо́д без проща́ния; to take ~ leave уйти́ не проща́ясь, незаме́тно

2. *n* 1) (the ~) *pl собир.* францу́зский наро́д, францу́зы 2) францу́зский язы́к 3) *attr.*: ~ master учи́тель францу́зского языка́; ~ lesson уро́к францу́зского языка́

**Frenchify** ['frentʃɪfaɪ] *v разг.* офранцу́живать(ся)

**Frenchman** ['frentʃmən] *n* 1) францу́з 2) францу́зское су́дно

**Frenchwoman** ['frentʃˌwumən] *n* францу́женка

**frenzied** ['frenzɪd] *a* взбешённый; ~ efforts бе́шеные уси́лия

**frenzy** ['frenzɪ] *n* безу́мие, бе́шенство; неи́стовство

**frequency** ['fri:kwənsɪ] *n* 1) часто́тность, частота́; ~ of the pulse частота́ пу́льса 2) ча́стое повторе́ние 3) *физ.* частота́; high (low) ~ высо́кая (ни́зкая) частота́ 4) *attr.* часто́тный; ~ divider *радио* дели́тель частоты́; ~ modulation *радио* часто́тная модуля́ция; ~ range *радио* часто́тный диапазо́н

**frequent** 1. *a* [ˈfriːkwənt] частый; часто повторяемый *или* встречающийся; обычный

2. *v* [friːˈkwent] часто посещать

**frequentative** [frɪˈkwentətɪv] *a грам.* многократный

**frequenter** [frɪˈkwentə] *n* постоянный посетитель, завсегдатай

**fresco** [ˈfreskəu] 1. *n* (*pl* -os, -oes [-əuz]) фреска; фресковая живопись

2. *v* украшать фресками

**fresh** [freʃ] 1. *a* 1) свежий; ~ fruit свежие фрукты; ~ butter несолёное масло; ~ water пресная вода; ~ paint ещё не просохшая краска; ~ paint! осторожно, окрашено!; ~ sprouts молодые побеги 2) новый; добавочный; to begin a ~ chapter начать новую главу; to make a ~ start начать всё заново; no ~ news никаких дополнительных известий, ничего нового 3) бодрый; не уставший 4) чистый, свежий; ~ air чистый воздух; a ~ shirt чистая сорочка 5) свежий, здоровый, цветущий; ~ complexion хороший цвет лица 6) бодрящий (*о погоде*); свежий, крепкий (*о ветре*); ~ gale ветер силой в 8 баллов 7) неопытный; a ~ hand неопытный человек; ~ from school не имеющий опыта (*о специалисте*); ≅ прямо со школьной скамьи 8) *амер.* дерзкий, нахальный, самонадеянный 9) слегка выпивший 10) *шотл.* трезвый 11) *школ. жарг.* новенький (*об ученике*)

2. *n* 1) прохлада 2) = freshet

**freshen** [ˈfreʃn] *v* 1) освежать (*в памяти*) 2) свежеть (*тж.* ~ up; *о ветре*) 3) *тех.* фришевать ◇ to ~ up oneself приводить себя в порядок

**freshener** [ˈfreʃnə] *n разг.* освежающий напиток

**fresher** [ˈfreʃə] *n унив. sl.* новичок, первокурсник

**freshet** [ˈfreʃɪt] *n* 1) поток пресной воды, вливающийся в море 2) выход реки из берегов, половодье; паводок

**freshly** [ˈfreʃlɪ] *adv* 1) свежо, бодро *и пр.* [*см.* fresh 1] 2) недавно, только что (*тк. с p. p., напр.*: ~-painted только что окрашенный)

**freshman** [ˈfreʃmən] *n* 1) *унив.* первокурсник 2) *амер.* новичок в школе 3) *attr.*: ~ year первый год пребывания в составе какой-л. организации; ~ English начальный курс английского языка

**freshwater** [ˈfreʃˌwɔːtə] *a* пресноводный ◇ ~ sailor неопытный матрос, новичок на судне

**fret** I [fret] 1. *n* 1) раздражение, волнение; мучение 2) брожение (*напитков*)

2. *v* 1) разъедать, подтачивать; размывать 2) подёргиваться рябью 3) беспокоить(ся); мучить(ся); you have nothing to ~ about вам не из-за чего волноваться ◇ to ~ and fume ≅ рвать и метать; to ~ the (*или* one's) gizzard *разг.* волновать(ся), беспокоить(ся); мучить(ся)

**fret** II [fret] 1. *n* прямоугольный орнамент

2. *v* украшать резьбой *или* лепкой

**fret** III [fret] *n* лад (*в гитаре*)

**fretful** [ˈfretful] *a* раздражительный, капризный

**fret-saw** [ˈfretsɔː] *n* пилка для выпиливания, лобзик

**fretwork** [ˈfretwəːk] *n* 1) *архит.* резное *или* лепное украшение 2) украшение *или* узор, выпиленные из дерева лобзиком

**Freudian** [ˈfrɔɪdjən] 1. *a* фрейдистский

2. *n* фрейдист

**friability** [ˌfraɪəˈbɪlɪtɪ] *n* рыхлость

**friable** [ˈfraɪəbl] *a* рыхлый, крошащийся; ломкий, хрупкий; ~ soil рыхлая почва

**friar** [ˈfraɪə] *n* 1) *ист.* монах 2) *полигр.* белое *или* слабо отпечатавшееся место на странице

**friar's cap** [ˈfraɪəzkæp] *n бот.* аконит

**friary** [ˈfraɪərɪ] *n* мужской монастырь

**fribble** [ˈfrɪbl] 1. *n* бездельник

2. *v* бездельничать

**fricassee** [ˌfrɪkəˈsiː] *n кул.* фрикасе

**fricative** [ˈfrɪkətɪv] *фон.* 1. *a* фрикативный

2. *n* фрикативный звук

**friction** [ˈfrɪkʃən] *n* 1) трение 2) трения, разногласия 3) растирание

**friction-gear** [ˈfrɪkʃəngɪə] *n тех.* фрикционная передача

**Friday** [ˈfraɪdɪ] *n* пятница ◇ Good ~ *церк.* страстная пятница; Good ~ face постное лицо; man ~ верный слуга (*по имени верного слуги в романе «Робинзон Крузо» Дефо*); girl ~ а) верная помощница; б) секретарша

**fridge** [frɪdʒ] = frig I

**friend** [frend] 1. *n* 1) друг, приятель; to make ~s помириться; to make ~s with smb. подружиться с кем-либо 2) товарищ, коллега; my honourable ~ мой достопочтенный собрат (*упоминание одним членом парламента другого в своей речи*) 3) сторонник, доброжелатель 4) (F.) квакер; Society of Friends «Общество друзей» (*квакеры*) ◇ a ~ in need is a ~ indeed *посл.* друзья познаются в беде

2. *v поэт.* помогать, быть другом

**friendless** [ˈfrendlɪs] *a* одинокий, не имеющий друзей

**friendliness** [ˈfrendlɪnɪs] *n* дружелюбие

**friendly** [ˈfrendlɪ] 1. *a* 1) дружеский; дружески расположенный; дружелюбный; ~ in manner обходительный; F. Society общество взаимопомощи; ~ match *спорт.* товарищеская встреча 2) дружественный; ~ nation дружественная страна 3) сочувствующий, одобряющий (to) 4) благоприятный 5) (F.) квакерский

2. *adv* дружественно; дружелюбно

**friendship** [ˈfrendʃɪp] *n* 1) дружба 2) дружелюбие

**frieze** I [friːz] *n текст.* бобрик; грубая ворсистая шерстяная ткань

**frieze** II [friːz] *n* фриз; бордюр

**frig** I [frɪdʒ] *разг. см.* refrigerator

**frig** II [frɪg] *v груб.* онанировать

**frigate** [ˈfrɪgɪt] *n* 1) *мор.* фрегат 2) сторожевой корабль 3) *зоол.* фрегат

**frigate-bird** [ˈfrɪgɪtbəːd] = frigate 3)

**frige** [frɪdʒ] = frig I

**frigging** [ˈfrɪgɪŋ] 1. *pres. p. от* frig II

2. *a эвф., разг.* чёртов, проклятый

**fright** [fraɪt] 1. *n* 1) испуг; to give smb. a ~ напугать кого-л.; to have (*или* to get) a ~ напугаться 2) *разг.* пугало, страшилище

2. *v поэт.* пугать; тревожить

**frighten** [ˈfraɪtn] *v* пугать □ ~ away спугнуть; ~ into страхом, запугиванием заставить сделать *что-л.*; ~ off спугнуть; ~ out of запугиванием заставить отказаться от *чего-л.*; to ~ smb. out of existence напугать кого-л. до смерти

**frightened** [ˈfraɪtnd] 1. *p. p. от* frighten

2. *a* испуганный

**frightful** [ˈfraɪtful] *a* 1) страшный, ужасный 2) *разг.* неприятный, противный 3) *разг.* безобразный

**frigid** [ˈfrɪdʒɪd] *a* 1) холодный; ~ zone арктический пояс 2) холодный, безразличный, натянутый

**frigidity** [frɪˈdʒɪdɪtɪ] *n* 1) морозность; мерзлота; eternal ~ вечная мерзлота 2) холодность, безразличие

**frill** [frɪl] *n* 1) оборочка; сборки; жабо; брыжи 2) *pl* ненужные украшения 3) *pl* ужимки 4) *pl амер. разг.* деликатес 5) *анат.* брыжейка ◇ to put on ~s манерничать, важничать; задаваться; to take the ~s out of smb. *sl.* сбивать спесь с кого-л.; Newgate ~ бородка, отпущенная ниже подбородка при сбритых усах и гладко выбритом лице

**frilled** [frɪld] *a* 1) украшенный оборками 2) *тех.* гофрированный

**frillies** [ˈfrɪlɪz] *n pl разг.* нижние юбки с оборками

**fringe** [frɪndʒ] 1. *n* 1) бахрома 2) чёлка 3) край, кайма; on the ~ of the forest на опушке леса 4) *attr.*: ~ benefits дополнительные льготы (*пенсия, оплаченные отпуска и т. п.*) ◇ Newgate ~ = Newgate frill [*см.* frill ◇]

2. *a* выходящий за рамки общепринятого

3. *v* 1) отделывать бахромой 2) окаймлять

**frippery** [ˈfrɪpərɪ] *n* 1) мишурные украшения; безделушки 2) манерность, претенциозность (*о литературном стиле*)

**Frisco** [ˈfrɪskəu] *n разг. г.* Сан-Франциско

**Frisian** [ˈfrɪzɪən] 1. *a* фризский

**2.** *n* 1) фриз 2) фри́зский язы́к
**frisk** [frɪsk] **1.** *n* прыжо́к, скачо́к
**2.** *v* 1) резви́ться, пры́гать 2) маха́ть (*веером*) 3) *sl.* обы́скивать (*кого-л. в поисках оружия*)
**frisky** ['frɪskɪ] *a* ре́звый, игри́вый
**frit** [frɪt] *тех.* **1.** *n* фри́тта
**2.** *v* спека́ть, сплавля́ть; фритто-ва́ть
**frith** [frɪθ] = firth
**fritter** ['frɪtə] **1.** *n* 1) ола́дья (*часто с яблоками и т. п.*) 2) отры́вок
**2.** *v* 1) дели́ть на ме́лкие ча́сти 2) растра́чивать по мелоча́м (*обыкн.* ~ away)
**frivol** ['frɪvəl] *v* 1) вести́ пра́здный о́браз жи́зни 2) бессмы́сленно растра́чивать (*время, деньги и т. п.*; *обыкн.* ~ away)
**frivolity** [frɪ'vɔlɪtɪ] *n* 1) легкомы́слие; легкомы́сленный посту́пок 2) фриво́льность
**frivolous** ['frɪvələs] *a* 1) пусто́й, легкомы́сленный; фриво́льный; пове́рхностный 2) пустя́чный, незначи́тельный
**friz** [frɪz] = frizz I
**frizz I** [frɪz] **1.** *n* 1) ку́дри 2) вью́щиеся во́лосы 3) *редк.* пари́к
**2.** *v* завива́ть □ ~ **up** ви́ться
**frizz II** [frɪz] *v* шипе́ть (*при жаренье*)
**frizzed** [frɪzd] **1.** *p. p. от* frizz I, 2
**2.** *a* завито́й
**frizzle I** ['frɪzl] *v* 1) жа́рить(ся) с шипе́нием 2) изнемога́ть от жары́
**frizzle II** ['frɪzl] **1.** *n* 1) зави́вка (*причёска*) 2) ку́дри
**2.** *v* завива́ть(ся) (*тж.* ~ up)
**frizzly** ['frɪzlɪ] = frizzed 2
**frizzy** ['frɪzɪ] *a* вью́щийся; завито́й
**fro** [frəu] *adv*: to and ~ взад и вперёд; туда́ и сюда́
**frock** [frɔk] *n* 1) да́мское *или* де́тское пла́тье 2) ря́са 3) = frock-coat 4) тельня́шка
**frock-coat** ['frɔk'kəut] *n* сюрту́к
**frog I** [frɔg] *n* 1) лягу́шка 2) стре́лка (*в копыте лошади*) 3) *ж.-д.* крестови́на (*стрелки*) 4) *эл.* возду́шная стре́лка конта́ктного про́вода 5) сто́йка-башма́к (*плуга*) 6) *разг.* францу́з 7) *attr.*: ~ restaurant *амер. разг.* рестора́н с францу́зской ку́хней
**frog II** [frɔg] *n* 1) отде́лка на оде́жде из тесьмы́, сутажа́ *и т. п.* 2) аксельба́нт 2) пе́тля, крючо́к (*для прикрепления палаша, кортика и т. п.*)
**froggy** ['frɔgɪ] *a* лягу́шечий; лягуша́чий
**frog-in-the-throat** ['frɔgɪnðə'θrəut] *n разг.* хрипота́
**frogling** ['frɔglɪŋ] *n* лягушо́нок
**frogman** ['frɔgmən] *n* 1) ныря́льщик с аквала́нгом 2) водола́з
**frog-march** ['frɔgmɑːtʃ] **1.** *n* приём подавле́ния сопротивле́ния при аре́сте (*когда четыре полицейских несут человека за ноги и за руки лицом вниз*)
**2.** *v* тащи́ть (*кого-л.*) с четырёх сторо́н за́ ноги и за́ руки лицо́м вниз
**frogskin** ['frɔgskɪn] *n амер. sl.* до́лларовая бума́жка
**frolic** ['frɔlɪk] **1.** *n* ша́лость; ре́звость; весе́лье
**2.** *a поэт.* весёлый; ре́звый; шаловли́вый
**3.** *v* резви́ться, прока́зничать
**frolicsome** ['frɔlɪksəm] *a поэт.* игри́вый, ре́звый
**from** [frɔm (*полная форма*); frəm (*редуцированная форма*)] *prep.* 1) *указывает на пространственные отношения* от, из, с (*передаётся тж. приставками*); ~ Leningrad из Ленингра́да; where is he coming ~? отку́да он?; we are two hours journey ~ there мы нахо́димся в двух часа́х пути́ отту́да; we were 50 km ~ the town мы бы́ли в 50 км от го́рода 2) *указывает на отправную точку, исходный пункт, предел* с, от; ~ the beginning of the book с нача́ла кни́ги; ~ floor to ceiling от по́ла до потолка́; ~ end to end из конца́ в коне́ц; you will find the word in the seventh line ~ the bottom (of the page) вы найдёте э́то сло́во в седьмо́й строке́ сни́зу; ~ ten to twenty thousand от десяти́ до двадцати́ ты́сяч; ~ my point of view с мое́й то́чки зре́ния 3) *указывает на временные отношения* с, от, из; ~ the (very) beginning с (са́мого) нача́ла; ~ the beginning of the century с нача́ла ве́ка; ~ a child с де́тства; ~ before the war с довое́нного вре́мени; ~ now on с э́тих пор, отны́не; beginning ~ Friday week начина́я с бу́дущей пя́тницы; ~ dusk to dawn от зари́ и до зари́; ~ six a. m. с шести́ часо́в утра́; ~ beginning to end от нача́ла до конца́ 4) *указывает на отнятие, изъятие, вычитание, разделение и т. п.* у, из, с, от; take the knife ~ the child отними́те нож у ребёнка; take ten ~ fifteen вы́чтите де́сять из пятна́дцати; to exclude ~ the number исключи́ть из числа́; she parted ~ him at the door она́ расста́лась с ним у двере́й; they withdrew the team ~ the match кома́нда не была́ допу́щена к соревнова́ниям 5) *указывает на освобождение от обязанностей, избавление от опасности и т. п.* от; to hide ~ smb. спря́таться от кого́-л.; to release ~ duty *воен.* смени́ть на посту́, заступи́ть в наря́д; he was excused ~ digging он был освобождён от тяжёлых земляны́х рабо́т; he was saved ~ ruin он был спасён от разоре́ния; prevent him ~ going there не пуска́йте его́ туда́ 6) *указывает на источник, происхождение* от, из, по; I know it ~ papers я зна́ю э́то из газе́т; to speak (to write down) ~ memory говори́ть (запи́сывать) по па́мяти; I heard it ~ his own lips я слы́шал э́то из его́ со́бственных уст 7) *указывает на причину действия* от, из; to suffer ~ cold страда́ть от хо́лода; he died ~ blood-poisoning он у́мер от зараже́ния кро́ви; to act ~ good motives де́йствовать из до́брых побужде́ний; to be shy ~ nature быть от приро́ды засте́нчивым 8) *указывает на различие* от, из; to tell real silk ~ its imitation отличи́ть натура́льный шёлк от иску́сственного; customs differ ~ country to country в ка́ждой стране́ свои́ обы́чаи; to do things differently ~ other people поступа́ть не так, как все 9) *указывает на изменение состояния* из, с, от; ~ being a dull, indifferent boy he now became a vigorous youth из вя́лого, апати́чного ма́льчика он преврати́лся в живо́го, энерги́чного ю́ношу □ ~ away с расстоя́ния, и́здали; ~ outside снару́жи; извне́; ~ over the sea из-за мо́ря; ~ under из-под; ~ under the table из-под стола́
**frond** [frɔnd] *n* 1) ва́йя; ветвь с ли́стьями 2) лист (*папоротника или пальмы*)
**Fronde** [frɔːŋd] *фр. n ист.* фро́нда
**front** [frʌnt] **1.** *n* 1) фаса́д; пере́дняя сторона́ (*чего-л.*); to come to the ~ вы́двинуться; in ~ of пе́ред, впереди́; a car stopped in ~ of the house пе́ред до́мом останови́лась маши́на; in ~ of smb.'s eyes на чьих-л. глаза́х; don't say it in ~ of the children не говори́ об э́том при де́тях 2) *воен.* фронт; передовы́е пози́ции 3) фронт, сплочённость (*перед лицом врага*); united ~ еди́ный фронт; popular (*или* the people's) ~ наро́дный фронт 4) *поэт.* лицо́, лик; чело́ 5) накла́дка из воло́с 6) накрахма́ленная мани́шка 7) на́бережная; примо́рский бульва́р ◇ to have the ~ to do smth. име́ть на́глость сде́лать что-л.; to present (*или* to show) a bold ~ не па́дать ду́хом; to put a bold ~ on it прояви́ть му́жество
**2.** *a* 1) пере́дний 2) *фон.* переднеязы́чный; ~ vowels гла́сные пере́днего ря́да ◇ ~ bench министе́рская скамья́ в англи́йском парла́менте *или* скамья́, занима́емая ли́дерами оппози́ции в парла́менте [*см.* front-bencher]
**3.** *v* 1) выходи́ть на; быть обращённым к; the house ~s on (*или* towards) the sea дом выхо́дит на мо́ре 2) противостоя́ть
**frontage** ['frʌntɪdʒ] *n* 1) пере́дний фаса́д 2) палиса́дник; уча́сток ме́жду зда́нием и доро́гой 3) грани́ца земе́льного уча́стка (*по дороге, реке*) 4) *воен.* ширина́ фро́нта
**frontal** ['frʌntl] *a* 1) *анат.* ло́бный 2) *воен.* лобово́й, фронта́льный 3) *тех.* торцо́вый
**front-bencher** ['frʌnt,bentʃə] *n парл.* 1) мини́стр 2) бы́вший мини́стр 3) руководи́тель оппози́ции
**frontier** ['frʌntɪə] *n* 1) грани́ца 2) *ист.* грани́ца продвиже́ния поселе́нцев в США 3) *уст.* форт 4) *attr.* пограни́чный; ~ town пограни́чный го́род

**frontiersman** [frʌn'tɪəzmən] *n* 1) житель пограничной зоны 2) *амер. ист.* переселенец, колонист

**frontispiece** ['frʌntɪspi:s] *n архит.*, *полигр.* фронтиспис

**frontlet** ['frʌntlɪt] *n* 1) повязка на лбу 2) пятно на лбу животного

**front-line** ['frʌntlaɪn] *n* линия фронта; передний край

**fronton** ['frʌntən] *n архит.* фронтон; щипец

**front page** ['frʌntpeɪdʒ] *n* 1) титульный лист 2) первая полоса (*в газете*)

**front-page** ['frʌnt'peɪdʒ] *a* помещаемый на первой странице (*газеты*); очень важный

**front-pager** ['frʌnt,peɪdʒə] *n разг.* сенсационная информация, важное известие

**front-rank** ['frʌnt'ræŋk] *a* передовой

**frontward** ['frʌntwəd] **1.** *a* выходящий на фасад

**2.** *adv* (лицом) вперёд

**frontwards** ['frʌntwədz] = frontward 2

**frontways, frontwise** ['frʌntweɪz, 'frʌntwaɪz] = frontward 2

**frost** [frɔst] **1.** *n* 1) мороз; ten degrees of ~ десять градусов мороза; black ~ мороз без инея; hard (*или* sharp, biting) ~ сильный мороз 2) иней (*тж.* hoar ~) 3) холодность, суровость 3) *разг.* провал (*пьесы, затеи и т. п.*); the play turned out a ~ пьеса провалилась; dead ~ *разг.* гиблое дело; полная неудача, фиаско

**2.** *v* 1) побивать морозом (*растения*) 2) подмораживать 3) расхолаживать 4) подвергать быстрому замораживанию (*продукты*) 5) покрывать глазурью, посыпать сахарной пудрой 6) матировать (*стекло*) 7) подковывать на острые шипы

**frost-bite** ['frɔstbaɪt] *n* отмороженное место

**frost-bitten** ['frɔst,bɪtn] *a* обмороженный

**frost-bound** ['frɔstbaund] *a* скованный морозом

**frost-cleft** ['frɔstkleft] *лес.* **1.** *n* зяблина, морозобоина

**2.** *a* поражённый морозобоиной; треснувший от мороза

**frost crack** ['frɔstkræk] = frost-cleft 1

**frosted** ['frɔstɪd] **1.** *p. p. от* frost 2

**2.** *a* 1) тронутый морозом 2) покрытый инеем 3) матовый (*о стекле*) 4) глазированный (*о торте*)

**frost-hardy** ['frɔst,ha:dɪ] *a* морозостойкий (*о растениях*)

**frostily** ['frɔstɪlɪ] *adv* холодно, неприветливо; сдержанно

**frost-work** ['frɔstwə:k] *n* 1) ледяной узор (*на стекле*) 2) тонкие узоры на серебре *или* олове

**frosty** ['frɔstɪ] *a* 1) морозный; ~ trees деревья, покрытые инеем 2) *перен.* холодный, ледяной 3) седой; ~ head седая голова

**froth** [frɔθ] **1.** *n* 1) пена 2) вздорные мысли, пустые слова, болтовня

**2.** *v* 1) пениться; кипеть 2) сбивать в пену 3) пустословить

**froth-blower** ['frɔθ,bləuə] *n шутл.* завсегдатай пивных

**frothy** ['frɔθɪ] *a* 1) пенистый 2) *перен.* пустой

**frou-frou** ['fru:fru:] *n разг.* шуршание (*шёлка*)

**frounce** [frauns] *v* 1) завивать 2) делать сборки, складки 3) *уст.* хмуриться

**frown** [fraun] **1.** *n* сдвинутые брови; хмурый взгляд; выражение неодобрения

**2.** *v* хмурить брови; смотреть неодобрительно (at, on, upon — на); насупиться; to ~ on smth. быть недовольным чем-л.

**frowst** [fraust] **1.** *n разг.* спёртый, затхлый воздух (*в комнате*), духота

**2.** *v* 1) сидеть в духоте 2) бездельничать

**frowsy, frowzy** ['frauzɪ] *a* 1) затхлый, спёртый 2) неряшливый, нечёсаный, грязный

**froze** [frəuz] *past от* freeze

**frozen** ['frəuzn] **1.** *p. p. от* freeze

**2.** *a* 1) замёрзший 2) замороженный; ~ fruit свежезамороженные фрукты 3) студёный 4) *перен.* холодный, крайне сдержанный

**fructiferous** [frʌk'tɪfərəs] *a* плодоносящий

**fructification** [,frʌktɪfɪ'keɪʃən] *n бот.* 1) плодоношение 2) оплодотворение

**fructify** ['frʌktɪfaɪ] *v* 1) *бот.* оплодотворять 2) приносить плоды (*тж. перен.*)

**fructose** ['frʌktəus] *n* фруктоза

**frugal** ['fru:gəl] *a* 1) бережливый, экономный 2) умеренный, скромный; ~ supper скудный ужин

**frugality** [fru(:)'gælɪtɪ] *n* 1) бережливость 2) умеренность

**fruit** [fru:t] **1.** *n* 1) плод; to bear ~ плодоносить 2) *собир.* фрукты; to grow ~ разводить плодовые деревья; small ~ ягоды 3) (*преим. pl*) плоды, результаты 4) *attr.* фруктовый

**2.** *v* плодоносить

**fruitage** ['fru:tɪdʒ] *n* 1) плодоношение 2) *поэт.* плоды

**fruitarian** [fru:'teərɪən] *n* человек, питающийся только фруктами

**fruit-cake** ['fru:tkeɪk] *n* кекс с изюмом *или* смородиной

**fruiter** ['fru:tə] *n* 1) плодовое дерево 2) судно, гружёное фруктами 3) садовод

**fruiterer** ['fru:tərə] *n* торговец фруктами

**fruitful** ['fru:tful] *a* 1) плодовитый; плодородный 2) плодотворный

**fruit-grower** ['fru:t,grəuə] *n* садовод, плодовод

**fruitgrowing** ['fru:t,grəuɪŋ] *n* садоводство, плодоводство

**fruition** [fru(:)'ɪʃən] *n* 1) пользование какими-л. благами 2) осуществление (*надежд и т. п.*)

**fruit-knife** ['fru:tnaɪf] *n* нож для фруктов

**fruitless** ['fru:tlɪs] *a* 1) бесплодный 2) бесполезный

**fruit machine** ['fru:tmə,ʃi:n] *n разг.* игральный автомат

**fruit-piece** ['fru:tpi:s] *n* натюрморт с фруктами

**fruit salad** ['fru:t,sæləd] *n* фруктовый салат

**fruit-sugar** ['fru:t,ʃugə] *n* фруктоза; глюкоза

**fruit-tree** ['fru:ttri:] *n* плодовое дерево

**fruity** ['fru:tɪ] *a* 1) похожий на фрукты (*по вкусу, запаху и т. п.*) 2) сохраняющий аромат винограда (*о вине*) 3) звучный; *ирон.* сладкоголосый; a ~ voice мелодичный голос 4) *разг.* сочный, смачный; непристойный; a ~ story история с пикантными подробностями

**frumenty** ['fru:məntɪ] *n* сладкая пшеничная каша на молоке, приправленная корицей

**frump** [frʌmp] *n* старомодно и плохо одетая женщина

**frumpish** ['frʌmpɪʃ] *a* 1) старомодно одетый 2) *уст.* сварливый

**frusta** ['frʌstə] *pl от* frustum

**frustrate** [frʌs'treɪt] *v* расстраивать, срывать (*планы*); делать тщетным, бесполезным

**frustration** [frʌs'treɪʃən] *n* 1) расстройство (*планов*); крушение (*надежд*) 2) разочарование

**frustum** ['frʌstəm] *n* (*pl* -ta, -tums [-təmz]) *геом.* усечённая пирамида; усечённый конус

**fry** I [fraɪ] *n* мелкая рыбёшка; мальки; small ~ *пренебр., шутл.* мелкота, мелюзга; мелкая сошка

**fry** II [fraɪ] **1.** *n* жареное мясо; жареное (кушанье); жаркое

**2.** *v* жарить(ся)

**frying-pan** ['fraɪɪŋpæn] *n* сковорода ◇ out of the ~ into the fire ≅ из огня да в полымя

**fubsy** ['fʌbzɪ] *a* 1) полный, толстый 2) приземистый

**fuck** ['fʌk] *v груб.* совокупляться

**fucking** ['fʌkɪŋ] *груб.* **1.** *a* проклятый, чёртов

**2.** *adv* чертовски, отвратительно

**fuddle** ['fʌdl] **1.** *n* 1) опьянение 2) попойка

**2.** *v* 1) напоить допьяна; to ~ oneself, to be ~d напиваться 2) одурманивать

**fuddy-duddy** ['fʌdɪ'dʌdɪ] *n разг.* 1) ворчун 2) ретроград; консерватор

**fudge** [fʌdʒ] **1.** *n* 1) выдумка; «стряпня» 2) помадка 3) известия, помещаемые в газете в последнюю минуту

**2.** *v* делать кое-как, недобросовестно; «состряпать»

**3.** *int* чепуха!, вздор!

**fuel** [fjuəl] **1.** *n* топливо, горючее

**2.** *v* 1) снабжать топливом 2) запасаться топливом 3) заправлять(ся) горючим 4) *ж.-д.* экипировать

**fuelling** ['fjuəlɪŋ] **1.** *pres. p. от* fuel 2

**2.** *n* 1) горю́чее 2) запра́вка горю́чим

**fuel pump** ['fjuəlpʌmp] *n* насо́с для пода́чи горю́чего, бензопо́мпа

**fug** [fʌg] **1.** *n разг.* 1) духота́, спёртый во́здух 2) сор; пыль (*по угла́м помеще́ния, в шва́х оде́жды и т. п.*)

2. *v* сиде́ть в духоте́; to ~ at home вести́ сидя́чий о́браз жи́зни

**fugacious** [fju(:)'geɪʃəs] *a* 1) мимолётный 2) лету́чий

**fuggy** ['fʌgɪ] *a* спёртый (*о во́здухе*); ду́шный

**fugitive** ['fju:dʒɪtɪv] **1.** *n* 1) беглец 2) бе́женец 3) дезерти́р

**2.** *a* 1) бе́глый 2) мимолётный, непро́чный 3): ~ verse стихотворе́ние, сочинённое по како́му-л. слу́чаю

**fugle** ['fju:gl] *v* руководи́ть; служи́ть образцо́м

**fugleman** ['fju:glmæn] *n* 1) вожа́к; челове́к, слу́жащий приме́ром 2) *воен. уст.* флигельма́н

**fugue** [fju:g] *n муз.* фу́га

**fulcra** ['fʌlkrə] *pl от* fulcrum

**fulcrum** ['fʌlkrəm] *n* (*pl* -ra) 1) *физ.* то́чка опо́ры (*рычага́*) 2) сре́дство достиже́ния це́ли 3) *тех.* ось *или* центр шарни́ра

**fulfil** [ful'fɪl] *v* 1) выполня́ть; исполня́ть, осуществля́ть; to ~ the quota выполня́ть но́рму; to ~ a promise выполня́ть обеща́ние 2) заверша́ть 3) удовлетворя́ть (*тре́бованиям, усло́виям и т. п.*); to ~ oneself дости́чь соверше́нства (*в преде́лах свои́х возмо́жностей*), наибо́лее по́лно вы́разить себя́

**fulfilment** [ful'fɪlmənt] *n* 1) выполне́ние; исполне́ние, осуществле́ние; сверше́ние 2) заверше́ние

**fulgent** ['fʌldʒənt] *a поэт.* блиста́ющий, сия́ющий

**fulgurate** ['fʌlgjuəreɪt] *v* 1) сверкну́ть мо́лнией 2) пронзи́ть (*о́строй бо́лью*)

**fulgurite** ['fʌlgjuərɪt] *n геол.* фульгури́т

**fuliginous** [fju:'lɪdʒɪnəs] *a* закопчённый, покры́тый са́жей

**full I** [ful] **1.** *a* 1) по́лный; це́лый; a ~ audience по́лная аудито́рия, по́лный зри́тельный зал; ~ to overflowing (*или* to the brim) по́лный до краёв; a ~ hour це́лый час; ~ load по́лная нагру́зка 2) поглощённый; he is ~ of his own affairs он всеце́ло за́нят свои́ми дела́ми 3) оби́льный; a ~ meal сы́тная еда́ 4) *разг.* сы́тый; to eat till one is ~ есть до отва́ла, до по́лного насыще́ния 5) изоби́лующий, бога́тый (*чем-л.*) 6) широ́кий, свобо́дный (*о пла́тье*) 7) по́лный, доро́дный 8) дости́гший вы́сшей сте́пени, вы́сшей то́чки; in ~ vigour в расцве́те сил; ~ tide высо́кая вода́ ◇ ~ brother родно́й брат; ~ powers полномо́чия; to be on ~ time быть за́нятым по́лную рабо́чую неде́лю; ~ up *predic. разг.* перепо́лненный; битко́м наби́тый; ~ moon полнолу́ние

**2.** *n*: in ~ по́лностью; to the ~ в по́лной ме́ре

**3.** *adv* 1) *поэт.* вполне́ 2) как раз; the ball hit him ~ on the nose мяч попа́л ему́ пря́мо в нос 3) о́чень; ~ well (о́чень) хорошо́

**4.** *v* крои́ть широко́ (*пла́тье*); шить в сбо́рку, в скла́дку

**full II** [ful] *v текст.* валя́ть (*сукно́*)

**full-back** ['fulbæk] *n* защи́тник (*в футбо́ле*)

**full-blooded** ['ful'blʌdɪd] *a* 1) чистокро́вный 2) полнокро́вный 3) си́льный; по́лный жи́зни

**full-blown** ['ful'bləun] *a* вполне́ распусти́вшийся (*о цветке́*)

**full-bodied** ['ful'bɔdɪd] *a* по́лный; скло́нный к полноте́

**full-bottomed** ['ful'bɔtəmd] *a* 1) *мор.*: ~ ship су́дно с по́лными обво́дами подво́дной ча́сти 2): ~ wig ало́нжевый пари́к

**full dress** ['ful'dres] *n* по́лная пара́дная фо́рма; in ~ в по́лной пара́дной фо́рме

**full-dress** ['ful'dres] *a*: ~ debate *парл.* пре́ния по ва́жному вопро́су; ~ rehearsal генера́льная репети́ция

**fuller I** ['fulə] *n* валя́льщик, сукнова́л

**fuller II** ['fulə] *тех.* **1.** *n* инструме́нт для вы́делки желобо́в

**2.** *v* 1) вы́делывать желоба 2) чека́нить

**full-faced** ['ful'feɪst] *a* 1) с по́лным лицо́м, полноли́цый 2) повёрнутый анфа́с

**full-fashioned** ['ful'fæʃənd] *a текст.* като́нный; ~ stockings чулки́ со швом

**full-fed** ['ful'fed] *a* 1) раско́рмленный, жи́рный 2) нако́рмленный

**full-fledged** ['ful'fledʒd] *a* 1) вполне́ опери́вшийся 2) зако́нченный, разви́вшийся

**full-grown** ['ful'grəun] *a* 1) разви́вшийся, вы́росший 2) взро́слый

**fulling-mill** ['fulɪŋmɪl] *n текст.* сукнова́льная маши́на

**full-length** ['ful'leŋθ] *a* 1) во всю длину́, во весь рост (*ча́сто о портре́те*) 2) по́лный; без сокраще́ний; a ~ film полнометра́жный фильм

**full-mouthed** ['ful'mauðd] *a* 1) гро́мкий 2) с по́лностью сохрани́вшимися зуба́ми (*о скоте́*)

**fullness** ['fulnɪs] *n* полнота́, оби́лие, сы́тость *и пр.* [*см.* full I, 1]; a ~ under the eyes мешки́ под глаза́ми; to write with great ~ писа́ть о́чень подро́бно ◇ in the ~ of time в своё вре́мя, в ну́жный моме́нт

**full-pelt** ['fulpelt] *adv* по́лным хо́дом; на по́лном ходу́

**full-scale** ['ful'skeɪl] *a* 1) в натура́льную величину́ 2) по́лный, всеобъе́млющий; ~ study исче́рпывающее иссле́дование

**full stop** ['fulstɔp] *n* то́чка ◇ to come to a ~ дойти́ до то́чки, зайти́ в тупи́к

**full-timer** ['ful,taɪmə] *n* 1) рабо́чий, за́нятый по́лную рабо́чую неде́лю 2) шко́льник, посеща́ющий все заня́тия

**fully** ['fulɪ] *adv* вполне́, соверше́нно, по́лностью; ~ justified вполне́ опра́вданный; to eat ~ есть до́сыта

**fulmar** ['fulmə] *n* глупы́ш (*пти́ца*)

**fulminant** ['fʌlmɪnənt] *a* 1) молниено́сный 2) *мед.* скороте́чный

**fulminate** ['fʌlmɪneɪt] **1.** *v* 1) сверка́ть 2) греме́ть 3) *уст.* взрыва́ть(ся) 4) выступа́ть с осужде́нием (*чьих-л. де́йствий и т. п.*); излива́ть гнев (*на кого́-л.*); громи́ть (against)

**2.** *n*: ~ of mercury грему́чая ртуть

**fulminatory** ['fʌlmɪnətərɪ] *a* 1) греме́щий 2) громя́щий

**fulness** ['fulnɪs] = fullness

**fulsome** ['fulsəm] *a* нейскренний; ~ flattery гру́бая лесть

**fulvous** ['fʌlvəs] *a* красновáто-жёлтый, бу́рый

**fumade** [fju:'meɪd] *n* копчёная сарди́нка, копчу́шка

**fumble** ['fʌmbl] *v* 1) нащу́пывать (for, after); to ~ in one's purse ры́ться в (своём) кошельке́ 2) неуме́ло обраща́ться (*с чем-л.*) 3) верте́ть, мять в рука́х

**fume** [fju:m] **1.** *n* 1) дым *или* пар с си́льным за́пахом; the ~s of wine ви́нные пары́; the ~s of cigars дым от сига́р 2) испаре́ние; пар(ы́) 3) си́льный за́пах 4) возбужде́ние; при́ступ гне́ва; in a ~ в припа́дке раздраже́ния

**2.** *v* 1) оку́ривать; копти́ть 2) кури́ть благово́ниями 3) мори́ть (*дуб*) 4) дыми́ть; испаря́ться (*обыкн.* ~ away) 5) *шутл.* кури́ть 6) волнова́ться; раздража́ться; кипе́ть от зло́сти

**fumigate** ['fju:mɪgeɪt] *v* 1) оку́ривать; дезинфици́ровать 2) кури́ть благово́ния

**fumigation** [,fju:mɪ'geɪʃən] *n* оку́ривание; дезинфе́кция

**fumitory** ['fju:mɪtərɪ] *n бот.* дымя́нка (апте́чная)

**fumy** ['fju:mɪ] *a* ды́мный; по́лный испаре́ний

**fun** [fʌn] **1.** *n* шу́тка; весе́лье; заба́ва; figure of ~ смешна́я фигу́ра, предме́т насме́шек; he is great ~ он о́чень заба́вен; it was rather ~ eating in a restaurant в рестора́не обе́дать бы́ло гора́здо интере́снее; I did it for (*или* in) ~ я сде́лал э́то шу́тки ра́ди; to make ~ of smb. высме́ивать кого́-л.; подсме́иваться над кем-л.; what ~! как смешно́!, вот потéха! ◇ like ~ а) как бы не так, ≅ держи́ карма́н ши́ре; б) со всех ног

2. *v редк.* шути́ть (*обыкн.* to be ~ning)

**funambulist** [fju(:)'næmbjulɪst] *n* канатохо́дец

**function** ['fʌŋkʃən] **1.** *n* 1) фу́нкция, назначе́ние 2) отправле́ние (*органи́зма*) 3) (*обыкн. pl*) должностны́е обя́занности 4) торжество́; торже́ственное собра́ние 5) *разг.* ве́чер, приём (*ча́сто* public *или* social ~) 6) *мат.* фу́нкция

2. *v* функциони́ровать, де́йствовать; выполня́ть фу́нкции

**functional** [ˈfʌŋkʃənl] *a* 1) функциона́льный (*тж. физиол. и мат.*) 2) *архит.* конструкти́вный, без украша́тельства

**functionary** [ˈfʌŋkʃnərɪ] 1. *n* должностно́е лицо́; чино́вник

2. *a* официа́льный

**functionate** [ˈfʌŋkʃneɪt] *v редк.* де́йствовать, функциони́ровать

**fund** [fʌnd] 1. *n* 1) запа́с; a ~ of knowledge кла́дезь зна́ний 2) фонд; капита́л 3) *pl* де́нежные сре́дства; to be in ~s быть при деньга́х 4) (the ~s) *pl* госуда́рственные проце́нтные бума́ги; to have money in the ~s держа́ть де́ньги в госуда́рственных бума́гах 5) обще́ственная *или* благотвори́тельная организа́ция, фонд

2. *v* 1) консолиди́ровать 2) вкла́дывать капита́л в це́нные бума́ги 3) *редк.* де́лать запа́с

**fundament** [ˈfʌndəmənt] *n* зад, я́годицы

**fundamental** [ˌfʌndəˈmentl] 1. *a* основно́й; коренно́й; суще́ственный; the ~ rules основны́е пра́вила; ~ frequency *физ.* основна́я частота́, со́бственная частота́; ~ truth аксио́ма; ~ freedoms основны́е свобо́ды

2. *n* (*обыкн. pl*) 1) основно́е пра́вило; при́нцип 2) осно́вы

**fundamentalizm** [ˌfʌndəˈmentəlɪzm] *n церк.* фундаментали́зм, безоговоро́чное призна́ние библе́йской леге́нды о сотворе́нии ми́ра

**funded** [ˈfʌndɪd] 1. *p. p. от* fund 2

2. *a* фунди́рованный; помещённый в госуда́рственные бума́ги; ~ debt фунди́рованный долг; долгосро́чные госуда́рственные за́ймы

**funeral** [ˈfjuːnərəl] 1. *n* 1) по́хороны; похоро́нная проце́ссия 2) заупоко́йная слу́жба ◇ it is not my ~ *разг.* меня́ э́то не каса́ется; э́то не моё де́ло; it's your ~ э́то ва́ше де́ло; э́то ва́ша забо́та

2. *a* похоро́нный; ~ urn у́рна для пра́ха; ~ home *амер.* помеще́ние, снима́емое для гражда́нской панихи́ды; ~ speech речь на похорона́х

**funereal** [fju(ː)ˈnɪərɪəl] *a* похоро́нный; мра́чный; тра́урный

**fun-fair** [ˈfʌnfɛə] *n* я́рмарка с аттракцио́нами, бала́ганом *и т. п.*

**fungi** [ˈfʌŋgaɪ] *pl* от fungus

**fungicide** [ˈfʌndʒɪsaɪd] *n мед.* 1) фунгици́д 2) *attr.*: ~ therapy противогрибко́вая терапи́я

**fungous** [ˈfʌŋgəs] *a* гу́бчатый, ноздрева́тый

**fungus** [ˈfʌŋgəs] *n* (*pl* -gi, -es [-ɪz]) 1) гриб; пога́нка; пле́сень; древе́сная гу́бка 2) *мед.* грибо́к

**funicular** [fju(ː)ˈnɪkjulə] 1. *a* кана́тный

2. *n* фуникулёр (*тж.* ~ railway)

**funk** [fʌŋk] *разг.* 1. *n* 1) испу́г, страх; to be in a ~ тру́сить 2) трус

2. *v* 1) тру́сить, боя́ться 2) уклоня́ться (*от чего-л.*)

**funk-hole** [ˈfʌŋkhəul] *n воен. sl.* 1) блинда́ж 2) укры́тие, убе́жище 3) до́лжность, кото́рая даёт возмо́жность уклони́ться от вое́нной слу́жбы

**funky** [ˈfʌŋkɪ] *a разг.* трусли́вый, напу́ганный

**funnel** [ˈfʌnl] *n* 1) дымова́я труба́, дымохо́д 2) воро́нка 3) *тех.* ли́тник

**funny** I [ˈfʌnɪ] 1. *a* 1) заба́вный, смешно́й; смехотво́рный; поте́шный 2) *разг.* стра́нный; ~ business подозри́тельное, не совсе́м чи́стое де́ло; to feel ~ нева́жно себя́ чу́вствовать

2. *n pl амер. разг.* страни́чка ю́мора в газе́те

**funny** II [ˈfʌnɪ] *n* двухвесе́льная ло́дка, я́лик

**funny-bone** [ˈfʌnɪbəun] *n анат.* вну́тренний мы́щелок плечево́й ко́сти

**funny farm** [ˈfʌnɪˈfɑːm] *n амер. разг.* (за́городная) больни́ца для нарко́манов

**funny house** [ˈfʌnɪˈhaus] *n амер. разг.* 1) психиатри́ческая больни́ца 2) лече́бница для нарко́манов

**funny-man** [ˈfʌnɪmæn] *n* шутни́к; ко́мик, юмори́ст

**funster** [ˈfʌnstə] *n амер.* шутни́к; ко́мик

**fur** [fəː] 1. *n* 1) мех 2) шерсть, шку́ра 3) *собир.* пушно́й зверь; ~ and feather пушно́й зверь и дичь 4) (*обыкн. pl*) пушни́на; мехо́вые изде́лия 5) налёт (*на языке больного*); на́кипь (*в котле, трубах*); оса́док (*в винных бочках*) 6) *attr.* мехово́й; ~ coat (мехова́я) шу́ба ◇ to make the ~ fly подня́ть бу́чу, затея́ть ссо́ру

2. *v* 1) подбива́ть *или* отде́лывать ме́хом 2) счища́ть на́кипь (*в котле*) 3) *стр.* обшива́ть ре́йками, дра́нью *или* до́сками

**furbelow** [ˈfəːbɪləu] *n* 1. obо́рка; фалбала́ 2) *pl презр.* тря́пки; безвку́сные украше́ния

**furbish** [ˈfəːbɪʃ] *v* полирова́ть, чи́стить; счища́ть ржа́вчину □ ~ up подновля́ть, ремонти́ровать

**furcate** [ˈfəːkeɪt] 1. *a* раздво́енный, разветвлённый

2. *v* раздва́иваться

**furcation** [fəːˈkeɪʃən] *n* раздвое́ние, разветвле́ние

**furfur** [ˈfəːfə] *n* (*pl* -res [-riːz]) пе́рхоть

**furiosity** [ˌfjurɪˈɔsɪtɪ] *n редк.* бе́шенство; я́рость

**furious** [ˈfjuərɪəs] *a* взбешённый, неи́стовый; he was ~ он был в я́рости

**furl** [fəːl] 1. *n* 1) свёртывание 2) что-л. свёрнутое

2. *v* 1) свёртывать; убира́ть (*паруса*) 2) скла́дывать (*веер, зонт*) 3) стя́гивать рези́нкой; pants ~ed at the bottom шарова́ры с рези́нками на щи́колотках

**furlong** [ˈfəːlɔŋ] *n* восьма́я часть ми́ли (= *201 м*)

**furlough** [ˈfəːləu] *n воен.* о́тпуск

**furmety** [ˈfəːmətɪ] = frumenty

**furnace** [ˈfəːnɪs] *n* 1) горн; оча́г; печь 2) то́пка

**furnace-bar** [ˈfəːnɪsbɑː] *n* колосни́к

**furnace-charge** [ˈfəːnɪsˈtʃɑːdʒ] *n* загру́зка пе́чи

**furnish** [ˈfəːnɪʃ] *v* 1) снабжа́ть (with); предоставля́ть, доставля́ть; to ~ sentries *воен.* выставля́ть часовы́х 2) представля́ть; to ~ benefits (explanations) представля́ть вы́годы (объясне́ния) 3) обставля́ть (*ме́белью*), меблирова́ть

**furnished** [ˈfəːnɪʃt] 1. *p. p. от* furnish

2. *a* меблиро́ванный; ~ rooms меблиро́ванные ко́мнаты; ~ house дом с ме́белью, с обстано́вкой

**furnisher** [ˈfəːnɪʃə] *n* поставщи́к (*особ.* ме́бели)

**furnishings** [ˈfəːnɪʃɪŋz] *n pl* 1) обстано́вка, меблиро́вка 2) обору́дование 3) украше́ния 4) дома́шние принадле́жности

**furniture** [ˈfəːnɪtʃə] *n* 1) ме́бель; обстано́вка 2) весь инвента́рь (*дома*); обору́дование, осна́стка (*корабля и т. п.*) 3) содержи́мое; ~ of one's mind зна́ния; ~ of one's pocket де́ньги 4) *уст.* сбру́я 5) *полигр.* пробе́льный материа́л

**furore** [fjuəˈrɔːrɪ] *ит. n* фуро́р

**furred** [fəːd] 1. *p. p. от* fur 2

2. *a* 1) отде́ланный ме́хом 2) *мед.* обло́женный (*о языке*) 3) *тех.* покры́тый на́кипью (*о котле, трубах и т. п.*)

**furrier** [ˈfʌrɪə] *n* меховщи́к; скорня́к

**furriery** [ˈfʌrɪərɪ] *n* 1) мехово́е де́ло; мехова́я торго́вля 2) *уст. собир.* меха́

**furrow** [ˈfʌrəu] 1. *n* 1) борозда́; колея́ 2) жёлоб 3) глубо́кая морщи́на 4) *поэт.* па́хотная земля́ 5) *тех.* фальц

2. *v* 1) борозди́ть; паха́ть 2) покрыва́ть морщи́нами

**furry** [ˈfəːrɪ] *a* 1) мехово́й; подби́тый ме́хом 2) покры́тый налётом, на́кипью

**fur-seal** [ˈfəːsiːl] *n зоол.* морско́й ко́тик

**further** [ˈfəːðə] 1. *a* 1) *сравн. ст. от* far 1; 2) бо́лее отдалённый 3) дальне́йший; доба́вочный; ~ education дальне́йшее образова́ние (*исключая университетское*); to obtain ~ information получи́ть дополни́тельные све́дения; till ~ notice впредь до дальне́йшего уведомле́ния

2. *adv* 1) *сравн. ст. от* far 2; 2) да́льше; да́лее 3) зате́м; кро́ме того́; бо́лее того́; to inquire ~ расспроси́ть подро́бнее; let me ~ tell you разреши́те мне доба́вить ◇ I'll see you ~ first! ≅ держи́ карма́н ши́ре!, и не поду́маю!, вот ещё!

3. *v* продвига́ть; соде́йствовать, спосо́бствовать; to ~ hopes подде́рживать наде́жды

**furtherance** [ˈfəːðərəns] *n* продвиже́ние; подде́ржка, по́мощь

**furthermore** [ˈfəːðəˈmɔː] *adv* к тому́ же, кро́ме того́; бо́лее того́

**furthermost** [ˈfəːðəməust] = farthermost

**furthest** [ˈfə:ðɪst] = farthest

**furtive** [ˈfə:tɪv] *a* 1) скры́тый, та́йный; ~ footsteps кра́дущиеся шаги́; to cast a ~ glance посмотре́ть укра́дкой 2) хи́трый

**furtively** [ˈfə:tɪvlɪ] *adv* укра́дкой, кра́дучись

**furuncle** [ˈfjuərʌŋkl] *n* фуру́нкул, чи́рей

**fury** [ˈfjuərɪ] *n* 1) неи́стовство; бе́шенство, я́рость 2) (F.) *миф.* фу́рия; *перен. тж.* сварли́вая же́нщина ◊ like ~ *разг.* черто́вски, безу́мно

**furze** [fə:z] *n бот.* дрок

**fuscous** [ˈfʌskəs] *a* темнова́тый, с тёмным отте́нком

**fuse** I [fju:z] **1.** *n* 1) пла́вка 2) *эл.* пла́вкий предохрани́тель, про́бка; to blow a ~ сде́лать коро́ткое замыка́ние

**2.** *v* 1) пла́вить(ся), сплавля́ть(ся); *эл.* сде́лать коро́ткое замыка́ние 2) растворя́ться 3) слива́ться, объединя́ться

**fuse** II [fju:z] **1.** *n* 1) запа́л, затра́вка; огнепрово́дный шнур; фити́ль 2) *арт.* снаря́дная тру́бка; взрыва́тель

**2.** *v арт.* ввинчивать взрыва́тель *или* тру́бку

**fusee** [fju:ˈzi:] *n* 1) бараба́н (*в механизме висячих или каминных часов*) 2) запа́л 3) = fusil 4) спи́чка, не га́снущая на ветру́

**fuselage** [ˈfju:zɪlɑ:ʒ] *n ав.* фюзеля́ж

**fusel oil** [ˈfju:zlˈɔɪl] *n* сиву́шное ма́сло

**fusibility** [ˌfju:zəˈbɪlɪtɪ] *n* пла́вкость

**fusible** [ˈfju:zəbl] *a* пла́вкий

**fusiform** [ˈfju:zɪfɔ:m] *a* веретенообра́зный

**fusil** [ˈfju:zɪl] *n ист.* фузе́я, лёгкий мушке́т

**fusilier** [ˌfju:zɪˈlɪə] *n ист.* фузилёр, стрело́к

**fusillade** [ˌfju:zɪˈleɪd] *n* 1) стрельба́ 2) расстре́л

**fusion** [ˈfju:ʒən] *n* 1) пла́вка; расплавле́ние 2) распла́вленная ма́сса, сплав 3) слия́ние, объедине́ние 4) *attr.*: ~ reaction реа́кция си́нтеза; ~ bomb термоя́дерная бо́мба

**fuss** [fʌs] **1.** *n* 1) не́рвное, возбуждённое состоя́ние; to get into a ~ разволнова́ться, разне́рвничаться 2) суета́, беспоко́йство из-за пустяко́в; to make a ~ about smth. волнова́ться по́пусту, раздражённо жа́ловаться; суети́ться; to make a ~ of smb. суетли́во, шу́мно опека́ть кого́-л.; to make a ~ of smth. поднима́ть шум вокру́г чего́-л., привлека́ть к чему́-л. внима́ние 3) суетли́вый челове́к, волну́ющийся из-за вся́ких пустяко́в

**2.** *v* 1) суети́ться, волнова́ться из-за пустяко́в (*часто* ~ about); пристава́ть, надоеда́ть с пустяка́ми 2) *амер. разг.* ссо́риться; объясня́ться □ ~ **up** *амер. разг.* наряжа́ть ◊ to have one's feathers ~ed дать себя́ раздразни́ть; взволнова́ться

**fussy** [ˈfʌsɪ] *a* 1) суетли́вый; не́рвный 2) вы́чурный; аляпова́тый

**fust** [fʌst] *n архит.* сте́ржень коло́нны *или* пиля́стра

**fustian** [ˈfʌstɪən] **1.** *n* 1) флане́ль; вельве́т 2) напы́щенные ре́чи; напы́щенный стиль

**2.** *a* 1) флане́левый; вельве́товый 2) наду́тый, напы́щенный

**fustic** [ˈfʌstɪk] *n* фу́стик (*красильное растение*)

**fustigate** [ˈfʌstɪgeɪt] *v шутл.* колоти́ть па́лкой

**fusty** [ˈfʌstɪ] *a* 1) за́тхлый, спёртый 2) устаре́вший, старомо́дный

**futhorc** [ˈfu:θɔ:k] *n* руни́ческий алфави́т (*по названиям первых шести букв*)

**futile** [ˈfju:taɪl] *a* 1) бесполе́зный, тще́тный 2) несерьёзный, пусто́й, пове́рхностный

**futility** [fju(:)ˈtɪlɪtɪ] *n* тще́тность *и пр.* [*см.* futile]

**future** [ˈfju:tʃə] **1.** *n* 1) бу́дущее (вре́мя); for the ~, in ~ в бу́дущем, впредь 2) бу́дущность 3) *pl ком.* това́ры, закупа́емые *или* продава́емые на срок (*часто в спекулятивных целях*) 4) *pl ком.* сро́чные контра́кты; to deal in ~s скупа́ть това́ры заблаговре́менно в спекуляти́вных це́лях

**2.** *a* бу́дущий; ~ tense *грам.* бу́дущее вре́мя

**futurism** [ˈfju:tʃərɪzm] *n* футури́зм

**futurist** [ˈfju:tʃərɪst] *n* футури́ст

**futurity** [fju(:)ˈtjuərɪtɪ] *n* 1) бу́дущее, бу́дущность 2) *pl* собы́тия бу́дущего 3) *рел.* загро́бная жизнь

**futurology** [ˌfju:tʃəˈrɔləʤɪ] *n* футуроло́гия

**fuze** [fju:z] = fuse II

**fuzz** [fʌz] **1.** *n* 1) пух, пуши́нка 2) *с.-х.* волоски́; боро́дка (*зерна*) 3) пы́шные во́лосы 4) *sl.* поли́ция

**2.** *v* 1) покрыва́ться сло́ем мельча́йших пуши́нок 2) разлета́ться (*о пухе*)

**fuzzily** [ˈfʌzɪlɪ] *adv* нея́сно, сму́тно, как в тума́не

**fuzzy** [ˈfʌzɪ] *a* 1) пуши́стый; ворси́стый 2) запушённый 3) нея́сный, неопределённый

**fyke** [faɪk] *n амер.* кошелько́вый не́вод

**fylfot** [ˈfɪlfɔt] *n* сва́стика

# G

**G, g** [ʤi:] *n* (*pl* Gs, G's [ʤi:z]) 1) *7-я буква англ. алфавита* 2) *муз.* соль

**gab** I [gæb] *разг.* **1.** *n* 1) болтли́вость, разгово́рчивость 2) болтовня́; stop your ~! замолчи́те!; придержи́(-те) язы́к!

**2.** *v* болта́ть, трепа́ть языко́м

**gab** II [gæb] *n тех.* 1) крюк; ви́лка 2) вы́лет, вы́нос 3) отве́рстие

**gabardine** [ˈgæbədi:n] *n* 1) *текст.* габарди́н 2) = gaberdine 1)

**gabber** [ˈgæbə] *n разг.* болту́н, пустозво́н

**gabble** [ˈgæbl] **1.** *n* бормота́ние, бессвя́зная речь

**2.** *v* 1) говори́ть нея́сно и бы́стро, бормота́ть 2) гогота́ть (*о гусях*)

**gabbler** [ˈgæblə] *n* бормоту́н; болту́н

**gabby** [ˈgæbɪ] *a разг.* разгово́рчивый; словоохо́тливый

**gaberdine** [ˈgæbədi:n] *n* 1) длиннопо́лый кафта́н из гру́бого сукна́ 2) = gabardine 1)

**gabion** [ˈgeɪbjən] *n* 1) *гидр.* габио́н 2) *воен.* тур

**gabionade** [ˌgeɪbjəˈneɪd] *n гидр.* ли́ния, ряд габио́нов

**gable** [ˈgeɪbl] *n* 1) *архит.* фронто́н, щипе́ц 2) конёк кры́ши 3) *attr.*: ~ roof двуска́тная (*или* щипцо́вая) кры́ша; ~ window слухово́е окно́

**gabled** [ˈgeɪbld] *a* остроконе́чный (*о крыше*)

**gaby** [ˈgeɪbɪ] *n диал.* проста́к, дурачо́к

**gad** I [gæd] *int* ну?; да ну!; вот так та́к! (*выражает изумление, сожаление, гнев, досаду*)

**gad** II [gæd] *v разг.* шля́ться, шата́ться (*обыкн.* ~ about, ~ abroad)

**gad** III [gæd] *n* 1) остриё, о́стрый шип 2) *ист.* копьё 3) = goad 1, 1); 4) *тех.* зуби́ло; клин (*для отбивки угля*)

**gadabout** [ˈgædəbaut] *n* 1) бродя́га; праздношата́ющийся 2) непосе́да

**gadder** [ˈgædə] *n* 1) бродя́га; гуля́ка 2) *горн.* бури́льный молото́к

**gad-fly** [ˈgædflaɪ] *n* о́вод, слепе́нь

**gadget** [ˈgæʤɪt] *n разг.* 1) приспособле́ние, принадле́жность (*преим. техническая новинка*) 2) *пренебр.* безделу́шка; ерунда́

**gadoid** [ˈgeɪdɔɪd] **1.** *n* ры́ба из семе́йства тресо́вых

**2.** *a* из семе́йства тресо́вых

**gadolinium** [ˌgædəˈlɪnɪəm] *n хим.* гадоли́ний

**Gael** [geɪl] *n* шотла́ндский (*реже* ирла́ндский) кельт, гаэ́л

**Gaelic** [ˈgeɪlɪk] **1.** *a* гаэ́льский

**2.** *n* гаэ́льский язы́к (*особ. язык шотландских кельтов*)

**gaff** I [gæf] **1.** *n* 1) острога́; баго́р 2) *мор.* га́фель ◊ to stand the ~ *амер. разг.* прояви́ть выно́сливость; без жа́лоб выноси́ть тру́дности; to give smb. the ~ суро́во обраща́ться с кем-л.; подверга́ть кого́-л. жесто́кой кри́тике

**2.** *v* багри́ть (*рыбу*)

**gaff** II [gæf] *n разг.* дешёвый теа́тр, мю́зик-хо́лл (*обыкн.* penny ~)

**gaff** III [gæf] *n разг.* ерунда́, вздор ◇ to blow the ~ проболта́ться

**gaffe** [gæf] *n* оплóшность, оши́бка, лóжный шаг

**gaffer** ['gæfə] *n* 1) *разг.* стари́к; дéдушка (*обращение*) 2) *разг.* деся́тник

**gag** [gæg] **1.** *n* 1) заты́чка, кляп 2) *парл.* прекращéние прéний 3) *театр.* отсебя́тина; вставнóй коми́ческий нóмер; шу́тка, острóта; импровиза́ция 4) *разг.* обмáн; мистифика́ция 5) *мед.* роторасшири́тель 6) *тех.* прóбка, заглу́шка

**2.** *v* 1) вставля́ть кляп, затыкáть рот 2) застáвить замолчáть; не давáть говори́ть 3) дави́ться 4) *театр.* вставля́ть отсебя́тину 5) *разг.* обмáнывать, мистифици́ровать 6) *мед.* применя́ть роторасшири́тель 7) *тех.* прáвить

**gaga** ['gɑ:gɑ:] *a разг.* 1) глу́пый, бессмы́сленный 2) слабоу́мный; to go ~ поглупéть; впасть в слабоу́мие

**gage** I [geɪdʒ] **1.** *n* 1) залóг; in ~ of smth. в залóг чегó-л.; to give on ~ отдавáть в залóг 2) вы́зов (*на поединок*); to throw down a ~ брóсить вы́зов, «перчáтку»

**2.** *v* 1) ручáться; давáть в кáчестве залóга 2) би́ться об заклáд

**gage** II [geɪdʒ] *амер.* = gauge

**gaggle** ['gægl] **1.** *n* 1) стáдо гусéй; *перен.* толпá сплéтниц 2) гоготáнье

**2.** *v* гоготáть

**gag-man** ['gægmən] *n* сочини́тель острóт, шу́ток, рéплик для эстрáды, рáдио *и т. п.*

**gaiety** ['geɪətɪ] *n* 1) весёлость 2) (*обыкн. pl*) развлечéния; весéлье 3) весёлый *или* наря́дный вид

**gaily** ['geɪlɪ] *adv* 1) вéсело; рáдостно 2) я́рко

**gain** [geɪn] **1.** *n* 1) при́быль, вы́года 2) *pl* дохóды (from — от); зáработок; вы́игрыш (*в карты и т. п.*) 3) увеличéние, прирóст, рост 4) нажи́ва, коры́сть; love of ~ корыстолю́бие 5) *тех.* вы́рез, гнездó (*в дереве, в столбе*) 6) *горн.* квершлáг 7) *радио, тлв.* усилéние ◇ ill-gotten ~s never prosper *посл.* ≅ чужóе добрó впрок нейдёт

**2.** *v* 1) зарабáтывать, добывáть 2) извлекáть пóльзу, вы́году; выгáдывать 3) вы́игрывать, добивáться; to ~ a prize вы́играть приз; to ~ time сэконóмить, вы́играть врéмя 4) получáть, приобретáть; to ~ confidence of smb. войти́ в довéрие к комý-л.; to ~ experience приобретáть óпыт; to ~ ill repute стяжáть дурнýю слáву; to ~ weight увели́чиваться в вéсе; to ~ strength набирáться сил, оправля́ться 5) достигáть, добирáться; to ~ touch *воен.* установи́ть соприкосновéние (*с противником*); to ~ the rear of the enemy *воен.* вы́йти в тыл проти́вника 6) улучшáться □ ~ **on** а) нагоня́ть; б) вторгáться, захвáтывать постепéнно часть сýши (*о море*); в) доби́ться (*чьего-л. расположения*); ~ **over** перемани́ть на свою стóрону, убеди́ть; ~ **upon** = ~ on ◇ to ~ the upper hand взять верх; my watch ~s мои́ часы́ спешáт

**gainful** ['geɪnfʊl] *a* 1) дохóдный, при́быльный, стóящий, вы́годный; оплáчиваемый 2) стремя́щийся к вы́годе

**gainings** ['geɪnɪŋz] *n pl* 1) зáработок, дохóд 2) вы́игрыш

**gainsaid** [geɪn'seɪd] *past и p. p. от* gainsay

**gainsay** [geɪn'seɪ] *v* (gainsaid) 1) противорéчить 2) отрицáть

**gainst, 'gainst** [geɪnst] *prep поэт. см.* against

**gait** [geɪt] *n* похóдка

**gaiter** ['geɪtə] *n* (*обыкн. pl*) гамáши, гéтры; крáги ◇ ready to the last ~ button пóлностью готóвый

**gal** [gæl] *n разг.* девчóнка, дéвушка; молодáя жéнщина

**gala** ['gɑ:lə] **1.** *n* прáзднество

**2.** *a* торжéственный, прáздничный, парáдный

**galactic** [gə'læktɪk] *a астр.* галакти́ческий

**gala day** ['gɑ:lədeɪ] *n* день прáзднества; прáздник

**gala dress** ['gɑ:lədres] *n* парáдное *или* прáздничное плáтье

**gala night** ['gɑ:lənaɪt] *n* галá-представлéние; торжéственный вéчер

**galantine** ['gæləntɪ:n] *n* заливнóе, галанти́н

**galanty show** [gə'læntɪ'ʃəu] *n театр.* китáйские тéни

**galaxy** ['gæləksɪ] *n* 1) *астр.* Галáктика, Млéчный путь 2) плея́да (*тж. перен.*)

**gale** I [geɪl] *n* 1) шторм; бу́ря; вéтер от 7 до 10 бáллов 2) взрыв, вспы́шка; ~s of laughter взры́вы смéха 3) *поэт.* ветерóк, зефи́р

**gale** II [geɪl] *n бот.* воскóвник (обыкновéнный)

**gale** III [geɪl] *n* периоди́ческая вы́плата рéнты

**galeeny** [gə'li:nɪ] *n* цесáрка

**galena** [gə'li:nə] *n* свинцóвый блеск, галени́т

**galenic** [gə'lenɪk] *a* галéнов, относя́щийся к Галéну (*в фармакологии*)

**galenical** [gə'lenɪkəl] = galenic

**galimatias** [,gælɪ'mætɪəs] *фр. n* галиматья́, чепухá

**galipot** ['gælɪpɔt] *n* засты́вшая соснóвая *или* еловáя смолá, живи́ца

**gall** I [gɔ:l] *n* 1) жёлчь 2) жёлчный пузы́рь 3) жёлчность, раздражéние; злóба 4) *разг.* нáглость, нахáльство; to have the ~ to do smth. имéть нáглость сдéлать что-л. ◇ ~ and wormwood нéчто ненави́стное, посты́лое

**gall** II [gɔ:l] **1.** *n* ссáдина, натёртое мéсто; нагнёт (*у лошади*)

**2.** *v* 1) ссади́ть, натерéть (*кожу*) 2) раздражáть, беспокóить 3) уязвля́ть (гóрдость)

**gall** III [gɔ:l] *n бот.* галл, черни́льный орéшек

**gallant** ['gælənt] **1.** *a* 1) хрáбрый, дóблестный; a ~ soldier дóблестный вóин; a ~ steed бóрзый конь 2) краси́вый, прекрáсный, величáвый 3) [gə'lænt] галáнтный; внимáтельный, почти́тельный (*к женщинам*) 4) [gə'lænt] любóвный; ~ adventures любóвные похождéния

**2.** *n* 1) свéтский человéк, щёголь, кавалéр 2) [gə'lænt] галáнтный кавалéр, ухажёр 3) любóвник

**3.** *v* [*тж.* gə'lænt] 1) сопровождáть (*даму*) 2) ухáживать; быть галáнтным кавалéром

**gallantry** ['gæləntrɪ] *n* 1) хрáбрость, отвáга 2) галáнтность; изы́сканная любéзность 3) любóвная интри́га, ухáживание

**gall-bladder** ['gɔ:l,blædə] *n анат.* жёлчный пузы́рь

**galleass** ['gælɪæs] *n ист.* галеáс, трёхмáчтовая галéра

**galleon** ['gælɪən] *n ист.* галеóн (*корабль*)

**gallery** ['gælərɪ] *n* 1) галерéя 2) галёрка; пу́блика на галёрке; to play to the ~ игрáть, рассчи́тывая на дешёвый эффéкт; искáть дешёвой популя́рности 3) карти́нная галерéя 4) хóры 5) пóртик, балкóн 6) *горн.* штрек, штóльня

**galley** ['gælɪ] *n* 1) *ист.* галéра; the ~s кáторжные рабóты [*ср.* galley-slave 1)] 2) *мор.* вельбóт; ги́чка 3) *мор.* кáмбуз 4) *полигр.* набóрная доскá; верстáтка 5) = galley proof; to read the ~s читáть грáнки; she read the ~s of her new novel онá читáла грáнки своегó нóвого ромáна

**galley proof** ['gælɪpru:f] *n полигр.* грáнка

**galley-slave** ['gælɪsleɪv] *n* 1) гребéц на галéре (*раб или осуждённый преступник*) 2) человéк, обречённый на тяжёлый труд

**gall-fly** ['gɔ:lflaɪ] *n зоол.* орехотвóрка

**Gallic** ['gælɪk] *a* 1) гáлльский 2) *шутл.* францу́зский

**gallic** ['gælɪk] *a хим.* гáлловый

**gallicism** ['gælɪsɪzm] *n* галлици́зм

**galligaskins** [,gælɪ'gæskɪnz] *n pl* 1) ширóкие штаны́ XVI—XVII *вв.* 2) *шутл.* ширóкие брю́ки

**gallimaufry** [,gælɪ'mɔ:frɪ] *n* вся́кая вся́чина, мешани́на

**gallinaceous** [,gælɪ'neɪʃəs] *a зоол.* кури́ный

**galliot** ['gælɪət] *n ист.* галиóт (*быстроходная парусная галера*)

**gallipot** ['gælɪpɔt] *n* 1) аптéчная (обливнáя) бáнка 2) = galipot

**gallium** ['gælɪəm] *n хим.* гáллий

**gallivant** [,gælɪ'vænt] *v* 1) ухáживать, флиртовáть 2) шля́ться, шатáться, броди́ть

**gall-nut** ['gɔ:lnʌt] = gall III

**Gallomaniac** [,gæləu'meɪnɪæk] *n* галломáн

**gallon** ['gælən] *n* галлóн (*мера жидких и сыпучих тел, англ.* =

4,54 *л, тж.* imperial ~; *амер.* = 3,78 *л*)

**galloon** [gə'lu:n] *n* галу́н

**gallop** ['gæləp] **1.** *n* гало́п; at full ~ во весь опо́р

**2.** *v* 1) скака́ть гало́пом, галопи́ровать 2) пуска́ть (*лошадь*) гало́пом 3) бы́стро прогресси́ровать 4) де́лать (*что-л.*) бы́стро (*часто* ~ through, ~ over)

**galloper** ['gæləpə] *n воен.* 1) *разг.* дежу́рный; посы́льный на мотоци́кле 2) лёгкая пу́шка

**gallophil** ['gæləufɪl] *n* галлофи́л

**gallophobe** ['gæləufəub] *n* галлофо́б

**galloping** ['gæləpɪŋ] **1.** *pres. p. от* gallop 2

**2.** *a* несу́щийся (гало́пом) ◇ ~ consumption скороте́чная чахо́тка

**galloway** ['gæləweɪ] *n шотл.* малоро́слая, но си́льная ло́шадь

**gallows** ['gæləuz] *n pl* (*обыкн. употр. как sing*) 1) ви́селица; to come to the ~ быть пове́шенным 2) ко́злы 3) *pl разг.* подтя́жки, по́мочи 4) *стр.* непо́лный дверно́й окла́д

**gallows-bird** ['gæləuzbə:d] *n разг.* негодя́й, ви́сельник

**gallows-tree** ['gæləuztri:] = gallows 1)

**gall-stone** ['gɔ:lstəun] *n мед.* жёлчный ка́мень

**Gallup poll** ['gæləppəul] *n амер.* социологи́ческий опро́с населе́ния; выявле́ние обще́ственного мне́ния по разли́чным вопро́сам (*напр., о возможных результатах голосования*)

**galluses** ['gæləsɪz] *n pl амер. разг.* подтя́жки

**galoot** [gə'lu:t] *n мор. жарг.* 1) молодо́й солда́т морско́й пехо́ты 2) *амер. преим. шутл.* неуклю́жий челове́к, у́вален

**galop** ['gæləp] **1.** *n* гало́п (*танец*)

**2.** *v* танцева́ть гало́п

**galore** [gə'lɔ:] **1.** *adv* в изоби́лии; there is fruit ~ in the Crimea this summer в э́том году́ в Крыму́ огро́мный урожа́й фру́ктов

**2.** *n редк.* изоби́лие

**galosh** [gə'lɔʃ] *n* гало́ша; *амер.* рези́новый бот

**galumph** [gə'lʌmf] *v разг.* пры́гать от ра́дости, скака́ть

**galvanic** [gæl'vænɪk] *a* 1) *физ.* гальвани́ческий 2) возбужда́ющий 3) спазмати́ческий; неожи́данный *или* неесте́ственный (*об улыбке, движениях и т. п.*)

**galvanism** ['gælvənɪzm] *n* 1) *физ.* гальвани́зм 2) *мед.* гальваниза́ция

**galvanization** [ˌgælvənaɪ'zeɪʃən] *n мед., тех.* гальваниза́ция

**galvanize** ['gælvənaɪz] *v* 1) гальванизи́ровать; оцинко́вывать 2) оживля́ть; возбужда́ть; to ~ smb. into action побужда́ть кого́-л. к де́йствию; заста́вить кого́-л. де́йствовать

**galvanometer** [ˌgælvə'nɔmɪtə] *n эл.* гальвано́метр

**gambade** [gæm'beɪd] = gambado

**gambado** [gæm'beɪdəu] *n* (*pl* -os, -oes [-əuz]) 1) прыжо́к, курбе́т (*лошади*) 2) неожи́данная вы́ходка

**gambit** ['gæmbɪt] *n* 1) *шахм.* гамби́т 2) пе́рвый шаг (*в чём-л.*) (*тж.* opening ~) 3) усту́пка с це́лью получе́ния вы́годы в дальне́йшем

**gamble** ['gæmbl] **1.** *n* 1) аза́ртная игра́ 2) риско́ванное предприя́тие, авантю́ра

**2.** *v* 1) игра́ть в аза́ртные и́гры; to ~ away проигра́ть в ка́рты (*состояние и т. п.*) 2) спекули́ровать (*на бирже*) 3) рискова́ть (with)

**gambler** ['gæmblə] *n* 1) игро́к, картёжник 2) афери́ст

**gamboge** [gæm'bu:ʒ] *n* гуммигу́т (*млечный сок некоторых тропических растений; тж. жёлтая краска из этого сока*)

**gambol** ['gæmbəl] **1.** *n* 1) прыжо́к 2) весе́лье

**2.** *v* пры́гать, скака́ть

**game I** [geɪm] **1.** *n* 1) игра́; to play the ~ игра́ть по пра́вилам; *перен.* поступа́ть благоро́дно; to play a good (poor) ~ быть хоро́шим (плохи́м) игроко́м 2) *спорт.* игра́, па́ртия; a ~ of tennis па́ртия в те́ннис; гейм 3) *pl* соревнова́ния; и́гры 4) развлече́ние, заба́ва; what a ~! как заба́вно! 5) шу́тка; to have a ~ with дура́чить (*кого-л.*); to make ~ of высме́ивать; подшу́чивать; to speak in ~ говори́ть в шу́тку 6) за́мысел, прое́кт, де́ло 7) уло́вка, увёртка, хи́трость, «фо́кус»; none of your ~s оста́вьте э́ти шту́ки, без фо́кусов ◇ the ~ is up «ка́рта би́та», де́ло проигра́но; the ~ is not worth the candle игра́ не сто́ит свеч; two can play at that ~ ≅ посмо́трим ещё, чья возьмёт; to have the ~ in one's hands быть уве́ренным в успе́хе; this ~ is yours вы вы́играли

**2.** *a* 1) сме́лый; боево́й, задо́рный 2) охо́тно гото́вый (*сделать что-л.*); to be ~ for anything быть гото́вым на всё; ничего́ не боя́ться

**3.** *v* игра́ть в аза́ртные и́гры □ ~ **away** проигра́ть

**game II** [geɪm] *n* 1) дичь; fair ~ дичь, на кото́рую разрешено́ охо́титься; *перен.* (зако́нный) объе́кт нападе́ния; объе́кт тра́вли; big ~ кру́пная дичь, кру́пный зверь; *перен.* жела́нная добы́ча 2) мя́со ди́ких у́ток, куропа́ток, зайча́тина *и т. п.*

**game III** [geɪm] *a* искалёченный, парализо́ванный (*о руке, ноге*)

**game-bag** ['geɪmbæg] *n* ягдта́ш, охо́тничья су́мка

**game-bird** ['geɪmbə:d] *n* перна́тая дичь

**game-chicken** ['geɪmˌʧɪkən] = game-cock

**game-cock** ['geɪmkɔk] *n* бойцо́вый пету́х

**game-fish** ['geɪmfɪʃ] *n* промысло́вая ры́ба

**gamekeeper** ['geɪmˌki:pə] *n* лесни́к, охраня́ющий дичь (*от браконьеров и т. п.*), охо́тничий инспе́ктор

**game-laws** ['geɪmlɔ:z] *n pl* зако́ны по охра́не ди́чи; пра́вила охо́ты

**game-preserve** ['geɪmprɪ'zə:v] *n* охо́тничий запове́дник

**games-master** ['geɪmzˌmɑ:stə] *n* преподава́тель физкульту́ры

**games-mistress** ['geɪmzˌmɪstrɪs] *n* преподава́тельница физкульту́ры

**gamesome** ['geɪmsəm] *a* весёлый, игри́вый, шутли́вый

**gamester** ['geɪmstə] *n* игро́к, картёжник

**gamete** ['gæmi:t] *n биол.* гаме́та, полова́я клe̋тка

**gamin** [gɑ:'mæŋ] *фр. n* беспризо́рник; у́личный мальчи́шка

**gaming-house** ['geɪmɪŋhaus] *n* иго́рный дом

**gaming-table** ['geɪmɪŋˌteɪbl] *n* 1) иго́рный стол 2) аза́ртная игра́ на де́ньги

**gamma** ['gæmə] *n* 1) га́мма (*третья буква греческого алфавита*) 2) *физ.* га́мма 3) со́вка-га́мма (*бабочка*)

**gamma rays** ['gæməreɪz] *n pl физ.* га́мма-лучи́

**gammer** ['gæmə] *n разг.* стару́ха; мама́ша, ба́бушка (*обращение*)

**gammon I** ['gæmən] **1.** *n* о́корок

**2.** *v* копти́ть, заса́ливать о́корок, пригота́вливать беко́н

**gammon II** ['gæmən] **1.** *n* 1) обма́н 2) болтовня́

**2.** *v* 1) обма́нывать 2) нести́ вздор

**gammoning I** ['gæmənɪŋ] **1.** *pres. p. от* gammon I, 2

**2.** *n* засо́лка и копче́ние о́корока, приготовле́ние беко́на

**gammoning II** ['gæmənɪŋ] *pres. p. от* gammon II, 2

**gammy** ['gæmɪ] *a разг.* хромо́й

**gamp** [gæmp] *n шутл.* (большо́й) зо́нтик

**gamut** ['gæmət] *n* 1) *муз.* га́мма 2) диапазо́н (*голоса*) 3) полнота́, глубина́ (*чего-л.*); to experience the whole ~ of suffering испыта́ть всю полноту́ страда́ния

**gamy I** ['geɪmɪ] *a* 1) изоби́лующий ди́чью 2) с душко́м (*о дичи*)

**gamy II** ['geɪmɪ] *a разг.* сме́лый, задо́рный

**gander** ['gændə] *n* 1) гуса́к 2) глупе́ц; проста́к 3) *разг.* жена́тый челове́к 4) *амер. разг.* челове́к, живу́щий врозь с жено́й; соло́менный вдове́ц ◇ to see how the ~ hops выжида́ть дальне́йшего развёртывания собы́тий

**gang I** [gæŋ] **1.** *n* 1) па́ртия *или* брига́да (*рабочих и т. п.*); арте́ль; сме́на; section ~ па́ртия железнодоро́жных рабо́чих (*на путевом участке*) 2) ша́йка, ба́нда; press ~ а) га́нгстеры пера́, ша́йка газе́тчиков; б) *ист.* гру́ппа вербо́вщиков (*в армию или флот*) 3) *разг.* компа́ния 4) набо́р, компле́кт (*инструментов*) 5) *attr.*: ~ leader бригади́р (*рабочих и т. п.*)

**2.** *v* 1) организова́ть брига́ду 2) организова́ть ша́йку; вступи́ть в ша́йку (*тж.* ~ up) 3) напада́ть (*тж.* ~ up)

**gang** II [gæŋ] *v шотл.* идти́

**ganger** I ['gæŋə] *n* деся́тник

**ganger** II ['gæŋə] *n* 1) пешехо́д 2) бы́страя ло́шадь

**ganglia** ['gæŋglɪə] *pl от* ganglion

**gangling** ['gæŋglɪŋ] *a разг.* долговя́зый, неуклю́жий

**ganglion** ['gæŋglɪən] *n* (*pl* -lia) 1) *анат.* га́нглий, не́рвный у́зел 2) центр (*деятельности, интересов*)

**gang-plank** ['gæŋplæŋk] *n* схо́дня, трап

**gangrene** ['gæŋgri:n] **1.** *n* гангре́на; омертве́ние

**2.** *v* 1) вызыва́ть омертве́ние 2) подверга́ться омертве́нию

**gangrenous** ['gæŋgrɪnəs] *a* гангрено́зный, омертве́лый

**gang-saw** ['gæŋsɔ:] *n* лесопи́льная ра́ма

**gangsman** ['gæŋzmən] = ganger I

**gangster** ['gæŋstə] *n* га́нгстер, банди́т

**gangway** ['gæŋweɪ] *n* 1) *мор.* схо́дня; продо́льный мо́стик 2) прохо́д ме́жду ряда́ми (*кресел и т. п.*) 3) *парл.* прохо́д, разделя́ющий пала́ту о́бщин на две ча́сти; members above the ~ мини́стры и чле́ны парла́мента, те́сно свя́занные с официа́льной поли́тикой свои́х па́ртий 4) *стр.* рабо́чие мостки́ 5) *горн.* штрек

**ganoid** ['gænɔɪd] **1.** *a* 1) гла́дкий и блестя́щий (*о чешуе*) 2) гано́идный (*о рыбе*)

**2.** *n* гано́идная ры́ба

**gantlet** ['gæntlət] = gauntlet II

**gantry** ['gæntrɪ] *n* 1) порта́л подъёмного кра́на 2) *ж.-д.* сигна́льный мо́стик (*над железнодорожными путями*) 3) подста́вка для бо́чек (*в погребе*) 4) *радио* радиолокацио́нная анте́нна

**gantry-crane** ['gæntrɪ'kreɪn] *n* порта́льный кран

**gaol** [dʒeɪl] **1.** *n* 1) тюрьма́ 2) тюре́мное заключе́ние

**2.** *v* заключа́ть в тюрьму́

**gaol-bird** ['dʒeɪlbə:d] *n* ареста́нт; уголо́вник

**gaoler** ['dʒeɪlə] *n* тюре́мщик; тюре́мный надзира́тель

**gap** [gæp] *n* 1) брешь, проло́м, щель 2) промежу́ток, интерва́л; «окно́» (*в расписании*) 3) пробе́л, лаку́на, про́пуск; to close (*или* to stop, to fill up) the ~ запо́лнить пробе́л 4) отстава́ние (*в чём-л.*); утра́та, дефици́т 5) глубо́кое расхожде́ние (*во взглядах и т. п.*); разры́в 6) го́рный прохо́д, глубо́кое уще́лье 7) *воен.* проры́в (*в обороне*) 8) *тех.* зазо́р, люфт 9) *ав.* расстоя́ние ме́жду кры́льями биплана ◇ to stand in the ~ приня́ть на себя́ гла́вный уда́р (*противника*)

**gape** [geɪp] **1.** *n* 1) зево́к 2) изумлённый взгляд 3) (the ~s) *pl* зево́та (*болезнь кур*); *шутл.* при́ступ зево́ты 4) отве́рстие; зия́ние

**2.** *v* 1) широко́ разева́ть рот; зева́ть 2) глазе́ть (at — на) 3) изумля́ться; to make smb. ~ изуми́ть кого́-либо 4) зия́ть □ ~ after, ~ for стра́стно жела́ть *чего-л.*; ~ on, ~ upon смотре́ть в изумле́нии на *что-л.*

**gaper** ['geɪpə] *n* зева́ка

**gape-seed** ['geɪpsi:d] *n разг.* 1) то, на что глазе́ют; to seek (*или* to buy, to sow) ~ толка́ться без де́ла (*на рынке и т. п.*) 2) бесце́льное разгля́дывание 3) зева́ка

**gappy** ['gæpɪ] *a* с промежу́тками, с пробе́лами; непо́лный; his speech was ~ он не выгова́ривал мно́жество звуко́в

**garage** ['gærɑ:ʒ] **1.** *n* гара́ж

**2.** *v* ста́вить в гара́ж

**garb** [gɑ:b] **1.** *n* 1) наря́д, одея́ние; in the ~ of a sailor в оде́жде матро́са 2) стиль оде́жды

**2.** *v* (*обыкн. pass.*) одева́ть, облача́ть; to ~ oneself in motley облачи́ться в шутовско́й наря́д

**garbage** ['gɑ:bɪdʒ] *n* 1) (ку́хонные) отбро́сы; гнию́щий му́сор 2) вну́тренности, требуха́ 3) макулату́ра, чти́во (*тж.* literary ~) 4) *attr.*: ~ heap of history сва́лка исто́рии

**garbage-collector** ['gɑ:bɪdʒkə,lektə] *n* убо́рщик му́сора, му́сорщик

**garble** ['gɑ:bl] *v* подтасо́вывать, искажа́ть (*факты, доказательства*)

**garçon** [gɑ:r'sɔ:ŋ] *фр. n* официа́нт, гарсо́н

**garden** ['gɑ:dn] **1.** *n* 1) сад; the ~ of England юг Англии 2) огоро́д (*тж.* kitchen ~) 3) *pl* парк 4) *attr.* садо́вый; огоро́дный

**2.** *v* возде́лывать, разводи́ть (*сад*)

**garden-bed** ['gɑ:dnbed] *n* гря́дка, клу́мба

**garden city** ['gɑ:dn,sɪtɪ] *n* го́род-са́д

**gardener** ['gɑ:dnə] *n* 1) садо́вник 2) огоро́дник 3) садово́д

**garden-frame** ['gɑ:dnfreɪm] *n* парнико́вая ра́ма

**garden hose** ['gɑ:dnhəuz] *n* садо́вый шланг

**garden-house** ['gɑ:dnhaus] *n* 1) бесе́дка 2) до́мик в саду́

**gardenia** [gɑ:'di:njə] *n бот.* гарде́ния

**gardening** ['gɑ:dnɪŋ] **1.** *pres. p. от* garden 2

**2.** *n* садово́дство

**garden-party** ['gɑ:dn,pɑ:tɪ] *n* приём госте́й в саду́

**garden-plot** ['gɑ:dnplɔt] *n* уча́сток земли́ под са́дом; садо́вый уча́сток

**garden pruner** ['gɑ:dn,pru:nə] *n* сека́тор, садо́вые но́жницы

**garden seat** ['gɑ:dnsi:t] *n* садо́вая скамья́

**garden-stuff** ['gɑ:dnstʌf] *n* о́вощи, плоды́, цветы́; зе́лень

**garden-tillage** ['gɑ:dn,tɪlɪdʒ] *n* садово́дство

**garden truck** ['gɑ:dn'trʌk] *n амер.* о́вощи и фру́кты; to raise ~ for the market выра́щивать о́вощи и фру́кты для прода́жи

**garfish** ['gɑ:fɪʃ] *n* сарга́н (*рыба*)

**gargantuan** [gɑ:'gæntjuən] *a* колосса́льный, гига́нтский; ~ appetite зве́рский аппети́т

**garget** ['gɑ:gɪt] *n вет.* воспале́ние зе́ва (*у свиней*); воспале́ние вы́мени (*у коров, овец и т. п.*)

**gargle** ['gɑ:gl] **1.** *n* полоска́ние (*для горла*)

**2.** *v* полоска́ть (*горло*)

**gargoyle** ['gɑ:gɔɪl] *n* горгу́лья, выступа́ющая водосто́чная труба́ в ви́де фантасти́ческой фигу́ры (*в готической архитектуре*)

**garibaldi** [,gærɪ'bɔ:ldɪ] *n* же́нская *или* де́тская блу́за

**garish** ['geərɪʃ] *a* 1) крича́щий (*о платье, красках*); показно́й 2) я́ркий, ослепи́тельный

**garland** ['gɑ:lənd] **1.** *n* 1) гирля́нда, вено́к; диаде́ма 2) приз; па́льма пе́рвенства 3) *уст.* антоло́гия

**2.** *v* 1) украша́ть гирля́ндой, венко́м 2) *редк.* плести́ вено́к

**garlic** ['gɑ:lɪk] *n* 1) чесно́к; a clove of ~ зубо́к чеснока́ 2) *attr.*: ~ bulblet (*или* hop) зубо́к чеснока́

**garlicky** ['gɑ:lɪkɪ] *a* чесно́чный

**garment** ['gɑ:mənt] **1.** *n* 1) предме́т оде́жды 2) *pl* оде́жда 3) покро́в, одея́ние; the earth's ~ of green зелёный покро́в земли́

**2.** *v* (*преим. p. p.*) *поэт.* одева́ть

**garner** ['gɑ:nə] *поэт., ритор.* **1.** *n* амба́р; жи́тница (*тж. перен.*)

**2.** *v* ссыпа́ть зерно́ в амба́р; скла́дывать в амба́р, запаса́ть

**garnet** ['gɑ:nɪt] *n* 1) *мин.* грана́т 2) тёмно-кра́сный цвет 3) *мор.* гито́в-та́ли

**garnish** ['gɑ:nɪʃ] **1.** *n* 1) гарни́р 2) украше́ние, отде́лка

**2.** *v* 1) гарни́ровать (*блюдо*) 2) украша́ть, отде́лывать; swept and ~ed приведённый в поря́док и укра́шенный

**garniture** ['gɑ:nɪtʃə] *n* 1) украше́ние; орна́мент; отде́лка 2) гарни́р 3) гарниту́ра, принадле́жности

**garret** ['gærət] *n* 1) черда́к; манса́рда 2) *разг.* голова́, «черда́к»

**garreteer** [,gærə'tɪə] *n* обита́тель манса́рды; бе́дный литера́тор

**garrison** ['gærɪsn] **1.** *n* гарнизо́н

**2.** *v* 1) ста́вить гарнизо́н, вводи́ть войска́ 2) назнача́ть на гарнизо́нную слу́жбу

**garrotte** [gə'rɔt] *исп.* **1.** *n* 1) гарро́та (*орудие казни — род железного ошейника*) 2) казнь гарро́той 3) удуше́ние с це́лью грабежа́

**2.** *v* 1) казни́ть посре́дством удуше́ния гарро́той 2) удуши́ть при ограбле́нии

**garrulity** [gæ'ru:lɪtɪ] *n* болтли́вость, говорли́вость, словоохо́тливость

**garrulous** ['gærʊləs] *a* 1) болтли́вый, говорли́вый, словоохо́тливый 2) журча́щий (*о ручье*)

**garter** ['gɑ:tə] **1.** *n* 1) подвя́зка 2) (the G.) о́рден Подвя́зки

**2.** *v* 1) наде́ть подвя́зку 2) наде́ть *или* пожа́ловать о́рден Подвя́зки

**garth** [gɑ:θ] *n уст., поэт.* 1) огоро́женное ме́сто 2) двор, сад 3) *с.-х.* запру́да для ло́вли ры́бы

**gas** [gæs] **1.** *n* 1) газ; газообра́зное те́ло; natural ~ приро́дный газ; producer ~ генера́торный газ 2) свети́льный газ 3) *амер. разг.* бензи́н, газоли́н; горю́чее; step on the ~! дай га́зу!, увели́чь ско́рость! 4) *разг.* болтовня́, бахва́льство 5) *горн.* мета́н, рудни́чный газ 6) *воен.* отравля́ющее вещество́ 7) *мед.* ве́тры, га́зы

**2.** *v* 1) заража́ть отравля́ющими веществами; производи́ть хими́ческое нападе́ние 2) отравля́ть(ся) га́зом; she ~sed herself она́ отрави́лась га́зом 3) наполня́ть га́зом; насыща́ть га́зом 4) выделя́ть газ 5) *амер.* заправля́ться горю́чим 6) *разг.* болта́ть; бахва́литься; нести́ вздор для отво́да глаз; stop ~sing! переста́нь болта́ть вздор!

**gas-alarm** [ˈgæsəˈlɑːm] *n* хими́ческая трево́га

**gas-alert** [ˈgæsəˈləːt] *n* 1) = gas-alarm 2) хими́ческая гото́вность; положе́ние противога́за «нагото́ве»

**gasateria** [ˌgæsəˈtɪərɪə] *n амер. разг.* бензозапра́вочная коло́нка самообслу́живания

**gas attack** [ˈgæsəˌtæk] *n* хими́ческое нападе́ние

**gas-bag** [ˈgæsbæg] *n* 1) га́зовый балло́н 2) аэроста́т 3) *разг.* болту́н; пустозво́н

**gas-bomb** [ˈgæsbɔm] *n* хими́ческая бо́мба

**gasbracket** [ˈgæsˌbrækɪt] *n* га́зовый рожо́к

**gas-burner** [ˈgæsˌbəːnə] = gas-jet

**gas chamber** [ˈgæsˌtʃeɪmbə] *n* га́зовая ка́мера, душегу́бка

**Gascon** [ˈgæskən] *n* 1) гаско́нец 2) хвасту́н

**gasconade** [ˌgæskəˈneɪd] **1.** *n* хвастовство́, бахва́льство

**2.** *v* хва́статься, бахва́литься

**gas defence** [ˈgæsdɪˌfens] *n* противохими́ческая оборо́на

**gaselier** [ˌgæsəˈlɪə] *n* га́зовая лю́стра

**gas-engine** [ˈgæsˌendʒɪn] *n* 1) га́зовый дви́гатель 2) дви́гатель вну́треннего сгора́ния

**gaseous** [ˈgæsjəs] *a* га́зовый; газообра́зный

**gas-field** [ˈgæsfiːld] *n* месторожде́ние приро́дного га́за

**gas-fire** [ˈgæsˌfaɪə] *n* га́зовая плита́

**gas-fitter** [ˈgæsˌfɪtə] *n* газопрово́дчик, сле́сарь-газовщи́к

**gas-furnace** [ˈgæsˌfəːnɪs] *n* га́зовая печь

**gash** [gæʃ] **1.** *n* 1) глубо́кая ра́на, разре́з 2) *тех.* надре́з; запи́л

**2.** *v* наноси́ть глубо́кую ра́ну

**gas-holder** [ˈgæsˌhəuldə] *n* газго́льдер, газохрани́лище

**gasification** [ˌgæsɪfɪˈkeɪʃən] *n* газифика́ция, превраще́ние в газ

**gasiform** [ˈgæsɪfɔːm] *a* газообра́зный

**gasify** [ˈgæsɪfaɪ] *v* газифици́ровать; превраща́ть(ся) в газ

**gas-jet** [ˈgæsdʒet] *n* га́зовый рожо́к, горе́лка

**gasket** [ˈgæskɪt] *n тех.* прокла́дка, наби́вка, са́льник

**gaslight** [ˈgæslaɪt] *n* 1) га́зовое освеще́ние 2) га́зовая ла́мпа

**gas-main** [ˈgæsmeɪn] *n* газопрово́д, га́зовая магистра́ль

**gas-man** [ˈgæsmæn] *n* 1) инкасса́тор по счета́м за газ 2) = gas-fitter

**gas-mantle** [ˈgæsˌmæntl] *n тех.* кали́льная се́тка

**gas-mask** [ˈgæsmɑːsk] *n* противога́з

**gas-meter** [ˈgæsˌmiːtə] *n* га́зовый счётчик, газоме́р

**gasolene, gasoline** [ˈgæsəuliːn] *n* 1) газоли́н 2) *амер.* бензи́н

**gasometer** [gæˈsɔmɪtə] *n* 1) газо́метр 2) = gas-meter

**gasp** [gɑːsp] **1.** *n* затруднённое дыха́ние; уду́шье; at one's last ~ а) при после́днем издыха́нии; б) в после́дний моме́нт; to give a ~ онеме́ть от изумле́ния

**2.** *v* 1) дыша́ть с трудо́м, задыха́ться; лови́ть во́здух 2) открыва́ть рот (*от изумления*) □ ~ **for** стра́стно жела́ть; ~ **out** произноси́ть задыха́ясь ◇ to ~ out one's life испусти́ть дух, сконча́ться

**gasper** [ˈgɑːspə] *n разг.* дешёвая папиро́са

**gaspingly** [ˈgɑːspɪŋlɪ] *adv* 1) задыха́ясь; с оды́шкой 2) в изумле́нии

**gas-plant** [ˈgæsˈplɑːnt] *n* 1) га́зовый заво́д 2) газогенера́торная устано́вка

**gas-producer** [ˈgæsprəˌdjuːsə] *n* газогенера́тор

**gas-proof** [ˈgæspruːf] *a* газонепроница́емый; ~ shelter газоубе́жище

**gas-ring** [ˈgæsrɪŋ] *n* га́зовое кольцо́, горе́лка

**gassed** [gæst] **1.** *p. p. от* gas 2

**2.** *a* отра́вленный га́зами; поражённый, заражённый отравля́ющими веществами

**gas-shell** [ˈgæsʃel] *n* хими́ческий снаря́д

**gas-shelter** [ˈgæsˌʃeltə] *n* газоубе́жище

**gassing** [ˈgæsɪŋ] **1.** *pres. p. от* gas 2

**2.** *n* 1) отравле́ние га́зом 2) оку́ривание га́зом 3) га́зовая дезинфе́кция 4) выделе́ние га́за 5) *разг.* болтовня́; бахва́льство

**gas-station** [ˈgæsˌsteɪʃən] *n амер.* автозапра́вочная ста́нция; *разг.* бензоколо́нка

**gas-stove** [ˈgæsstəuv] *n* га́зовая плита́

**gassy** [ˈgæsɪ] *a* 1) газообра́зный 2) по́лный га́за 3) *разг.* болтли́вый, пусто́й

**gas-tank** [ˈgæstæŋk] *n амер.* 1) резервуа́р для га́за 2) *авто, ав.* бак для горю́чего; бензоба́к

**gast(e)ropoda** [ˈgæstərəpɔdə] *n pl зоол.* брюхоно́гие

**gas-tight** [ˈgæstaɪt] = gas-proof

**gastric** [ˈgæstrɪk] *a* желу́дочный; ~ ulcer я́зва желу́дка; ~ juice желу́дочный сок

**gastritis** [gæsˈtraɪtɪs] *n мед.* гастри́т

**gastroenteritis** [ˈgæstrəuˌentəˈraɪtɪs] *n мед.* гастроэнтери́т

**gastronome** [ˈgæstrənəum] *n* гастроно́м, гурма́н

**gastronomer** [gæsˈtrɔnəmə] = gastronome

**gastronomic** [ˌgæstrəˈnɔmɪk] *a* гастрономи́ческий

**gastronomist** [gæsˈtrɔnəmɪst] = gastronome

**gastronomy** [gæsˈtrɔnəmɪ] *n* кулина́рия, гастроно́мия

**gas-warfare** [ˈgæsˌwɔːfɛə] *n* хими́ческая война́

**gas-works** [ˈgæswəːks] *n* га́зовый заво́д

**gat** [gæt] *n амер. разг.* револьве́р

**gate** [geɪt] **1.** *n* 1) воро́та; кали́тка 2) вход, вы́ход 3) заста́ва, шлагба́ум 4) коли́чество зри́телей (*на стадионе, выставке и т. п.*) 5) сбор (*денежный — на стадионе, выставке и т. п.*) 6) *pl* часы́, когда́ воро́та колле́джа (*в Оксфорде и Кембридже*) запира́ются на́ ночь 7) го́рный прохо́д 8) шлюз 9) *тех.* щит, затво́р; кла́пан, засло́нка; ши́бер; ли́тник ◇ to give the ~ дать отста́вку, уво́лить; to get the ~ получи́ть отста́вку, быть уво́ленным; to open the ~ for (*или* to) smb. откры́ть кому́-л. путь

**2.** *v* запира́ть воро́та колле́джа по́сле изве́стного ча́са (*в Оксфорде и Кембридже*)

**gate-bill** [ˈgeɪtbɪl] *n* штрафна́я за́пись опозда́вших студе́нтов [*см.* gate 1, 6)]

**gate-crash** [ˈgeɪtkræʃ] *v разг.* 1) приходи́ть незва́ным 2) прони́кнуть на вне́шний ры́нок

**gate-crasher** [ˈgeɪtˌkræʃə] *n разг.* 1) «за́яц», безбиле́тный зри́тель 2) незва́ный гость

**gatehouse** [ˈgeɪthaus] *n* 1) сторо́жка у воро́т 2) *гидр.* зда́ние управле́ния шлю́зами *или* щита́ми гидравли́ческих сооруже́ний

**gate-keeper** [ˈgeɪtˌkiːpə] *n* приврáтник, сто́рож

**gate-legged** [ˈgeɪtlegd] *a*: ~ table стол с откидно́й кры́шкой

**gate-money** [ˈgeɪtˌmʌnɪ] = gate 1, 5)

**gate-post** [ˈgeɪtpəust] *n* воро́тный столб ◇ between you and me and the ~ ме́жду на́ми

**gateway** [ˈgeɪtweɪ] *n* 1) воро́та 2) вход 3) подворо́тня

**gather** [ˈgæðə] **1.** *v* 1) собира́ть; to ~ a crowd собира́ть толпу́ 2) собира́ться, скопля́ться 3) рвать (*цветы*); снима́ть (*урожай*); собира́ть (*ягоды*) 4) поднима́ть (*с земли, с пола*) 5) накопля́ть, приобрета́ть; to ~ experience (strength) накопля́ть о́пыт (си́лы); to ~ way тро́гаться (*о судне*) 6) мо́рщить (*лоб*); собира́ть в скла́дки (*платье*) 7) нарыва́ть; to ~ head назрева́ть (*о нарыве*) 8) де́лать вы́вод, умозаключа́ть; I could ~ nothing from his statement я ничего́ не мог поня́ть из его́ заявле́ния □ ~ **up** а) подбира́ть; to ~ up the thread of a story подхвати́ть нить расска́за; б) сумми́ровать; в) съёжиться, заня́ть ме́ньше ме́ста; г): to ~ oneself up подтяну́ться; собра́ться с си́лами

**2.** *n pl* сбо́рки

**gathering** [ˈgæðərɪŋ] **1.** *pres. p. от* gather 1

**2.** *n* 1) собира́ние; комплектова́ние 2) собра́ние; сбо́рище; встре́ча; скопле́ние 3) *с.-х.* убо́рка (*хлеба или сена*); убо́рочный сезо́н 4) *мед.* нагное́ние; нары́в

**gauche** [gəuʃ] *фр. а* неуклю́жий, нело́вкий

**gaud** [gɔ:d] *n* 1) безвку́сное украше́ние; мишура́ 2) игру́шка; безде́лка 3) *pl* пы́шные пра́зднества

**gaudy** I [ˈgɔ:dɪ] *n* 1) большо́е пра́зднество 2) ежего́дный обе́д в честь бы́вших студе́нтов (*в англ. университетах*)

**gaudy** II [ˈgɔ:dɪ] *а* 1) я́ркий, крича́щий, безвку́сный 2) цвети́стый, витиева́тый (*о стиле*)

**gauffer** [ˈgəufə] = goffer

**gauge** [geɪdʒ] **1.** *n* 1) ме́ра, масшта́б, разме́р; кали́бр; to take the ~ of измеря́ть; оце́нивать 2) крите́рий; спо́соб оце́нки 3) измери́тельный прибо́р 4) шабло́н, лека́ло; этало́н 5) кали́бр (*пули*); но́мер, толщина́ (*проволоки*); *эл.* сорта́мент (*проводов*) 6) *ж.-д.* ширина́ коле́и; broad (narrow) ~ широ́кая (у́зкая) колея́ 7) *мор.* (*обыкн.* gage) положе́ние относи́тельно ве́тра ◇ to have the weather ~ of име́ть преиму́щество пе́ред *кем-л.*

**2.** *v* 1) измеря́ть, проверя́ть (*размер*) 2) оце́нивать (*человека, характер*) 3) градуи́ровать, калиброва́ть; вывер́ять, клейми́ть (*меры*) 4) подводи́ть под определённый разме́р

**gauge-glass** [ˈgeɪdʒglɑ:s] *n* водоме́рное стекло́

**gauging-station** [ˈgeɪdʒɪŋˌsteɪʃən] *n* *гидр.* гидрометри́ческая ста́нция

**Gaul** [gɔ:l] *n* 1) *ист.* Га́ллия 2) *ист.* галл 3) *шутл.* францу́з

**Gauleiter** [ˈgauˌlaɪtə] *нем. n* гаулéйтер (*национал-социалистский руководитель области в фашистской Германии, обыкн. на оккупированных территориях*)

**Gaulish** [ˈgɔ:lɪʃ] **1.** *а* 1) га́лльский 2) *шутл.* францу́зский

**2.** *n* 1) га́лльский язы́к 2) *шутл.* францу́зский язы́к

**gaunt** [gɔ:nt] *а* 1) сухопа́рый; исхуда́лый, измождённый 2) вы́тянутый в длину́; дли́нный 3) мра́чный, отта́лкивающий

**gauntlet** I [ˈgɔ:ntlɪt] *n* 1) рукави́ца; перча́тка с кра́гами (*шофёра, фехтовальщика и т. п.*) 2) *ист.* ла́тная рукави́ца ◇ to throw (*или* to fling) down the ~ бро́сить перча́тку, бро́сить вы́зов; to take (*или* to pick) up the ~ приня́ть вы́зов

**gauntlet** II [ˈgɔ:ntlɪt] *n*: to run the ~ проходи́ть сквозь строй; *перен.* подверга́ться ре́зкой кри́тике

**gauntry** [ˈgɔ:ntrɪ] = gantry

**gauss** [gaus] *n физ.* га́усс

**gauze** [gɔ:z] *n* 1) газ (*материя*) 2) ма́рля 3) ды́мка (*в воздухе*) 4) *тех.* металли́ческая се́тка, про́волочная ткань

**gauzy** [ˈgɔ:zɪ] *а* то́нкий, просве́чивающий (*особ. о ткани*)

**gave** [geɪv] *past от* give 1

**gavel** [ˈgævl] *n* молото́к (*председателя собрания, судьи или аукциониста*)

**gavotte** [gəˈvɔt] *n* гаво́т

**gawk** [gɔ:k] **1.** *n* остоло́п, рази́ня; простофи́ля

**2.** *v* смотре́ть с глу́пым ви́дом; тара́щить глаза́

**gawky** [ˈgɔ:kɪ] *а* неуклю́жий; засте́нчивый (*о человеке*)

**gay** [geɪ] *а* 1) весёлый; ра́достный 2) беспу́тный; to lead a ~ life вести́ беспу́тную жизнь 3) я́ркий, пёстрый; наря́дный, блестя́щий

**gazabo** [gəˈzeɪbəu] = gazebo

**gaze** [geɪz] **1.** *n* при́стальный взгляд; to stand at ~ смотре́ть при́стально; to be at ~ находи́ться в состоя́нии замеша́тельства, быть в изумле́нии

**2.** *v* при́стально глядеть (at, on, upon — на); вгля́дываться

**gazebo** [gəˈzi:bəu] *n* (*pl* -os, -oes [-əuz]) *архит.* 1) вы́шка на кры́ше до́ма, бельведе́р 2) застеклённый балко́н 3) да́ча (*с открывающимся вдаль видом*)

**gazelle** [gəˈzel] *n* газе́ль

**gazer** [ˈgeɪzə] *n* при́стально глядя́щий челове́к; star ~ наблюда́ющий за звёздами; *шутл.* звездочёт

**gazette** [gəˈzet] **1.** *n* 1) официа́льный о́рган печа́ти, прави́тельственный бюллете́нь; to appear in the G., to have one's name in the G. быть упомя́нутым в газе́те; «попа́сть в газе́ту», *особ.* быть объя́вленным несостоя́тельным должнико́м 2) *уст.* газе́та

**2.** *v* (*обыкн. pass.*) опублико́вывать в официа́льной газе́те ◇ to be ~d *воен.* быть произведённым; быть назна́ченным

**gazetteer** [ˌgæzɪˈtɪə] *n* 1) географи́ческий спра́вочник 2) *уст.* журнали́ст, газе́тный рабо́тник

**gazogene** [ˈgæzəudʒi:n] *n* 1) аппара́т для гази́рования напи́тков 2) газогенера́тор

**gear** [gɪə] **1.** *n* 1) механи́зм, аппара́т; прибо́р 2) приспособле́ния, принадле́жности 3) *тех.* шестерня́, зубча́тая переда́ча; переда́точный механи́зм; приво́д; in ~ включённый, сце́пленный, де́йствующий; out of ~ невключённый, неде́йствующий, нерабо́тающий; to throw out of ~ вы́ключить переда́чу; to get into ~ включи́ть переда́чу; *перен.* включи́ться в рабо́ту; to go into 1st, 2nd, *etc.* ~ переключа́ться на 1-ю, 2-ю *и т. д.* ско́рость; in high ~ на большо́й (*или* тре́тьей) ско́рости; *перен.* в разга́ре; low ~ ни́зшая, пе́рвая переда́ча 4) у́пряжь 5) дви́жимое иму́щество, у́тварь, оде́жда 6) *мор.* такела́ж; сна́сти

**2.** *v* 1) снабжа́ть приво́дом 2) приводи́ть в движе́ние (*механизм*) 3) зацепля́ть, сцепля́ться (*о зубцах колёс*) 4) направля́ть по определённому пла́ну; приспоса́бливать; to ~ oneself for war гото́виться к войне́ 5) запряга́ть (*часто* ~ up) □ ~ **down** замедля́ть (*движение*); ~ **into** приспособля́ть, пригоня́ть; ~ **to** свя́зывать с, ста́вить в зави́симость от; ~ **up** ускоря́ть (*движение и т. п.*)

**gear-box** [ˈgɪəbɔks] *n тех.* коро́бка переда́ч, коро́бка скоросте́й

**gear-case** [ˈgɪəkeɪs] = gear-box

**gearing** [ˈgɪərɪŋ] **1.** *pres. p. от* gear 2

**2.** *n тех.* зацепле́ние; зубча́тая переда́ча, приво́д

**gear-ratio** [ˈgɪəˌreɪʃɪəu] *n тех.* переда́точное число́

**gear-wheel** [ˈgɪəwi:l] *n* зубча́тое колесо́

**gee** [dʒi:] *int* 1) но!, пошёл! (*окрик, которым погоняют лошадь*) 2) *амер.* вот так та́к!, вот здо́рово!

**gee(-gee)** [ˈdʒi:(dʒi:)] *n разг.* лоша́дка

**geese** [gi:s] *pl от* goose I

**gee-up** [ˈdʒi:ʌp] = gee 1)

**gee whizz** [ˈdʒi:wɪz] *int амер.* = gee 2)

**geezer** [ˈgi:zə] *n разг.* челове́к со стра́нностями

**Gehenna** [gɪˈhenə] *n* гее́нна, ад

**Geiger counter** [ˈgaɪgəˈkauntə] *n* *физ.* счётчик Ге́йгера

**geisha** [ˈgeɪʃə] *n* ге́йша

**gel** [dʒel] *n хим.* гель

**gelatin(e)** [ˌdʒeləˈti:n] *n* желати́н; сту́день, желе́

**gelatinize** [dʒɪˈlætɪnaɪz] *v* превраща́ть(ся) в сту́день

**gelatinous** [dʒɪˈlætɪnəs] *а* желати́новый; студени́стый

**gelation** [dʒɪˈleɪʃən] *n* 1) заморáживание 2) застыва́ние (*при охлаждении*)

**geld** [geld] *v* (gelded [-ɪd], gelt) кастри́ровать

**gelding** [ˈgeldɪŋ] **1.** *pres. p. от* geld

**2.** *n* кастри́рованное живо́тное, *особ.* ме́рин

**gelid** [ˈdʒelɪd] *а* 1) ледяно́й, студёный 2) леденя́щий, холо́дный (*о тоне, манере*)

**gelignite** [ˈdʒelɪgnaɪt] *n горн.* гелигни́т

**gelt** [gelt] *past и p. p. от* geld

**gem** [dʒem] **1.** *n* 1) драгоце́нный ка́мень, самоцве́т; ге́мма 2) *перен.* драгоце́нность; жемчу́жина; the ~ of the whole collection са́мая прекра́сная вещь во всей колле́кции; she is a ~ она́ пре́лесть 3) *амер.* пре́сная сдо́бная бу́лочка

**2.** *v* украша́ть драгоце́нными камня́ми; stars ~ the sky звёзды сверка́ют на не́бе, как драгоце́нные ка́мни

**geminate** [ˈdʒemɪneɪt] **1.** *а* сдво́енный, располо́женный па́рами

2. *v* удва́ивать, сдва́ивать
**gemination** [ˌdʒemɪ'neɪʃən] *n* удвое́ние, сдва́ивание
**Gemini** ['dʒemɪnaɪ] *n pl* Близнецы́ (*созвездие и знак зодиака*)
**gemma** ['dʒemə] *n* (*pl* -ae) 1) *бот.* по́чка 2) *зоол.* ге́мма
**gemmae** ['dʒemi:] *pl от* gemma
**gemmate** 1. *a* ['dʒemɪt] име́ющий по́чки; размножа́ющийся почкова́нием
2. *v* ['dʒemeɪt] дава́ть по́чки; размножа́ться почкова́нием
**gemmation** [dʒe'meɪʃən] *n* образова́ние по́чек; почкова́ние
**gemmiferous** [dʒe'mɪfərəs] *a* 1) почконо́сный 2) содержа́щий драгоце́нные ка́мни (*о месторождении*)
**gen** [dʒen] *n* (*сокр. от* general information) *воен. жарг.* (разве́дывательные) да́нные, информа́ция, све́дения
**gendarme** ['ʒɑ:ndɑ:m] *фр. n* жанда́рм
**gendarmerie** [ʒɑ:n'dɑ:mərɪ] *фр. n* жандарме́рия
**gender** ['dʒendə] 1. *n* 1) *грам.* род 2) *шутл.* пол
2. *v поэт.* порожда́ть
**gene** [dʒi:n] *n биол.* ген
**genealogical** [ˌdʒi:njə'lɔdʒɪkəl] *a* родосло́вный, генеалоги́ческий
**genealogy** [ˌdʒi:nɪ'ælədʒɪ] *n* генеало́гия; родосло́вная
**genera** ['dʒenərə] *pl от* genus
**general** I ['dʒenərəl] *a* 1) о́бщий, о́бщего хара́ктера, всео́бщий; генера́льный; ~ meeting о́бщее собра́ние; ~ impression о́бщее впечатле́ние; ~ public широ́кая пу́блика, обще́ственность; ~ workers неквалифици́рованные рабо́чие, разнорабо́чие; ~ strike всео́бщая забасто́вка; ~ hospital неспециализи́рованная больни́ца, больни́ца о́бщего ти́па; in ~ вообще́ 2) повсеме́стный 3) обы́чный; as a ~ rule как пра́вило; in a ~ way обы́чным путём 4) гла́вный; ~ lay-out генера́льный план (строи́тельства); G. Headquarters штаб главнокома́ндующего, ста́вка; гла́вное кома́ндование; ~ staff общевойсково́й штаб; G. Staff генера́льный штаб (*сухопутных войск*) ◇ ~ (post) delivery пе́рвая у́тренняя разно́ска по́чты; *амер.* (по́чта) до востре́бования
**general** II ['dʒenərəl] *n* генера́л; полково́дец
**General-in-Chief** ['dʒenərəlɪn'tʃi:f] *n* (*pl* Generals-in-Chief) главнокома́ндующий
**generalissimo** [ˌdʒenərə'lɪsɪməu] *n* (*pl* -os [-əuz]) генерали́ссимус
**generality** [ˌdʒenə'rælɪtɪ] *n* 1) всео́бщность; примени́мость ко всему́ 2) неопределённость 3) утвержде́ние о́бщего хара́ктера; *pl* о́бщие места́ 4) (the ~) большинство́; бо́льшая часть
**generalization** [ˌdʒenərəlaɪ'zeɪʃən] *n* 1) обобще́ние; don't be hasty in ~ не спеши́те с обобще́ниями 2) о́бщее пра́вило
**generalize** ['dʒenərəlaɪz] *v* 1) обобща́ть; своди́ть к о́бщим зако́нам 2) распространя́ть; вводи́ть в о́бщее употребле́ние 3) придава́ть неопределённость; говори́ть неопределённо, в о́бщей фо́рме
**generalized** ['dʒenərəlaɪzd] 1. *p. p. от* generalize
2. *a* обобщённый; ~ form of value *полит.-эк.* всео́бщая фо́рма сто́имости
**generally** ['dʒenərəlɪ] *adv* 1) обы́чно, как пра́вило; в це́лом; it is ~ recognized общепри́знано 2) в о́бщем смы́сле, вообще́ 3) широ́ко́ (*распространённый*); в большинстве́ слу́чаев, бо́льшей ча́стью; the plan was ~ welcomed план был одо́брен большинство́м
**generalship** ['dʒenərəlʃɪp] *n* 1) генера́льский чин, зва́ние генера́ла 2) полково́дческое иску́сство 3) (иску́сное) руково́дство
**Generals-in-Chief** ['dʒenərəlzɪn'tʃi:f] *pl от* General-in-Chief
**generate** ['dʒenəreɪt] *v* 1) порожда́ть, вызыва́ть 2) производи́ть; генери́ровать
**generation** [ˌdʒenə'reɪʃən] *n* 1) поколе́ние; a ~ ago в про́шлом поколе́нии; лет три́дцать наза́д; in our ~ в на́ше вре́мя, в на́шу эпо́ху; over the past ~ в тече́ние жи́зни про́шлого поколе́ния 2) род, пото́мство 3) порожде́ние; зарожде́ние 4) *тех.* генера́ция, образова́ние (*пара*)
**generative** ['dʒenərətɪv] *a* производя́щий; производи́тельный; порожда́ющий
**generator** ['dʒenəreɪtə] *n* 1) производи́тель 2) *тех.* исто́чник эне́ргии; генера́тор
**generatrices** ['dʒenəreɪtrɪsi:z] *pl от* generatrix
**generatrix** ['dʒenəreɪtrɪks] *n* (*pl* -trices) *мат.* образу́ющая
**generic** [dʒɪ'nerɪk] *a* 1) родово́й; характе́рный для определённого кла́сса, ви́да *и т. п.* 2) о́бщий
**generosity** [ˌdʒenə'rɔsɪtɪ] *n* 1) великоду́шие; благоро́дство 2) ще́дрость
**generous** ['dʒenərəs] *a* 1) великоду́шный; благоро́дный; a ~ nature благоро́дная нату́ра 2) ще́дрый 3) оби́льный; большо́й; изря́дный; a ~ amount большо́е коли́чество; of ~ size большо́го разме́ра 4) плодоро́дный (*о почве*) 5) интенси́вный; густо́й (*о цвете*) 6) вы́держанный, кре́пкий (*о вине*)
**genesis** ['dʒenɪsɪs] *n* 1) происхожде́ние, возникнове́ние; ге́незис 2) (G.) *библ.* Кни́га Бытия́
**genet** ['dʒenɪt] *n зоол.* гене́тта, ви́верра
**genetic** [dʒɪ'netɪk] *a* генети́ческий
**genetics** [dʒɪ'netɪks] *n pl* (*употр. как sing*) гене́тика
**geneva** [dʒɪ'ni:və] *n* джин, можжеве́ловая насто́йка, во́дка
**Genevan** [dʒɪ'ni:vən] 1. *a* жене́вский
2. *n* 1) жене́вец 2) кальвини́ст; кальвини́стка
**Geneva stop** [dʒɪ'ni:vəstɔp] *n тех.* мальти́йский крест
**genial** I ['dʒi:njəl] *a* 1) до́брый, серде́чный, раду́шный; доброду́шный; общи́тельный 2) мя́гкий (*о климате*) 3) *поэт., уст.* плодоро́дный, производя́щий 4) *редк.* бра́чный 5) *уст.* гениа́льный
**genial** II [dʒɪ'naɪəl] *a анат.* подборо́дочный
**geniality** [ˌdʒi:nɪ'ælɪtɪ] *n* 1) доброта́, серде́чность, раду́шие; доброду́шие; общи́тельность 2) мя́гкость (*климата*)
**genially** ['dʒi:njəlɪ] *adv* серде́чно; доброду́шно
**genie** ['dʒi:nɪ] *n* (*pl* genii) джин (*из арабских сказок*)
**genii** I ['dʒi:nɪaɪ] *pl от* genius 1)
**genii** II ['dʒi:nɪaɪ] *pl от* genie
**genista** [dʒɪ'nɪstə] *n бот.* дрок
**genital** ['dʒenɪtl] 1. *a* детоpо́дный, полово́й
2. *n pl* половы́е о́рганы
**genitive** ['dʒenɪtɪv] *грам.* 1. *a* роди́тельный
2. *n* роди́тельный паде́ж
**genius** ['dʒi:njəs] *n* 1) (*pl* genii) ге́ний, дух; good (evil) ~ до́брый (злой) дух, до́брый (злой) ге́ний 2) (*тк. sing*) одарённость; гениа́льность; a man of ~ гениа́льный челове́к 3) (*pl* -ses) ге́ний, гениа́льный челове́к, гениа́льная ли́чность 4) (*pl* -ses) чу́вства, настрое́ния, свя́занные с каки́м-л. ме́стом 5) (*pl* -ses) дух (*века, времени, нации, языка, закона*)
**genocide** ['dʒenəusaɪd] *n* геноци́д
**Genoese** [ˌdʒenəu'i:z] 1. *a* генуэ́зский
2. *n* генуэ́зец
**genotype** ['dʒenəutaɪp] *n биол.* геноти́п
**genre** [ʒɑ:ŋr] *фр. n* 1) жанр, мане́ра 2) литерату́рный стиль 3) *attr.* жа́нровый; ~ painting жа́нровая жи́вопись
**gent** [dʒent] *разг. см.* gentleman 1) *и* 2)
**genteel** [dʒen'ti:l] *a ирон.* 1) благоро́дный; благовоспи́танный; све́тский 2) мо́дный, изя́щный, элега́нтный; жема́нный
**gentian** ['dʒenʃɪən] *n бот.* гореча́вка
**gentile** ['dʒentaɪl] *n* 1) *библ.* неевре́й 2) *амер.* немормо́н 3) *редк.* язы́чник
**gentility** [dʒen'tɪlɪtɪ] *n* 1) *часто ирон.* (претензия на) элега́нтность; аристократи́ческие зама́шки 2) *уст.* родови́тость, зна́тность; знать
**gentle** ['dʒentl] 1. *a* 1) мя́гкий, до́брый; ти́хий, споко́йный; кро́ткий (*о характере*); the ~ sex прекра́сный пол 2) не́жный, ла́сковый (*о голосе*) 3) лёгкий, сла́бый (*о ветре; о наказании и т. п.*); with a ~ hand осторо́жно 4) послу́шный, сми́рный (*о животных*) 5) родови́тый, зна́тный 6) отло́гий 7) *уст.* ве́жливый, великоду́шный;

~ reader благосклóнный читáтель (*обращение автора к читателю в книге*)

2. *n* нажи́вка (*для ужения*)

3. *v* 1) облагорáживать, дéлать мя́гче (*человека*) 2) объезжáть (*лошадь*)

**gentlefolks** [ˈdʒentlfəuks] *n pl* дворя́нство, знать

**gentlehood** [ˈdʒentlhud] *n* 1) знáтность 2) благовоспи́танность; любéзность

**gentleman** [ˈdʒentlmən] *n* 1) джентльмéн; господи́н 2) хорошó воспи́танный и порядочный человéк; ~'s agreement джентльмéнское соглашéние 3) *ист.* дворяни́н 4) *pl* мужскáя убóрная ◇ ~ in waiting камергéр; ~'s ~ лакéй; ~ at large *шутл.* человéк без определённых заня́тий; ~ of the long robe судья́, юри́ст; gentlemen of the cloth духовéнство; ~ of the road а) «ры́царь большóй дорóги», разбóйник; б) коммивояжёр; ~ of fortune пирáт; авантюри́ст; the old ~ *шутл.* дья́вол; the ~ in black velvet крот

**gentleman-at-arms** [ˈdʒentlmənətˈɑːmz] *n* лейб-гвардéец

**gentlemanlike** [ˈdʒentlmənlaɪk] *a* 1) прили́чествующий джентльмéну, поступáющий по-джентльмéнски [*см.* gentleman 2)] 2) воспи́танный; вéжливый

**gentlemanly** [ˈdʒentlmənlɪ] = gentlemanlike

**gentleness** [ˈdʒentlnɪs] *n* 1) мя́гкость; добротá 2) отлóгость

**gentlewoman** [ˈdʒentlˌwumən] *n* 1) дáма, лéди 2) *ист.* дворя́нка 3) *уст.* фрéйлина; камери́стка

**gently** [ˈdʒentlɪ] *adv* 1) мя́гко, нéжно, крóтко; ти́хо 2) спокóйно, осторóжно, умéренно; ~! ти́ше!, лéгче! ◇ ~ born знáтный, родови́тый

**gentry** [ˈdʒentrɪ] *n* 1) джéнтри, нетитулóванное мелкопомéстное дворя́нство 2) *пренебр.*, *шутл.* определённая грýппа людéй; these ~ э́ти господá

**gents** [dʒents] *n разг.* мужскáя убóрная

**genual** [ˈdʒiːnjuəl] *a анат.* колéнный

**genuflect** [ˈdʒenju(ː)flekt] *v* преклоня́ть колéна

**genuflection, genuflexion** [ˌdʒenju(ː)ˈflekʃən] *n* коленопреклонéние

**genuine** [ˈdʒenjuɪn] *a* 1) пóдлинный, и́стинный, неподдéльный, настоя́щий; ~ diamond настоя́щий бриллиáнт 2) и́скренний; ~ sorrow и́скреннее гóре 3) *с.-х.* чистопорóдный

**genuinely** [ˈdʒenjuɪnlɪ] *adv* и́скренне; неподдéльно

**genus** [ˈdʒiːnəs] *n* (*pl* genera) 1) *биол.* род 2) сорт; вид

**geocentric** [ˌdʒi(ː)əuˈsentrɪk] *a* геоцентри́ческий

**geochemistry** [ˌdʒi(ː)əuˈkemɪstrɪ] *n* геохи́мия

**geodesy** [dʒi(ː)ˈɔdɪsɪ] *n* геодéзия

**geodetic** [ˌdʒi(ː)əuˈdetɪk] *a* геодези́ческий

**geognosy** [dʒɪˈɔgnəsɪ] *n* геогнóзия

**geographer** [dʒɪˈɔgrəfə] *n* геóграф

**geographic** [dʒɪəˈgræfɪk] = geographical

**geographical** [dʒɪəˈgræfɪkəl] *a* географи́ческий

**geography** [dʒɪˈɔgrəfɪ] *n* геогрáфия

**geologic(al)** [dʒɪəˈlɔdʒɪk(əl)] *a* геологи́ческий; ~ age геологи́ческий вóзраст

**geologist** [dʒɪˈɔlədʒɪst] *n* геóлог

**geologize** [dʒɪˈɔlədʒaɪz] *v* 1) изучáть геолóгию 2) занимáться геологи́ческими исслéдованиями

**geology** [dʒɪˈɔlədʒɪ] *n* геолóгия

**geomagnetic(al)** [ˌdʒi(ː)əumægˈnetɪk(əl)] *a* геомагни́тный; ~ field магни́тное пóле Земли́

**geometer** [dʒɪˈɔmɪtə] *n* геóметр

**geometrical** [dʒɪəˈmetrɪkəl] *a* геометри́ческий; ~ progression геометри́ческая прогрéссия

**geometrically** [dʒɪəˈmetrɪkəlɪ] *adv* геометри́чески; по геометри́ческим при́нципам

**geometrician** [ˌdʒɪəuməˈtrɪʃən] = geometer

**geometry** [dʒɪˈɔmɪtrɪ] *n* геомéтрия

**geophysical** [ˌdʒi(ː)əuˈfɪzɪkəl] *a* геофизи́ческий

**geophysics** [ˌdʒi(ː)əuˈfɪzɪks] *n pl* (*употр. как sing*) геофи́зика

**geopolitics** [ˈdʒi(ː)əuˈpɔlɪtɪks] *n pl* (*употр. как sing*) геополи́тика

**George** [dʒɔːdʒ] *n ав. жарг.* лётчик; автопилóт ◇ by ~! ей-бóгу!, чéстное слóво!; вот так тáк!

**georgette** [dʒɔːˈdʒet] *n текст.* жоржéт

**Georgian I** [ˈdʒɔːdʒjən] **1.** *a* грузи́нский

2. *n* 1) грузи́н; грузи́нка; the ~s *pl собир.* грузи́ны 2) грузи́нский язы́к

**Georgian II** [ˈdʒɔːdʒjən] *амер.* **1.** *a* относя́щийся к штáту Джóрджия

2. *n* урожéнец штáта Джóрджия

**Georgian III** [ˈdʒɔːdʒjən] *a* врéмени, эпóхи однóго из англи́йских королéй Гéоргов

**geranium** [dʒɪˈreɪnjəm] *n бот.* герáнь, журавéльник

**gerfalcon** [ˈdʒəːˌfɔːlkən] *n зоол.* (исля́ндский) крéчет

**geriatrics** [ˌdʒerɪˈætrɪks] *n pl* (*употр. как sing*) гериатри́я

**germ** [dʒəːm] **1.** *n* 1) *биол.* зарóдыш, эмбриóн; *бот.* зáвязь; in ~ в зарóдыше, в зачáточном состоя́нии 2) микрóб 3) зачáток; происхождéние; the ~ of an idea происхождéние идéи; in ~ в зарóдыше, в зачáточном состоя́нии 4) *attr.*: ~ warfare бактериологи́ческая войнá

2. *v* давáть ростки́, развивáться

**German** [ˈdʒəːmən] **1.** *a* гермáнский, немéцкий ◇ ~ Ocean *уст.* Сéверное мóре

2. *n* 1) нéмец; нéмка; the ~s *pl собир.* нéмцы 2) немéцкий язы́к; High (Low) верхненемéцкий (нижненемéцкий) язы́к

**German badgerdog** [ˈdʒəːmənˈbædʒədɔg] *n* тáкса (*порода собак*)

**germander** [dʒəːˈmændə] *n бот.* дубрóвник

**germane** [dʒəːˈmeɪn] *a* умéстный, подходя́щий (to)

**Germanic** [dʒəːˈmænɪk] **1.** *a* 1) *ист.* гермáнский 2) тевтóнский

2. *n лингв.* гермáнский праязы́к; общегермáнский язы́к

**Germanism** [ˈdʒəːmənɪzm] *n* 1) *лингв.* немéцкий оборóт, германи́зм 2) германофи́льство

**germanium** [dʒəːˈmeɪnɪəm] *n хим.* гермáний

**Germanize** [ˈdʒəːmənaɪz] *v* германизи́ровать, онемéчивать

**German measles** [ˈdʒəːmənˈmiːzlz] *n* краснýха

**German text** [ˈdʒəːmənˈtekst] *n* готи́ческий шрифт

**germicide** [ˈdʒəːmɪsaɪd] **1.** *n* веществó, убивáющее бактéрии

2. *a* убивáющий бактéрии, бактерици́дный

**germinal** [ˈdʒəːmɪnl] *a* зарóдышевый; зачáточный

**germinate** [ˈdʒəːmɪneɪt] *v* 1) давáть пóчки *или* ростки́ 2) вызывáть к жи́зни, порождáть

**germination** [ˌdʒəːmɪˈneɪʃən] *n* 1) прорастáние 2) рост, разви́тие

**gerontocracy** [ˌdʒerɔnˈtɔkrəsɪ] *n* прави́тельство *или* правлéние старéйших

**gerontology** [ˌdʒerɔnˈtɔlədʒɪ] *n* геронтолóгия, учéние о стáрости

**Gerry** [ˈgerɪ] = Jerry

**gerrymander** [ˈdʒerɪmændə] **1.** *n* 1) предвы́борные махинáции 2) махинáции

2. *v* 1) искажáть фáкты, фальсифици́ровать 2) подтасóвывать вы́боры

**gerund** [ˈdʒerənd] *n грам.* герýндий

**gerund-grinder** [ˈdʒerəndˌgraɪndə] *n пренебр.* учи́тель лати́нского языкá; учи́тель-педáнт

**gerundive** [dʒɪˈrʌndɪv] *грам.* **1.** *n* геруди́в

2. *a* герундиáльный

**gesso** [ˈdʒesəu] *n* гипс (*для скульптуры*)

**gestation** [dʒesˈteɪʃən] *n* 1) берéменность; период берéменности 2) созревáние (*плана, проекта*)

**gesticulate** [dʒesˈtɪkjuleɪt] *v* жестикули́ровать

**gesticulation** [dʒesˌtɪkjuˈleɪʃən] *n* жестикуля́ция

**gesture** [ˈdʒestʃə] **1.** *n* 1) жест; телодвижéние; a fine ~ благорóдный жест 2) ми́мика (*тж.* facial ~) ◇ friendly ~ дрýжеский жест

2. *v* жестикули́ровать

**get** [get] **1.** *v* (got; *p. p. уст., амер.* gotten) 1) получáть; доставáть, добывáть; we can ~ it for you мы мóжем достáть э́то для вас; you'll ~ little by it вы мáло что от э́того вы́играете; to ~ advantage получи́ть преимýщество 2) зарабáтывать; to ~ a living зарабáтывать на жизнь 3) схвати́ть, заразúться; to ~ an illness заболéть 4) покупáть, приобретáть; to ~ a new coat купи́ть нóвое пальтó 5) получáть;

брать; I ~ letters every day я получа́ю пи́сьма ежедне́вно; to ~ a leave получи́ть, взять о́тпуск; to ~ singing lessons брать уро́ки пе́ния 6) достига́ть, добива́ться (from, out of); we couldn't ~ permission from him мы не могли́ получи́ть у него́ разреше́ния; to ~ glory доби́ться сла́вы 7) доставля́ть, приноси́ть; ~ me a chair принеси́ мне стул; I got him to bed я уложи́л его́ спать 8) прибы́ть, добра́ться, дости́чь (*какого-л. места*; to); попа́сть (*куда-л.*); we cannot ~ to Moscow tonight сего́дня ве́чером мы не попадём в Москву́ 9) *разг.* понима́ть, постига́ть; I don't ~ you я вас не понима́ю; to ~ it right поня́ть пра́вильно 10) ста́вить в тупи́к; the answer got me отве́т меня́ озада́чил 11) устана́вливать, вычисля́ть; we ~ 9.5 on the average мы получи́ли 9,5 в сре́днем 12) *разг.* съеда́ть (*завтрак, обед и т. п.*); go and ~ your breakfast поза́втракай сейча́с же 13) порожда́ть, производи́ть (*о животных*) 14) *perf. разг.* име́ть, облада́ть, владе́ть; I've got very little money у меня́ о́чень ма́ло де́нег; he has got the measles у него́ корь 15) (*perf.*; *с inf.*) быть обя́занным, быть до́лжным (*что-л. сделать*); I've got to go for the doctor at once я до́лжен неме́дленно идти́ за врачо́м 16) (*с последующим сложным дополнением — n или pron + inf.*) заста́вить, убеди́ть (*кого-л. сделать что-либо*); to ~ smb. to speak заста́вить кого́-л. вы́ступить; we got our friends to come to dinner мы уговори́ли свои́х друзе́й прийти́ к обе́ду; to ~ a tree to grow in a bad soil суме́ть вы́растить де́рево на плохо́й по́чве 17) (*с последующим сложным дополнением — n или pron + p. p. или a*) *обозначает*: а) *что действие выполнено или должно быть выполнено кем-л. по желанию субъекта*: I got my hair cut я постри́гся, меня́ постри́гли; you must ~ your coat made вы должны́ (отда́ть) сшить себе́ пальто́; б) *что какой-то объект приведён действующим лицом в определённое состояние*; you'll ~ your feet wet вы промо́чите но́ги; she's got her face scratched она́ оцара́пала лицо́ 18) (*с последующим инфинитивом или герундием*) *означает начало или однократность действия*: to ~ to know узна́ть; they got talking они́ на́чали разгова́ривать 19) (*глагол-связка в составном именном сказуемом или вспомогательный глагол в pass.*) станови́ться, де́латься; to ~ old старе́ть; to ~ angry (рас)серди́ться; to ~ better а) опра́виться; б) стать лу́чше; to ~ drunk опьяне́ть; to ~ married жени́ться; you'll ~ left behind вас обгоня́т, вы оста́нетесь позади́ 20) (*с последующим существительным*) *выражает действие, соответствующее значению существительного*; to ~ some sleep сосну́ть; to ~ a glimpse of smb. ме́льком уви́деть кого́-л. □ ~ **about** а) распространя́ться (*о слухах*); б) начина́ть (вы)ходи́ть по́сле боле́зни; ~ **abroad** распространя́ться (*о слухах*); станови́ться изве́стным; ~ **across** а) перебира́ться, переправля́ться; б) чётко изложи́ть; to ~ across an idea чётко изложи́ть мысль; ~ **ahead** а) продвига́ться, б) преуспева́ть; ~ **along** а) жить; обходи́ться; I'll ~ along somehow я уж ка́к-нибудь устро́юсь; to ~ along without food обходи́ться без пи́щи; to ~ along in years старе́ть; б) справля́ться с де́лом; преуспева́ть; в) ужива́ться, ла́дить; they ~ along они́ ла́дят; ~ **at** а) добра́ться, дости́гнуть; б) дозвони́ться (*по телефону*); в) поня́ть, пости́гнуть; I cannot ~ at the meaning я не могу́ поня́ть смы́сла; г) *разг.* подкупа́ть; д) *разг.* высме́ивать; ~ **away** а) уходи́ть; отправля́ться; удира́ть; выбира́ться; б) удра́ть с добы́чей (with); *амер.* вы́йти из положе́ния, вы́йти сухи́м из воды́ (with); вы́играть состяза́ние (with); в) *ав.* взлете́ть, оторва́ться; г) *амер. авто* тро́гать с ме́ста; ~ **back** а) верну́ться; б) возмеща́ть (*потерю, убытки*); ~ **behind** *амер.* а) подде́рживать; б) внима́тельно ознако́миться; ~ **by** а) проходи́ть, проезжа́ть; there's enough room for the car to ~ by автомоби́ль вполне́ мо́жет здесь прое́хать; б) сдать (*экзамен*); в) выходи́ть сухи́м из воды́; г) своди́ть концы́ с конца́ми; устра́иваться; ~ **down** а) спусти́ться, сойти́; б) снять (*с полки*); в) прогла́тывать, г) засе́сть (за *учение и т. п.*; to); ~ **in** а) входи́ть; б) пройти́ на вы́борах; в) сажа́ть (*семена*); г) убира́ть (*сено, урожай*); д) нанести́ уда́р; е) верну́ть (*долги и т. п.*); ж) войти́ в пай, уча́ствовать (on — в); ~ **into** а) войти́, прибы́ть; б) надева́ть, напя́ливать (*одежду*); ~ **off** а) сойти́, слезть; б) снима́ть (*платье*); в) отбыва́ть, отправля́ться; г) начина́ть; he got off to a flying start он на́чал блестя́ще; д) убежа́ть; спасти́сь, отде́латься (*от наказания и т. п.*); е) отка́лывать (*шутки*); ж) *ав.* отрыва́ться от земли́, поднима́ться; з) *разг.* знако́миться; ~ **on** а) де́лать успе́хи, преуспева́ть; how is he ~ting on? как (иду́т) его́ дела́?; б) старе́ть; ста́риться; в) приближа́ться (*о времени*); it is ~ting on for supper-time вре́мя бли́зится к у́жину; г) надева́ть; д) сади́ться (*на лошадь*); е) ужива́ться, ла́дить (with); ж) продолжа́ть; let's ~ on with the meeting продо́лжим собра́ние; ~ **out** а) выходи́ть, вылеза́ть (from, of — из); to ~ out of shape потеря́ть фо́рму; to ~ out of sight исче́знуть из по́ля зре́ния; ~ out! уходи́!, прова́ливай!; б) вынима́ть, выта́скивать (from, of — из); в) произнести́, вы́молвить; г) стать изве́стным (*о секрете*); д) выве́дывать, выспра́шивать; е) бро́сить (*привычку*; of); ж) избега́ть (*делать что-л.*); з): what did you ~ out of his lecture? что вы вы́несли из его́ ле́кции?; what did you ~ out of the deal? ско́лько вы зараб́отали на э́той сде́лке?; ~ **over** а) перейти́, переле́зть, перепра́виться (че́рез); б) опра́виться (*после болезни, от испуга*); в) преодоле́ть (*трудности*); поко́нчить, разде́латься с *чем-л.*; г) пройти́ (*расстояние*); д) привы́кнуть к *чему-л.*; свы́кнуться с мы́слью о *чём-л.*; е) пережи́ть *что-л.*; ж): to ~ over smb. *разг.* перехитри́ть, обойти́ кого́-л.; ~ **round** а) обману́ть, перехитри́ть, обойти́ *кого-л.*; заста́вить сде́лать по-сво́ему; б) обходи́ть (*закон, вопрос и т. п.*); в) *амер.* приезжа́ть, прибыва́ть; г) вы́здороветь; ~ **through** а) пройти́ че́рез *что-л.*; б) спра́виться с *чем-л.*; вы́держать экза́мен; в) провести́ (*законопроект*); г) пройти́ (*о законопроекте*); ~ **to** а) принима́ться за *что-л.*; б) добра́ться до *чего-л.*; to ~ to close quarters *воен.* сбли́зиться, подойти́ на бли́зкую диста́нцию; *перен.* сцепи́ться (*в споре*); столкну́ться лицо́м к лицу́; в): to ~ smb. to уговори́ть кого́-л. (*сделать что-л.*); ~ **together** а) собира́ть(ся); встреча́ть(-ся); б) *амер. разг.* совеща́ться; прийти́ к соглаше́нию; ~ **under** гаси́ть, туши́ть (*пожар*); ~ **up** а) встава́ть, поднима́ться (*тж. на гору*); б) сади́ться (*в экипаж, на лошадь*); в) уси́ливаться (*о пожаре, ветре, буре*); г) дорожа́ть (*о товарах*); д) подгота́вливать, осуществля́ть; оформля́ть (*книгу*); ста́вить (*пьесу*); е) гримирова́ть, наряжа́ть; причёсывать; to ~ oneself up тща́тельно оде́ться, вы́рядиться; ж) поднима́ть (*якорь*); з) вспугну́ть дичь; и) уси́ленно изуча́ть (*что-л.*) ◊ to ~ by heart вы́учить наизу́сть; to ~ one's hand in наби́ть ру́ку в *чём-л.*, осво́иться с *чем-л.*; to ~ smth. into one's head вбить что-л. себе́ в го́лову; to ~ one's breath перевести́ дыха́ние; прийти́ в себя́; to ~ on one's feet (*или* legs) встава́ть (*чтобы говорить публично*); to have got smb., smth. on one's nerves раздража́ться из-за кого́-л., чего́-л.; to ~ under way сдви́нуться с ме́ста; отпра́виться; to ~ a head захмеле́ть, име́ть тяжёлую го́лову с похме́лья; to ~ hold of суме́ть схвати́ть (*часто мысль*); to ~ the mitten (*или* the sack, walking orders, walking papers) быть уво́ленным; to ~ it (hot) получи́ть нагоня́й; to ~ in wrong with smb. попа́сть в неми́лость к кому́-л.; to ~ one's own way сде́лать по-сво́ему, поста́вить на своём; to ~ nowhere ничего́ не дости́чь; to ~ off with a whole skin ≅ вы́йти сухи́м из воды́; ~ along with you! *разг.* убира́йтесь!; ~ away with you! *шутл.* да ну́ тебя́!; не болта́й глу́постей!; ~ out with you! уходи́!, прова́ливай!; I got him (*или* through to him) on the telephone at last наконе́ц я дозвони́лся к нему́

2. *n* припло́д, пото́мство (*у животных*)

**get-at-able** [get'ætəbl] *a* досту́пный

**getaway** [ˈgetəweɪ] *n* 1) *разг.* бéгство; побéг; to make a ~ а) бежáть; б) ускользнýть 2) *спорт.* старт

**getter** [ˈgetə] *n* 1) приобретáтель; добы́тчик 2) *горн.* забóйщик 3) производи́тель (*о жеребце, быке*) 4) *радио* гéттер

**get-together** [ˈgettəˌgeðə] *n* 1) встрéча, сбор, совещáние, сбóрище, собрáние 2) вечери́нка

**get-tough** [ˈgettʌf] *a разг.* жёсткий; ~ policy жёсткая поли́тика

**get-up** [ˈgetʌp] *n* 1) устрóйство, óбщая структýра 2) *разг.* манéра одевáться; стиль 3) одéжда, обмундировáние 4) *разг.* оформлéние (*книги*) 5) постанóвка (*пьесы*) 6) *амер. разг.* энéргия, предприи́мчивость

**gewgaw** [ˈgjuːgɔː] *n* безделýшка, пустя́к; мишурá

**geyser** *n* 1) [ˈgaɪzə] гéйзер 2) [ˈgiːzə] гáзовая колóнка (*ванны*)

**gharri, gharry** [ˈgærɪ] *инд. n* повóзка; наёмный экипáж

**ghastly** [ˈgɑːstlɪ] **1.** *a* 1) стрáшный 2) мéртвенно-блéдный; при́зрачный; ~ smile страдáльческая улы́бка 3) *разг.* ужáсный; неприя́тный

**2.** *adv* стрáшно, ужáсно, чрезвычáйно

**gha(u)t** [gɔːt] *инд. n* 1) гóрная цепь 2) гóрный прохóд 3) при́стань на рекé

**ghee** [giː] *инд. n* топлёное мáсло (*из молока буйволицы*)

**gherkin** [ˈgəːkɪn] *n* корнишóн

**ghetto** [ˈgetəu] *n* (*pl* -os [-əuz]) гéтто

**ghost** [gəust] **1.** *n* 1) привидéние, при́зрак; дух 2) душá, дух; to give up the ~ испусти́ть дух 3) тень, лёгкий след (*чего-л.*); ~s of the past тéни прóшлого; not to have the ~ of a chance не имéть ни малéйшего шáнса; the ~ of a smile чуть замéтная улы́бка 4) факти́ческий áвтор, тáйно рабóтающий на другóе лицó; писáтель-неви́димка

**2.** *v* 1) преслéдовать, броди́ть как привидéние 2) дéлать за другóго рабóту (*в области литературы или искусства*)

**ghostly** [ˈgəustlɪ] *a* 1) похóжий на привидéние; при́зрачный 2) духóвный; ~ father духовни́к

**ghostwriter** [ˈgəustˌraɪtə] *амер.* = ghost 4)

**ghoul** [guːl] *n* 1) вурдалáк, упы́рь, вампи́р 2) кладби́щенский вор

**ghoulish** [ˈguːlɪʃ] *a* дья́вольский, отврати́тельный; мéрзкий

**GI** [ˈdʒiːˈaɪ] (*сокр. от* government issue) *амер* **1.** *n* солдáт ◇ ~ bride *разг.* невéста *или* женá америкáнского солдáта из другóй страны́

**2.** *a* 1) казённый, воéнного образцá 2) армéйский

**giant** [ˈdʒaɪənt] **1.** *n* 1) великáн, гигáнт, исполи́н; титáн 2) *тех.* гидромони́тор

**2.** *a* гигáнтский, громáдный, исполи́нский

**giantess** [ˈdʒaɪəntɪs] *n* великáнша

**giantism** [ˈdʒaɪəntɪzm] *n мед.* гиганти́зм

**giantlike** [ˈdʒaɪəntlaɪk] *a* гигáнтский, огрóмный

**giant('s)-stride** [ˈdʒaɪənt(s)ˈstraɪd] *n* гигáнтские шаги́ (*аттракцион*)

**giaour** [ˈdʒauə] *тур. n* гя́ур

**gib I** [gɪb] *n* (*уменьш. от* Gilbert) кот

**gib II** [dʒɪb] *n тех.* 1) клин, контрклин; направля́ющая при́зма 2) *attr.*: ~ arm = gibbet, 1, 3)

**gibber** [ˈdʒɪbə] **1.** *n* невня́тная, нечленораздéльная речь

**2.** *v* говори́ть бы́стро, невня́тно, непоня́тно; таратóрить

**gibberish** [ˈgɪbərɪʃ] *n* невня́тная, непоня́тная речь; тарабáрщина; негрáмотная речь

**gibbet** [ˈdʒɪbɪt] **1.** *n* 1) ви́селица; to die on the ~ быть повéшенным 2) повéшение 3) *тех.* укóсина, стрелá крáна

**2.** *v* 1) вéшать 2) выставля́ть на позóр, на посмéшище; to be ~ed in the press быть вы́смеянным в печáти

**gibbon** [ˈgɪbən] *n зоол.* гиббóн

**gibbosity** [gɪˈbɔsɪtɪ] *n* 1) горбáтость, горб 2) вы́пуклость

**gibbous** [ˈgɪbəs] *a* 1) горбáтый 2) вы́пуклый 3) мéжду вторóй чéтвертью и полнолýнием (*о Луне*)

**gibe** [dʒaɪb] **1.** *n* насмéшка

**2.** *v* насмехáться (at — над)

**giber** [ˈdʒaɪbə] *n* насмéшник

**giblets** [ˈdʒɪblɪts] *n pl* гуси́ные потрохá

**gibus** [ˈdʒaɪbəs] *n* шапокля́к, складнóй цили́ндр

**giddily** [ˈgɪdɪlɪ] *adv* 1) головокружи́тельно 2) легкомы́сленно, вéтрено

**giddiness** [ˈgɪdɪnɪs] *n* 1) головокружéние 2) легкомы́слие, вéтреность; взбáлмошность

**giddy** [ˈgɪdɪ] *a* 1) *predic.* испы́тывающий головокружéние; I feel ~ у меня́ крýжится головá 2) головокружи́тельный; ~ success головокружи́тельный успéх 3) легкомы́сленный, вéтреный, непостоя́нный

**gift** [gɪft] **1.** *n* 1) подáрок, дар; I would not take (*или* have) it at a ~ ≅ я э́того и дáром не возьмý 2) спосóбность, даровáние; талáнт (of); the ~ of the gab дар слóва, дар рéчи; the ~ of tongues (*или* for languages) спосóбность к языкáм 3) прáво распределя́ть (*приходы, должности*) ◇ Greek ~ дáры данáйцев

**2.** *v* 1) дари́ть 2) одаря́ть, наделя́ть

**gifted** [ˈgɪftɪd] **1.** *p. p. от* gift 2

**2.** *a* одарённый, спосóбный, талáнтливый, донови́тый

**gig I** [gɪg] *n* 1) кабриолéт; двукóлка 2) ги́чка (*быстроходная лодка*) 3) подъёмная маши́на, лебёдка

**gig II** [gɪg] **1.** *n* острогá

**2.** *v* лови́ть ры́бу острогóй

**gigantic** [dʒaɪˈgæntɪk] *a* гигáнтский, громáдный, исполи́нский

**giggle** [ˈgɪgl] **1.** *n* хихи́канье

**2.** *v* хихи́кать

**gigolo** [ˈʒɪgələu] *n* (*pl* -os [-əuz]) 1) наёмный партнёр (*в танцах*) 2) сутенёр

**GIJ** [ˈdʒiːˈaɪˈdʒeɪ] *n* (*сокр. от* government issue Jane) *амер.* жéнщина-солдáт [*ср.* GI]

**gilbert** [ˈgɪlbət] *n эл.* ги́льберт

**gild I** [gɪld] *v* (gilded [-ɪd], gilt) 1) золоти́ть; to ~ the pill позолоти́ть пилю́лю 2) украшáть

**gild II** [gɪld] = guild

**gilded** [ˈgɪldɪd] **1.** *p. p. от* gild I

**2.** *a* позолóченный ◇ G. Chamber палáта лóрдов; ~ youth золотáя молодёжь

**gilder** [ˈgɪldə] *n* позолóтчик; carver and ~ багéтный мáстер

**gilding** [ˈgɪldɪŋ] **1.** *pres. p. от* gild I

**2.** *n* 1) позолóта 2) золочéние

**Gill** [gɪl] *n* (*сокр. от* Gillian) 1) Джил 2) дéвушка, возлю́бленная, люби́мая [*ср.* Jack I, 1, 1)]

**gill I** [gɪl] *n* (*обыкн. pl*) 1) жáбры 2) вторóй подбородóк 3) борóдка (*у петуха*) 4) *бот.* гимениáльная пласти́нка (*в шляпке гриба*) ◇ to be (*или* to look) rosy (green) about the ~s вы́глядеть здорóвым (больны́м)

**gill II** [gɪl] *n* 1) глубóкий леси́стый овráг 2) гóрный потóк

**gill III** [dʒɪl] *n* чéтверть пи́нты (*англ.* = *0,142 л*, *амер.* = *0,118 л*)

**gillie** [ˈgɪlɪ] *n шотл.* 1) *ист.* слугá вождя́ 2) помóщник охóтника, рыбакá

**gillyflower** [ˈdʒɪlɪˌflauə] *n* левкóй

**gilt** [gɪlt] **1.** *past и p. p. от* gild I

**2.** *n* позолóта ◇ to take the ~ off the gingerbread покáзывать что-л. без прикрáс; лишáть что-л. привлекáтельности; обесцéнивать что-л. [*см. тж.* gingerbread 1]

**3.** *a* золочёный, позолóченный

**gilt-edged** [ˈgɪltedʒd] *a* 1) с золоты́м обрéзом 2) *перен.* первоклáссный, лýчшего кáчества; he gave her a ~ tip он дал ей прекрáсный совéт ◇ ~ securities надёжные цéнные бумáги

**gimbals** [ˈdʒɪmbəlz] *n pl тех.* кардáнов подвéс

**gimlet** [ˈgɪmlɪt] *n* бурáв(чик); eyes like ~s пронзи́тельный *или* пытли́вый взгляд

**gimmick** [ˈgɪmɪk] *n разг.* 1) хитроýмное приспособлéние 2) улóвка, ухищрéние 3) нови́нка, дикóвинка

**gimp** [gɪmp] *n* 1) канитéль; позумéнт 2) тóлстая ни́тка в крýжеве для выделéния рисýнка

**gin I** [dʒɪn] (*сокр. от* engine) **1.** *n* 1) западня́, силóк 2) подъёмная лебёдка; вóрот; кóзлы 3) джин (*хлопкоочистительная машина*)

**2.** *v* 1) лови́ть в западню́ 2) очищáть хлóпок

**gin II** [dʒɪn] *n* джин (*можжевёловая настойка*)

**ginger** [ˈdʒɪndʒə] **1.** *n* 1) имби́рь 2) *разг.* огонёк, воодушевлéние; he wants some ~ емý изю́минки не хватáет 3) рыжевáтый цвет (*волос*) 4) *разг.* рыжевóлосый человéк ◇ ~ group грýппа члéнов парлáмента *или* какой-л другой политической организации, настаивающих на более решительной, активной политике

2. *v* 1) приправлять имбирём 2) взбадривать (*беговую лошадь*) 3) *разг.* подстегнуть, оживить (*тж.* ~ up)

**ginger beer** ['dʒɪndʒə'bɪə] *n* имбирный лимонад; имбирное пиво

**gingerbread** ['dʒɪndʒəbred] *n* 1) имбирный пряник (*иногда золочёный*); 2) *attr.* пышный, мишурный, пряничный; ~ work а) золочёная резьба на корабле; б) безвкусный орнамент

**gingerly** ['dʒɪndʒəlɪ] **1.** *a* осторожный, осмотрительный; робкий

2. *adv* осторожно, осмотрительно; робко

**ginger-snap** ['dʒɪndʒə'snæp] *n* имбирное печенье

**gingery** ['dʒɪndʒərɪ] *a* 1) имбирный, пряный 2) раздражительный, вспыльчивый 3) рыжеватый

**gingham** ['gɪŋəm] *n* 1) полосатая *или* клетчатая бумажная *или* льняная материя из крашеной пряжи 2) *разг.* (большой) зонтик

**gingivitis** [ˌdʒɪndʒɪ'vaɪtɪs] *n мед.* воспаление дёсен, гингивит

**gink** [gɪŋk] *n амер. разг.* чудак

**gin-mill** ['dʒɪnmɪl] *амер.* = gin-shop

**ginnery** ['dʒɪnərɪ] *n* хлопкоочистительная фабрика

**ginseng** ['dʒɪnseŋ] *n* женьшень

**gin-shop** ['dʒɪnʃɔp] *n* пивная

**Gipsy** ['dʒɪpsɪ] **1.** *n* 1) цыган; цыганка 2) цыганский язык

2. *a* цыганский

3. *v* (g.) вести бродячий, кочевой образ жизни 2) устраивать пикник

**gipsy moth** ['dʒɪpsɪmɔθ] *n зоол.* непарный шелкопряд

**gipsy table** ['dʒɪpsɪˌteɪbl] *n* круглый столик (*на трёх ножках*)

**giraffe** [dʒɪ'rɑːf] *n* жираф(а)

**girandole** ['dʒɪrəndəul] *n* 1) жирандоль, канделябр, большой фигурный подсвечник для нескольких свечей 2) колесо (*в фейерверке*) 3) многострýйный фонтан 4) крупный камень в серьгé *или* кулоне, окружённый более мелкими камнями

**gird** I [gəːd] *v* (-ed [-ɪd], girt) 1) опоясывать; подпоясывать(ся); he was girt about with a rope он был подпоясан верёвкой 2) прикреплять саблю, шашку к поясу 3) облекать (*властью*; with) 4) окружать, опоясывать; the island ~ed by the sea остров, окружённый морем ◇ to ~ oneself for smth. приготовиться к чему-л.

**gird** II [gəːd] **1.** *n* насмешка

2. *v* насмехаться (at — над)

**girder** ['gəːdə] *n* балка; брус; перекладина; ферма (*моста*); *радио* мачта

**girdle** ['gəːdl] **1.** *n* 1) пояс, кушак 2) *тех.* обойма, кольцо 3) *анат.* пояс 4) *геол.* тонкий пласт песчаника ◇ under smb.'s ~ на поводу у кого-л.

2. *v* 1) подпоясывать 2) кольцевать (*плодовые деревья*) 3) окружать 4) обнимать; to ~ smb.'s waist обнять кого-л. за талию

**girl** [gəːl] *n* 1) девочка 2) девушка 3) *разг.* (молодая) женщина 4) служанка, прислуга 5) продавщица 6) невеста, возлюбленная (*тж.* best ~) 7) *разг.* хористка; танцовщица в ревю 8) *attr.*: ~ guides женская организация скаутов ◇ old ~ *пренебр., ласк.* «старушка», женщина (*независимо от возраста*); милая (*в обращении*)

**girl-friend** ['gəːlfrend] *n* 1) подруга, подружка 2) любимая девушка

**girlhood** ['gəːlhud] *n* девичество

**girlie** ['gəːlɪ] *n* (*уменьш. от* girl) девочка, девчушка

**girlish** ['gəːlɪʃ] *a* 1) девический 2) изнеженный, похожий на девочку (*о мальчике*)

**Girondist** [dʒɪ'rɔndɪst] *фр. n ист.* жирондист

**girt** [gəːt] **1.** *past и p. p. от* gird I

2. *v* = girth 2, 2)

**girth** [gəːθ] **1.** *n* 1) подпруга 2) обхват; размер (*талии; дерева в обхвате и т. п.*) 3) *attr.*: ~ rail *тех.* ригель, распорка

2. *v* 1) подтягивать подпругу (*тж.* ~ up) 2) мерить в обхвате 3) окружать, опоясывать

**gist** [dʒɪst] *n* суть, сущность; главный пункт; the ~ of the story основное содержание рассказа

**give** [gɪv] **1.** *v* (gave; given) (*обыкн. употр. с двумя дополнениями; напр.: I gave him the book или I gave the book to him*) 1) давать; отдавать; to ~ lessons давать уроки; to ~ one's word дать слово, обещать; this ~s him a right to complain это даёт ему право жаловаться; 2) дарить; жертвовать; одаривать; жаловать (*награду*); завещать; to ~ a handsome present сделать хороший подарок; to ~ alms подавать милостыню; he gave freely to the hospital он много жертвовал на больницу 3) платить; оплачивать; I gave ten shillings for the hat я заплатил за шляпу десять шиллингов 4) вручать, передавать; to ~ a note вручить записку 5) передавать; he ~s you his good wishes он передаёт вам наилучшие пожелания 6) предоставлять; поручать; he gave us this work to do он поручил нам эту работу 7) быть источником, производить; the sun ~s light солнце — источник света; the hen ~s two eggs a day курица несёт два яйца в день 8) заражать; you've ~n me your cold in the nose я от вас заразился насморком 9) *с различными, гл. обр. отглагольными, существительными образует фразовый глагол, который обыкн. выражает однократность действия и передаётся русским глаголом, соответствующим по значению существительному во фразовом глаголе*: to ~ cry (вс)крикнуть; to ~ a look взглянуть; to ~ encouragement ободрить; to ~ permission разрешить; to ~ an order приказать; to ~ thought to задуматься над 10) отдавать, посвящать; to ~ one's attention to уделять внимание *чему-л.*; to ~ one's mind to study полностью отдаваться занятиям (*или* учёбе) 11) устраивать (*обед, вечеринку*) 12) причинять; it gave me much pain это причинило мне большую боль; the pupil ~s the teacher much trouble этот ученик доставляет учителю много волнений 13) высказывать; показывать; to ~ to the world обнародовать, опубликовать; it was ~n in the newspapers об этом сообщалось в газетах; he ~s no signs of life он не подаёт признаков жизни; the thermometer ~s 25° in the shade термометр показывает 25° в тени 14) налагать (*наказание*); выносить (*приговор*); the court gave him six months hard labour суд присудил его к шести месяцам каторжных работ 15) уступать; соглашаться; I ~ you that point уступаю вам по этому вопросу, соглашаюсь с вами в этом; to ~ way а) отступать; уступать; сдаваться; б) сдавать (*о здоровье*); портиться; в) *тех.* погнуться; г) падать (*об акциях*); д) поддаваться (*отчаянию, горю*); давать волю (*слезам*) 16) подаваться, оседать (*о фундаменте*); быть эластичным; сгибаться, гнуться (*о дереве, металле*); to ~ but not to break сгибаться, но не ломаться 17) изображать; исполнять; ~ us Chopin сыграйте нам Шопена 18) выходить (*об окне, коридоре*; into, (up)on — на, в); вести (*о дороге*) □ ~ **away** а) отдавать; дарить; раздавать (*призы*); to ~ away the bride быть посажёным отцом; б) выдавать, проговариваться; обнаруживать; подводить; предавать; ~ **back** возвращать, отдавать; отплатить (*за обиду*); ~ **forth** а) объявлять; обнародовать; б) распускать слух; ~ **in** а) уступать, сдаваться; б) подавать (*заявление, отчёт, счёт*); в) вписывать; регистрировать; ~ **off** выделять, испускать; ~ **out** а) распределять; б) объявлять, провозглашать; распускать слухи; в): to ~ oneself out to be smb. выдать себя за кого-л.; г) издавать, выпускать; д) иссякать, кончаться (*о запасах, силах и т. п.*); портиться (*о машине*); ~ **over** а) передавать; б) бросать, оставлять (*привычку*); ~ **under** не выдержать; ~ **up** а) оставить, отказаться (*от работы и т. п.*); he is ~n up by the doctors он признан врачами безнадёжным; б) бросить (*привычку*); в) уступить; to ~ oneself up to smth. предаваться, отдаваться чему-л. ◇ to ~ as good as one gets не остаться в долгу; to ~ smb. the creeps нагнать страху на кого-л.; бросить кого-л. в дрожь; to ~ it smb. (hot and strong) проучить кого-л., всыпать кому-л., задать кому-л. жару; to ~ one what for всыпать по первое число, задать перцу; to ~ or take с поправкой в ту или иную сторону; it will take you ten hours to go, ~ or take a few minutes вам придётся идти́ 10 часо́в, мо́жет быть, на не́сколько мину́т бо́льше и́ли ме́ньше; to ~ smb. a piece of one's mind сказа́ть кому́-л. па́ру тёплых слов, отруга́ть; to ~ mouth а) подава́ть го́лос; б) выска́зывать, расска́зывать; to ~ rise to а) дава́ть нача́ло (*о реке*); б) вызыва́ть, име́ть результа́ты; to ~ smb. rope дать запу́таться, дать кому́-л. возмо́жность погуби́ть самого́ себя́; to ~ vent to one's feelings отвести́ ду́шу; ~ a year or so either way с отклоне́ниями в год в ту и́ли другу́ю сто́рону

**2.** *n* эласти́чность, пода́тливость; усту́пчивость

**give-and-take** [ˈgɪvənˈteɪk] *n* 1) взаи́мные усту́пки, компроми́сс 2) обме́н мне́ниями, любе́зностями, ко́лкостями *и т. п.* 3) *спорт.* уравне́ние усло́вий (*соревнования*)

**give-away** [ˈgɪvəˌweɪ] **1.** *n разг.* 1) (ненаме́ренное) разоблаче́ние та́йны *или* преда́тельство 2) про́данное дёшево *или* о́тданное да́ром

**2.** *a* 1) ни́зкий (*о цене*); at a ~ price почти́ да́ром 2): a ~ show рекла́мная ра́дио- *или* телевиктори́на с вы́дачей призо́в

**given** [ˈgɪvn] **1.** *p. p. от* give 1

**2.** *a* 1) да́нный, пода́ренный 2) *predic.* скло́нный (*к чему-л.*); предаю́щийся (*чему-л.*); увлека́ющийся (*чем-либо*); he is not much ~ to speech он не о́чень разгово́рчив 3) обусло́вленный; within a ~ period в тече́ние устано́вленного сро́ка 4) *мат., лог.* да́нный, определённый

**giver** [ˈgɪvə] *n* тот, кто даёт, да́рит, же́ртвует (охо́тно)

**gizzard** [ˈgɪzəd] *n* 1) второ́й желу́док (*у птиц*) 2) *разг.* гло́тка, го́рло ◇ it sticks in my ~ э́то мне поперёк го́рла ста́ло

**glabrous** [ˈgleɪbrəs] *a* гла́дкий, лишённый воло́с (*о коже*)

**glacé** [ˈglæseɪ] *фр. a* 1) гла́дкий, сатини́рованный 2) глазиро́ванный; заса́харенный

**glacial** [ˈgleɪsjəl] *a* 1) леднико́вый 2) ледо́вый, ледяно́й; леденя́щий; студёный 3) *перен.* холо́дный 4) кристаллизо́ванный

**glaciate** [ˈgleɪsɪeɪt] *v* 1) замора́живать; ~d подве́ргшийся де́йствию ледни-ко́в 2) наводи́ть ма́товую пове́рхность

**glacier** [ˈglæsjə] *n* ледни́к, гле́тчер

**glacis** [ˈglæsɪs] *n воен.* гла́сис, пере́дний скат бру́ствера

**glad** [glæd] *a* 1) *predic.* дово́льный; I'm ~ to see you рад вас ви́деть; ~ to hear it рад э́то слы́шать 2) ра́достный, весёлый; ~ cry ра́достный крик 3) утеши́тельный 4) *поэт.* счастли́вый ◇ to give the ~ eye to smb. *разг.* смотре́ть с любо́вью на кого́-л.

**gladden** [ˈglædn] *v* ра́довать; весели́ть

**glade** [gleɪd] *n* 1) прога́лина; про́сека; поля́на 2) *амер.* полынья́ 3) *амер.* боло́тистый уча́сток, поро́сший высо́кой траво́й

**gladiator** [ˈglædɪeɪtə] *n* гладиа́тор

**gladiatorial** [ˌglædɪəˈtɔːrɪəl] *a* гладиа́торский

**gladioli** [ˌglædɪˈəulaɪ] *pl от* gladiolus

**gladiolus** [ˌglædɪˈəuləs] *n* (*pl* -es [-ɪz], -li) *бот.* гладио́лус, шпа́жник

**gladly** [ˈglædlɪ] *adv* ра́достно; охо́тно, с удово́льствием

**gladsome** [ˈglædsəm] *a поэт.* ра́достный; with ~ looks с приве́тливым лицо́м

**Gladstone** [ˈglædstən] *n* 1) ко́жаный саквоя́ж (*тж.* ~ bag) 2) двухме́стный экипа́ж

**glair** [glɛə] **1.** *n* яи́чный бело́к

**2.** *v* сма́зывать яи́чным белко́м

**glairy** [ˈglɛərɪ] *a* 1) белко́вый 2) сма́занный яи́чным белко́м

**glaive** [gleɪv] *n уст., поэт.* меч; копьё

**glamor** [ˈglæmə] *амер.* = glamour

**glamorize** [ˈglæməraɪz] *v* восхваля́ть, реклами́ровать; дава́ть высо́кую оце́нку

**gramorous** [ˈglæmərəs] *амер.* = glamourous

**glamour** [ˈglæmə] **1.** *n* 1) ча́ры, волшебство́; to cast a ~ over очарова́ть, околдова́ть 2) романти́ческий орео́л; обая́ние; очарова́ние 3) *attr.* эффе́ктный; ~ boy (girl) *разг.* шика́рный па́рень (-ная деви́ца)

**2.** *v* зачарова́ть, околдова́ть, плени́ть

**glamourous** [ˈglæmərəs] *a* 1) обая́тельный, очарова́тельный 2) эффе́ктный

**glance I** [glɑːns] **1.** *n* 1) бы́стрый взгляд; at a ~ с одного́ взгля́да; to take (*или* to give) a ~ (at) взгляну́ть (на); to cast a ~ at бро́сить бы́стрый взгляд на; stealthy ~ взгляд укра́дкой 2) сверка́ние, блеск

**2.** *v* 1) ме́льком взгляну́ть (at — на); бе́гло просмотре́ть (over) 2) поблёскивать; блесну́ть, сверкну́ть; мелькну́ть 3) отража́ться 4) скользну́ть (*часто* ~ aside, ~ off)

**glance II** [glɑːns] *v* наводи́ть гля́нец; полирова́ть

**gland I** [glænd] *n анат.* железа́; *pl* ше́йные желёзки; гла́нды

**gland II** [glænd] *n тех.* са́льник

**glanderous** [ˈglændərəs] *a вет.* са́пный

**glanders** [ˈglændəz] *n pl вет.* сап

**glandiferous** [glænˈdɪfərəs] *a* с желудя́ми (*о дереве*)

**glandiform** [ˈglændɪfɔːm] *a* 1) в фо́рме жёлудя 2) *мед.* желе́зистый

**glandular** [ˈglændjulə] *a* 1) желе́зистый 2) в фо́рме железы́

**glandule** [ˈglændjuːl] *n* 1) желёзка 2) набуха́ние, о́пухоль

**glare** [glɛə] **1.** *n* 1) ослепи́тельный блеск, я́ркий свет 2) блестя́щая мишура́ 3) свире́пый взгляд

**2.** *v* 1) ослепи́тельно сверка́ть 2) свире́по смотре́ть (at); the tiger stood glaring at him тигр свире́по гля-де́л на него́

**glaring** [ˈglɛərɪŋ] **1.** *pres. p. от* glare 2

**2.** *a* 1) я́ркий, ослепи́тельный (*о свете*) 2) сли́шком я́ркий, крича́щий (*о цвете*) 3) броса́ющийся в глаза́ 4) гру́бый; ~ contrast рази́тельный контра́ст; ~ mistake гру́бая оши́бка

**glaringly** [ˈglɛərɪŋlɪ] *adv* 1) я́рко, ослепи́тельно 2) вызыва́юще; гру́бо

**glass** [glɑːs] **1.** *n* 1) стекло́ 2) стекля́нная посу́да 3) стака́н; рю́мка; he has taken a ~ too much *разг.* он вы́пил ли́шнее 4) парнико́вая ра́ма; парни́к 5) зе́ркало 6) *pl* очки́ 7) баро́метр 8) подзо́рная труба́; телеско́п; бино́кль; микроско́п 9) песо́чные часы́; *мор.* (*обыкн. pl*) (получасова́я) скля́нка 10) *attr.* стекля́нный ◇ to look through green ~es ревнова́ть; зави́довать; to look through blue ~es смотре́ть мра́чно, пессимисти́чески; to see through rose-coloured ~es ви́деть всё в ро́зовом све́те

**2.** *v* 1) вставля́ть стёкла; остекля́ть 2) помеща́ть в парни́к 3) отража́ться (*как в зеркале*) 4) гермети́чески закрыва́ть в стекля́нной посу́де (*о консервах и т. п.*)

**glass-blower** [ˈglɑːsˌbləuə] *n* стеклоду́в

**glass-blowing** [ˈglɑːsˌbləuɪŋ] *n* стеклоду́вное де́ло; вы́дувка стекла́

**glass-case** [ˈglɑːskeɪs] *n* витри́на

**glass-culture** [ˈglɑːsˌkʌltʃə] *n* тепли́чная, парнико́вая культу́ра

**glass-cutter** [ˈglɑːsˌkʌtə] *n* 1) стеко́льщик 2) алма́з (*для резки стекла*)

**glass-dust** [ˈglɑːsdʌst] *n* нажда́к

**glassful** [ˈglɑːsful] *n* стака́н (*как мера ёмкости*)

**glass-furnace** [ˈglɑːsˌfəːnəs] *n* стеклоплави́льная печь

**glass-house** [ˈglɑːshaus] *n* 1) стеко́льный заво́д 2) тепли́ца, оранжере́я 3) фотоателье́ (*со стеклянной крышей*) 4) *attr.* тепли́чный; ~ culture тепли́чная культу́ра

**glass-paper** [ˈglɑːsˌpeɪpə] *n* нажда́чная бума́га, шку́рка

**glass-ware** [ˈglɑːswɛə] *n* стекля́нная посу́да; изде́лия из стекла́

**glass-wool** [ˈglɑːswul] *n тех.* стекля́нная ва́та

**glass-work** [ˈglɑːswəːk] *n* 1) стеко́льное произво́дство 2) стекло́ (*изделия*) 3) *pl* стеко́льный заво́д 4) вста́вка стёкол

**glassy** [ˈglɑːsɪ] *a* 1) зерка́льный, гла́дкий 2) безжи́зненный, ту́склый (*о взгляде, глазах*) 3) стекля́нный, стеклови́дный; прозра́чный (*как стекло*)

**Glaswegian** [glæsˈwiːdʒjən] **1.** *a* относя́щийся к *г.* Гла́зго

**2.** *n* уроже́нец *г.* Гла́зго

**Glauber's salt(s)** [ˈglaubəzˈsɔːlt(s)] *n хим.* гла́уберова соль, сернoки́слый на́трий

**glaucoma** [glɔːˈkəumə] *n мед.* глауко́ма

**glaucous** ['glɔ:kəs] *a* 1) серова́то-зелёный, серова́то-голубо́й 2) ту́склый 3) *бот.* покры́тый налётом

**glaze** [gleɪz] **1.** *n* 1) мурава́, глазу́рь; гля́нец 2) глазиро́ванная посу́да 3) *амер.* слой льда, ледяно́й покро́в 4) *жив.* лессиро́вка

**2.** *v* 1) вставля́ть стёкла; застекля́ть 2) покрыва́ть глазу́рью, мураво́й 3) покрыва́ть льдом 4) тускне́ть, стеклене́ть (*о глазах*); покрыва́ться поволо́кой 5) *кул.* глазирова́ть 6) *жив.* лессирова́ть 7) *тех.* полирова́ть, лощи́ть

**glazed** [gleɪzd] **1.** *p. p. от* glaze 2

**2.** *a* 1) застеклённый 2) глазиро́ванный

**glazier** ['gleɪzjə] *n* стеко́льщик ◇ is your father a ~? *шутл.* ≅ вы не прозра́чны

**glazy** ['gleɪzɪ] *a* 1) глянцеви́тый, блестя́щий 2) ту́склый, безжи́зненный (*о взгляде*)

**gleam** [gli:m] **1.** *n* 1) сла́бый свет, про́блеск, луч 2) о́тблеск; отраже́ние (*лучей заходящего солнца*) 3) про́блеск, вспы́шка (*юмора, веселья и т. п.*); not a ~ of hope никаки́х про́блесков наде́жды

**2.** *v* 1) свети́ться; мерца́ть 2) отража́ть свет

**glean** [gli:n] *v* 1) подбира́ть коло́сья (*после жатвы*), виногра́д (*после сбора*) 2) тща́тельно подбира́ть, собира́ть по мелоча́м (*факты, сведения*)

**gleaner** ['gli:nə] *n с.-х.* стри́ппер

**gleanings** ['gli:nɪŋz] *n pl* 1) со́бранные по́сле жа́твы коло́сья 2) со́бранные фа́кты 3) обры́вки, крупи́цы зна́ний

**glebe** [gli:b] *n* 1) *поэт.* земля́, клочо́к земли́ 2) церко́вный уча́сток 3) *горн.* рудоно́сный уча́сток земли́

**glee** [gli:] *n* 1) весе́лье; ликова́ние 2) пе́сня (*для нескольких голосов*)

**gleeful** ['gli:ful] *a* весёлый, лику́ющий; ра́достный

**gleet** [gli:t] *n мед.* хрони́ческий уретри́т

**glen** [glen] *n* у́зкая го́рная доли́на

**glengarry** [glen'gærɪ] *n* шотла́ндская ша́пка

**glib** [glɪb] *a* 1) бо́йкий (*о речи*); he has a ~ tongue он бо́йкий на язы́к 2) речи́стый, говорли́вый 3) гла́дкий (*о поверхности*) 4) лёгкий, беспрепя́тственный (*о движении*) 5): a ~ excuse благови́дный предло́г

**glibly** ['glɪblɪ] *adv* многоречи́во; многосло́вно

**glide** [glaɪd] **1.** *n* 1) скольже́ние; пла́вное движе́ние 2) *ав.* плани́рование, плани́рующий спуск 3) *муз.* хромати́ческая га́мма 4) *фон.* скольже́ние; промежу́точный звук

**2.** *v* 1) скользи́ть; дви́гаться пла́вно 2) проходи́ть незаме́тно (*о времени*) 3) *ав.* плани́ровать

**glide-bomb** ['glaɪdbɔm] *n воен.* самолёт-снаря́д

**glider** ['glaɪdə] *n ав.* планёр

**gliding** ['glaɪdɪŋ] **1.** *pres. p. от* glide 2

**2.** *n* 1) скольже́ние 2) *ав.* плани́рование 3) планери́зм

**glimmer** ['glɪmə] **1.** *n* 1) мерца́ние; ту́склый свет 2) сла́бый про́блеск 3) *амер. разг.* ого́нь 4) *pl жарг.* глаза́, «глядёлки»

**2.** *v* мерца́ть; ту́скло свети́ть; to go ~ing ги́бнуть (*о планах и т. п.*)

**glimmering** ['glɪmərɪŋ] *n* про́блеск

**glimpse** [glɪmps] **1.** *n* 1) мелька́ние, про́блеск 2) мимолётное впечатле́ние; бы́стро промелькну́вшая пе́ред глаза́ми карти́на; to have (*или* to catch) a ~ of уви́деть ме́льком 3) бы́стрый взгляд; at a ~ с пе́рвого взгля́да; ме́льком 4) не́которое представле́ние; намёк

**2.** *v* 1) (у)ви́деть ме́льком 2) мелька́ть, промелькну́ть

**glint** [glɪnt] **1.** *n* 1) вспы́шка, сверка́ние; я́ркий блеск 2) мерца́ющий свет

**2.** *v* 1) вспы́хивать, сверка́ть; я́рко блесте́ть 2) отража́ть свет

**glissade** [glɪ'sɑ:d] **1.** *n* 1) скольже́ние, соска́льзывание 2) *ав.* скольже́ние на крыло́ 3) глиссе́ (*в танцах*)

**2.** *v* 1) скользи́ть, соска́льзывать 2) де́лать глиссе́

**glisten** ['glɪsn] **1.** *v* блесте́ть, сверка́ть; и́скриться; сия́ть; to ~ with dew блесте́ть росо́й; his eyes ~ed with excitement его́ глаза́ блесте́ли от возбужде́ния

**2.** *n* сверка́ние, блеск, о́тблеск

**glister** ['glɪstə] *уст.* = glisten 1

**glitter** ['glɪtə] **1.** *v* 1) блесте́ть, сверка́ть 2) блиста́ть ◇ all is not gold that ~s *посл.* не всё то зо́лото, что блести́т

**2.** *n* 1) я́ркий блеск, сверка́ние 2) по́мпа, пы́шность

**gloaming** ['gləumɪŋ] *n* (the ~) *поэт.* су́мерки

**gloat** [gləut] *v* 1) та́йно злора́дствовать, торжествова́ть 2) пожира́ть глаза́ми (over, upon)

**gloatingly** ['gləutɪŋlɪ] *adv* злора́дно; со злора́дством

**global** ['gləubəl] *a* 1) мирово́й, всеми́рный, глоба́льный 2) всео́бщий; ~ disarmament всео́бщее разоруже́ние

**globe** [gləub] *n* 1) шар; ~ of the eye глазно́е я́блоко 2) (the ~) земно́й шар 3) небе́сное те́ло 4) гло́бус 5) держа́ва (*эмблема власти монарха*) 6) ко́локол возду́шного насо́са 7) кру́глый стекля́нный абажу́р

**globe-flower** ['gləub,flauə] *n бот.* купа́льница

**globe-lightning** ['gləub,laɪtnɪŋ] *n* шарови́дная мо́лния

**globe-trotter** ['gləub,trɔtə] *n* челове́к, мно́го путеше́ствующий по све́ту

**globose** ['gləubəus] *a* шарови́дный; сфери́ческий

**globosity** [gləu'bɔsɪtɪ] *n* шарови́дность

**globular** ['glɔbjulə] *a* 1) шарови́дный; сфери́ческий; ~ flowers шарообра́зные цветы́ 2) состоя́щий из шарови́дных части́ц

**globule** ['glɔbju:l] *n* 1) ша́рик; шарови́дная части́ца; ка́пля; гло́була 2) *физиол.* кра́сный кровяно́й ша́рик 3) пилю́ля

**globulin** ['glɔbjulɪn] *n* глобули́н (*белковое вещество*)

**glomerate** ['glɔmərɪt] *a бот., анат.* сви́тый в клубо́к

**gloom** [glu:m] **1.** *n* 1) мрак; темнота́; тьма 2) мра́чность; уны́ние, пода́вленное настрое́ние

**2.** *v* 1) хму́риться; завола́киваться (*о небе*) 2) име́ть хму́рый *или* уны́лый вид 3) омрача́ть; вызыва́ть уны́ние

**gloomily** ['glu:mɪlɪ] *adv* мра́чно; уны́ло; с уны́лым ви́дом

**gloomy** ['glu:mɪ] *a* 1) мра́чный; тёмный 2) угрю́мый; печа́льный; хму́рый, уны́лый; ~ prospects печа́льные, мра́чные перспекти́вы

**gloria** ['glɔ:rɪə] *n* полушёлковая ткань «гло́рия» для зонто́в

**glorification** [,glɔ:rɪfɪ'keɪʃən] *n* прославле́ние, восхвале́ние

**glorify** ['glɔ:rɪfaɪ] *v* 1) прославля́ть, восхваля́ть, окружа́ть орео́лом; возвели́чивать 2) (*обыкн. p. p.*) *разг.* украша́ть

**gloriole** ['glɔ:rɪəul] *n* нимб, орео́л, сия́ние

**glorious** ['glɔ:rɪəs] *a* 1) сла́вный; знамени́тый 2) великоле́пный, чуде́сный, восхити́тельный (*тж. ирон.*) 3) *разг.* в припо́днятом настрое́нии; подвы́пивший

**glory** ['glɔ:rɪ] **1.** *n* 1) сла́ва 2) триу́мф 3) великоле́пие, красота́ 4) нимб, орео́л, сия́ние ◇ to go to ~ умере́ть; to send to ~ уби́ть; Old G. *амер. разг.* госуда́рственный флаг США

**2.** *v* горди́ться (*обыкн.* ~ in); торжествова́ть; упива́ться; to ~ in one's health and strength быть олицетворе́нием здоро́вья и си́лы

**gloss** I [glɔs] **1.** *n* 1) вне́шний блеск 2) обма́нчивая нару́жность

**2.** *v* 1) наводи́ть гля́нец, лоск 2) лосни́ться

**gloss** II [glɔs] **1.** *n* 1) гло́сса; заме́тка на поля́х; толкова́ние 2) подстро́чник *или* глосса́рий 3) превра́тное истолкова́ние

**2.** *v* 1) составля́ть глосса́рий; снабжа́ть коммента́рием 2) истолко́вывать благоприя́тно, зама́лчивая недоста́тки (*часто* ~ over) 3) превра́тно истолко́вывать (upon)

**glossal** ['glɔsəl] *a анат.* относя́щийся к языку́

**glossary** ['glɔsərɪ] *n* 1) слова́рь (*приложенный в конце книги*) 2) глосса́рий

**glossiness** ['glɔsɪnɪs] *n* лоск, гля́нец

**glossitis** [glɔ'saɪtɪs] *n мед.* воспале́ние языка́

**glossology** [glɔ'sɔlədʒɪ] *n* 1) = glossary 2) терминоло́гия 3) *уст.* (сравни́тельное) языкозна́ние

**glossy** ['glɔsɪ] *a* блестя́щий, глянцеви́тый, лосня́щийся, лощёный

**glottic** ['glɔtɪk] *a* относя́щийся к голосово́й ще́ли

**glottis** ['glɔtɪs] *n анат.* голосова́я щель

**gloubosity** [gləu'bɔsɪtɪ] = globosity

**Gloucester** ['glɔstə] *n* гло́стерский сыр

**glove** [glʌv] **1.** *n* перча́тка ◇ to handle without ~s не церемо́ниться, поступа́ть гру́бо; относи́ться беспоща́дно; to throw down (to take up) the ~ бро́сить (приня́ть) вы́зов; to take off the ~s пригото́виться к бо́ю

**2.** *v* 1) наде́ть перча́тку; ~d в перча́тках 2) снабжа́ть перча́тками

**glover** ['glʌvə] *n* перча́точник

**glow** [gləu] **1.** *n* 1) си́льный жар, нака́л; summer's scorching ~ паля́щий ле́тний зной; to be all of a ~, to be in a ~ пыла́ть, ощуща́ть жар 2) свет, о́тблеск, за́рево (*отдалённого пожара, заката*) 3) я́ркость кра́сок 4) румя́нец 5) пыл; оживлённость, горя́чность 6) свече́ние

**2.** *v* 1) накаля́ться до́красна́; добела́ 2) свети́ться; сверка́ть 3) тлеть 4) горе́ть, сверка́ть (*о глазах*) 5) сия́ть (*от радости*) 6) рдеть, пыла́ть (*о щеках*) 7) чу́вствовать прия́тную теплоту́ (*в теле*)

**glower I** ['glauə] *n* нить нака́ливания

**glower II** ['glauə] **1.** *n* серди́тый взгляд

**2.** *v* смотре́ть серди́то

**glowing** ['gləuɪŋ] **1.** *pres. p. от* glow 2

**2.** *a* 1) раскалённый до́красна́, добела́ 2) я́рко светя́щийся 3) горя́чий, пы́лкий 4) я́ркий (*о красках*); to paint in ~ colours представля́ть в ра́дужном све́те 5) пыла́ющий (*о щеках*)

**glow-lamp** ['gləulæmp] *n* ла́мпа нака́ливания

**glow-worm** ['gləuwə:m] *n* жук-светля́к

**gloxinia** [glɔk'sɪnjə] *n бот.* глокси́ния

**glucinium** [glu:'sɪnɪəm] *n хим.* глици́ний, бери́ллий

**glucose** ['glu:kəus] *n хим.* глюко́за

**glue** [glu:] **1.** *n* 1) клей 2) *attr.* клеево́й; ~ colour клеева́я кра́ска

**2.** *v* 1) кле́ить, прикле́ивать 2) прикле́иваться, скле́иваться, прилипа́ть 3) *разг.* быть неотлу́чно (*при ком-л.*) □ ~ **up** закле́ивать, запеча́тывать ◇ to have one's eye ~d to не отрыва́ть взгля́да от

**gluey** ['glu(:)ɪ] *a* кле́йкий, ли́пкий

**glum** [glʌm] *a* угрю́мый, хму́рый, мра́чный

**glume** [glu:m] *n* шелуха́ (*зерна*)

**glut** [glʌt] **1.** *n* 1) избы́ток; ~ in the market затова́ривание ры́нка 2) пресыще́ние 3) изли́шество (*в еде и т. п.*) 4) *тех.* клин

**2.** *v* 1) насыща́ть, пресыща́ть 2) наполня́ть до отка́за 3) затова́ривать

**gluten** ['glu:tən] *n* клейкови́на

**glutinous** ['glu:tɪnəs] *a* кле́йкий

**glutton** ['glʌtn] *n* 1) обжо́ра 2) жа́дный, ненасы́тный челове́к; a ~ of books жа́дно и мно́го чита́ющий 3) *зоол.* росома́ха

**gluttonous** ['glʌtnəs] *a* прожо́рливый

**gluttony** ['glʌtnɪ] *n* обжо́рство

**glycerin(e)** [ˌglɪsə'ri:n] *n* глицери́н

**glyptic** ['glɪptɪk] *a* глипти́ческий

**glyptics** ['glɪptɪks] *n pl* (*употр. как sing*) гли́птика

**glyptography** [glɪp'tɔgrəfɪ] *n* резьба́ по драгоце́нному ка́мню

**G-man** ['dʒi:mæn] *n* (*сокр. от* Government man) *амер. разг.* аге́нт Федера́льного бюро́ рассле́дований

**gnarled, gnarly** [nɑ:ld, 'nɑ:lɪ] *a* 1) шишкова́тый (*с наростами*); сучкова́тый; искривлённый (*о дереве*) 2) углова́тый, гру́бый (*о внешности*) 3) несгово́рчивый; упря́мый

**gnash** [næʃ] *v* скрежета́ть (*зубами*)

**gnat** [næt] *n* 1) кома́р; моски́т 2) *амер.* мо́шка ◇ to strain at a ~ переоце́нивать ме́лочи; быть ме́лочным

**gnaw** [nɔ:] *v* 1) грызть, глода́ть 2) разъеда́ть (*о кислоте*) 3) подта́чивать, беспоко́ить, терза́ть

**gnawer** ['nɔ:ə] *n* грызу́н

**gneiss** [naɪs] *n мин.* гнейс

**gnome I** ['nəumi:] *n* афори́зм

**gnome II** [nəum] *n* 1) гном, ка́рлик 2) *жарг.* междунаро́дный банки́р

**gnomic(al)** ['nəumɪk(əl)] *a* гноми́ческий, афористи́ческий

**gnomish** ['nəumɪʃ] *a* похо́жий на гно́ма

**gnomon** ['nəumɔn] *n* сто́лбик-указа́тель со́лнечных часо́в; гно́мон

**gnostic** ['nɔstɪk] *филос.* **1.** *a* гности́ческий

**2.** *n* гно́стик

**gnosticism** ['nɔstɪsɪzm] *n филос.* гностици́зм

**gnu** [nu:] *n* гну (*антилопа*)

**go** [gəu] **1.** *v* (went; gone) 1) идти́, ходи́ть; быть в движе́нии; передвига́ться (*в пространстве или во времени*); the train goes to London по́езд идёт в Ло́ндон; who goes there? кто идёт? (*окрик часового*); to go after smb. идти́ за кем-л. [*см. тж.* □ go after] 2) е́хать, путеше́ствовать; to go by train е́хать по́ездом; to go by plane лете́ть самолётом; I shall go to France я пое́ду во Фра́нцию 3) пойти́; уходи́ть; уезжа́ть; стартова́ть; I'll be going now ну, я пошёл; it is time for us to go нам пора́ уходи́ть (*или* идти́); let me go! отпусти́те! 4) отправля́ться (*часто с последующим герундием*); go for shopping отправля́ться за поку́пками 5) приводи́ться в движе́ние; направля́ться, руководи́ться (by); the engine goes by electricity маши́на приво́дится в движе́ние электри́чеством; I shall go entirely by what the doctor says я бу́ду руково́дствоваться исключи́тельно тем, что говори́т врач 6) име́ть хожде́ние (*о монете, пословице и т. п.*); быть в обраще́нии; переходи́ть из уст в уста́; the story goes как говоря́т 7) быть в де́йствии, рабо́тать (*о механизме, машине*); ходи́ть (*о часах*); to set the clock going завести́ часы́ 8) звуча́ть, звони́ть (*о колоколе, звонке и т. п.*); бить, отбива́ть (*о часах*) 9) простира́ться, вести́ (*куда-л.*), пролега́ть, тяну́ться; how far does this road go? далеко́ ли тя́нется э́та доро́га? 10) пройти́, быть приня́тым, получи́ть призна́ние (*о плане, проекте*) 11) пройти́, око́нчиться определённым результа́том; the election went against him вы́боры ко́нчились для него́ неуда́чно; how did the voting go? как прошло́ голосова́ние?; the play went well пье́са име́ла успе́х 12) проходи́ть; исчеза́ть; рассе́иваться, расходи́ться; much time has gone since that day с того́ дня прошло́ мно́го вре́мени; summer is going ле́то прохо́дит; the clouds have gone ту́чи рассе́ялись; all hope is gone исче́зли все наде́жды 13) умира́ть, ги́бнуть; теря́ться, пропада́ть; she is gone она́ поги́бла; она́ сконча́лась; my sight is going я теря́ю зре́ние 14) ру́хнуть, свали́ться, слома́ться, пода́ться; the platform went трибу́на обру́шилась; first the sail and then the mast went сперва́ пода́лся па́рус, а зате́м и ма́чта 15) потерпе́ть крах, обанкро́титься; the bank may go any day крах ба́нка ожида́ется со дня́ на́ день 16) отменя́ться, уничтожа́ться; this clause of the bill will have to go э́та статья́ законопрое́кта должна́ быть вы́брошена 17) переходи́ть в со́бственность, достава́ться; the house went to the elder son дом доста́лся ста́ршему сы́ну 18) продава́ться (*по определённой цене*; for); this goes for 1 shilling э́то сто́ит 1 ши́ллинг; to go cheap продава́ться по дешёвой цене́ 19) подходи́ть, быть под стать (*чему-л.*); the blue scarf goes well with your blouse э́тот голубо́й шарф хорошо́ подхо́дит к ва́шей блу́зке 20) гласи́ть, говори́ть (*о тексте, статье*) 21) сде́лать како́е-л. движе́ние; go like this with your left foot! сде́лай так ле́вой ного́й! 22) класть (-ся), ста́вить(ся) на определённое ме́сто; постоя́нно храни́ться; where is this carpet to go? куда́ постели́ть э́тот ковёр? 23) умеща́ться, укла́дываться (*во что-л.*); six into twelve goes twice шесть в двена́дцати соде́ржится два ра́за; the thread is too thick to go into the needle э́та ни́тка сли́шком толста́, что́бы проле́зть в иго́лку 24) *глагол-связка в составном именном сказуемом означает*: а) постоя́нно находи́ться в како́м-л. положе́нии *или* состоя́нии; to go hungry быть, ходи́ть всегда́ голо́дным; to go in rags ходи́ть в лохмо́тьях; б) де́латься, станови́ться; to go mad (*или* mental) сойти́ с ума́; to go sick захвора́ть; to go bust *разг.* разори́ться; he goes hot and cold его́ броса́ет в жар и в хо́лод

25) *в сочетании с последующим герундием означает*: чём-то часто *или* постоянно заниматься; he goes frightening people with his stories он постоянно пугает людей своими рассказами; to go hunting ходить на охоту 26) *в обороте* be going + *inf. смыслового глагола выражает намерение совершить какое-л. действие в ближайшем будущем*: I am going to speak to her я намереваюсь поговорить с ней; it is going to rain собирается дождь 27): to go to sea стать моряком; to go to school получать школьное образование; ходить в школу; to go on the stage стать актёром; to go on the streets стать проституткой □ go **about** а) расхаживать, ходить туда и сюда; б) циркулировать, иметь хождение (*о слухах; о деньгах*); в) делать поворот кругом; г) *мор.* делать поворот оверштаг; go **after** а) искать; б) находить удовольствие в; go **against** противоречить, идти против (*убеждений*); go **ahead** а) двигаться вперёд; go ahead! вперёд!; продолжай(те)!; действуй(те)!; б) идти напролом; в) идти впереди (*на состязании*); go **along** а) двигаться; б) продолжать; в) сопровождать (with); go **at** *разг.* а) бросаться на *кого-л.*; б) энергично браться за *что-л.*; go **away** уходить, убираться; go **back** а) возвращаться; б) нарушить (*обещание, слово*; on, upon); в) отказаться (on, upon — от *своих слов*); г) изменить (*друзьям*; on, upon); go **behind** пересматривать, рассматривать заново, изучать (*основания, данные*); go **between** *быть посредником между*; go **beyond** превышать *что-л.*; go **by** а) проходить (*о времени*); б) проходить мимо; в) судить по; г) руководствоваться; I go by the barometer я руководствуюсь барометром; go **down** а) спускаться; опускаться; to go down in the world опуститься, потерять былое положение (в обществе); б) затонуть; в) садиться (*о солнце*); г) быть побеждённым; д) стихать (*о ветре*); е) быть приемлемым (*для кого-л.*); быть одобренным (with — *кем-л.*); go **far into** продолжаться долго; go **for** а) идти за *чем-л.*; б) стремиться к *чему-л.*; в) быть принятым за; г) *разг.* наброситься, обрушиться на; the speaker went for the profiteers оратор обрушился на спекулянтов; д) стоить, иметь цену; to go for nothing (something) ничего не стоить (кое-что стоить); to go for a song идти за бесценок, ничего не стоить; go **forth** быть опубликованным; go **in** а) входить; б) участвовать (*в состязании*); в) затмиться (*о солнце, луне*); go **in for** а) ставить себе (*что-л.*) целью, добиваться (*чего-л.*); to go in for an examination экзаменоваться; б) увлекаться (*чем-л.*); to go in for sports заниматься спортом; to go in for collecting pictures заняться, увлечься коллекционированием картин; в) *разг.* выступать в пользу (*кого-л., чего-л.*); go **in with** объединяться, действовать совместно с *кем-л.*; присоединяться к *кому-л.*; go **into** а) входить; вступать; to go into Parliament стать членом парламента; б) часто бывать, посещать; в) впадать (*в истерику и т. п.*); приходить (*в ярость*); г) расследовать, тщательно рассматривать; go **off** а) убежать, сбежать; б) уходить со сцены; в) терять сознание; умирать; г) сойти, пройти; the concert went off well концерт прошёл хорошо; д) выстрелить (*об оружии*); *перен.* выпалить; е) ослабевать (*о боли и т. п.*); ж) стать хуже; испортиться (*о мясе и т. п.*); з) отделаться от *чего-л.*; сбыть, продать; go **on** а) (упорно) продолжать, идти дальше; б) длиться; for going on a year в течение года; в) *разг.* придираться, спорить; go **on for** приближаться к (*о времени, возрасте*); go **out** а) выйти; выходить; б) бывать в обществе; в) выйти в свет (*о книге*); г) выйти в отставку; д) выйти из моды; е) погаснуть; ж) кончаться (*о месяце, годе*); з) (за)бастовать; и) *амер.* обрушиться; к) потерпеть неудачу; go **over** а) переходить (на другую сторону); б) переходить из одной партии в другую; переменить веру; в) перечитывать, повторять; г) изучать в деталях; д) превосходить; е) быть отложенным (*о проекте закона*); ж) *хим.* переходить, превращаться; з) опрокинуться (*об экипаже*); go **round** а) вращаться; the wheels go round колёса вращаются; б) приходить в гости запросто; в) обойти кругом, хватить на всех (*за столом*); go **through** а) тщательно разбирать пункт за пунктом; б) испытывать, подвергаться; в) упорствовать; г) обыскивать, обшаривать; д) проделывать; е) находить сбыт, рынок (*о товаре*); to go through several editions выдержать несколько изданий (*о книге*); ж) быть принятым (*о проекте, предложении*); з) проноситься (*об одежде*); go **through with** smth. довести что-л. до конца; go **together** сочетаться, гармонировать; go **under** а) тонуть; б) гибнуть; *амер.* умирать; в) исчезать; г) разоряться; д) не выдерживать (*испытаний, страданий*); е) заходить, закатываться (*о солнце*); go **up** а) подниматься; восходить (*на гору*); go up in smoke улетучиться; б) расти (*о числе*); повышаться (*о ценах*); apples have gone up яблоки подорожали; в) взорваться, сгореть; г) *амер.* разориться; go **with** а) сопровождать; б) быть заодно с *кем-л.*; в) подходить, гармонировать; согласовываться, соответствовать; go **without** обходиться без *чего-л.* ◇ go about your business! *разг.* пошёл вон!, убирайся!; it will go hard with him ему трудно (*или* плохо) придётся; ему не поздоровится; to go by the name of а) быть известным под именем; б) быть связанным с *чьим-л.* именем; she is six months gone with the child она на шестом месяце беременности; to go off the deep end напиться; to go off the handle выйти из себя; to go all out напрячь все силы; to go to smb.'s heart печалить, огорчать кого-л.; to go a long way а) иметь большое значение, влияние (to, towards, with); б) хватать надолго (*о деньгах*); to go one better превзойти (*соперника*); to go right through идти напролом; to go round the bend терять равновесие; сходить с ума; to go rounds ходить по рукам; it goes without saying само собой разумеется; (it is true) as far as it goes (верно) поскольку дело касается этого; go along with you! убирайся!; be gone! проваливай(те)!; going fifteen на пятнадцатом году; he went and did it он взял и сделал это; to go down the drain *разг.* быть истраченным впустую (*о деньгах*); to go easy on smth. *амер.* быть тактичным в отношении чего-л.; to go on instruments вести (*самолёт*) по приборам

2. *n* (*pl* goes [gəuz]) *разг.* 1) движение, ход, ходьба; to be on the go а) быть в движении, в работе; he is always on the go он вечно куда-то спешит; б) собираться уходить; в) быть пьяным; г) быть на склоне лет, на закате дней 2) энергия; воодушевление; рвение; full of go полон энергии 3) попытка; have a go (at) попытаться, рискнуть; let's have a go at it давайте попробуем 4) обстоятельство, положение; неожиданный поворот дел; here's a pretty go! ну и положеньице! 5) успех; успешное предприятие; to make a go of it *амер. разг.* добиться успеха; преуспеть; no go бесполезный; безнадёжный [*см. тж.* no go] 6) порция (*кушанья*); глоток (*вина*) 7) сделка; is it a go? идёт?; по рукам? ◇ all (*или* quite) the go очень модно; предмет всеобщего увлечения; first go первым делом, сразу же; at a go сразу, зараз

**goad** [gəud] 1. *n* 1) бодец, стрекало 2) возбудитель, стимул

2. *v* 1) подгонять (*стадо*) 2) побуждать; подстрекать; to ~ into fury привести в ярость; довести до бешенства

**goaf** [gəuf] *n горн.* завал; выработанное пространство

**go-ahead** [ˈgəuəhed] 1. *n* 1) сигнал к старту; разрешение 2) прогресс; движение вперёд

2. *a* энергичный, предприимчивый

**goal** [gəul] *n* 1) цель, задача 2) цель, место назначения 3) финиш 4) *спорт.* ворота 5) *спорт.* гол 6) мета (*в древнем Риме*)

**goalee, goalie** [ˈgəulɪ] = goalkeeper

**goalkeeper** [ˈgəulˌki:pə] *n спорт.* вратарь

**go-as-you-please** [ˈgəuəzjuˈpli:z] *a* 1) свободный от правил (*о гонках *и т. п.*); неограни́ченный; нестеснённый 2) лишённый пла́на, методи́чности 3) име́ющий произво́льную ско́рость, ритм

**goat** [gəut] *n* 1) козёл; коза́ 2) (G.) Козеро́г (*созвездие и знак зодиака*) ◇ to get smb.'s ~ *разг.* раздража́ть, серди́ть кого́-л.; to play (*или* to act) the (giddy) ~ *разг.* вести́ себя́ глу́по, валя́ть дурака́

**goatee** [gəu'ti:] *n* козли́ная боро́дка; эспаньо́лка

**goatherd** ['gəuthə:d] *n* пасту́х, пасу́щий коз

**goatish** ['gəutɪʃ] *a* 1) козли́ный 2) похотли́вый

**goatling** ['gəutlɪŋ] *n* козлёнок

**goatskin** ['gəutskɪn] *n* 1) сафья́н 2) бурдю́к

**goatsucker** ['gəut,sʌkə] *n* козодо́й (*птица*)

**goaty** ['gəutɪ] *a* козли́ный

**gob** I [gɔb] **1.** *n* 1) *разг.* плево́к 2) *разг.* рот, гло́тка 3) *горн.* пуста́я поро́да, зава́л

**2.** *v* *разг.* плева́ть

**gob** II [gɔb] *n* *амер. разг.* моря́к

**gobbet** I ['gɔbɪt] *n* комо́к полупережёванной пи́щи, мя́са

**gobbet** II ['gɔbɪt] *n* *разг.* отры́вок для перево́да на экза́мене

**gobble** I ['gɔbl] *v* есть жа́дно, бы́стро; пожира́ть

**gobble** II ['gɔbl] **1.** *n* кулды́канье

**2.** *v* 1) кулды́кать (*об индюке*) 2) зло́бно бормота́ть

**gobbler** ['gɔblə] *n* индю́к

**Gobelin, gobelin** ['gəubəlɪn] **1.** *n* гобеле́н

**2.** *a* гобеле́новый; ~ tapestry гобеле́н

**go-between** ['gəubɪ,twi:n] *n* 1) посре́дник 2) сват; сво́дник 3) связу́ющее звено́

**goblet** ['gɔblɪt] *n* бока́л; ку́бок

**goblin** I ['gɔblɪn] *n* домово́й

**goblin** II ['gɔblɪn] *n* *жарг.* банкно́т в оди́н фунт сте́рлингов

**go-by** ['gəubaɪ] *n* обго́н (*на скачках*) ◇ to give the ~ а) пройти́ ми́мо, не обрати́в внима́ния, не поздоро́вавшись; игнори́ровать; б) обгоня́ть, оставля́ть позади́; в) избега́ть, уклоня́ться (*от чего-л.*)

**goby** ['gəubɪ] *n* бычо́к (*рыба*)

**go-cart** ['gəukɑ:t] *n* 1) ходуно́к (*для обучения детей ходьбе*) 2) де́тская коля́ска 3) ручна́я теле́жка

**god** [gɔd] **1.** *n* 1) бог, божество́ 2) (G.) всевы́шний; G.'s truth и́стинная пра́вда; my G.! бо́же мой!; by G. ей-бо́гу!; G. Almighty бо́же всемогу́щий; G. bless you! *разг.* а) бо́же мой! (*восклицание, выражающее удивление*); б) бу́дьте здоро́вы (*говорится чихнувшему*); honest to G. че́стное сло́во!; G. damn you! бу́дьте вы про́кляты! 3) и́дол, куми́р; to make a ~ of smb. боготвори́ть кого́-л. ◇ the ~s пу́блика галёрки, галёрка

**2.** *v* *редк.* обожествля́ть; боготвори́ть; to ~ it *разг.* разы́грывать из себя́ божество́; ва́жничать

**godchild** ['gɔdtʃaɪld] *n* кре́стник; кре́стница

**goddaughter** ['gɔd,dɔ:tə] *n* кре́стница

**goddess** ['gɔdɪs] *n* боги́ня

**godfather** ['gɔd,fɑ:ðə] **1.** *n* крёстный (оте́ц)

**2.** *v* 1) быть крёстным отцо́м 2) дать (своё) и́мя (*чему-л.*)

**godfearing** ['gɔd,fɪərɪŋ] *a* богобоя́зненный

**godforsaken** ['gɔdfə,seɪkn] *a* забро́шенный; захолу́стный; уны́лый

**godhead** ['gɔdhed] *n* 1) божество́ 2) боже́ственность

**godless** ['gɔdlɪs] *a* 1) безбо́жный 2) нечести́вый

**godlike** ['gɔdlaɪk] *a* богоподо́бный; боже́ственный

**godliness** ['gɔdlɪnɪs] *n* на́божность, благоче́стие

**godly** ['gɔdlɪ] *a* благочести́вый; религио́зный

**godmother** ['gɔd,mʌðə] *n* крёстная (мать)

**godparent** ['gɔd,pɛərənt] *n* крёстный (оте́ц); крёстная (мать)

**God's-acre** ['gɔdz,eɪkə] *n* кла́дбище

**godsend** ['gɔdsend] *n* неожи́данное счастли́вое собы́тие; уда́ча; нахо́дка

**godson** ['gɔdsʌn] *n* кре́стник

**godspeed** ['gɔd'spi:d] *n* пожела́ние успе́ха; to bid (*или* to wish) smb. ~ ≅ говори́ть кому́-л. «бог в по́мощь!», «счастли́вого пути́!»

**go-easy** ['gəu,i:zɪ] = easy-going

**goer** ['gəuə] *n* 1) ходо́к; good (bad) ~ хоро́ший (плохо́й) ходо́к 2) отъезжа́ющий; comers and ~s приезжа́ющие и отъезжа́ющие

**goffer** ['gəufə] **1.** *n* 1) щипцы́ для гофриро́вки 2) гофриро́вка

**2.** *v* гофрирова́ть; плои́ть

**go-getter** ['gəu'getə] *n* *разг.* энерги́чный и уда́чливый челове́к; предприи́мчивый деле́ц

**goggle** ['gɔgl] **1.** *n* 1) изумлённый, испу́ганный взгляд, «больши́е глаза́» 2) *pl* защи́тные *или* тёмные очки́

**2.** *a* вы́пученный, вы́таращенный (*о глазах*)

**3.** *v* 1) тара́щить глаза́; смотре́ть широко́ раскры́тыми глаза́ми 2) враща́ть глаза́ми

**goggled** ['gɔgld] **1.** *p. p. от* goggle 3

**2.** *a* нося́щий защи́тные очки́, в защи́тных очка́х

**goggle-eyed** ['gɔglaɪd] *a* пучегла́зый

**going** ['gəuɪŋ] **1.** *pres. p. от* go 1

**2.** *n* 1) ходьба́ 2) ско́рость передвиже́ния 3) отъе́зд 4) состоя́ние доро́ги, бегово́й доро́жки 5) *стр.* про́ступь (*ширина ступени*) ◇ rough ~ тру́дности, затрудне́ния

**3.** *a* 1) рабо́тающий, де́йствующий (*о предприятии и т. п.*) 2) действи́тельный, существу́ющий; ~ fact действи́тельное явле́ние, устано́вленный факт 3) процвета́ющий, преуспева́ющий

**goings-on** ['gəuɪŋz'ɔn] *n pl* поведе́ние, посту́пки (*обыкн. неодобрительно*); пова́дки; о́браз жи́зни

**goitre** ['gɔɪtə] *n* *мед.* зоб; exophthalmic ~ базе́дова боле́знь

**goitrous** ['gɔɪtrəs] *a* 1) зо́бный 2) страда́ющий зо́бом

**gold** [gəuld] **1.** *n* 1) зо́лото 2) цвет зо́лота, золоти́стый цвет 3) бога́тство, сокро́вища; це́нность 4) центр мише́ни (*при стрельбе из лука*)

**2.** *a* 1) золото́й; ~ plate золота́я сервиро́вка 2) золоти́стого цве́та ◇ to sell a ~ brick *разг.* наду́ть, обману́ть

**gold-beater** ['gəuld,bi:tə] *n* золотобо́ец

**gold-cloth** ['gəuldklɔθ] *n* парча́

**gold-digger** ['gəuld,dɪgə] *n* 1) золотоиска́тель 2) *разг.* авантюри́стка, вымога́тельница

**gold-diggings** ['gəuld,dɪgɪŋz] *n pl* золоты́е при́иски

**gold-dust** ['gəulddʌst] *n* золотоно́сный песо́к

**golden** ['gəuldən] *a* 1) золоти́стый 2) золото́й (*преим. перен.*); ~ age золото́й век; ~ hours счастли́вое вре́мя; ~ opportunity прекра́сный слу́чай; ~ deeds благоро́дные посту́пки

**golden chain** ['gəuldən'tʃeɪn] *n* *бот.* раки́тник, золото́й дождь

**golden daisy** ['gəuldən'deɪzɪ] *n* *бот.* хризанте́ма, златоцве́т

**golden-shower** ['gəuldən'ʃauə] = golden chain

**gold-fever** ['gəuld,fi:və] *n* золота́я лихора́дка

**gold-field** ['gəuldfi:ld] *n* золотоно́сный райо́н; золото́й при́иск

**goldfinch** ['gəuldfɪntʃ] *n* 1) *зоол.* щего́л 2) *жарг.* золота́я моне́та

**goldfish** ['gəuldfɪʃ] *n* 1) золота́я ры́бка 2) сере́бряный кара́сь

**goldilocks** ['gəuldɪlɔks] *n* *бот.* лю́тик золоти́стый

**gold-leaf** ['gəuldli:f] *n* то́нкое листово́е зо́лото

**gold-mine** ['gəuldmaɪn] *n* 1) золото́й рудни́к, при́иск 2) «золото́е дно», исто́чник обогаще́ния

**gold mining** ['gəuld,maɪnɪŋ] *n* золотопромы́шленность, добы́ча зо́лота

**gold-plate** ['gəuldpleɪt] **1.** *a* из накладно́го зо́лота

**2.** *v* позолоти́ть, покры́ть позоло́той

**gold-rush** ['gəuldrʌʃ] = gold-fever

**goldsmith** ['gəuldsmɪθ] *n* золоты́х дел ма́стер; ювели́р

**gold-thread** ['gəuldθred] *n* золочёная канитéль

**golf** [gɔlf] **1.** *n* гольф

**2.** *v* игра́ть в гольф

**golf-course** ['gɔlfkɔ:s] = golf-links

**golfer** ['gɔlfə] *n* игро́к в гольф

**golf-links** ['gɔlflɪŋks] *n pl* площа́дка для игры́ в гольф

**Golgotha** ['gɔlgəθə] *n* 1) *библ.* Голго́фа 2) ме́сто муче́ний, исто́чник страда́ний

**Goliath** [gəu'laɪəθ] *n* *библ.* Голиа́ф; *перен. тж.* гига́нт

**golliwog** ['gɔlɪwɔg] *n* 1) чёрная ку́кла-уро́дец 2) пу́гало

**golly** ['gɔlɪ] *int разг.*: by ~! ей-бо́гу!

**golosh** [gə'lɔʃ] = galosh

**goluptious** [gə'lʌpʃəs] *a шутл.* 1) восхити́тельный 2) со́чный; вку́сный

**gombeen** [gɔm'bi:n] *ирл. n* ростовщи́чество

**gombeen-man** [gɔm'bi:nmæn] *ирл. n* ростовщи́к

**gom(b)roon** [gɔm(b)'ru:n] *n* бе́лый перси́дский фая́нс

**gondola** ['gɔndələ] *n* 1) гондо́ла 2) корзи́нка (*воздушного шара*) 3) *амер. ж.-д.* полуваго́н (*тж.* ~ car)

**gondolier** [ˌgɔndə'lɪə] *n* гондолье́р

**gone** [gɔn] **1.** *p. p. от* go 1; a man ~ ninety years of age челове́к, кото́рому за 90 лет

**2.** *a* 1) уше́дший, уе́хавший 2) разорённый 3) потёрянный, пропа́щий; a ~ case *разг.* безнадёжный слу́чай; пропа́щее де́ло; a ~ man = goner 1) *и* 2); 4) сла́бый 5) уше́дший; уме́рший; he is ~ его́ не ста́ло 6) испо́льзованный, израсхо́дованный ◊ to be ~ on быть влюблённым, ослеплённым

**goneness** ['gɔ:nnɪs] *n разг.* истоще́ние; ощуще́ние простра́ции

**goner** ['gɔnə] *n разг.* 1) ко́нченый челове́к 2) разорённый челове́к 3) пропа́щее де́ло

**gonfalon** ['gɔnfələn] *n* зна́мя; хору́гвь

**gonfalonier** [ˌgɔnfələ'nɪə] *n* знамено́сец

**gong** [gɔŋ] *n* 1) гонг 2) *жарг.* меда́ль

**goniometer** [ˌgəunɪ'ɔmɪtə] *n* гонио́метр, угломе́рный прибо́р

**gonorrhoea** [ˌgɔnə'rɪ:ə] *n мед.* гоноре́я

**goo** [gu:] *n амер. разг.* что-л. ли́пкое *или* вя́зкое

**goober** ['gu:bə] *n амер. разг.* земляно́й оре́х, ара́хис

**good** [gud] **1.** *a* (better; best) 1) хоро́ший; прия́тный; ~ features краси́вые черты́ лица́; ~ to see you *разг.* прия́тно вас ви́деть; ~ news до́брая весть 2) све́жий, неиспо́рченный; ~ food доброка́чественная, све́жая пи́ща; ~ lungs здоро́вые лёгкие 3) до́брый, доброде́тельный; ~ works до́брые дела́; ~ citizen добропоря́дочный граждани́н 4) ми́лый, любе́зный; how ~ of you! как э́то ми́ло с ва́шей стороны́! 5) го́дный; поле́зный; a ~ man for челове́к, подходя́щий для; milk is ~ for children молоко́ де́тям поле́зно; I am ~ for another 10 miles я спосо́бен пройти́ ещё 10 миль 6) уме́лый, иску́сный; ~ at languages спосо́бный к языка́м 7) плодоро́дный 8) надлежа́щий, целесообра́зный; to have ~ reason to believe име́ть все основа́ния счита́ть 9) надёжный, кредитоспосо́бный 10) значи́тельный; *разг.* здоро́вый; ~ thrashing здоро́вая вз́бучка; a ~ deal значи́тельное коли́чество, мно́го 11) *усиливает значение следующего прилагательного*: a ~ long walk дово́льно дли́нная прогу́лка ◊ ~ morning до́брое у́тро; ~ gracious! го́споди! (*восклицание*); ~ hour сме́ртный час; as ~ as всё равно́ что; почти́; he is as ~ as promised me он почти́ что обеща́л мне; to be as ~ as one's word держа́ть (своё) сло́во

**2.** *n* 1) добро́, бла́го; to do smb. ~ помога́ть кому́-л.; исправля́ть кого́-л. 2) по́льза; to the ~ на по́льзу; в чью-л. по́льзу; for the ~ of ра́ди, из-за; what is the ~ of it? кака́я по́льза от э́того?; како́й в э́том смысл?; it is no ~ бесполе́зно ◊ for ~ (and all) навсегда́, оконча́тельно

**good-bye** **1.** *n* [gud'baɪ] проща́ние

**2.** *int* ['gud'baɪ] до свида́ния!; проща́йте!

**good-fellowship** ['gud'feləuʃɪp] *n* общи́тельность

**good-for-nothing** ['gudfəˌnʌθɪŋ] **1.** *n* безде́льник; никчёмный челове́к

**2.** *a* ни на что не го́дный

**good-humoured** ['gud'hju:məd] *a* доброду́шный; жизнера́достный

**good-looker** ['gud'lukə] *n амер. разг.* краса́вец; краса́вица

**good-looking** ['gud'lukɪŋ] *a* краси́вый, интере́сный; прия́тный (*о внешности*)

**goodly** ['gudlɪ] *a* 1) краси́вый; миловидный 2) значи́тельный, большо́й; кру́пный 3) прекра́сный, прия́тный

**good-natured** ['gud'neɪtʃəd] *a* доброду́шный

**good-neighbour** ['gud'neɪbə] *a полит.* добрососе́дский; ~ policy поли́тика добрососе́дства

**good-neighbourhood** ['gud'neɪbəhud] *n* 1) добрососе́дские отноше́ния 2) доброжела́тельность

**goodness** ['gudnɪs] *n* 1) доброта́; великоду́шие; любе́зность 2) доброде́тель 3) хоро́шее ка́чество; це́нные сво́йства ◊ ~ gracious! го́споди! (*восклицание удивления или возмущения*); ~ knows! кто его́ зна́ет!; for ~ sake! ра́ди бо́га!

**goods** [gudz] *n pl* 1) това́р; това́ры, *иногда* груз, бага́ж; fancy ~ мо́дный това́р; consumer ~ потреби́тельские това́ры 2) ве́щи, иму́щество; ~ and chattels ли́чные ве́щи 3) (the ~) тре́буемые, необходи́мые ка́чества; и́менно то, что ну́жно; he has the ~ он вполне́ компете́нтен 4) (the ~)ули́ки, веще́ственные доказа́тельства, изоблича́ющие престу́пника, поли́чное; to catch with the ~ пойма́ть с поли́чным 5) *attr.* грузово́й, това́рный; бага́жный; ~ circulation това́рное обраще́ние

**good sense** ['gud'sens] *n* здра́вый смысл

**goods shed** ['gudzʃed] = goods yard

**goods yard** ['gudzjɑ:d] *n* пакга́уз

**good-tempered** ['gud'tempəd] *a* 1) с хоро́шим хара́ктером, доброду́шный 2) уравнове́шенный

**good-timer** ['gudˌtaɪmə] *n* челове́к, ве́село проводя́щий вре́мя; гуля́ка

**goodwill** ['gud'wɪl] *n* 1) доброжела́тельность; расположе́ние (to, towards — к) 2) до́брая во́ля 3) рве́ние, гото́вность сде́лать что-л. 4) *ком.* це́нность фи́рмы, определя́ющаяся её клиенту́рой, репута́цией *и т. п.*; прести́ж фи́рмы

**goody** I ['gudɪ] *n* конфе́та; ледене́ц

**goody** II ['gudɪ] **1.** *a* сентимента́льно благочести́вый, ха́нжеский; чувстви́тельно настро́енный

**2.** *n* ханжа́

**goody-goody** ['gudɪ'gudɪ] = goody II

**gooey** ['gu:ɪ] *a разг.* 1) ли́пкий, кле́йкий 2) сентимента́льный

**goof** [gu:f] *n разг.* дура́к; у́валень

**go-off** ['gəu'ɔf] *n* нача́ло, старт

**goofy** ['gu:fɪ] *a разг.* глу́пый, бестолко́вый

**goon** [gu:n] *n жарг.* 1) тупи́ца, болва́н 2) неуклю́жий, нело́вкий челове́к 3) головоре́з; наёмный банди́т

**goosander** [gu:'sændə] = merganser

**goose** I [gu:s] *n* (*pl* geese) 1) гусь; гусы́ня 2) *разг.* дура́к; ду́ра; проста́к; просту́шка; простофи́ля ◊ all his geese are swans ≅ он (всегда́) преувели́чивает; can't say «bo» to a ~ ≅ о́чень ро́бок; и му́хи не оби́дит

**goose** II [gu:s] *n* (*pl* (gooses [-ɪz]) портно́вский утю́г

**gooseberry** ['guzbərɪ] *n* 1) крыжо́вник 2) *воен.* про́волочный ёж ◊ to play ~ сопровожда́ть влюблённых для прили́чия; быть тре́тьим лицо́м

**goose-egg** ['gu:seg] *n* 1) гуси́ное яйцо́ 2) нуль (*в играх*)

**goose-fat** ['gu:sfæt] *n* гуси́ный жир, гуси́ное са́ло

**goose-flesh** ['gu:sfleʃ] *n* гуси́ная ко́жа (*от холода, страха*)

**goose-grass** ['gu:sgrɑ:s] *n бот.* подоро́жник (большо́й)

**goose-grease** ['gu:sgri:z] *n* гуси́ный жир

**goose-neck** ['gu:snek] *n* 1) предме́т, похо́жий на гуси́ную ше́ю *или* изо́гнутый в ви́де бу́квы S 2) *тех.* S-обра́зное коле́но

**goose-skin** ['gu:sskɪn] = goose-flesh

**goose-step** ['gu:sstep] *n воен.* гуси́ный шаг

**goosey** ['gu:sɪ] *n* 1) глу́пый, тупо́й челове́к 2) глупы́шка, дура́шка (*в обращении к ребёнку*)

**gopher** ['gəufə] **1.** *n* 1) мешо́тчатая кры́са, го́фер 2) су́слик 3) = goffer 1 ◊ G. State *шутл.* штат Миннесо́та

**2.** *v* 1) рыть 2) *горн.* производи́ть бессисте́мные разве́дки 3) = goffer 2

**GOPster** ['gɔpstə] *n амер. жарг.* республика́нец (*член республиканской партии США*)

**gore** I [gɔ:] *n* запёкшаяся, сверну́вшаяся кровь; *поэт.* кровь

**gore** II [gɔ:] **1.** *n* 1) клин, ла́стовица (*в белье, платье*) 2) уча́сток земли́ кли́ном

2. *v* 1) придава́ть фо́рму кли́на 2) вставля́ть, вшива́ть клин

**gore** III [gɔ:] *v* 1) бода́ть, забода́ть, пронза́ть (*рогами, клыками*) 2) проби́ть (*борт судна о скалу*)

**gorge** [gɔ:dʒ] **1.** *n* 1) то, что прогло́чено, съе́дено 2) пресыще́ние; отвраще́ние; я́рость; my ~ rises я чу́вствую отвраще́ние, меня́ тошни́т; to raise the ~ приводи́ть в я́рость 3) у́зкое уще́лье, тесни́на 4) *уст., поэт.* го́рло; гло́тка, пасть; зоб (*хищных птиц*) 5) зато́р, нагроможде́ние; про́бка 6) *воен.* го́ржа 7) *архит.* вы́кружка

2. *v* 1) жа́дно есть, объеда́ться 2) жа́дно глота́ть, поглоща́ть

**gorgeous** ['gɔ:dʒəs] *a* 1) великоле́пный, прекра́сный, пы́шный 2) я́рко расцве́ченный 3) витиева́тый (*о стиле*)

**gorget** ['gɔ:dʒɪt] *n* 1) ожере́лье 2) горже́т 3) отме́тина на ше́йке птиц 4) *ист.* ла́тный воротни́к

**Gorgon** ['gɔ:gən] *n* 1) *миф.* Горго́на, Меду́за 2) меге́ра, страши́лище

**gorilla** [gə'rɪlə] *n* 1) гори́лла 2) *разг.* страши́лище 3) *амер. sl.* уби́йца, банди́т

**gormandize** ['gɔ:məndaɪz] **1.** *n* обжо́рство

2. *v* объеда́ться

**go-round** ['gəuraund] *n* обхо́д, объе́зд

**gory** ['gɔ:rɪ] *a* 1) окрова́вленный 2) кровопроли́тный

**gosh** [gɔʃ] *int разг.*: by ~! чёрт возьми́! (*выражение изумления, досады и т. п.*)

**goshawk** ['gɔ:shɔ:k] *n* я́стреб-тетеревя́тник

**gosling** ['gɔzlɪŋ] *n* 1) гусёнок 2) глупы́ш

**go-slow** ['gəu'sləu] *n* сниже́ние те́мпа рабо́ты (*вид забастовки*)

**gospel** ['gɔspəl] *n* 1) (G.) ева́нгелие 2) про́поведь 3) взгля́ды, убежде́ния ◊ to take for ~ принима́ть (сле́по) за и́стину; ~ truth и́стинная пра́вда; the ~ of soap and water *шутл.* ≅ чистота́ — зало́г здоро́вья

**gospeller** ['gɔspələ] *n* 1) евангели́ст 2) пропове́дник; hot ~ of горя́чий защи́тник *чего-л.*

**gossamer** ['gɔsəmə] *n* 1) осе́нняя паути́на (*в воздухе*) 2) то́нкая ткань, газ

**gossamery** ['gɔsəmərɪ] *a* лёгкий, то́нкий как паути́на

**gossip** ['gɔsɪp] **1.** *n* 1) болтовня́ 2) спле́тня; слу́хи; to be given to ~ спле́тничать 3) ку́мушка, болту́нья, спле́тница; болту́н, спле́тник

2. *v* 1) болта́ть; бесе́довать 2) спле́тничать, передава́ть слу́хи

**gossipy** ['gɔsɪpɪ] *a* 1) болтли́вый; лю́бящий посплетни́чать 2) пусто́й, пра́здный (*о болтовне*)

**gossoon** [gə'su:n] *n ирл.* 1) па́рень 2) молодо́й лаке́й

**got** [gɔt] *past и p. p. от* get 1

**Goth** [gɔθ] *n* 1) *ист.* гот 2) *перен.* ва́рвар, ванда́л

**Gotham** ['gəutəm] *n*: a man of ~, a wise man of ~ проста́к, дура́к

**Gothic** ['gɔθɪk] **1.** *a* 1) го́тский 2) ва́рварский, гру́бый, жесто́кий 3) готи́ческий (*о стиле*) 4) *полигр.* готи́ческий (*о шрифте*)

2. *n* 1) го́тский язы́к 2) готи́ческий стиль 3) *полигр.* готи́ческий шрифт

**go-to-meeting** ['gəutə'mi:tɪŋ] *a шутл.* пра́здничный, лу́чший (*о костюме, платье, шляпе*)

**gotten** ['gɔtn] *амер. p. p. от* get 1

**gouache** [gu'a:ʃ] *фр. n жив.* гуа́шь

**gouge** [gaudʒ] **1.** *n* 1) полукру́глое долото́ 2) *амер.* вы́долбленное отве́рстие, вы́емка *и т. п.*

2. *v* 1) выда́лбливать; выда́вливать; to ~ out an eye вы́бить, вы́давить глаз 2) *амер. разг.* обма́нывать

**Goulard** [gu'la:d] *n* свинцо́вая примо́чка (*тж.* ~ water)

**goulash** ['gu:læʃ] *n венг.* гуля́ш

**gourd** [guəd] *n* 1) ты́ква 2) буты́ль из ты́квы

**gourde** [gu(:)rd] *n* гурд (*денежная единица Гаити*)

**gourmand** ['guəmənd] **1.** *n* 1) гурма́н, ла́комка 2) обжо́ра

2. *a* обжо́рливый

**gourmet** ['guəmeɪ] *фр. n* гурма́н, гастроно́м

**gout** [gaut] *n* 1) пода́гра 2) сгу́сток (*крови*)

**gouty** ['gautɪ] *a* подагри́ческий; страда́ющий пода́грой

**govern** ['gʌvən] *v* 1) управля́ть, пра́вить 2) регули́ровать; руководи́ть 3) владе́ть (*собой, страстями*) 4) влия́ть (*на кого-л.*); направля́ть, определя́ть, обусло́вливать (*ход событий*) 5) *грам.* управля́ть

**governable** ['gʌvənəbl] *a* послу́шный; подчиня́ющийся

**governance** ['gʌvənəns] *n* управле́ние, власть; руково́дство

**governess** ['gʌvənɪs] *n* 1) гуверна́нтка, воспита́тельница 2) *уст.* прави́тельница

**governing** ['gʌvənɪŋ] **1.** *pres. p. от* govern

2. *a* 1) руководя́щий, контроли́рующий 2) гла́вный, основно́й 3): the ~ classes пра́вящие кла́ссы

**government** ['gʌvnmənt] *n* 1) прави́тельство; organs of ~ о́рганы госуда́рственного управле́ния; general ~ центра́льное прави́тельство; responsible ~ отве́тственное министе́рство; invisible ~ факти́ческие прави́тели 2) фо́рма правле́ния 3) управле́ние; local ~ ме́стное самоуправле́ние 4) прови́нция (*управляемая губернатором*) 5) *грам.* управле́ние

**governmental** [ˌgʌvən'mentl] *a* прави́тельственный

**Government house** ['gʌvnmənthaus] *n* официа́льная резиде́нция губерна́тора

**governor** ['gʌvənə] *n* 1) прави́тель 2) губерна́тор 3) коменда́нт (*крепости*); нача́льник (*тюрьмы*) 4) заве́дующий (*школой, больницей*) 5) *разг.* оте́ц 6) *разг.* хозя́ин 7) *разг.* господи́н 8) *тех.* регуля́тор

**governor general** ['gʌvənə'dʒenərəl] *n* губерна́тор коло́нии *или* доминио́на, генера́л-губерна́тор

**gowk** [gauk] *n* 1) *диал.* куку́шка 2) *разг.* о́лух

**gown** [gaun] **1.** *n* 1) пла́тье (*женское*); morning ~ хала́т 2) ма́нтия (*судьи, преподавателя университета и т. п.*) 3) ри́мская то́га ◊ cap and ~ *см.* cap 1 ◊

2. *v* 1) надева́ть 2) *pass.* быть оде́тым; she was perfectly ~ed она́ была́ прекра́сно оде́та

**gownsman** ['gaunzmən] *n* лицо́, нося́щее ма́нтию (*адвокат, профессор, студент и т. п.*)

**grab** [græb] **1.** *n* 1) внеза́пная попы́тка схвати́ть; бы́строе хвата́тельное движе́ние 2) захва́т; присвое́ние; a policy of ~ захва́тническая поли́тика 3) *тех.* экскава́тор; ковш, черпа́к

2. *v* 1) схва́тывать, хвата́ть; пыта́ться схвати́ть (at) 2) захва́тывать; присва́ивать

**grab-all** ['græbɔ:l] *n* 1) *разг.* су́мка для ме́лких веще́й 2) хапу́га

**grabber** ['græbə] *n* рвач, хапу́га

**grabble** ['græbl] *v* 1) иска́ть о́щупью 2) по́лзать на четвере́ньках

**grace** [greɪs] **1.** *n* 1) гра́ция; изя́щество; привлека́тельность 2) благоскло́нность, благоволе́ние; to be in smb.'s good ~s по́льзоваться чьей-л. благоскло́нностью 3) прили́чие; такт; любе́зность; with (a) good ~ любе́зно, охо́тно; with (a) bad ~ нелюбе́зно, неохо́тно; you had the ill ~ to deny it вы име́ли беста́ктность отрица́ть э́то 4) *pl* привлека́тельные сво́йства, ка́чества; airs and ~s мане́рность 5) ми́лость, милосе́рдие; проще́ние; Act of ~ (всео́бщая) амни́стия 6) отсро́чка, переды́шка; days of ~ *ком.* льго́тные дни (*для уплаты по векселю*) 7) моли́тва (*перед едой и после еды*) 8) *унив.* разреше́ние на соиска́ние учёной сте́пени 9) ми́лость, све́тлость (*форма обращения к герцогу, герцогине, архиепископу*); Your, His G. Ва́ша, Его́ све́тлость 10) *pl* (the Graces) *миф.* Гра́ции 11) *муз.* фиориту́ра 12) *pl* игра́ в серсо́

2. *v* 1) украша́ть (with) 2) удоста́ивать, награжда́ть

**grace-cup** ['greɪskʌp] *n* 1) заздра́вный ку́бок, заздра́вная ча́ша 2) после́дний, проща́льный бока́л вина́, «посошо́к»

**graceful** ['greɪsful] *a* 1) грацио́зный, изя́щный 2) прия́тный 3) элега́нтный

**graceless** ['greɪslɪs] *a* 1) нра́вственно испо́рченный; бессты́дный; непристо́йный; развращённый 2) некраси́вый, непривлека́тельный 3) тяжелове́сный (*о стиле*)

**gracious** [ˈgreɪʃəs] **1.** *a* 1) до́брый, ми́лостивый, милосе́рдный 2) снисходи́тельный; любе́зный

**2.** *int*: ~ me! бо́же мой!; ба́тюшки!

**graciously** [ˈgreɪʃəslɪ] *adv* ми́лостиво; любе́зно; снисходи́тельно

**gradate** [grəˈdeɪt] *v* 1) располага́ть в поря́дке степене́й 2) *жив.* незаме́тно переходи́ть от отте́нка к отте́нку

**gradation** [grəˈdeɪʃən] *n* 1) града́ция, постепе́нность; постепе́нный перехо́д 2) *pl* перехо́дные ступе́ни, отте́нки 3) *лингв.* чередова́ние гла́сных, абля́ут

**grade** [greɪd] **1.** *n* 1) гра́дус 2) сте́пень; ранг, класс; зва́ние 3) ка́чество, сорт 4) *амер.* класс (*в школе*); the grades = grade school 5) *амер.* отме́тка, оце́нка 6) *с.-х.* но́вая, улу́чшенная скре́щиванием поро́да 7) *ж.-д.* укло́н; градие́нт; down ~ под укло́н; спуска́ясь; up ~ на подъёме; to make the ~ брать круто́й подъём; *перен. разг.* доби́ться успе́ха; доби́ться своего́

**2.** *v* 1) располага́ть по ра́нгу, по степеня́м 2) сортирова́ть 3) улучша́ть поро́ду скре́щиванием 4) постепе́нно меня́ться, переходи́ть (*в другую стадию*; into — в) 5) *ж.-д.* нивели́ровать

**grade crossing** [ˈgreɪdˌkrɔsɪŋ] *n амер.* пересече́ние железнодоро́жного пути́ с шоссе́ (на одно́м у́ровне *или* в одно́й пло́скости)

**grader** [ˈgreɪdə] *n* 1) сортиро́вщик 2) *с.-х.* сортирова́льная маши́на 3) гре́йдер 4) *амер.* учени́к нача́льной шко́лы

**grade school** [ˈgreɪdˈsku:l] *n амер.* нача́льная шко́ла

**gradient** [ˈgreɪdjənt] *n* 1) укло́н, скат 2) *физ.* градие́нт 3) склоне́ние (*стрелки барометра*)

**gradual** [ˈgrædjuəl] *a* постепе́нный; после́довательный

**gradualism** [ˈgrædjuəlɪzm] *n* 1) *филос.* градуали́зм 2) *полит.* уче́ние о постепе́нности в социа́льных преобразова́ниях 3) *амер. ист.* тре́бование постепе́нности в отме́не рабовладе́ния

**gradually** [ˈgrædjuəlɪ] *adv* постепе́нно, ма́ло-пома́лу, понемно́гу

**graduate 1.** *n* [ˈgrædjuət] 1) име́ющий учёную сте́пень; *чаще амер.* око́нчивший уче́бное заведе́ние; выпускни́к; абитурие́нт 2) мензу́рка

**2.** *v* [ˈgrædjueɪt] 1) конча́ть университе́т с учёной сте́пенью (at); *преим. амер.* око́нчить (*любое*) уче́бное заведе́ние (from *или без предлога*) 2) располага́ть в после́довательном поря́дке 3) градуи́ровать, наноси́ть деле́ния, калиброва́ть 4) *биол.* постепе́нно изменя́ться, переходя́ во что-л. друго́е 5) *хим.* сгуща́ть жи́дкость (*выпариванием*)

**graduate school** [ˈgrædjuətˌsku:l] *n амер.* аспиранту́ра

**graduate student** [ˈgrædjuətˌstju:dənt] *n амер.* аспира́нт

**graduation** [ˌgrædjuˈeɪʃən] *n* 1) оконча́ние уче́бного заведе́ния (from) 2) получе́ние *или* присужде́ние учёной сте́пени 3) града́ция 4) выпа́ривание (*жидкости*) 5) градуиро́вка (*сосуда*) 6) ли́нии, деле́ния

**graft I** [grɑ:ft] **1.** *n* 1) приво́й, приви́вка (*растения*) 2) *хир.* переса́дка тка́ни

**2.** *v* 1) привива́ть (*растение*) 2) переса́живать ткань

**graft II** [grɑ:ft] **1.** *n* взя́тка, незако́нные дохо́ды; по́дкуп

**2.** *v* брать взя́тки; по́льзоваться нече́стными дохо́дами

**grafter I** [ˈgrɑ:ftə] *n* 1) приво́й 2) садо́вый нож

**grafter II** [ˈgrɑ:ftə] *n* 1) взя́точник 2) моше́нник, жу́лик

**grafting I** [ˈgrɑ:ftɪŋ] **1.** *pres. p. от* graft I, 2

**2.** *n с.-х.* приви́вка

**grafting II** [ˈgrɑ:ftɪŋ] *pres. p. от* graft II, 2

**graham** [ˈgreɪəm] *a* сде́ланный из пшени́чной муки́; ~ bread хлеб «Грэ́хем»; ~ flour пшени́чная мука́ гру́бого помо́ла

**Grail** [greɪl] *n*: The (Holy) ~ *миф.* Граа́ль, ча́ша Граа́ля

**grain** [greɪn] **1.** *n* 1) зерно́; хле́бные зла́ки 2) крупа́ 3) *pl* барда́ 4) гран (*=0,0648 г*) 5) зёрнышко; крупи́нка; песчи́нка; мельча́йшая части́ца; not a ~ of truth ни крупи́цы и́стины 6) зерни́стость, грануля́ция 7) волокно́, жи́лка, фи́бра, ни́тка; dyed in ~ [*см.* dye 2, 2)]; with the ~ по направле́нию волокна́ (*бумаги и т. п.*) 8) строе́ние, структу́ра 9) приро́да, хара́ктер, скло́нность; in ~ по нату́ре, по хара́ктеру 10) гре́на, яи́чки шелкопря́да 11) *уст., поэт.* кра́ска ◇ a fool (a rogue) in ~ отъя́вленный дура́к (моше́нник); to receive (*или* to take) smth. with a ~ of salt относи́ться к чему́-л. недове́рчиво, скепти́чески

**2.** *v* 1) раздробля́ть 2) придава́ть зерни́стую пове́рхность; кра́сить под де́рево *или* мра́мор; наводи́ть мере́ю (*на кожу*) 3) очища́ть (*кожу*) от ше́рсти

**grain binder** [ˈgreɪnˌbaɪndə] *n с.-х.* сноповяза́лка

**grain cleaner** [ˈgreɪnˌkli:nə] *n с.-х.* зерноочисти́тель

**grain dryer** [ˈgreɪnˌdraɪə] *n с.-х.* зерносуши́лка

**grain grower** [ˈgreɪnˌgrəuə] *n* хлеборо́б

**grains** [greɪnz] *n pl* (*обыкн. употр. как sing*) гарпу́н

**grain separator** [ˈgreɪnˌsepəreɪtə] *n* 1) зерноочисти́тельная маши́на, сортиро́вка (*машина*) 2) *амер.* молоти́лка

**grain tank** [ˈgreɪntæŋk] *n с.-х.* бу́нкер для зерна́

**grainy** [ˈgreɪnɪ] *a* 1) негла́дкий, шерохова́тый 2) зерни́стый, гранули́рованный

**gram I** [græm] = gramme

**gram II** [græm] *n* ме́лкий горо́шек

**grama** [ˈgrɑ:mə] = gramma

**gramicidin** [ˈgræmɪsɪdɪn] *n фарм.* грамициди́н

**graminaceous, gramineous** [ˌgreɪmɪˈneɪʃəs, greɪˈmɪnɪəs] *a* травяни́стый

**graminivorous** [ˌgræmɪˈnɪvərəs] *a* травоя́дный

**gramma** [ˈgræmə] *n* па́стбищная трава́ (*тж.* ~ grass)

**grammar** [ˈgræmə] *n* 1) грамма́тика 2) введе́ние в нау́ку, элеме́нты нау́ки 3) граммати́ческая систе́ма языка́ 4) уче́бник грамма́тики 5) граммати́ческие на́выки; his ~ is terrible он де́лает мно́го граммати́ческих оши́бок

**grammarian** [grəˈmɛərɪən] *n* грамма́тист

**grammar-school** [ˈgræməsku:l] *n* 1) сре́дняя шко́ла 2) *амер.* ста́ршие кла́ссы сре́дней шко́лы

**grammatical** [grəˈmætɪkəl] *a* граммати́ческий; граммати́чески пра́вильный

**gramme** [græm] *n* грамм

**gramophone** [ˈgræməfəun] *n* граммофо́н; патефо́н

**grampus** [ˈgræmpəs] *n* 1) се́верный дельфи́н-каса́тка 2) пыхтя́щий *или* гро́мко сопя́щий челове́к 3) *тех.* больши́е кле́щи

**granary** [ˈgrænərɪ] *n* 1) амба́р; зернохрани́лище 2) жи́тница, хлеборо́дный райо́н

**grand** [grænd] **1.** *a* 1) грандио́зный, большо́й, вели́чественный 2) вели́кий (*тж. в титулах*) 3) возвы́шенный; благоро́дный 4) гла́вный, о́чень ва́жный; ~ question ва́жный вопро́с 5) великоле́пный, пы́шный; роско́шный; импоза́нтный; пара́дный 6) *разг.* бога́то, щегольски́ оде́тый 7) ва́жный, зна́тный 8) ва́жничающий, испо́лненный самомне́ния; to do the ~ *разг.* ва́жничать 9) *разг.* восхити́тельный, прия́тный 10) ито́говый; сумми́рующий

**2.** *n* 1) роя́ль 2) *амер. жарг.* ты́сяча до́лларов

**gran-dad** [ˈgrændæd] = grand-dad

**grandchild** [ˈgræntʃaɪld] *n* внук; вну́чка

**grand-dad** [ˈgrændæd] *n разг.* де́душка

**granddaughter** [ˈgrænˌdɔ:tə] *n* вну́чка

**Grand Duke** [ˈgrændˈdju:k] *n* 1) вели́кий ге́рцог 2) вели́кий князь

**grandee** [grænˈdi:] *n* 1) гранд (*испанский*) 2) вельмо́жа, сано́вник; ва́жная персо́на

**grandeur** [ˈgrændʒə] *n* 1) грандио́зность; великоле́пие; пы́шность 2) зна́тность 3) (нра́вственное) вели́чие

**grandfather** [ˈgrændˌfɑ:ðə] *n* де́душка ◇ ~'s clock высо́кие стоя́чие часы́

**grandiloquence** [grænˈdɪləkwəns] *n* высокопа́рность, напы́щенность

**grandiloquent** [grænˈdɪləkwənt] *a* высокопа́рный, напы́щенный

**grandiose** [ˈgrændɪəus] *a* 1) грандио́зный 2) напы́щенный, претенцио́зный

**grandiosity** [ˌgrændɪˈɔsɪtɪ] *n* грандио́зность

**grand jury** [ˈgrændˈdʒuərɪ] *n юр.* большо́е жюри́; прися́жные, реша́ющие вопро́с о преда́нии суду́

**grandma** [ˈgrænmɑ:] = grandmamma

**grandmamma** [ˈgrænmə,mɑ:] *n разг.* ба́бушка

**Grand Master** [ˈgrændˈmɑ:stə] *n шахм.* гроссме́йстер

**grandmother** [ˈgræn,mʌðə] **1.** *n* ба́бушка

**2.** *v* балова́ть; изне́живать

**grandmotherly** [ˈgræn,mʌðəlɪ] *a* 1) проявля́ющий матери́нскую забо́ту, забо́тливый; опека́ющий 2) похо́жий на ба́бушку 3) изли́шне ме́лочный (*особенно о законодательстве*)

**grand-nephew** [ˈgræn,nevju:] *n* внуча́тый племя́нник

**grand-niece** [ˈgrænni:s] *n* внуча́тая племя́нница

**grandpa** [ˈgrænpɑ:] = grandpapa

**grandpapa** [ˈgrænpə,pɑ:] *n разг.* де́душка

**grandparents** [ˈgræn,pɛərənts] *n pl* де́душка и ба́бушка

**grand piano** [ˈgrændˈpjænəu] *n* роя́ль

**Grand Prix** [ˈgrɑ:ŋˈpri:] *фр. n* большо́й приз, гран-при́

**grandson** [ˈgrænsʌn] *n* внук

**grandstand** [ˈgrændstænd] **1.** *n* трибу́на, места́ для зри́телей (*на стадионе и т. п.*)

**2.** *a амер. разг.* показно́й, рассчи́танный на эффе́кт

**3.** *v амер. разг.* рисова́ться, бить на эффе́кт

**grange** [greɪndʒ] *n* 1) мы́за 2) *уст.* амба́р 3) *амер.* ассоциа́ция фе́рмеров

**granger's cattle** [ˈgreɪndʒəz,kætl] *n* мя́со-моло́чный скот

**granite** [ˈgrænɪt] *n* 1) грани́т 2) *attr.*: the ~ city *г.* Аберди́н

**granitic** [græˈnɪtɪk] *a* грани́тный

**grannie, granny** [ˈgrænɪ] *n* 1) *ласк.* ба́бушка, бабу́ся 2) *разг.* стару́ха 3) *воен. жарг.* тяжёлое ору́дие

**grant** [grɑ:nt] **1.** *n* 1) дар, официа́льное предоставле́ние; да́рственный акт 2) дота́ция, субси́дия; безвозме́здная ссу́да 3) *pl* стипе́ндия 4) усту́пка, разреше́ние, согла́сие

**2.** *v* 1) дари́ть, жа́ловать, дарова́ть; предоставля́ть 2) дава́ть дота́цию, субси́дию 3) разреша́ть; дава́ть согла́сие (*на что-л.*) 4) допуска́ть; to take for ~ed допуска́ть, счита́ть дока́занным, не тре́бующим доказа́тельства; счита́ть само́ собо́й разуме́ющимся; to take nothing for ~ed ничего́ не принима́ть на ве́ру

**grantee** [grɑ:nˈti:] *n* получа́ющий в дар

**grant-in-aid** [ˈgrɑ:ntɪnˈeɪd] *n* дота́ция, субси́дия

**grantor** [grɑ:nˈtɔ:] *n* дари́тель

**granular** [ˈgrænjulə] *a* зерни́стый; гранули́рованный

**granulate** [ˈgrænjuleɪt] *v* 1) обраща́ть(ся) в зёрна; дроби́ть; мельчи́ть 2) гранули́роваться, образо́вывать грануля́ции (*о ране и т. п.*)

**granulated sugar** [ˈgrænjuleɪtɪdˈʃugə] *n* са́харный песо́к

**granulation** [,grænjuˈleɪʃən] *n* 1) грануля́ция 2) гранули́рование 3) зерне́ние, дробле́ние

**granule** [ˈgrænju:l] *n* зёрнышко, зерно́

**grape** [greɪp] *n* 1) виногра́д (*о плодах обыкн. pl*); гроздь виногра́да 2) *pl* = grease 1, 3); 3) = grape-shot ◇ sour ~s, the ~s are sour «зе́лен виногра́д»

**grape-cure** [ˈgreɪpkjuə] *n* лече́ние виногра́дом

**grape-fruit** [ˈgreɪpfru:t] *n* гре́йпфрут

**grapery** [ˈgreɪpərɪ] *n* оранжере́я для виногра́да

**grape-shot** [ˈgreɪpʃɔt] *n воен. ист.* кру́пная картечь

**grape-sugar** [ˈgreɪp,ʃugə] *n* виногра́дный са́хар, глюко́за

**grape-vine** I [ˈgreɪpvaɪn] *n* виногра́дная лоза́

**grape-vine** II [ˈgreɪpvaɪn] *n разг.* 1) систе́ма сообще́ния с по́мощью сигна́лов; спо́соб та́йного сообще́ния (*тж.* ~ telegraph) 2) ло́жные слу́хи

**graph** [græf] *n* 1) гра́фик, диагра́мма, крива́я 2) *мат.* граф 3) *attr.*: ~ paper миллиметро́вка

**graphic** [ˈgræfɪk] *a* 1) графи́ческий, изобрази́тельный; ~ arts изобрази́тельные иску́сства 2): ~ model *мат.* простра́нственная диагра́мма 3) нагля́дный; живопи́сный; живо́й, кра́сочный (*о рассказе*)

**graphically** [ˈgræfɪkəlɪ] *adv* 1) графи́чески 2) нагля́дно, жи́во; кра́сочно

**graphite** [ˈgræfaɪt] *n* графи́т

**graphology** [græˈfɔlədʒɪ] *n* графоло́гия

**grapnel** [ˈgræpnəl] *n* 1) крюк, захва́т, ко́шка 2) дрек; шлю́почный я́корь

**grapple** [ˈgræpl] **1.** *n* 1) = grapnel 2) схва́тка, борьба́

**2.** *v* 1) схвати́ть 2) схвати́ться, сцепи́ться; to ~ with *мор.* взять на аборда́ж; *перен.* боро́ться; пыта́ться преодоле́ть (*затруднение*), разреши́ть (*задачу*)

**grappling-iron** [ˈgræplɪŋ,aɪən] = grapnel

**grasp** [grɑ:sp] **1.** *n* 1) схва́тывание; кре́пкое сжа́тие; хва́тка; *перен.* власть; within one's ~ бли́зко; так, что мо́жно доста́ть руко́й; *перен.* в чьих-л. возмо́жностях, в чьей-л. вла́сти; beyond ~ вне преде́лов досяга́емости 2) спосо́бность бы́строго восприя́тия; понима́ние; it is beyond one's ~ э́то вы́ше чьего́-л. понима́ния 3) рукоя́тка 4) *воен.* ше́йка прикла́да

**2.** *v* 1) схва́тывать, зажима́ть (*в руке*); захва́тывать 2) хвата́ться (at — за) 3) охвати́ть, поня́ть; осозна́ть; усво́ить; I can't ~ your meaning не понима́ю, что вы хоти́те сказа́ть

**grasper** [ˈgrɑ:spə] *n* рвач, хапу́га

**grasping** [ˈgrɑ:spɪŋ] **1.** *pres. p. от* grasp 2

**2.** *a* 1) це́пкий, хва́ткий 2) скупо́й, жа́дный

**grass** [grɑ:s] **1.** *n* 1) трава́; дёрн 2) лужа́йка, газо́н; луг; to lay down in ~ запуска́ть под луга́ 3) па́стбище; to be at ~ пасти́сь, быть на подно́жном корму́; *перен. разг.* быть на о́тдыхе, на кани́кулах; быть без де́ла; to put (*или* to send) to ~ выгоня́ть в по́ле, на подно́жный корм 4) *горн.* пове́рхность земли́; у́стье ша́хты 5) *разг.* спа́ржа ◇ to let no ~ grow under one's feet де́йствовать бы́стро и энерги́чно; to send to ~ уво́лить; to hear the ~ grow слы́шать, как трава́ растёт, быть необыкнове́нно чу́тким; go to ~! *груб.* убира́йся к чёрту!

**2.** *v* 1) засева́ть траво́й; покрыва́ть дёрном 2) зараста́ть траво́й 3) пасти́сь 4) выгоня́ть в по́ле (*скот*) 5) растяну́ться на траве́ 6) сбить с ног; подстрели́ть (*птицу*) 7) вы́тащить на бе́рег (*рыбу*)

**grass-cutter** [ˈgrɑ:s,kʌtə] *n* газонокоси́лка

**grass-cutting** [ˈgrɑ:s,kʌtɪŋ] *n ав. разг.* бре́ющий полёт

**grass-feeding** [ˈgrɑ:s,fi:dɪŋ] *a* травоя́дный

**grasshopper** [ˈgrɑ:s,hɔpə] *n* 1) кузне́чик; *амер. тж.* саранча́ 2) *воен. жарг.* лёгкий связно́й самолёт

**grassland** [ˈgrɑ:slænd] *n* сеноко́сное уго́дье; луг, па́стбище

**grass-plot** [ˈgrɑ:sˈplɔt] *n* лужа́йка, газо́н

**grassroots** [ˈgrɑ:sru:ts] *n pl* 1) заря́дные лю́ди, обыва́тели 2) осно́ва, исто́чник

**grass-snake** [ˈgrɑ:ssneɪk] *n зоол.* уж (обыкнове́нный)

**grass widow** [ˈgrɑ:sˈwɪdəu] *n* соло́менная вдова́

**grassy** [ˈgrɑ:sɪ] *a* 1) покры́тый траво́й 2) травяно́й; травяни́стый

**grate** I [greɪt] *n* 1) решётка 2) ками́нная решётка; ками́н 3) *тех.* колоснико́вая решётка 4) *тех.* гро́хот

**grate** II [greɪt] *v* 1) тере́ть (*тёркой*), растира́ть 2) тере́ть, скрести́ с ре́зким зву́ком 3) скрипе́ть 4) раздража́ть, раздража́юще де́йствовать (on, upon — на); it ~s on (*или* upon) my ear э́то мне ре́жет слух

**grateful** [ˈgreɪtful] *a* 1) благода́рный; призна́тельный; благода́рственный 2) прия́тный

**gratefully** [ˈgreɪtfulɪ] *adv* 1) с благода́рностью 2) прия́тно

**gratefulness** [ˈgreɪtfulnɪs] *n* 1) благода́рность 2) прия́тность

**grater** [ˈgreɪtə] *n* 1) тёрка 2) ра́шпиль

**gratification** [,grætɪfɪˈkeɪʃən] *n* 1) удовлетворе́ние; удово́льствие 2) вознагражде́ние; пода́чка

**gratify** [ˈgrætɪfaɪ] *v* 1) удовлетворя́ть 2) доставля́ть удово́льствие; ра́довать (*глаз*) 3) потво́рствовать

4) *уст.* вознаграждáть; давáть взя́тку

**grating** I [ˈgreɪtɪŋ] *n* решётка

**grating** II [ˈgreɪtɪŋ] **1.** *pres. p. от* grate II

**2.** *a* 1) скрипу́чий, рéзкий 2) раздражáющий

**gratis** [ˈgreɪtɪs] *лат. adv* бесплáтно, дáром

**gratitude** [ˈgrætɪtjuːd] *n* благодáрность, признáтельность

**gratters** [ˈgrætəz] *n pl разг.* поздравлéния

**gratuitous** [grəˈtju(ː)ɪtəs] *a* 1) даровóй, безвозмéздный 2) доброво́льный 3) беспричи́нный; ничéм не вы́званный

**gratuity** [grəˈtju(ː)ɪtɪ] *n* 1) дéнежный подáрок; посóбие 2) чаевы́е 3) *воен.* наградны́е

**gravamen** [grəˈveɪmen] *n* (*обыкн.* the ~) *юр.* 1) жáлоба 2) суть обвинéния

**grave** I [greɪv] *n* моги́ла; *перен.* смерть; to sink into the ~ сойти́ в моги́лу; to have one foot in the ~ стоя́ть однóй ногóй в моги́ле; in one's ~ мёртвый

**grave** II [greɪv] *v* (graved; graved, graven) 1) *уст.* гравировáть; высекáть; вырéзывать 2) запечатлевáть (in, on)

**grave** III **1.** *a* [greɪv] 1) серьёзный, вéский; вáжный 2) тяжёлый, угрожáющий 3) вáжный; степéнный 4) влия́тельный, авторитéтный 5) мрáчный, печáльный; тёмный (*о красках*) 6) ни́зкий (*о тоне*) 7) [grɑːv] *фон.* тупóй (*об ударении*)

**2.** *n* [grɑːv] *фон.* тупóе ударéние

**grave** IV [greɪv] *v мор.* очищáть подвóдную часть су́дна

**grave-clothes** [ˈgreɪvkləuðz] *n pl* сáван

**grave-digger** [ˈgreɪvˌdɪgə] *n* моги́льщик, гробокопáтель

**gravel** [ˈgrævəl] **1.** *n* 1) грáвий 2) золотонóсный песóк (*тж.* auriferous ~) 3) *мед.* мочевóй песóк

**2.** *v* 1) посыпáть грáвием 2) *разг.* приводи́ть в замешáтельство, стáвить в тупи́к

**gravel-blind** [ˈgrævəlblaɪnd] *a* почти́ слепóй

**gravelly** [ˈgrævlɪ] *a* 1) состоя́щий из грáвия 2) усы́панный грáвием; засы́панный пескóм

**graven** [ˈgreɪvən] **1.** *p. p. от* grave II; **2.** *a* вы́сеченный; ~ image *библ.* и́дол, куми́р

**graver** [ˈgreɪvə] *n* 1) рéзчик, гравёр 2) резéц

**Graves' disease** [ˈgreɪvzdɪˈziːz] *n* базéдова болéзнь

**graveside** [ˈgreɪvsaɪd] *n* край моги́лы

**gravestone** [ˈgreɪvstəun] *n* моги́льная плитá, надгрóбный кáмень

**graveyard** [ˈgreɪvjɑːd] *n* клáдбище ◇ ~ shift *амер.* смéна, начинáющаяся óколо 12 часóв нóчи; ночнáя смéна

**gravid** [ˈgrævɪd] *a* берéменная

**gravimetric** [ˌgrævɪˈmetrɪk] *a* гравиметри́ческий; весовóй

**graving-dock** [ˈgreɪvɪŋdɔk] *n* ремóнтный док (*сухой или плавучий*)

**gravitate** [ˈgrævɪteɪt] *v* 1) тяготéть, стреми́ться (to, towards); in summer people ~ to the seaside лéтом лю́ди стремя́тся к мóрю 2) *физ.* притя́гиваться (towards); to ~ to the bottom пáдать, оседáть на дно

**gravitation** [ˌgrævɪˈteɪʃən] *n физ.* гравитáция, си́ла тя́жести; притяжéние; тяготéние; the law of ~ закóн тяготéния

**gravity** [ˈgrævɪtɪ] *n* 1) серьёзность; вáжность 2) торжéственность; серьёзный вид 3) тя́жесть, опáсность (*положения и т. п.*) 4) степéнность, уравновéшенность 5) *физ.* тя́жесть; си́ла тя́жести; тяготéние; centre of ~ центр тя́жести 6) *attr.*: ~ feed *тех.* подáча самотёком

**gravy** [ˈgreɪvɪ] *n* 1) подли́вка (*из сока жаркого*), сóус 2) *амер. жарг.* лёгкая нажи́ва, незакóнные дохóды; взя́тка 3) *attr.*: ~ train *жарг.* вы́годное предприя́тие; to ride the ~ train загребáть дéньги; to board the ~ train вы́годно устрóиться

**gravy-boat** [ˈgreɪvɪbəut] *n* сóусник

**gray** [greɪ] = grey

**grayling** [ˈgreɪlɪŋ] *n* хáриус (*рыба*)

**graze** I [greɪz] **1.** *v* 1) слегкá касáться, задевáть; the bullet ~d the wall пу́ля оцарáпала стéну 2) содрáть, натерéть (*кожу*) 3) *воен.* обстрéливать насти́льным огнём

**2.** *n* 1) задевáние, касáние 2) лёгкая рáна, царáпина 3) *воен.* клевóк

**graze** II [greɪz] *v* 1) пасти́, держáть на поднóжном корму́ 2) пасти́сь, щипáть травý 3) испóльзовать как пáстбище

**grazer** [ˈgreɪzə] *n* 1) пасу́щееся живóтное 2) *pl* нагу́льный скот

**grazier** [ˈgreɪzjə] *n* скотовóд; животновóд

**graziery** [ˈgreɪzɪərɪ] *n* откáрмливание (*скота*) на пáстбище; нагу́л

**grease** **1.** *n* [griːs] 1) топлёное сáло; жир; in ~, in prime (*или* in pride) of ~ откóрмленный на убóй 2) смáзочное веществó; густáя смáзка 3) *вет.* мокрéц, подсéд (*у лошади*)

**2.** *v* [griːz] смáзывать (*жиром и т. п.*); замáсливать, засáливать ◇ to ~ the palm (*или* the hand, the fist) of, to ~ the wheels «подмáзать», дать взя́тку

**grease-box** [ˈgriːsbɔks] *n тех.* маслёнка; бу́кса

**grease-paint** [ˈgriːspeɪnt] *n театр.* грим

**grease-proof** [ˈgriːspruːf] *a* жиронепроницáемый

**greaser** [ˈgriːzə] *n* 1) смáзчик 2) кочегáр (*на пароходе*) 3) *тех.* смáзочное приспособлéние

**greasing** [ˈgriːzɪŋ] **1.** *pres. p. от* grease 2

**2.** *n тех.* смáзка

**greasy** [ˈgriːzɪ] *a* 1) сáльный, жи́рный 2) не очи́щенный от жи́ра (*о шерсти*) 3) скóльзкий и гря́зный (*о дороге*) 4) скóльзкий, непристóйный 5) елéйный, вкрáдчивый; при́торный; слащáвый

**great** [greɪt] **1.** *a* 1) вели́кий; the Great October Socialist Revolution Вели́кая Октя́брьская социалисти́ческая револю́ция 2) большóй; *разг.* огрóмный; ~ blot огрóмная кля́кса; ~ masses of population широ́кие мáссы населéния 3) возвы́шенный (*о цели, идее и т. п.*); ~ thoughts возвы́шенные мы́сли 4) си́льный, интенси́вный; ~ pain си́льная боль; a ~ talker большóй говору́н 5) замечáтельный; прекрáсный; a ~ singer замечáтельный певéц 6) дли́тельный, дóлгий, продолжи́тельный; a ~ while дóлгое врéмя; to live to a ~ age дожи́ть до глубóкой стáрости 7) *разг.* восхити́тельный, великолéпный; that's ~! э́то замечáтельно! 8) *predic.* óпытный, иску́сный (at) 9) *predic.* понимáющий, разбирáющийся (on) 10) (*в степенях родства*) пра-; *напр.*: ~-grandchild прáвнук; прáвнучка; ~-grandfather прáдед ◇ ~ dozen тринáдцать; to be ~ with child *уст.* быть берéменной

**2.** *n* (the ~) (*употр. как pl*) 1) вельмóжи, богачи́; «си́льные ми́ра сегó» 2) вели́кие писáтели, клáссики

**great bilberry** [ˈgreɪtˈbɪlbərɪ] *n* голуби́ка

**greatcoat** [ˈgreɪtkəut] *n* 1) пальтó 2) шинéль

**greater** [ˈgreɪtə] *a* 1) *сравн. ст. от* great 1; 2) большóй (*в геогр. названиях, напр.*: Greater London, Greater New York)

**great go** [ˈgreɪtˈgəu] *n разг.* послéдний экзáмен на стéпень бакалáвра (*преим. гуманитарных наук в Кембридже*)

**great-grandchild** [ˈgreɪtˈgræntʃaɪld] *n* прáвнук; прáвнучка

**great-grandfather** [ˈgreɪtˈgrændˌfɑːðə] *n* прáдед

**great-hearted** [ˈgreɪtˈhɑːtɪd] *a* великоду́шный

**greatly** [ˈgreɪtlɪ] *adv* 1) óчень; значи́тельно, весьмá 2) возвы́шенно; благорóдно

**greatness** [ˈgreɪtnɪs] *n* 1) вели́чие, си́ла 2) величинá

**greats** [greɪts] *n pl* послéдний экзáмен на стéпень бакалáвра (*преим. гуманитарных наук в Оксфорде*)

**greaves** I [griːvz] *n pl ист.* ножны́е лáты, наголéнники (*доспехов*)

**greaves** II [griːvz] *n pl* остáтки топлёного сáла; шквáрки

**grebe** [griːb] *n* погáнка (*птица*)

**Grecian** [ˈgriːʃən] **1.** *a* грéческий (*о стиле*) ◇ ~ horse троя́нский конь

**2.** *n* эллини́ст

**greed** [griːd] *n* жáдность

**greedily** [ˈgriːdɪlɪ] *adv* 1) жáдно, с жáдностью 2) прожóрливо

**greediness** [ˈgriːdɪnɪs] *n* 1) жáдность 2) прожóрливость

**greedy** ['gri:dɪ] *a* 1) жа́дный (of, for) 2) прожо́рливый

**Greek** [gri:k] **1.** *n* 1) грек; греча́нка 2) гре́ческий язы́к ◇ it is ~ to me ≅ э́то для меня́ соверше́нно непоня́тно

**2.** *a* гре́ческий

**green** [gri:n] **1.** *a* 1) зелёный; to turn ~ позелене́ть 2) покры́тый зе́ленью 3) расти́тельный (*о пище*) 4) незре́лый, сыро́й; ~ wound све́жая, незажи́вшая ра́на 5) молодо́й; нео́пытный, дове́рчивый; ~ hand новичо́к; нео́пытный челове́к; 6) необъе́зженный (*о лошади*) 7) по́лный сил, цвету́щий, све́жий 8) бле́дный, боле́зненный ◇ ~ winter бесснé́жная, мя́гкая зима́

**2.** *n* 1) зелёный цвет; зелёная кра́ска 2) зелёная лужа́йка, луг (*для игр и т. п.*) 3) расти́тельность 4) *pl* зе́лень, о́вощи 5) мо́лодость, си́ла; in the ~ в расцве́те сил ◇ do you see any ~ in my eye? ра́зве я кажу́сь таки́м легкове́рным, нео́пытным?

**3.** *v* 1) де́лать(ся) зелёным, зелене́ть 2) кра́сить в зелёный цвет 3) *разг.* обма́нывать, мистифици́ровать □ ~ **out** дава́ть ростки́

**greenback** ['gri:nbæk] *n амер. разг.* 1) банкно́т 2) *pl* бума́жные де́ньги

**green belt** ['gri:nbelt] *n* зелёная зо́на (*вокруг города*)

**green-blind** ['gri:n'blaɪnd] *a* страда́ющий дальтони́змом

**green-blindness** ['gri:n'blaɪndnɪs] *n* дальтони́зм

**green cheese** ['gri:ntʃi:z] *n* 1) молодо́й сыр 2) зелёный сыр

**green cloth** ['gri:nklɔθ] *n* 1) зелёное сукно́ (*на столе, бильярде*) 2) иго́рный стол ◇ (Board of) G. C. гофма́ршальская конто́ра (*при английском дворе*)

**green crop** ['gri:nkrɔp] *n с.-х.* кормова́я культу́ра

**greener** ['gri:nə] *n разг.* 1) новичо́к; нео́пытный рабо́чий 2) проста́к 3) неда́вно прие́хавший иммигра́нт

**greenery** ['gri:nərɪ] *n* 1) зе́лень, расти́тельность 2) оранжере́я, тепли́ца

**green-eyed** ['gri:naɪd] *a* ревни́вый; зави́стливый ◇ ~ monster ре́вность; за́висть

**green fence** ['gri:nfens] *n* жива́я и́згородь

**greenfinch** ['gri:nfɪntʃ] *n зоол.* зелену́шка

**green fodder** ['gri:n,fɔdə] *n* трава́; зелёный корм, фура́ж

**green food** ['gri:nfu:d] = green fodder

**green forage** ['gri:n,fɔrɪdʒ] = green fodder

**greengage** ['gri:ngeɪdʒ] *n* сли́ва-венге́рка

**green goods** ['gri:ngudz] *n pl* 1) све́жие о́вощи 2) *амер.* фальши́вые бума́жные де́ньги

**greengrocer** ['gri:n,grəusə] *n* зеленщи́к; продаве́ц фру́ктов

**greengrocery** ['gri:n,grəusərɪ] *n* 1) зеленна́я *или* фрукто́вая ла́вка 2) зе́лень; фру́кты

**greenhorn** ['gri:nhɔ:n] *n* новичо́к; нео́пытный челове́к

**greenhouse** ['gri:nhaus] *n* тепли́ца, оранжере́я

**greening** ['gri:nɪŋ] *n* зелёное я́блоко (*сорт*)

**greenish** ['gri:nɪʃ] *a* зеленова́тый

**green light** ['gri:nlaɪt] *n* 1) зелёный свет (светофо́ра) 2) *разг.* разреше́ние на беспрепя́тственное прохожде́ние (*работы, проекта и т. п.*); «зелёная у́лица»

**green linnet** ['gri:n,lɪnɪt] = greenfinch

**greenness** ['gri:nnɪs] *n* 1) зе́лень 2) незре́лость 3) нео́пытность

**green-peak** ['gri:npi:k] *n* зелёный дя́тел

**green-room** ['gri:nrum] *n* 1) артисти́ческое фойе́ 2) помеще́ние для неотде́ланной проду́кции (*на фабрике*)

**green scum** ['gri:nskʌm] *n* зе́лень (*на поверхности стоячей воды*); цвете́ние воды́

**greensickness** ['gri:n,sɪknɪs] *n мед.* бле́дная не́мочь

**greenstone** ['gri:nstəun] *n* 1) *геол.* назва́ние диори́тов, диаба́зов, зелёного порфи́ра *и т. п.* 2) *мин.* нефри́т

**green-stuff** ['gri:nstʌf] *n* све́жие о́вощи, огоро́дная зе́лень

**greensward** ['gri:nswɔ:d] *n* дёрн

**greenwood** ['gri:nwud] *n* 1) ли́ственный лес 2) лес в зелёном наря́де ◇ to go to the ~ стать разбо́йником; быть объя́вленным вне зако́на

**greeny** ['gri:nɪ] *a* зеленова́тый

**greenyard** ['gri:nja:d] *n* заго́н для отби́вшихся от ста́да живо́тных

**greet** I [gri:t] *v* 1) приве́тствовать; здоро́ваться, кла́няться 2) встреча́ть (*возгласами и т. п.*) 3) доноси́ться (*о звуке*) 4) открыва́ться (*взгляду*)

**greet** II [gri:t] *v шотл.* пла́кать

**greeting** I ['gri:tɪŋ] **1.** *pres. p. от* greet I

**2.** *n* 1) приве́тствие, покло́н 2) встре́ча (*аплодисментами и т. п.*)

**greeting** II ['gri:tɪŋ] *pres. p. от* greet II

**gregarious** [grɪ'gɛərɪəs] *a* 1) живу́щий ста́ями, стада́ми, о́бществами 2) ста́дный 3) общи́тельный

**Gregorian** [grɪ'gɔ:rɪən] *a* григориа́нский; ~ style но́вый стиль

**gregory-powder** ['gregərɪ,paudə] *n* реве́нный порошо́к (*слабительное*)

**gremlin** ['gremlɪn] *n ав. жарг.* злой гном, принося́щий неуда́чу лётчику

**grenade** [grɪ'neɪd] *n* 1) грана́та 2) огнетуши́тель

**grenade-gun** [grɪ'neɪdgʌn] *n* гранатомёт

**grenadier** [,grenə'dɪə] *n* гренаде́р

**grenadine** I [,grenə'di:n] *n* 1) гвозди́ка с си́льным за́пахом 2) шпиго́ванная теля́тина, пти́ца (*ломтиками*) 3) грана́товый сиро́п

**grenadine** II [,grenə'di:n] *n* гренади́н (*шёлковая материя*)

**gressorial** [grɪ'sɔ:rɪəl] *a зоол.* приспосо́бленный для ходьбы́; ходя́чий

**Gretna-green marriage** ['gretnəgri:n-'mærɪdʒ] *n* брак ме́жду убежа́вшими любо́вниками без выполне́ния форма́льностей (*по названию деревни в Шотландии, где это допускалось*)

**grew** [gru:] *past от* grow

**grey** [greɪ] **1.** *a* 1) се́рый 2) седо́й; ~ hairs седи́ны; *перен.* ста́рость; to turn ~ поседе́ть 3) бле́дный, боле́зненный 4) па́смурный, су́мрачный 5) мра́чный, невесёлый ◇ ~ mare же́нщина, держа́щая своего́ му́жа под башмако́м

**2.** *n* 1) се́рый цвет 2) седина́ 3) се́рый костю́м 4) ло́шадь се́рой ма́сти

**3.** *v* 1) де́лать(ся) се́рым 2) седе́ть

**greybeard** ['greɪbɪəd] *n* 1) стари́к; пожило́й челове́к 2) гли́няный кувши́н (*для спиртных напитков*)

**greycing** ['greɪsɪŋ] *n разг.* охо́та с борзы́ми соба́ками

**grey-coat** ['greɪkəut] *n* солда́т в се́рой шине́ли; *амер. ист.* солда́т а́рмии южа́н (*в гражданской войне 1861—65 гг.*)

**grey-eyed** ['greɪaɪd] *a* сероглá́зый

**grey friar** ['greɪ,fraɪə] *n* францискá́нец (*монах*)

**grey goose** ['greɪgu:s] *n* ди́кий гусь

**grey-headed** ['greɪ'hedɪd] *a* 1) седо́й; ста́рый 2) поно́шенный (in)

**grey-hen** ['greɪhen] *n* тетёрка

**greyhound** ['greɪhaund] *n* 1) борза́я 2) быстрохо́дное океа́нское су́дно (*тж.* ocean ~)

**greyish** ['greɪɪʃ] *a* 1) серова́тый 2) седова́тый; с про́седью

**greylag** ['greɪlæg] = grey goose

**grey matter** ['greɪ'mætə] *n* 1) се́рое вещество́ мо́зга 2) *разг.* ум

**grid** [grɪd] *n* 1) решётка 2) = gridiron 1); 3) *радио, тлв.* модуля́тор 4) *эл.* энергети́ческая систе́ма

**griddle** ['grɪdl] *n* 1) сковоро́дка с ру́чкой 2) *горн.* кру́пное си́то для руды́

**griddle cake** ['grɪdlkeɪk] *n* лепёшка

**gride** [graɪd] **1.** *n* скрип; скребу́щий звук

**2.** *v* 1) вреза́ться с ре́зким, скрипя́щим зву́ком (*обыкн.* ~ along, ~ through); вонза́ться, причиня́я о́струю боль 2) пронза́ть

**gridiron** ['grɪd,aɪən] *n* 1) ра́шпер 2) решётка, се́тка 3) компле́кт запасны́х часте́й и ремо́нтных инструме́нтов 4) *театр.* колосники́ 5) *ж.-д.* сортиро́вочный парк 6) *амер. разг.* футбо́льное по́ле 7) *ист.* решётка для пы́тки (*огнём*); on the ~ *перен.* в му́ках; в си́льном беспоко́йстве, как на у́гольях

**grid leak** ['grɪdli:k] *n радио* уте́чка се́тки, сопротивле́ние смеще́ния

**grief** [gri:f] *n* го́ре, печа́ль; огорче́ние; беда́; to come to ~ попа́сть в беду́; потерпе́ть неуда́чу; to bring to ~ довести́ до беды́

**grievance** ['gri:vəns] *n* 1) оби́да; по́вод для недово́льства 2) жа́лоба; what is your ~? на что вы жа́луетесь?

**grieve** [griːv] *v* 1) огорча́ть, глубо́ко́ опеча́ливать 2) горева́ть, убива́ться (at, for, about, over)

**grievous** ['griːvəs] *a* 1) го́рестный, печа́льный; приско́рбный, досто́йный сожале́ния 2) тяжёлый, мучи́тельный (*о боли и т. п.*) 3) ужа́сный, вопию́щий

**grievously** ['griːvəslı] *adv* 1) го́рестно, печа́льно; с приско́рбием 2) мучи́тельно

**griff** [grıf] = griffin II

**griffin** I ['grıfın] *n* 1) *миф.* грифо́н; *перен.* бди́тельный страж; дуэ́нья 2) *зоол.* сип (*или* гриф) белоголо́вый

**griffin** II ['grıfın] *n инд.* европе́ец, неда́вно прибы́вший в Индию; новичо́к

**griffon** I ['grıfən] = griffin I

**griffon** II ['grıfən] *n* грифо́н (*длинношёрстная легавая собака*)

**griffon-vulture** ['grıfən,vʌltʃə] = griffin I, 2)

**grig** [grıg] *n* 1) *зоол.* у́горь 2) кузне́чик; сверчо́к; merry (*или* lively) as a ~ о́чень весёлый

**grill** [grıl] **1.** *n* 1) ра́шпер, гриль 2) жа́ренные на ра́шпере мя́со, ры́ба 3) = grill-room 4) решётка 5) ште́мпель для погаше́ния почто́вых ма́рок

**2.** *v* 1) жа́рить(ся) на ра́шпере 2) пали́ть, жечь (*о солнце*) 3) пе́чься на со́лнце 4) му́чить(ся) 5) *амер.* допра́шивать с пристра́стием 6) погаша́ть почто́вые ма́рки

**grillage** ['grılıdʒ] *n стр.* ро́стверк, решётка

**grille** [grıl] *n* решётка

**grill-room** ['grılrum] *n* зал в рестора́не *или* рестора́н (*где мясо и рыба жарятся при публике*)

**grilse** [grıls] *n* молодо́й ло́со́сь

**grim** [grım] *a* 1) жесто́кий, беспоща́дный, неумоли́мый, непрекло́нный 2) стра́шный, мра́чный, злове́щий; ~ humour мра́чный ю́мор

**grimace** [grı'meıs] **1.** *n* грима́са, ужи́мка

**2.** *v* грима́сничать

**grimalkin** [grı'mælkın] *n* 1) ста́рая ко́шка 2) зла́я, ворчли́вая стару́ха, ста́рая карга́

**grime** [graım] **1.** *n* 1) глубо́ко́ въе́вшаяся грязь, са́жа 2) грязь, неопря́тность (*тж. перен.*)

**2.** *v* па́чкать, грязни́ть

**grimy** ['graımı] *a* 1) запа́чканный, покры́тый са́жей, у́глем; чума́зый; гря́зный 2) сму́глый

**grin** [grın] **1.** *n* оска́л зубо́в; усме́шка

**2.** *v* ска́лить зу́бы; оскла́биться; ухмыля́ться; to ~ and bear it скрыва́ть под улы́бкой свои́ пережива́ния; му́жественно переноси́ть боль; he ~ned approbation он одобри́тельно улыбну́лся

**grind** [graınd] **1.** *n* 1) разма́лывание 2) тяжёлая, однообра́зная, ску́чная рабо́та 3) прогу́лка для моцио́на 4) ска́чки с препя́тствиями 5) *амер. разг.* зубри́ла 6) *разг.* зубрёжка

**2.** *v* (ground) 1) моло́ть(ся), перема́лывать(ся); растира́ть (*в порошок*); толо́чь; разжёвывать; to ~ the teeth скрежета́ть зуба́ми 2) точи́ть, отта́чивать; полирова́ть; шлифова́ть; грани́ть (*алмазы*) 3) наводи́ть мат, де́лать ма́товым (*стекло*) 4) ста́чиваться; шлифова́ться 5) тере́ть(ся) со скри́пом (on, into, against — об(о) *что-л.*) 6) верте́ть ру́чку (*чего-л.*); игра́ть на шарма́нке 7) рабо́тать усе́рдно, кропотли́во 8) вда́лбливать (*ученику и т. п.*); репети́ровать; зубри́ть 9) му́чить, угнета́ть (*чрезмерной требовательностью*) □ ~ **away** усе́рдно рабо́тать (at); учи́ться; ~ **down** а) разма́лывать(ся); б) ста́чивать; в) заму́чить; ~ **in** пришлифо́вывать, притира́ть; ~ **out** а) выму́чивать из себя́, выполня́ть с больши́м трудо́м; б) *тех.* выта́чивать; в) придави́ть, растопта́ть (*окурок и т. п.*); ~ **up** измельча́ть, разма́лывать ◇ to ~ one's own axe пресле́довать ли́чные, коры́стные це́ли

**grinder** ['graındə] *n* 1) точи́льщик; шлифо́вщик 2) жёрнов 3) коренно́й зуб; *pl шутл.* зу́бы 4) кофе́йная ме́льница; дроби́лка 5) шлифова́льный стано́к; точи́льный ка́мень 6) *разг.* репети́тор 7) зубри́ла 8) (*обыкн. pl*) *радио* потре́скивание (*атмосферные разряды*)

**grindery** ['graındərı] *n* 1) точи́льная мастерска́я 2) сапо́жные принадле́жности

**grinding machine** ['graındıŋmə,ʃiːn] *n* шлифова́льный стано́к

**grindstone** ['graındstəun] *n* точи́льный ка́мень; точи́ло ◇ to hold (*или* to keep, to put) smb.'s nose to the ~ заставля́ть кого́-л. рабо́тать без о́тдыха

**gringo** ['grıŋgəu] *n* (*pl* -os [-əuz]) *презр.* гри́нго, иностра́нец, *особ.* англича́нин *или* америка́нец (*в Лат. Америке*)

**grip** I [grıp] **1.** *n* 1) схва́тывание; сжа́тие, зажа́тие; хва́тка; пожа́тие; close ~ мёртвая хва́тка; to come to ~s, to get at ~s схвати́ться (*о борцах*); вступи́ть в борьбу́ 2) власть, тиски́; to secure a ~ on smth. прибра́ть к рука́м что-л., in the ~ of poverty в нужде́, в бе́дности 3) спосо́бность поня́ть, схвати́ть (*суть дела*) 4) уме́ние овладе́ть положе́нием, чьим-л. внима́нием 5) рукоя́ть, ру́чка, эфе́с 6) *амер.* саквоя́ж 7) *тех.* тиски́, зажи́м, захва́т; ла́па

**2.** *v* 1) схвати́ть (on, onto); сжать 2) кре́пко держа́ть 3) понима́ть, схва́тывать (*умом*) 4) овладева́ть внима́нием 5) затира́ть, зажима́ть; захва́тывать; the ship was ~ped by the ice су́дно бы́ло затёрто льда́ми

**grip** II [grıp] *n* небольша́я кана́ва

**gripe** [graıp] **1.** *n* 1) зажи́м, зажа́тие; *перен.* тиски́; in the ~ of в тиска́х (*чего-л.*) 2) (*обыкн.* the ~s) *pl разг.* ко́лики, резь 3) рукоя́тка, ру́чка

**2.** *v* 1) схвати́ть, сжать 2) притесня́ть, угнета́ть 3) поня́ть, пости́гнуть, усво́ить 4) вызыва́ть резь, спа́змы (*в кишечнике*) 5) *амер. разг.* раздоса́довать, огорчи́ть

**grippe** [grıp] *n* грипп

**gripsack** ['grıpsæk] *n амер.* саквоя́ж

**grip vice** ['grıpvaıs] *n тех.* зажи́мные тиски́

**grisaille** [grı'zeıl] *n жив.* гриза́ль

**grisly** ['grızlı] *a* 1) вызыва́ющий у́жас, суеве́рный страх 2) *разг.* неприя́тный, скве́рный

**grist** [grıst] *n* 1) зерно́ для помо́ла; помо́л 2) бары́ш; to bring ~ to the mill приноси́ть дохо́д; all is ~ that comes to his mill он из всего́ извлека́ет бары́ш 3) со́лод 4) *амер.* запа́с, ма́сса

**gristle** ['grısl] *n анат.* хрящ ◇ in the ~ незре́лый; сла́бый

**gristly** ['grıslı] *a* хрящево́й; хряще-ва́тый

**grist-mill** ['grıstmıl] *n* мукомо́льная ме́льница

**grit** [grıt] **1.** *n* 1) песо́к; гра́вий 2) крупнозерни́стый песча́ник 3) металли́ческие опи́лки 4) *разг.* твёрдость хара́ктера, му́жество, вы́держка 5) *тех.* дробь *или* звёздочки для очи́стки литья́ 6) (G.) радика́л, либера́л (*в Канаде*) ◇ to put ~ in the machine ≅ вставля́ть па́лки в колёса

**2.** *v*: to ~ the teeth скрежета́ть зуба́ми

**grits** [grıts] *n pl* овся́ная крупа́; овся́ная мука́ гру́бого помо́ла

**gritstone** ['grıtstəun] *n геол.* крупнозерни́стый песча́ник

**gritty** ['grıtı] *a* песча́ный; с песко́м

**grizzle** I ['grızl] **1.** *n* 1) се́рый цвет 2) седо́й челове́к 3) седо́й пари́к 4) се́рая ло́шадь 5) необожжённый кирпи́ч 6) низкосо́ртный у́голь

**2.** *v* 1) станови́ться се́рым, сере́ть 2) седе́ть

**grizzle** II ['grızl] *v* 1) рыча́ть, огрыза́ться 2) хны́кать, капри́зничать (*о детях*)

**grizzled** I ['grızld] **1.** *p. p. от* grizzle I, 2

**2.** *a* седо́й; седе́ющий

**grizzled** II ['grızld] *p. p. от* grizzle II

**grizzly** I ['grızlı] **1.** *a* 1) се́рый 2) с си́льной про́седью

**2.** *n* гри́зли, североамерика́нский се́рый медве́дь (*тж.* ~ bear)

**grizzly** II ['grızlı] *n* 1) желе́зная решётка для защи́ты шлю́зов 2) *горн.* колосни́ковый гро́хот

**groan** [grəun] **1.** *n* 1) тяжёлый вздох; стон 2) скрип, треск

**2.** *v* 1) стона́ть; тяжело́ вздыха́ть; о́хать; to ~ inwardly быть расстро́енным 2) со сто́нами выска́зывать, расска́зывать (*что-л.*; *тж.* ~ out) 3) издава́ть треск, скрипе́ть; the table ~ed with food стол ломи́лся от яств □ ~ **down** ворча́ньем, о́ханьем заста́вить (*говорящего*) замолча́ть

**groat** [grəut] *n* 1) *ист.* серебряная монета в 4 пенса 2) мелкая, ничтожная сумма ◇ I don't care a ~ мне решительно всё равно

**groats** [grəuts] *n pl* крупа (*преим.* овсяная)

**grocer** ['grəusə] *n* торговец бакалейными товарами, бакалейщик

**grocery** ['grəusərɪ] *n* 1) бакалейная лавка; бакалейно-гастрономический магазин (*тж.* ~ shop) 2) бакалейная торговля 3) (*обыкн. pl*) бакалея

**groceteria** [ˌgrəusə'tɪərɪə] *n* бакалейно-гастрономический магазин с самообслуживанием

**grog** [grɔg] **1.** *n* грог
**2.** *v* пить грог

**grog-blossom** ['grɔgˌblɔsəm] *n разг.* краснота носа (*у пьяниц*)

**groggy** ['grɔgɪ] *a разг.* 1) непрочный, неустойчивый, шаткий 2) нетвёрдый на ногах, слабый (*после болезни и т. п.*)

**grog-shop** ['grɔgʃɔp] *n* винная лавка

**groin** [grɔɪn] **1.** *n* 1) пах 2) *архит.* ребро крестового свода
**2.** *v архит.* выводить крестовый свод

**groom** [grum] **1.** *n* 1) грум; конюх 2) (*сокр. от* bridegroom) жених 3) придворный
**2.** *v* 1) чистить лошадь, ходить за лошадью 2) (*обыкн. p. p.*) ухаживать, холить; to be well ~ed быть выхоленным, хорошо одетым, тщательно подстриженным, подтянутым *и т. п.* 3) *разг.* готовить к определённой деятельности, карьере

**groomsman** ['grumzmən] *n* шафер, дружка (*жениха*)

**groove** [gru:v] **1.** *n* 1) желобок, паз; прорез, канавка 2) рутина; привычка; to get into a ~ войти в привычную колею; to move (*или* to run) in a ~ а) идти по проторённой дорожке; б) идти своим чередом 3) нарез (*винтовки*) 4) шахта, рудник 5) *тех.* ручей, калибр
**2.** *v* желобить, делать пазы, канавки; the river has ~d itself through река прорыла себе проход

**grope** [grəup] *v* 1) ощупывать, идти ощупью 2) искать (for, after); *перен.* нащупывать

**gropingly** ['grəupɪŋlɪ] *adv* ощупью

**grosbeak** ['grəusbi:k] *n* дубонос (*птица*)

**gross** [grəus] **1.** *a* 1) большой; объёмистый 2) толстый, тучный; ~ habit of body тучность 3) буйный (*о растительности*) 4) крупный, грубого помола 5) грубый, явный; ужасный; ~ blunder грубая ошибка; ~ dereliction of duty преступная халатность 6) простой, грубый, жирный (*о пище*); ~ feeder тот, кто ест много и неразборчиво 7) грубый, вульгарный; грязный; непристойный; ~ story неприличный анекдот 8) грубый; притупленный; ~ ear грубый, немузыкальный слух 9) плотный, сгущённый; весьма ощутимый 10) валовой; брутто; ~ receipt валовой доход; ~ value валовая стоимость; ~ weight вес брутто; ~ national product *эк.* валовой продукт страны 11) макроскопический
**2.** *n* 1) масса; by (*или* in) the ~ а) оптом; гуртом; б) в общем, в целом 2) гросс (*12 дюжин*; *тж.* small ~); great ~ 12 гроссов

**grossly** ['grəuslɪ] *adv* 1) грубо; вульгарно 2) чрезвычайно 3) крупно 4) *эк.* оптовым путём

**gross ton** ['grəus'tʌn] *n* длинная (*или* английская) тонна (= *1016,06 кг*)

**grot** [grɔt] *n поэт. см.* grotto

**grotesque** [grəu'tesk] **1.** *n* гротеск; шарж
**2.** *a* 1) гротескный 2) абсурдный, нелепый

**grotto** ['grɔtəu] *n* (*pl* -oes, -os [-əuz]) пещера, грот

**grouch** [grautʃ] *амер. разг* **1.** *n* 1) дурное настроение 2) брюзга
**2.** *v* брюзжать, ворчать

**ground** I [graund] *past и p. p. от* grind 2

**ground** II [graund] **1.** *n* 1) земля, почва; грунт; to fall to the ~ упасть; *перен.* рушиться (*о надежде и т. п.*); to take ~ приземлиться 2) местность; область; расстояние; to cover ~ покрыть расстояние; to cover much ~ быть широким (*об исследовании и т. п.*) 3) дно моря; to take the ~ *мор.* сесть на мель; to touch the ~ коснуться дна; *перен.* дойти до сути дела, до фактов (*в споре*) 4) участок земли; спортивная площадка (*тж.* sports ~) 5) плац; аэродром; полигон 6) *pl* сад, парк при доме 7) основание, мотив; on the ~ of а) по причине, на основании; б) под предлогом 8) *жив.* грунт, фон 9) *муз.* тема 10) *pl* осадок, гуща 11) *эл.* заземление ◇ above (below) ~ живущий, в живых (скончавшийся, умерший); to be on the ~ драться на дуэли; to cut the ~ from under smb. (*или* smb.'s feet) выбить почву у кого-л. из-под ног; to hold (*или* to stand) one's ~ а) удержать свои позиции, проявить твёрдость; б) стоять на своём; down to the ~ *разг.* во всех отношениях, вполне, совершенно; forbidden ~ запретная тема; to gain (*или* to gather, to get) ~ продвигаться вперёд; делать успехи; to give ~ отступать; уступать
**2.** *v* 1) основывать; обосновывать (on) 2) класть, опускать(ся) на землю; to ~ arms складывать оружие, сдаваться 3) *мор.* сесть на мель 4) обучать основам предмета (in) 5) грунтовать 6) *эл.* заземлять 7) мездрить (*кожу*) 8) *стр.* положить основание 9) *ав.* запрещать полёты; приземляться; заставить приземлиться; the fog ~ed all aircraft at N. aerodrome из-за тумана ни один самолёт не мог подняться в воздух на аэродроме N

**ground-colour** ['graundˌkʌlə] *n жив.* грунт; фон

**ground control** ['graundkənˌtrəul] *n радио* наземное управление, управление с земли

**ground crew** ['graundkru:] *n ав.* наземная команда

**ground floor** ['graund'flɔ:] *n* нижний, цокольный этаж ◇ to get (*или* to be let) in on the ~ *разг.* а) получить акции на общих основаниях с учредителями; б) занять равное положение; в) оказаться в выигрышном положении

**ground forces** ['graundˌfɔ:sɪz] *n pl* сухопутные войска

**ground game** ['graundgeɪm] *n* наземная дичь; пушной зверь (*зайцы, кролики и т. п.*)

**ground glass** ['graundgla:s] *n* матовое стекло

**ground-hog** ['graund'hɔg] *n* сурок лесной американский

**ground-ice** ['graundaɪs] *n* донный лёд

**ground-in** ['graund'ɪn] *a* пришлифованный, притёртый

**grounding** ['graundɪŋ[ **1.** *pres. p. от* ground II, 2
**2.** *n* 1) посадка на мель 2) обучение основам предмета 3) грунтовка 4) *ав.* запрещение подниматься в воздух 5) *эл.* заземление

**groundless** ['graundlɪs] *a* беспричинный, беспочвенный, неосновательный; ~ suspicions необоснованные подозрения

**groundling** ['graundlɪŋ] *n* 1) донная рыба (*пескарь и т. п.*) 2) ползучее *или* низкорослое растение 3) невзыскательный зритель *или* читатель

**ground-man** ['graundmæn] *n* 1) землекоп 2) *спорт.* служащий стадиона, поддерживающий спортплощадку в порядке

**ground-nut** ['graundnʌt] *n* земляной орех, арахис

**ground oak** ['graund'əuk] *n* 1) поросль дуба (*от пня*) 2) карликовый дуб

**ground panel** ['graund'pænl] *n ав.* сигнальное полотнище

**ground rice** ['graundraɪs] *n* рис-сечка, дроблёный рис

**groundsel** I ['graunsl] *n бот.* крестовник

**groundsel** II ['graunsl] *n* 1) *стр.* лежень 2) *гидр.* порог

**groundsill** ['graunsɪl] = groundsel II, 1)

**groundsman** ['graundzmən] = ground-man

**ground-squirrel** ['graundˌskwɪrəl] *n зоол.* 1) бурундук 2) суслик

**ground swell** ['graund'swel] *n* донные волны

**ground-to-air (guided) missile** ['graundtu'ɛə('gaɪdɪd)'mɪsaɪl] *n воен.* (управляемая) ракета класса «земля — воздух»

**ground-to-ground (guided) missile** ['graundtə'graund('gaɪdɪd)'mɪsaɪl] *n* *воен.* (управляемая) ракета класса «земля — земля»

**ground water** [ˈgraundˌwɔːtə] *n* почвенная, грунтовая вода; подпочвенные воды

**groundwork** [ˈgraundwəːk] *n* 1) фундамент, основа (*тж. перен.*) 2) фон 3) полотно железной дороги

**group** [gruːp] **1.** *n* 1) группа 2) группировка, фракция 3) *pl* слои, круги (*общества*); business ~s деловые круги 4) *ав.* авиагруппа 5) *хим.* радикал

**2.** *v* 1) группировать(ся) 2) подбирать гармонично краски, цвета 3) классифицировать, распределять по группам

**group-captain** [ˈgruːpˌkæptɪn] *n* полковник авиации (*в Англии*)

**grouper** [ˈgruːpə] *n* морской окунь

**grouping** [ˈgruːpɪŋ] **1.** *pres. p. от* group 2

**2.** *n* 1) = groupment 2) группирование

**groupment** [ˈgruːpmənt] *n* группировка

**group verb** [ˈgruːpvəːb] *n грам.* фразовый глагол

**grouse I** [graus] *n* (*pl без измен.*) шотландская куропатка (*тж.* red ~); black ~ тетерев-косач; white ~ белая куропатка; great ~ тетерев-глухарь; hazel ~ рябчик

**grouse II** [graus] *разг.* **1.** *n* ворчун

**2.** *v* ворчать

**grouser** [ˈgrausə] *n тех.* 1) временная свая 2) шпора гусеницы (*трактора*)

**grout I** [graut] *v* рыть землю (*о свинье*)

**grout II** [graut] *стр.* **1.** *n* жидкий раствор

**2.** *v* заливать раствором

**grouty** [ˈgrautɪ] *a амер. разг.* раздражительный, сердитый

**grove** [grəuv] *n* роща, лесок

**grovel** [ˈgrɔvl] *v* лежать ниц, ползать, пресмыкаться, унижаться

**groveller** [ˈgrɔvlə] *n* подхалим, низкопоклонник

**grow** [grəu] *v* (grew; grown) 1) расти, произрастать; to ~ into one срастаться 2) вырастать; расти, увеличиваться; усиливаться (*о боли и т. п.*); to ~ in experience обогащаться опытом 3) *как глагол-связка в составном именном сказуемом* делаться, становиться; to ~ pale бледнеть; it is ~ing dark смеркается 4) выращивать, культивировать 5) отращивать (*бороду, волосы и т. п.*) □ ~ **down**, ~ **downwards** уменьшаться; укорачиваться; ~ **into** а) врастать; б) превращаться; ~ **on** а) овладевать; a habit that ~s on me привычка, от которой мне всё труднее избавиться; б) нравиться всё больше; this place ~s on me это место мне всё больше нравится; ~ **out** а) прорастать; б) вырастать из, перерастать (*рамки, размеры, границы*; of); в): to ~ out of a bad habit отвыкнуть от дурной привычки; to ~ out of use выйти из употребления; ~ **over** зарастать; ~ **together** срастаться; ~ **up** а) созревать; становиться взрослым; б) создаваться, возникать (*об обычаях*); ~ **upon** = ~ on ◇ he grew away from his family он стал чужим в своей собственной семье

**grower** [ˈgrəuə] *n* 1) тот, кто производит, разводит (*что-л.*); садовод; плодовод 2) растение; fast ~ быстрорастущее растение

**growing** [ˈgrəuɪŋ] **1.** *pres. p. от* grow

**2.** *n* 1) рост 2) выращивание; ~ of bees пчеловодство; ~ of grapes виноградарство

**3.** *a* 1) растущий, усиливающийся; возрастающий 2) способствующий росту; ~ weather погода, способствующая росту растений

**growl** [graul] **1.** *n* 1) рычание 2) ворчанье 3) грохот; раскат (*грома*)

**2.** *v* 1) рычать 2) ворчать, жаловаться (*тж.* ~ out) 3) греметь (*о громе*)

**growler** [ˈgraulə] *n* 1) ворчун, брюзга 2) гроулер, небольшой айсберг 3) *разг.* старомодный четырёхколёсный извозчичий экипаж

**grown** [grəun] *p. p. от* grow

**grown-up** [ˈgrəunʌp] **1.** *n* взрослый (человек)

**2.** *a* взрослый

**growth** [grəuθ] *n* 1) рост, развитие; full ~ полное развитие; of foreign ~ иностранного происхождения 2) прирост, увеличение 3) выращивание, культивирование; *бакт.* культура 4) продукт 5) поросль 6) *мед.* новообразование, опухоль

**growth ring** [ˈgrəuθrɪŋ] *n* годичный слой (*в древесине*)

**groyne** [grɔɪn] **1.** *n* 1) волнорез; волнолом; ряж 2) сооружение для задержания песка, гальки

**2.** *v* защищать волнорезами (*берег*)

**grub I** [grʌb] **1.** *n* 1) личинка (*жука*) 2) литературный подёнщик; компилятор 3) грязнуля, неряха 4) мяч, брошенный по земле (*в крикете*)

**2.** *v* 1) вскапывать 2) выкапывать, выкорчёвывать; вытаскивать (*обыкн.* ~ up, ~ out); to ~ up the stumps выкорчёвывать пни 3) копаться, рыться, откапывать (*в архивах, книгах*) 4) много работать, надрываться (*тж.* ~ on, ~ along, ~ away)

**grub II** [grʌb] *разг.* **1.** *n* пища, еда

**2.** *v* 1) есть 2) *редк.* кормить

**grub-ax(e)** [ˈgrʌbæks] *n* полольная мотыга

**grubber** [ˈgrʌbə] *n* 1) полольщик; корчёвщик 2) культиватор-экстирпатор, груббер 3) корчеватель

**grubbiness** [ˈgrʌbɪnɪs] *n* неряшливость; нечистоплотность; грязь

**grubby** [ˈgrʌbɪ] *a* 1) неряшливый, неопрятный; грязный 2) червивый

**Grub-street** [ˈgrʌbstriːt] *n разг.* 1) журнальные компиляторы, писаки (*от названия улицы в Лондоне, где в XVII—XVIII вв. жили бедные литераторы*) 2) дешёвые компиляции (*тж.* ~ writings)

**grudge** [grʌdʒ] **1.** *n* 1) недовольство; недоброжелательство; зависть; to have a ~ against smb., to bear (*или* to owe) smb. a ~ ≅ иметь зуб против кого-л. 2) причина недовольства

**2.** *v* 1) выражать недовольство; испытывать недоброе чувство (*к кому-л.*); завидовать 2) неохотно давать, неохотно позволять; жалеть (*что-л.*); to ~ smb. the very food he eats пожалеть кусок хлеба кому-л.

**grudgingly** [ˈgrʌdʒɪŋlɪ] *adv* неохотно, нехотя

**gruel** [gruəl] *n* жидкая (овсяная) каша; кашица; размазня ◇ to have (*или* to get, to take) one's ~ а) получить взбучку, быть жестоко наказанным; б) быть убитым

**gruelling** [ˈgruəlɪŋ] *a* 1) *амер.* = gruesome 2) изнурительный

**gruesome** [ˈgruːsəm] *a* ужасный, отвратительный

**gruff** [grʌf] *a* 1) грубоватый; сердитый, резкий 2) грубый, хриплый (*о голосе*)

**grumble** [ˈgrʌmbl] **1.** *n* ворчанье, ропот; *pl* дурное настроение

**2.** *v* ворчать, жаловаться (at, about, over — на)

**grumbler** [ˈgrʌmblə] *n* ворчун

**grume** [gruːm] *n мед.* сгусток крови

**grummet** [ˈgrʌmɪt] *n мор.* верёвочное кольцо; кренгельс

**grumpy** [ˈgrʌmpɪ] *a* сердитый, сварливый, раздражительный

**Grundyism** [ˈgrʌndɪɪzm] *n* условная мораль (*по имени* Mrs Grundy — *персонаж пьесы Мортона* (*1798 г.*), *олицетворение общественного мнения в вопросах приличия;* what will Mrs Grundy say? что скажут люди?)

**grunt** [grʌnt] **1.** *n* 1) хрюканье 2) ворчанье, мычание (*о человеке*)

**2.** *v* 1) хрюкать 2) ворчать

**grunting ox** [ˈgrʌntɪŋɔks] *n* як

**gryphon** [ˈgrɪfən] = griffin I

**guana** [ˈgwɑːnə] *n зоол.* 1) игуана 2) любая большая ящерица

**guano** [ˈgwɑːnəu] **1.** *n* (*pl* -os [-əuz]) гуано

**2.** *v* удобрять гуано

**guarantee** [ˌgærənˈtiː] **1.** *n* 1) гарантия; залог; поручительство 2) поручитель 3) тот, кому вносится залог

**2.** *v* 1) гарантировать 2) ручаться 3) обеспечивать, страховать (against)

**guarantor** [ˌgærənˈtɔː] *n* поручитель; гарант

**guaranty** [ˈgærəntɪ] **1.** *n* гарантия; обязательство; залог

**2.** *v* гарантировать

**guard** [gɑːd] **1.** *n* 1) охрана, стража, конвой, караул; ~ of honour почётный караул; to mount ~ вступать в карау́л; to relieve ~ сменя́ть карау́л; to stand ~ стоя́ть на часа́х 2) часово́й; карау́льный; сто́рож; конво́йр 3) *pl* гва́рдия 4) бди́тельность; осторо́жность; to be off ~ быть недоста́точно бди́тельным; быть засти́гнутым врасплох; to be on (one's) ~ быть насторожé 5) оборони́тельное положе́ние (*в боксе*) 6) *ж.-д.* конду́ктор 7) како́е-л. предохрани́тельное приспособле́ние (*напр.*: fire-~ ками́нная решётка *и т. п.*) 8) *attr.* сторожево́й, карау́льный

**2.** *v* 1) охраня́ть; сторожи́ть; карау́лить 2) защища́ть (against, from); стоя́ть на стра́же (*интересов и т. п.*) 3): to ~ against бере́чься, остерега́ться; принима́ть ме́ры предосторо́жности 4) сде́рживать (*мысли, выражения и т. п.*)

**guard-boat** [ˈgɑːdbəut] *n* дежу́рный ка́тер

**guardedly** [ˈgɑːdɪdlɪ] *adv* сде́ржанно, осторо́жно

**guardhouse** [ˈgɑːdhaus] *n* 1) карау́льное помеще́ние 2) гауптва́хта

**guardian** [ˈgɑːdjən] *n* 1) опеку́н; попечи́тель 2) настоя́тель франциска́нского монастыря́ 3) *attr.*: ~ angel а) а́нгел-храни́тель, до́брый ге́ний; б) *разг.* парашю́т

**guardianship** [ˈgɑːdjənʃɪp] *n* опе́ка; опеку́нство; under the ~ of the laws под охра́ной зако́нов

**guard-rail** [ˈgɑːdreɪl] *n* 1) пери́ла, по́ручень 2) направля́ющий рельс

**guardroom** [ˈgɑːdrum] = guardhouse

**guard-ship** [ˈgɑːdʃɪp] *n мор.* сторожево́й кора́бль; дежу́рный кора́бль

**guardsman** [ˈgɑːdzmən] *n* 1) гварде́ец 2) карау́льный

**Guatemalan** [ˌgwætɪˈmɑːlən] **1.** *n* гватема́лец; гватема́лка

**2.** *a* гватема́льский

**gubernatorial** [ˌgjuːbəːnəˈtɔːrɪəl] *a* 1) относя́щийся к прави́телю, управля́ющему *и т. п.* 2) губерна́торский

**gudgeon** I [ˈgʌdʒən] *n* песка́рь ◇ to swallow a ~ попа́сться на у́дочку

**gudgeon** II [ˈgʌdʒən] *n тех.* 1) болт 2) ось, ше́йка, ца́пфа

**guelder rose** [ˈgeldəˈrəuz] *n бот.* кали́на (обыкнове́нная)

**guerdon** [ˈgəːdən] *поэт.* **1.** *n* награ́да

**2.** *v* награжда́ть

**guerilla** [gəˈrɪlə] *n* 1) партиза́нская война́ (*обыкн.* ~ war) 2) партиза́н (*тж.* ~ warrior)

**guernsey** [ˈgəːnzɪ] *n* 1) шерстяна́я фуфа́йка (*тж.* ~ shirt) 2) гернзе́йская поро́да моло́чного скота́

**guerrilla** [gəˈrɪlə] = guerilla

**guess** [ges] **1.** *n* 1) предположе́ние, дога́дка; by ~ науга́д 2) приблизи́тельный подсчёт

**2.** *v* 1) угада́ть, отгада́ть; to ~ a riddle отгада́ть зага́дку 2) предполага́ть (by, from); гада́ть, дога́дываться; I should ~ his age at forty я дал бы ему́ лет со́рок 3) *амер.* счита́ть, полага́ть; I ~ we shall miss the train ду́маю, что мы опозда́ем на по́езд

**guess-rope** [ˈgəsrəup] *n мор.* бакшто́в

**guess-work** [ˈgəswəːk] *n* дога́дки; предположе́ния

**guest** [gest] *n* 1) гость 2) постоя́лец (*в гостинице*); paying ~ жиле́ц в ча́стном пансио́не 3) парази́т (*животное или растение*)

**guest-card** [ˈgestkɑːd] *n* бланк, заполня́емый прибы́вшим в гости́ницу

**guest-chamber** [ˈgestˌtʃeɪmbə] *n* ко́мната для госте́й

**guest-room** [ˈgestrum] = guest-chamber

**guff** [gʌf] *n разг.* пуста́я болтовня́

**guffaw** [gʌˈfɔː] **1.** *n* гру́бый хо́хот; го́гот

**2.** *v* гру́бо хохота́ть; гогота́ть

**guggle** [ˈgʌgl] **1.** *n* бу́льканье

**2.** *v* бу́лькать

**guidance** [ˈgaɪdəns] *n* руково́дство; води́тельство; under the ~ of под руково́дством

**guide** [gaɪd] **1.** *n* 1) проводни́к, гид; экскурсово́д 2) руководи́тель; сове́тчик 3) руководя́щий при́нцип 4) путеводи́тель; руково́дство; уче́бник 5) ориенти́р 6) *воен.* разве́дчик 7) *тех.* направля́ющая дета́ль; переда́точный рыча́г 8) *горн.* обса́дная труба́

**2.** *v* 1) вести́, быть *чьим-л.* проводнико́м 2) руководи́ть, направля́ть 3) вести́ дела́, быть руководи́телем 4) быть причи́ной, сти́мулом, основа́нием

**guide-bar** [ˈgaɪdbɑː] *n тех.* направля́ющий сте́ржень, шток

**guide-book** [ˈgaɪdbuk] *n* путеводи́тель

**guided missile** [ˈgaɪdɪdˈmɪsaɪl] *n* управля́емая раке́та

**guide-line** [ˈgaɪdlaɪn] *n* 1) директи́ва, руководя́щие указа́ния 2) о́бщий курс, генера́льная ли́ния

**guide mark** [ˈgaɪdmɑːk] *n* отме́тка, ме́тка

**guide-post** [ˈgaɪdpəust] *n* указа́тельный столб (*на перекрёстке*)

**guide-rod** [ˈgaɪdrɔd] = guide-bar

**guide-rope** [ˈgaɪdrəup] *n ав.* гайдро́п

**guidon** [ˈgaɪdən] *n* (остроконе́чный) флажо́к (*на пике и т. п.*)

**guild** [gɪld] *n* 1) цех, ги́льдия 2) организа́ция, сою́з 3) *attr.*: ~ master *ист.* цехово́й ма́стер

**Guildhall** [ˈgɪldˈhɔːl] *n* 1) (the ~) ра́туша (*в Лондоне*) 2) *ист.* ме́сто собра́ний ги́льдии, це́ха

**guile** [gaɪl] *n* обма́н; хи́трость, кова́рство; вероло́мство

**guileful** [ˈgaɪlful] *a* вероло́мный; кова́рный

**guileless** [ˈgaɪllɪs] *a* простоду́шный

**guillemot** [ˈgɪlɪmɔt] *n* ка́йра (*птица*)

**guillotine** [ˌgɪləˈtiːn] **1.** *n* 1) гильоти́на 2) *тех.* ре́зальная маши́на 3) хирурги́ческий инструме́нт для удале́ния минда́лин 4) *парл.* гильотини́рование пре́ний (*фиксированием времени для голосования*)

**2.** *v* 1) гильотини́ровать 2) *парл.* сорва́ть диску́ссию

**guilt** [gɪlt] *n* 1) вина́, вино́вность 2) ко́мплекс вины́ 3) грех

**guiltily** [ˈgɪltɪlɪ] *adv* винова́то, с винова́тым ви́дом

**guiltiness** [ˈgɪltɪnɪs] *n* вино́вность

**guiltless** [ˈgɪltlɪs] *a* 1) неви́нный; невино́вный (of) 2) *разг.* не зна́ющий (*чего-л.*), не уме́ющий (*что-л. делать*); ~ of writing poems не уме́ющий писа́ть стихи́

**guilty** [ˈgɪltɪ] *a* 1) вино́вный (of — в); престу́пный 2) винова́тый (*о взгляде, виде*)

**guinea** [ˈgɪnɪ] *n* гине́я (*прежде золотая монета, теперь денежная единица = 21 шиллингу*)

**guinea-fowl** [ˈgɪnɪfaul] *n* цеса́рка

**guinea-pig** [ˈgɪnɪpɪg] *n* 1) морска́я сви́нка 2) «подо́пытный кро́лик», челове́к, над кото́рым произво́дят нау́чные о́пыты 3) *разг.* ми́чман 4) дире́ктор компа́нии, духо́вное лицо́, врач *и т. п.*, получа́ющие гонора́р в гине́ях

**guinea squash** [ˈgɪnɪskwɔʃ] *n бот.* баклажа́н

**guinea worm** [ˈgɪnɪwəːm] *n* ри́шта (*подкожный червь*)

**guinness** [ˈgɪnɪs] *n* сорт пи́ва

**guise** [gaɪz] *n* 1) нару́жность, о́блик 2) личи́на, ма́ска; предло́г; under (*или* in) the ~ of под ви́дом, под ма́ской 3) *уст.* одея́ние, наря́д 4) *уст.* мане́ра, обы́чай

**guitar** [gɪˈtɑː] *n* гита́ра

**gulch** [gʌlʃ] *n амер.* у́зкое глубо́кое уще́лье (*особ. в золотоносных районах*)

**gulden** [ˈguldən] *n* гу́льден (*денежная единица Нидерландов*)

**gules** [gjuːlz] *геральд.* **1.** *a* кра́сный

**2.** *n* кра́сный цвет

**gulf** [gʌlf] **1.** *n* 1) морско́й зали́в 2) бе́здна, про́пасть (*тж. перен.*) 3) водоворо́т, пучи́на 4) *горн.* больша́я за́лежь руды́ 5) *унив. разг.* дипло́м без отли́чия

**2.** *v* 1) поглоща́ть, вса́сывать в водоворо́т 2) *унив. разг.* присужда́ть дипло́м без отли́чия

**gull** I [gʌl] *n* ча́йка

**gull** II [gʌl] **1.** *n* проста́к, глупе́ц

**2.** *v* обма́нывать, дура́чить

**gullet** [ˈgʌlɪt] *n* 1) пищево́д 2) гло́тка

**gullibility** [ˌgʌlɪˈbɪlɪtɪ] *n* легкове́рие, дове́рчивость

**gullible** [ˈgʌləbl] *a* легкове́рный, дове́рчивый

**gully** I [ˈgʌlɪ] **1.** *n* 1) глубо́кий овра́г, лощи́на (*образованные водой*) 2) водосто́к 3) жело́бчатый рельс

**2.** *v* образо́вывать овра́ги, кана́вы

**gully** II [ˈgʌlɪ] *n* большо́й нож

**gulp** [gʌlp] **1.** *n* 1) большо́й глото́к; at one ~ одни́м глотко́м, за́лпом; сра́-

зу 2) глота́тельное движе́ние *или* уси́лие; глота́ние

**2.** *v* (*обыкн.* ~ down) 1) жа́дно, бы́стро *или* с уси́лием глота́ть 2) задыха́ться; дави́ться 3) глота́ть (*слёзы*); сде́рживать (*волнение*) 4) *разг.* принима́ть за чи́стую моне́ту

**gum** I [gʌm] *n* десна́

**gum** II [gʌm] **1.** *n* 1) каме́дь, гу́мми 2) каме́дное де́рево 3) смоли́стое выделе́ние 4) кле́йкое выделе́ние во вну́треннем углу́ гла́за 5) *амер.*, *разг.* рези́на; *pl* гало́ши 6) *амер. разг.* жева́тельная рези́нка 7) *горн.* штыб, у́гольная ме́лочь

**2.** *v* 1) скле́ивать(ся) 2) выделя́ть каме́дь, смолу́

**gum-arabic** ['gʌm,ærəbɪk] *n* гуммиара́бик

**gumbo** ['gʌmbəu] *n амер.* 1) *бот.* ба́мия, о́кра 2) суп из стручко́в ба́мии 3) гу́мбо (*илистая почва, богатая щелочами*)

**gumboil** ['gʌmbɔɪl] *n* флюс

**gum-boots** ['gʌmbu:ts] *n pl* рези́новые сапоги́

**gum elastic** ['gʌmɪ,læstɪk] *n* рези́на, каучу́к

**gummy** ['gʌmɪ] *a* 1) кле́йкий 2) смоли́стый 3) источа́ющий каме́дь, смолу́ 4) опу́хший, отёкший

**gumption** ['gʌmpʃən] *n разг.* 1) смышлёность; нахо́дчивость; сообрази́тельность; практи́ческая смека́лка 2) раствори́тель для кра́сок

**gumptious** ['gʌmpʃəs] *a разг.* нахо́дчивый; сообрази́тельный; предприи́мчивый

**gumshoe** ['gʌmʃu:] *амер.* **1.** *n* 1) *разг.* гало́ша 2) *pl* ке́ды; полуке́ды 3) *жарг.* полице́йский; сы́щик

**2.** *v* кра́сться, идти́ кра́дучись

**gum-tree** ['gʌmtri:] *n* любо́е из камедено́сных североамерика́нских *или* австрали́йских дере́вьев, *особ.* эвкали́пт ◇ up a ~ в большо́м затрудне́нии, в тупике́

**gun** [gʌn] **1.** *n* 1) ору́дие, пу́шка 2) пулемёт 3) огнестре́льное ору́жие, ружьё; *ист.* мушке́т; double-barrelled ~ двуство́лка; smooth-bore ~ гладкоство́льное ружьё; sporting ~ охо́тничье ружьё; starting ~ *спорт.* ста́ртовый пистоле́т 4) *разг.* револьве́р 5) стрело́к, охо́тник 6) *метал.* пу́шка для заби́вки лётки 7) *attr.* пу́шечный; ору́ди́йный ◇ big (*или* great) ~ *разг.* ва́жная персо́на, «ши́шка»; to blow great ~s реве́ть (*о буре*); to stick (*или* to stand) to one's ~s не сдава́ть пози́ций, не отступа́ть; остава́ться до конца́ ве́рным свои́м убежде́ниям; настоя́ть на своём

**2.** *v* 1) стреля́ть 2) охо́титься 3) *воен.* обстре́ливать артиллери́йским огнём

**gunboat** ['gʌnbəut] *n* каноне́рская ло́дка

**gun-carriage** ['gʌn,kærɪdʒ] *n воен.* лафе́т

**gun-cotton** ['gʌn,kɔtn] *n* пироксили́н

**guncrew** ['gʌnkru:] *n воен.* оруди́йный расчёт

**gun-fire** ['gʌn,faɪə] *n* оруди́йный ого́нь; артиллери́йский ого́нь

**gun layer** ['gʌn,leɪə] *n воен.* (оруди́йный) наво́дчик

**gun-lock** ['gʌnlɔk] *n* замо́к огнестре́льного ору́жия

**gunman** ['gʌnmən] *n* 1) вооружённый ружьём, револьве́ром 2) *амер. разг.* банди́т, престу́пник, уби́йца 3) оруже́йный ма́стер

**gunnel** ['gʌnl] = gunwale

**gunner** ['gʌnə] *n* 1) канони́р; артиллери́ст; пулемётчик; но́мер оруди́йного расчёта 2) охо́тник 3) *ав.* стрело́к 4) *мор.* коме́ндо́р

**gunner's cockpit** ['gʌnəz'kɔkpɪt] *n ав.* каби́на пулемётчика

**gunnery** ['gʌnərɪ] *n* 1) артиллери́йское де́ло 2) артиллери́йская стрельба́

**gunning** ['gʌnɪŋ] **1.** *pres. p. от* gun 2

**2.** *n* 1) охо́та с ружьём 2) стрельба́; обстре́л

**gunny** ['gʌnɪ] *n* гру́бая, кре́пкая джу́товая ткань; рого́жка, дерю́га

**gunpowder** ['gʌn,paudə] *n* чёрный по́рох; white (*или* smokeless) ~ безды́мный по́рох

**gunroom** ['gʌnrum] *n* 1) кают-компа́ния мла́дших офице́ров (*на военных кораблях*) 2) ко́мната, где храня́тся охо́тничьи ру́жья

**gun-running** ['gʌn,rʌnɪŋ] *n* незако́нный ввоз ору́жия

**gunshot** ['gʌnʃɔt] *n* 1) да́льность вы́стрела; within (out of) ~ на расстоя́нии (вне досяга́емости) пу́шечного вы́стрела 2) руже́йный вы́стрел 3) *attr.*: ~ wound огнестре́льная ра́на

**gun-shy** ['gʌnʃaɪ] *a* пуга́ющийся вы́стрелов (*особ. об охотничьих собаках*)

**gunsmith** ['gʌnsmɪθ] *n* оруже́йный ма́стер

**gun-stock** ['gʌnstɔk] *n* руже́йная ло́жа

**gunwale** ['gʌnl] *n мор.* планши́р

**gup** [gʌp] *инд. n* сплётня, болтовня́

**gurgitation** [,gə:dʒɪ'teɪʃən] *n* волне́ние, бу́льканье воды́, как при кипе́нии

**gurgle** ['gə:gl] **1.** *n* бу́льканье (*воды*); бу́лькающий звук

**2.** *v* 1) бу́лькать; журча́ть 2) полоска́ть го́рло

**Gurkha** ['guəkə] *n* 1) гу́рка (*представитель народности, живущей в Непале*) 2) *attr.*: ~ regiments *ист.* полки́ гу́ркских стрелко́в (*в английской армии*)

**gurnard** ['gə:nəd] *n* морско́й пету́х

**gurnet** ['gə:nɪt] = gurnard

**gurry** ['gʌrɪ] *инд. n* небольша́я кре́пость

**gush** [gʌʃ] **1.** *n* 1) си́льный *или* внеза́пный пото́к; ли́вень 2) *перен.* пото́к, излия́ние; a ~ of anger вспы́шка гне́ва

**2.** *v* 1) хлы́нуть; ли́ться *или* разрази́ться пото́ком 2) излива́ть свои́ чу́вства 3) фонтани́ровать (*о нефти и т. п.*)

**gusher** ['gʌʃə] *n* 1) *разг.* челове́к, излива́ющийся в свои́х чу́вствах 2) нефтяно́й фонта́н

**guslar** ['guslə] *русск. n* гусля́р

**gusli** ['guslɪ] *русск. n* гу́сли

**gusset** ['gʌsɪt] *n* 1) вста́вка, клин (*в платье и т. п.*); ла́стовица 2) *тех.* углово́е соедине́ние, науго́льник

**gust** I [gʌst] *n* 1) поры́в ве́тра; хлы́нувший дождь *и т. п.* 2) взрыв (*гнева и т. п.*)

**gust** II [gʌst] *n уст., поэт.* 1) вкус, понима́ние; to have a ~ of smth. высоко́ цени́ть, то́нко чу́вствовать что-л. 2) о́стрый *или* прия́тный вкус

**gustation** [gʌs'teɪʃən] *n* про́ба на вкус

**gustatory** ['gʌstətərɪ] *a* вкусово́й

**gusto** ['gʌstəu] *n* удово́льствие, смак (*с которым выполняется работа и т. п.*)

**gusty** ['gʌstɪ] *a* 1) ве́треный (*о погоде и т. п.*) 2) бу́рный, поры́вистый

**gut** [gʌt] **1.** *n* 1) кишка́; пищевари́тельный кана́л; *pl* кишки́, вну́тренности; blind ~ слепа́я кишка́; large ~s то́лстые кишки́; little (*или* small) ~s то́нкие кишки́ 2) *хир.* кетгу́т 3) *pl разг.* му́жество; вы́держка, си́ла во́ли; хара́ктер; a man with plenty of ~s си́льный челове́к; there's no ~s in him он немно́гого сто́ит 4) *pl разг.* це́нная *или* суще́ственная часть чего́-л. 5) струна́ *или* леса́ из кишки́ 6) у́зкий прохо́д *или* проли́в

**2.** *v* 1) потроши́ть (*дичь и т. п.*) 2) опустоша́ть (*о пожаре*) 3) схва́тывать суть (*книги*), бе́гло просма́тривая 4) *груб.* жа́дно есть

**gutta-percha** ['gʌtə'pə:tʃə] *n* гуттапе́рча

**gutter** ['gʌtə] **1.** *n* 1) водосто́чный жёлоб 2) сто́чная кана́в(к)а 3) низы́ (о́бщества) 4) *полигр.* кру́пный пробе́льный материа́л

**2.** *v* 1) де́лать желоба́, кана́вки 2) стека́ть 3) оплыва́ть (*о свече*)

**gutter-child** ['gʌtətʃaɪld] *n* беспризо́рный ребёнок

**gutter-man** ['gʌtəmən] *n* у́личный торго́вец, разно́счик

**gutter-plough** ['gʌtəplau] *n* плуг-канавокопа́тель

**gutter press** ['gʌtəpres] *n* бульва́рная пре́сса

**gutter-snipe** ['gʌtəsnaɪp] *n* 1) беспризо́рный ребёнок; у́личный мальчи́шка 2) *амер. разг.* ма́клер, не зарегистри́рованный на би́рже

**guttle** ['gʌtl] *v* жа́дно есть

**guttler** ['gʌtlə] *n* обжо́ра

**guttural** ['gʌtərəl] **1.** *a* 1) горта́нный; горлово́й 2) *фон.* задненёбный, веля́рный; гуттура́льный

**2.** *n фон.* задненёбный, веля́рный звук

**gutty** ['gʌtɪ] *n разг.* гуттапе́рчевый мяч (*для гольфа*)

**guy** I [gaɪ] **1.** *n* 1) пу́гало, чу́чело 2) смешно́ оде́тый челове́к 3) *амер. разг.* па́рень, ма́лый; regular ~ хоро́ший па́рень, сла́вный ма́лый; wise ~ у́мный ма́лый

**2.** *v* 1) выставля́ть на посме́шище (*чьё-л. изображение*) 2) осме́ивать, издева́ться

**guy** II [gaɪ] *мор.* **1.** *n* оття́жка, ва́нта

**2.** *v* укрепля́ть оття́жками; расча́ливать

**guy** III [gaɪ] *жарг.* **1.** *v* удира́ть

**2.** *n*: to give the ~ to smb. улизну́ть от кого́-л.; to do a ~ исче́знуть

**guzzle** [ˈgʌzl] *v* 1) жа́дно глота́ть; пить, есть с жа́дностью 2) пропива́ть, проеда́ть (*часто* ~ away)

**guzzler** [ˈgʌzlə] *n* 1) обжо́ра 2) пья́ница

**gybe** [dʒaɪb] *v мор.* 1) переки́дывать (*парус*) 2) де́лать поворо́т че́рез фордеви́нд

**gyle** [gaɪl] *n* 1) заброди́вшее су́сло 2) броди́льный чан

**gym** [dʒɪm] *сокр. разг. от* gymnasium *и* gymnastics

**gymkhana** [dʒɪmˈkɑːnə] *инд. n* ме́сто для спорти́вных состяза́ний

**gymnasia** [dʒɪmˈneɪzjə] *pl от* gymnasium

**gymnasium** [dʒɪmˈneɪzjəm] *n* (*pl* -siums [-zjəmz], -sia) 1) гимнасти́ческий зал 2) гимна́зия

**gymnast** [ˈdʒɪmnæst] *n* гимна́ст

**gymnastic** [dʒɪmˈnæstɪk] *a* гимнасти́ческий

**gymnastics** [dʒɪmˈnæstɪks] *n* гимна́стика; industrial ~ произво́дственная гимна́стика

**gym-shoes** [ˈdʒɪmˈʃuːz] *n pl* лёгкая спорти́вная о́бувь

**gynaecological** [ˌgaɪnɪkəˈlɔdʒɪkəl] *a* гинекологи́ческий

**gynaecologist** [ˌgaɪnɪˈkɔlədʒɪst] *n* гинеко́лог

**gynaecology** [ˌgaɪnɪˈkɔlədʒɪ] *n* гинеколо́гия

**gyp** I [dʒɪp] *n* слуга́ (*в Кембриджском и Даремском университетах*)

**gyp** II [dʒɪp] *амер. жарг.* **1.** *n* 1) моше́нничество, жу́льничество; обма́н 2) моше́нник, плут

**2.** *v* 1) моше́нничать, жу́льничать 2) ворова́ть

**gyps** [dʒɪps] *сокр. от* gypsum

**gypsa** [ˈdʒɪpsə] *pl от* gypsum

**gypseous, gypsous** [ˈdʒɪpsɪəs, -səs] *a* ги́псовый

**gypsum** [ˈdʒɪpsəm] **1.** *n* (*pl* -sa, -sums [-səmz]) гипс

**2.** *v* гипсова́ть (*почву*)

**Gypsy** [ˈdʒɪpsɪ] = Gipsy

**gyrate 1.** *a* [ˈdʒaɪərɪt] свёрнутый спира́лью

**2.** *v* [ˌdʒaɪəˈreɪt] враща́ться по кру́гу; дви́гаться по спира́ли

**gyration** [ˌdʒaɪəˈreɪʃən] *n* 1) кругово́е *или* круговраща́тельное движе́ние 2) циркуля́ция

**gyratory** [ˈdʒaɪərətərɪ] *a* враща́тельный

**gyre** [ˈdʒaɪə] *поэт. n* 1) круговраще́ние; вихрь 2) круг; кольцо́ 3) спира́ль

**Gyrene** [dʒaɪˈriːn] *n* (*от* GI + marine) *амер. воен. жарг.* солда́т морско́й пехо́ты

**gyro** [ˈdʒaɪərəu] *сокр. от* gyroscope

**gyro-** [ˈdʒaɪərəu-] *pref* гиро-, гироскопи́ческий

**gyro-compass** [ˈdʒaɪərəˌkʌmpəs] *n ав.* гироко́мпас

**gyropilot** [ˈdʒaɪərəˌpaɪlət] *n ав.* автопило́т

**gyroplane** [ˈdʒaɪrəpleɪn] *n ав.* автожи́р

**gyroscope** [ˈdʒaɪərəskəup] *n* гироско́п

**gyroscopic** [ˌdʒaɪərəsˈkɔpɪk] *a* гироскопи́ческий

**gyrostat** [ˈdʒaɪərəustæt] *n* гироста́т

**gyve** [dʒaɪv] *поэт.* **1.** *n* (*обыкн. pl*) око́вы, кандалы́, у́зы

**2.** *v* зако́вывать в кандалы́, ско́вывать

# H

**H, h** [eɪtʃ] *n* (*pl* Hs, H's [ˈeɪtʃɪz]) *8-я буква англ. алфавита*; to drop one's hs не произноси́ть h там, где э́то сле́дует (*особенность лондонского просторечия*)

**ha** [hɑː] *int* ха!, ба! (*восклицание, выражающее удивление, подозрение, торжество*)

**ha'** [hɑː] *сокр. разг. форма от* have

**habanera** [ˌ(h)ɑːbɑːˈneɪrə] *исп. n* хабане́ра

**hab-dabs** [ˈhæbdæbz] *n pl разг.* 1) не́рвное возбужде́ние 2) испу́г

**habeas corpus** [ˈheɪbjəsˈkɔːpəs] *лат. n* предписа́ние о представле́нии аресто́ванного в суд для рассмотре́ния зако́нности аре́ста (*тж.* writ of ~)

**Habeas Corpus Act** [ˈheɪbjəsˈkɔːpəsˈækt] *n* Ха́беас Ко́рпус (*английский закон 1679 г. о неприкосновенности личности*)

**haberdasher** [ˈhæbədæʃə] *n* 1) галантере́йщик 2) *амер.* торго́вец предме́тами мужско́го туале́та

**haberdashery** [ˈhæbədæʃərɪ] *n* 1) галантере́я 2) *амер.* предме́ты мужско́го туале́та 3) галантере́йный магази́н

**habergeon** [ˈhæbədʒən] *n ист.* кольчу́га

**habile** [ˈhæbɪl] *a* иску́сный, ло́вкий

**habiliment** [həˈbɪlɪmənt] *n* 1) *редк.* одея́ние 2) *pl шутл.* пла́тье, оде́жда 3) предме́т оде́жды

**habilitate** [həˈbɪlɪteɪt] *v* 1) финанси́ровать *или* снабжа́ть обору́дованием го́рные разрабо́тки 2) *редк.* одева́ть 3) *книжн.* гото́виться к определённому ро́ду де́ятельности (*преподаванию и т. п.*)

**habit** I [ˈhæbɪt] **1.** *n* 1) привы́чка, обыкнове́ние; обы́чай; by (*или* from) force of ~ в си́лу привы́чки, по привы́чке; to be in the ~ of doing smth. име́ть обыкнове́ние что-л. де́лать; to break off (to fall into) a ~ бро́сить (усво́ить) привы́чку; to break a person of a ~ отучи́ть кого́-л. от како́й-л. привы́чки 2) сложе́ние, телосложе́ние; a man of corpulent ~ доро́дный, ту́чный челове́к 3) осо́бенность, сво́йство; характе́рная черта́; ~ of mind склад ума́ 4) *биол.* хара́ктер произраста́ния, разви́тия; га́битус; a plant of trailing ~ сте́лющееся расте́ние

**habit** II [ˈhæbɪt] **1.** *n* 1) *книжн.* одея́ние, облаче́ние 2) костю́м для верхово́й езды́

**2.** *v книжн.* одева́ть, облача́ть

**habitable** [ˈhæbɪtəbl] *a* 1) обита́емый 2) го́дный для жилья́

**habitant** I [ˈhæbɪtənt] *n* жи́тель

**habitant** II [ˈhæbɪtɔːŋ] *n* кана́дец францу́зского происхожде́ния

**habitat** [ˈhæbɪtæt] *n* ро́дина, ме́сто распростране́ния (*животного, растения*); есте́ственная среда́

**habitation** [ˌhæbɪˈteɪʃən] *n* 1) жили́ще; обита́лище; жильё; fit for ~ приго́дный для жилья́ 2) прожива́ние, житьё 3) посёлок

**habitual** [həˈbɪtjuəl] *a* 1) обы́чный, привы́чный 2) пристрасти́вшийся (*к чему-л.*); ~ drunkard пропо́йца; ~ criminal закорене́лый престу́пник

**habituate** [həˈbɪtjueɪt] *v* 1) приуча́ть; to ~ oneself to привыка́ть, приуча́ться к 2) *амер. разг.* ча́сто посеща́ть

**habitude** [ˈhæbɪtjuːd] *n* 1) привы́чка, скло́нность 2) сво́йство, осо́бенность 3) установи́вшийся поря́док, обыкнове́ние

**habitué** [həˈbɪtjueɪ] *фр. n* завсегда́тай

**hacienda** [ˌhæsɪˈendə] *исп. n* гасие́нда (*имение, плантация и т. п. в Испании и Латинской Америке*)

**hack** I [hæk] **1.** *n* 1) моты́га, кирка́, кайла́ 2) уда́р моты́ги *и т. п.* 3) зару́бка; зазу́брина 4) ре́заная ра́на 5) ссади́на на ноге́ от уда́ра (*в футболе*) 6) *тех.* кузне́чное зуби́ло 7) сухо́й ка́шель

**2.** *v* 1) руби́ть, разруба́ть; кромса́ть; разбива́ть на куски́ 2) теса́ть; обтёсывать (*камень*) 3) де́лать зару́бку; зазу́бривать 4) разбива́ть, разрыхля́ть моты́гой *и т. п.* 5) подреза́ть (*сучья и т. п.*) 6) надруба́ть; наноси́ть ре́заную ра́ну 7) *спорт. жарг.* «подкова́ть» 8) ка́шлять сухи́м ка́шлем

**hack** II [hæk] **1.** *n* 1) наёмная ло́шадь 2) ло́шадь (*верховая или упряжная*), *особ.* полукро́вка; road ~ доро́жная верхова́я ло́шадь 3) кля́ча 4) *перен.* литерату́рный подёнщик; наёмный писáка 5) *амер.* наёмный экипáж 6) *амер. разг.* таксú 7) *амер. разг.* водúтель таксú, таксúст

**2.** *a* 1) наёмный 2) = hackneyed

**3.** *v* 1) давáть напрокáт 2) éхать (верхóм) не спешá 3) нанимáть, испóльзовать в кáчестве литератýрного подёнщика 4) испóльзовать на нýдной, тяжёлой рабóте 5) дéлать банáльным, опошлять

**hackbut** ['hækbʌt] = harquebus

**hackee** ['hæki:] *n зоол.* бурундýк

**hackery** ['hækərɪ] *инд. n* повóзка, запряжённая волáми

**hack-hammer** ['hæk,hæmə] *n* молотóк кáменщика

**hacking** ['hækɪŋ] *a* отрывúстый и сухóй (*о кашле*)

**hackle** I ['hækl] *n* 1) *pl* длúнные пéрья на шéе петухá и нéкоторых дрýгих птиц 2) искýсственная примáнка (*для ужения рыбы*) ◇ with his ~s up разъярённый, взъерепéнившийся, готóвый лезть в дрáку; to show ~s лезть в дрáку; лезть на рожóн

**hackle** II ['hækl] **1.** *n* чесáлка, грéбень для льна

**2.** *v* чесáть лён

**hackle** III ['hækl] *v* 1) рубúть, разрубáть как попáло; кромсáть 2) откáлывать

**hackly** ['hæklɪ] *a* плóхо отдéланный, в зазýбринах

**hackmatack** ['hækmətæk] *n* лúственница америкáнская

**hackney** ['hæknɪ] **1.** *n* 1) = hack II, 1, 2) 2) *уст.* рабóтник, нáнятый на нýдную, тяжёлую рабóту 3) *attr.* наёмный

**2.** *v* = hack II 3

**hackney-carriage** ['hæknɪ,kærɪdʒ] *n* наёмный экипáж

**hackney-coach** ['hæknɪkəutʃ] = hackney-carriage

**hackneyed** ['hæknɪd] *a* банáльный, избúтый; затáсканный; ~ phrases избúтые фрáзы

**hack-saw** ['hæksɔ:] *n тех.* слесáрная ножóвка

**hackstand** ['hækstænd] *n амер.* стоянка таксú

**hack-work** ['hækwə:k] *n* 1) литератýрная подёнщина; халтýра 2) нýдная, тяжёлая рабóта

**hackwriter** ['hæk,raɪtə] *n* литератýрный подёнщик

**had** [hæd (*полная форма*); həd, əd, d (*редуцированные формы*)] *past и p. p. от* have 1

**haddock** ['hædək] *n* пúкша (*рыба*)

**hade** [heɪd] *горн.* **1.** *n* отклонéние жúлы по отношéнию к вертикáли; ýгол падéния

**2.** *v* отклоняться от вертикáли; составлять ýгол с вертикáлью

**Hades** ['heɪdi:z] *n греч. миф.* Гадéс (*подземное царство, царство теней; бог подземного царства*)

**Hadji** ['hædʒi(:)] *араб. n* хаджú (*мусульманин, побывавший в Мекке*)

**hadn't** ['hædnt] *сокр. разг.* = had not

**haemal** ['hi:məl] *a* кровянóй; *анат.* относящийся к крóви и кровенóсным сосýдам

**haematic** [hɪ'mætɪk] **1.** *a* 1) кровянóй 2) дéйствующий на кровь 3) имéющий цвет крóви

**2.** *n* срéдство, дéйствующее на кровь

**haematite** ['hemətaɪt] *n мин.* крáсный железняк, гематúт

**haemoglobin** [,hi:məu'gləubɪn] *n физиол.* гемоглобúн

**haemophilia** [,hi:məu'fɪlɪə] *n мед.* гемофилúя

**haemorrhage** ['hemərɪdʒ] *n мед.* 1) кровоизлияние 2) кровотечéние

**haemorrhoids** ['hemərɔɪdz] *n pl мед.* геморрóй

**haemostatic** [,hi:məu'stætɪk] **1.** *a* кровоостанáвливающий

**2.** *n мед.* кровоостанáвливающее срéдство

**hafnium** ['hæfnɪəm] *n хим.* гáфний

**haft** [hɑ:ft] *n* черенóк, рукоятка, рýчка

**hag** [hæg] *n* вéдьма, каргá

**haggard** I ['hægəd] *a* измождённый, измýченный; осýнувшийся

**haggard** II ['hægəd] *a* неприручённый, дúкий (*о соколе*)

**haggis** ['hægɪs] *n шотл.* телячий рубéц с потрохáми и приправой

**haggish** ['hægɪʃ] *a* похóжий на вéдьму, безобрáзный

**haggle** ['hægl] *v* 1) торговáться (about, over — о) 2) придирáться, находúть недостáтки 3) неумéло рéзать; рубúть; кромсáть

**hagridden** ['hæg,rɪdn] *a* 1) мýчимый кошмáрами 2) подáвленный, в угнетённом состоянии

**hah** [hɑ:] = ha

**ha ha** [hɑ:'hɑ:] **1.** *int* ха-ха-хá!

**2.** *n* смех, хóхот

**3.** *v* смеяться, хохотáть

**ha-ha** [hɑ:'hɑ:] *n* нúзкий забóрчик (*вокруг сада, поля*); канáва с опóрной стéнкой

**hail** I [heɪl] **1.** *n* град; ~ of fire *воен.* сúльный огóнь

**2.** *v* 1) (*в безл. оборотах*): it ~s, it is ~ing идёт град 2) сыпаться грáдом (*тж. перен.*) 3) осыпáть грáдом (*ударов и т. п.*)

**hail** II [heɪl] **1.** *n* привéтствие, óклик; out of ~ за предéлами слышимости, вдалú; within ~ на расстоянии слышимости гóлоса

**2.** *v* 1) привéтствовать; поздравлять 2) окликáть, звать; to ~ a taxi остановúть таксú 3) *мор.* окликáть (*судно*) ◇ to ~ from a) *мор.* идтú из (*какого-л. порта*); б) *разг.* происходúть из; where do you ~ from? откýда вы рóдом?

**3.** *int* привéт!

**hail-fellow(-well-met)** ['heɪl,feləu-('wel'met)] *a* дрýжественный; приятельский; to be ~ with everyone быть со всéми в приятельских отношéниях

**hailstone** ['heɪlstəun] *n* грáдина

**hailstorm** ['heɪlstɔ:m] *n* лúвень; грозá с грáдом; сúльный град

**hain't** [heɪnt] *диал.* = have not, has not

**hair** [hɛə] *n* 1) вóлос, волосóк 2) вóлосы; to cut one's ~ стрúчься, остричься; to let one's ~ down a) распустúть вóлосы; б) перестáть себя сдéрживать; в) держáться развязно; г) изливáть дýшу; to lose one's ~ a) лысéть; б) рассердúться, потерять самообладáние 3) шерсть (*животного*) 4) щетúна; иглы (*дикобраза и т. п.*) 5) *текст.* ворс ◇ to a ~ точь-в-тóчь; тóчно; within a ~ of на волосóк от; to have more ~ than wit быть дуракóм; keep your ~ on! не горячúтесь!; not to turn a ~ ≅ глáзом не моргнýть; не выкáзывать боязни, смущéния, устáлости *и т. п.*; to take a ~ of the dog that bit you *посл.* ≅ a) клин клúном вышибáть; чем ушúбся, тем и лечúсь; б) опохмеляться; it made his ~ stand on end от этого у негó вóлосы встáли дыбом

**hairbreadth** ['hɛəbredθ] *n* ничтóжное, минимáльное расстояние; by a ~ сáмую мáлость ◇ within (*или* by) a ~ of death на волосóк от смéрти

**hairbrush** ['hɛəbrʌʃ] *n* щётка для волóс

**hairclipper** ['hɛə,klɪpə] *n* машúнка для стрúжки волóс

**haircloth** ['hɛəklɔθ] *n* 1) матéрия из вóлоса, волосяная ткань, бортóвка 2) *рел.* власянúца

**hair-cut** ['hɛəkʌt] *n* стрúжка

**hair-do** ['hɛədu:] *n* причёска

**hairdresser** ['hɛə,dresə] *n* парикмáхер

**hairiness** ['hɛərɪnɪs] *n* волосáтость

**hairless** ['hɛəlɪs] *a* безволóсый, лысый

**hair-line** ['hɛəlaɪn] *n* 1) тóнкая, волосная лúния 2) бечёвка, лесá (*из волоса*) 3) *attr.* тóнкий, волоснóй; ~ crack *тех.* волосная трéщина

**hair-net** ['hɛənet] *n* сéтка для волóс

**hair-pencil** ['hɛə,pensl] *n* тóнкая кисть для акварéли

**hair-piece** ['hɛəpi:s] *n* шиньóн

**hairpin** ['hɛəpɪn] *n* шпúлька ◇ ~ bend крутóй поворóт дорóги

**hair-raiser** ['hɛə,reɪzə] *n разг.* фильм, кнúга *и т. п.* ýжасов

**hair-raising** ['hɛə,reɪzɪŋ] *a разг.* стрáшный, ужáсный

**hair's breadth** ['hɛəzbredθ] = hairbreadth

**hair shirt** ['hɛə'ʃə:t] *n рел.* власянúца

**hair-slide** ['hɛəslaɪd] *n* закóлка для волóс

**hair-splitting** ['hɛə,splɪtɪŋ] **1.** *n* мéлочный педантúзм

**2.** *a* мéлкий; пустякóвый, незначúтельный

**hairspring** ['hɛəsprɪŋ] *n* волоскóвая пружúнка, волосóк (*в часовом механизме*)

**hair trigger** ['hɛə,trɪgə] *n воен.* спусковóй крючóк, трéбующий слáбого нажáтия

**hair-trigger** [ˈhɛəˈtrɪɡə] *a* вспы́льчивый
**hair-worm** [ˈhɛəwə:m] *n зоол.* волоса́тик
**hairy** [ˈhɛərɪ] *a* 1) покры́тый волоса́ми, волоса́тый 2) ворси́стый (*о ткани*)
**Haitian** [ˈheɪʃjən] **1.** *a* гаитя́нский
**2.** *n* гаитя́нин; гаитя́нка
**hake** [heɪk] *n* хек (*рыба*)
**hakeem** [hɑ:ˈki:m] *араб. n* врач
**hakim** [ˈhɑ:kɪm] *араб. n* 1) = hakeem 2) судья́; прави́тель, кру́пный чино́вник
**halation** [həˈleɪʃən] *n фото* орео́л
**halberd** [ˈhælbə(:)d] *n ист.* алеба́рда
**halberdier** [ˌhælbə(:)ˈdɪə] *n ист.* алеба́рдщик
**halcyon** [ˈhælsɪən] **1.** *n зоол.* зиморо́док
**2.** *a* ти́хий, безмяте́жный; ~ days ми́рные, счастли́вые дни
**hale I** [heɪl] *a* здоро́вый, кре́пкий (*преим. о стариках*); ~ and hearty кре́пкий и бо́дрый
**hale II** [heɪl] *v* тащи́ть, тяну́ть (*тж. перен.*)
**half** [hɑ:f] **1.** *n* (*pl* halves) 1) полови́на; ~ a mile полми́ли; ~ (an hour) past two (o'clock) полови́на тре́тьего 2) часть (*чего-л.*); the larger ~ бо́льшая часть 3) семе́стр; the winter (summer) ~ зи́мний (ле́тний) семе́стр 4) *спорт.* полови́на игры́ 5) *юр.* сторона́ (*в договорах и т. п.*) 6) *разг.* полпи́нты пи́ва; полсто́пки ви́ски 7) *разг.* = half-back 8) *амер. разг.* полдо́ллара ◇ to go halves in smth. дели́ть что-л. по́ровну; to cry halves тре́бовать свою́ до́лю; to have ~ a mind to do smth. быть не про́чь сде́лать что-л.; to do smth. by halves де́лать что-л. ко́е-ка́к; недоде́лывать; too clever by ~ *ирон.* сли́шком уж умён
**2.** *a* 1) полови́нный 2) непо́лный, части́чный
**3.** *adv* 1) наполови́ну; полу-; ~ raw полусыро́й 2) в значи́тельной сте́пени, почти́ ◇ ~ as much в два ра́за ме́ньше; ~ as much again в полтора́ ра́за бо́льше; not ~ а) о́чень, ужа́сно; he didn't ~ swear он отча́янно руга́лся; б) отню́дь нет; как бы не так; I don't ~ like it мне э́то совсе́м не нра́вится; not ~ bad неду́рно
**half-and-half** [ˈhɑ:fəndˈhɑ:f] **1.** *n* 1) смесь двух напи́тков, *напр.*, по́ртер и эль попола́м 2) *тех.* полови́нник (*припой из равных частей олова и свинца*)
**2.** *a* 1) сме́шанный в ра́вных коли́чествах 2) полови́нчатый; нереши́тельный 3) ни то ни сё
**3.** *adv* попола́м
**half-back** [ˈhɑ:fˈbæk] *n спорт.* полузащи́тник
**half-baked** [ˈhɑ:fˈbeɪkt] *a* 1) недопечённый, полусыро́й 2) незре́лый, нео́пытный 3) непроду́манный, неразрабо́танный 4) глу́пый
**half binding** [ˈhɑ:fˌbaɪndɪŋ] *n* комбини́рованный переплёт
**half-blood** [ˈhɑ:fblʌd] *n* 1) брат, сестра́ то́лько по одному́ из роди́телей 2) родство́ тако́го ти́па 3) = half-breed
**half-bred** [ˈhɑ:fbred] *a* сме́шанного происхожде́ния, нечистокро́вный; a ~ horse ло́шадь-полукро́вка
**half-breed** [ˈhɑ:fbri:d] *n* 1) мети́с 2) гибри́д
**half-brother** [ˈhɑ:fˌbrʌðə] *n* единокро́вный *или* единоутро́бный брат, брат то́лько по одному́ из роди́телей
**half-caste** [ˈhɑ:fkɑ:st] *n* челове́к сме́шанной ра́сы
**half-cock** [ˈhɑ:fkɔk] *n воен.* предохрани́тельный взвод; уда́рник на пе́рвом взво́де ◇ to go off ~ говори́ть *или* поступа́ть необду́манно, опроме́тчиво
**half-cocked** [ˈhɑ:fˈkɔkt] *a* 1) на предохрани́тельном взво́де 2) неподгото́вленный
**half-crown** [ˈhɑ:fˈkraun] *n* полкро́ны (*монета в 2 шиллинга 6 пенсов*)
**half-dollar** [ˈhɑ:fˈdɔlə] *n* полдо́ллара (*американская монета в 50 центов*)
**half-done** [ˈhɑ:fˈdʌn] *a* 1) сде́ланный наполови́ну 2) недова́ренный, недожа́ренный
**half-dozen** [ˈhɑ:fˈdʌzn] *n* полдю́жины
**half-hardy** [ˈhɑ:fˈhɑ:dɪ] *a* не выде́рживающий зимы́ на откры́том во́здухе (*о растении*); ~ plant грунтово́е расте́ние, тре́бующее прикры́тия на́ зиму
**half-hearted** [ˈhɑ:fˈhɑ:tɪd] *a* 1) нереши́тельный, вя́лый 2) равноду́шный, не проявля́ющий энтузиа́зма; a ~ consent сде́ржанное, неохо́тное согла́сие 3) по́лный противоречи́вых чувств
**half-heartedly** [ˈhɑ:fˈhɑ:tɪdlɪ] *adv* нереши́тельно; без осо́бого энтузиа́зма
**half holiday** [ˈhɑ:fˈhɔlədɪ] *n* сокращённый рабо́чий день
**half hose** [ˈhɑ:fˈhəuz] *n* го́льфы; носки́
**half-length** [ˈhɑ:fˈleŋθ] **1.** *n* поясно́й портре́т
**2.** *a* поясно́й (*о портрете и т. п.*)
**half-light** [ˈhɑ:fˈlaɪt] *n* 1) полутьма́; су́мерки 2) *жив.* полуто́н 3) *attr.* нея́ркий; пло́хо освещённый
**half-mast** [ˈhɑ:fˈmɑ:st] **1.** *n*: flag at ~ приспу́щенный флаг
**2.** *v* приспуска́ть (*флаг в знак траура*)
**half measure** [ˈhɑ:fˈmeʒə] *n* полуме́ра
**half(-mile)** [ˈhɑ:fˈmaɪl] *n* полми́ли
**half moon** [ˈhɑ:fˈmu:n] *n* 1) полуме́сяц 2) *воен. ист.* равели́н
**half pay** [ˈhɑ:fˈpeɪ] *n* полови́нный окла́д
**halfpenny** [ˈheɪpnɪ] **1.** *n* (*pl* halfpence [ˈheɪpəns], halfpennies [ˈheɪpnɪz]) полпе́нса
**2.** *a разг.* грошо́вый; дешёвый и мишу́рный
**halfpennyworth** [ˈheɪpnɪwə:θ] *n* на полпе́нса чего́-л.; что-л. ценой в полпе́нса
**half-pound** [ˈhɑ:fˈpaund] **1.** *n* полфу́нта
**2.** *a* ве́сящий полфу́нта
**half-pounder** [ˈhɑ:fˈpaundə] *n* предме́т, ве́сящий полфу́нта
**half-price** [ˈhɑ:fˈpraɪs] **1.** *n* полцены́; at ~ за полцены́
**2.** *adv* за полцены́, с пятидесятипроце́нтной ски́дкой; children are admitted ~ на де́тские биле́ты ски́дка пятьдеся́т проце́нтов
**half-roll** [ˈhɑ:fˈrəul] *n ав.* переворо́т че́рез крыло́, полубо́чка
**half-round** [ˈhɑ:fˈraund] **1.** *n* полукру́г
**2.** *a* полукру́глый
**half-seas-over** [ˈhɑ:fsi:zˈəuvə] *a predic.* подвы́пивший
**half-sister** [ˈhɑ:fˌsɪstə] *n* единокро́вная *или* единоутро́бная сестра́, сестра́ то́лько по одному́ из роди́телей
**half-sovereign** [ˈhɑ:fˈsɔvrɪn] *n* полсовере́на (*английская золотая монета в десять шиллингов*)
**half-staff** [ˈhɑ:fˈstɑ:f] = half-mast 1
**half-time** [ˈhɑ:fˈtaɪm] *n* 1) непо́лная рабо́чая неде́ля; непо́лный рабо́чий день; to work ~ рабо́тать непо́лный день *или* непо́лную неде́лю 2) непо́лная зарпла́та 3) *спорт.* переры́в ме́жду та́ймами
**half-timer** [ˈhɑ:fˌtaɪmə] *n* 1) полубезрабо́тный; рабо́чий, за́нятый непо́лную неде́лю 2) уча́щийся, освобождённый от ча́сти заня́тий (*из-за работы*)
**half-title** [ˈhɑ:fˈtaɪtl] *n полигр.* шмуцти́тул
**half-tone** [ˈhɑ:ftəun] *n* 1) *муз., жив.* полуто́н 2) *полигр.* автоти́пия
**half-track** [ˈhɑ:ftræk] *n амер. воен.* полугу́сеничная маши́на; вездехо́д
**half-truth** [ˈhɑ:ftru:θ] *n* полупра́вда
**half-way** [ˈhɑ:fˈweɪ] **1.** *a* лежа́щий на полпути́ ◇ ~ house а) гости́ница на полпути́; б) компроми́сс
**2.** *adv* 1) на полпути́ 2) наполови́ну; части́чно ◇ to meet smb. ~ пойти́ навстре́чу кому́-л.; пойти́ на компроми́сс, на усту́пки
**half-wit** [ˈhɑ:fwɪt] *n* слабоу́мный; дура́к
**half-witted** [ˈhɑ:fˈwɪtɪd] *a* слабоу́мный
**half-word** [ˈhɑ:fˈwə:d] *n* намёк
**half-year** [ˈhɑ:fˈjə:] *n* 1) полго́да 2) семе́стр
**half-yearly** [ˈhɑ:fˈjə:lɪ] **1.** *a* полугодово́й
**2.** *n* изда́ние, выходя́щее раз в полго́да
**3.** *adv* раз в полго́да
**halibut** [ˈhælɪbət] *n* па́лтус (*рыба*)
**halite** [ˈhælaɪt] *n мин.* ка́менная соль
**halitosis** [ˌhælɪˈtəusɪs] *n мед.* дурно́й за́пах изо рта́
**hall** [hɔ:l] *n* 1) зал; больша́я ко́мната; banqueting ~ зал для банке́тов;

servants' ~ помещéние для слуг 2) холл; приёмная, вестибю́ль; коридóр 3) здáние, помещéние общéственного харáктера; Surgeons' H. помещéние ассоциáции хирýргов 4) общежи́тие при университéте 5) столóвая университéтского коллéджа 6) обéд в университéтской столóвой 7) помéщичий дом, усáдьба 8) *поэт.* чертóг

**hall bedroom** [ˈhɔːlˌbedrum] *n амер.* 1) отгорóженная часть пере́дней, превращённая в спáльню 2) дешёвая меблирóванная кóмната

**halleluiah, hallelujah** [ˌhælɪˈluːjə] *n, int* аллилýйя

**halliard** [ˈhæljəd] = halyard

**hallmark** [ˈhɔːlmaːk] **1.** *n* 1) пробúрное клеймó, прóба 2) отличи́тельный при́знак; критéрий

**2.** *v* 1) стáвить прóбу 2) устанáвливать критéрий

**hallo(a)** [həˈləu] **1.** *int* аллó!, привéт!

**2.** *n* привéтствие; привéтственный вóзглас; вóзглас удивлéния *и т. п.*

**3.** *v* здорóваться; звать, окликáть

**halloo** [həˈluː] **1.** *int* 1) атý! 2) эй!

**2.** *v* 1) кри́ком привлекáть внимáние 2) натрáвливать собáк 3) подстрекáть, наýськивать

**hallow I** [həˈləu] = halloo

**hallow II** [ˈhæləu] **1.** *n*: All ~s = Hallowmas

**2.** *v* 1) освящáть 2) почитáть, чтить

**Hallowe'en** [ˈhæləuˈiːn] *n шотл., амер.* канýн дня всех святы́х

**Hallowmas** [ˈhæləumæs] *n церк.* день всех святы́х (*1 ноября*)

**hallucinate** [həˈluːsɪneɪt] *v* 1) галлюцини́ровать; страдáть галлюцинáциями 2) вызывáть галлюцинáцию

**hallucination** [həˌluːsɪˈneɪʃən] *n* галлюцинáция

**hallway** [ˈhɔːlweɪ] *n амер.* 1) коридóр 2) прихóжая

**halm** [haːm] = haulm

**halo** [ˈheɪləu] **1.** *n* (*pl* -oes [-əuz]) 1) *астр.* галó 2) ореóл, сия́ние 3) вéнчик, нимб

**2.** *v* окружáть ореóлом

**halogen** [ˈhælədʒen] *n хим.* галогéн

**haloid** [ˈhælɔɪd] *n хим.* галóид

**halt I** [hɔːlt] **1.** *n* 1) привáл; остано́вка 2) полустáнок, платфóрма

**2.** *v* остана́вливать(ся); дéлать привáл

**3.** *int* стой! (*команда*)

**halt II** [hɔːlt] *v* 1) колебáться 2) запинáться 3) хромáть

**halter** [ˈhɔːltə] **1.** *n* 1) пóвод, недоýздок; to put a ~ upon (*или* on) smb. обуздáть, взнуздáть, оседлáть когó-л. 2) верёвка с пéтлей на ви́селице; to come to the ~ попáсть на ви́селицу

**2.** *v* 1) надевáть недоýздок; приучáть к уздé 2) вéшать (*казнить*)

**halting** [ˈhɔːltɪŋ] *a* 1) хромóй 2) запинáющийся

**halve** [haːv] *v* 1) дели́ть пополáм 2) уменьшáть, сокращáть напóловину 3) *стр.* соединя́ть вполдéрева

**halves** [haːvz] *pl от* half 1

**halving** [ˈhaːvɪŋ] **1.** *pres. p. от* halve

**2.** *n тех.* соединéние, срáщивание; нарáщивание; соединéние в замóк

**halyard** [ˈhæljəd] *n мор.* фал

**ham** [hæm] **1.** *n* 1) бедрó, ля́жка 2) óкорок, ветчинá 3) *pl разг.* зад 4) *амер. разг.* плохóй актёр; плохáя игрá 5) *разг.* радиолюби́тель

**2.** *v амер. разг.* плóхо игрáть (*об актёре*)

**hamate** [ˈheɪmeɪt] *a* крючковáтый, кривóй

**hamburger** [ˈhæmbəːgə] *n* 1) рýбленый бифштéкс 2) бýлочка с рýбленым бифштéксом

**Hamburg(h)** [ˈhæmbərə] *n* 1) сорт чёрного виногрáда 2) гáмбургская порóда кур

**ham-fisted** [ˈhæmˈfɪstɪd] *a разг.* неуклю́жий

**hamlet** [ˈhæmlɪt] *n* деревня, деревýшка

**hammer** [ˈhæmə] **1.** *n* 1) молотóк; мóлот; ~ and sickle серп и мóлот; throwing of the ~ *спорт.* метáние мóлота 2) молотóчек (*в различных механизмах*) 3) курóк, удáрник 4) молотóк аукциони́ста; to bring to the ~ продавáть с аукциóна; to come under the ~ продавáться с аукциóна, пойти́ с молоткá ◇ ~ and tongs с воодушевлéнием; энерги́чно; изо всéй си́лы; to go at it ~ and tongs а) взя́ться за что-л. с воодушевлéнием; изо всех сил старáться; б) наброситься, напáсть

**2.** *v* 1) вбивáть, вколáчивать (in, into — в); прибивáть 2) стучáть, колоти́ть (at — в) 3) ковáть, чекáнить 4) ударя́ть, бить 5) бить по неприя́телю, *особ.* из тяжёлых орýдий 6) *разг.* побеждáть, побивáть (*в состязании*) 7) объявля́ть несостоя́тельным должникóм 8) сурóво критиковáть 9) втолкóвывать □ ~ **at** а) приставáть с прóсьбами к *комý-л.*; б) упóрно рабóтать над *чем-л.*; ~ **away** а) продолжáть дéлать (*что-л.*), рабóтать над *чем-л.*; б) гремéть, грохотáть (*о пушках*); ~ **down** урегули́ровать; ~ **out** а) *тех.* выкóвывать; расплю́щивать; б) *перен.* придýмывать; составля́ть; изобретáть; ~ **together** сбивáть, сколáчивать ◇ to ~ it home to smb. внуши́ть комý-л., довести́ до чьегó-л. сознáния

**hammer-blow** [ˈhæməbləu] *n* тяжёлый, сокруши́тельный удáр

**hammerer** [ˈhæmərə] *n* молотобóец

**hammer-head** [ˈhæməhed] *n* 1) голóвка молоткá 2) *зоол.* мóлот-ры́ба

**hammering** [ˈhæmərɪŋ] **1.** *pres. p. от* hammer 2

**2.** *n* 1) кóвка, чекáнка 2) стук, удáры; to give a good ~ *разг.* отдубáсить

**3.** *a* стучáщий, ударя́ющий

**hammerman** [ˈhæmæmən] = hammerer

**hammer scale** [ˈhæməskeɪl] *n тех.* молотобóина, окáлина

**hammersmith** [ˈhæməsmɪθ] *n* кузнéц

**hammer-throwing** [ˈhæməˈθrəuɪŋ] *n спорт.* метáние мóлота

**hammock** [ˈhæmək] *n* гамáк; подвеснáя кóйка

**hammock chair** [ˈhæməkˈʧɛə] *n* складнóй стул (*с парусиновым сиденьем*)

**hamper I** [ˈhæmpə] *v* препя́тствовать, мешáть; затрудня́ть, стесня́ть движéния; to ~ the progress of business препя́тствовать успéху дéла

**hamper II** [ˈhæmpə] *n* 1) корзи́на с кры́шкой 2) корзи́на, пакéт с лáкомствами, с едóй

**hamshackle** [ˈhæmʃækl] *v* опýтывать живóтное (*связывать переднюю ногу с головой*)

**hamster** [ˈhæmstə] *n зоол.* хомя́к

**hamstring** [ˈhæmstrɪŋ] **1.** *n* подколéнное сухожи́лие

**2.** *v* (hamstringed [-d], hamstrung) 1) подрезáть поджи́лки 2) *перен.* подрезáть кры́лья; рéзко ослабля́ть; калéчить

**hamstrung** [ˈhæmstrʌŋ] *past и p. p. от* hamstring 2

**hand** [hænd] **1.** *n* 1) рукá (*кисть*); ~ in ~ рукá óб руку; ~s up! рýки вверх!; by ~ а) от руки́; ручны́м спóсобом; б) самоли́чно 2) пере́дняя лáпа *или* ногá 3) власть, контрóль; in ~ а) в рукáх; в подчинéнии; to keep in ~ держáть в рукáх, в подчинéнии; б) в исполнéнии; в рабóте; в) нали́чный; в нали́чности; to get out of ~ вы́йти из повиновéния; отби́ться от рук 4) лóвкость, умéние; a ~ for smth. искýсство в чём-л. 5) пóмощь; to give a ~ оказáть пóмощь 6) рабóтник; рабóчий; factory ~ фабри́чный рабóчий 7) *pl* экипáж, комáнда сýдна; all ~s on deck! все наверх! 8) исполни́тель; a picture by the same ~ карти́на тогó же худóжника; to be a good ~ at (*или* in) smth. быть искýсным в чём-л.; to be an old (poor) ~ at smth. быть óпытным, искýсным (слáбым) в чём-л. 9) сторонá, положéние; on all ~s со всех сторóн 10) истóчник (*сведений и т. п.*); at first ~ из пéрвых рук; непосрéдственно; at second ~ из вторы́х рук; по чьим-л. словáм 11) пóчерк; small ~ мéлкий пóчерк 12) *уст.* пóдпись; under one's ~ and seal за пóдписью и печáтью такóго-то 13) стрéлка часóв 14) крылó (*семафора*) 15) указáтель (*изображение руки с вытянутым указательным пальцем*) 16) *карт.* игрóк; пáртия; кáрты на рукáх у игрокá 17) ладóнь (*как мера*); 10 сантимéтров (*при измерении роста лошади*) 18) *разг.* аплодисмéнты; big ~ продолжи́тельные аплодисмéнты, успéх 19) *attr.* ручнóй 20) *attr.* сдéланный ручны́м спóсобом; управля́емый вручнýю ◇ on the one ~... on the other ~ с однóй сторонý... с другóй сторонý; at ~ находя́щийся под рукóй; бли́зкий (*тж. о времени*); on ~ а) имéющийся в распоряжéнии, на рукáх; on one's ~s на чьéй-л. отвéтственности; б) *амер.* налицó, поблизости; to ~

под рукой, налицо; off ~ а) без подготовки, экспромтом; б) бесцеремонный [*см.* off-hand]; out of ~ без подготовки, сразу; экспромтом; ~s off! руки прочь!; off one's ~s с рук долой; ~ and foot а) по рукам и ногам; to bind ~ and foot связать по рукам и ногам; б) усердно; ~ and glove with smb. очень близкий, в тесной связи с кем-л.; ~s down легко, без усилий; ~ over ~, ~ over fist быстро, проворно; to come to ~ прибывать, поступать; получаться; to suffer at smb.'s ~s натерпеться от кого-л.; at any ~ во всяком случае; to have (*или* to take) a ~ in smth. участвовать в чём-л.; вмешиваться во что-л.; to bring up by ~ выкормить рожком, искусственно; to send by ~ послать с нарочным; передать через кого-л.; to live from ~ to mouth жить без уверенности в будущем; жить впроголодь, кое-как сводить концы с концами; to keep one's ~ in smth. продолжать заниматься чем-л., не терять искусства в чём-л.; he is out of ~ он этим больше не занимается; он разучился; to put (*или* to set) one's ~s to smth. предпринять, начать что-л.; браться за что-л.; with a heavy ~ жестоко; with a high ~ высокомерно; своевольно; дерзко; to have (*или* to get) the upper ~ иметь превосходство, господствовать

2. *v* 1) передавать, вручать; would you kindly ~ me the salt? передайте, пожалуйста, соль; they ~ed him a surprise они преподнесли ему сюрприз 2) посылать; ~ing the enclosed cheque посылая при сём чек 3) помочь (*войти, пройти*); to ~ a lady into a bus помочь женщине сесть в автобус □ ~ **down** а) подавать сверху; б) помочь сойти вниз; ~ **in** а) вручать, подавать (*заявление*); to ~ in one's resignation подать прошение об отставке; б) посадить (*в машину и т. п.*); ~ **on** передавать, пересылать; ~ **out** а) выдавать, раздавать; б) *разг.* тратить деньги; в) помочь сойти, выйти; ~ **over** а) передавать (другому); б) *воен.* сдавать(ся); ~ **round** раздавать, разносить; ~ **up** подавать снизу вверх ◇ to ~ it to smb. а) признать чьё-л. превосходство; б) дать высокую оценку

**handbag** [ˈhændbæg] *n* 1) дамская сумочка 2) (ручной) чемоданчик

**handball** [ˈhændbɔ:l] *n спорт.* гандбол, ручной мяч

**hand-barrow** [ˈhændˌbærəu] *n* 1) носилки 2) ручная тележка, тачка

**handbell** [ˈhændbel] *n* колокольчик

**handbill** [ˈhændbɪl] *n* рекламный листок

**handbook** [ˈhændbuk] *n* 1) руководство; справочник; указатель 2) книжка букмекера

**handbook man** [ˈhændbukmæn] *n амер. спорт.* букмекер

**handcar** [ˈhændkɑ:] *n амер.* дрезина

**handcart** [ˈhændkɑ:t] *n* ручная тележка

**handcuff** [ˈhændkʌf] **1.** *n* (*обыкн. pl*) наручник

**2.** *v* надевать наручники

**handful** [ˈhændful] *n* 1) пригоршня; горсть 2) маленькая кучка, группа; горсточка 3) *разг.* кто-л. *или* что-л., доставляющее беспокойство; «беда», «наказание»; that boy is a ~! этот мальчишка — истинное наказание!

**handglass** [ˈhændglɑ:s] *n* 1) ручная лупа 2) ручное зеркальце

**hand-grenade** [ˈhændgrɪˌneɪd] *n* ручная граната

**handgrip** [ˈhændgrɪp] *n* 1) пожатие, сжатие руки 2) схватка врукопашную 3) рукоятка

**handhold** [ˈhændhəuld] *n* 1) то, за что можно ухватиться рукой (*напр.*, выступ скалы, ветка дерева *и т. п.*) 2) рукоятка 3) поручень, перила

**handicap** [ˈhændɪkæp] **1.** *n* 1) *спорт.* гандикап 2) помеха; препятствие 3) *авто* гонки по пересечённой местности

**2.** *v* 1) *спорт.* уравновешивать силы; уравнивать условия 2) ставить в невыгодное положение; быть помехой; to be ~ped испытывать затруднения; physically ~ped страдающий каким-л. физическим недостатком

**handicraft** [ˈhændɪkrɑ:ft] *n* 1) ремесло; ручная работа 2) искусство ремесленника 3) *attr.* ремесленный, кустарный; ~ industry ремесленное производство; кустарное производство

**handicraftsman** [ˈhændɪkrɑ:ftsmən] *n* ремесленник

**handie-talkie** [ˈhændɪˈtɔ:kɪ] *n разг.* портативная дуплексная радиостанция (*для связи на ходу*)

**handiwork** [ˈhændɪwə:k] *n* 1) ручная работа; рукоделие 2) работа, изделие

**handkerchief** [ˈhæŋkətʃɪf] *n* 1) носовой платок 2) шейный платок, косынка ◇ to throw the ~ to smb. а) подать кому-л. условный знак (*в игре*); б) выказать предпочтение кому-л.

**hand-knitted** [ˈhændˈnɪtɪd] *a* ручной вязки

**handle** [ˈhændl] **1.** *n* 1) ручка, рукоять; рукоятка 2) удобный случай, предлог; to give (*или* to leave) a ~ to smth. дать повод к чему-л.; to give (*или* to leave) a ~ against oneself дать повод для нападок ◇ a ~ to one's name титул

**2.** *v* 1) брать руками, держать в руках 2) делать (*что-л.*) руками; перебирать, перекладывать *и т. п.* 3) обходиться, обращаться с *кем-л.*, *чем-л.* 4) управлять, регулировать; the car ~s well машина легка в управлении 5) ухаживать (*за машиной, скотом, растениями, землёй*) 6) трактовать 7) сговориться, столковаться; he is hard to ~ с ним трудно договориться 8) *ком.* торговать (*чем-л.*)

**handle-bar** [ˈhændlbɑ:] *n* руль велосипеда

**hand-light** [ˈhændlaɪt] *n* переносная электрическая лампа (*для осмотра машин*)

**handling** [ˈhændlɪŋ] **1.** *pres. p. от* handle 2

**2.** *n* 1) обхождение; обращение (*с кем-л., с чем-л.*) 2) трактовка (*темы*); подход к решению (*вопросов и т. п.*) 3) уход; ~ of land уход за землёй 4) управление; ~ of men расстановка рабочей силы 5) разделывание (*напр., теста*)

**handlist** [ˈhændlɪst] **1.** *n* алфавитный список

**2.** *v* составлять алфавитный список

**handmade** [ˈhændˈmeɪd] *a* ручной работы

**hand-me-down** [ˈhændmi:ˈdaun] *амер. разг.* **1.** *n* 1) подержанное платье 2) готовое платье

**2.** *a* 1) подержанный (*о платье*) 2) готовый (*о платье*)

**hand-mill** [ˈhændmɪl] *n* ручная мельница

**hand-operated** [ˈhændˈɔpəreɪtɪd] *a* управляемый вручную

**handout** [ˈhændaut] *n* 1) официальное заявление для печати; текст заявления для печати 2) тезисы (*доклада, лекции*), выдаваемые бесплатно 3) *амер.* милостыня, подаяние; пища, одежда *и т. п.*, раздаваемые бесплатно (*с благотворительной целью*)

**handover** [ˈhændˌəuvə] *n* передача (*из рук в руки*)

**hand-pick** [ˈhændpɪk] *v* тщательно выбирать, подбирать

**hand-picked** [ˈhændpɪkt] *a* 1) выбранный, подобранный; ~ jury специально подобранный состав присяжных 2) *разг.* отборный 3) *тех.* отсортированный вручную

**hand-play** [ˈhændpleɪ] *n* 1) потасовка, драка 2) жестикуляция

**handrail** [ˈhændreɪl] *n* 1) перила 2) *мор.* поручень

**handsaw** [ˈhændsɔ:] *n* ножовка, ручная пила

**handsel** [ˈhændsəl] **1.** *n* 1) подарок к Новому году *и т. п.*; подарок на счастье 2) почин, доброе начало (*торговли и т. п.*) 3) предвкушение 4) задаток, залог; первый взнос

**2.** *v* 1) дарить 2) начать, сделать впервые 3) отмечать открытие (*в торжественной обстановке*) 4) служить хорошим предзнаменованием

**handshake** [ˈhændʃeɪk] *n* рукопожатие

**handshaker** [ˈhændˌʃeɪkə] *n разг. презр.* подлиза

**handsome** [ˈhænsəm] *a* 1) красивый, статный 2) значительный; a ~ sum изрядная сумма 3) щедрый ◇ ~ is that ~ does *посл.* ≅ судят не по словам, а по делам

**handspike** [ˈhændspaɪk] *n мор.* гандшпуг

**handspring** [ˈhændsprɪŋ] *n* кувырканье «колесом»; to turn ~s кувыркаться, делать «колесо»

**hand-to-hand** [ˈhændtəˈhænd] *a воен.* рукопа́шный; ~ fighting рукопа́шный бой, рукопа́шная

**handwork** [ˈhændwəːk] *n* ручна́я рабо́та

**handwriting** [ˈhænd,raɪtɪŋ] *n* по́черк; sprawling ~ разма́шистый по́черк

**handy** [ˈhændɪ] *a* 1) удо́бный (*для пользования*); портати́вный 2) легко́ управля́емый 3) (име́ющийся) под руко́й, бли́зкий 4) ло́вкий, иску́сный ◇ to come in ~ быть кста́ти, пригоди́ться

**handy man** [ˈhændɪmæn] *n* 1) подру́чный 2) на все ру́ки ма́стер 3) *разг.* матро́с

**hang** [hæŋ] **1.** *n* 1) вид; мане́ра; mark the ~ of the dress обрати́те внима́ние на то, как сиди́т пла́тье 2) осо́бенности, смысл, значе́ние (*чего-л.*); to get the ~ of smth. осво́иться с чем-л., приобрести́ сноро́вку в чём-л.; to get the ~ of smb. «раскуси́ть» кого́-л. 3) склон, скат; накло́н ◇ I don't care a ~ мне наплева́ть

**2.** *v* (hung, *но* hanged [-d] *в знач. вешать — казнить*) 1) ве́шать; подве́шивать; разве́шивать 2) ве́шать (*казнить*); to ~ oneself пове́ситься 3) прикрепля́ть, наве́шивать; to ~ a door наве́сить дверь; to ~ wallpaper оклеи́вать обо́ями 4) висе́ть; to ~ by a thread висе́ть на волоске́ 5) сиде́ть (*о платье*); to ~ loose болта́ться, висе́ть 6) выставля́ть карти́ны на вы́ставке 7) застрева́ть, заде́рживаться при спу́ске *и т. п.*; to ~ fire дать осе́чку; *перен.* ме́длить, ме́шкать □ ~ **about,** ~ **around** а) тесни́ться вокру́г; б) броди́ть вокру́г; окола́чиваться, шля́ться, слоня́ться; в) быть бли́зким, надвига́ться; there is a thunderstorm ~ing about надвига́ется гроза́; ~ **back** а) пя́титься, упира́ться; б) не реша́ться, робе́ть; в) отстава́ть; ~ **behind** отстава́ть; ~ **down** свиса́ть, ниспада́ть; to ~ down one's head пове́сить, пону́рить го́лову, унывать; ~ **on** а) пови́снуть; прицепи́ться; кре́пко держа́ться; б) упо́рствовать; в) = ~ upon; ~ **out** а) выве́шивать (*флаги*); б) высо́вываться (*из окна*); в) *разг.* жить, квартирова́ть; г) *разг.* болта́ться; окола́чиваться; ~ **over** а) нависа́ть; *перен.* грози́ть, угрожа́ть; б) оста́ться незако́нченным; ~ **together** а) держа́ться сплочённо, подде́рживать друг дру́га; б) быть свя́зным, логи́чным; соотве́тствовать; ~ **up** а) пове́сить *что-л.*; пове́сить телефо́нную тру́бку, дать отбо́й; б) ме́длить, откла́дывать, оставля́ть нерешённым; в) *разг.* закла́дывать; отдава́ть в зало́г; ~ **upon** опира́ться, полага́ться на ◇ to ~ heavy ме́дленно тяну́ться (*о времени*); to ~ out one's ear подслу́шивать; ~ it all! тьфу, про́пасть!, пропади́ оно́ про́падом!; ~ you! убира́йтесь к чёрту!; I am ~ed if I know провали́ться мне на э́том ме́сте, е́сли я что́-нибудь зна́ю; to ~ up one's hat надо́лго останови́ться (*у кого-л.*); to ~ upon smb.'s lips (*или* words) внима́тельно слу́шать, лови́ть ка́ждое сло́во кого́-л.; to ~ upon smb.'s sleeve зави́сеть от кого́-л.

**hangar** [ˈhæŋə] *n* 1) анга́р 2) наве́с, сара́й 3) склад

**hangdog** [ˈhæŋdɔg] **1.** *n* ви́сельник; по́длый челове́к

**2.** *a* 1) ни́зкий, по́длый 2) пристыжённый, винова́тый (*о выражении лица*)

**hanger** [ˈhæŋə] *n* 1) тот, кто наве́шивает, накле́ивает (*афиши и т. п.*) 2) то, что подве́шено, виси́т, свиса́ет (*напр.*, занаве́ска, верёвка ко́локола *и т. п.*) 3) крюк, крючо́к; ве́шалка (*платья*) 4) *тех.* подве́ска; крюк, серьга́; кронште́йн 5) *мор.* ко́ртик 6) *горн.* вися́чий бок вы́работки, месторожде́ния

**hanger-on** [ˈhæŋərˈɔn] *n* (*pl* hangers-on) 1) прихлеба́тель 3) приспе́шник 3) *горн.* стволово́й подка́тчик вагонеток в околостволь́ном дворе́

**hangers-on** [ˈhæŋəzˈɔn] *pl от* hanger-on

**hanging** [ˈhæŋɪŋ] **1.** *pres. p. от* hang 2

**2.** *n* 1) ве́шание; подве́шивание 2) сме́ртная казнь че́рез повеше́ние 3) *pl* драпиро́вки, портье́ры ◇ ~ committee жюри́ по отбо́ру карти́н для вы́ставки; it's a ~ matter тут па́хнет ви́селицей; ~ judge *разг.* судья́, сли́шком ча́сто выносящий сме́ртный пригово́р

**3.** *a* вися́чий, подвесно́й; ~ bridge вися́чий мост

**hangman** [ˈhæŋmən] *n* пала́ч

**hangnail** [ˈhæŋneɪl] *n разг.* заусе́ница

**hangout** [ˈhæŋaut] *n амер.* постоя́нное ме́сто сбо́рищ *или* встреч

**hangover** [ˈhæŋ,əuvə] *n* 1) пережи́ток; насле́дие (*прошлого*) 2) *разг.* похме́лье

**hank** [hæŋk] **1.** *n* 1) *текст.* мото́к 2) *мор.* бу́хта тро́са, ка́беля

**2.** *v* сма́тывать

**hanker** [ˈhæŋkə] *v* стра́стно жела́ть, жа́ждать (after, for)

**hankering** [ˈhæŋkərɪŋ] *n* стра́стное жела́ние; стремле́ние; to have a ~ for (after) smth. стреми́ться к чему́-л.; о́чень хоте́ть чего́-л.; тоскова́ть

**hankie, hanky** [ˈhæŋkɪ] *n разг.* носово́й плато́к

**hanky-panky** [ˈhæŋkɪˈpæŋkɪ] *n разг.* обма́н, моше́нничество, проде́лки

**Hanoverian** [,hænəuˈvɪərɪən] *a ист.* ганно́верский; ~ House Ганно́верская дина́стия

**Hansard** [ˈhænsɑːd] *n разг.* официа́льный отчёт о заседа́ниях англи́йского парла́мента

**Hansardize** [ˈhænsɑːdaɪz] *v разг.* предъявля́ть чле́ну парла́мента его пре́жние заявле́ния (*по официальным отчётам*)

**hansel** [ˈhænsəl] = handsel

**hansom (cab)** [ˈhænsəm(ˈkæb)] *n* двухколёсный экипа́ж (*с местом для кучера сзади*)

**han't** [hɑːnt] *сокр. разг.* = have not, has not

**hap** [hæp] *v уст.* случа́ться, происходи́ть

**haphazard** [ˈhæpˈhæzəd] **1.** *n* слу́чай, случа́йность; at (*или* by) ~ случа́йно; наудачу

**2.** *a* 1) случа́йный 2) *тех.* бессисте́мный

**hapless** [ˈhæplɪs] *a* 1) несча́стный, злополу́чный 2) незада́чливый

**ha'p'orth** [ˈheɪpəθ] *разг. см.* halfpennyworth

**happen** [ˈhæpən] *v* 1) случа́ться, происходи́ть (to *smb.* — с *кем-л.*); something must have ~ed очеви́дно, что́-то случи́лось 2) (случа́йно) ока́зываться; I ~ed to be at home я как ра́з оказа́лся до́ма; as it ~s I have left my money at home ока́зывается, я оста́вил де́ньги до́ма □ ~ **along,** *амер.* ~ **in** *разг.* случа́йно зайти́; ~ **on,** ~ **upon** случа́йно натолкну́ться, встре́тить

**happening** [ˈhæpnɪŋ] **1.** *pres. p. от* happen

**2.** *n* слу́чай, собы́тие

**happily** [ˈhæpɪlɪ] *adv* 1) сча́стливо 2) к сча́стью 3) успе́шно; уда́чно

**happiness** [ˈhæpɪnɪs] *n* сча́стье

**happy** [ˈhæpɪ] *a* 1) счастли́вый; ~ man! счастли́вец!; ~ end счастли́вый коне́ц (*романа, фильма и т. п.*); as ~ as the day is long о́чень счастли́вый 2) уда́чный; ~ retort нахо́дчивый отве́т; ~ guess пра́вильная дога́дка; ~ thought (*или* idea) уда́чная мысль 2) дово́льный, весёлый 3) *разг.* навеселе́

**happy-go-lucky** [ˈhæpɪgəuˈlʌkɪ] **1.** *a* 1) беспе́чный, беззабо́тный 2) случа́йный

**2.** *adv* как придётся; по во́ле слу́чая

**hara-kiri** [ˈhærəˈkɪrɪ] *яп. n* харакири

**harangue** [həˈræŋ] **1.** *n* 1) речь (*публичная*); горя́чее обраще́ние 2) разглаго́льствование

**2.** *v* 1) произноси́ть речь 2) разглаго́льствовать

**haras** [ˈhærəs] *n* ко́нный заво́д

**harass** [ˈhærəs] *v* 1) беспоко́ить, трево́жить, изводи́ть 2) утомля́ть

**harbinger** [ˈhɑːbɪndʒə] *n* предве́стник

**harbour** [ˈhɑːbə] **1.** *n* 1) га́вань, порт 2) убе́жище, прибе́жище

**2.** *v* 1) стать на я́корь (*в гавани*) 2) дать убе́жище; укры́ть; приюти́ть; the woods ~ much game в лесу́ мно́го ди́чи 3) затаи́ть, пита́ть (*чувство злобы, мести и т. п.*) 4) *охот.* вы́следить зве́ря

**harbourage** [ˈhɑːbərɪdʒ] *n* 1) ме́сто для стоя́нки судо́в в порту́ 2) убе́жище, прию́т

**harbour-dues** [ˈhɑːbədjuːz] *n pl* порто́вые сбо́ры

**hard** [hɑːd] **1.** *a* 1) твёрдый, жёсткий; ~ apple жёсткое я́блоко; ~ collar крахма́льный воротничо́к; ~ food а) зерново́й корм; б) гру́бая, невку́сная пи́ща 2) кре́пкий, си́льный; ~ blow си́льный уда́р 3) тру́дный, тяжёлый; тре́бующий напряже́ния; to learn smth. the ~ way напряжённо учи́ться, вкла́дывать все си́лы в учёбу; ~ case а) тру́дный слу́чай; б) закорене́лый престу́пник; ~ to cure трудноизлечи́мый 4) суро́вый, холо́дный 5) стро́гий; безжа́лостный; ~ discipline суро́вая дисципли́на; to be ~ on smb. быть (сли́шком) стро́гим с кем-л. 6) несча́стный, тяжёлый; ~ lines (*или* lot, luck) тяжёлая, несча́стная судьба́; тяжёлое испыта́ние 7) усе́рдный, упо́рный 8) уси́ленно предаю́щийся (*чему-л.*); ~ drinker пья́ница 9) ре́зкий, неприя́тный (*для слуха, глаза*) 10) определённый, подтверждённый; ~ fact неопровержи́мый факт 11) усто́йчивый; ~ prices усто́йчивые це́ны; ~ currency усто́йчивая валю́та 12) скупо́й, жа́дный 13) *амер.* кре́пкий (*о напитках и т. п.*); ~ drinks кре́пкие спиртны́е напи́тки; ~ drugs сильноде́йствующие нарко́тики 14) жёсткий (*о воде*) 15) *фон.* твёрдый (*о согласном*) 16) *тлв.* контра́стный; ~ image контра́стное изображе́ние ◇ ~ and fast неги́бкий, твёрдый, жёсткий (*о правилах*); стро́го определённый; про́чный; ~ labour ка́торжные рабо́ты; ~ cash (*амер.* money) нали́чные (*деньги*); зво́нкая моне́та; ~ of hearing туго́й на́ ухо

2. *adv* 1) твёрдо; кре́пко; си́льно; it froze ~ yesterday вчера́ си́льно моро́зило 2) насто́йчиво, упо́рно, энерги́чно; to try ~ упо́рно пыта́ться; о́чень стара́ться 3) с трудо́м, тяжело́ 4) чрезме́рно, неуме́ренно; to swear ~ руга́ться после́дними слова́ми 5) суро́во, жесто́ко; to criticize ~ ре́зко критикова́ть 6) бли́зко, вплотну́ю, по пята́м; ~ by бли́зко, ря́дом; to follow ~ after (*или* behind, upon) сле́довать по пята́м за ◇ ~ pressed, ~ pushed в тру́дном, тяжёлом положе́нии; ~ put to it в затрудне́нии, запу́тавшийся; it goes ~ with him его́ дела́ пло́хи

3. *n* 1) песча́ное ме́сто для вы́садки на бе́рег; проходи́мое ме́сто на то́пком боло́те; брод 2) *разг.* ка́торга

**hard-back** [ˈhɑːdbæk] *n* кни́га в жёстком переплёте

**hardbake** [ˈhɑːdbeɪk] *n* минда́льная караме́ль

**hardbitten** [ˈhɑːdˈbɪtn] *a* сто́йкий, упо́рный; упря́мый

**hard-boiled** [ˈhɑːdˈbɔɪld] *a* 1) сва́ренный вкруту́ю (*о яйце*) 2) неподатливый, круто́й, бесчу́вственный, чёрствый 3) *амер.* искушённый, прожжённый; вида́вший ви́ды

**hard-coal** [ˈhɑːdkəul] *n* антраци́т

**hard core** [ˈhɑːdkɔː] *n* основна́я, центра́льная часть; ядро́

**hard-cover** [ˈhɑːdˌkʌvə] = hard-back

**hard-earned** [ˈhɑːdˈəːnd] *a* с трудо́м зарабо́танный

**harden** [ˈhɑːdn] *v* 1) де́лать(ся) твёрдым; тверде́ть, застыва́ть 2) закаля́ть(ся), укрепля́ть(ся) 3) де́лать (-ся) бесчу́вственным, ожесточа́ть (-ся); ~ed criminal закорене́лый престу́пник 4) *тех.* закаля́ть(ся); цементи́ровать

**hardener** [ˈhɑːdnə] *n тех.* вещество́, спосо́бствующее зака́лке, увеличе́нию твёрдости мета́лла

**hard-faced** [ˈhɑːdˈfeɪst] *a* суро́вый, безжа́лостный

**hard-favoured** [ˈhɑːdˈfeɪvəd] = hard-featured

**hard-featured** [ˈhɑːdˈfiːtʃəd] *a* с гру́быми, ре́зкими черта́ми лица́

**hard-fisted** [ˈhɑːdˈfɪstɪd] *a* 1) име́ющий си́льные кулаки́ *или* ру́ки 2) скупо́й

**hard-grained** [ˈhɑːdˈgreɪnd] *a* 1) твёрдый, пло́тный (*о дереве*) 2) крупнозерни́стый 3) суро́вый, бесчу́вственный; упря́мый

**hard-handed** [ˈhɑːdˈhændɪd] *a* 1) с загрубе́лыми (от труда́) рука́ми 2) гру́бый; суро́вый, жесто́кий

**hardhead** [ˈhɑːdhed] *n* 1) практи́чный челове́к; деля́га 2) болва́н

**hard-headed** [ˈhɑːdˈhedɪd] *a* 1) практи́чный, тре́звый 2) искушённый; прожжённый 3) упря́мый

**hard-hearted** [ˈhɑːdˈhɑːtɪd] *a* жестосерде́чный; жесто́кий, бесчу́вственный; чёрствый

**hardihood** [ˈhɑːdɪhud] *n* 1) сме́лость, де́рзость 2) на́глость

**hardily** [ˈhɑːdɪlɪ] *adv* сме́ло

**hardiness** [ˈhɑːdɪnɪs] *n* 1) сме́лость, де́рзость 2) кре́пость, выно́сливость

**hard-liner** [ˈhɑːdˌlaɪnə] *n* сторо́нник «жёсткого» ку́рса (*в политике и т. п.*); проти́вник компроми́ссов

**hardly** [ˈhɑːdlɪ] *adv* 1) едва́; I had ~ uttered a word я едва́ успе́л вы́молвить сло́во 2) едва́ ли; the rumour was ~ true вряд ли слух был ве́рен 3) с трудо́м 4) ре́зко, суро́во; ожесточённо

**hard-mouthed** [ˈhɑːdˈmauðd] *a* 1) тугоу́здый (*о лошади*) 2) непода́тливый 3) упря́мый, своево́льный

**hardness** [ˈhɑːdnɪs] *n* 1) твёрдость, сте́пень твёрдости; пло́тность, про́чность 2) жёсткость (*воды*) 3) суро́вость (*климата*) 4) *attr.*: ~ testing *тех.* испыта́ние на твёрдость

**hard-pan** [ˈhɑːdpæn] *n геол.* твёрдый подпо́чвенный пласт, ортште́йн

**hards** [hɑːdz] *n pl* па́кля, очёс(ки)

**hardsell** [ˈhɑːdsel] *n* уси́ленное реклами́рование това́ров; систе́ма навя́зывания това́ров покупа́телю

**hard set** [ˈhɑːdˈset] *a* 1) в тру́дном положе́нии 2) голо́дный 3) насиженный (*о яйце*) 4) закреплённый неподви́жно 5) упря́мый

**hardshell** [ˈhɑːdʃel] *a* 1) с твёрдой скорлупо́й 2) не поддаю́щийся угово́рам, сто́йкий, непоколеби́мый

**hardship** [ˈhɑːdʃɪp] *n* 1) лише́ние, нужда́ 2) тяжёлое испыта́ние 3) тру́дность; неудо́бство; early rising is a ~ in winter ра́но встава́ть зимо́й о́чень тру́дно

**hardtack** [ˈhɑːdtæk] *n разг.* суха́рь; гале́та

**hard-tempered** [ˈhɑːdˈtempəd] *a* закалённый

**hard-to-reach** [ˈhɑːdtəˈriːtʃ] *a* труднодосту́пный

**hard up** [ˈhɑːdˈʌp] *a разг.* 1) си́льно нужда́ющийся (*в деньгах*) 2) в тру́дном положе́нии; he was ~ for smth. to say он не знал, что сказа́ть

**hardware** [ˈhɑːdwɛə] *n* металли́ческие изде́лия; скобяны́е това́ры

**hardwood** [ˈhɑːdwud] *n* твёрдая древеси́на

**hard-working** [ˈhɑːdˌwəːkɪŋ] *a* трудолюби́вый, приле́жный

**hardy I** [ˈhɑːdɪ] *a* 1) сме́лый, отва́жный 2) безрассу́дный; де́рзкий; опроме́тчивый 3) выно́сливый, сто́йкий, закалённый 4) морозоусто́йчивый; ~ annual а) морозосто́йкое одноле́тнее расте́ние; б) *перен.* ежего́дно поднима́емый вопро́с (*напр., в парламенте*)

**hardy II** [ˈhɑːdɪ] *n тех.* кузне́чное зуби́ло

**hare** [hɛə] *n* за́яц ◇ ~ and hounds «за́яц и соба́ки» (*игра*); to run (*или* to hold) with the ~ and hunt with the hounds ≅ служи́ть и на́шим и ва́шим; first catch your ~ then cook him *посл.* ≅ цыпля́т по о́сени счита́ют; не говори́ гоп, пока́ не перепры́гнешь

**harebell** [ˈhɛəbel] *n бот.* колоко́льчик (круглоли́стный)

**hare-brained** [ˈhɛəbreɪnd] *a* безрассу́дный, опроме́тчивый; легкомы́сленный; безду́мный

**harelip** [ˈhɛəˈlɪp] *n мед.* за́ячья губа́

**harem** [ˈhɛərəm] *n* гаре́м

**hare's-foot** [ˈhɛəzfut] *n бот.* за́ячьи ла́пки, кле́вер па́шенный

**haricot** [ˈhærɪkəu] *n* 1) фасо́ль 2) рагу́ (*обычно из баранины*)

**haricot bean** [ˈhærɪkəubiːn] = haricot 1)

**hari-kari** [ˈhærɪˈkærɪ] = hara-kiri

**hark** [hɑːk] *v* (*часто употр. как int*) 1) слу́шать; just ~ to him *ирон.* то́лько послу́шайте, что он говори́т; ~! слу́шай!; чу! 2) *охот.*: ~! ищи! ▭ ~ **back** возвраща́ться к исхо́дному пу́нкту, положе́нию, вопро́су *и т. п.*

**harlequin** [ˈhɑːlɪkwɪn] **1.** *n* 1) арлеки́н 2) шут

2. *a* пёстрый, многоцве́тный

**harlequinade** [ˌhɑːlɪkwɪˈneɪd] *n* 1) арлекина́да 2) шутовство́

**Harley Street** [ˈhɑːlɪˈstriːt] *n* у́лица в Ло́ндоне, где располо́жены кабине́ты преуспева́ющих враче́й; *перен.* врачи́, медици́нская профе́ссия

**harlot** [ˈhɑːlət] *n* проститу́тка, шлю́ха

**harlotry** [ˈhɑːlətrɪ] *n* распу́тство, развра́т

**harm** [hɑːm] **1.** *n* 1) вред; уще́рб; bodily ~ теле́сное поврежде́ние; out of ~'s way в безопа́сности; ≅ от греха́ пода́льше 2) зло, оби́да; no ~ done

всё благополу́чно; никто́ не пострада́л; I meant no ~ я не хоте́л вас оби́деть
2. *v* вреди́ть; наноси́ть уще́рб
**harmful** ['hɑ:mful] *a* вре́дный, па́губный, губи́тельный; тлетво́рный
**harmless** ['hɑ:mlɪs] *a* 1) безвре́дный, безоби́дный 2) неви́нный; ни в чём не пови́нный
**harmonic** [hɑ:'mɔnɪk] **1.** *a* гармони́чный, гармони́ческий, стро́йный
2. *n физ., мат* гармо́ника
**harmonica** [hɑ:'mɔnɪkə] *n* губна́я гармо́ника
**harmonious** [hɑ:'məunjəs] *a* 1) гармони́ческий, гармони́рующий 2) дру́жный, согла́сный 3) мелоди́чный 4) гармони́чный
**harmonist** ['hɑ:mənɪst] *n* музыка́нт; оркестра́тор; транскри́птор
**harmonium** [hɑ:'məunjəm] *n* фисгармо́ния
**harmonize** ['hɑ:mənaɪz] *v* 1) гармонизи́ровать, приводи́ть в гармо́нию; согласо́вывать; соразмеря́ть 2) *муз.* аранжи́ровать 3) гармони́ровать 4) настра́ивать
**harmony** ['hɑ:mənɪ] *n* 1) гармо́ния, созву́чие 2) согла́сие; ~ of interests о́бщность интере́сов
**harness** ['hɑ:nɪs] **1.** *n* 1) у́пряжь, сбру́я; шо́ры 2) *ист.* доспе́хи 3) *текст.* реми́за ◇ in ~ за повседне́вной рабо́той; double ~ *шутл.* супру́жество; to run in double ~ а) *шутл.* быть жена́тым *или* за́мужем; б) рабо́тать с напа́рником
2. *v* 1) запряга́ть; впряга́ть 2) испо́льзовать (*в качестве источника энергии — о реке, водопаде и т. п.*)
**harp** [hɑ:p] **1.** *n* а́рфа
2. *v* 1) игра́ть на а́рфе 2) надое́дливо толкова́ть об одно́м и том же, завести́ волы́нку (on — о, об)
**harp-antenna** ['hɑ:pæn'tenə] *n радио* ве́ерная анте́нна
**harper, harpist** ['hɑ:pə, 'hɑ:pɪst] *n* арфи́ст
**harpoon** [hɑ:'pu:n] **1.** *n* гарпу́н; острога́; баго́р
2. *v* бить гарпуно́м
**harpsichord** ['hɑ:psɪkɔ:d] *n* клавеси́н
**harpy** ['hɑ:pɪ] *n* 1) *миф.* га́рпия 2) хи́щник; граби́тель
**harquebus** ['hɑ:kwɪbəs] *n ист.* аркебу́за
**harridan** ['hærɪdən] *n* ста́рая карга́, ве́дьма
**harrier** I ['hærɪə] *n* 1) го́нчая (*на зайца*) 2) *pl* сво́ра го́нчих (*на зайца*) с охо́тниками 3) уча́стник кро́сса 4) член клу́ба игроко́в в «hare and hounds» [*см.* hare] 5) *pl* клуб игроко́в [*см.* 4)]
**harrier** II ['hærɪə] *n* 1) граби́тель; разори́тель 2) лунь (*птица*)
**Harrovian** [hə'rəuvjən] *n* 1) воспи́танник колле́джа в *г.* Ха́рроу 2) жи́тель *г.* Ха́рроу
**harrow** ['hærəu] **1.** *n* борона́ ◇ under the ~ в беде́; в бе́дственном положе́нии
2. *v* 1) борони́ть 2) му́чить, терза́ть
**harrowing** ['hærəuɪŋ] *a* го́рестный; душераздира́ющий; a ~ story душераздира́ющая исто́рия
**harry** ['hærɪ] *v* 1) разоря́ть, опустоша́ть 2) беспоко́ить, надоеда́ть, изводи́ть; to ~ the enemy изма́тывать проти́вника 3) разгра́бить
**harsh** [hɑ:ʃ] *a* 1) гру́бый, жёсткий, шерохова́тый 2) ре́зкий, неприя́тный 3) те́рпкий 4) стро́гий, суро́вый; ~ truth го́рькая пра́вда
**harshness** ['hɑ:ʃnɪs] *n* ре́зкость; гру́бость, жёсткость
**harslet** ['hɑ:slɪt] = haslet
**hart** [hɑ:t] *n* оле́нь-саме́ц (*старше пяти лет*)
**hartal** ['hɑ:tɑ:l] *инд. n* прекраще́ние рабо́ты и торго́вли (*в знак протеста или траура*)
**hartshorn** ['hɑ:tshɔ:n] *n* 1) оле́ний рог 2) ню́хательная соль 3) нашаты́рный спирт
**harum-scarum** ['hɛərəm'skɛərəm] **1.** *n* легкомы́сленный, ве́треный челове́к
2. *a* 1) легкомы́сленный, опроме́тчивый, безрассу́дный 2) небрежный, торопли́вый
**harvest** ['hɑ:vɪst] **1.** *n* 1) жа́тва; убо́рка хле́ба; сбор (*яблок, мёда и т. п.*) 2) урожа́й 3) *перен.* плоды́; результа́т 4) *attr.* свя́занный с урожа́ем; ~ time вре́мя жа́твы, жа́тва, стра́дная пора́, страда́
2. *v* 1) собира́ть урожа́й 2) жать 3) пожина́ть плоды́; распла́чиваться (*за что-л.*)
**harvest-bug** ['hɑ:vɪstbʌg] *n зоол.* клещ
**harvester** ['hɑ:vɪstə] *n* 1) жнец 2) убо́рочная маши́на
**harvester stacker** ['hɑ:vɪstə'stækə] *n с.-х.* копни́тель
**harvest home** ['hɑ:vɪst'həum] *n* 1) убо́рка урожа́я 2) пра́здник урожа́я 3) песнь жнецо́в, песнь урожа́я
**harvesting** ['hɑ:vɪstɪŋ] **1.** *pres. p.* от harvest 2
2. *n* убо́рка урожа́я
**harvest-mite** ['hɑ:vɪstmaɪt] = harvest-bug
**harvest moon** ['hɑ:vɪst'mu:n] *n* полнолу́ние пе́ред осе́нним равноде́нствием
**harvest mouse** ['havɪstmaus] *n* полева́я мышь
**has** [hæz (*полная форма*); həz, əz, z (*редуцированные формы*)] *3-е л. ед. ч. настоящего времени гл.* to have
**has-been** ['hæzbi:n] *n* (*pl* has-beens [-nz]) *разг.* 1) бы́вший челове́к, челове́к, лиши́вшийся пре́жнего положе́ния, изве́стности *и т. п.* 2) что-л., утеря́вшее пре́жние ка́чества, новизну́ *и т. п.*
**hash** [hæʃ] **1.** *n* 1) блю́до из ме́лко наре́занного мя́са и овоще́й 2) что-л. ста́рое, выдава́емое в изменённом ви́де за но́вое 3) мешани́на, пу́таница; to make a ~ of smth. напу́тать, напо́ртить в чём-л. 4) *амер.* = hash house ◇ to settle smb.'s ~ а) заста́вить кого́-л. замолча́ть; б) разде́латься, поко́нчить с кем-л.
2. *v* 1) руби́ть, кроши́ть (*мясо*) 2) напу́тать, испо́ртить (*что-л.*)
**hasheesh** ['hæʃi:ʃ] *араб. n* гаши́ш
**hasher** ['hæʃə] *n* мясору́бка
**hash house** ['hæʃhaus] *n амер. разг.* дешёвый рестора́н, забега́ловка
**hashish** ['hæʃi:ʃ] = hasheesh
**hash mark** ['hæʃmɑ:k] *n воен. разг.* нарука́вная наши́вка
**haslet** ['heɪzlɪt] *n* (*обыкн. pl*) потроха́ (*особ.* свины́е)
**hasn't** ['hæznt] *сокр. разг.* = has not
**hasp** [hɑ:sp] **1.** *n* 1) запо́р, накла́дка; засо́в, крюк 2) застёжка 3) мото́к 4) *текст.* шпу́лька
2. *v* запира́ть, накла́дывать засо́в
**hassock** ['hæsək] *n* 1) поду́шечка (*подкладываемая под колени, напр. при молитве*) 2) пук травы́; ко́чка 3) *горн.* мя́гкий песча́ник; туф
**hast** [hæst (*полная форма*); həst, əst (*редуцированные формы*)] *уст. 2-е л. ед. ч. настоящего времени гл.* to have
**hastate** ['hæsteɪt] *a бот.* копьеви́дный, стрелови́дный
**haste** [heɪst] **1.** *n* 1) поспе́шность, торопли́вость; спе́шка; to make ~ спеши́ть, торопи́ться; to make no ~ to do smth. ме́длить с чем-л.; make ~! пото́рапливайся! 2) опроме́тчивость ◇ more ~, less speed ≅ ти́ше е́дешь, да́льше бу́дешь; ~ makes waste ≅ поспеши́шь — люде́й насмеши́шь
2. *v* = hasten 1) *и* 2)
**hasten** ['heɪsn] *v* 1) спеши́ть, торопи́ться 2) торопи́ть 3) ускоря́ть (*процесс, рост и т. п.*)
**hastily** ['heɪstɪlɪ] *adv* 1) поспе́шно, торопли́во; на́скоро 2) опроме́тчиво, необду́манно; to judge ~ of smb., smth. де́лать поспе́шные вы́воды о ком-л., чём-л. 3) запа́льчиво
**hastiness** ['heɪstɪnɪs] *n* 1) поспе́шность 2) необду́манность 3) вспы́льчивость
**hasty** ['heɪstɪ] *a* 1) поспе́шный 2) необду́манный, опроме́тчивый; ~ remark поспе́шное, необду́манное замеча́ние 3) вспы́льчивый, ре́зкий 4) бы́стрый, стреми́тельный; ~ growth бы́стрый рост ◇ ~ pudding мучно́й заварно́й пу́динг
**hat** [hæt] **1.** *n* 1) шля́па; ша́пка; high (*или* silk, top, stove-pipe) ~ цили́ндр; squash ~ мя́гкая фе́тровая шля́па 2) *горн.* ве́рхний слой 3) *горн.* слой поро́ды над жи́лой ◇ ~ in hand подобостра́стно; to take off one's ~ to smb. преклоня́ться пе́ред кем-л.; to send (*или* to pass) round the ~ пусти́ть ша́пку по кру́гу, собира́ть поже́ртвования; his ~ covers his family он соверше́нно одино́кий челове́к; to talk through one's ~ хва́стать; нести́ чушь; to put the ~ on my misery в доверше́ние всех мои́х несча́стий; to keep smth. under one's ~ держа́ть

что-л. в секрéте; to throw one's ~ in (-to) the ring а) приня́ть вы́зов; б) заяви́ть о своём учáстии в состязáнии

**2.** *v* 1) надевáть шля́пу; they were ~ted они́ бы́ли в шля́пах 2) снимáть шля́пу (*перед кем-л.*) 3) *австрал.* рабóтать в одинóчку, без помóщников

**hatband** [ˈhætbænd] *n* лéнта на шля́пе

**hat-block** [ˈhætblɔk] *n* болвáн(ка) для шляп

**hatch** I [hætʃ] *n* 1) люк; решётка, кры́шка лю́ка; under ~es а) *мор.* под пáлубой; б) не на вáхте, не на дежу́рстве; в) в заточéнии г) в бедé; д) умéрший, погребённый 2) затвóр, заслóнка 3) запру́да; шлюзовáя кáмера

**hatch** II [hætʃ] **1.** *n* 1) выведéние (*цыплят*) 2) вы́водок

**2.** *v* 1) выси́живать (*цыплят*); наси́живать (*яйца*) 2) выводи́ть (*цыплят*) иску́сственно 3) вылупля́ться из яйцá 4) рождáться, выводи́ться (*о личинках*) 5) замышля́ть, тáйно подготáвливать, обду́мывать, вынáшивать (*идею, план и т. п.*)

**hatch** III [hætʃ] **1.** *n* вы́гравированная ли́ния, штрих

**2.** *v* штриховáть; гравировáть

**hat-check girl** [ˈhættʃekˈgəːl] *n* гардерóбщица

**hatcher** [ˈhætʃə] *n* 1) насéдка 2) инкубáтор 3) заговóрщик; интригáн

**hatchery** [ˈhætʃərɪ] *n* инкубáторная стáнция; садóк

**hatchet** [ˈhætʃɪt] *n* 1) топóрик, топóр 2) большóй нож, резáк, сéчка ◇ to bury the ~ заключи́ть мир; to dig (*или* to take) up the ~ начáть войну́; to throw the ~ преувели́чивать

**hatchet-face** [ˈhætʃɪtfeɪs] *n* продолговáтое лицó с óстрыми чертáми

**hatchet man** [ˈhætʃɪtmən] *n* наёмный уби́йца

**hatchment** [ˈhætʃmənt] *n* мемориáльная доскá с изображéнием гербá

**hatchway** [ˈhætʃweɪ] *n* люк

**hate** [heɪt] **1.** *n* нéнависть

**2.** *v* 1) ненави́деть 2) *разг.* не хотéть, испы́тывать нелóвкость; I ~ to trouble you мне óчень неудóбно беспокóить вас

**hateful** [ˈheɪtful] *a* 1) ненави́стный; отврати́тельный 2) пóлный нéнависти; злóбный

**hath** [hæθ (*полная форма*); həθ, əθ (*редуцированные формы*)] *уст.* = has

**hatred** [ˈheɪtrɪd] *n* нéнависть

**hat-stand** [ˈhætstænd] *n* вéшалка для шляп

**hatter** [ˈhætə] *n* 1) шля́пный мáстер *или* фабрикáнт; торгóвец шля́пами 2) *австрал.* рабóтающий в одинóчку (*гл. обр. о старателе*)

**hauberk** [ˈhɔːbəːk] *n ист.* кольчу́га

**haughtiness** [ˈhɔːtɪnɪs] *n* надмéнность, высокомéрие

**haughty** [ˈhɔːtɪ] *a* надмéнный, высокомéрный

**haul** [hɔːl] **1.** *n* 1) тя́га, волочéние 2) перевóзка, подвóзка; éздка, рейс 3) тя́га, вы́борка (*сетей*) 4) тóня (*одна закидка невода*) 5) улóв 6) трофéй 7) *горн.* откáтка 8) *ж.-д.* перевóзка; прóйденное расстоя́ние 9) груз

**2.** *v* 1) тяну́ть, тащи́ть, волочи́ть; букси́ровать; to ~ timber (*или* logs) трелевáть лес 2) перевози́ть, подвози́ть 3) *мор.* меня́ть направлéние (*судна*) 4) *горн.* откáтывать 5) *мор.* держáть(ся) прóтив вéтра, держáть(ся) кру́то к вéтру □ ~ **down** опускáть, трави́ть (*канат*); ~ **up** а) поднимáть; б) останáвливаться; в) отчи́тывать ◇ to ~ down one's flag (*или* colours) сдавáться

**haulage** [ˈhɔːlɪdʒ] *n* 1) тя́га; буксирóвка 2) подвóзка; перевóзка 3) стóимость перевóзки 4) *горн.* откáтка

**haulaway** [ˈhɔːləˌweɪ] *n* грузови́к для перевóзки готóвых автомоби́лей

**haulier** [ˈhɔːljə] *n* 1) *горн.* откáтчик 2) владéлец грузовикóв для перевóзки товáров

**haulm** [hɔːm] *n* 1) стéбель 2) *собир.* ботвá 3) солóма

**haunch** [hɔːntʃ] *n* 1) бедрó, ля́жка; to sit on one's ~es сидéть на кóрточках 2) зáдняя ногá 3) *стр.* полуду́жье áрки; крылó свóда; часть áрки мéжду замкóм и пятóй

**haunt** [hɔːnt] **1.** *n* 1) чáсто посещáемое, люби́мое мéсто 2) притóн 3) убéжище, лóговище

**2.** *v* 1) чáсто посещáть какóе-л. мéсто 2) появля́ться, явля́ться, обитáть (*о призраке и т. п.*) 3) преслéдовать (*о мыслях и т. п.*)

**haunter** [ˈhɔːntə] *n* 1) постоя́нный посети́тель, завсегдáтай 2) привидéние 3) навя́зчивая идéя

**hautboy** [ˈəubɔɪ] *n* 1) гобóй 2) му́скусная клубни́ка *или* земляни́ка

**hauteur** [əuˈtəː] *фр. n* надмéнность, высокомéрие

**Havana** [həˈvænə] *n* гавáнская сигáра

**have** [hæv (*полная форма*); həv, əv, v (*редуцированные формы*)] **1.** *v* (had) 1) имéть, обладáть; I ~ a very good flat у меня́ прекрáсная кварти́ра; I ~ no time for him мне нéкогда с ним вози́ться; he has no equals ему́ нет рáвных 2) содержáть, имéть в состáве; June has 30 days в ию́не 30 дней; the room has four windows в кóмнате четы́ре окнá 3) испы́тывать (*что-л.*), подвергáться (*чему-л.*); to ~ a pleasant time приятно провести́ врéмя; I ~ a headache у меня́ боли́т головá 4) получáть; добивáться; we had news мы получи́ли извéстие; there is nothing to be had ничегó не добьёшься 5) *разг.* (*употр. в pres. perf. pass.*) обману́ть; разочаровáть; you ~ been had вас обману́ли 6) победи́ть, взять верх; he had you in the first game он поби́л вас в пéрвой пáртии 7) утверждáть, говори́ть; as Shakespeare has it как скáзано у Шекспи́ра; if you will ~ it... éсли вы настáиваете...; he will ~ it that... он утверждáет, что... 8) знать, понимáть; he has no Greek он не знáет грéческого языкá; I ~ your idea я пóнял вáшу мысль 9) *разг.*: I ~ got = I ~, you ~ got = you ~, he has got = he has *и т. д.* (*в разн. знач.*); I ~ got no money about me у меня́ нет при себé дéнег; she has got a cold она́ просту́жена; he has got to go there ему́ придётся пойти́ туда́ 10) *образует фразовые глаголы* а) *с отглагольными существительными обозначает конкретное действие*: to ~ a walk прогуля́ться; to ~ a smoke покури́ть; to ~ a try попытáться *и т. п.*; go and ~ a lie down пойди́ полежи́; б) *с абстрактными существительными означает* испы́тывать чу́вство, ощущéние: to ~ pity жалéть; to ~ mercy щади́ть 11) *с существительными, обозначающими еду, имеет значение* есть, пить: to ~ breakfast зáвтракать; to ~ dinner обéдать *и т. п.*; to ~ tea пить чай 12) *со сложным дополнением показывает, что действие выполняется не субъектом, выраженным подлежащим, а другим лицом по желанию субъекта, или что оно совершается без его желания*: please, ~ your brother bring my books пусть твой брат принесёт мои́ кни́ги; he had his watch repaired ему́ почини́ли часы́; he had his pocket picked егó обокрáли; what would you ~ me do? что Вы хоти́те, чтóбы я сдéлал? 13) *как вспомогательный глагол употребляется для образования перфектной формы*: I ~ done, I had done я сдéлал, I shall ~ done я сдéлаю; to ~ done сдéлать 14) *с последующим инфинитивом имеет модальное значение*: быть дóлжным, вы́нужденным (*что-л. делать*); I ~ to go to the dentist мне необходи́мо пойти́ к зубнóму врачу́; the clock will ~ to be fixed часы́ ну́жно почини́ть 15) допускáть; терпéть; позволя́ть; I won't ~ it я не потерплю́ э́того; I won't ~ you say such things я вам не позвóлю говори́ть таки́е вéщи □ ~ **down** принимáть в кáчестве гóстя; we'll ~ them down for a few days они́ бу́дут гости́ть у нас нéсколько дней; ~ **in** имéть в дóме (*запас чего-л.*); we ~ enough coal in for the winter у нас достáточно у́гля нá зиму, нам хвáтит у́гля нá зиму; ~ **on** а) быть одéтым в; to ~ a hat (an overcoat) on быть в шля́пе (в пальтó); б) *разг.* обмáнывать, надувáть ◇ I had better (*или* best) я предпочёл бы, лу́чше бы; you had better go home вам бы лу́чше пойти́ домóй; ~ done! перестáнь(те)!; ~ no doubt мóжете не сомневáться; he had eyes only for his mother он смотрéл тóлько на мать, он не ви́дел никогó, крóме мáтери; he has had it *разг.* а) он безнадёжно отстáл, он устарéл; б) он поги́б, он пропáл; to ~ a question out with smb. вы́яснить вопрóс с кем-л.; to ~ one up привлéчь когó-л. к суду́; to ~ nothing on smb. a) не имéть ули́к прóтив когó-л.; б) не знать ничегó дурнóго о ком-л.; let him ~ it дай емý взбýчку, задáй емý пéрцу; will you ~ the goodness to do it? бýдьте настóлько добры́, сдéлайте э́то; he has never had it so good емý никогдá так хорошó не жилóсь

2. *n* 1): the ~s and the ~-nots *разг.* имýщие и неимýщие 2) *разг.* мошéнничество, обмáн

**haven** ['heɪvn] *n* 1) гáвань 2) убéжище, прибéжище, приют

**have-on** [hæv'ɔn] *n разг.* обмáн

**haver** ['heɪvə] *шотл.* 1. *n* (*обыкн. pl*) глýпый разговóр; бессмы́слица

2. *v* болтáть, говори́ть глýпости

**haversack** ['hævəsæk] *n* 1) сýмка, мешóк для прови́зии 2) *воен.* рáнец-рюкзáк; сýмка для противогáза

**havings** ['hævɪŋz] *n pl* имýщество, сóбственность

**havoc** ['hævək] 1. *n* опустошéние; разрушéние; to make ~ (of), to play ~ (among, with) производи́ть беспоря́док, разрушáть ◇ to cry ~ сéять смýту; to spread ~ among the enemy сéять пáнику в стáне врагá

2. *v* опустошáть; разрушáть

**haw** I [hɔ:] *n* 1) я́года боя́рышника 2) = hawthorn 3) *ист.* огрáда

**haw** II [hɔ:] *int* хо! (*окрик, которым погонщик заставляет животное повернуть*)

**haw** III [hɔ:] 1. *n* бормотáние

2. *v* бормотáть, произноси́ть (в нерешительности) невня́тные звýки; to hum and ~ мя́млить

**hawbuck** ['hɔ:bʌk] *n* неотёсанный пáрень, мужлáн

**hawfinch** ['hɔ:fɪntʃ] *n* дубонóс (*птица*)

**haw-haw** I ['hɔ:'hɔ:] = ha ha 1

**haw-haw** II ['hɔ:hɔ:] = ha-ha

**hawk** I [hɔ:k] 1. *n* 1) я́стреб; сóкол 2) хи́щник (*о человеке*) 3) *амер.* сторóнник «жёсткого» кýрса (*в политике*)

2. *v* 1) охóтиться с я́стребом *или* сóколом 2) налетáть как я́стреб (at — на)

**hawk** II [hɔ:k] *v* 1) торговáть вразнóс 2) распространя́ть (*слухи, сплетни и т. п.*); to ~ praises расточáть похвалы́

**hawk** III [hɔ:k] *v* откáшливать(ся), отхáркивать(ся)

**hawk** IV [hɔ:k] *n* сóкол (*иструмент штукатура*)

**hawker** I ['hɔ:kə] *n* 1) охóтник с я́стребом *или* сóколом 2) сокóльник

**hawker** II ['hɔ:kə] *n* разнóсчик, ýличный торгóвец, лотóчник

**hawk-eyed** ['hɔ:kaɪd] *a* 1) имéющий óстрое зрéние 2) бди́тельный

**hawk-nosed** ['hɔ:k'nəuzd] *a* горбонóсый, с орли́ным нóсом; с крючковáтым нóсом

**hawse** [hɔ:z] *n мор.* 1) клюз 2) положéние я́корных цепéй впереди́ форштéвня

**hawse-hole** ['hɔ:zhəul] *n мор.* клюз

**hawser** ['hɔ:zə] *n мор.* пéрлинь; (стальнóй) трос

**hawthorn** ['hɔ:θɔ:n] *n* боя́рышник

**hay** [heɪ] 1. *n* 1) сéно; to make ~ коси́ть травý и суши́ть сéно 2) наградá 3) небольшáя сýмма дéнег; to make ~ наживáться; ≅ нагрéть рýки ◇ to make ~ of smth. a) вноси́ть пýтаницу во что-л.; б) перевернýть вверх днóм; разби́ть, опровéргнуть (*чьи-л. доводы и т. п.*); make ~ while the sun shines *посл.* ≅ коси́ косá, покá росá; куй желéзо, покá горячó

2. *v* 1) коси́ть травý и суши́ть сéно 2) корми́ть сéном

**haycock** ['heɪkɔk] *n* копнá сéна

**hay-drier** ['heɪˌdraɪə] *n с.-х.* сеносуши́лка

**hay fever** ['heɪˌfi:və] *n* сеннáя лихорáдка

**hay harvest** ['heɪˌhɑ:vɪst] *n* сенокóс

**haying** ['heɪɪŋ] = haymaking

**haying time** ['heɪɪŋtaɪm] = hay time

**hayloft** ['heɪlɔft] *n* сеновáл

**haymaker** ['heɪˌmeɪkə] *n* 1) рабóчий на сенокóсе; косáрь 2) сеноубóрочная маши́на 3) *разг.* си́льный удáр

**haymaking** ['heɪˌmeɪkɪŋ] *n* сенокóс

**haymaking time** ['heɪˌmeɪkɪŋ'taɪm] = hay time

**haymow** ['heɪməu] *n* 1) стог сéна 2) сеновáл

**hayrack** ['heɪræk] *n радио разг.* радиолокациóнный мая́к с приводны́м устрóйством

**hayrick** ['heɪrɪk] = haystack

**hayseed** ['heɪsi:d] *n* 1) семенá трав 2) сеннáя трухá 3) *амер. шутл.* деревéнщина

**hay spreader** ['heɪˌspredə] *n с.-х.* разбрáсыватель валкóв сéна

**haystack** ['heɪstæk] *n* стог сéна

**hay-stacker** ['heɪˌstækə] *n с.-х.* стогометáтель

**hay time** ['heɪtaɪm] *n* сенокóс, покóс

**haywire** ['heɪˌwaɪə] 1. *n с.-х.* вязáльная прóволока

2. *a разг.* 1) взволнóванный, расстрóенный 2) *амер.* непрóчный, сдéланный на скóрую рýку

**hazard** ['hæzəd] 1. *n* 1) шанс 2) риск, опáсность; at ~ наугáд, наудáчу; at all ~s во что бы то ни стáло; риску́я всем; to take ~s идти́ на риск; alcohol is a health ~ алкогóль врéден для здорóвья 3) вид азáртной игры́ в кóсти 4) *спорт.* помéхи (*на площадке для гольфа; напр.*, вы́боины, высóкая травá *и т. п.*)

2. *v* 1) рисковáть, стáвить на кáрту 2) осмéливаться, отвáживаться; to ~ a remark осмéлиться сказáть что-л., возрази́ть

**hazardous** ['hæzədəs] *a* рискóванный, опáсный

**haze** I [heɪz] 1. *n* 1) лёгкий тумáн, ды́мка; мглá 2) тумáн в головé; отсýтствие я́сности в мы́слях

2. *v* затумáнивать

**haze** II [heɪz] *v* 1) *мор.* изнуря́ть рабóтой 2) зло подшýчивать, *особ.* над новичкóм

**hazel** ['heɪzl] 1. *n* 1) *бот.* леснóй орéх, обыкновéнный орéшник 2) красновáто-кори́чневый цвет; свéтло-кори́чневый цвет

2. *a* свéтло-кори́чневый; кáрий

**hazel-hen** ['heɪzlhen] *n* ря́бчик

**hazel-nut** ['heɪzlnʌt] *n* леснóй орéх, фундýк (*плод*)

**haziness** ['heɪzɪnɪs] *n* тумáнность, нея́сность

**hazy** ['heɪzɪ] *a* 1) тумáнный, подёрнутый ды́мкой 2) неопределённый, нея́сный, смýтный 3) слегкá подвы́пивший

**H-blast** ['eɪtʃblɑ:st] *n* взрыв водорóдной бóмбы

**H-bomb** ['eɪtʃbɔ:m] *n* водорóдная бóмба

**he** [hi:] 1. *pron pers.* он (*о существе мужского пола*); *косв. падеж* him егó, емý *и т. д.*; *косв. падеж употребляется в разговорной речи вместо* he: that's him э́то он; he who... тот, кто...

2. *n* 1) *разг.* мужчи́на 2) водя́щий (*в детской игре*)

**he-** [hi:-] *в сложных словах означает самца; напр.*: ~-dog кобéль; ~-duck сéлезень; ~-goat козёл

**head** [hed] 1. *n* 1) головá; (by) a ~ taller на гóлову вы́ше; from ~ to foot (*или* heel), ~ to foot с головы́ до пят; to win by a ~ *спорт.* а) опереди́ть нá голову; б) с больши́м трудóм доби́ться побéды 2) человéк; 5 shillings per ~ по пяти́ ши́ллингов с человéка; to count ~s сосчитáть числó присýтствующих 3) (*pl без измен.*) головá скотá; fifty ~ of cattle пятьдеся́т голóв скотá 4) главá; руководи́тель; начáльник (*учреждения, предприятия*); the ~ of the school дирéктор шкóлы 5) ведýщее, руководя́щее положéние; to be at the ~ of the class быть лýчшим ученикóм в клáссе 6) что-л., напоминáющее по фóрме гóлову; a ~ of cabbage кочáн капýсты; the ~ of a flower голóвка цветкá 7) спосóбность; ум; he has a good ~ for mathematics у негó хорóшие спосóбности к матемáтике; he has a ~ on his shoulders у негó хорóшая головá; two ~s are better than one ум хорошó, а два лýчше 8) перéдняя часть, перёд (*чего-л.*); the ~ of the procession головá процéссии 9) вéрхняя часть (*лестницы, страницы и т. п.*); the ~ of a mountain верши́на горы́ 10) нос (*судна*); ~ to sea прóтив волны́; by the ~ а) *мор.* на нос; б) *перен.* подвы́пивший 11) мыс 12) изголóвье (*постели*) 13) истóк реки́ 14) верхýшка, вéрхняя часть, кры́шка 15) шля́пка (*гвоздя*); голóвка (*булавки*); набалдáшник (*трости*) 16) назрéвшая голóвка нары́ва; to come (*или* to draw) to a ~ а) назрéть (*о нарыве*); б) *перен.* дости́гнуть крити́ческой *или* решáющей стáдии 17) перелóм, кри́зис болéзни 18) пéна; сли́вки 19) рýбрика, отде́л, заголо́вок; the question was treated under several ~s э́тот вопро́с рассма́тривался в не́скольких разде́лах (*доклада, статьи и т. п.*) 20) лицева́я сторона́ моне́ты 21) черено́к (*ножа*); обу́х (*топора*); боёк (*молота*) 22) *тех., гидр.* гидростати́ческий напо́р, давле́ние столба́ жи́дкости; ~ of water высота́ напо́ра воды́ 23) *архит.* замо́чный ка́мень (*свода*) 24) *стр.* ве́рхний брус око́нной *или* дверно́й коро́бки 25) *тех.* ба́бка (*станка*) 26) *мор.* топ (*мачты*) 27) *pl горн.* руда́ (*чистая*); концентра́т (*высшего качества*) 28) при́быль (*при литье*) 29) *attr.* гла́вный; ~ waiter метрдоте́ль 30) *attr.* встре́чный, проти́вный; ~ tide встре́чное тече́ние; ~ wind встре́чный ве́тер ◇ at the ~ во главе́; ~ of hair ша́пка, копна́ воло́с; a good ~ of hair густа́я шевелю́ра; ~ over heels вверх торма́шками, вверх нога́ми; to be ~ over heels in work зарабо́таться; (by) ~ and shoulders above smb. намно́го сильне́е, на го́лову вы́ше кого́-л.; ~s or tails ≅ орёл и́ли ре́шка; can't make ~ or tail of it ничего́ не могу́ поня́ть; to give a horse his ~ отпусти́ть пово́дья; to give smb. his ~ дать кому́-л. во́лю; to keep (to lose) one's ~ сохраня́ть (теря́ть) споко́йствие, сохраня́ть (теря́ть) прису́тствие ду́ха; to keep one's ~ above water а) держа́ться на пове́рхности; б) справля́ться с тру́дностями; to lay (*или* to put) ~s together совеща́ться; to make ~ продвига́ться вперёд; to make ~ against сопротивля́ться, проти́виться; to go out of one's ~ сойти́ с ума́, рехну́ться; off one's ~ вне себя́; безу́мный; over ~ and ears, ~ over ears по́ уши; (to do smth.) on one's ~ *разг.* (сде́лать что-либо) с лёгкостью; to bring to a ~ а) обостря́ть; б) доводи́ть до конца́

2. *v* 1) возглавля́ть; вести́; to ~ the list быть на пе́рвом ме́сте 2) озагла́вливать 3) направля́ть(ся), держа́ть курс (for — *куда-л.*) 4) брать нача́ло (*о реке*) 5) *спорт.* отбива́ть мяч голово́й; игра́ть голово́й 6) формирова́ть (*крону или колос*); завива́ться (*о капусте; тж.* ~ up) □ ~ **back** прегражда́ть (*путь*); ~ **off** препя́тствовать; помеша́ть; прегражда́ть (*путь*); отража́ть (*нападение*)

**headache** [ˈhedeɪk] *n* 1) головна́я боль 2) неприя́тность, поме́ха; to give (*или* to cause) a ~ а) причиня́ть беспоко́йство; б) заста́вить призаду́маться; тре́бовать больши́х уси́лий; it's my ~ э́то моя́ забо́та, об э́том позабо́чусь я

**headachy** [ˈhedeɪkɪ] *a* 1) страда́ющий головно́й бо́лью 2) вызыва́ющий головну́ю боль

**headband** [ˈhedbænd] *n* 1) повя́зка на голове́; ле́нта на го́лову 2) *амер.* заста́вка

**headboard** [ˈhedbɔːd] *n* пере́дняя спи́нка крова́ти

**headcheese** [ˈhedtʃiːz] *n амер.* зельц

**head-dress** [ˈheddres] *n* 1) головно́й убо́р (*особ.* наря́дный) 2) причёска

**headed** [ˈhedɪd] *a* снабжённый заголо́вком; ~ note-paper бланк учрежде́ния

**-headed** [-hedɪd] *в сложных словах означает*: име́ющий *такую-то* фо́рму головы́ *или столько-то* голо́в; *напр.*: long-headed длинноголо́вый; round-headed круглоголо́вый

**header** [ˈhedə] *n* 1) прыжо́к *или* паде́ние в во́ду вниз голово́й; to take a ~ нырну́ть 2) глава́, руководи́тель 3) уда́р по голове́ 4) *тех.* водосбо́рник, водяно́й колле́ктор 5) *стр.* тычо́к 6) *горн.* вру́бовая маши́на 7) *с.-х.* хе́дер (*комбайна*) 8) *тех.* наса́дка 9) магистра́ль

**headforemost** [ˈhedˈfɔːməust] *adv* 1) голово́й вперёд 2) опроме́тчиво, очертя́ го́лову (*тж.* headfirst)

**headgear** [ˈhedgɪə] *n* 1) головно́й убо́р 2) оголо́вье узде́чки 3) *горн.* надша́хтный копёр; бурова́я вы́шка 4) *радио* нау́шники

**heading** [ˈhedɪŋ] **1.** *pres. p. от* head 2

2. *n* 1) загла́вие, заголо́вок, ру́брика 2) *мор.* направле́ние, курс 3) *спорт.* уда́р голово́й (*по мячу*) 4) *горн.* направле́ние прохо́дки; гла́вный штрек 5) до́нник (*клёпка*) 6) *воен.* голова́ са́пы *или* ми́нной галере́и

**headland** [ˈhedlənd] *n* 1) мыс 2) незапа́ханный коне́ц по́ля

**headless** [ˈhedlɪs] *a* 1) обезгла́вленный 2) лишённый руково́дства 3) бессмы́сленный, глу́пый

**headlight** [ˈhedlaɪt] *n* головно́й проже́ктор (*локомотива*); головно́й ого́нь (*самолёта*); фа́ра (*автомобиля*); носово́й ого́нь (*корабля*)

**headline** [ˈhedlaɪn] **1.** *n* 1) заголо́вок 2) *pl* кра́ткое содержа́ние вы́пуска после́дних изве́стий (по ра́дио) ◇ he hit the ~s о нём писа́ли все газе́ты

2. *v* 1) озагла́вить 2) *амер. разг.* широко́ освеща́ть в печа́ти 3) *амер. разг.* исполня́ть веду́щий но́мер програ́ммы

**head-liner** [ˈhedˌlaɪnə] *n* популя́рный актёр, ле́ктор *и т. п.* (*имя которого на афишах пишется крупными буквами*)

**headlong** [ˈhedlɔŋ] **1.** *a* 1) безу́держный, бу́рный 2) опроме́тчивый

2. *adv* 1) голово́й вперёд; to fall ~ па́дать плашмя́ 2) опроме́тчиво; очертя́ го́лову

**headman** *n* 1) [ˈhedˈmæn] ста́рший рабо́чий; деся́тник; ма́стер; глава́, нача́льник 2) [ˈhedmæn] вождь (*племени*)

**head master** [ˈhedˈmɑːstə] *n* дире́ктор шко́лы

**head mistress** [ˈhedˈmɪstrɪs] *n* директри́са, заве́дующая шко́лой

**head-money** [ˈhedˌmʌnɪ] *n* 1) поду́шный нало́г 2) избира́тельный нало́г 3) награ́да, объя́вленная за пои́мку кого́-л.

**headmost** [ˈhedməust] *a* пере́дний, передово́й

**head-note** [ˈhednəut] *n* 1) кра́ткое введе́ние, вступле́ние 2) *юр.* кра́ткое изложе́ние основны́х вопро́сов по решённому де́лу

**head-nurse** [ˈhednəːs] *n* ста́ршая сестра́ (*в больнице и т. п.*)

**head office** [ˈhedˈɔfɪs] *n* правле́ние

**head-on** [ˈhedˈɔn] **1.** *a* лобово́й, фронта́льный

2. *adv* 1) голово́й; пере́дней ча́стью, но́сом 2) во всеору́жии; to meet a situation ~ быть во всеору́жии

**headphone** [ˈhedfəun] *n* (*обыкн. pl*) нау́шники, головно́й телефо́н

**headpiece** [ˈhedpiːs] *n* 1) шлем 2) = headstall 3) ум, смека́лка 4) у́мница 5) заста́вка (*в книге*) 6) = headphone

**headquarters** [ˈhedˈkwɔːtəz] *n pl* (*употр. как sing и как pl*) 1) *воен.* штаб; штаб-кварти́ра; о́рган управле́ния войска́ми 2) гла́вное управле́ние, центр; центра́льный о́рган (*какой-л. организации*) 3) исто́чник (*сведений и т. п.*)

**headrace** [ˈhedreɪs] *n гидр.* 1) ве́рхняя вода́, ве́рхний бьеф 2) подводя́щий кана́л (*водяной турбины*)

**head-resistance** [ˈhedrɪˈzɪstəns] *n ав.* лобово́е сопротивле́ние

**head-sea** [ˈhedsiː] *n* встре́чная волна́

**headset** [ˈhedset] *n радио* головно́й телефо́н

**headship** [ˈhedʃɪp] *n* руково́дство; руководя́щее положе́ние

**headsman** [ˈhedzmən] *n* пала́ч

**headspring** [ˈhedsprɪŋ] *n* исто́чник

**headstall** [ˈhedstɔːl] *n* оголо́вье узде́чки; недоу́здок

**head stone** [ˈhedstəun] *n* краеуго́льный ка́мень

**headstone** [ˈhedstəun] *n* моги́льный ка́мень, надгро́бие

**headstrong** [ˈhedstrɔŋ] *a* своево́льный, упря́мый

**headwaters** [ˈhedˌwɔːtəz] *n pl* 1) *гидр.* 1) гла́вный водосбо́р 2) головно́е водохрани́лище 3) во́ды с верхо́вьев, исто́ки

**headway** [ˈhedweɪ] *n* 1) движе́ние вперёд; поступа́тельное движе́ние 2) прогре́сс; успе́х; to make ~ де́лать успе́хи; преуспева́ть 3) ско́рость движе́ния 4) промежу́ток вре́мени ме́жду двумя́ сле́дующими друг за дру́гом поезда́ми *или* двумя́ авто́бусами 5) *горн.* бре́мсберг; (механизи́рованный) скат

**headword** [ˈhedwəːd] *n* загла́вное сло́во (*в словарной статье*)

**head-work** [ˈhedwəːk] *n* 1) у́мственная рабо́та 2) *архит.* изображе́ние головы́ на замко́вом ка́мне (*свода и т. п.*) 3) *горн.* копёр

**heady** [ˈhedɪ] *a* 1) стреми́тельный, бу́рный 2) горя́чий, опроме́тчивый 3) кре́пкий, опьяня́ющий, пьяня́щий

**heal** [hiːl] *v* 1) излечи́вать, исцеля́ть (of — от) 2) зажива́ть, заживля́ться (*часто* ~ over, ~ up)

**heal-all** [ˈhiːlˈɔːl] *n* 1) универсальное средство, панацея 2) *название некоторых целебных растений*

**healer** [ˈhiːlə] *n* исцелитель, целитель; time is a great ~ время — лучший лекарь

**healing** [ˈhiːlɪŋ] **1.** *pres. p. от* heal **2.** *n* лечение; заживление **3.** *a* лечебный, целебный

**health** [helθ] *n* 1) здоровье; to be in good ~ быть здоровым; to be in bad (*или* poor, ill) ~ иметь слабое здоровье; public ~ здравоохранение; Ministry of H. министерство здравоохранения; ~ authorities органы здравоохранения; to drink smb.'s ~ пить за здоровье кого-л. 2) целебная сила; there is ~ in sunshine солнце обладает целебными свойствами 3) благосостояние; жизнеспособность; to restore the ~ of the economy оздоровить экономику 4) *attr.* гигиенический, санитарный; ~ education санитарное просвещение; ~ bill карантинное свидетельство; infant ~ centre детская консультация; ~ centre *амер.* диспансер

**healthful** [ˈhelθful] *a* 1) целебный 2) здоровый

**health-officer** [ˈhelθˌɔfɪsə] *n* санитарный врач

**health-resort** [ˈhelθrɪˈzɔːt] *n* курорт

**health service** [ˈhelθˈsəːvɪs] *n* здравоохранение

**health-visitor** [ˈhelθˌvɪzɪtə] *n* патронажная сестра

**healthy** [ˈhelθɪ] *a* 1) здоровый 2) полезный для здоровья 3) нравственный (*о фильме и т. п.*); здравый, разумный (*о взглядах и т. п.*) 4) жизнеспособный; ~ economy процветающая экономика 5) *ирон.* безопасный (*в отриц. предложении*) 6) *разг.* большой, значительный

**heap** [hiːp] **1.** *n* 1) куча, груда 2) *разг.* масса; уйма 3) *pl разг.* множество, много; ~s of time много *или* масса времени; he is ~s better ему много лучше 4) *горн.* отвал ◇ struck (*или* knocked) all of a ~ *разг.* сражённый, ошеломлённый; подавленный **2.** *v* 1) нагромождать 2) накоплять (*часто* ~ up) 3) нагружать (with) 4) осыпать (*милостями, наградами*; with)

**hear** [hɪə] *v* (heard) 1) слышать 2) слушать, внимать; выслушивать (*часто* ~ out); to ~ a course of lectures прослушать курс лекций 3) услышать, узнать (of, about — о) 4) получить известие, письмо (from) 5) *юр.* слушать (*дело*) □ ~ **out** выслушать, дать (*кому-л.*) высказаться ◇ ~! ~! правильно!, правильно! (*возглас, выражающий согласие с выступающим*); I won't ~ of it я этого не потерплю; you will ~ about this вам за это попадёт

**heard** [həːd] *past и p. p. от* hear

**hearer** [ˈhɪərə] *n* слушатель

**hearing** [ˈhɪərɪŋ] **1.** *pres. p. от* hear **2.** *n* 1) слух 2) предел слышимости; out of ~ вне пределов слышимости; within ~ в пределах слышимости; настолько близко, что можно услышать; in my ~ в моём присутствии 3) слушание; выслушивание; to give smb. a (fair) ~ (беспристрастно) выслушивать кого-л. 4) *юр.* разбор, слушание дела; preliminary ~ предварительное следствие 5) *pl* протоколы заседаний (*правительственных или парламентских комиссий, комиссий конгресса США*)

**hearing-aid** [ˈhɪərɪŋˈeɪd] *n* слуховой аппарат

**hearken** [ˈhɑːkən] *v поэт.* слушать, выслушивать (to)

**hearsay** [ˈhɪəseɪ] *n* 1) слух, молва 2) *attr.* основанный на слухах; ~ evidence *юр.* доказательства, основанные на слухах

**hearse** [həːs] *n* 1) катафалк, похоронные дроги 2) *уст.* гроб 3) *attr.*: ~ cloth (чёрный) покров (*на гроб*)

**heart** [hɑːt] *n* 1) сердце; *перен. тж.* душа; a man of ~ отзывчивый человек; to take to ~ принимать близко к сердцу; to lay to ~ серьёзно отнестись (*к совету, упрёку*); big ~ благородство, великодушие; at ~ в глубине души; from the bottom of one's ~ из глубины души; in one's ~ (of ~s) в глубине души; with all one's ~ от всей души 2) мужество, смелость, отвага; to pluck up ~ собраться с духом, набраться храбрости; to lose ~ падать духом; впадать в уныние; отчаиваться; to take ~ мужаться; to give ~ ободрять 3) чувства, любовь; to give (*или* to lose) one's ~ to smb. полюбить кого-л. 4) *в обращении*: dear ~ милый; милая 5) сердцевина; ядро; *перен.* очаг, центр; ~ of cabbage head капустная кочерыжка; ~ of oak а) сердцевина, древесина дуба; б) отважный человек; удалец; at the ~ of smth. в основе 6) суть, сущность; the ~ of the matter суть дела 7) расположенные в глубине районы, центральная часть страны; in the ~ of Africa в сердце Африки; the ~ of the country а) глубинные районы; б) глушь 8) плодородие (*почвы*); out of ~ неплодородный [*ср. тж.* ◇] 9) *тех.* сердечник 10) *pl карт.* черви ◇ have a ~! *разг.* сжальтесь!, помилосердствуйте!; to have smth. at ~ быть преданным чему-л., быть глубоко заинтересованным в чём-л.; to set one's ~ on smth. страстно желать чего-л.; стремиться к чему-л.; with half a ~ неохотно; he's a man after my own ~ он мне очень по душе; ~ and hand с энтузиазмом, с энергией; with a single ~ единодушно; by ~ наизусть, на память; out of ~ в унынии; в плохом состоянии [*ср. тж.* 8)]; to have one's ~ in one's mouth (*или* throat) быть очень напуганным; ≅ душа в пятки ушла; to have one's ~ in one's boots испытывать чувство безнадёжности, впасть в уныние; to have one's ~ in the right place иметь хорошие, добрые намерения; to take ~ of grace собраться с духом; to wear one's ~ on one's sleeve не (уметь) скрывать своих чувств

**heartache** [ˈhɑːteɪk] *n* душевная боль, страдание

**heart attack** [ˈhɑːtəˌtæk] *n* сердечный приступ

**heartbeat** [ˈhɑːtbiːt] *n* 1) биение, пульсация сердца 2) волнение

**heart-break** [ˈhɑːtbreɪk] *n* большое горе

**heart-breaking** [ˈhɑːtˌbreɪkɪŋ] *a* 1) надрывающий сердце; душераздирающий; вызывающий печаль 2) *разг.* скучный, нудный

**heart-broken** [ˈhɑːtˌbrəukən] *a* убитый горем; с разбитым сердцем

**heartburn** [ˈhɑːtbəːn] *n* изжога

**heart-burning** [ˈhɑːtˌbəːnɪŋ] *n* 1) недовольство, досада 2) тайная зависть, ревность

**heart-disease** [ˈhɑːtdɪˈziːz] *n* болезнь сердца; порок сердца

**hearten** [ˈhɑːtn] *v* 1) ободрять, подбодрять (*часто* ~ up) 2) удобрять (*землю*)

**heart failure** [ˈhɑːtˌfeɪljə] *n мед.* 1) паралич сердца 2) сердечная недостаточность, сердечная слабость

**heartfelt** [ˈhɑːtfelt] *a* искренний; прочувствованный

**hearth** [hɑːθ] *n* 1) домашний очаг; ~ and home а) дом, домашний очаг; б) *перен.* центр, очаг (*культуры и т. п.*) 2) камин 3) каменная плита под очагом; под печи 4) *тех.* под, горн; ванна, рабочее пространство (*в отражательной печи*); топка

**hearth-money** [ˈhɑːθˌmʌnɪ] *n ист.* налог на очаги

**hearth-rug** [ˈhɑːθrʌg] *n* коврик перед камином

**hearthstone** [ˈhɑːθstəun] = hearth 3)

**heartily** [ˈhɑːtɪlɪ] *adv* 1) сердечно, искренне 2) охотно, усердно; to eat ~ есть с аппетитом 3) сильно, очень; I am ~ sick of it мне это опротивело

**heartiness** [ˈhɑːtɪnɪs] *n* 1) сердечность, искренность 2) крепость, здоровье

**heartland** [ˈhɑːtlænd] *n* 1) глубокий тыл 2) важный район

**heartless** [ˈhɑːtlɪs] *a* бессердечный, безжалостный

**heart-rending** [ˈhɑːtˌrendɪŋ] *a* душераздирающий; тяжёлый, горестный

**heartsease** [ˈhɑːtsiːz] *n бот.* анютины глазки

**heart-service** [ˈhɑːtˌsəːvɪs] *n* искренняя преданность

**heartshake** [ˈhɑːtʃeɪk] *n лес.* радиальная трещина (*в дереве*)

**heartsick** [ˈhɑːtsɪk] *a* павший духом, удручённый

**heart-strings** [ˈhɑːtstrɪŋz] *n pl* глубочайшие чувства; to play upon smb.'s ~ играть на чьих-л. чувствах; to pull at smb.'s ~ растрогать кого-л. до глубины души

**heart-to-heart** [ˈhɑːtəˈhɑːt] *a* интимный, сердечный; ~ conversation разговор по душам

**heartwarming** [ˈhɑːtˌwɔːmɪŋ] *a* тёплый, душевный; трогательный

**heart-whole** [ˈhɑːthəul] *a* 1) искренний 2) свободный от привязанностей

**hearty** [ˈhɑːtɪ] **1.** *a* 1) сердечный, искренний; дружеский 2) крепкий, здоровый, энергичный 3) обильный (*о еде*) 4) плодородный (*о почве*)

**2.** *n* 1) крепкий парень; *особ.* моряк 2) *унив. разг.* студент, занимающийся спортом

**heat** [hiːt] **1.** *n* 1) жара; жар 2) *физ.* теплота 3) пыл, раздражение, гнев; political ~ накал политических страстей 4) что-л., сделанное за один раз, в один приём; *особ. спорт.* часть состязания; забег; заплыв; заезд (*на бегах*); at a ~ за один раз 5) *pl спорт.* отборочные соревнования 6) *амер. разг.* допрос с пристрастием; to put the ~ on smb. припереть кого-л. к стенке 7) *амер. разг.* принуждение 8) период течки (*у животных*)

**2.** *v* 1) нагревать(ся); разогревать; подогревать (*часто* ~ up); согревать (-ся) 2) накаливать, накаляться 3) топить 4) разгорячить; горячить; раздражать

**heat capacity** [ˈhiːtkəˈpæsɪtɪ] *n физ.* теплоёмкость

**heated** [ˈhiːtɪd] **1.** *p. p. от* heat 2

**2.** *a* 1) нагретый; подогретый 2) разгорячённый; возбуждённый; ~ with dispute в пылу спора 3) горячий, пылкий; a ~ discussion горячий спор

**heatedly** [ˈhiːtɪdlɪ] *adv* возбуждённо, гневно

**heat-engine** [ˈhiːtˌendʒɪn] *n* тепловой двигатель

**heater** [ˈhiːtə] *n* 1) нагревательный прибор; грелка; радиатор; калорифер; кипятильник; печь 2) истопник

**heath** [hiːθ] *n* 1) степь, пустошь, поросшая вереском 2) вереск

**heath-bell** [ˈhiːθbel] *n* цветок вереска

**heath-cock** [ˈhiːθkɔk] *n* тетерев-косач

**heathen** [ˈhiːðən] **1.** *n* 1) язычник 2) *разг.* варвар, неуч

**2.** *a* языческий

**heathendom** [ˈhiːðəndəm] *n* язычество, языческий мир

**heathenish** [ˈhiːðənɪʃ] *a* 1) языческий 2) варварский; грубый, жестокий

**heathenism** [ˈhiːðənɪzm] *n* 1) язычество 2) варварство

**heather** [ˈheðə] *n* вереск ◇ ~ mixture пёстрая шерстяная ткань

**heathery** [ˈheðərɪ] *a* поросший, изобилующий вереском

**heath-hen** [ˈhiːθhen] *n* тетёрка

**heathy** [ˈhiːθɪ] *a* 1) вересковый 2) = heathery

**heating** [ˈhiːtɪŋ] **1.** *pres. p. от* heat 2

**2.** *n* 1) нагревание; подогревание; продолжительность нагрева 2) отопление 3) накаливание 4) *радио* накал

**3.** *a* 1) горячительный 2) отопительный; согревающий; ~ apparatus нагревательный прибор

**heating plant** [ˈhiːtɪŋˈplɑːnt] *n* отопительная установка

**heating value** [ˈhiːtɪŋˈvæljuː] *n* теплотворная способность

**heat-lightning** [ˈhiːtˈlaɪtnɪŋ] *n* зарница

**heatproof** [ˈhiːtpruːf] *a* теплостойкий, жаропрочный

**heat-prostration** [ˈhiːtprɔsˈtreɪʃən] *n* тепловой удар

**heat-resistant** [ˈhiːtrɪˈzɪstənt] = heatproof

**heat-resisting** [ˈhiːtrɪˈzɪstɪŋ] = heatproof

**heat-spot** [ˈhiːtspɔt] *n* 1) веснушка 2) прыщик

**heat-stroke** [ˈhiːtstrəuk] *n* тепловой удар

**heat-treat** [ˈhiːttriːt] *v* 1) пастеризовать (*молоко и т. п.*) 2) *тех.* подвергать термической обработке

**heat treatment** [ˈhiːtˈtriːtmənt] *n тех.* термическая обработка

**heat-wave** [ˈhiːtweɪv] *n* 1) *физ.* тепловая волна 2) полоса, период сильной жары

**heave** [hiːv] **1.** *n* 1) подъём 2) волнение (*моря*) 3) рвотное движение 4) *геол.* горизонтальное смещение, сдвиг; вздувание *или* вспучивание (*почвы*) 5) *pl* запал (*у лошадей*)

**2.** *v* (hove, heaved [-d]) 1) поднимать, перемещать (*тяжести*); to ~ coal грузить уголь 2) *разг.* бросать, швырять; to ~ overboard бросить за борт 3) вздыматься; подниматься и опускаться (*о волнах; о груди*) 4) издавать (*звук*); to ~ a sigh (a groan) тяжело вздохнуть (простонать) 5) делать усилия, напрягаться; тужиться (*при рвоте*) 6) поднимать, тянуть (*якорь, канат*); ~ ho! *мор.* разом!, дружно!, взяли! 7) поворачивать(ся); идти (*о судне*); to ~ ahead продвинуть(ся) вперёд; to ~ astern податься назад (*о судне*); the ship hove out of the harbour судно вышло из гавани ◇ to ~ in sight показаться на горизонте; to ~ to *мор.* лечь в дрейф; остановить (*судно*)

**heaven** [ˈhevn] *n* небо, небеса ◇ the seventh ~ верх блаженства; in the seventh ~ на седьмом небе; ~ forbid! боже упаси!; by ~! ей-богу!; good ~s боже мой!; о боже!

**heavenly** [ˈhevnlɪ] *a* 1) небесный; ~ body небесное светило; *астр.* небесное тело 2) божественный, небесный, священный; неземной 3) *разг.* восхитительный, изумительный

**heaver** [ˈhiːvə] *n* 1) грузчик 2) *тех.* вага, рычаг 3) *мор.* драёк

**heavily** [ˈhevɪlɪ] *adv* 1) тяжело; to breathe ~ тяжело дышать 2) сильно; to be punished ~ понести суровое наказание; it is raining ~ идёт сильный дождь; to weigh ~ with smb. иметь большое значение для кого-л.; to be ~ in debt быть по уши в долгах 3) тягостно, тяжело; to take smth. ~ тяжело переживать что-л.

**heaviness** [ˈhevɪnɪs] *n* 1) тяжесть 2) неуклюжесть 3) инертность 4) депрессия; горе

**heavy** [ˈhevɪ] **1.** *a* 1) тяжёлый; ~ armament тяжёлое вооружение 2) тяжёлый, обременительный; высокий (*о цене, налоге и т. п.*); ~ casualties *воен.* большие потери 3) обильный, буйный (*о растительности*); ~ crop обильный, хороший урожай; ~ foliage густая листва; ~ beard густая борода; ~ layer *горн.* мощный слой 4) тяжёлый; трудный; ~ work тяжёлая, трудная работа 5) серьёзный, опасный; ~ wound тяжёлое ранение; ~ cold а) сильная простуда; б) сильный насморк 6) *служит для усиления*: ~ eater любитель поесть; обжора; ~ smoker заядлый курильщик 7) сильный (*о буре, дожде, росе и т. п.*); густой (*о тумане*) 8) тяжёлый, мрачный; печальный; with a ~ heart с тяжёлым сердцем; ~ tidings печальные известия; ~ villain мрачный злодей 9) покрытый тучами, мрачный (*о небе*) 10) бурный (*о море*) 11) толстый (*о материи, броне и т. п.*) 12) плохо поднявшийся (*о тесте*); плохо пропечённый (*о хлебе и т. п.*); ~ bread сырой хлеб 13) тяжеловатый; неуклюжий 14) плохо соображающий, тупой; скучный 15) сонный, осовелый 16) *театр.* мрачный; резонёрствующий; to play the part of the ~ father играть роль брюзгливого, придирчивого отца 17) *хим.* слаболетучий ◇ to have a ~ hand а) быть неуклюжим; б) быть строгим; to be ~ on hand быть скучным (*в разговоре и т. п.*); ~ swell важная персона; to come the ~ father читать нравоучения

**2.** *adv редк.* = heavily; time hangs ~ время тянется медленно, скучно

**3.** *n* 1) *pl* (the heavies) тяжёлые орудия, тяжёлая артиллерия; тяжёлые бомбардировщики 2) (the Heavies) гвардейские драгуны 3) злодей 4) *театр.* роль степенного, серьёзного человека *или* резонёра 5) = heavy-weight

**heavy-duty** [ˈhevɪˈdjuːtɪ] *a* 1) облагаемый высокой пошлиной 2) *тех.* тяжёлого типа, для тяжёлого режима работы; сверхмощный

**heavy-handed** [ˈhevɪˈhændɪd] *a* 1) неловкий; неуклюжий 2) жестокий, деспотический 3) тяжеловесный (*о стиле и т. п.*)

**heavy-headed** [ˈhevɪˈhedɪd] *a* 1) тупоголовый 2) сонный; вялый 3) большеголовый

**heavy-hearted** [ˈhevɪˈhɑːtɪd] *a* печальный, унылый

**heavy hydrogen** [ˈhevɪˈhaɪdrɪdʒən] *n физ.* дейтерий

**heavy-laden** [ˈhevɪˈleɪdn] *a* 1) тяжело нагруженный 2) подавленный

**heavy water** [ˈhevɪˈwɔːtə] *n хим.* тяжёлая вода

**heavy-weight** [ˈhevɪweɪt] *n спорт.* тяжеловéс

**hebdomad** [ˈhebdɔməd] *n* 1) недéля 2) что-л., состоя́щее из семи́ предмéтов

**hebdomadal** [hebˈdɔmədl] *a* еженедéльный

**Hebe** [ˈhiːbi(ː)] *n* 1) *греч. миф.* Гéба 2) *разг.* кéльнерша, дéвушка в бáре

**hebetate** [ˈhebɪteɪt] **1.** *a* тупóй

2. *v* притупля́ть(ся)

**hebetude** [ˈhebɪtjud] *n* тупоýмие, тýпость

**Hebraic** [hi(ː)ˈbreɪɪk] *a* древнееврéйский

**Hebrew** [ˈhiːbruː] **1.** *n* 1) иудéй, еврéй 2) древнееврéйский язы́к; иври́т ◇ it is ~ to me э́то для меня́ китáйская грáмота

2. *a* (древне)еврéйский

**Hecate** [ˈhekəti(ː)] *n греч. миф.* Гекáта

**hecatomb** [ˈhekətəum] *n* гекатóмба

**heck** I [hek] *n* щекóлда

**heck** II [hek] *n, int эвф. вместо* hell

**heckle** [ˈhekl] **1.** *n* = hackle II, 1

2. *v* 1) = hackle II, 2; 2) прерывáть орáтора крити́ческими замечáниями, вы́криками, вопрóсами

**hectare** [ˈhektɑː] *n* гектáр

**hectic** [ˈhektɪk] **1.** *a* 1) чахóточный 2) *разг.* возбуждённый, лихорáдочный; беспокóйный; to lead a ~ life вести́ беспоря́дочный óбраз жи́зни

2. *n* 1) чахóточный больнóй 2) чахóточный румя́нец

**hectogram(me)** [ˈhektəugræm] *n* гектогрáмм

**hectograph** [ˈhektəugrɑːf] *n* гектóграф

**hector** [ˈhektə] **1.** *n* задúра; грубия́н; хулигáн

2. *v* задирáть; застрáщивать; груби́ть, оскорбля́ть; хулигáнить

**hectowatt** [ˈhektəwɔt] *n эл.* гектовáтт

**hedge** [hedʒ] **1.** *n* 1) (живáя) и́згородь; огрáда; dead ~ плетéнь 2) прегрáда, препя́тствие 3) ни к чемý не обя́зывающее заявлéние ◇ to sit on the ~ занимáть выжидáтельную пози́цию; to be on the right (wrong) side of the ~ а) занимáть прáвильную (непрáвильную) пози́цию; б) быть победи́телем (побеждённым)

2. *v* 1) огорáживать и́згородью (*часто* ~ off, ~ in) 2) ограни́чивать, свя́зывать; мешáть, препя́тствовать; окружáть (*трудностями и т. п.*) 3) окружáть (*любовью, вниманием; тж.* ~ round; with) 4) ограждáть, страховáть себя́ от возмóжных потéрь 5) уклоня́ться, увиливать от прямóго отвéта, оставля́ть лазéйку

**hedge-bill** [ˈhedʒbɪl] = hedging-bill

**hedgehog** [ˈhedʒhɔg] *n* 1) ёж; *амер. тж.* дикобрáз 2) неужи́вчивый человéк 3) *бот.* колю́чая семеннáя корóбочка 4) *воен.* перенóсное прóволочное заграждéние, ёж

**hedge-hop** [ˈhedʒhɔp] *ав. разг.* **1.** *n* брéющий полёт

2. *v* летáть на брéющем полёте

**hedge-hopper** [ˈhedʒˌhɔpə] *n ав. разг.* штурмови́к

**hedge hopping** [ˈhedʒˌhɔpɪŋ] *n ав. разг.* брéющий полёт

**hedge-marriage** [ˈhedʒˌmærɪdʒ] *n* тáйный брак

**hedge-school** [ˈhedʒskuːl] *n* 1) начáльная шкóла для бедня́кóв 2) *ист.* шкóла на откры́том вóздухе (*в Ирландии*)

**hedge-sparrow** [ˈhedʒˌspærəu] *n* завирýшка (*птица*)

**hedge-writer** [ˈhedʒˌraɪtə] *n* писáка; литератýрный подёнщик

**hedging-bill** [ˈhedʒɪŋbɪl] *n* садóвый нож

**hedonism** [ˈhiːdəunɪzm] *n* гедони́зм

**heebie** [ˈhiːbɪ] *n амер. разг.* нéрвное возбуждéние; при́ступ раздражéния

**heed** [hiːd] **1.** *n* внимáние, осторóжность; to give (*или* to pay) ~ to smth., smb. обращáть внимáние на что-л., когó-л.; to take no ~ of danger (of what is said) не обращáть внимáния на опáсность (на то, что говоря́т)

2. *v* обращáть внимáние; внимáтельно следи́ть (*за чем-л.*)

**heedful** [ˈhiːdful] *a* внимáтельный, забóтливый

**heedless** [ˈhiːdlɪs] *a* невнимáтельный, небрéжный; необдýманный

**hee-haw** [ˈhiːˈhɔː] **1.** *n* 1) крик ослá 2) грóмкий хóхот

2. *v* 1) кричáть (*об осле*) 2) грóмко хохотáть, «ржать»

**heel** I [hiːl] **1.** *n* 1) пя́тка; пятá; the iron ~ желéзная пятá, и́го; at the ~ of под и́гом; at (*или* on, upon) smb.'s ~s по пятáм, слéдом за кем-л.; to turn on one's ~s а) крýто повернýться (и уйти́); б) бесцеремóнно повернýться к комý-л. спинóй 2) пя́тка (*чулка или носка*); зáдник (*ботинка*); out at ~s а) с прóдранными пя́тками; б) бéдно одéтый; нуждáющийся, бéдный 3) каблýк; down at ~(s), down at the ~ а) со стóптанными каблукáми; б) бéдно *или* неря́шливо одéтый; в) жáлкий 4) зáдний шип подкóвы 5) шпóра (*петуха*) 6) остáток (*чего-л.* — *корка сыра, хлеба и т. п.*) 7) *разг.* обмáнщик; подлéц, мерзáвец 8) грань, верши́на, ребрó 9) *стр.* ни́жняя часть стóйки или стропи́льной ноги́ ◇ ~s over head вверх ногáми, вверх тормáшками; ~ of Achilles, Achilles' ~ ахиллéсова пятá; to clap (*или* to lay) by the ~s арестовáть, посади́ть в тюрьмý; to bring to ~ подчини́ть; застáвить повиновáться; to come to ~ а) идти́ слéдом за хозя́ином (*о собаке*); б) подчини́ться; to show a clean pair of ~s, to take to one's ~s удирáть, улепётывать; to cool (*или* to kick) one's ~s (зря) дожидáться

2. *v* 1) прибивáть каблуки́, набóйки 2) пристýкивать каблукáми (*в танце*) 3) бить каблукóм 4) слéдовать по пятáм 5) *амер. разг.* снабжáть (*особ. деньгами*)

**heel** II [hiːl] *мор.* **1.** *n* крен

2. *v* крени́ть(ся); килевáть, кренговáть

**heel-and-toe** [ˈhiːləndˈtəu] *a*: ~ walk спорти́вная ходьбá; ~ speedster *спорт.* скорохóд

**heeled** I [hiːld] **1.** *p. p. от* heel I, 2

2. *a* 1) подкóванный; *перен.* во всеорýжии 2) снабжённый деньгáми

**heeled** II [hiːld] *p. p. от* heel II, 2

**heeler** [ˈhiːlə] *n* 1) посáдчик каблукá 2) *амер.* подрýчный парти́йного бóсса 3) *sl.* донóсчик, шпик

**heeling** I [ˈhiːlɪŋ] **1.** *pres. p. от* heel II, 2

2. *n мор.* крен

**heeling** II [ˈhiːlɪŋ] *pres. p. от* heel I, 2

**heel-piece** [ˈhiːlpiːs] *n* 1) каблýк 2) набóйка 3) конéц, концóвка

**heel-plate** [ˈhiːlpleɪt] *n* металли́ческая подкóвка на каблукé

**heeltap** [ˈhiːltæp] *n* 1) набóйка 2) остáток винá в бокáле; no ~s! пить до днá!

**heel tendon** [ˈhiːlˈtendən] *n анат.* ахи́ллово сухожи́лие

**heft** [heft] *амер.* **1.** *n* 1) вес, тя́жесть 2) бóльшая часть

2. *v* 1) приподнимáть, поднимáть 2) определя́ть вес, взвéшивать

**hefty** [ˈheftɪ] *a* 1) *разг.* дю́жий, здоровéнный 2) *разг.* оби́льный, изря́дный; a ~ sum of money поря́дочная сýмма дéнег 3) *амер.* тяжёлый

**Hegelian** [heɪˈgiːljən] **1.** *a* гегелья́нский

2. *n* гегелья́нец

**hegemonic** [ˌhiːgɪˈmɔnɪk] *a* руководя́щий, глáвный

**hegemony** [hi(ː)ˈgemənɪ] *n* гегемóния; the ~ of the proletariat гегемóния пролетариáта

**heifer** [ˈhefə] *n* тёлка; нéтель

**heigh** [heɪ] *int оклик; тж. выражает вопрос, поощрение*

**heigh-ho** [ˈheɪˈhəu] *int восклицание, выражающее досаду, скуку и т. п.*

**height** [haɪt] *n* 1) высотá, вышинá; рост; to rise to a great ~ подня́ться на большýю высотý 2) возвы́шенность, холм 3) стéпень 4) верх, вы́сшая стéпень (*чего-л.*); высóты (*знаний и т. п.*); in the ~ of smth. в разгáре чегó-л.; dressed in the ~ of fashion одéтый по послéдней мóде

**heighten** [ˈhaɪtn] *v* 1) повышáть (-ся); уси́ливать(ся) 2) преувели́чивать

**height-indicator** [ˈhaɪtˈɪndɪkeɪtə] *n* высотомéр

**heinous** [ˈheɪnəs] *a* отврати́тельный, гнýсный, ужáсный

**heir** [ɛə] *n* наслéдник; ~ apparent бесспóрный наслéдник; престолонаслéдник; ~ presumptive предполагáемый наслéдник; to fall ~ to smb. стать чьим-л. наслéдником

**heir-at-law** [ˈɛərətˈlɔː] *n* наслéдник по закóну

**heirdom** [ˈɛədəm] *n* наслéдование
**heiress** [ˈɛərɪs] *n* наслéдница
**heirloom** [ˈɛəluːm] *n* 1) фами́льная вещь 2) фами́льная чертá; наслéдие
**held** [held] *past и p. p. от* hold I, 2
**heliacal** [hi(:)ˈlaɪəkəl] *a астр.* 1) сóлнечный 2) совпадáющий с восхóдом *или* захóдом сóлнца
**helical** [ˈhelɪkəl] *a* 1) спирáльный 2) *тех.* винтовóй, геликоидáльный
**helices** [ˈhelɪsiːz] *pl от* helix
**Helicon** [ˈhelɪkən] *n* 1) *греч. миф.* Геликóн, оби́тель муз 2) (h.) геликóн (*духовой инструмент*)
**helicopter** [ˈhelɪkɔptə] **1.** *n ав.* вертолёт, геликоптéр
**2.** *v* перевози́ть на вертолёте
**helio-** [ˈhiːlɪəu-] *в сложных словах* гелио-; *напр.*: helioscope гелиоскóп
**heliocentric** [ˌhiːlɪəuˈsentrɪk] *a* гелиоцентри́ческий
**heliochromy** [ˈhiːlɪəuˌkrəumɪ] *n* гелиохрóмия, фотогрáфия в естéственных крáсках
**heliograph** [ˈhiːlɪəugrɑːf] *n* гелиóграф
**heliogravure** [ˈhiːlɪəugrəˈvjuə] *n* гелиогравю́ра
**heliophilous** [ˌhiːlɪˈɔfɪləs] *a* светолюби́вый (*о растении*)
**heliophobic** [ˌhiːlɪəuˈfəubɪk] *a* светобоязли́вый (*о растении*)
**helioscope** [ˈhiːljəskəup] *n* гелиоскóп
**heliotherapy** [ˌhiːlɪəuˈθerəpɪ] *n мед.* гелиотерапи́я
**heliotrope** [ˈheljətrəup] *n бот.* гелиотрóп
**helium** [ˈhiːljəm] *n хим.* гéлий
**helix** [ˈhiːlɪks] *n* (*pl* helices) 1) спирáль, спирáльная ли́ния, винтовáя ли́ния 2) *анат.* завитóк ушнóй рáковины 3) *тех.* винт 4) *зоол.* ули́тка 5) *архит.* волю́та, завитóк
**hell** [hel] *n* 1) ад 2) игóрный дом, притóн 3) «дом» (*в некоторых играх*) ◇ a ~ of a way чертóвски далекó; a ~ of a noise áдский шум; go to ~! пошёл к чёрту!; like ~ *разг.* а) си́льно; стреми́тельно; из всéх сил; б) чёрта с два!; you're coming, aren't you? — Like ~ I will! вы ведь придёте? — И не подýмаю!; to ride ~ for leather нести́сь во весь опóр; there will be ~ to pay ≅ хлопóт не оберёшься; to give smb. ~ ругáть когó-л. на чём свет стои́т; вы́сыпать комý-л. по пéрвое числó; come ~ or high water ≅ что бы то ни́ было; что бы ни случи́лось
**he'll** [hiːl] *сокр. разг.* = he will
**hellbender** [ˈhelˌbendə] *n амер. разг.* 1) гуля́ка; кути́ла 2) попóйка, дебóш
**hell-bent** [ˈhelbent] *a амер. разг.* 1) одержи́мый (*чем-л.*); добивáющийся любóй ценóй (on — *чего-л.*); 2) безрассýдный, опромéтчивый 3) мчáщийся во весь опóр
**hell-cat** [ˈhelkæt] n вéдьма, мегéра
**hellebore** [ˈhelɪbɔː] *n бот.* 1) морóзник 2) чемери́ца
**Hellene** [ˈheliːn] *n* э́ллин, грек
**Hellenic** [heˈliːnɪk] **1.** *a* э́ллинский, грéческий
**2.** *n* 1) грéческий язы́к 2) *pl* труды́ по грéческой филолóгии
**Hellenism** [ˈhelɪnɪzm] *n* эллини́зм
**Hellenist** [ˈhelɪnɪst] *n* эллини́ст (*специалист по древнегреческому языку и культуре*)
**heller** [ˈhelə] *n* гéллер (*мелкая монета Чехословакии*)
**hell-hound** [ˈhelhaund] *n* 1) цéрбер 2) дья́вол; и́зверг
**hellion** [ˈheljən] *n амер. разг.* 1) беспокóйный человéк 2) непослýшный, шаловли́вый ребёнок, озорни́к
**hellish** [ˈhelɪʃ] *a* 1) áдский 2) бесчеловéчный; злóбный 3) проти́вный, отврати́тельный
**hello** [ˈheˈləu] = hallo(a)
**hello girl** [həˈləugəːl] *n амер. разг.* телефони́стка
**helluva** [ˈhelʌvə] *a амер. разг.* чертóвский, áдский
**helm** I [helm] **1.** *n* 1) руль; корми́ло 2) власть, управлéние; ~ of state бразды́ правлéния 3) рулевóе колесó; штурвáл, рýмпель; the man at the ~ рулевóй; кóрмчий; to answer the ~ слýшаться руля́
**2.** *v* направля́ть, вести́
**helm** II [helm] *n* 1) *уст.* шлем 2) *хим.* шлем ретóрты
**helmet** [ˈhelmɪt] *n* 1) шлем, кáска 2) тропи́ческий шлем 3) *тех.* колпáк; бýгель; вéрхняя часть ретóрты
**helminth** [ˈhelmɪnθ] *n* глист, кишéчный червь
**helminthic** [helˈmɪnθɪk] **1.** *a* относя́щийся к глистáм
**2.** *n* глистогóнное срéдство
**helmsman** [ˈhelmzmən] *n* рулевóй; кóрмчий
**helot** [ˈhelət] *n др.-греч. ист.* илóт, раб
**help** [help] **1.** *n* 1) пóмощь; can I be of any ~ to you? могý я Вам чем-л. помóчь? 2) срéдство, спасéние; there's no ~ for it э́тому нельзя́ помóчь 3) помóщник; Your advice was a great ~ Ваш совéт мне óчень помóг 4) = helping 2, 2); 5) служáнка, прислýга; mother's ~ бóнна
**2.** *v* 1) помогáть; окáзывать пóмощь, содéйствие; it can't be ~ed *разг.* ничегó не подéлаешь, ничегó не попи́шешь; can't ~ it ничегó не могý подéлать 2) раздавáть, угощáть; передавáть (*за столом*); ~ yourself бери́те, пожáлуйста (сáми), не церемóньтесь; may I ~ you to some meat? позвóльте вам предложи́ть мя́са 3) (*с модальным глаголом* can, could) избежáть, удержáться; she can't ~ thinking of it онá не мóжет не дýмать об э́том; I could not ~ laughing я не мог удержáться от смéха; я не мог не засмея́ться; don't be longer than you can ~ не оставáйтесь дóльше, чем нáдо ▭ ~ **down** помóчь сойти́; ~ **in** помóчь войти́; ~ **into** а) помóчь войти́; б) помóчь надéть, подáть; ~ **off** а) помóчь снять *что-л.* (*об одежде*); б) помóчь отдéлаться от; ~ **on** а) помогáть; продвигáть (*дело*); б): ~ me on with my overcoat помоги́те мне надéть пальтó; ~ **out** а) помóчь вы́йти; б) помóчь в затруднéнии, вы́ручить; ~ **over** вы́ручить, помóчь в затруднéнии; ~ **up** помóчь встать, подня́ться
**helper** [ˈhelpə] *n* 1) помóщник 2) подрýчный 3) *ж.-д.* вспомогáтельный паровóз
**helpful** [ˈhelpful] *a* полéзный
**helping** [ˈhelpɪŋ] **1.** *pres. p. от* help 2
**2.** *n* 1) пóмощь 2) пóрция
**helpless** [ˈhelplɪs] *a* 1) беспóмощный 2) беззащи́тный 3) неумéлый
**helpmate** [ˈhelpmeɪt] *n* 1) помóщник, товáрищ; подрýга 2) муж, супрýг; женá, супрýга
**helpmeet** [ˈhelpmiːt] = helpmate
**helter-skelter** [ˈheltəˈskeltə] **1.** *n* суматóха, беспоря́док
**2.** *adv* беспоря́дочно, как попáло
**helve** [helv] *n* 1) черенóк; рýчка, рукоя́ть 2) = helve-hammer ◇ to throw the ~ after the hatchet рисковáть послéдним; упóрствовать в безнадёжном дéле
**helve-hammer** [ˈhelvˌhæmə] *n* рычáжный мóлот
**Helvetian** [helˈviːʃjən] **1.** *a* швейцáрский
**2.** *n* швейцáрец; швейцáрка
**Helvetic** [helˈvetɪk] *a* швейцáрский
**hem** I [hem] **1.** *n* 1) рубéц (*на платке и т. п.*) 2) каймá; крóмка 3) *архит.* выступáющее ребрó на волю́те иони́ческой капитéли
**2.** *v* 1) подрубáть 2) окаймля́ть ▭ ~ **about,** ~ **in,** ~ **round** окружáть; ~med in by the enemy окружённый врагáми
**hem** II [hem] **1.** *int* гм!
**2.** *v* произноси́ть «гм», покáшливать, запинáться; to ~ and haw = to hum and ha(w) [*см.* hum I, 2, 2)]
**he-man** [ˈhiːˈmæn] *n разг.* настоя́щий мужчи́на
**hematic** [hɪˈmætɪk] = haematic
**hematite** [ˈhemətaɪt] = haematite
**hemisphere** [ˈhemɪsfɪə] *n* 1) полушáрие; the Northern (Southern) ~ сéверное (ю́жное) полушáрие 2) сфéра, óбласть (*знаний и т. п.*) 3) *анат.* полушáрие головнóго мóзга и мозжечкá
**hemispheric(al)** [ˌhemɪˈsferɪk(əl)] *a* полусфери́ческий
**hemistich** [ˈhemɪstɪk] *n* полусти́шие
**hemlock** [ˈhemlɔk] *n* 1) *бот.* болиголóв (крáпчатый) 2) наркóтик *или* яд из болиголóва 3) тсýга (*американское хвойное дерево*)
**hemoglobin** [ˌhiːməuˈgləubɪn] = haemoglobin
**hemorrhage** [ˈhemərɪdʒ] = haemorrhage
**hemorrhoids** [ˈhemərɔɪdz] = haemorrhoids
**hemp** [hemp] *n* 1) конопля́, пенькá 2) индии́ская конопля́; гаши́ш 3) *attr.* конопля́ный; ~ oil конопля́ное мáсло

**hempen** [ˈhempən] *a* пенько́вый

**hem-stitch** [ˈhemstɪtʃ] **1.** *n* ажу́рная стро́чка; мере́жка

**2.** *v* де́лать ажу́рную стро́чку, мере́жку

**hen** [hen] *n* 1) ку́рица 2) тетёрка; куропа́тка 3) *шутл.* же́нщина ◇ like a ~ with one chicken хлопотли́во; ≅ как ку́рица с яйцо́м

**-hen** [-hen] *в сложных словах означает самку птицы; напр.:* pea-hen па́ва

**henbane** [ˈhenbeɪn] *n бот.* белена́ (чёрная)

**hence** [hens] **1.** *adv* 1) отсю́да 2) с э́тих пор; three years ~ че́рез три го́да, три го́да спустя́ 3) сле́довательно ◇ to go ~ умере́ть

**2.** *int* прочь!, вон!

**henceforth** [ˈhensˈfɔːθ] *adv* с э́того вре́мени, впредь

**henceforward** [ˈhensˈfɔːwəd] = henceforth

**henchman** [ˈhentʃmən] *n* 1) приве́рженец 2) креату́ра; при́хвостень; приспе́шник 3) *ист.* оруженосец; паж

**hen-coop** [ˈhenkuːp] *n* клетка для кур; куря́тник

**hendecagon** [henˈdekəgən] *n геом.* одиннадцатиуго́льник

**hen-harrier** [ˈhenˌhærɪə] *n* лунь (*птица*)

**hen-hearted** [ˈhenˈhɑːtɪd] *a* трусли́вый, малоду́шный

**hen-house** [ˈhenhaus] *n* куря́тник

**hen-hussy** [ˈhenˌhʌsɪ] *n разг.* мужчи́на, занима́ющийся же́нской рабо́той по до́му

**henna** [ˈhenə] **1.** *n* 1) *бот.* хна 2) хна (*краска*)

**2.** *v* кра́сить во́лосы хно́й

**hennery** [ˈhenərɪ] *n* 1) птицефе́рма 2) куря́тник

**hen-party** [ˈhenˌpɑːtɪ] *n шутл.* «деви́чник», же́нская компа́ния

**hen-peck** [ˈhenpek] *v разг.* держа́ть му́жа под башмако́м

**hen-roost** [ˈhenruːst] *n* насе́ст

**henry** [ˈhenrɪ] *n эл.* ге́нри (*единица индуктивности*)

**hepatic** [hɪˈpætɪk] *a* 1) *мед.* печёночный 2) де́йствующий на пе́чень 3) красновáто-кори́чневый

**hepatite** [ˈhepətaɪt] *n мин.* гепати́т

**hepatitis** [ˌhepəˈtaɪtɪs] *n мед.* гепати́т, воспале́ние пе́чени

**heptagon** [ˈheptəgən] *n* семиуго́льник

**heptane** [ˈhepteɪn] *n хим.* гепта́н

**heptarchy** [ˈheptɑːkɪ] *n* 1) *ист.* сою́з семи́ короле́вств а́нглов и са́ксов 2) гепта́рхия, правле́ние, осуществля́емое семью́ ли́цами; страна́, управля́емая семью́ ли́цами

**Heptateuch** [ˈheptətjuːk] *n рел.* пе́рвые семь книг Ве́тхого заве́та

**her** I [həː] *pron pers. косв. падеж от* she

**her** II [həː] *pron poss.* (*употр. атрибутивно; ср.* hers) её; свой; принадлежа́щий ей; ~ book её кни́га

**herald** [ˈherəld] **1.** *n* 1) *ист.* геро́льд; глаша́тай 2) ве́стник ◇ Heralds' College геральди́ческая пала́та

**2.** *v* 1) возвеща́ть, объявля́ть 2) предвеща́ть

**heraldic** [heˈrældɪk] *a* геральди́ческий

**heraldry** [ˈherəldrɪ] *n* гера́льдика, гербове́дение

**herb** [həːb] *n* трава́, расте́ние (*особ. лекарственное*)

**herbaceous** [həːˈbeɪʃəs] *a* травяно́й; травяни́стый; ~ border цвето́чный бордю́р

**herbage** [ˈhəːbɪdʒ] *n* 1) *собир.* тра́вы; травяно́й покро́в 2) *юр.* пра́во па́стбища

**herbal** [ˈhəːbəl] *a* травяно́й

**herbalist** [ˈhəːbəlɪst] *n* 1) знато́к трав 2) торго́вец лече́бными тра́вами

**herbaria** [həːˈbɛərɪə] *pl от* herbarium

**herbarium** [həːˈbɛərɪəm] *n* (*pl* -riums [-rɪəmz], -ria) герба́рий

**herbicide** [ˈhəːbɪsaɪd] *n с.-х.* гербици́д

**herbivorous** [həːˈbɪvərəs] *a* травоя́дный

**herborize** [ˈhəːbəraɪz] *v* ботанизи́ровать, собира́ть тра́вы

**Herculean** [ˌhəːkjuˈliː(ː)ən] *a* 1) геркуле́совский; исполи́нский 2) о́чень тру́дный *или* опа́сный; ~ task сложне́йшая зада́ча

**Hercules** [ˈhəːkjuliːz] *n* 1) *римск. миф.* Геркуле́с 2) геркуле́с, сила́ч

**herd** [həːd] **1.** *n* 1) ста́до; гурт 2) пасту́х 3) *attr.* ста́дный; the ~ instinct ста́дное чу́вство

**2.** *v* 1) ходи́ть ста́дом; толпи́ться 2) быть вме́сте, подружи́ться; примкну́ть (with) 3) собира́ть вме́сте 4) пасти́

**herdsman** [ˈhəːdzmən] *n* 1) пасту́х 2) скотово́д

**here** [hɪə] *adv* 1) здесь, тут; ~ and there там и сям; разбро́санно; ~, there and everywhere повсю́ду 2) сюда́; come ~ иди́те сюда́ 3) вот; ~ is your book вот ва́ша кни́га; ~ you (*или* we) are! *разг.* вот, пожа́луйста!; вот то, что вам ну́жно; ~ we are (again)! вот и мы! 4) в э́тот моме́нт; ~ the speaker paused в э́тот моме́нт ора́тор останови́лся 5): my friend ~ was a witness of the accident вот мой друг ви́дел всё со́бственными глаза́ми ◇ ~'s to you, ~'s how! (за) ва́ше здоро́вье!; ~'s a go ≅ за на́ше здоро́вье; same ~ я то́же; я согла́сен; то же могу́ сказа́ть о себе́; ~ goes! что ж! начнём!; пошли́!, пое́хали!; ~ today and gone tomorrow ≅ «перелётная пти́ца»

**hereabout(s)** [ˈhɪərəˌbaut(s)] *adv* побли́зости; где́-то ря́дом

**hereafter** [hɪərˈɑːftə] **1.** *adv* 1) зате́м, да́льше (*в статье, книге и т. п.*) 2) в бу́дущем

**2.** *n* 1) бу́дущее, гряду́щее 2) потусторо́нний мир

**hereby** [ˈhɪəˈbaɪ] *adv* 1) *юр.* сим, э́тим, настоя́щим; при сём; ~ I promise настоя́щим я обязу́юсь 2) таки́м о́бразом

**hereditary** [hɪˈredɪtərɪ] *a* 1) насле́дственный 2) традицио́нный (*в данной семье*)

**heredity** [hɪˈredɪtɪ] *n* насле́дственность

**herein** [ˈhɪərˈɪn] *adv* в э́том; здесь, при сём (*в документах*)

**hereinafter** [ˈhɪərɪnˈɑːftə] *adv* ни́же, в дальне́йшем (*в документах*)

**hereof** [hɪərˈɔv] *adv* 1) об э́том 2) отсю́да, из э́того (*в документах*)

**heresy** [ˈherəsɪ] *n* е́ресь

**heretic** [ˈherətɪk] *n* ерети́к

**heretical** [hɪˈretɪkəl] *a* ерети́ческий

**hereto** [ˈhɪəˈtuː] *adv* к э́тому, к тому́ (*в документах*)

**heretofore** [ˈhɪətuˈfɔː] *adv* пре́жде, до э́того

**hereupon** [ˈhɪərəˈpɔn] *adv* 1) вслед за э́тим, по́сле э́того 2) вследствие э́того; всле́дствие чего́

**herewith** [ˈhɪəˈwɪð] *adv* 1) настоя́щим (*сообщается и т. п.*); при сём (*прилагается*) 2) посре́дством э́того

**heritable** [ˈherɪtəbl] *a* насле́дственный, насле́дуемый; ~ disease насле́дственная боле́знь

**heritage** [ˈherɪtɪdʒ] *n* насле́дство; насле́дие

**heritor** [ˈherɪtə] *n* насле́дник

**hermaphrodite** [həːˈmæfrədaɪt] *n* гермафроди́т; обоепо́лое существо́

**Hermes** [ˈhəːmiːz] *n греч. миф.* Герме́с

**hermetic** [həːˈmetɪk] *a* гермети́ческий; пло́тно закры́тый ◇ ~ art алхи́мия

**hermetically** [həːˈmetɪkəlɪ] *adv* пло́тно, гермети́чески

**hermit** [ˈhəːmɪt] *n* отше́льник, пусты́нник

**hermitage** [ˈhəːmɪtɪdʒ] *n* хи́жина отше́льника; уединённое жили́ще

**hermit-crab** [ˈhəːmɪtˈkræb] *n* рак-отше́льник

**hern** [həːn] = heron

**hernia** [ˈhəːnjə] *n мед.* гры́жа

**hero** [ˈhɪərəu] *n* (*pl* -oes [-əuz]) 1) геро́й; H. of the Soviet Union Геро́й Сове́тского Сою́за; H. of Socialist Labour Геро́й Социалисти́ческого Труда́ 2) геро́й, гла́вное де́йствующее лицо́ (*романа, пьесы и т. п.*) 3) геро́й, полубо́г (*в античной литературе*)

**Herod** [ˈherəd] *n библ.* Иро́д

**heroic** [hɪˈrəuɪk] **1.** *a* 1) герои́ческий, геро́йский 2) *лит.* герои́ческий, эпи́ческий 3) высокопа́рный, напы́щенный (*о языке*) 4): ~ verse пятисто́пный рифмо́ванный ямб (*в английской поэзии*); александри́йский стих (*во французской поэзии*); гекза́метр (*в греческой и латинской поэзии*) 5) опа́сный, риско́ванный (*о методе лечения*) 6) бо́льше челове́ческого ро́ста (*о статуе и т. п.*)

**2.** *n pl* высокопа́рный, напы́щенный язы́к

**heroin** [ˈherəuɪn] *n* герои́н

**heroine** ['herəuɪn] *n* 1) героиня 2) героиня, главное действующее лицо (*романа, пьесы и т. п.*)

**heroism** ['herəuɪzm] *n* героизм, геройство, доблесть

**heron** ['herən] *n* цапля

**heronry** ['herənrɪ] *n* гнездовье цапель

**hero-worship** ['hɪərəuˌwɜːʃɪp] **1.** *n* 1) преклонение перед героями 2) культ киноактёров, спортсменов *и т. п.*

**2.** *v* 1) преклоняться перед героями 2) восторгаться (*актёрами, спортсменами и т. п.*)

**herpes** ['hɜːpiːz] *n мед.* лишай

**herring** ['herɪŋ] *n* сельдь; kippered ~ копчёная сельдь

**herring-bone** ['herɪŋbəun] **1.** *n* 1) кладка кирпича «в ёлку» 2) вышивка «ёлочкой»

**2.** *a* имеющий вид колоса, шеврона; «в ёлочку»

**herring-pond** ['herɪŋpɔnd] *n шутл. название северной части Атлантического океана*

**hers** [hɜːz] *pron poss.* (*абсолютная форма; не употр. атрибутивно; ср.* her II) её; свой; принадлежащий ей; this book is ~ эта книга её

**herself** [hɜː'self] *pron* 1) *refl.* себя, самоё себя; -сь; себе; she burnt ~ она обожглась; she came to ~ она пришла в себя 2) *emph.* сама; she did it ~ она это сделала сама; (all) by ~ (совсем) одна, без чьей-л. помощи ◇ she is not ~ today сегодня она сама не своя

**hertz** [hɜːts] *n физ.* герц

**Hertzian** ['hɜːtsɪən] *a*: ~ waves *физ.* электромагнитные волны

**he's** [hiːz] *сокр. разг.* = he is, he has

**hesitancy** ['hezɪtənsɪ] *n* колебание, нерешительность

**hesitant** ['hezɪtənt] *a* колеблющийся; нерешительный

**hesitate** ['hezɪteɪt] *v* 1) колебаться; не решаться; I ~ to affirm (я) боюсь утверждать 2) стесняться; do not ~ to ask me спрашивайте меня, не стесняйтесь 3) запинаться ◇ he who ~s is lost ≅ промедление смерти подобно

**hesitatingly** ['hezɪteɪtɪŋlɪ] *adv* нерешительно

**hesitation** [ˌhezɪ'teɪʃən] *n* 1) колебание, сомнение 2) нерешительность; неохота 3) заикание

**hesitative** ['hezɪteɪtɪv] *a* проявляющий колебание, колеблющийся

**Hesperian** [hes'pɪərɪən] *a поэт.* западный

**Hesperus** ['hespərəs] *n* вечерняя звезда

**Hessian** ['hesɪən] **1.** *a* гессенский, из Гессена ◇ ~ boots *ист.* высокие сапоги; ботфорты

**2.** *n* 1) *ист.* гессенский наёмник 2) *амер.* наёмник, продажный человек 3) дерюга, мешочная ткань

**heterodox** ['hetərəudɔks] *a* неортодоксальный; еретический

**heterodoxy** ['hetərəudɔksɪ] *n* неортодоксальность; ересь

**heterodyne** ['hetərəudaɪn] *радио* **1.** *a* гетеродинный

**2.** *v* накладывать колебания

**heterogeneity** [ˌheterəudʒɪ'niːɪtɪ] *n* гетерогенность, разнородность

**heterogeneous** ['hetərəu'dʒiːnjəs] гетерогенный, разнородный

**het-up** ['het'ʌp] *a* возбуждённый, в нервном состоянии; to get ~ about smth. выйти из себя, вспылить

**hew** [hjuː] *v* (hewed [-d]; hewed, hewn) 1) рубить, разрубать; to ~ one's way прорубать, прокладывать себе дорогу 2) срубать (*часто* ~ down, ~ off) 3) высекать, вытёсывать (*часто* ~ out); to ~ out a career for oneself сделать карьеру 4) *горн.* отбивать (*часто* ~ off)

**hewer** ['hjuːə] *n уст.* 1) дровосек 2) каменотёс 3) *горн.* забойщик 4) подёнщик ◇ ~s of wood and drawers of water а) *библ.* рубящие дрова и черпающие воду; б) выполняющие чёрную работу

**hewn** [hjuːn] *p. p. от* hew

**hexagon** ['heksəgən] *n* шестиугольник

**hexagonal** [hek'sægənl] *a* шестиугольный

**hexahedron** ['heksə'hedrən] *n* шестигранник

**hexameter** [hek'sæmɪtə] *n* гекзаметр

**hey** [heɪ] *int* эй! (*оклик; тж. выражает вопрос, радость, изумление*)

**hey-day** ['heɪdeɪ] *int восклицание, выражающее радость, удивление*

**heyday** ['heɪdeɪ] *n* зенит, расцвет, лучшая пора; in the ~ of youth в расцвете молодости; in the ~ of one's glory в зените славы

**H-hour** ['eɪtʃˌauə] *n амер. воен.* час «Ч», время начала операции

**hi** [haɪ] = hey

**hiatus** [haɪ'eɪtəs] *n* (*pl* -ses [-sɪz]) 1) пробел, пропуск 2) *лингв.* хиатус, зияние

**hibernal** [haɪ'bɜːnl] *a* зимний

**hibernate** ['haɪbɜːneɪt] *v* 1) находиться в зимней спячке (*о животных*) 2) зимовать 3) быть в бездействии

**hibernation** [ˌhaɪbɜː'neɪʃən] *n* 1) зимняя спячка 2) бездействие

**Hibernian** [haɪ'bɜːnjən] *поэт.* **1.** *a* ирландский

**2.** *n* ирландец; ирландка

**hibiscus** [hɪ'bɪskəs] *n бот.* гибискус

**hiccough, hiccup** ['hɪkʌp] **1.** *n* икота

**2.** *v* икать

**hick** [hɪk] *n разг.* 1) провинциал, деревенщина 2) *attr.* провинциальный; ~ town захолустный городишко

**hickory** ['hɪkərɪ] *n* гикори (*род сев.-амер. орешника*)

**hickory-shirt** ['hɪkərɪʃɜːt] *n амер.* рубашка из грубой хлопчатобумажной ткани в узкую синюю полоску *или* клетку

**hid** [hɪd] *past и p. p. от* hide II, 2

**hidalgo** [hɪ'dælgəu] *исп. n* (*pl* -os [-əuz]) *ист.* (г)идальго

**hidden** ['hɪdn] *p. p. от* hide II, 2

**hide I** [haɪd] **1.** *n* 1) шкура, кожа 2) *шутл.* кожа (человека); to save one's ~ спасать свою шкуру

**2.** *v* 1) содрать шкуру 2) *разг.* выпороть, спустить шкуру

**hide II** [haɪd] **1.** *n* 1) укрытие; тайник 2) скрытый запас

**2.** *v* (hid; hid, hidden) прятать(ся); скрывать(ся); to ~ one's feelings скрывать свои чувства; to ~ one's head прятаться, не показываться (*особ. от стыда*); скрывать своё унижение

**hide III** [haɪd] *n ист.* надел земли для одной семьи (= *100 акрам*)

**hide-and-(go-)seek** ['haɪdənd(gəu)-'siːk] *n* (игра в) прятки

**hide-away** ['haɪdəˌweɪ] = hide-out

**hidebound** ['haɪdbaund] *a* 1) сильно исхудавший (*о скоте*) 2) ограниченный, с узким кругозором

**hideous** ['hɪdɪəs] *a* отвратительный, страшный, ужасный

**hide-out** ['haɪd'aut] *n разг.* укрытие; убежище

**hiding I** ['haɪdɪŋ] **1.** *pres. p. от* hide I, 2

**2.** *n* порка; to give smb. a good ~ выдрать, отколотить кого-л. как следует

**hiding II** ['haɪdɪŋ] **1.** *pres. p. от* hide II, 2

**2.** *n*: in ~ в бегах, скрываясь; to go into ~ скрываться

**hiding-place** ['haɪdɪŋpleɪs] *n* потаённое место; убежище; тайник

**hie** [haɪ] *v поэт., шутл.* спешить; торопиться

**hierarchy** ['haɪərɑːkɪ] *n* 1) иерархия 2) *церк.* священноначалие, теократия

**hieratic** [ˌhaɪə'rætɪk] *a* иератический, священный (*особ. о древнеегипетских письменах*)

**hieroglyph** ['haɪərəuglɪf] *n* иероглиф

**hieroglyphic** [ˌhaɪərəu'glɪfɪk] **1.** *a* иероглифический

**2.** *n pl* иероглифы

**hi-fi** ['haɪ'faɪ] *разг. сокр. от* high-fidelity

**higgle** ['hɪgl] *v* торговаться

**higgledy-piggledy** ['hɪgldɪ'pɪgldɪ] **1.** *n* полный беспорядок

**2.** *a* беспорядочный, сумбурный

**3.** *adv* как придётся, в беспорядке

**higgler** ['hɪglə] *n* разносчик; разъездной торговец

**High** [haɪ] *амер.* = high school

**high** [haɪ] **1.** *a* 1) высокий; возвышенный 2) высший; главный; верховный; ~ official высший чиновник; H. Command верховное командование 3) высший, лучший; ~ quality высшее качество; ~ opinion высокая оценка 4) большой, сильный; интенсивный; ~ wind сильный ветер; ~ colour румянец; ~ farming интенсивное земледелие; широкое использование удобрений 5) превосходный, богатый, роскошный; ~ feeding роскошный стол; ~ living богáтая жизнь 6) (находя́щийся) в сáмом разгáре; ~ summer разгáр лéта; ~ noon сáмый пóлдень; at ~ noon тóчно в пóлдень 7) высóкий, дорогóй; at a ~ cost по высóкой ценé 8) весёлый, рáдостный; ~ spirits весёлое, припóднятое настроéние; to have a ~ time хорошó повесели́ться, хорошó провести́ врéмя 9) благорóдный, возвы́шенный; ~ ideals благорóдные идеáлы 10) высóкий, рéзкий (*о звуке*) 11) *фон.* вéрхний, вéрхнего подъёма 12) подпóрченный, с душкóм (*о мясе*) 13) с высóким содержáнием (*чего-л.*) 14) *разг.* пья́ный ◇ ~ antiquity глубóкая дрéвность; ~ and dry а) вы́брошенный, вы́тащенный на бéрег (*о судне*); б) поки́нутый в бедé; в) устарéвший; отстáвший (*от времени и т. п.*); ~ and low (лю́ди) вся́кого звáния [*ср. тж.* high 2 ◇]; ~ and mighty высокомéрный, надмéнный; to mount (*или* to ride) the ~ horse, to ride one's ~ horse, to be on one's ~ horse, *амер.* to get the ~ hat вáжничать, вести́ себя́ высокомéрно; with a ~ hand высокомéрно; ~ road а) большáя дорóга, шоссé; б) столбовáя дорóга, прямóй путь (*к чему-л.*); (it is) ~ time давнó порá; сáмая порá; ~ Tory крáйний консервáтор; ~ words гнéвные словá; разговóр в повы́шенном тóне

**2.** *adv* 1) высóкó; to aim ~ мéтить высокó 2) си́льно, интенси́вно; the wind blows ~ вéтер си́льно дýет 3) роскóшно; to live ~ жить в рóскоши, жить богáто, на широ́кую нóгу ◇ ~ and low повсю́ду, вездé [*ср. тж.* high 1 ◇]; to play ~ *карт.* игрáть по большóй; ходи́ть с крýпной кáрты; to run ~ а) подымáться, вздымáться (*о море*); б) возбуждáться; passions ran ~ страсти разгорéлись

**3.** *n* 1) вы́сшая тóчка; мáксимум; to be in (*или* at) the ~ дости́гнуть вы́сшего ýровня 2) стáршая кáрта, находя́щаяся на рукáх

**highball** [ˈhaɪbɔːl] **1.** *n амер.* 1) *разг.* ви́ски с сóдой и льдом 2) *ж.-д.* сигнáл отправлéния 3) скóрый пóезд

**2.** *v* éхать на большóй скóрости

**highbinder** [ˈhaɪˌbaɪndə] *n амер.* 1) *разг.* полити́ческий интригáн; шантажи́ст 2) хулигáн, банди́т

**high-blown** [ˈhaɪbləun] *a* 1) си́льно раздýтый 2) напы́щенный

**high-board diver** [ˈhaɪbɔːdˌdaɪvə] *n спорт.* прыгýн с вы́шки

**high-board diving** [ˈhaɪbɔːdˌdaɪvɪŋ] *n спорт.* прыжки́ с вы́шки

**high-born** [ˈhaɪbɔːn] *a* знáтного происхождéния

**highboy** [ˈhaɪbɔɪ] *n* высóкий комóд

**high-bred** [ˈhaɪbred] *a* 1) порóдистый 2) хорошó воспи́танный

**highbrow** [ˈhaɪbrau] *разг.* **1.** *n* 1) человéк, претендýющий на интеллектуáльность, утончённость 2) далёкий от жи́зни учёный, интеллигéнт

**2.** *a* высокомéрный

**High Church** [ˈhaɪˈtʃəːtʃ] *n* направлéние в англикáнской цéркви, тяготéющее к католици́зму

**high-coloured** [ˈhaɪˈkʌləd] *a* 1) румя́ный 2) я́ркий 3) живóй (*об описании*) 4) преувели́ченный, приукрáшенный

**High Court (of Justice)** [ˈhaɪˈkɔːt(əvˈdʒʌstɪs)] *n* Высóкий суд правосýдия (*входит в состав Верховного суда в Англии*)

**high day** [ˈhaɪdeɪ] *n* прáздник, прáздничный день

**higher** [ˈhaɪə] **1.** *a* 1) *сравн. ст. от* high 1; 2) вы́сший; ~ education вы́сшее образовáние

**2.** *adv сравн. ст. от* high 2

**higher-up** [ˈhaɪərˈʌp] *n разг.* 1) стáрший по чи́ну 2) заправи́ла

**high explosive** [ˈhaɪɪksˈpləusɪv] *n* 1) бризáнтное взры́вчатое веществó 2) *attr.*: ~ bomb фугáсная бóмба

**high falutin(g)** [ˈhaɪfəˈluːtɪn (-ɪŋ)] **1.** *n* напы́щенность

**2.** *a* напы́щенный

**high-fed** [ˈhaɪfed] *a* 1) привы́кший к роскóшному столý 2) избалóванный

**high-fidelity** [ˈhaɪfɪˈdelɪtɪ] *n радио* высóкая тóчность воспроизведéния

**high-flier** [ˈhaɪˈflaɪə] *n* 1) честолю́бец 2) сторóнник направлéния в англикáнской цéркви, тяготéющего к католици́зму

**high-flown** [ˈhaɪfləun] *a* высóкий, высокопáрный, напы́щенный (*о стиле и т. п.*)

**highflyer** [ˈhaɪˌflaɪə] = high-flier

**high-frequency** [ˈhaɪˈfriːkwənsɪ] **1.** *n эл.* высóкая частотá

**2.** *a* коротковóлновый; высокочастóтный

**high grade** [ˈhaɪgreɪd] *n* крутóй подъём

**high-grade** [ˈhaɪgreɪd] *a* высокосóртный, высокопроцéнтный; высококáчественный; богáтый (*о руде*)

**high-handed** [ˈhaɪˈhændɪd] *a* своевóльный; влáстный, повели́тельный; высокомéрный

**high-handedness** [ˈhaɪˈhændɪdnɪs] *n* произвóл, произвóльные дéйствия

**high-hat** [ˈhaɪˈhæt] *амер. разг.* **1.** *n* 1) вáжная персóна 2) занóсчивый человéк

**2.** *v* относи́ться высокомéрно, с пренебрéжением (*к кому-л.*)

**high-hearted** [ˈhaɪˈhɑːtɪd] *a* мýжественный, хрáбрый

**high jumper** [ˈhaɪˌdʒʌmpə] *n спорт.* прыгýн в высотý

**highland** [ˈhaɪlənd] *n* 1) плоскогóрье, нагóрье 2) *pl* гóрная мéстность; гóрная странá; the Highlands сéвер и сéверо-зáпад Шотлáндии

**Highlander** [ˈhaɪləndə] *n* 1) гóрец 2) шотлáндский гóрец 3) солдáт шотлáндского полкá

**high-level** [ˈhaɪˈlevl] *a* 1) происходя́щий на большóй высотé 2) высокопостáвленный 3) (происходя́щий) на вы́сшем ýровне

**high life** [ˈhaɪˈlaɪf] *n* вы́сшее óбщество, вы́сший свет; аристокрáтия

**high light** [ˈhaɪlaɪt] *n* 1) световóй эффéкт (*в живописи, фотографии*) 2) основнóй момéнт, факт ◇ to be in (*или* to hit) the ~ быть в цéнтре внимáния

**highlight** [ˈhaɪlaɪt] *v* 1) я́рко освещáть 2) выдвигáть на пéрвый план; придавáть большóе значéние

**highly** [ˈhaɪlɪ] *adv* 1) óчень, весьмá, чрезвычáйно, си́льно 2) благоприя́тно; благосклóнно 3) высóкó; a ~ paid worker высокооплáчиваемый рабóчий 4): ~ descended аристократи́ческого происхождéния; ~ connected с аристократи́ческими свя́зями

**high-minded** [ˈhaɪˈmaɪndɪd] *a* 1) благорóдный, возвы́шенный; великодýшный 2) гóрдый, надмéнный

**high-necked** [ˈhaɪˈnekt] *a* закры́тый (*о платье и т. п.*)

**highness** [ˈhaɪnɪs] *n* 1) высотá; возвы́шенность 2) высóкая стéпень (*чего-л.*) 3) величинá 4) (H.) высóчество (*титул*)

**high-octane** [ˈhaɪˈɔkteɪn] *a хим.* высокооктáновый (*о бензине*)

**high-pitched** [ˈhaɪˈpɪtʃt] *a* 1) высóкий, пронзи́тельный (*о звуке*) 2) высóкий и крутóй (*о крыше*) 3) *перен.* возвы́шенный

**high-priority** [ˈhaɪpraɪˈɔrɪtɪ] *a* первоочереднóй; ~ call срóчный вы́зов

**high-ranker** [ˈhaɪˌræŋkə] *n* высокопостáвленное лицó; человéк, занимáющий высóкий пост *или* положéние

**high-ranking** [ˈhaɪˌræŋkɪŋ] *a* высокопостáвленный

**high relief** [ˈhaɪrɪˈliːf] *n* горельéф

**high-rise** [ˈhaɪraɪz] *a* высóтный; многоэтáжный

**high-riser** [ˈhaɪˌraɪzə] *n* высóтный дом

**high-risk** [ˈhaɪrɪsk] *a* авантюристи́ческий, чрезвычáйно рискóванный

**high-road** [ˈhaɪrəud] *n* 1) = highway 1) *и* 2); 2) прямóй, сáмый лёгкий путь; ~ to fame (to success) прямóй путь к слáве (к успéху)

**high-rolling** [ˈhaɪˌrəulɪŋ] *n амер. разг.* промáтывание дéнег, средств

**high-scaler** [ˈhaɪˈskeɪlə] *n* верхолáз

**high school** [ˈhaɪskuːl] *n* срéдняя шкóла

**high-sounding** [ˈhaɪˌsaundɪŋ] *a* пы́шный, грóмкий

**high speed** [ˈhaɪˈspiːd] *n* максимáльная скóрость, бы́стрый ход

**high-speed** [ˈhaɪˈspiːd] *a* 1) быстрохóдный, скоростнóй 2) быстрорéжущий (*о стали*)

**high-spirited** [ˈhaɪˈspɪrɪtɪd] *a* 1) отвáжный, мýжественный 2) пы́лкий, горя́чий, рéзвый 3) в хорóшем настроéнии, весёлый

**high-strung** [ˈhaɪˈstrʌŋ] *a* чувстви́тельный; легкó возбуди́мый; нéрвный

**high tide** [ˈhaɪtaɪd] *n мор.* пóлная водá; прили́в

**high-toned** [ˈhaɪˈtəund] *a* 1) возвы́шенный, благорóдный (*тж. ирон.*)

2) *амер. разг.* мане́рный, с прете́нзиями; то́нный
**high treason** [ˈhaɪˈtri:zn] *n* госуда́рственная изме́на
**high-up** [ˈhaɪʌp] **1.** *n* высокопоста́вленное лицо́, кру́пная фигу́ра, туз
**2.** *a разг.* 1) высо́ко́ располо́женный 2) высокопоста́вленный
**high water** [ˈhaɪˈwɔ:tə] *n* 1) = high tide 2) па́водок
**high-water mark** [ˈhaɪˈwɔ:təmɑ:k] *n* 1) у́ровень по́лной воды́ 2) вы́сшее достиже́ние; вы́сшая то́чка (*чего-л.*)
**highway** [ˈhaɪweɪ] *n* 1) больша́я доро́га, больша́к; шоссе́ 2) гла́вный путь; торго́вый путь 3) *перен.* прямо́й путь (*к чему-л.*); столбова́я доро́га
**highway crossing** [ˈhaɪweɪˌkrɔsɪŋ] *n* перее́зд
**highwayman** [ˈhaɪweɪmən] *n* разбо́йник (с большо́й доро́ги)
**hijack** [ˈhaɪdʒæk] *v* 1) напада́ть с це́лью грабежа́ (*на автомобили и т. п.*); си́лой отнима́ть 2) угоня́ть самолёт, занима́ться возду́шным пира́тством
**hijacker** [ˈhaɪˌdʒækə] *n* 1) банди́т, налётчик 2) возду́шный пира́т
**hijacking** [ˈhaɪˌdʒækɪŋ] *n* 1) ограбле́ние, нападе́ние 2) уго́н самолёта, возду́шное пира́тство
**hike** [haɪk] **1.** *n* 1) *разг.* дли́тельная прогу́лка; экску́рсия; путеше́ствие пешко́м 2) *амер. воен.* марш
**2.** *v* 1) путеше́ствовать, ходи́ть пешко́м 2) бродя́жничать 3) *амер. воен.* марширова́ть 4) *разг.* поднима́ть, повыша́ть (*цены, налоги и т. п.*)
**hilarious** [hɪˈlɛərɪəs] *a* шу́мный, весёлый
**hilarity** [hɪˈlærɪtɪ] *n* весе́лье, весёлость
**Hilary** [ˈhɪlərɪ] *n* семе́стр, начина́ющийся с рождества́ (*в некоторых англ. университетах*)
**hill** [hɪl] **1.** *n* 1) холм, возвыше́ние, возвы́шенность 2) ку́ча
**2.** *v* 1) насыпа́ть ку́чу 2) оку́чивать (*растение*; *часто* ~ up)
**hill-billy** [ˈhɪlˌbɪlɪ] *n амер. разг.* 1) жи́тель го́рных райо́нов за́падных и ю́жных шта́тов, «дереве́нщина» 2) *attr.* дереве́нский; ~ music наро́дная му́зыка
**hilling** [ˈhɪlɪŋ] **1.** *pres. p. от* hill 2
**2.** *n с.-х.* оку́чивание
**hillock** [ˈhɪlək] *n* 1) хо́лмик, буго́р 2) *горн.* ку́ча поро́ды; отва́л пусто́й поро́ды
**hillside** [ˈhɪlˈsaɪd] *n* склон горы́ *или* холма́
**hilly** [ˈhɪlɪ] *a* холми́стый
**hilt** [hɪlt] *n* рукоя́тка, эфе́с; (up) to the ~ а) по са́мую рукоя́тку; б) по́лностью, до конца́, вполне́ ◇ to live up to the ~ жить по́лной жи́знью
**him** [hɪm (*полная форма*); ɪm (*редуцированная форма*)] *pron pers. косв. падеж от* he
**himself** [hɪmˈself] *pron* 1) *refl.* себя́; -ся; себе́; he hurt ~ он уши́бся; he came to ~ он пришёл в себя́
2) *emph.* сам; he says so ~ он сам э́то говори́т; he has done it all by ~ он сде́лал всё сам, без посторо́нней по́мощи ◇ he is not ~ он сам не свой; Richard is ~ again ≅ жив кури́лка
**hind** I [haɪnd] *n* 1) лань 2) са́мка оле́ня
**hind** II [haɪnd] *n* 1) батра́к, рабо́тник на фе́рме 2) *уст.* крестья́нин; *презр.* дереве́нщина
**hind** III [haɪnd] *a* за́дний; ~ leg за́дняя нога́; ~ quarters за́дняя часть (*туши*)
**hind-carriage** [ˈhaɪndˌkærɪdʒ] *n* прице́п
**hinder** I [ˈhaɪndə] *a* за́дний; ~ part before за́дом наперёд
**hinder** II [ˈhɪndə] *v* 1) меша́ть, препя́тствовать 2) быть поме́хой
**hind-head** [ˈhaɪndhed] *n* заты́лок
**Hindi** [ˈhɪndi:] **1.** *n* язы́к хи́нди
**2.** *a* относя́щийся к языку́ хи́нди
**hindmost** [ˈhaɪn*d*məust] *a* 1) са́мый за́дний; после́дний 2) са́мый отдалённый
**Hindoo** [ˈhɪnˈdu:] = Hindu
**hindrance** [ˈhɪndrəns] *n* поме́ха, препя́тствие; you are more of a ~ than a help вы бо́льше меша́ете, чем помога́ете
**hindsight** [ˈhaɪndsaɪt] *n* 1) непредусмотри́тельность 2) взгляд в про́шлое, ретроспекти́вный взгляд; with (*или* in) ~ огля́дываясь на про́шлое 3) *воен.* прице́л
**Hindu** [ˈhɪnˈdu:] **1.** *n* инду́с
**2.** *a* инду́сский
**Hinduism** [ˈhɪndu(:)ɪzm] *n* индуи́зм
**Hindustani** [ˌhɪnduˈstɑ:nɪ] **1.** *n* 1) инди́ец 2) язы́к хиндуста́ни
**2.** *a* инди́йский
**hinge** [hɪn*d*ʒ] **1.** *n* 1) пе́тля (*напр., дверная*); шарни́р; крюк 2) сте́ржень, суть; кардина́льный пункт (*чего-л.*) ◇ off the ~s в беспоря́дке; в расстро́йстве
**2.** *v* 1) прикрепля́ть на пе́тлях 2) висе́ть, враща́ться на пе́тлях 3) *перен.* враща́ться (*вокруг чего-л.*); зави́сеть (on — от)
**hint** [hɪnt] **1.** *n* 1) намёк; gentle ~ то́нкий намёк; to drop (*или* to let fall, to throw out) a ~ намекну́ть; to take a ~ поня́ть (намёк) с полусло́ва 2) сове́т; ~s on housekeeping сове́ты по хозя́йству 3) налёт, отте́нок; not a ~ of surprise ни те́ни удивле́ния
**2.** *v* намека́ть (at — на)
**hinterland** [ˈhɪntəlænd] *нем. n* 1) райо́ны вглубь от прибре́жной полосы́ *или* грани́цы 2) *воен.* глубо́кий тыл 3) райо́н, удалённый от промы́шленного це́нтра *и т. п.*
**hip** I [hɪp] *n* 1) бедро́; бок 2) *архит.* конёк, ребро́ кры́ши; ва́льма ◇ to have (*или* to get) a person on the ~ держа́ть кого́-л. в рука́х; име́ть пе́ред кем-л. преиму́щество; ~ and thigh беспоща́дно
**hip** II [hɪp] *n* плод (*или* я́года) шипо́вника
**hip** III [hɪp] (*сокр. от* hypochondria) *разг.* **1.** *n* меланхо́лия, уны́ние; to have the ~ хандри́ть
**2.** *v* поверга́ть в уны́ние
**hip** IV [hɪp] *int*: ~, ~, hurrah! ура́!, ура́!
**hip-bath** [ˈhɪpbɑ:θ] *n* сидя́чая ва́нна
**hip-bone** [ˈhɪpbəun] *n анат.* та́зовая кость
**hipped** [hɪpt] *a разг.* 1) меланхоли́чный 2) поме́шанный (*на чём-л.*); ~ on philately увлечённый филатели́ей
**hippie** [ˈhɪpɪ] *n* хи́ппи
**hippo** [ˈhɪpəu] *n* (*pl* -os [əuz]) *сокр. разг. от* hippopotamus
**hippocampi** [ˌhɪpə*u*ˈkæmpaɪ] *pl от* hippocampus
**hippocampus** [ˌhɪpə*u*ˈkæmpəs] *n* (*pl* -pi) *зоол.* морско́й конёк
**hippodrome** [ˈhɪpədrəum] *n* 1) ипподро́м 2) *редк.* цирк, аре́на
**hippopotami** [ˌhɪpəˈpɔtəmaɪ] *pl от* hippopotamus
**hippopotamus** [ˌhɪpəˈpɔtəməs] *n* (*pl* -es [-ɪz], -mi) гиппопота́м
**hippy** [ˈhɪpɪ] = hippie
**hip-roof** [ˈhɪpru:f] *n* шатро́вая кры́ша, ва́льмовая кры́ша
**hipster** [ˈhɪpstə] *n разг.* челове́к, презира́ющий усло́вности, хи́пстер, би́тник
**hire** [ˈhaɪə] **1.** *n* 1) наём; прока́т; to let out on ~ сдава́ть внаём, дава́ть напрока́т 2) пла́та за наём; to work for ~ рабо́тать по на́йму
**2.** *v* нанима́ть □ ~ **out** а) сдава́ть внаём, дава́ть напрока́т; б) нанима́ться (*в прислуги, официантки и т. п.*)
**hireling** [ˈhaɪəlɪŋ] *n* 1) наёмник, найми́т 2) наёмная ло́шадь
**hire-purchase** [ˈhaɪəˈpə:tʃəs] *n* поку́пка в рассро́чку
**hire system** [ˈhaɪəˈsɪstɪm] = hire-purchase
**hirst** [hə:st] *n геол.* нано́с песка́, песча́ная речна́я о́тмель
**hirsute** [ˈhə:sju:t] *a* волоса́тый, косма́тый
**his** [hɪz (*полная форма*); ɪz (*редуцированная форма*)] *pron poss.* его́, свой; принадлежа́щий ему́; ~ pen его́ ру́чка
**hispid** [ˈhɪspɪd] *a бот., зоол.* покры́тый жёсткими волоска́ми *или* щети́нками; колю́чий
**hiss** [hɪs] **1.** *n* шипе́ние; свист
**2.** *v* 1) шипе́ть; свисте́ть 2) осви́стывать □ ~ **away,** ~ **down,** ~ **off,** ~ **out** прогна́ть свисто́м
**hist** [s:t, hɪst] *int* ти́ше!, тс!
**histiology, histology** [ˌhɪstɪˈɔlədʒɪ, hɪsˈtɔlədʒɪ] *n* гистоло́гия
**historian** [hɪsˈtɔ:rɪən] *n* исто́рик
**historic** [hɪsˈtɔrɪk] *a* 1) истори́ческий; име́ющий истори́ческое значе́ние 2) *грам.*: ~ present истори́ческое настоя́щее, настоя́щее вре́мя, употреблённое вме́сто проше́дшего
**historical** [hɪsˈtɔrɪkəl] *a* истори́ческий; истори́чески устано́вленный; от-

носящийся к истории, связанный с историей; ~ film исторический фильм; ~ picture историческая картина

**historicity** [ˌhɪstəˈrɪsɪtɪ] *n* историчность

**historiographer** [ˌhɪstɔːrɪˈɔgrəfə] *n* историограф

**historiography** [ˌhɪstɔːrɪˈɔgrəfɪ] *n* историография

**history** [ˈhɪstərɪ] *n* 1) история; историческая наука; modern ~ новая история 2) прошлое, история; the inner ~ of smth. подоплёка чего-л.; that's ancient ~! это старая история!, это дело прошлое! 3) *уст.* историческая пьеса

**histrionic** [ˌhɪstrɪˈɔnɪk] *a* 1) сценический, актёрский 2) театрально неестественный; лицемерный 3) *мед.*: ~ paralysis мимический паралич лицевого нерва

**histrionics** [ˌhɪstrɪˈɔnɪks] *n pl* 1) театральное представление, спектакль 2) театральное искусство 3) *перен.* театральность, неестественность

**hit** [hɪt] **1.** *n* 1) удар, толчок 2) попадание; удачная попытка 3) выпад, саркастическое замечание (at); that's a ~ at me это по моему адресу 4) успех, удача 5) спектакль, фильм, роман *и т. п.*, пользующийся успехом; «гвоздь» сезона; бестселлер; модный шлягер; the film was quite a ~ фильм имел большой успех 6) популярный исполнитель, любимец публики

**2.** *v* (hit) 1) ударять (on — по); поражать; to ~ below the belt а) *спорт.* нанести удар ниже пояса; б) нанести предательский удар; в) воспользоваться своим преимуществом; to ~ a man when he's down бить лежачего 2) удариться (against, upon — о, обо) 3) попадать в цель; *перен.* больно задевать, задевать за живое; to be badly ~ понести тяжёлый урон, сильно пострадать 4) находить; напасть, натолкнуться (*часто* ~ on, ~ off, ~ upon); we ~ the right road мы напали на верную дорогу; to ~ a likeness уловить сходство 5) *амер. разг.* достигать □ ~ **back** давать сдачи; ~ **off** а) точно изобразить немногими штрихами, словами; уловить сходство; б) импровизировать; в) напасть на (*след, мысль*); ~ **out** наносить сильные удары ◇ to ~ it а) правильно угадать, попасть в точку; б) *амер.* двигаться, путешествовать с большой быстротой; to ~ it off with smb. ладить с кем-л., to ~ the (right) nail on the head правильно угадать, попасть в точку; to ~ the hay отправиться на боковую; to ~ smb.'s fancy поразить чьё-л. воображение; to ~ the bottle пристраститься к бутылке; to ~ the big spots *амер. разг.* кутить; to ~ the drink *ав. sl.* а) сесть на воду; б) упасть в море; ~ or miss наугад, наудачу; кое-как

**hit-and-mis** [ˈhɪtəndˈmɪs] *a* неточный

**hit-and-run** [ˈhɪtəndˈrʌn] *a* 1): ~ driver водитель, который скрывается, сбив пешехода 2) молниеносный, рассчитанный на быстрое действие

**hitch** [hɪtʃ] **1.** *n* 1) толчок, рывок 2) зацепка; задержка; заминка; помеха, препятствие; without a ~ ≅ без сучка, без задоринки 3) остановка (*работающего механизма*) 4) *разг.* поездка на попутной машине 5) *мор.* петля; узел; строп 6) *геол.* незначительное нарушение пласта *или* жилы без разрыва сплошности, уступ

**2.** *v* 1) подвигать толчками, подталкивать; подтягивать (*часто* ~ up; to) 2) зацеплять(ся), прицеплять(ся) (on, to); сцеплять, скреплять 3) привязывать, запрягать (*лошадь*) 4) прихрамывать, ковылять 5) *амер.* жениться 6) *разг.* подходить, согласовываться (*часто* ~ in, ~ on); to ~ on together ладить, сходиться 7) = hitch-hike

**hitched** [hɪtʃt] **1.** *p. p. от* hitch 2

**2.** *a амер. разг.* женатый; замужняя

**hitch-hike** [ˈhɪtʃhaɪk] *v* путешествовать, перебираться с места на место, пользуясь бесплатно попутными машинами, «голосовать» на дороге

**hither** [ˈhɪðə] **1.** *adv книжн.* сюда; ~ and thither туда и сюда; ~ and yon(d) в различных направлениях

**2.** *a* ближний, расположенный ближе

**hitherto** [ˈhɪðəˈtuː] *adv книжн.* до настоящего времени, до сих пор

**Hitlerism** [ˈhɪtlərɪzm] *n* гитлеризм

**Hitlerite** [ˈhɪtləraɪt] *n* гитлеровец, фашист

**hit-or-miss** [ˈhɪtɔːˈmɪs] **1.** *a* случайный; сделанный кое-как

**2.** *adv* наугад; кое-как

**hive** [haɪv] **1.** *n* 1) улей 2) рой пчёл 3) людской муравейник

**2.** *v* 1) сажать (пчёл) в улей; *перен.* давать приют 2) роиться 3) запасать 4) жить вместе, обществом

**hives** [haɪvz] *n pl* крапивница

**ho** [həu] *int* эй! (*оклик; выражает тж. удивление, радость и т. п.*); what ho! эй, там!

**hoar** [hɔː] **1.** *n* 1) иней, изморозь 2) густой туман 3) седина; старость

**2.** *a* седой

**hoard I** [hɔːd] **1.** *n* запас, скрытые запасы продовольствия *и т. п.*; что-л. накопленное, припрятанное

**2.** *v* запасать; копить, накоплять, хранить (*часто* ~ up); тайно хранить

**hoard II** [hɔːd] *n* 1) временный забор вокруг строящегося здания 2) щит для наклейки объявлений и афиш

**hoarding I** [ˈhɔːdɪŋ] *pres. p. от* hoard I, 2

**hoarding II** [ˈhɔːdɪŋ] = hoard II

**hoarfrost** [ˈhɔːˈfrɔst] *n* иней, изморозь

**hoarhead** [ˈhɔːhed] *n* седой старик

**hoarse** [hɔːs] *a* хриплый, охрипший

**hoarsen** [ˈhɔːsn] *v* охрипнуть

**hoarstone** [ˈhɔːstəun] *n* межевой камень

**hoary** [ˈhɔːrɪ] *a* 1) седой 2) древний; почтенный 3) *бот.* покрытый белым пушком

**hoax** [həuks] **1.** *n* обман; мистификация

**2.** *v* подшутить; мистифицировать

**hob** [hɔb] *n* 1) полка в камине для подогревания пищи 2) гвоздь *или* крюк, на который набрасывается кольцо (*в игре*) 3) ступица, втулка (*колеса*) 4) полоз (*саней*) 5) *тех.* червячная фреза

**hobble** [ˈhɔbl] **1.** *n* 1) прихрамывающая походка 2) затруднительное положение 3) путы

**2.** *v* 1) хромать, прихрамывать; ковылять 2) запинаться; *перен.* спотыкаться 3) стреножить (*лошадь*)

**hobbledehoy** [ˈhɔbldɪˈhɔɪ] *n* неуклюжий подросток

**hobble-skirt** [ˈhɔblskəːt] *n* узкая юбка

**hobby I** [ˈhɔbɪ] *n* 1) конёк, хобби, любимое занятие, страсть; to ride (*или* to mount) a ~ сесть на своего (любимого) конька 2) = hobby-horse 1) 3) *уст.* лошадка, пони 4) велосипед старой конструкции

**hobby II** [ˈhɔbɪ] *n зоол.* чеглок

**hobby-horse** [ˈhɔbɪhɔːs] *n* 1) лошадка, палочка с лошадиной головой (*игрушка*); конь-качалка; конь на карусели 2) *редк.* = hobby I 1)

**hobgoblin** [ˈhɔbgɔblɪn] *n* 1) домовой; чертёнок 2) пугало

**hobnail** [ˈhɔbneɪl] *n* сапожный гвоздь с большой шляпкой

**hob-nob** [ˈhɔbnɔb] *v* 1) пить вместе, водить компанию 2) водить дружбу, дружить

**hobo** [ˈhəubəu] *амер.* **1.** *n* (*pl* -os, -oes [-əuz]) 1) хобо, странствующий рабочий 2) бродяга

**2.** *v* 1) перебираться с места на место в поисках работы 2) бродяжничать

**hock I** [hɔk] = hough

**hock II** [hɔk] *n* (*тж.* H.) рейнвейн

**hock III** [hɔk] **1.** *n* 1) заклад 2) *sl.* тюрьма

**2.** *v* закладывать (*вещь*)

**hockey** [ˈhɔkɪ] *n* хоккей; field ~ хоккей на траве, травяной хоккей; ice ~ хоккей с шайбой; Russian ~ русский хоккей; хоккей с мячом

**hockey-stick** [ˈhɔkɪstɪk] *n* клюшка (*для игры в хоккей*)

**hocus** [ˈhəukəs] *v* 1) обманывать 2) одурманивать, опаивать (*наркотиками*) 3) подмешивать наркотики

**hocus-pocus** [ˈhəukəsˈpəukəs] **1.** *n* фокус-покус; надувательство

**2.** *v* проделывать фокус, надувать, обманывать

**hod** [hɔd] *n* 1) *стр.* лоток (*для подноса кирпичей, извести*) 2) корыто (*для извести*), творило 3) ведёрко для угля

**hodden** [ˈhɔdn] *n* грубая некрашеная шерстяная материя

**Hodge** [hɔdʒ] *n* (*употребляется нарицательно*) батрак

**hodge-podge** [ˈhɔdʒpɔdʒ] = hotchpotch

**hodiernal** [ˌhəudɪˈə:nəl] *a книжн.* сегóдняшний, относя́щийся к сегóдняшнему дню

**hodman** [ˈhɔdmən] *n* 1) подрýчный кáменщика 2) подсóбный рабóтник, подрýчный 3) литератýрный подёнщик

**hodometer** [hɔˈdɔmɪtə] = odometer

**hoe** [həu] **1.** *n* 1) моты́га 2) ковш (*экскаватора*)

**2.** *v* моты́жить, разрыхля́ть (*землю*); опáлывать моты́гой

**hoe-cake** [ˈhəukeɪk] *n амер.* кукурýзная лепёшка

**hog** [hɔg] **1.** *n* 1) бóров; свинья́ 2) *диал.* барáшек, óтнятый от мáтери (*до первой стрижки*) 3) годовáлый бычóк 4) грýбый, гря́зный человéк 5) скребóк, щётка 6) *тех.* искривлéние, прогиб ◇ to go the whole ~ а) дéлать *что-л.* основáтельно; доводи́ть *что-л.* до концá; б) идти́ на всё

**2.** *v* 1) выгибáть спи́ну 2) *тех.* выгибáться дугóй, искривля́ться, изгибáться; корóбиться 3) кóротко подстригáть (*гриву, усы*) 4) скрести́, чи́стить 5) *амер.* заграбáстать, прибрáть к рукáм 6) поступáть по-сви́нски 7) *разг.* занимáться лихáчеством

**hogback** [ˈhɔgbæk] *n* 1) крутóй гóрный хребéт 2) *геол.* изоклинáльный грéбень

**hog cholera** [ˈhɔgˈkɔlərə] *n* чумá свинéй

**hogcote** [ˈhɔgkəut] *n* свинáрник

**hogget** [ˈhɔgɪt] *n* 1) молодóй бóров 2) = hog 1, 2)

**hoggin** [ˈhɔgɪn] *n* крýпный песóк, грáвий

**hogging** [ˈhɔgɪŋ] **1.** *pres. p. от* hog 2

**2.** *n тех.* прогиб, выгиб; корóбление

**hoggish** [ˈhɔgɪʃ] *a* 1) свиноподóбный 2) сви́нский, жáдный, эгоисти́чный

**hogpen** [ˈhɔgpen] = hogcote

**hogshead** [ˈhɔgzhed] *n* 1) большáя бóчка 2) хóгсхед (*мера жидкости* ≅ *238 л*)

**hog-wash** [ˈhɔgwɔʃ] *n* 1) пóйло для свинéй; помóи 2) *разг.* ерундá, вздор; пустáя болтовня́ 3) *разг.* газéтная ýтка

**hoi(c)k** [hɔɪk] **1.** *n разг.* рéзкое движéние, толчóк

**2.** *v разг.* 1) рванýть вверх 2) *ав.* крýто взлетéть с земли́ *или* воды́, сдéлать гóрку

**hoick(s)** [hɔɪk(s)] *int* атý!

**hoist** [hɔɪst] **1.** *n* 1) поднятие; to give smb. a ~ подсади́ть когó-л., помóчь взобрáться 2) вóрот, лебёдка 3) подъёмник, лифт

**2.** *v* поднимáть (*парус, флаг, груз*)

**hoist-bridge** [ˈhɔɪstbrɪdʒ] *n* подъёмный мост

**hoity-toity** [ˈhɔɪtɪˈtɔɪtɪ] **1.** *n* 1) шум; беспоря́док 2) легкомы́слие

**2.** *a* 1) надмéнный 2) оби́дчивый; раздражи́тельный 3) *редк.* игри́вый, рéзвый

**3.** *int ирон.* скажи́те пожáлуйста!

**hokey-pokey** [ˈhəukɪˈpəukɪ] *n* 1) *разг.* дешёвое морóженое 2) ▭ hocus-pocus 1

**hokum** [ˈhəukəm] *n амер.* 1) *театр., кино* сцéна, рéплика, нóмер, рассчи́танные на дешёвый эффéкт 2) приём орáтора, рассчи́танный на дешёвый эффéкт 3) обмáн, жýльничество

**hold** I [həuld] **1.** *n* 1) владéние; захвáт; to take (*или* to get, to catch, to seize, to lay) ~ of smth. схвати́ть что-л., ухвати́ться за что-л.; to let go (*или* to lose) one's ~ of smth. вы́пустить что-л. из рук 2) власть, влия́ние (*часто* on, over); to have a ~ over a person окáзывать влия́ние на когó-л. 3) спосóбность понимáния; понимáние 4) то, за что мóжно ухвати́ться; захвáт, ушкó; опóра 5) *муз.* пáуза 6) *спорт.* захвáт (*в борьбе, боксе*)

**2.** *v* (held) 1) держáть 2) владéть, имéть; to ~ land владéть землёй 3) выдéрживать 4) удéрживать (*позицию и т. п.*) 5) держáться (*о погоде*) 6) имéть си́лу (*о законе*); оставáться в си́ле (*о принципе, обещании; тж.* ~ good) 7) занимáть (*пост, должность и т. п.*); to ~ a rank имéть звáние, чин; to ~ office занимáть пост 8) занимáть (*мысли*); овладевáть (*вниманием*); to ~ smb. in thrall плени́ть, очаровáть когó-л.; to ~ the stage затми́ть остальны́х актёров; прикóвáть к себé внимáние зри́телей 9) содержáть в себé, вмещáть; this room ~s a hundred persons э́та кóмната вмещáет сто человéк 10) полагáть, считáть; I ~ it good я считáю, что э́то хорошó; I ~ him to be wrong я считáю, что он неправ; to ~ smb. responsible возлагáть на когó-л. отвéтственность; to ~ smb. in esteem уважáть когó-л.; to ~ smb. in contempt презирáть когó-л. 11) сдéрживать, остáнáвливать; to ~ one's tongue молчáть; ~ your noise! перестань(те) шумéть! 12) проводи́ть (*собрание*); to ~ an event проводи́ть состязáние 13) вести́ (*разговор*) 14) прáздновать, отмечáть 15) держáть (*в тюрьме*) ▭ ~ **back** а) сдéрживать(ся); воздéрживаться (from); б) утáивать; to ~ back the truth скрыть прáвду; в) удéрживать, вычитáть (*из зарплаты и т. п.*); ~ **by** держáться (*решения*); слýшаться (*совета*); ~ **down** а) держáть в подчинéнии; б) удержáть, не потеря́ть; to ~ down a job не потеря́ть мéсто, удержáться в дóлжности; ~ **forth** а) рассуждáть, разглагóльствовать; б) предлагáть; to ~ forth a hope подáть надéжду; ~ **in** сдéрживать(ся); ~ **off** а) удéрживать; держáть(ся) пóодаль; б) задéрживаться; the rain held off till the evening дождь пошёл тóлько вéчером; ~ **on** а) держáться за *что-л.*; б) продолжáть дéлать *что-л.*, упóрствовать в *чём-л.*; в): ~ on a minute! *разг.* останови́сь на минýтку!; ~ **out** а) протя́гивать; предлагáть; to ~ out hope давáть надéжду; б) выдéрживать, держáться до концá; в) хватáть; how long will our supplies ~ out? на скóлько нам хвáтит нáших запáсов?; г) *амер.* удéрживать; задéрживать; ~ **over** а) откладывать, мéдлить; б) сохраня́ть, откладывать (*про запас*); в) *амер.* переходи́ть в нóвый состáв сенáта; ~ **to** а) держáться, придéрживаться (*мнения и т. п.*); б) настáивать; to ~ smb. to his promise настáивать на выполнéнии кем-л. своегó обещáния; to ~ to terms настáивать на выполнéнии услóвий; ~ **up** а) выставля́ть, покáзывать; to ~ up to derision выставля́ть на посмéшище; б) поддéрживать, подпирáть; в) остáнáвливать, задéрживать; г) остáнáвливать с цéлью грабежá; ~ **with** соглашáться; держáться одинáковых взгля́дов; одобря́ть ◇ to ~ cheap не дорожи́ть; ~ hard! стой!; подожди́!; to ~ it against smb. имéть претéнзии к комý-л., имéть что-л. прóтив когó-л.; to ~ one's hand воздержáться; ~ your horses ≅ лéгче на поворóтах; не волнýйтесь, не торопи́тесь; to ~ water быть логи́чески послéдовательным; it won't ~ water э́то не выдéрживает никакóй кри́тики; to ~ out on smb. *амер.* утаи́ть от когó-л.

**hold** II [həuld] *n мор.* трюм

**holdall** [ˈhəuldɔ:l] *n* 1) портплéд; вещевóй мешóк 2) сýмка *или* я́щик для инструмéнта

**holdback** [ˈhəuldbæk] *n* препя́тствие, задéржка

**holder** [ˈhəuldə] *n* 1) арендáтор 2) владéлец, держáтель (*векселя и т. п.*) 3) *спорт.* обладáтель при́за, почётного звáния 4) рýчка, рукоя́тка 5) *тех.* патрóн, держáвка, обóйма; штати́в

**-holder** [-həuldə] *в сложных словах означает* держáтель; *напр.*: cigarette-~ мундштýк

**holdfast** [ˈhəuldfɑ:st] *n* 1) скобá, крюк, захвáт, закрéпа 2) *тех.* áнкерная плитá 3) столя́рные тиски́

**holding** [ˈhəuldɪŋ] **1.** *pres. p. от* hold I, 2

**2.** *n* 1) учáсток земли́ (*особ.* арендóванный); small ~s приусáдебные учáстки 2) владéние (*акциями и т. п.*) 3) вклад; *pl* вклáды, авуáры 4) удéрживание, закреплéние

**holding capacity** [ˈhəuldɪŋkəˈpæsɪtɪ] *n* ёмкость, вмести́мость

**holding company** [ˈhəuldɪŋˈkʌmpənɪ] *n* компáния, владéющая контрóльными пакéтами áкций други́х компáний; компáния-держáтель; компáния-учреди́тель

**hold-over** [ˈhəuldˌəuvə] *n амер.* 1) пережи́ток 2) должностнóе лицó, переи́збранное на нóвый срок; актёр, с котóрым продлён контрáкт *и т. п.* 3) *амер.* сенáтор, остáвшийся в нóвом состáве конгрéсса

**hold-up** [ˈhəuldʌp] *n* 1) налёт; ограблéние (*на улице, дороге*) 2) налётчик, бандит 3) остановка, задержка (*в движении*)

**hold-up man** ['həuldʌp'mæn] = hold-up 2)

**hole** [həul] **1.** *n* 1) дыра; отверстие 2) яма, ямка 3) нора 4) лачуга 5) дыра; захолустье 6) *разг.* затруднительное положение; in a ~ в трудном положении; *амер.* в долгу 7) отдушина, душник, канал для воздуха 8) *ав.* воздушная яма 9) лунка для мяча (*в играх*) 10) *тех.* раковина, свищ (*в отливке*) 11) *горн.* шурф, скважина, шпур ◇ a ~ in one's coat пятно на чьей-л. репутации; like a rat in a ~ в безвыходном положении; to pick ~s (in) придираться; to make a ~ in smth. сильно опустошить что-л. (*напр., запасы, сбережения*)

**2.** *v* 1) продырявить; просверлить 2) прорыть 3) *спорт.* загнать в лунку (*шар*) 4) загнать в нору (*зверя*) 5) бурить скважину □ ~ **up** а) быть в зимней спячке; б) отсиживаться, прятаться от людей

**hole-and-corner** ['həulənd'kɔ:nə] *a разг.* тайный, секретный, делающийся украдкой

**hole-gauge** ['həulgeɪdʒ] *n тех.* нутромер

**hole-in-the wall** ['həulɪnðə'wɔ:l] *n* 1) лавчонка 2) *разг.* лавка, незаконно торгующая спиртными напитками

**holer** ['həulə] *n горн.* забойщик, бурильщик

**holey** ['həulɪ] *a* дырявый

**holiday** ['hɔlədɪ] **1.** *n* 1) праздник, день отдыха 2) отпуск; a month's ~ месячный отпуск; busman's ~ *разг.* отпуск, проведённый на работе 3) *pl* каникулы 4) *attr.* праздничный, каникулярный; ~ time (*или* season) курортный сезон; время летних отпусков

**2.** *v* отдыхать, проводить отпуск

**holiday-maker** ['hɔlədɪˌmeɪkə] *n* 1) гуляющий; отдыхающий 2) экскурсант; турист; отпускник

**holla** ['hɔlə] = hollo(a)

**Holland** ['hɔlənd] *n* холст; полотно; brown ~ небелёное суровое полотно [*см. тж. Список географических названий*]

**Hollander** ['hɔləndə] *n* 1) голландец; голландка 2) голландский корабль

**Hollands** ['hɔləndz] *n* голландская водка

**hollo(a)** ['hɔləu] **1.** *int* эй!

**2.** *n* оклик, окрик; крик

**3.** *v* 1) окликать, звать; кричать 2) звать собак

**hollow** ['hɔləu] **1.** *n* 1) пустота; впадина, углубление; полость 2) дупло 3) лощина, ложбина

**2.** *a* 1) пустой; полый; пустотелый; ~ tree дуплистое дерево 2) впалый, ввалившийся 3) глухой (*о звуке*) 4) неискренний; ложный; ~ sympathy показное сочувствие 5) пустой, несерьёзный 6) голодный; тощий

**3.** *adv* вполне, совершенно; to beat ~ а) разбить наголову; избить; б) перещеголять

**4.** *v* выдалбливать, выкапывать (*часто* ~ out)

**hollow-eyed** ['hɔləuaɪd] *a* с ввалившимися *или* глубоко сидящими глазами

**hollow-hearted** ['hɔləu'hɑ:tɪd] *a* неискренний

**hollow ware** ['hɔləuwɛə] *n* глубокая посуда из фарфора, чугуна *и т. п.* (*котелки, миски, кувшины и т. п.*)

**holly** ['hɔlɪ] *n бот.* падуб

**hollyhock** ['hɔlɪhɔk] *n бот.* шток-роза розовая

**Hollywood** ['hɔlɪwud] *n* Голливуд, американская кинематография, кинопромышленность

**holm** [həum] *n бот.* дуб каменный

**holm(me)** [həum] *n* 1) речной островок 2) пойма

**holm-oak** ['həum'əuk] = holm

**holocaust** ['hɔləkɔ:st] *n* 1) уничтожение, истребление; бойня; резня; nuclear ~ ядерная катастрофа 2) всесожжение, полное сжигание жертвы огнём

**holograph** ['hɔləugrɑ:f] **1.** *n* собственноручно написанный документ

**2.** *a* собственноручный

**holography** [hɔ'lɔgrəfɪ] *n* голография (*метод получения объёмного изображения*)

**holster** ['həulstə] *n* кобура

**holt I** [həult] *n поэт.* 1) роща 2) лесистый холм

**holt II** [həult] *n* 1) убежище 2) нора (*особ. выдры*)

**holus-bolus** ['həuləs'bəuləs] *adv разг.* одним глотком, сразу, целиком

**holy** ['həulɪ] *a* священный, святой; праведный; H. Week страстная неделя; H. Writ священное писание (*библия*)

**Holy Office** ['həulɪˌɔfɪs] *n ист.* святая палата (*официальное название инквизиции*)

**holystone** ['həulɪstəun] **1.** *n* мягкий песчаник; пемза

**2.** *v* чистить палубу песчаником, пемзой

**homage** ['hɔmɪdʒ] *n* 1) почтение, уважение; to do (*или* to pay, to render) ~ а) свидетельствовать почтение; б) отдавать должное; in a kind of ~ отдавая дань 2) *ист.* принесение феодальной присяги

**home** [həum] **1.** *n* 1) дом, жилище; at ~ дома, у себя; to make one's ~ поселиться; make yourself at ~ будьте как дома 2) родной дом, родина; at ~ and abroad на родине и за границей 3) семья, домашняя жизнь; домашний очаг, уют 4) метрополия 5) приют; an orphan's ~ сиротский приют 6) родина, место распространения (*растений, животных*) 7) дом (*в играх*) ◇ to send smb. ~ ≅ от ворот поворот; to be not at ~ to anyone не принимать никого; to be (*или* to feel) at ~ in French (Englich *etc.*) хорошо владеть французским (английским *и т. п.*) языком; one's last (*или* long) ~ могила

**2.** *a* 1) домашний; ~ science домоводство 2) семейный, родной 3) внутренний; отечественный (*о товарах*); ~ market внутренний рынок; ~ trade внутренняя торговля; H. Office министерство внутренних дел; H. Secretary министр внутренних дел 4): ~ position *тех.* исходное положение

**3.** *adv* 1) дома 2) домой 3) в цель 4) до конца, до отказа; туго, крепко ◇ to bring smth. ~ to smb. убедить кого-л.; заставить кого-л. понять, почувствовать (*что-л.*); to bring a crime ~ to smb. уличить кого-л. в преступлении; to bring oneself (*или* to come, to get) ~ оправиться (*после денежных затруднений*); занять прежнее положение; to come ~ to а) доходить (*до сердца*); найти отклик в душе; б) доходить (*до сознания*), быть понятным; nothing to write ~ about *разг.* так себе, ничего особенного; to touch ~ задеть за живое

**4.** *v* 1) возвращаться домой (*особ. о почтовом голубе*) 2) посылать, направлять домой 3) предоставлять жильё; жить (*у кого-л.*); to ~ with smb. жить у кого-л., иметь общую квартиру с кем-л.

**home-bred** ['həum'bred] *a* 1) доморощенный 2) простой, без лоска

**home-brew** ['həum'bru:] *n* 1) домашнее пиво 2) нечто примитивное

**home-brewed** ['həum'bru:d] *a* 1) домашний (*о пиве и т. п.*) 2) *пренебр.* доморощенный

**home-coming** ['həumˌkʌmɪŋ] *n* 1) возвращение домой, на родину 2) *амер.* вечер встречи выпускников (*университета*)

**Home Counties** ['həum'kauntɪz] *n pl* графства, окружающие Лондон

**homecraft** ['həumkrɑ:ft] *n* кустарный промысел

**home farm** ['həumfɑ:m] *n* ферма при усадьбе

**home-felt** ['həumfelt] *a* прочувствованный, сердечный

**home-grown** ['həum'grəun] *a* 1) отечественного производства, местный 2) доморощенный

**Home Guard** ['həum'gɑ:d] *n воен.* 1) отряды местной обороны, ополчение (*в Англии*) 2) ополченец (*в Англии*)

**home-keeping** ['həumˌki:pɪŋ] **1.** *a* 1) домоседливый 2) ведущий домашнее хозяйство

**2.** *n* 1) домоседство 2) домоводство

**homeland** ['həumlænd] *n* отечество, родина

**homeless** ['həumlɪs] *a* бездомный, бесприютный; ~ boy беспризорник

**homelike** ['həumlaɪk] *a* 1) домашний, уютный 2) дружеский

**homeliness** ['həumlɪnɪs] *n* 1) простота, обыденность; безыскусственность 2) домашний уют 3) *амер.* невзрачность

**homely** ['həumlɪ] *a* 1) простой, обыденный; скромный, безыскусственный; ~ fare простая пища 2) домашний, уютный 3) *амер.* некраси́вый, невзра́чный

**home-made** [ˈhəumˈmeɪd] *a* 1) дома́шнего изготовле́ния, куста́рный; самоде́льный 2) оте́чественного произво́дства

**home-maker** [ˈhəumˌmeɪkə] *n* хозя́йка до́ма; мать семе́йства

**homer** [ˈhəumə] *n* почто́вый го́лубь

**Homeric** [həuˈmerɪk] *a* 1) гоме́ровский 2) гомери́ческий

**homeroom teacher** [ˈhəumrumˌtiːtʃə] *n амер. школ.* наста́вник, воспита́тель

**home rule** [ˈhəumruːl] *n* 1) самоуправле́ние, автоно́мия 2) (H. R.) *ист.* го́мруль

**homesick** [ˈhəumsɪk] *a* тоску́ющий по до́му, по ро́дине

**homesickness** [ˈhəumsɪknɪs] *n* тоска́ по ро́дине, ностальги́я

**homespun** [ˈhəumspʌn] **1.** *a* 1) домотка́ный 2) гру́бый, просто́й

2. *n* домотка́ная мате́рия

**homestead** [ˈhəumsted] *n* 1) уса́дьба; фе́рма 2) *амер.* уча́сток (поселе́нца)

**homesteader** [ˈhəumˌstedə] *n амер.* владе́лец уча́стка, поселе́нец

**homester** [ˈhəumstə] *n* 1) *спорт.* кома́нда хозя́ев по́ля 2) домосе́д

**homestretch** [ˈhəumstretʃ] *n* 1) фи́нишная пряма́я (*на ипподроме и т. п.*) 2) *перен.* заключи́тельная часть (*чего-л.*)

**home team** [ˈhəumtiːm] *n спорт.* кома́нда хозя́ев по́ля

**home thrust** [ˈhəumˈθrʌst] *n* 1) уда́чный уда́р 2) е́дкое замеча́ние; уда́чный отве́т

**homeward** [ˈhəumwəd] **1.** *a* веду́щий, иду́щий к до́му

2. *adv* домо́й, к до́му

**homeward-bound** [ˈhəumwədˈbaund] *a* возвраща́ющийся, отплыва́ющий домо́й (*о корабле*)

**homewards** [ˈhəumwədz] = homeward 2

**home-work** [ˈhəumwəːk] *n* 1) дома́шняя рабо́та, дома́шнее зада́ние 2) тща́тельная подгото́вка (*к выступлению, собранию и т. п.*) 3) надо́мная рабо́та

**homey** [ˈhəumɪ] *a* дома́шний, ую́тный

**homicidal** [ˌhɔmɪˈsaɪdl] *a* 1) уби́йственный; смертоно́сный 2) одержи́мый мы́слью об уби́йстве (*о душевнобольном*)

**homicide** [ˈhɔmɪsaɪd] *n юр.* 1) уби́йца 2) уби́йство; justifiable ~ уби́йство при смягча́ющих вину́ обстоя́тельствах

**homily** [ˈhɔmɪlɪ] *n* 1) про́поведь 2) поуче́ние, нота́ция

**homing** I [ˈhəumɪŋ] **1.** *pres. p. от* home 4

2. *a* возвраща́ющийся домо́й

**homing** II [ˈhəumɪŋ] *n* 1) возвраще́ние домо́й 2) приво́д, наведе́ние (*самолётов, ракет*) 3) *attr.* приводно́й; ~ device *радио* приводно́е устро́йство; радиоко́мпас 4) *attr.* самонаводя́щийся; ~ weapon самонаводя́щееся сре́дство пораже́ния; ~ missile самонаводя́щаяся раке́та

**homing pigeon** [ˈhəumɪŋˈpɪdʒɪn] *n* почто́вый го́лубь

**hominy** [ˈhɔmɪnɪ] *n* мамалы́га

**homoeopath** [ˈhəumjəupæθ] *n* гомеопа́т

**homoeopathic** [ˌhəumjəuˈpæθɪk] *a* гомеопати́ческий

**homoeopathy** [ˌhəumɪˈɔpəθɪ] *n* гомеопа́тия

**homogeneity** [ˌhɔməudʒeˈniːɪtɪ] *n* одноро́дность; гомоге́нность

**homogeneous** [ˌhɔməuˈdʒiːnjəs] *a* 1) одноро́дный (*тж. грам.*) 2) *спец.* гомоге́нный

**homograph** [ˈhɔməugrɑːf] *n лингв.* омо́граф

**homologate** [hɔˈmɔləgeɪt] *v* 1) признава́ть; подтвержда́ть 2) соглаша́ться; допуска́ть

**homologous** [hɔˈmɔləgəs] *a* 1) соотве́тственный 2) *биол.* гомологи́ческий

**homonym** [ˈhɔməunɪm] *n* 1) *лингв.* омо́ним 2) тёзка; однофами́лец

**homophone** [ˈhɔməufəun] *n лингв.* омофо́н

**homosexual** [ˈhəuməuˈseksjuəl] **1.** *n* гомосексуали́ст

2. *a* гомосексуа́льный

**homosexuality** [ˈhəuməuseksjuˈælɪtɪ] *n* гомосексуали́зм

**homy** [ˈhəumɪ] *a* дома́шний, напомина́ющий родно́й дом

**Honduranian** [ˌhɔndjuəˈreɪnɪən] **1.** *a* гондура́сский

2. *n* гондура́сец

**hone** [həun] **1.** *n* 1) осело́к, точи́льный ка́мень 2) *тех.* хонингова́льная голо́вка

2. *v* 1) точи́ть 2) *тех.* хонингова́ть

**honest** [ˈɔnɪst] *a* 1) че́стный; to be quite ~ about it открове́нно говоря́ 2) правди́вый, и́скренний 3) настоя́щий, по́длинный, нефальсифици́рованный 4) целому́дренный, нра́вственный; an ~ girl поря́дочная де́вушка; to make an ~ woman of smb. жени́ться на соблазнённой де́вушке; ≅ «прикры́ть грех» зако́нным бра́ком

**honestly** [ˈɔnɪstlɪ] *adv* 1) че́стно 2) и́скренне, правди́во

**hone-stone** [ˈhəunstəun] = hone 1, 1)

**honesty** [ˈɔnɪstɪ] *n* 1) че́стность; ~ is the best policy че́стность — лу́чшая поли́тика 2) правди́вость 3) *бот.* лу́нник

**honey** [ˈhʌnɪ] **1.** *n* 1) мёд; *перен.* сла́дость 2) *ласк.* ми́лый; ми́лая; голу́бчик; голу́бушка

2. *v амер.* 1) говори́ть вкра́дчиво; подли́зываться 2) льстить

**honey-bee** [ˈhʌnɪbiː] *n* (рабо́чая) пчела́

**honey-buzzard** [ˈhʌnɪˌbʌzəd] *n* осое́д (*птица*)

**honeycomb** [ˈhʌnɪkəum] **1.** *n* 1) медо́вые со́ты 2) *тех.* ра́ковины, со́товые пузыри́ (*в металле*)

2. *a* со́товый; сотови́дный; ноздрева́тый, яче́истый

3. *v* 1) продыря́вить, изрешети́ть 2) подточи́ть, ослаби́ть

**honey dew** [ˈhʌnɪdjuː] *n* 1) *бот.* медвя́ная роса́ 2) *поэт.* некта́р 3) соуси́рованный таба́к

**honeyed** [ˈhʌnɪd] *a* 1) сла́дкий, медо́вый 2) льсти́вый; ~ words медото́чивые ре́чи

**honeymoon** [ˈhʌnɪmuːn] **1.** *n* медо́вый ме́сяц; to go for a ~ отпра́виться в сва́дебное путеше́ствие

2. *v* проводи́ть медо́вый ме́сяц

**honey-mouthed** [ˈhʌnɪˈmauðd] *a* сладкоречи́вый, медото́чивый, льсти́вый

**honey-pea** [ˈhʌnɪpiː] *n* са́харный горо́х

**honeysuckle** [ˈhʌnɪˌsʌkl] *n бот.* жи́молость

**hong** [hɔŋ] *n ист.* 1) иностра́нное торго́вое предприя́тие, факто́рия в Кита́е 2) купе́ческая ги́льдия в Кита́е

**honied** [ˈhʌnɪd] = honeyed

**honk** [hɔŋk] **1.** *n* 1) крик ди́ких гусе́й 2) звук автомоби́льного гудка́

2. *v* 1) крича́ть (*о диких гусях*) 2) *авто* сигна́лить

**honor, honorable** [ˈɔnə, ˈɔnərəbl] *амер.* = honour, honourable

**honoraria** [ˌɔnəˈrɛərɪə] *pl от* honorarium

**honorarium** [ˌɔnəˈrɛərɪəm] *n* (*pl* -riums [-rɪəmz], -ria) *редк.* гонора́р

**honorary** [ˈɔnərərɪ] *a* 1) почётный; an ~ office почётная до́лжность 2) неопла́чиваемый

**honorific** [ˌɔnəˈrɪfɪk] *a* 1) почётный; to earn ~ mention быть отме́ченным в прика́зе, получи́ть благода́рность в прика́зе 2) выража́ющий почте́ние, почти́тельный

**honour** [ˈɔnə] **1.** *n* 1) честь, сла́ва; in ~ в честь; on (*или* upon) my ~ че́стное сло́во; point of ~ вопро́с че́сти 2) хоро́шая репута́ция, до́брое и́мя 3) че́стность, благоро́дство 4) почёт, уваже́ние, почте́ние; to give (*или* to pay) ~ to smb. ока́зывать кому́-л. уваже́ние, почте́ние; to show ~ to one's parents уважа́ть свои́х роди́телей 5) *pl* награ́ды, по́чести; ордена́; military ~s во́инские по́чести; the last (*или* funeral) ~s после́дние по́чести 6) *pl унив.* отли́чие при сда́че экза́мена; to pass an examination with ~s отли́чно сдать экза́мен 7) *в обращении* (*преим. к судье*): your H. ва́ша честь 8) кто́-л. (что́-л.), де́лающий (-ее) честь (*школе, семье и т. п.*) 9) *карт.* козырно́й онёр ◇ ~ bright *разг.* че́стное сло́во; ~s of war почётные усло́вия сда́чи; to do the ~s of the house исполня́ть обя́занности хозя́йки *или* хозя́ина, принима́ть госте́й; may I have the ~ (of your company at dinner, *etc.*) окажи́те мне честь (отобе́дать со мной *и т. п.*)

2. *v* 1) почита́ть, чтить 2) удостаи́вать (with) 3) плати́ть в срок (*по векселю*) 4) выполня́ть (*обязательства*), соблюда́ть (*условия*)

**honourable** ['ɔnərəbl] *a* 1) почётный; ~ duty почётная обязанность 2) благородный, честный 3) уважаемый; почтённый; достопочтённый 4) почтённый (*форма обращения к детям знати, к судьям*); the ~ gentleman почтённый джентльмен (*форма упоминания члена английского парламента и американского конгресса*); Right H. достопочтённый (*форма обращения к высшей знати, членам тайного совета и т. п.*)

**honoured** ['ɔnəd] *a* 1) уважаемый 2) заслуженный

**hooch** [hu:tʃ] *n амер. sl.* 1) спиртной напиток, добытый незаконным путём 2) самогон (*изготовляемый американскими индейцами*)

**hood** [hud] **1.** *n* 1) капюшон; капор 2) верх (*экипажа*) 3) хохолок (*птицы*) 4) крышка, чехол; колпак 5) *амер.* капот двигателя

**2.** *v* 1) покрывать капюшоном, колпачком 2) закрывать, скрывать

**hoodie** ['hudɪ] *n* серая ворона

**hoodlum** ['hudləm] *n амер.* хулиган

**hoodoo** ['hu:du:] *амер.* **1.** *n* 1) человек *или* вещь, приносящие несчастье 2) неудача, невезение

**2.** *v* приносить несчастье; заколдовать, сглазить

**hoodwink** ['hudwɪŋk] *v* ввести в заблуждение; обмануть, провести

**hooey** ['hu:ɪ] *n амер. sl.* чушь, ерунда

**hoof** [hu:f] **1.** *n* (*pl* hoofs [-fs], hooves) 1) копыто 2) копытное животное 3) *шутл.* нога (*человека*) ◇ on the ~ живой *или* живьём (*о скоте*); meat on the ~ запас убойного скота; under smb.'s ~ угнетённый; ≅ под башмаком; to pad the ~ идти пешком; ≅ на своих на двоих; to get the ~ быть уволенным

**2.** *v* 1) бить копытом 2) идти пешком 3) *разг.* уволить, выгнать (*часто* ~ out) 4) *разг.* танцевать

**hook** [huk] **1.** *n* 1) крюк, крючок 2) кривой нож; серп 3) багор 4) крутой изгиб; излучина реки 5) ловушка, западня 6) *sl.* вор, жулик; уголовный преступник 7) хук, короткий боковой удар левой (*в боксе*) 8) *тех.* зацепка, захватка, гак ◇ by ~ or by crook правдами и неправдами; ≅ не мытьём, так катаньем; to drop (*или* to pop) off the ~s *sl.* сыграть в ящик; отправиться на тот свет; to go off the ~s *разг.* а) рехнуться, свихнуться; б) сбиться с пути; в) умереть; on one's own ~ *разг.* самостоятельно, на свой риск; to take (*или* to sling) one's ~ *разг.* смыться, удрать

**2.** *v* 1) сгибать в виде крюка 2) зацеплять, прицеплять 3) застёгивать (-ся) (on, up — на *крючок*) 4) ловить, поймать (*рыбу*); *перен.* подцепить; поймать на удочку; заполучить; завербовать 5) *sl.* красть □ ~ **in** заполучить; заставить согласиться на *что-л.*; ~ **out** выведать ◇ to ~ it *sl.* смыться, удрать

**hooka(h)** ['hukə] *n* кальян

**hook-and-eye** ['hukənd'aɪ] *v* застёгивать на крючки

**hooked** [hukt] **1.** *p. p. от* hook 2

**2.** *a* 1) крючковатый, кривой 2) имеющий крючок *или* крючки 3) *амер.* (с)вязанный крючком 4) *амер. sl.* употребляющий наркотики

**hooker** ['hukə] *n* 1) рыболовное судно; the old ~ *пренебр.* старая калоша (*о судне*) 2) *разг.* вербовщик провокаторов

**hookey** ['hukɪ] = hooky

**hook-nosed** ['huknəuzd] *a* с крючковатым *или* орлиным носом

**hook-up** ['hukʌp] **1.** *n* 1) соединение, сцепление 2) *разг.* установление отношений *или* связи; союз 3) *тех.* лабораторная схема, монтажная схема 4) *радио разг.* одновременная передача одной программы по нескольким станциям; to speak over the (radio) ~ выступать одновременно по двум *или* более радиостанциям

**2.** *v радио разг.* временно переключать две *или* более радиостанции на одну программу

**hook-worm** ['hukwə:m] *n* нематода (*глист*)

**hooky** ['hukɪ] *n*: to play ~ *амер. разг.* бездельничать, прогуливать (*занятия в школе и т. п.*)

**hooligan** ['hu:lɪgən] *n* хулиган

**hooliganism** ['hu:lɪgənɪzm] *n* хулиганство

**hoop I** [hu:p] **1.** *n* 1) обруч, обод 2) ворота (*в крокете*) 3) *тех.* обойма, бугель, кольцо 4) *pl* фижмы; кринолин ◇ to go through the ~(s) пройти через тяжёлое испытание

**2.** *v* 1) скреплять обручем; набивать обручи 2) *перен.* окружать; связывать; сжимать

**hoop II** [hu:p] **1.** *n* 1) крик, гиканье 2) кашель (*как при коклюше*)

**2.** *v* 1) гикать 2) кашлять (*при коклюше*)

**hooper I** ['hu:pə] *n* бондарь; бочар

**hooper II** ['hu:pə] *n* дикий лебедь

**hooping-cough** ['hu:pɪŋkɔf] *n* коклюш

**hoop-la** ['hu:plə] *n* 1) игра «кольца» (*разыгрывание различных мелких предметов путём набрасывания на них колец*) 2) *разг.* шумиха, кутерьма, тарарам

**hoopoe** ['hu:pu:] *n* удод (*птица*)

**hoop-skirt** ['hu:pskə:t] *n* кринолин; фижмы

**hoot** [hu:t] **1.** *n* 1) крики, гиканье 2) крик совы ◇ I don't give a ~ (*или* two ~s) *разг.* мне на это наплевать

**2.** *v* 1) кричать (at — на); улюлюкать, гикать; to ~ with laughter *sl.* громко, оглушительно смеяться 2) ухать (*о сове*) 3) гудеть, свистеть (*о гудке, сирене*) □ ~ **after** гнаться за *кем-л.* с криками; ~ **away** выгонять криками, гиканьем; ~ **down** заставить замолчать криками; ~ **off**, ~ **out** = ~ away

**hootch** [hu:tʃ] = hooch

**hooter** ['hu:tə] *n* гудок, сирена

**hoot(s)** ['hu:t(s)] *int* ах ты!, тьфу! (*выражает нетерпение, досаду*)

**hoove** [hu:v] *n вет.* вздутие живота

**Hoover** ['hu:və] **1.** *n* пылесос (*по названию фирмы*)

**2.** *v* пылесосить

**hooves** [hu:vz] *pl от* hoof 1

**hop I** [hɔp] **1.** *n* 1) прыжок, припрыгивание; скачок 2) *разг.* танцы, танцевальный вечер 3) *ав. разг.* перелёт; полёт ◇ to catch smb. on the ~ застать кого-л. врасплох; ~, step (*или* skip) and jump *спорт.* тройной прыжок

**2.** *v* 1) прыгать, скакать на одной ноге 2) подпрыгивать 3) перепрыгивать (*часто* ~ over) 4) вскакивать (*на ходу*); to ~ a taxi вскочить на ходу в такси 5) хромать 6) *шутл.* плясать, танцевать □ ~ **along** прыгать на одной ноге; ~ **off** *ав.* отрываться от земли; взлетать ◇ to ~ it *разг.* удирать, убегать; to ~ the stick (*или* the twig) а) скрываться от кредиторов; б) умереть

**hop II** [hɔp] **1.** *n бот.* хмель

**2.** *v* 1) собирать хмель 2) класть хмель в пиво

**hop-bine** ['hɔpbaɪn] *n* вьющийся стебель хмеля

**hope I** [həup] **1.** *n* надежда (of); vague ~s смутные надежды; to be past (*или* beyond) ~ быть в безнадёжном положении; to pin one's ~s on smb., smth. возлагать надежды на кого-л., что-л.; he is the ~ of his school школа возлагает на него большие надежды

**2.** *v* 1) надеяться (for — на); I ~ so надеюсь, что это так; I ~ not надеюсь, что этого не будет; to ~ against hope надеяться на чудо; надеяться, не имея на это никаких оснований; to ~ for the best надеяться на лучшее, на благоприятный исход 2) уповать, предвкушать (for)

**hope II** [həup] *n* 1) небольшой узкий залив 2) лощина; ущелье

**hope chest** ['həuptʃest] *n* сундук с приданым

**hoped-for** ['həuptfɔ:] *a* желанный; long ~ долгожданный

**hopeful** ['həupful] **1.** *a* 1) надеющийся; to feel ~ надеяться 2) подающий надежды; многообещающий

**2.** *n* человек, подающий надежды; a young ~! *шутл., ирон.* далеко пойдёт!

**hopefulness** ['həupfulnɪs] *n* 1) оптимизм 2) надежда

**hopeless** ['həuplɪs] *a* 1) безнадёжный 2) отчаявшийся 3) неисправимый; ~ liar заядлый лгун

**hopelessness** ['həuplɪsnɪs] *n* безнадёжность, безвыходность

**hop-garden** ['hɔpˌgɑ:dn] *n с.-х.* хмельник

**hop-o'-my-thumb** ['hɔpəmɪ'θʌm] *n* карлик; мальчик с пальчик

**hopper I** ['hɔpə] *n* 1) прыгун 2) прыгающее насекомое, *особ.* блоха

3) ваго́н *или* вагоне́тка с опроки́дывающимся ку́зовом; самосва́л; ваго́н с откидны́м дном, хо́ппер 4) *стр.* фраму́га 5) *тех.* загру́зочная воро́нка, бу́нкер

**hopper** II [ˈhɔpə] = hop-picker 1)

**hop-picker** [ˈhɔpˌpɪkə] *n* 1) сбо́рщик хме́ля 2) хмелеубо́рочная маши́на

**hopple** [ˈhɔpl] *v* 1) стрено́жить (*ло́шадь*) 2) помеша́ть; запу́тать

**hop-pocket** [ˈhɔpˌpɔkɪt] *n* мешо́к хме́ля

**hopscotch** [ˈhɔpskɔtʃ] *n* де́тская игра́ «кла́ссы»

**hoptoad** [ˈhɔptəud] *n разг.* жа́ба

**hop-yard** [ˈhɔpjɑːd] = hop-garden

**horary** [ˈhɔːrərɪ] *a* 1) ежеча́сный 2) для́щийся час; для́щийся недо́лго

**horde** [hɔːd] **1.** *n* 1) орда́; the Golden H. *ист.* Золота́я Орда́ 2) по́лчище; ба́нда, ша́йка; fascist ~s фаши́стские по́лчища 3) компа́ния; вата́га; шу́мная толпа́; ~s of people то́лпы наро́да 4) стая; рой (*насеко́мых*); a ~ of wolves ста́я волко́в

**2.** *v* 1) жить ско́пом 2) собира́ться ку́чами, то́лпами

**horizon** [həˈraɪzn] *n* 1) горизо́нт; apparent (*или* visible) ~ *астр.* ви́димый горизо́нт; rational (*или* true, celestial) ~ *астр.* и́стинный горизо́нт; sensible ~ *астр.* каса́тельный горизо́нт 2) кругозо́р 3) *геол.* я́рус, отложе́ние одного́ во́зраста

**horizontal** [ˌhɔrɪˈzɔntl] **1.** *n* горизонта́ль

**2.** *a* горизонта́льный; ~ fire *воен.* насти́льный ого́нь; ~ bar *спорт.* перекла́дина; ~ labour union *амер.* профсою́з, объединя́ющий рабо́чих одно́й специа́льности

**hormone** [ˈhɔːməun] *n физиол.* гормо́н

**horn** [hɔːn] **1.** *n* 1) рог 2) *pl* ро́жки (*ули́тки*); у́сики (*насеко́мого*) 3) духово́й инструме́нт; рожо́к; охо́тничий рог 4) ру́пор; звукоприёмник (*звукоулови́теля*) 5) гудо́к, сире́на автомоби́ля 6) *тех.* вы́ступ; шкво́рень; кронште́йн 7) *attr.* рогово́й; ~ spectacles очки́ в рогово́й опра́ве ◇ between (*или* on) the ~s of a dilemma ≅ ме́жду двух огне́й; в затрудни́тельном положе́нии; to draw in one's ~s присмире́ть; стушева́ться; ретирова́ться; уме́рить свой пыл; to toot one's ~ *амер.* бахва́литься, занима́ться саморекла́мой

**2.** *v* 1) среза́ть рога́ 2) бода́ть; забода́ть 3) *уст.* наста́вить рога́ □ ~ **in** а) вме́шиваться; б) вла́мываться, вва́ливаться без приглаше́ния

**hornbeam** [ˈhɔːnbiːm] *n бот.* граб

**hornblende** [ˈhɔːnblend] *n мин.* рогова́я обма́нка

**hornbook** [ˈhɔːnbuk] *n* 1) *ист.* а́збука (*в ра́мке под то́нкой рогово́й пласти́нкой*) 2) *перен.* азы́, а́збука

**horned** [hɔːnd] **1.** *p. p. от* horn 2

**2.** *a* рога́тый; ~ cattle рога́тый скот

**hornet** [ˈhɔːnɪt] *n зоол.* ше́ршень ◇ to stir up a nest of ~s, to bring a ~s' nest about one's ears потрево́жить оси́ное гнездо́

**hornlike** [ˈhɔːnlaɪk] *a* рогоподо́бный, рогови́дный

**hornpipe** [ˈhɔːnpaɪp] *n* 1) хо́рнпайп, волы́нка (*музыка́льный инструме́нт*) 2) хо́рнпайп (*назва́ние англи́йского матро́сского та́нца*)

**hornrimmed** [ˈhɔːnˈrɪmd] *a* в рогово́й опра́ве

**horny** [ˈhɔːnɪ] *a* 1) рогово́й 2) име́ющий рога́ 3) мозо́листый; гру́бый

**horny-handed** [ˈhɔːnɪˌhændɪd] *a* с мозо́листыми рука́ми

**horologe** [ˈhɔrəlɔdʒ] *n уст., поэт.* часы́

**horology** [hɔˈrɔlədʒɪ] *n* 1) иску́сство измере́ния вре́мени 2) часово́е де́ло

**horoscope** [ˈhɔrəskəup] *n* гороско́п; to cast a ~ соста́вить гороско́п

**horrent** [ˈhɔrənt] *a поэт.* ощети́нившийся, угрожа́ющий

**horrible** [ˈhɔrəbl] **1.** *a* 1) стра́шный, ужа́сный 2) *разг.* проти́вный, отврати́тельный, отта́лкивающий

**2.** *n* рома́н у́жасов; halfpenny ~s бульва́рная литерату́ра

**horrid** [ˈhɔrɪd] *a* 1) ужа́сный, стра́шный 2) *разг.* проти́вный, неприя́тный, отта́лкивающий

**horrific** [hɔˈrɪfɪk] *a* ужаса́ющий

**horrify** [ˈhɔrɪfaɪ] *v* 1) ужаса́ть; страши́ть 2) шоки́ровать

**horripilation** [hɔˌrɪpɪˈleɪʃən] *n* гуси́ная ко́жа, мура́шки

**horror** [ˈhɔrə] *n* 1) у́жас; the ~s of war у́жасы войны́ 2) отвраще́ние (of) 3) *разг.* что-л. неле́пое, смешно́е; he is a perfect ~! он неле́пейшее существо́! 4) *attr.*: a ~ film (novel) фильм (рома́н) у́жасов ◇ the ~s припа́док бе́лой горя́чки

**horror-stricken, horror-struck** [ˈhɔrəˌstrɪkən, -strʌk] *a* поражённый у́жасом, в у́жасе

**hors de combat** [ˈɔːdəˈkɔːmbɑː] *фр. a predic.* вы́шедший из стро́я (*в результа́те ране́ния и т. п.*)

**hors-d'oeuvre** [ɔːˈdəːvr] *фр. n* заку́ска

**horse** [hɔːs] **1.** *n* 1) ло́шадь, конь; to take ~ сесть на ло́шадь; е́хать верхо́м; riding ~ верхова́я ло́шадь; to ~! по ко́ням!; spare ~ запасна́я ло́шадь 2) кавале́рия, ко́нница; ~ and foot а) ко́нница и пехо́та; б) изо все́х сил 3) конь (*гимнасти́ческий снаря́д*) 4) ра́ма; стано́к; ко́злы 5) *горн.* включе́ние пусто́й поро́ды в руде́ 6) *attr.* ко́нный; ко́нский; лошади́ный; *перен.* гру́бый; ~ artillery ко́нная артилле́рия ◇ dark (*или* black) ~ а) «тёмная лоша́дка» (*скакова́я ло́шадь, о достоинствах кото́рой ма́ло изве́стно; тж. перен. — о челове́ке*); б) *амер. полит.* неожи́данно вы́двинутый, неизве́стный ра́нее кандида́т (*на вы́борах*); don't look a gift ~ in the mouth *посл.* дарёному коню́ в зу́бы не смо́трят; ~ opera *амер. разг.* ковбо́йский (теле)фи́льм; straight from the ~'s mouth ≅ из пе́рвых рук, из первоисто́чника

**2.** *v* 1) сади́ться на ло́шадь; е́хать верхо́м 2) поставля́ть лошаде́й 3) *уст.* взвали́ть челове́ка, кото́рого по́рют, себе́ на спи́ну (*помога́я при наказа́нии*) □ ~ **around** *разг.* вози́ться, шуме́ть

**horseback** [ˈhɔːsbæk] **1.** *n* спина́ ло́шади; on ~ верхо́м

**2.** *adv амер.* верхо́м

**horse-bean** [ˈhɔːsbiːn] *n бот.* ко́нский боб

**horse-block** [ˈhɔːsblɔk] *n* подста́вка (*для поса́дки на ло́шадь*)

**horse-box** [ˈhɔːsbɔks] *n* 1) ваго́н для лошаде́й 2) клеть для погру́зки лошаде́й на кора́бль

**horse-boy** [ˈhɔːsbɔɪ] *n* ма́льчик-подру́чный ко́нюха; ко́нюх

**horse-breaker** [ˈhɔːsˌbreɪkə] *n* объе́здчик лошаде́й

**horse-breaking** [ˈhɔːsˌbreɪkɪŋ] *n* объе́здка лошаде́й

**horse breeder** [ˈhɔːsˌbriːdə] *n* коннозаво́дчик; конево́д

**horse breeding** [ˈhɔːsˌbriːdɪŋ] *n* конево́дство

**horse-breeding** [ˈhɔːsˌbriːdɪŋ] *a* конево́дческий

**horse-chanter** [ˈhɔːsˌtʃɑːntə] *n* бары́шник, торгу́ющий лошадьми́

**horse-chestnut** [ˈhɔːsˈtʃesnʌt] *n* ко́нский кашта́н (*де́рево и плод*)

**horse-cloth** [ˈhɔːsklɔθ] *n* попо́на

**horse-collar** [ˈhɔːsˌkɔlə] *n* хому́т

**horse-comb** [ˈhɔːskəum] *n* скребни́ца

**horse-coper** [ˈhɔːsˌkəupə] = horse-dealer

**horse-cover** [ˈhɔːsˌkʌvə] = horse-cloth

**horse-dealer** [ˈhɔːsˌdiːlə] *n* торго́вец лошадьми́, бары́шник

**horse-drawn** [ˈhɔːsˈdrɔːn] *a* на ко́нной тя́ге

**horseflesh** [ˈhɔːsfleʃ] *n* кони́на

**horse-fly** [ˈhɔːsflaɪ] *n* слепе́нь

**horse godmother** [ˈhɔːsˈgɔdˌmʌðə] *n разг.* ту́чная, неповоро́тливая же́нщина, толсту́ха

**Horse Guards** [ˈhɔsˈgɑːdz] *n pl* 1) ко́нная гва́рдия; конногварде́йский полк 2) *ист.* штаб команди́ра конногварде́йского полка́ (*в Ло́ндоне*)

**horsehair** [ˈhɔːsheə] *n* 1) ко́нский во́лос 2) мате́рия из ко́нского во́лоса; волосяна́я борто́вка 3) *attr.* из ко́нского во́лоса

**horse hoe** [ˈhɔːshəu] *n с.-х.* ко́нный пропа́шник

**horse latitudes** [ˈhɔːsˈlætɪtjuːdz] *n pl мор.* «ко́нские широ́ты» (*широ́ты 30—35° N — шти́левая полоса́ Атланти́ческого океа́на; по анало́гии тж. и широ́ты 30—35° се́верного и ю́жного полуша́рий во всех океа́нах*)

**horse-laugh** [ˈhɔːslɑːf] *n* гро́мкий, гру́бый хо́хот, го́гот, ржа́ние

**horseleech** [ˈhɔːsliːtʃ] *n* 1) ко́нская пия́вка 2) вымога́тель 3) *уст.* корова́л

**horseless** [ˈhɔːslɪs] *a* безлоша́дный

**horse-mackerel** [ˈhɔːsˌmækrəl] *n* ставри́да

**horseman** [ˈhɔːsmən] *n* 1) вса́дник; нае́здник 2) кавалери́ст 3) ко́нюх 4) коннозаво́дчик

**horsemanship** [ˈhɔːsmənʃɪp] *n* иску́сство верхово́й езды́

**horse-marine** [ˈhɔːsməˌriːn] *n* челове́к на неподходя́щей рабо́те *или* не в свое́й стихи́и ◇ tell that to the ~s! ≅ расскажи́ э́то свое́й ба́бушке!; вздор!, расска́зывай(те) э́то кому́-нибудь друго́му!; ври бо́льше!

**horse-mill** [ˈhɔːsmɪl] *n* 1) ме́льница с ко́нным приво́дом 2) *перен.* ну́дная, однообра́зная рабо́та

**horsepath** [ˈhɔːspɑːθ] *n* вью́чная тропа́

**horseplay** [ˈhɔːspleɪ] *n* гру́бое развлече́ние; гру́бые шу́тки

**horsepower** [ˈhɔːsˌpauə] *n тех.* лошади́ная си́ла

**horse-race** [ˈhɔːsreɪs] *n* ска́чки, бега́

**horse-radish** [ˈhɔːsˌrædɪʃ] *n* хрен

**horse sense** [ˈhɔːssens] *n разг.* грубова́тый здра́вый смысл

**horseshoe** [ˈhɔːʃʃuː] **1.** *n* подко́ва; что-л., име́ющее фо́рму подко́вы

**2.** *v* подко́вывать лошаде́й

**horse-soldier** [ˈhɔːsˌsəuldʒə] *n* кавалери́ст

**horse-tail** [ˈhɔːsteɪl] *n* 1) хвост ло́шади 2) же́нская приче́ска «ко́нский хвост» 3) *бот.* хвощ (лесно́й) 4) *ист.* бунчу́к

**horse-towel** [ˈhɔːsˌtauəl] *n* полоте́нце на ро́лике (*для обще́ственного по́льзования*)

**horse-trade** [ˈhɔːstreɪd] *n* обсужде́ние усло́вий сде́лки, сопровожда́емое взаи́мными усту́пками

**horsewhip** [ˈhɔːswɪp] **1.** *n* хлыст

**2.** *v* отхлеста́ть

**horsewoman** [ˈhɔːsˌwumən] *n* вса́дница, нае́здница

**horsing** [ˈhɔːsɪŋ] **1.** *pres. p. от* horse 2

**2.** *n* 1) ко́нский ремо́нт 2) слу́чка 3) по́рка

**horsy** [ˈhɔːsɪ] *a* ко́нский; лошади́ный; име́ющий отноше́ние к лошадя́м, ко́нному де́лу *или* спо́рту

**hortative** [ˈhɔːtətɪv] *a* увещева́ющий; наставительный

**hortatory** [ˈhɔːtətərɪ] = hortative

**horticultural** [ˌhɔːtɪˈkʌltʃərəl] *a* садо́вый; ~ crops садо́вые культу́ры; ~ sundry садо́вый инвента́рь

**horticulture** [ˈhɔːtɪkʌltʃə] *n* 1) садово́дство 2) огоро́дничество

**horticulturist** [ˌhɔːtɪˈkʌltʃərɪst] *n* садово́д

**hose I** [həuz] **1.** *n* рука́в, кишка́ (*для поли́вки*); шланг; брандспо́йт

**2.** *v* полива́ть из шла́нга

**hose II** [həuz] *n собир.* 1) чулки́; чуло́чные изде́лия 2) рейту́зы, штаны́, пло́тно обтя́гивающие но́ги

**hosier** [ˈhəuzɪə] *n* торго́вец трикота́жными изде́лиями

**hosiery** [ˈhəuzɪərɪ] *n* 1) чуло́чные изде́лия, трикота́ж 2) магази́н трикота́жных това́ров (*чуло́к, белья́*) 3) трикота́жная мастерска́я

**hospice** [ˈhɔspɪs] *n* 1) гости́ница (*осо́б. монасты́рская*) 2) прию́т, богаде́льня 3) *ист.* странноприи́мный дом

**hospitable** [ˈhɔspɪtəbl] *a* 1) гостеприи́мный 2) восприи́мчивый, откры́тый; ~ to new ideas легко́ воспринима́ющий всё но́вое, отклика́ющийся на всё но́вое

**hospital** [ˈhɔspɪtl] *n* 1) больни́ца, го́спиталь; to be in ~ лежа́ть в больни́це 2) *редк.* богаде́льня; благотвори́тельная шко́ла 3) *амер.* специализи́рованная ремо́нтная мастерска́я; clock ~ мастерска́я по ремо́нту часо́в 4) *attr.* госпита́льный, больни́чный; санита́рный; H. Saturday, H. Sunday день сбо́ра поже́ртвований на содержа́ние больни́ц

**hospital chart** [ˈhɔspɪtltʃɑːt] *n* исто́рия боле́зни

**hospitaler** [ˈhɔspɪtlə] = hospitaller

**hospitality** [ˌhɔspɪˈtælɪtɪ] *n* гостеприи́мство, раду́шие

**hospitalize** [ˈhɔspɪtəlaɪz] *v* госпитализи́ровать, помеща́ть в больни́цу

**hospitaller** [ˈhɔspɪtlə] *n ист.* госпитальер, член о́рдена госпитальеров

**hospital-sheet** [ˈhɔspɪtlʃiːt] = hospital chart

**hospital-ship** [ˈhɔspɪtlʃɪp] *n* госпита́льное су́дно, плаву́чий го́спиталь

**hospital-train** [ˈhɔspɪtltreɪn] *n* санита́рный по́езд

**host I** [həust] *n* 1) мно́жество; толпа́; сонм 2) *уст.* во́йско, во́инство ◇ the ~s of heaven а) небе́сные свети́ла; б) а́нгелы, си́лы небе́сные; a ~ in himself оди́н сто́ит мно́гих (*по рабо́те и т. п.*)

**host II** [həust] **1.** *n* 1) хозя́ин; to act as ~ принима́ть госте́й 2) содержа́тель, хозя́ин гости́ницы; тракти́рщик 3) *биол.* органи́зм, пита́ющий парази́тов, «хозя́ин» 4) *ра́дио, тлв.* веду́щий програ́мму 5) *attr.*: ~ country страна́-устрои́тельница (*конфере́нций и т. п.*); ~ team *спорт.* хозя́ева по́ля ◇ to reckon without one's ~ недооцени́ть тру́дности; просчита́ться

**2.** *v* 1) принима́ть госте́й 2) вести́ програ́мму (*по ра́дио, телеви́дению*)

**host III** [həust] *n церк.* го́стия

**hostage** [ˈhɔstɪdʒ] *n* 1) зало́жник 2) зало́г

**hostel** [ˈhɔstəl] *n* 1) общежи́тие 2) турба́за (*тж.* youth ~) 3) *уст.* гости́ница

**hostel(l)er** [ˈhɔstələ] *n* 1) студе́нт, живу́щий в общежи́тии 2) тури́ст, остана́вливающийся на турба́зах

**hostess** [ˈhəustɪs] *n* 1) хозя́йка 2) хозя́йка гости́ницы 3) бортпроводни́ца, стюарде́сса 4) дежу́рная по этажу́ (*в гости́нице*) 5) ста́ршая официа́нтка (*в рестора́не*)

**hostile** [ˈhɔstaɪl] *a* 1) неприя́тельский, вра́жеский 2) вражде́бный (to); ~ feelings неприя́зненные чу́вства

**hostility** [hɔsˈtɪlɪtɪ] *n* 1) вражде́бность; вражде́бный акт 2) *pl* вое́нные де́йствия; to open hostilities нача́ть вое́нные де́йствия

**hostler** [ˈɔslə] *n* 1) ко́нюх 2) *амер. ж.-д.* ремо́нтный сле́сарь

**hot** [hɔt] **1.** *a* 1) горя́чий; жа́ркий; накалённый; boiling ~ кипя́щий 2) пы́лкий; стра́стный 3) разгорячённый, возбуждённый 4) раздражённый; to get ~ разгорячи́ться, раздражи́ться 5) стра́стно увлека́ющийся (on); темпера́ментный 6) све́жий; ~ scent све́жий, горя́чий след; ~ copy (*или* news) *разг.* после́дние изве́стия; ~ from the press то́лько что отпеча́танный 7) бли́зкий к це́ли 8) о́стрый, пря́ный 9) тёплый (*о цве́те*) 10) *амер. разг.* бедо́вый 11) *амер. разг.* забори́стый 12) *амер. разг.* то́лько что укра́денный *или* незако́нно приобретённый 13) опа́сный (для жи́зни) 14) высокорадиоакти́вный; ~ laboratory лаборато́рия для иссле́дования радиоакти́вных веще́ств ◇ to get one's water ~ кипяти́ться; to get into ~ water попа́сть в беду́, в затрудни́тельное положе́ние; to make a place too ~ for smb. *разг.* вы́курить кого́-л.; ~ number *амер. разг.* популя́рный но́мер (*пе́сенка и т. п.*); not so ~ *амер.* та́к себе, не ахти́ что; ~ stuff *разг.* а) отли́чный рабо́тник, игро́к, исполни́тель *и т. п.*; б) опа́сный челове́к; в) си́льный артиллери́йский обстре́л; г) неприли́чный анекдо́т; порнографи́ческая литерату́ра; д) распу́тница, шлю́ха; ~ potato щекотли́вая те́ма; to drop smth. like a ~ potato отказа́ться, отступи́ться от чего́-л.; ~ money *фин.* «горя́чие де́ньги» (*капита́л, вывози́мый за грани́цу из опасе́ния его́ обесце́нения и т. п.*); спекуляти́вный иностра́нный капита́л; ~ war кровопроли́тная война́

**2.** *adv* горячо́, жа́рко *и пр.* [*см.* 1]

**3.** *n sl.* (the ~) усиленно разы́скиваемый поли́цией

**4.** *v разг. см.* heat 2

**hot air** [ˈhɔteə] *n* 1) горя́чий *или* нагре́тый во́здух 2) *разг.* пуста́я болтовня́; бахва́льство

**hot-air** [ˈhɔtˈeə] *a* 1) *разг.* болтли́вый, хвастли́вый 2) *тех.* рабо́тающий на нагре́том во́здухе

**hotbed** [ˈhɔtbed] *n* 1) парни́к 2) расса́дник, оча́г

**hot-blooded** [ˈhɔtˈblʌdɪd] *a* 1) пы́лкий, стра́стный 2) вспы́льчивый

**hotbrain** [ˈhɔtbreɪn] = hothead

**hot-brained** [ˈhɔtˈbreɪnd] = hot-headed

**hotchpot** [ˈhɔtʃpɔt] = hotchpotch

**hotchpotch** [ˈhɔtʃpɔtʃ] *n* 1) рагу́ из мя́са и овоще́й; овощно́й суп на бара́ньем бульо́не 2) смесь, вся́кая вся́чина

**hot dog** [ˈhɔtˈdɔg] **1.** *n разг.* бутербро́д с горя́чей соси́ской

**2.** *int* здо́рово!

**hotel** [həuˈtel] *n* оте́ль, гости́ница

**hotfoot** [ˈhɔtfut] **1.** *adv* бы́стро, поспе́шно; to come (*или* to follow) ~ on smb., smth. слéдовать срáзу же за кем-л., чем-л.

2. *v разг.* идтú быстро

**hothead** [ˈhɔthed] *n* горячая головá (*о человеке*)

**hot-headed** [ˈhɔtˈhedɪd] *a* горячий; вспыльчивый; опромéтчивый

**hothouse** [ˈhɔthaus] *n* 1) оранжерéя, теплúца 2) *тех.* сушúльня 3) *attr.* теплúчный; ~ plant теплúчное растéние

**hot-plate** [ˈhɔtpleɪt] *n* 1) электрúческая *или* гáзовая плúтка 2) плитá кýхонного очагá

**hot-pot** [ˈhɔtpɔt] *n* тушёное мясо с овощáми

**hot-pressing** [ˈhɔtˌpresɪŋ] *n тех.* горячее прессовáние 2) сатинúрование

**hotrod** [ˈhɔtrɔd] *n* 1) автомобúль, переоборýдованный на высóкие скóрости 2) водúтель-лихáч

**hotshot** [ˈhɔtʃɔt] *a амер. разг.* отчáянный (*о человеке*)

**hot-spirited** [ˈhɔtˈspɪrɪtɪd] *a* пылкий, вспыльчивый

**hotspur** [ˈhɔtspə(:)] *n* 1) горячий, вспыльчивый, необýзданный человéк 2) сорвиголовá

**hot-tempered** [ˈhɔtˈtempəd] *a* вспыльчивый

**Hottentot** [ˈhɔtntɔt] *n* готтентóт

**hot-water bottle** [ˈhɔtˌwɔːtəˈbɔtl] *n* грéлка

**hot well** [ˈhɔtˈwel] *n* 1) горячий истóчник 2) *тех.* резервуáр горячей воды

**hot wind** [ˈhɔtˈwɪnd] *n* суховéй

**hough** [hɔk] **1.** *n* поджúлки, колéнное сухожúлие

2. *v* подрезáть поджúлки

**hound** [haund] **1.** *n* 1) собáка; охóтничья собáка, *особ.* гóнчая; the ~s свóра гóнчих; to follow (the) ~s, to ride to ~s охóтиться верхóм с собáками 2) негодяй; «собáка» 3) одúн из игрокóв в игрé «hare and ~s» [*см.* hare]

2. *v* 1) травúть (*собаками*) 2) травúть, подвергáть преслéдованиям 3) натрáвливать (at, on, upon) □ ~ **down** вылóвить, разыскáть; ~ **out** изгонять, выгонять с позóром

**hour** [ˈauə] *n* 1) час; at an early ~ рáно; to keep early (*или* good) ~s рáно вставáть и рáно ложúться; to keep late (*или* bad) ~s пóздно вставáть и пóздно ложúться; pay by the ~ почасовáя оплáта 2) определённое врéмя дня; dinner ~ обéденное врéмя; office ~s часы́ рабóты (*в учреждении, конторе и т. п.*); peak ~s часы́ пик; the off ~s свобóдные часы́; after ~s пóсле рабóты; пóсле закры́тия магазúнов *и т. п.*; out of ~s в нерабóчее врéмя ◊ the question of the ~ актуáльный (*или* злободнéвный) вопрóс; till all ~s до петухóв, до рассвéта

**hour-circle** [ˈauəˈsəːkl] *n астр.* небéсный меридиáн

**hour-glass** [ˈauəglɑːs] *n* песóчные часы́ (*рассчитанные на один час*)

**hour-hand** [ˈauəhænd] *n* часовáя стрéлка

**hourly** [ˈauəlɪ] **1.** *a* 1) ежечáсный 2) постоянный 3) чáстый

2. *adv* 1) ежечáсно 2) постоянно 3) чáсто

**house 1.** *n* [haus, *pl* ˈhauzɪz] 1) дом; жилúще; здáние 2) дом; семья; хозяйство; to keep ~ вестú хозяйство; to keep the ~ сидéть дóма 3) семья, род; дом, динáстия 4) (*тж.* the H.) палáта (*парламента*); a parliament of two ~s двухпалáтный парлáмент; lower ~ нúжняя палáта; upper ~ вéрхняя палáта; H. of Commons палáта óбщин; H. of Lords палáта лóрдов; H. of Representatives палáта представúтелей, нúжняя палáта конгрéсса США; third ~ *амер. sl.* кулуáры конгрéсса; to enter the H. стать члéном парлáмента; to divide the ~ *парл.* провестú поимённое голосовáние; to make a ~ обеспéчить квóрум (*в палате общин*) 5) торгóвая фúрма 6) (the H.) *разг.* (лóндонская) бúржа 7) теáтр; пýблика, зрúтели; appreciative ~ отзы́вчивая пýблика, аудитóрия; to bring down the (whole) ~ вы́звать гром аплодисмéнтов; full ~ аншлáг 8) представлéние; сеáнс; the first ~ starts at five o'clock пéрвый сеáнс начинáется в пять часóв 9) (the H.) *разг.* рабóтный дом 10) коллéдж университéта; пансиóн при шкóле 11) гостúница, постоялый двор 12) религиóзное брáтство 13) *мор.* рýбка 14) *attr.* домáшний, кóмнатный ◊ ~ and home дом, домáшний уют; ~ of call помещéние, где собирáются в ожидáнии клиéнтов вóзчики, рассы́льные; извóзчичья бúржа *и т. п.*; ~ of correction исправúтельно-трудовáя колóния; on the ~ за счёт предприятия, бесплáтно; a drink on the ~ бесплáтная вы́пивка; to set (*или* to put) one's ~ in order привестú в поря́док свои делá; like a ~ on fire *разг.* бы́стро и легкó

2. *v* [hauz] 1) предоставлять жилúще; обеспéчивать жильём 2) поселúть, приютúть 3) жить (*в доме*); we can ~ together мы мóжем поселúться вмéсте 4) помещáть, убирáть (*о вещах, имуществе и т. п.*) 5) *с.-х.* убирáть (*хлеб*); загонять (*скот*) 6) вмещáть (-ся), помещáться 7) *воен* расквартирóвывать

**house-agent** [ˈhausˌeɪdʒənt] *n* комиссионéр по продáже и сдáче внаём домóв

**house allowance** [ˈhausəˌlauəns] *n воен.* квартúрные (дéньги)

**houseboat** [ˈhausbəut] *n* 1) плавýчий дом; лóдка *или* бáрка, приспосóбленная для жилья 2) плавýчий дом óтдыха; экскурсиóнное сýдно

**house-boy** [ˈhausbɔɪ] *n* мáльчик, слугá

**house-break** [ˈhausbreɪk] *v* совершáть крáжу со взлóмом

**housebreaker** [ˈhausˌbreɪkə] *n* 1) взлóмщик, громúла 2) рабóчий по снóсу домóв

**house-builder** [ˈhausˌbɪldə] *n* 1) строúтельный рабóчий, тéхник 2) *pl* фúрма по строúтельству жилы́х домóв

**housecoat** [ˈhauskəut] *n* жéнский халáт

**housecraft** [ˈhauskrɑːft] *n* образцóвое ведéние домáшнего хозяйства и умéлое воспитáние детéй

**house-dog** [ˈhausdɔg] *n* сторожевóй пёс

**housefather** [ˈhausˌfɑːðə] *n* 1) главá семьú 2) завéдующий интернáтом *или* исправúтельно-трудовóй шкóлой; воспитáтель в пансиóне

**house-flag** [ˈhausflæg] *n* флаг пароходства

**house-fly** [ˈhausflaɪ] *n* кóмнатная мýха

**houseful** [ˈhausful] *n* пóлный дом; ~ of furniture в квартúре тéсно от мéбели, в дóме всё застáвлено

**household** [ˈhaushəuld] **1.** *n* 1) семья, домочáдцы 2) домáшнее хозяйство 3) *pl* второсóртная мукá, мукá грýбого помóла

2. *a* домáшний, семéйный; ~ appliances бытовáя тéхника; ~ word хорошó знакóмое, повседнéвное слóво; ходячее выражéние ◊ ~ gods лáры и пенáты; бóги-хранúтели домáшнего очагá

**householder** [ˈhausˌhəuldə] *n* 1) съёмщик дóма *или* квартúры 2) главá семьú

**household franchise** [ˈhaushəuldˈfræntʃaɪz] = household suffrage

**household suffrage** [ˈhaushəuldˈsʌfrɪdʒ] *n* прáво гóлоса для съёмщиков квартúр

**household troops** [ˈhaushəuldˈtruːps] *n* (королéвская) гвáрдия, гвардéйские чáсти

**housekeeper** [ˈhausˌkiːpə] *n* 1) экономка; домоправúтельница 2) домáшняя хозяйка

**housekeeping** [ˈhausˌkiːpɪŋ] *n* домáшнее хозяйство; домоводство

**houseless** [ˈhauslɪs] *a* бездóмный; не имéющий крóва

**housemaid** [ˈhausmeɪd] *n* гóрничная (*особ. убирающая комнаты*); убóрщица (*в частном доме*)

**housemaster** [ˈhausˌmɑːstə] *n* завéдующий пансиóном при шкóле

**housemother** [ˈhausˌmʌðə] *n* 1) мать семéйства; главá семьú (*о женщине*) 2) воспитáтельница в жéнском общежúтии, интернáте *и т. п.*

**house party** [ˈhausˌpɑːtɪ] *n* компáния гостéй, проводящая нéсколько дней в зáгородном дóме

**house-physician** [ˈhausfɪˌzɪʃən] *n* врач, живýщий при больнúце

**house-proud** [ˈhausˈpraud] *a* увлекáющийся создáнием уюта, ведéнием домáшнего хозяйства; ~ woman домовúтая жéнщина, хорóшая хозяйка

**house-room** [ˈhausrum] *n* жилáя плóщадь; квартúра; жильё; to give ~ to smth. найтú мéсто (в дóме) для чегó-л.; to give ~ to smb. приютúть когó-л.

**house-surgeon** [ˈhausˌsəːdʒən] *n* ста́рший хиру́рг, живу́щий при больни́це

**house-to-house** [ˈhaustəˈhaus] *a*: ~ fighting у́личный бой; ~ canvassing обхо́д избира́телей (*с целью агитации за кандидата*)

**house-top** [ˈhaustɔp] *n* кры́ша ◇ to proclaim from the ~s а) *библ.* провозглаша́ть на кро́влях; б) провозглаша́ть во всеуслы́шание

**house-warm** [ˈhauswɔːm] *v* пра́здновать новосе́лье

**house-warming** [ˈhausˌwɔːmɪŋ] *n* пра́зднование новосе́лья

**housewife** [ˈhauswaɪf] *n* 1) хозя́йка 2) дома́шняя хозя́йка 3) [ˈhʌzɪf] рабо́чая шкату́лка *или* несессе́р (*с принадлежностями для шитья*); иго́льник

**housewifely** [ˈhausˌwaɪflɪ] *a* хозя́йственный, эконо́мный; домови́тый

**housewifery** [ˈhauswɪfərɪ] *n* дома́шнее хозя́йство; домово́дство

**housework** [ˈhauswəːk] *n* рабо́та по до́му

**housing** I [ˈhauzɪŋ] **1.** *pres. p. от* house 2

**2.** *n* 1) снабже́ние жили́щем; жили́щный вопро́с 2) жили́щное строи́тельство 3) укры́тие, убе́жище 4) ни́ша, вы́емка; гнездо́; паз 5) *тех.* ко́рпус, стани́на; кожу́х, футля́р 6) *стр.* тепля́к 7) *attr.*: a ~ list спи́сок кандида́тов на пра́во получе́ния кварти́р в муниципа́льных дома́х; ~ estate жило́й масси́в

**housing** II [ˈhauzɪŋ] *n* попо́на; вальтра́п (*часть сбруи*)

**hove** [həuv] *past и p. p. от* heave 2

**hovel** [ˈhɔvəl] **1.** *n* 1) лачу́га, хиба́рка; шала́ш 2) ни́ша (*для статуи*) 3) наве́с

**2.** *v с.-х.* загоня́ть под наве́с (*скот*)

**hover** [ˈhɔvə] *v* 1) пари́ть (*о птице*; *тж.* ~ over, ~ about); нависа́ть (*об облаках*) 2) верте́ться, болта́ться (around, about — вокру́г, о́коло) 3) быть, находи́ться вблизи́; ждать побли́зости; to ~ between life and death быть ме́жду жи́знью и сме́ртью 4) колеба́ться, не реша́ться, ме́шкать

**hovercraft** [ˈhɔvəkrɑːft] *n* су́дно, по́езд *и т. п.* на возду́шной поду́шке

**how** [hau] **1.** *adv* 1) *inter.* как?, каки́м о́бразом?; ~ did you do it? как вы э́то сде́лали?; ~ comes it?, ~ is it? *разг.* как э́то получа́ется?, почему́ так выхо́дит?; ~ so? как так? 2) *inter.* ско́лько?; ~ old is he? ско́лько ему́ лет?; ~ is milk? ско́лько сто́ит молоко́? 3) *conj.* что; tell him ~ to do it расскажи́(те) ему́, как э́то де́лать; ask him ~ he does it спроси́(те) его́, как он э́то де́лает 4) *emph.* как!; ~ funny! как смешно́!; как стра́нно! ◇ and ~! *амер. разг.* ещё бы!; о́чень да́же (*часто ирон.*); ~ do you do?, ~ d'ye do? здра́вствуйте!; как пожива́ете?; ~ are you? как пожива́ете?; ~ about..? как насчёт..?; ~ about going for a walk? не пойти́ ли нам погуля́ть?; it was a swell party, and ~! вот э́то была́ вечери́нка!; ~ now? что э́то тако́е?; что э́то зна́чит?

**2.** *n разг.* спо́соб, ме́тод; the ~ of it как э́то де́лается

**how-do-you-do** [ˈhaudjuˈduː] *см.* how 1 ◇

**how-d'ye-do** [ˈhaudɪˈduː] **1.** *n разг.* щекотли́вое *или* затрудни́тельное положе́ние; here's a nice (*или* pretty) ~! вот тебе ра́з!

**2.** = how do you do [*см.* how 1 ◇]

**however** [hauˈevə] **1.** *adv* как бы ни

**2.** *cj* одна́ко, тем не ме́нее, несмотря́ на (э́)то

**howitzer** [ˈhauɪtsə] *n воен.* га́убица

**howl** [haul] **1.** *n* 1) вой, завыва́ние; стон; рёв 2) *радио* рёв, вой

**2.** *v* выть, завыва́ть стона́ть (*о ветре*); реве́ть (*о ребёнке*) □ ~ **down** заглуша́ть (*воем, криком и т. п.*)

**howler** [ˈhaulə] *n* 1) пла́кальщик, пла́кальщица 2) *разг.* глупе́йшая, смехотво́рная оши́бка 3) *зоол.* реву́н (*обезьяна*) 4) *тех.* реву́н ◇ to come a ~ ≅ сесть в кало́шу

**howling** [ˈhaulɪŋ] **1.** *pres. p. от* howl 2

**2.** *a* 1) во́ющий 2) уны́лый 3) *sl.* огро́мный (*об успехе и т. п.*); вопию́щий; ~ swell ужа́сный франт; ~ shame а) стыд и срам; б) вопию́щая несправедли́вость

**howsoever** [ˌhausəuˈevə] *adv* как бы ни

**hoy** I [hɔɪ] *n* 1) небольшо́е берегово́е су́дно 2) ба́ржа́

**hoy** II [hɔɪ] *int* эй!

**hoyden** [ˈhɔɪdn] *n* 1) шумли́вая, крикли́вая деви́ца 2) девчо́нка-сорване́ц

**hub** I [hʌb] *n* 1) ступи́ца (*колеса*), вту́лка 2) центр внима́ния, интере́са, де́ятельности; ~ of the universe пуп земли́; the H. *амер. шутл. г.* Бо́стон

**hub** II [hʌb] = hubby

**hubble-bubble** [ˈhʌblˌbʌbl] *n* 1) калья́н 2) бу́лькающий звук, бу́льканье 3) болтовня́, бессвя́зный разгово́р

**hubbub** [ˈhʌbʌb] *n* шум, гам, гул голосо́в

**hubby** [ˈhʌbɪ] *n* (*сокр. от* husband) *разг.* мужене́к

**hubris** [ˈhjuːbrɪs] *греч. n* спесь; высокоме́рие

**huckaback** [ˈhʌkəbæk] *n* льняно́е *или* бума́жное полотно́ (*для полотенец и т. п.*)

**huckleberry** [ˈhʌklbərɪ] *n* черни́ка

**huckle-bone** [ˈhʌklbəun] *n анат.* 1) подвздо́шная кость 2) лоды́жка (*животного*); тара́нная кость

**huckster** [ˈhʌkstə] **1.** *n* 1) мелочно́й торго́вец 2) комиссионе́р, ма́клер 3) торга́ш; бары́шник; корыстолюби́вый челове́к 4) состави́тель рекла́мных ра́дио- и телевизио́нных переда́ч

**2.** *v* 1) вести́ мелочну́ю торго́влю 2) торгова́ться; бары́шничать 3) широко́ реклами́ровать, навя́зывать (*товар*)

**huddle** [ˈhʌdl] **1.** *n* 1) гру́да, ку́ча 2) толпа́ 3) су́толока, сумато́ха 4) *амер. разг.* та́йное совеща́ние; to go into a ~ вступа́ть в сго́вор

**2.** *v* 1) сва́ливать в ку́чу 2) загоня́ть, зата́лкивать 3) прижима́ться, жа́ться 4) съёживаться, свёртываться кала́чиком (*обыкн.* ~ together, ~ up)

**hue** I [hjuː] *n* цвет, отте́нок

**hue** II [hjuː] *n* 1): ~ and cry пого́ня; кри́ки «лови́!, держи́!»; вы́крики (against) 2) *ист.* объявле́ние, призыва́ющее к пои́мке престу́пника

**huff** [hʌf] **1.** *n* 1) припа́док раздраже́ния, гне́ва; to be in (*или* to get into) a ~ прийти́ в я́рость 2) фук, фу́канье (*в шашках*)

**2.** *v* 1) раздража́ть, выводи́ть из себя́ 2) задира́ть 3) запу́гивать; принужда́ть угро́зами (into; out of) 4) оскорбля́ть(ся), обижа́ть(ся) 5) фу́кнуть (*шашку*)

**huffish** [ˈhʌfɪʃ] *a* раздражи́тельный; капри́зный; обидчивый

**huffy** [ˈhʌfɪ] *a* 1) самодово́льный, надме́нный 2) = huffish

**hug** [hʌg] **1.** *n* 1) кре́пкое объя́тие; to give smb. a ~ обня́ть кого́-л. 2) захва́т, хва́тка (*в борьбе*)

**2.** *v* 1) кре́пко обнима́ть, сжима́ть в объя́тиях 2) держа́ться (*чего-л.*) 3) быть приве́рженным, скло́нным (*к чему-л.*) 4) выража́ть благоскло́нность (*кому-л.*) 5): to ~ oneself on (*или* for, over) smth. поздра́вить себя́ с чем-л., быть дово́льным собо́й

**huge** [hjuːdʒ] *a* огро́мный, грома́дный, гига́нтский

**hugely** [ˈhjuːdʒlɪ] *adv* о́чень, весьма́

**hugeness** [ˈhjuːdʒnɪs] *n* огро́мность

**hugeous** [ˈhjuːdʒəs] (*обыкн. шутл.*) *см.* huge

**hugger-mugger** [ˈhʌgəˌmʌgə] **1.** *n* 1) та́йна; in ~ тайко́м 2) беспоря́док

**2.** *a* 1) та́йный 2) беспоря́дочный

**3.** *adv* 1) та́йно 2) беспоря́дочно, ко́е-ка́к

**4.** *v* 1) скрыва́ть; де́лать тайко́м 2) замя́ть (*дело*) 3) де́лать беспоря́дочно, ко́е-ка́к

**huguenot** [ˈhjuːgənɔt] *фр. n ист.* гуґено́т

**hulk** [hʌlk] *n* 1) большо́е неповоро́тливое су́дно 2) бло́кшив, ко́рпус ста́рого корабля́, неприго́дного к пла́ванию 3) *мор.* киле́ктор 4) большо́й неуклю́жий челове́к

**hulking** [ˈhʌlkɪŋ] *a* грома́дный, неуклю́жий, неповоро́тливый

**hull** I [hʌl] **1.** *n* шелуха́, скорлупа́

**2.** *v* очища́ть от шелухи́, шелуши́ть, лущи́ть

**hull** II [hʌl] **1.** *n* 1) ко́рпус (*корабля, танка*); ~ down с ко́рпусом, скры́тым за горизо́нтом; ~ out с ко́рпусом, ви́димым над горизо́нтом 2) о́стов, карка́с 3) *ав.* фюзеля́ж

**2.** *v* попа́сть снаря́дом в ко́рпус корабля́

**hullabaloo** [ˌhʌləbəˈluː] *n* крик, гам, шум, гвалт

**hulled** I [hʌld] **1.** *p. p. от* hull I, 2

**2.** *a* очи́щенный, лущёный

**hulled** II [hʌld] *p. p. от* hull II, 2

**hullo(a)** [ˈhʌˈləu] *int* алло́!
**hum** I [hʌm] **1.** *n* 1) жужжа́ние, гуде́ние; гул 2) *sl.* дурно́й за́пах, вонь
**2.** *v* 1) жужжа́ть, гуде́ть 2) говори́ть запина́ясь, мя́млить; to ~ and ha(w) а) запина́ться, мя́млить; б) не реша́ться, колеба́ться 3) напева́ть с закры́тым ртом, мурлы́кать 4) *разг.* развива́ть бу́рную де́ятельность; he makes things ~ у него́ рабо́та кипи́т 5) *sl.* ду́рно па́хнуть, воня́ть
**hum** II [hʌm] *сокр. от* humbug 1, 1)
**hum** III [hʌm] *int* гм!
**human** [ˈhju:mən] **1.** *a* 1) челове́ческий, людско́й; the ~ race челове́ческий род 2) сво́йственный челове́ку; it's ~ to err челове́ку сво́йственно ошиба́ться
**2.** *n шутл.* челове́к, сме́ртный
**humane** [hju(:)ˈmeɪn] *a* 1) гума́нный, челове́чный; H. Society о́бщество спаса́ния утопа́ющих 2) гуманита́рный
**humaneness** [hju(:)ˈmeɪnnɪs] *n* доброта́, челове́чность, гума́нность
**humanism** [ˈhju:mənɪzm] *n* гумани́зм
**humanist** [ˈhju:mənɪst] *n* 1) гумани́ст 2) специали́ст в о́бласти гуманита́рных нау́к
**humanitarian** [hju(:)ˌmænɪˈtɛərɪən] **1.** *n* 1) гумани́ст 2) филантро́п
**2.** *a* 1) гума́нный 2) гуманита́рный
**humanity** [hju(:)ˈmænɪtɪ] *n* 1) челове́чество 2) челове́ческая приро́да 3) человеколю́бие, гума́нность, челове́чность 4) людска́я ма́сса, толпа́ 5): the humanities а) гуманита́рные нау́ки; б) класси́ческие языки́; класси́ческая литерату́ра
**humanize** [ˈhju:mənaɪz] *v* 1) очелове́чивать; смягча́ть; облагора́живать 2) станови́ться гума́нным
**humankind** [ˈhju:mənˈkaɪnd] *n* челове́чество
**humanly** [ˈhju:mənlɪ] *adv* 1) по-челове́чески; с челове́ческой то́чки зре́ния 2) в преде́лах челове́ческих сил; all that is ~ possible всё, что в челове́ческих си́лах 3) гума́нно, челове́чно
**humble** I [ˈhʌmbl] **1.** *a* 1) скро́мный 2) просто́й, бе́дный; in ~ circumstances в стеснённых обстоя́тельствах 3) поко́рный, смире́нный; a ~ request поко́рная про́сьба 4) засте́нчивый, ро́бкий
**2.** *v* унижа́ть; смиря́ть
**humble** II [ˈhʌmbl] = hummel
**humble-bee** [ˈhʌmblbi:] *n* шмель
**humbug** [ˈhʌmbʌg] **1.** *n* 1) обма́н; притво́рство 2) (*часто как int*) вздор, чепуха́; глу́пость 3) обма́нщик, хвасту́н 4) мя́тная конфе́та
**2.** *v* обма́нывать, надува́ть; to ~ into smth. обма́ном вовлека́ть во что-л.; to ~ out of smth. обма́ном лиша́ть чего́-л.
**humdinger** [hʌmˈdɪŋə] *n амер. разг.* па́рень что на́до
**humdrum** [ˈhʌmdrʌm] **1.** *n* 1) о́бщее ме́сто, бана́льность 2) ску́чный челове́к
**2.** *a* ску́чный, бана́льный
**humect(ate)** [hju(:)ˈmekt(eɪt)] *v редк.* сма́чивать, увлажня́ть
**humeral** [ˈhju:mərəl] *a анат.* плечево́й
**humid** [ˈhju:mɪd] *a* сыро́й, вла́жный
**humidify** [hju(:)ˈmɪdɪfaɪ] *v* увлажня́ть
**humidity** [hju(:)ˈmɪdɪtɪ] *n* сы́рость, вла́жность; вла́га
**humidor** [ˈhju(:)mɪdə] *n* 1) ка́мера *или* коро́бка для сохране́ния определённого проце́нта вла́жности (*сигар и т. п.*) 2) устано́вка для увлажне́ния во́здуха
**humify** I [ˈhju:mɪfaɪ] *v* увлажня́ть
**humify** II [ˈhju:mɪfaɪ] *v с.-х.* утучня́ть (*почву*)
**humiliate** [hju(:)ˈmɪlɪeɪt] *v* унижа́ть
**humiliating** [hju(:)ˈmɪlɪeɪtɪŋ] *a* унизи́тельный, оскорби́тельный
**humiliation** [hju(:)ˌmɪlɪˈeɪʃən] *n* униже́ние
**humility** [hju(:)ˈmɪlɪtɪ] *n* 1) поко́рность, смире́ние 2) скро́мность
**hummel** [ˈhʌml] *a* безро́гий, комо́лый
**hummer** [ˈhʌmə] *n радио* зу́ммер, пи́щик
**humming** [ˈhʌmɪŋ] **1.** *pres. p. от* hum I, 2
**2.** *a* 1) жужжа́щий, гудя́щий 2) *разг.* энерги́чный, де́ятельный; a ~ blow си́льный уда́р
**humming-bird** [ˈhʌmɪŋbə:d] *n зоол.* коли́бри
**humming-top** [ˈhʌmɪŋtɔp] *n* волчо́к (*игрушка*)
**hummock** [ˈhʌmək] *n* 1) хо́лмик; приго́рок; возвы́шенность 2) ледяно́й торо́с
**humor** [ˈhju:mə] *амер.* = humour
**humorist** [ˈhju:mərɪst] *n* 1) шутни́к, весельча́к 2) юмори́ст
**humorous** [ˈhju:mərəs] *a* 1) юмористи́ческий 2) смешно́й, заба́вный, коми́ческий; ~ accident коми́ческое происше́ствие
**humour** [ˈhju:mə] **1.** *n* 1) ю́мор; sense of ~ чу́вство ю́мора 2) нрав, настрое́ние; скло́нность; in the ~ for скло́нный к; in good (bad *или* ill) ~ в хоро́шем (плохо́м) настрое́нии; out of ~ не в ду́хе; when the ~ takes him когда́ ему́ взду́мается 3): cardinal ~s *мед. ист.* основны́е «со́ки» в органи́зме челове́ка (*кровь, флегма, жёлчь, чёрная жёлчь или меланхолия*)
**2.** *v* потака́ть (*кому-л.*); ублажа́ть; принора́вливаться
**humourist** [ˈhju:mərɪst] = humorist
**humous** [ˈhju:məs] *a* перегно́йный; ~ soil перегно́йная по́чва
**hump** [hʌmp] **1.** *n* 1) горб 2) буго́р, приго́рок 3) *разг.* дурно́е настрое́ние; to get the ~ приуны́ть; to give smb. the ~ нагна́ть тоску́ на кого́-л., испо́ртить кому́-л. настрое́ние 4) реша́ющий, крити́ческий моме́нт; to get over the ~ преодоле́ть основны́е тру́дности
**2.** *v* 1) го́рбить(ся) 2) приводи́ть *или* приходи́ть в дурно́е настрое́ние 3) *австрал.* взвали́ть на́ спину (*узел и т. п.*)
**humpback** [ˈhʌmpbæk] *n* 1) горб 2) горбу́н
**humpbacked** [ˈhʌmpbækt] *a* горба́тый
**humph** [mm, hʌmf] *int* гм!
**humpty-dumpty** [ˈhʌmptɪˈdʌmptɪ] *n* ни́зенький толстя́к, короты́шка
**humpy** [ˈhʌmpɪ] *n австрал.* хижи́на
**humus** [ˈhju:məs] *n* гу́мус, перегно́й; чернозём
**Hun** [hʌn] *n* 1) *ист.* гунн; *перен.* ва́рвар 2) *презр.* не́мец
**hunch** [hʌntʃ] **1.** *n* 1) горб 2) то́лстый кусо́к, ломо́ть; a ~ of bread ломо́ть хле́ба 3) горбы́ль (*о доске*) 4) *разг.* подозре́ние; предчу́вствие; on a ~ интуити́вно; to have a ~ подозрева́ть; дога́дываться
**2.** *v* 1) го́рбить(ся), суту́лить(ся) (*часто* ~ up) 2) сгиба́ть
**hunchback** [ˈhʌntʃbæk] *n* горбу́н
**hundred** [ˈhʌndrəd] **1.** *num. card.* 1) сто; about a (*или* one) ~ о́коло ста; great (*или* long) ~ сто два́дцать 2) но́ль-но́ль; we'll meet at nine ~ hours мы встре́тимся в 9.00 (де́вять но́ль-но́ль) ◇ one ~ per cent (на) сто проце́нтов; вполне́; a ~ to one наверняка́, сто про́тив одного́; the ~ and one odd chances большо́й риск; a ~ and one things to do ≅ хлопо́т по́лон рот
**2.** *n* 1) число́ сто; со́тня; ~s of people ма́сса наро́ду 2) *ист.* о́круг (*часть графства в Англии*)
**hundredfold** [ˈhʌndrədfəuld] **1.** *a* стокра́тный
**2.** *adv* во́ сто кра́т
**hundred-percenter** [ˈhʌndrədpəˈsentə] *n амер.* 1) ура́-патрио́т; стопроце́нтный америка́нец 2) отли́чный па́рень; отли́чная де́вушка
**hundredth** [ˈhʌndrədθ] **1.** *num. ord.* со́тый
**2.** *n* со́тая часть
**hundredweight** [ˈhʌndrədweɪt] *n* це́нтнер (*в Англии 112 фунтов = 50,8 кг, в США 100 фунтов ≠ 45,3 кг*)
**hung** [hʌŋ] *past. и p. p. от* hang 2
**Hungarian** [hʌŋˈgɛərɪən] **1.** *a* венге́рский
**2.** *n* 1) венгр, венге́рец; венге́рка 2) венге́рский язы́к
**hunger** [ˈhʌŋgə] **1.** *n* 1) го́лод; голода́ние 2) си́льное жела́ние, жа́жда (*чего-л.*; for, after)
**2.** *v* 1) голода́ть, быть голо́дным 2) принужда́ть го́лодом (into; out of) 3) си́льно жела́ть, жа́ждать (for, after)
**hunger-march** [ˈhʌŋgəma:tʃ] *n* голо́дный похо́д
**hunger-marcher** [ˈhuŋgəˌma:tʃə] *n* уча́стник голо́дного похо́да
**hunger-strike** [ˈhʌŋgəstraɪk] **1.** *n* голодо́вка (*тюремная*)
**2.** *v* объявля́ть голодо́вку

**hungry** [ˈhʌŋgrɪ] *a* 1) голóдный; голодáющий 2) сúльно желáющий, жáждущий (*чего-л.*; for) 3) скýдный, неплодорóдный (*о почве*)

**hunk** [hʌŋk] = hunch 1, 2)

**hunker** [ˈhʌŋkə] *n амер.* 1) *ист. прозвище консервативного члена демократической партии* 2) ретрогрáд 3) *attr.* старомóдный

**hunkers** [ˈhʌŋkəz] *n pl разг.*: on one's ~ а) на кóрточках; б) в ужáсном положéнии

**hunks** [hʌŋks] *n* скря́га

**hunky-dory** [ˌhʌŋkɪˈdɔːrɪ] *a амер. разг.* первоклáссный, превосхóдный

**hunt** [hʌnt] **1.** *n* 1) охóта 2) (H.) мéстное охóтничье óбщество 3) пóиски (*чего-л.*; for); to be on the ~ for smth. упóрно искáть что-л.

**2.** *v* 1) охóтиться (*особ. с гончими*); ~ the fox, ~ the hare, ~ the squirrel *названия детских игр, где надо искать кого-л. или что-л.* 2) травúть, гнать, преслéдовать (*зверя и т. п.*) □ ~ **after** гоня́ться; искáть, ры́скать; ~ **away** прогоня́ть; ~ **down** а) вы́следить; поймáть; б) затравúть; в) преслéдовать; ~ **for** искáть, добивáться; ~ **out,** ~ **up** отыскáть; *перен.* откопáть

**hunter** [ˈhʌntə] *n* 1) охóтник 2) гýнтер (*верховая лошадь*) 3) охóтничья собáка 4) кармáнные часы́ с кры́шкой

**hunter's moon** [ˈhʌntəzmuːn] *n* полнолýние пóсле осéннего равнодéнствия

**hunting** [ˈhʌntɪŋ] **1.** *pres. p. от* hunt 2

**2.** *n* 1) охóта 2) *attr.* охóтничий

**hunting-box** [ˈhʌntɪŋbɔks] *n* охóтничий дóмик

**hunting-crop** [ˈhʌntɪŋkrɔp] *n* охóтничий хлыст

**hunting-ground** [ˈhʌntɪŋgraund] *n* райóн охóты ◇ happy ~(s) а) рай, счастлúвая загрóбная жизнь (*первоначально в представлении американских индейцев*); б) мéсто, изоби́лующее ди́чью; ≅ рай для охóтников

**hunting-horn** [ˈhʌntɪŋhɔːn] *n* охóтничий рог

**hunting-party** [ˈhʌntɪŋˌpaːtɪ] *n* охóта (*участники охоты*)

**hunting-season** [ˈhʌntɪŋˌsiːzn] *n* охóтничий сезóн

**hunting-song** [ˈhʌntɪŋsɔŋ] *n* охóтничья пéсня

**hunting-whip** [ˈhʌntɪŋwɪp] = hunting-crop

**huntress** [ˈhʌntrɪs] *n* жéнщина-охóтник

**huntsman** [ˈhʌntsmən] *n* 1) охóтник 2) éгерь

**hunt-the-slipper** [ˈhʌntðəˈslɪpə] *n* тýфля по крýгу (*игра*)

**hup(p)** [hʌp] **1.** *int* но-о! (*понукание лошади*)

**2.** *v* 1) понукáть лóшадь 2) двúгаться вперёд

**hurdle** [ˈhəːdl] **1.** *n* 1) перенóсная загорóдка; плетéнь 2) *спорт.* препя́тствие, барьéр; to clear the ~ взять (*или* преодолéть, перейтú чéрез) барьéр 3) (the ~s) *pl* = hurdle-race 4) *перен.* препя́тствие, затруднéние

**2.** *v* 1) ограждáть плетнём (*тж.* ~ off) 2) перескáкивать чéрез барьéр 3) учáствовать в барьéрном бéге 4) *перен.* преодолевáть препя́тствия

**hurdler** [ˈhəːdlə] *n спорт.* барьерúст

**hurdle-race** [ˈhəːdlreɪs] *n спорт.* 1) барьéрный бег 2) скáчки с препя́тствиями

**hurdling** [ˈhəːdlɪŋ] **1.** *pres. p. от* hurdle 2

**2.** *n спорт.* барьéрный бег

**hurdy-gurdy** [ˈhəːdɪˌgəːdɪ] *n* 1) стари́нный стрýнный музыкáльный инструмéнт 2) шармáнка 3) *мор.* лебёдка для вытáскивания глубоковóдных трáлов

**hurl** [həːl] **1.** *n* сúльный бросóк

**2.** *v* 1) бросáть (с сúлой); швыря́ть; метáть; to ~ oneself брóситься (at, upon — на); to ~ reproaches at smb. осыпáть когó-л. упрёками 2) *спорт.* метáть

**hurley** [ˈhəːlɪ] *n* 1) ирлáндский хоккéй на травé 2) клю́шка для ирлáндского хоккéя на травé

**hurly-burly** [ˈhəːlɪˌbəːlɪ] *n* сумя́тица, смятéние, переполóх

**hurra(h), hurray** [huˈraː, huˈreɪ] **1.** *int* урá!

**2.** *n* урá ◇ ~'s nest *амер. разг.* пóлный беспоря́док; кутерьмá; неразберúха

**3.** *v* кричáть «урá!»

**hurricane** [ˈhʌrɪkən] *n* 1) урагáн; тропúческий циклóн 2) *attr.* урагáнный, штормовóй; ~ deck *мор.* лёгкая навеснáя пáлуба; штормовóй мóстик

**hurricane lamp** [ˈhʌrɪkənlæmp] *n* фонáрь «мóлния»

**hurried** [ˈhʌrɪd] **1.** *p. p. от* hurry 2

**2.** *a* тороплúвый, бы́стрый, поспéшный; to have a ~ meal нáспех перекусúть; to write a few ~ lines черкнýть нéсколько строк

**hurry** [ˈhʌrɪ] **1.** *n* 1) тороплúвость, поспéшность; in a ~ а) второпя́х; б) *разг.* охóтно, легкó; to be in a ~ торопúться, спешúть; to be in no ~ дéйствовать не спешá; he won't do that again in a ~ емý тепéрь не скóро захóчется повторúть э́то; no ~ не к спéху 2) нетерпéние, нетерпелúвое желáние (*сделать что-л.*)

**2.** *v* 1) торопúть; торопúться (*обыкн.* ~ along, ~ up); ~ up! скорéе!, живéе!, пошевéливайся! 2) бы́стро вестú *или* тащúть 3) дéлать в спéшке 4) поспéшно посылáть, отправля́ть *и т. п.* □ ~ **away,** ~ **off** а) поспéшно уéхать; б) поспéшно увезтú, унестú; ~ **over** сдéлать кóе-кáк; ~ **through** сдéлать кóе-кáк, второпя́х; the business was hurried through дéло бы́ло сдéлано второпя́х, нáспех

**hurry-scurry** [ˈhʌrɪˈskʌrɪ] **1.** *n* суматóха; суетá

**2.** *adv* нáспех, кóе-кáк

**3.** *v* дéйствовать крáйне поспéшно; дéлать нáспех; суетúться

**hurry-up** [ˈhʌrɪˈʌp] *a амер. разг.* спéшный; ~ repairs срóчный ремóнт

**hurst** [həːst] *n* 1) хóлмик, бугóр 2) рóща; лесúстый холм 3) óтмель, бáнка

**hurt** [həːt] **1.** *n* 1) поврежде́ние; боль; рáна 2) вред, ущéрб 3) обúда

**2.** *v* (hurt) 1) причинúть боль; повредúть; ушибúть 2) причиня́ть вред, ущéрб 3) задевáть, обижáть, дéлать бóльно; to ~ smb.'s feelings задéть, обúдеть когó-л.; nothing ~s like the truth ≅ прáвда глазá кóлет 4) *разг.* болéть; my hand still ~s рукá всё ещё болúт

**hurtful** [ˈhəːtful] *a* врéдный, пáгубный

**hurtle** [ˈhəːtl] *v* 1) пролетáть, нестúсь со свúстом, шýмом 2) бросáть с сúлой 3) стáлкиваться (*обыкн.* ~ together); натáлкиваться с трéском, сúлой (against — на)

**husband** [ˈhʌzbənd] **1.** *n* муж, супрýг

**2.** *v* 1) управля́ть 2) эконóмно вестú хозя́йство 3) *редк.* женúться

**husbandly** [ˈhʌzbəndlɪ] *a* 1) супрýжеский, мýжнин 2) бережлúвый, эконóмный

**husbandman** [ˈhʌzbəndmən] *n уст.* землепáшец; земледе́лец

**husbandry** [ˈhʌzbəndrɪ] *n* 1) сéльское хозя́йство, земледе́лие; хлебопáшество 2) эконóмия, бережлúвость

**hush** [hʌʃ] **1.** *n* тишинá; молчáние

**2.** *v* 1) водворя́ть тишинý 2) успокáивать(ся); утихáть □ ~ **up** замáлчивать, скрывáть; замя́ть

**3.** *int* тúше!, тс!

**hushaby** [ˈhʌʃəbaɪ] *int* бáю-бáй

**hushfully** [ˈhʌʃfulɪ] *adv* приглушённо, вполгóлоса

**hush-hush** [ˈhʌʃˈhʌʃ] *a* не подлежáщий разглашéнию, секрéтный; ~ show *разг. ирон.* сугýбо секрéтное дéло *или* совещáние

**hush-money** [ˈhʌʃˌmʌnɪ] *n* взя́тка за молчáние

**husk** [hʌsk] **1.** *n* 1) шелухá, оболóчка 2) *амер.* листовáя обёртка початка кукурýзы 3) что-л. внéшнее, нанóсное

**2.** *v* очищáть от шелухú, лущúть

**Husky** [ˈhʌskɪ] **1.** *a* эскимóсский

**2.** *n* 1) эскимóс; эскимóска 2) эскимóсский язы́к

**husky** I [ˈhʌskɪ] **1.** *a* 1) покры́тый шелухóй 2) сухóй 3) сúплый, охрúпший 4) *разг.* рóслый, сúльный, крéпкий

**2.** *n разг.* рóслый, сúльный, крéпкий человéк; здоровя́к

**husky** II [ˈhʌskɪ] *n* лáйка (*порода собак*)

**huso** [ˈhjuːsəu] *n* белýга

**hussar** [huˈzaː] *n* гусáр

**Hussite** [ˈhʌsaɪt] *n ист.* гусúт

**hussy** I [ˈhʌsɪ] *n* 1) дéрзкая девчóнка 2) шлю́ха, потаскýшка

**hussy** II [ˈhʌsɪ] *n* я́щичек, шкатýлка; мешóчек (*для ниток и т. п.*)

**hustings** [ˈhʌstɪŋz] *n pl* 1) *парл.* избирáтельная кампáния 2) *ист.* трибýна, с кото́рой до 1872 г. объявля́лись кандида́ты в парла́мент 3) трибу́на на предвы́борном ми́тинге

**hustle** [ˈhʌsl] **1.** *n* 1) толкотня́, су́толока 2) эне́ргия; бе́шеная де́ятельность

**2.** *v* 1) толка́ть(ся), тесни́ть(ся); to ~ through the crowded streets проти́скиваться сквозь толпу́ 2) понужда́ть, торопи́ть сде́лать (*что-л.*; into); to be ~d into a decision быть вы́нужденным спе́шно приня́ть реше́ние 3) торопи́ться, суети́ться 4) де́йствовать бы́стро и энерги́чно (*часто* ~ up) □ ~ away оттесни́ть, отбро́сить

**hustler** [ˈhʌslə] *n* энерги́чный челове́к

**hut** [hʌt] **1.** *n* 1) хи́жина, лачу́га, хиба́р(к)а 2) бара́к 3) *attr.* бара́чный; ~ barracks *воен.* каза́рмы бара́чного ти́па

**2.** *v* 1) жить в бара́ках 2) размеща́ть по бара́кам

**hutch** [hʌtʃ] **1.** *n* 1) кле́тка для кро́ликов *и т. п.* 2) за́кром 3) *разг.* хи́жина, хиба́р(к)а 4) *горн.* рудни́чная ваго́нетка 5) цисте́рна для промы́вки руды́ 6) *тех.* бу́нкер

**2.** *v* промыва́ть руду́

**hutment** [ˈhʌtmənt] *n* 1) посёлок из не́скольких хи́жин 2) размеще́ние в бара́ках, хи́жинах *и т. п.*

**hutting** [ˈhʌtɪŋ] **1.** *pres. p. от* hut 2

**2.** *n* строи́тельный материа́л для сооруже́ния вре́менного жилья́

**huzza** [huˈzɑː] **1.** *int* ура́!

**2.** *n* во́згласы «ура́!»

**3.** *v* крича́ть «ура́!»

**huzzy** [ˈhʌzɪ] = hussy I

**hyacinth** [ˈhaɪəsɪnθ] *n бот., мин.* гиаци́нт

**hyaena** [haɪˈiːnə] = hyena

**hyaline** [ˈhaɪəlɪn] *a* 1) *поэт.* криста́льно чи́стый; прозра́чный 2) стеклови́дный, гиали́новый

**hyalite** [ˈhaɪəlaɪt] *n мин.* бесцве́тный опа́л, гиали́т

**hyaloid** [ˈhaɪəlɔɪd] *a* стеклови́дный

**hybrid** [ˈhaɪbrɪd] **1.** *n* 1) гибри́д, по́месь 2) что-л. соста́вленное из разноро́дных элеме́нтов

**2.** *a* гибри́дный; разноро́дный; сме́шанный

**hybridization** [ˌhaɪbrɪdaɪˈzeɪʃən] *n биол.* гибридиза́ция, скре́щивание

**hybridize** [ˈhaɪbrɪdaɪz] *v биол.* скре́щивать(ся)

**Hyde Park** [ˈhaɪdˈpɑːk] *n* Га́йд-Парк (*парк в Лондоне*)

**hydra** [ˈhaɪdrə] *n* ги́дра

**hydrangea** [haɪˈdreɪndʒə] *n бот.* горте́нзия (древови́дная)

**hydrant** [ˈhaɪdrənt] *n* водоразбо́рный кран, гидра́нт

**hydrargyrum** [haɪˈdrɑːdʒɪrəm] *n хим.* ртуть

**hydrate** [ˈhaɪdreɪt] *n хим.* гидра́т, гидроо́кись; ~ of lime гашёная и́звесть; ~ of sodium каусти́ческая со́да

**hydraulic** [haɪˈdrɔːlɪk] *a* гидравли́ческий; ~ cement гидравли́ческий цеме́нт (*твердеющий в воде*)

**hydraulics** [haɪˈdrɔːlɪks] *n pl* (*употр. как sing*) гидра́влика

**hydride** [ˈhaɪdraɪd] *n хим.* водоро́дистое соедине́ние элеме́нта

**hydro** I, II [ˈhaɪdrəu] *n* (*pl* -os [-əuz]) *разг. сокр. от* hydropathic 2 *и* hydroaeroplane

**hydroaeroplane** [ˈhaɪdrəuˈɛərəpleɪn] *n* гидросамолёт, гидропла́н

**hydrocarbon** [ˈhaɪdrəuˈkɑːbən] *n хим.* углеводоро́д

**hydrocyanic** [ˈhaɪdrəusaɪˈænɪk] *a хим.* цианистоводоро́дный; ~ acid сини́льная кислота́

**hydrodynamics** [ˈhaɪdrəudaɪˈnæmɪks] *n pl* (*употр. как sing*) гидродина́мика

**hydroelectric** [ˈhaɪdrəuɪˈlektrɪk] *a* гидроэлектри́ческий

**hydrofluoric** [ˈhaɪdrəuflu(ː)ˈɔrɪk] *a*: ~ acid фтористоводоро́дная (*или* плавико́вая) кислота́

**hydrofoil** [ˈhaɪdrəufɔɪl] *n* 1) подво́дное крыло́ 2) су́дно на подво́дных кры́льях

**hydrogen** [ˈhaɪdrɪdʒən] *n хим.* 1) водоро́д; heavy ~ тяжёлый водоро́д, дейте́рий 2) *attr.* водоро́дный

**hydrogen bomb** [ˈhaɪdrɪdʒənbɔm] = H-bomb

**hydrogenous** [haɪˈdrɔdʒɪnəs] *a* гидроге́нный, водоро́дный, содержа́щий водоро́д

**hydrography** [haɪˈdrɔgrəfɪ] *n* гидрогра́фия

**hydrology** [haɪˈdrɔlədʒɪ] *n* гидроло́гия

**hydrolysis** [haɪˈdrɔlɪsɪs] *n хим.* гидро́лиз

**hydromechanics** [ˈhaɪdrəumɪˈkænɪks] *n pl* (*употр. как sing*) гидромеха́ника

**hydrometer** [haɪˈdrɔmɪtə] *n* 1) гидро́метр, водоме́р 2) *физ.* арео́метр

**hydropathic** [ˌhaɪdrəuˈpæθɪk] **1.** *a* водолече́бный

**2.** *n разг.* водолече́бница

**hydropathy** [haɪˈdrɔpəθɪ] *n* водолече́ние

**hydrophobia** [ˈhaɪdrəuˈfəubjə] *n мед.* водобоя́знь, бе́шенство

**hydrophone** [ˈhaɪdrəfəun] *n* гидрофо́н (*подводный звукоуловитель*)

**hydrophyte** [ˈhaɪdrəfaɪt] *n бот.* водяно́е расте́ние, гидрофи́т

**hydropic** [haɪˈdrɔpɪk] *a мед.* водя́ночный, отёчный

**hydroplane** [ˈhaɪdrəupleɪn] *n* 1) гли́сер 2) гидросамолёт

**hydroponics** [ˌhaɪdrəuˈpɔnɪks] *n pl* (*употр. как sing*) *с.-х.* гидропо́ника

**hydropsy** [ˈhaɪdrɔpsɪ] *n мед.* водя́нка

**hydrosphere** [ˈhaɪdrəusfɪə] *n* гидросфе́ра

**hydrostatic** [ˌhaɪdrəuˈstætɪk] *a* гидростати́ческий

**hydrostatics** [ˌhaɪdrəuˈstætɪks] *n pl* (*употр. как sing*) гидроста́тика

**hydrous** [ˈhaɪdrəs] *a* во́дный, содержа́щий во́ду

**hydroxide** [haɪˈdrɔksaɪd] *n хим.* гидроо́кись, гидра́т о́киси

**hyena** [haɪˈiːnə] *n* гие́на

**hygiene** [ˈhaɪdʒiːn] *n* гигие́на

**hygienic(al)** [haɪˈdʒiːnɪk(əl)] *a* 1) гигиени́ческий 2) здоро́вый

**hygienics** [haɪˈdʒiːnɪks] *n pl* (*употр. как sing*) при́нципы гигие́ны; гигие́на

**hygrometer** [haɪˈgrɔmɪtə] *n* гигро́метр

**hygroscopic** [ˌhaɪgrəuˈskɔpɪk] *a* гигроскопи́ческий

**hylic** [ˈhaɪlɪk] *a* материа́льный, веще́ственный

**hylotheism** [ˈhaɪləθɪɪzm] *n филос.* гилотеи́зм

**Hymen** [ˈhaɪmən] *n миф.* Гимене́й

**hymen** [ˈhaɪmen] *n анат.* де́вственная плева́, гиме́н

**hymeneal** [ˌhaɪmeˈni(ː)əl] *a* бра́чный

**hymn** [hɪm] **1.** *n* церко́вный гимн

**2.** *v* петь ги́мны; славосло́вить

**hymnal** [ˈhɪmnəl] **1.** *n* сбо́рник церко́вных ги́мнов

**2.** *a* относя́щийся к ги́мнам

**hymn-book** [ˈhɪmbuk] = hymnal 1

**hyp** [hɪp] = hip III, 1

**hyperacoustic** [ˈhaɪpərəˈkuːstɪk] *a ак.* сверхзвуково́й

**hyperbola** [haɪˈpəːbələ] *n* (*pl* -lae, -s [-z]) *мат.* гипе́рбола

**hyperbolae** [haɪˈpəːbəliː] *pl от* hyperbola

**hyperbole** [haɪˈpəːbəlɪ] *n* преувеличе́ние; гипе́рбола

**hyperbolic(al)** [ˌhaɪpə(ː)ˈbɔlɪk(əl)] *a* преувели́ченный; гиперболи́ческий

**hyperborean** [ˌhaɪpə(ː)bɔːˈri(ː)ən] *поэт.* **1.** *a* се́верный, гиперборе́йский

**2.** *n* жи́тель кра́йнего се́вера, северя́нин

**hypercritical** [ˈhaɪpə(ː)ˈkrɪtɪkəl] *a* сли́шком стро́гий, приди́рчивый

**hypermarket** [ˌhaɪpə(ː)ˈmɑːkɪt] *n* за́городный магази́н самообслу́живания, занима́ющий обши́рную пло́щадь, с большо́й автостоя́нкой

**hypermetrical** [ˈhaɪpə(ː)ˈmetrɪkəl] *a* име́ющий ли́шний слог (*о стихе*)

**hypersensitive** [ˈhaɪpə(ː)ˈsensɪtɪv] *a* чрезме́рно чувстви́тельный

**hypersonic** [ˈhaɪpə(ː)ˈsəunɪk] *a* сверхзвуково́й, ультразвуково́й; ~ speed сверхзвукова́я ско́рость

**hypertension** [ˈhaɪpə(ː)ˈtenʃən] *n* повы́шенное кровяно́е давле́ние

**hypertrophy** [haɪˈpəːtrəufɪ] *n* гипертрофи́я

**hyphen** [ˈhaɪfən] **1.** *n* дефи́с, соедини́тельная чёрточка

**2.** *v* писа́ть че́рез дефи́с

**hyphenate** [ˈhaɪfənəɪt] **1.** *v* = hyphen 2

**2.** *n разг. неодобр.* америка́нец иностра́нного происхожде́ния (*напр.*: Irish-American америка́нец ирла́ндского происхожде́ния *и т. п.*)

**hyphenated** [ˈhaɪfəneɪtɪd] **1.** *p. p. от* hyphenate 1

**2.** *a* 1) напи́санный че́рез дефи́с 2): a ~ American = hyphenate 2

**hypnosis** [hɪpˈnəusɪs] *n* гипно́з

**hypnotic** [hɪpˈnɔtɪk] **1.** *a* 1) гипноти́ческий 2) снотво́рный

**2.** *n* 1) челове́к, поддаю́щийся гипно́зу 2) загипнотизи́рованный челове́к 3) снотво́рное (сре́дство)
**hypnotism** [ˈhɪpnətɪzm] *n* гипноти́зм
**hypnotist** [ˈhɪpnətɪst] *n* гипнотизёр
**hypnotize** [ˈhɪpnətaɪz] *v* гипнотизи́ровать
**hypo** [ˈhaɪpəu] *сокр. от* hyposulphite
**hypochondria** [ˌhaɪpəuˈkɔndrɪə] *n* ипохо́ндрия
**hypochondriac** [ˌhaɪpəuˈkɔndrɪæk] **1.** *n* ипохо́ндрик
**2.** *a* страда́ющий ипохо́ндрией
**hypocrisy** [hɪˈpɔkrəsɪ] *n* лицеме́рие, притво́рство
**hypocrite** [ˈhɪpəkrɪt] *n* лицеме́р, ханжа́
**hypocritical** [ˌhɪpəˈkrɪtɪkəl] *a* лицеме́рный, притво́рный, ха́нжеский
**hypodermatic** [ˌhaɪpəudəːˈmætɪk] *амер.* = hypodermic 1 *и* 2, 1)
**hypodermic** [ˌhaɪpəuˈdəːmɪk] **1.** *a мед.* подко́жный; ~ syringe (*или* needle) шприц для подко́жных впры́скиваний
**2.** *n* 1) подко́жное впры́скивание 2) = ~ syringe 3) лека́рство, вводи́мое под ко́жу
**hypophyses** [haɪˈpɔfɪsiːz] *pl от* hypophysis
**hypophysis** [haɪˈpɔfɪsɪs] *n* (*pl* -ses) *анат.* гипо́физ
**hyposulphite** [ˌhaɪpəuˈsʌlfaɪt] *n* гипосульфи́т
**hypotenuse** [haɪˈpɔtɪnjuːz] *n геом.* гипотену́за
**hypothec** [haɪˈpɔθək] *n* ипоте́ка; закладна́я
**hypothecate** [haɪˈpɔθɪkeɪt] *v* закла́дывать (*недвижимость*)
**hypothermia** [ˌhaɪpəuˈθəːmɪə] *n мед.* гипотерми́я
**hypotheses** [haɪˈpɔθɪsiːz] *pl от* hypothesis
**hypothesis** [haɪˈpɔθɪsɪs] *n* (*pl* -ses) гипо́теза, предположе́ние
**hypothesize** [haɪˈpɔθɪsaɪz] *v* стро́ить гипо́тезу
**hypothetic(al)** [ˌhaɪpəuˈθetɪk(əl)] *a* гипотети́ческий, предположи́тельный
**hypsometric** [ˌhɪpsəuˈmetrɪk] *a геод.* гипсометри́ческий; ~ date отме́тка высоты́
**hyson** [ˈhaɪsn] *n* сорт кита́йского зелёного ча́я
**hy-spy** [ˈhaɪˈspaɪ] *n* игра́ в пря́тки
**hyssop** [ˈhɪsəp] *n бот.* иссо́п (апте́чный)
**hysteresis** [ˌhɪstəˈriːsɪs] *n физ.* гистере́зис, запа́здывание, отстава́ние фаз
**hysteria** [hɪsˈtɪərɪə] *n* истери́я
**hysterical** [hɪsˈterɪkəl] *a* истери́ческий, истери́чный
**hysterics** [hɪsˈterɪks] *n pl* **исте́рика, истери́ческий** припа́док

# I

**I, i** [aɪ] *n* (*pl* Is, I's [aɪz]) *9-я бу́ква англ. алфави́та*
**I** [aɪ] *pron pers.* 1) я; *косв. п.* me меня́, мне *и т. д.*; *косв. п. употр. в разгово́рной ре́чи тж. как им. п.*; it's me э́то я; I am ready я гото́в; he saw me он ви́дел меня́; give me the book да́йте мне кни́гу; listen to me, please пожа́луйста, послу́шайте меня́; you can get it from me вы мо́жете получи́ть э́то у меня́; I poured me a glass of water я нали́л себе́ стака́н воды́; write to me in English напиши́те мне по-англи́йски 2) *уст., поэт. име́ет возвра́тное значе́ние, напр.*: I laid me down я улёгся
**iamb** [ˈaɪæmb] = iambus
**iambi** [aɪˈæmbaɪ] *pl от* iambus
**iambic** [aɪˈæmbɪk] **1.** *n* ямби́ческий стих
**2.** *a* ямби́ческий
**iambus** [aɪˈæmbəs] *n* (*pl* -bi, -es [-ɪz]) ямб
**iarovize** [ˈjɑːrəvaɪz] *русск. v с.-х.* яровизи́ровать
**I-beam** [ˈaɪbiːm] *n тех.* двутавро́вая ба́лка
**Iberian** [aɪˈbɪərɪən] *ист.* **1.** *a* ибери́йский; ~ Peninsula Пирене́йский полуо́стров
**2.** *n* 1) ибе́р 2) язы́к дре́вних ибе́ров
**ibex** [ˈaɪbeks] *n* (*pl* -xes [-ksɪz], ibices) *зоол.* ка́менный козёл
**ibices** [ˈaɪbɪsiːz] *pl от* ibex
**ibidem** [ɪˈbaɪdem] *лат. adv* там же, в том же ме́сте
**ibis** [ˈaɪbɪs] *n зоол.* и́бис
**ice** [aɪs] **1.** *n* 1) лёд; to keep smth. on ~ храни́ть в холоди́льнике; *перен.* откла́дывать на бо́лее по́здний срок 2) моро́женое ◇ to break the ~ сде́лать пе́рвый шаг; положи́ть нача́ло (*знако́мству, разгово́ру*); to cut no ~ а) не име́ть значе́ния; б) ничего́ не доби́ться; straight off the ~ а) све́жий, то́лько что полу́ченный (*о прови́зии*); б) неме́дленно; незамедли́тельно; (to skate) on thin ~ (быть) в затрудни́тельном, щекотли́вом положе́нии
**2.** *v* 1) замора́живать; приморáживать 2) покрыва́ться льдом 3) покрыва́ть са́харной глазу́рью □ ~ **up** обледене́ть; ~d up затёртый льда́ми
**ice-age** [ˈaɪsˈeɪdʒ] *n* леднико́вый пери́од (*тж.* Ice Age)
**ice-axe** [ˈaɪsæks] *n* ледору́б, ледо́вый топо́р (*альпини́стов*)
**ice-bag** [ˈaɪsbæg] *n мед.* пузы́рь для льда
**iceberg** [ˈaɪsbəːg] *n* а́йсберг
**iceblink** [ˈaɪsblɪŋk] *n* о́тблеск льда
**ice-boat** [ˈaɪsbəut] *n* 1) бу́ер (*пару́сные са́ни*) 2) ледоко́л
**ice-bound** [ˈaɪsbaund] *a* 1) ско́ванный льдом (*о реке́ и т. п.*) 2) затёртый льда́ми (*о корабле́ и т. п.*)
**ice-box** [ˈaɪsbɔks] *n* холоди́льник; ле́дник
**ice-breaker** [ˈaɪsˌbreɪkə] *n* ледоко́л
**ice-cold** [ˈaɪsˈkəuld] *a* холо́дный как лёд, ледяно́й
**ice-cream** [ˈaɪsˈkriːm] *n* моро́женое
**ice-drift** [ˈaɪsˈdrɪft] *n* 1) дрейф льда 2) торо́сы, нагроможде́ние плаву́чего льда
**ice-field** [ˈaɪsfiːld] *n* ледяно́е по́ле, сплошно́й лёд
**ice-floe** [ˈaɪsfləu] *n* плаву́чая льди́на
**ice-hockey** [ˈaɪsˌhɔkɪ] *n* хокке́й на льду
**ice-house** [ˈaɪshaus] *n* 1) ле́дник, льдохрани́лище 2) ледяно́е жили́ще (*осо́б.* эскимо́сов)
**Icelander** [ˈaɪsləndə] *n* исла́ндец; исла́ндка
**Icelandic** [aɪsˈlændɪk] **1.** *a* исла́ндский
**2.** *n* исла́ндский язы́к
**iceman** [ˈaɪsmæn] *n* 1) аркти́ческий путеше́ственник 2) альпини́ст 3) моро́женщик 4) *амер.* продаве́ц, развóзчик льда
**ice-pack** [ˈaɪspæk] *n* ледяно́й пак, па́ковый лёд, торо́систый лёд
**ice-pail** [ˈaɪspeɪl] *n* ведёрко со льдом (*для охлажде́ния напи́тков*)
**ice-rink** [ˈaɪsrɪŋk] *n* като́к
**ice-run** [ˈaɪsrʌn] *n* ледяна́я го́рка (*для ката́ния на са́нках*)
**ice-show** [ˈaɪsʃəu] *n* бале́т на льду
**ice-yacht** [ˈaɪsjɔt] *n* бу́ер
**ichneumon** [ɪkˈnjuːmən] *n зоол.* 1) ихневмо́н, фарао́нова мышь, мангу́ста 2) нае́здник (*насеко́мое*; *тж.* ~ fly)
**ichor** [ˈaɪkɔː] *n* 1) *греч. миф.* ихо́р (*кровь бого́в*) 2) *мед.* ихо́р, су́кровица; злока́чественный гной
**ichthyography** [ˌɪkθɪˈɔgrəfɪ] *n* ихтиогра́фия
**ichthyoid** [ˈɪkθɪɔɪd] *a* рыбоподо́бный
**ichthyologist** [ˌɪkθɪˈɔlədʒɪst] *n* ихтио́лог
**ichthyology** [ˌɪkθɪˈɔlədʒɪ] *n* ихтиоло́гия
**ichthyophagous** [ˌɪkθɪˈɔfəgəs] *a* рыбоя́дный
**ichthyosaurus** [ˌɪkθɪəˈsɔːrəs] *n* ихтиоза́вр
**icicle** [ˈaɪsɪkl] *n* сосу́лька
**icily** [ˈaɪsɪlɪ] *adv* хо́лодно (*тж. перен.*)
**icing** [ˈaɪsɪŋ] **1.** *pres. p. от* ice 2
**2.** *n* 1) са́харная глазу́рь 2) покрыва́ние са́харной глазу́рью 3) замора́живание 4) *ав.* обледене́ние
**icon** [ˈaɪkɔn] *n* ико́на
**iconic** [aɪˈkɔnɪk] *a* портре́тный

**iconoclast** [aɪ'kɔnəuklæst] *n* 1) *ист.* иконоборец 2) человек, борющийся с традиционными верованиями, предрассудками

**iconography** [ˌaɪkɔ'nɔgrəfɪ] *n* иконография

**iconoscope** [aɪ'kɔnəskəup] *n* *тлв.* иконоскоп

**icteric** [ɪk'terɪk] *a* страдающий желтухой, желтушный

**icterus** ['ɪktərəs] *n* *мед.* желтуха

**ictus** ['ɪktəs] *n* 1) ритмическое *или* метрическое ударение 2) *мед.* удар пульса 3) *мед.* вспышка болезни

**icy** ['aɪsɪ] *a* 1) ледяной, холодный (*тж. перен.*); ~ welcome холодный приём 2) покрытый льдом

**I'd** [aɪd] *сокр. разг.* = I would, I should, I had

**idea** [aɪ'dɪə] *n* 1) идея; мысль; that's the ~ вот именно!; вот это мысль! 2) понятие, представление; we hadn't the slightest ~ of it мы не имели ни малейшего представления об этом; to give an ~ of smth. дать некоторое представление о чём-л.; this is not my ~ of a good book я не считаю эту книгу интересной 3) воображение, фантазия; what an ~! что за фантазия!; what's the big ~? *разг.* это ещё что?; а это зачем? 4) план, намерение; he is full of new ~s у него много новых планов ◇ the young ~ детский ум

**ideal** [aɪ'dɪəl] **1.** *n* идеал

**2.** *a* 1) идеальный, совершенный 2) воображаемый, мысленный; нереальный

**idealism** [aɪ'dɪəlɪzm] *n* идеализм

**idealist** [aɪ'dɪəlɪst] *n* идеалист

**idealistic** [aɪˌdɪə'lɪstɪk] *a* идеалистический

**ideality** [ˌaɪdɪ'ælɪtɪ] *n* 1) идеальность 2) (*обыкн. pl*) что-л. воображаемое, нереальное

**idealization** [aɪˌdɪəlaɪ'zeɪʃən] *n* идеализация

**idealize** [aɪ'dɪəlaɪz] *v* 1) идеализировать 2) придерживаться идеалистических взглядов

**ideally** [aɪ'dɪəlɪ] *adv* 1) идеально, превосходно 2) умозрительно, в воображении

**ideate** [aɪ'di:eɪt] *v* 1) *филос.* формировать понятия 2) представлять; вызывать в воображении

**ideation** [ˌaɪdɪ'eɪʃən] *n* способность к формированию и восприятию идей

**idée fixe** [ɪdeɪ'fi:ks] *фр. n* навязчивая идея, идефикс

**idem** ['aɪdem] *лат. n* тот же автор; та же книга; то же слово

**identic** [aɪ'dentɪk] *a* 1) = identical 2): ~ note аналогичная, тождественная нота (*посланная одновременно нескольким государствам*)

**identical** [aɪ'dentɪkəl] *a* 1) тот же самый (*об одном предмете*); the ~ room where Shakespeare was born та самая комната, в которой родился Шекспир 2) одинаковый, идентичный, тождественный (with)

**identification** [aɪˌdentɪfɪ'keɪʃən] *n* 1) отождествление 2) опознание; установление личности 3) выяснение; ~ of enemy units *воен.* установление нумерации частей противника 4) солидаризация, поддержка (with) 5) *attr.* опознавательный; ~ parade очная ставка; ~ disc (*или* disk) *воен.* личный знак; ~ prisoner контрольный пленный, «язык»

**identify** [aɪ'dentɪfaɪ] *v* 1) устанавливать тождество (with) 2) опознавать, устанавливать личность; to ~ oneself назвать себя, предъявить удостоверение личности 3) отождествлять; солидаризироваться (with)

**identikit** [aɪ'dentɪkɪt] *n* портрет (*преступника и т. п.*), составленный по описанию

**identity** [aɪ'dentɪtɪ] *n* 1) тождественность, идентичность 2) подлинность 3) личность, индивидуальность 4) *мат.* тождество 5) *attr.* опознавательный, личный; ~ card удостоверение личности

**ideogram, ideograph** ['ɪdɪəugræm, 'ɪdɪəugrɑ:f] *n* идеограмма (*условный значок, символ в идеографическом письме*)

**ideographic(al)** [ˌɪdɪəu'græfɪk(əl)] *a* идеографический

**ideolect** ['ɪdɪəlekt] *n* индивидуальный словарный запас; is this word part of your ~? вы часто употребляете это слово?

**ideological** [ˌaɪdɪə'lɔdʒɪkəl] *a* идеологический

**ideologist** [ˌaɪdɪ'ɔlədʒɪst] *n* идеолог

**ideology** [ˌaɪdɪ'ɔlədʒɪ] *n* идеология, мировоззрение

**ides** [aɪdz] *n pl др.-рим.* иды

**idiocy** ['ɪdɪəsɪ] *n* 1) идиотизм 2) *разг.* идиотство

**idiom** ['ɪdɪəm] *n* 1) идиома, идиоматическое выражение 2) язык, диалект, говор; local ~ местное наречие 3) средство выражения (*обычно в искусстве*)

**idiomatic** [ˌɪdɪə'mætɪk] *a* 1) идиоматический; характерный для данного языка 2) богатый идиомами 3) разговорный

**idiosyncrasy** [ˌɪdɪə'sɪŋkrəsɪ] *n* 1) черта характера, особенность склада, стиля 2) *мед.* идиосинкразия

**idiosyncratic** [ˌɪdɪəsɪŋ'krætɪk] *a* идиосинкразический

**idiot** ['ɪdɪət] *n* 1) идиот 2) *разг.* дурак; a drivelling ~ круглый дурак

**idiotic** [ˌɪdɪ'ɔtɪk] *a* идиотский, дурацкий

**idle** ['aɪdl] **1.** *a* 1) незанятый; неработающий; безработный; to lie ~ быть без употребления, быть неиспользованным; to stand ~ не работать (*о фабрике, заводе*) 2) ленивый, праздный 3) бесполезный, тщетный 4) пустой, неосновательный; ~ talk пустая болтовня 5) *тех.* бездействующий, холостой 6) *эл.* безваттный, реактивный (*о токе*)

**2.** *v* 1) лениться, бездельничать (*часто* ~ about); to ~ away one's time проводить время в безделье 2) работать вхолостую (*о моторе и т. п.*)

**idle-headed** ['aɪdl'hedɪd] *a* пустоголовый, глупый

**idleness** ['aɪdlnɪs] *n* праздность, лень, безделье; бездействие; to live in ~ вести праздный образ жизни

**idler** ['aɪdlə] *n* 1) лентяй, бездельник 2) *тех.* направляющий *или* холостой шкив, валик, ролик, блок

**idle space** ['aɪdlspeɪs] *n* *тех.* вредное пространство

**idling** ['aɪdlɪŋ] **1.** *pres. p. от* idle 2

**2.** *n* 1) безделье 2) *тех.* работа на холостом ходу

**idly** ['aɪdlɪ] *adv* лениво; праздно; to stand by ~ оставаться безучастным

**idol** ['aɪdl] *n* 1) идол 2) кумир

**idolater** [aɪ'dɔlətə] *n* 1) идолопоклонник 2) обожатель, поклонник

**idolatress** [aɪ'dɔlətrɪs] *n* 1) идолопоклонница 2) поклонница

**idolatry** [aɪ'dɔlətrɪ] *n* 1) идолопоклонство 2) поклонение, обожание

**idolize** ['aɪdəlaɪz] *v* 1) боготворить, делать кумиром 2) поклоняться идолам

**idyll** ['ɪdɪl] *n* идиллия

**idyllic** [aɪ'dɪlɪk] *a* идиллический

**idyllize** ['aɪdɪlaɪz] *v* создавать идиллию

**if** [ɪf] **1.** *cj* 1) если (*с гл. в изъявительном наклонении*); I shall see him if he comes если он придёт, я его увижу 2) если бы (*с гл. в сослагательном наклонении*); if only I knew если бы я только знал (*сейчас*); if only I had known если бы я только знал (*тогда*) 3) *вводит косвенный вопрос или придаточное дополнительное предложение*: do you know if he is here? вы не знаете, здесь ли он?; I don't know if he is here я не знаю, здесь ли он 4): even if даже если (бы); I will do it, even if it takes me the whole day я сделаю это, даже если это займёт целый день 5) *с гл. в отриц. форме выражает удивление, негодование и т. п.*; well, ~ I haven't left my umbrella in the train подумать только, я оставил зонтик в поезде! ◇ as if как будто, будто; as if you didn't know (как) будто вы не знали; if only хотя бы только; только бы; he may show up if only to see you он может появиться здесь, хотя бы только для того, чтобы повидать вас; if and when когда и где придётся; if not или даже, а то и...

**2.** *n* условие, предположение; if ifs and ans were pots and pans ≅ если бы да кабы

**iffy** ['ɪfɪ] *a амер. разг.* неопределённый

**igloo** ['ɪglu:] *n* иглу (*эскимосская хижина из затвердевшего снега*)

**igneous** ['ɪgnɪəs] *a* 1) огненный; огневой 2) *геол.* извергенный, пирогенный, вулканического происхождения

**ignis fatuus** ['ɪgnɪs'fætjuəs] *лат.* *n* 1) блуждáющий огонёк 2) обмáнчивая надéжда

**ignite** [ɪg'naɪt] *v* 1) зажигáть 2) загорáться, воспламеня́ться 3) раскаля́ть до свечéния 4) прокáливать

**igniter** [ɪg'naɪtə] *n тех.* воспламени́тель

**ignition** [ɪg'nɪʃən] *n* 1) воспламенéние, зажигáние; вспы́шка; запáл 2) прокáливание 3) *attr.* запáльный

**ignoble** [ɪg'nəubl] *a* 1) ни́зкий, пóдлый; посты́дный; ~ peace позóрный мир; ~ purposes ни́зменные цéли 2) *уст.* ни́зкого происхождéния

**ignominious** [ˌɪgnəu'mɪnɪəs] *a* бесчéстный, посты́дный; ~ defeat позóрное поражéние

**ignominy** ['ɪgnəmɪnɪ] *n* 1) бесчéстье, позóр 2) ни́зкое, посты́дное поведéние; ни́зость

**ignoramus** [ˌɪgnə'reɪməs] *лат.* *n* (*pl* -es [-ɪz]) невéжда

**ignorance** ['ɪgnərəns] *n* 1) невéжество 2) невéдение, незнáние (of); to do smth. from (*или* through) ~ сдéлать что-л. по невéдению

**ignorant** ['ɪgnərənt] *a* 1) невéжественный 2) несвéдущий, не знáющий (of, in; that); I was ~ of the time я не знал, котóрый час

**ignore** [ɪg'nɔ:] *v* 1) игнори́ровать 2) *юр.* отклоня́ть (*иск, жалобу*)

**ikon** ['aɪkɔn] = icon

**il-** [ɪl-] *pref см.* in- I *и* II

**ileus** ['ɪlɪəs] *n мед.* кишéчная непроходи́мость, зáворот кишóк

**ilex** ['aɪleks] *n бот.* пáдуб

**ilia** ['ɪlɪə] *pl от* ilium

**iliac** ['ɪlɪæk] *a анат.* подвздóшный; ~ passion = ileus

**ilium** ['ɪlɪəm] *n* (*pl* -ia) *анат.* подвздóшная кость

**ilk** [ɪlk] *a шотл.*: of that ~ а) из мéста, назвáние котóрого совпадáет с фами́лией; Guthrie of that ~ Гýтри из гóрода Гýтри; б) *разг.* тогó же рóда, клáсса *и т. п.*; and others of that ~ и други́е тогó же рóда

**ill** [ɪl] **1.** *a* 1) *predic.* больнóй, нездорóвый; to be ~ быть больны́м; to fall (*или* to be taken) ~ заболéть 2) (worse; worst) дурнóй, плохóй; ~ fame дурнáя слáва; ~ success неудáча 3) (worse; worst) злой, враждéбный; врéдный, ги́бельный; he had ~ luck емý не повезлó ◇ as ~ luck would have it как назлó

**2.** *n* 1) зло, вред 2) *pl* несчáстья; the ~s of life жи́зненные невзгóды

**3.** *adv* 1) плóхо, хýдо; дýрно; неблагоприя́тно; to behave ~ плóхо вести́ себя́; ~ at ease не по себé; to go ~ with smb. быть неблагоприя́тным, ги́бельным, врéдным для когó-л.; to take a thing ~ оби́деться на что-л. 2) едвá ли, с трудóм; I can ~ afford it я с трудóм могý себé э́то позвóлить

**ill-advised** ['ɪləd'vaɪzd] *a* неблагоразýмный; опромéтчивый

**ill-affected** ['ɪlə'fektɪd] *a* нерасполóженный; неблагожелáтельный

**illation** [ɪ'leɪʃən] *n лог.* вы́вод, заключéние

**illative** [ɪ'leɪtɪv] *a* выражáющий заключéние, заключи́тельный

**ill-bred** ['ɪl'bred] *a* дýрно воспи́танный; невоспи́танный, грýбый

**ill breeding** ['ɪl'bri:dɪŋ] *n* дурны́е манéры, невоспи́танность, грýбость

**ill-conditioned** ['ɪlkən'dɪʃənd] *a* 1) дурнóго нрáва, сварли́вый 2) дурнóй, злой 3) в плохóм состоя́нии; в плохóм положéнии 4) *с.-х.* худóй, неупи́танный (*о скоте*) 5) *ком.* некондициóнный

**ill-considered** ['ɪlkən'sɪdəd] *a* необдýманный

**ill-disposed** ['ɪldɪs'pəuzd] *a* 1) склóнный к дурнóму; злой 2) недоброжелáтельный (towards — к) 3) в плохóм настроéнии, не в дýхе

**illegal** [ɪ'li:gəl] *a* 1) незакóнный 2) нелегáльный; ~ strike *амер.* забастóвка, не согласóванная с профсоюзом

**illegality** [ˌɪli(:)'gælɪtɪ] *n* 1) незакóнность 2) нелегáльность

**illegibility** [ɪˌledʒɪ'bɪlɪtɪ] *n* неразбóрчивость, неудобочитáемость

**illegible** [ɪ'ledʒəbl] *a* нечёткий, неразбóрчивый, неудобочитáемый (*о почерке*)

**illegitimacy** [ˌɪlɪ'dʒɪtɪməsɪ] *n* 1) незакóнность 2) незаконнорождённость

**illegitimate** [ˌɪlɪ'dʒɪtɪmɪt] **1.** *a* 1) незакóнный 2) незаконнорождённый 3) логи́чески неправи́льный (*о выводе*)

**2.** *v* объявля́ть незакóнным

**ill-fated** ['ɪl'feɪtɪd] *a* несчастли́вый; злополýчный; злосчáстный

**ill-favoured** ['ɪl'feɪvəd] *a* 1) некраси́вый 2) неприя́тный

**ill-feeling** ['ɪl'fi:lɪŋ] *n* 1) неприя́знь; враждéбность 2) чýвство оби́ды

**ill-found** ['ɪl'faund] *a* плóхо снабжённый, испы́тывающий недостáток (*в чём-л.*)

**ill-founded** ['ɪl'faundɪd] *a* необоснóванный

**ill-gotten** ['ɪl'gɔtn] *a* добы́тый *или* нáжитый нечéстным путём ◇ ~, ill-spent *посл.* ≅ чужóе добрó впрок нейдёт

**ill-humoured** ['ɪl'hju:məd] *a* в дурнóм настроéнии; дурнóго нрáва

**illiberal** [ɪ'lɪbərəl] *a* 1) непросвещённый; ограни́ченный 2) нетерпи́мый (*к чужому мнению*) 3) скупóй

**illicit** [ɪ'lɪsɪt] *a* незакóнный; недозвóленный, запрещённый

**illimitable** [ɪ'lɪmɪtəbl] *a* неограни́ченный, беспредéльный

**illinium** [ɪ'lɪnɪəm] *n хим.* илли́ний

**illiteracy** [ɪ'lɪtərəsɪ] *n* негрáмотность; безгрáмотность

**illiterate** [ɪ'lɪtərɪt] **1.** *n* 1) негрáмотный (человéк) 2) нéуч; невéжда

**2.** *a* 1) негрáмотный; безгрáмотный 2) необразóванный

**ill-judged** ['ɪl'dʒʌdʒd] *a* 1) неразýмный, неблагоразýмный 2) несвоеврéменный, поспéшный

**ill-luck** ['ɪl'lʌk] *n* невезéние, неудáча

**ill-mannered** ['ɪl'mænəd] *a* невоспи́танный, грýбый

**ill-natured** ['ɪl'neɪtʃəd] *a* дурнóго нрáва, злóбный; грýбый

**illness** ['ɪlnɪs] *n* нездорóвье; болéзнь

**illogical** [ɪ'lɔdʒɪkəl] *a* нелоги́чный

**illogicality** ['ɪlɔdʒɪ'kælɪtɪ] *n* нелоги́чность

**ill-omened** ['ɪl'əumend] *a* предвещáющий несчáстье, зловéщий

**ill-placed** ['ɪl'pleɪst] *a* 1) неудáчно располóженный 2) неумéстный

**ill-sorted** ['ɪl'sɔ:tɪd] *a* неудáчно подóбранный

**ill-spoken** ['ɪl'spəukən] *a* пóльзующийся дурнóй репутáцией

**ill-starred** ['ɪl'stɑ:d] *a* роди́вшийся под несчастли́вой звездóй, несчастли́вый

**ill-suited** ['ɪl'sju:tɪd] *a* непригóдный, неподходя́щий

**ill-tempered** ['ɪl'tempəd] *a* со сквéрным харáктером; раздражи́тельный, брюзгли́вый

**ill-timed** ['ɪl'taɪmd] *a* несвоеврéменный, неподходя́щий

**ill-treat** ['ɪl'tri:t] *v* плóхо обращáться

**ill-treatment** ['ɪl'tri:tmənt] *n* дурнóе обращéние

**illume** [ɪ'lu:m] *поэт. см.* illumine 1) *и* 2)

**illuminate** [ɪ'lju:mɪneɪt] *v* 1) освещáть, озаря́ть 2) иллюмини́ровать, устрáивать иллюминáцию 3) украшáть рýкопись цветны́ми рисýнками; раскрáшивать 4) просвещáть 5) проливáть свет, разъясня́ть

**illuminating** [ɪ'lju:mɪneɪtɪŋ] **1.** *pres. p. от* illuminate

**2.** *a* 1) освети́тельный, освещáющий; ~ gas свети́льный газ 2) разъясня́ющий

**illumination** [ɪˌlju:mɪ'neɪʃən] *n* 1) освещéние 2) *эл.* освещённость 3) я́ркость 4) (*обыкн. pl*) иллюминáция 5) *pl* украшéния и рисýнки в рýкописи; раскрáска 6) вдохновéние 7) *attr.* освети́тельный; ~ engineering освети́тельная тéхника

**illuminative** [ɪ'lju:mɪnətɪv] *a* 1) освещáющий 2) поучи́тельный

**illumine** [ɪ'lju:mɪn] *v* 1) освещáть 2) просвещáть 3) оживля́ть, озаря́ть

**ill-use** **1.** *n* ['ɪl'ju:s] плохóе обращéние

**2.** *v* ['ɪl'ju:z] плóхо обращáться (*с кем-л.*)

**ill-used** ['ɪl'ju:zd] **1.** *p. p. от* ill-use 2

**2.** *a* подвергáющийся дурнóму обращéнию

**illusion** [ɪ'lu:ʒən] *n* 1) иллю́зия, обмáн чувств; мирáж; optical ~ обмáн зрéния; to indulge in ~s предавáться иллю́зиям; to have no ~s about smb. (smth.) не обольщáться на чей-л. счёт (по какóму-л. пóводу) 2) прозрáчная кисея́, тюль

**illusionist** [ɪ'luːʒənɪst] *n* 1) иллюзиони́ст, фо́кусник 2) мечта́тель, фантазёр 3) *филос.* приве́рженец иллюзиони́зма

**illusive** [ɪ'luːsɪv] *a* обма́нчивый, при́зрачный, иллюзо́рный

**illusory** [ɪ'luːsərɪ] = illusive

**illustrate** ['ɪləstreɪt] *v* 1) иллюстри́ровать; a well-illustrated book хорошо́ иллюстри́рованная кни́га 2) поясня́ть, иллюстри́ровать (*примерами, цитатами и т. п.*)

**illustration** [ˌɪləs'treɪʃən] *n* 1) иллюстра́ция, рису́нок 2) иллюстри́рование 3) приме́р, поясне́ние

**illustrative** ['ɪləstreɪtɪv] *a* иллюстрати́вный; поясни́тельный

**illustrious** [ɪ'lʌstrɪəs] *a* знамени́тый; просла́вленный, изве́стный

**ill-will** ['ɪl'wɪl] *n* недоброжела́тельность; вражде́бность (to, towards)

**ill-wisher** ['ɪl'wɪʃə] *n* недоброжела́тель

**ill-wresting** ['ɪl'restɪŋ] *a* 1) искажа́ющий 2) даю́щий непра́вильное освеще́ние *или* толкова́ние

**illy** ['ɪlɪ] *амер.* = ill 3

**I'm** [aɪm] *сокр. разг.* = I am

**image** ['ɪmɪdʒ] **1.** *n* 1) о́браз; изображе́ние; отраже́ние (*в зеркале*) 2) ста́туя (*святого*); и́дол 3) подо́бие; to be the spitting ~ of smb. *разг.* походи́ть на кого́-л. как две ка́пли воды́; быть то́чной ко́пией кого́-л. 4) мета́фора, о́браз; to speak in ~s говори́ть о́бразно 5) ико́на 6) *разг.* представле́ние (*о чём-л.*) 7) о́блик (*политической партии и т. п.*) 8) *attr.*: ~ fault *тлв.* искаже́ние изображе́ния; ~ effect *опт.* зерка́льный эффе́кт

**2.** *v* 1) изобража́ть, создава́ть изображе́ние 2) вызыва́ть в воображе́нии, представля́ть себе́ 3) отобража́ть 4) символизи́ровать

**image-building** ['ɪmɪdʒˌbɪldɪŋ] *n* пропаганди́стская рекла́ма, созда́ние репута́ции (*политического деятеля, партии и т. п.*)

**imagery** ['ɪmɪdʒərɪ] *n* 1) *иск. собир.* о́бразы 2) скульпту́ра, резьба́ 3) о́бразность

**imaginable** [ɪ'mædʒɪnəbl] *a* вообрази́мый

**imaginary** [ɪ'mædʒɪnərɪ] *a* 1) вообража́емый; нереа́льный 2) мни́мый

**imagination** [ɪˌmædʒɪ'neɪʃən] *n* 1) воображе́ние; фанта́зия 2) тво́рческая фанта́зия 3) (мы́сленный) о́браз

**imaginative** [ɪ'mædʒɪnətɪv] *a* 1) одарённый бога́тым воображе́нием 2) о́бразный; бога́тый поэти́ческими о́бразами; ~ literature худо́жественная литерату́ра

**imagine** [ɪ'mædʒɪn] *v* 1) вообража́ть, представля́ть себе́ 2) ду́мать, предполага́ть, полага́ть 3) дога́дываться, понима́ть

**imagines** [ɪ'meɪdʒɪniːz] *pl от* imago

**imago** [ɪ'meɪgəu] *n* (*pl* -gines, -os [-əuz]) 1) о́браз 2) има́го (*последняя стадия развития насекомого*)

**imbalance** [ɪm'bæləns] *n* 1) отсу́тствие равнове́сия, неусто́йчивость 2) несоотве́тствие

**imbecile** ['ɪmbɪsiːl] **1.** *n* 1) слабоу́мный 2) глупе́ц

**2.** *a* 1) слабоу́мный 2) *разг.* неразу́мный, глу́пый

**imbecility** [ˌɪmbɪ'sɪlɪtɪ] *n* 1) слабоу́мие 2) *разг.* глу́пость 3) неспосо́бность

**imbed** [ɪm'bed] = embed

**imbibe** [ɪm'baɪb] *v* 1) впи́тывать, поглоща́ть, вса́сывать; вдыха́ть 2) усва́ивать; ассимили́ровать 3) *разг.* пить (*особ. спиртные напитки*)

**imbibition** [ˌɪmbɪ'bɪʃən] *n* впи́тывание *и пр.* [*см.* imbibe]

**imbrex** ['ɪmbreks] *n* (*pl* imbrices) *стр.* желобча́тая черепи́ца

**imbricate** ['ɪmbrɪkeɪt] *v стр.* класть внахлёстку

**imbrication** [ˌɪmbrɪ'keɪʃən] *n* 1) *стр.* укла́дка внахлёстку 2) *архит.* орна́мент в ви́де чешуи́

**imbrices** ['ɪmbrɪsiːz] *pl от* imbrex

**imbroglio** [ɪm'brəulɪəu] *n* (*pl* -os [-əuz]) пу́таница; запу́танная, сло́жная ситуа́ция

**imbrue** [ɪm'bruː] *v* запятна́ть, обагри́ть; to ~ one's hands with blood обагри́ть ру́ки кро́вью

**imbue** [ɪm'bjuː] *v* 1) насыща́ть, напи́тывать, пропи́тывать 2) окра́шивать (*ткань*); пропи́тывать красителем (*ткань, дерево*); мори́ть (*дерево*) 3) вдохну́ть, внуши́ть, всели́ть; наполня́ть (*чувством*); ~d with patriotism воспи́танный в ду́хе любви́ к ро́дине

**imitate** ['ɪmɪteɪt] *v* 1) подража́ть, стара́ться быть похо́жим 2) имити́ровать, копи́ровать; передра́знивать 3) имити́ровать, подде́лывать 4) *биол.* принима́ть окра́ску *или* пова́дки други́х органи́змов

**imitation** [ˌɪmɪ'teɪʃən] *n* 1) подража́ние, имити́рование, копи́рование; to give an ~ of smb. передра́знивать кого́-л.; in ~ of smb. в подража́ние кому́-л. 2) имита́ция; подде́лка, суррога́т 3) *attr.* подде́льный, иску́сственный; ~ leather иску́сственная ко́жа; ~ jewelry бижуте́рия, иску́сственные драгоце́нности

**imitative** ['ɪmɪtətɪv] *a* 1) подража́тельный; ~ arts изобрази́тельные иску́сства; ~ word звукоподража́тельное сло́во 2) подража́тельный, неоригина́льный 3) подде́льный, иску́сственный

**imitator** ['ɪmɪteɪtə] *n* подража́тель, имита́тор

**immaculacy** [ɪ'mækjuləsɪ] *n* 1) чистота́; незапя́тнанность 2) безукори́зненность, безупре́чность

**immaculate** [ɪ'mækjulɪt] *a* 1) незапя́тнанный; чи́стый 2) безукори́зненный, безупре́чный 3) *зоол.* непятни́стый

**immanence, -cy** ['ɪmənəns, -sɪ] *n* 1) постоя́нное, неотъе́млемое сво́йство 2) *филос.* иммане́нтность

**immanent** ['ɪmənənt] *a* 1) прису́щий, постоя́нный 2) *филос.* иммане́нтный

**immaterial** [ˌɪmə'tɪərɪəl] *a* 1) невеще́ственный; беспле́сный, духо́вный 2) несуще́ственный, нева́жный

**immateriality** ['ɪməˌtɪərɪ'ælɪtɪ] *n* 1) невеще́ственность 2) несуще́ственность

**immature** [ˌɪmə'tjuə] *a* 1) незре́лый, неспе́лый; недоразви́вшийся 2) *геол.* ю́ный (*о цикле эрозии*); молодо́й (*о форме*)

**immaturity** [ˌɪmə'tjuərɪtɪ] *n* незре́лость

**immeasurability** [ɪˌmeʒərə'bɪlɪtɪ] *n* неизмери́мость, безме́рность

**immeasurable** [ɪ'meʒərəbl] *a* неизмери́мый, безме́рный; несме́тный

**immediacy** [ɪ'miːdjəsɪ] *n* 1) непосре́дственность 2) незамедли́тельность, безотлага́тельность

**immediate** [ɪ'miːdjət] *a* 1) непосре́дственный, прямо́й; ~ contagion *мед.* конта́ктное зараже́ние 2) ближа́йший; my ~ neighbours мои́ ближа́йшие сосе́ди; the ~ postwar years пе́рвые послевое́нные го́ды; in our ~ time в пережива́емое на́ми вре́мя 3) неме́дленный, безотлага́тельный, спе́шный; to take ~ action приня́ть сро́чные ме́ры, де́йствовать незамедли́тельно

**immediately** [ɪ'miːdjətlɪ] **1.** *adv* 1) непосре́дственно 2) неме́дленно, то́тчас же

**2.** *cj* как то́лько; you may leave ~ he comes мо́жете уйти́, как то́лько он придёт

**immedicable** [ɪ'medɪkəbl] *a* неизлечи́мый

**immemorial** [ˌɪmɪ'mɔːrɪəl] *a* 1) незапа́мятный; from time ~ с незапа́мятных времён 2) дре́вний

**immense** [ɪ'mens] *a* 1) огро́мный, безме́рный 2) необъя́тный 3) *разг.* великоле́пный, замеча́тельный

**immensely** [ɪ'menslɪ] *adv разг.* о́чень, чрезвыча́йно, безме́рно

**immensity** [ɪ'mensɪtɪ] *n* безме́рность, необъя́тность

**immerse** [ɪ'məːs] *v* 1) погружа́ть, окуна́ть (in) 2) поглоща́ть, занима́ть (*мысли, внимание*) 3) вовлека́ть, запу́тывать; ~d in debt запу́тавшийся в долга́х

**immersion** [ɪ'məːʃən] *n* 1) погруже́ние; оса́дка 2) *церк.* креще́ние 3) *астр.* вступле́ние в тень

**immigrant** ['ɪmɪgrənt] **1.** *n* иммигра́нт; переселе́нец

**2.** *a* переселя́ющийся

**immigrate** ['ɪmɪgreɪt] *v* иммигри́ровать

**immigration** [ˌɪmɪ'greɪʃən] *n* иммигра́ция

**imminence** ['ɪmɪnəns] *n* приближе́ние (*чего-л.*); угро́за, опа́сность

**imminent** ['ɪmɪnənt] *a* бли́зкий, надвига́ющийся, грозя́щий, нави́сший (*об опасности и т. п.*)

**immiscible** [ɪ'mɪsɪbl] *a* не поддаю́щийся смеше́нию, несме́шивающийся

**immitigable** [ɪ'mɪtɪgəbl] *a* 1) не поддающийся облегчению, смягчению 2) неумолимый

**immixture** [ɪ'mɪkstʃə] *n* 1) смешивание 2) участие, причастность (in — к)

**immobile** [ɪ'məubaɪl] *a* недвижимый; неподвижный

**immobility** [ˌɪməu'bɪlɪtɪ] *a* неподвижность

**immobilize** [ɪ'məubɪlaɪz] *v* 1) делать неподвижным; лишать подвижности; останавливать, сковывать, связывать 2) *мед.* наложить лубок, шину 3) изымать из обращения (*монету*)

**immoderate** [ɪ'mɔdərɪt] *a* 1) неумеренный, чрезмерный, излишний 2) несдержанный

**immodest** [ɪ'mɔdɪst] *a* 1) нескромный; неприличный 2) наглый, бесстыдный

**immodesty** [ɪ'mɔdɪstɪ] *n* 1) нескромность; неприличие 2) наглость, бесстыдство

**immolate** ['ɪməuleɪt] *v* 1) приносить в жертву 2) *перен.* жертвовать (*чем-л.*)

**immolation** [ˌɪməu'leɪʃən] *n* 1) жертвоприношение 2) жертва (*тж. перен.*)

**immoral** [ɪ'mɔrəl] *a* аморальный, безнравственный; распущенный, распутный

**immorality** [ˌɪmə'rælɪtɪ] *n* 1) аморальность, безнравственность; распущенность 2) аморальный поступок

**immortal** [ɪ'mɔ:tl] **1.** *a* бессмертный; неувядаемый, вечный; ~ glory (*или* fame) неувядаемая слава

**2.** *n pl* (the ~s) бессмертные (*о греческих и римских богах*)

**immortality** [ˌɪmɔ:'tælɪtɪ] *n* бессмертие, вечность

**immortalization** [ɪˌmɔ:təlaɪ'zeɪʃən] *n* увековечение

**immortalize** [ɪ'mɔ:təlaɪz] *v* обессмертить, увековечить

**immortelle** [ˌɪmɔ:'tel] *фр. n бот.* иммортель, бессмертник

**immovability** [ɪˌmu:və'bɪlɪtɪ] *n* 1) неподвижность 2) непоколебимость 3) спокойствие, бесстрастие, невозмутимость

**immovable** [ɪ'mu:vəbl] **1.** *a* 1) недвижимый, неподвижный; стационарный; ~ property недвижимое имущество 2) непоколебимый, стойкий 3) спокойный, бесстрастный, невозмутимый

**2.** *n pl* недвижимое имущество, недвижимость

**immune** [ɪ'mju:n] *a* 1) невосприимчивый (*к какой-л. болезни*) иммунный 2) освобождённый, свободный (*от чего-л.*) 3) неприкосновенный

**immunity** [ɪ'mju:nɪtɪ] *n* 1) невосприимчивость (*к какой-л. болезни*); иммунитет 2) освобождение (*от платежа, налога и т. п.*) 3) неприкосновенность

**immunization** [ɪˌmju(:)naɪ'zeɪʃən] *n* иммунизация

**immunize** ['ɪmju(:)naɪz] *v* иммунизировать

**immunology** [ˌɪmju(:)'nɔlədʒɪ] *n* иммунология

**immure** [ɪ'mjuə] *v* 1) заточать; to ~ oneself запереться в четырёх стенах 2) *стр.* замуровывать; заделывать в кладку 3) *редк.* окружать стенами

**immurement** [ɪ'mjuəmənt] *n* 1) заточение 2) замуровывание 3) захоронение в стене

**immutability** [ɪˌmju:tə'bɪlɪtɪ] *n* неизменность, непреложность

**immutable** [ɪ'mju:təbl] *a* неизменный, непреложный

**imp** [ɪmp] *n* 1) чертёнок, бесёнок 2) пострелёнок (*о ребёнке*) 3) *уст.* побег; отпрыск

**impact** **1.** *n* ['ɪmpækt] 1) удар, толчок; импульс 2) столкновение, коллизия 3) влияние, воздействие 4) *attr.* ударный, импульсный; ~ fuze *воен.* ударный взрыватель; ~ strength *тех.* ударная вязкость

**2.** *v* [ɪm'pækt] 1) плотно сжимать 2) прочно укреплять 3) ударять(ся); сталкиваться

**impair** [ɪm'pɛə] *v* 1) ослаблять, уменьшать 2) ухудшать (*качество*); портить, повреждать; to ~ one's health портить своё здоровье 3) наносить ущерб

**impaired** [ɪm'pɛəd] **1.** *p. p. от* impair

**2.** *a* 1) замедленный, ослабленный; ~ development задержанное развитие (*о с.-х. культурах*) 2) ухудшенный

**impairment** [ɪm'pɛəmənt] *n* ухудшение; повреждение

**impale** [ɪm'peɪl] *v* 1) прокалывать, пронзать; to ~ oneself upon smth. наколоться, напороться на что-л. 2) *ист.* сажать на кол 3) *редк.* обносить частоколом

**impalement** [ɪm'peɪlmənt] *n* 1) *ист.* сажание на кол 2) обнесение частоколом

**impalpability** [ɪmˌpælpə'bɪlɪtɪ] *n* неосязаемость, неощутимость

**impalpable** [ɪm'pælpəbl] *a* 1) неосязаемый, неощутимый; мельчайший 2) неуловимый, неразличимый; ~ distinctions неуловимые, очень тонкие различия

**impanel** [ɪm'pænl] = empanel

**imparity** [ɪm'pærɪtɪ] *n* неравенство

**impark** [ɪm'pɑ:k] *v* 1) использовать (*территорию*) под парк 2) помещать в парк (*диких животных*)

**impart** [ɪm'pɑ:t] *v* 1) давать, придавать 2) сообщать, передавать (*знания, новости*)

**impartial** [ɪm'pɑ:ʃəl] *a* беспристрастный, справедливый; непредвзятый

**impartiality** ['ɪmˌpɑ:ʃɪ'ælɪtɪ] *n* беспристрастие, справедливость

**impartible** [ɪm'pɑ:tɪbl] *a* неделимый (*об имении*)

**impassable** [ɪm'pɑ:səbl] *a* непроходимый, непроезжий

**impasse** [æm'pɑ:s] *фр. n* 1) тупик 2) тупик, безвыходное положение

**impassibility** ['ɪmˌpæsɪ'bɪlɪtɪ] *n* 1) нечувствительность (*к боли и т. п.*) 2) бесстрастность; бесчувственность

**impassible** [ɪm'pæsɪbl] *a* 1) нечувствительный (*к боли и т. п.*) 2) бесстрастный; бесчувственный

**impassion** [ɪm'pæʃən] *v* внушать страсть; глубоко волновать

**impassioned** [ɪm'pæʃənd] **1.** *p. p. от* impassion

**2.** *a* охваченный страстью, страстный, пылкий

**impassive** [ɪm'pæsɪv] *a* 1) = impassible 1); 2) бесстрастный, невозмутимый; безмятежный

**impassivity** [ˌɪmpæ'sɪvɪtɪ] *n* бесстрастие, невозмутимость

**impaste** [ɪm'peɪst] *v* 1) *жив.* писать, густо накладывая краски 2) месить, превращать в массу [*см.* paste 1]

**impatience** [ɪm'peɪʃəns] *n* 1) нетерпение 2) раздражительность; нетерпимость

**impatient** [ɪm'peɪʃənt] *a* 1) нетерпеливый 2) нетерпящий (*чего-л.*); раздражительный; ~ of reproof не терпящий порицания 3) беспокойный; нетерпеливо ожидающий (of)

**impawn** [ɪm'pɔ:n] *v* 1) отдавать в залог, закладывать 2) *перен.* ручаться

**impeach** [ɪm'pi:tʃ] *v* 1) брать под сомнение; бросать тень; to ~ smb.'s motives подвергать сомнению чьи-л. намерения 2) порицать 3) обвинять (of, with) 4) предъявлять обвинение в государственном преступлении

**impeachment** [ɪm'pi:tʃmənt] *n* 1) порицание 2) обвинение 3) привлечение к суду (*особ.* за государственное преступление); импичмент

**impeccability** [ɪmˌpekə'bɪlɪtɪ] *n* 1) непогрешимость 2) безупречность

**impeccable** [ɪm'pekəbl] *a* 1) непогрешимый 2) безупречный; an ~ record безупречный послужной список

**impecunious** [ˌɪmpɪ'kju:njəs] *a* нуждающийся, безденежный, бедный

**impedance** [ɪm'pi:dəns] *n эл.* полное сопротивление, импеданс

**impede** [ɪm'pi:d] *v* препятствовать, мешать, задерживать; затруднять (*общение, уличное движение, переговоры и т. п.*); his load ~d him ноша обременяла его

**impediment** [ɪm'pedɪmənt] *n* 1) препятствие, помеха, задержка; an ~ in one's speech заикание 2) *юр.*, *церк.* препятствие к браку 3) *pl* войсковое имущество

**impedimenta** [ɪmˌpedɪ'mentə] *n pl* войсковое имущество

**impedimental** [ɪmˌpedɪ'mentl] *a* препятствующий, задерживающий

**impel** [ɪm'pel] *v* 1) приводить в движение 2) побуждать, принуждать (to)

**impellent** [ɪm'pelənt] **1.** *n* побудительная, движущая сила

**2.** *a* побуждающий, двигающий

**impeller** [ɪm'pelə] *n тех.* импеллер, лопастное колесо, крыльчатка

**impend** [ɪm'pend] *v* (*обыкн. pres. p.*) 1) нависа́ть (over); *перен. тж.* угрожа́ть; the danger ~ing over us угрожа́ющая нам опа́сность 2) надвига́ться, приближа́ться

**impendence** [ɪm'pendəns] *n* бли́зость, угро́за (*чего-л.*)

**impendent** [ɪm'pendənt] *a* надвига́ющийся, грозя́щий; немину́емый

**impending** [ɪm'pendɪŋ] **1.** *pres. p. от* impend

**2.** *a* предстоя́щий, немину́емый, грозя́щий; an ~ storm надвига́ющаяся бу́ря

**impenetrability** [ɪm,penɪtrə'bɪlɪtɪ] *n* непроходи́мость *и пр.* [*см.* impenetrable]

**impenetrable** [ɪm'penɪtrəbl] *a* 1) непроходи́мый, недосту́пный; 2) непроница́емый; непрогля́дный; ~ darkness кроме́шная тьма 3) непоня́тный, непостижи́мый 4) не поддаю́щийся возде́йствию; a mind ~ by (*или* to) new ideas ко́сный ум

**impenetrate** [ɪm'penɪtreɪt] *v* проника́ть вглубь; проходи́ть сквозь

**impenitence** [ɪm'penɪtəns] *n* нераска́янность

**impenitent** [ɪm'penɪtənt] *a* нераска́явшийся; нераска́янный; закорене́лый

**imperatival** [ɪm,perə'taɪvəl] *a грам.* повели́тельный, относя́щийся к повели́тельному наклоне́нию

**imperative** [ɪm'perətɪv] **1.** *n* 1) *грам.* повели́тельное наклоне́ние, императи́в 2) *филос.* императи́в

**2.** *a* 1) повели́тельный, вла́стный 2) обя́зывающий, императи́вный; настоя́тельный 3): ~ mood *грам.* повели́тельное наклоне́ние

**imperceptible** [,ɪmpə'septəbl] *a* незаме́тный, незначи́тельный

**imperfect** [ɪm'pə:fɪkt] **1.** *a* 1) несоверше́нный, дефе́ктный, с изъя́ном 2) непо́лный, незавершённый 3) *грам.*: ~ tense = 2

**2.** *n грам.* проше́дшее несоверше́нное вре́мя, имперфе́кт

**imperfection** [,ɪmpə'fekʃən] *n* 1) несоверше́нство; неполнота́ 2) недоста́ток, дефе́кт

**imperial** [ɪm'pɪərɪəl] **1.** *a* 1) импе́рский; относя́щийся к Брита́нской импе́рии 2) императо́рский 3) верхо́вный, вы́сший 4) величе́ственный; великоле́пный 5) устано́вленный, станда́ртный (*об английских мерах*); ~ gallon англи́йский галло́н (*=4,54 л*)

**2.** *n* 1) эспаньо́лка (*бородка*) 2) форма́т бума́ги (*23 д.* × *31 д.*) 3) империа́л, верх экипа́жа, дилижа́нса *и т. п.* 4) империа́л (*старинная русская золотая монета*)

**imperialism** [ɪm'pɪərɪəlɪzm] *n* империали́зм

**imperialist** [ɪm'pɪərɪəlɪst] *n* 1) империали́ст 2) *attr.* империалисти́ческий

**imperialistic** [ɪm,pɪərɪə'lɪstɪk] *a* империалисти́ческий

**imperil** [ɪm'perɪl] *v* подверга́ть опа́сности

**imperious** [ɪm'pɪərɪəs] *a* 1) повели́тельный, вла́стный; высокоме́рный 2) настоя́тельный, насу́щный; ~ want насу́щная необходи́мость

**imperishability** [ɪm,perɪʃə'bɪlɪtɪ] *n* неруши́мость; ве́чность

**imperishable** [ɪm'perɪʃəbl] *a* 1) неруши́мый; непреходя́щий, ве́чный 2) непо́ртящийся

**impermanent** [ɪm'pə:mənənt] *a* 1) непостоя́нный, мимолётный 2) неусто́йчивый 3) несто́йкий, легкоразлага́ющийся (*о химикалиях*)

**impermeability** [ɪm,pə:mjə'bɪlɪtɪ] *n* непроница́емость; гермети́чность

**impermeable** [ɪm'pə:mjəbl] *a* 1) непроница́емый; гермети́ческий; ~ to water водонепроница́емый 2) *тех.* уплотня́ющий, пло́тный (*о шве*)

**impermissible** [,ɪmpə'mɪsəbl] *a* недопусти́мый, непозволи́тельный

**impersonal** [ɪm'pə:snl] *a* 1) безли́чный (*тж. грам.*); не относя́щийся к определённому лицу́ 2) бескоры́стный; объекти́вный, беспристра́стный 3) обезли́ченный, безли́кий

**impersonality** [ɪm,pə:sə'nælɪtɪ] *n* безли́чность

**impersonate** [ɪm'pə:səneɪt] *v* 1) олицетворя́ть, воплоща́ть 2) исполня́ть роль 3) выдава́ть себя́ (*за кого-л.*)

**impersonation** [ɪm,pə:sə'neɪʃən] *n* 1) олицетворе́ние, воплоще́ние 2) исполне́ние ро́ли 3) самозва́нство

**impersonator** [ɪm'pə:səneɪtə] *n* 1) созда́тель (*роли*) 2) самозва́нец

**impertinence** [ɪm'pə:tɪnəns] *n* 1) де́рзость, на́глость, наха́льство 2) неуме́стность

**impertinent** [ɪm'pə:tɪnənt] *a* 1) де́рзкий, на́глый, наха́льный 2) неуме́стный

**imperturbability** ['ɪmpə(:),tə:bə'bɪlɪtɪ] *n* невозмути́мость, споко́йствие

**imperturbable** [,ɪmpə(:)'tə:bəbl] *a* невозмути́мый, споко́йный

**impervious** [ɪm'pə:vjəs] *a* 1) непроница́емый; ~ soil водонепроница́емая по́чва 2) непроходи́мый (to) 3) неотзы́вчивый; невосприи́мчивый, глухо́й (*к мольбам и т. п.*)

**impetigo** [,ɪmpɪ'taɪgəu] *n мед.* импети́го

**impetuosity** [ɪm,petju'ɔsɪtɪ] *n* стреми́тельность, импульси́вность; пы́лкость; запа́льчивость

**impetuous** [ɪm'petjuəs] *a* 1) стреми́тельный, поры́вистый, импульси́вный; пы́лкий 2) бу́рный

**impetus** ['ɪmpɪtəs] *n* 1) стреми́тельность, си́ла движе́ния 2) (дви́жущая) си́ла; побужде́ние, толчо́к, и́мпульс, сти́мул; to give an ~ to smth. стимули́ровать что-л.

**impiety** [ɪm'paɪətɪ] *n* 1) отсу́тствие на́божности, благоче́стия 2) неуваже́ние, непочти́тельность

**impinge** [ɪm'pɪndʒ] *v* 1) ударя́ться, ста́лкиваться (on, upon, against) 2) наруша́ть, вторга́ться; to ~ upon smb.'s rights покуша́ться, посяга́ть на чьи-л. права́

**impingement** [ɪm'pɪndʒmənt] *n* 1) уда́р, столкнове́ние 2) покуше́ние (*на чьи-л. права*)

**impious** ['ɪmpɪəs] *a* нечести́вый

**impish** ['ɪmpɪʃ] *a* прока́зливый; злой; ~ laughter ехи́дный смех

**implacability** [ɪm,plækə'bɪlɪtɪ] *n* 1) неумоли́мость 2) непримири́мость

**implacable** [ɪm'plækəbl] *a* 1) неумоли́мый 2) непримири́мый

**implant** **1.** *v* [ɪm'plɑ:nt] 1) насажда́ть; вселя́ть, внедря́ть 2) внуша́ть 3) сажа́ть (*растения*)

**2.** *n* ['ɪmplɑ:nt] *мед.* капилля́рная тру́бочка с ра́дием, вводи́мая в живу́ю ткань (*для лечения злокачественной опухоли*)

**implantation** [,ɪmplɑ:n'teɪʃən] *n* 1) насажде́ние; внедре́ние 2) поса́дка (*растений*)

**implement** **1.** *n* ['ɪmplɪmənt] ору́дие; инструме́нт, прибо́р; (*особ. pl*) принадле́жности, у́тварь; инвента́рь

**2.** *v* ['ɪmplɪment] 1) выполня́ть, осуществля́ть; обеспе́чивать выполне́ние; to ~ a decision проводи́ть постановле́ние в жизнь 2) снабжа́ть инструме́нтами

**implementation** [,ɪmplɪmen'teɪʃən] *n* осуществле́ние, выполне́ние

**implex** ['ɪmpleks] *a* сло́жный, запу́танный

**implicate** ['ɪmplɪkeɪt] *v* 1) вовлека́ть, впу́тывать; to be ~d in a crime быть заме́шанным в преступле́нии 2) заключа́ть в себе́, подразумева́ть 3) спу́тывать

**implication** [,ɪmplɪ'keɪʃən] *n* 1) вовлече́ние 2) заме́шанность, прича́стность, соуча́стие 3) то, что подразумева́ется; подте́кст; смысл; by ~ ко́свенно; the ~ of events смысл, значе́ние собы́тий

**implicit** [ɪm'plɪsɪt] *a* 1) подразумева́емый, не вы́раженный пря́мо, скры́тый; ~ denial молчали́вый отка́з; ~ function *мат.* нея́вная фу́нкция 2) безогово́рочный, по́лный; ~ faith слепа́я ве́ра

**implicitly** [ɪm'plɪsɪtlɪ] *adv* 1) ко́свенным о́бразом 2) без колеба́ний, безогово́рочно

**implode** [ɪm'pləud] *v* взрыва́ть(ся)

**implore** [ɪm'plɔ:] *v* умоля́ть; заклина́ть

**imploringly** [ɪm'plɔ:rɪŋlɪ] *adv* умоля́юще; с мольбо́й

**imply** [ɪm'plaɪ] *v* 1) заключа́ть в себе́, зна́чить; with all that it implies со все́ми вытека́ющими из э́того после́дствиями 2) подразумева́ть, предполага́ть

**impolicy** [ɪm'pɔlɪsɪ] *n* 1) нетакти́чность 2) неразу́мная поли́тика

**impolite** [,ɪmpə'laɪt] *a* неве́жливый, неучти́вый

**impolitic** [ɪm'pɔlɪtɪk] *a* неполити́чный; неразу́мный, беста́ктный

**imponderable** [ɪm'pɔndərəbl] **1.** *a* 1) невесо́мый, о́чень лёгкий 2) не поддаю́щийся учёту; незначи́тельный; неощути́мый

**2.** *n* (*обыкн. pl*) нéчто невесóмое; что-л. неуловúмое; что-л., не имéющее реáльных основáний

**import** I **1.** *n* [ˈɪmpɔːt] 1) úмпорт, ввоз 2) *pl* úмпортные, ввозúмые товáры; ~s and exports ввоз и вы́воз; статьú úмпорта и э́кспорта

**2.** *v* [ɪmˈpɔːt] 1) импортúровать, ввозúть (into) 2) вносúть, привносúть; to ~ personal feelings вклáдывать ли́чные чу́вства

**import** II **1.** *n* [ˈɪmpɔːt] 1) смысл, значéние, суть 2) вáжность, значúтельность; a question of great ~ óчень вáжный вопрóс

**2.** *v* [ɪmˈpɔːt] 1) выражáть, означáть, подразумевáть 2) имéть значéние, быть вáжным; that does not ~ э́то не имéет значéния

**importable** [ɪmˈpɔːtəbl] *a* ввозúмый

**importance** [ɪmˈpɔːtəns] *n* 1) вáжность, значúтельность; a position of ~ ответственный пост 2) значéние; to attach ~ to smth. считáть что-л. вáжным; придавáть значéние чему́-л.; of no ~ не имéющий значéния

**important** [ɪmˈpɔːtənt] *a* 1) вáжный, значúтельный, сущéственный 2) вáжничающий, напы́щенный; to look ~ напускáть на себя́ вáжный вид

**importation** [ˌɪmpɔːˈteɪʃən] *n* 1) ввоз, úмпорт; импортúрование 2) úмпортные товáры

**importer** [ɪmˈpɔːtə] *n* импортёр

**importless** [ˈɪmpɔːtlɪs] *a* несущéственный, невáжный, незначúтельный

**importunate** [ɪmˈpɔːtjunɪt] *a* 1) настóйчивый; доку́чливый, назóйливый 2) спéшный, безотлагáтельный

**importune** [ɪmˈpɔːtjuːn] *v* докучáть; назóйливо домогáться; надоедáть прóсьбами

**importunity** [ˌɪmpɔːˈtjuːnɪtɪ] *n* назóйливость; постоя́нное приставáние с прóсьбами

**impose** [ɪmˈpəuz] *v* 1) облагáть (*пошлиной, налогом и т. п.*); налагáть (*обязательство*; on) 2) обмáнывать (on, upon) 3) навязáть(ся) 4) обмáном продáть, всучúть (on, upon) 5) *полигр.* спускáть (*полосу*); заключáть (*печатную форму*)

**imposing** [ɪmˈpəuzɪŋ] **1.** *pres. p. от* impose

**2.** *a* производя́щий сúльное впечатлéние; внушúтельный, импозáнтный

**imposition** [ˌɪmpəˈzɪʃən] *n* 1) наложéние, возложéние 2) обложéние, налóг 3) обмáн 4) *полигр.* спуск (*полосы набора, формы*) 5) *школ.* дополнúтельная рабóта (*наказание за провинность*)

**impossibility** [ɪmˌpɔsəˈbɪlɪtɪ] *n* невозмóжность *и пр.* [*см.* impossible]

**impossible** [ɪmˈpɔsəbl] *a* 1) невозмóжный, невыполнúмый 2) невероя́тный 3) *разг.* невыносúмый, возмутúтельный

**impost** [ˈɪmpəust] *n* 1) *ист.* налóг, пóдать; дань 2) *стр.* пятá áрки *или* свóда

**impostor** [ɪmˈpɔstə] *n* 1) обмáнщик, мошéнник 2) самозвáнец

**imposture** [ɪmˈpɔstʃə] *n* обмáн, жу́льничество

**impotable** [ɪmˈpəutəbl] *a* негóдный для питья́

**impotence** [ˈɪmpətəns] *n* 1) бессúлие, слáбость 2) *мед.* импотéнция

**impotent** [ˈɪmpətənt] *a* 1) бессúльный, слáбый 2) *мед.* импотéнтный

**impound** [ɪmˈpaund] *v* 1) конфисковáть 2) загоня́ть (*скот*) 3) заключáть, запирáть 4) запру́живать (*воду*)

**impoundment** [ɪmˈpaundmənt] *n* пруд, водохранúлище

**impoverish** [ɪmˈpɔvərɪʃ] *v* 1) доводúть до бéдности, до обнищáния, лишáть средств 2) истощáть (*почву*) 3) подрывáть (*здоровье*) 4) обедня́ть, дéлать ску́чным, неинтерéсным; to ~ life обедня́ть жизнь

**impoverished** [ɪmˈpɔvərɪʃt] **1.** *p. p. от* impoverish

**2.** *a* 1) истощённый; ~ soil истощённая пóчва 2) убóгий, жáлкий; an ~ existence убóгое существовáние

**impoverishment** [ɪmˈpɔvərɪʃmənt] *n* обеднéние, обнищáние *и пр.* [*см.* impoverish]

**impracticability** [ɪmˌpræktɪkəˈbɪlɪtɪ] *n* невыполнúмость *и пр.* [*см.* impracticable]

**impracticable** [ɪmˈpræktɪkəbl] *a* 1) невыполнúмый, неисполнúмый, неосуществúмый 2) неподáтливый, упря́мый; несговóрчивый 3) непроходúмый, непроéзжий; недосту́пный 4) негóдный к употреблéнию, бесполéзный

**impractical** [ɪmˈpræktɪkəl] 1) = impracticable 2) = unpractical

**imprecate** [ˈɪmprɪkeɪt] *v* проклинáть, призывáть несчáстья на *чью-л.* гóлову

**imprecation** [ˌɪmprɪˈkeɪʃən] *n* проклятие

**imprecatory** [ˈɪmprɪkeɪtərɪ] *a* проклинáющий, призывáющий несчáстье

**impregnability** [ɪmˌpregnəˈbɪlɪtɪ] *n* 1) непристу́пность; неуязвúмость 2) непоколебúмость 3) *тех.* спосóбность пропúтываться

**impregnable** [ɪmˈpregnəbl] *a* 1) непристу́пный; неуязвúмый 2) непоколебúмый, стóйкий 3) *тех.* поддающийся пропúтке

**impregnate 1.** *a* [ɪmˈpregnɪt] = impregnated

**2.** *v* [ˈɪmpregneɪt] 1) оплодотворя́ть 2) наполня́ть, насыщáть 3) пропúтывать (with) 4) внедря́ть; вводúть

**impregnated** [ˈɪmpregneɪtɪd] *a* 1) оплодотворённый 2) берéменная 3) насы́щенный, пропúтанный (with)

**impregnation** [ˌɪmpregˈneɪʃən] *n* 1) оплодотворéние; зачáтие 2) пропúтывание 3) *горн.* вкрáпленность

**impresari** [ˌɪmpreˈsɑːriː] *pl от* impresario

**impresario** [ˌɪmpreˈsɑːrɪəu] *ит. n* (*pl* -os [-əuz]; -ri) антрепренёр, импресáрио

**imprescriptible** [ˌɪmprɪsˈkrɪptəbl] *a* неотъéмлемый

**impress** I **1.** *n* [ˈɪmpres] 1) отпечáток, óттиск 2) штéмпель, печáть 3) впечатлéние, след, отпечáток, печáть (*чего-л.*); a work bearing an ~ of genius рабóта, носящая печáть гéния

**2.** *v* [ɪmˈpres] 1) отпечáтывать; печáтать 2) клеймúть, штемпелевáть, штамповáть (on); to ~ a mark upon smth. оттúснуть, отпечáтать знак на чём-л. 3) внушáть, внедря́ть, запечатлевáть (*в сознании*); ~ on him that he must... внушúте емý, что он дóлжен... 4) производúть впечатлéние, поражáть; to ~ smb. favourably произвестú благоприя́тное впечатлéние на когó-л.

**impress** II [ɪmˈpres] *v* 1) *воен. ист.* вербовáть сúлой 2) реквизúровать (*имущество и т. п.*)

**impressibility** [ɪmˌpresɪˈbɪlɪtɪ] *n* впечатлúтельность

**impressible** [ɪmˈpresəbl] *a* впечатлúтельный, восприúмчивый

**impression** [ɪmˈpreʃən] *n* 1) впечатлéние; strong ~ сúльное впечатлéние; visual (auditive) ~ зрúтельное (слуховóе) впечатлéние; to make (*или* to produce) an ~ произвестú впечатлéние; to be under the ~ быть под впечатлéнием; we are under the ~ that nothing can be done at present у нас создалóсь такóе впечатлéние, что сейчáс ничегó нельзя́ сдéлать 2) óттиск, отпечáток 3) печáть, печáтание; тиснéние 4) издáние (*книги*); перепечáтка, допечáтка (*без изменений*) 5) *жив.* грунт, фон (*картины*)

**impressionability** [ɪmˌpreʃnəˈbɪlɪtɪ] *n* впечатлúтельность, восприúмчивость

**impressionable** [ɪmˈpreʃnəbl] *a* впечатлúтельный, восприúмчивый

**impressionism** [ɪmˈpreʃnɪzm] *n иск.* импрессионúзм

**impressionistic** [ɪmˌpreʃəˈnɪstɪk] *a иск.* импрессионúстский

**impressive** [ɪmˈpresɪv] *a* производя́щий глубóкое впечатлéние; впечатля́ющий; выразúтельный; ~ speech я́ркая речь

**impressment** [ɪmˈpresmənt] *n* 1) насúльственная вербóвка (*на военную службу*) 2) реквизúция

**imprest** [ˈɪmprest] *n* авáнс, подотчётная сýмма

**imprimatur** [ˌɪmprɪˈmeɪtə] *лат. n* 1) разрешéние цензу́ры (*на печатание*) 2) сáнкция, одобрéние

**imprimis** [ɪmˈpraɪmɪs] *лат. adv* во-пéрвых

**imprint 1.** *n* [ˈɪmprɪnt] 1) отпечáток (*тж. перен.*); штамп; the ~ of cares следы́ забóт 2) *полигр.* выходны́е свéдения, выходны́е дáнные (*тж.* publisher's *или* printer's ~)

**2.** *v* [ɪmˈprɪnt] 1) отпечáтывать (on, with) 2) оставля́ть след; запечатлевáть (on, in)

**imprison** [ɪmˈprɪzn] *v* заключáть в тюрьмý; лишáть свобóды

**imprisonment** [ɪm'prɪznmənt] *n* заключе́ние (*в тюрьму*); лише́ние свобо́ды

**improbability** [ɪm,prɔbə'bɪlɪtɪ] *n* невероя́тность, неправдоподо́бие

**improbable** [ɪm'prɔbəbl] *a* невероя́тный, неправдоподо́бный

**improbity** [ɪm'prəubɪtɪ] *n* нече́стность, бесче́стность

**impromptu** [ɪm'prɔmptju:] **1.** *n* экспро́мт; импровиза́ция

**2.** *a* импровизи́рованный

**3.** *adv* без подгото́вки, экспро́мтом

**improper** [ɪm'prɔpə] *a* 1) неподходя́щий, неуме́стный 2) непра́вильный; ло́жный; ~ practice а) непра́вильная (*или* оши́бочная) пра́ктика; б) несоверше́нный приём 3) непристо́йный, неприли́чный 4) неиспра́вный, него́дный

**impropriety** [,ɪmprə'praɪətɪ] *n* 1) неуме́стность 2) непра́вильность 3) наруше́ние обы́чаев, этике́та, прили́чия

**improvable** [ɪm'pru:vəbl] *a* поддаю́щийся усоверше́нствованию, улучше́нию

**improve** [ɪm'pru:v] *v* улучша́ть(ся); соверше́нствовать(ся); to ~ in health поправля́ться; to ~ in looks вы́глядеть лу́чше; to ~ the occasion (*или* the opportunity, the shining hour) испо́льзовать удо́бный слу́чай □ ~ **away** пыта́ясь улу́чшить, сде́лать ху́же; потеря́ть то хоро́шее, что бы́ло; ~ **upon** улучша́ть, усоверше́нствовать

**improved** [ɪm'pru:vd] **1.** *p. p. от* improve

**2.** *a* усоверше́нствованный; ~ techniques бо́лее передова́я те́хника; техни́ческие усоверше́нствования

**improvement** [ɪm'pru:vmənt] *n* 1) улучше́ние, усоверше́нствование (on, upon) 2) мелиора́ция 3) *pl амер.* удо́бства (*в квартире, доме*) 4) *pl амер.* перестро́йка, перестано́вка (*в квартире, доме*)

**improver** [ɪm'pru:və] *n* 1) тот, кто *или* то, что улучша́ет 2) практика́нт, стажёр 3) мелиора́ция

**improvidence** [ɪm'prɔvɪdəns] *n* 1) непредусмотри́тельность 2) расточи́тельность

**improvident** [ɪm'prɔvɪdənt] *a* 1) непредусмотри́тельный 2) расточи́тельный

**improvisation** ['ɪmprəvaɪ'zeɪʃən] *n* импровиза́ция

**improvisator** [ɪm'prɔvɪzeɪtə] *n* импровиза́тор

**improvise** ['ɪmprəvaɪz] *v* 1) импровизи́ровать 2) на́скоро устро́ить, смастери́ть

**imprudence** [ɪm'pru:dəns] *n* 1) неблагоразу́мие, опроме́тчивость; неосторо́жность 2) опроме́тчивый посту́пок

**imprudent** [ɪm'pru:dənt] *a* неблагоразу́мный, опроме́тчивый; неосторо́жный

**impudence** ['ɪmpjudəns] *n* де́рзость, на́глость; бессты́дство; none of your ~! *разг.* я не потерплю́ ва́шей на́глости!

**impudent** ['ɪmpjudənt] *a* де́рзкий, наха́льный; бессты́дный

**impugn** [ɪm'pju:n] *v* оспа́ривать, опроверга́ть; ста́вить под сомне́ние

**impugnable** [ɪm'pju:nəbl] *a* спо́рный; опроверж́имый

**impugnment** [ɪm'pju:nmənt] *n* оспа́ривание; опроверже́ние

**impulse** ['ɪmpʌls] *n* 1) толчо́к, побужде́ние; to give an ~ to trade спосо́бствовать разви́тию торго́вли 2) поры́в; и́мпульс; to act on ~ поддава́ться поры́ву 3) *attr.*: ~ turbine *тех.* акти́вная турби́на

**impulsion** [ɪm'pʌlʃən] *n* побужде́ние, и́мпульс

**impulsive** [ɪm'pʌlsɪv] *a* 1) импульси́вный 2) побужда́ющий; ~ force дви́жущая си́ла

**impunity** [ɪm'pju:nɪtɪ] *n* безнака́занность; with ~ а) безнака́занно; б) без вреда́ для себя́

**impure** [ɪm'pjuə] *a* 1) нечи́стый; гря́зный 2) сме́шанный, с при́месью, неодноро́дный

**impurity** [ɪm'pjuərɪtɪ] *n* 1) загрязне́ние, грязь 2) при́месь

**imputation** [,ɪmpju(:)'teɪʃən] *n* 1) вмене́ние в вину́, обвине́ние (of) 2) пятно́, тень (*на чьей-л. репутации*); to cast an ~ on smb.'s character запятна́ть чью-л. репута́цию

**impute** [ɪm'pju:t] *v* 1) вменя́ть (*обыкн.* в вину́, *редк.* в заслу́гу) 2) припи́сывать *кому-л.*, относи́ть на *чей-л.* счёт

**in** [ɪn] **1.** *prep* 1) *в пространственном значении указывает на*: а) *нахождение внутри или в пределах чего-л.* в(о), на, у; in the Soviet Union в Сове́тском Сою́зе; in Leningrad в Ленингра́де; in the British Isles на Брита́нских острова́х; in the building в помеще́нии, в зда́нии; in the yard во дворе́; in a car в автомаши́не; in the ocean в океа́не; in the sky на не́бе; in the cosmos во вселе́нной; в ко́смосе; in a crowd в толпе́; in (the works *или* books of) G. B. Shaw (в произведе́ниях Берна́рда Шо́у) у Берна́рда Шо́у; to be smothered in smoke быть оку́танным ды́мом; б) *вхождение или внесение в пределы или внутрь чего-л., проникновение в какую-л. среду* в, на; to arrive in a country (a city) прие́хать в страну́ (в большо́й го́род); to put (*или* to place) smth. in one's pocket положи́ть что-л. в карма́н; to take smth. in one's hand взять что-л. в ру́ку [*ср.* to take in hand а) забра́ть в свои́ ру́ки; б) взя́ться за *что-л.*; взять на себя́ отве́тственность]; to throw in the fire бро́сить в ого́нь; to whisper in smb.'s ear шепта́ть кому́-л. на́ ухо; to go down in the stope спусти́ться в забо́й; to be immersed in a liquid быть погружённым в жи́дкость; to look in a mirror посмотре́ть(ся) в зе́ркало; to be absorbed in work, task, *etc.* быть погружённым в рабо́ту, выполне́ние зада́ния *и т. п.* 2) *употребляется в оборотах, указывающих на*: а) *часть суток, время года, месяц и т. д.* в(о); *существительные в сочетании с* in *в данном значении передаются тж. наречиями*; in the evening ве́чером; in January в январе́; in spring весно́й; in the spring в э́ту (ту) весну́, э́той (той) весно́й; in 1975 в 1975 году́; in the twentieth century в двадца́том ве́ке; б) *промежуток времени, продолжительность* в, во вре́мя, в тече́ние, че́рез; in an hour че́рез час; в тече́ние ча́са; she's coming in a couple of weeks она́ прие́дет неде́ли че́рез две 3) *употребляется в оборотах, указывающих на условия, окружающую обстановку, цель или иные обстоятельства, сопутствующие действию или состоянию* в(о), при, с, на; *существительные в сочетании с* in *в данном значении передаются тж. наречиями*; in a favourable position в благоприя́тном положе́нии; in a difficulty в затрудни́тельном положе́нии; in debt в долгу́; in smb.'s absence в чьё-л. отсу́тствие; in waiting в ожида́нии; in one's line в чьей-л. компете́нции; in the wake of smb., smth. вслед за кем-л., чем-л., по пята́м за кем-л.; in smb.' place на чьём-л. ме́сте; in general use во всео́бщем употребле́нии; in fruit покры́тый плода́ми (*о дереве*); in tropical heat в тропи́ческую жару́; in the rain под дождём; in the dark в темноте́; in the cold на хо́лоде; in the wind на ветру́; in a thunderstorm в бу́рю; in a snow-drift в мете́ль; to live in comfort жить с удо́бствами; in search of smth. в по́исках чего́-л.; in smb.'s behalf в чьих-л. интере́сах 4) *употребляется в оборотах, указывающих на физическое или душевное состояние человека* в, на; *существительные в сочетании с* in *в данном значении передаются тж. наречиями*; blind in one eye слепо́й на оди́н глаз; small in stature небольшо́го ро́ста; slight in build невзра́чный на вид; in a depressed (nervous) condition в пода́вленном (не́рвном) состоя́нии; in perplexity в замеша́тельстве; in a fury (*или* a rage) в бе́шенстве; in astonishment в изумле́нии; in distress в беде́; to be in good (bad) health быть здоро́вым (больны́м) 5) *употребляется в оборотах, выражающих ограничение свободы, передвижения и т. п.* в, на, под; in chains (*или* fetters, stocks *и т. п.*) в око́вах; to be (to put) in prison, gaol, jail, dungeon быть в тюрьме́, в темни́це (посади́ть в тюрьму́); to be in custody быть под аре́стом; to be in smb.'s custody находи́ться на чьём-л. попече́нии, под чьим-л. наблюде́нием, охра́ной *и т. п.* 6) *употребляется в оборотах, указывающих на способ или средство, с помощью которых осуществляется действие*; *тж. перен.* в, на, с, по; *передаётся тж. тв. падежом*; *существительные в сочетании с* in *в данном значении передаются* *тж. наречиями*; to cut in two перере́за́ть попола́м; to go (to come, to arrive) in ones and twos идти́ (приходи́ть, прибыва́ть) поодино́чке и па́рами; in dozens дю́жинами; in Russian, in English, *etc.* по-ру́сски, по-англи́йски *и т. п.*; falling in folds па́дающий скла́дками (*об одежде, драпировке*); to take medicine in water (milk, syrup) принима́ть лека́рство с водо́й (с молоко́м, в сиро́пе); to drink smb.'s health in a cup of ale вы́пить э́ля за здоро́вье кого́-л. 7) *употребляется в оборотах, указывающих на материал, из которого что-л. сделано или с помощью которого делается* в, из; *передаётся тж. тв. падежом*; to write in ink, *etc.* писа́ть черни́лами *и т. п.*; a statue in marble ста́туя из мра́мора; to build in wood стро́ить из де́рева; in colour в кра́сках 8) *употребляется в оборотах, указывающих на внешнее оформление, одежду, обувь и т. п.* в; to be in white быть в бе́лом (пла́тье); in full plumage в по́лной пара́дной фо́рме, во всём бле́ске; in decorations в ордена́х 9) *указывает на принадлежность к группе или организации; на род деятельности или должность* в, на; *передаётся тж. тв. падежом*; to be in politics занима́ться поли́тикой; in the diplomatic service на дипломати́ческой рабо́те; in smb.'s service у кого́-л. на слу́жбе 10) *указывает на занятость каким-л. делом в ограниченный отрезок времени* в, при; в то вре́мя как, во вре́мя; *причастия в сочетании с* in *в данном значении передаются тж. деепричастием*; in bivouac на бива́ке; in battle в бою́; in crossing the river при перехо́де че́рез ре́ку; in turning over the pages of a book перели́стывая страни́цы кни́ги 11) *выражает отношения глагола к косвенному дополнению, существительного к его определению и т. п.* в(о), над; *передаётся тж. различными падежами*; to believe in smth. ве́рить во что-л.; to share in smth. принима́ть уча́стие в чём-л.; the latest thing in electronics *разг.* после́днее сло́во в электро́нике; there's little sense in what he proposes ма́ло смы́сла в том, что он предлага́ет; a lecture in anatomy ле́кция по анато́мии; to be strong (weak) in geography успева́ть (отстава́ть) по геогра́фии; to differ (to coincide) in smth. различа́ться (совпада́ть) в чём-л.; to change (to grow, to diminish) in size (volume) изменя́ться (расти́, уменьша́ться) в разме́ре (объёме); rich (poor) in quality хоро́шего (плохо́го) ка́чества; rich (poor) in iron (copper, oxygen, *etc.*) бога́тый (бе́дный) желе́зом (ме́дью — *о руде*, кислоро́дом — *о воздухе и т. п.*) 12) *указывает на соотношение двух величин, отношение длины, ширины и т. п.* в, на, из; *передаётся тж. тв. падежом*; seven in number число́м семь; four feet in length and two feet in width четы́ре фу́та в длину́ и два фу́та в ширину́; there is not one in a hundred из це́лой со́тни едва́ ли оди́н найдётся ◇ in situ [ɪn'saɪtju:] на ме́сте; in opposition про́тив, вопреки́; in so much that насто́лько, что; in that так как, по той причи́не, что; he has it in him он спосо́бен на э́то

**2.** *adv* внутри́; внутрь; a coat with furry side in шу́ба на меху́ ◇ to be in быть мо́дным; long skirts are in now тепе́рь в мо́де дли́нные ю́бки; in and out а) то внутрь, то нару́жу; б) сна-ру́жи и внутри́; в) попереме́нно, с колеба́ниями [*ср.* in-and-out]; he is always in and out of hospital он то и де́ло попада́ет в больни́цу; to have it in for smb. име́ть зуб на кого́-л.; to drop (*или* to go) in on smth. принима́ть уча́стие в чём-л.; to be in for smth. а) быть под угро́зой чего́-л.; we are in for a storm грозы́ не минова́ть; б) дать согла́сие приня́ть уча́стие; I am in for the competition я бу́ду уча́ствовать в ко́нкурсе; to be (to stay, to stop, to live) in there (here) быть (остава́ться, остана́вливаться, жить) там (здесь); to go (to come, to get) in there (here) идти́ (приходи́ть, добира́ться) туда́ (сюда́); to throw in one's hand уступи́ть, прекрати́ть борьбу́; to be well in with smb. быть в хоро́ших отноше́ниях с кем-л., по́льзоваться чьим-л. расположе́нием

**3.** *n*: the ins полити́ческая па́ртия у вла́сти; ins and outs а) все вхо́ды и вы́ходы; б) все углы́ и закоу́лки; в) прави́тельство и оппозицио́нные па́ртии; г) дета́ли, подро́бности

**4.** *a* 1) располо́женный внутри́; the in part вну́тренняя часть 2) *разг.* находя́щийся у вла́сти; the in party пра́вящая па́ртия 3) напра́вленный внутрь; the in train прибыва́ющий по́езд 4) мо́дный; the in word to use мо́дное слове́чко

**in-** I [ɪn-] (*часто* il- *перед* l; im- *перед* b, m, p; ir- *перед* r) *pref соответствует русскому* в-, при-, внутри-; inborn, imborn врождённый, прироždённый; to inlay вкла́дывать, вставля́ть *и т. п.*

**in-** II [ɪn-] (*часто* il- *перед* l; im- *перед* b, m, p; ir- *перед* r) *pref* не-, без-; *напр.*: active де́ятельный — inactive безде́ятельный; legal зако́нный — illegal незако́нный *и т. п.*

**inability** [ˌɪnə'bɪlɪtɪ] *n* неспосо́бность; невозмо́жность; ~ to pay неплатёжеспосо́бность

**inaccessibility** ['ɪnækˌsesə'bɪlɪtɪ] *n* недосту́пность; непристу́пность

**inaccessible** [ˌɪnæk'sesəbl] *a* недосту́пный, недосяга́емый; непристу́пный

**inaccuracy** [ɪn'ækjurəsɪ] *n* 1) нето́чность 2) оши́бка

**inaccurate** [ɪn'ækjurɪt] *a* 1) нето́чный 2) непра́вильный, оши́бочный

**inaction** [ɪn'ækʃən] *n* безде́йствие; пасси́вность, ине́ртность

**inactive** [ɪn'æktɪv] *a* безде́ятельный; ине́ртный; безде́йствующий

**inactivity** [ˌɪnæk'tɪvɪtɪ] *n* безде́ятельность; ине́ртность

**inadaptability** [ˌɪnəˌdæptə'bɪlɪtɪ] *n* 1) неприспосо́бленность; неуме́ние приспосо́бля́ться 2) неприме́ни́мость

**inadequacy** [ɪn'ædɪkwəsɪ] *n* несоотве́тствие тре́бованиям; недоста́точность; несоразме́рность

**inadequate** [ɪn'ædɪkwɪt] *a* не отвеча́ющий тре́бованиям; недоста́точный; несоразме́рный; неадеква́тный

**inadhesive** [ˌɪnəd'hi:sɪv] *a* неклé́йкий, неприста́ющий

**inadmissible** [ˌɪnəd'mɪsəbl] *a* недопусти́мый, неприе́млемый

**inadvertence, -cy** [ˌɪnəd'və:təns, -sɪ] *n* 1) невнима́тельность; небре́жность; by ~ по неосторо́жности 2) недосмо́тр, оплóшность 3) неумы́шленность

**inadvertent** [ˌɪnəd'və:tənt] *a* 1) невнима́тельный; небре́жный 2) ненаме́ренный, неумы́шленный, неча́янный

**inalienability** [ɪnˌeɪljənə'bɪlɪtɪ] *n книжн.* неотчужда́емость; неотъе́млемость

**inalienable** [ɪn'eɪljənəbl] *a книжн.* неотчужда́емый; неотъе́млемый

**inalterable** [ɪn'ɔ:ltərəbl] *a* неизме́нный; не поддаю́щийся измене́нию

**inamorata** [ɪnˌæmə'rɑ:tə] *ит. n* 1) любо́вница 2) возлю́бленная

**inamorato** [ɪnˌæmə'rɑ:təu] *ит. n* 1) любо́вник 2) возлю́бленный

**in-and-in** ['ɪnənd'ɪn] *a*: ~ breeding узкоро́дственное размноже́ние; ~ marriage брак ме́жду кро́вными ро́дственниками

**in-and-out** ['ɪnənd'aut] *adv* 1) то внутрь, то нару́жу; he was ~ all the time он то приходи́л, то уходи́л 2) снару́жи и изнутри́; *перен.* доскона́льно; to know smb. ~ ≅ знать кого́-л. как облу́пленного ◇ ~ work непостоя́нная рабо́та

**inane** [ɪ'neɪn] *a* пусто́й; бессодержа́тельный; глу́пый, бессмы́сленный

**inanimate** [ɪn'ænɪmɪt] *a* 1) неодушевлённый, неживо́й; ~ matter неоргани́ческое вещество́; ~ nature нежива́я приро́да 2) безжи́зненный, ску́чный

**inanimation** [ɪnˌænɪ'meɪʃən] *n* 1) неодушевлённость 2) безжи́зненность

**inanition** [ˌɪnə'nɪʃən] *n* 1) = inanity 2) истоще́ние, изнуре́ние

**inanity** [ɪ'nænɪtɪ] *n* пустота́; бессодержа́тельность; глу́пость, бессмы́сленность

**inapplicability** ['ɪnˌæplɪkə'bɪlɪtɪ] *n* неприме́ни́мость; неприго́дность; несоотве́тствие

**inapplicable** [ɪn'æplɪkəbl] *a* неприме́ни́мый; неприго́дный; несоотве́тствующий

**inapposite** [ɪn'æpəzɪt] *a* неподходя́щий, неуме́стный

**inappreciable** [ˌɪnə'pri:ʃəbl] *a* 1) незаме́тный; неулови́мый; неощути́мый; незначи́тельный, не принима́емый в расчёт 2) неоцени́мый, бесце́нный

**inapprehensible** [ˌɪnæprɪ'hensəbl] *a* непостижи́мый, непоня́тный

**inapproachable** [ˌɪnəˈprəutʃəbl] *a* неприступный; недоступный, недостижимый

**inappropriate** [ˌɪnəˈprəuprɪɪt] *a* неуместный, неподходящий, несоответствующий

**inapt** [ɪnˈæpt] *a* 1) неискусный, неумелый 2) неподходящий, неуместный; ~ remark замечание, не относящееся к делу

**inaptitude** [ɪnˈæptɪtjuːd] *n* 1) неспособность; неумение 2) несоответствие

**inarch** [ɪnˈɑːtʃ] *v* прививать (*растение*) сближением

**inarm** [ɪnˈɑːm] *v поэт.* обнимать; заключать в объятия

**inartful** [ɪnˈɑːtful] *a* неискусный

**inarticulate** [ˌɪnɑːˈtɪkjulɪt] *a* 1) нечленораздельный, невнятный 2) молчаливый 3) немой; ~ animal бессловесное животное 4) *анат.* несочленённый

**inartificial** [ˌɪnɑːtɪˈfɪʃəl] *a* 1) неподдельный, натуральный 2) естественный, безыскусственный

**inartistic** [ˌɪnɑːˈtɪstɪk] *a* 1) нехудожественный 2) лишённый художественного вкуса

**inasmuch as** [ˌɪnəzˈmʌtʃæz] *adv* так как; ввиду того, что

**inattention** [ˌɪnəˈtenʃən] *n* невнимательность; невнимание

**inattentive** [ˌɪnəˈtentɪv] *a* невнимательный

**inaudibility** [ɪnˌɔːdəˈbɪlɪtɪ] *n* невнятность

**inaudible** [ɪnˈɔːdəbl] *a* неслышный, невнятный

**inaugural** [ɪˈnɔːgjurəl] **1.** *a* вступительный; ~ address речь на торжественном открытии (выставки, музея *и т. п.*) *или* при вступлении в должность

**2.** *n* = ~ address

**inaugurate** [ɪˈnɔːgjureɪt] *v* 1) торжественно вводить в должность 2) открывать (*памятник, выставку и т. п.*) 3) начинать; a policy ~d from... политика, исходящая из...; to ~ a new era ознаменовать новую эру

**inauguration** [ɪˌnɔːgjuˈreɪʃən] *n* 1) торжественное открытие 2) вступление в должность 3) *attr.*: I. Day день вступления в должность нового президента США

**inauspicious** [ˌɪnɔːsˈpɪʃəs] *a* зловещий; предвещающий дурное; неблагоприятный

**in-between** [ˌɪnbɪˈtwiːn] **1.** *n* 1) промежуток 2) посредник

**2.** *a* промежуточный, переходный; ~ tints оттенки, промежуточные тона

**inboard** [ˈɪnbɔːd] *мор.* **1.** *a* расположенный, находящийся внутри судна

**2.** *adv* внутри судна

**inborn** [ˈɪnˈbɔːn] *a* врождённый, прирождённый; природный

**inbound** [ˈɪnbaund] *a* прибывающий, возвращающийся из плавания, из-за границы *и т. п.*

**inbreak** [ˈɪnbreɪk] *n* вторжение; нашествие

**inbreathe** [ˈɪnˈbriːð] *v* 1) вдыхать 2) *перен.* вдохнуть (*в кого-л. энергию, силы и т. п.*)

**inbred** [ˈɪnˈbred] *a* 1) = inborn 2) рождённый от родителей, состоящих в родстве между собой 3) вырождающийся

**inbreeding** [ˈɪnˈbriːdɪŋ] = in-and-in breeding [*см.* in-and-in]

**incalculable** [ɪnˈkælkjuləbl] *a* 1) несчётный, неисчислимый 2) не поддающийся учёту 3) непредвиденный

**in-calf** [ɪnˈkɑːf] *a* стельная (*о корове*)

**incandesce** [ˌɪnkænˈdes] *v* накалять(-ся) добела

**incandescence** [ˈɪnkænˈdesns] *n* накал, накаливание; белое каление

**incandescent** [ˈɪnkænˈdesnt] *a* раскалённый, накалённый добела; получаемый от ламп накаливания (*о свете*); ~ lamp лампа накаливания

**incantation** [ˌɪnkænˈteɪʃən] *n* 1) заклинание, магическая формула 2) колдовство; чары

**incapability** [ɪnˌkeɪpəˈbɪlɪtɪ] *n* неспособность

**incapable** [ɪnˈkeɪpəbl] *a* неспособный (of — к, на); ~ of telling a lie неспособный на ложь; ~ of improvement не поддающийся улучшению ◇ drunk and ~ мертвецки пьян(ый)

**incapacious** [ˌɪnkəˈpeɪʃəs] *a* 1) тесный, невместительный 2) узкий, ограниченный

**incapacitate** [ˌɪnkəˈpæsɪteɪt] *v* 1) делать неспособным *или* непригодным (for, from); to ~ smb. for work (*или* from working) сделать кого-л. нетрудоспособным 2) *воен.* выводить из строя 3) лишать права; to be ~d from voting быть лишённым права голоса

**incapacity** [ˌɪnkəˈpæsɪtɪ] *n* 1) неспособность (for) 2) *юр.* неправоспособность

**incarcerate** [ɪnˈkɑːsəreɪt] *v* заключать в тюрьму

**incarceration** [ɪnˌkɑːsəˈreɪʃən] *n* 1) заключение в тюрьму 2) *мед.* ущемление (*грыжи*)

**incarnadine** [ɪnˈkɑːnədaɪn] *поэт.* **1.** *a* 1) алый, цвета крови 2) розовый

**2.** *v* окрашивать в алый цвет

**incarnate** **1.** *a* [ɪnˈkɑːnɪt] воплощённый; олицетворённый; virtue ~ воплощённая добродетель

**2.** *v* [ˈɪnkɑːneɪt] 1) воплощать, олицетворять 2) осуществлять

**incarnation** [ˌɪnkɑːˈneɪʃən] *n* 1) воплощение, олицетворение 2) заживание; грануляция

**incase** [ɪnˈkeɪs] = encase

**incautious** [ɪnˈkɔːʃəs] *a* неосторожный, опрометчивый

**incendiarism** [ɪnˈsendjərɪzm] *n* 1) поджог 2) подстрекательство

**incendiary** [ɪnˈsendjərɪ] **1.** *n* 1) поджигатель 2) подстрекатель 3) *pl воен.* боевые зажигательные средства

**2.** *a* 1) поджигающий 2) подстрекающий, сеющий рознь 3) *воен.* зажигательный

**incense** [ˈɪnsens] **1.** *n* 1) ладан, фимиам 2) *attr.*: ~ burner курильница

**2.** *v* кадить; курить фимиам

**incensory** [ˈɪnsensərɪ] *n* кадильница, кадило

**incentive** [ɪnˈsentɪv] **1.** *n* побуждение, стимул

**2.** *a* побудительный; ~ wage *амер.* прогрессивная система заработной платы

**incept** [ɪnˈsept] *v уст.* сдавать экзамены на учёную степень (*в Кембриджском университете*)

**inception** [ɪnˈsepʃən] *n* 1) начало 2) *уст.* получение учёной степени (*в Кембриджском университете*)

**inceptive** [ɪnˈseptɪv] *a* начальный; начинающий; начинающийся, зарождающийся; ~ verb *грам.* начинательный глагол

**incertitude** [ɪnˈsəːtɪtjuːd] *n* неуверенность; неопределённость

**incessant** [ɪnˈsesnt] *a* непрекращающийся, непрерывный, непрестанный

**incest** [ˈɪnsest] *n* кровосмешение

**incestuous** [ɪnˈsestjuəs] *a* 1) кровосмесительный 2) виновный в кровосмешении

**inch** [ɪntʃ] **1.** *n* 1) дюйм (=*2,5 см*) 2) *pl* высота, рост; a man of your ~es человек вашего роста ◇ ~ by ~ мало-помалу; by ~es а) = ~ by ~; б) почти; чуть не; the car missed him by ~es он чуть не попал под машину; every ~ а) вполне, целиком; б) вылитый; настоящий; с головы до ног; he is every ~ a soldier он настоящий солдат; to beat (*или* to flog) smb. within an ~ of his life избить кого-л. до полусмерти; not to budge (*или* to yield) an ~ не уступить ни на йоту

**2.** *v* двигаться медленно *или* осторожно □ ~ **along** делать медленные, но верные успехи

**inchest** [ɪnˈtʃest] *v* упаковывать в ящики

**inchmeal** [ˈɪntʃmiːl] *adv* дюйм за дюймом; мало-помалу; постепенно

**inchoate** [ˈɪnkəueɪt] **1.** *a* 1) только что начатый 2) зачаточный; рудиментарный

**2.** *v* начать, положить начало

**inchoative** [ˈɪnkəueɪtɪv] *грам.* **1.** *a* начинательный

**2.** *n* начинательный глагол

**incidence** [ˈɪnsɪdəns] *n* 1) сфера действия, охват; what is the ~ of the tax? кто подлежит обложению этим налогом? 2) падение, наклон, скос 3) *ав.* угол атаки

**incident** [ˈɪnsɪdənt] **1.** *n* 1) случай, случайность; происшествие, инцидент; frontier ~ пограничный инцидент 2) эпизод (*в поэме, пьесе*) 3) *эвф.* инцидент (*война, восстание, атомный взрыв и т. п.*) 4) *юр.* обязанности *или* привилегии, связанные с пребыванием в какой-л. должности

**2.** *a* 1) свойственный, присущий (to) 2) *физ.* падающий (upon — на)

**incidental** [ˌɪnsɪˈdentl] **1.** *a* 1) случайный, несущественный, побочный;

~ expenses побо́чные расхо́ды 2) сво́йственный, прису́щий (to) 3) сопровожда́ющий фильм *или* спекта́кль (*о музыке*)

**2.** *n* 1) эпизо́д, побо́чная ли́ния сюже́та 2) (*обыкн. pl*) ме́лкие расхо́ды

**incidentally** [ˌınsı'dentlı] *adv* 1) случа́йно, несуще́ственно 2) в да́нном слу́чае 3) ме́жду про́чим; be it said ~ разреши́те, ме́жду про́чим, заме́тить

**incinerate** [ın'sınəreıt] *v* сжига́ть; превраща́ть в пе́пел, испепеля́ть

**incineration** [ınˌsınə'reıʃən] *n* сжига́ние; крема́ция

**incinerator** [ın'sınəreıtə] *n* 1) мусоросжига́тельная печь 2) печь для крема́ции

**incipience** [ın'sıpıəns] *n* нача́ло, зарожде́ние; in ~ в заро́дыше

**incipient** [ın'sıpıənt] *a* начина́ющийся, зарожда́ющийся; нача́льный; ~ cancer *мед.* рак в нача́льной ста́дии

**incise** [ın'saız] *v* 1) де́лать разре́з; надреза́ть 2) выреза́ть; насека́ть, гравирова́ть

**incision** [ın'sıʒən] *n* 1) разре́з, надре́з; насе́чка 2) *перен.* ко́лкость, ре́зкость

**incisive** [ın'saısıv] *a* о́стрый, ко́лкий; язви́тельный

**incisor** [ın'saızə] *n* резе́ц, пере́дний зуб

**incite** [ın'saıt] *v* 1) возбужда́ть; подстрека́ть 2) побужда́ть

**incitement** [ın'saıtmənt] *n* 1) подстрека́тельство 2) побужде́ние, сти́мул

**incivility** [ˌınsı'vılıtı] *n* неве́жливость, неучти́вость

**inclemency** [ın'klemənsı] *n* суро́вость, неприве́тливость (*климата, погоды*)

**inclement** [ın'klemənt] *a* суро́вый, холо́дный (*о климате, погоде*)

**inclinable** [ın'klaınəbl] *a* 1) скло́нный, располо́женный 2) благоприя́тный

**inclination** [ˌınklı'neıʃən] *n* 1) наклоне́ние, накло́н, укло́н, отко́с, скат 2) отклоне́ние, склоне́ние (*магнитной стрелки*) 3) накло́нность, скло́нность (for, to); she showed no ~ to leave она́ не собира́лась уходи́ть; to follow one's ~s де́лать то, что нра́вится

**incline** [ın'klaın] **1.** *n* накло́нная пло́скость; накло́н, скат

**2.** *v* 1) наклоня́ть(ся), склоня́ть(ся) 2) (*обыкн. pass.*) располага́ть (to — к); I am ~d to think я скло́нен ду́мать ◇ to ~ one's ear to smb. слу́шать кого́-л. благоскло́нно

**inclined** [ın'klaınd] **1.** *p. p. от* incline 2

**2.** *a* 1) располо́женный, скло́нный; ~ to corpulence предрасполо́женный к полноте́ 2) накло́нный; ~ plane накло́нная пло́скость

**inclinometer** [ˌınklı'nɔmıtə] *n ав.* креноме́р, уклономе́р

**inclose** [ın'kləuz] = enclose

**include** [ın'klu:d] *v* 1) заключа́ть, содержа́ть в себе́ 2) включа́ть

**including** [ın'klu:dıŋ] **1.** *pres. p. от* include

**2.** *prep* включа́я, в том числе́

**inclusion** [ın'klu:ʒən] *n* 1) включе́ние 2) присоедине́ние 3) *геол.* инклю́зия

**inclusive** [ın'klu:sıv] *a* включа́ющий в себя́, содержа́щий; ~ terms цена́, в кото́рую включены́ все услу́ги (*в гостинице и т. п.*)

**incoagulability** ['ınkəuˌægjulə'bılıtı] *n* несвёртываемость (*крови*)

**incoagulable** [ˌınkəu'ægjuləbl] *a* несвёртываемый, несвёртывающийся (*о крови и т. п.*)

**incog** [ın'kɔg] *сокр. разг. от* incognito

**incognita** [ın'kɔgnıtə] *n ж. к* incognito

**incognito** [ın'kɔgnıtəu] **1.** *n* (*pl* -os [-əuz]) инко́гнито

**2.** *a* инко́гнито, живу́щий под чужи́м и́менем

**3.** *adv* инко́гнито, под чужи́м и́менем

**incognizant** [ın'kɔgnızənt] *a* не зна́ющий; не име́ющий никако́го представле́ния (of)

**incoherence** [ˌınkəu'hıərəns] *n* несвя́зность, бессвя́зность, непосле́довательность

**incoherent** [ˌınkəu'hıərənt] *a* 1) несвя́зный, бессвя́зный, непосле́довательный; to be ~ говори́ть бессвя́зно 2) *горн.* ры́хлый, несцементи́рованный

**incombustibility** ['ınkəmˌbʌstə'bılıtı] *n* несгора́емость, невоспламеня́емость, негорю́честь

**incombustible** [ˌınkəm'bʌstəbl] *a* негорю́чий, невоспламеня́емый, огнесто́йкий

**income** ['ınkʌm] *n* (периоди́ческий, *обыкн.* годово́й) дохо́д, прихо́д; за́работок

**incomer** ['ınˌkʌmə] *n* 1) входя́щий; воше́дший; вновь прише́дший 2) прише́лец; иммигра́нт 3) пре́емник

**income-tax** ['ınkəmtæks] *n* подохо́дный нало́г; graduated ~ прогресси́вный подохо́дный нало́г

**incoming** ['ınˌkʌmıŋ] **1.** *n* 1) прихо́д, прибы́тие 2) *pl* дохо́ды

**2.** *a* 1) наступа́ющий; сле́дующий; the ~ year наступа́ющий год 2) вступа́ющий (*в права, должность и т. п.*); ~ tenant но́вый аренда́тор 3) поступа́ющий (*о платеже*)

**incommensurability** ['ınkəˌmenʃərə'bılıtı] *n* несоизмери́мость; несоразме́рность; непропорциона́льность

**incommensurable** [ˌınkə'menʃərəbl] *a* несоизмери́мый; несоразме́рный; непропорциона́льный

**incommensurate** [ˌınkə'menʃərıt] *a* 1) несоотве́тствующий 2) несоизмери́мый (with, to — с); несоразме́рный

**incommode** [ˌınkə'məud] *v* беспоко́ить, стесня́ть; меша́ть

**incommodious** [ˌınkə'məudjəs] *a* неудо́бный; те́сный

**incommunicable** [ˌınkə'mju:nıkəbl] *a* несообща́емый; непередава́емый

**incommunicado** ['ınkəˌmju:nı'ka:dəu] *a* 1) лишённый обще́ния с людьми́, отре́занный от вне́шнего ми́ра; to hold ~ а) держа́ть взаперти́; б) держа́ть в тюрьме́ без пра́ва перепи́ски 2) находя́щийся в одино́чном заключе́нии

**incommunicative** [ˌınkə'mju:nıkətıv] *a* необщи́тельный, за́мкнутый

**incommutable** [ˌınkə'mju:təbl] *a* 1) неизме́нный 2) неразме́нный

**incompact** [ˌınkəm'pækt] *a* непло́тный, некомпа́ктный

**incomparable** [ın'kɔmpərəbl] *a* 1) несравни́мый (with, to — с) 2) несравне́нный, бесподо́бный

**incompatibility** ['ınkəmˌpætə'bılıtı] *n* несовмести́мость

**incompatible** [ˌınkəm'pætəbl] *a* несовмести́мый

**incompetence** [ın'kɔmpıtəns] *n* 1) некомпете́нтность; неспосо́бность 2) *юр.* неправоспосо́бность 3) *мед.* недоста́точность

**incompetent** [ın'kɔmpıtənt] *a* 1) некомпете́нтный, несве́дущий; неспосо́бный; неуме́лый 2) *юр.* неправоспосо́бный; ~ witness лицо́, не спосо́бное быть свиде́телем 3) *геол.* непро́чный, сла́бый (*о пласте*)

**incomplete** [ˌınkəm'pli:t] *a* 1) непо́лный 2) несоверше́нный, дефе́ктный 3) незавершённый, незако́нченный

**incompliance** [ˌınkəm'plaıəns] *n* 1) несогла́сие 2) неусту́пчивость, неподатливость; упря́мство

**incomprehensibility** [ınˌkɔmprıhensə'bılıtı] *n* непоня́тность, непостижи́мость

**incomprehensible** [ın'kɔmprı'hensəbl] *a* непоня́тный, непостижи́мый

**incomprehension** [ın'kɔmprı'henʃən] *n* непонима́ние

**incompressible** [ˌınkəm'presəbl] *a* несжима́емый, несжима́ющийся

**incomputable** [ˌınkəm'pju:təbl] *a* неисчисли́мый, бесчи́сленный

**inconceivability** ['ınkənˌsi:və'bılıtı] *n* непостижи́мость

**inconceivable** [ˌınkən'si:vəbl] *a* 1) непостижи́мый, невообрази́мый 2) *разг.* невероя́тный, невообрази́мый

**inconclusive** [ˌınkən'klu:sıv] *a* 1) неубеди́тельный 2) нереша́ющий; неоконча́тельный 3) незавершённый; ~ vote голосова́ние, не да́вшее результа́та

**incondensable** [ˌınkən'densəbl] *a* несжима́емый; неконденси́рующийся

**incondite** [ın'kɔndıt] *a* 1) пло́хо соста́вленный; пу́таный 2) неотде́ланный, неоко́нченный; гру́бый

**incongruity** [ˌınkɔŋ'gru(:)ıtı] *n* 1) несоотве́тствие, несовмести́мость 2) неуме́стность

**incongruous** [ın'kɔŋgruəs] *a* 1) несоотве́тственный, несовмести́мый (with) 2) неуме́стный, неле́пый

**inconsecutive** [ˌınkən'sekjutıv] *a* непосле́довательный

**inconsequence** [ın'kɔnsıkwəns] *n* непосле́довательность

**inconsequent** [ɪn'kɔnsɪkwənt] *a* 1) непосле́довательный, нелоги́чный 2) не относя́щийся к де́лу; неуме́стный 3) несуще́ственный; незначи́тельный
**inconsequential** [ɪn,kɔnsɪ'kwenʃəl] = inconsequent
**inconsiderable** [,ɪnkən'sɪdərəbl] *a* незначи́тельный, нева́жный
**inconsiderate** [,ɪnkən'sɪdərɪt] *a* 1) необду́манный, неосмотри́тельный, опроме́тчивый 2) невнима́тельный к други́м; to be ~ of others ни с кем не счита́ться
**inconsistency** [,ɪnkən'sɪstənsɪ] *n* несовмести́мость, несообра́зность *и пр.* [*см.* inconsistent]
**inconsistent** [,ɪnkən'sɪstənt] *a* 1) несовмести́мый, несообра́зный (with) 2) непосле́довательный, противоречи́вый 3) = inconstant
**inconsolable** [,ɪnkən'səuləbl] *a* безуте́шный; неуте́шный; ~ distress безуте́шное го́ре
**inconsonant** [ɪn'kɔnsənənt] *a* несозву́чный, негармони́рующий (with, to)
**inconspicuous** [,ɪnkən'spɪkjuəs] *a* не привлека́ющий внима́ния, незаме́тный, неприме́тный; to make oneself as ~ as possible стара́ться не привлека́ть к себе́ внима́ния
**inconstancy** [ɪn'kɔnstənsɪ] *n* непостоя́нство, изме́нчивость
**inconstant** [ɪn'kɔnstənt] *a* непостоя́нный, неусто́йчивый, изме́нчивый
**inconsumable** [,ɪnkən'sju:məbl] *a* 1) неистреби́мый 2) не предназна́ченный для потребле́ния
**incontestable** [,ɪnkən'testəbl] *a* несопори́мый, неопровержи́мый; ~ evidence неопровержи́мое доказа́тельство
**incontinence** [ɪn'kɔntɪnəns] *n* 1) несде́ржанность 2) невозде́ржанность (*особ.* полова́я) 3) *мед.* недержа́ние
**incontinent** [ɪn'kɔntɪnənt] *a* 1) несде́ржанный (of) 2) невозде́ржанный 3) *мед.* страда́ющий недержа́нием
**incontinently** [ɪn'kɔntɪnəntlɪ] *adv* 1) несде́ржанно 2) то́тчас, неме́дленно
**incontrovertible** ['ɪnkɔntrə'və:təbl] *a* неоспори́мый, неопровержи́мый, несомне́нный, бесспо́рный; ~ evidence неопровержи́мое доказа́тельство
**inconvenience** [,ɪnkən'vi:njəns] **1.** *n* неудо́бство, беспоко́йство
**2.** *v* причиня́ть неудо́бство, беспоко́ить
**inconvenient** [,ɪnkən'vi:njənt] *a* неудо́бный; беспоко́йный, затрудни́тельный; нело́вкий; if not ~ to you е́сли вас не затрудни́т
**inconversable** [,ɪnkən'və:səbl] *a* неразгово́рчивый, необщи́тельный
**inconversant** [,ɪnkən'və:sənt] *a* несве́дущий
**inconvertible** [,ɪnkən'və:təbl] *a* 1) не подлежа́щий свобо́дному обме́ну, неразме́нный; ~ currency необрати́мая валю́та 2) не поддаю́щийся превраще́нию
**incoordinate** [,ɪnkəu'ɔ:dnɪt] *a* некоордини́рованный, несогласо́ванный
**incoordination** ['ɪnkəu,ɔ:dɪ'neɪʃən] *n* отсу́тствие координа́ции, несогласо́ванность
**incorporate 1.** *a* [ɪn'kɔ:pərɪt] соединённый, объединённый; неразде́льный
**2.** *v* [ɪn'kɔ:pəreɪt] 1) соединя́ть(ся), объединя́ть(ся); включа́ть (в соста́в) 2) регистри́ровать, офо́рмить (*общество и т. п.*) 3) принима́ть, включа́ть в число́ чле́нов 4) сме́шивать(ся) (with)
**incorporation** [ɪn,kɔ:pə'reɪʃən] *n* 1) объедине́ние 2) корпора́ция 3) регистра́ция, оформле́ние (*общества и т. п.*)
**incorporeal** [,ɪnkɔ:'pɔ:rɪəl] *a* бестеле́сный; невеще́ственный
**incorrect** [,ɪnkə'rekt] *a* 1) непра́вильный, неве́рный 2) некорре́ктный 3) нето́чный; ~ tuning *радио* нето́чная настро́йка
**incorrigible** [ɪn'kɔrɪdʒəbl] *a* неисправи́мый
**incorrodible** [,ɪnkə'rəudəbl] *a тех.* некорроди́руемый, не поддаю́щийся корро́зии
**incorrupt** [,ɪnkə'rʌpt] *a* 1) неиспо́рченный; непо́ртящийся, не подве́ргшийся измене́нию 2) неподку́пный
**incorruptibility** ['ɪnkə,rʌptə'bɪlɪtɪ] *n* 1) неподве́рженность по́рче 2) неподку́пность
**incorruptible** [,ɪnkə'rʌptəbl] *a* 1) непо́ртящийся 2) неподку́пный
**increase 1.** *n* ['ɪnkri:s] возраста́ние, рост; увеличе́ние, прибавле́ние, размноже́ние, приро́ст; to be on the ~ расти́, увели́чиваться; an ~ in pay приба́вка к зарпла́те
**2.** *v* [ɪn'kri:s] возраста́ть, увели́чивать(ся); расти́; уси́ливать(ся); to ~ one's pace ускоря́ть шаг; to ~ by 10% увели́читься на 10%
**increasingly** [ɪn'kri:sɪŋlɪ] *adv* всё бо́льше и бо́льше
**incredibility** [ɪn,kredɪ'bɪlɪtɪ] *n* неправдоподо́бие, невероя́тность
**incredible** [ɪn'kredəbl] *a* 1) неправдоподо́бный, невероя́тный 2) *разг.* неслы́ханный, потряса́ющий; ~ difficulties неимове́рные тру́дности
**incredulity** [,ɪnkrɪ'dju:lɪtɪ] *n* недове́рчивость, скептици́зм
**incredulous** [ɪn'kredjuləs] *a* недове́рчивый, скепти́ческий; ~ looks (smiles) скепти́ческие взгля́ды (улы́бки)
**incremate** ['ɪnkrɪmeɪt] *v* креми́ровать
**incremation** [,ɪnkrɪ'meɪʃən] *n* крема́ция
**increment** ['ɪnkrɪmənt] *n* 1) возраста́ние, увеличе́ние 2) прираще́ние, приро́ст 3) при́быль 4) *ритор.* нараста́ние 5) *мат.* бесконе́чно ма́лое прираще́ние; инкреме́нт; дифференциа́л
**increscent** [ɪn'kresənt] *a* нараста́ющий; ~ moon нараста́ющая луна́
**incriminate** [ɪn'krɪmɪneɪt] *v* обвиня́ть в преступле́нии, инкримини́ровать
**incriminatory** [ɪn'krɪmɪnətərɪ] *a* обвини́тельный
**incrustation** [,ɪnkrʌs'teɪʃən] *n* 1) образова́ние коры́, ко́рки, на́кипи 2) кора́, ко́рка, на́кипь *и т. п.* 3) инкруста́ция
**incubate** ['ɪnkjubeɪt] *v* 1) выси́живать, выводи́ть (*цыплят*); сиде́ть (*на яйцах*) 2) разводи́ть, выра́щивать (*бактерии и т. п.*) 3) вына́шивать (*мысль, идею*)
**incubation** [,ɪnkju'beɪʃən] *n* 1) выси́живание (*цыплят*); инкуба́ция (*тж.* artificial ~) 2) разведе́ние, выра́щивание (*бактерий и т. п.*) 3) *мед.* инкубацио́нный пери́од
**incubative** ['ɪnkjubeɪtɪv] = incubatory
**incubator** ['ɪnkjubeɪtə] *n* инкуба́тор
**incubatory** ['ɪnkjubeɪtərɪ] *a* 1) инкуба́торный 2) инкубацио́нный
**incubus** ['ɪnkjubəs] *n* 1) де́мон, злой дух 2) кошма́р 3) груз забо́т *и т. п.*
**inculcate** ['ɪnkʌlkeɪt] *v* внедря́ть, внуша́ть, привива́ть, вселя́ть (on, upon, in)
**inculcation** [,ɪnkʌl'keɪʃən] *n* внедре́ние, насажде́ние, внуше́ние
**inculpate** ['ɪnkʌlpeɪt] *v книжн.* 1) обвиня́ть; порица́ть 2) изоблича́ть
**inculpation** [,ɪnkʌl'peɪʃən] *n* 1) обвине́ние 2) изобличе́ние
**inculpatory** [ɪn'kʌlpətərɪ] *a* обвини́тельный
**incumbency** [ɪn'kʌmbənsɪ] *n* 1) (воз-) лежа́ние 2) долг, обя́занность 3) *церк.* бенефи́ций, по́льзование бенефи́цием
**incumbent** [ɪn'kʌmbənt] **1.** *n* по́льзующийся бенефи́цием свяще́нник
**2.** *a*: it is ~ on you... на вас лежи́т обя́занность..., ваш долг...
**incunabula** [,ɪnkju(:)'næbjulə] *лат. n pl* 1) инкуна́булы (*первопечатные книги до 1500 г.*) 2) пери́од зарожде́ния, ра́нняя ста́дия
**incur** [ɪn'kə:] *v* подверга́ться (*чему-либо*); навле́чь на себя́; to ~ debts влезть в долги́; to ~ losses а) потерпе́ть убы́тки; б) *воен.* понести́ поте́ри
**incurability** [ɪn,kjuərə'bɪlɪtɪ] *n* 1) неизлечи́мость 2) неискорени́мость
**incurable** [ɪn'kjuərəbl] **1.** *a* 1) неизлечи́мый, неисцели́мый 2) неискорени́мый
**2.** *n* (*часто pl*) безнадёжный больно́й
**incuriosity** [ɪn,kjuərɪ'ɔsɪtɪ] *n* отсу́тствие любопы́тства
**incurious** [ɪn'kjuərɪəs] *a* 1) нелюбопы́тный 2) невнима́тельный, безразли́чный ◊ not ~ небезынтере́сный
**incursion** [ɪn'kə:ʃən] *n* 1) вторже́ние, наше́ствие 2) внеза́пное нападе́ние, налёт, набе́г 3) *геол.* наступле́ние (*моря*)
**incurvation** [,ɪnkə:'veɪʃən] *n* 1) сгиба́ние 2) изги́б, кривизна́, вы́гиб
**incurvature** [ɪn'kə:vətʃə] = incurvation
**incurve** ['ɪn'kə:v] *v* 1) сгиба́ться (*внутрь*) 2) выгиба́ть(ся); загиба́ть (*внутрь*)
**incus** ['ɪŋkəs] *n анат.* накова́льня (*во внутреннем ухе*)

**incuse** [ɪn'kjuːz] **1.** *n* вы́чеканенное изображе́ние
**2.** *a* вы́битый, вы́чеканенный
**3.** *v* выбива́ть (*изображение на монете и т. п.*), чека́нить

**incut** ['ɪnkʌt] **1.** *n* вре́зка, вста́вка
**2.** *a* вре́занный, вста́вленный

**indebted** [ɪn'detɪd] *a* находя́щийся в долгу́ (*у кого-л.*), до́лжный, обя́занный (*кому-л.*; to); to be ~ to smb. быть обя́занным кому́-л.

**indebtedness** [ɪn'detɪdnɪs] *n* 1) задо́лженность 2) су́мма до́лга 3) чу́вство обя́занности (*по отношению к кому-л.*; to)

**indecency** [ɪn'diːsnsɪ] *n* неприли́чие; непристо́йность

**indecent** [ɪn'diːsnt] *a* 1) неприли́чный; непристо́йный 2) *разг.* неподоба́ющий; he left the party in ~ haste он ушёл с вечери́нки с неприли́чной поспе́шностью 3) непоря́дочный

**indecipherable** [ˌɪndɪ'saɪfərəbl] *a* 1) не поддаю́щийся расшифро́вке 2) неразбо́рчивый, нечёткий

**indecision** [ˌɪndɪ'sɪʒən] *n* нереши́тельность, колеба́ние

**indecisive** [ˌɪndɪ'saɪsɪv] *a* 1) нереша́ющий, неоконча́тельный; an ~answer неоконча́тельный отве́т 2) нереши́тельный, колеблю́щийся

**indeclinable** [ˌɪndɪ'klaɪnəbl] *a грам.* несклоня́емый

**indecomposable** ['ɪnˌdiːkəm'pəuzəbl] *a* 1) неразложи́мый 2) неразлага́ющийся

**indecorous** [ɪn'dekərəs] *a* 1) наруша́ющий прили́чия, некорре́ктный, неблагопристо́йный 2) *редк.* непристо́йный

**indecorum** [ˌɪndɪ'kɔːrəm] *n* наруше́ние прили́чий, некорре́ктность; to commit an ~ нару́шить прили́чия

**indeed** [ɪn'diːd] *adv* 1) в са́мом де́ле, действи́тельно; he is right ~ он, действи́тельно, прав 2) *служит для усиления, подчёркивания*: very glad ~ о́чень, о́чень рад; yes, ~ да, да!; ну да!; I may, ~, be wrong допуска́ю, что я, мо́жет быть, непра́в 3) неуже́ли!; да ну!; ну и ну! (*выражает удивление, иронию, сомнение*)

**indefatigable** [ˌɪndɪ'fætɪgəbl] *a* 1) неутоми́мый 2) неосла́бный

**indefeasible** [ˌɪndɪ'fiːzəbl] *a* неотъе́млемый; неоспори́мый; ~ law непрело́жный зако́н

**indefectible** [ˌɪndɪ'fektəbl] *a* 1) безупре́чный, соверше́нный 2) непо́ртящийся

**indefensibility** ['ɪndɪˌfensə'bɪlɪtɪ] *n* невозмо́жность защища́ть, обороня́ть

**indefensible** [ˌɪndɪ'fensəbl] *a* 1) незащищённый; неприго́дный для оборо́ны 2) не могу́щий быть опра́вданным; непрости́тельный 3) недоказу́емый

**indefinable** [ˌɪndɪ'faɪnəbl] *a* неопредели́мый, не поддаю́щийся определе́нию или объясне́нию

**indefinably** [ˌɪndɪ'faɪnəblɪ] *adv* расплы́вчато, неопределённо

**indefinite** [ɪn'defɪnɪt] *a* 1) неопределённый (*тж. грам.*); нея́сный 2) неограни́ченный

**indelibility** [ɪnˌdelɪ'bɪlɪtɪ] *n* неизглади́мость

**indelible** [ɪn'delɪbl] *a* 1) несмыва́емый; нестира́емый; ~ pencil хими́ческий каранда́ш; ~ disgrace несмыва́емый позо́р 2) неизглади́мый; ~ impression неизглади́мое впечатле́ние

**indelicacy** [ɪn'delɪkəsɪ] *n* неделика́тность; беста́ктность; нескро́мность

**indelicate** [ɪn'delɪkɪt] *a* неделика́тный, нетакти́чный; беста́ктный

**indemnification** [ɪnˌdemnɪfɪ'keɪʃən] *n* возмеще́ние, компенса́ция

**indemnify** [ɪn'demnɪfaɪ] *v* 1) обезопа́сить, застрахова́ть (from, against — от) 2) освободи́ть (*от наказания, материальной ответственности*) (for — за) 3) компенси́ровать, возмеща́ть (for)

**indemnity** [ɪn'demnɪtɪ] *n* 1) гара́нтия от убы́тков, поте́рь 2) освобожде́ние (*от наказания, материальной ответственности*); Act of I. зако́н об освобожде́нии от уголо́вной отве́тственности 3) возмеще́ние, компенса́ция 4) контрибу́ция

**indemonstrable** [ɪn'demənstrəbl] *a* 1) недоказу́емый 2) не тре́бующий доказа́тельства

**indent** ['ɪndent] **1.** *n* 1) зазу́брина, зубе́ц; вы́емка, вы́рез 2) докуме́нт с отрывны́м дублика́том 3) о́рдер, официа́льное тре́бование, зака́з (*на товары и т. п.*) 4) *амер.* купо́н 5) *полигр.* абза́ц, о́тступ 6) клеймо́, отпеча́ток
**2.** *v* [ɪn'dent] 1) зазу́бривать; выда́лбливать, выре́зывать; насека́ть 2) составля́ть докуме́нт с дублика́том (*особ.* отделённым ли́нией отре́за) 3) выпи́сывать о́рдер *или* тре́бование на това́ры, зака́зывать това́ры; to ~ for new machinery заказа́ть но́вое обору́дование 4) реквизи́ровать 5) *полигр.* де́лать абза́ц, о́тступ

**indentation** [ˌɪnden'teɪʃən] *n* 1) выре́зывание в ви́де зубцо́в 2) зубе́ц, вы́рез; изви́лина, углубле́ние бе́рега *и т. п.* 3) вда́вливание; вмя́тина; отпеча́ток 4) *полигр.* о́тступ, абза́ц

**indented** [ɪn'dentɪd] **1.** *p. p. от* indent 2
**2.** *a* 1) зазу́бренный, зубча́тый; ~ coastline изре́занная берегова́я ли́ния 2) *полигр.* с о́тступом

**indention** [ɪn'denʃən] *n* 1) *полигр.* абза́ц, о́тступ 2) = indentation 1), 2) *и* 3)

**indenture** [ɪn'dentʃə] **1.** *n* 1) = indent 1, 2); 2) соглаше́ние, контра́кт в двух экземпля́рах, *особ.* догово́р ме́жду ученико́м и хозя́ином; to take up one's ~ зако́нчить учени́чество, слу́жбу 3) вы́рез, зазу́брина
**2.** *v* свя́зывать догово́ром

**independence** [ˌɪndɪ'pendəns] *n* 1) незави́симость, самостоя́тельность; I. Day День незави́симости (*4 июля — национальный праздник США*) 2) самостоя́тельный дохо́д; незави́симое состоя́ние; to live a life of ~ жить самостоя́тельно

**independency** [ˌɪndɪ'pendənsɪ] *n* 1) незави́симое госуда́рство 2) (I.) = Congregationalism 3) *редк.* = independence

**independent** [ˌɪndɪ'pendənt] **1.** *a* 1) незави́симый, самостоя́тельный; не зави́сящий (of — от); ~ statehood госуда́рственная незави́симость; to take an ~ stand име́ть свою́ то́чку зре́ния 2) име́ющий самостоя́тельный дохо́д; облада́ющий незави́симым состоя́нием 3) непредубеждённый; ~ proof объекти́вное доказа́тельство; ~ witness беспристра́стный свиде́тель
**2.** *n полит.* «незави́симый»

**indescribable** [ˌɪndɪs'kraɪbəbl] *a* неопису́емый

**indestructibility** ['ɪndɪsˌtrʌktə'bɪlɪtɪ] *n* неразруши́мость; the law of ~ of matter зако́н сохране́ния мате́рии

**indestructible** [ˌɪndɪs'trʌktəbl] *a* неразруши́мый

**indeterminable** [ˌɪndɪ'təːmɪnəbl] *a* 1) неопредели́мый 2) неразреши́мый (*о споре и т. п.*)

**indeterminate** [ˌɪndɪ'təːmɪnɪt] *a* 1) неопределённый; неопредели́мый; нея́сный; сомни́тельный 2) нерешённый, неоконча́тельный

**index** ['ɪndeks] **1.** *n* (*pl* -xes [-ksɪz], indices) 1) и́ндекс, указа́тель; ~ of cost of living и́ндекс прожи́точного ми́нимума 2) стре́лка (*на приборах*) 3) алфави́тный указа́тель; катало́г 4) указа́тельный па́лец (*тж.* ~ finger) 5) алфави́тный и́ндекс (*выемка с буквами в обрезе справочного издания*) 6) *мат.* показа́тель сте́пени; коэффицие́нт 7) *attr.*: ~ number а) поря́дковый но́мер; б) *эк.* и́ндекс
**2.** *v* 1) снабжа́ть указа́телем; the book is well ~ed кни́га име́ет хоро́ший указа́тель 2) составля́ть указа́тель, заноси́ть в указа́тель

**Indian** ['ɪndjən] **1.** *a* 1) инди́йский; ~ civilian *ист.* гражда́нский чино́вник в И́ндии 2) инде́йский (*относящийся к амер. индейцам*)
**2.** *n* 1) инди́ец 2) инде́ец (*Сев. и Южн. Америки*) 3) европе́ец, до́лго жи́вший в И́ндии

**Indian blue** ['ɪndjən'bluː] *n* инди́го

**Indian cane** ['ɪndjən'keɪn] *n* бамбу́к

**Indian club** ['ɪndjən'klʌb] *n спорт.* булава́

**Indian corn** ['ɪndjən'kɔːn] *n* маис, кукуру́за

**Indian ink** ['ɪndjən'ɪŋk] *n* тушь

**Indian summer** ['ɪndjən'sʌmə] *n* золота́я о́сень; «ба́бье ле́то»

**India paper** ['ɪndjə'peɪpə] *n* кита́йская бума́га; то́нкая печа́тная бума́га

**india-rubber** ['ɪndjə'rʌbə] *n* 1) каучу́к, рези́на 2) рези́нка для стира́ния, ла́стик

**indicate** ['ɪndɪkeɪt] *v* 1) пока́зывать, ука́зывать; he ~d that the interview was over он дал поня́ть, что интервью́ око́нчено 2) служи́ть при́знаком; означа́ть 3) *мед.* тре́бовать (*лечения,* *ухода*); to ~ the use of penicillin тре́бовать примене́ния пеницилли́на 4) *тех.* измеря́ть мо́щность маши́ны индика́тором

**indicated** [ˈɪndɪkeɪtɪd] **1.** *p. p. от* indicate

**2.** *a* номина́льный, индика́торный; ~ horsepower индика́торная мо́щность

**indication** [ˌɪndɪˈkeɪʃən] *n* 1) указа́ние 2) показа́ние, отсчёт (*прибора*) 3) симпто́м, знак 4) показа́ния (*для применения данного средства*)

**indicative** [ɪnˈdɪkətɪv] **1.** *a* 1) ука́зывающий, пока́зывающий (of — на); to be ~ of smth. служи́ть при́знаком чего́-л. 2) *грам.* изъяви́тельный

**2.** *n грам.* изъяви́тельное наклоне́ние

**indicator** [ˈɪndɪkeɪtə] *n* 1) индика́тор 2) указа́тель 3) счётчик 4) стре́лка (*циферблата и т. п.*)

**indicator-diagram** [ˈɪndɪkeɪtəˈdaɪəgræm] *n* индика́торная диагра́мма

**indicatory** [ɪnˈdɪkətərɪ] *a* указа́тельный, ука́зывающий

**indices** [ˈɪndɪsiːz] *pl от* index 1

**indict** [ɪnˈdaɪt] *v* предъявля́ть обвине́ние; to be ~ed for theft (*или* on a charge of theft) быть обвинённым в кра́же

**indictable** [ɪnˈdaɪtəbl] *a* подлежа́щий рассмотре́нию в суде́, подсу́дный; ~ offender уголо́вный престу́пник

**indictee** [ˌɪndaɪˈtiː] *n* обвиня́емый (*на судебном процессе*)

**indictment** [ɪnˈdaɪtmənt] *n* обвини́тельный акт; bill of ~ обвини́тельный акт для предвари́тельного предъявле́ния присяжным; to bring in an ~ against smb. предъяви́ть кому́-л. обвине́ние

**indifference** [ɪnˈdɪfrəns] *n* 1) безразли́чие, равноду́шие (to, towards); to treat smth., smb. with ~ относи́ться к чему́-л., кому́-л. равноду́шно 2) беспристра́стность 3) незначи́тельность, малова́жность; a matter of ~ незначи́тельное, несерьёзное де́ло; пустя́к 4) посре́дственность

**indifferent** [ɪnˈdɪfrənt] *a* 1) безразли́чный, равноду́шный (to) 2) незаинтересо́ванный, беспристра́стный 3) незначи́тельный, малова́жный 4) посре́дственный

**indifferently** [ɪnˈdɪfrəntlɪ] *adv* 1) равноду́шно, безразли́чно 2) посре́дственно, скве́рно

**indigence** [ˈɪndɪdʒəns] *n* нужда́, бе́дность

**indigene** [ˈɪndɪdʒiːn] *n* 1) тузе́мец 2) ме́стное живо́тное *или* расте́ние

**indigenous** [ɪnˈdɪdʒɪnəs] *a* 1) тузе́мный, ме́стный 2) приро́дный, врождённый

**indigent** [ˈɪndɪdʒənt] *a* нужда́ющийся, бе́дный

**indigested** [ˌɪndɪˈdʒestɪd] *a* 1) неперева́ренный 2) непроду́манный, неусво́енный 3) бесфо́рменный; хаоти́ческий

**indigestible** [ˌɪndɪˈdʒestəbl] *a* неудобовари́мый

**indigestion** [ˌɪndɪˈdʒestʃən] *n мед.* несваре́ние; наруше́ние пищеваре́ния; диспепси́я

**indigestive** [ˌɪndɪˈdʒestɪv] *a* 1) страда́ющий расстро́йством пищеваре́ния 2) вызыва́ющий расстро́йство пищеваре́ния

**indignant** [ɪnˈdɪgnənt] *a* негоду́ющий, возмущённый (at *smth.*; with *smb.*)

**indignantly** [ɪnˈdɪgnəntlɪ] *adv* с негодова́нием; возмущённо

**indignation** [ˌɪndɪgˈneɪʃən] *n* 1) негодова́ние, возмуще́ние (at *smth.*; with *smb.*) 2) *attr.*: ~ meeting ма́ссовый ми́тинг проте́ста

**indignity** [ɪnˈdɪgnɪtɪ] *n* пренебреже́ние; оскорбле́ние; униже́ние (*кого-л.*), униже́ние (*чьего-л.*) досто́инства; to put indignities upon smb. подве́ргнуть кого́-л. оскорбле́ниям, оскорби́ть кого́-либо

**indigo** [ˈɪndɪgəu] *n* (*pl* -os [-əuz]) 1) инди́го (*растение и краска*) 2) цвет инди́го

**indigo blue** [ˈɪndɪgəubluː] *n* си́не-фиоле́товый цвет

**indirect** [ˌɪndɪˈrekt] *a* 1) непрямо́й; око́льный; ~ fire *воен.* ого́нь с закры́тых пози́ций; ~ light отражённый свет; ~ lighting отражённое освеще́ние; ~ elections многостепе́нные вы́боры 2) укло́нчивый 3) ко́свенный; ~ taxation ко́свенное налогообложе́ние; ~ evidence ко́свенные ули́ки 4) *грам.* ко́свенный; ~ speech ко́свенная речь; ~ object ко́свенное дополне́ние 5) побо́чный; an ~ result побо́чный, дополни́тельный результа́т

**indirection** [ˌɪndɪˈrekʃən] *n* 1) око́льные пути́; by ~ ко́свенно 2) нече́стные сре́дства, обма́н

**indiscernible** [ˌɪndɪˈsəːnəbl] *a* неразличи́мый; неприме́тный

**indiscipline** [ɪnˈdɪsɪplɪn] *n* недисциплини́рованность

**indiscreet** [ˌɪndɪsˈkriːt] *a* 1) неблагоразу́мный 2) неосторо́жный 3) несде́ржанный; нескро́мный

**indiscrete** [ˌɪndɪsˈkriːt] *a* нерасчленённый на ча́сти; компа́ктный, одноро́дный

**indiscretion** [ˌɪndɪsˈkreʃən] *n* 1) неблагоразу́мный посту́пок; to commit an ~ поступи́ть неблагоразу́мно 2) неосторо́жность 3) нескро́мность 4) неве́жливость, неучти́вость

**indiscriminate** [ˌɪndɪsˈkrɪmɪnɪt] *a* 1) неразбо́рчивый, не де́лающий разли́чий; огу́льный; ~ arrests пова́льные аре́сты; ~ slaughter поголо́вное истребле́ние (*животных и т. п.*) 2) беспоря́дочный, сме́шанный

**indiscrimination** [ˈɪndɪsˌkrɪmɪˈneɪʃən] *n* 1) неуме́ние разбира́ться, различа́ть 2) неразбо́рчивость

**indispensable** [ˌɪndɪsˈpensəbl] *a* 1) необходи́мый (to, for) 2) обяза́тельный, не допуска́ющий исключе́ний (*о законе и т. п.*)

**indispose** [ˌɪndɪsˈpəuz] *v* 1) не располага́ть, отвраща́ть (towards, from) 2) восстана́вливать, настра́ивать (*против кого-л., чего-л.*) 3) де́лать неприго́дным, неспосо́бным (for — к) 4) (*особ. p. p.*) вызыва́ть недомога́ние

**indisposed** [ˌɪndɪsˈpəuzd] **1.** *p. p. от* indispose

**2.** *a* 1) нездоро́вый, испы́тывающий недомога́ние; he is ~ он нездоро́в 2) нерасполо́женный; he is ~ to help us он не скло́нен помо́чь нам

**indisposition** [ˌɪndɪspəˈzɪʃən] *n* 1) нездоро́вье, недомога́ние 2) нежела́ние 3) нерасположе́ние, отвраще́ние (to, towards)

**indisputability** [ˈɪndɪspjuːtəˈbɪlɪtɪ] *n* неоспори́мость, бесспо́рность

**indisputable** [ˈɪndɪsˈpjuːtəbl] *a* неоспори́мый, бесспо́рный

**indissoluble** [ˌɪndɪˈsɔljubl] *a* 1) нерастворимый, неразложи́мый 2) неразры́вный, неруши́мый, про́чный; the ~ bonds of friendship нерасторжи́мые у́зы дру́жбы

**indistinct** [ˌɪndɪsˈtɪŋkt] *a* 1) нея́сный, неотчётливый; сму́тный 2) невня́тный

**indistinctive** [ˌɪndɪsˈtɪŋktɪv] *a* неотличи́тельный, нехаракте́рный

**indistinguishable** [ˌɪndɪsˈtɪŋgwɪʃəbl] *a* неразличи́мый

**indite** [ɪnˈdaɪt] *v* 1) сочиня́ть, выража́ть в слова́х 2) писа́ть (*письмо и т. п.; обыкн. шутл.*)

**indium** [ˈɪndɪəm] *n хим.* и́ндий

**indivertible** [ˌɪndɪˈvəːtəbl] *a* неотврати́мый

**individual** [ˌɪndɪˈvɪdjuəl] **1.** *a* 1) ли́чный, индивидуа́льный; ~ freedom (*или* liberty) свобо́да ли́чности 2) характе́рный, осо́бенный; оригина́льный; she has an ~ style of dressing у неё своеобра́зный стиль в оде́жде 3) отде́льный, едини́чный, ча́стный; ~ peasant крестья́нин-единоли́чник; ~ fire *воен.* одино́чный ого́нь

**2.** *n* 1) ли́чность, челове́к; agreeable ~ прия́тный челове́к; private ~ *юр.* ча́стное лицо́ 2) индиви́дуум; о́собь

**individualistic** [ˌɪndɪˌvɪdjuəˈlɪstɪk] *a* индивидуалисти́ческий

**individuality** [ˌɪndɪˌvɪdjuˈælɪtɪ] *n* 1) индивидуа́льность; a man of marked ~ незауря́дная ли́чность 2) *филос.* отде́льное бытие́ 3) (*обыкн. pl*) индивидуа́льная черта́, осо́бенность

**individualize** [ˌɪndɪˈvɪdjuəlaɪz] *v* 1) индивидуализи́ровать, придава́ть индивидуа́льный хара́ктер 2) подро́бно, дета́льно определя́ть

**indivisibility** [ˈɪndɪˌvɪzɪˈbɪlɪtɪ] *n* недели́мость

**indivisible** [ˌɪndɪˈvɪzəbl] **1.** *a* недели́мый, бесконе́чно ма́лый

**2.** *n* не́что недели́мое, бесконе́чно ма́лое

**Indo-Chinese** [ˈɪndəutʃaɪˈniːz] *a* индокита́йский

**indocile** [ɪnˈdəusaɪl] *a* 1) непоко́рный, непослу́шный 2) трудновоспиту́емый

**indoctrinate** [ɪn'dɔktrɪneɪt] *v* 1) знакомить с какой-л. теорией, каким-л. учением 2) внушать (*мысли, мнение*; with)

**indoctrinated** [ɪn'dɔktrɪneɪtɪd] 1. *p. p. от* indoctrinate

2. *a* проникнутый какой-л. доктриной

**indoctrination** [ɪn,dɔktrɪ'neɪʃən] *n* 1) обучение 2) внушение идей; идеологическая обработка

**Indo-European** ['ɪndəu,juərə'pi(:)ən] *a* индоевропейский

**indolence** ['ɪndələns] *n* леность; праздность; вялость

**indolent** ['ɪndələnt] *a* 1) ленивый; праздный; вялый 2) *мед.* безболезненный

**indomitable** [ɪn'dɔmɪtəbl] *a* неукротимый; упрямый, упорный; ~ temper необузданный характер

**Indonesian** [,ɪndəu'ni:zjən] 1. *a* индонезийский

2. *n* индонезиец; индонезийка

**indoor** ['ɪndɔ:] *a* находящийся *или* происходящий в помещении; комнатный, домашний; ~ games а) комнатные игры; б) игры в спортивном зале; ~ aerial *радио* комнатная антенна

**indoors** ['ɪn'dɔ:z] *adv* внутри дома; в помещении; to stay (*или* to keep) ~ оставаться дома, не выходить

**indorsation** [,ɪndɔ:'seɪʃən] = endorsement

**indorse** [ɪn'dɔ:s] = endorse

**indorsee** [,ɪndɔ:'si:] *n ком.* индоссат

**indorsement** [ɪn'dɔ:smənt] = endorsement

**indraft** ['ɪndra:ft] = indraught

**indraught** ['ɪndra:ft] *n* приток; поток (*воздуха, жидкости — внутрь*)

**indrawn** ['ɪn'drɔ:n] *a* втянутый; направленный внутрь

**indubitable** [ɪn'dju:bɪtəbl] *a* несомненный; очевидный, бесспорный

**induce** [ɪn'dju:s] *v* 1) убеждать, побуждать, склонять, заставлять; to ~ smb. to do smth. заставить кого-л. сделать что-л. 2) вызывать; стимулировать; an illness ~d by overwork болезнь, вызванная переутомлением 3) *эл.* индуктировать 4) *лог.* выводить умозаключение (путём индукции)

**induced** [ɪn'dju:st] 1. *p. p. от* induce

2. *a* вынужденный; ~ draft *тех.* форсированная тяга

**inducement** [ɪn'dju:smənt] *n* 1) побуждение, побуждающий мотив; стимул 2) приманка

**induct** [ɪn'dʌkt] *v* 1) официально вводить в должность 2) *амер.* призывать на военную службу 3) усаживать, водворять (into) 4) вводить (*в курс дел*); посвящать; вовлекать 5) = induce 3)

**inductance** [ɪn'dʌktəns] *n эл.* индуктивность; (само)индукция

**inductee** [,ɪndʌk'ti:] *n амер.* призывник

**inductile** [ɪn'dʌktaɪl] *a* нетягучий, нековкий (*о металле*)

**induction** [ɪn'dʌkʃən] *n* 1) официальное введение в должность 2) *амер.* призыв на военную службу 3) *лог.* индукция, индуктивный метод 4) *эл.* индукция 5) *тех.* впуск

**induction-coil** [ɪn'dʌkʃənkɔɪl] *n эл.* индукционная катушка, индуктор

**induction-valve** [ɪn'dʌkʃənvælv] *n тех.* впускной клапан

**inductive** [ɪn'dʌktɪv] *a* 1) *лог.* индуктивный 2) *эл.* индукционный; индуктивный

**inductor** [ɪn'dʌktə] *n эл.* индуктор

**indue** [ɪn'dju:] = endue

**indulge** [ɪn'dʌldʒ] *v* 1) позволять себе удовольствие; давать себе волю (*в чём-л.*); to ~ in bicycling увлекаться ездой на велосипеде; to ~ in a cigar (in a nap) с удовольствием выкурить сигару (вздремнуть) 2) доставлять удовольствие; he ~d the company with a song он доставил всем удовольствие своим пением 3) быть снисходительным; потворствовать, баловать, потакать; you can't ~ every creature на всех не угодишь 4) *разг.* сильно пить; I'm afraid he ~s too much я боюсь, что он злоупотребляет спиртным 5) *ком.* дать отсрочку платежа по векселю

**indulgence** [ɪn'dʌldʒəns] *n* 1) снисхождение, снисходительность; терпимость; Declaration of I. *ист.* декларация религиозной терпимости (*в Англии в 1672 г.*) 2) потворство, потакание; поблажка 3) потворство своим желаниям, потакание своим слабостям 4) привилегия, милость 5) *церк.* индульгенция, отпущение грехов 6) *ком.* отсрочка платежа

**indulgent** [ɪn'dʌldʒənt] *a* 1) снисходительный; терпимый 2) потворствующий; ~ parents родители, балующие своих детей

**indulgently** [ɪn'dʌldʒəntlɪ] *adv* снисходительно; милостиво

**indumentum** [,ɪndju(:)'mentəm] *n* 1) оперение 2) *бот.* волосяной покров

**indurate** ['ɪndjuəreɪt] *v* 1) делать (-ся) твёрдым, отвердевать 2) делать (-ся) бесчувственным, чёрствым

**induration** [,ɪndjuə'reɪʃən] *n* 1) отвердение, затвердение 2) чёрствость, ожесточение

**industrial** [ɪn'dʌstrɪəl] 1. *a* 1) промышленный, индустриальный; ~ goods промышленные изделия; ~ classes промышленные рабочие, трудящиеся; ~ area промышленный район; ~ relations отношения, возникающие в процессе производства; the ~ revolution промышленная революция 2) производственный; ~ union *амер.* производственный профсоюз; ~ accident несчастный случай на производстве; ~ sanitation фабрично-заводская санитария; ~ school а) ремесленное училище; б) ремесленная школа для беспризорных детей *или* правонарушителей 3) употребляемый для промышленных целей; ~ crops *с.-х.* технические культуры; ~ plant техническое растение; ~ wood пиломатериалы; ~ tractor трактор-тягач ◇ ~ action забастовочное движение

2. *n* 1) промышленник 2) *pl* акции промышленных предприятий

**industrialist** [ɪn'dʌstrɪəlɪst] *n* промышленник, предприниматель; фабрикант

**industrialization** [ɪn,dʌstrɪəlaɪ'zeɪʃən] *n* индустриализация

**industrially** [ɪn'dʌstrɪəlɪ] *adv* 1) в промышленном отношении; с индустриальной точки зрения 2) промышленным путём

**industrious** [ɪn'dʌstrɪəs] *a* трудолюбивый, усердный, прилежный

**industry** ['ɪndəstrɪ] *n* 1) промышленность, индустрия; home ~ а) отечественная промышленность; б) кустарный промысел; large-scale ~ крупная промышленность 2) отрасль промышленности 3) трудолюбие, прилежание, усердие

**indwell** ['ɪn'dwel] *v* (indwelt) 1) проживать (in) 2) постоянно пребывать, не покидать, не оставлять (*о мыслях и т. п.*)

**indwelling** ['ɪn'dwelɪŋ] 1. *pres. p. от* indwell

2. *n* пребывание (*где-л.*)

3. *a* живущий; постоянно пребывающий

**indwelt** ['ɪn'dwelt] *past и p. p. от* indwell

**inearth** [ɪn'ə:θ] *v* зарывать в землю, хоронить

**inebriate** 1. *n* [ɪ'ni:brɪɪt] пьяница, алкоголик

2. *a* [ɪ'ni:brɪɪt] пьяный, опьяневший

3. *v* [ɪ'ni:brɪeɪt] опьянять

**inebriation** [ɪ,ni:brɪ'eɪʃən] *n* опьянение

**inebriety** [,ɪni(:)'braɪətɪ] *n* 1) опьянение 2) алкоголизм

**inedibility** [ɪn,edɪ'bɪlɪtɪ] *n* несъедобность

**inedible** [ɪn'edɪbl] *a* несъедобный; ~ fat *тех.* технический жир

**ineducable** [ɪn'edjukəbl] *a* не поддающийся обучению *или* дрессировке

**ineffable** [ɪn'efəbl] *a* невыразимый, несказанный

**ineffaceable** [,ɪnɪ'feɪsəbl] *a* неизгладимый

**ineffective** [,ɪnɪ'fektɪv] *a* 1) безрезультатный, не производящий *или* не достигающий эффекта 2) недействительный 3) неспособный, неумелый

**ineffectual** [,ɪnɪ'fektjuəl] *a* безрезультатный, бесплодный; неудачный, слабый; ~ teacher плохой преподаватель

**inefficacious** [,ɪnefɪ'keɪʃəs] *a* недействительный, неэффективный

**inefficiency** [,ɪnɪ'fɪʃənsɪ] *n* 1) неспособность, неумелость 2) неэффективность, недейственность

**inefficient** [,ɪnɪ'fɪʃənt] *a* 1) неспособный, неумелый 2) плохо действующий, неэффективный; непроизводительный

**inelaborate** [ˌɪnɪ'læbərɪt] *a* 1) неразрабо́танный 2) просто́й, безыску́сственный

**inelastic** [ˌɪnɪ'læstɪk] *a* неэласти́чный, неги́бкий; ~ timetable жёсткое расписа́ние

**inelasticity** [ˌɪnɪlæs'tɪsɪtɪ] *n* неэласти́чность, неги́бкость

**inelegance** [ɪn'elɪgəns] *n* неэлега́нтность *и пр.* [*см.* inelegant]

**inelegant** [ɪn'elɪgənt] *a* 1) неэлега́нтный, неизя́щный; безвку́сный 2) неотде́ланный (*о стиле*)

**ineligible** [ɪn'elɪdʒəbl] *a* 1) не могу́щий быть и́збранным (*на какой-л. пост*) 2) нежела́тельный (*о женихе или невесте*) 3) неподходя́щий, него́дный (*особ. для военной службы*)

**ineluctability** ['ɪnɪˌlʌktə'bɪlɪtɪ] *n* неизбе́жность, неотврати́мость

**ineluctable** [ˌɪnɪ'lʌktəbl] *a* неизбе́жный, неотврати́мый

**inept** [ɪ'nept] *a* 1) неподходя́щий, неуме́стный 2) неспосо́бный 3) глу́пый 4) *юр.* недействи́тельный

**ineptitude** [ɪ'neptɪtju:d] *n* 1) неуме́стность 2) неспосо́бность, неуме́лость 3) глу́пость

**inequable** [ɪn'ekwəbl] *a* 1) изме́нчивый 2) неуравнове́шенный

**inequality** [ˌɪni(:)'kwɔlɪtɪ] *n* 1) нера́венство; ра́зница 2) неодина́ковость; разли́чие, несхо́дство 3) изме́нчивость, непостоя́нство 4) (*обыкн. pl*) неро́вность (*поверхности*) 5) несостоя́тельность; неспосо́бность (*сделать что-л.*)

**inequilateral** [ɪn'i:kwɪ'lætərəl] *a* неравносторо́нний

**inequitable** [ɪn'ekwɪtəbl] *a* несправедли́вый, пристра́стный

**inequity** [ɪn'ekwɪtɪ] *n* несправедли́вость

**ineradicable** [ˌɪnɪ'rædɪkəbl] *a* неискорени́мый

**inerrable** [ɪn'erəbl] *a* непогреши́мый

**inerrancy** [ɪn'erənsɪ] *n* непогреши́мость

**inert** [ɪ'nə:t] *a* 1) ине́ртный, неакти́вный; нейтра́льный 2) безде́ятельный, вя́лый; ко́сный

**inertia** [ɪ'nə:ʃjə] *n* 1) *физ.* ине́рция; си́ла ине́рции 2) ине́ртность, вя́лость; ко́сность 3) *attr.*: ~ governor *тех.* центробе́жный регуля́тор

**inertness** [ɪ'nə:tnɪs] *n* ине́ртность

**inescapable** [ˌɪnɪs'keɪpəbl] *a* неизбе́жный, неотврати́мый

**inesculent** [ɪn'eskjulənt] *a* несъедо́бный

**inessential** ['ɪnɪ'senʃəl] *a* несуще́ственный; нева́жный

**inessentials** ['ɪnɪ'senʃəlz] *n pl* то, что не явля́ется предме́том пе́рвой необходи́мости; предме́ты ро́скоши

**inestimable** [ɪn'estɪməbl] *a* не поддаю́щийся оце́нке; неоцени́мый, бесце́нный

**inevitability** [ɪnˌevɪtə'bɪlɪtɪ] *n* неизбе́жность

**inevitable** [ɪn'evɪtəbl] *a* 1) неизбе́жный, немину́емый 2) *разг.* неизме́нный; tourists with their ~ cameras тури́сты со свои́ми неизме́нными фотоаппара́тами

**inexact** [ˌɪnɪg'zækt] *a* нето́чный

**inexactitude** [ˌɪnɪg'zæktɪtju:d] *n* нето́чность ◇ terminological ~s *эвф.* ложь

**inexcusable** [ˌɪnɪks'kju:zəbl] *a* непрости́тельный

**inexhaustibility** ['ɪnɪgˌzɔ:stə'bɪlɪtɪ] *n* неистощи́мость *и пр.* [*см.* inexhaustible]

**inexhaustible** [ˌɪnɪg'zɔ:stəbl] *a* 1) неистощи́мый, неисчерпа́емый; ~ fertility неистощи́мое плодоро́дие (*почвы*) 2) неутоми́мый

**inexorability** [ɪnˌeksərə'bɪlɪtɪ] *n* неумоли́мость *и пр.* [*см.* inexorable]

**inexorable** [ɪn'eksərəbl] *a* неумоли́мый, безжа́лостный; непрекло́нный; непоколеби́мый

**inexpediency** [ˌɪnɪks'pi:djənsɪ] *n* нецелесообра́зность; неблагоразу́мие

**inexpedient** [ˌɪnɪks'pi:djənt] *a* нецелесообра́зный; неблагоразу́мный

**inexpensive** [ˌɪnɪks'pensɪv] *a* недорого́й, дешёвый

**inexperience** [ˌɪnɪks'pɪərɪəns] *n* нео́пытность

**inexpert** [ɪn'ekspə:t] *a* 1) неиску́сный, неуме́лый 2) нео́пытный, несве́дущий

**inexpiable** [ɪn'ekspɪəbl] *a* 1) неискупи́мый 2) неумоли́мый

**inexplicable** [ɪn'eksplɪkəbl] *a* необъясни́мый; непоня́тный

**inexplicit** [ˌɪnɪks'plɪsɪt] *a* неопределённый, нея́сно вы́раженный, непоня́тный

**inexpressible** [ˌɪnɪks'presəbl] **1.** *a* невырази́мый; неопису́емый

**2.** *n pl шутл.* штаны́

**inexpressive** [ˌɪnɪks'presɪv] *a* 1) невырази́тельный 2) *уст.* невырази́мый, неопису́емый

**inexpugnable** [ˌɪnɪks'pʌgnəbl] *a* непристу́пный; неодоли́мый

**inextinguishable** [ˌɪnɪks'tɪŋgwɪʃəbl] *a* неугаси́мый; непрекраща́ющийся; ~ laughter безу́держный смех

**inextricable** [ɪn'ekstrɪkəbl] *a* 1) не могу́щий быть распу́танным; сло́жный, запу́танный; ~ connection неразры́вная связь 2) неразреши́мый; безвы́ходный; ~ difficulties непреодоли́мые тру́дности

**infallibility** [ɪnˌfælə'bɪlɪtɪ] *n* непогреши́мость *и пр.* [*см.* infallible]

**infallible** [ɪn'fæləbl] *a* 1) безоши́бочный, непогреши́мый; none of us is ~ всем нам сво́йственно ошиба́ться 2) надёжный, ве́рный

**infamise, infamize** ['ɪnfəmaɪz] *v* 1) клейми́ть позо́ром 2) поноси́ть; клевета́ть

**infamous** ['ɪnfəməs] *a* 1) име́ющий дурну́ю репута́цию 2) позо́рный; посты́дный, бесче́стный; ~ conduct а) посты́дное поведе́ние; б) наруше́ние профессиона́льной э́тики (*особ. врачом*); ~ lie ни́зкая ложь 3) *разг.* скве́рный, па́костный 4) *юр.* лишённый гражда́нских прав всле́дствие совершённого преступле́ния

**infamy** ['ɪnfəmɪ] *n* 1) бесче́стье, позо́р; to hold smb. up to ~ опозо́рить кого́-л. 2) посты́дное, бесче́стное поведе́ние 3) ни́зость, по́длость 4) *юр.* лише́ние гражда́нских прав всле́дствие совершённого преступле́ния

**infancy** ['ɪnfənsɪ] *n* 1) ра́ннее де́тство, младе́нчество 2) ра́нняя ста́дия разви́тия; пери́од становле́ния; in the ~ of mankind на заре́ челове́чества 3) *юр.* несовершенноле́тие

**infant** ['ɪnfənt] **1.** *n* 1) младе́нец, ребёнок 2) *юр.* несовершенноле́тний

**2.** *a* 1) де́тский 2) нача́льный, зача́точный; зарожда́ющийся; ~ industry но́вая о́трасль промы́шленности

**infanta** [ɪn'fæntə] *исп. n* инфа́нта

**infante** [ɪn'fæntɪ] *исп. n* инфа́нт

**infanticide** [ɪn'fæntɪsaɪd] *n* детоуби́йство, *особ.* уби́йство новорождённого

**infantile, infantine** ['ɪnfəntaɪl, -taɪn] *a* 1) младе́нческий, инфанти́льный; ~ sickness де́тская боле́знь; infantile paralysis *мед.* полиомиели́т, де́тский парали́ч 2) нача́льный; в пе́рвой ста́дии

**infantry** ['ɪnfəntrɪ] *n* 1) пехо́та 2) *attr.* пехо́тный

**infantryman** ['ɪnfəntrɪmən] *n* пехоти́нец

**infant-school** ['ɪnfəntsku:l] *n* шко́ла для малыше́й (*от 5 до 7 лет; государственная; существует самостоятельно или в составе общей начальной школы*)

**infatuate** [ɪn'fætjueɪt] *v* вскружи́ть го́лову, свести́ с ума́; внуши́ть безрассу́дную страсть

**infatuated** [ɪn'fætjueɪtɪd] **1.** *p. p. от* infatuate

**2.** *a* ослеплённый, влюблённый до безу́мия; поглупе́вший от любви́

**infatuation** [ɪnˌfætju'eɪʃən] *n* 1) слепо́е увлече́ние 2) стра́стная влюблённость; безрассу́дная страсть (for)

**infect** [ɪn'fekt] *v* зaража́ть (*тж. перен.*)

**infection** [ɪn'fekʃən] *n* 1) зараже́ние, инфе́кция; зара́за 2) зарази́тельность

**infectious** [ɪn'fekʃəs] *a* 1) инфекцио́нный, зара́зный 2) зарази́тельный; ~ laughter зарази́тельный смех

**infective** [ɪn'fektɪv] = infectious; ~ matter зара́зное нача́ло

**infelicitous** [ˌɪnfɪ'lɪsɪtəs] *a* 1) несчастли́вый, несча́стный 2) неуда́чный

**infelicity** [ˌɪnfɪ'lɪsɪtɪ] *n* 1) несча́стье 2) погре́шность; the infelicities of style стилисти́ческие погре́шности

**infer** [ɪn'fə:] *v* 1) заключа́ть, де́лать заключе́ние, вы́вод 2) означа́ть, подразумева́ть

**inferable** [ɪn'fə:rəbl] *a* возмо́жный в ка́честве вы́вода, заключе́ния

**inference** ['ɪnfərəns] *n* 1) вы́вод, заключе́ние 2) подразумева́емое; предположе́ние; a mere ~ всего́ лишь предположе́ние

**inferential** [ˌɪnfəˈrenʃəl] *a* выведенный *или* выводимый путём заключения

**inferior** [ɪnˈfɪərɪə] **1.** *n* подчинённый; младший по чину; стоящий ниже (*по развитию, уму и т. п.*); your ~s ваши подчинённые

**2.** *a* 1) низший (*по положению, чину*; to) 2) худший (*по качеству*); плохой; of ~ quality плохого качества; to be ~ to smb. уступать кому-л. (*в чём-л.*) 3) нижний 4) *полигр.* подстрочный

**inferiority** [ɪnˌfɪərɪˈɔrɪtɪ] *n* 1) более низкое положение, достоинство, качество; he was painfully sensible of his ~ in conversation он болезненно относился к своему неумению вести разговор 2) *attr.*: ~ complex *психол.* комплекс неполноценности

**infernal** [ɪnˈfə:nl] *a* 1) адский 2) дьявольский, бесчеловечный 3) *разг.* проклятый

**inferno** [ɪnˈfə:nəu] *ит. n* ад

**inferrable** [ɪnˈfə:rəbl] = inferable

**infertile** [ɪnˈfə:taɪl] *a* неплодородный; бесплодный

**infertility** [ˌɪnfə:ˈtɪlɪtɪ] *n* неплодородие; бесплодие

**infest** [ɪnˈfest] *v* кишеть; наводнять

**infestation** [ˌɪnfesˈteɪʃən] *n* инвазия (*заражение паразитами*)

**infidel** [ˈɪnfɪdəl] **1.** *n* 1) атеист, неверующий 2) язычник; неверный

**2.** *a* неверующий

**infidelity** [ˌɪnfɪˈdelɪtɪ] *n* 1) неверие; безбожие; атеизм 2) язычество 3) неверность (*особ.* супружеская)

**infield** [ˈɪnfi:ld] *n* 1) земля, прилегающая к усадьбе 2) пахотная земля, обрабатываемая земля 3) часть поля у ворот (*в крикете*)

**infighting** [ˈɪnˌfaɪtɪŋ] *n* 1) *спорт.* бой с ближней дистанции (*в боксе*) 2) *воен.* ближний бой

**infiltrate** [ˈɪnfɪltreɪt] *v* 1) пропускать (*жидкость*) через фильтр; фильтровать 2) просачиваться; проникать (*тж. перен.*) 3) *воен.* проникать в тыл противника

**infiltration** [ˌɪnfɪlˈtreɪʃən] *n* 1) инфильтрация; просачивание, проникновение (*тж. перен.*) 2) *хим.* фильтрат 3) *мед.* инфильтрат 4) *воен.* проникновение в тыл противника

**infiltree** [ˌɪnfɪlˈtri:] *n* нарушитель границы

**infinite** [ˈɪnfɪnɪt] **1.** *n* 1) *разг.* масса, множество 2) (the ~) бесконечность, бесконечное пространство

**2.** *a* 1) бесконечный, безграничный; очень большой; ~ series *мат.* бесконечный ряд; ~ space бесконечное пространство 2) (*с сущ. во мн. ч.*) несметный, бесчисленный 3) *грам.* неличный

**infinitesimal** [ˌɪnfɪnɪˈtesɪməl] *мат.* **1.** *n* бесконечно малая величина

**2.** *a* бесконечно малый

**infinitival** [ɪnˌfɪnɪˈtaɪvəl] *a грам.* инфинитивный, относящийся к неопределённой форме глагола

**infinitive** [ɪnˈfɪnɪtɪv] *грам.* **1.** *n* инфинитив, неопределённая форма глагола

**2.** *a* неопределённый

**infinitude** [ɪnˈfɪnɪtju:d] *n* 1) бесконечность 2) бесконечно большое число, количество (of)

**infinity** [ɪnˈfɪnɪtɪ] *n* бесконечность; безграничность

**infirm** [ɪnˈfə:m] *a* 1) немощный, дряхлый 2) слабовольный, слабохарактерный; нерешительный; ~ of purpose нерешительный; нецелеустремлённый 3) неустойчивый

**infirmary** [ɪnˈfə:mərɪ] *n* изолятор, лазарет

**infirmity** [ɪnˈfə:mɪtɪ] *n* 1) немощь, дряхлость 2) физический *или* моральный недостаток 3) слабохарактерность; ~ of purpose нерешительность, слабость воли

**infix** **1.** *n* [ˈɪnfɪks] *грам.* инфикс

**2.** *v* [ɪnˈfɪks] 1) вставить, укрепить (in — в *чём-л.*) 2) запечатлеть (*в уме*)

**inflame** [ɪnˈfleɪm] *v* 1) воспламеняться, вспыхивать, загораться 2) взволновать(ся); возбудить(ся) 3) *мед.* воспаляться 4) *мед.* вызывать воспаление

**inflammability** [ɪnˌflæməˈbɪlɪtɪ] *n* 1) воспламеняемость 2) возбудимость

**inflammable** [ɪnˈflæməbl] **1.** *a* 1) легко воспламеняющийся; горючий; highly ~ огнеопасный; ~ mixture горючая смесь 2) легко возбудимый

**2.** *n* горючее вещество

**inflammation** [ˌɪnfləˈmeɪʃən] *n* 1) воспламенение 2) *мед.* воспаление

**inflammatory** [ɪnˈflæmətərɪ] *a* 1) возбуждающий, возбудительный 2) *мед.* воспалительный

**inflate** [ɪnˈfleɪt] *v* 1) надувать, наполнять газом, воздухом; накачивать 2) надуваться (*от важности*; with) 3) взвинчивать, вздувать (*цены*) 4) *эк.* проводить инфляцию

**inflated** [ɪnˈfleɪtɪd] **1.** *p. p. от* inflate

**2.** *a* надутый, напыщенный; ~ style напыщенный стиль

**inflation** [ɪnˈfleɪʃən] *n* 1) надувание, наполнение воздухом, газом 2) *эк.* инфляция 3) вздутие, вздутость; ~ of dough подъём теста

**inflationary** [ɪnˈfleɪʃnərɪ] *a эк.* инфляционный

**inflect** [ɪnˈflekt] *v* 1) сгибать, гнуть; вогнуть 2) *грам.* изменять окончание слова, склонять, спрягать 3) *муз.* модулировать (*о голосе*) 4) *физ.* отклонять (*луч света*)

**inflection** [ɪnˈflekʃən] = inflexion

**inflective** [ɪnˈflektɪv] *a грам.* изменяемый, склоняемый, спрягаемый

**inflexibility** [ɪnˌfleksəˈbɪlɪtɪ] *n* 1) негибкость; жёсткость; несгибаемость 2) непреклонность, непоколебимость

**inflexible** [ɪnˈfleksəbl] *a* 1) негибкий, негнущийся; несгибаемый 2) непреклонный, непоколебимый; ~ will непреклонная воля; ~ courage несгибаемое мужество

**inflexion** [ɪnˈflekʃən] *n* 1) сгибание, изгиб 2) *грам.* флексия 3) модуляция, интонация

**inflexional** [ɪnˈflekʃənl] *a лингв.* флективный (*о языке*)

**inflict** [ɪnˈflɪkt] *v* 1) наносить (*удар, рану*; upon) 2) причинять (*боль, страдание, убыток*) 3) налагать (*наказание*) 4) навязывать; to ~ oneself (*или* one's company) upon навязаться

**infliction** [ɪnˈflɪkʃən] *n* 1) причинение (*страдания*) 2) наложение (*наказания*) 3) наказание 4) страдание; огорчение

**in-flight** [ˈɪnˈflaɪt] *a*: ~ refuelling (*или* feeding) *ав.* дозаправка в воздухе

**inflorescence** [ˌɪnflɔ:ˈresns] *n бот.* 1) цветорасположение 2) соцветие 3) цветение

**inflow** [ˈɪnfləu] *n* 1) впадение; втекание 2) приток; наплыв 3) засасывание 4) впуск

**inflowing** [ˈɪnˌfləuɪŋ] **1.** *n* впадение, втекание

**2.** *a* впадающий, втекающий

**influence** [ˈɪnfluəns] **1.** *n* 1) влияние, действие, воздействие (on, upon, over — на); a person of ~ влиятельное лицо; to exercise one's ~ пустить в ход своё влияние; under the ~ of smth. под влиянием чего-л. 2) лицо, фактор, оказывающие влияние; environment is an ~ on character среда влияет на формирование характера; to have ~ with быть авторитетом для, оказывать влияние на; I have little ~ with him я для него не авторитет

**2.** *v* оказывать влияние, влиять; the weather ~s crops погода влияет на урожай

**influent** [ˈɪnfluənt] **1.** *n* приток

**2.** *a* втекающий, впадающий

**influential** [ˌɪnfluˈenʃəl] *a* влиятельный, важный; considerations ~ in reaching an agreement соображения, важные для достижения соглашения

**influenza** [ˌɪnfluˈenzə] *n мед.* инфлюэнца, грипп

**influx** [ˈɪnflʌks] *n* 1) втекание, приток 2) наплыв (*туристов и т. п.*) 3) впадение (*притока в реку*)

**inform** [ɪnˈfɔ:m] *v* 1) сообщать, информировать, уведомлять 2) доносить (against — на *кого-л.*) 3) наполнять (*чувством и т. п.*); одушевлять; ~ed with life полный жизни

**informal** [ɪnˈfɔ:ml] *a* 1) неофициальный; неформальный; без соблюдения формальностей; ~ visit неофициальный визит; ~ dress повседневная одежда 2) непринуждённый

**informality** [ˌɪnfɔ:ˈmælɪtɪ] *n* 1) несоблюдение установленных формальностей, отступление от формы 2) отсутствие церемоний

**informant** [ɪnˈfɔ:mənt] *n* информант

**information** [ˌɪnfəˈmeɪʃən] *n* 1) информация, сообщения, сведения (on, about); "Information" «Справки» (*надпись, вывеска*); to turn in ~

дать све́дения, информа́цию 2) зна́ния, осведомлённость; a mine of ~ кла́дезь зна́ний; ходя́чая энциклопе́дия 3) обвине́ние, жа́лоба (*поданные в суд*; against); to lay ~ against smb. пода́ть жа́лобу в су́д на кого́-л. 4) *attr.*: ~ officer *воен.* офице́р по информа́ции; ~ agency *воен.* о́рган разве́дки; ~ desk спра́вочный стол; ~ theory тео́рия информа́ции

**informative** [ɪnˈfɔːmətɪv] *a* информацио́нный, информи́рующий; информати́вный, поучи́тельный; содержа́щий информа́цию; ~ book содержа́тельная кни́га

**informed** [ɪnˈfɔːmd] **1.** *p. p. от* inform

**2.** *a* 1) осведомлённый 2) зна́ющий, образо́ванный

**informer** [ɪnˈfɔːmə] *n* осведоми́тель, доно́счик (*тж.* common ~)

**infra** [ˈɪnfrə] *лат. adv* ни́же; see ~ ch. VII смотри́ ни́же VII главу́

**infra-** [ɪnfrə-] *pref* ниже-, под-; инфра-

**infracostal** [ˈɪnfrəˈkɔstl] *a анат.* подрёберный

**infraction** [ɪnˈfrækʃən] *n* наруше́ние (*правила, закона и т. п.*)

**infra dig** [ˈɪnfrəˈdɪg] *a predic.* (*сокр. от лат.* infra dignitatem) ни́же (*чьего-л.*) досто́инства; унизи́тельный; недосто́йный

**infrangible** [ɪnˈfrænʤɪbl] *a* 1) неруши́мый; ненаруши́мый 2) неразложи́мый; недели́мый

**infra-red** [ˈɪnfrəˈred] *a физ.* инфракра́сный; ~ rays инфракра́сные лучи́

**infrequent** [ɪnˈfriːkwənt] *a* не ча́сто случа́ющийся, ре́дкий

**infringe** [ɪnˈfrɪnʤ] *v* наруша́ть (*закон, обещание, авторское право и т. п.*); посяга́ть (*на чьи-л. права и т. п.*)

**infringement** [ɪnˈfrɪnʤmənt] *n* наруше́ние (*закона, обещания, авторского права и т. п.*); посяга́тельство (*на права, свободу и т. п.*)

**infundibular** [ˌɪnfʌnˈdɪbjulə] *a* воронкообра́зный

**infuriate** [ɪnˈfjuərɪeɪt] *v* приводи́ть в я́рость, в бе́шенство; разъяря́ть

**infuse** [ɪnˈfjuːz] *v* 1) влива́ть (into) 2) вселя́ть, возбужда́ть (*чувство и т. п.*); придава́ть (*храбрость и т. п.*); to ~ with hope вселя́ть наде́жду 3) зава́ривать, наста́ивать (*чай, травы*) 4) наста́иваться (*о чае и т. п.*)

**infusible** [ɪnˈfjuːzəbl] *a* непла́вкий, тугопла́вкий

**infusion** [ɪnˈfjuːʒən] *n* 1) влива́ние 2) внуше́ние (*надежды*); прида́ние (*храбрости*) 3) насто́й 4) при́месь

**infusoria** [ˌɪnfjuːˈzɔːrɪə] *n pl зоол.* инфузо́рии

**infusorial** [ˌɪnfjuːˈzɔːrɪəl] *a* инфузо́рный

**ingathering** [ˈɪnˌgæðərɪŋ] *n* сбор (*особ.* урожа́я)

**ingeminate** [ɪnˈdʒemɪneɪt] *v* повторя́ть, тверди́ть

**ingenious** [ɪnˈdʒiːnjəs] *a* 1) изобрета́тельный, иску́сный 2) остроу́мный, оригина́льный (*об ответе и т. п.*)

**ingénue** [ˌænʒeɪˈnjuː] *фр. n театр.* инженю́

**ingenuity** [ˌɪndʒɪˈnju(ː)ɪtɪ] *n* изобрета́тельность, иску́сность, мастерство́; the ~ of man челове́ческая изобрета́тельность

**ingenuous** [ɪnˈdʒenjuəs] *a* бесхи́тростный; простоду́шный

**ingest** [ɪnˈdʒest] *v* глота́ть, прогла́тывать

**ingle** [ˈɪŋgl] *n* ого́нь в оча́ге

**ingle-nook** [ˈɪŋglnuk] *n* месте́чко у огня́, у ками́на

**inglorious** [ɪnˈglɔːrɪəs] *a* 1) бессла́вный, позо́рный, посты́дный 2) *редк.* без(ыз)ве́стный; незаме́тный

**ingoing** [ˈɪnˌgəuɪŋ] **1.** *n* 1) вход, вступле́ние 2) предвари́тельная опла́та ремо́нта и обору́дования аренду́емого помеще́ния

**2.** *a* входя́щий; вновь прибыва́ющий; the ~ Administration но́вое прави́тельство; ~ tenant но́вый жиле́ц

**ingot** [ˈɪŋgət] *n* 1) сли́ток, болва́нка; чу́шка; брусо́к мета́лла 2) *attr.* лито́й; ~ iron лито́е желе́зо; ~ steel лита́я сталь

**ingraft** [ɪnˈgrɑːft] = engraft

**ingrain** [ˈɪnˈgreɪn] **1.** *n* 1) пря́жа, шерсть *и т. п.*, окра́шенные до обрабо́тки 2) похо́д (*добавочный вес*)

**2.** *a* 1) окра́шенный в пря́же, волокне́ 2) = ingrained 2)

**ingrained** [ˈɪnˈgreɪnd] *a* 1) проника́ющий, пропи́тывающий; ~ dirt въе́вшаяся грязь 2) про́чно укорени́вшийся, застаре́лый; закорене́лый 3) *геол.* вкра́пленный

**ingratiate** [ɪnˈgreɪʃɪeɪt] *v* сниска́ть (*чьё-л.*) расположе́ние; to ~ oneself with smb. втере́ться к кому́-л. в дове́рие

**ingratiating** [ɪnˈgreɪʃɪeɪtɪŋ] *a* льсти́вый, заи́скивающий; ~ smile заи́скивающая улы́бка

**ingratiatingly** [ɪnˈgreɪʃɪeɪtɪŋlɪ] *adv* заи́скивающе; льсти́во

**ingratitude** [ɪnˈgrætɪtjud] *n* неблагода́рность

**ingravescent** [ˌɪngrəˈvesənt] *a мед.* постепе́нно ухудша́ющийся (*о болезни*)

**ingredient** [ɪnˈgriːdjənt] *n* составна́я часть, ингредие́нт

**ingress** [ˈɪngres] *n* 1) вход, до́ступ 2) пра́во вхо́да

**ingrowing** [ˈɪnˌgrəuɪŋ] *a* враста́ющий

**ingrowth** [ˈɪngrəuθ] *n* враста́ние внутрь

**inguinal** [ˈɪŋgwɪnl] *a анат.* пахово́й

**ingulf** [ɪnˈgʌlf] = engulf

**ingurgitate** [ɪnˈgəːdʒɪteɪt] *v* жа́дно глота́ть; *перен.* поглоща́ть

**inhabit** [ɪnˈhæbɪt] *v* жить, обита́ть, населя́ть

**inhabitable** [ɪnˈhæbɪtəbl] *a* приго́дный для жилья́

**inhabitancy** [ɪnˈhæbɪtənsɪ] *n* прожива́ние (*где-л.*; *особ. в течение срока, достаточного для получения известных прав*)

**inhabitant** [ɪnˈhæbɪtənt] *n* жи́тель, обита́тель

**inhabitation** [ɪnˌhæbɪˈteɪʃən] *n* 1) жи́тельство, прожива́ние 2) жили́ще, жильё; местожи́тельство

**inhabited** [ɪnˈhæbɪtɪd] *a* населённый; ~ locality населённый пункт

**inhalation** [ˌɪnhəˈleɪʃən] *n* 1) вдыха́ние 2) *мед.* ингаля́ция

**inhale** [ɪnˈheɪl] *v* 1) вдыха́ть 2) затя́гиваться (*табачным дымом*)

**inhaler** [ɪnˈheɪlə] *n* 1) ингаля́тор 2) респира́тор; противога́з 3) возду́шный фильтр 4) завзя́тый кури́льщик

**inharmonic** [ˌɪnhɑːˈmɔnɪk] *a* наруша́ющий гармо́нию

**inharmonious** [ˌɪnhɑːˈməunjəs] *a* негармони́чный, нестро́йный, несогласо́ванный

**inhere** [ɪnˈhɪə] *v* 1) быть прису́щим (in) 2) принадлежа́ть, быть неотъе́млемым (*о правах и т. п.*; in)

**inherence, -cy** [ɪnˈhɪərəns, -sɪ] *n* неотдели́мость, неотъе́млемость

**inherent** [ɪnˈhɪərənt] *a* 1) прису́щий, неотъе́млемый 2) прирождённый, врождённый, сво́йственный (in); an ~ sense of humour врождённое чу́вство ю́мора

**inherit** [ɪnˈherɪt] *v* насле́довать; унасле́довать

**inheritable** [ɪnˈherɪtəbl] *a* 1) насле́дственный 2) име́ющий пра́ва насле́дства

**inheritance** [ɪnˈherɪtəns] *n* 1) насле́дование; унасле́дование; by ~ по насле́дству 2) насле́дство; *перен. тж.* насле́дие 3) насле́дственность

**inherited** [ɪnˈherɪtɪd] *a* унасле́дованный; ~ quality врождённое ка́чество

**inheritor** [ɪnˈherɪtə] *n* насле́дник

**inheritress, inheritrix** [ɪnˈherɪtrɪs, -trɪks] *n* насле́дница

**inhesion** [ɪnˈhiːʒən] *n* прису́щность

**inhibit** [ɪnˈhɪbɪt] *v* 1) препя́тствовать, сде́рживать, подавля́ть; to ~ one's desire to do smth. подави́ть в себе́ жела́ние сде́лать что-л. 2) *физиол.* заде́рживать, тормози́ть 3) запреща́ть (*делать что-л. — гл. обр. в церковном праве*; from)

**inhibition** [ˌɪnhɪˈbɪʃən] *n* 1) сде́рживание 2) *физиол.* заде́ржка, подавле́ние, торможе́ние 3) воспреще́ние, запреще́ние (*гл. обр. в церковном праве*)

**inhibitor** [ɪnˈhɪbɪtə] *n* 1) *биол.* вещество́, заде́рживающее рост 2) *хим.* замедли́тель реа́кции

**inhibitory** [ɪnˈhɪbɪtərɪ] *a* 1) препя́тствующий 2) запреща́ющий, запрети́тельный 3) *физиол.* заде́рживающий, подавля́ющий, тормозя́щий

**inhospitable** [ɪnˈhɔspɪtəbl] *a* 1) негостеприи́мный 2) суро́вый; ~ coast суро́вый, нела́сковый бе́рег

**inhuman** [ɪnˈhjuːmən] *a* 1) бесчелове́чный, жесто́кий, бесчу́вственный 2) нечелове́ческий, не сво́йственный челове́ку

**inhumane** [ˌɪnhju(:)'meɪn] *a* негума́нный; жесто́кий

**inhumanity** [ˌɪnhju(:)'mænɪtɪ] *n* бесчелове́чность, жесто́кость

**inhumation** [ˌɪnhju(:)'meɪʃən] *n* преда́ние земле́, погребе́ние

**inhume** [ɪn'hju:m] *v* предава́ть земле́, погреба́ть

**inimical** [ɪ'nɪmɪkəl] *a* 1) вражде́бный, недружелю́бный (to) 2) неблагоприя́тный; ~ bacteria вре́дные бакте́рии

**inimitable** [ɪ'nɪmɪtəbl] *a* неподража́емый; несравне́нный; непревзойдённый

**iniquitous** [ɪ'nɪkwɪtəs] *a* ужаса́юще несправедли́вый; чудо́вищный

**iniquity** [ɪ'nɪkwɪtɪ] *n* беззако́ние, зло; несправедли́вость; lost in ~ погря́зший в поро́ке

**initial** [ɪ'nɪʃəl] **1.** *a* нача́льный; первонача́льный; ~ cost первонача́льная сто́имость; ~ expenditure предвари́тельные расхо́ды; ~ word аббревиату́ра из нача́льных букв (*напр.* UNO ООН)

**2.** *n* 1) нача́льная бу́ква 2) *pl* инициа́лы

**3.** *v* 1) (по)ста́вить инициа́лы 2) парафи́ровать (*в международном праве*); to ~ a document парафи́ровать докуме́нт

**initially** [ɪ'nɪʃəlɪ] *adv* в нача́льной ста́дии; в исхо́дном положе́нии

**initiate 1.** *n* [ɪ'nɪʃɪɪt] вновь при́нятый (*в общество и т. п.*); посвящённый (*в тайну и т. п.*)

**2.** *a* [ɪ'nɪʃɪɪt] при́нятый (*в общество и т. п.*); посвящённый (*в тайну и т. п.*)

**3.** *v* [ɪ'nɪʃɪeɪt] 1) вводи́ть (*в должность и т. п.*); знако́мить; посвяща́ть (*в тайну и т. п.*) 2) принима́ть в чле́ны о́бщества, клу́ба *и т. п.* 3) нача́ть, приступа́ть, положи́ть нача́ло; to ~ measures приступи́ть к проведе́нию мероприя́тий; to ~ the growth стимули́ровать рост

**initiation** [ɪˌnɪʃɪ'eɪʃən] *n* 1) введе́ние (*в общество*; into); посвяще́ние (*в тайну*; in) 2) основа́ние, учрежде́ние 3) *attr.* вступи́тельный; ~ fee *амер.* вступи́тельный взнос (*в профсоюз, клуб*)

**initiative** [ɪ'nɪʃɪətɪv] **1.** *n* 1) почи́н; инициати́ва; on one's own ~ по со́бственной инициати́ве; to take the ~ прояви́ть инициати́ву 2) *юр.* пра́во законода́тельной инициати́вы

**2.** *a* 1) нача́льный; вво́дный 2) инициати́вный, сде́лавший почи́н, положи́вший нача́ло

**initiatory** [ɪ'nɪʃɪətərɪ] *a* 1) нача́льный; вво́дный 2) относя́щийся к посвяще́нию (*во что-л.*)

**inject** [ɪn'dʒekt] *v* 1) впры́скивать, вводи́ть, впуска́ть (into) 2) *тех.* вбры́згивать; вдува́ть 3) вставля́ть (*замечание и т. п.*)

**injection** [ɪn'dʒekʃən] *n* 1) впры́скивание, инъе́кция, влива́ние 2) лека́рство для впры́скивания 3) *тех.* впрыск; вдува́ние

**injector** [ɪn'dʒektə] *n* 1) *тех.* инже́ктор; форсу́нка 2) лицо́, производя́щее инъе́кцию

**injudicious** [ˌɪndʒu(:)'dɪʃəs] *a* неблагоразу́мный; необду́манный, несвоевре́менный

**Injun** ['ɪndʒən] *n амер. разг.* инде́ец ◇ honest ~! че́стное сло́во!

**injunction** [ɪn'dʒʌŋkʃən] *n* 1) предписа́ние, прика́з 2) *юр.* суде́бный запре́т

**injurant** ['ɪndʒurənt] *n* вещество́, вре́дное для органи́зма

**injure** ['ɪndʒə] *v* 1) ушиби́ть, ра́нить 2) испо́ртить, повреди́ть (*что-л.*) 3) повреди́ть (*кому-л.*) 4) оскорби́ть; оби́деть; to ~ smb.'s feelings оскорби́ть кого́-л.; to ~ smb.'s pride унизи́ть кого́-л.

**injured** ['ɪndʒəd] **1.** *p. p. от* injure

**2.** *a* 1) оби́женный, оскорблённый; in an ~ voice с оби́дой в го́лосе 2) ра́неный; the dead and the ~ уби́тые и ра́неные

**injurious** [ɪn'dʒuərɪəs] *a* 1) вре́дный; ~ to health вре́дный для здоро́вья 2) несправедли́вый 3) оскорби́тельный; клеветни́ческий

**injury** ['ɪndʒərɪ] *n* 1) вред, поврежде́ние, по́рча; to do smb. an ~ причиня́ть вред кому́-л. 2) ра́на, уши́б 3) несправедли́вость 4) оскорбле́ние; оби́да

**injustice** [ɪn'dʒʌstɪs] *n* несправедли́вость; to do smb. an ~ быть несправедли́вым к кому́-л.

**ink** [ɪŋk] **1.** *n* 1) черни́ла 2) типогра́фская кра́ска (*тж.* printer's ~) 3) чёрная жи́дкость, выпуска́емая карака́тицей

**2.** *v* 1) ме́тить черни́лами 2) покрыва́ть, па́чкать черни́лами 3) покрыва́ть типогра́фской кра́ской □ ~ **in** обвести́ черни́лами (*карандашный рисунок*)

**ink-bag** ['ɪŋkbæg] *n* черни́льный мешо́к карака́тицы

**ink-bottle** ['ɪŋkˌbɔtl] *n* черни́льница

**inker** ['ɪŋkə] *n полигр.* ва́лик для нанесе́ния кра́ски

**ink-eraser** ['ɪŋkɪˌreɪzə] *n* черни́льный ла́стик

**ink-holder** ['ɪŋkˌhəuldə] *n* резервуа́р автомати́ческой ру́чки

**ink-horn** ['ɪŋkhɔ:n] *n уст.* 1) черни́льница из ро́га 2) *attr.*: ~ term кни́жное сло́во

**inkle** ['ɪŋkl] *n* тесьма́, ле́нта (*для отделки*)

**inkling** ['ɪŋklɪŋ] *n* намёк (*на что-либо*), лёгкое подозре́ние (of); I had an ~ of it я подозрева́л э́то; an ~ of truth намёк на и́стину

**ink-pad** ['ɪŋkpæd] *n* ште́мпельная поду́шечка

**ink-pencil** ['ɪŋkˌpensl] *n* хими́ческий (*или* черни́льный) каранда́ш

**ink-pot** ['ɪŋkpɔt] *n* черни́льница

**ink-roller** ['ɪŋkˌrəulə] = inker

**ink-slinger** ['ɪŋkˌslɪŋə] *n sl.* писа́ка, щелкопёр

**inkstand** ['ɪŋkstænd] *n* черни́льница, пи́сьменный прибо́р

**ink-well** ['ɪŋkwel] *n* черни́льница (*в столе, в парте*)

**inky** ['ɪŋkɪ] *a* 1) покры́тый черни́лами, в черни́лах; черни́льный 2) черни́льный, цве́та черни́л; ~ darkness кроме́шная тьма

**inlaid** ['ɪn'leɪd] *past и p. p. от* inlay 2

**inland 1.** *n* ['ɪnlənd] вну́тренняя часть страны́; террито́рия, удалённая от мо́ря *или* грани́цы

**2.** *a* ['ɪnlənd] 1) располо́женный внутри́ страны́; удалённый от мо́ря *или* грани́цы 2) вну́тренний; ~ waters вну́тренние во́ды; ~ trade вну́тренняя торго́вля; ~ revenue а) вну́тренние поступле́ния в госуда́рственную казну́; вну́тренние нало́ги; б) *разг.* департа́мент, ве́дающий вну́тренними нало́гами

**3.** *adv* [ɪn'lænd] 1) внутрь, вглубь 2) внутри́ страны́

**inlander** ['ɪnləndə] *n* жи́тель вну́тренних райо́нов страны́

**in-laws** ['ɪnlɔ:z] *n pl разг.* родня́ со стороны́ жены́ *или* му́жа

**inlay 1.** *n* ['ɪnleɪ] инкруста́ция; моза́ичная рабо́та

**2.** *v* ['ɪn'leɪ] (inlaid) 1) вкла́дывать, вставля́ть, выстила́ть; to ~ a floor настила́ть парке́т 2) покрыва́ть инкруста́цией, моза́икой

**inlet** ['ɪnlet] *n* 1) у́зкий морско́й зали́в, фио́рд, небольша́я бу́хта 2) *тех.* впуск, вход; входно́е *или* вво́дное отве́рстие 3) *эл.* ввод 4) *attr.* впускно́й; ~ pipe впускна́я труба́; ~ sluice впускно́й шлюз

**inly** ['ɪnlɪ] *adv поэт.* 1) вну́тренне 2) глубоко́, и́скренне

**inlying** ['ɪn'laɪɪŋ] *a* лежа́щий внутри́, вну́тренний; ~ picket *воен.* вну́тренний карау́л

**inmate** ['ɪnmeɪt] *n* 1) заключённый (*в тюрьме*), больно́й (*в госпитале*) *и т. п.* 2) жиле́ц, обита́тель

**inmost** ['ɪnməust] = innermost

**inn** [ɪn] *n* гости́ница; постоя́лый двор ◇ the Inns of Court четы́ре юриди́ческие корпора́ции, гото́вящие адвока́тов (the Inner Temple, the Middle Temple, Lincoln's Inn, Gray's Inn)

**innards** ['ɪnədz] *pl разг.* вну́тренности (*особ. желудок и кишечник*)

**innate** ['ɪ'neɪt] *a* врождённый, приро́дный

**innavigable** [ɪ'nævɪgəbl] *a* несудохо́дный

**inner** ['ɪnə] *a* вну́тренний ◇ the ~ man а) душа́, вну́треннее «я»; б) *шутл.* желу́док; to refresh one's ~ man замори́ть червячка́, пое́сть

**innermost** ['ɪnəməust] *a* 1) лежа́щий глубоко́ внутри́ 2) глубоча́йший, сокрове́нный; one's ~ feelings сокрове́нные чу́вства

**inner tire** ['ɪnəˌtaɪə] *n* ка́мера (*автомобильная, велосипедная*)

**innervate** ['ɪnə:veɪt] *v физиол.* возбужда́ть, раздража́ть

**innervated** [ˈɪnəːveɪtɪd] **1.** *p. p. от* innervate
**2.** *a анат.* снабжённый нéрвами
**inning** [ˈɪnɪŋ] *n* 1) убóрка урожáя 2) *амер.* = innings
**innings** [ˈɪnɪŋz] *n* (*pl без измен.*) 1) *спорт.* подáча, óчередь подáчи мячá (*в крикете, бейсболе*) 2) перйод нахождéния у влáсти (*политической партии, лица*) 3) нанóсная землÿ; землÿ, отвоёванная у мóря ◇ good ~ счáстье, удáча; long ~ дóлгая жизнь; you had your ~ вáше врéмя прошлó
**innkeeper** [ˈɪnˌkiːpə] *n* хозÿин гостйницы, постоÿлого дворá
**innocence** [ˈɪnəsəns] *n* 1) невйнность, чистотá 2) невинóвность 3) простотá, простодýшие, наńвность 4) безврéдность
**innocent** [ˈɪnəsənt] **1.** *n* 1) невйнный младéнец; massacre (*или* slaughter) of the ~s a) *библ.* избиéние младéнцев; б) *парл.* *sl.* отмéна обсуждéния законопроéктов, ввидý недостáтка врéмени 2) простáк
**2.** *a* 1) невйнный, чйстый 2) невинóвный (of) 3) наńвный, простодýшный 4) безврéдный; ~ amusements безобйдные развлечéния 5) *разг.* лишённый (*чего-л.*); windows ~ of glass óкна без стёкол 6) *мед.* незлокáчественный, доброкáчественный (*о новообразовании*)
**innocuous** [ɪˈnɔkjuəs] *a* безврéдный; безобйдный; ~ snake неядовйтая змеÿ ◇ to render ~ a) обезврéдить; б) выхолáщивать (*содержание*)
**innominate** [ɪˈnɔmɪnɪt] *a* безымÿнный, не имéющий назвáния
**innovate** [ˈɪnəuveɪt] *v* вводйть нóвшества; производйть перемéны (in)
**innovation** [ˌɪnəuˈveɪʃən] *n* нововведéние, нóвшество; новáторство
**innovator** [ˈɪnəuveɪtə] *n* новáтор; рационализáтор
**innovatory** [ˌɪnəuˈveɪtərɪ] *a* новáторский; рационализáторский
**innoxious** [ɪˈnɔkʃəs] = innocuous
**innuendo** [ˌɪnju(ː)ˈendəu] *n* (*pl* -oes [-əuz]) кóсвенный намёк; инсинуáция
**innumerable** [ɪˈnjuːmərəbl] *a* неисчислймый, бессчётный, бесчйсленный
**innutrition** [ˌɪnju(ː)ˈtrɪʃən] *n* недостáток питáния
**inobservant** [ˌɪnəbˈzəːvənt] *a* 1) невнимáтельный 2) нарушáющий (*постановления, правила и т. п.*)
**inoccupation** [ˈɪnˌɔkjuˈpeɪʃən] *n* незáнятость, безделье
**inoculate** [ɪˈnɔkjuleɪt] *v* 1) дéлать (предохранйтельную) привйвку 2) *бот.* прививáть
**inoculation** [ɪˌnɔkjuˈleɪʃən] *n* 1) привйвка, инокуляция 2) *бот.* привйвка глазкóм, окулирóвка
**inoculative** [ɪˈnɔkjulətɪv] *a мед.* привйвочный; ~ material привйвочный материáл
**inoculum** [ɪˈnɔkjuləm] *n мед.* привйвочный материáл
**inodorous** [ɪnˈəudərəs] *a* без зáпаха, не имéющий зáпаха
**inoffensive** [ˌɪnəˈfensɪv] *a* 1) безобйдный, безврéдный 2) необйдный
**inofficial** [ˌɪnəˈfɪʃəl] *a* неофициáльный
**inofficious** [ˌɪnəˈfɪʃəs] *a* 1) недéйствующий 2) *юр.* противорéчащий морáльному дóлгу
**inoperable** [ɪnˈɔpərəbl] *a мед.* неоперáбельный
**inoperative** [ɪnˈɔpərətɪv] *a* 1) недéйствующий; бездéятельный 2) не имéющий сйлы (*о законе*)
**inopportune** [ɪnˈɔpətjuːn] *a* несвоеврéменный, неподходÿщий
**inordinate** [ɪˈnɔːdɪnɪt] *a* 1) неумéренный; чрезмéрный 2) несдéржанный 3) беспорÿдочный
**inorganic** [ˌɪnɔːˈgænɪk] *a* 1) неорганйческий; ~ nutrition *бот.* минерáльное питáние 2) не являющийся органйческой чáстью (*чего-л.*), не свÿзанный внýтренне, чýждый
**inornate** [ˌɪnɔːˈneɪt] *a* незамысловáтый, простóй
**inosculate** [ɪˈnɔskjuleɪt] *v* 1) соединÿть(ся), срастáться (*о кровеносных сосудах*; with) 2) переплетáть(ся), соединÿть(ся) (*о волокнах*)
**in-patient** [ˈɪnˌpeɪʃənt] *n* стационáрный больнóй; *разг.* лежáчий больнóй
**inpayments** [ˈɪnˌpeɪmənts] *n pl* поступлéние извнé
**in-plant training** [ˈɪnplɑːntˈtreɪnɪŋ] *n* повышéние квалификáции по мéсту рабóты
**input** [ˈɪnput] *n тех.* 1) подводймая мóщность 2) ввод (*информации*); информáция на вхóде (*вычислительной машины*)
**inquest** [ˈɪnkwest] *n юр.* дознáние, слéдствие; grand ~ = grand jury [*см.* jury 1, 1)]
**inquietude** [ɪnˈkwaɪɪtjuːd] *n* беспокóйство
**inquire** [ɪnˈkwaɪə] *v* 1) спрáшивать, узнавáть 2) наводйть спрáвки, добивáться свéдений; to ~ closely допы́тываться □ ~ **about,** ~ **after,** ~ **for** осведомлÿться, спрáшивать о *ком-л.*, о *чём-л.*; ~ **into** исслéдовать; разузнавáть; выяснÿть, расслéдовать
**inquiring** [ɪnˈkwaɪərɪŋ] *a* 1) вопрошáющий; ~ look вопрошáющий взгляд 2) любознáтельный, пытлйвый
**inquiry** [ɪnˈkwaɪərɪ] *n* 1) вопрóс; запрóс; расспрáшивание; наведéние спрáвок; to make inquiries about smb., smth. наводйть спрáвки о ком-л., чём-л.; on ~ наведÿ спрáвки 2) расслéдование, слéдствие; court of ~ *воен.* слéдственная комйссия; to hold an ~ вестй расслéдование 3) исслéдование 4) *ком.* спрос
**inquisition** [ˌɪnkwɪˈzɪʃən] *n* 1) расслéдование, слéдствие 2) (the I.) *ист.* инквизйция 3) мучéние, пы́тка
**inquisitional** [ˌɪnkwɪˈzɪʃənl] *a* 1) слéдственный 2) инквизициóнный; инквизйторский
**inquisitive** [ɪnˈkwɪzɪtɪv] *a* 1) пытлйвый, любознáтельный 2) назóйливо любопы́тный
**inquisitor** [ɪnˈkwɪzɪtə] *n* 1) *ист.* инквизйтор 2) судéбный слéдователь
**inquisitorial** [ɪnˌkwɪzɪˈtɔːrɪəl] 1) = inquisitional 2); 2) = inquisitive 2)
**inroad** [ˈɪnrəud] *n* 1) набéг, нашéствие 2) вторжéние, посягáтельство; to make ~s upon smb.'s time посягáть на чьё-л. врéмя
**inrush** [ˈɪnrʌʃ] *n* 1) внезáпное вторжéние 2) нáтиск, напóр (*хлынувшей воды*); an ~ of tourists наплы́в турйстов 3) внезáпный обвáл
**ins** [ɪnz] *n pl*: ~ and outs *см.* in 3
**insalivate** [ɪnˈsælɪveɪt] *v физиол.* смéшивать (пйщу) со слюнóй
**insalubrious** [ˌɪnsəˈluːbrɪəs] *a* нездорóвый, врéдный для здорóвья (*о климате, местности*)
**insalubrity** [ˌɪnsəˈluːbrɪtɪ] *n* врéдность для здорóвья
**insane** [ɪnˈseɪn] *a* 1) душевнобольнóй, ненормáльный 2) безýмный, безрассýдный
**insanitary** [ɪnˈsænɪtərɪ] *a* антисанитáрный
**insanity** [ɪnˈsænɪtɪ] *n* умопомешáтельство; безýмие
**insatiability** [ɪnˌseɪʃjəˈbɪlɪtɪ] *n* ненасы́тность; жáдность
**insatiable** [ɪnˈseɪʃjəbl] *a* ненасы́тный; жáдный (of)
**insatiate** [ɪnˈseɪʃɪɪt] *a* ненасы́тный
**inscribe** [ɪnˈskraɪb] *v* 1) надпйсывать, впйсывать (in, on) 2) вырезáть, начертáть на дéреве, кáмне *и т. п.* (*имя, надпись*) 3) посвящáть (to — *кому-л.*) 4) *геом.* впйсывать (*фигуру*)
**inscribed** [ɪnˈskraɪbd] *a фин.*: ~ stock имéнные *или* зарегистрйрованные áкции
**inscription** [ɪnˈskrɪpʃən] *n* 1) нáдпись 2) крáткое посвящéние
**inscriptive** [ɪnˈskrɪptɪv] *a* сдéланный в вйде нáдписи
**inscrutability** [ɪnˌskruːtəˈbɪlɪtɪ] *n* непостижймость, загáдочность
**inscrutable** [ɪnˈskruːtəbl] *a* 1) непостижймый, загáдочный; ~ smile загáдочная улы́бка 2) непроницáемый; ~ face (*или* expression) непроницáемое выражéние лицá
**insect** [ˈɪnsekt] *n* 1) насекóмое 2) ничтóжество
**insect-eater** [ˈɪnsektˌiːtə] *n* насекомоÿдное (*животное или растение*)
**insecticide** [ɪnˈsektɪsaɪd] *n* срéдство от насекóмых, инсектицйд
**insectivorous** [ˌɪnsekˈtɪvərəs] *a зоол.* насекомоÿдный
**insect-net** [ˈɪnsektnet] *n* сачóк для лóвли бáбочек
**insectology** [ˌɪnsekˈtɔləʤɪ] *n* прикладнáя энтомолóгия
**insect-powder** [ˈɪnsektˌpaudə] *n* порошóк от насекóмых
**insecure** [ˌɪnsɪˈkjuə] *a* 1) небезопáсный; опáсный 2) ненадёжный, невéрный; непрóчный 3): ~ of неувéренный, сомневáющийся; ~ of the future неувéренный в бýдущем

**insecurity** [ˌɪnsɪ'kjuərɪtɪ] *n* 1) небезопа́сность; опа́сное положе́ние 2) ненадёжность

**inseminate** [ɪn'semɪneɪt] *v* оплодотвори́ть

**insemination** [ɪnˌsemɪ'neɪʃən] *n* оплодотворе́ние; artificial ~ иску́сственное оплодотворе́ние *или* осемене́ние

**insensate** [ɪn'senseɪt] *a* 1) неодушевлённый 2) бесчу́вственный 3) неразу́мный; бессмы́сленный; ~ cruelty бессмы́сленная жесто́кость

**insensibility** [ɪnˌsensə'bɪlɪtɪ] *n* 1) нечувстви́тельность 2) потеря́ созна́ния, о́бморочное состоя́ние 3) бесчу́вственность; безразли́чие

**insensible** [ɪn'sensəbl] *a* 1) нечувстви́тельный, невосприи́мчивый; ~ to colours не различа́ющий цвета́ 2) потеря́вший созна́ние; не сознаю́щий (of, to) 3) неотзы́вчивый, безразли́чный 4) неощути́мый, незаме́тный; by ~ degrees незаме́тно

**insensibly** [ɪn'sensəblɪ] *adv* незаме́тно, постепе́нно

**insensitive** [ɪn'sensɪtɪv] *a* нечувстви́тельный, лишённый чувстви́тельности; невосприи́мчивый, равноду́шный

**insentient** [ɪn'senʃɪənt] *a* бесчу́вственный; неодушевлённый; ~ substance нежива́я мате́рия

**inseparability** [ɪnˌsepərə'bɪlɪtɪ] *n* неразде́льность; неразлу́чность

**inseparable** [ɪn'sepərəbl] **1.** *a* 1) неотдели́мый, неразделимый; неразлу́чный 2) *грам.* не существу́ющий как отде́льное сло́во, неотдели́мый (*напр., о префиксах* dis-, re- *и т. п.*)

**2.** *n pl* неразлу́чные друзья́

**insert 1.** *n* ['ɪnsət] вста́вка, вкла́дыш; вкле́йка; *тех.* вту́лка

**2.** *v* [ɪn'sə:t] 1) вставля́ть (in, into — во *что-л.*; between — ме́жду *чем-л.*); to ~ a word вставля́ть сло́во; to ~ a key in a lock вста́вить ключ в замо́к 2) помеща́ть (*в газете*) 3) вноси́ть исправле́ния, дополне́ния (*в рукопись*); наноси́ть (*на карту*) 4) *эл.* включа́ть (*в цепь*)

**insertion** [ɪn'sə:ʃən] *n* 1) вставле́ние, вкла́дывание; включе́ние 2) вста́вка (*в рукописи, в корректуре*) 3) объявле́ние (*в газете*) 4) проши́вка 5) *тех.* прокла́дка; вста́вка 6) *анат.* ме́сто прикрепле́ния (*мускулов*)

**inset 1.** *n* ['ɪnset] 1) вкла́дка, вкле́йка (*в книге*) 2) вста́вка (*в платье и т. п.*)

**2.** *v* ['ɪn'set] вставля́ть; вкла́дывать

**inseverable** [ɪn'sevərəbl] *a* 1) неотдели́мый, неразъедини́мый; неразры́вный 2) неразлу́чный

**inshore** ['ɪn'ʃɔ:] **1.** *a* прибре́жный

**2.** *adv* бли́зко к бе́регу; у бе́рега; по направле́нию к бе́регу (*со стороны моря*); ~ of the bank ме́жду бе́регом и о́тмелью

**inside** ['ɪn'saɪd] **1.** *n* 1) вну́тренняя сторона́; вну́тренность; изна́нка; to bolt on the ~ запира́ть изнутри́ 2) сторона́ тротуа́ра, удалённая от мостово́й 3) вну́тренняя сторона́ (*поворота дороги*) 4) середи́на; the ~ of a week середи́на неде́ли 5) *разг.* вну́тренности (*особ.* желу́док и кише́чник); a pain in the ~ боль в желу́дке 6) *разг.* ум, мысль, душа́; the ~ of a book содержа́ние кни́ги 7) пассажи́р внутри́ дилижа́нса, о́мнибуса, авто́буса *и т. п.* (*не на империале*) 8) *амер. разг.* секре́тные све́дения; све́дения из первоисто́чника (*тж.* ~ information) 9) *спорт.* полусре́дний напада́ющий; ~ left (right) ле́вый (пра́вый) полусре́дний 10) *амер.* та́йный аге́нт предпринима́теля ◇ to get on the ~ *амер.* войти́ в курс де́ла, узна́ть всю подного́тную; стать свои́м челове́ком [*ср.* insider]

**2.** *a* 1) вну́тренний; ~ track a) *спорт.* вну́тренняя бегова́я доро́жка; б) *ж.-д.* вну́тренний путь; в) прямо́й *или* кратча́йший путь к успе́ху 2) скры́тый, секре́тный; ~ facts подного́тная

**3.** *adv* 1) внутрь, внутри́ 2): ~ of *разг.* в преде́лах; ~ of a week в преде́лах неде́ли

**4.** *prep* внутри́; в

**inside out** ['ɪn'saɪdaut] *adv* наизна́нку; to turn ~ вы́вернуть наизна́нку (*что-л.*)

**insider** ['ɪn'saɪdə] *n* 1) член о́бщества *или* организа́ции, непосторо́нний челове́к; свой челове́к 2) хорошо́ осведомлённый, информи́рованный челове́к

**insidious** [ɪn'sɪdɪəs] *a* хи́трый, кова́рный; незаме́тно подкра́дывающийся *или* подстерега́ющий; ~ disease кова́рная боле́знь

**insight** ['ɪnsaɪt] *n* 1) проница́тельность; спосо́бность проникнове́ния в суть (into); to gain an ~ into smb.'s character пости́чь чью-л. ду́шу 2) интуи́ция; понима́ние

**insignia** [ɪn'sɪgnɪə] *лат. n pl* 1) зна́ки отли́чия, ордена́ 2) зна́ки разли́чия 3) значки́ 4) эмбле́ма

**insignificance, -cy** [ˌɪnsɪg'nɪfɪkəns, -sɪ] *n* 1) незначи́тельность; малова́жность 2) бессодержа́тельность

**insignificant** [ˌɪnsɪg'nɪfɪkənt] *a* 1) незначи́тельный, несуще́ственный; пустяко́вый; ничто́жный 2) ничего́ не выража́ющий, бессодержа́тельный

**insignificantly** [ˌɪnsɪg'nɪfɪkəntlɪ] *adv* незначи́тельно; с ничто́жным эффе́ктом *или* результа́том

**insincere** [ˌɪnsɪn'sɪə] *a* нei̐скренний, лицеме́рный

**insincerity** [ˌɪnsɪn'serɪtɪ] *n* нei̐скренность, лицеме́рие

**insinuate** [ɪn'sɪnjueɪt] *v* 1) незаме́тно, постепе́нно вводи́ть (*во что-л.*) 2) *refl.* проника́ть, пробира́ться (into); *перен.* вкра́дываться, втира́ться; to ~ oneself into smb.'s favour втере́ться к кому́-л. в дове́рие 3) внуша́ть исподво́ль, намёками

**insinuatingly** [ɪn'sɪnjueɪtɪŋlɪ] *adv* 1) вкра́дчиво 2) неопределённо, намёками, тума́нно

**insinuation** [ɪnˌsɪnju'eɪʃən] *n* 1) инсинуа́ция 2) нашёптывание, намёки

**insipid** [ɪn'sɪpɪd] *a* безвку́сный, пре́сный; *перен.* ску́чный, неинтере́сный, бесцве́тный; вя́лый, безжи́зненный

**insipidity** [ˌɪnsɪ'pɪdɪtɪ] *n* безвку́сие; пре́сность; *перен.* бесцве́тность; вя́лость, безжи́зненность

**insipidness** [ɪn'sɪpɪdnɪs] = insipidity

**insist** [ɪn'sɪst] *v* 1) наста́ивать (*на чём-л.*), насто́йчиво утвержда́ть (on, upon) 2) насто́йчиво тре́бовать (on)

**insistence, -cy** [ɪn'sɪstəns, -sɪ] *n* 1) насто́йчивость; упо́рство 2) насто́йчивое тре́бование

**insistent** [ɪn'sɪstənt] *a* 1) насто́йчивый; настоя́тельный (*о требовании и т. п.*) 2) тре́бующий внима́ния, привлека́ющий внима́ние

**in situ** [ɪn'saɪtju:] *лат. adv* на своём ме́сте

**insobriety** [ˌɪnsəu'braɪətɪ] *n* невозде́ржанность, *особ.* пья́нство

**insolation** [ˌɪnsəu'leɪʃən] *n* 1) освеще́ние (*предмета*) луча́ми со́лнца *или* како́го-л. иску́сственного исто́чника све́та, инсоля́ция 2) перегре́в на со́лнце

**insole** ['ɪnsəul] *n* сте́лька

**insolence** ['ɪnsələns] *n* оскорби́тельное высокоме́рие; на́глость, де́рзость

**insolent** ['ɪnsələnt] *a* оскорби́тельный; на́глый, де́рзкий

**insolubility** [ɪnˌsɔlju'bɪlɪtɪ] *n* 1) нераствори́мость 2) неразреши́мость

**insoluble** [ɪn'sɔljubl] *a* 1) нераствори́мый 2) неразреши́мый

**insolvency** [ɪn'sɔlvənsɪ] *n* банкро́тство, несостоя́тельность

**insolvent** [ɪn'sɔlvənt] **1.** *n* несостоя́тельный должни́к; банкро́т

**2.** *a* несостоя́тельный; неплатёжеспосо́бный

**insomnia** [ɪn'sɔmnɪə] *n* бессо́нница

**insomuch** [ˌɪnsəu'mʌtʃ] *adv*: ~ as (*или* that) насто́лько... что

**insouciance** [ɪn'su:sjəns] *фр. n* 1) беззабо́тность; безмяте́жность 2) безразли́чие

**inspect** [ɪn'spekt] *v* 1) внима́тельно осма́тривать, при́стально рассма́тривать; изуча́ть 2) инспекти́ровать, производи́ть (о)смо́тр; обсле́довать

**inspection** [ɪn'spekʃən] *n* 1) (о)смо́тр; освиде́тельствование; инспекти́рование 2) официа́льное рассле́дование; эксперти́за 3) *attr.* инспекцио́нный; ~ tour инспе́кторский объе́зд 4) *attr.* приёмный, приёмочный; ~ certificate акт техни́ческого осмо́тра; приёмочный акт; ~ board приёмная коми́ссия (*по приёмке оборудования, товаров*)

**inspector** [ɪn'spektə] *n* 1) инспе́ктор; ревизо́р; контролёр 2) наблюда́тель; надзира́тель 3) *амер.* приёмщик; брако́вщик

**inspectoral** [ɪn'spektərəl] = inspectorial

**inspectorate** [ɪn'spektərɪt] *n* 1) инспе́кция; штат контролёров 2) до́лжность инспе́ктора, контролёра 3) райо́н, обслу́живаемый инспе́ктором, контролёром

**inspectorial** [,ınspek'tɔ:rıəl] *a* инспе́кторский, ревизио́нный

**inspiration** [,ınspə'reıʃən] *n* 1) вдохнове́ние; to draw (*или* to get, to derive) ~ че́рпать вдохнове́ние 2) вдохновля́ющая иде́я; вдохнови́тель; she had a sudden ~ её осени́ла блестя́щая иде́я 3) влия́ние, стимули́рование, воодушевле́ние 4) вдыха́ние

**inspirator** ['ınspıreıtə] *n тех.* 1) инже́ктор 2) респира́тор

**inspire** [ın'spaıə] *v* 1) внуша́ть, вселя́ть (*чувство и т. п.*) 2) вдохновля́ть, воодушевля́ть 3) инспири́ровать, та́йно внуша́ть 4) вдыха́ть

**inspired** [ın'spaıəd] **1.** *p. p. от* inspire

**2.** *a* инспири́рованный; ~ article инспири́рованная статья́

**inspirit** [ın'spırıt] *v* вдохну́ть (*мужество и т. п.*); воодушеви́ть; ободри́ть

**inspissate** [ın'spıseıt] *v* сгуща́ть (-ся), конденси́ровать(ся)

**instability** [,ınstə'bılıtı] *n* 1) неусто́йчивость 2) непостоя́нство

**install** [ın'stɔ:l] *v* 1) помеща́ть, водворя́ть; устра́ивать; уса́живать (in); to ~ oneself by the fireplace устро́иться у ками́на 2) официа́льно вводи́ть в до́лжность (in) 3) *тех.* устана́вливать; монти́ровать; собира́ть

**installation** [,ınstə'leıʃən] *n* 1) водворе́ние, устро́йство на ме́сто 2) введе́ние в до́лжность 3) *тех.* устано́вка; сбо́рка; air conditioning ~ устано́вка для кондициони́рования во́здуха 4) *pl* сооруже́ния

**instalment** [ın'stɔ:lmənt] *n* 1) очередно́й взнос (*при рассрочке*); to pay by (*или* in) ~s выпла́чивать частя́ми, периоди́ческими взно́сами 2) отде́льный вы́пуск; a book in six ~s кни́га, вы́шедшая шестью́ вы́пусками 3) часть, па́ртия (*товаров*) 4) *attr.*: ~ selling прода́жа в рассро́чку; to buy (to sell) on the ~ plan *амер.* покупа́ть (продава́ть) в рассро́чку

**instance** ['ınstəns] **1.** *n* 1) приме́р, отде́льный слу́чай; in this ~ в э́том слу́чае 2) тре́бование, настоя́ние; про́сьба; at the ~ of smb. по чьей-л. про́сьбе 3) *юр.* инста́нция; a court of first ~ суд пе́рвой инста́нции ◇ for ~ наприме́р; in the first ~ пре́жде всего́; в пе́рвую о́чередь; снача́ла, сперва́

**2.** *v* приводи́ть в ка́честве приме́ра

**instancy** ['ınstənsı] *n* настоя́тельность; спе́шность, безотлага́тельность

**instant** ['ınstənt] **1.** *n* мгнове́ние, моме́нт; at that very ~ в (э́)тот са́мый моме́нт; the ~ как то́лько; the ~ you call как то́лько вы позовёте; on the ~ то́тчас, неме́дленно; this ~ сейча́с же

**2.** *a* 1) настоя́тельный; to be in ~ need of smth. испы́тывать настоя́тельную нужду́ в чём-л. 2) неме́дленный; безотлага́тельный; ~ relief мгнове́нное облегче́ние 3) теку́щий, теку́щего ме́сяца 4) раствори́мый (*кофе, чай и т. п.*) 5) не тре́бующий дли́тельного приготовле́ния; ~ cake mix кекс-полуфабрика́т

**instantaneous** [,ınstən'teınjəs] *a* мгнове́нный; неме́дленный; ~ decision мгнове́нное реше́ние

**instantiate** [ın'stænʃıeıt] *v* подтвержда́ть, иллюстри́ровать приме́рами

**instantly** ['ınstəntlı] *adv* неме́дленно, то́тчас

**instate** [ın'steıt] *v* 1) вводи́ть в до́лжность 2) обеспе́чивать, добива́ться (*прав и т. п.*)

**instead** [ın'sted] *adv* вме́сто; взаме́н; ~ of this вме́сто э́того; ~ of going вме́сто того́, что́бы пойти́; ~ of him вме́сто него́; this will do ~ э́то годи́тся взаме́н

**instep** ['ınstep] *n* подъём (*ноги, ботинка*)

**instep-raiser** ['ınstep,reızə] *n мед.* супина́тор

**instigate** ['ınstıgeıt] *v* 1) побужда́ть, подстрека́ть (to) 2) провоци́ровать; раздува́ть

**instigation** [,ınstı'geıʃən] *n* подстрека́тельство

**instigator** ['ınstıgeıtə] *n* подстрека́тель; ~ of war поджига́тель войны́

**instil(l)** [ın'stıl] *v* 1) влива́ть по ка́пле (into) 2) *мед.* пуска́ть по ка́пле 3) исподво́ль внуша́ть; вселя́ть (*надежду, страх и т. п.*)

**instillation** [,ınstı'leıʃən] *n* 1) влива́ние по ка́пле 2) постепе́нное внуше́ние (*чего-л.*)

**instilment** [ın'stılmənt] = instillation

**instinct** I ['ınstıŋkt] *n* инсти́нкт, приро́дное чутьё; интуи́ция

**instinct** II [ın'stıŋkt] *a predic.*: ~ with (пре)испо́лненный (*жизни, красоты и т. п.*)

**instinctive** [ın'stıŋktıv] *a* инстинкти́вный, бессозна́тельный

**institute** ['ınstıtju:t] **1.** *n* 1) институ́т 2) устано́вленный зако́н, обы́чай 3) о́бщество, организа́ция для нау́чной, обще́ственной *и др.* рабо́ты; нау́чное учрежде́ние 4) *амер.* краткосро́чные ку́рсы, се́рия ле́кций 5) *pl юр.* осно́вы пра́ва, институ́ции

**2.** *v* 1) устана́вливать; вводи́ть; учрежда́ть, осно́вывать 2) начина́ть, назнача́ть (*расследование и т. п.*) 3) назнача́ть, устра́ивать (*на должность и т. п.*)

**institution** [,ınstı'tju:ʃən] *n* 1) установле́ние, учрежде́ние 2) не́что устано́вленное (*закон, обычай, система*) 3) о́бщество; учрежде́ние; ве́домство 4) уче́бное заведе́ние (*тж.* educational ~) 5) институ́т (*общественный*) 6) *церк.* назначе́ние свяще́нником; облече́ние духо́вной вла́стью 7) *церк.* о́рден (*монашеский*) 8) *шутл.* воплоще́ние како́го-л. сво́йства (*о человеке*); кто-л., чьё и́мя ста́ло нарица́тельным 9) *шутл.* непреме́нный атрибу́т (*чего-л.*)

**instruct** [ın'strʌkt] *v* 1) учи́ть, обуча́ть (in) 2) инструкти́ровать 3) информи́ровать, сообща́ть 4) *юр.* дава́ть материа́л (*адвокату*); поруча́ть веде́ние де́ла 5) отдава́ть прика́з 6) *амер.* дава́ть нака́з (*депутату*)

**instruction** [ın'strʌkʃən] *n* 1) обуче́ние (in) 2) инструкта́ж 3) директи́ва; *pl* наставле́ния, предписа́ния, указа́ния, инстру́кции 4) *pl юр.* поруче́ние (*адвокату*) веде́ния де́ла; нака́з (*судьи*) присяжным; under the ~ по поруче́нию 5) *амер.* нака́з (*делегатам*) голосова́ть за определённого кандида́та

**instructional** [ın'strʌkʃənl] *a* уче́бный; ~ film уче́бный фильм

**instructive** [ın'strʌktıv] *a* поучи́тельный

**instructor** [ın'strʌktə] *n* 1) инстру́ктор, руководи́тель 2) преподава́тель, учи́тель 3) *амер.* преподава́тель вы́сшего уче́бного заведе́ния

**instructress** [ın'strʌktrıs] *n ж. к* instructor

**instrument** ['ınstrumənt] **1.** *n* 1) ору́дие; инструме́нт; прибо́р, аппара́т 2) *перен.* ору́дие; ~ of aggression ору́дие агре́ссии; economic (financial) ~s экономи́ческие (фина́нсовые) рычаги́; he is a mere ~ in their hands он слепо́е ору́дие в их рука́х 3) музыка́льный инструме́нт 4) *юр.* докуме́нт; акт; ratification ~s ратификацио́нные гра́моты; ~ of surrender акт о капитуля́ции 5) *attr.* свя́занный с прибо́рами; ~ board *тех.* распредели́тельная доска́; ~ room аппара́тная, аппара́тный зал (*на телеграфе*); ~ shed инвента́рный сара́й; ~ flying *ав.* слепо́й полёт, полёт по прибо́рам

**2.** *v* 1) практи́чески осуществля́ть, проводи́ть в жизнь 2) *муз.* инструментова́ть 3) оборудова́ть прибо́рами

**instrumental** [,ınstru'mentl] *a* 1) инструмента́льный; ~ errors погре́шности прибо́ра; ~ landing *ав.* слепа́я поса́дка, поса́дка по прибо́рам 2) *перен.* слу́жащий ору́дием, сре́дством (*для чего-л.*); спосо́бствующий (*чему-л.*); to be ~ in smth. спосо́бствовать чему́-л. 3) *грам.*: ~ case твори́тельный *или* инструмента́льный паде́ж

**instrumentalist** [,ınstru'mentəlıst] *n* инструментали́ст; музыка́нт

**instrumentality** [,ınstrumen'tælıtı] *n* посре́дство, соде́йствие; by the ~ of... че́рез посре́дство..., посре́дством...

**instrumentation** [,ınstrumen'teıʃən] *n* 1) *муз.* инструменто́вка 2) обору́дование инструме́нтами; по́льзование прибо́рами 3) осуществле́ние, проведе́ние в жизнь 4) *уст.* сре́дство, спо́соб 5) *тех.* оснаще́ние инструме́нтами

**insubordinate** [,ınsə'bɔ:dnıt] *a* не подчиня́ющийся дисципли́не; непоко́рный

**insubordination** ['ınsə,bɔ:dı'neıʃən] *n* ослуша́ние, неподчине́ние, неповинове́ние; непоко́рность

**insubstantial** [,ınsəb'stænʃəl] *a* 1) нереа́льный, иллюзо́рный 2) непро́чный 3) неоснова́тельный; ~ accusation необосно́ванное обвине́ние

**insufferable** [ɪn'sʌfərəbl] *a* невыноси́мый; нетерпи́мый

**insufficiency** [ˌɪnsə'fɪʃənsɪ] *n* недоста́точность

**insufficient** [ˌɪnsə'fɪʃənt] *a* недоста́точный; несоотве́тствующий; неудовлетвори́тельный; непо́лный

**insufflate** ['ɪnsʌfleɪt] *v* вдува́ть

**insufflation** [ˌɪnsʌ'fleɪʃən] *n* вдува́ние

**insufflator** ['ɪnsʌfleɪtə] *n* 1) *мед.* аппара́т для вдува́ния 2) *тех.* инже́ктор для горе́ния

**insular** ['ɪnsjulə] *a* 1) островно́й 2) за́мкнутый, сде́ржанный 3) ограни́ченный, недалёкий

**insularity** [ˌɪnsju'lærɪtɪ] *n* 1) островно́е положе́ние 2) за́мкнутость, сде́ржанность

**insulate** ['ɪnsjuleɪt] *v* 1) изоли́ровать; отдели́ть от окружа́ющих; to ~ oneself отгороди́ться 2) образо́вывать о́стров, окружа́ть водо́й 3) *тех.* разобща́ть 4) *эл.* изоли́ровать

**insulated** ['ɪnsjuleɪtɪd] **1.** *p. p. от* insulate

**2.** *a* изоли́рованный; ~ bag мешо́к-те́рмос

**insulating** ['ɪnsjuleɪtɪŋ] **1.** *pres. p. от* insulate

**2.** *a* изоляцио́нный, изоли́рующий; ~ tape изоляцио́нная ле́нта

**insulation** [ˌɪnsju'leɪʃən] *n* 1) изоля́ция 2) изоляцио́нный материа́л

**insulator** ['ɪnsjuleɪtə] *n* 1) *эл.* изоля́тор; непроводни́к 2) изоляцио́нный материа́л

**insulin** ['ɪnsjulɪn] *n фарм.* инсули́н

**insult 1.** *n* ['ɪnsʌlt] оскорбле́ние; оби́да; вы́пад

**2.** *v* [ɪn'sʌlt] оскорбля́ть, наноси́ть оскорбле́ние; обижа́ть

**insuperability** [ɪnˌsjuːpərə'bɪlɪtɪ] *n* непреодоли́мость

**insuperable** [ɪn'sjuːpərəbl] *a* непреодоли́мый; ~ difficulty непреодоли́мая тру́дность

**insupportable** [ˌɪnsə'pɔːtəbl] *a* 1) невыноси́мый, нестерпи́мый 2) неопра́вданный, необосно́ванный; ~ claim необосно́ванное притяза́ние

**insurance** [ɪn'ʃuərəns] *n* 1) страхова́ние; social ~ социа́льное страхова́ние 2) страхова́я пре́мия; су́мма страхова́ния 3) *attr.* страхово́й; ~ policy (fee) страхово́й по́лис (взнос)

**insurant** [ɪn'ʃuərənt] *n* застрахо́ванный

**insure** [ɪn'ʃuə] *v* 1) страхова́ть(ся), застрахо́вывать(ся) 2) обеспе́чивать, гаранти́ровать

**insurer** [ɪn'ʃuərə] *n* 1) страхово́е о́бщество 2) страхо́вщик, страхова́тель

**insurgent** [ɪn'səːdʒənt] **1.** *n* 1) повста́нец, инсурге́нт 2) мяте́жник, бунтовщи́к

**2.** *a* 1) восста́вший 2) мяте́жный

**insurmountable** [ˌɪnsə(ː)'mauntəbl] *a* непреодоли́мый

**insurrection** [ˌɪnsə'rekʃən] *n* 1) восста́ние 2) мяте́ж, бунт

**insurrectional, insurrectionary** [ˌɪnsə'rekʃənl, -ʃnərɪ] *a* 1) повста́нческий 2) мяте́жный

**insurrectionist** ['ɪnsə'rekʃnɪst] *n* 1) уча́стник восста́ния, повста́нец 2) мяте́жник

**insusceptibility** ['ɪnsəˌseptə'bɪlɪtɪ] *n* нечувстви́тельность, невосприи́мчивость

**insusceptible** [ˌɪnsə'septəbl] *a* нечувстви́тельный, невосприи́мчивый; недосту́пный (*чувству*); ~ of medical treatment не поддаю́щийся лече́нию

**inswept** ['ɪnswept] *a тех.* обтека́емый; сигарообра́зный

**intact** [ɪn'tækt] *a* нетро́нутый; неповреждённый, це́лый

**intaglio** [ɪn'tɑːlɪəu] *ит.* **1.** *n* 1) инта́лия, глубоко́ вы́резанное изображе́ние на отшлифо́ванном ка́мне *или* мета́лле 2) *полигр.* глубо́кая печа́ть (*тж.* ~ printing)

**2.** *v* выреза́ть, гравирова́ть

**intake** ['ɪnteɪk] *n* 1) приёмное, впускно́е *или* вса́сывающее устро́йство; вса́сывание 2) поглоще́ние, потребле́ние; the annual ~ годово́е потребле́ние 3) набо́р, о́бщее число́ уча́щихся, при́нятых в уче́бное заведе́ние (*в данном году*) 4) о́бщее число́ зачи́сленных на слу́жбу *или* завербо́ванных на рабо́ту 5) ре́крут 6) (*преим. сев.*) разрабо́танный уча́сток земли́ (*среди пустоши и болот*) 7) *горн.* вентиляцио́нная вы́работка 8) *метал.* ли́тник 9) *шотл.* обма́н; обма́нщик

**intangibility** [ɪnˌtændʒə'bɪlɪtɪ] *n* 1) неосяза́емость 2) неулови́мость; непостижи́мость

**intangible** [ɪn'tændʒəbl] **1.** *a* 1) неосяза́емый 2) неулови́мый; непостижи́мый

**2.** *n* не́что неулови́мое, непостижи́мое

**integer** ['ɪntɪdʒə] *n* 1) не́что це́лое 2) *мат.* це́лое число́

**integral** ['ɪntɪgrəl] **1.** *n мат.* интегра́л

**2.** *a* 1) це́лый; по́лный, це́льный; всеобъе́млющий 2) неотъе́млемый, суще́ственный 3) *мат.* интегра́льный

**integrality** [ˌɪntɪ'grælɪtɪ] *n* це́лостность, полнота́

**integrant** ['ɪntɪgrənt] **1.** *n* неотъе́млемая часть це́лого

**2.** *a* 1) составля́ющий элеме́нт це́лого 2) интегри́рующий

**integrate** ['ɪntɪgreɪt] **1.** *a* 1) составно́й 2) по́лный, це́лый

**2.** *v* 1) составля́ть це́лое; объединя́ть; укрупня́ть 2) придава́ть зако́нченный вид 3) осуществля́ть ра́совую интегра́цию 4) *мат.* интегри́ровать

**integration** [ˌɪntɪ'greɪʃən] *n* 1) объедине́ние в одно́ це́лое; интегра́ция; укрупне́ние; school ~ десегрега́ция школ 2) *мат.* интегри́рование

**integrator** ['ɪntɪgreɪtə] *n* 1) тот, кто интегри́рует 2) интегри́рующее устро́йство

**integrity** [ɪn'tegrɪtɪ] *n* 1) прямота́, че́стность, чистота́; a man of ~ це́льная нату́ра 2) нетро́нутость, неприкоснове́нность; це́лостность; полнота́; territorial ~ территориа́льная це́лостность

**integument** [ɪn'tegjumənt] *n* нару́жный покро́в, оболо́чка, *особ.* ко́жа, скорлупа́, шелуха́, кора́

**integumentary** [ɪnˌtegju'mentərɪ] *a* покро́вный

**intellect** ['ɪntɪlekt] *n* 1) интелле́кт, ум, рассу́док 2) умне́йший челове́к; the ~s of the age вели́кие умы́ эпо́хи

**intellection** [ˌɪntɪ'lekʃən] *n* де́ятельность ума́, мышле́ние

**intellective** [ˌɪntɪ'lektɪv] *a* у́мственный, мысли́тельный

**intellectual** [ˌɪntɪ'lektjuəl] **1.** *a* 1) интеллектуа́льный, у́мственный; ~ effort уси́лие ума́; the ~ facilities у́мственные спосо́бности; ~ development духо́вное разви́тие 2) мы́слящий, разу́мный

**2.** *n* 1) мы́слящий челове́к; интеллиге́нт; интеллектуа́л 2) (the ~s) *pl* интеллиге́нция 3) тво́рческий рабо́тник

**intellectuality** ['ɪntɪˌlektju'ælɪtɪ] *n* интеллектуа́льность

**intelligence** [ɪn'telɪdʒəns] *n* 1) ум, рассу́док, интелле́кт 2) смышлёность, бы́строе понима́ние; поня́тливость (*животных*) 3) све́дения, информа́ция 4) разве́дка 5) *attr.* разве́дывательный; ~ department (*или* service) разве́дывательная слу́жба, разве́дка 6) *attr.* у́мственный; ~ test испыта́ние у́мственных спосо́бностей; ~ quotient [*сокр.* I. Q. (test)] коэффицие́нт у́мственного разви́тия (*применяется в армии и школах Англии и США*)

**intelligencer** [ɪn'telɪdʒənsə] *n* 1) информа́тор, осведоми́тель 2) та́йный аге́нт; шпио́н

**intelligent** [ɪn'telɪdʒənt] *a* 1) у́мный, разу́мный, понима́ющий 2) поня́тливый, смышлёный

**intelligentsia, intelligentzia** [ɪnˌtelɪ'dʒentsɪə] *русск.* *n* интеллиге́нция

**intelligibility** [ɪnˌtelɪdʒə'bɪlɪtɪ] *n* поня́тность, вразуми́тельность

**intelligible** [ɪn'telɪdʒəbl] *a* поня́тный, вразуми́тельный

**intemperance** [ɪn'tempərəns] *n* 1) несде́ржанность 2) невозде́ржанность, пристра́стие к спиртны́м напи́ткам

**intemperate** [ɪn'tempərɪt] *a* 1) несде́ржанный 2) невозде́ржанный; скло́нный к изли́шествам, *особ.* к злоупотребле́нию спиртны́ми напи́тками

**intend** [ɪn'tend] *v* 1) намерева́ться, име́ть в виду́; what do you ~ to do (*или* doing)? что вы наме́рены де́лать?; was it ~ed? э́то бы́ло сде́лано наме́ренно?; I didn't ~ to hurt you я не хоте́л причини́ть вам боль; I ~ed him to come я рассчи́тывал на то, что он придёт; I ~ed to have gone я намерева́лся пойти́ (*но не пошёл*) 2) предназнача́ть (for); this portrait is ~ed for you a) э́тот портре́т предназначáется для вас; б) *ирон.* э́тот портрéт дóлжен изображáть вас 3) знáчить, подразумевáть; what do you ~ by your words? что знáчат вáши словá?

**intended** [ɪn'tendɪd] **1.** *p. p. от* intend

**2.** *n разг.* сýженый (*жених*); сýженая (*невеста*)

**intense** [ɪn'tens] *a* 1) си́льный; ~ cold си́льный хóлод; ~ pain си́льная боль; ~ hatred жгýчая нéнависть; ~ interest живóй интерéс 2) интенси́вный, напряжённый 3) рéвностный; ~ longing пы́лкое желáние 4) си́льно чýвствующий, напряжённо переживáющий; впечатли́тельный

**intensification** [ɪn,tensɪfɪ'keɪʃən] *n* усилéние, интенсификáция

**intensify** [ɪn'tensɪfaɪ] *v* уси́ливать (-ся)

**intension** [ɪn'tenʃən] *n* 1) напряжéние, уси́лие 2) напряжённость, интенси́вность; си́ла

**intensity** [ɪn'tensɪtɪ] *n* 1) интенси́вность, напряжённость; си́ла, энéргия; ~ of emotions си́ла чувств; накáл страстéй 2) я́ркость, глубинá (*краски и т. п.*) 3) *эл.* напряжённость (*поля*)

**intensive** [ɪn'tensɪv] *a* 1) интенси́вный, напряжённый 2) *грам.* усили́тельный ◊ ~ care unit of a hospital отделéние реаними́ации

**intent** [ɪn'tent] **1.** *n* намéрение, цель; with good (evil) ~ с дóбрыми (дурны́ми) намéрениями; divine ~ божéственное провидéние ◊ to all ~s and purposes а) факти́чески, в сýщности, действи́тельно, на сáмом дéле; б) во всех отношéниях

**2.** *a* 1) пóлный реши́мости; настóйчиво стремя́щийся (on — к *чему-л.*); склóнный (on — к *чему-л.*); to be ~ on going стреми́ться пойти́ 2) погружённый (*во что-л.*); зáнятый (*чем-л.*); she is ~ on her task онá поглощенá свои́м дéлом 3) внимáтельный, при́стальный; ~ look при́стальный взгляд

**intention** [ɪn'tenʃən] *n* 1) намéрение, стремлéние, цель; зáмысел; done without ~ сдéлано неумы́шленно 2) *pl разг.* намéрение жени́ться; he has ~s у негó серьёзные намéрения (*жениться*) 3) *филос.* поня́тие, идéя 4) *мед.*: first ~ заживлéние (*раны*) первичным натяжéнием (*тж.* healing by first ~)

**intentional** [ɪn'tenʃənl] *a* намéренный, умы́шленный

**inter** [ɪn'tə:] *v* предавáть землé, хорони́ть

**inter-** ['ɪntə(:)-] *pref* 1) меж-, мéжду-, среди́; interstellar межзвёздный 2) пере-; intersect перекрéщиваться; interwoven вплетённый, переплетённый 3) взаимо-; interplay взаимодéйствие, взаимосвя́зь; interchange обмéн

**interact** [,ɪntər'ækt] *v* взаимодéйствовать; находи́ться во взаимодéйствии, дéйствовать, влия́ть друг на дрýга

**interaction** [,ɪntər'ækʃən] *n* взаимодéйствие; by ~ кóсвенно

**inter alia** ['ɪntər'eɪlɪə] *лат. adv* мéжду прóчим

**interallied** ['ɪntərə'laɪd] *a* (меж-) союзни́ческий

**interatomic** ['ɪntərə'tɔmɪk] *a* внутриáтомный

**interbreed** ['ɪntə(:)'bri:d] *v* скрéщивать(ся) (*о разных породах*)

**intercalary** [ɪn'tə:kələrɪ] *a* 1) прибáвленный для согласовáния календаря́ с сóлнечным гóдом (*день 29 февраля*); ~ year високóсный год 2) вставленный, интерполи́рованный

**intercalate** [ɪn'tə:kəleɪt] *v* прибавля́ть, вставля́ть [*см.* intercalary]

**intercalation** [ɪn,tə:kə'leɪʃən] *n* 1) встáвка, прибавлéние 2) *геол.* прослóйка, внедрéние

**intercede** [,ɪntə(:)'si:d] *v* вступáться, ходáтайствовать (for — за; with — пéред); содéйствовать примирéнию; to ~ for mercy ходáтайствовать о поми́ловании (*кого-л.*)

**intercellular** [,ɪntə(:)'seljulə] *a биол.* межклéточный

**intercept** **1.** *n* ['ɪntə(:)sept] *воен.* перехвáт

**2.** *v* [,ɪntə(:)'sept] 1) перехвати́ть 2) прерывáть, выключáть (*свет, ток, воду*) 3) останáвливать, задéрживать; отрéзать, прегради́ть путь, помешáть; to ~ a view заслони́ть вид 4) *мат.* отделя́ть (*отрезок, дугу*)

**interception** [,ɪntə(:)'sepʃən] *n* 1) перехвáтывание; перехвáт 2) преграждéние; прегрáда 3) подслýшивание (*телефонных разговоров*)

**interceptor** [,ɪntə'septə] *n ав.* истреби́тель-перехвáтчик

**intercession** [,ɪntə'seʃən] *n* застýпничество, ходáтайство; посрéдничество

**intercessor** [,ɪntə'sesə] *n* застýпник, ходáтай; посрéдник

**intercessory** [,ɪntə'sesərɪ] *a* застýпнический, ходáтайствующий

**interchain** [,ɪntə(:)'ʧeɪn] *v* скóвывать, свя́зывать однóй цéпью

**interchange** **1.** *n* ['ɪntə(:)'ʧeɪndʒ] 1) (взаи́мный) обмéн; an ~ of views обмéн мнéниями 2) чередовáние, смéна 3) *attr.*: ~ point *ж.-д.* обмéнный пункт

**2.** *v* [,ɪntə(:)'ʧeɪndʒ] 1) обмéниваться 2) заменя́ть(ся) 3) чередовáть (-ся)

**interchangeable** [,ɪntə(:)'ʧeɪndʒəbl] *a* 1) взаимозаменя́емый; равнознáчный 2) чередýющийся

**intercity** ['ɪntə(:)'sɪtɪ] *a* междугорóдный

**intercollegiate** ['ɪntə(:)kə'lɪdʒɪɪt] *a* межуниверситéтский

**intercolonial** ['ɪntə(:)kə'ləunjəl] *a* межколониáльный

**intercom** ['ɪntə(:)kɔm] *n разг.* 1) внýтренняя телефóнная *или* селéкторная связь (*в самолёте, танке и т. п.*) 2) *attr.*: ~ switch рычáг селéктора

**intercommunicate** [,ɪntə(:)kə'mju:nɪkeɪt] *v* 1) общáться, имéть связь 2) сообщáться (мéжду собóй)

**intercommunication** ['ɪntə(:)kə,mju:nɪ'keɪʃən] *n* 1) общéние, сношéние 2) собесéдование 3) связь 4) *attr.*: ~ service *воен.* слýжба свя́зи

**intercommunion** [,ɪntə(:)kə'mju:njən] *n* 1) тéсное общéние 2) взаимодéйствие

**intercommunity** [,ɪntə(:)kə'mju:nɪtɪ] *n* 1) óбщность 2) совмéстное владéние (*чем-л.*)

**interconnect** ['ɪntə(:)kə'nekt] *v* свя́зывать(ся)

**interconnection** [,ɪntə(:)kə'nekʃən] *n* 1) взаи́мная связь; соединéние 2) *эл.* объединéние (энергосистéм), кустовáние

**interconnexion** [,ɪntə(:)kə'nekʃən] = interconnection

**intercontinental** ['ɪntə(:),kɔntɪ'nentl] *a* межконтинентáльный; ~ ballistic missile межконтинентáльный баллисти́ческий реакти́вный снаря́д

**interconvertible** [,ɪntə(:)kən'və:tɪbl] *a* взаимозаменя́емый; равноцéнный

**intercostal** [,ɪntə(:)'kɔstl] *a* 1) *анат.* межрёберный 2) *мор.* интеркостéльный, разрезнóй

**intercourse** ['ɪntə(:)kɔ:s] *n* 1) общéние, общéственные свя́зи *или* отношéния 2) связь, сношéния (*между странами*) 3) половы́е сношéния

**intercrop** [,ɪntə(:)'krɔp] *v с.-х.* сажáть *или* сéять в междуря́дьях

**intercross** [,ɪntə(:)'krɔs] *v* 1) взаи́мно пересекáться 2) скрéщивать(ся) (*о разных породах*)

**interdental** ['ɪntə(:)'dentl] *a лингв.* межзýбный

**interdepartmental** ['ɪntə(:),di:pa:t'mentl] *a* межвéдомственный

**interdepend** [,ɪntə(:)dɪ'pend] *v* зави́сеть друг от дрýга

**interdependence** [,ɪntə(:)dɪ'pendəns] *n* взаи́мная зави́симость, взаимозави́симость; взаимосвя́зь

**interdependent** [,ɪntə(:)dɪ'pendənt] *a* зави́сящий оди́н от другóго, взаимозави́симый

**interdict** **1.** *n* ['ɪntə(:)dɪkt] 1) запрещéние, запрéт 2) *церк.* отлучéние; интерди́кт

**2.** *v* [,ɪntə(:)'dɪkt] 1) запрещáть 2) лишáть прáва пóльзования 3) отрешáть от дóлжности 4) удéрживать (*от чего-л.*) 5) *воен.* препя́тствовать (*огнём и т. п.*)

**interdiction** [,ɪntə(:)'dɪkʃən] *n* 1) запрещéние 2) *церк.* отлучéние 3) *воен.* воспрещéние 4) *attr.*: ~ fire *воен.* огóнь на воспрещéние

**interdictory** [,ɪntə(:)'dɪktərɪ] *a* запрети́тельный, запрещáющий; воспрещáющий

**interest** ['ɪntrɪst] **1.** *n* 1) интерéс, заинтересóванность; to lose ~ потеря́ть интерéс; to show ~ прояви́ть интерéс; to arouse ~ возбуждáть интерéс; to take (an) ~ in smb., smth. интересовáться кем-л., чем-л., проявля́ть интере́с к кому́-л., чему́-л. 2) вы́года, преиму́щество, по́льза; to look after one's own ~s забо́титься о со́бственной вы́годе; in the ~(s) of truth в интере́сах справедли́вости; it is to my ~ to do so сде́лать э́то в мои́х интере́сах 3) до́ля (*в чём-л.*); уча́стие в при́былях 4) увлече́ние (*чем-л.*); интере́с (*к чему-л.*); her chief ~ is music она́ увлека́ется то́лько му́зыкой 5) ва́жность, значе́ние; a matter of no little ~ де́ло немалова́жное 6) влия́ние (with — на *кого-л.*) 7) гру́ппа лиц, име́ющих о́бщие интере́сы; the landed ~ землевладе́льцы 8) проце́нты (*на капитал*); simple (compound) ~ просты́е (сло́жные) проце́нты; rate of ~ проце́нт, проце́нтная ста́вка, но́рма проце́нта; ~ will start to run... начисле́ние проце́нтов начнётся с...; to return with ~ верну́ть с проце́нтами; *перен.* верну́ть с лихво́й 9) *pl*: (vested) ~s капиталовложе́ния

**2.** *v* интересова́ть, заинтересо́вывать

**interested** ['ɪntrɪstɪd] **1.** *p. p. от* interest 2

**2.** *a* 1) заинтересо́ванный; an ~ listener внима́тельный слу́шатель 2) приcтра́стный, предубеждённый 3) коры́стный; ~ motives коры́стные моти́вы; материа́льная заинтересо́ванность

**interesting** ['ɪntrɪstɪŋ] **1.** *pres. p. от* interest 2

**2.** *a* интере́сный ◇ to be in an ~ condition *эвф.* быть в интере́сном положе́нии

**interfere** [ˌɪntə'fɪə] *v* 1) вме́шиваться (in); don't ~ in his affairs не вме́шивайтесь в его́ дела́; he is always interfering он всегда́ во всё вме́шивается; to ~ with smb.'s independence покуша́ться на чью-л. незави́симость 2) служи́ть препя́тствием, меша́ть, быть поме́хой 3) надоеда́ть, докуча́ть (with); don't ~ with me не меша́йте, не надоеда́йте мне 4) вреди́ть; to ~ with smb.'s health вреди́ть чьему́-л. здоро́вью 5) ста́лкиваться, противоре́чить друг дру́гу; pleasure must not be allowed to ~ with business развлече́ние не должно́ меша́ть де́лу; ≅ де́лу вре́мя, поте́хе час 6) *физ.* интерфери́ровать 7) засека́ться (*о лошади*) 8) *амер.* оспа́ривать (*чьи-л.*) права́ на пате́нт

**interference** [ˌɪntə'fɪərəns] *n* 1) вмеша́тельство; ~ with mail-bags досмо́тр, вскры́тие мешко́в с почто́выми отправле́ниями 2) препя́тствие, поме́ха 3) *физ.* интерфере́нция 4) *радио* поме́хи 5) *вет.* засе́чка 6) *амер.* столкнове́ние одновреме́нно заявля́емых прав на пате́нт 7) *attr. физ.* интерференцио́нный; ~ fringes интерференцио́нная полоса́

**interferometer** [ˌɪntəfɪə'rɔmɪtə] *n физ.* интерферо́метр

**interflow 1.** *n* ['ɪntə(:)fləu] слия́ние

**2.** *v* [ˌɪntə(:)'fləu] слива́ться, соединя́ться

**interfluent** ['ɪntə(:)flu:ənt] *a* 1) слива́ющийся 2) протека́ющий ме́жду

**interfuse** [ˌɪntə(:)'fju:z] *v* переме́шивать(ся), сме́шивать(ся) (with)

**interfusion** [ˌɪntə(:)'fju:ʒən] *n* 1) переме́шивание 2) смесь

**interim** ['ɪntərɪm] **1.** *n* промежу́ток вре́мени; in the ~ тем вре́менем; в промежу́тке; minister at ~ вре́менно исполня́ющий обя́занности мини́стра

**2.** *a* вре́менный, промежу́точный; ~ certificate вре́менное удостовере́ние

**interior** [ɪn'tɪərɪə] **1.** *n* 1) вну́тренность, вну́тренняя сторона́ 2) вну́тренние райо́ны страны́; глубо́кий тыл 3) вну́тренние дела́ (госуда́рства); the Department of the I. министе́рство вну́тренних дел (*в США и Канаде*); Secretary of the I. мини́стр вну́тренних дел (*в США*) 4) *разг.* вну́тренности, желу́док 5) *жив.* интерье́р

**2.** *a* вну́тренний

**interjacent** [ˌɪntə(:)'dʒeɪsnt] *a* лежа́щий ме́жду, промежу́точный; перехо́дный; ~ payment ава́нс; ~ government вре́менное прави́тельство

**interjaculate** [ˌɪntə(:)'dʒækjuleɪt] *v* вставля́ть (замеча́ние); перебива́ть (восклица́ниями)

**interject** [ˌɪntə(:)'dʒekt] *v* вставля́ть (замеча́ние)

**interjection** [ˌɪntə(:)'dʒekʃən] *n* 1) восклица́ние 2) *грам.* междоме́тие

**interlace** [ˌɪntə(:)'leɪs] *v* переплета́ть(ся), сплета́ть(ся)

**interlacement** [ˌɪntə(:)'leɪsmənt] *n* сплете́ние, переплете́ние

**interlard** [ˌɪntə(:)'lɑ:d] *v* уснаща́ть, пересыпа́ть (*речь, письмо иностранными словами и т. п.*)

**interleaf** ['ɪntəli:f] *n* прокла́дка из бе́лой бума́ги (ме́жду листа́ми кни́ги)

**interleave** [ˌɪntə(:)'li:v] *v* 1) прокла́дывать бе́лую бума́гу (ме́жду листа́ми кни́ги) 2) прокла́ивать

**inter-library** [ˌɪntə(:)'laɪbrərɪ] *a* межбиблиоте́чный; ~ exchange system межбиблиоте́чный абонеме́нт

**interline 1.** *n* ['ɪntə(:)laɪn] *полигр.* шпон

**2.** *v* [ˌɪntə(:)'laɪn] 1) впи́сывать ме́жду строк 2) *полигр.* вставля́ть шпо́ны

**interlinear** [ˌɪntə(:)'lɪnɪə] *a* 1) междустро́чный 2) подстро́чный

**interlineation** ['ɪntə(:)ˌlɪnɪ'eɪʃən] *n* припи́ска, вста́вка ме́жду строк

**interlink** [ˌɪntə(:)'lɪŋk] *v* те́сно свя́зывать; сцепля́ть

**interlock** [ˌɪntə(:)'lɔk] *v* 1) соединя́ть(ся), сцепля́ть(ся); смыка́ться 2) *тех.* блоки́ровать

**interlocution** [ˌɪntə(:)ləu'kju:ʃən] *n* бесе́да, диало́г

**interlocutor** [ˌɪntə(:)'lɔkjutə] *n* собесе́дник

**interlocutory** [ˌɪntə(:)'lɔkjutərɪ] *a* 1) нося́щий хара́ктер бесе́ды, диало́га 2) предвари́тельный; ~ decree *юр.* предвари́тельное постановле́ние

**interlocutress, interlocutrix** [ˌɪntə(:)'lɔkjutrɪs, -trɪks] *n* собесе́дница

**interlope** [ˌɪntə(:)'ləup] *v* 1) вме́шиваться в чужи́е дела́ 2) занима́ться контраба́ндой

**interloper** ['ɪntə(:)ləupə] *n* челове́к, вме́шивающийся в чужи́е дела́

**interlude** ['ɪntə(:)lu:d] *n* 1) антра́кт 2) промежу́точный эпизо́д 3) *муз.* интерлю́дия 4) *ист.* интерме́дия

**intermarriage** [ˌɪntə'mærɪdʒ] *n* 1) брак ме́жду людьми́ ра́зных рас, национа́льностей *и т. п.* 2) брак ме́жду ро́дственниками

**intermarry** ['ɪntə(:)'mærɪ] *v* 1) породни́ться; смеша́ться путём бра́ка (*о расах, племенах*) 2) вступи́ть в брак (*о родственниках*)

**intermaxillary** ['ɪntə(:)mæk'sɪlərɪ] *a анат.* межчелюстно́й

**intermedia** [ˌɪntə(:)'mi:djə] *pl от* intermedium

**intermediary** [ˌɪntə(:)'mi:djərɪ] **1.** *n* посре́дник

**2.** *a* 1) посре́днический 2) промежу́точный

**intermediate** [ˌɪntə(:)'mi:djət] **1.** *n* промежу́точное звено́

**2.** *a* 1) промежу́точный; ~ product полупроду́кт; I. examination экза́мен, предше́ствующий выпускно́му (*в некоторых университетах*) 2) вспомога́тельный; ~ agent вспомога́тельное сре́дство 3) сре́дний

**intermediate-range** [ˌɪntə(:)'mi:djətreɪndʒ] *a*: ~ ballistic missile баллисти́ческая раке́та сре́дней да́льности

**intermediation** ['ɪntə(:)ˌmi:dɪ'eɪʃən] *n* посре́дничество

**intermediator** [ˌɪntə(:)'mi:dɪeɪtə] *n* посре́дник

**intermedium** [ˌɪntə(:)'mi:djəm] *n* (*pl* -dia, -diums [-djəmz]) 1) сре́дство сообще́ния, переда́чи 2) связу́ющее звено́, посре́дство

**interment** [ɪn'tə:mənt] *n* погребе́ние

**intermezzi** [ˌɪntə(:)'metsɪ] *pl от* intermezzo

**intermezzo** [ˌɪntə(:)'metsəu] *ит. n* (*pl* -zi, -zos [-tsəuz]) 1) интерме́дия 2) *муз.* интерме́ццо

**interminable** [ɪn'tə:mɪnəbl] *a* бесконе́чный, ве́чный

**intermingle** [ˌɪntə(:)'mɪŋgl] *v* 1) сме́шивать(ся), переме́шивать(ся) (with) 2) обща́ться

**intermission** [ˌɪntə(:)'mɪʃən] *n* 1) переры́в, па́уза, остано́вка; without ~ беспреры́вно 2) *амер.* антра́кт; *школ.* переме́на 3) *мед.* переры́в, перебо́й (*пульса*)

**intermit** [ˌɪntə(:)'mɪt] *v* останови́ть(-ся) на вре́мя, прерва́ть(ся)

**intermittent** [ˌɪntə(:)'mɪtənt] *a* перемежа́ющийся; скачкообра́зный; преры́вистый; an ~ pulse пульс с перебо́ями; ~ contact *тех.* преры́вистый конта́кт

**intermix** [ˌɪntə(:)'mɪks] *v* сме́шивать(ся), переме́шивать(ся)

**intermixture** [ˌɪntə(:)'mɪkstʃə] *n* смеше́ние; смесь; при́месь

**intern I** ['ɪntə:n] *n амер.* студе́нт медици́нского колле́джа *или* молодо́й врач, рабо́тающий в больни́це и живу́щий при ней

**intern** II [ɪn'tə:n] *v* интерни́ровать

**internal** [ɪn'tə:nl] **1.** *a* 1) вну́тренний; ~ aerial *радио* ко́мнатная анте́нна; ~ evidence *юр.* доказа́тельство, лежа́щее в само́м докуме́нте; ~ security units *воен.* ча́сти войск вну́тренней охра́ны; ~ war междоусо́бная война́; ~ student студе́нт университе́тского колле́джа 2) душе́вный, сокрове́нный

**2.** *n pl* 1) *анат.* вну́тренние о́рганы 2) сво́йства, ка́чества

**internal-combustion engine** [ɪn'tə:nlkəm'bʌstʃən'endʒɪn] *n* дви́гатель вну́треннего сгора́ния

**internally** [ɪn'tə:nəlɪ] *adv* вну́тренне; he shuddered ~ он вну́тренне содрогну́лся

**International** [ˌɪntə(:)'næʃənl] *n* Интернациона́л

**international** [ˌɪntə(:)'næʃənl] **1.** *a* междунаро́дный, интернациона́льный; ~ law междунаро́дное пра́во; ~ civil servant сотру́дник междунаро́дной организа́ции; ~ salute *мор.* «салю́т на́ции» (*21 выстрел*)

**2.** *n* 1) уча́стник междунаро́дных спорти́вных состяза́ний 2) междунаро́дное состяза́ние

**Internationale** [ˌɪntənæʃə'nɑ:l] *n* Интернациона́л (*гимн*)

**internationalism** [ˌɪntə(:)'næʃnəlɪzm] *n* интернационали́зм

**internationalist** [ˌɪntə(:)'næʃnəlɪst] *n* интернационали́ст

**internationalize** [ˌɪntə(:)'næʃnəlaɪz] *v* де́лать интернациона́льным; ста́вить под контро́ль разли́чных госуда́рств (*о территории, стране*)

**internecine** [ˌɪntə(:)'ni:saɪn] *a* 1) междоусо́бный 2) смертоно́сный, разруши́тельный

**internee** [ˌɪntə:'ni:] *n* интерни́рованный

**internist** [ɪn'tə:nɪst] *n амер.* терапе́вт

**internment** [ɪn'tə:nmənt] *n* 1) интерни́рование 2) *attr.*: ~ camp ла́герь для интерни́рованных

**interoffice** [ˌɪntər'ɔfɪs] *a*: ~ telephone вну́тренний телефо́н, коммута́тор

**interosculation** ['ɪntərˌɔskju'leɪʃən] *n* 1) взаимопроникнове́ние 2) *биол.* о́бщность при́знаков (*особ. видов*)

**interpellate** [ɪn'tə:peleɪt] *v парл.* интерпелли́ровать, де́лать запро́с

**interpellation** [ɪnˌtə:pe'leɪʃən] *n парл.* интерпелля́ция, запро́с

**interpenetrate** [ˌɪntə(:)'penɪtreɪt] *v* 1) глубоко́ проника́ть, наполня́ть собо́ю 2) взаимопроника́ть

**interpenetrative** [ˌɪntə(:)'penɪtrətɪv] *a* взаимопроника́ющий

**interphone** ['ɪntə(:)fəun] *амер.* = intercom

**interplanetary** [ˌɪntə(:)'plænɪtərɪ] *a* межпланéтный

**interplay** ['ɪntə(:)'pleɪ] *n* взаимоде́йствие

**interpolate** [ɪn'tə:pəuleɪt] *v* 1) интерполи́ровать; де́лать вста́вки в текст чужо́й ру́кописи (*умышленно или ошибочно*) 2) вставля́ть слова́, замеча́ния 3) *мат.* интерполи́ровать

**interpolation** [ɪnˌtə:pəu'leɪʃən] *n* интерполя́ция *и пр.* [*см.* interpolate]

**interpolator** [ɪn'tə:pəuleɪtə] *n* де́лающий интерполя́ции, вста́вки

**interposal** [ˌɪntə(:)'pəuzl] = interposition

**interpose** [ˌɪntə(:)'pəuz] *v* 1) вставля́ть, вводи́ть, ста́вить ме́жду 2) выдвига́ть, выставля́ть; to ~ an objection вы́двинуть возраже́ние 3) прерыва́ть (*замечанием, вводными словами*) 4) станови́ться ме́жду, вкли́ниваться 5) вме́шиваться

**interposition** [ɪnˌtə:pə'zɪʃən] *n* 1) введе́ние ме́жду 2) нахожде́ние ме́жду 3) вмеша́тельство, посре́дничество

**interpret** [ɪn'tə:prɪt] *v* 1) объясня́ть, толкова́ть, интерпрети́ровать; понима́ть (*как*) 2) переводи́ть (*устно*); быть перево́дчиком (*устным*)

**interpretation** [ɪnˌtə:prɪ'teɪʃən] *n* 1) толкова́ние, объясне́ние, интерпрета́ция; to put a wide ~ on smth. дава́ть чему́-л. (сли́шком) широ́кое толкова́ние 2) перево́д (*устный*) 3) *воен.* дешифри́рование

**interpretative** [ɪn'tə:prɪtətɪv] *a* толкова́тельный, объясни́тельный

**interpreter** [ɪn'tə:prɪtə] *n* 1) интерпрета́тор, истолкова́тель 2) перево́дчик (*устный*)

**interpretress** [ɪn'tə:prɪtrɪs] *ж. к* interpreter

**interregna** [ˌɪntə'regnə] *pl от* interregnum

**interregnum** [ˌɪntə'regnəm] *n* (*pl* -na, -nums [-nəmz]) 1) междуца́рствие 2) интерва́л, переры́в

**interrelation** ['ɪntə(:)rɪ'leɪʃən] *n* взаимоотноше́ние, соотноше́ние, взаимосвя́зь

**interrelationship** ['ɪntə(:)rɪ'leɪʃənʃɪp] *n* взаи́мная связь, взаи́мное родство́; соотнесённость

**interrogate** [ɪn'terəugeɪt] *v* 1) спра́шивать 2) допра́шивать

**interrogation** [ɪnˌterəu'geɪʃən] *n* 1) вопро́с; note (*или* mark, point) of ~ вопроси́тельный знак 2) допро́с; ~ under duress допро́с с примене́нием физи́ческого принужде́ния 3) вопроси́тельный знак

**interrogative** [ˌɪntə'rɔgətɪv] *a* вопроси́тельный; ~ pronoun *грам.* вопроси́тельное местоиме́ние

**interrogator** [ɪn'terəugeɪtə] *n* 1) опра́шивающий 2) сле́дователь

**interrogatory** [ˌɪntə'rɔgətərɪ] **1.** *n* 1) вопро́с 2) допро́с; опро́сный лист (*для показаний*)

**2.** *a* вопроси́тельный

**interrupt** [ˌɪntə'rʌpt] *v* 1) прерыва́ть 2) вме́шиваться (*в разговор и т. п.*) 3) препя́тствовать, меша́ть, прегражда́ть; to ~ the view from the window заслоня́ть вид из окна́

**interrupter** [ˌɪntə'rʌptə] *n эл.* прерыва́тель

**interruption** [ˌɪntə'rʌpʃən] *n* 1) переры́в; прерыва́ние 2) зами́нка; заде́ржка 2) наруше́ние, поме́ха, препя́тствие; ~ of telephone communication наруше́ние телефо́нной свя́зи

**intersect** [ˌɪntə(:)'sekt] *v* 1) пересека́ть(ся); перекре́щивать(ся); скре́щивать(ся) 2) дели́ть на ча́сти

**intersection** [ˌɪntə(:)'sekʃən] *n* 1) пересече́ние 2) то́чка *или* ли́ния пересече́ния 3) перекрёсток

**intersidereal** [ˌɪntə(:)saɪ'dɪərɪəl] *a* межзвёздный

**interspace** ['ɪntə(:)'speɪs] **1.** *n* промежу́ток (*пространства, времени*), интерва́л

**2.** *v* 1) де́лать промежу́тки, отделя́ть промежу́тками 2) заполня́ть промежу́тки

**interspecific** [ˌɪntə(:)spɪ'sɪfɪk] *a биол.* межвидово́й

**intersperse** [ˌɪntə(:)'spə:s] *v* 1) разбра́сывать, рассыпа́ть (among, between — среди́, ме́жду) 2) пересыпа́ть, усыпа́ть, усе́ивать 3) разнообра́зить 4) вставля́ть в промежу́тки

**interstate** ['ɪntə(:)'steɪt] *a* находя́щийся ме́жду шта́тами; включа́ющий ра́зные шта́ты; относя́щийся к ра́зным шта́там; свя́зывающий отде́льные шта́ты (*США, Австралии*), междушта́тный; ~ commerce торго́вые отноше́ния ме́жду шта́тами

**interstellar** ['ɪntə(:)'stelə] *a* межзвёздный; ~ space ship косми́ческий кора́бль; ~ space межзвёздное простра́нство

**interstice** [ɪn'tə:stɪs] *n* промежу́ток; щель, расще́лина

**interstitial** [ˌɪntə(:)'stɪʃəl] *a* 1) образу́ющий тре́щины, ще́ли 2) *мед.* промежу́точный; внутритканево́й

**intertill** [ˌɪntə(:)'tɪl] *v с.-х.* пропа́хивать, обраба́тывать междуря́дья

**intertribal** [ˌɪntə(:)'traɪbəl] *a* межплеменно́й

**intertwine** [ˌɪntə(:)'twaɪn] *v* 1) сплета́ть(ся), переплета́ть(ся) 2) закру́чиваться, скру́чиваться

**intertwist** [ˌɪntə(:)'twɪst] = intertwine

**interval** ['ɪntəvəl] *n* 1) промежу́ток, расстоя́ние, интерва́л; at ~s а) с промежу́тками; б) вре́мя от вре́мени; в) здесь и там 2) па́уза, переры́в, переме́на; антра́кт

**intervale** ['ɪntəveɪl] *n амер.* доли́на вдоль реки́ (с плодоро́дной нано́сной по́чвой)

**intervene** [ˌɪntə(:)'vi:n] *v* 1) вме́шиваться; вступа́ться (in) 2) происходи́ть, име́ть ме́сто (*за какой-л. период времени*); some years ~d с тех пор прошло́ не́сколько лет 3) находи́ться, лежа́ть ме́жду 4) яви́ться поме́хой, помеша́ть; if nothing ~s е́сли ничего́ не случи́тся

**intervention** [ˌɪntə(:)'venʃən] *n* 1) интерве́нция 2) вмеша́тельство; surgical ~ хирурги́ческое вмеша́тельство

**interventionist** [ˌɪntə(:)ˈvenʃənɪst] *n* 1) интервéнт 2) сторóнник интервéнции

**interview** [ˈɪntəvjuː] **1.** *n* 1) деловóе свидáние, встрéча, бесéда; интервью́; to obtain (to grant) an ~ получи́ть (дать) интервью́ 2) интервью́ (*в газете*)

**2.** *v* имéть бесéду, интервью́; интервьюи́ровать

**interviewee** [ˌɪntəvju(:)ˈiː] *n* интервьюи́руемый, даю́щий интервью́

**interviewer** [ˈɪntəvjuːə] *n* интервьюéр

**intervocalic** [ˌɪntə(:)vəuˈkælɪk] *a лингв.* интервокáльный

**interweave** [ˌɪntə(:)ˈwiːv] *v* (interwove; interwoven) 1) воткáть, заткáть 2) сплетáть, переплетáть (with); вплетáть

**interwove** [ˌɪntə(:)ˈwəuv] *past от* interweave

**interwoven** [ˌɪntə(:)ˈwəuən] *p. p. от* interweave

**interzonal** [ˌɪntə(:)ˈzəunl] *a* межзонáльный

**intestacy** [ɪnˈtestəsɪ] *n* 1) отсу́тствие завещáния 2) иму́щество, наслéдство, оставленное без завещáния

**intestate** [ɪnˈtestɪt] **1.** *n* человéк, скончáвшийся без завещáния

**2.** *a* умéрший, скончáвшийся без завещáния; he died ~ он у́мер, не остáвив завещáния

**intestinal** [ɪnˈtestɪnl] *a анат.* кишéчный

**intestine** [ɪnˈtestɪn] *n* (*обыкн. pl*) кишки́, кишéчник; small (large) ~ тóнкая (тóлстая) кишкá

**intimacy** [ˈɪntɪməsɪ] *n* тéсная связь, бли́зость, инти́мность; *эвф.* половы́е сношéния

**intimate** I [ˈɪntɪmɪt] **1.** *n* бли́зкий друг

**2.** *a* 1) инти́мный, ли́чный; ~ friends задушéвные друзья́; ~ details инти́мные подрóбности 2) бли́зкий, тéсный; хорошó знакóмый; ~ knowledge of smth. хорóшее знáние чегó-л. 3) вну́тренний; сокровéнный; ~ talk разговóр по душáм; ~ feelings сокровéнные чу́вства 4) однорóдный (*о смеси*)

**intimate** II [ˈɪntɪmeɪt] *v* 1) объявля́ть, стáвить в извéстность 2) намекáть, подразумевáть; мéльком упоминáть

**intimation** [ˌɪntɪˈmeɪʃən] *n* 1) указáние, сообщéние 2) намёк

**intimidate** [ɪnˈtɪmɪdeɪt] *v* пугáть; запу́гивать, устрашáть

**intimidation** [ɪnˌtɪmɪˈdeɪʃən] *n* 1) запу́гивание; устрашéние 2) страх, запу́ганность

**intimity** [ɪnˈtɪmɪtɪ] *n* инти́мность

**intitule** [ɪnˈtɪtjuːl] *v* (*особ. p. p.*) *юр.* озаглáвливать

**into** [ˈɪntu, ɪntə] *prep* 1) *указывает на движение или направление внутрь, в сферу или область чего-л.* в(о), на; to go ~ the house войти́ в дом, to fall, to dive, *etc.* ~ the river упáсть, нырну́ть *и т. п.* в рéку; to walk ~ the square вы́йти на плóщадь; to climb high ~ the mountains забрáться высокó в гóры; to vanish ~ a crowd исчéзнуть в толпé; to fall ~ a mistake впасть в оши́бку; to work oneself ~ smb.'s favour втерéться в чьё-л. довéрие 2) *указывает на достижение какого-л. предмета, столкновение с каким-л. предметом* в(о); to walk ~ smb., smth. натолкну́ться (набрести́) на когó-л., что-л. 3) *указывает на движение во времени* в, к; her reflections shifted ~ the past онá мы́сленно вернýлась к прóшлому; looking ~ the future а) загля́дывая в бу́дущее; б) взгляд в бу́дущее 4) *указывает на включение в категорию, список и т. п.* в; to enter ~ a list включи́ть в спи́сок 5) *указывает на переход в новую форму, иное качество или состояние* в(о), на, до; to turn water ~ ice превращáть вóду в лёд; to grow ~ manhood (womanhood) стать взрóслым мужчи́ной (взрóслой жéнщиной); to transmute water power ~ electric power превращáть энéргию воды́ в электри́ческую энéргию; to put (*или* to lick) ~ shape а) придавáть фóрму; б) приводи́ть в поря́док; to divide (to cut, to break, *etc.*) ~ so many portions дели́ть (разрезáть, разбивáть *и т. д.*) на стóлько-то частéй; to work oneself ~ a rage довести́ себя́ до бéшенства; to lapse ~ silence погрузи́ться в молчáние; to plunge ~ a reverie впасть в заду́мчивость; to be persuaded ~ doing smth. дать себя́ уговори́ть сдéлать что-л.

**in-toed** [ˈɪntəud] *a* с пáльцами ног, обращёнными внутрь; косолáпый

**intolerable** [ɪnˈtɔlərəbl] *a* невыноси́мый, нестерпи́мый; недопусти́мый

**intolerance** [ɪnˈtɔlərəns] *n* нетерпи́мость

**intolerant** [ɪnˈtɔlərənt] *a* нетерпи́мый; ~ of smth. не терпя́щий (*или* не выносящий) чегó-л.

**intonate** [ˈɪntəuneɪt] = intone

**intonation** [ˌɪntəuˈneɪʃən] *n* 1) интонáция; модуля́ция (*голоса*) 2) произнесéние нараспéв; пéние речитати́вом 3) зачи́н (*в церковной музыке*)

**intone** [ɪnˈtəun] *v* 1) интони́ровать, модули́ровать (*голос*) 2) исполня́ть речитати́вом; произноси́ть нараспéв 3) запевáть, петь пéрвые словá

**intoxicant** [ɪnˈtɔksɪkənt] **1.** *n* опьяня́ющий напи́ток

**2.** *a* опьяня́ющий

**intoxicate** [ɪnˈtɔksɪkeɪt] *v* 1) опьяня́ть, возбуждáть 2) *мед.* отравля́ть

**intoxication** [ɪnˌtɔksɪˈkeɪʃən] *n* 1) опьянéние; упоéние 2) *мед.* интоксикáция, отравлéние

**intra-** [ˈɪntrə-] *лат. pref* внутри-; intracranial внутричерепнóй; intramuscular внутримы́шечный; intranuclear внутриядéрный; intravenous внутривéнный; intraurban (внутри)городскóй; intraurban traffic городскóй трáнспорт

**intractability** [ɪnˌtræktəˈbɪlɪtɪ] *n* 1) неподáтливость; несговóрчивость 2) тру́дность (*воспитания, обработки почвы, лечения болезни и т. п.*)

**intractable** [ɪnˈtræktəbl] *a* 1) неподáтливый; непокóрный 2) трудновоспиту́емый 3) труднообрабáтываемый 4) трудноизлечи́мый

**intramolecular** [ˌɪntrəməuˈlekjulə] *a* внутримолекуля́рный

**intramural** [ˈɪntrəˈmjuərəl] *a* 1) находя́щийся *или* происходя́щий в стенáх (*или* в предéлах) гóрода, дóма *и т. п.* 2) óчный (*об обучении*)

**intramuscular** [ˌɪntrəˈmʌskjulə] *a* внутримы́шечный

**intransigent** [ɪnˈtrænsɪdʒənt] **1.** *n* непримири́мый республикáнец; полити́ческий дéятель, не иду́щий на компроми́сс

**2.** *a* непримири́мый, непреклóнный

**intransitive** [ɪnˈtrænsɪtɪv] *a грам.* непереходный (*о глаголе*)

**intransmissible** [ˌɪntrɑːnsˈmɪsəbl] *a* не передавáемый (*на расстояние*)

**intrant** [ˈɪntrənt] *n* 1) вступáющий (*в должность, во владение имуществом и т. п.*) 2) поступáющий (*в высшее учебное заведение*)

**intranuclear** [ˌɪntrəˈnjuːklɪə] *a* внутриядéрный

**intraocular** [ˌɪntrəˈɔkjulə] *a* внутриглазнóй; ~ tension (*или* pressure) внутриглазнóе давлéние

**intravenous** [ˌɪntrəˈviːnəs] *a* внутривéнный

**intrench** [ɪnˈtrentʃ] = entrench

**intrepid** [ɪnˈtrepɪd] *a* неустраши́мый, бесстрáшный, отвáжный

**intrepidity** [ˌɪntrɪˈpɪdɪtɪ] *n* неустраши́мость, отвáга

**intricacy** [ˈɪntrɪkəsɪ] *n* 1) запу́танность, слóжность; пу́таница 2) лабири́нт

**intricate** [ˈɪntrɪkɪt] *a* запу́танный, слóжный, замысловáтый; затрудни́тельный

**intrigant** [ˈɪntrɪgənt] = intriguant

**intrigante** [ˌɪntrɪˈgɑːnt] = intriguante

**intriguant** [ˈɪntrɪgənt] *фр. n* интригáн

**intriguante** [ˌɪntrɪˈgɑːnt] *фр. n* интригáнка

**intrigue** [ɪnˈtriːg] **1.** *n* 1) интри́га, тáйные прóиски 2) интри́жка (*любовная связь*)

**2.** *v* 1) интриговáть, стрóить кóзни (against — прóтив) 2) заинтересовáть, заинтриговáть 3) имéть интри́жку (with)

**intriguing** [ɪnˈtriːgɪŋ] **1.** *pres. p. от* intrigue 2

**2.** *a* 1) интригу́ющий, стрóящий кóзни 2) интригу́ющий, стáвящий в тупи́к 3) увлекáтельный, занимáтельный

**intrinsic** [ɪnˈtrɪnsɪk] *a* 1) вну́тренний, прису́щий, свóйственный; ~ value вну́тренняя цéнность 2) су́щественный

**intro-** [ˈɪntrəu-, ˈɪntrə-] *лат. pref* в-, интро-; introspection интроспéкция; intromission впуск

**introduce** [ˌɪntrəˈdju:s] *v* 1) вводи́ть; вставля́ть (into) 2) вводи́ть в употребле́ние; привноси́ть; применя́ть 3) представля́ть, знако́мить; let me ~ my brother to you позво́льте предста́вить вам моего́ бра́та 4) вноси́ть на рассмотре́ние (*законопроект и т. п.*) 5) предваря́ть, предпосыла́ть

**introduction** [ˌɪntrəˈdʌkʃən] *n* 1) введе́ние; внесе́ние 2) нововведе́ние 3) (официа́льное) представле́ние; letter of ~ рекомендате́льное письмо́ 4) предисло́вие, введе́ние 5) введе́ние (*в научную дисциплину*) 6) предуведомле́ние 7) *муз.* интроду́кция

**introductory** [ˌɪntrəˈdʌktərɪ] *a* вступи́тельный, вво́дный, предвари́тельный

**intromission** [ˌɪntrəuˈmɪʃən] *n* впуск; допуще́ние; вхожде́ние

**introspect** [ˌɪntrəuˈspekt] *v* 1) смотре́ть внутрь; вника́ть 2) занима́ться самонаблюде́нием, самоана́лизом

**introspection** [ˌɪntrəuˈspekʃən] *n* *психол.* интроспе́кция, самонаблюде́ние, самоана́лиз

**introspective** [ˌɪntrəuˈspektɪv] *a* *психол.* интроспекти́вный

**introversion** [ˌɪntrəuˈvə:ʃən] *n* *психол.* сосредото́ченность на само́м себе́

**introvert** *психол.* **1.** *n* [ˈɪntrəuvə:t] челове́к, сосредото́ченный на своём вну́треннем ми́ре

**2.** *v* [ˌɪntrəuˈvə:t] сосредото́чиваться на само́м себе́

**intrude** [ɪnˈtru:d] *v* 1) вторга́ться, входи́ть без приглаше́ния *или* разреше́ния (into); am I intruding? я не помеша́ю? 2) навя́зывать(ся), быть назо́йливым (upon); to ~ oneself (one's views) upon a person навя́зывать себя́ (свои́ взгля́ды) кому́-л. 3) внедря́ть (-ся)

**intruder** [ɪnˈtru:də] *n* 1) навя́зчивый, назо́йливый челове́к; незва́ный гость 2) *юр.* челове́к, незако́нно присва́ивающий чужо́е владе́ние *или* чужи́е права́; самозва́нец 3) *ав.* самолёт вторже́ния, самолёт-наруши́тель (*тж.* ~ aircraft)

**intrusion** [ɪnˈtru:ʒən] *n* 1) вторже́ние, появле́ние без приглаше́ния (into); unpardonable ~ бесцеремо́нное вторже́ние 2) навя́зывание себя́, свои́х мне́ний *и т. п.* (upon) 3) *юр.* узурпи́рование чужо́го владе́ния *или* прав 4) *геол.* интру́зия, внедре́ние

**intrusive** [ɪnˈtru:sɪv] *a* 1) назо́йливый, навя́зчивый 2) *геол.* интрузи́вный, плутони́ческий (*о породах*)

**intrust** [ɪnˈtrʌst] *амер.* = entrust

**intubation** [ˌɪntjuˈbeɪʃən] *n* *мед.* интуба́ция

**intuition** [ˌɪntju(:)ˈɪʃən] *n* интуи́ция

**intuitional** [ˌɪntju(:)ˈɪʃənl] *a* интуити́вный

**intuitionalism** [ˌɪntju(:)ˈɪʃənlɪzm] *n* *филос.* интуитиви́зм

**intuitive** [ɪnˈtju(:)ɪtɪv] *a* 1) = intuitional 2) облада́ющий интуи́цией

**intuitivism** [ɪnˈtju(:)ɪtɪvɪzm] = intuitionalism

**intumescence** [ˌɪntju(:)ˈmesns] *n* опуха́ние, припу́хлость; распуха́ние

**intussusception** [ˌɪntəsəˈsepʃən] *n* 1) *физиол.* инвагина́ция 2) восприя́тие (*идей, впечатлений и т. п.*)

**inunction** [ɪˈnʌŋkʃən] *n* 1) *мед.* втира́ние; мазь 2) *церк.* пома́зание

**inundate** [ˈɪnʌndeɪt] *v* 1) затопля́ть, наводня́ть 2) *перен.* осыпа́ть; наполня́ть; he was ~d with invitations он получи́л ма́ссу приглаше́ний

**inundation** [ˌɪnʌnˈdeɪʃən] *n* 1) наводне́ние 2) наплы́в, скопле́ние; an ~ of tourists наплы́в тури́стов

**inurbane** [ˌɪnə:ˈbeɪn] *a* 1) неизя́щный, лишённый изы́сканности, городско́го ло́ска 2) невéжливый

**inure** [ɪˈnjuə] *v* 1) приуча́ть; to ~ oneself приучи́ть себя́ 2) *юр.* вступа́ть в си́лу, станови́ться действи́тельным 3) служи́ть, идти́ на по́льзу; to ~ to the benefit of humanity служи́ть челове́честву

**inurement** [ɪˈnjuəmənt] *n* приуче́ние; пра́ктика; привы́чка

**inurnment** [ɪˈnə:nmənt] *n* погребе́ние пра́ха в у́рне (*после кремации*)

**inutile** [ɪˈnju:tɪl] *a* бесполе́зный

**invade** [ɪnˈveɪd] *v* 1) вторга́ться; захва́тывать, оккупи́ровать 2) овладе́ть, нахлы́нуть (*о чувстве*); fear ~d her mind её охвати́л страх 3) посяга́ть (*на чьи-л. права*) 4) поража́ть (*о болезни*)

**invader** [ɪnˈveɪdə] *n* 1) захва́тчик, оккупа́нт 2) посяга́тель

**invalid** I **1.** *n* [ˈɪnvəlɪd] больно́й; инвали́д

**2.** *a* [ˈɪnvəlɪd] 1) больно́й; нетрудоспосо́бный 2) предназна́ченный для больны́х; an ~ diet дие́та для больно́го; ~ food диети́ческое пита́ние

**3.** *v* [ˌɪnvəˈli:d] 1) де́лать(ся) инвали́дом 2) освобожда́ть(ся) от вое́нной слу́жбы по инвали́дности; to be ~ed out of the army быть демобилизо́ванным по состоя́нию здоро́вья

**invalid** II [ɪnˈvælɪd] *a* 1) не име́ющий зако́нной си́лы, недействи́тельный; to declare a marriage ~ расто́ргнуть брак 2) необосно́ванный

**invalidate** [ɪnˈvælɪdeɪt] *v* лиша́ть зако́нной си́лы, де́лать недействи́тельным; своди́ть на нет

**invalidation** [ɪnˌvælɪˈdeɪʃən] *n* аннули́рование, лише́ние зако́нной си́лы

**invalidity** [ˌɪnvəˈlɪdɪtɪ] *n* недействи́тельность

**invaluable** [ɪnˈvæljuəbl] *a* неоцени́мый, бесце́нный

**invar** [ɪnˈvɑ:] *n* инва́р, сплав желе́за с ни́келем

**invariability** [ɪnˌveərɪəˈbɪlɪtɪ] *n* неизме́нность, неизменя́емость

**invariable** [ɪnˈveərɪəbl] *a* 1) неизме́нный, неизменя́емый; усто́йчивый 2) *мат.* постоя́нный

**invariant** [ɪnˈveərɪənt] *мат.* **1.** *n* инвариа́нт

**2.** *a* инвариа́нтный

**invasion** [ɪnˈveɪʒən] *n* 1) вторже́ние, наше́ствие; набе́г 2) посяга́тельство (*на чьи-л. права*) 3) *мед.* инва́зия 4) *attr.*: ~ ground forces *воен.* сухопу́тные войска́ вторже́ния; ~ fleet вое́нно-морски́е си́лы вторже́ния

**invasive** [ɪnˈveɪsɪv] *a* захва́тнический; агресси́вный

**invective** [ɪnˈvektɪv] *n* 1) обличи́тельная речь; вы́пад; инвекти́ва 2) (*обыкн. pl*) руга́тельства, брань; a stream of ~s пото́к руга́тельств

**inveigh** [ɪnˈveɪ] *v* я́ростно напада́ть, поноси́ть, руга́ть (against)

**inveigle** [ɪnˈvi:gl] *v* зама́нивать, завлека́ть; соблазня́ть; to ~ smb. into doing smth. обма́ном побуди́ть кого́-л. сде́лать что-л.

**inveiglement** [ɪnˈvi:glmənt] *n* зама́нивание; собла́зн, обольще́ние

**invent** [ɪnˈvent] *v* 1) изобрета́ть, де́лать откры́тие 2) выду́мывать, фабрикова́ть, сочиня́ть 3) приду́мывать; to ~ an excuse (explanation) приду́мать отгово́рку (объясне́ние)

**invention** [ɪnˈvenʃən] *n* 1) изобрете́ние 2) вы́думка, измышле́ние 3) изобрета́тельность 4) *муз.* инве́нция

**inventive** [ɪnˈventɪv] *a* изобрета́тельный; нахо́дчивый

**inventor** [ɪnˈventə] *n* 1) изобрета́тель 2) вы́думщик, фантазёр

**inventory** [ˈɪnvəntrɪ] **1.** *n* 1) о́пись, инвента́рь 2) това́ры, предме́ты, внесённые в инвента́рь 3) переучёт това́ра; инвентариза́ция, прове́рка инвентаря́; to make (*или* to draw) up an ~ произвести́ инвентариза́цию

**2.** *v* составля́ть о́пись, вноси́ть в инвента́рь

**inveracity** [ˌɪnvəˈræsɪtɪ] *n* лжи́вость; несоотве́тствие и́стине

**Inverness** [ˌɪnvəˈnes] *n* плащ с капюшо́ном без рукаво́в (*по названию местности в Шотландии*)

**inverse** [ˈɪnˈvə:s] **1.** *n* противополо́жность; обра́тный поря́док

**2.** *a* обра́тный, перевёрнутый; противополо́жный; ~ ratio (*или* proportion) *мат.* обра́тная пропорциона́льность

**inversely** [ˈɪnˈvə:slɪ] *adv* обра́тно; обра́тно пропорциона́льно

**inversion** [ɪnˈvə:ʃən] *n* 1) перестано́вка; перевёртывание; измене́ние норма́льного поря́дка на обра́тный 2) *уст.* извраще́ние 3) *грам.* инве́рсия 4) *геол.* обра́тное напластова́ние 5) *биол.* инве́рсия (*генов*)

**invert** **1.** *n* [ˈɪnvə:t] 1) *архит.* обра́тный свод 2) гомосексуали́ст

**2.** *v* [ɪnˈvə:t] 1) перевёртывать, перевора́чивать, опроки́дывать 2) переставля́ть, меня́ть поря́док 3) *хим.* инверти́ровать

**invertebrate** [ɪnˈvə:tɪbrɪt] **1.** *n* беспозвоно́чное живо́тное

**2.** *a* беспозвоно́чный; *перен.* бесхребе́тный, бесхара́ктерный

**inverted** [ɪnˈvə:tɪd] **1.** *p. p. от* invert 2

**2.** *a* 1) опроки́нутый; перевёрнутый; ~ flight *ав.* полёт на спине́ 2) обра́тный; ~ order of words *грам.* инвéрсия, обра́тный поря́док слов 3) *хим.* инверти́рованный

**inverted commas** [ɪnˈvə:tɪdˈkɔməz] *n pl* кавы́чки

**inverter** [ɪnˈvə:tə] *n эл.* инве́ртер, обра́тный преобразова́тель

**invest** [ɪnˈvest] *v* 1) помеща́ть, вкла́дывать де́ньги, капита́л (in) 2) *разг.* покупа́ть *что-л.* 3) одева́ть, облача́ть (in, with); ~ed with mystery оку́танный та́йной 4) облека́ть (*полномочиями и т. п.*; with, in) 5) *воен.* окружа́ть, блоки́ровать

**investigate** [ɪnˈvestɪgeɪt] *v* 1) рассле́довать; разузнава́ть; наводи́ть спра́вки 2) иссле́довать, изуча́ть

**investigation** [ɪnˌvestɪˈgeɪʃən] *n* 1) рассле́дование, сле́дствие 2) (нау́чное) иссле́дование

**investigative** [ɪnˈvestɪgeɪtɪv] *a* иссле́довательский

**investigator** [ɪnˈvestɪgeɪtə] *n* 1) иссле́дователь, испыта́тель 2) сле́дователь

**investigatory** [ɪnˈvestɪgeɪtərɪ] = investigative

**investiture** [ɪnˈvestɪtʃə] *n* 1) облаче́ние, одея́ние 2) инвеститу́ра, форма́льное введе́ние в до́лжность, во владе́ние 3) награжде́ние, пожа́лование

**investment** [ɪnˈvestmənt] *n* 1) (капитало)вложе́ние, помеще́ние де́нег, инвести́рование 2) инвести́ция; вклад 3) предприя́тие *или* бума́ги, в кото́рые вло́жены де́ньги 4) оде́жда, облаче́ние 5) облече́ние полномо́чиями, вла́стью *и т. п.* 6) *воен.* оса́да, блока́да 7) *attr.*: ~ bank *амер.* инвестицио́нный банк; ~ goods това́ры произво́дственного назначе́ния; ~ outlet сфе́ра примене́ния капита́ла

**investor** [ɪnˈvestə] *n* вкла́дчик [*см.* invest 1)]

**inveteracy** [ɪnˈvetərəsɪ] *n* закорене́лость (*привычки*); застаре́лость (*болезни*)

**inveterate** [ɪnˈvetərɪt] *a* глубоко́ вкорени́вшийся, закосне́лый, застаре́лый; закорене́лый; ~ smoker заядлый кури́льщик; ~ liar враль

**invidious** [ɪnˈvɪdɪəs] *a* 1) вызыва́ющий вражде́бное чу́вство; оскорбля́ющий несправедли́востью, возмути́тельный; ненави́стный; ~ comparison оби́дное сравне́ние 2) *редк.* зави́дный, вызыва́ющий за́висть

**invigilate** [ɪnˈvɪdʒɪleɪt] *v* следи́ть за экзамену́ющимися во вре́мя экза́мена

**invigorate** [ɪnˈvɪgəreɪt] *v* 1) дава́ть си́лы, укрепля́ть 2) подба́дривать

**invigorative** [ɪnˈvɪgərətɪv] *a* подкрепля́ющий, бодря́щий, стимули́рующий

**invincibility** [ɪnˌvɪnsɪˈbɪlɪtɪ] *n* непобеди́мость

**invincible** [ɪnˈvɪnsəbl] *a* непобеди́мый

**inviolability** [ɪnˌvaɪələˈbɪlɪtɪ] *n* неруши́мость; неприкоснове́нность

**inviolable** [ɪnˈvaɪələbl] *a* неруши́мый; неприкоснове́нный

**inviolate** [ɪnˈvaɪəlɪt] *a* ненару́шенный; неоскверне́нный

**invisibility** [ɪnˌvɪzəˈbɪlɪtɪ] *n* неви́димость; неразличи́мость

**invisible** [ɪnˈvɪzəbl] *a* неви́димый, незри́мый; неразличи́мый; незаме́тный; ~ man челове́к-неви́димка; ~ exports (imports) *эк.* неви́димый э́кспорт (и́мпорт); he is ~ его́ нельзя́ ви́деть (*он не принимает*) ◊ ~ green голубова́то- *или* желтова́то-зелёный цвет; the I. Empire *амер.* ку-клукс-клан

**invitation** [ˌɪnvɪˈteɪʃən] *n* 1) приглаше́ние (to — на); admission by ~ only вход то́лько по пригласи́тельным биле́там; to send out ~s рассыла́ть приглаше́ния 2) *attr.* пригласи́тельный; ~ card пригласи́тельный биле́т

**invitational** [ˌɪnvɪˈteɪʃənl] *a* пригласи́тельный

**invite** [ɪnˈvaɪt] **1.** *v* 1) приглаша́ть, проси́ть 2) привлека́ть, мани́ть; to ~ attention привлека́ть внима́ние 3) побужда́ть (*к чему-л.*); to ~ questions (opinions) проси́ть задава́ть вопро́сы (вы́сказать своё мне́ние) 4) навлека́ть на себя́

**2.** *n разг.* приглаше́ние

**invitee** [ˌɪnvaɪˈti:] *n разг.* приглашённый

**inviting** [ɪnˈvaɪtɪŋ] **1.** *pres. p. от* invite 1

**2.** *a* привлека́тельный, притяга́тельный, соблазни́тельный, маня́щий

**invocation** [ˌɪnvəuˈkeɪʃən] *n* 1) *поэт.* призы́в, обраще́ние к му́зе 2) заклина́ние, мольба́ 3) *юр.* вы́зов (*в суд*)

**invocatory** [ɪnˈvɔkətərɪ] *a* призыва́ный, призыва́ющий

**invoice** [ˈɪnvɔɪs] **1.** *n* счёт, факту́ра

**2.** *v* вы́писать счёт, факту́ру

**invoke** [ɪnˈvəuk] *v* 1) призыва́ть, взыва́ть 2) вызыва́ть ду́хов 3) умоля́ть

**involucre** [ˈɪnvəlu:kə] *n* 1) *анат.* оболо́чка 2) *бот.* обвёртка соцве́тия

**involuntary** [ɪnˈvɔləntərɪ] *a* 1) нево́льный, ненаме́ренный 2) непроизво́льный

**involute** [ˈɪnvəlu:t] **1.** *a* 1) закру́ченный; спира́льный 2) *бот.* свёрнутый внутрь; скру́ченный 3) сло́жный, запу́танный; an ~ plot сло́жная интри́га

**2.** *n мат.* эвольве́нта, развёртка

**3.** *v мат.* возводи́ть в сте́пень

**involution** [ˌɪnvəˈlu:ʃən] *n* 1) закру́чивание спира́лью 2) зате́йливость, запу́танность (*о механизме, рисунке и т. п.*) 3) *мат.* возведе́ние в сте́пень

**involve** [ɪnˈvɔlv] *v* 1) завёртывать, оку́тывать (in) 2) закру́чивать (спира́лью) 3) запу́тывать; впу́тывать, вовлека́ть; затра́гивать; ~d in debt запу́тавшийся в долга́х; to ~ the rights of smb. затра́гивать чьи-л. права́ 4) включа́ть в себя́ (in); подразумева́ть, предполага́ть 5) вызыва́ть, (по-) влечь за собо́й 6) *мат.* возводи́ть в сте́пень

**involved** [ɪnˈvɔlvd] **1.** *p. p. от* involve

**2.** *a* запу́танный, сло́жный; ~ mechanism сло́жный механи́зм; ~ reasoning тума́нная аргумента́ция

**involvement** [ɪnˈvɔlvmənt] *n* 1) запу́танность; затрудни́тельное положе́ние 2) де́нежные затрудне́ния 3) вовлече́ние; уча́стие (*в чём-л.*)

**invulnerability** [ɪnˌvʌlnərəˈbɪlɪtɪ] *n* неуязви́мость

**invulnerable** [ɪnˈvʌlnərəbl] *a* неуязви́мый

**inward** [ˈɪnwəd] **1.** *a* 1) вну́тренний 2) напра́вленный внутрь, обращённый внутрь 3) у́мственный, духо́вный

**2.** *adv* 1) внутрь 2) вну́тренне

**3.** *n pl разг.* вну́тренности

**inwardly** [ˈɪnwədlɪ] *adv* 1) внутри́; внутрь 2) вну́тренне, в уме́, в душе́, про себя́

**inwardness** [ˈɪnwədnɪs] *n* 1) и́стинная приро́да, су́щность 2) вну́тренняя си́ла; духо́вная сторона́

**inwards** [ˈɪnwədz] = inward 2

**inweave** [ˈɪnˈwi:v] *v* (inwove; inwoven) 1) вотка́ть, затка́ть 2) сплета́ть, вплета́ть

**inwove** [ˈɪnˈwəuv] *past от* inweave

**inwoven** [ˈɪnˈwəuvən] *p. p. от* inweave

**inwrought** [ˈɪnˈrɔ:t] *a* 1) узо́рчатый (*о ткани*; with) 2) во́тканный в мате́рию (*об узоре*; on, in) 3) *перен.* те́сно свя́занный, сплетённый (with)

**iodide** [ˈaɪəudaɪd] *n хим.* йоди́д, соль йодистоводоро́дной кислоты́

**iodine** [ˈaɪəudi:n] *n* йод

**iodize** [ˈaɪəudaɪz] *v* подверга́ть де́йствию йо́да

**ion** [ˈaɪən] *n физ.* ио́н

**Ionic** [aɪˈɔnɪk] *a* иони́ческий

**ionic** [aɪˈɔnɪk] *a физ.* ио́нный; ~ composition of the atmosphere ио́нная структу́ра атмосфе́ры

**ionium** [aɪˈəunɪəm] *n хим.* ио́ний

**ionize** [ˈaɪənaɪz] *v хим.* ионизи́ровать

**ionosphere** [aɪˈɔnəsfɪə] *n* ионосфе́ра

**ionospheric** [aɪˌɔnəˈsferɪk] *a* относя́щийся к ионосфе́ре; ~ data да́нные о состоя́нии ионосфе́ры

**iontophoresis** [aɪˌɔntəfəˈri:sɪs] *n мед.* ионтофоре́з

**iota** [aɪˈəutə] *греч. n* йо́та ◊ not to care an ~ совсе́м не интересова́ться, ни в грош не ста́вить

**IOU** [ˈaɪəuˈju:] *n* долгова́я распи́ска с на́дписью IOU (*по созвучию с I owe you я должен вам*)

**ipecac** [ˈɪpɪkæk] *сокр. от* ipecacuanha

**ipecacuanha** [ˌɪpɪkækjuˈænə] *n фарм.* ипекакуа́на, рво́тный ко́рень

**ir-** [ɪr-] *pref* (*в словах, корни которых начинаются с* r) не-; irrational неразу́мный; нерациона́льный; irrelevant неуме́стный, не относя́щийся к де́лу

**Iraki** [ɪˈrɑ:kɪ] = Iraqi

**Irani** [ɪˈrɑ:nɪ] *a* ира́нский; перси́дский

**Iranian** [aɪ'reɪnjən] 1. *a* ира́нский; перси́дский
2. *n* 1) жи́тель Ира́на, ира́нец; ира́нка 2) перси́дский язы́к

**Iraqi** [ɪ'rɑ:kɪ] 1. *n* жи́тель Ира́ка
2. *a* ира́кский

**irascibility** [ɪ,ræsɪ'bɪlɪtɪ] *n* раздражи́тельность, вспы́льчивость

**irascible** [ɪ'ræsɪbl] *a* раздражи́тельный, вспы́льчивый

**irate** [aɪ'reɪt] *a* гне́вный, разгне́ванный, серди́тый

**ire** ['aɪə] *n поэт.* гнев, я́рость

**ireful** ['aɪəful] *a* гне́вный

**iridescence** [,ɪrɪ'desns] *n* ра́дужность; перели́вчатость

**iridescent** [,ɪrɪ'desnt] *a* ра́дужный, похо́жий на ра́дугу; перели́вчатый

**iris** ['aɪərɪs] *n* 1) *анат.* ра́дужная оболо́чка (*глаза*) 2) ра́дуга 3) *бот.* и́рис, каса́тик 4) *attr.*: ~ diaphragm *опт.* и́рисовая диафра́гма

**Irish** ['aɪərɪʃ] 1. *a* ирла́ндский ◇ ~ bridge ка́менный откры́тый водосто́к (*поперёк дороги*)
2. *n* 1) (the ~) *pl собир.* ирла́ндцы, ирла́ндский наро́д 2) ирла́ндский язы́к 3) сорт ви́ски 4) сорт полотна́ ◇ to get smb.'s ~ up рассерди́ть, разозли́ть кого́-л.

**Irishism** ['aɪərɪʃɪzm] *n* ирла́ндское сло́во *или* выраже́ние, ирланди́зм

**Irishman** ['aɪərɪʃmən] *n* ирла́ндец

**Irishwoman** ['aɪərɪʃ,wumən] *n* ирла́ндка

**iritis** [aɪə'raɪtɪs] *n мед.* воспале́ние ра́дужной оболо́чки глаза́

**irk** [ə:k] *v уст.* утомля́ть, надоеда́ть, раздража́ть

**irksome** ['ə:ksəm] *a* утоми́тельный, ску́чный; надое́дливый

**iron** ['aɪən] 1. *n* 1) *хим.* желе́зо (*элемент*) 2) чёрный мета́лл, *напр.*, желе́зо, сталь, чугу́н; as hard as ~ твёрдый как сталь; *перен. тж.* суро́вый; жесто́кий; a man of ~ желе́зный челове́к, челове́к желе́зной во́ли 3) желе́зное изде́лие (*часто в сложных словах*; *напр.*: curling-irons щипцы́ для зави́вки воло́с) 4) утю́г 5) *pl* око́вы, кандалы́; in ~s в кандала́х 6) (*обыкн. pl*) стре́мя 7) *мед.* препара́т желе́за ◇ to have (too) many ~s in the fire а) занима́ться мно́гими дела́ми одновре́ме́нно; б) пусти́ть в ход разли́чные сре́дства (*для достижения цели*)
2. *a* 1) желе́зный; сде́ланный из желе́за 2) си́льный, кре́пкий, твёрдый ◇ ~ man *амер. sl.* серебряный до́ллар; ~ horse *разг.* стально́й конь (*паровоз, велосипед, танк*); ~ rations *воен.* неприкоснове́нный запа́с (*продовольствия*); ~ age а) желе́зный век; б) жесто́кий век; ~ curtain желе́зный за́навес; an ~ fist in a velvet glove ≅ мя́гко сте́лет, да жёстко спать
3. *v* 1) утю́жить, гла́дить 2) покрыва́ть желе́зом □ ~ **out** сгла́живать, ула́живать

**iron-bark** ['aɪənbɑ:k] *n* вид эвкали́пта с кре́пкой коро́й

**iron-bound** ['aɪənbaund] *a* 1) око́ванный желе́зом 2) суро́вый, непоколеби́мый 3) скали́стый (*о береге*)

**ironclad** ['aɪənklæd] 1. *a* 1) покры́тый броне́й, брониро́ванный 2) жёсткий, твёрдый; неруши́мый
2. *n уст.* бронено́сец

**iron-fall** ['aɪənfɔ:l] *n* паде́ние метеори́та

**iron-foundry** ['aɪən,faundrɪ] *n* чугуноли́те́йный заво́д

**iron-grey** ['aɪən'greɪ] 1. *a* се́ро-стально́й
2. *n* се́ро-стально́й цвет

**iron-handed** ['aɪən'hændɪd] *a* жесто́кий, деспоти́чный; непоколеби́мый

**ironic(al)** [aɪ'rɔnɪk(əl)] *a* ирони́ческий

**ironing** ['aɪənɪŋ] 1. *pres. p. от* iron 3
2. *n* 1) утю́жка, гла́женье 2) пла́тье, бельё для гла́женья

**ironing-board** ['aɪənɪŋbɔ:d] *n* глади́льная доска́

**iron lung** ['aɪənlʌŋ] *n мед.* аппара́т для иску́сственного дыха́ния

**ironmaster** ['aɪən,mɑ:stə] *n* фабрика́нт желе́зных изде́лий

**ironmonger** ['aɪən,mʌŋgə] *n* торго́вец желе́зными, скобяны́ми изде́лиями

**ironmongery** ['aɪən,mʌŋgərɪ] *n* желе́зные изде́лия, скобяно́й това́р

**iron-mould** ['aɪənməuld] *n* ржа́вое *или* черни́льное пятно́ (*на ткани*)

**iron-shod** ['aɪənʃɔd] *a* оби́тый желе́зом; подко́ванный, ко́ваный

**ironside** ['aɪənsaɪd] *n* 1) отва́жный; реши́тельный челове́к 2) (Ironsides) *pl ист.* ко́нница Кро́мвеля, «железнобо́кие»

**iron-stone** ['aɪənstəun] *n* желе́зная руда́, бу́рый железня́к

**ironware** ['aɪənwɛə] *n* желе́зный, скобяно́й това́р

**ironwork** ['aɪənwə:k] *n* 1) желе́зное изде́лие 2) желе́зная часть констру́кции

**ironworker** ['aɪən,wə:kə] *n* рабо́чий-металли́ст

**ironworks** ['aɪənwə:ks] *n pl* (*употр. как sing и как pl*) чугуноли́те́йный заво́д; предприя́тие чёрной металлу́ргии

**irony** ['aɪərənɪ] *n* иро́ния; the ~ of fate иро́ния судьбы́; the irony of it is that... парадо́кс в том, что...; по злой иро́нии судьбы́... ◇ Socratic ~ сократи́ческий ме́тод веде́ния спо́ра

**irradiate** [ɪ'reɪdɪeɪt] *v* 1) освеща́ть, озаря́ть; облуча́ть 2) *физ.* испуска́ть лучи́ 3) разъясня́ть, пролива́ть свет; распространя́ть (*знания и т. п.*)

**irradiation** [ɪ,reɪdɪ'eɪʃən] *n* 1) освеще́ние, озаре́ние 2) блеск, сия́ние, лучи́стость, лучеза́рность 3) *физ.* иррадиа́ция

**irrational** [ɪ'ræʃənl] 1. *a* 1) неразу́мный, нерациона́льный; нелоги́чный; ~ fear безрассу́дный страх 2) неразу́мный, не одарённый ра́зумом 3) *мат.* иррациона́льный
2. *n мат.* иррациона́льное число́

**irrationality** [ɪ,ræʃə'nælɪtɪ] *n* 1) неразу́мность, нелоги́чность; абсу́рдность 2) *мат.* иррациона́льность

**irreclaimable** [,ɪrɪ'kleɪməbl] *a* 1) него́дный для обрабо́тки (*о земле*) 2) неисправи́мый 3) безвозвра́тный

**irreconcilable** [ɪ'rekənsaɪləbl] *a* 1) непримири́мый (*о человеке*) 2) противоречи́вый, несовмести́мый

**irrecoverable** [,ɪrɪ'kʌvərəbl] *a* непоправи́мый, невозвратимый

**irrecusable** [,ɪrɪ'kju:zəbl] *a* неоспори́мый; беспрекосло́вный

**irredeemable** [,ɪrɪ'di:məbl] *a* 1) неисправи́мый, безнадёжный, безысхо́дный 2) не подлежа́щий вы́купу, невыкупа́емый (*об акциях*) 3) не подлежа́щий обме́ну, неразме́нный (*о бумажных деньгах*)

**irredenta** [,ɪrɪ'dentə] *ит. a* невоссоединённый

**irredentist** [,ɪrɪ'dentɪst] *n ист.* член *или* сторо́нник па́ртии ирреденти́стов (*программным требованием которой было воссоединение Италии по этнографическому и лингвистическому признаку*)

**irreducible** [,ɪrɪ'dju:səbl] *a* 1) не поддающийся превраще́нию (*в иное состояние и т. п.*) 2) *мед.* не поддаю́щийся улучше́нию *или* приведе́нию в пре́жнее состоя́ние 3) *мат.* несократи́мый, несокраща́емый 4) минима́льный 5) непреодоли́мый

**irrefragable** [ɪ'refrəgəbl] *a* неоспори́мый, неопровержи́мый, бесспо́рный; ~ answer исче́рпывающий отве́т

**irrefrangible** [,ɪrɪ'frændʒɪbl] *a* 1) ненаруши́мый 2) *опт.* непреломля́емый

**irrefutable** [ɪ'refjutəbl] *a* неопровержи́мый

**irregular** [ɪ'regjulə] 1. *a* 1) непра́вильный; наруша́ющий пра́вила; незако́нный; ~ child внебра́чный ребёнок 2) беспоря́дочный, распу́щенный 3) нестанда́ртный; несимметри́чный; неро́вный (*о поверхности*); неравноме́рный 4) *грам.* непра́вильный 5) *воен.* нерегуля́рный
2. *n* (*обыкн. pl*) нерегуля́рные войска́, ча́сти

**irregularity** [ɪ,regju'lærɪtɪ] *n* 1) непра́вильность, наруше́ние но́рмы (симметри́и, поря́дка *и т. п.*) 2) беспоря́дочность, распу́щенность; ~ of living ненорма́льный о́браз жи́зни 3) неро́вность

**irrelative** [ɪ'relətɪv] *a* 1) безотноси́тельный (to); абсолю́тный 2) = irrelevant

**irrelevance** [ɪ'relɪvəns] *n* 1) неуме́стность 2) не относя́щийся к де́лу, неуме́стный вопро́с *и т. п.*

**irrelevant** [ɪ'relɪvənt] *a* неуме́стный; не относя́щийся к де́лу

**irreligious** [,ɪrɪ'lɪdʒəs] *a* нерелигио́зный; неве́рующий

**irremeable** [ɪ'remɪəbl] *a* безвозвра́тный; исче́знувший

**irremediable** [,ɪrɪ'mi:djəbl] *a* 1) непоправи́мый 2) неизлечи́мый, неисцели́мый

**irremovability** [ˈɪrɪˌmuːvəˈbɪlɪtɪ] *n* несменяемость

**irremovable** [ˌɪrɪˈmuːvəbl] *a* 1) неустранимый; постоянный 2) несменяемый (*по должности*)

**irreparable** [ɪˈrepərəbl] *a* непоправимый; ~ loss безвозвратная утрата; ~ injury непоправимый ущерб

**irrepatriable** [ˌɪrɪˈpætrɪəbl] *n* человек, не подлежащий репатриации

**irreplaceable** [ˌɪrɪˈpleɪsəbl] *a* незаменимый; невосстановимый; невозместимый

**irrepressible** [ˌɪrɪˈpresəbl] **1.** *a* 1) неукротимый, неугомонный 2) неудержимый

**2.** *n разг.* неугомонный, неуёмный человек

**irreproachable** [ˌɪrɪˈprəutʃəbl] *a* безукоризненный, безупречный

**irresistibility** [ˈɪrɪˌzɪstəˈbɪlɪtɪ] *n* неотразимость

**irresistible** [ˌɪrɪˈzɪstəbl] *a* неотразимый, непреодолимый; неопровержимый; ~ proof неопровержимое доказательство

**irresolute** [ɪˈrezəluːt] *a* нерешительный, колеблющийся

**irresolution** [ˈɪˌrezəˈluːʃən] *n* нерешительность, колебание

**irresolvable** [ˌɪrɪˈzɔlvəbl] *a* 1) неразложимый (*на части*) 2) неразрешимый

**irrespective** [ˌɪrɪsˈpektɪv] *a* безотносительный, независимый (of— от); ~ of age независимо от возраста

**irresponsibility** [ˈɪrɪsˌpɔnsəˈbɪlɪtɪ] *n* безответственность

**irresponsible** [ˌɪrɪsˈpɔnsəbl] *a* 1) неответственный, не несущий ответственности; ~ child ребёнок, не отвечающий за свои поступки 2) безответственный 3) невменяемый

**irresponsive** [ˌɪrɪsˈpɔnsɪv] *a* 1) не отвечающий, не реагирующий; to be ~ не отвечать, не реагировать 2) неотзывчивый; невосприимчивый 3) *редк.* = irresponsible

**irretention** [ˌɪrɪˈtenʃən] *n* неспособность к запоминанию; ~ of memory слабая память

**irretentive** [ˌɪrɪˈtentɪv] *a* не могущий удержать в памяти

**irretraceable** [ˌɪrɪˈtreɪsəbl] *a* непрослеживаемый

**irretrievable** [ˌɪrɪˈtriːvəbl] *a* непоправимый, невозместимый, невосполнимый

**irreverence** [ɪˈrevərəns] *n* непочтительность

**irreverent** [ɪˈrevərənt] *a* непочтительный

**irreversible** [ˌɪrɪˈvəːsəbl] *a* 1) необратимый 2) неотменяемый; нерушимый, непреложный; ~ decision окончательное решение 3) *тех.* нереверсивный

**irrevocability** [ɪˌrevəkəˈbɪlɪtɪ] *n* неотменяемость, бесповоротность

**irrevocable** [ɪˈrevəkəbl] *a* неотменяемый, окончательный; безвозвратный; ~ mistake непоправимая ошибка

**irrigate** [ˈɪrɪgeɪt] *v* 1) орошать 2) *мед.* промывать

**irrigation** [ˌɪrɪˈgeɪʃən] *n* 1) орошение, ирригация 2) *мед.* промывание; спринцевание 3) *attr.*: ~ engineering мелиорация

**irrigative** [ˈɪrɪgeɪtɪv] *a* оросительный, ирригационный

**irritability** [ˌɪrɪtəˈbɪlɪtɪ] *n* 1) раздражительность 2) *физиол.* раздражимость; возбудимость (*органа*)

**irritable** [ˈɪrɪtəbl] *a* 1) раздражительный 2) болезненно чувствительный 3) *физиол.* раздражимый, воспринимающий раздражение (*об органе*)

**irritant** [ˈɪrɪtənt] **1.** *n* 1) раздражитель, раздражающее средство 2) *воен.* отравляющее вещество раздражающего действия

**2.** *a* вызывающий раздражение

**irritate I** [ˈɪrɪteɪt] *v* 1) раздражать, сердить 2) *мед.* вызывать раздражение, воспаление 3) *физиол.* вызывать деятельность органа посредством раздражения

**irritate II** [ˈɪrɪteɪt] *v юр.* делать недействительным, аннулировать

**irritating I** [ˈɪrɪteɪtɪŋ] **1.** *pres. p. от* irritate I

**2.** *a* раздражающий, вызывающий раздражение

**irritating II** [ˈɪrɪteɪtɪŋ] *pres. p. от* irritate II

**irritation** [ˌɪrɪˈteɪʃən] *n* 1) раздражение, гнев 2) *физиол., мед.* раздражение; возбуждение

**irritative** [ˈɪrɪteɪtɪv] *a* раздражающий

**irruption** [ɪˈrʌpʃən] *n* внезапное вторжение, набег, нашествие

**is** [ɪz (*полная форма*); z, s (*редуцированные формы*)] *3-е л. ед. ч. настоящего времени гл.* to be

**Isabel** [ˈɪzəbel] = Isabella 1)

**Isabella** [ˌɪzəˈbelə] *n* 1) изабелла (*сорт винограда*) [*см. тж. Список имён*] 2) серовато-жёлтый цвет

**Isaiah** [aɪˈzaɪə] *n библ.* Исай(я)

**ischemia** [ɪsˈkiːmɪə] *n мед.* ишемия

**isinglass** [ˈaɪzɪŋglɑːs] *n* 1) рыбий клей; желатин 2) *разг.* слюда (*тж.* ~-stone)

**Islam** [ˈɪzlɑːm] *n* ислам

**Islamic** [ɪzˈlæmɪk] *a* мусульманский, относящийся к исламу, исламистский

**Islamite** [ˈɪzləmaɪt] **1.** *n* мусульманин

**2.** *a* мусульманский, исламистский

**island** [ˈaɪlənd] **1.** *n* 1) остров 2) что-л. изолированное; street (*или* safety) ~ островок безопасности (*для пешеходов*) 3) *анат.* островок (*обособленная группа клеток*)

**2.** *v* 1) образовывать остров; окружать водой 2) изолировать

**islander** [ˈaɪləndə] *n* островитянин, житель острова

**isle** [aɪl] *n* остров (*поэт.*; *в прозе обыкн. с именем собственным*; *напр.*, I. of Wight о-в Уайт)

**islet** [ˈaɪlɪt] *n* островок

**ism** [ˈɪzm] *n пренебр.* доктрина, учение; направление

**isn't** [ˈɪznt] *сокр. разг.* = is not

**isobar** [ˈaɪsəubɑː] *n* изобара

**isochronal** [aɪˈsɔkrənl] = isochronous

**isochronous** [aɪˈsɔkrənəs] *a* изохронный

**isoclinal** [ˌaɪsəuˈklaɪnəl] *a геогр.* изоклинальный

**isocline** [ˈaɪsəuklaɪn] *n геогр.* изоклиналь

**isolate** [ˈaɪsəleɪt] *v* 1) изолировать, отделять, обособлять; подвергать карантину 2) *хим.* выделять

**isolated** [ˈaɪsəleɪtɪd] **1.** *p. p. от* isolate

**2.** *a* отдельный, изолированный; ~ sentence предложение, вырванное из контекста; ~ case единичный случай

**isolation** [ˌaɪsəuˈleɪʃən] *n* 1) изоляция 2) уединение; to live in ~ вести уединённый образ жизни 3) *attr.*: ~ hospital инфекционная больница; ~ period карантин

**isolationism** [ˌaɪsəuˈleɪʃnɪzm] *n* изоляционизм

**isolator** [ˈaɪsəleɪtə] *n* изолятор

**isosceles** [aɪˈsɔsɪliːz] *a мат.* равнобедренный

**isotherm** [ˈaɪsəuθəːm] *n* изотерма

**isothermal** [ˌaɪsəuˈθəːməl] *a* изотермический

**isotope** [ˈaɪsəutəup] *n* изотоп

**Israel** [ˈɪzreɪəl] *n* еврейский народ, евреи

**Israelite** [ˈɪzrɪəlaɪt] **1.** *n* израильтянин, еврей

**2.** *a* израильский, еврейский

**issuance** [ˈɪʃu(ː)əns] *n* выход, выпуск *и пр.* [*см.* issue 2]

**issue** [ˈɪʃuː] **1.** *n* 1) вытекание, излияние, истечение; выделение; an ~ of blood кровотечение 2) выход, выходное отверстие; устье реки 3) *мед.* искусственно вызываемая ранка 4) выпуск; издание; today's ~ сегодняшний номер (*газеты и т. п.*) 5) потомок; потомство; дети; without male ~ не имеющий сыновей 6) исход, результат (*чего-л.*); in the ~ в результате, в итоге; в конечном счёте; to await the ~ ожидать результата 7) спорный вопрос, предмет спора, разногласие; проблема; national ~ вопрос государственного значения; trivial ~s пустяки; the ~ of the day актуальная проблема; ~ of fact *юр.* спорный вопрос, когда один из тяжущихся отрицает то, что другой утверждает как факт; ~ of law *юр.* возражение правового порядка; to be at ~ а) быть в ссоре; расходиться во мнениях; б) быть предметом спора, обсуждения; the point at ~ предмет обсуждения, спора; the question at ~ is вопрос (*или* дело) состоит в том; to join (*или* to take) ~ а) приступить к прениям; заспорить (with — с *кем-л.*, on — о *чём-л.*); б) *юр.* начать тяжбу; в) принять решение, предложенное другой стороной; to bring an ~ to a close разрешить вопрос 8) (*обыкн. pl*) доходы, прибыли 9) *фин.* эмиссия 10): government ~ казённого образца [*см. тж.* G. I.]

**2.** *v* 1) выходить, вытекать, исходить 2) происходить, получаться в результате (from — *чего-л.*); иметь результатом, кончаться (in — *чем-л.*); the game ~d in a tie игра окончилась с равным счётом 3) *редк.* родиться, происходить (*от кого-л.*) 4) выпускать, издавать; пускать в обращение (*деньги и т. п.*) 5) выходить (*об издании*) 6) выдавать, отпускать (*провизию, паёк, обмундирование*) 7) издавать (*приказ*)

**isthmus** ['ɪsməs] *n* 1) перешеек 2) *анат., бот.* узкая соединительная часть (*чего-л.*); суженное место

**it** [ɪt] **1.** *pron* 1) *pers.* (*косв. п. без измен.*) он, она, оно (*о предметах и животных*); here is your paper, read it вот ваша газета, читайте её 2) *demonstr.* это; who is it? кто это?; кто там?; it's me, *уст.* it is I это я 3) *impers.*: it is raining идёт дождь; it is said говорят; it is known известно 4) *в качестве подлежащего заменяет какое-л. подразумеваемое понятие*: it (=the season) is winter теперь зима; it (=the distance) is 6 miles to Oxford до Оксфорда 6 миль; it (=the scenery) is very pleasant here здесь очень хорошо; it is in vain напрасно; it is easy to talk like that легко так говорить 5) *в качестве дополнения образует вместе с глаголами* (*как переходными, так и непереходными*) *разговорные идиомы*; *напр.*: to face it out не дать себя запугать; to foot it а) идти пешком; б) танцевать; to lord it разыгрывать лорда, важничать; to cab it ездить, ехать в экипаже, в такси

**2.** *n разг.* 1) идеал; последнее слово (*чего-л.*); верх совершенства; «изюминка»; in her new dress she was it в своём новом платье она была верх совершенства; she has it в ней что-то есть, она привлекает внимание 2) *в детских играх* тот, кто водит

**Italian** [ɪ'tæljən] **1.** *a* итальянский ◇ ~ warehouse магазин бакалейных (*особ.* итальянских) товаров

**2.** *n* 1) итальянец; итальянка 2) итальянский язык

**Italianize** [ɪ'tæljənaɪz] *v* итальянизировать; подражать итальянцам

**Italic** [ɪ'tælɪk] *a ист.* италийский; ~ order *архцт.* романский ордер

**italic** [ɪ'tælɪk] *полигр.* **1.** *a* курсивный; ~ type курсив

**2.** *n pl* курсив; ~s supplied курсив мой (*примечание автора*)

**italicize** [ɪ'tælɪsaɪz] *v* 1) выделять курсивом 2) подчёркивать (*в рукописи*); выделять подчёркиванием 3) подчёркивать, усиливать

**itch** [ɪtʃ] **1.** *n* 1) зуд 2) чесотка 3) зуд, жажда (*чего-л.*), непреодолимое желание (*чего-л.*); an ~ for money (gain) жажда денег (наживы); an ~ to go away нетерпеливое желание уйти

**2.** *v* 1) чесаться, зудеть 2) испытывать зуд, непреодолимое желание ◇ my fingers ~ to give him a thrashing у меня руки чешутся поколотить его; scratch him where he ~es уступи его слабостям

**itching** ['ɪtʃɪŋ] **1.** *pres. p. от* itch 2

**2.** *a* зудящий

**itch-mite** ['ɪtʃmaɪt] *n* чесоточный клещ

**itchy** ['ɪtʃɪ] *a* вызывающий зуд; зудящий

**item** ['aɪtəm] **1.** *n* 1) каждый отдельный предмет (*в списке и т. п.*); пункт, параграф, статья (*счёта, расхода*); вопрос (*на повестке заседания*); номер (*программы и т. п.*); to answer a letter ~ by ~ отвечать на письмо по пунктам 2) газетная заметка; новость, сообщение

**2.** *v* записывать по пунктам

**3.** *adv* также, тоже, равным образом

**itemize** ['aɪtəmaɪz] *v* 1) *амер.* перечислять по пунктам; уточнять, детализировать 2) *тех.* классифицировать, составлять спецификацию

**iterance** ['ɪtərəns] = iteration

**iterant** ['ɪtərənt] *a* повторяющийся

**iterate** ['ɪtəreɪt] *v* повторять

**iteration** [ˌɪtə'reɪʃən] *n* повторение

**iterative** ['ɪtərətɪv] *a* повторяющийся

**itineracy** [ɪ'tɪnərəsɪ] = itinerancy

**itinerancy** [ɪ'tɪnərənsɪ] *n* 1) странствование; переезд с места на место 2) объезд (*округа и т. п.*) с целью произнесения речей, проповедей *и т. п.*

**itinerant** [ɪ'tɪnərənt] **1.** *n* тот, кто часто переезжает с места на место, объезжает свой округ (*о судье, проповеднике*)

**2.** *a* 1) странствующий; ~ musicians странствующие музыканты 2) объезжающий свой округ

**itinerary** [aɪ'tɪnərərɪ] **1.** *n* 1) маршрут, путь 2) путевые заметки 3) путеводитель

**2.** *a* путевой, дорожный

**itinerate** [ɪ'tɪnəreɪt] *v* 1) странствовать 2) объезжать свой округ (*о судье, проповеднике*)

**itineration** [ɪˌtɪnə'reɪʃən] = itinerancy

**it's** [ɪts] *сокр. разг.* = it is

**its** [ɪts] *pron poss.* (*о предметах и животных*) его, её; свой; принадлежащий ему, ей

**itself** [ɪt'self] *pron* (*pl* themselves; *о предметах и животных*) 1) *refl.* себя; -ся, -сь; себе; the light went out of ~ свет погас; by ~ само, отдельно; in ~ само по себе, по своей природе; of ~ само по себе, без связи с другими явлениями 2) *emph.* сам, само, сама; she is kindness ~ она сама доброта; even the well ~ was empty даже в колодце не было ни капли воды

**I've** [aɪv] *сокр. разг.* = I have

**ivied** ['aɪvɪd] *a* заросший, поросший плющом

**ivory** ['aɪvərɪ] *n* 1) слоновая кость; fossil ~ мамонтовая кость 2) *pl разг.* предметы из слоновой кости: игральные кости, бильярдные шары, клавиши 3) (*тж. pl*) *sl.* зубы; to show one's ivories смеяться, скалить зубы 4) цвет слоновой кости 5) *attr.* сделанный из слоновой кости 6) *attr.* цвета слоновой кости ◇ ~ tower башня из слоновой кости

**ivory black** ['aɪvərɪ'blæk] *n* слоновая кость (*чёрная краска*)

**ivory-nut** ['aɪvərɪnʌt] *n* слоновый орех

**ivory-white** ['aɪvərɪ'waɪt] *a* цвета слоновой кости

**ivy** ['aɪvɪ] *n бот.* плющ (обыкновенный)

**ivy-bush** ['aɪvɪbuʃ] *n* 1) ветка плюща 2) = bush I, 1, 5)

# J

**J, j** [dʒeɪ] *n* (*pl* Js, J's [dʒeɪz]) *10-я буква англ. алфавита* ◇ J pen перо рондо

**jab** [dʒæb] **1.** *n* 1) толчок; пинок; внезапный удар 2) *воен.* удар 3) *разг.* укол; прививка

**2.** *v* 1) пихать, тыкать 2) вонзать, втыкать (into) 3) ударять; пронзать; колоть (*штыком*); пырнуть □ ~ out выталкивать

**jabber** ['dʒæbə] **1.** *n* 1) болтовня; трескотня 2) бормотание; тарабарщина

**2.** *v* 1) болтать, тараторить, трещать 2) говорить быстро и невнятно, бормотать

**jabot** ['ʒæbəu] *фр. n* гофрированная *или* кружевная отделка на лифе; жабо

**jacinth** ['dʒæsɪnθ] *n мин.* гиацинт

**jack** I [dʒæk] **1.** *n* 1) (*тж.* J.) человек, парень; every man ~ каждый (человек); J. and Gill (*или* Jill) парень и девушка; a good J. makes a good Jill у хорошего мужа жена хорошая 2) = jack tar 3) (*тж.* J.) работник, подёнщик 4) *карт.* валет 5) *амер.* деньги; to make one's ~ хорошо заработать 6) *амер. sl.* детектив, сыщик 7) молодая щука 8) *тех.* домкрат, таль; рыча́г; клин 9) приспособле́ние для повора́чивания ве́ртела 10) *тех.* ко́злы; сто́йка 11) *эл.* гнездо́ телефо́нного коммута́тора; пружи́нный переключа́тель 12) компенса́тор 13) бури́льный молото́к, перфора́тор 14) колпа́к на дымово́й трубе́ 15) *мин.* ци́нковая обма́нка ◇ J. of all trades на все ру́ки ма́стер; to be J. of all trades and master of none за всё бра́ться и ничего́ не уме́ть; J. out of office безрабо́тный; J. at a pinch челове́к, гото́вый неме́дленно услужи́ть; to raise ~ *амер.* шуме́ть, сканда́лить

**2.** *v* поднима́ть домкра́том (*часто* ~ up) ▭ ~ **up** а) бро́сить, оста́вить; to ~ up one's job бро́сить рабо́ту; б): ~ed up изму́ченный; изнурённый

**jack II** [dʒæk] *n мор.* гюйс, флаг

**jack III** [dʒæk] *n ист.* 1) мех (*для вина и т. п.*); black ~ высо́кая пивна́я кру́жка (*из кожи*) 2) солда́тская ко́жаная ку́ртка без рукаво́в

**Jack-a-dandy** [ˌdʒækə'dændɪ] *n* щёголь, франт, де́нди

**jackal** ['dʒækɔːl] **1.** *n* 1) шака́л 2) *разг.* челове́к, де́лающий для друго́го чёрную, неприя́тную рабо́ту

**2.** *v* исполня́ть чёрную, неприя́тную рабо́ту

**jackanapes** ['dʒækəneɪps] *n* 1) наха́л; вы́скочка 2) де́рзкий *или* бо́йкий ребёнок 3) щёголь, фат

**jackaroo** [ˌdʒækə'ruː] *n австрал. разг.* но́вый рабо́чий, новичо́к (*на овцеводческой ферме*)

**jackass** ['dʒækæs] *n* 1) осёл 2) ['dʒækɑːs] осёл, дура́к, болва́н

**jackboot** ['dʒækbuːt] *n* сапо́г вы́ше коле́н; *ист.* ботфо́рт

**jackdaw** ['dʒækdɔː] *n* га́лка ◇ ~ in peacock's feathers воро́на в павли́ньих пе́рьях

**jacket** ['dʒækɪt] **1.** *n* 1) ку́ртка; френч; жаке́т; Norfolk ~ тужу́рка с по́ясом; Eton ~ коро́ткая чёрная ку́ртка (*преим.* шко́льника) 2) *ист.* камзо́л 3) шку́ра (*животного*) 4) кожура́ (*картофеля*); шелуха́; potatoes boiled in their ~s карто́фель в мунди́ре 5) па́пка, обло́жка; суперобло́жка (*тж.* dust ~) 6) *тех.* чехо́л, кожу́х (*машины*), руба́шка (*парового котла*) ◇ to dress down (*или* to trim, to warm, to dust) smb.'s ~ вздуть, поколоти́ть кого́-л.

**2.** *v* 1) надева́ть жаке́т, ку́ртку 2) надева́ть чехо́л, кожу́х

**jacketed** ['dʒækɪtɪd] **1.** *p. p. от* jacket 2

**2.** *a* 1) оде́тый в жаке́т, ку́ртку 2) *тех.* оши́тый снару́жи, закры́тый кожухо́м

**Jack Frost** ['dʒæk'frɔst] *n* Моро́з Кра́сный нос; ма́тушка-зима́

**Jack in office** ['dʒækɪnˌɔfɪs] *n* ва́жничающий, самонаде́янный чино́вник

**jack-in-the-box** ['dʒækɪnðəbɔks] *n* 1) попрыгу́нчик (*игрушечная фигурка, выскакивающая из коробки, когда открывается крышка*) 2) род фейерве́рка 3) *уст.* моше́нник, шу́лер 4) *тех.* винтово́й домкра́т

**Jack-in-the-green** ['dʒækɪnðəgriːn] *n* мужчи́на *или* ма́льчик в убра́нстве из и́вовых ветве́й и зелёных ли́стьев (*в праздник весны*)

**Jack Ketch** ['dʒæk'ketʃ] *n* пала́ч

**jack-knife** ['dʒæknaɪf] *n* большо́й складно́й нож

**jack-lift** ['dʒæklɪft] *n* грузоподъёмная теле́жка

**jack light** ['dʒæklaɪt] *n амер.* фона́рь (*для охоты или рыбной ловли ночью*)

**jack-o'-lantern** ['dʒækəuˌlæntən] *n* 1) блужда́ющий огонёк 2) *амер.* фона́рь из ты́квы с проре́занными отве́рстиями в ви́де глаз, но́са и рта

**jack-plane** ['dʒækpleɪn] *n тех.* шерхе́бель, руба́нок; струг

**jackpot** ['dʒækpɔt] *n* 1) *карт.* банк 2) куш; са́мый кру́пный вы́игрыш в лотере́е; to hit the ~ преуспе́ть 3) *амер. sl.* затрудни́тельное положе́ние

**jack-priest** ['dʒækpriːst] *n презр.* свяще́нник

**jack rabbit** ['dʒæk'ræbɪt] *n* америка́нский за́яц

**jack-screw** ['dʒækskruː] *n* (винтово́й) домкра́т

**jack-snipe** ['dʒæksnaɪp] *n* боло́тная ку́рочка

**jack sprat** ['dʒæksprӕt] *n* ничто́жество

**jack-staff** ['dʒækstɑːf] *n мор.* гюйс-што́к

**jack-stone** ['dʒækstəun] *n* 1) га́лька 2) *pl* (*употр. как sing*) игра́ в ка́мешки

**jack-straw** ['dʒækstrɔː] *n* 1) чу́чело 2) ничто́жество 3) *pl* игра́ ти́па бирю́лек ◇ not to care a ~ ни во что не ста́вить

**jack tar** ['dʒæk'tɑː] *n* матро́с

**jack-towel** ['dʒækˌtauəl] *n* полоте́нце (*общего пользования, на ролике*)

**Jacobean** [ˌdʒækəu'bi(ː)ən] *a* относя́щийся к эпо́хе англи́йского короля́ Я́кова I (*1603—1625 гг.*)

**Jacobin** ['dʒækəubɪn] *n* 1) доминика́нец (*монах*) 2) *ист.* якоби́нец

**jacobin** ['dʒækəubɪn] *n* хохла́тый го́лубь

**Jacobinic(al)** [ˌdʒækəu'bɪnɪk(əl)] *a ист.* якоби́нский

**Jacobite** ['dʒækəubaɪt] *n ист.* якоби́т

**Jacob's ladder** ['dʒeɪkəbz'lædə] *n* 1) *библ.* ле́стница Иа́кова 2) *разг.* крута́я ле́стница 3) *мор.* скок-ва́нты; вант-тра́п 4) *бот.* синю́ха голуба́я

**Jacob's staff** ['dʒeɪkəbz'stɑːf] *n* 1) *библ.* по́сох Иа́кова 2) астроля́бия; градшто́к

**jacobus** [dʒə'kəubəs] *n ист.* золота́я моне́та XVII *в.* с изображе́нием Я́кова I

**jaconet** ['dʒækənet] *n* лёгкая бума́жная ткань ти́па бати́ста

**Jacquard loom** [dʒə'kɑːd'luːm] *n* жакка́рдовый тка́цкий стано́к

**jacqueminot** ['dʒækmɪnəu] *фр. n* многоле́тняя кра́сная ро́за

**jacquerie** [ˌʒɑːkə'riː] *фр. n ист.* жаке́рия

**jactation** [dʒæk'teɪʃən] = jactitation

**jactitation** [ˌdʒæktɪ'teɪʃən] *n* 1) хвастовство́, бахва́льство 2) *юр.* ло́жное заявле́ние, иду́щее во вред друго́му лицу́; ~ of marriage ло́жное заявле́ние о я́кобы состоя́вшемся бра́ке 3) *мед.* су́дорожные подёргивания; мета́ние (*в бреду*)

**jade I** [dʒeɪd] **1.** *n* 1) кля́ча 2) шлю́ха 3) *шутл.* ве́дьма, негодни́ца

**2.** *v* 1) зае́здить (*лошадь*) 2) *разг.* изму́чить(ся); преврати́ться в кля́чу

**jade II** [dʒeɪd] *n* 1) *мин.* жаде́йт 2) желтова́то-зелёный цвет

**jaded** ['dʒeɪdɪd] **1.** *p. p. от* jade I, 2

**2.** *a* 1) изнурённый, изму́ченный 2) пресы́тившийся

**Jaeger** ['jeɪgə] *n* е́геровская ткань, шерстяно́й трикота́ж для белья́

**jag I** [dʒæg] **1.** *n* 1) о́стрый вы́ступ, зубе́ц; о́страя верши́на (*утёса*) 2) зазу́брина 3) дыра́, проре́ха (*в платье*)

**2.** *v* 1) де́лать зазу́брины, выреза́ть зубца́ми 2) кромса́ть

**jag II** [dʒæg] *n* 1) *диал.* небольшо́й воз (*сена, дров*) 2) *sl.* попо́йка, вы́пивка; to have a ~ on быть вы́пивши, «нагрузи́ться»; a crying ~ пья́ная исте́рика

**jagg** [dʒæg] = jag II

**jagged I** **1.** [dʒægd] *p. p. от* jag I, 2

**2.** *a* ['dʒægɪd] зубча́тый, зазу́бренный; неро́вно ото́рванный

**jagged II** ['dʒægɪd] *a амер.* пья́ный

**jaggery** ['dʒægərɪ] *инд. n* па́льмовый са́хар-сыре́ц

**jaggy** ['dʒægɪ] = jagged I, 2

**jaguar** ['dʒægjuə] *n* ягуа́р

**jail** [dʒeɪl] **1.** *n* 1) тюрьма́ 2) тюре́мное заключе́ние; to break ~ бежа́ть из тюрьмы́

**2.** *v* заключа́ть в тюрьму́

**jailbird** ['dʒeɪlbəːd] *n разг.* ареста́нт; уголо́вник; закорене́лый престу́пник

**jail delivery** ['dʒeɪldɪ'lɪvərɪ] *n* 1) отпра́вка из тюрьмы́ на суд 2) освобожде́ние из тюрьмы́ 3) *амер.* побе́г заключённых

**jailer** ['dʒeɪlə] *n* тюре́мщик

**jail-fever** ['dʒeɪlˌfiːvə] *n* сыпня́к

**Jain** [dʒaɪn] *n* член инду́сской се́кты джа́йна (*близкой к буддизму*)

**jalap** ['dʒæləp] *n* слаби́тельное из мексика́нского расте́ния яла́пы

**jal(l)opy** ['dʒæləpɪ] *n разг.* полуразвали́вшийся ве́тхий автомоби́ль *или* самолёт

**jalousie** ['ʒælu(ː)ziː] *фр. n* жалюзи́, што́ры; ста́вни

**jam I** [dʒæm] **1.** *n* 1) сжа́тие, сжима́ние 2) защемле́ние 3) загромożде́ние, зато́р, да́вка; traffic ~ «про́бка», зато́р (*в уличном движении*) 4) *разг.* затрудни́тельное *или* нело́вкое положе́ние 5) *тех.* заеда́ние, остано́вка, перебо́и 6) *радио* поме́ха при приёме и переда́че

2. *v* 1) зажима́ть, сжима́ть; жать, дави́ть; to ~ on the brakes ре́зко тормози́ть 2) защемля́ть, прищемля́ть; he ~med his fingers in the door он прищеми́л па́льцы две́рью 3) впи́хивать, вти́скивать (into) 4) набива́ть(ся) битко́м 5) загроможда́ть; запру́живать 6) *тех.* заеда́ть, закли́ниваться; остана́вливать(ся) (*о машине и т. п.*) 7) *радио* искажа́ть переда́чу; меша́ть рабо́те друго́й ста́нции; глуши́ть □ ~ **through** *амер.* прота́скивать; to ~ a bill through протащи́ть законопрое́кт

**jam II** [dʒæm] *n* варе́нье; джем ◇ real ~ *sl.* ≅ па́льчики обли́жешь; удово́льствие, наслажде́ние; money for ~ больша́я уда́ча; ве́рные де́ньги

**jama(h)** [ˈdʒɑːmə] *инд. n* дли́нная хлопчатобума́жная оде́жда мусульма́н

**Jamaica** [dʒəˈmeɪkə] *n* (яма́йский) ром [*см. тж. Список географических названий*]

**jamb** [dʒæm] *n* 1) кося́к (*двери, окна*) 2) (*обыкн. pl*) боковы́е сте́нки ками́на 3) *ист.* ножны́е ла́ты 4) подста́вка, упо́р 5) *геол.* масси́в пусто́й поро́ды, пересека́ющий жи́лу поле́зного ископа́емого

**jamboree** [ˌdʒæmbəˈriː] *n разг.* 1) весе́лье; пра́зднество, пиру́шка 2) слёт (*особ.* бойска́утов)

**jam-jar** [ˈdʒæmdʒɑː] *n* ба́нка (для) варе́нья

**jammer** [ˈdʒæmə] *n радио* ста́нция умы́шленных поме́х

**jamming** [ˈdʒæmɪŋ] **1.** *pres. p. от* jam I, 2

**2.** *n* 1) зато́р, «про́бка» (*в уличном движении*) 2) *тех.* заеда́ние; защемле́ние; зажима́ние 3) *радио* взаи́мные поме́хи радиоста́нций при приёме 4) *разг.* глуше́ние радиопереда́чи 5) *attr.*: ~ station ста́нция глуше́ния радиопереда́ч; ~ war война́ в эфи́ре; заглуше́ние радиопереда́ч

**jam-up** [ˈdʒæmʌp] *n* зато́р, «про́бка» (*в уличном движении*)

**Jane, jane** [dʒeɪn] *n разг.* бабёнка

**jangle** [ˈdʒæŋgl] **1.** *n* 1) ре́зкий звук; гул, гам, сли́тный шум голосо́в; нестро́йный звон колоколо́в 2) *уст.* препира́ния, ссо́ра, спор

**2.** *v* 1) издава́ть ре́зкие, нестро́йные зву́ки; нестро́йно звуча́ть 2) шу́мно, ре́зко говори́ть 3) *уст.* спо́рить, препира́ться

**janissary** [ˈdʒænɪsərɪ] = janizary

**janitor** [ˈdʒænɪtə] *n* 1) привра́тник, швейца́р 2) *амер.* дво́рник, убо́рщик, сто́рож

**janizary** [ˈdʒænɪzərɪ] *n ист.* янычар

**Jansenism** [ˈdʒænsnɪzm] *n ист.* янсени́зм

**January** [ˈdʒænjuərɪ] *n* 1) янва́рь 2) *attr.* янва́рский

**Janus** [ˈdʒeɪnəs] *n римск. миф.* Я́нус

**Jap** [dʒæp] *разг. см.* Japanese

**japan** [dʒəˈpæn] **1.** *n* 1) чёрный лак (*особ.* япо́нский) 2) лакиро́ванное япо́нское изде́лие

**2.** *v* лакирова́ть, покрыва́ть чёрным ла́ком

**Japanese** [ˌdʒæpəˈniːz] **1.** *a* япо́нский; ~ lantern япо́нский фона́рик; ~ varnish tree ла́ковое де́рево

**2.** *n* 1) япо́нец; япо́нка; the ~ *pl собир.* япо́нцы 2) япо́нский язы́к

**Japanesque** [ˌdʒæpəˈnesk] *a* в япо́нском сти́ле

**jape** [dʒeɪp] **1.** *n* шу́тка

**2.** *v* 1) шути́ть 2) *редк.* высме́ивать

**Japhetic** [dʒeɪˈfetɪk] *a лингв.* яфети́ческий

**japonic** [dʒəˈpɔnɪk] = Japanese 1

**jar I** [dʒɑː] **1.** *n* 1) неприя́тный, ре́зкий *или* дребезжа́щий звук 2) сотрясе́ние, дрожа́ние, дребезжа́ние 3) потрясе́ние; неприя́тный эффе́кт; the news gave me a nasty ~ я был неприя́тно поражён э́тим сообще́нием 4) дисгармо́ния 5) несогла́сие; ссо́ра 6) *тех.* вибра́ция

**2.** *v* 1) издава́ть неприя́тный, ре́зкий звук; дребезжа́ть 2) вызыва́ть дрожа́ние, дребезжа́ние (upon, against); сотряса́ть 3) раздража́ть, коро́бить, де́йствовать на не́рвы (upon); to ~ (up)on a person раздража́ть кого́-л. 4) дисгармони́ровать, ста́лкиваться (*часто* ~ with); our opinions always ~red на́ши мне́ния всегда́ расходи́лись 5) ссо́риться 6) *тех.* вибри́ровать 7) *горн.* бури́ть уда́рным бу́ром

**jar II** [dʒɑː] *n* 1) ба́нка; кувши́н; кру́жка 2) *эл.*: Leyden ~ ле́йденская ба́нка 3) *уст.* ме́ра жи́дкости (*=8 пинтам = 4,54 л*)

**jar III** [dʒɑː] *n разг.*: on the ~ *разг.* приоткры́тый (*о двери и т. п.*)

**jardinière** [ˌʒɑːdɪˈnjɛə] *фр. n* жардинье́рка

**jargon I** [ˈdʒɑːgən] *n* 1) жарго́н 2) непоня́тный язы́к, тараба́рщина

**jargon II** [ˈdʒɑːgən] *n мин.* разнови́дность цирко́ния

**jargonelle** [ˌdʒɑːgəˈnel] *n* гру́ша-скороспе́лка

**jargonize** [ˈdʒɑːgənaɪz] *v* употребля́ть в разгово́ре жарго́нные выраже́ния *или* профессиона́льные те́рмины

**jarovization** [ˌjɑːrəvɪˈzeɪʃən] *русск. n с.-х.* яровиза́ция

**jarovize** [ˈjɑːrəvaɪz] *русск. v с.-х.* яровизи́ровать

**jarring** [ˈdʒɑːrɪŋ] *a* 1) ре́зкий, неприя́тный на слух 2) раздража́ющий

**jasmin(e)** [ˈdʒæsmɪn] *n* жасми́н

**jasper** [ˈdʒæspə] *n мин.* я́шма

**jaundice** [ˈdʒɔːndɪs] **1.** *n* 1) *мед.* желту́ха, разли́тие жёлчи 2) жёлчность; недоброжела́тельство; предвзя́тость 3) за́висть, ре́вность

**2.** *v* 1) *редк.* вызыва́ть разли́тие жёлчи 2) (*обыкн. p. p.*) вызыва́ть ре́вность, за́висть

**jaundiced** [ˈdʒɔːndɪst] **1.** *p. p. от* jaundice 2

**2.** *a* 1) *мед.* поражённый желту́хой 2) жёлтый, жёлтого цве́та 3) жёлчный; to take a ~ view взгляну́ть предвзя́то, пристра́стно (*на что-л.*)

**jaunt** [dʒɔːnt] **1.** *n* увесели́тельная прогу́лка *или* пое́здка; to go on a ~ отпра́виться в увесели́тельную пое́здку

**2.** *v* предпринима́ть увесели́тельную прогу́лку *или* пое́здку

**jauntily** [ˈdʒɔːntɪlɪ] *adv* 1) небре́жно 2) ве́село; беспе́чно 3) с небре́жным изя́ществом

**jaunting-car** [ˈdʒɔːntɪŋkɑː] *n ирл.* двухколёсная коля́ска с четырьмя́ сиде́ньями спи́нками друг к дру́гу

**jaunty** [ˈdʒɔːntɪ] *a* 1) весёлый, бо́йкий 2) самодово́льный; небре́жно-развя́зный 3) беспе́чный 4) изы́сканный, сти́льный; изя́щный

**Javanese** [ˌdʒɑːvəˈniːz] **1.** *a* ява́нский

**2.** *n* 1) ява́нец; ява́нка; the ~ *pl собир.* ява́нцы 2) ява́нский диале́кт

**javelin** [ˈdʒævlɪn] *n* 1) мета́тельное копьё, дро́тик 2) *attr.*: ~ formation *ав.* эшелони́рованная коло́нна зве́ньев

**javelin-throwing** [ˈdʒævlɪnˌθrəuɪŋ] *n* мета́ние копья́

**jaw** [dʒɔː] **1.** *n* 1) че́люсть 2) *pl* рот, пасть 3) *pl* у́зкий вход (*долины, залива*) 4) *разг.* болтли́вость 5) *разг.* ску́чное нравоуче́ние 6) *sl.* скверносло́вие 7) *тех.* захва́т, зажи́м, щека́ (*тисков*) 8) *pl тех.* тиски́, кле́щи 9) *attr.*: ~ clutch, ~ coupling *тех.* кулачко́вая му́фта ◇ to have a ~ поболта́ть; hold (*или* stop) your ~! *груб.* (по)придержи́ язы́к!; заткни́ гло́тку!, замолчи́!

**2.** *v разг.* 1) говори́ть (*особ.* до́лго и ску́чно); пережёвывать одно́ и то́ же 2) чита́ть нравоуче́ние, отчи́тывать

**jaw-bone** [ˈdʒɔːbəun] *n* 1) челюстна́я кость 2) *разг.* креди́т

**jaw-breaker** [ˈdʒɔːˌbreɪkə] *n разг.* тру́дно произноси́мое сло́во; ≅ язы́к слома́ешь

**jaw vice** [ˈdʒɔːvaɪs] *n тех.* тиски́

**jay** [dʒeɪ] *n* 1) со́йка (*птица*) 2) *разг.* глу́пый болту́н; балабо́лка 3) проста́к

**jaywalk** [ˈdʒeɪwɔːk] *v разг.* неосторо́жно переходи́ть у́лицу

**jay-walker** [ˈdʒeɪˌwɔːkə] *n разг.* неосторо́жный пешехо́д

**jazz** [dʒæz] **1.** *n* 1) джаз 2) та́нец, исполня́емый под джа́зовую му́зыку 3) *амер. разг.* жи́вость, эне́ргия 4) я́ркие кра́ски; пестрота́ 5) *attr.* джа́зовый 6) *attr.* крича́щий, гру́бый

**2.** *v* 1) исполня́ть джа́зовую му́зыку 2) танцева́ть под джаз 3) *амер. груб.* совокупля́ться □ ~ **up** подба́дривать, де́йствовать возбужда́юще

**jazz band** [ˈdʒæzbænd] *n* джаз-ба́нд, джаз-орке́стр

**jazzy** [ˈdʒæzɪ] 1) = jazz 1, 5); 2) *амер. разг.* живо́й, оживлённый 3) пёстрый, я́ркий

**jealous** [ˈdʒeləs] *a* 1) ревни́вый; ревну́ющий; to be ~ ревнова́ть; to be ~ of one's wife ревнова́ть жену́ 2) зави́стливый, зави́дующий; to be ~ of another fellow's good fortune зави́довать уда́че друго́го 3) ре́вностный, забо́тливый 4) ревни́во оберега́ющий (of — *что-л.*); to be ~ of one's traditions забо́титься о сохране́нии тради́ций (*чьей-л. семьи, общества и т. п.*)

**jealousy** [ˈdʒeləsɪ] *n* 1) ре́вность; ревни́вость 2) подозри́тельность 3) за́висть

**jean** *n* [dʒeɪn] пло́тная бума́жная ткань (*для рабочей одежды, комбинезонов и т. п.*)

**jeans** [dʒiːnz] *n pl* джи́нсы

**jeep** [dʒiːp] *n* 1) *авто* джип 2) небольшо́й разве́дывательный самолёт 3) *воен. разг.* новобра́нец, новичо́к

**jeer** I [dʒɪə] **1.** *n* 1) презри́тельная насме́шка, глумле́ние 2) язви́тельное замеча́ние, ко́лкость

**2.** *v* насмеха́ться, глуми́ться, высме́ивать, зло подшу́чивать (at — над)

**jeer** II [dʒɪə] *n* (*обыкн. pl*) *мор.* гарде́ль

**jeez** [dʒiːz] *int* здо́рово!; чёрт побери́!

**jehad** [dʒɪˈhɑːd] = jihad

**Jehovah** [dʒɪˈhəuvə] *n библ.* Иегова́; ~'s Witnesses свиде́тели Иеговы́ (*название секты протестантской церкви*)

**Jehu** [ˈdʒiːhjuː] *n шутл.* возни́ца; изво́зчик

**jejune** [dʒɪˈdʒuːn] *a* 1) то́щий, ску́дный; ~ diet голо́дная дие́та 2) беспло́дный (*о почве*) 3) ску́чный; сухо́й, неинтере́сный

**jejunum** [dʒɪˈdʒuːnəm] *n анат.* то́щая кишка́

**jell** [dʒel] **1.** *n разг. см.* jelly 1

**2.** *v разг.* 1) = jelly 2; 2) *перен.* выкристаллизо́вываться, устана́вливаться; public opinion has ~ed on that question по э́тому вопро́су существу́ет определённая то́чка зре́ния; the conversation wouldn't ~ разгово́р не кле́ился

**jellify** [ˈdʒelɪfaɪ] = jelly 2

**jelly** [ˈdʒelɪ] **1.** *n* 1) желе́ 2) сту́день ◇ to reduce smb. to ~ стере́ть кого́-л. в порошо́к

**2.** *v* 1) превраща́ть в желе́, в сту́день 2) застыва́ть

**jelly-fish** [ˈdʒelɪfɪʃ] *n* 1) *зоол.* меду́за 2) *разг.* бесхара́ктерный, мягкоте́лый челове́к

**jellygraph** [ˈdʒelɪgrɑːf] *n* копирова́льный аппара́т

**jelly-like** [ˈdʒelɪlaɪk] *a* студени́стый, желеобра́зный

**jemadar** [ˈdʒemədɑː] *инд. n* 1) *ист.* мла́дший офице́р-тузе́мец; тузе́мец-лейтена́нт 2) полице́йский 3) дворе́цкий

**jemmy** [ˈdʒemɪ] *n* 1) воровско́й лом «фо́мка»; отмы́чка 2) бара́нья голова́ (*кушанье*)

**jennet** [ˈdʒenɪt] *n* 1) низкоро́слая испа́нская ло́шадь 2) осли́ца

**jenneting** [ˈdʒenɪtɪŋ] *n* сорт ра́нних я́блок

**jenny** [ˈdʒenɪ] *n* 1) *иногда прибавляется к названиям животных для указания женского рода, напр.:* ~-ass осли́ца 2) *тех.* лебёдка; подъёмный кран 3) *текст.* пряди́льная маши́на периоди́ческого де́йствия

**jenny-ass** [ˈdʒenɪæs] = jennet 2)

**jenny wren** [ˈdʒenɪren] *n зоол.* крапи́вник

**jeopard** [ˈdʒepəd] *амер.* = jeopardize

**jeopardize** [ˈdʒepədaɪz] *v* подверга́ть опа́сности, рискова́ть; to ~ one's life рискова́ть жи́знью

**jeopardy** [ˈdʒepədɪ] *n* опа́сность, риск; to be in ~ быть в опа́сности; to put in ~ ста́вить под угро́зу, подверга́ть опа́сности

**jerboa** [dʒəːˈbəuə] *n* (африка́нский) тушка́нчик

**jeremiad** [ˌdʒerɪˈmaɪəd] *n* иеремиа́да; се́тования, жа́лобы

**Jericho** [ˈdʒerɪkəu] *n библ.* Иерихо́н ◇ go to ~! убира́йся к чёрту!

**jerk** I [dʒəːk] **1.** *n* 1) ре́зкое движе́ние, толчо́к; to get a ~ on поторопи́ться, поспеши́ть 2) су́дорожное подёргивание, вздра́гивание; the ~s конву́льсии 3) *амер.* сатура́тор (*тж.* soda ~) 4) *амер. разг.* сопля́к, ничто́жество 5) *attr.* уха́бистый (*о дороге*) ◇ physical ~s *разг.* гимна́стика, заря́дка

**2.** *v* 1) ре́зко толка́ть, дёргать 2) дви́гаться ре́зкими толчка́ми 3) говори́ть отры́висто 4) *амер.* разлива́ть газиро́ванную во́ду

**jerk** II [dʒəːk] *v* вя́лить мя́со дли́нными то́нкими куска́ми

**jerked** I [dʒəːkt] *p. p. от* jerk I, 2

**jerked** II [dʒəːkt] **1.** *p. p. от* jerk II

**2.** *a* вя́леный; ~ beef вя́леное мя́со

**jerkin** [ˈdʒəːkɪn] *n ист.* 1) коро́ткая (*обыкн.* ко́жаная) мужска́я ку́ртка 2) камзо́л

**jerkwater** [ˈdʒəːkˌwɔːtə] *a амер. разг.:* ~ town захолу́стный, заштатный городи́шко

**jerky** I [ˈdʒəːkɪ] **1.** *a* 1) дви́гающийся ре́зкими толчка́ми; тря́ский 2) отры́вистый

**2.** *n амер.* тря́ский безрессо́рный экипа́ж *или* ваго́н

**jerky** II [ˈdʒəːkɪ] *n* вя́леное мя́со

**Jeroboam** [ˌdʒerəˈbəuəm] *n* больша́я ча́ша, больша́я ви́нная буты́ль (*=8—12 бутылкам обыкновенного размера*)

**jerque** [dʒəːk] *v* проверя́ть судовы́е докуме́нты и груз

**jerrican** [ˈdʒerɪkən] *n воен.* кани́стра

**Jerry** [ˈdʒerɪ] *n воен. разг.* не́мец; неме́цкий солда́т *или* самолёт

**jerry** [ˈdʒerɪ] *n sl* ночно́й горшо́к

**jerry-building** [ˈdʒerɪˌbɪldɪŋ] *n* 1) возведе́ние непро́чных постро́ек из плохо́го материа́ла (*со спекулятивными целями*) 2) непро́чная постро́йка

**jerry-built** [ˈdʒerɪbɪlt] *a* постро́енный на ско́рую ру́ку, ко́е-ка́к

**jerrymander** [ˈdʒerɪmændə] = gerrymander

**jerry-shop** [ˈdʒerɪʃɔp] *n sl.* пивну́шка, забега́ловка

**jersey** [ˈdʒəːzɪ] *n* 1) фуфа́йка; вя́заная ко́фта 2) то́нкая шерстяна́я пря́жа; вя́заная ткань, джерсе́ 3) джерсе́йская поро́да моло́чного скота́

**jess** [dʒes] **1.** *n* (*обыкн. pl*) 1) пу́ты на нога́х ручно́го со́кола 2) *перен.* пу́ты

**2.** *v* надева́ть пу́ты (*на сокола*)

**jessamine** [ˈdʒesəmɪn] = jasmin(e)

**jest** [dʒest] **1.** *n* 1) шу́тка, остро́та; in ~ в шу́тку 2) насме́шка, высме́ивание 3) объе́кт насме́шек, посме́шище; standing ~ постоя́нный объе́кт шу́ток ◇ many a true word is spoken in ~ *посл.* ≅ в ка́ждой шу́тке есть до́ля пра́вды

**2.** *v* 1) шути́ть 2) насмеха́ться, высме́ивать

**jest-book** [ˈdʒestbuk] *n* собра́ние шу́ток, анекдо́тов

**jester** [ˈdʒestə] *n* 1) шутни́к 2) шут

**jesting** [ˈdʒestɪŋ] **1.** *pres. p. от* jest 2

**2.** *a* 1) шу́точный, шутли́вый; a ~ remark шутли́вое замеча́ние, шу́тка 2) лю́бящий шу́тку; с ю́мором; a ~ fellow шутни́к

**Jesuit** [ˈdʒezjuɪt] *n* 1) иезуи́т 2) двули́чный челове́к, лицеме́р

**Jesuitic(al)** [ˌdʒezjuˈɪtɪk(əl)] *a* 1) иезуи́тский 2) кова́рный, лицеме́рный

**Jesuitism** [ˈdʒezjuɪtɪzm] *n* иезуи́тство, лицеме́рие; казуи́стика

**Jesuitry** [ˈdʒezjuɪtrɪ] = Jesuitism

**Jesus** [ˈdʒiːzəs] *n библ.* Ису́с ◇ by ~ ей-бо́гу; ~ Christ! бо́же!; чёрт возьми́!

**jet** I [dʒet] *n* 1) *мин.* гага́т, чёрный янта́рь 2) блестя́щий чёрный цвет

**jet** II [dʒet] **1.** *n* 1) струя́ (*воды, газа и т. п.*); a ~ of ink shot onto the paper черни́ла бры́знули на бума́гу 2) *тех.* жикле́р, форсу́нка, па́трубок 3) реакти́вный дви́гатель 4) *разг.* реакти́вный самолёт 5) *attr.* реакти́вный; ~ engine реакти́вный дви́гатель ◇ at the first ~ по пе́рвому побужде́нию

**2.** *v* 1) выпуска́ть струёй 2) бры́згать, бить струёй

**jet-black** [ˈdʒetˈblæk] *a* чёрный как смоль

**jet-fighter** [ˈdʒetˌfaɪtə] *n* реакти́вный истреби́тель

**jet plane** [ˈdʒetpleɪn] *n* реакти́вный самолёт

**jet port** [ˈdʒetpɔːt] *n* аэропо́рт для реакти́вных самолётов

**jet-propelled** [ˈdʒetprəˈpeld] *a* с реакти́вным дви́гателем; ~ plane реакти́вный самолёт; ~ projectile реакти́вный снаря́д

**jet propulsion** [ˈdʒetprəˈpʌlʃən] *n* реакти́вное движе́ние

**jetsam** [ˈdʒetsəm] *n* груз, това́ры, сбро́шенные с корабля́ при ава́рии (и прибы́тые к бе́регу) [*ср.* flotsam]

**jet set** [ˈdʒetˈset] *n амер. разг.* эли́та, сли́вки о́бщества; «де́нежные мешки́»

**jetstone** [ˈdʒetstəun] *n мин.* чёрный турмали́н

**jettison** [ˈdʒetɪsn] **1.** *n* выбра́сывание (*груза*) за́ борт во вре́мя бе́дствия

2. *v* 1) выбра́сывать (*груз*) за́ борт 2) *ав.* сбра́сывать (*грузы*) 3) отде́лываться (*от какой-л. помехи*) 4) отверга́ть (*что-л.*); to ~ a bill отка́зываться от законопрое́кта вследствие затрудни́тельности его́ проведе́ния

**jetton** ['dʒetən] *n* жето́н

**jetty** I ['dʒetɪ] = jet-black

**jetty** II ['dʒetɪ] *n* 1) мол, при́стань 2) вы́ступ зда́ния; э́ркер, закры́тый балко́н

**Jew** [dʒu:] *n* евре́й, иуде́й

**jewel** ['dʒu:əl] **1.** *n* 1) драгоце́нный ка́мень 2) ювели́рное изде́лие; *pl* драгоце́нности 3) сокро́вище (*тж. перен.*) 4) ка́мень (*в часах*)

2. *v* 1) (*обыкн. р. р.*) украша́ть драгоце́нными камня́ми 2) вставля́ть ка́мни (*в часовой механизм*)

**jewel-box** ['dʒu:əlbɔks] *n* футля́р для ювели́рных изде́лий

**jewel-case** ['dʒu:əlkeɪs] = jewel-box

**jewel-house** ['dʒu:əlhaus] *n* сокро́вищница брита́нской коро́ны

**jeweller** ['dʒu:ələ] *n* ювели́р

**jewellery, jewelry** ['dʒu:əlrɪ] *n* драгоце́нности; ювели́рные изде́лия

**Jewess** ['dʒu(:)ɪs] *n* евре́йка, иуде́йка

**Jewish** ['dʒu(:)ɪʃ] *a* евре́йский, иуде́йский; he is ~ он евре́й

**Jewry** ['dʒuərɪ] *n* 1) евре́и 2) евре́йство 3) *ист.* ге́тто, евре́йский кварта́л

**Jew's-harp** ['dʒu:z'hɑ:p] *n* 1) варга́н (*муз. инструмент*) 2) расчёска, обёрнутая в папиро́сную бума́гу и испо́льзуемая как музыка́льный инструме́нт

**Jew's pitch** ['dʒu:zpɪtʃ] *n* *мин.* пек, разнови́дность би́тума

**Jezebel** ['dʒezəbl] *n* *библ.* Иезаве́ль; *перен. разг.* распу́тница

**jib** I [dʒɪb] **1.** *n* 1) *мор.* кли́вер 2) *тех.* уко́сина, стрела́ грузоподъёмного кра́на ◇ the cut of one's ~ *мор. разг.* вне́шность челове́ка, мане́ра одева́ться *и т. п.*

2. *v* *мор.* переноси́ть (*парус*); перекидываться (*о парусе*)

**jib** II [dʒɪb] **1.** *n* норови́стая ло́шадь

2. *v* внеза́пно остана́вливаться, упира́ться; топта́ться на ме́сте (*обыкн. о лошади и т. п.*); *перен.* упира́ться □ ~ **at** а) колеба́ться (*сделать что-л.*); б) выка́зывать нерасположе́ние к *чему-л., кому-л.*

**jibber** ['dʒɪbə] = jib II, 1

**jib-boom** ['dʒɪb'bu:m] *n* *мор.* утле́гарь

**jib-crane** ['dʒɪb'kreɪn] *n* *тех.* кран-уко́сина

**jib door** ['dʒɪb'dɔ:] *n* 1) потайна́я дверь 2) *стр.* скры́тая дверь

**jibe** I [dʒaɪb] = gibe

**jibe** II [dʒaɪb] = jib I, 2 *и* gybe

**jibe** III [dʒaɪb] *v* *разг.* 1) соглаша́ться 2) согласова́ться; соотве́тствовать; his words and actions do not ~ у него́ слова́ расхо́дятся с де́лом

**jiff(y)** ['dʒɪf(ɪ)] *n* *разг.* миг, мгнове́ние; wait (half) a ~ подожди́те мину́тку; in a ~ ми́гом, одни́м ду́хом

**jig** I [dʒɪg] **1.** *n* джи́га (*танец*) ◇ the ~ is up де́ло — швах; пришло́ вре́мя держа́ть отве́т

2. *v* 1) танцева́ть джи́гу 2) бы́стро дви́гаться взад и вперёд

**jig** II [dʒɪg] **1.** *n* 1) *тех.* зажи́мное приспособле́ние; сбо́рочное приспособле́ние; конду́ктор; шабло́н 2) *полигр.* ма́трица 3) *стр.* ба́лка 4) *текст.* ро́ликовая краси́льная маши́на 5) *горн.* отса́дочная маши́на 6) прима́нка (*в рыбной ловле и т. п.*); блесна́

2. *v* 1) промыва́ть руду́ 2) сортирова́ть

**jigger** I ['dʒɪgə] *n* 1) рабо́чий, промыва́ющий руду́; сортиро́вщик 2) ме́рный стака́нчик (*для разливания спиртных напитков*) 3) *разг.* чуда́к 4) *тех.* гро́хот 5) *горн.* отса́дочная маши́на 6) *радио* трансформа́тор затуха́ющих колеба́ний 7) *мор.* хват-та́ли; выносна́я биза́нь 8) ажу́рная пила́ 9) = jig II, 1, 4); 10) гонча́рный круг 11) подста́вка для киёв ◇ not worth a ~ ≅ яйца́ вы́еденного не сто́ит

**jigger** II ['dʒɪgə] *n* 1) танцо́р, исполня́ющий джи́гу 2) ку́кольник (*в кукольном театре*) 3) коро́ткое же́нское пальто́

**jigger** III ['dʒɪgə] = chigoe

**jigger** IV ['dʒɪgə] *v* (*тк. pass.*): well, I'm ~ed! ≅ чёрт меня́ побери́!

**jigger-mast** ['dʒɪgə'mɑ:st] *n* *мор.* джи́ггер(-ма́чта)

**jiggery-pokery** ['dʒɪgərɪ'pəukərɪ] *n* *разг.* 1) интри́ги, ко́зни 2) вздор, ерунда́, чепуха́

**jiggle** ['dʒɪgl] **1.** *n* пока́чивание; тря́ска

2. *v* пока́чивать(ся); трясти́(сь)

**jig-saw** ['dʒɪgsɔ:] *n* *тех.* ажу́рная пила́; маши́нная ножо́вка ◇ ~ puzzle составна́я карти́нка-зага́дка

**jihad** [dʒɪ'hɑ:d] *араб.* *n* 1) газава́т, свяще́нная война́ (*против немусульман*) 2) кампа́ния про́тив чего́-л., (кресто́вый) похо́д

**Jill** [dʒɪl] = Gill

**Jim-Crow** ['dʒɪm'krəu] *n* *амер.* 1) *презр. уст.* негр 2) *attr.*: ~ car осо́бый ваго́н для не́гров; ~ policy поли́тика дискримина́ции не́гров в США

**jim-dandy** ['dʒɪm'dændɪ] *a* *амер. разг.* превосхо́дный, прекра́сный

**jim-jams** ['dʒɪmdʒæmz] *n* *pl* *разг.* 1) бе́лая горя́чка 2) содрога́ние, мура́шки по те́лу

**jimmy** ['dʒɪmɪ] *амер.* **1.** *n* 1) *горн.* теле́жка для транспортиро́вки угля́ 2) = jemmy 1)

2. *v* взла́мывать ло́мом

**jimp** [dʒɪmp] *a* *шотл.* 1) стро́йный, то́нкий 2) изя́щный 3) ску́дный

**Jimson weed** ['dʒɪmsnwi:d] *n* *бот.* дурма́н

**jingle** ['dʒɪŋgl] **1.** *n* 1) звон, звя́канье; побря́кивание 2) созву́чие, аллитера́ция 3) ирла́ндская *или* австрали́йская кры́тая двухколёсная повозка

2. *v* 1) звене́ть, звя́кать 2) изоби́ловать созву́чиями, аллитера́циями

**jingo** ['dʒɪŋgəu] **1.** *n* (*pl* -oes [-əuz]) ура́-патрио́т, шовини́ст; джинго́ист ◇ by ~! чёрт побери́!

2. *a* шовинисти́ческий

**jingoism** ['dʒɪŋgəuɪzm] *n* ура́-патрио́тизм, агресси́вный шовини́зм; джинго́изм

**jink** [dʒɪŋk] **1.** *n* 1) уклоне́ние, уло́вка, увёртка 2) *pl*: high ~s шу́мное, бу́рное весе́лье

2. *v* 1) увёртываться, уклоня́ться, избега́ть 2) *воен. разг.* уйти́ от огня́ зени́тной артилле́рии

**jinn** [dʒɪn] *pl от* jinnee

**jinnee** [dʒɪ'ni:] *n* (*pl* jinn, *часто употр. как sing*) *миф.* джин

**jinny** ['dʒɪnɪ] *n* *горн.* 1) отка́тная лебёдка 2) накло́нный путь для вагонёток с рудо́й

**jinrick(i)sha** [dʒɪn'rɪkʃə] = ricksha(w)

**jinx** [dʒɪŋks] *n* *разг.* челове́к *или* вещь, принося́щие несча́стье

**jitney** ['dʒɪtnɪ] *амер разг.* **1.** *n* 1) пять це́нтов 2) дешёвое маршру́тное такси́ *или* авто́бус

2. *a* дешёвый, третьесо́ртный

3. *v* е́хать в дешёвом маршру́тном такси́ *или* авто́бусе

**jitter** ['dʒɪtə] **1.** *v* *разг.* не́рвничать, трепета́ть

2. *n* *тлв.* дрожа́ние изображе́ния

**jitterbug** ['dʒɪtəbʌg] *разг.* **1.** *n* 1) не́рвный челове́к; паникёр 2) люби́тель танцева́ть под джа́зовую му́зыку 3) джи́ттербаг (*танец*)

2. *v* танцева́ть под джа́зовую му́зыку

**jitters** ['dʒɪtəz] *n* *pl* *разг.* не́рвное возбужде́ние, испу́г; to have the ~ перепуга́ться; it gave me the ~ я весь затря́сся

**jittery** ['dʒɪtərɪ] *a* *разг.* пугли́вый; не́рвный

**jiu-jitsu** [dʒju:'dʒɪtsu:] = ju-jutsu

**jive** [dʒaɪv] **1.** *n* *sl.* 1) джаз; джа́зовая му́зыка 2) жарго́н джа́зовых музыка́нтов 3) болтовня́

2. *v* *sl.* танцева́ть под джа́зовую му́зыку

**Job** [dʒəub] *n* 1) *библ.* Ио́в 2) многострада́льный, терпели́вый челове́к ◇ to be as patient as ~ ≅ облада́ть а́нгельским терпе́нием; this would try the patience of ~ от э́того хоть у кого́ терпе́ние ло́пнет; ~'s news плоха́я весть, печа́льные но́вости; ~'s comforter челове́к, кото́рый под ви́дом утеше́ния то́лько усугубля́ет чьё-л. го́ре

**job** I [dʒɔb] **1.** *n* 1) рабо́та, труд; сде́льная рабо́та; by the ~ сде́льно, поуро́чно (*об оплате*) 2) *разг.* ме́сто, слу́жба; out of ~ без рабо́ты 3) зада́ние; уро́к 4) испо́льзование своего́ положе́ния в ли́чных це́лях; his appointment was a ~ он получи́л назначе́ние по проте́кции 5) *sl.* кра́жа; an inside ~ *амер.* кра́жа *и т. п.*, соверше́нная кем-л. из свои́х 6) ло́шадь *или* экипа́ж, взя́тые напрока́т 7) *полигр.* акциде́нция 8) *тех.* дета́ль, изде́лие, обраба́тываемый предме́т 9) *attr.* на́нятый на определённую рабо́ту; наёмный; ~ classification *амер.* основна́я ста́вка (*зарплаты рабочего*); ~ evaluation *амер.* разря́д (*для установления зарплаты рабочего*) ◇ a ~ of work нелёгкая работёнка; a bad ~ безнадёжное де́ло; неуда́ча; to make the best of a bad ~ му́жественно переноси́ть невзго́ды; a good ~ а) хорошо́ вы́полненная рабо́та; б) хоро́шие дела́ (*положение вещей*); *ирон.* хоро́шенькое де́ло; to make a good ~ of it сде́лать что-л. хорошо́; a good ~ you made of it! хоро́шеньких дел вы натвори́ли!; ~ lot а) па́ртия разро́зненных това́ров, продаю́щихся о́птом; б) ве́щи, ку́пленные по дешёвке с це́лью перепрода́жи; в) разро́зненная колле́кция; on the ~ а) в де́йствии, в движе́нии; б) о́чень занято́й; в) гото́вый на всё; just the ~ то са́мое, как раз то́, что тре́буется; to lie down on the ~ рабо́тать ко́е-ка́к; to do smb.'s ~, to do the ~ for smb. *разг.* погуби́ть кого́-л.; to put up a ~ on smb. *амер.* сыгра́ть с кем-л. шу́тку

**2.** *v* 1) рабо́тать нерегуля́рно, случа́йно 2) рабо́тать сде́льно 3) нанима́ть на сде́льную рабо́ту 4) брать внаём лошаде́й, напрока́т экипа́жи 5) сдава́ть подря́ды; дава́ть внаём лошаде́й, напрока́т экипа́жи 6) спекули́ровать, бары́шничать; быть ма́клером 7) де́йствовать недобросо́вестно (*при заключении сделок и т. п.*) 8) злоупотребля́ть свои́м положе́нием; to ~ smb. into a post устро́ить кого́-л. на ме́сто по проте́кции

**job** II [dʒɔb] **1.** *n* внеза́пный уда́р, толчо́к

**2.** *v* 1) коло́ть, вонза́ть; пронза́ть; пырну́ть (at) 2) толкну́ть; уда́рить 3) си́льно дёрнуть ло́шадь за удила́

**jobation** [dʒəu'beɪʃən] *n* дли́нное ску́чное нравоуче́ние, вы́говор

**jobber** ['dʒɔbə] *n* 1) челове́к, занима́ющийся случа́йной рабо́той 2) челове́к, рабо́тающий сде́льно 3) (биржево́й) ма́клер, комиссионе́р 4) опто́вый торго́вец 5) недобросо́вестный деле́ц 6) предпринима́тель, даю́щий лошаде́й и экипа́жи напрока́т

**jobbernowl** ['dʒɔbənəul] *n разг.* о́лух, болва́н

**jobbery** ['dʒɔbərɪ] *n* 1) испо́льзование служе́бного положе́ния в коры́стных *или* ли́чных це́лях 2) сомни́тельные опера́ции; спекуля́ция

**jobbing** I ['dʒɔbɪŋ] **1.** *pres. p. от* job I, 2

**2.** *n* 1) случа́йная, нерегуля́рная рабо́та 2) сде́льная рабо́та 3) *тех.* ме́лкий ремо́нт 4) торго́вля а́кциями; биржева́я игра́; спекуля́ция

**3.** *a* случа́йный, нерегуля́рный (*о работе и т. п.*) ◇ ~ shop ремо́нтная мастерска́я

**jobbing** II ['dʒɔbɪŋ] *pres. от* job II, 2

**jobholder** ['dʒɔb,həuldə] *n* 1) челове́к, име́ющий постоя́нную рабо́ту 2) *амер.* госуда́рственный слу́жащий

**jobless** ['dʒɔblɪs] *a* безрабо́тный

**jobmaster** ['dʒɔb,mɑːstə] *n* 1) *ист.* извозопромы́шленник 2) рабо́тник, выполня́ющий акциде́нтные типогра́фские рабо́ты

**job-work** ['dʒɔb'wəːk] *n* сде́льная рабо́та

**Jock** [dʒɔk] *n* 1) *воен. жарг.* шотла́ндский солда́т 2) (j.) *разг. см.* jockey 1, 1)

**jockey** ['dʒɔkɪ] **1.** *n* 1) жоке́й 2) *шотл. ист.* менестре́ль 3) обма́нщик, плут

**2.** *v* обма́нывать, надува́ть; to ~ for position не стесня́ться в сре́дствах для достиже́ния це́ли □ ~ **into** склони́ть обма́ном к *чему-л.*; ~ **out** обма́ном получи́ть, вы́манить *что-л.*

**jocko** ['dʒɔkəu] *n* (*pl* -os [-əuz]) *разг.* шимпанзе́; обезья́на

**jock-strap** ['dʒɔkstræp] *n спорт.* банда́ж

**jocose** [dʒəu'kəus] *a* шутли́вый; игри́вый

**jocosity** [dʒəu'kɔsɪtɪ] *n* шутли́вость; игри́вость

**jocular** ['dʒɔkjulə] *a* шутли́вый; коми́ческий; заба́вный, весёлый; юмористи́ческий

**jocularity** [,dʒɔkju'lærɪtɪ] *n* 1) весёлость 2) шу́тка

**jocund** ['dʒɔkənd] *a* 1) весёлый, живо́й; жизнера́достный 2) прия́тный

**jocundity** [dʒəu'kʌndɪtɪ] *n* 1) весёлость, жизнера́достность 2) прия́тность

**jodhpurs** ['dʒɔdpuəz] *n pl* брю́ки для верхово́й езды́

**Joe (Blow)** ['dʒəu('bləu)] *n амер. воен. sl.* солда́т

**joey** I ['dʒəuɪ] *n австрал.* детёныш (*преим.* кенгуру́)

**joey** II ['dʒəuɪ] *n ист.* четырёхпе́нсовая моне́та

**jog** [dʒɔg] **1.** *n* 1) толчо́к; подта́лкивание, встря́хивание 2) ме́дленная, тря́ская езда́; ме́дленная ходьба́ 3) *амер.* неро́вность, изло́м пове́рхности *или* ли́нии 4) поме́ха, лёгкое препя́тствие

**2.** *v* 1) толка́ть, трясти́; подтолкну́ть; to ~ smb.'s memory напо́мнить кому́-л., не дать кому́-л. забы́ть (*что-л.*) 2) слегка́ подта́лкивать ло́ктем (*особ. чтобы привлечь внимание к чему-л.*) 3) е́хать, дви́гаться подпры́гивая, подска́кивая; трясти́сь; труси́ть 4) ме́дленно, но упря́мо п(р)одвига́ться вперёд (*часто* ~ on, ~ along) 5) продолжа́ть (*путь, работу и т. п.*; on, along)

**joggle** I ['dʒɔgl] **1.** *n* потря́хивание, встря́хивание; лёгкий толчо́к

**2.** *v* 1) трясти́; подта́лкивать; толка́ть 2) трясти́сь, дви́гаться лёгкими толчка́ми

**joggle** II ['dʒɔgl] **1.** *n тех.* соедини́тельный вы́ступ; паз, шпунт

**2.** *v* соединя́ть шипо́м, шпунто́м, у́шками *и т. п.*

**joggly** ['dʒɔglɪ] *a* неро́вный (*о почерке*)

**jogtrot** ['dʒɔg'trɔt] *n* 1) рысца́ 2) однообра́зие, рути́на 3) *attr.* однообра́зный, ну́дный

**John** [dʒɔn] *n разг.* сорти́р

**John Bull** ['dʒɔn'bul] *n* Джон Булль (*прозвище типичного англичанина*)

**John Collins** ['dʒɔn'kɔlɪnz] *n разг.* джин с лимо́ном и са́харом

**John Doe** ['dʒɔn'dəu] *n юр.* (*употр. нарицательно*) вообража́емый исте́ц в суде́бном проце́ссе; ~ and Richard Roe исте́ц и отве́тчик (*взамен имён истинных юридических лиц*)

**John Dory** ['dʒɔn'dɔːrɪ] *n* со́лнечник (*рыба*)

**Johnny, johnny** ['dʒɔnɪ] *n разг.* 1) ма́лый, па́рень 2) щёголь, франт

**johnny-cake** ['dʒɔnɪkeɪk] *n* лепёшка (*амер. — маисовая, австрал. — пшеничная*)

**Johnny-jump-up** ['dʒɔnɪ'dʒʌmpʌp] *n* америка́нская лесна́я фиа́лка

**Johnny Raw** ['dʒɔnɪ'rɔː] *n* 1) *sl.* нови́чо́к 2) *воен. sl.* новобра́нец

**John-o'-Groat's(-House)** ['dʒɔnə'grəuts(haus)] *n* се́вер Шотла́ндии; from ~ to Land's End от се́вера до ю́га А́нглии; от кра́я до кра́я (*страны*)

**John Q. Public** ['dʒɔnkjuː'pʌblɪk] *n* Джон Кью Па́блик (*прозвище среднего американца*)

**Johnsonese, Johnsonian** [,dʒɔnsə'niːz, dʒɔn'səunjən] *n* тяжёлый, напы́щенный стиль, изоби́лующий латини́змами (*как у писателя XVIII в. Сэмюеля Джонсона*)

**join** [dʒɔɪn] **1.** *v* 1) соединя́ть(ся); to ~ forces соедини́ть си́лы, объедини́ть уси́лия; to ~ hands а) бра́ться за́ руки; (идти́) рука́ о́б руку; б) объединя́ться, де́йствовать сообща́ 2) присоедини́ть(ся); I'll ~ you in your walk я пройду́сь с ва́ми 3) объедини́ться (*с кем-л.*); войти́ в компа́нию; вступи́ть в чле́ны (*общества и т. п.*); to ~ a club стать чле́ном клу́ба; to ~ a library записа́ться в библиоте́ку; to ~ (in) with smb. присоедини́ться к кому́-л.; to ~ up поступи́ть на вое́нную слу́жбу 4) сно́ва заня́ть своё ме́сто, возврати́ться; to ~ one's regiment, one's ship верну́ться в полк, на кора́бль (*после отпуска, перерыва в службе и т. п.*) 5) соединя́ться, слива́ться; the stream ~s the river руче́й впада́ет в ре́ку 6) грани́чить; the two estates ~ э́ти два име́ния грани́чат друг с дру́гом ◇ to ~ battle вступи́ть в бой; завяза́ть сраже́ние; вступи́ть в борьбу́

**2.** *n* соедине́ние; то́чка, ли́ния, пло́скость соедине́ния

**joinder** ['dʒɔɪndə] *n преим. юр.* объедине́ние, соедине́ние; сою́з

**joiner** ['dʒɔɪnə] *n* 1) столя́р 2) *амер.* член не́скольких клу́бов

**joinery** ['dʒɔɪnərɪ] *n* 1) столя́рная рабо́та; столя́рное ремесло́ 2) столя́рные изде́лия 3) столя́рная мастерска́я

**joint** [dʒɔɪnt] **1.** *n* 1) мéсто соединéния; соединéние; стык 2) *анат.* сустáв, сочленéние; to put a bone into ~ again впрáвить вы́вих; out of ~ вы́вихнутый; *перен.* пришéдший в расстрóйство; не в порядке 3) часть разрýбленной тýши: ногá, лопáтка *и т. п.*; dinner from the ~ мяснóй обéд 4) *амер. разг.* мéсто, помещéние; (eating) ~ закýсочная, столóвая 5) *амер. разг.* притóн 6) *амер. sl.* сигарéта с марихуáной 7) *бот.* ýзел (*у растения*) 8) *геол.* трéщина, отдéльность, ли́ния кливáжа 9) *тех.* соединéние; паз, шов, шарни́р; angle ~ соединéние под углóм 10) *тех., стр.* ýзел фéрмы

**2.** *a* 1) объединённый, óбщий, совмéстный; to take ~ actions дéйствовать сообщá; ~ efforts óбщие уси́лия; ~ authors соáвторы; ~ committee а) объединённый комитéт; б) коми́ссия из представи́телей рáзных организáций; ~ possession совмéстное владéние, совладéние; ~ responsibility солидáрная отвéтственность; ~ heir сонаслéдник; J. Staff геньштáб; J. Chiefs of Staff *амер.* объединённый комитéт начáльников штабóв; ~ stock акционéрный капитáл; ~ resolution *амер.* совмéстное постановлéние обéих палáт конгрéсса, котóрое имéет си́лу закóна пóсле утверждéния президéнтом 2) комбини́рованный; ~ traffic комбини́рованное движéние по рéльсовым и безрéльсовым путя́м

**3.** *v* 1) сочленя́ть; соединя́ть при пóмощи вставны́х частéй, колéн 2) разнимáть, расчленя́ть 3) *стр.* расшивáть швы кирпи́чной клáдки

**jointer** [ˈdʒɔɪntə] *n* 1) *тех.* фугáнок; фугóвочный станóк 2) *стр.* инструмéнт для расши́вки швов

**jointly** [ˈdʒɔɪntlɪ] *adv* совмéстно, сообщá

**joint-pin** [ˈdʒɔɪntpɪn] *n тех.* ось шарни́ра

**jointress** [ˈdʒɔɪntrɪs] *n юр.* вдовá, владéющая вы́деленной ей по наслéдству чáстью имýщества

**joint-stock company** [ˈdʒɔɪntstɔkˈkʌmpənɪ] *n* акционéрное óбщество

**jointure** [ˈdʒɔɪntʃə] **1.** *n* имéние, имýщество, запи́санное на женý (*на случай смерти мужа*), вдóвья часть наслéдства

**2.** *v* закрепи́ть часть имýщества, наслéдства за женóй, назнáчить вдóвью часть

**jointuress** [ˈdʒɔɪntʃərɪs] = jointress

**joist** [dʒɔɪst] *n* 1) брус, бáлка; стропи́ло 2) *attr.* бáлочный; ~ ceiling потолóк на деревя́нных бáлках, бáлочное перекры́тие

**joke** [dʒəuk] **1.** *n* 1) шýтка; острóта; it is no ~ дéло серьёзное; э́то не шýтка; to have one's ~, to make a ~ пошути́ть; to make a ~ of smth. свести́ что-л. к шýтке 2) смешнóй слýчай 3) объéкт шýток, посмéшище ◇ the ~ was on him э́то он остáлся в дуракáх

**2.** *v* 1) шути́ть 2) подшýчивать, дразни́ть

**joker** [ˈdʒəukə] *n* 1) шутни́к 2) *sl.* человéк, пáрень 3) джóкер (*в покере*) 4) *амер.* двусмы́сленная фрáза *или* статья́ в закóне 5) непредви́денное обстоя́тельство, так и́ли инáче влия́ющее на ход дéла

**joky** [ˈdʒəukɪ] *a разг.* шутли́вый; шýточный

**jollier** [ˈdʒɔlɪə] *n амер.* весельчáк, забáвник

**jollification** [ˌdʒɔlɪfɪˈkeɪʃən] *n* увеселéние, прáздество

**jollify** [ˈdʒɔlɪfaɪ] *v разг.* 1) весели́ть(ся) 2) слегкá опьяня́ть

**jollity** [ˈdʒɔlɪtɪ] *n* весéлье, увеселéние

**jolly** [ˈdʒɔlɪ] **1.** *a* 1) весёлый, рáдостный; лю́бящий весёлую компáнию 2) подвы́пивший, навеселé 3) *разг.* прия́тный; замечáтельный, восхити́тельный, прелéстный (*тж. ирон.*); ~ weather чудéсная погóда; a ~ mess I am in в хорóшенькую передéлку я попáл ◇ the ~ god Вакх, Бáхус

**2.** *adv разг.* óчень, чрезвычáйно; ~ fine óчень хорошó; you'll be ~ late вы порядком опáздываете; ~ well конéчно, непремéнно; you'll ~ well have to do it а всё-таки вам придётся сдéлать э́то

**3.** *n* 1) *sl.* солдáт морскóй пехóты 2) *сокр. от* jolly-boat 3) *sl.* вечери́нка

**4.** *v* 1) *разг.* подшýчивать 2) обращáться лáсково, добивáться (*чего-л.*) лáской, лéстью (*часто* ~ along, ~ up) 3) *разг.* задáбривать

**jolly-boat** [ˈdʒɔlɪbəut] *n* судовáя шлю́пка

**jolt** [dʒəult] **1.** *n* 1) толчóк; тря́ска 2) удáр (*тж. перен.*)

**2.** *v* 1) трясти́, встря́хивать, подбрáсывать 2) дви́гаться подпры́гивая, трясти́сь (*по неровной дороге*)

**jolterhead** [ˈdʒəultəhed] *n* óлух, болвáн

**jolty** [ˈdʒəultɪ] *a* тря́ский

**Jonah** [ˈdʒəunə] *n* 1) неудáчник 2) человéк, приносящий несчáстье

**Jonathan** [ˈdʒɔnəθən] *n* джонатáн (*сорт десертных яблок*)

**jongleur** [ʒɔːŋˈgləː] *фр. n ист.* средневекóвый бродя́чий певéц, менестрéль

**jonquil** [ˈdʒɔnkwɪl] *n* 1) нарци́сс 2) блéдно-жёлтый, пáлевый цвет 3) разнови́дность канарéйки

**jorum** [ˈdʒɔːrəm] *n* большáя крýжка, чáша, *особ.* чáша с пýншем

**josh** [dʒɔʃ] *амер. разг.* **1.** *n* добродýшная шýтка; мистификáция

**2.** *v* подшýчивать; мистифици́ровать; разы́грывать

**joskin** [ˈdʒɔskɪn] *n sl.* неотёсанный человéк; деревéнщина

**joss** [dʒɔs] *n* 1) китáйский и́дол 2) амулéт, талисмáн

**josser** [ˈdʒɔsə] *n* 1) *австрал.* свящéнник 2) *sl.* простáк, тупи́ца 3) *разг.* пáрень

**joss-house** [ˈdʒɔshaus] *n* китáйский храм, куми́рня

**joss-sticks** [ˈdʒɔsstɪks] *n pl* пахýчие пáлочки для воскурéния в китáйских хрáмах во врéмя моли́твы

**jostle** [ˈdʒɔsl] **1.** *n* 1) толчóк; столкновéние 2) толкотня́, дáвка

**2.** *v* толкáть(ся), тесни́ть(ся); пихáть; оттáлкивать; to ~ for power (локтя́ми) пробивáть себé дорóгу к влáсти □ ~ **against** натолкнýться на; ~ **away**, ~ **from** вы́толкнуть, оттолкнýть; ~ **through** протáлкиваться; проти́скиваться

**jot** [dʒɔt] **1.** *n* йóта; ничтóжное коли́чество; not a ~ ни на йóту

**2.** *v* крáтко записáть; бéгло набросáть (*обыкн.* ~ down)

**jotter** [ˈdʒɔtə] *n* записнáя кни́жка, блокнóт

**jotting** [ˈdʒɔtɪŋ] **1.** *pres. p. от* jot 2

**2.** *n* пáмятка, набрóсок, крáткая зáпись

**joule** [dʒuːl] *n эл.* джóуль

**jounce** [dʒauns] *v* ударя́ть(ся); трясти́(сь)

**jour** [dʒəː] *n амер. разг. см.* journeyman

**journal** [ˈdʒəːnl] **1.** *n* 1) дневни́к; журнáл (*тж. бухг.*); the Journals *парл.* протокóлы заседáний; ship's ~ *мор.* судовóй журнáл 2) газéта; журнáл 3) *тех.* шéйка вáла, цáпфа

**2.** *a поэт.* дневнóй

**journal-box** [dʒəːnlbɔks] *n ж.-д.* бýкса

**journalese** [ˌdʒəːnəˈliːz] *n* газéтный штамп

**journalism** [ˈdʒəːnəlɪzm] *n* 1) профéссия журнали́ста 2) журнали́стика

**journalist** [ˈdʒəːnəlɪst] *n* 1) журнали́ст, газéтный сотрýдник 2) редáктор журнáла

**journalistic** [ˌdʒəːnəˈlɪstɪk] *a* журнáльный

**journey** [ˈdʒəːnɪ] **1.** *n* 1) поéздка, путешéствие (*преим. сухопутное*); to be (*или* to go) on a ~ путешéствовать; to take a ~ предприня́ть путешéствие; two days' ~ from here в двух днях езды́ отсю́да 2) рейс 3) *горн.* состáв вагонéток

**2.** *v* совершáть поéздку, путешéствие, рейс; путешéствовать

**journeyman** [ˈdʒəːnɪmən] *n* 1) квалифици́рованный рабóчий *или* ремéсленник, рабóтающий по нáйму (*в отличие от ученика и мастера*) 2) *уст.* подéнщик 3) наёмник

**journey-work** [ˈdʒəːnɪwəːk] *n* 1) рабóта по нáйму 2) подённая рабóта; подéнщина

**joust** [dʒaust] *ист.* **1.** *n* ры́царский поеди́нок (*часто pl*); турни́р

**2.** *v* би́ться на поеди́нке *или* турни́ре

**Jove** [dʒəuv] *n римск. миф.* Юпи́тер; by ~! а) кляну́сь Юпи́тером!; ей-бóгу!; б) бóже ми́лостивый!; в) вот так тáк!

**jovial** [ˈdʒəuvjəl] *a* весёлый; общи́тельный

**joviality** [ˌdʒəuvɪˈælɪtɪ] *n* весёлость; общи́тельность

**Jovian** [ˈdʒəuvɪən] *a* 1) подóбный Юпи́теру; вели́чественный 2) относя́щийся к плане́те Юпи́тер

**jowl** [dʒaul] *n* 1) чéлюсть; челюстнáя кость 2) тóлстые щёки и двойнóй подбóрóдок 3) подгрýдок (*у скота*); зоб (*у птиц*); борóдка (*индюка, петуха*) 4) головá (*лосося, осетра*)

**jowly** [ˈdʒaulɪ] *a* мордáстый, толстомóрдый

**joy** [dʒɔɪ] **1.** *n* 1) рáдость; весéлье, удовóльствие; to wish smb. ~ поздравля́ть когó-л. 2) что-л., вызывáющее востóрг, восхищéние 3) *амер. разг.* удóбство, комфóрт

**2.** *v поэт.* рáдовать(ся); весели́ть(-ся)

**joyful** [ˈdʒɔɪful] *a* рáдостный, счастли́вый; довóльный

**joy-house** [ˈdʒɔɪhaus] *n амер. разг.* публи́чный дом

**joyless** [ˈdʒɔɪlɪs] *a* безрáдостный

**joyous** [ˈdʒɔɪəs] = joyful

**joy-ride** [ˈdʒɔɪraɪd] *n разг.* (увесели́тельная) поéздка на автомаши́не *или* самолёте (*без разрешения владельца*)

**joystick** [ˈdʒɔɪstɪk] *n разг.* рýчка *или* рычáг управлéния (*самолёта*)

**jubilance** [ˈdʒu:bɪləns] *n* ликовáние

**jubilant** [ˈdʒu:bɪlənt] *a* ликýющий; торжествýющий

**jubilate 1.** *n* [ˌdʒu:bɪˈlɑ:tɪ] 1) рáдостный пóры́в; ликовáние 2) (J.) *церк.* 100-й псалóм 3) (J.) *церк.* трéтье воскресéнье пóсле пáсхи

**2.** *v* [ˈdʒu:bɪleɪt] ликовáть; торжествовáть

**jubilation** [ˌdʒu:bɪˈleɪʃən] *n* ликовáние

**jubilee** [ˈdʒu:bɪli:] *n* прáзднество; юбилéй (*преим.* 50-лéтний); to hold a ~ прáздновать; silver ~ двадцатипятилéтний юбилéй; golden ~ золотáя свáдьба; Diamond J. а) шестидесятилéтний юбилéй; б) *ист.* шестидесятилéтие цáрствования королéвы Виктóрии

**Judaic** [dʒu(:)ˈdeɪɪk] *a* иудéйский, еврéйский

**Judaism** [ˈdʒu:deɪɪzm] *n* юдаи́зм, еврéйская рели́гия

**Judas** [ˈdʒu:dəs] *n* 1) *библ.* Иýда 2) предáтель 3) (j.) отвéрстие, глазóк в двери́ (*для подсматривания*)

**Judas-coloured** [ˈdʒu:dəsˈkʌləd] *a* ры́жий

**Judas-hole** [ˈdʒu:dəshəul] = Judas 3)

**Judas-tree** [ˈdʒu:dəstri:] *n бот.* багря́ник

**judge** [dʒʌdʒ] **1.** *n* 1) судья́; J. Advocate General генерáльный прокурóр, начáльник воéнно-юриди́ческой слýжбы; ~ advocate воéнный прокурóр 2) арби́тр, экспéрт 3) цени́тель, знатóк; a ~ of art цени́тель искýсства

**2.** *v* 1) суди́ть; выноси́ть пригов́ор 2) быть арби́тром, решáть 3) оцéнивать; to ~ horses давáть оцéнку лошадя́м 4) считáть, полагáть; составить себé мнéние, приходи́ть к вы́воду; to ~ by appearances суди́ть по внéшности 5) осуждáть, порицáть

**judge-made** [ˈdʒʌdʒmeɪd] *a*: ~ law прáво, основывающееся на судéбных прецедéнтах

**judgematic(al)** [dʒʌdʒˈmætɪk(əl)] *a разг.* рассуждáющий здрáво; рассуди́тельный

**judgement** [ˈdʒʌdʒmənt] *n* 1) пригóвóр, решéние судá; заключéние судá в отношéнии прáвильности процедýры; ~ reserved *юр.* отсрóчка решéния судá пóсле окончáния судéбного разбирáтельства; to pass (*или* to give, to render) ~ on smb. выноси́ть пригóвóр комý-л. 2) наказáние, (бóжья) кáра 3) мнéние, взгляд; in my ~ you are wrong на мой взгляд (по-мóему, по моемý мнéнию), вы не прáвы; private ~ ли́чный взгляд (*независимый от принятых, особ. в религиозных вопросах*) 4) рассуди́тельность; умéние прáвильно разбирáться; good ~ трéзвое суждéние, трéзвый расчёт; to show good ~ суди́ть здрáво; poor ~ недальнови́дность; to sit in ~ критиковáть 5) *attr.*: ~ creditor (debtor) кредитóр (должни́к), при́знанный таковы́м по постановлéнию судá ◇ to disturb the ~ сбить с тóлку

**judgement-day** [ˈdʒʌdʒməntdeɪ] *n рел.* сýдный день; день стрáшного судá

**judgement-seat** [ˈdʒʌdʒməntsi:t] *n* 1) судéйское мéсто 2) суд, трибунáл

**Judges** [ˈdʒʌdʒɪz] *n библ.* Кни́га сýдей

**judgmatic(al)** [dʒʌdʒˈmætɪk(əl)] = judgematic(al)

**judgment** [ˈdʒʌdʒmənt] = judgement

**judicature** [ˈdʒu:dɪkətʃə] *n* 1) отправлéние правосýдия; судоустрóйство; Supreme Court of J. Верхóвный суд Англии 2) судéйская корпорáция 3) суд

**judicial** [dʒu(:)ˈdɪʃəl] *a* 1) судéбный, закóнный; ~ murder узакóненное уби́йство, вынесéние смéртного пригóвóра невинóвному 2) судéйский 3) спосóбный разобрáться; рассуди́тельный; беспристрáстный

**judiciary** [dʒu(:)ˈdɪʃɪərɪ] **1.** *a* = judicial 1); ~ law судéбное прáво

**2.** *n* = judicature 2)

**judicious** [dʒu(:)ˈdɪʃəs] *a* здравомы́слящий, рассуди́тельный

**judo** [ˈdʒu:dəu] *яп. n спорт.* дзюдó

**Judy** [ˈdʒu:dɪ] *n* 1) жéнский персонáж в кýкольном теáтре 2) *разг.* жéнщина; дéвушка 3) глýпый, нелéпый человéк (*особ. женщина*); to make a ~ of oneself *разг.* свалять дуракá

**jug I** [dʒʌg] **1.** *n* 1) кувши́н 2) *sl.* тюрьмá

**2.** *v* 1) *кул.* туши́ть (*зайца, кролика*) 2) *sl.* посади́ть в тюрьмý

**jug II** [dʒʌg] *n* щёлканье (*соловья и т. п.*)

**jugate** [ˈdʒu:gɪt] *a бот.* пáрный; ребри́стый

**jugful** [ˈdʒʌgful] *n* кувши́н (*чего-либо*); мéра ёмкости ◇ not by a ~ *амер.* ни за чтó; ни в кóем слýчае; далекó не

**jugged** [dʒʌgd] *a* зубчáтый

**Juggernaut** [ˈdʒʌgənɔ:t] *n* 1) *инд. миф.* Джáггернаут (*одно из воплощений бога Вишну*) 2) сокруши́тельная си́ла (*война, крупный военный корабль или танк; кровавая акция тоталитарного режима и т. п.*) (*тж.* ~ car колесни́ца Джáггернаута)

**juggins** [ˈdʒʌgɪnz] *n разг.* дурáк; простáк

**juggle** [ˈdʒʌgl] **1.** *n* 1) фóкус, лóвкость рук, трюк 2) лóвкая продéлка, обмáн, плутовствó; извращéние слов, фáктов

**2.** *v* 1) покáзывать фóкусы; жонгли́ровать 2) надувáть, обмáнывать; to ~ a person out of his money вы́манить у когó-л. дéньги □ ~ **with** а) искажáть, передёргивать (*факты, слова*); б) обмáнывать

**juggler** [ˈdʒʌglə] *n* 1) фóкусник; жонглёр 2) обмáнщик, плут

**jugglery** [ˈdʒʌglərɪ] *n* 1) жонгли́рование; покáзывание фóкусов; лóвкость рук 2) обмáн, плутовствó; извращéние фáктов

**jug-handled** [ˈdʒʌgˌhændld] *a амер.* односторóнний; пристрáстный; несправедли́вый

**Jugoslav(ian)** [ˈju:gəuˈslɑ:v(jən)] **1.** *n* жи́тель Югослáвии; югослáв

**2.** *a* югослáвский

**jugular** [ˈdʒʌgjulə] *анат.* **1.** *a* шéйный; ~ vein ярéмная вéна

**2.** *n* ярéмная вéна

**jugulate** [ˈdʒʌgjuleɪt] *v* 1) перерéзать гóрло 2) задуши́ть 3) оборвáть (*болезнь*) сильнодéйствующими срéдствами

**juice** [dʒu:s] *n* 1) сок 2) сýщность, оснóва (*чего-л.*) 3) *sl.* электри́ческий ток; электроэнéргия 4) *разг.* бензи́н; горю́чее; step on the ~! дай газ! 5) *attr.*: ~ road *амер. разг.* электри́ческая желéзная дорóга

**juicer** [ˈdʒu:sə] *n* соковыжимáлка

**juicy** [ˈdʒu:sɪ] *a* 1) сóчный 2) *разг.* сырóй, дождли́вый (*о погоде*) 3) *разг.* колори́тный, сóчный; ~ story *разг.* скабрёзный *или* пикáнтный анекдóт 4) *разг.* прекрáсный, превосхóдный, первоклáссный

**ju-ju** [ˈdʒu:dʒu:] *n* 1) чáры, заклинáние 2) амулéт; фети́ш 3) табý, запрещéние

**jujube** [ˈdʒu:dʒu(:)b] *n* 1) ю́юба (*дерево и плод*) 2) лекáрственная лепёшка, таблéтка с при́вкусом ю́юбы 3) пат, мармелáд

**ju-jutsu** [dʒu:ˈdʒutsu:] *яп. n* джиу-джи́тсу

**juke** [dʒu:k] *n амер. разг.* **дешёвый ресторáн** *или* **дáнсинг, где танцýют**

под патефо́н-автома́т *или* пиано́лу-автома́т (*тж.* juke-joint)

**juke-box** [ˈdʒu:kbɔks] *n* проигрыватель-автома́т (*в кафе, дансинге и т. п.*)

**julep** [ˈdʒu:lep] *n* 1) сиро́п, в кото́ром даю́т лека́рство 2) *амер.* напи́ток из ви́ски *или* коньяка́ с водо́й, са́харом, льдом и мя́той

**Julian** [ˈdʒu:ljən] *a* юлиа́нский

**julienne** [ˌdʒu:lɪˈen] *фр. n* 1) су́п-жулье́н 2) сорт гру́ши

**July** [dʒu(:)ˈlaɪ] *n* 1) ию́ль 2) *attr.* ию́льский

**jumbal** [ˈdʒʌmbəl] = jumble II

**jumble I** [ˈdʒʌmbl] **1.** *n* беспоря́дочная смесь, ку́ча; пу́таница, беспоря́док

**2.** *v* 1) сме́шивать(ся), переме́шивать(ся) в беспоря́дке (*тж.* ~ up, ~ together) 2) дви́гаться в беспоря́дке; толка́ться 3) трясти́сь

**jumble II** [ˈdʒʌmbl] *n* сла́дкая сдо́бная пы́шка

**jumble-sale** [ˈdʒʌmblseɪl] *n* дешёвая распрода́жа подёржанных веще́й на благотвори́тельном база́ре

**jumble-shop** [ˈdʒɔmblʃɔp] *n* ла́вка, где продаю́тся са́мые разнообра́зные дешёвые това́ры

**jumbo** [ˈdʒʌmbəu] *n* (*pl* -os [-əuz]) большо́й неуклю́жий челове́к, живо́тное *или* вещь

**jump I** [dʒʌmp] **1.** *n* 1) прыжо́к; скачо́к; long (*или* broad) ~ прыжо́к в длину́; high ~ прыжо́к в высоту́; running ~ прыжо́к с разбе́га; standing ~ прыжо́к с ме́ста 2) вздра́гивание, движе́ние испу́га *и т. п.*; the ~s *разг.* подёргивания; бе́лая горя́чка; to give smb. the ~s де́йствовать кому́-л. на не́рвы 3) ре́зкое повыше́ние (*цен, температуры и т. п.*); to take a ~ подня́ться в цене́ 4) разры́в, ре́зкий перехо́д 5) ускоре́ние 6) *разг.* преиму́щество; to have the ~ on smb. in smth. получи́ть преиму́щество пе́ред кем-л. в чём-л. 7) *геол.* дислока́ция жи́лы, сброс 8) *арт.* у́гол вы́лета ◇ on the ~ прово́рный; де́ятельный; о́чень заня́то́й

**2.** *v* 1) пры́гать; скака́ть; to ~ for joy пры́гать от ра́дости 2) вска́кивать; подпры́гивать, подска́кивать; вздра́гивать; you made me ~ when you came in so suddenly ваш неожи́данный прихо́д испуга́л меня́; my heart ~ed у меня́ се́рдце ёкнуло 3) повыша́ться, подска́кивать (*о температуре, ценах и т. п.*); the prices ~ed це́ны подскочи́ли 4) дёргать, ныть (*о зубе и т. п.*) 5) перепры́гивать, перепры́гивать (*тж.* ~ over); to ~ (over) a stream перепры́гнуть че́рез руче́й; to ~ from one subject to another перека́кивать с одно́й те́мы на другу́ю 6) брать (*в шашках*); to ~ a man взять ша́шку 7) перека́кивать, пропуска́ть; to ~ a chapter (ten pages) in a book пропусти́ть главу́ (де́сять страни́ц) в кни́ге 8) соска́кивать; to ~ the track а) сходи́ть (*с рельсов*); the train ~ed the track по́езд сошёл с ре́льсов; б) *перен.* оказа́ться на ло́жном пути́ 9) подбра́сывать, кача́ть; to ~ a baby on one's knees кача́ть ребёнка на коле́нях 10) заста́вить пры́гать; трясти́; he ~ed his horse он заста́вил ло́шадь пры́гнуть; don't ~ the camera не трясите фотоаппара́т 11) захва́тывать (*что-л.*), завладева́ть (*чем-л. в отсутствие владельца*); to ~ a (mining) claim завладе́ть чужи́м (го́рным) уча́стком 12) (*обыкн. р. р.*) поджа́ривать *или* туши́ть (*картофель и т. п.*), встря́хивая вре́мя от вре́мени 13) *амер.* вскочи́ть (*в трамвай и т. п.*); to ~ a train вскочи́ть в по́езд 14) избежа́ть, не сде́лать (*чего-л.*); to ~ bail не яви́ться в суд по́сле освобожде́ния под зало́г; to ~ the queue пройти́ без о́череди 15) бури́ть вручну́ю 16) *тех.* сва́ривать вприты́к 17) расковáть; оса́живать мета́лл 18) *охот.* поднима́ть, вспу́гивать (*дичь*) 19) *кино* смеща́ться, искажа́ться (*об изображении*) ▭ ~ **about** а) подпры́гивать, подска́кивать (*от радости, боли*); б) быть беспоко́йным; ~ **at** а) бро́ситься к *кому-л.*, обнима́ть *кого-л.*; б) охо́тно принима́ть, ухвати́ться за *что-л.*; to ~ at an offer ухвати́ться за предложе́ние; ~ **down** а) спры́гнуть, соскочи́ть; б) помо́чь спры́гнуть (*ребёнку и т. п.*); ~ **in** бы́стро вскочи́ть, впры́гнуть; ~ **into** а) вскочи́ть, впры́гнуть; to ~ into one's clothes бы́стро, на́спех оде́ться; б): ~ smb. into smth. обма́ном заста́вить кого́-л. сде́лать что-л.; he was ~ed into buying the house его́ обма́ном заста́вили купи́ть э́тот дом; ~ **off** соскочи́ть; ~ off a chair соскочи́ть со сту́ла; ~ **on** а) вспры́гнуть, вскочи́ть; ~ on to a chair вскочи́ть на стул; б) неожи́данно набра́сываться на *кого-л.*; ~ **out** вы́скочить; ~ **together** = ~ with; ~ **up** вска́кивать; ~ up! влеза́йте!, сади́тесь! (*в экипаж и т. п.*); ~ **upon** = ~ on; ~ **with** согласо́вываться, соотве́тствовать, совпада́ть ◇ ~ to it! дава́й-дава́й!, потора́пливайся!; to ~ the gun де́йствовать преждевре́менно, без подгото́вки; to ~ in the lake замолча́ть, заткну́ться

**jumped-up** [ˈdʒʌmptʌp] *a* самоуве́ренный; наха́льный (*о человеке*); ≅ из молоды́х, да ра́нний

**jumper I** [ˈdʒʌmpə] *n* 1) прыгу́н; скаку́н 2) (J.) *ист.* член англи́йской се́кты методи́стов-прыгуно́в 3) пры́гающее насеко́мое (*блоха, кузнечик и т. п.*) 4) *амер.* са́нки, сала́зки 5) *амер.* захва́тчик чужо́го земе́льного уча́стка 6) *разг.* контролёр, (*в метро, автобусе и т. п.*) 7) *ав.* парашюти́ст 8) *воен.* появля́ющаяся мише́нь 9) *тех.* ручно́й бур, забу́рник 10) *эл.* перемы́чка; соедини́тельный про́вод

**jumper II** [ˈdʒʌmpə] *n* 1) дже́мпер 2) матро́сская руба́ха 3) блу́за 4) ма́лица 5) рабо́чая блу́за *или* хала́т 6) (*обыкн. pl*) де́тский комбинезо́н

**jumping jack** [ˈdʒʌmpɪŋdʒæk] *n* дёргающаяся фигу́рка на ни́точке (*игрушка*)

**jumping-off ground** [ˈdʒʌmpɪŋˈɔfˌgraund] *n воен.* плацда́рм

**jumping-off place** [ˈdʒʌmpɪŋˈɔfpleɪs] *n* 1) *воен.* плацда́рм; исхо́дное положе́ние для наступле́ния 2) *амер.* отдалённое ме́сто; ≅ край све́та; it's a ~ э́то у чёрта на кули́чках 3) *амер.* положе́ние, из кото́рого нет вы́хода, тупи́к

**jumping-rope** [ˈdʒʌmpɪŋrəup] *n амер.* скака́лка, пры́галка

**jump-seat** [ˈdʒʌmpsi:t] *n* откидно́е сиде́нье

**jump-welding** [ˈdʒʌmpˈweldɪŋ] *n тех.* сва́рка вприты́к

**jumpy** [ˈdʒʌmpɪ] *a* 1) не́рвный, раздражи́тельный 2) де́йствующий на не́рвы 3) ска́чущий (*о ценах*)

**junction** [ˈdʒʌŋkʃən] *n* 1) соедине́ние 2) ме́сто, то́чка соедине́ния *или* пересече́ния; скреще́ние 3) узлова́я ста́нция, железнодоро́жный у́зел, узлово́й пункт; *ж.-д.* стык доро́г 4) скре́щивание (*дорог*); распу́тье; перекрёсток 5) слия́ние (*рек*)

**junction board** [ˈdʒʌŋkʃənbɔ:d] *n тел.* коммута́тор

**junction call** [ˈdʒʌŋkʃənkɔ:l] *n тел.* при́городный разгово́р

**juncture** [ˈdʒʌŋktʃə] *n* 1) соедине́ние; ме́сто соедине́ния 2) положе́ние дел; стече́ние обстоя́тельств; at this ~ а) в э́тот моме́нт, в э́той фа́зе; б) при подо́бной конъюнкту́ре; at a critical ~ в крити́ческий моме́нт 3) *тех.* шов, спай

**June** [dʒu:n] *n* 1) ию́нь 2) *attr.* ию́ньский

**jungle** [ˈdʒʌŋgl] *n* 1) джу́нгли 2) густы́е за́росли, де́бри 3) *амер. sl.* прито́н 4) *attr.* свя́занный с джу́нглями; живу́щий в джу́нглях

**jungle-** [ˈdʒʌŋgl-] *в сложных словах, в названиях животных* обита́ющий в джу́нглях; *напр.*: ~-bear медве́дь-губа́ч

**jungle fever** [ˈdʒʌŋglˌfi:və] *n* тропи́ческая лихора́дка

**jungly** [ˈdʒʌŋglɪ] *a* покры́тый джу́нглями

**junior** [ˈdʒu:njə] **1.** *a* мла́дший; мла́дший из двух лиц, нося́щих одну́ фами́лию (*в семье, учреждении и т. п.*); Edward Smith ~ Эдвард Смит мла́дший; ~ partner мла́дший компаньо́н, партнёр; ~ leader *воен.* мла́дший команди́р

**2.** *n* 1) мла́дший; the ~s мла́дшие; he is my ~ by three years, he is three years my ~ он моло́же меня́ на 3 го́да 2) подчинённый (*по службе*) 3) *спорт.* юнио́р 4) *амер. разг.* сыно́к 5) *амер.* студе́нт предпосле́днего ку́рса ◇ ~ college колле́дж с двухгоди́чным, непо́лным ку́рсом обуче́ния

**juniority** [ˌdʒu:nɪˈɔrɪtɪ] *n* положе́ние мла́дшего *или* подчинённого

**juniper** [ˈdʒu:nɪpə] *n* можжеве́льник

**junk** I [dʒʌŋk] **1.** *n* 1) *разг.* (нену́жный) хлам, отбро́сы; ути́ль; ста́рое желе́зо, би́тое стекло́ 2) *мор.* во́рса 3) *мор.* солони́на 4) «спермаце́товый мешо́к» (*полость в голове кашалота*) 5) *разг.* чушь, вздор
**2.** *v* 1) разреза́ть, дели́ть на куски́ 2) выбра́сывать как нену́жное
**junk** II [dʒʌŋk] *n* джо́нка
**junk bottle** [ˈdʒʌŋkˌbɔtl] *n амер.* по́ртерная буты́лка (*из толстого зелёного стекла*)
**junker** [ˈjuŋkə] *нем. n* ю́нкер
**junket** [ˈdʒʌŋkɪt] **1.** *n* 1) сла́дкий творо́г с муска́тным оре́хом и сли́вками 2) пиру́шка, пра́зднество 3) *амер.* пикни́к
**2.** *v* 1) пирова́ть 2) *амер.* устра́ивать пикни́к
**junketing** [ˈdʒʌŋkɪtɪŋ] **1.** *pres. p. от* junket 2
**2.** *n* 1) = junket 1, 2) *и* 3); 2) *амер.* увесели́тельная пое́здка *или* банке́т на казённый счёт
**junkman** [ˈdʒʌŋkmən] *n амер.* старьёвщик
**junk-shop** [ˈdʒʌŋkʃɔp] *n* 1) ла́вка ста́рых корабе́льных веще́й, материа́лов 2) ла́вка старьёвщика
**junky** [ˈdʒʌŋkɪ] *n разг.* наркома́н
**Juno** [ˈdʒuːnəu] *n римск. миф.* Юно́на; *перен.* вели́чественная краса́вица
**junta** [ˈdʒʌntə] *n полит.* ху́нта
**junto** [ˈdʒʌntəu] *n* (*pl* -os [-əuz]) кли́ка, полити́ческая фра́кция, та́йный сою́з
**Jupiter** [ˈdʒuːpɪtə] *n римск. миф., астр.* Юпи́тер; by ~! а) кляну́сь Юпи́тером!; ей-бо́гу!; б) бо́же ми́лостивый!; в) вот так та́к!
**jura** [ˈdʒuːrə] *pl от* jus
**Jurassic** [dʒuˈræsɪk] *a геол.* ю́рский; ~ period ю́рский пери́од, ю́ра
**jurat** [ˈdʒuəræt] *n* 1) ста́рший член муниципалите́та (*в некоторых английских городах*) 2) *юр.* засвиде́тельствование ме́ста, вре́мени и лица́, в прису́тствии кото́рого был офо́рмлен аффида́вит
**juratory** [ˈdʒuːrətərɪ] *a* кля́твенный
**juridical** [dʒuəˈrɪdɪkəl] *a* юриди́ческий; зако́нный; суде́бный; ~ days прису́тственные дни в суде́
**jurisconsult** [ˈdʒuərɪskənˌsʌlt] *n* юри́ст (*особ. специализирующийся по гражданскому и международному праву*)
**jurisdiction** [ˌdʒuərɪsˈdɪkʃən] *n* 1) отправле́ние правосу́дия 2) юрисди́кция, подсу́дность 3) подве́домственная о́бласть; сфе́ра полномо́чий; it doesn't lie within my ~ э́то не вхо́дит в мою́ компете́нцию
**jurisprudence** [ˈdʒuərɪsˌpruːdəns] *n* юриспруде́нция, законове́дение, правове́дение; medical ~ суде́бная медици́на
**jurisprudent** [ˈdʒuərɪsˌpruːdənt] **1.** *a* све́дущий в зако́нах
**2.** *n* юри́ст
**jurist** [ˈdʒuərɪst] *n* 1) юри́ст 2) студе́нт юриди́ческого факульте́та 3) *амер.* адвока́т
**juristic(al)** [dʒuəˈrɪstɪk(əl)] *a* юриди́ческий; зако́нный
**juror** [ˈdʒuərə] *n* 1) прися́жный 2) член жюри́ 3) челове́к, принося́щий *или* прине́сший прися́гу, кля́тву
**jury** I [ˈdʒuərɪ] *n* 1) прися́жные; petty (*или* common, trial) ~ 12 прися́жных, выcraсящих пригово́р по гражда́нским и уголо́вным дела́м; coroner's ~ поняты́е при рассле́довании слу́чаев скоропости́жной *или* наси́льственной сме́рти; grand ~ большо́е жюри́ (*присяжные, решающие вопрос о подсудности данного дела*); packed ~ *разг.* специа́льно подо́бранный соста́в прися́жных; special ~ прися́жные для вынесе́ния пригово́ра по осо́бо ва́жному де́лу 2) жюри́ (*по присуждению наград и т. п.*)
**jury** II [ˈdʒuərɪ] *a мор.* вре́менный, авари́йный
**jury-box** [ˈdʒuərɪbɔks] *n* ме́сто в суде́, отведённое для прися́жных
**juryman** [ˈdʒuərɪmən] *n* 1) прися́жный 2) член жюри́
**jury-mast** [ˈdʒuərɪmɑːst] *n мор.* авари́йная ма́чта
**jury-rig** [ˈdʒuərɪrɪg] *n мор.* 1) вре́менное па́русное вооруже́ние 2) авари́йное устро́йство
**jus** [dʒʌs] (*pl* jura) *n юр.* 1) зако́н, свод зако́нов; ~ civile гражда́нское пра́во; ~ gentium междунаро́дное пра́во 2) зако́нное пра́во
**jussive** [ˈdʒʌsɪv] *a грам.* повели́тельный
**just** I [dʒʌst] **1.** *a* 1) справедли́вый, беспристра́стный 2) обосно́ванный; име́ющий основа́ния; заслу́женный; ~ fear справедли́вое опасе́ние; a ~ reward заслу́женная награ́да 3) ве́рный, то́чный; ~ proportion ве́рное соотноше́ние, пра́вильная пропо́рция
**2.** *adv* 1) то́чно, как раз, и́менно; it is ~ what I said э́то как раз то́, что я сказа́л; ~ so то́чно так; ~ in time как раз во́время; ~ then и́менно тогда́; ~ the other way about (*или* round) как раз наоборо́т 2) то́лько что; he has ~ come он то́лько что пришёл 3) едва́; I ~ caught the train я едва́, е́ле-е́ле поспе́л на по́езд 4) *разг.* совсе́м, пря́мо, про́сто; it's ~ splendid э́то пря́мо великоле́пно ◇ ~ like that без мале́йшего труда́
**just** II [dʒʌst] = joust
**justice** [ˈdʒʌstɪs] *n* 1) справедли́вость; to do him ~ he is very clever на́до отда́ть ему́ справедли́вость, он о́чень у́мный челове́к; he did ~ to your dinner он о́тдал до́лжное ва́шему обе́ду; in ~ to smb. отдава́я до́лжное кому́-л. 2) правосу́дие, юсти́ция; to administer ~ отправля́ть правосу́дие; to bring smb. to ~ отда́ть кого́-л. под суд 3) судья́; J. of the Peace миров́ой судья́; Lord Chief J. of England лорд — гла́вный судья́ (*в Англии*) ◇ to do ~ to oneself по́лностью вы́явить свои́ спосо́бности *или* уме́ние; показа́ть себя́ с лу́чшей стороны́; poetic(al) ~ идеа́льная справедли́вость
**justiceship** [ˈdʒʌstɪsʃɪp] *n* 1) зва́ние, до́лжность судьи́ 2) срок слу́жбы судьи́
**justiciable** [dʒʌsˈtɪʃɪəbl] *a* подсу́дный, подлежа́щий рассмотре́нию в суде́
**justiciary** [dʒʌsˈtɪʃɪərɪ] **1.** *n* суде́йский чино́вник
**2.** *a* суде́бный, суде́йский
**justifiable** [ˈdʒʌstɪfaɪəbl] *a* могу́щий быть опра́вданным; позволи́тельный; зако́нный; ~ homicide *юр.* уби́йство при смягча́ющих вину́ обстоя́тельствах; уби́йство в це́лях самозащи́ты; ~ claims зако́нные тре́бования
**justification** [ˌdʒʌstɪfɪˈkeɪʃən] *n* 1) оправда́ние 2) опра́вдывающие обстоя́тельства, извине́ние 3) *полигр.* вы́ключка строки́
**justificative** [ˈdʒʌstɪfɪkeɪtɪv] *a* 1) оправда́тельный 2) подтвержда́ющий
**justificatory** [ˈdʒʌstɪfɪkeɪtərɪ] = justificative
**justify** [ˈdʒʌstɪfaɪ] *v* 1) опра́вдывать; находи́ть оправда́ние; извиня́ть; объясня́ть; to ~ one's action объясни́ть свой посту́пок; she was justified in acting that way у неё бы́ли все основа́ния де́йствовать подо́бным о́бразом 2) подтвержда́ть; to ~ (as) bail *юр.* под прися́гой подтверди́ть кредитоспосо́бность поручи́теля 3) *полигр.* вы́ключить строку́
**justly** [ˈdʒʌstlɪ] *adv* 1) справедли́во 2) зако́нно
**jut** [dʒʌt] **1.** *n* вы́ступ
**2.** *v* выдава́ться, выступа́ть (*часто* ~ out, ~ forth)
**jute** [dʒuːt] *n* джут
**juvenescent** [ˌdʒuːvɪˈnesnt] *a* 1) станови́щийся ю́ношей 2) о́троческий 3) молоде́ющий
**juvenile** [ˈdʒuːvɪnaɪl] **1.** *a* 1) ю́ный; ю́ношеский; ~ labour труд подро́стков; ~ offender (*или* delinquent) малоле́тний престу́пник; ~ delinquency престу́пность несовершенноле́тних; ~ court суд по дела́м несовершенноле́тних 2) предназна́ченный для ю́ношества; ~ books кни́ги для ю́ношества
**2.** *n* 1) ю́ноша, подро́сток 2) *pl разг.* кни́ги для ю́ношества 3) актёр, исполня́ющий ро́ли молоды́х люде́й
**juvenilia** [ˌdʒuːvɪˈnɪlɪə] *n pl* ю́ношеские произведе́ния
**juvenility** [ˌdʒuːvɪˈnɪlɪtɪ] *n* 1) ю́ность, мо́лодость 2) ю́ношество
**juxtapose** [ˈdʒʌkstəpəuz] *v* 1) помеща́ть бок о́ бок, ря́дом; накла́дывать друг на дру́га 2) сопоставля́ть
**juxtaposition** [ˌdʒʌkstəpəˈzɪʃən] *n* 1) непосре́дственное сосе́дство, соприкоснове́ние; наложе́ние 2) сопоставле́ние

# K

**K, k** [keɪ] *n* (*pl* Ks, K's [keɪz]) *11-я буква англ. алфавита*

**kabbalah** [kə'bɑːlə] = cabbala

**kadi** ['kɑːdɪ] = cadi

**Kaf(f)ir** ['kæfə] *n* 1) кафр 2) *pl разг.* а́кции южноафрика́нских рудников

**kaftan** [kəf'tɑːn] = caftan

**kail** [keɪl] = kale

**kailyard** ['keɪljɑːd] *n* 1) = kaleyard 2) *attr.*: ~ school, ~ novelists писа́тели (*конца XIX — начала XX вв.*), широко́ применя́вшие ме́стный диале́кт при описа́нии шотла́ндского наро́дного бы́та

**kaiser** ['kaɪzə] *нем. n* ка́йзер

**kakemono** [ˌkækɪ'məunəu] *яп. n* какемо́но (*свёртывающаяся настенная картина*)

**kale** [keɪl] *n* 1) капу́ста огоро́дная 2) капу́ста кормова́я 3) суп из капу́сты, овощно́й суп 4) *амер. sl.* де́ньги

**kaleidoscope** [kə'laɪdəskəup] *n* калейдоско́п

**kaleidoscopic(al)** [kəˌlaɪdə'skɔpɪk(-əl)] *a* калейдоскопи́ческий

**kalends** ['kælendz] = calends

**kaleyard** ['keɪljɑːd] *n шотл.* огоро́д

**kali** ['kælɪ] *n хим.* 1) о́кись ка́лия 2) пота́ш

**Kalmuck** ['kælmʌk] **1.** *n* 1) калмы́к; калмы́чка 2) калмы́цкий язы́к

**2.** *a* калмы́цкий

**Kalmyk** ['kælmɪk] = Kalmuck

**kanaka** ['kænəkə] *n* 1) кана́к (*житель тихоокеанских о-вов, преим. Гавайских*) 2) тузе́мный рабо́чий са́харных планта́ций (*в Австралии*)

**kangaroo** [ˌkæŋgə'ruː] *n* 1) кенгуру́ 2) *pl разг.* а́кции западноавстрали́йских рудников 3) *pl разг.* биржевики́, спекули́рующие на э́тих а́кциях ◇ ~ closure *парл.* пра́ктика, позволя́ющая председа́телю коми́ссии допусти́ть обсужде́ние лишь не́которых попра́вок к законопрое́кту; ~ court *амер.* инсцениро́вка суде́бного заседа́ния; суд, попира́ющий при́нципы справедли́вости

**Kantian** ['kæntɪən] *a филос.* кантиа́нский

**Kantianism** ['kæntɪənɪzm] *n филос.* кантиа́нство

**kaoliang** [ˌkɑːəulɪ'æŋ] *n* гаоля́н (*китайское или восточноазиатское сорго*)

**kaolin** ['keɪəlɪn] *n* каоли́н

**kapellmeister** [kə'pelmaɪstə] *нем. n* капельме́йстер, дирижёр

**kapok** ['keɪpɔk] *n* капо́к (*растительный пух*)

**kappa** ['kæpə] *n* ка́ппа (*десятая буква греческого алфавита*)

**kaput** [kʌ'put] *нем. a predic. разг.* уничто́женный; разорённый; потерпе́вший неуда́чу

**Karaite** ['kɛərəaɪt] *n* карайм; кара́имка

**Kara-Kalpak** ['kɑːrə'kɑːlpɑːk] **1.** *n* 1) каракалпа́к; каракалпа́чка 2) каракалпа́кский язы́к

**2.** *a* каракалпа́кский

**karri** ['kærɪ] *n бот.* эвкали́пт разноцве́тный

**kar(r)oo** [kə'ruː] *n* сугли́нистое высо́кое плато́ в Южной Африке, безво́дное в сухо́е вре́мя го́да

**kartell** [kɑː'tel] = cartel

**katabatic** [ˌkætə'bætɪk] *a метео* напра́вленный кни́зу (*о движении воздуха*)

**kathode** ['kæθəud] = cathode

**katydid** ['keɪtɪdɪd] *n* зелёный кузне́чик

**kauri** ['kaurɪ] *n* ка́ури (*новозеландское хвойное дерево*)

**kayak** ['kaɪæk] *n* 1) кая́к (*эскимосская лодка*) 2) байда́рка

**kayo** ['keɪ'əu] *n спорт. жарг.* нока́ут

**Kazakh** [kʌ'zɑːh] **1.** *n* 1) каза́х; каза́шка 2) каза́хский язы́к

**2.** *a* каза́хский

**keck** [kek] *v* 1) рыга́ть; де́лать уси́лия, что́бы вы́рвало 2) испы́тывать отвраще́ние □ ~ **at** с отвраще́нием отка́зываться (*от пищи и т. п.*)

**kedgeree** [ˌkedʒə'riː] *n* 1) инди́йское блю́до из ри́са, яи́ц и лу́ка; 2) блю́до из ры́бы, ри́са, яи́ц *и т. п.*

**keek** [kiːk] *диал.* **1.** *n* соглядáтай (*предпринимателя*)

**2.** *v* подгля́дывать

**keeker** ['kiːkə] *n разг.* 1) шпио́н; тот, кто подгля́дывает 2) *pl* глаза́

**keeking-glass** ['kiːkɪŋglɑːs] *n разг.* зе́ркало

**keel I** [kiːl] **1.** *n* 1) киль (*судна*); on an even ~ *мор.* на ро́вный киль; *перен.* ро́вно, споко́йно; to lay down a ~ нача́ть постро́йку корабля́ 2) *поэт.* кора́бль

**2.** *v* килева́ть □ ~ **over** опроки́дывать(ся); *разг.* неожи́данно упа́сть

**keel II** [kiːl] *n* 1) плоскодо́нное су́дно для перево́зки у́гля́ 2) ме́ра ве́са для у́гля́ (≅ *21 тонна*)

**keelage** ['kiːlɪdʒ] *n* килево́й сбор (*один из портовых сборов в некоторых портах Англии*)

**keelhaul** ['kiːlhɔːl] *v* 1) *мор. ист.* килева́ть (*протаскивать под килем в наказание*) 2) *разг.* де́лать стро́гий вы́говор; отчи́тывать

**keelson** ['kelsn] = kelson

**keen I** [kiːn] *a* 1) о́стрый 2) ре́зкий, пронзи́тельный; си́льный; a ~ wind ре́зкий ве́тер 3) жесто́кий, треску́чий (*мороз*) 4) проница́тельный (*ум, взгляд*) 5) то́нкий, о́стрый (*слух и т. п.*) 6) си́льный, глубо́кий (*о чувствах*); ~ pleasure большо́е удово́льствие 7) си́льный, интенси́вный; ~ pain о́страя боль; ~ hunger си́льный го́лод; ~ appetite хоро́ший аппети́т; ~ interest живо́й интере́с 8) ре́вностный, энерги́чный; a ~ man of business энерги́чный делово́й челове́к, спосо́бный деле́ц; a ~ sportsman стра́стный спортсме́н 9) си́льно жела́ющий (*чего-л.*), стремя́щийся (*к чему-л.*); to be (dead) ~ on smth. *разг.* си́льно жела́ть чего́-л.; (о́чень) люби́ть что-л., (стра́стно) увлека́ться чем-л.; he is ~ on opera он увлека́ется о́перой; I am not very ~ on cricket я не осо́бенный люби́тель кри́кета 10) стро́гий, ре́зкий (*о критике и т. п.*) 11) тру́дный, напряжённый; ~ contest тру́дное состяза́ние; ~ competition *эк.* си́льная конкуре́нция 12) ни́зкий, сни́женный (*о ценах*)

**keen II** [kiːn] *ирл.* **1.** *n* плач, причита́ние по поко́йнику

**2.** *v* причита́ть

**keen-witted** ['kiːn'wɪtɪd] *a* сообрази́тельный

**keep** [kiːp] **1.** *v* (kept) 1) держа́ть, не отдава́ть; you may ~ the book for a month мо́жете держа́ть э́ту кни́гу ме́сяц; to ~ hold of smth. не отдава́ть, держа́ть что-л. 2) храни́ть; сохраня́ть; бере́чь 3) соблюда́ть (*правило, договор и т. п.*), сдержа́ть (*слово, обещание*); повинова́ться (*закону*) 4) держа́ться, сохраня́ться; остава́ться (*в известном положении, состоянии и т. п.*); the weather ~s fine де́ржится хоро́шая пого́да; to ~ one's bed остава́ться в посте́ли, не встава́ть с посте́ли 5) сохраня́ть новизну́, све́жесть; не устарева́ть; the matter will ~ till tomorrow с э́тим мо́жно подожда́ть до за́втра; it's only good news that ~s то́лько до́брые ве́сти мо́гут ждать; meat will ~ in the cellar мя́со в по́гребе не испо́ртится 6) продолжа́ть де́лать (*что-л.*); ~ moving! проходи́те!, не заде́рживайтесь!; he kept laughing the whole evening он весь ве́чер не перестава́л смея́ться 7) *с последующим сложным дополнением означает* заставля́ть (*что-л. делать*); he kept me waiting он заста́вил меня́ ждать; I won't ~ you long я вас до́лго не задержу́ 8) содержа́ть, име́ть; to ~ a shop име́ть магази́н; to ~ a garden име́ть сад 9) содержа́ть, обеспе́чивать; to ~ a family содержа́ть семью́ 10) име́ть в услуже́нии, в распоряже́нии; to ~ a cook име́ть по́вара 11) управля́ть, вести́; to ~ house вести́ хозя́йство 12) име́ть в прода́же; do they ~ postcards here? здесь продаю́тся откры́тки? 13) вести́ (*дневник, счета, книги и т. п.*) 14) охраня́ть, защища́ть; to ~ the town against the enemy защища́ть го́род от врага́; to ~ the goal стоя́ть в воро́тах (*о вратаре*) 15) скрыва́ть,ута́ивать; to ~ a secret не выдава́ть та́йну; you are ~ing smth. from me вы что́-то от меня́ скрыва́ете 16) сде́рживать; to ~ (in) one's feelings сде́рживать свои́ чу́вства 17) заде́рживать; to ~ the children after school задéрживать учеников пóсле занятий 18) прáздновать, справлять; to ~ one's birthday справлять день рождéния 19) *разг.* жить; where do you ~? где вы обретáетесь? 20) *разг.* проводить занятия; функционировать; рабóтать (*об учреждении*); school ~s today сегóдня в шкóле есть занятия □ ~ **at** а) дéлать (*что-л.*) с упóрством, настóйчиво; he kept hard at work for a week он упóрно рабóтал цéлую недéлю; б) заставлять (*когó-л.*) дéлать (*что-либо*); в) приставáть с прóсьбами; ~ **away** а) держáть(ся) в отдалéнии; не подпускáть близко; остерегáться; б) прятать; ~ knives away from children прячьте ножи от детéй; ~ **back** а) удéрживать, задéрживать; б) скрывáть; he kept the news back он утаил эту нóвость; в) держáться в сторонé; ~ **down** а) не вставáть, продолжáть сидéть *или* лежáть; б) задéрживать рост, мешáть развитию; to ~ down prices не допускáть повышéния цен; в) подавлять (*восстание; чувство*); держáть в подчинéнии; г): he can't ~ down his food егó всё врéмя рвёт; ~ **from** удéрживать(ся), воздéрживаться от *чегó-л.*; what kept you from doing it? почемý вы этого не сдéлали?; he kept his anxiety from showing он старáлся не выдать своегó волнéния; ~ **in** а) не выпускáть; заставлять сидéть дóма (*больного*); to be kept in быть оставленным пóсле урóков, без обéда (*о школьнике*); б) поддéрживать; to ~ in fire поддéрживать огóнь; to ~ in with smb. оставáться в хорóших отношéниях с кем-л.; ~ **off** держáть(ся) в отдалéнии; не подпускáть; ~ off! назáд!; ~ off the subject! не касáйтесь этого вопрóса!; ~ off the grass! не ходите по травé!; ~ your mind off this не дýмайте об этом, выкиньте это из головы; ~ **on** а) продолжáть (*делать что-л.*); to ~ on reading продолжáть читáть; б): to ~ on fire поддéрживать огóнь; в) сохранять в прéжнем положéнии; he was kept on at his old job егó остáвили на прéжней рабóте; г) не снимáть; оставлять; to ~ on one's hat не снимáть шляпы; ~ **out** а) не допускáть, не впускáть; не позволять (of); to ~ children out of mischief не давáть дéтям шалить; б) оставáться в сторонé, не вмéшиваться (of); to ~ out of smb.'s way избегáть когó-л.; to ~ out of smth. избегáть чегó-л.; ~ **to** придéрживаться; держáться *чегó-л.*; ~ to the right! держитесь прáвой стороны!; to ~ to the subject держáться тéмы; ~ **under** а) держáть в подчинéнии; б) препятствовать (*росту, развитию, распространению*); to ~ the prices under препятствовать повышéнию цен; ~ **up** а) поддéрживать; to ~ up a correspondence поддéрживать перепи́ску; б) держáться бóдро; в) продолжáть; ~ it up! не остáнавливайтесь!, продолжáйте!; г) поддéрживать в дóлжном порядке; д) соблюдáть, придéрживаться; to ~ up old traditions соблюдáть *или* поддéрживать стáрые традиции; е) быть хорошó осведомлённым, быть в кýрсе; to ~ up on international law хорошó знать междунарóдное прáво; ~ **up with** smb. держáться наравнé с кем-л., не отставáть ◇ to ~ company а) составлять компáнию, сопровождáть; б) дружить; to ~ covered *воен.* держáть на прицéле; to ~ on at a person *разг.* беспрестáнно бранить когó-л.; to ~ (smb.) going а) сохранить (чью-л.) жизнь; б) помóчь (комý-л.) материáльно; to ~ oneself to oneself быть зáмкнутым, необщительным; сторониться людéй, избегáть óбщества; to ~ up with the Joneses жить не хýже людéй; to ~ watch дежýрить

**2.** *n* 1) содержáние, пища, прокóрм; to earn one's ~ зарабóтать на пропитáние 2) запáс кóрма для скотá 3) глáвная бáшня (*средневекового замка*) 4) *тех.* контрбýкса ◇ in good (in low) ~ в хорóшем (в плохóм) состоянии; for ~s *разг.* а) навсегдá; б) совершéнно

**keeper** [ˈkiːpə] *n* 1) хранитель; стóрож; смотритель 2) владéлец (*кафе и т. п.*) 3) санитáр (*в доме для умалишённых*) 4) лесник, охраняющий заповéдник 5) хорошó сохраняющийся продýкт; milk is a bad ~ молокó быстро прокисáет 6) держáтель (*напр., облигаций*) 7) кольцó, надéтое сверх другóго 8) *тех.* контргáйка 9) *эл.* якорь магнита

**-keeper** [-ˌkiːpə] *в сложных словах означает* содержáтель, предпринимáтель; *напр.*: innkeeper хозяин гостиницы; shopkeeper лáвочник

**keeping** [ˈkiːpɪŋ] **1.** *pres. p. от* keep 1

**2.** *n* 1) владéние; содержáние 2) хранéние 3) охрáна, присмóтр; to be in safe ~ быть в надёжных рукáх; быть в пóлной безопáсности; in smb.'s ~ на чьём-л. попечéнии 4) гармóния, соглáсие; to be in (out of) ~ with smth. (не) согласóвываться, (не) гармонировать с чем-л. 5) *attr.* хорошó сохраняющийся; ~ apples хорошó сохраняющиеся яблоки

**keeping-room** [ˈkiːpɪŋrum] *n* гостиная, óбщая кóмната

**keepsake** [ˈkiːpseɪk] *n* 1) подáрок на пáмять 2) *attr.* слащáвый, сентиментáльный

**kef** [kef] *араб. n* 1) состояние опьянéния (*от употребления гашиша*) 2) бездéлье, кейф

**kefir** [ˈkefə] *n* кефир

**keg** [keg] *n* бочóнок (*ёмкостью до 10 галлонов*)

**keif** [keɪf] = kef

**kelp** [kelp] *n* 1) бýрая вóдоросль, *преим.* ламинáрия 2) золá этих вóдорослей, из котóрой добывáется йод

**kelpie, kelpy** [ˈkelpɪ] *n шотл. миф.* злой водянóй (*заманивающий корабли и топящий людей*)

**kelson** [ˈkelsn] *n мор.* кильсон

**Kelt** [kelt] = Celt

**Keltic** [ˈkeltɪk] = Celtic

**Kelvin (scale)** [ˈkelvɪn(skeɪl)] *n физ.* шкалá абсолютной температýры

**ken** [ken] **1.** *n* кругозóр; круг знáний; beyond my ~ выше моегó понимáния

**2.** *v шотл.* (kent) 1) знать 2) узнавáть (*по виду*)

**kennel I** [ˈkenl] **1.** *n* 1) конурá 2) (*часто pl*) собáчий питóмник 3) свóра собáк (*охотничьих*) 4) лисья норá 5) хибáрка, лачýга

**2.** *v* 1) загонять в конурý 2) держáть в конурé 3) жить в конурé

**kennel II** [ˈkenl] *n* стóк, водостóчная канáва

**kent** [kent] *past и p. p. от* ken 2

**Kentish** [ˈkentɪʃ] *a* кéнтский ◇ ~ fire а) продолжительные аплодисмéнты; б) гул неодобрéния; ~ rag твёрдый строительный известняк

**kentledge** [ˈkentlɪdʒ] *n мор.* постоянный баллáст

**Kenyan** [ˈkenjən] *a* относящийся к Кéнии

**kepi** [ˈkepɪ] *фр. n* кéпи

**kept** [kept] **1.** *past и p. p. от* keep 1

**2.** *a*: ~ woman содержáнка

**keratin** [ˈkerətɪn] *n* кератин, роговóе веществó

**keratoid** [ˈkerətɔɪd] *a* роговóй

**kerb** [kəːb] *n* 1) (кáменная) обóчина, край тротуáра ◇ on the ~ вне бирóжи (*о сделках, совершающихся после закрытия биржи*)

**kerb-stone** [ˈkəːbstəun] *n* бордюрный кáмень ◇ ~ broker внебиржевóй мáклер; ~ market а) ýличный рынок; б) заключéние сдéлки вне биржи

**kerchief** [ˈkəːtʃɪf] *n* платóк (*головной*); косынка, шарф

**kerchiefed, kerchieft** [ˈkəːtʃɪft] *a* покрытый платкóм, косынкой

**kerf** [kəːf] *n* 1) зарýбка, надрýб, пропил на дéреве (*при валке деревьев*) 2) *горн.* вруб

**kermis** [ˈkəːmɪs] *голл. n* ярмарка-карнавáл

**kern(e)** [kəːn] *n* 1) *ист.* легковооружённый ирлáндский пехотинец 2) *презр.* мужик, деревéнщина

**kernel** [ˈkəːnl] *n* 1) зернó, зёрнышко 2) сердцевина (*плода*); ядрó (*ореха*) 3) суть 4) *филос.* рационáльное зернó 5) *метал.* стéржень

**kerosene** [ˈkerəsiːn] *n* керосин

**kersey** [ˈkəːzɪ] *n* 1) грýбая шерстянáя матéрия 2) *pl* брюки из такóй матéрии

**kerseymere** [ˈkəːzɪmɪə] *n* 1) кашемир (*тонкая шерстяная ткань*) 2) *pl* брюки из кашемира

**kestrel** [ˈkestrəl] *n* пустельгá (*птица*)

**ketch** [ketʃ] *n* кеч (*небольшое двухмачтовое судно*)

**ketchup** [ˈketʃəp] *n* кéтчуп (*острый томатный соус*)

**kettle** [ˈketl] *n* 1) металлический чáйник 2) *уст.* котёл, котелóк 3) корóбка кóмпаса 4) *горн.* бадья

**kettle-drum** [ˈketldrʌm] *n* 1) лита́вра 2) *шутл.* зва́ный чай (*во второй половине дня*)

**key** I [kiː] **1.** *n* 1) ключ; false ~ отмы́чка 2) ключ, разга́дка (*к решению вопроса и т. п.*) 3) ключ, код 4) подстро́чный перево́д; сбо́рник реше́ний зада́ч; ключ к упражне́ниям 5) *муз.* ключ; тона́льность; major (minor) ~ мажо́рный (мино́рный) тон; all in the same ~ моното́нно, однообра́зно 6) тон, высота́ го́лоса; to speak in a high (low) ~ гро́мко (ти́хо) разгова́ривать 7) *жив.* тон, отте́нок (*о краске*) 8) кла́виша; *pl* клавиату́ра (*рояля, пишущей машинки и т. п.*) 9) основно́й при́нцип 10) *тех.* клин; шпо́нка; чека́ 11) *эл* ключ; кно́пка; рыча́жный переключа́тель; telegraph ~ телегра́фный ключ 12) *attr.* основно́й, ключево́й; веду́щий, кома́ндный; гла́вный; ~ industries веду́щие о́трасли промы́шленности; ~ positions кома́ндные пози́ции; ~ problem основна́я, узлова́я пробле́ма; ~ actor *амер.* веду́щий актёр 13) *attr.*: ~ line *амер.* заголо́вок в одну́ строку́; ~ map ко́нтурная ка́рта ◇ ~ pattern меа́ндр; to hold the ~s of smth. держа́ть что-л. в свои́х рука́х, держа́ть что-л. под контро́лем; golden (*или* silver) ~ взя́тка, по́дкуп; the power of the ~s па́пская власть; to have (*или* to get) the ~ of the street *шутл.* оста́ться на ночь без кро́ва; быть вы́ставленным за дверь

**2.** *v* 1) запира́ть на ключ 2) испо́льзовать усло́вные обозначе́ния (*в объявлениях*) 3) *тех.* закли́нивать; закрепля́ть шпо́нкой (*часто* ~ in, ~ on) 4) *муз.* настра́ивать (*тж.* ~ up) 5) приводи́ть в соотве́тствие 6) *тел., радио* рабо́тать ключо́м □ ~ **up** а) возбужда́ть, взви́нчивать (*кого-л.*); б) придава́ть реши́мость, сме́лость; в) повыша́ть (*спрос и т. п.*)

**key** II [kiː] *n* о́тмель, риф

**keyboard** [ˈkiːbɔːd] *n* 1) клавиату́ра 2) *эл.* коммута́тор, коммутацио́нная пане́ль

**keyed** [kiːd] **1.** *p. p. от* key I, 2

**2.** *a* 1) снабжённый ключа́ми *или* кла́вишами 2) *муз.* настро́енный в определённой тона́льности (*тж.* ~ up) 3) взви́нченный, взволно́ванный (*тж.* ~ up) 4) гармони́рующий, подходя́щий (to)

**keyhole** [ˈkiːhəul] *n* замо́чная скважи́на; to spy through the ~ подсма́тривать в замо́чную сква́жину; to listen at the ~ подслу́шивать у две́ри

**keyless** [ˈkiːlɪs] *a* 1) без ключа́ 2) заводя́щийся без ключа́ (*о часах*)

**key man** [ˈkiːmæn] *n* 1) челове́к, занима́ющий веду́щий пост, игра́ющий важне́йшую роль (*в политике, промышленности*) 2) о́пытный специали́ст 3) *амер.* телеграфи́ст

**key money** [ˈkiːˌmʌnɪ] *n* дополни́тельная пла́та, взима́емая при продле́нии сро́ка аре́нды; въездна́я пла́та при аре́нде кварти́ры

**key-note** [ˈkiːnəut] **1.** *n* 1) *муз.* основна́я но́та ключа́, тона́льность 2) преоблада́ющий тон, основна́я мысль; лейтмоти́в; основно́й при́нцип 3) *attr.* веду́щий, основно́й; ~ address (*или* speech) а) выступле́ние, заостря́ющее внима́ние на основны́х вопро́сах; б) основно́й докла́д (*на съезде, конференции*)

**2.** *v* 1) задава́ть тон 2) де́лать основно́й докла́д (*на съезде, конференции*)

**keynoter** [ˈkiːˌnəutə] *n амер.* основно́й докла́дчик (*на съезде, конференции*)

**key point** [ˈkiːpɔɪnt] *n воен.* ва́жный (*в тактическом отношении*) пункт

**key-ring** [ˈkiːrɪŋ] *n* кольцо́ для ключе́й

**keystone** [ˈkiːstəun] *n* 1) *архит.* замко́вый ка́мень (*свода или арки*) 2) краеуго́льный ка́мень, основно́й при́нцип

**key-winding** [ˈkiːˌwaɪndɪŋ] *a* заводя́щийся ключо́м

**khaki** [ˈkɑːkɪ] **1.** *n* 1) ха́ки (*материя защитного цвета*) 2) (полева́я) вое́нная фо́рма

**2.** *a* защи́тного цве́та; цве́та ха́ки

**khalifa** [kɑːˈliːfə] = caliph

**khalifat** [ˈkɑːlɪfeɪt] = caliphate

**khamsin** [ˈkæmsɪn] *араб. n* хамси́н (*сухой знойный ветер в Египте*)

**khan** [kɑːn] *тур. n* хан

**khanate** [ˈkɑːneɪt] *тур. n* 1) ха́нство 2) власть ха́на

**Khedive** [kɪˈdiːv] *n ист.* хеди́в

**kibble** [ˈkɪbl] **1.** *n горн.* бадья́

**2.** *v* 1) поднима́ть поро́ду на пове́рхность (*в бадье*) 2) дроби́ть

**kibbler** [ˈkɪblə] *n* 1) дроби́лка 2) баде́йщик

**kibe** [kaɪb] *n* боля́чка на отморо́женном ме́сте (*особ.* на пя́тке) ◇ to tread on one's ~ наступи́ть на люби́мую мозо́ль

**kibitz** [ˈkɪbɪts] *амер. v разг.* вме́шиваться не в своё де́ло; дава́ть непро́шеные сове́ты

**kibitzer** [ˈkɪbɪtsə] *n амер. разг.* челове́к, даю́щий непро́шеные сове́ты; надое́да

**kibosh** [ˈkaɪbɔʃ] *n sl.* вздор, чепуха́ ◇ to put the ~ on положи́ть коне́ц, поко́нчить; прико́нчить

**kick** I [kɪk] **1.** *n* 1) уда́р ного́й, копы́том; пино́к; to get the ~ а) получи́ть пино́к; б) быть уво́ленным 2) отда́ча (*ружья*) 3) уда́р, толчо́к; отска́кивание 4) *разг.* си́ла сопротивле́ния; he has no ~ left on вы́дохся 5) *амер. разг.* проте́ст 6) *разг.* кре́пость (*вина и т. п.*) 7) *разг.* удово́льствие, прия́тное возбужде́ние; to get a ~ out of smth. находи́ть удово́льствие в чём-л.; for the ~ of it, for ~s на потеху 8) *разг.* мо́да 9) *sl.* шесть пе́нсов; two and a ~ два ши́ллинга и шесть пе́нсов 10) *разг.* футболи́ст; good (bad) ~ хоро́ший (плохо́й) футболи́ст ◇ more ~s than halfpence бо́льше неприя́тностей, чем вы́годы

**2.** *v* 1) ударя́ть ного́й; to ~ downstairs спусти́ть с ле́стницы; вы́швырнуть 2) брыка́ть(ся); ляга́ть(ся) 3) отдава́ть (*о ружье*) 4) высо́ко подбра́сывать (*мяч*) 5) *спорт.* бить по мячу́, заби́ть гол 6) *разг.* проти́виться, проявля́ть стропти́вость, недово́льство, жа́ловаться (*тж.* ~ against, ~ at) 7) *амер. sl.* умере́ть (*часто* ~ in) 8) *амер. sl.* избавиться (*от привычки к наркотикам*) □ ~ **about** а) перебра́сывать(ся); б) разбра́сывать; ~ **around** а) гру́бо обраща́ться; б) *sl.* рассма́тривать со всех сторо́н; ~ **away** прогна́ть, вы́гнать (*часто с позором*); ~ **back** а) (от)плати́ть той же моне́той; б) *авто* отдава́ть наза́д; в) *разг.* отдава́ть (*часть незаконно полученных денег под нажимом и т. п.*); г) *разг.* возвраща́ть (*краденое*); ~ **in** а) взлома́ть (*дверь и т. п.*); ворва́ться; б) *амер. sl.* де́лать взнос; в) *амер. sl.* умере́ть; ~ **off** а) сбро́сить (*туфли и т. п.*); б) *спорт.* вводи́ть мяч в игру́ уда́ром с це́нтра; в) *амер.* начина́ть; г) *амер. sl.* умере́ть; ~ **out** а) вы́швырнуть, вы́гнать; уво́лить; б) износи́ть, истрепа́ть; ~ **up** а) швыря́ть вверх уда́ром ноги́; поднима́ть; to ~ up dust поднима́ть пыль нога́ми; to ~ up the heels брыка́ться (*о лошади*); б) поднима́ть (*скандал, шум и т. п.*); to ~ up a row (a fuss, a dust) поднима́ть, устра́ивать сканда́л (*шум, суматоху*) ◇ to ~ the beam а) оказа́ться бо́лее лёгкой (*из двух чашек весов*); б) не име́ть ве́са, значе́ния; потеря́ть значе́ние, влия́ние; to ~ up one's heels *разг.* а) умере́ть; б) танцева́ть; весели́ться; to ~ over the traces вы́йти из повинове́ния, взбунтова́ться; to ~ upstairs *шутл.* дать почётную отста́вку; изба́виться (*от кого-л., назначив на более высокую должность*)

**kick** II [kɪk] *n* вда́вленное дно буты́лки

**kickback** [ˈkɪkbæk] *n амер.* 1) бу́рная реа́кция 2) *разг.* возвраще́ние ча́сти полу́ченных де́нег (*под нажимом*)

**kicker** [ˈkɪkə] *n* 1) брыкли́вая ло́шадь 2) *амер.* критика́н 3) *амер.* скандали́ст 4) футболи́ст 5) *тех.* эжéктор, толка́ч, сбра́сыватель 6) сеноворо́шилка

**kick-off** [ˈkɪkˈɔf] *n* 1) *спорт.* введе́ние мяча́ в игру́ (*с центра*) 2) *разг.* нача́ло

**kickshaw** [ˈkɪkʃɔː] *n* 1) ла́комство (*обыкн. пренебр.*) 2) безделу́шка, пустячо́к

**kick-starter** [ˈkɪkˌstɑːtə] *n* ножно́й ста́ртер

**kick-up** [ˈkɪkˈʌp] *n разг.* 1) шум, сканда́л 2) пиру́шка, вечери́нка

**kid** I [kɪd] **1.** *n* 1) козлёнок 2) ла́йка (*кожа*) 3) *pl* ла́йковые перча́тки 4) *разг.* ребёнок; малы́ш 5) *attr.* ла́йковый; ~ gloves ла́йковые перча́тки 6) *attr.* молодо́й, мла́дший; ~ sister мла́дшая сестра́ ◇ with (*или* in) ~ gloves мя́гко, осторо́жно

**2.** *v* коти́ться, ягни́ться

**kid** II [kɪd] *разг.* *v* обма́нывать, надува́ть; высме́ивать

**Kidderminster (carpet)** [ˈkɪdəmɪnstə (ˈkɑːpɪt)] *n* киддерми́нстерский ковёр (*двухцветный*)

**kiddle** [ˈkɪdl] *n* перемёт

**kiddy** [ˈkɪdɪ] *n* *разг.* ребёнок; малы́ш

**kid-glove** [ˈkɪdglʌv] *a* 1) делика́тный, мя́гкий 2) избега́ющий чёрной рабо́ты ◇ ~ affair официа́льный приём, банке́т; ~ diplomacy то́нкая диплома́тия

**kidnap** [ˈkɪdnæp] *v* 1) укра́сть ребёнка 2) наси́льно *или* обма́ном похи́тить (*кого-л.*)

**kidnapper** [ˈkɪdnæpə] *n* похити́тель (*людей, особ. детей*)

**kidney** [ˈkɪdnɪ] *n* 1) *анат.* по́чка 2) род, тип, хара́ктер; a man of that ~ челове́к тако́го скла́да; they are both of the same ~ ≅ одни́м ми́ром ма́заны; одного́ по́ля я́года 3) *attr.* *анат.* по́чечный 4) *attr.* похо́жий на по́чку

**kidney bean** [ˈkɪdnɪˈbiːn] *n* фасо́ль (обыкнове́нная)

**kid-skin** [ˈkɪdskɪn] *n* ла́йка (*кожа*)

**kief** [kiːf] = kef

**kike** [kaɪk] *n* *амер.* 1) *презр.* евре́й 2) = keek 1

**kilderkin** [ˈkɪldəkɪn] *n* бочо́нок (*ёмкостью 16—18 галлонов*)

**kill** [kɪl] **1.** *v* 1) убива́ть; бить, ре́зать (*скот*) 2) дава́ть определённое коли́чество мя́са при убо́е; these pigs do not ~ well сви́ньи э́той поро́ды даю́т ма́ло мя́са при убо́е 3) губи́ть, уничтожа́ть; ликвиди́ровать; to ~ a bill провали́ть законопрое́кт; to ~ a novel раскритикова́ть рома́н 4) ослабить эффе́кт; нейтрализова́ть (*краску и т. п.*); заглуши́ть; the drums ~ed the strings бараба́ны заглуши́ли стру́нные инструме́нты; to ~ an engine заглуши́ть дви́гатель 5) си́льно порази́ть, восхити́ть; dressed (*или* dolled up) to ~ *разг.* шика́рно, умопомрачи́тельно оде́тый 6) си́льно рассмеши́ть, умори́ть; it nearly ~ed me я чуть не у́мер со́ смеху 7) вычёркивать (*в корректуре и т. п.*) 8) ослабля́ть, успока́ивать (*боль и т. п.*) 9) *разг.* потопи́ть кора́бль *или* подво́дную ло́дку; сбить (*самолёт*) 10) *метал.* выде́рживать пла́вку в ва́нне; раскисля́ть сталь 11) *эл.* ре́зко пони́зить напряже́ние; отключи́ть 12) *тех.* трави́ть 13) *спорт.* гаси́ть, среза́ть (*мяч*) □ ~ **off** а) изба́виться; б) уничто́жить; ~ **out** уничтожа́ть, искореня́ть ◇ to ~ by inches му́чить; to ~ time убива́ть вре́мя; to ~ the bottle *амер.* напива́ться до чёртиков

**2.** *n* 1) добы́ча (*на охоте*); plentiful ~ бога́тая добы́ча 2) уби́йство 3) *воен.* уничтоже́ние проти́вника

**kill-devil** [ˈkɪlˌdevl] *n* иску́сственная прима́нка; блесна́

**killer** [ˈkɪlə] *n* 1) уби́йца 2) *амер.* банди́т, га́нгстер 3) *зоол.* дельфи́н-каса́тка

**killer whale** [ˈkɪləweɪl] = killer 3)

**killing** [ˈkɪlɪŋ] **1.** *pres. p. от* kill 1

**2.** *n* 1) уби́йство 2) убо́й 3) *разг.* больша́я при́быль

**3.** *a* 1) смерте́льный 2) уби́йственный 3) *разг.* умори́тельный 4) *разг.* восхити́тельный, умопомрачи́тельный

**killjoy** [ˈkɪldʒɔɪ] *n* челове́к, отравля́ющий други́м удово́льствие; брюзга́

**kill-time** [ˈkɪltaɪm] **1.** *n* бессмы́сленное, пусто́е заня́тие

**2.** *a* бессмы́сленный, пусто́й (*о занятии, времяпрепровождении и т. п.*)

**kiln** [kɪln] **1.** *n* *тех.* печь для о́бжига и для су́шки

**2.** *v* обжига́ть (*кирпич, известь и т. п.*)

**kiln-drying** [ˈkɪlnˌdraɪɪŋ] *n* иску́сственная су́шка

**kilo** [ˈkiːləu] = kilogram(me)

**kilo-** [ˈkiːləu-] *в сложных словах переводится* кило-

**kilocycle** [ˈkɪləuˌsaɪkl] *n* *радио* килоге́рц

**kilogram(me)** [ˈkɪləugræm] *n* килогра́мм

**kilometer** [ˈkɪləuˌmiːtə] *амер.* = kilometre

**kilometre** [ˈkɪləuˌmiːtə] *n* киломе́тр

**kilowatt** [ˈkɪləuwɔt] *n* килова́тт

**kilt** [kɪlt] **1.** *n* 1) ю́бка шотла́ндского го́рца *или* солда́та шотла́ндского полка́ 2) ю́бка в скла́дку

**2.** *v* 1) собира́ть в скла́дки 2) подбира́ть, подтыка́ть подо́л

**kilter** [ˈkɪltə] *n* *амер.* поря́док, испра́вность; in (out of) ~ в поря́дке (в беспоря́дке)

**kiltie, kilty** [ˈkɪltɪ] *n* *разг.* 1) шотла́ндский солда́т в национа́льном костю́ме 2) *pl*: ~s шотла́ндские войска́

**kimono** [kɪˈməunəu] *яп.* *n* (*pl* -os [-əuz]) кимоно́

**kin** [kɪn] **1.** *n* 1) родня́, ро́дственники; родство́; near of ~ а) состоя́щий в бли́зком родстве́; б) ро́дственный; схо́дный, подо́бный; next of ~ ближа́йший (-ие) ро́дственник(и) 2) род, семья́; to come of good ~ быть из хоро́шей семьи́

**2.** *a predic.* ро́дственный; we are ~ мы сродни́; ~ to ро́дственный; подо́бный, похо́жий

**kinchin** [ˈkɪntʃɪn] *n* *sl.* 1) ребёнок 2) *attr.*: ~ lay кра́жа де́нег у дете́й на у́лице

**kind** I [kaɪnd] *n* 1) сорт, разнови́дность; разря́д; класс; what ~ of man is he? что он за челове́к?; all ~s of things всевозмо́жные ве́щи; of a better ~ лу́чшего со́рта; усоверше́нствованного ти́па 2) отличи́тельный при́знак; приро́да, ка́чество; to act after one's ~ быть ве́рным себе́ (*в поступках*); to differ in degree but not in ~ отлича́ться сте́пенью, но не ка́чеством 3) *уст.* род; семе́йство; human ~ челове́ческий род ◇ all of a ~ все одина́ковые; two of a ~ два одина́ковых предме́та; coffee of a ~ скве́рный ко́фе; nothing of the ~ ничего́ подо́бного; ~ of *разг.* не́сколько, отча́сти; как бу́дто; I ~ of expected it я э́того отча́сти ждал; to pay in ~ плати́ть нату́рой, това́рами; in ~ таки́м же (*или* подо́бным) о́бразом; to repay (*или* to pay back, to answer) in ~ отплати́ть той же моне́той; the worst ~ *амер.* чрезвыча́йно, кра́йне

**kind** II [kaɪnd] *a* 1) до́брый, серде́чный, любе́зный; how ~ of you! как ми́ло с ва́шей стороны́!; with ~ regards с серде́чным приве́том (*в письме*); be so ~ as to shut the door бу́дьте так добры́, закро́йте дверь 2) пода́тливый; послу́шный; this horse is ~ in harness э́та ло́шадь хороша́ в упря́жке 3) мя́гкий (*о волосах*) 4) *тех.* поддаю́щийся обрабо́тке; мя́гкий (*о руде*)

**kindergarten** [ˈkɪndəˌgɑːtn] *n* де́тский сад

**kindergartener** [ˈkɪndəˌgɑːtnə] *n* 1) воспита́тель в де́тском саду́ 2) ребёнок, посеща́ющий де́тский сад

**kind-hearted** [ˈkaɪndˈhɑːtɪd] *a* мягкосерде́чный, до́брый

**kindle** [ˈkɪndl] *v* 1) зажига́ть 2) воспламеня́ть, возбужда́ть; to ~ smb.'s interest вызыва́ть чей-л. интере́с; to ~ smb.'s anger возбужда́ть чей-л. гнев 3) загоре́ться, заже́чься, вспы́хнуть (*тж. перен.*); her eyes ~d with happiness её глаза́ свети́лись сча́стьем

**kindliness** [ˈkaɪndlɪnɪs] *n* 1) доброта́ 2) до́брый посту́пок

**kindling** [ˈkɪndlɪŋ] **1.** *pres. p. от* kindle

**2.** *n* 1) зажига́ние, разжига́ние 2) (*тж. pl*) расто́пка; лучи́на для расто́пки

**kindling-wood** [ˈkɪndlɪŋwud] *n* расто́пка, щепа́

**kindly** [ˈkaɪndlɪ] **1.** *a* 1) до́брый, доброжела́тельный 2) прия́тный, благоприя́тный (*о климате, почве и т. п.*)

**2.** *adv* 1) доброжела́тельно, любе́зно; to speak ~ говори́ть доброжела́тельно, тепло́; ~ let me know бу́дьте добры́, да́йте мне знать; will you ~ do this for me? бу́дьте добры́ сде́лать э́то для меня́ 2) (благо)прия́тно; легко́; to act ~ де́йствовать мя́гко (*о лекарстве*) 3) есте́ственно, легко́, с удово́льствием; she took ~ to her new job она́ легко́ спра́вилась со свое́й но́вой рабо́той

**kindness** [ˈkaɪndnɪs] *n* 1) доброта́; доброжела́тельность; to have a ~ for smb. люби́ть кого́-л. 2) до́брое де́ло; одолже́ние; любе́зность; to do a personal ~ сде́лать ли́чное одолже́ние

**kindred** [ˈkɪndrɪd] **1.** *n* 1) кро́вное родство́ 2) род; клан; ро́дственники

**2.** *a* 1) ро́дственный; ~ languages ро́дственные языки́ 2) схо́дный; rain and ~ phenomena дождь и схо́дные с ним явле́ния приро́ды

**kine** [kaɪn] *уст., поэт. pl от* cow I

**kinematic** [ˌkaɪnɪˈmætɪk] *a* *физ.* кинемати́ческий

**kinematics** [ˌkaɪnɪˈmætɪks] *n* *pl* (*употр. как sing*) кинема́тика

**kinescope** ['kɪnəskəup] *n тлв.* 1) кинеско́п 2) запи́санная на плёнку телепереда́ча

**kinetic** [kaɪ'netɪk] *a физ.* кинети́ческий; ~ energy кинети́ческая эне́ргия

**kinetics** [kaɪ'netɪks] *n pl* (*употр. как sing*) кине́тика

**king** [kɪŋ] **1.** *n* 1) коро́ль; царь; мона́рх; K.'s speech тро́нная речь короля́ 2) *перен.* царь, власти́тель; ~ of beasts царь звере́й; ~ of metals зо́лото 3) коро́ль, магна́т; a railroad ~ железнодоро́жный магна́т 4) *шахм., карт.* коро́ль 5) да́мка (*в шашках*) 6) *бот.* гла́вный сте́бель (*растения*) ◇ K.'s English литерату́рный англи́йский язы́к; the K.'s peace обще́ственный поря́док; ~ for a day ≅ кали́ф на час; K.'s messenger дипломати́ческий курье́р; the K.'s coat вое́нный мунди́р; K.'s Bench *ист.* суд короле́вской скамьи́; K.'s Bench Division отделе́ние короле́вской скамьи́ (*Высокого суда правосудия в Великобритании*)

**2.** *v* 1) управля́ть, пра́вить 2) вести́ себя́, как коро́ль; повелева́ть; to ~ it over smb. повелева́ть (*или* кома́ндовать) кем-л.

**kingbolt** ['kɪŋbəult] *n* ось, шкво́рень

**king-crab** ['kɪŋkræb] *n зоол.* краб камча́тский

**kingcraft** ['kɪŋkrɑːft] *n* иску́сство правле́ния

**kingcup** ['kɪŋkʌp] *n бот.* калу́жница боло́тная

**kingdom** ['kɪŋdəm] *n* 1) короле́вство; ца́рство 2) ца́рство, мир; animal ~ живо́тное ца́рство ◇ ~ come загро́бный мир; to ~ come на тот свет

**kingfisher** ['kɪŋˌfɪʃə] *n* зимoро́док (*птица*)

**kinglet** ['kɪŋlɪt] *n* 1) *презр.* царёк 2) королёк (*птица*)

**kingly** ['kɪŋlɪ] **1.** *a* 1) короле́вский; ца́рственный 2) вели́чественный

**2.** *adv редк.* по-короле́вски; по-ца́рски; ца́рственно

**kingmaker** ['kɪŋˌmeɪkə] *n амер.* влия́тельное лицо́, определя́ющее вы́бор кандида́тов на полити́ческие до́лжности

**King of Arms** ['kɪŋəv'ɑːmz] *n* герольдме́йстер

**kingpin** ['kɪŋpɪn] *n* 1) = kingbolt 2) ва́жное лицо́; гла́вная фигу́ра 3) ке́гля, стоя́щая в середи́не

**kingpost** ['kɪŋpəust] *n стр.* сре́дняя сто́йка шпре́нгельной ба́лки

**king's evil** ['kɪŋz'iːvl] *n разг.* золоту́ха

**kingship** ['kɪŋʃɪp] *n* 1) короле́вский сан 2) ца́рствование

**king-size** ['kɪŋsaɪz] *a разг.* 1) о́чень большо́й 2) необы́чный, выдаю́щийся

**Kingston valve** ['kɪŋstənvælv] *n мор.* кингсто́н

**kink** [kɪŋk] **1.** *n* 1) перекру́чивание, пе́тля (*в верёвке, проводе*); у́зел (*в кручёной нитке*) 2) заги́б, изги́б 3) су́дорога 4) *разг.* стра́нность, заско́к 5) *горн.* отклоне́ние жи́лы

**2.** *v* 1) перекрути́ть(ся), образова́ть у́зел, запу́тать(ся) 2) чуди́ть, проявля́ть стра́нности

**kinky** ['kɪŋkɪ] 1) курча́вый (*о волосах*) 2) *разг.* стра́нный, эксцентри́чный

**kino** ['kiːnəu] *n* каме́дь тропи́ческих дере́вьев (*применяется в медицине как вяжущее средство*)

**kinsfolk** ['kɪnzfəuk] *n* (*употр. с гл. во мн. ч.*) ро́дственники, родня́

**kinship** ['kɪnʃɪp] *n* 1) родство́ 2) схо́дство, подо́бие

**kinsman** ['kɪnzmən] *n* ро́дственник, ро́дич

**kinswoman** ['kɪnzˌwumən] *n* ро́дственница

**kintal** ['kɪntl] *уст.* = quintal

**kiosk** ['ki(ː)ɔsk] *n* 1) кио́ск 2) телефо́нная бу́дка 3) откры́тая эстра́да (*для оркестра*)

**kip I** [kɪp] *n* шку́ра молодо́го *или* небольшо́го живо́тного (*телячья, овечья и т. п.*)

**kip II** [kɪp] *sl.* **1.** *n* 1) ночле́жка 2) ко́йка; посте́ль

**2.** *v* спать

**kip III** [kɪp] *n амер.* 1000 фу́нтов (*= 453,59 кг*)

**kipper** ['kɪpə] **1.** *n* 1) копчёная селёдка; копчёная ры́ба 2) ло́со́сь-саме́ц во вре́мя не́реста 3) *sl.* па́рень, челове́к 4) *воен. sl.* торпе́да (проти́вника)

**2.** *v* соли́ть и копти́ть ры́бу

**Kirghiz** ['kəːgɪz] **1.** *n* (*pl* -es [-ɪz] *или без измен.*) 1) кирги́з; кирги́зка 2) кирги́зский язы́к

**2.** *a* кирги́зский

**kirk** [kəːk] *n шотл.* це́рковь; the K. of Scotland пресвитериа́нская це́рковь Шотла́ндии

**kirn** [kəːn] *n шотл.* 1) после́дний сноп жа́твы 2) пра́здник урожа́я

**kismet** ['kɪsmet] *араб. n* судьба́, рок

**kiss** [kɪs] **1.** *n* 1) поцелу́й; лобза́ние; to give a ~ on the cheek поцелова́ть в щёку; to steal (*или* to snatch) a ~ сорва́ть поцелу́й: to blow smb. a ~ посла́ть кому́-л. возду́шный поцелу́й 2) лёгкое прикоснове́ние, лёгкий уда́р друг о дру́га (*бильярдных шаров*) 3) безе́ (*пирожное*) ◇ ~ of life спо́соб иску́сственного дыха́ния (*вдувание воздуха изо рта в рот*)

**2.** *v* 1) целова́ть(ся), поцелова́ть(-ся); to ~ away tears поцелу́ями осуши́ть слёзы; to ~ one's hand to smb. посла́ть кому́-л. возду́шный поцелу́й 2) слегка́ косну́ться оди́н друго́го (*о бильярдных шарах*) ◇ to ~ the book целова́ть би́блию при принесе́нии прися́ги в суде́; to ~ the cup пригу́бить (*чашу*); пить, выпива́ть; to ~ the dust (*или* the ground) а) быть пове́рженным во прах; пасть ниц; потерпе́ть пораже́ние; б) быть уби́тым; в) унижа́ться, пресмыка́ться; to ~ goodbye а) поцелова́ть на проща́ние; б) примири́ться с поте́рей

**kiss-curl** ['kɪskəːl] *n* ло́кон, завито́к (*у виска*)

**kisser** ['kɪsə] *n* 1) тот, кто целу́ет 2) *груб.* рот 3) *груб.* лицо́

**kiss-in-the-ring** ['kɪsɪnðə'rɪŋ] *n* стари́нная игра́ (*в которой поймавший целует пойманную*)

**kiss-me-quick** ['kɪsmɪ'kwɪk] *n* 1) да́мская шля́пка в ви́де ка́пора (*мода 50-х годов XIX в.*) 2) ло́кон (*на висках*) 3) аню́тины гла́зки (*цветы*)

**kit I** [kɪt] *n* 1) снаряже́ние, обмундирова́ние, экипиро́вка; hunting ~ костю́м для охо́ты 2) ра́нец, су́мка, вещево́й мешо́к 3) *воен.* ли́чное обмундирова́ние и снаряже́ние 4) су́мка с инструме́нтом; компле́кт *или* набо́р инструме́нтов ◇ the whole ~ (and caboodle) вся компа́ния

**kit II** [kɪt] *n* (*сокр. от* kitten 1) котёнок

**kit-bag** ['kɪtbæg] *n* вещево́й мешо́к

**kit-cat** ['kɪtkæt] *n* портре́т не́сколько ме́ньше поясно́го (*тж.* ~ portrait)

**kitchen** ['kɪtʃɪn] *n* 1) ку́хня 2) *attr.* ку́хонный; ~ unit ку́хонный комба́йн

**kitchen-cabinet** ['kɪtʃɪn'kæbɪnɪt] *n* 1) ку́хонный буфе́т 2) неофициа́льные сове́тники главы́ прави́тельства

**kitchener** ['kɪtʃɪnə] *n* 1) ку́хонная плита́ 2) по́вар (*особ.* в монастыре́)

**kitchenette** [ˌkɪtʃɪ'net] *n* ку́хонька; небольша́я ку́хня (*с кладовой*)

**kitchen garden** ['kɪtʃɪn'gɑːdn] *n* огоро́д

**kitchen herbs** ['kɪtʃɪnhəːbz] *n* пря́ности (*травы*)

**kitchen-maid** ['kɪtʃɪnmeɪd] *n* судомо́йка

**kitchen midden** ['kɪtʃɪn'mɪdn] *n* 1) му́сорная я́ма, помо́йка 2) *археол.* холм, образова́вшийся из ку́хонных отбро́сов и у́твари первобы́тного челове́ка

**kitchen police** ['kɪtʃɪnpə'liːs] *n воен. разг.* наря́д на ку́хню

**kitchen-range** ['kɪtʃɪnreɪndʒ] *n* плита́

**kitchen-sink** ['kɪtʃɪnsɪŋk] *n* 1) ра́ковина на ку́хне 2) *attr.* натуралисти́ческий; ~ drama бытова́я пье́са

**kitchen-stuff** ['kɪtʃɪnstʌf] *n* 1) проду́кты для ку́хни, *особ.* о́вощи 2) ку́хонные отбро́сы

**kitchen-ware** ['kɪtʃɪnwɛə] *n* ку́хонные принадле́жности

**kite** [kaɪt] **1.** *n* 1) *зоол.* ко́ршун 2) хи́щник; моше́нник; шу́лер 3) возду́шный змей; to fly a ~ а) запуска́ть змея́; б) *перен.* пуска́ть про́бный шар; прощу́пать обще́ственное мне́ние [*см. тж.* 4)]; to knock higher than a ~ *амер.* а) запусти́ть о́чень высоко́; б) де́лать (*что-л.*) с необыча́йной си́лой 4) *ком. разг.* ду́тый ве́ксель; to fly a ~ пыта́ться получи́ть де́ньги под фикти́вные векселя́ [*см. тж.* 3)] 5) *воен. жарг.* самолёт 6) = kite balloon

**2.** *v* 1) *разг.* лета́ть, пари́ть в во́здухе 2) *ком. разг.* получа́ть де́ньги по фикти́вным векселя́м

**kite balloon** [ˈkaɪtbəˌluːn] *n* змéйковый аэростáт

**kiteflying** [ˈkaɪtˌflaɪɪŋ] *n* 1) получéние дéнег по фиктѝвным векселя́м 2) зонди́рование пóчвы

**kith** [kɪθ] *n*: ~ and kin знакóмые и родня́

**kitten** [ˈkɪtn] **1.** *n* котёнок

**2.** *v* котѝться

**kittenish** [ˈkɪtnɪʃ] *a* игри́вый как котёнок

**kittle** [ˈkɪtl] **1.** *a* оби́дчивый, трýдный ◇ ~ cattle трýдные, беспокóйные лю́ди

**2.** *v* 1) щекотáть 2) озадáчивать, стáвить в тупи́к

**kitty** I [ˈkɪtɪ] *n* котёнок

**kitty** II [ˈkɪtɪ] *n карт.* банк

**kiwi** [ˈkiːwi(ː)] *n* 1) *зоол.* ки́ви, бескры́л (*нелетающая птица*) 2) *ав. жарг.* слýжащий нелётного состáва вое́нно-воздýшных сил 3) *разг.* новозелáндец

**klaxon** [ˈklæksn] *n авто уст.* клáксон

**Kleenex** [ˈkliːneks] *n* бумáжный носовóй платóк

**kleptomania** [ˌkleptəuˈmeɪnjə] *n* клептомáния

**kleptomaniac** [ˌkleptəuˈmeɪnɪæk] *n* клептомáн

**kloof** [kluːf] *n южно-афр.* ущéлье

**kluxer** [ˈklʌksə] *n амер. разг.* член ку-клукс-клáна

**klystron** [ˈklɪstrɔn] *n тлв.* клистрóн

**knack** I [næk] *n* 1) (профессионáльная) лóвкость, умéние, сноровка; to have the ~ of a thing дéлать что-л. лóвко, имéть сноровку 2) удáчный приём; трюк 3) привы́чка

**knack** II [næk] *n* рéзкий звук; треск

**knacker** I [ˈnækə] *n* 1) скýпщик (*старых лошадей на мясо, домов на слом и т. п.*) 2) стáрая лóшадь, кля́ча 3) живодёр; ~'s yard живодёрня

**knacker** II [ˈnækə] *n* 1) что-л., производя́щее рéзкий звук 2) *pl* кастаньéты

**knackery** [ˈnækərɪ] *n* живодёрня

**knacky** [ˈnækɪ] *a* лóвкий, умéлый

**knag** [næg] *n* сук; нарóст, свиль

**knaggy** [ˈnægɪ] *a* сучковáтый

**knap** I [næp] *v* 1) бить щéбень; дроби́ть кáмень 2) отчекáнивать словá

**knap** II [næp] *n* 1) верши́на холмá; грéбень горы́ 2) холм

**knapsack** [ˈnæpsæk] *n* рáнец; рюкзáк

**knapweed** [ˈnæpwiːd] *n бот.* василёк (чёрный)

**knar** [nɑː] *n* ýзел, ши́шка, нарóст на дéреве

**knarred, knarry** [nɑːd, ˈnɑːrɪ] *a* сучковáтый, суковáтый, узловáтый

**knave** [neɪv] *n* 1) мошéнник, плут 2) *карт.* валéт 3) *разг.* приятель 4) *уст.* (мáльчик-)слугá

**knavery** [ˈneɪvərɪ] *n* мошéнничество, плутовствó

**knavish** [ˈneɪvɪʃ] *a* мошéннический

**knead** [niːd] *v* 1) замéшивать, меси́ть (*тесто, глину*) 2) смéшивать в óбщую мáссу 3) формировáть (*характер*) 4) массировать, растирáть

**kneading machine** [ˈniːdɪŋməˌʃiːn] *n* тестомешáлка

**kneading-trough** [ˈniːdɪŋtrɔf] *n* квашня́

**knee** [niː] **1.** *n* 1) колéно; up to one's ~s по колéно 2) *тех.* колéно 3) *мор.* кни́ца 4) *стр.* подкóс, полураскóс 5) наколéнник 6) *attr.* колéнный ◇ to give (*или* to offer) a ~ to smb. а) помогáть комý-л.; окáзывать комý-л. поддéржку; б) *спорт.* быть чьим-л. секундáнтом (*в боксе*); it is on the ~s of the gods ≅ одномý бóгу извéстно; невéдомо, неизвéстно; to bring smb. to his ~s постáвить когó-л. на колéни; to go on one's ~s to smb. упрáшивать, умоля́ть когó-л.; on one's (bended) ~s уни́женно; to learn smth. at one's mother's ~s ≅ впитáть с молокóм мáтери

**2.** *v редк.* 1) удáрить колéном; касáться колéном 2) вытя́гиваться на колéнях (*о брюках*) 3) станови́ться на колéни

**knee-bend** [ˈniːbend] *n* сгибáние колéн (*гимнастика*)

**knee-boot** [ˈniːbuːt] *n* высóкий сапóг

**knee-breeches** [ˈniːˌbrɪtʃɪz] *n pl* бри́джи

**knee-cap** [ˈniːkæp] *n* 1) *анат.* колéнная чáшка 2) наколéнник

**knee-deep** [ˈniːˈdiːp] *a* по колéно

**knee-high** [ˈniːˈhaɪ] *a* (высотóй) по колéно; ~ to a mosquito (*или* a grasshopper, a duck, *etc.*) *шутл.* óчень мáленький, крóшечный; ≅ от горшкá два вершкá

**knee-hole** [ˈniːhəul] *n* промежýток мéжду тýмбами (*у письменного стола*)

**knee-jerk** [ˈniːdʒəːk] *n мед.* колéнный рефлéкс

**knee-joint** [ˈniːdʒɔɪnt] *n* 1) *анат.* колéнный сустáв 2) *тех.* колéнно-рычáжное соединéние

**kneel** [niːl] *v* (knelt, kneeled [-d]) 1) преклоня́ть колéни, станови́ться на колéни (*тж.* ~ down) 2) стоя́ть на колéнях (to, before — перед)

**kneeling position** [ˈniːlɪŋpəˈzɪʃən] *n воен.* положéние для стрельбы́ с колéна

**knee-pan** [ˈniːpæn] = knee-cap 1)

**knell** [nel] **1.** *n* 1) похорóнный звон 2) дурнóе предзнаменовáние; предзнаменовáние смéрти, ги́бели

**2.** *v* 1) звони́ть при похоронáх 2) звучáть зловéще, предвещáть (*гибель*)

**knelt** [nelt] *past и p. p. от* kneel

**knew** [njuː] *past от* know 1

**Knickerbocker** [ˈnɪkəbɔkə] *n* жи́тель Нью-Йóрка

**knickerbockers** [ˈnɪkəbɔkəz] *n pl* бри́джи

**knickers** [ˈnɪkəz] *n* 1) *разг. см.* knickerbockers 2) дáмские панталóны

**knick-knack** [ˈnɪknæk] *n* 1) безделýшка, украшéние 2) *уст.* лáкомство

**knick-knackery** [ˈnɪkˌnækərɪ] *n* безделýшки, украшéния; мишурá

**knife** [naɪf] **1.** *n* (*pl* knives) 1) нож; to put a ~ into smb. зарéзать когó-л. 2) *хир.* скáльпель; the ~ а) нож хирýрга; б) хирурги́ческая оперáция; to go under the ~ подвéргнуться оперáции 3) *тех.* струг, скребóк, резéц 4) *attr.* ножевóй ◇ before you can say ~ немéдленно, моментáльно; ≅ и áхнуть не успéл; to get one's ~ into smb. нанести́ удáр комý-л., злóбно напáсть на когó-л.; беспощáдно критиковáть когó-л.; ~ and fork едá; a good (poor) ~ and fork хорóший (плохóй) едóк; to play a good ~ and fork ≅ упи́сывать за óбе щеки́, есть с аппети́том; you could cut it with a ~ э́то нéчто реáльное: э́то вполнé ощути́мо

**2.** *v* 1) рéзать ножóм 2) удáрить, заколóть ножóм 3) *амер. разг.* нанести́ предáтельский удáр кандидáту своéй пáртии (*голосуя на выборах за его противника*)

**knife-board** [ˈnaɪfbɔːd] *n* доскá для чи́стки ножéй

**knife-edge** [ˈnaɪfedʒ] *n* 1) остриё ножá 2) опóрная при́зма (*весов и т. п.*)

**knife-grinder** [ˈnaɪfˌgraɪndə] *n* 1) точи́льщик 2) точи́льный кáмень, точи́ло

**knife-rest** [ˈnaɪfrest] *n* 1) подстáвка для ножá и ви́лки 2) *воен.* рогáтка

**knife-switch** [ˈnaɪfswɪtʃ] *n эл.* руби́льник

**knight** [naɪt] **1.** *n* 1) ры́царь; ви́тязь 2): ~ of the pen журнали́ст; ~ of the brush худóжник; ~ of fortune авантюри́ст; ~ of the road а) коммивояжёр; б) разбóйник 3) (имéющий) звáние "knight" (*ниже баронета, ненаследственное дворянское звание с титулом sir*) 4) кавалéр одногó из вы́сших англи́йских орденóв; K. of the Garter кавалéр óрдена Подвя́зки 5) *шахм.* конь 6) всáдник (*член сословия всадников в древнем Риме*)

**2.** *v* давáть звáние "knight"; возводи́ть в ры́царское достóинство

**knightage** [ˈnaɪtɪdʒ] *n собир.* 1) ры́царство 2) спи́сок лиц, имéющих ры́царское звáние

**knight errant** [ˈnaɪtˈerənt] *n* (*pl* knights errant) 1) стрáнствующий ры́царь 2) донкихóт, мечтáтель

**knight-errantry** [ˈnaɪtˈerəntrɪ] *n* 1) стрáнствование в пóисках приключéний 2) донкихóтство

**knighthood** [ˈnaɪthud] *n* 1) ры́царство 2) ры́царское звáние, дворя́нство

**knightly** [ˈnaɪtlɪ] **1.** *a* ры́царский; благорóдный

**2.** *adv уст.* (по-)ры́царски, благорóдно

**knit** [nɪt] *v* (knitted [-ɪd], knit) 1) вязáть (*чулки и т. п.*) 2) соединя́ть(ся), скрепля́ть(ся); mortar ~s bricks together известкóвый раствóр скрепля́ет кирпичи́ 3) срáщивать(ся), срастáться; the broken bone ~ted well сло́манная кость хорошо́ срösла́сь 4) объединя́ть(ся) (*на основе общих интересов и т. п.*) 5): to ~ one's (*или* the) brows хму́рить бро́ви, нахму́риться □ ~ **in** вяза́ть ни́тками не́скольких цвето́в, ввя́зывать; to ~ in blue with white wool сме́шивать си́нюю и бе́лую шерсть при вяза́нии; ~ **up** свя́зывать; поднима́ть спу́щенные пе́тли; што́пать; *перен.* заключа́ть, зака́нчивать (*спор и т. п.*)

**knitted** ['nɪtɪd] **1.** *p. p. от* knit
**2.** *a* 1) вя́заный; трикота́жный 2) спа́янный, кре́пкий

**knitter** ['nɪtə] *n* 1) вяза́льщик; вяза́льщица 2) трикота́жная *или* вяза́льная маши́на

**knitting** ['nɪtɪŋ] **1.** *pres. p. от* knit
**2.** *n* 1) вяза́ние 2) вя́заные ве́щи, трикота́ж

**knitting-machine** ['nɪtɪŋmə,ʃiːn] = knitter 2)

**knitting-needle** ['nɪtɪŋ,niːdl] *n* вяза́льная игла́, трикота́жная игла́; спи́ца

**knitwear** ['nɪtwɛə] *n* вя́заные ве́щи, трикота́жные изде́лия

**knitwork** ['nɪtwəːk] *n* 1) вяза́ние 2) трикота́жные изде́лия

**knives** [naɪvz] *pl от* knife 1

**knob** [nɔb] **1.** *n* 1) ши́шка, вы́пуклость 2) шарообра́зная ру́чка (*двери и т. п.*) 3) набалда́шник 4) небольшо́й кусо́к (*угля, сахару*) 5) *амер.* хо́лмик 6) *тех.* ру́чка; голо́вка; кно́пка 7) *разг.* голова́, башка́ ◇ with ~s on *разг.* а) ещё как; б) в доверше́ние
**2.** *v* выпя́чиваться, выдава́ться

**knobble** ['nɔbl] *n* ши́шечка

**knobby** ['nɔbɪ] *a* 1) узлова́тый, шишкова́тый 2) *амер.* холми́стый

**knobstick** ['nɔbstɪk] *n* 1) дуби́нка; кисте́нь 2) *разг.* штрейкбре́хер

**knock** [nɔk] **1.** *n* 1) уда́р 2) стук (*особ. в дверь*); to give a ~ постуча́ться (*в дверь*) 3) *амер. разг.* ре́зкая кри́тика; *pl* приди́рки, напа́дки 4) *тех.* детона́ция ◇ to get the ~ а) потерпе́ть пораже́ние; б) быть уво́ленным; в) *театр.* быть пло́хо при́нятым пу́бликой; to take the ~ разори́ться
**2.** *v* 1) ударя́ть(ся), бить; стуча́ть(-ся); колоти́ть; to ~ to pieces разби́ть вдре́безги; to ~ at (*или* on) the door стуча́ть в дверь 2) сбива́ть; to ~ the nuts сбива́ть оре́хи (*с дерева*) 3) (against) наткну́ться (*на что-либо*); уда́риться (*обо что-л.*) 4) *разг.* поража́ть, ошеломля́ть 5) *амер. разг.* ре́зко критикова́ть; придира́ться 6) *амер.* превосходи́ть □ ~ **about** а) бить, колоти́ть; б) стра́нствовать, шата́ться, ры́скать (по све́ту); в) вести́ беспу́тный о́браз жи́зни; ~ **against** натолкну́ться, неожи́данно встре́титься; ~ **down** а) сбить с ног, *тж.* сбить вы́стрелом; б) слома́ть; разру́шить, снести́ (*дом*); в) разобра́ть на ча́сти (*машину при транспортировке и т. п.*); г) опроки́нуть, разби́ть (*довод и т. п.*); д) понижа́ть це́ны; е) продава́ть с аукцио́на; ж) *амер. sl.* прожи́ть (*деньги*); ~ **in,** ~ **into** вбива́ть; to ~ into one соедини́ть; ~ **off** а) стряхну́ть, смахну́ть; б) сба́вить, сбить (*цену*); удержа́ть (*сумму*); в) уме́ньшить ско́рость; г) бы́стро сде́лать, состря́пать; д) ко́нчить рабо́ту; ~ off work прекрати́ть рабо́ту; е) *sl.* стащи́ть, укра́сть; ж) *sl.* умере́ть; ~ **out** а) вы́бить, выколоти́ть; to ~ the bottom out of α) вы́бить по́чву из-под ног у *кого-л.*; β) по́лностью опрове́ргнуть (*аргумент*); свести́ на не́т; б) *спорт.* нокаути́ровать; в) одоле́ть, победи́ть; г) сгова́риваться не набавля́ть це́ны на аукцио́не (*для того, чтобы перепродать купленное и разделить прибыль*); д) удиви́ть, ошеломи́ть; е) наброса́ть, соста́вить на ско́рую ру́ку, состря́пать (*план, статью и т. п.*); ~ **together** а) ста́лкиваться; б) на́спех скола́чивать; ~ **under** покори́ться; ~ **up** а) уда́ром подбро́сить вверх; б) подня́ть, разбуди́ть сту́ком; в) утомля́ть; ослабля́ть; to be ~ed up утоми́ться; г) на́спех, ко́е-ка́к устра́ивать, скола́чивать; д) *амер. sl.* сде́лать бере́менной; обрюха́тить; е) ста́лкиваться (against — с *кем-л.*) ◇ to ~ home вбива́ть про́чно; вдолби́ть, довести́ до созна́ния; to ~ on the head а) оглуши́ть; уби́ть; б) положи́ть коне́ц; to ~ smb. off his pins ошеломи́ть кого́-л.; to ~ one's head against a brick wall би́ться голово́й об сте́нку; вести́ бесполе́зную борьбу́; to ~ (smb.) into a cocked hat а) исколошма́тить (кого́-л.); б) одоле́ть (кого́-л.); нанести́ пораже́ние (кому́-л.); в) разби́ть (*доводы и т. п.*); г) превзойти́, затми́ть; to ~ smb. into the middle of next week а) ≅ всы́пать кому́-л. по пе́рвое число́; б) потрясти́, ошеломи́ть кого́-л.; to ~ the spots off а) победи́ть; уничто́жить; б) исколоти́ть

**knockabout** ['nɔkəbaut] **1.** *n* 1) дешёвое представле́ние; гру́бый фарс 2) актёр, уча́ствующий в тако́м представле́нии 3) дра́ка 4) *амер.* небольша́я я́хта; небольшо́й автомоби́ль
**2.** *a* 1) доро́жный, рабо́чий (*об одежде*) 2) шу́мный, гру́бый (*о зрелище*) 3) бродя́чий

**knock-down** ['nɔk'daun] **1.** *n* 1) *спорт.* нокда́ун 2) *разг.* кре́пкое пи́во ◇ a ~ and drag-out *амер.* отча́янная дра́ка
**2.** *a* 1) сокруши́тельный (*об ударе*); сногсшиба́тельный 2) разбо́рный (*о мебели и т. п.*) ◇ ~ price са́мая ни́зкая, кра́йняя цена́

**knocker** ['nɔkə] *n* 1) тот, кто стучи́т 2) дверно́й молото́к, дверно́е кольцо́; сигна́льный молото́к 3) *амер. разг.* приди́ра, критика́н 4) *амер. разг.* о́чень краси́вый челове́к; сногсшиба́тельно оде́тый челове́к ◇ up to the ~ *разг.* а) в соверше́нстве; б) в хоро́шем состоя́нии; в) по после́дней мо́де

**knocker-up** ['nɔkər'ʌp] *n* челове́к, в обя́занности кото́рого вхо́дит буди́ть рабо́чих по утра́м

**knock-kneed** ['nɔk'niːd] *a* 1) с вы́вернутыми внутрь коле́нями 2) сла́бый; трусли́вый

**knock-out** ['nɔkaut] *n* 1) *спорт.* нока́ут (*тж.* ~ blow) 2) сшиба́ющий с ног уда́р 3) соглаше́ние ме́жду уча́стниками аукцио́на не набавля́ть це́ны 4) *разг.* выдаю́щийся челове́к; необыкнове́нная вещь 5) *амер. разг.* огро́мный, сногсшиба́тельный успе́х; сенса́ция 6) *амер. разг.* краса́вчик 7) *метал.* вы́бивка ◇ ~ dose уда́рная до́за (*лекарства*); ~ drops *амер. sl.* а) нарко́тик; б) карбо́лка, карбо́ловая кислота́; ~ price кра́йне ни́зкая цена́

**knoll** [nəul] *n* 1) холм; бугор 2) *мор.* возвыше́ние дна; ба́нка

**knot** [nɔt] **1.** *n* 1) у́зел; to make (*или* to tie) a ~ завяза́ть у́зел; to tie in a ~ завяза́ть узло́м 2) бант 3) сою́з, у́зы; the nuptial ~ бра́чные у́зы; to tie the ~ вы́йти за́муж; жени́ться 4) затрудне́ние, загво́здка 5) гла́вный вопро́с; основна́я (сюже́тная) ли́ния 6) *бот.* у́зел, наро́ст (*у растений*); сучо́к, свиль (*на древесине*) 7) гру́ппа, ку́чка (*людей*); to gather in ~s собира́ться гру́ппами, ку́чками 8) о́пухоль, ши́шка 9) *мор.* у́зел (*мера скорости = 1,87 км в час*) 10) *тех.* свищ ◇ Gordian ~ го́рдиев у́зел; to cut the ~ разруби́ть (го́рдиев) у́зел; to tie oneself (up) in *или* into a ~ попа́сть в затрудни́тельное положе́ние
**2.** *v* 1) завяза́ть у́зел; завя́зывать узло́м; свя́зывать 2) спу́тывать(ся), запу́тывать(ся) 3) де́лать бахрому́ 4) хму́рить (бро́ви)

**knot-grass** ['nɔtgrɑːs] *n бот.* горе́ц пти́чий; спори́ш

**knot-hole** ['nɔthəul] *n* отве́рстие в доске́ от вы́павшего сучка́

**knotty** ['nɔtɪ] *a* 1) узлова́тый; сучкова́тый 2) затрудни́тельный, сло́жный; ~ question тру́дный вопро́с

**knout** [naut] *русск. n* кнут

**know** [nəu] **1.** *v* (knew; known) 1) знать (*тж.* ~ of); име́ть представле́ние; to ~ about smth. знать о чём-л.; I ~ of a shop where you can buy it я зна́ю магази́н, где э́то мо́жно купи́ть; to get to ~ узна́ть; not that I ~ of наско́лько мне изве́стно — нет; to ~ what's what *разг.* знать толк в чём-л., понима́ть, что к чему́ 2) знать, име́ть определённые зна́ния; to ~ the law быть све́дущим в пра́ве; to ~ three languages знать три языка́ 3) уме́ть; to ~ how to write (read) уме́ть писа́ть (чита́ть) 4) узнава́ть, отлича́ть; I knew him at once я его́ то́тчас узна́л ◇ to ~ one's own business не вме́шиваться в чужи́е дела́; to ~ better (than that) а) быть осторо́жным, осмотри́тельным; б) прекра́сно понима́ть; I ~ better than to... я не так прост, что́бы...; to ~ one from another, to ~ two things apart отличáть однó от другóго; not to ~ a person from Adam не имéть ни малéйшего представлéния о ком-л., not to ~ what from which не соображáть, что к чемý; to ~ a good thing when one sees it разбирáться в чём-л.; понимáть, что хорошó и что плóхо; to ~ the time of day быть себé на умé; before you ~ where you are моментáльно, немéдленно; to ~ what one is about дéйствовать разýмно; быть себé на умé; who ~s? как знать?; not to ~ enough to get out of the rain плóхо соображáть

2. *n*: to be in the ~ *разг.* быть в кýрсе дéла; быть посвящённым в обстоя́тельства дéла; быть осведомлённым

**know-all** [ˈnəuˈɔ:l] *n* всезнáйка

**know-how** [ˈnəuhau] *n* 1) умéние; знáние дéла 2) секрéты производ́ства; технолóгия

**knowing** [ˈnəuɪŋ] 1. *pres. p. от* know 1

2. *n* 1) знáние; знакóмство (*с чем-л.*); there is no ~ what he will say неизвéстно, что он скáжет 2) понимáние; осознáние

3. *a* 1) знáющий, понимáющий 2) лóвкий, хи́трый; проницáтельный; a ~ hand at the game искýсный игрóк 3) *разг.* мóдный, щегольскóй 4) *разг.* преднамéренный

**knowingly** [ˈnəuɪŋlɪ] *adv* 1) сознáтельно, намéренно 2) понимáюще 3) искýсно, лóвко, умéло

**knowledge** [ˈnɔlɪdʒ] *n* 1) знáние; познáния; эруди́ция; to have a good ~ of English (medicine, *etc.*) хорошó знать англи́йский язы́к (медици́ну *и т. п.*); branches of ~ óтрасли наýки 2) осведомлённость; it came to my ~ мне стáло извéстно; to (the best of) my ~ наскóлько мне извéстно; not to my ~ наскóлько мне извéстно — нет; he did it without my ~ он сдéлал э́то без моегó вéдома 3) знакóмство; my ~ of Mr. B. is slight я мáло знакóм с B. 4) извéстие; ~ of the victory soon spread вскóре распространи́лось извéстие о побéде

**knowledgeable** [ˈnɔlɪdʒəbl] *a разг.* хорошó осведомлённый; ýмный

**known** [nəun] 1. *p. p. от* know 1

2. *a* извéстный; ~ as... извéстный под и́менем...

**know-nothing** [ˈnəuˌnʌθɪŋ] *n* 1) невéжда 2) *филос.* агнóстик

**knuckle** [ˈnʌkl] 1. *n* 1) сустáв пáльца 2) нóжка (*телячья, свиная*) 3) *pl* кастéт 4) *тех.* шарни́р, кулáк 5) *ж.-д.* кулáк, зуб (*автосцепки*) ◇ near the ~ на грáни неприли́чного (*о рассказе, шутке и т. п.*); to rap smb.'s ~s дать нагоня́й

2. *v* удáрить, стýкнуть, постучáть костя́шками пáльцев □ ~ **down** а) уступи́ть, подчини́ться; б) реши́тельно взя́ться (*за что-л.*); to ~ down to one's work реши́тельно приня́ться за дéло; ~ **under** подчини́ться, уступи́ть

**knucklebone** [ˈnʌklbəun] *n* 1) *анат.* бáбка 2) *pl* игрá в бáбки

**knuckleduster** [ˈnʌklˌdʌstə] *n* кастéт

**knuckle-joint** [ˈnʌkldʒɔɪnt] *n* 1) сустáв пáльца 2) *тех.* шарни́р

**knurl** [nə:l] 1. *n* 1) ши́шка, вы́пуклость 2) *тех.* накáтка, насéчка

2. *v тех.* дéлать насéчку; накáтывать

**knur(r)** [nə:] *n* 1) ýзел, ши́шка, нарóст на дéреве 2) деревя́нный мяч (*для некоторых игр*)

**kodak** [ˈkəudæk] *фото* 1. *n* фотоаппарáт кóдак

2. *v* 1) снимáть кóдаком 2) *перен.* бы́стро схвáтывать; я́рко опи́сывать

**koh-i-noor** [ˈkəuɪnuə] *n* 1) кохинóр (*индийский бриллиант, собственность британской короны, весом в 106¼ карат*) 2) нéчто несравнéнное, великолéпное

**kohl** [kəul] *араб. n* крáска для век

**kohlrabi** [ˈkəulˈrɑ:bɪ] *n бот.* кольрáби

**kola** [ˈkəulə] = cola

**kolinsky** [kəˈlɪnskɪ] *русск. n зоол.* колонóк

**kolkhoz** [kɔlˈkɔ:z] *русск. n* колхóз

**Komsomol** [ˈkɔmsəmɔl] *русск.* 1. *n* комсомóл

2. *a* комсомóльский

**koodoo** [ˈku:du:] *n зоол.* винторóгая антилóпа, кудý

**kopec(k), kopek** [ˈkəupek] = copeck

**kopje** [ˈkɔpɪ] *n южно-афр.* хóлмик

**Koran** [kɔˈrɑ:n] *n* кора́н

**Koranic** [kɔˈrænɪk] *a* 1) находя́щийся в корáне 2) оснóванный на корáне

**Korean** [kəˈrɪən] 1. *a* корéйский

2. *n* 1) корéец; корея́нка; the ~s корéйцы 2) корéйский язы́к

**kotow** [ˈkəuˈtau] = kowtow

**koumiss** [ˈku:mɪs] = kumiss

**kourbash** [ˈkəubæʃ] *араб. n* ремённая плеть; under the ~ под принуждéнием

**kowtow** [ˈkauˈtau] *кит.* 1. *n* 1) ни́зкий поклóн 2) выражéние подобострáстия

2. *v* 1) дéлать ни́зкий поклóн (*касаясь головой земли*) 2) раболéпствовать

**kraal** [krɑ:l] *n южно-афр.* краáль (*посёлок, деревня*)

**K-ration** [ˈkeɪˌræʃən] *n амер. воен.* неприкосновéнный запáс

**kraut** [kraut] *n sl.* нéмец

**Kremlin** [ˈkremlɪn] *русск. n* Кремль

**Krishna** [ˈkrɪʃnə] *n санскр.* (бог) Кри́шна

**krone** [ˈkrəunə] *n* крóна (*денежная единица в некоторых странах*)

**krypton** [ˈkrɪptɔn] *n хим.* криптóн

**kudos** [ˈkju:dɔs] *n разг.* 1) слáва; почёт 2) кредитоспосóбность; капитáл, дéньги

**kudu** [ˈku:du:] = koodoo

**Ku-Klux-Klan** [ˈkju:klʌksˈklæn] *n* ку-клукс-клáн

**kukri** [kukˈri:] *инд. n* большóй кривóй нож

**kulak** [ku(:)ˈlɑ:k] *русск. n* кулáк (*богатый крестьянин-эксплуататор*)

**kumiss** [ku(:)ˈmɪs] *n* кумы́с

**Kurd** [kə:d] *n* курд; кýрдка

**kybosh** [ˈkaɪbɔʃ] = kibosh

**kymograph** [ˈkaɪməugrɑ:f] = cymograph

# L

**L, l** [el] (*pl* Ls, L's [elz]) 1) *12-я буква англ. алфавита* 2) что-л., имéющее фóрму бýквы L

**la** [lɑ:] *n муз.* ля

**laager** [ˈlɑ:gə] *южно-афр.* 1. *n* 1) лáгерь, окружённый повóзками 2) *воен.* парк бронирóванных маши́н

2. *v* располагáться лáгерем, окружённым повóзками

**lab** [læb] *сокр. разг. от* laboratory

**labefaction** [ˌlæbɪˈfækʃən] *n книжн.* ослаблéние; поврежд́ение

**label** [ˈleɪbl] 1. *n* 1) ярлы́к (*тж. перен.*); этикéтка; би́рка 2) помéта (*в словаре*) 3) *архит.* слезни́к 4) *геод.* алидáда-высотомéр 5) *физ.* мéченый áтом

2. *v* 1) прикрепля́ть *или* наклéивать ярлы́к 2) относи́ть к какóй-л. категóрии; *перен.* приклéивать ярлы́к 3) *физ.* мéтить (*атом*)

**labelled** [ˈleɪbld] 1. *p. p. от* label 2

2. *a* маркирóванный

**labial** [ˈleɪbjəl] 1. *a* губнóй

2. *n фон.* губнóй звук (*тж.* ~ sound)

**labialization** [ˌleɪbɪəlaɪˈzeɪʃən] *n* лабиализáция

**labiate** [ˈleɪbɪɪt] *бот.* 1. *a* губоцвéтный

2. *n* губоцвéтное растéние

**labile** [ˈleɪbɪl] *a физ., хим.* лаби́льный; неустóйчивый

**lability** [ləˈbɪlɪtɪ] *n* лаби́льность, неустóйчивость

**labiodental** [ˈleɪbɪəuˈdentl] *фон.* 1. *a* гýбно-зубнóй, лáбио-дентáльный

2. *n* гýбно-зубнóй, лáбио-дентáльный звук

**labor** [ˈleɪbə] *амер.* = labour

**laboratory** [ləˈbɔrətərɪ] *n* 1) лаборатóрия; hot ~ «горя́чая» лаборатóрия (*в которой производятся работы с опасностью для жизни*) 2) *амер. унив.* заня́тия в лаборатóрии 3) *метал.* рабóчее прострáнство пéчи 4) *attr.* лаборатóрный; ~ findings дáнные лаборатóрного исслéдования

**laborious** [ləˈbɔ:rɪəs] *a* 1) трýдный, тяжёлый, утоми́тельный; трудоёмкий

2) вы́мученный (*о стиле*) 3) трудолюби́вый, стара́тельный

**labour** ['leɪbə] **1.** *n* 1) труд; рабо́та; уси́лие; surplus ~ *полит.-эк.* приба́вочный труд; forced ~ принуди́тельный труд 2) рабо́чий класс; труд (*в противоп. капиталу*); L. and Capital труд и капита́л 3) родовы́е му́ки; ро́ды; to be in ~ му́читься ро́дами, роди́ть 4) *attr.* трудово́й; рабо́чий; ~ force рабо́чая си́ла; ~ hours рабо́чее вре́мя; ~ code ко́декс зако́нов о труде́; ~ contract трудово́й догово́р; ~ dispute трудово́й конфли́кт; ~ input коли́чество затра́ченного труда́; ~ legislation трудово́е законода́тельство 6) *attr.* лейбори́стский; ~ leader а) лейбори́стский ли́дер; б) руководи́тель тред-юнио́на 7) *attr.*: ~ pains родовы́е схва́тки; ~ ward роди́льная пала́та ◇ ~ of love а) безвозме́здный *или* бескоры́стный труд; б) люби́мое де́ло: lost ~ тще́тные, бесполе́зные уси́лия

**2.** *v* 1) труди́ться, рабо́тать 2) прилага́ть уси́лия, добива́ться (for); to ~ for breath дыша́ть с трудо́м; to ~ for peace добива́ться ми́ра; he ~ed to understand what they were talking about он прилага́л уси́лия, что́бы поня́ть, о чём они́ говори́ли 3) подвига́ться вперёд ме́дленно, с трудо́м (*обыкн.* ~ along, ~ through) 4) кропотли́во разраба́тывать, вдава́ться в ме́лочи; to ~ the point рассма́тривать вопро́с, вникая во все дета́ли 5) *уст.* му́читься ро́дами 6) *уст., поэт.* обраба́тывать зе́млю □ ~ **under** быть в затрудне́нии, трево́ге; страда́ть (*от чего-л.*); to ~ under a delusion (*или* a mistake) находи́ться в заблужде́нии

**Labour Day** ['leɪbə'deɪ] *n амер.* День труда́ (*первый понедельник сентября*)

**laboured** ['leɪbəd] **1.** *p. p. от* labour 2

**2.** *a* 1) тру́дный, затруднённый; доста́вшийся с трудо́м; ~ breathing затруднённое дыха́ние 2) вы́мученный; тяжелове́сный (*о стиле, шутке и т. п.*)

**labourer** ['leɪbərə] *n* неквалифици́рованный рабо́чий; чернорабо́чий; general ~ разнорабо́чий

**Labour Exchange** ['leɪbəɪks'ʧeɪnʤ] *n* би́ржа труда́

**labouring** ['leɪbərɪŋ] **1.** *pres. p. от* labour 2

**2.** *a* 1) рабо́чий, трудя́щийся; ~ man рабо́чий 2) затруднённый; ~ breath затруднённое дыха́ние

**labourist** ['leɪbərɪst] *n* лейбори́ст, член лейбори́стской па́ртии

**labourite** ['leɪbəraɪt] = labourist

**labour-market** ['leɪbəˌmɑːkɪt] *n* ры́нок труда́; спрос и предложе́ние труда́

**Labour Party** ['leɪbə'pɑːtɪ] *n* лейбори́стская па́ртия

**labour-saving** ['leɪbəˌseɪvɪŋ] *a* даю́щий эконо́мию в труде́; рационализа́торский

**labour union** ['leɪbə'juːnjən] *n* профсою́з

**Labrador tea** ['læbrədɔː'tiː] *n бот.* багу́льник

**laburnum** [lə'bəːnəm] *n бот.* золото́й дождь (обыкнове́нный)

**labyrinth** ['læbərɪnθ] *n* лабири́нт; *перен.* тру́дное, безвы́ходное положе́ние

**labyrinthine** [ˌlæbə'rɪnθaɪn] *a* 1) подо́бный лабири́нту 2) запу́танный

**lac I** [læk] *n* приро́дный лак, неочи́щенный шелла́к

**lac II** [læk] *инд. n* сто ты́сяч (*обыкн. рупий*)

**lace** [leɪs] **1.** *n* 1) шнуро́к, тесьма́ 2) кру́жево 3) галу́н (*обыкн.* gold ~, silver ~) 4) *разг.* коньяк *или* ликёр, подба́вленный к ко́фе *и т. п.*

**2.** *v* 1) шнурова́ть; to ~ up one's shoes шнурова́ть боти́нки 2) стя́гиваться корсе́том (*тж.* ~ in) 3) украша́ть, отде́лывать, окаймля́ть (*галуном, кружевом и т. п.*) 4) бить, хлеста́ть, стега́ть, поро́ть 5) *разг.* подбавля́ть спиртны́е напи́тки; coffee ~d with brandy ко́фе с коньяко́м 6) *разг.* придава́ть вкус, пика́нтность □ ~ **into** *разг.* а) набра́сываться, напада́ть; б) ре́зко критикова́ть ◇ to ~ smb.'s jacket изби́ть кого́-л.

**lace boots** ['leɪsbuːts] *n pl* боти́нки на шнурка́х

**Lacedaemonian** [ˌlæsɪdɪ'məunjən] **1.** *a* спарта́нский

**2.** *n* спарта́нец

**lace paper** ['leɪsˌpeɪpə] *n* бума́га с кружевны́м узо́ром

**lace-pillow** ['leɪsˌpɪləu] *n* поду́шка для плете́ния кру́жева

**lacerate** ['læsəreɪt] *v* 1) разрыва́ть, раздира́ть 2) терза́ть, му́чить; калечить

**lacerated** ['læsəreɪtɪd] **1.** *p. p. от* lacerate

**2.** *a* 1) рва́ный 2) *бот.* зазу́бренный

**laceration** [ˌlæsə'reɪʃən] *n* 1) разрыва́ние 2) терза́ние, му́ка 3) разры́в; рва́ная ра́на

**lace-ups** ['leɪs'ʌps] *n pl разг.* боти́нки на шнуро́вке

**laches** ['leɪʧɪz] *n* 1) *юр.* упуще́ние зако́нного сро́ка 2) нерадивость; небре́жность; престу́пная хала́тность

**lachrymal** ['lækrɪməl] **1.** *a* слёзный; ~ gland *анат.* слёзная железа́

**2.** *n* слезни́ца (*сосуд; тж.* ~ vase)

**lachrymatory** ['lækrɪmətərɪ] **1.** *a* слезоточи́вый (*о газе*)

**2.** *n* = lachrymal 2

**lachrymose** ['lækrɪməus] *a* 1) пла́чущий, по́лный слёз 2) слезли́вый, плакси́вый

**lacing** ['leɪsɪŋ] **1.** *pres. p. от* lace 2

**2.** *n* 1) шнур; шнуро́вка 2) шнурова́ние 3) обшива́ние, отде́лка кру́жевом 4) добавле́ние коньяка́, ликёра *и т. п.* в ко́фе

**lack** [læk] **1.** *n* недоста́ток, нужда́; отсу́тствие (*чего-л.*); ~ of balance неуравнове́шенность; ~ of capacity отсу́тствие спосо́бностей; ~ of land безземе́лье; for ~ of из-за отсу́тствия, из-за недоста́тка в; no ~ of smth. оби́лие чего́-л.

**2.** *v* 1) испы́тывать недоста́ток, нужда́ться; не име́ть 2) не хвата́ть, недостава́ть; he is ~ing in common sense ему́ не хвата́ет здра́вого смы́сла

**lackadaisical** [ˌlækə'deɪzɪkəl] *a* то́мный; вя́лый, апати́чный

**lack-all** ['lækɔːl] *n* несча́стный, обездо́ленный челове́к; горемы́ка

**lack-brain** ['lækbreɪn] *n уст.* дура́к

**lacker** ['lækə] *уст.* = lacquer

**lackey** ['lækɪ] **1.** *n* лаке́й

**2.** *v* 1) прислу́живать 2) раболе́пствовать, лаке́йствовать

**lacking** ['lækɪŋ] **1.** *pres. p. от* lack 2

**2.** *a* недостаю́щий

**lackland** ['læklænd] *a* безземе́льный

**lacklustre** ['lækˌlʌstə] *a* ту́склый, без бле́ска; ~ eyes ту́склые, безжи́зненные глаза́

**laconic(al)** [lə'kɔnɪk(əl)] *a* лакони́чный, кра́ткий; немногосло́вный

**lacquer** ['lækə] **1.** *n* 1) лак; политу́ра; глазу́рь 2) *собир.* лак, лакиро́ванные изде́лия

**2.** *v* покрыва́ть ла́ком, лакирова́ть; покрыва́ть глазу́рью

**lacquey** ['lækɪ] *уст.* = lackey

**lacrosse** [lə'krɔs] *n спорт.* лакро́сс

**lactation** [læk'teɪʃən] *n* 1) кормле́ние гру́дью 2) выделе́ние молока́, лакта́ция

**lacteal** ['læktɪəl] *a* мле́чный, моло́чный

**lactescent** [læk'tesənt] *a* 1) похо́жий на молоко́ 2) выделя́ющий мле́чный сок (*о растениях*)

**lactic** ['læktɪk] *a хим.* моло́чный

**lactiferous** [læk'tɪfərəs] *a* выделя́ющий молоко́ *или* мле́чный сок

**lactometer** [læk'tɔmɪtə] *n* лакто́метр

**lactose** ['læktəus] *n* лакто́за, моло́чный са́хар

**lacuna** [lə'kjuːnə] *n* (*pl* -ae, -s [-s]) 1) пробе́л, про́пуск 2) пустота́; впа́дина, углубле́ние

**lacunae** [lə'kjuːniː] *pl от* lacuna

**lacustrine** [lə'kʌstraɪn] *a* озёрный; ~ age *ист.* эпо́ха сва́йных постро́ек

**lacy** ['leɪsɪ] *a* кружевно́й; похо́жий на кру́жево

**lad** [læd] *n* 1) ма́льчик; ю́ноша; па́рень; one of the ~s *разг.* свой па́рень 2) лихо́й па́рень

**ladder** ['lædə] **1.** *n* 1) ле́стница (*приставная, верёвочная*); *мор.* трап 2) спусти́вшаяся пе́тля (*на чулке*) ◇ ~ of success сре́дство дости́чь успе́ха; to climb the ~ де́лать карье́ру; to get one's foot on the ~ положи́ть нача́ло (*карьере и т. п.*); to kick away (*или* down) the ~ (by which one rose) отверну́ться от тех, кто помо́г дости́чь успе́ха

**2.** *v* спуска́ться (*о петле на чулке*)

**laddie** ['lædɪ] *n шотл.* мальчуга́н, паренёк

**lade** [leɪd] **1.** *n* 1) у́стье реки́ 2) кана́л; прото́к

2. *v* (laded [-ɪd]; laded, laden) 1) грузи́ть, нагружа́ть, погружа́ть 2) че́рпать, выче́рпывать

**laden** [ˈleɪdn] **1.** *p. p. от* lade 2

**2.** *a* 1) гружёный, нагружённый; a tree heavily ~ with fruit де́рево, сгиба́ющееся под тя́жестью плодо́в; a table ~ with food стол, уста́вленный я́ствами 2) обременённый, пода́вленный (with — *чем-л.*) 3) *с.-х.* налито́й (*о зерне*)

**ladies** [ˈleɪdɪz] *n* 1) *pl от* lady 2) *разг.* же́нская убо́рная

**ladies-in-waiting** [ˈleɪdɪzɪnˈweɪtɪŋ] *pl от* lady-in-waiting

**ladies' man** [ˈleɪdɪzmæn] = lady's man

**lading** [ˈleɪdɪŋ] **1.** *pres. p. от* lade 2

**2.** *n* 1) погру́зка 2) груз, фрахт

**ladle** [ˈleɪdl] **1.** *n* ковш, черпа́к; soup ~ разлива́тельная ло́жка, поло́вник; foundry ~ лите́йный ковш

**2.** *v* че́рпать; разлива́ть □ ~ out а) выче́рпывать; разлива́ть; б) раздава́ть; to ~ out honours раздава́ть награ́ды

**lady** [ˈleɪdɪ] *n* 1) да́ма; госпожа́; a great ~ зна́тная, ва́жная да́ма; young ~ ба́рышня; a ~ of easy virtue же́нщина лёгкого поведе́ния; a ~ of pleasure куртиза́нка; fine ~ све́тская да́ма; *ирон.* же́нщина, ко́рчащая из себя́ аристокра́тку 2) (L.) ле́ди (*титул знатной дамы*) 3) да́ма се́рдца, возлю́бленная 4) *разг.* жена́; неве́ста; мать; your good ~ ва́ша супру́га; my (his) young ~ *разг.* моя́ (его́) неве́ста; the old ~ а) мать, стару́шка; б) жена́ 5) хозя́йка до́ма 6) *в сложных словах придаёт значение женского пола* (*напр.*, ~-doctor же́нщина-врач; ~-cat *шутл.* ко́шка) ◇ Our L. *церк.* богоро́дица, богома́терь; the Old L. of Threadneedle Street Английский банк; extra ~ *театр., кино* стати́стка

**lady-beetle** [ˈleɪdɪˌbi:tl] = ladybird

**ladybird** [ˈleɪdɪbə:d] *n* (бо́жья) коро́вка

**lady-bug** [ˈleɪdɪbʌg] *амер.* = ladybird

**lady-chair** [ˈleɪdɪtʃɛə] *n* сиде́нье, образу́емое сплете́нием четырёх рук (*для переноски раненых*)

**lady-cow** [ˈleɪdɪkau] = ladybird

**Lady Day** [ˈleɪdɪdeɪ] *n церк.* благове́щение (*25 марта*)

**lady-fern** [ˈleɪdɪfə:n] *n бот.* кочеды́жник же́нский

**lady help** [ˈleɪdɪhelp] *n* эконо́мка благоро́дного происхожде́ния (*к которой относятся как к члену семьи*)

**ladyhood** [ˈleɪdɪhud] *n* зва́ние, положе́ние ле́ди

**lady-in-waiting** [ˈleɪdɪɪnˈweɪtɪŋ] *n* (*pl* ladies-in-waiting) фре́йлина (короле́вы)

**lady-killer** [ˈleɪdɪˌkɪlə] *n шутл.* сердцее́д

**ladylike** [ˈleɪdɪlaɪk] *a* 1) име́ющая вид, мане́ры ле́ди; воспи́танная; изы́сканная 2) изнéженный, женоподо́бный (*о мужчине*)

**lady-love** [ˈleɪdɪlʌv] *n* возлю́бленная

**lady's bedstraw** [ˈleɪdɪzˈbedstrɔ:] *n бот.* подмаре́нник

**lady's finger** [ˈleɪdɪzˌfɪŋgə] *n* 1) *бот.* я́звенник 2) виногра́д «да́мские па́льчики»

**ladyship** [ˈleɪdɪʃɪp] *n* ти́тул, зва́ние ле́ди; your ~ ва́ша ми́лость

**lady's-maid** [ˈleɪdɪzmeɪd] *n* го́рничная, камери́стка

**lady's man** [ˈleɪdɪzmæn] *n* кавале́р, да́мский уго́дник

**lady-smock** [ˈleɪdɪsmɔk] *n бот.* серде́чник лугово́й

**lady's purse** [ˈleɪdɪzpə:s] *n бот.* пасту́шья су́мка

**lady's slipper** [ˈleɪdɪzˌslɪpə] *n бот.* вене́рин башмачо́к

**laevogirate** [ˈli:vəuˈdʒaɪreɪt] *a физ.* враща́ющий пло́скость поляриза́ции вле́во, левовраща́ющий

**lag** I [læg] **1.** *n* отстава́ние; запа́здывание

**2.** *v* отстава́ть (*тж.* ~ behind); запа́здывать; ме́дленно тащи́ться, волочи́ться

**lag** II [læg] *разг.* **1.** *n* 1) ка́торжник 2) срок ка́торги *или* ссы́лки

**2.** *v* 1) ссыла́ть на ка́торгу 2) заде́рживать, аресто́вывать

**lag** III [læg] **1.** *n* 1) боча́рная клёпка 2) пла́нка 3) полоса́ во́йлока (*для обшивки*)

**2.** *v* 1) обшива́ть пла́нками 2) покрыва́ть изоля́цией

**lagan** [ˈlægən] *n юр.* затону́вший груз

**lager (beer)** [ˈlɑ:gə(bɪə)] *n* лёгкое пи́во

**laggard** [ˈlægəd] **1.** *n* неповоро́тливый челове́к; у́валень

**2.** *a* медли́тельный, вя́лый

**lagging** I [ˈlægɪŋ] *n эл.* сдвиг фаз

**lagging** II, III [ˈlægɪŋ] *pres. p. от* lag I, 2 *и* II, 2

**lagging** IV [ˈlægɪŋ] **1.** *pres. p. от* lag III, 2

**2.** *n* 1) обши́вка; теплова́я изоля́ция 2) *стр.* оба́пол

**lagoon** [ləˈgu:n] *n* лагу́на

**laic(al)** [ˈleɪɪk(əl)] **1.** *a* све́тский, мирско́й

**2.** *n* миря́нин

**laicize** [ˈleɪɪsaɪz] *v* секуляризи́ровать

**laid** [leɪd] *past и p. p. от* lay IV, 1

**laid paper** [ˈleɪdˈpeɪpə] *n* бума́га верже́

**lain** [leɪn] *p. p. от* lie II, 1

**lair** [lɛə] **1.** *n* 1) ло́говище, берло́га; at ~ в берло́ге 2) заго́н для скота́ (*по дороге на рынок, на бойню*) 3) *шотл.* моги́ла

**2.** *v* лежа́ть в берло́ге; уходи́ть в берло́гу

**laird** [lɛəd] *n шотл.* поме́щик

**laissez-faire** [ˈleɪseɪˈfɛə] *фр. n* 1) невмеша́тельство; непротивле́ние; попусти́тельство 2) *attr.*: ~ policy поли́тика невмеша́тельства

**laity** [ˈleɪɪtɪ] *n собир.* 1) миря́не, све́тские лю́ди 2) непрофессиона́лы, профа́ны

**lake** I [leɪk] *n* о́зеро; The Lakes = lake-country; The Great Lakes Вели́кие озёра (*Верхнее, Гурон, Мичиган, Эри и Онтарио*)

**lake** II [leɪk] *n* кра́сочный лак

**lake-country** [ˈleɪkˌkʌntrɪ] *n* райо́н озёр (*в Англии*), озёрный край

**lake dwelling** [ˈleɪkˌdwelɪŋ] *n* доистори́ческая сва́йная постро́йка (*на озере*)

**lake-land** [ˈleɪklænd] = lake-country

**lake-lawyer** [ˈleɪkˌlɔ:jə] *n амер.* нали́м

**lakelet** [ˈleɪklɪt] *n* озерко́

**lake poets** [ˈleɪkˌpəuɪts] *n pl* поэ́ты «Озёрной шко́лы» (*Вордсворт, Кольридж, Соути*)

**laker** [ˈleɪkə] *n* поэ́т «Озёрной шко́лы»

**lakh** [lɑ:k] = lac II

**laky** I [ˈleɪkɪ] *a* озёрный; изоби́лующий озёрами

**laky** II [ˈleɪkɪ] *a* 1) бле́дно-мали́новый, цве́та кра́сочного ла́ка 2) *мед.* ла́ковый (*о крови*)

**Lallan** [ˈlælən] *n* диале́кт ю́жной ча́сти Шотла́ндии

**lam** I [læm] *sl.* **1.** *n* поспе́шное бе́гство; on the ~ в поспе́шном бе́гстве; to take it on the ~ удира́ть

**2.** *v* удира́ть

**lam** II [læm] *v sl.* бить, колоти́ть (*обыкн. тростью*)

**lama** I [ˈlɑ:mə] *n* ла́ма (*буддийский монах*)

**lama** II [ˈlɑ:mə] = llama

**lamasery** [ˈlɑ:məsərɪ] *n* ламаи́стский монасты́рь

**lamb** [læm] **1.** *n* 1) ягнёнок, бара́шек; ове́чка; *перен.* а́гнец; like a ~ безро́потно, поко́рно 2) мя́со молодо́го бара́шка 3) *разг.* проста́к 4) *разг.* нео́пытный игро́к на би́рже

**2.** *v* ягни́ться

**lambaste** [læmˈbeɪst] *v разг.* 1) бить, колоти́ть 2) суро́во критикова́ть

**lambency** [ˈlæmbənsɪ] *n* сверка́ние, блеск

**lambent** [ˈlæmbənt] *a* 1) игра́ющий, колыха́ющийся (*о свете, пламени*); светя́щийся, сия́ющий 2) блестя́щий, сверка́ющий, лучи́стый, искромётный; ~ eyes лучи́стые глаза́; ~ wit блестя́щий ум

**Lambeth** [ˈlæmbəθ] *n* Ло́ндонская резиде́нция архиепи́скопа Кентербери́йского (*тж.* ~ Palace)

**lambkin** [ˈlæmkɪn] *n* ягнёночек

**lamblike** [ˈlæmlaɪk] *a* кро́ткий, безотве́тный

**lambrequin** [ˈlæmbəkɪn] *n* ламбреке́н

**lambskin** [ˈlæmskɪn] *n* 1) овчи́на 2) мерлу́шка

**lame** I [leɪm] **1.** *a* 1) хромо́й; уве́чный; парализо́ванный, *особ.* пло́хо владе́ющий ного́й *или* нога́ми; to be ~ of (*или* in) one leg хрома́ть на одну́ но́гу 2) неубеди́тельный, неудовлетвори́тельный; ~ excuse неуда́чная, сла́бая отгово́рка 3) непра́вильный, «хрома́ющий» (*о стиле, размере*) ◇ ~ under the hat глу́пый, несообрази́тельный; ~ duck а) неуда́чник; «несча́стненький», кале́ка б) *бирж.* банкро́т; разори́вшийся ма́клер; в) *амер.* неперейзбранный член (*конгресса и т. п.*); г) *ав. sl.* повреждённый самолёт

**2.** *v* уве́чить, кале́чить

**lame** II [leɪm] *n* то́нкая металли́ческая пласти́нка

**lamé** [lɑːˈmeɪ] *фр. n* ламе́ (*парчовая ткань для вечерних туалетов*)

**lamella** [ləˈmelə] *n* (*pl* -lae) 1) пласти́нка; то́нкий слой (*кости, ткани*) 2) *тех.* ла́мель

**lamellae** [ləˈmeliː] *pl от* lamella

**lameness** [ˈleɪmnɪs] *n* хромота́

**lament** [ləˈment] **1.** *n* 1) го́рестное стена́ние; жа́лобы 2) элегия; жа́лобная, похоро́нная песнь

**2.** *v* 1) стена́ть, пла́кать; сокруша́ться; горева́ть 2) опла́кивать (for, over); the late ~ed поко́йник, уме́рший; поко́йный муж 3) го́рько жа́ловаться; се́товать

**lamentable** [ˈlæməntəbl] *a* 1) прискорбный; плачевный 2) гру́стный, печа́льный 3) *презр.* жа́лкий, ничто́жный

**lamentation** [ˌlæmenˈteɪʃən] *n* го́рестная жа́лоба, плач ◇ Lamentations *библ.* плач Иереми́и

**lamia** [ˈleɪmɪə] *n* 1) *греч. миф.* чудо́вище в о́бразе же́нщины, пью́щее кровь дете́й; вампи́р 2) колду́нья, ве́дьма

**lamina** [ˈlæmɪnə] *n* (*pl* -nae) 1) то́нкая пласти́нка, то́нкий слой; лист 2) *геол.* пло́скость отслое́ния

**laminae** [ˈlæmɪniː] *pl от* lamina

**laminar** [ˈlæmɪnə] *a* пласти́нчатый, ламина́рный

**laminate** [ˈlæmɪneɪt] *v* 1) расщепля́ть(ся) на то́нкие слои́ 2) прока́тывать (*металл*) в то́нкие листы́ 3) покрыва́ть то́нкими металли́ческими пласти́нками 4) выраба́тывать пластма́ссу из бума́ги, древе́сных опи́лок, тряпья́ *и т. п.*

**laminated** [ˈlæmɪneɪtɪd] **1.** *p. p. от* laminate

**2.** *a* листово́й; пласти́нчатый; слои́стый

**lamination** [ˌlæmɪˈneɪʃən] *n* 1) расслое́ние 2) плю́щение; раска́тывание 3) *геол.* слои́стость; то́нкое напласто-ва́ние

**Lammas** [ˈlæməs] *n ист.* пра́здник урожа́я (*1 августа*)

**lamp** [læmp] **1.** *n* 1) ла́мпа; фона́рь; свети́льник; red ~ а) кра́сный фона́рь как сигна́л опа́сности (*на железной дороге*); б) фона́рь у кварти́ры врача́ *или* апте́ки 2) све́точ; to hand (*или* to pass) on the ~ не дава́ть уга́снуть; передава́ть зна́ния, тради́ции, продолжа́ть де́ло 3) *поэт.* свети́ло ◇ to rub the ~ легко́ осуществи́ть своё жела́ние; to smell of the ~ быть вы́мученным (*о слоге, стихах и т. п.*)

**2.** *v* 1) освеща́ть 2) *поэт.* свети́ть 3) *амер. разг.* тара́щить глаза́

**lampblack** [ˈlæmpblæk] *n* 1) ла́мповая ко́поть, са́жа 2) чёрная кра́ска из ла́мповой са́жи

**lamp-burner** [ˈlæmpˌbəːnə] *n* ла́мповая горе́лка

**lamp-chimney** [ˈlæmpˈʧɪmnɪ] *n* ла́мповое стекло́

**lamp-holder** [ˈlæmpˌhəuldə] *n* патро́н (ла́мпы)

**lampion** [ˈlæmpɪən] *n* лампио́н, цветно́й (*стеклянный или бумажный*) фона́рик

**lamplight** [ˈlæmplaɪt] *n* свет ла́мпы, иску́сственное освеще́ние; by ~ при иску́сственном освеще́нии

**lamplighter** [ˈlæmpˌlaɪtə] *n* фона́рщик ◇ like a ~ о́чень бы́стро; to run like a ~ ≅ бежа́ть как угоре́лый; бежа́ть сломя́ го́лову, бежа́ть без огля́дки

**lampoon** [læmˈpuːn] **1.** *n* зла́я сати́ра, памфле́т; па́сквиль

**2.** *v* писа́ть памфле́ты, па́сквили

**lampooner** [læmˈpuːnə] *n* памфлети́ст; пасквиля́нт

**lampoonist** [læmˈpuːnɪst] = lampooner

**lamppost** [ˈlæmppəust] *n* фона́рный столб ◇ between you and me and the ~ ме́жду на́ми говоря́

**lamprey** [ˈlæmprɪ] *n* мино́га

**lamp-shade** [ˈlæmpʃeɪd] *n* абажу́р

**lamp-socket** [ˈlæmpˌsɔkɪt] = lamp-holder

**Lancastrian** [læŋˈkæstrɪən] **1.** *a* 1) *ист.* ланка́стерский 2) ланкаши́рский

**2.** *n* 1) *ист.* сторо́нник ланка́стерской дина́стии 2) уроже́нец Ланкаши́ра

**lance** [lɑːns] **1.** *n* 1) пи́ка; копьё 2) острога́ 3) ланце́т 4) (*обыкн. pl*) ула́н

**2.** *v* 1) пронза́ть пи́кой, копьём 2) *поэт.* броса́ться в ата́ку 3) *мед.* вскрыва́ть ланце́том

**lance-corporal** [ˈlɑːnsˈkɔːpərəl] *n* мла́дший капра́л

**lance-knight** [ˈlɑːnsnaɪt] *n ист.* 1) копе́йщик 2) ландскне́хт

**lanceolate** [ˈlɑːnsɪəleɪt] *a бот.* копьеви́дный, ланцетови́дный, ланце́тный

**lancer** [ˈlɑːnsə] *n* 1) ула́н 2) *pl* лансье́ (*старинный танец*)

**lance-sergeant** [ˈlɑːnsˈsɑːdʒənt] *n* мла́дший сержа́нт

**lancet** [ˈlɑːnsɪt] *n* ланце́т

**lancet arch** [ˈlɑːnsɪtˈɑːʧ] *n* стре́льчатая а́рка

**lancet window** [ˈlɑːnsɪtˈwɪndəu] *n* стре́льчатое окно́

**lancinating** [ˈlɑːnsɪneɪtɪŋ] *a* о́стрый, стреля́ющий (*о боли*)

**land** [lænd] **1.** *n* 1) земля́, су́ша; dry ~ су́ша; on ~ на су́ше; travel by ~ путеше́ствовать по су́ше; to make the ~ *мор.* приближа́ться к бе́регу 2) страна́; госуда́рство 3) по́чва; fat (poor) ~ плодоро́дная (ску́дная) по́чва; to go (*или* to work) on the ~ стать фе́рмером 4) земе́льная со́бственность; *pl* поме́стья 5) *тех.* у́зкая фа́ска 6) *воен.* по́ле наре́за 7) *attr.* сухопу́тный; назе́мный; ~ plants назе́мные расте́ния, эмбриофи́ты; ~ ice материко́вый лёд 8) *attr.* земе́льный; ~ rent земе́льная ре́нта ◇ to see how the ~ lies вы́яснить, как обстоя́т дела́; to see ~ а) уви́деть, к чему́ кло́нится де́ло; б) быть бли́зко к поста́вленной це́ли; the ~ of Nod *шутл.* ца́рство сна; со́нное ца́рство; ~ of cakes (*или* of the thistle) Шотла́ндия; the ~ of the Rose Англия (*роза — национальная эмблема Англии*); the ~ of the golden fleece Австра́лия

**2.** *v* 1) выса́живать(ся) (на бе́рег); пристава́ть к бе́регу, прича́ливать 2) вы́тащить на бе́рег (*рыбу*) 3) *разг.* пойма́ть; to ~ a criminal пойма́ть престу́пника 4) *ав.* приземля́ться, де́лать поса́дку 5) прибыва́ть (*куда-л.*); достига́ть (*какого-л. места*) 6) приводи́ть (*к чему-л.*); ста́вить в то, и́ли ино́е положе́ние; to ~ smb. in difficulty (*или* trouble) поста́вить кого́-л. в затрудни́тельное положе́ние; to be nicely ~ed быть в затрудни́тельном положе́нии 6) попа́сть, угоди́ть; to ~ a blow on the ear, on the nose, *etc.* уда́рить по́ уху, по́ носу *и т. п.* 7) доби́ться (*чего-л.*); вы́играть; to ~ a prize получи́ть приз

**land-agent** [ˈlændˌeɪdʒənt] *n* 1) управля́ющий име́нием 2) аге́нт по прода́же земе́льных уча́стков

**landau** [ˈlændɔː] *n* 1) ландо́ 2) автомоби́ль с открыва́ющимся ве́рхом

**land-bank** [ˈlændbæŋk] *n* земе́льный банк

**land-breeze** [ˈlændbriːz] *n* берегово́й ве́тер, бриз

**landed** [ˈlændɪd] **1.** *p. p. от* land 2

**2.** *a* земе́льный; ~ proprietor землевладе́лец; the ~ interest землевладе́льцы; the ~ classes поме́щики, землевладе́льцы

**landfall** [ˈlændfɔːl] *n* 1) *мор.* подхо́д к бе́регу 2) о́ползень, обва́л 3) *ав.* приземле́ние, поса́дка

**land-forces** [ˈlændˈfɔːsɪz] *n pl* сухопу́тные войска́

**land-grabber** [ˈlændˌgræbə] *n* 1) челове́к, незако́нно *или* обма́ном захва́тывающий чью-л. зе́млю 2) *ирл.* челове́к, беру́щий уча́сток вы́селенного аренда́тора

**land grant** [ˈlændgrɑːnt] *n амер.* отво́д земе́льного уча́стка для постро́йки желе́зной доро́ги *или* для нужд сельскохозя́йственного колле́джа

**landgrave** [ˈlændgreɪv] *нем. n ист.* ландгра́ф

**landholder** [ˈlændˌhəuldə] *n* владе́лец *или* аренда́тор земе́льного уча́стка

**land-hunger** [ˈlændˌhʌŋgə] *n* стремле́ние скупа́ть земе́льные уча́стки

**land-hungry** [ˈlændˌhʌŋgrɪ] *a* малоземе́льный; безземе́льный

**landing** [ˈlændɪŋ] **1.** *pres. p.* от land 2

**2.** *n* 1) вы́садка; ме́сто вы́садки 2) *воен.* вы́садка деса́нта 3) *ав.* поса́дка, приземле́ние; ме́сто поса́дки; soft ~ мя́гкая поса́дка (*космического корабля*) 4) ле́стничная площа́дка 5) *attr.* деса́нтный; ~ party деса́нтный отря́д; ~ operation вы́садка деса́нта 6) *attr.* поса́дочный; ~ fee пла́та за поса́дку самолёта

**landing craft** [ˈlændɪŋkrɑːft] *n собир.* деса́нтные суда́, деса́нтные плаву́чие сре́дства

**landing field** [ˈlændɪŋfiːld] *n* поса́дочная площа́дка; аэродро́м

**landing gear** [ˈlændɪŋgɪə] *n* 1) *ав.* шасси́ 2) *шутл.* но́ги

**landing ground** [ˈlændɪŋgraund] = landing-place 2)

**landing mark** [ˈlændɪŋmɑːk] *n ав.* поса́дочный знак

**landing-net** [ˈlændɪŋnet] *n* 1) рыболо́вный сачо́к 2) *воен.* деса́нтная сеть

**landing-place** [ˈlændɪŋpleɪs] *n* 1) ме́сто вы́садки, при́стань 2) *ав.* поса́дочная площа́дка

**landing-stage** [ˈlændɪŋsteɪdʒ] *n* при́стань

**landing-strip** [ˈlændɪŋstrɪp] *n ав.* взлётно-поса́дочная полоса́

**landing troops** [ˈlændɪŋtruːps] *n pl* деса́нтные войска́

**land-jobber** [ˈlænd,dʒɔːbə] *n* спекуля́нт земе́льными уча́стками

**landlady** [ˈlænd,leɪdɪ] *n* 1) владе́лица до́ма *или* кварти́ры, сдава́емых внаём 2) хозя́йка гости́ницы, меблиро́ванных ко́мнат, пансио́на 3) *редк.* поме́щица ◇ to hang the ~ съе́хать тайко́м с кварти́ры, не заплати́в

**landless** [ˈlændlɪs] *a* 1) безземе́льный 2) безбре́жный (*о море*)

**land-locked** [ˈlændlɔkt] *a* окружённый су́шей; закры́тый (*о заливе, гавани*) 2) пресново́дный (*о рыбе*)

**landloper** [ˈlænd,ləupə] = landlouper

**landlord** [ˈlænlɔːd] *n* 1) поме́щик, землевладе́лец, лендло́рд 2) владе́лец до́ма *или* кварти́ры, сдава́емых внаём 3) хозя́ин гости́ницы, пансио́на

**landlordism** [ˈlænlɔːdɪzm] *n* 1) систе́ма (кру́пного) ча́стного землевладе́ния 2) идеоло́гия кру́пных землевладе́льцев

**landlouper** [ˈlænd,ləupə] *n* бродя́га

**landlubber** [ˈlænd,lʌbə] *n мор.* сухопу́тный жи́тель; нови́чо́к в морско́м де́ле, «сухопу́тный моря́к»

**landmark** [ˈlændmɑːk] *n* 1) межево́й знак, ве́ха 2) берегово́й знак 3) броса́ющийся в глаза́ объе́кт ме́стности, ориенти́р 4) поворо́тный пункт, ве́ха (*в истории*)

**landmine** [ˈlændmaɪn] *n воен.* фуга́с

**landocracy** [lænˈdɔkrəsɪ] *n ирон.* земе́льная аристокра́тия, агра́рии, землевладе́льческий класс

**land office** [ˈlænd,ɔfɪs] *n амер.* госуда́рственная конто́ра, регистри́рующая земе́льные сде́лки

**land-on** [ˈlændˈɔn] *v ав.* де́лать поса́дку, приземля́ться

**landowner** [ˈlænd,əunə] *n* землевладе́лец

**landowning** [ˈlænd,əunɪŋ] **1.** *n* землевладе́ние

**2.** *a* землевладе́льческий

**land power** [ˈlænd,pauə] *n* 1) вое́нная мощь 2) мо́щная вое́нная держа́ва

**landrail** [ˈlændreɪl] *n зоол.* дерга́ч, коросте́ль

**land-rover** [ˈlænd,rəuvə] *n* легково́й автомоби́ль «вездехо́д»

**landscape** [ˈlænskeɪp] *n* 1) ландша́фт, пейза́ж 2) *attr.*: ~ sketch *топ.* перспекти́вный чертёж ме́стности

**landscape-architecture** [ˈlænskeɪp-ˈɑːkɪtektʃə] = landscape-gardening

**landscape-gardener** [ˈlænskeɪp-,gɑːdnə] *n* садо́вник-декора́тор

**landscape-gardening** [ˈlænskeɪp,gɑːdnɪŋ] *n* садо́во-па́рковая архитекту́ра; декорати́вное садово́дство

**landscape-painter** [ˈlænskeɪp,peɪntə] *n* пейзажи́ст

**landslide** [ˈlændslaɪd] *n* 1) о́ползень, обва́л 2) ре́зкое измене́ние в распределе́нии голосо́в ме́жду па́ртиями; внуши́тельная побе́да (*на выборах*)

**landslip** [ˈlændslɪp] = landslide 1)

**landsman** [ˈlændzmən] *n* 1) сухопу́тный жи́тель, неморя́к 2) нео́пытный моря́к

**land-surveyor** [ˈlændsə(ː),veɪə] *n* землеме́р

**landtag** [ˈlɑːnttɑːk] *нем. n* ландта́г

**land-tax** [ˈlændtæks] *n* земе́льный нало́г

**land-tenure** [ˈlænd,tenjuə] *n* землевладе́ние

**land waiter** [ˈlænd,weɪtə] *n* тамо́женный досмо́трщик

**landward(s)** [ˈlændwəd(z)] *adv* к бе́регу

**land-wind** [ˈlændwɪnd] = land-breeze

**lane** [leɪn] *n* 1) у́зкая доро́га, тропи́нка, *особ.* ме́жду (живы́ми) и́згородями 2) у́зкая у́лочка, переу́лок; ~s and alleys закоу́лки 3) прохо́д (*между рядами*); to make a ~ for smb. дать доро́гу кому́-л. 4) разво́дье ме́жду льди́нами 5) морско́й путь 6) тра́сса полёта 7) доро́га с односторо́нним движе́нием 8) *разг.* го́рло (*тж.* red ~, narrow ~) ◇ it is a long ~ that has no turning *посл.* ≅ и несча́стьям быва́ет коне́ц

**lang syne** [ˈlæŋˈsaɪn] *шотл.* **1.** *n* старина́, бы́лые дни

**2.** *adv* давны́м-давно́, в старину́, встарь

**language** [ˈlæŋgwɪdʒ] *n* 1) язы́к; речь; finger ~ язы́к же́стов, язы́к глухонемы́х 2) *разг.* брань (*тж.* bad ~); I won't have any ~ here прошу́ не выража́ться 3) стиль; язы́к писа́теля; the ~ of Shakespeare язы́к Шекспи́ра

**languid** [ˈlæŋgwɪd] *a* 1) вя́лый, апати́чный; то́мный; ~ stream ме́дленно теку́щий руче́й; ~ attempt сла́бая попы́тка 2) ску́чный

**languish** [ˈlæŋgwɪʃ] **1.** *n* то́мный вид, то́мность

**2.** *v* 1) слабе́ть, ча́хнуть; вя́нуть 2) томи́ться; изныва́ть; тоскова́ть (for) 3) принима́ть печа́льный, то́мный вид 4) уменьша́ться, ослабева́ть

**languishing** [ˈlæŋgwɪʃɪŋ] **1.** *pres. p.* от languish 2

**2.** *a* 1) сла́бый, вя́лый 2) печа́льный, то́мный; a ~ look то́мный взгляд

**languor** [ˈlæŋgə] *n* 1) сла́бость, вя́лость; апати́чность; уста́лость 2) томле́ние; то́мность 3) отсу́тствие жи́зни, движе́ния; засто́й

**languorous** [ˈlæŋgərəs] *a* 1) вя́лый; апати́чный; уста́лый 2) то́мный 3) ду́шный, тяжёлый (*об атмосфере*)

**laniard** [ˈlænjəd] = lanyard

**lanital** [ˈlænɪtəl] *n* иску́сственная шерсть

**lank** [læŋk] *a* 1) высо́кий и то́нкий; худоща́вый 2) гла́дкий, невью́щийся (*о волосах*) 3) дли́нный и мя́гкий (*о траве и т. п.*)

**lanky** [ˈlæŋkɪ] *a* долговя́зый

**lanolin** [ˈlænəuliːn] *n* ланоли́н

**lansquenet** [ˈlænskɪnet] *n ист.* ландскне́хт (*тж. как название карточной игры*)

**lantern I** [ˈlæntən] *n* 1) фона́рь; dark ~ потайно́й фона́рь 2) светова́я ка́мера мая́ка́ 3) *архит.* фона́рь ве́рхнего све́та (*тж.* ~ light) ◇ ~ lecture ле́кция с диапозити́вами; ~ jaws впа́лые щёки; худо́е лицо́; ~ parking *разг.* автомоби́льная стоя́нка под откры́тым не́бом

**lantern II** [ˈlæntən] *n тех.* це́вочное колесо́

**lanthanum** [ˈlænθənəm] *n хим.* ланта́н

**lanyard** [ˈlænjəd] *n* 1) *мор.* тро́совый та́лреп 2) *воен.* вытяжно́й шнур 3) реме́нь (*бинокля*)

**Laodicean** [,leɪəudɪˈsɪən] *a* безразли́чный, индиффере́нтный (*в вопросах религии или политики*)

**lap I** [læp] *n* 1) пола́, фа́лда; подо́л 2) коле́ни; the boy sat on (*или* in) his mother's ~ ма́льчик сиде́л у ма́тери на коле́нях 3) мо́чка (*уха*) 4) уще́лье ◇ in nature's ~ на ло́не приро́ды; in the ~ of luxury в ро́скоши; in the ~ of gods ≅ одному́ бо́гу изве́стно; in Fortune's ~ ≅ в полосе́ уда́ч; ~ supper у́жин из са́ндвичей и сала́тов, сервиру́емый не за о́бщим столо́м

**lap II** [læp] **1.** *n* 1) *тех.* перекры́тие 2) круг, оборо́т кана́та, ни́ти (*на катушке и т. п.*) 3) *текст.* руло́н (*ткани*) 4) *спорт.* часть, па́ртия игры́; круг, ра́унд, эта́п, тур (*в состязании*); зае́зд; диста́нция

**2.** *v* 1) завёртывать, скла́дывать, свёртывать; оку́тывать 2) охва́тывать, окружа́ть; the house is ~ped in woods дом окружён ле́сом; to be ~ped in luxury жить в ро́скоши 3) *тех.* перекрыва́ть вна́пуск, соединя́ть внахлёстку □ ~ **over** перекрыва́ть, выходи́ть за преде́лы (*чего-л.*)

**lap** III [læp] **1.** *n* 1) жи́дкая пи́ща (*для собак*) 2) *разг.* жи́дкий, сла́бый напи́ток; «помо́и» 3) плеск (*волн*)

**2.** *v* 1) лака́ть 2) жа́дно пить, глота́ть, поглоща́ть (*обыкн.* ~ up, ~ down) 3) упива́ться; to ~ up compliments упива́ться комплиме́нтами 4) плеска́ться о бе́рег (*о волнах*)

**lap** IV [læp] *тех.* **1.** *n* 1) полирова́льный *или* шлифова́льный круг 2) прити́р

**2.** *v* 1) полирова́ть, шлифова́ть 2) притира́ть; доводи́ть

**lap-board** [ˈlæpbɔ:d] *n* доска́ (на коле́нях), заменя́ющая стол

**lap-dog** [ˈlæpdɔg] *n* ко́мнатная соба́чка, боло́нка

**lapel** [ləˈpel] *n* отворо́т, ла́цкан (*пиджака и т. п.*)

**lapidary** [ˈlæpɪdərɪ] **1.** *a* 1) грани́льный 2) вы́гравированный на ка́мне 3) кра́ткий, лапида́рный

**2.** *n* грани́льщик драгоце́нных камне́й

**lapidate** [ˈlæpɪdeɪt] *v* поби́ть камня́ми

**lapidify** [ləˈpɪdɪfaɪ] *v* превраща́ть в ка́мень

**lapis lazuli** [ˌlæpɪsˈlæzjulaɪ] *n* ля́пис-лазу́рь, лазури́т

**lap-joint** [ˈlæpdʒɔɪnt] *n тех.* соедине́ние внахлёстку

**Laplander** [ˈlæplændə] = Lapp 1)

**Lapp** [læp] 1) саа́м; саа́мка; лопа́рь; лопа́рка 2) язы́к саа́ми

**lappet** [ˈlæpɪt] *n* скла́дка; ла́цкан

**Lappish** [ˈlæpɪʃ] **1.** *a* саа́мский; лопа́рский

**2.** *n* язы́к саа́ми

**lapse** [læps] **1.** *n* 1) упуще́ние, оши́бка; опи́ска (*тж.* ~ of the pen); ля́псус; ~ of memory прова́л па́мяти 2) паде́ние, прегреше́ние; ~ from virtue грехопаде́ние 3) тече́ние, ход (*времени*); with the ~ of time со вре́менем 4) промежу́ток вре́мени 5) *юр.* прекраще́ние, недействи́тельность пра́ва на владе́ние *и т. п.*; ~ of time истече́ние да́вности 6) *метео* паде́ние температу́ры, пониже́ние давле́ния

**2.** *v* 1) пасть (*морально*) 2) впада́ть (*в отчаяние и т. п.*); to ~ into illness заболе́ть 3) соверши́ть сно́ва како́й-л. просту́пок, приня́ться за ста́рое 4) теря́ть си́лу, истека́ть (*о праве*); переходи́ть в други́е ру́ки; to ~ to the Crown перейти́ в казну́ (*в Англии*) 5) течь, проходи́ть (*о времени*) 6) проходи́ть, па́дать (*об интересе и т. п.*)

**lapsed** [læpst] **1.** *p. p. от* lapse 2

**2.** *a* бы́вший; бы́лой

**lapsus** [ˈlæpsəs] *лат. n* ля́псус, оши́бка; ~ calami опи́ска; ~ linguae огово́рка; ~ memoriae прова́л па́мяти

**lapwing** [ˈlæpwɪŋ] *n* чи́бис

**larcenous** [ˈlɑ:sɪnəs] *a* 1) воровско́й 2) вино́вный в воровстве́

**larceny** [ˈlɑ:sənɪ] *n* воровство́

**larch** [lɑ:tʃ] *n* 1) *бот.* ли́ственница 2) древеси́на ли́ственницы

**lard** [lɑ:d] **1.** *n* ля́рд; свино́е са́ло

**2.** *v* 1) шпигова́ть; сма́зывать са́лом 2) уснаща́ть, пересыпа́ть (*речь — метафорами, иностр. словами и т. п.*)

**larder** [ˈlɑ:də] *n* кладова́я (*для мяса и т. п.*)

**lardy** [ˈlɑ:dɪ] *a* жи́рный, са́льный

**lares** [ˈlɛəri:z] *лат. n pl римск. миф., поэт.* ла́ры; Lares and Penates ла́ры и пена́ты; *перен.* ую́т, дома́шний оча́г

**large** [lɑ:dʒ] **1.** *a* 1) большо́й; кру́пный; ~ businessman кру́пный деле́ц; ~ and small farmers кру́пные и ме́лкие фе́рмеры 2) многочи́сленный (*о населении и т. п.*); значи́тельный; оби́льный; ~ majority значи́тельное большинство́; ~ meal оби́льная еда́ 3) широ́кий (*о взглядах, толковании, понимании*) 4) *уст.* ще́дрый; великоду́шный; ~ heart великоду́шие 5) *мор.* попу́тный, благоприя́тный (*о ветре*) ◇ ~ fruits се́мечковые и ко́сточковые плоды́; as ~ as life а) в натура́льную величину́; б) во всей красе́; в) *шутл.* со́бственной персо́ной

**2.** *adv* 1) широ́ко́; простра́нно 2) кру́пно (*писать, печатать*) 3) хвастли́во; напы́щенно

**3.** *n* 1): at ~ а) на свобо́де; на просто́ре; he will soon be at ~ он ско́ро бу́дет на свобо́де; б) простра́нно, подро́бно, дета́льно; to go into the question at ~ входи́ть в подро́бное рассмотре́ние вопро́са; to talk at ~ говори́ть простра́нно; в) во всём объёме, целико́м; popular with the people at ~ популя́рный среди́ широ́ких слоёв; г) без определённой це́ли; свобо́дный; д) име́ющий широ́кие полномо́чия; ambassador at ~ *см.* ambassador 1); representative at ~ *амер.* член конгре́сса, представля́ющий не отде́льный о́круг, а ряд округо́в *или* весь штат; е) в о́бщем смы́сле, неконкре́тно; promises made at ~ неопределённые, нея́сные обеща́ния 2): in ~ в большо́м масшта́бе

**large-handed** [ˈlɑ:dʒˈhændɪd] *a* 1) ще́дрый; оби́льный 2) с больши́ми рука́ми; *перен.* жа́дный

**large-hearted** [ˈlɑ:dʒˈhɑ:tɪd] *a* 1) великоду́шный 2) терпи́мый, благожела́тельный

**largely** [ˈlɑ:dʒlɪ] *adv* 1) в значи́тельной сте́пени; he is ~ to blame э́то в значи́тельной сте́пени его́ вина́ 2) оби́льно, ще́дро 3) в широ́ком масшта́бе; на широ́кую но́гу

**large-minded** [ˈlɑ:dʒˈmaɪndɪd] *a* с широ́кими взгля́дами; терпи́мый

**largeness** [ˈlɑ:dʒnɪs] *n* 1) большо́й разме́р 2) широта́ взгля́дов 3) великоду́шие

**large scale** [ˈlɑ:dʒˈskeɪl] **1.** *n* кру́пный масшта́б; on a ~ в кру́пном масшта́бе

**2.** *a* 1) крупномасшта́бный (*о карте*) 2) широ́кий, ма́ссовый (*о жилищном строительстве и т. п.*)

**largess(e)** [lɑ:ˈdʒes] *n уст.* 1) ще́дрый дар 2) ще́дрость

**lariat** [ˈlærɪət] **1.** *n* 1) верёвка (*для привязывания лошади*) 2) арка́н, ла́ссо́

**2.** *v* лови́ть арка́ном

**lark** I [lɑ:k] *n* жа́воронок ◇ to rise with the ~ встава́ть чуть свет, ≅ с петуха́ми

**lark** II [lɑ:k] **1.** *n* шу́тка, прока́за; заба́ва, весе́лье; to have a ~ позаба́виться; for a ~ шу́тки ра́ди; what a ~! (как) заба́вно!

**2.** *v* 1) шути́ть, забавля́ться 2) брать препя́тствия (*на лошади*); to ~ the hedge перескочи́ть че́рез и́згородь □ ~ **about** шу́мно резви́ться

**larkspur** [ˈlɑ:kspə:] *n бот.* живоко́сть, шпо́рник

**larky** [ˈlɑ:kɪ] *a* лю́бящий пошути́ть, позаба́виться; прока́зливый; весёлый

**larmier** [ˈlɑ:mɪə] *n архит.* слезни́к

**larrikin** [ˈlærɪkɪn] (*преим. австрал.*) *разг.* **1.** *n* (молодо́й) хулига́н

**2.** *a* гру́бый, шу́мный, бу́йный

**larrup** [ˈlærʌp] *v разг.* бить, колоти́ть

**larva** [ˈlɑ:və] *n* (*pl* -vae) личи́нка

**larvae** [ˈlɑ:vi:] *pl от* larva

**larval** [ˈlɑ:vəl] *a* личи́ночный; in the ~ stage в ста́дии личи́нки

**laryngitis** [ˌlærɪnˈdʒaɪtɪs] *n мед.* ларинги́т

**laryngology** [ˌlærɪŋˈgɔlədʒɪ] *n* ларинголо́гия

**laryngoscope** [ləˈrɪŋgəskəup] *n* ларингоско́п

**larynx** [ˈlærɪŋks] *n* горта́нь, гло́тка

**Lascar** [ˈlæskə] *n* матро́с-инди́ец

**lascivious** [ləˈsɪvɪəs] *a* сладостра́стный, похотли́вый

**laser** [ˈleɪzə] *n физ.* ла́зер, кванто́вый усили́тель

**lash** [læʃ] **1.** *n* 1) плеть; бич; реме́нь (*кнута*) 2) уда́р хлысто́м, бичо́м, плётью; the ~ по́рка 3) ре́зкий упрёк; кри́тика; to be under the ~ подве́ргнуться ре́зкой кри́тике 4) (*сокр. от* eyelash) ресни́ца

**2.** *v* 1) хлеста́ть, стега́ть, ударя́ть; *перен.* бичева́ть; высме́ивать 2) возбужда́ть, доводи́ть (to, into — до *бешенства и т. п.*) 3) нести́сь, мча́ться; ри́нуться 4) свя́зывать (*обыкн.* ~ together); привя́зывать (to, down, on) □ ~ **out** а) внеза́пно лягну́ть; уда́рить; набро́ситься; б) разрази́ться бра́нью

**lasher** [ˈlæʃə] *n* запру́да, водосли́в, плоти́на

**lashing** [ˈlæʃɪŋ] **1.** *pres. p. от* lash 2

**2.** *n* 1) по́рка 2) упрёки, брань 3) верёвка, верёвки (*связывающие что-л.*) 4) *pl разг.* ма́сса, оби́лие (of — *чего-л.*)

**lash-up** [ˈlæʃˈʌp] *n разг.* вре́менное приспособле́ние

**lass** [læs] *n* 1) де́вушка; де́вочка 2) служа́нка 3) возлю́бленная

**lassie** [ˈlæsɪ] *n ласк. преим. шотл.* 1) де́вушка; де́вочка 2) ми́лочка (*в обращении*)

**lassitude** [ˈlæsɪtju:d] *n* уста́лость; апа́тия

**lasso** [læˈsu:] **1.** *n* (*pl* -os [-əuz]) лассо́, арка́н

**2.** *v* лови́ть арка́ном, лассо́

**last I** [lɑ:st] **1.** *a* 1) *превосх. ст. от* late 1; 2) после́дний; ~ but not least а) хотя́ и после́дний, но не ме́нее ва́жный; б) не са́мый ху́дший; ~ but one предпосле́дний 3) оконча́тельный 4) про́шлый; ~ year про́шлый год; в про́шлом году́ 5) кра́йний, чрезвыча́йный; of the ~ importance чрезвыча́йной ва́жности 6) са́мый совреме́нный; the ~ word in science после́днее сло́во в нау́ке; the ~ thing in hats са́мая мо́дная шля́па 7) са́мый неподходя́щий, нежела́тельный; he is the ~ person I want to see его́ я ме́ньше всего́ хоте́л бы ви́деть ◇ on one's ~ legs *разг.* при после́днем издыха́нии; в по́лном изнеможе́нии

**2.** *adv* 1) *превосх. ст. от* late 2 2) по́сле всех; he came ~ он пришёл после́дним 3) в после́дний раз; when did you see him ~? когда́ вы его́ ви́дели в после́дний раз? 4) на после́днем ме́сте, в конце́ (*при перечислении и т. п.*)

**3.** *n* 1) что-л. после́днее по вре́мени; as I said in my ~ как я сообща́л в после́днем письме́; when my ~ was born когда́ роди́лся мой мла́дший (сын); to breathe one's ~ испусти́ть после́дний вздох, умере́ть 2) коне́ц; the ~ of *амер.* коне́ц (*года, месяца и т. п.*); at ~ наконе́ц; at long ~ в конце́ концо́в; to the ~ до конца́; to hold on to the ~ держа́ться до конца́; I shall never hear the ~ of it э́то никогда́ не ко́нчится; to see the ~ of smb., smth. а) ви́деть кого́-л., что-л. в после́дний раз; б) поко́нчить с кем-л., чем-л.

**last II** [lɑ:st] **1.** *v* 1) продолжа́ться, дли́ться 2) сохраня́ться; выде́рживать (*о здоровье, силе*); носи́ться (*о ткани, обуви и т. п.*); he will not ~ till morning он не доживёт до утра́ 3) хвата́ть, быть доста́точным (*тж.* ~ out); it will ~ (out) the winter э́того хва́тит на́ зиму; this money will ~ me three weeks мне хва́тит э́тих де́нег на три неде́ли

**2.** *n* вы́держка; выно́сливость

**last III** [lɑ:st] **1.** *n* коло́дка (*сапожная*) ◇ to measure smb.'s foot by one's own ~ ≅ ме́рить кого́-л. на свой арши́н; to stick to one's ~ занима́ться свои́м де́лом, не вме́шиваться в чужи́е дела́

**2.** *v* натя́гивать на коло́дку

**last IV** [lɑ:st] *n* ласт (*мера, различная для разного груза: 10 квартеров зерна, 12 мешков шерсти, 12 дюжин кож, 24 бочонка пороха и т. п.; как весовая единица — ок. 4000 англ. фунтов*)

**lasting** [ˈlɑ:stɪŋ] **1.** *pres. p. от* last II, 1

**2.** *a* дли́тельный, постоя́нный; про́чный; ~ peace про́чный мир; ~ food консерви́рованный проду́кт

**lastly** [ˈlɑ:stlɪ] *adv* наконе́ц (*при перечислении*); в заключе́ние

**last-mentioned** [ˈlɑ:stˈmenʃənd] *a* 1) вышеупомя́нутый 2) после́дний из упомя́нутых

**last-named** [ˈlɑ:stˈneɪmd] = last-mentioned

**latch** [lætʃ] **1.** *n* 1) щеко́лда; запо́р; защёлка; задви́жка 2) америка́нский замо́к

**2.** *v* 1) запира́ть(ся) 2) *амер.* пойма́ть (on to)

**latch-key** [ˈlætʃki:] *n* 1) ключ от америка́нского замка́ 2) отмы́чка ◇ to win one's ~ ≅ стать взро́слым, получи́ть относи́тельную свобо́ду от роди́телей

**late** [leɪt] **1.** *a* (later, latter; latest, last) 1) по́здний; запозда́лый; I was ~ (for breakfast) я опозда́л (к за́втраку) 2) неда́вний, после́дний; of ~ years за после́дние го́ды; my ~ illness моя́ неда́вняя боле́знь 3) уме́рший, поко́йный; the ~ president поко́йный (*редк.* бы́вший) президе́нт 4) пре́жний, бы́вший ◇ a ~ developer ребёнок с запозда́лым разви́тием

**2.** *adv* (later; latest, last) 1) по́здно; to sit ~ засиде́ться; ложи́ться по́здно; I arrived ~ for the train я опозда́л на по́езд; better ~ than never лу́чше по́здно, чем никогда́ 2) неда́вно, за после́днее вре́мя (*тж.* of ~)

**lateen** [ləˈti:n] *a* треуго́льный, лати́нский (*о парусе*)

**lately** [ˈleɪtlɪ] *adv* неда́вно; за после́днее вре́мя

**latency** [ˈleɪtənsɪ] *n* скры́тое состоя́ние

**lateness** [ˈleɪtnɪs] *n* опозда́ние, запозда́лость

**latent** [ˈleɪtənt] *a* скры́тый, лате́нтный, в скры́том состоя́нии; ~ heat скры́тая теплота́; ~ partner негла́сный уча́стник торго́вого предприя́тия; ~ period а) *мед.* инкубацио́нный пери́од; б) *физиол.* вре́мя от моме́нта раздраже́ния до реа́кции

**later** [ˈleɪtə] (*сравн. ст. от* late) **1.** *a* бо́лее по́здний; at a ~ date поздне́е; впосле́дствии; in ~ life в бо́лее по́зднем во́зрасте; during the ~ twenties в конце́ 20-х годо́в

**2.** *adv* по́зже; ~ on по́сле, поздне́е; ка́к-нибудь пото́м

**lateral** [ˈlætərəl] **1.** a 1) боково́й; горизонта́льный 2) побо́чный, втори́чный 3) *фон.* боково́й (*о звуке*)

**2.** *n* 1) бокова́я часть; ответвле́ние 2) *фон.* латера́льный сона́нт

**latest** [ˈleɪtɪst] *a* (*превосх. ст. от* late) са́мый по́здний; (са́мый) после́дний; the ~ fashion са́мая после́дняя мо́да; the ~ news после́дние изве́стия; at (the) ~ са́мое по́зднее

**latex** [ˈleɪteks] *n* ла́текс, мле́чный сок (*каучуконосов*)

**lath** [lɑ:θ] *стр.* **1.** *n* 1) пла́нка; дра́нка; ре́йка 2) *attr.*: ~ fence тын, плете́нь

**2.** *v* прибива́ть ре́йки, пла́нки

**lathe** [leɪð] **1.** *n* 1) тока́рный стано́к 2) *attr.*: ~ tool тока́рный резе́ц

**2.** *v* обраба́тывать на тока́рном станке́

**lathee** [lɑ:ˈti:] *инд. n* око́ванная желе́зом па́лка, дуби́нка

**lather** [ˈlɑ:ðə] **1.** *n* 1) мы́льная пе́на 2) пе́на, мы́ло (*на лошади*) ◇ a good ~ is half a shave *посл.* ≅ хоро́шее нача́ло полде́ла отка́чало

**2.** *v* 1) намы́ливать(ся); мы́литься 2) взмы́ливаться (*о лошади*) 3) *разг.* бить, колоти́ть, поро́ть

**lathery** [ˈlɑ:ðərɪ] *a* 1) намы́ленный 2) взмы́ленный 3) пусто́й, вы́мышленный, нереа́льный

**lathi** [lɑ:ˈti:] = lathee

**lathing** [ˈlɑ:θɪŋ] *n стр.* 1) обрешётка (*крыши*) 2) се́тка (*под штукатурку*)

**lathy** [ˈlɑ:θɪ] *a* долговя́зый; худо́й

**latibulize** [ləˈtɪbjulaɪz] *v* залечь в берло́гу, в нору́

**Latin** [ˈlætɪn] **1.** *n* лати́нский язы́к; classical (late) ~ класси́ческая (по́здняя) латы́нь; low (*или* vulgar) ~ вульга́рная латы́нь; dog ~ ло́маная латы́нь ◇ thieves' ~ воровско́й жарго́н

**2.** *a* лати́нский; рома́нский; ~ Church за́падная це́рковь, ри́мско-католи́ческая це́рковь; the ~ languages рома́нские языки́

**latinize** [ˈlætɪnaɪz] *v* 1) латинизи́ровать 2) употребля́ть латини́змы

**latitude** [ˈlætɪtju:d] *n* 1) *геогр., астр.* широта́; in the ~ of 40° S. на 40° ю́жной широты́; low ~s тропи́ческие широ́ты 2) свобо́да, терпи́мость; ~ of thought свобо́да, широта́ взгля́дов 3) обши́рность; a wide ~ широ́кие полномо́чия 4) *фото* широта́; широ́тная характери́стика (*фотоматериала*)

**latitudinarian** [ˈlætɪˌtju:dɪˈnɛərɪən] **1.** *n* терпи́мый челове́к; челове́к широ́ких взгля́дов

**2.** *a* допуска́ющий отклоне́ния от до́гмы; терпи́мый

**latrine** [ləˈtri:n] *n* отхо́жее ме́сто (*особ. в лагере*); обще́ственная убо́рная; гальюн (*на корабле*)

**latter** [ˈlætə] *a* (*сравн. ст. от* late 1) 1) неда́вний; in these ~ days в на́ше вре́мя; the ~ half of the week втора́я полови́на неде́ли 2) после́дний (*из двух названных; противоп.* the former) ◇ ~ end коне́ц; смерть

**latter-day** [ˈlætədeɪ] *a* совреме́нный, нове́йший

**latterly** [ˈlætəlɪ] *adv* 1) неда́вно 2) к концу́, под коне́ц

**lattermost** [ˈlætəməust] *a* после́дний

**lattice** [ˈlætɪs] **1.** *n* 1) решётка 2) *хим.* простра́нственная решётка 3) *attr.* решётчатый; ~ frame решётчатая констру́кция

**2.** *v* ста́вить решётку; обноси́ть решёткой

**latticed** [ˈlætɪst] *a* решётчатый

**Latvian** [ˈlætvɪən] **1.** *a* латви́йский; латы́шский

**2.** *n* 1) латы́ш; латы́шка 2) латы́шский язы́к

**laud** [lɔːd] **1.** *n* хвала́

**2.** *v* хвали́ть, прославля́ть, превозноси́ть; *церк.* сла́вить

**laudable** [ˈlɔːdəbl] *a* 1) похва́льный 2) *мед.* доброка́чественный (*о гное*)

**laudanum** [ˈlɔdnəm] *n* насто́йка о́пия

**laudation** [lɔːˈdeɪʃən] *n* панеги́рик; восхвале́ние

**laudative** [ˈlɔːdətɪv] = laudatory

**laudatory** [ˈlɔːdətərɪ] *a* хвале́бный, похва́льный

**laugh** [lɑːf] **1.** *n* смех, хо́хот; on the ~ смея́сь; to have the ~ of (*или* on) smb. вы́смеять того́, кто смея́лся над тобо́й; to have a good ~ at smb. от души́ посмея́ться над кем-л.; to give a ~ рассмея́ться; to raise a ~ вы́звать смех; to raise (*или* to turn) the ~ against smb. поста́вить кого́-л. в смешно́е положе́ние

**2.** *v* 1) смея́ться; рассмея́ться; to ~ at smb., smth. смея́ться над кем-л., чем-л.; to ~ to scorn вы́смеять; to ~ oneself into fits (*или* convulsions) смея́ться до упа́ду; he ~ ed his pleasure он рассмея́лся от удово́льствия 2) со сме́хом сказа́ть, произнести́; he ~ed a reply он отве́тил со сме́хом □ ~ **away** рассе́ять, прогна́ть сме́хом (*скуку, опасения*); ~ **down** засмея́ть; заглуши́ть сме́хом (*речь и т. п.*); ~ **off** отшути́ться, отде́латься сме́хом (*от чего-л.*); ~ **out**: to ~ smb. out of smth. насме́шкой отучи́ть кого́-л. от чего́-л.; ~ **over** обсужда́ть в шутли́вом то́не ◇ to ~ on the wrong side of one's mouth (*или* face) от сме́ха перейти́ к слеза́м; огорчи́ться, опеча́литься; he ~s best who ~s last *посл.* хорошо́ смеётся тот, кто смеётся после́дним

**laughable** [ˈlɑːfəbl] *a* смешно́й; смехотво́рный, заба́вный; ~ incident заба́вное происше́ствие

**laughing** [ˈlɑːfɪŋ] **1.** *pres. p. от* laugh 2

**2.** *a* 1) смею́щийся, улыба́ющийся; весёлый 2) смешно́й; it is no (*или* not a) ~ matter э́то не шу́тка; смея́ться не́чему

**laughing-gas** [ˈlɑːfɪŋˈgæs] *n* веселя́щий газ

**laughing jackass** [ˈlɑːfɪŋˈdʒækæs] *n* зимоpо́док-хохоту́н (*птица*)

**laughing-stock** [ˈlɑːfɪŋstɔk] *n* посме́шище; to make a ~ of smb. вы́ставить кого́-л. на посме́шище

**laughter** [ˈlɑːftə] *n* смех, хо́хот; shrill ~ зво́нкий смех; to roar with ~ пока́тываться со́ смеху

**launch** I [lɔːntʃ] **1.** *v* 1) броса́ть, мета́ть; to ~ a blow нанести́ уда́р 2) спуска́ть су́дно на́ воду 3) начина́ть, пуска́ть в ход, предпринима́ть; to ~ an offensive предприня́ть, нача́ть наступле́ние; to ~ an attack нача́ть ата́ку; to ~ a campaign разверну́ть кампа́нию; to ~ a program разрабо́тать програ́мму 4) запуска́ть (*ракету и т. п.*); выпуска́ть (*снаряд*); катапульти́ровать 5) горячо́ вы́сказать, разрази́ться □ ~ **into** с жа́ром, энтузиа́змом пусти́ться (*во что-л.*); to ~ into an argument пусти́ться в спор; to ~ smb. into business помо́чь кому́-л. сде́лать делову́ю карье́ру; to ~ into eternity *поэт.* отпра́вить(ся) на тот свет; ~ **out** а) пуска́ться (*в путь, в предприятие*); to ~ out on smth. нача́ть что-л. де́лать; б) разрази́ться (*словами, упрёками*); в) сори́ть деньга́ми

**2.** *n* спуск су́дна на́ воду

**launch** II [lɔːntʃ] *n* 1) барка́с 2) мото́рная ло́дка, ка́тер; pleasure ~ прогу́лочная ло́дка

**launcher** [ˈlɔːntʃə] *n воен.* 1) пусково́я устано́вка 2) лета́тельная устано́вка 3) гранатомёт

**launching pad** [ˈlɔːntʃɪŋ pæd] = launching ramp

**launching ramp** [ˈlɔːntʃɪŋræmp] *n воен.* пускова́я устано́вка

**launching site** [ˈlɔːntʃɪŋsaɪt] *n воен.* пускова́я площа́дка; ста́ртовый ко́мплекс

**launder** [ˈlɔːndə] *v* 1) стира́ть и гла́дить (*бельё*) 2) стира́ться (*хорошо, плохо — о ткани*)

**launderette** [ˌlɔːndəˈret] *n* пра́чечная самообслу́живания

**laundress** [ˈlɔːndrɪs] *n* пра́чка

**laundry** [ˈlɔːndrɪ] *n* 1) пра́чечная 2) бельё для сти́рки *или* из сти́рки

**laureate** [ˈlɔːrɪɪt] **1.** *n* лауреа́т; Lenin Prize L. лауреа́т Ле́нинской пре́мии; poet ~ придво́рный поэ́т

**2.** *a* 1) уве́нчанный лавро́вым венко́м 2) лавро́вый; ~ wreath лавро́вый вено́к

**laurel** [ˈlɔrəl] **1.** *n* 1) *бот.* лавр благоро́дный 2) (*обыкн. pl*) ла́вры, по́чести; to rest (*или* to repose, to retire) on one's ~s почи́ть на ла́врах; to reap (*или* to win) one's ~s стяжа́ть ла́вры, дости́чь сла́вы

**2.** *v* венча́ть лавро́вым венко́м

**laurelled** [ˈlɔreld] **1.** *p. p. от* laurel 2

**2.** *a* уве́нчанный лавро́вым венко́м, ла́врами; знамени́тый

**laurel oak** [ˈlɔrəlˈəuk] *n* дуб лавроли́стный

**lava** [ˈlɑːvə] *n* ла́ва

**lavatory** [ˈlævətərɪ] *n* убо́рная, туале́т

**lave** [leɪv] *v поэт.* 1) мыть 2) омыва́ть (*о ручье, потоке*)

**lavement** [ˈleɪvmənt] *n мед.* промыва́ние, кли́зма

**lavender** [ˈlævɪndə] *n* 1) *бот.* лава́нда 2) вы́сушенные ли́стья, цветы́ лава́нды; to lay up in ~ а) перекла́дывать лава́ндой (*для аромата*); б) *перен.* приберега́ть на бу́дущее (вре́мя); в) *разг.* закла́дывать, отдава́ть в зало́г 3) бле́дно-лило́вый цвет

**lavender-water** [ˈlævɪndəˌwɔːtə] *n* лава́ндовая вода́

**laverock** [ˈlævərək] *поэт. см.* lark I

**lavish** [ˈlævɪʃ] **1.** *a* 1) (of, in) ще́дрый; расточи́тельный; he is never ~ of praise он не щедр на похвалы́ 2) оби́льный; чрезме́рный

**2.** *v* 1) быть ще́дрым; to ~ care upon one's children окружа́ть забо́той свои́х дете́й 2) расточа́ть

**lavishness** [ˈlævɪʃnɪs] *n* 1) ще́дрость; расточи́тельность 2) оби́лие

**law** I [lɔː] *n* 1) зако́н; Mendeleyev's ~ периоди́ческая систе́ма элеме́нтов Менделе́ева; ~ of diminishing return «зако́н убыва́ющего плодоро́дия»; to go beyond the ~ соверши́ть противозако́нный посту́пок; to keep within the ~ приде́рживаться зако́на; in ~ по зако́ну, зако́нно 2) *юр.* пра́во; юриспруде́нция; ~ merchant торго́вое пра́во; private ~ гражда́нское пра́во; to read ~ изуча́ть пра́во; ~ and order правопоря́док; to hold good in ~ быть юриди́чески обосно́ванным 3) профе́ссия юри́ста; to follow the (*или* to go in for) ~ избра́ть профе́ссию юри́ста; to practise ~ быть юри́стом 4) суд, суде́бный проце́сс; to be at ~ with smb. быть в тя́жбе с кем-л.; to go to ~ пода́ть в суд; нача́ть суде́бный проце́сс; to have (*или* to take) the ~ of smb. привле́чь кого́-л. к суду́; to take the ~ into one's own hands распра́виться без суда́ 5) суде́йское сосло́вие 6) (the ~) *разг.* поли́ция, полице́йский 7) пра́вило; the ~s of tennis пра́вила игры́ в те́ннис 8) *спорт.* преиму́щество, предоставля́емое проти́внику (*в состязании и т. п.*); *перен.* переды́шка; отсро́чка; посла́жка 9) *attr.* зако́нный; юриди́ческий; правово́й; ~ school юриди́ческая шко́ла; юриди́ческий факульте́т ◇ he is a ~ unto himself для него́ не существу́ет ника́ких зако́нов, кро́ме со́бственного мне́ния; necessity (*или* need) knows no ~ *посл.* нужда́ не зна́ет зако́на; to give (the) ~ to smb. навяза́ть кому́-л. свою́ во́лю

**law** II [lɔː] = lawk(s)

**law-abiding** [ˈlɔːəˌbaɪdɪŋ] *a* законопослу́шный, подчиня́ющийся зако́нам, уважа́ющий зако́ны

**law-book** [ˈlɔːbuk] *n* ко́декс, свод зако́нов

**law-breaker** [ˈlɔːˌbreɪkə] *n* правонаруши́тель, престу́пник

**law-court** [ˈlɔːkɔːt] *n* суд

**lawful** [ˈlɔːful] *a* зако́нный; ~ age гражда́нское совершенноле́тие

**lawgiver** [ˈlɔːˌgɪvə] *n* законода́тель

**lawk(s)** [lɔːk(s)] *int разг.* неу́жто?

**lawless** [ˈlɔːlɪs] *a* 1) беззако́нный 2) необу́зданный

**law-list** [ˈlɔːlɪst] *n* ежего́дный юриди́ческий спра́вочник

**lawmaker** ['lɔːˌmeɪkə] = lawgiver
**law-making** ['lɔːˌmeɪkɪŋ] **1.** *n* изда́ние зако́нов
**2.** *a* законода́тельный
**lawn I** [lɔːn] *n* бати́ст
**lawn II** [lɔːn] *n* лужа́йка, газо́н
**lawn hockey** ['lɔːnˌhɔkɪ] *n* травяно́й хокке́й
**lawn-mower** ['lɔːnˌməuə] *n* газонокоси́лка
**lawn party** ['lɔːnˌpɑːtɪ] *амер. см.* garden-party
**lawn-sprinkler** ['lɔːnˌsprɪŋklə] *n* маши́на для поли́вки газо́нов
**lawn tennis** ['lɔːn'tenɪs] *n спорт.* те́ннис
**lawny I** ['lɔːnɪ] *a* бати́стовый
**lawny II** ['lɔːnɪ] *a* зелёный, покры́тый траво́й
**law-offender** ['lɔːɔˌfendə] = law-breaker
**law-officer** ['lɔː'ɔfɪsə] слу́жащий суде́бного ве́домства; ~s of the Crown юри́сты коро́ны (*генеральный прокурор и его заместитель*)
**laws** [lɔːz] = lawk(s)
**lawsuit** ['lɔːsjuːt] *n* суде́бный проце́сс; иск; тя́жба
**law-term** ['lɔː'təːm] *n* 1) юриди́ческий те́рмин 2) пери́од суде́бной се́ссии
**law-violator** ['lɔːˌvaɪəleɪtə] = law-breaker
**law-writer** ['lɔːˌraɪtə] *n* 1) а́втор, пи́шущий на правовы́е те́мы 2) перепи́счик в суде́
**lawyer** ['lɔːjə] *n* 1) юри́ст; адвока́т 2) законове́д
**lax** [læks] a 1) сла́бый, вя́лый 2) непло́тный; ры́хлый 3) расхля́банный, распу́щенный 4) небре́жный, неря́шливый 5) нето́чный, неопределённый 6) *фон.* ненапряжённый 7) *мед.* скло́нный к поно́су (*о кишечнике*)
**laxative** ['læksətɪv] **1.** *n* слаби́тельное (сре́дство)
**2.** *a* слаби́тельный
**laxity** ['læksɪtɪ] *n* 1) сла́бость, вя́лость 2) расхля́банность, распу́щенность 3) неопределённость, нето́чность
**lay I** [leɪ] *a* 1) све́тский, мирско́й, недухо́вный 2) непрофессиона́льный; ~ opinion мне́ние неспециали́ста 3) *карт.* некозырно́й
**lay II** [leɪ] *n* 1) лэ, коро́ткая пе́сенка; коро́ткая балла́да 2) пе́ние птиц
**lay III** [leɪ] *past от* lie II, 1
**lay IV** [leɪ] **1.** *v* (laid) 1) класть, положи́ть (on) 2) возлага́ть (*надежды и т. п.*); придава́ть (*значение*) 3) примя́ть (*посевы*); повали́ть; to ~ the dust приби́ть пыль 4) накрыва́ть, стели́ть; to ~ the table, to ~ the cloth накры́ть на стол 5) накла́дывать (*краску*); покрыва́ть (*слоем*) 6) класть я́йца, нести́сь 7) припи́сывать (*кому-л. что-л.*); предъявля́ть; обвиня́ть; to ~ claim предъявля́ть права́, притяза́ния; to ~ damages at взы́скивать убы́ток с; to ~ an information against smb. доноси́ть на кого́-л. 8) привести́ в определённое состоя́ние, положе́ние; to ~ open открыва́ть, обнажа́ть, оставля́ть незащищённым; to ~ one's plans bare раскры́ть свои́ пла́ны; to ~ oneself open to suspicions (accusation) навле́чь на себя́ подозре́ния (обвине́ние) 9) (*обыкн. pass.*) происходи́ть, соверша́ться 10) прокла́дывать курс (*корабля*) 11) свива́ть, вить (*верёвки и т. п.*) 12) успока́ивать; to ~ an apprehension успоко́ить, рассе́ять опасе́ния 13) энерги́чно бра́ться (*за что-л.*); to ~ to one's oars нале́чь на вёсла 14) *разг.* предлага́ть пари́, би́ться об закла́д; I ~ ten dollars that he will not come держу́ пари́ на де́сять до́лларов, что он не придёт 15) *груб.* вступи́ть в связь □ ~ **about:** to ~ about one наноси́ть уда́ры напра́во и нале́во; ~ **aside** а) откла́дывать (*в сторону*); б) откла́дывать, приберега́ть; в) броса́ть, выбра́сывать; отка́зываться; г) *pass.* быть вы́веденным из стро́я; д) *pass.* хвора́ть; ~ **by** откла́дывать; ~ **down** а) уложи́ть; б) соста́вить (*план*); в) закла́дывать (*здание, корабль*); г) сложи́ть (*полномочия и т. п.*), оста́вить (*службу*); to ~ down the duties of office отказа́ться от до́лжности; to ~ down one's life отда́ть свою́ жизнь; поже́ртвовать жи́знью; д) устана́вливать, утвержда́ть; to ~ down the law α) устана́вливать, формули́ровать зако́н; β) говори́ть догмати́ческим то́ном; заявля́ть безапелляцио́нно; е) покрыва́ть (with — *чем-л.*); засе́ивать (*травой, цветами и т. п.*); ~ **in** а) запаса́ть; б) *разг.* вы́пороть, всы́пать; ~ **off** а) снима́ть (*одежду*); б) откла́дывать; в) *амер.* освободи́ть *или* снять с рабо́ты (*гл. обр. временно*); г) *амер.* отдыха́ть; д) *разг.* прекраща́ть, перестава́ть; ~ off! переста́нь, отступи́сь!; ~ **on** а) накла́дывать (*слой краски, штукатурки*); to ~ it on (thick) *разг.* преувели́чивать; хвати́ть че́рез край; б) облага́ть (*налогом*); в) наноси́ть (*удары*); г) подводи́ть, прокла́дывать (*газ, электричество и т. п.*); д) *разг.* устра́ивать (*вечеринку и т. п.*); ~ **out** а) выкла́дывать, выставля́ть; б) свали́ть, сбить с ног, вы́вести из стро́я; в) *разг.* уби́ть; г) плани́ровать, разбива́ть (*сад, участок*); д) тра́тить де́ньги; е) положи́ть на стол (*покойника*); ж): to ~ oneself out (for; to *c inf.*) *разг.* стара́ться; напряга́ть все си́лы; выкла́дываться; из ко́жи вон лезть; ~ **over** а) покрыва́ть (*слоем чего-л.*); б) *амер. разг.* откла́дывать (*заседание и т. п.*); прерва́ть путеше́ствие; задержа́ться; в) *амер. разг.* превосходи́ть; превыша́ть; получи́ть преиму́щество; ~ **up** а) откла́дывать, копи́ть; б) возводи́ть, сооружа́ть; в) выводи́ть вре́менно из стро́я; to ~ up for repairs поста́вить на ремо́нт; to be laid up лежа́ть больны́м; г) *груб.* вступи́ть в связь ◇ to ~ under obligation обяза́ть; to ~ fast заключа́ть в тюрьму́; to ~ hands on а) схва́тывать, завладева́ть; присва́ивать; б) подня́ть ру́ку на *кого-л.*, уда́рить; to ~ hands on oneself наложи́ть на себя́ ру́ки, поко́нчить с собо́й; в) *церк.* рукополага́ть, посвяща́ть (*в сан*); to ~ one's shirt on ≅ би́ться об закла́д; дава́ть го́лову на отсече́ние; to ~ eyes on smth. уви́деть что-л.; to ~ it on smb. уда́рить кого́-л.; дать кому́-л. тумака́; to ~ on the table а) включи́ть в пове́стку дня (*законопроект и т. п.*); б) *амер.* снять с обсужде́ния (*предложение и т. п.*)
**2.** *n* 1) положе́ние, расположе́ние (*чего-л.*); направле́ние; очерта́ние (*берега*); релье́ф 2) *разг.* по́прище, де́ло, рабо́та 3) *разг.* пари́
**layabout** ['leɪəˌbaut] *n разг.* безде́льник
**lay-by** ['leɪbaɪ] *n* 1) придоро́жная площа́дка для стоя́нки автомоби́лей 2) *ж.-д.* ве́тка
**lay-days** ['leɪdeɪz] *n pl ком.* стоя́ночное, сталии́ное вре́мя
**layer I 1.** *n* ['leɪə] 1) слой, пласт; наслое́ние 2) *бот.* отво́док 3) разре́з (*чертежа*)
**2.** *v* [lɛə] 1) насла́ивать, класть пласта́ми 2) *бот.* разводи́ть отво́дками
**layer II** ['leɪə] *n* 1) кла́дчик, укла́дчик 2) несу́шка; this hen is a good ~ э́та ку́рица хорошо́ несётся
**layer-cake** ['leɪəkeɪk] *n* слоёный пиро́г
**layette** [leɪ'et] *фр. n* прида́ное новорождённого
**lay figure** ['leɪ'fɪgə] *n* 1) манеке́н (*художника*) 2) неправдоподо́бный персона́ж; нереа́льный о́браз 3) ничто́жество; челове́к, лишённый индивидуа́льности *или* значе́ния
**laying** ['leɪɪŋ] **1.** *pres. p. от* lay IV, 1
**2.** *n* 1) пе́рвый слой штукату́рки 2) кла́дка яи́ц 3) вре́мя кла́дки яи́ц
**layman** ['leɪmən] *n* 1) миря́нин 2) непрофессиона́л; неспециали́ст 3) = lay figure 1)
**lay-off** ['leɪ'ɔf] *n* 1) приостано́вка *или* сокраще́ние произво́дства 2) увольне́ние из-за отсу́тствия рабо́ты (*гл. обр. временное*) 3) пери́од вре́менного увольне́ния 4) *attr.*: ~ pay выходно́е посо́бие; to get (*или* to receive) ~ pay получи́ть расчёт
**lay-out** ['leɪaut] *n* 1) расположе́ние; плани́ровка; план, разби́вка, разме́тка (*сада и т. п.*) 2) пока́з, вы́ставка; the ~ of goods вы́кладка това́ров 3) маке́т (*книги, газеты и т. п.*) 4) обору́дование; набо́р инструме́нтов 5) *разг.* угоще́ние; the dinner was a splendid ~ обе́д был великоле́пен
**lay-over** ['leɪ'əuvə] *n* 1) салфе́тка *или* доро́жка на ска́терти 2) остано́вка (*в пути*)
**laystall** ['leɪstɔːl] *n* сва́лка
**lay-up** ['leɪʌp] *n* вы́вод из стро́я, просто́й (*машины и т. п.*)

**lazaret** [ˌlæzəˈret] = lazaretto

**lazaretto** [ˌlæzəˈretəu] *n* (*pl* -os [-əuz]) 1) лепрозóрий 2) карантúнное сýдно *или* помещéние

**Lazarus** [ˈlæzərəs] *n* 1) нúщий 2) *уст.* прокажённый

**laze** [leɪz] *v разг.* бездéльничать, лентя́йничать

**laziness** [ˈleɪzɪnɪs] *n* лéность, лень

**lazy** [ˈleɪzɪ] *a* ленúвый

**lazy-bones** [ˈleɪzɪˌbəunz] *n разг.* лентя́й, ленúвец

**Lazy Susan** [ˈleɪzɪˌsuːzn] *n* 1) вращáющийся поднóс для припрáв, сóусов *и т. п.* 2) небольшóй стóлик для бутербрóдов и закýсок

**lea** I [liː] *n* 1) *поэт.* луг, пóле 2) *с.-х.* пар, пóле под пáром

**lea** II [liː] *n текст.* единúца длины́ пря́жи

**leach** [liːtʃ] **1.** *n* рапá, насы́щенный раствóр повáренной сóли

**2.** *v* выщелáчивать

**lead** I [led] **1.** *n* 1) свинéц; as heavy as ~ óчень тяжёлый 2) грúфель 3) *мор.* лот; to heave (*или* to cast) the ~ *мор.* бросáть лот; измеря́ть глубинý лóтом 4) грузúло, отвéс 5) плóмба 6) *pl* свинцóвые пóлосы для покры́тия кры́ши; покры́тая свинцóм кры́ша; плóская кры́ша 7) *pl полигр.* шпóны 8) *attr.* свинцóвый ◇ hail of ~ град пуль; to get the ~ быть застрéленным

**2.** *v* 1) *тех.* освинцóвывать, покрывáть свинцóм 2) *полигр.* разделя́ть шпóнами

**lead** II [liːd] **1.** *n* 1) руковóдство; инициатúва; to take the ~ взять на себя́ инициатúву, вы́ступить инициáтором; руководúть 2) примéр; укáзания, директúва; to follow the ~ of smb. слéдовать чьемý-л. примéру; to give smb. a (*или* the) ~ поощрúть, подбодрúть когó-л. примéром 3) пéрвое мéсто, ведýщее мéсто в состязáнии; to gain (*или* to have) the ~ заня́ть пéрвое мéсто; to have a ~ of three metres (five seconds) опередúть на три мéтра (на пять секýнд) 4) *спорт.* разры́в мéжду лúдером и бегунóм, идýщим за ним 5) *театр., кино* глáвная роль *или* её исполнúтель(ница) 6) пéрвый ход (*в игре*); it is your ~ вам начинáть 7) *карт.* ход; to return smb.'s ~ а) ходúть в масть; б) поддéрживать чью-л. инициатúву 8) поводóк, прúвязь 9) крáткое введéние к газéтной статьé; ввóдная часть 10) развóдье (*во льдах*) 11) трубопровóд; канáл 12) *эл.* подводя́щий прóвод 13) *тех.* опережéние, предварéние (*впуска пара и т. п.*) 14) *тех.* шаг (*спирали, винта*), ход (*поршня*) 15) *тех.* стрелá, укóсина 16) *геол.* жúла; золотонóсный песóк 17) *воен.* упреждéние, приведéние огня́ (*по движущейся цели*) ◇ blind ~ тупúк

**2.** *v* (led) 1) вестú, приводúть; to ~ a child by the hand вестú ребёнка зá руку; the path ~s to the house дорóга ведёт к дóму; chance led him to London слýчай привёл егó в Лóндон; to ~ nowhere ни к чемý не приводúть 2) руководúть, управля́ть, комáндовать, возглавля́ть; to ~ an army комáндовать áрмией; to ~ for the prosecution (defence) *юр.* возглавля́ть обвинéние (защúту); to ~ an orchestra руководúть оркéстром 3) приводúть, склоня́ть (*к чему-л.*), заставля́ть; to ~ smb. to do smth. застáвить когó-л. сдéлать что-л.; what led you to think so? что застáвило вас так дýмать?; curiosity led me to look again любопы́тство застáвило меня́ взглянýть снóва 4) быть, идтú пéрвым, опережáть (*в состязании*); превосходúть; he ~s all orators он лýчший орáтор; as a teacher he ~s он лýчше всех другúх учителéй 5) вестú, проводúть; to ~ a quiet life вестú спокóйную жизнь 6) *спорт.* направля́ть удáр (*в боксе*) 7) *охот.* цéлиться в летя́щую птúцу 8) *карт.* ходúть; to ~ hearts (spades *etc.*) ходúть с червéй (с пик *и т. д.*) 9) *тех.* опережáть □ ~ **away** увлéчь, увестú; ~ **off** начинáть, класть начáло; открывáть (*прения, бал*); ~ **on** завлекáть, увлекáть; ~ **out of** выходúть, сообщáться (*о комнатах*); ~ **to** приводúть к *каким-л. результатам*; ~ **up to** а) постепéнно подготовля́ть; б) наводúть разговóр на *что-л.* ◇ to ~ by the nose водúть на поводý; держáть в подчинéнии; to ~ smb. a (pretty) dance застáвить когó-л. помýчиться; поводúть зá нос, поманéжить когó-л.; to ~ smb. up the garden (path) вводúть в заблуждéние; завлекáть; all roads ~ to Rome все дорóги ведýт в Рим

**leaded** [ˈledɪd] **1.** *p. p. от* lead I, 2

**2.** *a* освинцóванный

**leaden** [ˈledn] *a* 1) свинцóвый 2) свинцóвый, сéрый (*о небе, тучах и т. п.*) 3) тяжёлый; тя́жкий; ~ sleep тяжёлый сон 4) медлúтельный, неповорóтливый; инéртный

**leader** [ˈliːdə] *n* 1) руководúтель, главá, лúдер; вождь; командúр; pioneer ~ пионервожáтый 2) *спорт.* лúдер 3) рéгент (*хора*); дирижёр; ведýщий музыкáнт 4) передовáя (статья́) 5) *радио* пéрвое (*наиболее важное*) сообщéние в послéдних извéстиях 6) *театр., кино* глáвная роль; ведýщий актёр 7) передняя лóшадь (*в упряжке*) 8) глáвный побéг, ростóк 9) *эл.* проводнúк 10) водостóчная трубá 11) товáр, продавáемый по нúзкой ценé, для привлечéния покупáтелей 12) *pl полигр.* пунктúр, пунктúрная лúния

**leaderette** [ˌliːdəˈret] *n* корóткая редакциóнная замéтка (*в газете*)

**leadership** [ˈliːdəʃɪp] *n* 1) руковóдство, водúтельство, руководя́щая роль; personal ~ единолúчное руковóдство 2) превосхóдство (*в какой-л. области*)

**leader-writer** [ˈliːdəˌraɪtə] *n* áвтор передовúц

**lead glance** [ˈledglɑːns] *n мин.* свинцóвый блеск, галенúт

**lead-in** [ˈliːdˌɪn] *n эл., радио* 1) ввод; спуск антéнны 2) *тлв.* начáльная фрáза тéкста пéред глазáми актёра *или* дúктора

**leading** [ˈliːdɪŋ] **1.** *pres. p. от* lead II, 2

**2.** *a* 1) ведýщий; руководя́щий; передовóй, выдаю́щийся; ~ case судéбный прецедéнт; the ~ man (lady) исполнúтель(ница) глáвной рóли; ~ question а) наводя́щий вопрóс; б) основнóй вопрóс; ~ ship головнóй корáбль; ~ writer выдаю́щийся писáтель 2) *тех.* двúгательный, ходовóй

**3.** *n* 1) руковóдство 2) указáние, инстрýкция, директúва ◇ men of light and ~ прúзнанные авторитéты

**leading-strings** [ˈliːdɪŋstrɪŋz] *n pl* вóжжи, пóмочи (*для детей*) ◇ to be in ~ быть на поводý, быть несамостоя́тельным

**leadline** [ˈledlaɪn] *n мор.* лотлúнь

**lead-lotion** [ˈledˈləuʃən] *n* свинцóвая примóчка

**lead-off** [ˈliːdˈɔf] **1.** *n* 1) *разг.* начáло 2) игрóк, начинáющий игрý

**2.** *a* начáльный, начинáющий

**lead pencil** [ˈledˈpensl] *n* графúтовый карандáш

**leadsman** [ˈledzmən] *n мор.* лотовóй

**lead time** [ˈliːdˈtaɪm] *n* 1) врéмя на освоéние нóвой продýкции, на выполнéние нóвого закáза 2) задéржка, затя́гивание

**lead up** [ˈliːdʌp] *n* подготóвка, введéние

**leaf** [liːf] **1.** *n* (*pl* leaves) 1) лист 2) листвá; fall of the ~, ~ fall листопáд; óсень; *перен.* закáт жúзни; to come into ~ покрывáться лúстьями, распускáться 3) странúца, лист (*книги*); to turn over the leaves перелúстывать странúцы (*книги*) 4) лист метáлла (*особ. золота, серебра*) 6) ствóрка (*дверей*); полóтнище (*ворот*); опускнáя доскá (*стола*); половúнка (*ширмы*) 6) *attr.* листовóй 7) *attr.* раздвижнóй; ~ bridge подъёмный, разводнóй мост 8) *attr.*: ~ litter опáвшие лúстья ◇ leaves without figs ≅ пусты́е обещáния; to turn over a new ~ начáть нóвую жизнь, испрáвиться; to take a ~ out of smb.'s book слéдовать чьемý-л. примéру, подражáть комý-л.

**2.** *v* 1) покрывáться листвóй (*амер.* ~ out) 2) перелúстывать, листáть (*обыкн.* ~ through, ~ over)

**leafage** [ˈliːfɪdʒ] *n поэт.* листвá

**leaflet** [ˈliːflɪt] *n* 1) листóчек, лúстик; молодóй лист 2) листóвка; тóнкая брошю́ра

**leafstalk** [ˈliːfstɔːk] *n бот.* черешóк листá

**leafy** [ˈliːfɪ] *a* 1) покры́тый лúстьями; ~ shade тень от листвы́ 2) листовóй

**league** I [liːg] *n* льё, лúга (*мера длины*)

**league** II [li:g] **1.** *n* ли́га, сою́з; in ~ with smb. в сою́зе с кем-л.
**2.** *v* входи́ть в сою́з; образова́ть сою́з; объединя́ть(ся)
**leaguer** I [ˈli:gə] *n* член ли́ги
**leaguer** II [ˈli:gə] *n уст.* оса́дный ла́герь
**leak** [li:k] **1.** *n* течь; уте́чка; to start (*или* to spring) a ~ дать течь
**2.** *v* 1) пропуска́ть во́ду, дава́ть течь; to ~ like a sieve дать течь 2) проса́чиваться 3) проговари́ваться, выдава́ть; to ~ a word проговори́ться □ ~ **out** а) просочи́ться; б) обнару́житься, стать изве́стным
**leakage** [ˈli:kɪdʒ] *n* 1) уте́чка, течь, проса́чивание; to spring (*или* to start) a ~ а) дать течь; б) испо́ртиться 2) уте́чка (*секретной информации, сведений*) 3) *физ.* рассе́яние
**leaky** [ˈli:kɪ] *a* име́ющий течь; ~ butter пло́хо отжа́тое ма́сло ◇ a ~ vessel болту́н, челове́к, не уме́ющий держа́ть язы́к за зуба́ми
**leal** [li:l] *a поэт., шотл.* лоя́льный, ве́рный; че́стный ◇ the land of the ~ а) не́бо; б) Шотла́ндия
**lean** I [li:n] **1.** *a* 1) то́щий, худо́й 2) по́стный (*о мясе*) 3) ску́дный; ~ years неурожа́йные го́ды 4) бе́дный (*о руднике*); убо́гий (*о руде*)
**2.** *n* по́стная часть мясно́й ту́ши, по́стное мя́со
**lean** II [li:n] **1.** *v* (leaned [-d], leant) 1) наклоня́ть(ся) (forward, over — вперёд, над) 2) прислоня́ться, опира́ться (on, against); ~ off the table! не облока́чивайтесь на стол! 3) полага́ться (on, upon — на); осно́вываться (on, upon — на); to ~ on a friend's advice полага́ться на сове́т дру́га 4) име́ть скло́нность (to, towards); I rather ~ to your opinion я склоня́юсь к ва́шему мне́нию ◇ to ~ over backwards ударя́ться в другу́ю кра́йность
**2.** *n* накло́н
**leaning** [ˈli:nɪŋ] **1.** *pres. p. от* lean II, 1
**2.** *n* 1) скло́нность (to, towards) 2) сочу́вствие, симпа́тия 3) укло́н
**leant** [lent] *past и p. p. от* lean II, 1
**lean-to** [ˈli:ntu:] *n* пристро́йка с односка́тной кры́шей; наве́с
**leap** [li:p] **1.** *n* 1) прыжо́к, скачо́к; a ~ in the dark прыжо́к в неизве́стность; риско́ванное де́ло 2) ре́зкое измене́ние (*цен и т. п.*) 3) препя́тствие; to clear (*или* to take) a ~ взять препя́тствие 4) *геол.* дислока́ция ◇ by ~s and bounds о́чень бы́стро
**2.** *v* (leapt, leaped [-t]) 1) пры́гать, скака́ть; перепры́гивать; to ~ a fence перепры́гнуть че́рез забо́р 2) си́льно заби́ться (*о сердце*) 3) ухвати́ться, с ра́достью согласи́ться; to ~ at a proposal (opportunity *etc.*) ухвати́ться за предложе́ние (возмо́жность *и т. п.*)
**leap-day** [ˈli:pdeɪ] *n* 29 февраля́
**leap-frog** [ˈli:pfrɔg] **1.** *n* чехарда́
**2.** *v* 1) пры́гать, перепры́гивать; попереме́нно опережа́ть (over) 2) *воен.* дви́гаться переба́тами
**leapt** [lept] *past и p. p. от* leap 2
**leap-year** [ˈli:pjə:] *n* високо́сный год
**learn** [lə:n] *v* (learnt, learned [lə:nt]) 1) учи́ться; учи́ть (*что-л.*); to ~ by heart учи́ть наизу́сть; to ~ by rote зубри́ть 2) научи́ться (*чему-л.*); to ~ to be more careful научи́ться быть бо́лее осторо́жным; to ~ one's lesson получи́ть хоро́ший уро́к 3) узнава́ть 4) *уст., шутл.* учи́ть (*кого-л.*)
**learned** **1.** [lə:nt] *past и p. p. от* learn
**2.** *a* [ˈlə:nɪd] 1) учёный, эруди́рованный; my ~ friend мой учёный колле́га 2) нау́чный (*о журнале, обществе и т. п.*)
**learner** [ˈlə:nə] *n* уча́щийся; учени́к; a quick (a slow) ~ спосо́бный (малоспосо́бный) учени́к; an advanced ~ продви́нутый учени́к
**learning** [ˈlə:nɪŋ] 1. *pres. p. от* learn
**2.** *n* 1) уче́ние, изуче́ние 2) учёность, эруди́ция
**learnt** [lə:nt] *past и p. p. от* learn
**lease** I [li:s] **1.** *n* 1) аре́нда, сда́ча внаём; наём; to take on ~ арендова́ть 2) догово́р об аре́нде 3) срок аре́нды ◇ to take (*или* to get, to have) a new ~ of life а) воспря́нуть ду́хом; б) вы́йти из ремо́нта (*о вещи*)
**2.** *v* сдава́ть *или* брать внаём, в аре́нду
**lease** II [li:s] *текст.* **1.** *n* 1) нитеразде́литель
**2.** *v* разделя́ть ни́ти (*основы*); скре́щивать ни́ти
**leasehold** [ˈli:shəuld] **1.** *n* 1) по́льзование на права́х аре́нды; наём 2) арендо́ванное иму́щество
**2.** *a* 1) арендо́ванный 2) взя́тый на о́ткуп
**leaseholder** [ˈli:s,həuldə] *n* аренда́тор, съёмщик
**leash** [li:ʃ] **1.** *n* 1) сво́ра, при́вязь (*для борзых*); смычо́к (*для гончих*); to lead on a ~ вести́ на поводке́; to hold in ~ *перен.* держа́ть в узде́; to strain at the ~ стреми́ться вы́рваться 2) *охот.* сво́ра из трёх соба́к; *тж.* три соба́ки, три за́йца *и т. п.*
**2.** *v* держа́ть на при́вязи, на сво́ре
**least** [li:st] **1.** *a* (*превосх. ст. от* little) наиме́ньший, мале́йший; there is not the ~ wind today сего́дня ни мале́йшего ветерка́
**2.** *adv* ме́нее всего́, в наиме́ньшей сте́пени; I like that ~ of all мне э́то нра́вится ме́нее всего́; ~ privileged groups of population наибо́лее обездо́ленные сло́и о́бщества
**3.** *n* минима́льное коли́чество, мале́йшая сте́пень; at (the) ~ по кра́йней ме́ре; not in the ~ ни в мале́йшей сте́пени, ничу́ть; to say the ~ of it без преувеличе́ния, мя́гко выража́ясь ◇ ~ said soonest mended *посл.* ≅ чем ме́ньше разгово́ров, тем лу́чше для де́ла
**leastwise** [ˈli:stwaɪz] *adv* по кра́йней ме́ре
**leather** [ˈleðə] **1.** *n* 1) ко́жа (*выделанная*); Russia ~ юфть 2) реме́нь 3) ко́жаное изде́лие 4) футбо́льный мяч; мяч в крике́те 5) *pl* кра́ги 6) *attr.* ко́жаный; ~ gloves ко́жаные перча́тки; ~ bottle бурдю́к, мех, ко́жаный мешо́к ◇ (there is) nothing like ~ ≅ всяк кули́к своё бо́лото хва́лит
**2.** *v* 1) крыть ко́жей 2) *разг.* поро́ть ремнём; колоти́ть 3) *разг.* рабо́тать с напряже́нием
**leather-back** [ˈleðəbæk] *n* ко́жистая черепа́ха
**leather-cloth** [ˈleðəklɔθ] *n* ткань, обрабо́танная под ко́жу
**leather-coat** [ˈleðəkəut] *n* я́блоко с жёсткой кожуро́й
**leatherette** [,leðəˈret] *n* иску́сственная ко́жа
**leather-head** [ˈleðəhed] *n разг.* болва́н, тупи́ца
**leathering** [ˈleðərɪŋ] **1.** *pres. p. от* leather 2
**2.** *n* 1) *разг.* по́рка 2) *тех.* ко́жаная наби́вка
**leathern** [ˈleðə(:)n] *a* ко́жаный
**leather-neck** [ˈleðənek] *n разг.* солда́т морско́й пехо́ты
**leathery** [ˈleðərɪ] *a* 1) похо́жий на ко́жу 2) жёсткий; ~ steak бифште́кс, жёсткий как подо́шва
**leave** I [li:v] *n* 1) разреше́ние, позволе́ние; by (*или* with) your ~ с ва́шего разреше́ния; I take ~ to say беру́ на себя́ сме́лость сказа́ть 2) о́тпуск (*тж.* ~ of absence) on ~ в о́тпуске; on sick ~ в о́тпуске по боле́зни; paid ~ опла́чиваемый о́тпуск; ~ without pay о́тпуск без сохране́ния содержа́ния 3) *воен.* увольне́ние 4) отъе́зд, ухо́д; проща́ние; to take one's ~ (of smb.) проща́ться (с кем-л.) 5) *attr.*: ~ allowance *воен.* отпускно́е де́нежное содержа́ние; ~ travel *воен.* пое́здка в о́тпуск *или* из о́тпуска ◇ French ~ ухо́д без проща́ния, незаме́тный ухо́д; to take French ~ уйти́ не проща́ясь, незаме́тно; to take ~ of one's senses потеря́ть рассу́док
**leave** II [li:v] *v* (left) 1) покида́ть 2) уезжа́ть, переезжа́ть; my sister has left for Moscow моя́ сестра́ уе́хала в Москву́; when does the train ~? когда́ отхо́дит по́езд? 3) оставля́ть; to ~ the rails сойти́ с ре́льсов; to ~ hold of вы́пустить из рук; seven from ten ~s three 10 — 7 = 3; 4) оставля́ть в том же состоя́нии; the story ~s him cold расска́з не тро́гает его́; to ~ smth. unsaid (undone) не сказа́ть (не сде́лать) чего́-л.; some things are better left unsaid есть ве́щи, о кото́рых лу́чше не говори́ть; I should ~ that question alone if I were you на ва́шем ме́сте я не каса́лся бы э́того вопро́са 5) передава́ть, оставля́ть; to ~ a message for smb. оставля́ть кому́-л. запи́ску; проси́ть переда́ть что-л.; to ~ word

for smb. велéть передáть комý-л. (*что-либо*) 6) приводи́ть в какóе-л. состоя́ние; the insult left him speechless оскорблéние лиши́ло егó дáра рéчи 7) предоставля́ть; ~ it to me предостáвьте э́то мне; nothing was left to accident всё бы́ло предусмóтрено; вся́кая случáйность былá исключенá 8) завещáть, оставля́ть (*наследство*); to be well left быть хорошó обеспéченным наслéдством 9) прекращáть; it is time to ~ talking and begin acting порá перестáть разговáривать и начáть дéйствовать; ~ it at that! *разг.* остáвьте!, довóльно! □ ~ **behind** а) забывáть (*где-л.*); б) оставля́ть позади́; опережáть; в) превосходи́ть; ~ **off** а) переставáть дéлать (*что-л.*), бросáть привы́чку; to ~ off one's winter clothes перестáть носи́ть, снять тёплые вéщи; to ~ off smoking брóсить кури́ть; б) останáвливаться; where did we ~ off last time? на чём мы останови́лись в прóшлый раз?; we left off at the end of chapter III мы останови́лись в концé трéтьей главы́; ~ **out** а) пропускáть, не включáть; б) упускáть; ~ **over** отклáдывать ◇ to ~ open остáвить откры́тым (*вопрос и т. п.*); to ~ oneself wide open *амер.* подстáвить себя́ под удáр; to ~ smth. in the air оставля́ть незакóнченным (*мысль, речь и т. п.*); to ~ smb. to himself не вмéшиваться в чьи-л. делá; it ~s much to be desired оставля́ет желáть мнóгого лýчшего; to be (*или* to get) (nicely) left *разг.* быть поки́нутым, обмáнутым, одурáченным

**leave** III [li:v] *v* покрывáться листвóй

**leaved** [li:vd] **1.** *p. p. от* leave III

**2.** *a* покры́тый ли́стьями; имéющий ли́стья

**-leaved** [-li:vd] *в сложных словах означает*: а) имéющий какие-л. ли́стья; large-~ tree дéрево с больши́ми ли́стьями; б) имéющий ствóрки; two-~ door двуствóрчатая дверь

**leaven** ['levn] **1.** *n* дрóжжи, заквáска; *перен.* воздéйствие, влия́ние ◇ they are both of the same ~ они́ óба из одногó тéста

**2.** *v* стáвить на дрожжáх, заквáшивать; *перен.* подвергáть дéйствию (*чего-л.*); влия́ть

**leaves** [li:vz] *pl от* leaf 1

**leave-taking** ['li:v,teikiŋ] *n* прощáние

**leavings** ['li:viŋz] *n pl* остáтки; отбрóсы

**Lebanese** [,lebə'ni:z] **1.** *a* ливáнский

**2.** *n* ливáнец; ливáнка; the ~ *pl собир.* ливáнцы

**lecherous** ['letʃərəs] *a книжн.* распýтный

**lechery** ['letʃəri] *n книжн.* разврáт

**lecithin** ['lesiθin] *n хим.* лецити́н

**lectern** ['lektə(:)n] *n церк.* аналóй

**lection** ['lekʃən] *n уст.* 1) чтéние 2) разночтéние 3) *церк.* = lesson 1, 3)

**lector** ['lektɔ:] *n* чтец

**lecture** ['lektʃə] **1.** *n* 1) лéкция; to deliver a ~ читáть лéкцию 2) нотáция, наставлéние; to read (*или* to give) smb. a ~ отчи́тывать когó-л.

**2.** *v* 1) читáть лéкцию, лéкции; to ~ on lexicology читáть лéкции по лексиколóгии 2) прочéсть нотáцию; выговáривать, отчи́тывать (on — за *что-л.*)

**lecturer** ['lektʃərə] *n* 1) лéктор 2) преподавáтель (*университета, колледжа*) 3) дьяк

**lectureship** ['lektʃəʃip] *n* лéкторство

**led** [led] *past и p. p. от* lead II, 2

**ledge** [ledʒ] *n* 1) плáнка, рéйка 2) вы́ступ, устýп; край, борт 3) риф; шельф; бар 4) *геол.* зáлежь; рýдное тéло; пласт 5) *тех.* ребóрда

**ledger** ['ledʒə] *n* 1) *бухг.* глáвная кни́га, грóссбух 2) *стр.* поперéчная бáлка 3) надгрóбная плитá

**ledger-bait** ['ledʒəbeit] *n* нажи́вка

**lee** [li:] **1.** *n* 1) защи́та, укры́тие; under (*или* in) the ~ of a house под защи́той дóма 2) подвéтренная сторонá

**2.** *a* подвéтренный; ~ side подвéтренный борт сýдна (*противоп.* weather side); ~ shore подвéтренный бéрег

**leech** I [li:tʃ] **1.** *n* 1) пия́вка; to stick like a ~ пристáть как пия́вка 2) кровопи́йца, вымогáтель

**2.** *v* 1) стáвить пия́вки 2) приставáть, привя́зываться

**leech** II [li:tʃ] *n мор.* боковáя *или* зáдняя шкатóрина (*паруса*)

**leek** [li:k] *n* лук-порéй (*тж. и как национальная эмблема Уэльса*); wild ~ ди́кий лук; черемшá ◇ to eat the (*или* one's) ~ проглоти́ть оби́ду

**leer** [liə] **1.** *n* косóй, хи́трый, злóбный *или* плотоя́дный взгляд

**2.** *v* смотрéть и́скоса; смотрéть хи́тро, злóбно *или* с вожделéнием (at)

**leery** ['liəri] *a разг.* 1) хи́трый 2) подозри́тельный

**lees** [li:z] *n pl* 1) осáдок на днé; to drink (*или* to drain) to the ~ вы́пить до послéдней кáпли; *перен.* испи́ть чáшу до дна 2) остáтки, подóнки ◇ there are ~ to every wine *посл.* ≅ и на сóлнце есть пя́тна; the ~ of life остáток жи́зни, стáрость

**leeward** ['li:wəd] **1.** *n* подвéтренная сторонá

**2.** *a* подвéтренный

**3.** *adv* в подвéтренную стóрону

**leeway** ['li:wei] *n* 1) дрейф корабля́ в подвéтренную стóрону; снос самолёта; to make ~ дрейфовáть; *перен.* стрýсить; отклони́ться от намéченного пути́ 2) отставáние; потéря врéмени; to make up ~ наверстáть упýщенное 3) *разг.* запáс врéмени; to have ~ имéть в запáсе врéмя; to allow a little ~ предостáвить небольшýю отсрóчку 4) относи́тельная свобóда дéйствий

**left** I [left] *past и p. p. от* leave II

**left** II [left] **1.** *a* лéвый; ~ bank лéвый бéрег

**2.** *adv* налéво, слéва; ~ turn!, *амер.* ~ face! *воен.* налéво!; ~ about face! *воен.* чéрез лéвое плечó кругóм!

**3.** *n* 1) лéвая сторонá; *воен.* лéвый фланг; to keep to the ~ держáться лéвой стороны́ 2) (the L.) (*употр. как pl*) *полит.* лéвые ◇ over the ~ *разг.* как раз наоборóт

**left-hand** ['lefthænd] *a* 1) лéвый; ~ side лéвая сторонá 2) сдéланный лéвой рукóй; ~ blow удáр лéвой рукóй 3) *тех.* с лéвым хóдом (*о винте*)

**left-handed** ['left'hændid] *a* 1) дéлающий всё лéвой рукóй; he is ~ он левшá 2) сдéланный лéвой рукóй 3) неуклю́жий 4) лицемéрный; нейскренний; сомни́тельный; ~ compliment сомни́тельный комплимéнт 5) движýщийся прóтив часовóй стрéлки ◇ ~ marriage морганати́ческий брак

**left-hander** ['left'hændə] *n* 1) левшá 2) удáр лéвой рукóй

**leftist** ['leftist] *n полит.* член лéвой пáртии, лéвый

**left-luggage office** ['left,lʌgidʒ'ɔfis] *n ж.-д.* кáмера хранéния

**leftmost** ['leftməust] *a* крáйний слéва

**left-over** ['left'əuvə] *n* 1) остáток 2) пережи́ток

**leftward(s)** ['leftwəd(z)] *adv* слéва; влéво

**left-wing** ['leftwiŋ] *a полит.* лéвый

**leg** [leg] **1.** *n* 1) ногá (*от бедра до ступни*); to keep one's ~s прóчно держáться на ногáх; устоя́ть; to give smb. a ~ up помóчь комý-л. взобрáться, подсади́ть когó-л.; *перен.* помóчь комý-л. преодолéть препя́тствие, трýдности; to run off one's ~s сби́ться с ног; to take to one's ~s удрáть, улизнýть; to walk smb. off his ~s си́льно утоми́ть когó-л. ходьбóй, прогýлкой 2) искýсственная ногá, протéз 3) нóжка, подпóрка; подстáвка, стóйка; *перен.* опóра 4) штани́на; ~ of a stocking пáголенок 5) этáп, часть пути́ 6) *спорт.* этáп (*эстафеты*); круг (*в беге*) 7) *разг.* плут, мошéнник 8) *тех.* колéно, угóльник 9) *эл.* фáза 10) *уст.* расшáркивание; to make a ~ расшáркиваться 11) *мат.* сторонá (*треугольника*) ◇ ~ and ~ рáвный счёт (*в состязании, игре*); to have the ~s of smb. бежáть быстрéе когó-л.; убежáть от когó-л.; to stand on one's own ~s быть незави́симым; to set (*или* to put) smb. on his ~s а) постáвить нá ноги (*после болезни*); б) помóчь комý-л. материáльно; to have by the ~ *амер.* постáвить в затрудни́тельное положéние; to get a ~ in *разг.* втерéться в довéрие; to have not a ~ to stand on не имéть оправдáния, извинéния; your argument has not a ~ to stand on ваш дóвод не выдéрживает кри́тики; to pull smb.'s ~ морóчить, одурáчивать, мистифици́ровать когó-л.; stretch one's ~s according to the coverlet *посл.* ≅ по одёжке протя́гивай нóжки

**2.** *v разг.*: to ~ it ходи́ть; (у)бежáть; отмахáть

**legacy** ['legəsɪ] *n* наслéдство; наслéдие

**legal** ['li:gəl] *a* 1) юриди́ческий, правовóй; ~ aid bureau юриди́ческая консультáция; ~ profession профéссия юри́ста; ~ advice совéт юри́ста; ~ capacity правоспосóбность, дееспосóбность; ~ system законодáтельство 2) закóнный; узакóненный; легáльный; ~ holiday неприсýтственный день

**legalist** ['li:gəlɪst] *n* закóнник

**legality** [li(:)'gælɪtɪ] *n* закóнность; легáльность

**legalize** ['li:gəlaɪz] *v* узакóнивать, легализовáть

**legate** I ['legɪt] *n* 1) легáт, пáпский посóл 2) *уст.* посóл, представи́тель

**legate** II [lɪ'geɪt] *v* завещáть

**legatee** [ˌlegə'ti:] *n* наслéдник

**legation** [lɪ'geɪʃən] *n* дипломати́ческая ми́ссия

**legato** [lə'gɑ:təu] *adv муз.* легáто

**leg-bail** ['leg'beɪl] *n разг.* бéгство; to give ~ удрáть

**legend** ['ledʒənd] *n* 1) легéнда 2) легéнда, нáдпись (*на монете, медали, гравюре и т. п.*)

**legendary** ['ledʒəndərɪ] **1.** *a* легендáрный
**2.** *n* сбóрник легéнд

**legerdemain** ['ledʒədə'meɪn] *фр. n* 1) лóвкость рук, жонглёрство, фóкусы 2) лóвкий обмáн

**legerity** [lɪ'dʒerɪtɪ] *n* быстротá; провóрство; лёгкость

**leggings** ['legɪŋz] *n pl* гамáши; крáги

**leggy** ['legɪ] *a* длинноноги́й

**leghorn** *n* 1) ['legho:n] итальянская солóмка; *тж.* шля́па из неё 2) [le'gɔ:n] леггóрн (*порода кур*)

**legibility** [ˌledʒɪ'bɪlɪtɪ] *n* чёткость, разбóрчивость (*почерка, шрифта*)

**legible** ['ledʒəbl] *a* разбóрчивый, чёткий

**legion** ['li:dʒən] *n* 1) легиóн; L. of Honour óрден Почётного легиóна (*во Франции*) 2) мнóжество

**legionary** ['li:dʒənərɪ] **1.** *n* легионéр
**2.** *a* легионéрский

**legionnaire** [ˌli:dʒə'neə] *фр. n* легионéр

**legislate** ['ledʒɪsleɪt] *v* издавáть закóны, законодáтельствовать

**legislation** [ˌledʒɪs'leɪʃən] *n* 1) законодáтельство 2) закóн; законопроéкт; labour ~ трудовóе законодáтельство

**legislative** ['ledʒɪslətɪv] **1.** *a* законодáтельный
**2.** *n* законодáтельные óрганы

**legislator** ['ledʒɪsleɪtə] *n* 1) законодáтель 2) правовéд

**legislature** ['ledʒɪsleɪtʃə] *n* 1) законодáтельная власть; законодáтельные учреждéния 2) *амер.* законодáтельный óрган штáта

**legist** ['li:dʒɪst] *n* правовéд

**legit** [lɪ'dʒɪt] *sl. сокр. от* legitimate drama [*см.* legitimate 1 ◇]

**legitimacy** [lɪ'dʒɪtɪməsɪ] *n* закóнность

**legitimate 1.** *a* [lɪ'dʒɪtɪmɪt] 1) закóнный, легáльный 2) прáвильный, разýмный; ~ argument прáвильный дóвод; ~ claim закóнное трéбование, обоснóванная претéнзия 3) законнорождённый ◇ the ~ drama а) пьéсы всéми при́знанного достóинства; б) драмати́ческий теáтр (*в противоп.* musical comedy)
**2.** *v* [lɪ'dʒɪtɪmeɪt] 1) узакóнивать; признавáть закóнным 2) усыновля́ть (внебрáчного ребёнка)

**legitimation** [lɪˌdʒɪtɪ'meɪʃən] *n* 1) узаконéние 2) усыновлéние (внебрáчного ребёнка)

**legitimist** [lɪ'dʒɪtɪmɪst] *n* легити-ми́ст

**legitimize** [lɪ'dʒɪtɪmaɪz] = legitimate 2

**legman** ['legmæn] *n амер. разг.* репортёр

**leg-of-mutton** ['legəv'mʌtn] *a* треугóльный; ~ sail треугóльный пáрус

**leg-pull** ['legpul] *n разг.* попы́тка одурáчить когó-л., рóзыгрыш

**leg-puller** ['legˌpulə] *n амер. разг.* полити́ческий интригáн

**legume** ['legju:m] *n* плод бобóвых, боб

**leguminous** [le'gju:mɪnəs] *a бот.* бобóвый; стручкóвый

**lei** [leɪ] *pl от* leu

**leister** ['li:stə] **1.** *n* острогá
**2.** *v* бить острогóй (*лососей*)

**leisure** ['leʒə] *n* 1) досýг, свобóдное врéмя; at ~ на досýге; не спешá; to be at ~ быть свобóдным, незáнятым; do it at your ~ сдéлайте э́то, когдá вам бýдет удóбно 2) *attr.* свобóдный; ~ time свобóдное врéмя

**leisured** ['leʒəd] *a* 1) досýжий, прáздный 2) неторопли́вый

**leisurely** ['leʒəlɪ] **1.** *a* 1) мéдленный, неторопли́вый 2) досýжий
**2.** *adv* не спешá, спокóйно

**leit-motif, leit-motiv** ['laɪtməuˌti:f] *n муз.* лейтмоти́в

**lemma** ['lemə] *n* (*pl* -s, lemata) 1) крáткое введéние (*в начале литературного произведения*); аннотáция 2) замéтка на поля́х 3) *мат.* лéмма

**lemming** ['lemɪŋ] *n зоол.* лéмминг, пестрýшка

**lemon** ['lemən] *n* 1) лимóн (*плод и дерево*) 2) лимóнный цвет 3) *амер. sl.* неприя́тный человéк; негóдная, брóсовая вещь 4) *sl.* нечéстный приём, спóсоб 5) *sl.* некраси́вая дéвушка 6) *attr.* лимóнного цвéта ◇ to hand smb. a ~ *разг.* надýть, обманýть когó-л.; the answer's a ~ не вы́йдет, э́тот нóмер не пройдёт

**lemonade** [ˌlemə'neɪd] *n* лимонáд

**lemon-drop** ['leməndrɔp] *n* лимóнный леденéц

**lemon grass** ['leməngrɑ:s] *n бот.* сóрго лимóнное

**lemon squash** ['lemən'skwɔʃ] *n* сóдовая (водá) с лимóнным сóком

**lemon-squeezer** ['lemənˌskwi:zə] *n* соковыжимáлка для лимóна

**lemony** ['lemənɪ] *a* лимóнный

**lemur** ['li:mə] *n зоол.* лемýр

**lend** [lend] *v* (lent) 1) давáть взаймы́; одáлживать; ссужáть, to ~ long предоставля́ть долгосрóчную ссýду 2) давáть, сообщáть, придавáть; to ~ probability to a story придавáть правдоподóбие расскáзу 3) давáть, предоставля́ть; to ~ assistance (support) окáзывать пóмощь (поддéржку) 4) *refl.* прибегáть (*к чему-л. обыкн. дурному*); to ~ oneself to dishonesty прибéгнуть к пóдлости 5) *refl.* годи́ться (*только о вещах*) 6) *refl.* предавáться (*мечтам и т. п.*) □ ~ out а) одáлживать; б) выдавáть кни́ги (*в библиотеке*) ◇ to ~ one's ears (*или* ear) вы́слушать; to ~ a (helping) hand помóчь

**lender** ['lendə] *n* заимодáвец, кредитóр

**lending-library** ['lendɪŋˌlaɪbrərɪ] *n* библиотéка с вы́дачей книг нá дом

**Lend-Lease** ['lend'li:s] *n амер.* ленд-ли́з, передáча взаймы́ *или* в арéнду (*вооружения, продовольствия и т. п.*); ~ Act закóн о ленд-ли́зе (*1941 г.*)

**length** [leŋθ] *n* 1) длинá; at full ~ а) во всю длинý; врастя́жку; б) со всéми подрóбностями; the horse won by three ~s лóшадь опереди́ла други́х нá три кóрпуса; to fall all one's ~ растянýться во весь рост 2) расстоя́ние; to keep at arm's ~ держáть на почти́тельном расстоя́нии 3) продолжи́тельность; протяжéние; of some ~ довóльно продолжи́тельный; in ~ of time со врéменем; to speak at some ~ говори́ть дóлго; to draw out to a great ~ затянýть, растянýть (*доклад и т. п.*); ~ of work (service) стаж рабóты (слýжбы) 4) *фон.* долготá глáсного 5) отрéзок, кусóк 6) отрéз; a ~ of dress fabric отрéз на плáтье ◇ at ~ а) наконéц; б) подрóбно; to go all ~s (*или* any ~) идти́ на всё, ни перед чéм не останáвливаться; to go the ~ of doing smth. позвóлить себé, осмéлиться сдéлать что-л.; to go the whole ~ of it дéлать что-л. основáтельно, доводи́ть до концá; through the ~ and breadth (of) вдоль и поперёк, из края в край

**lengthen** ['leŋθən] *v* 1) удлиня́ть (-ся); увели́чивать(ся); to ~ out чрезмéрно затя́гивать 2) продолжáться, тяну́ться; постепéнно переходи́ть; summer ~s into autumn лéто постепéнно перехóдит в óсень

**lengthways** ['leŋθweɪz] *adv* в длинý; вдоль

**lengthwise** ['leŋθwaɪz] = lengthways

**lengthy** ['leŋθɪ] *a* 1) óчень дли́нный, растя́нутый, многослóвный 2) *разг.* высóкий (*о человеке*)

**lenience, -cy** ['li:njəns, -sɪ] *n* мя́гкость; снисходи́тельность; терпи́мость

**lenient** ['li:njənt] *a* мя́гкий; снисходи́тельный; терпи́мый

**Leninism** ['lenınızm] *n* лениниизм
**Leninist** ['lenınıst] **1.** *n* ле́нинец
**2.** *a* ле́нинский
**Leninite** ['lenınaıt] = Leninist 1 *и* 2
**lenitive** ['lenıtıv] *мед.* **1.** *a* мягчи́тельный
**2.** *n* 1) мягчи́тельное, успока́ивающее сре́дство 2) лёгкое слаби́тельное
**lenity** ['lenıtı] *n* 1) милосе́рдие 2) мя́гкость
**lens** [lenz] **1.** *n* (*pl* -es [-ız]) 1) ли́нза, чечеви́ца, опти́ческое стекло́; лу́па; объекти́в 2) *анат.* хруста́лик гла́за (*тж.* crystalline ~) 3) *геол.* чечевицеобра́зная за́лежь
**2.** *v*: to ~ out *горн.* выкли́ниваться
**Lent** [lent] *n церк.* вели́кий пост
**lent** [lent] *past и p. p. от* lend
**Lenten** ['lentən] *a* 1) *церк.* великопо́стный 2) по́стный (*о пище*); пре́сный (*о хлебе*)
**lenticular** [len'tıkjulə] *a* 1) *опт.* двояковы́пуклый; линзообра́зный 2) *анат.* относя́щийся к хруста́лику гла́за
**lentil** ['lentıl] *n бот.* чечеви́ца
**lent lily** ['lent'lılı] *n бот.* жёлтый нарци́сс
**lentous** ['lentəs] *a* ли́пкий, кле́йкий
**lent term** ['lenttə:m] *n* весе́нний семе́стр
**Leo** ['li(:)əu] *n* Лев (*созвездие и знак зодиака*)
**leonine** ['li(:)əunaın] *a* 1) льви́ный 2) (*тж.* L.) леони́нский (*о стихе*)
**leopard** ['lepəd] *n* леопа́рд ◇ can the ~ change his spots? *посл.* ≅ горба́того моги́ла испра́вит
**leopardess** ['lepədıs] *n* са́мка леопа́рда
**leotard** ['li(:)əutɑ:d] *n* 1) трико́ (*костюм акробата*) 2) колго́тки
**leper** ['lepə] *n* прокажённый
**leporine** ['lepəraın] *a зоол.* за́ячий
**leprechaun** ['leprəkɔ:n] *n* эльф
**leprosarium** [ˌleprəu'sɑ:rıəm] *n* лепрозо́рий
**leprosy** ['leprəsı] *n* прока́за
**leprous** ['leprəs] *a* 1) прокажённый 2) сво́йственный прока́зе
**Lesbian** ['lezbıən] *a* 1) лесбо́сский 2) лесби́йский
**lese-majesty** ['li:z'mædʒıstı] *n* 1) оскорбле́ние прави́теля 2) госуда́рственное преступле́ние; госуда́рственная изме́на
**lesion** ['li:ʒən] *n* 1) поврежде́ние, пораже́ние (*органа, ткани*) 2) *юр.* убы́ток, вред
**less** [les] **1.** *a* (*сравн. ст. от* little) ме́ньший (*о размере, продолжительности, числе и т. п.*); in a ~ (*или* lesser) degree в ме́ньшей сте́пени; of ~ importance ме́нее ва́жный ◇ no ~ a person than никто́ ино́й, как сам (*такой-то*)
**2.** *adv* ме́ньше, ме́нее; в ме́ньшей сте́пени; ~ known ме́нее изве́стный; ~ developed слабора́звитый (*о стране и т. п.*)
**3.** *n* ме́ньшее коли́чество, ме́ньшая су́мма *и т. п.*; I cannot take ~ не могу́ взять ме́ньше ◇ none the ~ тем не ме́нее; in ~ than no time в мгнове́ние о́ка
**4.** *prep* без; a year ~ three days год без трёх дней
**lessee** [le'si:] *n* съёмщик, аренда́тор
**lessen** ['lesn] *v* 1) уменьша́ть(ся) 2) преуменьша́ть; недооце́нивать
**lesser** ['lesə] *a attr.* (*сравн. ст. от* little) ме́ньший; the ~ of two evils ме́ньшее из двух зол; the Lesser Bear *астр.* Ма́лая Медве́дица
**lesson** ['lesn] **1.** *n* уро́к; to give (to take) ~s in English дава́ть (брать) уро́ки англи́йского языка́; let this be a ~ to you пусть э́то послу́жит вам уро́ком 2) нота́ция; to give (*или* to read) smb. a ~ прочéсть кому́-л. нота́цию; проучи́ть кого́-л. 3) *церк.* отры́вок из свяще́нного писа́ния, чита́емый во вре́мя слу́жбы
**2.** *v* 1) дава́ть уро́к(и); обуча́ть 2) чита́ть нота́цию, поуча́ть
**lessor** [le'sɔ:] *n* сдаю́щий в аре́нду
**lest** [lest] *cj* что́бы не, как бы не; put down the address ~ you should forget it запиши́те а́дрес, что́бы не забы́ть; I was afraid ~ I should forget the address я боя́лся как бы не забы́ть а́дрес
**let** I [let] **1.** *v* (let) 1) позволя́ть, разреша́ть; will you ~ me smoke? вы разреши́те мне кури́ть? 2) пуска́ть, дава́ть возмо́жность; to ~ a fire (go) out дать огню́ поту́хнуть; to ~ loose вы́пустить, дать во́лю, свобо́ду; to ~ blood пуска́ть кровь; to ~ drop (*или* fall) а) роня́ть; б) нечаянно пророни́ть (*слово, замечание*); в) опуска́ть (*перпендикуляр*); to ~ go а) выпуска́ть из рук; б) отпуска́ть; в) допуска́ть; г) освобожда́ть; д) вы́кинуть из головы́; to ~ oneself go дать во́лю себе́, свои́м чу́вствам; to ~ smth. pass не обрати́ть внима́ния; прости́ть; to ~ things slide (*или* go hang) не обраща́ть внима́ния, относи́ться небре́жно; не интересова́ться; ≅ наплева́ть; to ~ slip the chance упусти́ть слу́чай; to ~ smb. know (*или* hear) дать знать, сообщи́ть кому́-л.; to ~ smb. see показа́ть, дать поня́ть кому́-л. 3) оставля́ть; не тро́гать; ~ me (him) be, let me (him) alone оста́вь(те) меня́ (его́) в поко́е; ~ my things alone не тро́гай(те) мои́х веще́й; we'll ~ it go at that на э́том мы остано́вимся; пусть бу́дет так 4) сдава́ть внаём; the house is to (be) ~ дом сдаётся (*надпись*) 5) *в повел. наклонении употребляется как вспомогательный глагол и выражает приглашение, приказание, разрешение, предположение, предостережение*: ~ us go идём(те); ~ you and me try now дава́йте попро́буем; ~ him try а) пусть он попро́бует; б) пусть то́лько попро́бует; ~ him do it at once пусть он сде́лает э́то неме́дленно; ~ him do what he likes пусть де́лает, что хо́чет; ~ AB be equal to CD пусть (*или* допу́стим, что) AB равно́ CD □ ~ by пропусти́ть; ~ down а) опуска́ть; б) разочарова́ть; в) подвести́; поки́нуть в беде́; г) уни́зить; урони́ть; повреди́ть репута́ции; to ~ smb. down easily (*или* gently) пощади́ть чьё-л. самолю́бие, отнести́сь мя́гко; д) *тех.* отпуска́ть (*металл*); е) разбавля́ть, разжига́ть; ~ in а) впуска́ть; to ~ oneself in войти́ в дом; б) обма́ном впу́тывать, вовлека́ть в беду́; to ~ oneself in for smth. впу́таться, ввяза́ться во что-л.; ~ into а) ввести́; посвяти́ть (*в тайну и т. п.*); б) руга́ть, брани́ть; в) изби́ть; ~ off а) разряди́ть ружьё, вы́стрелить; *перен. шутл.* вы́палить (*шутку и т. п.*); б) отпусти́ть без наказа́ния, прости́ть; ~ on *разг.* а) притворя́ться, де́лать вид; б) выдава́ть секре́т; доноси́ть на *кого-л.*; ~ out а) выпуска́ть; б) сде́лать ши́ре, вы́пустить (*о платье*); в) сдава́ть внаём; дава́ть напрока́т (*лошадь, экипаж*); г) проговори́ться, проболта́ться; д) *амер.* зака́нчиваться (*о занятиях*); е) *разг.* снима́ть подозре́ние, реабилити́ровать; ~ out at а) дра́ться; б) руга́ться; ~ up *разг.* а) ослабева́ть; б) прекраща́ть, оставля́ть ◇ to ~ one's tongue run away with one увле́чься, говори́ть не ду́мая; ~ George do it *амер.* пусть кто́-нибудь друго́й э́то сде́лает
**2.** *n* сда́ча внаём
**let** II [let] *уст.* **1.** *v* (letted [-ıd], let) меша́ть, препя́тствовать
**2.** *n* поме́ха; препя́тствие
**let-alone** ['letə'ləun] *n* 1) невмеша́тельство 2) *attr.*: ~ policy (principle) поли́тика (при́нцип) невмеша́тельства
**letdown** ['let'daun] *n* 1) упа́док; ухудше́ние; ослабле́ние 2) *разг.* разочарова́ние 3) *ав.* приземле́ние
**lethal** ['li:θəl] *a* 1) смерте́льный; смертоно́сный; ~ chamber «ка́мера сме́рти» (*место, где усыпляют животных*) 2) фата́льный
**lethargic(al)** [le'θɑ:dʒık(əl)] *a* 1) летарги́ческий 2) вя́лый, со́нный; апати́чный
**lethargy** ['leθədʒı] *n* 1) летарги́я 2) вя́лость, апати́чность
**Lethe** ['li:θi(:)] *n греч. миф.* Ле́та
**Lethean** [lı'θi:ən] *a*: ~ stream *греч. миф.* Ле́та, река́ забве́ния
**lethiferous** [li(:)'θıfərəs] *a* смертоно́сный; смерте́льный
**let-in** ['let'ın] *a* вста́вленный
**let-off** ['let'ɔf] *n* проще́ние; освобожде́ние от (заслу́женного) наказа́ния
**let-pass** [let'pɑ:s] *n* про́пуск
**Lett** [let] *n* 1) латы́ш; латы́шка 2) латы́шский язы́к
**letter** ['letə] **1.** *n* 1) бу́ква; the ~ of the law бу́ква зако́на; to the ~ буква́льно; то́чно; the order was obeyed to the ~ прика́з был вы́полнен то́чно; in ~ and in spirit по фо́рме и по существу́ 2) *полигр.* ли́тера 3) письмо́; посла́ние; ~ of advice извеще́ние; ави́зо; ~ of attorney дове́ренность; ~s of credit *фин.* аккредити́в; ~s credential, ~s of credence (of recall) *дип.*

вери́тельные (отзывны́е) гра́моты; ~ of instruction директи́вное письмо́; ~s of administration суде́бное полномо́чие на управле́ние име́нием *или* иму́ществом уме́ршего; ~ of indemnity гаранти́йное письмо́ 4) *pl* литерату́ра; man of ~s писа́тель; the profession of ~s профе́ссия писа́теля 5) эруди́ция, образо́ванность ◇ to win one's ~ заслужи́ть пра́во быть чле́ном спорти́вной организа́ции и носи́ть её инициа́лы

2. *v* 1) помеча́ть бу́квами; надпи́сывать чертёж 2) вытисня́ть бу́квы, загла́вие (*на корешке книги*)

**letter-box** [ˈletəbɔks] *n* почто́вый я́щик

**letter-card** [ˈletəkɑːd] *n* письмо́-секре́тка

**letter-carrier** [ˈletəˌkærɪə] *n* письмоно́сец, почтальо́н

**lettered** [ˈletəd] **1.** *p. p.* *от* letter 2

**2.** *a* 1) начи́танный; (литерату́рно) образо́ванный 2) с тиснёными, выгравированными бу́квами, загла́вием 3) ли́терный, обозна́ченный бу́квами

**letter-foundry** [ˈletəˌfaundrɪ] *n* словоли́тня (*в типографии*)

**lettergram** [ˈletəgræm] *n* письмо́-телегра́мма (*оплачиваемое по пониженному тарифу*)

**letterhead** [ˈletəhed] *n* печа́тный бланк (*учреждения или частного лица*)

**lettering** [ˈletərɪŋ] **1.** *pres. p.* *от* letter 2

**2.** *n* на́дпись; тисне́ние

**letterless** [ˈletəlɪs] *a* необразо́ванный; негра́мотный

**letter-paper** [ˈletəˌpeɪpə] *n* почто́вая бума́га

**letter-perfect** [ˈletəˈpəːfɪkt] *a* *театр.* твёрдо зна́ющий свою́ роль

**letterpress** [ˈletəpres] *n* текст в кни́ге (*в отличие от иллюстраций*)

**letter-weight** [ˈletəweɪt] *n* 1) почто́вые весы́ 2) пресс-папье́

**Lettish** [ˈletɪʃ] **1.** *a* латы́шский

**2.** *n* латы́шский язы́к

**lettuce** [ˈletɪs] *n* *бот.* сала́т-лату́к

**let-up** [ˈletˈʌp] *n* *разг.* прекраще́ние; приостано́вка; ослабле́ние; it rained without ~ дождь не прекраща́лся ни на мину́ту

**leu** [ˈleuː] *n* (*pl* lei) лей, ле́я (*денежная единица Румынии*)

**leucocyte** [ˈljuːkəusaɪt] *n* *физиол.* лейкоци́т

**lev** [lef] *n* (*pl* leva) лев (*денежная единица Болгарии*)

**leva** [ˈlevɑː] *pl* *от* lev

**levant** [lɪˈvænt] *v* скры́ться, сбежа́ть, не уплати́в долго́в

**Levanter** [lɪˈvæntə] *n* 1) си́льный восто́чный ве́тер (*в районе Средиземного моря*) 2) = Levantine

**Levantine** [ˈlevəntaɪn] **1.** *n* 1) жи́тель Лева́нта 2) су́дно, торгу́ющее с Лева́нтом

**2.** *a* леванти́йский

**levee** I [ˈlevɪ] *n* 1) дневно́й приём при дворе́ с прису́тствием одни́х мужчи́н 2) приём (у главы́ госуда́рства) 3) приём (*гостей*)

**levee** II [ˈlevɪ] **1.** *n* 1) да́мба; гать 2) на́бережная 3) при́стань 4) берегово́й (намывно́й) вал реки́

**2.** *v* *амер.* воздвига́ть да́мбы

**level** [ˈlevl] **1.** *n* 1) у́ровень; ступе́нь; sea ~ у́ровень мо́ря; on a ~ with на одно́м у́ровне с; to rise to higher ~s поднима́ться на бо́лее высо́кую ступе́нь; to find one's (own) ~ а) найти́ себе́ ра́вных; б) заня́ть подоба́ющее ме́сто; to bring smb. to his ~ сбить спесь с кого́-л., поста́вить кого́-либо на ме́сто 2) пло́ская, горизонта́льная пове́рхность; равни́на 3) ватерпа́с, нивели́р; у́ровень (*инструмент*) 4) *горн.* эта́ж, горизо́нт; што́льня 5) *ав.* горизонта́льный полёт (*тж.* ~ flight); to give a ~ перейти́ в горизонта́льный полёт ◇ on the ~ че́стно, открове́нно; on the ~! че́стное сло́во!; to land on the street ~ *разг.* потеря́ть рабо́ту, оказа́ться на у́лице

**2.** *a* 1) горизонта́льный; пло́ский, ро́вный; располо́женный на одно́м у́ровне (*с чем-л. другим*); ~ road ро́вная доро́га; ~ crossing железнодоро́жный перее́зд 2) одина́ковый, равноме́рный, ~ life разме́ренный о́браз жи́зни; they are ~ in capacity у них одина́ковые спосо́бности 3) уравнове́шенный, споко́йный; to have a ~ head быть уравнове́шенным ◇ to do one's ~ best прояви́ть ма́ксимум эне́ргии; сде́лать всё от себя́ завися́щее

**3.** *adv* ро́вно, вро́вень; to fill the glass ~ with the top напо́лнить стака́н до краёв; the horses ran ~ with one another ло́шади бежа́ли голова́ в го́лову

**4.** *v* 1) выра́внивать; сгла́живать; to ~ to (*или* with) the ground сноси́ть с лица́ земли́; сровня́ть с землёй 2) определя́ть ра́зность высо́т; нивели́ровать 3) ура́внивать; to ~ up (down) повыша́ть (понижа́ть) до како́го-л. у́ровня 4) це́литься (at); направля́ть (at, against — про́тив *кого-л.*) □ ~ off а) выра́внивать, де́лать ро́вным; б) *ав.* выра́внивать самолёт (*перед посадкой*)

**level-headed** [ˈlevlˈhedɪd] *a* уравнове́шенный

**leveller** [ˈlevlə] *n* 1) *ист.* ле́веллер, «уравни́тель» 2) сторо́нник (социа́льного) ра́венства 3) *тех.* прави́льное приспособле́ние 4) *геод.* нивелиро́вщик

**lever** [ˈliːvə] **1.** *n* 1) рыча́г; ва́га; control ~ руко́ятка, ру́чка управле́ния 2) плечо́ рычага́ 3) *мор.* га́ндшпуг 4) сре́дство возде́йствия

**2.** *v* поднима́ть, передвига́ть рычаго́м (*часто* ~ up, ~ along)

**leverage** [ˈliːvərɪdʒ] *n* 1) де́йствие рычага́ 2) систе́ма рычаго́в 3) подъёмная си́ла 4) отноше́ние плеч рычага́ 5) спо́соб, сре́дство для достиже́ния це́ли

**leveret** [ˈlevərɪt] *n* зайчо́нок

**leviathan** [lɪˈvaɪəθən] *n* 1) *библ.* левиафа́н 2) грома́дина

**levigate** [ˈlevɪgeɪt] *v* 1) растира́ть в порошо́к 2) *хим.* отму́чивать

**levin** [ˈlevɪn] *n* *поэт.* мо́лния

**levitate** [ˈlevɪteɪt] *v* поднима́ть(ся)

**Leviticus** [lɪˈvɪtɪkəs] *n* *библ.* Леви́т (*3-я книга Ветхого завета*)

**levity** [ˈlevɪtɪ] *n* 1) легкомы́слие, ве́треность, непостоя́нство 2) *физ.* лёгкость (*веса*)

**levy** [ˈlevɪ] **1.** *n* 1) сбор, взима́ние (*податей, налогов*); обложе́ние (*налогом*), су́мма обложе́ния 2) набо́р ре́крутов; ~ in mass поголо́вный набо́р (всех мужчи́н, го́дных к вое́нной слу́жбе) 3) (*тж. pl*) на́бранные ре́круты, новобра́нцы

**2.** *v* 1) взима́ть (*налог*); облага́ть (*налогом*) 2) набира́ть (*рекрутов*) ◇ to ~ war (upon, against) начина́ть войну́

**lew** [lef] = lev

**lewd** [luːd] *a* 1) похотли́вый; распу́тный 2) непристо́йный

**lewis** [ˈlu(ː)ɪs] *n* *тех.* во́лчья ла́па; а́нкерный болт

**lewisite** [ˈlu(ː)ɪsaɪt] *n* *хим.* люизи́т

**lex** [leks] *лат.* *n* зако́н; ~ non scripta непи́санный зако́н; ~ scripta пи́санный зако́н

**lexical** [ˈleksɪkəl] *a* 1) лекси́ческий 2) слова́рный

**lexicographer** [ˌleksɪˈkɔgrəfə] *n* лексико́граф

**lexicography** [ˌleksɪˈkɔgrəfɪ] *n* лексикогра́фия

**lexicology** [ˌleksɪˈkɔlədʒɪ] *n* лексиколо́гия

**lexicon** [ˈleksɪkən] *n* слова́рь

**ley** [leɪ] = leu

**Leyden jar** [ˈleɪdnˈdʒɑː] *n* *эл.* ле́йденская ба́нка

**liability** [ˌlaɪəˈbɪlɪtɪ] *n* 1) отве́тственность 2) (*обыкн. pl*) обяза́тельство, задо́лженность, долг; ~ of indemnity обяза́тельство возмести́ть убы́тки; to discharge a ~ вы́полнить обяза́тельство; current liabilities краткосро́чные обяза́тельства 3) подве́рженность, скло́нность; ~ to disease скло́нность к заболева́нию 4) поме́ха

**liable** [ˈlaɪəbl] *a* 1) обя́занный (to *c inf.*); отве́тственный (for — за); ~ for military service военнообя́занный 2) подве́рженный; досту́пный; подлежа́щий (*чему-л.*); ~ to (catch) cold подве́рженный просту́де; your article is ~ to misconstruction ва́ша статья́ мо́жет быть превра́тно истолко́вана; ~ to duty подлежа́щий обложе́нию 3) вероя́тный, возмо́жный; he is ~ to come at any moment он мо́жет прийти́ в любу́ю мину́ту; difficulties are ~ to occur о́чень возмо́жно, что встре́тятся затрудне́ния

**liaise** [lɪˈeɪz] *v* 1) подде́рживать связь 2) *воен.* служи́ть офице́ром свя́зи

**liaison** [li(ː)ˈeɪzɔn] *фр.* *n* 1) (любо́вная) связь 2) *воен.* связь взаимоде́йствия 3) *фон.* свя́зывание коне́чного согла́сного с нача́льным гла́сным сле́дующего сло́ва (*во французском языке*) 4) *кул.* запра́вка для со́уса *или* су́па (*из муки и масла, муки и яиц и т. п.*) 5) *attr.* свя́зывающий; ~ personnel *воен.* офице́ры свя́зи

**liaison officer** [li(:)'eɪzɔn'ɔfɪsə] *n воен.* офице́р свя́зи

**liana** [lɪ'ɑ:nə] *n бот.* лиа́на

**liar** ['laɪə] *n* лгун

**lias** ['laɪəs] *n геол.* лейа́с, ни́жняя ю́ра

**libation** [laɪ'beɪʃən] *n* возлия́ние; *шутл.* вы́пивка

**libel** ['laɪbəl] **1.** *n* клевета́ (*в печати*), диффама́ция (upon — на *кого-л.*) **2.** *v* клевета́ть, писа́ть па́сквили

**libeller** ['laɪblə] *n* пасквиля́нт; клеветни́к

**libellous** ['laɪbləs] *a* клеветни́ческий

**liber** ['laɪbə] *n* луб, лы́ко

**liberal** ['lɪbərəl] **1.** *a* 1) ще́дрый, оби́льный 2) великоду́шный 3) свобо́дный от предрассу́дков; свободомы́слящий 4) гуманита́рный; ~ arts гуманита́рные нау́ки; ~ education гуманита́рное образова́ние 5) небуква́льный, во́льный; ~ translation во́льный перево́д 6) (L.) *полит.* либера́льный

**2.** *n* 1) либера́л 2) (L.) *полит.* член па́ртии либера́лов, либера́л

**liberalism** ['lɪbərəlɪzm] *n* либерали́зм

**liberality** [,lɪbə'rælɪtɪ] *n* 1) ще́дрость 2) широта́ взгля́дов, терпи́мость

**liberalize** ['lɪbərəlaɪz] *v* 1) де́лать (-ся) либера́льным 2) расширя́ть кругозо́р

**liberal-minded** ['lɪbərəl'maɪndɪd] *a* настро́енный либера́льно; приде́рживающийся либера́льных взгля́дов

**liberate** ['lɪbəreɪt] *v* 1) освобожда́ть (from) 2) *хим.* выделя́ть

**liberation** [,lɪbə'reɪʃən] *n* 1) освобожде́ние 2) *хим.* выделе́ние

**liberationism** [,lɪbə'reɪʃənɪzm] *n* движе́ние за отделе́ние це́ркви от госуда́рства

**liberator** ['lɪbəreɪtə] *n* освободи́тель; избави́тель

**libertarian** [,lɪbə'tɛərɪən] *n* 1) сторо́нник доктри́ны о свобо́де во́ли 2) сторо́нник предоставле́ния широ́ких гражда́нских прав

**libertine** ['lɪbə(:)taɪn] **1.** *n* 1) распу́тник 2) вольноду́мец 3) *ист.* вольноотпу́щенник

**2.** *a* 1) безнра́вственный, распу́щенный 2) свободомы́слящий 3) *ист.* вольноотпу́щенный

**liberty** ['lɪbətɪ] *n* 1) свобо́да; ~ of the press свобо́да печа́ти; at ~ свобо́дный, на свобо́де; you are at ~ to make any choice вы мо́жете выбира́ть, что уго́дно; to set at ~ освободи́ть; to take the ~ (of doing *или* to do so and so) позво́лить себе́ (сде́лать то́-то) 2) во́льность, бесцеремо́нность; to take liberties with smb. позволя́ть себе́ во́льности с кем-л.; to take liberties with smth. обраща́ться бесцеремо́нно с чем-л. 3) *pl* привиле́гии, во́льности 4) *мор.* увольне́ние на бе́рег

**liberty-boat** ['lɪbətɪ'bəut] *n* 1) шлю́пка с матро́сами, увольня́емыми на бе́рег 2) *разг.* авто́бус для отпускнико́в

**liberty man** ['lɪbətɪmæn] *n* матро́с, увольня́емый на бе́рег

**libidinous** [lɪ'bɪdɪnəs] *a* 1) сладостра́стный, чу́вственный 2) возбужда́ющий чу́вственность

**libido** [lɪ'bi:dəu] *n* 1) либи́до; полово́е влече́ние 2) си́ла, стремле́ние, эне́ргия

**Libra** ['laɪbrə] *n* Весы́ (*созвездие и знак зодиака*)

**librarian** [laɪ'brɛərɪən] *n* библиоте́карь

**library** ['laɪbrərɪ] *n* 1) библиоте́ка; free ~ беспла́тная библиоте́ка; walking ~ *шутл.* «ходя́чая энциклопе́дия» 2) *attr.* библиоте́чный; ~ reader а) чита́тель библиоте́ки; б) аппара́т для чте́ния микрофи́льмов; ~ stock библиоте́чный фонд

**libretti** [lɪ'breti(:)] *pl от* libretto

**libretto** [lɪ'bretəu] *n* (*pl* -ti, -os [-əuz]) либре́тто

**Libyan** ['lɪbɪən] **1.** *a* ливи́йский; *поэт.* африка́нский

**2.** *n* ливи́ец; ливи́йка

**lice** [laɪs] *pl от* louse 1

**licence** ['laɪsəns] *n* 1) разреше́ние, лице́нзия; пате́нт; driving ~ води́тельские права́, разреше́ние на пра́во вожде́ния автомаши́ны 2) отклоне́ние от пра́вила, но́рмы (*в искусстве, литературе*); poetic ~ поэти́ческая во́льность 3) *attr.*: ~ plate номерно́й знак на автомаши́не

**license** ['laɪsəns] **1.** *v* разреша́ть, дава́ть разреше́ние (*на что-л.*); дава́ть пра́во, пате́нт, привиле́гию

**2.** *n* = licence

**licensed** ['laɪsənst] **1.** *p. p. от* license 1

**2.** *a* 1) име́ющий разреше́ние, пра́во, привиле́гию, пате́нт (*на что-л.*): ~ victualler тракти́рщик с пра́вом торго́вли спиртны́ми напи́тками; ~ vice узако́ненный развра́т 2) привилегиро́ванный, при́знанный 3) диплоstartи́рованный

**licensee** [,laɪsən'si:] *n* лицо́, име́ющее разреше́ние, пате́нт

**licenser** ['laɪsənsə] *n* лицо́, выдаю́щее разреше́ние, пате́нт; ~ of the press це́нзор

**licentiate** [laɪ'senʃɪɪt] *n* лиценциа́т; облада́тель дипло́ма

**licentious** [laɪ'senʃəs] *a* 1) распу́щенный, безнра́вственный 2) *редк.* во́льный, не счита́ющийся с пра́вилами

**lichen** ['laɪkən] *n* 1) *мед.* лиша́й 2) *бот.* лиша́йник

**lich-gate** ['lɪtʃgeɪt] = lych-gate

**licit** ['lɪsɪt] *a* зако́нный

**lick** [lɪk] **1.** *v* 1) лиза́ть; обли́зывать; to ~ one's chops (*или* one's lips) обли́зываться, смакова́ть, предвкуша́ть (*что-л.*) 2) *разг.* бить, колоти́ть 3) побива́ть; превосходи́ть; to ~ (all) creation превзойти́ все ожида́ния 4) *разг.* спеши́ть; мча́ться; to go as hard as one can ~ мча́ться во весь опо́р ◇ to ~ into shape придава́ть фо́рму, прие́млемый вид; приводи́ть в поря́док; to ~ smb.'s boots подхали́мничать, пресмыка́ться пе́ред кем-л.; to ~ the dust а) быть пове́рженным на́земь; быть побеждённым; б) пресмыка́ться, унижа́ться (*перед кем-л.*); to ~ a problem *амер.* разреши́ть зада́чу; спра́виться с зада́чей

**2.** *n* 1) обли́зывание 2) незначи́тельное коли́чество, кусо́чек (*чего-л.*) 3) *разг.* си́льный уда́р 4) *разг.* шаг; ско́рость; at a great (*или* at full) ~ бы́стрым ша́гом; с большо́й ско́ростью ◇ a ~ and a promise рабо́та, сде́ланная спустя́ рукава́, ко́е-ка́к; to put in one's best ~s прилага́ть все уси́лия, стара́ться

**lickerish** ['lɪkərɪʃ] *a* 1) ла́комый 2) лю́бящий ла́комства 3) распу́тный

**licking** ['lɪkɪŋ] **1.** *pres. p. от* lick 1

**2.** *n разг.* 1) по́рка; взбу́чка 2) пораже́ние

**lickspittle** ['lɪk,spɪtl] *n* льстец; подхали́м

**licorice** ['lɪkərɪs] = liquorice

**lid** [lɪd] *n* 1) кры́шка, колпа́к; to put the ~ on *перен.* а) доверши́ть де́ло, положи́ть коне́ц; б) расстро́ить (*планы и т. п.*) 2) ве́ко; to narrow one's ~s прищу́риться 3) кры́шка переплёта 4) *разг.* (ре́зкое) ограниче́ние; запре́т; the ~ is on gambling аза́ртные и́гры запрещены́; to keep the ~ on (information, data, *etc.*) держа́ть (све́дения, да́нные *и т. п.*) в секре́те; to take the ~ off (information, data, *etc.*) откры́ть секре́т, сде́лать я́вным 5) *разг.* шля́па; шлем

**lido** ['li:dəu] *n* откры́тый пла́вательный бассе́йн

**lie** I [laɪ] **1.** *n* ложь, обма́н ◇ to give the ~ to smb. улича́ть, изоблича́ть кого́-л. во лжи; to give the ~ to smth. опроверга́ть что-л.; white ~ неви́нная ложь; ложь во спасе́ние; to swop ~s *разг.* поболта́ть, посплетни́чать

**2.** *v* 1) лгать; to ~ in one's throat (*или* teeth) бессты́дно лгать; to ~ like a gas-meter завира́ться 2) быть обма́нчивым

**lie** II [laɪ] **1.** *v* (lay; lain) 1) лежа́ть; to ~ still (*или* motionless) лежа́ть споко́йно, без движе́ния; to ~ in ambush находи́ться в заса́де; to ~ in wait (for smb.) поджида́ть, подстерега́ть (*кого-л.*) 2) быть располо́женным; простира́ться; the road ~s before you доро́га простира́ется пе́ред ва́ми; life ~s in front of you у вас вся жизнь впереди́ 3) находи́ться, заключа́ться (*в чём-л.*); относи́ться (*к кому-л.*); it ~s with you to decide it ва́ше де́ло реши́ть э́то; the blame ~s at your door э́то ва́ша вина́; as far as in me ~s наско́лько э́то в мое́й вла́сти, в мои́х си́лах 4) *уст.* пробы́ть недо́лго; to ~ for the night *воен.* расположи́ться на ночле́г 5) *юр.* признава́ться зако́нным; the claim does not ~ э́то незако́нное тре́бование □ ~ **about** валя́ться, быть разбро́санным; ~ **back** отки́нуться (*на подушку и т. п.*); ~ **by** а) остава́ться без употребле́ния; б) безде́йствовать; в) отдыха́ть; ~ **down** а) ложи́ться; приле́чь; б) принима́ть без сопротивле́ния, поко́рно; to take (punishment, an insult, *etc.*) lying down принима́ть (наказа́ние, оскорбле́ние *и т. п.*) поко́рно, не обижа́ясь; to ~ down under (an insult) проглоти́ть (оскорбле́ние); ~ **in** а) валя́ться в посте́ли (*по утрам*); б) лежа́ть в ро́дах; ~ **off** а) *мор.* стоя́ть на не́котором расстоя́нии от бе́рега *или* друго́го су́дна; б) вре́менно прекрати́ть рабо́ту; ~ **out** ночева́ть вне до́ма; ~ **over** быть отло́женным (*до другого времени*); ~ **to** *мор.* лежа́ть в дре́йфе; ~ **under** находи́ться, быть под (*подозрением и т. п.*); ~ **up** а) лежа́ть, не выходи́ть из ко́мнаты (*из-за недомогания*); б) стоя́ть в стороне́, отстраня́ться; в) *мор.* стоя́ть в до́ке ◇ to ~ out of one's money не получи́ть причита́ющихся де́нег; to ~ on the bed one has made *посл.* ≅ что посе́ешь, то и пожнёшь

**2.** *n* 1) положе́ние; направле́ние; the ~ of the ground релье́ф ме́стности; the ~ of the land а) *мор.* направле́ние на бе́рег; б) *перен.* положе́ние веще́й 2) ло́гово (*зверя*)

**lie-abed** [ˈlaɪəbed] *n* со́ня, лежебо́ка

**lie-detector** [ˈlaɪdɪˈtektə] *n* «дете́ктор лжи» (*прибор для проверки правильности показаний*)

**liege** [liːdʒ] *ист.* **1.** *n* 1) ле́нник, васса́л; the ~s по́дданные 2) сеньо́р

**2.** *a* 1) васса́льный, ле́нный 2) сеньориа́льный; ~ lord сеньо́р

**liegeman** [ˈliːdʒmæn] *n ист.* васса́л

**lie-in** [ˈlaɪˈɪn] *n разг.* по́зднее лежа́ние в посте́ли (*по утрам*)

**lien** [lɪən] *n* 1) пра́во наложе́ния аре́ста на иму́щество должника́ 2) зало́г

**lieu** [ljuː] *n*: in ~ of вме́сто

**lieutenancy** [lefˈtenənsɪ, *мор.* leˈtenənsɪ] *n* чин, зва́ние лейтена́нта

**lieutenant** [lefˈtenənt, *мор.* leˈtenənt] *n* 1) лейтена́нт 2) замести́тель

**lieutenant colonel** [lefˈtenəntˈkəːnl] *n* подполко́вник

**lieutenant commander** [leˈtenəntkəˈmaːndə] *n мор.* капита́н-лейтена́нт

**lieutenant-general** [lefˈtenəntˈdʒenərəl] *n* 1) генера́л-лейтена́нт 2) *ист.* наме́стник

**lieutenant-governor** *n* 1) [lefˈtenəntˈgʌvənə] губерна́тор прови́нции (*в англ. колонии*) 2) [ljuːˈtenəntˈgʌvənə] *амер.* замести́тель губерна́тора (*штата*)

**life** [laɪf] *n* (*pl* lives) 1) жизнь; существова́ние; to enter upon ~ вступи́ть в жизнь; for ~ на всю жизнь; an appointment for ~ пожи́зненная до́лжность; to come to ~ а) ожива́ть, приходи́ть в себя́ (*после обморока и т. п.*); б) осуществля́ться; to bring to ~ привести́ в чу́вство; my ~ for it! кляну́сь жи́знью!, даю́ го́лову на отсече́ние; to take smb.'s ~ уби́ть кого́-л. 2) о́браз жи́зни; to lead a quiet ~ вести́ споко́йную жизнь; stirring ~ де́ятельная жизнь, за́нятость; ~ of movement жизнь на колёсах 3) нату́ра; натура́льная величина́ (*тж.* ~ size); to portray to the ~ то́чно передава́ть схо́дство 4) эне́ргия, жи́вость, оживле́ние; to sing with ~ петь с воодушевле́нием; to put ~ into one's work рабо́тать с душо́й 5) биогра́фия, жизнеописа́ние 6) о́бщество; обще́ственная жизнь; high ~ све́тское, аристократи́ческое о́бщество; to see ~, to see smth. of ~ повида́ть свет; позна́ть жизнь 7) срок слу́жбы *или* рабо́ты (*машины, учреждения*); долгове́чность 8) *attr.* пожи́зненный; для́щийся всю жизнь; ~ imprisonment (*или* sentence) пожи́зненное заключе́ние ◇ my dear ~ моя́ дорога́я; мой дорого́й; such is ~ такова́ жизнь, ничего́ не поде́лаешь; while there is ~ there is hope *посл.* пока́ челове́к жив, он наде́ется; upon my ~! че́стное сло́во!; for the ~ of me I can't do it хоть убе́й, не могу́ э́того сде́лать; ~ and death struggle борьба́ не на жизнь, а на сме́рть; to run for dear ~ бежа́ть изо все́х сил; he was ~ and soul of the party он был душо́й о́бщества

**life-assurance** [ˈlaɪfəˌʃuərəns] = life-insurance

**lifebelt** [ˈlaɪfbelt] *n* спаса́тельный по́яс

**life-blood** [ˈlaɪfblʌd] *n* 1) кровь 2) исто́чник жи́зненной си́лы

**lifeboat** [ˈlaɪfbəut] *n* спаса́тельная шлю́пка

**life-buoy** [ˈlaɪfbɔɪ] *n* спаса́тельный буй; спаса́тельный круг

**life estate** [ˈlaɪfɪˈsteɪt] *n юр.* иму́щество в пожи́зненном по́льзовании

**life expectancy** [ˈlaɪfɪksˌpektənsɪ] *n* сре́дняя продолжи́тельность жи́зни

**life-giving** [ˈlaɪfˌgɪvɪŋ] *a* живи́тельный, животво́рный, подде́рживающий жизнь; восстана́вливающий жизненные си́лы

**life-guard** [ˈlaɪfgaːd] *n* 1) ли́чная охра́на (*короля и т. п.*) 2) *амер.* спаса́тель на во́дах

**Life Guards** [ˈlaɪfgaːdz] *n* лейб-гва́рдия

**life-insurance** [ˈlaɪfɪnˌʃuərəns] *n* страхова́ние жи́зни

**life-jacket** [ˈlaɪfˌdʒækɪt] *n* спаса́тельный жиле́т

**lifeless** [ˈlaɪflɪs] *a* 1) бездыха́нный; безжи́зненный 2) ску́чный ◇ he is ~ who is faultless *посл.* ≅ не ошиба́ется тот, кто ничего́ не де́лает

**life-like** [ˈlaɪflaɪk] *a* сло́вно живо́й; о́чень похо́жий

**life-line** [ˈlaɪflaɪn] *n* 1) спаса́тельный трос 2) жи́зненно ва́жный путь; жи́зненно ва́жная коммуника́ция; «доро́га жи́зни»

**lifelong** [ˈlaɪflɔŋ] *a* пожи́зненный; ~ friend друг на всю жизнь

**lifemanship** [ˈlaɪfmənʃɪp] *n разг.* высокоме́рие, чва́нство

**life-office** [ˈlaɪfˌɔfɪs] *n* конто́ра по страхова́нию жи́зни

**life-preserver** [ˈlaɪfprɪˌzəːvə] *n* 1) тяжёлая дуби́нка *или* трость, на́литая свинцо́м 2) спаса́тельный по́яс

**lifer** [ˈlaɪfə] *n разг.* 1) приговорённый к пожи́зненному заключе́нию 2) пожи́зненное заключе́ние

**life-saver** [ˈlaɪfˌseɪvə] *n* 1) спаси́тель 2) спаса́тель; член спаса́тельной кома́нды

**life-saving** [ˈlaɪfˌseɪvɪŋ] *a* спаса́тельный; ~ service слу́жба спаса́ния на во́дах; ~ station спаса́тельная ста́нция

**life-size(d)** [ˈlaɪfˈsaɪz(d)] *a* в натура́льную величину́

**life-span** [ˈlaɪfspæn] *n* продолжи́тельность жи́зни; within the ~ of one generation в тече́ние жи́зни одного́ поколе́ния

**lifetime** [ˈlaɪftaɪm] *n* продолжи́тельность жи́зни; це́лая жизнь; in one's ~ на своём веку́; all in a ~ ≅ в жи́зни вся́кое быва́ет

**life-work** [ˈlaɪfˈwəːk] *n* труд *или* де́ло всей жи́зни

**lift** [lɪft] **1.** *n* 1) подня́тие, подъём 2) воодушевле́ние, подъём 3) повыше́ние, продвиже́ние 4) возвы́шенность 5) подъёмная маши́на, подъёмник, лифт 6) подъёмная си́ла; поднима́емая тя́жесть 7) *разг.* кра́жа 8) *шотл.* вы́нос те́ла 9) *гидр.* водяно́й столб; высота́ напо́ра 10) *спорт.* подня́тие (*тяжёлая атлетика, борьба*) 11) подъём партнёрши (*в балете, фигурном катании*) ◇ to give smb. a ~ а) подсади́ть, подвезти́ кого́-л.; б) помо́чь кому́-л.

**2.** *v* 1) поднима́ть; возвыша́ть; to ~ one's hand against smb. подня́ть ру́ку на кого́-л.; to ~ up one's head а) подня́ть го́лову; б) прийти́ в себя́; to ~ (up) one's voice against протестова́ть про́тив; not to ~ a finger и па́льцем не пошевельну́ть 2) воодушевля́ть 3) повыша́ть, дава́ть повыше́ние (*по службе*) 4) поднима́ться (*тж. о тесте*); поднима́ться на волна́х (*о корабле*) 5) рассе́иваться (*об облаках, тумане*) 6) снима́ть (*палатки; перен. запрет, карантин и т. п.*); to ~ a minefield размини́ровать ми́нное по́ле 7) *разг.* красть; соверша́ть плагиа́т 8) *амер.* ликвиди́ровать задо́лженность, уплати́ть долги́ 9) собира́ть, снима́ть (*урожай*); копа́ть (*картофель*) 10) де́лать пласти́ческую опера́цию 11) *амер.* вре́менно прекраща́ться (*о дожде*)

**lifter** [ˈlɪftə] *n* подъёмное приспособле́ние

**lifting** [ˈlɪftɪŋ] **1.** *pres. p. от* lift 2

**2.** *n* подъём, поднима́ние; ~ of mines размини́рование

**lift-off** [ˈlɪftˈɔf] *n* старт космического корабля

**lift-truck** [ˈlɪfttrʌk] *n* автопогрузчик

**ligament** [ˈlɪgəmənt] *n* 1) связь 2) *анат.* связка

**ligature** [ˈlɪgətʃuə] **1.** *n* 1) связь 2) *мед.* лигатура; перевязка (*кровеносных сосудов*) 3) *полигр.* лигатура, вязь 4) *муз.* лигатура, лига

**2.** *v* *мед.* перевязывать (*кровеносный сосуд*)

**light** I [laɪt] **1.** *n* 1) свет; освещение; дневной свет; to see the ~ а) увидеть свет, родиться; б) выйти из печати; в) обратиться (*в какую-л. веру и т. п.*); г) понять; убедиться; to stand in smb.'s ~ заслонять свет; *перен.* мешать, стоять на дороге; to stand in one's own ~ вредить самому себе 2) огонь; зажжённая свеча, лампа, фонарь, фара, маяк *и т. п.*; to strike a ~ зажечь спичку; will you give me a ~? позвольте прикурить 3) просвет, окно 4) светило; знаменитость 5) *pl* *разг.* глаза, гляделки 6) *pl* светофор; to stop for the ~s останавливаться у светофора; to cross (to drive) against the ~s переходить (проезжать) при красном сигнале; green ~ *амер. разг.* «зелёная улица»; to give the green ~ *амер. разг.* дать «зелёную улицу», открыть путь 7) (*обыкн. pl*) сведения, информация; we need more ~ on the subject нам нужны дополнительные сведения по этому вопросу 8) разъяснение; to bring to ~ выявлять, выяснять; выводить на чистую воду; to come to ~ обнаружиться; to throw (*или* to shed) ~ upon smth. проливать свет на что-л. 9) аспект; интерпретация; постановка вопроса; in the ~ of these facts в свете этих данных; I cannot see it in that ~ я не могу это рассматривать таким образом; to put smth. in a favourable ~ представить что-л. в выгодном свете; to throw a new ~ upon smth. представить что-л. в ином свете 10) *pl* (умственные) способности; according to one's ~s в меру своих сил, возможностей 11) *attr.* световой; ~ therapy светолечение ◊ by the ~ of nature интуитивно

**2.** *a* светлый; бледный (*о цвете*); ~ brown светло-коричневый

**3.** *v* (lit, lighted [-ɪd]) 1) зажигать (-ся) (*часто* ~ up) 2) освещать (*часто* ~ up); светить (*кому-л.*) □ ~ up а) закурить (*трубку и т. п.*); б) зажечь свет; в) оживлять(ся), загораться, светиться (*о лице, глазах*)

**light** II [laɪt] **1.** *a* 1) лёгкий; легковесный; as ~ as a feather (*или* air) лёгкий как пёрышко; to give ~ weight обвешивать 2) незначительный; ~ rain (snow) небольшой дождь (снег); a ~ attack of illness небольшое недомогание 3) нетрудный, необременительный, лёгкий; ~ work лёгкая работа; ~ punishment мягкое наказание 4) рыхлый, неплотный (*о почве*) 5) пустой; непостоянный, легкомысленный, несерьёзный; весёлый; ~ woman женщина лёгкого поведения; with a ~ heart весело; с лёгким сердцем; ~ reading лёгкое чтение; to make ~ of smth. относиться несерьёзно, небрежно к чему-л., не придавать значения чему-л. 6) некрепкий (*о напитке*); лёгкий (*о пище*); ~ meal лёгкий завтрак, ужин, лёгкая закуска *и т. п.* 7) быстрый, лёгкий (*о движениях*) 8) *воен.* лёгкий, подвижный; ~ artillery лёгкая артиллерия; ~ automatic gun ручной пулемёт 9) *фон.* неударный (*о слоге, звуке*); слабый (*об ударении*) 10) *кул.* хорошо поднявшийся, лёгкий, воздушный (*о тесте*) ◊ ~ sleep чуткий сон; ~ in the head в полубессознательном состоянии; ~ hand а) ловкость; б) деликатность, тактичность

**2.** *adv* легко; to tread ~ легко ступать; to travel ~ путешествовать налегке; to get off ~ легко отделаться; ◊ ~ come ~ go ≅ легко нажито, легко прожито

**light** III [laɪt] *v* (lit, lighted [-ɪd]) 1) неожиданно натолкнуться, случайно напасть (on, upon); his eyes ~ed on a familiar face in the crowd он увидел знакомое лицо в толпе 2) неожиданно обрушиться (*об ударе и т. п.*) 3) *уст.* сходить (*обыкн.* ~ off, ~ down); опускаться, садиться (*на что-л.*); падать (on, upon)

**light-bay** [ˈlaɪtˈbeɪ] *a* буланый (*о лошади*)

**lighten** I [ˈlaɪtn] *v* 1) освещать 2) светлеть 3) сверкать; it ~s сверкает молния

**lighten** II [ˈlaɪtn] *v* 1) делать(ся) более лёгким; облегчать (*тж. перен.*); чувствовать облегчение 2) смягчать (*наказание*)

**lighter** I [ˈlaɪtə] *n* 1) осветитель 2) зажигалка (*тж.* cigar ~, cigarette ~) 3) *тех.* запал

**lighter** II [ˈlaɪtə] *мор.* **1.** *n* лихтер **2.** *v* перевозить лихтером

**lighterage** [ˈlaɪtərɪdʒ] *n* 1) лихтерный сбор 2) разгрузка *или* погрузка судов лихтером

**lighterman** [ˈlaɪtəmən] *n* матрос на лихтере

**light-face** [ˈlaɪtfeɪs] *n* *полигр.* светлый шрифт

**light-fingered** [ˈlaɪtˌfɪŋgəd] *a* 1) ловкий 2) вороватый; нечистый на руку

**light-footed** [ˈlaɪtˌfutɪd] *a* быстроногий, проворный

**light-handed** [ˈlaɪtˌhændɪd] *a* 1) ловкий 2) тактичный 3) с пустыми руками 4) недостаточно *или* неполностью укомплектованный

**light-head** [ˈlaɪthed] *n* легкомысленный человек

**light-headed** [ˈlaɪtˈhedɪd] *a* 1) бездумный, легкомысленный; непостоянный 2) в состоянии бреда, умственного расстройства 3) чувствующий головокружение

**light-hearted** [ˈlaɪtˈhɑːtɪd] *a* беззаботный, беспечный, весёлый

**light heavy-weight** [ˈlaɪtˈhevɪweɪt] *n* борец *или* боксёр полутяжёлого веса

**light-heeled** [ˈlaɪtˈhiːld] *a* быстроногий

**lighthouse** [ˈlaɪthaus] *n* маяк

**light housekeeping** [ˈlaɪtˈhausˌkiːpɪŋ] *n* лёгкая работа по дому; ведение хозяйства без приготовления пищи

**lighting** [ˈlaɪtɪŋ] *n* 1) освещение 2) осветительная аппаратура

**lightish** I [ˈlaɪtɪʃ] *a* довольно светлый

**lightish** II [ˈlaɪtɪʃ] *a* довольно лёгкий

**light-legged** [ˈlaɪtˈlegd] = light-heeled

**lightly** I [ˈlaɪtlɪ] *adv* 1) слегка; чуть 2) несерьёзно; с лёгким сердцем; to take ~ не принимать всерьёз 3) легко, без усилий 4) необдуманно, беспечно 5) безразлично, пренебрежительно

**lightly** II [ˈlaɪtlɪ] *v* *шотл.* обращаться (*с кем-л.*) пренебрежительно

**light-minded** [ˈlaɪtˈmaɪndɪd] *a* легкомысленный

**lightness** [ˈlaɪtnɪs] *n* 1) лёгкость 2) расторопность 3) деликатность 4) легкомыслие

**lightning** [ˈlaɪtnɪŋ] *n* молния; like ~, with (*или* at) ~ speed с быстротой молнии, молниеносно; summer (*или* heat) ~ зарница

**lightning-arrester** [ˈlaɪtnɪŋəˌrestə] *n* *эл.* молниеотвод; грозовой разрядник

**lightning-bug** [ˈlaɪtnɪŋbʌg] *n* жук-светляк

**lightning-conductor** [ˈlaɪtnɪŋkənˌdʌktə] *n* молниеотвод

**lightning-like** [ˈlaɪtnɪŋlaɪk] *a* молниеносный

**lightning-rod** [ˈlaɪtnɪŋrɔd] = lightning-conductor

**lightning-strike** [ˈlaɪtnɪŋˈstraɪk] *n* спонтанная забастовка (*без предварительного объявления*)

**light-o'-love** [ˈlaɪtəˈlʌv] *n* 1) ветреная, капризная женщина 2) проститутка

**light-resistant** [ˈlaɪtrɪˌzɪstənt] *a* светостойкий

**lights** [laɪts] *n pl* лёгкие (*свиные, бараньи и т. п., употребляемые в пищу*)

**lightship** [ˈlaɪtʃɪp] *n* плавучий маяк

**lightsome** I [ˈlaɪtsəm] *a* светлый, немрачный

**lightsome** II [ˈlaɪtsəm] *a* 1) лёгкий, проворный; грациозный 2) весёлый 3) непостоянный, легкомысленный

**light-spectrum** [ˈlaɪtˌspektrəm] *n* оптический спектр

**light-tight** [ˈlaɪtˈtaɪt] *a* светонепроницаемый

**light-weight** [ˈlaɪtweɪt] **1.** *n* 1) человек ниже среднего веса 2) *спорт.* лёгкий вес; боксёр *или* борец лёгкого веса 3) несерьёзный, поверхностный человек

**2.** *a* лёгкий; ~ gas-mask облегчённый противогаз

**light-year** [ˈlaɪtjəː] *n астр.* световóй год

**ligneous** [ˈlɪgnɪəs] *a* 1) *бот.* деревя́нистый 2) *шутл.* деревя́нный

**lignite** [ˈlɪgnaɪt] *n* лигни́т, бýрый ýголь

**lignum vitae** [ˈlɪgnəmˈvaɪtiː] *n бот.* бакáут; желéзное дéрево

**likable** [ˈlaɪkəbl] *a* приятный; привлекáтельный; ми́лый

**like** I [laɪk] **1.** *a* 1) похóжий, подóбный; ~ question подóбный вопрóс; in (a) ~ manner подóбным óбразом; it's just ~ you to do that э́то óчень похóже на вас; э́то как раз то, чегó от вас мóжно ожидáть; it costs something ~ £ 50 стóит óколо 50 фýнтов стéрлингов; ~ nothing on earth ни на что не похóжий, стрáнный 2) одинáковый, рáвный; ~ sum рáвная сýмма; ~ dispositions одинáковые харáктеры 3) *разг.* возмóжный; верóятный; they are ~ to meet again они́, верóятно, ещё встрéтятся ◇ nothing ~ ничегó похóжего; there is nothing ~ home нет мéста лýчше, чем дом; that's something ~ как раз то, что нýжно; вот э́то прекрáсно!; something ~ a dinner! *разг.* замечáтельный обéд!, ≅ вот э́то обéд так обéд!; what is he ~? что он собóй представля́ет?, что он за человéк?; ~ father ~ son, ~ master ~ man ≅ я́блоко от я́блони недалекó пáдает

**2.** *adv* 1) подóбно, так; ~ so вот так, таки́м óбразом 2) возмóжно, верóятно; ~ enough, as ~ as not óчень возмóжно; very ~ весьмá верóятно 3) *разг.* так сказáть, как бы ◇ I had ~ to have fallen я чуть не упáл

**3.** *prep*: ~ anything, ~ mad *разг.* стреми́тельно; изо всех сил; си́льно, чрезвычáйно, ужáсно; do not talk ~ that не говори́те так; to run ~ mad бежáть óчень бы́стро, как угорéлый

**4.** *n* нéчто подóбное, рáвное, одинáковое; and the ~ и томý подóбное; did you ever hear the ~? слы́шали ли вы что-л. подóбное?; we shall not look upon his ~ again такóго человéка, как он, нам не видáть бóльше; the ~s of us (them, *etc.*) *разг.* таки́е лю́ди, как мы (они́ *и т. п.*) ◇ ~ cures ~ ≅ клин кли́ном вышибáть; чем уши́бся, тем и лечи́сь

**like** II [laɪk] **1.** *v* 1) нрáвиться, люби́ть; I ~ that! вот э́то мне нрáвится! (*шутливое выражение несогласия*); to ~ dancing люби́ть танцевáть; she ~s him but does not love him он ей нрáвится, но онá егó не лю́бит; do as you ~ дéлайте, как вам угóдно; I should (*или* would) ~ я хотéл бы, мне хотéлось бы 2) хотéть (*в отриц. предложениях*); I don't ~ to disturb you я не хочý вас беспокóить

**2.** *n pl* склóнности, влечéния; ~s and dislikes пристрáстия и предубеждéния; симпáтии и антипáтии

**likeable** [ˈlaɪkəbl] = likable

**likelihood** [ˈlaɪklɪhud] *n* 1) верóятность; in all ~ по всей верóятности 2) *редк.* многообещáющая бýдущность; a young man of great ~ молодóй человéк, подаю́щий больши́е надéжды

**likely** [ˈlaɪklɪ] **1.** *a* 1) верóятный 2) подходя́щий 3) подаю́щий надéжды 4) *амер.* краси́вый

**2.** *adv* верóятно (*обыкн.* most ~, very ~); as ~ as not весьмá верóятно

**like-minded** [ˈlaɪkˈmaɪndɪd] *a* одинáково мы́слящий, придéрживающийся такóго же мнéния

**liken** [ˈlaɪkən] *v* 1) уподобля́ть (to); срáвнивать (*тж.* ~ together); приравнивать (to, with) 2) *редк.* дéлать похóжим, схóжим, придавáть схóдство

**likeness** [ˈlaɪknɪs] *n* 1) схóдство (between — мéжду, to — с); подóбие 2) портрéт; to take smb.'s ~ писáть с когó-л. портрéт; дéлать чью-л. фотогрáфию, фотографи́ровать когó-л.; a good ~ схóжий портрéт 3) обли́чье, личи́на, óбраз; in the ~ of... под ви́дом..., под личи́ной...

**likewise** [ˈlaɪkwaɪz] *adv* 1) подóбно 2) тáкже; бóлее тогó

**liking** [ˈlaɪkɪŋ] **1.** *pres. p. от* like II, 1

**2.** *n* 1) симпáтия, расположéние (for — к *комý-л.*) 2) вкус (to — к *чемý-л.*); to smb.'s ~ по вкýсу, по душé комý-л.

**lilac** [ˈlaɪlək] **1.** *n* сирéнь

**2.** *a* сирéневый

**liliaceous** [ˌlɪlɪˈeɪʃəs] *a бот.* лилéйный

**Lilliputian** [ˌlɪlɪˈpjuːʃjən] **1.** *n* лилипýт; кáрлик

**2.** *a* кáрликовый, крóшечный

**lilt** [lɪlt] **1.** *n* 1) весёлая, живáя пéсенка 2) ритм (*песни, стиха*)

**2.** *v* 1) дéлать (*что-л.*) бы́стро, живо, вéсело 2) петь вéсело, живо

**lily** [ˈlɪlɪ] *n* 1) ли́лия 2) *attr.* лилéйный, бéлый

**lily-livered** [ˈlɪlɪˌlɪvəd] *a* трусли́вый

**lily of the valley** [ˈlɪlɪəvðəˈvælɪ] *n* лáндыш

**lily-white** [ˈlɪlɪˈwaɪt] *a* 1) лилéйно-бéлый, белоснéжный 2) безупрéчный 3) *амер.* предназнáченный тóлько для бéлых; не включáющий нéгров; ~ school сегреги́рованная шкóла

**limb** I [lɪm] **1.** *n* 1) конéчность, член (*тела*) 2) сук, вéтка 3) *разг.* отрóдье; непослýшный ребёнок; ~ of the devil (*или* of Satan) дья́вольское отрóдье ◇ ~ of the law *шутл.* блюсти́тель порядка, страж закóна (*полицейский, адвокат*); out on a ~ в трýдном положéнии, в опáсности

**2.** *v* расчленя́ть

**limb** II [lɪm] *n* 1) *астр.* лимб, край ди́ска (*Солнца, Луны, планет*) 2) лимб, кругова́я шкалá (*в угломерных приборах*) 3) *бот.* расши́ренная часть (*лепестка, листа*)

**limbec(k)** [ˈlɪmbek] = alembic

**limber** I [ˈlɪmbə] *воен.* **1.** передóк (*орудия*)

**2.** *v* брать (*орудие*) на передóк

**limber** II [ˈlɪmbə] **1.** *a* 1) ги́бкий, мя́гкий; подáтливый 2) провóрный

**2.** *v* дéлать(ся) ги́бким, подáтливым; □ ~ up *спорт.* дéлать размúнку

**limbering-up** [ˈlɪmbərɪŋˈʌp] *n спорт.* размúнка

**limbless** [ˈlɪmlɪs] *a* лишённый конéчностей, безрýкий, безнóгий

**limbo** [ˈlɪmbəu] *n* (*pl* -os [-əuz]) 1) *рел.* лимб, преддвéрие áда 2) заточéние, тюрьмá 3) склад ненýжных вещéй 4) пребывáние в забвéнии

**lime** I [laɪm] **1.** *n* 1) и́звесть; burnt (slaked) ~ негашёная (гашёная) и́звесть 2) пти́чий клей (*обыкн.* bird ~)

**2.** *v* 1) бели́ть и́звестью 2) скрепля́ть *или* удобря́ть и́звестью 3) намáзывать (*ветки дерева*) пти́чьим клéем 4) *перен.* поймáть, завлéчь

**lime** II [laɪm] *n бот.* лайм настоя́щий (*разновидность лимона*)

**lime** III [laɪm] *n* ли́па

**lime-juice** I [ˈlaɪmdʒuːs] *n* сок лáйма

**lime-juice** II [ˈlaɪmdʒuːs] *v разг.* путешéствовать, стрáнствовать

**limekiln** [ˈlaɪmkɪln] *n* печь для óбжига и́звести

**limelight** [ˈlaɪmlaɪt] **1.** *n* 1) друммóндов свет (*применяется для освещения сцены в театре*); свет рáмпы 2) часть сцéны у рáмпы ◇ to be in the ~ быть в цéнтре внимáния; быть на видý

**2.** *v* 1) я́рко освещáть 2) привлекáть внимáние

**lime-pit** [ˈlaɪmpɪt] *n* известня́кóвый карьéр

**Limerick** [ˈlɪmərɪk] *n* шýточное стихотворéние (*из пяти строк*)

**limes** [laɪmz] *n pl театр.* рáмпа

**limestone** [ˈlaɪmstəun] *n* известня́к

**lime-tree** [ˈlaɪmtriː] = lime III

**lime-water** [ˈlaɪmˌwɔːtə] *n* известкóвая водá

**limey** [ˈlaɪmɪ] *n амер. sl.* англичáнин (*первонач.* англи́йский матрóс)

**limit** [ˈlɪmɪt] **1.** *n* 1) грани́ца, предéл; superior ~ мáксимум; inferior ~ ми́нимум; to set the ~ устанáвливать предéл; положи́ть конéц; to go beyond the ~ перейти́ грани́цы; to go the ~ *амер. разг.* впадáть в крáйность; переходи́ть все грани́цы; that's the ~! э́то перехóдит все грани́цы!; э́то уж сли́шком!; she is the ~ онá невынoси́ма; to the ~ *амер.* максимáльно, предéльно 2) *тех.* предéльный размéр, дóпуск 3) *тех.* интервáл значéний 4) *юр.* срок дáвности ◇ off ~s *амер.* вход воспрещён

**2.** *v* 1) ограни́чивать; стáвить предéл 2) служи́ть грани́цей, предéлом

**limitary** [ˈlɪmɪtərɪ] *a* 1) ограни́ченный 2) ограничи́тельный 3) пограни́чный

**limitation** [ˌlɪmɪˈteɪʃən] *n* 1) ограничéние; оговóрка 2) ограни́ченность;

to have one's ~s быть ограни́ченным, недалёким 3) преде́льный срок 4) *pl* недоста́тки; to know one's own ~s знать свои́ недоста́тки; пра́вильно оце́нивать свои́ скро́мные возмо́жности 5) *юр.* искова́я да́вность, срок да́вности

**limitative** ['lɪmɪtətɪv] *a* ограни́чивающий, лимити́рующий

**limited** ['lɪmɪtɪd] **1.** *p. p. от* limit 2 **2.** *a* ограни́ченный; ~ company *ком.* акционе́рное о́бщество с ограни́ченной отве́тственностью; ~ monarchy конституцио́нная мона́рхия; ~ train (*или* express) курье́рский по́езд с ограни́ченным коли́чеством мест

**limitless** ['lɪmɪtlɪs] *a* безграни́чный, беспреде́льный

**limitrophe** ['lɪmɪtrəuf] *a* лимитро́фный; пограни́чный

**limn** [lɪm] *v уст.* 1) писа́ть (*картину, портрет*) 2) изобража́ть; опи́сывать; to ~ the (*или* on) water стро́ить возду́шные за́мки; ≅ ви́лами на воде́ пи́сано 3) иллюстри́ровать ру́копись

**limner** ['lɪmnə] *n уст.* 1) портрети́ст 2) иллюстра́тор ру́кописи

**limnetic** [lɪm'netɪk] *a* пресново́дный

**limnology** [lɪm'nɔlədʒɪ] *n* лимноло́гия, озерове́дение

**limousine** ['lɪmu(:)zi:n] *n* лимузи́н

**limp I** [lɪmp] **1.** *n* хромота́, прихра́мывание; to walk with a ~ хрома́ть, прихра́мывать; to have a ~ хрома́ть **2.** *v* 1) хрома́ть, прихра́мывать; идти́ с трудо́м 2) ме́дленно дви́гаться (*из-за повреждения — о пароходе, самолёте*)

**limp II** [lɪmp] *a* 1) мя́гкий, нежёсткий 2) сла́бый, безво́льный

**limpet** ['lɪmpɪt] *n* 1) *зоол.* блю́дечко (*моллюск*) 2) чино́вник, всеми си́лами стара́ющийся удержа́ть своё ме́сто ◊ to stick like a ~ ≅ приста́ть как ба́нный лист

**limpid** ['lɪmpɪd] *a* прозра́чный (*тж. перен. о языке, стиле и т. п.*)

**limpidity** [lɪm'pɪdɪtɪ] *n* прозра́чность

**limy** ['laɪmɪ] *a* 1) известко́вый 2) клёйкий

**linage** ['laɪnɪdʒ] *n* 1) число́ строк в печа́тной страни́це 2) постро́чная опла́та

**linchpin** ['lɪntʃpɪn] *n* чека́ (*колеса*)

**linden** ['lɪndən] *n* ли́па

**line I** [laɪn] **1.** *n* 1) ли́ния, черта́; штрих; ~ and colour ко́нтур и тона́ рису́нка; ~ of force *физ.* силова́я ли́ния; all along the ~ а) по всей ли́нии; б) во всех отноше́ниях 2) пограни́чная ли́ния, грани́ца; преде́л; to overstep the ~ of smth. перейти́ грани́цы чего́-л.; to draw the ~ провести́ грани́цу; положи́ть преде́л (at — *чему-л.*); on the ~ а) как раз посереди́не, на грани́це (*между чем-л.*); б) на у́ровне глаз зри́теля (*о картине*); to go over the ~ перейти́ (дозво́ленные) грани́цы, перейти́ преде́л; below the ~ ни́же но́рмы 3) борозда́; морщи́на; to take ~s покрыва́ться морщи́нами 4) очерта́ния, ко́нтур; ship's ~s обво́ды (ко́рпуса) корабля́ 5) ли́ния (*связи, железнодорожная, пароходная, трамвайная и т. п.*); hold the ~! не ве́шайте тру́бку, не разъединя́йте!; ~ busy за́нято (*ответ телефонистки*); the ~ is bad пло́хо слы́шно; long-distance ~ междугоро́дная ли́ния 6) (the L.) эква́тор; to cross the L. пересе́чь эква́тор 7) поведе́ние; о́браз де́йствий; направле́ние, устано́вка; to take a strong ~ де́йствовать энерги́чно; ~ of policy полити́ческий курс; on the usual ~s на обы́чных основа́ниях 8) заня́тие, род де́ятельности; специа́льность; it is not in (*или* out of) my ~ э́то вне мое́й компете́нции *или* интере́сов; what's his ~? чем он занима́ется?; ~ of business *театр.* актёрское амплуа́ 9) происхожде́ние, родосло́вная, генеало́гия; male (female) ~ мужска́я (же́нская) ли́ния 10) шнур; верёвка; *мор.* линь; clothes ~ а) верёвка для белья́; б) *мор.* бельево́й ле́ер 11) ле́са́ (*удочки*); to throw a good ~ быть хоро́шим рыболо́вом 12) ряд; *амер. тж.* о́чередь, хвост 13) конве́йер (*тж.* assembly ~) 14) строка́; drop me a few ~s черкни́те мне не́сколько строк; to read between the ~s чита́ть ме́жду строк 15) *pl театр.* слова́ ро́ли, ре́плика 16) *pl* стихи́ 17) *школ.* гре́ческие *или* лати́нские стихи́, перепи́сываемые в ви́де наказа́ния 18) *pl* бра́чное свиде́тельство (*тж.* marriage ~s) 19) *воен.* развёрнутый строй; ли́ния фро́нта; ~ abreast (ahead) *мор.* строй фро́нта (кильва́тера); in ~ в развёрнутом строю́; 20) (the ~s) *pl* расположе́ние (войск); the enemy's ~s расположе́ние проти́вника 21) *ком.* па́ртия (*товаров*); the shop carries the best ~ of shoes в э́том магази́не продаётся са́мая лу́чшая о́бувь; first-class ~s первокла́ссные това́ры 22) *муз.* но́тная лине́йка 23) *тлв.* строка́ изображе́ния (*тж.* scan ~, scanning ~) 24) ли́ния (*мера длины* = $^1/_{12}$ *дюйма*) ◊ to be in ~ for smth. *амер.* быть на о́череди, име́ть шанс на что-л.; to be in ~ with smth. быть в согла́сии, соотве́тствовать чему́-л.; to come into ~ (with) соглаша́ться, де́йствовать в согла́сии; to bring smb. into ~ заста́вить кого́-л. согласи́ться; to get a ~ on smth. *амер.* добы́ть сведе́ния о чём-л.; to go down the ~ по́ртиться

**2.** *v* 1) проводи́ть ли́нии, линова́ть 2) выстра́ивать(ся) в ряд, в ли́нию; устана́вливать; to ~ a street with trees обсади́ть у́лицу дере́вьями 3) стоя́ть, тяну́ться вдоль (*чего-л.*; *тж.* ~ up) □ ~ **through** зачёркивать, вычёркивать; ~ **up** а) стро́ить(ся), выстра́ивать(ся) (в ли́нию); to ~ up in opposition дру́жно вы́ступить про́тив; б) станови́ться в о́чередь; в) размежёвываться; г) подыска́ть, подобра́ть; д): to ~ up votes собира́ть голоса́; е) присоединя́ться, солидаризи́роваться (with)

**line II** [laɪn] *v* 1) класть на подкла́дку 2) обива́ть (*чем-л.*) изнутри́ 3) *разг.* наполня́ть, набива́ть; to ~ one's pockets нажи́ться, разбогате́ть; to ~ one's stomach наби́ть желу́док 4) *тех.* выкла́дывать, облицо́вывать; футерова́ть

**lineage** ['lɪnɪɪdʒ] *n* 1) происхожде́ние, родосло́вная 2) = linage

**lineal** ['lɪnɪəl] *a* 1) происходя́щий по прямо́й ли́нии (of — от); насле́дственный, родово́й, фами́льный 2) лине́йный

**lineament** ['lɪnɪəmənt] *n* (*обыкн. pl*) 1) черты́ (*лица*); очерта́ния 2) отличи́тельная черта́ (*характера и т. п.*)

**linear** ['lɪnɪə] *a* 1) лине́йный; ~ equation *мат.* уравне́ние пе́рвой сте́пени; ~ measures ме́ры длины́ 2) подо́бный ли́нии, у́зкий и дли́нный

**lined I** [laɪnd] **1.** *p. p. от* line I, 2 **2.** *a* морщи́нистый, покры́тый морщи́нами

**lined II** [laɪnd] *p. p. от* line II

**line-drawing** ['laɪn,drɔ:ɪŋ] *n* рису́нок перо́м *или* карандашо́м

**line-engraving** ['laɪnɪn,greɪvɪŋ] *n* штрихова́я гравю́ра

**lineman** ['laɪnmən] *n* 1) лине́йный монтёр (*телефонный и т. п.*) 2) *ж.-д.* путево́й обхо́дчик 3) = linesman

**line map** ['laɪnmæp] *n* ко́нтурная ка́рта

**linen** ['lɪnɪn] **1.** *n* 1) полотно́; холст, паруси́на 2) *собир.* бельё **2.** *a* льняно́й

**linen-draper** ['lɪnɪn,dreɪpə] *n* торго́вец льняны́ми това́рами

**line officer** ['laɪn,ɔfɪsə] *n* строево́й офице́р

**liner I** ['laɪnə] *n* 1) ла́йнер, пассажи́рский парохо́д *или* самолёт, соверша́ющий регуля́рные ре́йсы 2) журнали́ст, получа́ющий постро́чную опла́ту

**liner II** ['laɪnə] *n* 1) *тех* вкла́дыш, вту́лка, ги́льза 2) *горн.* обса́дная труба́ 3) *воен.* подшле́мник 4) *тех.* прокла́дка; подкла́дка; облицо́вка

**linesman** ['laɪnzmən] *n спорт.* судья́ на ли́нии

**line-up** ['laɪnʌp] *n* 1) строй 2) *спорт.* расположе́ние игроко́в пе́ред нача́лом игры́; соста́в кома́нды 3) расстано́вка сил

**ling I** [lɪŋ] *n зоол.* морска́я щу́ка

**ling II** [lɪŋ] *n бот.* ве́реск обыкнове́нный

**linger** ['lɪŋgə] *v* 1) заси́живаться (on, over — над *чем-л.*); заде́рживаться (*где-л.*; about, round); теря́ть вре́мя да́ром 2) ме́длить, ме́шкать; опа́здывать 3) тяну́ться (*о времени*) 4) затя́гиваться (*о болезни*) 5) влачи́ть жа́лкое существова́ние, ме́дленно умира́ть (*тж.* ~ out one's days *или* life)

**lingerie** ['lænʒəri:] *фр. n* 1) да́мское бельё 2) *уст.* полотня́ные изде́лия

**lingering** ['lɪŋgərɪŋ] **1.** *pres. p. от* linger

2. *a* 1) медли́тельный 2) томи́тельный 3) затяжно́й (*о болезни, кризисе и т. п.*) 4) давни́шний; до́лгий; ~ dream давни́шняя мечта́
**lingo** ['lɪŋgəu] *n* (*pl* -oes [-əuz]) 1) специа́льный малопоня́тный жарго́н; профессиона́льная фразеоло́гия 2) *шутл., презр.* иностра́нный язы́к
**lingua franca** ['lɪŋgwə'fræŋkə] *ит. n* 1) сме́шанный язы́к из элеме́нтов рома́нских, гре́ческого и восто́чных языко́в, слу́жащий для обще́ния в восто́чном Средиземномо́рье 2) сме́шанный язы́к; широко́ распространённый жарго́н
**lingual** ['lɪŋgwəl] *a* 1) *анат.* язы́чный; ~ bone подъязы́чная кость 2) *лингв.* языково́й
**linguist** ['lɪŋgwɪst] *n* языкове́д, лингви́ст
**linguistic** [lɪŋ'gwɪstɪk] *a* языкове́дческий, лингвисти́ческий
**linguistics** [lɪŋ'gwɪstɪks] *n pl* (*употр. как sing*) языкозна́ние, языкове́дение, лингви́стика
**liniment** ['lɪnɪmənt] *n* жи́дкая мазь (*для растирания*)
**lining** I ['laɪnɪŋ] 1. *pres. p. от* line II
2. *n* 1) подкла́дка; вну́тренняя оби́вка 2) содержи́мое (*кошелька, желудка и т. п.*) 3) облицо́вка (*камнем*); обкла́дка; футеро́вка 4) *горн.* крепле́ние, крепь
**lining** II ['laɪnɪŋ] 1. *pres. p. от* line I, 2
2. *n* выпрямле́ние, выра́внивание
**link** I [lɪŋk] 1. *n* 1) (связу́ющее) звено́; связь; соедине́ние 2) *pl* у́зы; ~s of brotherhood у́зы бра́тства 3) коле́чко, ло́кон 4) пе́тля (*в вязанье*) 5) за́понка для манже́т 6) *тех.* шарни́р; кули́са 7) *геод.* звено́ землеме́рной це́пи (*как мера длины = 20 см*) 8) *радио, тлв.* реле́йная ли́ния
2. *v* 1) соединя́ть, свя́зывать, смыка́ть (together, to); сцепля́ть (*тж.* ~ up) 2) быть свя́занным (on, to — с), примыка́ть (on, to — к) 3) брать *или* идти́ по́д руку (*тж.* ~ one's arm through smb.'s arm)
**link** II [lɪŋk] *n* фа́кел
**linkage** ['lɪŋkɪdʒ] *n* 1) сцепле́ние, соедине́ние 2) *хим.* связь 3) *эл.* потокосцепле́ние, по́лный пото́к инду́кции
**link-motion** ['lɪŋk'məuʃən] *n тех.* кули́сное распределе́ние
**links** [lɪŋks] *n pl* 1) *шотл.* дю́ны 2) (*иногда как sing*) по́ле для игры́ в гольф
**link-up** ['lɪŋkʌp] *n* 1) соедине́ние; ~ on the Elbe *ист.* встре́ча на Эльбе 2) стыко́вка косми́ческих корабле́й
**link-verb** ['lɪŋkvə:b] *n грам.* глаго́л-свя́зка
**linn** [lɪn] *n* (*преим. шотл.*) 1) водопа́д 2) глубо́кий овра́г, уще́лье
**linnet** ['lɪnɪt] *n* коноплЯ́нка (*птица*)
**lino** I ['laɪnəu] = linoleum
**lino** II ['laɪnəu] = linotype
**linoleum** [lɪ'nəuljəm] *n* лино́леум
**lino operator** ['laɪnəu'ɔpəreɪtə] *n* линотипи́ст
**linotype** ['laɪnəutaɪp] *полигр.* 1. *n* линоти́п; ~ operator = lino operator
2. *v* набира́ть на линоти́пе
**linseed** ['lɪnsi:d] *n* 1) льняно́е се́мя 2) *attr.*: ~ cake льняны́е жмыхи́; ~ oil льняно́е ма́сло
**linsey-woolsey** ['lɪnzɪ'wulzɪ] *n* гру́бая полушерстяна́я ткань
**linstock** ['lɪnstɔk] *n воен. ист.* фити́льный пальни́к
**lint** [lɪnt] *n мед.* ко́рпия
**lintel** ['lɪntl] *n* перемы́чка окна́ *или* две́ри
**liny** ['laɪnɪ] *a* 1) испещрённый ли́ниями 2) морщи́нистый 3) то́нкий, худо́й
**lion** ['laɪən] *n* 1) лев; American mountain ~ пу́ма 2) *pl* достопримеча́тельности; to show (to see) the ~s пока́зывать (осма́тривать) достопримеча́тельности 3) знамени́тость 4) (L.) Лев (*созвездие и знак зодиака*) 5) (L.) национа́льная эмбле́ма Великобрита́нии ◇ the ~'s share льви́ная до́ля; ~ in the path (*или* in the way) *преим. ирон.* препя́тствие, опа́сность; to put one's head in the ~'s mouth рискова́ть
**lioness** ['laɪənɪs] *n* льви́ца
**lionet** ['laɪənɪt] *n* молодо́й лев, львёнок
**lion-hearted** ['laɪən,hɑ:tɪd] *a* хра́брый, неустраши́мый
**lion-hunter** ['laɪən,hʌntə] *n* 1) охо́тник на львов 2) челове́к, гоня́ющийся за знамени́тостями
**lionize** ['laɪənaɪz] *v* 1) носи́ться с кем-л. как со знамени́тостью 2) осма́тривать *или* пока́зывать достопримеча́тельности
**lip** [lɪp] 1. *n* 1) губа́; to put smth. to one's ~s попро́бовать что-л.; пригу́бить; not a drop has passed his ~s он ничего́ не пил, не ел; not a word has passed his ~s он не проронил ни слова́; to smack one's ~s обли́зываться, смакова́ть, предвкуша́ть удово́льствие; to escape one's ~s сорва́ться с языка́ 2) *разг.* де́рзкая болтовня́; де́рзость; none of your ~! без де́рзостей!; don't put on your (*или* any) ~ ну, ну, без наха́льства 3) край (*раны, сосуда, кратера*); вы́ступ 4) *муз.* амбушю́р 5) *гидр.* поро́г
2. *a* 1) губно́й 2) нейскренний, то́лько на слова́х; ~ professions неи́скренние увере́ния
3. *v* 1) каса́ться губа́ми; *поэт.* целова́ть 2) *редк.* говори́ть, бормота́ть
**lip-deep** ['lɪp'di:p] *a* пове́рхностный; неи́скренний
**lip-labour** ['lɪp,leɪbə] *n* слова́, повторя́емые механи́чески; пуста́я болтовня́
**lip-language** ['lɪp,læŋgwɪdʒ] = lip-reading
**lipped** I [lɪpt] *a* 1) с но́сиком (*о сосуде*) 2) = labiate 1
**lipped** II [lɪpt] *p. p. от* lip 3
**lip-read** ['lɪpri:d] *v* чита́ть с губ
**lip-reading** ['lɪp,ri:dɪŋ] *n* чте́ние с губ (*особ. как метод обучения глухонемых*)
**lipsalve** ['lɪpsɑ:v] *n* 1) гигиени́ческая губна́я пома́да, мазь для губ 2) лесть
**lip-service** ['lɪp,sə:vɪs] *n* неискренние словоизлия́ния; пусты́е слова́; to pay ~ to smth. признава́ть что-л. то́лько на слова́х; to pay ~ to smb. неи́скренне уверя́ть кого́-л. в пре́данности
**lipstick** ['lɪpstɪk] *n* губна́я пома́да
**liquate** ['lɪkweɪt] *v* пла́вить
**liquefaction** [,lɪkwɪ'fækʃən] *n* сжиже́ние, ожиже́ние; разжиже́ние
**liquefy** ['lɪkwɪfaɪ] *v* превраща́ть в жи́дкое состоя́ние; превраща́ться в жи́дкость
**liquescent** [lɪ'kwesənt] *a* переходя́щий в жи́дкое состоя́ние; растворя́ющийся
**liqueur** [lɪ'kjuə] *фр. n* ликёр
**liquid** ['lɪkwɪd] 1. *a* 1) жи́дкий 2) *поэт.* водяно́й, водяни́стый 3) непостоя́нный, неусто́йчивый (*о принципах, убеждениях*) 4) прозра́чный, све́тлый 5) пла́вный (*о звуках и т. п.*); ~ melody пла́вная мело́дия 6) *фин.* бы́стро реализу́емый, ликви́дный (*о ценных бумагах*) 7): ~ milk натура́льное молоко́
2. *n* 1) жи́дкость 2) *фон.* пла́вный звук [l, r]
**liquidate** ['lɪkwɪdeɪt] *v* 1) вы́платить (*долг*) 2) ликвиди́ровать дела́ (*о фирме*) 3) ликвиди́ровать; уничто́жить; поко́нчить (*с чем-л.*), изба́виться (*от чего-л.*) 4) обанкро́титься
**liquidation** [,lɪkwɪ'deɪʃən] *n* 1) упла́та до́лга 2) ликвида́ция де́ла; to go into ~ обанкро́титься 3) ликвида́ция; уничтоже́ние; избавле́ние (*от чего-л.*)
**liquor** ['lɪkə] 1. *n* 1) напи́ток 2) спиртно́й напи́ток; hard ~s кре́пкие напи́тки; in ~, the worse for ~ подвы́пивший, пья́ный 3) отва́р (*мясной*) 4) жир, в кото́ром жа́рилась ры́ба, бeко́н 5) ['lɪkwɔ:] *мед.* во́дный раство́р лека́рства
2. *v* 1) *разг.* выпива́ть (*обыкн.* ~ up) 2) сма́зывать жи́ром (*сапоги и т. п.*)
**liquorice** ['lɪkərɪs] *n* лакри́чник (*растение*); солодко́вый ко́рень, лакри́ца
**liquorish** ['lɪkərɪʃ] *a* лю́бящий вы́пить
**lira** ['lɪərə] *n* (*pl* lire) ли́ра (*денежная единица Италии*)
**lire** ['lɪərɪ] *pl от* lira
**lisle thread** ['laɪlθred] *n текст.* фильдеко́совая *или* фильдепе́рсовая нить
**lisp** [lɪsp] 1. *n* 1) шепеля́вость 2) ле́пет (*волн*); шо́рох, ше́лест
2. *v* 1) шепеля́вить 2) лепета́ть (*о детях*)
**lissom(e)** ['lɪsəm] *a* 1) ги́бкий 2) прово́рный, бы́стрый
**list** I [lɪst] 1. *n* 1) спи́сок, пе́речень, рее́стр; инвента́рь; to enter in a ~ вноси́ть в спи́сок; to make a ~ составля́ть спи́сок; duty ~ расписа́ние

дежу́рств 2) кро́мка, каёмка; кайма́, оторо́чка, бордю́р; край 3) *pl* огоро́женное ме́сто; аре́на (*турнира, состязания*); to enter the ~s а) бро́сить вы́зов; б) приня́ть вы́зов; в) уча́ствовать в состяза́нии 4) *архит.* ли́стель 5) *амер. с.-х.* борозда́, сде́ланная ли́стером 6) *attr.* сде́ланный из каймы́, поло́с, обре́зков; ~ slippers ко́мнатные ту́фли из обре́зков (*кожи, материи*)

2. *v* 1) вноси́ть в спи́сок; составля́ть спи́сок; to ~ for service вноси́ть в спи́ски военнообя́занных 2) *разг. см.* enlist 1); 3) *амер.* обраба́тывать зе́млю ли́стером

**list** II [lɪst] *мор.* **1.** *n* крен, накло́н; to take a ~ накрени́ться

2. *v* крени́ться, накреня́ться

**listen** [ˈlɪsn] *v* 1) слу́шать; прислу́шиваться (to); ~ here! послу́шай!; ~ for smth. прислу́шиваться, стара́ться услы́шать 2) выслу́шивать со внима́нием 3) слу́шаться; уступа́ть (*просьбе, искушению*) ▭ ~ in а) слу́шать радиопереда́чу; б) *воен.* подслу́шивать радиопереда́чу *или* разгово́р по телефо́ну

**listener** [ˈlɪsnə] *n* слу́шатель; радиослу́шатель

**listener-in** [ˈlɪsnərˈɪn] *n* 1) радиослу́шатель 2) *воен.* слуха́ч

**listening** [ˈlɪsnɪŋ] **1.** *pres. p. от* listen

**2.** *n* 1) слу́шание, прослу́шивание 2) *воен.* подслу́шивание

**listening dog** [ˈlɪsnɪŋdɔg] *n* сторожева́я соба́ка

**listening-in** [ˈlɪsnɪŋˈɪn] *n* 1) слу́шание по ра́дио 2) *воен.* подслу́шивание; перехва́т

**lister** [ˈlɪstə] *n с.-х.* ли́стер

**listless** [ˈlɪstlɪs] *a* вя́лый, апати́чный, безразли́чный

**lit** I [lɪt] *past и p. p. от* light I, 3

**lit** II [lɪt] *past и p. p. от* light III

**litany** [ˈlɪtənɪ] *n церк.* лита́ния; моле́бствие

**liter** [ˈliːtə] *амер.* = litre

**literacy** [ˈlɪtərəsɪ] *n* гра́мотность

**literal** [ˈlɪtərəl] **1.** *a* 1) бу́квенный; ~ error опеча́тка 2) буква́льный, досло́вный 3) то́чный 4) сухо́й, педанти́чный

**2.** *n* опеча́тка

**literalism** [ˈlɪtərəlɪzm] *n* 1) буквали́зм 2) понима́ние сло́ва в его́ буква́льном значе́нии 3) то́чность изображе́ния; копи́рование приро́ды

**literary** [ˈlɪtərərɪ] *a* 1) литерату́рный; ~ property а́вторское пра́во 2) литерату́рно образо́ванный

**literate** [ˈlɪtərɪt] **1.** *a* 1) гра́мотный 2) образо́ванный, учёный

**2.** *n* 1) гра́мотный челове́к 2) образо́ванный, учёный челове́к

**literati** [ˌlɪtəˈrɑːtiː] *лат. n pl* 1) литера́торы, писа́тели 2) образо́ванные лю́ди

**literatim** [ˌlɪtəˈrɑːtɪm] *лат. adv* буква́льно, сло́во в сло́во

**literature** [ˈlɪtərɪtʃə] *n* литерату́ра

**litharge** [ˈlɪθɑːdʒ] *n* глёт, о́кись свинца́

**lithe** [laɪð] *a* ги́бкий, пода́тливый

**lithesome** [ˈlaɪðsəm] = lissom(e)

**lithium** [ˈlɪθɪəm] *n хим.* ли́тий

**lithograph** [ˈlɪθəugrɑːf] **1.** *n* литогра́фия; литогра́фский о́ттиск

2. *v* литографи́ровать

**lithographer** [lɪˈθɔgrəfə] *n* лито́граф

**lithographic** [ˌlɪθəuˈgræfɪk] *a* литогра́фский, литографи́рованный

**lithographically** [ˌlɪθəuˈgræfɪkəlɪ] *adv* литогра́фским спо́собом

**lithography** [lɪˈθɔgrəfɪ] *n* литогра́фия

**litho-print** [ˈlɪθəuprɪnt] = lithograph 2

**lithotomy** [lɪˈθɔtəmɪ] *n мед.* камнесече́ние

**Lithuanian** [ˌlɪθju(ː)ˈeɪnjən] **1.** *a* лито́вский

**2.** *n* 1) лито́вец; лито́вка 2) лито́вский язы́к

**litigant** [ˈlɪtɪgənt] *юр.* **1.** *n* сторона́ (*в судебном процессе*)

2. *a* тя́жущийся

**litigate** [ˈlɪtɪgeɪt] *v* 1) суди́ться (*с кем-л.*); быть тя́жущейся стороно́й (*в судебном процессе*) 2) оспа́ривать (*на суде*)

**litigation** [ˌlɪtɪˈgeɪʃən] *n* тя́жба; суде́бный проце́сс

**litigious** [lɪˈtɪdʒəs] *a* 1) сутя́жнический 2) спо́рный, подлежа́щий суде́бному разбира́тельству

**litmus** [ˈlɪtməs] *n хим.* 1) ла́кмус 2) *attr.* ла́кмусовый; ~ paper ла́кмусовая бума́га

**litotes** [ˈlaɪtəutiːz] *n ритор.* лито́та

**litre** [ˈliːtə] *n* литр

**litter** [ˈlɪtə] **1.** *n* 1) носи́лки 2) соло́менная *и т. п.* подсти́лка (*для скота*) 3) помёт (*свиньи, собаки*) 4) разбро́санные ве́щи, бума́ги; сор, му́сор; беспоря́док

**2.** *v* 1) подстила́ть, настила́ть соло́му *и т. п.* (*обыкн.* ~ down) 2) пороси́ться, щени́ться *и т. п.*; производи́ть детёнышей 3) разбра́сывать в беспоря́дке (*вещи; тж.* ~ up); сори́ть

**litterateur** [ˌlɪtərəˈtəː] *фр. n* литера́тор, писа́тель

**litter-bearer** [ˈlɪtəˌbɛərə] *n* санита́р-носи́льщик

**litter-bin** [ˈlɪtəbɪn] *n* у́рна для му́сора

**littery** [ˈlɪtərɪ] *a* в беспоря́дке; захламлённый

**little** [ˈlɪtl] **1.** *a* (less, lesser; least) 1) ма́ленький; небольшо́й; ~ finger мизи́нец; ~ toe мизи́нец (*на ноге*); ~ ones а) де́ти; б) детёныши; the ~ people а) де́ти; б) э́льфы; ~ ways ма́ленькие, смешны́е сла́бости 2) коро́ткий (*о времени, расстоянии*); come a ~ way with me проводи́те меня́ немно́го 3) ма́лый, незначи́тельный; ~ things ме́лочи 4) ме́лочный, ограни́ченный; ~ things amuse ~ minds ме́лочи занима́ют (лишь) ме́лкие умы́ ◇ ~ Mary *разг.* желу́док; to go but a ~ way не хвата́ть

**2.** *adv* 1) немно́го, ма́ло; I like him ~ я его́ недолю́бливаю; a ~ немно́го; rest a ~ отдохни́те немно́го; ~ less (more) than немно́го ме́ньше (бо́льше), чем; to make ~ of smth. не принима́ть всерьёз, не придава́ть значе́ния 2) *с глаголами* know, dream, think *и т. п.* совсе́м не; ~ did he think that *или* he ~ thought that он и не ду́мал, что

**3.** *n* 1) небольшо́е коли́чество; немно́гое, ко́е-что́, пустя́к; ~ by ~ ма́ло-пома́лу, постепе́нно; ~ or nothing почти́ ничего́; not a ~ нема́ло; knows a ~ of everything зна́ет понемно́гу обо всём; in ~ а) в небольшо́м масшта́бе; б) *жив.* в миниатю́ре 2) коро́ткое, непродолжи́тельное вре́мя; after a ~ you will feel better ско́ро вам ста́нет лу́чше; for a ~ на коро́ткое вре́мя ◇ from ~ up *амер. разг.* с де́тства

**little-go** [ˈlɪtlgəu] *n разг.* пе́рвый экза́мен на сте́пень бакала́вра (*в Кембридже*)

**littleness** [ˈlɪtlnɪs] *n* 1) ма́лая величина́, незначи́тельность 2) ме́лочность; ничто́жность

**littoral** [ˈlɪtərəl] **1.** *a* прибре́жный; примо́рский

**2.** *n* побере́жье; примо́рский райо́н

**liturgy** [ˈlɪtə(ː)dʒɪ] *n* 1) литурги́я 2) ритуа́л церко́вной слу́жбы

**livable** [ˈlɪvəbl] *a* 1) го́дный, приго́дный для жилья́ 2) ужи́вчивый; обще́тельный

**live** I [lɪv] *v* жить; существова́ть; обита́ть; to ~ in a small way жить скро́мно; to ~ within (above, beyond) one's income (*или* means) жить (не) по сре́дствам; to ~ on one's salary жить на жа́лованье; to ~ on bread and water пита́ться хле́бом и водо́й; to ~ on others жить на чужи́е сре́дства; to ~ to be old (seventy, eighty, *etc.*) дожи́ть до ста́рости (до семи́десяти, восьми́десяти *и т. д.*); to ~ to see smth. дожи́ть до чего́-л. ▭ ~ **down** загла́дить, искупи́ть (свои́м поведе́нием, о́бразом жи́зни); ~ **in** име́ть кварти́ру по ме́сту слу́жбы; ~ **off** жить за счёт (*чего-л.; кого-л.*); to ~ off the soil жить на дохо́ды с земли́; ~ **out** а) пережи́ть; б) прожи́ть, протяну́ть (*о больном*); в) име́ть кварти́ру отде́льно от ме́ста слу́жбы; ~ **through** пережи́ть; ~ **up to** жить согла́сно (*принципам и т. п.*); быть досто́йным (*чего-л.*) ◇ as I ~ by bread!, as I ~ and breathe! че́стное сло́во!; to ~ on air не име́ть средств к существова́нию; to ~ it up прожига́ть жизнь; ~ and learn! ≅ век живи́, век учи́сь!

**live** II [laɪv] *a* 1) живо́й 2) живо́й, де́ятельный, энерги́чный, по́лный сил 3) жи́зненный; реа́льный; животрепе́щущий; ~ issue актуа́льный вопро́с 4) горя́щий, непога́сший; ~ coals горя́щие у́гли 5) де́йствующий; невзорва́вшийся, боево́й (*о патроне и т. п.*) 6) я́ркий, нету́склый (*о цвете*) 7) перемённый, меняющийся (*о нагрузке*) 8) *эл.* под напряжением 9) *радио, тлв.* передающийся непосредственно с места действия (*без предварительной записи на плёнку или киноленту*); a ~ program репортаж с места событий ◊ ~ weight живой вес; ~ wire энергичный человек, огонь

**liveable** ['lɪvəbl] = livable

**live farming** ['laɪv,fɑːmɪŋ] *n* животноводческое хозяйство

**livelihood** ['laɪvlɪhud] *n* средства к жизни; to earn an honest ~ жить честным трудом; to pick up a scanty ~ еле перебиваться

**liveliness** ['laɪvlɪnɪs] *n* живость, оживление, весёлость

**livelong** ['lɪvlɔŋ] *a поэт.* целый, весь; вечный; the ~ day день-деньской

**lively** ['laɪvlɪ] **1.** *a* 1) живой (*об описании и т. п.*) 2) оживлённый, весёлый; ~ with humour искрящийся юмором 3) яркий, сильный (*о впечатлении, цвете и т. п.*) 4) быстрый; быстро отскакивающий (*о мяче*) 5) свежий (*о ветре*) ◊ to make things ~ for smb. доставлять кому-л. неприятные минуты; задать жару кому-л.

**2.** *adv* весело, оживлённо

**liven** ['laɪvn] *v* оживить(ся), развеселить(ся) (*тж.* ~ up)

**live-oak** ['laɪv'əuk] *n бот.* дуб виргинский

**liver I** ['lɪvə] *n* 1): good ~ а) хороший, добродетельный человек; б) жуир; гуляка; loose ~ распущенный человек; close ~ скупец 2) *амер.* житель

**liver II** ['lɪvə] *n* 1) *анат.* печень 2) печёнка (*пища*)

**liver-coloured** ['lɪvə'kʌləd] *a* тёмно-каштановый

**liver-fluke** ['lɪvəfluːk] *n мед.* печёночная двуустка (*паразит*)

**liveried** ['lɪvərɪd] *a* носящий ливрею, в ливрее

**liverish** ['lɪvərɪʃ] *a разг.* страдающий болезнью печени

**Liverpudlian** [,lɪvə'pʌdlɪən] *шутл.* **1.** *n* житель Ливерпуля

**2.** *a* ливерпульский

**liverwort** ['lɪvəwəːt] *n бот.* печёночник

**livery I** ['lɪvərɪ] *a* 1) тёмно-каштановый 2) = liverish 3) раздражительный

**livery II** ['lɪvərɪ] *n* 1) ливрея 2) *ист.* костюм члена гильдии 3) *поэт.* наряд, убор; the ~ of spring весенний наряд (*природы*) 4) прокорм *или* содержание лошади; прокат (*лошадей, экипажей, лодок и т. п.*); at ~ помещённый в платную конюшню (*о лошади*) 5) *юр.* ввод во владение 6) платная конюшня 7) *attr.* ливрейный; ~ servant ливрейный лакей

**liveryman** ['lɪvərɪmən] *n* 1) член гильдии 2) содержатель платной конюшни; извозопромышленник

**livery stable** ['lɪvərɪ,steɪbl] *n* платная конюшня; извозчичий двор

**lives** [laɪvz] *pl от* life

**live-stock** ['laɪvstɔk] *n* 1) живой инвентарь, домашний скот 2) *attr.*: ~ breeding племенное животноводство; ~ capita поголовье скота

**livid** ['lɪvɪd] *a* 1) синевато-багровый 2) серовато-синий 3) мертвенно-бледный 4) *разг.* очень сердитый, злой; ~ with wrath вне себя от ярости

**living I** ['lɪvɪŋ] **1.** *pres. p. от* live I

**2.** *n* 1) средства к существованию; to make one's ~ зарабатывать на жизнь 2) жизнь, образ жизни; plain ~ скромная, простая жизнь; standard of ~ уровень жизни 3) пища, стол 4) *церк.* бенефиций, приход 5) *attr.* жилой; ~ quarters жилое помещение 6) *attr.*: ~ essentials предметы первой необходимости

**living II** ['lɪvɪŋ] **1.** *a* 1) живой; живущий, существующий; the greatest ~ poet крупнейший современный поэт 2) живой, интересный 3) очень похожий; he is the ~ image of his father он копия своего отца, он вылитый отец ◊ ~ death жалкое существование; within ~ memory на памяти живущих, на памяти нынешнего поколения; the ~ theatre театр (*в противоп. кино и телевидению*)

**2.** *n*: the ~ наши современники; he is still in the land of the ~ он ещё жив

**living-room** ['lɪvɪŋrum] *n* гостиная, общая комната

**living-space** ['lɪvɪŋspeɪs] *n* 1) жизненное пространство 2) жилая площадь

**lixiviate** [lɪk'sɪvɪeɪt] *v* выщелачивать

**lixivium** [lɪk'sɪvɪəm] *n* щёлок

**lizard** ['lɪzəd] *n* ящерица

**lizzie** ['lɪzɪ] *n* дешёвый автомобиль, *преим.* форд (*тж.* tin ~)

**'ll** [-l] *сокр. разг. от* will *и* shall: he'll = he will, they'll = they will *и т. д.*

**llama** ['lɑːmə] *n зоол.* лама

**llano** ['ljɑːnəu] *n* (*pl* -os [-əuz]) льяносы (*обширные равнины в Южной Америке*)

**Lloyd's** [lɔɪdz] *n* 1) Ллойд (*морское страховое объединение*) 2) регистр Ллойда (*тж.* ~ register) ◊ A 1 at ~ превосходный; первоклассный

**lo** [ləu] *int. уст.* вот!, смотри!, слушай!; lo and behold! и вот!; и вдруг, о чудо!

**loach** [ləutʃ] *n* голец (*рыба*)

**load** [ləud] **1.** *n* 1) груз 2) бремя, тяжесть; ~ of care бремя забот; to take a ~ off one's mind избавиться от (гнетущего) беспокойства *и т. п.*; that's a ~ off my mind ≅ точно камень с души свалился 3) партия груза на вагон, судно *и т. п.* 4) количество работы, нагрузка; a teaching ~ of twelve hours a week педагогическая нагрузка 12 часов в неделю 5) *pl разг.* обилие, множество 6) *воен.* заряд 7) *тех.* нагрузка ◊ to have a ~ on *жарг.* «нагрузиться», нализаться

**2.** *v* 1) грузить, нагружать; грузиться (*о корабле, вагонах*) 2) обременять (*заботой*); нагружать (*работой*); ~ more work on him дай ему побольше работы 3) отягощать (*напр., желудок*); наедаться 4) осыпать (*подарками, упрёками и т. п.*) 5) заряжать (*оружие, плёнку в кинокамеру*); ~ quickly! заряжай! 6) наливать свинцом (*напр., трость*); to ~ the dice а) наливать свинцом игральные кости; б) давать *или* получать незаслуженное преимущество 7) подбавлять к вину спирт, наркотики 8) играть нечестно 9) насыщать; ~ed with fragrance насыщенный ароматом (*о воздухе*) 10) *sl.* употреблять наркотики 11) *жив.* класть густо (*краску*) □ ~ up а) грузиться; б) наедаться; напиваться ◊ to be (*или* to get) ~ed *разг.* напиться, нализаться

**loaded** ['ləudɪd] **1.** *p. p. от* load 2

**2.** *a* 1): ~ dice игральные кости, налитые свинцом; *перен.* нечестно добытое преимущество 2): ~ question а) вопрос, в котором содержится ответ; б) провокационный вопрос 3) *амер. разг.* пьяный 4) *амер. разг.* при деньгах 6) веский, весомый; ~ word веское слово

**loader** ['ləudə] *n* 1) грузчик 2) погрузочное приспособление 3) заряжающий (*в орудийном расчёте*)

**loading** ['ləudɪŋ] **1.** *pres. p. от* load 2

**2.** *n* 1) погрузка 2) груз, нагрузка 3) заряжание 4) *эл.* приложение нагрузки

**load-line** ['ləudlaɪn] *n* грузовая ватерлиния

**load-on** ['ləud'ɔn] *n разг.* выпивка; to get a ~ нализаться, напиться

**load-shedding** ['ləud,ʃedɪŋ] *n эл.* сброс нагрузки; принудительное отключение в часы пик

**loadstar** ['ləudstɑː] = lodestar

**loadstone** ['ləudstəun] *n* магнетит, магнитный железняк

**loaf I** [ləuf] *n* (*pl* loaves) 1) буханка, каравай; булка 2) голова сахару (*тж.* sugar-~) 3) кочан (*капусты*) 4) *sl.* голова; use your ~ ≅ пошевели(те) мозгами ◊ loaves and fishes *библ.* земные блага; half a ~ is better than no bread *посл.* ≅ лучше хоть что-нибудь, чем ничего

**loaf II** [ləuf] **1.** *n* безделье, ничегонеделание; to have a ~ бездельничать

**2.** *v* 1) бездельничать; зря терять время; to ~ away one's time праздно проводить время 2) слоняться, шататься

**loafer** ['ləufə] *n* 1) бездельник 2) бродяга 3) (*обыкн. pl*) лёгкие кожаные туфли типа мокасин

**loaf-sugar** ['ləuf,ʃugə] *n* сахар-рафинад (головами)

**loam** [ləum] *n* 1) суглинок (*тж.* clay ~) 2) плодородная земля; глина и песок с перегноем 3) глина для кирпичей; формовочная глина

**loamy** ['ləumɪ] *a* сугли́нистый; ме́ргельный

**loan** [ləun] **1.** *n* 1) заём; government ~ госуда́рственный заём 2) ссу́да; что-л. да́нное для вре́менного по́льзования (*напр., книга*); on ~ а) взаймы́; б) предоста́вленный для вы́ставки (*об экспонате*) 3) заи́мствование (*о слове, мифе, обычае*)

**2.** *v* (*преим. амер.*) дава́ть взаймы́, ссужа́ть

**loan collection** ['ləunkə,lekʃən] *n* колле́кция карти́н, вре́менно предоста́вленная владе́льцами для вы́ставки

**loan show** ['ləunʃəu] *n* вы́ставка карти́н, предоста́вленных музе́ю на определённый срок

**loan-society** ['ləunsə,saɪətɪ] *n* ка́сса взаимопо́мощи

**loan-translation** ['ləuntræns,leɪʃən] *n* *лингв.* ка́лька

**loan-word** ['ləunwə:d] *n* заи́мствованное сло́во

**loath** [ləuθ] *a predic.* несклóнный, нежела́ющий; неохо́тный; to be ~ to do smth. не хоте́ть сде́лать что-л.; nothing ~ охо́тно

**loathe** [ləuð] *v* 1) чу́вствовать отвраще́ние 2) ненави́деть 3) *разг.* не люби́ть

**loathful** ['ləuðful] = loathsome

**loathing** ['ləuðɪŋ] **1.** *pres. p. от* loathe

**2.** *n* 1) отвраще́ние; to be filled with ~ испы́тывать отвраще́ние 2) не́нависть

**loathsome** ['ləuðsəm] *a* вызыва́ющий отвраще́ние; отврати́тельный, проти́вный

**loath-to-depart** ['ləuθtədɪ'pɑ:t] *n* проща́льная песнь

**loaves** [ləuvz] *pl от* loaf I

**lob** [lɔb] **1.** *v* 1) идти́ *или* бежа́ть тяжело́, неуклю́же (*тж.* ~ along) 2) высоко́ подбро́сить мяч (*в теннисе и т. п.*)

**2.** *n* высоко́ подбро́шенный мяч (*в теннисе и т. п.*)

**lobby** ['lɔbɪ] **1.** *n* 1) вестибю́ль; приёмная; фойе́; холл; коридо́р 2) *парл.* кулуа́ры; division ~ коридо́р, куда́ чле́ны англи́йского парла́мента выхо́дят при голосова́нии 3) ло́бби, завсегда́таи кулуа́ров (*парламента, конгресса*); гру́ппа лиц, «обраба́тывающих» чле́нов парла́мента и́ли конгре́сса в по́льзу того́ и́ли ино́го законопрое́кта 4) заго́н для скота́

**2.** *v* пыта́ться возде́йствовать на чле́нов парла́мента и́ли конгре́сса, «обраба́тывать» их □ ~ **through** провести́ законопрое́кт посре́дством закули́сных махина́ций

**lobbyist** ['lɔbɪɪst] *n* 1) лобби́ст, завсегда́тай кулуа́ров, ока́зывающий давле́ние на чле́нов конгре́сса 2) журнали́ст, добыва́ющий информа́цию в кулуа́рах парла́мента

**lobe** [ləub] *n* 1) до́ля; ~ of the lung *анат.* лёгочная до́ля; ~ of the ear мо́чка у́ха 2) *тех.* кулачо́к

**lobelia** [ləu'bi:ljə] *n бот.* лобе́лия

**loblolly** ['lɔblɔlɪ] *n мор. разг.* густа́я ка́ша

**loblolly boy** ['lɔblɔlɪ'bɔɪ] *n мор.* судово́й фе́льдшер

**lobster** ['lɔbstə] *n* 1) ома́р; red as a ~ ≅ кра́сный как рак 2) *уст. презр.* англи́йский солда́т, «красномунди́рник» 3) *разг.* неуклю́жий челове́к ◇ ~ shift = graveyard shift [*см.* graveyard ◇]

**lobster-eyed** ['lɔbstər'aɪd] *a* пучегла́зый

**lobule** ['lɔbju:l] *n* до́лька (*листа, плода*)

**lobworm** ['lɔbwə:m] *n зоол.* пескожи́л (*червь*)

**local** ['ləukəl] **1.** *a* 1) ме́стный; ~ committee месткóм, ме́стный комите́т (*профсоюза*); ~ train при́городный по́езд; ~ engagement *воен.* бой ме́стного значе́ния; ~ war лока́льная война́; ~ board *амер.* участко́вая призывна́я коми́ссия; ~ defence *воен.* самооборо́на; Local Government Board департа́мент, ве́дающий ме́стным самоуправле́нием; ~ name а) назва́ние ме́стности; б) ме́стное назва́ние; ~ option (*или* veto) пра́во жи́телей о́круга контроли́ровать *или* запреща́ть прода́жу спиртны́х напи́тков; ~ examinations экза́мены, проводи́мые в шко́лах (на места́х) представи́телями университе́тов; ~ room *амер.* отде́л, реда́кция ме́стных новосте́й (*в газете*); ~ adverb *грам.* наре́чие ме́ста 2) распространённый в отде́льных места́х; части́чный, ча́стный (*обыкн.* quite ~, very ~); ~ anaesthesia ме́стная анестези́я; ~ armistice *воен.* ча́стное переми́рие

**2.** *n* 1) ме́стная парти́йная *или* профсою́зная организа́ция 2) ме́стный жи́тель 3) ме́стные но́вости (*в газете*) 4) при́городный по́езд *или* авто́бус 5) *разг.* ме́стный тракти́р 6) *pl* = local examinations [*см.* local 1, 1)]

**locale** [ləu'kɑ:l] *n* ме́сто де́йствия

**localism** ['ləukəlɪzm] *n* 1) ме́стные интере́сы; ме́стный патриоти́зм; ме́стничество 2) у́зость интере́сов, провинциали́зм 3) *лингв.* ме́стное выраже́ние, провинциали́зм

**locality** [ləu'kælɪtɪ] *n* 1) ме́стность; райо́н, уча́сток; местоположе́ние; defended ~ *воен.* райо́н оборо́ны; inhabited (*или* populated) ~ населённый пункт 2) (*часто pl*) окре́стность; in the ~ of побли́зости от 3) *pl* населённые пу́нкты 4) при́знаки, характе́рные черты́ ме́стности; sense (*или* bump *разг.*) of ~ уме́ние ориенти́роваться

**localize** ['ləukəlaɪz] *v* 1) локализова́ть, ограни́чивать распростране́ние; to ~ infection ограни́чить распростране́ние инфе́кции 2) относи́ть к определённому ме́сту 3) определя́ть местонахожде́ние

**locally** ['ləukəlɪ] *adv* 1) в определённом ме́сте 2) в ме́стном масшта́бе

**locate** [ləu'keɪt] *v* 1) определя́ть ме́сто, местонахожде́ние 2) располага́ть в определённом ме́сте; назнача́ть ме́сто (*для постройки и т. п.*) 3) посели́ть(ся); to be ~d in жить в; быть располо́женным в

**location** [ləu'keɪʃən] *n* 1) определе́ние ме́ста (*чего-л.*); обнару́жение, нахожде́ние 2) поселе́ние (*на жительство*) 3) размеще́ние; *воен.* дислока́ция 4) местожи́тельство; уча́сток 5) фе́рма (*в Австралии*) 6) *юр.* сда́ча внаём 7) *кино* ме́сто нату́рных съёмок; on ~ на нату́ре (*о съёмках*)

**locative** ['lɔkətɪv] *грам.* **1.** *a* ме́стный

**2.** *n* ме́стный паде́ж

**locator** [ləu'keɪtə] *n амер.* землеме́р

**loch** [lɔk] *n шотл.* 1) о́зеро 2) у́зкий морско́й зали́в

**loci** ['ləusaɪ] *pl от* locus

**lock** I [lɔk] *n* 1) ло́кон; *pl* во́лосы 2) пучо́к (*волос*), клок (*шерсти*)

**lock** II [lɔk] **1.** *n* 1) замо́к (*тж. в оружии*); запо́р; затво́р; щеко́лда; under ~ and key за́пертый, под замко́м 2) *тех.* сто́пор, чека́ 3) зато́р (*в уличном движении*) 4) шлюз; плоти́на; гать 5) венерологи́ческая лече́бница (*тж.* L. Hospital) ◇ ~, stock and barrel *разг.* целико́м, по́лностью; всё вме́сте взя́тое, гурто́м

**2.** *v* 1) запира́ть(ся) на замо́к 2) сжима́ть (*в объятиях, в борьбе*); сти́скивать (*зубы*) 3) тормози́ть; затормози́ться 4) соединя́ть, сплета́ть (*пальцы, руки*) 5) шлюзова́ть; to ~ up (down) проводи́ть су́дно по шлю́зам вверх (вниз) по реке́, кана́лу □ ~ **away** спря́тать под замо́к, запере́ть; ~ **in** запира́ть и не выпуска́ть из ко́мнаты *и т. п.*; ~ **out** а) запере́ть дверь и не впуска́ть; б) объявля́ть локау́т; ~ **up** а) запира́ть; б) сажа́ть в тюрьму́; заключа́ть в сумасше́дший дом; в) вложи́ть капита́л в тру́дно реализу́емые бума́ги; г)ута́ивать (*факты, сведения*) ◇ to ~ the stable door after the horse has been stolen ≅ хвати́ться сли́шком по́здно

**lockage** ['lɔkɪdʒ] *n* 1) шлюзовы́е сооруже́ния и механи́змы 2) прохожде́ние (*судна*) че́рез шлю́зы 3) шлюзово́й сбор

**lock-chamber** ['lɔk,tʃeɪmbə] *n* шлюзова́я ка́мера

**locker** ['lɔkə] *n* 1) запира́ющийся шка́фчик; я́щик; *мор. тж.* рунду́к 2) отделе́ние (*в холодильнике*) для хране́ния свежезаморо́женных проду́ктов ◇ not a shot in the ~ *разг.* ни гроша́ в карма́не; Davy Jones's ~ дно морско́е, моги́ла моряко́в

**locker room** ['lɔkərum] *n* раздева́лка (*на заводе, стадионе и т. п. с шкафчиками для личных вещей*)

**locket** ['lɔkɪt] *n* медальо́н

**lockfast** ['lɔkfɑ:st] *a шотл.* хорошо́, основа́тельно за́пертый

**lock-gate** ['lɔk'geɪt] *n* шлю́зные воро́та

**Lock Hospital** ['lɔk'hɔspɪtl] = lock II, 1, 5)

**lock house** ['lɔkhaus] *n* сторо́жка при шлю́зе

**locking-finger** [ˈlɔkɪŋˌfɪŋɡə] = finger 1, 2)

**lock-jaw** [ˈlɔkdʒɔː] *n мед.* сжа́тие че́люстей, тризм че́люсти

**lock-keeper** [ˈlɔkˌkiːpə] *n* нача́льник шлю́за

**lock-nut** [ˈlɔknʌt] *n* контрга́йка

**lock-out** [ˈlɔkaut] *n* лока́ут

**locksman** [ˈlɔksmən] *n* 1) = lock-keeper 2) *уст.* тюре́мщик

**locksmith** [ˈlɔksmɪθ] *n* сле́сарь

**lock-stitch** [ˈlɔkstɪtʃ] *n текст.* закры́тый стежо́к; челно́чный стежо́к

**lock-up** [ˈlɔkʌp] *n* 1) вре́мя закры́тия, прекраще́ния рабо́ты 2) ареста́нтская ка́мера; *разг.* тюрьма́ 3) мёртвый капита́л 4) *attr.* запира́емый, запира́ющийся; ~ shop ла́вка без жило́го помеще́ния

**loco** I [ˈləukəu] **1.** *n амер.* 1) *бот.* астрага́л (*ядовитое растение*) 2) боле́знь скота́, вызыва́емая э́тим расте́нием (*тж.* ~ disease)

**2.** *a разг.* сумасше́дший; to go ~ сойти́ с ума́, спя́тить

**3.** *v разг.* свести́ с ума́

**loco** II [ˈləukəu] *сокр. от* locomotive 1, 1)

**locomobile** [ˈləukəˌməubaɪl] **1.** *n* локомоби́ль

**2.** *a* самодвижу́щийся

**locomotion** [ˌləukəˈməuʃən] *n* передвиже́ние; means of ~ сре́дства передвиже́ния

**locomotive** [ˈləukəˌməutɪv] **1.** *n* 1) локомоти́в, парово́з, теплово́з, электрово́з 2) *pl разг.* но́ги; to use one's ~s ≅ идти́ на свои́х на двои́х

**2.** *a* 1) дви́жущий(ся); ~ power дви́жущая си́ла; ~ faculty спосо́бность движе́ния 2) *шутл.* постоя́нно путеше́ствующий 3) двига́тельный 4) локомоти́вный; ~ depot парово́зное депо́

**locum** [ˈləukəm] *лат. n*: to do ~ вре́менно исполня́ть обя́занности (*врача, священника и т. п.*); ~ tenens вре́менный замести́тель

**locus** [ˈləukəs] *лат. n* (*pl* loci) 1) местоположе́ние; ~ sigilli ме́сто печа́ти (*на документе*) 2) траекто́рия 3) *мат.* геометри́ческое ме́сто то́чек

**locust** [ˈləukəst] *n* 1) саранча́ перелётная *или* обыкнове́нная 2) *распр.* цика́да 3) *бот.* псевдоака́ция, роби́ния-ложноака́ция; бе́лая ака́ция 4) *бот.* рожко́вое де́рево; honey ~ гледи́чия сла́дкая 5) *разг.* жа́дный, прожо́рливый челове́к 6) *attr.*: ~ beans плоды́ рожко́вого де́рева, царегра́дские стручки́, рожки́

**locust-tree** [ˈləukəsttriː] = locust 3) *и* 4)

**locution** [ləuˈkjuːʃən] *n* выраже́ние, оборо́т ре́чи, идио́ма

**lode** [ləud] *n* 1) *геол.* (ру́дная) жи́ла; за́лежь 2) = loadstone

**lodestar** [ˈləudstaː] *n* 1) Поля́рная звезда́ 2) путево́дная звезда́

**lodge** [lɔdʒ] **1.** *n* 1) до́мик; сторо́жка у воро́т; помеще́ние привра́тника, садо́вника *и т. п.* 2) охо́тничий до́мик; вре́менное жили́ще 3) пала́тка инде́йцев, вигва́м 4) ме́стное отделе́ние не́которых профсою́зов (*напр., железнодорожников*) 5) ло́жа (*масонская*) 6) ха́тка (*бобра*); нора́ (*выдры*) 7) *редк.* ло́жа (*в театре*) 8) кварти́ра дире́ктора колле́джа (*в Кембридже*) 9) *горн.* ру́дный двор

**2.** *v* 1) дать помеще́ние, приюти́ть; посели́ть 2) квартирова́ть; вре́менно прожива́ть; снима́ть ко́мнату, у́гол (*у кого-л.*) 3) всади́ть (*пулю и т. п.*) 4) засе́сть, застря́ть (*о пуле и т. п.*) 5) класть (*в банк*); дава́ть на хране́ние (with — *кому-л.*; in — *куда-л.*) 6) подава́ть (*жалобу, прошение*; with, in); предъявля́ть (*обвинение*) 7) приби́ть (*о ветре, ливне*) 8) поле́чь от ве́тра (*о посевах*) ▭ ~ **out** а) провести́ ночь в общежи́тии при вокза́ле (*о железнодорожном служащем*); б) не ночева́ть до́ма ◇ to ~ power with smb. (*или* in the hands of smb.) облека́ть кого́-л. вла́стью, полномо́чиями

**lodgement** [ˈlɔdʒmənt] *n* 1) жили́ще, кварти́ра; прию́т (*тж. перен.*); the idea found ~ in his mind мысль засе́ла в его́ мозгу́ 2) скопле́ние (*чего-л.*); зато́р; a ~ of dirt in a pipe засоре́ние трубы́ 3) пода́ча (*жалобы и т. п.*) 4) *воен. ист.* ложеме́нт 5) *воен.* закрепле́ние на захва́ченной пози́ции; to find (*или* to make) a ~ обоснова́ться, закрепи́ться 6) *горн.* водосбо́рник

**lodger** [ˈlɔdʒə] *n* жиле́ц; to take in ~s сдава́ть ко́мнаты жильца́м

**lodging** [ˈlɔdʒɪŋ] **1.** *pres. p. от* lodge 2

**2.** *n* 1) жили́ще 2) *pl* (снима́емая *или* сдава́емая) ко́мната, ко́мнаты; кварти́ра; dry ~ помеще́ние, сдава́емое без пита́ния 3) *attr.*: ~ allowance (*или* money) *воен.* кварти́рные де́ньги ◇ ~ turn *ж.-д.* ночна́я сме́на, ночно́е дежу́рство

**lodging-house** [ˈlɔdʒɪŋhaus] *n* меблиро́ванные ко́мнаты; common ~ ночле́жный дом

**lodgment** [ˈlɔdʒmənt] = lodgement

**loess** [ˈləuɪs] *n геол.* лёсс

**loft** [lɔft] **1.** *n* 1) черда́к 2) сенова́л 3) голубя́тня 4) *амер.* ве́рхний эта́ж (*торгового помещения, склада*) 5) хо́ры (*в церкви*) 6) *мор.* плаз 7) уда́р, посыла́ющий мяч вверх (*в гольфе*)

**2.** *v* 1) посыла́ть мяч вверх (*в гольфе*) 2) держа́ть голубе́й

**loftiness** [ˈlɔftɪnɪs] *n* 1) больша́я высота́ 2) возвы́шенность (*идеалов и т. п.*) 3) вели́чественность; ста́тность 4) высокоме́рие, надме́нность

**loft-room** [ˈlɔftrum] *n* плодохрани́лище

**lofty** [ˈlɔftɪ] *a* 1) о́чень высо́кий (*не о людях*) 2) возвы́шенный (*об идеалах и т. п.*) 3) вели́чественный 4) высокоме́рный, надме́нный; гордели́вый

**log** [lɔɡ] **1.** *n* 1) бревно́; коло́да; чурба́н; кряж 2) *мор.* лаг; to heave the ~ броса́ть лаг 3) = log-book 4) *геол.* разре́з буро́вой сква́жины ◇ to keep the ~ rolling рабо́тать в бы́стром те́мпе; to split the ~ объясня́ть что-л.

**2.** *v* 1) рабо́тать на лесозаготовках 2) *мор.* вноси́ть в ва́хтенный *и т. п.* журна́л 3) *мор.* проходи́ть по ла́гу (*расстояние*); развива́ть (ско́рость) по ла́гу ▭ ~ **off** выкорчёвывать

**loganberry** [ˈləuɡənbərɪ] *n бот.* лога́нова я́года (*гибрид малины с ежевикой*)

**logarithm** [ˈlɔɡərɪðəm] *n* логари́фм

**log-book** [ˈlɔɡbuk] *n* 1) ва́хтенный журна́л; бортово́й журна́л (*самолёта*); журна́л радиоста́нции *и т. п.* 2) формуля́р (*автомашины, самолёта*)

**log cabin** [ˈlɔɡˌkæbɪn] *n амер.* бреве́нчатый до́мик

**log frame** [ˈlɔɡfreɪm] *n* лесопи́льная ра́ма

**logged** [lɔɡd] **1.** *p. p. от* log 2

**2.** *a* 1) отяжеле́вший; пропита́вшийся водо́й 2) стоя́чий (*о воде*); боло́тистый 3) расчи́щенный от ле́са

**logger** [ˈlɔɡə] *n амер.* 1) лесору́б 2) *амер.* лесопогру́зчик (*машина*)

**loggerhead** [ˈlɔɡəhed] *n* 1) непропорциона́льно больша́я голова́ 2) род морско́й черепа́хи 3) *уст.* болва́н ◇ to be at ~s with smb. пререка́ться, ссо́риться с кем-л.; быть в натя́нутых отноше́ниях с кем-л.; to fall (*или* to get, to go) to ~s дойти́ до дра́ки

**logging** [ˈlɔɡɪŋ] **1.** *pres. p. от* log 2

**2.** *n* загото́вка и транспортиро́вка ле́са

**log-head** [ˈlɔɡhed] *n* болва́н, дура́к

**log hut** [ˈlɔɡhʌt] = log cabin

**logic** [ˈlɔdʒɪk] *n* ло́гика

**logical** [ˈlɔdʒɪkəl] *a* 1) логи́ческий 2) логи́чный, после́довательный

**logician** [ləuˈdʒɪʃən] *n* ло́гик

**logistical** [ləuˈdʒɪstɪkəl] *a воен.* относя́щийся к ты́лу, тылово́й; ~ number но́мер, присва́иваемый гру́зу при автоперево́зке; ~ support материа́льно-техни́ческое обеспе́чение

**logistics** [ləuˈdʒɪstɪks] *n pl воен.* тыл и снабже́ние, материа́льно-техни́ческое обеспе́чение, рабо́та ты́ла

**log-juice** [ˈlɔɡdʒuːs] *n sl.* дешёвый портве́йн

**log-man** [ˈlɔɡmən] *n амер.* лесору́б

**logogram** [ˈlɔɡəuɡræm] *n* знак *или* бу́ква, заменя́ющие сло́во; логогра́мма

**logomachy** [lɔˈɡɔməkɪ] *n* пусто́е слопре́ние; спор о слова́х

**log-roll** [ˈlɔɡrəul] *v амер.* ока́зывать взаи́мные услу́ги (*в политике*); взаи́мно восхваля́ть (*в печати*)

**log-rolling** [ˈlɔɡˌrəulɪŋ] *n амер.* 1) совме́стная перека́тка брёвен 2) взаи́мные услу́ги (*в политике*); взаи́мное восхвале́ние (*в печати*)

**logwood** [ˈlɔɡwud] *n бот.* кампе́шевое де́рево

**logy** [ˈləuɡɪ] *a амер.* 1) тупо́й, тупоу́мный 2) медли́тельный, неповоро́тливый

**loin** [lɔɪn] *n* 1) *pl* поясни́ца 2) *кул.* филе́йная часть ◇ to gird up one's ~s *библ., поэт.* препоя́сать чре́сла, собра́ться с си́лами, приступи́ть (*к чему-л.*); sprung from smb.'s ~s порождённый кем-л. (*о потомстве и т. п.*)

**loin-cloth** [ˈlɔɪnklɔθ] *n* набе́дренная повя́зка

**loir** [lɔɪə] *n зоол.* со́ня-полчо́к

**loiter** [ˈlɔɪtə] *v* 1) ме́длить, ме́шкать, копа́ться; отстава́ть 2) слоня́ться без де́ла □ ~ **away** тра́тить бесце́льно, по́пусту растра́чивать; to ~ away one's time безде́льничать, теря́ть да́ром вре́мя

**loll** [lɔl] *v* сиде́ть разваля́сь; стоя́ть (облокотя́сь) в лени́вой по́зе □ ~ **out** а) высо́вывать язы́к; б) высо́вываться (*о языке*)

**Lollard** [ˈlɔləd] *n ист.* лолла́рд

**lollipop** [ˈlɔlɪpɔp] *n* ледене́ц на па́лочке; *pl* сла́сти

**Lombard** [ˈlɔmbəd] **1.** *n* 1) *ист.* лангоба́рд 2) ломба́рдец, жи́тель Ломба́рдии 3) *уст.* банки́р; меня́ла ◇ ~ Street де́нежный ры́нок, фина́нсовый мир Англии (*по названию улицы в лондонском Сити, на которой находится много банков*)

**2.** *a* ломба́рдский

**Lombardy poplar** [ˈlɔmbədɪˌpɔplə] *n* пирамида́льный то́поль

**Londoner** [ˈlʌndənə] *n* ло́ндонец

**Londonism** [ˈlʌndənɪzm] *n* 1) ме́стное ло́ндонское выраже́ние 2) ло́ндонский обы́чай

**lone** [ləun] *a* 1) уединённый 2) *поэт., ритор.* одино́кий 3) *шутл.* незаму́жняя *или* овдове́вшая

**lone electron** [ˈləunɪˈlektrɔn] *n* одино́чный электро́н

**lonely** [ˈləunlɪ] *a* 1) одино́кий; томя́щийся одино́чеством; to feel ~ чу́вствовать себя́ одино́ким, испы́тывать чу́вство одино́чества 2) уединённый, пусты́нный

**loner** [ˈləunə] *n амер.* одино́кий челове́к; холостя́к; одино́чка

**lonesome** [ˈləunsəm] *a* 1) = lonely 2) вызыва́ющий тоску́, уны́лый

**long** I [lɔŋ] **1.** *a* 1) дли́нный; ~ measures ме́ры длины́; at ~ range на большо́м расстоя́нии; a ~ mile до́брая ми́ля; ~ waves *радио* дли́нные во́лны 2) до́лгий; дли́тельный; давно́ существу́ющий; ~ look до́лгий взгляд; a ~ custom давни́шний, стари́нный обы́чай; a ~ farewell а) до́лгое проща́ние; б) проща́ние надо́лго; a friendship (an illness) of ~ standing стари́нная дру́жба (застаре́лая боле́знь); ~ vacation ле́тние кани́кулы 3) ме́дленный; медли́тельный; how ~ he is! как он копа́ется! 4) име́ющий *такую-то* длину́ *или* продолжи́тельность; a mile ~ длино́й в одну́ ми́лю; an hour ~ продолжа́ющийся в тече́ние ча́са 5) обши́рный, многочи́сленный; ~ family огро́мная семья́; ~ bill дли́нный, разду́тый счёт; ~ price непоме́рная цена́; ~ shillings хоро́ший за́работок 6) удлинённый, продолгова́тый 7) ску́чный, многосло́вный 8) *фон., прос.* до́лгий (*о гласном звуке*) 9) *фин.* долгосро́чный ◇ ~ ears глу́пость; to make (*или* to pull) a ~ face помрачне́ть; to make a ~ nose показа́ть «нос»; ~ greens *амер. разг.* бума́жные де́ньги; ~ head проница́тельность, предусмотри́тельность; ~ nine *амер. разг.* дешёвая сига́ра; ~ odds большо́е нера́венство ста́вок; нера́вные ша́нсы; L. Tom а) дальнобо́йная пу́шка; б) *разг.* дли́нная сига́ра; L. Parliament *ист.* До́лгий парла́мент; ~ in the teeth ста́рый; to get a ~ start over smb. значи́тельно опереди́ть кого́-л.

**2.** *adv* 1) до́лго; as ~ as пока́; stay for as ~ as you like остава́йтесь сто́лько, ско́лько вам бу́дет уго́дно; ~ live... да здра́вствует... 2) давно́; до́лгое вре́мя (*перед, спустя*); ~ before задо́лго до; ~ after до́лгое вре́мя спустя́; ~ since уже́ давны́м-давно́ 3): his life ~ в тече́ние всей его́ жи́зни, всю его́ жизнь

**3.** *n* 1) до́лгий срок, до́лгое вре́мя; for ~ надо́лго; before ~ ско́ро; вско́ре; will not take ~ не займёт мно́го вре́мени 2) *pl* мужска́я оде́жда больши́х разме́ров 3) *фон.* до́лгий гла́сный 4) (the ~s) = ~ vacation [*см.* I, 1, 2)] ◇ the ~ and the short of it коро́че говоря́, сло́вом

**long** II [lɔŋ] *v* 1) стра́стно жела́ть (*чего-л.*), стреми́ться (to, for — к *чему-л.*) 2) тоскова́ть

**long-ago** [ˈlɔŋəˈgəu] **1.** *n* далёкое про́шлое; да́вние времена́

**2.** *a* давнопроше́дший, далёкий

**longanimity** [ˌlɔŋgəˈnɪmɪtɪ] *n редк.* долготерпе́ние

**long-boat** [ˈlɔŋbəut] *n мор.* барка́с

**long-bow** [ˈlɔŋbəu] *n* большо́й лук (*оружие*) ◇ to draw (*или* to pull) the ~ расска́зывать небыли́цы; преувели́чивать

**long-distance** [ˈlɔŋˈdɪstəns] **1.** *a* да́льний, отдалённый; ~ call междугоро́дный *или* междунаро́дный телефо́нный разгово́р; ~ telephone service междугоро́дное *или* междунаро́дное телефо́нное сообще́ние; ~ transmission да́льняя радиопереда́ча

**2.** *n* 1) междугоро́дный *или* междунаро́дный телефо́нный разгово́р 2) междугоро́дная телефо́нная ста́нция

**long-drawn(-out)** [ˈlɔŋdrɔːn(ˈaut)] *a* затяну́вшийся, продолжи́тельный

**longer** [ˈlɔŋgə] *сравн. ст. от* long I, 1 *и* 2; wait a while ~ подожди́те ещё немно́го; I shall not wait (any) ~ не бу́ду бо́льше ждать

**longeron** [ˈlɔnʤərən] *n* (*обыкн. pl*) *ав.* лонжеро́н

**longest** [ˈlɔŋgɪst] *превосх. ст. от* long I, 1 *и* 2; (a week) at ~ са́мое бо́льшее (неде́лю)

**longevity** [lɔnˈʤevɪtɪ] *n* долгове́чность; долголе́тие, долгожи́тельство

**longevous** [lɔnˈʤiːvəs] *a* долгове́чный

**long-hair, long-haired** [ˈlɔŋhɛə, ˈlɔŋhɛəd] *a разг.* 1) длинноволо́сый, романти́чный 2) интеллектуа́льный 3) предпочита́ющий серьёзную му́зыку

**longhand** [ˈlɔŋhænd] *n* обыкнове́нное письмо́ (*противоп.* shorthand)

**long-headed** [ˈlɔŋˈhedɪd] *a* 1) длинноголо́вый, долихоцефа́льный 2) проница́тельный, предусмотри́тельный, хи́трый

**long hundredweight** [ˈlɔŋˈhʌndrədweɪt] *n* англи́йский це́нтнер (*112 фунтов = 50,8 кг*)

**longing** [ˈlɔŋɪŋ] **1.** *pres. p. от* long II

**2.** *n* си́льное, стра́стное жела́ние, стремле́ние

**3.** *a* си́льно, стра́стно жела́ющий; ~ look горя́щий жела́нием взгляд

**longitude** [ˈlɔnʤɪtjuːd] *n* 1) *геогр.* долгота́ 2) *шутл.* длина́

**longitudinal** [ˌlɔnʤɪˈtjuːdɪnl] **1.** *a* 1) продо́льный; ~ section продо́льное сече́ние 2) *геогр.* по долготе́

**2.** *n* 1) *стр.* продо́льный брус; продо́льная ба́лка; продо́льный элеме́нт констру́кции 2) *ав.* лонжеро́н

**long jump** [ˈlɔŋˈʤʌmp] *n спорт.* прыжо́к в длину́

**long-lived** [ˈlɔŋˈlɪvd] *a* долгове́чный

**long-liver** [ˈlɔŋˌlɪvə] *n* долгожи́тель

**long-play(er)** [ˈlɔŋˈpleɪ(ə)] *n* долгоигра́ющая пласти́нка

**long-playing** [ˈlɔŋˈpleɪɪŋ] *a* долгоигра́ющий; ~ record долгоигра́ющая пласти́нка

**long-primer** [ˈlɔŋˈprɪmə] *n полигр.* ко́рпус

**long-range** [ˈlɔŋˈreɪnʤ] *a* да́льнего де́йствия; дальнобо́йный; ~ rocket раке́та да́льнего де́йствия; ~ thinking заблаговре́менное обду́мывание; ~ policy поли́тика да́льнего прице́ла; ~ planning перспекти́вное плани́рование

**long-run** [ˈlɔŋrʌn] *a* да́льний, далёкий; ~ objective коне́чная цель; ~ prospects отдалённые перспекти́вы

**long-service pay** [ˈlɔŋˌsəːvɪsˈpeɪ] *n* надба́вка за вы́слугу лет

**longshoreman** [ˈlɔŋʃɔːmən] *n* 1) порто́вый гру́зчик 2) прибре́жный рыба́к 3) *разг.* челове́к, живу́щий случа́йной рабо́той на морски́х куро́ртах

**long-shot** [ˈlɔŋʃɔt] *n кино* о́бщий план; кадр, сня́тый о́бщим пла́ном

**long-sighted** [ˈlɔŋˈsaɪtɪd] *a* 1) дальнозо́ркий 2) дальнови́дный

**longspun** [ˈlɔŋspʌn] *a* растя́нутый, ску́чный

**long-standing** [ˈlɔŋˈstændɪŋ] *a* давни́шний

**long-suffering** [ˈlɔŋˈsʌfərɪŋ] **1.** *n* долготерпе́ние

**2.** *a* долготерпели́вый, многострада́льный

**long-term** [ˈlɔŋtəːm] *a* долгосро́чный; дли́тельный; ~ bond (*или* note) обяза́тельство сро́ком не ме́нее чем на два го́да

**long-time** [ˈlɔŋtaɪm] = long-term

**long ton** [ˈlɔŋˈtʌn] = gross ton

**long-tongued** [ˈlɔŋˈtʌŋd] *a* болтли́вый

**longueurs** [lɔːŋ'gəːz] *фр. n pl* длиннóты

**longways** ['lɔŋweɪz] *adv* в длинý

**long-winded** ['lɔŋ'wɪndɪd] *a* 1) с хорóшими лёгкими, могýщий дóлго бежáть *или* кричáть, не задыхáясь 2) многоречи́вый; скýчный

**longwise** ['lɔŋwaɪz] = longways

**loo I** [luː] *n* мýшка (*карт. игра*)

**loo II** [luː] *эвф. см.* lavatory

**looby** ['luːbɪ] *n* дýрень; полоýмный

**looey** ['luːɪ] *n воен. sl.* лейтенáнт

**loofah** ['luːfɑː] *n бот.* люфá

**look** [luk] **1.** *n* 1) взгляд; to have (*или* to take) a ~ at посмотрéть на; ознакóмиться с; to cast a ~ брóсить взгляд, посмотрéть; to steal a ~ укрáдкой посмотрéть 2) выражéние (*глаз, лица*); a vacant ~ отсýтствующий взгляд 3) вид, нарýжность; good ~s красотá; милови́дность; to lose one's ~s дурнéть; I don't like the ~ of him мне не нрáвится егó вид; affairs took on an ugly ~ делá пошли́ плóхо ◊ upon the ~ в пóисках; not to have a ~ in with smb. быть хýже, чем кто-л., не сравни́ться с кем-л.; new ~ нóвая мóда (*о фасонах*)

**2.** *v* 1) смотрéть, глядéть; осмáтривать; *перен.* быть внимáтельным, следи́ть; to ~ ahead смотрéть вперёд (*в будущее*); ~ ahead! береги́сь!; осторóжно!; to ~ through blue-coloured (rose coloured) glasses ви́деть всё в непривлекáтельном (привлекáтельном) свéте; to ~ things in the face смотрéть опáсности в глазá 2) *как глагол-связка в составном именном сказуемом* вы́глядеть, казáться; to ~ well (ill) вы́глядеть хорошó (плóхо); to ~ big принимáть вáжный вид; to ~ like вы́глядеть как, походи́ть на, быть похóжим на; it ~s like rain(ing) похóже, что бýдет дождь; to ~ one's age вы́глядеть не стáрше свои́х лет; to ~ oneself again приня́ть обы́чный вид, опрáвиться 3) выражáть (*взглядом, видом*); he ~ed his thanks весь егó вид выражáл благодáрность 4) выходи́ть на..., быть обращённым на...; my room ~s south моя́ кóмната выхóдит на юг □ ~ **about** а) огля́дываться по сторонáм; б) осмáтриваться, ориенти́роваться; ~ **after** а) следи́ть глазáми, взгля́дом; б) присмáтривать за, забóтиться о; ~ **at** а) смотрéть на *что-л.*, на *кого-л.*; б) посмотрéть (в чём дéло), провéрить; one's way of ~ing at things чьи-л. взгля́ды; чья-л. манéра смотрéть на вéщи; ~ **back** а) огля́дываться; б) вспоминáть, огля́дываться на прóшлое; ~ **down** а) смотрéть свысокá, презирáть (on, upon); б) *ком.* пáдать (*в цене*); ~ **for** а) искáть; б) ожидáть, надéяться на; ~ **in** а) заглянýть к *кому-л.*; б) смотрéть телепередáчу; ~ **into** а) загля́дывать; б) исслéдовать; ~ **on** а) наблюдáть; б) = ~ upon; ~ **out** а) выгля́дывать (*откуда-л.*); б) быть насторожé; ~ out! осторóжнее!, береги́сь!; в) имéть вид, выходи́ть (on, over — на *что-л.*); г) поды́скивать; to ~ out for a house присмáтривать (для покýпки) дом; ~ **over** а) просмáтривать; б) не замéтить; в) прости́ть; ~ **round** а) огля́дываться кругóм; б) взвéсить всё (*прежде чем действовать*); ~ **through** а) смотрéть в (*окно и т. п.*); б) просмáтривать *что-л.*; в) ви́деть *кого-л.* насквóзь; ~ **to** а) забóтиться о, следи́ть за; ~ to it that this doesn't happen again смотри́те, чтóбы э́то не повтори́лось; б) рассчи́тывать на; в) надéяться на; г) стреми́ться, быть напрáвленным к *чему-л.*, на *что-л.*; имéть склóнность к *чему-л.*; д) укáзывать на; the evidence ~s to acquittal сýдя по свидéтельским показáниям, егó опрáвдают; ~ **toward** = ~ to г); ~ **towards**: I ~ towards you *разг.* пью за вáше здорóвье; ~ **up** а) смотрéть вверх, поднимáть глазá; to ~ up and down смéрить взгля́дом; to ~ up to smb. смотрéть почти́тельно на когó-л.; уважáть когó-л.; считáться с кем-л.; б) искáть (*что-л. в справочнике*); в) *разг.* улучшáться (*о делах*); things are looking up положéние улучшáется; г) повышáться (*в цене*); д) *разг.* навещáть *кого-л.*; ~ **upon** смотрéть как на; считáть за; he was ~ed upon as an authority на негó смотрéли как на авторитéт, егó считáли авторитéтом ◊ to ~ alive спеши́ть, торопи́ться; ~ before you leap не бýдьте опромéтчивы; ~ here! послýшайте!; ~ sharp! живéй!; смотри́(те) в óба!; to ~ at home обрати́ться к своéй сóвести, заглянýть себé в дýшу; to ~ at him сýдя по егó ви́ду

**looker** ['lukə] *n* 1) наблюдáтель 2) *амер. разг.* красáвица, красáвец 3) *разг.* телезри́тель

**looker-on** ['lukər'ɔn] *n* (*pl* lookers-on) зри́тель, наблюдáтель ◊ lookers-on see most of the game ≅ со сторонý видне́е

**lookers-on** ['lukəz'ɔn] *pl от* looker-on

**look-in** ['luk'ɪn] *n* 1) взгляд мéльком 2) корóткий визи́т 3) *разг.* шанс; to have a ~ имéть шáнсы на успéх

**looking-for** ['lukɪŋfɔː] *n* 1) пóиски 2) ожидáния, надéжды

**looking-glass** ['lukɪŋglɑːs] *n* зéркало

**look-out** ['luk'aut] *n* 1) бди́тельность, настороженность; to be on the ~ (for) быть насторожé 2) наблюдáтельный пункт 3) наблюдáтель; вáхта; дозóрные 4) вид; a wonderful ~ over the sea чудéсный вид нá мóре 5) ви́ды, шáнсы ◊ that's my ~ э́то моё дéло

**look-see** ['luk'siː] *n разг.* 1) бéглый взгляд *или* просмóтр 2) *мор.* перискóп 3) бинóкль

**loom I** [luːm] *n* ткáцкий станóк

**loom II** [luːm] **1.** *n* 1) очертáния (*неясные или преувеличенные*) 2) тень

**2.** *v* 1) нея́сно вырисóвываться; мая́чить 2) принимáть преувели́ченные, угрожáющие размéры (*тж.* ~ large)

**loon I** [luːn] *n шотл. разг.* 1) неотёсанный человéк, деревéнщина 2) пáрень

**loon II** [luːn] *n* поля́рная гагáра

**loony** ['luːnɪ] (*сокр. от* lunatic) *разг.* **1.** *n* сумасшéдший, чóкнутый

**2.** *a* сумасшéдший, полоýмный

**loony-bin** ['luːnɪbɪn] *n sl.* сумасшéдший дом

**loop** [luːp] **1.** *n* 1) пéтля 2) *ав.* мёртвая пéтля, пéтля Нéстерова 3) *физ.* пýчность (*волны*) 4) *эл.* витóк 5) *тех.* бýгель, хомýт, скобá 6) окружнáя желéзная дорóга; обгóнный путь 7) *анат.* гáнглий, нéрвный ýзел

**2.** *v* дéлать пéтлю, закрепля́ть пéтлей; to ~ the loop *ав.* дéлать мёртвую пéтлю, пéтлю Нéстерова; to ~ the moon вращáться вокрýг Луны́

**loop-aerial** ['luːp'ɛərɪəl] *n радио* рáмочная антéнна

**loop-hole** ['luːphəul] **1.** *n* 1) бойни́ца, амбразýра 2) лазéйка, увёртка

**2.** *v* продéлывать бойни́цы

**loop-light** ['luːplaɪt] *n* мáленькое, ýзкое окнó

**loop-line** ['luːplaɪn] = loop 1, 6)

**loopy** ['luːpɪ] *a* 1) имéющий пéтли 2) *разг.* сумасшéдший 3) *шотл.* хи́трый

**loose** [luːs] **1.** *a* 1) свобóдный; to break ~ вы́рваться на свобóду; сорвáться с цéпи; to come ~ развязáться; отдели́ться; to let ~ а) освобождáть; б) давáть вóлю (*воображению, гневу и т. п.*) 2) ненатя́нутый; (to ride) with a ~ rein а) свобóдно пусти́ть лóшадь; б) (обращáться) мя́гко, без стрóгости 3) простóрный, ширóкий (*об одежде*) 4) нетóчный, неопределённый, сли́шком óбщий; ~ translation а) вóльный перевóд; б) небрéжный, нетóчный перевóд 5) небрéжный, неря́шливый 6) распýщенный человéк; ~ morals распýщенные нрáвы 7) неплóтный (*о ткани*); ры́хлый (*о почве*) 8) несвя́занный, плóхо упакóванный; не упакóванный в я́щик, корóбку 9) не(плóтно) прикреплённый; болтáющийся, шатáющийся; расхля́банный; обви́слый; ~ end свобóдный конéц (*каната, троса и т. п.*); ~ leaf вкладнóй лист 10) откиднóй 11) *тех.* холостóй ◊ ~ bowels склóнность к понóсу; to sit ~ to smth. не проявля́ть интерéса к чемý-л.; at a ~ end а) без определённой рабóты, без дéла; б) в беспоря́дке

**2.** *adv* свобóдно *и пр.* [*см.* 1]

**3.** *v* 1) освобождáть, давáть вóлю; to ~ one's hold of smth. вы́пустить что-л. из рук; wine ~d his tongue винó развязáло емý язы́к 2) развя́зывать, отвя́зывать; распускáть (*волосы*); открывáть (*задвижку*) 3) ослабля́ть, дéлать простóрнее (*пояс и т. п.*) 4) вы́стрелить (*тж.* ~ off) 5) *церк.* отпускáть грехи́

**4.** *n* 1) вы́ход, проявлéние (*чувств и т. п.*); to give (a) ~ (to) дать вóлю (*чувству*); to give a ~ to one's tongue развяза́ть язы́к ◇ to be on the ~ кути́ть, вести́ беспу́тный о́браз жи́зни

**loose box** [ˈlu:sbɔks] *n* денни́к (*для лошади*)

**loose-leaf** [ˈlu:sli:f] *a* с отрывны́ми листа́ми (*о блокноте и т. п.*)

**loosely** [ˈlu:slɪ] *adv* свобо́дно *и пр.* [*см.* loose 1]

**loosen** [ˈlu:sn] *v* 1) ослабля́ть(ся), станови́ться сла́бым; to ~ discipline ослабля́ть дисципли́ну 2) развя́зывать 3) расша́тывать (*зуб и т. п.*) 4) *мед.* вызыва́ть де́йствие (*кишечника*) 5) разрыхля́ть 6) *тех.* отпуска́ть □ ~ **up** а) де́лать бо́лее ги́бкими (*мышцы*); б) станови́ться бо́лее разгово́рчивым, ме́нее засте́нчивым

**loosener** [ˈlu:snə] *n* слаби́тельное

**looseness** [ˈlu:snɪs] *n* 1) сла́бость *и пр.* [*см.* loose 1] 2) *разг.* поно́с

**loosestrife** [ˈlu:sstraɪf] *n бот.* 1) верб́ейник 2) дербе́нник

**loot** [lu:t] **1.** *n* 1) добы́ча; награ́бленное 2) ограбле́ние

**2.** *v* гра́бить; уноси́ть добы́чу

**loo-table** [ˈlu:ˌteɪbl] *n* ка́рточный стол

**lop I** [lɔp] **1.** *n* ме́лкие ве́тки, су́чья (*особ. отрубленные*)

**2.** *v* 1) обруба́ть, подреза́ть ве́тви, су́чья 2) очища́ть де́рево от су́чьев (*обыкн.* ~ off, ~ away) 3) обкорна́ть 4) отруби́ть 5) уре́зывать; сокраща́ть

**lop II** [lɔp] *v* 1) свиса́ть 2) дви́гаться неуклю́же, прихра́мывая □ ~ **about** шата́ться, слоня́ться

**lop III** [lɔp] *n мор.* зыбь

**lope** [ləup] **1.** *n* бег вприпры́жку, прыжки́, скачки́ (*особ. о животных*)

**2.** *v* бежа́ть вприпры́жку (*особ. о животных*)

**lop-eared** [ˈlɔpɪəd] *a* вислоу́хий

**loppings** [ˈlɔpɪŋz] *n pl* обру́бленные су́чья

**loppy** [ˈlɔpɪ] *a* (свобо́дно) свиса́ющий

**lop-sided** [ˈlɔpˈsaɪdɪd] *a* 1) кривобо́кий; наклонённый, накренённый 2) односторо́нний; неравноме́рный; ~ development неравноме́рное, односторо́ннее разви́тие

**loquacious** [ləuˈkweɪʃəs] *a* 1) болтли́вый, говорли́вый 2) *поэт.* журча́щий

**loquacity** [ləuˈkwæsɪtɪ] *n* болтли́вость

**loquitur** [ˈlɔkwɪtə] *лат. v* говори́т (*ремарка*)

**lor** [lɔ:] *int разг.* (*сокр. от* lord 1): o ~! о бо́же! (*выражение удивления, досады и т. п.*)

**lord** [lɔ:d] **1.** *n* 1) господи́н, влады́ка, повели́тель; власти́тель; феода́льный сеньо́р; ~ of the manor владе́лец поме́стья; the ~ of the harvest а) фе́рмер, кото́рому принадлежи́т урожа́й; б) гла́вный жнец; ~s of creation а) *поэт.* челове́ческий род; б) *шутл.* мужчи́ны, си́льный пол 2) лорд, пэр; член пала́ты ло́рдов; the Lords spiritual епи́скопы — чле́ны пала́ты ло́рдов; the Lords temporal све́тские чле́ны пала́ты ло́рдов; my ~ [mɪˈlɔ:d] мило́рд (*официальное обращение к пэрам, епископам, судьям верховного суда*) 3): (the) Lords *разг.* пала́та ло́рдов 4) магна́т, коро́ль (*промышленности*); the cotton ~s хлопчатобума́жные магна́ты 5) *поэт.*, *шутл.* муж, супру́г; ~ and master супру́г и повели́тель 6) госпо́дь бог (*обыкн.* the L.); our Lord Христо́с; the Lord's day воскресе́нье; the Lord's prayer о́тче наш (*молитва*); the Lord's supper а) та́йная ве́черя; б) прича́стие, евхари́стия; Lord's table алта́рь ◇ to act the ~ ва́жничать; to live like a ~ ≅ как сыр в ма́сле ката́ться

**2.** *v* 1) дава́ть ти́тул ло́рда 2) титулова́ть ло́рдом 3): to ~ it стро́ить, разы́грывать ло́рда, ва́жничать; кома́ндовать, распоряжа́ться; to ~ it over smb. помыка́ть кем-л.; he will not be ~ed over он не позво́лит, что́бы им понука́ли

**Lord Lieutenant** [ˈlɔ:dlefˈtenənt] *n* 1) глава́ суде́бной и исполни́тельной вла́сти в гра́фстве 2) генера́л-губерна́тор О́льстера (*Сев. Ирландия*) 3) *ист.* вице-коро́ль Ирла́ндии (*до 1922 г.*)

**lordliness** [ˈlɔ:dlɪnɪs] *n* 1) великоле́пие, пы́шность 2) высокоме́рие 3) великоду́шие

**lordly** [ˈlɔ:dlɪ] **1.** *a* 1) прису́щий ло́рду, ба́рственный 2) роско́шный, пы́шный 3) го́рдый, высокоме́рный, надме́нный 4) великоду́шный

**2.** *adv* 1) как подоба́ет ло́рду, по-ба́рски 2) го́рдо

**Lord Mayor** [ˈlɔ:dˈmɛə] *n* лорд-мэ́р; ~'s Day 9 ноября́ (*день вступления в должность лондонского лорд-мэра*); ~'s show пы́шная проце́ссия в день вступле́ния лорд-мэ́ра в до́лжность

**Lord Provost** [ˈlɔ:dˈprɔvəst] *n* лорд-мэ́р (*некоторых больших шотландских городов*)

**Lord Rector** [ˈlɔ:dˈrektə] *n* почётный ре́ктор (*в шотландских университетах*)

**lordship** [ˈlɔ:dʃɪp] *n* 1) *ист.* власть феода́льного ло́рда 2) *ист.* поме́стье ло́рда, мэ́нор 3) власть (over — над) 4): your ~ ≅ ва́ша све́тлость (*официальное обращение к лордам*)

**lore I** [lɔ:] *n* зна́ния (*в определённой области*); профессиона́льные зна́ния; bird ~ орнитоло́гия

**lore II** [lɔ:] *n зоол.* узде́чка (*у птиц*)

**lorgnette** [lɔ:ˈnjet] *фр. n* 1) лорне́т 2) театра́льный бино́кль

**loricate** [ˈlɔrɪkeɪt] *a зоол.* снабжённый защи́тным покро́вом, рогов́ыми чешу́йками *и т. п.*

**lorikeet** [ˌlɔrɪˈki:t] *n* небольшо́й попуга́й (*породы лори*)

**lorn** [lɔ:n] *a поэт.*, *тж. шутл.* поки́нутый, осироте́лый, несча́стный

**lorry** [ˈlɔrɪ] **1.** *n* 1) грузово́й автомоби́ль, грузови́к (*тж.* motor ~) 2) ваго́нетка 3) *ж.-д.* платфо́рма

**2.** *v* путеше́ствовать *или* перевози́ть на грузовика́х, автомоби́лях

**lorry-hop** [ˈlɔrɪhɔp] *v разг.* путеше́ствовать, по́льзуясь беспла́тно попу́тными маши́нами

**lory** [ˈlɔ:rɪ] *n зоол.* ло́ри (*попугай*)

**lose** [lu:z] *v* (lost) 1) теря́ть, лиша́ться; утра́чивать (*свойство, качество*); to ~ courage растеря́ться, оробе́ть; to ~ one's head сложи́ть го́лову на пла́хе; *перен.* потеря́ть го́лову; to ~ one's temper рассерди́ться, потеря́ть самооблада́ние; to be lost to (all) sense of duty (shame) (соверше́нно) потеря́ть чу́вство до́лга (стыда́); I've quite lost my cold у меня́ совсе́м прошёл на́сморк; to ~ altitude теря́ть высоту́ (*о самолёте*); to ~ (all) track (of) потеря́ть след, ориента́цию 2) упусти́ть, не воспо́льзоваться; there is not a moment to ~ нельзя́ теря́ть ни мину́ты; to ~ no time in doing smth. де́йствовать неме́дленно 3) прои́грывать; to ~ a bet проигра́ть пари́ 4) вызыва́ть поте́рю, сто́ить (*чего-л.*); лиша́ть (*чего-л.*); it will ~ me my place э́то лиши́т меня́ ме́ста, э́то бу́дет сто́ить мне ме́ста 5) *pass.* поги́бнуть; исче́знуть, пропа́сть; не существова́ть бо́льше; the ship was lost on the rocks кора́бль разби́лся о ска́лы 6) пропусти́ть; опозда́ть; to ~ one's train опозда́ть на по́езд 7) недослы́шать; не разгляде́ть; to ~ the end of a sentence не услы́шать конца́ фра́зы 8) *refl.* заблуди́ться; to ~ oneself in smth. глубоко́ погрузи́ться во что-л.; углуби́ться во что-л. 9) отстава́ть (*о часах*) 10) забыва́ть ◇ to ~ sleep over smth. лиши́ться сна из-за чего́-л.; огорча́ться по по́воду чего́-л., упо́рно ду́мать о чём-л.; to ~ ground а) отстава́ть; б) отступа́ть; to be lost upon smb. пропа́сть да́ром, не дости́гнуть це́ли в отноше́нии кого́-л.; your kindness is lost upon him он не понима́ет, не це́нит ва́шей доброты́; my hints were not lost upon him он по́нял мои́ намёки

**loser** [ˈlu:zə] *n* теря́ющий, проигры-ва́ющий; проигра́вший; to be a good ~ не унывать при про́игрыше *или* пораже́нии; to come off a ~ проигра́ть, оста́ться в про́игрыше; to be a ~ by smth. потеря́ть на чём-л.; потерпе́ть уще́рб от чего́-л.

**losing** [ˈlu:zɪŋ] **1.** *pres. p. от* lose

**2.** *n* 1) про́игрыш 2) *pl* поте́ри в игре́, спекуля́ции *и т. п.*

**3.** *a* про́игрышный; to play a ~ game идти́ на ве́рный про́игрыш

**loss** [lɔs] *n* 1) поте́ря, утра́та; ~ of one's eyesight поте́ря зре́ния; to have a ~, to meet with a ~ понести́ поте́рю 2) пропа́жа 3) уро́н; про́игрыш 4) убы́ток; уще́рб; to sell at a ~ продава́ть в убы́ток; dead ~ чи́стый убы́ток; to make good a ~ возмести́ть убы́ток 5) *тех.* уга́р; ~ in yarn *текст.* уга́р 6) *pl воен.* поте́ри; ~ of life поте́ри в лю́дях, поте́ри уби́тыми; to suffer (*или* to sustain) ~es а) понести́ поте́ри; б) терпе́ть убы́тки 7) *attr.*: ~ replacement *воен.* возмеще́ние поте́рь ◇ to be at a ~ а) быть в затрудне́нии, в недоуме́нии; he was at a ~ for words он не мог найти́ слов; б) *охот.* потеря́ть след

**loss-leader** ['lɔs'li:də] *n* това́р, продава́емый с убы́тком с це́лью привлече́ния покупа́телей

**lost** [lɔst] **1.** *past и p. p. от* lose

**2.** *a* поте́рянный *и пр.* [*см.* lose]; ~ effort напра́сное уси́лие; to give smb. up for ~ счита́ть кого́-л. поги́бшим ◇ the Lost and Found бюро́ нахо́док: what's ~ is ~ ≅ что с во́зу упа́ло, то пропа́ло

**lot** [lɔt] **1.** *n* 1) жре́бий; *перен.* у́часть, до́ля, судьба́; to cast (to draw) ~s броса́ть (тяну́ть) жре́бий; to settle by ~ реши́ть жеребьёвкой; to cast (*или* to throw) in one's ~ with smb. связа́ть, раздели́ть (свою́) судьбу́ с кем-л.; the ~ fell upon (*или* came to) me жре́бий пал на меня́ 2) уча́сток (земли́); across ~s напрями́к, кратча́йшим путём; parking ~ стоя́нка автомаши́н 3) вещь, продава́емая на аукцио́не *или* не́сколько предме́тов, продава́емых одновре́ме́нно 4) *разг.* гру́ппа, ку́чка (люде́й); компа́ния 5) мно́го, ма́сса; a ~ (of), ~s of у́йма, мно́го; мно́гие; ~s and ~s of *разг.* грома́дное коли́чество, ма́сса 6) па́ртия (*изде́лий*); we'll send you the textbooks in three different ~s мы пошлём вам уче́бники тремя́ отде́льными па́ртиями 7) нало́г, по́шлина 8) террито́рия при киносту́дии ◇ a bad ~ *разг.* дурно́й, плохо́й челове́к

**2.** *v* 1) дели́ть, дроби́ть на уча́стки, ча́сти (*ча́сто* ~ out) 2) *редк.* броса́ть жре́бий 3) сортирова́ть; разбива́ть на па́ртии (*для аукцио́нной прода́жи*) 4) *амер. разг.* рассчи́тывать (on, upon — на *что-л.*)

**3.** *adv* гора́здо, намно́го; a ~ better (more) гора́здо лу́чше (бо́льше)

**lota(h)** ['ləutɑ:] *инд. n* небольшо́й ме́дный кувши́н (*шарови́дной фо́рмы*)

**loth** [ləuθ] = loath

**Lothario** [ləu'θɑ:rɪəu] *n* (*pl* -os [-əuz]) пове́са, волоки́та (*тж.* gay ~)

**lotion** ['ləuʃən] *n* 1) примо́чка 2) лосьо́н, жи́дкое космети́ческое сре́дство 3) *разг.* спиртно́й напи́ток

**lotos** ['ləutəs] = lotus

**lottery** ['lɔtərɪ] *n* лотере́я

**lotto** ['lɔtəu] *n* лото́

**lotus** ['ləutəs] *n бот.* ло́тос

**lotus-eater** ['ləutəs,i:tə] *n* 1) пра́здный мечта́тель 2) челове́к, живу́щий в своё удово́льствие

**lotus-land** ['ləutəslænd] *n* ска́зочная страна́ изоби́лия и пра́здности

**loud** [laud] **1.** *a* 1) гро́мкий; зву́чный 2) шу́мный; шумли́вый; крикли́вый 3) ре́зкий (*о кри́тике*) 4) крича́щий (*о кра́сках, наря́де и т. п.*) 5) развя́зный (*о мане́рах*)

**2.** *adv* гро́мко

**loud-hailer** ['laud,heɪlə] *n* звукоусили́тель; громкоговори́тель, ру́пор

**loudly** ['laudlɪ] *adv* 1) гро́мко, шу́мно; громогла́сно 2) крича́ще

**loudmouth** ['laudmauθ] *n разг.* крику́н

**loudmouthed** ['laudmauðd] *a разг.* гро́мкий, крикли́вый

**loud speaker** ['laud'spi:kə] *n ра́дио* громкоговори́тель, репроду́ктор

**lough** [lɔk] *n ирл.* о́зеро; зали́в

**lounge** [laundʒ] **1.** *n* 1) пра́здное времяпрепровожде́ние 2) лени́вая похо́дка 3) холл *или* ко́мната для о́тдыха (*в оте́ле и т. п.*) 4) кре́сло; шезло́нг; дива́н 5) = lounge suit

**2.** *v* 1) сиде́ть развали́сь; стоя́ть, опира́ясь (*на что-л.*) 2) лени́во броди́ть, безде́льничать (*тж.* ~ about); to ~ away one's life (time) пра́здно проводи́ть жизнь (вре́мя)

**lounger** ['laundʒə] *n* безде́льник

**lounge suit** ['laundʒsju:t] *n* пиджа́чный костю́м

**loupe** [lu:p] *n* лу́па, увеличи́тельное стекло́

**lour** ['lauə] *v* 1) смотре́ть угрю́мо, хму́риться 2) темне́ть, покрыва́ться ту́чами

**louse 1.** *n* [laus] (*pl* lice) вошь

**2.** *v* [lauz] иска́ть или вычёсывать вшей □ ~ up испо́ртить, искове́ркать

**lousiness** ['lauzɪnɪs] *n* вши́вость, завши́вленность

**lousy** ['lauzɪ] *a* 1) вши́вый 2) *груб.* ни́зкий, отврати́тельный; парши́вый 3): ~ with smth. *груб.* по́лный, перепо́лненный чем-л.; to be ~ with ≅ кишмя́ кише́ть; ~ with money бога́тый

**lout** [laut] *n* неуклю́жий, неотёсанный челове́к, деревенщина

**loutish** ['lautɪʃ] *a* гру́бый, неотёсанный

**louver, louvre** ['lu:və] *n* 1) *pl* жалюзи́ 2) ба́шенка на кры́ше для вентиля́ции (*в средневеко́вой архитекту́ре*) 3) *спец.* жалюзи́йное отве́рстие

**lovable** ['lʌvəbl] *a* привлека́тельный, ми́лый

**love** [lʌv] **1.** *n* 1) любо́вь, привя́занность; there's no ~ lost between them они́ недолю́бливают друг дру́га 2) влюблённость; to be in ~ (with) быть влюблённым (в); to fall in ~ (with) влюби́ться (в); to fall out of ~ with smb. разлюби́ть кого́-л.; to make ~ to a) уха́живать за; б) добива́ться физи́ческой бли́зости; ~ in a cottage ≅ рай в шалаше́ 3) любо́вная интри́га; любо́вная исто́рия 4) предме́т любви́; дорого́й, дорога́я; возлю́бленный, возлю́бленная (*осо́б. в обраще́нии* my ~) 5) *миф.* аму́р, купидо́н 6) что-л. привлека́тельное; a regular ~ of a kitten преле́стный котёнок 7) *спорт.* нуль; win by four goals to ~ вы́играть со счётом 4 : 0; ~ all счёт 0 : 0 ~ game «суха́я» ◇ for the ~ of ра́ди, во и́мя; for the ~ of Mike ≅ ра́ди бо́га; not for ~ or money, not for the ~ of Mike ни за что, ни за каки́е де́ньги, ни за каки́е коври́жки; to give (to send) one's ~ to smb. передава́ть (посыла́ть) приве́т кому́-л.; for ~ of the game из любви́ к иску́сству; to play for ~ игра́ть не на де́ньги; ~ and a cough cannot be hidden *посл.* любви́ да ка́шля не утаи́шь

**2.** *v* 1) люби́ть 2) хоте́ть, жела́ть; находи́ть удово́льствие (*в чём-л.*); I'd ~ to come with you я бы с удово́льствием пошёл с ва́ми

**love-affair** ['lʌvə,fɛə] *n* рома́н, любо́вная интри́га, любо́вное похожде́ние

**love-apple** ['lʌv,æpl] *n* помидо́р

**love-bird** ['lʌvbə:d] *n* небольшо́й попуга́й

**love-child** ['lʌvtʃaɪld] *n* дитя́ любви́ (*о внебра́чном ребёнке*)

**love-favour** ['lʌv,feɪvə] *n* пода́рок в знак любви́

**love-in** ['lʌv'ɪn] *n разг.* сбо́рище хи́ппи

**love-in-a-mist** ['lʌvɪnə'mɪst] *n бот.* черну́шка дама́сская, ниге́лла

**love-in-idleness** ['lʌvɪn'aɪdlnɪs] *n бот.* аню́тины гла́зки

**Lovelace** ['lʌvleɪs] *n* ловела́с, волоки́та (*по и́мени геро́я из рома́на Ри́чардсона «Клари́сса Ха́рлоу»*)

**loveless** ['lʌvlɪs] *a* нелю́бящий; нелюби́мый; без любви́ (*о бра́ке*)

**love-letter** ['lʌv,letə] *n* любо́вное письмо́

**love-lies-bleeding** ['lʌvlaɪz'bli:dɪŋ] *n бот.* амара́нт хвоста́тый, щири́ца хвоста́тая

**loveliness** ['lʌvlɪnɪs] *n* красота́; миловидность; очарова́ние, пре́лесть

**lovelock** ['lʌvlɔk] *n* ло́кон, спуска́ющийся на лоб *или* на щёку

**love-lorn** ['lʌvlɔ:n] *a* 1) страда́ющий от безнадёжной любви́ 2) поки́нутый (*люби́мым челове́ком*)

**lovely** ['lʌvlɪ] **1.** *a* 1) краси́вый, прекра́сный; *разг.* восхити́тельный 2) *амер.* привлека́тельный, ми́лый

**2.** *n разг.* красо́тка (*на журна́льной обло́жке*)

**love-making** ['lʌv,meɪkɪŋ] *n* 1) уха́живание 2) физи́ческая бли́зость

**love-match** ['lʌvmætʃ] *n* брак по любви́

**lover** ['lʌvə] *n* 1) любо́вник; возлю́бленный; *pl* влюблённые 2) люби́тель (*чего-л.*); покло́нник 3) приве́рженец; ~s of peace сторо́нники ми́ра 4) *уст.* друг, доброжела́тель

**love-seat** ['lʌvsi:t] *n* кре́сло, вмеща́ющее двои́х

**lovesick** ['lʌvsɪk] *a* томя́щийся от любви́

**love-story** ['lʌv,stɔ:rɪ] *n* любо́вная исто́рия; расска́з, рома́н о любви́

**loveworthy** ['lʌv,wə:ðɪ] *a* досто́йный любви́

**loving** ['lʌvɪŋ] **1.** *pres. p. от* love 2

**2.** *a* лю́бящий, не́жный, пре́данный

**loving-cup** ['lʌvɪŋkʌp] *n* кругова́я ча́ша

**low I** [ləu] **1.** *n* мыча́ние

**2.** *v* мыча́ть

**low** II [ləu] **1.** *a* 1) ни́зкий, невысо́кий; ~ tide (*или* water) ма́лая вода́; отли́в 2) сла́бый; пода́вленный; пони́женный; ~ pulse сла́бый пульс; ~ visibility плоха́я ви́димость; ~ spirits пода́вленность, уны́ние; to feel ~ чу́вствовать себя́ пода́вленным; to bring ~ подавля́ть; унижа́ть 3) ни́зкого происхожде́ния 4) небольшо́й, недоста́точный; ~ wages ни́зкая за́работная пла́та; to be in ~ circumstances быть в стеснённых обстоя́тельствах 5) с глубо́ким вы́резом, с больши́м декольте́ (*о платье*) 6) ску́дный, непита́тельный (*о диете*); истощённый, опустошённый (*о запасах, кошельке*); ~ supply недоста́точное снабже́ние; in ~ supply дефици́тный 7) ти́хий, негро́мкий (*о голосе*); ни́зкий (*о ноте*); ~ whisper ти́хий шёпот 8) *биол.* ни́зший; невысокоразвито́й 9) вульга́рный, гру́бый; ни́зкий, по́длый; непристо́йный; ~ comedy коме́дия, грани́чащая с фа́рсом 10) плохо́й, скве́рный; to form a ~ opinion of smb. соста́вить себе́ плохо́е мне́ние о ко́м-л., быть невысо́кого мне́ния о ко́м-л. ◇ Low Sunday *церк.* Фомино́ воскресе́нье (*первое после пасхи*); to lay ~ а) повали́ть, опроки́нуть; б) унизи́ть; в) похорони́ть; to lie ~ а) лежа́ть мёртвым; б) быть уни́женным; в) *разг.* притаи́ться, выжида́ть

**2.** *adv* 1) ни́зко; to bow ~ ни́зко кла́няться 2) уни́женно 3) в бе́дности; to live ~ жить бе́дно 4) сла́бо, ти́хо, чуть; to speak ~ говори́ть ти́хо; to burn ~ горе́ть сла́бо 5) по ни́зкой цене́, дёшево; to buy ~ купи́ть дёшево; to play ~ игра́ть по ни́зкой ста́вке

**3.** *n* 1) (са́мый) ни́зкий у́ровень 2) *метео* о́бласть ни́зкого барометри́ческого давле́ния 3) пе́рвая, ни́зшая переда́ча (*автомобиля*) 4) *карт.* мла́дший ко́зырь 5) *спорт.* са́мый ни́зкий счёт

**low-born** ['ləu'bɔ:n] *a* ни́зкого происхожде́ния

**lowboy** ['ləubɔɪ] *n амер.* туале́тный сто́лик на ни́зких но́жках с я́щиками

**low-bred** ['ləu'bred] *a* невоспи́танный, неотёсанный

**lowbrow** ['ləubrau] *разг.* **1.** *n* малообразо́ванный челове́к

**2.** *a* 1) малообразо́ванный 2) непривлека́тельный

**lowbrowed** ['ləubraud] *a* 1) низколо́бый 2) нави́сший (*об утёсе*) 3) тёмный, мра́чный, с ни́зким вхо́дом (*о здании и т. п.*) 4) малообразо́ванный

**Low Church** ['ləu'tʃə:tʃ] *n* направле́ние в англика́нской це́ркви с евангели́ческим укло́ном (*противоп.* High Church)

**Low Countries** ['ləu'kʌntrɪz] *n pl* Нидерла́нды, Бе́льгия и Люксембу́рг

**low-down** ['ləudaun] *разг.* **1.** *a* 1) ни́зкий, бесче́стный; to play a ~ trick сыгра́ть скве́рную, злу́ю шу́тку 2) гру́бый, вульга́рный

**2.** *adv*: to play it ~ вести́ себя́ бесче́стно, посты́дно

**3.** *n амер.* све́дения, фа́кты, подного́тная

**lower** I ['ləuə] **1.** *a* (*сравн. ст. от* low II 1) 1) ни́зший; ни́жний; ~ deck ни́жняя па́луба; the ~ deck кома́нда (*на английских судах*); ~ middle class ме́лкая буржуази́я; ~ orders ни́зшие сосло́вия, кла́ссы; ~ school пе́рвые четы́ре кла́сса в англи́йской сре́дней шко́ле; ~ boy учени́к одного́ из пе́рвых кла́ссов; L. House ни́жняя пала́та (*в двухпалатном парламенте*); ~ organization подве́домственная организа́ция; ~ regions ад, преиспо́дняя; *шутл.* подва́льный эта́ж; ку́хня, помеще́ние для слуг 2) неда́вний (*о времени*) ◇ L. Empire *ист.* Восто́чная Ри́мская импе́рия; Византи́я

**2.** *v* 1) спуска́ть (*шлюпку, парус, флаг*); опуска́ть (*глаза*) 2) снижа́ть (-ся) (*о ценах, звуке и т. п.*); уменьша́ть(ся) 3) унижа́ть 4) разжа́ловать 5) понижа́ть 6) *разг.* на́спех съесть, проглоти́ть; to ~ a glass of beer осуши́ть стака́н пи́ва; to ~ a sandwich проглоти́ть бутербро́д

**lower** II ['lauə] = lour

**lowering** I ['lauərɪŋ] **1.** *pres. p. от* lower II

**2.** *a* тёмный, мра́чный; ~ clouds мра́чные, грозовы́е ту́чи

**lowering** II ['ləuərɪŋ] *pres. p. от* lower I, 2

**lowermost** ['ləuəməust] *a* са́мый ни́жний

**low-flying** ['ləu'flaɪŋ] *a* летя́щий на ма́лой высоте́ (*о самолёте*)

**low-grade** ['ləu'greɪd] **1.** *a* низкосо́ртный; низкопро́бный

**2.** *n* поло́гий укло́н

**low ground** ['ləugraund] *n* ни́зменность, низи́на

**lowland** ['ləulənd] *n* (*обыкн. pl*) ни́зкая ме́стность, низи́на, доли́на; the Lowlands ю́жная, ме́нее гори́стая часть Шотла́ндии (*в противоп.* Highlands)

**low life** ['ləulaɪf] *n* скро́мный, бе́дный о́браз жи́зни

**lowlived** ['ləulɪvd] *a* 1) бе́дный, веду́щий скро́мный о́браз жи́зни 2) гру́бый, по́шлый

**lowly** ['ləulɪ] **1.** *a* 1) занима́ющий ни́зкое *или* скро́мное положе́ние 2) скро́мный; непритяза́тельный

**2.** *adv* скро́мно

**low-minded** ['ləu'maɪndɪd] *a* по́шлый, вульга́рный

**low-necked** ['ləu'nekt] *a* декольти́рованный, с ни́зким вы́резом (*о платье*)

**low-paid** ['ləu'peɪd] *a* низкоопла́чиваемый

**low-pitched** ['ləu'pɪtʃt] *a* 1) ни́зкого то́на, ни́зкий (*о звуке*) 2) поло́гий (*о крыше*) 3) с ни́зким потолко́м

**low-powered** ['ləu'pauəd] *a тех.* маломо́щный

**low relief** ['ləurɪ'li:f] *n* барелье́ф

**low-spirited** ['ləu'spɪrɪtɪd] *a* пода́вленный, уны́лый

**low-water mark** ['ləu,wɔ:tə'mɑ:k] *n* ни́зшая то́чка отли́ва; *перен.* преде́л (*чего-л.*); to be at ~ *разг.* быть соверше́нно без де́нег; быть на мели́

**loyal** ['lɔɪəl] *a* ве́рный, пре́данный; лоя́льный; верноподда́нный

**loyalist** ['lɔɪəlɪst] *n* верноподда́нный

**loyalty** ['lɔɪəltɪ] *n* ве́рность, пре́данность; лоя́льность

**lozenge** ['lɔzɪndʒ] *n* 1) ромб; ромбови́дная фигу́ра; косоуго́льник 2) лепёшка, табле́тка

**L. s. d., £. s. d.** ['eles'di:] *n* 1) фу́нты сте́рлингов, ши́ллинги и пе́нсы (*от лат.* librae, solidi, denarii) 2) *разг.* де́ньги; бога́тство; it is only a matter of ~ вопро́с то́лько в деньга́х

**L-square** ['elskweə] *n* уго́льник для черче́ния

**lubber** ['lʌbə] **1.** *n* 1) большо́й неуклю́жий челове́к, у́валень 2) нео́пытный моря́к

**2.** *a* неуклю́жий

**lubber-head** ['lʌbəhed] *n* болва́н, тупи́ца

**lubberly** ['lʌbəlɪ] **1.** *a* неуклю́жий

**2.** *adv* неуклю́же, неуме́ло

**lube** [lu:b] *n* маши́нное ма́сло (*тж.* ~ oil)

**lubricant** ['lu:brɪkənt] *n* сма́зочный материа́л, сма́зка

**lubricate** ['lu:brɪkeɪt] *v* 1) сма́зывать (*машину и т. п.*) 2) *разг.* «подма́зать» 3) *разг.* угоща́ть вино́м

**lubrication** [,lu:brɪ'keɪʃən] *n* сма́зка, сма́зывание (*машины*)

**lubricator** ['lu:brɪkeɪtə] *n* 1) сма́зчик 2) сма́зочный прибо́р; маслёнка

**lubricity** [lu:'brɪsɪtɪ] *n* 1) сма́зывающая спосо́бность; масляни́стость 2) увёртливость, укло́нчивость; непостоя́нство 3) похотли́вость, развращённость

**lubricous** ['lu:brɪkəs] *a* 1) гла́дкий, ско́льзкий 2) увёртливый, укло́нчивый; непостоя́нный 3) похотли́вый

**luce** [lu:s] *n* щу́ка (*взрослая особь*)

**lucent** ['lu:snt] *a* 1) светя́щийся; я́ркий 2) прозра́чный

**lucerne** [lu:'sə:n] *n бот.* люце́рна

**lucid** ['lu:sɪd] *a* 1) я́сный, прозра́чный; ~ mind я́сный ум 2) поня́тный 3) я́сный; све́тлый; ~ interval а) пери́од я́сного созна́ния, све́тлый промежу́ток (*при психозе*); б) вре́менный просве́т в нена́стную пого́ду 4) *поэт.* я́ркий

**lucidity** [lu:'sɪdɪtɪ] *n* 1) я́сность; прозра́чность 2) поня́тность 3) я́сное созна́ние, просве́т (*при психозе*) 4) *поэт.* я́ркость

**Lucifer** ['lu:sɪfə] *n* 1) *миф.* Люцифе́р, сатана́ 2) *поэт.* у́тренняя звезда́, плане́та Вене́ра 3) (l.) *редк.* спи́чка ◇ as proud as ~ го́рдый как Люцифе́р

**luck** [lʌk] *n* 1) судьба́, слу́чай; bad (*или* ill) ~ несча́стье, неуда́ча; good ~ счастли́вый слу́чай, уда́ча; rough

~ горькая до́ля; to try one's ~ рискну́ть, попыта́ть сча́стья; to push (*или* to stretch) one's ~ искуша́ть судьбу́; down on one's ~ а) удручённый невезе́нием; б) в несча́стье, в беде́; в) без де́нег; just my ~! мне, как всегда́, не везёт!, тако́е уж моё везе́ние! 2) сча́стье, уда́ча; a great piece of ~ большо́е сча́стье, больша́я уда́ча; a run of ~ полоса́ уда́чи; for ~! на сча́стье!; I am in (out of) ~ мне везёт (не везёт); if my ~ holds е́сли мне не изме́нит сча́стье; devil's own ~ необыкнове́нная уда́ча; ≅ черто́вски повезло́; you are in ~'s way вам повезло́ ◇ as ill ~ would have it и как наро́чно, как назло́; as ~ would have it к сча́стью *или* к несча́стью, как повезёт, случа́йно; worse ~ к несча́стью

**luckily** [ˈlʌkɪlɪ] *adv* к сча́стью, по счастли́вой случа́йности

**luckless** [ˈlʌklɪs] *a* несчастли́вый, незада́чливый

**lucky I** [ˈlʌkɪ] *a* 1) счастли́вый, уда́чный; уда́чливый; ~ beggar (*или* devil) счастли́вец, счастли́вчик 2) принося́щий сча́стье 3) случа́йный

**lucky II** [ˈlʌkɪ] *n sl*: to cut one's ~ удра́ть, убра́ться (во́время), смы́ться

**lucky-bag** [ˈlʌkɪbæg] *n* род лотере́и (*мешок, откуда наудачу вытаскивают что-л.*)

**lucky-dip** [ˈlʌkɪdɪp] = lucky-bag

**lucrative** [ˈlu:krətɪv] *a* при́быльный, вы́годный, дохо́дный

**lucre** [ˈlu:kə] *n* при́быль, бары́ш (*всегда в плохом смысле*)

**lucubrate** [ˈlu:kju(:)breɪt] *v* 1) рабо́тать, занима́ться по ноча́м 2) труди́ться усе́рдно 3) выпуска́ть тща́тельно отде́ланные литерату́рные произведе́ния

**lucubration** [ˌlu:kju(:)ˈbreɪʃən] *n* 1) напряжённая у́мственная рабо́та, заня́тия по ноча́м 2) тща́тельно отде́ланное литерату́рное произведе́ние

**Lucullean, Lucullian** [lu:ˈkʌlɪən] *a*: ~ banquet Луку́ллов пир

**Luddites** [ˈlʌdaɪts] *n pl ист.* лудди́ты

**ludicrous** [ˈlu:dɪkrəs] *a* смешно́й, неле́пый, смехотво́рный

**lues** [ˈlju:i:z] *n мед.* си́филис

**luff I** [lʌf] **1.** *n мор.* пере́дняя шкато́рина (*паруса*)

**2.** *v* 1) *мор.* приводи́ть к ве́тру, идти́ в бейдеви́нд 2) *тех.* перемеща́ть по горизонта́ли

**luff II** [lʌf] *n амер., шутл.* лейтена́нт

**Luftwaffe** [ˈluftvɑ:fə] *нем. n* лю́фтваффе (*воздушные силы гитлеровской Германии*)

**lug I** [lʌg] **1.** *n* 1) волоче́ние 2) дёрганье 3) *pl амер. разг.* ва́жничанье; to put on ~s а) наряжа́ться; б) ва́жничать, держа́ться высокоме́рно

**2.** *v* 1) тащи́ть, волочи́ть 2) си́льно дёргать (at) ▭ ~ **away** увлека́ть за собо́й, ута́скивать; ~ **in,** ~ **into** вме́шивать; притя́гивать некста́ти; **приплета́ть ни к селу́ ни к го́роду;** ~ **out** выта́скивать

**lug II** [lʌg] *n* 1) *шотл.* у́хо 2) ру́чка 3) *тех.* ушко́, проу́шина, глазо́к 4) *тех.* подве́ска 5) *тех.* вы́ступ, прили́в, утолще́ние; бобы́шка; кула́к 6) *тех.* хому́тик, зажи́м

**luggage** [ˈlʌgɪdʒ] *n* 1) бага́ж 2) *attr.* бага́жный; ~ space бага́жное отделе́ние; ~ van *ж.-д.* бага́жный ваго́н; ~ boot бага́жник (*автомобиля*)

**luggage office** [ˈlʌgɪdʒˌɔfɪs] *n* ка́мера хране́ния багажа́

**lugger** [ˈlʌgə] *n* лю́ггер (*небольшое парусное судно*)

**lugubrious** [lu:ˈgu:brɪəs] *a* печа́льный, мра́чный; тра́урный

**lukewarm** [ˈlu:kwɔ:m] *a* 1) теплова́тый 2) не осо́бенно ре́вностный, равноду́шный, вя́лый

**lull** [lʌl] **1.** *n* 1) вре́менное зати́шье; вре́менное успокое́ние (*боли*); переры́в (*в разговоре*) 2) *редк.* колыбе́льная пе́сня

**2.** *v* 1) успока́ивать (*боль*) 2) стиха́ть (*о буре, шуме, боли*) 3) убаю́кивать, укача́ть (*ребёнка*) 4) усыпля́ть (*подозрения*); рассе́ивать (*страхи*) 5) суме́ть внуши́ть (*что-л.*)

**lullaby** [ˈlʌləbaɪ] *n* 1) колыбе́льная (пе́сня) 2) мя́гкие, успока́ивающие зву́ки (*журчание ручья и т. п.*)

**lulu** [ˈlu:lu:] *n амер. sl.* что-л. первокла́ссное *или* замеча́тельное

**lumbago** [lʌmˈbeɪgəu] *n мед.* люмба́го, простре́л

**lumbar** [ˈlʌmbə] *a анат.* поясни́чный

**lumber I** [ˈlʌmbə] **1.** *n* 1) нену́жные громо́здкие ве́щи, бро́шенная ме́бель *и т. п.*; хлам 2) *амер.* брёвна, пиломатериа́лы 3) ли́шний жир (*особ. у лошадей*)

**2.** *v* 1) загроможда́ть, сва́ливать в беспоря́дке (*часто* ~ up) 2) *амер.* вали́ть и пили́ть (*лес*)

**lumber II** [ˈlʌmbə] **1.** *n* громыха́ющие зву́ки

**2.** *v* 1) дви́гаться тяжело́, неуклю́же 2) громыха́ть (*обыкн.* ~ along, ~ by, ~ past)

**lumber-camp** [ˈlʌmbəkæmp] *n амер.* лесозагото́вки; посёлок на лесозагото́вках

**lumberer** [ˈlʌmbərə] *n амер.* лесору́б

**lumbering I** [ˈlʌmbərɪŋ] **1.** *pres. p. от* lumber I, 2

**2.** *n амер.* 1) ру́бка ле́са; лесоразрабо́тки 2) прода́жа ле́са

**lumbering II** [ˈlʌmbərɪŋ] **1.** *pres. p. от* lumber II, 2

**2.** *a* 1) дви́гающийся тяжело́, шу́мно; неуклю́жий 2) громыха́ющий

**lumberjack** [ˈlʌmbədʒæk] *n амер.* лесору́б, дровосе́к

**lumberman** [ˈlʌmbəmən] *n* 1) лесору́б, дровосе́к 2) (*преим. амер.*) лесопромы́шленник; торго́вец ле́сом

**lumber-mill** [ˈlʌmbəmɪl] *n амер.* лесопи́льный заво́д

**lumber-room** [ˈlʌmbərum] *n* чула́н

**lumber-yard** [ˈlʌmbəjɑ:d] *n амер.* лесно́й склад

**lumen** [ˈlu:mən] *n физ.* лю́мен (*единица светового потока*)

**luminary** [ˈlu:mɪnərɪ] *n* свети́ло

**luminescence** [ˌlu:mɪˈnesns] *n* свече́ние, люминесце́нция

**luminescent** [ˌlu:mɪˈnesnt] *a* светя́щийся, люминесце́нтный

**luminosity** [ˌlu:mɪˈnɔsɪtɪ] *n* я́ркость све́та

**luminous** [ˈlu:mɪnəs] *a* 1) светя́щийся, све́тлый; ~ body светя́щееся те́ло; ~ intensity си́ла све́та; ~ efficiency светова́я отда́ча; the room was ~ with sunlight ко́мната была́ залита́ со́лнцем 2) пролива́ющий свет (*на что-л.*) 3) я́сный, поня́тный 4) просвещённый 5) блестя́щий (*об ораторе, писателе и т. п.*)

**lummox** [ˈlʌməks] *n амер. разг.* 1) у́валень 2) простя́к

**lummy** [ˈlʌmɪ] *a разг.* первокла́ссный, замеча́тельный

**lump** [lʌmp] **1.** *n* 1) глы́ба, ком; комо́к, кру́пный кусо́к; a ~ in the throat комо́к в го́рле; he is a ~ of selfishness он эгои́ст до мо́зга косте́й 2) большо́е коли́чество, ку́ча; to take in (*или* by) the ~ брать о́птом, гурто́м; *перен.* рассма́тривать в це́лом 3) о́пухоль, ши́шка; бугор, вы́ступ 4) *разг.* болва́н, дуби́на, чурба́н 5) рабо́чие на акко́рдной опла́те; систе́ма акко́рдной опла́ты 6) *attr.*: ~ sugar ко́лотый *или* пилёный са́хар 7) *attr.*: ~ sum а) о́бщая су́мма; б) де́нежная су́мма, выпла́чиваемая единовре́менно; в) кру́пная су́мма; on a ~ sum basis на акко́рдной опла́те

**2.** *v* 1) брать огу́лом, без разбо́ра; сме́шивать в ку́чу, в о́бщую ма́ссу (*обыкн.* ~ together, ~ with) 2) тяжело́ ступа́ть, идти́ (*обыкн.* ~ along); гру́зно сади́ться (*обыкн.* ~ down) ◇ to ~ it во́лей-нево́лей мири́ться с чем-либо; to ~ large име́ть ва́жный вид

**lumper** [ˈlʌmpə] *n* 1) порто́вый гру́зчик 2) подря́дчик

**lumping** [ˈlʌmpɪŋ] **1.** *pres. p. от* lump 2

**2.** *a* 1) *разг.* большо́й 2) тяжёлый (*о поступи*); гру́зный 3) огу́льный

**lumpish** [ˈlʌmpɪʃ] *a* 1) глыбообра́зный 2) тяжелове́сный, неуклю́жий 3) тупоу́мный

**lumpy** [ˈlʌmpɪ] *a* комкова́тый; бугорча́тый; ~ sea неспоко́йное мо́ре

**lunacy** [ˈlu:nəsɪ] *n* 1) безу́мие; (умо)помеша́тельство; психо́з 2) *юр.* невменя́емость 3) больша́я глу́пость, глу́пый посту́пок

**lunar** [ˈlu:nə] *a* лу́нный; ~ distance лу́нное расстоя́ние (*расстояние Луны от Солнца, какой-л. звезды или планеты*); ~ module лу́нный отсе́к, лу́нная каби́на (*космического корабля*); ~ vehicle (*или* rover) луноход; ~ packet порта́тивный набо́р нау́чных прибо́ров для взя́тия проб и иссле́дования Луны́ ◇ ~ politics вопро́сы, не име́ющие практи́ческого значе́ния

**lunar caustic** [ˈlu:nəˈkɔ:stɪk] *n хим.* ля́пис

**lunarian** [lu:ˈnɛərɪən] *n* 1) жи́тель Луны́ 2) астроно́м, изуча́ющий Луну́

**lunate** [ˈlu:neɪt] *a* в ви́де, в фо́рме полуме́сяца

**lunatic** [ˈlu:nətɪk] **1.** *a* сумасше́дший, безу́мный ◇ ~ fringe наибо́лее ре́вностные сторо́нники, фанати́чные приве́рженцы

**2.** *n* сумасше́дший, поме́шанный, душевнобольно́й

**lunatic asylum** [ˈlu:nətɪkəˈsaɪləm] *n* психиатри́ческая больни́ца; сумасше́дший дом

**lunation** [lu:ˈneɪʃən] *n* лу́нный ме́сяц

**lunch** [lʌntʃ] **1.** *n* 1) обе́д (*обычно в полдень в середине рабочего дня*), ленч; to have (*или* to take) ~ обе́дать (*в середине рабочего дня*) 2) лёгкая заку́ска

**2.** *v* 1) обе́дать (*в середине рабочего дня*) 2) *разг.* угоща́ть ле́нчем

**lunch counter** [ˈlʌntʃˌkauntə] *n* буфе́т, буфе́тная сто́йка

**luncheon** [ˈlʌntʃən] *n* 1) за́втрак (*обыкн. официальный*) 2) лёгкий за́втрак

**luncheonette** [ˌlʌntʃəˈnet] *n амер.* 1) лёгкая заку́ска 2) заку́сочная, буфе́т

**lunch-hour** [ˈlʌntʃˌauə] *n* обе́денный переры́в

**lunchroom** [ˈlʌntʃrum] *n амер.* заку́сочная

**lunette** [lu:ˈnet] *n* 1) *воен.* люне́т 2) *архит.* тимпа́н

**lung** [lʌŋ] *n анат.* лёгкое; the ~s лёгкие ◇ the ~s of London па́рки и скве́ры Ло́ндона и его́ окре́стностей; good ~s си́льный го́лос

**lunge I** [lʌndʒ] **1.** *n* 1) ко́рда 2) круг, по кото́рому гоня́ют ло́шадь на ко́рде

**2.** *v* гоня́ть на ко́рде

**lunge II** [lʌndʒ] **1.** *n* 1) вы́пад (*в фехтовании или при ударе*) 2) прыжо́к (вперёд) 3) толчо́к, стреми́тельное движе́ние 4) ныря́ние, погруже́ние

**2.** *v* 1) наноси́ть уда́р; де́лать вы́пад 2) ри́нуться, устреми́ться

**lunger** [ˈlʌŋgə] *n амер. разг.* лёгочный больно́й

**lung fever** [ˈlʌŋˈfi:və] *n мед.* крупо́зное воспале́ние лёгких

**lung-tester** [ˈlʌŋˌtestə] *n* спиро́метр

**lungwort** [ˈlʌŋwə:t] *n бот.* лёгочная трава́, медуни́ца

**lunkhead** [ˈlʌŋkhed] *n амер. разг.* болва́н

**lunik** [ˈlu:nɪk] *русск. n* лу́нник

**lupin(e)** [ˈlu:pɪn] *n бот.* люпи́н

**lupine** [ˈlu:paɪn] *a* во́лчий

**lupus** [ˈlu:pəs] *n мед.* волча́нка, туберкулёз ко́жи

**lurch I** [lə:tʃ] **1.** *n* 1) крен (*судна*); to give a ~ накрени́ться 2) ша́ткая похо́дка 3) *амер.* скло́нность, тенде́нция

**2.** *v* 1) крени́ться 2) идти́ шата́ясь, поша́тываться

**lurch II** [lə:tʃ] *n*: to leave smb. in the ~ поки́нуть кого́-л. в беде́, в тяжёлом положе́нии

**lurcher** [ˈlə:tʃə] *n* 1) вори́шка; жу́лик, моше́нник 2) шпио́н 3) соба́ка-ище́йка (*помесь шотландской овчарки с борзой*)

**lure** [ljuə] **1.** *n* 1) собла́зн; соблазни́тельность 2) *охот.* прима́нка

**2.** *v* 1) завлека́ть, соблазня́ть (*обыкн.* ~ away, ~ into, ~ to) 2) *охот.* прима́нивать, ва́бить

**lurid** [ˈljuərɪd] *a* 1) о́гненный, пыла́ющий 2) грозово́й, мра́чный; to cast a ~ light броса́ть злове́щий, мра́чный свет 3) траги́ческий, стра́шный 4) мёртвенно-бле́дный 5) грязновато-кори́чневый, бу́рый 6) сенсацио́нный

**lurk** [lə:k] **1.** *v* 1) скрыва́ться в заса́де; пря́таться; *перен.* остава́ться незаме́ченным; таи́ться 2) *редк.* кра́сться

**2.** *n* 1): on the ~ та́йно высма́тривая, подстерега́я 2) *разг.* обма́н

**lurking-place** [ˈlə:kɪŋpleɪs] *n* потаённое ме́сто; убе́жище

**lurry** [ˈlʌrɪ] = lorry

**luscious** [ˈlʌʃəs] *a* 1) сла́дкий, арома́тный 2) при́торный 3) перегру́женный (*о стиле*)

**lush I** [lʌʃ] *a* со́чный, бу́йный, пы́шный (*о растительности*)

**lush II** [lʌʃ] *sl.* **1.** *n* 1) спиртно́й напи́ток 2) пья́ный

**2.** *v* напива́ться

**lust** [lʌst] **1.** *n* 1) вожделе́ние, по́хоть 2) *ритор.* страсть (of, for — к *чему-л.*)

**2.** *v* стра́стно жела́ть; испы́тывать вожделе́ние; to ~ after power жа́ждать вла́сти

**luster** [ˈlʌstə] *амер.* = lustre I

**lustful** [ˈlʌstful] *a* похотли́вый

**lustiness** [ˈlʌstɪnɪs] *n* здоро́вье, си́ла, бо́дрость, кре́пость

**lustra** [ˈlʌstrə] *pl от* lustrum

**lustration** [lʌsˈtreɪʃən] *n* 1) очище́ние; принесе́ние очисти́тельной же́ртвы 2) *шутл.* омове́ние

**lustre I** [ˈlʌstə] *n* 1) гля́нец, блеск; лоск 2) сла́ва; to add (*или* to give) ~ to smth., to throw (*или* to shed) ~ on smth. прида́ть блеск чему́-л.; просла́вить что-л. 3) лю́стра

**lustre II** [ˈlʌstə] = lustrum

**lustrine** [ˈlʌstrɪn] = lustring

**lustring** [ˈlʌstrɪŋ] *n* люстри́н (*материя*)

**lustrous** [ˈlʌstrəs] *a* 1) блестя́щий 2) глянцеви́тый

**lustrum** [ˈlʌstrəm] *лат. n* (*pl* -tra, -trums [-trəmz]) пятиле́тие

**lusty** [ˈlʌstɪ] *a* здоро́вый, си́льный, кре́пкий

**lute I** [lu:t] *n* лю́тня

**lute II** [lu:t] **1.** *n* 1) зама́зка; масти́ка 2) *стр.* пра́вило

**2.** *v* зама́зывать зама́зкой

**lutecium** [lju:ˈti:ʃɪəm] *n хим.* люте́ций

**lutestring** [ˈlu:tstrɪŋ] = lustring

**Lutetian** [lu:ˈti:ʃɪən] *a* пари́жский

**Lutheran** [ˈlu:θərən] **1.** *a* лютера́нский

**2.** *n* лютера́нин; лютера́нка

**luting** [ˈlu:tɪŋ] **1.** *pres. p. от* lute II, 2

**2.** *n* 1) зама́зывание зама́зкой 2) = lute II, 1

**lux** [lʌks] *n физ.* люкс (*единица освещённости*)

**luxate** [ˈlʌkseɪt] *v* вы́вихнуть

**luxation** [lʌkˈseɪʃən] *n* вы́вих

**luxe** [luks] *n*: de ~ роско́шный; edition de ~ роско́шное изда́ние

**luxuriance** [lʌgˈzjuərɪəns] *n* 1) изоби́лие, пы́шность 2) бога́тство (*воображения и т. п.*)

**luxuriant** [lʌgˈzjuərɪənt] *a* 1) бу́йный, пы́шный, бога́тый (*о растительности и т. п.*); a ~ imagination бога́тое воображе́ние; ~ growth бу́йный рост 2) цвети́стый (*о стиле*)

**luxuriate** [lʌgˈzjuərɪeɪt] *v* 1) наслажда́ться (*чем-л.*), блаже́нствовать (in, on) 2) расти́ бу́йно, пы́шно 3) купа́ться в ро́скоши

**luxurious** [lʌgˈzjuərɪəs] *a* 1) роско́шный 2) лю́бящий ро́скошь, расточи́тельный

**luxuriously** [lʌgˈzjuərɪəslɪ] *adv* 1) роско́шно; превосхо́дно 2) с наслажде́нием

**luxury** [ˈlʌkʃərɪ] *n* 1) ро́скошь; to live in ~ жить в ро́скоши 2) предме́т ро́скоши 3) большо́е удово́льствие, наслажде́ние; the ~ of a good book удово́льствие, получа́емое от хоро́шей кни́ги

**Lyceum** [laɪˈsɪəm] *n* 1) лице́й 2) лекто́рий, чита́льня 3) *амер.* организа́ция для устро́йства популя́рных ле́кций-конце́ртов

**lych-gate** [ˈlɪtʃgeɪt] *n* поко́йницкая (*при церковном кладбище*)

**lychnis** [ˈlɪknɪs] *n бот.* ли́хнис

**lyddite** [ˈlɪdaɪt] *n* лидди́т

**lye** [laɪ] *n* щёлок

**lying I** [ˈlaɪɪŋ] **1.** *pres. p. от* lie I, 2

**2.** *a* ло́жный, лжи́вый, обма́нчивый; a ~ prophet лжепроро́к

**3.** *n* ложь; лжи́вость

**lying II** [ˈlaɪɪŋ] **1.** *pres. p. от* lie II, 1

**2.** *a* лежа́щий; лежа́чий

**lying in** [ˈlaɪɪŋˈɪn] *n* ро́ды

**lying-in** [ˈlaɪɪŋˈɪn] *a* роди́льный; ~ hospital роди́льный дом

**lymph** [lɪmf] *n* 1) *поэт.* исто́чник чи́стой воды́ 2) *физиол.* ли́мфа; animal ~ вакци́на

**lymphatic** [lɪmˈfætɪk] **1.** *a* 1) *физиол.* лимфати́ческий; ~ gland лимфати́ческая железа́ 2) худосо́чный 3) флегмати́чный, вя́лый, сла́бый

**2.** *n* лимфати́ческий сосу́д

**lynch** [lɪntʃ] *v амер.* линчева́ть, расправля́ться самосу́дом

**Lynch law** [ˈlɪntʃlɔ:] *n амер.* зако́н *или* суд Ли́нча, самосу́д, линчева́ние

**lynx** [lɪŋks] *n* рысь

**lynx-eyed** [ˈlɪŋksaɪd] *a* с о́стрым зре́нием

**Lyra** ['laɪərə] *n астр.* Ли́ра (*созвездие*)
**lyre** ['laɪə] *n* ли́ра
**lyre-bird** ['laɪəbə:d] *n* пти́ца-ли́ра, лирохво́ст
**lyric** ['lɪrɪk] **1.** *a* лири́ческий; ~ poetry лири́ческая поэ́зия, ли́рика **2.** *n* лири́ческое стихотворе́ние
**lyrical** ['lɪrɪkəl] *a* лири́ческий
**lyricism** ['lɪrɪsɪzm] *n* лири́зм
**lyrics** ['lɪrɪks] *n pl* лири́ческие стихи́, ли́рика
**lyrist** *n* 1) ['laɪərɪst] игра́ющий на ли́ре 2) ['lɪrɪst] ли́рик
**lysis** ['laɪsɪs] *n мед.* ли́зис

# M

**M, m** [em] *n* (*pl* Ms, M's [emz]) *13-я буква англ. алфавита*
**ma** [mɑ:] *n* (*сокр. от* mamma I) *разг.* ма́ма
**ma'am** [mæm] *n* (*сокр. от* madam) *разг.* суда́рыня, госпожа́
**mac** [mæk] *разг. сокр. от* mackintosh
**macabre** [mə'kɑ:br] *фр. a* мра́чный, ужа́сный; dance ~ та́нец сме́рти
**macaco** [mə'keɪkəu] *n* лему́р
**macadam** [mə'kædəm] *n* щё́бень, щебё́ночное покры́тие
**macadamize** [mə'kædəmaɪz] *v* мости́ть щё́бнем
**macaque** [mə'kɑ:k] *n* мака́ка
**macaroni** [,mækə'rəunɪ] *ит. n* (*pl* -s, -es [-ɪz]) макаро́ны
**macaronic** [,mækə'rɔnɪk] **1.** *a* макарони́ческий, шу́точный (*о стиле*) **2.** *n pl* макарони́ческие стихи́ (*на ломаной латыни или с большой примесью иностранных слов*)
**macaroon** [,mækə'ru:n] *n* минда́льное пече́нье
**macartney** [mə'kɑ:tnɪ] *n* золоти́стый фаза́н
**macassar** [mə'kæsə] *n* макасса́ровое ма́сло (*тж.* ~ oil)
**macaw I** [mə'kɔ:] *n* а́ра (*попугай*)
**macaw II** [mə'kɔ:] *n* южноамерика́нская па́льма
**Maccabeus** [,mækə'bi(:)əs] *n библ.* Маккаве́й
**mace I** [meɪs] *n* 1) *ист.* булава́ 2) жезл 3) ма́зик (*в бильярде*) 4) деревя́нный молото́к для мягче́ния ко́жи
**mace II** [meɪs] *n* муска́тный «цвет» (*сушёная шелуха мускатного ореха*)
**Macedonian** [,mæsɪ'dəunjən] **1.** *a* македо́нский **2.** *n* македо́нец
**macerate** ['mæsəreɪt] *v* 1) выма́чивать; разма́чивать 2) истоща́ть, изнуря́ть
**maceration** [,mæsə'reɪʃən] *n* 1) выма́чивание; разма́чивание 2) истоще́ние, изнуре́ние
**machiavellian** [,mækɪə'velɪən] *a* неразбо́рчивый (*в средствах*); бессо́вестный
**machicolation** [,mætʃɪkəu'leɪʃən] *n ист.* навесна́я бо́йница
**machicoulis** [,mɑ:ʃɪ'ku:lɪ] = machicolation
**machinal** [mə'ʃi:nəl] *a* механи́ческий
**machinate** ['mækɪneɪt] *v* интригова́ть, стро́ить ко́зни
**machination** [,mækɪ'neɪʃən] *n* махина́ция, интри́га, ко́зни
**machine** [mə'ʃi:n] **1.** *n* 1) маши́на; стано́к 2) механи́зм 3) велосипе́д; автомоби́ль; самолё́т 4) шве́йная маши́н(к)а 5) челове́к, рабо́тающий как маши́на *или* де́йствующий машина́льно 6) аппара́т (*организационный и т. п.*); state ~ госуда́рственный аппара́т; party ~ парти́йная маши́на 7) организа́ция *или* па́ртия, контроли́рующая полити́ческую жизнь страны́ 8) *attr.* маши́нный; ~ age век маши́н; ~ works машинострои́тельный заво́д; ~ translation маши́нный перево́д; ~ politician *амер.* полити́ка́н, те́сно свя́занный с парти́йной маши́ной **2.** *v* 1) подверга́ть механи́ческой обрабо́тке; обраба́тывать на станке́ 2) шить (*на машине*) 3) печа́тать
**machine-gun** [mə'ʃi:ngʌn] **1.** *n* пулемё́т **2.** *v* обстре́ливать пулемё́тным огнё́м
**machine-gunner** [mə'ʃi:n,gʌnə] *n* пулемё́тчик
**machine-made** [mə'ʃi:nmeɪd] *a* сде́ланный маши́нным *или* механи́ческим спо́собом
**machine-minder** [mə'ʃi:n,maɪndə] *n* рабо́чий у станка́
**machinery** [mə'ʃi:nərɪ] *n* 1) маши́нное обору́дование; маши́ны 2) механи́зм 3) дета́ли маши́н 4) структу́ра (*драмы, поэмы*) 5) аппара́т (*государственный и т. п.*)
**machine-shop** [mə'ʃi:nʃɔp] *n* механи́ческая мастерска́я; механи́ческий цех
**machine-tool** [mə'ʃi:ntu:l] *n* 1) стано́к 2) *attr.*: ~ plant станкострои́тельный заво́д
**machinist** [mə'ʃi:nɪst] *n* 1) сле́сарь; квалифици́рованный рабо́чий (*металли́ст или стано́чник*); меха́ник; рабо́чий у станка́ 2) машини́ст 3) машинострои́тель 4) швея́
**Mach number** ['mɑ:k,nʌmbə] *n ав.* число́ Ма́ха, число́ М
**macintosh** ['mækɪntɔʃ] = mackintosh
**mack** [mæk] *разг. сокр. от* mackintosh
**mackerel** ['mækrəl] *n* 1) макре́ль; ску́мбрия 2) *attr.*: ~ sky не́бо бара́шками
**mackintosh** ['mækɪntɔʃ] *n* 1) макинто́ш, непромока́емое пальто́ 2) прорези́ненная мате́рия
**macro-** ['mækrəu-] *в сложных словах означает* большо́й; необыкнове́нно большо́го разме́ра; дли́нный
**macrobiosis** [,mækrəubaɪ'ɔsɪs] *n* долголе́тие
**macrocephalous** [,mækrəu'sefələs] *a* с (ненорма́льно) большо́й голово́й
**macrocosm** ['mækrəkɔzm] *n* макроко́см, вселе́нная
**macrocrystalline** [,mækrəu'krɪstəlaɪn] *a* крупнокристалли́ческий
**macrograph** ['mækrəugrɑ:f] *n* макросни́мок
**macron** ['mækrɔn] *n лингв.* знак долготы́ над гла́сным (*напр.*, ā)
**macroscopic** [,mækrəu'skɔpɪk] *a* макроскопи́ческий, ви́димый невооружё́нным гла́зом
**macula** ['mækjulə] *n* (*pl* -ae) пятно́
**maculae** ['mækjuli:] *pl от* macula
**maculate** ['mækjuleɪt] *v* покрыва́ть пя́тнами
**maculated** ['mækjuleɪtɪd] *a* покры́тый пя́тнами
**mad** [mæd] **1.** *a* 1) сумасше́дший, безу́мный; to send smb. ~ свести́ с ума́ кого́-л. 2) бе́шеный (*о животном*) 3) обезу́мевший, рассвирепе́вший (with — от *чего-л.*) 4) стра́стно любя́щий (*что-л.*); поме́шанный (after, for, on, about — на *чём-л.*); to run ~ after smth. быть без ума́ от чего́-л., увлека́ться чем-л. 5) сумасбро́дный, безрассу́дный; a ~ venture безрассу́дное предприя́тие 6) *разг.* рассе́рженный, раздоса́дованный (at, about — *чем-л.*); to get ~ рассерди́ться; вы́йти из себя́; don't be ~ at me не серди́тесь на меня́ 7) бу́йно весё́лый; we had a ~ time мы о́чень весели́лись ◊ like ~ как безу́мный; as ~ as a wet hen взбешё́нный; ~ as a hatter, ~ as a March hare ≅ совсе́м сумасше́дший, спя́тивший **2.** *v редк.* 1) своди́ть с ума́ 2) сходи́ть с ума́; вести́ себя́ как безу́мный
**madam** ['mædəm] *n* 1) мада́м, госпожа́, суда́рыня (*обыкн. как обращение*) 2) *разг.* же́нщина, любя́щая повелева́ть; she's a bit of a ~ она́ лю́бит кома́ндовать
**madcap** ['mædkæp] *n* 1) сумасбро́д 2) сорване́ц; сорвиголова́ 3) *attr.* сумасбро́дный
**madden** ['mædn] *v* 1) своди́ть с ума́ 2) сходи́ть с ума́ 3) раздража́ть; доводи́ть до бе́шенства
**madder** ['mædə] *n* 1) *бот.* маре́на (*краси́льная*) 2) крапп (*краситель из марены*)
**made** [meɪd] **1.** *past и p. p. от* make 1 **2.** *a* 1) изгото́вленный 2) иску́сственный; ~ ground насыпно́й грунт 3) приду́манный; ~ excuse неправдоподо́бное объясне́ние 4) сбо́рный, составно́й; ~ dish ассорти́ (*сборное блюдо*) 5) доби́вшийся успе́ха; ~

man a) человек, занимающий прочное положение; б) физически сформировавшийся человек

**madefy** ['mædıfaı] *v* смачивать, увлажнять

**Madeira** [mə'dıərə] *n* мадера (*вино*) [*см. тж. Список географических названий*]

**mademoiselle** [ˌmædəm(w)ə'zel] *фр. n* 1) мадемуазель, незамужняя француженка *или* другая иностранка (*перед собств. именем с прописной буквы*) 2) гувернантка-француженка

**made up** ['meıd'ʌp] *a* 1) искусственный 2) готовый (*об одежде*) 3) выдуманный; вымышленный 4) загримированный; с густым слоем краски на лице

**madhouse** ['mædhaus] *n разг.* сумасшедший дом

**madia** ['meıdıə] *n* 1) *бот.* мадия 2) *attr.*: ~ oil масло из семян мадии

**madid** ['mædıd] *a* мокрый, влажный, сырой

**madman** ['mædmən] *n* сумасшедший; безумец; сумасброд

**madness** ['mædnıs] *n* 1) сумасшествие, безумие 2) бешенство

**madonna** [mə'dɔnə] *n* мадонна

**madonna lily** [mə'dɔnəˌlılı] *n* белая лилия

**madrasah** [mə'dræsə] *араб. n* медресе (*высшая духовная школа мусульман*)

**madrepore** [ˌmædrı'pɔ:] *n* каменистый коралл

**madroño** [mə'drəunjə] *исп. n бот.* земляничное дерево, земляничник

**madwoman** ['mædˌwumən] *n* сумасшедшая; безумная

**Maecenas** [mi(:)'si:næs] *n* меценат

**maelstrom** ['meılstrəum] *n* водоворот, вихрь (*тж. перен.*)

**maenad** ['mi:næd] *n греч. миф.* менада

**maestoso** [ˌma:es'təuzəu] *ит. adv муз.* маэстозо, величественно

**maestri** [ma:'estrı] *pl от* maestro

**maestro** [ma:'estrəu] *ит. n* (*pl* -ri) маэстро

**Mae West** ['meı'west] *n* надувная спасательная куртка лётчиков

**maffick** ['mæfık] *v* бурно праздновать, бесноваться (*от радости*)

**mafic** ['mæfık] *a геол.* мафический, тёмный (*о породе*)

**mag** I [mæg] *n sl.* (монета в) полпенни

**mag** II [mæg] *разг.* **1.** *n* 1) болтовня 2) болтун(ья)

**2.** *v* болтать

**mag** III [mæg] *n. сокр. разг. от* magazine II *и* magneto

**magazine** I [ˌmægə'zi:n] *n* 1) склад боеприпасов; вещевой склад 2) пороховой погреб 3) магазинная коробка (*винтовки*); магазин (*для патронов*) 4) *кино* бобина 5) *фото* кассета 6) *тех.* магазин 7) *attr. тех., воен.* магазинный; ~ case магазинная коробка

**magazine** II [ˌmægə'zi:n] *n* (периодический) журнал

**magazine rifle** [ˌmægə'zi:nˌraıfl] *n* магазинная винтовка

**mage** [meıdʒ] *n уст.* 1) маг, волшебник 2) мудрец

**magenta** [mə'dʒentə] *n* фуксин, красная анилиновая краска

**maggot** ['mægət] *n* 1) личинка (*особ.* мясной и сырной мух) 2) блажь, причуда; to have a ~ in one's brain (*или* head) иметь причуды 3) человек с причудами ◊ to act the ~ отлынивать от работы

**maggoty** ['mægətı] *a* 1) червивый 2) с причудами

**magi** ['meıdʒaı] *pl от* magus

**magic** ['mædʒık] **1.** *n* 1) магия, волшебство 2) очарование

**2.** *a* волшебный, магический

**magical** ['mædʒıkəl] = magic 2

**magician** [mə'dʒıʃən] *n* 1) волшебник, чародей, заклинатель 2) фокусник

**magisterial** [ˌmædʒıs'tıərıəl] *a* 1) судебный, судейский 2) авторитетный 3) диктаторский, повелительный

**magistracy** ['mædʒıstrəsı] *n* 1) должность судьи 2) *собир.* магистрат

**magistral** [mə'dʒıstrəl] **1.** *a* 1) преподавательский, учительский; the ~ staff преподавательский состав (*школы и т. п.*) 2) поучающий, авторитетный 3) *мед.* специально показанный, прописанный 4) *воен. ист.* главный, магистральный (*о линиях укреплений*)

**2.** *n воен.* магистраль, магистральная линия

**magistrate** ['mædʒıstreıt] *n* 1) судья (*преим. мировой*) 2) член городского магистрата (*в Англии*) 3) должностное лицо

**magma** ['mægmə] *n геол.* магма

**Magna C(h)arta** ['mægnə'ka:tə] *n ист.* Великая хартия вольностей (*1215 г.*)

**magnanimity** [ˌmægnə'nımıtı] *n* великодушие

**magnanimous** [mæg'nænıməs] *a* великодушный

**magnate** ['mægneıt] *n* магнат; oil ~ нефтяной король

**magnesia** [mæg'ni:ʃə] *n мед.* окись магния, жжёная магнезия

**magnesium** [mæg'ni:zjəm] *n хим.* магний

**magnet** ['mægnıt] *n* 1) магнит 2) притягательная сила

**magnetic** [mæg'netık] *a* 1) магнитный; ~ declination магнитное склонение; ~ needle магнитная стрелка; ~ storm магнитная буря 2) притягивающий, привлекательный; магнетический

**magnetics** [mæg'netıks] *n pl* (*употр. как sing*) *физ.* магнетизм

**magnetism** ['mægnıtızm] *n* 1) магнетизм 2) магнитные свойства 3) личное обаяние, привлекательность

**magnetite** ['mægnıtaıt] *n мин.* магнетит, магнитный железняк

**magnetization** [ˌmægnıtaı'zeıʃən] *n* 1) намагничивание 2) намагниченность

**magnetize** ['mægnıtaız] *v* 1) намагничивать(ся) 2) привлекать 3) гипнотизировать

**magneto** [mæg'ni:təu] *n* (*pl* -os [-əuz]) *эл.* магнето; индуктор

**magnetometer** [ˌmægnı'tɔmıtə] *n* магнитометр

**magneton** ['mægnıtɔn] *n физ.* магнетон

**magnetron** ['mægnıtrɔn] *n физ.* магнетрон

**magnification** [ˌmægnıfı'keıʃən] *n* 1) увеличение 2) усиление

**magnificence** [mæg'nıfısns] *n* великолепие

**magnificent** [mæg'nıfısnt] *a* 1) великолепный, величественный 2) *разг.* изумительный, прекрасный

**magnifier** ['mægnıfaıə] *n* 1) увеличительное стекло, лупа 2) *радио* усилитель

**magnify** ['mægnıfaı] *v* 1) увеличивать 2) преувеличивать 3) *уст.* восхвалять

**magnifying glass** ['mægnıfaııŋ'gla:s] *n* увеличительное стекло, лупа

**magniloquence** [mæg'nıləukwəns] *n* высокопарность

**magniloquent** [mæg'nıləukwənt] *a* высокопарный

**magnitude** ['mægnıtju:d] *n* 1) величина, размеры 2) важность; значительность; of the first ~ первостепенной важности

**magnolia** [mæg'nəuljə] *n* магнолия

**magnum** ['mægnəm] *n* большая винная бутылка (*2 кварты* ≅ $2^1/_4$ *л*)

**magpie** ['mægpaı] *n* 1) сорока; *перен.* болтун(ья) 2) *воен. разг.* второе кольцо мишени с кругами 3) попадание во внешний, предпоследний круг мишени 4) *sl.* полпенни

**magus** ['meıgəs] *n* (*pl* magi) маг, волхв

**Magyar** ['mægja:] **1.** *a* венгерский; мадьярский

**2.** *n* 1) венгр; мадьяр; венгерка; мадьярка 2) венгерский язык

**Maharaja(h)** [ˌma*h*ə'ra:dʒə] *инд. n* магараджа

**Maharanee** [ˌma:*h*ə'ra:ni:] *инд. n* магарани (*супруга магараджи*)

**mahogany** [mə'hɔgənı] *n* 1) красное дерево 2) обеденный стол; to put (*или* to stretch, to have) one's knees (*или* feet) under smb.'s ~ обедать у кого-л., пользоваться чьим-л. гостеприимством; жить на чей-л. счёт 3) коричневато-красный цвет 4) *attr.* сделанный из красного дерева; ~ furniture мебель красного дерева 5) *attr.* коричневато-красный (*о цвете*)

**Mahomet** [mə'hɔmıt] *n* Магомет

**Mahometan** [mə'hɔmıtən] = Mohammedan

**mahout** [mə'haut] *инд. n* погóнщик слонóв

**maid** [meɪd] **1.** *n* 1) служáнка, гóрничная; прислýга 2) *поэт.* дéва, девица, дéвушка; old ~ стáрая дéва; ~ of honour а) фрéйлина; б) *амер.* ≅ подрýжка невéсты; в) род ватрýшки

**2.** *v* служить гóрничной, рабóтать прислýгой

**maiden** ['meɪdn] **1.** *n* 1) девица, дéвушка 2) *шутл.* стáрая дéва 3) *ист.* род гильотины

**2.** *a* 1) незамýжняя 2) относящийся к незамýжней жéнщине *или* к девичеству жéнщины; дéвичий, девический; ~ name дéвичья фамилия 3) дéвственный, нетрóнутый; ~ horse лóшадь, не брáвшая приза; ~ sword меч, ещё не обагрённый крóвью; ~ over *спорт.* игрá (в крикет), в котóрой не открыт счёт; ~ assize *юр.* сéссия уголóвного судá, на рассмотрéние котóрой не вынесено уголóвных дел 4) пéрвый; ~ attempt пéрвая попытка; ~ battle пéрвый бой; ~ flight пéрвый полёт (*самолёта*); ~ voyage пéрвое плáвание, пéрвый рейс (*нового корабля*); ~ speech пéрвая речь (*нового члена парламента, академии и т. п.*)

**maidenhair** ['meɪdnhɛə] *n бот.* адиáнтум

**maidenhead** ['meɪdnhed] *n* 1) дéвственность, непорóчность 2) девичество

**maidenhood** ['meɪdnhud] *n* девичество

**maidenish** ['meɪdnɪʃ] *a* 1) дéвичий 2) стародевический

**maidenlike** ['meɪdnlaɪk] **1.** *a* дéвичий, девический; скрóмный

**2.** *adv* как подобáет дéвушке; скрóмно

**maidenly** ['meɪdnlɪ] = maidenlike 2

**maid-of-all-work** ['meɪdɔvɔ:l'wə:k] *n* прислýга, выполняющая всю рабóту, «прислýга за всё»

**maidservant** ['meɪd,sə:vənt] *n* служáнка; прислýга

**mail I** [meɪl] **1.** *n* 1) кольчýга (*тж.* coat of ~); *распр.* броня 2) *зоол.* щитóк (*черепахи*); скорлупá (*рака*)

**2.** *v* покрывáть кольчýгой, бронёй

**mail II** [meɪl] **1.** *n* 1) пóчта 2) пóчта, почтóвая корреспондéнция 3) почтóвый пóезд 4) мешóк с пóчтой 5) *шотл.* дорóжный мешóк 6) *attr.* почтóвый

**2.** *v* посылáть по пóчте; сдавáть на пóчту

**mail-boat** ['meɪlbəut] *n* почтóвый парохóд

**mailbox** ['meɪlbɔks] *n амер.* почтóвый ящик

**mail-car** ['meɪlkɑ:] *n* почтóвый вагóн

**mail-cart** ['meɪlkɑ:t] *n* 1) почтóвая карéта 2) дéтская коляска

**mail-clad** ['meɪlklæd] *a* одéтый в кольчýгу, броню

**mail-coach** ['meɪl'kəutʃ] = mail-cart 1)

**mailed I** [meɪld] **1.** *p. p. от* mail I, 2

**2.** *a* 1) защищённый бронёй, бронирóванный 2) покрытый чешýйками 3) пятнистый ◇ the ~ fist бронирóванный кулáк

**mailed II** [meɪld] *p. p. от* mail II, 2

**mailer** ['meɪlə] *n* 1) отправитель 2) машина для автоматического адресовáния почтóвых отправлéний 3) контéйнер для пóчты

**mailing-list** ['meɪlɪŋ'lɪst] *n* списoк адресáтов (*которым регулярно отправляются рефераты, рекламные проспекты и т. п.*)

**maillot** [maɪ'jəu] *фр. n* 1) купáльный костюм 2) трикó (*акробатов, танцоров*)

**mailman** ['meɪlmæn] *n амер.* почтальóн

**mail order** ['meɪl,ɔ:də] *n* 1) закáз на высылку товáра по пóчте 2) *амер.* почтóвый перевóд

**mail-order** ['meɪl,ɔ:də] *a*: ~ house магазин «товáры пóчтой»

**mail-plane** ['meɪlpleɪn] *n* почтóвый самолёт

**mail train** ['meɪltreɪn] *n* почтóвый пóезд

**maim** [meɪm] *v* калéчить, увéчить

**main I** [meɪn] **1.** *n* 1) глáвная часть; основнóе, глáвное; in the ~ а) в основнóм; б) бóльшей чáстью; в) глáвным óбразом 2) магистрáль 3) *поэт.* открытое мóре, океáн 4) = mainmast

**2.** *a* 1) глáвный; основнóй; the ~ features основные черты; ~ line глáвная железнодорóжная линия, магистрáль; the ~ point глáвный пункт; ~ dressing station *воен.* глáвный перевязочный пункт 2) хорошó развитóй, сильный (*физически*)

**main II** [meɪn] *n* 1) числó очкóв, котóрое игрáющий в кóсти называет пéред броскóм 2) петушиный бой

**main deck** ['meɪndek] *n* вéрхняя пáлуба

**mainland** ['meɪnlənd] *n* 1) материк 2) большóй óстров (*среди группы небольших*) 3) *attr.* континентáльный

**mainly** ['meɪnlɪ] *adv* 1) глáвным óбразом 2) бóльшей чáстью

**mainmast** ['meɪnmɑ:st] *n мор.* грот-мáчта

**mainspring** ['meɪnsprɪŋ] *n* 1) ходовáя пружина (*часового механизма*) 2) *воен.* спусковáя пружина, боевáя пружина 3) глáвная движущая сила; истóчник

**mainstay** ['meɪnsteɪ] *n мор.* грóта-штаг; *перен.* глáвная поддéржка, опóра, оплóт

**mainstream** ['meɪnstri:m] *n* основнóе направлéние, глáвная линия (*в искусстве, литературе и т. п.*)

**maintain** [meɪn'teɪn] *v* 1) поддéрживать; удéрживать; сохранять; to ~ one's composure сохранять спокóйствие, оставáться хладнокрóвным; to ~ one's health поддéрживать своё здорóвье 2) содержáть; to ~ a family содержáть семью 3) окáзывать поддéржку, защищáть, отстáивать 4) утверждáть; he ~ed that he was right он утверждáл, что он прав 5) *тех.* обслýживать; содержáть в испрáвности

**maintenance** ['meɪntənəns] *n* 1) поддéржка, поддержáние; сохранéние 2) содержáние; срéдства к существовáнию 3) утверждéние 4) *юр.* поддéржка (однóй из тяжущихся сторóн в корыстных цéлях) 5) *тех.* ухóд, содержáние в испрáвности; текýщий ремóнт 6) *тех.* эксплуатáция; эксплуатациóнные расхóды (включáя текýщий ремóнт) 7) *attr.* ремóнтный; ~ crew комáнда технического обслýживания

**maintop** ['meɪntɔp] *n мор.* грот-мáчта

**main yard** ['meɪnjɑ:d] *n мор.* грот-рéй

**maison(n)ette** [,meɪzə'net] *фр. n* небольшóй дом *или* небольшáя квартира

**maize** [meɪz] *n* кукурýза; маис

**majestic** [mə'dʒestɪk] *a* величественный

**majesty** ['mædʒɪstɪ] *n* 1) величественность; величие; величáвость 2) (M.) величество (*титул*)

**Majlis** [mædʒ'lɪs] *n* меджлис

**majolica** [mə'jɔlɪkə] *n* майóлика

**major I** ['meɪdʒə] *n* майóр

**major II** ['meɪdʒə] **1.** *a* 1) бóльший, бóлее вáжный 2) стáрший 3) глáвный; ~ forces *воен.* глáвные силы; ~ reconstruction коренная перестрóйка; ~ league *спорт.* высшая лига 4) *муз.* мажóрный

**2.** *n* 1) совершеннолéтний 2) *лог.* глáвная посылка (*в силлогизме*) 3) *амер.* профилирующая дисциплина (*в колледже*)

**3.** *v амер.* специализироваться по какóму-л. предмéту (*в колледже*)

**major-domo** ['meɪdʒə'dəuməu] *n* (*pl* -os [-əuz]) мажордóм; дворéцкий

**major-general** ['meɪdʒə'dʒenərəl] *n* генерáл-майóр

**majority** [mə'dʒɔrɪtɪ] *n* 1) большинствó; to gain (*или* to carry) the ~ получить большинствó голосóв; to win by a handsome (narrow) ~ получить значительное (незначительное) большинствó голосóв 2) совершеннолéтие (*в Англии — 21 год*); he attained his ~ он достиг совершеннолéтия 3) чин, звáние майóра 4) *attr.*: ~ leader *амер. полит.* руководитель большинствá (*в сенате и т. п.*); ~ rule волеизъявлéние большинствá; принцип подчинéния меньшинствá большинствý ◇ to join the (great) ~ умерéть

**majuscule** ['mædʒəskju:l] *n* прописнáя бýква (*в средневековых рукописях*)

**make** [meɪk] **1.** *v* (made) 1) дéлать; совершáть; сдéлать 2) производить 3) создавáть, образóвывать; составлять (*завещание, документ*)

4) **готóвить**, приготовля́ть; to ~ a fire разжига́ть костёр; to ~ tea зава́ривать чай 5) составля́ть, равня́ться; 2 and 3 ~ 5 два плюс три равня́ется пяти́ 6) станови́ться; де́латься; he will ~ a good musician из него́ вы́йдет хоро́ший музыка́нт; he was made to be an actor он прирождённый актёр 7) получа́ть, приобрета́ть, добыва́ть (*деньги, средства*); зараба́тывать; to ~ money зараба́тывать де́ньги; to ~ one's living зараба́тывать на жизнь 8) счита́ть, определя́ть, предполага́ть; what do you ~ the time? кото́рый, по-ва́шему, час?; what am I to ~ of your behaviour? как я до́лжен понима́ть ва́ше поведе́ние? 9) назнача́ть (*на должность*); производи́ть (*в чин*) 10) *разг.* успе́ть, поспе́ть (*на поезд и т. п.*) 11) *мор.* войти́ (*в порт и т. п.*) 12) *со сложным дополнением означает* заставля́ть, побужда́ть; ~ him repeat it заста́вь(те) его́ повтори́ть э́то; to ~ smb. understand дать кому́-л. поня́ть; to ~ oneself understood объясня́ть(ся) (*на иностранном языке*); to ~ smth. grow выра́щивать что-л. 13) *с рядом существительных образует фразовый глагол, соответствующий по значению существительному; напр.*: to ~ haste спеши́ть; to ~ fun высме́ивать; to ~ an answer (*или* a reply) отвеча́ть; to ~ a pause останови́ться; to ~ war воева́ть; вести́ войну́; to ~ a journey путеше́ствовать; to ~ progress развива́ться; де́лать успе́хи; to ~ start начина́ть; to ~ a mistake (*или* a blunder) ошиба́ться; (с)де́лать оши́бку 14) вести́ себя́ как...; стро́ить из себя́; to ~ an ass (*или* a fool) of oneself (с)валя́ть дурака́; (по)ста́вить себя́ в глу́пое положе́ние; оскanда́литься; to ~ a beast of oneself вести́ себя́ как скоти́на 15) есть; to ~ a good breakfast хорошо́ поза́втракать; to ~ a light meal перекуси́ть 16) *карт.* тасова́ть □ ~ **after** *уст.* пресле́довать; пуска́ться вслед; ~ **against** говори́ть не в по́льзу *кого-л.*; ~ **away with** изба́виться, отде́латься от *чего-л., кого-л.*; уби́ть *кого-л.*; ~ away with oneself поко́нчить с собо́й, соверши́ть самоуби́йство; ~ **back** верну́ться, возврати́ться; ~ **for** а) спосо́бствовать, соде́йствовать; б) направля́ться; в) напада́ть; набра́сываться; ~ **off** убежа́ть, удра́ть; ~ **out** а) разобра́ть; б) уви́деть, различи́ть, поня́ть; в) дока́зывать; г) составля́ть (*документ*); выпи́сывать (*счёт, чек*); д) *амер.* жить, существова́ть; е) справля́ться (*с чем-л.*); преуспева́ть; how did he ~ out at the examination? как он сдал экза́мен?; ж) де́лать вид; притворя́ться; дать поня́ть; ~ **over** а) передава́ть; же́ртвовать; б) переде́лывать; ~ **up** а) пополня́ть, возмеща́ть, компенси́ровать; навёрстывать; б) составля́ть, собира́ть; комплектова́ть; в) гримирова́ть(ся); г) подкра́ситься, подма́заться; д) выду́мывать; е) устра́ивать, ула́живать; ж) мири́ться; let us ~ it up дава́йте забу́дем э́то, дава́йте поми́римся; з) шить; крои́ть; и) *полигр.* верста́ть; к) подходи́ть, приближа́ться; л) подли́зываться, подхали́мничать; to ~ up to smb. заи́скивать, лебези́ть пе́ред кем-л. ◇ to ~ the best of *см.* best 2 ◇; to ~ a clean sweep of *см.* sweep 1, ◇; to ~ a dead set at а) напа́сть на; б) приста́ть с ножо́м к го́рлу к; to ~ do with smth. *редк.* дово́льствоваться чем-л.; to ~ good а) сдержа́ть сло́во; б) вознагради́ть, компенси́ровать (*за потерю*); в) доказа́ть, подтверди́ть; г) *амер.* преуспева́ть; to ~ nothing of smth. а) счита́ть что-л. пустяко́м; легко́ относи́ться к чему́-л.; б) ничего́ не поня́ть в чём-л.; to ~ oneself at home быть как до́ма; to ~ a poor mouth прибедня́ться; to ~ sure а) убежда́ться; удостове́риться; б) обеспе́чить; to ~ time out *амер.* поспеши́ть, помча́ться

**2.** *n* 1) произво́дство, рабо́та; изде́лие; our own ~ на́шего произво́дства 2) проду́кция, вы́работка 3) проце́сс становле́ния; разви́тие 4) вид, фо́рма, фасо́н, ма́рка; стиль; тип, моде́ль; do you like the ~ of that coat? вам нра́вится фасо́н э́того пальто́? 5) склад хара́ктера 6) конститу́ция, сложе́ние 7) *карт.* объявле́ние ко́зыря 8) *карт.* тасова́ние ◇ to be on the ~ *разг.* а) занима́ться чем-л. исключи́тельно с коры́стной це́лью; б) де́лать карье́ру

**make-believe** [ˈmeɪkbɪˌliːv] **1.** *n* 1) притво́рство 2) игра́, в кото́рой де́ти вообража́ют себя́ кем-л. 3) воображе́ние, фанта́зия 4) вы́думщик, фантазёр

**2.** *a* 1) вообража́емый; вы́думанный 2) притво́рный

**3.** *v* де́лать вид, притворя́ться

**makepeace** [ˈmeɪkpiːs] *n* миротво́рец; примири́тель

**maker** [ˈmeɪkə] *n* 1) тот, кто де́лает *что-л.* 2) созда́тель, творе́ц 3) *уст.* поэ́т 4) *юр.* векселеда́тель

**makeshift** [ˈmeɪkʃɪft] *n* 1) заме́на; паллиати́в; вре́менное приспособле́ние 2) *attr.* вре́менный; импровизи́рованный

**make-up** [ˈmeɪkʌp] *n* 1) грим; косме́тика; she had a rich ~ она́ была́ си́льно накра́шена 2) соста́в, структу́ра, строе́ние 3) нату́ра, склад (*ума, характера*) 4) вы́думка 5) *полигр.* вёрстка 6) *attr.*: ~ room убо́рная (*актёра*); ~ man а) гримёр; б) верста́льщик

**makeweight** [ˈmeɪkweɪt] *n* 1) дове́сок, доба́вка 2) *тех.* противове́с

**making** [ˈmeɪkɪŋ] **1.** *pres. p. от* make 1

**2.** *n* 1) созда́ние, становле́ние; in the ~ в проце́ссе созда́ния, разви́тия 2) произво́дство, изготовле́ние 3) рабо́та, ремесло́ 4) фо́рма 5) *pl* зада́тки; to have the ~s of (an actor, *etc.*) у него́ зада́тки (актёра *и т. п.*) 6) *pl* за́работок 7) *pl амер. разг.* бума́га и таба́к для свёртывания сигаре́т

**mal-** [mæl-] *pref* 1) пло́хо; плохо́й; to maltreat пло́хо, жесто́ко обраща́ться 2) не-, без-; maladroit нело́вкий; беста́ктный

**Malacca (cane)** [məˈlækə(keɪn)] *n* кори́чневая трость (*из ротанга*)

**malachite** [ˈmæləkaɪt] *n* малахи́т

**malacology** [ˌmæləˈkɔləʤɪ] *n* малаколо́гия (*наука о моллюсках*)

**maladjustment** [ˈmæləˈʤʌstmənt] *n* 1) непра́вильная регулиро́вка 2) неуме́ние приспосо́биться к окружа́ющей обстано́вке

**maladministration** [ˈmælədmɪnɪsˈtreɪʃən] *n* плохо́е управле́ние

**maladroit** [ˈmæləˈdrɔɪt] *a* нело́вкий; беста́ктный

**malady** [ˈmælədɪ] *n* боле́знь; расстро́йство

**Malaga** [ˈmæləgə] *n* мала́га (*вино*)

**Malagasy** [ˌmæləˈgæsɪ] **1.** *a* малагаси́йский

**2.** *n* 1) малагаси́ец; малагаси́йка 2) малагаси́йский язы́к

**malaise** [mæˈleɪz] *фр. n* недомога́ние

**malapert** [ˈmæləpəːt] *уст.* **1.** *n* де́рзкий, бессты́дный челове́к

**2.** *a* де́рзкий, бессты́дный

**malapropos** [ˈmælˈæprəpəu] *фр.* **1.** *adv* некста́ти, не во́время

**2.** *a* сде́ланный *или* ска́занный некста́ти

**3.** *n* совершённый некста́ти посту́пок; ска́занное некста́ти сло́во

**malaria** [məˈlɛərɪə] *n* маляри́я

**malarial** [məˈlɛərɪəl] *a* маляри́йный; ~ district маляри́йный райо́н

**malaria-ridden** [məˈlɛərɪəˌrɪdn] *a* маляри́йный (*о местности*)

**malarious** [məˈlɛərɪəs] = malarial

**malax** [ˈmæləks] *v* размина́ть, размягча́ть; сме́шивать

**malaxate** [ˈmæləkseɪt] = malax

**Malay** [məˈleɪ] **1.** *a* мала́йский

**2.** *n* 1) мала́ец; мала́йка 2) мала́йский язы́к

**Malayan** [məˈleiən] = Malay

**malcontent** [ˈmælkənˌtent] **1.** *n* недово́льный челове́к; оппозицио́нер

**2.** *a* недово́льный; находя́щийся в оппози́ции

**male** [meɪl] **1.** *n* 1) мужчи́на 2) саме́ц

**2.** *a* 1) мужско́й; ~ beast саме́ц; ~ bee тру́тень; ~ cat кот; ~ dog кобе́ль; ~ fern мужско́й па́поротник; ~ pigeon го́лубь-саме́ц 2) *тех.* входя́щий в другу́ю дета́ль, охва́тываемый; ~ pipe вдви́нутая труба́; ~ pin шип; ~ screw винт; ~ thread нару́жная резьба́

**male-** [ˈmælɪ-] *pref* зло-; maledictory злоязы́чный, проклина́ющий

**malediction** [ˌmælɪˈdɪkʃən] *n* прокля́тие

**maledictory** [ˌmælɪˈdɪktərɪ] *a* злоязы́чный, проклина́ющий

**malefactor** [ˈmælɪfæktə] *n* престу́пник, злоде́й

**malefic** [mə'lefɪk] *a* зловре́дный; па́губный

**maleficence** [mə'lefɪsns] *n* зловре́дность

**maleficent** [mə'lefɪsnt] *a* 1) па́губный (to — для); вредоно́сный 2) престу́пный

**malevolence** [mə'levələns] *n* злора́дство; недоброжела́тельность, зло́ба

**malevolent** [mə'levələnt] *a* злора́дный, недоброжела́тельный, зло́бный; ~ fate зла́я судьба́

**malfeasance** [mæl'fi:zəns] *n юр.* 1) злодея́ние 2) должностно́е преступле́ние

**malfeasant** [mæl'fi:zənt] *юр.* **1.** *a* престу́пный, беззако́нный

**2.** *n* престу́пник

**malformation** ['mælfɔ:'meɪʃən] *n* непра́вильное образова́ние *или* формирова́ние, поро́к разви́тия; уро́дство

**malformed** [mæl'fɔ:md] *a* уро́дливый, бесфо́рменный, пло́хо сформиро́ванный

**malfunction** [mæl'fʌŋkʃən] *тех.* **1.** *n* неиспра́вная рабо́та; непра́вильное сраба́тывание; авари́йный режи́м

**2.** *v* не сраба́тывать

**malic** ['mælɪk] *a хим.*: ~ acid я́блочная кислота́

**malice** ['mælɪs] *n* 1) зло́ба; to bear ~ (to) таи́ть зло́бу (про́тив *кого-л.*), зло́бствовать 2) *юр.* злой у́мысел

**malicious** [mə'lɪʃəs] *a* 1) зло́бный 2) злонаме́ренный

**malign** [mə'laɪn] **1.** *a* 1) па́губный; вре́дный; дурно́й 2) зло́бный, злой 3) *мед.* злока́чественный

**2.** *v* клевета́ть, злосло́вить

**malignancy** [mə'lɪgnənsɪ] *n* 1) па́губность, зловре́дность 2) зло́бность 3) *мед.* злока́чественность

**malignant** [mə'lɪgnənt] *a* 1) зло́стный, зло́бный 2) зловре́дный 3) *мед.* злока́чественный; болезнетво́рный; ~ bacteria вре́дные бакте́рии, болезнетво́рные бакте́рии

**malignity** [mə'lɪgnɪtɪ] = malignancy

**malinger** [mə'lɪŋgə] *v* притворя́ться больны́м, симули́ровать боле́знь

**malingerer** [mə'lɪŋgərə] *n* симуля́нт

**malingering** [mə'lɪŋgərɪŋ] **1.** *pres. p. от* malinger

**2.** *n* симуля́ция

**malison** ['mælɪsn] *n уст.* прокля́тие

**mall** [mɔ:l] *n* 1) (тени́стое) ме́сто для гуля́нья 2) *ист.* игра́ в шары́ 3) *тех.* тяжёлый мо́лот

**mallard** ['mæləd] *n* ди́кая у́тка

**malleability** [ˌmælɪə'bɪlɪtɪ] *n* 1) ко́вкость; тягу́честь; спосо́бность деформи́роваться в холо́дном состоя́нии 2) пода́тливость; усту́пчивость

**malleable** ['mælɪəbl] *a* 1) ко́вкий; тягу́чий 2) пода́тливый; усту́пчивый

**mallemuck** ['mælɪmʌk] *n* альбатро́с; буреве́стник

**mallet** ['mælɪt] *n* деревя́нный молото́к; колоту́шка

**malleus** ['mælɪəs] *n анат.* молото́чек (*ушная косточка*)

**mallow** ['mæləu] *n бот.* ма́льва, просви́рник

**malm** [mɑ:m] *n геол.* 1) (М.) мальм, ве́рхняя ю́ра 2) ме́ргель, известко́вый песо́к

**malmsey** ['mɑ:mzɪ] *n* мальва́зия (*вино*)

**malnutrition** ['mælnju(:)'trɪʃən] *n* недоеда́ние, недоста́точное *или* непра́вильное пита́ние

**malodorant** [mæ'ləudərənt] **1.** *n*225 злово́нное вещество́

**2.** *a* = malodorous

**malodorous** [mæ'ləudərəs] *a* злово́нный, воню́чий

**malposition** ['mælpə'zɪʃən] *n мед.* непра́вильное положе́ние плода́

**malpractice** ['mæl'præktɪs] *n юр.* 1) противозако́нное де́йствие 2) престу́пная небре́жность врача́ при лече́нии больно́го 3) злоупотребле́ние дове́рием

**malt** [mɔ:lt] **1.** *n* 1) со́лод 2) *разг.* солодо́вый напи́ток 3) *attr.* солодо́вый

**2.** *v* 1) солоди́ть 2) солоде́ть

**Maltese** ['mɔ:l'ti:z] **1.** *a* мальти́йский

**2.** *n* 1) мальти́ец; the ~ *pl собир.* мальти́йцы 2) язы́к жи́телей о-ва Ма́льта

**maltha** ['mælθə] *n мин.* ма́льта, чёрная смоли́стая нефть

**malt-house** ['mɔ:lthaus] *n* солодо́вня

**maltose** ['mɔ:ltəus] *n хим.* мальто́за, солодо́вый са́хар

**maltreat** [mæl'tri:t] *v* 1) ду́рно обраща́ться 2) помыка́ть (*кем-л.*)

**maltreatment** [mæl'tri:tmənt] *n* дурно́е обраще́ние

**maltster** ['mɔ:ltstə] *n* солодо́вник

**malt-worm** ['mɔ:ltwə:m] *n уст.* пья́ница

**malty** ['mɔ:ltɪ] *a* 1) солодо́вый 2) *sl.* пья́ный

**Malvaceae** [mæl'veɪsɪi:] *n pl бот.* ма́львовые

**malversation** [ˌmælvə:'seɪʃən] *n* 1) злоупотребле́ние (*по службе*) 2) присвое́ние обще́ственных *или* госуда́рственных сумм

**mama** [mə'mɑ:] = mamma I

**Mameluke** ['mæmɪlu:k] *n ист.* мам(е)лю́к

**mamma** I [mə'mɑ:] *n детск.* ма́ма

**mamma** II ['mæmə] *n* (*pl* -mae) *анат.* грудна́я (*или* моло́чная) железа́

**mammae** ['mæmi:] *pl от* mamma II

**mammal** ['mæməl] *n* млекопита́ющее

**mammalia** [mæ'meɪljə] *n pl* млекопита́ющие

**mammalogy** [mə'mælədʒɪ] *n* маммоло́гия, уче́ние о млекопита́ющих

**mammary** ['mæmərɪ] *a* относя́щийся к грудно́й (*или* моло́чной) железе́

**mammilla** [mæ'mɪlə] *n* (*pl* -lae) *анат.* грудно́й сосо́к

**mammillae** [mæ'mɪli:] *pl от* mammilla

**mammock** ['mæmək] **1.** *n* глы́ба, обло́мок

**2.** *v* лома́ть, разла́мывать на куски́; рвать в кло́чья

**mammon** ['mæmən] *n* мамо́на, де́ньги, бога́тство

**mammonish** ['mæmənɪʃ] *a* сребролюби́вый

**mammoth** ['mæməθ] **1.** *n* мамо́нт

**2.** *a* грома́дный, гига́нтский

**mammy** ['mæmɪ] *n* 1) *детск.* ма́мочка 2) *амер.* ня́ня-негритя́нка 3) *амер.* ста́рая негритя́нка

**man** [mæn] **1.** *n* (*pl* men) 1) челове́к 2) *в устойчивых сочетаниях*: а) *как представитель профессии*: ~ of law адвока́т, юри́ст; ~ of letters писа́тель, литера́тор, учёный; ~ of office чино́вник; ~ of the pen литера́тор; б) *как обладатель определённых качеств*: ~ of character челове́к с хара́ктером; ~ of courage хра́брый, му́жественный челове́к, ~ of decision реши́тельный челове́к; ~ of distinction (*или* mark, note) выдаю́щийся, знамени́тый челове́к; ~ of family зна́тный челове́к; *амер.* семе́йный челове́к; ~ of genius гениа́льный челове́к; ~ of ideas изобрета́тельный, нахо́дчивый челове́к; ~ of pleasure сластолю́бец; ~ of principle принципиа́льный челове́к; ~ of no principles беспринци́пный челове́к; ~ of no scruples недобросо́вестный, бессо́вестный челове́к; ~ of sense здравомы́слящий, разу́мный челове́к; ~ of straw а) соло́менное чу́чело; б) ненадёжный челове́к; в) подставно́е, фикти́вное лицо́; г) вообража́емый проти́вник; ~ of taste челове́к со вку́сом; ~ of worth досто́йный, почте́нный челове́к; *сочетания типа* family ~, self-made ~, medical ~, leading ~, *etc. см. под* family, self-made, medical, leading, *etc.* 3) мужчи́на 4) му́жественный челове́к 5) челове́ческий род, челове́чество 6) слуга́, челове́к; I'm your ~ *разг.* я к ва́шим услу́гам, я согла́сен 7) (*обыкн. pl*) рабо́чий 8) муж; ~ and wife муж и жена́ 9) *pl* солда́ты, рядовы́е; матро́сы 10) *ист.* васса́л 11) пе́шка, ша́шка (*в игре*) ◇ to be one's own ~ а) быть незави́симым, самостоя́тельным; свобо́дно распоряжа́ться собо́й; б) прийти́ в себя́, быть в но́рме; держа́ть себя́ в рука́х; ~ in the street, *амер. тж.* ~ in the car зауря́дный челове́к, обыва́тель; ~ about town све́тский челове́к; прожига́тель жи́зни; ~ of the world а) челове́к, умудрённый жи́зненным о́пытом; б) све́тский челове́к; good ~! здоро́во!, здра́вствуй!; ~ and boy с ю́ных лет; (all) to a ~ все до одного́, как оди́н (челове́к), все без исключе́ния; every ~ to his own taste ≅ на вкус на цвет това́рищей нет

**2.** *v* 1) *воен., мор.* укомплекто́вывать ли́чным соста́вом; занима́ть людьми́; ста́вить люде́й (*к орудию и т. п.*); посади́ть люде́й (*на корабль и т. п.*) 2) заня́ть (*позиции*); стать (*к орудиям и т. п.*) 3) подбодря́ть;

to ~ oneself мужа́ться, брать себя́ в ру́ки 4) *охот.* приуча́ть

**-man** [-mən] *в сложных словах означает занятие, профессию; напр.:* fisherman рыба́к; postman почтальо́н

**manacle** [ˈmænəkl] **1.** *n* (*обыкн. pl*) 1) нару́чники, ручны́е кандалы́ 2) пу́ты; препя́тствие

**2.** *v* надева́ть нару́чники

**manage** [ˈmænɪdʒ] *v* 1) руководи́ть, управля́ть, заве́довать; стоя́ть во главе́; to ~ a household вести́ дома́шнее хозя́йство 2) уме́ть обраща́ться (*с чем-л.*); владе́ть (*оружием и т. п.*) 3) усмиря́ть, укроща́ть; выезжа́ть (*лошадь*); пра́вить (*лошадьми*) 4) справля́ться, ухитря́ться, суме́ть (сде́лать) (*часто ирон.*); he ~d to muddle it он умудри́лся напу́тать; he can just ~ он ко́е-ка́к сво́дит концы́ с конца́ми 5) *разг.* съеда́ть; can you ~ another slice? *разг.* мо́жет быть, съеди́те ещё кусо́чек?

**manageable** [ˈmænɪdʒəbl] *a* 1) поддаю́щийся управле́нию 2) поддаю́щийся дрессиро́вке; послу́шный, сми́рный; a ~ horse вы́езженная ло́шадь 3) сгово́рчивый, пода́тливый 4) выполни́мый

**managed** [ˈmænɪdʒd] **1.** *p. p. от* manage

**2.** *a*: ~ economy регули́руемая эконо́мика

**management** [ˈmænɪdʒmənt] *n* 1) управле́ние; заве́дование 2) уме́ние владе́ть (*инструментом*); уме́ние справля́ться (*с работой*) 3) (the ~) правле́ние; дире́кция, администра́ция 4) хи́трость, уло́вка; it took a good deal of ~ to make him do it потре́бовалось мно́го уло́вок, что́бы заста́вить его́ сде́лать э́то 5) осторо́жное, бе́режное, чу́ткое отноше́ние (*к людям*)

**manager** [ˈmænɪdʒə] *n* 1) управля́ющий, заве́дующий; дире́ктор 2) хозя́ин; good (bad) ~ хоро́ший (плохо́й) хозя́ин 3) *парл.* представи́тель одно́й из пала́т, уполномо́ченный вести́ перегово́ры по вопро́су, каса́ющемуся обе́их пала́т 4) импреса́рио, ме́неджер

**manageress** [ˈmænɪdʒəˈres] *n* заве́дующая; управи́тельница

**managerial** [ˌmænəˈdʒɪərɪəl] *a* дире́кторский, относя́щийся к управле́нию, администрати́вный; high ~ competence уме́лое руково́дство

**managing** [ˈmænɪdʒɪŋ] **1.** *pres. p. от* manage

**2.** *a* 1) руководя́щий, веду́щий; ~ director дире́ктор-распоряди́тель 2) делово́й, энерги́чный 3) эконо́мный, бережли́вый

**man-at-arms** [ˌmænətˈɑːmz] *n* (*pl* men-at-arms) *ист.* тяжеловооружённый вса́дник

**manatee** [ˌmænəˈtiː] *n зоол.* ламанти́н

**man-carried** [ˈmænˌkærɪd] *a* перено́сный

**man-child** [ˈmæntʃaɪld] *n* (*pl* men-children) ма́льчик

**manciple** [ˈmænsɪpl] *n* эконо́м (*особ. в колледже*)

**Mancunian** [mænˈkjuːnjən] **1.** *a* манче́стерский

**2.** *n* жи́тель Манче́стера

**mandamus** [mænˈdeɪməs] *n юр.* прика́з вы́сшей суде́бной инста́нции ни́зшей

**mandarin I** [ˈmændərɪn] *n* 1) *ист.* мандари́н (*китайский чиновник*) 2) (M.) *уст.* мандари́нское наре́чие кита́йского языка́ 3) *ирон.* ко́сный, отста́лый руководи́тель

**mandarin II** [ˈmændərɪn] *n* 1) мандари́н (*плод*) 2) ора́нжевый цвет

**mandarine** [ˈmændəriːn] = mandarin II

**mandatary** [ˈmændətərɪ] *n юр.* мандата́рий (*государство, получившее мандат на часть территории побеждённой страны*)

**mandate** [ˈmændeɪt] **1.** *n* 1) манда́т 2) нака́з (*избирателей*)

**2.** *v* передава́ть (*страну*) под манда́т друго́го госуда́рства

**mandated** [ˈmændeɪtɪd] **1.** *p. p. от* mandate 2

**2.** *a* подманда́тный

**mandatory** [ˈmændətərɪ] **1.** *a* 1) манда́тный 2) обяза́тельный, принуди́тельный; ~ sentence оконча́тельный пригово́р

**2.** *n* = mandatary

**mandible** [ˈmændɪbl] *n* ни́жняя че́люсть (*млекопитающих и рыб*); жва́ло, манди́була (*насекомых*)

**mandolin** [ˈmændəlɪn] *n* мандоли́на

**mandoline** [ˌmændəˈliːn] = mandolin

**mandrake** [ˈmændreɪk] *n бот.* мандраго́ра

**mandrel** [ˈmændrɪl] *n* 1) *тех.* опра́вка 2) *тех.* серде́чник 3) *тех.* пробо́йник 4) *горн.* кайла́

**mandril** [ˈmændrɪl] = mandrel

**mandrill** [ˈmændrɪl] *n* мандри́л (*обезьяна*)

**mane** [meɪn] *n* гри́ва

**man-eater** [ˈmænˌiːtə] *n* 1) людое́д 2) *зоол.* аку́ла-людое́д

**manège** [mæˈneɪʒ] *фр. n* 1) мане́ж 2) иску́сство верхово́й езды́ 3) вы́ездка ло́шади

**manful** [ˈmænful] *a* му́жественный; сме́лый, реши́тельный

**manganese** [ˌmæŋgəˈniːz] *n* ма́рганец

**manganic** [mæŋˈgænɪk] *a хим.* содержа́щий трёхвале́нтный ма́рганец

**mange** [meɪndʒ] *n вет.* чесо́тка

**mangel(-wurzel)** [ˈmæŋgl(ˈwəːzl)] *нем. n* кормова́я свёкла

**manger** [ˈmeɪndʒə] *n* я́сли, корму́шка ◇ dog in the ~ ≅ соба́ка на се́не

**mangle I** [ˈmæŋgl] **1.** *n* 1) като́к (*для белья*) 2) *тех.* кала́ндр

**2.** *v* ката́ть (*бельё*)

**mangle II** [ˈmæŋgl] *v* 1) руби́ть, кромса́ть 2) кале́чить 3) искажа́ть, по́ртить (*цитату, текст и т. п.*)

**mango** [ˈmæŋgəu] *n* (*pl* -oes, -os [-əuz]) 1) ма́нговое де́рево 2) ма́нго (*плод*) 3) марино́ванные о́вощи

**mangold** [ˈmæŋgəld] = mangel (-wurzel)

**mangonel** [ˈmæŋgənəl] *n ист.* балли́ста

**mangrove** [ˈmæŋgrəuv] *n бот.* ма́нгровое де́рево

**mangy** [ˈmeɪndʒɪ] *a* 1) чесо́точный, парши́вый 2) гря́зный, запу́щенный; ни́щенский, убо́гий

**manhandle** [ˈmænˌhændl] *v* 1) тащи́ть, передвига́ть вручну́ю 2) *sl.* гру́бо обраща́ться; избива́ть

**manhole** [ˈmænhəul] *n* 1) лаз, люк; горлови́на 2) смотрово́е отве́рстие

**manhood** [ˈmænhud] *n* 1) возмужа́лость, зре́лость, зре́лый во́зраст 2) му́жественность 3) мужско́е населе́ние страны́ 4) *attr.*: ~ suffrage избира́тельное пра́во для всех взро́слых мужчи́н

**man-hour** [ˈmænˈauə] *n* челове́ко-ча́с

**manhunt** [ˈmænhʌnt] *n* полице́йская obла́ва, пресле́дование (*особ. беглеца*)

**mania** [ˈmeɪnjə] *n* ма́ния

**maniac** [ˈmeɪnɪæk] **1.** *n* манья́к

**2.** *a* поме́шанный; маниака́льный

**maniacal** [məˈnaɪəkəl] *a* маниака́льный

**manicure** [ˈmænɪkjuə] **1.** *n* 1) маникю́р 2) = manicurist

**2.** *v* де́лать маникю́р

**manicurist** [ˈmænɪkjuərɪst] *n* маникю́рша

**manifest** [ˈmænɪfest] **1.** *a* очеви́дный, я́вный; я́сный

**2.** *v* 1) я́сно пока́зывать; де́лать очеви́дным, обнару́живать; проявля́ть 2) обнаро́довать; изда́ть манифе́ст 3) дока́зывать, служи́ть доказа́тельством 4) обнару́живаться, проявля́ться 5) появля́ться (*о привидении*) 6) *мор.* заноси́ть в деклара́цию судово́го гру́за

**3.** *n мор.* манифе́ст, деклара́ция судово́го гру́за

**manifestation** [ˌmænɪfesˈteɪʃən] *n* 1) проявле́ние 2) манифеста́ция 3) обнаро́дование

**manifesto** [ˌmænɪˈfestəu] *n* (*pl* -os, -oes [-əuz]) манифе́ст

**manifold** [ˈmænɪfəuld] **1.** *n* 1) *тех.* трубопрово́д; колле́ктор 2) многообра́зие 3) ко́пия (*через копирку*)

**2.** *a* разнообра́зный, разноро́дный; многочи́сленный

**3.** *v* размножа́ть (*документ в копиях*)

**manikin** [ˈmænɪkɪn] *n* 1) челове́чек; ка́рлик 2) манеке́н

**Manil(l)a** [məˈnɪlə] *n* 1) мани́льская пенька́ (*тж.* ~ hemp) 2) мани́льская сига́ра; [*см. тж. Список географических названий*]

**manioc** [ˈmænɪɔk] *n бот.* манио́ка, тапио́ка

**maniple** [ˈmænɪpl] *n ист.* мани́пула (*подразделение римского легиона*)

**manipulate** [mə'nɪpjuleɪt] *v* 1) манипули́ровать; уме́ло обраща́ться; (уме́ло) управля́ть (*станком и т. п.*) 2) возде́йствовать, влия́ть (*на кого-л., что-л.*); to ~ the voters обраба́тывать избира́телей 3) подтасо́вывать (*факты, счета и т. п.*)

**manipulation** [mə,nɪpju'leɪʃən] *n* 1) манипуля́ция; обраще́ние 2) махина́ция, подтасо́вка

**manipulator** [mə'nɪpjuleɪtə] *n* 1) мото́рист, машини́ст, опера́тор 2) *тех.* манипуля́тор 3) *тлф.* передающий ключ

**mankind** *n* 1) [mæn'kaɪnd] челове́чество; челове́ческий род 2) ['mænkaɪnd] мужчи́ны, мужско́й пол

**manlike** ['mænlaɪk] *a* 1) мужско́й, подоба́ющий мужчи́не 2) мужеподо́бный (*о женщине*)

**manliness** ['mænlɪnɪs] *n* му́жественность

**manly** ['mænlɪ] *a* 1) му́жественный, отва́жный 2) мужеподо́бный (*о женщине*)

**man-made** ['mæn'meɪd] *a* иску́сственный, со́зданный рука́ми челове́ка; ~ noise *радио* иску́сственные, промы́шленные поме́хи; ~ fibre иску́сственное, синтети́ческое волокно́; ~ satellite иску́сственный спу́тник Земли́

**manna** ['mænə] *n* 1) *библ.* ма́нна небе́сная 2) ма́нна (*слабительное*) 3) *бот.* ма́нник

**manna-croup** ['mænə'kru:p] *русск. n* ма́нная крупа́

**manned** [mænd] **1.** *p. p. от* man 2

**2.** *a* 1) укомплекто́ванный людьми́; ~ spaceship косми́ческий кора́бль с людьми́ на борту́ 2) пилоти́руемый (*человеком*)

**mannequin** ['mænɪkɪn] *n* 1) манеке́н 2) манеке́нщица

**manner** ['mænə] *n* 1) спо́соб, ме́тод; о́браз де́йствий; ~ of life (of thought) о́браз жи́зни (мы́слей) 2) мане́ра (*говорить, действовать*); in proper legal ~ в устано́вленной зако́ном фо́рме 3) *pl* (хоро́шие) мане́ры; уме́ние держа́ть себя́; to have no ~s не уме́ть себя́ вести́; he has fair ~s у него́ изя́щные мане́ры 4) *pl* обы́чаи, нра́вы 5) стиль, худо́жественная мане́ра; ~ and matter фо́рма и содержа́ние 6) сорт, род; what ~ of man is he? что он за челове́к?, како́й он челове́к?; all ~ of... всевозмо́жные... ◇ after a ~ ка́к-нибудь; by no ~ of means ни в ко́ем слу́чае; by any ~ of means каки́м бы то ни́ было о́бразом; in a ~ до не́которой сте́пени; в не́котором смы́сле; in a ~ of speaking *уст.* так сказа́ть; in a promiscuous ~ случа́йно, науда́чу; no ~ of... никако́й...; to have no ~ of right не име́ть никако́го пра́ва; to the ~ born привы́кший с пелёнок

**mannered** ['mænəd] *a* вы́чурный, мане́рный (*о стиле; об артисте*)

**-mannered** [-mænəd] *в сложных словах означает*: име́ющий *такие-то* мане́ры; *напр.*: well-~ с хоро́шими мане́рами; ill-~ с плохи́ми мане́рами

**mannerism** ['mænərɪzm] *n* 1) мане́рность 2) мане́ры 3) *иск.* маньери́зм

**mannerist** ['mænərɪst] *n иск.* маньери́ст

**mannerless** ['mænəlɪs] *a* ду́рно воспи́танный, неве́жливый

**mannerliness** ['mænəlɪnɪs] *n* ве́жливость, воспи́танность, хоро́шие мане́ры

**mannerly** ['mænəlɪ] *a* ве́жливый, воспи́танный, с хоро́шими мане́рами

**manning** ['mænɪŋ] **1.** *pres. p. от* man 2

**2.** *n* 1) (у)комплектова́ние ли́чным соста́вом 2) *attr.* укомплекто́ванный; ~ table шта́тное расписа́ние

**mannish** ['mænɪʃ] *a* 1) мужеподо́бная, неже́нственная (*о женщине*) 2) сво́йственный мужчи́не

**manoeuvrability** [mə,nu:vrə'bɪlɪtɪ] *n воен.* манёвренность; подви́жность

**manoeuvre** [mə'nu:və] *фр.* **1.** *n* 1) манёвр 2) *pl воен., мор.* манёвры 3) интри́га

**2.** *v* 1) *воен., мор.* проводи́ть манёвры 2) *воен.* маневри́ровать, перебра́сывать войска́ 3) маневри́ровать, ло́вкостью добива́ться (*чего-л.*); to ~ smb. into an awkward position (суме́ть) поста́вить кого́-л. в затрудни́тельное положе́ние

**man-of-war** ['mænəv'wɔ:] *n* (*pl* men-of-war) вое́нный кора́бль; ~'s man вое́нный моря́к

**manometer** [mə'nɔmɪtə] *n* мано́метр

**manor** ['mænə] *n* 1) (феода́льное) поме́стье

**manor-house** ['mænəhaus] *n* поме́щичий дом

**manorial** [mə'nɔ:rɪəl] *a* манориа́льный, относя́щийся к поме́стью

**man-o'-war** ['mænə'wɔ:] = man-of-war

**manpower** ['mæn,pauə] *n* 1) рабо́чая си́ла 2) жива́я си́ла 3) ли́чный соста́в; людски́е ресу́рсы, ка́дры

**mansard** ['mænsɑ:d] *n архит.* манса́рдная кры́ша; манса́рда

**manse** [mæns] *n* дом (шотла́ндского) па́стора

**mansion** ['mænʃən] *n* 1) большо́й особня́к, большо́й дом; дворе́ц 2) *pl* многокварти́рный дом

**mansion-house** ['mænʃənhaus] *n* 1) поме́щичий дом; дворе́ц 2) официа́льная резиде́нция; the M. резиде́нция лорд-мэ́ра в Ло́ндоне

**man-sized** ['mænsaɪzd] *a* 1) большо́й, для взро́слого челове́ка 2) *разг.* тру́дный

**manslaughter** ['mæn,slɔ:tə] *n* 1) человекоуби́йство 2) *юр.* непредумы́шленное уби́йство

**mantel** ['mæntl] *n* 1) = mantelpiece 1); 2) = mantelshelf 3) *тех.* кожу́х, обши́вка

**mantel-board** ['mæntlbɔ:d] *n* деревя́нная по́лочка над ками́ном

**mantelet** ['mæntlɪt] *n* 1) манти́лья 2) *воен. ист.* мантеле́т, щит

**mantelpiece** ['mæntlpi:s] *n* 1) облицо́вка ками́на; ками́нная доска́ 2) = mantelshelf

**mantelshelf** ['mæntlʃelf] *n* ками́нная по́лка

**mantes** ['mæntɪz] *pl от* mantis

**mantis** ['mæntɪs] *n* (*pl* -tes) *зоол.* богомо́л (*насекомое*)

**mantle** ['mæntl] **1.** *n* 1) наки́дка; ма́нтия 2) покро́в 3) *тех.* кожу́х, покры́шка 4) кали́льная се́тка (*газового фонаря*)

**2.** *v* 1) покрыва́ть; оку́тывать; укрыва́ть 2) покрыва́ться пе́ной, на́кипью 3) красне́ть (*о лице*); прилива́ть к щека́м (*о крови*) 4) расправля́ть кры́лья

**mantlet** ['mæntlɪt] = mantelet

**mantrap** ['mæntræp] *n* лову́шка, западня́, капка́н (*особ. на человека*)

**manual** ['mænjuəl] **1.** *n* 1) руково́дство; наставле́ние; спра́вочник, указа́тель; уче́бник; field ~ боево́й уста́в 2) *воен.* приёмы ору́жием 3) клавиату́ра (орга́на)

**2.** *a* ручно́й; с ручны́м управле́нием; ~ labour физи́ческий труд; ~ worker рабо́тник физи́ческого труда́; ~ alphabet а́збука глухонемы́х; ~ exercise = manual 1, 2); ~ (fire-)engine ручно́й пожа́рный насо́с

**manufactory** [,mænju'fæktərɪ] *n* 1) фа́брика 2) мастерска́я; цех 3) *ист.* мануфакту́ра

**manufacture** [,mænju'fæktʃə] **1.** *n* 1) произво́дство; изготовле́ние; обрабо́тка; steel (cloth) ~ стально́е (суко́нное) произво́дство; of home (foreign) ~ оте́чественного (иностра́нного) произво́дства 2) *pl* изде́лия, фабрика́ты

**2.** *v* 1) производи́ть, выде́лывать, изготовля́ть; обраба́тывать, перераба́тывать 2) фабрикова́ть, изобрета́ть (*ложь и т. п.*)

**manufactured goods** [,mænju'fæktʃəd'gudz] *n pl* фабрика́ты, промы́шленные това́ры

**manufacturer** [,mænju'fæktʃərə] *n* 1) фабрика́нт, заво́дчик; промы́шленник, предпринима́тель 2) изготови́тель, производи́тель

**manufacturing** [,mænju'fæktʃərɪŋ] **1.** *pres. p. от* manufacture 2

**2.** *n* 1) произво́дство; вы́делка; обрабо́тка 2) обраба́тывающая промы́шленность

**3.** *a* 1) промы́шленный; ~ town фабри́чный го́род; ~ water промы́шленные сто́чные во́ды 2) произво́дственный; ~ cost сто́имость произво́дства

**manuka** ['mɑ:nukɑ:] *n* ману́ка, ча́йное де́рево

**manumission** [,mænju'mɪʃən] *n ист.* 1) освобожде́ние (*от рабства*); предоставле́ние во́льной (*крепостному*) 2) отпускна́я, во́льная (гра́мота)

**manumit** [,mænju'mɪt] *v* 1) *ист.* отпуска́ть на во́лю 2) освобожда́ть

**manure** [mə'njuə] **1.** *n* навóз, удобрéние

**2.** *v* удобря́ть, унавáживать (*землю*)

**manuscript** ['mænjuskrıpt] **1.** *n* рýкопись

**2.** *a* рукопи́сный

**Manx** [mæŋks] **1.** *a* 1) с о-ва Мэн 2): ~ cat бесхвóстая кóшка (*разновидность домашней кошки*)

**2.** *n* 1) язы́к жи́телей о-ва Мэн 2) (*употр. как pl*): the ~ жи́тели о-ва Мэн

**Manxman** ['mæŋksmən] *n* урожéнец о-ва Мэн

**many** ['menı] **1.** *a* (more; most) мнóгие, многочи́сленные; мнóго; how ~? скóлько?; are there ~ guests coming to dinner? мнóго ли гостéй придёт к обéду?; for ~ a long day в течéние дóлгого врéмени; as ~ стóлько же; as ~ as three years цéлых три гóда; not so ~ as мéньше чем; to be one too ~ *шутл.* быть ли́шним; to be one too ~ for smb. *разг.* а) быть сильнéе, искýснее когó-л.; б) быть вы́ше чьегó-либо понимáния; быть сли́шком трýдным для когó-л.

**2.** *n* мнóжество, мнóгие; a good ~ поря́дочное коли́чество, довóльно мнóго; a great ~ громáдное коли́чество; вели́кое мнóжество; the ~ мнóжество, большинствó

**many-sided** ['menı'saıdıd] *a* многостoрóнний

**many-stage** ['menı'steıdʒ] *a* многоступéнчатый, многокаскáдный

**Maori** ['maurı] *n* 1) (*pl* s [-z] *или без измен.*) мáори 2) язы́к мáори

**map** [mæp] **1.** *n* 1) кáрта (*географическая или звёздного неба*) 2) *редк.* план ◇ off the ~ а) прéданный забвéнию; устарéлый; б) несущéственный, незначи́тельный; on the ~ а) существýющий; б) занимáющий вáжное *или* ви́дное положéние; значи́тельный, существéнный, вáжный; to put on the ~ прослáвить, сдéлать извéстным; to put oneself on the ~ а) появи́ться; б) вы́двинуться

**2.** *v* наноси́ть на кáрту, черти́ть кáрту; производи́ть съёмку мéстности □ ~ **out** составля́ть план, плани́ровать; to ~ out one's time распределя́ть своё врéмя

**maple** ['meıpl] *n* 1) клён 2) *attr.* кленóвый

**maple-leaf** ['meıpl'li:f] *n* кленóвый лист (*тж. как эмблема Канады*)

**map-maker** ['mæp,meıkə] *n* картóграф

**mapping** ['mæpıŋ] **1.** *pres. p. от* map 2

**2.** *n* нанесéние на кáрту; вычéрчивание карт; картогрáфия; топографи́ческая съёмка

**map range** ['mæp'reındʒ] *n воен.* горизонтáльная дáльность (*по карте*)

**Maquis** ['mæki:] *фр. n* (*pl без измен.*) маки́ (*название французских партизан во второй мировой войне*)

**mar** [mɑ:] **1.** *n* уши́б, синя́к

**2.** *v* удáрить, повреди́ть; пóртить, искажáть ◇ to make or ~ ≅ ли́бо пан, ли́бо пропáл

**marabou** ['mærəbu:] *n зоол.* марабý

**marabout** ['mærəbu:t] *n* 1) марабýт (*мусульманский отшельник*) 2) надгрóбный пáмятник на моги́ле марабýта

**marasmus** [mə'ræzməs] *n* марáзм; óбщее истощéние, увядáние (органи́зма)

**Marathon** ['mærəθən] *n* марафóнский бег (*тж.* ~ race)

**maraud** [mə'rɔ:d] *v* мародёрствовать

**marauder** [mə'rɔ:də] *n* мародёр

**marauding** [mə'rɔ:dıŋ] **1.** *pres. p. от* maraud

**2.** *n* мародёрство

**3.** *a* мародёрский, хи́щнический

**marble** ['mɑ:bl] **1.** *n* 1) мрáмор 2) *pl* коллéкция скульптýр из мрáмора 3) *pl* дéтская игрá в шáрики 4) *attr.* мрáморный; *перен.* крéпкий, твёрдый; бéлый как мрáмор; холóдный, бесчýвственный

**2.** *v* расписывать под мрáмор

**marbled** ['mɑ:bld] **1.** *p. p. от* marble 2

**2.** *a* крáпчатый, под мрáмор; ~ edges крáпчатый обрéз (*книги*)

**marble-topped** ['mɑ:bl'tɔpt] *a*: ~ table стол с мрáморной доскóй *или* мрáморным вéрхом

**marc** [mɑ:k] *n* вы́жимки (*фруктов*)

**marcel** [mɑ:'sel] **1.** *n* горя́чая зави́вка волóс

**2.** *v* завивáть вóлосы щипцáми

**March** [mɑ:tʃ] *n* 1) март 2) *attr.* мáртовский

**march I** [mɑ:tʃ] **1.** *n* 1) *воен.* марш; похóдное движéние; сýточный перехóд (*тж.* day's ~) 2) (the ~) ход, разви́тие (*событий*); успéхи (*науки и т. п.*) 3) *муз.* марш 4) *спорт.* марширóвка 5) *attr.* мáршевый, похóдный; ~ formation похóдный поря́док

**2.** *v* 1) маршировáть; дви́гаться похóдным поря́дком 2) вести́ стрóем 3) уводи́ть; заставля́ть уйти́ □ ~ **ahead** идти́ вперёд; ~ **away** уводи́ть; ~ **off** выступáть, уходи́ть; отводи́ть; ~ **on** продвигáться вперёд; ~ **out** выступáть; выходи́ть; ~ **past** проходи́ть церемониáльным мáршем

**march II** [mɑ:tʃ] **1.** *n* (*обыкн. pl*) грани́ца; пограни́чная *или* спóрная полосá

**2.** *v* грани́чить

**marching I** ['mɑ:tʃıŋ] **1.** *pres. p. от* march I, 2

**2.** *n* 1) *воен.* похóдное движéние, движéние похóдным поря́дком 2) марширóвка; строевáя подготóвка 3) *attr.* похóдный; во врéмя похóда; ~ fire стрельбá с хóду (*во время атаки*); ~ orders а) прикáз на марш; б): to give smb. his ~ orders *разг.* увóлить когó-л.

**marching II** ['mɑ:tʃıŋ] *pres. p. от* march II, 2

**marchioness** ['mɑ:ʃənıs] *n* маркиза

**marchpane** ['mɑ:tʃpeın] *n* марципáн

**march past** ['mɑ:tʃpɑ:st] *n* прохождéние церемониáльным мáршем

**mare** [mɛə] *n* кобы́ла

**mare's-nest** ['mɛəznest] *n* иллю́зия, нéчто несуществýющее ◇ to find a ~ ≅ попáсть пáльцем в нéбо

**margarine** [,mɑ:dʒə'ri:n] *n* маргари́н

**marge I** [mɑ:dʒ] *поэт. см.* margin 1, 1) *и* 2)

**marge II** [mɑ:dʒ] *разг. см.* margarine

**margin** ['mɑ:dʒın] **1.** *n* 1) пóле (*страницы*) 2) край; полосá, грань; бéрег; опýшка (*леса*); предéл; on the ~ of poverty на грáни нищеты́ 3) запáс (*денег, времени и т. п.*); ~ of safety *тех.* надёжность; коэффициéнт безопáсности, запáс прóчности 4) рáзница мéжду себестóимостью и продáжной ценóй; при́быль ◇ by a narrow ~ едвá, éле, с трудóм

**2.** *v* 1) оставля́ть запáс 2) дéлать замéтки на поля́х 3) окаймля́ть

**marginal** ['mɑ:dʒınəl] *a* 1) (напи́санный) на поля́х (кни́ги) 2) находя́щийся на краю́ (*чего-л.*) 3) предéльный; ~ production costs предéльные издéржки произвóдства 4) незначи́тельный, несущéственный; малорентáбельный; ~ member of Parliament член парлáмента, и́збранный незначи́тельным большинствóм 5) *мед.* маргинáльный

**marginalia** [,mɑ:dʒı'neıljə] *n pl* 1) замéтки на поля́х (кни́ги) 2) *полигр.* маргинáлии, боковýшки

**margrave** ['mɑ:greıv] *n ист.* маркгрáф

**margravine** ['mɑ:grəvi:n] *n* женá маркгрáфа

**marguerite** [,mɑ:gə'ri:t] *n бот.* маргари́тка

**marigold** ['mærıgəuld] *n бот.* 1) бáрхатцы 2) ноготки́

**marihuana, marijuana** [,mærı'hwɑ:nə] *исп. n* марихуáна (*наркотик*)

**marimba** [mə'rımbə] *n* мари́мба (*муз. инструмент*)

**marinade** [,mærı'neıd] **1.** *n* маринáд

**2.** *v* мариновáть; соли́ть

**marine** [mə'ri:n] **1.** *n* 1) морскóй флот 2) солдáт морскóй пехóты; the ~s морскáя пехóта 3) *жив.* морскóй пейзáж, мари́на ◇ tell that to the ~s = tell that to the horse-marines [*см.* horse-marine ◇]

**2.** *a* 1) морскóй 2) судовóй; ~ stores а) подéржанные корабéльные принадлéжности; б) судовы́е припáсы

**mariner** ['mærınə] *n* моря́к, матрóс; master ~ капитáн торгóвого сýдна

**marionette** [,mærıə'net] *n* марионéтка

**marital** ['mærıtl] *a* 1) супрýжеский, брáчный 2) мýжнин, принадлежáщий мýжу

**maritime** ['mærıtaım] *a* 1) морскóй 2) примóрский; ~ station береговáя стáнция

**marjoram** ['mɑ:dʒərəm] *n бот.* майорáн

**mark** I [mɑːk] *n* 1) ма́рка (*денежная единица Германии*) 2) ма́рка (*старинная английская монета*)

**mark** II [mɑːk] **1.** *n* 1) ме́тка; знак; ~ of interrogation вопроси́тельный знак 2) штамп, ште́мпель; фабри́чная ма́рка, фабри́чное клеймо́ 3) крест (*вместо подписи неграмотного, напр.*: John Smith — his ~) 4) след, отпеча́ток 5) при́знак, показа́тель 6) цель, мише́нь; to hit (to miss) the ~ попа́сть в цель (промахну́ться); far from (*или* wide of) the ~ ми́мо це́ли; *перен.* неуме́стно; не по существу́; beside the ~ некста́ти 7) грани́ца, преде́л; но́рма; у́ровень; above the ~ вы́ше при́нятой (*или* устано́вленной) но́рмы; below the ~ не на высоте́ (*положения*); up to the ~ а) на до́лжной высоте́; б) в хоро́шем состоя́нии, в до́бром здра́вии; within the ~ в преде́лах при́нятой (*или* устано́вленной) но́рмы 8) *спорт.* ли́ния ста́рта, старт; to get off the ~ стартова́ть, взять старт 9) изве́стность; to make one's ~ вы́двинуться, отличи́ться; сде́лать карье́ру; приобрести́ изве́стность; of ~ изве́стный (*о человеке*) 10) балл, отме́тка; оце́нка (*знаний*) 11) ориенти́р, ве́ха 12) пятно́, шрам, рубе́ц 13) *ист.* рубе́ж; ма́рка (*пограничная область*) ◇ (God) save the ~ с позволе́ния сказа́ть; бо́же упаси́; easy (*амер.* soft) ~ *разг.* а) лёгкая добы́ча; же́ртва; б) дове́рчивый челове́к, проста́к

**2.** *v* 1) ста́вить знак; штампова́ть, штемпелева́ть; маркирова́ть; ме́тить (*бельё*) 2) отмеча́ть; обознача́ть 3) обраща́ть внима́ние, замеча́ть, запомина́ть; ~ my words! попо́мни(те) мои́ слова́!; запо́мни(те) мои́ слова́! 4) оста́вить след, пятно́, рубе́ц 5) (по)ста́вить це́ну (*на товаре*) 6) ста́вить балл, отме́тку (*на школьной работе*) 7) характеризова́ть, отмеча́ть 8) запи́сывать (*очки в игре*) 9) высле́живать (дичь) 10) (за)регистри́ровать биржеву́ю сде́лку (*с включением её в официальную котировку*) ▭ ~ **down** а) сни́зить це́ну; занижа́ть (*оценку*); б) запи́сывать; ~ **off** отделя́ть; проводи́ть грани́цы; разграни́чивать; ~ **out** а) размеча́ть; расставля́ть указа́тельные зна́ки; б) выделя́ть, предназнача́ть; ~ **up** а) повы́сить це́ну; б) вести́ счёт ◇ to ~ time *воен.* обознача́ть шаг на ме́сте; *перен.* топта́ться на ме́сте; выжида́ть

**mark-down** [ˈmɑːkdaun] *n* 1) сниже́ние цены́ 2) ра́зница ме́жду сни́женной и ста́рой цено́й (това́ра)

**marked** [mɑːkt] **1.** *p. p. от* mark II, 2

**2.** *a* 1) име́ющий каки́е-л. зна́ки, ве́хи; заме́ченный, отме́ченный 2) заме́тный; strongly ~ я́рко вы́раженный; ~ difference заме́тная ра́зница; ~ disadvantage я́вный уще́рб; я́вно невы́годное положе́ние; a ~ man а) челове́к, за кото́рым следя́т; б) ви́дный, изве́стный челове́к

**marker** [ˈmɑːkə] *n* 1) маркёр 2) клеймо́вщик; клеймо́вщица 3) *школ.* лицо́, отмеча́ющее прису́тствующих ученико́в; преподава́тель, проверя́ющий пи́сьменные рабо́ты 4) закла́дка (*в книге*) 5) *амер.* мемориа́льная доска́ 6) *горн.* маркиру́ющий горизо́нт ◇ not a ~ to (*или* on) *разг.* ничто́ по сравне́нию с; ≅ в подмётки не годи́тся

**market** [ˈmɑːkɪt] **1.** *n* 1) ры́нок, база́р 2) сбыт; to come into the ~ поступи́ть в прода́жу; to put on the ~ пусти́ть в прода́жу; to be on the ~ продава́ться 3) спрос; to find a (ready) ~ по́льзоваться спро́сом; there's no ~ for these goods на э́ти това́ры нет спро́са 4) торго́вля; brisk ~ бо́йкая торго́вля; hours of ~ часы́ торго́вли 5) ры́ночные це́ны; the ~ rose це́ны подняли́сь; to play the ~ спекули́ровать на би́рже 6) *амер.* продово́льственный магази́н 7) (the M.) = common 1, 2); 8) *attr.* ры́ночный; ~ research обобще́ние да́нных о конъюнкту́ре ры́нка ◇ to bring one's eggs (*или* hogs) to a bad (*или* the wrong) ~ просчита́ться; потерпе́ть неуда́чу; to be on the long side of the ~ приде́рживать това́р в ожида́нии повыше́ния цен

**2.** *v* 1) привезти́ на ры́нок; купи́ть *или* прода́ть на ры́нке 2) продава́ть; сбыва́ть; находи́ть ры́нок сбы́та

**marketability** [ˌmɑːkɪtəˈbɪlɪtɪ] *n* това́рность, приго́дность для прода́жи

**marketable** [ˈmɑːkɪtəbl] *a* 1) хо́дкий (*о товаре*) 2) това́рный; ры́ночный; ~ surplus of grain това́рный хлеб

**market-day** [ˈmɑːkɪtdeɪ] *n* база́рный день

**marketeer** [ˌmɑːkɪˈtɪə] *n* 1) купе́ц, торго́вец 2) сторо́нник вступле́ния в о́бщий ры́нок

**market garden** [ˈmɑːkɪtˌgɑːdn] *n* огоро́д (*для выращивания овощей на продажу*)

**marketing** [ˈmɑːkɪtɪŋ] **1.** *pres. p. от* market 2

**2.** *n* 1) торго́вля 2) предме́ты торго́вли

**market-place** [ˈmɑːkɪtpleɪs] *n* база́рная, ры́ночная пло́щадь

**market-price** [ˈmɑːkɪtˈpraɪs] *n* ры́ночная цена́

**marking** [ˈmɑːkɪŋ] **1.** *pres. p. от* mark II, 2

**2.** *n* 1) расцве́тка; окра́ска 2) маркиро́вка; разме́тка, отме́тка 3) клейм(л)е́ние 4) ме́тка (*на белье*)

**markka** [ˈmɑːkə] *n* ма́рка (*денежная единица Финляндии*)

**marksman** [ˈmɑːksmən] *n* ме́ткий стрело́к

**marksmanship** [ˈmɑːksmənʃɪp] *n* ме́ткая стрельба́

**mark-up** [ˈmɑːkˈʌp] *n* 1) повыше́ние цены́ (на това́р) 2) ра́зница ме́жду себесто́имостью и прода́жной цено́й

**marl** [mɑːl] **1.** *n геол.* ме́ргель; рухля́к; известко́вая гли́на; нечи́стый известня́к

**2.** *v* удобря́ть зе́млю ме́ргелем

**marline** [ˈmɑːlɪn] *n мор.* марли́нь

**marly** [ˈmɑːlɪ] *a геол.* ме́ргельный, ме́ргелистый

**marmalade** [ˈmɑːməleɪd] *n* джем, конфитю́р (*особ.* апельси́нный); пови́дло

**marmoreal** [mɑːˈmɔːrɪəl] *a поэт.* мра́морный; подо́бный мра́мору

**marmoset** [ˈmɑːməuzet] *n* обезья́нка, марты́шка

**marmot** [ˈmɑːmət] *n зоол.* суро́к

**maroon** I [məˈruːn] **1.** *n* 1) тёмно-бордо́вый цвет 2) бура́к (*в фейерверке*)

**2.** *a* тёмно-бордо́вого цве́та

**maroon** II [məˈruːn] **1.** *n* 1) *ист.* маро́н (*беглый раб-негр в Вест-Индии и Гвиане*) 2) челове́к, вы́саженный на необита́емом о́строве

**2.** *v* 1) выса́живать на необита́емом о́строве 2) оста́вить в безвы́ходном положе́нии 3) безде́льничать, слоня́ться

**marplot** [ˈmɑːplɔt] *n* 1) тот, кто расстра́ивает пла́ны 2) поме́ха

**marque** [mɑːk] *n*: letter(s) of ~ *мор. ист.* ка́перское свиде́тельство

**marquee** [mɑːˈkiː] *n* больша́я пала́тка, шатёр

**marquess** [ˈmɑːkwɪs] = marquis

**marquetry** [ˈmɑːkɪtrɪ] *n* маркетри́, инкруста́ция по де́реву

**marquis** [ˈmɑːkwɪs] *n* марки́з

**marquise** [mɑːˈkiːz] *n* марки́за

**marquisette** [ˌmɑːkwɪˈzet] *n* маркизе́т

**marram (grass)** [ˈmærəm(ˈgrɑːs)] *n бот.* песколю́б, песча́ный тростни́к

**marriage** [ˈmærɪdʒ] *n* 1) брак; заму́жество; жени́тьба; ~ of convenience брак по расчёту; to contract a ~ заключа́ть брак; to give in ~ выдава́ть за́муж 2) сва́дьба 3) те́сное едине́ние, те́сный сою́з 4) *реакт.* стыко́вка ступе́ней раке́ты; соедине́ние 5) *карт.* марья́ж 6) *attr.* бра́чный; ~ licence разреше́ние на брак; ~ bonds бра́чные у́зы; ~ lines свиде́тельство о бра́ке; ~ articles (*или* settlement) бра́чный контра́кт, каса́ющийся иму́щества; закрепле́ние определённого иму́щества за (бу́дущей) жено́й

**marriageable** [ˈmærɪdʒəbl] *a* взро́слый, дости́гший бра́чного во́зраста

**married** [ˈmærɪd] **1.** *p. p. от* marry

**2.** *a* жена́тый; заму́жняя

**marrow** [ˈmærəu] *n* 1) ко́стный мозг 2) су́щность 3) *бот.* кабачо́к (*тж.* vegetable ~) ◇ to the ~ of one's bones до мо́зга косте́й; до глубины́ души́

**marrowbone** [ˈmærəubəun] *n* 1) мозгова́я кость 2) суть, су́щность 3) *pl шутл.* коле́ни; to bring smb. down to his ~s поста́вить кого́-л. на коле́ни, заста́вить покори́ться; to go (*или* to get) down on one's ~s стать на коле́ни 4) *pl разг.* кулаки́ ◇ to ride in the ~ coach е́хать «на свои́х (на) двои́х»

**marrowfat** [ˈmærəufæt] *n* горо́х мозгово́й

**marrow squash** [ˈmærəuˈskwɔʃ] *n* *бот.* кабачо́к

**marrowy** [ˈmærəuɪ] *a* 1) костномозгово́й; напо́лненный мо́згом 2) си́льный, кре́пкий; содержа́тельный

**marry** [ˈmærɪ] *v* 1) жени́ть (to); выдава́ть за́муж (to); жени́ться; выходи́ть за́муж 2) соединя́ть; сочета́ть 3) *мор.* сплёснивать □ ~ **off** жени́ть; выдава́ть за́муж ◇ ~ in haste and repent at leisure ≅ жени́ться на ско́рую ру́ку, да на до́лгую му́ку

**Mars** [mɑːz] *n* 1) *римск. миф.* Марс 2) *астр.* Марс (*планета*)

**Marsala** [mɑːˈsɑːlə] *n* марсала́ (*вино*)

**Marseillaise** [ˌmɑːsəˈleɪz] *фр.* *n* Марселье́за

**marsh** [mɑːʃ] *n* боло́то, топь

**marshal** [ˈmɑːʃəl] **1.** *n* 1) (*М.*) *воен.* ма́ршал 2) о́бер-церемонийме́йстер 3) *амер.* суде́бный исполни́тель (*соответствует шерифу в Англии*) 4) нача́льник полице́йского уча́стка 5) *амер.* нача́льник пожа́рной кома́нды 6) гла́вный надзира́тель (*в Оксфордском университете*); помо́щник инспе́ктора (*в Кембриджском университете*)

**2.** *v* 1) выстра́ивать (*войска, процессию*) 2) располага́ть в определённом поря́дке (*факты*); размеща́ть (*гостей на банкете и т. п.*) 3) торже́ственно вести́, вводи́ть (in) 4) *ж.-д.* сортирова́ть това́рные ваго́ны

**marshalling yard** [ˈmɑːʃəlɪŋˈjɑːd] *n* *ж.-д.* сортиро́вочная ста́нция

**marsh gas** [ˈmɑːʃˈgæs] *n* боло́тный газ, мета́н

**marsh harrier** [ˈmɑːʃˌhærɪə] *n* *зоол.* камышо́вый (*или* боло́тный) лунь

**marshland** [ˈmɑːʃlænd] *n* боло́тистая ме́стность

**marsh mallow** [ˈmɑːʃˈmæləu] *n* *бот.* алте́й апте́чный

**marsh marigold** [ˈmɑːʃˈmærɪgəuld] *n* *бот.* калу́жница боло́тная

**marshy** [ˈmɑːʃɪ] *a* боло́тистый, то́пкий; боло́тный

**marsupial** [mɑːˈsjuːpjəl] *зоол.* **1.** *n* су́мчатое живо́тное

**2.** *a* су́мчатый

**mart** [mɑːt] *n* *поэт.* 1) ры́нок 2) торго́вый центр 3) аукцио́нный зал

**marten** [ˈmɑːtɪn] *n* куни́ца

**martial** [ˈmɑːʃəl] *a* 1) вое́нный; ~ law вое́нное положе́ние 2) во́инственный; ~ spirit во́инственный дух

**Martian** [ˈmɑːʃjən] *n* марсиа́нин

**martin** [ˈmɑːtɪn] *n* городска́я ла́сточка

**martinet** [ˌmɑːtɪˈnet] *n* сторо́нник стро́гой дисципли́ны

**martingale** [ˈmɑːtɪngeɪl] *n* 1) мартинга́л (*часть упряжи*) 2) *карт.* удва́ивание ста́вки при про́игрыше

**Martini** [mɑːˈtiːnɪ] *n* марти́ни (*коктейль из джина, вермута и горькой настойки*)

**Martinmas** [ˈmɑːtɪnməs] *n* *церк.* Марты́нов день (*11 ноября*)

**martlet** [ˈmɑːtlɪt] *n* 1) *зоол.* стриж чёрный 2) *поэт.* ла́сточка

**martyr** [ˈmɑːtə] **1.** *n* му́ченик; му́ченица; страда́лец; страда́лица; he was a ~ to gout он страда́л пода́грой; to make a ~ of oneself стро́ить из себя́ му́ченика

**2.** *v* му́чить; заму́чить

**martyrdom** [ˈmɑːtədəm] *n* 1) му́ченичество 2) му́ка

**martyrize** [ˈmɑːtəraɪz] *v* му́чить

**marvel** [ˈmɑːvəl] **1.** *n* 1) чу́до; ди́во; he's a perfect ~ он необыкнове́нный челове́к, он чу́до 2) замеча́тельная вещь 3) *уст.* удивле́ние

**2.** *v* удивля́ться, изумля́ться; восхища́ться (at)

**marvellous** [ˈmɑːvələs] **1.** *a* изуми́тельный, удиви́тельный

**2.** *n* (the ~) чуде́сное; непостижи́мое

**Marxian** [ˈmɑːksjən] **1.** *a* маркси́стский

**2.** *n* маркси́ст

**Marxism** [ˈmɑːksɪzm] *n* маркси́зм

**Marxism-Leninism** [ˈmɑːksɪzmˈlenɪnɪzm] *n* маркси́зм-ленини́зм

**Marxist** [ˈmɑːksɪst] **1.** *n* маркси́ст

**2.** *a* маркси́стский

**marzipan** [ˌmɑːzɪˈpæn] = marchpane

**mascara** [mæsˈkɑːrə] *n* кра́ска, тушь для ресни́ц и брове́й

**mascot** [ˈmæskət] *n* талисма́н; челове́к *или* вещь, принося́щие сча́стье

**masculine** [ˈmɑːskjulɪn] **1.** *n* *грам.* 1) мужско́й род 2) сло́во мужско́го ро́да

**2.** *a* 1) мужско́й 2) му́жественный 3) мужеподо́бная (*о женщине*)

**masculinity** [ˌmæskjuˈlɪnɪtɪ] *n* му́жественность

**mash I** [mæʃ] **1.** *n* 1) су́сло 2) по́йло из отрубе́й 3) (карто́фельное) пюре́ 4) мешани́на 5) *спец.* пу́льпа 6) *тех.* зато́р

**2.** *v* 1) зава́ривать (*солод*) кипятко́м 2) разда́вливать, размина́ть

**mash II** [mæʃ] *разг.* **1.** *n* 1) увлече́ние 2) объе́кт увлече́ния ◇ ~ note любо́вная запи́ска, письмо́ с объясне́нием в любви́

**2.** *v* увлека́ть, завлека́ть

**mashed potatoes** [ˈmæʃtpəˈteɪtəuz] *n* *pl* карто́фельное пюре́

**masher I** [ˈmæʃə] *n* 1) картофеле-мя́лка 2) пресс, дави́лка (*для фруктов и т. п.*)

**masher II** [ˈmæʃə] *n* *разг.* 1) щёголь, фат 2) донжуа́н, сердцее́д 3) *амер.* мужчи́на, гру́бо пристаю́щий к же́нщине

**mask** [mɑːsk] **1.** *n* 1) ма́ска; death ~ ма́ска, слéпок (*с лица умершего*) 2) личи́на; to assume (*или* to put on, to wear) a ~ притворя́ться, скрыва́ть свои́ и́стинные наме́рения; to throw off the ~ сбро́сить личи́ну 3) ма́ска, уча́стник *или* уча́стница маскара́да 4) противога́з 5) мо́рда зве́ря (*как охотничий трофей*)

**2.** *v* 1) маскирова́ть, скрыва́ть 2) надева́ть ма́ску, притворя́ться 3) *воен.* маскирова́ть; to ~ the fire загора́живать обстре́л 4) *воен.* противога́з

**masked** [ˈmɑːskt] **1.** *p. p. от* mask 2

**2.** *a* 1) переоде́тый, (за)маскиро́ванный; ~ ball бал-маскара́д 2) *воен.* замаскиро́ванный 3) *мед.* бессимпто́мный; скры́тый

**masker** [ˈmɑːskə] = masquer

**mason** [ˈmeɪsn] **1.** *n* 1) ка́менщик; каменотёс; ~'s rule пра́вило ка́менщика 2) (*М.*) масо́н

**2.** *v* стро́ить из ка́мня *или* кирпича́, вести́ кла́дку

**masonic** [məˈsɔnɪk] *a* масо́нский

**masonry** [ˈmeɪsnrɪ] *n* 1) ка́менная кла́дка 2) (*М.*) масо́нство

**masque** [mɑːsk] *n* теа́тр ма́сок

**masquer** [ˈmɑːskə] *n* уча́стник бала-маскара́да *или* теа́тра ма́сок

**masquerade** [ˌmæskəˈreɪd] **1.** *n* маскара́д

**2.** *v* 1) уча́ствовать в маскара́де; надева́ть маскара́дный костю́м 2) притворя́ться; выдава́ть себя́ за *кого-л.*

**mass I** [mæs] *n* ме́сса, обе́дня

**mass II** [mæs] **1.** *n* 1) ма́сса 2) гру́да; мно́жество; in the ~ в це́лом; he is a ~ of bruises он весь в синяка́х 3) бо́льшая часть (*чего-л.*) 4) (the ~es) *pl* наро́дные ма́ссы 5) *воен.* масси́рование; сосредото́чение; ~ of manoeuvre манёвренный кула́к; уда́рная гру́ппа 6) *физ.* ма́сса 7) *attr.* ма́ссовый; a ~ meeting ма́ссовый ми́тинг; ~ production пото́чное (*или* сери́йное) произво́дство

**2.** *v* 1) собира́ть(ся) в ку́чу 2) *воен.* масси́ровать, сосредото́чивать

**massacre** [ˈmæsəkə] **1.** *n* резня́; избие́ние, бо́йня; ~ of St. Bartholomew *ист.* Варфоломе́евская ночь

**2.** *v* устра́ивать резню́

**massage** [ˈmæsɑːʒ] *фр.* **1.** *n* масса́ж

**2.** *v* масси́ровать, де́лать масса́ж

**masseur** [mæˈsəː] *фр.* *n* массажи́ст

**masseuse** [mæˈsəːz] *фр.* *n* массажи́стка

**massicot** [ˈmæsɪkɔt] *n* массико́т, о́кись свинца́ (*жёлтая краска*)

**massif** [ˈmæsiːf] *n* го́рный масси́в

**massive** [ˈmæsɪv] *a* 1) масси́вный, соли́дный; тяжёлый, пло́тный 2) кру́пный; масси́рованный 3) ма́ссовый 4) огро́мный; ~ success грандио́зный успе́х; ~ program широ́кая програ́мма

**mass-produce** [ˈmæsprəˌdjuːs] *v* производи́ть, выпуска́ть сери́йно

**mass-spectrograph** [ˈmæsˈspektrəugrɑːf] *n* *физ.* масс-спектро́граф

**mass-spectrometer** [ˈmæsspekˈtrɔmɪtə] *n* *физ.* масс-спектро́метр

**massy** [ˈmæsɪ] *a* соли́дный, масси́вный

**mast I** [mɑːst] *n* *с.-х.* плодоко́рм

**mast II** [mɑːst] **1.** *n* 1) ма́чта 2) *attr.* ма́чтовый ◇ to serve (*или* to sail) before the ~ служи́ть просты́м матро́сом

**2.** *v* ста́вить ма́чту

**-masted** [-mɑːstɪd] *в сложных словах* -ма́чтовый; three-~ трёхма́чтовый

**master** [ˈmɑːstə] **1.** *n* 1) хозя́ин, владе́лец; господи́н; ~ of the house глава́ семьи́; to be ~ of smth. владе́ть, облада́ть чем-л.; to be one's own ~ быть самостоя́тельным, незави́симым; to be ~ of oneself прекра́сно владе́ть собо́й, держа́ть себя́ в рука́х 2) вели́кий худо́жник, ма́стер; old ~s а) ста́рые мастера́ (*великие художники XIII—XVII вв.*); б) карти́ны ста́рых мастеро́в 3) ма́стер; квалифици́рованный рабо́чий 4) специали́ст, знато́к своего́ де́ла; ~ of sports ма́стер спо́рта; ~ of fence а) иску́сный фехтова́льщик; б) *перен.* спо́рщик; to make oneself ~ of smth. доби́ться соверше́нства в чём-л., овладе́ть чем-л. 5) (шко́льный) учи́тель 6) глава́ колле́джа (*в Оксфорде и Кембридже*) 7) капита́н торго́вого су́дна (*тж.* ~ mariner) 8) маги́стр (*учёная степень*); *напр.*: M. of Arts (*сокр.* M. A.) маги́стр иску́сств, маги́стр гуманита́рных нау́к 9) ма́стер, господи́н (*в обращении к юноше; ставится перед именем или перед фамилией старшего сына, напр.*: M. John, M. Jones) 10) (The M.) Христо́с 11) оригина́л; образе́ц 12) пе́рвый оригина́л (*в звукозаписи*) 13) *attr.* гла́вный, веду́щий; руководя́щий; основно́й; контро́льный; ~ form *тех.* копи́р; шабло́н; ~ station *радио* веду́щая *или* задающая радиопеленга́торная ста́нция

**2.** *v* 1) одоле́ть; подчини́ть себе́; спра́виться 2) владе́ть, овладева́ть (*языком, музыкальным инструментом и т. п.*) 3) преодолева́ть (*трудности*) 4) руководи́ть, управля́ть

**master-builder** [ˈmɑːstəˈbɪldə] *n* строи́тель-подря́дчик

**masterful** [ˈmɑːstəful] *a* 1) вла́стный, деспоти́ческий 2) уве́ренный 3) мастерско́й

**master-key** [ˈmɑːstəkiː] *n* отмы́чка; *перен.* универса́льное сре́дство

**masterliness** [ˈmɑːstəlɪnɪs] *n* мастерство́, соверше́нство

**masterly** [ˈmɑːstəlɪ] **1.** *a* мастерско́й; соверше́нный

**2.** *adv* мастерски́

**mastermind** [ˈmɑːstəmaɪnd] **1.** *n* 1) выдающийся ум 2) руководи́тель, вдохнови́тель (*особ. тайный, неофициальный*)

**2.** *v* управля́ть, руководи́ть (*особ.* та́йно)

**Master of Ceremonies** [ˈmɑːstərəvˈserɪmənɪz] *n* 1) церемонийме́йстер 2) конферансье́

**Master of the Horse** [ˈmɑːstərəvðəˈhɔːs] *n* шталме́йстер

**masterpiece** [ˈmɑːstəpiːs] *n* шеде́вр

**mastership** [ˈmɑːstəʃɪp] *n* 1) мастерство́ 2) главе́нство 3) до́лжность учи́теля, дире́ктора *и т. п.*

**master-spirit** [ˈmɑːstəˌspɪrɪt] *n* челове́к выдающегося ума́

**master-stroke** [ˈmɑːstəstrəuk] *n* 1) что-л., вы́полненное с больши́м мастерство́м 2) ло́вкий ход

**mastery** [ˈmɑːstərɪ] *n* 1) мастерство́; соверше́нное владе́ние (*предметом*); the ~ of technique овладе́ние те́хникой (*чего-л.*) 2) госпо́дство, власть; ~ of the air госпо́дство в во́здухе

**mast-head** I [ˈmɑːsthed] *мор.* **1.** *n* топ ма́чты

**2.** *v* 1) посыла́ть на топ ма́чты (*в наказание*) 2) поднима́ть на сте́ньгах

**mast-head** II [ˈmɑːsthed] *n амер.* 1) назва́ние газе́ты (на пе́рвой страни́це) 2) све́дения о газе́те, её реда́кторах, сто́имости подпи́ски *и т. п.* (на пе́рвой страни́це)

**mastic** [ˈmæstɪk] *n* 1) масти́ка 2) смола́ масти́кового де́рева 3) масти́ковое де́рево 4) бле́дно-жёлтый цвет

**masticate** [ˈmæstɪkeɪt] *v* 1) меси́ть 2) жева́ть

**mastication** [ˌmæstɪˈkeɪʃən] *n* 1) жева́ние 2) *спец.* пластика́ция

**masticator** [ˈmæstɪkeɪtə] *n* 1) тот, кто жуёт 2) меси́лка, меси́льная маши́на

**masticatory** [ˈmæstɪkətərɪ] *a* жева́тельный; ~ stomach жева́тельный желу́док

**mastiff** [ˈmæstɪf] *n* масти́фф (*английский дог*)

**mastitis** [mæsˈtaɪtɪs] *n мед.* воспале́ние моло́чных желёз, грудни́ца, масти́т

**mastodon** [ˈmæstədɔn] *n* мастодо́нт

**masturbation** [ˌmæstə(ː)ˈbeɪʃən] *n* мастурба́ция

**masurium** [məˈzuːrɪəm] *n хим.* мазу́рий

**mat** I [mæt] **1.** *n* 1) мат; цино́вка; полови́к; рого́жа; ко́врик 2) клеёнка, подсти́лка, подста́вка (*под блюдо, лампу и т. п.*) 3) спу́танные во́лосы; колту́н 4) *амер.* = mount I, 1, 2) ◇ to leave (a person) on the ~ отказа́ться приня́ть (посети́теля); to have smb. on the ~ распека́ть, брани́ть кого́-л.; on the ~ *разг.* в беде́; в затрудне́нии

**2.** *v* 1) устила́ть цино́вками, стлать цино́вки; прикрыва́ть (*растение на зиму*) рого́жей 2) спу́тываться, сбива́ться

**mat** II [mæt] **1.** *a* ма́товый, неполиро́ванный, ту́склый

**2.** *n* 1) паспарту́ 2) ма́товая отде́лка, пове́рхность *или* кра́ска

**3.** *v* 1) де́лать ма́товым (*стекло, золото*) 2) де́лать ту́склым (*краски*)

**match** I [mætʃ] *n* 1) спи́чка; to strike a ~ зажéчь спи́чку 2) *воен.* запа́льный фити́ль; огнепрово́д

**match** II [mætʃ] **1.** *n* 1) челове́к *или* вещь, подходя́щие под па́ру; ро́вня; па́ра; he has no ~ ему́ нет ра́вного 2) состяза́ние, матч 3) равноси́льный, досто́йный проти́вник; he is more than a ~ for me он сильне́е (иску́снее *и т. п.*) меня́; to meet (*или* to find) one's ~ встре́тить досто́йного проти́вника 4) брак, па́ртия; he (she) is a good ~ он (она́) хоро́шая па́ртия; to make a ~ жени́ться; вы́йти за́муж

**2.** *v* 1) подбира́ть под па́ру, под стать; сочета́ть; a well (an ill) ~ed couple хоро́шая (плоха́я) па́ра 2) подходи́ть (под па́ру), соотве́тствовать; these colours don't ~ э́ти цвета́ пло́хо сочета́ются, не гармони́руют; a bonnet with ribbons to ~ шля́па с подо́бранными к ней (в тон) ле́нтами 3) противопоставля́ть; to ~ one's strength against somebody else's поме́риться си́лами с кем-л. 4) противостоя́ть; состяза́ться 5) жени́ть; выдава́ть за́муж; (со)сва́тать 6) *тех.* подгоня́ть; выра́внивать 7) *редк.* спа́ривать, случа́ть

**match-board** [ˈmætʃbɔːd] *n стр.* шпунтова́я доска́

**match-box** [ˈmætʃbɔks] *n* спи́чечная коро́бка

**matchless** [ˈmætʃlɪs] *a* несравне́нный, бесподо́бный, непревзойдённый

**matchlock** [ˈmætʃlɔk] *n воен. ист.* фити́льный замо́к

**matchlock musket** [ˈmætʃlɔkˈmʌskɪt] *n воен. ист.* мушке́т с фити́льным замко́м

**matchmaker** [ˈmætʃˌmeɪkə] *n* 1) сват; сва́ха 2) *спорт.* антрепренёр

**match-making** [ˈmætʃˌmeɪkɪŋ] *n* 1) сватовство́ 2) *спорт.* организа́ция ма́тчей

**match-point** [ˈmætʃpɔɪnt] *n спорт.* очко́, реша́ющее исхо́д ма́тча

**matchwood** [ˈmætʃwud] *n* 1) древеси́на, го́дная для произво́дства спи́чек 2) спи́чечная соло́мка; to break into ~ ме́лко щепа́ть ◇ to make ~ of smth. разби́ть вдре́безги что-л.; to make ~ of smb. разгроми́ть кого́-л.

**mate** I [meɪt] *шахм.* **1.** *n* мат; fool's ~ мат со второ́го хо́да

**2.** *v* сде́лать мат

**3.** *int* мат!

**mate** II [meɪt] **1.** *n* 1) това́рищ 2) супру́г(а) 3) саме́ц; са́мка 4) *мор.* напа́рник, помо́щник; surgeon's ~ помо́щник корабе́льного врача́; фе́льдшер; the cook's ~ помо́щник ко́ка 5) *мор.* помо́щник капита́на (*в торговом флоте*) 6) *тех.* сопряжённая дета́ль

**2.** *v* 1) сочета́ть(ся) бра́ком 2) спа́ривать(ся) (*о птицах*) 3) сопоставля́ть, сра́внивать 4) обща́ться (with) 5) *тех.* сопряга́ть 6) зацепля́ться (*о зубчатых колёсах*)

**matelote** [ˈmætələut] *фр. n* 1) *кул.* матело́т 2) матло́т (*матросский танец*)

**mater** [ˈmeɪtə] *n школ. sl.* мать

**material** [məˈtɪərɪəl] **1.** *n* 1) материа́л; вещество́ 2) фа́кты, да́нные, материа́л 3) *текст.* мате́рия 4) *pl* принадле́жности; writing ~s пи́сьменные принадле́жности

**2.** *a* 1) материа́льный; веще́ственный; ~ world материа́льный мир 2) теле́сный, физи́ческий (*в противоп. духовному*); ~ needs физи́ческие потре́бности 3) иму́щественный, де́нежный; ~ losses фина́нсовые поте́ри; убы́тки 4) суще́ственный, ва́жный; ~ witness *юр.* ва́жный свиде́тель

**materialism** [mə'tɪərɪəlɪzm] *n* материали́зм

**materialist** [mə'tɪərɪəlɪst] **1.** *n* материали́ст

**2.** *a* = materialistic; ~ conception of history материалисти́ческое понима́ние исто́рии

**materialistic** [məˌtɪərɪə'lɪstɪk] *a* материалисти́ческий

**materiality** [məˌtɪərɪ'ælɪtɪ] *n* 1) материа́льность 2) *юр.* ва́жность, суще́ственность

**materialization** [məˌtɪərɪəlaɪ'zeɪʃən] *n* 1) материализа́ция 2) осуществле́ние, претворе́ние в жизнь

**materialize** [mə'tɪərɪəlaɪz] *v* 1) материализова́ть(ся) 2) осуществля́ть(ся); претворя́ть(ся) в жизнь (*о планах и т. п.*)

**materially** [mə'tɪərɪəlɪ] *adv* 1) суще́ственным о́бразом 2) материа́льно, вещественно 3) факти́чески

**matériel** [məˌtɪərɪ'el] *фр. n воен.* материа́льная часть; боева́я те́хника

**maternal** [mə'tə:nl] *a* 1) матери́нский 2) с матери́нской стороны́; ~ uncle дя́дя по ма́тери

**maternity** [mə'tə:nɪtɪ] *n* 1) матери́нство 2) *attr.*: ~ hospital (*или* home) роди́льный дом; ~ nurse акуше́рка; ~ benefit посо́бие роже́нице; ~ leave о́тпуск по бере́менности и ро́дам

**matey** ['meɪtɪ] *a разг.* общи́тельный, компане́йский, дру́жественный (with)

**mathematical** [ˌmæθɪ'mætɪkəl] *a* математи́ческий

**mathematician** [ˌmæθɪmə'tɪʃən] *n* матема́тик

**mathematics** [ˌmæθɪ'mætɪks] *n pl* (*употр. как sing*) матема́тика

**maths** [mæθs] *сокр. разг. см.* mathematics

**matin** ['mætɪn] *n* 1) *поэт.* у́треннее щебета́ние птиц 2) *pl церк.* (за-) у́треня

**matinée** ['mætɪneɪ] *фр. n* 1) дневно́й спекта́кль *или* конце́рт 2) *attr.*: ~ idol актёр, име́ющий большо́й успе́х у же́нщин

**matrass** ['mætrəs] *n* ко́лба с дли́нным го́рлом

**matriarchy** ['meɪtrɪɑ:kɪ] *n* матриарха́т

**matrices** ['meɪtrɪsi:z] *pl от* matrix

**matricide** ['meɪtrɪsaɪd] *n* 1) матереуби́йство 2) матереуби́йца

**matriculant** [mə'trɪkjulənt] *n* абитурие́нт

**matriculate** [mə'trɪkjuleɪt] **1.** *v* приня́ть *или* быть при́нятым в вы́сшее учёбное заведе́ние

**2.** *n* при́нятый в вы́сшее учёбное заведе́ние

**matriculation** [məˌtrɪkju'leɪʃən] *n* 1) зачисле́ние в вы́сшее учёбное заведе́ние 2) вступи́тельные экза́мены в вы́сшее учёбное заведе́ние

**matrimonial** [ˌmætrɪ'məunjəl] *a* супру́жеский; матримониа́льный

**matrimony** ['mætrɪmənɪ] *n* 1) супру́жество; брак 2) *карт.* марья́ж

**matrix** ['meɪtrɪks] *n* (*pl* -es [-ɪz], -rices) 1) *анат.* ма́тка 2) *биол.* межклёточное вещество́ тка́ни 3) ма́трица; фо́рма 4) *стр.* раство́р, вя́жущее вещество́ 5) *геол.* матери́нская поро́да; цементи́рующая среда́

**matron** ['meɪtrən] *n* 1) заму́жняя же́нщина; мать семе́йства, матро́на 2) эконо́мка; сестра́-хозя́йка (*больницы и т. п.*); заве́дующая хозя́йством (*школы и т. п.*) 3) смотри́тельница, надзира́тельница

**matronal** ['meɪtrənəl] *a* подоба́ющий почте́нной же́нщине

**matronly** ['meɪtrənlɪ] = matronal

**matron-of-honour** ['meɪtrənəv'ɔnə] *n* гла́вная подру́жка неве́сты

**matted I** ['mætɪd] **1.** *p. p. от* mat I, 2

**2.** *a* 1) спу́танный (*о волосах*) 2) покры́тый цино́вками, половика́ми

**matted II** ['mætɪd] **1.** *p. p. от* mat II, 3

**2.** *a* ма́товый

**matter** ['mætə] **1.** *n* 1) вещество́ 2) *филос.* мате́рия 3) материа́л 4) су́щность; содержа́ние; form and ~ фо́рма и содержа́ние 5) предме́т (*обсуждения и т. п.*) 6) вопро́с, де́ло; it is a ~ of common knowledge э́то общеизве́стно; a ~ of dispute предме́т спо́ра, спо́рный вопро́с; a ~ of life and death вопро́с жи́зни и сме́рти, жи́зненно ва́жный вопро́с; it is a ~ of a few hours (days, weeks, *etc.*) э́то де́ло не́скольких часо́в (дней, неде́ль *и т. п.*); a ~ of taste (habit, *etc.*) де́ло вку́са (привы́чки *и т. п.*); money ~s де́нежные дела́; as ~s stand при существу́ющем положе́нии (дел); what's the ~? в чём де́ло?, что случи́лось?; what's the ~ with you? что с ва́ми? 7) по́вод (of, for) 8) *мед.* гной 9) *полигр.* ру́копись; оригина́л ◇ in the ~ of... что каса́ется...; for that ~, for the ~ of that что каса́ется э́того; в э́том отноше́нии; ко́ли на то́ пошло́; no ~ безразли́чно; всё равно́, нева́жно; no ~ what несмотря́ ни на что; что бы ни́ было

**2.** *v* 1) име́ть значе́ние; it doesn't ~ э́то не име́ет значе́ния; нева́жно, ничего́ 2) гнои́ться

**matter of course** ['mætərəv'kɔ:s] *n* де́ло есте́ственное, само́ собо́й разуме́ющееся; я́сное де́ло

**matter-of-course** ['mætərəv'kɔ:s] *a* есте́ственный; само́ собо́й разуме́ющийся

**matter of fact** ['mætərəv'fækt] *n* реа́льная действи́тельность; as a ~ а) факти́чески, на са́мом де́ле; б) в су́щности; со́бственно говоря́

**matter-of-fact** ['mætərəv'fækt] *a* сухо́й, прозаи́чный; лишённый фанта́зии

**mattery** ['mætərɪ] *a* 1) *мед.* гно́йный, по́лный гно́я 2) *редк.* суще́ственный, значи́тельный

**matting I** ['mætɪŋ] **1.** *pres. p. от* mat I, 2

**2.** *n* цино́вка, полови́к; рого́жа; *собир.* цино́вки

**matting II** ['mætɪŋ] *pres. p. от* mat II, 3

**mattock** ['mætək] *n* моты́га; киркомоты́га

**mattress** ['mætrɪs] *n* 1) матра́ц, тюфя́к 2) *стр.* фаши́нный тюфя́к

**maturate** ['mætjuəreɪt] *v* 1) развива́ться, созрева́ть 2) *мед.* созре́ть; нагнои́ться

**maturation** [ˌmætjuə'reɪʃən] *n* 1) созрева́ние; достиже́ние по́лного разви́тия 2) *мед.* нарыва́ние, нагное́ние

**mature** [mə'tjuə] **1.** *a* 1) зре́лый; спе́лый; вы́держанный 2) созре́вший, гото́вый (*для чего-л.*) 3) подлежа́щий опла́те (*ввиду наступившего срока — о векселе*) 4) тща́тельно обду́манный, проду́манный

**2.** *v* 1) созре́ть, вполне́ разви́ться 2) доводи́ть до зре́лости, до по́лного разви́тия; to ~ schemes подро́бно разрабо́тать пла́ны 3) наступа́ть (*о сроке платежа*)

**maturity** [mə'tjuərɪtɪ] *n* 1) зре́лость, по́лная си́ла 2) завершённость 3) *ком.* срок платежа́ по ве́кселю

**matutinal** [ˌmætju(:)'taɪnl] *a* 1) у́тренний 2) ра́нний

**maty** ['meɪtɪ] = matey

**maud** [mɔ:d] *n* 1) се́рый полоса́тый плед (*шотландских пастухов*) 2) доро́жный плед

**maudlin** ['mɔ:dlɪn] **1.** *a* 1) сентимента́льный 2) слезли́вый во хмелю́

**2.** *n* сентимента́льность

**maul** [mɔ:l] **1.** *n* кува́лда

**2.** *v* 1) бить кува́лдой 2) избива́ть, кале́чить; терза́ть; badly ~ed by a bear си́льно помя́тый медве́дем 3) неуме́ло *или* гру́бо обраща́ться 4) жесто́ко критикова́ть

**mauler** ['mɔ:lə] *n* 1) тот, кто кале́чит; мучи́тель 2) *спорт. sl.* боксёр

**mauley** ['mɔ:lɪ] *n sl.* рука́, кула́к

**maulstick** ['mɔ:lstɪk] *n жив.* муншта́бель

**maun** [mɔ:n] *шотл.* = must I

**maunder** ['mɔ:ndə] *v* 1) говори́ть бессвя́зно; бормота́ть 2) де́йствовать *или* дви́гаться лени́во, как во сне □ ~ **about**, ~ **along** броди́ть, шата́ться

**maundy** ['mɔ:ndɪ] *n рел.* 1) обря́д омове́ния ног бедняка́м на страстно́й неде́ле 2) *attr.*: ~ money ми́лостыня, раздава́емая на страстно́й неде́ле; M. week страстна́я неде́ля; M. Thursday вели́кий четве́рг (*на страстной неделе*)

**Mauser** ['mauzə] *n* ма́узер

**mausoleum** [ˌmɔ:sə'lɪəm] *n* мавзоле́й

**mauve** [məuv] *a* розова́то-лило́вый

**maverick** ['mævərɪk] *n* 1) *амер.* неклеймёный телёнок 2) скита́лец; бродя́га 3) челове́к, не принадлежа́щий ни к одно́й па́ртии; диссиде́нт

**mavis** ['meɪvɪs] *n поэт.* пе́вчий дрозд

**maw** [mɔ:] *n* 1) сычу́г 2) утро́ба 3) пла́вательный пузы́рь (*у рыб*)

**mawkish** [ˈmɔːkɪʃ] *a* 1) проти́вный на вкус; при́торный 2) сентимента́льный, слезли́вый, слаща́вый

**mawseed** [ˈmɔːsiːd] *n* семена́ о́пийного ма́ка

**maxi-** [ˈmæksɪ-] *pref* ма́кси- (*указывает на большую величину, длину*); ~-coat пальто́ ма́кси; ~-skirt ма́кси-ю́бка

**maxilla** [mækˈsɪlə] *n* (*pl* -lae) (ве́рхняя) че́люсть (*позвоночных животных*)

**maxillae** [mækˈsɪliː] *pl от* maxilla

**maxillary** [mækˈsɪlərɪ] *a* (верхне)челюстно́й

**Maxim** [ˈmæksɪm] *n* станко́вый пулемёт систе́мы Ма́ксима (*тж.* ~ machine-gun)

**maxim** [ˈmæksɪm] *n* 1) сенте́нция, афори́зм 2) пра́вило поведе́ния; при́нцип

**maxima** [ˈmæksɪmə] *pl от* maximum

**maximize** [ˈmæksɪmaɪz] *v* 1) увели́чивать до кра́йности, до преде́ла 2) придава́ть огро́мное значе́ние

**maximum** [ˈmæksɪməm] **1.** *n* (*pl* -ima) ма́ксимум; максима́льное значе́ние; вы́сшая сте́пень

**2.** *a* максима́льный

**maxwell** [ˈmækswəl] *n эл.* ма́ксвелл

**May** [meɪ] *n* 1) май; *перен.* расцве́т жи́зни 2) (m.) цвето́к боя́рышника 3) *pl* ма́йские экза́мены (*в Кембридже*) 4) *pl* гребны́е го́нки (*в Кембридже — в конце мая или в начале июня*) 5) *attr.* ма́йский 6) *attr.* первома́йский

**may I** [meɪ] *v* (might) *модальный, недостаточный глагол* 1) мочь, име́ть возмо́жность; быть вероя́тным; it ~ be so возмо́жно, что э́то так; he ~ arrive tomorrow возмо́жно, что он прие́дет за́втра; the train ~ be late по́езд мо́жет опозда́ть; по́езд, возмо́жно, опозда́ет 2) *выражает просьбу или разрешение*: ~ I come and see you? могу́ ли я зайти́ повида́ть вас?; you ~ go if you choose вы мо́жете идти́, е́сли хоти́те 3) *в восклицательных предложениях выражает пожелание*: ~ theirs be a happy meeting! пусть их встре́ча бу́дет счастли́вой! 4) *в вопросительных предложениях употребляется для смягчения резкости задаваемого вопроса или для выражения неуверенности*: who ~ that be? кто бы э́то мог быть? 5) *употребляется как вспомогательный глагол для образования сложной формы сослагательного наклонения*: whoever he ~ be he has no right to speak like that кто бы он ни́ был, он не име́ет пра́ва говори́ть подо́бным о́бразом ◇ be that as it ~ а) как бы то ни́ было; б) будь что бу́дет!

**may II** [meɪ] *n поэт.* де́ва

**May-apple** [ˈmeɪˌæpl] *n бот.* подофи́л, мандраго́ра

**maybe** [ˈmeɪbiː] *adv* мо́жет быть

**may-bloom** [ˈmeɪbluːm] *n* цвето́к боя́рышника

**May-bug** [ˈmeɪbʌg] *n* ма́йский жук

**May Day** [ˈmeɪdeɪ] *n* пра́здник Пе́рвого ма́я

**Mayflower** [ˈmeɪˌflauə] *n* цвето́к, распуска́ющийся в ма́е: ма́йник, ла́ндыш, боя́рышник

**mayfly** [ˈmeɪflaɪ] *n зоол.* подёнка, му́ха-одноднѐвка 2) иску́сственная нажи́вка рыболо́ва

**mayhem** [ˈmeɪhem] *n юр. ист.* нанесе́ние уве́чья

**Maying** [ˈmeɪɪŋ] *n* пра́зднование Пе́рвого ма́я; пра́зднование наступле́ния весны́ (*в Англии*)

**may-lily** [ˈmeɪˌlɪlɪ] *n* ла́ндыш

**mayonnaise** [ˌmeɪəˈneɪz] *фр. n* 1) майоне́з 2) ры́ба *или* мя́со под майоне́зом

**mayor** [mɛə] *n* мэр

**mayoralty** [ˈmɛərəltɪ] *n* 1) до́лжность мэ́ра 2) срок пребыва́ния в до́лжности мэ́ра

**mayoress** [ˈmɛərɪs] *n* 1) жена́ мэ́ра 2) же́нщина-мэр

**maypole** [ˈmeɪpəul] *n* 1) ма́йское де́рево (*украшенный цветами столб, вокруг которого танцуют 1 мая в Англии*) 2) *разг.* верзи́ла, каланча́

**May-queen** [ˈmeɪˈkwiːn] *n* де́вушка, и́збранная за красоту́ короле́вой ма́я (*в майских играх*)

**mayweed** [ˈmeɪwiːd] *n бот.* пупа́вка полева́я; рома́шка непаху́чая

**mazarine** [ˌmæzəˈriːn] **1.** *n* тёмно-си́ний цвет

**2.** *a* тёмно-си́ний

**maze** [meɪz] **1.** *n* 1) лабири́нт 2) пу́таница

**2.** *v* 1) ста́вить в тупи́к, приводи́ть в замеша́тельство 2) броди́ть по лабири́нту

**mazer** [ˈmeɪzə] *n ист.* ча́ша, ку́бок (*из дерева с серебряными украшениями*)

**mazurka** [məˈzəːkə] *польск. n* мазу́рка

**mazy** [ˈmeɪzɪ] *a* запу́танный

**M-day** [ˈemdeɪ] *n амер.* день нача́ла мобилиза́ции

**me** [miː] *pron pers. косв. падеж от* I

**mead I** [miːd] *n* мёд (*напиток*)

**mead II** [miːd] *n поэт.* луг

**meadow** [ˈmedəu] *n* луг, лугови́на

**meadow-grass** [ˈmedəugrɑːs] *n бот.* мя́тлик лугово́й

**meadow-rue** [ˈmedəuruː] *n бот.* васили́сник

**meadow-saffron** [ˈmedəuˌsæfrən] *n бот.* безвре́менник осе́нний

**meadow-saxifrage** [ˈmedəuˌsæksɪfrɪdʒ] *n бот.* камнело́мка зерни́стая

**meadow-sweet** [ˈmedəuswiːt] *n бот.* 1) та́волга 2) лаба́зник (вязоли́стный)

**meadowy** [ˈmedəuɪ] *a* 1) лугово́й 2) бога́тый луга́ми (*о местности*)

**meagre** [ˈmiːgə] *a* 1) худо́й; то́щий 2) недоста́точный; ску́дный 3) по́стный 4) бе́дный содержа́нием; ограни́ченный

**meal I** [miːl] **1.** *n* мука́ кру́пного помо́ла

**2.** *v* 1) посыпа́ть муко́й, обва́ливать в муке́ 2) перема́лывать, превраща́ть в муку́

**meal II** [miːl] **1.** *n* 1) приня́тие пи́щи; еда́

**2.** *v* принима́ть пи́щу, есть

**mealies** [ˈmiːlɪz] *n pl южно-афр.* маи́с

**mealiness** [ˈmiːlɪnɪs] *n* 1) мучни́стость 2) рассы́пчатость (*картофеля*)

**meals-on-wheels** [ˈmiːlzɔnˈwiːlz] *n* сто́лик для заку́сок (*на колёсиках*)

**mealtime** [ˈmiːltaɪm] *n* вре́мя приня́тия пи́щи (*обеда, ужина и т. п.*)

**meal-worm** [ˈmiːlwəːm] *n зоол.* хруща́к мучно́й

**mealy** [ˈmiːlɪ] *a* 1) мучно́й, мучни́стый 2) ры́хлый; рассы́пчатый (*о картофеле*) 3) бле́дный, мучни́стый 4) сладкоречи́вый, неи́скренний

**mealy-bug** [ˈmiːlɪbʌg] *n зоол.* мучни́стый черве́ц

**mealy-mouthed** [ˈmiːlɪmauðd] *a* сладкоречи́вый, неи́скренний

**mean I** [miːn] *a* 1) посре́дственный; плохо́й; сла́бый; no ~ abilities хоро́шие спосо́бности 2) ни́зкий, по́длый, нече́стный 3) скупо́й, ска́редный 4) *разг.* придирчи́вый; недоброжела́тельный 5) *разг.* скро́мный, смуща́ющийся; to feel ~ а) чу́вствовать себя́ нело́вко; б) чу́вствовать себя́ нездоро́вым 6) *амер.* тру́дный, неподдаю́щийся

**mean II** [miːn] **1.** *n* 1) середи́на; the golden (*или* happy) ~ золота́я середи́на 2) *мат.* сре́днее число́ 3) *pl* (*употр. как sing и как pl*) сре́дство; спо́соб; the ~s of communication сре́дства сообще́ния; the ~s of circulation *эк.* сре́дства обраще́ния; the ~s of payment *эк.* платёжные сре́дства; the ~s and instruments of production ору́дия и сре́дства произво́дства; ~s of employment сре́дства обеспе́чения за́нятости; by all ~s а) любы́м спо́собом; б) любо́й цено́й, во что бы то ни ста́ло; в) коне́чно, пожа́луйста; by any ~s каки́м бы то ни́ было о́бразом; by ~s of... посре́дством...; by no ~s а) нико́им о́бразом; ни в ко́ем слу́чае; б) нисколько, отню́дь не; it is by no ~s cheap э́то отню́дь не дёшево 4) *pl* сре́дства, состоя́ние, бога́тство; ~s of subsistence сре́дства к существова́нию; a man of ~s челове́к со сре́дствами, состоя́тельный челове́к 5) *attr.*: ~s test прове́рка нужда́емости

**2.** *a* сре́дний; ~ line *мат.* биссектри́са; ~ time сре́днее со́лнечное вре́мя; ~ water норма́льный у́ровень воды́; меже́нь; ~ yield сре́дний урожа́й ◇ in the ~ time тем вре́менем; ме́жду тем

**mean III** [miːn] *v* (meant) 1) намерева́ться; име́ть в виду́; I didn't ~ to offend you я не хоте́л вас оби́деть; to ~ business *разг.* а) бра́ться (*за что-л.*) серьёзно, реши́тельно; б) говори́ть всерьёз; to ~ mischief а) име́ть дурны́е наме́рения; б) предвеща́ть дурно́е; to ~ well (ill) име́ть до́брые (дурны́е) наме́рения; he ~s well by us он жела́ет нам добра́

2) предназначáть(ся); to ~ it be used предназначáть (что-л.) для пóльзования 3) дýмать, подразумевáть; what do you ~ by that? а) что вы э́тим хоти́те сказáть?; б) почемý вы поступáете так?; what did you ~ by looking at me like that? в чём дéло? Почемý ты на меня́ так посмотрéл? 4) знáчить, означáть, имéть значéние

**meander** [mɪ'ændə] **1.** *n* 1) *pl* изви́лина (*дороги, реки*) 2) *архит.* меáндр (*орнамент*)

**2.** *v* 1) извивáться (*о реке, дороге*) 2) броди́ть без цéли (*тж.* ~ along)

**meaning** ['mi:nɪŋ] **1.** *pres. p. от* mean III

**2.** *n* значéние; смысл; with ~ многозначи́тельно

**3.** *a* знáчащий; (много)значи́тельный; вырази́тельный

**meaningful** ['mi:nɪŋful] *a* многозначи́тельный, вырази́тельный

**meaningless** ['mi:nɪŋlɪs] *a* бессмы́сленный

**meaningly** ['mi:nɪŋlɪ] *adv* 1) многозначи́тельно 2) сознáтельно, нарóчно

**meanly** ['mi:nlɪ] *adv* 1) пóдло, ни́зко 2) слáбо, посрéдственно

**meanness** ['mi:nnɪs] *n* 1) ни́зость, пóдлость 2) убóжество, посрéдственность

**mean-spirited** ['mi:n'spɪrɪtɪd] *a* пóдлый, ни́зкий; ~ fellow подлéц

**meant** [ment] *past и p. p. от* mean III

**meantime** ['mi:n'taɪm] *adv* тем врéменем; мéжду тем

**meanwhile** ['mi:n'waɪl] = meantime

**mease** [mi:z] *n* 500 штук сельдéй (*как единица меры*)

**measles** ['mi:zlz] *n pl* (*употр. как sing*) 1) корь 2) *вет.* финнóз

**measly** ['mi:zlɪ] *a* 1) коревóй 2) заражённый трихи́нами *или* фи́ннами (*о мясе*) 3) *разг.* презрéнный; негóдный; жáлкий

**measurable** ['meʒərəbl] *a* 1) измери́мый; in the ~ future в недалёком бýдущем; within ~ distance of побли́зости от 2) умéренный; не осóбенно большóй

**measurably** ['meʒərəblɪ] *adv* до извéстной стéпени, в извéстной мéре

**measure** ['meʒə] **1.** *n* 1) мéра; dry (linear, liquid, square, *etc.*) ~s мéры сыпýчих тел (длины́, жи́дкостей, плóщади *и т. п.*); full (short) ~ пóлная (непóлная) мéра; to give good ~ а) дать пóлную мéру; б) *перен.* воздáть пóлной мéрой 2) мéрка; made to ~ сши́тый по мéрке; сдéланный на закáз; to take smb.'s ~ а) снимáть мéрку с когó-л.; б) *перен.* присмáтриваться к комý-л.; определя́ть чей-л. харáктер 3) предéл, стéпень; to set ~s to smth. ограни́чивать что-л.; стáвить предéл чемý-л.; beyond (*или* out of) ~ чрезмéрно; чрезвычáйно; in some (*или* in a) ~ до нéкоторой стéпени, отчáсти; to give a ~ of hope до нéкоторой стéпени обнадёжить, всели́ть какýю-то надéжду; a limited ~ of success непóлный, относи́тельный успéх 4) масштáб, мери́ло, критéрий; ~ of value мери́ло стóимости 5) мéра, мероприя́тие; to take (drastic) ~s приня́ть (реши́тельные, крутые) мéры 6) *мат.* дели́тель; greatest common ~ óбщий наибóльший дели́тель 7) *прос.* метр, размéр 8) *муз.* такт 9) *уст.* тáнец 10) *pl геол.* пласты́ определённой геологи́ческой формáции; сви́та 11) *полигр.* ширинá столбцá ◇ ~ for ~ ≅ óко за óко, зуб зá зуб; to get the ~ of smb. раскуси́ть когó-л.

**2.** *v* 1) измеря́ть, мéрить; отмеря́ть (*тж.* ~ off) 2) снимáть мéрку; to ~ a person with one's eye смéрить когó-л. взгля́дом 3) оцéнивать, определя́ть (*характер и т. п.*) 4) имéть размéры; the house ~s 60 feet long дом имéет 60 фýтов в длинý 5) помéриться си́лами (with, against — с) 6) соразмеря́ть; регули́ровать; to ~ one's acts (by) соразмеря́ть свои́ постýпки (с) 7) *поэт.* покрывáть (*расстояние*) □ ~ **off** отмеря́ть; ~ **out** отмеря́ть; выдавáть по мéрке; распределя́ть; ~ **up** (to; *иногда тж.* with) а) достигáть (*уровня*); б) соотвéтствовать, отвечáть (*требованиям*); в) опрáвдывать (*надежды*) ◇ to ~ one's length растяну́ться во весь рост

**measured** ['meʒəd] **1.** *p.p. от* measure 2

**2.** *a* 1) измéренный; ~ mile мéрная ми́ля 2) обдýманный, взвéшенный; сдéржанный, нетороплúвый (*о речи*) 3) размéренный, ритми́чный; ~ tread мéрная пóступь

**measureless** ['meʒəlɪs] *a* безмéрный; безграни́чный, неизмери́мый

**measurement** ['meʒəmənt] *n* 1) измерéние (*действие*) 2) (*обыкн. pl*) размéры 3) систéма мер 4) *attr.*: ~ goods товáры, плáта за перевóзку котóрых взимáется не по вéсу, а по размéру

**measurer** ['meʒərə] *n* измери́тельный прибóр, измери́тель

**meat** [mi:t] *n* 1) мя́со 2) *уст.* пи́ща 3) *уст.* едá; at ~ за едóй, за столóм; after ~ пóсле еды́; before ~ пéред едóй 4) мя́коть (*плода*) 5) пи́ща для размышлéний; содержáние; a book full of ~ содержáтельная кни́га ◇ green ~ зéлень, óвощи; to be ~ and drink to smb. доставля́ть большóе удовóльствие комý-л.; ≅ хлéбом не корми́; easy ~ *амер.* лёгкая добы́ча, жéртва; довéрчивый человéк, простáк; one man's ~ is another man's poison *посл.* что полéзно одномý, то врéдно другóму

**meat-ball** ['mi:tbɔ:l] *n* фрикадéлька

**meat-chopper** ['mi:tˌʧɔpə] *n* мясорýбка

**meat-fly** ['mi:tflaɪ] *n* мяснáя мýха

**meat-grinder** ['mi:tˌgraɪndə] *амер.* = meat-chopper

**meatman** ['mi:tmən] *n* мясни́к

**meat-offering** ['mi:tˌɔfərɪŋ] *n библ.* жертвоприношéние пи́щи

**meat-packing** ['mi:tˌpækɪŋ] *n* мясоконсéрвное дéло; ~ industry мясоконсéрвная промы́шленность

**meat-safe** ['mi:tseɪf] *n* холоди́льник, рефрижерáтор

**meaty** ['mi:tɪ] *a* 1) мяснóй 2) мяси́стый 3) даю́щий пи́щу умý, содержáтельный (*о книге, разговоре*)

**meccano** [mɪ'kɑ:nəu] *n* констрýктор (*детская игрушка*)

**mechanic** [mɪ'kænɪk] **1.** *n* 1) мехáник 2) ремéсленник; мастеровóй

**2.** *a уст.* = mechanical

**mechanical** [mɪ'kænɪkəl] *a* 1) маши́нный; механи́ческий; ~ engineer инженéр-механик; ~ engineering машиностроéние 2) механи́ческий; автомати́ческий 3) техни́ческий; ~ skill техни́ческий нáвык 4) машинáльный 5) *филос.* механисти́ческий

**mechanician** [ˌmekə'nɪʃən] *n* 1) констрýктор, машинострои́тель 2) *редк.* мехáник

**mechanics** [mɪ'kænɪks] *n pl* (*употр. как sing*) мехáника

**mechanism** ['mekənɪzm] *n* 1) механи́зм, аппарáт, устрóйство 2) тéхника (*исполнения*) 3) *филос.* механици́зм

**mechanist** ['mekənɪst] *n филос.* механи́ст

**mechanistic** [ˌmekə'nɪstɪk] *a филос.* механисти́ческий

**mechanization** [ˌmekənaɪ'zeɪʃən] *n* механизáция; моторизáция

**mechanize** ['mekənaɪz] *v* механизи́ровать

**Mechlin** ['meklɪn] *n* брабáнтское крýжево (*тж.* ~ lace)

**medal** ['medl] *n* медáль; óрден

**medalled** ['medld] *a* 1) награждённый медáлью *или* óрденом 2) укрáшенный, увéшанный медáлями *или* орденáми

**medallion** [mɪ'dæljən] *n* медальóн

**medallist** ['medlɪst] *n* 1) медальéр 2) получи́вший медáль, медали́ст

**meddle** ['medl] *v* вмéшиваться (with, in — во *что-л.*); совáться не в своё дéло

**meddler** ['medlə] *n* беспокóйный, надоéдливый, вмéшивающийся во всё человéк

**meddlesome** ['medlsəm] *a* вмéшивающийся не в свои́ делá, надоéдливый

**Medea** [mɪ'dɪə] *n греч. миф.* Медéя

**media I** ['medɪə] *n* (*pl* -ae) 1) *фон.* звóнкий соглáсный 2) *анат.* срéдняя оболóчка стéнки кровенóсного сосýда

**media II** ['mi:djə] *pl от* medium 1

**mediae** ['medɪi:] *pl от* media I

**mediaeval** [ˌmedɪ'i:vəl] = medieval

**medial** ['mi:djəl] *a* 1) срéдний; ~ alligation *мат.* вычислéние срéдних 2) среди́нный

**median** ['mi:djən] **1.** *a* среди́нный

**2.** *n* 1) *мат.* медиáна 2) *анат.* среди́нная артéрия

**mediastinum** [ˌmi:dɪəs'taɪnəm] *n анат.* средостéние

**mediate** 1. *a* [ˈmiːdɪɪt] 1) промежу́точный; посре́дствующий 2) опосре́дствованный; не непосре́дственный

2. *v* [ˈmiːdɪeɪt] 1) посре́дничать 2) служи́ть связу́ющим звено́м 3) занима́ть промежу́точное положе́ние

**mediation** [ˌmiːdɪˈeɪʃən] *n* 1) посре́дничество 2) *attr.*: ~ board конфли́ктная коми́ссия (*на предприятии*)

**mediatize** [ˈmiːdɪətaɪz] *v ист.* аннекси́ровать, присоединя́ть (*территорию*), сохраня́я за пре́жним владе́тельным лицо́м ти́тул и не́которые права́

**mediator** [ˈmiːdɪeɪtə] *n* 1) посре́дник, примири́тель 2) (M.) Иису́с Христо́с 3) *мед., муз.* медиа́тор

**mediatorial** [ˌmiːdɪəˈtɔːrɪəl] *a* посре́днический

**mediatory** [ˈmiːdɪətərɪ] = mediatorial

**mediatrices** [ˈmiːdɪeɪtrɪsiːz] *pl от* mediatrix

**mediatrix** [ˈmiːdɪeɪtrɪks] *n* (*pl* -trices) посре́дница, примири́тельница

**medic** [ˈmedɪk] 1. *a поэт.* медици́нский

2. *n редк.* 1) врач, ме́дик 2) *амер. разг.* студе́нт медици́нского факульте́та

**medicable** [ˈmedɪkəbl] *a* излечи́мый, поддаю́щийся излече́нию

**medical** [ˈmedɪkəl] 1. *a* 1) враче́бный, медици́нский; ~ aid медици́нская по́мощь; the ~ profession медици́нские рабо́тники, врачи́; ~ school а) медици́нская шко́ла; б) вы́сшее медици́нское уче́бное заведе́ние; ~ garden сад для выра́щивания лека́рственных расте́ний; ~ history а) исто́рия боле́зни; б) исто́рия медици́ны; ~ jurisprudence суде́бная медици́на; ~ man врач; ~ examination (*или* inspection) медици́нский осмо́тр; ~ assessor суде́бно-медици́нский экспе́рт; ~ service а) медици́нское обслу́живание; б) санита́рная часть 2) терапевти́ческий; ~ ward терапевти́ческое отделе́ние больни́цы

2. *n разг.* студе́нт-ме́дик

**medicament** [meˈdɪkəmənt] *n* лека́рство, медикаме́нт

**medicare** [ˈmedɪkɛə] *n амер.* прави́тельственная програ́мма медици́нской по́мощи (*особ.* престаре́лым)

**medicaster** [ˈmedɪˌkæstə] *n редк.* зна́харь

**medicate** [ˈmedɪkeɪt] *v* 1) лечи́ть лека́рствами 2) насыща́ть, пропи́тывать лека́рством

**medication** [ˌmedɪˈkeɪʃən] *n* лече́ние

**medicative** [ˈmedɪkeɪtɪv] *a* лече́бный, целе́бный; ~ herb лече́бная трава́; ~ plant лече́бное, лека́рственное расте́ние

**medicinal** [meˈdɪsɪnl] *a* лека́рственный; целе́бный

**medicine** [ˈmeds*i*n] *n* 1) медици́на, *особ.* терапи́я; to practise ~ занима́ться враче́бной пра́ктикой, быть практику́ющим врачо́м 2) лека́рство; a ~ for (headache, cold, *etc.*) лека́рство от (головно́й бо́ли, просту́ды *и т. п.*); to take one's ~ а) приня́ть лека́рство; б) *шутл.* глотну́ть спиртно́го; в) понести́ заслу́женное наказа́ние; г) покори́ться неизбе́жности, сто́йко перенести́ что-л. неприя́тное 3) колдовство́, ма́гия 4) талисма́н, амуле́т

**medicine bag** [ˈmeds*i*nbæg] *n* санита́рная су́мка

**medicine chest** [ˈmeds*i*ntʃest] *n* дома́шняя апте́чка; я́щик с медикаме́нтами

**medicine dropper** [ˈmeds*i*nˌdrɔpə] *n* пипе́тка

**medicine glass** [ˈmeds*i*nglɑːs] *n* мензу́рка

**medicine-man** [ˈmeds*i*nmæn] *n* зна́харь, шама́н

**medico** [ˈmedɪkəu] *n* (*pl* -os [-əuz]) *шутл.* 1) до́ктор 2) студе́нт-ме́дик

**medieval** [ˌmedɪˈiːvəl] *a* средневеко́вый

**medievalism** [ˌmedɪˈiːvəlɪzm] *n* 1) иску́сство, рели́гия, филосо́фия сре́дних веко́в 2) увлече́ние средневеко́вьем

**medievalist** [ˌmedɪˈiːvəlɪst] *n* специали́ст по исто́рии сре́дних веко́в

**mediocre** [ˈmiːdɪəukə] *a* посре́дственный; зауря́дный

**mediocrity** [ˌmiːdɪˈɔkrɪtɪ] *n* 1) посре́дственность; зауря́дность 2) безда́рный, зауря́дный челове́к, посре́дственность

**meditate** [ˈmedɪteɪt] *v* 1) замышля́ть, затева́ть 2) намерева́ться; плани́ровать 3) размышля́ть, обду́мывать (on, upon) 4) созерца́ть

**meditation** [ˌmedɪˈteɪʃən] *n* 1) размышле́ние, разду́мье 2) созерца́ние

**meditative** [ˈmedɪtətɪv] *a* созерца́тельный; заду́мчивый

**mediterranean** [ˌmedɪtəˈreɪnjən] 1. *a* 1) удалённый от берего́в мо́ря 2) вну́тренний (*о море*)

2. *n*: the M. Средизе́мное мо́ре; the M. area бассе́йн Средизе́много мо́ря

**medium** [ˈmiːdjəm] 1. *n* (*pl* -s [-z], -dia) 1) сре́дство, спо́соб; ~ of circulation де́ньги, сре́дство обраще́ния; through (*или* by) the ~ of... че́рез посре́дство...; mass media (of communication) сре́дства ма́ссовой информа́ции (*печать, радио, телевидение, кино, реклама*) 2) середи́на, промежу́точная ступе́нь; happy ~ золота́я середи́на 3) обстано́вка, усло́вия (*жизни*) 4) *физ.* среда́ 5) аге́нт, посре́дник 6) ме́диум (*у спиритов*) 7) *жив.* раствори́тель (*краски*)

2. *a* 1) сре́дний; промежу́точный; ~ wave *радио* волна́ сре́дней длины́ (*от 100 до 800 метров*) 2) уме́ренный 3) *воен.* среднекали́берный

**medlar** [ˈmedlə] *n бот.* мушмула́ герма́нская

**medley** [ˈmedlɪ] 1. *n* 1) смесь; ме́сиво, мешани́на 2) сме́шанное о́бщество; разношёрстная толпа́ 3) *муз.* попурри́ 4) «обо всём», «моза́ика» (*раздел в газете или журнале*)

2. *a* сме́шанный, разноро́дный, пёстрый

3. *v* сме́шивать, переме́шивать

**medulla** [meˈdʌlə] *n* 1) ко́стный мозг 2) спинно́й мозг 3) продолгова́тый мозг 4) мозгово́й слой по́чки 5) *бот.* сердцеви́на

**medullary** [meˈdʌlərɪ] *a* 1) *анат.* мозгово́й, медулля́рный 2) *бот.* сердцеви́нный

**medusa** [mɪˈdjuːzə] *n* (*pl* -ae, -s [-z]) *зоол.* меду́за

**medusae** [mɪˈdjuːziː] *pl от* medusa

**meed** [miːd] *n поэт.* 1) награ́да 2) заслу́женная похвала́

**meek** [miːk] *a* кро́ткий, мя́гкий; смире́нный

**meekness** [ˈmiːknɪs] *n* кро́тость, мя́гкость

**meerschaum** [ˈmɪəʃəm] *нем. n* 1) *мин.* морска́я пе́нка 2) пе́нковая тру́бка

**meet** [miːt] 1. *v* (met) 1) встреча́ть 2) встреча́ться, собира́ться; we seldom ~ мы ре́дко ви́димся 3) сходи́ться; my waistcoat won't ~ мой жиле́т не схо́дится 4) впада́ть (*о реке*) 5) дра́ться на ду́эли 6) знако́миться; please ~ Mr. X позво́льте познако́мить вас с ми́стером X 7) удовлетворя́ть, соотве́тствовать (*желаниям, требованиям*); to ~ the case отвеча́ть предъя́вленным тре́бованиям, соотве́тствовать; that ~s my problem э́то разреша́ет мои́ затрудне́ния 8) опла́чивать; to ~ a bill оплати́ть счёт; he has many expenses to ~ он несёт больши́е расхо́ды 9) опроверга́ть (*возражение*) □ ~ **together** собира́ться, сходи́ться; ~ **with** а) испыта́ть, подве́ргнуться; б) встре́титься с; наткну́ться на; в) найти́ ◇ to ~ one's ear дойти́ до слу́ха; быть слы́шным; to ~ a difficulty (trouble) half-way терза́ться преждевре́менными сомне́ниями, опасе́ниями *и т. п.* по по́воду ожида́емых тру́дностей (несча́стья); well met! *уст.* добро́ пожа́ловать!; рад на́шей встре́че!

2. *n* 1) ме́сто сбо́ра (*охотников, велосипедистов и т. п.*) 2) *амер. спорт.* соревнова́ние, встре́ча

**meeting** [ˈmiːtɪŋ] 1. *pres. p. от* meet 1

2. *n* 1) собра́ние, заседа́ние, ми́тинг; to address the ~ обрати́ться с ре́чью к собра́нию 2) встре́ча 3) ду́эль 4) *спорт.* встре́ча, игра́ 5) *ж.-д.* разъе́зд 6) *тех.* стык, соедине́ние 7) *attr.* встре́чный; ~ engagement *амер.* встре́чный бой; ~ point ме́сто встре́чи

**meeting-house** [ˈmiːtɪŋhaus] *a* моли́твенный дом

**mega-** [ˈmegə-] = megalo-

**megacycle** [ˈmegəˌsaɪkl] *n физ.* мегаге́рц (= *1 миллиону герц*)

**megalith** [ˈmegəlɪθ] *n археол.* мегали́т

**megalo-** [ˈmegələu-] *греч. в сложных словах означает*: а) *большой размер, грандиозность и т. п.*; б) *в физической терминологии меру, в миллион раз большую, чем основная мера*

**megalomania** [ˈmegələuˈmeɪnjə] *n* мегаломáния, мáния велúчия

**megalopolis** [ˌmegəˈləupəlɪs] *n* гóрод-гигáнт

**megaphone** [ˈmegəfəun] **1.** *n* мегафóн, рýпор
**2.** *v* говорúть в рýпор

**megascope** [ˈmegəskəup] *n физ.* мегаскóп

**megascopic** [ˌmegəˈskɔpɪk] *a* 1) увелúченный 2) вúдимый невооружённым глáзом

**megatherium** [ˌmegəˈθɪərɪəm] *n палеонт.* мегатéрий

**megaton** [ˈmegətʌn] *n* мегатóнна (= *1 миллиону тонн*)

**megawatt** [ˈmegəwɔt] *n эл.* мегавáтт (= 1 *миллиону ватт*)

**megger** [ˈmegə] *n эл.* мéггер

**megilp** [məˈgɪlp] *n жив.* мастúчный лак (*растворитель для масляных красок*)

**megohm** [ˈmegəum] *n эл.* мегóм (= 1 *миллиону омов*)

**megrim** [ˈmi:grɪm] *n* 1) *уст.* мигрéнь 2) *уст. pl* унывние 3) *уст.* прúхоть, каприз, причýда 4) *pl вет.* кóлер (*лошадей*); вертячка, ценурóз (*овец*)

**melancholia** [ˌmelənˈkəuljə] *n* меланхóлия

**melancholic** [ˌmelənˈkɔlɪk] *a* подвéрженный меланхóлии; меланхолúческий

**melancholy** [ˈmelənkəlɪ] **1.** *n* уны́ние, подáвленность; грусть
**2.** *a* 1) мрáчный, подáвленный 2) грýстный; наводя́щий уны́ние

**meld** [meld] *v карт.* объявля́ть

**mêlée** [ˈmeleɪ] *фр. n* рукопáшная схвáтка, свáлка

**melinite** [ˈmelɪnaɪt] *n* мелинúт (*взрывчатое вещество*)

**meliorate** [ˈmi:ljəreɪt] *v* 1) улучшáть(ся) 2) мелиорúровать

**melioration** [ˌmi:ljəˈreɪʃən] *n* 1) улучшéние 2) мелиорáция

**meliorative** [ˈmi:ljərətɪv] *a* 1) улучшáющий 2) мелиоратúвный

**melliferous** [meˈlɪfərəs] *a* медонóсный

**mellifluence** [meˈlɪfluəns] *n* медоточúвость

**mellifluent** [meˈlɪfluənt] = mellifluous

**mellifluous** [meˈlɪfluəs] *a* медоточúвый; сладкозвýчный; ласкáющий слух

**mellow** [ˈmeləu] **1.** *a* 1) спéлый; зрéлый, слáдкий и сóчный (*о фруктах*) 2) приятный на вкус; вы́держанный (*о вине*) 3) мя́гкий, сóчный, густóй (*о голосе, цвете и т. п.*) 4) плодорóдный, жúрный; ры́хлый (*о почве*) 5) умудрённый óпытом, смягчúвшийся с годáми (*о человеке, характере*) 6) *разг.* подвыпивший
**2.** *v* 1) дéлать(ся) спéлым, сóчным; созревáть 2) становúться вы́держанным (*о вине*) 3) смягчáть(ся) 4) разрыхля́ть(ся) (*о почве*)

**mellowness** [ˈmeləunɪs] *n* 1) спéлость, зрéлость 2) мя́гкость, сóчность 3) вы́держанность (*о вине*) 4) добросердéчность

**melodic** [mɪˈlɔdɪk] *a* мелодúческий, мелодúчный

**melodious** [mɪˈləudjəs] *a* 1) мелодúчный 2) мя́гкий, нéжный, певýчий 3) музыкáльный (*о пьесе*)

**melodist** [ˈmelədɪst] *n* 1) композúтор 2) певéц

**melodize** [ˈmelədaɪz] *v* 1) дéлать мелодúчным 2) сочиня́ть мелóдии

**melodrama** [ˈmeləuˌdrɑ:mə] *n* 1) мелодрáма 2) театрáльность (*в манерах*)

**melodramatic** [ˌmeləudrəˈmætɪk] *a* 1) мелодраматúческий 2) аффектúрованный, напы́щенный (*о манерах и т. п.*)

**melody** [ˈmelədɪ] *n* 1) мелóдия 2) мелодúчность

**melon** [ˈmelən] *n* 1) ды́ня 2) = water-~ 3) *амер. ком. разг.* тантьéма; крýпный дополнúтельный дивидéнд; дивидéнд в фóрме бесплáтных áкций; to cut (*или* to slice) the ~ а) распределя́ть дополнúтельные дивидéнды мéжду пáйщиками; б) распределя́ть крýпные вы́игрыши мéжду игрокáми

**Melpomene** [melˈpɔmɪni(:)] *n греч. миф.* Мельпомéна

**melt** [melt] **1.** *v* 1) тáять 2) плáвить(ся), растáпливать(ся) 3) *разг.* растворя́ть(ся) 4) смягчáть(ся); трóгать; умиля́ться 5) слабéть, уменьшáться; исчезáть 6) (незамéтно) переходúть (*в другую форму*); сливáться 7) *разг.* трáтить (*деньги*); размéнивать (*банковый билет*) □ ~ **away** а) растáять; б) улетýчиваться, исчезáть из вúду; ~ **down** расплавля́ть; растворя́ть; ~ **out** выплавля́ть
**2.** *n* 1) расплáвленный метáлл 2) плáвка

**melted butter** [ˈmeltɪdˌbʌtə] *n* топлёное мáсло

**melted cheese** [ˈmeltɪdtʃi:z] *n* плáвленый сыр

**melting** [ˈmeltɪŋ] **1.** *pres. p. от* melt 1
**2.** *n* 1) плáвка, плавлéние 2) тáяние; распускáние
**3.** *a* 1) плáвкий 2) плавúльный 3) тáющий (во рту) 4) нéжный, мя́гкий; чувствúтельный; she is in the ~ mood онá готóва расплáкаться 5) трóгательный

**melting-house** [ˈmeltɪŋˈhaus] *n* плавúльня

**melting-point** [ˈmeltɪŋˈpɔɪnt] *n* тóчка плавлéния

**melting-pot** [ˈmeltɪŋˈpɔt] *n* тúгель ◇ to go into the ~ подвéргнуться кореннóму изменéнию

**melton** [ˈmeltən] *n* мельтóн (*род сукна*)

**mem.** [mem] *сокр. от* memorandum

**member** [ˈmembə] *n* 1) член (*в разн. знач.*); M. of Parliament член парлáмента; ~ of sentence *грам.* член предложéния; ~ of equation *мат.* член уравнéния; ~s of armed forces лúчный состáв вооружённых сил 2) учáстник, партнёр; представúтель; ~s of the press (of the ruling class) представúтели прéссы (прáвящего клáсса) 3) *тех.* элемéнт конструкции 4) *attr.*: ~ state госудáрство-член (*ООН и т. п.*) ◇ unruly ~ ≅ язы́к без костéй

**membership** [ˈmembəʃɪp] *n* 1) члéнство; звáние члéна 2) колúчество члéнов 3) рядовы́е члéны (*партии, профсоюза*) 4) *attr.* члéнский; ~ card члéнский билéт; ~ fee члéнский взнос

**membrane** [ˈmembreɪn] *n* 1) плевá, оболóчка; перепóнка; плёнка 2) *тех.* мембрáна, диафрáгма 3) мездрá

**membraneous, membranous** [memˈbreɪnjəs, memˈbreɪnəs] *a* перепóнчатый; плёночный

**memento** [mɪˈmentəu] *n* (*pl* -oes, -os [-əuz]) 1) напоминáние 2) сувенúр

**memo** [ˈmi:məu] *n сокр. от* memorandum

**memoir** [ˈmemwɑ:] *n* 1) крáткая (авто)биогрáфия 2) *pl* мемуáры, воспоминáния 3) наýчная статья́; *pl* учёные запúски (*общества*)

**memoirist** [ˈmemwɑ:rɪst] *n* áвтор мемуáров *или* биогрáфии

**memorability** [ˌmemərəˈbɪlɪtɪ] *n* 1) достопáмятность 2) нéчто достопáмятное

**memorable** [ˈmemərəbl] *a* (до-сто)пáмятный, незабвéнный, незабывáемый

**memoranda** [ˌmeməˈrændə] *pl от* memorandum

**memorandum** [ˌmeməˈrændəm] *n* (*pl* -da, -s [-z]) 1) замéтка; пáмятная запúска 2) дипломатúческая нóта; меморáндум 3) докладнáя запúска

**memorial** [mɪˈmɔ:rɪəl] **1.** *n* 1) пáмятник 2) запúска; замéтка 3) *pl* воспоминáния; хрóника 4) *церк.* поминовéние 5) подрóбное изложéние фáктов в петúции 6) *ком.* мемориáл
**2.** *a* напоминáющий; мемориáльный; устрáиваемый в пáмять; M. Day *амер.* день пáмяти пáвших в граждáнской войнé в США 1861—65 гг., в испáно-америкáнской и другúх вóйнах (*30 мая*)
**3.** *v* составля́ть *или* подавáть петúцию

**memorialist** [mɪˈmɔ:rɪəlɪst] *n* 1) мемуарúст 2) составúтель петúции

**memorialize** [mɪˈmɔ:rɪəlaɪz] *v* 1) увековéчивать пáмять 2) подавáть петúцию

**memorize** [ˈmeməraɪz] *v* 1) запоминáть; заýчивать наизýсть 2) увековéчивать пáмять

**memory** [ˈmemərɪ] *n* 1) пáмять; in ~ of smb., smth. в пáмять когó-л., чегó-л.; to the best of my ~ наскóлько я пóмню; if my ~ serves me right, if my ~ does not fail me éсли пáмять мне не изменя́ет; within living ~ на пáмяти ны́нешнего поколéния 2) воспоминáние; he has left a sad ~ behind он остáвил по себé недóбрую пáмять 3) *тех.* машúнная пáмять, запоминáющее устрóйство, накопúтель информáции 4) *тех.* зáпись, регистрáция

**men** [men] *pl от* man 1

**menace** [ˈmenəs] **1.** *n* угрóза; опáсность

**2.** *v* угрожáть, грози́ть

**ménage** [meˈnɑːʒ] *фр. n* 1) домáшнее хозя́йство; ведéние хозя́йства 2) организáция, чéрез котóрую мóжно дéлать покýпки в рассрóчку

**menagerie** [mɪˈnædʒərɪ] *фр. n* звери́нец (*особ.* бродя́чий)

**men-at-arms** [ˈmenətˈɑːmz] *pl от* man-at-arms

**men-children** [ˈmenˌʧɪldrən] *pl от* man-child

**mend** [mend] **1.** *n* 1) заштóпанная ды́рка, задéланная трéщина *и т. п.* 2) улучшéние (*здоровья, дел*); to be on the ~ идти́ на попрáвку, улучшáться

**2.** *v* 1) исправля́ть, чини́ть; штóпать; латáть; ремонти́ровать (*дорогу и т. п.*) 2) улучшáть(ся); поправля́ться (*о здоровье*) ◇ to ~ the fire подбрóсить тóплива; to ~ one's pace прибáвить шáгу; to ~ one's ways исправи́ться; it is never too late to ~ *посл.* исправи́ться никогдá не пóздно; ~ or end ли́бо испрáвить, ли́бо положи́ть конéц; ≅ полумéрами дéлу не помóжешь; that won't ~ matters э́то дéлу не помóжет

**mendacious** [menˈdeɪʃəs] *a* лжи́вый; лóжный

**mendacity** [menˈdæsɪtɪ] *n* лжи́вость; ложь

**mender** [ˈmendə] *n* 1) тот, кто исправля́ет, чи́нит, штóпает, латáет 2) ремóнтный мáстер

**mendicancy** [ˈmendɪkənsɪ] *n* ни́щенство; попрошáйничество

**mendicant** [ˈmendɪkənt] **1.** *n* 1) ни́щий; попрошáйка 2) *ист.* монáх ни́щенствующего óрдена

**2.** *a* ни́щий, ни́щенствующий

**mendicity** [menˈdɪsɪtɪ] *n* ни́щенство

**mending** [ˈmendɪŋ] **1.** *pres. p. от* mend 2

**2.** *n* 1) почи́нка; штóпка; ремóнт 2) улучшéние, исправлéние

**menhaden** [menˈheɪdn] *n* менхáден, америкáнская сельдь

**menhir** [ˈmenhɪə] *n археол.* менги́р

**menial** [ˈmiːnjəl] *пренебр.* **1.** *n* слугá; лакéй

**2.** *a* раболéпный; лакéйский; ~ work чёрная рабóта

**meningitis** [ˌmenɪnˈdʒaɪtɪs] *n мед.* менинги́т

**menisci** [mɪˈnɪsaɪ] *pl от* meniscus

**meniscus** [mɪˈnɪskəs] *n* (*pl* menisci) *физ., анат.* мени́ск

**men-of-war** [ˈmenəvˈwɔː] *pl от* man-of-war

**menopause** [ˈmenəupɔːz] *n мед.* климактери́ческий пери́од, менопáуза

**menses** [ˈmensiːz] *n pl физиол.* менструáции

**menstrua** [ˈmenstruə] *pl от* menstruum

**menstrual** [ˈmenstruəl] *a* 1) *физиол.* менструáльный 2) *астр.* ежемéсячный

**menstruate** [ˈmenstrueɪt] *v физиол.* менструи́ровать

**menstruation** [ˌmenstruˈeɪʃən] *n физиол.* менструáции

**menstruum** [ˈmenstruəm] *n* (*pl* -rua, -s [-z]) *хим.* раствори́тель

**mensurable** [ˈmenʃurəbl] *a* 1) измери́мый 2) *муз.* ритми́чный

**mensural** [ˈmensjurəl] *a* 1) мéрный, размéренный 2) *муз.* мензурáльный

**mensuration** [ˌmensjuəˈreɪʃən] *n* измерéние

**mental** I [ˈmentl] **1.** *a* 1) ýмственный; ~ defective ýмственно отстáлый ребёнок 2) психи́ческий; ~ affection душéвная болéзнь; ~ house (*или* home) психиатри́ческая больни́ца; ~ strain ýмственное напряжéние; your troubles are purely ~ вáши несчáстья — чи́стое воображéние; ~ patient (*или* case) душевнобольнóй; ~ specialist психиáтр; ~ nurse сидéлка в психиатри́ческой больни́це 3) мнемони́ческий 4) производи́мый в умé, мы́сленный; ~ arithmetic (*или* calculations) счёт в умé; ~ reservation мы́сленная оговóрка

**2.** *n разг.* ненормáльный, псих

**mental** II [ˈmentl] *a* подборóдочный

**mentality** [menˈtælɪtɪ] *n* 1) ум; интеллéкт 2) склад умá 3) умонастроéние

**mentally** [ˈmentəlɪ] *adv* 1) ýмственно; ~ alert обладáющий живы́м умóм, восприи́мчивый 2) мы́сленно

**mentation** [menˈteɪʃən] *n* 1) ýмственный процéсс; процéсс мышлéния 2) умонастроéние

**menthol** [ˈmenθɔl] *n хим.* ментóл

**mention** [ˈmenʃən] **1.** *n* упоминáние; ссы́лка (на); to make ~ of smb., smth. упомянýть когó-л., что-л.; honourable ~ а) похвáльный óтзыв; б) благодáрность в прикáзе

**2.** *v* упоминáть, ссылáться на; don't ~ it а) не стóит (благодáрности); б) ничегó, пожáлуйста (*в ответ на извинение*); not to ~ не говоря́ ужé о

**mentor** [ˈmentɔː] *n* настáвник, руководи́тель, воспитáтель, мéнтор

**menu** [ˈmenjuː] *фр. n* меню́

**Mephistophelean** [ˌmefɪstəˈfiːljən] *a* мефистóфельский

**mephitis** [meˈfaɪtɪs] *n* зловóние, ядови́тые испарéния; миáзмы

**mercantile** [ˈməːkəntaɪl] *a* 1) торгóвый; коммéрческий; ~ law торгóвое законодáтельство; ~ marine торгóвый флот; ~ system *эк.* систéма меркантили́зма 2) меркинти́льный; торгáшеский; мéлочно расчётливый

**mercenary** [ˈməːsɪnərɪ] **1.** *a* 1) корыстный; торгáшеский 2) наёмный

**2.** *n* наёмник

**mercer** [ˈməːsə] *n* торгóвец шёлком и бáрхатом

**mercerize** [ˈməːsəraɪz] *v текст.* мерсеризовáть

**mercery** [ˈməːsərɪ] *n* 1) шёлковый *или* бáрхатный товáр 2) торгóвля шёлковым и бáрхатным товáром

**merchandise** [ˈməːʧəndaɪz] **1.** *n* товáры

**2.** *v* торговáть

**merchant** [ˈməːʧənt] **1.** *n* 1) купéц 2) *амер., шотл.* лáвочник 3) *разг.* «тип» (*о человеке*)

**2.** *a* 1) торгóвый, коммéрческий; ~ service торгóвый флот; ~ ship = merchantman; ~ tailor *уст.* портнóй, шью́щий из своегó материáла; ~ prince крýпный оптови́к, «корóль» 2) = merchantable

**merchantable** [ˈməːʧəntəbl] *a* хóдкий (*о товаре*)

**merchantman** [ˈməːʧəntmən] *n* торгóвое сýдно, «купéц»

**Mercian** [ˈməːʃjən] *ист.* **1.** *a* мерси́йский

**2.** *n* 1) обитáтель Мéрсии 2) мерси́йский диалéкт

**merciful** [ˈməːsɪful] *a* 1) милосéрдный. ми́лостивый 2) сострадáтельный 3) благоприя́тный 4) мя́гкий (*о наказании*)

**mercifulness** [ˈməːsɪfulnɪs] *n* 1) милосéрдие 2) сострадáние 3) мя́гкость

**merciless** [ˈməːsɪlɪs] *a* безжáлостный; беспощáдный

**mercurial** [məːˈkjuərɪəl] **1.** *a* 1) ртýтный 2) живóй, подви́жный; дéятельный 3) непостоя́нный

**2.** *n* ртýтный препарáт

**mercuriality** [ˌməːkjuərɪˈælɪtɪ] *n* живость, подви́жность

**mercurialize** [məːˈkjuərɪəlaɪz] *v* лечи́ть ртýтью

**Mercury** [ˈməːkjurɪ] *n* 1) *римск. миф.* Меркýрий 2) *астр.* планéта Меркýрий 3) *шутл.* посóл; вéстник (*тж. в названиях газет*)

**mercury** [ˈməːkjurɪ] *n* 1) ртуть; ртýтный столб; ртýтный препарáт 2) *бот.* пролéска 3) *attr.* ртýтный ◇ the ~ is rising а) температýра повышáется; б) делá (*настроение и т. п.*) улучшáются; в) возбуждéние растёт; атмосфéра накаля́ется

**mercy** [ˈməːsɪ] *n* 1) милосéрдие; сострадáние; to be left to the tender ~ (*или* mercies) of smb. *ирон.* быть óтданным на ми́лость когó-л. (*обыкн.* жестóкого человéка) 2) ми́лость; прощéние, поми́лование; to beg for ~ проси́ть пощáды; to have ~ on (*или* upon) smb. щади́ть, ми́ловать когó-л. 3) удáча, счáстье; that's a ~! э́то пря́мо счáстье! ◇ at the ~ of во влáсти; thankful for small mercies довóльный мáлым

**mere** I [mɪə] *n* óзеро; пруд; вóдное прострáнство

**mere** II [mɪə] *a* 1) простóй, не бóлее чем; a ~ child could do it дáже ребёнок мог сдéлать э́то 2) я́вный; сýщий; a ~ trifle сýщий пустя́к; a ~ nobody пóлное ничтóжество 3): of ~ motion *юр.* добровóльно 4) *уст.* чи́стый

**merely** [ˈmɪəlɪ] *adv* тóлько, прóсто; еди́нственно; I ~ asked his name я тóлько спроси́л, как егó зовýт

**meretricious** [ˌmerɪˈtrɪʃəs] *a* 1) показнóй; мишýрный 2) распýтный

**merganser** [məːˈɡænsə] *n* крохáль (*птица*)

**merge** [mə:dʒ] *v* 1) поглощáть 2) сливáть(ся), соединя́ть(ся)

**merger** ['mə:dʒə] *n* 1) поглощéние 2) слия́ние, объединéние (*торговое или промышленное*)

**meridian** [mə'rɪdɪən] **1.** *n* 1) *геогр.* меридиáн 2) зени́т 3) пóлдень 4) вы́сшая тóчка; расцвéт (*жизни*)

**2.** *a* 1) полу́денный; находя́щийся в зени́те 2) вы́сший, кульминациóнный

**meridional** [mə'rɪdɪənl] **1.** *a* 1) меридионáльный 2) ю́жный

**2.** *n* южáнин (*особ. из южной Франции*)

**meringue** [mə'ræŋ] *фр. n кул.* меpéнга

**merino** [mə'ri:nəu] *n* (*pl* -os [-əuz]) 1) меринóс (*порода овец*) 2) меринóсовая шерсть 3) *attr.* меринóсовый; ~ sheep меринóс

**merit** ['merɪt] **1.** *n* 1) заслу́га; to make a ~ of smth. стáвить что-л. себé в заслу́гу; Order of M. óрден «За заслу́ги» 2) достóинство 3) *pl* кáчества; to judge on the ~s of the case (question, *etc.*) суди́ть по существу́ дéла (вопрóса *и т. п.*)

**2.** *v* заслужи́ть, быть достóйным

**meritocracy** [,merɪ'tɔkrəsɪ] *n* систéма, при котóрой положéние человéка в óбществе определя́ется егó спосóбностями

**meritocrat** ['merɪtəkræt] *n* человéк, дости́гший положéния в óбществе благодаря́ свои́м спосóбностям

**meritorious** [,merɪ'tɔ:rɪəs] *a* 1) достóйный нагрáды 2) похвáльный

**merle** [mə:l] *n уст., поэт.* чёрный дрозд

**merlin** ['mə:lɪn] *n зоол.* крéчет

**merlon** ['mə:lən] *n* зубéц (*крепостной стены*)

**mermaid** ['mə:meɪd] *n* русáлка, сирéна; ная́да

**merman** ['mə:mæn] *n* водянóй; тритóн

**Merovingian** [,merəu'vɪndʒɪən] *ист.* **1.** *a* относя́щийся к фрáнкской динáстии Мерови́нгов (VI—VIII *вв. н. э.*)

**2.** *n pl* Мерови́нги

**merrily** ['merɪlɪ] *adv* вéсело, оживлённо

**merriment** ['merɪmənt] *n* весéлье, развлечéние

**merry I** ['merɪ] *a* 1) весёлый; рáдостный; to make ~ весели́ться, пировáть; to make ~ over (*или* with, about) smb., smth. потешáться над кем-л., чем-л. 2) смешнóй 3) *разг.* навеселé, подвы́пивший

**merry II** ['merɪ] *n* черéшня

**merry andrew** ['merɪ'ændru:] *n* шут, фигля́р, гáер

**merry dancers** ['merɪ'dɑ:nsəz] *n разг.* сéверное сия́ние

**merry-go-round** ['merɪgəu,raund] *n* 1) карусéль 2) вихрь (*удовольствий и т. п.*)

**merry-maker** ['merɪ,meɪkə] *n* весельчáк; забáвник

**merry-making** ['merɪ,meɪkɪŋ] *n* весéлье, потéха; прáздненство

**merry-meeting** ['merɪ,mi:tɪŋ] *n* пиру́шка

**merrythought** ['merɪθɔ:t] *n* ду́жка, ви́лочка (*грудная кость птицы*)

**mesa** ['meɪsə] *n амер. геол.* столóвая горá

**mésalliance** [me'zælɪəns] *фр. n* нерáвный брак, мезалья́нс

**mesentery** ['mesəntərɪ] *n анат.* брыжéйка

**mesh** [meʃ] **1.** *n* 1) пéтля, ячéйка сéти; отвéрстие, очкó (*решета, грохота*) 2) *pl* сéти; *перен.* западня́ 3) *тех.* зацеплéние 4) *attr.*: ~ stockings кручёная сéтка (*чулки*)

**2.** *v* 1) поймáть в сéти; опу́тывать сетя́ми 2) запу́тываться в сетя́х 3) *тех.* зацепля́ть(ся); сцепля́ть(ся)

**meshy** ['meʃɪ] *a* сéтчатый; ячéистый

**mesial** ['mi:zjəl] *a* срéдний, среди́нный, медиáльный

**mesmeric** [mez'merɪk] *a* гипноти́ческий

**mesmerism** ['mezmərɪzm] *n* 1) гипнoти́зм 2) гипнóз

**mesmerist** ['mezmərɪst] *n* гипнотизёр

**mesmerize** ['mezməraɪz] *v* гипнотизи́ровать; *перен.* очарóвывать, зачарóвывать

**meson** ['mi:zɔn] *n физ.* мезóн

**mesotron** ['mesəutrɔn] *n физ.* мезотрóн

**mess I** [mes] **1.** *n* 1) беспоря́док; кутерьмá, пу́таница; to make a ~ of things напу́тать; напóртить; провали́ть всё дéло; in a ~ а) в беспоря́дке; вверх днoм; б) в грязи́ 2) неприя́тность; to get into a ~ попáсть в бéду; to be in a ~ быть в бедé, имéть неприя́тности; to clear up the ~ вы́яснить недоразумéние

**2.** *v* 1) производи́ть беспоря́док; пáчкать, грязни́ть 2) пóртить дéло (*часто* ~ up) 3) лóдырничать, рабóтать с ленцóй (*часто* ~ about)

**mess II** [mes] **1.** *n* 1) гру́ппа людéй, питáющихся за óбщим столóм 2) óбщий стол, óбщее питáние (*в армии и флоте*) 3) столóвая (*в учебном заведении*); *мор.* старши́нская каю́т-компáния 4) блю́до, ку́шанье; похлёбка 5) болту́шка, мéсиво (*для животных*) 6) *attr.* столóвый; ~ allowance столóвые дéньги; ~ kit *амер.* котелóк и столóвый прибóр (*для солдат, туристов*)

**2.** *v* обéдать совмéстно, за óбщим столóм, столовáться вмéсте (with, together)

**message** ['mesɪdʒ] **1.** *n* 1) сообщéние, донесéние; письмó, послáние; send me a ~ извести́те меня́; to leave a ~ for smb. проси́ть передáть что-л. комý-л. 2) поручéние; ми́ссия 3) официáльное правительственное послáние; *амер.* послáние президéнта конгрéссу (*тж.* the President's ~ to Congress) 4) идéя (*книги и т. п.*)

**2.** *v* 1) посылáть сообщéние, донесéние 2) передавáть сигнáлами, сигнализи́ровать 3) телеграфи́ровать

**message bag** ['mesɪdʒbæg] *n ав.* вы́мпел для сбрáсывания донесéний

**message book** ['mesɪdʒbuk] *n воен.* полевáя кни́жка

**message center** ['mesɪdʒ,sentə] *n воен.* пункт сбóра (и отпрáвки) донесéний

**messenger** ['mesɪndʒə] *n* 1) вéстник, посы́льный; курьéр; special ~ нарóчный, курьéр 2) предвéстник 3) *эл., ж.-д.* несу́щий трос

**messenger-pigeon** ['mesɪndʒə'pɪdʒɪn] *n* 1) почтóвый гóлубь 2) *воен.* гóлубь свя́зи

**Messiah** [mɪ'saɪə] *n рел.* мессия́

**messieurs** [mə'sjə:(z)] *pl от* monsieur

**mess-jacket** ['mes,dʒækɪt] *n мор.* ту́жу́рка

**messmate** ['mesmeɪt] *n* 1) однокáшник; сотрапéзник 2) *мор.* товáрищ по каю́т-компáнии

**mess-room** ['mesrum] = mess II 1, 3)

**Messrs** ['mesəz] *n pl* (*сокр. от* messieurs) господá (*ставится перед фамилиями владельцев фирмы, напр.,* Messrs Chapman & Hall)

**messuage** ['meswɪdʒ] *n юр.* усáдьба

**messy** ['mesɪ] *a* 1) гря́зный 2) беспоря́дочный

**mestizo** [mes'ti:zəu] *n* (*pl* -os, -oes [-əuz]) мети́с

**met** [met] *past и p. p. от* meet 1

**metabolic** [,metə'bɔlɪk] *a* относя́щийся к обмéну вещéств; ~ disease нарушéние обмéна вещéств; ~ disturbance расстрóйство обмéна вещéств

**metabolism** [me'tæbəlɪzm] *n* метаболи́зм, обмéн вещéств

**metacarpus** [,metə'kɑ:pəs] *n анат.* пясть

**metachrosis** [,metə'krəusɪs] *n биол.* спосóбность меня́ть окрáску

**metagalaxy** ['metə,gæləksɪ] *n астр.* метагалáктика

**metagenesis** [,metə'dʒenɪsɪs] *n биол.* метагенéз

**metal** ['metl] **1.** *n* 1) метáлл 2) *pl* рéльсы; the train left (*или* jumped) the ~s пóезд сошёл с рéльсов 3) щéбень 4) расплáвленное стеклó 5) *ж.-д.* баллáст 6) *полигр.* гарт 7) = mettle 2); 8) *attr.* металли́ческий ◇ heavy ~ тяжёлая артиллéрия; *перен.* вéские аргумéнты

**2.** *v* 1) покрывáть, обшивáть метáллом 2) мости́ть, шосси́ровать щéбнем 3) *ж.-д.* балласти́ровать

**metalled road** ['metldrəud] *n* шоссé

**metallic** [mɪ'tælɪk] *a* металли́ческий

**metalliferous** [,metə'lɪfərəs] *a* рудонóсный; содержáщий метáлл

**metalline** ['metəlaɪn] *a* 1) металли́ческий 2) содержáщий метáлл

**metallization** [,metəlaɪ'zeɪʃən] *n тех.* металлизáция

**metallize** ['metəlaɪz] *v тех.* металлизи́ровать

**metallography** [ˌmetəˈlɔgrəfɪ] *n* металлогра́фия

**metalloid** [ˈmetəlɔɪd] *n хим.* металло́ид

**metallurgical** [ˌmetəˈlə:dʒɪkəl] *a* металлурги́ческий; ~ engineer инжене́р-металлу́рг; ~ engineering металлу́рги́я; ~ furnace металлурги́ческая печь

**metallurgist** [meˈtælədʒɪst] *n* металлу́рг

**metallurgy** [meˈtælədʒɪ] *n* металлу́рги́я

**metal-worker** [ˈmetlˌwə:kə] *n* металли́ст

**metamerism** [mɪˈtæmərɪzm] *n хим., зоол.* метамери́я

**metamorphose** [ˌmetəˈmɔ:fəuz] *v* подверга́ть(ся) метаморфо́зе (into); изменя́ть(ся)

**metamorphoses** [ˌmetəˈmɔ:fəsi:z] *pl от* metamorphosis

**metamorphosis** [ˌmetəˈmɔ:fəsɪs] *n* (*pl* -ses) метаморфо́з(а)

**metaphor** [ˈmetəfə] *n* мета́фора

**metaphorical** [ˌmetəˈfɔrɪkəl] *a* метафори́ческий

**metaphrase** [ˈmetəfreɪz] **1.** *n* 1) досло́вный перево́д 2) нахо́дчивый отве́т

**2.** *v* переводи́ть досло́вно

**metaphysical** [ˌmetəˈfɪzɪkəl] *a* метафизи́ческий

**metaphysician** [ˌmetəfɪˈzɪʃən] *n* метафи́зик

**metaphysics** [ˌmetəˈfɪzɪks] *n pl* (*часто употр. как sing*) метафи́зика

**metaplasia** [ˌmetəˈpleɪzjə] *n биол.* метаплази́я

**metasomatism** [ˌmetəˈsəumətɪzm] *n геол.* метасомати́зм

**metastasis** [meˈtæstəsɪs] *n мед.* метаста́з

**metatarsi** [ˌmetəˈtɑ:saɪ] *pl от* metatarsus

**metatarsus** [ˌmetəˈtɑ:səs] *n* (*pl* -si) *анат.* плюсна́

**metathesis** [meˈtæθəsɪs] *n* 1) *лингв.* метате́за 2) *хим.* обме́н, реа́кция обме́на

**métayage** [ˌmeteɪˈjɑ:ʒ] *фр. n* аре́нда и́споту

**métayer** [meˈteɪjeɪ] *фр. n* испо́льщик; издо́льщик

**metcast** [ˈmetkɑ:st] *n* метеорологи́ческий прогно́з пого́ды

**mete I** [mi:t] *n* грани́ца; пограни́чный знак; ~s and bounds *юр.* грани́цы, преде́лы

**mete II** [mi:t] *v* 1) отмеря́ть, распределя́ть (*часто* ~ out) 2) назнача́ть (*награду, наказание*) 3) *поэт.* измеря́ть

**metempsychoses** [ˌmetempsɪˈkəusi:z] *pl от* metempsychosis

**metempsychosis** [ˌmetempsɪˈkəusɪs] *n* (*pl* -ses) *рел.* метемпсихо́з

**meteor** [ˈmi:tjə] *n* 1) метео́р 2) атмосфе́рное явле́ние

**meteoric** [ˌmi:tɪˈɔrɪk] *a* 1) метеори́ческий, метео́рный 2) метеорологи́ческий; атмосфери́ческий 3) сверкну́вший как метео́р; ослепи́тельный

**meteorite** [ˈmi:tjəraɪt] *n* метеори́т

**meteorograph** [ˈmi:tjərəgrɑ:f] *n физ.* метеоро́граф

**meteorological** [ˌmi:tjərəˈlɔdʒɪkəl] *a* метеорологи́ческий; атмосфери́ческий; ~ message метеосво́дка

**meteorology** [ˌmi:tjəˈrɔlədʒɪ] *n* 1) метеороло́гия 2) метеорологи́ческие усло́вия (*района, страны*)

**meter** [ˈmi:tə] *n* 1) измери́тель; счётчик; измери́тельный прибо́р; to read the gas (electric) ~ снима́ть показа́ния га́зового (электри́ческого) счётчика 2) *амер.* = metre

**meterage** [ˈmi:tərɪdʒ] *n* 1) измере́ние (*при помощи измерительного прибора*) 2) показа́ния измери́тельного прибо́ра

**metering** [ˈmi:tərɪŋ] *n* 1) измере́ние 2) сня́тие показа́ний прибо́ров

**mete-wand** [ˈmi:twɔnd] *n* мери́ло, крите́рий

**methane** [ˈmi:θeɪn] *n хим.* мета́н, боло́тный газ

**method** [ˈmeθəd] *n* 1) ме́тод, спо́соб; приём 2) систе́ма; поря́док 3) *бот., зоол.* классифика́ция 4) *pl* мето́дика (*наука*)

**methodical** [mɪˈθɔdɪkəl] *a* 1) системати́ческий 2) методи́ческий, methodи́чный

**Methodist** [ˈmeθədɪst] *n рел.* методи́ст

**methodize** [ˈmeθədaɪz] *v* приводи́ть в систе́му, в поря́док

**methodology** [ˌmeθəˈdɔlədʒɪ] *n* методоло́гия

**Methuselah** [mɪˈθju:zələ] *n библ.* Мафусаи́л

**methyl** [ˈmeθɪl] *n хим.* 1) мети́л 2) *attr.* мети́ловый; ~ alcohol мети́ловый спирт

**meticulous** [mɪˈtɪkjuləs] *a* 1) ме́лочный; дото́шный; тща́тельный 2) щепети́льный

**métier** [ˈmetjeɪ] *фр. n* заня́тие, профе́ссия, ремесло́

**metis** [ˈmi:tɪs] *фр. n* мети́с

**metonymy** [mɪˈtɔnɪmɪ] *n лит.* метони́мия

**metope** [ˈmetəup] *n архит.* мето́п

**metre** [ˈmi:tə] *n* 1) метр (*мера*) 2) разме́р, ритм, метр (*в стихосложении, музыке*)

**metric** [ˈmetrɪk] *a* метри́ческий; ~ system десяти́чная (*или* метри́ческая) систе́ма мер

**metrical** [ˈmetrɪkəl] *a* 1) измери́тельный 2) = metric 3) *прос.* метри́ческий

**metrication** [ˌmetrɪˈkeɪʃən] *n* 1) введе́ние метри́ческой систе́мы 2) сравни́тельное изуче́ние ра́зных метри́ческих систе́м

**metrician** [mɪˈtrɪʃən] *n* знато́к ме́трики (*стихотворной*)

**metrics** [ˈmetrɪks] *n pl* (*употр. как sing*) *прос.* ме́трика

**Metro** [ˈmetrəu] *n* метрополите́н, метро́

**metrology** [meˈtrɔlədʒɪ] *n* 1) метроло́гия 2) систе́ма мер и ве́сов

**metronome** [ˈmetrənəum] *n* метроно́м

**metronymic** [ˌmetrəˈnɪmɪk] *a* образо́ванный от и́мени ма́тери [*ср.* patronymic 1]

**metropolis** [mɪˈtrɔpəlɪs] *n* 1) столи́ца; the ~ Ло́ндон 2) метропо́лия 3) центр делово́й *или* культу́рной жи́зни

**metropolitan** [ˌmetrəˈpɔlɪtən] **1.** *a* 1) столи́чный; ~ borough муниципа́льный райо́н (*в Лондоне*) 2) относя́щийся к метропо́лии; ~ power метропо́лия (*по отношению к своим колониям*) 3) относя́щийся к митрополи́ту

**2.** *n* 1) жи́тель столи́цы *или* метропо́лии 2) архиепи́скоп; митрополи́т

**mettle** [ˈmetl] *n* 1) хара́ктер, темпера́мент 2) пыл, рети́вость; horse of ~ горя́чая ло́шадь; to be on one's ~ рва́ться в бой, проявля́ть пыл, рети́вость 3) хра́брость; to put (*или* to set) smb. on his ~ а) испыта́ть чьё-л. му́жество; б) заста́вить кого́-л. сде́лать всё, что в его́ си́лах; воодушеви́ть

**mettled** [ˈmetld] *a* рети́вый, горя́чий; сме́лый

**mettlesome** [ˈmetlsəm] *a* сме́лый; рья́ный

**mew I** [mju:] *n* ча́йка

**mew II** [mju:] **1.** *n* 1) кле́тка (*для сокола, ястреба*) 2) *уст.* ли́нька (*птиц*)

**2.** *v* 1) сажа́ть в кле́тку 2) *уст.* линя́ть (*о птицах*) 3) сбра́сывать рога́ (*об олене*) □ ~ **up** заключа́ть в тюрьму́; запира́ть

**mew III** [mju:] **1.** *n* мяу́канье; мяу

**2.** *v* мяу́кать

**mewl** [mju:l] *v* 1) мяу́кать 2) хны́кать

**mews** [mju:z] *n* коню́шни; изво́зчичий двор

**Mexican** [ˈmeksɪkən] **1.** *a* мексика́нский; ~ tea *бот.* марь амброзиеви́дная

**2.** *n* мексика́нец; мексика́нка

**mezzanine** [ˈmetsəni:n] *n* 1) *архит.* антресо́ли 2) *театр.* помеще́ние под сце́ной

**mezzo-soprano** [ˈmedzəusəˈprɑ:nəu] *n* ме́ццо-сопра́но

**mezzotint** [ˈmedzəutɪnt] *полигр.* **1.** *n* ме́ццо-ти́нто, глубо́кая печа́ть

**2.** *v* воспроизводи́ть спо́собом ме́ццо-ти́нто

**mho** [məu] *n эл.* мо (*единица проводимости*)

**mi** [mi:] *n муз.* ми

**miaou, miaow** [mi(:)ˈau] **1.** *n* мяу́канье

**2.** *v* мяу́кать

**miasma** [mɪˈæzmə] *n* (*pl* -s [-z], -ta) миа́змы, вре́дные испаре́ния

**miasmata** [mɪˈæzmətə] *pl от* miasma

**miasmatic** [mɪəzˈmætɪk] *a* миазмати́ческий

**mica** [ˈmaɪkə] *n* 1) слюда́ 2) *attr.* слюдяно́й

**mice** [maɪs] *pl от* mouse 1

**micella, micelle** [maɪ'selə, mɪ'sel] *n* *биол.* мице́лла

**Michaelmas** ['mɪklməs] *n* 1) Миха́йлов день (*29 сентября*) 2) *attr.*: ~ daisy а́стра; ~ term а) осе́нний триме́стр (*в университете, колледже*) 2) *юр.* осе́нняя суде́бная се́ссия

**micro-** ['maɪkrəu-] *в сложных словах означает*: а) ма́ленький; необыкнове́нно ма́ленького разме́ра; *напр.*: microorganism микрооргани́зм; б) *в физической терминологии* в миллио́н раз ме́ньше, чем основна́я ме́ра; *напр.*: microsecond микросеку́нда (*миллионная часть секунды*)

**microbe** ['maɪkrəub] *n* микро́б

**microbiology** ['maɪkrəubaɪ'ɔlədʒɪ] *n* микробиоло́гия

**microcephaly** ['maɪkrəu'kefəlɪ] *n* микроцефа́лия

**microclimate** ['maɪkrəu'klaɪmɪt] *n* микрокли́мат

**microcopy** ['maɪkrəu,kɔpɪ] *n* микрофотоко́пия; микрофи́льм

**microcosm** ['maɪkrəukɔzm] *n* 1) микроко́см 2) что-л. в миниатю́ре

**microelement** ['maɪkrəu'elɪmənt] *n* микроэлеме́нт

**microfilm** ['maɪkrəufɪlm] *n* микрофи́льм

**microfilming** ['maɪkrəu,fɪlmɪŋ] *n* микросъёмка

**micrograph** ['maɪkrəugrɑ:f] *n* 1) микросни́мок 2) микро́граф

**micrography** [maɪ'krɔgrəfɪ] *n* микрогра́фия

**microhm** ['maɪkrəum] *n* *эл.* микро́ом, микро́м

**micrometer** [maɪ'krɔmɪtə] *n* микро́метр

**micromotor** ['maɪkrəu'məutə] *n* микродви́гатель

**micron** ['maɪkrɔn] *n* микро́н

**microorganism** ['maɪkrəu'ɔ:gənɪzm] *n* микрооргани́зм

**microphone** ['maɪkrəfəun] *n* микрофо́н

**microphyte** ['maɪkrəfaɪt] *n* *бот.* микроскопи́ческое расте́ние

**microreader** ['maɪkrəu'ri:də] *n* аппара́т для чте́ния микрофотоко́пий

**microscope** ['maɪkrəskəup] *n* микроско́п

**microscopic(al)** [,maɪkrəs'kɔpɪk(əl)] *a* мискроскопи́ческий

**microscopy** [maɪ'krɔskəpɪ] *n* микроскопи́я

**microsecond** ['maɪkrəu'sekənd] *n* микросеку́нда

**microtome** ['maɪkrətəum] *n* *мед.* микрото́м

**microtomy** [maɪ'krɔtəmɪ] *n* *мед.* приготовле́ние гистологи́ческих сре́зов

**microvolt** ['maɪkrəuvəult] *n* *эл.* микрово́льт

**microwatt** ['maɪkrəuwɔt] *n* *эл.* микрова́тт

**microwave** ['maɪkrəuweɪv] *a* *радио* микрово́лновый; ~ region диапазо́н сантиметро́вых волн; ~ transmitter ультракоротково́лновый переда́тчик

**microwaves** ['maɪkrəuweɪvz] *n pl* *радио* микрово́лны; сантиметро́вые во́лны; дециметро́вые во́лны

**micturition** [,mɪktju(:)'rɪʃən] *n* 1) *мед.* болéзненный позы́в на мочеиспуска́ние 2) *распр.* мочеиспуска́ние

**mid** [mɪd] *a* сре́дний, среди́нный; in ~ air высо́ко́ в во́здухе; in ~ course в пути́; from ~ June to ~ August с середи́ны ию́ня до середи́ны а́вгуста

**mid-** [mɪd-] *pref* в середи́не; mid-January в середи́не января́; mid-ocean откры́тый океа́н

**midday** ['mɪddeɪ] *n* 1) по́лдень 2) *attr.* полдне́вный, полу́денный

**midden** ['mɪdn] *n* *диал.* ку́ча му́сора; наво́зная ку́ча

**middle** ['mɪdl] **1.** *n* 1) середи́на; in the ~ of а) в середи́не (*чего-л.*); б) во вре́мя (*какого-л. дела, занятия*) 2) *разг.* та́лия 3) *грам.* медиа́льный *или* сре́дний зало́г (*тж.* ~ voice) 4) пода́ча мяча́ в центр по́ля (*футбол*) ◇ in the ~ of nowhere неизве́стно в како́м ме́сте; непоня́тно где

**2.** *a* сре́дний; ~ age (*или* years) зре́лые го́ды; the M. Ages сре́дние века́; the upper (lower) ~ class кру́пная (ме́лкая) буржуази́я; the ~ reaches of the Danube сре́днее тече́ние Дуна́я; ~ finger сре́дний па́лец; ~ school сре́дняя шко́ла ◇ ~ watch *мор.* ночна́я ва́хта (*с 24 ч. до 4 ч.*); the ~ way уме́ренная пози́ция; ≅ золота́я середи́на

**3.** *v* 1) помести́ть в середи́ну 2) пода́ть мяч на середи́ну по́ля (*в футболе*)

**middle-aged** ['mɪdl'eɪdʒd] *a* сре́дних лет

**middleman** ['mɪdlmæn] *n* комиссионе́р; посре́дник

**middlemost** ['mɪdlməust] *a* ближа́йший к це́нтру, центра́льный

**middle-of-the-road** ['mɪdləvðə'rəud] *a* сре́дний; полови́нчатый; ~ parties *полит.* па́ртии це́нтра

**middle-of-the-roader** ['mɪdləvðə'rəudə] *n* челове́к, занима́ющий полови́нчатую пози́цию

**middle-sized** ['mɪdl'saɪzd] *a* сре́дний, сре́днего разме́ра

**middle-weight** ['mɪdlweɪt] *n* 1) сре́дний вес 2) боре́ц *или* боксёр сре́днего ве́са (*68—71 кг*)

**middling** ['mɪdlɪŋ] **1.** *pres. p. от* middle 3

**2.** *a* 1) сре́дний 2) второсо́ртный; посре́дственный 3) *разг.* сно́сный (*о здоровье*)

**3.** *adv* сре́дне; та́к себе, сно́сно; ~ good дово́льно хоро́ший

**middlings** ['mɪdlɪŋz] *n pl* 1) това́р сре́днего ка́чества, второсо́ртный това́р (*особ. о муке*) 2) *горн.* нечи́стый концентра́т 3) *амер.* станда́ртный сорт хло́пка «ми́ддлинг»

**middy** ['mɪdɪ] *сокр. разг. от* midshipman

**midge** [mɪdʒ] *n* 1) мо́шка; кома́р 2) = midget 2)

**midget** ['mɪdʒɪt] *n* 1) ка́рлик, лилипу́т 2) о́чень ма́ленькое существо́ *или* вещь 3) миниатю́рный разме́р фотока́рточки 4) *attr.* миниатю́рный; ~ car малолитра́жный автомоби́ль; ~ receiver *радио* миниатю́рный приёмник

**midland** ['mɪdlənd] **1.** *n* 1) вну́тренняя часть страны́ 2) (the ~s) *pl* центра́льные гра́фства (*Англии*)

**2.** *a* 1) центра́льный; удалённый от мо́ря 2) вну́тренний (*о море*)

**midmost** ['mɪdməust] *a* находя́щийся в са́мой середи́не

**midnight** ['mɪdnaɪt] *n* 1) по́лночь 2) непрогля́дная тьма; as black (*или* as dark) as ~ о́чень тёмный 3) *attr.* полуно́чный; полно́чный

**midrib** ['mɪdrɪb] *n* *бот.* гла́вная жи́лка (*листа*)

**midriff** ['mɪdrɪf] *n* *анат.* диафра́гма, грудобрю́шная прегра́да

**midship** ['mɪdʃɪp] *n* *мор.* 1) ми́дель, сре́днее сече́ние 2) *attr.*: ~ frame ми́дель-шпанго́ут

**midshipman** ['mɪdʃɪpmən] *n* корабе́льный гардемари́н; *амер.* гардемари́н, курса́нт вое́нно-морско́го учи́лища

**midships** ['mɪdʃɪps] = amidships

**midst** [mɪdst] **1.** *n* середи́на; in the ~ of среди́; in our ~, in the ~ of us в на́шей среде́; среди́ нас

**2.** *prep* *поэт. см.* amid

**midstream** ['mɪdstri:m] *n* середи́на реки́

**midsummer** ['mɪd,sʌmə] *n* 1) середи́на ле́та 2) *разг.* ле́тнее солнцестоя́ние 3) *attr.*: M. day Ива́нов день (*24 июня*); ~ madness *разг.* умопомеша́тельство; чи́стое безу́мие

**midterm** ['mɪd,tə:m] *n* (*обыкн. pl*) *амер. разг.* экза́мены в середи́не семе́стра (*в университете*; *тж.* ~ exams)

**midway** ['mɪd'weɪ] **1.** *n* полпути́

**2.** *adv* на полпути́, на полдоро́ге

**mid-week** ['mɪd'wi:k] *n* 1) середи́на неде́ли 2) среда́ (*в употреблении квакеров*)

**midwife** ['mɪdwaɪf] *n* акуше́рка; повива́льная ба́бка

**midwifery** ['mɪdwɪfərɪ] *n* акуше́рство

**midwinter** ['mɪd'wɪntə] *n* 1) середи́на зимы́ 2) зи́мнее солнцестоя́ние

**midyear** ['mɪdjə:] *n* 1) середи́на го́да (*тж. учебного года*) 2) *амер. разг.* экза́мен в середи́не уче́бного го́да; *pl* зи́мняя экзаменацио́нная се́ссия (*в университете*)

**mien** [mi:n] *n* 1) ми́на, выраже́ние лица́ 2) вид, нару́жность 3) мане́ра держа́ть себя́

**miff** [mɪf] *разг.* **1.** *n* 1) лёгкая ссо́ра, размо́лвка 2) вспы́шка раздраже́ния; to get a ~ наду́ться

**2.** *v* 1) разозли́ть(ся); наду́ться 2) увя́нуть (*о растении*; *тж.* ~ off)

**might** I [maɪt] *past от* may I

**might** II [maɪt] *n* 1) могу́щество; мощь 2) эне́ргия; си́ла; with ~ and main изо всех сил

**might-have-been** [ˈmaɪthəvˈbi:n] *n* 1) упу́щенная возмо́жность 2) неуда́чник 3) *attr.* неосуществи́вшийся, несбы́вшийся

**mightily** [ˈmaɪtɪlɪ] *adv* 1) мо́щно, си́льно 2) *разг.* чрезвыча́йно, о́чень; to be ~ pleased быть стра́шно дово́льным

**mightiness** [ˈmaɪtɪnɪs] *n* 1) мо́щность 2) вели́чие 3): your ~ ва́ше высо́чество, ва́ша све́тлость (*титул; часто шутл. или ирон.*)

**mighty** [ˈmaɪtɪ] **1.** *a* 1) могу́щественный; мо́щный 2) *разг.* грома́дный

**2.** *adv разг.* чрезвыча́йно, о́чень; that is ~ easy э́то о́чень легко́; he thinks himself ~ clever он счита́ет себя́ о́чень у́мным

**mignonette** [ˌminjəˈnet] *фр. n* 1) резеда́ 2) францу́зское кру́жево

**migraine** [ˈmi:greɪn] *n* мигре́нь

**migrant** [ˈmaɪgrənt] **1.** *a* 1) кочу́ющий 2) перелётный (*о птице*)

**2.** *n* 1) переселе́нец 2) перелётная пти́ца

**migrate** [maɪˈgreɪt] *v* 1) мигри́ровать; переселя́ться 2) соверша́ть перелёт (*о птицах*)

**migration** [maɪˈgreɪʃən] *n* 1) мигра́ция; переселе́ние 2) перелёт (*птиц*)

**migratory** [ˈmaɪgrətərɪ] *a* 1) = migrant 1; 2) *мед.* блужда́ющий

**mikado** [mɪˈkɑ:dəu] *яп. n* мика́до

**mike** I [maɪk] *sl.* **1.** *n*: to do (*или* to have) a ~ безде́льничать

**2.** *v* слоня́ться, безде́льничать; отлы́нивать от рабо́ты

**mike** II [maɪk] *n разг.* микрофо́н

**mil** [mɪl] *n* 1) ты́сяча; per ~ на ты́сячу 2) мил, одна́ ты́сячная дю́йма

**milady** [mɪˈleɪdɪ] *n* миле́ди (*преим. во франц. употреблении*)

**milage** [ˈmaɪlɪdʒ] = mileage

**Milanese** [ˌmɪləˈni:z] **1.** *a* мила́нский

**2.** *n* (*pl без измен.*) мила́нец, жи́тель Мила́на

**milch** [mɪltʃ] *a* моло́чный (*о скоте*); ~ cow до́йная коро́ва (*тж. перен.*)

**mild** [maɪld] *a* 1) мя́гкий 2) кро́ткий 3) уме́ренный 4) нео́стрый (*о пище*); сла́бый (*о пиве, лекарстве, табаке и т. п.*) 5) ти́хий, мя́гкий (*о человеке*) 6): ~ steel мя́гкая (*или* малоуглеро́дистая) сталь

**mild-cured** [ˈmaɪldˈkjuəd] *a* малосо́льный

**mildew** [ˈmɪldju:] **1.** *n* 1) *бот.* ми́лдью, ложномучни́стая роса́ 2) пле́сень (*на коже, бумаге*)

**2.** *v бот.* поража́ть *или* быть поражённым ми́лдью

**mildewy** [ˈmɪldju(:)ɪ] *a бот.* поражённый ми́лдью

**mildness** [ˈmaɪldnɪs] *n* мя́гкость *и пр.* [*см.* mild]

**mile** [maɪl] *n* ми́ля; English (*или* statute) ~ англи́йская ми́ля (=*1609 м*); Admiralty (*или* geographical, nautical, sea) ~ морска́я ми́ля (=*1853 м*) ◇ ~s easier (better) в ты́сячу раз ле́гче (лу́чше); not a hundred ~s away неподалёку, вблизи́; to stand (*или* to stick) out a ~ *разг.* быть очеви́дным, броса́ться в глаза́

**mileage** [ˈmaɪlɪdʒ] *n* 1) расстоя́ние в ми́лях; число́ (про́йденных) миль 2) проездны́е де́ньги (*для командировочных и т. п., из расчёта расстояния в милях*)

**mile-post** [ˈmaɪlpəust] *n* ми́льный столб

**Milesian** I [maɪˈli:zjən] *a ист.* миле́тский

**Milesian** II [maɪˈli:zjən] **1.** *a* ирла́ндский

**2.** *n* ирла́ндец

**milestone** [ˈmaɪlstəun] *n* 1) ми́льный ка́мень *или* столб 2) *перен.* ве́ха

**milfoil** [ˈmɪlfɔɪl] *n бот.* тысячели́стник

**militancy** [ˈmɪlɪtənsɪ] *n* вои́нственность

**militant** [ˈmɪlɪtənt] **1.** *a* 1) вои́нствующий, вои́нственный 2) акти́вный, боево́й; ~ trade union боево́й профсою́з

**2.** *n* 1) бое́ц 2) боре́ц, активи́ст; a trade union ~ профсою́зный активи́ст

**militarily** [ˈmɪlɪtərɪlɪ] *adv* 1) вои́нственно 2) с вое́нной то́чки зре́ния; в вое́нном отноше́нии 3) с по́мощью во́йск, применя́я вое́нную си́лу

**militarism** [ˈmɪlɪtərɪzm] *n* милитари́зм

**militarist** [ˈmɪlɪtərɪst] *n* 1) милитари́ст 2) *pl* вое́нщина

**militarization** [ˈmɪlɪtəraɪˈzeɪʃən] *n* милитариза́ция

**militarize** [ˈmɪlɪtəraɪz] *v* милитаризи́ровать

**military** [ˈmɪlɪtərɪ] **1.** *a* вое́нный, во́инский; ~ age призывно́й во́зраст; ~ bearing вое́нная вы́правка; ~ chest войскова́я ка́сса, казна́; ~ engineering вое́нно-инжене́рное де́ло; ~ establishment вооружённые си́лы; ~ execution приведе́ние в исполне́ние пригово́ра вое́нного суда́; ~ government вое́нная администра́ция на за́нятой террито́рии проти́вника; ~ information разве́дывательные да́нные; ~ oath во́инская прися́га; ~ post полева́я по́чта; ~ potential вое́нный потенциа́л; ~ rank во́инское зва́ние; ~ school (*или* academy) вое́нная шко́ла, вое́нное учи́лище; ~ service вое́нная слу́жба; ~ testament (*или* will) у́стное завеща́ние военнослу́жащего ◇ ~ pit во́лчья я́ма

**2.** *n* 1) войска́, вое́нная си́ла 2) (the ~) вое́нные, военнослу́жащие; вое́нщина 3) (*без артикля*) *груб.* солдатня́; солдафо́ны

**militate** [ˈmɪlɪteɪt] *v* 1) препя́тствовать 2) свиде́тельствовать, говори́ть про́тив (*об уликах, фактах;* against) 3) боро́ться, вoева́ть

**militia** [mɪˈlɪʃə] *n* 1) мили́ция 2) *ист.* наро́дное ополче́ние; милицио́нная а́рмия (*в Англии*)

**militiaman** [mɪˈlɪʃəmən] *n* 1) *ист.* ополче́нец; солда́т милицио́нной а́рмии 2) милиционе́р

**milk** [mɪlk] **1.** *n* 1) молоко́ 2) *бот.* мле́чный сок, ла́текс 3) *уст.* моло́ки 4) *attr.* моло́чный ◇ the ~ of human kindness добросерде́чие, симпа́тия, доброта́ (*часто ирон.*); ~ for babes несло́жная кни́га, статья́ *и т. п.*; ~ and honey ≅ моло́чные ре́ки, кисе́льные берега́

**2.** *v* 1) дои́ть 2) дава́ть молоко́ (*о скоте*) 3) извлека́ть вы́году (*из чего-либо*); эксплуати́ровать 4) *разг.* перехва́тывать (*телеграфные, телефонные сообщения*) ◇ to ~ the bull (*или* the ram) ≅ ждать от козла́ молока́

**milk and water** [ˈmɪlkən(d)ˈwɔ:tə] *n* 1) разба́вленное молоко́ 2) бессодержа́тельный разгово́р; бессодержа́тельная кни́га; «вода́»

**milk-and-water** [ˈmɪlkən(d)ˈwɔ:tə] *a* 1) безвку́сный, водяни́стый; сла́бый, пусто́й 2) безво́льный, бесхара́ктерный; безли́кий; ~ girl ≅ «кисе́йная ба́рышня»

**milk-brother** [ˈmɪlkˌbrʌðə] *n* моло́чный брат

**milker** [ˈmɪlkə] *n* 1) доя́р; доя́рка 2) до́йльная маши́на 3) моло́чная коро́ва

**milk-float** [ˈmɪlkfləut] *n* теле́жка для разво́зки молока́

**milk-gauge** [ˈmɪlkgeɪdʒ] *n* лакто́метр

**milking-machine** [ˈmɪlkɪŋməˈʃi:n] *n* до́йльная маши́на

**milk-livered** [ˈmɪlkˌlɪvəd] *a* трусли́вый

**milkmaid** [ˈmɪlkmeɪd] *n* доя́рка

**milkman** [ˈmɪlkmən] *n* продаве́ц молока́

**milk-shake** [ˈmɪlkʃeɪk] *n* моло́чный кокте́йль

**milksop** [ˈmɪlksɔp] *n* 1) бесхара́ктерный челове́к, «тря́пка», «ба́ба» 2) *уст.* кусо́к хле́ба, размо́ченный в молоке́

**milk-sugar** [ˈmɪlkˌʃugə] *n хим.* моло́чный са́хар, лакто́за

**milk-tooth** [ˈmɪlktu:θ] *n* моло́чный зуб

**milkweed** [ˈmɪlkwi:d] *n название многих растений, выделяющих млечный сок, напр.,* молоча́й

**milk-white** [ˈmɪlkwaɪt] *a* моло́чно-бе́лый

**milky** [ˈmɪlkɪ] *a* моло́чный ◇ M. Way *астр.* Мле́чный Путь

**mill** I [mɪl] **1.** *n* 1) ме́льница 2) фа́брика, заво́д 3) (прока́тный) стан 4) ме́льница; дроби́лка 5) пресс (*для выжимания растительного масла*) 6) *тех.* фреза́ 7) = treadmill 8) *sl.* бокс; кула́чный бой 9) *sl.* тюрьма́ 10) *attr.* ме́льничный 11) *attr.* фабри́чный, заводско́й ◇ to go (*или* to pass) through the ~ пройти́ суро́вую шко́лу; to put smb. through the ~ заста́вить кого́-л. пройти́ суро́вую шко́лу

**2.** *v* 1) моло́ть; ру́шить (*зерно*) 2) дроби́ть, измельча́ть (*руду*) 3) обраба́тывать на станке́; фрезерова́ть; гурти́ть (*монету*) 4) выде́лывать (*кожу*); валя́ть (*сукно*) 5) *sl.* бить; тузи́ть 6) *sl.* отпра́вить в тюрьму́ 7) дви́гаться круго́м, кружи́ть (*о толпе, стаде*; *тж.* ~ about)

**mill** II [mɪl] *n амер.* ты́сячная часть до́ллара

**millboard** ['mɪlbɔ:d] *n* то́лстый карто́н

**mill cake** ['mɪlkeɪk] *n* жмых

**mill-dam** ['mɪldæm] *n* ме́льничная плоти́на

**millenary** [mɪ'lenərɪ] **1.** *n* тысячеле́тняя годовщи́на

**2.** *a* тысячеле́тний

**millennia** [mɪ'lenɪə] *pl от* millennium

**millennial** [mɪ'lenjəl] *a* тысячеле́тний

**millennium** [mɪ'lenɪəm] *n* (*pl* -s [-z], -nia) 1) тысячеле́тие 2) золото́й век

**millepede** ['mɪlɪpi:d] *n зоол.* многоно́жка

**miller** ['mɪlə] *n* 1) ме́льник 2) фрезеро́вщик 3) фре́зерный стано́к

**miller's thumb** ['mɪləz'θʌm] *n* подка́менщик (*рыба*)

**millesimal** [mɪ'lesɪməl] **1.** *a* ты́сячный

**2.** *n* ты́сячная часть

**millet** ['mɪlɪt] *n* 1) про́со 2) *attr.* просяно́й, из про́са; ~ beer (*или* ale) буза́ (*напиток*)

**mill-hand** ['mɪlhænd] *n* фабри́чный *или* заводско́й рабо́чий

**milliard** ['mɪljɑ:d] *num. card.*, *n* миллиа́рд

**milligram(me)** ['mɪlɪgræm] *n* миллигра́мм

**millimetre** ['mɪlɪ,mi:tə] *n* миллиме́тр

**milliner** ['mɪlɪnə] *n* моди́стка

**millinery** ['mɪlɪnərɪ] *n* 1) да́мские шля́пы 2) произво́дство да́мских шляп; торго́вля да́мскими шля́пами

**milling** ['mɪlɪŋ] **1.** *pres. p. от* mill I, 2

**2.** *n* помо́л *и пр.* [*см.* mill I, 2]

**3.** *a* 1) мукомо́льный 2) *разг.* толпя́щийся, толку́щийся

**milling cutter** ['mɪlɪŋ,kʌtə] *n* фреза́

**milling machine** ['mɪlɪŋmə'ʃi:n] *n* фре́зерный стано́к

**million** ['mɪljən] **1.** *num. card.* миллио́н; ten ~ books де́сять миллио́нов книг; the total is four ~ итого́ четы́ре миллио́на

**2.** *n* 1) число́ миллио́н 2): the ~ а) мно́жество, ма́сса; б) основна́я ма́сса населе́ния

**millionaire** [,mɪljə'nɛə] *n* миллионе́р

**millipede** ['mɪlɪpi:d] = millepede

**mill-pond** ['mɪlpɔnd] *n* ме́льничный пруд; запру́да у ме́льницы

**mill-race** ['mɪlreɪs] *n* 1) ме́льничный лото́к 2) пото́к воды́, приводя́щий в движе́ние ме́льничное колесо́

**millstone** ['mɪlstəun] *n* 1) жёрнов 2) бре́мя ◇ between the upper and the nether ~ в безвы́ходном положе́нии; ≅ ме́жду мо́лотом и накова́льней; to see far into a ~, to look through a ~ облада́ть сверхъесте́ственной проница́тельностью (*обыкн. ирон.*); to have (*или* to fix) a ~ about one's neck ≅ наде́ть себе́ ка́мень на ше́ю

**mill-stream** ['mɪlstri:m] = mill-race 2)

**mill-wheel** ['mɪlwi:l] *n* ме́льничное колесо́

**millwright** ['mɪlraɪt] *n* 1) монта́жник 2) сле́сарь-монтёр 3) *редк.* констру́ктор

**milord** [mɪ'lɔ:d] *n* мило́рд (*преим. во франц. употреблении*)

**milquetoast** ['mɪlktəust] *n амер.* ро́бкий, засте́нчивый челове́к

**milt** [mɪlt] **1.** *n* 1) семенники́ (*рыб*), моло́ки 2) *уст.* селезёнка

**2.** *v* оплодотворя́ть икру́

**milter** ['mɪltə] *n* ры́ба-саме́ц (*во время нереста*)

**mime** [maɪm] **1.** *n* 1) мим (*представление у древних греков и римлян*) 2) мим

**2.** *v* 1) исполня́ть роль в пантоми́ме 2) изобража́ть мими́чески 3) подража́ть, имити́ровать, передра́знивать

**mimesis** [maɪ'mi:sɪs] = mimicry 2)

**mimetic** [mɪ'metɪk] *a* 1) подража́тельный 2) *биол.* облада́ющий мимикри́ей

**mimic** ['mɪmɪk] **1.** *a* 1) подража́тельный; переи́мчивый 2) ненастоя́щий 3) *биол.* относя́щийся к мимикри́и

**2.** *n* 1) имита́тор 2) мими́ческий актёр 3) подража́тель, «обезья́на»

**3.** *v* 1) пароди́ровать; передра́знивать 2) *разг.* обезья́нничать 3) *биол.* принима́ть защи́тную окра́ску

**mimicry** ['mɪmɪkrɪ] *n* 1) имити́рование 2) *биол.* мимикри́я

**mimosa** [mɪ'məuzə] *n бот.* мимо́за

**minacious** [mɪ'neɪʃəs] = minatory

**minaret** ['mɪnəret] *араб. n* минаре́т

**minatory** ['mɪnətərɪ] *a* угрожа́ющий

**mince** [mɪns] **1.** *v* 1) кроши́ть, руби́ть (*мясо*); пропуска́ть че́рез мясору́бку 2) смягча́ть; успока́ивать 3) говори́ть, держа́ться жема́нно 4) семени́ть нога́ми ◇ not to ~ matters (*или* one's words) говори́ть пря́мо, без обиняко́в

**2.** *n* фарш

**mincemeat** ['mɪnsmi:t] *n* начи́нка из изю́ма, миндаля́, са́хара *и пр.* (*для пирога*) ◇ to make ~ of ≅ преврати́ть в котле́ту; разби́ть, уничто́жить (*противника*)

**mince pie** ['mɪns'paɪ] *n* сла́дкий пиро́жо́к [*см.* mincemeat]

**mincing-machine** ['mɪnsɪŋmə'ʃi:n] *n* мясору́бка

**mind** [maɪnd] **1.** *n* 1) ра́зум; у́мственные спосо́бности; ум; to be in one's right ~ быть в здра́вом уме́; out of one's ~ поме́шанный, не в своём уме́; to live with one's own ~ жить свои́м умо́м; the great ~s of the world вели́кие умы́ челове́чества; on one's ~ в мы́слях, на уме́ 2) па́мять; воспомина́ние; to have (*или* to bear, to keep) in ~ по́мнить, име́ть в виду́; to bring to ~ напо́мнить; to go (*или* to pass) out of ~ вы́скочить из па́мяти 3) мне́ние; мысль; взгляд; to be of one (*или* a) ~ (with) быть одного́ и того́ же мне́ния (с); to be of the same ~ а) быть единоду́шным, приде́рживаться одного́ мне́ния; б) остава́ться при своём мне́нии; to speak one's ~ говори́ть открове́нно; to change (*или* to alter) one's ~ переду́мать; to my ~ по моему́ мне́нию; it was not to his ~ э́то бы́ло ему́ не по вку́су; to have an open ~ быть объекти́вным, непредубеждённым; to read smb.'s ~ чита́ть чужи́е мы́сли 4) наме́рение, жела́ние; I have a great (*или* good) ~ to do it у меня́ большо́е жела́ние э́то сде́лать; to know one's own ~ не колеба́ться, твёрдо знать, чего́ хо́чешь; to be in two ~s колеба́ться, находи́ться в нереши́тельности 5) дух (*душа*); ~'s eye духо́вное о́ко, мы́сленный взгляд; deep in one's ~ (глубоко́) в душе́ ◇ many men, many ~s, no two ~s think alike ≅ ско́лько голо́в, сто́лько умо́в; to make up one's ~ реши́ть(ся); to make up one's ~ to smth. смири́ться с чем-л.

**2.** *v* 1) по́мнить; ~ our agreement не забу́дьте о на́шем соглаше́нии; ~ and do what you're told не забу́дьте сде́лать то, что вам веле́ли 2) забо́титься, занима́ться (*чем-л.*); смотре́ть (*за чем-л.*); to ~ the shop присма́тривать за ла́вкой; please ~ the fire пожа́луйста, последи́те за ками́ном 3) остерега́ться, бере́чься; ~ the step! осторо́жно, там ступе́нька! 4) (*в вопр. или отриц. предложении, а также в утверд. ответе*) возража́ть, име́ть (*что-л.*) про́тив; do you ~ my smoking? вы не бу́дете возража́ть, е́сли я закурю́?; I don't ~ it a bit нет, ниско́лько; yes, I ~ it very much нет, я о́чень про́тив э́того; I shouldn't ~ я не прочь ◇ never ~ ничего́, нева́жно, не беспоко́йтесь, не беда́; never ~ the cost (*или* the expense) не остана́вливайтесь пе́ред расхо́дами; to ~ one's P's and Q's следи́ть за собо́й, за свои́ми слова́ми, соблюда́ть осторо́жность *или* прили́чия; ~ your eye! ≅ держи́ у́хо востро́!

**mind-breaker** ['maɪnd,breɪkə] *n* головоло́мка

**minded** ['maɪndɪd] **1.** *p. p. от* mind 2

**2.** *a* располо́женный, гото́вый (*что-л. сделать*)

**-minded** [-'maɪndɪd] *в сложных словах* а) *указывает на склад ума, характера*: double-~ а) двоеду́шный; б) колеблю́щийся; evil-~ злонаме́ренный; high-~ великоду́шный; low-~ ни́зкий; small-~ ме́лочный; pure-~ чистосерде́чный; б) *указывает на склонность, интерес к чему-л.*: medically-~ име́ющий скло́нность, проявля́ющий интере́с к медици́не

**minder** [ˈmaɪndə] *n* человéк, присмáтривающий за *чем-л.*, заботящийся о *ком-л.*

**mindful** [ˈmaɪndful] *a* 1) пóмнящий 2) внимáтельный (*к обязанностям*); забóтливый

**mindless** [ˈmaɪndlɪs] *a* 1) глýпый, бессмы́сленный 2) не дýмающий (*о чём-л.*); не считáющийся (of — с *чем-л.*)

**mine I** [maɪn] *pron poss.* (*абсолютная форма, не употр. атрибутивно*; *ср.* my) принадлежáщий мне; мой; моя́; моё; this is ~ э́то моё; a friend of ~ мой друг

**mine II** [maɪn] **1.** *n* 1) рудни́к; копь; шáхта; при́иск 2) зáлежь, пласт 3) *воен.* ми́на; to lay a ~ for подвести́ ми́ну под 4) *ист.* подкóп 5) истóчник (*сведений и т. п.*) 6) зáговор, интри́га ◇ to spring a ~ on smb. преподнести́ неприя́тный сюрпри́з; ≅ подложи́ть свинью́ комý-л.

**2.** *v* 1) производи́ть гóрные рабóты, разрабáтывать рудни́к, добывáть (*руду и т. п.*) 2) подкáпывать, копáть под землёй; вести́ подкóп 3) мини́ровать; стáвить ми́ны 4) зарывáться в зéмлю, рыть нóрку (*о животных*) 5) подкáпываться (*под кого-л.*); подрывáть (*репутацию и т. п.*)

**mineable** [ˈmaɪnəbl] *a мор.* допускáющий постанóвку мин

**mine-clearing** [ˈmaɪnˌklɪərɪŋ] *n воен.* размини́рование

**mine-detector** [ˈmaɪndɪˌtektə] *n воен.* миноискáтель

**minefield** [ˈmaɪnfiːld] *n воен.* ми́нное пóле

**mine foreman** [ˈmaɪnˌfɔːmən] *n горн.* штéйгер

**minelayer** [ˈmaɪnˌleɪə] *n мор.* ми́нный заградитель

**miner** [ˈmaɪnə] *n* 1) горня́к; горнорабóчий; шахтёр; рудокóп 2) *воен.* минёр

**mineral** [ˈmɪnərəl] **1.** *n* 1) минерáл 2) *pl* полéзные ископáемые 3) рудá 4) *pl разг.* минерáльная водá

**2.** *a* 1) минерáльный; ~ oil нефть, нефтепродýкт 2) *хим.* неоргани́ческий

**mineralization** [ˌmɪnərəlaɪˈzeɪʃən] *n* минерализáция

**mineralize** [ˈmɪnərəlaɪz] *v геол.* минерализовáть, насыщáть минерáльными солями

**mineralogist** [ˌmɪnəˈrælədʒɪst] *n* минерáлог

**mineralogy** [ˌmɪnəˈrælədʒɪ] *n* минералóгия

**Minerva** [mɪˈnəːvə] *n римск. миф.* Минéрва

**minesweeper** [ˈmaɪnˌswiːpə] *n мор.* ми́нный трáльщик

**minethrower** [ˈmaɪnˌθrəuə] *n* миномёт

**minever** [ˈmɪnɪvə] = miniver

**mine worker** [ˈmaɪnˌwəːkə] = miner 1)

**mingle** [ˈmɪŋgl] *v* смéшивать(ся); to ~ in (*или* with) the crowd смешáться с толпóй; to ~ in society вращáться в óбществе; to ~ (their) tears плáкать вмéсте

**mingle-mangle** [ˈmɪŋglˈmæŋgl] *n* смесь, вся́кая вся́чина; пýтаница

**mingy** [ˈmɪndʒɪ] *a разг.* скупóй, мéлочный

**mini-** [ˈmɪnɪ] *pref* ми́ни- (*указывает на малый размер, малую длину и т. п.*)

**miniate** [ˈmɪnɪeɪt] *v* 1) крáсить ки́новарью 2) украшáть цветны́ми рисýнками (*рукопись*)

**miniature** [ˈmɪnjətʃə] **1.** *n* 1) миниатю́ра; in ~ в миниатю́ре 2) *полигр.* застáвка 3) *кино* макéт (*модели построек и т. п. в миниатюре*)

**2.** *a* миниатю́рный

**3.** *v* изображáть в миниатю́ре

**miniaturist** [ˈmɪnjətjuərɪst] *n* миниатюри́ст

**minibus** [ˈmɪnɪbʌs] *n* микроавтóбус

**minicab** [ˈmɪnɪkæb] *n* такси́-малолитрáжка

**minify** [ˈmɪnɪfaɪ] *v* уменьшáть, преуменьшáть

**minikin** [ˈmɪnɪkɪn] *n* 1) мáленькая вещь; мáленькое существó 2) *полигр.* бриллиáнт (*шрифт*)

**minim** [ˈmɪnɪm] *n* 1) мельчáйшая части́ца, óчень мáленькая дóля, кáпля 2) $^{1}/_{60}$ дрáхмы 3) безделица 4) *муз.* половинная нóта

**minima** [ˈmɪnɪmə] *pl от* minimum

**minimal** [ˈmɪnɪml] *a* 1) минимáльный 2) óчень мáленький

**minimize** [ˈmɪnɪmaɪz] *v* 1) доводи́ть до ми́нимума 2) преуменьшáть

**minimum** [ˈmɪnɪməm] *n* (*pl* minima) 1) ми́нимум; минимáльное коли́чество 2) *attr.* минимáльный; ~ wage а) минимáльная зáработная плáта; б) прожи́точный ми́нимум

**minimus** [ˈmɪnɪməs] **1.** *a* млáдший из брáтьев *или* однофами́льцев (*учащихся в одной школе*)

**2.** *n анат.* мизи́нец

**mining** [ˈmaɪnɪŋ] **1.** *pres. p. от* mine II, 2

**2.** *n* 1) гóрное дéло; гóрная промы́шленность; разрабóтка месторождéний полéзных ископáемых 2) *воен. мор.* ми́нное дéло; мини́рование 3) *attr.* гóрный, рýдный; ~ camp рудни́к; ~ claim зая́вка (*на открытие рудника*); ~ engineer гóрный инженéр; ~ hole буровáя сквáжина; ~ machine врубовáя маши́на

**minion** [ˈmɪnjən] *n* 1) фавори́т, люби́мец; ~ of fortune бáловень судьбы́ 2) креатýра; ~s of the law тюрéмщики, полицéйские 3) *уст.* любóвник 4) *полигр.* миньóн (*шрифт в 7 пунктов*)

**mini-recession** [ˈmɪnɪrɪˌseʃən] *n эк. разг.* микроспáд, незначи́тельное снижéние спрóса

**mini-skirt** [ˈmɪnɪskəːt] *n* ми́ни-ю́бка

**minister** [ˈmɪnɪstə] **1.** *n* 1) мини́стр; the ~s прави́тельство 2) *дип.* послáнник; совéтник посóльства 3) свящéнник 4) *редк.* исполни́тель, слугá; ~ of vengeance орýдие мéсти

**2.** *v* 1) служи́ть; помогáть, окáзывать пóмощь, содéйствие; спосóбствовать 2) совершáть богослужéние

**ministerial** [ˌmɪnɪsˈtɪərɪəl] *a* 1) министéрский; прави́тельственный; ~ changes изменéния в состáве кабинéта; ~ cheers (cries) *парл.* вóзгласы одобрéния (вы́крики) на министéрских скамья́х 2) служéбный; подчинённый 3) *церк.* пáстырский

**ministerialist** [ˌmɪnɪsˈtɪərɪəlɪst] *n* сторóнник прави́тельства

**ministration** [ˌmɪnɪsˈtreɪʃən] *n* 1) оказáние пóмощи 2) (*обыкн. pl*) пóмощь 3) богослужéние

**ministry** [ˈmɪnɪstrɪ] *n* 1) министéрство 2) кабинéт мини́стров 3) срок пребывáния у влáсти мини́стра *или* кабинéта 4) фýнкции свящéнника 5) духовéнство; пáстырство

**miniver** [ˈmɪnɪvə] *n* мех горностáя

**mink** [mɪŋk] *n* нóрка (*животное и мех*)

**minnesinger** [ˈmɪnɪˌsɪŋə] *n* миннези́нгер

**minnow** [ˈmɪnəu] *n* 1) гольян (*рыба*) 2) мéлкая рыбёшка, мелюзгá 3) блеснá ◇ to throw out a ~ to catch a whale ≅ рискнýть пустякóм рáди большóго бары́шá; a Triton among (*или* of) the ~s ≅ великáн среди́ пигмéев

**minor** [ˈmaɪnə] **1.** *a* 1) незначи́тельный; второстепéнный; of ~ interest не представля́ющий большóго интерéса; ~ league *спорт.* ни́зшая ли́га 2) мéньший из двух; млáдший из двух брáтьев (*в школе*); ~ court суд ни́зшей инстáнции 3) *муз.* минóрный; *перен.* грýстный, минóрный

**2.** *n* 1) несовершеннолéтний подрóсток 2) *лог.* мéньшая посы́лка в силлоги́зме 3) *муз.* минóрный ключ 4) (M.) *ист.* францискáнец, минори́т 5) *амер.* непрофили́рующий предмéт (*в университете, колледже*)

**Minorca** [mɪˈnɔːkə] *n* минóрка (*порода кур*) [*см. тж. Список географических названий*]

**Minorite** [ˈmaɪnəraɪt] *n* минори́т, францискáнец

**minority** [maɪˈnɔrɪtɪ] *n* 1) меньшинствó; мéньшее числó; мéньшая часть 2) несовершеннолéтие ◇ ~ report осóбое мнéние *или* заявлéние меньшинствá

**minster** [ˈmɪnstə] *n* 1) монасты́рская цéрковь 2) кафедрáльный собóр

**minstrel** [ˈmɪnstrəl] *n* 1) менестрéль; поэ́т; певéц 2) *pl* исполни́тели негритя́нских пéсен (*загримированные неграми*)

**minstrelsy** [ˈmɪnstrəlsɪ] *n* 1) искýсство менестрéлей 2) *собир.* менестрéли 3) поэ́зия, пéсни менестрéлей

**mint I** [mɪnt] *n бот.* мя́та

**mint II** [mɪnt] **1.** *n* 1) монéтный двор 2) большáя сýмма; большóе коли́чество; ~ of money большáя сýмма; кýча дéнег; ~ of trouble кýча неприя́тностей 3) истóчник, происхождéние; ~ of intrigue рассáдник интри́г 4) *attr.*

но́вый, то́лько что вы́пущенный в свет; ~ coin блестя́щая но́венькая моне́та

**2.** *v* 1) чека́нить (*моне́ту*) 2) создава́ть (*но́вое сло́во, выраже́ние*) 3) *пренебр.* выду́мывать

**mintage** [ˈmɪntɪdʒ] *n* 1) чека́нка (*моне́ты*) 2) моне́ты одного́ вы́пуска 3) отпеча́ток (*на моне́те*) 4) по́шлина на пра́во чека́нки моне́ты 5) созда́ние, изобрете́ние; a word of new ~ неологи́зм

**minuend** [ˈmɪnju(:)end] *n мат.* уменьша́емое

**minuet** [ˌmɪnjuˈet] *n* менуэ́т

**minus** [ˈmaɪnəs] **1.** *prep* 1) ми́нус; без; ten ~ four is six де́сять ми́нус четы́ре равня́ется шести́ 2) *разг.* лишённый (*чего-л.*); he came back ~ an arm он верну́лся (с войны́) без руки́

**2.** *n* 1) знак ми́нуса; ми́нус (*тж. перен.*) 2) *мат.* отрица́тельная величина́ 3) *воен.* недолёт

**3.** *a* отрица́тельный; ~ quantity *мат.* отрица́тельная величина́; ~ charge *эл.* отрица́тельный заря́д

**minuscule** [ˈmɪnəskju:l] *n* мину́скул (*строчная буква в средневековых рукописях*)

**minute** I [ˈmɪnɪt] **1.** *n* 1) мину́та (*тж. астр., мат.* $^1/_{60}$ *часть градуса*) 2) мгнове́ние; моме́нт; in a ~ ско́ро; the ~ (that) the bell rings he gets up как то́лько прозвони́т звоно́к, он встаёт; to the ~ пунктуа́льно, мину́та в мину́ту ◇ up to the ~ ультрасовреме́нный

**2.** *v* рассчи́тывать вре́мя по мину́там

**minute** II [ˈmɪnɪt] **1.** *n* 1) набро́сок, па́мятная запи́ска 2) *pl* протоко́л (*собрания*); to keep the ~s вести́ протоко́л

**2.** *v* 1) набра́сывать на́черно 2) вести́ протоко́л □ ~ **down** запи́сывать

**minute** III [maɪˈnju:t] *a* 1) ме́лкий, мельча́йший; ~ anatomy микроскопи́ческая анато́мия, гистоло́гия 2) незначи́тельный 3) подро́бный, дета́льный

**minute-book** [ˈmɪnɪtbuk] *n* журна́л заседа́ний

**minute-glass** [ˈmɪnɪtglɑ:s] *n* мину́тные песо́чные часы́

**minute-guns** [ˈmɪnɪtgʌnz] *n pl* ча́стые пу́шечные вы́стрелы (*сигнал бедствия или траурный салют*)

**minute-hand** [ˈmɪnɪthænd] *n* мину́тная стре́лка

**minutely** I [ˈmɪnɪtlɪ] **1.** *a* ежемину́тный

**2.** *adv* ежемину́тно

**minutely** II [maɪˈnju:tlɪ] *adv* 1) подро́бно 2) то́чно

**minute-man** [ˈmɪnɪtmæn] *n амер.* 1) *ист.* солда́т наро́дной мили́ции (*эпохи войны за независимость 1775—83 гг.*) 2) челове́к, всегда́ гото́вый к де́йствию

**minuteness** [maɪˈnju:tnɪs] *n* 1) ма́лость; незначи́тельность 2) дета́льность 3) то́чность

**minutiae** [maɪˈnju:ʃii:] *n pl* ме́лочи; дета́ли

**minx** [mɪŋks] *n* 1) де́рзкая девчо́нка; шалу́нья 2) коке́тка 3) *уст.* распу́тница

**miocene** [ˈmaɪəusi:n] *геол.* **1.** *n* миоце́н

**2.** *a* миоце́новый

**miracle** [ˈmɪrəkl] *n* 1) чу́до; to a ~ на ди́во, удиви́тельно хорошо́ 2) удиви́тельная вещь, выдаю́щееся собы́тие 3) *театр. ист.* мира́кль (*тж.* ~ play)

**miraculous** [mɪˈrækjuləs] *a* 1) чудотво́рный, чудоде́йственный; сверхъесте́ственный 2) удиви́тельный

**mirage** [ˈmɪrɑ:ʒ] *n* мира́ж

**mire** [ˈmaɪə] **1.** *n* тряси́на, боло́то; грязь ◇ to find oneself (*или* to stick) in the ~ оказа́ться в затрудни́тельном положе́нии; to bring in (*или* to drag through) the ~ обли́ть гря́зью, вы́ставить на позо́р

**2.** *v* 1) завя́знуть в грязи́, в тряси́не (*тж.* ~ down) 2) обры́згивать гря́зью; *перен.* черни́ть 3) втяну́ть (*во что-л.*)

**miriness** [ˈmaɪərɪnɪs] *n* боло́тистость, то́пкость

**mirk** [mə:k] = murk

**mirror** [ˈmɪrə] **1.** *n* 1) зе́ркало; false ~ криво́е зе́ркало 2) зерка́льная пове́рхность 3) отображе́ние

**2.** *v* отража́ть, отобража́ть

**mirth** [mə:θ] *n* весе́лье, ра́дость

**mirthful** [ˈmə:θful] *a* весёлый, ра́достный

**mirthless** [ˈmə:θlɪs] *a* невесёлый, безра́достный, гру́стный

**miry** [ˈmaɪərɪ] *a* 1) то́пкий 2) гря́зный

**mis-** [mɪs] *pref присоединяется к глаголам и отглагольным существительным, придавая значение* непра́вильно, ло́жно; *напр.*: misunderstand непра́вильно поня́ть; misprint опеча́тка

**misadventure** [ˈmɪsədˈventʃə] *n* 1) несча́стье, несча́стный слу́чай 2) *юр.*: homicide by ~ непреднаме́ренное уби́йство; death by ~ смерть от несча́стного слу́чая

**misadvise** [ˈmɪsədˈvaɪz] *v* дава́ть плохо́й *или* непра́вильный сове́т

**misalliance** [ˈmɪsəˈlaɪəns] = mésalliance

**misanthrope** [ˈmɪzənθrəup] *n* человеконенави́стник, мизантро́п

**misanthropic(al)** [ˌmɪzənˈθrɔpɪk(əl)] *a* человеконенави́стнический

**misanthropy** [mɪˈzænθrəpɪ] *n* мизантро́пия

**misapplication** [ˈmɪsˌæplɪˈkeɪʃən] *n* 1) непра́вильное испо́льзование 2) злоупотребле́ние

**misapply** [ˈmɪsəˈplaɪ] *v* 1) непра́вильно испо́льзовать 2) злоупотребля́ть

**misapprehend** [ˈmɪsˌæprɪˈhend] *v* поня́ть оши́бочно, превра́тно

**misapprehension** [ˈmɪsˌæprɪˈhenʃən] *n* непра́вильное представле́ние; недоразуме́ние; to be under ~ быть в заблужде́нии

**misappropriate** [ˈmɪsəˈprəuprɪeɪt] *v* 1) незако́нно присво́ить 2) растра́тить

**misappropriation** [ˈmɪsəˌprəuprɪˈeɪʃən] *n* 1) незако́нное присвое́ние 2) растра́та

**misbecame** [ˈmɪsbɪˈkeɪm] *past от* misbecome

**misbecome** [ˈmɪsbɪˈkʌm] *v* (misbecame; misbecome) не подходи́ть, не прили́чествовать

**misbegotten** [ˈmɪsbɪˌgɔtn] *a* рождённый вне бра́ка

**misbehave** [ˈmɪsbɪˈheɪv] *v* ду́рно вести́ себя́

**misbehaviour** [ˈmɪsbɪˈheɪvjə] *n* дурно́е, недосто́йное поведе́ние; просту́пок

**misbelief** [ˈmɪsbɪˈli:f] *n* 1) ло́жное мне́ние; заблужде́ние 2) е́ресь

**misbelieve** [ˈmɪsbɪˈli:v] *v* 1) заблужда́ться 2) впада́ть в е́ресь

**misbeliever** [ˈmɪsbɪˈli:və] *n* ерети́к

**misbirth** [mɪsˈbə:θ] *n* вы́кидыш, або́рт

**miscalculate** [ˈmɪsˈkælkjuleɪt] *v* ошиба́ться в расчёте; просчи́тываться

**miscalculation** [ˈmɪsˌkælkjuˈleɪʃən] *n* оши́бка в расчёте; просчёт

**miscall** [mɪsˈkɔ:l] *v* 1) неве́рно называ́ть 2) *диал.* обзыва́ть бра́нными слова́ми

**miscarriage** [mɪsˈkærɪdʒ] *n* 1) неуда́ча; оши́бка; ~ of justice суде́бная оши́бка 2) недоста́вка по а́дресу 3) вы́кидыш

**miscarry** [mɪsˈkærɪ] *v* 1) (по)терпе́ть неуда́чу 2) не доходи́ть по а́дресу 3) вы́кинуть; име́ть вы́кидыш

**miscast** [mɪsˈkɑ:st] *v* поруча́ть актёру неподходя́щую роль; непра́вильно распределя́ть ро́ли

**miscegenation** [ˌmɪsɪdʒɪˈneɪʃən] *n* сме́шанные бра́ки; *особ.* бра́ки ме́жду бе́лыми и не́грами

**miscellanea** [ˌmɪsəˈleɪnɪə] *n pl* 1) литерату́рная смесь; ра́зное (*рубрика*) 2) сбо́рник, альмана́х

**miscellaneous** [ˌmɪsɪˈleɪnjəs] *a* 1) сме́шанный; разнообра́зный 2) разносторо́нний

**miscellany** [mɪˈselənɪ] *n* 1) смесь 2) сбо́рник, альмана́х

**mischance** [mɪsˈtʃɑ:ns] *n* неуда́ча; несча́стный слу́чай; by ~ к несча́стью, по несча́стной случа́йности

**mischief** [ˈmɪstʃɪf] *n* 1) вред; поврежде́ние 2) зло, беда́; the ~ of it is that беда́ в том, что; to make ~ ссо́рить, се́ять раздо́ры; вреди́ть; to keep out of ~ держа́ться пода́льше от греха́ 3) озорство́, прока́зы; full of ~ озорно́й; бедо́вый 4) *разг.* озорни́к, бедоку́р; the boy is a regular ~ э́тот ма́льчишка — настоя́щий прока́зник ◇ what the ~ do you want? како́го чёрта вам ну́жно?; why the ~? почему́, чёрт возьми́?

**mischief-maker** [ˈmɪstʃɪfˌmeɪkə] *n* интрига́н, смутья́н

**mischievous** [ˈmɪstʃɪvəs] *a* 1) озорнóй; непослýшный 2) врéдный

**miscomprehend** [ˈmɪsˌkɔmprɪˈhend] *v* неправильно понять

**miscomprehension** [ˈmɪsˌkɔmprɪˈhenʃən] *n* неправильное понимание, недоразумение

**misconceive** [ˈmɪskənˈsiːv] *v* 1) неправильно понять 2) иметь неправильное представление

**misconception** [ˈmɪskənˈsepʃən] *n* 1) неправильное представление 2) недоразумение

**misconduct** 1. *n* [mɪsˈkɔndʌkt] 1) дурнóе поведéние, простýпок 2) супрýжеская невéрность 3) плохóе исполнéние своих обязанностей; должностнóе преступлéние

2. *v* [ˈmɪskənˈdʌkt] 1) дýрно вести себя 2) нарушáть супрýжескую вéрность 3) плóхо исполнять свои обязанности

**misconstruction** [ˈmɪskənsˈtrʌkʃən] *n* невéрное истолковáние

**misconstrue** [ˈmɪskənˈstruː] *v* неправильно истолкóвывать

**miscount** [ˈmɪsˈkaunt] 1. *n* просчёт; неправильный подсчёт

2. *v* ошибáться при подсчёте; просчитáться

**miscreant** [ˈmɪskrɪənt] 1. *n* 1) негодяй, злодéй 2) *уст.* еретик

2. *a* 1) испóрченный, развращённый 2) *уст.* еретический

**miscreated** [ˈmɪskri(ː)ˈeɪtɪd] *a* урóдливый, урóдливо сложённый

**misdate** [ˈmɪsˈdeɪt] *v* неправильно датировать

**misdeal** [ˈmɪsˈdiːl] 1. *n карт.* неправильная сдáча

2. *v* (misdealt) 1) *карт.* ошибáться при сдáче 2) поступáть неправильно

**misdealing** [ˈmɪsˈdiːlɪŋ] 1. *pres. p. от* misdeal 2

2. *n* нечéстный постýпок; беспринципное поведéние

**misdealt** [ˈmɪsˈdelt] *past и p. p. от* misdeal 2

**misdeed** [ˈmɪsˈdiːd] *n* 1) преступлéние; злодеяние 2) оплóшность, ошибка

**misdeem** [mɪsˈdiːm] *v поэт.* неправильно судить, состáвить неправильное мнéние

**misdemeanant** [ˌmɪsdɪˈmiːnənt] *n юр.* лицó, совершившее судéбно наказýемый простýпок

**misdemeanour** [ˌmɪsdɪˈmiːnə] *n* 1) *юр.* судéбно наказýемый простýпок, преступлéние 2) *разг.* простýпок

**misdirect** [ˈmɪsdɪˈrekt] *v* 1) невéрно, неправильно направлять 2) адресовáть неправильно 3) давáть неправильное напýтствие заседáтелям (*в суде*)

**misdirection** [ˈmɪsdɪˈrekʃən] *n* неправильное указáние *или* руковóдство

**misdoing** [ˈmɪsˈdu(ː)ɪŋ] *n* 1) оплóшность, ошибка 2) злодеяние

**misdoubt** [mɪsˈdaut] *v* 1) сомневáться 2) подозревáть 3) имéть дурные предчýвствия

**miser** I [ˈmaɪzə] *n* скупóй, скупéц, скряга

**miser** II [ˈmaɪzə] *n* бур

**miserable** [ˈmɪzərəbl] *a* 1) жáлкий, несчáстный 2) печáльный (*о новостях, событиях*) 3) плохóй (*о концерте, исполнении*); убóгий (*о жилище и т. п.*); скýдный (*об обеде, угощении*)

**miserably** [ˈmɪzərəblɪ] *adv* 1) несчáстно *и пр.* [*см.* miserable] 2) óчень, ужáсно

**miserere** [ˌmɪzəˈrɪərɪ] *лат. n* 1) *церк.* «помилуй мя, бóже», мизерéре (*51-й псалом в англ. библии, 50-й в русской*) 2) мольбá о прощéнии, милосéрдии

**miserliness** [ˈmaɪzəlɪnɪs] *n* скýпость, скáредность

**miserly** [ˈmaɪzəlɪ] *a* скупóй, скáредный

**misery** [ˈmɪzərɪ] *n* 1) страдáние 2) (*обыкн. pl*) невзгóды, несчáстья 3) нищетá, бéдность 4) нытик

**misfeasance** [ˌmɪsˈfiːzəns] *n юр.* злоупотреблéние влáстью

**misfire** [ˈmɪsˈfaɪə] 1. *n* 1) осéчка 2) *тех.* прóпуск вспышки; перебóй зажигáния

2. *v* 1) давáть осéчку, не взрывáться 2) *тех.* выпадáть (*о вспышках*)

**misfit** [ˈmɪsfɪt] 1. *n* 1) плóхо сидящее плáтье 2) что-л. неудáчное, неподходящее 3) человéк, плóхо приспосóбленный к окружáющим услóвиям; неприспосóбленный к жизни человéк, неудáчник

2. *v* плóхо сидéть (*о платье*)

**misfortune** [mɪsˈfɔːtʃən] *n* бедá, неудáча, несчáстье; злоключéние ◇ ~s never come alone (*или* singly) *посл.* бедá никогдá не прихóдит однá; ≅ пришлá бедá, отворяй ворота

**misgave** [mɪsˈgeɪv] *past от* misgive

**misgive** [mɪsˈgɪv] *v* (misgave; misgiven) 1) внушáть недовéрие, опасéния, дурные предчýвствия; my heart ~s me моё сéрдце предчýвствует бедý 2) *шотл.* дать осéчку

**misgiven** [mɪsˈgɪvn] *p. p. от* misgive

**misgiving** [mɪsˈgɪvɪŋ] 1. *pres. p. от* misgive

2. *n* (*часто pl*) опасéние, предчýвствие дурнóго

**misgovern** [ˈmɪsˈgʌvən] *v* плóхо управлять

**misguidance** [ˈmɪsˈgaɪdəns] *n* неправильное руковóдство

**misguide** [ˈmɪsˈgaɪd] *v* 1) неправильно направлять 2) вводить в заблуждéние 3) *шотл.* дýрно обращáться, пóртить

**mishandle** [ˈmɪsˈhændl] *v* 1) плóхо обращáться 2) плóхо управлять

**mishap** [ˈmɪshæp] *n* неудáча, несчáстье

**mishear** [ˈmɪsˈhɪə] *v* (misheard) ослышаться

**misheard** [ˈmɪsˈhəːd] *past и p. p. от* mishear

**mishit** 1. *n* [ˈmɪshɪt] прóмах

2. *v* [mɪsˈhɪt] промахнýться

**mishmash** [ˈmɪʃˈmæʃ] *n* смесь, пýтаница, мешанина

**misinform** [ˈmɪsɪnˈfɔːm] *v* неправильно информировать; дезориентировать, вводить в заблуждéние

**misinformation** [ˈmɪsˌɪnfəˈmeɪʃən] *n* дезинформáция

**misinterpret** [ˈmɪsɪnˈtəːprɪt] *v* невéрно истолкóвывать

**misinterpretation** [ˈmɪsɪnˌtəːprɪˈteɪʃən] *n* невéрное истолковáние

**misjudge** [ˈmɪsˈdʒʌdʒ] *v* состáвить себé неправильное суждéние; недооцéнивать

**misjudgement** [ˈmɪsˈdʒʌdʒmənt] *n* неправильное суждéние; недооцéнка

**mislaid** [mɪsˈleɪd] *past и p. p. от* mislay

**mislay** [mɪsˈleɪ] *v* (mislaid) положить не на мéсто, заложить, затерять

**mislead** [mɪsˈliːd] *v* (misled) 1) вводить в заблуждéние 2) сбивáть с пути, толкáть на дурнóй путь

**misleading** [mɪsˈliːdɪŋ] 1. *pres. p. от* mislead

2. *a* вводящий в заблуждéние, обмáнчивый

**misled** [mɪsˈled] *past и p. p. от* mislead

**mismanage** [ˈmɪsˈmænɪdʒ] *v* плóхо управлять (*чем-л.*); пóртить

**mismanagement** [ˈmɪsˈmænɪdʒmənt] *n* плохóе управлéние

**misname** [mɪsˈneɪm] *v* невéрно называть

**misnomer** [ˈmɪsˈnəumə] *n* неправильное употреблéние имени *или* тéрмина

**misogamy** [mɪˈsɔgəmɪ] *n* отрицáние брáка

**misogyny** [maɪˈsɔdʒɪnɪ] *n* женоненавистничество

**misplace** [ˈmɪsˈpleɪs] *v* 1) положить, постáвить не на мéсто 2): to ~ one's confidence (*или* trust) довериться недостóйному человéку

**misprint** [ˈmɪsˈprɪnt] 1. *n* опечáтка

2. *v* напечáтать неправильно; сдéлать опечáтку

**misprise** [mɪsˈpraɪz] = misprize

**misprize** [mɪsˈpraɪz] *v* недооцéнивать

**mispronounce** [ˈmɪsprəˈnauns] *v* неправильно произносить

**mispronunciation** [ˈmɪsprəˌnʌnsɪˈeɪʃən] *n* неправильное произношéние

**misquotation** [ˈmɪskwəuˈteɪʃən] *n* неправильное цитирование *или* -ая цитáта

**misquote** [ˈmɪsˈkwəut] *v* неправильно цитировать

**misread** [ˈmɪsˈriːd] *v* (misread [ˈmɪsˈred]) 1) (про)читáть неправильно 2) неправильно истолкóвывать

**misrepresent** [ˈmɪsˌreprɪˈzent] *v* представлять в лóжном свéте, искажáть

**misrepresentation** [ˈmɪsˌreprɪzenˈteɪʃən] *n* искажéние

**misrule** [ˈmɪsˈruːl] 1. *n* 1) плохóе управлéние 2) беспорядок ◇ Lord (*или* Abbot, Master) of M. главá рождéственских увеселéний (*в старой Англии*)

**2.** *v* плóхо управля́ть

**miss** I [mɪs] **1.** *n* 1) прóмах, осéчка 2) отсýтствие, потéря (*чего-л.*) 3) *разг.* вы́кидыш ◇ a ~ is as good as a mile *посл.* ≅ прóмах есть прóмах; «чуть-чýть» не считáется; to give smb., smth. a ~ избегáть когó-л., чегó-л.; проходи́ть ми́мо когó-л., чегó-л.

**2.** *v* 1) промахнýться, не дости́чь цéли (*тж. перен.*); to ~ fire дать осéчку; *перен.* потерпéть неудáчу, не дости́чь цéли 2) упусти́ть, пропусти́ть; не замéтить; не услы́шать; to ~ a promotion не получи́ть повышéния; to ~ an opportunity упусти́ть возмóжность; to ~ smb.'s words прослýшать, не расслы́шать, пропусти́ть ми́мо ушéй чьи-л. словá; to ~ the train опоздáть на пóезд; I ~ed him at the hotel я не застáл егó в гости́нице; to ~ smb. in the crowd потеря́ть когó-л. в толпé; to ~ the bus a) опоздáть на автóбус; б) прозевáть удóбный слýчай, проворóнить что-л. 3) пропусти́ть, не посети́ть (*занятия, лекцию и т. п.*) 4) пропусти́ть, вы́пустить (*слова, буквы — при письме, чтении; тж.* ~ out) 5) чýвствовать отсýтствие (*кого-л., чего-л.*); скучáть (*по ком-л.*); we ~ed you badly нам стрáшно не хватáло вас 6) избежáть; he just ~ed being killed он едвá нé был уби́т 7) обнарýжить отсýтствие *или* пропáжу; he won't be ~ed егó отсýтствия не замéтят; when did you ~ your purse? когдá вы обнарýжили, что у вас нет кошелькá?

**miss** II [mɪs] *n* 1) мисс, бáрышня (*при обращении к девушке или незамужней женщине; при обращении к старшей дочери ставится перед фамилией* — M. Jones, *при обращении к остальным дочерям употребляется только с именем* — M. Mary; *без фамилии и имени употребляется тк. вульгарно*) 2) *разг.* дéвочка, дéвушка 3) *уст.* любóвница

**missal** ['mɪsəl] *n церк.* служéбник (*католический*)

**missel** ['mɪzəl] *n* деря́ба (*птица*)

**mis-shapen** ['mɪs'ʃeɪpən] *a* урóдливый, деформи́рованный

**missile** ['mɪsaɪl] **1.** *n* 1) *воен.* реакти́вный снаря́д; ракéта 2) *ист.* метáтельный снаря́д

**2.** *a* 1) реакти́вный; ракéтный; ~ complex стáртовый кóмплекс 2) метáтельный

**missilery** ['mɪsaɪlərɪ] *n воен.* 1) ракéтная тéхника 2) ракетостроéние

**missing** ['mɪsɪŋ] **1.** *pres. p. от* miss I, 2

**2.** *a* отсýтствующий, недостаю́щий; ~ link недостаю́щее звенó; there is a page ~ здесь недостаёт страни́цы

**3.** *n* (the ~) *pl собир.* бéз вести пропáвшие

**mission** ['mɪʃən] **1.** *n* 1) ми́ссия; делегáция 2) поручéние; командирóвка 3) призвáние, цель (*жизни*) 4) миссионéрская организáция 5) миссионéрская дéятельность 6) ми́ссия, резидéнция миссионéра 7) сбóрник миссионéрских прóповедей 8) *воен.* (боевáя) задáча; задáние 9) *attr.* миссионéрский; ~ style *амер.* стиль (*в архитектуре, мебели и т. п.*), сóзданный по образцáм стари́нных испáнских католи́ческих ми́ссий в Калифóрнии

**2.** *v* 1) посылáть с поручéнием 2) вести́ миссионéрскую рабóту

**missionary** ['mɪʃnərɪ] **1.** *n* 1) миссионéр; проповéдник 2) послáнец, послáнник

**2.** *a* миссионéрский

**missis** ['mɪsɪz] *n* 1) ми́ссис; хозя́йка 2) (the ~) *шутл.* женá, хозя́йка; how is your ~? как поживáет вáша женá?

**missive** ['mɪsɪv] *n* официáльное письмó; послáние

**mis-spell** ['mɪs'spel] *v* (mis-spelt) дéлать орфографи́ческие оши́бки; писáть с орфографи́ческими оши́бками

**mis-spelt** ['mɪs'spelt] *past и p. p. от* mis-spell

**mis-spend** ['mɪs'spend] *v* (mis-spent) неразýмно, зря трáтить

**mis-spent** ['mɪs'spent] **1.** *past и p. p. от* mis-spend

**2.** *a* растрáченный впустýю; ~ youth растрáченная мóлодость

**mis-state** ['mɪs'steɪt] *v* дéлать непрáвильное, лóжное заявлéние

**mis-statement** ['mɪs'steɪtmənt] *n* непрáвильное, лóжное заявлéние *или* показáние

**mis-step** [mɪs'step] **1.** *n* лóжный шаг; оши́бка, оплóшность

**2.** *v* оступи́ться; *перен.* допусти́ть оплóшность

**missus** ['mɪsɪz] = missis

**missy** ['mɪsɪ] *n* ми́сси (*шутл., ласк., реже пренебр. обращение к молодой девушке*)

**mist** [mɪst] **1.** *n* 1) (лёгкий) тумáн; ды́мка; мгла; пáсмурность; Scotch ~ густóй тумáн; и́зморось, мéлкий морося́щий дождь 2) тумáн пéред глазáми

**2.** *v* 1) застилáть тумáном; затумáнивать(ся) 2) (*в безличных оборотах*): it ~s, it is ~ing мороси́т

**mistake** [mɪs'teɪk] **1.** *n* оши́бка; недоразумéние, заблуждéние; by ~ по оши́бке ◇ and no ~, make no ~ *разг.* несомнéнно, бесспóрно; непремéнно, обязáтельно

**2.** *v* (mistook; mistaken) 1) ошибáться; непрáвильно понимáть; заблуждáться; there is no mistaking his meaning нельзя́ не поня́ть, что он имéет в видý 2) приня́ть *когó-л.* за другóго *или что-л.* за другóе (for); to ~ one's man *амер.* обманýться в человéке

**mistaken** [mɪs'teɪkən] **1.** *p. p. от* mistake 2; you are ~ вас непрáвильно пóняли, вы не пóняты [*ср. тж.* 2, 3)]

**2.** *a* 1) оши́бочный; ~ identity *юр.* оши́бочное опознáние 2) неумéстный 3) ошибáющийся, заблуждáющийся; you are ~ вы ошибáетесь [*ср. тж.* 1]

**mistakenly** [mɪs'teɪkənlɪ] *adv* 1) оши́бочно 2) неумéстно

**mister** ['mɪstə] **1.** *n* (*сокр.* Mr.) ми́стер, господи́н (*ставится перед фамилией или названием должности и полностью в этом случае никогда не пишется; как обращение, без фамилии употребляется тк. вульгарно*: hey, mister! эй, ми́стер!)

**2.** *v*: don't ~ me не употребля́йте слóва «ми́стер», обращáясь ко мне

**mistime** ['mɪs'taɪm] *v* 1) сдéлать *или* сказáть не вóвремя, некстáти 2) не попадáть в такт 3) непрáвильно рассчитáть врéмя

**mistiness** ['mɪstɪnɪs] *n* тумáнность

**mistletoe** ['mɪsltəu] *n бот.* омéла (*в Англии традиционное украшение дома на рождество*)

**mistook** [mɪs'tuk] *past от* mistake 2

**mistral** ['mɪstrəl] *n* мистрáль (*холодный сев. ветер на юге Франции*)

**mistranslate** ['mɪstræns'leɪt] *v* непрáвильно перевести́

**mistranslation** ['mɪstræns'leɪʃən] *n* непрáвильный перевóд

**mistreat** [mɪs'tri:t] *амер.* = maltreat

**mistreatment** [mɪs'tri:tmənt] *амер.* = maltreatment

**mistress** ['mɪstrɪs] *n* 1) хозя́йка (дóма); *перен.* повели́тельница, влады́чица; M. of the Adriatic *ист.* Венéция; you are your own ~ вы сáми себé госпожá; you are ~ of the situation вы хозя́йка положéния 2) (*сокр.* Mrs. ['mɪsɪz]) ми́ссис, госпожá (*ставится перед фамилией замужней женщины и полностью в этом случае никогда не пишется*) 3) мастери́ца, искýсница 4) учи́тельница 5) любóвница; *поэт.* возлю́бленная

**mistrial** [mɪs'traɪəl] *n юр.* 1) судéбное разбирáтельство, в хóде котóрого допýщены нарушéния процессуáльных норм 2) *амер.* судéбный процéсс, в котóром прися́жные не вы́несли единоглáсного решéния

**mistrust** ['mɪs'trʌst] **1.** *n* недовéрие; подозрéние

**2.** *v* не доверя́ть; сомневáться, подозревáть

**mistrustful** ['mɪs'trʌstful] *a* недовéрчивый

**misty** ['mɪstɪ] *a* 1) тумáнный 2) смýтный, нея́сный; ~ idea смýтное представлéние 3) затумáненный (слезáми)

**misunderstand** ['mɪsʌndə'stænd] *v* (misunderstood) непрáвильно поня́ть

**misunderstanding** ['mɪsʌndə'stændɪŋ] **1.** *pres. p. от* misunderstand

**2.** *n* 1) непрáвильное понимáние 2) недоразумéние 3) размóлвка

**misunderstood** ['mɪsʌndə'stud] *past и p. p. от* misunderstand

**misuse** **1.** *n* ['mɪs'ju:s] 1) непрáвильное употреблéние 2) плохóе обращéние 3) злоупотреблéние

**2.** *v* [ˈmɪsˈju:z] 1) непра́вильно употребля́ть 2) ду́рно обраща́ться 3) злоупотребля́ть

**mite I** [maɪt] *n* 1) *ист.* полу́шка, грош 2) скро́мная до́ля, ле́пта; let me offer my ~ позво́льте мне внести́ свою́ скро́мную ле́пту 3) ма́ленькая вещь *или* существо́; a ~ of a child малю́тка, кро́шка ◇ not a ~ *разг.* ничу́ть, ниско́лько

**mite II** [maɪt] *n* клещ

**Mithras** [ˈmɪθræs] *n* Ми́тра (*древнеиранский бог солнца*)

**mitigate** [ˈmɪtɪgeɪt] *v* смягча́ть, уменьша́ть; умеря́ть (*жар, пыл*); облегча́ть (*боль*)

**mitigation** [ˌmɪtɪˈgeɪʃən] *n* смягче́ние, уменьше́ние

**mitigatory** [ˈmɪtɪgeɪtərɪ] *a* 1) смягча́ющий 2) *мед.* мягчи́тельный, успокои́тельный

**mitosis** [mɪˈtəusɪs] *n биол.* мито́з, кариокине́з

**mitrailleuse** [ˌmɪtraɪˈə:z] *фр. n воен. ист.* митралье́за

**mitral** [ˈmaɪtrəl] *a* напомина́ющий по фо́рме ми́тру; ~ valve *анат.* митра́льный кла́пан се́рдца

**mitre I** [ˈmaɪtə] **1.** *n* 1) *церк.* ми́тра 2) епи́скопский сан

**2.** *v* (по)жа́ловать ми́тру

**mitre II** [ˈmaɪtə] *тех.* **1.** *n* 1) скос под угло́м в 45° 2) колпа́к на дымово́й трубе́, дефле́ктор

**2.** *v* ска́шивать, соединя́ть в ус, соединя́ть под угло́м в 45°

**mitre-wheel** [ˈmaɪtəwi:l] *n тех.* кони́ческое зубча́тое колесо́

**mitt** [mɪt] (*сокр. от* mitten) *n* 1) мите́нка (*дамская перчатка без пальцев*) 2) *pl разг.* боксёрские перча́тки 3) *разг.* рука́; кула́к; to tip smb.'s ~ а) здоро́ваться с кем-л. за́ руку; б) уга́дывать чьи-л. наме́рения, пла́ны

**mitten** [ˈmɪtn] *n* 1) рукави́ца; ва́режка 2) *pl* = mitt 2; 3) = mitt 1); 4) *ист.* ла́тная перча́тка ◇ to get the ~ а) получи́ть отка́з (*о женихе*); б) быть уво́ленным с рабо́ты; to give the ~ уво́лить; to handle without ~s не церемо́ниться; держа́ть в ежо́вых рукави́цах

**mittimus** [ˈmɪtɪməs] *лат. n* 1) *юр.* прика́з о заключе́нии в тюрьму́; о́рдер на аре́ст 2) *разг.* извеще́ние об увольне́нии

**mitt-reader** [ˈmɪtˌri:də] *n амер. разг.* гада́лка, хирома́нтка

**mix** [mɪks] **1.** *n* 1) сме́шивание 2) смесь (*особ. пищевой полуфабрикат*) 3) беспоря́док, пу́таница 4) *кино* наплы́в

**2.** *v* 1) сме́шивать, меша́ть, приме́шивать 2) соединя́ть(ся), сме́шивать(-ся); oil will not ~with water ма́сло не соединя́ется с водо́й, не раство́ряется в воде́ 3) сочета́ть(ся); the colours ~ well э́ти цвета́ хорошо́ сочета́ются 4) обща́ться; враща́ться (*в обществе*); сходи́ться; not to ~ well! быть необщи́тельным челове́ком 5) *с.-х.* скре́щивать 6) *радио* микши́ровать □ ~ **up** а) хорошо́ переме́шивать; б) спу́тать, перепу́тать; в) впу́тывать; to be ~ed up быть заме́шанным (in, with — в *чём-л.*)

**mixed** [mɪkst] **1.** *p. p. от* mix 2

**2.** *a*) сме́шанный, переме́шанный 2) разноро́дный; ~ train това́ро-пассажи́рский по́езд; ~ crew сме́шанная кома́нда 3) сме́шанный, для люде́й обо́его по́ла; ~ school сме́шанная шко́ла; ~ bathing о́бщий пляж 4) *разг.* одуре́лый; одурма́ненный 5) *фон.*: ~ vowel гла́сный звук сме́шанного ря́да

**mixer** [ˈmɪksə] *n* 1) смеси́тель, сме́шивающий аппара́т *или* прибо́р, меша́лка; ми́ксер 2) *разг.* общи́тельный челове́к (*тж.* good ~); bad ~ необщи́тельный челове́к 3) *радио* преобразова́тель частоты́

**mix-in** [ˈmɪksˈɪn] *n разг.* дра́ка, потасо́вка

**mixture** [ˈmɪkstʃə] *n* 1) сме́шивание 2) смесь; without ~ без при́меси 3) *мед.* миксту́ра

**mix-up** [ˈmɪksˈʌp] *n разг.* 1) пу́таница, неразбери́ха 2) потасо́вка

**mizzle I** [ˈmɪzl] **1.** *n* и́зморось

**2.** *v* (*в безличных оборотах*): it ~s, it is mizzling мороси́т

**mizzle II** [ˈmɪzl] *v sl.* смы́ться, улепетну́ть

**mnemonic** [ni(:)ˈmɔnɪk] *a* мнемони́ческий

**mnemonics** [ni(:)ˈmɔnɪks] *n pl* (*употр. как sing*) мнемо́ника

**mo** [məu] (*сокр. разг. от* moment): wait a mo!, half a mo! подожди́те мину́тку!, одну́ мину́тку!; in a mo сейча́с, оди́н моме́нт

**moan** [məun] **1.** *n* 1) стон 2) *уст., поэт.* жа́лоба; to make one's ~ жа́ловаться

**2.** *v* 1) стона́ть 2) *поэт.* опла́кивать, жа́ловаться

**moat** [məut] **1.** *n* ров (с водо́й)

**2.** *v* обноси́ть рвом

**mob** [mɔb] **1.** *n* 1) толпа́, сбо́рище 2) *презр.* чернь 3) *sl.* воровска́я ша́йка

**2.** *v* 1) толпи́ться 2) напада́ть толпо́й, окружа́ть

**mob-cap** [ˈmɔbkæp] *n* дома́шний че́пец

**mobile** [ˈməubaɪl] **1.** *a* 1) подвижно́й, моби́льный; передвижно́й; ~ warfare манёвренная война́; ~ broadcasting company (*или* team) передвижна́я радиовеща́тельная *или* телевизио́нная брига́да 2) подви́жный, живо́й; ~ mind живо́й ум 3) изме́нчивый

**2.** *n* 1) *амер.* автофурго́н — жило́й дом (*тж.* ~ home) 2) констру́кция, скульпту́ра из мета́лла *или* пласти́ческих масс с подвижны́ми частя́ми

**mobility** [məuˈbɪlɪtɪ] *n* 1) подви́жность; моби́льность 2) непостоя́нство; изме́нчивость

**mobilization** [ˌməubɪlaɪˈzeɪʃən] *n* мобилиза́ция

**mobilize** [ˈməubɪlaɪz] *v* 1) мобилизова́ть(ся) 2) (с)де́лать подви́жным 3) пуска́ть (де́ньги) в обраще́ние

**mob law** [ˈmɔblɔ:] *n* самосу́д

**mocassin** [ˈmɔkəsɪn] *n* 1) мокаси́н; water ~s боло́тные сапоги́ 2) *зоол.* мокаси́новая змея́

**mocha** [ˈmɔkə] *n* ко́фе мо́кко (*тж.* ~ coffee)

**mock** [mɔk] **1.** *n редк.* 1) осмея́ние; насме́шка 2) посме́шище; to make a ~ of вышу́чивать 3) подража́ние; паро́дия

**2.** *a* 1) подде́льный; ~ marriage фикти́вный брак 2) притво́рный; мни́мый; ло́жный 3) пароди́йный ◇ ~ moon = paraselene; ~ sun = parhelion

**3.** *v* 1) насмеха́ться (at); высме́ивать, осме́ивать 2) передра́знивать; пароди́ровать 3) своди́ть на не́т (*усилия*); де́лать бесполе́зным, беспло́дным □ ~ **up** *разг.* импровизи́ровать

**mockery** [ˈmɔkərɪ] *n* 1) издева́тельство, осмея́ние; насме́шка 2) паро́дия 3) посме́шище 4) беспло́дная попы́тка

**mock-heroic** [ˈmɔkhɪˈrəuɪk] *лит.* **1.** *n* 1) ироикоми́ческий стиль 2) произведе́ние в ироикоми́ческом сти́ле

**2.** *n* ироикоми́ческий

**mocking-bird** [ˈmɔkɪŋbə:d] *n зоол.* пересме́шник

**mock-turtlesoup** [ˈmɔktə:tlˈsu:p] *n* суп из теля́чьей головы́

**mock-up** [ˈmɔkˈʌp] *n* маке́т *или* моде́ль в натура́льную величину́

**mod** [mɔd] *разг.* **1.** *a* ультрасовреме́нный

**2.** *n* ультрасовреме́нный молодо́й челове́к; стиля́га

**modal** [ˈməudl] *a* 1) каса́ющийся фо́рмы (*а не существа*) 2) *филос., лингв.* мода́льный 3) *муз.* относя́щийся к тона́льности, ла́довый

**modality** [məuˈdælɪtɪ] *n филос., лингв.* мода́льность

**mode** [məud] *n* 1) ме́тод, спо́соб; ~ of production спо́соб произво́дства 2) о́браз де́йствий; ~ of life о́браз жи́зни 3) фо́рма, вид 4) мо́да; обы́чай 5) *муз.* лад, тона́льность

**model** [ˈmɔdl] **1.** *n* 1) моде́ль, маке́т; шабло́н 2) *разг.* то́чная ко́пия 3) образе́ц, этало́н 4) нату́рщик; нату́рщица 5) манеке́н 6) жива́я моде́ль (*в магазине одежды*) 7) *attr.* образцо́вый, приме́рный

**2.** *v* 1) модели́ровать; лепи́ть 2) *тех.* формова́ть 3) оформля́ть 4) создава́ть по образцу́ (*чего-л.*; after, on); to ~ oneself (up)on smb. брать кого́-л. за образе́ц 5) быть нату́рщиком, нату́рщицей, живо́й моде́лью, манеке́нщицей

**model(l)er** [ˈmɔdlə] *n* 1) ле́пщик 2) моде́льщик

**model(l)ing** [ˈmɔdlɪŋ] **1.** *pres. p. от* model 2

**2.** *n* 1) исполне́ние по моде́ли 2) лепна́я рабо́та 3) *тех.* формо́вка

**moderate** 1. *n* [ˈmɔdərɪt] человéк, придéрживающийся умéренных взглядóв (*особ. в политике*), умéренный

2. *a* [ˈmɔdərɪt] 1) умéренный; вы́держанный (*о человеке*); сдéржанный, воздéржанный; ~ in drinking трéзвый, воздéржанный 2) срéдний, посрéдственный (*о качестве*); небольшóй (*о количестве, силе*); a man of ~ abilities человéк срéдних спосóбностей; ~ price достýпная ценá 3) здрáвый, трéзвый (*о мнении, точке зрения*)

3. *v* [ˈmɔdəreɪt] 1) умерять; смягчáть 2) сдéрживать, обуздывать; урезóнивать 3) становиться умéренным; смягчáться; стихáть (*о ветре*) 4) председáтельствовать 5) *уст.* выступáть в рóли арбитра

**moderation** [ˌmɔdəˈreɪʃən] *n* 1) умéренность; сдéржанность; in ~ умéренно; сдéржанно 2) сдéрживание; регулирование 3) вы́держка, рóвность (*характера*) 4) *физ.* замедлéние; ~ of neutrons замедлéние нейтрóнов 5) *pl* пéрвый публичный экзáмен на стéпень бакалáвра (*в Оксфорде*)

**moderator** [ˈmɔdəreɪtə] *n* 1) арбитр; посрéдник 2) регулятор 3) председáтель собрáния; ведýщий бесéду, дискýссию *и т. п.* по телевидению 4) *амер.* председáтель городскóго собрáния 5) экзаменáтор (*на публичном экзамене в Оксфорде или Кембридже*) 6) *физ.* замедлитель (*ядерных реакций*)

**modern** [ˈmɔdən] 1. *a* совремéнный; нóвый; ~ age совремéнная эпóха; ~ languages нóвые языки; ~ school шкóла без преподавáния классических языкóв; development on ~ lines модернизáция

2. *n* 1) человéк нóвого врéмени 2) (the ~s) *pl* совремéнные писáтели, худóжники *и т. п.*

**modernism** [ˈmɔdənɪzm] *n* 1) модернизм; новéйшие течéния 2) *лингв.* неологизм

**modernist** [ˈmɔdənɪst] *n* модернист

**modernistic** [ˌmɔdəˈnɪstɪk] *a иск.* модернистский

**modernity** [mɔˈdəːnɪtɪ] *n* совремéнность, совремéнный харáктер

**modernize** [ˈmɔdənaɪz] *v* модернизировать; осовремéнить

**modest** [ˈmɔdɪst] *a* 1) скрóмный; умéренный; to be in ~ circumstances жить на скрóмные срéдства 2) благопристóйный; сдéржанный

**modesty** [ˈmɔdɪstɪ] *n* 1) скрóмность; умéренность 2) благопристóйность; сдéржанность

**modi** [ˈməudaɪ] *pl от* modus

**modicum** [ˈmɔdɪkəm] *n* 1) óчень мáлое колúчество, чýточка 2) небольшие срéдства

**modifiable** [ˈmɔdɪfaɪəbl] *a* поддаю́щийся изменéнию

**modification** [ˌmɔdɪfɪˈkeɪʃən] *n* 1) видоизменéние; изменéние; модификáция 2) *pl* попрáвки; незначительные отклонéния 3) *лингв.* перегласóвка, умляут; графическое обозначéние умляута

**modificatory** [ˈmɔdɪfɪkeɪtərɪ] *a* видоизменяющий; меняющий

**modify** [ˈmɔdɪfaɪ] *v* 1) видоизменять 2) смягчáть; умерять 3) *лингв.* видоизменять чéрез умляут 4) *грам.* определять

**modish** [ˈməudɪʃ] *a* 1) мóдный 2) гоняющийся за мóдой

**modiste** [məuˈdiːst] *фр. n* 1) портниха 2) модистка

**mods** I [mɔdz] *сокр. от* moderation 5)

**mods** II [mɔdz] *сокр. от* modern 2, 2)

**modulate** [ˈmɔdjuleɪt] *v* 1) модулировать 2) *радио* понижáть частотý 3) *муз.* переходить из однóй тонáльности в другýю

**modulation** [ˌmɔdjuˈleɪʃən] *n* модуляция

**module** [ˈmɔdjuːl] *n* 1) мóдуль; ~ of design мóдуль размéрности; ~ of torsion мóдуль упрýгости при кручéнии 2) мóдульный отсéк, автонóмный отсéк (*в космическом корабле*)

**modulus** [ˈmɔdjuləs] = module 1)

**modus** [ˈməudəs] *n* (*pl* modi) спóсоб; ~ vivendi а) óбраз жизни; б) врéменное соглашéние (*спорящих сторон*); ~ operandi óбраз дéйствия

**Mogul** [məuˈgʌl] 1. *n* 1) монгóл 2) могóл; потóмок завоевáтелей Индии; the Great (*или* the Grand) ~ *ист.* Великий Могóл 2) (m.) *редк.* человéк, занимáющий высóкий пост 3) *pl* назвáние вы́сшего сóрта игрáльных карт

2. *a* 1) монгóльский 2) относящийся к Великим Могóлам

**mohair** [ˈməuhɛə] *n* 1) шерсть ангóрской козы́ 2) мохéр

**Mohammed** [məuˈhæmed] *n* Мухáммед, Магомéт

**Mohammedan** [məuˈhæmɪdən] 1. *a* магометáнский, мусульмáнский

2. *n* магометáнин, мусульмáнин; магометáнка, мусульмáнка

**Mohawk** [ˈməuhɔːk] *n* 1) индéец-могáвк 2) *спорт.* мóухок (*элемент в фигурном катании*) 3) = Mohock

**Mohican** [ˈməuɪkən] *n* индéец из плéмени могикáн

**Mohock** [ˈməuhɔk] *n ист.* хулигáн, *преим.* из золотóй молодёжи (*в начале XVIII в. в Лондоне*)

**moiety** [ˈmɔɪətɪ] *n* половина; дóля

**moil** I [mɔɪl] 1. *n* 1) тяжёлая рабóта; *перен.* мучéние 2) пýтаница; беспорядок 3) *диал.* пятнó

2. *v* 1) выполнять тяжёлую рабóту (*особ. в выражении* to toil and ~) 2) *диал.* пáчкать

**moil** II [mɔɪl] *n* киркá

**moire** [mwɑː] *фр. n* муáр (*ткань*)

**moiré** [ˈmwɑːreɪ] *фр. a* муáровый

**moist** [mɔɪst] 1. *a* 1) сырóй; влáжный; ~ colours акварéльные крáски (*в тюбиках*) 2) дождливый

2. *v* = moisten

**moisten** [ˈmɔɪsn] *v* 1) увлажнять; смáчивать 2) становиться мóкрым, сырым, увлажняться; her eyes ~ed её глазá увлажнились

**moisture** [ˈmɔɪstʃə] *n* влáжность, сы́рость; влáга

**moke** [məuk] *n sl.* 1) осёл 2) дурáк

**molar** I [ˈməulə] 1. *n* кореннóй зуб

2. *a* кореннóй

**molar** II [ˈməulə] *a хим.* мóльный, молярный

**molasses** [məuˈlæsɪz] *n pl* (*употр. как sing*) melácca, чёрная пáтока ◇ (as) slow as ~ *амер.* óчень мéдленный

**mold** I, II, III [məuld] = mould I, II *и* III

**Moldavian** [mɔlˈdeɪvjən] 1. *a* молдáвский

2. *n* 1) молдавáнин; молдавáнка 2) молдáвский язы́к

**mole** I [məul] *n* рóдинка

**mole** II [məul] 1. *n* крот

2. *v* копáть, рыть (*под землёй*)

**mole** III [məul] *n* 1) мол 2) дáмба

**mole** IV [məul] *n хим.* моль, грамм-молéкула

**molecular** [məuˈlekjulə] *a* молекулярный

**molecule** [ˈmɔlɪkjuːl] *n* молéкула

**mole-eyed** [ˈməulaɪd] *a* 1) с óчень мáленькими глазáми (*как у крота*) 2) подслеповáтый

**molehill** [ˈməulhɪl] *n* кротóвина

**mole-rat** [ˈməulræt] *n зоол.* слепы́ш

**moleskin** [ˈməulskɪn] *n* 1) кротóвый мех 2) *текст.* молескин 3) *pl* молескиновые брюки

**molest** [məuˈlest] *v* приставáть; досаждáть

**molestation** [ˌməulesˈteɪʃən] *n* приставáние, назóйливость

**molestful** [məuˈlestful] *a* надоéдливый, назóйливый

**moll** [mɔl] *n* 1) = molly 1) *и* 2); 2) *амер. sl.* любóвница гáнгстера

**mollification** [ˌmɔlɪfɪˈkeɪʃən] *n* смягчéние, успокоéние

**mollify** [ˈmɔlɪfaɪ] *v* смягчáть, успокáивать

**mollusc** [ˈmɔləsk] *n зоол.* моллю́ск

**molluscous** [mɔˈlʌskəs] *a* 1) *зоол.* моллю́сковый 2) бесхарáктерный, мягкотéлый

**molly** [ˈmɔlɪ] *n* 1) *sl.* дéвушка, молодáя жéнщина 2) *sl.* проститýтка 3) изнéженный ю́ноша *или* мáльчик, «девчóнка» 4) *разг.* «тряпка», «бáба» (*тж.* Miss M.) 5) большáя корзина (*для фруктов и т. п.*)

**molly-coddle** [ˈmɔlɪˌkɔdl] 1. *n* 1) нéженка 2) *разг.* «тряпка», «бáба»

2. *v* изнéживать, баловáть

**Molly Maguire** [ˈmɔlɪməˈgwaɪə] *n ист.* член тáйного ирлáндского óбщества, борóвшегося прóтив высóкой арéндной плáты

**Moloch** [ˈməulɔk] *n* 1) *миф.* Молóх (*тж. перен.*) 2) *зоол.* молóх

**molt** [məult] = moult

**molten** [ˈməultən] *a* 1) расплáвленный 2) литóй

**molybdenite** [məˈlɪbdɪnaɪt] *n мин* молибдéновый блеск, молибденит

**molybdenum** [mɔ'lɪbdɪnəm] *n хим.* молибде́н

**moment** ['məumənt] *n* 1) моме́нт, миг, мгнове́ние, мину́та; at (*или* for) the ~ в да́нную мину́ту; this ~ а) неме́дленно; б) то́лько что; to the (very) ~ то́чно в ука́занный срок; a man of the ~ челове́к, влия́тельный в да́нное вре́мя; ally of the ~ вре́менный, случа́йный сою́зник 2) ва́жность, значе́ние; a decision of great ~ ва́жное реше́ние; it is of no ~ э́то не име́ет значе́ния 3) *мех., физ.* моме́нт

**momenta** [məu'mentə] *pl от* momentum

**momentarily** ['məuməntərɪlɪ] *adv* 1) на мгнове́ние 2) неме́дленно 3) ежемину́тно

**momentary** ['məuməntərɪ] *a* 1) момента́льный 2) преходя́щий, кратковре́менный

**momently** ['məuməntlɪ] *adv* 1) с мину́ты на мину́ту 2) ежемину́тно 3) на мгнове́ние

**momentous** [məu'mentəs] *a* ва́жный, име́ющий ва́жное значе́ние

**momentum** [məu'mentəm] *n* (*pl* momenta) 1) *физ.* коли́чество движе́ния; механи́ческий моме́нт, ине́рция (*движущегося тела*); кинети́ческая эне́ргия 2) толчо́к, и́мпульс; *перен.* дви́жущая си́ла ◇ to grow in ~ уси́ливаться; to gather (*или* to achieve) ~ уси́ливаться, расти́; нара́щивать темп

**monac(h)al** ['mɔnəkəl] *a* мона́шеский, монасты́рский

**monad** ['mɔnæd] *n* 1) *филос.* мона́да 2) *хим.* одновале́нтный элеме́нт 3) *биол.* одноклёточный органи́зм

**monandry** [mɔ'nændrɪ] *n* мона́ндрия, одному́жество

**monarch** ['mɔnək] *n* 1) мона́рх 2) *зоол.* ба́бочка-данаи́да

**monarchal** [mɔ'nɑ:kəl] = monarchic(al)

**monarchic(al)** [mɔ'nɑ:kɪk(əl)] *a* монархи́ческий

**monarchist** ['mɔnəkɪst] *n* монархи́ст

**monarchy** ['mɔnəkɪ] *n* мона́рхия

**monastery** ['mɔnəstərɪ] *n* монасты́рь (*мужской*)

**monastic** [mə'næstɪk] **1.** *a* монасты́рский; мона́шеский

**2.** *n* мона́х

**Monday** ['mʌndɪ] *n* понеде́льник ◇ Black ~ *школ. жарг.* пе́рвый день заня́тий по́сле кани́кул; ~ feeling нежела́ние рабо́тать (*после воскресенья*)

**Mondayish** ['mʌndɪɪʃ] *a разг.* чу́вствующий лень при возобновле́нии рабо́ты по́сле воскре́сного о́тдыха

**mondial** ['mɔndɪəl] *a* миров́ой, всеми́рный

**monetary** ['mʌnɪtərɪ] *a* 1) моне́тный; де́нежный; ~ unit де́нежная едини́ца 2) валю́тный; International M. Fund Междунаро́дный валю́тный фонд

**monetize** ['mʌnɪtaɪz] *v* 1) избира́ть (*металл*) как осно́ву де́нежной систе́мы 2) перечека́нивать в моне́ту 3) пуска́ть (*деньги*) в обраще́ние

**money** ['mʌnɪ] *n* 1) (*тк. sing*) де́ньги; to make ~ а) зараба́тывать де́ньги; б) разбогате́ть; in the ~ *разг.* бога́тый 2) *pl* (-s [-z]) моне́тные систе́мы, валю́ты 3) *pl* (monies) *юр.* де́нежные су́ммы 4) вы́игрыш (на ска́чках); his horse took first ~ его́ ло́шадь пришла́ пе́рвой ◇ ~ makes the mare (to) go *посл.* ≅ с деньга́ми мно́гое мо́жно сде́лать; ~ makes ~ *посл.* де́ньги к деньга́м

**money-agent** ['mʌnɪˌeɪdʒənt] *n* банки́р

**money-bag** ['mʌnɪbæg] *n* 1) мешо́к для де́нег 2) *pl* бога́тство 3) *pl* «де́нежный мешо́к», бога́ч; скупе́ц

**money-bill** ['mʌnɪbɪl] *n* фина́нсовый законопрое́кт

**money-box** ['mʌnɪbɔks] *n* копи́лка

**money-changer** ['mʌnɪˌʧeɪndʒə] *n* 1) меня́ла 2) автома́т для разме́на де́нег

**moneyed** ['mʌnɪd] *a* 1) бога́тый 2) де́нежный; ~ assistance материа́льная подде́ржка; the ~ interest де́нежные магна́ты; фина́нсовые круги́

**money-grubber** ['mʌnɪˌgrʌbə] *n* стяжа́тель

**money-grubbing** ['mʌnɪˌgrʌbɪŋ] **1.** *n* стяжа́тельство

**2.** *a* стяжа́тельный; стяжа́тельский

**money-lender** ['mʌnɪˌlendə] *n* ростовщи́к

**moneyless** ['mʌnɪlɪs] *a* не име́ющий де́нег, нужда́ющийся в деньга́х, безде́нежный

**money-maker** ['mʌnɪˌmeɪkə] *n* 1) стяжа́тель 2) *амер.* при́быльное, вы́годное де́ло

**money-market** ['mʌnɪˌmɑ:kɪt] *n* де́нежный ры́нок; валю́тный ры́нок

**money order** ['mʌnɪˌɔ:də] *n* де́нежный почто́вый перево́д

**money-spinner** ['mʌnɪˌspɪnə] *n* 1) ма́ленький кра́сный пау́к, я́кобы принося́щий сча́стье 2) *разг.* нашуме́вшая кни́га, пье́са *и т. п.* 3) спекуля́нт; ростовщи́к

**money's-worth** ['mʌnɪz'wə:θ] *n* что-л. име́ющее реа́льную це́нность, опра́вдывающее затра́ту

**moneywort** ['mʌnɪwə:t] *n бот.* верб́ейник, лугово́й чай

**monger** ['mʌŋgə] *n* продаве́ц, торго́вец (*гл. обр. в сложных словах, напр.:* fishmonger торго́вец ры́бой; newsmonger *ирон.* сплётник)

**Mongol** ['mɔŋgɔl] **1.** *n* 1) монго́л; монго́лка 2) монго́льский язы́к

**2.** *a* монго́льский

**Mongolian** [mɔŋ'gəuljən] = Mongol

**mongoose** ['mɔŋgu:s] *n зоол.* мангу́ста

**mongrel** ['mʌŋgrəl] **1.** *n* 1) дворня́жка 2) ублю́док; по́месь

**2.** *a* нечистокро́вный, сме́шанный

**moni(c)ker** ['mɔnɪkə] *n sl.* и́мя; кли́чка

**monies** ['mʌnɪz] *pl от* money 3)

**monism** ['mɔnɪzm] *n филос.* мони́зм

**monistic** [mɔ'nɪstɪk] *a филос.* монисти́ческий

**monition** [məu'nɪʃən] *n* 1) наставле́ние; предостереже́ние 2) вы́зов в суд 3) *церк.* увеща́ние

**monitor** ['mɔnɪtə] **1.** *n* 1) наста́вник, сове́тник 2) ста́рший учени́к, наблюда́ющий за поря́дком в мла́дшем кла́ссе; ста́роста кла́сса 3) лицо́, веду́щее радиоперехва́т 4) *мор.* монито́р 5) *тех.* гидромонито́р 6) *зоол.* вара́н 7) *стр.* светово́й фона́рь 8) *физ.* дозиме́тр 9) *радио, тлв.* контролёр переда́чи

**2.** *v* 1) наставля́ть, сове́товать 2) *радио, тлв.* контроли́ровать, проверя́ть (*качество передачи и т. п.*) 3) вести́ радиоперехва́т 4) *физ.* вести́ дозиметри́ческий контро́ль

**monitorial** [ˌmɔnɪ'tɔ:rɪəl] *a* 1) увещева́тельный, настави́тельный 2) входя́щий в обя́занности ста́росты; ~ school шко́ла, в кото́рой ста́ршие ученики́ следя́т за поря́дком в мла́дших кла́ссах

**monitory** ['mɔnɪtərɪ] **1.** *a* предостерега́ющий

**2.** *n церк.* увещева́тельное посла́ние (*тж.* ~ letter)

**monk** [mʌŋk] *n* мона́х

**monkery** ['mʌŋkərɪ] *n разг.* 1) монасты́рская жизнь; мона́шество 2) *собир.* мона́хи, мона́шество

**monkey** ['mʌŋkɪ] **1.** *n* (*pl* -s [-z]) 1) обезья́на 2) *шутл., неодобр.* шалу́н, прока́зник 3) *тех.* копро́вая ба́ба 4) теле́жка подъёмного кра́на 5) гли́няный кувши́н с у́зким го́рлышком 6) *sl.* 500 фу́нтов сте́рлингов; *амер.* 500 до́лларов 8) *sl.* закладна́я ◇ to put smb.'s ~ up разозли́ть кого́-л.; to get one's ~ up рассерди́ться, разозли́ться

**2.** *v* 1) подшу́чивать, дура́читься; забавля́ться 2) передра́знивать 3) вме́шиваться, сова́ться 4) по́ртить; неуме́ло обраща́ться (with, about)

**monkey-bread** ['mʌŋkɪbred] *n* 1) баоба́б (*дерево*) 2) плод баоба́ба

**monkey-business** ['mʌŋkɪ'bɪznɪs] *n разг.* 1) валя́ние дурака́, бессмы́сленная рабо́та 2) шутли́вая выходка

**monkey-chatter** ['mʌŋkɪˌʧætə] *n радио* «(соба́чий) лай» (*помехи от интерференции*)

**monkeyish** ['mʌŋkɪɪʃ] *a* 1) обезья́ний 2) шаловли́вый

**monkey-jacket** ['mʌŋkɪˌdʒækɪt] *n* коро́ткая матро́сская ку́ртка, бушла́т

**monkey-jar** ['mʌŋkɪdʒɑ:] *n* гли́няный кувши́н для воды́

**monkey-nut** ['mʌŋkɪ'nʌt] *n* земляно́й оре́х, ара́хис

**monkey-puzzle** ['mʌŋkɪˌpʌzl] *n бот.* арauка́рия чили́йская

**monkey-shine** ['mʌŋkɪʃaɪn] (*обыкн. pl*) *амер.* = monkey-business 2)

**monkey tricks** ['mʌŋkɪ'trɪks] *n pl* ша́лости, прока́зы

**monkey-wrench** ['mʌŋkɪrentʃ] *n* 1) *тех.* разводно́й га́ечный ключ 2) поме́ха, препя́тствие; to throw a ~ into smth. меша́ть; ≅ вставля́ть па́лки в колёса

**monkhood** ['mʌŋkhud] *n* монáшество
**monkish** ['mʌŋkɪʃ] *a* монáшеский
**monks'-hood** ['mʌŋkshud] *n бот.* аконúт, борéц
**mono-** ['mɔnəu-] *в сложных словах* моно-, одно-, едино-; monosemantic однознáчный
**monobasic** ['mɔnəu'beɪsɪk] *a хим.* одноосно́вный
**monochromatic** ['mɔnəkrəu'mætɪk] *a* однокрáсочный, одноцвéтный, монохроматúческий
**monochrome** ['mɔnəkrəum] **1.** *n* однокрáсочное изображéние
**2.** *a* монохро́мный, одноцвéтный, однокрáсочный
**monocle** ['mɔnɔkl] *n* моно́кль
**monocline** ['mɔnəklaɪn] *n геол.* флексýра, моноклинáльная склáдка
**monocotyledon** ['mɔnəu,kɔtɪ'li:dən] *n бот.* односемядо́льное растéние
**monocracy** [mɔ'nɔkrəsɪ] *n* единовлáстие, единодержáвие
**monocular** [mɔ'nɔkjulə] **1.** *a* 1) монокуля́рный 2) *редк.* одноглáзый
**2.** *n опт.* монокуля́р
**monody** ['mɔnədɪ] *n* 1) о́да для одногó гóлоса (*в древнегреческой трагедии*) 2) погребáльная песнь
**monoecious** [mɔ'ni:ʃəs] *a бот.* однодóмный
**monogamist** [mɔ'nɔgəmɪst] *n* сторóнник единобрáчия
**monogamy** [mɔ'nɔgəmɪ] *n* моногáмия, единобрáчие
**monogram** ['mɔnəgræm] *n* монográмма
**monograph** ['mɔnəgrɑ:f] **1.** *n* моногрáфия
**2.** *v* писáть моногрáфию
**monographer** [mɔ'nɔgrəfə] *n* áвтор моногрáфии
**monographic** [,mɔnə'græfɪk] *a* монографúческий
**monogyny** [mɔ'nɔdʒɪnɪ] *n* единожёнство
**monolith** ['mɔnəulɪθ] *n* монолúт
**monolithic** [,mɔnəu'lɪθɪk] *a* монолúтный
**monologize** [mɔ'nɔlədʒaɪz] *v* завладевáть разговóром, не давáть говорúть другúм
**monologue** ['mɔnəlɔg] *n* моноло́г
**monomania** ['mɔnəu'meɪnjə] *n мед.* мономáния
**monomaniac** ['mɔnəu'meɪnɪæk] *n* маньяк
**monomark** ['mɔnəumɑ:k] *n эк.* услóвный фúрменный знак (*из букв и цифр*)
**monomer** ['məunəmə] *n хим.* мономéр
**monometallic** ['mɔnəumɪ'tælɪk] *a фин.* монометаллúческий
**monomial** [mɔ'nəumiəl] *мат.* **1.** *n* одночлéн
**2.** *a* одночлéнный
**monophase** ['mɔnəfeɪz] *a эл.* однофáзный
**monophthong** ['mɔnəfθɔŋ] *n фон.* монофтóнг
**monophthongize** ['mɔnɔfθɔŋgaɪz] *v фон.* монофтонгизúровать
**monoplane** ['mɔnəupleɪn] *n* монопла́н
**monopolist** [mə'nɔpəlɪst] *n* 1) монополúст 2) сторóнник систéмы монопóлий
**monopolize** [mə'nɔpəlaɪz] *v* монополизúровать; to ~ the conversation завладéть разговóром, не давáть никомý сказáть словá
**monopoly** [mə'nɔpəlɪ] *n* монопóлия
**monorail** ['mɔnəureɪl] *n* 1) монорéльсовая желéзная дорóга; монорéльс 2) однорéльсовая подвеснáя желéзная дорóга
**monosyllabic** ['mɔnəusɪ'læbɪk] *a* односло́жный
**monosyllable** ['mɔnə,sɪləbl] *n* однослóжное слóво; to speak in ~s отвечáть односло́жно, нелюбéзно
**monotheism** ['mɔnəuθi:,ɪzm] *n* монотеúзм, единобóжие
**monotheistic** [,mɔnəuθi:'ɪstɪk] *a* монотеистúческий
**monotint** ['mɔnətɪnt] *n* рисýнок *или* гравю́ра в однý крáску
**monotone** ['mɔnətəun] **1.** *n* 1) монотóнность 2) монотóнное чтéние
**2.** *a* = monotonous
**3.** *v* говорúть, читáть *или* петь монотóнно
**monotonous** [mə'nɔtnəs] *a* монотóнный; однообрáзный; скýчный
**monotony** [mə'nɔtnɪ] *n* монотóнность; однообрáзие; скýка
**monotype** ['mɔnəutaɪp] *n* 1) *биол.* монотúп, едúнственный вид рóда 2) *полигр.* монотúп
**monoxide** [mɔ'nɔksaɪd] *n хим.* однооќись
**Monroeism** [mən'rəuɪzm] *n амер. ист.* доктрúна Монрó
**monsieur** [mə'sjə:] *фр. n* (*pl* messieurs) мосьé, господúн
**monsoon** [mɔn'su:n] *n* 1) муссóн 2) дождлúвый сезóн
**monster** ['mɔnstə] **1.** *n* 1) чудóвище; *перен. тж.* úзверг 2) урóд
**2.** *a* исполúнский, громáдный
**monstrance** ['mɔnstrəns] *n церк.* дароно́сица
**monstrosity** [mɔns'trɔsɪtɪ] *n* 1) чудóвищность; урóдство 2) чудóвище, урóдливая вещь
**monstrous** ['mɔnstrəs] *a* 1) чудóвищный 2) урóдливый; безобрáзный 3) громáдный, исполúнский 4) звéрский; жестóкий, ужáсный 5) *разг.* нелéпый, абсýрдный
**montage** [mɔn'tɑ:ʒ] *n* 1) *кино* монтáж 2) фотомонтáж 3) *перен.* калейдоскóп
**montane** ['mɔnteɪn] *a* 1) горúстый 2) гóрный (*о жителях*)
**Montenegrin** [,mɔntɪ'ni:grɪn] **1.** *n* черногóрец
**2.** *a* черногóрский
**month** [mʌnθ] *n* мéсяц ◇ a ~ of Sundays *шутл.* дóлгий срок, цéлая вéчность; in a ~ of Sundays ≅ пóсле дóждичка в четвéрг
**monthly** ['mʌnθlɪ] **1.** *a* (еже)мéсячный; ~ wage мéсячное жáлованье
**2.** *adv* ежемéсячно; раз в мéсяц
**3.** *n* 1) ежемéсячный журнáл 2) *pl* менструáции
**monticule** ['mɔntɪkju:l] *n* 1) хóлмик 2) *геол.* паразитúческий кóнус (*вулкана*)
**monument** ['mɔnjumənt] *n* пáмятник; монумéнт; the M. колóнна в Лóндоне в пáмять пожáра 1666 г.
**monumental** [,mɔnju'mentl] *a* 1) увековéчивающий; ~ mason мáстер, дéлающий надгрóбные плúты, пáмятники 2) монументáльный 3) необычáйный, изумúтельный
**monumentalize** [,mɔnju'mentəlaɪz] *v* увековéчивать
**moo** [mu:] **1.** *n* мычáние
**2.** *v* мычáть
**mooch** [mu:tʃ] *v разг.* 1) лентя́йничать, слоня́ться; прогýливать (*уроки*) 2) жить на чужóй счёт; попрошáйничать 3) воровáть
**mood** I [mu:d] *n* настроéние; расположéние дýха; a ~ of anxiety тревóжное настроéние; to be in the ~ for smth. быть располóженным к чемý-л.; in no ~ не располóжен, не в настроéнии (*сделать что-л.*); a man of ~s человéк настроéния
**mood** II [mu:d] *n* 1) *грам.* наклонéние 2) *муз.* лад, тонáльность
**moody** ['mu:dɪ] *a* 1) легкó поддаю́щийся перемéнам настроéния 2) уны́лый, угрю́мый; в дурнóм настроéнии
**moolah** ['mu:lə] = mullah
**moon** [mu:n] **1.** *n* 1) лунá 2) *астр.* спýтник (*планеты*) 3) лýнный мéсяц 4) *поэт. см.* month 5) лýнный свет ◇ to cry for the ~ трéбовать невозмóжного; to bay the ~ лáять на лунý, занимáться бессмы́сленным дéлом; to aim (*или* to level) at the ~ имéть слúшком большúе претéнзии, мéтить высокó; to believe that the ~ is made of green cheese вéрить всякым небылúцам
**2.** *v* 1) бродúть, двúгаться, дéйствовать как во сне (*тж.* ~ about, ~ along, ~ around) 2) проводúть врéмя в мечтáниях (*обыкн.* ~ away)
**moonbeam** ['mu:nbi:m] *n* полосá лýнного свéта
**moon-blind** ['mu:nblaɪnd] *a мед.* страдáющий курúной слепотóй
**moon-blindness** ['mu:n,blaɪndnɪs] *n мед.* курúная слепотá
**mooncalf** ['mu:nkɑ:f] *n* идиóт; дурачóк
**moon-eye** ['mu:naɪ] *n* 1) *вет.* периодúческое воспалéние глаз (*у лошади*) 2) = moon-blindness
**moon-eyed** ['mu:naɪd] *a* 1) страдáющий курúной слепотóй 2) страдáющий воспалéнием глаз (*о животном*) 3) с широкó раскры́тыми глазáми, с крýглыми глазáми (*от страха, удивления и т. п.*)
**moonfaced** ['mu:nfeɪst] *a* круглолúцый
**moonhead** ['mu:nhed] *n амер. sl.* помéшанный

**moon-lander** [ˈmu:nˌlændə] *n* лета́тельный аппара́т *или* космона́вт, осуществля́ющий поса́дку на Луну́

**moonlight** [ˈmu:nlaɪt] **1.** *n* 1) лу́нный свет 2) *attr.* при лу́нном све́те; ~ flitting (flitter) *разг.* отъе́зд (съезжа́ющий) с кварти́ры но́чью, что́бы избежа́ть пла́ты за неё

**2.** *v* рабо́тать по совмести́тельству

**moonlighter** [ˈmu:nˌlaɪtə] *n* 1) *pl ист.* чле́ны Ирла́ндской земе́льной ли́ги, уничтожа́вшие по ноча́м, в знак проте́ста, посе́вы и скот англи́йских поме́щиков 2) совмести́тель

**moonlit** [ˈmu:nlɪt] *a* за́литый лу́нным све́том

**moon-looper** [ˈmu:nˌlu:pə] *n* лета́тельный аппара́т *или* космона́вт, облета́ющий Луну́

**moon robot** [ˈmu:nˈrəubɔt] = moon rover

**moon rover** [ˈmu:nˈrəuvə] *n* лунохо́д

**moonscape** [ˈmu:nskeɪp] *n* лу́нный ландша́фт

**moonshine** [ˈmu:nʃaɪn] *n* 1) лу́нный свет 2) фанта́зия; вздор 3) *амер. разг.* само́гон; контраба́ндный спирт

**moonshiner** [ˈmu:nˌʃaɪnə] *n амер. разг.* 1) самого́нщик 2) контрабанди́ст, ввозя́щий спирт

**moonship** [ˈmu:nʃɪp] *n* косми́ческий кора́бль на Луну́

**moon shot** [ˈmu:nʃɔt] *n* полёт на Луну́

**moonstone** [ˈmu:nstəun] *n мин.* лу́нный ка́мень

**moonstruck** [ˈmu:nstrʌk] *a* поме́шанный

**moon walker** [ˈmu:nˈwɔ:kə] = moon rover

**moony** [ˈmu:nɪ] *a* 1) похо́жий на луну́; кру́глый 2) рассе́янный, мечта́тельный; апати́чный 3) *sl.* подвы́пивший

**Moor** [muə] *n* 1) марокка́нец 2) *ист.* мавр

**moor I** [muə] *n* 1) торфяни́стая ме́стность, поро́сшая ве́реском 2) уча́сток для охо́ты

**moor II** [muə] *v* прича́лить; пришвартова́ть(ся); стать на я́корь

**moorage** [ˈmuərɪdʒ] *n* 1) ме́сто прича́ла 2) пла́та за стоя́нку су́дна

**moor-bath** [ˈmuəbɑ:θ] *n* грязева́я, и́ловая *или* торфяна́я ва́нна

**moorcock** [ˈmuəkɔk] *см.* moor game

**moor-fowl** [ˈmuəfaul] = moor game

**moor game** [ˈmuəgeɪm] *n* куропа́тка шотла́ндская (moorcock саме́ц, moorhen са́мка)

**moorhen** [ˈmuəhen] *см.* moor game

**mooring-mast** [ˈmuərɪŋmɑ:st] *n ав.* прича́льная ма́чта (*для дирижаблей*)

**moorings** [ˈmuərɪŋz] *n pl мор.* мёртвые якоря́; шварто́вы, я́корные це́пи, бо́чки *и т. п.*

**Moorish** [ˈmuərɪʃ] *a* маврита́нский

**moorland** [ˈmuələnd] *n* ме́стность, поро́сшая ве́реском

**Moorman** [ˈmuəmən] *n* мусульма́нин (*в Индии*)

**moose** [mu:s] *n* америка́нский лось

**moot** [mu:t] **1.** *n* 1) *ист.* собра́ние свобо́дных гра́ждан для обсужде́ния дел всей общи́ны 2) *юр.* уче́бный суде́бный проце́сс (*в юридических школах*)

**2.** *a* спо́рный

**3.** *v* ста́вить вопро́с на обсужде́ние; обсужда́ть

**mooted** [ˈmu:tɪd] **1.** *p. p. от* moot 3

**2.** *a амер.* = moot 2

**mop I** [mɔp] **1.** *n* 1) шва́бра 2) ко́смы, копна́ (*волос*)

**2.** *v* 1) мыть пол шва́брой, подтира́ть (*тж.* ~ out) 2) вытира́ть (*слёзы, пот*); to ~ dry вытира́ть на́сухо; to ~ one's brow вытира́ть пот со лба □ ~ **up** а) вытира́ть; осуша́ть; б) *разг.* поглоща́ть (*пищу*); в) *разг.* прика́нчивать, убива́ть; разде́латься; г) *воен.* очища́ть (*захваченную территорию от противника*) ◇ to ~ the earth (*или* the ground, the floor) with smb. име́ть кого́-л. в по́лном подчине́нии, унижа́ть кого́-л.

**mop II** [mɔp] **1.** *n*: ~s and mows грима́сы, ужи́мки

**2.** *v*: to ~ and mow грима́сничать

**mope** [məup] **1.** *n* (the ~s) *pl* хандра́; to have a fit of the ~s хандри́ть

**2.** *v* хандри́ть; быть в пода́вленном состоя́нии, быть ко всему́ безуча́стным (*часто* ~ by oneself, ~ about)

**mope-eyed** [ˈməupaɪd] *a* близору́кий

**mopish** [ˈməupɪʃ] *a* скло́нный к хандре́; уны́лый

**moppet** [ˈmɔpɪt] *n ласк.* ребёнок; малю́тка

**moraine** [mɔˈreɪn] *n геол.* море́на

**moral** [ˈmɔrəl] **1.** *n* 1) поуче́ние, мора́ль; to draw the ~ извлека́ть мора́ль, уро́к 2) *pl* нра́вы; нра́вственность; мора́льное состоя́ние 3) *pl* э́тика ◇ the very ~ of smb. *разг.* то́чная ко́пия, вы́литый портре́т кого́-л.

**2.** *a* 1) мора́льный, нра́вственный; эти́ческий; духо́вный; ~ code нра́вственные но́рмы; ~ philosophy э́тика 2) нравоучи́тельный 3) доброде́тельный, высоконра́вственный; ~ life доброде́тельная жизнь 4) духо́вный; вну́тренний; ~ certainty вну́тренняя уве́ренность; отсу́тствие сомне́ния

**morale** [mɔˈrɑ:l] *n* мора́льное состоя́ние; боево́й дух; national ~ национа́льное самосозна́ние; to undermine the ~ внести́ разложе́ние, деморализова́ть

**moralist** [ˈmɔrəlɪst] *n* 1) морали́ст 2) доброде́тельный, высоконра́вственный челове́к

**morality** [məˈrælɪtɪ] *n* 1) мора́ль 2) *pl* осно́вы мора́ли; э́тика 3) *pl* нра́вственное поведе́ние 4) нравоуче́ние; copy-book ~ прописна́я мора́ль 5) *ист. театр.* моралите́

**moralize** [ˈmɔrəlaɪz] *v* 1) морализи́ровать 2) извлека́ть мора́ль, уро́к 3) поуча́ть; исправля́ть нра́вы

**morally** [ˈmɔrəlɪ] *adv* 1) мора́льно; нра́вственно 2) в нра́вственном отноше́нии 3) доброде́тельно 4) по всей ви́димости; в су́щности, факти́чески

**morass** [məˈræs] *n* боло́то, тряси́на (*часто перен.*)

**moratorium** [ˌmɔrəˈtɔ:rɪəm] *n* морато́рий; отсро́чка по платежа́м и фина́нсовым обяза́тельствам

**moratory** [ˈmɔrətərɪ] *a* даю́щий отсро́чку платежа́

**Moravian** [məˈreɪvjən] **1.** *a* 1) мора́вский 2) *ист.* относя́щийся к мора́вским бра́тьям

**2.** *n* 1) жи́тель Мора́вии 2) *pl ист.* мора́вские бра́тья

**morbid** [ˈmɔ:bɪd] *a* 1) боле́зненный; нездоро́вый 2) патологи́ческий; ~ anatomy патологи́ческая анато́мия; ~ growth *мед.* новообразова́ние 3) боле́зненно впечатли́тельный; нездоро́вый (*психически*); ~ imagination боле́зненное воображе́ние 4) ужа́сный, отврати́тельный

**morbidity** [mɔ:ˈbɪdɪtɪ] *n* 1) боле́зненность 2) заболева́емость

**morbidness** [ˈmɔ:bɪdnɪs] *n* боле́зненная впечатли́тельность *и пр.* [*см.* morbid 3)]

**morbific** [mɔ:ˈbɪfɪk] *a* болезнетво́рный

**mordacity** [mɔ:ˈdæsɪtɪ] *n* язви́тельность; ко́лкость

**mordant** [ˈmɔ:dənt] **1.** *a* 1) ко́лкий, язви́тельный, саркасти́ческий 2) *хим.* е́дкий 3) *мед.* вызыва́ющий разруше́ние (*ткани*) 4) закрепля́ющий кра́ску

**2.** *n* 1) протра́вка (*при гравировании*) 2) протра́ва (*при крашении*); мори́лка

**mordent** [ˈmɔ:dənt] *n муз.* трель

**more** [mɔ:] **1.** *a* 1) *сравн. ст. от* much 1 *и* many 1; 2) бо́льший, бо́лее многочи́сленный; he has ~ ability than his predecessors у него́ бо́льше уме́ния, чем у его́ предше́ственников 3) доба́вочный, ещё (*употр. с числительным или неопределённым местоимением*); two ~ cruisers were sunk ещё два кре́йсера бы́ли пото́плены; bring some ~ water принеси́те ещё воды́

**2.** *adv* 1) *сравн. ст. от* much 2; 2) бо́льше; you should walk ~ вам на́до бо́льше гуля́ть 3) *служит для образования сравн. ст. многосложных прилагательных и наречий*: ~ powerful бо́лее мо́щный 4) ещё; опя́ть, сно́ва; once ~ ещё раз ◇ ~ or less бо́лее и́ли ме́нее, приблизи́тельно; the ~ ... the ~ чем бо́льше..., тем бо́льше; the ~ he has the ~ he wants чем бо́льше он име́ет, тем бо́льшего он хо́чет; the ~ the better чем бо́льше, тем лу́чше; neither ~ nor less than ни бо́льше, ни ме́ньше как; не что́ ино́е, как; all the ~ so тем бо́лее; never ~ никогда́; he is no ~ его́ нет в живы́х

**3.** *n* бо́льшее коли́чество; дополни́тельное коли́чество ◇ what is ~ вдоба́вок, бо́льше того́; hope to see ~ of you наде́юсь ча́ще вас ви́деть; we saw no ~ of him мы его́ бо́льше не ви́дели; there is ~ to come э́то ещё не всё

**moreen** [mɔ:'ri:n] *n* плóтная (полу-) шерстянáя ткань (*для портьер*)

**morel** I [mɔ'rel] *n* сморчóк (*гриб*; *тж.* petty ~)

**morel** II [mɔ'rel] *n бот.* чёрный паслён

**moreover** [mɔ:'rəuvə] *adv* сверх тогó, крóме тогó

**mores** ['məuri:z] *лат. n pl* нрáвы

**Moresque** [mɔ'resk] **1.** *a* мавритáнский

**2.** *n* 1) мавритáнский стиль 2) мавритáнка

**morganatic** [,mɔ:gə'nætɪk] *a* морганатúческий

**morgue** I [mɔ:g] *фр. n* 1) морг, покóйницкая 2) *амер. sl.* отдéл хранéния спрáвочного материáла в редáкции газéты

**morgue** II [mɔ:g] *фр. n* надмéнность, высокомéрие

**moribund** ['mɔrɪbʌnd] *a* умирáющий

**morion** ['mɔrɪən] *n воен. ист.* морúон

**Mormon** ['mɔ:mən] *n* 1) мормóн 2) (m.) многожéнец

**morn** [mɔ:n] *n* 1) *поэт.* ýтро 2) (the ~) *шотл.* зáвтра; the ~'s morning зáвтра ýтром

**morning** ['mɔ:nɪŋ] *n* 1) ýтро; good ~ с дóбрым ýтром; здрáвствуйте 2) *поэт.* ýтренняя зарá 3) рáнний перúод, начáло (*чего-л.*); the ~ of life ýтро жúзни 4) *attr.* ýтренний; ~ coat визúтка; ~ gown халáт; ~ watch *мор.* ýтренняя вáхта (*с 4 до 8 ч.*)

**morning glory** ['mɔ:nɪŋ,glɔ:rɪ] *n бот.* 1) вьюнóк 2) ипомéя

**morning star** ['mɔ:nɪŋ'stɑ:] *n* ýтренняя звездá, Венéра

**morocco** [mə'rɔkəu] **1.** *n* (*pl* -os [-əuz]) сафьян

**2.** *a* сафьяновый

**moron** ['mɔ:rɔn] *n* слабоýмный, идиóт

**morose** [mə'rəus] *a* мрáчный, угрюмый, зáмкнутый

**morpheme** ['mɔ:fi:m] *n лингв.* морфéма

**Morpheus** ['mɔ:fju:s] *n греч. миф.* Морфéй; in the arms of ~ в объятиях Морфéя, спящий

**morphia** ['mɔ:fjə] = morphine

**morphine** ['mɔ:fi:n] *n* мóрфий

**morphinism** ['mɔ:fɪnɪzm] *n* морфинúзм, наркомáния

**morphologic(al)** [,mɔ:fə'lɔdʒɪk(əl)] *a* морфологúческий

**morphology** [mɔ:'fɔlədʒɪ] *n* морфолóгия

**morris** ['mɔrɪs] *n* тáнец в костюмах герóев легéнды о Рóбин Гýде (*тж.* ~ dance)

**morrow** ['mɔrəu] *n* 1) *уст.* ýтро 2) *поэт.* зáвтра, зáвтрашний день [*см.* tomorrow 2] 3) врéмя, наступúвшее непосрéдственно пóсле (*какого-л.*) событúя; on the ~ of вслед за (*чем-л.*), по окончáнии (*чего-л.*)

**Morse** [mɔ:s] *n* 1) *attr.*: ~ code, ~ alphabet áзбука Мóрзе; ~ telegraph телегрáф Мóрзе 2) *разг. см.* ~ code, ~ telegraph

**morse** [mɔ:s] *n зоол.* морж

**morsel** ['mɔ:səl] *n* 1) кусóчек 2) вкýсное блюдо 3) незначúтельный, не принимáемый в расчёт человéк

**mortal** ['mɔ:tl] **1.** *a* 1) смéртный; not a ~ man ни живóй душú 2) смертéльный; ~ agony предсмéртная агóния 3) жестóкий, беспощáдный; ~ enemy смертéльный враг 4) *разг.* ужáсный; in a ~ hurry в ужáсной спéшке 5) *разг.* скучнéйший

**2.** *n* человéк, смéртный

**3.** *adv* 1) *разг., диал.* чрезвычáйно, óчень 2) = mortally

**mortality** [mɔ:'tælɪtɪ] *n* 1) смертéльность 2) смéртность 3) падёж (*скота*) 4) человéчество, смéртные (*род человеческий*) 5) *attr.*: ~ tables статистúческие таблúцы смéртности

**mortally** ['mɔ:təlɪ] *adv* смертéльно

**mortar** I ['mɔ:tə] **1.** *n* 1) стýпка, стýпа 2) *воен.* мортúра; миномёт

**2.** *v* 1) толóчь в стýп(к)е 2) *воен.* обстрéливать миномётным огнём

**mortar** II ['mɔ:tə] **1.** *n* известкóвый раствóр; строúтельный раствóр

**2.** *v* скреплять известкóвым раствóром

**mortar-board** ['mɔ:təbɔ:d] *n* 1) *стр.* сóкол 2) *разг.* головнóй убóр с квадрáтным вéрхом (*у английских студентов и профессоров*)

**mortgage** ['mɔ:gɪdʒ] **1.** *n* 1) заклáд; ипотéка 2) закладнáя

**2.** *v* 1) заклáдывать 2) ручáться (*словом*)

**mortgagee** [,mɔ:gə'dʒi:] *n* кредитóр по закладнóй

**mortgager, mortgagor** ['mɔ:gɪdʒə, ,mɔ:gə'dʒɔ:] *n* заклáдчик, должнúк по закладнóй

**mortice** ['mɔ:tɪs] = mortise

**mortician** [mɔ:'tɪʃən] *n амер.* владéлец похорóнного бюрó; гробовщúк

**mortification** [,mɔ:tɪfɪ'keɪʃən] *n* 1) смирéние; подавлéние; ~ of the flesh умерщвлéние плóти 2) унижéние; гóрькое чýвство обúды, разочарования 3) *мед.* омертвéние; гангрéна 4) *шотл.* пожéртвование на благотворúтельные цéли

**mortify** ['mɔ:tɪfaɪ] *v* 1) подавлять (*страсти, чувства и т. п.*); умерщвлять (*плоть*) 2) обижáть, унижáть 3) *мед.* омертвéть, гангренизúроваться 4) *шотл.* жéртвовать на благотворúтельные цéли

**mortifying** ['mɔ:tɪfaɪɪŋ] **1.** *pres. p. от* mortify

**2.** *a* оскорбúтельный, унизúтельный

**mortise** ['mɔ:tɪs] *тех.* **1.** *n* 1) паз, гнездó, прóрезь 2) *attr.*: ~ chisel долотó

**2.** *v* соединять врýбкой; долбúть (*дерево*)

**mortmain** ['mɔ:tmeɪn] *n юр.* владéние недвúжимостью (*принадлежащей церковным, благотворительным учреждениям и т. п.*) без прáва передáчи, «мёртвая рукá»

**mortuary** ['mɔ:tjuərɪ] **1.** *n* 1) покóйницкая, морг 2) *ист.* взнос наслéдников прихóдскому свящéннику на помúн душú покóйника

**2.** *a* похорóнный, погребáльный; ~ urn ýрна с прáхом

**Mosaic** [məu'zeɪɪk] *a библ.* Моисéев; ~ Law Моисéевы закóны

**mosaic** [məu'zeɪɪk] **1.** *n* 1) мозáика 2) что-л., состáвленное из рáзных частéй (*напр., муз.* попуррú)

**2.** *a* мозáичный

**3.** *v* выкладывать мозáикой; дéлать мозáичную рабóту

**moselle** [məu'zel] *n* мозельвéйн (*вино*)

**Moses** ['məuzɪz] *n библ.* Моисéй

**mosey** ['məzɪ] *v амер. разг.* 1) быстро уходúть 2) шатáться, слоняться

**Moslem** ['mɔzlem] **1.** *n* мусульмáнин; мусульмáнка

**2.** *a* мусульмáнский

**mosque** [mɔsk] *n* мечéть

**mosquito** [məs'ki:təu] *n* (*pl* -oes [-əuz]) 1) москúт; комáр 2) *attr.* противомоскúтный

**mosquito-craft** [məs'ki:təukrɑ:ft] *n мор.* торпéдный кáтер; *собир.* торпéдные катерá

**mosquito-fleet** [məs'ki:təufli:t] *n мор.* «москúтный» флот (*торпедные катера*)

**mosquito-net** [məs'ki:təunet] *n* сéтка от комарóв, москúтов *и т. п.*

**moss** [mɔs] **1.** *n* 1) *бот.* мох 2) *разг.* плаýн; лишáйник 3) *диал.* торфянóе болóто

**2.** *v* покрывáть мхом

**moss-back** ['mɔsbæk] *n амер.* 1) = menhaden 2) (M.) *разг.* человéк, скрывáвшийся (*особ.* в болóтах) от слýжбы в áрмии южáн (*во время американской гражданской войны*) 3) *разг.* крáйний консервáтор; старомóдный человéк

**moss-berry** ['mɔs,berɪ] *n бот.* клюква (обыкновéнная)

**moss-grown** ['mɔs,grəun] *a* 1) порóсший мхом 2) устарéвший, старомóдный

**mossiness** ['mɔsɪnɪs] *n* мшúстость; пушúстость

**moss-rose** ['mɔs'rəuz] *n* рóза столúстная, мýскусная

**mosstrooper** ['mɔs,tru:pə] *n* 1) *ист.* разбóйник (*на шотландской границе в XVII в.*) 2) бандúт

**mossy** ['mɔsɪ] *a* мшúстый; покрытый мхом

**most** I [məust] **1.** *a* 1) *превосх. ст. от* much 1 *и* many 1; 2) наибóльший; ~ people большинствó людéй; for the ~ part глáвным óбразом; бóльшей чáстью

**2.** *adv* 1) *превосх. ст. от* much 2; 2) бóльше всегó; what ~ annoys me... что бóльше, сильнée всегó раздражáет менé... 3) весьмá, в вы́сшей стéпени; his speech was ~ convincing егó речь былá весьмá, óчень убедúтельна 4) *служит для образования превосх. ст. многосложных прилагательных и*

*наречий*: ~ beautiful са́мый краси́вый ◇ at ~ са́мое бо́льшее; не бо́льше чем; ten at ~ са́мое бо́льшее де́сять, не бо́льше десяти́; this is at ~ a make-shift э́то не бо́льше, чем паллиати́в

**3.** *n* наибо́льшее коли́чество, бо́льшая часть; this is the ~ I can do э́то са́мое бо́льшее, что я могу́ сде́лать; at the ~ са́мое бо́льшее; ~ of them большинство́ из них ◇ ~ and least *поэт.* все без исключе́ния; to make the ~ of smth. а) испо́льзовать наилу́чшим о́бразом; б) расхва́ливать, преувели́чивать досто́инства *и пр.*

**most** II [məust] *adv амер. разг.* (*сокр. от* almost) почти́

**mostly** ['məustlı] *adv* по бо́льшей ча́сти, гла́вным о́бразом, обыкнове́нно, обы́чно

**mot** [məu] *фр. n* (*pl* -s [-z]) остро́та; ~ juste то́чное выраже́ние

**mote** [məut] *n* 1) пыли́нка 2) пя́тнышко ◇ to see a ~ in thy brother's eye *библ.* ви́деть суче́к в глазу́ бра́та своего́; преувели́чивать чужи́е недоста́тки

**motel** [mou'tel] *n* моте́ль, автопансиона́т

**motet** [məu'tet] *n* песнопе́ние

**moth** [mɔθ] *n* 1) моль 2) мотылёк

**moth-ball** ['mɔθ'bɔ:l] *n* нафтали́новый *или* камфа́рный ша́рик (*от моли*)

**moth-eaten** ['mɔθˌi:tn] *a* 1) изъе́денный мо́лью 2) устаре́вший; изно́шенный

**mother** ['mʌðə] **1.** *n* 1) мать; ма́тушка; мама́ша; M. Superior мать-настоя́тельница 2) нача́ло, исто́чник 3) инкуба́тор; бру́дер (*тж.* artificial ~) 4) *attr.*: ~ tongue а) родно́й язы́к; б) праязы́к ◇ ~ earth мать сыра́ земля́; every ~'s son of (you, them, *etc.*) все без исключе́ния, все до одного́; ~ wit приро́дный ум; здра́вый смысл; смека́лка

**2.** *v* 1) относи́ться по-матери́нски; охраня́ть, леле́ять 2) усыновля́ть; брать на воспита́ние 3) быть ма́терью, роди́ть 4) порожда́ть, вызыва́ть к жи́зни 5) припи́сывать а́вторство; this novel was ~ed on (*или* upon) Miss X. э́тот рома́н приписа́ли мисс X.

**mother country** ['mʌðəˌkʌntrı] *n* 1) ро́дина 2) метропо́лия (*по отношению к колониям*)

**mother-craft** ['mʌðəkrɑ:ft] *n* уме́ние воспи́тывать дете́й

**motherhood** ['mʌðəhud] *n* матери́нство

**mothering** ['mʌðərıŋ] *n* матери́нская ла́ска, забо́та

**Mothering Sunday** ['mʌðərıŋ'sʌndı] *n церк.* четвёртое воскресе́нье поста́

**mother-in-law** ['mʌðərınlɔ:] *n* (*pl* mothers-in-law) 1) тёща 2) свекро́вь

**motherland** ['mʌðəlænd] *n* ро́дина, отчи́зна

**motherless** ['mʌðəlıs] *a* лишённый ма́тери

**motherly** ['mʌðəlı] **1.** *a* матери́нский **2.** *adv* по-матери́нски

**mother missile** ['mʌðə'mısaıl] *n* раке́та-носи́тель, ста́ртовая ступе́нь (*многоступенчатой ракеты*)

**mother of pearl** ['mʌðərəv'pə:l] *n* перламу́тр

**mother-of-pearl** ['mʌðərəv'pə:l] *a* перламу́тровый

**mother of thousands** ['mʌðərəv'θauzəndz] *n бот.* 1) ди́кий лён 2) камнело́мка, цимбаля́рия

**mother ship** ['mʌðəʃıp] *n мор.* 1) плаву́чая ба́за 2) косми́ческий кора́бль-носи́тель

**mothers-in-law** ['mʌðəzınlɔ:] *pl от* mother-in-law

**mother's mark** ['mʌðəzmɑ:k] *n* роди́мое пятно́

**motif** [məu'ti:f] *фр. n* 1) основна́я те́ма, гла́вная мысль, лейтмоти́в 2) кружевно́е украше́ние (*на платье*)

**motile** ['məutıl] *a биол.* спосо́бный передвига́ться, подви́жный

**motion** ['məuʃən] **1.** *n* 1) движе́ние; in ~ двига́ясь, в движе́нии, на ходу́; to set (*или* to put) in ~ пусти́ть; привести́ в движе́ние (*тж. перен.*) 2) ход (*машины и т. п.*) 3) телодвиже́ние, жест; похо́дка 4) побужде́ние; of one's own ~ по со́бственному побужде́нию 5) предложе́ние (*на собрании*); ~ for adjournment *парл.* предложе́ние о прекраще́нии пре́ний (*для обсуждения внеочередного вопроса и т. п.*) 6) де́йствие (кише́чника) 7) *pl* кал 8) *юр.* хода́тайство 9) *уст.* марионе́тка

**2.** *v* пока́зывать же́стом

**motional** ['məuʃənl] *a* двига́тельный

**motionless** ['məuʃənlıs] *a* неподви́жный, без движе́ния; в состоя́нии поко́я

**motion picture** ['məuʃən'pıktʃə] *n* кинокарти́на, кинофи́льм

**motivate** ['məutıveıt] = motive 3

**motivation** [ˌməutı'veıʃən] *n* 1) побужде́ние; дви́жущая си́ла 2) мотиви́ровка; мотива́ция

**motive** ['məutıv] **1.** *n* 1) по́вод, моти́в, побужде́ние; driving ~ дви́жущая си́ла 2) = motif 1)

**2.** *a* 1) дви́жущий; ~ power (*или* force) дви́жущая си́ла; эне́ргия 2) двига́тельный

**3.** *v* 1) побужда́ть 2) служи́ть моти́вом *или* причи́ной 3) (*преим. pass.*) мотиви́ровать

**motiveless** ['məutıvlıs] *a* не име́ющий основа́ний; немотиви́рованный; беспо́чвенный

**motivity** [məu'tıvıtı] *n физ.* двига́тельная си́ла

**motley** ['mɔtlı] **1.** *a* разноцве́тный; пёстрый (*тж. перен.*); ~ horde вся́кий сброд

**2.** *n* 1) попурри́, вся́кая вся́чина 2) *ист.* шутовско́й костю́м; man of ~ шут; to wear ~ быть шуто́м

**motoplough** ['məutəplau] *n с.-х.* самохо́дный плуг

**motor** ['məutə] **1.** *n* 1) дви́гатель; мото́р 2) автомоби́ль 3) мото́рная ло́дка (*тж.* ~ boat) 4) *анат.* дви́гательный му́скул; дви́гательный нерв

**2.** *a* 1) мото́рный, дви́гательный 2) автомоби́льный; ~ show вы́ставка автомоби́лей

**3.** *v* 1) е́хать на автомоби́ле 2) везти́ на автомоби́ле

**motor boat** ['məutəbəut] *n* мото́рная ло́дка; мото́рный ка́тер

**motor bus** ['məutə'bʌs] *n* авто́бус

**motorcade** ['məutəkeıd] *n амер.* 1) автоколо́нна 2) верени́ца автомоби́лей; автомоби́льный корте́ж

**motor-car** ['məutəkɑ:] *n* 1) легково́й автомоби́ль 2) *амер.* мото́рный ваго́н (*трамвая, электропоезда*)

**motor cycle** ['məutəˌsaıkl] *n* мотоци́кл

**motorcycle** ['məutəˌsaıkl] *v* води́ть мотоци́кл; занима́ться мотоцикле́тным спо́ртом

**motor-cyclist** ['məutəˌsaıklıst] *n* мотоцикли́ст

**motordrome** ['məutədrəum] *n* автодро́м; мотодро́м

**motored** ['məutəd] **1.** *p. p. от* motor 3

**2.** *a* снабжённый мото́ром; име́ющий мото́р

**motoring** ['məutərıŋ] **1.** *pres. p. от* motor 3

**2.** *n* 1) автомоби́льное де́ло 2) автомоби́льный спорт

**motorist** ['məutərıst] *n* автомобили́ст

**motorization** [ˌməutəraı'zeıʃən] *n* моториза́ция

**motorize** ['məutəraız] *v* переводи́ть на электри́ческий при́вод

**motorman** ['məutəmən] *n* вагонова́жатый; води́тель (*автобуса*); машини́ст (*электропоезда*)

**motorpool** ['məutəpu:l] *n* объединённый автопа́рк

**motor ship** ['məutəʃıp] *n* теплохо́д

**motor-spirit** ['məutə'spırıt] *n* автомоби́льный бензи́н

**motor vehicle** ['məutə'vi:ikl] *n* автомоби́ль

**motory** ['məutərı] *a* дви́жущий, вызыва́ющий движе́ние

**mottle** ['mɔtl] **1.** *n* кра́пинка, пя́тнышко

**2.** *v* испещря́ть; кра́пать

**mottled** ['mɔtld] **1.** *p. p. от* mottle 2

**2.** *a* 1) кра́пчатый, испещрённый; пёстрый 2) полови́нчатый (*о чугуне*)

**motto** ['mɔtəu] *n* (*pl* -oes [-əuz]) 1) деви́з, ло́зунг 2) эпи́граф

**mouch** [mu:tʃ] = mooch

**mouflon** ['mu:flɔn] *n зоол.* муфло́н

**mould** I [məuld] **1.** *n* 1) взрыхлённая (садо́вая) земля́ 2) по́чва 3) *поэт.* моги́ла 4) *поэт.* прах; man of ~ просто́й сме́ртный

**2.** *v* рыхли́ть; насыпа́ть зе́млю □ ~ **up** оку́чивать

**mould** II [məuld] **1.** *n* пле́сень; пле́сенный грибо́к

**2.** *v* покрыва́ться пле́сенью; пле́сневеть; *перен.* остава́ться без употребле́ния

**mould** III [məuld] **1.** *n* 1) (литéйная) фóрма, излóжница, мýльда 2) лекáло; шаблóн 3) мáтрица 4) *стр.* опáлубка для бетóна 5) фóрмочка для пýдинга, желé *и т. п.* 6) харáктер; people of a special ~ люди осóбого склáда

**2.** *v* 1) отливáть в фóрму, формовáть 2) дéлать по шаблóну 3) формировáть (*характер*); создавáть □ ~ **into** превращáть в; ~ **on**, ~ **upon** формировáть по образцý *чегó-л.*

**mould-board** ['məuldbɔ:d] *n с.-х.* отвáл плýга

**moulder** I ['məuldə] *n* 1) литéйщик, формóвщик 2) создáтель; творéц 3) *тех.* стол для формóвки

**moulder** II ['məuldə] *v* 1) рассыпáться, разрушáться (*часто* ~ away) 2) разлагáться (*морально*); бездéльничать

**moulding** I ['məuldɪŋ] **1.** *pres. p. от* mould III, 2

**2.** *n* 1) *тех.* формóвка, отлѝвка 2) *архит.* лепнóе украшéние 3) багéт

**moulding** II ['məuldɪŋ] *pres. p. от* mould I, 2

**moulding** III ['məuldɪŋ] *pres. p. от* mould II, 2

**mouldy** I ['məuldɪ] *a* 1) заплéсневелый; *перен.* устарéвший; старомóдный 2) *разг.* дряннóй; скýчный

**mouldy** II ['məuldɪ] *n мор. sl.* торпéда

**moult** [məult] **1.** *n* лѝнька (*птиц*)

**2.** *v* линя́ть (*о птицах*)

**mound** I [maund] **1.** *n* нáсыпь; холм; кургáн; могѝльный холм

**2.** *v* дéлать нáсыпь; насыпáть холм

**mound** II [maund] *n* держáва (*эмблема*)

**mount** I [maunt] **1.** *n* 1) лóшадь под седлóм 2) подлóжка, картóн *или* холст, на котóрый наклéена картѝна *или* кáрта; паспартý 3) опрáва (*камня*) 4) предмéтное стеклó (*для микроскопического среза*) 5) *воен.* установка (*для орудия*)

**2.** *v* 1) взбирáться, восходѝть, поднимáться; to ~ the throne взойтѝ на престóл 2): his colour ~ed, a blush ~ed to his face кровь брóсилась емý в лицó 3) поднимáться, повышáться (*о цене*) 4) садѝться на лóшадь *или* на велосипéд, в машѝну 5) посадѝть на лóшадь 6) снабжáть верховы́ми лошадьмѝ 7) устанáвливать, монтѝровать; to ~ a picture наклéивать картѝну на картóн; to ~ a specimen приготовля́ть препарáт для исслéдования (*под микроскопом*); to ~ jewels вставля́ть драгоцéнные кáмни в опрáву; to ~ a gun *воен.* устанáвливать орýдие на лафéт 8): to ~ a picket выставля́ть пикéт 9) стáвить (*пьесу*) 10) набивáть чýчело □ ~ **up** накáпливаться

**mount** II [maunt] *n* 1) холм; горá (*уст., кроме названий, напр.*: Mount Everest горá Эверéст) 2) бугорóк (*на ладони*)

**mountain** ['mauntɪn] *n* 1) горá 2) мáсса, кýча, мнóжество 3) (the M.) *фр. ист.* «Горá», пáртия монтанья́ров 4) *attr.* гóрный; нагóрный ◇ the ~ in labour, the ~ has brought forth a mouse ≅ горá родилá мышь; to make a ~ out of a molehill ≅ дéлать из мýхи слонá; преувелѝчивать

**mountain ash** ['mauntɪn'æʃ] *n бот.* 1) ряби́на америкáнская 2) ряби́на обыкновéнная

**mountain-climber** ['mauntɪn,klaɪmə] *n* альпинѝст

**mountain dew** ['mauntɪn'dju:] *n разг.* шотлáндское вѝски

**mountaineer** [,mauntɪ'nɪə] **1.** *n* 1) альпинѝст 2) гóрец

**2.** *v* совершáть восхождéния на гóры, лáзить по горáм

**mountaineering** [,mauntɪ'nɪərɪŋ] **1.** *pres. p. от* mountaineer 2

**2.** *n* альпинѝзм

**mountain-high** ['mauntɪnhaɪ] *a* óчень высóкий

**mountainous** ['mauntɪnəs] *a* 1) горѝстый 2) громáдный

**mountebank** ['mauntɪbæŋk] **1.** *n* 1) фигля́р; шут 2) шарлатáн

**2.** *v* 1) валя́ть дуракá 2) жýльничать, обмáнывать

**mounted** ['mauntɪd] **1.** *p. p. от* mount I, 2

**2.** *a* 1) кóнный; ~ police кóнная полѝция 2) моторизóванный 3) смонтѝрованный, устанóвленный 4): ~ gem драгоцéнный кáмень в опрáве

**mounting** ['mauntɪŋ] **1.** *pres. p. от* mount I, 2

**2.** *n* 1) установка 2) посáдка на лóшадь *или* в машѝну 3) набѝвка (*чучела*) 4) монтáж 5) опрáва

**mourn** [mɔ:n] *v* 1) сéтовать, оплáкивать 2) носѝть трáур 3) печáлиться, горевáть, скорбéть

**mourner** ['mɔ:nə] *n* 1) присýтствующий на похоронáх 2) плáкальщик

**mournful** ['mɔ:nful] *a* печáльный, скóрбный; трáурный; мрáчный

**mourning** ['mɔ:nɪŋ] **1.** *pres. p. от* mourn

**2.** *n* 1) скорбь, печáль 2) плач, рыдáние 3) трáур; to go into ~ надéть трáур; in ~ а) в трáуре; б) *разг.* грязный (*о ногтях*); в) подбѝтый (*о глазе*) 4) *attr.* трáурный

**mouse** **1.** *n* [maus] (*pl* mice) 1) мышь 2) *sl.* подбѝтый глаз

**2.** *v* [mauz] 1) ловѝть мышéй 2) вы́искивать, выслéживать (*тж.* ~ around, ~ about, ~ along) □ ~ **out** *амер.* разнюхать, разузнáть

**mouser** ['mauzə] *n* мышелóв

**mousetrap** ['maustræp] *n* мышелóвка

**mousse** [mu:s] *фр. n* мусс (*блюдо*)

**mousseline** ['mu:sli:n] *фр. n* муслѝн

**moustache** [məs'tɑ:ʃ] *n* усы́

**mousy** ['mausɪ] **1.** *n* мы́шка, мышóнок

**2.** *a* 1) мышѝный 2) рóбкий; тѝхий

**mouth** **1.** *n* [mauθ, *pl* mauðz] 1) рот, устá; by ~, by word of ~ ýстно 2) рот, едóк 3) ýстье (*реки, шахты*) 4) вход (*в гавань, пещеру*) 5) гóрлышко (*бутылки*); дýло, жерлó 6) гримáса; to make ~s стрóить рóжи, гримáсничать 7) *sl.* нахáльство 8) *тех.* ýстье, зев, отвéрстие; выходнóй пáтрубок; раструб; рýпор ◇ from ~ to ~ из уст в устá; to open one's ~ too wide а) ожидáть слѝшком мнóгого; б) запрáшивать (*слишком высокую цену*); to take the words out of smb.'s ~ предвосхѝтить чьи-л. словá; to put words into smb.'s ~ а) подсказáть комý-л., что нáдо говорѝть; б) приписывать комý-л. какѝе-л. словá; to have a good (bad) ~ хорошó (плóхо) слýшаться узды́ (*о лошади*)

**2.** *v* [mauð] 1) говорѝть торжéственно; изрекáть 2) жевáть; чáвкать 3) приучáть лóшадь к уздé 4) гримáсничать 5) впадáть (*о реке*)

**mouther** ['mauðə] *n* 1) напы́щенный орáтор 2) хвастýн

**mouth-filling** ['mauθ,fɪlɪŋ] *a* напы́щенный

**mouthful** ['mauθful] *n* 1) пóлный рот (*чегó-л.*); кусóк; глотóк 2) небольшóе колѝчество 3) труднопроизносѝмое слóво, фрáза *и т. п.* ◇ to say a ~ сказáть что-л. вáжное, потрясáющее

**mouth-organ** ['mauθ,ɔ:gən] *n* губнáя гармóника

**mouthpiece** ['mauθpi:s] *n* 1) мундштýк 2) рýпор, глашáтай; орáтор (*от группы*); вырази́тель (*мнения, интересов и т. п.*) 3) микрофóн

**mouthy** ['mauðɪ] *a* 1) напы́щенный 2) болтлѝвый, многослóвный

**movable** ['mu:vəbl] **1.** *a* 1) подвижнóй; перенóсный, разбóрный, передвижнóй 2) движѝмый (*об имуществе*)

**2.** *n pl* движѝмость, движѝмое имýщество

**move** [mu:v] **1.** *n* 1) движéние, перемéна мéста; to make a ~ а) отправля́ться; б) вставáть из-за столá [*см. тж.* 3) *и* 4)]; to get a ~ on *разг.* спешѝть, торопѝться, поторáпливаться; (to be) on the ~ (быть) на ногáх, в движéнии 2) переéзд (*на другую квартиру*) 3) ход (*в игре*); to make a ~ сдéлать ход [*см. тж.* 1) *и* 4)] 4) постýпок, шаг; to make a ~ предприня́ть что-л.; начáть дéйствовать [*см. тж.* 1) *и* 3)] 5) áкция, дéйствие; foreign-policy ~s внешнеполитѝческие áкции

**2.** *v* 1) двѝгать(ся); передвигáть (-ся); to ~ a piece *шахм.* дéлать ход 2) вращáться (*напр., в литературных кругах*) 3) приводѝть в движéние; to ~ the bowels заставля́ть рабóтать кишéчник 4) побуждáть (*к чему-л.*) 5) трóгать, растрóгать 6) волновáть; вызывáть (*какие-л. чувства, эмоции*); to ~ to anger (to laughter) рассердѝть (рассмешѝть); to ~ to tears довестѝ до слёз 7) вносѝть (*предложение, резолюцию*); дéлать заявлéние, обращáться (*в суд и т. п.*); ходáтайствовать (for) 8) переезжáть; переселя́ться; to ~ house переезжáть на другу́ю кварти́ру 9) развивáться (*о событиях*); идти́, подвигáться (*о делах*) 10) расти́; распускáться; nothing is moving in the garden в саду́ ещё ничегó не распускáется 11) переходи́ть в други́е ру́ки; продавáться 12) управля́ть; манипули́ровать 13) дéйствовать (*о кишечнике*) ▭ ~ **about** переходи́ть, переезжáть, переноси́ть с мéста на мéсто; ~ **away** а) удаля́ть (-ся); уезжáть; б) отодвигáть; ~ **back** а) пя́титься; б) идти́ зáдним хóдом; подавáть назáд; в) табáнить; ~ **down** опускáть, спускáть; ~ **for** ходáтайствовать о *чём-л.*; ~ **in** а) вводи́ть, вдвигáть; б) въезжáть (*в квартиру*); ~ **off** а) отодвигáть; б) уезжáть; отъезжáть; ~ **on** пройти́, идти́ дáльше; ~ **out** а) выдвигáть (*ящик и т. п.*); б) съезжáть (*с квартиры*); ~ **over** отстрани́ться, отодви́нуться; ~ **up** пододви́нуть; to ~ up reserves *воен.* подтя́гивать резéрвы ◇ to ~heaven and earth пусти́ть всё в ход; ≅ нажáть все кнóпки

**moveless** [ˈmuːvlɪs] *a* неподви́жный; ~ countenance невозмути́мое выражéние лицá

**movement** [ˈmuːvmənt] *n* 1) движéние, перемещéние, передвижéние 2) движéние (*общественное*) 3) переéзд, переселéние 4) жест, телодвижéние 5) ход (*механизма*) 6) разви́тие дéйствия, динáмика (*литературного произведения*) 7) *ком.* изменéние; оживлéние; upward (downward) ~ повышéние (понижéние) цен 8) *муз.* темп; ритм 9) часть музыкáльного произведéния 10) *мед.* дéйствие кишéчника

**mover** [ˈmuːvə] *n* 1) двигáтель, дви́жущая си́ла; prime ~ первичный двигáтель; истóчник энéргии 2) инициáтор, áвтор (*идеи и т. п.*)

**movie** [ˈmuːvɪ] *n разг.* 1) кинофи́льм 2) *pl* кинó 3) *pl* кинопромы́шленность

**moviegoer** [ˈmuːvɪˌgəuə] *n* кинозри́тель

**moviemaker** [ˈmuːvɪˌmeɪkə] *n* кинопромы́шленник

**movietone** [ˈmuːvɪtəun] *n* звуковóй фильм

**moving** [ˈmuːvɪŋ] **1.** *pres. p. от* move 2

**2.** *a* 1) дви́жущий(ся); подвижнóй 2) трóгательный, волну́ющий

**moving pictures** [ˈmuːvɪŋˈpɪkʧəz] *n pl* кинó

**moving staircase** [ˈmuːvɪŋˈsteəkeɪs] *n* эскалáтор

**moviola** [ˌmuːvɪˈəʊlə] *n амер. кино* мувиóла, звукомонтáжный аппарáт

**mow** I [mau] *уст.* **1.** *n* гримáса

**2.** *v* гримáсничать; [*см. тж.* mop II]

**mow** II [məu] **1.** *n* 1) стог, скирдá 2) сеновáл

**2.** *v* скирдовáть, стоговáть

**mow** III [məu] *v* (mowed [-d]; mowed, mown) коси́ть; жать ▭ ~ **down** а) скáшивать; б) коси́ть (*об эпидемии и т. п.*); ~ **off** = ~ down

**mower** [ˈməuə] *n* 1) косéц 2) коси́лка

**mowing-machine** [ˈməuɪŋməˌʃiːn] *n* коси́лка, сенокоси́лка

**mown** [məun] *p. p. от* mow III

**Mr.** [ˈmɪstə] *сокр. от* mister

**Mrs.** [ˈmɪsɪz] *сокр. от* mistress 2)

**much** [mʌʧ] **1.** *a* (more; most) мнóго; ~ snow мнóго снéга; ~ time мнóго врéмени ◇ ~ water has flown under the bridge since that time ≅ мнóго воды́ утеклó с тех пóр; to be too ~ for оказáться не по си́лам *кому-л.*

**2.** *adv* (more; most) 1) óчень; I am ~ obliged to you я вам óчень благодáрен 2) (*при сравн. ст.*) горáздо, значи́тельно; ~ more natural горáздо естéственнее; ~ better намнóго лу́чше 3) почти́, приблизи́тельно; ~ of a size (a height *etc.*) почти́ тогó же размéра (той же высоты́ *и т. п.*); ~ (about) the same почти́ (однó и) тó же, почти́ такóй же ◇ not ~ отню́дь нет; ни в кóем слу́чае

**3.** *n* мнóгое; to make ~ of а) высокó цени́ть; быть высóкого мнéния; б) носи́ться с *кем-л.*, *чем-л.* ◇ he is not ~ of a scholar он не сли́шком образóванный человéк; ~ of a muchness *разг.* почти́ (однó и) тó же; ≅ одногó пóля ягода ~ will have more *посл.* ≅ дéньги к деньгáм

**mucilage** [ˈmjuːsɪlɪʤ] *n* 1) клéйкое веществó (*растений*); расти́тельный клей 2) слизь

**muck** [mʌk] **1.** *n* 1) навóз 2) *разг.* грязь; дрянь, мéрзость; to make a ~ of smth. испóртить, изгáдить что-л. 3) *горн.* отби́тая, неу́бранная порóда 4) отвáл, вы́нутая земля́ 5) *attr.* навóзный

**2.** *v* 1) унавóживать 2) пáчкать 3) *разг.* (ис)пóртить (*тж.* ~ up) 4) *горн.* убирáть, откáдывать порóду ▭ ~ **about** *разг.* слоня́ться; ~ **in:** to ~ in (with smb.) дели́ться (с кем-л.) иму́ществом, жильём *и т. п.*

**mucker** [ˈmʌkə] **1.** *n* 1) *разг.* тяжёлое падéние; *перен.* большáя неудáча; to come a ~ *разг.* а) тяжелó упáсть; б) попáсть в бедý; вли́пнуть; to go a ~ сли́шком мнóго истрáтить (on, over) 2) *разг.* грубия́н, хам 3) *горн.* убóрщик (*породы*); откáтчик; породопогрузóчная маши́на

**2.** *v разг.* 1) устрóить пу́таницу, перепу́тать; провали́ть дéло 2) истрáтить (*часто* ~ away)

**muck-rake** [ˈmʌkreɪk] **1.** *n* 1) грáбли для навóза 2) склóчник, кля́узник

**2.** *v* расслéдовать и разоблачáть тёмные администрати́вные и полити́ческие махинáции

**muck-raker** [ˈmʌkˌreɪkə] *n* «выгребáтель му́сора» (*журналист, ради сенсации расследующий и разоблачающий коррупцию и тёмные политические махинации официальных лиц*)

**muckworm** [ˈmʌkwəːm] *n* 1) навóзный червь 2) скря́га

**mucky** [ˈmʌkɪ] *a* 1) гря́зный 2) проти́вный

**mucous** [ˈmjuːkəs] *a* сли́зистый; ~ membrane сли́зистая оболóчка

**mucus** [ˈmjuːkəs] *n* слизь

**mud** [mʌd] *n* 1) грязь, сля́коть; ил, ти́на; to stick in the ~ завя́знуть в грязи́; *перен.* отстáть от вéка; to throw (*или* to fling) ~ (at) забросáть гря́зью; (о)порóчить 2) шлам

**mud-bath** [ˈmʌdbɑːθ] *n мед.* грязевáя вáнна

**mud box** [ˈmʌdbɔks] *n тех.* грязеотстóйник

**muddle** [ˈmʌdl] **1.** *n* 1) неразбери́ха; беспоря́док; to make a ~ of smth. спу́тать, перепу́тать что-л. 2) пу́таница в головé

**2.** *v* 1) спу́тывать, пу́тать (*часто* ~ up, ~ together) 2) дéлать кóе-кáк; пóртить 3) опья́нять; одурмáнивать ▭ ~ **away** (one's time, money, *etc.*) зря трáтить (врéмя, дéньги *и т. п*); ~ **into** ввязáться во *что-л.* по глу́пости *или* непредусмотри́тельности; ~ **on** дéйствовать наобу́м, без плáна; ~ **through** кóе-кáк довести́ дéло до концá

**muddle-headed** [ˈmʌdlˌhedɪd] *a* бестолкóвый, тупóй

**muddy** [ˈmʌdɪ] **1.** *a* 1) запáчканный, гря́зный 2) ту́склый (*о свете*) 3) непрозрáчный; му́тный 4) нечи́стый (*о коже*) 5) пу́таный, неясный 6) помути́вшийся (*о рассудке*) 7) хри́плый (*о голосе*)

**2.** *v* 1) обры́згать гря́зью 2) мути́ть

**mudfish** [ˈmʌdfɪʃ] *n* ры́ба, зарывáющаяся в ил, и́льная ры́ба

**mudguard** [ˈmʌdgɑːd] *n авто* крылó; *тех.* щит от гря́зи

**mudlark** [ˈmʌdlɑːk] *n* 1) рабóчий, прочищáющий водостóки 2) у́личный мальчи́шка, беспризóрник

**mudsill** [ˈmʌdsɪl] *n стр.* лéжень

**mudslinger** [ˈmʌdˌslɪŋə] *n амер. разг.* клеветни́к

**muezzin** [mu(ː)ˈezɪn] *араб. n* муэдзи́н

**muff** I [mʌf] *n* 1) му́фта 2) *тех.* му́фта, ги́льза

**muff** II [mʌf] **1.** *n* 1) нескладный, неумéлый *или* глуповáтый человéк; «шля́па»; *спорт.* «мази́ла» 2) оши́бка, прóмах; неудáча

**2.** *v* промахну́ться, проворóнить, промáзать (*тж.* to make a ~ of the business); to ~ one's lines *театр.* смáзать свою́ рéплику

**muffin** [ˈmʌfɪn] *n* 1) горя́чая сдóба 2) олáдья

**muffineer** [ˌmʌfɪˈnɪə] *n* 1) кры́тая посу́да для подáчи сдóбы горя́чей 2) сосу́д для посыпáния сдóбы сáхаром, сóлью *и т. п.*

**muffle** [ˈmʌfl] **1.** *n тех.* 1) му́фель; глуши́тель 2) многошки́вный блок

**2.** *v* 1) заку́тывать, оку́тывать (*часто* ~ up) 2) глуши́ть, заглушáть (*звук*)

**muffled** [ˈmʌfld] **1.** *p. p. от* muffle 2

**2.** *a* 1) заглушённый; ~ curses проклятия, произнесённые сквозь зубы 2) укутанный, закутанный

**muffler** ['mʌflə] *n* 1) кашне, шарф 2) рукавица; боксёрская перчатка 3) *тех.* глушитель; шумоглушитель 4) *муз.* сурдинка

**mufti** ['mʌftɪ] *араб. n* 1) муфтий 2) *разг.* штатское платье

**mug** I [mʌg] **1.** *n* 1) кружка; кубок (*как приз*) 2) прохладительный напиток 3) *груб.* морда, рыло, харя; thinking ~ башка 4) *груб.* рот; гримаса 5) фотография (*подозреваемого преступника*)

**2.** *v разг.* 1) нападать сзади, схватив за горло (*с целью ограбления*) 2) гримасничать 3) *театр.* переигрывать 4) *амер.* фотографировать (*преступников для полицейского архива*)

**mug** II [mʌg] *разг.* **1.** *n* 1) зубрила 2) экзамен

**2.** *v* зубрить, усиленно готовиться к экзамену (*часто* ~ up)

**mug** III [mʌg] *n разг.* 1) простак 2) новичок (*в игре*) ◇ that's a ~'s game это для дураков; ≅ не на того напали

**mugful** ['mʌgful] *n* полная кружка (*чего-л.*)

**mugger** I ['mʌgə] *n* индийский крокодил

**mugger** II ['mʌgə] *n* 1) торговец гончарными изделиями 2) *разг.* грабитель 3) фигляр

**mugging** ['mʌgɪŋ] *n* хулиганство, групповое нападение

**muggins** ['mʌgɪnz] *n* 1) *разг.* простак 2) детская карточная игра 3) род игры в домино

**muggy** ['mʌgɪ] *a* сырой и тёплый (*о погоде и т. п.*); удушливый, спёртый (*о воздухе*)

**mug-house** ['mʌghaus] *n разг.* пивная

**mug-hunter** ['mʌg,hʌntə] *n спорт. разг.* любитель призов

**mugwump** ['mʌgwʌmp] *n амер.* 1) член партии, сохраняющий за собой право голосовать на выборах независимо от партии (*первоначально о «независимых» членах республиканской партии*) 2) влиятельное лицо, «шишка»

**mulatto** [mju(:)'lætəu] **1.** *n* (*pl* -os [-əuz]) мулат(ка)

**2.** *a* оливковый, бронзовый (*о цвете*)

**mulberry** ['mʌlbərɪ] *n* 1) *бот.* шелковица, тутовое дерево 2) тутовая ягода 3) *attr.* багровый, тёмно-красный

**mulberry bush** ['mʌlbərɪ'buʃ] *n* название детской игры

**mulch** [mʌltʃ] *с.-х.* **1.** *n* мульча

**2.** *v* мульчировать

**mulching** ['mʌltʃɪŋ] *n с.-х.* мульчирование

**mulct** [mʌlkt] **1.** *n* 1) штраф 2) наказание

**2.** *v* 1) штрафовать 2) лишать (*чего-л., часто обманом*); he was ~ed of £ 10 его обжулили на 10 фунтов (стерлингов)

**mule** I [mju:l] *n* 1) мул; *перен.* упрямый осёл 2) гибрид 3) *текст.* мюль-машина 4) *тех.* толкач; тягач

**mule** II [mju:l] *n* тапочка, домашняя туфля без задника

**mule** III [mju:l] = mewl

**muleteer** [,mju:lɪ'tɪə] *n* погонщик мулов

**muliebrity** [,mju:lɪ'ebrɪtɪ] *n* 1) женственность 2) изнеженность

**mulish** ['mju:lɪʃ] *a* упрямый (как осёл)

**mull** I [mʌl] *разг.* **1.** *n* путаница; to make a ~ of smth. перепутать что-л.

**2.** *v* перепутать, спутать

**mull** II [mʌl] *v разг.* обдумывать, размышлять (over)

**mull** III [mʌl] *n* сорт тонкого муслина

**mull** IV [mʌl] *n шотл.* мыс (*в геогр. названиях*)

**mull** V [mʌl] *v* подогревать вино *или* пиво с пряностями

**mullah** ['mʌlə] *араб. n* мулла

**mullein** ['mʌlɪn] *n бот.* коровяк

**mullet** ['mʌlɪt] *n зоол.* кефаль; striped ~ лобан; red ~ барабулька обыкновенная

**mulligatawny** [,mʌlɪgə'tɔ:nɪ] *инд. n* густой острый суп с пряностями

**mulligrubs** ['mʌlɪgrʌbz] *n pl разг.* 1) хандра 2) колики; резь

**mullock** ['mʌlək] *n* 1) *диал.* отбросы, мусор 2) *австрал. горн.* пустая порода

**mulsh** [mʌlʃ] = mulch

**mult** [mʌlt] = multure

**multangular** [mʌl'tæŋgjulə] *a* многоугольный

**multeity** [mʌl'ti:ɪtɪ] *n* многообразие; разнообразие

**multi-** ['mʌltɪ-] *в сложных словах* много-; мульти-: multiform многообразный

**multicolour** ['mʌltɪ'kʌlə] **1.** *n* многокрасочность

**2.** *a* цветной, многокрасочный

**multicoloured** ['mʌltɪ'kʌləd] *a* цветной, многокрасочный

**multiengined** ['mʌltɪ'endʒɪnd] *a* многомоторный

**multifarious** [,mʌltɪ'fɛərɪəs] *a* разнообразный

**multiflorous** ['mʌltɪ'flɔrəs] *a бот.* многоцветковый

**multifold** ['mʌltɪfəuld] *a* многократный

**multiform** ['mʌltɪfɔ:m] *a* многообразный

**multiformity** [,mʌltɪ'fɔ:mɪtɪ] *n* многообразие; полиморфизм

**multilateral** ['mʌltɪ'lætərəl] *a* многосторонний; M. Nuclear Force многосторонние ядерные силы

**multimedia** [,mʌltɪ'mi:dɪə] *a* с одновременным использованием различных средств информации; a ~ approach to learning использование разнообразных средств обучения

**multimillionaire** ['mʌltɪmɪljə'nɛə] *n* мультимиллионер

**multinational** ['mʌltɪ'næʃənl] *a* многонациональный

**multipartite** [,mʌltɪ'pɑ:taɪt] *a* разделённый на много частей

**multiped** ['mʌltɪped] *n зоол.* многоножка; мокрица

**multiphase** ['mʌltɪfeɪz] *a эл.* многофазный

**multiplane** ['mʌltɪpleɪn] *n ав.* моноплан

**multiple** ['mʌltɪpl] **1.** *a* 1) составной, складной; имеющий много отделов, частей; ~ shop магазин с филиалами 2) многократный; многочисленный 3) *мат.* кратный

**2.** *n мат.* кратное число; least common ~ общее наименьшее кратное

**multiple voting** ['mʌltɪpl,vəutɪŋ] *n* 1) система голосования, при которой избиратель имеет право голосовать в нескольких округах 2) незаконное голосование одним избирателем в нескольких округах

**multiplex** ['mʌltɪpleks] *a* 1) сложный 2) многократный

**multiplicand** [,mʌltɪplɪ'kænd] *n мат.* множимое

**multiplication** [,mʌltɪplɪ'keɪʃən] *n* 1) *мат.* умножение 2) увеличение 3) *attr.*: ~ table таблица умножения

**multiplicity** [,mʌltɪ'plɪsɪtɪ] *n* 1) сложность; разнообразие 2) многочисленность; a (*или* the) ~ of cases многочисленные случаи

**multiplier** ['mʌltɪplaɪə] *n* 1) множитель 2) коэффициент

**multiply** ['mʌltɪplaɪ] *v* 1) увеличивать(ся) 2) размножать(ся) 3) *мат.* умножать, множить

**multipurpose** ['mʌltɪ'pə:pəs] *a* комплексный, многоотраслевой; универсальный

**multi-stage** ['mʌltɪsteɪdʒ] *a* 1) многоступенчатый; ~ rocket многоступенчатая ракета 2) многокамерный 3) многоэтажный

**multistory** ['mʌltɪ'stɔ:rɪ] *a* многоэтажный

**multisyllable** ['mʌltɪ,sɪləbl] *n* многосложное слово

**multitude** ['mʌltɪtju:d] *n* 1) множество; большое число; масса 2) толпа; the ~ массы

**multitudinous** [,mʌltɪ'tju:dɪnəs] *a* многочисленный

**multiversity** [,mʌltɪ'və:sɪtɪ] *n* университетский комплекс, включающий научно-исследовательский центр

**multocular** [mʌl'tɔkjulə] *a* многоглазый

**multure** ['mʌltjə] *n шотл., уст.* плата натурой за помол

**mum** I [mʌm] **1.** *int* тише!, тс!; ~'s the word! (об этом) ни гугу!, это секрет!

**2.** *a predic.* молчаливый; to keep ~ помалкивать; to sit ~ сидеть молча

**3.** *v* 1) участвовать в пантомиме 2) *ист.* быть ряженым

**mum** II [mʌm] *n уст.* крепкое пиво

**mum** III [mʌm] = mummy II

**mumble** [ˈmʌmbl] **1.** *n* бормотáние

**2.** *v* 1) бормотáть 2) с трудóм жевáть

**Mumbo Jumbo** [ˈmʌmbəuˈdʒʌmbəu] *n* (*pl* -os [-əuz]) йдол нéкоторых западноафрикáнских племён; *перен.* предмéт суевéрного поклонéния; фети́ш

**mummer** [ˈmʌmə] *n* 1) *ист.* учáстник рождéственской пантоми́мы 2) *пренебр.* фигля́р, «актёр»

**mummery** [ˈmʌmərɪ] *n* 1) *ист.* рождéственская пантоми́ма; маскарáд 2) *пренебр.* смешнóй ритуáл, «представлéние»

**mummification** [ˈmʌmɪfɪˈkeɪʃən] *n* мумификáция; высыхáние, превращéние в мýмию

**mummify** [ˈmʌmɪfaɪ] *v* мумифици́ровать; ссыхáться, превращáться в мýмию

**mummy** I [ˈmʌmɪ] *n* 1) мýмия 2) мя́гкая бесфóрменная мáсса; to beat (*или* to smash) to a ~ преврати́ть в бесфóрменную мáссу 3) кори́чневая крáска, мýмия

**mummy** II [ˈmʌmɪ] *n детск.* мáма

**mump** I [mʌmp] *v* дýться, быть не в дýхе

**mump** II [mʌmp] *v* 1) ни́щенствовать, попрошáйничать, кля́нчить 2) обмáнывать

**mumper** I [ˈmʌmpə] *n* попрошáйка, ни́щий

**mumper** II [ˈmʌmpə] *n* человéк в плохóм настроéнии, не в дýхе

**mumpish** [ˈmʌmpɪʃ] *a* надýтый, не в дýхе

**mumps** [mʌmps] *n pl* (*употр. как sing*) 1) сви́нка (*болезнь*) 2) при́ступ плохóго настроéния; to have the ~ хандри́ть

**munch** [mʌntʃ] *v* жевáть, чáвкать

**mundane** [ˈmʌndeɪn] *a* свéтский; мирскóй, земнóй

**municipal** [mju(:)ˈnɪsɪpəl] *a* 1) муниципáльный, городскóй; ~ buildings общéственные здáния 2) самоуправля́ющийся

**municipality** [mju(:)ˌnɪsɪˈpælɪtɪ] *n* 1) гóрод, имéющий самоуправлéние 2) муниципалитéт

**municipalize** [mju(:)ˈnɪsɪpəlaɪz] *v* муниципализи́ровать

**munificence** [mju(:)ˈnɪfɪsns] *n* необыкновéнная щéдрость

**munificent** [mju(:)ˈnɪfɪsnt] *a* необычáйно щéдрый

**muniment** [ˈmju:nɪmənt] *n* (*обыкн. pl*) грáмота, документ о правáх, привилéгиях *и т. п.*

**munition** [mju(:)ˈnɪʃən] **1.** *n* (*обыкн. pl*) 1) воéнное имýщество; снаряжéние (*оружие, боеприпасы и т. п.*) 2) запаснóй фонд (*особ. денежный*)

**2.** *v* снабжáть (áрмию снаряжéнием)

**munitioner** [mju(:)ˈnɪʃənə] = munition-worker

**munition-factory** [mju(:)ˈnɪʃənˌfæktərɪ] *n* воéнный завóд

**munition-worker** [mju(:)ˈnɪʃənˌwə:kə] *n* рабóчий воéнного завóда

**murage** [ˈmjuərɪdʒ] *n ист.* мéстный сбор на строи́тельство *или* ремóнт городскóй стены́

**mural** [ˈmjuərəl] **1.** *a* стеннóй; ~ painting фрéсковая жи́вопись

**2.** *n* фрéска

**murder** [ˈmə:də] **1.** *n* уби́йство ◇ the ~ is out секрéт раскры́т; ~ will out *посл.* ≅ ши́ла в мешкé не утаи́шь; to cry blue ~ кричáть караýл; вопи́ть, орáть

**2.** *int* караýл!

**3.** *v* 1) убивáть, совершáть убийство 2) *разг.* губи́ть плохи́м исполнéнием (*муз. произведение и т. п.*); ковéркать (*иностранный язык*)

**murderer** [ˈmə:dərə] *n* убийца

**murderess** [ˈmə:dərɪs] *n* убийца (*о женщине*)

**murderous** [ˈmə:dərəs] *a* 1) смертонóсный; убийственный 2) кровожáдный; кровáвый; ~ war кровопроли́тная войнá

**mure** [mjuə] *v* 1) окружáть стенóй 2) замурóвывать 3) заточáть, заключáть в тюрьмý

**muriate** [ˈmjuərɪɪt] *n хим.* солянокислая соль; ~ of ammonia нашаты́рь

**muriatic** [ˌmjuərɪˈætɪk] *a хим.* солянокислый; ~ acid соля́ная кислотá

**murk** [mə:k] **1.** *n* темнотá, мрак; ~ of rain пеленá дождя́

**2.** *a* тёмный, мрáчный

**murky** [ˈmə:kɪ] *a* тёмный, мрáчный; пáсмурный

**murmur** [ˈmə:mə] **1.** *n* 1) журчáние; шóрох (*листьев*); жужжáние (*пчёл*) 2) приглушённый шум голосóв; шёпот 3) ворчáние; рóпот; without a ~ безрóпотно 4) *мед.* шум (*в сердце*)

**2.** *v* 1) журчáть; шелестéть; жужжáть 2) шептáть 3) роптáть, ворчáть (at, against — на)

**murmurous** [ˈmə:mərəs] *a* 1) журчáщий 2) ворчáщий, ворчли́вый

**murphy** [ˈmə:fɪ] *n sl.* картóфель

**murrain** [ˈmʌrɪn] *n* 1) я́щур 2) чумá (*рогатого скота*) ◇ a ~ on you! *уст. груб.* ≅ чтоб ты сдох!

**murrey** [ˈmʌrɪ] *уст.* **1.** *a* багрóвый, тёмно-крáсный

**2.** *n* тёмно-крáсный цвет

**muscadine** [ˈmʌskədɪn] *n* мускáтный виногрáд

**muscat** [ˈmʌskət] = muscatel

**muscatel** [ˌmʌskəˈtel] *n* мускáт (*виноград и вино*)

**muscle** [ˈmʌsl] **1.** *n* мýскул, мы́шца; *перен.* си́ла; a man of ~ силáч

**2.** *v*: ~ **in** *амер разг.* вторгáться, врывáться си́лой

**muscology** [mʌsˈkɔlədʒɪ] *n* бриолóгия (*наука о мхах*)

**muscovado** [ˌmʌskəˈvɑ:dəu] *n* неочи́щенный тростникóвый сáхар

**Muscovite** [ˈmʌskəuvaɪt] **1.** *n* 1) москви́ч(ка) 2) *уст.* рýсский; рýсская

**2.** *a уст.* рýсский

**Muscovy** [ˈmʌskəuvɪ] *n ист.* Москóвское госудáрство ◇ ~ glass слюдá; ~ duck = musk-duck

**muscular** [ˈmʌskjulə] *a* 1) мýскульный; мы́шечный 2) мýскулистый; си́льный

**muscularity** [ˌmʌskjuˈlærɪtɪ] *n* 1) мускулатýра 2) мýскулистость

**musculature** [ˈmʌskjulətʃə] *n* мускулатýра

**muse** I [mju:z] *n* мýза

**muse** II [mju:z] **1.** *v* 1) размышля́ть (on, upon); задýмываться 2) задýмчиво смотрéть

**2.** *n уст.* размышлéние; задýмчивость

**musette** [mju(:)ˈzet] *n муз.* 1) волы́нка 2) пасторáльная melóдия 3) = musette bag

**musette bag** [mju(:)ˈzet bæg] *n воен.* вещевóй мешóк

**museum** [mju(:)ˈzɪəm] *n* музéй

**museum-piece** [mju(:)ˈzɪəmpi:s] *n* музéйный экспонáт; музéйная рéдкость (*тж. перен.*)

**mush** I [mʌʃ] *n* 1) что-л. мя́гкое 2) *амер.* маи́совая кáша 3) *разг.* слащáвость, сантимéнты 4) вздор, чепухá 5) (радио)помéхи ◇ to make a ~ спýтать

**mush** II [mʌʃ] *амер.* **1.** *n* путешéствие с собáками (*по снегу*)

**2.** *v* путешéствовать с собáками (*по снегу*)

**mush** III [mʌʃ] *n разг.* зóнтик

**mushroom** [ˈmʌʃrum] **1.** *n* 1) гриб 2) бы́стро возни́кшее учреждéние, нóвый дом *и т. п.* 3) *разг.* вы́скочка 4) *разг.* жéнская солóменная шля́па с опýщенными поля́ми 5) *attr.* грибнóй; похóжий на грибы́; ~ growth бы́стрый рост, бы́строе развитие; ~ settlement бы́стро вы́росший посёлок

**2.** *v* собирáть грибы́, ходи́ть по грибы́ □ ~ **out** = ~ up; ~ **up** а) расти́ как грибы́; б) бы́стро распространя́ться

**mushy** [ˈmʌʃɪ] *a* 1) мя́гкий 2) пóристый 3) *разг.* сентиментáльный, слащáвый

**music** [ˈmju:zɪk] *n* 1) мýзыка; to ~ под мýзыку 2) нóты; he plays without ~ он игрáет без нот 3) музыкáльное произведéние; музыкáльные произведéния 4) *уст.* оркéстр, хор

**musical** [ˈmju:zɪkəl] **1.** *a* 1) музыкáльный; ~ comedy оперéтта; музыкáльная комéдия 2) мелоди́чный; ~ voice мелоди́чный гóлос

**2.** *n* мю́зикл

**music-case** [ˈmju:zɪkkeɪs] *n* пáпка для нот

**music-hall** [ˈmju:zɪkhɔ:l] *n* 1) мю́зик-хóлл 2) концéртный зал

**musician** [mju(:)ˈzɪʃən] *n* 1) музыкáнт; оркестрáнт 2) компози́тор

**music master** [ˈmju:zɪkˌmɑ:stə] *n* преподавáтель мýзыки

**music mistress** [ˈmju:zɪkˌmɪstrɪs] *n* преподавáтельница мýзыки

**musicologist** [ˌmju:zɪˈkɔlədʒɪst] *n* музыковéд

**music-paper** [ˈmju:zɪkˌpeɪpə] *n* нотная бума́га

**music-rack** [ˈmju:zɪkræk] = music-stand

**music-stand** [ˈmju:zɪkstænd] *n* пюпи́тр (*для нот*)

**music-stool** [ˈmju:zɪkstu:l] *n* вращáющийся табуре́т (*для играющего на рояле*)

**musk** [mʌsk] *n* 1) му́скус 2) му́скусный за́пах

**musk-deer** [ˈmʌskˈdɪə] *n* му́скусный оле́нь

**musk-duck** [ˈmʌskˈdʌk] *n* му́скусная у́тка

**muskeg** [ˈmʌskeg] *n амер.* 1) озёрное боло́то 2) жи́дкая торфяна́я по́чва

**musket** [ˈmʌskɪt] *n ист.* мушке́т

**musketeer** [ˌmʌskɪˈtɪə] *n ист.* мушкетёр

**musketry** [ˈmʌskɪtrɪ] *n воен.* 1) *ист.* мушкетёры 2) руже́йный ого́нь 3) стрелко́вое де́ло 4) стрелко́вая подгото́вка

**musk-ox** [ˈmʌskɔks] *n* овцебы́к, му́скусный бык

**musk-rat** [ˈmʌskræt] *n* 1) онда́тра 2) вы́хухоль

**musk-shrew** [ˈmʌskˈʃru:] *n* вы́хухоль

**musky** [ˈmʌskɪ] *a* му́скусный

**Muslim** [ˈmuslɪm] = Moslem

**muslin** [ˈmʌzlɪn] *n* 1) мусли́н 2) *амер.* митка́ль ◇ a bit of ~ *разг.* же́нщина, де́вушка

**musquash** [ˈmʌskwɔʃ] *n* 1) онда́тра 2) мех онда́тры *или* вы́хухоля

**muss** [mʌs] *амер. разг.* **1.** *n* 1) пу́таница, беспоря́док 2) ссо́ра

**2.** *v* приводи́ть в беспоря́док, па́чкать; пу́тать (*обыкн.* ~ up)

**mussel** [ˈmʌsl] *n зоол.* ми́дия

**Mussulman** [ˈmʌslmən] **1.** *n* (*pl* -s) мусульма́нин

**2.** *a* мусульма́нский

**Mussulmans** [ˈmʌslmənz] *pl от* Mussulman 1

**must I** [mʌst (*полная форма*); məst (*редуцированная форма*)] *v модальный, недостаточный глагол выражает*: 1) *долженствование, обязанность*: I ~ go home я до́лжен идти́ домо́й; you ~ do as you are told вы должны́ де́лать так, как вам говоря́т; if you ~, you ~ е́сли на́до, так на́до; what ~ be, will be чему́ суждено́ случи́ться, того́ не минова́ть 2) *необходимость*: one ~ eat to live ну́жно есть, что́бы жить 3) *уверенность, очевидность*: you ~ be aware of this вы, коне́чно, зна́ете об э́том; you ~ have heard about it вы, должно́ быть, об э́том слы́шали 4) *запрещение* (*в отриц. форме*): you ~ not go there вам нельзя́ ходи́ть туда́ 5) *непредвиденную случайность*: just as I was getting better what ~ I do but break my leg и на́до же мне бы́ло слома́ть себе́ но́гу как раз тогда́, когда́ я на́чал поправля́ться ◇ I ~ away я до́лжен е́хать

**must II** [mʌst] *n разг.* настоя́тельная необходи́мость; тре́бование; it is a rigid ~ э́то обяза́тельно ну́жно сде́лать

**must III** [mʌst] *n* пле́сень

**must IV** [mʌst] *n* муст, виногра́дное су́сло

**must V** [mʌst] *n* пери́од «охо́ты» (*у самцов слонов и верблюдов*)

**mustache** [məsˈtɑ:ʃ] = moustache

**mustang** [ˈmʌstæŋ] *n* 1) муста́нг 2) *амер. мор. разг.* офице́р, вы́служившийся из матро́сов

**mustard** [ˈmʌstəd] *n* 1) горчи́ца 2) *attr.* горчи́чный; ~ oil горчи́чное ма́сло ◇ all to the ~ *амер.* ≅ хорошо́, как сле́дует; to be keen as ~ быть энтузиа́стом своего́ де́ла

**mustard gas** [ˈmʌstədˈgæs] *n хим.* ипри́т, горчи́чный газ

**mustard plaster** [ˈmʌstədˌplɑ:stə] *n* 1) горчи́чник 2) *разг.* навя́зчивый челове́к, «ба́нный лист»

**mustard-pot** [ˈmʌstədpɔt] *n* горчи́чница

**musteline** [ˈmʌsteli:n] *a*: ~ family *зоол.* семе́йство куни́ц

**muster** [ˈmʌstə] **1.** *n* 1) сбор, смотр; осмо́тр, освиде́тельствование; перекли́чка; to pass ~ а) пройти́ осмо́тр; б) вы́держать испыта́ния; оказа́ться го́дным; to stand ~ выстра́иваться на перекли́чку 2) *воен.* = muster-roll 3) скопле́ние, о́бщее число́ (*людей или вещей*) 4) *редк.* ста́я

**2.** *v* 1) собира́ть(ся) 2) проверя́ть □ ~ **in** вербова́ть, набира́ть (*войска*); ~ **out** увольня́ть, демобилизова́ть; ~ **up** собира́ть; to ~ up courage собра́ть всё своё му́жество; to ~ up one's strength собра́ться с си́лами

**muster-out** [ˈmʌstərˈaut] *n* увольне́ние из а́рмии

**muster-roll** [ˈmʌstəˈrəul] *n воен.* спи́сок ли́чного соста́ва; *мор.* судова́я роль

**must-list** [ˈmʌstˈlɪst] *n амер.* спи́сок неотло́жных дел

**mustn't** [ˈmʌsnt] *сокр. разг.* = must not

**musty** [ˈmʌstɪ] *a* 1) запле́сневелый; проки́сший; за́тхлый 2) устаре́лый; ко́сный

**mutability** [ˌmju:təˈbɪlɪtɪ] *n* переме́нчивость, изме́нчивость

**mutable** [ˈmju:təbl] *a* изме́нчивый, переме́нчивый, непостоя́нный

**mutate** [mju(:)ˈteɪt] *v* 1) видоизменя́ть(ся) 2) *фон.* подверга́ть(ся) умля́уту

**mutation** [mju(:)ˈteɪʃən] *n* 1) измене́ние, переме́на 2) превра́тность 3) *биол.* мута́ция 4) *фон.* перегласо́вка, умля́ут

**mutch** [mʌtʃ] *n шотл.* че́пчик, че́пец

**mute** [mju:t] **1.** *a* 1) немо́й 2) безмо́лвный, молчали́вый, безгла́сный; ~ as a fish нем как ры́ба; to stand ~ of malice *юр.* отка́зываться отвеча́ть на вопро́сы суда́ 3) *фон.*: ~ consonant немо́й согла́сный; ~ letter непроизноси́мая бу́ква (*как* k, e *в слове* knife)

**2.** *n* 1) немо́й (челове́к) 2) *театр. уст.* стати́ст 3) наёмный уча́стник похоро́нной проце́ссии 4) *фон.* немо́й согла́сный 5) *муз.* сурди́н(к)а

**3.** *v муз.* надева́ть сурди́н(к)у

**muted** [ˈmju:tɪd] **1.** *p. p. от* mute 3

**2.** *a* приглушённый; with ~ strings под сурди́нку

**muteness** [ˈmju:tnɪs] *n* немота́

**mutilate** [ˈmju:tɪleɪt] *v* 1) уве́чить, кале́чить, уро́довать 2) искажа́ть (*смысл*)

**mutilation** [ˌmju:tɪˈleɪʃən] *n* 1) уве́чье 2) искаже́ние

**mutineer** [ˌmju:tɪˈnɪə] *n* уча́стник мятежа́; мяте́жник

**mutinous** [ˈmju:tɪnəs] *a* мяте́жный

**mutiny** [ˈmju:tɪnɪ] **1.** *n* мяте́ж (*гл. обр. военный или против военных властей*); восста́ние; the M. *ист.* восста́ние сипа́ев

**2.** *v* подня́ть мяте́ж; взбунтова́ться (against)

**mutism** [ˈmju:tɪzm] *n мед.* 1) немота́ 2) заде́ржка ре́чи

**mutt** [mʌt] *n sl.* 1) остоло́п, дура́к, болва́н 2) собачо́нка

**mutter** [ˈmʌtə] **1.** *n* 1) бормота́ние 2) ворча́ние 3) отдалённые раска́ты (*грома*)

**2.** *v* 1) бормота́ть 2) ворча́ть (against, at — на) 3) говори́ть ти́хо, невня́тно; говори́ть по секре́ту 4) глу́хо грохота́ть

**mutton** [ˈmʌtn] *n* 1) бара́нина 2) *шутл.* овца́, бара́н 3) *attr.* бара́ний ◇ let's return to our ~s вернёмся к те́ме на́шего разгово́ра; ~ dressed like lamb молодя́щаяся стару́шка

**mutton-bird** [ˈmʌtnbə:d] *n зоол.* буреве́стник тонкоклю́вый

**mutton chop** [ˈmʌtnˈtʃɔp] *n* 1) бара́нья отбивна́я 2) *pl* ба́чки

**mutton-head** [ˈmʌtnhed] *n разг.* болва́н, осёл, дура́к

**mutton-headed** [ˈmʌtnˈhedɪd] *a разг.* глу́пый, ме́дленно соobража́ющий

**muttony** [ˈmʌtnɪ] *a* похо́жий на бара́нину, с за́пахом *или* со вку́сом бара́нины

**mutual** [ˈmju:tjuəl] *a* 1) обою́дный, взаи́мный; ~ relations взаимоотноше́ния; ~ help (*или* aid) взаимопо́мощь; ~ association (society) ассоциа́ция (о́бщество) взаимопо́мощи; ~ understanding взаимопонима́ние; ~ admiration society *ирон.* о́бщество взаи́много восхвале́ния 2) о́бщий, совме́стный; our ~ friend наш о́бщий друг; ~ wall сме́жная стена́ (*между соседними зданиями*)

**mutualism** [ˈmju:tjuəlɪzm] *n* 1) *биол.* мутуали́зм 2) *филос.* мютюэли́зм

**mutuality** [ˌmju:tjuˈælɪtɪ] *n* обою́дность; взаи́мность; взаи́мная зави́симость

**mutually** [ˈmju:tjuəlɪ] *adv* взаи́мно; обою́дно

**muz(z)** [mʌz] *n разг.* зубри́ла

**muzzle** [ˈmʌzl] **1.** *n* 1) мо́рда, ры́ло 2) намо́рдник 3) *воен.* ду́ло, ду́льный срез, жерло́ 4) *тех.* сопло́; наса́ док 5) *воен. разг.* респира́тор; противога́з 6) *attr.* ду́льный; ~ velocity нача́льная ско́рость (*пули*)

**2.** *v* 1) надева́ть намо́рдник 2) заста́вить молча́ть

**muzzle-loader** [ˈmʌzlˌləudə] *n* ору́жие *или* ору́дие, заряжа́ющееся с ду́ла

**muzzle-sight** [ˈmʌzlsaɪt] *n воен.* му́шка

**muzzy** [ˈmʌzɪ] *a* 1) сби́тый с то́лку 2) одуре́вший (*от вина*); подвы́пивший 3) нея́сный, расплы́вчатый

**my** [maɪ] *pron poss.* (*употр. атрибутивно; ср.* mine 1) мой, моя́, моё, мои́; принадлежа́щий мне ◇ my!, my aunt!, my eye(s)!, my stars!, my world!, my goodness!, my lands! *восклицания, выражающие удивление*

**myalgia** [maɪˈældʒɪə] *n мед.* боль в мы́шцах, миальги́я

**myall** [ˈmaɪɔːl] *n* австрали́йская ака́ция

**mycelium** [maɪˈsiːlɪəm] *n бот.* мице́лий, грибни́ца

**Mycenaean** [ˌmaɪsiːˈni(ː)ən] *a ист. иск.* мике́нский

**mycology** [maɪˈkɔlədʒɪ] *n* миколо́гия

**myelities** [ˌmaɪəˈlaɪtɪs] *n мед.* миели́т

**mynheer** [maɪnˈhɪə] *голл. n* 1) минхе́р, господи́н (*перед фамилией голландца*) 2) голла́ндец

**myocarditis** [ˌmaɪəukɑːˈdaɪtɪs] *n мед.* миокарди́т

**myope** [ˈmaɪəup] *n* близору́кий челове́к

**myopia** [maɪˈəupjə] *n* близору́кость

**myopic** [maɪˈɔpɪk] *a* близору́кий

**myriad** [ˈmɪrɪəd] **1.** *n* 1) несме́тное число́, мириа́ды 2) *редк.* де́сять ты́сяч

**2.** *a* бесчи́сленный, несме́тный

**myrmidon** [ˈməːmɪdən] *n* 1) (M.) *греч. миф.* мирмидо́нец 2) *презр.* прислу́жник, клевре́т; ~s of the law блюсти́тели зако́на, прислу́жники вла́сти (*полицейские, судебные пристава, бейлифы*)

**myrrh** [məː] *n* ми́рра

**myrtle** [ˈməːtl] *n бот.* мирт

**myself** [maɪˈself] *pron* 1) *refl.* себя́, меня́ самого́; -ся; себе́; I have hurt ~ я ушибся 2) *emph.* сам; I saw it ~ я э́то сам ви́дел ◇ I am not ~ мне не по себе́; я сам не свой

**mysterious** [mɪsˈtɪərɪəs] *a* таи́нственный; непостижи́мый

**mystery** [ˈmɪstərɪ] *n* 1) та́йна; to make a ~ of де́лать секре́т из 2) *церк.* та́инство 3) детекти́вный рома́н, расска́з *и т. п.* 4) *ист. театр.* мисте́рия 5) *attr.* по́лный тайн; ~ novel детекти́вный рома́н

**mystery-ship** [ˈmɪstərɪʃɪp] *n мор. ист.* (противоло́дочное) су́дно-лову́шка

**mystic** [ˈmɪstɪk] **1.** *a* 1) мисти́ческий; та́йный 2) *поэт.* таи́нственный

**2.** *n* ми́стик

**mysticism** [ˈmɪstɪsɪzm] *n* мистици́зм

**mystification** [ˌmɪstɪfɪˈkeɪʃən] *n* мистифика́ция

**mystify** [ˈmɪstɪfaɪ] *v* 1) мистифици́ровать 2) окружа́ть таи́нственностью 3) озада́чивать; вводи́ть в заблужде́ние

**mystique** [mɪsˈtiːk] *n* 1) таи́нственность 2) та́йны мастерства́, изве́стные лишь немно́гим

**myth** [mɪθ] *n* 1) миф; *перен.* вы́мысел, вы́думка 2) мифи́ческое *или* вы́думанное лицо́; несуществу́ющая вещь

**mythical** [ˈmɪθɪkəl] *a* 1) мифи́ческий, легенда́рный 2) фантасти́ческий, вы́мышленный

**mythicize** [ˈmɪθɪsaɪz] *v* 1) создава́ть миф, превраща́ть в миф 2) объясня́ть с то́чки зре́ния мифоло́гии

**mythological** [ˌmɪθəˈlɔdʒɪkəl] *a* мифологи́ческий; мифи́ческий, легенда́рный ◇ ~ message *ав. жарг.* сво́дка пого́ды, метеорологи́ческий бюллете́нь

**mythology** [mɪˈθɔlədʒɪ] *n* 1) мифоло́гия 2) *уст.* аллего́рия, иносказа́ние

# N

**N, n** [en] *n* (*pl* Ns, N's [enz]) 1) *14-я буква англ. алфавита* 2) = en 2); 3) *мат.* неопределённая величина́; to the nth a) до n-ных (*или* любы́х) преде́лов; б) *разг.* безграни́чно

**nab** [næb] *v* 1) пойма́ть, схвати́ть на ме́сте преступле́ния 2) арестова́ть 3) укра́сть, стащи́ть

**nabob** [ˈneɪbɔb] *n ист.* набо́б

**nacelle** [næˈsel] *n* 1) гондо́ла дирижа́бля 2) корзи́на аэроста́та 3) откры́тая каби́на самолёта

**nacre** [ˈneɪkə] *n* 1) перламу́тр 2) перламу́тровая ра́ковина

**nacr(e)ous** [ˈneɪkrɪəs] *a* перламу́тровый

**nadir** [ˈneɪdɪə] *n* 1) *астр.* нади́р 2) са́мый ни́зкий у́ровень, кра́йний упа́док; to be at the ~ of one's hope теря́ть вся́кую наде́жду

**nag** I [næg] *n разг.* (небольша́я) ло́шадь; по́ни; a wretched ~ кля́ча

**nag** II [næg] **1.** *n* приди́рки, (постоя́нное) ворча́ние

**2.** *v* 1) придира́ться; изводи́ть, раздража́ть; ворча́ть, «пили́ть» (at) 2) боле́ть, ныть

**nagger** [ˈnægə] *n* приди́ра, ворчу́н; ворчу́нья; сварли́вая же́нщина

**nagging** [ˈnægɪŋ] **1.** *pres. p. от* nag II, 2

**2.** *a* 1) ворчли́вый; приди́рчивый 2) но́ющий; ~ pain но́ющая боль

**3.** *n* ворча́ние; нытьё

**naiad** [ˈnaɪæd] *n* (*pl* -s [-z], -es [-iːz]) *миф.* ная́да

**naif** [nɑːˈiːf] = naïve

**nail** [neɪl] **1.** *n* 1) но́готь 2) гвоздь 3) *attr.*: ~ file пи́лка для ногте́й; ~ polish (*или* varnish) лак для ногте́й ◇ a ~ in smb.'s coffin что-л., ускоря́ющее чью-л. смерть, ги́бель; (as) hard as ~s а) выно́сливый, закалённый; б) жесто́кий; в) в фо́рме (*о спортсмене*); to hit the (right) ~ on the head попа́сть в то́чку; right as ~s а) соверше́нно пра́вильно; б) в по́лном поря́дке; в) соверше́нно здоро́вый; to pay (down) on the ~ распла́чиваться сра́зу; pay on the ~! ≅ де́ньги на бо́чку!

**2.** *v* 1) забива́ть гво́зди; прибива́ть (*гвоздями*); to have one's boots ~ed отда́ть подби́ть сапоги́ 2) прико́вывать (*внимание и т. п.*) 3) *разг.* схвати́ть, пойма́ть; забра́ть, арестова́ть; the police have ~ed the thief поли́ция задержа́ла во́ра 4) *школ. sl.* обнару́жить, «накры́ть»; to be ~ed going off without leave попа́сться при попы́тке уйти́ без разреше́ния □ ~ **down** а) прибива́ть, закола́чивать; б) пойма́ть на́ слове; to ~ smb. down прижа́ть кого́-л. к стене́; to ~ smb. down to his promise тре́бовать от кого́-л. выполне́ния обеща́ния; в) закрепи́ть, подкрепи́ть (*успех, достижение*); ~ **on** прибива́ть (to); ~ **together** (на́скоро) скола́чивать; ~ **up** закола́чивать ◇ to ~ to the barndoor выставля́ть на поруга́ние; пригвожда́ть к позо́рному столбу́; to ~ smb. to the wall прижа́ть кого́-л. к стене́; to ~ to the counter опрове́ргнуть ложь *или* клевету́; to ~ one's colours to the mast откры́то отста́ивать свои́ взгля́ды, не сдава́ть пози́ций

**nail-brush** [ˈneɪlbrʌʃ] *n* щёточка для ногте́й

**naildrawer** [ˈneɪlˈdrɔːə] *n* гвоздодёр

**nailed-up** [ˈneɪldˈʌp] *a* сде́ланный ко́е-ка́к, сколо́ченный на́спех

**nailer** [ˈneɪlə] *n* 1) гвозда́рь; гвозди́льщик 2) *разг.* ма́стер (at — *в чём-либо*) 3) *разг.* великоле́пный экземпля́р

**nailery** [ˈneɪlərɪ] *n* гвозди́льная фа́брика

**nali-head** [ˈneɪlhed] *n* шля́пка гвоздя́

**nailing** [ˈneɪlɪŋ] **1.** *pres. p. от* nail 2

**2.** *a разг.* превосхо́дный, замеча́тельный, прекра́сный

**nail-scissors** [ˈneɪlˌsɪzəz] *n pl* но́жницы для ногте́й

**nainsook** [ˈneɪnsuk] *n* на́нсук (*ткань*)

**naïve, naive** [nɑːˈiːv] *a* 1) наи́вный; простоду́шный 2) безыску́сственный

**naïveté, naïvety, naivety** [nɑːˈiːvteɪ, nɑːˈiːvtɪ] *n* 1) наи́вность; простоду́шие 2) безыску́сственность 3) наи́вное замеча́ние, -ая ре́плика

**naked** [ˈneɪkɪd] *a* 1) го́лый, наго́й; обнажённый; ~ sword обнажённый меч, -ая шпа́га 2) лишённый (*листвы, растительности, мебели и т. п.*); ~ room необста́вленная ко́мната 3) я́вный, откры́тый; the ~ truth го́лая и́стина; ~ facts го́лые фа́кты 4) незащищённый, беззащи́тный 5) голосло́вный 6) *эл.* го́лый, неизоли́рованный ◇ as ~ as my mother bore me в чём мать родила́; with the ~ eye невооружённым гла́зом

**namby-pamby** [ˈnæmbɪˈpæmbɪ] **1.** *n* жема́нство; сентимента́льность; a writer of ~ сентимента́льный писа́тель

**2.** *a* сентимента́льный; жема́нный

**name** [neɪm] **1.** *n* 1) и́мя (*тж.* Christian ~, *амер.* given ~, first ~); фами́лия (*тж.* family ~, surname); by ~ по и́мени; to know by ~ а) знать понаслы́шке; б) знать ли́чно ка́ждого; в) знать по и́мени; by (*или* of, under) the ~ of под и́менем; in ~ only то́лько номина́льно; in the ~ of а) во и́мя; in the ~ of common sense во и́мя здра́вого смы́сла; б) от и́мени; и́менем; in the ~ of the law и́менем зако́на; in one's own ~ от своего́ и́мени; to put one's ~ down for а) приня́ть уча́стие в (*сборе денег и т. п.*); подписа́ться под (*воззванием и т. п.*); б) вы́ставить свою́ кандидату́ру на (*какой-л. пост*); without a ~ а) безымя́нный; б) не поддаю́щийся описа́нию (*о поступке*) 2) назва́ние, наименова́ние, обозначе́ние 3) *грам.* и́мя существи́тельное; common ~ и́мя нарица́тельное 4) репута́ция; bad (*или* ill) ~ плоха́я репута́ция; to make (*или* to win) a good ~ for oneself завоева́ть до́брое и́мя; he has ~ for honesty он изве́стен свое́й че́стностью; people of ~ изве́стные лю́ди 5) вели́кий челове́к; the great ~s of history истори́ческие ли́чности 6) фами́лия, род; the last of his ~ после́дний из ро́да 7) пусто́й звук; there is only the ~ of friendship between them их дру́жба — одно́ назва́ние; virtuous in ~ лицеме́р 8) (*обыкн. pl*) брань; to call ~s руга́ть(ся) ◇ to take smb.'s ~ in vain кля́сться, божи́ться; помина́ть и́мя всу́е; not to have a penny to one's ~ не име́ть ни гроша́ за душо́й; give a dog a bad ~ and hang him счита́ть кого́-л. плохи́м, потому́ что о нём идёт дурна́я сла́ва

**2.** *v* 1) называ́ть, дава́ть и́мя; to ~ after, *амер.* to ~ for (*или* from) называ́ть в честь (*кого-л.*) 2) ука́зывать, назнача́ть; to ~ the day назнача́ть день (*особ.* сва́дьбы) 3) назнача́ть (*на должность*) 4) упомина́ть; приводи́ть в ка́честве приме́ра

**name-child** [ˈneɪmˈʧaɪld] *n* челове́к, на́званный в честь кого́-л.

**name-day** [ˈneɪmdeɪ] *n* имени́ны

**nameless** [ˈneɪmlɪs] *a* 1) безымя́нный, неизве́стный; анони́мный 2) невырази́мый; несказа́нный 3) отврати́тельный, проти́вный

**namely** [ˈneɪmlɪ] *adv* а и́менно, то́ есть

**name-part** [ˈneɪmˈpɑːt] *n* загла́вная роль в пье́се

**name-plate** [ˈneɪmpleɪt] *n* 1) доще́чка, табли́чка с и́менем (*на дверях*) 2) фи́рменная доще́чка; ма́рка (*изготовителя*)

**namesake** [ˈneɪmseɪk] *n* 1) = name-child 2) тёзка

**name-story** [ˈneɪmˈstɔrɪ] *n* расска́з, по кото́рому на́зван сбо́рник

**nance** [næns] *разг. см.* nancy

**nancy** [ˈnænsɪ] *n* 1) *разг.* изнéженный, же́нственный мужчи́на, «девчо́нка» (*тж.* Miss N.) 2) *sl.* гомосексуали́ст

**nanism** [ˈnænɪzm] *n* нани́зм, ка́рликовый рост

**nankeen, nankin** [næŋˈkiːn, nænˈkɪn] *n* 1) на́нка (*ткань*) 2) *pl* на́нковые брю́ки 3) желтова́тый цвет

**nanny I** [ˈnænɪ] *n детск.* ня́нюшка, ня́нечка

**nanny II** [ˈnænɪ] = nanny-goat

**nanny-goat** [ˈnænɪgəut] *n* коза́

**nap I** [næp] **1.** *n* дремо́та; коро́ткий сон; to take (*или* to have, to snatch) a ~ вздремну́ть; to steal a ~ вздремну́ть укра́дкой

**2.** *v* дрема́ть; вздремну́ть ◇ to be caught ~ping быть засти́гнутым врасплóх

**nap II** [næp] **1.** *n* 1) ворс (*на сукне*) 2) пушо́к (*на чём-л.*)

**2.** *v* ворси́ть

**nap III** [næp] *n* [*сокр. от* napoleon 1)] *название карточной игры* ◇ to go ~ on smth. рискну́ть, поста́вить всё на ка́рту

**napalm** [ˈneɪpɑːm] *n* 1) напа́лм 2) *attr.* напа́лмовый; ~ bomb напа́лмовая бо́мба

**nape** [neɪp] *n* заты́лок; за́дняя часть ше́и (*обыкн.* ~ of the neck)

**naphtha** [ˈnæfθə] *n* 1) лигрои́н 2) сыра́я нефть 3) кероси́н 4) га́рное ма́сло

**naphthalene, naphthaline** [ˈnæfθəliːn] *n* нафтали́н

**napkin** [ˈnæpkɪn] *n* 1) салфе́тка 2) подгу́зник 3) *pl* пелёнки ◇ to lay up in a ~ ≅ держа́ть под спу́дом

**napkin-ring** [ˈnæpkɪnrɪŋ] *n* кольцо́ для салфе́тки

**napless** [ˈnæplɪs] *a* 1) не име́ющий во́рса, без во́рса 2) потёртый, поно́шенный

**napoleon** [nəˈpəuljən] *n* 1) (N.) *название карточной игры* 2) *ист.* наполеондо́р (*французская золотая монета = 20 франкам*) 3) *pl* сапоги́ с отворо́тами 4) слоёное пиро́жное, наполео́н

**Napoleonic** [nəˌpəulɪˈɔnɪk] *a* наполео́новский

**napoo** [næˈpuː] *int* (*искаж. фр.* il n'y en a plus) *воен. sl.* ко́нчено!; пропа́л!; нет!; исчéз!; уби́т!

**nappe** [næp] *n геол.* покро́в

**nappy** [ˈnæpɪ] *n разг. см.* napkin 2)

**narcissi** [nɑːˈsɪsaɪ] *pl от* narcissus

**narcissism** [nɑːˈsɪsɪzm] *n* самовлюблённость, самолюбова́ние

**narcissist** [nɑːˈsɪsɪst] *n* самовлюблённый челове́к, «нарци́сс»

**narcissus** [nɑːˈsɪsəs] *n* (*pl* -es [-ɪz], -si) *бот.* нарци́сс

**narcosis** [nɑːˈkəusɪs] *n* нарко́з

**narcotic** [nɑːˈkɔtɪk] **1.** *n* нарко́тик; снотво́рное

**2.** *a* наркоти́ческий, усыпля́ющий

**narcotism** [ˈnɑːkətɪzm] *n* нарко́з

**narcotization** [ˌnɑːkətaɪˈzeɪʃən] *n мед.* наркотиза́ция

**narcotize** [ˈnɑːkətaɪz] *v* 1) *мед.* усыпля́ть; подверга́ть де́йствию нарко́за 2) притупля́ть боль

**nark** [nɑːk] **1.** *n sl.* «лега́вый» (*полицейский агент, сыщик, шпик*)

**2.** *v* 1) доноси́ть 2) раздража́ть, приводи́ть в бе́шенство ◇ ~ it! заткни́ гло́тку!

**narrate** [nəˈreɪt] *v* расска́зывать, повествова́ть

**narration** [nəˈreɪʃən] *n* 1) расска́з, повествова́ние 2) переска́з; перечисле́ние (*событий и т. п.*) 3) ди́кторский текст в кинофи́льме

**narrative** [ˈnærətɪv] **1.** *n* 1) расска́з; по́весть 2) изложе́ние фа́ктов; *иск.* сюже́тно-темати́ческая карти́на

**2.** *a* повествова́тельный

**narrator** [nəˈreɪtə] *n* 1) расска́зчик 2) ди́ктор; актёр, чита́ющий текст от а́втора

**narrow** [ˈnærəu] **1.** *a* 1) у́зкий; within ~ bounds в у́зких ра́мках; in the ~est sense в са́мом у́зком смы́сле 2) те́сный; ограни́ченный; ~ circumstances, ~ means стеснённые обстоя́тельства 3) с незначи́тельным переве́сом; ~ majority незначи́тельное большинство́ 4) тру́дный; ~ victory побе́да, доста́вшаяся с трудо́м; to have a ~ escape (*или* squeak) с трудо́м избежа́ть опа́сности; быть на волосо́к от *чего-л.* 5) у́зкий; ограни́ченный (*об интеллекте и т. п.*) 6) подро́бный; тща́тельный, то́чный; ~ examination стро́гий осмо́тр; тща́тельное обсле́дование ◇ the ~seas Ла-Ма́нш и Ирла́ндское мо́ре; the ~ bed (*или* home, house) моги́ла

**2.** *n* (*обыкн. pl*) у́зкая часть (*пролива, перевала и т. п.*); тесни́на

**3.** *v* су́живать(ся), уменьша́ть(ся); she ~ed her lids она́ прищу́рилась □ ~ **down** свести́ к; to ~ an argument down свести́ спор к не́скольким пу́нктам

**narrow gaure** [ˈnærəugeɪʤ] *n ж.-д.* у́зкая коле́я

**narrow-gauge** [ˈnærəugeɪʤ] *a* 1) *ж.-д.* узкоколе́йный 2) *разг.* ограни́ченный

**narrow goods** [ˈnærəugudz] *n pl* ле́нты, тесьма́ *и т. п.*

**narrowly** [ˈnærəulɪ] *adv* 1) у́зко, те́сно 2) чуть; he ~ escaped drowning он чуть не утону́л 3) подро́бно, то́чно; при́стально; to look at a thing ~ при́стально рассма́тривать что-л.

**narrow-minded** [ˈnærəuˈmaɪndɪd] *a* ограни́ченный, недалёкий, у́зкий; с предрассу́дками

**narrowness** ['nærəunɪs] *n* у́зость; ограни́ченность

**narwhal** ['nɑ:wəl] *n зоол.* нарва́л

**nary** ['nɛərɪ] *a амер., диал.* ниско́лько, ни ка́пли; ни еди́ного

**nasal** ['neɪzəl] **1.** *a* 1) носово́й 2) гнуса́вый

**2.** *n фон.* носово́й звук

**nasality** [neɪ'zælɪtɪ] *n фон.* носово́й хара́ктер зву́ка

**nasalization** [ˌneɪzəlaɪ'zeɪʃən] *n фон.* назализа́ция

**nazalize** ['neɪzəlaɪz] *v* 1) говори́ть в нос 2) *фон.* произноси́ть в нос, назализи́ровать

**nascency** ['næsnsɪ] *n* рожде́ние, возникнове́ние

**nascent** ['næsnt] *a* рожда́ющийся, возника́ющий; появля́ющийся, образу́ющийся; в ста́дии возникнове́ния

**nastily** ['nɑ:stɪlɪ] *adv* га́дко, ме́рзко

**nasturtium** [nəs'tə:ʃəm] *n бот.* насту́рция, капуци́н

**nasty** ['nɑ:stɪ] *a* 1) отврати́тельный, тошнотво́рный; проти́вный, ме́рзкий; ~ job проти́вная, гря́зная рабо́та; ~ sight ужа́сное, омерзи́тельное зре́лище 2) неприя́тный, скве́рный; ~ weather скве́рная пого́да; ~ soil сыра́я по́чва 3) непристо́йный, гря́зный; a ~ story непристо́йный анекдо́т 4) зло́бный; своенра́вный; ~ remark ядови́тое замеча́ние; to turn ~ разозли́ться; don't be ~ не зли́тесь; to play a ~ trick on smb. сде́лать кому́-л. га́дость 5) опа́сный, угрожа́ющий; ~ fall серьёзное паде́ние; ~ illness тяжёлая боле́знь; ~ cut опа́сный поре́з; ~ sea бу́рное мо́ре; things look ~ for me де́ло принима́ет для меня́ дурно́й оборо́т ◇ to leave a ~ taste in the mouth надо́лго оста́вить чу́вство омерзе́ния; a ~ one неприя́тность

**natal** ['neɪtl] *a* относя́щийся к рожде́нию; ~ day день рожде́ния; ~ place ме́сто рожде́ния

**natality** [neɪ'tælɪtɪ] *n* 1) рожда́емость; есте́ственный приро́ст населе́ния 2) проце́нт рожда́емости

**natation** [nə'teɪʃən] *n* пла́вание; иску́сство пла́вания

**natatorial, natatory** [ˌneɪtə'tɔ:rɪəl, 'neɪtətərɪ] *a* 1) пла́вательный; пла́вающий 2) относя́щийся к пла́ванию

**nates** ['neɪti:z] *n pl анат.* 1) яго́дицы 2) пере́дние бугры́ четырёххо́лмия головно́го мо́зга

**nation** ['neɪʃən] *n* 1) наро́д, на́ция; наро́дность 2) на́ция, госуда́рство, страна́; peace-loving ~s миролюби́вые стра́ны; most favoured ~ *ком.* наибо́лее благоприя́тствуемая на́ция 3): the ~ *амер.* а) на́ша страна́, США (*тж.* this ~); б) америка́нцы 4) (the ~s) *pl библ.* язы́чники, не евре́и 5) *ист.* земля́чество (*в средневековом университете*)

**national** ['næʃənl] **1.** *a* 1) национа́льный, наро́дный; ~ assembly национа́льное собра́ние; ~ economy наро́дное хозя́йство; ~ minority национа́льное меньшинство́; ~ convention *амер.* национа́льный парти́йный съезд 2) госуда́рственный; ~ anthem госуда́рственный гимн; ~ bank госуда́рственный банк; ~ park *амер.* запове́дник; национа́льный парк; ~ enterprise госуда́рственное предприя́тие; ~ forces вооружённые си́лы страны́; N. Service во́инская *или* трудова́я пови́нность; ~ government *амер.* центра́льное прави́тельство; ~ team *спорт.* сбо́рная страны́, национа́льная сбо́рная

**2.** *n* (*часто pl*) 1) сооте́чественник, согражда́нин 2) по́дданный (*или* гражда́нин) како́го-л. госуда́рства; enemy ~s по́дданные вражде́бного госуда́рства

**nationalism** ['næʃnəlɪzm] *n* 1) национали́зм 2) патриоти́зм; стремле́ние к национа́льной незави́симости

**nationalist** ['næʃnəlɪst] **1.** 1) национали́ст 2) боре́ц за незави́симость свое́й ро́дины

**2.** *a* 1) националисти́ческий 2) национа́льно-освободи́тельный

**nationalistic** [ˌnæʃnə'lɪstɪk] = nationalist 2

**nationality** [ˌnæʃə'nælɪtɪ] *n* 1) национа́льность; национа́льная принадле́жность 2) национа́льные черты́ 3) гражда́нство, по́дданство 4) на́ция, наро́д 5) национа́льное еди́нство

**nationalization** [ˌnæʃnəlaɪ'zeɪʃən] *n* национализа́ция

**nationalize** ['næʃnəlaɪz] *v* 1) национализи́ровать 2) превраща́ть в на́цию 3) натурализова́ть, принима́ть в по́дданство

**nationally** ['næʃnəlɪ] *adv* 1) с общенациона́льной (*или* общегосуда́рственной) то́чки зре́ния 2) в национа́льном ду́хе 3) в масшта́бе всей страны́

**nationhood** ['neɪʃənhud] *n* ста́тус госуда́рства, госуда́рственность; ста́тус на́ции

**nation-wide** ['neɪʃənwaɪd] *a* 1) общенациона́льный 2) общенаро́дный, всенаро́дный

**native** ['neɪtɪv] **1.** *a* 1) родно́й; one's ~ land отчи́зна, ро́дина 2) тузе́мный; ме́стный; ~ customs ме́стные обы́чаи; to go ~ переня́ть обы́чаи и о́браз жи́зни тузе́мцев (*о европейцах*) 3) прирождённый, приро́дный; ~ liberty иско́нная свобо́да; his ~ modesty его́ врождённая скро́мность 4) чи́стый, саморо́дный (*о металлах и т. п.*) 5) просто́й, есте́ственный 6) *биол.* абориге́нный 7): ~ soil *геол.* «матери́к», подпо́чва

**2.** *n* 1) уроже́нец (of) 2) тузе́мец 3) ме́стное расте́ние *или* живо́тное

**native-born** ['neɪtɪv'bɔ:n] *a* 1) тузе́мный 2) абориге́нный

**native-grasses** ['neɪtɪvˌgrɑ:sɪz] *n pl* ди́кие тра́вы; приро́дный (*или* есте́ственный) луг

**native-sugar** ['neɪtɪvˌʃu:gə] *n* неочи́щенный са́хар

**nativity** [nə'tɪvɪtɪ] *n* 1) рожде́ние 2) (the N.) *рел.* рождество́ 3) *жив.* рождество́ Христо́во (*как сюжет, картина*) 4) гороско́п

**natrium** ['neɪtrɪəm] *n хим.* на́трий

**natron** ['neɪtrən] *n хим.* углеки́слый на́трий, натр, со́да

**natter** ['nætə] *v* 1) ворча́ть, жа́ловаться; придира́ться 2) *разг.* болта́ть

**natterjack** ['nætədʒæk] *n зоол.* жа́ба камышо́вая

**natty** ['nætɪ] *a* 1) аккура́тный, опря́тный 2) ло́вкий, иску́сный

**natural** ['nætʃrəl] **1.** *a* 1) есте́ственный, приро́дный; to die a ~ death умере́ть есте́ственной сме́ртью; the term of one's ~ life вся жизнь; for the rest of one's ~ (life) до конца́ свои́х дней; ~ power си́лы приро́ды; ~ resources приро́дные бога́тства; ~ weapons есте́ственное ору́жие (*кулаки, зубы и т. п.*); ~ selection *биол.* есте́ственный отбо́р; ~ phenomena явле́ния приро́ды 2) настоя́щий, натура́льный; ~ flowers живы́е цветы́; ~ teeth «свои́» зу́бы 3) есте́ственный, относя́щийся к естествозна́нию; ~ history есте́ственная исто́рия; ~ philosophy фи́зика; ~ philosopher фи́зик; естествоиспыта́тель; ~ dialectics диале́ктика приро́ды 4) обы́чный, норма́льный; поня́тный; ~ mistake поня́тная, есте́ственная оши́бка 5) ди́кий, некультиви́рованный; ~ growth ди́кая расти́тельность; ~ steel незакалённая сталь 6) саморо́дный 7) прису́щий; врождённый; with the bravery ~ to him с прису́щей ему́ хра́бростью 8) непринуждённый, есте́ственный; it comes ~ to him а) э́то получа́ется у него́ есте́ственно; б) э́то легко́ ему́ даётся; he is a very ~ person он о́чень непосре́дственный челове́к 9) внебра́чный, незаконнорождённый; ~ child внебра́чный ребёнок; ~ son побо́чный сын

**2.** *n* 1) одарённый челове́к, саморо́док 2) *разг.* са́мое подходя́щее; са́мый подходя́щий челове́к (*для чего-л.*); he is a ~ for art он со́здан для иску́сства 3) идио́т от рожде́ния; дурачо́к 4) *муз.* ключ C 5) *муз.* бека́р, знак бека́ра ◇ it's a ~! превосхо́дно!

**natural bar** ['nætʃrəlbɑ:] *n* есте́ственный бар, о́тмель в у́стье реки́

**natural-ground** ['nætʃrəlgraund] *n* 1) матери́к 2) про́чный грунт

**naturalism** ['nætʃrəlɪzm] *n* натурали́зм

**naturalist** ['nætʃrəlɪst] **1.** *n* 1) натурали́ст (*в искусстве*) 2) естествоиспыта́тель 3) владе́лец зоомагази́на; продаве́ц живо́тных, чу́чел

**2.** *a* = naturalistic

**naturalistic** [ˌnætʃrə'lɪstɪk] *a* натуралисти́ческий

**naturalization** [ˌnætʃrəlaɪ'zeɪʃən] *n* 1) натурализа́ция 2) акклиматиза́ция (*растений, животных*) 3) ассимиля́ция но́вых слов в языке́ 4) проникнове́ние но́вых обы́чаев в жизнь

**naturalize** ['nætʃrəlaɪz] *v* 1) натурализова́ть(ся) (*об иностранце*)

2) акклиматизировать(ся) (*о животном или растении*) 3) заниматься естествознанием 4) ассимилировать, заимствовать; this word was ~d in English in the 18th century это слово вошло в английский язык в XVIII веке 5) *филос.* рационализировать

**naturally** ['nætʃrəlɪ] *adv* 1) конечно, как и следовало ожидать 2) по природе, от рождения 3) естественно; свободно, легко

**nature** ['neɪtʃə] *n* 1) природа (*при олицетворении — с прописной буквы*); N.'s engineering работа сил природы 2) натура; естество; организм; against ~ противоестественный; by ~ по природе, от рождения; by (*или* in, from) the ~ of things (*или* of the case) неизбежно; in the course of ~ при естественном ходе вещей 3) сущность, основное свойство 4) натура, характер, нрав; good ~ добродушие; ill ~ плохой характер 5) род, сорт; класс; тип; it was in the ~ of a command это было нечто вроде приказания; things of this ~ подобные вещи 6) *иск.* натура; to draw from ~ рисовать с натуры ◇ to pay one's debt to ~ отдать дань природе, умереть; to ease ~ отправить естественные надобности

**nature study** ['neɪtʃə,stʌdɪ] *n* изучение природы; наблюдение за явлениями природы

**naught** [nɔ:t] *уст., поэт.* **1.** *n* 1) ничто; all for ~ зря, даром; to bring to ~ свести на нет; разрушить (*планы, замыслы*); to come to ~ свестись к нулю; to set at ~ ≅ ни в грош не ставить; пренебрегать; относиться с пренебрежением; to set a rule at ~ нарушить правило; thing of ~ ненужная вещь 2) = nought 3)

**2.** *a predic.* ничтожный, бесполезный

**naughtiness** ['nɔ:tɪnɪs] *n* 1) непослушание; озорство 2) *уст.* испорченность

**naughty** ['nɔ:tɪ] *a* 1) непослушный, капризный, шаловливый; озорной 2) *уст.* дурной, испорченный; гадкий; ~ story неприличный анекдот

**nausea** ['nɔ:sjə] *n* 1) тошнота; морская болезнь 2) отвращение

**nauseate** ['nɔ:sɪeɪt] *v* 1) вызывать тошноту 2) вызывать (*редко* чувствовать) отвращение 3) чувствовать тошноту

**nauseous** ['nɔ:sjəs] *a* тошнотворный, отвратительный

**nautical** ['nɔ:tɪkəl] *a* 1) морской; ~ mile морская миля (= *1853,6 м*) 2) мореходный

**nautically** ['nɔ:tɪkəlɪ] *adv* по-моряцки, по-флотски

**nautili** ['nɔ:tɪlaɪ] *pl от* nautilus

**nautilus** ['nɔ:tɪləs] *n* (*pl* -es [-ɪz], -li) *зоол.* кораблик (*моллюск*)

**naval** ['neɪvəl] *a* (военно-)морской, флотский; ~ architect кораблестроитель-проектировщик; ~ communications морские коммуникации; ~ forces военно-морские силы; ~ officer а) морской офицер; б) *амер.* таможенный чиновник; ~ service военно-морская служба; ~ stores шкиперское имущество

**nave** I [neɪv] *n архит.* неф, корабль (*церкви*)

**nave** II [neɪv] *n* 1) ступица (*колеса*) 2) *тех.* втулка (*колеса*)

**navel** ['neɪvəl] *n* 1) пупок, пуп 2) центр, середина (*чего-л.*)

**navel-cord** ['neɪvəlkɔ:d] = navel-string

**navel-string** ['neɪvəlstrɪŋ] *n* пуповина

**navigability** [,nævɪgə'bɪlɪtɪ] *n* 1) судоходность (*водного пути*) 2) мореходность, мореходные качества (*судна*)

**navigable** ['nævɪgəbl] *a* 1) судоходный 2) мореходный, годный для морского плавания 3) лётный, доступный для полётов 4) управляемый (*об аэростате*)

**navigate** ['nævɪgeɪt] *v* 1) плавать (*на судне*); летать (*на самолёте*) 2) вести (*корабль, судно*); управлять (*самолётом*) 3) *разг.* проводить (*мероприятия*); направлять (*переговоры*); to ~ a bill through Parliament провести законопроект в парламенте

**navigating officer** ['nævɪgeɪtɪŋ,ɔfɪsə] *n ав., мор.* штурман

**navigation** [,nævɪ'geɪʃən] *n* 1) мореходство, судоходство, плавание; навигация; inland ~ речное судоходство 2) кораблевождение (*наука*) 3) самолётовождение; аэронавигация

**navigator** ['nævɪgeɪtə] *n* 1) мореплаватель 2) *мор., ав.* штурман

**navvy** ['nævɪ] *n* 1) землекоп, чернорабочий; mere ~'s work механическая работа 2) землечерпалка, экскаватор ◇ to work like a ~ ≅ работать как вол

**navy** ['neɪvɪ] *n* 1) военно-морской флот, военно-морские силы; the Royal N. военно-морские силы Великобритании 2) морское ведомство 3) *поэт.* эскадра, флотилия 4) *attr.* военно-морской; N. Department *амер.* военно-морское министерство

**navy blue** ['neɪvɪ'blu:] *n* тёмно-синий цвет

**navy-blue** ['neɪvɪblu:] *a* тёмно-синий

**navy list** ['neɪvɪ'lɪst] *n* список кораблей и командного состава военно-морского флота

**navy-yard** ['neɪvɪjɑ:d] *n* 1) военная верфь 2) судостроительный и судоремонтный завод военно-морского флота

**nay** [neɪ] **1.** *n* 1) отрицательный ответ; отказ; запрещение; he will not take ~ он не примет отказа; to say smb. ~ отказывать *или* противоречить кому-л.; yea and ~ и да и нет 2) голос против (*при голосовании*); the ~s have it большинство против

**2.** *adv* 1) даже; более того; мало того; I have weighty, ~, unanswerable reasons у меня есть веские, более того, бесспорные основания 2) *уст.* нет

**naze** [neɪz] *n геогр.* нос, скалистый мыс

**Nazi** ['nɑ:tsɪ] **1.** *n* нацист, фашист **2.** *a* нацистский, фашистский

**Nazism** ['nɑ:tsɪzm] *n* нацизм, фашизм

**neap** [ni:p] **1.** *n* квадратурный прилив (*самый низкий, к концу 1-й и 3-й четвертей Луны*)

**2.** *v* убывать (*о приливе*); ~ed ship судно, оказавшееся на мели при отливе

**Neapolitan** [nɪə'pɔlɪtən] **1.** *a* неаполитанский

**2.** *n* неаполитанец; неаполитанка

**neap-tide** ['ni:ptaɪd] = neap 1

**near** [nɪə] **1.** *a* 1) близкий; тесно связанный; ~ akin (to) родственный по характеру; ~ and dear близкий и дорогой; ~ to one's heart заветный; a very ~ concern of mine дело, очень близкое моему сердцу 2) близлежащий, ближний 3) кратчайший, прямой (*о пути*) 4) ближайший (*о времени*); the ~ future ближайшее будущее 5) близкий; сходный; приблизительно правильный; ~ translation близкий к оригиналу перевод; ~ resemblance близкое сходство; ~ guess почти правильная догадка 6) доставшийся с трудом; трудный; кропотливый; ~ victory победа, доставшаяся с трудом; ~ work кропотливая работа 7) левый (*о ноге лошади, колесе экипажа, лошади в упряжке*); the ~ foreleg левая передняя нога 8) скупой, мелочный

**2.** *adv* 1) подле; близко, поблизости, недалеко; около (*по месту или времени*); to come (*или* to draw) ~ приближаться; to come ~er the end приближаться к концу; who comes ~ him in wit? кто может сравниться с ним в остроумии? 2) почти, чуть не, едва не (*обыкн.* nearly); I came ~ forgetting я чуть не забыл; he ~ died with fright он чуть не умер от страха; that will go ~ to killing him это может убить его □ ~ by а) рядом, близко; б) вскоре; ~ upon почти что ◇ far and ~ повсюду; as ~ as I can guess насколько я могу догадаться; ~ at hand а) под рукой; тут, близко; б) ≅ не за горами; на носу; скоро

**3.** *prep* 1) возле, у, около (*о месте*); we live ~ the river мы живём у реки 2) к, около, почти (*о времени, возрасте и т. п.*); it is ~ dinner-time скоро обед; the portrait does not come ~ the original портрет не похож на оригинал ◇ to sail ~ the wind а) *мор.* идти в крутой бейдевинд; б) поступать рискованно

**4.** *v* приближаться; подходить; to ~ the land приближаться к берегу; to be ~ing one's end умирать, кончаться

**near-beer** ['nɪəbɪə] *n* безалкогольное пиво

**near-by** [ˈnɪəbaɪ] *a* близкий, соседний

**near desert** [ˈnɪəˌdezət] *n* полупустыня

**near-earth** [ˈnɪəˈɜ:θ] *a* околоземной; ~ space околоземное пространство

**nearly** [ˈnɪəlɪ] *adv* 1) близко; ~ related а) в близком родстве; б) имеющий непосредственное отношение 2) почти; приблизительно; около ◇ not ~ совсем не

**near miss** [ˈnɪəmɪs] *n* попадание близ цели (*особ. о бомбах*); промах; it was a ~ ≅ чуть-чуть не попал; ещё немножко и удалось бы

**nearness** [ˈnɪənɪs] *n* близость

**near sight** [ˈnɪəsaɪt] *n* близорукость

**near-sighted** [ˈnɪəˈsaɪtɪd] *a* близорукий

**near-sightedness** [ˈnɪəˈsaɪtɪdnɪs] = near sight

**neat** I [ni:t] *a* 1) чистый, аккуратный, опрятный; ~ handwriting аккуратный почерк; to keep smth. as ~ as a pin содержать что-л. в абсолютном порядке 2) изящный; ~ dress скромное, но изящное платье; ~ figure изящная, стройная фигура 3) чёткий, ясный 4) ясный, точный; лаконичный; отточенный (*о стиле, языке и т. п.*) 5) искусный, ловкий 6) хорошо сделанный; to make a ~ job of it хорошо, искусно что-л. сделать 7) неразбавленный (*особ. о спиртных напитках*); ~ juice натуральный сок

**neat** II [ni:t] **1.** *n* (*pl без измен.*) 1) вол, корова, бык 2) *собир.* крупный рогатый скот

**2.** *a* воловий *и пр.* [*см.* 1]

**neat-handed** [ˈni:tˌhændɪd] *a* ловкий, искусный

**neat-herd** [ˈni:thə:d] *n* пастух

**neatly** [ˈni:tlɪ] *adv* 1) аккуратно, опрятно 2) чётко, ясно 3) искусно, ловко

**neatness** [ˈni:tnɪs] *n* 1) аккуратность, опрятность; чистоплотность 2) чёткость 3) искусность, ловкость

**neat's-leather** [ˈni:tsˌleðə] *n* воловья кожа

**neat's-tongue** [ˈni:tstʌŋ] *n* говяжий язык

**neb** [neb] *n шотл.* 1) клюв; рыльце, нос 2) кончик (*пера, карандаша и т. п.*)

**nebula** [ˈnebjulə] *n* (*pl* -lae) 1) *астр.* туманность 2) *мед.* помутнение роговой оболочки (*глаза*)

**nebulae** [ˈnebjuli:] *pl от* nebula

**nebular** [ˈnebjulə] *a*: ~ hypothesis небулярная космогоническая теория

**nebulizer** [ˈnebjulaɪzə] *n* распылитель

**nebulosity** [ˌnebjuˈlɔsɪtɪ] *n* 1) облачность; туманность 2) неясность, нечёткость (*мысли, выражения и т. п.*); расплывчатость

**nebulous** [ˈnebjuləs] *a* 1) смутный, неясный 2) облачный; туманный

**necessarian** [ˌnesɪˈsɛərɪən] = necessitarian

**necessarily** [ˈnesɪsərɪlɪ] *adv* 1) обязательно, непременно 2) неизбежно

**necessary** [ˈnesɪsərɪ] **1.** *a* 1) необходимый, нужный 2) неизбежный 3) вынужденный, недобровольный

**2.** *n* 1) необходимое; the necessaries (of life) предметы первой необходимости 2) (the ~) *разг.* деньги 3) *амер.* уборная

**necessitarian** [nɪˌsesɪˈtɛərɪən] *филос.* **1.** *n* детерминист

**2.** *a* детерминистский

**necessitarianism** [nɪˌsesɪˈtɛərɪənɪzm] *n филос.* детерминизм

**necessitate** [nɪˈsesɪteɪt] *v* 1) делать необходимым; неизбежно влечь за собой 2) *редк.* вынуждать

**necessitous** [nɪˈsesɪtəs] *a* нуждающийся, бедный; to be in ~ circumstances быть в очень стеснённых обстоятельствах

**necessity** [nɪˈsesɪtɪ] *n* 1) необходимость, настоятельная потребность; of ~ по необходимости; there is no ~ нет никакой необходимости; under the ~ вынужденный 2) неизбежность; doctrine of ~ детерминизм 3) (*обыкн. pl*) нужда, бедность, нищета; to be in great ~ нуждаться 4) *pl* предметы первой необходимости ◇ ~ is the mother of invention *посл.* ≅ голь на выдумки хитра; нужда — мать изобретательности; to make a virtue of ~ ≅ сама захотела, когда нужда повелела; делать вид, что действуешь добровольно

**neck** [nek] **1.** *n* 1) шея; to break one's ~ свернуть себе шею; to get it in the ~ *разг.* получить по шее; получить здоровую взбучку; пострадать 2) горлышко (*бутылки и т. п.*); горловина 3) шейка (*скрипки и т. п.*) 4) ворот, воротник 5) *анат.* шейка 6) *геогр.* перешеек; коса; узкий пролив 7) *геол.* нэк; цилиндрический интрузив 8) *тех.* шейка, кольцевая канавка 9) *тех.* горловина 10) *стр.* шейка колонны 11) *разг.* наглость 12) *attr.* шейный ◇ up to the ~ по горло, по уши; ~ and crop а) совершенно, совсем, полностью; б) быстро, стремительно; немедленно; throw him out ~ and crop! гоните его вон!; ~ and ~ *спорт.* голова в голову; ~ or nothing ≅ либо пан, либо пропал; to break the ~ of smth. выполнить большую *или* наиболее трудную часть чего-л. [*см. тж.* break I, 2 ◇]; to break the ~ of winter оставить позади большую часть зимы; to risk one's ~ рисковать головой; to harden the ~ делаться ещё более упрямым; on the ~ ≅ по пятам

**2.** *v разг.* обниматься

**neckband** [ˈnekbænd] *n* 1) ворот (*рубашки*); воротничок (*блузки*) 2) лента (*на шее*)

**neckcloth** [ˈnekklɔθ] *n уст.* галстук, шейный платок

**neckerchief** [ˈnekətʃɪf] *n уст.* шейный платок; косынка, шарф

**necking** [ˈnekɪŋ] **1.** *pres. p. от* neck 2

**2.** *n* 1) *архит.* обвязка колонны 2) *разг.* обнимание, нежничанье

3. *a*: ~ party вечеринка-оргия

**necklace** [ˈneklɪs] *n* ожерелье

**necklet** [ˈneklɪt] *n* 1) ожерелье 2) горжетка, боа

**neckmould** [ˈnekməuld] *n архит.* астрагал на шейке колонны

**neck-piece** [ˈnekpi:s] *n* 1) горжетка 2) шарфик 3) меховой воротник

**necktie** [ˈnektaɪ] *n* галстук

**neckwear** [ˈnekwɛə] *n собир.* галстуки, воротнички *и т. п.*

**neck-yoke** [ˈnekjəuk] *n* хомут

**necrologist** [neˈkrɔlədʒɪst] *n* автор некролога

**necrologue** [ˈnekrəlɔg] *n* некролог

**necrology** [neˈkrɔlədʒɪ] *n* 1) некролог 2) список умерших

**necromancer** [ˈnekrəumænsə] *n* некромант; колдун, чародей

**necromancy** [ˈnekrəumænsɪ] *n* некромантия; чёрная магия

**necromantic** [ˌnekrəuˈmæntɪk] *a* 1) занимающийся некромантией 2) колдовской

**necrophagous** [neˈkrɔfəgəs] *a* питающийся падалью

**necropolis** [neˈkrɔpəlɪs] *n* (*pl* -ses [-sɪz]) некрополь, кладбище

**necropsy** [neˈkrɔpsɪ] *n* вскрытие трупа

**necroscopy** [neˈkrɔskəpɪ] = necropsy

**necrose** [ˈnekrəus] *v мед.* 1) омертвевать 2) вызывать омертвение

**necrosis** [neˈkrəusɪs] *n мед.* некроз, омертвение

**nectar** [ˈnektə] *n* 1) *миф.* нектар; *перен.* чудесный напиток 2) цветочный сок; медок 3) газированная фруктовая вода

**nectariferous** [ˌnektəˈrɪfərəs] *a бот.* нектароносный, медоносный

**nectarine** [ˈnektərɪn] **1.** *n* гладкий персик

**2.** *a поэт.* упоительный как нектар

**nectary** [ˈnektərɪ] *n* 1) *бот.* нектарник 2) *зоол.* медоносная железа

**Neddy** [ˈnedɪ] *n разг.* осёл, ослик

**née** [neɪ] *фр. a* урождённая; Mrs. Brown, ~ Johnston миссис Браун, урождённая Джонстон

**need** [ni:d] **1.** *n* 1) надобность, нужда; to be in ~ of, to feel the ~ of, to have ~ of нуждаться в *чём-л.*; the house is in ~ of repair дом требует ремонта; if ~ be (*или* were) если нужно, если потребуется 2) *pl* потребности; to meet the ~s удовлетворять потребности 3) недостаток, бедность, нужда; for ~ of из-за недостатка

**2.** *v* 1) нуждаться (*в чём-л.*); иметь надобность, потребность; what he ~s is a good thrashing он заслуживает хорошей взбучки 2) требоваться; the book ~s correction книга требует исправления; it ~s to be done with care это надо сделать осторожно 3) нуждаться, бедствовать 4) (*как модальный глагол в вопросительных и отрицательных предложениях*) быть до́лжным, обя́занным; you ~ not trouble yourself вам не́чего (самому́) беспоко́иться; I ~ not have done it мне не сле́довало э́того де́лать; must I go there? — No, you ~ not ну́жно ли мне туда́ идти́? — Нет, не ну́жно

**needful** [ˈni:dful] **1.** *a* ну́жный, необходи́мый; потре́бный, насу́щный (to, for)

**2.** *n* 1) необходи́мое; to do the ~ а) сде́лать то, что необходи́мо; б) *спорт.* заби́ть гол 2) (the ~) *разг.* де́ньги

**needle** [ˈni:dl] **1.** *n* 1) иго́лка, игла́; ~'s eye иго́льное ушко́; to ply one's ~ занима́ться шитьём, шить 2) спи́ца, крючо́к (*для вязания*) 3) стре́лка (*компаса, измерительного прибора*); true as the ~ to the pole надёжный 4) игла́ (*хирургическая*); to give smb. the ~ *разг.* сде́лать уко́л кому́-л. 5) гравирова́льная игла́ 6) игла́ (*хвоя*) 7) остроконе́чная верши́на, утёс 8) шпиль; готи́ческая игла́ 9) обели́ск 10) иго́льчатый криста́лл 11) (the ~) *разг.* дурно́е настрое́ние; раздраже́ние; to have (*или* to get) the ~ быть в дурно́м настрое́нии; не́рвничать; to give the ~ to smb. раздража́ть кого́-л. 12) *attr.* иго́льный, иго́льчатый 13) *attr.* шве́йный 14) *attr.*: ~ fall опада́ние хво́и ◇ to look for a ~ in a haystack (*или* in a bundle, in a bottle) of hay иска́ть иго́лку в сто́ге се́на; занима́ться безнадёжным де́лом; as sharp as a ~ о́стрый, проница́тельный; наблюда́тельный

**2.** *v* 1) шить, зашива́ть игло́й 2) проти́скиваться, проника́ть (*сквозь что-л.*) 3) *амер. разг.* подбавля́ть спирт (*к пиву*) 4) *разг.* язви́ть; раздража́ть 5) *разг.* подстрека́ть 6) *мин.* кристаллизова́ться и́глами 7) *мед.* снима́ть катара́кту

**needle-bath** [ˈni:dlbɑ:θ] *n* иго́льчатый душ

**needle-bearing** [ˈni:dl̦bɛərɪŋ] *n тех.* иго́льчатый подши́пник

**needle-case** [ˈni:dlkeɪs] *n* иго́льник

**needle-fish** [ˈni:dlfɪʃ] *n зоол.* игла́-ры́ба, морска́я игла́

**needleful** [ˈni:dlful] *n* длина́ ни́тки, вдева́емой в иго́лку

**needle-gun** [ˈni:dlgʌn] *n ист.* иго́льчатое ружьё

**needle-lace** [ˈni:dlleɪs] *n* кру́жево, свя́занное крючко́м

**needle-point** [ˈni:dlpɔɪnt] *n* 1) остриё иглы́ 2) = needle-lace 3) вы́шивка га́русом по канве́

**needle-shaped** [ˈni:dlʃeɪpt] *a* иглообра́зный

**needless** [ˈni:dlɪs] *a* нену́жный, изли́шний; бесполе́зный; ~ enmity ниче́м не вы́званная вражда́; ~ to say... не прихо́дится и говори́ть..., не говоря́ уже́ о...

**needlewoman** [ˈni:dl̦wumən] *n* швея́

**needlework** [ˈni:dlwə:k] *n* шитьё; выши́вание, рукоде́лие

**needments** [ˈni:dmənts] *n pl* всё необходи́мое (*особ.* для путеше́ствия)

**needs** [ni:dz] *adv разг.* по необходи́мости, непреме́нно, обяза́тельно (*только с* must, *часто ирон.*); he ~ must go, he must ~ go ему́ непреме́нно на́до идти́ ◇ ~ must when the devil drives ≅ про́тив рожна́ не попрёшь

**needy** [ˈni:dɪ] *a* нужда́ющийся, бе́дствующий

**ne'er** [nɛə] *adv* (*сокр. от* never) *поэт.* никогда́ ◇ ~ a... ни оди́н...

**ne'er-do-weel, ne'er-do-well** [ˈnɛədu(:)̦wi:l, ˈnɛədu(:)̦wel] **1.** *n* безде́льник; него́дник

**2.** *a* никуда́ не го́дный

**nefarious** [nɪˈfɛərɪəs] *a* 1) нечести́вый 2) бесче́стный; ни́зкий; ~ purposes гну́сные це́ли

**negate** [nɪˈgeɪt] *v* 1) отрица́ть 2) отверга́ть 3) своди́ть на не́т

**negation** [nɪˈgeɪʃən] *n* 1) отрица́ние 2) ничто́, фи́кция

**negationist** [nɪˈgeɪʃənɪst] *n* отрица́тель; нигили́ст

**negative** [ˈnegətɪv] **1.** *a* 1) отрица́тельный; to give smb. a ~ answer отве́тить кому́-л. отрица́тельно; a ~ approach to life пессимисти́ческий взгляд на жизнь; ~ quantity *мат.* отрица́тельная величина́; the ~ sign а) знак ми́нус; б) *разг. шутл.* ничто́, ничего́; ~ voice го́лос про́тив; возраже́ние 2) безрезульта́тный, не да́вший ожида́емого результа́та; a ~ test о́пыт, да́вший отрица́тельный результа́т 3) недоброжела́тельный; ~ criticism недоброжела́тельная кри́тика 4) *фото* негати́вный, обра́тный (*об изображении*)

**2.** *n* 1) отрица́ние; отрица́тельный отве́т, факт; отрица́тельная черта́ хара́ктера *и т. п.*; in the ~ отрица́тельно; the answer is in the ~ отве́т отрица́тельный; two ~s make an affirmative ми́нус на ми́нус даёт плюс; he is a bundle of ~s в нём одни́ отрица́тельные черты́ 2) отка́з, несогла́сие 3) запре́т, ве́то 4) *грам.* отрица́ние, отрица́тельная части́ца 5) *фото* негати́в 6) *мат.* отрица́тельная величина́ 7) *эл.* отрица́тельный по́люс, като́д

**3.** *v* 1) отрица́ть; возража́ть 2) отверга́ть, опроверга́ть 3) налага́ть ве́то; не утвержда́ть (*предложенного кандидата*) 4) де́лать тще́тным 5) нейтрализова́ть (*действие чего-л.*)

**negativism** [ˈnegətɪvɪzm] *n* 1) скло́нность к отрица́нию; неприя́тие действи́тельности 2) *мед.* негативи́зм

**negativity** [̦negəˈtɪvɪtɪ] *n* отрица́тельность

**negatory** [ˈnegətərɪ] *a* отрица́тельный

**neglect** [nɪˈglekt] **1.** *n* 1) пренебреже́ние; небре́жность; the ~ of one's children отсу́тствие забо́ты о де́тях; ~ of one's duty хала́тное отноше́ние к свои́м обя́занностям 2) запу́щенность, забро́шенность; in a state of ~ в запу́щенном состоя́нии

**2.** *v* 1) пренебрега́ть (*чем-л.*); не забо́титься (*о чём-л.*) 2) не обраща́ть внима́ния (*на кого-л., что-л.*); he ~ed my remark он пропусти́л моё замеча́ние ми́мо уше́й 3) упуска́ть, не де́лать (*чего-л.*) ну́жного; не выполня́ть своего́ до́лга; he ~ed to tell us about it он забы́л (*или* не счёл ну́жным) рассказа́ть нам об э́том 4) запуска́ть, забра́сывать

**neglectful** [nɪˈglektful] *a* 1) невнима́тельный (*к кому-л., чему-л.*); небре́жный 2) неради́вый, беззабо́тный

**néglige** [ˈnegli:ʒeɪ] *фр. n* да́мский хала́т; дома́шнее пла́тье

**negligee** [ˈnegli:ʒeɪ] *амер.* = néglige

**negligence** [ˈneglɪdʒəns] *n* 1) небре́жность; хала́тность; culpable (*или* criminal) ~ *юр.* престу́пная небре́жность 2) неря́шливость; the ~ of one's attire неря́шливость в оде́жде

**negligent** [ˈneglɪdʒənt] *a* 1) небре́жный; ~ in his dress неря́шливый в оде́жде 2) хала́тный, беспе́чный; неради́вый; ~ of one's duties невнима́тельный к свои́м обя́занностям

**negligible** [ˈneglɪdʒəbl] *a* незначи́тельный, не принима́емый в расчёт; ~ quantity незначи́тельное коли́чество; by a ~ margin совсе́м незначи́тельно, ненамно́го

**negotiable** [nɪˈgəuʃjəbl] *a* 1) могу́щий служи́ть предме́том перегово́ров 2) могу́щий служи́ть предме́том сде́лки, могу́щий быть ку́пленным, переу́ступленным (*о векселе и т. п.*) 3) проходи́мый, досту́пный (*о вершинах, дорогах и т. п.*)

**negotiant** [nɪˈgəuʃɪənt] *n* негоциа́нт, купе́ц; опто́вый торго́вец, соверша́ющий кру́пные сде́лки

**negotiate** [nɪˈgəuʃɪeɪt] *v* 1) вести́ перегово́ры, догова́риваться (with); обсужда́ть усло́вия; to ~ a loan (terms of peace) догова́риваться об усло́виях за́йма (ми́ра) 2) прода́ть, реализова́ть (*вексель и т. п.*) 3) вести́ де́ло 4) устра́ивать, ула́живать; преодолева́ть (*препятствие*)

**negotiated peace** [nɪˈgəuʃɪeɪtɪdˈpi:s] *n* мир, дости́гнутый в результа́те перегово́ров

**negotiation** [nɪ̦gəuʃɪˈeɪʃən] *n* 1) перегово́ры; обсужде́ние усло́вий; ~s are under way веду́тся перегово́ры; to conduct ~s вести́ перегово́ры 2) преодоле́ние (*затруднений*)

**negotiator** [nɪˈgəuʃɪeɪtə] *n* 1) лицо́, веду́щее перегово́ры 2) посре́дник

**Negress** [ˈni:grɪs] *n* негритя́нка

**Negrillo** [neˈgrɪləu] *n* (*pl* -os [-əuz]) негр ка́рликового пле́мени; пигме́й

**Negrito** [neˈgri:təu] *n* (*pl* -os, -oes [-əuz]) негрито́с (*Малайского архипелага*)

**Negro** [ˈni:grəu] **1.** *n* (*pl* -oes [-əuz]) негр; негритя́нка

**2.** *a* 1) негритя́нский; темноко́жий 2) чёрный, тёмный

**Negro-head** [ˈni:grəuhed] *n* 1) сорт тёмного, кре́пкого, пропи́танного па́токой табака́ 2) низкосо́ртная рези́на

**Negroid(al)** [ˈniːgrɔɪd(əl)] *a* негроидный

**Negrophobia** [ˌniːgrəuˈfəubɪə] *n* негроненавистничество, негрофобия

**Negus** [ˈniːgəs] *n ист.* негус (*император Эфиопии*)

**negus** [ˈniːgəs] *n* негус (*род глинтвейна*)

**neigh** [neɪ] **1.** *n* ржание

**2.** *v* ржать

**neighbour** [ˈneɪbə] **1.** *n* 1) сосед; соседка 2) находящийся рядом предмет; a falling tree brought down its ~ падая, дерево повалило и соседнее 3) ближний; duty to one's ~ долг по отношению к своему ближнему 4) *attr.* ближний; соседний; смежный

**2.** *v* 1) граничить; находиться у самого края (upon); the wood ~s upon the lake лес подходит к самому озеру 2) быть в дружеских (*или* добрососедских) отношениях, дружить (with — с *кем-л.*)

**neighboured** [ˈneɪbəd] **1.** *p. p. от* neighbour 2

**2.** *a*: a beautifully ~ town город с красивыми окрестностями; ill ~ имеющий дурное соседство; a sparsely ~ place малонаселённая местность

**neighbourhood** [ˈneɪbəhud] *n* 1) соседство, близость; in the ~ of a) по соседству с, поблизости от; б) около, приблизительно; in the ~ of £ 100 приблизительно 100 фунтов стерлингов 2) округа, район, окрестности; we live in a healthy ~ мы живём в здоровой местности; the laughing-stock of the whole ~ посмешище всей округи 3) соседи 4) соседские отношения; good ~ добрососедские отношения 5) *attr.* местный

**neighbourhood unit** [ˈneɪbəhudˌjuːnɪt] *n* жилой район во вновь планируемых городах

**neighbouring** [ˈneɪbərɪŋ] **1.** *pres. p. от* neighbour 2

**2.** *a* соседний, смежный

**neighbourly** [ˈneɪbəlɪ] **1.** *a* добрососедский, дружеский; общительный

**2.** *adv редк.* по-добрососедски

**neighbourship** [ˈneɪbəʃɪp] *n* 1) соседство, близость 2) соседские отношения

**neither** [ˈnaɪðə] *pron neg.* **1.** *в функции сущ.* ни один (*из двух*); никто; ~ of you knows никто из вас не знает; вы оба не знаете

**2.** *в функции прил.* ни тот ни другой; ~ statement is true ни то, ни другое утверждение не верно

**3.** *в функции нареч.* также не; if you do not go, ~ shall I если вы не пойдёте, я тоже не пойду

**neither... nor** [ˈnaɪðə...nɔː] *cj* ни... ни...; he neither knows nor cares знать не знает и заботиться не хочет; neither here nor there ≅ ни к селу ни к городу, некстати

**nek** [nek] *n южно-афр.* горный проход, перевал

**nekton** [ˈnektən] *n собир. биол.* нектон

**nelly** [ˈnelɪ] *n* исполинский буревестник

**nelson** [ˈnelsn] *n спорт.* нельсон (*борьба*)

**Nemesis** [ˈnemɪsɪs] *n греч. миф.* Немезида

**nenuphar** [ˈnenjufɑː] *n бот.* кувшинка

**neocene** [ˈniːəsiːn] *геол.* **1.** *n* неоцен

**2.** *a* неоценовый

**neocolonialism** [ˈni(ː)əukəˈləunjəlɪzm] *n* неоколониализм

**neolithic** [ˌni(ː)əuˈlɪθɪk] *a* неолитический; ~ age неолитический век, неолит

**neologism** [ni(ː)ˈɔlədʒɪzm] *n* неологизм

**neologize** [ni(ː)ˈɔlədʒaɪz] *v* вводить новые слова

**neology** [ni(ː)ˈɔlədʒɪ] *n* 1) неологизм 2) употребление *или* введение неологизмов

**neon** [ˈniːən] *n* 1) *хим.* неон 2) *attr.* неоновый; ~ lamp, ~ arc, ~ tube неоновая лампа; ~ sign неоновая вывеска, реклама

**neophron** [ˈniːəfrɔn] *n зоол.* стервятник

**neophyte** [ˈni(ː)əufaɪt] *n* 1) *рел.* неофит, новообращённый 2) новичок

**neoplasm** [ˈni(ː)əuplæzm] *n мед.* неоплазма, новообразование; опухоль

**neoplasty** [ˈni(ː)əuˈplæstɪ] *n мед.* пластическая операция

**neoteric** [ˌni(ː)əuˈterɪk] *a* 1) недавний 2) новейший; современный

**neotropical** [ˌni(ː)əuˈtrɔpɪkəl] *a зоол.* распространённый в Центральной и Южной Америке

**neozoic** [ˌni(ː)əuˈzəuɪk] *a геол.* кайнозойский

**nepenthe(s)** [neˈpenθɪ, (-θiːz)] *n* 1) что-л., дающее успокоение *или* забвение 2) *бот.* непентес

**nephew** [ˈnevju(ː)] *n* племянник

**nephology** [neˈfɔlədʒɪ] *n* нефология (*наука об облаках*)

**nephrite** [ˈnefraɪt] *n мин.* нефрит

**nephritic** [neˈfrɪtɪk] *a мед.* почечный, нефритический

**nephritis** [neˈfraɪtɪs] *n мед.* нефрит

**nepotism** [ˈnepətɪzm] *n* кумовство, семейственность; непотизм

**nepotist** [ˈnepətɪst] *n* человек, оказывающий протекцию своим родственникам

**Neptune** [ˈneptjuːn] *n миф., астр.* Нептун

**Neptunian** [nepˈtjuːnjən] *a геол.* океанический, морской, водный

**neptunium** [nepˈtjuːnjəm] *n хим.* нептуний

**nereid** [ˈnɪərɪɪd] *n* 1) *миф.* нереида 2) *зоол.* нереида, кольчатый морской червь

**Nero** [ˈnɪərəu] *n ист.* Нерон

**nervate** [ˈnəːveɪt] *a бот.* с жилками

**nervation** [nəːˈveɪʃən] *n бот.* нервация, жилкование

**nerve** [nəːv] **1.** *n* 1) нерв 2) (*обыкн. pl*) нервы, нервозность; нервная система; iron (*или* steel) ~s железные нервы; a fit (*или* an attack) of ~s нервный припадок; to get on one's ~s действовать на нервы, раздражать; to suffer from ~s страдать расстройством нервной системы; to steady one's ~s успокоить нервы; a war of ~s война нервов, психологическая война 3) сила, энергия; to strain every ~ напрягать все силы; приложить все усилия 4) присутствие духа, мужество, хладнокровие; to lose one's ~ оробеть, потерять самообладание; a man of ~ выдержанный человек, человек с большим самообладанием 5) *разг.* наглость, нахальство, дерзость; to have the ~ (to do smth.) иметь нахальство, наглость (сделать что-л.) 6) *бот.* жилка 7) *attr.* нервный

**2.** *v* придавать силу, бодрость *или* храбрость; to ~ oneself собраться с силами, с духом

**nerve-centre** [ˈnəːvˌsentə] *n* нервный центр

**nerve-knot** [ˈnəːvnɔt] *n* нервный узел, ганглий

**nerveless** [ˈnəːvlɪs] *a* 1) слабый, бессильный; вялый 2) *анат.* не имеющий нервной системы 3) *бот.* не имеющий жилок

**nerve-racking** [ˈnəːvˌrækɪŋ] *a* раздражающий, действующий на нервы

**nerve-strain** [ˈnəːvstreɪn] *n* нервное перенапряжение; *разг.* эмоциональный накал

**nervine** [ˈnəːviːn] *мед.* **1.** *a* успокаивающий нервы; успокоительный

**2.** *n* успокоительное средство; средство, успокаивающее нервы

**nervism** [ˈnəːvɪzm] *n физиол.* нервизм

**nervous** [ˈnəːvəs] *a* 1) нервный; ~ system нервная система 2) беспокоящийся (*о чём-л.*); нервничающий; взволнованный; I felt very ~ (about it) я очень волновался (из-за этого); don't be ~ не волнуйтесь 3) нервирующий, действующий на нервы 4) выразительный (*о стиле*) 5) сильный, мускулистый

**nervy** [ˈnəːvɪ] *a* 1) *разг.* нервный, возбуждённый; легко возбудимый 2) *разг.* самоуверенный; смелый 3) *поэт.* сильный

**nescience** [ˈnesɪəns] *n* 1) незнание, неведение 2) *филос.* агностицизм

**nescient** [ˈnesɪənt] **1.** *n филос.* агностик

**2.** *a* не знающий (of — *чего-л.*)

**ness** [nes] *n* мыс, нос (*только в геогр. названиях*)

**nest** [nest] **1.** *n* 1) гнездо 2) выводок; to take a ~ разорять гнездо, брать яйца *или* птенцов 3) уютный уголок, гнёздышко 4) притон; ~ of thieves воровской притон 5) группа, набор однородных предметов (*напр., ящичков, вставленных один в другой*); a ~ of narrow alleys лабиринт узких переулков ◇ to foul one's own ~ ≅ выносить сор из избы

2. *v* 1) вить гнездо́; гнезди́ться 2): to go ~ing охо́титься за гнёздами 3) *тех.* вставля́ть (*в гнездо*); вмонти́ровать

**nest-doll** ['nestdɔl] *n* компле́кт ку́кол, вкла́дывающихся одна́ в другу́ю

**nest-egg** ['nesteg] *n* 1) по́дкладень (*яйцо, оставляемое в гнезде для привлечения наседки*); *перен.* прима́нка 2) де́ньги, отло́женные на чёрный день; пе́рвая су́мма, отло́женная для како́й-л. определённой це́ли

**nesting box** ['nestɪŋbɔks] *n* скворе́чник

**nestle** ['nesl] *v* 1) ую́тно, удо́бно устро́иться, сверну́ться (in, into, among) 2) прильну́ть, прижа́ться (against, to, close to — к) 3) юти́ться; укрыва́ться 4) дава́ть прию́т □ ~ down = 1)

**nestling** ['neslɪŋ] 1. *pres. p. от* nestle

2. *n* птене́ц, птё́нчик; малы́ш

**net** I [net] 1. *n* 1) сеть; тенёта 2) се́тка (*для волос и т. п.*) 3) се́ти, западня́ 4) паути́на

2. *v* 1) расставля́ть се́ти (*тж. перен.*); лови́ть сетя́ми 2) покрыва́ть се́тью; сетя́ми 3) плести́, вяза́ть се́ти 4) покрыва́ть се́тью (*железных дорог, радиостанций и т. п.*) 5) попа́сть в се́тку (*о мяче*) 6) заби́ть (*мяч, гол*)

**net** II [net] 1. *a* чи́стый, не́тто (*о весе, доходе*); at 5/-n. цена́ 5 ши́ллингов за вы́четом ски́дки; ~ profit чи́стая при́быль, чи́стый дохо́д; ~ cash нали́чные де́ньги; нали́чный расчёт без ски́дки; ~ cost себесто́имость; ~ efficiency *тех.* практи́ческий коэффицие́нт поле́зного де́йствия; ~ load *тех.* поле́зный груз

2. *n* чи́стый дохо́д

3. *v* 1) приноси́ть чи́стый дохо́д 2) получа́ть чи́стый дохо́д

**netful** ['netful] *n* по́лная сеть

**nether** ['neðə] *a уст., шутл.* ни́жний, бо́лее ни́зкий; ~ garments брю́ки; the ~ man но́ги ◊ hard as a ~ millstone твёрд как креме́нь; ~ world (*или* regions) а) ад; б) *редк.* земля́

**Netherlander** ['neðələndə] *a* нидерла́ндец, голла́ндец

**Netherlandish** ['neðələndɪʃ] *a* нидерла́ндский, голла́ндский

**netting** I ['netɪŋ] 1. *pres. p. от* net I, 2

2. *n* 1) плете́ние сете́й 2) ло́вля сетя́ми 3) сеть, се́тка

**netting** II ['netɪŋ] *pres. p. от* net II, 3

**nettle** ['netl] 1. *n* крапи́ва; small (*или* stinging) ~ жгу́чая крапи́ва; great (*или* common) ~ обыкнове́нная двудо́мная крапи́ва ◊ to be on ~s ≅ сиде́ть как на иго́лках; to grasp the ~ реши́тельно бра́ться за тру́дное де́ло; grasp the ~ and it won't sting you *посл.* ≅ сме́лость города́ берёт

2. *v* 1) обжига́ть крапи́вой 2) раздража́ть, уязвля́ть, серди́ть

**nettle-fish** ['netlfɪʃ] *n* меду́за

**nettle-rash** ['netlræʃ] *n мед.* крапи́вница, крапи́вная лихора́дка

**network** ['netwə:k] *n* 1) сеть, се́тка; плетёнка 2) сеть (*железных дорог, каналов и т. п.*) 3) соо́бщество 4) *тех.* решётчатая систе́ма 5) радиотрансляцио́нная сеть 6) *эл.* цепь, схе́ма

**network announcer** ['netwə:kə ˌnaunsə] *n амер.* ди́ктор

**neural** ['njuərəl] *a анат.* не́рвный, относя́щийся к не́рвной систе́ме

**neuralgia** [njuə'rældʒə] *n* невралги́я

**neuralgic** [njuə'rældʒɪk] *a* невралги́ческий

**neurasthenia** [ˌnjuərəs'θi:njə] *n* неврастени́я

**neurasthenic** [ˌnjuərəs'θenɪk] 1. *a* неврастени́ческий

2. *n* неврасте́ник

**neuritis** [njuə'raɪtɪs] *n мед.* неври́т

**neurologist** [njuə'rɔlədʒɪst] *n* невро́лог

**neurology** [njuə'rɔlədʒɪ] *n* невроло́гия

**neuroma** [njuə'rəumə] *n* (*pl* -mata, -s [-z]) *мед.* невро́ма

**neuromata** [njuə'rəumətə] *pl от* neuroma

**neuropath** ['njuərəpæθ] *n* страда́ющий не́рвной боле́знью; неврасте́ник, невропа́т

**neuropathist** [njuə'rɔpəθɪst] *n* невропато́лог

**neuroses** [njuə'rəusi:z] *pl от* neurosis

**neurosis** [njuə'rəusɪs] *n* (*pl* -ses) невро́з; anxiety ~ невро́з стра́ха

**neurotic** [njuə'rɔtɪk] 1. *a* не́рвный, невроти́ческий

2. *n* 1) неврасте́ник, невро́тик 2) лека́рство, де́йствующее на не́рвную систе́му

**neuter** ['nju:tə] 1. *a* 1) *грам.* сре́дний, сре́днего ро́да 2) *грам.* неперехо́дный (*о глаголе*) 3) *бот.* беспо́лый 4) *биол.* недора́звитый, беспло́дный 5) *вет.* кастри́рованный 6) *редк.* = neutral 1; to stand ~ остава́ться нейтра́льным

2. *n* 1) *грам.* сре́дний род; существи́тельное, прилага́тельное, местоиме́ние сре́днего ро́да 2) *грам.* неперехо́дный глаго́л 3) *биол.* беспо́лое насеко́мое 4) *вет.* кастри́рованное живо́тное 5) челове́к, занима́ющий нейтра́льную пози́цию

**neutral** ['nju:trəl] 1. *a* 1) нейтра́льный; to be (*или* to remain) ~ соблюда́ть нейтралите́т 2) нейтрали́стский; не уча́ствующий в бло́ках 3) безуча́стный 4) беспристра́стный; ~ opinion непредвзя́тое мне́ние 5) сре́дний, неопределённый; промежу́точный; ~ colour (или tint) нейтра́льный, серова́тый *или* се́ро-голубо́й цвет 6) *бот., зоол.* беспо́лый

2. *n* 1) нейтра́льное госуда́рство 2) граждани́н *или* су́дно нейтра́льного госуда́рства 3) неопределённый, серова́тый *или* се́ро-голубо́й цвет 4) челове́к, занима́ющий нейтра́льную пози́цию

**neutralism** ['nju:trəlɪzm] *n* 1) нейтралите́т 2) нейтрали́зм, поли́тика неприсоедине́ния к бло́кам

**neutralist** ['nju:trəlɪst] 1. *n* сторо́нник нейтралите́та

2. *a* сохраня́ющий нейтралите́т; ~ state госуда́рство, сохраня́ющее нейтралите́т, не уча́ствующее в бло́ках

**neutrality** [nju(:)'trælɪtɪ] *n* нейтралите́т; armed ~ вооружённый нейтралите́т

**neutralization** [ˌnju:trəlaɪ'zeɪʃən] *n* 1) нейтрализа́ция 2) *воен.* подавле́ние огнём

**neutralize** ['nju:trəlaɪz] *v* 1) нейтрализова́ть; уравнове́шивать 2) обезвре́живать; уничтожа́ть 3) объявля́ть нейтра́льной зо́ной 4) *воен.* подави́ть огнём

**neutrino** [nju(:)'tri:nəu] *n физ.* нейтри́но

**neutron** ['nju:trɔn] *n физ.* нейтро́н

**névé** ['neveɪ] *фр. n* фирн, зерни́стый лёд

**never** ['nevə] *adv* 1) никогда́; one ~ knows никогда́ нельзя́ зара́нее знать 2) ни ра́зу; ~ before никогда́ ещё; well, I ~!, I ~ did! (*подразумевается* hear *или* see the like) никогда́ ничего́ подо́бного не ви́дел *или* не слы́шал! 3) *разг. для усиления отрицания*: he answered ~ a word он ни сло́ва не отве́тил; ~ a one ни оди́н; ~ fear не беспоко́йтесь, бу́дьте уве́рены; I'll do it, ~ fear не беспоко́йтесь, я э́то сде́лаю; there's room enough for a company be it ~ so large ме́ста дово́льно, как бы велико́ о́бщество ни бы́ло 4) коне́чно, нет; не мо́жет быть; your were ~ such a fool as to lose your money! не мо́жет быть, что́бы тебя́ угора́здило потеря́ть де́ньги! ◊ ~ so как бы ни; ~ say die не отча́ивайтесь

**never-ceasing** ['nevə'si:zɪŋ] *a* непрекраща́ющийся

**never-dying** ['nevə'daɪɪŋ] *a* неумира́ющий, бессме́ртный

**never-ending** ['nevər'endɪŋ] *a* непрекраща́ющийся, бесконе́чный

**never-fading** ['nevə'feɪdɪŋ] *a* неувяда́ющий, неувяда́емый

**nevermore** ['nevə'mɔ:] *adv* никогда́ бо́льше, никогда́ впредь

**never-never** ['nevə'nevə] *n* уто́пия, несбы́точная мечта́; on the ~ *шутл.* в рассро́чку

**nevertheless** [ˌnevəðə'les] 1. *adv* несмотря́ на, одна́ко

2. *cj* тем не ме́нее

**never-to-be-forgotten** ['nevətəbɪfə'gɔtn] *a* незабве́нный

**new** [nju:] 1. *a* 1) но́вый; ~ discovery но́вое откры́тие 2) ино́й, друго́й; обновлённый; he became a ~ man он стал совсе́м други́м челове́ком; ~ Parliament вновь и́збранный парла́мент 3) неда́вний, неда́внего происхожде́ния; неда́вно приобретённый 4) све́жий; ~ milk парно́е молоко́; ~

wine молодо́е вино́; ~ potatoes молодо́й карто́фель 5) совреме́нный, нове́йший; передово́й; ~ fashions после́дние мо́ды 6) дополни́тельный; ~ test (ещё оди́н) дополни́тельный о́пыт 7) вновь обнару́женный, вновь откры́тый, но́вый; ~ planet но́вая плане́та 8) незнако́мый; непривы́чный; the horse is ~ to the plough э́та ло́шадь не привы́кла к плу́гу; she is ~ to the work она́ ещё не знако́ма с э́той рабо́той 9) новоя́вленный; he is a ~ rich *пренебр.* он неда́вно разбогате́л ◇ ~ soil целина́, новь; the N. World Но́вый свет, Аме́рика; there is nothing ~ under the sun ≅ ничто́ не но́во под луно́й; tomorrow is a ~ day ≅ у́тро ве́чера мудрене́е

2. *adv уст.* (*в современном употреблении в сложных словах*) 1) неда́вно, то́лько что 2) за́ново

**new-blown** ['nju:bləun] *a* то́лько что расцве́тший

**new-born** ['nju:bɔ:n] *a* 1) новорождённый 2) возрождённый

**new-built** ['nju:bɪlt] *a* 1) вновь вы́строенный 2) перестро́енный

**new-come** ['nju:kʌm] 1. *n* = new-comer

2. *a* вновь прибы́вший

**new-comer** ['nju:'kʌmə] *n* 1) вновь прибы́вший 2) прише́лец 3) незнако́мец

**New Deal** ['nju:'di:l] *n ист.* 1) «Но́вый курс» (*политика президента Рузвельта*) 2) прави́тельство Ру́звельта

**newel** ['nju:əl] *n архит.* 1) коло́нна *или* сте́ржень винтово́й ле́стницы 2) сто́йка пери́л на конца́х ле́стничных ма́ршей

**newel post** ['nju:əlpəust] = newel

**newer literature** ['nju:ə,lɪtərɪtʃə] *n* нове́йшая, совреме́нная литерату́ра

**new-fallen** ['nju:,fɔ:lən] *a* свежевы́павший, то́лько что вы́павший (*о снеге*)

**new-fangled** ['nju:,fæŋgld] *пренебр. см.* new-fashioned

**new-fashioned** ['nju:'fæʃənd] *a* мо́дный, новомо́дный; но́вой моде́ли

**new-fledged** ['nju:fledʒd] *a* то́лько что опери́вшийся

**new-found** ['nju:faund] *a* вновь обретённый

**Newfoundland** [nju(:)'faundlənd] *n* ньюфаундле́нд, соба́ка-водола́з [*см. тж. Список географических названий*]

**Newfoundland dog** [nju(:)'faundlənddɔg] = Newfaundland

**Newfoundlander** [,nju:fənd'lændə] *n* 1) жи́тель Ньюфаундле́нда 2) су́дно, принадлежа́щее Ньюфаундле́нду 3) = Newfoundland

**New Frontier** ['nju:'frʌntjə] *n амер.* «Но́вые рубежи́» (*политика президента Кеннеди*)

**Newgate** ['nju:gɪt] *n* Ньюге́йтская долгова́я тюрьма́ (*в Лондоне*)

**new growth** ['nju:'grəuθ] *n* о́пухоль, новообразова́ние

**newish** ['nju:ɪʃ] *a* дово́льно но́вый

**new-laid** ['nju:leɪd] *a* свежеснесённый (*о яйцах*)

**newly** ['nju:lɪ] *adv* 1) за́ново, вновь; по-ино́му, по-но́вому 2) неда́вно; ~ arrived вновь прибы́вший; the ~ weds новобра́чные, молодожёны

**new-made** ['nju:'meɪd] *a* 1) неда́вно сде́ланный 2) за́ново сде́ланный, переде́ланный

**Newmarket** ['nju:,mɑ:kɪt] *n* 1) дли́нное пальто́ в обтя́жку 2) *название карточной игры*

**Newmarket coat** ['nju:,mɑ:kɪt'kəut] = Newmarket 1)

**new-minted** ['nju:'mɪntɪd] *a* 1) то́лько что отчека́ненный (*о монете*); блестя́щий, новёхонький 2) получи́вший но́вое значе́ние, приобре́тший но́вый смысл (*о слове, выражении*)

**new moon** ['nju:'mu:n] *n* 1) молодо́й ме́сяц 2) новолу́ние

**newness** ['nju:nɪs] *n* новизна́

**newpenny** ['nju:,penɪ] (*pl* newpennies, newpence) но́вый пе́нни (*монета, введённая в Англии в 1971 г. в связи с переходом на десятичную систему*)

**news** [nju:z] *n pl* (*употр. как sing*) 1) но́вость, но́вости, изве́стие; what is the ~? что но́вого?; that is no ~ э́то уже́ всем изве́стно; нашли́ чем удиви́ть 2) изве́стия сообще́ния печа́ти, ра́дио *и т. п.*; latest ~ после́дние изве́стия; foreign ~ сообще́ния из-за грани́цы 3) *attr.*: ~ release сообще́ние для печа́ти; ~ film кинохро́ника ◇ bad ~ travels quickly, ill ~ flies fast *посл.* ≅ худы́е ве́сти не лежа́т на ме́сте; no ~ (is) good ~ *посл.* ≅ отсу́тствие весте́й — (само́ по себе́) неплоха́я весть; to be in the ~ попа́сть на страни́цы газе́т; оказа́ться в це́нтре внима́ния

**news agency** ['nju:z,eɪdʒənsɪ] *n* телегра́фное аге́нтство

**news-agent** ['nju:z,eɪdʒənt] *n* газе́тный киоскёр

**news-boy** ['nju:zbɔɪ] *n* газе́тчик, продаве́ц газе́т (*мальчик или подросток*)

**newscast** ['nju:zkɑ:st] *n* переда́ча после́дних изве́стий (*по радио, телевидению*)

**newscaster** ['nju:z,kɑ:stə] *n* 1) ди́ктор 2) радиокоммента́тор

**news cinema** ['nju:z,sɪnɪmə] *n* кинотеа́тр хроника́льно-документа́льных фи́льмов

**news-dealer** ['nju:z,di:lə] *амер.* = news-agent

**news-department** ['nju:zdɪ,pɑ:tmənt] *n* информацио́нный отде́л; отде́л печа́ти

**newshawk** ['nju:zhɔ:k] *n разг.* репортёр

**news-letter** ['nju:z,letə] *n* информацио́нный бюллете́нь (*торговой фирмы и т. п.*); рекла́мный проспе́кт

**news-man** ['nju:zmæn] *n* 1) корреспонде́нт, репортёр 2) газе́тчик, продаве́ц газе́т

**newsmonger** ['nju:z,mʌŋgə] *n* спле́тник; спле́тница

**newspaper** ['nju:s,peɪpə] *n* 1) газе́та 2) *attr.* газе́тный

**newspaperese** [,nju:speɪpə'ri:z] *n* газе́тный стиль; стиль, сво́йственный журнали́стам и репортёрам

**newsprint** ['nju:zprɪnt] *n* газе́тная бума́га

**news-reel** ['nju:zri:l] 1. *n* хро́ника, хроника́льный фильм; киножурна́л

2. *v* снима́ться в киножурна́ле

**news-room** ['nju:zrum] *n* 1) чита́льный зал, где мо́жно получи́ть газе́ты и журна́лы 2) *амер.* отде́л новосте́й (*в редакции газеты*)

**newsservice** ['nju:z,sə:vɪs] *n* аге́нтство печа́ти, информацио́нное аге́нтство

**news-sheet** ['nju:zʃi:t] *n* 1) листо́вка 2) *уст., амер. разг.* газе́та

**news-stand** ['nju:zstænd] *n* 1) газе́тный ларёк, кио́ск 2) *амер.* = book-stall

**news-theatre** ['nju:z,θɪətə] *n* кинотеа́тр хроника́льно-документа́льных фи́льмов

**New Style** ['nju:'staɪl] *n* но́вый стиль (*григорианский календарь*)

**news-vendor** ['nju:z,vendə] *n* продаве́ц газе́т, газе́тчик

**newsy** ['nju:zɪ] 1. *a разг.* 1) бога́тый новостя́ми *или* спле́тнями 2) любопы́тный

2. *n амер.* = news-boy

**newt** [nju:t] *n зоол.* трито́н

**Newtonian** [nju(:)'təunjən] 1. *a* ньюто́нов

2. *n* после́дователь Нью́тона

**new year** ['nju:'jə:] *n* 1) Но́вый год; a Happy New Year! с Но́вым го́дом! 2) *attr.* нового́дний; ~ party встре́ча Но́вого го́да

**new-year's** ['nju:'jə:z] *a* нового́дний; ~ eve кану́н Но́вого го́да; ~ day пе́рвое января́

**next** [nekst] 1. *a* 1) сле́дующий; ~ chapter сле́дующая глава́ 2) ближа́йший; сосе́дний; the house ~ to ours сосе́дний дом; my ~ neighbour мой ближа́йший сосе́д; ~ door (to) по сосе́дству, ря́дом [*ср.* ~-door]; he lives ~ door он живёт в сосе́днем до́ме 3) сле́дующий; бу́дущий; ~ year в бу́дущем году́; not till ~ time *шутл.* бо́льше не бу́ду до сле́дующего ра́за ◇ ~ to nothing почти́ ничего́; the ~ man пе́рвый встре́чный; любо́й; вся́кий друго́й

2. *adv* 1) пото́м, зате́м, по́сле; he ~ proceeded to write a letter зате́м он на́чал писа́ть письмо́; what ~? а что да́льше?; что ещё мо́жет за э́тим после́довать? 2) в сле́дующий раз, сно́ва; when I see him ~ когда́ я его́ опя́ть уви́жу

3. *prep* ря́дом, о́коло; the chair ~ the fire стул о́коло ками́на; she loves him ~ her own child она́ лю́бит его́ (почти́) как своего́ ребёнка

4. *n* сле́дующий *или* ближа́йший (*человек или предмет*); ~, please! сле́дующий, пожа́луйста!; I will tell you in my ~ я расскажу́ вам в сле́дующем письме́; to be concluded in our ~ оконча́ние сле́дует

**next-best** ['neks(t)'best] *a* уступа́ющий лишь са́мому лу́чшему

**next-door** ['neks(t)'dɔː] *a* ближа́йший, сосе́дний; he is my ~ neighbour он живёт ря́дом со мной; ~ to почти́; ~ to crime э́то почти́ преступле́ние [*ср.* next door, *см.* next 1, 2)]

**nexus** ['neksəs] *n* 1) связь; у́зы; звено́; the cash ~ де́нежные отноше́ния; causal ~ причи́нная зави́симость 2) *грам.* не́ксус

**Niagara** [naɪ'ægərə] *n* 1) пото́к; водопа́д 2) гро́хот ◇ to shoot ~ реши́ться на отча́янный шаг

**nib** [nɪb] **1.** *n* 1) ко́нчик, остриё пера́; (металли́ческое) перо́ 2) клюв (*птицы*) 3) вы́ступ, клин, остриё 4) *тех.* па́лец, шип 5) *pl* дроблёные бобы́ кака́о [*ср. тж.* nibs]

**2.** *v* 1) вставля́ть перо́ в ру́чку 2) чини́ть (гуси́ное) перо́

**nibble** ['nɪbl] **1.** *n* 1) обгрыза́ние; отку́сывание 2) клёв

**2.** *v* 1) обгрыза́ть; отку́сывать, поку́сывать (at); щипа́ть (*траву*) 2) клева́ть (*о рыбах*) 3) есть ма́ленькими кусо́чками 4) не реша́ться, колеба́ться (at); to ~ at an offer разду́мывать над предложе́нием 5) придира́ться (at)

**niblick** ['nɪblɪk] *n* клю́шка (*для игры в гольф*)

**nibs** [nɪbz] *n*: his ~ *sl.* его́ ми́лость; ва́жная персо́на

**nice** [naɪs] *a* 1) хоро́ший, прия́тный, ми́лый, сла́вный (*тж. ирон.*); a ~ boy хоро́ший па́рень; ~ weather хоро́шая пого́да; a ~ home хоро́шенький до́мик; a ~ state of affairs! хоро́шенькое положе́ние дел!; here is a ~ mess I am in! в хоро́шенькую переде́лку я попа́л! 2) любе́зный, внима́тельный; такти́чный 3) изя́щный, сде́ланный со вку́сом; элега́нтный 4) изы́сканный (*о манерах, стиле*) 5) о́стрый; то́нкий; a ~ ear то́нкий слух; ~ judg(e)ment то́нкое, пра́вильное сужде́ние; a ~ observer внима́тельный, то́нкий наблюда́тель; a ~ shade of meaning то́нкий отте́нок значе́ния; a ~ taste in literature хоро́ший, то́нкий литерату́рный вкус 6) тре́бующий большо́й то́чности *или* делика́тности; a ~ question щекотли́вый вопро́с; negotiations needing ~ handling перегово́ры, тре́бующие осторо́жного и то́нкого подхо́да 7) то́чный, то́нкий, чувстви́тельный (*о механизме*); weighed in the ~st scales взве́шено на са́мых то́чных веса́х 8) сла́дкий, вку́сный 9) аккура́тный; тща́тельный, подро́бный, скрупулёзный 10) разбо́рчивый, привере́дливый; приди́рчивый; щепети́льный; he is ~ in his food он привере́длив в еде́ 11) *уст.* своенра́вный, глу́пый 12): ~ and *в соединении с другим прилагательным часто означает* дово́льно; it is ~ and warm today сего́дня дово́льно тепло́; the train is going ~ and fast по́езд идёт дово́льно бы́стро

**nice-looking** ['naɪs'lukɪŋ] *a* привлека́тельный; миловѝдный

**nicely** ['naɪslɪ] *adv* 1) хорошо́; хоро́шенько; she is getting on ~ а) у неё всё в поря́дке; б) она́ поправля́ется; it will suit me ~ э́то мне как раз подойдёт 2) ми́ло, любе́зно; прия́тно 3) то́нко, делика́тно

**nicety** ['naɪsɪtɪ] *n* 1) то́чность; пункту́альность; аккура́тность; to a ~ то́чно, впо́ру, вполне́, как сле́дует 2) разбо́рчивость, привере́дливость; приди́рчивость; щепети́льность 3) изя́щество; утончённость 4) *уст.* ла́комство 5) *pl* то́нкости, дета́ли ◇ an exchange of niceties обме́н любе́зностями

**niche** [nɪtʃ] **1.** *n* 1) ни́ша; *перен.* убе́жище 2) надлежа́щее ме́сто

**2.** *v* 1) помести́ть в ни́шу 2) *refl.* найти́ себе́ убе́жище; удо́бно устро́иться

**Nick** [nɪk] *n* чёрт, дья́вол (*обыкн.* Old N.)

**nick** [nɪk] **1.** *n* 1) зару́бка, засе́чка, зазу́брина; наре́зка 2) тре́щина, щель, проре́з 3) то́чный моме́нт; крити́ческий моме́нт; in the (very) ~ of time как раз во́время 4) *тех.* суже́ние, ше́йка 5) *разг.* тюрьма́; (полице́йский) уча́сток

**2.** *v* 1) де́лать ме́тку, зару́бку 2) попа́сть в то́чку, угада́ть (*обыкн.* ~ it) 3) поспе́ть во́время; to ~ the train поспе́ть на по́езд 4) пойма́ть (*преступника*) 5) разреза́ть; отреза́ть; подреза́ть 6) *разг.* укра́сть, стащи́ть 7) *разг.* обману́ть, наду́ть □ ~ **down** а) вести́ счёт, де́лая наре́зки; б) записа́ть что-л.; в) *разг.* заруби́ть на носу́; ~ **in** а) сократи́ть путь, сре́зав у́гол; б) бы́стро заня́ть чьё-л. ме́сто

**nickel** ['nɪkl] **1.** *n* 1) *хим.* ни́кель 2) моне́та в 5 це́нтов ◇ ~ nurser *амер. sl.* скупе́ц, скря́га; N.! *амер.* о чём заду́мались?

**2.** *v* никелирова́ть

**nickelage** ['nɪklɪdʒ] = nickel-plating

**nickelodeon** ['nɪkl,əudjən] *n амер. разг.* патефо́н-автома́т; пиано́ла-автома́т

**nickel-plating** ['nɪkl,pleɪtɪŋ] *n тех.* никелирова́ние, никелиро́вка

**nicker** ['nɪkə] *v сев.* 1) ржать 2) хохота́ть, гогота́ть

**nick-nack** ['nɪknæk] = knick-knack

**nickname** ['nɪkneɪm] **1.** *n* 1) про́звище 2) уменьши́тельное и́мя

**2.** *v* дава́ть про́звище

**nicotian** [nɪ'kəuʃən] **1.** *a* таба́чный

**2.** *n* кури́льщик

**nicotine** ['nɪkətiːn] *n* никоти́н

**nicotinism** ['nɪkətiːnɪzm] *n* отравле́ние никоти́ном

**nictate** ['nɪkteɪt] = nictitate

**nictation** [nɪk'teɪʃən] = nictitation

**nictitate** ['nɪktɪteɪt] *v* мига́ть, морга́ть

**nictitating membrane** ['nɪktɪteɪtɪŋ'membreɪn] *n* мига́тельная перепо́нка (*у птиц*)

**nictitation** [,nɪktɪ'teɪʃən] *n* мига́ние

**nicy** ['naɪsɪ] *n детск.* конфе́тка, ледене́ц

**niddle-noddle** ['nɪdl,nɔdl] **1.** *a* трясу́щийся

**2.** *v* = nid-nod

**nidge** [nɪdʒ] = nig

**nidi** ['naɪdaɪ] *pl от* nidus

**nidificate** ['nɪdɪfɪkeɪt] *v* вить гнездо́

**nidify** ['nɪdɪfaɪ] = nidificate

**nid-nod** ['nɪdnɔd] *v* кива́ть

**nidus** ['naɪdəs] *лат. n* (*pl* nidi, -es [-ɪz]) 1) *зоол.* гнездо́ (*некоторых насекомых*) 2) расса́дник боле́зней, оча́г зара́зы

**niece** [niːs] *n* племя́нница

**nielli** [nɪ'eliː] *pl от* niello

**niello** [nɪ'eləu] *ит. n* (*pl* -li, -os [-əuz]) 1) чернь (*на металле*) 2) рабо́та че́рнью по серебру́ 3) изде́лие с че́рнью

**nielloed** [nɪ'eləud] *a* чернёный

**nifty** ['nɪftɪ] *разг.* **1.** *n* остроу́мное замеча́ние; о́строе словцо́

**2.** *a* 1) мо́дный, щегольско́й; сти́льный 2) отли́чный 3) *разг.* злово́нный

**nig** [nɪg] *v* обтёсывать ка́мни

**niggard** ['nɪgəd] **1.** *n* скупе́ц, скря́га

**2.** *a* скупо́й

**niggardly** ['nɪgədlɪ] **1.** *a* 1) скупо́й, ска́редный 2) ску́дный

**2.** *adv* 1) ску́по 2) ску́дно

**nigger** ['nɪgə] *n* 1) *груб.* негр, черномо́зый 2) шокола́дно-кори́чневый цвет ◇ ~ heaven *амер.* галёрка; work like a ~ ≅ рабо́тать как вол; a ~ in the woodpile скры́тая причи́на; та́йное обстоя́тельство

**niggle** ['nɪgl] *v* 1) занима́ться пустяка́ми, разме́ниваться на ме́лочи 2) одура́чивать, обма́нывать

**niggling** ['nɪglɪŋ] **1.** *pres. p. от* niggle

**2.** *a* 1) ме́лочный 2) тре́бующий тща́тельной, кропотли́вой рабо́ты 3) неразбо́рчивый (*о почерке*)

**nigh** [naɪ] *уст., поэт.* **1.** *a* бли́зкий, бли́жний

**2.** *adv* 1) бли́зко; ря́дом 2) почти́

**night** [naɪt] *n* 1) ночь; ве́чер; ~ after ~, ~ by ~ ка́ждую ночь; all ~ (long) в тече́ние всей но́чи; всю ночь напролёт; at ~ а) но́чью; б) ве́чером; by ~ а) в тече́ние но́чи; но́чью; б) под покро́вом но́чи; o' (=on) ~s *разг.* по ноча́м; ~ fell наступи́ла ночь; far into the ~ далеко́ за́ полночь; to have a good (bad) ~ хорошо́ (пло́хо) спать ночь; ~ out а) ночь, проведённая вне до́ма (*особ.* в развлече́ниях); б) выходно́й ве́чер прислу́ги; to have a (*или* the) ~ out а) прокути́ть всю ночь; б) име́ть выходно́й ве́чер (*о прислуге*); to have a ~ off име́ть свобо́дный ве́чер; last ~ вчера́ ве́чером 2) темнота́, мрак; to go forth into the ~ исче́знуть во мра́ке но́чи; the ~ of ignorance по́лное неве́жество 3) *attr.* ночно́й, вече́рний; ~ duty ночно́е дежу́рство ◇ ~ and day всегда́, непреста́нно; to make a ~ of it прокути́ть всю ночь напролёт; the small ~ пе́рвые часы́ по́сле полу́ночи (*1, 2 часа ночи*)

**night binoculars** [ˈnaɪtbɪˌnɔkjuləz] *n pl* ночно́й бино́кль

**night-bird** [ˈnaɪtbə:d] *n* 1) ночна́я пти́ца 2) ночно́й гуля́ка, полуно́чник

**night-blindness** [ˈnaɪtˌblaɪndnɪs] *n мед.* никтало́пия, кури́ная слепота́

**nightcap** [ˈnaɪtkæp] *n* 1) *уст.* ночно́й колпа́к 2) *разг.* стака́нчик спиртно́го на́ ночь 3) *амер. спорт.* после́днее соревнова́ние дня

**night-cart** [ˈnaɪtkɑ:t] *n* ассенизацио́нная теле́га

**night-chair** [ˈnaɪtʧɛə] *n* су́дно, ночно́й горшо́к

**night-clothes** [ˈnaɪtkləuðz] *n* ночно́е бельё

**night-club** [ˈnaɪtklʌb] **1.** *n* ночно́й клуб

**2.** *v* посеща́ть ночны́е клу́бы

**night-dress** [ˈnaɪtdres] *n* ночна́я руба́шка (*женская или детская*)

**nightfall** [ˈnaɪtfɔ:l] *n* су́мерки; наступле́ние но́чи

**night-fighter** [ˈnaɪtˌfaɪtə] *n ав.* ночно́й истреби́тель

**night-flower** [ˈnaɪtˌflauə] *n* ночно́й цвето́к

**night-fly** [ˈnaɪtflaɪ] *n* ночно́й мотылёк, -а́я ба́бочка

**night-flying** [ˈnaɪtˌflaɪɪŋ] *n ав.* ночны́е полёты

**night-glass** [ˈnaɪtglɑ:s] *n* ночно́й морско́й бино́кль

**night-gown** [ˈnaɪtgaun] = night-dress

**night-hag** [ˈnaɪthæg] *n* 1) ве́дьма 2) кошма́р

**night-hawk** [ˈnaɪthɔ:k] *n* 1) = nightjar 2) челове́к, бо́дрствующий, рабо́тающий по ноча́м 3) ночно́й такси́ст

**nightingale** [ˈnaɪtɪŋgeɪl] *n* солове́й

**night-intruder** [ˈnaɪtɪnˈtru:də] *n ав.* ночно́й бомбардиро́вщик

**nightjar** [ˈnaɪtʤɑ:] *n* козодо́й (*птица*)

**night-life** [ˈnaɪtlaɪf] *n* ночна́я жизнь (*города*)

**night-light** [ˈnaɪtlaɪt] *n* ночни́к

**night-line** [ˈnaɪtlaɪn] *n* у́дочка с прима́нкой, поста́вленная на́ ночь

**night-long** [ˈnaɪtlɔŋ] **1.** *a* продолжа́ющийся всю ночь

**2.** *adv* в тече́ние всей но́чи, всю ночь

**nightly** [ˈnaɪtlɪ] **1.** *a* 1) ночно́й 2) ежено́щный; случа́ющийся ка́ждую ночь

**2.** *adv* но́чью, по ноча́м; ежено́щно

**nightman** [ˈnaɪtmən] *n разг.* 1) ассениза́тор 2) ночно́й сто́рож

**nightmare** [ˈnaɪtmɛə] *n* 1) кошма́р 2) *миф.* инку́б; ве́дьма, кото́рая ду́шит спя́щих

**nightmarish** [ˈnaɪtmɛərɪʃ] *a* кошма́рный

**night-nurse** [ˈnaɪtnə:s] *n* ночна́я сиде́лка

**night-piece** [ˈnaɪtpi:s] *n* карти́на, изобража́ющая ночь *или* ве́чер

**night-rider** [ˈnaɪtˌraɪdə] *n амер.* ко́нный налётчик

**night-robe** [ˈnaɪtrəub] = night-dress

**night-school** [ˈnaɪtsku:l] *n* вече́рняя шко́ла; вече́рние ку́рсы

**nightshade** [ˈnaɪtʃeɪd] *n бот.* паслён; black ~ чёрный паслён; deadly ~ белладо́нна, со́нная о́дурь; woody ~ сла́дко-го́рький паслён

**night-shift** [ˈnaɪtʃɪft] *n* ночна́я сме́на

**night-soil** [ˈnaɪtsɔɪl] *n* нечисто́ты (*вывозимые ночью*)

**nightstick** [ˈnaɪtstɪk] *n амер.* дуби́нка, кото́рой полице́йский вооружён но́чью

**night-stool** [ˈnaɪtstu:l] = night-chair

**night-suit** [ˈnaɪtsju:t] *n* пижа́ма

**night-time** [ˈnaɪttaɪm] *n* ночно́е вре́мя, ночь; in the ~ но́чью

**night-walker** [ˈnaɪtˌwɔ:kə] *n* 1) луна́тик 2) проститу́тка 3) ночно́й бродя́га

**night-watch** [ˈnaɪtˈwɔtʃ] *n* 1) ночно́й дозо́р, ночна́я ва́хта; in the ~es в бессо́нные часы́ но́чи 2) ночно́й дозо́рный

**night-watchman** [ˈnaɪtˈwɔtʃmən] *n* ночно́й сто́рож

**night-wear** [ˈnaɪtwɛə] *n собир.* ночно́е бельё

**nighty** [ˈnaɪtɪ] *n разг.* ночна́я руба́шка (*женская или детская*)

**nigrescence** [naɪˈgresəns] *n* 1) почерне́ние 2) чернота́

**nigrescent** [naɪˈgresənt] *a* 1) черне́ющий, темне́ющий 2) чернова́тый

**nigritude** [ˈnɪgrɪtju:d] *n* чернота́; темнота́

**nihilist** [ˈnaɪɪlɪst] *n* нигили́ст

**nihilistic** [ˌnaɪɪˈlɪstɪk] *a* нигилисти́ческий

**nihilizm** [ˈnaɪɪlɪzm] *n* нигили́зм

**nil** [nɪl] *n* ничего́, ноль (*особ. при счёте в игре*) ◇ vision ~ никако́й ви́димости

**nilgai** [ˈnɪlgaɪ] *n зоол.* антило́па нильга́у

**Nilotic** [naɪˈlɔtɪk] *a* ни́льский

**nimbi** [ˈnɪmbaɪ] *pl от* nimbus

**nimble** [ˈnɪmbl] *a* 1) прово́рный, ло́вкий, шу́стрый; лёгкий (*в движениях*) 2) живо́й, подви́жный, ги́бкий (*об уме*) 3) сообрази́тельный 4) бы́стрый, нахо́дчивый (*об ответе*)

**nimbus** [ˈnɪmbəs] *n* (*pl* -bi, -es [-ɪz]) 1) нимб, сия́ние, орео́л 2) *метео* дождевы́е облака́

**niminy-piminy** [ˈnɪmɪnɪˈpɪmɪnɪ] *a* жема́нный, чо́порный, мане́рный

**nincompoop** [ˈnɪnkəmpu:p] *n* 1) простофи́ля, дурачо́к 2) бесхара́ктерный челове́к

**nine** [naɪn] **1.** *num. card.* де́вять ◇ ~ days' wonder зло́ба дня, кратковре́менная сенса́ция; ~ men's morris *название старинной английской игры, напоминающей шашки*; ~ times out of ten обы́чно; ~ tenths почти́ всё

**2.** *n* 1) девя́тка 2) *pl* девя́тый но́мер (*размер перчаток и т. п.*) 3) *амер. спорт.* кома́нда из 9 челове́к (*в бейсболе*) ◇ the N. *миф.* де́вять муз; up to the ~s в вы́сшей сте́пени; to crack smb. up to the ~s превозноси́ть кого́-л. до небе́с; dressed up to the ~s разоде́тый в пух и прах

**ninefold** [ˈnaɪnfəuld] **1.** *a* девятикра́тный

**2.** *adv* в де́вять раз бо́льше

**nine-killer** [ˈnaɪnˌkɪlə] *n зоол.* сорокопу́т

**ninepins** [ˈnaɪnpɪnz] *n pl* ке́гли

**nineteen** [ˈnaɪnˈti:n] *num. card.* девятна́дцать ◇ to talk (*или* to go) ~ to the dozen говори́ть без конца́, без у́молку, треща́ть

**nineteenth** [ˈnaɪnˈti:nθ] **1.** *num. ord.* девятна́дцатый

**2.** *n* 1) девятна́дцатая часть 2) (the ~) девятна́дцатое число́

**nineties** [ˈnaɪntɪz] *n pl* 1) (the ~) девяно́стые го́ды (*особ. XIX в.*) 2) девяно́сто лет; во́зраст ме́жду девяно́ста и ста года́ми

**ninetieth** [ˈnaɪntɪɪθ] **1.** *num. ord.* девяно́стый

**2.** *n* девяно́стая часть

**ninety** [ˈnaɪntɪ] **1.** *num. card.* девяно́сто; ~-one девяно́сто оди́н; ~-two девяно́сто два *и т. д.* ◇ ~-nine out of a hundred почти́ всё

**2.** *n* девяно́сто (*единиц, штук*)

**ninny** [ˈnɪnɪ] *n* дурачо́к, простофи́ля

**ninny-hammer** [ˈnɪnɪˌhæmə] = ninny

**ninth** [naɪnθ] **1.** *num. ord.* девя́тый

**2.** *n* 1) девя́тая часть 2) девя́тое число́

**ninthly** [ˈnaɪnθlɪ] *adv* в-девя́тых

**niobium** [naɪˈəubɪəm] *n хим.* нио́бий

**Nip** [nɪp] *n* (*сокр. от* Nipponese) *пренебр.* 1) япо́нец 2) *attr.* япо́нский

**nip** [nɪp] **1.** *n* 1) щипо́к, уку́с 2) отку́шенный кусо́к 3) (небольшо́й) глото́к 4) ко́лкость, е́дкое замеча́ние; придирка, оби́дный упрёк 5) похолода́ние; ре́зкий холо́дный ве́тер; a cold ~ in the air в во́здухе чу́вствуется моро́зец 6) ре́зкое возде́йствие (*мороза, ветра на растения*) 7) сжа́тие (*судна во льдах*) 8) *тех.* тиски́; захва́т 9) *геол.* ни́зкий утёс 10) *горн.* разда́вливание целико́в, зава́л ◇ ~ and tuck *амер.* а) плечо́м к плечу́; вро́вень; б) во весь опо́р; по́лным хо́дом; to freshen the ~ опохмеля́ться; to take a ~ пропусти́ть рю́мочку

**2.** *v* (nipped [-t], nipt) 1) ущипну́ть; щипа́ть; укуси́ть; тя́пнуть (*о собаке*); прищеми́ть; сжима́ть (*судно во льдах*) 2) поби́ть, повреди́ть (*ветром, морозом*) 3) пресе́чь; to ~ in the bud пресе́чь в ко́рне; подави́ть в заро́дыше 4) упрека́ть; придира́ться 5) отпива́ть (*спиртное*) ма́ленькими глотка́ми 6) *разг.* укра́сть, стащи́ть, стяну́ть 7) *разг.* схвати́ть, арестова́ть 8) *тех.* откуси́ть, отре́зать 9) *тех.* захвати́ть, зажа́ть □ ~ **along** бы́стро идти́; ~ **away** *разг.* ускользну́ть, удра́ть; ~ **in(to)** вме́шиваться в (*разговор*); проти́скиваться, прота́лкиваться вперёд; ~ **off** а) ощи́пывать; б) отщипну́ть, откуси́ть; в) удра́ть; ~ **on**

**ahead** а) стара́ться перегна́ть; б) забега́ть вперёд

**Nipper** [ˈnɪpə] *n амер. разг.* япо́нец

**nipper** [ˈnɪpə] *n* 1) тот, кто куса́ется, куса́ка; то, что куса́ется, щи́плется 2) *pl* острогу́бцы, куса́чки; щипцы́ (*тж.* a pair of ~s) 3) *pl* пенсне́ 4) клешня́ (*рака, краба*) 5) пере́дний зуб, резе́ц (*лошади*) 6) *разг.* мальчуга́н; ма́льчик-подру́чный 7) *разг.* вори́шка, карма́нник 8) *pl амер. разг.* кандалы́

**nipping** [ˈnɪpɪŋ] **1.** *pres. p. от* nip 2

**2.** *a* щи́плющий; ~ frost си́льный моро́з

**nipple** [ˈnɪpl] *n* 1) сосо́к (*груди*) 2) со́ска 3) бугор; со́пка 4) пузы́рь (*в стекле, металле*) 5) *тех.* ни́ппель; соедини́тельная га́йка 6) *тех.* па́трубок 7) *воен.* боёк уда́рника

**nipplewort** [ˈnɪplwəːt] *n бот.* борода́вник

**Nipponese** [ˌnɪpəˈniːz] **1.** *a* япо́нский

**2.** *n* япо́нец; япо́нка; the ~ *pl собир.* япо́нцы

**nippy** [ˈnɪpɪ] **1.** *a* 1) моро́зный; ре́зкий (*о ветре*); ~ weather холо́дная пого́да 2) *разг.* прово́рный

**2.** *n разг.* официа́нтка, подава́льщица

**nipt** [nɪpt] *past и p. p. от* nip 2

**nirvana** [nɪəˈvɑːnə] *n* нирва́на

**Nisei, nisei** [ˈniːˈseɪ] *n* америка́нец япо́нского происхожде́ния

**nisi** [ˈnaɪsaɪ] *лат. cj юр.* е́сли не; decree (order, rule) ~ постановле́ние (прика́з, пра́вило), вступа́ющее в си́лу с определённого сро́ка, е́сли оно́ не отменено́ до э́того вре́мени

**nisi prius** [ˈnaɪsaɪˈpraɪəs] *n юр.*: trial at ~ слу́шание гражда́нских дел выездно́й се́ссией суда́

**nit** I [nɪt] *n* гни́да

**nit** II [nɪt] *n шотл.* оре́х

**niton** [ˈnaɪtɔn] *n хим.* нито́н, радо́н

**nitrate** [ˈnaɪtreɪt] *хим.* **1.** *n* нитра́т, соль *или* эфи́р азо́тной кислоты́

**2.** *v* нитрова́ть

**nitration** [naɪˈtreɪʃən] *n хим.* 1) нитра́ция; нитрова́ние 2) азоти́рование

**nitre** [ˈnaɪtə] *n хим.* сели́тра

**nitric** [ˈnaɪtrɪk] *a хим.* азо́тный; ~ acid азо́тная кислота́; ~ oxide о́кись азо́та

**nitrification** [ˌnaɪtrɪfɪˈkeɪʃən] *n хим.* нитрифика́ция

**nitrify** [ˈnaɪtrɪfaɪ] *v хим.* 1) нитрифици́ровать 2) превраща́ть в сели́тру

**nitrite** [ˈnaɪtraɪt] *n хим.* нитри́т, соль *или* эфи́р азо́тистой кислоты́

**nitrogen** [ˈnaɪtrədʒən] *n хим.* азо́т

**nitrogenous** [naɪˈtrɔdʒɪnəs] *a хим.* азо́тный, азо́тистый

**nitroglycerine** [ˈnaɪtrəuglɪsəˈriːn] *n* нитроглицери́н

**nitrometer** [naɪˈtrɔmɪtə] *n хим.* нитро́метр

**nitron** [ˈnaɪtrɔn] *n* нитро́н

**nitrous** [ˈnaɪtrəs] *a хим.* азо́тистый; ~ acid азо́тистая кислота́; ~ oxide веселя́щий газ, за́кись азо́та

**nitty** [ˈnɪtɪ] *a* вши́вый

**nitwit** [ˈnɪtwɪt] *n разг.* дура́к, ничто́жество, простофи́ля

**nitwitted** [ˈnɪtˌwɪtɪd] *a* глу́пый

**nival** [ˈnaɪvəl] *a* сне́жный; расту́щий под сне́гом

**nix** I [nɪks] *int школ. жарг.* будь начеку́!, ти́хо!, осторо́жно!

**nix** II [nɪks] *разг.* **1.** *n* ничего́; нуль

**2.** *adv* нет; не

**nix** III [nɪks] *n миф.* водяно́й

**nixie** [ˈnɪksɪ] *n миф.* руса́лка

**Nizam** [naɪˈzæm] *n* 1) *ист.* низа́м (*титул правителя Хайдарабада*) 2) туре́цкая а́рмия 3) (*pl без измен.*) солда́т туре́цкой а́рмии

**no** [nəu] **1.** *adv* 1) нет; no, I cannot нет, не могу́ 2) не (*при сравн. ст.* = not any, not at all); he is no better today сего́дня ему́ (ниско́лько) не лу́чше; I can wait no longer я не могу́ до́льше ждать; no sooner had he arrived than he fell ill едва́ он успе́л прие́хать, как заболе́л; no less than а) не ме́нее, чем; б) ни бо́льше, ни ме́ньше как; no more не́чего, ничего́ бо́льше; нет (бо́льше); I have no more to say мне не́чего бо́льше сказа́ть; he is no more его́ нет в живы́х, он у́мер; he cannot come, no more can I он не мо́жет прийти́, как и я

**2.** *pron neg.* 1) никако́й (=not any; *перед существительным передаётся обыкн. словом* нет); he has no reason to be offended у него́ нет (никако́й) причи́ны обижа́ться 2) не (=not a); he is no fool он неглу́п, он не дура́к; no such thing ничего́ подо́бного; no doubt несомне́нно; no wonder неудиви́тельно 3) *означает запрещение, отсутствие*; no smoking! кури́ть воспреща́ется!; no compromise! никаки́х компроми́ссов!; no special invitations осо́бых приглаше́ний не бу́дет; no trumps! без ко́зыря!; no two ways about it а) друго́го вы́хода нет; б) не мо́жет быть двух мне́ний насчёт э́того; by no means нико́им о́бразом; коне́чно, нет 4) *с отглагольным существительным или герундием означает невозможность*: there's no knowing what may happen нельзя́ знать, что́ мо́жет случи́ться; there is no telling what he is up to никогда́ не зна́ешь, что он замышля́ет ◇ no end of о́чень мно́го, мно́жество; we had no end of good time мы превосхо́дно провели́ вре́мя; no cross, no crown *посл.* ≅ без труда́ нет плода́; го́ря боя́ться, сча́стья не вида́ть; no flies on him его́ не проведёшь; no man никто́; no man's land а) *ист.* бесхо́зная земля́; б) *воен.* «ничья́ земля́», простра́нство ме́жду транше́ями проти́вников; no matter безразли́чно, нева́жно; no odds нева́жно, не име́ет значе́ния; in no time о́чень бы́стро, в мгнове́ние о́ка

**3.** *n* (*pl* noes [nəuz]) 1) отрица́ние; two noes make a yes два отрица́ния равны́ утвержде́нию 2) отка́з; he will not take no for an answer он не при́мет отка́за 3) *pl* голосу́ющие про́тив; the noes have it большинство́ про́тив

**Noah** [ˈnəuə] *n библ.* Ной; ~'s Ark Но́ев ковче́г

**nob** I [nɔb] *разг.* **1.** *n* 1) голова́, башка́ 2) козырно́й вале́т (*в некоторых карт. играх*)

**2.** *v* нанести́ уда́р в го́лову (*в боксе*)

**nob** II [nɔb] *n разг.* высокопоста́вленное лицо́, осо́ба, фигу́ра, ши́шка

**nobble** [ˈnɔbl] *v sl.* 1) испо́ртить ло́шадь (*перед состязанием*) 2) подкупи́ть 3) обману́ть 4) укра́сть 5) пойма́ть (*преступника и т. п.*)

**nobby** [ˈnɔbɪ] *a разг.* изя́щный; мо́дный; шика́рный; крича́щий

**nobiliary** [nəuˈbɪljərɪ] *a* дворя́нский; the ~ particle, the ~ prefix дворя́нская приста́вка к и́мени

**nobility** [nəuˈbɪlɪtɪ] *n* 1) дворя́нство; родова́я знать; the ~ класс дворя́н; титуло́ванная аристокра́тия (*в Англии; в отличие от* gentry — *нетитулованного дворянства*) 2) благоро́дство, великоду́шие; вели́чие (*ума и т. п.*)

**noble** I [ˈnəubl] **1.** *a* 1) благоро́дный; великоду́шный 2) прекра́сный, замеча́тельный; превосхо́дный 3) величественный, велича́вый; ста́тный 4) титуло́ванный, зна́тный 5) *хим.* ине́ртный (*о газе*) 6) благоро́дный (*о металле*)

**2.** *n* 1) = nobleman 2) *ист.* нобль (*старинная англ. золотая монета*)

**noble** II [ˈnəubl] *n амер. sl.* руководи́тель штрейкбре́херов; надсмо́трщик над штрейкбре́херами

**noble fir** [ˈnəublˈfəː] *n бот.* пи́хта благоро́дная

**nobleman** [ˈnəublmən] *n* 1) дворяни́н 2) титуло́ванное лицо́, пэр (*в Англии*)

**noble-minded** [ˈnəublˈmaɪndɪd] *a* великоду́шный, благоро́дный

**noble-mindedness** [ˈnəublˈmaɪndɪdnɪs] *n* великоду́шие, благоро́дство

**nobleness** [ˈnəublnɪs] *n* благоро́дство *и пр.* [*см.* noble I, 1]

**noblesse** [nəuˈbles] *фр. n* дворя́нство (*особенно иностранное*) ◇ ~ oblige положе́ние обя́зывает

**noblewoman** [ˈnəublˌwumən] *n* дворя́нка; супру́га пэ́ра, ле́ди

**nobly** [ˈnəublɪ] *adv* 1) благоро́дно 2) прекра́сно, превосхо́дно

**nobody** [ˈnəubədɪ] **1.** *pron neg.* никто́

**2.** *n* 1) ничто́жество; «пусто́е ме́сто»; a mere ~ по́лное ничто́жество; a titled ~ титуло́ванное ничто́жество 2) челове́к, не име́ющий ве́са в о́бществе ◇ ~ home *амер.* ≅ не все до́ма, ви́нтика не хвата́ет

**nock** [nɔk] **1.** *n* зару́бка, вы́емка на конце́ лу́ка *или* на стреле́ (*для тетивы*)

**2.** *v* 1) де́лать зару́бки 2) натя́гивать тетиву́

**noctambulant** [nɔkˈtæmbjulənt] **1.** *a* сомнамбули́ческий

**2.** *n* сомна́мбула, луна́тик

**noctambulizm** [nɔkˈtæmbjulɪzm] *n* сомнамбули́зм, лунати́зм

**noctiflorous** [nɔk'tɪflɔːrəs] *a бот.* цвету́щий но́чью

**noctilucous** [nɔk'tɪljukəs] *a* светя́щийся но́чью, фосфоресци́рующий

**noctovision** [ˌnɔktə'vɪʒən] *n* 1) спосо́бность ви́деть в темноте́ 2) телеви́дение в инфракра́сных луча́х

**nocturnal** [nɔk'təːnl] **1.** *a* ночно́й **2.** *n астр.* пасса́жный инструме́нт

**nocturne** ['nɔktəːn] *n* 1) *муз.* ноктю́рн 2) *жив.* ночна́я сце́на

**nocuous** ['nɔkjuəs] *a* 1) вре́дный 2) ядови́тый

**nod** [nɔd] **1.** *n* 1) киво́к; to give smth. the ~ одо́брить что-л. 2) клева́ние но́сом; дремо́та ◇ to give (to get) smth. on the ~ *амер.* дать (получи́ть) что-л. в креди́т; a ~ is as good as a wink (to a blind horse) ≅ а) намёк поня́тен; б) уме́йте поня́ть намёк **2.** *v* 1) кива́ть голово́й (*в знак согласия, приветствия и т. п.*) 2) дрема́ть, клева́ть но́сом; to catch smb. ~ding заста́ть кого́-л. врасплох 3) прозева́ть (*что-л.*) 4) наклоня́ться, кача́ться (*о деревьях*) 5) покоси́ться, грози́ть обва́лом (*о зданиях*) ◇ Homer sometimes ~s *посл.* ≅ на вся́кого мудреца́ дово́льно простоты́; ка́ждый мо́жет ошиби́ться

**nodal** ['nəudl] *a* центра́льный; узлово́й

**noddle** ['nɔdl] *разг.* **1.** *n* башка́ **2.** *v* кива́ть *или* кача́ть голово́й

**noddy** ['nɔdɪ] *n* 1) проста́к, дура́к 2) глупы́ш (*птица*)

**node** [nəud] *n* 1) *бот.* у́зел 2) *физ., филос.* узлово́й пункт 3) *мед.* наро́ст, утолще́ние 4) *астр.* то́чка пересече́ния орби́т 5) *мат.* то́чка пересече́ния двух ли́ний

**nodi** ['nəudaɪ] *pl от* nodus

**nodical** ['nəudɪkl] *n астр.* относя́щийся к то́чке пересече́ния орби́т

**nodose** ['nəudəs] *a* узлова́тый

**nodosity** [nəu'dɔsɪtɪ] *n* 1) узлова́тость 2) утолще́ние

**nodular, nodulated** ['nɔdjulə, -leɪtɪd] *a* 1) узелко́вый, узлова́тый, желва́чный 2) *геол.* почкови́дный; ~ ore почкови́дная руда́

**nodule** ['nɔdjuːl] *n* 1) узело́к 2) *мед.* узелко́вое утолще́ние 3) *геол.* ру́дная по́чка; желва́к; конкре́ция, дру́за; валу́н, га́лька 4) *бот.* наро́ст на расте́нии, кап

**nodulose, nodulous** ['nɔdjuləus, -ləs] *a* узлова́тый

**nodus** ['nəudəs] *n* (*pl* nodi) 1) у́зел 2) затрудне́ние, сло́жное сплете́ние обстоя́тельств; у́зел (*интриги*)

**Noel** [nəu'el] *n* рождество́ (*в песнях и гимнах*)

**noetic** [nəu'etɪk] *a* 1) духо́вный; интеллектуа́льный 2) абстра́ктный

**nog** I [nɔg] *n* 1) деревя́нный клин *или* гвоздь; на́гель 2) *горн.* распо́рка рудни́чной крепи

**nog** II [nɔg] *n* 1) род кре́пкого пи́ва 2) = egg-nog

**noggin** ['nɔgɪn] *n* 1) ма́ленькая кру́жка 2) че́тверть пи́нты (*мера жидкости = 0,12—0,14 л*) 3) *разг.* голова́

**no go** ['nəu'gəu] *n* безвы́ходное положе́ние, тупи́к; it's ~ ничего́ не поде́лаешь; ничего́ не выхо́дит; э́тот но́мер не пройдёт; [*см. тж.* go 2, 5)]

**no good** ['nəu'gud] *n амер.* нестоя́щий челове́к, -ая вещь

**nohow** ['nəuhau] *adv разг.* 1) ника́к, нико́им о́бразом 2) та́к себе; to feel (to look) ~ чу́вствовать себя́ (вы́глядеть) нева́жно

**noil** [nɔɪl] *n текст.* гребенно́й оче́с, очёски, уга́р гребнечеса́ния

**noise** [nɔɪz] **1.** *n* 1) шум, гам, гро́хот; гвалт 2) то́лки, разгово́ры; to make a ~ about smth. поднима́ть шум из-за чего́-л. 3) звук (*обыкн. неприятный*) 4) поме́ха, поме́хи; atmospheric ~ атмосфе́рные поме́хи ◇ a big ~ ва́жная персо́на, «ши́шка»; to be a lot of ~ *амер.* быть болтуно́м, пустоме́лей; to make a ~ in the world производи́ть сенса́цию; ≅ быть у всех на уста́х **2.** *v* 1) разглаша́ть; распространя́ть; обнаро́довать 2) *редк.* шуме́ть, крича́ть

**noise-killer** ['nɔɪzˌkɪlə] *n* шумоглуши́тель

**noiseless** ['nɔɪzlɪs] *a* 1) бесшу́мный, ти́хий 2) беззву́чный, безмо́лвный

**noiseproof** ['nɔɪzpruːf] *a* защищённый от шу́ма, поме́х; не пропуска́ющий шу́ма

**noisette** I [nwaː'zet] *фр. n* (*обыкн. pl*) те́фтели

**noisette** II [nwaː'zet] *n бот.* ро́за нуазе́товая

**noisome** ['nɔɪsəm] *a* 1) вре́дный; нездоро́вый 2) зловонный 3) отврати́тельный

**noisy** ['nɔɪzɪ] *a* 1) шу́мный 2) шумли́вый; галдя́щий 3) крича́щий, я́ркий (*о цвете, костюме и т. п.*)

**nolens volens** ['nəulenz'vəulenz] = willy-nilly

**noli me tangere** ['nəulaɪmiː'tændʒərɪ] *лат.* (*букв.*: не прикаса́йся ко мне) *n* 1) недотро́га 2) *бот.* недотро́га 3) *мед.* волча́нка

**nolle prosequi** ['nɔlɪ'prɔsekwaɪ] *лат. n юр.* отка́з истца́ от и́ска *или* от ча́сти его́

**no-load** ['nəuləud] *n тех.* холосто́й ход, нулева́я нагру́зка

**nomad** ['nəuməd] **1.** *n* 1) коче́вник 2) стра́нник; бродя́га **2.** *a* = nomadic

**nomadic** [nəu'mædɪk] *a* 1) кочево́й, кочу́ющий 2) бродя́чий

**nomadism** ['nɔmədɪzm] *n* кочево́й о́браз жи́зни

**nomadize** ['nɔmədaɪz] *v* кочева́ть, вести́ кочево́й о́браз жи́зни

**nom de plume** ['nɔmdə'pluːm] *фр. n* литерату́рный псевдони́м

**nomenclative** [nəu'menklətɪv] *a* 1) номенклату́рный 2) терминологи́ческий

**nomenclature** [nəu'menklətʃə] *n* 1) номенклату́ра 2) терминоло́гия

**nominal** ['nɔmɪnl] *a* 1) номина́льный 2) ничто́жный, незначи́тельный; ~ sentence усло́вный пригово́р 3) имен́ной (*тж. грам.*); поимённый 4) *эк.* номина́льный; нарица́тельный; ~ price номина́льная цена́

**nominalism** ['nɔmɪnəlɪzm] *n филос.* номинали́зм

**nominally** ['nɔmɪnəlɪ] *adv* номина́льно

**nominate** ['nɔmɪneɪt] *v* 1) выставля́ть, предлага́ть кандида́та (*на выборах*) 2) назнача́ть (*на должность*); называ́ть (*дату и т. п.*) 3) *уст.* именова́ть

**nominating** ['nɔmɪneɪtɪŋ] **1.** *pres. p. от* nominate **2.** *a*: ~ convention *амер.* собра́ние по выдвиже́нию кандидату́р на вы́борные до́лжности

**nomination** [ˌnɔmɪ'neɪʃən] *n* 1) назначе́ние (*на должность*) 2) выставле́ние кандида́та (*на выборах*) 3) пра́во назначе́ния *или* выставле́ния кандида́та (*при выборах на должность*) 4) *attr.*: ~ day день, когда́ происхо́дит выдвиже́ние кандида́тов; Nominations Committee комите́т по выставле́нию кандидату́р (*в ООН*)

**nominatival** ['nɔmɪnətɪvəl] *a грам.* относя́щийся к имени́тельному падежу́

**nominative** ['nɔmɪnətɪv] **1.** *n* 1) *грам.* имени́тельный паде́ж 2) лицо́, назна́ченное (на до́лжность) **2.** *a* 1) *грам.* имени́тельный 2) назна́ченный (на до́лжность)

**nominator** ['nɔmɪneɪtə] *n* лицо́, предлага́ющее кандида́та (*при выборах*) *или* назнача́ющее на до́лжность

**nominee** [ˌnɔmɪ'niː] *n* кандида́т, предло́женный на каку́ю-л. до́лжность *или* вы́двинутый на вы́борах

**non-** [nɔn-] *pref означает отрицание или отсутствие, напр.*: non-conductor непроводни́к — conductor проводни́к; non-essential несуще́ственный — essential суще́ственный

**non-acceptance** ['nɔnək'septəns] *n* непринятие

**non-access** ['nɔn'ækses] *n* невозмо́жность полово́го обще́ния (*юр. термин в исках об отцовстве*)

**non-affiliated** ['nɔnə'fɪlɪeɪtɪd] *a*: ~ union *амер.* профсою́з, не входя́щий ни в одно́ профсою́зное объедине́ние

**nonage** ['nəunɪdʒ] *n* 1) *юр.* несовершенноле́тие 2) ю́ность; *перен.* незре́лость

**nonagenarian** [ˌnəunədʒɪ'neərɪən] **1.** *n* челове́к в во́зрасте ме́жду 89 и 100 года́ми; 90-ле́тний (стари́к, -яя стару́ха) **2.** *a* в во́зрасте ме́жду 89 и 100 года́ми

**non-aggression pact** ['nɔnəg'reʃən-'pækt] *n* догово́р, пакт о ненападе́нии

**non-aggressive** ['nɔnə'gresɪv] *a* неагресси́вный

**non-alcoholic** ['nɔnˌælkə'hɔlɪk] *a* безалкого́льный

**non-aligned** [ˈnɔnəˈlaɪnd] *a полит.* неприсоедини́вшийся; ~ countries неприсоедини́вшиеся стра́ны

**non-alignment** [ˈnɔnəˈlaɪnmənt] *n полит.* неприсоедине́ние к бло́кам *или* вое́нным группиро́вкам

**non-appearance** [ˈnɔnəˈpɪərəns] *n юр.* нея́вка в суд

**nonary** [ˈnəunərɪ] **1.** *n* гру́ппа из девяти́

**2.** *a* девятери́чный (*о системе счисления*)

**non-attendance** [ˈnɔnəˈtendəns] *n* непосеще́ние (*занятий и т. п.*)

**non-believer** [ˈnɔnbɪˈliːvə] *n* 1) неве́рующий 2) скéптик

**non-belligerence** [ˈnɔnbɪˈlɪdʒərəns] *n* неуча́стие в войне́

**non-belligerent** [ˈnɔnbɪˈlɪdʒərənt] *a* невою́ющий, не находя́щийся в состоя́нии войны́

**non-capital ship** [ˈnɔnˌkæpɪtlˈʃɪp] *n мор.* кора́бль не лине́йного кла́сса

**nonce** [nɔns] *n*: for the ~ специа́льно для да́нного слу́чая; в да́нное вре́мя; вре́менно

**nonce-word** [ˈnɔnswəːd] *n* сло́во, образо́ванное то́лько для да́нного слу́чая

**nonchalance** [ˈnɔnʃələns] *n* 1) бесстра́стность, безразли́чие 2) беззабо́тность; беспе́чность; небре́жность

**nonchalant** [ˈnɔnʃələnt] *a* 1) бесстра́стный; безразли́чный 2) беззабо́тный; беспе́чный; небре́жный

**non-claim** [ˈnɔnkleɪm] *n юр.* просро́чка в предъявле́нии и́ска

**non-com** [ˈnɔnˈkɔm] *n* (*сокр. от* non-commissioned officer) *воен. разг.* сержа́нт

**non-combatant** [ˈnɔnˈkɔmbətənt] *воен.* **1.** *n* нестроево́й солда́т, сержа́нт, офице́р

**2.** *a* нестроево́й, тылово́й; не уча́ствующий в боевы́х опера́циях; ~ corps нестроевы́е ча́сти

**non-commissioned officer** [ˈnɔnkəˌmɪʃəndˈɔfɪsə] *n* сержа́нт

**non-committal** [ˈnɔnkəˈmɪtl] **1.** *n* укло́нчивость

**2.** *a* укло́нчивый

**non-communicable** [ˈnɔnkəˈmjuːnɪkəbl] *a* незара́зный

**non-compliance** [ˈnɔnkəmˈplaɪəns] *n* 1) неподчине́ние 2) несогла́сие 3) несоблюде́ние (with — *чего-л.*)

**non compos (mentis)** [nɔnˈkɔmpəs(ˈmentɪs)] *a юр.* невменя́емый

**non-conducting** [ˈnɔnkənˈdʌktɪŋ] *a физ.* непроводя́щий

**non-conductor** [ˈnɔnkənˌdʌktə] *n физ.* непроводни́к; диэле́ктрик

**nonconformist** [ˈnɔnkənˈfɔːmɪst] *n* секта́нт, диссиде́нт

**nonconformity** [ˈnɔnkənˈfɔːmɪtɪ] *n* 1) непринадле́жность к госуда́рственной це́ркви 2) неподчине́ние 3) *собир.* диссиде́нты

**non-content** [ˈnɔnkənˈtent] *n* 1) недово́льный; несогла́сный 2) голосу́ющий про́тив предложе́ния (*в палате лордов*)

**non-co-operation** [ˈnɔnkəuˌɔpəˈreɪʃən] *n* поли́тика бойко́та, неповинове́ния, отка́з от сотру́дничества

**nondescript** [ˈnɔndɪskrɪpt] **1.** *n* челове́к *или* предме́т неопределённого ви́да

**2.** *a* неопределённого ви́да, трудноопредели́мый, неопису́емый

**non-dimensional** [ˈnɔndɪˈmenʃənl] *a* безразме́рный

**non-dissemination** [ˈnɔndɪˌsemɪˈneɪʃən] *n* отка́з от распростране́ния я́дерного ору́жия; запреще́ние передава́ть я́дерное ору́жие

**non-ductile** [ˈnɔnˈdʌktaɪl] *a* непода́тливый, упря́мый; facts are ~ фа́кты — упря́мая вещь

**nondurable** [ˈnɔnˈdjuərəbl] *a* 1) недолговре́менный, недолгове́чный 2) *эк.* недли́тельного по́льзования (*о товарах*)

**none** [nʌn] **1.** *pron neg.* 1) никто́, ничто́; ни оди́н; he has three daughters, ~ are (*или* is) married у него́ три до́чери, ни одна́ не за́мужем 2) никако́й ◇ ~ but никто́ кро́ме, то́лько; ~ of that! переста́нь!

**2.** *adv* ниско́лько, совсе́м не; I slept ~ that night *амер.* в ту ночь я совсе́м не спал ◇ I am ~ the better for it мне от э́того не ле́гче; ~ the less ниско́лько не ме́ньше; тем не ме́нее

**non-effective** [ˈnɔnɪˈfektɪv] **1.** *a* недействи́тельный, неприго́дный

**2.** *n* солда́т *или* матро́с, него́дный к строево́й слу́жбе (*вследствие ранения и т. п.*)

**nonentity** [nɔˈnentɪtɪ] *n* 1) ничто́жество, «пусто́е ме́сто» (*о человеке*) 2) несуществу́ющая вещь, фи́кция 3) небытие́

**nones** [nəunz] *n pl* но́ны (*в древнеримском календаре 5-е число месяца, но 7-е число марта, мая, июля, октября*)

**non-essential** [ˈnɔnɪˈsenʃəl] **1.** *a* несуще́ственный

**2.** *n* 1) пустя́к 2) незначи́тельный челове́к

**nonesuch** [ˈnʌnsʌtʃ] = nonsuch

**nonet** [ˈnəunet] *n муз.*ноне́т

**nonexpendable** [ˈnɔnɪksˈpendəbl] *a тех.* не расхо́дующийся при употребле́нии

**non-feasance** [ˈnɔnˈfiːzəns] *n юр.* невыполне́ние обяза́тельства, до́лга

**non-ferrous** [ˈnɔnˈferəs] *a* цветно́й (*о металле*)

**non-freezing** [ˈnɔnˈfriːzɪŋ] *a* незамерза́ющий; морозосто́йкий

**non-fulfil(l)ment** [ˈnɔnfulˈfɪlmənt] *n* невыполне́ние

**non-independent** [ˈnɔnˌɪndɪˈpendənt] *a* зави́симый, несамосто́ятельный; ~ country зави́симая страна́

**non-inductive** [ˈnɔnɪnˈdʌktɪv] *a эл.* неиндукти́вный; безындукцио́нный

**non-interference** [ˈnɔnˌɪntəˈfɪərəns] *n* невмеша́тельство

**non-intervention** [ˈnɔnˌɪntə(ː)ˈvenʃən] *n* невмеша́тельство

**nonius** [ˈnəunɪəs] *n тех.* но́ниус, верньéр

**non-lending** [ˈnɔnˈlendɪŋ] *a* без вы́дачи книг на́ дом (*о библиотеке*)

**non-manual** [ˈnɔnˈmænjuəl] *a*: ~ workers слу́жащие, обслу́живающий персона́л (*в отличие от рабочих*)

**non-metal** [ˈnɔnˌmetl] *n* металло́ид, неметалли́ческий элеме́нт

**non-moral** [ˈnɔnˈmɔrəl] *a* 1) не относя́щийся к вопро́сам мора́ли; не свя́занный с мора́лью и э́тикой 2) амора́льный

**non-nuclear** [ˈnɔnˈnjuːklɪə] *a* не применя́ющий я́дерного ору́жия; ~ country страна́, не име́ющая я́дерного ору́жия

**non-observance** [ˈnɔnəbˈzəːvəns] *n* несоблюде́ние (*правил и т. п.*); наруше́ние (*приказа и т. п.*)

**nonpareil** [ˈnɔnpərel] **1.** *n* 1) сорт я́блок 2) *полигр.* нонпаре́ль

**2.** *a* бесподо́бный, несравне́нный

**non-partisan** [nɔnˌpɑːtɪˈzæn] *a* 1) стоя́щий вне па́ртий; беспарти́йный 2) беспристра́стный

**non-party** [nɔnˈpɑːtɪ] *a* беспарти́йный

**non-payment** [ˈnɔnˈpeɪmənt] *n* неупла́та; неплатёж

**non-persistent** [ˈnɔnpəˈsɪstənt] *a* несто́йкий; ~ gas несто́йкий газ, несто́йкое отравля́ющее вещество́

**nonplus** [ˈnɔnˈplʌs] **1.** *n* замеша́тельство, затрудни́тельное положе́ние; at a ~ в тупике́

**2.** *v* приводи́ть в замеша́тельство; ста́вить в тупи́к, в затрудни́тельное положе́ние

**non-pollution** [ˈnɔnpəˈluːʃən] *n* систе́ма санита́рно-техни́ческих мер (*против загрязнения воздуха и т. п.*)

**non-productive** [ˌnɔnprəˈdʌktɪv] *a* 1) непроизводя́щий 2) непроизводи́тельный; непродукти́вный

**non-proliferation** [ˈnɔnprəuˌlɪfəˈreɪʃən] *n* 1) нераспростране́ние я́дерного ору́жия 2) *attr.*: ~ treaty догово́р о нераспростране́нии я́дерного ору́жия

**non-prosequitur** [ˈnɔnprəuˈsekwɪtə] *n юр.* реше́ние, вынесенное про́тив истца́ при его́ нея́вке в суд

**non-resident** [ˈnɔnˈrezɪdənt] **1.** *n* челове́к, не прожива́ющий постоя́нно в одно́м ме́сте; владе́лец, не прожива́ющий в своём поме́стье; свяще́нник, не прожива́ющий в своём прихо́де

**2.** *a* не прожива́ющий по ме́сту слу́жбы (*о враче, священнике и т. п.*)

**non-resistance** [ˌnɔnrɪˈzɪstəns] *n* непротивле́ние; пасси́вное подчине́ние

**non-resistant** [ˌnɔnrɪˈzɪstənt] **1.** *n* непротивле́нец

**2.** *a* не ока́зывающий сопротивле́ния, несопротивля́ющийся

**non-rigid** [ˈnɔnˈrɪdʒɪd] *a* 1) *ав.* мя́гкий, нежёсткий (*о дирижабле*) 2) *тех.* эласти́чный

**nonsense** [ˈnɔnsəns] **1.** *n* 1) вздор, ерунда́, чепуха́, бессмы́слица; clotted (*или* flat) ~ соверше́нная ерунда́; to talk ~ говори́ть глу́пости, нести́ чушь 2) сумасбро́дство; бессмы́сленные посту́пки 3) абсу́рд, абсу́рдность 4) пустяки́

2. *int* ерунда́!, вздор!, глу́пости!, чушь!

**nonsensical** [nɔn'sensɪkəl] *a* бессмы́сленный, неле́пый, глу́пый

**non-skid** ['nɔn'skɪd] **1.** *n* приспособле́ние про́тив буксова́ния колёс

2. *a* нескользя́щий; небуксу́ющий

**non-smoker** ['nɔn'sməukə] *n* 1) некуря́щий 2) ваго́н *или* купе́ для некуря́щих

**non-standard** ['nɔn'stændəd] *a* не соотве́тствующий устано́вленным но́рмам (*о языке*)

**non-starter** ['nɔn'stɑ:tə] *n* 1) нестарту́ющий, не уча́ствующий в соревнова́ниях (*об участнике забега, заезда и т. п.*; *тж. о лошади*) 2) челове́к, не име́ющий никаки́х ша́нсов на успе́х

**non-stop** ['nɔn'stɔp] **1.** *n* 1) по́езд, авто́бус *и т. п.*, иду́щий без остано́вок 2) безостано́вочный пробе́г

2. *a* 1) безостано́вочный 2) *ав.* беспоса́дочный

3. *adv* без поса́дки; to fly ~ лете́ть без поса́дки

**nonsuch** ['nʌnsʌtʃ] *n* 1) верх соверше́нства, образе́ц 2) *бот.* люце́рна хмелеви́дная

**nonsuit** ['nɔn'sju:t] *юр.* **1.** *n* прекраще́ние и́ска

2. *v* отка́зывать в и́ске; прекраща́ть де́ло

**non-term** ['nɔn'tə:m] *n редк.* переры́в ме́жду суде́бными се́ссиями

**non-union** I ['nɔn'ju:njən] *a* не состоя́щий чле́ном профсою́за; to employ ~ labour принима́ть на рабо́ту не чле́нов профсою́за

**non-union** II ['nɔn'ju:njən] *n мед.* несраста́ние (*перелома*)

**non-unionist** ['nɔn'ju:njənɪst] *n* не член профсою́за

**non-unionized** ['nɔn'ju:njənaɪzd] *a* 1) не явля́ющийся чле́ном профсою́за 2) не име́ющий профсою́зной организа́ции (*о предприятии*)

**nonviolence** [nɔn'vaɪələns] *n* отка́з от примене́ния наси́льственных ме́тодов

**noodle** I ['nu:dl] *n разг.* 1) балда́, проста́к, ду́рень, о́лух 2) голова́, башка́

**noodle** II ['nu:dl] *n* (*обыкн. pl*) лапша́

**nook** [nuk] *n* 1) у́гол 2) укро́мный уголо́к, закоу́лок 3) глухо́е, удалённое ме́сто 4) бу́хточка

**noon** [nu:n] *n* 1) по́лдень 2) *поэт.* по́лночь 3) зени́т, расцве́т

**noonday** ['nu:ndeɪ] *n* 1) по́лдень, вре́мя о́коло полу́дня 2) вре́мя наибо́льшего подъёма, процвета́ния 3) *attr.* полу́денный

**no one** ['nəuwʌn] *pron neg.* никто́

**nooning** ['nu:nɪŋ] *n амер.* 1) по́лдень 2) полу́денный переры́в 3) о́тдых, еда́ (*в полдень*)

**noontide** ['nu:ntaɪd] *n* 1) по́лдень, вре́мя о́коло полу́дня 2) зени́т, расцве́т 3) *attr.* полу́денный

**noontime** ['nu:ntaɪm] *n* по́лдень

**noose** [nu:s] **1.** *n* 1) пе́тля; арка́н; лассо́ 2) лову́шка, сило́к 3) у́зы супру́жества 4) казнь че́рез пове́шение ◇ to put one's neck into the ~ ≅ самому́ в пе́тлю лезть

2. *v* 1) пойма́ть арка́ном, силко́м; замани́ть в лову́шку 2) пове́сить (*преступника*)

**nopal** ['nəupəl] *n* мексика́нский ка́ктус

**nope** [nəup] *adv амер. разг.* нет

**nor** [nɔ:] *cj* 1) *употр. для выражения отрицания в последующих отриц. предложениях, если в первом содержится* not, never *или* no *и*... не, та́кже... не; you don't seem to be well. Nor am I вы, по-ви́димому, нездоро́вы, и я то́же (нездоро́в) 2) *употр. для усиления утверждения в отриц. предложении, следующем за утвердительным* та́кже, то́же... не; we are young, ~ are they old мы мо́лоды, и они́ та́кже не ста́ры 3): neither... ~ ни... ни; neither hot ~ cold ни жа́рко ни хо́лодно 4) (*вместо* neither *в конструкции* neither nor) ни; ~ he ~ I was there ни его́, ни меня́ не́ было там 5) *поэт.* (*при опущении предшествующего* neither) ни; thou ~ I have made the world ни ты, ни я не со́здали ми́ра

**nor'-** [nɔ:-] *в сложных словах означает* се́веро-; *напр.*: nor'east се́веро-восто́к; nor'west се́веро-за́пад

**Nordic** ['nɔ:dɪk] *этн.* **1.** *a* се́верный, норди́ческий, скандина́вский

2. *n* представи́тель норди́ческой ра́сы

**Norfolk Howard** ['nɔ:fək'hauəd] *n sl.* клоп

**Norfolk jacket** ['nɔ:fək'dʒækɪt] *n* широ́кая ку́ртка (*с поясом*)

**norland** ['nɔ:lənd] *n* се́верный райо́н

**norm** [nɔ:m] *n* но́рма; образе́ц, станда́рт

**normal** ['nɔ:məl] **1.** *a* 1) норма́льный, обыкнове́нный; обы́чный 2) сре́дний, среднеарифмети́ческий 3) *геом.* перпендикуля́рный

2. *n* 1) норма́льное состоя́ние 2) норма́льный тип, образе́ц, разме́р 3) *геом.* норма́ль, перпендикуля́р 4) *мед.* норма́льная температу́ра 5) *хим.* норма́льный раство́р

**normalcy** ['nɔ:məlsɪ] = normality

**normality** [nɔ:'mælɪtɪ] *n* норма́льность, обы́чное состоя́ние

**normalization** [ˌnɔ:məlaɪ'zeɪʃən] *n* 1) нормализа́ция 2) стандартиза́ция

**normalize** ['nɔ:məlaɪz] *v* 1) нормализова́ть; упоря́дочивать 2) норми́ровать; стандартизи́ровать

**normal school** ['nɔ:məlsku:l] *n* педагоги́ческое учи́лище

**Norman** ['nɔ:mən] **1.** *n* 1) норма́ндец 2) *ист.* норма́нн 3) = ~ French [*см.* 2, 2)]

2. *a* 1) норма́ндский 2) *ист.* норма́ннский; the ~ Conquest завоева́ние А́нглии норма́ннами (*1066 г.*); ~ French норма́ннский диале́кт францу́зского языка́; ~ style англи́йская архитекту́ра XII в.

**normative** ['nɔ:mətɪv] *a* нормати́вный

**Norn** [nɔ:n] *n* (*обыкн. pl*) но́рна (*богиня судьбы в скандинавской мифологии*)

**Norse** [nɔ:s] **1.** *n* 1) *ист.*, *поэт.* норве́жский язы́к; Old ~ древнескандина́вский язы́к 2) *собир.* скандина́вы; норве́жцы

2. *a* 1) норве́жский 2) древнескандина́вский

**Norseman** ['nɔ:smən] *n* 1) норве́жец 2) дре́вний скандина́в

**north** [nɔ:θ] **1.** *n* 1) се́вер; *мор.* норд 2) (N.) се́верная часть страны́ (*Англии — к северу от залива Хамбер; США — севернее р. Огайо*) 3) норд, се́верный ве́тер

2. *a* 1) се́верный 2) обращённый к се́веру

3. *adv* к се́веру, на се́вер, в се́верном направле́нии; ~ about *мор.* се́верным путём, огиба́я Шотла́ндию; ~ of к се́веру от; lies ~ and south тя́нется (в направле́нии) с се́вера на юг

4. *v* дви́гаться к се́веру

**north-east** ['nɔ:θ'i:st, *мор.* nɔ:r'i:st] **1.** *n* се́веро-восто́к; *мор.* норд-о́ст

2. *a* се́веро-восто́чный

3. *adv* к се́веро-восто́ку, на се́веро-восто́к

**north-easter** ['nɔ:θ'i:stə, *мор.* nɔ:r'i:stə] *n* си́льный се́веро-восто́чный ве́тер, норд-о́ст

**north-easterly** ['nɔ:θ'i:stəlɪ, *мор.* nɔ:r'i:stəlɪ] **1.** *a* 1) располо́женный к се́веро-восто́ку от 2) ду́ющий с се́веро-восто́ка

2. *adv* в се́веро-восто́чном направле́нии

**north-eastern** ['nɔ:θ'i:stən] *a* се́веро-восто́чный

**north-eastward** ['nɔ:θ'i:stwəd] **1.** *adv* в се́веро-восто́чном направле́нии; к се́веро-восто́ку

2. *a* располо́женный на се́веро-восто́ке

3. *n* се́веро-восто́к

**north-eastwards** ['nɔ:θ'i:stwədz] = north-eastward 1

**norther** ['nɔ:ðə] *n* си́льный се́верный ве́тер (*дующий осенью и зимой на юге США*)

**northerly** ['nɔ:ðəlɪ] **1.** *a* 1) се́верный (*о ветре*) 2) напра́вленный, обращённый к се́веру

2. *adv* к се́веру

**northern** ['nɔ:ðən] **1.** *a* 1) се́верный 2) ду́ющий с се́вера

2. *n* 1) жи́тель се́вера 2) се́верный ве́тер

**northerner** ['nɔ:ðənə] *n* 1) северя́нин; жи́тель се́вера 2) (N.) жи́тель се́верных шта́тов США

**northern lights** ['nɔ:ðənlaɪts] *n pl* се́верное сия́ние

**northernmost** [ˈnɔːðənməust] *a* са́мый се́верный

**northing** [ˈnɔːθɪŋ] *n мор.* 1) но́рдовая ра́зность широ́т 2) дрейф на се́вер

**Northland** [ˈnɔːθlənd] *n* 1) *поэт.* се́вер, се́верные стра́ны 2) се́верные райо́ны (*страны*) 3) скандина́вский полуо́стров

**north light(s)** [ˈnɔːθlaɪt(s)] *n* (*pl*) = northern lights

**Northman** [ˈnɔːθmən] *n* 1) жи́тель се́верной Евро́пы 2) *ист.* дре́вний скандина́в 3) *ист.* норма́нн

**north-polar** [ˈnɔːθˈpəulə] *a* се́верный, поля́рный, аркти́ческий

**Northumbrian** [nɔːˈθʌmbrɪən] **1.** *a* нортумбрский

**2.** *n* 1) жи́тель дре́вней Нортумбрии *или* совреме́нного Нортумберленда 2) се́верный диале́кт англо-саксо́нского языка́ 3) совреме́нный нортумберле́ндский диале́кт англи́йского языка́

**northward** [ˈnɔːθwəd] **1.** *adv* к се́веру, на се́вер

**2.** *a* располо́женный к се́веру от; обращённый на се́вер

**3.** *n* се́верное направле́ние

**northwardly** [ˈnɔːθwədlɪ] **1.** *adv* к се́веру, на се́вер

**2.** *a* 1) напра́вленный на се́вер; располо́женный на се́вере 2) се́верный (*о ветре*)

**northwards** [ˈnɔːθwədz] = northward 1

**north-west** [ˈnɔːθˈwest, *мор.* nɔːˈwest] **1.** *n* се́веро-за́пад; *мор.* норд-ве́ст

**2.** *a* се́веро-за́падный

**3.** *adv* к се́веро-за́паду, на се́веро-за́пад

**north-wester** [ˈnɔːθˈwestə, *мор.* nɔːˈwestə] *n* си́льный се́веро-за́падный ве́тер, норд-ве́ст

**north-westerly** [ˈnɔːθˈwestəlɪ, *мор.* nɔːˈwestəlɪ] **1.** *a* 1) располо́женный к се́веро-за́паду от 2) ду́ющий с се́веро-за́пада

**2.** *adv* в се́веро-за́падном направле́нии

**north-western** [ˈnɔːθˈwestən] *a* се́веро-за́падный

**north-westward** [ˈnɔːθˈwestwəd] **1.** *adv* в се́веро-за́падном направле́нии; к се́веро-за́паду

**2.** *a* располо́женный на се́веро-за́паде

**3.** *n* се́веро-за́пад

**north-westwards** [ˈnɔːθˈwestwədz] = north-westward 1

**norwards** [ˈnɔːwədz] = northward 1

**Norwegian** [nɔːˈwiːdʒən] **1.** *a* норве́жский

**2.** *n* 1) норве́жец; норве́жка 2) норве́жский язы́к

**nor'-wester** [ˈnɔːˈwestə] *n* 1) = north-wester 2) стака́н кре́пкого вина́ 3) [nɔːˈwestə] *мор.* зюйдве́стка

**nose** [nəuz] **1.** *n* 1) нос; to blow one's ~ сморка́ться; to speak through one's (*или* the) ~ гнуса́вить; говори́ть в нос 2) обоня́ние, чутьё; to have a good ~ име́ть хоро́шее чутьё; to follow one's ~ а) идти́ пря́мо вперёд; б) руково́дствоваться ню́хом, чутьём, инсти́нктом 3) но́сик (*чайника*); го́рлышко 4) нос, пере́дняя часть (*лодки, самолёта, машины*) 5) *sl.* осведоми́тель, доно́счик ◇ to count (*или* to tell) ~s подсчи́тывать число́ прису́тствующих, голоса́, число́ свои́х сторо́нников *и т. п.*; to bite smb.'s ~ off огрызну́ться, ре́зко отве́тить кому́-л.; to make smb.'s ~ swell вызыва́ть си́льную за́висть *или* ре́вность; to pay through the ~ плати́ть бе́шеную це́ну; перепла́чивать; to wipe smb.'s ~ обма́нывать, надува́ть кого́-л.; to cut off one's ~ to spite one's face в поры́ве зло́сти де́йствовать во вред самому́ себе́; причиня́ть вред себе́, жела́я досади́ть друго́му; white ~ небольша́я волна́ с бе́лым гребнем; as plain as the ~ on one's face соверше́нно я́сно; to get it on the ~ получи́ть взбу́чку; to turn up one's ~ at относи́ться с презре́нием к; задира́ть нос пе́ред *кем-л.*; on the ~ без опозда́ния

**2.** *v* 1) обоня́ть, ню́хать 2) разню́хать, вы́ведать (*тж.* ~ out) 3) выи́скивать, высле́живать (after, for) 4) тере́ться но́сом 5) осторо́жно продвига́ться вперёд (*о судне*) 6) сова́ть (свой) нос (into) □ ~ **about** выню́хивать, выве́дывать; ~ **on** *sl.* доноси́ть; ~ **out** а) = 2); б) победи́ть с небольши́м преиму́ществом; ~ **over** *ав.* капоти́ровать; ~ **up** *ав.* задира́ть нос (*самолёта*)

**nosebag** [ˈnəuzbæg] *n* 1) то́рба (*для лошади*) 2) *sl.* противога́з 3) *sl.* корзи́нка *или* су́мка с за́втраком

**noseband** [ˈnəuzbænd] *n* перено́сье, нахра́пник (*уздечки*)

**nose-bleed** [ˈnəuzbliːd] *n* 1) кровотече́ние и́з носу 2) *бот.* тысячеле́тник

**nosedive** [ˈnəuzdaɪv] **1.** *n* 1) *ав.* пики́рование, пике́; to fall into a ~ пики́ровать 2) ре́зкое паде́ние (*цен и т. п.*)

**2.** *v ав.* пики́ровать

**nosegay** [ˈnəuzgeɪ] *n* буке́тик цвето́в

**nose-heavy** [ˈnəuzˌhevɪ] *a ав.* перетяжелённый на́ нос

**noseless** [ˈnəuzlɪs] *a* безно́сый

**nose-over** [ˈnəuzˈəuvə] *n ав.* капоти́рование

**nose-piece** [ˈnəuzpiːs] *n* 1) = noseband 2) револьве́рная голо́вка микроско́па 3) *тех.* наконе́чник, сопло́; брандспо́йт

**noser** [ˈnəuzə] *n* 1) си́льный встре́чный ве́тер 2) *sl.* челове́к, кото́рый всю́ду суёт свой нос 3) *sl.* доно́счик

**noserag** [ˈnəuzræg] *n разг.* носово́й плато́к

**nosering** [ˈnəuzrɪŋ] *n* ноздрево́е кольцо́ (*для быков, волов*)

**nosewarmer** [ˈnəuzˌwɔːmə] *n разг.* носогре́йка

**nosey** [ˈnəuzɪ] *a разг.* 1)носа́тый; длинноно́сый 2) облада́ющий то́нким обоня́нием, хоро́шим чутьём 3) любопы́тный; проны́рливый; to get ~ проню́хать; N. Parker челове́к, кото́рый всю́ду суёт свой нос 4) ду́рно па́хнущий, сопре́вший (*о сене*) 5) арома́тный (*о чае*)

**nosing** I [ˈnəuzɪŋ] **1.** *pres. p. от* nose 2

**2.** *n ав.* капоти́рование

**nosing** II [ˈnəuzɪŋ] *n* предохрани́тельная око́вка (*углов, ступенек и т. п.*)

**nosogenic** [ˌnɔsəˈdʒenɪk] *a* патоге́нный, болезнетво́рный

**nosology** [nəuˈsɔlədʒɪ] *n мед.* нозоло́гия

**nostalgia** [nɔstˈældʒɪə] *n* 1) тоска́ по ро́дине, ностальги́я 2) тоска́ по про́шлому

**nostalgic** [nɔstˈældʒɪk] *a* 1) тоску́ющий по ро́дине, страда́ющий ностальги́ей; вызыва́ющий ностальги́ю 2) тоску́ющий по про́шлому; вызыва́ющий тоску́ по про́шлому

**nostril** [ˈnɔstrɪl] *n* ноздря́

**nostrum** [ˈnɔstrəm] *n* 1) патенто́ванное сре́дство; секре́тное лека́рственное сре́дство 2) излю́бленный приём (*политической партии*); панаце́я от всех бед

**nosy** [ˈnəuzɪ] = nosey

**not** [nɔt] *adv* 1) не, нет, ни (*в соединении с вспомогательными и модальными глаголами принимает в разг. речи форму* n't [nt]: isn't, don't, didn't, can't *и т. п.*); I know ~ *уст.* (=I do ~ know) я не зна́ю; it is cold, is it ~ (*или* isn't it)? хо́лодно, не пра́вда ли?; it is ~ cold, is it? не хо́лодно, пра́вда?; ~ a few мно́гие; нема́ло; ~ too well дово́льно скве́рно 2) *для усиления*: he won't pay you, ~ he! о́н-то вам не запла́тит, э́то уж пове́рьте!; I won't go there, ~ I я́-то уж не пойду́ туда́ ◇ ~ at all а) ниско́лько, ничу́ть; б) не сто́ит (благода́рности); ~ a bit (of it) ниско́лько; ~ but, ~ but that, ~ but what хотя́; не то что́бы; ~ half о́чень, си́льно; ещё как!; ~ for the world ни за что́ на све́те; ~ in the least ниско́лько; ~ on your life ни в ко́ем слу́чае; ~ to speak of не говоря́ уже́ о

**nota bene** [ˈnəutəˈbiːnɪ] *n* нотабе́не, нотабе́на

**notability** [ˌnəutəˈbɪlɪtɪ] *n* 1) знамени́тость; изве́стный, знамени́тый челове́к 2) изве́стность 3) значи́тельность

**notable** [ˈnəutəbl] **1.** *a* 1) достопримеча́тельный, выдаю́щийся 2) заме́тный; значи́тельный

**2.** *n* 1) выдаю́щийся челове́к 2) *ист.* нота́бль 3) *pl ист.* аристокра́тия, знать, зна́тные ли́ца

**notably** [ˈnəutəblɪ] *adv* 1) исключи́тельно, осо́бенно 2) весьма́, заме́тно

**notarial** [nəuˈtɛərɪəl] *a* нотариа́льный

**notarize** [ˈnəutəraɪz] *v* заве́рить, засвиде́тельствовать нотариа́льно

**notary** [ˈnəutərɪ] *n* нота́риус

**notation** [nəuˈteɪʃən] *n* 1) нота́ция, изображе́ние усло́вными зна́ками, цифрами, бу́квами *и т. п.*; musical ~ но́тная за́пись; scale of ~ *мат.* систе́ма счисле́ния 2) совоку́пность усло́вных зна́ков, применя́емых для сокращённого выраже́ния каки́х-л. поня́тий; phonetic ~ фонети́ческая транскри́пция 3) за́пись, запи́сывание 4) примеча́ние

**notch** [nɔtʃ] **1.** *n* 1) вы́емка, ме́тка, зару́бка (*особ. на бирке*); зазу́брина; боро́здка, желобо́к, уто́р (*бочки*); зубе́ц (*храповика*); пропи́л, проре́з, вы́рез, паз 2) *уст.* очко́ (*в крикете*) 3) *амер.* тесни́на, уще́лье; го́рный перева́л 4) *разг.* сте́пень; у́ровень; prices have reached the highest ~ це́ны дости́гли вы́сшего у́ровня; he is a ~ above the others он значи́тельно вы́ше други́х

**2.** *v* заруба́ть, де́лать ме́тку; прореза́ть

**notched wheel** [ˈnɔtʃtwiːl] *n тех.* храпови́к, храпово́е колесо́

**note** [nəut] **1.** *n* 1) (*обыкн. pl*) заме́тка, за́пись; to take ~s of a lecture запи́сывать ле́кцию; to lecture from ~s чита́ть ле́кцию по запи́скам 2) примеча́ние; сно́ска 3) запи́ска 4) распи́ска; ~ of hand, promissory ~ просто́й ве́ксель 5) банкно́т, ба́нковый биле́т 6) (дипломати́ческая) но́та 7) *муз.* но́та 8) звук, пе́ние; крик; the raven's ~ крик (*или* ка́рканье) воро́на 9) *поэт.* му́зыка, мело́дия 10) сигна́л; a ~ of warning предупрежде́ние 11) но́тка, тон; there's a ~ of assurance in his voice в его́ го́лосе слы́шится уве́ренность; to change one's ~ перемени́ть тон, заговори́ть по-ино́му; to strike the right (a false) ~ взять ве́рный (неве́рный) тон 12) зна́мение, си́мвол, знак 13) знак (*тж. полигр.*); ~ of interrogation (exclamation) вопроси́тельный (восклица́тельный) знак 14) клеймо́ 15) репута́ция; изве́стность; a man of ~ выдаю́щийся челове́к 16) внима́ние; to take ~ of smth. обрати́ть внима́ние на что-л.; приня́ть что-л. к све́дению; worthy of ~ досто́йный внима́ния 17) отличи́тельный при́знак; the most essential ~ of our time наибо́лее характе́рный при́знак на́шего вре́мени ◇ to compare ~s обме́ниваться мне́ниями, впечатле́ниями

**2.** *v* 1) де́лать заме́тки, запи́сывать (*тж.* ~ down) 2) составля́ть коммента́рии; аннoти́ровать 3) замеча́ть, обраща́ть внима́ние, отмеча́ть 4) упомина́ть 5) ука́зывать, обознача́ть 6) *фин.* опротесто́вывать

**notebook** [ˈnəutbuk] *n* записна́я кни́жка; тетра́дь

**notecase** [ˈnəutkeɪs] *n* бума́жник

**noted** [ˈnəutɪd] **1.** *p. p. от* note 2

**2.** *a* знамени́тый, изве́стный; выдаю́щийся

**notedly** [ˈnəutɪdlɪ] *adv* в значи́тельной сте́пени; заме́тно

**noteless** [ˈnəutlɪs] *a* 1) незаме́тный 2) немузыка́льный

**note magnifier** [ˈnəutˈmægnɪfaɪə] *n радио* усили́тель звуково́й частоты́

**note-paper** [ˈnəutˌpeɪpə] *n* почто́вая бума́га

**note shaver** [ˈnəutˌʃeɪvə] *n амер.* ростовщи́к

**noteworthy** [ˈneutˌwəːðɪ] *a* заслу́живающий внима́ния; достопримеча́тельный

**nothing** [ˈnʌθɪŋ] **1.** *pron neg.* ничто́, ничего́; ~ but то́лько; ничего́ кро́ме; ~ but the truth ничего́, кро́ме пра́вды; ~ else than не что́ ино́е, как; all to ~ всё ни к чему́; to come to ~ ко́нчиться ниче́м; не име́ть после́дствий; for ~ зря, без по́льзы; да́ром; из-за пустяка́; to get smth. for ~ получи́ть что-л. да́ром; ~ to ничто́ по сравне́нию с; it's ~ to what I saw in Leningrad э́то ничто́ по сравне́нию с тем, что я ви́дел в Ленингра́де; to have ~ to do with не каса́ться, не име́ть никако́го отноше́ния к; не име́ть ничего́ о́бщего с; to make ~ of smth. а) ника́к не испо́льзовать что-л.; б) не поня́ть чего́-л.; в) пренебрега́ть чем-л., легко́ относи́ться к чему́-л.; to have ~ on smb., smth. а) не име́ть преиму́ществ пе́ред кем-л., чем-л.; б) не име́ть прете́нзий к кому́-л.; next to ~ почти́ ничего́; о́чень ма́ло ◇ ~ very much *разг.* ничего́ осо́бенного; по ~ реши́тельно ничего́; ~ doing ничего́ не вы́йдет, но́мер не пройдёт; to be for ~ in не игра́ть никако́й ро́ли в; не ока́зывать никако́го влия́ния на; there is ~ for it but ничего́ друго́го (не остаётся), как; there was ~ for it but to tell the truth пришло́сь сказа́ть пра́вду; ~ venture ~ have *посл.* ≅ волко́в боя́ться — в лес не ходи́ть; кто не риску́ет, тот ничего́ не добива́ется; ~ great is easy *посл.* всё вели́кое даётся нелегко́

**2.** *n* 1) пустяки́, ме́лочи; a mere ~ пустя́к; the little ~s of life ме́лочи жи́зни 2) небытие́, нереа́льность 3) ноль; пусто́е ме́сто 4) *мат.* ноль

**3.** *adv* нисколько, совсе́м нет; it differs ~ from э́то нисколько не отлича́ется от; ~ less than пря́мо-таки; про́сто-на́просто ◇ there is ~ like нет ничего́ лу́чше; there is ~ like a good rest са́мое лу́чшее — хорошо́ отдохну́ть

**nothingarian** [ˌnʌθɪŋˈɛərɪən] *n* челове́к, не ве́рящий ни во что

**nothingness** [ˈnʌθɪŋnɪs] *n* 1) ничто́, небытие́ 2) несуще́ственность; пустяки́ 3) ничто́жество

**notice** [ˈnəutɪs] **1.** *n* 1) извеще́ние, уведомле́ние; предупрежде́ние; to give smb. a month's (a week's) ~ предупреди́ть кого́-л. (*часто* об увольне́нии) за ме́сяц (за неде́лю); to give ~ а) извеща́ть, уведомля́ть; б) предупрежда́ть о предстоя́щем увольне́нии; ~ to quit а) предупрежде́ние о необходи́мости освободи́ть кварти́ру; б) предупрежде́ние об увольне́нии; at (*или* on) short ~ то́тчас же; at a moment's ~ неме́дленно; until further ~ до осо́бого распоряже́ния; впредь до но́вого уведомле́ния 2) наблюде́ние; to take ~ а) наблюда́ть, примеча́ть; б) реаги́ровать на окружа́ющий мир (*о ребёнке*) 3) внима́ние; to bring (*или* to call) to smb.'s ~ а) привлека́ть чьё-л. внима́ние к; б) доводи́ть до све́дения кого́-л.; to come to smb.'s ~ стать изве́стным кому́-л.; to come into ~ привле́чь внима́ние; to take no ~ of smb., smth. не замеча́ть кого́-л., чего́-л., не обраща́ть внима́ния на кого́-л., что-л.; to your ~ на ва́ше усмотре́ние 4) заме́тка, объявле́ние; obituary ~ объявле́ние о сме́рти; кра́ткий некроло́г 5) обозре́ние, реце́нзия

**2.** *v* 1) замеча́ть, обраща́ть внима́ние 2) отмеча́ть, упомина́ть; he was ~d in the report о нём упомяну́ли в докла́де 3) предупрежда́ть; уведомля́ть 4) дава́ть обзо́р, рецензи́ровать

**noticeable** [ˈnəutɪsəbl] *a* 1) досто́йный внима́ния 2) заме́тный, приме́тный

**noticeably** [ˈneutɪsəblɪ] *adv* заме́тно, значи́тельно

**notice-board** [ˈnəutɪsbɔːd] *n* доска́ для объявле́ний

**notifiable** [ˈnəutɪfaɪəbl] *a* подлежа́щий регистра́ции

**notification** [ˌnəutɪfɪˈkeɪʃən] *n* 1) извеще́ние, сообще́ние; предупрежде́ние; нотифика́ция 2) объявле́ние 3) регистра́ция (*смерти и т. п.*) 4) (N.) *амер.* извеще́ние кандида́тов в президе́нты и вице-президе́нты о выдвиже́нии их кандидату́р

**notify** [ˈnəutɪfaɪ] *v* 1) извеща́ть, уведомля́ть 2) объявля́ть; доводи́ть до всео́бщего све́дения 3) дава́ть све́дения 4) регистри́ровать

**notion** [ˈnəuʃən] *n* 1) поня́тие; представле́ние; иде́я; to have no ~ of smth. не име́ть ни мале́йшего представле́ния о чём-л. 2) взгляд, мне́ние; то́чка зре́ния 3) зна́ние, знако́мство 4) наме́рение; I have no ~ of resigning я не собира́юсь подава́ть в отста́вку 5) изобрете́ние; остроу́мное приспособле́ние, -ый прибо́р 6) класс, катего́рия; it comes under the ~ of... э́то отно́сится к катего́рии... 7) *pl унив. разг.* характе́рное выраже́ние, обы́чай *или* тради́ция студе́нтов Винче́стерского колле́джа 8) *pl амер.* необходи́мые ме́лкие предме́ты: ни́тки, була́вки *и пр.*; галантере́я 9) *attr.*: ~ department галантере́йный отде́л

**notional** [ˈnəuʃənl] *a* 1) *филос.* умозри́тельный; отвлечённый 2) вообража́емый 3) приди́рчивый 4) *лингв.* зна́чимый, смыслово́й

**notionalist** [ˈnəuʃnəlɪst] *n* 1) мысли́тель 2) теоре́тик

**notoriety** [ˌnəutəˈraɪətɪ] *n* 1) дурна́я сла́ва 2) *редк.* изве́стность 3) *редк.* знамени́тость 4) челове́к, по́льзующийся дурно́й сла́вой

**notorious** [nəuˈtɔːrɪəs] *a* 1) по́льзующийся дурно́й сла́вой; печа́льно изве́стный; отъя́вленный; пресловýтый 2) изве́стный; it is ~ that... хорошо́ изве́стно, что...

**no-trump** ['nəu'trʌmp] *карт.* **1.** *n* бескозырная игра́
**2.** *a* бескозы́рный
**notwithstanding** [ˌnɔtwɪθ'stændɪŋ] **1.** *prep* несмотря́ на, вопреки́; this ~ несмотря́ на э́то
**2.** *adv* тем не ме́нее, одна́ко
**3.** *cj уст.* хотя́
**nougat** ['nu:gɑ:] *n* нуга́
**nought** [nɔ:t] *n* 1) ничто́; to bring to ~ а) разоря́ть; б) своди́ть на не́т; to come to ~ сойти́ на не́т; не име́ть (никако́го) успе́ха; for ~ да́ром; зря, без по́льзы; из-за пустяка́; to set at ~ ни во что́ не ста́вить 2) ничто́жество (*о челове́ке*) 3) *мат.* ноль; ~s and crosses кре́стики и но́лики (*игра*)
**noun** [naun] *n грам.* и́мя существи́тельное
**nourish** ['nʌrɪʃ] *v* 1) пита́ть, корми́ть 2) пита́ть, леле́ять (*наде́жду и т. п.*) 3) удобря́ть (*зе́млю*)
**nourishing** ['nʌrɪʃɪŋ] **1.** *pres. p. от* nourish
**2.** *a* пита́тельный
**nourishment** ['nʌrɪʃmənt] *n* 1) пита́ние 2) пи́ща; подде́ржка
**nous** [naus] *n* 1) *филос.* ум; ра́зум; интелле́кт 2) *разг.* здра́вый смысл; смётка, сообрази́тельность
**nouveau riche** ['nu:vəu'ri:ʃ] *фр. n* (*pl* nouveaux riches) нувори́ш, бога́тый вы́скочка
**nouveaux riches** ['nu:vəu'ri:ʃ] *pl от* nouveau riche
**nova** ['nəuvə] *лат. n* (*pl* -ae, -s [-z]) 1) *астр.* «но́вая звезда́» 2) нови́нка
**novae** ['nəuvi:] *pl от* nova
**novation** [nəu'veɪʃən] *n* 1) нововведе́ние, но́вшество 2) *юр.* нова́ция, заме́на существу́ющего обяза́тельства но́вым
**novel I** ['nɔvəl] *n* 1) рома́н; problem ~ пробле́мный рома́н 2) нове́лла 3) *pl* сбо́рник нове́лл 4) *юр.* нове́лла, дополни́тельное узаконе́ние
**novel II** ['nɔvəl] *a* но́вый, неизве́стный
**novel III** ['nɔvəl] *n* но́вый хлеб, зерно́ но́вого урожа́я
**novelese** [ˌnɔvə'li:z] *n* язы́к и стиль дешёвых рома́нов
**novelet** [ˌnɔvə'let] *n* по́весть; расска́з; нове́лла
**novelette** [ˌnɔvə'let] *n* 1) = novelet 2) бульва́рный рома́н
**novelettish** [ˌnɔvə'letɪʃ] *a* сентимента́льный
**novelise** ['nɔvəlaɪz] = novelize I
**novelist** ['nɔvəlɪst] *n* писа́тель-романи́ст
**novelize I** ['nɔvəlaɪz] *v* придава́ть (*произведе́нию*) фо́рму рома́на
**novelize II** ['nɔvəlaɪz] *v* 1) обновля́ть 2) вводи́ть но́вшество
**novelty** ['nɔvəltɪ] *n* 1) новизна́ 2) но́вость, нови́нка, но́вшество; нововведе́ние 3) *pl* ме́лкие дешёвые това́ры 4) *attr.*: ~ counter отде́л нови́нок; ~ store магази́н нови́нок
**novel-writer** ['nɔvəlˌraɪtə] *n* романи́ст
**November** [nəu'vembə] *n* 1) ноя́брь 2) *attr.* ноя́брьский
**novennial** [nəu'venjəl] *a* повторя́ющийся ка́ждые де́вять лет
**novercal** [nəu'və:kəl] *a* прису́щий, сво́йственный ма́чехе (*об отноше́нии и т. п.*)
**novice** ['nɔvɪs] *n* 1) начина́ющий, нович́ок 2) *церк.* по́слушник; по́слушница 3) *церк.* новообращённый
**noviciate, novitiate** [nəu'vɪʃɪɪt] *n* 1) *церк.* по́слушничество 2) испыта́ние, иску́с 3) учени́чество, пери́од учени́чества 4) *церк.* по́слушник; по́слушница
**now** [nau] **1.** *adv* 1) тепе́рь, сейча́с 2) то́тчас же, сию́ же мину́ту 3): just ~ а) в настоя́щий моме́нт; б) то́лько что 4) тогда́, в то вре́мя (*в повествова́нии*); it was ~ clear that... тогда́ ста́ло я́сно, что... ◊ ~ and again, ~ and then вре́мя от вре́мени; ~... ~... то... то...; ~ hot, ~ cold то жа́рко, то хо́лодно; ~ (then)! а) ну!; б) скоре́й!; дава́йте!; ~ then так вот, ита́к
**2.** *cj* когда́, раз; I need not stay, ~ you are here мне не́чего остава́ться, раз вы здесь; ~ you mention it I do remember тепе́рь, когда́ вы упомяну́ли об э́том, я припомина́ю
**3.** *n* настоя́щее вре́мя; да́нный моме́нт; before ~ ра́ньше; by ~ к э́тому вре́мени; ere ~ *поэт.* пре́жде; till ~, up to ~ до сих по́р; from ~ on (*или* onwards) в дальне́йшем, впредь; as from ~ с сего́ числа́, с настоя́щего вре́мени
**nowaday** ['nauədeɪ] *a* тепе́решний
**nowadays** ['nauədeɪz] **1.** *adv* в на́ше вре́мя; в на́ши дни; тепе́рь
**2.** *n* настоя́щее вре́мя
**noway(s)** ['nəuweɪ(z)] = nowise
**nowhere** ['nəuweə] *adv* нигде́; никуда́; this will take us ~ э́то ни к чему́ нас не приведёт, э́то нам ничего́ не даст; ~ near а) нигде́ побли́зости; б) ни ка́пли, ниско́лько; to be (*или* to come in) ~ а) не попа́сть в спи́сок уча́стников фина́ла; б) безнадёжно отста́ть; в) потерпе́ть пораже́ние; г) *амер.* растеря́ться, не найти́ отве́та
**nowise** ['nəuwaɪz] *adv* нико́им о́бразом, ни в ко́ем слу́чае; во́все нет
**noxious** ['nɔkʃəs] *a* вре́дный, па́губный, нездоро́вый; ~ air ядови́тый рудни́чный во́здух; ~ plants ядови́тые расте́ния
**noxiousness** ['nɔkʃəsnɪs] *n* вред
**noyau** ['nwaɪəu] *фр. n* ликёр (*на пе́рсиковых ко́сточках*)
**nozzle** ['nɔzl] *n* 1) *тех.* наса́док; сопло́; форсу́нка; выпускно́е отве́рстие; наконе́чник; па́трубок 2) розе́тка (*подсве́чника*) 3) *жарг.* нос; ры́ло
**n't** [nt] *разг. см.* not
**nth** [enθ] *a мат.* э́нный ◊ to the ~ degree до после́дней сте́пени
**nuance** [nju(:)'ɑ:ns] *фр. n* нюа́нс, отте́нок
**nub** [nʌb] *n* 1) ши́шка; утолще́ние 2) = nubble 3) *разг.* суть, соль (*де́ла, расска́за*)
**nubbin** ['nʌbɪn] *n амер.* 1) кусо́чек, комо́чек 2) небольшо́й незре́лый поча́ток кукуру́зы
**nubble** ['nʌbl] *n* небольшо́й комо́к, кусо́к (*осо́б. угля́*)
**nubbly** ['nʌblɪ] *a* 1) узлова́тый; шишкова́тый 2) кускова́й; в куска́х
**nubia** ['nju:bjə] *n* лёгкий же́нский шерстяно́й шарф
**Nubian** ['nju:bjən] **1.** *a* нуби́йский
**2.** *n* нуби́ец
**nubile** ['nju:bɪl] *a* 1) бра́чный (*о во́зрасте*) 2) дости́гший бра́чного во́зраста (*о де́вушке*)
**nubility** [nju:'bɪlɪtɪ] *n* бра́чный во́зраст
**nuchal** ['nju:kl] *a* заты́лочный
**nuciferous** [nju:'sɪfərəs] *a бот.* орехоплóдный
**nucivorous** [nju:'sɪvərəs] *a зоол.* пита́ющийся оре́хами
**nuclear** ['nju:klɪə] *a* 1) я́дерный; ~ energy я́дерная, а́томная эне́ргия, внутрия́дерная эне́ргия; ~ fallout радиоакти́вные оса́дки; ~ fission я́дерное деле́ние; ~ fusion си́нтез, слия́ние я́дер; ~ fuel я́дерное горю́чее, я́дерное то́пливо; ~ physics я́дерная фи́зика, фи́зика а́томного ядра́; ~ reactor я́дерный реа́ктор; ~ state (*или* power) госуда́рство, облада́ющее я́дерным ору́жием; ~ test испыта́ние я́дерного ору́жия; ~ weapon я́дерное ору́жие; ~ diplomacy я́дерная диплома́тия; ~ disarmament отка́з от примене́ния я́дерного ору́жия 2) содержа́щий ядро́
**nuclear-capable** ['nju:klɪə'keɪpəbl] *a* спосо́бный производи́ть, доставля́ть *или* размеща́ть я́дерное ору́жие
**nuclearization** [ˌnju:klɪəraɪ'zeɪʃən] *n* оснаще́ние я́дерным ору́жием
**nucleate** ['nju:klɪeɪt] **1.** *v* образо́вывать ядро́
**2.** *a* = nuclear 2)
**nuclei** ['nju:klɪaɪ] *pl от* nucleus
**nucleonics** [ˌnju:klɪ'ɔnɪks] *n pl* (*употр. как sing*) нуклео́ника, я́дерная фи́зика и те́хника
**nucleus** ['nju:klɪəs] *лат. n* (*pl* -lei) 1) ядро́; центр; ~ of a story суть расска́за 2) ядро́ а́тома, а́томное ядро́ 3) *бот.* ко́сточка (*плода́*); ядро́ (*оре́ха*) 4) *биол.* ядро́ (*кле́тки*) 5) *биол.* заро́дыш 6) не́рвный центр (*в головно́м мозгу́*)
**nucule** ['nju(:)kju:l] *n* оре́шек, ме́лкий оре́х
**nude** [nju:d] **1.** *n* 1) обнажённая фигу́ра (*в жи́вописи, скульпту́ре*); the ~ а) обнажённая фигу́ра (*в жи́вописи, скульпту́ре*); б) обнажённое те́ло; in the ~ в го́лом ви́де 2) *pl* то́нкие чулки́, «паути́нка»
**2.** *a* 1) наго́й; обнажённый; го́лый 2) теле́сного цве́та 3) *бот.* лишённый ли́стьев 4) *зоол.* лишённый воло́с, пе́рьев, чешу́й *и т. п.* 5) неприкры́тый,

я́сный; ~ fact очеви́дный факт; ~ statement недвусмы́сленное, я́сное заявле́ние 6) *юр.* недействи́тельный

**nudge** [nʌdʒ] **1.** *n* лёгкий толчо́к ло́ктем; to give a ~ подтолкну́ть

**2.** *v* слегка́ подта́лкивать ло́ктем (*особ. чтобы привлечь чьё-л. внимание*)

**nudity** [ˈnju:dɪtɪ] *n* 1) нагота́ 2) обнажённая часть те́ла

**nuff said, nuf sed** [ˈnʌfsed] *int амер. sl.* (*испорч.* enough said) доста́точно; я понима́ю; договори́лись

**nugatory** [ˈnju:gətərɪ] *a* 1) пустя́чный 2) недействи́тельный 3) бесполе́зный, тще́тный

**nuggar** [ˈnʌgə] *n* ни́льская ба́ржа́

**nugget** [ˈnʌgɪt] *n* саморо́док (*золота*)

**nuisance** [ˈnju:sns] *n* 1) доса́да; неприя́тность; what a ~! кака́я доса́да! 2) надое́дливый челове́к; to make a ~ of oneself надоеда́ть 3) поме́ха, неудо́бство; public ~ наруше́ние обще́ственного поря́дка

**null** [nʌl] *a* 1) недействи́тельный; ~ and void потеря́вший зако́нную си́лу (*о договоре*); to render ~ аннули́ровать 2) несуществу́ющий 3) нехаракте́рный, невырази́тельный

**nullah** [ˈnʌlə] *инд. n* 1) руче́й, пото́к 2) уще́лье, образова́вшееся от пото́ка 3) высо́хшее ру́сло

**nullification** [ˌnʌlɪfɪˈkeɪʃən] *n* аннули́рование, уничтоже́ние

**nullify** [ˈnʌlɪfaɪ] *v* аннули́ровать; де́лать недействи́тельным; своди́ть к нулю́; своди́ть на не́т

**nullity** [ˈnʌlɪtɪ] *n* 1) ничто́жность 2) *юр.* недействи́тельность; ~ of marriage недействи́тельность бра́ка 3) ничто́жество (*о человеке*) 4) *attr.*: ~ suit де́ло о призна́нии недействи́тельным (*документа, брака и т. п.*)

**numb** [nʌm] **1.** *a* 1) онеме́лый, оцепене́лый 2) окочене́лый (*от холода*)

**2.** *v* вызыва́ть онеме́ние *или* окочене́ние; *перен.* поража́ть, ошеломля́ть

**number** [ˈnʌmbə] **1.** *n* 1) число́, коли́чество; a ~ of не́которое коли́чество; in ~ чи́сленно, коли́чеством; in (great) ~s а) в большо́м коли́честве; б) значи́тельными си́лами; out of (*или* without) ~ мно́жество, без числа́; a ~ (*или* ~s) of people мно́го наро́ду 2) но́мер; motor-car's ~ но́мер автомаши́ны; call ~ шифр (*книги, плёнки и т. п.*) 3) но́мер (*программы*) 4) *мат.* су́мма, число́, ци́фра; science of ~s арифме́тика 5) вы́пуск, но́мер, экземпля́р (*журнала и т. п.*); back ~ а) ста́рый но́мер (*газеты, журна́ла*); б) не́что устаре́вшее; в) челове́к, отста́вший от жи́зни 6) *грам.* число́ 7) *pl прос.* стихи́ 8) *прос.* ритм, разме́р 9) *разг.* что-л. выделя́ющееся, могу́щее служи́ть образцо́м ◇ ~ one (*или* No. 1) а) своё «я»; со́бственная персо́на; б) первокла́ссный, са́мый гла́вный; problem No. 1 са́мая ва́жная пробле́ма; his ~ goes up он умира́ет, его́ пе́сенка спе́та, ему́ кры́шка

**2.** *v* 1) нумерова́ть 2) чи́слиться, быть в числе́ (among, in) 3) насчи́тывать; the population ~s 5000 населе́ние составля́ет 5000 челове́к 4) причисля́ть, зачисля́ть; to be ~ed with быть причи́сленным к 5) *воен.* рассчи́тываться; to ~ off де́лать перекли́чку по номера́м 6) *уст.* счита́ть, пересчи́тывать; his days are ~ed его́ дни сочтены́

**numberless** [ˈnʌmbəlɪs] *a* 1) бесчи́сленный, неисчисли́мый 2) не име́ющий но́мера

**numb-fish** [ˈnʌmfɪʃ] *n зоол.* электри́ческий скат

**numbness** [ˈnʌmnɪs] *n* 1) оцепене́ние, нечувстви́тельность 2) окочене́ние

**numdah** [ˈnʌmdɑ:] = numnah

**numerable** [ˈnju:mərəbl] *a* исчисли́мый, поддаю́щийся счёту

**numeral** [ˈnju:mərəl] **1.** *n* 1) ци́фра; the Arabic (Roman) ~s ара́бские (ри́мские) ци́фры 2) *грам.* и́мя числи́тельное

**2.** *a* числово́й; цифрово́й

**numerate** [ˈnju:məreɪt] *v* 1) счита́ть 2) обознача́ть ци́фрами

**numeration** [ˌnju:məˈreɪʃən] *n* 1) исчисле́ние, счёт; decimal ~ десяти́чная систе́ма счисле́ния 2) нумера́ция

**numerator** [ˈnju:məreɪtə] *n* 1) *мат.* числи́тель 2) вычисли́тель 3) *тех.* нумера́тор, счётчик 4) счётчик (*при переписи населения*)

**numerical** [nju(:)ˈmerɪkəl] *a* числово́й; цифрово́й

**numerically** [nju(:)ˈmerɪkəlɪ] *adv* 1) с по́мощью цифр, в ци́фрах; expressed ~ вы́раженный в ци́фрах 2) в числово́м отноше́нии

**numerous** [ˈnju:mərəs] *a* многочи́сленный

**numerously** [ˈnju:mərəslɪ] *adv* в большо́м коли́честве

**numismatic** [ˌnju:mɪzˈmætɪk] *a* нумизмати́ческий

**numismatics** [ˌnju:mɪzˈmætɪks] *n pl* (*употр. как sing*) нумизма́тика

**numismatist** [nju(:)ˈmɪzmətɪst] *n* нумизма́т

**nummary, nummulary** [ˈnʌmərɪ, ˈnʌmjulərɪ] *a* де́нежный, моне́тный

**numnah** [ˈnʌmnɑ:] *инд. n* 1) во́йлок, гру́бое сукно́ 2) потни́к (*под седлом*)

**numskull** [ˈnʌmskʌl] *n* о́лух, дура́цкая башка́, тупи́ца

**nun** [nʌn] *n* 1) мона́хиня 2) *зоол.* лазо́ревка

**nun-bird** [ˈnʌnbə:d] *n* вдо́вушка (*птица*)

**nun-buoy** [ˈnʌnbɔɪ] *n мор.* кони́ческий буй

**nunciature** [ˈnʌnʃɪətʃə] *n* до́лжность ну́нция

**nuncio** [ˈnʌnʃɪəu] *n* (*pl* -os [-əuz]) па́пский ну́нций

**nuncupate** [ˈnʌŋkju(:)peɪt] *v* 1) де́лать у́стное завеща́ние (*в присутствии свидетелей*) 2) дава́ть у́стное обеща́ние; у́стно принима́ть на себя́ обяза́тельство

**nuncupation** [ˌnʌŋkju(:)ˈpeɪʃən] *n* у́стное завеща́ние

**nuncupative** [nʌŋˈkju:pətɪv] *a* слове́сный, у́стный (*о завещании*)

**nundinal** [ˈnʌndɪnəl] *a* я́рмарочный; ры́ночный

**nunnery** [ˈnʌnərɪ] *n* же́нский монасты́рь

**nun's veiling** [ˈnʌnzˌveɪlɪŋ] *n* вуа́ль (*тонкая шерстяная ткань*)

**nuptial** [ˈnʌpʃəl] **1.** *a* бра́чный, сва́дебный

**2.** *n* (*обыкн. pl*) сва́дьба

**nurse I** [nə:s] **1.** *n* 1) ня́ня, ня́нька; at ~ на попече́нии ня́ни; to put out to ~ отда́ть на попече́ние ня́ни 2) корми́лица, ма́мка 3) сиде́лка; медици́нская сестра́; male ~ а) санита́р; б) брат милосе́рдия 4) ня́нченье, пе́стование 5) *перен.* колыбе́ль; the ~ of liberty колыбе́ль свобо́ды 6) де́рево, поса́женное для того́, что́бы дать тень други́м дере́вьям 7) *зоол.* рабо́чая пчела́; -ий мураве́й

**2.** *v* 1) корми́ть, вы́кармливать (*ребёнка*) 2) ня́нчить 3) быть сиде́лкой; уха́живать (*за больным*) 4) лечи́ть (*насморк, простуду*) 5) выра́щивать (*растение*) 6) леле́ять (*мысль, надежду*); пита́ть, таи́ть (*злобу*), to ~ a grievance against smb. быть в оби́де на кого́-л. 7) обха́живать; стара́ться задо́брить; to ~ the public угожда́ть пу́блике; to ~ the constituency обраба́тывать избира́тельный о́круг (*с целью добиться избрания*) 8) эконо́мно хозя́йничать 9) бере́чь; to ~ a car осторо́жно води́ть маши́ну 10) ласка́ть

**nurse II** [nə:s] *n* гренла́ндская *или* вест-и́ндская аку́ла

**nurse-child** [ˈnə:stʃaɪld] *n* пито́мец, приёмыш

**nurse-dietitian** [ˈnə:sˌdaɪɪˈtɪʃən] *n* диетсестра́

**nurseling** [ˈnə:slɪŋ] *n* 1) пито́мец 2) грудно́й ребёнок 3) люби́мец 4) молодо́е живо́тное *или* расте́ние

**nursemaid** [ˈnə:smeɪd] *n* ня́ня

**nurse-pond** [ˈnə:spɔnd] *n* садо́к (*для рыб*)

**nursery** [ˈnə:sərɪ] *n* 1) де́тская (*комната*) 2) расса́дник, пито́мник 3) я́сли (*для детей*) 4) инкуба́тор 5) садо́к (*для рыб*)

**nursery garden** [ˈnə:srɪˌgɑ:dn] *n* пито́мник, садово́дство

**nursery governess** [ˈnə:srɪˌgʌvnɪs] *n* бо́нна; воспита́тельница

**nurserymaid** [ˈnə:srɪmeɪd] *n* ня́ня

**nurseryman** [ˈnə:srɪmən] *n* владе́лец пито́мника

**nursery rhymes** [ˈnə:srɪˈraɪmz] *n pl* де́тские стишки́; приба́утки

**nursery school** [ˈnə:srɪˈsku:l] *n* де́тский сад

**nursery transplant** [ˈnə:srɪtræns-ˌplɑ:nt] *n с.-х.* са́женец

**nursing bottle** [ˈnə:sɪŋˌbɔtl] *n* рожо́к (*детский*)

**nursing-centre** [ˈnə:sɪŋˌsentə] *n* де́тская консульта́ция

**nursing-home** [ˈnəːsɪŋhəum] *n* чáстная лечéбница

**nursling** [ˈnəːslɪŋ] = nurseling

**nurture** [ˈnəːʧə] **1.** *n* 1) воспитáние; обучéние 2) вырáщивание 3) питáние; пи́ща

**2.** *v* 1) воспи́тывать; обучáть 2) вырáщивать; вынáшивать (*план и т. п.*) 3) питáть

**nut** [nʌt] **1.** *n* 1) орéх 2) *разг.* головá; to be off one's ~ спя́тить 3) чудáк; сумасбрóд 4) *pl разг.* дурачóк, «псих» 5) *sl.* фат, щёголь 6) *pl* мéлкий ýголь 7) *тех.* гáйка; мýфта ◇ a hard ~ to crack а) «крéпкий орéшек»; «не по зубáм»; трýдная задáча; б) трýдный человéк; ~s! *разг.* великолéпно!; to be ~s *разг.* óчень нрáвиться; доставля́ть большóе удовóльствие, рáдость; to be (dead) ~s on *разг.* а) óчень люби́ть; б) ≅ знать как свой пять пáльцев; быть в чём-л. больши́м знатокóм, мáстером; not for ~s ни за что́

**2.** *v* 1) собирáть орéхи; to go ~ting отпрáвиться по орéхи 2) *sl.* шевели́ть мозгáми; to ~ out smth. обмозговáть что-л.

**nutate** [njuːˈteɪt] *v* 1) колебáться, покáчиваться 2) кивáть (*головой*)

**nutation** [njuːˈteɪʃən] *n* 1) наклонéние, покáчивание (*головы*); кивóк 2) *астр., бот.* нутáция

**nut-brown** [ˈnʌtbraun] *a* орéхового, кори́чневого цвéта

**nutcracker** [ˈnʌtˌkrækə] *n* 1) (*обыкн. pl*) щипцы́ для орéхов 2) орéховка (*птица*)

**nut-gall** [ˈnʌtgɔːl] *n* черни́льный орéх

**nuthatch** [ˈnʌthæʧ] *n* *зоол.* пóползень

**nuthouse** [ˈnʌthaus] *n* *разг.* сумасшéдший дом

**nutlet** [ˈnʌtlɪt] *n* орéшек

**nutmeg** [ˈnʌtmeg] *n* мускáтный орéх

**nut-oil** [ˈnʌtˈɔɪl] *n* орéховое мáсло

**nut-pine** [ˈnʌtpaɪn] *n* соснá итальянская, пи́ния

**nutria** [ˈnjuːtrɪə] *n* нýтрия (*живóтное и мех*)

**nutrient** [ˈnjuːtrɪənt] **1.** *n* питáтельное веществó

**2.** *a* питáтельный

**nutriment** [ˈnjuːtrɪmənt] *n* пи́ща; корм

**nutrition** [nju(ː)ˈtrɪʃən] *n* 1) питáние 2) пи́ща

**nutritionist** [nju(ː)ˈtrɪʃənɪst] *n* 1) диетóлог; диетврáч 2) диетсестрá

**nutritious** [nju(ː)ˈtrɪʃəs] *a* питáтельный

**nutritive** [ˈnjuːtrɪtɪv] **1.** *n* питáтельное веществó

**2.** *a* 1) питáтельный 2) пищевóй

**nutshell** [ˈnʌtʃel] *n* орéховая скорлупá ◇ in a ~ крáтко, в двух словáх

**nutting** [ˈnʌtɪŋ] **1.** *pres. p. от* nut

**2.** *n* сбор орéхов

**nut-tree** [ˈnʌtˈtriː] *n* орéшник

**nutty** [ˈnʌtɪ] *a* 1) имéющий вкус орéха; вкýсный 2) интерéсный, пикáнтный 3) *разг.* нарядный, щегольскóй 4) *разг.* увлекáющийся (upon) 5) *разг.* рехнýвшийся 6) *амер. разг.* óстрый; пря́ный

**nutwood** [ˈnʌtwud] *n* 1) орéшник 2) орéховое дéрево (*древесина*)

**nuzzle** [ˈnʌzl] *v* 1) ню́хать, води́ть нóсом (*о собаках*) 2) ры́ть(ся) ры́лом 3) совáть нос (at, against, into) 4) прижáться; приюти́ться, прикорнýть

**nyctalopia** [ˌnɪktəˈləupɪə] *n* 1) = night-blindness 2) (*в неправ. употреблении*) спосóбность ви́деть тóлько нóчью

**nylghau** [ˈnɪlgɔ] = nilgai

**nylon** [ˈnaɪlən] **1.** *n* 1) нейлóн 2) *pl* нейлóновые чулки́

**2.** *a* нейлóновый

**nymph** [nɪmf] *n* 1) *миф.* ни́мфа 2) *поэт.* краси́вая, изя́щная дéвушка 3) кýколка, ни́мфа, личи́нка (*насекóмого*)

**nystagmus** [nɪsˈtægməs] *n* *мед.* нистáгм

# O

**O, o** I [əu] *n* (*pl* Os, O's, Oes [əuz]) 1) *15-ая буква англ. алфавита* 2) нуль, ничто́

**O** II [əu] *int* (*если восклицание отделено знаком препинания* — oh): O my!, O dear me! бóже мой!; oh, what a lie! какáя ложь!; oh, is that so? рáзве?

**O'** [əu-] *pref перед ирландскими именами, напр.:* O'Connor О'Кóннор

**o'** [ə-] 1) *сокр. от* of; six o'clock шесть часóв 2) *сокр. от* on; to sleep o'nights спать по ночáм

**oaf** [əuf] *n* (*pl* oafs [-s], oaves) 1) урóдливый *или* глýпый ребёнок; дурачóк 2) неотёсанный, неуклю́жий человéк 3) *миф.* ребёнок, подменённый э́льфами

**oafish** [ˈəufɪʃ] *a* 1) придурковáтый 2) неуклю́жий, нескла́дный

**oak** [əuk] *n* 1) дуб; dyer's (*или* black) ~ краси́льный дуб 2) древеси́на дýба 3) издéлия из дýба (*напр.*, мéбель *и т. п.*) 4) венóк из дубóвых ли́стьев 5) *унив. разг.* нарýжная дверь 6) (the Oaks) *pl* э́псомские скáчки для трёхлéтних кобы́л 7) *attr.* дубóвый

**oak-apple** [ˈəukˌæpl] *n* черни́льный орéшек; *pl* гáллы, нарóсты на ли́стьях дýба

**oaken** [ˈəukən] *a* дубóвый

**oakery** [ˈəukərɪ] *n* дубня́к, дубрáва; мéстность, порóсшая дубняко́м

**oak-fig** [ˈəukfɪg] = oak-apple

**oak-gall** [ˈəukgɔːl] = oak-apple

**oaklet** [ˈəuklɪt] *n* молодóй дуб, дубóк

**oakling** [ˈəuklɪŋ] = oaklet

**oak-nut** [ˈəuknʌt] = oak-apple

**oak-tree** [ˈəuktriː] = oak 1)

**oakum** [ˈəukəm] *n* пáкля; to pick ~ щипáть пáклю

**oak-wart** [ˈəukwɔːt] = oak-apple

**oak-wood** [ˈəukwud] *n* 1) дубрáва, дубóвая рóща 2) = oak 2)

**oaky** [ˈəukɪ] *a* дубóвый, крéпкий

**oar** [ɔː] **1.** *n* 1) веслó; to pull a good ~ хорошó грести́; to rest (*или* to lie) on one's ~s суши́ть вёсла; *перен.* бездéйствовать, почи́ть на лáврах; ~s! *мор.* суши́ вёсла! 2) гребéц; a good ~ хорóший гребéц ◇ chained to the ~ вы́нужденный тянýть ля́мку, прикóванный к тяжёлой и дли́тельной рабóте; to have an ~ in every man's boat постоя́нно лезть не в своё дéло; to put in one's ~, to put one's ~ in вмéшиваться (*в разговор, чужие дела и т. п.*)

**2.** *v* грести́

**oarage** [ˈɔːrɪʤ] *n* 1) грéбля 2) комплéкт вёсел

**oared** [ɔːd] **1.** *p. p. от* oar 2

**2.** *a* весéльный

**oarer** [ˈɔːrə] = oarsman

**oarsman** [ˈɔːzmən] *n* гребéц

**oarsmanship** [ˈɔːzmənʃɪp] *n* умéние грести́, искýсство грéбли

**oases** [əuˈeɪsiːz] *pl от* oasis

**oasis** [əuˈeɪsɪs] *n* (*pl* oases) оáзис

**oast** [əust] *n* печь для сýшки хмéля *или* сóлода

**oast-house** [ˈəusthaus] *n* суши́лка для хмéля

**oat** [əut] *n* 1) (*обыкн. pl*) овёс 2) *поэт.* свирéль из стéбля овся́ной солóмы; пастýший рожóк 3) пасторáль 4) *attr.* овся́ный, овсянóй 5) *attr.* из овся́ной солóмы ◇ to feel one's ~s *разг.* а) быть весёлым, оживлённым; б) чýвствовать свою си́лу; to smell one's ~s напря́чь послéдние си́лы (*при приближении к цели*); to sow one's wild ~s перебеси́ться, остепени́ться

**oatcake** [ˈəutˈkeɪk] *n* овся́ная лепёшка

**oaten** [ˈəutn] *a уст., поэт.* 1) овся́ный, овсянóй 2) из овся́ной солóмы

**oat-flakes** [ˈəutˈfleɪks] *n pl* геркулéс, овся́ные хлóпья

**oath** [əuθ; *pl* əuðz] *n* 1) кля́тва; прися́га; on ~ под прися́гой; ~ of allegiance прися́га на вéрность; вои́нская прися́га; ~ of office прися́га при вступлéнии в дóлжность; to make (*или* to take, to swear) an ~ дать кля́тву; to put smb. on ~, to administer the ~ to smb. привести́ когó-л. к прися́ге; on my ~! кляну́сь!, чéстное слóво!

2) божба́ 3) богоху́льство; прокля́тия, руга́тельства

**oath-breaker** [ˈəuθˌbreɪkə] *n* клятвопресту́пник; наруши́тель прися́ги

**oath-breaking** [ˈəuθˌbreɪkɪŋ] *n* наруше́ние кля́твы *или* прися́ги

**oatmeal** [ˈəutmiːl] *n* 1) овся́ная мука́, толокно́ 2) овся́нка, овся́ная ка́ша

**oaves** [əuvz] *pl от* oaf

**obduracy** [ˈɔbdjurəsɪ] *n* 1) закосне́лость; чёрствость; ожесточе́ние 2) упря́мство

**obdurate** [ˈɔbdjurɪt] *a* 1) закосне́лый; чёрствый; ожесточённый 2) упря́мый

**obedience** [əˈbiːdjəns] *n* послуша́ние, повинове́ние, поко́рность ◊ in ~ to согла́сно, в соотве́тствии с

**obedient** [əˈbiːdjənt] *a* послу́шный, поко́рный; your ~ servant ваш поко́рный слуга́ (*в официальном письме*)

**obedientiary** [əˌbiːdɪˈenʃərɪ] *n* мона́х (*выполняющий какое-л. послушание в монастыре*)

**obeisance** [əuˈbeɪsəns] *n* 1) репера́нс; почти́тельный покло́н 2) почте́ние, уваже́ние; to do (*или* to pay) ~ to smb. вы́разить почте́ние кому́-л.

**obeli** [ˈɔbɪlaɪ] *pl от* obelus

**obelisk** [ˈɔbɪlɪsk] **1.** *n* 1) обели́ск 2) *полигр.* знак — *или* знак ÷ (*ставится в рукописях против сомнительного слова*) 3) *полигр.* знак ссы́лки, кре́стик

**2.** *v* = obelize

**obelize** [ˈɔbelaɪz] *v* отмеча́ть кре́стиком

**obelus** [ˈɔbɪləs] *n* (*pl* -li) = obelisk 1, 2) *и* 3)

**obese** [əuˈbiːs] *a* ту́чный, страда́ющий ожире́нием

**obesity** [əuˈbiːsɪtɪ] *n* ту́чность; ожире́ние

**obey** [əˈbeɪ] *v* 1) повинова́ться, подчиня́ться; слу́шаться; выполня́ть приказа́ние; to ~ the law подчиня́ться зако́ну; to ~ the rule сле́довать пра́вилу 2) *мат.* удовлетворя́ть усло́виям уравне́ния

**obfuscate** [ˈɔbfʌskeɪt] *v книжн.* 1) затемня́ть (*свет, вопрос и т. п.*) 2) сбива́ть с то́лку; тума́нить рассу́док

**obi** [ˈəubɪ] *яп. n* о́би (*широкий яркий шёлковый пояс*)

**obiter** [ˈɔbɪtə] *лат. adv* ме́жду про́чим, мимохо́дом; ~ dictum а) *юр.* неофициа́льное мне́ние; б) случа́йное замеча́ние

**obituarist** [əˈbɪtjuərɪst] *n* а́втор некроло́га

**obituary** [əˈbɪtjuərɪ] **1.** *n* 1) некроло́г 2) спи́сок уме́рших

**2.** *a* 1) похоро́нный 2) некрологи́ческий; ~ notice некроло́г

**object** I [ˈɔbdʒɪkt] *n* 1) предме́т; вещь 2) объе́кт (*изучения и т. п.*) 3) цель; to fail (to succeed) in one's ~ не дости́чь (дости́чь) це́ли 4) *филос.* объе́кт (*в противоп. субъекту*) 5) *грам.* дополне́ние 6) *разг.* челове́к *или* вещь необы́чного, жа́лкого, смешно́го *и т. п.* ви́да; what an ~ you look in that hat! ну и вид же у тебя́ в э́той шля́пе! ◊ no ~ не име́ет значе́ния; money (time) no ~ опла́та (часы́ рабо́ты) по соглаше́нию (*в объявлениях*); distance no ~ расстоя́ние не име́ет значе́ния (*в объявлениях*)

**object** II [əbˈdʒekt] *v* 1) возража́ть, протестова́ть (to, against); I ~ to smoking я возража́ю про́тив куре́ния 2) не люби́ть, не переноси́ть

**object-finder** [ˈɔbdʒɪktˌfaɪndə] *n фото* видиска́тель

**object-glass** [ˈɔbdʒɪktglɑːs] *n опт.* объекти́в

**objectify** [ɔbˈdʒektɪfaɪ] *v* 1) воплоща́ть 2) ссыла́ться на объекти́вные причи́ны

**objection** [əbˈdʒekʃən] *n* 1) возраже́ние, проте́ст; to take ~ возража́ть; to raise no ~ не возража́ть; to lodge an ~ заяви́ть проте́ст; there is no ~ to his leaving ничто́ не препя́тствует его́ отъе́зду 2) неодобре́ние, нелюбо́вь 3) недоста́ток, дефе́кт

**objectionable** [əbˈdʒekʃnəbl] *a* 1) вызыва́ющий возраже́ния; нежела́тельный; спо́рный; an ~ plan неприе́млемый план; to be least ~ встреча́ть ме́ньше всего́ возраже́ний 2) предосуди́тельный 3) неприя́тный, неудо́бный

**objective** [əbˈdʒektɪv] **1.** *n* 1) цель; стремле́ние 2) *воен.* объе́кт (*наступления*) 3) *грам.* объе́ктный *или* ко́свенный паде́ж 4) *опт.* объекти́в

**2.** *a* 1) объекти́вный, беспристра́стный 2) целево́й; ~ point *воен.* цель движе́ния, объе́кт де́йствий; *перен.* коне́чная цель 3) предме́тный; веще́ственный; ~ table предме́тный сто́лик (*микроскопа*) 4) *грам.* относя́щийся к дополне́нию; ~ case объе́ктный (*или* ко́свенный) паде́ж 5) *филос.* объекти́вный; реа́льный, действи́тельный; ~ method индукти́вный ме́тод

**objectivism** [əbˈdʒektɪvɪzm] *n* 1) стремле́ние к объекти́вности 2) *филос.* объективи́зм 3) *филос.* призна́ние существова́ния объекти́вной реа́льности

**objectivity** [ˌɔbdʒekˈtɪvɪtɪ] *n* объекти́вность

**objectless** [ˈɔbdʒɪktlɪs] *a* беспредме́тный, бесце́льный

**object-lesson** [ˈɔbdʒɪktˌlesn] *n* 1) уро́к с демонстра́цией нагля́дных посо́бий 2) *перен.* нагля́дное доказа́тельство

**objector** [əbˈdʒektə] *n* возража́ющий, тот, кто возража́ет

**objurgate** [ˈɔbdʒəːgeɪt] *v* брани́ть, упрека́ть

**objurgation** [ˌɔbdʒəːˈgeɪʃən] *n* упрёк, вы́говор

**objurgatory** [ɔbˈdʒəːgətərɪ] *a* укори́зненный

**oblate** [ˈɔbleɪt] *a* 1) *церк.* посвяти́вший себя́ (*монашеской жизни и т. п.*) 2) *геом.* сплю́щенный (*у полюсов*)

**oblation** [əuˈbleɪʃən] *n* 1) же́ртва; жертвоприноше́ние 2) поже́ртвование на це́рковь *или* благотвори́тельные дела́ 3) (O.) *церк.* евхари́стия, причаще́ние

**oblational** [əuˈbleɪʃənl] *a* же́ртвенный

**oblatory** [ˈɔblətərɪ] = oblational

**obligate** [ˈɔblɪgeɪt] *v* обя́зывать (*обыкн. pass.*)

**obligation** [ˌɔblɪˈgeɪʃən] *n* 1) обяза́тельство; to repay an ~ отплати́ть тем же (*напр., гостеприимством за гостеприимство и т. п.*); to undertake (*или* to assume) ~s принима́ть обяза́тельства 2) обя́занность; долг; to be under an ~ to smb. быть в долгу́ пе́ред кем-л. 3) принуди́тельная си́ла, обяза́тельность (*закона, договора и т. п.*); of ~ обяза́тельный 4) чу́вство призна́тельности

**obligatory** [ɔˈblɪgətərɪ] *a* 1) обяза́тельный 2) обя́зывающий

**oblige** [əˈblaɪdʒ] *v* 1) обя́зывать; свя́зывать обяза́тельством; принужда́ть, заставля́ть; the law ~s parents to send their children to school зако́н обя́зывает роди́телей посыла́ть дете́й в шко́лу; to be ~d to do smth. быть обя́занным сде́лать что-л. 2) де́лать одолже́ние, угожда́ть; ~ me by closing the door закро́йте, пожа́луйста, дверь; will you ~ us with a song? не споёте ли вы нам? 3): to be ~d *разг.* быть благода́рным; I am much ~d (to you) о́чень (вам) благода́рен

**obligee** [ˌɔblɪˈdʒiː] *n юр.* 1) лицо́, по отноше́нию к кото́рому при́нято обяза́тельство 2) *амер.* лицо́, име́ющее обяза́тельство

**obliging** [əˈblaɪdʒɪŋ] **1.** *pres. p. от* oblige

**2.** *a* обяза́тельный, услу́жливый, любе́зный; ~ neighbours ми́лые сосе́ди

**obligingly** [əˈblaɪdʒɪŋlɪ] *adv* любе́зно, услу́жливо; ве́жливо

**obligor** [ˌɔblɪˈgɔː] *n юр.* лицо́, приня́вшее на себя́ обяза́тельство

**oblique** [əˈbliːk] **1.** *a* 1) косо́й, накло́нный; ~ fire *воен.* косоприце́льный ого́нь; ~ photography перспекти́вная фотосъёмка 2) око́льный; непрямо́й 3) *грам.* ко́свенный; ~ case ко́свенный паде́ж; ~ oration (*или* narration, speech) ко́свенная речь 4) *геом.* непрямо́й, о́стрый *или* тупо́й (*угол*); накло́нный (*о плоскости*)

**2.** *v воен.* продвига́ться вкось

**obliquity** [əˈblɪkwɪtɪ] *n* 1) косо́е направле́ние 2) отклоне́ние от прямо́го пути́ 3) *тех.* скос; ко́нусность 4) *астр.* наклоне́ние (*орбиты*)

**obliterate** [əˈblɪtəreɪt] *v* 1) вычёркивать, стира́ть; уничтожа́ть 2) изгла́живать(ся); time ~s sorrow ≅ вре́мя — лу́чший ле́карь; со вре́менем го́ре прохо́дит

**obliteration** [əˌblɪtəˈreɪʃən] *n* 1) вычёркивание, стира́ние; уничтоже́ние 2) забве́ние

**oblivion** [əˈblɪvɪən] *n* 1) забве́ние; to fall (*или* to sink) into ~ быть пре́данным забве́нию; быть забы́тым

2) забы́вчивость ◇ Act (*или* Bill) of O. амни́стия

**oblivious** [ə'blɪvɪəs] *a* 1) забы́вчивый; непо́мнящий, забыва́ющий (of) 2) рассе́янный; не обраща́ющий внима́ния 3) даю́щий забве́ние

**oblong** ['ɔblɔŋ] **1.** *a* продолгова́тый; удлинённый

**2.** *n* продолгова́тая фигу́ра, продолгова́тый предме́т

**obloquy** ['ɔbləkwɪ] *n* 1) злосло́вие, поноше́ние; оскорбле́ние 2) позо́р

**obnoxious** [əb'nɔkʃəs] *a* неприя́тный, проти́вный, несно́сный

**oboe** ['əubəu] *ит.* *n* гобо́й

**oboist** ['əubəuɪst] *n* гобои́ст

**obscene** [ɔb'si:n] *a* непристо́йный, непотре́бный, неприли́чный; гря́зный

**obscenity** [ɔb'si:nɪtɪ] *n* 1) непристо́йность 2) *pl* непристо́йная брань

**obscurant** [ɔb'skjuərənt] *n* мракобе́с, обскура́нт

**obscurantism** [ˌɔbskjuə'ræntɪzm] *n* мракобе́сие, обскуранти́зм

**obscurantist** [ˌɔbskjuə'ræntɪst] **1.** *n* = obscurant

**2.** *a* обскуранти́стский

**obscuration** [ˌɔbskjuə'reɪʃən] *n* 1) помраче́ние 2) *астр.* затме́ние

**obscure** [əb'skjuə] **1.** *a* 1) мра́чный, тёмный; ту́склый 2) нея́сный, сму́тный 3) непоня́тный; невразуми́тельный 4) незаме́тный; неизве́стный, ниче́м не просла́вленный, безве́стный 5) скры́тый, уединённый

**2.** *v* 1) затемня́ть; *перен.* затушёвывать 2) де́лать нея́сным (*о значении слова и т. п.*) 3) затмева́ть; to ~ smb.'s fame затми́ть чью-л. сла́ву 4) загора́живать; to ~ the light загора́живать свет

**obscurity** [əb'skjuərɪtɪ] *n* 1) мрак; тьма, темнота́ 2) нея́сность, непоня́тность 3) неизве́стность, безве́стность; незаме́тность; to live in ~ жить в неизве́стности; to sink (*или* to lapse) into ~ быть пре́данным забве́нию 4) что-л. нея́сное, непоня́тное; a story full of obscurities расска́з, в кото́ром мно́го непоня́тного

**obsecration** [ˌɔbsɪ'kreɪʃən] *n* 1) про́сьба, мольба́ 2) умилостивле́ние (*богов*)

**obsequial** [ɔb'si:kwɪəl] *a* похоро́нный, погреба́льный

**obsequies** ['ɔbsɪkwɪz] *n pl* по́хороны; погребе́ние

**obsequious** [əb'si:kwɪəs] *a* 1) раболе́пный, подобостра́стный; to be ~ to (*или* with) smb. уго́дничать, расша́ркиваться пе́ред кем-л. 2) *уст.* послу́шный, исполни́тельный

**obsequiousness** [əb'si:kwɪəsnɪs] *n* раболе́пие, подобостра́стие, уго́дничество, низкопокло́нство

**observable** [əb'zə:vəbl] *a* 1) заме́тный, различи́мый 2) тре́бующий соблюде́ния (*чего-л.*) 3) поддаю́щийся наблюде́нию 4) досто́йный внима́ния

**observance** [əb'zə:vəns] *n* 1) соблюде́ние (*закона, обычая и т. п.*; of) 2) обря́д, ритуа́л 3) *уст.* почте́ние

**observant** [əb'zə:vənt] **1.** *a* 1) наблюда́тельный, внима́тельный 2) исполня́ющий (*законы, предписания и т. п.*) 3) исполни́тельный

**2.** *n* францискáнец са́мого стро́гого то́лка

**observation** [ˌɔbzə(:)'veɪʃən] *n* 1) наблюде́ние; to keep under ~ держа́ть под наблюде́нием; he was sent to hospital for ~ его́ положи́ли в больни́цу для клини́ческого иссле́дования 2) наблюда́тельность; a man of little ~ ненаблюда́тельный челове́к 3) соблюде́ние (*законов, правил и т. п.*) 4) (*обыкн. pl*) результа́ты нау́чных наблюде́ний 5) замеча́ние, выска́зывание; to make an ~ сде́лать замеча́ние 6) определе́ние координа́т по высоте́ со́лнца 7) *attr.* наблюда́тельный; ~ car а) ваго́н с больши́ми о́кнами (*для туристов*); б) *ж.-д.* служе́бный ваго́н для прове́рки состоя́ния пути́; ~ satellite *воен.* разве́дывательный спу́тник; ~ station (*или* point) *воен.* наблюда́тельный пункт

**observational** [ˌɔbzə(:)'veɪʃənl] *a* наблюда́тельный

**observatory** [əb'zə:vətrɪ] *n* 1) обсервато́рия 2) наблюда́тельный пункт

**observe** [əb'zə:v] *v* 1) наблюда́ть, замеча́ть; следи́ть (*за чем-л.*) 2) соблюда́ть (*законы и т. п.*); to ~ good manners быть утончённо ве́жливым; to ~ silence храни́ть молча́ние; to ~ the time быть пунктуа́льным 3) заме́тить, сказа́ть; allow me to ~ разреши́те мне заме́тить; it will be ~d прихо́дится, на́до отме́тить 4) вести́ нау́чные наблюде́ния

**observed** [əb'zə:vd] **1.** *p. p. от* observe

**2.** *n* (the ~) предме́т наблюде́ний; the ~ of all observers центр всео́бщего внима́ния

**observer** [əb'zə:və] *n* 1) наблюда́тель 2) соблюда́ющий (*что-л.*; of); an ~ of his promises челове́к, всегда́ выполня́ющий обеща́ния 3) обозрева́тель (*в газете*)

**obsess** [əb'ses] *v* завладе́ть, пресле́довать, му́чить (*о навязчивой идее и т. п.*); овладе́ть, обуя́ть (*о страхе*)

**obsession** [əb'seʃən] *n* 1) одержи́мость (*желанием и т. п.*) 2) навя́зчивая иде́я

**obsidian** [ɔb'sɪdɪən] *n* *мин.* обсидиа́н, вулкани́ческое стекло́

**obsolescense** [ˌɔbsəu'lesns] *n* устарева́ние

**obsolescent** [ˌɔbseu'lesnt] *a* выходя́щий из употребле́ния; устарева́ющий, отжива́ющий

**obsolete** ['ɔbsəli:t] *a* 1) вы́шедший из употребле́ния; устаре́лый 2) изно́шенный; обветша́лый 3) атрофи́рованный

**obstacle** ['ɔbstəkl] *n* 1) препя́тствие, поме́ха; to throw ~s in smb.'s way чини́ть препя́тствия кому́-л.; to surmount (*или* to overcome) ~s преодолева́ть препя́тствия 2) *attr.*: ~ course *спорт.* полоса́ препя́тствий

**obstacle-race** ['ɔbstəklreɪs] *n* бег *или* ска́чки с препя́тствиями

**obstetric(al)** [ɔb'stetrɪk(əl)] *a* родовспомога́тельный; акуше́рский

**obstetrician** [ˌɔbste'trɪʃən] *n* акуше́р; акуше́рка

**obstetrics** [ɔb'stetrɪks] *n pl* (*употр. как sing*) акуше́рство

**obstinacy** ['ɔbstɪnəsɪ] *n* упря́мство; насто́йчивость, упо́рство

**obstinate** ['ɔbstɪnɪt] *a* 1) упря́мый; насто́йчивый, упо́рный 2) трудноизлечи́мый

**obstipation** [ˌɔbstɪ'peɪʃən] *n* *мед.* си́льный запо́р

**obstreperous** [əb'strepərəs] *a* шу́мный, беспоко́йный; бу́йный

**obstruct** [əb'strʌkt] *v* 1) загражда́ть, прегражда́ть, загроможда́ть (*проход*); препя́тствовать (*продвижению*); to ~ the traffic препя́тствовать движе́нию тра́нспорта 2) затрудня́ть, меша́ть; заслоня́ть; to ~ the light загора́живать свет; to ~ the view заслоня́ть вид 3) *парл.* устра́ивать обстру́кцию 4) *мед.* затрудня́ть проходи́мость; вызыва́ть запо́р

**obstruction** [əb'strʌkʃən] *n* 1) затрудне́ние *или* прегражде́ние прохо́да, продвиже́ния 2) загражде́ние, поме́ха; препя́тствие; policy of ~ поли́тика препя́тствий и поме́х 3) *парл.* обстру́кция 4) *мед.* непроходи́мость; заку́порка 5) *мед.* запо́р

**obstructionism** [əb'strʌkʃənɪzm] *n* *парл.* обструкциони́зм

**obstructionist** [əb'strʌkʃənɪst] *n* *парл.* обструкциони́ст

**obstructive** [əb'strʌktɪv] **1.** *a* 1) препя́тствующий *и пр.* [*см.* obstruct] 2) *парл.* обструкцио́нный

**2.** *n* = obstructionist

**obtain** [əb'teɪn] *v* 1) получа́ть; добыва́ть; приобрета́ть; to ~ a prize получи́ть приз; to ~ a commission *воен.* быть произведённым в офице́ры 2) достига́ть, добива́ться 3) существова́ть, быть при́знанным; применя́ться; these views no longer ~ э́ти взгля́ды устаре́ли; the same rule ~s regarding... то же пра́вило отно́сится и к...

**obtainable** [əb'teɪnəbl] *a* досту́пный, достижи́мый

**obtest** [ɔb'test] *v* *уст.* 1) призыва́ть (не́бо) в свиде́тели; заклина́ть 2) протестова́ть

**obtestation** [ˌɔbtes'teɪʃən] *n* *уст.* 1) заклина́ние, мольба́ 2) проте́ст

**obtrude** [əb'tru:d] *v* 1) высо́вывать, выставля́ть 2) навя́зывать(ся) (on, upon); to ~ one's opinions upon smb. навя́зывать своё мне́ние кому́-л.; to ~ oneself навя́зываться

**obtruncate** [əb'trʌŋkeɪt] *v* обреза́ть; среза́ть верши́ну

**obtrusion** [əb'tru:ʒən] *n* навя́зывание

**obtrusive** [əb'tru:sɪv] *a* 1) выступа́ющий, выдаю́щийся 2) навя́зчивый

**obturate** ['ɔbtjuəreɪt] *v* 1) затыка́ть, закрыва́ть 2) уплотня́ть 3) *спец.* обтюри́ровать

**obturation** [ˌɔbtjuəˈreɪʃən] *n* 1) закры́тие отве́рстия 2) *спец.* обтюра́ция

**obturator** [ˈɔbtjuəreɪtə] *n* 1) заты́чка, про́бка, приспособле́ние для закры́тия отве́рстий 2) *тех.* уплотня́ющее устро́йство 3) затво́р съёмочного аппара́та 4) *спец.* обтюра́тор

**obtuse** [əbˈtjuːs] *a* 1) тупо́й; ~ angle тупо́й у́гол 2) тупо́й, глу́пый; бестолко́вый 3) заглушённый, приглушённый (*о звуке*)

**obverse** [ˈɔbvəːs] **1.** *n* 1) лицева́я сторона́, лицо́; пере́дняя *или* ве́рхняя сторона́ 2) дополне́ние, составна́я часть

**2.** *a* 1) лицево́й, обращённый нару́жу 2) дополни́тельный, явля́ющийся составно́й ча́стью

**obviate** [ˈɔbvɪeɪt] *v* избега́ть; устраня́ть; избавля́ться (*от опасности и т. п.*)

**obvious** [ˈɔbvɪəs] *a* очеви́дный, я́вный, я́сный; for an ~ reason по вполне́ поня́тной причи́не; an ~ question само́ собо́й напра́шивающийся вопро́с

**ocarina** [ˌɔkəˈriːnə] *n муз.* окари́на

**occasion** [əˈkeɪʒən] **1.** *n* 1) слу́чай, возмо́жность; on rare ~s ре́дко; on several ~s не́сколько раз; to choose one's ~ вы́брать подходя́щий моме́нт; not the ~ for rejoicing не́чему ра́доваться; on ~ при слу́чае, иногда́; on the ~ of... по слу́чаю...; to profit by the ~ воспо́льзоваться слу́чаем 2) обстоя́тельство 3) основа́ние, причи́на; по́вод; to give ~ to служи́ть основа́нием для 4) собы́тие; this festive ~ э́тот пра́здник 5) *pl уст.* дела́ ◇ to rise to the ~ быть на высоте́ положе́ния

**2.** *v* служи́ть по́водом, дава́ть по́вод; вызыва́ть; причиня́ть; his behaviour ~ed his parents much anxiety его́ поведе́ние доставля́ло роди́телям мно́го волне́ний

**occasional** [əˈkeɪʒənl] *a* 1) случа́ющийся вре́мя от вре́мени, иногда́ 2) случа́йный, ре́дкий; ~ visitor случа́йный посети́тель 3) приуро́ченный к определённому собы́тию; сде́ланный для определённой це́ли; ~ ode о́да на како́е-л. собы́тие

**occasionalism** [əˈkeɪʒnəlɪzm] *n филос.* окказионали́зм

**occasionally** [əˈkeɪʒnəlɪ] *adv* и́зредка, вре́мя от вре́мени; подча́с, поро́й

**Occident** [ˈɔksɪdənt] *n* За́пад; стра́ны За́пада

**occidental** [ˌɔksɪˈdentl] **1.** *a* за́падный

**2.** *n* 1) (O.) уроже́нец *или* жи́тель За́пада 2) (O.) *уст.* за́падная держа́ва

**occidentalism** [ˌɔksɪˈdentəlɪzm] *n* обы́чаи, нра́вы, идеа́лы *и т. п.* за́падных наро́дов

**occipital** [ɔkˈsɪpɪtl] *a анат.* заты́лочный

**occiput** [ˈɔksɪpʌt] *n анат.* заты́лок

**occlude** [ɔˈkluːd] *v* 1) прегражда́ть, закрыва́ть (*отверстие, проход*); заку́поривать 2) смыка́ться (*о зубах*)

**occlusion** [ɔˈkluːʒən] *n* 1) прегражде́ние 2) *хим.* окклю́зия 3) *мед.* заку́порка; непроходи́мость 4) при́кус зубо́в

**occult** [ɔˈkʌlt] **1.** *a* 1) та́йный, сокрове́нный 2) таи́нственный, тёмный, окку́льтный

**2.** *v астр.* заслоня́ть, затемня́ть

**occulting light** [ɔˈkʌltɪŋˈlaɪt] *n* затмева́ющийся ого́нь маяка́

**occultism** [ˈɔkəltɪzm] *n* оккульти́зм

**occupancy** [ˈɔkjupənsɪ] *n* 1) заня́тие; завладе́ние 2) вре́менное владе́ние; аре́нда 3) владе́ние

**occupant** [ˈɔkjupənt] *n* 1) жи́тель; жиле́ц; обита́тель 2) вре́менный владе́лец; аренда́тор 3) занима́ющий каку́ю-л. до́лжность 4) *юр.* лицо́, присво́ившее себе́ иму́щество, не име́ющее владе́льца 5) оккупа́нт

**occupation** [ˌɔkjuˈpeɪʃən] *n* 1) заня́тие, завладе́ние 2) вре́менное по́льзование (*домом и т. п.*); пери́од прожива́ния 3) заня́тие, оккупа́ция; army of ~ оккупацио́нная а́рмия 4) за́нятость; men out of ~ безрабо́тные 5) (*тж. pl*) заня́тия; род заня́тий, профе́ссия 6) *attr.*: ~ bridge (road) мост (доро́га) ча́стого по́льзования; ~ franchise избира́тельное пра́во аренда́тора

**occupational** [ˌɔkju(ː)ˈpeɪʃənl] *a* профессиона́льный; ~ hazards риск, свя́занный с хара́ктером рабо́ты; ~ deferment отсро́чка от призы́ва (по ро́ду заня́тий); ~ disease профессиона́льное заболева́ние; ~ therapy трудотерапи́я

**occupier** [ˈɔkjupaɪə] *n* 1) жиле́ц 2) аренда́тор; вре́менный владе́лец 3) оккупа́нт

**occupy** [ˈɔkjupaɪ] *v* 1) занима́ть (*дом, квартиру*); арендова́ть 2) захва́тывать, завладева́ть; оккупи́ровать 3) занима́ть (*пространство, время*); the garden occupies 5 acres под са́дом за́нято 5 а́кров земли́ 4) занима́ть (*мысли, ум*); to ~ oneself with smth., to be occupied in smth. занима́ться чем-л. 5) занима́ть (*пост*)

**occur** [əˈkəː] *v* 1) случа́ться, происходи́ть; to ~ again повторя́ться 2) встреча́ться, попада́ться 3) приходи́ть на ум; it ~red to me мне пришло́ в го́лову 4) *геол.* залега́ть

**occurence** [əˈkʌrəns] *n* 1) слу́чай, происше́ствие; an everyday ~ обы́чное явле́ние; strange ~ стра́нное происше́ствие 2) местонахожде́ние; распростране́ние; of frequent (rare) ~ ча́сто (ре́дко) встреча́ющийся 3) *геол.* месторожде́ние, залега́ние

**ocean** [ˈəuʃən] *n* 1) океа́н 2) огро́мное простра́нство 3) *разг.* огро́мное коли́чество, мно́жество, ма́сса; an ~ of tears мо́ре слёз; ~s of money (time) у́йма де́нег (вре́мени) 4) *attr.* океа́нский; относя́щийся к океа́ну; ~ bed дно океа́на; ~ deeps *геол.* абисса́льные глуби́ны; ~ lane океа́нский путь

**ocean-going** [ˈəuʃənˈgəuɪŋ] *a* океа́нский (*о пароходе*)

**Oceanian** [ˌəuʃɪˈeɪnjən] **1.** *a* относя́щийся к Океа́нии

**2.** *n* жи́тель Океа́нии, жи́тель тихоокеа́нских острово́в; полинези́ец

**oceanic** [ˌəuʃɪˈænɪk] *a* 1) океа́нский, океани́ческий 2) (O.) = Oceanian 1

**oceanography** [ˌəuʃjəˈnɔgrəfɪ] *n* океаногра́фия

**ocelot** [ˈəusɪlɔt] *n зоол.* оцело́т

**ochlocracy** [ɔkˈlɔkrəsɪ] *греч. n* охлокра́тия

**ochre** [ˈəukə] *n* 1) о́хра 2) бле́дный коричнева́то-жёлтый цвет 3) *sl.* зо́лото, де́ньги

**o'clock** [əˈklɔk]: what ~ is it? кото́рый час?; it is six ~ шесть часо́в

**octa-** [ˈɔktə-] *pref* восьми-

**octagon** [ˈɔktəgən] *n* восьмиуго́льник

**octagonal** [ɔkˈtægənl] *a* восьмиуго́льный

**octahedral** [ˌɔktəˈhedrəl] *a* восьмигра́нный

**octahedron** [ˈɔktəˈhedrən] *n* восьмигра́нник, окта́эдр

**octal** [ˈɔktəl] *a* окта́льный, восьмигра́нный

**octane** [ˈɔkteɪn] *n хим.* 1) окта́н 2) *attr.* окта́новый; ~ number (*или* value) окта́новое число́

**octangular** [ɔkˈtæŋgjulə] = octagonal

**octant** [ˈɔktənt] *n* 1) окта́нт (*угломерный инструмент*) 2) восьма́я часть кру́га, дуга́ в 45°

**octarchy** [ˈɔktɑːkɪ] *n* окта́рхия (*правление, осуществляемое восьмью лицами*)

**octave** [ˈɔktɪv] *n* 1) *муз.* окта́ва 2) *прос.* восьмисти́шие, окта́ва 3) *церк.* восьмо́й день по́сле пра́здника; неде́ля, сле́дующая за пра́здником 4) во́семь предме́тов 5) восьма́я пози́ция (*в фехтовании*) 6) ви́нная бо́чка (*ёмкостью около 61 л*)

**octavo** [ɔkˈteɪvəu] *n* форма́т (*книги*) в 1/8 до́лю листа́

**octennial** [ɔkˈtenjəl] *a* 1) восьмиле́тний 2) происходя́щий раз в во́семь лет

**octet(te)** [ɔkˈtet] *n* 1) *муз.* окте́т 2) *прос.* пе́рвые во́семь строк соне́та

**octillion** [əkˈtɪljən] *n мат.* миллио́н в восьмо́й сте́пени (*единица с 48 нулями*)

**October** [ɔkˈtəubə] *n* 1) октя́брь 2) *attr.* октя́брьский; the Great ~ Socialist Revolution Вели́кая Октя́брьская социалисти́ческая револю́ция

**octodecimo** [ˈɔktəuˈdesɪməu] *n* (*pl* -os [-əuz]) форма́т (*книги*) в 1/18 до́лю листа́

**octogenarian** [ˌɔktəudʒɪˈnɛərɪən] **1.** *a* восьмидесятиле́тний

**2.** *n* восьмидесятиле́тний стари́к, -ая стару́ха

**octonarian** [ˌɔktəuˈnɛərɪən] *прос.* **1.** *a* восьмисто́пный

**2.** *n* восьмисто́пный стих

**octopus** ['ɔktəpəs] *n* осьминóг, спрут

**octoroon** [ˌɔktə'ru:n] *n* цветнóй, цветнáя (*с* $^1/_8$ *негритянской крови*)

**octosyllabic** ['ɔktəusɪ'læbɪk] **1.** *a* восьмислóжный

**2.** *n* восьмислóжный стих

**octosyllable** ['ɔktəuˌsɪləbl] **1.** *n* восьмислóжное слóво

**2.** *a* = octosyllabic 1

**octuple** ['ɔktju(:)pl] *a* восьмикрáтный; восьмеричный

**ocular** ['ɔkjulə] **1.** *n* окуляр

**2.** *a* 1) глазнóй; окулярный 2) нагля́дный (*о доказательстве и т. п.*)

**oculist** ['ɔkjulɪst] *n* окули́ст

**odalisque** ['əudəlɪsk] *n* одали́ска

**odd** [ɔd] **1.** *a* 1) нечётный; ~ and (or) even чёт и (*или*) нéчет; ~ houses домá с нечётными номерáми; ~ months мéсяцы, имéющие 31 день 2) непáрный, разрóзненный; ~ volumes разрóзненные томá; ~ player запаснóй игрóк 3) ли́шний, добáвочный, остающийся (*сверх суммы или определённого количества*); three pounds ~ три с ли́шним фу́нта; три фу́нта, не считáя ши́ллингов и пéнсов; twenty ~ years двáдцать с ли́шним лет; forty ~ сверх сорокá, сóрок с ли́шним; ~ money сдáча, мéлочь 4) незáнятый, свобóдный; ~ moments минýты досýга; at ~ times а) на досýге, мéжду дéлом; б) врéмя от врéмени 5) случáйный; ~ job случáйная рабóта; ~ man (*или* lad, hand) человéк, выполняющий случáйную рабóту; разнорабóчий [*ср. тж.* ◊] 6) необы́чный, стрáнный, эксцентри́чный; how ~! как стрáнно!; the ~ thing is достóйно удивлéния ◊ the ~ man решáющий гóлос [*ср. тж.* 5)]; ~ man out а) игрóк, остáвшийся без пáры; трéтий ли́шний; б) *разг.* человéк, предпочитáющий одинóчество; некоммуникáбельный человéк

**2.** *n* 1) *карт.* решáющая взя́тка (*в висте*) 2) удáр, дающий перевéс (*в гольфе*)

**odd-come-short** ['ɔdkʌm'ʃɔ:t] *n* 1) остáток 2) *pl* остáтки, обры́вки, хлам

**odd-come-shortly** ['ɔdkʌm'ʃɔ:tlɪ] *n* ближáйший день; one of these odd-come-shortlies вскóре

**oddfellow** ['ɔdˌfeləu] *n* член тáйного брáтства (*типа масонского ордена*)

**oddish** ['ɔdɪʃ] *a* стрáнный, чудаковáтый; эксцентри́чный

**oddity** ['ɔdɪtɪ] *n* 1) стрáнность, чудаковáтость 2) чудáк 3) причýдливая вещь; из ря́да вон выходя́щий слýчай

**oddly** ['ɔdlɪ] *adv* стрáнно; ~ enough как э́то ни стрáнно

**oddments** ['ɔdmənts] *n pl* остáтки; разрóзненные предмéты

**odds** [ɔdz] *n pl* (*обыкн. употр. как sing*) 1) нерáвенство; рáзница; with heavy ~ against them а) прóтив значи́тельно превосходя́щих сил; б) в исключи́тельно неблагоприя́тных услóвиях; to make ~ even устрани́ть рáзли́чия 2) разноглáсие; to be at ~ with smb. не лáдить с кем-л., ссóриться с кем-л. (about — из-за *чего-л.*); to be at ~ with smth. не гармони́ровать с чем-л., не соответствовать чемý-л. 3) преимýщество; гандикáп; the ~ are in our favour перевéс на нáшей сторонé; to give (to receive) ~ предоставля́ть (получáть) преимýщество 4) шáнсы; the ~ are that he will do it вероя́тнее всегó, что он э́то сдéлает; long (short) ~ нерáвные (почти́ рáвные) шáнсы; ~ on шáнсы на вы́игрыш вы́ше, чем у проти́вника ◊ by long ~ значи́тельно, реши́тельно; несомнéнно; it makes no ~ не составля́ет никакóй рáзницы; несущéственно; what's the ~? а) в чём рáзница?; какóе э́то имéет значéние?; б) *спорт.* какóй счёт?; ~ and ends остáтки; обрéзки; обры́вки; хлам; случáйные предмéты, вся́кая вся́чина; to shout the ~ хвáстать

**ode** [əud] *n* óда

**odea** [əu'di(:)ə] *pl от* odeum

**odeum** [əu'dɪ(:)əm] *n* (*pl* -s [-z], odea) 1) *др.-греч.* одеóн 2) концéртный, зри́тельный зал

**Odin** ['əudɪn] *n сканд. миф.* Óдин

**odious** ['əudjəs] *a* 1) ненави́стный, гнýсный, отврати́тельный 2) одиóзный; he finds it ~ емý э́то претит

**odium** ['əudjəm] *n* 1) нéнависть; отвращéние; to bring ~ on, to expose to ~ вы́звать недоброжелáтельное отношéние; сдéлать ненави́стным 2) позóр; to bear the ~ of... нести́ позóр... 3) одиóзность

**odometer** [əu'dɔmɪtə] *n* одóметр

**odontic** [əudɔntɪk] *a мед.* зубнóй

**odontoid** [əu'dɔntɔɪd] *a* зубови́дный

**odontology** [ˌɔdɔn'tɔlədʒɪ] *n мед.* одонтолóгия

**odor** ['əudə] *амер.* = odour

**odoriferous** [ˌəudə'rɪfərəs] *a* 1) души́стый, благовóнный; благоухáющий 2) *редк.* воню́чий

**odorous** ['əudərəs] *поэт. см.* odoriferous 1)

**odour** ['əudə] *n* 1) зáпах; аромáт, благоухáние 2) душóк, при́вкус, налёт 3) слáва, репутáция; to be in good ~ with smb. быть в ми́лости у когó-л.; to be in bad (*или* ill) ~ with smb. быть непопуля́рным среди́ когó-л.; быть в неми́лости у когó-л.

**odourless** ['əudəlɪs] *a* без зáпаха, непáхнущий

**Odysseus** [ə'dɪsju:s] *n греч. миф.* Одиссéй

**Odyssey** ['ɔdɪsɪ] *n* Одиссéя (*тж. перен.*)

**oecumenical** [ˌi:kju(:)'menɪkəl] *a* 1) *книжн.* всеми́рный 2) *церк.* вселéнский; ~ council вселéнский собóр

**oedema** [i(:)'di:mə] *n* (*pl* -ata) *мед.* отёк

**oedemata** [i(:)'di:mətə] *pl от* oedema

**Oedipus** ['i:dɪpəs] *n греч. миф.* Эди́п

**o'er** ['əuə] *поэт. см.* over

**oersted** ['ə:sted] *n эл.* э́рстед (*единица напряжённости магнитного поля*)

**oesophagi** [i(:)'sɔfəgaɪ] *pl от* oesophagus

**oesophagus** [i(:)'sɔfəgəs] *n* (*pl* -gi, -es [-ɪz]) *анат.* пищевóд

**oestrum, oestrus** ['i:strəm, 'i:strəs] *n* 1) óвод 2) и́мпульс, побуждéние 3) страсть; стрáстное желáние 4) *зоол.* тéчка

**of** [ɔv (*полная форма*); əv (*редуцированная форма*)] *prep* 1) *указывает на принадлежность*; *передаётся род. падежом*: the house of my ancestors дом мои́х прéдков; articles of clothing предмéты одéжды 2) *указывает на авторство*; *передаётся род. падежом*: the works of Shakespeare произведéния Шекспи́ра 3) *указывает на объект действия*; *передаётся род. падежом*: a creator of a new trend in art создáтель нóвого направлéния в искýсстве; in search of a dictionary в пóисках словаря́; a lover of poetry люби́тель поэ́зии 4) *указывает на деятеля*: *передаётся род. падежом*: the deeds of our heroes пóдвиги нáших герóев 5) *указывает на отношение части и целого*; *передаётся род. разделительным*: a pound of sugar фунт сáхару; some of us нéкоторые из нас; a member of congress член конгрéсса 6) *указывает на содержимое какого-л. вместилища*; *передаётся род. падежом*: a glass of milk стакáн молокá; a pail of water ведрó воды́ 7) *указывает на материал, из которого что-л. сделано* из; a dress of silk плáтье из шёлка; a wreath of flowers венóк из цветóв 8) *указывает на качество, свойство, возраст*; *передаётся род. падежом*: a man of his word человéк слóва; a girl of ten дéвочка лет десяти́; a man of talent талáнтливый человéк 9) *указывает на причину* от; из-за; в результáте, по причи́не; he died of pneumonia он ýмер от воспалéния лёгких; he did it of necessity он сдéлал э́то по необходи́мости 10) *указывает на источник* от, у; I learned it of him я узнáл э́то от негó; he asked it of me он спроси́л э́то у меня́ 11) *указывает на происхождение* из; he comes of a worker's family он из рабóчей семьи́ 12) *указывает на направление, положение в пространстве, расстояние* от; south of Moscow к ю́гу от Москвы́; within 50 miles of London в 50 ми́лях от Лóндона 13) *указывает на объект избавления* от; to cure of a disease (*или* illness) вы́лечить от болéзни; to get rid of a cold избáвиться от простýды 14) *указывает на объект лишения*; *передаётся род. падежом*: the loss of power потéря влáсти 15) *указывает на количество единиц измерения* в; a farm of 100 acres фéрма плóщадью в 100 áкров; a fortune of 1000 pounds состоя́ние в 1000 фýнтов 16) о, об, относи́тельно; I have heard of it я слы́шал об э́том; the news of the victory весть о побе́де 17) *указывает на время*: of an evening ве́чером; of late неда́вно 18) в; to suspect of theft подозрева́ть в воровстве́; to accuse of a lie обвиня́ть во лжи; to be guilty of bribery быть вино́вным во взя́точничестве; to be sure of smth. быть уве́ренным в чём-л. 19) *указывает на вкус, запах и т. п.; передаётся тв. падежом*: to smell of flowers па́хнуть цвета́ми; he reeks of tobacco от него́ рази́т таба-ко́м 20): it is nice of you э́то любе́зно с ва́шей стороны́; it is clever of him to go there умно́, что он туда́ пое́хал 21) *вводит приложение*: the city of New York го́род Нью-Йо́рк; by the name of John по и́мени Джон 22) *употребляется в неразложимых словосочетаниях с предшествующим определяющим существительным*: a fool of a man глу́пый челове́к, про́сто ду́рень; the devil of a worker не рабо́тник, а про́сто дья́вол; a beauty of a girl краса́вица; a mouse of a woman похо́жая на мы́шку же́нщина 23) *указывает на выделение лица или предмета из множества аналогичных лиц или предметов*: holy of holies свята́я святы́х; he of all men кто уго́дно, но не он; that he of all men should do it! ме́ньше всего́ я ожида́л э́того от него́!

**off** [ɔf] **1.** *adv указывает на*: 1) *удаление, отделение*: I must be ~ я до́лжен уходи́ть; ~ you go!, be ~!, get ~!, ~ with you! убира́йтесь!; уходи́те!; they are ~ они́ отпра́вились; to run ~ убежа́ть; to keep ~ держа́ться в отдале́нии; держа́ться в стороне́; my hat is ~ у меня́ слете́ла шля́па; the cover is ~ кры́шка снята́; the gilt is ~ позоло́та сошла́; *перен.* наступи́ло разочарова́ние 2) *расстояние*: a long way ~ далеко́; five miles ~ за пять миль; в пяти́ ми́лях 3) *прекращение, перерыв, окончание действия, аннулирование, отмену*: to break ~ negotiations прерва́ть перегово́ры; to cut ~ supplies прекрати́ть снабже́ние; the strike is ~ забасто́вка око́нчилась; the concert is ~ конце́рт отменён 4) *завершение действия*: to pay ~ вы́платить (*до конца*); to drink ~ вы́пить (*до дна*); to polish ~ отполирова́ть; to finish ~ поко́нчить 5) *избавление*: to throw ~ reserve осмеле́ть, расхрабри́ться 6) *выключение, разъединение какого-л. аппарата или механизма*: to switch ~ the light вы́ключить свет; the radio was ~ the whole day ра́дио не́ было включено́ весь день 7) *отсутствие, невозможность получения*: the dish is ~ э́того блю́да уже́ нет (*хотя оно числится в меню*) 8) *свободу от работы*: to take time ~ сде́лать переры́в в рабо́те 9) *снятие предмета одежды*: take ~ your coat! сними́те пальто́!; hats ~! ша́пки доло́й! ◇ to be badly ~ о́чень нужда́ться; to be comfortably ~ хорошо́ зараба́тывать; быть хорошо́ обеспе́ченным

**2.** *prep указывает на*: 1) *расстояние* от; a mile ~ the road на расстоя́нии ми́ли от доро́ги; ~ the beaten track в стороне́ от большо́й доро́ги; *перен.* в малоизве́стных областя́х; ~ the coast неподалёку от бе́рега; the street ~ the Strand у́лица, иду́щая от Стрэ́нда *или* выходя́щая на Стрэнд 2) *удаление с поверхности* с; take you hands ~ the table убери́ ру́ки со стола́; they pushed me ~ my seat они́ столкну́ли меня́ с моего́ ме́ста; to fall ~ a ladder (tree, horse) упа́сть с ле́стницы (де́рева, ло́шади) 3) *отклонение от нормы, привычного состояния*: ~ one's balance потеря́вший равнове́сие (*тж. перен.*); ~ one's food без аппети́та; he is ~ smoking он бро́сил кури́ть; ~ the point а) далеко́ от це́ли; б) не относя́щийся к де́лу; ~ the mark а) ми́мо це́ли (*о выстреле*); б) не относя́щийся к де́лу 4) *неучастие в чём-л.*: he is ~ gambling он не игра́ет в аза́ртные и́гры ◇ ~ the cuff без подгото́вки

**3.** *a* 1) да́льний, бо́лее удалённый; an ~ road отдалённая доро́га 2) свобо́дный (*о времени, часах*); an ~ day выходно́й, свобо́дный день 3) сня́тый, отделённый; the wheel is ~ колесо́ сня́то, соскочи́ло 4) неурожа́йный (*о годе*); мёртвый (*о сезоне*) 5) второстепе́нный; an ~ street переу́лок; that is an ~ issue э́то второстепе́нный вопро́с 6) пра́вый; the ~ hind leg за́дняя пра́вая нога́; the ~ side пра́вая сторона́; *мор.* борт корабля́, обращённый к откры́тому мо́рю 7) маловероя́тный; on the ~ chance *разг.* на вся́кий слу́чай 8) несве́жий; the fish is a bit ~ ры́ба не совсе́м све́жая 9) не совсе́м здоро́вый; I am feeling rather ~ today я сего́дня нева́жно себя́ чу́вствую 10) низкосо́ртный; ~ grade ни́зкого ка́чества 11) *спорт.* находя́щийся, располо́женный сле́ва от бо́улера (*о части крикетного поля*)

**4.** *n* 1) *разг.* свобо́дное вре́мя; in one's ~ на досу́ге 2) *спорт.* часть по́ля, находя́щаяся, располо́женная сле́ва от бо́улера (*в крикете*)

**5.** *v* 1) *разг.* прекраща́ть (*переговоры и т. п.*); идти́ на попя́тный 2): to ~ it *разг.* уйти́, смы́ться

**6.** *int* прочь!, вон!

**offal** [ˈɔfəl] *n* 1) требуха́; гольё, потроха́ 2) отбро́сы 3) дешёвая ры́ба 4) па́даль 5) о́труби

**off-balance** [ˈɔfˈbæləns] *a* 1) неуравнове́шенный, несбаланси́рованный 2) потеря́вший равнове́сие

**off-beat** [ˈɔfbiːt] *a разг.* неприво́чный, необы́чный, дико́винный

**off-black** [ˈɔfblæk] *a* не совсе́м чёрный (*об оттенке*)

**offcast** [ˈɔfkɑːst] **1.** *a* отве́ргнутый **2.** *n* отве́рженный

**off-chance** [ˈɔftʃɑːns] *n* не́который шанс; ничто́жный шанс

**off colour** [ˈɔfˈkʌlə] *a* 1) необы́чного цве́та 2) име́ющий нездоро́вый вид; to look ~ пло́хо вы́глядеть 3) ду́рно настро́енный 4) неиспра́вный, дефе́ктный 5) *sl.* риско́ванный, сомни́тельный; непристо́йный; ~ joke непристо́йная шу́тка 6) небезупре́чный; his reputation is a trifle ~ у него́ не совсе́м безукори́зненная репута́ция 7) ху́дшего ка́чества; нечи́стой воды́ (*о бриллиантах*)

**off-day** [ˈɔfdeɪ] *n разг.* неуда́чный день

**offence** [əˈfens] *n* 1) оби́да, оскорбле́ние; to cause (*или* to give) ~ (to) оскорби́ть, нанести́ оби́ду; to take ~ (at) обижа́ться (на); a just cause of ~ справедли́вый по́вод к оби́де; I meant no ~, no ~ was meant я не хоте́л никого́ оби́деть; quick to take ~ оби́дчивый; without ~ не в оби́ду будь ска́зано; без наме́рения оскорби́ть 2) просту́пок, наруше́ние (*чего-л.*; against); преступле́ние; criminal ~ уголо́вное преступле́ние; an ~ against the law наруше́ние зако́на 3) *воен.* нападе́ние; наступле́ние 4) *библ.* ка́мень преткнове́ния

**offend** [əˈfend] *v* 1) обижа́ть, оскорбля́ть; задева́ть; вызыва́ть раздраже́ние, отвраще́ние; to ~ smb.'s sense of justice оскорби́ть чьё-л. чу́вство справедли́вости; to be ~ed быть оби́женным (by, at — *чем-л.*; by, with — *кем-л.*) 2) погреши́ть, (*против чего-л.*); соверши́ть просту́пок; нару́шить (*закон*; against); to ~ against custom нару́шить обы́чай

**offender** [əˈfendə] *n* 1) правонаруши́тель, престу́пник; first ~ престу́пник, суди́мый впервы́е; old ~ рециди́ви́ст 2) оби́дчик, оскорби́тель

**offensive** [əˈfensɪv] **1.** *n* наступле́ние, наступа́тельная опера́ция; to act on the ~ наступа́ть; to take (*или* to go into) the ~ перейти́ в наступле́ние; *перен.* заня́ть наступа́тельную (*или* агресси́вную) пози́цию; peace ~ акти́вная борьба́ за мир

**2.** *a* 1) оскорби́тельный, оби́дный; ~ language оскорбле́ния 2) отврати́тельный, проти́вный; ~ sight отврати́тельное зре́лище 3) наступа́тельный, агресси́вный; ~ defensive *воен.* акти́вная оборо́на; ~ return перехо́д в контрата́ку; перехо́д в контрнаступле́ние; ~ stroke уда́р по проти́внику; ~ war наступа́тельная война́

**offer** [ˈɔfə] **1.** *n* 1) предложе́ние; to keep one's ~ open оста́вить своё предложе́ние в си́ле 2) предложе́ние цены́ 3) попы́тка ◇ (goods) on ~ в прода́же

**2.** *v* 1) предлага́ть; выража́ть гото́вность; to ~ one's hand а) протяну́ть ру́ку; б) сде́лать предложе́ние; to ~ an opinion вы́разить мне́ние; to ~ an apology извиня́ться; to ~ a free pardon обеща́ть по́лное проще́ние; to ~ hope внуша́ть наде́жду; to ~ prospects of smth. сули́ть, обеща́ть что-л.; to ~ no other prospect than не сули́ть ничего́ ино́го кро́ме; to ~ battle дать бой 2) пыта́ться; пробова́ть;

to ~ resistance оказывать сопротивление; to ~ to strike пытаться ударить 3) выдвигать, предлагать вниманию 4) случаться, являться; as chance (*или* opportunity, occasion) ~s при случае; to take the first opportunity that ~s воспользоваться первой же представившейся возможностью 5) предлагать для продажи по определённой цене; предлагать определённую цену 6) приносить (*жертву*; *особ.* ~ up); возносить (*молитвы*); to ~ prayers молиться

**offering** [ˈɔfərɪŋ] **1.** *pres. p. от* offer 2

**2.** *n* 1) предложение 2) подношение; пожертвование 3) жертва 4) жертвоприношение

**offertory** [ˈɔfətərɪ] *n* церковные пожертвования; деньги, собранные во время церковной службы

**off-hand, offhand** [ˈɔfˈhænd] **1.** *a* 1) импровизированный, сделанный без подготовки, экспромтом 2) бесцеремонный; ~ manner бесцеремонная манера

**2.** *adv* 1) экспромтом; тотчас 2) бесцеремонно

**offhanded** [ˈɔfˈhændɪd] = off-hand 1

**offhandedly** [ˈɔfˈhændɪdlɪ] *adv* небрежно; бесцеремонно

**off-hour** [ˈɔfˈaʊə] *a* внеурочный, нерабочий (*о времени*); ~ job работа по совместительству

**office** [ˈɔfɪs] *n* 1) служба, должность; an ~ under Government место на государственной службе; an honorary ~ почётная должность; to hold ~ занимать пост; to leave (*или* to resign) ~ уйти с должности; to take (*или* to enter upon) ~ вступать в должность; to be in ~ быть у власти; to get (*или* to come) into ~ принять дела, приступить к исполнению служебных обязанностей; to win ~ победить на выборах, прийти к власти 2) обязанность, долг; функция; it is my ~ to open the mail в мои обязанности входит вскрывать почту 3) контора, канцелярия; *амер.* кабинет врача; to be in the ~ служить в конторе, в канцелярии; dentist's ~ *амер.* зубоврачебный кабинет; recruiting ~ призывной пункт; inquiry ~ справочное бюро; our London ~ наш филиал в Лондоне 4) ведомство, министерство; управление; O. of Education Федеральное управление просвещения (*в США*) 5) услуга; good ~ любезность, одолжение; ill ~ плохая услуга 6) *pl* службы при доме (*кладовые и т. п.*) 7) церковная служба; обряд; O. for the Dead заупокойная служба; the O. of the Mass обедня; the last ~s похоронный обряд 8) *разг.* намёк, знак; to give (to take) the ~ сделать (понять) намёк 9) *attr.*: ~ block административное здание; здание, в котором помещаются конторы разных фирм

**office-bearer** [ˈɔfɪsˌbɛərə] *n* чиновник, должностное лицо

**office-boy** [ˈɔfɪsbɔɪ] *n* рассыльный, посыльный

**office-copy** [ˈɔfɪsˌkɔpɪ] *n* заверенная копия документа

**office-holder** [ˈɔfɪsˌhəuldə] = office-bearer

**officer** [ˈɔfɪsə] **1.** *n* 1) чиновник, должностное лицо; служащий; член правления (*клуба и т. п.*); ~ of the court судебный исполнитель *или* судебный пристав; the great ~s of state высшие сановники государства; medical ~, ~ of health санитарный инспектор 2) офицер; *pl* офицеры, офицерский состав; ~ of the day дежурный офицер; billeting ~ квартирьер 3) полицейский 4) *мор.* капитан на торговом судне; first ~ старший помощник; mercantile-marine ~s командный состав торгового флота

**2.** *v* (*обыкн. pass.*) 1) обеспечивать, укомплектовывать офицерским составом; the regiment was well ~ed полк был хорошо укомплектован офицерским составом 2) командовать

**office seeker** [ˈɔfɪsˌsiːkə] *n* претендент на должность

**office studies** [ˈɔfɪsˌstʌdɪz] *n pl геол.* камеральная обработка

**official** [əˈfɪʃəl] **1.** *a* 1) служебный; связанный с исполнением служебных обязанностей; ~ duties служебные обязанности 2) официальный; ~ representative официальный представитель; ~ statement официальное заявление 3) формальный, «казённый»; ~ circumlocution бюрократическая волокита; ~ red tape волокита; бюрократизм; канцелярщина 4) принятый в медицине и фармакопее

**2.** *n* должностное лицо; (крупный) чиновник; служащий (*государственный, банковский и т. п.*)

**officialdom** [əˈfɪʃəldəm] *n* 1) чиновничество 2) бюрократизм

**officialese** [əˌfɪʃəˈliːz] *n* 1) канцелярский стиль; стиль официальных документов 2) чиновничий, бюрократический жаргон

**officialism** [əˈfɪʃəlɪzm] *n* 1) = officialdom 2); 2) чиновничье самодовольство

**officialize** [əˈfɪʃəlaɪz] *v* 1) придавать официальный характер 2) подвергать официальному контролю 3) управлять с помощью бюрократического аппарата

**officially** [əˈfɪʃəlɪ] *adv* официально, формально

**officiant** [əˈfɪʃɪənt] *n* священник, совершающий богослужение

**officiary** [əˈfɪʃɪərɪ] *a* связанный с должностью (*о титуле*)

**officiate** [əˈfɪʃɪeɪt] *v* 1) исполнять обязанности; to ~ as host быть за хозяина 2) совершать богослужение

**officinal** [ˌɔfɪˈsaɪnl] *a* 1) лекарственный (*о траве*) 2) = official 1, 4)

**officious** [əˈfɪʃəs] *a* 1) назойливый; навязчивый; вмешивающийся не в свои дела 2) официозный, неофициальный 3) услужливый; дружественный

**offing** [ˈɔfɪŋ] *n* взморье; море, видимое с берега до горизонта; in the ~ а) на значительном расстоянии от берега; в виду берега; б) невдалеке; в) в недалёком будущем; to keep a good ~ держаться в виду берега, не приближаясь к нему ◇ to gain (*или* to get) an ~ получить возможность

**offish** [ˈɔfɪʃ] *a разг.* 1) холодный, сдержанный в обращении, чопорный 2) нелюдимый, замкнутый

**off-key** [ˈɔfˈkiː] *a* 1) фальшивый (*о звуке*); неестественный 2) не вяжущийся (*с чем-л.*)

**off-licence** [ˈɔfˌlaɪsəns] *n* 1) патент на продажу спиртных напитков на вынос 2) бар, где спиртные напитки продаются на вынос

**off-limits** [ˈɔfˌlɪmɪts] *n* «вход воспрещён» (*надпись*)

**off-load** [ˈɔfˈləud] *v* разгружать

**off-position** [ˈɔfpəˌzɪʃən] *n тех.* положение выключения

**off-print** [ˈɔfprɪnt] *n* отдельный оттиск (*статьи и т. п.*)

**offreckoning** [ˈɔfˌreknɪŋ] *n* (*обыкн. pl*) вычет

**offscourings** [ˈɔfˌskauərɪŋz] *n pl* отбросы, подонки (*тж. перен.*)

**offscreen** [ˈɔfˈskriːn] *a* 1) *кино* закадровый 2) тайный, закулисный

**offset** [ˈɔfset] **1.** *n* 1) побег, отводок 2) отпрыск, потомок 3) ответвление, отвод (*трубы*) 4) отрог 5) возмещение, вознаграждение 6) *полигр.* офсет 7) противовес, контраст 8) *attr. полигр.* офсетный; ~ printing офсетная печать

**2.** *v* 1) возмещать, вознаграждать; компенсировать 2) сводить баланс 3) *полигр.* печатать офсетным способом ◇ to ~ the illegalities противостоять незаконным действиям; парализовать, свести на нет незаконные действия

**offshoot** [ˈɔfʃuːt] *n* 1) ответвление, отводок, боковой отросток 2) боковая ветвь (*рода*)

**off-shore** [ˈɔfˈʃɔː] **1.** *a* находящийся на расстоянии от берега; двигающийся в направлении от берега; an ~ wind ветер с берега ◇ ~ purchases (*или* procurements) *амер.* военные закупки за границей

**2.** *adv* в открытом море

**off side** [ˈɔfˈsaɪd] *n спорт.* (положение) вне игры

**offspring** [ˈɔfsprɪŋ] *n* 1) отпрыск, потомок 2) продукт, результат, плод

**offspur** [ˈɔfspəː] *n* отрог

**off-stage** [ˈɔfˈsteɪdʒ] *a* 1) *театр.* закулисный 2) скрытый

**off-street** [ˈɔfˈstriːt] *a* не на главной улице; ~ parking (unloading) стоянка (разгрузка) автомашин на боковой улице

**off-the-cuff** [ˈɔfðəˈkʌf] *a разг.* неподготовленный, импровизированный (*о речи, выступлении и т. п.*)

**off-the-shelf** ['ɔfðə'ʃelf] *a* гото́вый; ~ items гото́вые изде́лия
**off-white** ['ɔf'waɪt] *a* не совсе́м бе́лый (*об оттенке*)
**off-year** ['ɔfjə:] *n* 1) год, когда́ не прово́дятся всео́бщие *или* президе́нтские вы́боры 2) год ни́зкой делово́й акти́вности 3) *attr.*: ~ elections дополни́тельные вы́боры
**oft** [ɔft] *adv поэт.* ча́сто; many a time and ~ неоднокра́тно
**oft-** [ɔft-] *в соединении с причастием означает* ча́сто, *напр.*: oft-recurring ча́сто повторя́ющийся; oft-told неоднокра́тно (рас)ска́занный *и т. п.*
**often** ['ɔfn] *adv* ча́сто, мно́го раз; ~ and ~ весьма́ ча́сто; more ~ than not о́чень ча́сто, почти́ всегда́; once too ~ сли́шком ча́сто
**oftentimes** ['ɔfntaɪmz] *adv* ча́сто; мно́го раз
**oft-recurring** ['ɔftrɪ'kə:rɪŋ] *a* ча́сто повторя́ющийся
**oft-times** ['ɔfttaɪmz] *поэт. см.* oftentimes
**ogam** ['ɔgəm] = ogham
**ogee** ['əudʒi:] *n* 1) *архит.* си́нус, гусёк, стре́лка (*свода*) 2) S-обра́зная крива́я
**ogham** ['ɔgəm] *n* о́гам (*древний ирландский и кельтский алфавит*)
**ogive** ['əudʒaɪv] *n архит.* стре́лка (*свода*); стре́льчатый свод
**ogle** ['əugl] **1.** *n* влюблённый взгляд
**2.** *v* не́жно погля́дывать; стро́ить гла́зки
**ogre** ['əugə] *n* велика́н-людое́д
**ogress** ['əugrɪs] *n* велика́нша-людое́дка
**oh** [əu] *см.* O II
**ohm** [əum] *n эл.* ом
**oho** [əu'həu] *int* ого́!
**oil** [ɔɪl] **1.** *n* 1) ма́сло (*обыкн. растительное или минеральное*); ~ of vitriol купоро́сное ма́сло; fixed ~s жи́рные масла́; volatile ~s эфи́рные масла́ 2) нефть 3) жи́дкая сма́зка 4) (*обыкн. pl*) ма́сляная кра́ска; to paint in ~(s) писа́ть ма́слом 5) *attr.* ма́сляный; нефтяно́й ◊ ~ and vinegar непримири́мые противополо́жности; ~ of birch ≅ берёзовая ка́ша, по́рка; to pour ~ on troubled waters умиротворя́ть; успока́ивать волне́ние; to pour ~ on flames подлива́ть ма́сла в ого́нь
**2.** *v* 1) сма́зывать; to ~ the wheels сма́зать колёса; *перен.* ула́дить де́ло (*взяткой и т. п.*); to ~ smb.'s hand (*или* fist) «подма́зать», дать кому́-л. взя́тку 2) пропи́тывать ма́слом
**oil-bearing** ['ɔɪl,bɛərɪŋ] *a* нефтено́сный
**oilcake** ['ɔɪlkeɪk] *n* 1) жмых 2) *attr.*: ~ meal жмыхо́вая мука́
**oilcan** ['ɔɪlkæn] *n тех.* ручна́я маслёнка
**oil-car** ['ɔɪlkɑ:] *n ж.-д.* цисте́рна
**oilcloth** ['ɔɪlklɔθ] *n* клеёнка; лино́леум; прома́сленная ткань
**oil-coat** ['ɔɪlkəut] *n* дождеви́к
**oil-colour** ['ɔɪl,kʌlə] *n* (*обыкн. pl*) ма́сляная кра́ска
**oil-derrick** ['ɔɪl,derɪk] *n* нефтяна́я вы́шка
**oiled** [ɔɪld] **1.** *p. p. от* oil 2
**2.** *a* пропи́танный ма́слом, прома́сленный ◊ well ~ *sl.* изря́дно вы́пивший
**oil(-)engine** ['ɔɪl,endʒɪn] *n тех.* нефтяно́й дви́гатель
**oiler** ['ɔɪlə] *n* 1) сма́зчик 2) маслоде́л 3) маслоторго́вец 4) = oilskin 2); 5) *амер.* = oil-well 6) нефтеналивно́е су́дно; та́нкер 7) = oil(-)engine 8) *тех.* маслёнка
**oilfield** ['ɔɪlfi:ld] *n* 1) месторожде́ние не́фти 2) нефтяно́й про́мысел
**oil-filler** ['ɔɪl,fɪlə] *n тех.* маслоналивно́й па́трубок
**oil-fuel** ['ɔɪlfjuəl] *n* жи́дкое то́пливо
**oil-gland** ['ɔɪlglænd] *n* са́льная железа́
**oil-hole** ['ɔɪlhəul] *n тех.* сма́зочное отве́рстие
**oilman** ['ɔɪlmən] *n* 1) москате́льщик 2) сма́зчик 3) *амер.* нефтепромы́шленник
**oil-meal** ['ɔɪlmi:l] = oilcake
**oil-paint** ['ɔɪl'peɪnt] = oil-colour
**oil-painting** ['ɔɪl'peɪntɪŋ] *n* 1) карти́на, напи́санная ма́сляными кра́сками 2) жи́вопись ма́сляными кра́сками
**oil-paper** ['ɔɪl,peɪpə] *n* прома́сленная бума́га; вощёнка
**oilplant** ['ɔɪlplɑ:nt] *n* ма́сличное расте́ние
**oil-press** ['ɔɪlpres] *n* маслобо́йный пресс
**oil-producing** ['ɔɪlprə'dju:sɪŋ] *a* нефтедобыва́ющий
**oil seal** ['ɔɪl'si:l] *n тех.* са́льник
**oilskin** ['ɔɪlskɪn] *n* 1) то́нкая клеёнка 2) *pl* непромока́емый костю́м; *мор.* дождево́е пла́тье 3) *attr.* клеёнчатый
**oil-stained** ['ɔɪl'steɪnd] *a* пропи́танный не́фтью
**oil-stone** ['ɔɪlstəun] *n* осело́к для пра́вки с ма́слом
**oil-tanker** ['ɔɪl,tæŋkə] *n* та́нкер, нефтево́з
**oil tar** ['ɔɪltɑ:] *n* дёготь
**oil-well** ['ɔɪlwel] *n* нефтяна́я сква́жина
**oily** ['ɔɪlɪ] *a* 1) ма́сляный, масляни́стый, жи́рный 2) еле́йный, льсти́вый, вкра́дчивый
**ointment** ['ɔɪntmənt] *n* мазь, притира́ние
**O. K.** ['əu'keɪ] *разг.* **1.** *n* одобре́ние
**2.** *a predic.* всё в поря́дке; хорошо́; пра́вильно
**3.** *v* (*past и p. p.* O. K.'d [-d]) одобря́ть (*устно или письменно*)
**4.** *int* хорошо́!, ла́дно!, есть!, идёт!
**okay** ['əu'keɪ] = O. K.
**Okie** ['əukɪ] *n амер.* стра́нствующий сельскохозя́йственный рабо́чий (*преим. из штата Оклахома*)
**okie dokey** ['əukɪ'dəukɪ] *амер.* = O. K. 4
**old** [əuld] **1.** *a* (older, elder; oldest, eldest) 1) ста́рый; ~ people старики́; ~ age ста́рость; to grow (*или* to get) ~ ста́риться 2) ста́рческий, старообра́зный 3) занима́вшийся дли́тельное вре́мя (*чем-л.*); о́пытный; an ~ hand (*at smth.*) о́пытный челове́к (*в чём-либо*); ~ campaigner ста́рый служа́ка, ветера́н; *перен.* быва́лый челове́к 4) *при вопросе о возрасте и при указании возраста*: how ~ is he? ско́лько ему́ лет?; he is ten years ~ ему́ де́сять лет 5) стари́нный, давни́шний; an ~ family стари́нный род; of the ~ school старомо́дный 6) бы́вший, пре́жний; ~ boy бы́вший учени́к шко́лы [*ср. тж.* 10)] 7) ста́рый, вы́держанный (*о вине*) 8) поно́шенный, потрёпанный; обветша́лый 9) закорене́лый (*тж.* ~ in, ~ at); ~ offender закорене́лый престу́пник 10) *придаёт ласкательное или усилительное значение существительному*: ~ boy дружи́ще [*ср. тж.* 6)]; ~ thing голу́бушка, дружо́к; the ~ man *разг.* а) стари́на́; б) *мор.* капита́н; в) «стари́к» (*муж или отец*); г) шеф, босс; the ~ woman *разг.* «стару́шка» (*обыкн. о жене*); ~ lady *разг.* (*в обращении в третьем лице*) а) мать; б) жена́; to have a high ~ time *разг.* хорошо́ повесели́ться ◊ ~ as the hills старо́, как мир; о́чень ста́рый; an ~ shoe *шутл.* ста́рая кало́ша; an ~ head on young shoulders му́дрость не по во́зрасту; ~ bones *шутл.* а) ста́рость; she wouldn't make ~ bones она́ не доживёт до ста́рости; б) стари́к; стару́ха; the ~ country ро́дина, оте́чество; ~ man of the sea челове́к, от кото́рого тру́дно отде́латься; прилипа́ла; O. Harry, O. Gentleman, O. Nick дья́вол; to come the ~ soldier over smb. *разг.* поуча́ть кого́-л.
**2.** *n* 1) (the ~) *pl собир.* старики́; ~ and young все 2) про́шлое; of ~ пре́жде, в пре́жнее вре́мя; from of ~ и́сстари; in the days of ~ в старину́; men of ~ лю́ди пре́жних времён
**old-age** ['əuld'eɪdʒ] *a* ста́рческий; ~ pension пе́нсия по ста́рости
**old-clothesman** ['əuld'kləuðzmæn] *n* старьёвщик
**old-clothesshop** ['əuld'kləuðzʃɔp] *n* ла́вка подержанных веще́й, ла́вка старьёвщика
**olden** ['əuldən] **1.** *a уст.* ста́рый, было́й; бо́лее ра́ннего пери́ода
**2.** *v редк.* старе́ть
**old-established** ['əuldɪs'tæblɪʃt] *a* давно́ устано́вленный, давни́шний
**old-fangled** ['əuld'fæŋgld] = old-fashioned
**old-fashioned** ['əuld'fæʃənd] *a* 1) устаре́лый; старомо́дный 2) стари́нный
**Old Glory** ['əuld'glɔ:rɪ] *n* госуда́рственный флаг США
**old-gold** ['əuldgəuld] *a* цве́та ста́рого зо́лота
**old-hat** ['əuldhæt] *a разг.* устаре́лый
**oldish** ['əuldɪʃ] *a* старова́тый
**old-maidish** ['əuld'meɪdɪʃ] *a* старodéвический

**old man's beard** [ˈəuldmænzˈbɪəd] *n* *бот.* 1) ломоно́с виноградноли́стный 2) луизиа́нский мох

**oldster** [ˈəuldstə] *n* *разг.* пожило́й челове́к

**old-time** [ˈəuldtaɪm] *a* стари́нный, пре́жних времён

**old-timer** [ˈəuldˌtaɪmə] *n* 1) старожи́л; ветера́н 2) пожило́й челове́к 3) старомо́дный челове́к 4) старомо́дная вещь

**Old World** [ˈəuldˈwəːld] *n* Ста́рый Свет, восто́чное полуша́рие

**old-world** [ˈəuldwəːld] *a* 1) стари́нный, дре́вний, относя́щийся к старине́ 2) *амер.* относя́щийся к Ста́рому Све́ту

**oleaginous** [ˌəulɪˈædʒɪnəs] *a* 1) масляни́стый; жи́рный 2) еле́йный

**oleander** [ˌəulɪˈændə] *n* *бот.* олеа́ндр

**oleaster** [ˌəulɪˈæstə] *n* *бот.* 1) ди́кая масли́на 2) лох узколи́стный

**oleograph** [ˈəulɪəugrɑːf] *n* олеогра́фия

**oleomargarine** [ˈəulɪəuˌmɑːdʒəˈriːn] *n* олеомаргари́н

**olericulture** [ˈɔlərɪkʌltʃə] *n* овощево́дство, выра́щивание овоще́й, огоро́дничество

**oleum** [ˈəulɪəm] *n* *хим.* о́леум

**olfactory** [ɔlˈfæktərɪ] **1.** *a* обоня́тельный; ~ organ о́рган обоня́ния, нос

**2.** *n* (*обыкн. pl*) о́рган(ы) обоня́ния

**olid** [ˈɔlɪd] *a* зловонный

**oligarch** [ˈɔlɪgɑːk] *n* олига́рх

**oligarchic(al)** [ˌɔlɪˈgɑːkɪk(əl)] *a* олигархи́ческий

**oligarchy** [ˈɔlɪgɑːkɪ] *n* олига́рхия

**olio** [ˈəulɪəu] *n* (*pl* -os [-əuz]) 1) смесь, вся́кая вся́чина 2) *муз.* попурри́ 3) *уст.* мя́со, тушёное с овоща́ми

**olivaceous** [ˌɔlɪˈveɪʃəs] *a* оли́вковый, оли́вкового цве́та

**olivary** [ˈɔlɪvərɪ] *a* *анат.* име́ющий фо́рму масли́ны, ова́льный

**olive** [ˈɔlɪv] **1.** *n* 1) масли́на, оли́ва (*дерево и плод*) 2) = olive-branch 3) оли́вковая ро́ща 4) *pl* блю́до из мя́са с чесноко́м и зе́ленью 5) застёжка *или* пу́говица ова́льной фо́рмы 6) оли́вковый цвет

**2.** *a* оли́вковый, оли́вкового цве́та

**olive-branch** [ˈɔlɪvbrɑːntʃ] *n* 1) оли́вковая, масли́чная ветвь (*как символ мира*); to hold out the ~ де́лать ми́рные предложе́ния; пыта́ться ула́дить де́ло ми́ром 2) (*обыкн. pl*) *шутл.* де́ти

**olive oil** [ˈɔlɪvˈɔɪl] *n* оли́вковое, прова́нское ма́сло

**olive-tree** [ˈɔlɪvtriː] *n* оли́ва, масли́на (*дерево*)

**olivet(te)** [ˈɔlɪvet] = olive 1, 5)

**olive-wood** [ˈɔlɪvwud] *n* 1) древеси́на оли́вкового де́рева 2) оли́вковая ро́ща

**ology** [ˈɔlədʒɪ] *n* (*обыкн. pl*) *шутл.* нау́ка, нау́ки

**olympiad** [əuˈlɪmpɪæd] *n* олимпиа́да

**Olympian** [əuˈlɪmpɪən] **1.** *a* 1) олимпи́йский 2) вели́чественный; снисходи́тельный; ~ calm олимпи́йское споко́йствие

**2.** *n* гре́ческий бог, обита́тель Оли́мпа; *перен.* олимпи́ец

**Olympic** [əuˈlɪmpɪk] *a* 1) олимпи́йский; ~ games олимпи́йские и́гры 2): ~ green *мин.* медя́нка; изумру́дная *или* малахи́товая зе́лень

**Olympus** [əuˈlɪmpəs] *n* *греч. миф.* Оли́мп

**ombre** [ˈɔmbə] *n* *карт.* ло́мбер

**ombrometer** [ɔmˈbrɔmɪtə] *n* дождеме́р, плювио́метр

**ombudsman** [ˈɔmbudzmən] *n* *парл.* чино́вник, рассма́тривающий прете́нзии гра́ждан к прави́тельственным слу́жащим (*тж.* Parliamentary Commissioner)

**omega** [ˈəumɪgə] *n* 1) оме́га (*последняя буква греческого алфавита*) 2) коне́ц, заверше́ние [*см. тж.* alpha ◊]

**omelet(te)** [ˈɔmlɪt] *n* омле́т, я́ичница; savoury ~ омле́т с души́стыми тра́вами; sweet ~ омле́т с варе́ньем *или* с са́харом ◊ you can't make an ~ without breaking eggs *посл.* ≅ лес ру́бят — ще́пки летя́т

**omen** [ˈəumen] **1.** *n* предзнаменова́ние, знак, приме́та; to be of good (ill) ~ служи́ть хоро́шим (дурны́м) предзнаменова́нием

**2.** *v* служи́ть предзнаменова́нием, предвеща́ть

**ominous** [ˈɔmɪnəs] *a* злове́щий, угрожа́ющий

**omissible** [əuˈmɪsɪbl] *a* тако́й, кото́рым мо́жно пренебре́чь, несуще́ственный

**omission** [əˈmɪʃən] *n* 1) про́пуск: пробе́л 2) упуще́ние, опло́шность

**omit** [əˈmɪt] *v* 1) пренебрега́ть, упуска́ть; to ~ doing (*или* to do) smth. не сде́лать чего́-л. 2) пропуска́ть, не включа́ть

**omnibus** [ˈɔmnɪbəs] **1.** *n* 1) о́мнибус 2) авто́бус 3) объёмистый сбо́рник, однотомник (*тж.* ~ volume)

**2.** *a* охва́тывающий не́сколько предме́тов *или* пу́нктов; an ~ bill а) законопрое́кт по ра́зным вопро́сам; б) счёт по ра́зным статья́м; ~ box *театр.* о́чень больша́я ло́жа; ~ edition по́лное собра́ние сочине́ний; an ~ resolution о́бщая резолю́ция по ря́ду вопро́сов; ~ train пассажи́рский по́езд, иду́щий со все́ми остано́вками

**omnidirectional** [ˈɔmnɪdɪˈrekʃənl] *a* де́йствующий по всем направле́ниям; не име́ющий определённого направле́ния де́йствия

**omnifarious** [ˌɔmnɪˈfɛərɪəs] *a* всевозмо́жный; разнообра́зный; ~ reading бессисте́мное чте́ние

**omniparity** [ˈɔmnɪˈpærɪtɪ] *n* всео́бщее ра́венство

**omnipotence** [ɔmˈnɪpətəns] *n* всемогу́щество

**omnipotent** [ɔmˈnɪpətənt] *a* всемогу́щий

**omnipresence** [ˈɔmnɪˈprezəns] *n* вездесу́щность

**omnipresent** [ˈɔmnɪˈprezənt] *a* вездесу́щий

**omnirange** [ˈɔmnɪˈreɪndʒ] *n* всенапра́вленный радиомая́к

**omniscience** [ɔmˈnɪsɪəns] *n* всеве́дение

**omniscient** [ɔmˈnɪsɪənt] *a* всеве́дущий

**omnium gatherum** [ˈɔmnɪəmˈgæðərəm] *n* *шутл.* 1) мешани́на, смесь; вся́кая вся́чина 2) сме́шанное, пёстрое о́бщество

**omnivorous** [ɔmˈnɪvərəs] *a* 1) всея́дный; всепожира́ющий 2) жа́дно поглоща́ющий всё; an ~ reader чита́тель, глота́ющий кни́ги одну́ за друго́й

**omphalocele** [ˈɔmfələˌsiːl] *n* *мед.* пупо́чная гры́жа

**omphalos** [ˈɔmfələs] *греч. n* 1) пуп, пупо́к 2) центра́льный пункт; средото́чие

**omul** [ˈɔmjuːl] *n* *зоол.* о́муль

**on** [ɔn] **1.** *prep* 1) *в пространственном значении указывает на*: а) *нахождение на поверхности какого-л. предмета* на; the cup is on the table ча́шка на столе́; the picture hangs on the wall карти́на виси́т на стене́; he has a blister on the sole of his foot у него́ волды́рь на пя́тке; б) *нахождение около какого-л. водного пространства* на, у; the town lies on lake Michigan го́род нахо́дится на о́зере Мичига́н; a house on the river дом у реки́; в) *направление* на; the boy threw the ball on the floor ма́льчик бро́сил мяч на́ пол; the door opens on a lawn дверь выхо́дит на лужа́йку; on the right напра́во; on the North на се́вере; г) *способ передвижения* в, на; on a truck на грузовике́; on a train в по́езде 2) *во временном значении указывает на*: а) *определённый день недели, определённую дату, точный момент* в; on Tuesday во вто́рник; on another day в друго́й день; on the 5th of December 5-го декабря́; on Christmas eve в кану́н рождества́; on the morning of the 5th of December у́тром 5-го декабря́; on time во́время; б) *последовательность, очерёдность наступления действий* по, по́сле; on my return I met many friends по возвраще́нии я встре́тил мно́го друзе́й; on examining the box closer I found it empty внима́тельно осмотре́в я́щик, я убеди́лся, что в нём ничего́ нет; payable on demand опла́та по тре́бованию; в) *одновременность действий* во вре́мя, в тече́ние; on my way home по пути́ домо́й 3) *указывает на цель, объект действия* по, на; he went on business он отпра́вился по де́лу; on errand а) на посы́лках; б) по поруче́нию; they rose on their enemies они́ подняли́сь на свои́х враго́в 4) *указывает на состояние, процесс, характер действия* в, на; on fire в огне́; the dog is on the chain соба́ка на цепи́; on sale в прода́же

5) *указывает на основание, причину, источник* из, на, в, по, у; it is all clear on the evidence всё ясно из показа́ний; on good authority из достове́рного исто́чника; on that ground на э́том основа́нии; I heard it on some air show я слы́шал э́то в како́й-то радиопостано́вке; he borrowed money on his friend он за́нял де́ньги у своего́ дру́га 6) в (*составе, числе*); on the commission (delegation) в соста́ве коми́ссии (делега́ции); on the jury в числе́ прися́жных; on the list в спи́ске 7) о, об, относи́тельно, каса́тельно, по; we talked on many subjects мы говори́ли о мно́гом; my opinion on that question моё мне́ние по э́тому вопро́су; a book on phonetics кни́га по фоне́тике; a joke on me шу́тка на мой счёт; I congratulate you on your success поздравля́ю вас с успе́хом 8) *указывает на направление действия; передаётся дат. падежом*: he turned his back on them он поверну́лся к ним спино́й; she smiled on me она́ мне улыбну́лась 9) за (*что-л.*), на (*что-л.*); to live on 5 £ a week жить на 5 фу́нтов в неде́лю; she got it on good terms она́ получи́ла э́то на вы́годных усло́виях; to buy smth. on the cheap *разг.* купи́ть по дешёвке; to live on one's parents быть на иждиве́нии роди́телей; interest on capital проце́нт на капита́л; tax on imports нало́г на и́мпорт ◇ on high вверху́, на высоте́

**2.** *adv указывает на*: 1) *движение* да́льше, да́лее, вперёд; to send one's luggage on посла́ть бага́ж вперёд, зара́нее; on and on не остана́вливаясь 2) *продолжение или развитие действия*: to walk on продолжа́ть идти́; go on! продолжа́й(те)!; there is a war on идёт война́ 3) *отправную точку или момент*: from this day on с э́того дня 4) *идущие в театре* (*кинотеатре*) *пьесы* (*фильмы*): Macbeth is on tonight сего́дня идёт «Макбе́т»; what is on in London this spring? каки́е пье́сы иду́т э́той весно́й в Ло́ндоне? 5) *приближение к какому-л. моменту* к; he is getting on in years он старе́ет; he is going on for thirty ему́ ско́ро испо́лнится три́дцать; it is on for ten o'clock вре́мя приближа́ется к десяти́ (часа́м) 6) *включение, соединение* (*об аппарате, механизме*): turn on the gas! включи́ газ!; the light is on свет гори́т, включён 7) *наличие какой-л. одежды на ком-л.*: what had he on? во что он был оде́т?; she had a green hat on на ней была́ зелёная шля́па ◇ on and off (*или* off and on) вре́мя от вре́мени, иногда́; and so on и так да́лее; to be on to smb. а) раскуси́ть кого́-л.; б) связа́ться с кем-л. (*по телефону и т. п.*); в) придира́ться к кому́-л.; г) напа́сть на след кого́-л.

**3.** *a* 1) *амер. разг.* зна́ющий та́йну, секре́т 2) *разг.* жела́ющий приня́ть уча́стие (*особ.* в риско́ванном де́ле) 3) *спорт.* така́я, на кото́рой стои́т игро́к с бито́й (*о части крикетного поля*) 4) *разг.* уда́чный, хоро́ший; it is one of my on days я сего́дня в хоро́шей фо́рме

**onager** [ˈɔnəgə] *n* (*pl* -s[-z], -gri) *зоол.* она́гр

**onagri** [ˈɔnəgraɪ] *pl от* onager

**once** [wʌns] **1.** *adv* 1) (оди́н) раз; ~ again (*или* more) ещё раз; ~ and again а) не́сколько раз; б) иногда́, и́зредка; ~ every day раз в день; ~ (and) for all раз (и) навсегда́; ~ in a while (*или* way) иногда́, и́зредка; ~ or twice не́сколько раз; more than ~ не раз, неоднокра́тно; not ~ ни ра́зу, никогда́ 2) не́когда, когда́-то; одна́жды; ~ (upon a time) ≅ жил-бы́л (*начало сказок*); I was ~ very fond of him я когда́-то о́чень люби́л его́ 3) *служит для усиления*: (if) ~ you hesitate you are lost сто́ит вам заколеба́ться, и вы пропа́ли; when ~ he understands сто́ит ему́ то́лько поня́ть; he never ~ offered to help me он да́же не предложи́л помо́чь мне ◇ all at ~ неожи́данно; at ~ а) сра́зу; do it at ~, please сде́лайте э́то неме́дленно, пожа́луйста; б) в то же вре́мя, вме́сте с тем; at ~ stern and tender стро́гий и вме́сте с тем не́жный

**2.** *n* оди́н раз; for (this) ~ на э́тот раз, в ви́де исключе́ния; ~ is enough for me одного́ ра́за с меня́ вполне́ доста́точно

**3.** *a редк.* пре́жний, тогда́шний; my ~ master мой пре́жний учи́тель *или* хозя́ин

**once-over** [ˈwʌnsˌəuvə] *n разг.* бе́глый (предвари́тельный) осмо́тр; бы́стрый, но внима́тельный взгляд; to give smb., smth. the ~ бе́гло осмотре́ть кого́-л., что-л.

**oncer** [ˈwʌnsə] *n разг.* прихожа́нин, кото́рый хо́дит в це́рковь то́лько по воскресе́ньям

**oncological** [ˌɔnkəˈlɔdʒɪkəl] *a* онкологи́ческий

**oncology** [ɔnˈkɔlədʒɪ] *n* онколо́гия

**oncoming** [ˈɔnˌkʌmɪŋ] **1.** *n* приближе́ние; the ~ of spring наступле́ние весны́

**2.** *a* 1) надвига́ющийся, приближа́ющийся; the ~ traffic встре́чное движе́ние 2) предстоя́щий, бу́дущий; the ~ visit предстоя́щий визи́т

**ondatra** [ɔnˈdætrə] *n зоол.* онда́тра

**one** [wʌn] **1.** *num. card.* 1) оди́н; ~ hundred сто, со́тня; ~ in a thousand оди́н на ты́сячу; ре́дкостный 2) но́мер оди́н, пе́рвый; Room ~ ко́мната но́мер оди́н; volume ~ пе́рвый том 3): I'll meet you at ~ я встре́чу тебя́ в час; Pete will be ~ in a month Пи́ту че́рез ме́сяц испо́лнится год ◇ ~ too many сли́шком мно́го; ~ or two немно́го, не́сколько

**2.** *n* 1) едини́ца, число́ оди́н; write down two ~s напиши́те две едини́цы 2) оди́н, одино́чка; ~ by ~ поодино́чке; they came by ~s and twos приходи́ли по одному́ и по́ двое; it is difficult to tell ~ from the other тру́дно отличи́ть одного́ от друго́го 3) *употр. как слово-заместитель* а) *во избежание повторения ранее упомянутого существительного*: I am through with this book, will you let me have another ~? я ко́нчил э́ту кни́гу, не дади́те ли вы мне другу́ю?; б) *в знач.* «челове́к»: he is the ~ I mean он тот са́мый (челове́к), кото́рого я име́ю в виду́; the little ~s де́ти; the great ~s and the little ~s больши́е и ма́лые; my little ~ дитя́ моё (*в обращении*); the great ~s of the earth вели́кие ми́ра сего́; a ~ for smth. *разг.* энтузиа́ст в како́м-л. де́ле ◇ at ~ в согла́сии; заодно́; all in ~ всё вме́сте; to be made ~ пожени́ться, повенча́ться; I for ~ что каса́ется меня́; ~ up (down) to smb. одно́ очко́ (оди́н гол *и т. п.*) в чью-л. (не в чью-л.) по́льзу

**3.** *a* 1) еди́нственный; there is only ~ way to do it есть еди́нственный спо́соб э́то сде́лать 2) еди́ный; to cry out with ~ voice единоду́шно воскли́кнуть; ~ and undivided еди́ный и недели́мый 3) одина́ковый, тако́й же; to remain for ever ~ остава́ться всегда́ сами́м собо́й 4) неопределённый, како́й-то; at ~ time I lived in Moscow одно́ вре́мя (пре́жде) я жил в Москве́; ~ fine morning в одно́ прекра́сное у́тро

**4.** *pron indef.* 1) не́кто, не́кий, кто́-то; I showed the ring to ~ Jones я показа́л кольцо́ не́коему Джо́нсу; ~ came running кто́-то вбежа́л 2) *употр. в неопределённо-личных предложениях*: ~ never knows what may happen никогда́ не зна́ешь, что мо́жет случи́ться; if ~ wants a thing done ~ had best do it himself е́сли хо́чешь, что́бы де́ло бы́ло сде́лано, сде́лай его́ сам; ~ must observe the rules ну́жно соблюда́ть пра́вила ◇ in the year ~ о́чень давно́; ≅ при царе́ Горо́хе

**one-aloner** [ˈwʌnəˈləunə] *n* соверше́нно одино́кий челове́к, одино́чка

**one-armed** [ˈwʌnˈɑːmd] *a* однору́кий ◇ ~ bandit игра́льный автома́т

**one-decker** [ˈwʌnˌdekə] *n* однопа́лубное су́дно

**one-eyed** [ˈwʌnˈaɪd] *a* 1) одногла́зый; криво́й 2) = one-horse 4); 3) *амер. sl.* нече́стный, недобросо́вестный

**one-figure** [ˈwʌnˌfɪgə] *n* однозна́чное число́

**onefold** [ˈwʌnfəuld] *a* 1) просто́й, несло́жный 2) просто́й, простоду́шный, и́скренний

**one-handed** [ˈwʌnˌhændɪd] *a* 1) однору́кий 2) сде́ланный одно́й руко́й; рассчи́танный на рабо́ту одно́й руко́й

**one-horse** [ˈwʌnˈhɔːs] *a* 1) име́ющий одну́ ло́шадь; одноко́нный 2) в одну́ лошади́ную си́лу 3) маломо́щный 4) *разг.* бе́дный; второстепе́нный, незначи́тельный; ме́лкий; захолу́стный; ~ town захолу́стный городи́шко

**one-idea'd, one-ideaed** [ˈwʌnaɪˈdɪəd] *a* 1) одержи́мый одно́й иде́ей 2) у́зкий (*о мировоззрении*); ограни́ченный (*о человеке*)

**one-legged** ['wʌn'legd] *a* 1) одноно́гий 2) *перен.* односторо́нний, однобо́кий; полови́нчатый

**one-man** ['wʌnmæn] *a* 1) одино́чный; относя́щийся к одному́ челове́ку 2) производи́мый одни́м челове́ком; ~ show представле́ние с одни́м де́йствующим лицо́м; теа́тр одного́ актёра; ~ business единоли́чное предприя́тие (*или* де́ло) 3) одноме́стный

**oneness** ['wʌnnɪs] *n* 1) еди́нство; то́ждество; неизменя́емость 2) исключи́тельность 3) одино́чество 4) согла́сие 5) единообра́зие

**one-piece** ['wʌn'pi:s] *a* состоя́щий из одного́ куска́

**oner** ['wʌnə] *n разг.* 1) ре́дкий челове́к *или* предме́т 2) тяжёлый уда́р; caught him a ~ on the head здо́рово хвати́л его́ по голове́ 3) на́глая ложь 4) уда́р со счётом в одно́ очко́ (*особ. в крикете*)

**onerous** ['ɔnərəs] *a* обремени́тельный; затрудни́тельный, тя́гостный; ~ duties тя́гостные обя́занности

**oneself** [wʌn'self] *pron* 1) *refl.* себя́; -ся; себе́; to excuse ~ извиня́ться 2) *emph.* сам, (самому́) себе́; (самого́) себя́; one must not live for ~ only ну́жно жить и для други́х, а не то́лько для себя́; there are things one can't do for ~ есть ве́щи, кото́рые нельзя́ сде́лать для самого́ себя́

**one-sided** ['wʌn'saɪdɪd] *a* 1) однобо́кий; односторо́нний; кривобо́кий; ~ street у́лица, застро́енная дома́ми то́лько с одно́й стороны́ 2) односторо́нний, ограни́ченный (*о человеке*) 3) пристра́стный, несправедли́вый

**one-time** ['wʌntaɪm] *a* бы́вший; было́й, про́шлый

**one-track** ['wʌn'træk] *a* 1) *ж.-д.* одноколе́йный 2) у́зкий, ограни́ченный; ~ mind ограни́ченный челове́к 3) нерасторо́пный 4) однообра́зный

**one-upmanship** ['wʌn'ʌpmənʃɪp] *n* уме́ние перещеголя́ть други́х

**one-way** ['wʌn'weɪ] *a* односторо́нний (*о связи, движении и т. п.*); ~ street у́лица с односторо́нним движе́нием

**onfall** ['ɔnfɔ:l] *n* нападе́ние

**onflow** ['ɔnfləu] *n* тече́ние

**ongoings** ['ɔn,gəuɪŋz] = goings-on

**onhanger** ['ɔn,hæŋə] = hanger-on

**onion** ['ʌnjən] **1.** *n* 1) лук; лу́ковица 2) *sl.* голова́; to be off one's ~ потеря́ть го́лову, спя́тить ◇ to know one's ~s хорошо́ знать своё де́ло; знать что-л. назубо́к

**2.** *v* 1) приправля́ть лу́ком 2) натира́ть себе́ глаза́ лу́ком (*чтобы вызвать слёзы*)

**onion-skin** ['ʌnjənskɪn] *n* 1) лу́ковичная шелуха́ 2) то́нкая гла́дкая бума́га

**oniony** ['ʌnjənɪ] *a* лу́ковый; лу́ковичный

**onlay** ['ɔnleɪ] *n* накла́дка; отде́лка

**on-licence** ['ɔn,laɪsəns] *n* пате́нт на прода́жу спиртны́х напи́тков распи́вочно (*не на вынос*)

**onlooker** ['ɔn,lukə] *n* зри́тель, наблюда́тель ◇ the ~ sees most of the game *посл.* со стороны́ видне́е

**only** ['əunlɪ] **1.** *a* еди́нственный; an ~ son еди́нственный сын; one and ~ оди́н еди́нственный; уника́льный

**2.** *adv* то́лько, исключи́тельно; еди́нственно ◇ ~ just то́лько что; to be ~ just in time едва́ поспе́ть; ~ not чуть не, едва́ не, почти́; I am ~ too pleased я о́чень рад; if ~ е́сли бы то́лько

**3.** *cj* но; I would do it with pleasure, ~ I am too busy я сде́лал бы э́то с удово́льствием, но я сли́шком за́нят; ~ that за исключе́нием того́, что; е́сли бы не то, что

**onomatopoeia** [,ɔnəumətəu'pi(:)ə] *греч. n лингв.* звукоподража́ние, онomaтопе́я (*напр.*, cuckoo, buzz)

**onomatopoeic(al)** [,ɔnəumətəu'pi:ɪk(əl)] *a* звукоподража́тельный

**on-position** ['ɔnpə,zɪʃən] *n тех.* положе́ние включе́ния

**onrush** ['ɔnrʌʃ] *n* ата́ка, на́тиск

**onset** ['ɔnset] *n* 1) на́тиск, ата́ка, нападе́ние; ~ of wind поры́в ве́тра 2) нача́ло; at the first ~ сра́зу же

**onslaught** ['ɔnslɔ:t] *n* бе́шеная ата́ка, нападе́ние

**onto** ['ɔntu] *prep* на; to get ~ a horse сесть на ло́шадь; the boat was driven ~ the rocks ло́дку вы́бросило на ска́лы

**ontogenesis, ontogeny** [,ɔntəu'dʒenɪsɪs, ɔn'tɔdʒɪnɪ] *n биол.* онтогене́з

**ontology** [ɔn'tɔlədʒɪ] *n филос.* онтоло́гия

**onus** ['əunəs] *лат. n* (*тк. sing*) бре́мя; отве́тственность; долг

**onward** ['ɔnwəd] **1.** *a* продвига́ющийся, иду́щий вперёд; прогресси́вный; ~ movement движе́ние вперёд

**2.** *adv* вперёд, впереди́, да́лее

**onwards** ['ɔnwədz] = onward 2

**onyx** ['ɔnɪks] *n мин.* о́никс

**oodles** ['u:dlz] *n pl разг.* огро́мное коли́чество, мно́жество; ~ of money ку́ча де́нег

**oof** [u:f] *n sl.* де́ньги, бога́тство

**oolite** ['əuəlaɪt] *n геол.* ооли́т

**oolitic** [,əuə'lɪtɪk] *a геол.* ооли́товый

**oology** [əu'ɔlədʒɪ] *n* коллекциони́рование *или* изуче́ние пти́чьих яи́ц

**oolong** ['u:lɔŋ] *n* сорт чёрного кита́йского ча́я

**ooze** [u:z] **1.** *n* 1) ли́пкая грязь; ил, ти́на 2) ме́дленное тече́ние; проса́чивание, выделе́ние вла́ги 3) дуби́льный отва́р, дуби́льная жи́дкость

**2.** *v* 1) ме́дленно течь; ме́дленно вытека́ть; сочи́ться 2) *перен.* утека́ть, убыва́ть; исчеза́ть; his strength ~d away си́лы поки́нули его́; the secret ~d out секре́т откры́лся

**oozy** ['u:zɪ] *a* 1) и́листый, ти́нистый 2) выделя́ющий вла́гу

**opacity** [əu'pæsɪtɪ] *n* 1) непрозра́чность; acoustic ~ звуконепроница́емость 2) затенённость, темнота́ 3) не́ясность, сму́тность (*мысли, образа*)

**opal** ['əupəl] *n* 1) *мин.* опа́л 2) *attr.* опа́ловый; с моло́чным отте́нком; ~ glass ма́товое стекло́

**opalescent** [,əupə'lesnt] *a* опа́ловый, име́ющий моло́чный отли́в

**opalesque** [,əupə'lesk] = opalescent

**opaline 1.** *n* ['əupəli:n] 1) *мин.* опали́н 2) ма́товое стекло́

**2.** *a* ['əupəlaɪn] = opalescent

**opaque** [əu'peɪk] **1.** *a* 1) непрозра́чный, светонепроница́емый; тёмный 2) тупо́й, глу́пый

**2.** *n* (the ~) темнота́, мрак

**op-art** ['ɔpɑ:t] *n* «о́п-арт» (*разновидность абстрактного искусства, основанная на оптическом эффекте*)

**ope** [əup] *поэт. см.* open 3

**open** ['əupən] **1.** *a* 1) откры́тый; ~ sore откры́тая ра́на; я́зва [*см. тж.* sore 1 ◇]; in the ~ air на откры́том во́здухе; to break (*или* to throw) ~ распахну́ть (*дверь, окно*); to tear ~ распеча́тывать (*письмо, пакет*); with ~ eyes с откры́тыми глаза́ми; *перен.* созна́тельно, учи́тывая все после́дствия; ~ boat беспа́лубное су́дно 2) откры́тый, досту́пный; neза́нятый; an ~ port откры́тый порт; ~ market во́льный ры́нок; the post is still ~ ме́сто ещё не за́нято; to be ~ to smth. поддава́ться чему́-л., быть восприи́мчивым к чему́-л.; ~ season сезо́н охо́ты; trial in ~ court откры́тый суде́бный проце́сс; ~ letter откры́тое письмо́ (*в газете и т. п.*) 3) откры́тый, открове́нный, и́скренний; ~ contempt я́вное презре́ние; an ~ countenance откры́тое лицо́; to be ~ with smb. быть открове́нным с кем-л. 4) нерешённый, незавершённый; ~ question откры́тый вопро́с 5) свобо́дный (*о пути*); ~ water вода́, очи́стившаяся от льда 6) откры́тый, непересечённый (*о местности*); ~ field откры́тое по́ле; ~ space незагоро́женное ме́сто 7) ще́дрый; гостеприи́мный; to welcome with ~ arms встреча́ть с распростёртыми объя́тиями; an ~ house откры́тый дом; an ~ hand ще́драя рука́ 8) мя́гкий (*о земле*) 9) *фон.* откры́тый (*о слоге, звуке*) ◇ he is an ~ book его́ легко́ поня́ть; to force an ~ door ломи́ться в откры́тую дверь; ~ champion победи́тель в откры́том состяза́нии; ~ ice лёд, не меша́ющий навига́ции; ~ verdict *юр.* призна́ние нали́чия преступле́ния без установле́ния престу́пника; ~ weather (winter) мя́гкая пого́да (зима́); the ~ door *эк.* поли́тика откры́тых двере́й; the O. University заочный университе́т (*основанный в Лондоне в 1971 г., в котором обучение проводится с помощью специальных радио- и телевизионных программ*)

**2.** *n* 1) отве́рстие 2) (the ~) откры́тое простра́нство *или* перспекти́ва; откры́тое мо́ре; in the ~ на откры́том во́здухе ◇ to come out into the ~ быть открове́нным, не скрыва́ть (*своих взглядов и т. п.*)

3. *v* 1) открыва́ть(ся); раскрыва́ть (-ся); to ~ an abscess вскрыва́ть нары́в; to ~ the bowels очи́стить кише́чник; to ~ a prospect открыва́ть перспекти́ву (*или* бу́дущее); to ~ the door to smth. *перен.* откры́ть путь чему́-л.; сде́лать что-л. возмо́жным; to ~ the mind расши́рить кругозо́р; to ~ one's mind (*или* heart) to smb. поделиться свои́ми мы́слями с кем-л. 2) начина́ть(ся); to ~ the ball открыва́ть бал; *перен.* начина́ть де́йствовать; брать на себя́ инициати́ву; to ~ the debate откры́ть пре́ния; the story ~s with a wedding расска́з начина́ется с описа́ния сва́дьбы 3) открыва́ть, осно́вывать; to ~ a shop откры́ть магази́н; to ~ an account откры́ть счёт (*в банке*) □ ~ **into** сообща́ться с (*о комнатах*); вести́ в (*о двери*); ~ **on** выходи́ть, открыва́ться на; ~ **out** развёртывать(ся); раскрыва́ть(ся); to ~ out one's arms открыва́ть объя́тия; to ~ out the wings расправля́ть кры́лья; ~ **up** а) сде́лать (-ся) досту́пным; раскрыва́ть(ся); обнару́живаться; to ~ up relations устана́вливать отноше́ния; to ~ up opportunities предоставля́ть возмо́жности; б) разоткрове́нничаться ◇ to ~ ground а) вспа́хивать *или* вска́пывать зе́млю; б) подгота́вливать по́чву; начина́ть де́йствовать

**open-air** ['əupn'ɛə] *a* происходя́щий на откры́том во́здухе; an ~ life жизнь на откры́том во́здухе

**open-and-shut** ['əupnənd'ʃʌt] *a амер.* элемента́рный, очеви́дный

**open-armed** ['əupn'ɑːmd] *a* с распростёртыми объя́тиями; an ~ welcome раду́шный приём

**opencast** ['əupnkɑːst] *a горн.* добы́тый откры́тым спо́собом; ~ mining откры́тые го́рные рабо́ты

**open-eared** ['əupn'ɪəd] *a* внима́тельно слу́шающий

**opener** ['əupnə] *n* консе́рвный нож

**open-eyed** ['əupn'aɪd] *a* 1) с широко́ раскры́тыми (от удивле́ния) глаза́ми 2) бди́тельный

**open-faced** ['əupn'feɪst] *a* име́ющий откры́тое лицо́

**open-field** ['əupn'fiːld] *a ист.*: ~ system систе́ма неогоро́женных уча́стков, превраща́емых по́сле сня́тия урожа́я в о́бщий вы́гон

**open-handed** ['əupn'hændɪd] *a* ще́дрый

**open-hearted** ['əupən,hɑːtɪd] *a* 1) с откры́той душо́й, чистосерде́чный 2) великоду́шный

**opening** ['əupnɪŋ] **1.** *pres. p. от* open 3

**2.** *n* 1) отве́рстие; щель 2) расще́лина; прохо́д (*в горах*) 3) нача́ло; вступле́ние; вступи́тельная часть 4) откры́тие (*выставки, конференции, театрального сезона и т. п.*) 5) удо́бный слу́чай, благоприя́тная возмо́жность; to give smb. an ~ помо́чь кому́-л. сде́лать карье́ру 6) вака́нсия 7) *амер.* вы́ставка мод в универма́гах 8) *амер.* вы́рубка (*в лесу*) 9) *юр.* предвари́тельное изложе́ние де́ла защи́тником 10) *шахм.* дебю́т 11) кана́л; проли́в

**3.** *a* 1) нача́льный, пе́рвый; the ~ day of the exhibition день откры́тия вы́ставки; the ~ night премье́ра (*пьесы, фильма*) 2) вступи́тельный, открыва́ющий 3) исхо́дный

**openly** ['əupnlɪ] *adv* 1) откры́то, публи́чно 2) открове́нно

**open-minded** ['əupn'maɪndɪd] *a* 1) с широ́ким кругозо́ром 2) непредубеждённый 3) восприи́мчивый

**open-mouthed** ['əupn'mauðd] *a* 1) рази́нув(ший) рот от удивле́ния 2) жа́дный

**openness** ['əupnnɪs] *n* 1) открове́нность; прямота́ 2) я́вность

**open work, open-work** ['əupnwəːk] *n* 1) ажу́рная ткань; стро́чка; мере́жка 2) *горн.* откры́тые рабо́ты, откры́тая разрабо́тка 3) *attr.* ажу́рный; ~ stockings ажу́рные чулки́

**opera** ['ɔpərə] *n* 1) о́пера 2) (*обыкн.* the ~) о́перное иску́сство

**operable** ['ɔpərəbl] *a* 1) де́йствующий 2) *мед.* опера́бельный

**opera-cloak** ['ɔpərəkləuk] *n* манто́ (*для выездов*); наки́дка

**opera-glass(es)** ['ɔpərə,glɑːs(ɪz)] *n* (*pl*) театра́льный бино́кль

**opera-hat** ['ɔpərəhæt] *n* шапокля́к, складно́й цили́ндр

**opera-house** ['ɔpərəhaus] *n* о́перный теа́тр

**operand** ['ɔpərənd] *n мат.* объе́кт (де́йствия), опера́нд

**operate** ['ɔpəreɪt] *v* 1) рабо́тать; де́йствовать; to ~ under a theory де́йствовать на основа́нии како́й-л. тео́рии; to ~ on one's own де́йствовать на свой страх и риск 2) управля́ть, заве́довать 3) ока́зывать влия́ние, де́йствовать (on, upon) 4) *хир.* опери́ровать (on) 5) производи́ть опера́ции (*стратегические, финансовые*) 6) приводи́ть(ся) в движе́ние; управля́ть (-ся); to ~ a car води́ть маши́ну 7) разраба́тывать, эксплуати́ровать

**operated** ['ɔpəreɪtɪd] **1.** *p. p. от* operate

**2.** *a* управля́емый; remotely ~ с дистанцио́нным управле́нием

**operatic** [,ɔpə'rætɪk] *a* о́перный; an ~ singer о́перный певе́ц

**operating** ['ɔpəreɪtɪŋ] **1.** *pres. p. от* operate

**2.** *a* 1) операцио́нный; ~ knife хирурги́ческий нож; ~ table операцио́нный стол; ~ surgeon опера́тор, опери́рующий хиру́рг 2) теку́щий; ~ costs теку́щие расхо́ды; эксплуатацио́нные расхо́ды 3) рабо́чий (*о режиме и т. п.*); ~ personnel техни́ческий, обслу́живающий персона́л

**operating-room** ['ɔpəreɪtɪŋrum] *n* операцио́нная

**operating-theatre** ['ɔpəreɪtɪŋ,θɪətə] *n* операцио́нная (*для показательных операций*)

**operation** [,ɔpə'reɪʃən] *n* 1) де́йствие, опера́ция; рабо́та; приведе́ние в де́йствие; to come into ~ нача́ть де́йствовать; to call into ~ привести́ в де́йствие; in ~ в де́йствии; in full ~ на по́лном ходу́ 2) проце́сс 3) опера́ция (*хирургическая*) 4) проведе́ние о́пыта, экспериме́нта 5) *мат.* де́йствие 6) разрабо́тка, эксплуата́ция 7) управле́ние (*предприятием и т. п.*) 8) *attr.* эксплуатацио́нный; ~ costs расхо́ды по эксплуата́ции

**operational** [,ɔpə'reɪʃənl] *a* 1) операцио́нный 2) операти́вный; ~ efficiency (высо́кая) операти́вность 3) относя́щийся к де́йствию, рабо́те; ~ costs расхо́ды по эксплуата́ции (*оборудования и т. п.*) 4) де́йствующий; рабо́тающий; to become ~ вступа́ть в си́лу

**operative** ['ɔpərətɪv] **1.** *a* 1) де́йствующий; действи́тельный; де́йственный; to become ~ входи́ть в си́лу (*о законе*) 2) операти́вный; ~ part of a resolution резолюти́вная часть реше́ния 3) *хир.* операцио́нный; операти́вный; ~ treatment хирурги́ческое вмеша́тельство 4) де́йствующий, рабо́тающий, дви́жущий; ~ condition испра́вное, рабо́чее состоя́ние

**2.** *n* 1) рабо́чий-стано́чник 2) ремесле́нник

**operatize** ['ɔpərətaɪz] *v* написа́ть о́перу по како́му-л. произведе́нию

**operator** ['ɔpəreɪtə] *n* 1) опера́тор; меха́ник; ~'s position рабо́чее ме́сто 2) телефони́ст; телеграфи́ст; ради́ст; связи́ст 3) то, что ока́зывает де́йствие 4) *хир.* опера́тор 5) биржево́й ма́клер *или* деле́ц; smooth (*или* slick) ~ ло́вкий деле́ц 6) *амер.* владе́лец предприя́тия *или* его́ управля́ющий ◇ big ~s *амер.* кру́пные чино́вники; высо́кие должностны́е ли́ца

**operetta** [,ɔpə'retə] *n* опере́тта

**ophidian** [ɔ'fɪdɪən] *зоол.* **1.** *a* 1) относя́щийся к отря́ду змей 2) змееви́дный, змееподо́бный

**2.** *n* змея́

**ophiolatry** [,ɔfɪ'ɔlətrɪ] *n* змеепокло́нство

**ophite** ['ɔfaɪt] *n мин.* офи́т

**ophthalmia** [ɔf'θælmɪə] *n мед.* офтальми́я

**ophthalmic** [ɔf'θælmɪk] *a мед.* глазно́й

**ophthalmologist** [,ɔfθæl'mɔlədʒɪst] *n* офтальмо́лог

**ophthalmology** [,ɔfθæl'mɔlədʒɪ] *n* офтальмоло́гия

**opiate** ['əupɪɪt] **1.** *n* 1) опиа́т; нарко́тик 2) успока́ивающее *или* снотво́рное сре́дство

**2.** *a* 1) содержа́щий о́пиум 2) снотво́рный, наркоти́ческий

**3.** *v редк.* 1) сме́шивать с о́пиумом 2) усыпля́ть 3) притупля́ть

**opine** [əu'paɪn] *v книжн.* выска́зывать мне́ние, полага́ть

**opinion** [ə'pɪnjən] *n* 1) мне́ние, взгляд; to be of ~ that полага́ть, что; to have no settled ~s не име́ть определённых взглядов; to have no ~ of быть невысо́кого мнения о; in my ~ по моему́ мне́нию, по-мо́ему; to act up to one's ~s де́йствовать согла́сно свои́м убежде́ниям 2) мне́ние, заключе́ние специали́ста; counsel's ~ мне́ние адвока́та о де́ле; to have the best ~ обрати́ться к лу́чшему специали́сту (*врачу и т. п.*); to have (*или* to get) another ~ приглаша́ть ещё одного́ специали́ста 3) *attr.*: ~ giver выразитель обще́ственного мне́ния; ~ makers ли́ца, формиру́ющие обще́ственное мне́ние; ~ poll опро́с обще́ственного мне́ния ◇ ~s differ *посл.* о вку́сах не спо́рят; a matter of ~ спо́рный вопро́с

**opinionated** [ə'pɪnjəneɪtɪd] *a* чрезме́рно самоуве́ренный; упря́мый; своево́льный

**opium** ['əupjəm] *n* о́пиум, о́пий

**opium den** ['əupjəmden] *n* прито́н кури́льщиков о́пиума

**opium-eater** ['əupjəm,i:tə] *n* кури́льщик о́пиума

**opium joint** ['əupjəm'dʒɔɪnt] *амер.* = opium den

**opodeldoc** [,ɔpəu'deldɔk] *n фарм.* оподельдо́к

**opossum** [ə'pɔsəm] *n зоол.* опо́ссум; су́мчатая кры́са [*см. тж.* possum]

**oppidan** ['ɔpɪdən] *n* 1) *редк.* горожа́нин 2) учени́к Итонского колле́джа, живу́щий на ча́стной кварти́ре

**opponent** [ə'pəunənt] **1.** *n* оппоне́нт, проти́вник

**2.** *a* 1) располо́женный напро́тив, противополо́жный 2) вражде́бный

**opportune** ['ɔpətju:n] *a* своевре́менный, благоприя́тный; подходя́щий; an ~ moment подходя́щий моме́нт; ~ rain своевре́менный дождь

**opportunism** ['ɔpətju:nɪzm] *n* оппортуни́зм

**opportunist** ['ɔpətju:nɪst] **1.** *n* оппортуни́ст

**2.** *a* оппортунисти́ческий

**opportunity** [,ɔpə'tju:nɪtɪ] *n* удо́бный слу́чай; благоприя́тная возмо́жность; to take the ~ (of) воспо́льзоваться слу́чаем; to lose an ~ упусти́ть возмо́жность *или* слу́чай

**oppose** [ə'pəuz] *v* 1) противопоставля́ть (with, against) 2) ока́зывать сопротивле́ние, сопротивля́ться, проти́виться; препя́тствовать; меша́ть; to ~ the resolution отклони́ть резолю́цию 3) находи́ться в оппози́ции; выступа́ть про́тив

**opposed** [ə'pəuzd] **1.** *p. p. от* oppose

**2.** *a* 1) противополо́жный, проти́вный 2) встреча́ющий сопротивле́ние; ~ landing *мор.* вы́садка деса́нта с бо́ем 3) вражде́бный (to)

**opposite** ['ɔpəzɪt] **1.** *a* 1) располо́женный, находя́щийся напро́тив, противополо́жный 2) противополо́жный; обра́тный; ~ poles *эл.* разноимённые по́люсы ◇ ~ number лицо́, занима́ющее таку́ю же до́лжность в друго́м учрежде́нии, госуда́рстве *и т. п.*; партнёр, колле́га

**2.** *n* противополо́жность; direct (*или* exact) ~ пряма́я противополо́жность

**3.** *adv* напро́тив; the house ~ дом напро́тив

**4.** *prep* 1) про́тив, напро́тив 2) на; the cheque was made ~ my name чек был вы́писан на моё и́мя

**opposition** [,ɔpə'zɪʃən] *n* 1) сопротивле́ние, противоде́йствие; вражда́ 2) оппози́ция; his Majesty's ~ *парл.* оппози́ция его́ Вели́чества 3) контра́ст, противополо́жность; противоположе́ние 4) *астр.* противостоя́ние 5) *attr.* относя́щийся к оппози́ции; the ~ benches *парл.* скамьи́ оппози́ции

**oppositionist** [,ɔpə'zɪʃənɪst] *n* оппозиционе́р

**oppress** [ə'pres] *v* 1) притесня́ть, угнета́ть 2) удруча́ть, угнета́ть; to feel ~ed with the heat томи́ться от жары́

**oppression** [ə'preʃən] *n* 1) притесне́ние, угнете́ние, гнёт 2) угнетённость; пода́вленность

**oppressive** [ə'presɪv] *a* 1) гнету́щий, угнета́ющий, тя́гостный; ~ weather ду́шная, зно́йная пого́да 2) деспоти́ческий; ~ legislation жесто́кие зако́ны; ~ domination деспоти́зм, жесто́кий гнёт

**oppressiveness** [ə'presɪvnɪs] *n* гнету́щая атмосфе́ра

**oppressor** [ə'presə] *n* угнета́тель, притесни́тель

**opprobrious** [ə'prəubrɪəs] *a* 1) оскорби́тельный; ~ language руга́тельства 2) позо́рящий

**opprobrium** [ə'prəubrɪəm] *n* позо́р; посрамле́ние

**oppugn** [ɔ'pju:n] *v* 1) возража́ть (*против чего-л.*), оспа́ривать 2) напада́ть; вести́ борьбу́ 3) сопротивля́ться

**opt** [ɔpt] *v* выбира́ть; he ~ed for the natural sciences он вы́брал есте́ственные нау́ки □ ~ **out** не принима́ть уча́стия; устраня́ться, уклоня́ться (*от работы и т. п. — обыкн. о хиппи*); to ~ out of society стать хи́ппи

**optative** ['ɔptətɪv] *грам.* **1.** *n* оптати́в

**2.** *a* оптати́вный, жела́тельный; ~ mood оптати́в

**optic** ['ɔptɪk] **1.** *a* глазно́й, зри́тельный

**2.** *n шутл.* глаз

**optical** ['ɔptɪkəl] *a* зри́тельный, опти́ческий; ~ illusion опти́ческий обма́н; ~ disc *тех.* стробоско́п

**optician** [ɔp'tɪʃən] *n* о́птик

**optics** ['ɔptɪks] *n pl* (*употр. как sing*) о́птика

**optimism** ['ɔptɪmɪzm] *n* оптими́зм

**optimist** ['ɔptɪmɪst] *n* оптими́ст

**optimistic(al)** [,ɔptɪ'mɪstɪk(əl)] *a* оптимисти́чный, оптимисти́ческий

**optimum** ['ɔptɪməm] *n* 1) наибо́лее благоприя́тные усло́вия 2) *attr.* оптима́льный; to have an ~ effect дава́ть максима́льный эффе́кт

**option** ['ɔpʃən] *n* 1) вы́бор, пра́во вы́бора *или* заме́ны; I have no ~ у меня́ нет вы́бора; local ~ пра́во жи́телей го́рода *или* о́круга голосова́нием разреша́ть *или* запреща́ть что-л. (*напр., продажу спиртных напитков и т. п.*) 2) предме́т вы́бора 3) *юр.* опта́ция 4) *ком.* опцио́н; сде́лка с пре́мией

**optional** ['ɔpʃənl] *a* необяза́тельный; факультати́вный

**optophone** ['ɔptəfəun] *n* оптофо́н (*прибор для чтения печатного текста слепыми*)

**opulence** ['ɔpjuləns] *n* изоби́лие, бога́тство; состоя́тельность

**opulent** ['ɔpjulənt] *a* 1) бога́тый, состоя́тельный 2) оби́льный; пы́шный; ~ vegetation пы́шная расти́тельность 3) напы́щенный (*о стиле*)

**opus** ['əupəs] *лат. n* (*тк. sing*) музыка́льное произведе́ние; о́пус; ~ magnum выдаю́щееся произведе́ние (*обыкн.* литерату́рное)

**opuscule** [ɔ'pʌskju:l] *n* небольшо́е литерату́рное *или* музыка́льное произведе́ние

**or I** [ɔ:] *cj* и́ли; or else ина́че; make haste or else you will be late торопи́тесь, ина́че вы опозда́ете; ~ **so** приблизи́тельно, что́-нибудь вро́де э́того

**or II** [ɔ:] *n геральд.* золото́й *или* жёлтый цвет

**orach** ['ɔrɪtʃ] *n бот.* лебеда́

**oracle** ['ɔrəkl] *n* 1) ора́кул 2) предсказа́ние, прорица́ние 3) непрело́жная и́стина 4) *библ.* свята́я святы́х ◇ to work the ~ нажа́ть та́йные пружи́ны; испо́льзовать влия́ние

**oracular** [ɔ'rækjulə] *a* 1) проро́ческий 2) претенду́ющий на непогреши́мость; догмати́ческий 3) двусмы́сленный; нея́сный, зага́дочный

**oral** ['ɔ:rəl] **1.** *a* 1) у́стный; слове́сный 2) *мед.* стомати́ческий

**2.** *n разг.* у́стный экза́мен

**orally** ['ɔ:rəlɪ] *adv* 1) у́стно 2) *мед.* для приёма внутрь (*о лекарстве*); not to be taken ~ нару́жное (*о лекарстве*)

**Orange** ['ɔrɪndʒ] *n ист.* 1) Ора́нская дина́стия 2) *attr.*: ~ lodge Оранжи́стская ло́жа [*см.* Orangeman]

**orange** ['ɔrɪndʒ] **1.** *n* 1) апельси́н; blood ~ апельси́н-королёк 2) апельси́новое де́рево 3) ора́нжевый цвет ◇ ~s and lemons *название детской песенки и игры*; Blenheim ~ кру́пный сорт десе́ртных я́блок

**2.** *a* ора́нжевый ◇ ~ book отчёт министе́рства земледе́лия (*в оранжевом переплёте*)

**orangeade** ['ɔrɪndʒ'eɪd] *n* оранжа́д (*напиток*)

**orange-blossom** ['ɔrɪndʒ,blɔsəm] *n* 1) помера́нцевый цвет 2) флёрдора́нж (*украшение невесты*)

**orange-fin** ['ɔrɪndʒfɪn] *n* молода́я форе́ль

**orange lily** ['ɔrɪndʒ'lɪlɪ] *n бот.* кра́сная ли́лия

**Orangeman** ['ɔrɪndʒmən] *n ист.* оранжи́ст (*член Ирландской ультрапротестантской партии*)

**orange melon** ['ɔrɪndʒ,melən] *n бот.* ды́ня цука́тная

**orange-peel** [ˈɔrɪndʒpi:l] *n* 1) апельсинная корка 2) апельсинный цукат

**orangery** [ˈɔrɪndʒərɪ] *n* 1) апельсиновый сад *или* -ая плантация 2) оранжерея (*для выращивания апельсиновых деревьев*)

**orange-tip** [ˈɔrɪndʒtɪp] *n* бабочка-белянка

**orang-outang, orang-utan** [ˈɔ:rəŋˈu:tæŋ, -ˈu:tæn] *n зоол.* орангутанг

**orate** [ɔ:ˈreɪt] *v шутл.* произносить речь, ораторствовать, разглагольствовать

**oration** [ɔ:ˈreɪʃən] *n* 1) речь (*особ.* торжественная) 2) *грам.*: direct (indirect) ~ прямая (косвенная) речь

**orator** [ˈɔrətə] *n* оратор; he is no ~ он плохой оратор; Public O. официальный представитель университета, выступающий на торжественных церемониях (*в Кембридже и Оксфорде*)

**oratorical** [ˌɔrəˈtɔrɪkəl] *a* 1) ораторский 2) риторический

**oratorio** [ˌɔrəˈtɔ:rɪəu] *n* (*pl* -os [-əuz]) *муз.* оратория

**oratory I** [ˈɔrətərɪ] *n* 1) красноречие; ораторское искусство, риторика 2) разглагольствование

**oratory II** [ˈɔrətərɪ] *n* часовня, молельня

**orb** [ɔ:b] **1.** *n* 1) шар; сфера 2) небесное светило 3) держава (*королевская регалия*) 4) *поэт.* глаз, глазное яблоко 5) *архит.* глухая аркада 6) орбита; круг, оборот

**2.** *v поэт.* заключить в круг *или* в шар

**orbed** [ɔ:bd] **1.** *p. p. от* orb 2

**2.** *a* округлый, шарообразный, сферический

**orbicular** [ɔ:ˈbɪkjulə] *a* 1) сферический, шаровой, круглый; ~ muscle *анат.* кольцевой мускул 2) завершённый

**orbit** [ˈɔ:bɪt] **1.** *n* 1) орбита; to put (*или* to place) in ~ вывести на орбиту; to go into ~ выйти на орбиту 2) сфера, размах деятельности 3) *анат.* глазная впадина

**2.** *v* 1) выводить на орбиту 2) выходить на орбиту 3) вращаться по орбите

**orbital** [ˈɔ:bɪtl] *a* 1) орбитальный; ~ station орбитальная станция; ~ transfer перелёт с одной орбиты на другую 2) *анат., зоол.* глазной

**orbiting** [ˈɔ:bɪtɪŋ] **1.** *n* движение по орбите; вывод на орбиту

**2.** *a* орбитальный

**Orcadian** [ɔ:ˈkeɪdjən] **1.** *a* оркнейский

**2.** *n* уроженец, житель Оркнейских островов

**orchard** [ˈɔ:tʃəd] *n* фруктовый сад

**orcharding** [ˈɔ:tʃədɪŋ] *n* плодоводство

**orchardman** [ˈɔ:tʃədmən] *n* плодовод

**orchestic** [ɔ:ˈkestɪk] *a* танцевальный

**orchestics** [ɔ:ˈkestɪks] *n pl* (*употр. как sing*) танцевальное искусство

**orchestra** [ˈɔ:kɪstrə] *n* 1) оркестр 2) место для оркестра *или* хора 3) *амер.* партер (*тж.* ~ chairs, ~ stalls) 4) орхестра (*место хора в др.-греч. театре*)

**orchestral** [ɔ:ˈkestrəl] *a* оркестровый

**orchestrate** [ˈɔ:kɪstreɪt] *v* оркестровать, инструментовать

**orchestration** [ˌɔ:kesˈtreɪʃən] *n* оркестровка, инструментовка

**orchestrion** [ɔ:ˈkestrɪən] *n муз.* оркестрион

**orchid** [ˈɔ:kɪd] *n бот.* орхидея

**orchidaceous** [ˌɔ:kɪˈdeɪʃəs] *a* орхидейный

**orchil** [ˈɔ:tʃɪl] *n* орсель (*фиолетово-красная краска*)

**orchis** [ˈɔ:kɪs] *n бот.* ятрышник

**ordain** [ɔ:ˈdeɪn] *v* 1) посвящать в духовный сан 2) предопределять; предписывать

**ordeal** [ɔ:ˈdi:l] *n* 1) суровое испытание 2) *ист.* «суд божий» (*испытание огнём и водой*)

**order** [ˈɔ:də] **1.** *n* 1) порядок; последовательность; ~ of priorities очерёдность (*мероприятий и т. п.*); in alphabetical (chronological) ~ в алфавитном (хронологическом) порядке; in ~ of size (importance, *etc.*) по размеру (по степени важности *и т. п.*) 2) порядок, исправность; to get out of ~ испортиться; in bad ~ в неисправности; to put in ~ привести в порядок 3) хорошее физическое состояние; his liver is out of ~ у него больная печень 4) порядок; спокойствие; to keep ~ соблюдать порядок; to call to ~ призвать к порядку [*см. тж.* 5)]; ~!, ~! к порядку! 5) порядок (*ведения собрания и т. п.*); регламент; устав; ~ of business повестка дня; ~ of the day а) повестка дня, б) мода, модное течение (*в искусстве, литературе и т. п.*) [*см. тж.* 9)]; to call to ~ *амер.* открыть (*собрание*) [*см. тж.* 4)]; on a point of ~ к порядку ведения собрания; to be in ~ быть приемлемым по процедуре 6) строй, государственное устройство; social ~ общественный строй 7) *воен.* строй, боевой порядок; close (extended) ~ сомкнутый (расчленённый) строй; marching ~ а) походный порядок; б) походная форма; parade ~ строй для парада 8) слой общества; социальная группа; the lower ~s простой народ 9) приказ, распоряжение; предписание; O. in Council закон, издаваемый от имени английского короля и тайного совета и прошедший через парламент без обсуждения; ~ of the day *воен.* приказ по части *или* соединению [*см. тж.* 5)]; one's ~s *амер. воен.* полученные распоряжения; under the ~s of... под командой... 10) заказ; made to ~ сделанный на заказ; on ~ заказанный, но не доставленный; repeat ~ повторный заказ; ~s on hand *эк.* портфель заказов 11) ордер; cheque to (a person's) ~ *фин.* ордерный чек; 12) ордер; разрешение; пропуск; admission by ~ вход по пропускам 13) *амер.* заказ порционного блюда (*в ресторане*) 14) знак отличия, орден; O. of Lenin орден Ленина 15) рыцарский *или* религиозный орден 16) род, сорт; свойство; talent of another ~ талант иного порядка 17) ранг 18) *pl церк.* духовный сан; to be in (to take) ~s быть (стать) духовным лицом; to confer ~s рукополагать 19) *мат.* порядок; степень 20) *зоол., бот.* отряд; подкласс 21) *архит.* ордер ◊ tall (*или* large) ~ трудная задача, трудное дело; in ~ *амер.* надлежащим образом; in ~ that с тем, чтобы; in ~ to для того, чтобы; of the ~ of примерно; in short ~ быстро; *амер.* немедленно, тотчас же; to be under ~s *воен.* дожидаться назначения

**2.** *v* 1) приводить в порядок 2) приказывать; предписывать; распоряжаться 3) направлять; to be ~ed abroad быть направленным за границу; to ~ smb. out of the country выслать кого-л. за пределы страны 4) заказывать 5) назначать, прописывать (*лекарство и т. п.*) 6) предопределять □ ~ **about** командовать, помыкать

**order-book** [ˈɔ:dəbuk] *n* 1) книга заказов 2) *воен.* книга приказов и распоряжений

**order-form** [ˈɔ:dəfɔ:m] *n* бланк заказа, бланк требования

**orderliness** [ˈɔ:dəlɪnɪs] *n* 1) аккуратность, порядок 2) подчинение законам

**orderly** [ˈɔ:dəlɪ] **1.** *n* 1) *воен.* дневальный, ординарец 2) *воен.* связной 3) *воен.* санитар 4) уборщик улиц (*тж.* street ~)

**2.** *a* 1) аккуратный, опрятный 2) спокойный; благонравный, хорошего поведения; дисциплинированный 3) организованный 4) регулярный, методичный; правильный; ~ rundown постепенное свёртывание, систематическое сокращение 5) дежурный; ~ book = order-book 2); ~ man *воен.* а) дневальный; б) санитар (*в госпитале*); ~ officer дежурный офицер

**orderly-room** [ˈɔ:dəlɪrum] *n воен.* канцелярия подразделения

**order-paper** [ˈɔ:dəˌpeɪpə] *n* повестка дня (*в письменном или отпечатанном виде*)

**ordinal** [ˈɔ:dɪnl] *грам.* **1.** *a* порядковый

**2.** *n* порядковое числительное

**ordinance** [ˈɔ:dɪnəns] *n* 1) указ, декрет; постановление муниципалитета 2) обряд, таинство 3) план, расположение частей

**ordinarily** [ˈɔ:dnrɪlɪ] *adv* обычно; обыкновенным, обычным путём

**ordinary** [ˈɔ:dnrɪ] **1.** *a* 1) обычный, обыкновенный; ординарный; простой; in an ~ way при обычных обстоятельствах; ~ people простые люди; ~ seaman матрос 2-го класса; ~ call частный разговор (*по телефону*) 2) заурядный, посредственный

**2.** *n* 1) дежурное блюдо 2) столовая, где подают дежурные блюда 3) что-л. привычное, обычное; in ~

постоя́нный; out of the ~ необы́чный 4) *церк.* тре́бник; уста́в церко́вной слу́жбы 5) *юр.* постоя́нный член суда́; *амер.* судья́ по дела́м о насле́дстве (*в некоторых штатах*) 6) *церк.* свяще́нник, исполня́ющий обя́занность судьи́ 7) *уст.* таве́рна с о́бщим столо́м за твёрдую пла́ту ◇ Surgeon in O. to the King лейб-ме́дик; professor in ~ ордина́рный профе́ссор

**ordination** [ˌɔːdɪ'neɪʃən] *n* посвяще́ние в духо́вный сан, рукоположе́ние

**ordnance** ['ɔːdnəns] *n* 1) артиллери́йские ору́дия, артилле́рия; материа́льная часть артилле́рии; артиллери́йско-техни́ческое и вещево́е снабже́ние; naval ~ морска́я артилле́рия 2) *attr.* артиллери́йский 3) *attr.*: ~ survey а) госуда́рственная топографи́ческая слу́жба; б) вое́нно-топографи́ческая съёмка

**ordure** ['ɔːdjuə] *n* 1) наво́з; отбро́сы; грязь 2) грязь, распу́тство 3) скверносло́вие 4) непристо́йность

**ore** [ɔː] *n* 1) руда́ 2) *поэт.* (драгоце́нный) мета́лл 3) *attr.* ру́дный; ~ mining горнору́дное де́ло

**oread** ['ɔːrɪæd] *n греч. миф.* ореа́да (*нимфа гор*)

**ore body** ['ɔː'bɔdɪ] *n геол.* ру́дное те́ло

**ore-dressing** ['ɔːˌdresɪŋ] *n* обогаще́ние руд; механи́ческая обрабо́тка поле́зных ископа́емых

**organ** ['ɔːgən] *n* 1) о́рган; ~s of speech о́рганы ре́чи 2) о́рган, учрежде́ние; governmental ~s прави́тельственные о́рганы 3) го́лос 4) *муз.* орга́н; American ~ фисгармо́ния; street ~ шарма́нка 5) печа́тный о́рган; газе́та; ~s of public opinion газе́ты, ра́дио, телеви́дение

**organ-blower** ['ɔːgənˌbləuə] *n* раздува́льщик мехо́в (*у органа*)

**organdie, organdy** ['ɔːgəndɪ] *n* то́нкая кисея́, органди́

**organ-grinder** ['ɔːgənˌgraɪndə] *n* шарма́нщик

**organic** [ɔː'gænɪk] *a* 1) органи́ческий; входя́щий в органи́ческую систе́му 2) организо́ванный; систематизи́рованный 3) согласо́ванный; взаимозави́симый; ~ whole еди́ное це́лое 4) *амер. юр.*: ~ law основно́й зако́н, конститу́ция; ~ act зако́н об образова́нии но́вой «террито́рии» *или* превраще́нии «террито́рии» в штат

**organism** ['ɔːgənɪzm] *n* органи́зм

**organist** ['ɔːgənɪst] *n* органи́ст

**organization** [ˌɔːgənaɪ'zeɪʃən] *n* 1) организа́ция 2) устро́йство; формирова́ние, организа́ция 3) органи́зм 4) *амер.* избра́ние гла́вных должностны́х лиц и коми́ссии конгре́сса 5) *амер.* парти́йный аппара́т 6) *attr.* организацио́нный

**organization chart** [ˌɔːgənaɪ'zeɪʃən-'tʃɑːt] *n* уста́в

**organize** ['ɔːgənaɪz] *v* 1) организо́вывать, устра́ивать 2) *амер.* проводи́ть организацио́нные мероприя́тия; to ~ the House избира́ть гла́вных должностны́х лиц и коми́ссии конгре́сса 3) де́лать(ся) органи́ческим, превраща́ть(ся) в живу́ю ткань

**organized** ['ɔːgənaɪzd] **1.** *p. p. от* organize

**2.** *a* 1) организо́ванный; ~ labour чле́ны профсою́за 2): ~ matter жива́я мате́рия

**organizer** ['ɔːgənaɪzə] *n* организа́тор

**organ-loft** ['ɔːgənlɔft] *n* галере́я в це́ркви для орга́на, хо́ры

**organotherapy** [ˌɔːgənə*u*'θerəpɪ] *n мед.* органотерапи́я

**organ-player** ['ɔːgənˌpleɪə] = organist

**orgasm** ['ɔːgæzm] *n физиол.* орга́зм

**orgeat** ['ɔːʒæt] *n* орша́д (*напиток*)

**orgy** ['ɔːdʒɪ] *n* 1) о́ргия; разгу́л 2) *разг.* мно́жество, ма́сса (*развлечений и т. п.*); a regular ~ of parties and concerts бесконе́чные вечера́ и конце́рты

**oriel** ['ɔːrɪəl] *n архит.* 1) углубле́ние, алько́в 2) закры́тый балко́н, э́ркер

**orient 1.** *n* ['ɔːrɪənt] 1) (the O.) Восто́к, страны Восто́ка 2) вы́сший сорт же́мчуга

**2.** *a* ['ɔːrɪənt] 1) *поэт.* восто́чный 2) восходя́щий, поднима́ющийся; the ~ sun восходя́щее со́лнце 3) блестя́щий, я́ркий 4) вы́сшего ка́чества (*о жемчуге*)

**3.** *v* ['ɔːrɪent] 1) ориенти́ровать; определя́ть местонахожде́ние (*по компасу*); to ~ oneself ориенти́роваться 2) стро́ить зда́ние фаса́дом на восто́к

**oriental** [ˌɔːrɪ'entl] **1.** *a* восто́чный, азиа́тский

**2.** *n* (O.) жи́тель Восто́ка

**orientalism** [ˌɔːrɪ'entəlɪzm] *n* 1) ориентали́зм; культу́ра, нра́вы, обы́чаи жи́телей Восто́ка 2) востокове́дение, ориентали́стика

**orientalist** [ˌɔːrɪ'entəlɪst] *n* востокове́д, ориентали́ст

**orientalize** [ˌɔːrɪ'entəlaɪz] *v* придава́ть *или* приобрета́ть восто́чный *или* азиа́тский хара́ктер

**orientate** ['ɔːrɪenteɪt] = orient 3

**orientation** [ˌɔːrɪen'teɪʃən] *n* ориенти́ровка, ориента́ция, ориенти́рование

**oriented** ['ɔːrɪentɪd] **1.** *p. p. от* orient 3

**2.** *как компонент сложных слов* свя́занный с чем-л.; занима́ющийся чем-л.; space-oriented приго́дный для испо́льзования в косми́ческих усло́виях

**orifice** ['ɔrɪfɪs] *n* 1) отве́рстие 2) у́стье; вы́ход; прохо́д 3) *тех.* сопло́, наса́док, жиклёр

**origan, origanum** ['ɔrɪgən, ɔ'rɪgənəm] *n бот.* души́ца обыкнове́нная

**origin** ['ɔrɪdʒɪn] *n* 1) исто́чник; нача́ло 2) происхожде́ние; of humble ~ незна́тного происхожде́ния

**original** [ə'rɪdʒənl] **1.** *n* 1) по́длинник, оригина́л; in the ~ в оригина́ле 2) первоисто́чник 3) чуда́к, оригина́л

**2.** *a* 1) первонача́льный; исхо́дный; the ~ edition пе́рвое изда́ние; ~ sin *рел.* первоpо́дный грех 2) по́длинный; the ~ picture по́длинник карти́ны 3) тво́рческий; самобы́тный; ~ scientist учёный-нова́тор 4) оригина́льный, но́вый, све́жий

**originality** [əˌrɪdʒɪ'nælɪtɪ] *n* 1) по́длинность 2) оригина́льность; самобы́тность 3) новизна́, све́жесть

**originally** [ə'rɪdʒɪnəlɪ] *adv* 1) первонача́льно 2) по происхожде́нию 3) оригина́льно

**originate** [ə'rɪdʒɪneɪt] *v* 1) дава́ть нача́ло, порожда́ть; создава́ть; to ~ a new style in music созда́ть но́вый стиль в му́зыке 2) брать нача́ло, происходи́ть, возника́ть (from, in — от *чего-л.*; from, with — от *кого-л.*); with whom did the idea ~? у кого́ зароди́лась э́та мысль?

**origination** [əˌrɪdʒɪ'neɪʃən] *n* 1) нача́ло, происхожде́ние 2) порожде́ние

**originative** [ə'rɪdʒɪneɪtɪv] *a* 1) даю́щий нача́ло, порожда́ющий 2) тво́рческий, созида́тельный

**originator** [ə'rɪdʒɪneɪtə] *n* 1) а́втор; созда́тель, изобрета́тель 2) инициа́тор

**orinasal** [ˌɔːrɪ'neɪzəl] *a* рото-носово́й; ~ vowel *фон.* назализо́ванный гла́сный

**oriole** ['ɔːrɪəul] *n* и́волга

**Orion** [ə'raɪən] *n астр.* созве́здие Орио́на

**orison** ['ɔrɪzən] *n* (*обыкн. pl*) *поэт.* моли́тва

**orlop** ['ɔːlɔp] *n мор.* 1) ни́жняя па́луба 2) *ист.* ку́брик

**orlop-deck** ['ɔːlɔpdek] = orlop

**ormolu** ['ɔːmə*u*luː] *n* 1) сплав ме́ди, о́лова и свинца́ для золоче́ния; позоло́тная бро́нза; порошкообра́зное зо́лото для золоче́ния 2) золочёная бро́нза 3) ме́бель с украше́ниями из золочёной бро́нзы

**ornament 1.** *n* ['ɔːnəmənt] 1) украше́ние, орна́мент (*тж. перен.*); he is an ~ to his profession он де́лает честь свое́й профе́ссии 2) (*обыкн. pl*) церко́вная у́тварь, ри́зы

**2.** *v* ['ɔːnəment] украша́ть

**ornamental** [ˌɔːnə'mentl] **1.** *a* служа́щий украше́нием, орнамента́льный; декорати́вный

**2.** *n* 1) декорати́вное расте́ние 2) *pl* безделу́шки, украше́ния

**ornamentation** [ˌɔːnəmen'teɪʃən] *n* 1) украше́ние (*действие*) 2) *собир.* украше́ния

**ornate** [ɔː'neɪt] *a* 1) бога́то укра́шенный 2) витиева́тый (*о стиле*)

**ornithic** [ɔː'nɪθɪk] = ornithological

**ornithological** [ˌɔːnɪθə'lɔdʒɪkl] *a* орнитологи́ческий

**ornithologist** [ˌɔːnɪ'θɔlədʒɪst] *n* орнито́лог

**ornithology** [ˌɔːnɪ'θɔlədʒɪ] *n* орнитоло́гия

**ornithorhyncus** [ˌɔːnɪθə*u*'rɪŋkəs] *n зоол.* утконо́с

**orogenesis** [ˌɔrə*u*'dʒenɪsɪs] = orogeny

**orogeny** [ɔ'rɔdʒənɪ] *n геол.* горообразова́ние, орогене́зис

**orography** [ɔ'rɔgrəfɪ] *n* орогра́фия

**oroide** ['əurəuɪd] *n* золоти́стый сплав ме́ди и ци́нка

**orotund** ['ɔrəutʌnd] *a* 1) зву́чный, полнозву́чный 2) высокопа́рный, напы́щенный; претенцио́зный

**orphan** ['ɔ:fən] **1.** *n* сирота́

**2.** *a* сиро́тский

**3.** *v* де́лать сирото́й; лиша́ть роди́телей

**orphanage** ['ɔ:fənɪdʒ] *n* 1) сиро́тство 2) прию́т для сиро́т

**orphaned** ['ɔ:fənd] **1.** *p. p. от* orphan 3

**2.** *a* осироте́лый, лиши́вшийся роди́телей

**orphanhood** ['ɔ:fənhud] *n* сиро́тство

**Orphean** [ɔ:'fi(:)ən] *a* чару́ющий, как му́зыка Орфе́я; сладкозву́чный

**Orpheus** ['ɔ:fju:s] *n греч. миф.* Орфе́й

**Orphic** ['ɔ:fɪk] *a* 1) орфи́ческий 2) мисти́ческий, таи́нственный

**orpin(e)** ['ɔ:pɪn] *n бот.* за́ячья капу́ста

**Orpington** ['ɔ:pɪŋtən] *n* орпингто́н (*порода кур*)

**orrery** ['ɔrərɪ] *n* планета́рий

**orris** ['ɔrɪs] *n* 1) *бот.* каса́тик флоренти́йский 2) фиа́лковый ко́рень 3) порошо́к из фиа́лкового ко́рня

**orris-powder** ['ɔrɪs,paudə] = orris 3)

**orris-root** ['ɔrɪsru:t] = orris 2)

**orthodox** ['ɔ:θədɔks] *a* 1) ортодокса́льный; правове́рный; общепри́нятый 2) (O.) *рел.* правосла́вный

**orthodoxy** ['ɔ:θədɔksɪ] *n* 1) ортодокса́льность 2) (O.) *рел.* правосла́вие

**orthoepy** ['ɔ:θəuepɪ] *n лингв.* орфо́эпия

**orthogenesis** [,ɔ:θəu'dʒenɪsɪs] *n биол.* ортогене́з

**orthogonal** [ɔ:'θɔgənl] *a* прямоуго́льный, ортогона́льный

**orthographic(al)** [,ɔ:θə'græfɪk(əl)] *a* орфографи́ческий

**orthography** [ɔ:'θɔgrəfɪ] *n* орфогра́фия, правописа́ние

**orthop(a)edic** [,ɔ:θəu'pi:dɪk] *a мед.* ортопеди́ческий

**orthop(a)edist** [,ɔ:θəu'pi:dɪst] *n* ортопе́д

**orthop(a)edy** ['ɔ:θəupi:dɪ] *n мед.* ортопе́дия

**orthoptic** [ɔ:'θɔptɪk] *a* относя́щийся к норма́льному зре́нию

**ortolan** ['ɔ:tələn] *n* садо́вая овся́нка (*птица*)

**oryx** ['ɔrɪks] *n зоол.* антило́па бе́йза, сернобы́к

**oscillate** ['ɔsɪleɪt] *v* 1) кача́ть(ся) 2) вибри́ровать; колеба́ться (*тж. перен.*)

**oscillation** [,ɔsɪ'leɪʃən] *n* 1) кача́ние; вибра́ция, колеба́ние 2) *attr.* колеба́тельный; ~ frequency частота́ колеба́ний

**oscillator** ['ɔsɪleɪtə] *n* 1) *тех.* осцилля́тор, вибра́тор 2) *радио* гетероди́н; излуча́тель

**oscillatory** ['ɔsɪlətərɪ] *a* колеба́тельный; ~ circuit *радио* колеба́тельный ко́нтур

**oscillograph** [ɔ'sɪləugrɑ:f] *n* осцилло́граф

**oscillotron** [ɔ'sɪlətrɔn] *n* осциллографи́ческая электро́нно-лучева́я тру́бка

**osculant** ['ɔskjulənt] *a* 1) *мат.* соприкаса́ющийся; самокаса́ющийся 2) *биол.* промежу́точный

**oscular** ['ɔskjulə] *a* 1) *анат.* ротово́й 2) *шутл.* целова́льный

**osculate** ['ɔskjuleɪt] *v* 1) *шутл.* целова́ться, лобыза́ться 2) соприкаса́ться

**osculation** [,ɔskju'leɪʃən] *n* 1) *шутл.* лоб(ы)за́ние, поцелу́й 2) соприкоснове́ние

**osier** ['əuʒə] *n* 1) и́ва 2) лоза́ (*ивы*) 3) *attr.* и́вовый

**osier-bed** ['əuʒəbed] *n* ивня́к

**Osiris** [əu'saɪərɪs] *n египт. миф.* Ози́рис

**osmium** ['ɔzmɪəm] *n хим.* о́смий

**osmose, osmosis** ['ɔsməus, ɔz'məusɪs] *n физ.* о́смос

**osmotic** [ɔz'mɔtɪk] *a физ.* осмоти́ческий

**osseous** ['ɔsɪəs] *a* 1) кости́стый 2) костяно́й

**ossicle** ['ɔsɪkl] *n анат.* ко́сточка

**ossification** [,ɔsɪfɪ'keɪʃən] *n* окостене́ние

**ossify** ['ɔsɪfaɪ] *v* превраща́ть(ся) в кость; костене́ть

**ossuary** ['ɔsjuərɪ] *n* 1) склеп; пеще́ра с костя́ми 2) кремацио́нная у́рна

**osteitis** [,ɔstɪ'aɪtɪs] *n мед.* ости́т

**ostensible** [ɔs'tensəbl] *a* 1) слу́жащий предло́гом; мни́мый; показно́й; ~ purpose официа́льная цель 2) очеви́дный, я́вный

**ostensory** [ɔs'tensərɪ] *n церк.* дарохрани́тельница

**ostentation** [,ɔsten'teɪʃən] *n* показно́е проявле́ние (*чего-л.*); хвастовство́; выставле́ние напока́з

**ostentatious** [,ɔsten'teɪʃəs] *a* показно́й; нарочи́тый

**osteography** [,ɔstɪ'ɔgrəfɪ] *n* остеогра́фия

**osteology** [,ɔstɪ'ɔlədʒɪ] *n* остеоло́гия

**ostler** ['ɔslə] *n* ко́нюх (*на постоялом дворе*)

**ostracism** ['ɔstrəsɪzm] *n* 1) острaки́зм 2) изгна́ние из о́бщества

**ostracize** ['ɔstrəsaɪz] *v* 1) подверга́ть остраки́зму 2) изгоня́ть из о́бщества

**ostreiculture** ['ɔstrɪɪkʌltʃə] *n* разведе́ние у́стриц

**ostrich** ['ɔstrɪtʃ] *n* стра́ус ◊ the digestion of an ~ ≅ «лужёный» желу́док; ~ policy поли́тика, осно́ванная на самообма́не

**ostrich-farm** ['ɔstrɪtʃfɑ:m] *n* фе́рма, где разво́дят стра́усов

**ostrich-plume** ['ɔstrɪtʃplu:m] *n* стра́усовое перо́; стра́усовые пе́рья

**Ostrogoth** ['ɔstrəugɔθ] *n ист.* остго́т

**other** ['ʌðə] **1.** *a* 1) друго́й, ино́й; some ~ time ка́к-нибудь в друго́й раз; ~ things being equal при про́чих ра́вных усло́виях; the ~ world потусторо́нний мир, «тот свет»; ~ times, ~ manners (*тж.* ~ days, ~ ways) ины́е времена́ — ины́е нра́вы 2) дополни́тельный, друго́й; a few ~ examples не́сколько дополни́тельных приме́ров 3) (*с сущ. во мн. ч.*) остальны́е; the ~ students остальны́е студе́нты ◊ the ~ day на днях, неда́вно

**2.** *pron indef.* друго́й; no ~ than никто́ друго́й, как; someone (something) or ~ кто́-нибудь (что́-нибудь); one or ~ of us will be there кто-л. из нас бу́дет там; some day (*или* some time) or ~ когда́-нибудь, ра́но и́ли по́здно; you are the man of all ~s for the work вы са́мый подходя́щий челове́к для э́того де́ла; think of ~s не будь эгои́стом

**3.** *adv* ина́че; I can't do ~ than accept я не могу́ не приня́ть

**otherness** ['ʌðənɪs] *n редк.* разли́чие, отли́чие; непохо́жесть

**otherwhence** ['ʌðəwens] *adv редк.* из друго́го ме́ста

**otherwhere(s)** ['ʌðəwɛə(z)] *adv поэт.* в друго́м ме́сте; в друго́е ме́сто

**otherwise** ['ʌðəwaɪz] **1.** *adv* 1) ина́че, ины́м спо́собом; ины́м о́бразом; по-друго́му; how could it be ~? ра́зве могло́ быть ина́че?; unless ~ qualified кро́ме слу́чаев, оговорённых осо́бо 2) в други́х отноше́ниях 3) и́ли же, в проти́вном слу́чае; go at once, ~ you will miss your train иди́те неме́дленно, ина́че опозда́ете на по́езд

**2.** *a* ино́й, друго́й; tracts agricultural and ~ па́хотные и про́чие зе́мли

**otherwise-minded** ['ʌðəwaɪz'maɪndɪd] *a* инакомы́слящий

**other-worldly** ['ʌðə,wə:ldlɪ] *a* 1) не от ми́ра сего́ 2) духо́вный 3) потусторо́нний

**otic** ['əutɪk] *a анат.* ушно́й; слухово́й

**otiose** ['əuʃɪəus] *a* 1) бесполе́зный, нену́жный 2) *редк.* пра́здный, лени́вый

**otioseness** ['əuʃɪəusnɪs] *n* 1) бесполе́зность, тще́тность 2) *редк.* пра́здность

**otiosity** [,əuʃɪ'ɔsɪtɪ] = otioseness

**otologist** [əu'tɔlədʒɪst] *n* специали́ст по ушны́м боле́зням

**otology** [əu'tɔlədʒɪ] *n* отоло́гия

**otophone** ['əutəfəun] *n* отофо́н (*прибор для тугоухих*)

**otoscope** ['əutəskəup] *n мед.* отоско́п

**otter** ['ɔtə] *n* 1) вы́дра 2) мех вы́дры 3) рыболо́вная снасть (*рейка-поплавок с многочисленными крючками с наживкой*)

**otter-dog** ['ɔtədɔg] *n* охо́тничья соба́ка на выдр

**otter-hound** ['ɔtəhaund] = otter-dog

**otto** ['ɔtəu] = attar

**Ottoman** ['ɔtəumən] **1.** *n* оттома́н, ту́рок

**2.** *a* оттома́нский, туре́цкий

**ottoman** ['ɔtəumən] *n* оттома́нка, тахта́, дива́н

**oubliette** [ˌu:blɪ'et] *фр. n* потайна́я, подзе́мная темни́ца с лю́ком

**ouch** I [autʃ] *n уст.* 1) пря́жка; бро́шка 2) опра́ва драгоце́нного ка́мня

**ouch** II [autʃ] *int* ай!, ой!

**ought** I [ɔ:t] *разг. см.* nought

**ought** II [ɔ:t] *v модальный глагол выражает:* 1) *долженствование:* I ~ to go there мне сле́довало бы пойти́ туда́ 2) *вероятность:* the telegram ~ to reach him within two hours он, вероя́тно, полу́чит телегра́мму не по́зже, чем че́рез два часа́ 3) *упрёк:* you ~ to have written to her тебе́ сле́довало написа́ть ей (а ты э́того не сде́лал)

**ounce** I [auns] *n* 1) у́нция (*=28,3 г*) 2) ка́пля, чу́точка; he hasn't got an ~ of sense у него́ нет ни ка́пли здра́вого смы́сла ◇ an ~ of practice is worth a pound of theory ≅ день пра́ктики сто́ит го́да тео́рии

**ounce** II [auns] *n зоол.* и́рбис

**our** ['auə] *pron poss.* (*употр. атрибутивно; ср.* ours) наш

**ours** ['auəz] *pron poss.* (*абсолютная форма, не употр. атрибутивно; ср.* our) наш; ~ is a large family на́ша семья́ больша́я; this garden is ~ э́тот сад наш; it is no business of ~ э́то не на́ше де́ло; Jones of ~ Джо́унз из на́шего полка́

**ourself** [ˌauə'self] *pron emph.* мы (*в речи короля, научных статьях и т. п.*)

**ourselves** [ˌauə'selvz] *pron* 1) *refl.* себя́, -ся; себе́; we shall only harm ~ мы то́лько повреди́м себе́ 2) *emph.* са́ми; let us do it ~ дава́йте сде́лаем э́то са́ми

**ousel** ['u:zl] = ouzel

**oust** [aust] *v* 1) выгоня́ть, занима́ть (*чьё-л.*) ме́сто; вытесня́ть; to ~ the worms выгоня́ть глисто́в 2) *юр.* выселя́ть

**ouster** ['austə] *n юр.* выселе́ние, отня́тие иму́щества (*особ. незаконное*)

**out** [aut] **1.** *adv* 1) вне, снару́жи; нару́жу; вон; *передаётся тж. приставкой* вы-; he is ~ он вы́шел, его́ нет до́ма; the chicken is ~ цыплёнок вы́лупился; the book is ~ кни́га вы́шла из печа́ти; the eruption is ~ all over him сыпь вы́ступила у него́ по всему́ те́лу; the floods are ~ река́ вы́шла из берего́в; ~ at sea в откры́том мо́ре; ~ with him! вон его́!; ~ and home туда́ и обра́тно; the ball is ~ мяч за преде́лами по́ля; the secret is ~ та́йна раскры́та; ~ with it! выкла́дывайте! (*что у вас есть, что вы хотели сказать и т. п.*); to have an evening ~ провести́ ве́чер вне до́ма (*в кино, ресторане и т. п.*) 2) *придаёт действию характер завершённости; передаётся приставкой* вы-; to pour ~ вы́лить; to fill ~ а) заполня́ть(ся); б) расширя́ть(ся) 3) *означает окончание, завершение чего-л.:* before the week is ~ до конца́ неде́ли 4) *означает истощение, прекращение действия чего-л.:* the money is ~ де́ньги ко́нчились; the fire (candle) is ~ ого́нь (све́чка) поту́х(ла); the lease is ~ срок аре́нды истёк 5) *означает уклонение от какой-л. нормы, правил, истины:* crinolines are ~ кринoли́ны вы́шли из мо́ды; my watch is five minutes ~ мои́ часы́ «врут» на 5 мину́т; to be ~ быть без созна́ния, потеря́ть созна́ние ◇ ~ and about попра́вившийся по́сле боле́зни; ~ and away несравне́нно, намно́го, гора́здо; ~ and in = in and ~ [*см.* in 2 ◇]; ~ and ~ а) вполне́; б) несомне́нно; to be ~ for (*или* to) всеми си́лами стреми́ться к *чему́-л.*; she is ~ for compliments она́ напра́шивается на комплиме́нты; to be ~ with smb. быть с кем-л. в ссо́ре, не в лада́х

**2.** *prep:* ~ of *указывает на:* а) *положение вне другого предмета* вне, за, из; he lives ~ of town он живёт за го́родом; б) *движение за какие-л. пределы* из; they moved ~ of town они́ вы́ехали из го́рода; she took the money ~ of the bag она́ вы́нула де́ньги из су́мки; в) *материал, из которого сделан предмет* из; this table is made ~ of different kinds of wood э́тот стол сде́лан из разли́чных поро́д де́рева; г) *соотношение части и целого* из; five pupils ~ of thirty were absent отсу́тствовало пять ученико́в из тридцати́; a scene ~ of a play сце́на из пье́сы; д) *причину, основание действия* из-за, вследствие; ~ of envy из за́висти; ~ of necessity по необходи́мости; е) *отсутствие какого-л. предмета или признака* без, вне; ~ of money без де́нег; ~ of work без рабо́ты; ~ of time α) несвоевре́менно; β) не в такт; ~ of use неупотреби́тельный, вы́шедший из употребле́ния; ~ of health больно́й; ~ of mind α) из па́мяти вон; β) забы́тый ◇ to be done ~ of smth. быть лишённым чего́-л. (*обманным путём*); to be ~ of it а) не уча́ствовать в чём-л.; не быть допу́щенным к чему́-л.; б) изба́виться от чего́-л.; в) быть непра́вильно информи́рованным; you're absolutely ~ of it вы соверше́нно не в ку́рсе де́ла; to be ~ of one's mind быть не в своём уме́

**3.** *a* 1) вне́шний, кра́йний, нару́жный; ~ match выездно́й матч 2) бо́льше обы́чного; ~ size о́чень большо́й разме́р 3) *тех.* вы́ключенный

**4.** *n* 1) вы́ход; лазе́йка; to leave no ~ to smb. не оста́вить лазе́йки для кого́-л. 2) (the ~s) *pl парл.* оппози́ция 3) *полигр.* про́пуск 4) *амер. разг.* недоста́ток ◇ at (*амер.* on) the ~s в натя́нутых, плохи́х отноше́ниях

**5.** *int уст.* вон!; ~ upon you! а) стыди́тесь!; б) вон!

**6.** *v разг.* 1) выгоня́ть; ~ that man! вы́ставьте э́того челове́ка! 2) гаси́ть, туши́ть (*фонарь, лампу и т. п.*) 3) *спорт.* нокаути́ровать; he was ~ed in the first round его́ нокаути́ровали в пе́рвом ра́унде 4) *спорт.* удали́ть с по́ля 5) отправля́ться на прогу́лку, экску́рсию *и т. п.* □ ~ **with** разболта́ть

**out-** [aut-] *pref* 1) *придаёт глаголам значение* а) *превосходства* пере-; to outshout перекрича́ть; to outrun перегна́ть; б) *завершённости* вы-; to outspeak выска́зывать(ся) 2) *существительным и прилагательным придаёт значение:* а) *выхода, проявления:* outburst взрыв чувств *и т. п.*; б) *отдалённости:* outhouse надво́рное строе́ние; outlying отдалённый

**outage** ['autɪdʒ] *n* 1) просто́й; остано́вка рабо́ты 2) утру́ска, уте́чка 3) выпускно́е отве́рстие

**out-and-out** ['autnd'aut] *a* соверше́нный, по́лный; ~ war тота́льная война́

**out-and-outer** ['autnd'autə] *n разг.* 1) еди́нственный в своём ро́де; что-л., не име́ющее подо́бного *или* ра́вного 2) экстреми́ст; максимали́ст

**out-argue** [aut'ɑ:gju:] *v* переспо́рить

**outback** ['autbæk] *n австрал.* малонаселённый, необжито́й райо́н

**outbade** [aut'beɪd] *past от* outbid

**outbalance** [aut'bæləns] *v* 1) переве́шивать 2) превосходи́ть

**outbid** [aut'bɪd] *v* (outbid, outbade; outbid, outbidden) 1) перебива́ть це́ну 2) превзойти́, перещеголя́ть

**outbidden** [aut'bɪdn] *p. p. от* outbid

**outboard** ['autbɔ:d] *adv* за бо́ртом; бли́же к бо́рту

**outbound** ['autbaund] *a* 1) уходя́щий в да́льнее пла́вание *или* за грани́цу (*о корабле*) 2) отправля́емый за грани́цу, э́кспортный

**outbrave** [aut'breɪv] *v* 1) превосходи́ть хра́бростью 2) относи́ться пренебрежи́тельно *или* вызыва́юще 3) не боя́ться, прояви́ть му́жество; to ~ the storm не боя́ться грозы́

**outbreak** ['autbreɪk] **1.** *n* 1) взрыв, вспы́шка (*гнева*) 2) (внеза́пное) нача́ло (*войны, болезни и т. п.*); вспы́шка (*эпидемии*); ма́ссовое появле́ние (*с.-х. вредителей*); ~ of hostilities нача́ло вое́нных де́йствий 3) восста́ние; возмуще́ние 4) *геол.* вы́брос, вы́ход пласта́ на пове́рхность

**2.** *v поэт.* = break out [*см.* break I, 2]

**outbuild** [aut'bɪld] *v* (outbuilt) 1) стро́ить прочне́е, лу́чше 2) чрезме́рно застра́ивать

**outbuilding** ['autˌbɪldɪŋ] = outhouse

**outbuilt** [aut'bɪlt] *past и p. p. от* outbuild

**outburst** ['autbə:st] *n* взрыв, вспы́шка; ~ of tears пото́к слёз

**outcast** ['autkɑ:st] **1.** *n* 1) изгна́нник, па́рия 2) отбро́сы

**2.** *a* 1) и́згнанный, отве́рженный; бездо́мный 2) него́дный

**outclass** [aut'klɑ:s] *v* 1) оста́вить далеко́ позади́; превзойти́ 2) *спорт.* име́ть бо́лее высо́кий разря́д

**outcollege** ['autˌkɔlɪdʒ] *a* живу́щий не в колле́дже, а на ча́стной кварти́ре

**outcome** ['autkʌm] *n* 1) результа́т, после́дствие, исхо́д 2) вы́ход, выпускно́е отве́рстие

**outcrop** ['autkrɔp] **1.** *n* 1) *геол.* обнажéние порóд 2) выявлéние

**2.** *v* 1) *геол.* обнажáться, выходи́ть на повéрхность 2) случáйно выявля́ться, обнарýживаться

**outcry** ['autkraɪ] **1.** *n* 1) грóмкий крик; вы́крик 2) (общéственный) протéст

**2.** *v* 1) грóмко кричáть, выкри́кивать 2) протестовáть 3) перекричáть

**outdance** [aut'dɑːns] *v* протанцевáть дóльше други́х; танцевáть лýчше други́х

**outdare** [aut'dɛə] *v* 1) превосходи́ть дéрзостью, смéлостью 2) бросáть вы́зов

**outdated** [aut'deɪtɪd] *a* устарéлый, устарéвший

**outdid** [aut'dɪd] *past от* outdo

**out-distance** [aut'dɪstəns] *v* обогнáть; перегнáть

**outdo** [aut'duː] *v* (outdid; outdone) превзойти́; преодолéть

**outdone** [aut'dʌn] *p. p. от* outdo

**outdoor** ['autdɔː] *a* 1) находя́щийся *или* совершáющийся вне дóма, на откры́том вóздухе; ~ games и́гры на откры́том вóздухе; to lead an ~ life проводи́ть мнóго врéмени на откры́том вóздухе; an ~ theatre теáтр на откры́том вóздухе 2) проводи́мый вне стен учреждéния; ~ speaking выступлéние вне парлáмента; ~ pick-up внестуди́йная радиопередáча 3) внéшний, нарýжный; ~ aerial *радио* нарýжная антéнна ◇ ~ hands обвéтренные рýки

**outdoors** ['aut'dɔːz] **1.** *adv* на откры́том вóздухе; на ýлице

**2.** *n* двор, ýлица; the ~ lighted на ýлице посветлéло ◇ all ~ *амер.* весь мир, всё

**outdrive** [aut'draɪv] *v* (outdrove; outdriven) обогнáть

**outdriven** [aut'drɪvn] *p. p. от* outdrive

**outdrove** [aut'drəuv] *past от* outdrive

**outer** ['autə] **1.** *a* 1) внéшний, нарýжный; ~ coverings нарýжные покрóвы; ~ space косми́ческое прострáнство вне земнóй атмосфéры; the ~ world а) внéшний, материáльный мир; б) внéшний мир, óбщество, лю́ди; the ~ man внéшний вид, костю́м; ~ garments вéрхняя одéжда; the ~ wood опýшка лéса 2) отдалённый от цéнтра; the ~ suburbs дáльние предмéстья 3) физи́ческий (*в противоп. психическому*) 4) *филос.* объекти́вный

**2.** *n воен.* 1) бéлое пóле мишéни, «молокó» 2) попадáние в бéлое пóле мишéни, в «молокó»

**outermost** ['autəməust] *a* сáмый дáльний от середи́ны, от цéнтра

**outerwear** ['autəwɛə] *n амер.* вéрхняя одéжда

**outface** [aut'feɪs] *v* 1) смути́ть, сконфýзить при́стальным *или* дéрзким взгля́дом 2) держáться нáгло, вызывáюще

**outfall** ['autfɔːl] *n* 1) ýстье 2) водоотвóд; канáва, жёлоб

**outfield** ['autfiːld] *n* 1) отдалённое пóле 2) неизвéданная, неизýченная óбласть 3) *спорт.* дáльняя часть пóля (*в крикете*); игроки́, находя́щиеся в дáльней чáсти пóля

**outfight** [aut'faɪt] *v* побеждáть (*в бою, соревновании и т. п.*)

**outfit** ['autfɪt] **1.** *n* 1) снаряжéние (*для экспедиции*); экипирóвка; camping ~ тури́стское снаряжéние 2) обмундировáние 3) агрегáт; обору́дование, принадлéжности, набóр (прибóров, инструмéнтов); a carpenter's ~ инструмéнты плóтника 4) *разг.* грýппа; компáния; экспеди́ция; ансáмбль; *воен.* часть, подразделéние 5) учреждéние, предприя́тие; a publishing ~ издáтельство ◇ mental ~ ýмственный багáж

**2.** *v* 1) снаряжáть, экипировáть 2) обмундировáть 3) снабжáть обору́дованием

**outfitter** ['aut,fɪtə] *n* 1) поставщи́к снаряжéния, обмундировáния 2) рóзничный торгóвец, продаю́щий одéжду, галантерéю *и т. п.*; a gentleman's ~ торгóвец принадлéжностями мужскóго туалéта

**outflank** [aut'flæŋk] *v* 1) *воен.* охвáтывать с флáнга, обходи́ть флáнг, выходи́ть во фланг (*противника*) 2) перехитри́ть; обойти́

**outflow 1.** *n* ['autfləu] истечéние; вы́ход; утéчка; an ~ of bad language потóк ругáтельств; ~ of capital *эк.* утéчка (*или* вы́воз) капитáла

**2.** *v* [aut'fləu] истекáть, вытекáть

**outfox** [aut'fɔks] *v* перехитри́ть

**outgeneral** [aut'dʒenərəl] *v* превзойти́ в воéнном искýсстве

**outgiving** ['aut,gɪvɪŋ] **1.** *n* заявлéние, выскáзывание

**2.** *a* откровéнный, несдéржанный

**outgo 1.** *n* ['autgəu] (*pl* -oes [-əuz]) 1) ухóд, вы́ход; отъéзд, отправлéние 2) расхóд, издéржки

**2.** *v* [aut'gəu] (outwent; outgone) превосходи́ть, опережáть

**outgoing** [aut'gəuɪŋ] **1.** *pres. p. от* outgo 2

**2.** *a* 1) уходя́щий; уезжáющий, отбывáющий; ~ tenant жилéц, выезжáющий из квартúры 2) исходя́щий (*о бумагах, почте*) 3) *тех.* отрабóтанный, отходя́щий

**3.** *n pl* издéржки

**outgone** [aut'gɔn] *p. p. от* outgo 2

**outgrew** [aut'gruː] *past от* outgrow

**outgrow** [aut'grəu] *v* (outgrew; outgrown) 1) перерастáть; вырастáть (*из платья*); my family has ~n our house дом стал тéсен для моéй разрóсшейся семьи́ 2) отдéлываться с вóзрастом (*от дурной привычки и т. п.*)

**outgrown** [aut'grəun] *p. p. от* outgrow

**outgrowth** ['autgrəuθ] *n* 1) отрóсток; óтпрыск 2) продýкт, результáт 3) нарóст

**out-Herod** [aut'herəd] *v* превзойти́ И́рода в жестóкости (*тж.* to ~ Herod)

**outhouse** ['authaus] *n* 1) надвóрное строéние, слýжбы 2) крылó здáния; фли́гель 3) *амер.* убóрная во дворé

**outing** ['autɪŋ] *n* 1) зáгородная прогýлка, экскýрсия, пикни́к; to go for an ~ отпрáвиться на прогýлку (*или* экскýрсию, пикни́к) 2) *редк.* вы́ход; извержéние

**out-jockey** [aut'dʒɔkɪ] *v разг.* перехитри́ть, превзойти́ лóвкостью

**outlaid** [aut'leɪd] *past и p. p. от* outlay 2

**outlandish** [aut'lændɪʃ] *a* 1) замóрский, чужестрáнный, чужезéмный 2) стрáнный; дикóвинный, необычáйный 3) нелéпый, чуднóй 4) глухóй (*о местности*)

**outlast** [aut'lɑːst] *v* 1) продолжáться дóльше, чем (*что-л.*) 2) пережи́ть (*что-л.*) 3) прожи́ть; he will not ~ six months он не протя́нет и шести́ мéсяцев

**outlaw** ['autlɔː] **1.** *n* 1) человéк вне закóна; изгóй, изгнáнник; беглéц 2) граби́тель, разбóйник 3) организáция, объя́вленная вне закóна 4) *разг.* рабóчий, попáвший в «чёрный спи́сок»

**2.** *a* незакóнный; ~ strike забастóвка, не согласóванная с профсою́зом

**3.** *v* 1) объявля́ть (*кого-л.*) вне закóна; изгоня́ть из óбщества 2) *амер.* лишáть закóнной си́лы

**outlawry** ['autlɔːrɪ] *n* объявлéние вне закóна, изгнáние из óбщества

**outlay 1.** *n* ['autleɪ] издéржки, расхóды; ~ on (*или* for) scientific research расхóды на наýчные исслéдования

**2.** *v* [aut'leɪ] (outlaid) трáтить

**outlet** ['autlet] *n* 1) выпускнóе *или* выходнóе отвéрстие 2) *перен.* вы́ход, отдýшина 3) сток, вытекáние 4) ры́нок сбы́та; ~ for investment сфéра применéния капитáла 5) торгóвая тóчка; retail ~ рóзничная торгóвая тóчка 6) *тех.* штéпсельная розéтка

**outlier** ['aut,laɪə] *n* 1) человéк, проживáющий не по мéсту слýжбы 2) посторóнний 3) *геол.* остáнец тектони́ческого покрóва; хóлмик-свидéтель

**outline** ['autlaɪn] **1.** *n* 1) (*часто pl*) очертáние, кóнтур; áбрис; in ~ а) в óбщих чертáх; б) кóнтурный (*о рисунке*) 2) набрóсок; эски́з; óчерк 3) схéма, план, конспéкт 4) *pl* оснóвы; оснóвные при́нципы 5) *attr.* кóнтурный; an ~ map кóнтурная кáрта

**2.** *v* 1) нарисовáть кóнтур 2) обрисовáть, намéтить в óбщих чертáх; сдéлать набрóсок

**outlive** [aut'lɪv] *v* 1) пережи́ть (*кого-л., что-л.*); to ~ one's capacity быть не в состоя́нии дáлее выполня́ть (*работу и т. п.*) 2) вы́жить

**outlook** ['autluk] *n* 1) вид, перспекти́ва 2) ви́ды на бýдущее; a good ~ for trade хорóшие перспекти́вы развúтия торгóвли 3) наблюдéние 4) наблюдáтельный пункт 5) тóчка зрéния 6) кругозóр

**outlying** ['aut,laɪɪŋ] *a* удалённый, далёкий; отдалённый

**outmanoeuvre** [ˌautməˈnu:və] *v* 1) получи́ть преиму́щество бо́лее иску́сным маневри́рованием 2) перехитри́ть

**outmarch** [ˈautˈmɑ:tʃ] *v* 1) маршировать *или* дви́гаться быстре́е (*кого-л.*); пройти́ да́льше (*кого-л.*) 2) опереди́ть

**outmatch** [autˈmætʃ] *v* превосходи́ть, затмева́ть

**outmoded** [ˈautˈməudɪd] *a* вы́шедший из мо́ды, старомо́дный; устаре́вший

**outmost** [ˈautməust] = outermost

**outness** [ˈautnɪs] *n* вне́шний мир; объекти́вная действи́тельность

**outnumber** [autˈnʌmbə] *v* превосходи́ть чи́сленно

**out-of-date** [ˈautəvˈdeɪt] *a* устаре́лый; старомо́дный

**out-of-door(s)** [ˈautəvˈdɔ:(z)] **1.** *a* = outdoor

**2.** *adv* = outdoors 1

**3.** *n* = outdoors 2

**out-of-print** [ˈautəvˈprɪnt] *a* ре́дкий (*о книге*); ~ books букинисти́ческие кни́ги

**out-of-the-way** [ˈautəvðəˈweɪ] *a* 1) отдалённый; далёкий; тру́дно находи́мый 2) малоизве́стный; ~ items of information малоизве́стные све́дения 3) стра́нный, необы́чный

**out-of-work** [ˈautəvˈwə:k] **1.** *a* безрабо́тный, не име́ющий рабо́ты

**2.** *n* безрабо́тный

**outpace** [autˈpeɪs] *v* опережа́ть, идти́ быстре́е

**out-patient** [ˈautˌpeɪʃənt] *n* 1) амбулато́рный больно́й 2) *attr.* амбулато́рный; ~ hospital поликли́ника; ~ treatment амбулато́рное лече́ние

**outperform** [ˌautpəˈfɔ:m] *v* де́лать лу́чше, чем друго́й

**outplay** [autˈpleɪ] *v* обыгра́ть

**outpoint** [autˈpɔɪnt] *v спорт.* победи́ть по очка́м

**outpost** [ˈautpəust] *n* 1) аванпо́ст 2) отдалённое поселе́ние 3) *pl* (*амер. sing*) *воен.* сторожево́е охране́ние; сторожева́я заста́ва

**outpour 1.** *n* [ˈautpɔ:] 1) пото́к 2) излия́ние (*чувств*)

**2.** *v* [autˈpɔ:] 1) вылива́ть 2) излива́ть (*душу, чувства*)

**outpouring** [ˈautˌpɔ:rɪŋ] **1.** *pres. p. от* outpour 2

**2.** *n* (*обыкн. pl*) излия́ние (*чувств*)

**output** [ˈautput] *n* 1) проду́кция; проду́кт; вы́пуск; вы́работка; the literary ~ of the year литерату́рная проду́кция за́ год 2) *тех.* производи́тельность; мо́щность, отда́ча; пропускна́я спосо́бность; ёмкость 3) *горн.* добы́ча 4) *мат.* ито́г, результа́т

**outrage** [ˈautreɪdʒ] **1.** *n* 1) гру́бое наруше́ние зако́на *или* чужи́х прав; произво́л; an ~ against humanity преступле́ние про́тив челове́чества 2) наси́лие 3) поруга́ние; оскорбле́ние, надруга́тельство 4) *разг.* возмути́тельный слу́чай, посту́пок; what an ~! како́е безобра́зие!

**2.** *v* 1) преступа́ть, наруша́ть зако́н 2) производи́ть наси́лие 3) оскорби́ть; надруга́ться; to ~ public opinion оскорби́ть обще́ственное мне́ние

**outrageous** [autˈreɪdʒəs] *a* 1) неи́стовый, жесто́кий 2) возмути́тельный; оскорби́тельный; вопию́щий, сканда́льный

**outran** [autˈræn] *past от* outrun

**outrange** [autˈreɪndʒ] *v* 1) *воен.* име́ть бо́льшую дальнобо́йность 2) перегна́ть (*судно в состязании*)

**outrank** [autˈræŋk] *v* 1) име́ть бо́лее высо́кий ранг *или* чин; быть ста́рше в зва́нии 2) превосходи́ть

**outré** [ˈu:treɪ] *фр. a* 1) преступа́ющий грани́цы, наруша́ющий (*приличия и т. п.*); эксцентри́чный; an ~ dress эксцентри́чный костю́м 2) преувели́ченный

**outridden** [autˈrɪdn] *p. p. от* outride

**outride** [autˈraɪd] *v* (outrode; outridden) 1) перегна́ть, опереди́ть 2) вы́держать, сто́йко перенести́ (*шторм; несчастье и т. п.*)

**outrider** [ˈautˌraɪdə] *n* 1) верхово́й, сопровожда́ющий экипа́ж; полице́йский эско́рт 2) предве́стник

**outrigger** [ˈautˌrɪgə] *n* 1) *мор.* утле́гарь 2) аутри́гер (*шлюпка с выносными уключинами*) 3) *стр.* консо́льная ба́лка 4) валёк (*для постромок*) 5) выносна́я стрела́ (*подъёмного крана*)

**outright 1.** *a* [ˈautraɪt] 1) прямо́й, откры́тый 2) по́лный, соверше́нный; he gave an ~ denial он наотре́з отказа́лся; an ~ rogue отъя́вленный моше́нник; to be the ~ winner одержа́ть по́лную побе́ду

**2.** *adv* [autˈraɪt] 1) вполне́, соверше́нно; до конца́ 2) откры́то, пря́мо 3) сра́зу 4) раз навсегда́

**outrival** [autˈraɪvəl] *v* превзойти́

**outrode** [autˈrəud] *past от* outride

**outrun** [autˈrʌn] *v* (outran; outrun) 1) перегна́ть; опереди́ть; обогна́ть 2) убежа́ть (*от кого-л.*) 3) преступа́ть преде́лы *или* грани́цы

**outrunner** [ˈautˌrʌnə] *n* 1) скорохо́д 2) пристяжна́я ло́шадь 3) соба́ка-вожа́к (*в упряжке*)

**outsail** [autˈseɪl] *v* перегна́ть (*о судне*)

**outsat** [autˈsæt] *past и p. p. от* outsit

**outsell** [autˈsel] *v* (outsold) продава́ться лу́чше *или* доро́же, чем друго́й това́р

**outset** [ˈautset] *n* 1) отправле́ние, нача́ло; at the ~ внача́ле; from the ~ с са́мого нача́ла 2) у́стье ша́хты, возвыша́ющееся над по́чвой 3) *полигр.* богови́к; заголо́вок, помещённый на поля́х страни́цы

**outshine** [autˈʃaɪn] *v* (outshone) затми́ть

**outshone** [autˈʃɔn] *past и p. p. от* outshine

**outside** [ˈautˈsaɪd] **1.** *n* 1) нару́жная часть *или* сторона́; вне́шняя пове́рхность; the ~ of an omnibus импери́ал о́мнибуса; on the ~ снару́жи 2) вне́шний мир; объекти́вная реа́льность; from ~ извне́; impressions from the ~ впечатле́ния вне́шнего ми́ра 3) нару́жность, вне́шность; rough ~ гру́бая вне́шность 4) пассажи́р импери́ала 5) *pl* нару́жные листы́ (*в стопе бумаги*) 6): at the (very) ~ са́мое бо́льшее; в кра́йнем слу́чае

**2.** *a* 1) нару́жный, вне́шний; ~ repairs нару́жный ремо́нт; ~ work рабо́та на во́здухе; ~ broadcast внесту́дийная радиопереда́ча 2) кра́йний; находя́щийся с кра́ю; ~ seat кра́йнее ме́сто; ~ left (right) *спорт.* ле́вый (пра́вый) кра́йний напада́ющий 3) вне́шний; посторо́нний; ~ help по́мощь извне́; ~ expert специали́ст, приглашённый со стороны́; ~ broker ма́клер, не явля́ющийся чле́ном би́ржи 4) наибо́льший, преде́льный, кра́йний; ~ limit кра́йний преде́л; ~ prices кра́йние це́ны 5) *амер.* незначи́тельный; ~ chance ничто́жный шанс

**3.** *adv* 1) снару́жи, извне́; нару́жу; put those flowers ~ вы́ставьте (из ко́мнаты) э́ти цветы́ 2) на (откры́том) во́здухе; на дворе́ 3) *мор.* в откры́том мо́ре ◇ come ~! выходи́! (*вызов на драку*)

**4.** *prep* 1) вне, за преде́лами, за преде́лы (*тж.* ~ of); ~ the door за две́рью; ~ the city limits за городско́й черто́й 2) кро́ме (*тж.* ~ of); no one knows it ~ one or two persons никто́ э́того не зна́ет, за исключе́нием одного́ и́ли двух челове́к ◇ ~ of a horse *разг.* верхо́м; to get ~ of *разг.* а) съесть, вы́пить; б) *разг.* пости́чь; разобра́ться (*в вопросе и т. п.*)

**outsider** [ˈautˈsaɪdə] *n* 1) посторо́нний (челове́к) не принадлежа́щий к да́нному учрежде́нию, кру́гу, па́ртии; посторо́ннее лицо́; сторо́нний наблюда́тель 2) неспециали́ст, люби́тель; профа́н 3) *разг.* невоспи́танный челове́к 4) *спорт.* аутса́йдер

**outsit** [autˈsɪt] *v* (outsat) переси́деть (*других гостей*); засиде́ться

**outsize** [ˈautsaɪz] *a* бо́льше станда́ртного разме́ра (*особ. о готовом платье*); нестанда́ртный

**outskirts** [ˈautskə:ts] *n pl* 1) окра́ина, предме́стья (*города*) 2) опу́шка (*леса*)

**outsmart** [autˈsmɑ:t] *v амер. разг.* перехитри́ть

**outsold** [autˈsəuld] *past и p. p. от* outsell

**outspeak** [autˈspi:k] *v* (outspoke; outspoken) 1) говори́ть лу́чше, вырази́тельнее, гро́мче (*кого-л.*) 2) вы́сказать(ся)

**outspoke** [autˈspəuk] *past от* outspeak

**outspoken** [autˈspəukən] **1.** *p. p. от* outspeak

**2.** *a* 1) вы́сказанный; вы́раженный 2) и́скренний, открове́нный, прямо́й; ~ criticism че́стная кри́тика

**outspread** [ˈautˈspred] **1.** *n* распростране́ние; расшире́ние

**2.** *a* распростёртый, расстила́ющийся; разо́стланный

**3.** *v* (outspread) 1) распространя́ть(-ся) 2) простира́ть(ся)

**outstanding** [aut'stændɪŋ] *a* 1) выдающийся, знаменитый; ~ characteristics характерные черты *или* особенности 2) выступающий (*над чем-л.*) 3) неуплаченный; просроченный; ~ debt невыплаченный долг, непогашенная задолженность 4) невыполненный; остающийся неразрешённым, спорным; a good deal of work still ~ работы ещё непочатый край

**outstay** [aut'steɪ] *v* 1) = outsit 2) выдержать, выстоять

**outstep** [aut'step] *v* переступать (границы); выходить за пределы

**outstretched** [aut'stretʃt] *a* 1) протянутый 2) растянувшийся, растянутый; with ~ arms с распростёртыми объятиями

**outstrip** [aut'strɪp] *v* 1) обгонять, опережать 2) превосходить (*в чём-л.*)

**out-talk** [aut'tɔ:k] *v* заговорить (*кого-л.*); не дать сказать слова (*другому*)

**out-to-out** ['auttu'aut] *n тех.* наибольший габаритный размер

**out-top** [aut'tɔp] *v* 1) быть выше (*кого-л., чего-л.*) 2) превосходить

**out-turn** ['aut'tə:n] = output 1), 2) *и* 3)

**outvalue** [aut'vælju:] *v* стоить дороже

**outvie** [aut'vaɪ] *v* превзойти в состязании

**outvoice** [aut'vɔɪs] *v* перекричать

**outvote** [aut'vəut] *v* 1) иметь перевес голосов 2) забаллотировать

**outvoter** ['aut,vəutə] *n парл.* избиратель, не живущий в данном избирательном округе

**outwalk** [aut'wɔ:k] *v* идти дальше *или* быстрее (*кого-л.*)

**outward** ['autwəd] **1.** *a* 1) внешний, наружный; поверхностный; ~ form внешность; ~ things окружающий мир; to ~ seeming судя по внешности 2) направленный наружу 3) видимый ◇ the ~ man а) тело; б) *шутл.* одежда

**2.** *n* 1) внешний вид, внешность 2) внешний мир

**3.** *adv* = outwards

**outward-bound** ['autwəd'baund] *a мор.* уходящий в плавание *или* за границу (*о корабле*)

**outwardly** ['autwədlɪ] *adv* внешне, снаружи, на вид

**outwardness** ['autwədnɪs] *n* объективное существование

**outwards** ['autwədz] *adv* наружу, за пределы

**outwear** [aut'wɛə] *v* (outwore; outworn) 1) изнашивать 2) (*обыкн. p. p.*) истощать (*терпение*) 3) быть прочнее, носиться дольше (*о вещи*)

**outweigh** [aut'weɪ] *v* 1) быть тяжелее, превосходить в весе 2) перевешивать; быть более влиятельным, важным *и т. п.*

**outwent** [aut'went] *past от* outgo 2

**outwit** [aut'wɪt] *v* перехитрить; провести (*кого-л.*)

**outwore** [aut'wɔ:] *past от* outwear

**outwork 1.** *n* ['autwə:k] 1) работа вне мастерской, вне завода *и т. п.*; надомная работа 2) *воен.* внешнее укрепление

**2.** *v* [aut'wə:k] работать лучше и быстрее (*чем кто-л.*)

**outworker** ['aut,wə:kə] *n* надомник; надомница

**outworn 1.** [aut'wɔ:n] *p. p. от* outwear

**2.** *a* ['autwɔ:n] 1) изношенный; негодный к употреблению 2) устарелый (*о понятиях*); ~ quotations избитые цитаты 3) изнурённый

**ouzel** ['u:zl] *n* дрозд (*особ.* чёрный)

**ova** ['əuvə] *pl от* ovum

**oval** ['əuvəl] **1.** *a* овальный

**2.** *n* овал

**ovariotomy** [əu,vɛərɪ'ɔtəmɪ] *n мед.* овариотомия

**ovary** ['əuvərɪ] *n* 1) *анат.* яичник 2) *бот.* завязь

**ovate** ['əuveɪt] *бот. см.* oval 1

**ovation** [əu'veɪʃən] *n* овация, бурные аплодисменты

**oven** ['ʌvn] *n* 1) духовой шкаф, духовка 2) *attr.*: ~ loss упёк

**oven-bird** ['ʌvnbə:d] *n* печник (*птица*)

**over** ['əuvə] **1.** *prep* 1) *указывает на взаимное положение предметов*: а) над, выше; ~ our heads α) над нашими головами; β) сверх, выше нашего понимания; γ) *разг.* не посоветовавшись с нами; б) через; a bridge ~ the river мост через реку; в) по ту сторону, за, через; a village ~ the river деревня по ту сторону реки; he lives ~ the way он живёт через дорогу; г) у, при, за; they were sitting ~ the fire они сидели у камина 2) *указывает на характер движения*: а) через, о; he jumped ~ the ditch он перепрыгнул через канаву; to flow ~ the edge бежать через край; to stumble ~ a stone споткнуться о камень; б) поверх, на; he pulled his hat ~ his eyes он надвинул шляпу на глаза; в) по, по всей поверхности; ~ the whole country, all ~ the country по всей стране; snow is falling ~ the north of England на севере Англии идёт снег 3) *указывает на промежуток времени, в течение которого происходило действие* за, в течение; he packed ~ two hours он собрался за два часа; to stay ~ the whole week оставаться в течение всей недели 4) *указывает на количественное или числовое превышение* свыше, сверх, больше; ~ two years больше двух лет; ~ five millions свыше пяти миллионов; she is ~ fifty ей за пятьдесят 5) *указывает на превосходство в положении, старшинство и т. п.* над; a general is ~ a colonel генерал старше по чину, чем полковник; they want a good chief ~ them им нужен хороший начальник; he is ~ me in the office он мой начальник по службе 6) *указывает на источник, средство и т. п.* через, через посредство, по; I heard it ~ the radio я слышал это по радио 7) относительно, касательно; to talk ~ the matter говорить относительно этого дела ◇ she was all ~ him она не знала, как угодить ему

**2.** *adv* 1) *указывает на движение через что-л., передаётся приставками* пере-, вы-; to jump ~ перепрыгнуть; to swim ~ переплыть; to boil ~ *разг.* убегать (*о молоке и т. п.*) 2) *указывает на повсеместность или всеохватывающий характер действия или состояния*: hills covered all ~ with snow холмы, сплошь покрытые снегом; paint the wall ~ покрась всю стену 3) *указывает на доведение действия до конца; передаётся приставкой* про-; to read the story ~ прочитать рассказ до конца; to think ~ продумать 4) *указывает на окончание, прекращение действия*: the meeting is ~ собрание окончено; it is all ~ всё кончено; всё пропало 5) снова, вновь, ещё раз; the work is badly done, it must be done ~ работа сделана плохо, её нужно переделать 6) вдобавок, сверх, слишком, чересчур; I paid my bill and had five shillings ~ я заплатил по счёту, и у меня ещё осталось пять шиллингов; he is ~ polite он чрезвычайно любезен; children of fourteen and ~ дети четырнадцати лет и старше 7) *имеет усилительное значение*: ~ there вон там; let him come ~ here пусть-ка он придёт сюда; take it ~ to the post-office отнеси-ка это на почту; hand it ~ to them передай-ка им это □ ~ against а) против, напротив; б) по сравнению с ◇ ~ and ~ (again) много раз, снова и снова; ~ and above а) в добавление, к тому же, б) с лихвой; it can stand ~ это может подождать; that is Tom all ~ это так характерно для Тома, это так похоже на Тома

**3.** *n* 1) излишек, приплата 2) *воен.* перелёт (*снаряда*) 3) *радио* переход на приём

**4.** *a* 1) верхний 2) вышестоящий 3) излишний, избыточный 4) чрезмерный

**over-** ['əuvə-] *pref* сверх-, над-, чрезмерно, пере-

**overabundance** ['əuvərə'bʌndəns] *n* сверхизобилие; избыток

**overabundant** ['əuvərə'bʌndənt] *a* избыточный

**overact** ['əuvər'ækt] *v* переигрывать (*роль*); утрировать, шаржировать

**over-active** ['əuvər'æktɪv] *a* сверхактивный

**overage** I ['əuvər'eɪdʒ] *a* переросший

**overage** II ['əuvərɪdʒ] *n* избыток, излишек; an ~ was disclosed были обнаружены излишки

**overall 1.** *n* ['əuvərɔ:l] рабочий халат; спецодежда; *pl* широкие рабочие брюки; комбинезон

**2.** *a* ['əuvərɔ:l] 1) полный, общий, предельный; ~ dimensions габаритные размеры; ~ housing *стр.* тепляк

2) всео́бщий; всеобъе́млющий; всеохва́тывающий; ~ planning генера́льное плани́рование
**3.** *adv* [ˌəuvər'ɔ:l] 1) повсю́ду; повсеме́стно 2) по́лностью, в о́бщем и це́лом
**overanxious** ['əuvər'æŋkʃəs] *a* 1) сли́шком обеспоко́енный; пани́чески настро́енный 2) о́чень стара́тельный
**overarch** [ˌəuvər'ɑ:tʃ] *v* 1) покрыва́ть сво́дом 2) образо́вывать свод, а́рку
**overarm** ['əuvərɑ:m] *n* ове́рарм, саже́нки (*способ плавания*)
**overate** ['əuvər'et] *past от* overeat
**overawe** [ˌəuvər'ɔ:] *v* держа́ть в благогове́йном стра́хе; внуша́ть благогове́йный страх
**overbalance** [ˌəuvə'bæləns] **1.** *n* переве́с; избы́ток
**2.** *v* 1) переве́шивать, превосходи́ть 2) вы́вести из равнове́сия 3) потеря́ть равнове́сие и упа́сть
**overbear** [ˌəuvə'bɛə] *v* (overbore; overborne) 1) переси́ливать; превозмога́ть 2) подавля́ть; he overbore all my arguments его́ до́воды оказа́лись убеди́тельнее мои́х; он меня́ переубеди́л 3) превосходи́ть
**overbearing** [ˌəuvə'bɛəriŋ] **1.** *pres. p. от* overbear
**2.** *a* вла́стный, повели́тельный; an ~ manner вла́стная мане́ра
**overblow** ['əuvə'bləu] *v* (overblew, overblown) 1) раздува́ть, растя́гивать 2) пронести́сь, минова́ть (*о буре, опасности и т. п.*)
**overblown** ['əuvə'bləun] *a* 1) проне́сшийся (*о буре и т. п.*) 2) непоме́рно разду́тый 3) по́лностью распусти́вшийся (*о цветке*)
**overboard** ['əuvəbɔ:d] *adv* за́ борт; за бо́ртом; man ~! челове́к за бо́ртом!; to throw ~ выбра́сывать за́ борт ◇ to throw smb. ~ переста́ть подде́рживать кого́-л.
**overboil** ['əuvə'bɔil] *v* перекипе́ть; *разг.* убежа́ть (*о молоке и т. п.*)
**overbold** ['əuvə'bəuld] *a* 1) сли́шком сме́лый, де́рзкий 2) опроме́тчивый
**overbook** ['əuvə'buk] *v* продава́ть бо́льше биле́тов, чем име́ется поса́дочных мест
**overbore** [ˌəuvə'bɔ:] *past от* overbear
**overborne** [ˌəuvə'bɔ:n] *p. p. от* overbear
**overbought** [ˌəuvə'bɔ:t] *past и p. p. от* overbuy
**overbrim** ['əuvə'brim] *v* перелоплня́ть(ся); перелива́ть(ся) че́рез край
**overbuild** ['əuvə'bild] *v* (overbuilt) 1) надстра́ивать 2) (чрезме́рно) застра́ивать
**overbuilt** ['əuvə'bilt] *past и p. p. от* overbuild
**overburden** [ˌəuvə'bə:dn] *v* 1) перегружа́ть 2) отягоща́ть
**overbuy** [ˌəuvə'bai] *v* (overbought) 1) покупа́ть в сли́шком большо́м коли́честве 2) *уст.* покупа́ть сли́шком до́рого
**overcame** [ˌəuvə'keim] *past от* overcome
**over-capitalize** ['əuvə'kæpitəlaiz] *v* определя́ть капита́л (*компании и т. п.*) сли́шком высоко́
**overcast** ['əuvəkɑ:st] **1.** *n* сплошна́я о́блачность; облака́, ту́чи
**2.** *a* 1) покры́тый облака́ми; мра́чный, хму́рый (*о небе*) 2) печа́льный, угрю́мый
**3.** *v* (overcast) 1) покрыва́ть(ся), закрыва́ть(ся); затемня́ть 2) темне́ть 3) запошива́ть (*край*); сшива́ть че́рез край
**overcharge** ['əuvə'tʃɑ:dʒ] **1.** *v* 1) назнача́ть завы́шенную це́ну 2) перегружа́ть 3) загроможда́ть дета́лями, преувели́чивать (*в описании и т. п.*) 4) *эл.* перезаряжа́ть 5) *тех.* перегружа́ть 6) *воен.* заряжа́ть уси́ленным заря́дом
**2.** *n* 1) завы́шенная цена́; запро́с 2) *эл.* перезаря́д
**overcloud** [ˌəuvə'klaud] *v* 1) застила́ть(ся) облака́ми 2) омрача́ть(ся)
**overcoat** ['əuvəkəut] *n* 1) пальто́ 2) шине́ль
**overcoating** ['əuvəˌkəutiŋ] *n* материа́л на пальто́
**over-colour** ['əuvə'kʌlə] *v* сгуща́ть кра́ски; преувели́чивать
**overcome** [ˌəuvə'kʌm] *v* (overcame; overcome) 1) поборо́ть, победи́ть; превозмо́чь; преодоле́ть; to ~ smb. взять верх над кем-л. 2) охвати́ть, обуя́ть (*о чувстве*) 3) *pass.* истощи́ть, лиши́ть самооблада́ния; ~ by hunger истощённый го́лодом; ~ by (*или* with) drink пья́ный 4): he was ~ его́ стошни́ло
**overcommitment** ['əuvəkə'mitmənt] *n* чрезме́рные обяза́тельства
**overcrop** [ˌəuvə'krɔp] *v* истоща́ть зе́млю
**overcrow** [ˌəuvə'krəu] *v* торжествова́ть (*над соперником и т. п.*)
**overcrowd** [ˌəuvə'kraud] *v* 1) переполня́ть (*помещение и т. п.*) 2) толпи́ться
**overcrowded** [ˌəuvə'kraudid] *a* перепо́лненный; to live in ~ conditions жить в тесноте́
**overcrowding** [ˌəuvə'kraudiŋ] *n* перенаселе́ние; перенаселённость
**overdevelop** ['əuvədi'veləp] *v* 1) чрезме́рно развива́ть 2) *фото* передержа́ть (*при проявлении*)
**overdid** [ˌəuvə'did] *past от* overdo
**overdo** [ˌəuvə'du:] *v* (overdid; overdone) 1) заходи́ть сли́шком далеко́; «переборщи́ть», перестара́ться, переусе́рдствовать (*тж.* to ~ it) [*ср. тж.* 4)] 2) утри́ровать; преувели́чивать 3) пережа́ривать 4) переутомля́ть(ся); to ~ it переутоми́ться; work hard but don't ~ it рабо́тайте усе́рдно, но не переутомля́йтесь [*ср. тж.* 1)]
**overdone** **1.** [ˌəuvə'dʌn] *p. p. от* overdo
**2.** *a* ['əuvə'dʌn] 1) преувели́ченный, утри́рованный 2) пережа́ренный
**overdose** **1.** *n* ['əuvədəus] сли́шком больша́я, вре́дная до́за; передозиро́вка (*лекарства*)
**2.** *v* ['əuvə'dəus] дава́ть сли́шком большу́ю, вре́дную до́зу
**overdraft** ['əuvədrɑ:ft] *n* 1) превыше́ние креди́та (*в банке*) 2) = overdraught
**overdrank** ['əuvə'dræŋk] *past от* overdrink
**overdraught** ['əuvədrɑ:ft] *n* *тех.* ве́рхнее дутьё
**overdraw** ['əuvə'drɔ:] *v* (overdrew; overdrawn) 1) превы́сить креди́т (*в банке*) 2) преувели́чивать
**overdrawn** ['əuvə'drɔ:n] *p. p. от* overdraw
**overdress** ['əuvə'dres] *v* одева́ться сли́шком наря́дно
**overdrew** ['əuvə'dru:] *past от* overdraw
**overdrink** ['əuvə'driŋk] *v* (overdrank; overdrunk) 1) сли́шком мно́го пить; вы́пить бо́льше друго́го 2) перепи́ться
**overdrive** ['əuvə'draiv] *v* (overdrove; overdriven) 1) переутомля́ть, изнуря́ть 2) загна́ть (*лошадь*)
**ovedriven** ['əuvə'drivn] *p. p. от* overdrive
**overdrove** ['əuvə'drəuv] *past от* overdrive
**overdrunk** ['əuvə'drʌŋk] *p. p. от* overdrink
**overdue** ['əuvə'dju:] *a* 1) запозда́лый; the train is ~ по́езд запа́здывает; it is long ~ давно́ пора́ 2) просро́ченный (*о векселе, долге и т. п.*)
**overdye** ['əuvə'dai] *v* 1) перекра́сить в друго́й цвет 2) сде́лать сли́шком тёмным
**overeat** ['əuvər'i:t] *v refl.* (overate; overeaten) перееда́ть, объеда́ться
**overeaten** ['əuvər'i:tn] *p. p. от* overeat
**overemployment** ['əuvərim'plɔimənt] *n эк.* сверхза́нятость, чрезме́рная за́нятость
**over-estimate** **1.** *n* ['əuvər'estimit] 1) сли́шком высо́кая оце́нка 2) разду́тая сме́та
**2.** *v* ['əuvər'estimeit] 1) переоце́нивать 2) составля́ть разду́тую сме́ту
**over-expose** ['əuvəriks'pəuz] *v фото* передержа́ть (*при съёмке*)
**over-exposure** ['əuvəriks'pəuʒə] *n* *фото* переде́ржка (*при съёмке*)
**overextended** ['əuvəriks'tendid] *a* 1) затя́нутый, растя́нутый 2) чрезме́рно разду́тый
**overfall** ['əuvəfɔ:l] *n* 1) водосли́в 2) *мор.* быстрина́
**overfed** ['əuvə'fed] *past и p. p. от* overfeed
**overfeed** ['əuvə'fi:d] *v* (overfed) 1) перека́рмливать 2) объеда́ться, перееда́ть
**overfill** [ˌəuvə'fil] *v* переполня́ть
**overflow** **1.** *n* ['əuvəfləu] 1) перелива́ние че́рез край 2) разли́в; навод-

нéние 3) избы́ток; an ~ of population перенаселéние

**2.** *v* [ˌəuvəˈfləu] 1) перелива́ться чéрез край 2) залива́ть, затопля́ть; разлива́ться (*о реке*) 3) выходи́ть за предéлы; the crowds ~ed the barriers толпа́ хлы́нула за барьéры 4) переполня́ть; быть перепóлненным; to ~ with kindness быть преиспóлненным доброты́

**overflowing** [ˌəuvəˈfləuɪŋ] **1.** *pres. p. от* overflow 2

**2.** *a* 1) лью́щийся чéрез край; бью́щий чéрез край 2) перепóлненный

**overfreight** [ˈəuvəˈfreɪt] = overload

**overfulfil** [ˈəuvəfulˈfɪl] *v* перевыполня́ть

**overfulfilment** [ˈəuvəfulˈfɪlmənt] *n* перевыполнéние

**overfull** [ˈəuvəˈful] *a* 1) перепóлненный 2) чрезмéрно повы́шенный; ~ employment *эк.* чрезмéрно высóкий у́ровень за́нятости

**overgarment** [ˈəuvəˈgɑːmənt] *n амер.* вéрхняя одéжда

**overgild** [ˈəuvəˈgɪld] *v* (overgilded [-ɪd], overgilt) позолоти́ть

**overgilt** [ˈəuvəˈgɪlt] *past и p. p. от* overgild

**overgrew** [ˈəuvəˈgruː] *past от* overgrow

**overground** I [ˈəuvəgraund] *a* надзéмный ◇ still ~ *разг.* ещё жив

**overground** II [ˈəuvəˈgraund] *a* измельчённый до пы́ли

**overgrow** [ˈəuvəˈgrəu] *v* (overgrew; overgrown) 1) расти́ сли́шком бы́стро 2) перерасти́ (*что-л.*); выраста́ть (*из чего-л.*); to ~ one's clothes вырасти́ из пла́тья 3) зараста́ть (*преим. pass.*); the garden is ~n with weeds сад зарóс сорняка́ми

**overgrown** [ˈəuvəˈgrəun] **1.** *p. p. от* overgrow

**2.** *a* 1) перерóсший 2) растýщий без ухóда, неподстри́женный (*о растениях*) 3) зарóсший

**overgrowth** [ˈəuvəgrəuθ] *n* 1) чрезмéрно бы́стрый рост 2) разраста́ние 3) *мед.* гипертрофи́я

**overhang** **1.** *n* [ˈəuvəhæŋ] вы́ступ, свес

**2.** *v* [ˈəuvəˈhæŋ] (overhung) выступа́ть над *чем-л.*, нависа́ть (*тж. перен.*); выдава́ться, свéшиваться; overhung with creepers покры́тый вью́щимися растéниями

**overhaul** **1.** *n* [ˈəuvəhɔːl] 1) тща́тельный осмóтр 2) капита́льный ремóнт (*тж.* major ~) 3) пересмóтр 4) *attr.*: ~ base ремóнтная ба́за

**2.** *v* [ˌəuvəˈhɔːl] 1) разбира́ть, тща́тельно осма́тривать (*часто с целью ремонта*); to ~ the state of accounts произвести́ реви́зию бухгалтéрии; to be ~ed by a doctor быть на осмóтре у врача́ 2) капита́льно ремонти́ровать; перестра́ивать, реконструи́ровать 3) догоня́ть, догна́ть

**overhead** **1.** *a* [ˈəuvəhed] 1) вéрхний 2) воздýшный; надзéмный; ~ wire воздýшный прóвод; ~ railway надзéмная желéзная дорóга; ~ road эстака́да; ~ irrigation дождева́ние; ~ crane мостовóй кран 3) *ком.* накладнóй; ~ charges (*или* costs, expenses) накладны́е расхóды

**2.** *adv* [ˈəuvəˈhed] наверхý, над головóй; в вéрхнем этажé; на нéбе

**3.** *n* [ˈəuvəhed] (*обыкн. pl*) накладны́е расхóды

**overhear** [ˌəuvəˈhɪə] *v* (overheard) 1) подслýшивать 2) нечáянно услы́шать

**overheard** [ˌəuvəˈhəːd] *past и p. p. от* overhear

**overheat** [ˈəuvəˈhiːt] **1.** *n* перегрéв

**2.** *v* перегрева́ть(ся)

**overhung** [ˈəuvəˈhʌŋ] *past и p. p. от* overhang 2

**over-indulgence** [ˈəuvərɪnˈdʌldʒəns] *n* чрезмéрное увлечéние, злоупотреблéние

**overissue** [ˈəuvərˈɪsjuː] **1.** *n* 1) *фин.* чрезмéрная эми́ссия 2) нераспрóданные экземпля́ры тиража́; чрезмéрный вы́пуск

**2.** *v* выпуска́ть сверх дозвóленного коли́чества (*акции, банкноты и т. п.*)

**overjoy** [ˌəuvəˈdʒɔɪ] *v* осчастли́вить, óчень обрáдовать

**overjoyed** [ˌəuvəˈdʒɔɪd] **1.** *p. p. от* overjoy

**2.** *a* вне себя́ от рáдости, óчень довóльный, счастли́вый (at)

**overjump** [ˌəuvəˈdʒʌmp] *v* 1) перепры́гивать, перескáкивать 2) пропуска́ть, игнори́ровать

**overkill** [ˈəuvəkɪl] *воен.* **1.** *n* применéние средств поражéния избы́точной мóщности

**2.** *v* применя́ть срéдства поражéния избы́точной мóщности

**overknee** [ˈəuvəˈniː] *a* вы́ше колéн

**overlabour** [ˈəuvəˈleɪbə] *v* 1) переутомля́ть рабóтой 2) слишком тща́тельно отдéлывать

**overladen** [ˈəuvəˈleɪdn] *a* перегрýженный

**overlaid** [ˌəuvəˈleɪd] *past и p. p. от* overlay I, 2

**overlain** [ˌəuvəˈleɪn] *p. p. от* overlie

**overland** **1.** *a* [ˈəuvəlænd] сухопу́тный; проходя́щий целикóм *или* бóльшей ча́стью по сýше

**2.** *adv* [ˌəuvəˈlænd] по сýше; на сýше

**overlap** **1.** *v* [ˌəuvəˈlæp] 1) части́чно покрыва́ть; заходи́ть оди́н за другóй; перекрыва́ть 2) части́чно совпада́ть; his duties and mine ~ мы выполня́ем одни́ и те же обя́занности

**2.** *n* [ˈəuvəlæp] 1) совпадéние 2) *тех.* нахлёстка; перекры́тие

**overlapping** [ˈəuvəˌlæpɪŋ] **1.** *n* параллели́зм, дубли́рование; повторéние

**2.** *a* паралле́льный, части́чно дубли́рующий

**overlay** I **1.** *n* [ˈəuvəleɪ] 1) покры́шка; салфéтка; покрыва́ло 2) *шотл.* га́лстук 3) *полигр.* припра́вка

**2.** *v* [ˌəuvəˈleɪ] (overlaid) 1) покрыва́ть (*краской и т. п.*) 2) перекрыва́ть 3) *неправ. вм.* overlie

**overlay** II [ˌəuvəˈleɪ] *past от* overlie

**overleaf** [ˈəuvəˈliːf] *adv* на обрáтной сторонé листа́ *или* страни́цы

**overleap** [ˌəuvəˈliːp] *v* 1) перепры́гивать; перескáкивать 2) пропуска́ть ◇ to ~ oneself переоцени́ть свой возмóжности

**overlie** [ˌəuvəˈlaɪ] *v* (overlay; overlain) 1) лежа́ть на *чём-л.*, над *чем-л.* 2) задуши́ть (*ребёнка*) во врéмя сна, заспа́ть

**overling** [ˈəuvəlɪŋ] *n* влия́тельное *или* высокопоста́вленное лицó

**overlive** [ˌəuvəˈlɪv] *v* 1) пережи́ть 2) прожига́ть жизнь

**overload** **1.** *n* [ˈəuvələud] перегрýзка

**2.** *v* [ˈəuvəˈləud] перегружа́ть

**overlook** [ˌəuvəˈluk] *v* 1) возвыша́ться (*над городом, местностью и т. п.*) 2) обозрева́ть; смотрéть свéрху (*на что-л.*); a view ~ing the town вид на гóрод свéрху 3) выходи́ть на, в; my windows ~ the garden мои́ óкна выхóдят в сад 4) надзира́ть; смотрéть (*за чем-л.*) 5) не замéтить, проглядéть; не обрати́ть внима́ния; упуска́ть и́з виду, не учи́тывать 6) смотрéть сквозь па́льцы; to ~ an offence прости́ть, не взы́скивать за простýпок *или* оби́ду

**overlooker** [ˌəuvəˈlukə] *n* надзира́тель; надсмóтрщик

**overlord** [ˈəuvəlɔːd] **1.** *n* сюзерéн; верхóвный влады́ка; повели́тель, господи́н

**2.** *v* доміни́ровать; госпóдствовать

**overly** [ˈəuvəlɪ] *adv разг.* чрезмéрно; ~ cautious слишком осторóжный

**overman** I [ˈəuvəmæn] *n* 1) деся́тник, бригади́р 2) арби́тр 3) «сверхчеловéк»

**overman** II [ˌəuvəˈmæn] *v* нанима́ть слишком мнóго рабóчих; раздува́ть шта́ты

**overmantel** [ˈəuvəˌmæntl] *n* резнóе украшéние над ками́ном

**overmasted** [ˌəuvəˈmɑːstɪd] *a* имéющий слишком высóкие *или* слишком тяжёлые ма́чты

**overmaster** [ˌəuvəˈmɑːstə] *v* 1) покори́ть, подчини́ть себé 2) овладéть всецéло

**overmastering** [ˌəuvəˈmɑːstərɪŋ] **1.** *pres. p. от* overmaster

**2.** *a* непреодоли́мый; an ~ passion непреодоли́мая страсть

**overmatch** [ˌəuvəˈmætʃ] *v* превосходи́ть си́лой, умéнием

**overmature** [ˈəuvəməˈtjuə] *a* перезрéлый; ~ forest перестóйный лес

**over-measure** [ˈəuvəˈmeʒə] *n* 1) прида́ча, изли́шек 2) при́пуск

**overmuch** [ˈəuvəˈmʌtʃ] *adv* чрезмéрно, слишком мнóго; to praise ~ расхва́ливать; захва́ливать

**over-nice** [ˈəuvəˈnaɪs] *a* 1) слишком разбóрчивый; приди́рчивый 2) изощрённый

**overnight** [ˈəuvəˈnaɪt] **1.** *a* 1) происходи́вший накану́не вéчером; an ~

conversation разговóр наканýне вéчером 2) ночнóй, продолжáющийся всю ночь; an ~ journey ночнóе путешéствие

2. *adv* 1) наканýне вéчером 2) с вéчера (и всю ночь); всю ночь; to stay ~ ночевáть 3) бы́стро, скóро; вдруг, неожи́данно; to rise to fame ~ внезáпно приобрести́ извéстность

**overpaid** ['əuvə'peɪd] *past и p. p. от* overpay

**overpass** 1. *n* ['əuvəpɑ:s] эстакáда

2. *v* [,əuvə'pɑ:s] 1) переходи́ть, пересекáть 2) преодолевáть 3) превосходи́ть, превышáть 4) оставля́ть без внимáния, проходи́ть ми́мо

**overpast** ['əuvə'pɑ:st] *a predic.* прошéдший, прóшлый

**overpay** ['əuvə'peɪ] *v* (overpaid) переплáчивать

**overpeopled** ['əuvə'pi:pld] *a* перенаселённый

**over-persuade** ['əuvəpə'sweɪd] *v* переубеждáть; склоня́ть (*к чему-л.*)

**overplus** ['əuvəplʌs] *n* изли́шек, избы́ток

**overpoise** 1. *n* ['əuvəpɔɪz] перевéс

2. *v* ['əuvə'pɔɪz] перевéшивать

**overpopulation** ['əuvə,pɔpju'leɪʃən] *n* перенаселённость

**overpower** [,əuvə'pauə] *v* переси́ливать, брать верх; подавля́ть; the heat ~ed me жарá одолéла меня́

**overpowering** [,əuvə'pauərɪŋ] 1. *pres. p. от* overpower

2. *a* непреодоли́мый, подавля́ющий; неодоли́мый; ~ beauty неотрази́мая красотá

**overpraise** ['əuvə'preɪz] *v* перехвáливать, захвáливать

**overpressure** ['əuvə'preʃə] *n* 1) чрезмéрное давлéние; избы́точное давлéние 2) сли́шком большóе ýмственное *или* нéрвное напряжéние

**overprint** ['əuvə'prɪnt] 1. *v* 1) печáтать повéрх рисýнка (*на марке*) *или* тéкста 2) печáтать сверх тиражá

2. *n* 1) штамп на мáрке 2) óттиск

**overprize** ['əuvə'praɪz] *v* переоцéнивать

**over-produce** ['əuvəprə'dju:s] *v* перепроизводи́ть

**over-production** ['əuvəprə'dʌkʃən] *n* перепроизвóдство

**over-proof** ['əuvə'pru:f] *a* вы́ше устанóвленного грáдуса (*о спирте и т. п.*)

**overran** [,əuvə'ræn] *past от* overrun

**overreach** 1. *n* ['əuvəri:tʃ] 1) обмáн; хи́трость 2) засéчка (*у лошади*)

2. *v* [,əuvə'ri:tʃ] 1) достигáть; распространя́ть(ся); выходи́ть за предéлы 2) перехитри́ть; to ~ oneself просчитáться, обманýться 3) дости́чь незакóнным, мошéнническим путём 4) овладевáть (*аудиторией и т. п.*) 5) *refl.* взять на себя́ непоси́льную задáчу; зарвáться 6) *refl.* растянýть сухожи́лие; засекáться (*о лошади*)

**over-refine** ['əuvərɪ'faɪn] *v* вдавáться в изли́шние тóнкости

**overrent** [,əuvə'rent] *v* брать сли́шком высóкую арéндную *или* квarти́рную плáту

**overridden** [,əuvə'rɪdn] *p. p. от* override

**override** [,əuvə'raɪd] *v* (overrode; overridden) 1) переéхать, задави́ть 2) попирáть (ногáми) 3) отвергáть, не принимáть во внимáние 4) брать верх, перевéшивать 5) заéздить (*лошадь*)

**overriding** [,əuvə'raɪdɪŋ] 1. *pres. p. от* override

2. *a* основнóй, первостепéнный

**overripe** ['əuvə'raɪp] *a* перезрéлый, перестóйный; ~ wood перестóйный лес

**overrode** [,əuvə'rəud] *past от* override

**overrotten** ['əuvə'rɔtn] *a* перегни́вший

**overrule** [,əuvə'ru:l] *v* 1) госпóдствовать, верховéнствовать 2) брать верх 3) аннули́ровать, считáть недействи́тельным 4) отвергáть, отклоня́ть предложéние

**overrun** [,əuvə'rʌn] 1. *v* (overran; overrun) 1) перели́ваться чéрез край; наводня́ть 2) переходи́ть дозвóленные грани́цы *или* устанóвленные срóки 3) кишéть 4) зарастáть (*сорняками*) 5) опустошáть (*страну — о неприятеле*) 6) *полигр.* перебрáсывать 7) *авто* дви́гаться накáтом

2. *n* перерасхóд; превышéние стóимости

**oversaw** ['əuvə'sɔ:] *past от* oversee

**oversea(s)** ['əuvə'si:z] 1. *a* замóрский, заокеáнский; заграни́чный; ~ trade внéшняя торгóвля; ~ contingents войскá, находя́щиеся вне метрополии; ~ service слýжба радиовещáния для зарубéжных стран, вещáние на заграни́цу

2. *adv* зá морем, чéрез мóре; за грани́цей, за грани́цу; to go ~ éхать зá море; пересéчь океáн

**oversee** ['əuvə'si:] *v* (oversaw; overseen) 1) надзирáть, наблюдáть 2) подсмáтривать 3) случáйно уви́деть

**overseen** ['əuvə'si:n] *p. p. от* oversee

**overseer** ['əuvəsɪə] *n* надзирáтель; надсмóтрщик; ~ of the poor *ист.* прихóдский попечи́тель по призрéнию бéдных

**oversell** ['əuvə'sel] *v* (oversold) продавáть сверх свои́х запáсов (*товары и т. п.*)

**overset** ['əuvə'set] *v* (overset) 1) нарушáть поря́док; to ~ one's plans нарушáть плáны 2) повергáть в смущéние, расстрóйство 3) опроки́дывать(ся)

**oversew** ['əuvə'səu] *v* (oversewed [-d]; oversewed, oversewn) сшивáть чéрез край

**oversewn** ['əuvə'səun] *p. p. от* oversew

**overshadow** [,əuvə'ʃædəu] *v* 1) затемня́ть; затмевáть 2) омрачáть 3) *редк.* защищáть, предохраня́ть

**overshoe** ['əuvəʃu:] *n* галóша; бóт(ик)

**overshoot** ['əuvə'ʃu:t] *v* (overshot) 1) промахнýться (*при стрельбе*); to ~ the mark взять вы́ше *или* дáльше цéли; *перен.* зайти́ сли́шком далекó; «пересоли́ть» [*см. тж.* 3)] 2) стреля́ть лýчше (*кого-л.*) 3) превышáть, превосходи́ть; to ~ the mark превы́сить, превзойти́ (*определённый*) ýровень [*см. тж.* 1)] ◇ to ~ oneself а) = to ~ the mark 1); б) стать жéртвой сóбственной глýпости; to ~ one's stop проéхать свою́ остановку

**overshot** ['əuvə'ʃɔt] *past и p. p. от* overshoot

**overside** ['əuvə'saɪd] *мор.* 1. *a* грузя́щийся чéрез борт; ~ delivery вы́грузка на другóе сýдно

2. *adv* чéрез борт; зá борт

**oversight** ['əuvəsaɪt] *n* 1) недосмóтр, оплóшность 2) надзóр, присмóтр

**over-simplify** ['əuvə'sɪmplɪfaɪ] *v* упрощáть; понимáть сли́шком упрощённо

**oversize(d)** ['əuvəsaɪz(d)] *a* 1) бóльше обы́чного размéра 2) *тех.* завы́шенного габари́та

**overslaugh** ['əuvəslɔ:] *v* 1) *воен.* освобождáть от дóлжности в связи́ с повышéнием 2) *амер. воен.* обходи́ть при присвоéнии очередны́х звáний 3) *амер.* мешáть, чини́ть препя́тствия

**oversleep** ['əuvə'sli:p] *v* (overslept) проспáть, заспáться (*тж.* ~ oneself)

**oversleeve** ['əuvəsli:v] *n* нарукáвник

**overslept** ['əuvə'slept] *past и p. p. от* oversleep

**oversmoke** [,əuvə'sməuk] *v* 1) сли́шком мнóго кури́ть 2) *refl.* накури́ться (*до одурения*)

**oversold** ['əuvə'səuld] *past и p. p. от* oversell

**overspend** ['əuvə'spend] *v* (overspent) 1) трáтить сли́шком мнóго; сори́ть деньгáми 2) расстрóить своё состоя́ние *или* здорóвье (*тж.* ~ oneself)

**overspent** ['əuvə'spent] *past и p. p. от* overspend

**overspill** ['əuvəspɪl] *n* 1) то, что прóлито 2) (эмигри́рующий) избы́ток населéния

**overspread** [,əuvə'spred] *v* (overspread) 1) покрывáть 2) простирáть; разбрáсывать; распространя́ть

**overstate** ['əuvə'steɪt] *v* преувели́чивать

**overstatement** ['əuvə'steɪtmənt] *n* преувеличéние

**overstay** ['əuvə'steɪ] *v* (overstayed [-d], overstaid) загости́ться, засидéться; to ~ one's welcome злоупотребля́ть чьим-л. гостеприи́мством

**overstep** ['əuvə'step] *v* 1) переступи́ть, перешагнýть 2) *перен.* переходи́ть грани́цы

**overstock** ['əuvə'stɔk] 1. *n* изли́шний запáс, избы́ток (*товара*)

2. *v* дéлать сли́шком большóй запáс; затовáривать (*магазин, рынок*)

**overstrain** 1. *n* [ˈəuvəstreɪn] чрезме́рное напряже́ние
2. *v* [ˈəuvəˈstreɪn] переутомля́ть, перенапряга́ть; to ~ oneself переутомля́ться; this argument is greatly ~ed э́то сли́шком натя́нутый аргуме́нт

**overstrung** [ˈəuvəˈstrʌŋ] *a* сли́шком напряжённый (*о нервах и т. п.*)

**oversubscribe** [ˈəuvəsəbˈskraɪb] *v* превы́сить наме́ченную су́мму (*при подписке и т. п.*); подписа́ться на бо́льшую су́мму, чем тре́буется

**overt** [ˈəuvə:t] *a* 1) откры́тый; неприкры́тый 2) я́вный, очеви́дный, нескрыва́емый

**overtake** [ˈəuvəˈteɪk] *v* (overtook; overtaken) 1) догна́ть, наверста́ть, to ~ arrears а) погаша́ть задо́лженность; б) наверста́ть упу́щенное 2) засти́гнуть врасплох; disaster overtook him его́ пости́гло несча́стье 3) овладева́ть; to be ~n by terror быть охва́ченным у́жасом; ~n in (*или* with) drink пья́ный

**overtaken** [ˈəuvəˈteɪkən] *p. p. от* overtake

**overtask** [ˈəuvəˈtɑ:sk] *v* перегружа́ть рабо́той; дава́ть непоси́льное зада́ние

**overtax** [ˈəuvəˈtæks] *v* 1) обременя́ть чрезме́рными нало́гами 2) перенапряга́ть; обременя́ть; to ~ smb.'s patience злоупотребля́ть чьим-л. терпе́нием

**over-the-counter** [ˈəuvəðəˈkauntə] *a амер.* продава́емый в ро́зницу; ~ drugs патенто́ванные лека́рства

**overthrew** [ˌəuvəˈθru:] *past от* overthrow 2

**overthrow** 1. *n* [ˈəuvəθrəu] пораже́ние; ниспроверже́ние; сверже́ние; низверже́ние
2. *v* [ˌəuvəˈθrəu] (overthrew; overthrown) 1) опроки́дывать 2) сверга́ть; побежда́ть; уничтожа́ть

**overthrown** [ˌəuvəˈθrəun] *p. p. от* overthrow 2

**overtime** [ˈəuvətaɪm] 1. *n* 1) сверхуро́чные часы́; сверхуро́чное вре́мя; to be on ~ рабо́тать сверхуро́чно 2) *спорт.* дополни́тельное вре́мя 3) *attr.* сверхуро́чный; ~ pay сверхуро́чная опла́та
2. *adv* сверхуро́чно; to work ~ рабо́тать сверхуро́чно
3. *v* (*обыкн. фото*) передержа́ть

**overtly** [ˈəuvə:tlɪ] *adv* откры́то, публи́чно; открове́нно

**overtone** [ˈəuvətəun] *n* 1) *муз.* оберто́н 2) (*обыкн. pl*) но́тка, намёк, подте́кст

**overtook** [ˈəuvəˈtuk] *past от* overtake

**overtop** [ˈəuvəˈtɔp] *v* 1) быть вы́ше, возвыша́ться 2) превыша́ть; превосходи́ть 3) превосходи́ть, затмева́ть

**overtrain** [ˌəuvəˈtreɪn] *v спорт.* перетренирова́ть(ся)

**overtrump** [ˈəuvətrʌmp] *v* перекрыва́ть ста́ршим ко́зырем

**overture** [ˈəuvətjuə] *n* 1) (*обыкн. pl*) попы́тка (*примирения, завязывания знакомства*); инициати́ва (*переговоров, заключения договоров и т. п.*); peace ~s ми́рные предложе́ния; to make ~s to smb. а) де́лать попы́тки к примире́нию; б) пыта́ться завяза́ть знако́мство; де́лать ава́нсы 2) *муз.* увертю́ра

**overturn** 1. *n* [ˈəuvətə:n] пораже́ние; ниспроверже́ние; сверже́ние; переворо́т
2. *v* [ˌəuvəˈtə:n] 1) опроки́дывать (-ся); па́дать 2) ниспроверга́ть, сверга́ть 3) подрыва́ть; уничтожа́ть; опроверга́ть; to ~ a theory опрове́ргнуть тео́рию

**overvalue** [ˈəuvəˈvælju:] 1. *n* переоце́нка
2. *v* переоце́нивать, сли́шком высоко́ оце́нивать; придава́ть сли́шком большо́е значе́ние

**overwatched** [ˌəuvəˈwɔtʃt] *a* изнурённый чрезме́рным бо́дрствованием *или* бессо́нницей

**overweening** [ˌəuvəˈwi:nɪŋ] *a* высокоме́рный, самонаде́янный; ~ ambition чрезме́рное тщесла́вие

**overweight** 1. *n* [ˈəuvəweɪt] 1) изли́шек ве́са, избы́точный вес 2) переве́с, преоблада́ние
2. *a* [ˌəuvəˈweɪt] ве́сящий бо́льше но́рмы; тяжеле́е обы́чного; ~ luggage опла́чиваемый изли́шек багажа́
3. *v* [ˈəuvəˈweɪt] (*обыкн. p. p.*) перегружа́ть; обременя́ть; ~ed with packages нагру́женный свёртками

**overwhelm** [ˌəuvəˈwelm] *v* 1) настигать 2) залива́ть, затопля́ть 3) забра́сывать (*вопросами и т. п.*) 4) подавля́ть; сокруша́ть, разбива́ть (*неприятеля*) 5) овладева́ть, переполня́ть (*о чувстве*; with) 6) потряса́ть, ошеломля́ть, поража́ть; his kindness quite ~ed me его́ доброта́ меня́ про́сто порази́ла 7) губи́ть, разоря́ть

**overwhelming** [ˌəuvəˈwelmɪŋ] 1. *pres. p. от* overwhelm
2. *a* 1) несме́тный 2) подавля́ющий; ~ majority подавля́ющее большинство́ 3) непреодоли́мый; ~ pressure сокруши́тельный на́тиск

**overwhelmingly** [ˌəuvəˈwelmɪŋlɪ] *adv* о́чень, чрезвыча́йно; в подавля́ющем большинстве́ слу́чаев; ~ grateful несказа́нно благода́рен; ~ important чрезвыча́йно ва́жный

**overwind** [ˈəuvəˈwaɪnd] *v* перекрути́ть заво́д (*часов и т. п.*)

**overwinter** [ˌəuvəˈwɪntə] *v* перезимова́ть

**overwork** 1. *n* 1) [ˈəuvəwə:k] чрезме́рная *или* сверхуро́чная рабо́та 2) [ˈəuvəˈwə:k] перегру́зка, перенапряже́ние; переутомле́ние
2. *v* [ˈəuvəˈwə:k] 1) сли́шком мно́го рабо́тать; переутомля́ться (*тж.* ~ oneself) 2) переутомля́ть

**overwrite** [ˈəuvəˈraɪt] *v* (overwrote; overwritten) 1) сли́шком мно́го писа́ть (*о чём-л.*) 2) *refl.* исписываться (*о писателе и т. п.*)

**overwritten** [ˈəuvəˈrɪtn] *p. p. от* overwrite

**overwrote** [ˈəuvəˈrəut] *past от* overwrite

**overwrought** [ˈəuvəˈrɔ:t] *a* 1) переутомлённый рабо́той 2) возбуждённый (*о нервах*) 3) перегру́женный дета́лями 4) сли́шком тща́тельно отде́ланный

**oviduct** [ˈəuvɪdʌkt] *n анат.* яйцево́д; фалло́пиева труба́

**oviform** [ˈəuvɪfɔ:m] *a* яйцеви́дный, яйцеобра́зный, ова́льный

**ovine** [ˈəuvaɪn] *a* ове́чий

**oviparous** [əuˈvɪpərəs] *a* яйцено́сный

**oviposit** [ˌəuvɪˈpɔzɪt] *v зоол.* откла́дывать я́йца

**ovipositor** [ˌəuvɪˈpɔzɪtə] *n зоол.* яйцекла́д

**ovoid** [ˈəuvɔɪd] *a* яйцеви́дный, яйцеобра́зный

**ovule** [ˈəuvju:l] *n* 1) *бот.* семяпо́чка 2) *биол.* яйцева́я кле́тка, неоплодотворённое яйцо́

**ovum** [ˈəuvəm] *n* (*pl* ova) *биол.* яйцо́

**owe** [əu] *v* 1) быть до́лжным (*кому-л.*); быть в долгу́ (*перед кем-л.*) 2) быть обя́занным; we ~ to Newton the principle of gravitation откры́тием зако́на тяготе́ния мы обя́заны Ньюто́ну

**owing** [ˈəuɪŋ] 1. *pres. p. от* owe
2. *a* 1) до́лжный, причита́ющийся, оста́вшийся неупла́ченным; how much is ~ to you? ско́лько вам ещё причита́ется? 2) *редк.* обя́занный (*кому-л.*)
3.: ~ to (*употр. как prep*) по причи́не, вследствие, благодаря́

**owl** [aul] *n* 1) сова́ 2) о́лух 3) полу́но́чник ◇ ~ train *амер.* ночно́й по́езд; ~ car *амер.* а) ночно́й трамва́й; б) ночно́е такси́

**owlet** [ˈaulɪt] *n* молода́я сова́, совёнок

**owlish** [ˈaulɪʃ] *a* похо́жий на сову́

**owl-light** [ˈaullaɪt] *n* су́мерки

**own** [əun] 1. *a* (*после притяжательных местоимений и существительных в possessive case*) 1) свой, со́бственный; to love truth for its ~ sake люби́ть пра́вду ра́ди неё само́й; name your ~ price назови́те свою́ це́ну; to make one's ~ clothes шить само́й себе́; he is his ~ man он сам себе́ хозя́ин 2) родно́й; my ~ father мой родно́й оте́ц 3) люби́мый; farewell my ~ проща́й, дорого́й 4) со́бственный, оригина́льный; it was his ~ idea э́то была́ его́ со́бственная иде́я
2. *n*: to come into one's ~ получи́ть до́лжное; to hold one's ~ сохраня́ть свои́ пози́ции, своё досто́инство, самооблада́ние; стоя́ть на своём; the patient is holding his ~ больно́й бо́рется с неду́гом; I have nothing of my ~ у меня́ ничего́ нет (*никакой собственности*); on one's ~ *разг.* самостоя́тельно, на со́бственную отве́тственность, по со́бственной инициати́ве
3. *v* 1) владе́ть; име́ть, облада́ть; to ~ lands владе́ть землёй 2) при-

знава́ть(ся); to ~ a child признава́ть своё отцо́вство; to ~ one's faults признава́ть свои́ недоста́тки; to ~ to smth. признава́ться в чём-л.; to ~ to the theft признава́ться в кра́же □ ~ **up** *разг.* а) открове́нно признава́ться; б) безро́потно подчиня́ться

**owner** ['əunə] *n* 1) владе́лец; со́бственник, хозя́ин 2) (the ~) *мор. жарг.* команди́р корабля́

**ownerless** ['əunəlɪs] *a* 1) бесхозя́йный, бесхо́зный 2) беспризо́рный

**ownership** ['əunəʃɪp] *n* 1) со́бственность; владе́ние 2) пра́во со́бственности

**ox** [ɔks] *n* (*pl* oxen) 1) бык 2) *вся́кий представи́тель семе́йства быко́в*: вол, бу́йвол, бизо́н *и т. п.* ◇ the black ox а) ста́рость; б) несча́стье; the black ox has trod on my foot меня́ пости́гло несча́стье; you cannot flay the same ox twice *посл.* с одного́ вола́ двух шкур не деру́т

**oxalic** [ɔk'sælɪk] *a хим.* щаве́левый

**oxbow** ['ɔksbəu] *n* 1) ярмо́ 2) ста́рица, слепо́й рука́в реки́; за́водь

**oxcart** ['ɔkskɑ:t] *n* пово́зка, запряжённая вола́ми

**ox-driver** ['ɔks,draɪvə] *n* пого́нщик воло́в

**oxen** ['ɔksən] *n pl* 1) *pl от* ox 2) *собир.* рога́тый скот

**oxer** ['ɔksə] = ox-fence

**ox-eye** ['ɔksaɪ] *n* 1) бы́чий *или* воло́вий глаз 2) *архит.* кру́глое *или* ова́льное окно́ 3) больша́я сини́ца

**ox-eyed** ['ɔksaɪd] *a* волоо́кий, большегла́зый

**ox-fence** ['ɔksfens] *n* и́згородь для рога́того скота́

**oxford** ['ɔksfəd] *n* 1) полуботи́нок (*тж.* O. shoe) 2) (O.) *attr.* оксфо́рдский; O. man челове́к, получи́вший образова́ние в Оксфо́рдском университе́те; O. gray се́рый, стально́й цвет

**oxherd** ['ɔkshə:d] *n* пасту́х

**oxhide** ['ɔkshaɪd] *n* воло́вья шку́ра

**oxidate** ['ɔksɪdeɪt] = oxidize

**oxidation** [,ɔksɪ'deɪʃən] *n хим.* окисле́ние

**oxide** ['ɔksaɪd] *n хим.* о́кись, о́кисел

**oxidization** [,ɔksɪdaɪ'zeɪʃən] = oxidation

**oxidize** ['ɔksɪdaɪz] *v хим.* окисля́ть(ся); оксиди́ровать

**Oxonian** [ɔk'səunjən] **1.** *n* студе́нт (*тж.* бы́вший) Оксфо́рдского университе́та

**2.** *a* оксфо́рдский

**oxtail** ['ɔksteɪl] *n* 1) воло́вий хвост 2) *attr.*: ~ soup суп из бы́чьих хвосто́в

**oxter** ['ɔkstə] *шотл.* **1.** *n* подмы́шка; вну́тренняя часть плеча́

**2.** *v* 1) подде́рживать, взя́вши за́ руки *или* подмы́шки 2) обнима́ть, сжима́ть в объя́тиях

**oxygen** ['ɔksɪdʒən] *n хим.* 1) кислоро́д 2) *attr.* кислоро́дный; ~ mask кислоро́дная ма́ска; ~ cutting *тех.* кислоро́дная ре́зка

**oxygenate** [ɔk'sɪdʒɪneɪt] *v* окисля́ть; насыща́ть кислоро́дом

**oxygenize** [ɔk'sɪdʒɪnaɪz] = oxygenate

**oxygenous** [ɔk'sɪdʒɪnəs] *a* кислоро́дный

**oxygon** ['ɔksɪgɔn] *n* остроуго́льный треуго́льник

**oxymoron** [,ɔksɪ'mɔ:rɔn] *n ритор.* оксю́морон

**oyster** ['ɔɪstə] *n* у́стрица ◇ close (*или* dumb) as an ~ ≅ нем как ры́ба

**oyster-bank** ['ɔɪstəbæŋk] *n* у́стричная о́тмель; у́стричный садо́к

**oyster-bed** ['ɔɪstəbed] = oyster-bank

**oyster-farm** ['ɔɪstəfɑ:m] *n* у́стричный садо́к

**ozocerite, ozokerite** [əu'zəukərɪt] *n мин.* озокери́т

**ozone** ['əuzəun] *n хим.* озо́н

**ozonize** ['əuzənaɪz] *v хим.* озони́ровать

# P

**P, p** [pi:] *n* (*pl* Ps, P's [pi:z]) *16-я бу́ква англ. алфави́та* ◇ to mind ones' P's and Q's соблюда́ть осторо́жность, не вме́шиваться в чужи́е дела́

**pa** [pɑ:] *n* (*сокр. от* papa) *разг.* па́па, па́почка

**pabular(y)** ['pæbjulə(rɪ)] *a* пищево́й, съестно́й; кормово́й

**pabulum** ['pæbjuləm] *n* пи́ща (*преим. перен.*); mental ~ пи́ща для ума́

**pace I** [peɪs] **1.** *n* 1) шаг; длина́ ша́га 2) шаг, похо́дка, по́ступь; to put on ~ приба́вить ша́гу; to mend one's ~ ускоря́ть шаг; ~ of the warp *текст.* ход осно́вы 3) ско́рость, темп; ~ of development те́мпы разви́тия; to accelerate the ~ ускоря́ть те́мпы; to go the ~ мча́ться; *перен.* прожига́ть жизнь; to keep ~ with идти́ наравне́ с, не отстава́ть от; to set the ~ задава́ть темп (*в гребле и т. п.*); *перен.* задава́ть тон 4) аллю́р (*лошади*) 5) и́ноходь 6) возвыше́ние на полу́; площа́дка, широ́кая ступе́нька (*ле́стницы*) ◇ to put smb. through his ~s, to try smb.'s ~s подве́ргнуть кого́-л. испыта́нию; «прощу́пывать» кого́-л.

**2.** *v* 1) шага́ть; расха́живать 2) измеря́ть шага́ми (*тж.* ~ out) 3) идти́ и́ноходью (*о ло́шади*) 4) задава́ть темп, вести́ (*в состяза́нии*)

**pace II** ['peɪsɪ] *лат. adv* с позволе́ния (*кого́-л.*)

**pace-maker** ['peɪs,meɪkə] *n* задаю́щий темп, ли́дер (*забе́га и т. п.*)

**pacer** ['peɪsə] *n* 1) инохо́дец 2) = pace-maker

**pacha** ['pɑ:ʃə] = pasha

**pachyderm** ['pækɪdə:m] *n зоол.* толстоко́жее (живо́тное)

**pachydermatous** [,pækɪ'də:mətəs] *a зоол.* толстоко́жий

**pacific** [pə'sɪfɪk] **1.** *a* 1) споко́йный, ти́хий 2) ми́рный, миролюби́вый 3) (P.) тихоокеа́нский

**2.** *n* (the P.) Ти́хий океа́н

**pacification** [,pæsɪfɪ'keɪʃən] *n* 1) умиротворе́ние, успокое́ние 2) усмире́ние ◇ Edict of P. *ист.* На́нтский эди́кт

**pacificator** [pə'sɪfɪkeɪtə] *n* миротво́рец

**pacificatory** [pə'sɪfɪkətərɪ] *a* 1) примири́тельный 2) успокои́тельный

**pacificism** [pə'sɪfɪsɪzm] = pacifizm

**pacificist** [pə'sɪfɪsɪst] = pacifist

**pacifism** ['pæsɪfɪzm] *n* пацифи́зм

**pacifist** ['pæsɪfɪst] *n* пацифи́ст

**pacify** ['pæsɪfaɪ] *v* 1) умиротворя́ть, успока́ивать; укроща́ть (*гнев*) 2) восстана́вливать поря́док *или* мир 3) усмиря́ть

**pack** [pæk] **1.** *n* 1) паке́т, па́чка; свя́зка, ки́па, вьюк 2) *воен.* снаряже́ние, вы́кладка, ра́нец 3) гру́ппа; ба́нда; moneyed ~ ку́чка богаче́й; ~ of crooks ба́нда жу́ликов 4) мно́жество, ма́сса; ~ of lies сплошна́я ложь 5) сво́ра (*го́нчих*); ста́я (*во́лков и т. п.*); ~ of submarines *воен.* подразделе́ние подво́дных ло́док 6) коло́да (*карт*) 7) = pack-ice 8) *ком.* ки́па (*ме́ра ве́са*) 9) коли́чество загото́вленных в тече́ние сезо́на консе́рвов (*ры́бных, фру́ктовых*) 10) *горн.* закла́дка 11) *мед.* тампо́н 12) *стр.* бу́товая кла́дка 13) *attr.* упако́вочный; ~ paper обёрточная бума́га 14) *attr.* вью́чный

**2.** *v* 1) упако́вывать(ся), запако́вывать(ся), укла́дывать ве́щи; тюкова́ть (*ча́сто* ~ up) 2) (легко́) укла́дываться, (хорошо́) поддава́ться упако́вке 3) консерви́ровать 4) заполня́ть, набива́ть, переполня́ть (*простра́нство*; with) 5) уплотня́ть(ся), ску́чивать (-ся) 6) сво́рить (*го́нчих*) 7) собира́ться ста́ями (*о во́лках*) 8) навью́чивать (*ло́шадь*) 9) заполня́ть свои́ми сторо́нниками (*собра́ние, съезд и т. п.*); подбира́ть соста́в прися́жных (*для вынесе́ния противозако́нного реше́ния*) 10) *мед.* завёртывать в (мо́крые) про́стыни (*пацие́нта*) □ ~ **off** выпрова́живать, прогоня́ть; ~ **up** *разг.* а) упако́вывать(ся); б) прекраща́ть (*рабо́ту и т. п.*); в) испо́ртиться, вы́йти из стро́я (*о механи́зме*); г) умере́ть ◇ to send smb. ~ing выпроводи́ть, прогна́ть кого́-л.; to ~ a thing up поко́нчить с чем-л.; ~ it up! *груб.* (по)придержи́ язы́к!

**package** ['pækɪdʒ] **1.** *n* 1) тюк; ки́па; посы́лка; ме́сто (*багажа́*) 2) паке́т, свёрток; па́чка (*сигаре́т*) 3) упако́вка, упако́вочная та́ра; *перен.* упако́вка, вне́шнее оформле́ние 4) расхо́ды по упако́вке 5) по́шлина с това́рных тюко́в

**2.** *v* упако́вывать; оформля́ть, обрамля́ть

**packaged** [ˈpækɪdʒd] *a* завёрнутый, упако́ванный ◇ ~ tour *амер. разг.* тури́стская пое́здка с зара́нее соста́вленным маршру́том

**packager** [ˈpækɪdʒə] *n амер. радио, тлв.* состави́тель програ́ммы

**pack-animal** [ˈpækˌænɪməl] *n* вью́чное живо́тное

**packed** [pækt] **1.** *p. p. от* pack 2

**2.** *a* 1) упако́ванный 2) уплотнённый, слежа́вшийся 3) ску́ченный, перепо́лненный 4) тенденцио́зно подо́бранный (*о суде, собрании и т. п.*) 5) краплёный, подтасо́ванный (*о картах*)

**packer** [ˈpækə] *n* 1) упако́вщик (*особ. на пищевом комбинате*) 2) (*преим. амер.*) заготови́тель; экспортёр пищевы́х проду́ктов (*особ. мясных*) 3) *амер.* рабо́чий (мясо)консе́рвного заво́да 4) маши́на для упако́вки 5) *разг.* шу́лер

**packet** [ˈpækɪt] *n* 1) паке́т, свя́зка 2) = packet-boat 3) гру́ппа, ку́ча, ма́сса 4) *жарг.* ку́ча де́нег, куш 5) *воен. жарг.* пу́ля; снаря́д; to stop (*или* to catch) a ~ быть ра́ненным *или* уби́тым (пу́лей, оско́лком *и т. п.*)

**packet-boat** [ˈpækɪtbəut] *n* почто́во-пассажи́рское су́дно, пакетбо́т

**pack-horse** [ˈpækhɔ:s] *n* вью́чная ло́шадь

**pack-ice** [ˈpækaɪs] *n* па́ковый лёд, пак

**packing** [ˈpækɪŋ] **1.** *pres. p. от* pack 2

**2.** *n* 1) упако́вка; укла́дка; уку́порка; I must do my ~ я до́лжен собра́ть ве́щи, уложи́ться; ~ not included цена́ без упако́вки, без та́ры 2) упако́вочный материа́л 3) *тех.* наби́вка (*сальника и т. п.*); прокла́дка; уплотне́ние 4) консерви́рование 5) *attr.* упако́вочный; ~ materials та́рные материа́лы, та́ра

**packing-case** [ˈpækɪŋkeɪs] *n* я́щик (*для упаковки*)

**packing-needle** [ˈpækɪŋˌni:dl] *n* упако́вочная, кулева́я игла́

**packing-sheet** [ˈpækɪŋʃi:t] *n* 1) упако́вочный холст 2) *мед.* простыня́ для вла́жного обёртывания

**packman** [ˈpækmən] *n* разно́счик

**pack-running** [ˈpækˌrʌnɪŋ] *n* ста́дность

**pack-saddle** [ˈpækˌsædl] *n* вью́чное седло́

**packthread** [ˈpækθred] *n* бечёвка, шпага́т

**pack-train** [ˈpæktreɪn] *n* вью́чный обо́з

**pact** [pækt] *n* пакт, догово́р, соглаше́ние; non-aggression ~ догово́р о ненападе́нии; to enter into a ~ заключи́ть догово́р

**pad I** [pæd] **1.** *n* 1) мя́гкая прокла́дка *или* наби́вка 2) поду́шка; поду́шечка; sanitary ~ *мед.* гигиени́ческая поду́шечка 3) мя́гкое седло́; седёлка 4) турню́р 5) блокно́т промока́тельной, почто́вой, рисова́льной бума́ги; бюва́р 6) ла́па (*зайца и т. п.*) 7) поду́шечка (*на подошве некоторых животных*) 8) *бот.* пла́вающий лист (*кувшинки и т. п.*) 9) *тех.* подкла́дка, бу́ртик; прили́в 10) *стр.* грунто́вка

**2.** *v* 1) подбива́ть *или* набива́ть во́лосом *или* ва́той; подкла́дывать что-л. мя́гкое (*тж.* ~ out) 2) перегружа́ть пусты́ми слова́ми, изли́шними подро́бностями (*рассказ, речь и т. п.; обыкн.* ~ out) 3) раздува́ть (*штаты и т. п.*) 4) *стр.* грунтова́ть

**pad II** [pæd] *n* плетёная корзи́на (*как мера*)

**padded** [ˈpædɪd] **1.** *p. p. от* pad I, 2

**2.** *a* 1) подби́тый, оби́тый; ~ cell пала́та, оби́тая во́йлоком (*в психиатрической больнице*) 2): ~ bills разду́тые счета́

**padding** [ˈpædɪŋ] **1.** *pres. p. от* pad I, 2

**2.** *n* 1) наби́вка, наби́вочный материа́л 2) литерату́рный материа́л, вставля́емый для заполне́ния ме́ста, «вода́»; многосло́вие 3) *текст.* грунтова́ние 4) *тех.* нава́ривание поду́шки

**paddle I** [ˈpædl] **1.** *n* 1) байда́рочное весло́; весло́ для кано́э; double ~ двухло́пастное весло́ 2) гребо́к, фа́за гребка́ (*веслом*) 3) ло́пасть *или* лопа́тка (*гребного колеса*) 4) лопа́тка (*для размешивания*); валёк (*для стирки белья*) 5) затво́р (*шлюза*) 6) *зоол.* плавни́к; ласт; пла́вательная пласти́нка

**2.** *v* 1) грести́ байда́рочным весло́м; плыть на байда́рке 2) передвига́ться при по́мощи гребны́х колёс ◇ to ~ one's own canoe ни от кого́ не зави́сеть; де́йствовать незави́симо

**paddle II** [ˈpædl] **1.** *n амер. уст.* трость, па́лка для теле́сных наказа́ний

**2.** *v* 1) шлёпать по воде́, плеска́ться 2) игра́ть, перебира́ть рука́ми (in, on, about) 3) ковыля́ть (*о ребёнке*) 4) *амер. уст.* отшлёпать

**paddle-boat** [ˈpædlbəut] *n* колёсный парохо́д

**paddle-box** [ˈpædlbɔks] *n* кожу́х гребно́го колеса́

**paddle-wheel** [ˈpædlwi:l] *n* гребно́е колесо́

**paddling pool** [ˈpædlɪŋpu:l] *n* «лягуша́тник» (*мелкая часть бассейна для детей*)

**paddock** [ˈpædək] *n* 1) вы́гул, заго́н (*особ. при конном заводе*) 2) падо́к (*при ипподроме*) 3) *австрал.* огоро́женный уча́сток земли́ 4) *горн.* вы́емка у у́стья ша́хты

**Paddy** [ˈpædɪ] *n разг.* Пэ́дди (*шутливое прозвище ирландца*)

**paddy I** [ˈpædɪ] *n* рис-па́дди, необру́шенный рис

**paddy II** [ˈpædɪ] *n разг.* при́ступ гне́ва, я́рость

**paddywhack** [ˈpædɪwæk] = paddy II

**Padishah** [ˈpɑ:dɪʃɑ:] *перс. n* падиша́х

**padlock** [ˈpædlɔk] **1.** *n* вися́чий замо́к

**2.** *v* запира́ть на вися́чий замо́к

**padre** [ˈpɑ:drɪ] *исп. n* 1) католи́ческий свяще́нник 2) *разг.* полково́й *или* судово́й свяще́нник

**padrone** [pəˈdrəunɪ] *ит. n* (*pl* -ni) 1) капита́н (*средиземноморского торгового судна*) 2) хозя́ин гости́ницы 3) предпринима́тель, эксплуати́рующий у́личных музыка́нтов, ни́щенствующих дете́й, рабо́чих-эмигра́нтов

**padroni** [pəˈdrəuni:] *pl от* padrone

**padronism** [pəˈdrəunɪzm] *n* эксплуата́ция у́личных музыка́нтов *и пр.* [*см.* padrone 3)]

**Padshah** [ˈpɑ:dʃɑ:] = Padishah

**paean** [ˈpi:ən] *n др.-греч.* пеа́н; побе́дная песнь

**paederasty** [ˈpi:dəræstɪ] *n* педера́стия

**paediatrician** [ˌpi:dɪəˈtrɪʃən] *n* педиа́тр, врач по де́тским боле́зням, де́тский врач

**paediatrics** [ˌpi:dɪˈætrɪks] *n pl* (*употр. как sing*) педиатри́я, уче́ние о де́тских боле́знях

**paedology** [pi(:)ˈdɔlədʒɪ] *n* педоло́гия

**paeon** [ˈpi:ən] *n прос.* пео́н

**pagan** [ˈpeɪgən] **1.** *n* 1) язы́чник 2) неве́рующий, атеи́ст

**2.** *a* язы́ческий

**pagandom** [ˈpeɪgəndəm] *n* язы́ческий мир, язы́чество

**paganish** [ˈpeɪgənɪʃ] *a* язы́ческий

**paganism** [ˈpeɪgənɪzm] *n* язы́чество

**paganize** [ˈpeɪgənaɪz] *v* 1) обраща́ть в язы́чество 2) придава́ть язы́ческий хара́ктер

**page I** [peɪdʒ] **1.** *n* 1) страни́ца 2) *полигр.* полоса́

**2.** *v* нумерова́ть страни́цы

**page II** [peɪdʒ] **1.** *n* 1) паж 2) ма́льчик-слуга́ 3) *амер.* служи́тель (*в законодательном собрании*)

**2.** *v* 1) сопровожда́ть в ка́честве пажа́ 2) вызыва́ть (*кого-л.*), гро́мко выклика́я фами́лию; ~ Dr. Jones! вы́зовите до́ктора Джо́унза!

**pageant** [ˈpædʒənt] *n* 1) пы́шное зре́лище; пы́шная проце́ссия 2) карнава́льное ше́ствие; маскара́д 3) инсцениро́вка, жива́я карти́на (*представляющая исторический эпизод*) 4) показно́е, бессодержа́тельное зре́лище, пусто́й блеск 5) *ист.* подвижна́я сце́на (*для представления мистерий*)

**pageantry** [ˈpædʒəntrɪ] *n* 1) пы́шное зре́лище, великоле́пие, блеск; шик; по́мпа 2) пуста́я ви́димость; фи́кция, блеф

**pagehood** [ˈpeɪdʒhud] *n* положе́ние пажа́

**pageship** [ˈpeɪdʒʃɪp] *n* до́лжность пажа́

**paginal** [ˈpædʒɪnl] *a* (по)страни́чный; ~ reference ссы́лка на страни́цу

**paginate** [ˈpædʒɪneɪt] *v* нумерова́ть страни́цы

**pagination** [ˌpædʒɪ'neɪʃən] *n* нумерáция страни́ц, пагинáция

**pagoda** [pə'gəudə] *n* 1) пáгода 2) пáгода (*название старинной индийской золотой монеты с изображением пагоды*) 3) лёгкая постро́йка, киóск для продáжи газéт, табакá *и т. п.* (*напоминающие по форме пагоду*)

**pagoda-tree** [pə'gəudətri:] *n* инди́йская смокóвница ◇ to shake the ~ бы́стро разбогатéть

**pagurian** [pə'gjuəriən] *зоол.* **1.** *n* рак-отшéльник

**2.** *a* ракообрáзный, относя́щийся к семéйству рáков-отшéльников

**pah I** [pɑ:] *int* тьфу!, фу!

**pah II** [pɑ:] *n* укреплённая тузéмная дерéвня (*в Новой Зеландии*)

**paid** [peɪd] **1.** *past и p. p. от* pay I, 2

**2.** *a* оплáчиваемый; нáнятый; ~ employee плáтный агéнт, наймит

**paid-in** ['peɪd'ɪn] *a* уплáченный, внесённый (*о деньгах*)

**paid-up** ['peɪd'ʌp] *a* оплáченный, вы́плаченный; ~ capital оплáченная часть акционéрного капитáла; ~ shares пóлностью оплáченные áкции

**pail** [peɪl] *n* ведрó; бадья́; кáдка

**pailful** ['peɪlful] *n* пóлное ведрó

**paillasse** ['pælɪæs] = palliasse

**paillette** [pæl'jet] *n* 1) фóльга, подклáдываемая под эмáль 2) блёстка

**pain** [peɪn] **1.** *n* 1) боль, страдáние 2) страдáние, огорчéние, гóре; to be in ~ испы́тывать боль, страдáть 3) *pl* старáния, труды́; уси́лия; to take ~s, to be at the ~s прилагáть уси́лия; брать на себя́ труд, старáться; to save one's ~s эконóмить свои́ си́лы 4) *pl* родовы́е схвáтки ◇ ~s and penalties наказáния и взыскáния; on (*или* under) ~ of death под стрáхом смéртной кáзни; to have one's labour for one's ~s напрáсно потруди́ться; to give smb. a ~ (in the neck) докучáть комý-л.; раздражáть когó-л.; a ~ in the neck надоéдливый человéк

**2.** *v* 1) мýчить, огорчáть 2) причиня́ть боль; болéть; my tooth doesn't ~ me now сейчáс зуб у меня́ не боли́т

**pained** [peɪnd] **1.** *p. p. от* pain 2

**2.** *a* 1) огорчённый; оби́женный 2) страдáльческий; he looked ~ егó лицó выражáло страдáние

**painful** ['peɪnful] *a* 1) причиня́ющий боль, болéзненный 2) тя́гостный, мучи́тельный, тяжёлый; ~ problem наболéвший вопрóс 3) неприя́тный; ~ surprise неприя́тная неожи́данность

**pain-killer** ['peɪnˌkɪlə] *n разг.* болеутоля́ющее срéдство

**painless** ['peɪnlɪs] *a* безболéзненный

**painstaking** ['peɪnzˌteɪkɪŋ] **1.** *n* старáние, усéрдие

**2.** *a* 1) старáтельный, усéрдный 2) тщáтельный, кропотли́вый; ~ job трудоёмкая рабóта

**paint** [peɪnt] **1.** *n* 1) крáска; окрáска 2) *pl* крáски; a box of ~s набóр крáсок 3) румя́на

**2.** *v* 1) писáть крáсками, занимáться жи́вописью 2) крáсить, окрáшивать; расписывать (*стену и т. п.*) 3) опи́сывать, изображáть; to ~ in bright colours опи́сывать я́ркими крáсками; представить в рóзовом свéте; приукрáсить 4) крáситься, румя́ниться □ ~ in впи́сывать крáсками; ~ out закрáшивать (*надпись и т. п.*) ◇ to ~ the lily занимáться бесплóдным дéлом; to ~ the town red устрóить попóйку, загуля́ть

**paint-box** ['peɪntbɔks] *n* корóбка крáсок

**paintbrush** ['peɪntbrʌʃ] *n* кисть

**painted** ['peɪntɪd] **1.** *p. p. от* paint 2

**2.** *a* 1) покрáшенный; разукрáшенный 2) притвóрный

**painted lady** ['peɪntɪd'leɪdɪ] *n* репéйница (*бабочка*)

**painter I** ['peɪntə] *n* 1) живопи́сец, худóжник 2) маля́р ◇ ~'s colic *мед.* отравлéние свинцóм

**painter II** ['peɪntə] *n мор.* (носовóй) фáлинь ◇ to cut the ~ отдели́ться от метропóлии, стать автонóмной (*о колонии*)

**painting** ['peɪntɪŋ] **1.** *pres. p. от* paint 2

**2.** *n* 1) жи́вопись 2) рóспись; карти́на 3) окрáска 4) маля́рное дéло

**painty** ['peɪntɪ] *a* 1) свежевы́крашенный; a ~ smell зáпах крáски 2) перегрýженный крáсками (*о картине*) 3) размалёванный

**pair** [pɛə] **1.** *n* 1) пáра; in ~s пáрами; a carriage and ~ карéта, запряжённая пáрой 2) вещь, состоя́щая из двух частéй; пáрные предмéты; пáра; a ~ of scissors (spectacles, compasses, scales) нóжницы (очки́, ци́ркуль, весы́); a ~ of socks (shoes, gloves) пáра носкóв (боти́нок, перчáток) 3) (супрýжеская) четá; жени́х с невéстой 4): ~ of stairs (*или* of steps) марш, этáж 5) *pl* партнёры (*в картах*) 6) *парл.* два члéна проти́вных пáртий, не учáствующие в голосовáнии по соглашéнию 7) смéна, бригáда (*рабочих*) 8) *attr.* пáрный

**2.** *v* 1) располагáть(ся) пáрами; подбирáть под пáру 2) соединя́ть(ся) пó двое 3) сочетáть(ся) брáком 4) спáривать(ся), случáть □ ~ off а) разделя́ть(ся) на пáры; уходи́ть пáрами; б) *разг.* жени́ться, вы́йти зáмуж (with)

**-pair** [-pɛə] *в сложных словах означает* кóмната; one- (two-, three-) ~ front (back) кóмната на вторóм (трéтьем, четвёртом) этажé, выходя́щая на ýлицу (во двор)

**pair-horse** ['pɛəhɔ:s] *a* пáрный, для пáрной упря́жки

**pair-oar** ['pɛərɔ:] *n спорт.* двóйка распашнáя

**pajamas** [pə'dʒɑ:məz] = pyjamas

**Pakistani** [ˌpɑ:kɪs'tɑ:nɪ] **1.** *n* пакистáнец; пакистáнка

**2.** *a* пакистáнский

**pal** [pæl] *разг.* **1.** *n* товáрищ, прия́тель

**2.** *v* дружи́ть, подружи́ться (*обыкн.* ~ up; with, to — с *кем-л.*)

**palace** ['pælɪs] *n* 1) дворéц, чертóг 2) роскóшное здáние; особня́к 3) официáльная резидéнция (*короля, высокопоставленного духовного лица*) 4) *attr.* дворцóвый

**paladin** ['pælədɪn] *n ист.* палади́н

**palaeogene** ['pælɪədʒi:n] *n геол.* палеогéн

**palaeographer** [ˌpælɪ'ɔgrəfə] *n* палеóграф

**palaeography** [ˌpælɪ'ɔgrəfɪ] *n* палеóгрáфия

**palaeolithic** [ˌpælɪəu'lɪθɪk] *a* палеолити́ческий; the P. age палеоли́т

**palaeontologist** [ˌpælɪɔn'tɔlədʒɪst] *n* палеонтóлог

**palaeontology** [ˌpælɪɔn'tɔlədʒɪ] *n* палеонтолóгия

**palaeozoic** [ˌpælɪəu'zəuɪk] *геол.* **1.** *a* палеозóйский

**2.** *n* палеозóй, палеозóйская э́ра

**palaestra** [pə'lestrə] *n* (*pl* -trae) *др.-греч.* палéстра

**palaestrae** [pə'lestri:] *pl от* palaestra

**palankeen, palanquin** [ˌpælən'ki:n] *n* паланки́н, носи́лки

**palatable** ['pælətəbl] *a* 1) вкýсный, аппети́тный 2) прия́тный

**palatal** ['pælətl] **1.** *a* 1) нёбный 2) *фон.* палатáльный

**2.** *n фон.* палатáльный звук

**palatalization** ['pælətəlaɪ'zeɪʃən] *n фон.* смягчéние, палатализáция

**palatalize** ['pælətəlaɪz] *v фон.* смягчáть, палатализовáть

**palate** ['pælɪt] *n* 1) *анат.* нёбо 2) вкус 3) склóнность, интерéс

**palatial** [pə'leɪʃəl] *a* 1) дворцóвый 2) роскóшный, великолéпный

**palatinate** [pə'lætɪnɪt] *n ист.* палатинáт; пфальцгрáфство

**palatine I** ['pælətaɪn] *n* (P.) *ист.* пфальцгрáф (*тж.* Count *или* Earl P.); County P. пфальцгрáфство

**palatine II** ['pælətaɪn] *анат.* **1.** *a* нёбный; ~ bones нёбные кóсти

**2.** *n pl* нёбные кóсти

**palaver** [pə'lɑ:və] **1.** *n* 1) совещáние, переговóры 2) пустáя болтовня́ 3) лесть; лжи́вые словá 4) *sl.* дéло

**2.** *v* 1) болтáть 2) льсти́ть; заговáривать зýбы

**pale I** [peɪl] **1.** *n* 1) кол; свáя 2) частокóл; огрáда 3) грани́ца, чертá, предéлы; рáмки (*поведения*); beyond (within) the ~ of smth. за предéлами (в предéлах) чегó-л. 4) *ист.* чертá осéдлости 5): the (English) P. *ист.* часть Ирлáндии, подвлáстная Áнглии 6) *геральд.* ширóкая вертикáльная полосá посреди́не щитá

**2.** *v* обноси́ть палисáдом, огрáдой, частокóлом; огорáживать

**pale II** [peɪl] **1.** *a* 1) блéдный 2) слáбый, тýсклый (*о свете, цвете и т. п.*)

**2.** *v* 1) бледнéть 2) тускнéть 3) застáвить побледнéть; бледни́ть

**paleaceous** [ˌpeɪlɪ'eɪʃəs] *a* мяки́нный, похóжий на мяки́ну

**paled** I [peɪld] **1.** *p. p. от* pale I, 2
**2.** *a* огоро́женный (*частоколом*)
**paled** II [peɪld] *p. p. от* pale II, 2
**pale-face** [ˈpeɪlfeɪs] *n* бледноли́цый, челове́к бе́лой ра́сы (*в романах из жизни американских индейцев*)
**Palestinian** [ˌpæləsˈtɪnɪən] **1.** *a* палести́нский
**2.** *n* жи́тель Палести́ны
**palestra** [pəˈlestrə] = palaestra
**paletot** [ˈpæltəu] *фр. n* свобо́дное, широ́кое пальто́
**palette** [ˈpælɪt] *n* 1) пали́тра 2) *тех.* грудно́й упо́р для коловоро́та
**palette-knife** [ˈpælɪtnaɪf] *n жив.* мастихи́н
**palfrey** [ˈpɔːlfrɪ] *n уст., поэт.* верхова́я ло́шадь (*преим.* да́мская)
**Pali** [ˈpɑːlɪ] *n* па́ли (*индийский диалект; тж. язык священных книг буддистов*)
**palimpsest** [ˈpælɪmpsest] *ист.* **1.** *n* палимпсе́ст
**2.** *a* напи́санный на ме́сте пре́жнего те́кста
**paling** I [ˈpeɪlɪŋ] **1.** *pres. p. от* pale I, 2
**2.** *n* 1) палиса́д, забо́р, частоко́л 2) кол; ко́лья
**paling** II [ˈpeɪlɪŋ] *pres. p. от* pale II, 2
**palingenesis** [ˌpælɪnˈdʒenɪsɪs] *n биол.* палингене́з(ис)
**palinode** [ˈpælɪnəud] *греч. n* 1) *стих.* палино́дия 2) отрече́ние, отка́з от свои́х слов, взгля́дов
**palisade** [ˌpælɪˈseɪd] **1.** *n* 1) частоко́л, палиса́д 2) *pl* ряд база́льтовых столбо́в
**2.** *v* обноси́ть частоко́лом
**palisander** [ˌpælɪˈsændə] *n бот.* палиса́ндр; палиса́ндровое де́рево
**palish** [ˈpeɪlɪʃ] *a* бледнова́тый
**pall** I [pɔːl] **1.** *n* 1) покро́в (*на гробе*) 2) заве́са, пелена́; покро́в 3) ма́нтия, облаче́ние
**2.** *v* 1) покрыва́ть, оку́тывать покро́вом 2) затемня́ть
**pall** II [pɔːl] *v* 1) надоеда́ть (*обыкн.* ~ on) 2) пресыща́ть(ся)
**palladia** [pəˈleɪdjə] *pl от* palladium I
**palladium** I [pəˈleɪdjəm] *лат. n* (*pl* -dia) зало́г безопа́сности; защи́та, опло́т
**palladium** II [pəˈleɪdjəm] *n хим.* палла́дий
**pallet** I [ˈpælɪt] *n* 1) соло́менная посте́ль, соло́менный тюфя́к 2) убо́гое ло́же 3) *уст.* ко́йка, на́ры
**pallet** II [ˈpælɪt] *n* 1) = palette 1) 2) *тех.* палле́т, поддо́н; шпа́тель; плита́ (*конвейера*) 3) я́корь телегра́фного аппара́та
**pallet-bed** [ˈpælɪtbed] = pallet I, 1)
**pallia** [ˈpælɪə] *pl от* pallium
**palliasse** [ˈpælɪæs] *n* соло́менный тюфя́к
**palliate** [ˈpælɪeɪt] *v* 1) вре́менно облегча́ть (*боль, болезнь*) 2) извиня́ть, смягча́ть (*преступление, вину*) 3) покрыва́ть, зама́лчивать

**palliation** [ˌpælɪˈeɪʃən] *n* 1) вре́менное облегче́ние (*боли, болезни*) 2) оправда́ние (*преступления*)
**palliative** [ˈpælɪətɪv] **1.** *a* 1) паллиати́вный 2) смягча́ющий
**2.** *n* 1) паллиати́в, полуме́ра 2) смягча́ющее обстоя́тельство
**pallid** [ˈpælɪd] *a* (ме́ртвенно-)бле́дный
**pallidness** [ˈpælɪdnɪs] *n* ужаса́ющая бле́дность
**pallium** [ˈpælɪəm] *лат. n* (*pl* -lia) 1) плащ 2) *зоол.* ма́нтия (*моллюсков*)
**pall-mall** [ˈpelˈmel] *n* пел-ме́л (*старинная игра в шары*)
**pallor** [ˈpælə] *n* бле́дность
**pally** [ˈpælɪ] *a разг.* 1) дру́жеский, дру́жественный 2) общи́тельный
**palm** I [pɑːm] **1.** *n* 1) ладо́нь 2) *мор.* ла́па (*якоря*) 3) ло́пасть (*весла*) ◇ to have an itching ~ быть взя́точником; быть корыстолюби́вым, жа́дным
**2.** *v* 1) пря́тать в руке́ (*карты и т. п.*) 2) тро́гать ладо́нью, гла́дить 3) подкупа́ть □ ~ off всуча́ть; сбыва́ть, подсо́вывать (on, upon — *кому-л.*)
**palm** II [pɑːm] *n* 1) па́льма, па́льмовое де́рево 2) па́льмовая ветвь; *перен.* побе́да, триу́мф; to bear (*или* to carry) the ~ получи́ть па́льму пе́рвенства; одержа́ть побе́ду; to yield the ~ уступи́ть па́льму пе́рвенства; призна́ть себя́ побеждённым 3) ве́точка ве́рбы *и т. п.* 4) *attr.* па́льмовый ◇ P. Sunday *церк.* ве́рбное воскресе́нье
**palmaceous** [pælˈmeɪʃəs] *a бот.* па́льмовый
**Palma Christi** [ˈpælməˈkrɪstɪ] *n бот.* клещеви́на
**palmar** [ˈpælmə] *a анат.* ладо́нный
**palmary** [ˈpælmərɪ] *a* заслу́живающий па́льму пе́рвенства, превосхо́дный
**palmate** [ˈpælmɪt] *a* 1) *бот.* ла́пчатый, па́льчатый 2) *зоол.* снабжённый пла́вательной перепо́нкой
**palm-cat** [ˈpɑːmˈkæt] = palm-civet
**palm-civet** [ˈpɑːmˈsɪvɪt] *n зоол.* па́льмовая куни́ца, страннохво́ст
**palmcrist** [ˈpɑːmkrɪst] = Palma Christi
**palmer** [ˈpɑːmə] *n* 1) пало́мник 2) личи́нка ба́бочки-медве́дицы
**palmetto** [pælˈmetəu] *n* (*pl* -os [-əuz]) *бот.* пальме́тто, ка́рликовая па́льма ◇ P. State *амер. шутливое название штата Южная Каролина*
**palm-grease** [ˈpɑːmgriːs] = palm-oil 2)
**palmiped(e)** [ˈpælmɪpəd(-piːd)] *зоол.* **1.** *a* лапчатоно́гий
**2.** *n* лапчатоно́гая пти́ца
**palmist** [ˈpɑːmɪst] *n* хирома́нт
**palmistry** [ˈpɑːmɪstrɪ] *n* хирома́нтия
**palmitic** [pælˈmɪtɪk] *a хим.* пальмити́новый
**palm-oil** [ˈpɑːmɔɪl] *n* 1) па́льмовое ма́сло 2) *разг.* взя́тка
**palm-tree** [ˈpɑːmtriː] = palm II, 1)

**palm-worm** [ˈpɑːmwəːm] = palmer 2)
**palmy** [ˈpɑːmɪ] *a* 1) *поэт.* па́льмовый; изоби́лующий па́льмами 2) счастли́вый, цвету́щий; (one's) ~ days пери́од расцве́та
**palmyra** [pælˈmaɪərə] *n бот.* па́льма-пальми́ра
**palp** [pælp] *n зоол.* щу́пальце
**palpability** [ˌpælpəˈbɪlɪtɪ] *n* 1) осяза́емость 2) очеви́дность
**palpable** [ˈpælpəbl] *a* 1) осяза́емый, ощути́мый 2) очеви́дный, я́вный
**palpal** [ˈpælpəl] *a зоол.* осяза́тельный
**palpate** [ˈpælpeɪt] *v* 1) ощу́пывать 2) *мед.* пальпи́ровать
**palpation** [pælˈpeɪʃən] *n* 1) ощу́пывание 2) *мед.* пальпа́ция
**palpi** [ˈpælpaɪ] *pl от* palpus
**palpitate** [ˈpælpɪteɪt] *v* 1) би́ться, пульси́ровать 2) трепета́ть; дрожа́ть (*от страха, радости и т. п.*; with)
**palpitating** [ˈpælpɪteɪtɪŋ] **1.** *pres. p. от* palpitate
**2.** *a* 1) животрепе́щущий; ~ interest животрепе́щущий интере́с 2) трепе́щущий
**palpitation** [ˌpælpɪˈteɪʃən] *n* 1) си́льное сердцебие́ние; пульса́ция 2) тре́пет, дрожь
**palpus** [ˈpælpəs] *n* (*pl* -pi) = palp
**palsgrave** [ˈpɔːlzgreɪv] *n ист.* пфальцгра́ф
**palstave** [ˈpɔːlsteɪv] *n археол.* пальста́б (*вид бронзового топора*)
**palsy** [ˈpɔːlzɪ] **1.** *n* 1) парали́ч 2) паралич́ное дрожа́ние 3) *перен.* состоя́ние по́лной беспо́мощности
**2.** *v* 1) парализова́ть; разбива́ть параличо́м 2) *перен.* де́лать беспо́мощным
**palter** [ˈpɔːltə] *v* 1) криви́ть душо́й; плутова́ть, хитри́ть; to ~ with facts подтасо́вывать *или* искажа́ть фа́кты 2) торгова́ться 3) занима́ться пустяка́ми
**paltry** [ˈpɔːltrɪ] *a* 1) пустяко́вый, ничто́жный, ме́лкий, незначи́тельный 2) жа́лкий, презре́нный
**paludal** [pəˈljuːdl] *a* 1) боло́тный; боло́тистый 2) маляри́йный
**paly** [ˈpeɪlɪ] *a поэт.* бле́дный; бледнова́тый
**pampas** [ˈpæmpəs] *n pl* пампа́сы
**pampas-grass** [ˈpæmpəsgrɑːs] *n бот.* трава́ пампа́сная
**pamper** [ˈpæmpə] *v* балова́ть, изне́живать
**pampero** [pæmˈpɛərəu] *исп. n* (*pl* -os [-əuz]) пампе́ро (*холодный ветер, дующий в пампасах*)
**pamphlet** [ˈpæmflɪt] *n* 1) брошю́ра 2) памфле́т 3) техни́ческий проспе́кт
**pamphleteer** [ˌpæmflɪˈtɪə] **1.** *n* памфлети́ст
**2.** *v* 1) писа́ть брошю́ры 2) полемизи́ровать
**Pan** [pæn] *n* 1) *греч. миф.* Пан 2) язы́чество
**pan** [pæn] **1.** *n* 1) кастрю́ля; ми́ска; таз; сковорода́; про́тивень 2) ча́шка

(*весов*) 3) котловина 4) небольшая плавучая (блинчатая) льдина 5) *амер. разг.* лицо 6) *тех.* лоток, поддон; корыто 7) *геол.* подпочвенный пласт; ортштейн 8) полка (*в кремнёвом ружье*)

**2.** *v* 1) готовить *или* подавать в кастрюле 2) промывать (*золотоносный песок*) 3) *разг.* задать жару, подвергнуть резкой критике 4) *кино* панорамировать □ ~ **out** а) намывать; б) давать золото (*о песке*); в) преуспевать; удаваться, устраиваться; the business did not ~ out дело не выгорело, не удалось

**panacea** [ˌpænəˈsɪə] *n* панацея, универсальное средство

**panache** [pəˈnæʃ] *n* 1) плюмаж, султан 2) рисовка, щегольство

**panada** [pəˈnɑːdə] *n* хлебный пудинг

**Panama** [ˌpænəˈmɑː] *n* 1) панама (*шляпа*; *тж.* ~ hat) 2) панама, крупное мошенничество

**Panamanian** [ˌpænəˈmeɪnjən] **1.** *a* панамский

**2.** *n* житель Панамы

**Pan-American** [ˈpænəˈmerɪkən] *a* панамериканский

**pancake** [ˈpænkeɪk] **1.** *n* 1) блин; оладья; flat as a ~ совершенно плоский 2) *ав. жарг.* посадка с парашютированием

**2.** *v ав. жарг.* парашютировать

**panchromatic** [ˈpænkrəuˈmætɪk] *a фото* панхроматический

**pancratium** [pænˈkreɪʃɪəm] *n др.-греч.* состязание по борьбе и боксу

**pancreas** [ˈpæŋkrɪəs] *n анат.* поджелудочная железа

**panda** [ˈpændə] *n* панда, кошачий медведь; giant ~ гигантская панда

**Pandean** [pænˈdiːən] *a греч. миф.*: ~ pipe свирель Пана

**pandect** [ˈpændekt] *n* (*обыкн. pl*) 1) *ист.* Юстиниановы пандекты 2) свод законов

**pandemic** [pænˈdemɪk] *мед.* **1.** *n* пандемия

**2.** *a* пандемический

**pandemonium** [ˌpændɪˈməunjəm] *n* 1) обиталище демонов; ад 2) *перен.* ад кромешный, столпотворение

**pander** [ˈpændə] **1.** *n* 1) сводник 2) пособник

**2.** *v* 1) сводничать 2) потворствовать (to — *чему-л.*)

**pandit** [ˈpʌndɪt] = pundit

**Pandora's box** [pænˈdɔːrəzˈbɔks] *n греч. миф.* ящик Пандоры, источник всяческих бед

**pandowdy** [pænˈdaudɪ] *n амер.* яблочный пудинг *или* пирог

**pane** [peɪn] *n* 1) оконное стекло 2) клетка (*в узоре*) 3) грань (*бриллианта, гайки*) 4) *тех.* боёк молотка 5) = panel 1, 1)

**panegyric** [ˌpænɪˈdʒɪrɪk] **1.** *n* панегирик, похвала

**2.** *a* хвалебный

**panegyrical** [ˌpænɪˈdʒɪrɪkəl] *a* хвалебный, панегирический

**panegyrist** [ˌpænɪˈdʒɪrɪst] *n* панегирист

**panegyrize** [ˈpænɪdʒɪraɪz] *v* восхвалять

**panel** [ˈpænl] **1.** *n* 1) панель, филёнка 2) тонкая доска для живописи; панно 3) вставка в платье другого материала *или* цвета 4) фотоснимок длинного узкого формата 5) выставочная витрина 6) полоса пергамента 7) список присяжных (заседателей); присяжные заседатели 8) *шотл. юр.* подсудимый; обвиняемый 9) список врачей страховых касс 10) личный состав, персонал; комиссия; группа специалистов, экспертов *и т. п.* 11) участники дискуссии *или* викторины (*в радио- или телепередаче*) 12) *тех.* щит управления; распределительный щит; приборная панель 13) *тех.* кессон, ящик

**2.** *v* 1) обшивать панелями, филёнками 2) отделывать полосой другого материала *или* цвета 3) составлять список присяжных (заседателей); включать в список присяжных (заседателей) 4) *шотл.* предъявлять обвинение

**panel doctor** [ˈpænlˈdɔktə] *n* врач страхкассы

**panelling** [ˈpænlɪŋ] **1.** *pres. p. от* panel 2

**2.** *n* панельная обшивка

**panful** [ˈpænful] *n* полная кастрюля *и пр.* [*см.* pan 1, 1)]

**pang** [pæŋ] *n* 1) внезапная острая боль 2) *pl* угрызения (совести)

**pangolin** [pæŋˈgəulɪn] *n зоол.* ящер

**panhandle** [ˈpænˌhændl] **1.** *n* 1) ручка кастрюли 2) *амер.* длинный узкий выступ территории между двумя другими территориями ◇ P. State *амер. шутливое название штата Западная Виргиния*

**2.** *v амер. разг.* просить милостыню, попрошайничать

**panhandler** [ˈpænˌhændlə] *n амер. разг.* нищий, попрошайка

**panic I** [ˈpænɪk] **1.** *n* 1) паника 2) *амер. жарг.* забава, шутка

**2.** *a* панический

**3.** *v* 1) пугать, наводить панику 2) *амер. жарг.* приводить в восторг (*публику*); вызывать смех, насмешки

**panic II** [ˈpænɪk] *n бот.* щетинник итальянский, могар, просо итальянское

**panicky** [ˈpænɪkɪ] *a разг.* панический

**panicle** [ˈpænɪkl] *n бот.* метёлка

**panic-monger** [ˈpænɪkˌmʌŋgə] *n* паникёр

**panic-stricken** [ˈpænɪkˌstrɪkən] *a* охваченный паникой

**paniculate** [pəˈnɪkjuleɪt] *a бот.* метёльчатый

**panjandrum** [pənˈdʒændrəm] *n ирон.* важная персона, «шишка»

**panmixia** [pənˈmɪksɪə] *n биол.* беспорядочное скрещивание

**pannage** [ˈpænɪdʒ] *n* 1) право выпаса свиней в лесу 2) плата за право выпаса свиней в лесу 3) плодокорм (*жёлуди, каштаны, орехи*)

**panne** [pæn] *n* панбархат

**pannier** [ˈpænɪə] *n* 1) корзина (*особ. на вьючном животном*); короб 2) панье (*часть юбки*); кринолин 3) *ист.* плетёный щит (*лучника*)

**pannikin** [ˈpænɪkɪn] *n* жестяная кружка; кастрюлька; мисочка ◇ to be off one's ~ сойти с ума, спятить

**panoplied** [ˈpænəplɪd] *a* во всеоружии

**panoply** [ˈpænəplɪ] *n.* доспехи (*часто перен.*)

**panopticon** [pænˈɔptɪkən] *n* 1) паноптикум 2) круглая тюрьма с помещением для смотрителя в центре

**panorama** [ˌpænəˈrɑːmə] *n* панорама

**panoramic** [ˌpænəˈræmɪk] *a* панорамный

**pan-pipe** [ˈpænpaɪp] *n* свирель

**pansy** [ˈpænzɪ] **1.** *n* 1) анютины глазки 2) *разг.* гомосексуалист

**2.** *a* женоподобный

**pant** [pænt] **1.** *v* 1) часто и тяжело дышать, задыхаться 2) пыхтеть 3) страстно желать, тосковать (for, after — о *чём-л.*) 4) трепетать, сильно биться (*о сердце*) 5) говорить задыхаясь; выпаливать (*обыкн.* ~ out)

**2.** *n* 1) одышка; тяжёлое, затруднённое дыхание 2) пыхтение 3) биение (*сердца*)

**pantalet(te)s** [ˌpæntəˈlets] *n pl* длинные детские *или* дамские панталоны

**pantaloon** [ˌpæntəˈluːn] *n* 1) *pl* (*особ. амер.*) брюки; *редк.* кальсоны 2) (*тж. pl*) *ист.* панталоны в обтяжку 3) *pl* рейтузы 4) (P.) Панталоне (*персонаж итальянской комедии*) 5) (P.) второй клоун

**pantechnicon** [pænˈteknɪkən] *n* 1) склад для хранения мебели 2) фургон для перевозки мебели (*тж.* ~ van)

**pantheism** [ˈpænθi(ː)ɪzm] *n* пантеизм

**pantheist** [ˈpænθi(ː)ɪst] *n* пантеист

**pantheistic(al)** [ˌpænθi(ː)ˈɪstɪk(əl)] *a* пантеистический

**pantheon** [ˈpænθɪən] *n* пантеон

**panther** [ˈpænθə] *n зоол.* 1) пантера; леопард; барс 2) *амер.* пума; кугуар, ягуар

**pantie girdle** [ˈpæntɪˈgəːdl] *n* дамский пояс-трусы

**panties** [ˈpæntɪz] *n pl разг.* 1) детские штанишки 2) трусики (*детские или женские*)

**pantile** [ˈpæntaɪl] *n стр.* желобчатая черепица

**panto** [ˈpæntəu] *n разг. сокр. от* pantomime 1

**panto-** [ˈpəntəu-] *pref* все-, обще-, панто-

**pantograph** [ˈpæntəugrɑːf] *n* 1) пантограф (*прибор для пересъёмки чертежей и рисунков в другом масштабе*) 2) *эл.* пантограф, токоприёмник

**pantomime** [ˈpæntəmaɪm] **1.** *n* 1) пантомима 2) представление для детей (*на рождестве в Англии*); пьеса-

-ска́зка 3) язы́к же́стов; to express oneself in ~ объясня́ться же́стами 4) *ист.* мими́ческий актёр; мим (*в древнем Риме*)

**2.** *v* объясня́ться же́стами

**pantomimic** [ˌpæntəu'mɪmɪk] *a* пантомими́ческий

**pantry** ['pæntrɪ] *n* 1) кладова́я (*для провизии*) 2) буфе́тная (*для посуды и т. п.*)

**pantryman** ['pæntrɪmæn] *n* буфе́тчик

**pants** [pænts] *n pl* (*сокр. от* pantaloons) 1) *амер. разг.* брю́ки, штаны́ 2) кальсо́ны 3) *ав. разг.* обтека́тели колёс шасси́

**panzer** ['pæntsə] *нем. воен.* **1.** *n pl разг.* бронета́нковые войска́

**2.** *a* брониро́ванный; (броне)та́нковый; ~ troops бронета́нковые войска́

**pap I** [pæp] *n* 1) ка́шка, пюре́ (*для детей или больных*) 2) полужи́дкая ма́сса, па́ста, эму́льсия 3) *амер. разг.* дохо́ды *или* привиле́гии, получа́емые от госуда́рственной слу́жбы

**pap II** [pæp] *n* 1) *уст.* сосо́к (*груди*) 2) *тех.* кру́глая бобы́шка

**papa** [pə'pɑ:] *n детск.* па́па

**papacy** ['peɪpəsɪ] *n* па́пство

**papal** ['peɪpəl] *a* па́пский

**papaveraceous** [pəˌpeɪvə'reɪʃəs] *a бот.* ма́ковый, из семе́йства ма́ковых

**papaverous** [pə'peɪvərəs] *a* ма́ковый

**papaya** [pə'paɪə] *n* 1) папа́йя, ды́нное де́рево 2) плод ды́нного де́рева

**paper** ['peɪpə] **1.** *n* 1) бума́га; correspondence ~ пи́счая бума́га высо́кого ка́чества; ruled ~ лино́ванная бума́га; section ~ бума́га в клётку; rotogravure ~ *полигр.* бума́га для глубо́кой печа́ти 2) газе́та 3) нау́чный докла́д; статья́; диссерта́ция; working ~ рабо́чий докла́д 4) экзаменацио́нный биле́т 5) пи́сьменная рабо́та 6) бума́жный паке́т; a ~ of needles паке́тик иго́лок 7) *собир.* векселя́, банкно́ты, креди́тные бума́ги; бума́жные де́ньги 8) докуме́нт; меморандум; *pl* ли́чные *или* служе́бные докуме́нты; to send in one's ~s пода́ть в отста́вку; first ~s *амер.* пе́рвые докуме́нты, подава́емые уроже́нцем друго́й страны́, хода́тайствующим о приня́тии в гражда́нство США 9) *pl* папилько́тки 10) *разг.* про́пуск, контрама́рка 11) *разг.* контрама́рочник(и)

**2.** *a* 1) бума́жный; ~ money (*или* currency) бума́жные де́ньги; ~ work а) канцеля́рская рабо́та; б) прове́рка документа́ции, пи́сьменных рабо́т *и т. п.* 2) существу́ющий то́лько на бума́ге 3) газе́тный; ~ war (*или* warfare) газе́тная война́ 4) то́нкий как бума́га

**3.** *v* 1) завёртывать в бума́гу 2) окле́ивать обо́ями, бума́гой 3) *разг.* заполня́ть теа́тр контрама́рочниками

**paper-back** ['peɪpəbæk] *n* кни́га в бума́жной обло́жке

**paper-backed** ['peɪpəbækt] *a* в мя́гкой бума́жной обло́жке (*о книге*)

**paper-boy** ['peɪpəbɔɪ] = news-boy

**paper-chase** ['peɪpətʃeɪs] *n* игра́ «за́яц и соба́ки», в кото́рой убега́ющие оставля́ют за собо́й бума́гу как след

**paper-cutter** ['peɪpəˌkʌtə] *n* 1) = paper-knife 2) *полигр.* бумагоре́зальная маши́на

**paper-fastener** ['peɪpəˌfɑ:snə] *n* скре́пка для бума́г

**paper-hanger** ['peɪpəˌhæŋə] *n* обо́йщик

**paper-hanging** ['peɪpəˌhæŋɪŋ] *n* 1) окле́йка ко́мнаты обо́ями 2) *pl* обо́и

**paper-knife** ['peɪpənaɪf] *n* разрезно́й нож, нож для бума́ги

**paper-mill** ['peɪpəmɪl] *n* бума́жная фа́брика

**paper-stainer** ['peɪpəˌsteɪnə] *n* 1) фабрика́нт обо́ев 2) *шутл.* бумагомара́ка

**paper-tiger** ['peɪpə'taɪgə] *n воен. жарг.* «бума́жный тигр», неопа́сный проти́вник

**paper-weight** ['peɪpəweɪt] *n* пресс-папье́

**papery** ['peɪpərɪ] *a* похо́жий на бума́гу, то́нкий

**papier mâché** ['pæpjeɪ'mɑ:ʃeɪ] *фр. n* папье́-маше́

**papilionaceous** [pəˌpɪlɪə'neɪʃəs] *a бот.* мотылько́вый

**papilla** [pə'pɪlə] *n* (*pl* -lae) *анат., зоол., бот.* сосо́чек, бугоро́к

**papillae** [pə'pɪli:] *pl от* papilla

**papillary** [pə'pɪlərɪ] *a* сосковидный

**papillate** [pə'pɪleɪt] *a* покры́тый сосо́чками; соскови́дный

**papillose** ['pæpɪləus] *a* покры́тый сосо́чками; бугорча́тый, борода́вчатый

**papist** ['peɪpɪst] *n* папи́ст

**papistic(al)** [pə'pɪstɪk(əl)] *a* папи́стский

**papistry** ['peɪpɪstrɪ] *n* папи́зм

**papoose** [pə'pu:s] *n* ребёнок (*североамериканских индейцев*)

**pappose** ['pæpəus] *a бот.* снабжённый хохолко́м

**pappus** ['pæpəs] *n бот.* хохоло́к

**pappy** ['pæpɪ] *a* 1) кашицеобра́зный 2) мя́гкий, не́жный

**paprika** ['pæpri(:)kə] *венг. n* па́прика, стручко́вый (*или* кра́сный) пе́рец

**Papuan** ['pæpjuən] **1.** *a* папуа́сский **2.** *n* папуа́с; папуа́ска

**papula** ['pæpjulə] *n* (*pl* -lae) *мед.* па́пула, узело́к

**papulae** ['pæpjuli:] *pl от* papula

**papular** ['pæpjulə] *a мед.* папулёзный

**papule** ['pæpju(:)l] = papula

**papulose, papulous** ['pæpjuləus, -ləs] *a мед.* папулёзный; бугорко́вый

**papyraceous** [ˌpæpɪ'reɪʃəs] *a бот.* похо́жий на бума́гу, бумагообра́зный

**papyri** [pə'paɪəraɪ] *pl от* papyrus

**papyrus** [pə'paɪərəs] *n* (*pl* -ri) папи́рус

**par I** [pɑ:] *n* 1) ра́венство; on a ~ наравне́; на одно́м у́ровне (with) 2) *эк.* парите́т (*обыкн.* ~ of exchange) 3) номина́льная цена́, номина́л; at ~ по номина́льной цене́, по номина́лу; above (below) ~ вы́ше (ни́же) номина́льной сто́имости 4) нормальное состоя́ние; on a ~ в сре́днем; I feel below (*или* under) ~ я себя́ пло́хо чу́вствую; up to ~ в норма́льном состоя́нии

**par II** [pɑ:] *n* (*сокр. от* paragraph) *разг.* газе́тная заме́тка

**par III** [pɑ:] = parr

**parable** ['pærəbl] *n* при́тча, иносказа́ние ◇ to take up one's ~ *уст.* нача́ть рассужда́ть

**parabola** [pə'ræbələ] *n геом.* пара́бола

**parabolic** [ˌpærə'bɔlɪk] *a* 1) *геом.* параболи́ческий 2) = parabolical 1)

**parabolical** [ˌpærə'bɔlɪkəl] *a* 1) иносказа́тельный, метафори́ческий 2) *редк.* = parabolic 1)

**paraboloid** [pə'ræbəlɔɪd] *n геом.* параболо́ид

**paracentric(al)** [ˌpærə'sentrɪk(əl)] *a* парацентри́ческий

**parachronism** [pə'rækrənɪzm] *n* парахрони́зм, хронологи́ческая оши́бка (*отнесение какого-л. события к более позднему времени*)

**parachute** ['pærəʃu:t] **1.** *n* 1) парашю́т 2) *attr.* парашю́тный; ~ jump прыжо́к с парашю́том; ~ landing а) приземле́ние с парашю́том; б) вы́броска парашю́тного деса́нта; ~ troops парашю́тно-деса́нтные войска́

**2.** *v* парашюти́ровать; спуска́ться с парашю́том; сбра́сывать с парашю́том; to ~ to safety спасти́сь с парашю́том

**parachute-jumper** ['pærəʃu:tˌdʒʌmpə] = parachutist

**parachutist** ['pærəʃu:tɪst] *n* парашюти́ст

**paraclete** ['pærəkli:t] *n рел.* параклет, засту́пник, утеши́тель

**parade** [pə'reɪd] **1.** *n* 1) пара́д 2) пока́з; a mannequin ~ пока́з мод 3) выставле́ние напока́з; to make a ~ of smth. выставля́ть что-л. напока́з, щеголя́ть, кичи́ться чем-л. 4) *воен.* построе́ние 5) *воен.* плац 6) ме́сто для гуля́нья 7) гуля́ющая пу́блика 8) *амер.* проце́ссия ◇ programme ~ програ́мма переда́ч (*объявляемая на текущий день*)

**2.** *v* 1) *воен.* стро́ить(ся); проходи́ть стро́ем; маршировать 2) выставля́ть напока́з 3) ше́ствовать; разгу́ливать; to ~ the streets гуля́ть по у́лицам

**parade-ground** [pə'reɪdgraund] *n* уче́бный плац

**paradigm** ['pærədaɪm] *n* 1) приме́р, образе́ц 2) *лингв.* паради́гма

**paradisaic(al)** [ˌpærədɪ'seɪk(əl)] = paradisiac(al)

**paradise** ['pærədaɪs] *n* 1) рай (*тж. перен.*) 2) *разг.* галёрка, раёк (*в театре*) 3) *уст.* декорати́вный сад ◇ fool's ~ при́зрачное сча́стье; to live in a fool's ~ жить иллю́зиями

**paradisiac(al), paradisial, paradisian, paradisic(al)** [ˌpærə'dɪsɪæk (ˌpærədɪ'saɪəkəl), -'dɪsɪəl, -'dɪzɪən, -'dɪzɪk(əl)] *a* ра́йский

**parados** [ˈpærədɔs] *n воен. ист.* ты́льный тра́верс

**paradox** [ˈpærədɔks] *n* парадо́кс

**paradoxical** [ˌpærəˈdɔksɪkəl] *a* парадокса́льный

**paraffin** [ˈpærəfɪn] **1.** *n* 1) *хим.* пара́фи́н 2) кероси́н 3) *attr.* парафи́новый

**2.** *v* покрыва́ть *или* пропи́тывать парафи́ном

**paraffin oil** [ˈpærəfɪnˈɔɪl] *n* 1) нефть парафи́нового основа́ния 2) кероси́н

**paragon** [ˈpærəgən] *n* 1) образе́ц (*совершенства, добродетели*) 2) алма́з, брillиа́нт ве́сом в 100 кара́т и бо́лее 3) *полигр.* параго́н

**paragraph** [ˈpærəgrɑ:f] **1.** *n* 1) абза́ц; to begin a new (*или* fresh) ~ начáть с но́вой строки́ 2) пара́граф, пункт 3) *полигр.* корректу́рный знак, тре́бующий абза́ца 4) газе́тная заме́тка

**2.** *v* 1) писа́ть *или* помеща́ть ма́ленькие заме́тки 2) разделя́ть на абза́цы

**paragraphic(al)** [ˌpærəˈgræfɪk(əl)] *a* состоя́щий из пара́графов, пу́нктов *или* отде́льных заме́ток

**Paraguayan** [ˌpærəˈgwaɪən] **1.** *a* парагва́йский

**2.** *n* парагва́ец; парагва́йка

**parakeet** [ˈpærəki:t] *n зоол.* длиннохво́стый попуга́й

**paralinguistics** [ˌpærəlɪŋˈgwɪstɪks] *n* паралингви́стика

**parallax** [ˈpærəlæks] *n астр.* паралла́кс

**parallel** [ˈpærəlel] **1.** *n* 1) паралле́ль; соотве́тствие, анало́гия; in ~ паралле́льно; to draw a ~ between проводи́ть паралле́ль ме́жду 2) паралле́льная ли́ния 3) *геогр.* паралле́ль 4) *эл.* паралле́льное соедине́ние 5) *полигр.* знак ‖

**2.** *a* 1) паралле́льный (to) 2) подо́бный, аналоги́чный; ~ instance подо́бный слу́чай

**3.** *v* 1) проводи́ть паралле́ль (*между чем-л.*); сра́внивать (with) 2) находи́ть паралле́ль (*чему-л.*) 3) соотве́тствовать 4) быть паралле́льным, проходи́ть паралле́льно; the road ~s the river доро́га прохо́дит паралле́льно реке́ 5) *эл.* (при)соединя́ть паралле́льно, шунти́ровать

**parallelepiped** [ˌpærəleˈlepɪped] *n геом.* параллелепи́пед

**parallelism** [ˈpærəlelɪzm] *n* паралле́ли́зм

**parallelogram** [ˌpærəˈleləugræm] *n геом.* параллелогра́мм

**paralogism** [pəˈrælədʒɪzm] *n* парало́ги́зм, непра́вильное умозаключе́ние

**paralogize** [pəˈrælədʒaɪz] *v* де́лать ло́жное умозаключе́ние

**paralyse** [ˈpærəlaɪz] *v* парализова́ть (*тж. перен.*)

**paralyses** [pəˈrælɪsi:z] *pl от* paralysis

**paralysis** [pəˈrælɪsɪs] *n* (*pl* -yses) парали́ч

**paralytic** [ˌpærəˈlɪtɪk] **1.** *a* 1) парали́чный 2) бесси́льный

**2.** *n* парали́тик

**paramagnetic** [ˌpærəmægˈnetɪk] *a эл.* парамагни́тный

**paramatta** [ˌpærəˈmætə] *n* лёгкая полушерстяна́я ткань

**parameter** [pəˈræmɪtə] *n мат., тех.* пара́метр

**paramilitary** [ˌpærəˈmɪlɪtərɪ] *a* военизи́рованный, полувое́нный

**paramo** [ˈpærəməu] *исп. n* (*pl* -os [-əuz]) безле́сное плоского́рье (*в Южной Америке*)

**paramount** [ˈpærəmaunt] *a* 1) верхо́вный; вы́сший 2) первостепе́нный; of ~ importance первостепе́нной ва́жности; his influence became ~ его́ влия́ние сде́лалось преоблада́ющим; ~ arm *воен.* основно́й род войск

**paramour** [ˈpærəmuə] *n* любо́вник; любо́вница

**parang** [ˈpɑ:ræŋ] *n* пара́нг, большо́й мала́йский нож

**paranoia** [ˌpærəˈnɔɪə] *n мед.* парано́йя, парано́идная шизофрени́я

**parapack** [ˈpærəpæk] *n* ра́нец парашю́та

**parapet** [ˈpærəpɪt] *n* 1) парапе́т, пери́ла 2) *воен.* бру́ствер

**paraph** [ˈpæræf] *дип.* **1.** *n* пара́ф, инициа́лы *или* ро́счерк в по́дписи

**2.** *v* парафи́ровать, подпи́сывать инициа́лами

**paraphernalia** [ˌpærəfəˈneɪljə] *n pl* 1) ли́чное иму́щество 2) убра́нство 3) принадле́жности

**paraphrase** [ˈpærəfreɪz] **1.** *n* 1) переска́з 2) парафра́за

**2.** *v* 1) переска́зывать 2) парафрази́ровать

**paraphrastic** [ˌpærəˈfræstɪk] *a* парафрасти́ческий

**paraplegia** [ˌpærəˈpli:dʒə] *n мед.* параплеги́я

**paraselenae** [ˌpærəsɪˈli:ni:] *pl от* paraselene

**paraselene** [ˌpærəsɪˈli:nɪ] *n* (*pl* -nae) *астр.* парселе́на, ло́жная луна́

**parashoot** [ˈpærəʃu:t] *v* стреля́ть по парашюти́стам

**parasite** [ˈpærəsaɪt] *n* 1) *биол.* парази́т 2) парази́т, тунея́дец

**parasitic(al)** [ˌpærəˈsɪtɪk(əl)] *a* паразити́ческий, парази́тный

**parasiticide** [ˌpærəˈsɪtɪsaɪd] *n* сре́дство для уничтоже́ния парази́тов

**parasitism** [ˈpærəsaɪtɪzm] *n* паразити́зм

**parasitize** [ˈpærəsaɪtaɪz] *v биол.* паразити́ровать

**parasol** [ˌpærəsɔl] *n* 1) небольшо́й зо́нтик (*от солнца*) 2) *ав.* парасо́ль 3) *воен.* авиацио́нное прикры́тие войск

**parataxis** [ˌpærəˈtæksɪs] *n грам.* пара́таксис, бессою́зное сочине́ние *или* подчине́ние

**parathyroid** [ˌpærəˈθaɪrɔɪd] *n анат.* околощитови́дная железа́

**paratrooper** [ˈpærəˌtru:pə] *n воен.* парашюти́ст-деса́нтник

**paratroops** [ˈpærətru:ps] *n pl* парашю́тные ча́сти

**paratyphoid** [ˈpærəˈtaɪfɔɪd] *n мед.* парати́ф

**paravane** [ˈpærəveɪn] *n мор.* парава́н

**par avion** [ˌpɑ:rəˈvjɔ:ŋ] *фр. adv* возду́шной по́чтой; а́виа

**parboil** [ˈpɑ:bɔɪl] *v* 1) обва́ривать кипятко́м, слегка́ отва́ривать 2) *перен.* перегрева́ть, перекаля́ть

**parbuckle** [ˈpɑ:bʌkl] **1.** *n* 1) приспособле́ние для подъёма *или* спу́ска бо́чек 2) *мор.* двойно́й подъёмный строп

**2.** *v мор.* поднима́ть двойны́м стро́пом

**parcel** [ˈpɑ:sl] **1.** *n* 1) паке́т, свёрток; тюк, у́зел 2) посы́лка 3) па́ртия (*товара*) 4) уча́сток (*земли*) 5) гру́ппа, ку́чка; a ~ of scamps ша́йка негодя́ев 6) *уст.* часть; part and ~ неотъе́млемая часть

**2.** *adv уст.* части́чно; ~ gilt позоло́ченный то́лько изнутри́ (*о посуде*); ~ blind полуслепо́й; ~ drunk полупья́ный

**3.** *v* 1) дели́ть на ча́сти, дроби́ть (*обыкн.* ~ out) 2) завёртывать в паке́т 3) *мор.* класть клетневи́ну

**parcelling** [ˈpɑ:slɪŋ] **1.** *pres. p. от* parcel 3

**2.** *n* 1) разде́л, распределе́ние; ~ of land разде́л земли́ 2) *мор.* накла́дывание клетневи́ны

**parcel post** [ˈpɑ:slˈpəust] *n* почто́во-посы́лочная слу́жба

**parcenary** [ˈpɑ:sɪnərɪ] *n юр.* сонасле́дование

**parcener** [ˈpɑ:sɪnə] *n юр.* сонасле́дник

**parch** [pɑ:tʃ] *v* 1) слегка́ поджа́ривать, подсу́шивать 2) иссуша́ть, пали́ть, жечь (*о солнце*) 3) пересыха́ть (*о языке, горле*); запека́ться (*о губах*) □ ~ **up** высыха́ть, со́хнуть

**parched** [pɑ:tʃt] **1.** *p. p. от* parch

**2.** *a* 1) сожжённый, опалённый 2) пересо́хший; ~ wayfarer томи́мый жа́ждой пу́тник

**parching** [ˈpɑ:tʃɪŋ] **1.** *pres. p. от* parch

**2.** *a* паля́щий

**parchment** [ˈpɑ:tʃmənt] *n* 1) перга́мент 2) ру́копись на перга́менте 3) перга́ментная бума́га 4) кожура́ кофе́йного боба́ 5) *attr.* перга́ментный

**parcook** [ˈpɑ:kuk] *v* слегка́ прова-ри́ть, наполови́ну свари́ть

**pardon** [ˈpɑ:dn] **1.** *n* 1) проще́ние, извине́ние; I beg your ~ извини́те 2) *юр.* поми́лование; general ~ амни́стия; to issue ~ for smb. поми́ловать кого́-л. 3) *ист.* индульге́нция

**2.** *v* 1) проща́ть, извиня́ть; ~ me прошу́ проще́ния, извини́те меня́ 2) (по)ми́ловать; оставля́ть без наказа́ния

**pardonable** [ˈpɑ:dnəbl] *a* прости́тельный

**pardoner** [ˈpɑ:dnə] *n ист.* продаве́ц индульге́нций

**pare** [pɛə] *v* 1) подреза́ть (*ногти*) 2) среза́ть ко́рку, кожуру́; чи́стить; обчища́ть; 3) уре́зывать, сокраща́ть (*часто* ~ away, ~ down) □ ~ **away**, ~ **off** а) среза́ть, обчища́ть; б) уре́зывать, сокраща́ть

**paregoric** [ˌpærə'gɔrɪk] *мед.* **1.** *a* болеутоля́ющий

**2.** *n* болеутоля́ющее сре́дство

**parenchyma** [pə'reŋkɪmə] *n анат., бот.* паренхи́ма

**parent** ['pɛərənt] *n* 1) роди́тель; роди́тельница 2) пра́отец; пре́док 3) живо́тное *или* расте́ние, от кото́рого произошли́ други́е 4) исто́чник, причи́на (*зла и т. п.*) 5) *attr.* роди́тельский 6) *attr.* исхо́дный, явля́ющийся исто́чником; ~ rock *геол.* матери́нская, ма́точная поро́да; ~ plant *с.-х.* исхо́дное расте́ние (*при гибридизации*) 7) *attr.* основно́й; ~ metal основно́й мета́лл; ~ station *ав.* своя́ ба́за, свой аэродро́м ◇ ~ state метропо́лия

**parentage** ['pɛərəntɪdʒ] *n* 1) происхожде́ние, ли́ния родства́, родосло́вная 2) отцо́вство; матери́нство

**parental** [pə'rentl] *a* 1) роди́тельский; отцо́вский; матери́нский (*о чувстве*) 2) явля́ющийся исто́чником

**parentheses** [pə'renθɪsi:z] *pl от* parenthesis

**parenthesis** [pə'renθɪsɪs] *n* (*pl* -theses) 1) *грам.* вво́дное сло́во *или* предложе́ние 2) (*обыкн. pl*) кру́глые ско́бки 3) интерме́дия, вставно́й эпизо́д; интерва́л

**parenthesize** [pə'renθɪsaɪz] *v* 1) вставля́ть (*вводное слово*) 2) заключа́ть в ско́бки

**parenthetic(al)** [ˌpærən'θetɪk(əl)] *a* 1) вво́дный, заключённый в ско́бки 2) изоби́лующий вво́дными предложе́ниями 3) вста́вленный мимохо́дом 4) *шутл.* криво́й (*о ногах и т. п.*)

**paresis** ['pærɪsɪs] *n мед.* паре́з, полупарали́ч

**par excellence** [pɑ:r'eksəlɑ:ns] *фр. adv* по преиму́ществу; гла́вным о́бразом; в осо́бенности

**parget** ['pɑ:dʒɪt] **1.** *n* 1) штукату́рка 2) гипс

**2.** *v* 1) штукату́рить 2) украша́ть ле́пкой

**parget(t)ing** ['pɑ:dʒɪtɪŋ] **1.** *pres. p. от* parget 2

**2.** *n* (орна́ментная) штукату́рка

**parhelia** [pɑ:'hi:ljə] *pl от* parhelion

**parhelion** [pɑ:'hi:ljən] *n* (*pl* -lia) *астр.* парге́лий, ло́жное со́лнце

**pariah** ['pærɪə] *n* па́рия; отве́рженный

**pariah-dog** ['pærɪədɔg] *n* бродя́чая соба́ка

**Parian** ['pɛərɪən] **1.** *a* паро́сский; ~ marble паро́сский мра́мор

**2.** *n* род фарфо́ра

**paries** ['pɛərɪi:z] *n* (*pl* -etes) *биол.* сте́нка (по́лости о́ргана, лабири́нта)

**parietal** [pə'raɪɪtl] *a анат.* 1) париета́льный, присте́ночный 2) темённой

**parietes** [pə'raɪɪti:z] *pl от* paries

**paring** ['pɛərɪŋ] **1.** *pres. p. от* pare

**2.** *n* 1) подреза́ние, сре́зывание 2) *pl* обре́зки, кожура́, ко́рка, шелуха́; очи́стки

**Paris** ['pærɪs] *n греч. миф.* Пари́с [*см. тж. Список географических названий*]

**Paris doll** ['pærɪs'dɔl] *n* манеке́н; ку́кла, на кото́рой демонстри́руется моде́ль оде́жды

**parish** ['pærɪʃ] *n* 1) церко́вный прихо́д 2) прихожа́не 3) *амер.* (гражда́нский) о́круг 4) *attr.* прихо́дский; ~ clerk псало́мщик ◇ to go on the ~ получа́ть посо́бие по бе́дности; ~ lantern *шутл.* луна́

**parishioner** [pə'rɪʃənə] *n* прихожа́нин; прихожа́нка

**parish register** ['pærɪʃ'redʒɪstə] *n* метри́ческая кни́га

**Parisian** [pə'rɪzjən] **1.** *a* пари́жский

**2.** *n* парижа́нин; парижа́нка

**parity I** ['pærɪtɪ] *n* 1) ра́венство 2) паралле́ли́зм, анало́гия; соотве́тствие; by ~ of reasoning по анало́гии 3) *эк.* парите́т

**parity II** ['pærɪtɪ] *n биол.* спосо́бность к деторожде́нию

**park** [pɑ:k] **1.** *n* 1) парк (*тж. автомобильный, артиллерийский и т. п.*) 2) ме́сто стоя́нки автомоби́лей 3) запове́дник (*тж.* national ~) 4) у́стричный садо́к 5) *амер.* высокого́рная доли́на

**2.** *v* 1) разбива́ть парк, огора́живать под парк (*землю*) 2) ста́вить на (дли́тельную) стоя́нку (*автомобиль и т. п.*) 3) *разг.* оставля́ть (*вещи*) 4) *воен.* ста́вить па́рком (*артиллерию*) (*тж.* to ~ guns)

**parka** ['pɑ:kə] *n* па́рка (*одежда эскимосов*)

**parkin** ['pɑ:kɪn] *n* пря́ник из овся́ной муки́ на па́токе

**parking** ['pɑ:kɪŋ] **1.** *pres. p. от* park 2

**2.** *n* 1) стоя́нка; no ~ (allowed) стоя́нка автотра́нспорта запрещена́ (*надпись*) 2) *амер.* газо́н (с дере́вьями), иду́щий по середи́не у́лицы

**parking lot** ['pɑ:kɪŋ'lɔt] *n* ме́сто стоя́нки автотра́нспорта

**parkway** ['pɑ:kweɪ] *n амер.* алле́я, бульва́р

**parky** ['pɑ:kɪ] *a разг.* холо́дный (*о погоде*)

**parlance** ['pɑ:ləns] *n* язы́к, мане́ра говори́ть *или* выража́ться; in legal ~ на юриди́ческом языке́; in common ~ в простoréчии

**parlay** ['pɑ:leɪ] *амер.* **1.** *n* пари́; ста́вка (*в азартных играх*)

**2.** *v* держа́ть пари́; де́лать ста́вку (*в азартных играх*)

**parley** ['pɑ:lɪ] **1.** *n* перегово́ры (*особ. воен.*); to beat (*или* to sound) a ~ *воен.* дава́ть сигна́л бараба́нным бо́ем *или* зву́ком трубы́ о жела́нии вступи́ть в перегово́ры

**2.** *v* 1) вести́ перегово́ры, догова́риваться; обсужда́ть 2) говори́ть (*на иностранном языке*)

**parleyvoo** [ˌpɑ:lɪ'vu:] (*испорч. фр.* parlez-vous) *шутл.* **1.** *n* 1) францу́зский язы́к 2) францу́з

**2.** *v* болта́ть по-францу́зски

**parliament I** ['pɑ:ləmənt] *n* 1) парла́мент 2) *attr.* парла́ментский

**parliament II** ['pɑ:ləmənt] *n* имби́рный пря́ник

**parliamentarian** [ˌpɑ:ləmen'tɛərɪən] **1.** *n* 1) парламента́рий 2) знато́к парла́ментской пра́ктики 3) *ист.* сторо́нник парла́мента (*в Англии в XVII в.*)

**2.** *a* парла́ментский

**parliamentarism** [ˌpɑ:lə'mentərɪzm] *n* парламентари́зм

**parliamentary** [ˌpɑ:lə'mentərɪ] *a* парла́ментский, парламента́рный; old ~ hand о́пытный парламента́рий; ~ language язы́к, допусти́мый в парла́менте ◇ ~ train *ист.* устано́вленный парла́ментом дешёвый по́езд, в кото́ром пла́та за ми́лю не превыша́ла одного́ пе́нса

**parliament-cake** ['pɑ:ləməntkeɪk] = parliament II

**parlor** ['pɑ:lə] (*обыкн. амер.*) = parlour

**parlour** ['pɑ:lə] *n* 1) скро́мная гости́ная, о́бщая ко́мната (*в квартире*) 2) отде́льный кабине́т (*в ресторане*) 3) приёмная (*в гостинице и т. п.*) 4) *амер.* зал, ателье́, кабине́т; beauty (hairdresser's) ~ космети́ческий кабине́т (парикма́херская); photographer's ~ фотоателье́

**parlour boarder** ['pɑ:ləˌbɔ:də] *n* шко́льник-пансионе́р, живу́щий в семье́ хозя́ина пансио́на

**parlour car** ['pɑ:ləkɑ:] *n амер. ж.-д.* сало́н-ваго́н

**parlourmaid** ['pɑ:ləmeɪd] *n* го́рничная

**parlous** ['pɑ:ləs] **1.** *a* 1) опа́сный; затрудни́тельный 2) ужа́сный, потряса́ющий

**2.** *adv* о́чень, ужа́сно

**parly** ['pɑ:lɪ] *разг. сокр. от* parliamentary train [*см.* parliamentary ◇]

**Parmesan** [ˌpɑ:mɪ'zæn] *n* пармеза́н (*сыр*)

**Parnassian** [pɑ:'næsɪən] *лит.* **1.** *a* парна́сский

**2.** *n* парна́сец

**Parnassus** [pɑ:'næsəs] *n греч. миф.* Парна́с

**parochial** [pə'rəukjəl] *a* 1) прихо́дский 2) у́зкий, ограни́ченный; ме́стнический; ~ interests у́зкие, ме́стнические интере́сы

**parochialism** [pə'rəukjəlɪzm] *n* ограни́ченность интере́сов, у́зость; ме́стничество

**parodist** ['pærədɪst] *n* пароди́ст

**parody** ['pærədɪ] **1.** *n* паро́дия

**2.** *v* пароди́ровать

**parole** [pə'rəul] **1.** *n* 1) че́стное сло́во, обеща́ние (*тж.* ~ of honour); on ~ (освобождённый) под че́стное сло́во 2) обяза́тельство пле́нных не уча́ствовать в вое́нных де́йствиях 3) *воен.* паро́ль 4) *attr.*: ~ system *амер.* систе́ма, по кото́рой заключённые осво-

божда́ются на изве́стных усло́виях досро́чно
2. *v* освобожда́ть под че́стное сло́во
**parolee** [ˌpærəˈliː] *n* освобождённый под че́стное сло́во
**paronomasia** [ˌpærənəˈmeɪzɪə] *греч. n* парономази́я, каламбу́р, игра́ слов
**paronym** [ˈpærənɪm] *n* 1) *лингв.* паро́ним 2) *лингв. редк.* омофо́н
**paroquet** [ˈpærəkɪt] = parakeet
**parotid** [pəˈrɔtɪd] *анат.* **1.** *n* околоу́шная железа́
2. *a* околоу́шный
**parotitis** [ˌpærəˈtaɪtɪs] *n мед.* воспале́ние околоу́шных желёз, эпидеми́ческий пароти́т, сви́нка
**paroxysm** [ˈpærəksɪzm] *n* пароксизм, припа́док, при́ступ (*боле́зни, смеха и т. п.*)
**paroxysmal** [ˌpærəkˈsɪzməl] *a* появля́ющийся пароксизмами; су́дорожный
**parpen** [ˈpɑːpən] *n архит.* перевя́зка ка́менной кла́дки
**parquet** [ˈpɑːkeɪ] **1.** *n* 1) парке́т 2) *амер.* пере́дние ряды́ парте́ра 3) *attr.* парке́тный ◇ ~ circle *амер.* за́дние ряды́ парте́ра, амфитеа́тр
2. *v* настила́ть парке́т
**parquetry** [ˈpɑːkɪtrɪ] *n* парке́т
**parr** [pɑː] *n* молодо́й ло́со́сь
**parrel** [ˈpærəl] *n мор.* бейфу́т
**parricidal** [ˌpærɪˈsaɪdl] *a* отцеуби́йственный
**parricide** [ˈpærɪsaɪd] *n* 1) отцеуби́йца; матереуби́йца 2) изме́нник ро́дины 3) отцеуби́йство; матереуби́йство 4) изме́на ро́дине
**parrot** [ˈpærət] **1.** *n* попуга́й
2. *v* 1) повторя́ть как попуга́й (*тж.* ~ it) 2) учи́ть (*кого-л.*) бессмы́сленно повторя́ть (*что-л.*)
**parrotry** [ˈpærətrɪ] *n* бессмы́сленное повторе́ние чужи́х слов
**parry** [ˈpærɪ] **1.** *n* пари́рование, отраже́ние уда́ра, увёртка (*тж. спорт.*)
2. *v* отража́ть, пари́ровать (*уда́р*); to ~ a question уклоня́ться от отве́та, отвеча́ть на вопро́с вопро́сом
**parse** [pɑːz] *v* де́лать граммати́ческий разбо́р
**parsimonious** [ˌpɑːsɪˈməunjəs] *a* 1) бережли́вый, эконо́мный 2) скупо́й
**parsimony** [ˈpɑːsɪmənɪ] *n* 1) бережли́вость, эконо́мия; to exercise ~ of phrase быть скупы́м на слова́ 2) ску́пость, скря́жничество
**parsing** [ˈpɑːzɪŋ] **1.** *pres. p. от* parse
2. *n* граммати́ческий разбо́р
**parsley** [ˈpɑːslɪ] *n бот.* петру́шка
**parsnip** [ˈpɑːsnɪp] *n бот.* пастерна́к
**parson** [ˈpɑːsn] *n* 1) прихо́дский свяще́нник, па́стор 2) *разг.* свяще́нник, пропове́дник
**parsonage** [ˈpɑːsnɪdʒ] *n* дом прихо́дского свяще́нника, пастора́т
**parsonic** [pɑːˈsɔnɪk] *a* па́сторский
**parson's nose** [ˈpɑːsnzˈnəuz] *n разг.* кури́ная гу́зка [*ср.* pope's nose; *см.* pope I, ◇]
**part** [pɑːt] **1.** *n* 1) часть, до́ля; for the most ~ бо́льшей ча́стью; in ~ части́чно, ча́стью; one's ~ in a conversation чьё-л. выска́зывание в разгово́ре 2) часть (*кни́ги*), том, се́рия, вы́пуск 3) часть те́ла, член, о́рган; the (privy) ~s половы́е о́рганы 4) уча́стие, до́ля в рабо́те; обя́занность, де́ло; to take (*или* to have) ~ in smth. уча́ствовать в чём-л.; it was not my ~ to interfere не моё бы́ло де́ло вме́шиваться; to do one's ~ (с)де́лать своё де́ло 5) роль; to play (*или* to act) a ~ а) игра́ть роль; б) притворя́ться 6) сторона́ (*в спо́ре и т. п.*); for my ~ с мое́й стороны́, что каса́ется меня́; on the ~ of smb. с чьей-л. стороны́; to take the ~ of smb., to take ~ with smb. стать на чью-л. сто́рону 7) *pl* края́, ме́стность; in foreign ~s в чужи́х края́х; in these ~s в э́тих места́х, здесь; in all ~s of the world повсю́ду в ми́ре, во всём ми́ре 8) запасна́я часть 9) *pl уст.* спосо́бности; a man of (good) ~s спосо́бный челове́к 10) *амер.* пробо́р (*в волоса́х*) 11) *грам.*: ~ of speech часть ре́чи; ~ of sentence член предложе́ния 12) *муз.* па́ртия, го́лос 13) *архит.* 1/30 часть мо́дуля ◇ to have neither ~ nor lot in smth. не име́ть ничего́ о́бщего с чем-л.; in good ~ без оби́ды; благоскло́нно; ми́лостиво; in bad (*или* evil) ~ с оби́дой; неблагоскло́нно; to take smth. in good ~ не оби́деться; to take smth. in bad (*или* evil) ~ оби́деться
2. *adv* ча́стью, отча́сти; части́чно
3. *v* 1) разделя́ть(ся); отделя́ть(ся); расступа́ться; разрыва́ть(ся); разнима́ть; разлуча́ть(ся); let us ~ friends расста́немся друзья́ми 2) расчёсывать, разделя́ть на пробо́р 3) *разг.* расстава́ться (*с деньга́ми и т. п.*); плати́ть; he won't ~ он не запла́тит 4) умира́ть 5) *уст.* дели́ть (*ме́жду кем-л.*) □ ~ **from** расста́ться (*или* распроща́ться) с *кем-л.*; ~ **with** а) = ~ from; б) отдава́ть, передава́ть *что-л.*; в) отпуска́ть (*прислу́гу*)
**partake** [pɑːˈteɪk] *v* (partook; partaken) 1) принима́ть уча́стие (in, of — в *чём-л.*); разделя́ть (with — с *кем-л.*) 2) воспо́льзоваться (*гостеприи́мством и т. п.*; of) 3) отве́дать, съесть, вы́пить (of — *что-л.*) 4) име́ть при́месь (*чего-л.*); отдава́ть (*чем-л.*); the vegetation ~s of a tropical character э́та расти́тельность напомина́ет тропи́ческую
**partaken** [pɑːˈteɪkən] *p. p. от* partake
**partaker** [pɑːˈteɪkə] *n* уча́стник
**partaking** [pɑːˈteɪkɪŋ] *n* уча́стие
**parted** [ˈpɑːtɪd] **1.** *p. p. от* part 3
2. *a* 1) разделённый; ~ lips полуоткры́тый рот 2) разлучённый
**parterre** [pɑːˈtɛə] *фр. n* 1) парте́р 2) *амер.* за́дние ряды́ парте́ра, амфитеа́тр 3) цветни́к
**parthenogenesis** [ˈpɑːθɪnəuˈdʒenɪsɪs] *n биол.* партеногене́з
**Parthian** [ˈpɑːθjən] *a ист.* парфя́нский; ~ shaft (*или* shot, arrow) *перен.* парфя́нская стрела́ (*замеча́ние и т. п., прибережённое к моме́нту ухо́да*)
**parti** [pɑːˈtiː] *фр. n* па́ртия (*в бра́ке*)
**partial** [ˈpɑːʃəl] *a* 1) части́чный, непо́лный; ча́стный 2) пристра́стный 3): ~ to неравноду́шный (к *чему́-л., кому́-л.*); he is very ~ to sport он о́чень лю́бит спорт
**partiality** [ˌpɑːʃɪˈælɪtɪ] *n* 1) пристра́стие 2) скло́нность (for — к)
**partible** [ˈpɑːtɪbl] *a* 1) дели́мый 2) подлежа́щий деле́нию (*осо́б. о насле́дстве*)
**participant** [pɑːˈtɪsɪpənt] *n* уча́стник, уча́ствующий
**participate** [pɑːˈtɪsɪpeɪt] *v* 1) уча́ствовать (in) 2) разделя́ть (in — *что-л.*, with — с *кем-л.*) 3) по́льзоваться (in — *чем-л.*) 4) *редк.* име́ть о́бщее (of — с *чем-л.*)
**participating country** [pɑːˈtɪsɪpeɪtɪŋˈkʌntrɪ] *n* страна́-уча́стница (*догово́ра, конфере́нции и т. п.*)
**participation** [pɑːˌtɪsɪˈpeɪʃən] *n* уча́стие; соуча́стие
**participator** [pɑːˈtɪsɪpeɪtə] *n* уча́стник
**participial** [ˌpɑːtɪˈsɪpɪəl] *a грам.* прича́стный; дееприча́стный
**participle** [ˈpɑːtɪsɪpl] *n грам.* прича́стие; дееприча́стие
**particle** [ˈpɑːtɪkl] *n* 1) части́ца; крупи́ца; ~ of dust пыли́нка 2) *грам.* неизменя́емая части́ца; су́ффикс; пре́фикс 3) статья́ (*докуме́нта*)
**particoloured** [ˈpɑːtɪˌkʌləd] *a* пёстрый, разноцве́тный
**particular** [pəˈtɪkjulə] **1.** *a* 1) специфи́ческий, осо́бый, осо́бенный 2) индивидуа́льный, ча́стный, отде́льный; ~ goals конкре́тные це́ли 3) осо́бый, исключи́тельный; заслу́живающий осо́бого внима́ния; it is of no ~ importance осо́бой ва́жности э́то не представля́ет; he is a ~ friend of mine он мой бли́зкий друг; for no ~ reason без осо́бого основа́ния; ~ qualities осо́бенности 4) подро́бный, дета́льный, обстоя́тельный 5) тща́тельный; to be ~ in one's speech тща́тельно подбира́ть выраже́ния; о́чень следи́ть за свое́й ре́чью 6) разбо́рчивый, привере́дливый; ~ about what (*или* ~ as to what) one eats разбо́рчивый в еде́
2. *n* 1) ча́стность; подро́бность, дета́ль; in ~ в ча́стности, в осо́бенности; to go into ~s вдава́ться в подро́бности 2) *pl* подро́бный отчёт; to give all the ~s дава́ть подро́бный отчёт ◇ London ~ *разг.* ло́ндонский тума́н
**particularism** [pəˈtɪkjulərɪzm] *n* 1) исключи́тельная приве́рженность (к *кому́-л., чему́-л.*) 2) *полит.* партикуляри́зм
**particularistic** [pəˌtɪkjuləˈrɪstɪk] *a* ча́стный, у́зкий; ~ interests у́зкие интере́сы
**particularity** [pəˌtɪkjuˈlærɪtɪ] *n* 1) осо́бенность, специ́фика, подро́бность

2) тща́тельность; обстоя́тельность 3) *редк.* разбо́рчивость

**particularize** [pə'tıkjuləraız] *v* подро́бно остана́вливаться (*на чём-л.*), вдава́ться в подро́бности

**particularized** [pə'tıkjuləraızd] *a* специализи́рованный; осо́бый

**particularly** [pə'tıkjuləlı] *adv* 1) о́чень, чрезвыча́йно; осо́бенно, в осо́бенности 2) осо́бенно, осо́бым о́бразом 3) индивидуа́льно, ли́чно; в отде́льности; generally and ~ в о́бщем и в ча́стности 4) подро́бно, дета́льно

**parting** ['pɑ:tıŋ] **1.** *pres. p.* от part 3

**2.** *n* 1) расстава́ние, разлу́ка; отъе́зд; проща́ние; at ~ на проща́ние 2) разделе́ние; разветвле́ние; at the ~ of the ways на распу́тье (*часто перен.*) 3) пробо́р (*в волосах*) 4) *уст.* смерть 5) *тех.* отделе́ние; отреза́ние (*резцом*) 6) *геол.* отде́льность, разделя́ющая пласты́; просло́ек

**3.** *a* 1) проща́льный 2) уходя́щий, умира́ющий; угаса́ющий; ~ day день, клоня́щийся к ве́черу 3) разделя́ющий; разветвля́ющийся, расходя́щийся (*о дороге*)

**parti pris** [pɑ:'ti:'pri:] *фр.* *n* предвзя́тое мне́ние

**partisan** I [ˌpɑ:tı'zæn] **1.** *n* 1) приве́рженец, сторо́нник 2) партиза́н

**2.** *a* 1) партиза́нский 2) узкопарти́йный 3) фанати́чный; сле́по ве́рящий (*чему-л.*)

**partisan** II [ˌpɑ:tı'zæn] *n* *ист.* протаза́н, але́барда

**partisanship** [ˌpɑ:tı'zænʃıp] *n* приве́рженность

**partite** ['pɑ:taıt] *a* *бот.*, *зоол.* до́льный, разде́льный

**partition** [pɑ:'tıʃən] **1.** *n* 1) расчлене́ние; разделе́ние 2) разде́л 3) часть, подразделе́ние 4) отделе́ние (*в шкафу, сумке и т. п.*) 5) перегоро́дка, перебо́рка

**2.** *v* 1) дели́ть 2) расчленя́ть, разделя́ть 3) ста́вить перегоро́дку □ ~ **off** отделя́ть, отгора́живать перегоро́дкой

**partitionist** [pɑ:'tıʃənıst] *n* сторо́нник разделе́ния страны́

**partitive** ['pɑ:tıtıv] **1.** *a* 1) *грам.* раздели́тельный, партити́вный; ~ genitive роди́тельный раздели́тельный 2) дро́бный; ча́стный

**2.** *n* *грам.* раздели́тельное сло́во

**partly** ['pɑ:tlı] *adv* 1) ча́стью, части́чно 2) отча́сти, до не́которой сте́пени

**partner** ['pɑ:tnə] **1.** *n* 1) уча́стник; соуча́стник (in, of — в *чём-л.*); това́рищ (*по делу, работе*; with) 2) компаньо́н; партнёр; па́йщик; secret (*или* sleeping, dormant) ~ компаньо́н, не уча́ствующий акти́вно в де́ле и ма́ло изве́стный; silent ~ компаньо́н, не уча́ствующий акти́вно в де́ле, но изве́стный; predominant ~ «гла́вный компаньо́н» (*Англия как часть Великобритании*) 3) контраге́нт 4) супру́г(а) 5) партнёр (*в танцах, игре*); напа́рник 6) *pl* *мор.* пя́ртнерс (*мачты*)

**2.** *v* 1) быть партнёром 2) де́лать (*чьим-л.*) партнёром; ста́вить в па́ру (with — с *кем-л.*)

**partnership** ['pɑ:tnəʃıp] *n* 1) уча́стие; сотру́дничество; working ~ те́сное сотру́дничество, совме́стное де́йствие 2) това́рищество, компа́ния

**partook** [pɑ:'tuk] *past* от partake

**part-owner** ['pɑ:tˌəunə] *n* совладе́лец

**partidge** ['pɑ:trıdʒ] *n* *зоол.* (се́рая) куропа́тка

**partridge-wood** ['pɑ:trıdʒwud] *n* кра́сное де́рево (*древесина некоторых тропических деревьев*)

**part-song** ['pɑ:tsɔŋ] *n* *муз.* вока́льное произведе́ние для трёх и́ли бо́лее голосо́в

**part time** ['pɑ:t'taım] *n* непо́лный рабо́чий день

**part-time** ['pɑ:ttaım] *a*: ~ worker рабо́чий, за́нятый непо́лный рабо́чий день

**part-timer** ['pɑ:t'taımə] = part-time worker [*см.* part-time]

**parturient** [pɑ:'tjuərıənt] *a* 1) разреша́ющаяся от бре́мени, рожа́ющая 2) свя́занный с ро́дами; родово́й; послеродово́й; ~ infection роди́льная горя́чка

**parturifacient** [pɑ:ˌtjuərı'feıʃənt] *n* *мед.* сре́дство, вызыва́ющее *или* облегча́ющее ро́ды

**parturition** [ˌpɑ:tjuə'rıʃən] *n* ро́ды

**party** I ['pɑ:tı] **1.** *n* па́ртия; the Communist Party of the Soviet Union Коммунисти́ческая па́ртия Сове́тского Сою́за

**2.** *a* парти́йный; ~ affiliation парти́йная принадле́жность; ~ card парти́йный биле́т; ~ leader вождь, ли́дер па́ртии; ~ man (*или* member) член па́ртии; ~ membership парти́йность, принадле́жность к па́ртии; ~ organization парти́йная организа́ция; ~ local (*или* unit) ме́стная, низова́я парти́йная организа́ция; ~ nucleus парти́йная яче́йка

**party** II ['pɑ:tı] *n* 1) отря́д, кома́нда; гру́ппа, па́ртия 2) компа́ния 3) приём госте́й; зва́ный ве́чер, вечери́нка; to give a ~ устро́ить вечери́нку 4) сопровожда́ющие ли́ца; the minister and his ~ мини́стр и сопровожда́ющие его́ ли́ца 5) *юр.* сторона́; the parties to a contract догова́ривающиеся сто́роны 6) уча́стник; to be a ~ to smth. уча́ствовать, принима́ть уча́стие в чём-л. 7) *шутл.* челове́к, осо́ба, субъе́кт; an old ~ with spectacles стари́кашка в очка́х ◇ ~ girl досту́пная де́вушка; же́нщина лёгкого поведе́ния

**party-coloured** ['pɑ:tıˌkʌləd] = particoloured

**party-goer** ['pɑ:tıˌgəuə] *n* непреме́нный уча́стник вечеро́в, завсегда́тай вечери́нок

**partying** ['pɑ:tııŋ] *n* гуля́нка; пикни́к

**party line** I ['pɑ:tılaın] *n* ли́ния па́ртии; полити́ческий курс

**party line** II ['pɑ:tılaın] *n* *амер.* 1) грани́ца ме́жду ча́стными владе́ниями 2) = party wire

**party-liner** ['pɑ:tıˌlaınə] *n* сторо́нник ли́нии па́ртии

**party wall** ['pɑ:tı'wɔ:l] *n* *стр.* бра́ндма́уэр

**party wire** ['pɑ:tıˌwaıə] *n* *амер.* о́бщий телефо́нный про́вод (*у нескольких абонентов*)

**parvenu** ['pɑ:vənju:] *фр.* *n* вы́скочка, парвеню́

**pas** [pɑ:] *фр.* *n* 1) пе́рвенство, преиму́щество; to give the ~ уступи́ть пе́рвенство; to take the ~ име́ть преиму́щество (of — пе́ред *кем-л.*) 2) па (*в танцах*)

**paschal** ['pɑ:skəl] *a* 1) относя́щийся к евре́йской па́схе 2) пасха́льный

**pas de deux** ['pɑ:də'də:] *фр.* *n*. па-де-де́, бале́тный но́мер, исполня́емый двумя́ партнёрами

**pasha** ['pɑ:ʃə] *тур.* *n* паша́; ~ of three tails (of two tails, of one tail) *ист.* трёх- (двух-, одно) бунчу́жный паша́, паша́ 1-го (2-го, 3-го) ра́нга (*по числу бунчуков*)

**pashm** ['pʌʃm] *перс.* *n* подшёрсток кашми́рской козы́ (*употребляется для шалей*)

**pasque-flower** ['pɑ:skˌflauə] *n* *бот.* простре́л, сон-трава́

**pasquinade** [ˌpæskwı'neıd] *n* па́сквиль

**pass** [pɑ:s] **1.** *v* 1) дви́гаться вперёд; проходи́ть, проезжа́ть (by — ми́мо *чего-л.*; along — вдоль *чего-л.*; across, over — че́рез *что-л.*); протека́ть, минова́ть 2) пересека́ть; переходи́ть, переезжа́ть (*через что-л.*); переправля́ть(ся); to ~ a mountain range перевали́ть че́рез хребе́т 3) перевози́ть 4) превраща́ться, переходи́ть (*из одного состояния в другое*); it has ~ed into a proverb э́то вошло́ в погово́рку 5) переходи́ть (*в другие руки и т. п.*; into, to) 6) происходи́ть, случа́ться, име́ть ме́сто; I saw (heard) what was ~ing я ви́дел (слы́шал), что происходи́ло; whether or not this comes to ~ суждено́ ли э́тому случи́ться и́ли нет 7) произноси́ть; few words ~ed бы́ло ма́ло ска́зано 8) обгоня́ть, опережа́ть 9) превыша́ть, выходи́ть за преде́лы; he has ~ed sixteen ему́ уже́ бо́льше шестна́дцати; it ~es my comprehension э́то вы́ше моего́ понима́ния; it ~es belief э́то невероя́тно 10) вы́держать, пройти́ (*испытание*); удовлетворя́ть (*требованиям*); to ~ the tests пройти́ испыта́ние; to ~ standards удовлетворя́ть но́рмам 11) вы́держать экза́мен (in — по *какому-л. предмету*) 12) ста́вить зачёт; пропуска́ть (*экзаменующегося*) 13) проводи́ть (*время, лето и т. п.*); to ~ the time, to make time ~ корота́ть вре́мя 14) проходи́ть (*о времени*); time ~es rapidly вре́мя бы́стро лети́т 15) передава́ть; read this and ~ it on прочти́те (э́то) и переда́йте да́льше; to ~ the word передава́ть приказа́ние; to

~ money under the table to smb. дать кому́-л. взя́тку 16) принима́ть (*закон, резолюцию и т. п.*) 17) быть при́нятым, получа́ть одобре́ние (*законодательного органа*); the bill ~ed the Commons пала́та о́бщин утверди́ла законопрое́кт 18) выноси́ть (*решение, приговор*; upon, on) 19) быть вы́несенным (*о приговоре*); the verdict ~ed for the plaintiff реше́ние бы́ло вы́несено в по́льзу истца́ 20) пуска́ть в обраще́ние 21) быть в обраще́нии, име́ть хожде́ние (*о деньгах*); this coin will not ~ э́ту моне́ту не при́мут 22) исчеза́ть; прекраща́ться; the pain ~ed боль прошла́; to ~ out of sight исчеза́ть из ви́ду; to ~ out of use выходи́ть из употребле́ния 23) мелькну́ть, появи́ться; a change ~ed over his countenance у него́ измени́лось выраже́ние лица́ 24) пропуска́ть; опуска́ть 25) конча́ться, умира́ть (*обыкн.* ~ hence, ~ from among us, *etc.*) 26) проходи́ть незаме́ченным, сходи́ть; but let that ~ не бу́дем об э́том говори́ть; that won't ~ э́то недопусти́мо 27) проводи́ть (*рукой*); he ~ed his hand across his forehead он провёл руко́й по́ лбу 28): ~ your eyes (*или* glance) over this letter просмотри́те э́то письмо́ 29) *карт., спорт.* пасова́ть 30) *спорт.* де́лать вы́пад (*в фехтовании*) 31) дава́ть (*слово, клятву, обещание*); to ~ one's word обеща́ть; руча́ться, поручи́ться (for) 32) *амер.* не объявля́ть (*дивиденды*) 33): to ~ water *мед.* мочи́ться □ ~ **away** а) исчеза́ть, прекраща́ться, проходи́ть; б) сконча́ться, умере́ть; в) проходи́ть, истека́ть (*о времени*); ~ **by** а) проходи́ть ми́мо; б) оставля́ть без внима́ния, пропуска́ть; to ~ by in silence обходи́ть молча́нием; ~ **for** счита́ться, слыть *кем-л.*; ~ **in** умере́ть (*тж.* ~ in one's checks); ~ **into** превраща́ться в, переходи́ть в; де́латься; ~ **off** а) постепе́нно прекраща́ться, проходи́ть (*об ощущениях и т. п.*); б) пронести́сь, пройти́ (*о дожде, буре*); в) хорошо́ пройти́ (*о мероприятии, событии*); г) сбыва́ть, подсо́вывать (for, as — за *кого-л.*); he ~ed himself off as a doctor он выдава́л себя́ за до́ктора; е) отвлека́ть внима́ние от *чего-л.*; ж) оставля́ть без внима́ния, пропуска́ть ми́мо уше́й; з) *разг.* сдать (*экзамен*); ~ **on** а) проходи́ть да́льше; ~ on, please! проходи́те!, не остана́вливайтесь!; б) переходи́ть (*к другому вопросу и т. п.*); в) передава́ть да́льше; г) умере́ть; д) выноси́ть (*решение*); ~ **out** а) успе́шно пройти́ (*курс обучения*); б) сбыть, прода́ть (*товар*); в) *разг.* теря́ть созна́ние; г) *разг.* умере́ть; ~ **over** а) проходи́ть; переправля́ться; б) передава́ть; в) умере́ть; г) пропуска́ть, оставля́ть без внима́ния; обходи́ть молча́нием (*тж.* ~ over in silence); д) *хим.* дистиллирова́ться; ~ **round** а) передава́ть друг дру́гу; пусти́ть по кру́гу; to ~ round the hat пусти́ть ша́пку по кру́гу, устро́ить сбор поже́ртвований; б) обма́тывать; обводи́ть; to ~ a rope round a cask обмота́ть бочо́нок кана́том; ~ **through** а) пересека́ть; переходи́ть; б) проходи́ть че́рез *что-л.*, испы́тывать, пережива́ть; they are ~ing through times of troubles они́ пережива́ют беспоко́йное вре́мя; в) пропуска́ть, просе́ивать, проце́живать сквозь *что-л.*; г) продева́ть; д) пронза́ть; ~ **up** *амер.* отка́зываться (*от чего-л.*); отверга́ть (*что-либо*) ◇ to ~ by the name of... быть изве́стным под и́менем..., называ́ться...; to ~ by on the other side не оказа́ть по́мощи, не прояви́ть сочу́вствия; to ~ on the torch передава́ть зна́ния, тради́ции

**2.** *n* 1) прохо́д; путь (*тж. перен.*) 2) уще́лье, дефиле́; перева́л 3) фарва́тер, проли́в, судохо́дное ру́сло (*особ. в устье реки*) 4) прохо́д для ры́бы в плоти́не 5) сда́ча экза́мена без отли́чия; посре́дственная оце́нка 6) про́пуск 7) беспла́тный биле́т; контрама́рка 8) пасс (*движение рук гипнотизёра*) 9) фо́кус 10) (крити́ческое) положе́ние; to bring to ~ соверша́ть, осуществля́ть; to come to ~ произойти́, случи́ться; things have come to a pretty ~ дела́ при́няли скве́рный оборо́т 11) *карт., спорт.* пас 12) *спорт.* вы́пад (*в фехтовании*); to make a ~ at smb. а) де́лать вы́пад про́тив кого́-либо; б) *разг.* пристава́ть к кому́-л. 13) *воен.* разреше́ние не прису́тствовать на пове́рке; *амер.* краткосро́чный о́тпуск 14) *метал.* кали́бр, руче́й валка́ ◇ ~ in review *воен.* прохожде́ние торже́ственным ма́ршем; to hold the ~ защища́ть своё де́ло

**passable** [ˈpɑːsəbl] *a* 1) проходи́мый; прое́зжий; судохо́дный 2) сно́сный, удовлетвори́тельный 3) име́ющий хожде́ние

**passage** I [ˈpæsɪdʒ] **1.** *n* 1) прохожде́ние; прохо́д, прое́зд, перехо́д 2) перее́зд; рейс (*морской или воздушный*); пое́здка (*по морю*); a rough ~ перее́зд, перехо́д по бу́рному мо́рю; to book (*или* to pay, to take) one's ~ взять биле́т на парохо́д 3) перелёт (*птиц*); bird of ~ перелётная пти́ца (*тж. перен.*) 4) путь, доро́га, прохо́д, перева́л, перепра́ва 5) коридо́р, пасса́ж; галере́я; пере́дняя 6) вход, вы́ход; пра́во прохо́да; no ~ прое́зд закры́т, прохо́да нет (*надпись*); he was refused a ~ его́ не пропусти́ли 7) ход, тече́ние (*событий, времени*) 8) перехо́д, превраще́ние 9) проведе́ние, утвержде́ние (*закона*) 10) происше́ствие, собы́тие, эпизо́д 11) *pl* разгово́р; сты́чка; to have stormy ~s with smb. име́ть кру́пный разгово́р с кем-л. 12) ме́сто, отры́вок (*из книги и т. п.*) 13) *муз.* пасса́ж 14) *attr.*: ~ days *мор.* дни, проведённые в мо́ре ◇ ~ of (*или* at) arms сты́чка, столкнове́ние

**2.** *v* соверша́ть перее́зд; пересека́ть (*море, канал и т. п.*)

**passage** II [ˈpæsɪdʒ] *v* 1) принима́ть впра́во *или* вле́во, дви́гаться бо́ком (*о лошади или всаднике*) 2) заставля́ть (*лошадь*) принима́ть впра́во *или* вле́во

**passage boat** [ˈpæsɪdʒbəut] *n* паро́м

**passage-way** [ˈpæsɪdʒweɪ] *n* 1) коридо́р, прохо́д; пасса́ж 2) *горн.* отка́точная вы́работка 3) *тех.* перепускно́й кана́л; уравни́тельный кана́л

**passant** [ˈpæsənt] *a геральд.* иду́щий с по́днятой пра́вой пере́дней ла́пой и смотря́щий впра́во (*о животном*)

**passbook** [ˈpɑːsbuk] *n* 1) ба́нковская расчётная кни́жка 2) *амер.* забо́рная кни́жка

**pass-check** [ˈpɑːstʃek] = pass-out

**pass-degree** [ˈpɑːsdɪˈgriː] *n* дипло́м без отли́чия

**passé** [ˈpɑːseɪ] *фр. a* 1) поблёкший 2) устаре́лый, устаре́вший

**passementerie** [ˌpɑːsmɑːŋˈtriː] *фр. n* отде́лка басо́ном, би́сером, галуно́м

**passenger** [ˈpæsɪndʒə] *n* 1) пасса-жи́р; седо́к 2) *разг.* сла́бый игро́к спорти́вной кома́нды 3) неспосо́бный член (*организации и т. п.*) 4) *attr.* пассажи́рский; ~ car легково́й автомоби́ль

**passenger-pigeon** [ˈpæsɪndʒəˌpɪdʒɪn] *n зоол.* стра́нствующий го́лубь

**passe-partout** [ˈpæspɑːtuː] *фр. n* 1) отмы́чка 2) карто́нная ра́мка; паспарту́

**passer** [ˈpɑːsə] *n* 1) = passer-by 2) челове́к, сда́вший экза́мены без отли́чия 3) контролёр гото́вой проду́кции; брако́вщик

**passer-by** [ˈpɑːsəˈbaɪ] *n* (*pl* passers-by) прохо́жий, прое́зжий

**passerine** [ˈpæsəraɪn] *зоол.* **1.** *a* воробьи́ный; относя́щийся к воробьи́ным

**2.** *n* пти́ца из отря́да воробьи́ных

**passers-by** [ˈpɑːsəzˈbaɪ] *pl от* passer-by

**pas seul** [pɑːˈsəːl] *фр. n* со́льный бале́тный но́мер; со́льный та́нец

**passible** [ˈpæsɪbl] *a* спосо́бный чу́вствовать *или* страда́ть

**passim** [ˈpæsɪːn] *лат. adv* повсю́ду, везде́; в ра́зных места́х (*употр. при ссылке на автора и т. п.*)

**passing** [ˈpɑːsɪŋ] **1.** *pres. p. от* pass 1

**2.** *n* 1) прохожде́ние; in ~ мимохо́дом; ме́жду про́чим 2) протека́ние, полёт; the ~ of time тече́ние вре́мени 3) брод 4) *поэт.* смерть

**3.** *a* 1) преходя́щий, мимолётный, мгнове́нный 2) бе́глый, случа́йный; a ~ reference упомина́ние мимохо́дом

**4.** *adv уст.* о́чень, чрезвыча́йно; ~ rich чрезвыча́йно бога́тый

**passing-bell** [ˈpɑːsɪŋˈbel] *n* похоро́нный звон

**passingly** [ˈpɑːsɪŋlɪ] *adv* 1) мимохо́дом 2) *уст.* о́чень

**passing-note** [ˈpɑːsɪŋnəut] *n муз.* перехо́дная но́та

**passing track** [ˈpɑːsɪŋˈtræk] *n ж.-д.* разъездно́й путь

**passion** [ˈpæʃən] **1.** *n* 1) страсть, стра́стное увлече́ние (for — *чем-л., кем-л.*) 2) пыл, стра́стность, энтузиа́зм 3) предме́т стра́сти 4) взрыв чувств; си́льное душе́вное волне́ние; she burst into ~ of tears она́ разрыда́лась; a ~ of grief при́ступ го́ря 5) вспы́шка гне́ва; to fall (*или* to fly) into a ~ вспыли́ть, прийти́ в я́рость 6) *редк.* пасси́вное состоя́ние 7) (the P.) *рел.* стра́сти госпо́дни, кре́стные му́ки 8) *attr. рел.*: P. Sunday 5-е воскресе́нье вели́кого поста́; P. Week страстна́я неде́ля, 6-я неде́ля вели́кого поста́

**2.** *v поэт.* чу́вствовать *или* выража́ть страсть

**passional I** [ˈpæʃənl] *n* мартироло́г

**passional II** [ˈpæʃənl] *a* стра́стный

**passionary** [ˈpæʃnərɪ] = passional I

**passionate** [ˈpæʃənɪt] *a* 1) стра́стный, пы́лкий; ~ interest жгу́чий интере́с 2) влюблённый 3) вспы́льчивый, горя́чий; необу́зданный

**passion-flower** [ˈpæʃənˌflauə] *n бот.* страстоцве́т, пассифло́ра

**passionless** [ˈpæʃənlɪs] *a* бесстра́стный, невозмути́мый

**passion-play** [ˈpæʃənpleɪ] *n ист.* мисте́рия, представля́ющая стра́сти госпо́дни

**passivation** [ˌpæsɪˈveɪʃən] *n тех.* пассива́ция, пове́рхностная протра́вка, декапиро́вка

**passive** [ˈpæsɪv] **1.** *a* 1) пасси́вный, ине́ртный; безде́ятельный 2) поко́рный 3) *грам.* страда́тельный (*о залоге*) 4) *фин.* беспроце́нтный; ~ balance пасси́вное са́льдо; ~ bonds *амер.* беспроце́нтные облига́ции

**2.** *n грам.* страда́тельный зало́г; пасси́вная фо́рма

**passivity** [pæˈsɪvɪtɪ] *n* 1) пасси́вность, ине́ртность; безде́ятельность 2) поко́рность

**passkey** [ˈpɑːskiː] *n* 1) отмы́чка 2) ключ от америка́нского замка́ 3) *attr.*: ~ man вор-взло́мщик

**passman** [ˈpɑːsmæn] *n* получа́ющий дипло́м *или* сте́пень без отли́чия

**pass-out** [ˈpɑːsaut] *n* контрама́рка (*для обратного входа*)

**pass-out check** [ˈpɑːsautˈtʃek] *амер.* = pass-out

**Passover** [ˈpɑːsˌəuvə] *n* 1) евре́йская па́сха 2) пасха́льный а́гнец

**passport** [ˈpɑːspɔːt] *n* 1) па́спорт 2) ли́чные ка́чества, даю́щие до́ступ куда́-л. *или* явля́ющиеся сре́дством достиже́ния чего́-л.

**password** [ˈpɑːswəːd] *n* паро́ль; про́пуск

**past** [pɑːst] **1.** *n* 1) про́шлое; проше́дшее; it is now a thing of the ~ э́то де́ло про́шлого; a man with a ~ челове́к с (дурны́м) про́шлым 2) (*обыкн.* the ~) *грам.* проше́дшее вре́мя

**2.** *a* 1) про́шлый, мину́вший; исте́кший; for some time ~ (за) после́днее вре́мя; his prime is ~ его́ мо́лодость прошла́ 2) *грам.* проше́дший; ~ participle прича́стие проше́дшего вре́мени

**3.** *adv* ми́мо; he walked ~ он прошёл ми́мо; the years flew ~ го́ды пролете́ли

**4.** *prep* 1) ми́мо; he ran ~ the house он пробежа́л ми́мо до́ма 2) за, по ту сто́рону; the station is ~ the river ста́нция нахо́дится за реко́й 3) по́сле, за; it is ~ two тепе́рь тре́тий час; he stayed till ~ two o'clock бы́ло бо́льше двух, когда́ он ушёл; half ~ two полови́на тре́тьего; the train is ~ due по́езд опозда́л; he is ~ sixty ему́ за шестьдеся́т 4) свы́ше, сверх; за преде́лами (достижи́мого); ~ the wit of man вы́ше челове́ческого разуме́ния; he is ~ cure он неизлечи́м; it is ~ endurance э́то нестерпи́мо

**paste** [peɪst] **1.** *n* 1) те́сто (*сдобное*) 2) пастила́, халва́ *и т. п.* 3) па́ста; масти́ка 4) клей; кле́йстер 5) страз 6) мя́тая гли́на 7) *эл.* акти́вная ма́сса (*для аккумуляторных пластин*) 8) *жарг.* уда́р кулако́м

**2.** *v* 1) накле́ивать, прикле́ивать *или* скле́ивать кле́йстером; обкле́ивать (with) 2) *разг.* изби́ть, исколоти́ть □ ~ **up** расkле́ивать; to ~ up notices раскле́ивать объявле́ния

**pasteboard** [ˈpeɪstbɔːd] *n* 1) карто́н 2) *разг.* визи́тная ка́рточка 3) игра́льная ка́рта 4) железнодоро́жный биле́т 5) *attr.* карто́нный; *перен.* непро́чный, ша́ткий

**pastel** [pæsˈtel] *n* 1) пасте́ль 2) *бот.* ва́йда 3) си́няя кра́ска из ва́йды 4) *attr.* пасте́льный; ~ shades блёклые кра́ски

**paster** [ˈpeɪstə] *n* 1) рабо́чий, накле́ивающий ярлыки́ 2) *амер.* поло́ска кле́йкой бума́ги (*особ. для заклеивания фамилии в избирательном списке*)

**pastern** [ˈpæstəːn] *n* ба́бка (*лошади*)

**pasteurization** [ˌpæstəraɪˈzeɪʃən] *n* пастериза́ция

**pasteurize** [ˈpæstəraɪz] *v* 1) пастеризова́ть (*молоко*) 2) де́лать приви́вку по ме́тоду Пасте́ра (*преим. от бешенства*)

**pasteurizer** [ˈpæstəraɪzə] *n* пастериза́тор, аппара́т для пастериза́ции

**pasticcio, pastiche** [pɑːsˈti(ː)tʃəu, pæsˈtiːʃ] *ит. n* смесь; попурри́; стилиза́ция (*особ. литературная*)

**pastil** [ˈpæstəl] *n* 1) кури́тельная ароматическая свеча́ 2) лепёшка, табле́тка

**pastime** [ˈpɑːstaɪm] *n* прия́тное времяпрепровожде́ние, развлече́ние; игра́

**pastiness** [ˈpeɪstɪnɪs] *n* кле́йкость, ли́пкость

**past master** [ˈpɑːstˈmɑːstə] *n* (непревзойдённый) ма́стер (in — в *чём-л.*)

**pastor** [ˈpɑːstə] *n* 1) духо́вный па́стырь 2) па́стор 3) ро́зовый скворе́ц

**pastoral** [ˈpɑːstərəl] **1.** *a* 1) пасту́шеский; ~ industry овцево́дство 2) пастора́льный

**2.** *n* 1) пастора́ль 2) *церк.* посла́ние

**pastorale** [ˌpæstəˈrɑːlɪ] *n* (*pl* -li, -s [-z]) *муз.* пастора́ль

**pastorali** [ˌpæstəˈrɑːlɪ] *pl от* pastorale

**pastorate** [ˈpɑːstərɪt] *n* 1) пастора́т 2) *собир.* па́сторы

**pastorship** [ˈpɑːstəʃɪp] = pastorate 1)

**pastry** [ˈpeɪstrɪ] *n* конди́терские изде́лия (*пирожные, печенье и т. п.*)

**pastry-cook** [ˈpeɪstrɪkuk] *n* конди́тер

**pasturable** [ˈpɑːstjurəbl] *a* па́стбищный

**pasturage** [ˈpɑːstjurɪdʒ] *n* 1) па́стбище 2) подно́жный корм 3) пастьба́

**pasture** [ˈpɑːstʃə] **1.** *n* 1) па́стбище, вы́гон 2) подно́жный корм

**2.** *v* пасти́(сь)

**pasty I** [ˈpæstɪ] *n* пиро́г (*особ. с мясом*)

**pasty II** [ˈpeɪstɪ] *a* 1) тестообра́зный; вя́зкий 2) бле́дный, одутлова́тый; нездоро́вый (*о цвете лица*)

**pasty-faced** [ˈpeɪstɪfeɪst] = pasty II, 2)

**Pat** [pæt] *n разг.* Пэт (*шутливое прозвище ирландца*)

**pat I** [pæt] **1.** *n* 1) похло́пывание; хло́панье, шлёпанье 2) хлопо́к, шлепо́к (*звук*) 3) кусо́к, кружо́чек сби́того ма́сла

**2.** *v* шлёпать, похло́пывать; to ~ smb. on the back похло́пать кого́-л. по спине́, вы́разить кому́-л. одобре́ние

**pat II** [pæt] **1.** *adv* 1) кста́ти; «в то́чку»; своевре́менно; уда́чно; the story came ~ to the occasion расска́з оказа́лся о́чень кста́ти 2) бы́стро, свобо́дно; с гото́вностью; to know a lesson off ~ хорошо́ знать уро́к 3) *карт.*: to stand ~ не меня́ть карт в по́кере; *перен.* проти́виться переме́нам; не меня́ть свое́й пози́ции, держа́ться своего́ реше́ния; проводи́ть свою́ ли́нию

**2.** *a* подходя́щий; уме́стный; уда́чный; своевре́менный

**patch** [pætʃ] **1.** *n* 1) запла́та 2) обры́вок, клочо́к, лоску́т 3) пятно́ непра́вильной фо́рмы 4) кусо́чек накле́енного пла́стыря 5) му́шка (*на лице*) 6) повя́зка (*на глазу*) 7) небольшо́й уча́сток земли́; a ~ of potatoes уча́сток под карто́фелем 8) обры́вок, отры́вок 9) *геол.* включе́ние поро́ды ◇ a purple ~ (*в литературном произведении*) а) я́ркое ме́сто; б) цвети́стый, безвку́сный отры́вок; not a ~ on smth. *разг.* ничто́ в сравне́нии с чем-л.

**2.** *v* лата́ть; ста́вить запла́ты; hills ~ed with snow холмы́, места́ми покры́тые сне́гом □ ~ **up** а) чини́ть на ско́рую ру́ку; заде́лывать; подправля́ть; б) ула́живать (*ссору*)

**patchouli** [ˈpætʃuli(ː)] *n* пачу́ли (*растение и духи*)

**patch-pocket** [ˈpætʃˌpɔkɪt] *n* накладно́й карма́н

**patchwork** [ˈpætʃwəːk] *n* 1) лоску́тная рабо́та; одея́ло, ко́врик *и т. п.* из разноцве́тных лоскуто́в 2) мешани́на; ерала́ш 3) *attr.* сши́тый из лоскуто́в, лоску́тный, пёстрый

**patchy** [ˈpætʃɪ] *a* 1) испещрённый пятнами, пятнистый 2) неоднородный, пёстрый, разношёрстный 3) обрывочный, случайный (*о знаниях*)

**pate** [peɪt] *n разг.* 1) голова, башка 2) макушка 3) ум, рассудок

**pâté** [ˈpɑːteɪ] *фр. n* паштет

**patella** [pəˈtelə] *n* (*pl* -lae) *анат.* коленная чашечка

**patellae** [pəˈteliː] *pl от* patella

**paten** [ˈpætən] *n* 1) металлический кружок, диск 2) *церк.* дискос

**patency** [ˈpeɪtənsɪ] *n* 1) явность, очевидность 2) *мед.* раскрытое состояние

**patent** [ˈpeɪtənt] 1. *a* 1) открытый; доступный 2) явный, очевидный 3) патентованный 4) *разг.* собственного изобретения; остроумный, оригинальный

2. *n* [*тж.* ˈpætənt] 1) патент; диплом; *ист.* жалованная грамота 2) право (*на что-л.*), получаемое благодаря патенту; исключительное право 3) знак, печать (*ума, гениальности*) 4) *амер.* пожалование земли правительством 5) *attr.*: ~ office бюро патентов; ~ right *амер.* патент

3. *v* [*тж.* ˈpætənt] патентовать; брать патент (*на что-л.*)

**patentee** [ˌpeɪtənˈtiː] *n* владелец патента

**patenting** [ˈpeɪtəntɪŋ] 1. *pres. p. от* patent 3

2. *n* 1) патентование 2) *метал.* закалка в свинцовой ванне

**patent leather** [ˈpeɪtəntˈleðə] *n* лакированная кожа, лак

**patent-leather** [ˈpeɪtəntˈleðə] *a* лакированный

**patently** [ˈpeɪtəntlɪ] *adv* явно, очевидно; открыто

**pater** [ˈpeɪtə] *n школ. жарг.* отец

**patera** [ˈpætərə] *n* (*pl* -ae) *архит.* патера, круглый орнамент (*в виде тарелки*)

**paterae** [ˈpætəriː] *pl от* patera

**paterfamilias** [ˈpeɪtəfəˈmɪlɪæs] *n* (*pl* patresfamilias) *шутл.* отец семейства, хозяин дома

**paternal** [pəˈtəːnl] *a* 1) отцовский 2) родственный по отцу; ~ aunt тётка со стороны отца 3) отеческий ◇ ~ legislation излишне мелочное законодательство

**paternalism** [pəˈtəːnəlɪzm] *n* 1) отеческое попечение 2) патернализм

**paternity** [pəˈtəːnɪtɪ] *n* 1) отцовство 2) происхождение по отцу; the ~ of the child is unknown неизвестно, кто отец ребёнка 3) *перен.* авторство; источник

**paternoster** [ˈpætəˈnɔstə] *n* 1) «отче наш» (*молитва*) 2) заклятие; магическая формула 3) чётки 4) *тех.* нория, элеватор 5) *attr.*: ~ line рыболовная леса с рядом крючков

**path** [pɑːθ, *pl* pɑːðz] *n* 1) тропинка; тропа; дорожка 2) гаревая *или* беговая дорожка 3) путь; стезя; to enter on (*или* to take) the ~ вступить на путь; to cross smb.'s ~ стать кому-л. поперёк дороги 4) линия поведения *или* действия 5) траектория

**pathetic** [pəˈθetɪk] *a* 1) трогательный, жалостный, умилительный 2) душераздирающий 3) *уст.* патетический ◇ the ~ fallacy придание силам природы свойств живых существ; ~ strike забастовка солидарности

**pathetics** [pəˈθetɪks] *n pl* (*употр. как sing*) патетика

**pathfinder** [ˈpɑːθˌfaɪndə] *n* 1) исследователь (*малоизученной страны*); землепроходец; следопыт 2) указатель курса (*в радиолокации*) 3) *ав.* самолёт наведения 4) *мед.* зонд, щуп

**pathless** [ˈpɑːθlɪs] *a* 1) бездорожный, непроходимый 2) непроторённый; неисследованный

**pathological** [ˌpæθəˈlɔdʒɪkəl] *a* патологический

**pathologist** [pəˈθɔlədʒɪst] *a* патолог

**pathology** [pəˈθɔlədʒɪ] *n* патология

**pathos** [ˈpeɪθɔs] *n* 1) пафос 2) что-л., вызывающее грусть, печаль *или* сострадание 3) чувствительность

**pathway** [ˈpɑːθweɪ] *n* 1) тропа; тропинка; дорожка; дорога, путь 2) траектория 3) *тех.* мостки для сообщения, рабочий мосток

**patience** [ˈpeɪʃəns] *n* 1) терпение, терпеливость; I have no ~ with him он меня выводит из терпения; I am out of ~ with him я потерял с ним всякое терпение 2) настойчивость 3) *карт.* пасьянс; to play ~ раскладывать пасьянс ◇ the ~ of Job ≅ ангельское терпение

**patient** [ˈpeɪʃənt] 1. *a* 1) терпеливый; he is ~ under adversity он терпеливо переносит несчастье 2) упорный; настойчивый 3) терпящий, допускающий (of); the facts are ~ of various interpretations факты допускают различное толкование

2. *n* пациент, больной

**patina** [ˈpætɪnə] *n* патина (*налёт на бронзе*), чернь

**patio** [ˈpætɪəu] *исп. n.* (*pl* -os [-əuz]) внутренний дворик; патио

**patois** [ˈpætwɑː] *фр. n* местный говор

**patresfamilias** [ˈpeɪtriːzfəˈmɪlɪæs] *pl от* paterfamilias

**patriarch** [ˈpeɪtrɪɑːk] *n* 1) глава рода, общины, семьи; старейшина, патриарх 2) родоначальник; основатель 3) *церк.* патриарх

**patriarchal** [ˌpeɪtrɪˈɑːkəl] *a* 1) патриархальный 2) *церк.* патриарший 3) почтенный

**patriarchate** [ˈpeɪtrɪɑːkɪt] *n церк.* 1) патриаршество 2) резиденция патриарха; патриархия

**patriarchy** [ˈpeɪtrɪɑːkɪ] *n* 1) патриархат 2) = patriarchate 1)

**patrician** [pəˈtrɪʃən] 1. *n* 1) патриций 2) аристократ

2. *a* 1) патрицианский 2) аристократический

**patricidal** [ˌpætrɪˈsaɪdl] = parricidal

**patricide** [ˈpætrɪsaɪd] *n* 1) отцеубийство 2) отцеубийца

**patrimonial** [ˌpætrɪˈməunjəl] *a* родовой, наследственный

**patrimony** [ˈpætrɪmənɪ] *n* 1) родовое, наследственное имение, вотчина 2) наследство 3) наследие

**patriot** [ˈpeɪtrɪət] *n* патриот

**patriotic** [ˌpætrɪˈɔtɪk] *a* патриотический; the Great P. War Великая Отечественная война

**patriotism** [ˈpætrɪətɪzm] *n* патриотизм

**patristic** [pəˈtrɪstɪk] *a* принадлежащий «отцам церкви»

**patrol** [pəˈtrəul] 1. *n* 1) *воен.* дозор; разъезд; патруль; on ~ в дозоре 2) патрулирование 3) *attr.* патрульный, дозорный; сторожевой; ~ dog сторожевая собака; ~ wagon *амер.* тюремная карета

2. *v* 1) патрулировать; охранять 2) стоять на страже; надзирать 3) *ав.* барражировать

**patrol-bomber** [pəˈtrəulˌbɔmə] *n воен.* патрульный бомбардировщик

**patrolman** [pəˈtrəulmæn] *n амер.* полицейский

**patron** [ˈpeɪtrən] *n* 1) покровитель, патрон, шеф; заступник 2) постоянный покупатель, клиент; постоянный посетитель

**patronage** [ˈpætrənɪdʒ] *n* 1) покровительство, попечительство, шефство; заступничество 2) клиентура; постоянные покупатели *или* посетители 3) покровительственное отношение 4) частная финансовая поддержка (*учреждений, предприятий, отдельных лиц и т. п.*)

**patroness** [ˈpeɪtrənɪs] *n* покровительница, патронесса; заступница

**patronize** [ˈpætrənaɪz] *v* 1) покровительствовать, опекать 2) относиться свысока, покровительственно, снисходительно 3) быть постоянным покупателем *или* посетителем 4) оказывать частную финансовую поддержку (*учреждениям, предприятиям, отдельным лицам и т. п.*)

**patronymic** [ˌpætrəˈnɪmɪk] 1. *a* 1) образованный от имени отца, предка (*об имени*) 2) указывающий на происхождение (*о префиксе или суффиксе, как напр.*: Mac-, O', -son)

2. *n* 1) фамилия, образованная от имени предка; родовое имя 2) отчество

**patten** [ˈpætn] *n* 1) деревянный башмак; башмак на толстой деревянной подошве, закреплённой металлическим кольцом (*для ходьбы по грязи*) 2) *стр.* база колонны

**patter** I [ˈpætə] 1. *n* 1) условный язык, жаргон 2) говорок; скороговорка 3) *разг.* речитативные вставки в песню; реприза 4) *разг.* болтовня, краснобайство

2. *v* говорить скороговоркой; тараторить; бормотать (*часто молитвы*)

**patter** II [ˈpætə] 1. *n* 1) стук (*дождевых капель*) 2) топотание, лёгкий топот

**2.** *v* 1) бараба́нить, стуча́ть (*о дождевых каплях*) 2) топота́ть, семени́ть (*о ребёнке*)

**pattern** ['pætən] **1.** *n* 1) образе́ц, приме́р 2) моде́ль, шабло́н 3) обра́зчик 4) вы́кройка; to take a ~ of скопи́ровать; снять вы́кройку с *чего-л.* 5) рису́нок, узо́р (*на материи и т. п.*) 6) систе́ма, структу́ра; ~ of life о́браз жи́зни; ~ of trade структу́ра *или* хара́ктер торго́вли, систе́ма торго́вых свя́зей 7) стиль, хара́ктер (*литературного произведения и т. п.*) 8) *амер.* отре́з, купо́н на пла́тье 9) *метал.* моде́ль (*для литья*) 10) *attr.* образцо́вый, приме́рный

**2.** *v* 1) де́лать по образцу́, копи́ровать (after, on, upon) 2) украша́ть узо́ром 3) *редк.* сле́довать приме́ру (by)

**pattern-maker** ['pætən,meɪkə] *n метал.* моде́льщик

**pattern-shop** ['pætənʃɔp] *n метал.* моде́льный цех, моде́льная мастерска́я

**patty** ['pætɪ] *n* пирожо́к; лепёшечка

**pattypan** ['pætɪpæn] *n* фо́рма для пирожко́в

**paucity** ['pɔ:sɪtɪ] *n* 1) малочи́сленность, ма́лое коли́чество 2) недоста́точность

**paunch** [pɔ:ntʃ] *n* 1) живо́т, пу́зо; брюшко́ 2) пе́рвый желу́док, рубе́ц (*у жвачных*)

**paunchy** ['pɔ:ntʃɪ] *a* с брюшко́м

**pauper** ['pɔ:pə] *n* 1) бедня́к, ни́щий 2) живу́щий на посо́бие по бе́дности

**pauperism** ['pɔ:pərɪzm] *n* нищета́, паупери́зм

**pauperization** [,pɔ:pəraɪ'zeɪʃən] *n* обнища́ние, пауперизация

**pauperize** ['pɔ:pəraɪz] *v* доводи́ть до нищеты́

**pause** [pɔ:z] **1.** *n* 1) па́уза, переры́в; остано́вка; переме́на, переды́шка 2) замеша́тельство; to give ~ to приводи́ть в замеша́тельство; at ~ в нереши́тельности, неподви́жно; мо́лча 3) *лит.* цезу́ра 4) *муз.* ферма́та

**2.** *v* 1) де́лать па́узу, остана́вливаться (on, upon); to ~ upon smth. задержа́ться на чём-л.; to ~ upon a note продли́ть но́ту 2) находи́ться в нереши́тельности; ме́длить

**pave** [peɪv] *v* 1) мости́ть, зама́щивать 2) выстила́ть (*пол*) 3) устила́ть, усе́ивать (*цветами и т. п.*) ◇ to ~ the way прокла́дывать путь, подготовля́ть по́чву (for, to — для *проведения чего-л.*)

**pavement** ['peɪvmənt] *n* 1) тротуа́р, пане́ль 2) пол, вы́ложенный моза́икой *и т. п.* 3) *амер.* мостова́я 4) доро́жное покры́тие 5) *горн.* по́чва ◇ on the ~ без приста́нища, на у́лице

**pavement-artist** ['peɪvmənt,ɑ:tɪst] *n* худо́жник, рису́ющий на тротуа́ре (*чтобы заработать на жизнь*)

**paver** ['peɪvə] *n* 1) мости́льщик 2) ка́мень, кирпи́ч *и т. п.* для моще́ния 3) *стр.* доро́жный бетоноукла́дчик

**pavilion** [pə'vɪljən] **1.** *n* 1) пала́тка, шатёр 2) павильо́н; бесе́дка 3) ле́тний конце́ртный *или* танцева́льный зал 4) ко́рпус (*больничный, санаторный*)

**2.** *v* 1) укрыва́ть(ся) (*в павильоне, палатке и т. п.*) 2) стро́ить павильо́ны; разбива́ть пала́тки

**paving** ['peɪvɪŋ] **1.** *pres. p. от* pave

**2.** *n* 1) мостова́я; доро́жное покры́тие 2) материа́л для мостово́й 3) *attr.*: ~ stone булы́жник; брусча́тка

**pavonine** ['pævənaɪn] *a* 1) павли́ний 2) ра́дужный

**paw** [pɔ:] **1.** *n* 1) ла́па 2) *разг.* рука́; по́черк

**2.** *v* 1) тро́гать, скрести́ ла́пой 2) бить копы́том (*о лошади*) 3) *разг.* хвата́ть рука́ми, ла́пать, ша́рить (*часто* ~ over)

**pawky** ['pɔ:kɪ] *a шотл.* лука́вый, ирони́ческий

**pawl** [pɔ:l] **1.** *n* 1) *тех.* соба́чка; предохрани́тель 2) *мор.* пал (*у шпиля*)

**2.** *v тех.* выключа́ть посре́дством соба́чки

**pawn** I [pɔ:n] *n шахм.* пе́шка (*тж. перен.*)

**pawn** II [pɔ:n] **1.** *n* 1) зало́г, закла́д; in (*или* at) ~ в закла́де

**2.** *v* 1) закла́дывать, отдава́ть в зало́г 2) руча́ться; to ~ one's word дава́ть сло́во; to ~ one's life руча́ться жи́знью

**pawnbroker** ['pɔ:n,brəukə] *n* ростовщи́к, ссужа́ющий де́ньги под зало́г; at the ~'s в ломба́рде

**pawnee** [pɔ:'ni:] *n юр.* залогодержа́тель

**pawnshop** ['pɔ:nʃɔp] *n* ломба́рд

**pax** [pæks] *лат.* **1.** *n* мир; си́мвол ми́ра

**2.** *int школ. жарг.* мир!, переми́рие!; чур-чура́!, чур меня́!; ти́ше!

**pay** I [peɪ] **1.** *n* 1) пла́та, вы́плата, упла́та 2) жа́лованье, за́работная пла́та; *воен.* де́нежное содержа́ние, де́нежное householdво́льствие; what is the ~? како́е жа́лованье?; in the ~ of smb. на жа́лованье у кого́-л., на́нятый кем-л.; take-home ~ *амер. разг.* зарпла́та, получа́емая рабо́чим на́ руки (*после вычетов*); call ~ гаранти́рованный ми́нимум зарпла́ты (*при вынужденном простое*) 3) распла́та, возме́здие 4) плате́льщик до́лга; good ~ *разг.* испра́вный плате́льщик 5) *attr. амер.* пла́тный 6) *attr.* рента́бельный, вы́годный для разрабо́тки; промы́шленный (*о месторождении*)

**2.** *v* (paid) 1) плати́ть (for — за *что-л.*) 2) упла́чивать (*долг, налог*); опла́чивать (*работу, счёт*) 3) вознагражда́ть, отпла́чивать; возмеща́ть 4) окупа́ться, быть вы́годным; приноси́ть дохо́д; it will never ~ to work this mine разрабо́тка э́того рудника́ не оку́пится; the shares ~ 5 per cent а́кции прино́сят 5% дохо́да 5) поплати́ться; who breaks ~s ≅ сам завари́л ка́шу, сам и расхлёбывай; вино́вный до́лжен поплати́ться 6) ока́зывать, обраща́ть (*внимание*; to — на); свиде́тельствовать (*почтение*); де́лать (*комплимент*); наноси́ть (*визит*); to ~ serious consideration обраща́ть серьёзное внима́ние; ~ attention to what I tell you слу́шайте, что я вам говорю́; he ~s attention (*или* his addresses, court) to her он уха́живает за ней; he went to ~ his respects to them он пошёл засвиде́тельствовать им своё почте́ние □ ~ **away** = ~ out в); ~ **back** а) возвраща́ть (*деньги*); б) отпла́чивать; ~ **down** плати́ть нали́чными; ~ **for** а) опла́чивать; окупа́ть; it has been paid for за э́то бы́ло упла́чено; б) поплати́ться; ~ **in** вноси́ть на теку́щий счёт; ~ **off** а) распла́чиваться сполна́; рассчи́тываться с *кем-л.*; покрыва́ть (*долг*); окупи́ться; to ~ off handsomely приноси́ть изря́дные бары́ши, дава́ть большу́ю при́быль; б) отплати́ть, отомсти́ть; в) распуска́ть (*команду корабля*); увольня́ть (*рабочих*); г) *мор.* уклоня́ться, ува́ливаться под ве́тер; ~ **out** а) выпла́чивать; б) отпла́чивать; в) *мор.* (*past и p. p. тж.* payed) трави́ть; ~ **up** а) выпла́чивать сполна́ (*недоимку и т. п.*); б) выпла́чивать во́время ◇ to ~ for a dead horse плати́ть за что-л., потеря́вшее свою́ це́ну; броса́ть де́ньги на ве́тер; to ~ one's way жить по сре́дствам

**pay** II [peɪ] *v мор.* смоли́ть

**payable** ['peɪəbl] *a* 1) подлежа́щий упла́те 2) дохо́дный, вы́годный; промы́шленный (*о рудном месторождении и т. п.*) 3) *редк.* могу́щий быть упла́ченным

**pay-as-you-go** ['peɪəzju'gəu] *a*: on a ~ basis на осно́ве неме́дленной опла́ты расхо́дов; ~ taxation взима́ние нало́гов по ме́ре поступле́ния дохо́дов

**pay-bill** ['peɪbɪl] = pay-sheet

**pay-box** ['peɪbɔks] *n* театра́льная ка́сса

**pay-day** ['peɪdeɪ] *n* день платежа́, платёжный день; день вы́платы жа́лованья

**pay-desk** ['peɪdesk] = pay-office

**pay-dirt** ['peɪ'də:t] *n горн.* бога́тая ру́дная полоса́; бога́тая струя́ в ро́ссыпи

**payee** [peɪ'i:] *n* получа́тель (*денег*); предъяви́тель че́ка (*или* ве́кселя)

**pay-envelope** ['peɪ,envələup] *n* конве́рт с за́работной пла́той; полу́чка

**payer** ['peɪə] *n* плате́льщик

**paying** I ['peɪɪŋ] **1.** *pres. p. от* pay I, 2

**2.** *a* вы́годный, дохо́дный; ~ well производи́тельная нефтяна́я сква́жина

**paying** II ['peɪɪŋ] *pres. p. от* pay II

**paying capacity** ['peɪɪŋkə'pæsɪtɪ] *n* платёжеспосо́бность

**pay-list** ['peɪlɪst] = pay-sheet

**pay load** ['peɪləud] *n* поле́зная нагру́зка; final ~ поле́зная нагру́зка после́дней ступе́ни (*многоступенчатой ракеты*)

**paymaster** [ˈpeɪˌmɑːstə] *n* кассир, казначей

**paymaster general** [ˈpeɪˌmɑːstəˈdʒenərəl] *n* главный казначей

**payment** [ˈpeɪmənt] *n* 1) уплата, платёж, плата; взнос; interest ~ выплата процентов 2) вознаграждение; возмездие

**pay-off** [ˈpeɪˈɔf] *n разг.* 1) выплата; компенсация 2) время выплаты 3) неожиданный результат; развязка (*событий и т. п.*) 4) вручение взятки

**pay-office** [ˈpeɪˌɔfɪs] *n воен.* выплатной пункт

**pay-out** [ˈpeɪˈaut] *n* выплата

**pay-packet** [ˈpeɪˌpækɪt] = pay-envelope

**pay phone** [ˈpeɪfəun] *n амер.* телефон-автомат

**pay-roll** [ˈpeɪrəul] = pay-sheet; to be off the ~ быть безработным *или* уволенным ◇ ~ stuffer платный писака

**pay-sheet** [ˈpeɪʃiːt] *n* платёжная ведомость

**pea** [piː] *n* 1) горох; горошина; split ~s лущёный горох 2) = pea-jacket ◇ as like as two ~s ≅ как две капли воды

**peace** [piːs] *n* 1) мир; ~ of the world мир во всём мире; ~ with honour почётный мир; at ~ with в мире с; to make ~ а) заключать мир; б) мирить(ся); to make one's ~ with smb. мириться с кем-л. 2) спокойствие, тишина, общественный порядок (*тж.* the ~); ~ of mind спокойствие духа; ~! тише! замолчите!; to hold one's ~ а) молчать; б) соблюдать спокойствие; in ~ в покое; to keep the ~ сохранять мир; соблюдать порядок 3) мир, покой; may he rest in ~! мир праху его! 4) (*обыкн.* P.) мирный договор 5) *attr.* мирный; ~ treaty мирный договор; ~ movement движение сторонников мира; ~ campaigner борец за мир, сторонник мира; ~ establishment *воен.* штаты мирного времени ◇ to be sworn of the ~ быть назначенным мировым судьёй; commission of the ~ а) патент на звание мирового судьи; б) коллегия мировых судей

**peaceable** [ˈpiːsəbl] *a* миролюбивый, мирный

**peaceful** [ˈpiːsful] *a* мирный, спокойный; ~ way мирный путь

**peace-lover** [ˈpiːsˌlʌvə] *n* сторонник мира

**peace-loving** [ˈpiːsˌlʌvɪŋ] *a* миролюбивый

**peacemaker** [ˈpiːsˌmeɪkə] *n* 1) примиритель, миротворец 2) *шутл.* револьвер 3) *шутл.* военное судно *и т. п.*

**peace-minded** [ˈpiːsˈmaɪndɪd] *a* миролюбивый

**peacenik** [ˈpiːsnɪk] *n амер.* сторонник мира

**peace-offering** [ˈpiːsˌɔfərɪŋ] *n* 1) умилостивительная жертва 2) искупительная жертва

**peace-officer** [ˈpiːsˌɔfɪsə] *n* блюститель порядка (*полицейский, шериф*)

**peace-pipe** [ˈpiːspaɪp] *n* трубка мира

**peace-time** [ˈpiːstaɪm] *n* 1) мирное время 2) *attr.* относящийся к мирному времени; мирного времени; ~ industries гражданские отрасли промышленности; ~ strength численность армии мирного времени

**peach I** [piːtʃ] *n* 1) персик 2) персиковое дерево 3) *разг.* «первый сорт» 4) *разг.* красотка 5) *attr.* персиковый

**peach II** [piːtʃ] *v школ. жарг.* ябедничать, доносить (against, on, upon — на *сообщника*)

**peach-coloured** [ˈpiːtʃˌkʌləd] *a* персикового цвета

**pea-chick** [ˈpiːtʃɪk] *n* молодой павлин *или* -ая пава

**peach stone** [ˈpiːtʃstəun] *n мин.* хлоритовый сланец

**peach-tree** [ˈpiːtʃtriː] *n* персиковое дерево

**peachy** [ˈpiːtʃɪ] *a* 1) персиковый, похожий на персик 2) *разг.* приятный, превосходный, отличный

**pea coal** [ˈpiːkəul] *n* «горошек» (*вид антрацита*)

**pea-coat** [ˈpiːkəut] = pea-jacket

**peacock** [ˈpiːkɔk] **1.** *n* 1) павлин 2) *attr.* павлиний ◇ proud as a ~ спесивый; важный как павлин

**2.** *v* 1) важничать, чваниться; задаваться 2) важно расхаживать; позировать

**peacock blue** [ˈpiːkɔkˈbluː] *n* переливчатый синий цвет

**peacockery** [ˈpiːˈkɔkərɪ] *n* чванство; позёрство

**peafowl** [ˈpiːfaul] *n* павлин; пава

**peahen** [ˈpiːˈhen] *n* пава

**pea-jacket** [ˈpiːˌdʒækɪt] *n мор.* бушлат

**peak I** [piːk] *n* 1) пик; остроконечная вершина; остриё 2) высшая точка, максимум; вершина (*кривой*); кульминационный пункт 3) козырёк (*кепки, фуражки*) 4) кончик (*бороды*) 5) гребень (*волны*) 6) *мор.* концевой отсек; задний нок-бензельный угол (паруса) 7) *тех.* максимум (*нагрузки*)

**peak II** [piːk] *v* 1) *мор.* отопить (*рей*) 2) брать «на валёк» (*вёсла*) 3) поднимать хвост прямо вверх (*о ките*)

**peak III** [piːk] *v* чахнуть, слабеть; to ~ and pine чахнуть и томиться

**peaked I** [piːkt] *a* остроконечный; ~ cap фуражка, кепка

**peaked II** [piːkt] **1.** *p. p. от* peak III **2.** *a* осунувшийся, измождённый

**peaked III** [piːkt] *p. p. от* peak II

**peaky I** [ˈpiːkɪ] = peaked I

**peaky II** [ˈpiːkɪ] = peaked II, 2

**peal** [piːl] **1.** *n* 1) звон колоколов; трезвон 2) подбор колоколов 3) раскат (*грома*); грохот (*орудий*); ~ of laughter взрыв смеха

**2.** *v* 1) раздаваться, греметь, трезвонить 2) возвещать трезвоном (*часто* ~ out); to ~ smb.'s fame трубить о чьей-л. славе

**peanut** [ˈpiːnʌt] *n* 1) арахис, земляной орех 2) *pl разг.* гроши, бесценок; to get smth. for ~s купить что-л. за бесценок 3) *attr.* арахисовый ◇ it is not ~s это не мелочь; ~ politician *амер.* мелкий, продажный политикан

**pear** [pɛə] *n* 1) груша 2) грушевое дерево

**pearl** [pəːl] **1.** *n* 1) жемчуг; Venetian ~ искусственный жемчуг 2) жемчужина, перл 3) перламутр 4) крупинка, зёрнышко 5) капля росы; слеза 6) *полигр.* перл (*шрифт в 5 пунктов*) 7) *attr.* жемчужный; перламутровый ◇ to cast ~s before swine метать бисер перед свиньями

**2.** *v* 1) добывать жемчуг 2) осыпать, украшать жемчужными каплями; ~ed with dew покрытый жемчужными каплями росы 3) выступать жемчужными каплями 4) делать похожим на жемчуг 5) рушить (*ячмень и т. п.*) □ ~ off отсеивать

**pearl-ash** [ˈpəːlæʃ] = potash

**pearl-barley** [ˈpəːlˈbɑːlɪ] *n* перловая крупа

**pearl-button** [ˈpəːlˈbʌtn] *n* перламутровая пуговица

**pearl-diver** [ˈpəːlˌdaɪvə] *n* искатель, ловец жемчуга; водолаз, добывающий жемчуг

**pearler** [ˈpəːlə] = pearl-fisher

**pearl-fisher** [ˈpəːlˌfɪʃə] *n* ловец жемчуга

**pearl-fishery** [ˈpəːlˌfɪʃərɪ] *n* добывание жемчуга

**pearlies** [ˈpəːlɪz] *n pl* 1) перламутровые пуговицы 2) *ист.* одежда уличного торговца, украшенная множеством перламутровых пуговиц

**pearl-oyster** [ˈpəːlˌɔɪstə] *n* жемчужница (*моллюск*)

**pearl-powder** [ˈpəːlˌpaudə] *n* жемчужные белила (*косметика*)

**pearl-sago** [ˈpəːlˌseɪgəu] *n* саго (*крупа*)

**pearl-shell** [ˈpəːlʃel] *n* жемчужная раковина

**pearl type** [ˈpəːlˈtaɪp] = pearl 1, 6)

**pearl-white** [ˈpəːlwaɪt] = pearl-powder

**pearly** [ˈpəːlɪ] *a* 1) жемчужный; похожий на жемчуг 2) жемчужного цвета 3) украшенный жемчугом

**pear-shaped** [ˈpɛəʃeɪpt] *a* грушевидный

**peart** [pɪət] *a диал.* 1) в хорошем расположении духа, весёлый, оживлённый 2) сообразительный, быстро схватывающий

**pear-tree** [ˈpɛətriː] *n* грушевое дерево

**peasant** [ˈpezənt] *n* 1) крестьянин 2) *attr.* крестьянский, сельский; ~ woman крестьянка

**peasantry** [ˈpezəntrɪ] *n* крестьянство

**pease** [piːz] *n* 1) горох 2) *attr.* гороховый

**peashooter** [ˈpiːˌʃuːtə] *n* игрушечное (духовое) ружьё

**pea soup** ['pi:'su:p] *n* горо́ховый суп

**pea-souper** ['pi:,su:pə] *n разг.* густо́й жёлтый тума́н

**pea-soupy** ['pi:'su:pɪ] *a разг.* густо́й и жёлтый (*о тумане*)

**peat** [pi:t] *n* 1) торф 2) брике́т то́рфа 3) *attr.* торфяно́й

**peatbog** ['pi:t'bɔg] *n* торфя́ник, торфяно́е боло́то

**peat-coal** ['pi:tkəul] *n* торфяно́й у́голь

**peatery** ['pi:tərɪ] *n* торфяни́к

**peat-hag** ['pi:thæg] *n* забро́шенные *или* вы́работанные торфяны́е разрабо́тки

**pea-time** ['pi:taɪm] *n амер.*: the last of ~ после́дний эта́п (*чего-л.*); коне́ц жи́зни; ~'s past де́ло ко́нчено

**peatman** ['pi:tmən] *n* 1) рабо́чий-торфяни́к 2) продаве́ц то́рфа

**peatmoss** ['pi:t'mɔs] *n* торфяно́й мох, сфа́гнум

**peaty** ['pi:tɪ] *a* торфяно́й; похо́жий на торф

**pebble** ['pebl] **1.** *n* 1) голы́ш, га́лька 2) го́рный хруста́ль, употребля́емый для очко́в 3) ли́нза из го́рного хрусталя́ ◇ not the only ~ on the beach ≅ на нём, на ней *и т. п.* свет кли́ном не сошёлся

**2.** *v* мости́ть булы́жником; посыпа́ть га́лькой

**pebblestone** ['peblstəun] = pebble 1, 1)

**pebbly** ['peblɪ] *a* покры́тый га́лькой

**pecan** [pɪ'kæn] *n бот.* оре́х пека́н

**peccability** [,pekə'bɪlɪtɪ] *n* гре́шность, грехо́вность

**peccable** ['pekəbl] *a* гре́шный, грехо́вный

**peccadillo** [,pekə'dɪləu] *n* (*pl* -oes, -os [-əuz]) грешо́к; пустя́чный просту́пок

**peccancy** ['pekənsɪ] *n* 1) гре́шность, грехо́вность 2) грех, прегреше́ние; просту́пок

**peccant** ['pekənt] *a* 1) гре́шный, грехо́вный 2) непра́вильный; the ~ string детони́рующая струна́ 3) вызыва́ющий боле́знь; нездоро́вый, вре́дный

**peccary** ['pekərɪ] *n* пе́кари (*разновидность американской дикой свиньи*)

**peck I** [pek] *n* 1) ме́ра сыпу́чих тел (= 1/4 *бушеля или 9,08 л*) 2) мно́жество, ма́сса, ку́ча; a ~ of troubles ма́сса неприя́тностей

**peck II** [pek] **1.** *n* 1) клево́к 2) *шутл.* лёгкий поцелу́й 3) *разг.* пи́ща, еда́

**2.** *v* 1) клева́ть (at), долби́ть клю́вом; to ~ a hole продолби́ть ды́рку 2) *шутл.* чмо́кнуть 3) *разг.* отщи́пывать (*пищу*); ма́ло есть 4) копа́ть кирко́й (*обыкн.* ~ up, ~ down)

**pecker** ['pekə] *n* 1) пти́ца, кото́рая долби́т (*обыкн. в сложных словах, напр.*: wood-~ дя́тел) 2) кирка́ 3) *разг.* клюв; нос; keep your ~ up! не ве́шай но́са! 4) *разг.* едо́к, обжо́ра

**peckish** ['pekɪʃ] *a разг.* голо́дный; to feel ~ проголода́ться

**Pecksniff** ['peksnɪf] *n* еле́йный лицеме́р (*по имени персонажа из романа Диккенса «Мартин Чезлвит»*)

**pectin** ['pektɪn] *n хим.* пекти́н

**pectinate, pectinated** ['pektɪnɪt, 'pektɪneɪtɪd] *a бот., зоол.* гребе́нчатый

**pectination** [,pektɪ'neɪʃən] *n* гребе́нчатость; гре́бень

**pectoral** ['pektərəl] **1.** *n* 1) нагру́дное украше́ние 2) *pl* грудны́е плавники́

**2.** *a* 1) грудно́й; относя́щийся к грудно́й кле́тке 2) де́йствующий на о́рганы грудно́й кле́тки 3) иду́щий от души́; субъекти́вный, вну́тренний 4) нагру́дный; *церк.* напе́рсный

**peculate** ['pekjuleɪt] *v* присва́ивать, растра́чивать обще́ственные де́ньги

**peculation** [,pekju'leɪʃən] *n* растра́та, казнокра́дство

**peculator** ['pekjuleɪtə] *n* растра́тчик, казнокра́д, расхити́тель

**peculiar** [pɪ'kju:ljə] **1.** *a* 1) специфи́ческий; осо́бенный, своеобра́зный; необы́чный; a point of ~ interest моме́нт, представля́ющий осо́бый интере́с; ~ properties осо́бенности 2) принадлежа́щий *или* сво́йственный исключи́тельно (to — *кому-л., чему-л.*); ли́чный, со́бственный; индивидуа́льный; my own ~ property моё ли́чное иму́щество 3) стра́нный, эксцентри́чный; he has ~ ways он со стра́нностями ◇ P. People *рел.* «избранный наро́д»

**2.** *n* 1) ли́чная со́бственность 2) осо́бая привиле́гия

**peculiarity** [pɪ,kju:lɪ'ærɪtɪ] *n* 1) специфи́чность; осо́бенность 2) ли́чное ка́чество, сво́йство; характе́рная черта́ 3) стра́нность

**peculiarly** [pɪ'kju:ljəlɪ] *adv* 1) осо́бенно; бо́льше обы́чного 2) стра́нно 3) ли́чно; he is ~ interested in that affair он ли́чно заинтересо́ван в э́том де́ле

**pecuniary** [pɪ'kju:njərɪ] *a* 1) де́нежный; ~ aid де́нежная по́мощь 2) пресле́дующий материа́льные интере́сы; и́щущий вы́годы 3) облага́емый штра́фом

**pedagogic(al)** [,pedə'gɔdʒɪk(əl)] *a* педагоги́ческий

**pedagogics** [,pedə'gɔdʒɪks] *n pl* (*употр. как sing*) педаго́гика

**pedagogue** ['pedəgɔg] *n* 1) учи́тель, педаго́г (*обыкн. неодобр.*) 2) педа́нт

**pedagogy** ['pedəgɔdʒɪ] *n* педаго́гика

**pedal** ['pedl] **1.** *n* педа́ль; ножно́й рыча́г

**2.** *a* 1) педа́льный 2) *анат., зоол.* ножно́й

**3.** *v* 1) нажима́ть педа́ли, рабо́тать педа́лями 2) е́хать на велосипе́де

**pedant** ['pedənt] *n* 1) педа́нт 2) доктринёр

**pedantic** [pɪ'dæntɪk] *a* педанти́чный

**pedantry** ['pedəntrɪ] *n* педанти́чность, педанти́зм

**peddle** ['pedl] *v* 1) торгова́ть вразно́с 2) занима́ться пустяка́ми, разме́ниваться на ме́лочи

**peddler** ['pedlə] = pedlar

**peddlery** ['pedlərɪ] = pedlary

**peddling** ['pedlɪŋ] **1.** *pres. p.* от peddle

**2.** *n* мелочна́я торго́вля

**3.** *a* 1) ме́лочный 2) пустяко́вый, несуще́ственный

**pedestal** ['pedɪstl] **1.** *n* 1) пьедеста́л, подно́жие, подста́вка, цо́коль 2) основа́ние, ба́за (*колонны*) 3) ту́мба у пи́сьменного стола́

**2.** *v* ста́вить, водружа́ть на пьедеста́л

**pedestrian** [pɪ'destrɪən] **1.** *a* 1) пе́ший, пешехо́дный; ~ crossing ме́сто перехо́да пешехо́дов че́рез у́лицу 2) прозаи́ческий, ску́чный

**2.** *n* 1) пешехо́д 2) уча́стник соревнова́ний по спорти́вной ходьбе́

**pediatrics** [,pi:dɪ'ætrɪks] *n pl* (*употр. как sing*) педиатри́я

**pedicel** ['pedɪsəl] *n бот.* стебелёк, (цвето)но́жка

**pedicellate** ['pedɪsəleɪt] *a бот.* стебелько́вый, стеблево́й

**pedicle** ['pedɪkl] = pedicel

**pedicular** [pɪ'dɪkjulə] *a* вши́вый

**pediculous** [pɪ'dɪkjuləs] = pedicular

**pedicure** ['pedɪkjuə] **1.** *n* педикю́р

**2.** *v* де́лать педикю́р

**pedigree** ['pedɪgri:] *n* 1) родосло́вная, генеало́гия 2) происхожде́ние; этимоло́гия (*слова*) 3) *attr.* племенно́й (*о скоте*)

**pedigreed** ['pedɪgri:d] *a* поро́дистый

**pediment** ['pedɪmənt] *n архит.* фронто́н

**pedlar** ['pedlə] *n* 1) коробе́йник, разно́счик 2) разно́счик сплéтен, сплéтник ◇ ~'s French воровско́й жарго́н

**pedlary** ['pedlərɪ] *n* 1) торго́вля вразно́с 2) това́ры у́личного торго́вца; ме́лкий това́р

**pedology I** [pɪ'dɔlədʒɪ] = paedology

**pedology II** [pɪ'dɔlədʒɪ] *n* почвове́дение

**pedometer** [pɪ'dɔmɪtə] *n* шагоме́р

**peduncle** [pɪ'dʌŋkl] *n бот.* цветоно́жка; плодоно́жка

**peduncular, pedunculate** [pɪ'dʌŋkjulə, -lɪt] *a бот.* снабжённый но́жкой, стебелько́м

**peek** [pi:k] **1.** *n* взгляд укра́дкой; бы́стрый взгляд

**2.** *v* загля́дывать (*обыкн.* ~ in); выгля́дывать (*обыкн.* ~ out)

**peek-a-boo** ['pi:kə'bu:] *n* «ку-ку́» (*игра в прятки с ребёнком*)

**peel I** [pi:l] **1.** *n* ко́рка, ко́жица, шелуха́

**2.** *v* 1) снима́ть ко́рку, ко́жицу, шелуху́; очища́ть (*фрукты, овощи*) 2) шелуши́ться, лупи́ться, сходи́ть (*о коже*; *тж.* ~ off) 3) *разг.* раздева́ть(-ся)

**peel II** [pi:l] *n ист.* четырёхуго́льная ба́шня на грани́це А́нглии и Шотла́ндии

**peel III** [pi:l] *n* пе́карская лопа́та

**peeler** I [ˈpiːlə] *n* инструме́нт *или* маши́на для удале́ния шелухи́, коры́ *и т. п.*; шелуши́льная маши́на

**peeling** [ˈpiːlɪŋ] **1.** *pres. p. от* peel I, 2

**2.** *n* 1) ко́рка, ко́жа, шелуха́; potato ~s карто́фельные очи́стки 2) отсла́ивание

**peep** I [piːp] **1.** *n* 1) взгляд укра́дкой; to get a ~ of уви́деть; to have (*или* to take) a ~ at smth. взгляну́ть на что-л. 2) пе́рвое появле́ние; про́блеск; ~ of day (*или* of dawn, of morning) рассве́т 3) сква́жина, щель ◇ without a ~ с ме́ста в карье́р, сра́зу же, с хо́ду

**2.** *v* 1) загля́дывать; смотре́ть прищу́рясь (at, into); смотре́ть сквозь ма́ленькое отве́рстие (through); подгля́дывать 2) прогля́дывать, появля́ться, выгля́дывать (*о солнце*) 3) проявля́ться (*о качестве и т. п.*; *часто* ~ out) ▭ ~ **into** загля́дывать, заходи́ть (*куда-л.*); ~ **out** выгля́дывать

**peep** II [piːp] **1.** *n* писк; чири́канье

**2.** *v* чири́кать; пища́ть

**peeper** [ˈpiːpə] *n* 1) подсма́тривающий; согляда́тай 2) (*обыкн. pl*) *жарг.* глаза́, гляде́лки

**peep-hole** [ˈpiːphəul] *n* глазо́к; смотрово́е отве́рстие *или* -а́я щель

**Peeping Tom** [ˈpiːpɪŋˈtɔm] *n* 1) чрезме́рно любопы́тный челове́к 2) *воен. жарг.* радиолока́тор

**peep-show** [ˈpiːpʃəu] *n* кинетоско́п

**peer** I [pɪə] **1.** *n* 1) ро́вня, ра́вный; you will not find his ~ вы не найдёте ра́вного ему́; without ~ несравне́нный; to be tried by one's ~s быть суди́мым ра́вными (себе́ по ра́нгу) 2) пэр, лорд

**2.** *v* де́лать пэ́ром

**peer** II [pɪə] *v* 1) вгля́дываться, всма́триваться (at, into, through) 2) пока́зываться, прогля́дывать, выгля́дывать (*о солнце*)

**peerage** [ˈpɪərɪdʒ] *n* 1) сосло́вие пэ́ров; знать 2) зва́ние пэ́ра 3) кни́га пэ́ров

**peeress** [ˈpɪərɪs] *n* супру́га пэ́ра, ле́ди

**peerless** [ˈpɪəlɪs] *a* несравне́нный, бесподо́бный

**peeve** [piːv] *разг.* **1.** *n* 1) раздраже́ние, раздражённое состоя́ние 2) жа́лоба ◇ my pet ~ ≅ люби́мая мозо́ль, больно́е ме́сто

**2.** *v* (*обыкн. p. p.*) раздража́ть, надоеда́ть

**peeved** [piːvd] **1.** *p. p. от* peeve 2

**2.** *a разг.* раздражённый

**peevish** [ˈpiːvɪʃ] *a* 1) сварли́вый, раздражи́тельный, брюзгли́вый 2) капри́зный, неужи́вчивый 3) свиде́тельствующий о дурно́м хара́ктере, настрое́нии *и т. п.* (*о замечании, взгляде и т. п.*)

**peewit** [ˈpiːwɪt] = pewit

**peg** [peg] **1.** *n* 1) ко́лышек; деревя́нный гвоздь; заты́чка, вту́лка (*бочки*) 2) ве́шалка; крючо́к (*вешалки*) 3) джин с со́довой водо́й 4) *разг.* зуб 5) *разг.* нога́ 6) *разг.* деревя́нная нога́ 7) коло́к (*музыкального инструмента*) 8) *тех.* на́гель, шпи́лька, штифт, чека́ ◇ a ~ to hang a thing on предло́г, заце́пка, те́ма (*для речи и т. п.*); to take smb. down a ~ or two осади́ть кого́-л., сбить спесь с кого́-л.; to come down a ~ сба́вить тон; a round ~ in a square hole, a square ~ in a round hole челове́к не на своём ме́сте; to buy (clothes) off the ~ покупа́ть гото́вое (пла́тье)

**2.** *v* 1) прикрепля́ть ко́лышком (*обыкн.* ~ down, ~ in, ~ out) 2) *бирж.* иску́сственно подде́рживать це́ну на одно́м у́ровне; охраня́ть от колеба́ний (*курс, цену*) 3) *разг.* швыря́ть, броса́ть 4) протыка́ть ▭ ~ **at** *разг.* це́литься во *что-л.*; броса́ть камня́ми в; ~ **away** упо́рно, насто́йчиво добива́ться; упо́рно рабо́тать, корпе́ть (at); ~ **down** а) закрепля́ть ко́лышками; б) свя́зывать, стесня́ть, ограни́чивать; ~ **in(to)** вбива́ть, вкола́чивать; ~ **out** а) отмеча́ть ко́лышками (*участок*); б) уби́ть шар (*в крокете в конце игры*); в) *разг.* вы́дохнуться; умере́ть; г) *разг.* разори́ться; быть разорённым

**pegamoid** [ˈpegəmɔɪd] *n* пегамо́ид (*искусственная кожа*)

**Pegasus** [ˈpegəsəs] *n* 1) *греч. миф.* Пега́с 2) *перен.* поэти́ческое вдохнове́ние

**pegging** [ˈpegɪŋ] **1.** *pres. p. от* peg 2

**2.** *n* 1) ко́лья; материа́л для ко́льев 2) закрепле́ние ко́льями *или* ко́лышками 3): ~ of prices иску́сственное поддержа́ние цен на определённом у́ровне

**pegmatite** [ˈpəgmətaɪt] *n мин.* пегмати́т

**peg-top** [ˈpegtɔp] *n* юла́, волчо́к (*игрушка*)

**peignoir** [ˈpeɪnwaː] *фр. n* пеньюа́р

**pejorative** [ˈpiːdʒərətɪv] *a* уничижи́тельный

**Pekinese, Pekingese** I [ˌpiːkɪˈniːz, ˌpiːkɪŋˈiːz] **1.** *a* пеки́нский

**2.** *n* жи́тель Пеки́на

**Pekinese, Pekingese** II [ˌpiːkɪˈniːz, ˌpiːkɪŋˈiːz] *n* кита́йский мопс (*порода собак*)

**pekoe** [ˈpiːkəu] *кит. n* вы́сший сорт чёрного ча́я

**pelage** [ˈpelɪdʒ] *n* мех, шку́ра, шерсть (*животных*)

**pelagian** [pɪˈleɪdʒɪən] **1.** *a* пелаги́ческий, морско́й

**2.** *n* живо́тные и расте́ния, населя́ющие откры́тое мо́ре

**pelagic** [peˈlædʒɪk] *a* пелаги́ческий (*о фациях*), морско́й, океани́ческий; ~ sealing охо́та на тюле́ней в откры́том мо́ре

**pelargonium** [ˌpeləˈgəunjəm] *n бот.* пеларго́ния, гера́нь

**pelerine** [ˈpelərіːn] *n* пелери́на

**pelf** [pelf] *n презр.* де́ньги, презре́нный мета́лл; бога́тство

**pelican** [ˈpelɪkən] *n зоол.* пелика́н

**pelisse** [peˈliːs] *n* 1) дли́нная манти́лья; рото́нда 2) де́тское пальто́ 3) гуса́рский ме́нтик

**pellagra** [peˈlægrə] *n мед.* пелла́гра

**pellet** [ˈpelɪt] **1.** *n* 1) ша́рик, ка́тышек (*из бумаги, хлеба и т. п.*) 2) пилю́ля 3) дроби́нка; пу́лька

**2.** *v* обстре́ливать (*бумажными катышками и т. п.*)

**pellicle** [ˈpelɪkl] *n* ко́жица, плева́, плёнка

**pell-mell** [ˈpelˈmel] **1.** *n* пу́таница; мешани́на; неразбери́ха

**2.** *a* беспоря́дочный

**3.** *adv* 1) беспоря́дочно, впереме́шку, как попа́ло 2) очертя́ го́лову

**pellucid** [peˈljuːsɪd] *a* 1) прозра́чный 2) я́сный, поня́тный

**pelt** I [pelt] *n* 1) шку́ра; ко́жа 2) *шутл.* челове́ческая ко́жа

**pelt** II [pelt] **1.** *n* 1) броса́ние, швыря́ние 2) си́льный уда́р 3) стук дождя́, гра́да ◇ (at) full ~ по́лным хо́дом

**2.** *v* 1) броса́ть (*в кого-л.*), забра́сывать (*камнями, грязью*); обстре́ливать 2) колоти́ть, бараба́нить (*о граде и т. п.*); лить (*о дожде*) 3) обру́шиться (*на кого-л. с упрёками и т. п.*) 4) спеши́ть; бро́ситься, ри́нуться

**peltate** [ˈpelteɪt] *a бот.* щитови́дный

**pelting** [ˈpeltɪŋ] **1.** *pres. p. от* pelt II, 2

**2.** *a* проливно́й; ~ rain проливно́й дождь

**peltry** [ˈpeltrɪ] *n* 1) меха́, пушни́на 2) шку́рка пушно́го зве́ря

**pelves** [ˈpelviːz] *pl от* pelvis

**pelvic** [ˈpelvɪk] *a анат.* та́зовый

**pelvis** [ˈpelvɪs] *n* (*pl* -ves) *анат.* 1) таз 2) по́чечная лоха́нка

**Pembroke table** [ˈpembrukˈteɪbl] *n* раскладно́й стол

**pemphigus** [ˈpemfɪgəs] *n мед.* пузы́рча́тка, пемфи́гус

**pen** I [pen] **1.** *n* 1) перо́ (*писчее*); ру́чка с перо́м; рейсфе́дер (*чертёжный*); ball point ~ ша́риковая ру́чка; fountain ~ авторучка 2) литерату́рный стиль; fluent ~ бо́йкое перо́; to live by one's ~ жить литерату́рным трудо́м; to put ~ to paper взя́ться за перо́, нача́ть писа́ть 3) писа́тель; the best ~s of the day лу́чшие совреме́нные писа́тели

**2.** *v* 1) писа́ть перо́м 2) писа́ть, сочиня́ть

**pen** II [pen] **1.** *n* 1) небольшо́й заго́н (*для скота, птицы*) 2) небольша́я огоро́женная площа́дка *и т. п.*; ~ for the accomodation of submarines *мор.* укры́тие для подво́дных ло́док 3) планта́ция, фе́рма (*на Ямайке*) 4) помеще́ние для аресто́ванных при полице́йском уча́стке

**2.** *v* (penned [-d], pent) 1) запира́ть, заключа́ть (*часто* ~ up, ~ in) 2) загоня́ть (*скот*) в заго́н

**pen** III [pen] *n* са́мка ле́бедя

**penal** [ˈpiːnl] *a* 1) уголо́вный; кара́тельный; ~ servitude ка́торжные рабо́ты 2) уголо́вно наказу́емый (*о преступлении*)

**penalize** [ˈpiːnəlaɪz] *v* 1) дéлать наказýемым; накáзывать; штрафовáть 2) стáвить в невы́годное положéние 3) *спорт.* штрафовáть

**penalty** [ˈpenltɪ] *n* 1) наказáние; взыскáние; штраф; on (*или* under) ~ of под стрáхом (*такого-то наказания*) 2) *спорт.* штраф; наказáние, пенáльти 3) расплáта 4) *attr.* наказýемый; ~ envelope *амер.* специáльный конвéрт для прáвительственной корреспондéнции (*использование которого для других целей карается законом*) 5) *attr. спорт.* штрафнóй; ~ area штрафнáя площáдка; ~ goal гол, забúтый с пенáльти; ~ kick одиннадцатиметрóвый штрафнóй удáр

**penance** [ˈpenəns] **1.** *n* 1) *рел.* епитимья́ 2) наказáние, кáра

**2.** *v рел.* налагáть епитимью

**pen and ink** [ˈpenəndˈɪŋk] *n* 1) пúсьменные принадлéжности 2) литератýрная рабóта 3) рисýнок перóм

**pen-and-ink** [ˈpenəndˈɪŋk] *a* сдéланный перóм (*о рисунке*); написанный перóм; пúсьменный

**Penates** [peˈnɑːteɪs] *n pl римск. миф.* пенáты

**pence** [pens] *pl от* penny 1)

**penchant** [ˈpɑːŋʃɑːŋ] *фр. n* склóнность (for — к *чему-л., кому-л.*); a slight ~ мáленькое увлечéние

**pencil** [ˈpensl] **1.** *n* 1) карандáш; in ~ (напúсанный) карандашóм 2) кисть (*живописца*) 3) манéра, стиль (*живописца*) 4) *опт.* (сходя́щийся) пучóк лучéй

**2.** *v* рисовáть, писáть карандашóм; вычéрчивать

**pencil-case** [ˈpenslkeɪs] *n* пенáл

**pencilled** [ˈpensld] **1.** *p. p. от* pencil 2

**2.** *a* 1) тóнко очéрченный 2) подрисóванный, подведённый

**pencil sharpener** [ˈpenslˌʃɑːpnə] *n амер.* точúлка для карандашéй

**pencraft** [ˈpenkrɑːft] *n* 1) искýсство письмá 2) литератýрный стиль

**pendant** [ˈpendənt] **1.** *n* 1) подвéска; висюлька; кулóн, брелóк 2) *архит.* орнáментная отдéлка в вúде подвéски 3) пáра (*к какому-л. предмету*); дополнéние 4) *мор.* вы́мпел 5) *мор.* шкéнтель

**2.** *a* = pendent 2

**pendency** [ˈpendənsɪ] *n* состоя́ние неопределённости, нерешённость

**pendent** [ˈpendənt] **1.** *n* = pendant 1

**2.** *a* 1) вися́чий, свисáющий; нависáющий 2) нерешённый, ожидáющий решéния 3) *грам.* незакóнченный (*о предложении*)

**pending** [ˈpendɪŋ] **1.** *a* незакóнченный, ожидáющий решéния; a suit was then ~ в то врéмя шла тя́жба; patent ~ патéнт заявлен (*заявка на патент сделана*)

**2.** *prep* 1) в продолжéние; в течéние; ~ these negotiations покá продолжáются э́ти переговóры 2) (вплоть) до; в ожидáнии; ~ the completion of the agreement до заключéния соглашéния; ~ his return в ожидáнии егó возвращéния

**pen-driver** [ˈpenˌdraɪvə] *n презр.* клерк; канцеля́рист; писáка

**pendulate** [ˈpendjuleɪt] *v* 1) качáться как мáятник 2) колебáться; быть нерешúтельным

**pendulous** [ˈpendjuləs] *a* 1) подвеснóй, вися́чий (*о гнезде, цветке*) 2) качáющийся

**pendulum** [ˈpendjuləm] *n* 1) мáятник; the swing of the ~ а) качáние мáятника; б) *перен.* чередовáние стоя́щих у влáсти политúческих пáртий; the ~ of public opinion swung in his favour общéственное мнéние изменúлось в егó пóльзу; the ~ swung положéние изменúлось 2) неустóйчивый человéк *или* предмéт

**Penelope** [pɪˈneləpɪ] *n греч. миф.* Пенелóпа; (*нарицательно тж.*) вéрная женá

**peneplain** [ˈpiːnɪpleɪn] *n геол.* пенеплéн, предéльная равнúна

**penes** [ˈpiːniːz] *pl от* penis

**penetrability** [ˌpenɪtrəˈbɪlɪtɪ] *n* проницáемость

**penetrable** [ˈpenɪtrəbl] *a* проницáемый

**penetralia** [ˌpenɪˈtreɪljə] *n pl* святúлище; тайникú

**penetrate** [ˈpenɪtreɪt] *v* 1) проникáть внутрь, проходúть сквозь, пронúзывать 2) входúть, проходúть (into, through, to) 3) пропúтывать (*чем-л.*; with) 4) глубокó трóгать; охвáтывать (with) 5) постигáть, понимáть; вникáть (*во что-л.*)

**penetrating** [ˈpenɪtreɪtɪŋ] **1.** *pres. p. от* penetrate

**2.** *a* 1) проникáющий 2) проницáтельный; óстрый (*о взгляде и т. п.*) 3) прозорлúвый, с óстрым умóм 4) пронзúтельный, рéзкий (*о звуке*)

**penetration** [ˌpenɪˈtreɪʃən] *n* 1) проникáние; проникновéние 2) проницáемость 3) проницáтельность; острота́ (*взгляда и т. п.*) 4) *тех.* глубинá разрушéния (*коррозией*); пробивнáя спосóбность 5) *воен.* проры́в; вторжéние

**penetrative** [ˈpenɪtrətɪv] *a* 1) проникáющий 2) пронзúтельный, рéзкий (*о звуке*) 3) проницáтельный

**pen-feather** [ˈpenˌfeðə] *n* маховóе перó

**pen friend** [ˈpenfrend] *n* знакóмый *или* друг по перепúске

**penguin** [ˈpeŋgwɪn] *n зоол.* пингвúн

**penholder** [ˈpenˌhəuldə] *n* рýчка (*для пера*)

**penicillin** [ˌpenɪˈsɪlɪn] *n фарм.* пенициллúн

**peninsula** [pɪˈnɪnsjulə] *n* полуóстров; the P. Пиренéйский полуóстров

**peninsular** [pɪˈnɪnsjulə] **1.** *a* полуостровнóй

**2.** *n* жúтель полуóстрова

**penis** [ˈpiːnɪs] *n* (*pl* penes) *анат.* мужскóй половóй член

**penitence** [ˈpenɪtəns] *n* раскáяние; покая́ние

**penitent** [ˈpenɪtənt] **1.** *a* раскáивающийся; кáющийся

**2.** *n* кáющийся грéшник

**penitential** [ˌpenɪˈtenʃəl] *a* покая́нный

**penitentiary** [ˌpenɪˈtenʃərɪ] **1.** *n* 1) исправúтельный дом 2) кáторжная тюрьмá 3) *церк.* пенитенциáрий

**2.** *a* 1) исправúтельный 2) *юр.* пенитенциáрный

**penknife** [ˈpennaɪf] *n* перочúнный нóжик

**penman** [ˈpenmən] *n* 1) каллигрáф, писéц; he is a good ~ у негó хорóший пóчерк 2) писáтель

**penmanship** [ˈpenmənʃɪp] *n* 1) каллигрáфия, чистописáние 2) пóчерк 3) стиль *или* манéра писáтеля

**penmate** [ˈpenmeɪt] *n* собрáт по перý

**pen-name** [ˈpenneɪm] *n* литератýрный псевдонúм

**pennant** [ˈpenənt] *n* 1) = pendant 1, 4); 2) = pennon 3) *амер.* знáмя (*приз в состязании*)

**pennies** [ˈpenɪz] *pl от* penny

**penniless** [ˈpenɪlɪs] *a* 1) без грошá, безде́нежный 2) нуждáющийся; бéдный

**pennon** [ˈpenən] *n* флажóк (*часто с длинным узким полотнищем; иногда треугольной формы*); флаг; вы́мпел

**penn'orth** [ˈpenəθ] *разг. см.* pennyworth

**penny** [ˈpenɪ] *n* 1) (*pl* pence — *о денежной сумме, пишется слитно с числительным от* twopence *до* elevenpence; pennies — *об отдельных монетах*) пéнни, пенс (*условное обозначение после цифр* — d., *от* denarius, *напр.*, 6d шесть пéнсов) 2) (*pl* pennies) *амер. разг.* монéта в 1 цент ◇ to turn a useful ~ (by) неплóхо зарабáтывать (*чем-л.*); to turn an honest ~ а) чéстно зарабáтывать; б) подрабáтывать (*тж.* to turn a ~); not a ~ to bless oneself with ни грошá за душóй; not a ~ the worse нискóлько не хýже; a ~ for your thoughts! о чём задýмались?; a ~ saved is a ~ gained *посл.* пéнни сбережённое — всё равнó, что пéнни зарабóтанное; a ~ soul never came to twopence *посл.* ≅ мéлочный человéк никогдá не достúгнет успéха; in for a ~, in for a pound *посл.* ≅ назвáлся груздём — полезáй в кýзов

**penny-a-line** [ˈpenɪəˈlaɪn] *a* низкопрóбный (*о произведении*); халтýрный

**penny-a-liner** [ˈpenɪəˈlaɪnə] *n* наёмный писáка

**penny-in-the-slot (machine)** [ˈpenɪɪnðəˈslɔt(məʃiːn)] *n* автомáт для продáжи штýчных товáров (*в который опускают пенни*); торгóвый автомáт

**penny post** [ˈpenɪpəust] *n* почтóвая оплáта в 1 пéнни

**pennyroyal** [ˈpenɪˈrɔɪəl] *n бот.* 1) мя́та болóтная 2) *амер.* блохóвник

**pennyweight** [ˈpenɪweɪt] *n* пéнниве́йт (*мера веса* = *1,555 г*)

**penny wise** ['penɪwaɪz] *a* мéлочный ◇ ~ and pound foolish эконóмный в мелочáх и расточи́тельный в крýпном

**pennywort** ['penɪwəːt] *n бот.* водолю́б; щитоли́стник

**pennyworth, penny-worth** ['penəθ] *n* 1) коли́чество товáра, котóрое мóжно купи́ть на 1 пéнни 2) *attr.* грошóвый ◇ a good (bad) ~ вы́годная (невы́годная) сдéлка; not a ~ ни чýточки; to get one's ~ *разг.* а) получи́ть сполнá; б) получáть нагоня́й

**penology** [piː'nɔlədʒɪ] *n* пенолóгия, наýка о наказáниях и тю́рьмах

**pensile** ['pensɪl] *a* 1) вися́чий (*о гнезде и т. п.*); свисáющий 2) стрóящий вися́чие гнёзда (*о птице*)

**pension 1.** *n* 1) ['penʃən] пéнсия; посóбие 2) ['pɑːŋsɪɔːŋ] пансиóн

**2.** *v* ['penʃən] назначáть пéнсию; субсиди́ровать □ ~ **off** увольня́ть на пéнсию

**pensionable** ['penʃənəbl] *a* 1) даю́щий прáво на пéнсию; ~ age пенсиóнный вóзраст 2) имéющий прáво на пéнсию

**pensionary** ['penʃənərɪ] **1.** *n* 1) пенсионéр 2) наёмник

**2.** *a* пенсиóнный

**pensioner** ['penʃənə] *n* 1) пенсионéр 2) студéнт, оплáчивающий обучéние и содержáние (*в Кембриджском университете*) 3) *уст.* наёмник

**pensive** ['pensɪv] *a* задýмчивый; печáльный

**penstock** ['penstɔk] *n* 1) шлюз, шлю́зный затвóр 2) *тех.* напóрный трубопровóд; турби́нный водовóд

**pen-swan** ['penswɔn] = pen III

**pent** [pent] **1.** *past и p. p. от* pen II, 2

**2.** *a* заключённый, зáпертый

**penta-** [pentə-] *pref* пяти-

**pentachord** ['pentəkɔːd] *n муз.* пентахóрд

**pentad** ['pentæd] *n* 1) числó пять 2) грýппа из пяти́ 3) промежýток врéмени в пять дней *или* пять лет 4) *хим.* пятивалéнтный элемéнт

**pentagon** ['pentəgən] *n* 1) пятиугóльник 2) (the P.) Пентагóн, здáние министéрства оборóны США; министéрство оборóны США; *перен.* америкáнская воéнщина

**pentagonal** [pen'tægənl] *n* пятиугóльный

**pentagram** ['pentəgræm] *n* пентагрáмма

**pentahedral** [ˌpentə'hiːdrəl] *a геом.* пятигрáнный

**pentahedron** [ˌpentə'hiːdrən] *n геом.* пентáэдр, пятигрáнник

**pentameter** [pen'tæmɪtə] *n прос.* пентáметр

**pentangular** [pen'tæŋgjulə] *a* пятиугóльный

**pentasyllable** [ˌpentə'sɪləbl] *n* пятислóжное слóво

**Pentateuch** ['pentətjuːk] *n библ.* пятикни́жие

**pentathlon** [pen'tæθlən] *n спорт.* пятибóрье

**Pentecost** ['pentɪkɔst] *n церк.* пятидеся́тница, трóицын день

**penthouse** ['penthaus] *n* 1) тент; навéс над дверя́ми 2) фешенéбельная квarти́ра на кры́ше небоскрёба

**pentode** ['pentəud] *n эл.* пятиэлектрóдная лáмпа, пентóд

**pent-up** ['pent'ʌp] *a* сдéрживаемый; ~ fury сдéрживаемый гнев

**penult(imate)** [pɪ'nʌlt(ɪmɪt)] *грам.* **1.** *a* предпослéдний

**2.** *n* предпослéдний слог

**penumbra** [pɪ'nʌmbrə] *n* полутéнь, полусвéт

**penurious** [pɪ'njuərɪəs] *a* 1) скупóй 2) бéдный, скýдный

**penury** ['penjurɪ] *n* 1) бéдность, нуждá 2) недостáток, отсýтствие (of)

**penwiper** ['penˌwaɪpə] *n* перочи́стка

**peon** I [pjuːn] *инд. n* 1) пехоти́нец 2) полицéйский 3) вестовóй

**peon** II ['piːən] *n* батрáк, подёнщик, пеóн (*в Южной Америке*)

**peonage** ['piːənɪdʒ] *n* подневóльный труд пеóнов; батрáчество; кабалá

**peony** ['pɪənɪ] *n бот.* пиóн

**people** ['piːpl] **1.** *n* 1) нарóд, нáция 2) (*употр. как pl*) лю́ди; населéние; жи́тели; young ~ молодёжь; country ~ деревéнские жи́тели; ~ say that говоря́т, что 3) (*употр. как pl*) родны́е, рóдственники; роди́тели (*обыкн.* my ~, his ~ *и т. п.*) 4) (*употр. как pl*) сви́та; слýги; слýжащие, подчинённые 5) (*употр. как pl*) прихожáне 6) (P.) *амер. юр.* общéственное обвинéние, госудáрство (*как обвиняющая сторона на процессе*)

**2.** *v* 1) заселя́ть, населя́ть 2) расти́ (*о населении*)

**pep** [pep] *разг.* **1.** *n* бóдрость дýха, энéргия, жи́вость

**2.** *v* уси́ливать, подгоня́ть, оживля́ть, стимули́ровать, вселя́ть бóдрость дýха (*обыкн.* ~ up)

**pepper** ['pepə] **1.** *n* 1) пéрец 2) острóта; éдкость 3) вспы́льчивость 4) жи́вость; энéргия, темперáмент

**2.** *v* 1) пéрчить 2) усыпáть, усéивать 3) осыпáть, забрáсывать (*камнями, вопросами и т. п.*) 4) брани́ть, распекáть; «задáть пéрцу»

**pepper-and-salt** ['pepərənd'sɔːlt] **1.** *n* крáпчатая шерстянáя матéрия

**2.** *a* 1) крáпчатый 2) с прóседью (*о волосах*)

**pepperbox** ['pepəbɔks] *n* 1) пéречница 2) *шутл.* бáшенка 3) *разг.* вспы́льчивый человéк

**pepper-caster, pepper-castor** ['pepəˌkɑːstə] = pepperbox 1)

**peppercorn** ['pepəkɔːn] *n* зёрнышко пéрца, перчи́нка ◇ ~ rent номинáльная арéндная плáта

**peppermint** ['pepəmɪnt] *n* 1) *бот.* пéречная мя́та 2) мя́тная лепёшка

**pepper-pot** ['pepəpɔt] *n* 1) = pepperbox 1); 2) вест-и́ндское пря́ное кýшанье из мя́са *или* ры́бы и овощéй

**peppery** ['pepərɪ] *a* 1) напéрченный; óстрый, éдкий 2) вспы́льчивый, раздражи́тельный

**peppy** ['pepɪ] *a разг.* энерги́чный; бóдрый, живóй; в хорóшем настроéнии

**pepsin** ['pepsɪn] *n физиол.* пепси́н

**peptic** ['peptɪk] **1.** *a физиол.* 1) пищевари́тельный; ~ ulcer *мед.* я́зва желýдка и двенадцатипéрстной кишки́ 2) пепси́новый

**2.** *n pl шутл.* пищевари́тельные óрганы

**peptone** ['peptəun] *n физиол.* пептóн

**per** [pəː] *prep* 1) по, чéрез, посрéдством; ~ post (rail, steamer, carrier) по пóчте (по желéзной дорóге, парохóдом, чéрез посы́льного) 2) соглáсно (*обыкн.* as ~); as ~ usual *шутл.* по обыкновéнию 3) за, на, в, с (*каждого*); 60 miles ~ hour 60 миль в час; a shilling ~ man по ши́ллингу с человéка; how much are eggs ~ dozen? почём дю́жина яи́ц? 4) в латинских выражениях: ~ capita [pəː'kæpɪtə] на человéка, на дýшу; за кáждого; ~ contra [pəː'kɔntrə] на другóй сторонé счёта; с другóй стороны́; ~ diem [pəː'daɪem] в день; ~ annum [pər'ænəm] в год, ежегóдно; ~ mensem [pəː'mensəm] в мéсяц; ~ se [pəː'siː] сам по себé, по существý; ~ saltum [pəː'sæltəm] срáзу, одни́м мáхом

**perambulate** [pə'ræmbjuleɪt] *v* 1) ходи́ть взад и вперёд, расхáживать 2) обходи́ть грани́цы (*владений и т. п.*); объезжáть (*территорию с целью проверки, инспектирования и т. п.*) 3) катáть коля́ску 4) éхать в дéтской коля́ске

**perambulation** [pəˌræmbju'leɪʃən] *n* 1) ходьбá, прогýлка 2) обхóд (*особ. границ*); поéздка с цéлью осмóтра и инспекти́рования

**perambulator** ['præmbjuleɪtə] *n* 1) дéтская коля́ска 2) *уст.* шагомéр

**percale** [pəː'keɪl] *n текст.* перкáль

**perceive** [pə'siːv] *v* 1) воспринимáть, понимáть, осознавáть; постигáть 2) ощущáть; чýвствовать, различáть

**per cent** [pə'sent] *n* процéнт, на сóтню, %; three ~ три процéнта

**percentage** [pə'sentɪdʒ] *n* 1) процéнт; процéнтное отношéние; процéнтное содержáние; процéнтное отчислéние 2) *разг.* часть, дóля; коли́чество

**percentagewise** [pə'sentɪdʒwaɪz] *adv* в процéнтном отношéнии

**percept** ['pəːsept] *n филос.* объéкт *или* результáт перцéпции

**perceptibility** [pəˌseptə'bɪlɪtɪ] *n* ощути́мость, воспринимáемость

**perceptible** [pə'septəbl] *a* ощути́мый, замéтный; различи́мый, воспринимáемый

**perception** [pə'sepʃən] *n* 1) восприя́тие, ощущéние 2) осознáние, понимáние 3) *филос.* перцéпция 4) *юр.* сбор

**perceptional** [pə'sepʃənl] *a филос.* перцепциóнный

**perceptive** [pə'septɪv] *a* воспринимáющий, восприи́мчивый

**perceptivity** [ˌpəːsəp'tɪvɪtɪ] *n* восприи́мчивость; понятли́вость

**perch** I [pə:ʧ] **1.** *n* 1) жердь, шест, ве́ха 2) насе́ст 3) высо́кое *или* про́чное положе́ние 4) дрога́ (*в телеге*) 5) ме́ра длины́ (*=5,03 м*); square ~ ме́ра пло́щади (*=25,3 м²*) 6) *архит.* карни́з, вы́ступ ◇ come off your ~ не задира́йте но́са; to hop the ~ умере́ть

**2.** *v* 1) сади́ться (*о птице*) 2) усе́сться, взгромозди́ться; опере́ться (*обо что-л.*) 3) сажа́ть на насе́ст 4) (*обыкн. p. p.*) помеща́ть высоко́; town ~ed on a hill го́род, располо́женный на холме́

**perch** II [pə:ʧ] *n* о́кунь

**perchance** [pə'ʧɑ:ns] *adv уст.* 1) случа́йно 2) быть мо́жет, возмо́жно

**perchloric** [pə'klɔ:rɪk] *a*: ~ acid *хим.* хло́рная кислота́

**percipient** [pə(:)'sɪpɪənt] **1.** *a* воспринима́ющий, спосо́бный воспринима́ть

**2.** *n* 1) челове́к, спосо́бный легко́ воспринима́ть 2) перципие́нт (*в телепатии*)

**percolate** ['pə:kəleɪt] *v* 1) проса́чиваться, проника́ть сквозь 2) проце́живать, фильтрова́ть; перколи́ровать

**percolation** [ˌpə:kə'leɪʃən] *n* 1) проса́чивание 2) проце́живание, фильтрова́ние

**percolator** ['pə:kəleɪtə] *n* 1) проце́живатель; фильтрова́льная маши́на; фильтр 2) си́течко в кофе́йнике 3) кофе́йник с си́течком, перколя́тор

**percuss** [pə:'kʌs] *v мед.* высту́кивать

**percussion** [pə'kʌʃən] *n* 1) столкнове́ние (*двух тел*), уда́р; сотрясе́ние 2) *мед.* высту́кивание, перку́ссия 3) *собир. муз.* уда́рные инструме́нты 4) *attr.* уда́рный; взрывно́й; ~ action уда́рное де́йствие (*снаряда*); ~ cap писто́н, уда́рный ка́псюль; ~ fuze взрыва́тель уда́рного де́йствия; ~ instrument *муз.* уда́рный инструме́нт

**percussive** [pə'kʌsɪv] *a* уда́рный

**percutaneous** [ˌpə:kju(:)'teɪnjəs] *a* подко́жный (*о впрыскивании и т. п.*)

**perdition** [pə:'dɪʃən] *n* 1) ги́бель; поги́бель 2) *рел.* ве́чные му́ки 3) прокля́тие

**perdu(e)** [pə:'dju:] *a predic.* притаи́вшийся; to lie ~ а) *уст.* лежа́ть в заса́де; б) притаи́ться; в) стара́ться не быть в це́нтре внима́ния

**perdurable** [pə'djuərəbl] *a* о́чень про́чный; ве́чный; постоя́нный

**peregrinate** ['perɪgrɪneɪt] *v* путеше́ствовать, стра́нствовать

**peregrination** [ˌperɪgrɪ'neɪʃən] *n* путеше́ствие, стра́нствие

**peregrin(e)** ['perɪgrɪn] **1.** *n зоол.* обыкнове́нный со́кол, сапса́н (*тж.* ~ falcon)

**2.** *a уст.* чужезе́мный; привезённый из-за грани́цы

**peremptory** [pə'remptərɪ] *a* 1) безапелляцио́нный, не допуска́ющий возраже́ния; безоговоро́чный 2) повели́тельный, вла́стный 3) догмати́ческий; доктринёрский 4) *юр.* оконча́тельный, безусло́вный

**perennial** [pə'renjəl] **1.** *a* 1) companies для́щийся кру́глый год 2) не пересыха́ющий ле́том 3) ве́чный, неувяда́емый; ~ problem иско́нная пробле́ма 4) *бот.* многоле́тний

**2.** *n бот.* многоле́тнее расте́ние

**perennially** [pə'renjəlɪ] *adv* всегда́, ве́чно; постоя́нно

**perfect** **1.** *a* ['pə:fɪkt] 1) соверше́нный, идеа́льный, безупре́чный; безукори́зненный 2) зако́нченный, це́льный 3) то́чный; абсолю́тный, по́лный; ~ fifth *муз.* чи́стая кви́нта; ~ square то́чный квадра́т; a ~ stranger совсе́м чужо́й челове́к; in ~ sincerity вполне́ открове́нно, с по́лной открове́нностью; ~ competition *эк.* свобо́дная конкуре́нция 4) настоя́щий, и́стинный 5) хорошо́ подгото́вленный; дости́гший соверше́нства 6) *грам.* перфе́ктный

**2.** *n* ['pə:fɪkt] *грам.* перфе́кт

**3.** *v* [pə'fekt] 1) соверше́нствовать; улучша́ть 2) заверша́ть, зака́нчивать, выполня́ть

**perfectibility** [pəˌfektɪ'bɪlɪtɪ] *n* спосо́бность к соверше́нствованию

**perfectible** [pə'fektəbl] *a* спосо́бный к соверше́нствованию

**perfection** [pə'fekʃən] *n* 1) соверше́нство, безупре́чность; to ~ в соверше́нстве 2) зако́нченность 3) вы́сшая ступе́нь, верх (*чего-л.*; of) 4) заверше́ние 5) соверше́нствование

**perfectly** ['pə:fɪktlɪ] *adv* соверше́нно, вполне́, отли́чно; ~ well отли́чно

**perfidious** [pə:'fɪdɪəs] *a* вероло́мный, преда́тельский

**perfidy** ['pə:fɪdɪ] *n* вероло́мство, изме́на, преда́тельство

**perforate** ['pə:fəreɪt] *v* 1) просве́рливать *или* пробива́ть отве́рстия, перфори́ровать, пробура́вливать 2) проника́ть (into, through)

**perforated** ['pə:fəreɪtɪd] **1.** *p. p. от* perforate

**2.** *a* перфори́рованный, продыря́вленный, просверлённый

**perforation** [ˌpə:fə'reɪʃən] *n* 1) перфора́ция, просве́рливание, пробива́ние отве́рстий, пробура́вливание 2) отве́рстие 3) *мед.* прободе́ние, перфора́ция

**perforator** ['pə:fəreɪtə] *n* 1) перфора́тор; бура́в, сверло́ 2) сверли́льный стано́к 3) дыропробивно́й стано́к

**perforce** [pə'fɔ:s] **1.** *adv* по необходи́мости, во́лей-нево́лей

**2.** *n*: of (*или* by) ~ по необходи́мости

**perform** [pə'fɔ:m] *v* 1) исполня́ть, выполня́ть (*обещание, приказание и т. п.*); соверша́ть 2) представля́ть; игра́ть, исполня́ть (*пьесу, роль и т. п.*) 3) де́лать трю́ки (*о дрессированных животных*) 4) *спорт.* выступа́ть

**performance** [pə'fɔ:məns] *n* 1) исполне́ние, выполне́ние; сверше́ние 2) игра́, исполне́ние 3) де́йствие; посту́пок; по́двиг 4) *театр.* представле́ние; спекта́кль 5) трю́ки 6) *тех.* характери́стика (*работы машины и т. п.*); эксплуатацио́нные ка́чества 7) *тех.* производи́тельность; коэффицие́нт поле́зного де́йствия 8) *ав.* лётные да́нные, лётные ка́чества

**performer** [pə'fɔ:mə] *n* исполни́тель

**performing** [pə'fɔ:mɪŋ] **1.** *pres. p. от* perform

**2.** *a* дрессиро́ванный, учёный (*о животном*)

**perfume** **1.** *n* ['pə:fju:m] 1) благоуха́ние, арома́т; за́пах 2) духи́

**2.** *v* [pə'fju:m] души́ть (*духами и т. п.*); де́лать благоуха́нным

**perfumed** **1.** [pə'fju:md] *p. p. от* perfume 2

**2.** *a* ['pə:fju:md] 1) наду́шенный 2) души́стый; благоуха́нный

**perfumer** [pə'fju:mə] *n* парфюме́р

**perfumery** [pə'fju:mərɪ] *n* парфюме́рия

**perfunctory** [pə'fʌŋktərɪ] *a* пове́рхностный, невнима́тельный, небре́жный, форма́льный; ~ inspection пове́рхностный, бе́глый осмо́тр; in a ~ manner небре́жно

**perfuse** [pə'fju:z] *v* 1) обры́згивать (with) 2) залива́ть (*светом и т. п.*)

**pergameneous** [ˌpə:gə'mi:nɪəs] *a* перга́ментный

**pergola** ['pə:gələ] *n* бесе́дка *или* кры́тая алле́я из выю́щихся расте́ний

**perhaps** [pə'hæps, præps] *adv* мо́жет быть, возмо́жно

**peri** ['pɪərɪ] *перс. n* 1) *миф.* пе́ри 2) краса́вица

**perianth** ['perɪænθ] *n бот.* околоцве́тник

**periapt** ['perɪæpt] *n* амуле́т

**pericardia** [ˌperɪ'kɑ:djə] *pl от* pericardium

**pericarditis** [ˌperɪkɑ:'daɪtɪs] *n мед.* перикарди́т

**pericardium** [ˌperɪ'kɑ:djəm] *n* (*pl* -dia) *анат.* околосерде́чная су́мка, перика́рд(ий)

**pericarp** ['perɪkɑ:p] *n бот.* перика́рпий, околопло́дник

**pericrania** [ˌperɪ'kreɪnɪə] *pl от* pericranium

**pericranium** [ˌperɪ'kreɪnɪəm] *n* (*pl* -nia) 1) *анат.* надко́стница че́репа 2) *шутл.* че́реп; мозг; ум

**peridot** ['perɪdɔt] *n мин.* перидо́т, оливи́н

**perigee** ['perɪʤi:] *n астр.* периге́й

**perihelia** [ˌperɪ'hi:ljə] *pl от* perihelion

**perihelion** [ˌperɪ'hi:ljən] *n* (*pl* -lia) *астр.* периге́лий

**peril** ['perɪl] **1.** *n* опа́сность; риск; at the ~ of one's life с опа́сностью для жи́зни; at one's ~ на свой со́бственный риск

**2.** *v* подверга́ть опа́сности

**perilous** ['perɪləs] *a* опа́сный, риско́ванный

**perimeter** [pə'rɪmɪtə] *n* 1) *геом.* пери́метр 2) вне́шняя грани́ца ла́геря *или* укрепле́ния 3) *attr.* кругово́й

**perimorph** ['perɪmɔ:f] *n геол.* периморфо́за

**perinea** [ˌperɪ'ni:ə] *pl от* perineum

**perineum** [ˌperɪ'ni:əm] *n* (*pl* -nea) *анат.* промéжность

**period** ['pɪərɪəd] **1.** *n* 1) перúод; промежýток врéмени; a ~ of years определённый перúод врéмени 2) врéмя, эпóха; our own ~ нáша эпóха, нáше врéмя; the girl of the ~ тип совремéнной дéвушки 3) круг, цикл 4) *pl* риторúческая речь 5) *pl* менструáция 6) *грам.* перúод, большóе слóжное закóнченное предложéние 7) пáуза в концé перúода; тóчка; to put a ~ to smth. постáвить тóчку; положúть конéц чемý-л. 8) *мат., астр., геол.* перúод

**2.** *a* относя́щийся к определённому перúоду (*о мебели, платье и т. п.*)

**periodic** I [ˌpɪərɪ'ɔdɪk] *a* 1) периодúческий; ~ law периодúческий закóн химúческих элемéнтов Менделéева 2) циклúческий 3) риторúческий (*о стиле*)

**periodic** II [ˌpə:raɪ'ɔdɪk] *a*: ~ acid *хим.* йóдная кислотá

**periodical** [ˌpɪərɪ'ɔdɪkəl] **1.** *a* периодúческий; появля́ющийся чéрез определённые промежýтки врéмени; выпускáемый чéрез определённые промежýтки врéмени

**2.** *n* периодúческое издáние, журнáл

**periodically** [ˌpɪərɪ'ɔdɪkəlɪ] *adv* 1) чéрез определённые промежýтки врéмени; периодúчески 2) врéмя от врéмени

**periodicity** [ˌpɪərɪə'dɪsɪtɪ] *n* 1) периодúчность, частотá 2) *физиол.* менструáции

**periostea** [ˌperɪ'ɔstɪə] *pl от* periosteum

**periosteum** [ˌperɪ'ɔstɪəm] *n* (*pl* -tea) *анат.* надкóстница

**periostitis** [ˌperɪɔs'taɪtɪs] *n мед.* периостúт, воспалéние надкóстницы

**peripatetic** [ˌperɪpə'tetɪk] **1.** *a* 1) (*обыкн.* P.) *филос.* аристóтелевский, перипатетúческий 2) стрáнствующий

**2.** *n* 1) *филос.* перипатéтик 2) *шутл.* стрáнник; стрáнствующий торгóвец

**peripeteia, peripetia** [ˌperɪpɪ'taɪjə] *n* перипетúя

**peripheral** [pə'rɪfərəl] *a* 1) перифери́йный, окружнóй; ~ speed окружнáя скóрость 2) чáстный, второстепéнный; ~ issue чáстный вопрóс

**periphery** [pə'rɪfərɪ] *n* периферúя, окрýжность

**periphrases** [pə'rɪfrəsi:z] *pl от* periphrasis

**periphrasis** [pə'rɪfrəsɪs] *n* (*pl* -ses) перифрáз(а)

**periphrastic** [ˌperɪ'fræstɪk] *a* 1) изобúлующий перифрáзами; околúчный; иносказáтельный 2) *грам.*: ~ conjugation спряжéние с пóмощью вспомогáтельного глагóла

**peripteral** [pə'rɪptərəl] *a* окружённый колóннами (*особ. об античном храме*)

**periscope** ['perɪskəup] *n* перископ

**perish** ['perɪʃ] *v* 1) погибáть, умирáть 2) (*обыкн. pass.*) губúть; изнуря́ть; we were ~ed with hunger (cold *etc.*) мы страдáли от гóлода (хóлода *и т. п.*) 3) пóртить(ся), теря́ть свои кáчества (*о продуктах и т. п.*)

**perishable** ['perɪʃəbl] **1.** *a* 1) тлéнный, брéнный, непрóчный 2) скоропóртящийся

**2.** *n pl* скоропóртящийся товáр *или* груз

**perishing** ['perɪʃɪŋ] **1.** *pres. p. от* perish

**2.** *a* ужáсный, скóвывающий (*о холоде*); in ~ cold в ужáсном хóлоде

**peristalsis** [ˌperɪ'stælsɪs] *n физиол.* перистáльтика

**peristaltic** [ˌperɪ'stæltɪk] *a физиол.* перистальтúческий

**peristyle** ['perɪstaɪl] *n архит.* перистúль

**periton(a)eum** [ˌperɪtəu'ni:əm] *n* (*pl* -nea) *анат.* брюшúна

**peritonea** [ˌperɪtəu'ni:ə] *pl от* periton(a)eum

**peritoneal** [ˌperɪtəu'ni:əl] *a анат.* брюшúнный

**peritonitis** [ˌperɪtəu'naɪtɪs] *n мед.* воспалéние брюшúны, перитонúт

**periwig** ['perɪwɪg] *n* парúк

**periwigged** ['perɪwɪgd] *a* в парикé, носящий парúк

**periwinkle** I ['perɪˌwɪŋkl] *n бот.* барвúнок мáлый

**periwinkle** II ['perɪˌwɪŋkl] *n зоол.* литорúна (*моллюск*)

**perjure** ['pə:dʒə] *v refl.* 1) лóжно кля́сться, лжесвидéтельствовать 2) нарушáть кля́тву

**perjured** ['pə:dʒəd] **1.** *p. p. от* perjure

**2.** *a* винóвный в клятвопреступлéнии, клятвопрестýпный

**perjurer** ['pə:dʒərə] *n* клятвопрестýпник, лжесвидéтель

**perjury** ['pə:dʒərɪ] *n* 1) клятвопреступлéние, лжесвидéтельство 2) верolóмство, нарушéние кля́твы

**perk** I [pə:k] *v разг.* (*тж.* ~ up) 1) вскúдывать гóлову с бóйким *или* нахáльным вúдом 2) воспря́нуть дýхом, оживúться 3) прихорáшиваться 4) подавáться вперёд 5) *перен.* задирáть нос, задавáться

**perk** II [pə:k] *разг.* (*обыкн. pl*) *сокр. от* perquisite

**perky** ['pə:kɪ] *a* 1) весёлый, бóйкий 2) дéрзкий; самоувéренный, нáглый

**perlustrate** [pə:'lʌstreɪt] *v* перлюстрúровать

**perm** [pə:m] *n разг.* (*сокр. от* permanent wave) «перманéнт»

**permafrost** ['pə:məfrɔst] *n* вéчная мерзлотá

**permalloy** ['pə:mələɪ] *n метал.* пермаллóй

**permanence** ['pə:mənəns] *n* неизмéнность, прóчность, постоя́нство

**permanency** ['pə:mənənsɪ] *n* 1) = permanence 2) постоя́нная рабóта, постоя́нная организáция *и т. п.*

**permanent** ['pə:mənənt] *a* 1) постоя́нный, неизмéнный; долговрéменный; перманéнтный; ~ secretary непремéнный секретáрь; ~ wave завúвка «перманéнт»; ~ way *ж.-д.* вéрхнее строéние путú; ~ teeth коренны́е зýбы; ~ repair текýщий ремóнт 2) остáточный; ~ set остáточная деформáция

**permanently** ['pə:mənəntlɪ] *adv* постоя́нно, надóлго, перманéнтно

**permanganate** [pə:'mæŋgənɪt] *n хим.* перманганáт, соль марганцóвой кислоты́

**permanganic** [ˌpə:mæŋ'gænɪk] *a хим.*: ~ acid марганцóвая кислотá

**permeability** [ˌpə:mjə'bɪlɪtɪ] *n* проницáемость

**permeable** ['pə:mjəbl] *a* проницáемый

**permeance** ['pə:mɪəns] *n эл.* магнúтная проводúмость

**permeate** ['pə:mɪeɪt] *v* 1) проникáть, проходúть сквозь, пропúтывать 2) распространя́ться (among, through, into)

**permeation** [ˌpə:mɪ'eɪʃən] *n* проникáние

**Permian** ['pə:mɪən] *a геол.* пéрмский

**permissibility** [pəˌmɪsɪ'bɪlɪtɪ] *n* позволúтельность, допустúмость

**permissible** [pə'mɪsəbl] *a* позволúтельный, допустúмый

**permission** [pə'mɪʃən] *n* позволéние, разрешéние

**permissive** [pə'mɪsɪv] *a* 1) дозволя́ющий; позволя́ющий, разрешáющий 2) рекомендýющий (но не предпúсывающий в обязáтельном поря́дке); факультатúвный, необязáтельный 3) снисходúтельный, терпúмый, либерáльный

**permissiveness** [pə'mɪsɪvnɪs] *n* вседозвóленность

**permit** **1.** *n* ['pə:mɪt] 1) прóпуск 2) разрешéние

**2.** *v* [pə'mɪt] 1) позволя́ть, разрешáть, давáть разрешéние; I may be ~ted я позвóлю себé, я берý на себя́ смéлость 2) позволя́ть, давáть возмóжность; the words hardly ~ doubt пóсле э́тих слов едвá ли мóжно сомневáться в том...; weather ~ting éсли погóда бýдет благоприя́тствовать 3) допускáть (of)

**permittance** [pə'mɪtəns] *n* 1) *уст.* разрешéние, позволéние 2) электрúческая ёмкость

**permittivity** [ˌpə:mɪ'tɪvɪtɪ] *n эл.* 1) диэлектрúческая постоя́нная; диэлектрúческая проницáемость 2) удéльная ёмкость

**permutation** [ˌpə:mju(:)'teɪʃən] *n* 1) *мат.* перестанóвка 2) *лингв.* перемещéние, метатéза

**permute** [pə'mju:t] *v мат.* переставля́ть; меня́ть поря́док

**pern** [pə:n] *n* осоéд (*птица*)

**pernicious** [pə:'nɪʃəs] *a* пáгубный, врéдный; ~ habits врéдные привы́чки; ~ anaemia злокáчественная анемúя

**pernickety** [pə'nɪkɪtɪ] *a разг.* 1) придúрчивый, разбóрчивый, приверéдливый 2) суетлúвый 3) тóнкий, трéбующий осторо́жности и тща́тельности; щекотли́вый

**perorate** [ˈperəreɪt] *v* 1) ора́торствовать; разглаго́льствовать 2) де́лать заключе́ние в ре́чи, резюми́ровать

**peroration** [ˌperəˈreɪʃən] *n* 1) разглаго́льствование 2) заключе́ние, заключи́тельная часть ре́чи

**peroxide** [pəˈrɔksaɪd] *n хим.* пе́рекись, *часто* пе́рекись водоро́да

**perpend** [pəˈpend] *v уст., шутл.* обду́мывать, размышля́ть

**perpendicular** [ˌpə:pənˈdɪkjulə] **1.** *n* 1) перпендикуля́р; out of the ~ невертика́льный, не под прямы́м угло́м 2) вертика́льное, прямо́е положе́ние 3) *разг.* заку́сывание сто́я, еда́ сто́я; приём а-ля́ фурше́т

**2.** *a* 1) перпендикуля́рный 2) почти́ вертика́льный, круто́й

**perpendicularity** [ˈpə:pənˌdɪkjuˈlærɪtɪ] *n* перпендикуля́рность

**perpetrate** [ˈpə:pɪtreɪt] *v* 1) соверша́ть (*преступление, ошибку и т. п.*) 2) *шутл.* сотвори́ть; to ~ a pun сочини́ть каламбу́р

**perpetration** [ˌpə:pɪˈtreɪʃən] *n* 1) соверше́ние (*преступления*) 2) преступле́ние 3) *шутл.* творе́ние

**perpetrator** [ˈpə:pɪtreɪtə] *n* наруши́тель, престу́пник

**perpetual** [pəˈpetʃuəl] *a* 1) ве́чный, бесконе́чный; ~ motion «ве́чное движе́ние», перпе́туум-мо́биле 2) пожи́зненный; бессро́чный 3) беспреста́нный, непрекраща́ющийся; постоя́нный; нескончáемый; this ~ nagging э́то ве́чное нытьё

**perpetuate** [pəˈpetʃueɪt] *v* увекове́чивать; сохраня́ть навсегда́

**perpetuation** [pəˌpetʃuˈeɪʃən] *n* увекове́чение; сохране́ние навсегда́

**perpetuity** [ˌpə:pɪˈtju(:)ɪtɪ] *n* 1) ве́чность, бесконе́чность; in (*или* to, for) ~ навсегда́; наве́чно 2) владе́ние на неограни́ченный срок 3) пожи́зненная ре́нта

**perplex** [pəˈpleks] *v* 1) ста́вить в тупи́к, приводи́ть в недоуме́ние; смуща́ть; ошеломля́ть, сбива́ть с то́лку 2) запу́тывать, усложня́ть

**perplexed** [pəˈplekst] **1.** *p. p. от* perplex

**2.** *a* 1) ошеломлённый, сби́тый с то́лку, расте́рянный 2) запу́танный; сло́жный; a ~ question запу́танный вопро́с

**perplexedly** [pəˈpleksɪdlɪ] *adv* недоуме́нно; расте́рянно

**perplexity** [pəˈpleksɪtɪ] *n* 1) недоуме́ние; расте́рянность; смуще́ние 2) затрудне́ние, диле́мма

**perquisite** [ˈpə:kwɪzɪt] *n* 1) при́работок; случа́йный дохо́д 2) то, что по испо́льзовании перехо́дит в распоряже́ние подчинённых, слуг 3) чаевы́е 4) привиле́гия, прерогати́ва

**perquisition** [ˌpə:kwɪˈzɪʃən] *n* 1) тща́тельный о́быск 2) опро́с; рассле́дование

**perron** [ˈperən] *n архит.* нару́жная ле́стница подъе́зда, крыльца́

**perry** [ˈperɪ] *n* гру́шевый сидр

**perse** [pə:s] *a* серова́то-си́ний

**persecute** [ˈpə:sɪkju:t] *v* 1) пресле́довать, подверга́ть гоне́ниям (*особ. за убеждения*) 2) докуча́ть, надоеда́ть

**persecution** [ˌpə:sɪˈkju:ʃən] *n* 1) пресле́дование, гоне́ние 2) *attr.*: ~ mania ма́ния пресле́дования

**persecutor** [ˈpə:sɪkju:tə] *n* пресле́дователь, гони́тель

**Perseus** [ˈpə:sju:s] *n греч. миф.* Персе́й

**perseverance** [ˌpə:sɪˈvɪərəns] *n* насто́йчивость, сто́йкость, упо́рство

**persevere** [ˌpə:sɪˈvɪə] *v* сто́йко, упо́рно продолжа́ть, упо́рно добива́ться (in, with)

**persevering** [ˌpə:sɪˈvɪərɪŋ] **1.** *pres. p. от* persevere

**2.** *a* упо́рный, сто́йкий

**Persian** [ˈpə:ʃən] **1.** *a* перси́дский; ира́нский; ~ carpet (*или* rug) перси́дский ковёр ◇ ~ blinds жалюзи́

**2.** *n* 1) перс; персия́нка; the ~s *pl собир.* пе́рсы 2) перси́дский язы́к

**persiennes** [ˌpə:ʃɪˈenz] *фр. n pl* жалюзи́

**persiflage** [ˌpeəsɪˈflɑ:ʒ] *фр. n* подшу́чивание; лёгкая шу́тка

**persilicic** [ˌpə:sɪˈlɪsɪk] *a мин.* ки́слый (*об изверженных породах*)

**persimmon** [pə:ˈsɪmən] *n бот.* хурма́

**persist** [pəˈsɪst] *v* 1) упо́рствовать, насто́йчиво, упо́рно продолжа́ть (in); he ~ed in his opinion он упо́рно стоя́л на своём 2) уде́рживаться, сохраня́ться, продолжа́ть существова́ть; устоя́ть; the tendency still ~s э́та тенде́нция всё ещё существу́ет

**persistence, -cy** [pəˈsɪstəns, -sɪ] *n* 1) упо́рство, насто́йчивость 2) выно́сливость; живу́честь 3) постоя́нство; продолжи́тельность 4) сохране́ние эффе́кта по́сле устране́ния причи́ны, вы́звавшей его́; ~ of vision ине́рция зри́тельного восприя́тия

**persistent** [pəˈsɪstənt] *a* 1) упо́рный, насто́йчивый 2) сто́йкий; усто́йчивый; постоя́нный; to enjoy a ~ superiority про́чно уде́рживать превосхо́дство 3) *бот.* неопада́ющий (*о листве*) 4) *зоол.* непреры́вно возобновля́ющийся (*о рогах, зубах и т. п.*)

**persnickety** [pə:ˈsnɪkɪtɪ] *разг. см.* pernickety

**person** [ˈpə:sn] *n* 1) челове́к; ли́чность, осо́ба; субъе́кт; in (one's own) ~ ли́чно, со́бственной персо́ной; not a single ~ ни еди́ной живо́й души́, никого́ 2) вне́шность, о́блик; he has a fine ~ он краси́в 3) де́йствующее лицо́; персона́ж 4) *грам.* лицо́ 5) юриди́ческое лицо́ 6) *зоол.* о́собь

**persona** [pə:ˈsəunə] *лат. n*: ~ (non) grata *дип.* персо́на (нон) гра́та

**personable** [ˈpə:snəbl] *a* краси́вый, с привлека́тельной вне́шностью; представи́тельный

**personage** [ˈpə:snɪdʒ] *n* 1) выдаю́щаяся ли́чность; (ва́жная) персо́на 2) челове́к; осо́ба 3) персона́ж, де́йствующее лицо́

**personal** [ˈpə:snl] **1.** *a* 1) ли́чный, персона́льный; ~ income ли́чный дохо́д; ~ discussion обсужде́ние путём ли́чного обще́ния; ~ opinion ли́чное мне́ние; ~ injury claim *юр.* иск о возмеще́нии ли́чного уще́рба 2) задева́ющий, затра́гивающий ли́чность; ~ remarks замеча́ния, име́ющие це́лью заде́ть *или* оби́деть кого́-л.; to become ~ задева́ть кого́-л., переходи́ть на ли́чности 3) *грам.* ли́чный; ~ pronoun ли́чное местоиме́ние 4) *юр.* дви́жимый (*об имуществе*)

**2.** *n* (*обыкн. pl*) *амер.* све́тская хро́ника в газе́те

**personalia** [ˌpə:səˈneɪljə] *n pl* 1) расска́зы, воспомина́ния *и т. п.* о чьей-л. ли́чной жи́зни 2) ли́чные ве́щи

**personality** [ˌpə:səˈnælɪtɪ] *n* 1) ли́чность, индивидуа́льность 2) ли́чные сво́йства, осо́бенности хара́ктера 3) (изве́стная) ли́чность, персо́на; де́ятель 4) (*обыкн. pl*) вы́пад(ы) (*против кого-л.*) ◇ ~ cult культ ли́чности

**personalize** [ˈpə:snəlaɪz] *v* 1) олицетворя́ть; воплоща́ть 2) относи́ть на свой счёт

**personally** [ˈpə:snəlɪ] *adv* 1) ли́чно, персона́льно, со́бственной персо́ной, сам 2) что каса́ется меня́ (его́ *и т. п.*); ~ I differ from you что каса́ется меня́, то я расхожу́сь с ва́ми во мне́нии

**personalty** [ˈpə:snltɪ] *n юр.* дви́жимое иму́щество, дви́жимость

**personate** [ˈpə:səneɪt] *v* 1) игра́ть роль 2) выдава́ть себя́ за *кого-л.*

**personation** [ˌpə:səˈneɪʃən] *n* 1) вы́дача себя́ за друго́го 2) воплоще́ние

**personification** [pə:ˌsɔnɪfɪˈkeɪʃən] *n* персонифика́ция, олицетворе́ние; воплоще́ние

**personify** [pə:ˈsɔnɪfaɪ] *v* персонифици́ровать, олицетворя́ть; воплоща́ть

**personnel** [ˌpə:səˈnel] *n* 1) персона́л, ли́чный соста́в; ка́дры (*предприятия, учреждения*) 2) *attr.*: ~ management руково́дство ка́драми; ~ department отде́л ка́дров *или* ли́чного соста́ва; ~ bomb оско́лочная бо́мба; ~ mine противопехо́тная ми́на; ~ shelter укры́тие для ли́чного соста́ва; ~ target жива́я цель

**perspective** [pəˈspektɪv] **1.** *n* 1) перспекти́ва 2) вид

**2.** *a* перспекти́вный; ~ geometry аксономе́трия

**perspicacious** [ˌpə:spɪˈkeɪʃəs] *a* проница́тельный

**perspicacity** [ˌpə:spɪˈkæsɪtɪ] *n* проница́тельность

**perspicuity** [ˌpə:spɪˈkju(:)ɪtɪ] *n* я́сность, поня́тность

**perspicuous** [pəˈspɪkjuəs] *a* 1) я́сный, поня́тный 2) я́сно выража́ющий свои́ мы́сли

**perspirable** [pəsˈpaɪərəbl] *a* 1) пропуска́ющий испа́рину 2) выходя́щий испа́риной

**perspiration** [ˌpə:spəˈreɪʃən] *n* 1) поте́ние 2) пот, испа́рина

**perspire** [pəs'paɪə] *v* потéть; быть в испáрине

**persuadable** [pə'sweɪdəbl] *a* поддаю́щийся убеждéнию

**persuade** [pə'sweɪd] *v* 1) убеждáть (that, of — в *чём-л.*); урезóнивать; I am ~d that it is true я убеждён, что э́то вéрно 2) склони́ть, уговори́ть (into) 3) отговори́ть (from, out of — от *чего-л.*)

**persuader** [pə'sweɪdə] *n* 1) убеждáющий, уговáривающий 2) *жарг.* «срéдство убеждéния» (*револьвер, нож и т. п.*)

**persuasion** [pə'sweɪʒən] *n* 1) убеждéние 2) убеди́тельность 3) грýппа, фрáкция, сéкта; religious ~ религиóзная сéкта 4) *шутл.* род, сорт

**persuasive** [pə'sweɪsɪv] **1.** *a* убеди́тельный

**2.** *n* побуждéние, моти́в

**persuasiveness** [pə'sweɪsɪvnɪs] *n* убеди́тельность

**pert** [pə:t] *a* дéрзкий; нахáльный; бóйкий; развя́зный

**pertain** [pə:'teɪn] *v* 1) принадлежáть, имéть отношéние (to — к *чему-либо*) 2) быть свóйственным 3) подходи́ть, подобáть

**pertinacious** [ˌpə:tɪ'neɪʃəs] *a* упря́мый, неустýпчивый

**pertinacity** [ˌpə:tɪ'næsɪtɪ] *n* упря́мство, неустýпчивость

**pertinence, -cy** ['pə:tɪnəns, -sɪ] *n* 1) умéстность (*замечания и т. п.*) 2) связь, отношéние; it is of no ~ to us э́то нас не касáется

**pertinent** ['pə:tɪnənt] **1.** *a* 1) умéстный; подходя́щий 2) имéющий отношéние, относя́щийся к дéлу; ~ remark замечáние по существý

**2.** *n* (*обыкн. pl*) принадлéжности

**perturb** [pə'tə:b] *v* 1) возмущáть, приводи́ть в смятéние, нарушáть (спокóйствие) 2) волновáть, беспокóить, смущáть

**perturbation** [ˌpə:tə(:)'beɪʃən] *n* 1) волнéние, расстрóйство, смятéние 2) *астр.* пертурбáция, возмущéние

**peruke** [pə'ru:k] *n* пари́к

**perusal** [pə'ru:zəl] *n* 1) внимáтельное чтéние; прочтéние 2) *редк.* рассмáтривание

**peruse** [pə'ru:z] *v* 1) внимáтельно прочи́тывать 2) внимáтельно рассмáтривать (*лицо человека и т. п.*)

**Peruvian** [pə'ru:vjən] **1.** *a* перуáнский ◇ ~ bark хи́нная кóрка

**2.** *n* перуáнец; перуáнка

**pervade** [pə:'veɪd] *v* 1) распространя́ться, охвáтывать; пропи́тывать; наполня́ть собóй 2) *редк.* проходи́ть (*по, через*)

**pervasion** [pə:'veɪʒən] *n* распространéние *и пр.* [*см.* pervade]

**pervasive** [pə:'veɪsɪv] *a* проникáющий, распространя́ющийся повсю́ду; всеобъéмлющий, глубóкий (*о влиянии и т. п.*)

**perverse** [pə'və:s] *a* 1) упря́мый, упóрствующий (*особ.* в своéй непрáвотé); несговóрчивый, капри́зный 2) непрáвильный; преврáтный; оши́бочный (*о приговоре и т. п.*)

**perversion** [pə'və:ʃən] *n* 1) извращéние; искажéние 2) извращённость

**perversity** [pə'və:sɪtɪ] *n* 1) упря́мство, своенрáвие; несговóрчивость 2) извращённость; порóчность

**perversive** [pə'və:sɪv] *a* извращáющий

**pervert 1.** *n* ['pə:və:t] 1) извращённый человéк; человéк, страдáющий половы́м извращéнием 2) отступник, ренегáт

**2.** *v* [pə'və:t] 1) извращáть 2) совращáть, развращáть

**perverted** [pə'və:tɪd] **1.** *p. p. от* pervert 2

**2.** *a* 1) извращённый; искажённый; by a ~ logic лóгике вопреки́ 2) страдáющий половы́м извращéнием

**pervertible** [pə'və:təbl] *a* поддаю́щийся совращéнию

**pervious** ['pə:vjəs] *a* 1) проходи́мый, проницáемый (to); пропускáющий (*влагу и т. п.*) 2) поддаю́щийся (*влиянию и т. п.*); восприи́мчивый

**peseta** [pə'setə] *исп. n* песéта (*испанская денежная единица и монета*)

**pesky** ['peskɪ] *a амер. разг.* надоéдливый, докýчливый; досáдный

**peso** ['peɪsəu] *исп. n* (*pl* -os [-əuz]) пéсо (*латиноамериканская денежная единица*)

**pessary** ['pesərɪ] *n мед.* пессáрий, мáточное кольцó

**pessimism** ['pesɪmɪzm] *n* пессими́зм

**pessimist** ['pesɪmɪst] *n* пессими́ст

**pessimistic** [ˌpesɪ'mɪstɪk] *a* пессимисти́ческий

**pest** [pest] *n* 1) бич; я́зва, парази́т; ~s of society тунея́дцы, парази́ты 2) что-л. надоéдливое; надоéдливый человéк 3) *с.-х.* парази́т, вреди́тель 4) *уст.* мор, чумá

**pester** ['pestə] *v* докучáть, надоедáть, донимáть

**pesthole** [pesthəul] *n* очáг зарáзы, эпидéмии

**pest-house** ['pesthaus] *n уст.* больни́ца для зарáзных больны́х; чумнóй барáк

**pesticide** ['pestɪsaɪd] *n с.-х.* пестици́д, (хими́ческое) срéдство для борьбы́ с вреди́телями

**pestiferous** [pes'tɪfərəs] *a* 1) распространя́ющий зарáзу; зловóнный 2) врéдный, опáсный 3) *разг.* надоéдливый, докýчливый; ~ fellow надоéдливый человéк

**pestilence** ['pestɪləns] *n* 1) (бубóнная) чумá; мор 2) эпидéмия, повéтрие

**pestilent** ['pestɪlənt] *a* 1) смертонóсный; ядови́тый 2) пáгубный, врéдный; тлетвóрный 3) *разг.* назóйливый, надоéдливый, неприя́тный

**pestilential** [ˌpestɪ'lenʃəl] *a* 1) чумнóй, распространя́ющий зарáзу 2) тлетвóрный, пáгубный 3) *разг.* отврати́тельный; these ~ flies give me no peace э́ти мéрзкие мýхи не даю́т мне покóя

**pestle** ['pesl] **1.** *n* пéстик (*ступки*)

**2.** *v* толóчь в стýпе

**pet** I [pet] **1.** *n* 1) люби́мец, балóвень 2) люби́мое живóтное; люби́мая вещь 3) *attr.* люби́мый; ~ name ласкáтельное и́мя; ~ corn *шутл.* люби́мая мозóль 4) *attr.* ручнóй, кóмнатный (*о животном*)

**2.** *v* 1) баловáть, ласкáть 2) *амер.* обнимáться, целовáться

**pet** II [pet] *n* оби́да, раздражéние; дурнóе настроéние; to be in a ~ серди́ться, дýться; быть в дурнóм настроéнии

**petal** ['petl] *n бот.* лепестóк

**petard** [pe'tɑ:d] *n* 1) петáрда; хлопýшка (*род фейерверка*) 2) *ист.* петáрда

**peter** ['pi:tə] *v*: ~ **out** иссякáть, истощáться; бедне́ть, уменьшáться (*о запасах*)

**Peter's fish** ['pi:təzfɪʃ] *n зоол.* пи́кша

**petersham** ['pi:təʃəm] *n* 1) тóлстое сукнó 2) пальтó *или* брю́ки из грубошёрстного сукнá 3) плóтная рéпсовая лéнта (*для шляп*)

**Peter('s)-penny** ['pi:tə(z)ˌpenɪ] *n ист.* «лéпта св. Петрá» (*ежегодная подать в папскую казну*)

**petiole** ['petɪəul] *n бот.* черешóк (*листа*)

**petition** [pɪ'tɪʃən] **1.** *n* 1) пети́ция; прошéние, ходáтайство; a ~ in bankruptcy заявлéние о банкрóтстве 2) моли́тва 3) прóсьба, мольбá

**2.** *v* 1) обращáться с пети́цией; подавáть прошéние, ходáтайствовать 2) проси́ть, умоля́ть

**petitionary** [pɪ'tɪʃnərɪ] *a* содержáщий прóсьбу, проси́тельный

**petitioner** [pɪ'tɪʃnə] *n* 1) проси́тель; подáтель пети́ции 2) *юр.* истéц

**petrel** ['petrəl] *n зоол.* буревéстник

**petrifaction** [ˌpetrɪ'fækʃən] *n* 1) окаменéние 2) окаменéлость 3) оцепенéние

**petrify** ['petrɪfaɪ] *v* 1) превращáть (-ся) в кáмень, окаменевáть 2) приводи́ть в оцепенéние, поражáть, ошеломля́ть 3) остолбенéть, оцепенéть

**petrochemistry** [ˌpetrəu'kemɪstrɪ] *n* нефтехи́мия

**petrography** [pɪ'trɔgrəfɪ] *n* петрогрáфия

**petrol** ['petrəl] **1.** *n* 1) бензи́н; газоли́н; мотóрное тóпливо; to draw ~ заправля́ться горю́чим 2) *уст.* = petroleum 3) *attr.* бензи́новый; ~ consumption расхóд горю́чего

**2.** *v* чи́стить бензи́ном

**petrolatum** [ˌpetrə'leɪtəm] *n* вазели́н

**petroleum** [pɪ'trəuljəm] *n* 1) нефть 2) *attr.* нефтянóй

**petrolic** [pɪ'trɔlɪk] *a* полýченный из нéфти

**petroliferous** [ˌpetrəu'lɪfərəs] *a геол.* нефтенóсный

**petrology** [pɪ'trɔlədʒɪ] *n* петролóгия

**petrous** ['petrəs] *a* окаменéлый, затвердéвший, твёрдый как кáмень

**petticoat** ['petɪkəut] *n* 1) (ни́жняя) ю́бка 2) дéтская ю́бочка; I have known him since he was in ~s ≅ я зна́ю его́ с пелёнок 3) *шутл.* же́нщина, де́вушка; *pl* же́нский пол 4) *эл.* ю́бка изоля́тора 5) *attr.* же́нский; ~ influence *разг.* же́нское влия́ние; ~ government ≅ ба́бье ца́рство

**pettifog** [ˈpetɪfɔg] *v* 1) занима́ться крючкотво́рством, кля́узами; сутя́жничать 2) вздо́рить из-за пустяко́в

**pettifogger** [ˈpetɪfɔgə] *n* крючкотво́р, кля́узник

**pettifogging** [ˈpetɪfɔgɪŋ] **1.** *pres. p. от* pettifog

**2.** *a* 1) занима́ющийся крючкотво́рством 2) ме́лкий, ничто́жный; ме́лочный

**pettish** [ˈpetɪʃ] *a* оби́дчивый; раздражи́тельный

**pettitoes** [ˈpetɪtəuz] *n pl* свины́е но́жки (*кушанье*)

**petto** [ˈpetəu] *ит. n*: in ~ в секре́те, в та́йне, тайко́м

**petty** [ˈpetɪ] *a* 1) ме́лкий, незначи́тельный, малова́жный; ~ cash ме́лкие статьи́ (*прихода, расхода*) 2) ме́лкий, небольшо́й; ~ bourgeoisie ме́лкая буржуази́я; ~ farmer ме́лкий фе́рмер; ~ warfare ма́лая война́ 3) ме́лочный; у́зкий; ограни́ченный

**petty jury** [ˈpetɪˈdʒuərɪ] *n юр.* ма́лое жюри́, суд из 12 прися́жных

**petty officer** [ˈpetɪˈɔfɪsə] *n* старшина́ (*во флоте*)

**petulance** [ˈpetjuləns] *n* раздраже́ние; капри́зность, раздражи́тельность, нетерпели́вость; outburst of ~ вспы́шка раздраже́ния

**petulant** [ˈpetjulənt] *a* 1) раздражи́тельный, нетерпели́вый, оби́дчивый 2) *редк.* де́рзкий, на́глый

**petunia** [pɪˈtjuːnjə] *n* 1) *бот.* пету́ния 2) *attr.* тёмно-лило́вый, тёмно-фиоле́товый

**petuntse** [pɪˈtuntsə] *n мин.* кита́йский ка́мень

**pew** [pjuː] *n* 1) церко́вная скамья́ со спи́нкой 2) постоя́нное отгоро́женное ме́сто в це́ркви (*занимаемое каким-л. важным лицом и его семьёй*) 3) *разг.* сиде́нье, стул; take a ~ сади́тесь ◊ in the right church but in the wrong ~ ≅ в о́бщем пра́вильно, но неве́рно в дета́лях

**pewit** [ˈpiːwɪt] *n зоол.* чи́бис, пи́галица

**pew-rent** [ˈpjuːrent] *n* пла́та за ме́сто в це́ркви

**pewter** [ˈpjuːtə] *n* 1) сплав о́лова со свинцо́м; сплав на оловя́нной осно́ве 2) оловя́нная посу́да; оловя́нная кру́жка 3) *attr.* оловя́нный

**pfennig, pfenning** [ˈpfenɪg, ˈpfenɪŋ] *нем. n* пфе́нниг (*немецкая монета = 0,01 марки*)

**phaeton** [ˈfeɪtn] *n* фаэто́н

**phagocyte** [ˈfægəusaɪt] *n биол.* фагоци́т

**phalange** [ˈfælændʒ] = phalanx 3)

**phalanges** [fæˈlændʒiːz] *pl от* phalanx 3)

**phalanstery** [ˈfælənstərɪ] *n* фаланстéр

**phalanx** [ˈfælæŋks] *n* (*pl* -xes [-ksɪz]) 1) фала́нга 2) = phalanstery 3) (*pl обыкн.* -nges) *анат.* фала́нга, суста́в па́льца

**phalli** [ˈfælaɪ] *pl от* phallus

**phallus** [ˈfæləs] *n* (*pl* -li) фа́ллос

**phanerogam** [ˈfænərəugæm] *n бот.* явнобра́чное расте́ние

**phanerogamic, phanerogamous** [ˌfænərəuˈgæmɪk, ˌfænəˈrɔgəməs] *a бот.* явнобра́чный

**phantasm** [ˈfæntæzm] *n* 1) фанто́м, при́зрак 2) иллю́зия

**phantasmagoria** [ˌfæntæzməˈgɔrɪə] *n* фантасмаго́рия

**phantasmagoric** [ˌfæntæzməˈgɔrɪk] *a* фантасмагори́ческий

**phantasmal** [fænˈtæzməl] *a* при́зрачный

**phantasy** [ˈfæntəsɪ] = fantasy

**phantom** [ˈfæntəm] *n* 1) фанто́м, при́зрак 2) иллю́зия 3) *attr.* при́зрачный, иллюзо́рный

**Pharaoh** [ˈfɛərəu] *n ист.* фарао́н

**Pharisaic(al)** [ˌfærɪˈseɪɪk(əl)] *a* фарисе́йский, ха́нжеский

**Pharisaism** [ˈfærɪseɪɪzm] *n* фарисе́йство

**Pharisee** [ˈfærɪsiː] *n* фарисе́й, ханжа́

**pharmaceutical** [ˌfɑːməˈsjuːtɪkəl] *a* фармацевти́ческий; ~ scales апте́карские весы́

**pharmaceutics** [ˌfɑːməˈsjuːtɪks] *n pl* (*употр. как sing*) фармаце́втика

**pharmaceutist** [ˌfɑːməˈsjuːtɪst] *n* фармаце́вт

**pharmacologist** [ˌfɑːməˈkɔlədʒɪst] *n* фармако́лог

**pharmacology** [ˌfɑːməˈkɔlədʒɪ] *n* фармаколо́гия

**pharmacopoeia** [ˌfɑːməkəˈpiːə] *n* фармакопе́я

**pharmacy** [ˈfɑːməsɪ] *n* 1) фармаци́я 2) апте́ка

**pharos** [ˈfɛərɔs] *греч. n поэт., ритор.* мая́к, све́точ

**pharyngitis** [ˌfærɪnˈdʒaɪtɪs] *n мед.* фаринги́т

**pharynx** [ˈfærɪŋks] *n анат.* гло́тка, зев

**phase** [feɪz] **1.** *n* 1) фа́за 2) перио́д, ста́дия 3) аспе́кт, сторона́; a ~ of the subject сторона́ вопро́са 4) *геол.* фа́ция; разнови́дность

**2.** *v* фази́ровать

**phasic** [ˈfeɪzɪk] *a* фа́зный, стади́йный

**pheasant** [ˈfeznt] *n* фаза́н

**phenol** [ˈfiːnɔl] *n хим.* фено́л, карбо́ловая кислота́

**phenology** [fɪˈnɔlədʒɪ] *n* феноло́гия

**phenomena** [fɪˈnɔmɪnə] *pl от* phenomenon

**phenomenal** [fɪˈnɔmɪnl] *a* феномена́льный, необыкнове́нный

**phenomen(al)ism** [fɪˈnɔmɪn(əl)ɪzm] *n филос.* феномонали́зм

**phenomenon** [fɪˈnɔmɪnən] *n* (*pl* -ena) 1) явле́ние, фено́мен 2) необыкнове́нное явле́ние; фено́мен; infant ~ вундерки́нд, чу́до-ребёнок

**phew** [fjuː] *int* фу!; ну и ну́!

**phi** [faɪ] *n* фита́ (*греческая буква* Φ)

**phial** [ˈfaɪəl] *n* 1) скля́нка, пузырёк 2) фиа́л

**philander** [fɪˈlændə] *v* флиртова́ть; волочи́ться

**philanderer** [fɪˈlændərə] *n* волоки́та, донжуа́н

**philanthrope** [ˈfɪlənθrəup] = philanthropist

**philanthropic** [ˌfɪlənˈθrɔpɪk] *a* филантропи́ческий

**philanthropist** [fɪˈlænθrəpɪst] *n* филантро́п

**philanthropize** [fɪˈlænθrəpaɪz] *v* 1) занима́ться филантро́пией 2) покрови́тельствовать (*кому-л.*)

**philanthropy** [fɪˈlænθrəpɪ] *n* филантро́пия

**philatelic** [ˌfɪləˈtelɪk] *a* филателисти́ческий

**philatelist** [fɪˈlætəlɪst] *n* филатели́ст

**philately** [fɪˈlætəlɪ] *n* филатели́я

**philharmonic** [ˌfɪlɑːˈmɔnɪk] **1.** *a* 1) лю́бящий му́зыку 2) филармони́ческий, музыка́льный (*об обществе*)

**2.** *n* филармо́ния

**philhellenic** [ˌfɪlheˈliːnɪk] *a* проэллинский

**philippic** [fɪˈlɪpɪk] *n* (*обыкн. pl*) фили́ппика, обличи́тельная речь

**Philippine** [ˈfɪlɪpiːn] *a* филиппи́нский

**Philistine** [ˈfɪlɪstaɪn] **1.** *n* 1) фили́стер, обыва́тель, мещани́н 2) *шутл.* (беспоща́дный) враг (*напр., критик, бейлиф и т. п.*) 3) *библ.* филисти́млянин ◊ to fall among ~s ≅ попа́сть в переде́лку, попа́сть в тяжёлое положе́ние

**2.** *a* фили́стерский, обыва́тельский, меща́нский

**Philistinism** [ˈfɪlɪstɪnɪzm] *n* фили́стерство, меща́нство

**Philistinize** [ˈfɪlɪstɪnaɪz] *v* де́лать фили́стером

**philobiblic** [ˌfɪləuˈbɪblɪk] *a* лю́бящий кни́ги

**philogynist** [fɪˈlɔdʒɪnɪst] *n* женолю́б

**philological** [ˌfɪləˈlɔdʒɪkəl] *a* филологи́ческий, языкове́дческий

**philologist** [fɪˈlɔlədʒɪst] *n* фило́лог, языкове́д

**philology** [fɪˈlɔlədʒɪ] *n* филоло́гия

**Philomel, Philomela** [ˈfɪləmel, ˌfɪləuˈmiːlə] *n поэт.* филоме́ла, солове́й

**philoprogenitive** [ˌfɪləuprəuˈdʒenɪtɪv] *a* 1) плодови́тый 2) чадолюби́вый

**philosopher** [fɪˈlɔsəfə] *n* 1) фило́соф; natural ~ фи́зик; естествоиспыта́тель; ~s' stone филосо́фский ка́мень 2) челове́к с филосо́фским подхо́дом к жи́зни

**philosophic** [ˌfɪləˈsɔfɪk] = philosophical

**philosophical** [ˌfɪləˈsɔfɪkəl] *a* филосо́фский

**philosophize** [fɪˈlɔsəfaɪz] *v* филосо́фствовать, теоретизи́ровать

**philosophy** [fɪˈlɔsəfɪ] *n* 1) филосо́фия 2) филосо́фский подхо́д к жи́зни

**philtre** [ˈfɪltə] *n* любо́вный напи́ток, приворо́тное зе́лье

**phiz** [fɪz] *n* (*сокр. от* physiognomy) *разг.* лицо́, физионо́мия, фи́зия

**phlebitis** [flɪˈbaɪtɪs] *n мед.* воспале́ние ве́ны, флеби́т

**phlebotomize** [flɪˈbɔtəmaɪz] *v мед.* пуска́ть кровь

**phlebotomy** [flɪˈbɔtəmɪ] *n мед.* кровопуска́ние

**phlegm** [flem] *n* 1) мокро́та, слизь 2) фле́гма, флегмати́чность; хладнокро́вие, бесстра́стие

**phlegmatic** [flegˈmætɪk] *a* флегмати́чный, вя́лый

**phlegmon** [ˈflegmɔn] *n мед.* флегмо́на

**phloem** [ˈfləuəm] *n бот.* флоэ́ма

**phlogistic** [flɔˈdʒɪstɪk] *a мед.* воспали́тельный

**phlogiston** [flɔˈdʒɪstən] *n хим. ист.* флогисто́н

**phlox** [flɔks] *n бот.* флокс

**phobia** [ˈfəubɪə] *n мед.* невро́з стра́ха, фо́бия

**Phoebe** [ˈfi:bɪ] *n* 1) *греч. миф.* Фе́ба 2) *поэт.* луна́

**Phoebus** [ˈfi:bəs] *n* 1) *греч. миф.* Феб 2) *поэт.* со́лнце

**Phoenician** [fɪˈnɪʃɪən] **1.** *a* финики́йский

**2.** *n* 1) финики́янин; финики́янка 2) финики́йский язы́к

**phoenix** [ˈfi:nɪks] *n* 1) *миф.* фе́никс 2) образе́ц соверше́нства, чу́до

**phonal** [ˈfəunəl] *a* голосово́й

**phone** I [fəun] *n лингв.* фо́на

**phone** II [fəun] (*сокр. от* telephone) *разг.* **1.** *n* телефо́н; on the ~ у телефо́на; by (*или* over) the ~ по телефо́ну; to get smb. on the ~ дозвони́ться к кому́-л. по телефо́ну; to hang up the ~ пове́сить тру́бку

**2.** *v* звони́ть по телефо́ну

**phoneme** [ˈfəuni:m] *n лингв.* фоне́ма

**phonemic** [fəuˈni:mɪk] *a лингв.* фонемати́ческий

**phonetic** [fəuˈnetɪk] *a* фонети́ческий

**phonetician** [ˌfəunɪˈtɪʃən] *n* фонети́ст

**phoneticize** [fəuˈnetɪsaɪz] *v* транскриби́ровать фонети́чески

**phonetics** [fəuˈnetɪks] *n pl* (*употр. как sing*) фоне́тика

**phoney** [ˈfəunɪ] = phony

**phonic** [ˈfəunɪk] *a* 1) акусти́ческий, звуково́й 2) голосово́й

**phonics** [ˈfəunɪks] *n pl* (*употр. как sing*) 1) аку́стика 2) примене́ние фонети́ческих ме́тодов при обуче́нии чте́нию

**phonogram** [ˈfəunəgræm] *n* 1) фонogра́мма; звукоза́пись 2) телефоногра́мма

**phonograph** [ˈfəunəgrɑ:f] *n* 1) фоно́граф 2) *амер.* граммофо́н, патефо́н

**phonographic** [ˌfəunəˈgræfɪk] *a* фонографи́ческий

**phonography** [fəuˈnɔgrəfɪ] *n* 1) фоногра́фия 2) стенографи́ческая за́пись по фонети́ческой систе́ме

**phonologic(al)** [ˌfəunəˈlɔdʒɪk(əl)] *a* фонологи́ческий

**phonology** [fəuˈnɔlədʒɪ] *n* фоноло́гия

**phonometer** [fəuˈnɔmɪtə] *n* фоно́метр

**phonopathy** [fəuˈnɔpəθɪ] *n мед.* расстро́йство о́рганов ре́чи

**phonoscope** [ˈfəunəskəup] *n* фоноско́п

**phony** [ˈfəunɪ] *разг.* **1.** *a* ло́жный, подде́льный; фальши́вый; ду́тый

**2.** *n* 1) обма́н; подде́лка 2) жу́лик, обма́нщик

**phosgene** [ˈfɔzdʒi:n] *n хим.* фосге́н

**phosphate** [ˈfɔsfeɪt] *n хим.* **1.** *n* фосфа́т, соль фо́сфорной кислоты́

**2.** *a* фосфорноки́слый

**phosphide** [ˈfɔsfaɪd] *n хим.* фосфи́д

**phosphite** [ˈfɔsfaɪt] *n хим.* фосфи́т

**Phosphor** [ˈfɔsfə] *n поэт.* у́тренняя звезда́

**phosphorate** [ˈfɔsfəreɪt] *v хим.* насыща́ть фо́сфором, соединя́ть с фо́сфором

**phosphor-bronze** [ˈfɔsfəbrɔnz] *n метал.* фо́сфористая бро́нза

**phosphoresce** [ˌfɔsfəˈres] *v* фосфоресци́ровать, свети́ться

**phosphorescence** [ˌfɔsfəˈresns] *n* фосфоресце́нция, свече́ние

**phosphorescent** [ˌfɔsfəˈresnt] *a* фосфоресци́рующий

**phosphoric** [fɔsˈfɔrɪk] *a* 1) фосфори́ческий; фосфоресци́рующий 2) *хим.* фо́сфорный

**phosphorite** [ˈfɔsfəraɪt] *n мин.* фосфори́т

**phosphorous** [ˈfɔsfərəs] *a хим.* фо́сфористый

**phosphorus** [ˈfɔsfərəs] *n хим.* фо́сфор

**phot** [fəut] *n физ.* фот (*единица освещённости, яркости*)

**photic** [ˈfəutɪk] *a* светово́й, относя́щийся к све́ту

**photo** [ˈfəutəu] *n* (*pl* -os [-əuz]) *сокр. разг. от* photograph 1

**photoactive** [ˌfeutəuˈæktɪv] *a* светочувстви́тельный

**photobiotic** [ˈfəutəubaɪˈɔtɪk] *a биол.* спосо́бный жить то́лько при све́те

**photocell** [ˈfəutəsel] *n* фотоэлеме́нт

**photochemistry** [ˌfəutəuˈkemɪstrɪ] *n* фотохи́мия

**photochromy** [ˈfəutəkrəumɪ] *n* цветна́я фотогра́фия, фотохро́мия

**photoconductivity** [ˈfəutəkənˌdʌkˈtɪvɪtɪ] *n* фотопроводи́мость

**photo-electric** [ˌfəutəuɪˈlektrɪk] *a* фотоэлектри́ческий; ~ cell фотоэлеме́нт

**photo-electricity** [ˈfəutəuˌɪlekˈtrɪsɪtɪ] *n* фотоэлектри́чество

**photofinish** [ˌfəutəuˈfɪnɪʃ] *n спорт.* фотофи́ниш

**photogenic** [ˌfəutəuˈdʒenɪk] *a* 1) фотогени́чный 2) *биол.* фосфоресци́рующий

**photograph** [ˈfəutəgrɑ:f] **1.** *n* фотографи́ческий сни́мок, фотогра́фия

**2.** *v* 1) фотографи́ровать, снима́ть 2) выходи́ть на фотогра́фии (*хорошо, плохо*); I always ~ badly я всегда́ пло́хо выхожу́ на фотогра́фиях

**photographer** [fəˈtɔgrəfə] *n* фото́граф

**photographic** [ˌfəutəˈgræfɪk] *a* фотографи́ческий

**photography** [fəˈtɔgrəfɪ] *n* фотографи́рование, фотогра́фия

**photogravure** [ˌfəutəgrəˈvjuə] **1.** *n* фотогравю́ра

**2.** *v* фотогравирова́ть

**photolithography** [ˌfəutəulɪˈθɔgrəfɪ] *n* фотолитогра́фия

**photolysis** [fəuˈtɔlɪsɪs] *n хим.* фото́лиз

**photomechanical** [ˌfəutəumɪˈkænɪkəl] *a* фотомехани́ческий

**photomechanics** [ˌfəutəumɪˈkænɪks] *n pl* (*употр. как sing*) фотомеха́ника

**photometer** [fəuˈtɔmɪtə] *n* фото́метр

**photometric** [ˌfəutəuˈmetrɪk] *a* фотометри́ческий

**photometry** [ˌfəuˈtɔmɪtrɪ] *n* фотоме́трия

**photomicrograph** [ˌfəutəuˈmaɪkrəugrɑ:f] *n* микрофотографи́ческий сни́мок, микрофотогра́фия

**photomicrography** [ˌfəutəumaɪˈkrɔgrəfɪ] *n* микрофотогра́фия, микрофотографи́рование

**photomontage** [ˌfəutəumɔnˈtɑ:ʒ] *n* фотомонта́ж

**photon** [ˈfəutɔn] *n физ.* фото́н

**photophobia** [ˌfəutəuˈfəubjə] *n мед.* светобоя́знь, фотофо́бия

**photoplay** [ˈfəutəupleɪ] *n* 1) фильм-спекта́кль 2) сцена́рий

**photoprint** [ˈfəutəuprɪnt] *n* фотогравю́ра

**photosensitive** [ˌfəutəuˈsensɪtɪv] *a* светочувстви́тельный

**photosphere** [ˈfəutəusfɪə] *n астр.* фотосфе́ра

**photostat** [ˈfəutəustæt] *n* фотоста́т

**photosynthesis** [ˌfəutəuˈsɪnθɪsɪs] *n биол.* фотоси́нтез

**phototelegraphy** [ˌfəutəutɪˈlegrəfɪ] *n* фототелегра́фия

**phototherapy** [ˈfəutəuˈθerəpɪ] *n* светолече́ние

**phototube** [ˈfəutəuˈtju:b] *n* фотоэлеме́нт

**phototype** [ˈfəutəutaɪp] *n полигр.* 1) фототи́пия 2) *attr.* фототипи́ческий; ~ edition фототипи́ческое изда́ние

**photozincography** [ˌfəutəuzɪŋˈkɔgrəfɪ] *n полигр.* фотоцинкогра́фия

**phrase** [freɪz] **1.** *n* 1) фра́за, выраже́ние; оборо́т; идиомати́ческое выраже́ние 2) язы́к, стиль; in simple ~ просты́ми слова́ми, просты́м языко́м 3) *pl* пусты́е слова́ 4) *муз.* фра́за

**2.** *v* 1) выража́ть (слова́ми); thus he ~d it вот как он э́то вы́разил 2) *муз.* фрази́ровать

**phrase-book** [ˈfreɪzbuk] *n* (двуязы́чный) фразеологи́ческий слова́рь

**phrase-man** [ˈfreɪzmæn] = phrase-monger

**phrase-monger** [ˈfreɪzˌmʌŋgə] *n* фразёр

**phrase-mongering** [ˈfreɪzˌmʌŋgərɪŋ] **1.** *n* фразёрство

**2.** *a* фразёрский; ~ statement красивая фраза

**phraseological** [ˌfreɪzɪəˈlɔdʒɪkəl] *a* фразеологический

**phraseology** [ˌfreɪzɪˈɔlədʒɪ] *n* 1) фразеология 2) язык, слог

**phrenetic** [frɪˈnetɪk] **1.** *a* 1) исступлённый, нейстовый; маниакальный, безумный 2) фанатичный

**2.** *n* маньяк, безумец

**phrenic** [ˈfrenɪk] *a анат.* относящийся к диафрагме, грудобрюшный

**phrenological** [ˌfrenəˈlɔdʒɪkəl] *a* френологический

**phrenologist** [frɪˈnɔlədʒɪst] *n* френолог

**phrenology** [frɪˈnɔlədʒɪ] п френология

**Phrygian** [ˈfrɪdʒɪən] **1.** *a* фригийский; ~ cap фригийский колпак

**2.** *n* фригиец

**phthisic(al)** [ˈθaɪsɪk(əl)] *a мед.* туберкулёзный; чахоточный

**phthisis** [ˈθaɪsɪs] *n мед.* туберкулёз; чахотка

**phut** [fʌt] **1.** *n* свист, треск

**2.** *adv*: to go ~ лопнуть; потерпеть крах, неудачу; кончиться ничем

**phyla** [ˈfaɪlə] *pl от* phylum

**phylactery** [fɪˈlæktərɪ] *n* 1) *рел.* филактерия 2) амулет, талисман ◇ to make broad one's ~ (*или* phylacteries) выставлять напоказ свою набожность

**phyllophagous** [fɪˈlɔfəgəs] *a* листоядный

**phylloxera** [ˌfɪlɔkˈsɪərə] *n зоол.* филлоксера

**phylogenesis** [ˌfaɪləuˈdʒenɪsɪs] *n биол.* филогенез

**phylum** [ˈfaɪləm] *n* (*pl* phyla) *биол.* тип

**physic** [ˈfɪzɪk] **1.** *n разг.* лекарство (*обыкн.* слабительное)

**2.** *v разг.* давать лекарство (*обыкн.* слабительное)

**physical** [ˈfɪzɪkəl] *a* физический, материальный; телесный; ~ chemistry физическая химия; ~ culture (training) физическая культура (подготовка); ~ examination врачебный (*или* медицинский) осмотр; ~ exercise моцион; ~ drill (*или* jerks) гимнастические упражнения; зарядка; ~ therapy физиотерапия

**physician** [fɪˈzɪʃən] *n* 1) врач, доктор 2) (ис)целитель

**physicist** [ˈfɪzɪsɪst] *n* физик

**physics** [ˈfɪzɪks] *n pl* (*употр. как sing*) физика

**physiocrat** [ˈfɪzɪəkræt] *n* физиократ

**physiognomic(al)** [ˌfɪzɪəˈnɔmɪk(əl)] *a* физиономический

**physiognomist** [ˌfɪzɪˈɔnəmɪst] *n* физиономист

**physiognomy** [ˌfɪzɪˈɔnəmɪ] *n* 1) физиогномика 2) физиономия, лицо; *редк.* облик 3) *груб.* рожа, физия

**physiographer** [ˌfɪzɪˈɔgrəfə] *n* физиограф

**physiographic** [ˌfɪzɪəˈgræfɪk] *a* физиографический

**physiography** [ˌfɪzɪˈɔgrəfɪ] *n* физическая география; физиография

**physiologic(al)** [ˌfɪzɪəˈlɔdʒɪk(əl)] *a* физиологический

**physiologist** [ˌfɪzɪˈɔlədʒɪst] *n* физиолог

**physiology** [ˌfɪzɪˈɔlədʒɪ] *n* физиология

**physiotherapy** [ˌfɪzɪəˈθerəpɪ] *n* физиотерапия

**physique** [fɪˈziːk] *n* телосложение, конституция; физические данные

**phytogeny** [faɪˈtɔdʒɪnɪ] *n* происхождение и теория развития растений

**phytophagous** [faɪˈtɔfəgəs] *a* растениеядный

**pi** I [paɪ] *n* 1) пи (*греч. буква* π) 2) *мат.* π (= 3,1415926)

**pi** II [paɪ] *a школ. жарг.* набожный, религиозный ◇ pi jaw нравоучение

**piaffe** [pɪˈæf] *v* идти медленной рысью

**pia mater** [ˈpaɪəˈmeɪtə] *n анат.* мягкая оболочка мозга

**pianette** [pjæˈnet] *n* маленькое пианино

**pianino** [pjæˈniːnəu] *n* (*pl* -os [-əuz]) пианино

**pianissimo** [pjæˈnɪsɪməu] *ит. adv, n муз.* пианиссимо

**pianist** [ˈpɪənɪst] *n* пианист; пианистка

**piano** I [pɪˈænəu] *n* (*pl* -os [-əuz]) фортепьяно

**piano** II [ˈpjɑːnəu] *ит. adv, n муз.* пиано

**pianoforte** [ˌpjænəuˈfɔːtɪ] = piano I

**pianola** [pɪəˈnəulə] *n муз.* пианола

**piano organ** [pɪˈænəuˌɔːgən] *n* вид шарманки

**piano-player** [pɪˈænəuˌpleɪə] *n* 1) пианола 2) *уст.* пианист

**piaster** [pɪˈæstə] = piastre

**piastre** [pɪˈæstə] *n* пиастр (*монета в Турции и в некоторых других странах*)

**piazza** [pɪˈætsə] *ит. n* 1) (базарная) площадь (*особ. в Италии*) 2) *амер.* веранда

**pibroch** [ˈpiːbrɔk] *n шотл. муз.* вариации для волынки

**pica** I [ˈpaɪkə] *n мед., вет.* извращённый аппетит, геофагия

**pica** II [ˈpaɪkə] *n полигр.* цицеро

**picador** [ˌpɪkəˈdɔː] *исп. n* пикадор

**picaresque** [ˌpɪkəˈresk] *a* авантюрный, плутовской (*обыкн. о романе*)

**picaroon** [ˌpɪkəˈruːn] **1.** *n* 1) плут, авантюрист 2) пират 3) пиратский корабль

**2.** *v* 1) жить плутовством 2) совершать пиратские набеги

**picayune** [ˌpɪkəˈjuːn] *амер.* **1.** *n* 1) *ист. название серебряной монеты* (= *5 центам*) 2) *разг.* пустяк

**2.** *a* 1) пустяковый, ерундовый 2) низкий, презренный

**piccalilli** [ˈpɪkəlɪlɪ] *n* острые пикули с пряностями

**piccaninny** [ˈpɪkənɪnɪ] **1.** *n* 1) негритёнок 2) *шутл.* ребятёнок, малыш

**2.** *a* очень маленький

**piccolo** [ˈpɪkələu] *n* (*pl* -os [-əuz]) *муз.* пикколо, малая флейта

**pice** [paɪs] *n* пайса (*мелкая индийская медная монета*)

**pick** I [pɪk] *n* 1) кирка; кайла 2) остроконечный инструмент 3) *полигр.* грязь, остающаяся на литерах (*при печатании*)

**pick** II [pɪk] **1.** *v* 1) выбирать, отбирать, подбирать; to ~ one's words тщательно подбирать слова; to ~ one's way (*или* one's steps) выбирать дорогу (*чтобы не попасть в грязь*); to ~ and choose быть разборчивым 2) искать, выискивать; to ~ a quarrel with smb. выискивать повод для ссоры с кем-л. 3) собирать, снимать (*плоды*); срывать (*цветы, фрукты*); подбирать (*зерно — о птицах*) 4) долбить, продалбливать, протыкать, просверливать; пробуравливать 5) ковырять; сковыривать; to ~ one's teeth ковырять в зубах 6) разрыхлять (*киркой*) 7) обгладывать (*кость*) 8) чистить (*ягоды*); очищать, обдирать; ощипывать (*птицу*) 9) обворовывать, красть; очищать (*карманы*); to ~ and steal заниматься мелкими кражами; to ~ smb.'s brains присваивать чужие мысли 10) открывать замок отмычкой (*тж.* ~ a lock) 11) расщипывать; to ~ to pieces распарывать; *перен.* раскритиковать; разнести в пух и прах 12) клевать (*зёрна*); есть (*маленькими кусочками*), отщипывать; *разг.* есть 13) *амер.* перебирать струны (*банджо и т. п.*) □ ~ **at** а) придираться; б) ворчать, пилить; в) вертеть в руках, перебирать; ~ **off** а) отрывать, сдирать; б) стрелять, тщательно прицеливаясь; подстрелить; в) перестрелять (*одного за другим*); ~ **on** а) выбирать, отбирать; б) докучать, дразнить; ~ **out** а) выдёргивать; б) выбирать; в) различать; г) понимать, схватывать (*значение*); д) подбирать по слуху (*мотив*); е) оттенять; ~ **over** отбирать (*лучшие экземпляры*); выбирать; ~ **up** а) разрыхлять (*киркой*); б) поднимать, подбирать; в) заезжать за *кем-л.*; I'll ~ you up at five o'clock я заеду за вами в пять часов; г) приобретать; to ~ up a livelihood зарабатывать на пропитание; to ~ up flesh пополнеть; д) поймать (*прожектором, по радио и т. п.*); е) собирать; ж) подцепить (*выражение*); научиться (*приёмам*); з) добывать (*сведения*); и) снова найти (*дорогу*); to ~ up the trail напасть на след; к) познакомиться (with — с *кем-л.*); л) выздоравливать; восстанавливать силы; to ~ oneself up оправляться (*после болезни, удара и т. п.*); м) подбодрить, поднять настроение; н) *амер.* прибирать комнату; о) ускорять (*движение*) ◇ to ~ up the tab платить по счёту *или* чеку

**2.** *n* 1) выбор; take your ~ выбирайте 2) что-л. отборное, лучшая часть (*чего-л.*); the ~ of the basket (*или* of the bunch) лу́чшая часть чего́-л.; the ~ of the army цвет а́рмии, отбо́рные войска́ 3) уда́р (*чем-л. острым*)

**pick-a-back** [ˈpɪkəbæk] *adv* на спине́, за плеча́ми

**pickaninny** [ˈpɪkənɪnɪ] = piccaninny

**pickax(e)** [ˈpɪkæks] **1.** *n* киркомоты́га

**2.** *v* разрыхля́ть киркомоты́гой

**picked** [pɪkt] **1.** *p. p. от* pick II, 1

**2.** *a* 1) ото́бранный, подо́бранный; со́бранный 2) отбо́рный; ~ troops отбо́рные войска́ 3) *диал.* остроконе́чный

**picker** [ˈpɪkə] *n* 1) сбо́рщик (*хлопка, фруктов и т. п.*) 2) сортиро́вщик 3) тряпи́чник; му́сорщик 4) кирка́, моты́га; кайла́ 5) *горн.* забу́рник 6) *горн.* породоотбо́рочная маши́на 7) *текст.* трепа́льная маши́на 8) *текст.* гоно́к

**pickerel** [ˈpɪkərəl] *n* молода́я щу́ка, щу́чка, щурёнок

**picket** [ˈpɪkɪt] **1.** *n* 1) кол 2) пике́т 3) пике́тчик 4) *воен.* сторожева́я заста́ва

**2.** *v* 1) выставля́ть пике́т(ы); расставля́ть заста́вы *и т. п.* 2) пикети́ровать 3) обноси́ть частоко́лом 4) привя́зывать к колу́

**picking** [ˈpɪkɪŋ] **1.** *pres. p. от* pick II, 1

**2.** *n* 1) собира́ние, отбо́р; сбор 2) воровство́; ~ and stealing ме́лкая кра́жа 3) *pl* ме́лкая пожи́ва 4) *pl* оста́тки, объе́дки 5) разбо́рка, сортиро́вка

**pickle** [ˈpɪkl] **1.** *n* 1) рассо́л; у́ксус для марина́да 2) (*обыкн. pl*) соле́нье, марина́д, пи́кули; солёные *или* марино́ванные огурцы́ 3) неприя́тное положе́ние; плаче́вное состоя́ние; to be in a pretty ~ попа́сть в беду́ 4) *разг.* шалу́н, озорни́к 5) *амер. разг.* опьяне́ние 6) *тех.* протра́ва ◊ to have a rod in ~ (for) держа́ть ро́згу нагото́ве; the one in a ~ is the one who's got to tickle ≅ э́то не моя́ забо́та; пусть беспоко́ится тот, кого́ э́то каса́ется

**2.** *v* 1) соли́ть, маринова́ть 2) *мор. ист.* натира́ть спи́ну со́лью *или* у́ксусом (*после порки*) 3) *тех.* трави́ть кислото́й; протравля́ть, декапи́ровать

**pickled** [ˈpɪkld] **1.** *p. p. от* pickle 2

**2.** *a* 1) солёный; марино́ванный 2) *разг.* пья́ный

**picklock** [ˈpɪklɔk] *n* 1) взло́мщик 2) отмы́чка

**pick-me-up** [ˈpɪkmi(:)ʌp] *n* возбужда́ющее сре́дство; возбужда́ющий напи́ток; то́ник; что-л. поднима́ющее настрое́ние

**pickpocket** [ˈpɪkˌpɔkɪt] *n* вор-карма́нник

**pick-up** [ˈpɪkʌp] *n* 1) *разг.* случа́йное знако́мство 2) что-л. полу́ченное по слу́чаю; уда́чная поку́пка 3) *разг. см.* pick-me-up 4) *разг.* улучше́ние; восстановле́ние 5) *авто* пика́п 6) *с.-х.* пика́п, подбо́рщик (*хлеба*) 7) *тех.* захва́тывающее приспособле́ние 8) *физ.* ускоре́ние 9) *радио* подхва́тывание (*волны, сигнала*) 10) *тлв.* передаю́щая тру́бка 11) *радио* ада́птер, звукосн има́тель

**Pickwickian** [pɪkˈwɪkɪən] *a*: in a ~ sense не буква́льно, не пря́мо; не совсе́м я́сно

**picnic** [ˈpɪknɪk] **1.** *n* 1) пикни́к 2) *разг.* прия́тное времяпрепровожде́ние; удово́льствие; no ~ нелёгкое де́ло 3) *attr.*: ~ hamper корзи́на с прови́зией для пикника́

**2.** *v* уча́ствовать в пикнике́

**picnicker** [ˈpɪknɪkə] *n* уча́стник пикника́

**picric** [ˈpɪkrɪk] *a хим.* пикри́новый

**pictography** [pɪkˈtɔgrəfɪ] *n* пиктогра́фия

**pictorial** [pɪkˈtɔ:rɪəl] **1.** *a* 1) живопи́сный; изобрази́тельный; ~ art жи́вопись 2) иллюстри́рованный 3) я́ркий, живо́й (*о стиле и т. п.*)

**2.** *n* иллюстри́рованное периоди́ческое изда́ние

**picture** [ˈpɪktʃə] **1.** *n* 1) карти́на; изображе́ние; рису́нок 2) портре́т; *перен. тж.* ко́пия; she is a ~ of her mother она́ вы́литая мать 3) что-л. о́чень краси́вое, карти́нка 4) представле́ние, мы́сленный о́браз 5) воплоще́ние, олицетворе́ние (*здоровья, отчаяния и т. п.*); he is the (very) ~ of health он олицетворе́ние, воплоще́ние здоро́вья 6) кинока́др 7): moving ~s, the ~s кино́ ◊ out of (*или* not in) the ~ дисгармони́рующий; to pass from the ~ сойти́ со сце́ны; to put (*или* to keep) smb. in the ~ осведомля́ть, информи́ровать кого́-л.; держа́ть кого́-л. в ку́рсе де́ла

**2.** *v* 1) изобража́ть на карти́не 2) опи́сывать, обрисо́вывать, живописа́ть 3) представля́ть себе́ (*тж.* ~ to oneself)

**picture-book** [ˈpɪktʃəbuk] *n* (де́тская) кни́жка с карти́нками

**picture-card** [ˈpɪktʃəkɑ:d] *n* 1) *карт.* фигу́рная ка́рта, фигу́ра 2) худо́жественная откры́тка

**picture-gallery** [ˈpɪktʃəˌgælərɪ] *n* карти́нная галере́я

**picture-palace** [ˈpɪktʃəˌpælɪs] *n уст.* кинотеа́тр

**picture postcard** [ˈpɪktʃəˈpəustkɑ:d] *n* худо́жественная откры́тка

**picture show** [ˈpɪktʃəˈʃəu] *n* 1) кинотеа́тр 2) кинофи́льм

**picturesque** [ˌpɪktʃəˈresk] *a* 1) живопи́сный 2) колори́тный 3) я́ркий, о́бразный (*о языке*)

**picture-theatre** [ˈpɪktʃəˈθɪətə] = picture-palace

**picture-writing** [ˈpɪktʃəˌraɪtɪŋ] *n* пиктографи́ческое, рису́ночное письмо́

**piddle** [ˈpɪdl] *v* 1) *разг.* мочи́ться 2) *уст.* занима́ться пустяка́ми

**piddling** [ˈpɪdlɪŋ] **1.** *pres p. от* piddle

**2.** *a* ме́лкий, пустя́чный, ничто́жный

**Pidgin English** [ˈpɪdʒɪnˈɪŋglɪʃ] *n* пи́джин-и́нглиш, а́нгло-кита́йский гибри́дный язы́к

**pie** I [paɪ] *n* 1) пиро́г; пирожо́к 2) *амер.* торт, сла́дкий пиро́г; Eskimo ~ эскимо́ (*мороженое*) ◊ ~ in the sky *амер.* пиро́г на том све́те; ≅ жура́вль в не́бе; as easy as ~ ≅ про́ще просто́го

**pie** II [paɪ] *n полигр.* гру́да сме́шанного шри́фта (*тж.* printer's ~); *перен.* хао́с, ерала́ш

**pie** III [paɪ] *n* са́мая ме́лкая инди́йская моне́та ($^1/_{12}$ *анны*)

**piebald** [ˈpaɪbɔ:ld] **1.** *a* 1) пе́гий (*о лошади*) 2) *перен.* пёстрый; разношёрстный

**2.** *n* пе́гая ло́шадь; пе́гое живо́тное

**piece** [pi:s] **1.** *n* 1) кусо́к, часть; a ~ of water пруд, озерко́; ~ by ~ по куска́м, постепе́нно, частя́ми 2) обло́мок, обры́вок; a ~ of paper клочо́к бума́ги; in ~s разби́тый на ча́сти; to ~s на ча́сти, вдре́безги [*см. тж.* ◊] 3) уча́сток (*земли*) 4) шту́ка, кусо́к, определённое коли́чество; ~ of wallpaper руло́н обо́ев 5) отде́льный предме́т, шту́ка; a ~ of furniture ме́бель (*отдельная вещь, напр., стул, стол и т. п.*); a ~ of plate посу́дина; by the ~ пошту́чно, сде́льно 6) карти́на; литерату́рное *или* музыка́льное произведе́ние (*обыкн.* коро́ткое); пье́са; a ~ of art худо́жественное произведе́ние; a ~ of music музыка́льное произведе́ние; a ~ of poetry стихотворе́ние; a dramatical ~ дра́ма, драмати́ческое произведе́ние; a museum ~ музе́йная вещь *или* ре́дкость (*тж. перен.*) 7) образе́ц, приме́р; a ~ of impudence образе́ц на́глости 8): a ~ of luck уда́ча; a ~ of news но́вость; a ~ of information сообще́ние; a ~ of work (*отдельно выполненная*) рабо́та, произведе́ние 9) ша́хматная фигу́ра 10) моне́та (*тж.* a ~ of money) 11) *воен.* ору́дие, огнево́е сре́дство; винто́вка; пистоле́т 12) *амер.* музыка́льный инструме́нт 13) бочо́нок вина́ 14) вста́вка, запла́та 15) *тех.* дета́ль; обраба́тываемое изде́лие ◊ of a (*или* of one) ~ with а) одного́ и того́ же ка́чества с; б) в согла́сии с *чем-л.*; в) образу́ющий еди́ное це́лое с *чем-л.*; all to ~s а) вдре́безги; б) изму́ченный, в изнеможе́нии; в) соверше́нно, по́лностью, с нача́ла до конца́ [*см. тж.* 2)]; to go to ~s пропа́сть, поги́бнуть; a ~ of goods *шутл.* де́вушка, же́нщина

**2.** *v* 1) чини́ть, лата́ть (*платье; тж.* ~ up) 2) соединя́ть в одно́ це́лое, собира́ть из кусо́чков; комбини́ровать 3) прису́чивать (*нить*) □ ~ **down** надставля́ть (*одежду*); ~ **on** приела́живать (to — к *чему-л.*); ~ **out** а) восполня́ть; б) надставля́ть; в) составля́ть (*целое из частей*); ~ **together** а) соединя́ть; б) систематизи́ровать; ~ **up** чини́ть, лата́ть

**piece-goods** [ˈpi:sgudz] *n pl* шту́чный това́р; тка́ни в куска́х

**piecemeal** [ˈpi:smi:l] **1.** *adv* 1) по частя́м, постепе́нно (*тж.* by ~); to work ~ рабо́тать сде́льно 2) на куски́, на ча́сти

**2.** *a* 1) сде́ланный по частя́м; ~ action несогласо́ванные де́йствия 2) части́чный, постепе́нный

**piece-rate** ['pi:sreɪt] *a* сде́льный (*об оплате*)

**piece-work** ['pi:swə:k] *n* 1) сде́льная рабо́та, сде́льщина; шту́чная рабо́та 2) *attr.*: ~ man = piece-worker

**piece-worker** ['pi:s,wə:kə] *n* сде́льщик

**piecrust** ['paɪkrʌst] *n* ко́рочка пирога́ ◇ promises are like ~, made to be broken *посл.* ≅ обеща́ния для того́ и даю́т, что́бы их не выполня́ть

**pied** [paɪd] *a* пёстрый; разноцве́тный

**pieman** ['paɪmən] *n* пиро́жник; продаве́ц пирого́в

**pieplant** ['paɪplɑ:nt] *n амер.* реве́нь

**pier** [pɪə] *n* 1) мол; волноло́м; да́мба 2) *мор.* пирс 3) бык (*моста*) 4) усто́й, столб, контрфо́рс 5) просте́нок

**pierage** ['pɪərɪdʒ] *n* пла́та за по́льзование ме́стом шварто́вки

**pierce** [pɪəs] *v* 1) пронза́ть, протыка́ть, прока́лывать 2) пробура́вливать, просве́рливать; пробива́ть отве́рстие 3) постига́ть; проника́ть (*в тайны и т. п.*; through, into) 4) прони́зывать (*о холоде, взгляде и т. п.*) 5) прорыва́ться, проходи́ть (*сквозь что-л.*)

**piercer** ['pɪəsə] *n тех.* пробо́йник; бородо́к; ши́ло; бура́в

**piercing** ['pɪəsɪŋ] **1.** *pres. p. от* pierce

**2.** *n* 1) проко́л, уко́л 2) *тех.* диа́метр в свету́

**3.** *a* 1) пронзи́тельный; о́стрый; ре́зкий; ~ dissonance ре́зкий диссона́нс 2) прони́зывающий (*о взгляде, холоде*) 3) проница́тельный 4) *воен.* бронебо́йный

**pier-glass** ['pɪəglɑ:s] *n* трюмо́

**Pierian** [paɪ'erɪən] *a др.-греч.* пиери́йский, относя́щийся к му́зам; ~ spring исто́чник вдохнове́ния

**pierrette** [pɪə'ret] *фр. n* Пьере́тта

**pierrot** ['pɪərəu] *фр. n* Пьеро́

**pietism** ['paɪətɪzm] *n* 1) *рел.* пиети́зм 2) ло́жное, притво́рное благоче́стие, ха́нжество́

**pietist** ['paɪətɪst] *n* пиети́ст

**piety** ['paɪətɪ] *n* 1) благоче́стие, на́божность 2) почти́тельность к роди́телям, к ста́ршим

**piezochemistry** [paɪ,i:zəu'kemɪstrɪ] *n* пьезохи́мия

**piezoelectricity** [paɪ'i:zəu,ɪlek'trɪsɪtɪ] *n* пьезоэлектри́чество

**piezometer** [,paɪɪ'zɔmɪtə] *n* пьезо́метр

**piffle** ['pɪfl] *разг.* **1.** *n* болтовня́, вздор

**2.** *v* 1) болта́ть пустяки́ 2) де́йствовать необду́манно; глу́по поступа́ть

**pig** [pɪg] **1.** *n* 1) (молода́я) свинья́; подсви́нок; поросёнок 2) *шутл.* свини́на; порося́тина 3) *разг.* свинья́, наха́л 4) *разг.* неря́ха, грязну́ля 5) до́лька, ло́мтик (*апельсина*) 6) *тех.* болва́нка, чу́шка; брусо́к 7) *ав. жарг.* аэроста́т загражде́ния ◇ in ~ супоро́сая (*о свинье*); to make a ~ of oneself объеда́ться, обжира́ться; to buy a ~ in a poke ≅ покупа́ть кота́ в мешке́; ~s might fly *шутл.* ≅ быва́ет, что коро́вы лета́ют

**2.** *v* 1) порос́иться 2): to ~ it *разг.* жить те́сно и неую́тно, юти́ться

**pigeon** ['pɪdʒɪn] **1.** *n* 1) го́лубь 2) *разг.* проста́к, шля́па; to pluck a ~ обобра́ть простака́ ◇ that's my (his, *etc.*) ~ э́то уж моё (его́ *и т. д.*) де́ло; little ~s can carry great messages *посл.* ≅ мал, да уда́л; ~'s milk «пти́чье молоко́»

**2.** *v* надува́ть, обма́нывать

**pigeon-breasted** ['pɪdʒɪn,brestɪd] *a* с кури́ной гру́дью (*о человеке*)

**Pigeon English** ['pɪdʒɪn'ɪŋglɪʃ] = Pidgin English

**pigeongram** ['pɪdʒɪngræm] *n* сообще́ние, по́сланное с почто́вым го́лубем

**pigeon-hearted** ['pɪdʒɪn'hɑ:tɪd] *a* трусли́вый, ро́бкий

**pigeon-hole** ['pɪdʒɪnhəul] **1.** *n* 1) голуби́ное гнездо́ 2) отделе́ние для бума́г (*в секретере, письменном столе и т. п.*)

**2.** *v* 1) раскла́дывать (*бумаги*) по я́щикам 2) класть под сукно́, откла́дывать в до́лгий я́щик 3) классифици́ровать, прикле́ивать ярлыки́

**pigeon pair** ['pɪdʒɪnpɛə] *n* ма́льчик и де́вочка (*близнецы или единственные дети в семье*)

**pigeonry** ['pɪdʒɪnrɪ] *n* голубя́тня

**pigeon-toed** ['pɪdʒɪntəud] *a* с па́льцами ног, обращёнными внутрь

**piggery** ['pɪgərɪ] *n* свина́рник, хлев

**piggish** ['pɪgɪʃ] *a* 1) свино́й, похо́жий на свинью́ 2) сви́нский, гря́зный 3) жа́дный 4) упря́мый

**piggy** ['pɪgɪ] *n* 1) сви́нка, поросёнок 2) игра́ в чижи́

**piggy-wiggy** ['pɪgɪ,wɪgɪ] *n* 1) сви́нка, поросёнок 2) грязну́ля, поросёнок (*о ребёнке*)

**pigheaded** ['pɪg'hedɪd] *a* тупоу́мный; упря́мый

**pig-iron** ['pɪg,aɪən] *n* чугу́н в чу́шках *или* штыка́х

**pigling** ['pɪglɪŋ] *n* поросёнок

**pigment** ['pɪgmənt] *n* пигме́нт

**pigmental, pigmentary** [pɪg'mentl, 'pɪgmɪntərɪ] *a* пигме́нтный

**pigmentation** [,pɪgmən'teɪʃən] *n* пигмента́ция

**pigmy** ['pɪgmɪ] = pygmy

**pignut** ['pɪgnʌt] *n* земляно́й кашта́н

**pigpen** ['pɪgpen] = pigsty

**pigskin** ['pɪgskɪn] *n* 1) свина́я ко́жа 2) *разг.* седло́ 3) *амер. разг.* футбо́льный мяч

**pigsticker** ['pɪg,stɪkə] *n* 1) охо́тник на кабано́в 2) *разг.* большо́й карма́нный нож

**pigsticking** ['pɪg,stɪkɪŋ] *n* охо́та на кабано́в с копьём

**pigsty** ['pɪgstaɪ] *n* свина́рник, хлев

**pig's wash** ['pɪgzwɔʃ] *n* помо́и

**pigtail** ['pɪgteɪl] *n* 1) коси́чка, коса́ 2) таба́к, свёрнутый в тру́бочку

**pigwash** ['pɪgwɔʃ] = pig's wash

**pigweed** ['pɪgwi:d] *n бот.* марь; амара́нт

**pike I** [paɪk] *n* щу́ка

**pike II** [paɪk] **1.** *n* 1) пи́ка, копьё 2) наконе́чник стрелы́ 3) пик (*в местных геогр. названиях*) 4) *диал.* кирка́ 5) шип, колю́чка 6) ви́лы

**2.** *v* зака́лывать пи́кой

**pike III** [paɪk] *n* 1) заста́ва, где взима́ется подоро́жный сбор 2) подоро́жный сбор

**pikelet** ['paɪklɪt] *n* бу́лочка, пы́шка

**piker** ['paɪkə] *n амер. разг.* 1) осторо́жный *или* ро́бкий (биржево́й) игро́к 2) трус

**pikestaff** ['paɪkstɑ:f] *n* 1) дре́вко пи́ки 2) по́сох ◇ plain as a ~ ≅ я́сный как день, очеви́дный

**pilaff** ['pɪlæf] = pilau

**pilaster** [pɪ'læstə] *n архит.* пиля́стр

**pilau, pilaw** [pɪ'lau] *перс. n* пила́в, плов

**pilch** [pɪltʃ] *n* флане́левая пелёнка *или* флане́левый подгу́зник

**pilchard** ['pɪltʃəd] *n зоол.* сарди́на

**pile I** [paɪl] **1.** *n* 1) ку́ча, гру́да, шта́бель; сто́лбик (*монет*); ки́па (*бумаг*); па́чка, свя́зка, паке́т 2) погреба́льный костёр (*тж.* funeral ~) 3) огро́мное зда́ние; грома́да зда́ний 4) *разг.* мно́жество, большо́е коли́чество 5) *разг.* состоя́ние; to make one's ~ нажи́ть состоя́ние 6) *эл.* батаре́я 7) я́дерный реа́ктор (*тж.* atomic ~)

**2.** *v* 1) скла́дывать, сва́ливать в ку́чу; to ~ arms *воен.* составля́ть винто́вки в ко́злы 2) накопля́ть (*часто* ~ up) 3) нагружа́ть; зава́ливать; громозди́ть (on, upon) □ ~ **in** *разг.* забира́ться (*куда-л.*); ~ **on**: to ~ it on преувели́чивать; «залива́ть»; ~ **up** а) нагроможда́ть(ся); б) накопля́ть; в) разби́ть автомаши́ну; г) *ав.* разби́ть самолёт при взлёте *или* поса́дке; д) наскочи́ть на мель (*о корабле*)

**pile II** [paɪl] **1.** *n* сва́я, столб, кол

**2.** *v* вбива́ть, вкола́чивать сва́и

**pile III** [paɪl] *n* 1) шерсть, во́лос, пух 2) ворс

**pile IV** [paɪl] *n мед.* 1) геморрои́да́льная ши́шка 2) *pl* геморро́й

**pile V** [paɪl] *n уст.* обра́тная сторона́ моне́ты; cross or ~ орёл и́ли ре́шка

**piled I, II** [paɪld] *p. p. от* pile I, 2 *и* II, 2

**piled III** [paɪld] *a* ворси́стый (*о ткани*)

**pile-driver** ['paɪl,draɪvə] *n тех.* копёр

**pile-dwelling** ['paɪl,dwelɪŋ] *n* сва́йная постро́йка

**pilfer** ['pɪlfə] *v* ворова́ть, таска́ть; стяну́ть

**pilferage** ['pɪlfərɪdʒ] *n* ме́лкая кра́жа

**pilferer** ['pɪlfərə] *n* ме́лкий жу́лик

**pilgrim** [ˈpɪlgrɪm] *n* пилигри́м, пало́мник, стра́нник ◇ P. Fathers *ист.* англи́йские колони́сты, посели́вшиеся в Аме́рике в 1620 г.

**pilgrimage** [ˈpɪlgrɪmɪdʒ] **1.** *n* 1) пало́мничество 2) *разг.* стра́нствие, дли́тельное путеше́ствие; *перен.* челове́ческая жизнь

**2.** *v* пало́мничать

**pill** I [pɪl] **1.** *n* 1) пилю́ля 2) (the P.) противозача́точные табле́тки 3) *разг.* ядро́; пу́ля; ша́рик; мяч; баллотиро́вочный шар 4) *pl* бильярд 5) *разг.* неприя́тный челове́к 6) (*тж. pl*) *разг.* до́ктор (*тж.* ~ shooter) ◇ a ~ to cure an earthquake жа́лкая полуме́ра; a bitter ~ to swallow го́рькая пилю́ля, тя́гостная необходи́мость

**2.** *v* 1) дава́ть пилю́ли 2) *разг.* забаллоти́ровать

**pill** II [pɪl] *v* 1) *уст.* гра́бить, мародёрствовать 2) *разг.* обобра́ть, обста́вить

**pillage** [ˈpɪlɪdʒ] **1.** *n* грабёж, мародёрство

**2.** *v* гра́бить, мародёрствовать

**pillar** [ˈpɪlə] **1.** *n* 1) столб, коло́нна; сто́йка, опо́ра 2) столп, опо́ра; оплот; ~s of society столпы́ о́бщества 3) *горн.* цели́к 4) *мор.* пи́ллерс ◇ Pillars of Hercules Геркуле́совы столбы́, Гибралта́рский проли́в; from ~ to post а) от одно́й тру́дности к друго́й, от одного́ де́ла к друго́му; б) туда́-сюда́

**2.** *v* подпира́ть, подде́рживать; украша́ть коло́ннами

**pillar-box** [ˈpɪləbɔks] *n* стоя́чий почто́вый я́щик

**pillbox** [ˈpɪlbɔks] *n* 1) коро́бочка для пилю́ль 2) *шутл.* како́е-л. небольшо́е сооруже́ние; небольшо́й экипа́ж, ма́ленький автомоби́ль; до́мик 3) *воен.* долговре́менное огнево́е сооруже́ние

**pillion** [ˈpɪljən] *n* 1) за́днее сиде́нье (*мотоцикла*) 2) да́мское седло́; *уст.* седе́льная поду́шка

**pilliwinks** [ˈpɪlɪwɪŋks] *n ист.* ору́дие пы́тки для сти́скивания па́льцев

**pillory** [ˈpɪlərɪ] **1.** *n* позо́рный столб; to be in the ~ быть посме́шищем; to put (*или* to set) in the ~ пригвозди́ть к позо́рному столбу́, сде́лать посме́шищем

**2.** *v* 1) поста́вить, пригвозди́ть к позо́рному столбу́ 2) вы́ставить на осмея́ние

**pillow** [ˈpɪləu] **1.** *n* 1) поду́шка 2) *тех.* подши́пник, вкла́дыш; подкла́дка, поду́шка ◇ to take counsel of one's ~ ≅ у́тро ве́чера мудрене́е; отложи́ть реше́ние до утра́

**2.** *v* 1) класть го́лову на *что-л.* 2) служи́ть поду́шкой 3) подложи́ть поду́шку

**pillow-block** [ˈpɪləublɔk] *n тех.* 1) (опо́рный) подши́пник 2) поду́шка, опо́рная плита́

**pillow-case** [ˈpɪləukeɪs] *n* на́волочка

**pillow-sham** [ˈpɪləuʃæm] *n* наки́дка (*на подушку*)

**pillow-slip** [ˈpɪləuslɪp] = pillow-case

**pillowy** [ˈpɪləuɪ] *a* мя́гкий; пода́тливый

**pillule** [ˈpɪlju:l] = pilule

**pilose** [ˈpaɪləus] *a бот., зоол.* волоси́стый, мохна́тый, шерсти́стый

**pilot** [ˈpaɪlət] **1.** *n* 1) ло́цман 2) *ав.* пило́т, лётчик 3) о́пытный проводни́к 4) *поэт.* ко́рмчий 5) *амер. ж.-д.* скотосбра́сыватель 6) *тех.* вспомога́тельный кла́пан, механи́зм 7) *attr.*: ~ plant о́пытный заво́д, о́пытная устано́вка; ~ model о́пытная моде́ль 8) *attr.* ло́цманский; шту́рманский; ~ boat ло́цманский ка́тер; ~ chart *ав.* аэронавигацио́нная ка́рта ◇ to drop the ~ отве́ргнуть ве́рного сове́тчика

**2.** *v* 1) вести́, управля́ть; пилоти́ровать; to ~ one's way прокла́дывать себе́ доро́гу 2) быть проводнико́м

**pilotage** [ˈpaɪlətɪdʒ] *n* 1) прово́дка судо́в; ло́цманское де́ло 2) ло́цманский сбор 3) *ав.* пилоти́рование, пилота́ж

**pilot-balloon** [ˈpaɪlətbəˈlu:n] *n* 1) *метео* шар-пило́т 2) *перен.* про́бный шар

**pilot-cloth** [ˈpaɪlətklɔθ] *n* то́лстое си́нее сукно́

**pilot engine** [ˈpaɪlətˌendʒɪn] *n* 1) вспомога́тельный дви́гатель 2) *ж.-д.* снегоочисти́тель

**pilot-film** [ˈpaɪlətfɪlm] *n тлв.* телепанора́ма (*обзор передач с демонстрацией отрывков*)

**pilot-fish** [ˈpaɪlətfɪʃ] *n зоол.* ры́ба-ло́цман

**pilot-house** [ˈpaɪləthaus] *n мор.* рулева́я ру́бка

**pilous** [ˈpaɪləs] = pilose

**pilule** [ˈpɪlju:l] *n* (небольша́я) пилю́ля

**pimento** [pɪˈmentəu] *n* (*pl* -os [-əuz]) стручко́вый (кра́сный) пе́рец

**pi-meson** [paɪˈmi:zɔn] *n физ.* пи-мезо́н

**pimp** [pɪmp] **1.** *n* сво́дник

**2.** *v* сво́дничать

**pimpernel** [ˈpɪmpənel] *n бот.* о́чный цвет (полево́й)

**pimping** I [ˈpɪmpɪŋ] *pres. p. от* pimp 2

**pimping** II [ˈpɪmpɪŋ] *a* 1) ма́ленький; жа́лкий 2) боле́зненный, сла́бый

**pimple** [ˈpɪmpl] *n* прыщ, па́пула, у́горь

**pimpled, pimply** [ˈpɪmpld, ˈpɪmplɪ] *a* прыщева́тый, прыща́вый

**pin** [pɪn] **1.** *n* 1) була́вка; шпи́лька; прище́пка; кно́пка; *редк.* гвоздь 2) *pl разг.* но́ги; he is quick on his ~s он бы́стро бе́гает; he is weak on his ~s он пло́хо де́ржится на нога́х 3) бочо́нок в $4^1/_2$ галло́на 4) ке́гля 5) бро́шка, значо́к 6) *муз.* коло́к 7) шпиль 8) ска́лка 9) пробо́йник 10) *тех.* па́лец; штифт, болт; шкво́рень, ось; ца́пфа; ше́йка; чека́; шплинт 11) *эл.* што́рь; вы́вод ◇ in (a) merry ~ в весёлом настрое́нии; ~s and needles колотьё в коне́чностях (*после онемения*); to be on ~s and needles сиде́ть как на иго́лках; I don't care a ~ мне наплева́ть; not a ~ to choose between them они́ похо́жи как две ка́пли воды́; not worth a row of ~s никуда́ не годи́тся; you might have heard a ~ fall ≅ слы́шно бы́ло, как му́ха пролети́т

**2.** *v* 1) прика́лывать (*обыкн.* ~ up; to, on); скрепля́ть була́вкой (*обыкн.* ~ together) 2) прока́лывать; пробива́ть 3) пригвожда́ть 4) прижима́ть (*к стене и т. п.*; against); to ~ down (to a promise) свя́зывать (обеща́нием) ◇ to ~ smth. on smb. возлага́ть на кого́-л. вину́ за что-л.; to ~ one's faith on smb., smth. сле́по полага́ться на кого́-л., что-л.

**pinafore** [ˈpɪnəfɔ:] *n* пере́дник (*особ.* де́тский), фа́ртук

**pinaster** [paɪˈnæstə] *n* примо́рская сосна́

**pince-nez** [ˈpænsneɪ] *фр. n* пенсне́

**pincer movement** [ˈpɪnsəˈmu:vmənt] *n воен.* двойно́й охва́т, захва́т в кле́щи

**pincers** [ˈpɪnsəz] *n pl* 1) (*тж.* a pair of ~) клещи́; щипцы́; щи́пчики; пинце́т 2) клешни́ 3) = pincer movement

**pincette** [pænˈset] *фр. n* щи́пчики, пинце́т

**pinch** [pɪntʃ] **1.** *n* 1) щипо́к 2) щепо́тка (*соли и т. п.*) 3) кра́йняя нужда́; стеснённое положе́ние; at a ~, if it comes to the ~ в слу́чае нужды́, в кра́йнем слу́чае; ~ of poverty тиски́ нужды́ 4) суже́ние, сжа́тие 5) *разг.* кра́жа 6) *sl.* аре́ст 7) *геол.* выклинивание 8) лом; рыча́г (*тж.* ~ bar) 9) *attr.*: ~ pennies эконо́мия на ка́ждой копе́йке

**2.** *v* 1) ущипну́ть; прищеми́ть; ущеми́ть 2): to be ~ed with cold (hunger) иззя́бнуть (изголода́ться) 3) сда́вливать, сжима́ть; жать (*напр., об обуви*) 4) ограни́чивать, стесня́ть 5) подгоня́ть (*лошадь, особ. на скачках*) 6) скупи́ться 7) вымога́ть (*деньги*) 8) *разг.* укра́сть; огра́бить 9) *sl.* арестова́ть, «зацáпать» 10) передвига́ть тя́жести рычаго́м, ва́гой ◇ that is where the shoe ~es ≅ вот в чём загво́здка

**pinchbeck** [ˈpɪntʃbek] **1.** *n* 1) томпа́к 2) фальши́вые драгоце́нности, подде́лка

**2.** *a* подде́льный, показно́й

**pinchers** [ˈpɪntʃəz] = pincers 1)

**pincushion** [ˈpɪnˌkuʃən] *n* поду́шечка для була́вок

**Pindaric** [pɪnˈdærɪk] *др.-греч* **1.** *a* пиндари́ческий

**2.** *n* (*обыкн. pl*) пиндари́ческие стихи́, о́ды

**pine** I [paɪn] *n* 1) сосна́ 2) *разг. см.* pineapple 3) *attr.* сосно́вый; ~ bath хво́йная ва́нна

**pine** II [paɪn] *v* 1) ча́хнуть, томи́ться; изнемога́ть, изныва́ть, иссыха́ть (*тж.* ~ away) 2) жа́ждать (*чего-л.*), тоскова́ть (for, after — по *чему-л.*)

**pineal** [ˈpɪnɪəl] *a анат.* шишковидный

**pineapple** [ˈpaɪnˌæpl] *n* 1) ананас 2) *воен. жарг.* ручная граната, «лимонка»; бомба 3) *attr.* ананасный

**pine-cone** [ˈpaɪnkəun] *n* сосновая шишка

**pine-needle** [ˈpaɪnˌni:dl] *n* (*обыкн. pl*) сосновая хвоя

**pinery** [ˈpaɪnərɪ] *n* 1) сосняк, сосновый бор 2) ананасная теплица

**pine-tree** [ˈpaɪntri:] = pine I, 1)

**pinfold** [ˈpɪnfəuld] **1.** *n* загон для скота

**2.** *v* держать (скот) в загоне

**ping** [pɪŋ] **1.** *n* 1) свист (*пули*) 2) гудение (*комара*) 3) стук от удара

**2.** *v* 1) свистеть 2) гудеть 3) ударяться со стуком

**ping-pong** [ˈpɪŋpɔŋ] *n* настольный теннис, пинг-понг

**pinguid** [ˈpɪŋgwɪd] *a* 1) жирный, маслянистый (*обыкн. шутл.*) 2) богатый, плодородный (*о почве*)

**pin-head** [ˈpɪnhed] *n* 1) булавочная головка 2) мелочь 3) *разг.* тупица, дурак

**pin-hole** [ˈpɪnhəul] *n* 1) булавочное отверстие 2) *тех.* отверстие под штифт

**pinion I** [ˈpɪnjən] *n тех.* 1) шестерня, малое зубчатое колесо пары 2) *ист.* зубец стены

**pinion II** [ˈpɪnjən] **1.** *n* 1) оконечность птичьего крыла 2) перо 3) *поэт.* крыло

**2.** *v* 1) подрезать крылья 2) связывать (*руки*) 3) крепко привязывать

**pinioned** [ˈpɪnjənd] *a* крылатый

**pink I** [pɪŋk] **1.** *n* 1) *бот.* гвоздика 2) розовый цвет 3) (the ~) верх, высшая степень; in the ~ *разг.* в прекрасном состоянии (*о здоровье*); the ~ of perfection верх совершенства 4) умеренный радикал

**2.** *a* 1) розовый 2) либеральничающий

**pink II** [pɪŋk] *v* 1) протыкать, прокалывать 2) украшать дырочками, фестонами, зубцами (*тж.* ~ out)

**pink III** [pɪŋk] *v* работать с детонацией (*о двигателе*)

**pink IV** [pɪŋk] *n* молодой лосось

**pink V** [pɪŋk] *n мор. ист.* пинка

**pink-eye** [ˈpɪŋkaɪ] *n мед., вет.* острый инфекционный конъюнктивит

**pinkish** [ˈpɪŋkɪʃ] *a* розоватый

**Pinkster** [ˈpɪŋkstə] *n амер. церк.* троицын день

**pinkster flower** [ˈpɪŋkstəˌflauə] *n амер. бот.* розовая азалия

**pinky** [ˈpɪŋkɪ] = pinkish

**pin-money** [ˈpɪnˌmʌnɪ] *n* деньги на мелкие расходы, на булавки

**pinna** [ˈpɪnə] *n* (*pl* pinnae) *анат.* ушная раковина

**pinnace** [ˈpɪnɪs] *n мор. ист.* пинас, полубаркас

**pinnacle** [ˈpɪnəkl] **1.** *n* 1) остроконечная башенка, бельведер, шпиц 2) вершина; кульминационный пункт

**2.** *v* 1) возносить 2) украшать башенками

**pinnae** [ˈpɪni:] *pl от* pinna

**pinnate, pinnated** [ˈpɪnɪt, ˈpɪnɪtɪd] *a бот.* перистый

**pinner** [ˈpɪnə] *n* 1) *уст.* род чепчика 2) *диал.* передник

**pinniped** [ˈpɪnɪped] *зоол.* **1.** *a* ластоногий

**2.** *n* ластоногое животное

**pinnothere** [ˈpɪnəθɪə] *n зоол.* ракушковый краб

**pinnule** [ˈpɪnju:l] *n* диоптр (*угломерного инструмента*)

**pinny** [ˈpɪnɪ] *n детск.* передничек

**pinoc(h)le** [ˈpi:nɔkl] *n амер.* карточная игра, напоминающая безик

**pinole** [pɪˈnəulɪ] *n амер.* кушанье из поджаренного маиса с сахаром *и т. п.*

**pin-point** [ˈpɪnpɔɪnt] **1.** *n* 1) остриё булавки 2) что-л. очень маленькое, незначительное

**2.** *a воен.* точный, прицельный; with ~ accuracy с большой точностью

**3.** *v* 1) *воен.* засекать цель 2) *воен.* бомбардировать точечную цель 3) указать точно; заострить внимание (*на чём-л.*)

**pinprick** [ˈpɪnprɪk] *n* 1) булавочный укол 2) мелкая неприятность, досада

**pint** [paɪnt] *n* пинта (*мера ёмкости; в Англии = 0,57 л; в США = 0,47 л для жидкостей и 0,55 л для сыпучих тел*) ◇ to make a ~ measure hold a quart стараться сделать что-л. невозможное

**pintado** [pɪnˈtɑ:dəu] *n* (*pl* -os [-əuz]) *зоол.* 1) капский голубок (*тж.* ~ bird, ~ petrel) 2) цесарка

**pintail** [ˈpɪnteɪl] *n зоол.* 1) шилохвость 2) рябок белобрюхий

**pintle** [ˈpɪntl] *n* 1) *тех.* вертикальная ось; штифт; шкворень; штырь 2) *мор.* рулевой крюк

**pinto** [ˈpɪntəu] *a амер.* пегий, пятнистый

**pin-up** [ˈpɪnʌp] **1.** *n* 1) фотография красотки, кинозвезды, вырезанная из журнала и прикреплённая на стену *и т. п.* 2) хорошенькая, очаровательная девушка

**2.** *a* хорошенькая, очаровательная (*о женщине*)

**piny** [ˈpaɪnɪ] *a* сосновый; поросший соснами

**pioneer** [ˌpaɪəˈnɪə] **1.** *n* 1) пионер, первый поселенец *или* исследователь; инициатор; новатор, зачинатель 2) пионер (*член пионерской организации*) 3) сапёр 4) *attr.* пионерский 5) *attr.* первый; ~ work нововведение; новаторство 6) *attr. воен.* сапёрный; ~ tools шанцевый инструмент 7) *attr. горн.*: ~ well разведочная скважина

**2.** *v* 1) прокладывать путь, быть пионером 2) вести, руководить

**pioneering** [ˌpaɪəˈnɪərɪŋ] *n* 1) изыскания 2) *attr.*: ~ days эпоха национального становления (*в США*)

**pious** [ˈpaɪəs] *a* 1) набожный, благочестивый; религиозный 2) ханжеский

**pip I** [pɪp] *n* типун (*птичья болезнь*) ◇ to have the ~ *разг.* чувствовать себя плохо, быть не в своей тарелке; быть в плохом настроении

**pip II** [pɪp] *n* косточка, зёрнышко (*плода*)

**pip III** [pɪp] *n* 1) очко (*в картах, домино*) 2) звёздочка (*на погонах*)

**pip IV** [pɪp] *v разг.* 1) подстрелить, ранить 2) победить; разрушить (*чьи-л.*) планы 3) забаллотировать 4) провалить (*на экзамене*)

**pip V** [pɪp] **1.** *n* высокий короткий звук радиосигнала

**2.** *v* пищать, чирикать

**pipage** [ˈpaɪpɪdʒ] *n* 1) перекачка по трубопроводу (*нефти, газа и т. п.*) 2) плата, взимаемая за перекачку по трубопроводу

**pipe** [paɪp] **1.** *n* 1) труба; трубопровод; the ~s радиатор 2) курительная трубка 3) свирель; дудка; свисток 4) *pl* волынка 5) *мор.* боцманская дудка 6) пение; свист 7) *pl* дыхательные пути 8) бочка (*для вина или масла; тж. мера ≅ 491 л*) 9) *метал.* усадочная раковина ◇ to smoke the ~ of peace выкурить трубку мира; помириться: King's (*или* Queen's) ~ *ист.* печь для сжигания контрабандного табака; to hit the ~ *амер.* курить опиум; put that in your ~ and smoke it ≅ намотайте себе это на ус

**2.** *v* 1) играть на свирели 2) призывать свирелью; приманивать вабиком 3) *мор.* вызывать дудкой, свистать 4) свистеть (*о ветре и т. п.*) 5) петь (*о птице*) 6) пищать (*о человеке*) 7) *разг.* плакать, реветь (*тж.* ~ one's eye) 8) отделывать кантом (*платье*) 9) снабжать трубами 10) пускать по трубам 11) *метал.* давать усадочные раковины □ ~ **away** *мор.* давать сигнал к отплытию; ~ **down** сбавить тон, стать менее самоуверенным; ~ **up** заиграть; запеть; заговорить

**pipeclay** [ˈpaɪpkleɪ] **1.** *n* 1) белая трубочная глина (*употр. тж. для чистки снаряжения*) 2) *воен. разг.* увлечение внешним видом, выправкой 3) *attr.* сделанный из белой глины

**2.** *v* белить трубочной глиной

**pipe dream** [ˈpaɪpdri:m] *n* несбыточная мечта; план, построенный на песке

**pipe-fish** [ˈpaɪpfɪʃ] *n зоол.* морская игла

**pipefitter** [ˈpaɪpˌfɪtə] *n* слесарь-водопроводчик

**pipeful** [ˈpaɪpful] *n* полная трубка (*табаку*)

**pipe-laying** [ˈpaɪpˌleɪɪŋ] *n* 1) прокладка труб 2) *амер.* политические интриги, махинации

**pipeline** [ˈpaɪplaɪn] **1.** *n* трубопровод; нефтепровод ◇ diplomatic ~s дипломатические каналы; in the ~ на пути (*о товаре и т. п.*)

**2.** *v* 1) перекачивать по трубопроводу 2) прокладывать трубопровод

**piper** ['paɪpə] *n* 1) волынщик, дудочник, игрок на свирели 2) запалённая лошадь 3) *горн.* суфляр ◇ to pay the ~ нести расходы, расплачиваться; he who pays the ~ calls the tune *посл.* кто платит, тот и распоряжается

**pipette** [pɪ'pet] **1.** *n* пипетка

**2.** *v* капать из пипетки □ ~ **off** отсасывать пипеткой

**piping** ['paɪpɪŋ] **1.** *pres. p. от* pipe 2

**2.** *n* 1) игра (*на дудке и т. п.*) 2) насвистывание; писк 3) пение (*птиц*) 4) трубопровод; трубы, система труб 5) кант (*на платье*) 6) сахарный узор (*на торте*) 7) *метал.* усадочная раковина; образование усадочных раковин

**3.** *a* пронзительный, писклявый ◇ ~ hot ≅ а) с пылу, с жару; очень горячий; б) совершенно новый *или* свежий; the ~ time(s) of peace мирные времена

**4.** *adv* со свистом, с шипением

**pipit** ['pɪpɪt] *n* конёк, щеврица (*птица*)

**pipkin** ['pɪpkɪn] *n* глиняный горшочек, мисочка

**pippin** ['pɪpɪn] *n* 1) пепин (*сорт яблок*) 2) *амер. разг.* кумир

**pippin-faced** ['pɪpɪn'feɪst] *a* с круглым красным лицом

**pip-squeak** ['pɪpskwi:k] *n разг.* 1) что-л. незначительное, презренное 2) ничтожная личность

**pipy** ['paɪpɪ] *a* 1) трубчатый 2) резкий, зычный

**piquancy** ['pi:kənsɪ] *n* пикантность, острота

**piquant** ['pi:kənt] *a* пикантный (*тж. перен.*)

**pique** [pi:k] **1.** *n* 1) задетое самолюбие; обида, досада, раздражение 2) *редк.* размолвка

**2.** *v* 1) уколоть, задеть (*самолюбие*) 2) возбуждать (*любопытство*) 3) *ав.* пикировать ◇ to ~ oneself on smth. гордиться, чваниться чем-л.

**piqué** ['pi:keɪ] *фр. n* пике (*ткань*)

**piquet** I [pɪ'ket] *n карт.* пикет

**piquet** II ['pɪkɪt] = picket

**piracy** ['paɪərəsɪ] *n* 1) пиратство 2) нарушение авторского права 3) *геол.* перехват одной реки другой

**piragua** [pɪ'rægwə] *n* пирога (*лодка*)

**pirate** ['paɪərɪt] **1.** *n* 1) пират 2) пиратское судно 3) нарушитель авторского права 4) (частный) автобус, курсирующий по чужим маршрутам

**2.** *v* 1) заниматься пиратством; грабить; обкрадывать 2) самовольно переиздавать, нарушать авторское право

**piratical** [paɪ'rætɪkəl] *a* пиратский; ~ edition незаконно переизданная книга

**pirn** [pə:n] *n текст.* цевка, шпулька

**pirogue** [pɪ'rəug] = piragua

**pirouette** [ˌpɪru'et] **1.** *n* пируэт

**2.** *v* делать пируэты

**piscatorial, piscatory** [ˌpɪskə'tɔ:rɪəl, 'pɪskətərɪ] *a* 1) рыболовный 2) рыбацкий

**Pisces** ['pɪsi:z] *n pl* Рыбы (*созвездие и знак зодиака*)

**pisciculture** ['pɪsɪkʌltʃə] *n* рыбоводство

**pisciculturist** [ˌpɪsɪ'kʌltʃərɪst] *n* рыбовод

**piscina** [pɪ'si:nə] *n* (*pl* -nae, -s [-z]) 1) рыбный садок 2) *др.-рим.* плавательный бассейн в бане 3) *церк.* умывальница (*в ризнице*)

**piscinae** [pɪ'si:ni:] *pl от* piscina

**piscine** I ['pɪsi:n] *n* плавательный бассейн

**piscine** II ['pɪsaɪn] *a* рыбный

**piscivorous** [pɪ'sɪvərəs] *a* рыбоядный

**pisé** ['pi:zeɪ] *фр. n* 1) глина с гравием 2) *attr.* глинобитный; ~ building глинобитная постройка

**pish** [pɪʃ] **1.** *int* тьфу!; фи!

**2.** *v* говорить «тьфу», «фи»

**pishogue** [pɪ'ʃəug] *ирл. n* колдовство; заклинание

**pisiform** ['pɪsɪfɔ:m] *a* имеющий форму горошины; гороховидный; ~ bone *анат.* гороховидная кость

**pismire** ['pɪsmaɪə] *n* муравей

**pisolite** ['paɪsəlaɪt] *n мин.* пизолит, гороховый камень, оолит

**piss** [pɪs] *груб.* **1.** *n* моча

**2.** *v* 1) мочиться 2) облить мочой

**pissed** [pɪst] **1.** *p. p. от* piss 2

**2.** *a груб.* пьяный

**piss-pot** ['pɪspɔt] *n груб.* ночной горшок

**pistachio** [pɪs'tɑ:ʃɪəu] *n* (*pl* -os [-əuz]) 1) *бот.* фисташковое дерево 2) фисташка (*плод*) 3) фисташковый цвет

**pistil** ['pɪstɪl] *n бот.* пестик

**pistillate** ['pɪstɪleɪt] *a бот.* пестиковый, пестичный

**pistol** ['pɪstl] **1.** *n* пистолет; револьвер 2) *attr.* пистолетный; ~ club стрелковый клуб *или* кружок

**2.** *v* стрелять из пистолета *или* револьвера

**pistole** [pɪs'təul] *n ист.* пистоль (*исп. золотая монета*)

**pistol-shot** ['pɪstlʃɔt] *n* пистолетный выстрел

**piston** ['pɪstən] *n* 1) *тех.* поршень; плунжер 2) пистон, клапан (*в медных духовых инструментах*)

**piston-rod** ['pɪstənrɔd] *n тех.* поршневой шток, шатун

**pit** I [pɪt] **1.** *n* 1) яма; углубление; впадина; air ~ воздушная яма 2) шахта, копь; карьер, шурф; open ~ карьер, открытая разработка 3) волчья яма; западня 4) (the ~) преисподняя (*тж.* the ~ of hell) 5) *анат.* ямка, впадина; the ~ of the stomach подложечная ямка; in the ~ of the stomach под ложечкой 6) оспина, рябина (*на коже*) 7) раковина (*на отливке*) 8) арена для петушиных боёв 9) партер (*особ. задние ряды за креслами*) 10) место для оркестра (*в театре*) 11) заправочно-ремонтный пункт (*в автомобильных гонках*) 12) *амер.* отдел товарной биржи 13) *уст.* тюрьма, темница; ~ and gallow *шотл. ист.* право баронов топить *или* вешать преступников 14) *воен.* одиночный окоп 15) *attr.* шахтный; ~ mouth устье шахты; ~ wood *горн.* крепёжный лес ◇ to dig a ~ for smb. рыть кому-л. яму

**2.** *v* 1) складывать в яму (*для хранения; особ. об овощах и т. п.*) 2) рыть ямы 3) (*особ. p. p.*) покрывать(ся) ямками; ~ted with smallpox рябой 4) стравливать (*петухов*); выставлять в качестве противника (against); to ~ one's strength against an enemy сразиться с врагом; to ~ oneself against heavy odds бороться с огромными трудностями

**pit** II [pɪt] *амер.* **1.** *n* фруктовая косточка

**2.** *v* вынимать косточки

**pit-a-pat** ['pɪtə'pæt] **1.** *adv*: to go ~ затрепетать (*о сердце*); his feet went ~ ноги у него подкосились

**2.** *n* биение, трепет

**pitch** I [pɪtʃ] **1.** *n* смола; вар; дёготь; пек ◇ ~ dark(ness) тьма кромешная

**2.** *v* смолить

**pitch** II [pɪtʃ] **1.** *n* 1) высота (*тона, звука и т. п.*); absolute ~ а) абсолютная высота тона; б) абсолютный слух; the noise rose to a deafening ~ шум сделался оглушительным 2) степень, уровень, напряжение 3) уклон, скат, наклон, покатость, угол наклона 4) падение; килевая качка (*судна*); the ship gave a ~ корабль зарылся носом 5) бросок 6) *спорт.* подача 7) партия товара 8) обычное место (*уличного торговца и т. п.*) 9) *спорт.* часть крикетного поля между линиями подающих 10) наклон самолёта относительно поперечной оси 11) *тех.* шаг (*резьбы, зубчатого зацепления, воздушного винта*); модуль; питч 12) *геол.* падение (*пласта*)

**2.** *v* 1) разбивать (*палатки, лагерь*); располагаться лагерем; to ~ one's tent а) разбить палатку; б) поселиться (*где-л.*) 2) ставить (*крикетные воротца и т. п.*) 3) бросать; кидать 4) *спорт.* подавать 5) выставлять на продажу 6) падать (on, into); погружаться 7) подвергаться килевой качке (*о корабле*) 8) *муз.* давать основной тон 9) придавать определённую высоту 10) *разг.* рассказывать (*басни*); to ~ it strong преувеличивать; the description is ~ed too high описание преувеличено 11) мостить брусчаткой 12) *тех.* зацеплять (*о зубцах*) □ ~ **in** *разг.* энергично браться за *что-л.*, налегать на *что-л.*; ~ **into** *разг.* набрасываться; нападать; ~ **upon** а) случайно наткнуться на *что-*

-*либо*; б) вы́брать, останови́ться на *чём-л.*

**pitch-black** [ˈpɪtʃˈblæk] *a* чёрный как смоль

**pitchblende** [ˈpɪtʃblend] *n мин.* уранини́т, ура́новая смо́лка, смоляна́я обма́нка

**pitch-dark** [ˈpɪtʃˈdɑːk] *a* о́чень тёмный

**pitched** I [pɪtʃt] **1.** *p. p. от* pitch II, 2

**2.** *a* 1): a high ~ voice высо́кий го́лос 2): the roof is ~ кры́ша сли́шком крута́ 3): ~ battle зара́нее подгото́вленное сраже́ние на определённом уча́стке

**pitched** II [pɪtʃt] *p. p. от* pitch I, 2

**pitcher** I [ˈpɪtʃə] *n* кувши́н ◇ little ~s have long ears ≅ а) де́ти лю́бят подслу́шивать; б) сте́ны име́ют у́ши; the ~ goes often to the well (but is broken at last) *посл.* пова́дился кувши́н по́ воду ходи́ть (тут ему́ и го́лову сломи́ть)

**pitcher** II [ˈpɪtʃə] *n* 1) *спорт.* подаю́щий мяч 2) у́личный торго́вец (*торгующий на определённом месте*) 3) ка́менный брусо́к

**pitchfork** [ˈpɪtʃfɔːk] **1.** *n* 1) ви́лы 2) камерто́н ◇ it rains ~s *амер.* льёт как из ведра́; идёт проливно́й дождь

**2.** *v* 1) взбра́сывать ви́лами 2) неожи́данно назна́чить на высо́кую до́лжность

**pitch indicator** [ˈpɪtʃˌɪndɪkeɪtə] *n ав.* указа́тель продо́льного кре́на

**pitchman** [ˈpɪtʃmən] *амер.* = pitcher II, 2)

**pitch-pine** [ˈpɪtʃpaɪn] *n* смоли́стая сосна́

**pitch-pipe** [ˈpɪtʃpaɪp] *n* камерто́н-ду́дка

**pitchy** [ˈpɪtʃɪ] *a* 1) смоли́стый 2) смоляно́й 3) чёрный как смоль

**piteous** [ˈpɪtɪəs] *a* жа́лкий, жа́лобный, досто́йный сожале́ния

**pitfall** [ˈpɪtfɔːl] *n* 1) во́лчья я́ма 2) ры́твина 3) *перен.* лову́шка, западня́

**pith** [pɪθ] **1.** *n* 1) сердцеви́на (*растения*) 2) спинно́й мозг 3) суть, су́щность (*часто* the ~ and marrow of) 4) си́ла, эне́ргия

**2.** *v* 1) забива́ть (скот) посре́дством прока́лывания спинно́го мо́зга 2) извлека́ть сердцеви́ну (*из растений*)

**pithecanthrope** [ˌpɪθɪkænˈθrəup] *n* питека́нтроп

**pithecoid** [pɪˈθiːkɔɪd] *a* антропо́идный

**pith fleck** [ˈpɪθflek] *n* червото́чина

**pithily** [ˈpɪθɪlɪ] *adv* в то́чку, по существу́

**pithless** [ˈpɪθlɪs] *a* 1) без сердцеви́ны 2) бесхребе́тный; сла́бый, вя́лый 3) бессодержа́тельный

**pithy** [ˈpɪθɪ] *a* 1) с сердцеви́ной; гу́бчатый 2) си́льный, энерги́чный 3) содержа́тельный; сжа́тый (*о стиле*)

**pitiable** [ˈpɪtɪəbl] *a* жа́лкий, несча́стный, ничто́жный

**pitiful** [ˈpɪtɪful] *a* 1) сострада́тельный, жа́лостливый 2) жа́лостный 3) жа́лкий, ничто́жный, презре́нный, несча́стный; ~ move жа́лкий манёвр

**pitiless** [ˈpɪtɪlɪs] *a* безжа́лостный

**pitman** [ˈpɪtmən] *n* 1) (*pl* pitmen) шахтёр; углеко́п; подзе́мный рабо́чий 2) (*pl* -s [-z]) *тех.* шату́н; соедини́тельная тя́га

**pit-pat** [ˈpɪtˈpæt] = pit-a-pat

**pittance** [ˈpɪtəns] *n* 1) ску́дное вспомоществова́ние *или* жа́лованье; жа́лкие гроши́ (*обыкн.* a mere ~) 2) небольша́я часть *или* небольшо́е коли́чество

**pitter-patter** [ˈpɪtəˈpætə] **1.** *n* 1) ча́стое лёгкое посту́кивание

**2.** *adv* ча́сто и легко́ (*ударять, стучать и т. п.*)

**pittite** [ˈpɪtaɪt] *n* зри́тель после́дних рядо́в парте́ра

**pituitary** [pɪˈtju(ː)ɪtərɪ] *a* слизи́стый; ~ body (*или* gland) *анат.* гипо́физ

**pity** [ˈpɪtɪ] **1.** *n* 1) жа́лость, сострада́ние, сожале́ние; for ~'s sake! умоля́ю вас!; to take (*или* to have) ~ сжа́литься (on — над *кем-л.*) 2) печа́льный факт; it is a ~ жаль; it is a thousand pities о́чень жаль; more's the ~ тем ху́же; what a ~!, the ~ of it! как жа́лко!

**2.** *v* жале́ть, соболе́зновать

**pitying** [ˈpɪtɪɪŋ] **1.** *pres. p. от* pity 2

**2.** *a* выража́ющий *или* испы́тывающий жа́лость, сожале́ние

**pityingly** [ˈpɪtɪɪŋlɪ] *adv* с жа́лостью, с сожале́нием

**pivot** [ˈpɪvət] **1.** *n* 1) то́чка враще́ния, то́чка опо́ры 2) сте́ржень, (коро́ткая) ось; шкво́рень 3) *перен.* основно́й пункт, центр

**2.** *v* 1) наде́ть на сте́ржень 2) верте́ться; враща́ться (*тж. перен.*; upon)

**pivotal** [ˈpɪvətl] *a* 1) центра́льный; осево́й 2) кардина́льный, основно́й; центра́льный

**pixie** [ˈpɪksɪ] = pixy

**pixilated** [ˈpɪksɪleɪtɪd] *a амер.* 1) одержи́мый, со стра́нностями 2) *диал.* пья́ный

**pixy** [ˈpɪksɪ] *n* эльф, фе́я

**pizzicato** [ˌpɪtsɪˈkɑːtəu] *ит. adv, n муз.* пиццика́то

**placability** [ˌplækəˈbɪlɪtɪ] *n* кро́тость, незлопа́мятность; благоду́шие

**placable** [ˈplækəbl] *a* кро́ткий, незлопа́мятный; благоду́шный

**placard** [ˈplækɑːd] **1.** *n* афи́ша, плака́т

**2.** *v* 1) раскле́ивать (*объявления*) 2) испо́льзовать плака́ты для рекла́мы

**placate** [pləˈkeɪt] *v* умиротворя́ть; успока́ивать

**placatory** [ˈplækətərɪ] *a* зада́бривающий; умиротворя́ющий

**place** [pleɪs] **1.** *n* 1) ме́сто; to give ~ to smb. уступи́ть ме́сто кому́-л.; to take the ~ of smb. заня́ть чьё-л. ме́сто, замести́ть кого́-л.; in ~ а) на ме́сте; б) уме́стный; out of ~ а) не на ме́сте; б) неуме́стный [*ср. тж.* 5)] 2) жили́ще; уса́дьба; за́городный дом; резиде́нция; summer ~ ле́тняя резиде́нция; come down to my ~ tonight приходи́ ко мне сего́дня ве́чером 3) го́род, месте́чко, селе́ние; what ~ do you come from? отку́да вы ро́дом? 4) пло́щадь (*в названиях, напр.*, Gloucester P.) 5) положе́ние, до́лжность, ме́сто, слу́жба; to know one's ~ знать своё ме́сто; out of ~ безрабо́тный [*ср. тж.* 1)] 6) сиде́нье, ме́сто (*в экипаже, за столом и т. п.*); six ~s were laid стол был накры́т на шесть прибо́ров; to engage (*или* to secure) ~s заказа́ть биле́ты 7) ме́сто в кни́ге, страни́ца, отры́вок 8) *мат.*: calculated to five decimal ~s с то́чностью до одно́й стоты́сячной 9) *спорт.* одно́ из пе́рвых мест (*в состязании*); to get a ~ прийти́ к фи́нишу в числе́ пе́рвых 10) *горн.* забо́й ◇ in ~ of вме́сто; in the first (in the second) ~ во-пе́рвых (во-вторы́х); in the next ~ зате́м; to keep smb. in his ~ не дава́ть кому́-л. зазнава́ться; to take ~ случа́ться, име́ть ме́сто; there is no ~ like home ≅ в гостя́х хорошо́, а до́ма лу́чше; another ~ *парл.* пала́та ло́рдов

**2.** *v* 1) помеща́ть, размеща́ть; ста́вить, класть; to ~ in the clearest light по́лностью освети́ть (*вопрос, положение и т. п.*) 2) помеща́ть на до́лжность, устра́ивать 3) помеща́ть де́ньги, капита́л 4) де́лать зака́з; to ~ a call *амер.* заказа́ть разгово́р по телефо́ну 5) определя́ть ме́сто, положе́ние, да́ту; относи́ть к определённым обстоя́тельствам 6) сбыва́ть (*товар*) 7) возлага́ть (*надежды и т. п.*); to ~ confidence in smb. дове́риться кому́-л. 8) *спорт.* заня́ть одно́ из призовы́х мест 9) *спорт.* присуди́ть одно́ из пе́рвых мест; to be ~d прийти́ к фи́нишу в числе́ пе́рвых трёх

**placebo** [pləˈsiːbəu] *n* (*pl* -os, -oes [-əuz]) безвре́дное лека́рство, прописываемое для успокое́ния больно́го

**place-card** [ˈpleɪskɑːd] *n* ка́рточка на официа́льном приёме, ука́зывающая ме́сто го́стя за сто́лом

**place-holder** [ˈpleɪsˌhəuldə] *n* должностно́е лицо́, госуда́рственный слу́жащий

**place-hunter** [ˈpleɪsˌhʌntə] *n* карьери́ст

**placeman** [ˈpleɪsmən] *n* 1) должностно́е лицо́, чино́вник (*обыкн. пренебр.*) 2) карьери́ст

**placement** [ˈpleɪsmənt] *n* 1) размеще́ние, помеще́ние; ~ of furniture расстано́вка ме́бели 2) определе́ние на до́лжность

**place-name** [ˈpleɪsneɪm] *n* географи́ческое назва́ние

**placenta** [pləˈsentə] *n* (*pl* -s [-z], -tae) 1) *анат.* плаце́нта 2) *бот.* семяно́сец

**placentae** [pləˈsentiː] *pl от* placenta

**place of arms** [ˈpleɪsəvˈɑːmz] *n воен.* плацда́рм

**placer** [ˈpleɪsə] *n* (золото́й) при́иск, ро́ссыпь

**placet** [ˈpleɪset] *лат.* **1.** *n* го́лос «за» **2.** *int* за!; non ~! про́тив!

**placid** [ˈplæsɪd] *a* споко́йный, ми́рный, безмяте́жный

**placidity** [plæˈsɪdɪtɪ] *n* споко́йствие, безмяте́жность

**placket** [ˈplækɪt] *n* 1) карма́н в ю́бке 2) разре́з в ю́бке (*для застёжки*)

**placket-hole** [ˈplækɪthəul] = placket 2)

**plafond** [plæˈfɔːŋ] *фр. n архит.* 1) плафо́н 2) потоло́к

**plage** [plɑːʒ] *фр. n* пляж

**plagiarism** [ˈpleɪdʒjərɪzm] *n* плагиа́т

**plagiarist** [ˈpleɪdʒjərɪst] *n* плагиа́тор

**plagiarize** [ˈpleɪdʒjəraɪz] *v* занима́ться плагиа́том

**plagiary** [ˈpleɪdʒjərɪ] *n* 1) плагиа́т 2) плагиа́тор

**plague** [pleɪg] **1.** *n* 1) чума́, морова́я я́зва; мор; the ~ бубо́нная чума́ 2) *перен.* пове́трие 3) бе́дствие, бич, наказа́ние; a ~ of rats наше́ствие крыс 4) *разг.* неприя́тность, доса́да; беспоко́йство ◇ ~ on him! чтоб ему́ пу́сто бы́ло!

**2.** *v* 1) зачумля́ть 2) насыла́ть бе́дствие, му́чить 3) *разг.* досажда́ть, надоеда́ть, беспоко́ить

**plaguesome** [ˈpleɪgsəm] *a разг.* неприя́тный, доса́дный, надое́дливый

**plague-spot** [ˈpleɪgspɔt] *n* 1) чумно́е пятно́ 2) зачумлённая ме́стность 3) *перен.* исто́чник зара́зы; при́знак мора́льного разложе́ния

**plaguy** [ˈpleɪgɪ] *разг.* **1.** *a* неприя́тный, доса́дный; черто́вский

**2.** *adv* черто́вски, о́чень

**plaice** [pleɪs] *n* ка́мбала

**plaid** [plæd] *n* 1) плед 2) *текст.* шотла́ндка

**plain I** [pleɪn] **1.** *a* 1) я́сный, я́вный, очеви́дный; to make it ~ вы́явить, разъясни́ть; the ~ truth (*или* fact) is that... де́ло про́сто в том, что..., соверше́нно очеви́дно, что... 2) просто́й; поня́тный; ~ writing разбо́рчивый по́черк 3) незамыслова́тый, обыкнове́нный; ~ water обыкнове́нная вода́; ~ card нефигу́рная игра́льная ка́рта; ~ clothes шта́тское пла́тье; ~ work просто́е шитьё (*в отличие от вышивания*) 4) одноцве́тный, без узо́ра (*о материи*) 5) гла́дкий, ро́вный (*о местности*) 6) просто́й, скро́мный (*о пище и т. п.*) 7) прямо́й, открове́нный; ~ dealing прямота́, че́стность; to be ~ with smb. говори́ть кому́-л. неприя́тную пра́вду 8) просто́й, незна́тный; ~ folk простонаро́дье 9) некраси́вый ◇ ~ sailing а) *мор.* пла́вание по локсодро́мии; б) лёгкий, просто́й путь; it will be all ~ sailing ≅ всё пойдёт как по ма́слу

**2.** *n* 1) равни́на 2) *поэт.* по́ле бра́ни 3) пло́скость

**3.** *adv* 1) я́сно, разбо́рчиво, отчётливо 2) открове́нно

**plain II** [pleɪn] *v поэт.* се́товать, жа́ловаться, пла́каться; хны́кать

**plain-clothes man** [ˈpleɪnˈkləuðzˈmæn] *n* сы́щик; переоде́тый полице́йский; шпик

**plainly** [ˈpleɪnlɪ] *adv* пря́мо, открове́нно

**plainness** [ˈpleɪnnɪs] *n* 1) простота́; поня́тность 2) очеви́дность 3) прямота́ 4) некраси́вость

**plainsman** [ˈpleɪnzmən] *n* жи́тель равни́н

**plain-spoken** [ˈpleɪnˈspəukən] *a* открове́нный, прямо́й

**plaint** [pleɪnt] *n* 1) *юр.* иск 2) *поэт.* се́тование, плач, стена́ние

**plaintiff** [ˈpleɪntɪf] *n юр.* исте́ц; исти́ца

**plaintive** [ˈpleɪntɪv] *a* жа́лобный, зауны́вный, го́рестный

**plait** [plæt] **1.** *n* 1) коса́ (*волос*) 2) скла́дка (*на платье*)

**2.** *v* 1) заплета́ть, плести́ 2) закла́дывать скла́дки

**plan** [plæn] **1.** *n* 1) план; прое́кт 2) за́мысел, наме́рение; предположе́ние 3) спо́соб де́йствий 4) схе́ма, диагра́мма, чертёж 5) систе́ма

**2.** *v* 1) составля́ть план, плани́ровать, проекти́ровать 2) стро́ить пла́ны; наде́яться 3) намерева́ться; затева́ть

**planch** [plɑːnʃ] *n* доще́чка, пла́нка

**plane I** [pleɪn] **1.** *n* 1) пло́скость (*тж. перен.*); on a new ~ на но́вой осно́ве 2) грань (*кристалла*) 3) прое́кция 4) у́ровень (*развития знаний и т. п.*) 5) *разг.* самолёт 6) *ав.* несу́щая пове́рхность; крыло́ (*самолёта*) 7) *горн.* укло́н, бре́мсберг

**2.** *a* пло́ский; плоскостно́й

**3.** *v* 1) пари́ть 2) *ав.* скользи́ть; плани́ровать 3) *разг.* путеше́ствовать самолётом

**plane II** [pleɪn] **1.** *n* 1) *тех.* руба́нок; струг; калёвка 2) *стр.* глади́лка, мастеро́к

**2.** *v* 1) строга́ть; скобли́ть; выра́внивать 2) *полигр.* выкола́чивать (*форму*) □ ~ **away**, ~ **down** состру́гивать

**plane III** [pleɪn] *n* плата́н

**plane geometry** [ˈpleɪndʒɪˈɔmɪtrɪ] *n* планиме́трия

**planer** [ˈpleɪnə] *n* 1) *тех.* продо́льно-строга́льный стано́к 2) строга́льщик (*рабочий*) 3) *полигр.* выколотка 4) *дор.* доро́жный утю́г

**planet** [ˈplænɪt] *n* плане́та; major (minor) ~s больши́е (ма́лые) плане́ты

**plane-table** [ˈpleɪnˌteɪbl] *геод.* **1.** *n* ме́нзула

**2.** *v* производи́ть ме́нзульную съёмку

**planetaria** [ˌplænɪˈtɛərɪə] *pl от* planetarium

**planetarium** [ˌplænɪˈtɛərɪəm] *n* (*pl* -ria) планета́рий

**planetary** [ˈplænɪtərɪ] *a* 1) плане́тный, планета́рный; ~ system со́лнечная систе́ма 2) земно́й, мирско́й 3) блужда́ющий

**planetoid** [ˈplænɪtɔɪd] *n астр.* ма́лая плане́та, астеро́ид

**plane-tree** [ˈpleɪntriː] = plane III

**planet-stricken** [ˈplænɪtˌstrɪkən] = planet-struck

**planet-struck** [ˈplænɪtstrʌk] *a* охва́ченный па́никой, запу́ганный

**plangent** [ˈplændʒənt] *a* протя́жный; зауны́вный

**planish** [ˈplænɪʃ] *v* 1) пра́вить; выправля́ть, рихтова́ть (*металл*) 2) шлифова́ть, полирова́ть, лощи́ть; нака́тывать (*фотографии*)

**plank** [plæŋk] **1.** *n* 1) (обшивна́я) доска́, пла́нка 2) пункт парти́йной програ́ммы

**2.** *v* 1) настила́ть; выстила́ть, обшива́ть доска́ми 2) *амер.* выкла́дывать, плати́ть (*обыкн.* ~ down, ~ out) 3) *амер.* жа́рить ры́бу *или* пти́цу, нани́зывая её на па́лочки

**plank-bed** [ˈplæŋkbed] *n* на́ры

**planking** [ˈplæŋkɪŋ] **1.** *pres. p. от* plank 2

**2.** *n* 1) обши́вка доска́ми 2) *собир.* до́ски

**plankton** [ˈplæŋktɔn] *n биол.* планкто́н

**planless** [ˈplænlɪs] *a* беспла́новый, бессисте́мный

**planned** [plænd] **1.** *p. p. от* plan 2

**2.** *a* пла́новый; плани́рованный; планоме́рный; ~ production пла́новое произво́дство

**planner** [ˈplænə] *n* 1) плани́ро́вщик; проектиро́вщик 2) планови́к 3) топо́граф

**planoconcave** [ˈpleɪnəuˈkɔnkeɪv] *a* пло́ско-во́гнутый (*о линзе*)

**planoconvex** [ˈpleɪnəuˈkɔnveks] *a* пло́ско-вы́пуклый (*о линзе*)

**plant I** [plɑːnt] **1.** *n* 1) расте́ние; са́женец; in ~ расту́щий; в соку́ 2) *собир.* урожа́й 3) по́за, пози́ция 4) *жарг.* сы́щик 5) *жарг.* полице́йская заса́да

**2.** *v* 1) сажа́ть (*растения*); заса́живать (with); насажда́ть (*сад*) 2) пуска́ть (*рыбу*) для разведе́ния 3) про́чно ста́вить, устана́вливать (in, on); to ~ a standard водрузи́ть зна́мя; to ~ oneself стать, заня́ть пози́цию 4) вса́живать, втыка́ть 5) осно́вывать (*колонию и т. п.*); заселя́ть; поселя́ть 6) внедря́ть, насажда́ть (in) 7) приста́вить (*кого-л., особ. как шпиона*) 8) внуша́ть (*мысль*) 9) наноси́ть (*удар*) 10) *жарг.* пря́тать (*краденое*) 11) *жарг.* подстра́ивать (*махинацию*) 12) броса́ть, покида́ть □ ~ **on** подсо́вывать, сбыва́ть; ~ **out** выса́живать в грунт

**plant II** [plɑːnt] *n* 1) заво́д, фа́брика; ~ and equipment *эк.* основно́й капита́л (*в промышленности*) 2) обору́дование, устано́вка; компле́кт маши́н 3) агрега́т

**plantain** [ˈplæntɪn] *n бот.* подоро́жник

**plantar** [ˈplæntə] *a анат.* подо́швенный

**plantation** [plænˈteɪʃən] *n* 1) планта́ция 2) насажде́ние 3) внедре́ние, насажде́ние 4) *ист.* колониза́ция 5) *ист.*

коло́ния 6) *attr.*: ~ owner планта́тор

**planted** [ˈplɑːntɪd] **1.** *p. p. от* plant I, 2

**2.** *a* 1) поса́женный, наса́женный 2) заса́женный 3): ~ informer специа́льно подо́сланный осведоми́тель

**planter** [ˈplɑːntə] *n* 1) планта́тор 2) учреди́тель, основа́тель 3) *с.-х.* сажа́лка 4) *с.-х.* сажа́льщик

**plantigrade** [ˈplæntɪgreɪd] *зоол.* **1.** *a* стопоходя́щий

**2.** *n* стопоходя́щее живо́тное

**plant-louse** [ˈplɑːntˈlaus] *n* тля

**plant pathology** [ˈplɑːntpəˈθɔlədʒɪ] *n* фитопатоло́гия

**plaque** [plɑːk] *n* 1) металли́ческий *или* фарфо́ровый диск, таре́лка (*как стенное украшение*) 2) доще́чка, пласти́нка с фами́лией *или* назва́нием учрежде́ния; memorial ~ мемориа́льная доска́ 3) почётный значо́к 4) *мед.* бля́шка

**plash** I [plæʃ] **1.** *n* 1) плеск, всплеск 2) лу́жа

**2.** *v* плеска́ть(ся)

**plash** II [plæʃ] *v* сплета́ть; плести́

**plasm** [plæzm] = plasma

**plasma** [ˈplæzmə] *n* 1) *физиол.* пла́зма 2) *биол.* протопла́зма 3) *мин.* гелиотро́п, зелёный халцедо́н

**plaster** [ˈplɑːstə] **1.** *n* 1) штукату́рка; ~ of Paris гипс 2) пла́стырь

**2.** *v* 1) штукату́рить 2) накла́дывать пла́стырь 3) нама́зывать; покрыва́ть 4) гру́бо льстить (*тж.* ~ with praise) 5) па́чкать 6) подме́шивать гипс (*в вино*)

**plastered** [ˈplɑːstəd] **1.** *p. p. от* plaster 2

**2.** *a разг.* пья́ный; to get ~ напи́ться, наклю́каться

**plasterer** [ˈplɑːstərə] *n* штукату́р

**plastic** [ˈplæstɪk] **1.** *a* 1) пласти́ческий; ~ art скульпту́ра; иску́сство ва́яния; ~ surgery пласти́ческая (*или* восстанови́тельная) хирурги́я; ~ flow *тех.* пласти́ческая деформа́ция 2) пласти́чный, ги́бкий; ~ clay а) сугли́нок; б) гли́на для ле́пки, горше́чная гли́на; ~ material пластма́сса 3) лепно́й; скульпту́рный 4) послу́шный, пода́тливый

**2.** *n* 1) (*обыкн. pl*) пластма́сса 2) пласти́чность

**plasticine** [ˈplæstɪsiːn] *n* пластили́н

**plasticity** [plæsˈtɪsɪtɪ] *n* пласти́чность, ги́бкость

**plastron** [ˈplæstrən] *n* 1) пластро́н, мани́шка 2) *ист.* ла́тный нагру́дник 3) ни́жний щит черепа́хи

**plat** I [plæt] **1.** *n* 1) (небольшо́й) уча́сток земли́ 2) *амер.* план *или* съёмка в горизонта́льной прое́кции 3) *горн.* ру́дный двор

**2.** *v амер.* снима́ть план

**plat** II [plæt] = plait 1, 1) *и* 2, 1)

**plat** III [plɑː] *n* блю́до с едо́й

**platan** [ˈplætən] = plane III

**platband** [ˈplætbænd] *n* 1) *стр.* нали́чник (*двери*); при́толока 2) *архит.* гла́дкий по́яс

**plate** [pleɪt] **1.** *n* 1) пласти́нка; доще́чка 2) таре́лка 3) столо́вое серебро́; металли́ческая (*преим. серебряная или золотая*) посу́да 4) фотопласти́нка 5) плита́, лист, полоса́ (*металла*); листова́я сталь 6) гравю́ра, эста́мп 7) вкле́йка, иллюстра́ция на отде́льном листе́ 8) экsли́брис 9) *полигр.* печа́тная фо́рма; гальванокли́ше́; стереоти́п 10) призово́й ку́бок 11) ска́чки на приз 12) вставна́я че́люсть 13) *эл.* ано́д (*лампы*) 14) *стр.* мауэрла́т ◇ to have enough on one's ~ ≅ быть сы́тым по го́рло

**2.** *v* 1) обшива́ть металли́ческим листо́м; накла́дывать серебро́, зо́лото; луди́ть 2) *полигр.* изготовля́ть гальванокли́ше́ *или* стереоти́п 3) плю́щить (*металл*), раско́вывать в листы́ 4) *тех.* плакирова́ть

**plateau** [ˈplætəu] *n* (*pl* -s [-z], -x) плато́, пло́ская возвы́шенность, плоского́рье

**plateaux** [ˈplætəuz] *pl от* plateau

**plate-basket** [ˈpleɪtˌbɑːskɪt] *n* корзи́нка для ви́лок, ноже́й *и т. п.*

**plateful** [ˈpleɪtful] *n* по́лная таре́лка

**plate glass** [ˈpleɪtˈglɑːs] *n* зерка́льное стекло́

**platelayer** [ˈpleɪtˌleɪə] *n* путево́й рабо́чий

**plate-mark** [ˈpleɪtmɑːk] *n* проби́рное клеймо́, про́ба

**platen** [ˈplætən] *n* 1) *полигр.* ти́гель 2) ва́лик (*пишущей машины*) 3) стол (*станка*); сто́лик (*прибора*)

**plate-powder** [ˈpleɪtˌpaudə] *n* 1) порошо́к для чи́стки серебра́ 2) пласти́нчатый по́рох

**plater** I [ˈpleɪtə] *n* луди́льщик

**plater** II [ˈpleɪtə] *n* ло́шадь, пока́зываемая на ска́чках при ко́нном заво́де (*особ.* с це́лью прода́жи)

**plate-rack** [ˈpleɪtræk] *n* суши́лка для посу́ды

**platform** [ˈplætfɔːm] *n* 1) платфо́рма, перро́н 2) платфо́рма; помо́ст; raised ~ возвыше́ние 3) трибу́на; сце́на 4) полити́ческая платфо́рма, пози́ция 5) площа́дка (*трамвая, железнодорожного вагона*) 6) ору́дийная платфо́рма 7) пло́ская возвы́шенность 8) *attr.*: ~ ticket перро́нный биле́т; ~ car ваго́н-платфо́рма

**platform boots** [ˈplætfɔːmˈbuːts] *n pl* сапоги́ на платфо́рме

**platform shoes** [ˈplætfɔːmˈʃuːz] *n pl* ту́фли на платфо́рме

**plating** [ˈpleɪtɪŋ] **1.** *pres. p. от* plate 2

**2.** *n* 1) покры́тие мета́ллом; никелиро́вка, золоче́ние, серебре́ние 2) листова́я общи́вка

**platinize** [ˈplætɪnaɪz] *v* покрыва́ть пла́тиной, платини́ровать

**platinoid** [ˈplætɪnɔɪd] *n* платино́ид (*сплав меди, цинка, никеля и вольфрама*)

**platinum** [ˈplætɪnəm] *n* 1) пла́тина 2) *attr.* пла́тиновый; ~ metal мета́лл пла́тиновой гру́ппы; ~ black пла́тиновая чернь; ~ blonde *разг.* о́чень све́тлая блонди́нка

**platitude** [ˈplætɪtjuːd] *n* бана́льность, пло́скость, по́шлость

**platitudinarian** [ˈplætɪˌtjuːdɪˈnɛərɪən] **1.** *a* бана́льный, по́шлый

**2.** *n* челове́к, говоря́щий по́шлости, пло́скости, бана́льности; пошля́к

**platitudinous** [ˌplætɪˈtjuːdɪnəs] *a* пло́ский, по́шлый, бана́льный

**Plato** [ˈpleɪtəu] *n* Плато́н

**Platonic** [pləˈtɔnɪk] **1.** *a* 1) платони́ческий 2) ограни́чивающийся слова́ми, теорети́ческий

**2.** *n* 1) учени́к Плато́на 2) *pl разг.* платони́ческие разгово́ры; платони́ческая любо́вь

**platoon** [pləˈtuːn] *n воен.* 1) взвод 2) полице́йский отря́д

**platter** [ˈplætə] *n* 1) *амер.* большо́е пло́ское блю́до 2) *уст.* деревя́нная таре́лка

**platypus** [ˈplætɪpəs] *n зоол.* утконо́с

**plaudit** [ˈplɔːdɪt] *n* (*обыкн. pl*) 1) рукоплеска́ния, аплодисме́нты 2) гро́мкое, восто́рженное выраже́ние одобре́ния

**plausibility** [ˌplɔːzəˈbɪlɪtɪ] *n* 1) правдоподо́бие; вероя́тность 2) благови́дность 3) уме́ние внуша́ть дове́рие

**plausible** [ˈplɔːzəbl] *a* 1) правдоподо́бный; вероя́тный; ~ argument (вполне́) состоя́тельный до́вод 2) благови́дный 3) уме́ющий внуша́ть дове́рие

**play** [pleɪ] **1.** *n* 1) игра́; заба́ва, шу́тка; to be at ~ игра́ть; they are at ~ они́ игра́ют; out of ~ вне игры́ 2) аза́ртная игра́ 3) пье́са, дра́ма; представле́ние, спекта́кль; to go to the ~ идти́ в теа́тр 4) шу́тка; a ~ on words игра́ слов, каламбу́р; in ~ в шу́тку 5) де́йствие, де́ятельность; to bring (*или* to call) into ~ приводи́ть в де́йствие, пуска́ть в ход; to come into ~ нача́ть де́йствовать; in full ~ в де́йствии, в разга́ре 6) свобо́да, просто́р; to give free ~ to one's imagination дать по́лный просто́р своему́ воображе́нию 7) перели́вы, игра́; ~ of colours перели́вы кра́сок; ~ of the waves плеск волн 8) *диал.* забасто́вка 9) *тех.* зазо́р; игра́; люфт; свобо́дный ход; шата́ние (*части механизма, прибора*) ◇ fair ~ че́стная игра́; че́стность; foul ~ по́длое поведе́ние; обма́н

**2.** *v* 1) игра́ть, резви́ться, забавля́ться; the cat ~s with its tail ко́шка игра́ет со свои́м хвосто́м 2) игра́ть (*во что-л., на что-л.*), уча́ствовать в игре́; to ~ tennis игра́ть в те́ннис; I ~ed him for championship я игра́л с ним на зва́ние чемпио́на 3) игра́ть в аза́ртные и́гры 4) исполня́ть (*роль, музыкальное произведение*); she ~ed Juliet она́ игра́ла роль Джулье́тты; the boy ~ed a concerto ма́льчик исполня́л конце́рт 5) игра́ть на музыка́льном инструме́нте; he ~s the violin он игра́ет на скри́пке 6) игра́ть роль (*кого-л.*), быть (*кем-л.*); to ~ the man поступа́ть, как подоба́ет мужчи́не 7) дава́ть представле́ние (*о труппе*) 8) сыгра́ть (*шутку*), разыгра́ть; he ~ed a practical joke on us он над на́ми подшути́л 9) поступа́ть, де́йствовать; to ~ fair поступа́ть че́стно; to ~ foul поступа́ть нече́стно, жу́льничать; 10) игра́ть (*на чём-л.*), воспо́льзоваться (*чем-л.*); to ~ in favour of smb., smth. благоприя́тствовать кому́-л., чему́-л. 11) подходи́ть для игры́, быть в хоро́шем состоя́нии; the ground ~s well спорти́вная площа́дка в хоро́шем состоя́нии; the piano ~s well у э́того роя́ля хоро́ший звук; the drama ~s well э́та дра́ма о́чень сцени́чна 12) порха́ть, носи́ться; танцева́ть; butterflies ~ among flowers среди́ цвето́в порха́ют ба́бочки 13) перелива́ться, игра́ть; мелька́ть; lightning ~s in the sky в не́бе сверка́ет мо́лния; a smile ~ed on his lips на его́ губа́х игра́ла улы́бка 14) свобо́дно владе́ть; to ~ a good stick хорошо́ дра́ться на шпа́гах; to ~ a good knife and fork упи́сывать за о́бе щёки; есть с аппети́том 15) приводи́ть в де́йствие, пуска́ть; to ~ a record поста́вить пласти́нку; the engine was ~ed off запусти́ли мото́р 16) бить (*о фонтане*) 17) направля́ть (*свет и т. п.*; on, over, along — на *что-либо*); обстре́ливать (on, upon); to ~ a searchlight upon a boat напра́вить проже́ктор на ло́дку; to ~ guns upon the fort обстре́ливать форт; to ~ a hose полива́ть водо́й из пожа́рного рукава́ 18) ходи́ть (*шашкой, картой*) 19) принима́ть в игру́ (*игрока*) 20) *спорт.* отбива́ть, подава́ть (*мяч*) 21) *тех.* име́ть люфт 22) дать (вре́мя) (*рыбе*) хорошо́ клю́нуть (*тж. перен.*) 23) *диал.* бастова́ть □ ~ **along** поды́грывать, подда́кивать; ~ **around** а) манипули́ровать, подтасо́вывать; б) *разг.* флиртова́ть, заводи́ть любо́вную интри́жку; ~ **off** а) разы́грывать (*кого-л.*); б) заставля́ть кого́-л. прояви́ть себя́ с невы́годной стороны́; в) выдава́ть за *что-л.*; г) натра́вливать (against — на); to ~ off one against another стра́вливать кого́-л. в свои́х интере́сах, противопоставля́ть одно́ (*или* одного́) друго́му; д) сыгра́ть повто́рную па́ртию по́сле ничье́й; ~ **on** = ~ upon; ~ **out**: to be ~ed out выдыха́ться; ~ **up** а) принима́ть де́ятельное уча́стие (*в разговоре, деле*); б) *амер.* реклами́ровать; в) вести́ себя́ му́жественно, герои́чески; г) стара́ться игра́ть как мо́жно лу́чше; ~ **upon** игра́ть (на *чьих-л. чувствах*); to ~ upon words каламбу́рить; ~ **up to** поды́грывать; *перен.* подли́зываться ◇ to ~ smb. up а) капри́зничать, пристава́ть; б) разы́грывать (*кого-л.*); в) *амер.* испо́льзовать; to ~ for time оття́гивать вре́мя, пыта́ться вы́играть вре́мя; to ~ hell (*или* the devil, the mischief) разруша́ть, губи́ть; to ~ one's cards well испо́льзовать обстоя́тельства наилу́чшим о́бразом; to ~ one's hand for all it is worth по́лностью испо́льзовать обстоя́тельства; пусти́ть в ход все сре́дства; to ~ into the hands of smb. сыгра́ть на́ руку кому́-л.; to ~ it low on smb. *разг.* по́дло поступи́ть по отноше́нию к кому́-л.; to ~ politics вести́ полити́ческую игру́; to ~ safe де́йствовать наверняка́; to ~ ball *разг.* сотру́дничать; to ~ both ends against the middle в со́бственных интере́сах натра́вливать друг на дру́га сопе́рничающие гру́ппы

**playable** [ˈpleɪbl] *a* го́дный, подходя́щий для игры́ (*о площадке*)

**play-act** [ˈpleɪˈækt] *v* 1) притворя́ться, игра́ть (*обыкн. о детях*) 2) лома́ть коме́дию

**play-actor** [ˈpleɪˌæktə] *n* 1) *пренебр.* актёр, комедиа́нт 2) нeiскренний челове́к

**playbill** [ˈpleɪbɪl] *n* 1) театра́льная афи́ша 2) театра́льная програ́мма

**play-boy** [ˈpleɪbɔɪ] *n* пове́са, прожига́тель жи́зни

**play-by-play** [ˈpleɪbaɪˈpleɪ] *a амер.*: ~ story репорта́ж по ра́дио (*о состязании, матче*)

**play-day** [ˈpleɪdeɪ] *n* пра́здник, нерабо́чий день; день, свобо́дный от заня́тий в шко́ле

**played-out** [ˈpleɪdˈaut] *a разг.* измо́танный, вы́дохшийся; устаре́вший, бо́льше ни на что не го́дный

**player** [ˈpleɪə] *n* 1) уча́стник игры́, игро́к 2) актёр 3) музыка́нт 4) картёжник 5) автомати́ческий музыка́льный инструме́нт

**playfellow** [ˈpleɪˌfeləu] *n* друг де́тства; това́рищ де́тских игр

**play-field** [ˈpleɪfiːld] = playing-field

**playful** [ˈpleɪful] *a* игри́вый, весёлый, шутли́вый, шаловли́вый

**playgame** [ˈpleɪgeɪm] *n* де́тская игра́, пустяки́, ерунда́

**playgoer** [ˈpleɪˌgəuə] *n* театра́л

**playground** [ˈpleɪgraund] *n* площа́дка для игр; спорти́вная площа́дка

**playhouse** [ˈpleɪhaus] *n* теа́тр (*драматический*)

**playing-card** [ˈpleɪɪŋkaːd] *n* игра́льная ка́рта

**playing-field** [ˈpleɪɪŋfiːld] *n спорт.* площа́дка, футбо́льное по́ле *и т. п.*

**playlet** [ˈpleɪlɪt] *n* небольша́я пье́са

**playmate** [ˈpleɪmeɪt] *n* 1) = playfellow 2) партнёр (*в играх и т. п.*)

**play-off** [ˈpleɪˈɔf] *n спорт.* повто́рная игра́ по́сле ничье́й

**plaything** [ˈpleɪθɪŋ] *n* игру́шка (*тж. перен.*)

**playtime** [ˈpleɪtaɪm] *n* 1) вре́мя игр и развлече́ний 2) *амер.* вре́мя нача́ла спекта́кля

**playwright** [ˈpleɪraɪt] *n* драмату́рг

**plaza** [ˈplɑːzə] *исп. n* (ры́ночная) пло́щадь

**plea** [pliː] *n* 1) мольба́; про́сьба 2) призы́в; peace ~ призы́в к ми́ру 3) оправда́ние, ссы́лка, предло́г; до́вод; a ~ was advanced бы́ло вы́двинуто предложе́ние; on the ~ of под предло́гом 4) *юр.* жа́лоба, проше́ние; иск по суду́

**pleach** [pliːtʃ] *v* сплета́ть (*особ. ветви*)

**plead** [pliːd] *v* (pleaded [-ɪd], pled) 1) защища́ть (*в суде*) 2) отвеча́ть на обвине́ние; обраща́ться к суду́; to ~ (not) guilty (не) призна́ть себя́ вино́вным (to — в *чём-л.*) 3) проси́ть, умоля́ть (with — *кого-л.*, for — о *чём-л.*) 4) обраща́ться с про́сьбой, хода́тайствовать 5) ссыла́ться (на *что-л.*), приводи́ть (*что-л.*) в оправда́ние; to ~ in justification of smth. служи́ть оправда́нием чего́-л. (*в суде*)

**pleader** [ˈpliːdə] *n* 1) защи́тник, адвока́т 2) проси́тель; хода́тай

**pleading** [ˈpliːdɪŋ] **1.** *pres. p. от* plead

**2.** *n* 1) защи́та 2) засту́пничество, хода́тайство; мольба́ 3) *pl юр.* заявле́ния истца́ и отве́тчика; суде́бные пре́ния; суде́бная процеду́ра

**3.** *a* умоля́ющий, проси́тельный

**pleasant** [ˈpleznt] *a* 1) прия́тный 2) ми́лый, сла́вный 3) *уст.* шутли́вый

**pleasantly** [ˈplezntlɪ] *adv* 1) любе́зно 2) ве́село, прия́тно

**pleasantness** [ˈplezntnɪs] *n* прия́тность

**pleasantry** [ˈplezntrɪ] *n* 1) шутли́вость 2) шу́тка; шутли́вое замеча́ние; коми́ческая вы́ходка

**please** [pliːz] *v* 1) нра́виться; do as you ~ де́лайте, как хоти́те 2) *pass.* получа́ть удово́льствие; I shall be ~d to do it я с удово́льствием сде́лаю э́то 3) угожда́ть, доставля́ть удово́льствие; ра́довать; she is a hard person to ~ ей тру́дно угоди́ть 4) хоте́ть, изво́лить; it ~d him to do so ему́ бы́ло уго́дно э́то сде́лать; let him say what he ~s пусть (он) говори́т, что уго́дно; (may it) ~ your honour с ва́шего разреше́ния; е́сли вам бу́дет уго́дно; ~! пожа́луйста!, бу́дьте добры́!; if you ~! а) с ва́шего позволе́ния, е́сли вы разреши́те; бу́дьте так добры́; б) *ирон.* (то́лько) предста́вьте себе́!; to be ~d to do smth. соизво́лить, соблаговоли́ть сде́лать что-л.

**pleasing** [ˈpliːzɪŋ] **1.** *pres. p. от* please

**2.** *a* 1) прия́тный, доставля́ющий удово́льствие 2) нра́вящийся, привлека́тельный 3) услу́жливый, уго́дливый

**pleasurable** [ˈpleʒərəbl] *a* доставля́ющий удово́льствие; прия́тный

**pleasure** [ˈpleʒə] **1.** *n* 1) удово́льствие, наслажде́ние; развлече́ние; to take ~ in smth. находи́ть удово́льствие в чём-л.; man of ~ жуи́р, сибари́т 2) во́ля, соизволе́ние; жела́ние; what is your ~? что вам уго́дно?; I shall not consult his ~ я не бу́ду счита́ться с его́ жела́ниями; at ~ по жела́нию; during smb.'s ~ так до́лго, как кому́-л. уго́дно 3) *attr.* увеселительный; ~ car спорти́вный автомоби́ль для прогу́лок; ~ trip увесели́тельная пое́здка

2. *v* 1) доставля́ть удово́льствие 2) находи́ть удово́льствие (in) 3) *разг.* иска́ть развлече́ний

**pleasure-boat** [ˈpleʒəbəut] *n* ло́дка; я́хта; прогу́лочный ка́тер

**pleasure-ground** [ˈpleʒəgraund] *n* 1) площа́дка для игр 2) сад, парк

**pleat** [pli:t] **1.** *n* скла́дка (*на платье*)

2. *v* де́лать скла́дки; плиссирова́ть

**plebeian** [plɪˈbi(:)ən] **1.** *n* плебе́й

2. *a* плебе́йский

**plebiscite** [ˈplebɪsɪt] *n* плебисци́т

**pled** [pled] *разг., диал., амер. past u p. p. от* plead

**pledge** [pledʒ] **1.** *n* 1) зало́г; закла́д; to put in ~ заложи́ть; to take out of ~ вы́купить из закла́да; ~ of love (*или* of union) зало́г любви́, сою́за (*ребёнок*) 2) поручи́тельство 3) дар, пода́рок 4) тост 5) обе́т; обеща́ние; under ~ of secrecy с обяза́тельством сохране́ния та́йны 6): to take the ~ дать заро́к воздержа́ния от спиртны́х напи́тков 7) *полит.* публи́чное обеща́ние ли́дера па́ртии приде́рживаться определённой поли́тики

2. *v* 1) отдава́ть в зало́г, закла́дывать 2) свя́зывать обеща́нием; дава́ть торже́ственное обеща́ние; заверя́ть; to ~ one's word (*или* one's honour) руча́ться, дава́ть сло́во 3) пить за (*чьё-л.*) здоро́вье

**pledgee** [plɪˈdʒi:] *n* залогодержа́тель

**pledget** [ˈpledʒɪt] *n* 1) компре́сс 2) тампо́н

**Pleiad** [ˈplaɪəd] *n* (*pl* -ds [-dz], -des) 1) *pl астр.* Плея́ды 2) (*тж.* p.) *перен.* плея́да

**Pleiades** [ˈplaɪədi:z] *pl от* Pleiad

**pleistocene** [ˈpli:stəusi:n] *n геол.* плейстоце́н

**plena** [ˈpli:nə] *pl от* plenum 1

**plenary** [ˈpli:nərɪ] *a* 1) по́лный, неограни́ченный, безогово́рочный; ~ powers неограни́ченные, широ́кие полномо́чия 2) плена́рный (*о заседании и т. п.*)

**plenipotentiary** [ˌplenɪpəuˈtenʃərɪ] **1.** *a* 1) полномо́чный 2) неограни́ченный, абсолю́тный; ~ power неограни́ченная власть

2. *n* полномо́чный представи́тель

**plenishing** [ˈplenɪʃɪŋ] *n* (*обыкн. pl*) *шотл.* дома́шняя у́тварь и ме́бель

**plenitude** [ˈplenɪtju:d] *n* полнота́; изоби́лие; in the ~ of one's power в расцве́те сил

**plenteous** [ˈplentjəs] *a поэт.* 1) оби́льный 2) урожа́йный, плодоро́дный

**plentiful** [ˈplentɪful] *a* 1) оби́льный, изоби́льный; examples are ~ за приме́рами далеко́ ходи́ть не прихо́дится 2) бога́тый (*чем-л.*)

**plenty** [ˈplentɪ] **1.** *n* 1) (из)оби́лие; доста́ток; horn of ~ рог изоби́лия 2) мно́жество; избы́ток; ~ of мно́го; to have ~ of time располага́ть вре́менем; there was food in ~ запа́сов пи́щи бы́ло доста́точно

2. *a* оби́льный; многочи́сленный

3. *adv разг.* 1) вполне́; дово́льно 2) о́чень, чрезвыча́йно; кре́пко, основа́тельно

**plenum** [ˈpli:nəm] (*pl* -s [-z], -na) 1) пле́нум 2) полнота́ 3) *физ.* давле́ние вы́ше атмосфе́рного

**pleonasm** [ˈpli(:)ənæzm] *n лингв.* плеона́зм

**pleonastic** [plɪəˈnæstɪk] *a* изли́шний, многосло́вный

**plethora** [ˈpleθərə] *n* 1) *мед.* полнокро́вие 2) изоби́лие, большо́й избы́ток

**plethoric** [pleˈθɔrɪk] *a* 1) полнокро́вный 2) бью́щий че́рез край

**pleura** [ˈpluərə] *n* (*pl* -ae) *анат.* пле́вра

**pleurae** [ˈpluəri:] *pl от* pleura

**pleurisy** [ˈpluərɪsɪ] *n мед.* плеври́т

**pleuritic** [pluəˈrɪtɪk] *a мед.* плеври́тный

**plexiglass** [ˈpleksɪglɑ:s] *n* плексигла́с, органи́ческое стекло́

**plexor** [ˈpleksə] *n мед.* молото́чек для высту́кивания

**plexus** [ˈpleksəs] *n* 1) *анат.* сплете́ние (*нервов и т. п.*) 2) переплете́ние, запу́танность

**pliability** [ˌplaɪəˈbɪlɪtɪ] *n* 1) ги́бкость, пласти́чность, ко́вкость 2) = pliancy 2)

**pliable** [ˈplaɪəbl] *a* 1) = pliant 1); 2) легко́ поддаю́щийся влия́нию; усту́пчивый, сгово́рчивый (*часто в отрицательном смысле*)

**pliancy** [ˈplaɪənsɪ] *n* 1) ги́бкость 2) пода́тливость, усту́пчивость, сгово́рчивость

**pliant** [ˈplaɪənt] *a* 1) ги́бкий 2) пода́тливый, усту́пчивый, мя́гкий

**plica** [ˈplaɪkə] *n* (*pl* plicae) 1) *анат.* скла́дка 2) *мед.* колту́н

**plicae** [ˈplaɪsi:] *pl от* plica

**plicate, plicated** [ˈplaɪkeɪt, -ɪd] *a бот., зоол.* скла́дчатый

**plication** [plɪˈkeɪʃən] *n* 1) скла́дка 2) *pl геол.* скла́дки

**pliers** [ˈplaɪəz] *n pl* щипцы́; клещи́; плоскогу́бцы

**plight** I [plaɪt] **1.** *n* 1) обяза́тельство 2) помо́лвка

2. *v* 1) свя́зывать обеща́нием 2) помо́лвить; ~ed lovers помо́лвленные

**plight** II [plaɪt] *n* состоя́ние, положе́ние (*обыкн.* плохо́е, затрудни́тельное); his affairs were in a terrible ~ его́ дела́ находи́лись в ужа́сном состоя́нии

**Plimsoll line** [ˈplɪmsəlˈlaɪn] *n мор.* грузова́я ма́рка (*на торговых судах*)

**plimsolls** [ˈplɪmsəlz] *n pl* лёгкие паруси́новые ту́фли на рези́новой подо́шве

**Plimsoll's mark** [ˈplɪmsəlzˈmɑ:k] = Plimsoll line

**plinth** [plɪnθ] *n стр.* 1) пли́нтус 2) цо́коль; постаме́нт

**pliocene** [ˈplaɪəusi:n] *n геол.* плиоце́н

**pliofilm** [ˈplaɪəufɪlm] *n* плиофи́льм (*прозрачный материал, идущий на плащи, обёртку и т. п.*)

**plod** [plɔd] **1.** *n* 1) тяжёлая похо́дка 2) тяжёлый путь 3) тяжёлая рабо́та

2. *v* 1) брести́, тащи́ться (on, along) 2) упо́рно рабо́тать, корпе́ть (at)

**plodder** [ˈplɔdə] *n* 1) тру́женик, работя́га 2) флегмати́чный, ску́чный челове́к

**plodding** [ˈplɔdɪŋ] **1.** *pres. p. от* plod 2

2. *a* 1) ме́дленный и тяжёлый (*о походке*) 2) трудолюби́вый, усе́рдный

**plop** [plɔp] **1.** *n* 1) звук от паде́ния в во́ду без всплеска 2) паде́ние в во́ду

2. *adv* 1) без всплеска 2) внеза́пно

3. *v* бултыхну́ть(ся), хло́пнуть(ся), шлёпнуться

4. *int* бултых!, шлёп!

**plosion** [ˈpləuʒən] *n фон.* пло́зия, взрыв

**plosive** [ˈpləusɪv] *фон.* **1.** *a* взрывно́й (*о согласном звуке*)

2. *n* взрывно́й звук

**plot** I [plɔt] **1.** *n* 1) уча́сток земли́; деля́нка 2) *амер.* план, чертёж; набро́сок; гра́фик, диагра́мма

2. *v* 1) составля́ть план 2) наноси́ть (*на план*); черти́ть, вычерчивать крива́ю *или* диагра́мму □ ~ **out** дели́ть на уча́стки, распределя́ть

**plot** II [plɔt] **1.** *n* 1) за́говор; интри́га 2) фа́була, сюже́т

2. *v* составля́ть за́говор; интригова́ть, плести́ интри́ги

**plotter** [ˈplɔtə] *n* 1) загово́рщик; интрига́н 2) построи́тель кривы́х (*прибор*)

**plotting paper** [ˈplɔtɪŋˌpeɪpə] *n* миллиметро́вая бума́га

**plough** [plau] **1.** *n* 1) плуг 2) снегоочисти́тель 3) вспа́ханное по́ле, па́шня 4) *жарг.* прова́л (*на экзамене*) 5) (the P.) *астр.* Больша́я Медве́дица 6) *эл.* токоснима́тель ◇ to put one's hand to the ~ взя́ться за рабо́ту

2. *v* 1) паха́ть 2) поддава́ться вспа́шке; the land ~s hard after the drought по́сле за́сухи зе́млю тру́дно паха́ть 3) борозди́ть 4) пробива́ть, прокла́дывать с трудо́м (*тж.* ~ through); to ~ one's way прокла́дывать себе́ путь 5) рассека́ть (*волны*) 6) *жарг.* провали́ться (*на экзамене*) □ ~ **through** а) продвига́ться с трудо́м; б) осили́ть (*книгу*); ~ **under** а) выкорчёвывать; б) запа́хивать; в) зары́ть; ~ **up** а) взрыва́ть (*землю*); б) распа́хивать ◇ to ~ a lonely furrow ≅ одино́ко сле́довать свои́м со́бственным путём; to ~ the sand(s) ≅ перелива́ть из пусто́го в поро́жнее; зря труди́ться; занима́ться бесполе́зным де́лом

**plough-boy** [ˈplaubɔɪ] *n* 1) веду́щий ло́шадь с плу́гом 2) крестья́нский па́рень

**plough-land** [ˈplaulænd] *n* па́хотная земля́

**ploughman** [ˈplaumən] *n* па́харь

**ploughshare** [ˈplauʃeə] *n с.-х.* плу́жный ле́мех

**plough-tail** [ˈplauteɪl] *n* рукоя́тка плу́га; at the ~ за плу́гом на полевы́х рабо́тах ◇ from the ~ «от сохи́»

**plover** [ˈplʌvə] *n зоол.* ржа́нка, зуё́к

**plow** [plau] *амер.* = plough

**ploy** [plɔɪ] *n* 1) уло́вка, хи́трость 2) излю́бленное развлече́ние 3) *разг.* заня́тие, де́ло

**pluck** [plʌk] **1.** *n* 1) дёрганье, дёргающее уси́лие 2) ли́вер; потроха́ 3) сме́лость, отва́га; му́жество 4) *разг.* прова́л (*на экзамене*)

**2.** *v* 1) срыва́ть, собира́ть (*цветы*) 2) выдёргивать (*волос, перо*) 3) щипа́ть, перебира́ть (*струны*) 4) ощи́пывать (*птицу*) 5) *разг.* обира́ть; обма́нывать; to ~ a pigeon обобра́ть простака́ 6) *разг.* прова́ливать (*на экзамене*) □ ~ **at** дёргать; хвата́ть(ся); ~ **out:** to ~ out the eye вы́бить глаз; ~ **up:** to ~ up one's heart (*или* courage, spirits) собира́ться с ду́хом, набра́ться хра́брости

**plucky** [ˈplʌkɪ] *a* сме́лый, отва́жный; реши́тельный

**plug** [plʌg] **1.** *n* 1) про́бка; заты́чка; сто́пор 2) (пожа́рный) кран 3) прессо́ванный таба́к (*для жевания*) 4) *эл.* ште́псельная ви́лка 5) *воен.* затво́р 6) *геол.* экструзи́вный бисмали́т 7) *амер. разг.* цили́ндр (*шляпа*) 8) *амер. разг.* рекла́ма 9) *разг.* кни́га, не име́ющая сбы́та 10) *амер. разг.* нехо́дкий това́р 11) *амер. разг.* кля́ча 12) *sl.* пу́ля

**2.** *v* 1) затыка́ть, заку́поривать (*часто* ~ up); законопа́чивать 2) *разг.* корпе́ть (*часто* ~ away) 3) *разг.* популяризи́ровать, вводи́ть в мо́ду (*о песне*) 4) *амер. разг.* назо́йливо реклами́ровать 5) *sl.* застрели́ть, подстрели́ть □ ~ **in** вставля́ть ште́псель; to ~ in the wireless set включи́ть ра́дио; ~ **up** заку́поривать

**plug-chain** [ˈplʌgtʃeɪn] *n* цепо́чка сто́пора ва́нны, умыва́льника *и т. п.*

**plug-hat** [ˈplʌghæt] = plug 1, 7)

**plug-switch** [ˈplʌgswɪtʃ] *n* ште́псельный выключа́тель

**plug-ugly** [ˈplʌgˌʌglɪ] *n амер. разг.* хулига́н

**plum** I [plʌm] *n* 1) сли́ва; French ~ черносли́в 2) сли́вовое де́рево 3) изю́м 4) ла́комый кусо́чек; не́что са́мое лу́чшее; «сли́вки»; to pick (*или* to take) the ~s отобра́ть са́мое лу́чшее 5) *амер. разг.* дохо́дное ме́сто; вы́годный зака́з 6) тёмно-фиоле́товый цвет 7) *attr.* сли́вовый

**plum** II [plʌm] *a диал.* по́лный, ту́чный

**plumage** [ˈplu:mɪdʒ] *n* опере́ние, пе́рья

**plumb** [plʌm] **1.** *n* 1) отве́с; out of ~ не вертика́льно 2) лот, грузи́ло

**2.** *a* 1) вертика́льный, отве́сный 2) абсолю́тный, я́вный

**3.** *adv* 1) отве́сно 2) то́чно, как раз 3) *амер. разг.* соверше́нно, оконча́тельно, совсе́м; ~ crazy абсолю́тно ненорма́льный; ~ gone ≅ как в во́ду ка́нул; I ~ forgot я на́чисто забы́л

**4.** *v* 1) ста́вить по отве́су, устана́вливать вертика́льно 2) измеря́ть глубину́, броса́ть лот 3) вскрыва́ть; проника́ть (*в тайну и т. п.*) 4) рабо́тать водопрово́дчиком

**plumbaginous** [plʌmˈbædʒɪnəs] *a* графи́товый

**plumbago** [plʌmˈbeɪgəu] *n* (*pl* -os [-əuz]) *мин.* графи́т

**plumbeous** [ˈplʌmbɪəs] *a* свинцо́вый, свинцо́вого цве́та

**plumber** [ˈplʌmə] *n* 1) водопрово́дчик 2) пая́льщик

**plumbery** [ˈplʌmərɪ] *n* 1) водопрово́дное де́ло 2) пая́льная мастерска́я

**plumbic** [ˈplʌmbɪk] *a хим.* свинцо́вый, содержа́щий свине́ц

**plumbing** [ˈplʌmbɪŋ] **1.** *pres. p. от* plumb 4

**2.** *n* 1) водопрово́д, водопрово́дная систе́ма 2) водопрово́дное де́ло 3) прокла́дка труб 4) измере́ние глубины́ (*океана*) 5) *разг.* убо́рная

**plumb-line** [ˈplʌmlaɪn] *n* 1) отве́с 2) мери́ло, крите́рий

**plumbum** [ˈplʌmbəm] *n* свине́ц

**plum cake** [ˈplʌmkeɪk] *n* кекс с изю́мом

**plum duff** [ˈplʌmdʌf] *n* пу́динг с изю́мом

**plume** [plu:m] **1.** *n* 1) перо́ 2) плюма́ж, султа́н 3) стру́йка, завито́к; a ~ of smoke дымо́к ◇ in borrowed ~s ≅ «воро́на в павли́ньих пе́рьях»

**2.** *v* 1) украша́ть плюма́жем 2) чи́стить клю́вом (*перья*); охора́шиваться 3) ощи́пывать ◇ to ~ oneself on smth. кичи́ться чем-л.

**plumelet** [ˈplu:mlɪt] *n* пёрышко

**plummet** [ˈplʌmɪt] *n* 1) свинцо́вый отве́с; ги́рька отве́са 2) лот; грузи́ло (*удочки*) 3) *перен.* тя́жесть, мёртвый груз

**plummy** [ˈplʌmɪ] *a* 1) изоби́лующий сли́вами 2) *разг.* хоро́ший, вы́годный; зави́дный

**plumose** [ˈplu:məus] *a* оперённый; пе́ристый

**plump** I [plʌmp] **1.** *a* по́лный; пу́хлый, окру́глый

**2.** *v* 1) вска́рмливать (*тж.* ~ up) 2) толсте́ть, полне́ть (*тж.* ~ out, ~ up)

**plump** II [plʌmp] **1.** a прямо́й, реши́тельный, безоговоро́чный (*об отказе и т. п.*)

**2.** *adv* 1) внеза́пно; he fell ~ into the water он бултыхну́лся в во́ду 2) пря́мо, без обиняко́в

**3.** *n* тяжёлое паде́ние

**4.** *v* 1) бу́хать(ся) 2) попа́сть, вло́паться (into) 3) нагря́нуть (upon) 4) голосова́ть то́лько за одного́ (*кандидата*) 5) *разг.* реши́тельно подде́рживать, выступа́ть (for)

**plumper** [ˈplʌmpə] *n* голосу́ющий то́лько за одного́ (*кандидата*)

**plum pudding** [ˈplʌmˈpudɪŋ] *n* 1) рожде́ственский пу́динг 2) пу́динг с изю́мом

**plum-tree** [ˈplʌmtri:] = plum I, 2)

**plumule** [ˈplu:mju(:)l] *n* 1) пёрышко 2) *бот.* перви́чная листова́я по́чка

**plumy** [ˈplu:mɪ] *a* 1) пе́ристый 2) покры́тый *или* укра́шенный пе́рьями

**plunder** [ˈplʌndə] **1.** *n* 1) грабёж 2) награ́бленное добро́, добы́ча 3) *разг.* бары́ш

**2.** *v* гра́бить (*особ. на войне*); ворова́ть; расхища́ть

**plunderage** [ˈplʌndərɪdʒ] *n* 1) грабёж 2) хище́ние това́ров на корабле́ 3) добы́ча

**plunge** [plʌndʒ] **1.** *n* 1) ныря́ние 2) погруже́ние ◇ to take the ~ сде́лать реши́тельный шаг

**2.** *v* 1) ныря́ть 2) окуна́ть(ся); погружа́ть(ся) 3) броса́ться, врыва́ться (into); to ~ into a difficulty попа́сть в тру́дное положе́ние 4) вверга́ть (in, into); to ~ one's family into poverty довести́ свою́ семью́ до нищеты́ 5) броса́ться вперёд (*о лошади*) 6) *разг.* аза́ртно игра́ть; влеза́ть в долги́ □ ~ **down** кру́то спуска́ться (*о дороге и т. п.*); ~ **up** кру́то поднима́ться (*о дороге и т. п.*)

**plunge-bath** [ˈplʌndʒbɑ:θ] *n* глубо́кая ва́нна

**plunger** [ˈplʌndʒə] *n* 1) ныря́льщик; водола́з 2) *разг.* аза́ртный игро́к 3) *разг.* кавалери́ст 4) *тех.* плу́нжер, ска́лка, ска́льчатый по́ршень

**plunging** [ˈplʌndʒɪŋ] **1.** *pres. p. от* plunge 2

**2.** *a воен.* наве́сный (*огонь*)

**plunk** [plʌŋk] **1.** *n* 1) звон; перебо́р (*струн*) 2) *разг.* си́льный уда́р

**2.** *v* 1) перебира́ть стру́ны 2) звене́ть (*о струнах*) 3) бу́хнуть(ся); шлёпнуть(ся) 4) ре́зко толка́ть, броса́ть; си́льно ударя́ть

**pluperfect** [ˈplu:ˈpə:fɪkt] *грам.* **1.** *n* давнопроше́дшее вре́мя

**2.** *a* давнопроше́дший, предпроше́дший

**plural** [ˈpluərəl] **1.** *a* мно́жественный; многочи́сленный; ~ offices не́сколько должносте́й по совмести́тельству; ~ vote пода́ча го́лоса одни́м лицо́м в не́скольких избира́тельных округа́х

**2.** *n грам.* 1) мно́жественное число́ 2) сло́во, стоя́щее во мно́жественном числе́

**pluralism** [ˈpluərəlɪzm] *n* 1) совмести́тельство 2) *филос.* плюрали́зм

**plurality** [pluəˈrælɪtɪ] *n* 1) мно́жественность 2) мно́жество 3) совмести́тельство (*часто о священнике, обслуживающем несколько приходов*) 4) большинство́ голосо́в 5) *амер.* относи́тельное большинство́ голосо́в

**plus** [plʌs] **1.** *n* 1) знак плюс 2) доба́вочное коли́чество 3) положи́тельная величина́; to total all the ~es подвести́ ито́г 4) положи́тельное ка́чество 5) *арт.* перелёт

**2.** *a* 1) доба́вочный, дополни́тельный 2) *ком.*: on the ~ side of the account на прихо́де счёта 3) *мат.*, *эл.* положи́тельный

**3.** *prep* плюс

**plus-fours** [ˈplʌsˈfɔ:z] *n pl* брю́ки гольф

**plush** [plʌʃ] **1.** *n* 1) плюш; плис 2) *pl* пли́совые штаны́

**2.** *a* 1) плю́шевый; пли́совый 2) *амер. разг.* роско́шный, шика́рный

**plushy** [ˈplʌʃɪ] = plush 2, 2)

**Pluto** [ˈplu:təu] *n* 1) *римск. миф.* Плуто́н 2) *астр.* плане́та Плуто́н

**plutocracy** [plu:ˈtɔkrəsɪ] *n* плутокра́тия

**plutocrat** [ˈplu:təukræt] *n* плутокра́т

**Plutonian** [plu:ˈtəunjən] *a* 1) плуто́нов, а́дский 2) = Plutonic 1)

**Plutonic** [plu:ˈtɔnɪk] *a* 1) *геол.* плутони́ческий, глуби́нный 2) = Plutonian 1)

**plutonium** [plu:ˈtəunjəm] *n хим.* плуто́ний

**pluvial** [ˈplu:vjəl] *a* 1) дождево́й 2) *геол.* плювиа́льный

**pluviometer** [ˌplu:vɪˈɔmɪtə] *n* дождеме́р

**pluvious** [ˈplu:vjəs] *a* дождли́вый

**ply I** [plaɪ] *n* 1) сгиб, скла́дка, слой 2) прядь (*троса*) 3) оборо́т, пе́тля, вито́к (*верёвки и т. п.*) 4) укло́н; скло́нность, спосо́бность, жи́лка; to take a ~ взять укло́н, направле́ние

**ply II** [plaɪ] *v* 1) усе́рдно рабо́тать (*чем-л.*); to ~ one's oars налега́ть на вёсла 2) занима́ться (*работой, ремеслом*) 3) засыпа́ть, забра́сывать (*вопросами*) 4) по́тчевать, уси́ленно угоща́ть; to ~ with knowledge прививать зна́ния 5) курси́ровать (between — ме́жду, from... to — от... до); to ~ a voyage соверша́ть рейс (*о корабле*) 6) стоя́ть в ожида́нии нанима́теля, покупа́теля; иска́ть покупа́телей 7) *мор.* лави́ровать

**Plymouth Rock** [ˈplɪməθˈrɔk] *n* плимутро́к (*порода кур*)

**plywood** [ˈplaɪwud] *n* (клеёная) фане́ра

**pneumatic** [nju(:)ˈmætɪk] **1.** *a* пневмати́ческий; возду́шный; ~ hammer пневмати́ческий мо́лот

**2.** *n* пневмати́ческая ши́на

**pneumatics** [nju(:)ˈmætɪks] *n pl* (*употр. как sing*) пневма́тика

**pneumonia** [nju(:)ˈməunjə] *n мед.* воспале́ние лёгких, пневмони́я

**pneumonic** [nju(:)ˈmɔnɪk] *a мед.* пневмони́ческий; ~ plague лёгочная чума́

**poach I** [pəutʃ] *v* 1) браконье́рствовать, незако́нно охо́титься; вторга́ться в чужи́е владе́ния 2) вме́шиваться; to ~ in other people's business вме́шиваться в чужи́е дела́; to ~ on smb.'s preserves вме́шиваться в ли́чную жизнь кого́-л. 3) перенима́ть (*чужие идеи*); захва́тывать не по пра́вилам (*преимущество в состязании*) 4) тяжело́ ступа́ть; вя́знуть 5) разрыва́ть копы́тами 6) де́латься изры́той (*о почве*) 7) мять (*глину*)

**poach II** [pəutʃ] *v* вари́ть (*яйца*) без скорлупы́ в кипятке́

**poached egg** [ˈpəutʃteg] *n* яйцо́-пашо́т

**poacher I** [ˈpəutʃə] *n* браконье́р

**poacher II** [ˈpəutʃə] *n* сосу́д для ва́рки яи́ц без скорлупы́

**poachy** [ˈpəutʃɪ] *a* вла́жный, сыро́й, то́пкий (*о почве*)

**pochard** [ˈpəutʃəd] *n зоол.* ныро́к красноголо́вый

**pock** [pɔk] *n* 1) о́спина, ряби́нка 2) вы́боина, щерби́на

**pocket** [ˈpɔkɪt] **1.** *n* 1) карма́н; карма́шек 2) *перен.* де́ньги; empty ~s безде́нежье; deep ~ бога́тство; to be out of ~ а) быть в убы́тке, потеря́ть, прогада́ть; б) не име́ть де́нег; to be in ~ а) быть в вы́игрыше, вы́гадать; б) име́ть де́ньги, быть при деньга́х; to put one's hand in one's ~ раскоше́ливаться 3) мешо́к (*особ. как мера*) 4) лу́за (*бильярда*) 5) возду́шная я́ма 6) райо́н, зо́на, оча́г; ~ of unemployment оча́г безрабо́тицы 7) ларь, бу́нкер 8) вы́боина (*на дорожной поверхности*) 9) *горн.*, *геол.* карма́н, гнездо́ 10) *attr.* карма́нный ◇ in smb.'s ~ в рука́х у кого́-л.; to keep hands in ~s ло́дырничать; to be in one another's ~ быть вы́нужденным не расстава́ться; торча́ть друг у дру́га на глаза́х

**2.** *v* 1) класть в карма́н 2) присва́ивать, прикарма́нивать 3) подавля́ть (*гнев и т. п.*); to ~ an insult проглоти́ть оби́ду 4) загоня́ть в лу́зу (*в бильярде*) 5) *амер.* заде́рживать подписа́ние законопрое́кта до закры́тия се́ссии конгре́сса; «класть под сукно́»

**pocket-book** [ˈpɔkɪtbuk] *n* 1) записна́я кни́жка 2) бума́жник 3) *амер.* пло́ская да́мская су́мочка

**pocket-camera** [ˈpɔkɪtˌkæmərə] *n* карма́нный, портати́вный, малогабари́тный фотоаппара́т

**pocketful** [ˈpɔkɪtful] *n* по́лный карма́н (*чего-л.*)

**pocket-knife** [ˈpɔkɪtnaɪf] *n* карма́нный нож

**pocket-money** [ˈpɔkɪtˌmʌnɪ] *n* де́ньги на ме́лкие расхо́ды, карма́нные де́ньги, ме́лочь

**pocket-piece** [ˈpɔkɪtpi:s] *n* моне́тка, кото́рую на сча́стье но́сят в карма́не

**pocket-pistol** [ˈpɔkɪtˌpɪstl] *n* 1) карма́нный пистоле́т 2) *шутл.* карма́нная фля́жка (*для спиртного*)

**pocket-size** [ˈpɔkɪtsaɪz] *a* карма́нного разме́ра; небольшо́го форма́та; миниатю́рный

**pocket veto** [ˈpɔkɪtˈvi:təu] *n амер.* заде́ржка президе́нтом подписа́ния законопрое́кта до закры́тия се́ссии конгре́сса

**pockety** [ˈpɔkɪtɪ] *a* ду́шный, за́тхлый

**pock-mark** [ˈpɔkmɑ:k] = pock 1)

**pock-marked** [ˈpɔkmɑ:kt] *a* рябо́й

**pocky** [ˈpɔkɪ] = pock-marked

**pococurante** [ˈpəukəukjuəˈræntɪ] *ит.* **1.** *a* равноду́шный, безразли́чный

**2.** *n* равноду́шный, безразли́чный челове́к

**pod I** [pɔd] **1.** *n* 1) стручо́к; шелуха́, лузга́, кожура́ 2) ко́кон (*шелковичного червя*) 3) ве́рша (*для угрей*) 4) *ав.* отделя́емый грузово́й отсе́к (*транспортного самолёта*) 5) *ав.* гондо́ла дви́гателя 6) *груб.* брю́хо

**2.** *v* 1) покрыва́ться стручка́ми 2) лущи́ть (*горох*)

**pod II** [pɔd] *n* 1) небольшо́е ста́до (*китов, моржей*) 2) ста́йка (*птиц*)

**podagra** [pəuˈdægrə] *n* пода́гра

**podagric** [pəuˈdægrɪk] *a* подагри́ческий

**podded** [ˈpɔdɪd] **1.** *p. p. от* pod I, 2

**2.** *a* 1) стручко́вый 2) *разг.* состоя́тельный

**poddy** [ˈpɔdɪ] *n австрал.* телёнок *или* ягнёнок (*отнятый от матери*)

**podge** [pɔdʒ] *n разг.* толстя́к-коротышка

**podgy** [ˈpɔdʒɪ] *a разг.* 1) призе́мистый и то́лстый 2) коро́ткий и то́лстый (*о пальцах*)

**podia** [ˈpəudɪə] *pl от* podium

**podium** [ˈpəudɪəm] *n* (*pl* podia) 1) скамьи́ вдоль стен ко́мнаты 2) возвыше́ние (*для дирижёра и т. п.*) 3) *ист.* по́диум

**poem** [ˈpəuɪm] *n* 1) поэ́ма; стихотворе́ние 2) что-л. прекра́сное, поэти́чное

**poet** [ˈpəuɪt] *n* поэ́т; Poets' Corner а) часть Вестми́нстерского абба́тства, где похоро́нены выдающиеся поэ́ты; б) *шутл.* отде́л поэ́зии (*в газете*)

**poetaster** [ˌpəuɪˈtæstə] *n* рифмоплёт

**poetess** [ˈpəuɪtɪs] *n* поэте́сса

**poetic** [pəuˈetɪk] *a* 1) поэти́ческий 2) поэти́чный 3) = poetical 1)

**poetical** [pəuˈetɪkəl] *a* 1) стихотво́рный 2) = poetic 1); 3) = poetic 2)

**poeticize** [pəuˈetɪsaɪz] *v* поэтизи́ровать

**poetics** [pəuˈetɪks] *n pl* (*употр. как sing*) поэ́тика

**poetize** [ˈpəuɪtaɪz] *v* 1) писа́ть стихи́ 2) воспева́ть в стиха́х 3) = poeticize

**poetry** [ˈpəuɪtrɪ] *n* 1) поэ́зия; стихи́ 2) поэти́чность

**poignancy** [ˈpɔɪnənsɪ] *n* 1) острота́, е́дкость, пика́нтность 2) мучи́тельность 3) ре́зкость (*боли*) 4) проница́тельность, острота́

**poignant** [ˈpɔɪnənt] *a* 1) о́стрый, е́дкий, пика́нтный 2) го́рький, мучи́тельный 3) ре́зкий (*о боли*) 4) проница́тельный, о́стрый; ~ wit о́стрый ум 5) живо́й (*об интересе*)

**poignantly** [ˈpɔɪnəntlɪ] *adv* 1) о́стро, ко́лко, е́дко 2) мучи́тельно

**point** [pɔɪnt] **1.** *n* 1) то́чка; four ~ six (4.6) четы́ре и шесть деся́тых (4,6); full ~ то́чка (*знак препинания*); exclamation ~ *амер.* восклица́тельный знак 2) пункт, моме́нт, вопро́с; де́ло; fine ~ дета́ль, ме́лочь; то́нкость; ~ of honour де́ло че́сти; on this ~ на э́тот счёт 3) гла́вное, суть; смысл; «соль» (*рассказа, шутки*); that is just the ~ в э́том-то и де́ло; he does not see my ~ он не понима́ет меня́; to come to the ~ дойти́ до гла́вного, до су́ти де́ла; there is no ~ in doing that не име́ет смы́сла де́лать этого; the ~ is that... де́ло в том, что... 4) то́чка, ме́сто, пункт; *амер.* ста́нция; a ~ of departure пункт отправле́ния 5) моме́нт (*времени*); at this ~ he went out в э́тот моме́нт он вы́шел; at the ~ of death при́ смерти 6) очко́; to give ~s to дава́ть не́сколько очко́в вперёд; *перен.* ≅ заткну́ть за́ пояс 7) преиму́щество, досто́инство; he has got ~s у него́ есть досто́инства; singing was not his strong ~ он не был силён в пе́нии 8) осо́бенность 9) ко́нчик; остриё, о́стрый коне́ц; наконе́чник 10) ответвле́ние оле́ньего ро́га; a buck of eight ~s оле́нь с рога́ми, име́ющими во́семь ответвле́ний 11) мыс, выступа́ющая морска́я коса́; стре́лка 12) верши́на горы́ 13) (гравирова́льная) игла́, резе́ц (*гравёра*) 14) *ж.-д.* перо́ *или* остря́к (*стрелочного перевода*); стре́лочный перево́д 15) деле́ние шкалы́ 16) *мор.* румб 17) *ист.* едини́ца продово́льственной *или* промтова́рной ка́рточки; free from ~s ненормиро́ванный 18) вид кру́жева 19) *мор.* ре́дька (*оплетённый конец снасти*) 20) *ист.* шнуро́к с наконе́чником (*заменявший пуговицы*) 21) стать́я (*животного*); *pl* экстерье́р (*животного*) 22) *охот.* сто́йка (*собаки*); to come to (*или* to make) a ~ де́лать сто́йку [*ср. тж.* ◊] 23) *воен.* головно́й *или* ты́льный дозо́р 24) *полигр.* пункт 25) *attr.*: ~s verdict *спорт.* присужде́ние побе́ды по очка́м (*в боксе и т. д.*) ◊ ~ of view то́чка зре́ния; at the ~ of the sword си́лой ору́жия; at all ~s а) во всех отноше́ниях; б) повсю́ду; armed at all ~s во всеору́жии; at ~ гото́вый (*к чему-л.*); to be on the ~ of doing smth. собира́ться сде́лать что-л.; to carry one's ~ отстоя́ть свои́ пози́ции; доби́ться своего́; to gain one's ~ дости́чь це́ли; off the ~ некста́ти; to the ~ а) кста́ти, уме́стно; б) вплоть до (of); in ~ подходя́щий; in ~ of в отноше́нии; to make a ~ доказа́ть положе́ние [*ср. тж.* 22)]; to make a ~ of smth. счита́ть что-л. обяза́тельным для себя́; not to put too fine a ~ upon it говоря́ напрями́к

2. *v* 1) пока́зывать па́льцем; ука́зывать (*тж.* ~ out; at, to) 2) направля́ть (*оружие*; at); наводи́ть, це́литься, прице́ливаться 3) быть напра́вленным 4) говори́ть, свиде́тельствовать (to — o) 5) (за)точи́ть, (за)остри́ть; наточи́ть 6) чини́ть (*карандаш*) 7) оживля́ть; придава́ть остроту́ 8) ста́вить зна́ки препина́ния 9) де́лать сто́йку (*о собаке*) 10) *стр.* расшива́ть швы □ ~ **off** отделя́ть то́чкой; ~ **out** ука́зывать; пока́зывать; обраща́ть (*чьё-л.*) внима́ние

**point-blank** [ˈpɔɪntˈblæŋk] **1.** *a* 1) реши́тельный, ре́зкий, категори́ческий 2) *воен.* горизонта́льный (*о выстреле*)

**2.** *adv* 1) пря́мо, реши́тельно, ре́зко, категори́чески, наотре́з 2) *воен.* прямо́й наво́дкой, в упо́р

**point-duty** [ˈpɔɪntˌdjuːtɪ] *n* обя́занности регулиро́вщика (*движения*)

**pointed** [ˈpɔɪntɪd] **1.** *p. p. от* point 2

**2.** *a* 1) остроконе́чный; ~ arch стре́льчатая а́рка, готи́ческая а́рка; the ~ style готи́ческий стиль 2) о́стрый, заострённый 3) ко́лкий, крити́ческий (*о замечании*) 4) подчёркнутый; соверше́нно очеви́дный 5) напра́вленный про́тив (*о высказывании, эпиграмме и т. п.*) 6) наведённый (*об оружии*)

**pointedly** [ˈpɔɪntɪdlɪ] *adv* 1) о́стро 2) по существу́ 3) стара́ясь подчеркну́ть; многозначи́тельно

**pointer** [ˈpɔɪntə] *n* 1) указа́тель 2) стре́лка (*часов, весов и т. п.*) 3) ука́зка 4) по́йнтер (*порода собак*) 5) *разг.* своевре́менный намёк, указа́ние 6) *pl астр.* две звезды́ Большо́й Медве́дицы, находя́щиеся на одно́й ли́нии с Поля́рной звездо́й 7) *воен.* наво́дчик 8) *attr.* стре́лочный; ~ instrument стре́лочный прибо́р

**pointful** [ˈpɔɪntful] *a* уме́стный; подходя́щий

**pointing** [ˈpɔɪntɪŋ] **1.** *pres. p. от* point 2

**2.** *n* 1) указа́ние (*направления, места и т. п.*) 2) *разг.* намёк 3) пунктуа́ция, расстано́вка зна́ков препина́ния 4) *стр.* расши́вка швов

**pointless** [ˈpɔntlɪs] *a* 1) неостроу́мный, пло́ский 2) бессмы́сленный; бесце́льный 3) *спорт.* с неоткры́тым счётом 4) *редк.* тупо́й

**pointsman** [ˈpɔɪntsmən] *n* 1) *ж.-д.* стре́лочник 2) постово́й полице́йский, регулиро́вщик

**poise** [pɔɪz] **1.** *n* 1) равнове́сие 2) уравнове́шенность; самооблада́ние 3) поса́дка головы́; оса́нка 4) состоя́ние нереши́тельности, колеба́ние 5) ги́ря (*часов и т. п.*)

**2.** *v* 1) уравнове́шивать 2) баланси́ровать; держа́ть равнове́сие 3) держа́ть (*голову*) 4) висе́ть в во́здухе; пари́ть 5) подня́ть для броска́ (*копьё, пику*) 6) *перен.* взве́шивать, обду́мывать

**poison** [ˈpɔɪzn] **1.** *n* яд, отра́ва (*тж. перен.*) ◊ to hate like ~ смерте́льно ненави́деть

**2.** *a* 1) ядови́тый 2) отравля́ющий

**3.** *v* 1) отравля́ть 2) по́ртить, развраща́ть

**poisoner** [ˈpɔɪznə] *n* отрави́тель

**poison gas** [ˈpɔɪznˈgæs] *n* ядови́тый газ

**poisoning** [ˈpɔɪznɪŋ] **1.** *pres. p. от* poison 3

**2.** *n* 1) отравле́ние 2) по́рча, развраще́ние

**poisonous** [ˈpɔɪznəs] *a* 1) ядови́тый 2) *разг.* отврати́тельный, проти́вный

**poison pen** [ˈpɔɪznpen] *n* а́втор анони́мных пи́сем

**poke I** [pəuk] **1.** *n* 1) толчо́к, тычо́к 2) поля́ козырько́м (*у женской шляпы*) 3) *амер. разг.* лентя́й, ло́дырь; копу́ша

**2.** *v* 1) сова́ть, пиха́ть, ты́кать, толка́ть (*тж.* ~ in, ~ up, ~ down, *etc.*) 2) протыка́ть (*тж.* ~ through) 3) меша́ть (*кочергой*); шурова́ть (*топку*) 4) идти́ *или* иска́ть (*что-л.*) о́щупью (*тж.* ~ about, ~ around) 5) *разг.* уда́рить кулако́м □ ~ **about** любопы́тствовать; ~ **into** иссле́довать, разузнава́ть; ~ **through** проткну́ть; ~ **up** а) сова́ть, пиха́ть; толка́ть; б) *разг.* запира́ть (*в тесном помещении*) ◊ to ~ (one's nose) into other people's business, to ~ and pry сова́ть нос в чужи́е дела́; to ~ fun at smb. подшу́чивать над кем-л.; to ~ one's head суту́литься

**poke II** [pəuk] *n диал.* мешо́к

**poker I** [ˈpəukə] **1.** *n* 1) кочерга́ 2) прибо́р для выжига́ния по де́реву ◊ by the holy ~! *шутл.* ≅ ей-бо́гу!

**2.** *v* выжига́ть по де́реву

**poker II** [ˈpəukə] *n* по́кер (*карточная игра*)

**poker face** [ˈpəukəˈfeɪs] *n разг.* бесстра́стное, ничего́ не выража́ющее лицо́

**poker-faced** [ˈpəukəˈfeɪst] *a разг.* с непроница́емым, ка́менным лицо́м

**poker-work** [ˈpəukəwəːk] *n* выжига́ние по де́реву, ко́же *и т. п.*

**poky** [ˈpəukɪ] *a* 1) те́сный, убо́гий; a ~ hole of a place захолу́стье, дыра́ 2) незначи́тельный, ме́лкий, се́рый 3) неря́шливый, неопря́тный (*об одежде*) 4) *амер. разг.* медли́тельный, вя́лый

**polar** [ˈpəulə] *a* 1) поля́рный 2) по́люсный 3) диаметра́льно противополо́жный

**polar bear** [ˈpəuləˈbɛə] *n* бе́лый медве́дь

**polar fox** [ˈpəuləˈfɔks] *n* песе́ц

**polarity** [pəuˈlærɪtɪ] *n* 1) *физ.* поля́рность 2) соверше́нная противополо́жность

**polarization** [ˌpəulәraɪˈzeɪʃən] *n физ.* поляриза́ция

**polarize** [ˈpəuləraɪz] *v* 1) *физ.* поляризова́ть 2) придава́ть определённое направле́ние

**polar lights** [ˈpəuləˈlaɪts] *n* се́верное сия́ние

**polder** [ˈpɔldə] *голл. n* по́льдер

**Pole** [pəul] *p* поля́к; по́лька; the ~s *pl собир.* поля́ки

**pole I** [pəul] **1.** *n* 1) столб, шест, жердь; кол, ве́ха 2) баго́р 3) ды́шло 4) ме́ра длины́ (= *5,029 м*) ◊ under bare ~s *мор.* без парусо́в; up the ~ *разг.* а) в затрудни́тельном положе́нии; б) не в своём уме́; в) пьяный; г): to be up the ~ забереме́неть

**2.** *v* 1) подпира́ть шеста́ми 2) отта́лкивать(ся) шесто́м *или* вёслами

**pole** II [pəul] *n* 1) по́люс; unlike ~s *физ.* разноимённые по́люсы 2) *attr* по́люсный; ~ extension *эл.* по́люсный наконе́чник, по́люсный башма́к ◇ to be ~s asunder быть диаметра́льно противополо́жным; as wide as the ~s apart диаметра́льно противополо́жные

**pole-ax(e)** ['pəulæks] **1.** *n* 1) боево́й топо́р, берды́ш; секи́ра, алеба́рда 2) реза́к мясника́

**2.** *v* 1) убива́ть бердышо́м *и т. п.* 2) ре́зать (*скот*)

**polecat** ['pəulkæt] *n зоол.* хорёк (*или* хорь) чёрный

**pole jump** ['pəul'dʒʌmp] = pole vault

**pole-jump** ['pəuldʒʌmp] = pole-vault

**pole-jumping** ['pəul,dʒʌmpɪŋ] = pole-vaulting

**polemic** [pɔ'lemɪk] **1.** *a* полеми́ческий

**2.** *n* 1) поле́мика, спор, диску́ссия 2) *pl* полемизи́рование; иску́сство поле́мики 3) полеми́ст

**polemical** [pɔ'lemɪkəl] = polemic 1

**polenta** [pəu'lentə] *ит. n* поле́нта (*каша из кукурузы, ячменя*)

**pole-star** ['pəulstɑ:] *n* 1) Поля́рная звезда́ 2) *перен.* путево́дная звезда́

**pole vault** ['pəul'vɔ:lt] *n* прыжо́к с шесто́м

**pole-vault** ['pəulvɔ:lt] *v* пры́гать с шесто́м

**pole-vaulting** ['pəul,vɔ:ltɪŋ] *n* прыжки́ с шесто́м

**police** [pə'li:s] **1.** *n* 1) поли́ция; military ~ вое́нная поли́ция 2) (*употр. с гл. во мн. ч.*) полице́йские 3) *воен.* наря́д 4) *амер. воен.* убо́рка, подде́ржание чистоты́ 5) *attr.* полице́йский; ~ constable полице́йский; ~ power *амер.* охра́на госуда́рственного правово́го поря́дка

**2.** *v* 1) охраня́ть 2) подде́рживать поря́док (*в стране*) 3) обеспе́чивать поли́цией (*город, район*) 4) *перен.* управля́ть 5) *амер. воен.* чи́стить, приводи́ть в поря́док

**police-court** [pə'li:s'kɔ:t] *n* полице́йский суд

**police-magistrate** [pə'li:s'mædʒɪstrɪt] *n* председа́тель полице́йского суда́

**policeman** [pə'li:smən] *n* полице́йский, полисме́н

**police-office** [pə'li:s'ɔfɪs] *n* полице́йское управле́ние (*города*)

**police-officer** [pə'li:s'ɔfɪsə] *n* полице́йский

**police-station** [pə'li:s'steɪʃən] *n* полице́йский уча́сток

**policlinic** [,pɔlɪ'klɪnɪk] *n* поликли́ника (*при больнице*)

**policy** I ['pɔlɪsɪ] *n* 1) поли́тика; peace ~ поли́тика ми́ра, ми́рная поли́тика; for reasons of ~ по полити́ческим соображе́ниям; tough ~ твёрдая поли́тика 2) поли́тика, ли́ния поведе́ния, устано́вка, курс 3) благоразу́мие, полити́чность; хи́трость, ло́вкость 4) *шотл.* парк (*вокруг усадьбы*)

**policy** II ['pɔlɪsɪ] *n* 1) страхово́й по́лис 2) *амер.* род аза́ртной игры́

**policy-holder** ['pɔlɪsɪ,həuldə] *n* держа́тель страхово́го по́лиса

**policy-making** ['pɔlɪsɪ,meɪkɪŋ] *n* разрабо́тка, формули́рование *или* проведе́ние (определённого) полити́ческого ку́рса

**policy-shop** ['pɔlɪsɪʃɔp] *n амер.* игорный дом

**polio** ['pəulɪəu] *n разг.* 1) *сокр. от* poliomyelitis 2) больно́й полиомиели́том

**poliomyelitis** ['pəulɪəumaɪə'laɪtɪs] *n* полиомиели́т, де́тский парали́ч

**Polish** ['pəulɪʃ] **1.** *a* по́льский

**2.** *n* по́льский язы́к

**polish** ['pɔlɪʃ] **1.** *n* 1) гля́нец 2) полиро́вка, шлифо́вка; чи́стка 3) политу́ра; лак; масти́ка (*для полов*) 4) лоск, изы́сканность 5) отде́лка, соверше́нство (*слога и т. п.*)

**2.** *v* 1) полирова́ть, шлифова́ть, наводи́ть лоск, гля́нец 2) станови́ться гла́дким, шлифо́ванным 3) чи́стить (*обувь*) 4) отёсывать, де́лать изы́сканным; отде́лывать, отта́чивать (*слог и т. п.*) (*тж.* ~ up) □ ~ off *разг.* а) поко́нчить, бы́стро спра́виться (*с чем-л.*); to ~ off a bottle of sherry распи́ть буты́лку хе́реса; б) изба́виться (*от конкурента и т. п.*)

**polished** ['pɔlɪʃt] **1.** *p. p. от* polish 2

**2.** *a* 1) (от)поли́рованный; гла́дкий, блестя́щий 2) изы́сканный; элега́нтный; ~ manners изы́сканные мане́ры 3) безупре́чный

**polite** [pə'laɪt] *a* 1) ве́жливый, любе́зный, учти́вый, обходи́тельный; благовоспи́танный; the ~ thing *разг.* благовоспи́танность; to do the ~ *разг.* стара́ться вести́ себя́ благовоспи́танно 2) изя́щный; утончённый; ~ letters (*или* literature) изя́щная литерату́ра, беллетри́стика; ~ learning класси́ческое образова́ние 3) изы́сканный (*об обществе, компании*)

**politely** [pə'laɪtlɪ] *adv* ве́жливо, любе́зно

**politeness** [pə'laɪtnɪs] *n* ве́жливость, учти́вость

**politic** ['pɔlɪtɪk] *a* 1) проница́тельный, благоразу́мный (*о человеке*) 2) расчётливый, обду́манный 3) ло́вкий, хи́трый, полити́чный

**political** [pə'lɪtɪkəl] **1.** *a* 1) полити́ческий; ~ science полити́ческие нау́ки; ~ policy полити́ческий курс; ~ writer публици́ст; ~ realities полити́ческая действи́тельность 2) госуда́рственный; ~ machinery госуда́рственный аппара́т 3) *амер.* (узко)парти́йный

**2.** *n* полити́ческий заключённый, политзаключённый

**political economy** [pə'lɪtɪkəlɪ(:)'kɔnəmɪ] *n* политэконо́мия

**politically** [pə'lɪtɪkəlɪ] *adv* 1) с госуда́рственной *или* полити́ческой то́чки зре́ния 2) расчётливо, обду́манно, хи́тро

**politician** [,pɔlɪ'tɪʃən] *n* 1) поли́тик, госуда́рственный де́ятель 2) *презр.* политика́н

**politicize** [pə'lɪtɪsaɪz] *v* 1) обсужда́ть полити́ческие вопро́сы; рассужда́ть о поли́тике 2) занима́ться поли́тикой 3) придава́ть полити́ческий хара́ктер

**politico** [pə'lɪtɪkəu] *n амер.* политика́н

**politics** ['pɔlɪtɪks] *n pl* (*тж. употр. как sing*) 1) поли́тика; полити́ческая жизнь 2) полити́ческая де́ятельность; to go into ~ посвяти́ть себя́ полити́ческой де́ятельности 3) полити́ческие убежде́ния; what are his ~? каковы́ его́ полити́ческие убежде́ния? 4) *амер.* полити́ческие махина́ции

**polity** ['pɔlɪtɪ] *n* 1) госуда́рственное устро́йство, о́браз *или* фо́рма правле́ния 2) госуда́рство

**polk** [pɔlk] *v* танцева́ть по́льку

**polka** ['pɔlkə] *n* по́лька (*танец*)

**polka-dot** ['pɔlkə'dɔt] *n* узо́р «в горо́шек»

**Poll** I [pɔl] *n обычная кличка попугая* (≅ По́пка)

**Poll** II [pɔl] *n унив. жарг.* 1) (the ~) *pl собир.* студе́нты, око́нчившие без отли́чия (*в Кембридже*); to go out in the ~ получи́ть сте́пень без отли́чия 2) *attr.*: ~ degree сте́пень без отли́чия

**poll** [pəul] **1.** *n* 1) спи́сок избира́телей 2) регистра́ция избира́телей 3) голосова́ние; баллотиро́вка; by ~ голосова́нием; exclusion from the ~ лише́ние пра́ва го́лоса; public opinion ~ опро́с обще́ственного мне́ния 4) подсчёт голосо́в 5) число́ голосо́в; heavy (light) ~ высо́кий (ни́зкий) проце́нт уча́стия в вы́борах 6) (*обыкн. pl*) *амер.* помеще́ние для голосова́ния, избира́тельный пункт; to go to the ~s а) идти́ на вы́боры (*голосовать*); б) выставля́ть свою́ кандидату́ру (*на выборах*) 7) *диал., шутл.* голова́ 8) комо́лое живо́тное

**2.** *v* 1) проводи́ть голосова́ние; подсчи́тывать голоса́; the constituency was ~ed to the last man все до после́днего челове́ка уча́ствовали в вы́борах 2) получа́ть голоса́; he ~ed a large majority он получи́л подавля́ющее большинство́ голосо́в 3) голосова́ть (*тж.* ~ one's vote) 4) подреза́ть верху́шку (*дерева*) 5) (*особ. p. p.*) среза́ть рога́ 6) *уст.* стричь во́лосы

**pollack** ['pɔlək] *n* са́йда (*рыба*)

**pollard** ['pɔləd] **1.** *n* 1) подстри́женное де́рево 2) безро́гое живо́тное; оле́нь, сбро́сивший рога́ 3) о́труби (*с мукой*)

**2.** *v* подстрига́ть (де́рево)

**poll-beast** ['pəulbi:st] = poll 1, 8)

**poll-cow** ['pəulkau] *n* безро́гая, комо́лая коро́ва

**pollen** ['pɔlɪn] **1.** *n бот.* пыльца́

**2.** *v* опыля́ть

**pollinate** ['pɔlɪneɪt] *v бот.* опыля́ть

**pollination** [,pɔlɪ'neɪʃən] *n бот.* опыле́ние

**polling** [ˈpəulɪŋ] **1.** *pres. p. от* poll 2
**2.** *n* голосова́ние
**polling-booth** [ˈpəulɪŋˈbu:ð] *n* каби́на для голосова́ния
**pollock** [ˈpɔlək] = pollack
**poll-ox** [ˈpəulɔks] *n* безро́гий вол
**poll parrot** [ˈpɔlˌpærət] *n разг.* приру́чённый попуга́й
**poll-tax** [ˈpəultæks] *n* поду́шный нало́г
**pollutant** [pəˈlu:tənt] *n спец.* загрязня́ющий аге́нт
**pollute** [pəˈlu:t] *v* 1) загрязня́ть 2) оскверня́ть 3) развраща́ть
**pollution** [pəˈlu:ʃən] *n* 1) загрязне́ние 2) оскверне́ние 3) *физиол.* поллю́ция
**Polly** [ˈpɔlɪ] = Poll I
**polo** [ˈpəuləu] *n спорт.* по́ло
**polo mallet** [ˈpəuləuˌmælɪt] = polo-stick
**polonaise** [ˌpɔləˈneɪz] *n* полоне́з (*танец и музыкальная форма*)
**polo-neck** [ˈpəuləunek] *a*: a ~ sweater (*или* shirt) трикота́жная, вя́заная руба́шка, сви́тер, дже́мпер
**polonium** [pəˈləunɪəm] *n хим.* поло́ний
**polony** [pəˈləunɪ] *n* варёно-копчёная свина́я колбаса́
**polo-stick** [ˈpəuləustɪk] *n* клю́шка для игры́ в по́ло
**poltroon** [pɔlˈtru:n] *n* трус
**poltroonery** [pɔlˈtru:nərɪ] *n* тру́сость
**poly-** [ˈpɔlɪ-] *в сложных словах означает* много-, поли-; polysemantic полисеманти́чный, многозна́чный
**polyadelphous** [ˌpɔlɪəˈdelfəs] *a бот.* многобра́чный
**polyandry** [ˈpɔlɪændrɪ] *n* полиа́ндрия, многому́жие
**polyanthus** [ˌpɔlɪˈænθəs] *n* бот. 1) первоцве́т высо́кий 2) нарци́сс константино́польский, нарци́сс таце́тта
**polyatomic** [ˌpɔlɪəˈtɔmɪk] *a* многоа́томный
**polychromatic** [ˌpɔlɪkrəˈmætɪk] *a* полихромати́ческий, многоцве́тный, многокра́сочный
**polychrome** [ˈpɔlɪkrəum] **1.** *a* = polychromatic
**2.** *n* раскра́шенная ста́туя, ва́за *и т. п.*
**polygamous** [pɔˈlɪgəməs] *a* полига́мный, многобра́чный
**polygamy** [pɔˈlɪgəmɪ] *n* полига́мия, многобра́чие
**polyglot** [ˈpɔlɪglɔt] **1.** *n* полигло́т
**2.** *a* многоязы́чный; говоря́щий на мно́гих языка́х; ~ dictionary многоязы́чный слова́рь
**polygon** [ˈpɔlɪgən] *n* многоуго́льник
**polygonal** [pɔˈlɪgənl] *a* многоуго́льный
**polygyny** [pɔˈlɪdʒɪnɪ] *n* полигини́я, многожёнство
**polyhedra** [ˈpɔlɪˈhedrə] *pl от* polyhedron
**polyhedral** [ˈpɔlɪˈhedrəl] *a* многогра́нный
**polyhedron** [ˈpɔlɪˈhedrən] *n* (*pl* -ra, -s [-z]) многогра́нник

**polymer** [ˈpɔlɪmə] *n хим.* полиме́р
**polymeric** [ˌpɔlɪˈmerɪk] *a хим.* полиме́рный
**polymerization** [pəˌlɪməraɪˈzeɪʃən] *n хим.* полимериза́ция
**polymerize** [ˈpɔlɪməraɪz] *v хим.* полимеризи́ровать(ся)
**polymorphism** [ˌpɔlɪˈmɔ:fɪzm] *n* полиморфи́зм
**polymorphous** [ˌpɔlɪˈmɔ:fəs] *a* полимо́рфный
**Polynesian** [ˌpɔlɪˈni:zjən] **1.** *a* полинези́йский
**2.** *n* полинези́ец; полинези́йка
**polynia** [pəuˈlɪnjə] *русск. n* полынья́
**polynomial** [ˌpɔlɪˈnəumjəl] *мат.* **1.** *a* многочле́нный
**2.** *n* многочле́н
**polyp(e)** [ˈpɔlɪp] *n зоол.* поли́п
**polyphonic** [ˌpɔlɪˈfɔnɪk] *a* 1) *муз.* полифони́ческий, многоголо́сный 2) многозву́чный 3) соотве́тствующий не́скольким зву́кам (*о букве в разных положениях*)
**polyphony** [pəˈlɪfənɪ] *n муз.* полифони́я, многоголо́сие
**polypi** [ˈpɔlɪpaɪ] *pl от* polypus
**polypody** [ˈpɔlɪpədɪ] *n бот.* сладкоко́рень
**polypoid, polypous** [ˈpɔlɪpɔɪd, -pəs] *a зоол., мед.* полипообра́зный
**polypus** [ˈpɔlɪpəs] *n* (*pl* -pi, -es [-ɪz]) *мед.* поли́п
**polysemantic** [ˌpɔlɪsɪˈmæntɪk] *a* полисеманти́ческий, многозна́чный
**polysemy** [ˈpɔlɪsi(:)mɪ] *n* полисеми́я, многозна́чность
**polyspast** [ˈpɔlɪspæst] *n тех.* та́ли, полиспа́ст
**polystyrene** [ˌpɔlɪˈstaɪri:n] *n хим.* полистро́л
**polysyllabic** [ˈpɔlɪsɪˈlæbɪk] *a грам.* многосло́жный
**polysyllable** [ˈpɔlɪˌsɪləbl] *n грам.* многосло́жное сло́во
**polytechnic** [ˌpɔlɪˈteknɪk] **1.** *a* политехни́ческий
**2.** *n* полите́хникум
**polytheism** [ˈpɔlɪθi(:)ɪzm] *n* политеи́зм, многобо́жие
**polyvalent** [pɔˈlɪvələnt] *a хим.* многовале́нтный
**polyzonal** [ˌpɔlɪˈzəunl] *a* многозона́льный
**pom** [pɔm] *сокр. от* Pomeranian 2
**pomace** [ˈpʌmɪs] *n* 1) я́блочные вы́жимки (*при изготовлении сидра*) 2) ры́бные оста́тки, тук (*после отжимания жира, используемые в качестве удобрения*) 3) жмых
**pomade** [pəˈmɑ:d] **1.** *n* пома́да (*для волос*)
**2.** *v* пома́дить (*волосы*)
**pomander** [pəuˈmændə] *n ист.* 1) арома́тический ша́рик (*как средство против заразы*) 2) золото́й, сере́бряный *и т. п.* кру́глый футля́рчик, в кото́ром носи́ли арома́тический ша́рик
**pomatum** [pəuˈmeɪtəm] = pomade
**pomegranate** [ˈpɔmˌgrænɪt] *n* 1) грана́т (*плод*) 2) грана́товое де́рево

**pomelo** [ˈpɔmɪləu] *n* (*pl* -os [-əuz]) *бот.* гре́йпфрут
**Pomeranian** [ˌpɔməˈreɪnjən] **1.** *a* помера́нский
**2.** *n* шпиц (*собака; тж.* ~ dog)
**pomiculture** [ˈpəumɪkʌltʃə] *n* плодово́дство
**pommel** [ˈpʌml] **1.** *n* 1) голо́вка (*эфеса шпаги*) 2) пере́дняя лука́ (*седла*)
**2.** *v* бить, колоти́ть, раскола́чивать; размина́ть (*напр., кожу*)
**pommy** [ˈpɔmɪ] *n австрал. sl.* англича́нин, иммигри́ровавший в Австра́лию
**pomology** [pəˈmɔlədʒɪ] *n* помоло́гия
**pomp** [pɔmp] *n* по́мпа, великоле́пие, пы́шность
**pompadour** [ˈpɔmpəduə] *n* 1) высо́кая приче́ска с ва́ликом 2) све́тло-ро́зовый отте́нок
**pompier (ladder)** [ˈpɔmpɪə(ˈlædə)] *n* пожа́рная ле́стница
**pom-pom** [ˈpɔmpɔm] *n воен. разг.* счетверённая малокали́берная зени́тная артиллери́йская устано́вка
**pompon** [ˈpɔ:mpɔ:ŋ] *фр. n* помпо́н
**pomposity** [pɔmˈpɔsɪtɪ] *n* помпе́зность; напы́щенность
**pompous** [ˈpɔmpəs] *a* 1) напы́щенный 2) *редк.* пы́шный, великоле́пный
**ponce** [pɔns] *n жарг.* сутенёр
**ponceau** [ˈpɔnsəu] *фр. n* пунцо́вый цвет, цвет кра́сного ма́ка
**poncho** [ˈpɔntʃəu] *n* (*pl* -os [-əuz]) по́нчо
**pond** [pɔnd] **1.** *n* 1) пруд; водоём, бассе́йн; запру́да 2) *уст.* садо́к (*для разведения рыбы*) 3) *шутл.* мо́ре, океа́н
**2.** *v* 1) запру́живать 2) образо́вывать пруд
**pondage** [ˈpɔndɪdʒ] *n* ёмкость пруда́ *или* резервуа́ра
**ponder** [ˈpɔndə] *v* обду́мывать, взве́шивать, размышля́ть (on, upon, over)
**ponderability** [ˌpɔndərəˈbɪlɪtɪ] *n* ве́сомость
**ponderable** [ˈpɔndərəbl] **1.** *a* 1) ве́сомый 2) могу́щий быть оценённым, взве́шенным; предви́димый
**2.** *n pl* то, что мо́жно зара́нее взве́сить, предусмотре́ть
**ponderosity** [ˌpɔndəˈrɔsɪtɪ] *n* 1) вес, тя́жесть 2) тяжелове́сность
**ponderous** [ˈpɔndərəs] *a* 1) тяжёлый, громо́здкий, увеси́стый 2) тяжелове́сный 3) ску́чный, тягу́чий; a ~ speech ску́чный, ну́дный докла́д
**pone** [pəun] *n* 1) кукуру́зная лепёшка 2) сдо́ба
**pongee** [pɔnˈdʒi:] *n текст.* эпо́нж
**poniard** [ˈpɔnjəd] **1.** *n* кинжа́л
**2.** *v* зака́лывать кинжа́лом
**pontiff** [ˈpɔntɪf] *n* 1) ри́мский па́па (*тж.* sovereign ~, supreme ~) 2) епи́скоп, архиере́й 3) первосвяще́нник ◇ the ~s of science жрецы́ нау́ки
**pontifical** [pɔnˈtɪfɪkəl] **1.** *a* 1) па́пский 2) епископа́льный; епи́скопский
**2.** *n* 1) архиере́йский обря́дник 2) *pl* епи́скопское *или* кардина́льское облаче́ние

**pontificalia** [pɔnˌtɪfɪ'keɪlɪə] *лат. n pl* епископское *или* папское облачение

**pontificate** [pɔn'tɪfɪkɪt] *n* понтификат, первосвященство

**ponton** ['pɔntɔn] *амер.* = pontoon I

**pontoon** I [pɔn'tu:n] *n* 1) понтон; понтонный мост, наплавной мост (*тж.* ~ bridge) 2) плашкоут 3) кессон

**pontoon** II [pɔn'tu:n] *n карт.* двадцать одно

**pony** ['pəunɪ] **1.** *n* 1) пони, малорослая лошадь: Jerusalem ~ *шутл.* осёл 2) *sl.* 25 фунтов стерлингов 3) *разг.* небольшой стаканчик для вина *или* пива, стопка 4) *амер. разг.* подстрочник, шпаргалка

**2.** *a* 1) маленький, малого размера; ~ size малого размера, уменьшенного габарита 2) *тех.* вспомогательный, дополнительный

**3.** *v амер. разг.* отвечать урок по шпаргалке; переводить, пользуясь подстрочником

**pony-tail** ['pəunɪteɪl] *n* женская причёска «конский хвост»

**pooch** [pu:tʃ] *n амер. разг.* собака, дворняжка

**pood** [pu:d] *русск. n* пуд

**poodle** ['pu:dl] *n* пудель

**pooh** [pu] *int* уф!; тьфу!

**Pooh-Bah** ['pu:'bɑ:] *n* занимающий несколько должностей; совместитель (*по имени персонажа в комической опере «Микадо»*)

**pooh-pooh** [pu:'pu:] *v разг.* относиться с пренебрежением *или* презрением (*к чему-л.*)

**pool** I [pu:l] *n* 1) лужа; прудок 2) омут; заводь 3) *спорт.* (плавательный) бассейн (*тж.* swimming ~) 4) *гидр.* бьеф 5) *геол.* нефтяная залежь

**pool** II [pu:l] **1.** *n* 1) общий фонд; объединённый резерв; общий котёл 2) пул (*соглашение картельного типа между конкурентами*); stock market ~ биржевое объединение 3) бюро, объединение; a typing ~ машинописное бюро 4) совокупность ставок (*в картах, на скачках*), пулька (*в карточной игре*) 5) пул (*род бильярдной игры*)

**2.** *v* объединять в общий фонд, складываться; to ~ interests действовать сообща

**pooled** [pu:ld] **1.** *p. p. от* pool II, 2

**2.** *a* ~ experiences коллективный опыт

**poolroom** ['pu:lrum] *n амер.* 1) помещение для игры в пул 2) место, где заключают пари (*перед скачками, спортивными состязаниями и т. п.*)

**poop** I [pu:p] *мор.* **1.** *n* полуют; корма

**2.** *v* 1) захлёстывать корму (*о волне*) 2) черпнуть кормой (*о судне*)

**poop** II [pu:p] *sl. см.* nincompoop

**poop** III [pu:p] = pope II

**poor** [puə] **1.** *a* 1) бедный, неимущий, малоимущий; ~ peasant крестьянин-бедняк 2) бедный (in — *чем-л.*) 3) несчастный; ~ fellow! бедняга! 4) жалкий, невзрачный 5) низкий, плохой, скверный (*об урожае; о качестве*) 6) неплодородный (*о почве*) 7) скудный, жалкий, плохой; ничтожный; убогий; in my ~ opinion *шутл.* по моему скромному мнению; a ~ £ 1 a week жалкий фунт стерлингов в неделю 8) недостаточный, непитательный (*о пище*)

**2.** *n* (the ~) *pl собир.* бедные, бедняки, беднота, неимущие

**poor-box** ['puəbɔks] *n* кружка для сбора на бедных

**poor-house** ['puəhaus] *n* богадельня; работный дом

**poor-law** ['puəlɔ:] *n* закон о бедных

**poorly** ['puəlɪ] **1.** *adv* скудно, плохо, жалко; неудачно

**2.** *a predic. разг.* нездоровый; I feel rather ~ мне нездоровится

**poor-quality** ['puəˌkwɔlɪtɪ] *a* 1) низкого качества, недоброкачественный 2) простенький (*об изделии и т. п.*)

**poor-rate** ['puəreɪt] *n* налог в пользу бедных

**poor-spirited** ['puə'spɪrɪtɪd] *a* робкий, трусливый

**pop** I [pɔp] **1.** *n* 1) отрывистый звук (*хлопушки и т. п.*) 2) выстрел 3) *разг.* шипучий напиток 4) *сокр. от* poppycock

**2.** *v* 1) хлопать, выстреливать (*о пробке*) 2) трескаться (*о каштанах в огне и т. п.*) 3) *разг.* палить, стрелять (*тж.* ~ off) 4) совать, всовывать (in, into) 5) бросаться; шнырять 6) *разг.* внезапно спросить, огорошить вопросом 7) *разг.* закладывать 8) *амер.* поджаривать кукурузные зёрна □ ~ **in** а) всунуть; б) внезапно появиться; ~ **off** а) внезапно уйти; б) *sl.* умереть (*тж.* ~ off the hooks); ~ **out** а) внезапно удалиться, отправиться; б) внезапно погаснуть; ~ **up** неожиданно возникнуть

**3.** *adv* с шумом, внезапно; to go ~ а) хлопнуть, выстрелить; б) внезапно умереть; в) разориться ◇ ~ goes the weasel *название деревенского танца*

**4.** *int* хлоп

**pop** II [pɔp] *n разг.* популярный концерт

**pop** III [pɔp] *n амер. разг.* 1) папа 2) папаша (*в обращении*)

**pop-art** ['pɔpɑ:t] *n* поп-арт; искусство в стиле «поп»

**popcorn** ['pɔpkɔ:n] *n амер.* жареные кукурузные зёрна; воздушная кукуруза; попкорн

**pope** I [pəup] *n* 1) римский папа 2) священник; поп ◇ ~'s eye жирная часть бараньей ноги; ~'s head метла для обметания потолка; ~'s nose *разг.* гузка (жареной) птицы [*ср.* parson's nose]; P. Joan *название карточной игры*

**pope** II [pəup] **1.** *n* пах

**2.** *v* ударить в пах

**popery** ['pəupərɪ] *n пренебр.* папизм, католицизм

**pop-eyed** ['pɔpaɪd] *a разг.* 1) пучеглазый, с глазами навыкате 2) с широко открытыми глазами, напуганный, удивлённый

**popgun** ['pɔpgʌn] *n.* 1) пугач (*игрушка*) 2) плохое ружьё

**popinjay** ['pɔpɪndʒeɪ] *n* 1) фат, хлыщ, щёголь 2) *диал.* зелёный дятел 3) *уст.* попугай

**popish** ['pəupɪʃ] *a* папистский

**poplar** ['pɔplə] *n* тополь; black ~ чёрный тополь, осокорь

**poplin** ['pɔplɪn] *n* поплин (*ткань*)

**popliteal** [pɔp'lɪtɪəl] *a анат.* подколенный

**poppa** ['pɔpə] = pop III

**poppet** ['pɔpɪt] *n* 1) *ласк.* крошка, милашка (*особ. как обращение* my ~) 2) *уст.* кукла 3) *тех.* задняя бабка станка 4) = poppet-valve

**poppet-head** ['pɔpɪthed] = poppet 3)

**poppet-valve** ['pɔpɪt'vælv] *n тех.* тарельчатый клапан

**poppied** ['pɔpɪd] *a* 1) поросший маком 2) снотворный, сонный

**popple** ['pɔpl] **1.** *n* плескание, плеск

**2.** *v* 1) плескаться, волноваться 2) вскипать, бурлить

**poppy** ['pɔpɪ] *n бот.* 1) мак 2) *attr.* маковый

**poppycock** ['pɔpɪkɔk] *n амер. разг.* вздор, чепуха

**pops** [pɔps] *n pl* 1) «поп»-оркестр; концерт «поп»-музыки 2) песенки в стиле «поп», «попсы»

**popshop** ['pɔpʃɔp] *n разг.* ломбард

**popster** ['pɔpstə] *n* любитель джазовой музыки

**populace** ['pɔpjuləs] *n* 1) простой народ; массы 2) население

**popular** ['pɔpjulə] *a* 1) народный; ~ majority большинство народа, населения; ~ pressure давление народных масс 2) популярный; he is ~ with his pupils он пользуется любовью своих учеников 3) общедоступный; at ~ prices по общедоступным ценам 4) общераспространённый; широко известный; ~ newspapers газеты с большим тиражом

**popularity** [ˌpɔpju'lærɪtɪ] *n* популярность

**popularization** [ˌpɔpjuləraɪ'zeɪʃən] *n* популяризация

**popularize** ['pɔpjuləraɪz] *v* 1) популяризировать 2) излагать в общедоступной форме

**popularly** ['pɔpjuləlɪ] *adv* 1) всем народом, всенародно 2) популярно

**populate** ['pɔpjuleɪt] *v* населять; заселять

**population** [ˌpɔpju'leɪʃən] *n* 1) (народо)население; жители; ~ at large всё население 2) заселение 3) *attr.*: ~ control ограничение рождаемости; ~ pressure перенаселённость; ~ explosion стремительный рост (народо)населения, демографический взрыв

**populist** ['pɔpjulɪst] *n* 1) *ист.* популист (*в США*) 2) *ист.* народник (*в России*)

**populous** ['pɔpjuləs] *a* густонаселённый; (много)людный

**porbeagle** ['pɔ:bi:gl] *n зоол.* сельдевая акула

**porcelain** ['pɔːsəlɪn] *n* 1) фарфо́р 2) фарфо́ровое изде́лие 3) *attr.* фарфо́ровый; *перен.* хру́пкий; изя́щный; ~ clay фарфо́ровая гли́на, каоли́н

**porcellaneous** [ˌpɔːsə'leɪnɪəs] *a* фарфо́ровый

**porch** [pɔːtʃ] *n* 1) подъе́зд, крыльцо́ 2) по́ртик; кры́тая галере́я 3) *амер.* вера́нда; балко́н

**porcine** ['pɔːsaɪn] *a* 1) свино́й 2) сви́нский; свиноподо́бный

**porcupine** ['pɔːkjupaɪn] *n* 1) *зоол.* дикобра́з 2) *текст.* ножево́й бараба́н

**pore** I [pɔː] *n* 1) по́ра 2) сква́жина ◊ at every ~ весь, с головы́ до ног

**pore** II [pɔː] *v* 1) сосредото́ченно изуча́ть, обду́мывать (*over, upon*); poring over books погрузи́вшись, углуби́вшись в кни́ги 2) *уст.* сосредото́ченно разгля́дывать (at, on, over)

**poriferous** [pɔː'rɪfərəs] *a* по́ристый, име́ющий мно́го пор

**pork** [pɔːk] *n* 1) свини́на 2) *амер. разг.* «корму́шка»; прави́тельственные дота́ции, привиле́гии *и т. п.*, предоставля́емые по полити́ческим соображе́ниям 3) *attr.* сде́ланный из свини́ны, свино́й

**pork-barrel** ['pɔːkˌbærəl] *n* «казённый пиро́г» (*мероприятие, проводимое правительством для завоевания популярности и т. п.*)

**porker** ['pɔːkə] *n* отко́рмленная на убо́й свинья́ (*особ.* молода́я)

**pork pie** ['pɔːkpaɪ] *n* пиро́г со свини́ной

**pork-pie hat** ['pɔːkpaɪ'hæt] *n* шля́па с кру́глой пло́ской тульё́й и за́гнутыми кве́рху поля́ми

**porky** ['pɔːkɪ] *a* 1) жи́рный, са́льный 2) *разг.* то́лстый, жи́рный

**pornographic** [ˌpɔːnəu'græfɪk] *a* порнографи́ческий

**pornography** [pɔː'nɔgrəfɪ] *n* порногра́фия

**porosity** [pɔː'rɔsɪtɪ] *n* по́ристость

**porous** ['pɔːrəs] *a* по́ристый, ноздрева́тый; гу́бчатый

**porphyry** ['pɔːfɪrɪ] *n мин.* порфи́р

**porpoise** ['pɔːpəs] **1.** *n* морска́я свинья́; бу́рый дельфи́н

**2.** *v ав. жарг.* подпры́гивать, ба́рсить, козли́ть

**porpoising** ['pɔːpəsɪŋ] **1.** *pres. p. от* porpoise 2

**2.** *n ав. жарг.* барс (*подпрыгивание при взлёте*)

**porridge** ['pɔrɪdʒ] *n* (овся́ная) ка́ша ◊ to keep one's breath to cool one's ~ пома́лкивать, не сова́ться с сове́том

**porringer** ['pɔrɪndʒə] *n* супова́я ча́шка, ми́сочка

**port** I [pɔːt] *n* 1) порт, га́вань; ~ of call (of destination) порт захо́да (назначе́ния); ~ of entry порт вво́за; free ~ во́льная га́вань, по́рто-фра́нко 2) прию́т, убе́жище 3) *attr.* порто́вый ◊ any ~ in a storm ≅ в беде́ любо́й вы́ход хоро́ш

**port** II [pɔːt] *n* 1) *ист., шотл.* воро́та (*города*) 2) = porthole 3) *тех.* отве́рстие; прохо́д

**port** III [pɔːt] **1.** *n* 1) *уст.* оса́нка, мане́ра держа́ться 2) *воен.* строева́я сто́йка с ору́жием

**2.** *v воен.* держа́ть (*оружие*) в строево́й сто́йке; ~ arms! на грудь!

**port** IV [pɔːt] *мор.* **1.** *n* 1) ле́вый борт; (put the) helm to ~! ле́во руля́! 2) *attr.* ле́вый

**2.** *v* класть (руля́) нале́во

**port** V [pɔːt] *n* портве́йн

**portability** [ˌpɔːtə'bɪlɪtɪ] *n* портати́вность

**portable** ['pɔːtəbl] **1.** *a* портати́вный, перено́сный, передвижно́й; съёмный, складно́й, разбо́рный; ~ engine локомоби́ль

**2.** *n* 1) портати́вная пи́шущая маши́нка 2) портати́вный (транзи́сторный) приёмник

**port admiral** ['pɔːt'ædmərəl] *n* команди́р по́рта

**portage** ['pɔːtɪdʒ] **1.** *n* 1) перено́ска, перево́зка; прово́з; тра́нспорт 2) сто́имость перево́зки 3) во́лок

**2.** *v* переправля́ть во́локом

**portal** I ['pɔːtl] **1.** *n* 1) порта́л, гла́вный вход; воро́та 2) та́мбур (*дверей*) 3) *attr.* порта́льный; ~ crane порта́льный кран

**portal** II ['pɔːtl] *a*: ~ vein *анат.* воро́тная ве́на

**portative** ['pɔːtətɪv] = portable 1

**portcrayon** [pɔːt'kreɪən] *фр. n* держа́тель для гри́феля

**portcullis** [pɔːt'kʌlɪs] *n* опускна́я решётка (*в крепостных воротах*)

**Porte** [pɔːt] *n*: The (Sublime *или* Ottoman) ~ *ист.* Блиста́тельная (Высо́кая, Оттома́нская) По́рта (*название султанской Турции*)

**portend** [pɔː'tend] *v* предвеща́ть, предзнаменова́ть

**portent** ['pɔːtənt] *n* 1) предзнаменова́ние, зна́мение; ~s of war предве́стники войны́ 2) чу́до

**portentous** [pɔː'tentəs] *a* 1) предска́зывающий дурно́е; злове́щий 2) удиви́тельный, необыкнове́нный 3) ва́жный, напы́щенный (*о человеке*)

**porter** I ['pɔːtə] *n* привра́тник, швейца́р

**porter** II ['pɔːtə] *n* 1) носи́льщик; гру́зчик; ~'s knot напле́чная поду́шка гру́зчика 2) *амер.* проводни́к (*спального вагона*)

**porter** III ['pɔːtə] *n* по́ртер (*чёрное пиво*)

**porterage** ['pɔːtərɪdʒ] *n* 1) перено́ска гру́за 2) пла́та носи́льщику

**porter-house** ['pɔːtəhaus] *n амер.* 1) пивна́я; дешёвый рестора́н 2) *attr.*: ~ steak отбо́рная часть филе́я

**portfire** ['pɔːtfaɪə] *n* запа́л, огнепрово́дный шнур

**portfolio** [pɔːt'fəuljəu] *n* (*pl* -os [-əuz]) 1) портфе́ль 2) па́пка, «де́ло» 3) до́лжность мини́стра; minister without ~ мини́стр без портфе́ля 4): investment (*или* security) ~ портфе́ль це́нных бума́г (*банка и т. п.*) 5) *attr.*: ~ investments *эк.* портфе́льные инвести́ции

**porthole** ['pɔːthəul] *n мор.* 1) (бортово́й) иллюмина́тор 2) оруди́йный порт 3) амбразу́ра (*башни*)

**portico** ['pɔːtɪkəu] *n* (*pl* -oes, -os [-əuz]) *архит.* по́ртик, галере́я

**portière** [pɔː'tjɛə] *фр. n* портье́ра

**portion** ['pɔːʃən] **1.** *n* 1) часть, до́ля; наде́л 2) по́рция 3) прида́ное 4) уде́л, у́часть

**2.** *v* 1) дели́ть на ча́сти 2) выделя́ть часть, до́лю 3) наделя́ть, дава́ть прида́ное (with) □ ~ **out** производи́ть разде́л (*имущества*)

**portionless** ['pɔːʃənlɪs] *a* без прида́ного (*о невесте*)

**Portland (cement)** ['pɔːtlənd (sɪ'ment)] *n* портла́нд-цеме́нт

**portliness** ['pɔːtlɪnɪs] *n* 1) ту́чность, полнота́ 2) соли́дность; представи́тельность

**portly** ['pɔːtlɪ] *a* 1) по́лный, доро́дный 2) представи́тельный; оса́нистый

**portmanteau** [pɔːt'mæntəu] *n* (*pl* -s [-z], -x) 1) чемода́н; доро́жная су́мка 2) языкова́я контамина́ция, сло́во-гибри́д (*искусственное слово, составленное из двух слов, напр.*: slanguage = slang + language]

**portmanteaux** [pɔːt'mæntəuz] *pl от* portmanteau

**portrait** ['pɔːtrɪt] *n* 1) портре́т 2) изображе́ние; описа́ние

**portraitist** ['pɔːtrɪtɪst] *n* портрети́ст

**portraiture** ['pɔːtrɪtʃə] *n* 1) портре́тная жи́вопись 2) портре́т 3) *собир.* портре́ты 4) описа́ние, изображе́ние

**portray** [pɔː'treɪ] *v* 1) рисова́ть портре́т 2) подража́ть 3) изобража́ть; опи́сывать 4) изобража́ть на сце́не

**portrayal** [pɔː'treɪəl] *n* 1) рисова́ние (портре́та) 2) изображе́ние; описа́ние

**portreeve** ['pɔːtriːv] *n* 1) помо́щник мэ́ра (*в некоторых городах*) 2) *ист.* мэр го́рода (*преим. Лондона*)

**portress** ['pɔːtrɪs] *n* привра́тница

**Portuguese** [ˌpɔːtju'giːz] **1.** *a* португа́льский

**2.** *n* 1) португа́лец; португа́лка; the ~ *pl собир.* португа́льцы 2) португа́льский язы́к

**pose** I [pəuz] **1.** *v* 1) пози́ровать 2) принима́ть по́зу, вид (*кого-л.*; as) 3) ста́вить в определённую по́зу (*натурщика*) 4) формули́ровать, излага́ть; ста́вить, предлага́ть (*вопрос, задачу*)

**2.** *n* по́за (*тж. перен.*)

**pose** II [pəuz] *v* (по)ста́вить в тупи́к, озада́чить

**poser** ['pəuzə] *n* тру́дный вопро́с, тру́дная зада́ча, пробле́ма

**poseur** [pəu'zəː] *фр. n* позёр

**posh** [pɔʃ] *a разг.* превосхо́дный, шика́рный

**posit** ['pɔzɪt] *v* 1) класть в осно́ву до́водов, постули́ровать; утвержда́ть 2) ста́вить

**position** [pə'zɪʃən] **1.** *n* 1) положе́ние, местоположе́ние; ме́сто; расположе́ние, пози́ция; in (out of) ~ в пра́вильном (непра́вильном) ме́сте 2) *перен.* положе́ние, пози́ция; to put in a false ~ поставить в ложное положение 3) обычное, правильное место; the players were in ~ игроки были на своих местах 4) возможность; to be in a ~ to do smth. быть в состоянии, иметь возможность сделать что-л. 5) положение; должность 6) отношение, точка зрения; to define one's ~ on smth. определить своё отношение к чему-л.; to take up the ~ (that) стать на точку зрения (что), утверждать (что)

2. *v* 1) ставить, помещать 2) определять местоположение

**positional** [pə'zɪʃənl] *a* позиционный

**positive** ['pɔzətɪv] **1.** *a* 1) положительный 2) определённый, несомненный, точный 3) уверенный; I am ~ that this is so я уверен, что это так 4) самоуверенный 5) *разг.* абсолютный, в полном смысле слова 6) позитивный; ~ philosophy позитивизм 7) *грам.* положительный (*о степени*) 8) *мат.* положительный; ~ sign знак плюс 9) *фото* позитивный 10) *тех.* принудительный (*о движении*)

2. *n* 1) нечто реальное 2) *грам.* положительная степень 3) *фото* позитив

**positively** ['pɔzətɪvlɪ] *adv* 1) положительно, несомненно, с уверенностью 2) решительно, категорически; безусловно

**positivism** ['pɔzɪtɪvɪzm] *n филос.* позитивизм

**positron** ['pɔzɪtrɔn] *n физ.* позитрон

**posse** ['pɔsɪ] *n* 1) отряд (*полицейских*) 2) группа вооружённых людей, наделённая определёнными правами

**possess** [pə'zes] *v* 1) обладать, владеть; to be ~ed of smth. обладать чем-л.; every human being ~ed of reason всякий разумный человек; to ~ oneself of smth. овладеть чем-л.; to ~ oneself (*или* one's soul, one's mind) владеть собой; запастись терпением 2) овладевать, захватывать (*о чувстве, настроении и т. п.*); to be ~ed by (*или* with) smth. быть одержимым чем-л.; you are surely ~ed вы с ума сошли; what ~ed him to do it? что его дёрнуло сделать это?

**possessed** [pə'zest] **1.** *p. p. от* possess

2. *a* одержимый; ненормальный; рехнувшийся

**possession** [pə'zeʃən] *n* 1) владение, обладание; in ~ of smth. владеющий чем-л.; in the ~ of smb., in smb.'s ~ в чьём-л. владении; to take ~ of вступать во владение; овладеть 2) *pl* собственность; имущество; пожитки 3) (*часто pl*) владения, зависимая территория 4) одержимость

**possessive** [pə'zesɪv] *a* 1) собственнический 2) *грам.* притяжательный; ~ case притяжательный падеж; ~ pronoun притяжательное местоимение

**possessor** [pə'zesə] *n* владелец, обладатель

**possessory** [pə'zesərɪ] *a* относящийся к владению; *юр.* владельческий

**posset** I ['pɔsɪt] *n* горячий напиток из молока, вина и пряностей, поссет

**posset** II ['pɔsɪt] *v* свёртываться (*о молоке, крови*)

**possibility** [ˌpɔsə'bɪlɪtɪ] *n* возможность, вероятность

**possible** ['pɔsəbl] **1.** *a* 1) возможный, вероятный; if ~ если это возможно; as early as ~ как можно раньше; ~ ore *геол.* возможные, неразведанные запасы руды 2) *разг.* сносный, терпимый

2. *n* возможное; to do one's ~ сделать всё возможное

**possibly** ['pɔsəblɪ] *adv* возможно; может быть; how can I ~ do it? как я могу сделать это?

**possum** ['pɔsəm] *n разг.* опоссум ◇ to play ~ а) притворяться больным *или* мёртвым; б) прикидываться не понимающим *или* не знающим (*чего-л.*); to play ~ with a person обмануть кого-л.

**post** I [pəust] **1.** *n* 1) столб, стойка, мачта, свая, подпорка 2) *спорт.* столб (у старта *или* финиша); starting ~ стартовый столб; to be beaten on the ~ отстать на самую малость 3) целик угля *или* руды 4) *геол.* мелкозернистый песчаник ◇ as deaf as a ~ глухой как пень, совершенно глухой

2. *v* 1) вывешивать, расклеивать (*афиши; обыкн.* ~ up); рекламировать с помощью афиш и плакатов 2) обклеивать афишами *или* плакатами (*стену и т. п.*) 3) объявить о пропаже без вести, неприбытии в срок *или* гибели судна 4) *амер.* объявлять о запрещении входа (*куда-л.*), охоты *и т. п.*; to ~ the property объявлять о запрещении входа на территорию частного владения 5) включать в вывешенные списки имена не сдавших экзаменов студентов

**post** II [pəust] **1.** *n* 1) почта 2) почтовое отделение 3) почтовый ящик 4) доставка почты; by return of ~ с обратной почтой 5) формат бумаги (*писчей* — $15^1/_2$ *д.* × *19 д.*; *печатной* — $15^1/_2$ *д.* × $19^1/_2$ *д.*) 6) *attr.* почтовый ◇ Job's ~ человек, приносящий дурные вести

2. *v* 1) отправлять по почте; опустить в почтовый ящик 2) ехать на почтовых 3) спешить, мчаться 4) (*часто pass.*) осведомлять, давать полную информацию (*тж.* ~ up); to be ~ed as to smth. быть в курсе чего-л. 5) *бухг.* переносить (*запись*) в гроссбух (*тж.* ~ up)

3. *adv* 1) почтой 2) на почтовых 3) поспешно

**post** III [pəust] **1.** *n* 1) пост, должность; положение 2) *воен.* пост; позиция; укреплённый узел; форт 3) *амер. воен.* гарнизон; постоянная стоянка (*войск*) 4) торговое поселение (*в колонии и т. п.*); trading ~ фактория 5) *ж.-д.* блокпост 6) *тех.* пульт управления

2. *v* 1) располагать, расставлять, ставить (*солдат и т. п.*) 2) *воен.* назначать на должность

**post-** [pəust-] *pref* после-, по-; ~-glacial *геол.* послеледниковый

**postage** ['pəustɪdʒ] *n* почтовая оплата, почтовые расходы; inland ~ внутренний почтовый тариф

**postage stamp** ['pəustɪdʒ'stæmp] *n* почтовая марка

**postal** ['pəustəl] **1.** *a* почтовый; ~ card *амер.* почтовая открытка; ~ order денежный перевод по почте; ~ authorities почтовое ведомство; (Universal) P. Union Международный почтовый союз

2. *n амер. разг.* открытка

**post-bag** ['pəustbæg] *n* сумка почтальона

**post-bellum** ['pəust'beləm] *a* послевоенный; происшедший после войны, *особ.* после гражданской войны в США; ~ reforms послевоенные реформы

**post-boy** ['pəustbɔɪ] *n* 1) почтальон 2) форейтор

**post captain** ['pəust'kæptɪn] *n мор.* 1) командир корабля в звании «кэптена» 2) *амер.* капитан 1 ранга 3) *ист.* командир корабля с 20 пушками и больше

**postcard** ['pəustkɑːd] *n* почтовая карточка, открытка

**post-chaise** ['pəustʃeɪz] *n ист.* почтовая карета, дилижанс

**post-coach** ['pəustkəutʃ] = post-chaise

**post-date** ['pəust'deɪt] **1.** *n* дата, проставленная более поздним числом

2. *v* датировать более поздним числом

**postdiluvial** ['pəustdaɪ'luːvjəl] *a* 1) *геол.* постделювиальный 2) = post-diluvian

**post-diluvian** ['pəustdaɪ'luːvjən] *a библ.* после потопа

**poster** ['pəustə] **1.** *n* 1) объявление, плакат, афиша 2) расклейщик афиш 3) мяч, ушедший за боковую стойку ворот (*в футболе и т. п.*)

2. *v* 1) рекламировать 2) оклеивать рекламами

**poste restante** ['pəust'restɑːnt] *фр. n* 1) отделение на почте для корреспонденции до востребования 2) «до востребования» (*надпись на конверте*)

**posterior** [pɔs'tɪərɪə] **1.** *a* 1) задний 2) последующий; позднейший

2. *n шутл.* зад, ягодицы

**posteriority** [pɔsˌtɪərɪ'ɔrɪtɪ] *n* следование (*за чем-л.*); позднейшее обстоятельство

**posteriorly** [pɔs'tɪərɪəlɪ] *adv* сзади

**posterity** [pɔs'terɪtɪ] *n* потомство; последующие поколения

**postern** ['pəustəːn] *n* 1) задняя дверь 2) боковая дорога *или* боковой вход 3) *attr.* задний

**post exchange** ['pəustɪks'tʃeɪndʒ] *n* гарнизонный магазин военно-торговой службы

**post-free** [ˈpəustˈfriː] *a, adv* без почтовой оплаты

**post-glacial** [ˈpəustˈgleɪsjəl] *a геол.* послеледниковый

**post-graduate** [ˈpəustˈgrædjuɪt] **1.** *n* аспирант

**2.** *a* 1) изучаемый, проходимый после окончания университета; ~ courses курсы усовершенствования 2) аспирантский; ~ studies аспирантура

**post-haste** [ˈpəustˈheɪst] *adv* с большой поспешностью, сломя голову

**post-horse** [ˈpəusthɔːs] *n* почтовая лошадь

**post-house** [ˈpəusthaus] *n* почтовая станция

**posthumous** [ˈpɔstjuməs] *a* 1) посмертный 2) рождённый после смерти отца

**postil(l)ion** [pəsˈtɪljən] *n* форейтор

**postman** [ˈpəustmən] *n* почтальон

**postmark** [ˈpəustmɑːk] **1.** *n* почтовый штемпель

**2.** *v* штемпелевать (*письмо*)

**postmaster** [ˈpəustˌmɑːstə] *n* почтмейстер; начальник почтового отделения

**Postmaster General** [ˈpəustˌmɑːstəˈdʒenərəl] *n* министр почт

**postmeridian** [ˈpəustməˈrɪdɪən] *a* послеполуденный

**post meridiem** [ˈpəustməˈrɪdɪəm] *лат. adv* после полудня (*обыкн. сокр.* p. m.)

**postmistress** [ˈpəustˌmɪstrɪs] *n* женщина — начальник почтового отделения

**post mortem** [ˈpəustˈmɔːtem] *лат. adv* после смерти

**post-mortem** [ˈpəustˈmɔːtem] **1.** *n* 1) вскрытие трупа, аутопсия 2) *шутл.* обсуждение игры (*особ. карточной*) после её окончания

**2.** *a* посмертный

**3.** *v* подвергать вскрытию, производить вскрытие (*трупа*)

**post-natal** [ˈpəustˈneɪtl] *a* происходящий после рождения, послеродовой

**post-nuptial** [ˈpəustˈnʌpʃəl] *a* происходящий после заключения брака

**post-obit** [ˈpəustˈɔbɪt] **1.** *n* обязательство уплатить кредитору по получении наследства

**2.** *a* вступающий в силу после смерти (*кого-л.*)

**Post-Office** [ˈpəustˌɔfɪs] *n* министерство почт

**post-office** [ˈpəustˌɔfɪs] *n* 1) почта, почтовая контора; почтовое отделение; general ~ почтамт 2) *attr.* почтовый; ~ order денежный перевод; ~ box абонементный почтовый ящик; ~ savings-bank сберегательная касса при почтовом отделении

**post-paid** [ˈpəustˈpeɪd] *a* с оплаченными почтовыми расходами

**postpone** [peusˈtpəun] *v* откладывать; отсрочивать

**postponement** [pəusˈtpəunmənt] *n* откладывание; отсрочка

**postposition** [ˈpəustpəˈzɪʃən] *n* 1) помещение позади 2) *лингв.* постпозиция; энклитика; послелог

**postpositive** [ˈpəustˈpɔzɪtɪv] *a лингв.* постпозитивный, постпозиционный

**post-postscript** [ˈpəustˈpəusskrɪpt] *n* второй постскриптум (*сокр.* P. P. S.)

**postprandial** [ˈpəustˈprændɪəl] *a шутл.* послеобеденный

**postscript** [ˈpəusskrɪpt] *n* 1) постскриптум (*сокр.* P. S.) 2) комментарий к выпуску новостей (*по радио*)

**post-town** [ˈpəusttaun] *n* город, имеющий почтамт

**postulant** [ˈpɔstjulənt] *n* кандидат (*особ. на поступление в религиозный орден*)

**postulate 1.** *n* [ˈpɔstjulɪt] 1) постулат 2) предварительное условие

**2.** *v* [ˈpɔstjuleɪt] 1) постулировать, принимать без доказательства 2) ставить условием (for) 3) (*обыкн. p. p.*) требовать; обусловливать, ставить условием

**posture** [ˈpɔstʃə] **1.** *n* 1) поза, положение; осанка 2) состояние, положение; the present ~ of affairs (настоящее) положение вещей

**2.** *v* 1) ставить в позу 2) позировать

**post-war** [ˈpəustˈwɔː] *a* послевоенный

**posy** [ˈpəuzɪ] *n* 1) (маленький) букет цветов 2) *уст.* девиз (*на кольце и т. п.*)

**pot** [pɔt] **1.** *n* 1) горшок; котелок; банка; кружка 2) цветочный горшок 3) ночной горшок 4) *спорт. разг.* кубок, приз 5) напиток 6) *разг.* крупная сумма; ~ (*или* ~s) of money большая сумма; куча денег 7) *разг.* совокупность ставок (*на скачках, в картах*) 8) *тех.* тигель 9) *тех.* дефлектор 10) *геол.* купол 11) *жарг.* марихуана 12) *attr.*: ~ flowers комнатные цветы ◇ a big ~ важная персона, «шишка»; to go to ~ а) вылететь в трубу, разориться, погибнуть; б) разрушиться; all gone to ~ ≅ всё пошло к чертям; to keep the ~ boiling (*или* on the boil) а) зарабатывать на пропитание; б) энергично продолжать; to make the ~ boil, to boil the ~ а) зарабатывать средства к жизни; б) подрабатывать, халтурить; the ~ calls the kettle black ≅ не смейся горох, не лучше бобов; уж кто бы говорил, а ты бы помалкивал (*т. е.* сам тоже хорош)

**2.** *v* 1) класть в горшок *или* котелок 2) консервировать, заготовлять впрок 3) варить в котелке 4) сажать в горшок (*цветы*) 5) загонять в лузу (*шар в бильярде*) 6) стрелять, застрелить (*на близком расстоянии*) 7) захватывать, завладевать 8) *разг.* сажать ребёнка на горшок

**potability** [ˌpəutəˈbɪlɪtɪ] *n* пригодность для питья

**potable** [ˈpəutəbl] **1.** *a* годный для питья; питьевой; ~ water питьевая вода

**2.** *n pl* напитки

**potash** [ˈpɔtæʃ] *n хим.* поташ, углекислый калий

**potash-soap** [ˈpɔtæʃˈsəup] *n* калиевое мыло, зелёное мыло

**potass** [ˈpɔtæs] *уст.* = potash

**potassium** [pəˈtæsjəm] *n хим.* 1) калий 2) *attr.* калийный

**potation** [pəuˈteɪʃən] *n* 1) питьё; выпивка 2) (*обыкн. pl*) пьянство 3) глоток 4) спиртной напиток

**potato** [pəˈteɪtəu] *n* (*pl* -oes [-əuz]) 1) картофель (*растение*) 2) картофелина; *pl* картофель 3) *attr.* картофельный ◇ small ~es а) пустяки; б) мелкие людишки; quite the ~ *разг.* как раз то, что надо; not (quite) the clean ~ *разг.* подозрительная личность, непорядочный человек

**potato-box** [pəˈteɪtəubɔks] *n груб.* рот

**potatory** [ˈpəutətərɪ] *a* питейный

**potato-trap** [pəˈteɪtəutræp] = potato-box

**pot-belly** [ˈpɔtˌbelɪ] *n* 1) большой живот, пузо 2) пузатый человек

**pot-boiler** [ˈpɔtˌbɔɪlə] *n разг.* 1) халтура 2) халтурщик

**pot-boy** [ˈpɔtbɔɪ] *n* мальчик, прислуживающий в кабаке

**poteen** [pɔˈtiːn] *n* ирландский самогон

**potency** [ˈpəutənsɪ] *n* 1) сила, могущество 2) действенность, эффективность 3) потенциальная возможность, потенция

**potent** [ˈpəutənt] *a* 1) могущественный; мощный 2) сильнодействующий; крепкий (*о спиртных напитках*); ~ drug сильнодействующее лекарство 3) убедительный

**potentate** [ˈpəutənteɪt] *n* властелин, монарх

**potential** [pəuˈtenʃəl] **1.** *n* 1) возможность 2) потенциал 3) *эл.* потенциал, напряжение

**2.** *a* 1) потенциальный; возможный 2) *эл.*: ~ difference разность потенциалов

**potentiality** [pəuˌtenʃɪˈælɪtɪ] *n* 1) потенциальность 2) *pl* потенциальные возможности

**potentiate** [pəuˈtenʃɪeɪt] *v* 1) придавать силу 2) делать возможным

**potentiometer** [pəuˌtenʃɪˈɔmɪtə] *n эл.* потенциометр

**pot hat** [ˈpɔthæt] *n разг.* котелок (*шляпа*)

**potheen** [pɔˈθiːn] = poteen

**pother** [ˈpɔðə] **1.** *n* 1) шум; суматоха, волнение 2) удушливый дым; облако пыли

**2.** *v* 1) волновать; беспокоить 2) волноваться, суетиться

**pot-herb** [ˈpɔthəːb] *n* зелень, коренья

**pot-hole** [ˈpɔthəul] *n* рытвина, выбоина

**pot-hook** [ˈpɔthuk] *n* 1) крюк над очагом (*для котелка*) 2) крючок с длинной ручкой (*чтобы доставать из очага котелки и т. п.*) 3): ~s and hangers крючки и палочки (*в обучении письму*); каракули

**pot-house** [ˈpɔthaus] *n* пивна́я, каба́к

**pot-hunter** [ˈpɔtˌhʌntə] *n* 1) охо́тник, убива́ющий вся́кую дичь без разбо́ра 2) *спорт.* люби́тель призо́в

**potion** [ˈpəuʃən] *n* 1) до́за лека́рства *или* я́да 2) зе́лье, сна́добье; love ~ любо́вный напи́ток

**pot luck** [ˈpɔtˈlʌk] *n* 1) всё, что име́ется на обе́д; come and take ~ with us ≅ чем бога́ты, тем и ра́ды, пообе́дайте с на́ми 2) возмо́жность, шанс

**potman** [ˈpɔtmən] *n* подру́чный в кабаке́

**pot paper** [ˈpɔtˌpeɪpə] *n* форма́т пи́счей бума́ги (*12½ × 15 д.*)

**pot-pourri** [pəuˈpuri(:)] *фр. n* 1) попурри́ 2) аромати́ческая смесь (*из сухих лепестков*)

**pot-roast** [ˈpɔtrəust] *n* тушёное мя́со (*обыкн. говядина*)

**potsherd** [ˈpɔtʃə:d] *n уст.* черепо́к

**pot-shot** [ˈpɔtˈʃɔt] *n* 1) вы́стрел по бли́зкой *или* неподви́жной це́ли 2) вы́стрел науга́д 3) попы́тка «на аво́сь»

**pot-still** [ˈpɔtstɪl] *n* перего́нный куб

**pott** [pɔt] = pot paper

**pottage** [ˈpɔtɪdʒ] *n уст.* похлёбка

**potted** [ˈpɔtɪd] **1.** *p. p. от* pot 2

**2.** *a* 1) консерви́рованный; ~ meat мясны́е консе́рвы 2) ко́мнатный, выра́щиваемый в горшке́ (*о растении*) 3) *разг.* запи́санный на плёнку *или* пласти́нку

**potter** I [ˈpɔtə] *n* гонча́р; ~'s clay гонча́рная *или* горше́чная гли́на; ~'s lathe (wheel) гонча́рный стано́к (круг)

**potter** II [ˈpɔtə] *v* 1) рабо́тать беспоря́дочно (at, in — над *чем-л.*) 2) рабо́тать лени́во, ло́дырничать (*тж.* ~ about) 3) бесце́льно тра́тить вре́мя

**pottery** [ˈpɔtərɪ] *n* 1) гонча́рные изде́лия, кера́мика 2) гонча́рная, гонча́рная мастерска́я 3) гонча́рное де́ло

**pottle** [ˈpɔtl] *n* 1) сосу́д, вмести́мостью о́коло ½ галло́на 2) корзи́нка (*для ягод*)

**potto** [ˈpɔtəu] *n* (*pl* -os [-əuz]) *зоол.* 1) западноафрика́нский лему́р, по́тто 2) кинкажу́, цепкохво́стый медве́дь

**potty** I [ˈpɔtɪ] *детск. см.* pot 1, 3)

**potty** II [ˈpɔtɪ] *a разг.* 1) ме́лкий, незначи́тельный 2) лёгкий, пустя́чный 3) поме́шанный (about — на *чём-л.*)

**pot-valiant** [ˈpɔtˌvæljənt] *a* хра́брый во хмелю́

**pot valour** [ˈpɔtˌvælə] *n* хмельно́й задо́р, пья́ная у́даль

**pouch** [pautʃ] **1.** *n* 1) су́мка; мешо́чек; ~es under the eyes мешки́ под глаза́ми 2) *воен.* патро́нная су́мка 3) кисе́т 4) *амер.* мешо́к с по́чтой; diplomatic ~ мешо́к с дипломати́ческой по́чтой, вали́за дипкурье́ра 5) *шотл.* карма́н 6) *уст.* кошелёк

**2.** *v* 1) класть в су́мку 2) де́лать на́пуск (*на платье*) 3) висе́ть мешко́м 4) *разг.* дава́ть на чай 5) *уст.* присва́ивать, прикарма́нивать

**pouched** [pautʃt] **1.** *p. p. от* pouch 2

**2.** *a* 1) с су́мкой *или* с карма́нами 2) *зоол.* су́мчатый

**pouchy** [ˈpautʃɪ] *a* мешкова́тый

**poulard** [pu(:)ˈlɑ:d] *фр. n* пуля́рка

**poult** [pəult] *n* птене́ц; цыплёнок, индюшо́нок *и т. п.*

**poulterer** [ˈpəultərə] *n* торго́вец дома́шней пти́цей

**poultice** [ˈpəultɪs] **1.** *n* припа́рка

**2.** *v* класть припа́рки

**poultry** [ˈpəultrɪ] *n* 1) дома́шняя пти́ца 2) *attr.*: ~ farm птицево́дческая фе́рма; ~ house пти́чник; ~ yard пти́чий двор

**pounce** I [pauns] **1.** *n* 1) ко́готь (*ястреба и т. п.*) 2) внеза́пный прыжо́к, наско́к

**2.** *v* 1) набра́сываться, налете́ть, обру́шиваться, внеза́пно атакова́ть (on, upon, at) 2) схвати́ть в ко́гти 3) ухвати́ться (upon — за), воспо́льзоваться (*ошибкой, промахом и т. п.*; upon) 4) придира́ться (upon)

**pounce** II [pauns] **1.** *n* порошкообра́зный сандара́к *или* у́голь

**2.** *v* 1) затира́ть сандара́ком 2) переводи́ть, копи́ровать (*узор*) у́гольным порошко́м

**pounce** III [pauns] **1.** *n* вы́тисненное *или* вы́резанное отве́рстие (*узора*)

**2.** *v* пробива́ть, просве́рливать

**pound** I [paund] *n* 1) фунт (*англ.* = *453,6 г*) 2) фунт сте́рлингов (*= 20 шиллингам*) 3) фунт (*денежная единица Австралии до 1966 г., Египта и некоторых других стран*) ◇ ~ of flesh то́чное коли́чество, причита́ющееся по зако́ну

**pound** II [paund] **1.** *n* 1) заго́н (*для скота*) 2) тюрьма́

**2.** *v* 1) загоня́ть в заго́н 2) заключа́ть в тюрьму́

**pound** III [paund] **1.** *n* тяжёлый уда́р

**2.** *v* 1) толо́чь 2) бить, колоти́ть 3) колоти́ться, си́льно би́ться (*о сердце*) 4) бомбардирова́ть (at, on) 5) тяжело́ скака́ть; с трудо́м продвига́ться (along) □ ~ **out** а) расплю́щивать, распрямля́ть (*ударами*); б) колоти́ть (*по роялю*) ◇ to ~ one's gums болта́ть языко́м

**poundage** [ˈpaundɪdʒ] *n* 1) проце́нт с фу́нта сте́рлингов 2) пла́та, взима́емая за перево́д де́нег по по́чте в зави́симости от переводи́мой су́ммы 3) по́шлина с ве́са

**pound-cake** [ˈpaundkeɪk] *n* торт, в кото́ром по фу́нту *или* по́ровну основны́х составны́х часте́й

**pounder** I [ˈpaundə] *n* предме́т ве́сом в оди́н фунт

**pounder** II [ˈpaundə] *n* 1) пе́стик 2) сту́пка; дроби́лка

**-pounder** [-paundə] *в сложных словах означает*: а) ве́сящий *столько-то* фу́нтов; б) со снаря́дом, ве́сящим *столько-то* фу́нтов (*о пушке*); *напр.*: one-~ 37-мм пу́шка; в) сто́ящий *столько-то* фу́нтов (*о предмете*); г) облада́ющий состоя́нием, ра́вным *стольким-то* фу́нтам

**pound foolish** [ˈpaundˈfu:lɪʃ] *a*: penny wise and ~ *см.* penny wise ◇

**pour** [pɔ:] **1.** *v* 1) ли́ть(ся), влива́ть(ся); it is ~ing (wet *или* with rain) льёт как из ведра́ 2) налива́ть (into) 3) разлива́ть (*чай и т. п.*) 4) *метал.* лить, отлива́ть □ ~ **forth** изверга́ть (*слова*); сы́пать (*словами*); ~ **in** а) вали́ть (*о дыме, о толпе*); б) сы́паться (*о новостях и т. п.*); letters ~ in from all quarters пи́сьма сы́плются отовсю́ду; ~ **out** а) налива́ть, разлива́ть (*чай, вино*); отлива́ть; вылива́ть; б) вали́ть нару́жу (*о толпе*); ~ **through** ли́ться сквозь (*о свете*) ◇ to ~ cold water on smb. расхола́живать кого́-л.

**2.** *n* 1) ли́вень 2) *метал.* ли́тник

**pouring** [ˈpɔ:rɪŋ] **1.** *pres. p. от* pour 1

**2.** *a* 1) проливно́й (*о дожде*) 2) разлива́тельный

**3.** *n* 1) налива́ние, разлива́ние 2) *метал.* разли́вка; зали́вка

**pourparler** [puəˈpɑ:leɪ] *фр. n* (*обыкн. pl*) предвари́тельные неофициа́льные перегово́ры

**pout** [paut] **1.** *n* недово́льная грима́са; наду́тые гу́бы; to be in the ~s ду́ться

**2.** *v* наду́ть гу́бы

**pouter** [ˈpautə] *n* 1) недово́льный, наду́тый челове́к 2) зоба́стый го́лубь

**poverty** [ˈpɔvətɪ] *n* 1) бе́дность, нужда́ 2) ску́дность; оскуде́ние

**poverty-ridden** [ˈpɔvətɪˌrɪdn] *a* бе́дствующий

**poverty-stricken** [ˈpɔvətɪˌstrɪkn] *a* бе́дный, бе́дствующий

**powder** [ˈpaudə] **1.** *n* 1) порошо́к; пыль 2) пу́дра 3) по́рох; smokeless ~ безды́мный по́рох ◇ food for ~ пу́шечное мя́со; put more ~ into it! бе́йте сильне́е!; smell of ~ боево́й о́пыт

**2.** *v* 1) посыпа́ть (*порошком*); присыпа́ть 2) пу́дрить(ся); припу́дривать 3) испещря́ть, усыпа́ть 4) превраща́ть в порошо́к, толо́чь 5) *диал.* соли́ть (*мясо*)

**powdered** [ˈpaudəd] **1.** *p. p. от* powder 2

**2.** *a* 1) порошкообра́зный; ~ milk моло́чный порошо́к; ~ sugar са́харная пу́дра 2) напу́дренный 3) испещрённый, усы́панный (*крапинками и т. п.*) 4) *диал.* солёный; ~ beef солони́на

**powder-flask** [ˈpaudəˌflɑ:sk] *n* пороховни́ца

**powder-horn** [ˈpaudəˈhɔ:n] *n* рог для по́роха

**powder-keg** [ˈpaudəkeg] *n* порохова́я бо́чка

**powder-magazine** [ˈpaudəˌmægəˈzi:n] *n* порохово́й по́греб

**powder-mill** [ˈpaudəˈmɪl] *n* порохово́й заво́д

**powder-monkey** [ˈpaudəˌmʌŋkɪ] *n* 1) *мор. ист.* ма́льчик, подspecies нося́щий по́рох 2) *амер.* рабо́чий-подрывни́к

**powder-puff** [ˈpaudəpʌf] *n* пухо́вка

**powder-room** [ˈpaudərum] *n* 1) да́мская туале́тная ко́мната 2) *мор.* заря́дный по́греб; *ист.* крюйт-ка́мера

**powdery** [ˈpaudərɪ] *a* 1) порошкообра́зный; похо́жий на пу́дру 2) рассы́пчатый 3) посы́панный порошко́м; припу́дренный

**power** [ˈpauə] **1.** *n* 1) си́ла; мо́щность, эне́ргия; производи́тельность; by ~ механи́ческой си́лой, приво́дом от дви́гателя; without ~ с вы́ключенным дви́гателем; the mechanical ~s просты́е маши́ны 2) могу́щество, власть (*тж.* госуда́рственная); влия́ние, мощь; supreme ~ верхо́вная власть; the party in ~ па́ртия, стоя́щая у вла́сти 3) полномо́чие; the ~ of attorney дове́ренность 4) держа́ва; the Great Powers вели́кие держа́вы 5) спосо́бность; возмо́жность; I will do all in my ~ я сде́лаю всё, что в мои́х си́лах; it is beyond my ~ э́то не в мое́й вла́сти; spending ~ покупа́тельная спосо́бность; speech ~ дар ре́чи 6) *разг.* мно́го, мно́жество; a ~ of money ку́ча де́нег; a ~ of good мно́го по́льзы 7) *мат.* сте́пень; eight is the third ~ of two во́семь представля́ет собо́й два в тре́тьей сте́пени 8) *опт.* си́ла увеличе́ния (*линзы, микроскопа и т. п.*) 9) *attr.* силово́й, энергети́ческий; мото́рный; маши́нный 10) *attr.*: ~ politics поли́тика с пози́ции си́лы ◇ more ~ to your elbow! жела́ю успе́ха!; the ~s that be вла́сти предержа́щие, си́льные ми́ра сего́; merciful ~s! си́лы небе́сные!

**2.** *v* снабжа́ть силовы́м дви́гателем

**power-boat** [ˈpauəbəut] *n* мото́рный ка́тер, мото́рная шлю́пка

**power circuit** [ˈpauəˈsəːkɪt] *n эл.* энергети́ческая сеть

**power-dive** [ˈpauəˈdaɪv] *n ав.* пики́рование с рабо́тающим мото́ром

**powerful** [ˈpauəful] *a* 1) си́льный, могу́чий, мо́щный 2) могу́щественный, влия́тельный 3) сильноде́йствующий 4) ве́ский; значи́тельный; ~ evidence ве́ские доказа́тельства; ~ success кру́пный успе́х 5) я́ркий (*о речи, описании*)

**power-house** [ˈpauəhaus] *n* 1) электроста́нция 2) *разг.* о́чень энерги́чный челове́к

**powerless** [ˈpauəlɪs] *a* беcси́льный

**power-plant** [ˈpauəplɑːnt] *n* 1) силова́я устано́вка 2) электроста́нция

**power-saw** [ˈpauəˈsɔː] *n тех.* мотопила́

**power-shovel** [ˈpauəˈʃʌvl] *n* экскава́тор

**power-station** [ˈpauəˌsteɪʃən] *n* электроста́нция

**powwow** [ˈpauwau] **1.** *n* 1) зна́харь, колду́н (*у североамериканских индейцев*) 2) церемо́ния заклина́ния (*у североамериканских индейцев*) 3) *шутл.* совеща́ние, конфере́нция; обсужде́ние

**2.** *v* 1) занима́ться зна́харством 2) совеща́ться, разгова́ривать; обсужда́ть

**pox** [pɔks] *n груб.* си́филис

**pozzy** [ˈpɔzɪ] *n жарг.* варе́нье, джем

**praam** [prɑːm] = pram I

**practicability** [ˌpræktɪkəˈbɪlɪtɪ] *n* 1) осуществи́мость 2) целесообра́зность 3) проходи́мость

**practicable** [ˈpræktɪkəbl] *a* 1) осуществи́мый, реа́льный; to the maximum ~ extent в максима́льно возмо́жных преде́лах 2) поле́зный; могу́щий быть испо́льзованным 3) проходи́мый, прое́зжий (*о дороге*) 4) *театр.* настоя́щий, недекорати́вный (*об окне, двери и т. п.*)

**practical** [ˈpræktɪkəl] *a* 1) практи́ческий, утилита́рный; for all ~ purposes с чи́сто практи́ческой то́чки зре́ния 2) целесообра́зный, поле́зный 3) практи́чный, удо́бный 4) факти́ческий 5) осуществи́мый, реа́льный ◇ ~ joke (гру́бая) шу́тка (*сыгранная с кем-л.*), ро́зыгрыш

**practicality** [ˌpræktɪˈkælɪtɪ] *n* практи́чность, практици́зм

**practically** [ˈpræktɪkəlɪ] *adv* 1) практи́чески 2) [-klɪ] факти́чески, на де́ле, на пра́ктике; ~ speaking в су́щности 3) почти́; ~ no changes почти́ никаки́х измене́ний

**practice** [ˈpræktɪs] **1.** *n* 1) пра́ктика; примене́ние; осуществле́ние на пра́ктике; established ~ установи́вшаяся пра́ктика; in ~ а) на пра́ктике, на де́ле; б) на пове́рку; to put in(to) ~ осуществля́ть 2) пра́ктика, упражне́ние, трениро́вка; to be out of ~ не упражня́ться, не име́ть пра́ктики 3) привы́чка, обы́чай; устано́вленный поря́док; it was then the ~ э́то бы́ло тогда́ при́нято; to put into ~ ввести́ в обихо́д, в обраще́ние 4) пра́ктика, де́ятельность (*юриста, врача*) 5) (*обыкн. pl*) про́иски, интри́ги; corrupt ~s взя́точничество; discreditable ~s тёмные дела́; sharp ~ моше́нничество 6) *воен.* уче́бная боева́я стрельба́ 7) *attr.* уче́бный, практи́ческий; о́пытный; ~ ground а) *воен.* уче́бный плац; б) *с.-х.* о́пытное по́ле; ~ march уче́бный марш ◇ ~ makes perfect *посл.* ≅ на́вык ма́стера ста́вит

**2.** *v* = practise

**practician** [prækˈtɪʃən] *n* 1) пра́ктик 2) практику́ющий врач *или* юри́ст

**practise** [ˈpræktɪs] *v* 1) применя́ть, осуществля́ть; to ~ what one preaches жить согла́сно свои́м взгля́дам; to ~ smb.'s teachings сле́довать чьему́-л. уче́нию 2) занима́ться (*чем-л.*), практикова́ть 3) практикова́ть(ся), упражня́ть(ся); тренирова́ть(ся) □ ~. upon обма́нывать; злоупотребля́ть *чем-л.*

**practised** [ˈpræktɪst] **1.** *p. p. от* practise

**2.** *a* о́пытный, уме́лый

**practitioner** [prækˈtɪʃnə] *n* практику́ющий врач *или* юри́ст; general ~ врач о́бщей пра́ктики (*терапевт и хирург*)

**praepostor** [priːˈpɔstə] *n* ста́рший учени́к, наблюда́ющий за дисципли́ной

**praetor** [ˈpriːtə] *n др.-рим. ист.* пре́тор

**praetorian** [pri(ː)ˈtɔːrɪən] *др.-рим. ист.* **1.** *a* преториа́нский

**2.** *n* преториа́нец

**pragmatic** [prægˈmætɪk] *a* 1) *филос.* прагмати́ческий 2) практи́чный, практи́ческий 3) догмати́чный 4) *редк.* = pragmatical 1)

**pragmatical** [prægˈmætɪkəl] *a* 1) назо́йливый, вме́шивающийся в чужи́е дела́ 2) *редк.* = pragmatic 1), 2) *и* 3)

**pragmatism** [ˈprægmətɪzm] *n* 1) *филос.* прагмати́зм 2) назо́йливость 3) догмати́зм

**prairie** [ˈprɛərɪ] *n* 1) пре́рия, степь 2) *attr.* степно́й, живу́щий в пре́рии

**prairie-chicken** [ˈprɛərɪˈtʃɪkɪn] *n зоол.* лугово́й те́терев

**prairie-dog** [ˈprɛərɪˈdɔg] *n зоол.* степна́я соба́чка

**prairie-hen** [ˈprɛərɪˈhen] *n* са́мка лугово́го те́терева

**prairie-schooner** [ˈprɛərɪˈskuːnə] *n амер. ист.* фурго́н переселе́нцев

**prairie-wolf** [ˈprɛərɪwulf] *n* койо́т, лугово́й волк

**praise** [preɪz] **1.** *n* (по)хвала́; восхвале́ние; beyond ~ вы́ше вся́кой похвалы́; to be loud in one's ~s, to sing one's ~s восхваля́ть

**2.** *v* хвали́ть; восхваля́ть; превозноси́ть; to ~ to the skies превозноси́ть до небе́с

**praiseworthy** [ˈpreɪzˌwəːðɪ] *a* досто́йный похвалы́; похва́льный

**Prakrit** [ˈprɑːkrɪt] *n лингв.* пракри́т

**praline** [ˈprɑːliːn] *n* пралине́ (*кондитерские изделия*)

**pram** I [prɑːm] *n* плоскодо́нное су́дно, плашко́ут

**pram** II [præm] *разг. см.* perambulator 1)

**prance** [prɑːns] **1.** *n* 1) скачо́к 2) го́рдая похо́дка 3) надме́нная мане́ра (держа́ться)

**2.** *v* 1) станови́ться на дыбы́, гарцева́ть 2) ходи́ть го́голем, ва́жничать, задава́ться 3) *разг.* танцева́ть; пры́гать

**prancing** [ˈprɑːnsɪŋ] **1.** *pres. p. от* prance 2

**2.** *a* 1) ска́чущий 2) ва́жный (*о походке, манере держаться*)

**prandial** [ˈprændɪəl] *a шутл.* обе́денный

**prang** [præŋ] *ав. жарг.* **1.** *n* 1) бомбардиро́вка 2) ава́рия

**2.** *v* разбомби́ть; сбить (*самолёт*)

**prank** I [præŋk] *n* вы́ходка, прока́за, проде́лка, ша́лость; шу́тка; to play ~s а) отка́лывать шту́ки; б) капри́зничать (*о машине*)

**prank** II [præŋk] *v* украша́ть; наряжа́ть(ся), разряжа́ться (*часто* ~ out, ~ up)

**prankish** [ˈpræŋkɪʃ] *a* 1) шаловли́вый; озорно́й 2) шутли́вый

**praps** [præps] *разг. см.* perhaps

**prase** [preɪz] *n мин.* пра́зем, зелено-ва́тый кварц

**praseodymium** [ˌpreɪziːəuˈdɪmɪəm] *n хим.* празеоди́мий

**prate** [preɪt] 1. *n* пустосло́вие, болтовня́
2. *v* 1) болта́ть, нести́ чепуху́ 2) разба́лтывать
**praties** [ˈpreɪtɪz] *n pl ирл. разг.* карто́фель
**pratincole** [ˈprætɪŋkəul] *n* тирку́шка лугова́я (*птица*)
**pratique** [ˈprætiːk] *фр. n мор.* свиде́тельство о сня́тии каранти́на; разреше́ние на сообще́ние с бе́регом
**prattle** [ˈprætl] 1. *n* 1) ле́пет 2) болтовня́
2. *v* 1) лепета́ть 2) болта́ть
**prattler** [ˈprætlə] *n* 1) лепе́чущий ребёнок 2) болту́н
**prawn** [prɔːn] 1. *n зоол.* пи́льчатая креве́тка
2. *v* лови́ть креве́ток
**praxis** [ˈpræksɪs] *n* 1) пра́ктика 2) обы́чай 3) приме́ры, упражне́ния (*по грамматике и т. п.*)
**pray** [preɪ] *v* 1) моли́ться 2) проси́ть, умоля́ть; ~! пожа́луйста!, прошу́ вас!
**prayer** I [prɛə] *n* 1) моли́тва 2) моле́бен 3) про́сьба; мольба́
**prayer** II [ˈpreɪə] *n* проси́тель
**prayer-book** [ˈprɛəbuk] *n* моли́твенник, тре́бник
**prayerful** [ˈprɛəful] *a* 1) богомо́льный 2) моли́твенный
**praying** [ˈpreɪɪŋ] 1. *pres. p. от* pray
2. *n* моле́ние ◇ he is beyond ~ он безнадёжен (*о больном или шутл.— о глупце*)
**pre** [priː-] *pref* до-, пред-, впереди́, зара́нее; *напр.*: prehistoric доистори́ческий; preheat предвари́тельно нагрева́ть
**preach** [priːtʃ] *v* 1) пропове́довать 2) поуча́ть, чита́ть наставле́ния □ ~ **down** выступа́ть про́тив *чего-л.*, осужда́ть; ~ **up** восхваля́ть
**preacher** [ˈpriːtʃə] *n* пропове́дник
**preaching** [ˈpriːtʃɪŋ] 1. *pres. p. от* preach
2. *n* 1) пропове́дование 2) про́поведь
**preachment** [ˈpriːtʃmənt] *n* про́поведь (*особ. скучная*); нравоуче́ние
**preachy** [ˈpriːtʃɪ] *a* любя́щий пропове́довать, поуча́ть
**pre-admission** [ˌpriːədˈmɪʃən] *n тех.* предваре́ние впу́ска (*пара, горючей смеси*)
**preamble** [priːˈæmbl] 1. *n* 1) преа́мбула; вво́дная часть 2) предисло́вие, вступле́ние
2. *v* де́лать предисло́вие
**pre-arrange** [ˈpriːəˈreɪndʒ] *v* зара́нее подгота́вливать, плани́ровать
**pre-arranged** [ˈpriːəˈreɪndʒd] 1. *p. p. от* pre-arrange
2. *a* зара́нее подгото́вленный, заплани́рованный
**pre-audience** [priːˈɔːdjəns] *n юр.* очерёдность выступле́ния юри́стов в суде́ в соотве́тствии с их зва́ниями
**prebend** [ˈprebənd] *n* 1) пребе́нда (*в католической церкви*) 2) земля́ *или* нало́г, даю́щие пребе́нду
**prebendary** [ˈprəbəndərɪ] *n* пребенда́рий
**pre-capitalist** [ˈpriːˈkæpɪtəlɪst] *a* докапиталисти́ческий
**precarious** [prɪˈkɛərɪəs] *a* 1) случа́йный; ненадёжный, сомни́тельный; to make a ~ living жить случа́йными дохо́дами, ко́е-ка́к перебива́ться 2) риско́ванный, опа́сный 3) необосно́ванный
**precast** [prɪˈkɑːst] *a стр.* 1) заводско́го изготовле́ния 2) сбо́рного ти́па
**precatory** [ˈprekətərɪ] *a* проси́тельный
**precaution** [prɪˈkɔːʃən] *n* 1) предосторо́жность; предусмотри́тельность; to take ~s against smth. приня́ть ме́ры предосторо́жности про́тив чего́-л. 2) предостереже́ние
**precautionary** [prɪˈkɔːʃnərɪ] *a* предупреди́тельный; ~ measures ме́ры предосторо́жности
**precede** [pri(ː)ˈsiːd] *v* 1) предше́ствовать, стоя́ть *или* идти́ пе́ред (*чем-л.*), впереди́ (*кого-л.*) 2) превосходи́ть (*по важности и т. п.*); занима́ть бо́лее высо́кое положе́ние (*по должности*); быть впереди́ (*в каком-л. отношении*) 3) предпосыла́ть (by); расчища́ть путь (with, by — для *чего-л.*)
**precedence** [pri(ː)ˈsiːdəns] *n* 1) предше́ствование 2) пе́рвенство, превосхо́дство (*в знаниях и т. п.*); бо́лее высо́кое положе́ние (*по должности*); старшинство́; to take ~ of а) превосходи́ть; б) предше́ствовать
**precedent** 1. *n* [ˈpresɪdənt] прецеде́нт
2. *a* [prɪˈsiːdənt] предше́ствующий; condition ~ предвари́тельное усло́вие
**preceding** [pri(ː)ˈsiːdɪŋ] 1. *pres. p. от* precede
2. *a* предше́ствующий
**precentor** [pri(ː)ˈsentə] *n* ре́гент хо́ра
**precept** [ˈpriːsept] *n* 1) наставле́ние, пра́вило, указа́ние; инстру́кция 2) за́поведь 3) *юр.* предписа́ние; вы́зов в суд
**preceptive** [prɪˈseptɪv] *a* настави́тельный
**preceptor** [prɪˈseptə] *n* наста́вник
**preceptorial** [ˌpriːsepˈtɔːrɪəl] *a* наста́внический
**preceptress** [prɪˈseptrɪs] *n* наста́вница
**precession** [prɪˈseʃən] *n астр.* преце́ссия (*тж.* ~ of the equinoxes)
**pre-Christian** [ˈpriːˈkrɪstjən] *a* дохристиа́нский
**precinct** [ˈpriːsɪŋkt] *n* 1) огоро́женная террито́рия, прилега́ющая к зда́нию (*особ. к церкви*) 2) *pl* окре́стности 3) *амер.* избира́тельный *или* полице́йский уча́сток, о́круг 4) преде́л, грани́ца ◇ a shopping ~ торго́вый центр; a pedestrian ~ пешехо́дная доро́жка
**preciosity** [ˌpreʃɪˈɔsɪtɪ] *n* изы́сканность, утончённость, изощрённость (*языка, стиля*)
**precious** [ˈpreʃəs] 1. *a* 1) драгоце́нный; ~ stone драгоце́нный ка́мень 2) дорого́й; люби́мый; a ~ friend you have been! *ирон.* хоро́ш друг! 3) мане́рно-изы́сканный 4) *разг. употр. для усиления*: do not be in such a ~ hurry не спеши́те так; he has got into a ~ mess он попа́л в весьма́ тру́дное положе́ние
2. *n* люби́мый; my ~ мой ми́лый
3. *adv* о́чень, здо́рово; they took ~ little notice они́ и внима́ния не обрати́ли
**precipice** [ˈpresɪpɪs] *n* 1) обры́в, про́пасть 2) *перен.* опа́сное положе́ние
**precipitance, -cy** [prɪˈsɪpɪtəns, -sɪ] *n* 1) стреми́тельность 2) опроме́тчивость; to judge with ~ суди́ть опроме́тчиво
**precipitant** [prɪˈsɪpɪtənt] *a* 1) стреми́тельный 2) де́йствующий опроме́тчиво
**precipitate** 1. *n* [prɪˈsɪpɪtɪt] *хим.* оса́док
2. *a* [prɪˈsɪpɪtɪt] 1) стреми́тельный; поспе́шный 2) опроме́тчивый, неосмотри́тельный
3. *v* [prɪˈsɪpɪteɪt] 1) низверга́ть, поверга́ть; броса́ть; вверга́ть; to ~ oneself броса́ться вниз голово́й 2) ускоря́ть, торопи́ть 3) *хим.* осажда́ть(ся); отму́чивать 4) *метео* выпада́ть (*об осадках*)
**precipitation** [prɪˌsɪpɪˈteɪʃən] *n* 1) низверже́ние 2) стреми́тельность 3) ускоре́ние, увеличе́ние (*темпа*) 4) *хим.* осажде́ние 5) *хим.* оса́док 6) *метео* выпаде́ние оса́дков; оса́дки; annual ~ годово́е коли́чество оса́дков
**precipitous** [prɪˈsɪpɪtəs] *a* круто́й; обры́вистый; отве́сный
**précis** [ˈpreɪsiː] *фр.* 1. *n* кра́ткое изложе́ние, конспе́кт
2. *v* составля́ть конспе́кт, кра́тко излага́ть
**precise** [prɪˈsaɪz] *a* 1) то́чный; определённый 2) аккура́тный, пунктуа́льный 3) чёткий, я́сный 4) тща́тельный 5) педанти́чный; щепети́льный
**precisely** [prɪˈsaɪslɪ] *adv* 1) то́чно 2) и́менно, совершённо ве́рно (*как ответ*)
**precisian** [prɪˈsɪʒən] *n* 1) формали́ст, педа́нт 2) *ист.* пурита́нин
**precisianism** [prɪˈsɪʒənɪzm] *n* формали́зм, педанти́зм
**precision** [prɪˈsɪʒən] *n* 1) то́чность; чёткость; аккура́тность 2) ме́ткость 3) *attr.* то́чный; ме́ткий; ~ balance то́чные весы́; ~ instrument то́чный инструме́нт; ~ bombing прице́льное бомбомета́ние; ~ fire то́чный, ме́ткий ого́нь
**preclude** [prɪˈkluːd] *v* 1) предотвраща́ть, устраня́ть 2) меша́ть (from); this will ~ me from coming э́то помеша́ет мне прийти́
**preclusion** [prɪˈkluːʒən] *n* препя́тствие, поме́ха
**precocious** [prɪˈkəuʃəs] *a* 1) ра́но разви́вшийся; не по года́м разви́той 2) преждевре́менный 3) *с.-х.* скороспе́лый
**precocity** [prɪˈkɔsɪtɪ] *n* ра́ннее разви́тие, скороспе́лость

**pre-Columbian** [ˈpriːkəˈlʌmbɪən] *a* 1) предше́ствовавший откры́тию Колу́мбом Аме́рики, доколу́мбовый 2) *перен.* стари́нный, допото́пный

**preconceive** [ˈpriːkənˈsiːv] *v* представля́ть себе́ зара́нее

**preconceived** [ˈpriːkənˈsiːvd] **1.** *p. p. от* preconceive
**2.** *a* предвзя́тый; ~ notion предвзя́тое мне́ние

**preconception** [ˈpriːkənˈsepʃən] *n* 1) предвзя́тое мне́ние; предубежде́ние 2) предрассу́док

**pre-concert** [ˈpriːkənˈsəːt] *v* усла́вливаться зара́нее

**pre-concerted** [ˈpriːkənˈsəːtɪd] **1.** *p. p. от* pre-concert
**2.** *a* обусло́вленный зара́нее

**pre-condition** [ˈpriːkənˈdɪʃən] **1.** *n* предвари́тельное *или* непреме́нное усло́вие, предпосы́лка
**2.** *v* зара́нее обусло́вить, оговори́ть

**pre-conquest** [ˈpriːˈkɔŋkwest] *a ист.* донорма́ннский, относя́щийся к пери́оду до норма́ннского завоева́ния 1066 г.

**pre-contract** [pri(ː)ˈkɔntrækt] **1.** *n* бо́лее ра́нний контра́кт (*как препятствие к заключению нового*)
**2.** *v* заключи́ть контра́кт зара́нее

**pre-costal** [pri(ː)ˈkɔstəl] *a анат.* предрёберный

**precursor** [pri(ː)ˈkəːsə] *n* 1) предте́ча, предше́ственник 2) предве́стник

**precursory** [pri(ː)ˈkəːsərɪ] *a* 1) предвеща́ющий (of); предше́ствующий 2) предвари́тельный

**predacious** [pri(ː)ˈdeɪʃəs] *a редк.* хи́щный; хи́щнический

**predator** [ˈpredətə] *n* хи́щник (*тж. перен.*)

**predatory** [ˈpredətərɪ] *a* 1) граби́тельский 2) хи́щный

**predawn** [pri(ː)ˈdɔːn] *a* преду́тренний, предрассве́тный

**predecease** [ˈpriːdɪˈsiːs] **1.** *n* смерть (*кого-л.*), предше́ствовавшая сме́рти друго́го
**2.** *v* умере́ть ра́ньше друго́го

**predecessor** [ˈpriːdɪsesə] *n* 1) предше́ственник 2) пре́док

**pre-Depression** [ˈpriːdɪˈpreʃən] *a* предше́ствовавший экономи́ческому кри́зису 1929—33 гг.; ~ level докризисный у́ровень

**predestination** [pri(ː)ˌdestɪˈneɪʃən] *n* предопределе́ние

**predestine** [pri(ː)ˈdestɪn] *v* предопределя́ть

**predetermine** [ˈpriːdɪˈtəːmɪn] *v* 1) предопределя́ть, предреша́ть 2) повлия́ть (*на кого-л.*); напра́вить (*чьи-либо*) де́йствия *и т. п.* в определённую сто́рону

**predial** [ˈpriːdɪəl] *a* 1) земе́льный; се́льский; агра́рный 2) прикреплённый к земле́ (*о крепостном*)

**predicament** [prɪˈdɪkəmənt] *n* 1) затрудни́тельное положе́ние; затрудне́ние; what a ~! кака́я доса́да! 2) *лог.* катего́рия

**predicant** [ˈpredɪkənt] **1.** *n* пропове́дник
**2.** *a* пропове́днический

**predicate 1.** *n* [ˈpredɪkɪt] 1) *грам.* сказу́емое, предика́т 2) *лог.* утвержде́ние
**2.** *v* [ˈpredɪkeɪt] 1) утвержда́ть (*тж. лог.*; of, about) 2) *амер.* осно́вывать (*утверждение и т. п.*) на фа́ктах (upon)

**predication** [ˌpredɪˈkeɪʃən] *n* 1) утвержде́ние (*тж. лог.*) 2) *грам.* предика́ция

**predicative** [prɪˈdɪkətɪv] *грам.* **1.** *a* предикати́вный
**2.** *n* предикати́вный член, имення́я часть составно́го сказу́емого

**predict** [prɪˈdɪkt] *v* предска́зывать

**predicted** [prɪˈdɪktɪd] **1.** *p. p. от* predict
**2.** *a*: ~ fire *воен.* стрельба́ по исчи́сленным да́нным

**prediction** [prɪˈdɪkʃən] *n* 1) предсказа́ние; прогно́з; проро́чество 2) *воен.* предвари́тельная подгото́вка да́нных для стрельбы́

**predictive** [prɪˈdɪktɪv] *a* предска́зывающий; проро́ческий

**predictor** [prɪˈdɪktə] *n* 1) предсказа́тель 2) *воен.* прибо́р управле́ния артиллери́йским зени́тным огнём

**predilection** [ˌpriːdɪˈlekʃən] *n* пристра́стие, скло́нность (for — к *чему-либо*)

**predispose** [ˈpriːdɪsˈpəuz] *v* предрасполага́ть (to — к *чему-л.*)

**predisposition** [ˈpriːdɪspəˈzɪʃən] *n* предрасположе́ние, скло́нность

**predominance** [prɪˈdɔmɪnəns] *n* превосхо́дство, преоблада́ние, госпо́дство

**predominant** [prɪˈdɔmɪnənt] *a* преоблада́ющий, домини́рующий, госпо́дствующий (over — над)

**predominate** [prɪˈdɔmɪneɪt] *v* госпо́дствовать, преоблада́ть (over — над)

**predominatingly** [prɪˈdɔmɪneɪtɪŋlɪ] *adv* преиму́щественно

**pre-election** [ˌpri(ː)ɪˈlekʃən] *n* 1) предвари́тельные вы́боры 2) *attr.* предвы́борный

**pre-eminence** [pri(ː)ˈemɪnəns] *n* (огро́мное) превосхо́дство, преиму́щество

**pre-eminent** [pri(ː)ˈemɪnənt] *a* выда́ющийся, превосходя́щий други́х

**pre-empt** [pri(ː)ˈempt] *v* 1) покупа́ть ра́ньше други́х 2) завладева́ть ра́ньше други́х 3) *амер.* приобрета́ть преиму́щественное пра́во на поку́пку госуда́рственной земли́

**pre-emption** [pri(ː)ˈempʃən] *n* 1) поку́пка пре́жде други́х 2) преиму́щественное пра́во на поку́пку (*амер.* на поку́пку госуда́рственной земли́)

**preen** [priːn] *v* 1) чи́стить (*перья*) клю́вом 2) (*обыкн. refl.*) прихора́шиваться 3) горди́ться собо́й

**pre-establish** [ˈpriːɪsˈtæblɪʃ] *v* устана́вливать зара́нее

**pre-exist** [ˈpriːɪgˈzɪst] *v* существова́ть до (*чего-л.*)

**prefab** [ˈpriːfæb] *сокр. разг. от* prefabricated house [*см.* prefabricated 2]

**prefabricate** [ˈpriːˈfæbrɪkeɪt] *v* изготовля́ть заводски́м спо́собом

**prefabricated** [ˈpriːˈfæbrɪkeɪtɪd] **1.** *p. p. от* prefabricate
**2.** *a* изгото́вленный заводски́м спо́собом; сбо́рный; ~ house сбо́рный, станда́ртный дом

**preface** [ˈprefɪs] **1.** *n* 1) предисло́вие; вво́дная часть 2) проло́г
**2.** *v* 1) снабжа́ть (*книгу и т. п.*) предисло́вием 2) начина́ть (by, with); предпосыла́ть 3) де́лать предвари́тельные замеча́ния

**prefatory** [ˈprefətərɪ] *a* вступи́тельный, вво́дный, предвари́тельный

**prefect** [ˈpriːfekt] *n* 1) префе́кт 2) *школ.* ста́рший учени́к, следя́щий за дисципли́ной

**prefecture** [ˈpriːfektjuə] *n* префекту́ра

**prefer** [prɪˈfəː] *v* 1) предпочита́ть 2) повыша́ть (*в чине*); продвига́ть (*по службе*) 3) представля́ть, подава́ть (*прошение, жалобу*); выдвига́ть (*требование*)

**preferable** [ˈprefərəbl] *a* предпочти́тельный

**preferably** [ˈprefərəblɪ] *adv* предпочти́тельно, лу́чше

**preference** I [ˈprefərəns] *n* 1) предпочте́ние; for ~ предпочти́тельно 2) то, чему́ отдаётся предпочте́ние; what are your ~s? что вы предпочита́ете? 3) преиму́щественное пра́во на опла́ту (*особ. о долге*) 4) льго́тная тамо́женная по́шлина; преферéнция 5) *attr.* привилегиро́ванный; ~ share привилегиро́ванная а́кция

**preference** II [ˈprefərəns] *n карт.* префера́нс

**preferential** [ˌprefəˈrenʃəl] *a* 1) по́льзующийся предпочте́нием; предпочти́тельный; ~ shop *амер.* предприя́тие, администра́ция кото́рого обязу́ется по догово́ру с профсою́зом отдава́ть предпочте́ние чле́нам профсою́за (*при приёме на работу, повышении в должности и т. п.*) 2) *эк.* льго́тный, преференциа́льный (*о ввозных пошлинах*)

**preferment** [prɪˈfəːmənt] *n* продвиже́ние по слу́жбе, повыше́ние

**preferred** [prɪˈfəːd] **1.** *p. p. от* prefer
**2.** *a эк.* привилегиро́ванный; ~ share привилегиро́ванная а́кция

**prefix 1.** *n* [ˈpriːfɪks] 1) *грам.* пре́фикс, приста́вка 2) сло́во, стоя́щее пе́ред и́менем и ука́зывающее на зва́ние, положе́ние *и т. п.* (*напр.*, Dr., Sir *и т. п.*)
**2.** *v* [priːˈfɪks] 1) предпосыла́ть 2) приставля́ть спе́реди; прибавля́ть пре́фикс

**preform** [priːˈfɔːm] *v* формирова́ть зара́нее

**pregnable** [ˈpregnəbl] *a* ненадёжно укреплённый, непристу́пный (*о крепости и т. п.*); уязви́мый

**pregnancy** [ˈpregnənsɪ] *n* 1) бере́менность 2) чрева́тость 3) бога́тство (*воображения и т. п.*); содержа́тельность

**pregnant** [ˈpregnənt] *a* 1) бере́менная 2) чрева́тый (with) 3) бога́тый (*о воображении и т. п.*); содержа́тельный 4) по́лный смы́сла, значе́ния

**preheat** [pri:ˈhi:t] *v* предвари́тельно нагрева́ть, подогрева́ть

**prehensile** [prɪˈhensaɪl] *a зоол.* це́пкий; приспосо́бленный для хвата́ния; хвата́тельный

**prehension** [prɪˈhenʃən] *n* 1) *зоол.* хвата́ние; схва́тывание, захва́тывание 2) спосо́бность схва́тывать, понима́ние

**prehistoric** [ˈpri:hɪsˈtɔrɪk] *a* доистори́ческий

**pre-human** [pri:ˈhju:mən] *a* существова́вший на земле́ до появле́ния челове́ка

**prejudge** [ˈpri:ˈdʒʌdʒ] *v* осужда́ть, не вы́слушав; предреша́ть

**prejudgement** [ˈpri:ˈdʒʌdʒmənt] *n* предвзя́тость, предвзя́тое мне́ние

**prejudice** [ˈpredʒudɪs] **1.** *n* 1) предубежде́ние, предвзя́тое мне́ние; ~ in favour of smb. пристра́стное, незаслу́женно хоро́шее отноше́ние к кому́-л. 2) предрассу́док 3) уще́рб, вред; to the (*или* in) ~ of в уще́рб; without ~ to без уще́рба для (*кого-л., чего-л.*)

**2.** *v* 1) предубежда́ть (against — про́тив) 2) располага́ть (in favour of *smb.* — в *чью-л.* по́льзу) 3) наноси́ть уще́рб, причиня́ть вред

**prejudicial** [ˌpredʒuˈdɪʃəl] *a* нанося́щий уще́рб, вре́дный, па́губный

**prelacy** [ˈpreləsɪ] *n* 1) прела́тство 2) епископа́льное управле́ние це́рковью

**prelate** [ˈprelɪt] *n* прела́т

**prelect** [pri(:)ˈlekt] *v* чита́ть ле́кцию

**prelection** [pri(:)ˈlekʃən] *n* ле́кция (*особ. в университете*)

**prelector** [pri(:)ˈlektə] *n* ле́ктор (*особ. в университете*)

**prelim** [prɪˈlɪm] *сокр. разг. от* preliminary examination [*см.* preliminary 2]

**preliminary** [prɪˈlɪmɪnərɪ] **1.** *n* 1) (*часто pl*) подготови́тельное мероприя́тие 2) *pl* предвари́тельные перегово́ры; прелимина́рии 3) = ~ examination [*см.* 2]

**2.** *a* предвари́тельный; ~ examination вступи́тельный экза́мен

**prelude** [ˈprelju:d] **1.** *n* 1) вступле́ние 2) *муз.* прелю́дия

**2.** *v* 1) служи́ть вступле́нием 2) начина́ть (with)

**prelusive** [pri(:)ˈlju:sɪv] *a* вступи́тельный

**premature** [ˌpreməˈtjuə] **1.** *a* 1) преждевре́менный; ~ death безвре́менная смерть 2) поспе́шный, непроду́манный

**2.** *n воен.* преждевре́менный разры́в (*снаряда и т. п.*)

**prematurity** [ˌpreməˈtjuərɪtɪ] *n* преждевре́менность

**premeditate** [pri(:)ˈmedɪteɪt] *v* обду́мывать, проду́мывать зара́нее

**premeditated** [pri(:)ˈmedɪteɪtɪd] **1.** *p. p. от* premeditate

**2.** *n* обду́манный зара́нее; преднаме́ренный

**premeditation** [pri(:)ˌmedɪˈteɪʃən] *n* преднаме́ренность

**premier** [ˈpremjə] **1.** *n* 1) премье́р-мини́стр 2) *амер.* госуда́рственный секрета́рь

**2.** *a* пе́рвый

**première** [ˈpremɪɛə] *фр. n театр.* премье́ра

**premise** **1.** *n* [ˈpremɪs] 1) *лог.* (пред)посы́лка 2) *pl юр.* вступи́тельная часть докуме́нта 3) *pl* помеще́ние, дом (*с прилегающими пристройками и участком*); владе́ние ◇ to be consumed (*или* drunk) on the ~s продаётся распи́вочно; to be drunk to the ~s ≅ допи́ться до чёртиков; to see smb. off the ~s вы́проводить, спрова́дить кого́-л.

**2.** *v* [prɪˈmaɪz] предпосыла́ть (that)

**premiss** [ˈpremɪs] = premise 1, 1)

**premium** [ˈpri:mjəm] *n* 1) награ́да; пре́мия; to put a ~ on smth. поощря́ть что-л., подстрека́ть к чему́-л. 2) пла́та (*за обучение и т. п.*) 3) страхова́я пре́мия 4) *фин.* пре́мия; надба́вка ◇ at a ~ в большо́м почёте; в большо́м спро́се; о́чень мо́дный

**premonition** [ˌpri:məˈnɪʃən] *n* 1) предупрежде́ние 2) предчу́вствие

**premonitory** [prɪˈmɔnɪtərɪ] *a* 1) предваря́ющий; предостерега́ющий 2) *мед.* продрома́льный

**pre-natal** [ˈpri:ˈneɪtl] *a* происше́дший до рожде́ния; предродово́й; внутриутро́бный; ~ care наблюде́ние за бере́менной же́нщиной; гигие́на бере́менной

**prentice** [ˈprentɪs] *n уст.* подмасте́рье ◇ a ~ hand а) неуме́лая рука́; б) нело́вкая попы́тка (*сделать что-л.*)

**preoccupation** [pri(:)ˌɔkjuˈpeɪʃən] *n* 1) заня́тие (*места*) ра́ньше (*кого-л.*) 2) рассе́янность, озабо́ченность

**preoccupied** [pri(:)ˈɔkjupaɪd] **1.** *p. p. от* preoccupy

**2.** *a* 1) поглощённый мы́слями; озабо́ченный 2) ра́нее захва́ченный

**preoccupy** [pri(:)ˈɔkjupaɪ] *v* 1) занима́ть, поглоща́ть внима́ние 2) заня́ть, захвати́ть ра́ньше (*кого-л.*)

**pre-ordain** [ˈpri:ɔ:ˈdeɪn] *v* предопределя́ть

**preordination** [ˈpri:ˌɔ:dɪˈneɪʃən] *n* предопределе́ние

**prep** [prep] *школ. разг.* **1.** *n* 1) приготовле́ние уро́ков 2) приготови́тельная шко́ла

**2.** *a* приготови́тельный

**prepack** [ˈpri:pæk] *n разг.* расфасо́ванный това́р; полуфабрика́т

**prepackage** [ˈpri:ˈpækɪdʒ] *v* расфасова́ть (зара́нее)

**pre-packed** [ˈpri:ˈpækt] *a* расфасо́ванный

**prepaid** [ˈpri:ˈpeɪd] *past и p. p. от* prepay

**preparation** [ˌprepəˈreɪʃən] *n* 1) приготовле́ние, подгото́вка; to make ~s for гото́виться к, проводи́ть подгото́вку к 2) приготовле́ние уро́ков 3) препара́т 4) лека́рство 5) *горн.* обогаще́ние

**preparative** [prɪˈpærətɪv] **1.** *a* приготови́тельный, подготови́тельный; подгота́вливающий

**2.** *n* приготовле́ние

**preparatory** [prɪˈpærətərɪ] **1.** *a* 1) приготови́тельный, предвари́тельный, подготови́тельный 2): ~ to (*употр. как prep*) пре́жде чем, до того́ как

**2.** *n* приготови́тельная шко́ла

**prepare** [prɪˈpɛə] *v* 1) пригота́вливать(ся); I am not ~d to say я ещё не могу́ сказа́ть 2) гото́вить(ся), подгота́вливать(ся) 3) гото́вить (*обед, лекарство*); составля́ть (*смесь и т. п.*)

**prepared** [prɪˈpɛəd] **1.** *p. p. от* prepare

**2.** *a* 1) подгото́вленный, гото́вый 2) *тех.* очи́щенный, предвари́тельно обрабо́танный

**preparedness** [prɪˈpɛədnɪs] *n* гото́вность, подгото́вленность

**prepay** [ˈpri:ˈpeɪ] *v* (prepaid) 1) плати́ть вперёд 2) *эк.* франки́ровать

**prepense** [prɪˈpens] *a* предумы́шленный; of malice ~ *юр.* со злы́м у́мыслом

**pre-plan** [pri(:)ˈplæn] *v* предвари́тельно плани́ровать, намеча́ть зара́нее

**preponderance** [prɪˈpɔndərəns] *n* переве́с, превосхо́дство, преоблада́ние

**preponderant** [prɪˈpɔndərənt] *a* преоблада́ющий, име́ющий переве́с, превосхо́дство; ~ position госпо́дствующее положе́ние

**preponderate** [prɪˈpɔndəreɪt] *v* 1) переве́шивать, име́ть переве́с 2) превосходи́ть, превыша́ть (over — *что-л.*), преоблада́ть

**preposition** [ˌprepəˈzɪʃən] *n грам.* 1) предло́г 2) препози́ция

**prepositional** [ˌprepəˈzɪʃənl] *a грам.* предло́жный

**prepositive** [prɪˈpɔzɪtɪv] *a грам.* препозити́вный, препозицио́нный

**prepossess** [ˌpri:pəˈzes] *v* 1) овладева́ть (*о чувстве, идее, мысли и т. п.*) 2) вдохновля́ть; внуша́ть (*чувство, мнение и т. п.*) 3) производи́ть благоприя́тное впечатле́ние; располага́ть к себе́ 4) предрасполага́ть 5) име́ть предубежде́ние

**prepossessing** [ˌpri:pəˈzesɪŋ] **1.** *pres. p. от* prepossess

**2.** *a* располага́ющий, прия́тный

**prepossession** [ˌpri:pəˈzeʃən] *n* 1) предрасположе́ние 2) предвзя́тое отноше́ние; предубежде́ние

**preposterous** [prɪˈpɔstərəs] *a* несообра́зный, неле́пый, абсу́рдный

**prepotency** [prɪˈpəutənsɪ] *n* 1) преоблада́ние 2) *биол.* домини́рование (*признаков*)

**prepotent** [prɪˈpəutənt] *a* 1) могу́щественный 2) бо́лее си́льный 3) *биол.*

преоблада́ющий, домина́нтный, домини́рующий

**pre-print** [prɪ(:)'prɪnt] *n амер.* часть кни́ги *или* статья́ сбо́рника, опублико́ванная до вы́хода в свет всей кни́ги

**pre-production** [ˌpri:prə'dʌkʃən] *n тех.* 1) вы́пуск о́пытной се́рии 2) *attr.*: ~ model о́пытный образе́ц

**prepuce** ['pri:pju:s] *n анат.* кра́йняя плоть

**Pre-Raphaelite** ['pri:'ræfəlaɪt] *иск.* **1.** *n* прерафаэли́т

**2.** *a* прерафаэли́тский

**prerequisite** ['pri:'rekwɪzɪt] **1.** *n* предпосы́лка

**2.** *a* необходи́мый как усло́вие

**prerogative** [prɪ'rɔgətɪv] **1.** *n* прерогати́ва, исключи́тельное пра́во; привиле́гия

**2.** *a* облада́ющий прерогати́вой; ~ right преиму́щественное пра́во

**presage** ['presɪdʒ] **1.** *n* 1) предзнамено-ва́ние, предсказа́ние 2) предчу́вствие (*особ. дурное*)

**2.** *v* 1) предзнамено́вывать, предвеща́ть; предска́зывать 2) предчу́вствовать (*особ. дурное*)

**presbyopia** [ˌprezbɪ'əupjə] *n* пресбио́пия, ста́рческая дальнозо́ркость

**presbyter** ['prezbɪtə] *n рел.* пресви́тер; свяще́нник; старе́йшина

**Presbyterian** [ˌprezbɪ'tɪərɪən] *рел.* **1.** *n* пресвитериа́нин

**2.** *a* пресвитериа́нский

**presbytery** ['prezbɪtərɪ] *n рел.* 1) пресвите́рия 2) часть це́ркви, где помеща́ется алта́рь 3) дом католи́ческого свяще́нника

**preschool** ['pri:'sku:l] *a* дошко́льный; ~ child дошко́льник, ребёнок дошко́льного во́зраста

**prescience** ['presɪəns] *n* предви́дение

**prescient** ['presɪənt] *a* наделённый да́ром предви́дения, предви́дящий

**prescind** [prɪ'sɪnd] *v* 1) абстраги́ровать 2) отвлека́ть внима́ние (from)

**prescribe** [prɪs'kraɪb] *v* 1) предпи́сывать 2) пропи́сывать (*лекарство*; to, for — *кому-л.*; for — про́тив *чего-л.*) 3) *юр.* приобрета́ть пра́во (*на что-л.*) по да́вности владе́ния

**prescript** ['pri:skrɪpt] *n* предписа́ние, постановле́ние

**prescription** [prɪs'krɪpʃən] *n* 1) предпи́сывание 2) предписа́ние, рекоменда́ция, устано́вка 3) *мед.* реце́пт 4) *юр.* пра́во да́вности (*тж.* positive ~); negative ~ ограниче́ние сро́ка, в продолже́ние кото́рого пра́во име́ет си́лу 5) непи́саный зако́н

**prescriptive** [prɪs'krɪptɪv] *a* 1) предпи́сывающий 2) осно́ванный на пра́ве да́вности *или* да́внем обы́чае

**preselect** [ˌpri:sɪ'lekt] *v тех.* предвари́тельно отбира́ть

**preselection** [ˌpri:sɪ'lekʃən] *n* предвари́тельный отбо́р; предвари́тельный подбо́р

**preselector** [ˌpri:sɪ'lektə] *n тех.* механи́зм предвари́тельного вы́бора

**presence** ['prezns] *n* 1) прису́тствие; нали́чие 2) прису́тствие, сосе́дство, непосре́дственная бли́зость; о́бщество (*какого-л. лица*); I was admitted to his ~ я был допу́щен к нему́; in this ~ в прису́тствии э́того лица́; to be calm in the ~ of danger быть споко́йным пе́ред лицо́м опа́сности 3) оса́нка, вне́шний вид ◇ ~ of mind прису́тствие ду́ха

**presence-chamber** ['prezns,tʃeɪmbə] *n* приёмный зал

**present I** ['preznt] **1.** *n* 1) настоя́щее вре́мя; at ~ в да́нное вре́мя; for the ~ на э́тот раз, пока́ 2) *юр.*: these ~s сей докуме́нт; know all men by these ~s настоя́щим объявля́ется 3): those (here) ~ прису́тствующие 4) = ~ tense [*см.* 2, 4)]

**2.** *a* 1) прису́тствующий, име́ющийся нали́цо́; to be ~ at прису́тствовать на (*собрании и т. п.*); to be ~ to the imagination жить в воображе́нии 2) тепе́решний, настоя́щий; совреме́нный; существу́ющий; ~ boundaries существу́ющие грани́цы 3) да́нный, э́тот са́мый; the ~ volume да́нная кни́га; the ~ writer пи́шущий э́ти стро́ки 4) *грам.*: ~ tense настоя́щее вре́мя; ~ participle прича́стие настоя́щего вре́мени ◇ ~ company excepted о прису́тствующих не говоря́т; all ~ and correct а) *воен.* все нали́цо́ (*доклад начальнику*); б) всё в поря́дке

**present II** **1.** *n* ['preznt] пода́рок; to make a ~ of smth. дари́ть что-л.

**2.** *v* [prɪ'zent] 1) преподноси́ть; дари́ть (with); to ~ one's compliments (*или* regards) свиде́тельствовать своё почте́ние 2) подава́ть; передава́ть на рассмотре́ние (*заявление, законопроект, прошение и т. п.*) 3) представля́ть (to — *кому-л.*); to ~ oneself представля́ться, явля́ться 4) представля́ть, явля́ть собо́й; they ~ed a different aspect они́ вы́глядели и́наче 5) дава́ть, пока́зывать (*спектакль*); пока́зывать (*актёра*)

**present III** [prɪ'zent] *воен.* **1.** *n* 1) взя́тие на карау́л 2) взя́тие на приц́ел

**2.** *v* 1) брать на карау́л 2) це́литься

**presentable** [prɪ'zentəbl] *a* прили́чный, респекта́бельный, презента́бельный

**presentation** [ˌprezen'teiʃən] *n* 1) представле́ние (to — *кому-л.*) 2) подноше́ние (*подарка*) 3) пода́рок 4) *театр.* пока́з; представле́ние 5) *attr.*: ~ copy экземпля́р, пода́ренный а́втором

**present-day** ['prezntdeɪ] *a* совреме́нный

**presentee I** [ˌprezn'ti:] *n* получа́тель пода́рка

**presentee II** [ˌprezn'ti:] *n* 1) кандида́т (*на должность*) 2) лицо́, предста́вленное ко двору́

**presenter** [prɪ'zentə] *n* 1) пода́тель, предъяви́тель 2) дари́тель 3) *радио, тлв.* веду́щий програ́мму

**presentiment** [prɪ'zentɪmənt] *n* предчу́вствие (*особ.* дурно́е)

**presently** ['prezntlɪ] *adv* 1) вско́ре, немно́го вре́мени спустя́ 2) тепе́рь, сейча́с

**presentment** [prɪ'zentmənt] *n* 1) представле́ние, пока́з (*спектакля*) 2) изложе́ние, изображе́ние 3) *юр.* заявле́ние (*присяжных*) 4) официа́льная жа́лоба епи́скопу

**preservation** [ˌprezə(:)'veɪʃən] *n* 1) сохране́ние; предохране́ние 2) сохра́нность; in (a state of) fair ~ хорошо́ сохрани́вшийся 3) консерви́рование 4) охра́на от браконье́рства

**preservative** [prɪ'zə:vətɪv] **1.** *a* предохраня́ющий, предохрани́тельный

**2.** *n* предохраня́ющее сре́дство

**preserve** [prɪ'zə:v] **1.** *n* 1) (*обыкн. pl*) консе́рвы, презе́рвы; варе́нье 2) охо́тничий *или* рыболо́вный запове́дник

**2.** *v* 1) сохраня́ть, охраня́ть, оберега́ть; to ~ one's existence вы́жить, вы́стоять 2) храни́ть (*овощи, продукты*) 3) заготовля́ть впрок; консерви́ровать 4) охраня́ть от браконье́ров

**preside** [prɪ'zaɪd] *v* 1) председа́тельствовать (at, over — на) 2) осуществля́ть контро́ль, руково́дство

**presidency** ['prezɪdənsɪ] *n* 1) председа́тельство 2) президе́нтство 3) *ист.* о́круг (*в Индии*)

**president** ['prezɪdənt] *n* 1) президе́нт 2) председа́тель 3) ре́ктор (*университетского колледжа*) 4) дире́ктор ба́нка, компа́нии *или* фи́рмы 5) *ист.* губерна́тор (*колонии*)

**president-elect** ['prezɪdəntɪ'lekt] *n* и́збранный, но ещё не вступи́вший в до́лжность президе́нт

**presidential** [ˌprezɪ'denʃəl] *a* президе́нтский; ~ year *амер.* год вы́боров президе́нта

**presidentship** ['presɪdəntʃɪp] *n* президе́нтство

**presidio** [prɪ'sɪdɪəu] *исп. n* (*pl* -os [-əuz]) кре́пость, форт

**presidium** [prɪ'sɪdɪəm] *n* прези́диум; the Presidium of the Supreme Soviet of the USSR Прези́диум Верхо́вного Сове́та СССР

**press I** [pres] **1.** *n* 1) нада́вливание; give it a slight ~ слегка́ нажми́те 2) пресс 3) *спорт.* жим, вы́жим шта́нги 4) да́вка; сва́лка 5) спе́шка; there is a great ~ of work мно́го неотло́жной рабо́ты

**2.** *v* 1) жать, нажима́ть, прижима́ть 2) дави́ть, выда́вливать, выжима́ть; to ~ home *тех.* вы́жать до конца́, до отка́за 3) прессова́ть; выда́вливать, штампова́ть 4) толка́ть (*тж.* ~ up, ~ down) 5) *уст.* тесни́ть(ся) (*тж.* ~ round, ~ up) 6) (*часто pass.*) стесня́ть, затрудня́ть; hard ~ed в тру́дном положе́нии; to be ~ed for money испы́тывать де́нежные затрудне́ния; to be ~ed for time располага́ть незначи́тельным вре́менем, о́чень торопи́ться 7) тороп́ить, тре́бовать неме́дленных де́йствий; time ~es вре́мя не те́рпит; nothing remains that ~es бо́льше не оста́лось ничего́ спе́шного 8) наста́ивать; to ~ the words настаивать на буквальном значении слов; to ~ questions настойчиво допытываться 9) навязывать (on, upon) 10) гладить (*утюгом*) 11) *спорт.* жать, выжимать штангу □ ~ **down** придавливать, прижимать; ~ **for** добиваться (*чего-л.*); стремиться (*к чему-л.*); ~ **forward** проталкиваться; ~ **on** спешить; ~ **out** а) выжимать; б) решительно продолжать; ~ **to** понуждать; ~ **upon** тяготить

**press** II [pres] *n* 1) печать, пресса; to have a good ~ получить благоприятные отзывы в прессе 2) типография 3) печать, печатание; to correct the ~ править подписную корректуру; to go to ~ идти в печать, печататься

**press** III [pres] *ист.* **1.** *v* 1) вербовать силой, насильно; to ~ into the service of *перен.* использовать для 2) реквизировать

**2.** *n* вербовка силой

**press agency** [ˈpresˌeɪdʒənsɪ] *n* газетное агентство; агентство печати

**press agent** [ˈpresˌeɪdʒənt] *n* агент по печати и рекламе

**press-bed** [ˈpresbed] *n* складная кровать (*убирающаяся в шкаф*)

**press-box** [ˈpresbɔks] *n* места для представителей печати (*на состязаниях, спектаклях и т. п.*)

**press-button** [ˈpresˌbʌtn] *n* 1) нажимная кнопка 2) *attr.* кнопочный; ~ war «кнопочная война»

**press-clipping** [ˈpresˌklɪpɪŋ] = press-cutting

**press-conference** [ˈpresˌkɔnfərəns] *n* пресс-конференция

**press-corrector** [ˈpreskəˌrektə] *n* корректор

**press-cutting** [ˈpresˌkʌtɪŋ] *n* 1) газетная вырезка 2) *attr.*: ~ agency бюро вырезок

**press-gallery** [ˈpresˌgælərɪ] *n* места для представителей печати (*в парламенте, на съезде и т. п.*)

**press-gang** [ˈpresgæŋ] *ист.* **1.** *n* отряд вербовщиков

**2.** *v* насильно вербовать

**pressing** I [ˈpresɪŋ] **1.** *pres. p. от* press I, 2

**2.** *a* 1) неотложный, спешный 2) настоятельный; ~ demand острый, большой спрос

**3.** *n* 1) сжатие, прессование 2) *спорт.* прессинг

**pressing** II [ˈpresɪŋ] *pres. p. от* press III, 1

**pressman** [ˈpresmən] *n* 1) журналист, репортёр, газетчик 2) печатник 3) прессовщик; штамповщик

**pressmark** [ˈpresmɑːk] *n* шифр (*книги*)

**press-officer** [ˈpresˌɔfɪsə] *n* осуществляющий связь с печатью, пресс-атташе

**press-people** [ˈpresˌpiːpl] *n* журналисты, корреспонденты

**press-photographer** [ˈpresfəˈtɔgrəfə] *n* фотокорреспондент, фоторепортёр

**press proof** [ˈpresprʊːf] *n полигр* сводка

**press-release** [ˈpresrɪˈliːs] *n* сообщение для печати, пресс-коммюнике

**pressroom** [ˈpresrum] *n* 1) комната для журналистов 2) *полигр.* печатный цех

**pressure** [ˈpreʃə] *n* 1) давление 2) сжатие, стискивание 3) *перен.* давление; воздействие, нажим; to act under ~ действовать под давлением, недобровольно; to bring ~ to bear upon smb., to put ~ upon smb. оказывать давление на кого-л.; time ~ спешка; ~ of work загруженность работой 4) стеснённость, затруднительные обстоятельства; financial ~ денежные затруднения 5) гнёт 6) *уст.* отпечаток 7) *физ.* давление; сжатие 8) *метео* атмосферное давление 9) *тех.* прессование 10) *эл.* напряжение 11) *attr.*: ~ group влиятельная группа, оказывающая давление на политику (*преим.* путём закулисных интриг) ◇ to work at high (low) ~ работать быстро, энергично (вяло, с прохладцей)

**pressure-cooker** [ˈpreʃəˌkukə] *n* (кастрюля-)скороварка

**pressure-cooking** [ˈpreʃəˌkukɪŋ] *n* приготовление пищи в (кастрюле-)скороварке

**pressure-gauge** [ˈpreʃəgeɪdʒ] *n* манометр

**pressurize** [ˈpreʃəraɪz] *v* 1) герметизировать 2) *тех.* поддерживать повышенное давление 3) оказывать давление, нажим

**prestidigitation** [ˈprestɪˌdɪdʒɪˈteɪʃən] *n* ловкость рук; показывание фокусов

**prestidigitator** [ˌprestɪˈdɪdʒɪteɪtə] *n* фокусник

**prestige** [presˈtiːʒ] *фр. n* 1) престиж 2) *attr.*: ~ club клуб, принадлежность к которому создаёт престиж

**presto** [ˈprestəu] *ит. adv, n муз.* престо

**presumable** [prɪˈzjuːməbl] *a* возможный, вероятный

**presumably** [prɪˈzjuːməblɪ] *adv* предположительно; по-видимому

**presume** [prɪˈzjuːm] *v* 1) предполагать, полагать; допускать; считать доказанным 2) осмеливаться, позволять себе □ ~ **upon** а) слишком полагаться на; б) злоупотреблять; to ~ upon a short acquaintance фамильярничать

**presumedly** [prɪˈzjuːmɪdlɪ] *adv* предположительно

**presuming** [prɪˈzjuːmɪŋ] **1.** *pres. p. от* presume

**2.** *a* самонадеянный

**presumption** [prɪˈzʌmpʃən] *n* 1) предположение 2) основание для предположения; вероятность; there's a strong ~ against it это маловероятно 3) самонадеянность 4) *юр.* презумпция; ~ of innocence презумпция невиновности

**presumptive** [prɪˈzʌmptɪv] *a* предполагаемый; предположительный; ~ evidence показания, основанные на догадках

**presumptuous** [prɪˈzʌmptjuəs] *a* самонадеянный; дерзкий, нахальный

**presuppose** [ˌpriːsəˈpəuz] *v* 1) предполагать 2) заключать в себе, включать в себя

**presupposition** [ˌpriːsʌpəˈzɪʃən] *n* предположение

**pretence** [prɪˈtens] *n* 1) отговорка; under the ~ of под предлогом; под видом 2) притворство; обман; on (*или* under) false ~s обманным путём; to make a ~ притворяться 3) претензия; требование; to make no ~ of smth. не претендовать на что-л. 4) претенциозность

**pretend** [prɪˈtend] *v* 1) притворяться, делать вид; симулировать 2) прикидываться, разыгрывать из себя 3) ссылаться на, использовать в качестве предлога 4) претендовать (to — на *что-л.*) 5) решиться, позволить себе; to ~ to oneself убеждать себя

**pretended** [prɪˈtendɪd] **1.** *p. p. от* pretend

**2.** *a* поддельный, притворный, лицемерный

**pretender** [prɪˈtendə] *n* 1) притворщик, симулянт 2) претендент (*на трон, титул и т. п.*); the Old (the Young) P. *ист.* старший сын (внук) Иакова II

**pretense** [prɪˈtens] *амер.* = pretence

**pretension** [prɪˈtenʃən] *n* 1) претензия, притязание; предъявление прав (to — на *что-л.*) 2) претенциозность

**pretentious** [prɪˈtenʃəs] *a* 1) претенциозный, вычурный 2) много о себе возомнивший

**pretentiousness** [prɪˈtenʃəsnɪs] *n* претенциозность

**preterhuman** [ˌpriːtəˈhjuːmən] *a* нечеловеческий, сверхчеловеческий

**preterit(e)** [ˈpretərɪt] *n грам.* форма прошедшего времени, претерит

**pretermission** [ˌpriːtəˈmɪʃən] *n* 1) упущение, небрежность; ~ of duty небрежное отношение к своим обязанностям 2) перерыв, временное прекращение

**pretermit** [ˌpriːtəˈmɪt] *v* 1) пропустить, не упомянуть 2) пренебречь; бросить 3) прервать

**preternatural** [ˌpriːtəˈnætʃrəl] *a* сверхъестественный; противоестественный

**pretext** **1.** *n* [ˈpriːtekst] предлог, отговорка; on (*или* under, upon) the ~ of (*или* that) под тем предлогом, что

**2.** *v* [prɪˈtekst] приводить в качестве отговорки

**pre-trial** [ˈpriːˈtraɪəl] *n юр.* предварительное слушание *или* разбирательство дела

**prettify** [ˈprɪtɪfaɪ] *v* принаряжать, украшать

**prettily** [ˈprɪtɪlɪ] *adv* красиво; привлекательно

**pretty** [ˈprɪtɪ] **1.** *a* 1) хорошенький, прелестный, миловидный 2) приятный; хороший (*тж. ирон.*); a ~ business!

хоро́шенькое де́ло! 3) *разг.* значи́тельный, изря́дный; a ~ penny (*или* sum) кру́гленькая су́мма ◇ to be sitting ~ ло́вко, хорошо́ устро́иться

2. *n* 1): my ~! моя́ пре́лесть! (*в обращении*) 2) *pl* краси́вые ве́щи, пла́тья 3) *амер.* безделу́шка, хоро́шенькая вещи́ца

3. *adv разг.* дово́льно, доста́точно, в значи́тельной сте́пени (*тк. с прил. и нареч.*); ~ much о́чень, в большо́й сте́пени; I feel ~ sick about it мне э́то о́чень надое́ло; I'm feeling ~ well я вполне́ прили́чно себя́ чу́вствую; that is ~ much the same thing э́то почти́ то же са́мое

**pretty-pretty** [ˈprɪtɪˌprɪtɪ] *разг.* 1. *a* слаща́во краси́вый; just a ~ face ку́кольное ли́чико

2. *n pl* безделу́шки

**prevail** [prɪˈveɪl] *v* 1) торжествова́ть (over), одержа́ть побе́ду; достига́ть це́ли 2) преоблада́ть, госпо́дствовать, превали́ровать (over) 3) существова́ть, быть распространённым; бытова́ть □ ~ **(up)on** убеди́ть, уговори́ть

**prevailing** [prɪˈveɪlɪŋ] 1. *pres. p. от* prevail

2. *a* 1) госпо́дствующий; превали́рующий; преоблада́ющий; ~ authorities вла́сти предержа́щие; ~ attitudes госпо́дствующие настрое́ния 2) широко́ распространённый

**prevalence** [ˈprevələns] *n* 1) широ́кое распростране́ние; распространённость 2) *редк.* госпо́дство, преоблада́ние

**prevalent** [ˈprevələnt] *a* 1) (широко́) распространённый 2) *редк.* преоблада́ющий; превали́рующий

**prevaricate** [prɪˈværɪkeɪt] *v* говори́ть укло́нчиво, увилива́ть, криви́ть душо́й

**prevarication** [prɪˌværɪˈkeɪʃən] *n* увиливание; укло́нчивость

**prevaricator** [prɪˈværɪkeɪtə] *n* лука́вый челове́к; челове́к, уклоня́ющийся от и́стины

**prevenance** [ˈprevənəns] *n* услу́жливость; предупреди́тельность

**prevent** [prɪˈvent] *v* 1) предотвраща́ть, предохраня́ть, предупрежда́ть 2) меша́ть, препя́тствовать (from — *чему-л.*); не допуска́ть

**preventer** [prɪˈventə] *n мор.* предохрани́тель (*тросовый или цепной*); предохрани́тельный трос

**prevention** [prɪˈvenʃən] *n* предотвраще́ние, предохране́ние, предупрежде́ние; ~ of accidents те́хника безопа́сности ◇ ~ is better than cure *посл.* предупрежде́ние лу́чше лече́ния

**preventive** [prɪˈventɪv] 1. *a* 1) предупреди́тельный; ~ measure предупреди́тельная ме́ра 2) *мед.* профилакти́ческий 3) превенти́вный; ~ arrest (*или* detention) превенти́вный аре́ст 4): P. Service слу́жба берегово́й охра́ны

2. *n* 1) предупреди́тельная ме́ра 2) *мед.* профилакти́ческое сре́дство

**preview** [ˈpriːˈvjuː] *n* 1) предвари́тельный закры́тый просмо́тр кинофи́льма, вы́ставки *и т. п.* 2) ано́нс, рекла́мный пока́з отры́вков из кинофи́льма 3) предвари́тельное рассмотре́ние (*чего-л.*)

**previous** [ˈpriːvjəs] 1. *a* 1) предыду́щий; предше́ствующий (to); the ~ day накану́не; the ~ night накану́не ве́чером 2) *разг.* преждевре́менный, поспе́шный, опроме́тчивый ◇ P. Examination пе́рвый экза́мен на сте́пень бакала́вра (*в Кембриджском университете*); the ~ question *парл.* вопро́с о постано́вке на голосова́ние гла́вного пу́нкта обсужде́ния (*в Англии — с целью отклонения главного вопроса без голосования, в США — с целью сокращения прений и ускорения голосования*)

2. *adv*: ~ to до, пре́жде, ра́нее

**previously** [ˈpriːvjəslɪ] *adv* зара́нее, предвари́тельно

**previse** [pri(ː)ˈvaɪz] *v редк.* 1) предви́деть 2) предостерега́ть

**prevision** [pri(ː)ˈvɪʒən] *n* предви́дение

**pre-war** [ˈpriːˈwɔː] *a* довое́нный

**prey** [preɪ] 1. *n* 1) добы́ча; beast (bird) of ~ хи́щное живо́тное (хи́щная пти́ца) 2) же́ртва; to be (to become, to fall) a ~ to smth. быть (сде́латься) же́ртвой чего́-л.

2. *v* (*обыкн.* ~ on, ~ upon) 1) охо́титься, лови́ть 2) обма́нывать, вымога́ть 3) гра́бить 4) терза́ть, му́чить; his misfortune ~s on his mind несча́стье гнетёт его́

**price** [praɪs] 1. *n* 1) цена́; above (*или* beyond, without) ~ бесце́нный; at a ~ по дорого́й цене́ 2) це́нность 3) цена́, же́ртва; at any ~ любо́й цено́й, во что́ бы то ни ста́ло; not at any ~ ни за что́ 4) *attr.*: ~ formation *эк.* ценообразова́ние; ~ maintenance *эк.* установле́ние и подде́ржание цен; to be a ~ leader *эк.* диктова́ть це́ны (*на рынке, бирже и т. п.*)

2. *v* назнача́ть це́ну, оце́нивать

**price-boom** [ˈpraɪsbuːm] *n* высо́кий у́ровень цен

**price current** [ˈpraɪsˌkʌrənt] *n* прейскура́нт

**price-cutting** [ˈpraɪsˌkʌtɪŋ] *n* сниже́ние цен

**priced** [praɪst] 1. *p. p. от* price 2

2. *a* оценённый; ~ catalogue катало́г с указа́нием цен

**priceless** [ˈpraɪslɪs] *a* 1) бесце́нный; неоцени́мый 2) *разг.* о́чень заба́вный; абсу́рдный, неле́пый

**price level** [ˈpraɪsˌlevl] *n* у́ровень цен

**price-list** [ˈpraɪslɪst] = price current

**price-ring** [ˈpraɪsrɪŋ] *n эк.* монополисти́ческое объедине́ние промы́шленников с це́лью повыше́ния цен

**price-slashing** [ˈpraɪsˌslæʃɪŋ] = price-cutting

**price-wave** [ˈpraɪsweɪv] *n* колеба́ние цен

**pricing** [ˈpraɪsɪŋ] 1. *pres. p. от* price 2

2. *n* калькуля́ция цен

**prick** [prɪk] 1. *n* 1) уко́л, проко́л 2) остриё, игла́ (*для прочистки*) 3) *бот.* шип, колю́чка, игла́ 4) о́страя боль (как) от уко́ла; the ~s of conscience угрызе́ния со́вести 5) *груб.* мужско́й полово́й о́рган ◇ to kick against the ~s ≅ лезть на рожо́н; сопротивля́ться во вред себе́

2. *v* 1) (у)коло́ть(ся) 2) прока́лывать; просве́рливать, прочища́ть игло́й (*отверстие*) 3) му́чить, терза́ть; my toe is ~ing with gout у меня́ подагри́ческая боль в па́льце ноги́; my conscience ~ed me меня́ му́чила со́весть 4) нака́лывать (*узор*) 5) де́лать поме́тки (*в списке и т. п.*); to ~ smb. for sheriff назнача́ть кого́-л. шери́фом (*отмечая его имя в списке*) 6) *уст.* пришпо́ривать (*тж.* ~ on, ~ forward) □ ~ **in**, ~ **off** выса́живать расса́ду; пикирова́ть се́янцы; ~ **out** а) = ~ in, ~ off; б) пока́зываться, появля́ться (в ви́де то́чек) ◇ to ~ a (*или* the) bladder (*или* bubble) показа́ть пустоту́, ничто́жество (*кого-л., чего-л.*); to ~ up one's ears навостри́ть у́ши, насторожи́ться

**prick-eared** [ˈprɪkˈɪəd] *a* 1) с торча́щими вверх уша́ми, остроу́хий 2) с откры́тыми уша́ми (*прозвище пуритан XVII в.*)

**prick-ears** [ˈprɪkˈɪəz] *n pl* 1) остроконе́чные, стоя́чие у́ши 2) *перен.* «у́шки на маку́шке»

**pricker** [ˈprɪkə] *n* 1) о́стрый инструме́нт, ши́ло, дыроко́л *и т. п.* 2) колю́чка, шип 3) боде́ц, стрека́ло

**pricket** [ˈprɪkɪt] *n* 1) годова́лый оле́нь 2) остриё, на кото́рое наса́живается свеча́

**pricking** [ˈprɪkɪŋ] 1. *pres. p. от* prick 2

2. *n* 1) прока́лывание 2) пока́лывание

**prickle** [ˈprɪkl] 1. *n* шип, колю́чка; и́глы (*ежа, дикобраза и т. п.*)

2. *v* 1) коло́ть, прока́лывать 2) испы́тывать пока́лывание, колотьё

**prickly** [ˈprɪklɪ] *a* 1) име́ющий шипы́, колю́чки 2) колю́чий

**prickly heat** [ˈprɪklɪˈhiːt] *n мед.* тропи́ческий лиша́й; потни́ца

**prickly pear** [ˈprɪklɪˈpɛə] *n* опу́нция (*род кактуса*)

**pride** [praɪd] 1. *n* 1) го́рдость; чу́вство го́рдости; to take (a) ~ in smth. а) горди́ться чем-л.; испы́тывать чу́вство го́рдости за что-л.; б) получа́ть удовлетворе́ние от чего́-л. 2) горды́ня; спесь; ~ of place а) высо́кое положе́ние; б) упоённость со́бственным положе́нием 3) чу́вство со́бственного досто́инства (*тж.* proper ~); false ~ чва́нство; тщесла́вие 4) предме́т го́рдости 5) верх, вы́сшая сте́пень; са́мое лу́чшее состоя́ние *или* положе́ние; in the ~ of one's youth в расцве́те сил ◇ ~ of the morning тума́н *или* дождь на рассве́те; to put one's ~ in one's pocket, to swallow one's ~ подави́ть самолю́бие; проглоти́ть оби́ду

**2.** *v refl.* гордиться (on, upon — *кем-л., чем-л.*)

**priest** [priːst] *n* 1) священник 2) жрец

**priestcraft** ['priːstkrɑːft] *n* вмешательство духовенства в светские дела; интриги и козни духовенства

**priestess** ['priːstɪs] *n* жрица

**priesthood** ['priːsthud] *n* 1) священство 2) духовенство

**priestling** ['priːstlɪŋ] *n пренебр.* попик, поп

**priestly** ['priːstlɪ] *a* священнический; приличествующий духовному лицу; ~ garb сутана

**priest-ridden** ['priːst,rɪdn] *a* находящийся под властью духовенства, испытывающий на себе тиранию церкви

**prig** [prɪg] **1.** *n* 1) педант, формалист; ограниченный и самодовольный человек 2) *жарг.* вор

**2.** *v жарг.* воровать

**priggish** ['prɪgɪʃ] *a* педантичный; самодовольный

**prill** [prɪl] *n горн.* 1) самородок; небольшой кусок руды 2) образец, проба

**prim** [prɪm] **1.** *a* 1) чопорный; натянутый 2) аккуратный, подтянутый ◇ ~ and proper жеманный; чопорный

**2.** *v* 1) принимать строгий вид; напускать важность 2): to ~ one's lips поджимать губы

**primacy** ['praɪməsɪ] *n* 1) первенство 2) сан архиепископа

**prima donna** ['priːmə'dɔnə] *ит. n* (*pl* prima donnas) примадонна

**primaeval** [praɪ'miːvəl] = primeval

**primage** ['praɪmɪdʒ] *n мор.* 1) прибавка к фрахту (*за пользование грузовыми устройствами судна*) 2) *ист.* вознаграждение капитану с фрахта

**primal** ['praɪməl] *a* 1) примитивный, первобытный 2) главный, основной

**primarily** ['praɪmərɪlɪ] *adv* 1) первоначально, сперва, сначала, прежде всего 2) первым делом, главным образом

**primary** ['praɪmərɪ] **1.** *n* 1) что-л., имеющее первостепенное значение 2) *амер.* первичные, предварительные выборы, голосование для определения кандидата партии на выборах 3) основной цвет 4) *астр.* планета, вращающаяся вокруг солнца 5) *эл.* первичная обмотка (*трансформатора*) 6) *геол.* палеозойская эра

**2.** *a* 1) первоначальный, первичный; ~ school общая начальная школа (*для детей от 5 до 11 лет*); ~ rocks *геол.* первичные породы; ~ products сырьё; ~ producing countries страны, производящие сырьё 2) основной; важнейший, главный; ~ colours основные цвета; the ~ planets планеты, вращающиеся вокруг солнца; of ~ importance первостепенной важности; ~ needs самые насущные потребности; ~ right приоритет 3) *биол.* простейший

**primate** ['praɪmɪt] *n церк.* примас

**primates** [praɪ'meɪtiːz] *n pl зоол.* приматы

**prime** [praɪm] **1.** *n* 1) расцвет; in the ~ of life во цвете лет 2) лучшая часть, цвет 3) начало; *поэт.* весна; the ~ of the year весна 4) *церк.* заутреня (*у католиков*) 5) первая позиция (*в фехтовании*) 6) *мат.* простое число

**2.** *a* 1) главный; P. Minister премьер-министр 2) основной, важнейший; ~ advantage важнейшее преимущество 3) превосходный, лучший; in ~ condition в прекрасном состоянии; ~ crop первоклассный урожай 4) первоначальный, первичный; ~ cause первопричина; ~ cost *полит.-эк.* себестоимость; ~ mover *тех.* первичный двигатель; *перен.* душа какого-л. дела; ~ number *мат.* простое число

**3.** *v* 1) *воен.* воспламенять; вставлять запал *или* взрыватель 2) заправлять (*двигатель*); заливать (*насос*) перед пуском 3) *разг.* кормить, поить 4) заранее снабжать информацией, инструкциями *и т. п.*; натаскивать, учить готовым ответам 5) *жив.*, *стр.* грунтовать

**primely** ['praɪmlɪ] *adv разг.* превосходно

**primer I** ['praɪmə] *n* 1) букварь; учебник для начинающих 2) ['prɪmə] *полигр.*: great ~ шрифт в 18 пунктов; long ~ корпус 3) *жив.*, *стр.* грунтовка

**primer II** ['praɪmə] *n воен.* средство воспламенения; капсюль, запал; детонатор

**primeval** [praɪ'miːvəl] *a* первобытный

**priming** ['praɪmɪŋ] **1.** *pres. p.* от prime 3

**2.** *n* 1) *воен.* вставление запала *или* взрывателя 2) *тех.* заправка, заливка 3) *жив.*, *стр.* грунт, грунтовка

**primitive** ['prɪmɪtɪv] **1.** *a* 1) примитивный 2) первобытный 3) старомодный; простой, грубый 4) основной (*о цвете и т. п.*) 5) *геол.* первозданный

**2.** *n* 1) первобытный человек 2) основной цвет 3) *жив.* примитив 4) *жив.* примитивист

**primness** ['prɪmnɪs] *n* чопорность; жеманство

**primogenitor** [,praɪməu'dʒenɪtə] *n* (древнейший) предок, пращур

**primogeniture** [,praɪməu'dʒenɪtʃə] *n* 1) первородство 2) право старшего сына на наследование недвижимости

**primordial** [praɪ'mɔːdjəl] *a* 1) изначальный, исконный 2) первобытный

**primp** [prɪmp] *v* наряжаться, прихорашиваться

**primrose** ['prɪmrəuz] *n* 1) *бот.* первоцвет, примула 2) *attr.* бледно-жёлтый ◇ P. Day 19-е апреля (*день памяти Дизраэли*); the ~ path путь наслаждений

**primula** ['prɪmjulə] *n бот.* первоцвет, примула

**primus** ['praɪməs] *n* примус

**prince** [prɪns] *n* 1) принц; P. of Wales принц Уэльский, наследник английского престола 2) князь 3) *уст.* государь, правитель 4) выдающийся деятель (*литературы, искусства и т. п.*) 5) король, магнат, крупный предприниматель *и т. п.* ◇ P. of Peace Христос; P. of the Church кардинал; P. of darkness (*или* of the air, of the world) сатана; ~ Albert *амер. разг.* длиннополый сюртук, визитка; Hamlet without the P. of Denmark что-л., лишённое самого важного, самой сути

**princeling** ['prɪnslɪŋ] *n пренебр.* князёк

**princely** ['prɪnslɪ] *a* 1) царственный 2) великолепный, роскошный

**princess I** [prɪn'ses] *n* принцесса; княгиня; княжна; ~ royal ['prɪnses'rɔɪəl] старшая дочь английского короля

**princess II** [prɪn'ses] *n* вид кровельной черепицы

**principal** ['prɪnsəpəl] **1.** *n* 1) глава, начальник; патрон; принципал 2) ректор университета; директор колледжа *или* школы 3) ведущий актёр; ведущая актриса 4) *юр.* главный виновник 5) *эк.* основная сумма, капитал (*сумма, на которую начисляются проценты*) 6) *стр.* стропильная ферма

**2.** *a* 1) главный, основной; ~ sum основной капитал 2) ведущий; ~ staff ответственные сотрудники *или* работники 3) *грам.* главный; ~ clause главное предложение; ~ parts of the verb основные формы глагола

**principality** [,prɪnsɪ'pælɪtɪ] *n* княжество; the P. Уэльс

**prncipally** ['prɪnsəplɪ] *adv* главным образом; преимущественно

**principle** ['prɪnsəpl] *n* 1) принцип; правило; закон; as a matter of ~ в принципе; unanimity ~ принцип единогласия; in ~ в принципе; on ~ из принципа; on the ~ that исходя из того, что; of ~ принципиальный; a question of ~ принципиальный вопрос; man of high(est) ~ высокопринципиальный человек; a man of no ~s беспринципный человек 2) первопричина; причина, источник 3) *хим.* составная часть, элемент 4) принцип устройства (*машины, механизма и т. п.*)

**principled** ['prɪnsəpld] *a* принципиальный; с твёрдыми устоями

**prink** [prɪŋk] *v* 1) чистить перья (*о птицах*) 2) наряжать(ся), прихорашивать(ся)

**print** [prɪnt] **1.** *n* 1) оттиск; отпечаток; след 2) шрифт, печать; small (large, close) ~ мелкая (крупная, убористая) печать 3) печатание, печать; in ~ а) в печати; б) в продаже (*о книге, брошюре и т. п.*); out of ~ распроданный; разошедшийся; to get into ~ появиться в печати 4) гравюра, эстамп 5) (*преим. амер.*) печатное издание; газета 6) штамп 7) *фото* отпечаток (*с негатива*) 8) набивная ткань, си́тец 9) *attr.* си́тцевый 10) *attr.* печа́тный; ~ hand письмо́ печа́тными бу́квами

**2.** *v* 1) печа́тать 2) запечатлева́ть 3) писа́ть печа́тными бу́квами 4) *фото* отпеча́тывать(ся) (*тж.* ~ out, ~ off) 5) набива́ть (*ситец*)

**printable** [ˈprɪntəbl] *a* досто́йный напеча́тания, могу́щий быть напеча́танным

**printed matter** [ˈprɪntɪdˌmætə] *n* 1) печа́тный материа́л 2) бандеро́ль

**printer** [ˈprɪntə] *n* 1) печа́тник; типо́граф 2) *текст.* набо́йщик ◇ to spill ~'s ink печа́таться (*об авторе*); ~'s devil учени́к в типогра́фии

**printing** [ˈprɪntɪŋ] **1.** *pres. p. от* print 2

**2.** *n* 1) печа́тание, печа́ть 2) печа́тное изда́ние 3) тира́ж 4) печа́тное де́ло

**printing-house** [ˈprɪntɪŋhaus] *n* типогра́фия

**printing-ink** [ˈprɪntɪŋˈɪŋk] *n полигр.* печа́тная кра́ска

**printing-machine** [ˈprɪntɪŋməˌʃiːn] = printing-press

**printing-office** [ˈprɪntɪŋˌɔfɪs] *n* типогра́фия

**printing-press** [ˈprɪntɪŋpres] *n* печа́тная маши́на; печа́тный стано́к

**print-seller** [ˈprɪntˌselə] *n* продаве́ц гравю́р и эста́мпов

**print-shop** [ˈprɪntʃɔp] *n* 1) типогра́фия 2) магази́н гравю́р и эста́мпов

**print-works** [ˈprɪntwəːks] *n pl* (*употр. как sing и как pl*) ситценаби́вная фа́брика

**prior** I [ˈpraɪə] *a* 1) пре́жний; предше́ствующий 2) бо́лее ва́жный, ве́ский; a ~ claim бо́лее ве́ская прете́нзия 3): ~ to (*употр. как prep*) ра́ньше, пре́жде, до; ~ to my arrival до моего́ прие́зда

**prior** II [ˈpraɪə] *n* настоя́тель, прио́р

**prioress** [ˈpraɪərɪs] *n* настоя́тельница

**priority** [praɪˈɔrɪtɪ] *n* 1) приорите́т, старшинство́; to consider smth. a ~ придава́ть чему́-л. большо́е значе́ние 2) поря́док сро́чности, очерёдности; order of ~ очерёдность; to take ~ of... а) предше́ствовать...; б) по́льзоваться преиму́ществом...

**priory** [ˈpraɪərɪ] *n* монасты́рь, приора́т

**prise** [praɪz] = prize III

**prism** [prɪzm] *n* при́зма

**prismatic** [prɪzˈmætɪk] *a* призмати́ческий

**prison** [ˈprɪzn] **1.** *n* 1) тюрьма́ 2) *attr.* тюре́мный; ~ hospital тюре́мная больни́ца; ~ camp ла́герь военнопле́нных

**2.** *v* 1) *поэт.* заключа́ть в тюрьму́ 2) *перен.* ско́вывать, лиша́ть свобо́ды

**prison-breaker** [ˈprɪznˌbreɪkə] *n* бежа́вший из тюрьмы́

**prison-breaking** [ˈprɪznˌbreɪkɪŋ] *n* побе́г из тюрьмы́

**prisoner** [ˈprɪznə] *n* 1) заключённый, у́зник; аресто́ванный (*тж.* ~ at the bar); ~ on bail подсуди́мый, отпу́щенный на пору́ки; ~ of State госуда́рственный престу́пник; полити́ческий заключённый 2) подсуди́мый 3) (военно)пле́нный (*тж.* ~ of war) 4) *перен.* челове́к, лишённый свобо́ды де́йствия; he is a ~ to his chair он прико́ван (боле́знью) к кре́слу

**prison-house** [ˈprɪznhaus] *n поэт.* тюрьма́ (*часто перен.*)

**pristine** [ˈprɪstaɪn] *a* 1) дре́вний, первонача́льный 2) чи́стый, нетро́нутый; неиспо́рченный

**prithee** [ˈprɪðɪ(:)] *int* (*сокр. от* I pray thee) *уст.* прошу́

**privacy** [ˈprɪvəsɪ] *n* 1) уедине́ние, уединённость; ~ was impossible бы́ло невозмо́жно побы́ть одному́ 2) та́йна, секре́тность; in the ~ of one's thoughts в глубине́ души́

**private** [ˈpraɪvɪt] **1.** *a* 1) ча́стный; ли́чный; ~ bill парла́ментский законопрое́кт, каса́ющийся отде́льных лиц *или* корпора́ций; ~ industry ча́стный се́ктор промы́шленности; ~ life ча́стная жизнь; ~ means ли́чное состоя́ние; ~ property ча́стная со́бственность; on ~ account на ча́стных нача́лах; ~ office ли́чный кабине́т; ~ (medical) practitioner частнопракти-ку́ющий врач; ~ secretary ли́чный секрета́рь; ~ view закры́тый просмо́тр (*кинофильма, выставки и т. п.*) 2) не находя́щийся на госуда́рственной слу́жбе, не занима́ющий официа́льного поста́; неофициа́льный; ~ member член парла́мента, не занима́ющий никако́го госуда́рственного поста́; ~ eye *разг.* ча́стный сы́щик 3) уединённый 4) та́йный, конфиденциа́льный; for one's own ~ ear по секре́ту; to keep a thing ~ держа́ть что-л. в та́йне 5) рядово́й (*о солдате*)

**2.** *n* 1) рядово́й 2) *pl* половы́е о́рганы 3): in ~ а) наедине́; конфиденциа́льно; б) в ча́стной жи́зни; в дома́шней обстано́вке; в) втихомо́лку, в душе́, в глубине́ души́

**privateer** [ˌpraɪvəˈtɪə] *n ист.* 1) ка́пер 2) капита́н *или* член экипа́жа ка́пера

**privateering** [ˌpraɪvəˈtɪərɪŋ] *ист.* **1.** *n* ка́перство

**2.** *a* занима́ющийся ка́перством

**privately** [ˈpraɪvɪtlɪ] *adv* 1) ча́стным о́бразом 2) про себя́

**privation** [praɪˈveɪʃən] *n* 1) лише́ние, нужда́ 2) недоста́ток, отсу́тствие (*чего-л.*)

**privative** [ˈprɪvətɪv] *a* 1) ука́зывающий на отсу́тствие чего́-л.; отнима́ющий что-л. 2) *грам.* отрица́тельный (*об аффиксах и т. п.*)

**privet** [ˈprɪvɪt] *n бот.* бирючи́на

**privilege** [ˈprɪvɪlɪdʒ] **1.** *n* привиле́гия; преиму́щество; честь; ~ of Parliament депута́тская неприкоснове́нность и не́которые други́е привиле́гии чле́нов парла́мента; bill of ~ пети́ция пэ́ра о том, что́бы его́ суди́л суд пэро́в; writ of ~ прика́з об освобожде́нии из-под аре́ста привилегиро́ванного лица́, аресто́ванного по гражда́нскому де́лу; to listen to him was a ~ слу́шать его́ бы́ло исключи́тельным удово́льствием

**2.** *v* дава́ть привиле́гию; освобожда́ть (*от чего-л.*)

**privileged** [ˈprɪvɪlɪdʒd] **1.** *p. p. от* privilege 2

**2.** *a* привилегиро́ванный; least ~ наибо́лее обездо́ленный ◇ ~ communication а) све́дения, сообщённые пацие́нтом врачу́; б) све́дения, сообщённые адвока́ту его́ клие́нтом

**privity** [ˈprɪvɪtɪ] *n* 1) секре́тность, та́йна 2) осведомлённость; соуча́стие, прикоснове́нность (to); with (without) the ~ с (без) ве́дома

**privy** [ˈprɪvɪ] **1.** *a* 1) ча́стный; уединённый 2) посвящённый (to — во *что-либо*); ~ to a contract уча́ствующий в контра́кте 3) *уст.* та́йный, сокрове́нный; скры́тый; конфиденциа́льный; P. Council та́йный сове́т; ~ councillor (*или* counsellor) член та́йного сове́та 4): ~ parts половы́е о́рганы ◇ ~ purse а) су́ммы, ассигно́ванные на ли́чные расхо́ды короля́; б) храни́тель де́нег на ли́чные расхо́ды короля́

**2.** *n* 1) *юр.* заинтересо́ванное лицо́ 2) *уст.* убо́рная

**prize** I [praɪz] **1.** *n* 1) награ́да, приз, пре́мия; the International Lenin Peace P. Междунаро́дная Ле́нинская пре́мия «За укрепле́ние ми́ра ме́жду наро́дами» 2) вы́игрыш; нахо́дка, неожи́данное сча́стье 3) предме́т вожделе́ний; жела́нная добы́ча; the ~s of life бла́га жи́зни 4) *attr.* премиро́ванный, удосто́енный пре́мии, награ́ды; ~ poem стихотворе́ние, удосто́енное пре́мии; ~ fellowship стипе́ндия, назна́ченная за отли́чные успе́хи 5) *attr.* прекра́сный, досто́йный награ́ды (*тж. ирон.*)

**2.** *v* 1) высоко́ цени́ть 2) оце́нивать

**prize** II [praɪz] *n мор.* 1) приз; трофе́й, захва́ченное су́дно *или* иму́щество; to become a ~ (of) быть захва́ченным; to make (a) ~ of... захвати́ть...; to place in ~ рассма́тривать в ка́честве при́за 2) *attr.* призово́й; ~ proceeding призово́е судопроизво́дство; naval ~ law морско́е призово́е пра́во

**prize** III [praɪz] **1.** *n* рыча́г

**2.** *v* поднима́ть, взла́мывать *или* передвига́ть посре́дством рычага́ (*обыкн.* ~ open, ~ up)

**prize-court** [ˈpraɪzkɔːt] *n* призово́й суд

**prize-fight** [ˈpraɪzfaɪt] *n* состяза́ние на приз (*в боксе*)

**prize-fighter** [ˈpraɪzˌfaɪtə] *n* боксёр-профессиона́л

**prize-fighting** [ˈpraɪzˌfaɪtɪŋ] *n* профессиона́льный бокс

**prize-holder** [ˈpraɪzˌhəuldə] = prizeman

**prizeman** [ˈpraɪzmən] *n* челове́к, получи́вший пре́мию *или* приз; лауреа́т

**prize-money** [ˈpraɪzˌmʌnɪ] *n* призовые деньги

**prize-ring** [ˈpraɪzrɪŋ] *n спорт.* 1) ринг 2) = prize-fighting

**prizewinner** [ˈpraɪzˌwɪnə] *n* призёр; лауреат

**pro** [prəu] *сокр. разг. от* professional 2

**pro-** [prəu-] *pref со значением:* а) *являющийся сторонником* за, про-; pro-tariff-reform являющийся сторонником тарифных реформ; б) *замещающий* вместо; pro-rector проректор, заместитель ректора

**proa** [ˈprəuə] *n* проа (*малайское парусное судно*)

**pro and con** [ˈprəuəndˈkɔn] **1.** *adv* за и против

**2.** *n pl* аргументы «за» и «против»

**probability** [ˌprɔbəˈbɪlɪtɪ] *n* 1) вероятность; in all ~ по всей вероятности 2) правдоподобие

**probable** [ˈprɔbəbl] **1.** *a* 1) вероятный, возможный 2) предполагаемый 3) правдоподобный

**2.** *n* возможный кандидат, вероятный выбор *и т. п.*

**probably** [ˈprɔbəblɪ] *adv* вероятно

**probate** [ˈprəubɪt] **1.** *n* 1) официальное утверждение завещания 2) заверенная копия завещания

**2.** *v амер.* утверждать завещание

**probation** [prəˈbeɪʃən] *n* 1) испытание; стажировка 2) испытательный срок 3) *юр.* условное освобождение на поруки (*особ.* несовершеннолетнего) преступника 4) *церк.* послушничество; искус

**probationary** [prəˈbeɪʃnərɪ] *a* 1) испытательный; ~ sentence условный приговор; ~ ward *мед.* изолятор 2) находящийся на испытании, подвергающийся испытанию

**probationer** [prəˈbeɪʃnə] *n* 1) испытуемый; стажёр; кандидат в члены (*тж.* ~ member) 2) *юр.* условно осуждённый преступник 3) *церк.* послушник

**probation officer** [prəˈbeɪʃənˌɔfɪsə] *n* инспектор, наблюдающий за поведением условно осуждённых преступников

**probative** [ˈprəubətɪv] *a* 1) доказательный; good ~ evidence достаточное *или* веское доказательство 2) служащий для испытания

**probe** [prəub] **1.** *n* 1) *мед.* зонд 2) *тех.* зонд, щуп 3) зондирование 4) космическая исследовательская ракета; автоматическая научно-исследовательская станция 5) *амер.* расследование

**2.** *v* 1) *мед.* зондировать 2) исследовать; расследовать (into)

**probity** [ˈprəubɪtɪ] *n* честность; неподкупность

**problem** [ˈprɔbləm] *n* 1) проблема; вопрос; задача 2) сложная ситуация 3) трудный случай 4) *мат., шахм.* задача 5) *attr.* проблемный; ~ novel проблемный роман 6) *attr.:* ~ child трудный ребёнок

**problematic(al)** [ˌprɔblɪˈmætɪk(əl)] *a* проблематичный; сомнительный

**problematically** [ˌprɔblɪˈmætɪkəlɪ] *adv* проблематично; сомнительно

**problem(at)ist** [ˈprɔblɪm(ət)ɪst] *n* тот, кто составляет *или* решает задачи (*особ.* шахматные)

**proboscidean, proboscidian** [ˌprəubəˈsɪdɪən] **1.** *a* хоботный

**2.** *n* хоботное животное

**proboscis** [prəuˈbɔsɪs] *n* 1) хобот 2) хоботок (*насекомых*) 3) *шутл.* длинный *или* большой нос

**procedural** [prəˈsɪdʒərəl] *a* процедурный

**procedure** [prəˈsiːdʒə] *n* 1) образ действия 2) технологический процесс 3) методика проведения (*опыта, анализа*) 4) *юр., парл.* процедура

**proceed** [prəˈsiːd] *v* 1) продолжать (говорить); please ~ продолжайте, пожалуйста 2) отправляться (дальше) 3) возобновлять (*дело, игру и т. п.*; with, in); приступить, перейти (to — к *чему-л., тж. с inf.*); приняться (*за что-л.*); to ~ to go to bed отправиться спать; he ~ed to give me a good scolding он принялся меня бранить 4) происходить; развиваться; исходить (from); from what direction did the shots ~? откуда слышались выстрелы? 5) действовать, поступать 6) преследовать судебным порядком (against) 7) получать учёную степень

**proceeding** [prəˈsiːdɪŋ] **1.** *pres. p. от* proceed

**2.** *n* 1) поступок 2) практика; usual ~ обычная практика 3) рассмотрение дела в суде, судебное разбирательство; судопроизводство (*тж.* legal ~s); to take (*или* to institute) legal ~s (against) начать судебное преследование 4) *pl* работа (*комиссии*); заседание 5) *pl* труды, записки (*научного об-ва*)

**proceeds** [ˈprəusiːdz] *n pl* доход, вырученная сумма

**process** **1.** *n* [ˈprəuses] 1) процесс, ход развития; changes are in ~ происходят перемены 2) движение, ход, течение; in ~ of time с течением времени 3) *юр.* вызов (*в суд*); предписание; судебный процесс 4) *анат., зоол., бот.* отросток 5) *тех.* технологический процесс, приём, способ 6) *полигр.* фотомеханический способ

**2.** *v* [ˈprəuses] 1) *юр.* возбуждать процесс 2) подвергать (какому-л. техническому) процессу; обрабатывать 3) [prəˈses] *разг.* участвовать в процессии 4) *полигр.* воспроизводить фотомеханическим способом

**process(ed) cheese** [ˈprəuses(t)ˈtʃiːz] *n* плавленый сыр

**processing** [ˈprəusesɪŋ] **1.** *pres. p. от* process 2

**2.** *n* 1) обработка; automatic data ~ автоматическая обработка данных 2) переработка продуктов 3) *attr.:* ~ industry обрабатывающая промышленность

**procession** [prəˈseʃən] **1.** *n* процессия; *перен. тж.* вереница, караван

**2.** *v* участвовать в процессии

**processional** [prəˈseʃənl] **1.** *a* относящийся к процессии

**2.** *n* 1) обрядовая церковная книга (*у католиков*) 2) церковный гимн

**processionist** [prəˈseʃənɪst] *n* участник процессии

**process-server** [ˈprəusesˌsəːvə] *n* судебный курьер

**procès-verbal** [prəˈseɪvɛəˈbaːl] *фр. n* (*pl* -verbaux) протокол

**procès-verbaux** [prəˈseɪvɛəˈbəu] *pl от* procès-verbal

**proclaim** [prəˈkleɪm] *v* 1) провозглашать; объявлять; прокламировать 2) обнародовать, опубликовывать 3) свидетельствовать, говорить (*о чём-л.*); his manners ~ed him a military man его манеры обличали в нём военного 4) объявлять на чрезвычайном положении 5) запрещать (*собрание и т. п.*); объявлять вне закона

**proclamation** [ˌprɔkləˈmeɪʃən] *n* 1) официальное объявление; декларация; провозглашение 2) воззвание, прокламация

**proclitic** [prəuˈklɪtɪk] *лингв.* **1.** *a* проклитический

**2.** *n* проклитика

**proclivity** [prəˈklɪvɪtɪ] *n* склонность, наклонность (to, towards; *тж. с inf.*)

**proconsul** [prəuˈkɔnsəl] *n* 1) проконсул (*в древнем Риме*) 2) заместитель консула 3) *ритор.* губернатор колонии

**proconsular** [prəuˈkɔnsjulə] *a* проконсульский

**proconsulate** [prəuˈkɔnsjulɪt] *n* проконсульство

**procrastinate** [prəuˈkræstɪneɪt] *v* откладывать (со дня на день), мешкать

**procrastination** [prəuˌkræstɪˈneɪʃən] *n* откладывание со дня на день; промедление

**procreate** [ˈprəukrɪeɪt] *v* 1) производить потомство 2) порождать

**procreation** [ˌprəukrɪˈeɪʃən] *n* 1) произведение потомства 2) порождение

**Procrustean** [prəuˈkrʌstɪən] *a:* ~ bed *греч. миф.* прокрустово ложе

**proctor** [ˈprɔktə] *n* 1) проктор, надзиратель (*в Оксфордском и Кембриджском университетах*) 2) поверенный (*особ. в церковном суде*)

**proctorial** [prɔkˈtɔːrɪəl] *a* прокторский

**proctorship** [ˈprɔktəʃɪp] *n* звание, должность проктора

**proctoscope** [ˈprɔktəskəup] *n мед.* ректоскоп

**procumbent** [prəuˈkʌmbənt] *a* 1) лежащий ничком, распростёртый 2) *бот.* стелющийся; ползучий

**procurable** [prəˈkjuərəbl] *a* доступный, могущий быть приобретённым

**procuration** [ˌprɔkjuəˈreɪʃən] *n* 1) ведение дел по доверенности 2) полномочие, доверенность 3) приобретение, получение 4) сводничество

**procurator** [ˈprɔkjuəreɪtə] *n* 1) *юр.* повéренный; доверенное лицó 2) *редк.* адвокáт 3) *др.-рим.* прокурáтор

**procure** [prəˈkjuə] *v* 1) доставáть, доставля́ть; добывáть; обеспéчивать 2) свóдничать 3) *поэт., уст.* производи́ть; причиня́ть

**procurement** [prəˈkjuəmənt] *n* 1) приобретéние 2) постáвка (*оборудования и т. п.*) 3) свóдничество

**procurer** [prəˈkjuərə] *n* 1) поставщи́к 2) свóдник

**procuress** [prəˈkjuərɪs] *n* свóдница, свóдня

**prod** [prɔd] **1.** *n* 1) тычóк; a ~ with a bayonet укóл штыкóм 2) инструмéнт для прокáлывания; ши́ло, стрéкало *и т. п.*

**2.** *v* 1) колóть; пронзáть 2) подгоня́ть, побуждáть

**prodigal** [ˈprɔdɪgəl] **1.** *a* 1) расточи́тельный 2) щéдрый; ~ of favours щéдрый на ми́лости 3) чрезмéрный, оби́льный ◇ the ~ son *библ.* блýдный сын

**2.** *n* мот, повéса

**prodigality** [ˌprɔdɪˈgælɪtɪ] *n* 1) расточи́тельность, мотовствó 2) щéдрость 3) изоби́лие

**prodigally** [ˈprɔdɪgəlɪ] *adv* 1) расточи́тельно 2) богáто, оби́льно

**prodigious** [prəˈdɪdʒəs] *a* 1) удиви́тельный, изуми́тельный 2) громáдный, огрóмный 3) чудóвищный

**prodigy** [ˈprɔdɪdʒɪ] *n* 1) чýдо 2) одарённый человéк; an infant ~ чýдо-ребёнок, вундерки́нд 3) *attr.* необыкновéнно одарённый; ~ violinist замечáтельный скрипáч

**prodrome** [ˈprəudrəum] *n* 1) кни́га *или* статья́, явля́ющиеся введéнием к бóлее обши́рному трудý; введéние, ввóдная часть 2) *мед.* при́знак, предшéствующий начáлу заболевáния; продромáльное явлéние

**produce 1.** *n* [ˈprɔdjuːs] 1) продýкция, издéлия, продýкт 2) результáт

**2.** *v* [prəˈdjuːs] 1) производи́ть, давáть; вырабáтывать; создавáть; to ~ woollen goods вырабáтывать шерстяны́е издéлия 2) написáть, издáть (*кни́гу*) 3) постáвить (*пьéсу, кинокарти́ну*) 4) вызывáть, быть причи́ной; hard work ~s success успéх явля́ется результáтом упóрного трудá 5) предъявля́ть, представля́ть; to ~ reasons привести́ дóводы; to ~ one's ticket предъяви́ть билéт 6) *геом.* продолжáть (*ли́нию*)

**producer** [prəˈdjuːsə] *n* 1) производи́тель, поставщи́к, изготови́тель 2) режиссёр-постанóвщик; продюсер 3) *амер.* хозя́ин *или* дирéктор теáтра; владéлец киностýдии 4) *тех.* (газо-) генерáтор 5): ~'s goods а) товáры производственного назначéния; б) *полит.-эк.* срéдства произвóдства 6) *attr.* генерáторный

**producible** [prəˈdjuːsəbl] *a* могýщий быть произведённым; производи́мый

**product** [ˈprɔdʌkt] *n* 1) продýкт; продýкция; издéлие, фабрикáт 2) результáт, плоды́ 3) *мат.* произведéние 4) *хим.* продýкт реáкции

**production** [prəˈdʌkʃən] *n* 1) произвóдство; изготовлéние; ~ on a commercial scale произвóдство в промы́шленном масштáбе 2) продýкция; издéлия 3) производи́тельность; вы́работка, добы́ча 4) (худóжественное) произведéние; постанóвка (*пьéсы, кинокарти́ны*) 5) *attr.* произвóдственный; ~ standard нóрма вы́работки; ~ workers рабóчие (*в отли́чие от служáщих*)

**productive** [prəˈdʌktɪv] *a* 1) производи́тельный, производя́щий; продукти́вный; ~ population часть населéния, зáнятая производи́тельным трудóм; ~ capacity производи́тельность, произвóдственная мóщность 2) плодорóдный 3) плодови́тый 4) причиня́ющий, влекýщий за собóй (of) 5) плодотвóрный (*о влия́нии*)

**productivity** [ˌprɔdʌkˈtɪvɪtɪ] *n* производи́тельность, продукти́вность; вы́ход продýкции, вы́работка; labour ~ производи́тельность трудá; ~ of land урожáйность

**proem** [ˈprəuem] *n* 1) предисловие, введéние, вступлéние 2) начáло; прелю́дия

**prof** [prɔf] *сокр. разг. от* professor 1)

**profanation** [ˌprɔfəˈneɪʃən] *n* профанáция; осквернéние, опошлéние

**profane** [prəˈfeɪn] **1.** *a* 1) мирскóй; свéтский 2) непосвящённый 3) нечести́вый, богохýльный 4) язы́ческий

**2.** *v* осквернять; профани́ровать

**profanity** [prəˈfænɪtɪ] *n* богохýльство; профанáция

**profess** [prəˈfes] *v* 1) откры́то признавáть(ся), заявля́ть 2) исповéдовать (*вéру*) 3) претендовáть (*на учёность и т. п.*) 4) притворя́ться, изображáть 5) занимáться какóй-л. деятельностью, избрáть своéй профéссией 6) обучáть, преподавáть 7) (*обыкн. pass.*) принимáть в религиóзный óрден

**professed** [prəˈfest] **1.** *p. p. от* profess

**2.** *a* 1) откры́тый, откры́то заявленный 2) мни́мый

**professedly** [prəˈfesɪdlɪ] *adv* я́вно, откры́то; по сóбственному признáнию

**profession** [prəˈfeʃən] *n* 1) профéссия; the learned ~s богословие, прáво, медици́на; liberal ~s свобóдные профéссии 2) ли́ца какóй-л. профéссии; the ~ *театр. жарг.* актёры 3) заявлéние (*о свои́х чýвствах и т. п.*) 4) (веро)исповéдание 5) вступлéние в религиóзный óрден; обéт

**professional** [prəˈfeʃənl] **1.** *a* 1) профессионáльный 2) имéющий профéссию *или* специáльность; the ~ classes адвокáты, учителя́ *и т. п.*

**2.** *n* 1) профессионáл 2) спортсмéн-профессионáл

**professionalism** [prəˈfeʃnəlɪzm] *n* 1) профессионали́зм 2) профессионализáция

**professionalize** [prəˈfeʃnəlaɪz] *v* превращáть (*какóе-л. заня́тие*) в профéссию

**professionally** [prəˈfeʃnəlɪ] *adv* профессионáльно; как специали́ст; we consulted him ~ мы обрати́лись к немý как к специали́сту

**professor** [prəˈfesə] *n* 1) профéссор (университéта) 2) преподавáтель 3) исповéдующий (*рели́гию*)

**professorate** [prəˈfesərɪt] *n* 1) профéссорство 2) *собир.* профессýра

**professorial** [ˌprɔfeˈsɔːrɪəl] *a* профéссорский

**professoriate** [ˌprɔfeˈsɔːrɪɪt] *n собир.* профессýра

**professorship** [prəˈfesəʃɪp] *n* профéссорство

**proffer** [ˈprɔfə] **1.** *n* предложéние

**2.** *v* предлагáть

**proficiency** [prəˈfɪʃənsɪ] *n* óпытность; умéние, сноровка

**proficient** [prəˈfɪʃənt] **1.** *a* искýсный, умéлый, óпытный

**2.** *n* знатóк, специали́ст

**profile** [ˈprəufaɪl] **1.** *n* 1) прóфиль 2) очертáние, кóнтур 3) крáткий биографи́ческий óчерк 4) *тех.* вертикáльный разрéз, сечéние 5) *attr. тех.* фасóнный

**2.** *v* 1) рисовáть в прóфиль; изображáть в прóфиле, в разрéзе 2) повернýться в прóфиль; повернýться бóком 3) *тех.* профили́ровать; обрабáтывать по шаблóну

**profiling machine** [ˈprəufaɪlɪŋməˈʃiːn] *n* копировáльный станóк

**profit** [ˈprɔfɪt] **1.** *n* 1) пóльза, вы́года; to make a ~ on извлéчь вы́году из 2) (*чáсто pl*) при́быль, дохóд; бары́ш, нажи́ва; gross (net) ~ валовáя (чи́стая) при́быль 3) *attr.*: ~ margin размéр при́были; ~ motive коры́сть; корыстолюби́вые побуждéния

**2.** *v* 1) приноси́ть пóльзу, быть полéзным; it ~s little to advise him бесполéзно давáть емý совéты 2) пóльзоваться, извлекáть пóльзу, воспóльзоваться (by — *чем-л.*) 3) получáть при́быль

**profitable** [ˈprɔfɪtəbl] *a* 1) при́быльный, вы́годный, дохóдный 2) полéзный; благоприя́тный

**profitably** [ˈprɔfɪtəblɪ] *adv* вы́годно; с вы́годой, с при́былью

**profiteer** [ˌprɔfɪˈtɪə] **1.** *n* спекуля́нт; бары́шник

**2.** *v* спекули́ровать

**profiteering** [ˌprɔfɪˈtɪərɪŋ] *n* спекуля́ция; нажи́ва

**profit-seeking** [ˈprɔfɪtˌsiːkɪŋ] *n* стяжáтельство, погóня за нажи́вой

**profit-sharing** [ˈprɔfɪtˌʃeərɪŋ] *n* учáстие рабóчих и служáщих в при́былях

**profligacy** [ˈprɔflɪgəsɪ] *n* 1) распýтство 2) расточи́тельность

**profligate** [ˈprɔflɪgɪt] **1.** *a* 1) распýтный 2) расточи́тельный

**2.** *n* 1) распýтник 2) расточи́тель

**profound** [prəˈfaund] **1.** *a* 1) глубóкий, основáтельный; мýдрый 2) пóлный, абсолю́тный; ~ ignorance пóлное невéжество 3) проникновéнный 4) глубóкий, ни́зкий (*поклон и т. п.*)

**2.** *n поэт.* глубинá, бéздна

**profoundness** [prəˈfaundnɪs] = profundity

**profundity** [prəˈfʌndɪtɪ] *n* 1) (огрóмная) глубинá 2) прóпасть

**profuse** [prəˈfjuːs] *a* 1) изоби́льный, богáтый (*чем-л.*) 2) щéдрый; расточи́тельный (in)

**profusely** [prəˈfjuːslɪ] *adv* оби́льно, щéдро; чрезмéрно

**profusion** [prəˈfjuːʒən] *n* 1) изоби́лие, богáтство; избы́ток 2) чрезмéрная рóскошь 3) щéдрость, расточи́тельность

**prog** I [prɔg] *n разг.* 1) едá, пи́ща 2) прови́зия на дорóгу *или* для пикникá 3) *перен.* пи́ща (*для ума*)

**prog** II [prɔg] *студ. жарг. см.* proctor 1)

**progenitive** [prəuˈdʒenɪtɪv] *a* спосóбный дать потóмство

**progenitor** [prəuˈdʒenɪtə] *n* 1) прароди́тель; основáтель рóда 2) предшéственник 3) истóчник, оригинáл 4) *физ.* исхóдная части́ца

**progenitress, progenitrix** [prəuˈdʒenɪtrɪs, -trɪks] *n* прароди́тельница; основáтельница рóда

**progeny** [ˈprɔdʒɪnɪ] *n* 1) потóмство; потóмок 2) послéдователи, ученики́ 3) результáт, исхóд 4) *физ.* втори́чная части́ца

**prognathous** [prɔgˈneɪθəs] *a* 1) с выдаю́щимися чéлюстями, прогнати́ческий 2) выдаю́щийся (*о челюсти*)

**prognoses** [prɔgˈnəusiːz] *pl от* prognosis

**prognosis** [prɔgˈnəusɪs] *n* (*pl* -ses) прогнóз

**prognostic** [prəgˈnɔstɪk] **1.** *a* слу́жащий предвéстником; предвещáющий

**2.** *n* 1) предвéстие, предзнаменовáние; предвéстник 2) предвещáние, предсказáние

**prognosticate** [prəgˈnɔstɪkeɪt] *v* предскáзывать, предвещáть

**prognostication** [prəgˌnɔstɪˈkeɪʃən] *n* 1) предзнаменовáние 2) предсказáние, прогнози́рование

**program(me)** [ˈprəugræm] **1.** *n* 1) прогрáмма 2) представлéние, спектáкль 3) план (*работы и т. п.*); what is the ~? *разг.* ну, чем займёмся?; a full ~ мнóжество заня́тий, дел *и т. п.* 4) *attr.* прогрáммный

**2.** *v* 1) составля́ть прогрáмму *или* план 2) программи́ровать

**progam-music** [ˈprəugræmˌmjuːzɪk] *n* прогрáммная му́зыка

**progress 1.** *n* [ˈprəugrəs] 1) прогрéсс, разви́тие; движéние вперёд 2) достижéния, успéхи; to make ~ дéлать успéхи 3) течéние, ход, разви́тие; to be in ~ выполня́ться, быть в процéссе становлéния, в разви́тии; changes are in ~ вводя́тся изменéния; preparations are in ~ веду́тся приготовлéния 4) продвижéние 5) *редк.* стрáнствие, путешéствие 6) *ист.* путешéствие королá по странé

**2.** *v* [prəuˈgres] 1) прогресси́ровать, развивáться; совершéнствоваться 2) продвигáться вперёд 3) дéлать успéхи

**progression** [prəuˈgreʃən] *n* 1) продвижéние, движéние 2) послéдовательность (*событий и т. п.*) 3) *редк.* прогрéсс 4) *мат.* прогрéссия

**progressionist, progressist** [prəuˈgreʃnɪst, prəuˈgresɪst] *n* прогресси́ст; человéк, убеждённый в непреры́вности прогрéсса; сторóнник прогрéсса; прогресси́вный человéк

**progressive** [prəuˈgresɪv] **1.** *a* 1) прогресси́вный, передовóй 2) поступáтельный (*о движении*); ~ rotation вращáтельно-поступáтельное движéние 3) прогресси́рующий 4) постепéнный

**2.** *n* 1) прогресси́вный дéятель 2) (P.) член прогресси́вной пáртии

**prohibit** [prəˈhɪbɪt] *v* 1) запрещáть 2) препя́тствовать, мешáть (from)

**prohibition** [ˌprəuɪˈbɪʃən] *n* 1) запрещéние 2) запрещéние продáжи спиртны́х напи́тков, сухóй закóн

**prohibitionist** [ˌprəuɪˈbɪʃnɪst] *n* сторóнник запрещéния продáжи спиртны́х напи́тков

**prohibitive** [prəˈhɪbɪtɪv] *a* 1) запрети́тельный 2) препя́тствующий, запрещáющий 3) чрезмéрно, непомéрно высóкий (*о цене, издержках и т. п.*)

**prohibitory** [prəˈhɪbɪtərɪ] = prohibitive

**project 1.** *n* [ˈprɔdʒekt] 1) проéкт, план; прогрáмма (*строительства и т. п.*) 2) строи́тельный объéкт, осуществля́емое строи́тельство

**2.** *v* [prəˈdʒekt] 1) проекти́ровать; составля́ть проéкт, план 2) бросáть, отражáть (*тень, луч света и т. п.*) 3) выбрáсывать, выпускáть (*снаряд*) 4) выдавáться, выступáть 5) *refl.* перенести́сь мы́сленно (*в будущее и т. п.*)

**projectile 1.** *n* [ˈprɔdʒɪktaɪl] (реакти́вный) снаря́д; пу́ля

**2.** *a* [prəˈdʒektaɪl] метáтельный

**projection** [prəˈdʒekʃən] *n* 1) метáние, бросáние 2) проекти́рование 3) проéкт, план; намётка 4) проéкция 5) вы́ступ, выдаю́щаяся часть 6) *кино, тлв.* проéкция изображéния

**projector** [prəˈdʒektə] *n* 1) проекти́рóвщик; состави́тель проéктов, плáнов 2) прожектёр 3) проекциóнный фонáрь 4) прожéктор 5) *воен.* гранатомёт; огнемёт; газомёт

**prolapse** [ˈprəulæps] *мед.* **1.** *n* пролáпс, выпадéние (*какого-л. органа*)

**2.** *v* выпадáть

**prolapsus** [ˈprəulæpsəs] = prolapse 1

**prolate** [ˈprəuleɪt] *a* 1) вы́тянутый (*подобно сфероиду*); растя́нутый 2) широкó распространённый

**prolegomena** [ˌprəuleˈgɔmɪnə] *n pl* введéние, предвари́тельные свéдения

**proletarian** [ˌprəulɪˈteərɪən] **1.** *n* пролетáрий

**2.** *a* пролетáрский

**proletarianization** [ˌprəulɪteərɪənaɪˈzeɪʃən] *n* пролетаризáция

**proletariat(e)** [ˌprəulɪˈteərɪət] *n* пролетариáт

**proletary** [ˈprəulɪtərɪ] = proletarian

**proliferate** [prəuˈlɪfəreɪt] *v* 1) *биол.* пролифери́ровать, размножáться, разрастáться путём новообразовáний 2) распространя́ться (*о знаниях и т. п.*) 3) бы́стро увели́чиваться

**proliferation** [prəuˌlɪfəˈreɪʃən] *n* 1) *биол.* пролиферáция, размножéние, разрастáние путём новообразовáний 2) распространéние; ~ of nuclear weapons распространéние я́дерного ору́жия 3) бы́строе увеличéние; ~ of radio frequencies усилéние радиочастóтности

**proliferous** [prəuˈlɪfərəs] *a бот.* óтпрысковый

**prolific** [prəuˈlɪfɪk] *a* 1) плодорóдный 2) плодови́тый 3) изоби́лующий (in, of — *чем-л.*)

**prolificacy** [prəuˈlɪfɪkəsɪ] *n* 1) плодорóдность 2) плодови́тость

**prolix** [ˈprəulɪks] *a* 1) многослóвный; ну́дный, тягу́чий; ску́чный 2) (изли́шне) подрóбный

**prolixity** [prəuˈlɪksɪtɪ] *n* многослóвие; ну́дность, тягу́честь

**prolocutor** [prəuˈlɔkjutə] *n* председáтель (*особ.* церкóвного собóра)

**prologize** [ˈprəuləgaɪz] *v* писáть *или* произноси́ть прolóг

**prologue** [ˈprəulɔg] *n* прolóг

**prolong** [prəuˈlɔŋ] *v* 1) продлевáть, отсрóчить, пролонги́ровать 2) продолжáть, протя́гивать дáльше

**prolongation** [ˌprəulɔŋˈgeɪʃən] *n* 1) продлéние, отсрóчка, пролонгáция 2) удлинéние, продолжéние (*линии и т. п.*)

**prolonged** [prəuˈlɔŋd] **1.** *p. p. от* prolong

**2.** *a* затяну́вшийся, дли́тельный; ~ visit затяну́вшееся посещéние

**prolusion** [prəuˈljuːʒən] *n* 1) предвари́тельная попы́тка, прóба (сил) 2) вступи́тельная статья́; предвари́тельные замечáния

**promenade** [ˌprɔmɪˈnɑːd] **1.** *n* 1) прогу́лка; гуля́нье 2) мéсто для гуля́нья 3) *амер.* студéнческий бал 4) *attr.*: ~ deck вéрхняя пáлуба; ~ concert концéрт, во врéмя котóрого пу́блика мóжет свобóдно ходи́ть по зáлу, входи́ть и выходи́ть

**2.** *v* 1) прогу́ливаться; разгу́ливать 2) води́ть гуля́ть, выводи́ть на прогу́лку

**Promethean** [prəˈmiːθjən] *a*: ~ fire прометéев огóнь

**Prometheus** [prəˈmiːθjuːs] *n греч. миф.* Прометéй

**prominence** [ˈprɔmɪnəns] *n* 1) вы́ступ 2) вы́пуклость, нерóвность, возвышéние 3) выдаю́щееся положéние; извéстность; to gain ~ завоевáть, снискáть извéстность; to rise to ~ заня́ть ви́дное положéние 4) = protuberance 2)

**prominency** ['prɔmɪnənsɪ] = prominence 1), 2) *и* 3)

**prominent** ['prɔmɪnənt] *a* 1) выступающий; торчащий 2) выпуклый, рельефный 3) известный, выдающийся, видный

**promiscuity** [,prɔmɪs'kju(:)ɪtɪ] *n* 1) разнородность; разношёрстность 2) смешанность 3) беспорядочность, неразборчивость (*в знакомствах, связях и т. п.*) 4) промискуитет

**promiscuous** [prə'mɪskjuəs] *a* 1) разнородный; разношёрстный; смешанный 2) беспорядочный, неразборчивый (*в знакомствах, связях и т. п.*) 3) *разг.* случайный

**promise** ['prɔmɪs] **1.** *n* 1) обещание; to give (*или* to make) a ~ обещать; to keep one's ~ сдержать обещание, исполнять обещанное; to break (*или* to go back on) one's ~ не сдержать обещания 2) перспектива; a young man of ~ многообещающий молодой человек; a pupil of ~ in music ученик, подающий большие надежды в музыке; to give (*или* to show) ~ подавать надежды; to hold out ~s сулить, обещать ◇ the land of ~ *библ.* земля обетованная

**2.** *v* 1) обещать 2) *разг.* уверять; I ~ you уверяю вас 3) подавать надежды, сулить

**promised** ['prɔmɪst] **1.** *p. p. от* promise 2

**2.** *a* обещанный ◇ the ~ land = the land of promise [*см.* promise 1, ◇]

**promisee** [,prɔmɪ'si:] *n юр.* лицо, которому дают обещание

**promising** ['prɔmɪsɪŋ] **1.** *pres. p. от* promise 2

**2.** *a* многообещающий, подающий надежды

**promisor** ['prɔmɪsə] *n* лицо, дающее обещание *или* обязательство

**promissory** ['prɔmɪsərɪ] *a* заключающий в себе обещание *или* обязательство; ~ note долговое обязательство; вексель

**promontory** ['prɔməntrɪ] *n* 1) *геогр.* мыс 2) *анат.* выступ

**promote** [prə'məut] *v* 1) выдвигать; продвигать; повышать в чине *или* звании; he was ~d major (*или* to the rank of major) ему присвоили звание майора; to ~ legation to the status of an embassy преобразовать дипломатическую миссию в посольство 2) способствовать, помогать, поддерживать; содействовать распространению, развитию *и т. п.*; to ~ general welfare способствовать обеспечению общего благосостояния 3) поощрять, стимулировать; активизировать 4) переводить в следующий класс (*ученика*) 5) *шахм.* продвигать (*пешку*)

**promoter** [prə'məutə] *n* 1) тот, кто *или* то, что способствует (*чему-л.*); покровитель, патрон 2) подстрекатель 3) *хим.* промотор

**promotion** [prə'məuʃən] *n* 1) продвижение; поощрение; содействие, стимулирование 2) продвижение по службе; повышение в звании; производство в чин 3) перевод (*ученика*) в следующий класс

**promotion man** [prə'məuʃənmæn] *n* посредник, агент

**prompt** I [prɔmpt] **1.** *a* 1) проворный, быстрый; исполнительный 2) быстро *или* немедленно сделанный; ~ assistance немедленная помощь 3) оплаченный *или* доставленный немедленно; for ~ cash за наличный расчёт

**2.** *adv* 1) быстро 2) точно; ровно

**prompt** II [prɔmpt] **1.** *n* подсказка; напоминание

**2.** *v* 1) побуждать; толкать; внушать; вызывать (*мысль и т. п.*) 2) подсказывать 3) *театр.* суфлировать

**prompt-book** ['prɔmptbuk] *n* суфлёрский экземпляр пьесы

**prompt-box** ['prɔmptbɔks] *n* суфлёрская будка

**prompter** ['prɔmptə] *n* 1) суфлёр 2) *разг.* подсказчик 3) лицо, побуждающее к действию

**prompting** ['prɔmptɪŋ] **1.** *pres. p. от* prompt II, 2

**2.** *n* побуждение

**promptitude** ['prɔmptɪtju:d] *n* быстрота, проворство; готовность; ~ in paying аккуратность в платежах

**promptly** ['prɔmptlɪ] *adv* 1) сразу, быстро 2) точно

**prompt side** ['prɔmptsaɪd] *n* 1) левая (*от актёра*) сторона сцены 2) *амер.* правая (*от актёра*) сторона сцены

**promulgate** ['prɔməlgeɪt] *v* 1) объявлять, провозглашать, опубликовывать; обнародовать 2) распространять, пропагандировать

**promulgation** [,prɔməl'geɪʃən] *n* 1) обнародование; опубликование 2) распространение

**prone** [prəun] *a* 1) (лежащий) ничком; распростёртый; to fall ~ пасть ниц 2) наклонный, покатый 3) (*обыкн. predic.*) склонный; he is ~ to prompt action он склонен к быстрым действиям; ~ to anger вспыльчивый

**prong** [prɔŋ] **1.** *n* 1) зубец (*вилки и т. п.*); зуб 2) заострённый инструмент 3) *с.-х.* вилка; вильчатый копач

**2.** *v* 1) поднимать, поворачивать вилами 2) протыкать

**pronged** [prɔŋd] **1.** *p. p. от* prong 2

**2.** *a* снабжённый зубцами, остриём *и т. п.*

**pronominal** [prəu'nɔmɪnl] *a грам.* местоименный

**pronoun** ['prəunaun] *n грам.* местоимение

**pronounce** [prə'nauns] *v* 1) объявлять; декларировать; заявлять; to ~ a sentence объявить приговор; to ~ a curse (upon) проклинать 2) высказываться (on — о; for — за; against — против) 3) произносить, выговаривать

**pronounceable** [prə'naunsəbl] *a* удобопроизносимый

**pronounced** [prə'naunst] **1.** *p. p. от* pronounce

**2.** *a* 1) резко выраженный 2) ясный, определённый, явный; ~ tendency явная тенденция

**pronouncedly** [prə'naunstlɪ] *adv* 1) определённо, явно 2) подчёркнуто; решительно

**pronouncement** [prə'naunsmənt] *n* 1) произнесение, объявление (*решения или приговора*) 2) официальное заявление; декларация

**pronouncing** [prə'naunsɪŋ] **1.** *pres. p. от* pronounce

**2.** *n* 1) произношение; произнесение 2) объявление, заявление 3) *attr.*: ~ dictionary орфоэпический словарь, словарь с указанием произношения

**pronto** ['prɔntəu] *adv амер. разг.* быстро, без промедления

**pronunciation** [prə,nʌnsɪ'eɪʃən] *n* 1) произношение; выговор 2) произнесение; фонетическая транскрипция

**proof** [pru:f] **1.** *n* 1) доказательство; this requires no ~ это не требует доказательства 2) свидетельское показание 3) испытание; проба; to put smth. to the ~ испытать что-л., подвергнуть что-л. испытанию 4) установленный градус крепости спирта; above (under) ~ выше (ниже) установленного градуса 5) пробирка 6) *мат.* проверка 7) корректура; гранка; пробный оттиск (*с гравюры*)

**2.** *a* 1) непроницаемый (against); непробиваемый 2) недоступный, не поддающийся (*лести и т. п.*) 3) установленной крепости (*о спирте*)

**3.** *v* делать непроницаемым *и пр.* [*см.* 2]

**-proof** [-pru:f] *в сложных словах означает* устойчивый, непроницаемый, не поддающийся действию (*чего-л.*); waterproof водонепроницаемый

**proof-read** ['pru:fri:d] *v амер.* читать корректуру, гранки

**proof-reader** ['pru:f,ri:də] *n* корректор; ~'s mark *полигр.* корректурный знак

**proof-reading** ['pru:f,ri:dɪŋ] **1.** *pres. p. от* proof-read

**2.** *n* читка корректуры

**proof-room** ['pru:frum] *n* корректорская

**proof-sheet** ['pru:fʃi:t] *n* корректурный оттиск, корректура

**prop** I [prɔp] **1.** *n* 1) подпорка; опора; стойка; подставка 2) опора, поддержка; he is the ~ of his parents он опора для своих родителей

**2.** *v* (*тж.* ~ up) 1) подпирать; снабжать подпорками 2) поддерживать, помогать

**prop** II [prɔp] *сокр. школ. жарг. см.* proposition 3)

**prop** III [prɔp] *сокр. ав. жарг. см.* propeller

**prop** IV [prɔp] *сокр. театр. жарг. см.* property 4)

**propaedeutic(al)** [,prəupi:'dju:tɪk(əl)] *a* пропедевтический, вводный

**propaedeutics** [,prəupi:'dju:tɪks] *n pl* (*употр. как sing*) пропедевтика, вводный курс

**propaganda** [ˌprɔpəˈgændə] *n* пропага́нда

**propagandist** [ˌprɔpəˈgændɪst] *n* пропаганди́ст

**propagandize** [ˌprɔpəˈgændaɪz] *v* пропаганди́ровать, вести́ пропага́нду

**propagate** [ˈprɔpəgeɪt] *v* 1) размножа́ть(ся); разводи́ть; to ~ by seeds размножа́ться семена́ми 2) распространя́ть(ся) 3) передава́ть по насле́дству (*качества, свойства*) 4) *физ.* передава́ться че́рез среду́, распространя́ть(ся)

**propagation** [ˌprɔpəˈgeɪʃən] *n* 1) размноже́ние; разведе́ние 2) распростране́ние (*тж. физ.*); ~ of sound распростране́ние зву́ка

**propel** [prəˈpel] *v* 1) продвига́ть вперёд; толка́ть; приводи́ть в движе́ние 2) дви́гать, стимули́ровать, побужда́ть

**propellent** [prəˈpelənt] **1.** *n* 1) *воен.* мета́тельное взры́вчатое вещество́ 2) раке́тное то́пливо

**2.** *a* 1) дви́жущий, спосо́бный дви́гать 2) мета́тельный

**propeller** [prəˈpelə] *n* 1) движи́тель 2) пропе́ллер; возду́шный *или* гребно́й винт 3) *attr.* дви́гательный; ~ turbine турбовинтово́й дви́гатель

**propelling** [prəˈpelɪŋ] **1.** *pres. p. от* propel

**2.** *a* дви́жущий; мета́тельный

**propensity** [prəˈpensɪtɪ] *n* скло́нность, расположе́ние (to — к *чему-л.*); пристра́стие (for — к *чему-л.*)

**proper** [ˈprɔpə] *a* 1) прису́щий, сво́йственный 2) пра́вильный, до́лжный; надлежа́щий; подходя́щий; in the ~ way надлежа́щим о́бразом; 3) присто́йный, прили́чный; ~ behaviour хоро́шее поведе́ние 4) то́чный, и́стинный 5) употреблённый в со́бственном смы́сле сло́ва; architecture ~ архитекту́ра в у́зком смы́сле сло́ва 6) *разг.* соверше́нный, настоя́щий; he was in a ~ rage он был в соверше́нном бе́шенстве 7) *уст.* со́бственный; with my own ~ eyes свои́ми со́бственными глаза́ми 8) *уст.* краси́вый 9) *грам.* со́бственный; ~ name (*или* noun) и́мя со́бственное

**properly** [ˈprɔpəlɪ] *adv* 1) до́лжным о́бразом; как сле́дует; пра́вильно 2) присто́йно; прили́чно 3) *разг.* здо́рово; хороше́нько 4) со́бственно; в у́зком смы́сле сло́ва; ~ speaking со́бственно говоря́; стро́го говоря́

**propertied** [ˈprɔpətɪd] *a* име́ющий со́бственность; иму́щий; the ~ classes иму́щие кла́ссы

**property** [ˈprɔpətɪ] *n* 1) иму́щество; со́бственность; хозя́йство; a ~ земе́льная со́бственность, поме́стье; име́ние; a man of ~ со́бственник; бога́ч; 2) *перен.* достоя́ние; the news soon became a common ~ изве́стие вско́ре ста́ло всео́бщим достоя́нием 3) сво́йство, ка́чество; the chemical properties of iron хими́ческие сво́йства желе́за 4) (*обыкн. pl*) *театр., кино* бутафо́рия; реквизи́т 5) *attr.* иму́щественный; ~ qualification иму́щественный ценз; ~ tax поиму́щественный нало́г

**property-man** [ˈprɔpətɪmæn] *n* бутафо́р, реквизи́тор

**property-master** [ˈprɔpətɪˌmɑːstə] = property-man

**property-owning** [ˈprɔpətɪˈəunɪŋ] *a* со́бственнический

**property-room** [ˈprɔpətɪrum] *n* бутафо́рская, реквизи́торская

**prophecy** [ˈprɔfɪsɪ] *n* проро́чество

**prophesy** [ˈprɔfɪsaɪ] *v* проро́чить, предска́зывать

**prophet** [ˈprɔfɪt] *n* 1) проро́к; the Prophets кни́ги проро́ков Ве́тхого заве́та 2) пропове́дник (*идей и т. п.*) 3) предсказа́тель 4) *жарг.* «жучо́к» (*на скачках*)

**prophetess** [ˈprɔfɪtɪs] *n* проро́чица

**prophetic(al)** [prəˈfetɪk(əl)] *a* проро́ческий

**prophylactic** [ˌprɔfɪˈlæktɪk] **1.** *a* профилакти́ческий; предохрани́тельный

**2.** *n* профилакти́ческое сре́дство; профилакти́ческая ме́ра

**prophylaxis** [ˌprɔfɪˈlæksɪs] *n* профила́ктика

**prophylaxy** [ˈprɔfɪlæksɪ] = prophylaxis

**propinquity** [prəˈpɪŋkwɪtɪ] *n* 1) бли́зость 2) подо́бие; родство́

**propitiate** [prəˈpɪʃɪeɪt] *v* 1) примиря́ть, успока́ивать, умиротворя́ть 2) умилостивля́ть

**propitiation** [prəˌpɪʃɪˈeɪʃən] *n* 1) примире́ние, успокое́ние, умиротворе́ние 2) *уст.* умилостиви́тельная, искупи́тельная же́ртва

**propitiator** [prəˈpɪʃɪeɪtə] *n* умиротвори́тель; примири́тель

**propitiatory** [prəˈpɪʃɪətərɪ] *a* 1) примири́тельный, утеша́ющий 2) искупи́тельный, умилостиви́тельный

**propitious** [prəˈpɪʃəs] *a* 1) благоскло́нный 2) благоприя́тный; подходя́щий; ~ weather благоприя́тная пого́да

**propolis** [ˈprɔpəlɪs] *n* про́полис, пчели́ный клей

**propone** [prəˈpəun] *v шотл.* 1) излага́ть 2) предлага́ть на обсужде́ние

**proponent** [prəˈpəunənt] *n* 1) защи́тник, сторо́нник 2) предлага́ющий что-либо на обсужде́ние

**proportion** [prəˈpɔːʃən] **1.** *n* 1) пропо́рция; коли́чественное (со)отноше́ние 2) пра́вильное соотноше́ние, соразме́рность, пропорциона́льность; in ~ to соразме́рно; соотве́тственно; out of ~ to несоразме́рно, несоизмери́мо; чрезме́рно 3) *pl* разме́р(ы) 4) часть, до́ля 5) *мат.* пропо́рция, тройно́е пра́вило

**2.** *v* 1) соразмеря́ть (to — с *чем-л.*) 2) распределя́ть

**proportionable** [prəˈpɔːʃnəbl] *редк.* = proportional

**proportional** [prəˈpɔːʃənl] **1.** *a* пропорциона́льный; ~ representation систе́ма пропорциона́льного представи́тельства

**2.** *n мат.* член пропо́рции

**proportionality** [prəˌpɔːʃəˈnælɪtɪ] *n* пропорциона́льность

**proportionate** [prəˈpɔːʃnɪt] **1.** *a* соразме́рный, пропорциона́льный (to)

**2.** *v* соразмеря́ть, де́лать пропорциона́льным

**proposal** [prəˈpəuzəl] *n* 1) предложе́ние; план 2) предложе́ние (*о браке*) 3) *амер.* зая́вка (*на торгах*)

**propose** [prəˈpəuz] *v* 1) предлага́ть; вноси́ть предложе́ние; to ~ smb.'s health провозгласи́ть тост за кого́-л.; to ~ a riddle загада́ть зага́дку; the object I ~ to myself цель, кото́рую я себе́ ста́влю 2) предполага́ть, намерева́ться; I ~ to make a journey this summer ле́том я наме́рен попутеше́ствовать 3) де́лать предложе́ние (*о браке*; to) 4) представля́ть (*кандидата на должность*)

**proposer** [prəˈpəuzə] *n* 1) созда́тель тео́рии 2) а́втор предложе́ния

**proposition** [ˌprɔpəˈzɪʃən] *n* 1) предложе́ние; план, прое́кт 2) утвержде́ние, заявле́ние 3) *мат.* теоре́ма 4) *разг.* предприя́тие 5) *разг.* де́ло, пробле́ма ◇ he's a tough ~ с ним тру́дно име́ть де́ло

**propound** [prəˈpaund] *v* 1) предлага́ть на обсужде́ние 2) *юр.* предъявля́ть завеща́ние на утвержде́ние

**propraetor** [prəuˈpriːtə] *n др.-рим.* пропре́тор

**proprietary** [prəˈpraɪətərɪ] **1.** *a* 1) со́бственнический; составля́ющий чью-л. со́бственность; ча́стный; ~ rights права́ со́бственности 2) патенто́ванный; ~ medicine патенто́ванное сре́дство

**2.** *n* 1) пра́во со́бственности 2) со́бственник, владе́лец 3) класс со́бственников (*тж.* the ~ classes) 4) патенто́ванное сре́дство

**proprietor** [prəˈpraɪətə] *n* со́бственник, владе́лец; хозя́ин

**proprietorship** [prəˈpraɪətəʃɪp] *n* со́бственность

**proprietress** [prəˈpraɪətrɪs] *n* со́бственница, владе́лица; хозя́йка

**propriety** [prəˈpraɪətɪ] *n* 1) пра́вильность, уме́стность 2) присто́йность; the proprieties прили́чия 3) *уст.* пра́во со́бственности

**props** [prɔps] *n pl* (*сокр. от* properties) *театр., кино* реквизи́т, бутафо́рия

**propulsion** [prəˈpʌlʃən] *n* 1) продвиже́ние, движе́ние вперёд; толчо́к 2) дви́жущая си́ла (*тж. перен.*) 3) силова́я устано́вка

**propulsive** [prəˈpʌlsɪv] *a* приводя́щий в движе́ние; продвига́ющий, побужда́ющий; ~ force *реакт.* дви́жущая си́ла

**pro rata** [ˈprəuˈrɑːtə] *adv* в соотве́тствии, в пропо́рции, пропорциона́льно; on a ~ basis на пропорциона́льной осно́ве

**pro-rate** **1.** *n* [ˈprəureɪt] *амер.* пропорциона́льная до́ля

**2.** *v* [prəuˈreɪt] (*преим. амер.*) распределя́ть пропорциона́льно

**prorogation** [ˌprəurə'geıʃən] *n* 1) перерыв в работе парламента по указу главы государства 2) *уст.* отсрочка

**prorogue** [prə'rəug] *v* 1) назначить перерыв в работе парламента 2) *уст.* отсрочить, отложить

**prosaic** [prəu'zeıık] *a* 1) прозаический 2) прозаичный, скучный; ~ speaker скучный оратор

**prosaically** [prəu'zeıık*ə*lı] *adv* прозаично

**prosaism** ['prəuzeıızm] *n* прозаизм

**prosaist** ['prəuzeııst] *n* 1) прозаик 2) скучный, прозаический человек

**proscenia** [prəu'si:njə] *pl от* proscenium

**proscenium** [prəu'si:njəm] *n* (*pl* -ia) 1) авансцена 2) *ист.* проскениум

**proscribe** [prəus'kraıb] *v* 1) объявлять вне закона; изгонять; высылать 2) осудить и запретить 3) *ист.* оглашать (*фамилии преступников*)

**proscription** [prəus'krıpʃən] *n* 1) объявление вне закона; изгнание; опала 2) *ист.* проскрипция

**prose** [prəuz] **1.** *n* 1) проза 2) прозаичность; the ~ of existence проза жизни 3) *attr.* прозаичный

**2.** *v* 1) скучно говорить *или* писать 2) писать прозой 3) излагать стихи прозой

**prosector** [prəu'sektə] *n* прозектор

**prosecute** ['prɔsıkju:t] *v* 1) вести, проводить; выполнять; продолжать (*занятие и т. п.*); to ~ an inquiry проводить расследование 2) преследовать судебным порядком; to ~ a claim for damages возбудить иск об убытках 3) выступать в качестве обвинителя

**prosecution** [ˌprɔsı'kju:ʃən] *n* 1) ведение; выполнение; работа (of — над *чем-л.*); ~ of war ведение войны 2) судебное преследование 3) *юр.* предъявление иска 4) (the ~) обвинение (*сторона в судебном процессе*); to appear for the ~ выступать от лица истца *или* свидетелем обвинения

**prosecutor** ['prɔsıkju:tə] *n* 1) обвинитель; public ~ прокурор; ~'s office прокуратура 2) истец

**proselyte** ['prɔsılaıt] **1.** *n* новообращённый, прозелит

**2.** *v* = proselytize

**proselytize** ['prɔsılıtaız] *v* обращать в свою веру

**prosify** ['prəuzıfaı] *v* 1) излагать стихи прозой 2) писать прозой 3) делать прозаичным, обыденным

**prosit** ['prəusıt] *лат. int* пью (пьём) за Ваше здоровье!

**prosody** ['prɔsədı] *n* просодия

**prosopopoeia** [ˌprɔsəpəu'pi:jə] *n ритор.* просопопея; олицетворение

**prospect 1.** *n* ['prɔspekt] 1) вид; панорама; перспектива 2) (*часто pl*) перспектива; виды, планы на будущее; in ~ в дальнейшем, в перспективе; what are your ~s for tomorrow? что вы собираетесь делать завтра?; no ~s of success никаких надежд на успех; a man of no ~s человек, не имеющий надежд на будущее 3) предполагаемый клиент, подписчик *и т. п.* 4) *горн., геол.* изыскание, разведка

**2.** *v* [prəs'pekt] 1) исследовать; делать изыскания; разведывать; to ~ for gold искать золото 2) быть перспективной (*о шахте и т. п.*)

**prospective** [prəs'pektıv] *a* 1) будущий; ожидаемый; предполагаемый; my ~ partner мой предполагаемый партнёр 2) относящийся к будущему, касающийся будущего

**prospector** [prəs'pektə] *n горн.* разведчик, изыскатель; старатель; золотоискатель

**prospectus** [prəs'pektəs] *n* (*pl* -es [-ız]) проспект (*книги, издания, учебного заведения, акционерного общества и т. п.*)

**prosper** ['prɔspə] *v* 1) процветать, преуспевать, благоденствовать 2) благоприятствовать

**prosperity** [prɔs'perıtı] *n* 1) процветание, преуспевание 2) просперити 3) *pl редк.* благоприятные обстоятельства

**prosperous** ['prɔsp*ə*rəs] *a* 1) процветающий 2) удачливый; успешный, удачный 3) состоятельный, зажиточный 4) благоприятный; попутный (*о ветре*)

**prostate** ['prɔsteıt] *n анат.* предстательная железа, простата (*тж.* ~ gland)

**prosthesis** ['prɔsθısıs] *n* 1) протез 2) протезирование 3) *грам.* протеза

**prosthetic** [prɔs'θetık] *a* протезный; ~ appliance протез

**prostitute** ['prɔstıtju:t] **1.** *n* 1) проститутка 2) наймит, продажный человек; человек, продающий свои убеждения

**2.** *v* 1) заниматься проституцией 2) проституировать

**prostitution** [ˌprɔstı'tju:ʃən] *n* 1) проституция 2) проституирование

**prostrate 1.** *a* ['prɔstreıt] 1) распростёртый; лежащий ничком 2) поверженный; попранный 3) изнеможённый, обессиленный; в прострации; ~ with grief убитый горем 4) *бот.* стелющийся

**2.** *v* [prɔs'treıt] 1) повергать ниц 2) подчинять, подавлять, унижать 3) *refl.* падать ниц; унижаться 4) истощать (*о болезни, горе и т. п.*)

**prostration** [prɔs'treıʃən] *n* 1) распростёртое положение 2) изнеможение; упадок сил; прострация 3) поверженное состояние

**prostyle** ['prəustaıl] *n архит.* простиль

**prosy** ['prəuzı] *a* 1) прозаичный, банальный; скучный 2) прозаический

**protactinium** [ˌprəutæk'tınıəm] *n хим.* протактиний

**protagonist** [prəu'tægənıst] *n* 1) главный герой; главное действующее лицо 2) актёр, играющий главную роль 3) поборник, сторонник, приверженец

**protases** ['prɔtəsi:z] *pl от* protasis

**protasis** ['prɔtəsıs] *n* (*pl* -ses) *грам.* протазис

**protean** [prəu'ti:ən] *a* 1) подобный Протею; многообразный, изменчивый 2) *амер. театр.* исполняющий несколько ролей (*в одной пьесе*)

**protect** [prə'tekt] *v* 1) защищать (from — от, against — против); ограждать; предохранять 2) *эк.* проводить политику протекционизма

**protection** [prə'tekʃən] *n* 1) защита, охрана; ограждение; прикрытие 2) покровительство 3) охранная грамота; пропуск; паспорт 4) *эк.* протекционизм ◇ to live under the ~ of smb. быть чьей-л. содержанкой

**protectionism** [prə'tekʃənızm] *n эк.* протекционизм

**protectionist** [prə'tekʃənıst] *n* сторонник протекционизма

**protective** [prə'tektıv] *a* 1) защитный; прикрывающий; ~ covering (device) защитное покрытие (устройство); ~ barrage *воен.* заградительный огонь 2) *эк.* защитный, оградительный, защитительный; покровительственный; ~ tariff покровительственный тариф 3) *зоол., бот.*: ~ colouration (*или* colouring) покровительственная, защитная окраска

**protector** [prə'tektə] *n* 1) защитник 2) покровитель 3) *ист.* регент Англии 4) (P.) *ист.* протектор (*титул Оливера Кромвеля и его сына Ричарда*; *тж.* Lord P.) 5) защитное устройство; предохранитель; чехол 6) *авто* протектор

**protectorate** [prə'tekt*ə*rıt] *n* протекторат

**protectorship** [prə'tektəʃıp] *n* 1) протекторат 2) покровительство; патронат

**protectory** [prə'tekt*ə*rı] *n* заведение для беспризорных детей и несовершеннолетних правонарушителей

**protectress** [prə'tektrıs] *n* защитница, покровительница

**protégé** ['prəuteʒeı] *фр. n* (*ж.* -ée) протеже

**protégée** ['prəuteʒeı] *ж. к* protégé

**protein** ['prəuti:n] *n хим.* протеин, белок

**pro tem** [prəu'tem] = pro tempore

**pro tempore** [prəu'tempərə] *лат. adv* на время, пока

**protest 1.** *n* ['prəutest] 1) протест; to enter (*или* to lodge, to make) a ~ заявлять протест; under ~ вынужденно, против воли 2) *фин.* опротестование, протест (*векселя*) 3) *юр.* торжественное заявление

**2.** *v* [prə'test] 1) протестовать, возражать; заявлять протест (against) 2) *фин.* опротестовывать (*вексель*) 3) *юр.* торжественно заявлять; to ~ one's innocence заявлять о своей невиновности 4) *уст.* уверять, говорить; I ~ I'm sick of the whole business уверяю вас, мне всё это надоело

**Protestant** [ˈprɔtɪstənt] *рел.* **1.** *n* протеста́нт
**2.** *a* протеста́нтский

**Protestantism** [ˈprɔtɪstəntɪzm] *n рел.* протеста́нтство

**protestantize** [ˈprɔtɪstəntaɪz] *v рел.* 1) обраща́ть в протеста́нтство 2) испове́довать протеста́нтство

**protestation** [ˌprəutesˈteɪʃən] *n* 1) торже́ственное заявле́ние (of — о; that) 2) *редк.* проте́ст, возраже́ние (against)

**Proteus** [ˈprəutjuːs] *n греч. миф.* Проте́й

**protista** [prəuˈtɪstə] *n pl биол.* проти́сты, просте́йшие одноклéточные органи́змы

**protocol** [ˈprəutəkɔl] **1.** *n* 1) протоко́л 2) *дип.* протоко́л; прелимина́рные усло́вия догово́ра *или* соглаше́ния; дополни́тельное междунаро́дное соглаше́ние 3) (the P.) протоко́льный отде́л (*министерства иностранных дел и т. п.*) 4) пра́вила дипломати́ческого этике́та
**2.** *v* протоколи́ровать, вести́ протоко́л, заноси́ть в протоко́л

**proton** [ˈprəutɔn] *n физ.* прото́н

**protoplasm** [ˈprəutəuplæzm] *n биол.* протопла́зма

**protoplasmatic** [ˌprəutəuplæzˈmætɪk] = protoplasmic

**protoplasmic** [ˌprəutəuˈplæzmɪk] *a биол.* протопла́зменный

**protoplast** [ˈprəutəuplæst] *n* 1) прототи́п, прообра́з 2) пе́рвый челове́к 3) *биол.* протопла́ст

**protoplastic** [ˌprəutəuˈplæstɪk] *a* 1) первообра́зный; первонача́льный 2) *биол.* протопла́зменный

**prototype** [ˈprəutəutaɪp] *n* прототи́п

**protoxide** [prəuˈtɔksaɪd] *n хим.* за́кись

**protozoa** [ˌprəutəuˈzəuə] *n pl зоол.* протозо́а, просте́йшие одноклéточные живо́тные органи́змы

**protozoology** [ˌprəutəuzəuˈɔlədʒɪ] *n* протозооло́гия

**protract** [prəˈtrækt] *v* 1) тяну́ть; затя́гивать; ме́длить 2) черти́ть (*план*) 3) *редк.* растя́гивать

**protracted** [prəˈtræktɪd] **1.** *p. p. от* protract
**2.** *a* затяну́вшийся; дли́тельный, затяжно́й

**protractedly** [prəˈtræktɪdlɪ] *adv* дли́тельно

**protractile** [prəˈtræktaɪl] *a зоол.* спосо́бный выдвига́ться (*хобот и т. п.*)

**protraction** [prəˈtrækʃən] *n* 1) проволо́чка, промедле́ние 2) нанесе́ние на план *или* чертёж; начерта́ние 3) де́йствие разгиба́тельной мы́шцы

**protractor** [prəˈtræktə] *n* 1) *тех.* транспорти́р; угломе́р 2) *анат.* разгиба́тельная мы́шца, протра́ктор 3) *хир.* инструме́нт для удале́ния из ра́ны иноро́дного те́ла

**protrude** [prəˈtruːd] *v* 1) высо́вывать(ся) 2) выдава́ться, торча́ть

**protruding** [prəˈtruːdɪŋ] **1.** *pres. p. от* protrude
**2.** *a* 1) выдаю́щийся, выступа́ющий вперёд, торча́щий; ~ eyes глаза́ навы́кате 2) вы́сунутый нару́жу

**protrusion** [prəˈtruːʒən] *n* 1) вы́ступ 2) высо́вывание, выпя́чивание

**protrusive** [prəˈtruːsɪv] *a* выдаю́щийся вперёд; выступа́ющий, торча́щий

**protuberance** [prəˈtjuːbərəns] *n* 1) вы́пуклость 2) *анат.* бугоро́к, вы́ступ; *мед.* о́пухоль 3) *астр.* протубера́нец

**protuberant** [prəˈtjuːbərənt] *a* вы́пуклый, выдаю́щийся вперёд

**proud** [praud] *a* 1) го́рдый; испы́тывающий зако́нную го́рдость; the ~ father счастли́вый оте́ц; to be ~ горди́ться (of, *тж. с inf.*) 2) го́рдый, надме́нный, высокоме́рный, самодово́льный 3) великоле́пный; горделн́вый, велича́вый 4) *поэт.* горя́чий, рети́вый; ~ steed рети́вый конь 5) подня́вшийся (*об уровне воды*); взду́вшийся; ~ sea вздыма́ющееся мо́ре 6): ~ flesh ма́сса избы́точных грануля́ций на ранево́й пове́рхности; ди́кое мя́со ◇ to do smb. ~ ока́зывать честь кому́-л.; you do me ~ вы ока́зываете мне честь

**proudly** [ˈpraudlɪ] *adv* го́рдо; с го́рдостью; вели́чественно

**proud-spirited** [ˈpraudˈspɪrɪtɪd] *a* го́рдый, надме́нный, зано́счивый

**proud-stomached** [ˈpraudˈstʌmәkt] *a* надме́нный, высокоме́рный, зано́счивый

**prove** [pruːv] *v* 1) дока́зывать; удостоверя́ть; подтвержда́ть 2) испы́тывать, про́бовать 3) ока́зываться; the play ~d a success пье́са име́ла успе́х 4) *мат.* проверя́ть 5) *юр.* утвержда́ть (*завещание*) 6) *полигр.* де́лать про́бный о́ттиск □ ~ **out** подтвержда́ть (-ся)

**proven** [ˈpruːvən] *a* дока́занный; not ~ *шотл. юр.* (преступле́ние) не дока́зано

**provenance** [ˈprɔvɪnəns] *n* происхожде́ние; исто́чник

**Provençal** [ˌprɔvɑːŋˈsɑːl] *фр.* **1.** *a* прова́нский
**2.** *n* 1) провинса́лец 2) провинса́льский язы́к

**provender** [ˈprɔvɪndə] *n* 1) корм, фура́ж 2) *шутл.* пи́ща

**provenience** [prəuˈviːnɪəns] = provenance

**proverb** [ˈprɔvəb] *n* 1) посло́вица 2) *pl* игра́ в посло́вицы 3) олицетворе́ние (*обыкн. чего-л дурного*); he is avaricious to a ~ его́ ску́пость вошла́ в погово́рку 4): the Book of Proverbs *библ.* Кни́га при́тчей Соломо́новых ◇ to a ~ преде́льно, в вы́сшей сте́пени

**proverbial** [prəˈvəːbjəl] *a* воше́дший в погово́рку; общеизве́стный; провербиа́льный

**provide** [prəˈvaɪd] *v* 1) снабжа́ть; обеспе́чивать; he has a large family to ~ for он соде́ржит большу́ю семью́ 2) предоставля́ть, дава́ть; his father ~d him with a good education оте́ц дал ему́ хоро́шее образова́ние 3) принима́ть ме́ры (against — про́тив *чего-либо*); предусма́тривать (for) 4) заготовля́ть, запаса́ть(ся); to ~ an excuse (зара́нее) пригото́вить извине́ние 5) ста́вить усло́вием (that)

**provided** I [prəˈvaɪdɪd] **1.** *p. p. от* provide
**2.** *a* 1) обеспе́ченный, снабжённый 2) предусмо́тренный; ~ by the rules предусмо́тренный пра́вилами 3): ~ school нача́льная шко́ла, кото́рая состои́т на ме́стном бюдже́те

**provided** II [prəˈvaɪdɪd] *cj* (*часто* ~ that) при усло́вии, е́сли то́лько, в том слу́чае, е́сли

**providence** [ˈprɔvɪdəns] *n* 1) предусмотри́тельность 2) *уст.* бережли́вость 3) (P.) провиде́ние

**provident** [ˈprɔvɪdənt] *a* 1) предусмотри́тельный; осторо́жный 2) расчётливый; бережли́вый

**providential** [ˌprɔvɪˈdenʃəl] *a* 1) провиденциа́льный; предопределённый 2) счастли́вый, благоприя́тный

**providently** [ˈprɔvɪdəntlɪ] *adv* 1) предусмотри́тельно, осторо́жно 2) расчётливо

**provider** [prəˈvaɪdə] *n* 1) поставщи́к 2) корми́лец семьи́

**providing** I [prəˈvaɪdɪŋ] *pres. p. от* provide

**providing** II [prəˈvaɪdɪŋ] = provided II

**province** [ˈprɔvɪns] *n* 1) о́бласть, прови́нция 2) *pl* прови́нция, перифери́я; the ~s вся страна́ за исключе́нием столи́цы 3) о́бласть (*знаний и т. п.*); сфе́ра де́ятельности, компете́нция; it is out of my ~ э́то вне мое́й компете́нции 4) архиепи́скопская епа́рхия ◇ the Provinces *амер.* Кана́да

**provincial** [prəˈvɪnʃəl] **1.** *a* провинциа́льный; перифери́йный; ме́стный
**2.** *n* 1) провинциа́л 2) *церк.* архиепи́скоп

**provincialism** [prəˈvɪnʃəlɪzm] *n* 1) провинциа́льность 2) провинциали́зм, областно́е выраже́ние

**provinciality** [prəˌvɪnʃɪˈælɪtɪ] *n* провинциа́льность

**provincialize** [prəˈvɪnʃəlaɪz] *v* де́лать(ся) провинциа́льным

**provision** [prəˈvɪʒən] **1.** *n* 1) снабже́ние, обеспе́чение; to make ample ~ for one's family вполне́ обеспе́чить семью́ 2) заготовле́ние, загото́вка 3) *pl* прови́зия; запа́сы провиа́нта 4) положе́ние, усло́вие (*договора и т. п.*); постановле́ние; to agree on the following ~s прийти́ к соглаше́нию по сле́дующим пу́нктам 5) ме́ра предосторо́жности (for, against); to make ~s предусма́тривать, постановля́ть
**2.** *v* снабжа́ть продово́льствием

**provisional** [prəˈvɪʒənl] *a* 1) вре́менный; ~ government вре́менное прави́тельство 2) предвари́тельный, усло́вный

**proviso** [prəˈvaɪzəu] *n* (*pl* -os, -oes [-əuz]) усло́вие; огово́рка (*в договоре*)

**provisory** [prəˈvaɪzərɪ] *a* 1) усло́вный 2) вре́менный

**provitamin** [prəu'vaɪtəmɪn] *n* провитамин

**provocation** [ˌprɔvə'keɪʃən] *n* 1) вызов; побуждение; подстрекательство 2) провокация 3) раздражение

**provocative** [prə'vɔkətɪv] **1.** *a* 1) вызывающий, дерзкий; соблазнительный 2) провокационный 3) вызывающий (of — *что-л.*); стимулирующий; возбуждающий 4) раздражающий

**2.** *n* 1) возбудитель 2) возбуждающее средство

**provoke** [prə'vəuk] *v* 1) вызывать, возбуждать 2) провоцировать 3) сердить, раздражать 4) побуждать

**provoking** [prə'vəukɪŋ] **1.** *pres. p. от* provoke

**2.** *a* раздражающий; досадный; неприятный; ~ behaviour вызывающее поведение; how ~! какая досада!, как досадно!

**provost** ['prɔvəst] *n* 1) ректор (*в некоторых английских университетских колледжах*) 2) проректор (*в американских университетах*) 3) *шотл.* мэр 4) *церк.* настоятель кафедрального собора 5) *воен.* [prə'vəu] офицер военной полиции 6) *attr.* военно-полицейский; ~ marshal начальник военной полиции; ~ prison военная тюрьма; ~ corps военная полиция, полевая жандармерия

**prow** [prau] *n* 1) нос (*судна, самолёта*) 2) *поэт.* корабль, чёлн

**prowess** ['prauɪs] *n* доблесть, удаль, отвага

**prowl** [praul] **1.** *v* 1) красться, бродить, рыскать (*в поисках добычи; тж.* ~ about) 2) идти крадучись 3) мародёрствовать

**2.** *n*: on the ~ крадучись; to take a ~ round the streets пойти бродить по улицам

**prowl car** ['praulkɑ:] *n амер.* машина полицейского патруля

**prowler** ['praulə] *n* 1) бродяга 2) вор 3) мародёр

**proximate** ['prɔksɪmɪt] *a* ближайший; непосредственный; следующий

**proximity** [prɔk'sɪmɪtɪ] *n* близость; ~ of blood близкое родство

**proximo** ['prɔksɪməu] *лат. a* следующего месяца; on the 10th ~ 10-го числа следующего месяца

**proxy** ['prɔksɪ] *n* 1) полномочие; передача голоса; доверенность; by ~ по доверенности; to vote by ~ а) передать свой голос; б) голосовать за другого (*по доверенности*) 2) заместитель, доверенное лицо, уполномоченный; to be (*или* to stand) ~ for smb. быть чьим-л. представителем, уполномоченным 3) *attr.* сделанный, совершённый, выданный по доверенности

**prude** [pru:d] *n* 1) жеманница; не в меру щепетильная, притворно стыдливая женщина 2) ханжа, блюститель нравов

**prudence** ['pru:dəns] *n* 1) благоразумие, предусмотрительность 2) осторожность, осмотрительность 3) расчётливость, бережливость

**prudent** ['pru:dənt] *a* 1) благоразумный, предусмотрительный 2) осторожный 3) расчётливый, бережливый

**prudential** [pru(:)'denʃəl] **1.** *a* продиктованный благоразумием, благоразумный

**2.** *n* (*обыкн. pl*) благоразумное соображение; благоразумный подход

**prudery** ['pru:dərɪ] *n* притворная стыдливость; излишняя щепетильность

**prudish** ['pru:dɪʃ] *a* не в меру щепетильный, не в меру стыдливый; ханжеский

**prune** I [pru:n] *n* 1) чернослив 2) красновато-лиловый цвет ◇ ~s and prism(s) жеманная манера говорить

**prune** II [pru:n] *v* 1) обрезать; подрезать (*деревья и т. п.*) 2) сокращать (*расходы и т. п.*) 3) удалять (*всякого рода излишества*), упрощать (*обыкн.* ~ away, ~ down)

**prunella** [pru(:)'nelə] *n* прюнель (*материя*)

**prurience, -cy** ['pruərɪəns, -sɪ] *n* 1) непреодолимое желание, зуд 2) похотливость

**prurient** ['pruərɪənt] *a* похотливый

**Prussian** ['prʌʃən] **1.** *a* прусский ◇ P. blue берлинская лазурь

**2.** *n* пруссак

**prussic acid** ['prʌsɪk'æsɪd] *n* синильная кислота

**pry** I [praɪ] **1.** *n* 1) любопытный (*шутл. тж.* Paul P.) 2) любопытство

**2.** *v* 1) подглядывать, подсматривать (*часто* ~ about, ~ into) 2) осматривать с излишним любопытством; любопытствовать 3) совать нос (*в чужие дела; обыкн.* ~ into) □ ~ **out** допытываться, выведывать

**pry** II [praɪ] **1.** *n* рычаг

**2.** *v* 1) поднимать, передвигать, вскрывать *или* взламывать при помощи рычага 2) извлекать с трудом

**psalm** [sɑ:m] *n* псалом

**psalmist** ['sɑ:mɪst] *n* псалмопевец

**psalmody** ['sælmədɪ] *n* пение псалмов

**psalter** ['sɔ:ltə] *n* псалтырь

**psaltery** ['sɔ:ltərɪ] *n* псалтерион (*древний муз. инструмент типа цитры*)

**pseud(o)-** ['psju:dəu-] *pref* псевдо-, ложно-

**pseudomorphism** ['psju:dəu'mɔ:fɪzm] *n мин.* псевдоморфизм

**pseudonym** ['psju:dənɪm] *n* псевдоним

**pseudonymous** [psju:'dɔnɪməs] *a* пишущий *или* изданный под псевдонимом

**pshaw** [pʃɔ:] **1.** *int* фи!, фу!, тьфу! (*выражает пренебрежение или нетерпение*)

**2.** *v* выражать пренебрежение, фыркать (*часто* ~ at)

**psittacosis** [ˌpsɪtə'kəusɪs] *n мед.* попугайная болезнь, пситтакоз

**psora** ['psəurə] *n мед.* 1) чесотка 2) = psoriasis

**psoriasis** [psɔ'raɪəsɪs] *n мед.* псориаз

**Psyche** ['saɪki(:)] *n греч. миф.* Психея

**psyche** I ['saɪki(:)] *n* душа, дух

**psyche** II ['saɪki(:)] *n* высокое зеркало на ножках, псише

**psychiatric(al)** [ˌsaɪkɪ'ætrɪk(əl)] *a* психиатрический

**psychiatrist** [saɪ'kaɪətrɪst] *n* психиатр

**psychiatry** [saɪ'kaɪətrɪ] *n* психиатрия

**psychic** ['saɪkɪk] **1.** *a* 1) духовный 2) психический 3) обладающий телепатией, телекинезом *и т. п.*

**2.** *n* медиум

**psychical** ['saɪkɪkəl] *a* психический

**psychics** ['saɪkɪks] *n pl* (*употр. как sing*) психология

**psycho** ['saɪkəu] *n разг.* сумасшедший, психопат, псих

**psycho-analysis** [ˌsaɪkəuə'næləsɪs] *n* психоанализ

**psycho-analyst** [ˌsaɪkəu'ænəlɪst] *n* специалист по психоанализу, психоаналитик

**psychological** [ˌsaɪkə'lɔdʒɪkəl] *a* психологический; ~ moment *шутл.* самый удобный момент

**psychologist** [saɪ'kɔlədʒɪst] *n* психолог

**psychology** [saɪ'kɔlədʒɪ] *n* психология

**psychopath** ['saɪkəupæθ] *n* психопат

**psychoses** [saɪ'kəusi:z] *pl от* psychosis

**psychosis** [saɪ'kəusɪs] *n* (*pl* -ses) психоз

**psychosomatic** [ˌsaɪkəusəu'mætɪk] *a* психосоматический

**ptarmigan** ['tɑ:mɪgən] *n* белая куропатка

**pterodactyl** [ˌpterəu'dæktɪl] *n зоол.* птеродактиль

**pterosaur** ['pterəusɔ:] *n зоол.* птерозавр

**ptisan** [tɪ'zæn] *n* питательный (*особ.* ячменный) отвар

**Ptolemaic** [ˌtɔlɪ'meɪɪk] *a* птолемеев

**ptomaine** ['təumeɪn] *n* птомаин, трупный яд

**pub** [pʌb] *n* (*сокр. от* public house) *разг.* 1) пивная, кабак; трактир 2) гостиница

**puberty** ['pju:bətɪ] *n* половая зрелость

**pubescence** [pju(:)'besns] *n* 1) половое созревание 2) пушок (*на растениях*)

**pubescent** [pju(:)'besnt] *a* 1) достигающий *или* достигший половой зрелости 2) *бот., зоол.* покрытый пушком, волосиками

**public** ['pʌblɪk] **1.** *a* 1) общественный; государственный; ~ man общественный деятель; ~ office государственное, муниципальное *или* общественное учреждение; ~ officer (*или* official) государственный служащий; ~ opinion общественное мнение; ~ opinion poll опрос населения по какому-л. вопросу; ~ peace общественный порядок; ~ debt государственный долг 2) наро́дный, общенаро́дный; ~ ownership общенаро́дное достоя́ние; ~ spirit дух патриоти́зма; гражда́нственность 3) публи́чный, общедосту́пный; ~ library (lecture) публи́чная библиоте́ка (ле́кция); ~ road больша́я доро́га 4) коммуна́льный; ~ service коммуна́льные услу́ги; ~ utilities а) коммуна́льные сооруже́ния, предприя́тия; б) коммуна́льные услу́ги 5) откры́тый, гла́сный; ~ protest откры́тый проте́ст; to give smth. ~ utterance преда́ть что-л. гла́сности

2. *n* 1) пу́блика; обще́ственность; to appeal to the ~ обрати́ться, апелли́ровать к о́бществу; in ~ откры́то, публи́чно 2) наро́д; the British ~ англи́йский наро́д 3) *разг. см.* public house

**publican** [ˈpʌblɪkən] *n* 1) тракти́рщик 2) *др.-рим.* откупщи́к 3) *библ.* мы́тарь

**publication** [ˌpʌblɪˈkeɪʃən] *n* 1) опублико́вание, изда́ние 2) оглаше́ние; публика́ция 3) изда́ние (*книги и т. п.*)

**public enemy** [ˈpʌblɪkˈenɪmɪ] *n* 1) вра́жеская страна́ 2) социа́льно опа́сный элеме́нт

**public health** [ˈpʌblɪkˈhelθ] *n* здравоохране́ние

**public house** [ˈpʌblɪkˈhaus] *n* тракти́р, каба́к, пивна́я, таве́рна

**publicist** [ˈpʌblɪsɪst] *n* 1) публици́ст, журнали́ст 2) специали́ст по междунаро́дному пра́ву 3) аге́нт по рекла́ме

**publicity** [pʌbˈlɪsɪtɪ] *n* 1) публи́чность, гла́сность; to give ~ to разглаша́ть *что-л*; предава́ть *что-л.* гла́сности 2) рекла́ма 3) *attr.*: ~ agent аге́нт по рекла́ме

**publicize** [ˈpʌblɪsaɪz] *v* 1) реклами́ровать 2) разглаша́ть; оглаша́ть 3) оповеща́ть; извеща́ть

**publicly** [ˈpʌblɪklɪ] *adv* публи́чно; откры́то

**public relations** [ˈpʌblɪkrɪˈleɪʃənz] *n* 1) обще́ственная информа́ция 2) *attr.* рекла́мный, относя́щийся к рекла́ме *или* информа́ции; ~ department а) пресс-бюро́; отде́л информа́ции; б) отде́л информа́ции комме́рческого предприя́тия; ~ officer слу́жащий отде́ла информа́ции; ~ man аге́нт по рекла́ме

**public school** [ˈpʌblɪkˈsku:l] *n* 1) привилегиро́ванное ча́стное закры́тое сре́днее уче́бное заведе́ние для ма́льчиков (*в Англии*) 2) беспла́тная сре́дняя шко́ла (*в США и Шотландии*)

**publish** [ˈpʌblɪʃ] *v* 1) публикова́ть; оглаша́ть 2) издава́ть, опублико́вывать 3) печа́тать свои́ произведе́ния, печа́таться (*об авторе*) 4) *амер.* пуска́ть в обраще́ние

**publisher** [ˈpʌblɪʃə] *n* 1) изда́тель 2) *амер.* владе́лец газе́ты

**publishing** [ˈpʌblɪʃɪŋ] 1. *pres. p. от* publish

2. *a*: ~ house (*или* office) изда́тельство

**publishment** [ˈpʌblɪʃmənt] *n амер. уст.* официа́льное объявле́ние о предстоя́щем бракосочета́нии

**puce** [pju:s] 1. *n* краснова́то-кори́чневый цвет

2. *a* краснова́то-кори́чневый

**puck** I [pʌk] *n* эльф, дух-прока́зник (*в фольклоре*)

**puck** II [pʌk] *n спорт.* ша́йба (*в хоккее*)

**pucka** [ˈpʌkə] *инд. a разг.* настоя́щий; первокла́ссный; полнове́сный

**pucker** [ˈpʌkə] 1. *n* 1) морщи́на 2) скла́дка; сбо́рка 3) *разг.* раздражённое состоя́ние; смуще́ние; расте́рянность; беспоко́йство

2. *v* 1) мо́рщить(ся) 2) де́лать скла́дки, собира́ть в сбо́рку

**puckish** [ˈpʌkɪʃ] *a* плутовско́й; прока́зливый

**pud** [pʌd] *n детск.* ру́чка; ла́пка

**puddening** [ˈpudənɪŋ] *n мор.* кра́нец

**pudding** [ˈpudɪŋ] *n* 1) пу́динг 2) что-л., напомина́ющее пу́динг (*по форме, консистенции*) 3) вид колбасы́; black ~ кровяна́я колбаса́ 4) = puddening ◇ ~ face то́лстая кру́глая физионо́мия; more praise than ~ ≅ из спаси́ба шу́бы не сошьёшь; благода́рность на слова́х; the proof of the ~ is in the eating ≅ не попро́буешь, не узна́ешь

**pudding-head** [ˈpudɪŋhed] *n* о́лух, болва́н

**pudding-stone** [ˈpudɪŋstəun] *n геол.* конгломера́т

**puddingy** [ˈpudɪŋɪ] *a* 1) похо́жий на пу́динг 2) *перен.* тяжелове́сный; тупо́й

**puddle** [ˈpʌdl] 1. *n* 1) лу́жа 2) *разг.* грязь 3) водонепроница́емая обкла́дка *или* обма́зка из гли́ны с гра́вием для дна прудо́в *и т. п.* 4) *метал.* пу́длинговая кри́ца

2. *v* 1) мути́ть (*воду*) 2) бара́хтаться в воде́ (*тж.* ~ about, ~ in) 3) меси́ть (*глину*) 4) обкла́дывать (*дно канала и т. п.*) сме́сью гли́ны и гра́вия 5) па́чкать, грязни́ть; мара́ть 6) смуща́ть, сбива́ть с то́лку 7) трамбова́ть 8) *метал.* пудлингова́ть

**puddling furnace** [ˈpʌdlɪŋˈfə:nɪs] *n* пу́длинговая печь

**puddly** [ˈpʌdlɪ] *a* гря́зный, покры́тый лу́жами

**pudency** [ˈpju:dənsɪ] *n* стыдли́вость

**pudenda** [pju:ˈdendə] *pl от* pudendum

**pudendum** [pju:ˈdendəm] *n* (*pl* -da; *обыкн. pl*) *анат.* нару́жные же́нские половы́е о́рганы

**pudge** [pʌdʒ] *n разг.* толстя́к; коро́тышка

**pudgy** [ˈpʌdʒɪ] *a* коро́тенький и то́лстый

**pueblo** [puˈebləu] *исп. n* (*pl* -os [-əuz]) 1) инде́йская дере́вня *или* поселе́ние, пуэ́бло 2) жи́тель инде́йской дере́вни

**puerile** [ˈpjuəraɪl] *a* 1) ребя́ческий 2) незре́лый, легкомы́сленный; пусто́й

**puerility** [pjuəˈrɪlɪtɪ] *n* ребя́чество

**puerperal** [pju(:)ˈə:pərəl] *a* роди́льный; ~ fever роди́льная горя́чка

**Puerto Rican** [ˈpwə:təuˈri:kən] 1. *a* пуэрторика́нский

2. *n* пуэрторика́нец; пуэрторика́нка

**puff** [pʌf] 1. *n* 1) дунове́ние (*ветра*) 2) поры́в, струя́ во́здуха 3) дымо́к, клуб ды́ма 4) пухо́вка 5) буф (*на платье*) 6) стёганое покрыва́ло 7) сло́йка; jam ~ слоёный пирожо́к с варе́ньем 8) незаслу́женная похвала́; ду́тая рекла́ма

2. *v* 1) дуть поры́вами 2) пыхте́ть; to ~ and blow (*или* pant) тяжело́ дыша́ть; to be ~ed запыха́ться 3) дыми́ть, пуска́ть клубы́ ды́ма 4) кури́ть 5) пу́дрить(ся) 6) преувели́ченно расхва́ливать, реклами́ровать 7) кичи́ться, ва́жничать □ ~ **away** а) дви́гаться, оставля́я за собо́й клубы́ ды́ма; б): to ~ away at a cigar попы́хивать сига́рой; ~ **out** а) задува́ть (*свечу*); б) надува́ть, выпя́чивать; ~ed out with self-importance по́лный чва́нства; в) выбива́ться поры́вами, клуба́ми; ~ **up** а) поднима́ться клуба́ми (*о дыме и т. п.*); б): ~ed up самодово́льный, по́лный самомне́ния

**puff-adder** [ˈpʌfˌædə] *n* африка́нская гадю́ка

**puff-ball** [ˈpʌfbɔ:l] *n* дождеви́к (*гриб*)

**puff-box** [ˈpʌfbɔks] *n* пу́дреница

**puffed** [pʌft] 1. *p. p. от* puff 2

2. *a* 1) с бу́фами (*о рукавах*) 2) запыха́вшийся

**puffery** [ˈpʌfərɪ] *n* реклами́рование; ду́тая рекла́ма

**puffin** [ˈpʌfɪn] *n зоол.* ту́пик; топо́рик

**puff pastry** [ˈpʌfpeɪstrɪ] *n* слоёное те́сто

**puffy** [ˈpʌfɪ] *a* 1) запыха́вшийся; страда́ющий оды́шкой 2) одутлова́тый; отёкший; то́лстый 3) поры́вистый (*о ветре*) 4) напы́щенный, высокопа́рный; ~ style напы́щенный стиль 5) *редк.* наду́тый, ва́жный; кичли́вый

**pug** I [pʌg] *n* 1) мопс 2) = pug-nose

**pug** II [pʌg] 1. *n* 1) мя́тая гли́на 2) обма́зка гли́ной

2. *v* мять гли́ну

**pug** III [pʌg] *инд.* 1. *n* след зве́ря

2. *v* идти́ по следа́м, пресле́довать

**pug** IV [pʌg] *жарг. сокр. от* pugilist

**pug-dog** [ˈpʌgdɔg] = pug I, 1)

**pugg(a)ree** [ˈpʌgərɪ] *инд. n* 1) лёгкий тюрба́н 2) шарф вокру́г шля́пы, спу́щенный сза́ди (*для защиты шеи от солнца*)

**pugilism** [ˈpju:dʒɪlɪzm] *n* кула́чный бой; бокс

**pugilist** [ˈpju:dʒɪlɪst] *n* 1) боре́ц; боксёр 2) я́ростный спо́рщик

**pugilistic** [ˌpju:dʒɪˈlɪstɪk] *a* кула́чный

**pug-mill** [ˈpʌgmɪl] *n* глиномя́лка

**pugnacious** [pʌgˈneɪʃəs] *a* драчли́вый

**pugnacity** [pʌg'næsɪtɪ] *n* драчливость

**pug-nose** ['pʌgnəuz] *n* курносый нос

**pug-nosed** ['pʌgnəuzd] *a* 1) курносый 2) с приплюснутым носом

**puisne** ['pju:nɪ] **1.** *a* 1) *юр.* младший (*по возрасту или рангу*); ~ judge рядовой судья, член суда 2) *уст.* = puny

**2.** *n* младший судья

**puissance** ['pju(:)ɪsns] *n уст., поэт.* могущество

**puissant** ['pju(:)ɪsnt] *a уст., поэт.* могущественный; влиятельный

**puke** [pju:k] **1.** *n* рвота

**2.** *v* рвать, тошнить

**pukka(h)** ['pʌkə] = pucka

**pulchritude** ['pʌlkrɪtju:d] *n редк.* красота, миловидность

**pule** [pju:l] *v* хныкать; скулить; пищать

**pull** [pul] **1.** *n* 1) тяга, дёрганье; натяжение; тянущая сила; to give a ~ at the bell дёрнуть звонок 2) тяга (*дымовой трубы*) 3) растяжение 4) напряжение, усилие; a long ~ uphill трудный подъём в гору 5) гребля; прогулка на лодке 6) удар весла 7) глоток; затяжка (*табачным дымом*); to have a ~ at the bottle глотнуть, выпить (*спиртного*) 8) шнурок, ручка (*звонка и т. п.*) 9) привлекательность 10) *разг.* протекция, связи, блат 11) *разг.* преимущество (on, upon, over — перед *кем-л.*) 12) *полигр.* пробный оттиск

**2.** *v* 1) тянуть, тащить; натягивать; to ~ a cart везти тележку; to ~ the horse натягивать поводья, вожжи; the horse ~s лошадь натягивает поводья, вожжи 2) надвигать, натягивать; he ~ed his hat over his eyes он нахлобучил шляпу на глаза 3) вытаскивать, выдёргивать; to ~ a cork вытащить пробку; he had two teeth ~ed ему удалили два зуба 4) дёргать; to ~ smb.'s hair дёргать кого-л. за волосы; to ~ a bell звонить 5) растягивать; разрывать; to ~ to pieces разорвать на куски; *перен.* раскритиковать, разнести; he ~ed his muscle in the game во время игры он растянул мышцу 6) рвать, собирать (*цветы, фрукты*) 7) тянуть, иметь тягу; my pipe ~s badly моя трубка плохо тянет 8) притягивать, присасывать 9) грести, идти на вёслах; плыть (*о лодке с гребцами*); to ~ a good oar быть хорошим гребцом 10) *разг.* делать облаву (*на игорные дома и т. п.*) 11) *полигр.* делать оттиски 12) *спорт.* отбивать мяч (*влево — в крикете, гольфе*) □ ~ **about** а) таскать туда и сюда; б) грубо, бесцеремонно обращаться; ~ **apart** а) разрывать; б) придираться, критиковать; ~ **at** а) дёргать; б) затягиваться (*папиросой и т. п.*); в) тянуть (*из бутылки*); ~ **back** а) оттягивать; б) отступать; в) *мор.* табанить; ~ **down** а) сносить (*здание*); б) сбивать (*спесь*); в) понижать, снижать (*в цене, чине и т. п.*); г) изнурять, ослаблять; ~ **in** а) осаживать (*лошадь*); б) втягивать; *перен.* зарабатывать, загребать; I don't know what you are ~ing in now не знаю, сколько вы теперь зарабатываете; в) сдерживать себя; г) сокращать (*расходы*); д) прибывать (*на станцию и т. п. — о поезде*); ~ **off** а) снимать, стаскивать; б) добиться, несмотря на трудности; справиться с задачей; в) выиграть (*приз, состязание*); г) отходить, отъезжать; the boat ~ed off from the shore лодка отчалила от берега; the horseman ~ed off the road всадник съехал с дороги; ~ **on** а) натягивать; б) тянуть ручку на себя, к себе; ~ **out** а) вытаскивать; удалять (*зубы*); the drawer won't ~ out ящик не выдвигается; б) вырывать; выщипывать; в) удлинять; г) удаляться; отходить (*от станции — о поезде*); д) выходить на вёслах; е) *ав.* выходить из пикирования; ~ **over** а) надевать через голову; б) перетаскивать; перетягивать; ~ **round** а) поправляться (*после болезни*); б) вылечивать; the doctors tried in vain to ~ him round врачи безуспешно пытались спасти его; ~ **through** а) выжить; б) спасти(сь) от (*опасности и т. п.*), выпутать(ся); преодолеть (*трудности и т. п.*); we shall ~ through somehow мы уж как-нибудь вывернемся; ~ **together** а) работать дружно; б) *refl.* взять себя в руки; встряхнуться; собраться с духом; ~ **up** а) останавливать(ся); б) сдерживаться; to ~ oneself up собираться с силами; брать себя в руки; в) осаживать; делать выговор; г) идти впереди других *или* наравне с другими (*в состязаниях*) ◇ to ~ strings (*или* ropes, wires) нажимать тайные пружины; влиять на ход дела; быть скрытым двигателем (*чего-л.*); to ~ one's weight исполнять свою долю работы; to ~ anchor сняться с якоря, отправиться; to ~ a face (*или* faces) гримасничать, строить рожи; ~ devil!, ~ baker! поднажми!, давай!, а ну ещё! (*возгласы одобрения на состязаниях*); to ~ the nose (о)дурачить

**pull-back** ['pulbæk] *n* 1) препятствие; помеха 2) приспособление для оттягивания 3) *воен.* отход

**pulled** [puld] **1.** *p. p. от* pull 2

**2.** *a*: ~ bread сухари из хлебного мякиша; ~ chicken ощипанный цыплёнок; ~ figs прессованный инжир, винные ягоды

**puller** ['pulə] *n* 1) тот, кто тащит 2) гребец 3) приспособление для вытаскивания (*клещи, штопор и т. п.*); инструмент для вытаскивания; съёмник 4) *ав.* самолёт с тянущим винтом

**pullet** ['pulɪt] *n* молодка (*курица*)

**pulley** ['pulɪ] **1.** *n* шкив, блок; ворот; driving ~ ведущий шкив

**2.** *v* действовать посредством блока, шкива

**pullicate** ['pʌlɪkɪt] *n* 1) материал для цветных носовых платков 2) цветной носовой платок

**pull-in** ['pul'ɪn] = pull-up 3)

**Pullman** ['pulmən] *n* пульмановский спальный вагон (*тж.* ~ car)

**pull-on** ['pul'ɔn] **1.** *n* предмет одежды без застёжек (*перчатки, корсет и т. п.*)

**2.** *a* натягиваемый, надеваемый без застёжек

**pull-out** ['pul'aut] *n* 1) *ав.* выход из пикирования 2) *полигр.* вклейка большого формата

**pull-over** ['pul,əuvə] *n* пуловер, свитер

**pull-through** ['pulθru:] *n воен.* протирка (*орудия*)

**pullulate** ['pʌljuleɪt] *v* 1) прорастать; размножаться 2) кишеть 3) возникать, появляться (*о теориях и т. п.*)

**pull-up** ['pul'ʌp] *n* 1) натяжение (*проводов*) 2) *ав.* переход к набору высоты 3) закусочная на дороге, *особ.* для шофёров

**pulmonary** ['pʌlmənərɪ] *a анат.* лёгочный

**pulp** [pʌlp] **1.** *n* 1) мякоть плода 2) мягкая бесформенная масса; кашица 3) *анат.* пульпа 4) бумажная, древесная масса 5) *тех.* шлам; пульпа 6): ~ magazines *разг.* дешёвые журналы, публикующие сенсационные рассказы ◇ to beat smb. to a ~ избить кого-л. до полусмерти; to be reduced to a ~ быть совершенно измочаленным, обессилеть

**2.** *v* 1) превращать(ся) в мягкую массу 2) очищать от шелухи (*кофейные зёрна и т. п.*)

**pulpit** ['pulpɪt] *n* 1) кафедра (*проповедника*) 2) (the ~) деятельность проповедника 3) (the ~) *pl собир.* проповедники 4) *ав. жарг.* кабина лётчика

**pulpiteer** [,pulpɪ'tɪə] *пренебр.* **1.** *n* проповедник

**2.** *v* проповедовать

**pulpy** ['pʌlpɪ] *a* мягкий, мясистый; сочный

**pulsar** ['pʌlsə] *n астр.* пульсар

**pulsate** [pʌl'seɪt] *v* пульсировать, биться; вибрировать

**pulsatile** ['pʌlsətaɪl] *a* 1) пульсирующий 2) *муз.* ударный (*об инструменте*)

**pulsation** [pʌl'seɪʃən] *n* пульсация

**pulsatory** ['pʌlsətərɪ] *a* пульсирующий

**pulse** I [pʌls] **1.** *n* 1) пульс; пульсация; биение; to feel the ~ щупать пульс; *перен.* разузнавать намерения, желания, «прощупывать» 2) биение (*жизни и т. п.*) 3) импульс; толчок 4) чувство, настроение 5) ритм ударов (*вёсел и т. п.*) 6) *муз., прос.* ритм

**2.** *v* пульсировать, биться

**pulse** II [pʌls] *n собир. бот.* бобовые

**pulton, pultun** ['pʌltʌn] *n* индийский пехотный полк

**pulverization** [,pʌlvəraɪ'zeɪʃən] *n* 1) пульверизация 2) превращение в порошок

**pulverize** [ˈpʌlvəraɪz] *v* 1) растирáть, размельчáть; превращáть(ся) в порошóк 2) распылять(ся) 3) сокрушáть, разбивáть (*доводы противника*)
**pulverizer** [ˈpʌlvəraɪzə] *n* 1) распылитель, пульверизáтор 2) форсýнка
**pulverulent** [pʌlˈverjulənt] *a* порошкообрáзный, пылевидный
**pulwar** [pʌlˈwɔ:] *инд. n* лёгкая лóдка
**puma** [ˈpju:mə] *n зоол.* пýма, кугуáр
**pumice** [ˈpʌmɪs] **1.** *n* пéмза
**2.** *v* чистить, шлифовáть пéмзой
**pumice-stone** [ˈpʌmɪsstəun] = pumice I
**pummel** [ˈpʌml] *v* бить (*особ.* кулакáми); тузить
**pump I** [pʌmp] **1.** *n* насóс; пóмпа
**2.** *v* 1) рабóтать насóсом; качáть; выкáчивать 2) нагнетáть (*воздух и т. п.*) 3) (*обыкн. p. p.*) приводить в изнеможéние (*тж.* ~ out) 4) пульсировать, колотиться, стучáть □ ~ **out** а) выкáчивать; б) вывéдывать, выспрáшивать (of); ~ **up** накáчивать; to ~ up a tire накáчивать шину ◇ to ~ ship *sl.* мочиться
**pump II** [pʌmp] *n* 1) тýфля-лóдочка 2) мужскáя бáльная тýфля (*обыкн.* лакирóванная)
**pump-handle** [ˈpʌmpˌhændl] **1.** *n* рýчка насóса
**2.** *v разг.* дóлго трясти (*чью-л.*) рýку
**pumpkin** [ˈpʌmpkɪn] *n* тыква (обыкновéнная)
**pumpkin-head** [ˈpʌmpkɪnhed] *n разг.* óлух, дурáк
**pump-room** [ˈpʌmpru:m] *n* 1) зал для питья минерáльных вод на курóртах, бювéт 2) насóсное отделéние
**pun** [pʌn] **1.** *n* игрá слов; каламбýр
**2.** *v* каламбýрить
**Punch** [pʌntʃ] *n* 1) Панч, Петрýшка; ~ and Judy Панч и Джýди (*персонажи кукольной комедии*) 2) «Панч» (*название английского юмористического журнала*) ◇ as pleased as ~ óчень довóльный; as proud as ~ óчень гóрдый
**punch I** [pʌntʃ] **1.** *n* 1) удáр кулакóм 2) *разг.* сила, энéргия; эффективность
**2.** *v* 1) бить кулакóм 2) *амер.* гнать скот
**punch II** [pʌntʃ] **1.** *n* 1) компóстер 2) *тех.* кéрнер, пробóйник; пуансóн; штéмпель 3) = punch press 4) *полигр.* пуансóн
**2.** *v* продéлывать *или* пробивáть отвéрстия; компостировать; штамповáть □ ~ **in** вбивáть (*гвоздь и т. п.*); ~ **out** выбивáть (*гвоздь и т. п.*)
**punch III** [pʌntʃ] *n* пунш
**punch IV** [pʌntʃ] *n диал.* 1) ломовáя лóшадь, тяжеловóз (*особ.* Suffolk ~) 2) коренáстый *или* пóлный человéк небольшóго рóста; коротышка

**punch-bowl** [ˈpʌntʃbəul] *n* чáша для пýнша
**puncheon I** [ˈpʌntʃən] *n уст.* большáя бóчка
**puncheon II** [ˈpʌntʃən] *n* 1) подпóрка 2) *тех.* пуансóн; чекáн; пробóйник
**puncher** [ˈpʌntʃə] *n* 1) компóстер 2) *амер.* ковбóй 3) *тех.* пробóйник; дырокóл; перфорáтор; пневматический молотóк 4) *горн.* удáрная врýбовая машина
**Punchinello** [ˌpʌntʃɪˈneləu] *ит. n* (*pl* -os [-əuz]) Полишинéль
**punching-ball** [ˈpʌntʃɪŋbɔ:l] *n спорт.* пенчингбóл, грýша (*для тренировки боксёра*)
**punch press** [ˈpʌntʃˈpres] *n* 1) дыропробивнóй пресс; штамповáльный пресс 2) *attr.*: ~ operator штампóвщик; штампóвщица
**punctate(d)** [ˈpʌŋkteɪt(ɪd)] *a бот., зоол.* пятнистый
**punctilio** [pʌŋkˈtɪlɪəu] *n* (*pl* -os [-əuz]) формáльность, педантичность; щепетильность
**punctilious** [pʌŋkˈtɪlɪəs] *a* педантичный, щепетильный до мелочéй
**punctual** [ˈpʌŋktjuəl] *a* пунктуáльный, тóчный
**punctuality** [ˌpʌŋktjuˈælɪtɪ] *n* пунктуáльность, тóчность
**punctuate** [ˈpʌŋktjueɪt] *v* 1) стáвить знáки препинáния 2) подчёркивать, акцентировать 3) прерывáть, перемежáть; the audience ~d the speech by outbursts of applause собрáние сопровождáло речь взрывами аплодисмéнтов
**punctuation** [ˌpʌŋktjuˈeɪʃən] *n* 1) пунктуáция 2) *attr.* пунктуациóнный; ~ marks знáки препинáния
**puncture** [ˈpʌŋktʃə] **1.** *n* 1) укóл, прокóл; пýнкция 2) прокóл (*особ. шины*) 3) *эл.* пробóй (*изоляции*)
**2.** *v* 1) прокáлывать; пробивáть отвéрстие 2) получáть прокóл; the tire ~d a mile from home шина лóпнула в миле от дóма
**punctured** [ˈpʌŋktʃəd] **1.** *p. p. от* puncture 2
**2.** *a* прокóлотый; кóлотый; ~ wound кóлотая рáна
**pundit** [ˈpʌndɪt] *n* 1) *инд.* учёный индýс, брамин 2) *шутл.* учёный муж
**pungency** [ˈpʌndʒənsɪ] *n* остротá, éдкость; ~ of pepper óстрый вкус пéрца; ~ of wit острóта, цéпкость умá
**pungent** [ˈpʌndʒənt] *a* óстрый, пикáнтный; éдкий
**Punic** [ˈpju:nɪk] *a ист.* пунический; карфагéнский ◇ ~ faith веролóмство
**punish** [ˈpʌnɪʃ] *v* 1) накáзывать; карáть; налагáть взыскáние 2) *разг.* задáть пéрцу 3) причинять повреждéния; наносить удáры 4) грýбо обращáться (*с кем-л.*) 5) *шутл.* мнóго есть, навалиться на едý
**punishable** [ˈpʌnɪʃəbl] *a* наказýемый, заслýживающий наказáния
**punishment** [ˈpʌnɪʃmənt] *n* 1) наказáние 2) *воен.* взыскáние 3) *разг.* сурóвое *или* грýбое обращéние

**punitive** [ˈpju:nɪtɪv] *a* карáтельный; ~ expedition карáтельная экспедиция
**Punjabi** [pʌnˈdʒɑ:bɪ] **1.** *a* панджáбский
**2.** *n* 1) панджáбец 2) панджáби (*язык*)
**punk** [pʌŋk] *n* 1) *амер.* гнилóе дéрево; гнилýшка; гнильё; трут 2) *разг.* что-л. ненýжное, никчёмное; чепухá 3) *разг.* неóпытный юнéц; простофиля 4) *разг.* никчёмный человéк 5) *attr. разг.* плохóй
**punnet** [ˈpʌnɪt] *n* крýглая корзинка (*для фруктов*)
**punster** [ˈpʌnstə] *n* остряк; каламбурист
**punt I** [pʌnt] **1.** *n* плоскодóнный ялик, мáлая шалáнда
**2.** *v* плыть (на плоскодóнке), оттáлкиваясь шестóм
**punt II** [pʌnt] *спорт.* **1.** *n* удáр ногóй (*по мячу*); выбивáние (*мяча*) из рук
**2.** *v* поддавáть ногóй (мяч); выбивáть (*мяч*) из рук
**punt III** [pʌnt] **1.** *n* стáвка
**2.** *v* 1) *карт.* понтировать 2) стáвить стáвку на лóшадь
**punter** [ˈpʌntə] *n* профессионáльный игрóк; понтёр
**puny** [ˈpju:nɪ] *a* 1) мáленький, слáбый, хилый, тщедýшный 2) незначительный, ничтóжный
**pup** [pʌp] **1.** *n* 1) щенóк 2) тюленёнок; волчóнок; лисёнок 3) *разг.* самонадéянный молодóй человéк; молокосóс ◇ to sell smb. a ~ *разг.* надýть когó-л. при продáже
**2.** *v* щениться
**pupa** [ˈpjupə] *n* (*pl* -ae) *зоол.* кýколка
**pupae** [ˈpju:pi:] *pl от* pupa
**pupal** [ˈpju:pəl] *a*: ~ chamber кóкон
**pupate** [ˈpju:peɪt] *v зоол.* окýкливаться
**pupation** [pju:ˈpeɪʃən] *n зоол.* образовáние кýколки, окýкливание
**pupil I** [ˈpju:pl] *n* 1) ученик; учáщийся; воспитанник 2) *юр.* малолéтний; подопéчный
**pupil II** [ˈpju:pl] *n* зрачóк
**pupil(l)age** [ˈpju:pɪlɪdʒ] *n* 1) ученичество 2) малолéтство, несовершеннолéтие
**pupil(l)ary I** [ˈpju:pɪlərɪ] *a* 1) ученический 2) находящийся под опéкой
**pupil(l)ary II** [ˈpju:pɪlərɪ] *a* зрачкóвый
**puppet** [ˈpʌpɪt] *n* 1) марионéтка, кýкла 2) *attr.* кýкольный (*о театре*) 3) *attr.* марионéточный (*о правительстве и т. п.*)
**puppeteer** [ˈpʌpɪtɪə] *n* артист кýкольного теáтра; кýкольник, кукловóд
**puppet-play** [ˈpʌpɪtpleɪ] *n* 1) кýкольный спектáкль 2) кýкольный теáтр
**puppetry** [ˈpʌpɪtrɪ] *n* 1) кýкольное представлéние 2) лицемéрие; хáнжество

**puppet-show** [ˈpʌpɪtʃəu] *n* кукольный театр

**puppy** [ˈpʌpɪ] *n* 1) щенок 2) молодой тюлень 3) *разг.* молокосос; глупый юнец; самодовольный фат

**puppyism** [ˈpʌpɪɪzm] *n* фатовство

**purblind** [ˈpə:blaɪnd] *a* 1) подслеповатый 2) недальновидный; тупой

**purchasable** [ˈpə:tʃəsəbl] *a* 1) могущий быть купленным 2) продажный, подкупный

**purchase** [ˈpə:tʃəs] **1.** *n* 1) покупка; закупка; приобретение 2) купленная вещь, покупка 3) годовой доход с земли; the land is bought at 20 years' ~ имение окупится в течение 20 лет 4) ценность, стоимость 5) выигрыш в силе; преимущество 6) механическое приспособление для поднятия и перемещения грузов (*напр.*, тали, рычаг, ворот *и т. п.*) 7) точка опоры; точка приложения силы; to get a ~ with one's feet найти точку опоры для ног 8) *attr.*: ~ department отдел снабжения; ~ tax налог на покупки ◇ the man's life is not worth a day's ~ он и дня не проживёт

**2.** *v* 1) покупать, закупать; приобретать 2) приобрести, завоевать (*доверие*) 3) *тех.* тянуть лебёдкой; поднимать рычагом

**purchaser** [ˈpə:tʃəsə] *n* покупатель

**purchasing power** [ˈpə:tʃəsɪŋˈpauə] *n* *эк.* покупательная способность

**purdah** [ˈpə:dɑ:] *инд.* *n* 1) занавеска 2) полосатая материя для занавесок 3) паранджа; чадра 4) затворничество женщин

**pure** [pjuə] *a* 1) чистый; беспримесный 2) чистокровный 3) непорочный, целомудренный 4) безупречный; ~ taste безупречный вкус 5) простой (*о стиле*); отчётливый; ясный (*о звуке*) 6) чистейший, полнейший; ~ imagination чистейшая выдумка; ~ accident чистая случайность

**purebred** [ˈpjuəbred] *a* чистокровный, породистый

**purée** [ˈpjuəreɪ] *фр.* *n* суп-пюре; пюре

**purely** [ˈpjuəlɪ] *adv* 1) исключительно, совершенно, целиком, вполне 2) чисто

**pure-minded** [ˈpjuəˈmaɪndɪd] *a* чистый душой

**purgation** [pə:ˈgeɪʃən] *n* 1) очищение 2) *мед.* очищение кишечника

**purgative** [ˈpə:gətɪv] **1.** *a* 1) слабительный 2) очистительный

**2.** *n* слабительное (*лекарство*)

**purgatorial** [ˌpə:gəˈtɔ:rɪəl] *a* очистительный; искупительный

**purgatory** [ˈpə:gətərɪ] **1.** *n* 1) *рел.* чистилище (*тж. перен.*) 2) *амер.* ущелье

**2.** *a* очистительный

**purge** [pə:dʒ] **1.** *n* 1) очищение; очистка 2) *полит.* чистка 3) слабительное

**2.** *v* 1) очищать (of, from — от *чего-л.*); прочищать; счищать, удалять (*что-л.*; *обыкн.* ~ away, ~ off, ~ out) 2) освобождать, избавлять (of — от *кого-л.*) 3) искупать (*вину*); оправдываться; to ~ oneself of suspicion снять с себя подозрение 4) *полит.* проводить чистку 5) давать слабительное 6) слабить

**purification** [ˌpjuərɪfɪˈkeɪʃən] *n* 1) очищение, очистка 2) *хим.* ректификация, очистка

**purificatory** [ˈpjuərɪfɪkeɪtərɪ] *a* очистительный

**purifier** [ˈpjuərɪfaɪə] *n* *тех., хим.* очиститель

**purify** [ˈpjuərɪfaɪ] *v* 1) очищать(ся) (of, from — от *чего-л.*) 2) *церк.* совершать обряд очищения

**purism** [ˈpjuərɪzm] *n* пуризм

**purist** [ˈpjuərɪst] *n* пурист

**puristic** [pjuəˈrɪstɪk] *a* склонный к пуризму; пуристический

**Puritan** [ˈpjuərɪtən] **1.** *n* 1) пуританин 2) (p.) святоша

**2.** *a* (p.) пуританский

**puritanic(al)** [ˌpjuərɪˈtænɪk(əl)] *a* пуританский

**Puritanism** [ˈpjuərɪtənɪzm] *n* 1) пуританство 2) (p.) строгие нравы

**purity** [ˈpjuərɪtɪ] *n* 1) чистота; white ~ безупречная белизна 2) непорочность 3) беспримесность 4) проба (*драгоценных металлов*)

**purl I** [pə:l] **1.** *n* 1) галун; бахрома; вышивка 2) вязание с накидкой

**2.** *v* 1) нашивать галун 2) вязать с накидкой

**purl II** [pə:l] **1.** *n* журчание

**2.** *v* журчать

**purl III** [pə:l] *разг.* **1.** *n* падение вниз головой

**2.** *v* перевернуть(ся); упасть вниз головой; тяжело шлёпнуться

**purler** [ˈpə:lə] *n* *разг.* падение вниз головой; to come (*или* to take) a ~ упасть вниз головой

**purlieu** [ˈpə:lju:] *n* 1) *pl* окрестности, окраины; предместье, пригород 2) *ист.* королевские лесные угодья, переданные частным владельцам

**purlin** [ˈpə:lɪn] *n* *стр.* обрешётина

**purloin** [pə:ˈlɔɪn] *v* воровать, похищать

**purple** [ˈpə:pl] **1.** *n* 1) пурпурный цвет, пурпур; ancient ~ багрец (*краска из багрянки*) 2) фиолетовый цвет 3) порфира 4) одеяние *или* сан кардинала; to raise to the ~ сделать кардиналом

**2.** *a* 1) пурпурный; багровый; to turn ~ with rage побагроветь от ярости 2) фиолетовый 3) пышный; изобилующий украшениями 4) *поэт.* порфироносный; царский

**3.** *v* 1) окрашивать в пурпурный цвет 2) багроветь

**purple-fish** [ˈpə:plfɪʃ] *n* багрянка (*моллюск*)

**purport** [ˈpə:pət] **1.** *n* 1) смысл, содержание 2) *юр.* текст документа 3) *редк.* цель, намерение

**2.** *v* 1) означать; подразумевать; this letter ~s to be written by you письмо это написано якобы вами 2) *редк.* иметь целью, претендовать

**purpose** [ˈpə:pəs] **1.** *n* 1) намерение, цель, назначение; novel with a ~ тенденциозный роман; of set ~ с умыслом, предумышленно; on ~ нарочно; on ~ to... с целью...; to answer (*или* to serve) the ~ годиться, отвечать цели; to the ~ кстати; к делу; beside the ~ нецелесообразно; sense of ~ целеустремлённость 2) результат; успех; to little ~ почти безрезультатно; to no ~ напрасно, тщетно; to some ~ не без успеха 3) целеустремлённость, воля; wanting in ~ слабовольный, нерешительный

**2.** *v* иметь целью; намереваться; I ~ to go to Moscow я намереваюсь отправиться в Москву

**purposeful** [ˈpə:pəsful] *a* 1) целеустремлённый; имеющий намерение 2) умышленный; преднамеренный 3) полный значения, важный

**purposeless** [ˈpə:pəslɪs] *a* 1) бесцельный; бесполезный 2) непреднамеренный

**purposely** [ˈpə:pəslɪ] *adv* нарочно, с целью; преднамеренно

**purposive** [ˈpə:pəsɪv] *a* 1) служащий для определённой цели 2) намеренный 3) решительный

**purr** [pə:] **1.** *n* мурлыканье

**2.** *v* мурлыкать

**purree** [ˈpʌrɪ] *инд.* *n* жёлтое красящее вещество

**purse** [pə:s] **1.** *n* 1) кошелёк; to open one's ~ раскошеливаться; the public ~ казна; to have a common ~ делить поровну все расходы 2) деньги, богатство, мошна (*тж.* fat ~, heavy ~, long ~); lean (*или* light, slender) ~ бедность 3) денежный фонд; собранные средства; приз, премия, to make up a ~ собрать деньги (*по подписке*); to give (*или* to put up) a ~ присуждать премию, давать деньги 4) мешок, сумка (*тж. зоол.*); ~s under the eyes мешки под глазами 5) мотня (*в неводе*)

**2.** *v*: to ~ (up) one's mouth поджать губы

**purse-bearer** [ˈpə:sˌbɛərə] *n* казначей

**purse-proud** [ˈpə:spraud] *a* гордый своим богатством; зазнавшийся (*богач*)

**purser** [ˈpə:sə] *n* казначей, эконом (*на корабле*)

**purse-strings** [ˈpə:sstrɪŋz] *n* *pl* ремешки, которыми в старину затягивался кошелёк ◇ to hold the ~ распоряжаться расходами; to tighten (to loosen) the ~ скупиться, экономить, сокращать (не скупиться, увеличивать) расходы

**purslane** [ˈpə:slɪn] *n* *бот.* портулак

**pursuance** [pəˈsju(:)əns] *n* 1) выполнение; исполнение; in ~ of smth. выполняя что-л., следуя чему-л., согласно чему-л.; во исполнение чего-л. 2) преследование

**pursuant** [pə'sju(:)ənt] *adv.*: ~ to (*употр. как prep*) соотве́тственно, согла́сно (*чему-л.*)

**pursue** [pə'sju:] *v* 1) пресле́довать; сле́довать неотсту́пно за; гна́ться; бежа́ть за; ill health ~d him till death плохо́е здоро́вье му́чило его́ всю жизнь 2) пресле́довать (*цель*); сле́довать по наме́ченному пути́; to ~ a scheme выполня́ть план, прое́кт, програ́мму; to ~ the policy of peace вести́, проводи́ть поли́тику ми́ра; to ~ pleasure иска́ть удово́льствий 3) продолжа́ть (*обсуждение, занятие, поездку, путешествие*) 4) занима́ться (*чем-л.*); име́ть профе́ссию 5) (*преим. шотл.*) *юр.* предъявля́ть иск

**pursuer** [pə'sju(:)ə] *n* 1) пресле́дователь; пресле́дующий 2) гони́тель 3) *шотл. юр.* исте́ц

**pursuit** [pə'sju:t] *n* 1) пресле́дование; пого́ня 2) стремле́ние, по́иски; the ~ of happiness по́иски сча́стья; in ~ of в по́исках; в пого́не за, пресле́дуя 3) заня́тие; daily ~s повседне́вные дела́, заня́тия

**pursuit plane** [pə'sju:tpleɪn] *n ав.* истреби́тель

**pursuivant** ['pə:sɪvənt] *n* 1) *поэт.* после́дователь 2) слу́жащий в колле́гии геро́льдии

**pursy** I ['pə:sɪ] *a* 1) страда́ющий оды́шкой 2) ту́чный

**pursy** II ['pə:sɪ] *a* 1) бога́тый, го́рдый свои́м бога́тством 2) смо́рщенный

**purulent** ['pjuərulənt] *a* гно́йный, гноя́щийся

**purvey** [pə:'veɪ] *v* 1) поставля́ть, снабжа́ть (*особ. провизией*) 2) быть поставщико́м 3) заготовля́ть

**purveyance** [pə:'veɪəns] *n* 1) поста́вка, снабже́ние 2) запа́сы; провиа́нт 3) *ист.* реквизи́ция для нужд короле́вского двора́

**purveyor** [pə:'veɪə] *n* поставщи́к

**purview** ['pə:vju:] *n* 1) *юр.* часть стату́та, заключа́ющая са́мое постановле́ние 2) сфе́ра, компете́нция, о́бласть (де́йствия); грани́цы 3) кругозо́р

**pus** [pʌs] *n* гной

**push** [puʃ] **1.** *v* 1) толка́ть; подвига́ть; to ~ aside all obstacles устраня́ть, смета́ть все препя́тствия; to ~ a door to закры́ть дверь 2) нажима́ть 3) продвига́ть(ся); прота́лкивать(ся); выдвига́ть(ся); to ~ one's way прота́лкиваться; прокла́дывать себе́ путь; to ~ one's claims выставля́ть свои́ притяза́ния; to ~ one's fortune всячески улучша́ть своё благосостоя́ние; to ~ oneself стара́ться вы́двинуться 4) реклами́ровать; to ~ one's wares реклами́ровать свои́ това́ры 5): to be ~ed for time (money) име́ть ма́ло вре́мени (де́нег) 6) притесня́ть; торопи́ть (*должника и т. п.*) □ ~ **around** *разг.* помыка́ть (*кем-л.*); ~ **away** отта́лкивать; ~ **forward** а) торопи́ться; стреми́ться вперёд; б) продвига́ть; спосо́бствовать осуществле́нию; ~ **in** приближа́ться (*к берегу — о лодке и т. п.*); ~ **off** а) отта́лкиваться (*от берега*); б) отта́лкивать; в) *разг.* убира́ться, исчеза́ть; г) сбыва́ть (*товары*); ~ **on** а) спеши́ть (*вперёд*); б) прота́лкивать, ускоря́ть; to ~ things on ускоря́ть ход собы́тий; ~ **out** а) выпуска́ть; б) дава́ть ростки́ (*о растении*); в) выступа́ть, выдава́ться вперёд; ~ **through** прота́лкивать(ся); пробива́ться; to ~ the matter through довести́ де́ло до конца́; ~ **upon**: to ~ smth. upon smb. навя́зывать что-л. кому́-л.

**2.** *n* 1) толчо́к; уда́р 2) давле́ние, нажи́м; напо́р; на́тиск; напряже́ние 3) уси́лие, энерги́чная попы́тка; to make a ~ приложи́ть большо́е уси́лие 4) *воен.* ата́ка 5) подде́ржка; проте́кция 6) крити́ческое положе́ние; реша́ющий моме́нт 7) *разг.* увольне́ние; to give the ~ увольня́ть; to get the ~ быть уво́ленным 8) *sl.* ша́йка, ба́нда (*воров, хулиганов*) 9) *тех.* нажи́мная кно́пка

**push-ball** ['puʃbɔ:l] *n спорт.* пушбо́л

**push-bicycle** ['puʃ,baɪsɪkl] *n* велосипе́д (*в противоположность мотоциклу*)

**push-button** ['puʃ,bʌtn] 1) *n* кно́пка (*звонка и т. п.*) 2) *attr.* кно́почный (*об управлении*); ~ war «кно́почная» война́

**push-cart** ['puʃkɑ:t] *n* 1) ручна́я теле́жка 2) де́тский стул на колёсах 3) *attr.*: ~ man *амер.* у́личный торго́вец

**push-chair** ['puʃtʃɛə] *n* де́тский складно́й стул на колёсиках

**pusher** ['puʃə] *n* 1) толка́ч; толка́тель; эже́ктор, выбра́сыватель 2) самоуве́ренный, напо́ристый челове́к, де́йствующий ра́ди со́бственной вы́годы 3) *ав.* самолёт с толка́ющим винто́м 4) *ав.* толка́ющий возду́шный винт 5) маневро́вый парово́з

**pushful** ['puʃful] *a* о́чень предприи́мчивый, сверхинициати́вный

**pushing** ['puʃɪŋ] **1.** *pres. p. от* push 1

**2.** *a* 1) предприи́мчивый, энерги́чный, инициати́вный 2) напо́ристый, пробивно́й

**push-over** ['puʃ,əuvə] *n амер. разг.* 1) пустяко́вое де́ло; несло́жная зада́ча 2) сла́бый игро́к; сла́бый проти́вник 3) слабово́льный челове́к

**push-pin** ['puʃpɪn] *n* 1) *амер.* кно́пка (*для прикрепления бумаги*) 2) *название детской игры*

**push-pull** ['puʃ'pul] *a радио* двухта́ктный

**Pushtoo, Pushtu** ['pʌʃtu:] *n* язы́к пушту́; афга́нский язы́к

**push-up** ['puʃ'ʌp] *n амер. воен. жарг.* заря́дка

**pusillanimity** [,pju:sɪlə'nɪmɪtɪ] *n* малоду́шие, тру́сость

**pusillanimous** [,pju:sɪ'lænɪməs] *a* малоду́шный

**puss** [pus] *n* 1) ко́шечка, ки́ска 2) *охот.* за́яц 3) *шутл.* (коке́тливая) де́вушка (*особ.* sly ~) ◇ ~ in the corner игра́ в «свой сосе́ди»; P. in Boots кот в сапога́х

**pussy** I ['pʌsɪ] *a* гно́йный; гноеви́дный

**pussy** II ['pusɪ] *n* 1) = puss 2) серёжка на ве́рбе

**pussy-cat** ['pusɪkæt] *n* ко́шка, ко́шечка, ки́ска

**pussyfoot** ['pusɪfut] *амер. разг.* **1.** *n* 1) осторо́жный челове́к 2) сторо́нник сухо́го зако́на

**2.** *v* 1) кра́сться по-коша́чьи 2) де́йствовать осторо́жно

**pussy-willow** ['pusɪ,wɪləu] *n* ве́рба

**pustular** ['pʌstjulə] *a* прыща́вый

**pustulate** **1.** *v* ['pʌstjuleɪt] покрыва́ться прыща́ми

**2.** *a* ['pʌstjulɪt] покры́тый прыща́ми

**pustule** ['pʌstju:l] *n мед.* пу́стула, прыщ

**pustulous** ['pʌstjuləs] = pustular

**put** I [put] *v* (put) 1) класть, положи́ть; (по)ста́вить; ~ more sugar in your tea положи́ ещё са́хару в чай; to ~ a thing in its right place поста́вить вещь на ме́сто; to ~ smb. in charge of... поста́вить кого́-л. во главе́...; to ~ a child to bed уложи́ть ребёнка спать 2) помеща́ть; сажа́ть; to ~ to prison сажа́ть в тюрьму́; it's time he was ~ to school пора́ определи́ть его́ в шко́лу; to ~ a boy as apprentice определи́ть ма́льчика в уче́нье; ~ yourself in his place поста́вь себя́ на его́ ме́сто; to ~ on the market выпуска́ть в прода́жу; he ~ his money into land он помести́л свои́ де́ньги в земе́льную со́бственность; ~ it out of your mind вы́кинь э́то из головы́ 3) пододвига́ть, прислоня́ть; to ~ a glass to one's lips поднести́ стака́н к губа́м 4) выража́ть (*словами, в письменной форме*); излага́ть, переводи́ть (from... into — с *одного языка* на *другой*); класть (*слова на музыку*); to ~ it in black and white написа́ть чёрным по бе́лому; I don't know how to ~ it не зна́ю, как э́то вы́разить; I ~ it to you that... я говорю́ вам, что... 5) предлага́ть, ста́вить на обсужде́ние; to ~ a question зада́ть вопро́с; to ~ to vote поста́вить на голосова́ние 6) направля́ть; заставля́ть де́лать; to ~ a horse to (*или* at) a fence заста́вить ло́шадь взять барье́р; to ~ one's mind on (*или* to) a problem ду́мать над разреше́нием пробле́мы; to ~ smth. to use испо́льзовать что-л. 7) *спорт.* броса́ть, мета́ть; толка́ть 8) вса́живать; to ~ a knife into всади́ть нож в; to ~ a bullet through smb. застрели́ть кого́-л. 9) приде́лать, прила́дить; to ~ a new handle to a knife приде́лать но́вую руко́ятку к ножу́ 10) приводи́ть (*в определённое состояние или положение*); to ~ in order приводи́ть в поря́док; to ~ an end to smth. прекрати́ть что-л.; to ~ a stop to smth. останови́ть что-л.; to ~ to sleep усыпи́ть; to ~ to the blush заста́вить покрасне́ть от стыда́, пристыди́ть; to ~ to shame пристыди́ть; to ~ to death предава́ть сме́рти, убива́ть, казни́ть; to ~ to flight обрати́ть в бе́гство; to ~ into a rage разгне́вать; to ~ a man wise (about, of, to) информи́ровать кого́-л. о (*чём-л.*), объясни́ть кому́-л. (*что-л.*); to ~ smb. at his ease приободри́ть, успоко́ить кого́-л.; to ~ the horse to the cart запряга́ть ло́шадь 11) подверга́ть (to); to ~ to torture подве́ргнуть пы́тке; пыта́ть; to ~ to inconvenience причини́ть неудо́бство 12) оце́нивать, исчисля́ть, определя́ть (at — в); счита́ть; I ~ his income at £ 5000 a year я определя́ю его́ годово́й дохо́д в 5000 фу́нтов сте́рлингов □ ~ **about** а) распространя́ть (*слух и т. п.*); б) (*обыкн. р. р.*) *шотл.* волнова́ть, беспоко́ить; don't ~ yourself about не беспоко́йтесь; в) *мор.* сде́лать поворо́т; лечь на друго́й галс; ~ **across** а) перевози́ть, переправля́ть (*на лодке, пароме*); б) *разг.* успе́шно заверши́ть како́е-л. де́ло, «провернуть» (*что-л.*); в) обма́нывать, надува́ть (*кого-л.*); ~ **aside** а) отстраня́ть; б) откла́дывать (в сто́рону); в) отводи́ть (*довод*); г) копи́ть (*деньги*); ~ **away** а) убира́ть; пря́тать; б) отде́лываться, избавля́ться; в) откла́дывать (*сбережения*); г) оставля́ть (*привычку и т. п.*); отказа́ться (*от мысли и т. п.*); д) *разг.* помеща́ть (*в тюрьму, сумасшедший дом и т. п.*); е) *разг.* убива́ть; ж) *разг.* поглоща́ть; съеда́ть; выпива́ть; з) *разг.* заложи́ть (*что-л.*), затеря́ть; ~ **back** а) ста́вить на ме́сто; б) заде́рживать; в) передвига́ть наза́д (*стрелки часов*); г) *мор.* возвраща́ться (*в гавань, к берегу*); ~ **by** а) отстраня́ть; б) откла́дывать на чёрный день; в) избега́ть (*разговора*); г) стара́ться не замеча́ть; игнори́ровать; ~ **down** а) опуска́ть, класть; б) выса́живать, дава́ть возмо́жность вы́йти (*пассажирам*); в) запаса́ть (*что-л.*); г) запи́сывать; д) подпи́сываться на определённую су́мму; е) подавля́ть (*восстание и т. п.*); ж) заста́вить замолча́ть; з) уре́зывать (*расходы*); снижа́ть (*цены*); и) *уст.* понижа́ть (*в должности и т. п.*); сверга́ть; к) счита́ть; I ~ him down for a fool я счита́ю его́ глу́пым; л) припи́сывать (*чему-л.*); м) *ав.* сни́зиться; соверши́ть поса́дку; н) сбить (*самолёт противника*); ~ **forth** а) пуска́ть (*побеги*); б) напряга́ть (*силы*); испо́льзовать; в) проявля́ть; г) пуска́ть в ход, в обраще́ние; д) пуска́ться (*в море*); ~ **forward** а) выдвига́ть, предлага́ть; б) продвига́ть (*кого-л.*), соде́йствовать (*кому-л.*); в) передвига́ть вперёд (*о стрелках часов*); ~ **in** а) вставля́ть, всо́вывать; б) представля́ть (*документ*); в) предъявля́ть (*претензию*); подава́ть (*жалобу*); г) вводи́ть (*в действие*); to ~ in the attack предприня́ть наступле́ние; д) *разг.* исполня́ть (*работу*); е) *разг.* проводи́ть вре́мя (*за каким-л. делом*); ж) поста́вить (*у власти, на должность*); з) вы́двинуть свою́ кандидату́ру, претендова́ть (for — на); и) *мор.* заходи́ть в порт; к): to ~ in appearance (at) появи́ться; ~ **off** а) откла́дывать; he ~ off going to the dentist он отложи́л визи́т к зубно́му врачу́; б) отде́лываться; to ~ off with a jest отде́латься шу́ткой; в) вызыва́ть отвраще́ние; her face quite ~s me off её лицо́ меня́ отта́лкивает; г) меша́ть, отвлека́ть (*от чего-л.*); д) отбра́сывать (*страхи, сомнения и т. п.*); е) подсо́вывать, всу́чивать (upon — *кому-л.*); ж) *мор.* отча́ливать; ~ **on** а) надева́ть; б): to ~ on make-up употребля́ть косме́тику; в) принима́ть вид; напуска́ть на себя́; to ~ on airs and graces мане́рничать; ва́жничать; his modesty is all ~ on его́ скро́мность напускна́я; to ~ on an act *разг.* лома́ться, разы́грывать коме́дию; to ~ on a brave face де́лать вид, что всё в поря́дке; храбри́ться; г) ста́вить (*на сцене*); to ~ a play on the stage поста́вить пье́су; д) ста́вить (*на лошадь и т. п.*); е) облага́ть (*налогом*); ж) возлага́ть; to ~ the blame on smb. возлага́ть вину́ на кого́-л.; з) прибавля́ть(ся); to ~ on pace прибавля́ть ша́гу; to ~ it on α) повыша́ть це́ну; β) преувели́чивать (*свои чувства, боль и т. п.*); и) передвига́ть вперёд (*стрелки часов*); к) побужда́ть; to ~ smb. on doing smth. побужда́ть кого́-л. (с)де́лать что-л.; л) приводи́ть в де́йствие; м) испо́льзовать; применя́ть; to ~ on more trains пусти́ть бо́льше поездо́в; ~ **out** а) выгоня́ть; удаля́ть, устраня́ть; убира́ть; б) выкла́дывать (*вещи*); в) вы́тянуть (*руку*); высо́вывать (*рожки — об улитке*); г) дава́ть побе́ги (*о растении*); д) вы́вихнуть (*плечо и т. п.*); е) туши́ть (*огонь*); ж) расхо́довать, тра́тить (*силы*); з) отдава́ть на́ сторону (*вещи — в стирку, в ремонт*); и) причиня́ть неудо́бство; he was very much ~ out by the late arrival of his guests по́здний прие́зд госте́й причини́л ему́ ма́ссу неудо́бств; к) выводи́ть из себя́, смуща́ть, расстра́ивать; л) *амер.* отправля́ться; м) выпуска́ть, издава́ть; н) дава́ть де́ньги под определённый проце́нт (at); о) выходи́ть в мо́ре п) *спорт.* запятна́ть; ~ **over** а) переправи́ть(ся); б) успе́шно осуществи́ть (*постановку и т. п.*); в) *refl.* произвести́ впечатле́ние, доби́ться успе́ха у пу́блики; г) откла́дывать; д) *амер. разг.* заверши́ть (*что-л.*); дости́чь це́ли; ~ **through** а) вы́полнить, зако́нчить (*работу*); б) соедини́ть (*по телефону*); ~ **together** а) соединя́ть; сопоставля́ть; б) компили́ровать; в) собира́ть (*механизм*); ~ **up** а) поднима́ть; б) стро́ить, воздвига́ть (*здание и т. п.*); в) ста́вить (*пьесу*); г) пока́зывать, выставля́ть; выве́шивать (*объявление*); д) возноси́ть (*молитвы*); е) продава́ть с аукцио́на; ж) повыша́ть (*цены*); з) убира́ть, пря́тать (*вещи и т. п.*); to ~ up a sword класть в но́жны (меч); и) вкла́дывать (*деньги*); к) покова́ть; л) консерви́ровать; м) выставля́ть свою́ кандидату́ру (*на выборах*); н) выдвига́ть чью́-либо кандидату́ру (*на выборах*); о) устра́ивать; to ~ up a fight устро́ить дра́ку; to ~ up a resistance ока́зывать сопротивле́ние; п) принима́ть, дава́ть прию́т (*гостям*); р) остана́вливаться в гости́нице *и т. п.* (at); с) закла́дывать (*в ломбарде*); т) терпе́ть; мири́ться, примири́ться (with — с); у) фабрикова́ть; ф) вспугну́ть (*дичь*); ~ **upon** а) обременя́ть; б) обма́нывать ◇ to ~ it across smb. *разг.* а) провести́, обману́ть кого́-л.; б) нака́зывать кого́-л.; своди́ть счёты с кем-л.; to ~ two and two together сообрази́ть, сде́лать вы́вод из фа́ктов; to ~ smb. up to smth. а) открыва́ть кому́-л. глаза́ на что-л.; б) побужда́ть, подстрека́ть кого́-л. к чему́-л.; to ~ smb. up to the ways of the place знако́мить кого́-л. с ме́стными обы́чаями; to ~ smb. on his guard предостере́чь кого́-л.; to ~ smb. off his guard усыпи́ть чью́-л. бди́тельность; to ~ one's name to ока́зывать подде́ржку

**put** II [put] *n* мета́ние (*камня и т. п.*)

**put** III [pʌt] = putt

**putative** [ˈpjuːtətɪv] *a* предполага́емый, мни́мый

**putlog** [ˈputlɔg] *n стр.* па́лец строи́тельных лесо́в

**put-off** [ˈputˈɔf] *n* 1) уло́вка 2) откла́дывание

**putrefaction** [ˌpjuːtrɪˈfækʃən] *n* 1) гние́ние; разложе́ние; гни́лость 2) мора́льное разложе́ние

**putrefactive** [ˌpjuːtrɪˈfæktɪv] *a* вызыва́ющий гние́ние

**putrefy** [ˈpjuːtrɪfaɪ] *v* 1) гнить, разлага́ться (*о трупе*) 2) вызыва́ть гние́ние 3) разлага́ться (*морально*); подве́ргнуться де́йствию корру́пции

**putrescence** [pjuːˈtresns] *n* гние́ние

**putrid** [ˈpjuːtrɪd] *a* 1) гнило́й 2) воню́чий 3) испо́рченный 4) *разг.* отврати́тельный ◇ ~ fever сыпно́й тиф

**putridity** [pjuːˈtrɪdɪtɪ] *n* 1) гниль; гни́лость 2) мора́льное разложе́ние, испо́рченность

**putsch** [putʃ] *нем. n* путч

**putt** [pʌt] **1.** *n* (лёгкий) уда́р, загоня́ющий мяч в лу́нку (*в гольфе*)

**2.** *v* гнать мяч в лу́нку (*в гольфе*)

**puttee** [ˈpʌtɪ] *n* 1) обмо́тка (*для ног*) 2) кра́га

**putter** I [ˈpʌtə] *n* коро́ткая клю́шка (*для гольфа*)

**putter** II [ˈpʌtə] *v* 1) труди́ться впусту́ю (over — над) 2) двига́ться ме́дленно, вя́ло (about, along) □ ~ **about** броди́ть без це́ли; слоня́ться

**puttie** [ˈpʌtɪ] = puttee

**puttier** [ˈpʌtɪə] *n* стеко́льщик

**putting** [ˈputɪŋ] **1.** *pres. p. от* put I

**2.** *n спорт.* толка́ние; ~ the shot толка́ние ядра́

**putting-green** [ˈpʌtɪŋgriːn] *n* ро́вная лужа́йка (*вокруг лунки в гольфе*)

**putting-stone** [ˈputɪŋstəun] *n спорт.* ядро́

**putty** [ˈpʌtɪ] **1.** *n* (око́нная) зама́зка, шпатлёвка (*тж.* glazier's ~) 2) порошо́к, масти́ка *или* смесь для шлифо́вки *или* полиро́вки (*тж.* jeweller's ~) ◇ ~ medal незначи́тельная награ́да за незначи́тельные услу́ги

**2.** *v* зама́зывать зама́зкой; шпатлева́ть

**put-up** [ˈputˈʌp] *a разг.* заду́манный, зара́нее сплани́рованный; сфабрико́ванный; a ~ affair (*или* job) махина́ция, суде́бная инсцениро́вка; подстро́енное де́ло

**puzzle** [ˈpʌzl] **1.** *n* 1) вопро́с, ста́вящий в тупи́к; зага́дка, головоло́мка 2) головоло́мка (*игрушка*); Chinese ~ кита́йская головоло́мка 3) недоуме́ние, затрудне́ние; замеша́тельство

**2.** *v* 1) приводи́ть в затрудне́ние, ста́вить в тупи́к; озада́чивать; to ~ one's brains over smth. лома́ть себе́ го́лову над чем-л.; би́ться над чем-л. 2) запу́тывать, усложня́ть □ ~ **out** распу́тать (*что-л.*), разобра́ться в (*чём-л.*)

**puzzle-headed** [ˈpʌzlˈhedɪd] *a* запу́тавшийся; не разбира́ющийся в са́мых просты́х веща́х; сумбу́рный

**puzzlement** [ˈpʌzlmənt] *n* 1) замеша́тельство; смуще́ние 2) зага́дка

**puzzle-pated** [ˈpʌzlˈpeɪtɪd] = puzzle-headed

**puzzler** [ˈpʌzlə] *n* тру́дная зада́ча; тру́дный вопро́с

**puzzling** [ˈpʌzlɪŋ] **1.** *pres. p. от* puzzle 2

**2.** *a* приводя́щий в замеша́тельство; сбива́ющий с то́лку

**pyaemia** [paɪˈiːmjə] *n мед.* пиеми́я

**pyedog** [ˈpaɪdɔg] *n инд.* бродя́чая соба́ка

**pygm(a)ean** [pɪgˈmiːən] *a* ка́рликовый

**pygmy** [ˈpɪgmɪ] *n* 1) пигме́й, ка́рлик 2) ничто́жество, пигме́й 3) *attr.* ка́рликовый 4) *attr.* незначи́тельный

**pyjamas** [pəˈdʒɑːməz] *n pl* пижа́ма

**pylon** [ˈpaɪlən] *n* 1) *архит.* пило́н, опо́ра 2) *ав.* каба́нчик

**pylorus** [paɪˈlɔːrəs] *n анат.* приврáтник желу́дка

**pyorrhoea** [ˌpaɪəˈrɪə] *n мед.* пиоре́я

**pyramid** [ˈpɪrəmɪd] **1.** *n* 1) пирами́да 2) что-л., напомина́ющее по фо́рме пирами́ду 3) *pl* пирами́да, игра́ на билья́рде в 15 шаро́в 4) *бирж.* прода́жа а́кций при повыше́нии ку́рса для поку́пки а́кций на бо́льшую су́мму

**2.** *v* 1) располага́ть в ви́де пирами́ды 2) *бирж.* продава́ть а́кции при повыше́нии ку́рса для поку́пки а́кций на бо́льшую су́мму 3) ста́вить на ка́рту, рискова́ть

**pyramidal** [pɪˈræmɪdl] *a* пирамида́льный

**pyre** [ˈpaɪə] *n* погреба́льный костёр

**pyretic** [paɪˈretɪk] *a* 1) лихора́дочный 2) жаропонижа́ющий

**pyrites** [paɪˈraɪtiːz] *n* се́рный колчеда́н, пири́т

**pyro-electricity** [ˈpaɪrəuˌɪlekˈtrɪsɪtɪ] *n* пироэлектри́чество

**pyrometer** [paɪˈrɔmɪtə] *n тех.* пиро́метр

**pyrotechnic** [ˌpaɪrəuˈteknɪk] *a* пироте́хни́ческий; ~ pistol раке́тный пистоле́т

**pyrotechnics** [ˌpaɪrəuˈteknɪks] *n pl* (*употр. как sing*) пироте́хника

**pyrotechnist** [ˌpaɪrəuˈteknɪst] *n* пироте́хник

**pyroxene** [ˈpaɪrɔksiːn] *n мин.* пироксе́н

**pyroxylin** [paɪˈrɔksɪlɪn] *n хим.* пироксили́н

**Pyrrhic** I [ˈpɪrɪk] *n* 1) древнегре́ческий вое́нный та́нец 2) *прос.* пирри́хий (*тж.* ~ foot)

**Pyrrhic** II [ˈpɪrɪk] *a*: ~ victory пи́ррова побе́да

**Pyrrhonism** [ˈpɪrənɪzm] *n* уче́ние гре́ческого фило́софа Пирро́на; скептици́зм

**Pyrrhonist** [ˈpɪrənɪst] *n* после́дователь Пирро́на; ске́птик

**pyrrol** [pɪˈrəul] *n хим.* пирро́л

**Pythagorean** [paɪˌθægəˈri(ː)ən] **1.** *a* пифаго́ре́йский; ~ proposition *геом.* пифаго́рова теоре́ма

**2.** *n* пифагоре́ец

**Pythian** [ˈpɪθɪən] *a др.-греч.* пифи́ческий

**python** [ˈpaɪθən] *n* 1) *зоол.* пито́н 2) *греч. миф.* Пифо́н 3) прорица́тель

**pythoness** [ˈpaɪθənes] *n* пи́фия; прорица́тельница, веще́унья

**pyx** [pɪks] **1.** *n* 1) *церк.* дарохрани́тельница 2) я́щик для про́бной моне́ты (*на монетном дворе*); the trial of the ~ пробиро́вка, про́ба моне́т

**2.** *v* производи́ть про́бу (*монет*)

**pyxis** [ˈpɪksɪs] *лат. n* ма́ленький я́щичек (*для драгоценностей и т. п.*)

# Q

**Q, q** [kjuː] *n* (*pl* Qs, Q's [kjuːz]) *17-я буква англ. алфавита* ◇ Q and reverse Q «восьмёрка» (*элемент фигурного катания*)

**qua** [kweɪ] *лат. adv* в ка́честве

**quack** I [kwæk] **1.** *n* 1) кря́канье (*уток*) 2) *разг.* кря́ква, у́тка

**2.** *v* 1) кря́кать (*об утках*) 2) треща́ть,болта́ть

**quack** II [kwæk] **1.** *n* 1) зна́харь; шарлата́н 2) *attr.* шарлата́нский; ~ doctor врач-шарлата́н; ~ medicine (*или* remedy) шарлата́нское сна́добье *или* сре́дство

**2.** *v* 1) лечи́ть сна́добьями 2) шарлата́нить, моше́нничать

**quackery** [ˈkwækərɪ] *n* шарлата́нство, зна́харство

**quackle** [ˈkwækl] *v* кря́кать

**quack-quack** [ˈkwækˈkwæk] *n детск.* кря-кря, у́тка

**quacksalver** [ˈkwækˌsælvə] = quack II, 1

**quad** [kwɔd] *n* 1) *разг. сокр. от* quadrangle 2) *сокр. от* quadrat 3) *разг. сокр. от* quadruplets 4) четвёрка (*лошадей*) 5) *эл.* четвёрка (*скрученные вместе четыре изолированные жилы в кабелях связи*) 6) *воен. разг.* тяга́ч; счетверённая зени́тная пулемётная устано́вка

**quadragenarian** [ˌkwɔdrədʒɪˈnɛərɪən] **1.** *a* сорокале́тний

**2.** *n* сорокале́тний челове́к

**Quadragesima** [ˌkwɔdrəˈdʒesɪmə] *n рел.* 1) воскресе́нье пе́рвой неде́ли вели́кого поста́ (*тж.* ~ Sunday) 2) *уст.* вели́кий пост

**quadragesimal** [ˌkwɔdrəˈdʒesɪməl] *a* 1) сорокадне́вный, для́щийся со́рок дней (*особ. о великом посте*) 2) *рел.* великопо́стный

**quadrangle** [ˈkwɔdræŋgl] *n* 1) четырёхуго́льник 2) четырёхуго́льный двор, окружённый зда́ниями

**quadrangular** [kwɔˈdræŋgjulə] *a* четырёхуго́льный

**quadrant** [ˈkwɔdrənt] *n* 1) *мат.* квадра́нт, че́тверть кру́га 2) *тех.* гита́ра, большо́й тре́нзель

**quadrat** [ˈkwɔdrɪt] *n полигр.* шпа́ция

**quadrate 1.** *n* [ˈkwɔdrɪt] 1) квадра́т 2) *анат.* квадра́тная кость

**2.** *a* [ˈkwɔdrɪt] квадра́тный, четырёхуго́льный (*преим. о мышце или кости*)

**3.** *v* [kwɔˈdreɪt] *редк.* 1) де́лать квадра́тным 2) согласова́ть(ся); соотве́тствовать (with, to)

**quadratic** [kwəˈdrætɪk] *мат.* **1.** *a* квадра́тный; ~ equation квадра́тное уравне́ние, уравне́ние второ́й сте́пени

**2.** *n* = ~ equation [*см.* 1]

**quadrature** [ˈkwɔdrətʃə] *n мат., астр.* квадрату́ра; ~ of the circle квадрату́ра кру́га

**quadrennial** [kwɔˈdrenɪəl] *a* 1) для́щийся четы́ре го́да 2) происходя́щий раз в четы́ре го́да; ~ election вы́боры, происходя́щие ка́ждые четы́ре го́да

**quadriga** [kwəˈdriːgə] *n* (*pl* -gae) *др.-рим.* квадри́га (*двухколёсная колесница, запряжённая четвёркой лошадей*)

**quadrigae** [kwəˈdriːgiː] *pl от* quadriga

**quadrilateral** [ˌkwɔdrɪˈlætərəl] **1.** *n* четырёхуго́льник

**2.** *a* четырёхсторо́нний

**quadrille** [kwəˈdrɪl] *n* кадри́ль

**quadrillion** [kwəˈdrɪljən] *n мат.* 1) квадрильо́н, миллио́н в четвёртой сте́пени (*единица с 24 нулями*)

2) *амер.* ты́сяча в пя́той сте́пени (*едини́ца с 15 нуля́ми*)

**quadripartite** [ˌkwɔdrɪ'pɑ:taɪt] *a* состоя́щий из четырёх часте́й; разделённый на четы́ре ча́сти

**quadripole** ['kwɔdrɪpəul] *n радио* четырёхпо́люсник

**quadrisyllable** ['kwɔdrɪ'sɪləbl] *n* четырёхсло́жное сло́во

**quadrivalent** [ˌkwɔdrɪ'veɪlənt] *a хим.* четырёхвале́нтный

**quadroon** [kwɔ'dru:n] *n* квартеро́н (*роди́вшийся от мула́тки и бе́лого*)

**quadruped** ['kwɔdruped] **1.** *n* четвероно́гое живо́тное (*особ.* млекопита́ющее)

**2.** *a* четвероно́гий

**quadrupedal** [kwɔ'dru:pɪdl] *a* четвероно́гий

**quadruple** ['kwɔdrupl] **1.** *n* учетверённое коли́чество

**2.** *a* 1) четверно́й; учетверённый (of, to); четырёхкра́тный 2) состоя́щий из четырёх часте́й 3) четырёхсторо́нний (*о соглаше́нии*)

**3.** *v* учетверя́ть

**quadruplets** ['kwɔdruplɪts] *n pl* че́тверо близнецо́в

**quadruplicate 1.** *n* [kwɔ'dru:plɪkɪt] 1): in ~ в четырёх экземпля́рах 2) *pl* четы́ре одина́ковых экземпля́ра

**2.** *a* [kwɔ'dru:plɪkɪt] учетверённый

**3.** *v* [kwɔ'dru:plɪkeɪt] учетверя́ть, мно́жить на четы́ре; де́лать в четырёх экземпля́рах

**quads** [kwɔdz] *разг. см.* quadruplets

**quaere** ['kwɪərɪ] *лат.* **1.** *n* вопро́с

**2.** *v* (*обыкн. imp.*) жела́тельно знать, спра́шивается; most interesting, but ~, is it true? э́то о́чень интере́сно, но, спра́шивается, ве́рно ли э́то?

**quaestor** ['kwi:stə] *n др.-рим.* кве́стор

**quaff** [kwɑ:f] *v книжн.* пить больши́ми глотка́ми; осуша́ть за́лпом

**quag** [kwæg] = quagmire 1)

**quaggy** ['kwægɪ] *a* 1) тряси́нный, то́пкий, боло́тистый 2) теку́щий по боло́тистой ме́стности 3) дря́блый (*о те́ле*)

**quagmire** ['kwægmaɪə] *n* 1) боло́то, тряси́на 2) затрудни́тельное положе́ние

**quail** I [kweɪl] *n* 1) (*pl без измен.*) пе́репел 2) *амер. унив. sl.* студе́нтка

**quail** II [kweɪl] *v* 1) дро́гнуть; стру́сить, спасова́ть (at, before) 2) *редк.* запуга́ть 3) *уст.* свёртываться, створа́живаться

**quail-call** ['kweɪlkɔ:l] = quail-pipe

**quail-pipe** ['kweɪlpaɪp] *n* ду́дочка для прима́нивания перепело́в, мано́к

**quaint** [kweɪnt] *a* 1) прия́тный, привлека́тельный свое́й необы́чностью *или* старино́й; ~ old customs оригина́льные стари́нные обы́чаи 2) причу́дливый, эксцентри́чный

**quake** [kweɪk] **1.** *n* 1) дрожа́ние, дрожь 2) *разг.* землетрясе́ние

**2.** *v* 1) трясти́сь, дрожа́ть, кача́ться, колеба́ться (*о земле́*) 2) дрожа́ть; to ~ with cold (fear, anger, weakness) дрожа́ть от хо́лода (стра́ха, гне́ва, сла́бости)

**Quaker** ['kweɪkə] *n* 1) ква́кер 2) (q.) = quaker-gun 3) *attr.* ква́керский; Q. City *амер. уст.* Го́род ква́керов, Филаде́льфия

**Quakeress** ['kweɪkərɪs] *n* ква́керша

**quaker-gun** ['kweɪkə'gʌn] *n амер. ист.* бутафо́рское ору́дие

**Quakerish** ['kweɪkərɪʃ] *a* ква́керский; по-ква́керски скро́мный

**Quakerism** ['kweɪkərɪzm] *n* ква́керство

**Quaker-meeting** ['kweɪkə'mi:tɪŋ] = Quakers' meeting

**Quakers' meeting** ['kweɪkəz'mi:tɪŋ] *n* 1) собра́ние ква́керов 2) собра́ние, на кото́ром ма́ло выступа́ют

**quaking** ['kweɪkɪŋ] *a* дрожа́щий, трясу́щийся ◇ ~ asp оси́на

**quaking-grass** ['kweɪkɪŋgrɑ:s] *n бот.* трясу́нка

**quaky** ['kweɪkɪ] *a* дрожа́щий, трясу́щийся

**qualification** [ˌkwɔlɪfɪ'keɪʃən] *n* 1) ограниче́ние, огово́рка 2) квалифика́ция; подгото́вленность; пра́во занима́ть каку́ю-л. до́лжность; a doctor's ~ профе́ссия врача́ 3) определе́ние, характери́стика (*де́ятельности, взгля́дов и т. п.*) 4) избира́тельный ценз 5) *спорт.* квалификацио́нные, отбо́рочные соревнова́ния

**qualificatory** ['kwɔlɪfɪkətərɪ] *a* 1) квалифици́рующий 2) ограни́чивающий

**qualified** ['kwɔlɪfaɪd] **1.** *p. p. от* qualify

**2.** *a* 1) компете́нтный 2) подходя́щий, приго́дный 3) ограни́ченный

**qualify** ['kwɔlɪfaɪ] *v* 1) обуча́ть(ся) (*чему́-л.*); приобрета́ть каку́ю-л. специа́льность 2) получа́ть пра́во (*на что́-либо*); де́лать *или* стать правомо́чным (as, for); to ~ for the vote получи́ть пра́во го́лоса 3) определя́ть, квалифици́ровать; называ́ть (as) 4) ослабля́ть, смягча́ть 5) разбавля́ть 6) *грам.* определя́ть

**qualifying** ['kwɔlɪfaɪɪŋ] **1.** *pres. p. от* qualify

**2.** *a* квалификацио́нный; ~ examination экза́мен на получе́ние како́й-л. квалифика́ции

**qualitative** ['kwɔlɪtətɪv] *a* ка́чественный

**quality** ['kwɔlɪtɪ] *n* 1) ка́чество (*тж. филос.*); сорт; of good ~ высокосо́ртный 2) сво́йство; осо́бенность; характе́рная черта́; to give a taste of one's ~ показа́ть себя́, свои́ спосо́бности *и т. п.* 3) высо́кое ка́чество, досто́инство 4) *уст.* положе́ние в о́бществе; people of ~, the ~ вы́сшие кла́ссы о́бщества, знать, господа́ (*противоп.* the common people); a lady of ~ зна́тная да́ма 5) *уст.* актёрская профе́ссия; *собир.* актёры 6) тембр; the ~ of a voice тембр го́лоса

**qualm** [kwɑ:m] *n* 1) при́ступ дурноты́, тошноты́ 2) при́ступ малоду́шия *или* растерянности 3) (*обыкн. pl*) сомне́ние в свое́й правоте́; ~s of conscience угрызе́ния со́вести

**qualmish** [kwɑ:mɪʃ] *a* 1) чу́вствующий при́ступ тошноты́ 2) испы́тывающий угрызе́ния со́вести

**qualmishness** ['kwɑ:mɪʃnɪs] *n* тошнота́

**quandary** ['kwɔndərɪ] *n* затрудни́тельное положе́ние; затрудне́ние; недоуме́ние; to be in a ~ быть в затрудне́нии, не знать, как поступи́ть

**quant** [kwɔnt] *мор.* **1.** *n* шест для отта́лкивания

**2.** *v* отта́лкивать(ся) шесто́м

**quanta** ['kwɔntə] *pl от* quantum

**quantify** ['kwɔntɪfaɪ] *v* определя́ть коли́чество

**quantitative** ['kwɔntɪtətɪv] *a* коли́чественный

**quantity** ['kwɔntɪtɪ] *n* 1) коли́чество (*тж. филос.*); negligible ~ незначи́тельное коли́чество; величина́, кото́рой мо́жно пренебре́чь; *перен.* челове́к, с кото́рым не счита́ются; челове́к, не име́ющий ве́са 2) *мат.* величина́; incommensurable quantities несоизмери́мые величи́ны; unknown ~ неизве́стное; *перен.* челове́к, о кото́ром ничего́ не изве́стно *или* де́йствия кото́рого нельзя́ предусмотре́ть 3) большо́е коли́чество; a ~ of мно́жество; in quantities в большо́м коли́честве 4) *фон.* долгота́ зву́ка, коли́чество зву́ка

**quantum** ['kwɔntəm] *лат. n* (*pl* -ta) 1) коли́чество, су́мма 2) до́ля, часть 3) *физ.* квант 4) *attr.* ква́нтовый; ~ theory ква́нтовая тео́рия; ~ number ква́нтовое число́

**quarantine** ['kwɔrənti:n] **1.** *n* 1) каранти́н 2) *юр. ист.* сороканде́вный пери́од 3) *attr.*: ~ flag жёлтый каранти́нный флаг

**2.** *v* 1) подверга́ть каранти́ну 2) подверга́ть изоля́ции (*страну́ и т. п.*)

**quarrel** I ['kwɔrəl] **1.** *n* ссо́ра, перебра́нка (with, between); по́вод к вражде́; раздо́ры, спор; to espouse another's ~ заступа́ться за кого́-л.; to seek (*или* to pick) a ~ with иска́ть по́вод для ссо́ры с; to make up a ~ помири́ться, переста́ть враждова́ть ◇ to find ~ in a straw быть приди́рчивым

**2.** *v* 1) ссо́риться (with — с *кем-л.*, about, for — из-за *чего́-л.*) 2) придира́ться, спо́рить; оспа́ривать (*что́-л.*); I would find difficulty to ~ with this statement тру́дно не согласи́ться с э́тим утвержде́нием ◇ to ~ with one's bread and butter броса́ть заня́тие, даю́щее сре́дства к существова́нию; идти́ про́тив со́бственных интере́сов

**quarrel** II ['kwɔrəl] *n ист.* стрела́ самостре́ла

**quarrelsome** ['kwɔrəlsəm] *a* вздо́рный, сварли́вый, приди́рчивый; драчли́вый

**quarry** I ['kwɔrɪ] **1.** *n* 1) каменоло́мня, откры́тая разрабо́тка, карье́р 2) исто́чник сведе́ний

**2.** *v* 1) разраба́тывать карье́р, добыва́ть (*камень из карьера*) 2) ры́ться (*в книгах и т. п.*); выи́скивать фа́кты, информа́цию (for)

**quarry** II [ˈkwɔrɪ] *n* 1) добы́ча; пресле́дуемый зверь 2) наме́ченная же́ртва

**quart** *n* 1) [kwɔ:t] ква́рта (= 1/4 *галлона* = *2 пинтам* = *1,14 л*); сосу́д ёмкостью в 1 ква́рту 2) [kɑ:t] ква́рта (*четвёртая позиция или фигура в фехтовании*) 3) [kɑ:t] *карт.* кварт (*четыре карты одной масти подряд в пикете*) ◇ to try to put a ~ into a pint pot ≅ стара́ться сде́лать невозмо́жное

**quartan** [ˈkwɔ:tn] *n мед.* четырёхдне́вная маляри́я, кварта́на

**quarter** [ˈkwɔ:tə] **1.** *n* 1) че́тверть (of); a ~ of a century че́тверть ве́ка; to divide into ~s раздели́ть на четы́ре ча́сти; for a ~ (of) the price, for ~ the price за че́тверть цены́ 2) че́тверть ча́са; a ~ to one, *амер.* a ~ of one без че́тверти час; a bad ~ of an hour не́сколько неприя́тных мину́т; неприя́тное пережива́ние 3) кварта́л (*года*); *школ.* че́тверть; to be several ~s in arrears задолжа́ть за не́сколько кварта́лов (*квартирную плату и т. п.*) 4) кварта́л (*города*); residential ~ кварта́л жилы́х домо́в 5) страна́ све́та 6) *pl* кварти́ра, помеще́ние, жили́ще; at close ~s в те́сном сосе́дстве (*ср. тж.* ◇); to take up one's ~s with smb. посели́ться у кого́-л. *или* с кем-л. 7) *pl воен.* кварти́ры, каза́рмы; стоя́нка; *мор.* пост; to beat to ~s *мор.* бить сбор; to sound off ~s *мор.* бить отбо́й 8) ме́сто, сторона́; from every ~ со всех сторо́н; from no ~ ниотку́да, ни с чьей стороны́; we learned from the highest ~s мы узна́ли из авторите́тных исто́чников 9) поща́да; to ask for (*или* to cry) ~ проси́ть поща́ды; to give ~ пощади́ть жизнь (*сдавшегося на милость победителя*); no ~ to be given поща́ды не бу́дет 10) приём, обхожде́ние 11) че́тверть (*туши*); fore ~ лопа́тка; hind ~ за́дняя часть 12) че́тверть (*мера сыпучих тел* = *2,9 гектолитра*; *мера веса* = *12,7 кг*; *мера длины*: 1/4 *ярда* = *22,86 см*, 1/4 *мили* = *402,24 м*) 13) *мор.* че́тверть ру́мба; from what ~ does the wind blow? отку́да ду́ет ве́тер? 14) *амер.* (моне́та в 25 це́нтов) 15) бег на че́тверть ми́ли 16) *мор.* кормова́я часть су́дна 17) за́дник (*сапога*) 18) *геральд.* че́тверть геральди́ческого щита́ 19) *стр.* деревя́нный четырёхгра́нный брус ◇ not a ~ so good as далеко́ не так хоро́ш, как; at close ~s в непосре́дственном соприкоснове́нии (*особ. с противником*) [*ср. тж.* 6)]; to come to close ~s а) вступи́ть в рукопа́шную; б) сцепи́ться в спо́ре; в) столкну́ться лицо́м к лицу́

**2.** *v* 1) дели́ть на четы́ре (ра́вные) ча́сти 2) *ист.* четвертова́ть 3) расквартиро́вывать (*особ. войска*); помеща́ть на кварти́ру; ста́вить на посто́й (on — к *кому-л.*) 4) квартирова́ть (at) 5) ры́скать по всем направле́ниям (*об охотничьих собаках*) 6) уступа́ть доро́гу, свора́чивать, что́бы разъе́хаться 7) *геральд.* дели́ть (щит) на че́тверти; помеща́ть в одно́й из четверте́й щита́ но́вый герб

**quarterage** [ˈkwɔ:tərɪdʒ] *n* 1) расквартирова́ние 2) вы́плата (*пенсии и т. п.*) по кварта́лам

**quarterback** [ˈkwɔ:təbæk] *n* защи́тник (*в американском футболе*)

**quarter-bill** [ˈkwɔ:təbɪl] *n мор.* боево́е расписа́ние

**quarter binding** [ˈkwɔ:təˌbaɪndɪŋ] *n* переплёт с ко́жаным корешко́м

**quarter-day** [ˈkwɔ:tədeɪ] *n* день, начина́ющий кварта́л го́да (*срок платежей в Англии: 25 марта, 24 июня, 29 сентября и 25 декабря*)

**quarter-deck** [ˈkwɔ:tədek] *n мор.* шка́нцы; ют

**quarterly** [ˈkwɔ:təlɪ] **1.** *n* журна́л, выходя́щий раз в три ме́сяца

**2.** *a* трёхме́сячный, кварта́льный

**3.** *adv* раз в кварта́л, раз в три ме́сяца

**quartermaster** [ˈkwɔ:təˌmɑ:stə] *n* 1) *воен.* квартирме́йстер; нача́льник (хозя́йственного) снабже́ния; интенда́нт 2) *мор.* старшина́-рулево́й

**quartern** [ˈkwɔ:tən] *n* 1) четырёхфунто́вый хлеб (*тж.* ~-loaf) 2) че́тверть пи́нты 3) че́тверть листа́ (*бумаги*)

**quarter sessions** [ˈkwɔ:təˈseʃənz] *n* суд кварта́льных се́ссий (*съезды мировых судей графства, созываемые четыре раза в год для разбирательства уголовных и гражданских дел*)

**quartet(te)** [kwɔ:ˈtet] *n муз.* кварте́т

**quarto** [ˈkwɔ:təu] *n* (*pl* -os [-əuz]) (*сокр.* 4to) *полигр.* 1) ква́рто, форма́т в 1/4 до́лю листа́ 2) кни́га в 1/4 до́лю листа́

**quartz** [kwɔ:ts] *n мин.* кварц ◇ a ~ clock сверхто́чные часы́

**quash** [kwɔʃ] *v* 1) *юр.* аннули́ровать, отменя́ть 2) подавля́ть, сокруша́ть

**quasi** [ˈkwɑ:zi(:)] *лат. adv* как бу́дто; ка́к бы, я́кобы; почти́

**quasi-** [ˈkwɑ:zɪ-] *в сложных словах* ква́зи-; полу-; a ~ official position полуофициа́льное положе́ние

**quasi-conductor** [ˈkwɑ:zɪkənˈdʌktə] *n физ.* полупроводни́к

**Quasimodo** [ˌkwæsɪˈməudəu] *n рел.* фомино́ воскресе́нье

**quassia** [ˈkwɔʃə] *n* 1) *бот.* ка́ссия 2) го́рький отва́р из ка́ссии

**quater-centenary** [ˌkwætəsenˈti:nərɪ] *n* четырёхсотле́тний юбиле́й; четырёхсотле́тие

**quaternary** [kwəˈtə:nərɪ] **1.** *a* 1) состоя́щий из четырёх часте́й; четвертно́й 2) *геол.* четверти́чный

**2.** *n* 1) компле́кт из четырёх предме́тов; четвёрка 2) (Q.) *геол.* четверти́чный пери́од

**quaternion** [kwəˈtə:njən] *n* 1) четвёрка, четы́ре 2) *мат.* кватернио́н

**quatrain** [ˈkwɔtreɪn] *n* четверости́шие

**quattrocento** [ˌkwætrəuˈtʃentəu] *n иск.* кватроче́нто

**quaver** [ˈkweɪvə] **1.** *n* 1) дрожа́ние го́лоса 2) трель 3) *муз.* восьма́я но́ты

**2.** *v* 1) дрожа́ть, вибри́ровать 2) выводи́ть тре́ли 3) произноси́ть дрожа́щим го́лосом

**quavery** [ˈkweɪvərɪ] *a* дрожа́щий

**quay** [ki:] *n* прича́л, на́бережная; сте́нка (*для причаливания судов*)

**quayage** [ˈki:ɪdʒ] *n мор.* 1) сбор за стоя́нку у сте́нки 2) длина́ прича́льной ли́нии

**quayside** [ˈki:saɪd] *n* при́стань

**quean** [kwi:n] *n* 1) *уст.* распу́тница 2) *шотл.* молода́я же́нщина, де́вушка

**queasily** [ˈkwi:zɪlɪ] *adv* 1) тошнотво́рно 2) в состоя́нии дурноты́ 3) приве́дливо

**queasy** [ˈkwi:zɪ] *a* 1) сла́бый (*о желудке*) 2) испы́тывающий тошноту́, недомога́ние 3) подве́рженный тошноте́ 4) вызыва́ющий тошноту́ (*о пище*) 5) щепети́льный; делика́тный 6) приве́дливый, разбо́рчивый

**quebracho** [kəˈbrɑ:tʃəu] *n* 1) квебра́хо (*очень твёрдая древесина некоторых южноамериканских деревьев*) 2) кора́ квебра́хо (*применяется в медицине и в качестве дубителя*)

**queen** [kwi:n] **1.** *n* 1) короле́ва; Q.'s head ма́рка с голово́й короле́вы 2) боги́ня, цари́ца; ~ of beauty короле́ва красоты́ 3) *карт.* да́ма; ~ of hearts а) да́ма черве́й; б) *перен.* покори́тельница серде́ц 4) *шахм.* ферзь 5) ма́тка (*у пчёл*) ◇ Q. Anne is dead! ≅ откры́л Аме́рику! (*ответ на запоздавшую новость*); when Q. Anne was alive ≅ при царе́ Горо́хе

**2.** *v* 1) де́лать короле́вой 2) пра́вить (over); быть короле́вой; цари́ть (*тж.* ~ it) 3) *шахм.* проводи́ть пе́шку *или* проходи́ть в ферзи́

**queenhood** [ˈkwi:nhud] *n* 1) положе́ние короле́вы 2) пери́од ца́рствования короле́вы

**queening** I [ˈkwi:nɪŋ] *pres. p. от* queen 2

**queenly** [ˈkwi:nlɪ] *a* подоба́ющий короле́ве, ца́рственный

**queer** [kwɪə] **1.** *a* 1) стра́нный, чудакова́тый, эксцентри́чный 2) *разг.* чу́вствующий недомога́ние, головокруже́ние *и т. п.* 3) сомни́тельный; подозри́тельный; something ~ about him с ним что́-то нела́дно; в нём есть что́-то стра́нное, подозри́тельное 4) *жарг.* пья́ный 5) *жарг.* подде́льный; подло́жный; ~ money фальши́вые де́ньги 6) гомосексуа́льный ◇ in Q. street *жарг.* а) в затрудни́тельном положе́нии; в беде́; б) в долга́х

**2.** *n* гомосексуали́ст

**3.** *v жарг.* 1) по́ртить; to ~ the pitch for smb. ≅ подложи́ть свинью́ кому́-л.; расстро́ить чьи-л. пла́ны; to ~ oneself with smb. поста́вить себя́ в нело́вкое положе́ние пе́ред кем-л. 2) надува́ть, обма́нывать

**quell** [kwel] *v* 1) *поэт., ритор.* подавля́ть (*мятеж, оппозицию*) 2) успока́ивать, подавля́ть (*страх и т. п.*)

**quench** [kwentʃ] *v* 1) гаси́ть, туши́ть 2) утоля́ть (*жажду*), удовлетворя́ть (*желание*) 3) охлажда́ть (*пыл*) 4) зака́ливать (*сталь*); бы́стро охлажда́ть 5) подавля́ть (*желание, чувства*) 6) *жарг.* заста́вить замолча́ть, заткну́ть рот

**quencher** [ˈkwentʃə] *n* 1) гаси́тель, туши́тель *и пр.* [*см.* quench] 2) *разг.* питьё

**quenchless** [ˈkwentʃlɪs] *a* неугаси́мый; неутоли́мый; a ~ flame ве́чный ого́нь

**quenelle** [kəˈnel] *n кул.* кнель

**quercitron** [ˈkwəːsɪtrən] *n амер.* 1) дуб ба́рхатный 2) кора́ э́того де́рева 3) кверцитро́н (*жёлтая краска из бархатного дуба*)

**querist** [ˈkwɪərɪst] *n* задаю́щий вопро́сы

**quern** [kwəːn] *n* ручна́я ме́льница

**querulous** [ˈkweruləs] *a* постоя́нно недово́льный, жа́лующийся, ворчли́вый

**query** [ˈkwɪərɪ] **1.** *n* 1) вопро́с; I have heard the rumour, but ~, is it true? до меня́ дошёл э́тот слух, но, спра́шивается, ве́рен ли он? 2) сомне́ние 3) вопроси́тельный знак

**2.** *v* 1) спра́шивать (if, whether); осведомля́ться 2) выража́ть сомне́ние, подверга́ть сомне́нию (about; as to) 3) ста́вить вопроси́тельный знак

**quest** [kwest] **1.** *n* 1) по́иски; in ~ of в по́исках 2) иско́мый предме́т 3) отъе́зд ры́царя на по́иски приключе́ний (*в рыцарских романах*) 4) *уст.* дозна́ние; crowner's ~ (*неправ. вм.* coroner's inquest) дозна́ние коро́нера

**2.** *v* 1) *поэт.* иска́ть; производи́ть по́иски, разы́скивать 2) иска́ть дичь (*о собаках*); иска́ть пи́щу (*о животных*) 3) производи́ть сбор подая́ний (*в католической церкви*)

**question** [ˈkwestʃən] **1.** *n* 1) вопро́с; ask me no ~s не задава́йте мне вопро́сов; to put a ~ to задава́ть вопро́с [*см. тж.* 2)]; indirect (*или* oblique) ~ ко́свенный вопро́с; leading ~ наводя́щий вопро́с 2) пробле́ма, де́ло, обсужда́емый вопро́с; the ~ is де́ло в том; that is not the ~ де́ло не в э́том; this is out of the ~ об э́том не мо́жет быть и ре́чи; it is merely a ~ of time э́то уже́ то́лько вопро́с вре́мени; it is only a ~ of (*doing smth.*) де́ло то́лько в том (*чтобы*); to come into ~ подверга́ться обсужде́нию; to go into the ~ заня́ться вопро́сом; the person (the matter) in ~ лицо́ (вопро́с), о кото́ром идёт речь; to put the ~ ста́вить на голосова́ние [*см. тж.* 1)] 3) сомне́ние; beyond all (*или* out of, past, without) ~ вне сомне́ния; to call in ~ подверга́ть сомне́нию; возража́ть; тре́бовать доказа́тельств; to make no ~ of не сомнева́ться; вполне́ допуска́ть 4) *ист.* пы́тка; to put to the ~ пыта́ть ◇ ~! а) бли́же к де́лу! (*обращение председателя собрания к выступающему*); б) э́то ещё вопро́с!; 64 dollar ~ са́мый тру́дный вопро́с

**2.** *v* 1) спра́шивать, задава́ть вопро́с; вопроша́ть 2) допра́шивать 3) иссле́довать (*явления, факты*) 4) подверга́ть сомне́нию, сомнева́ться; to ~ the honesty of smb. сомнева́ться в чьей-л. че́стности

**questionable** [ˈkwestʃənəbl] *a* сомни́тельный; подозри́тельный; по́льзующийся плохо́й репута́цией

**questioner** [ˈkwestʃənə] *n* 1) тот, кто спра́шивает, ведёт допро́с *и пр.* [*см.* question 2] 2) интервьюе́р, корреспонде́нт

**questionless** [ˈkwestʃənlɪs] **1.** *a* несомне́нный; бесспо́рный

**2.** *adv* несомне́нно; бесспо́рно

**question-mark** [ˈkwestʃənmɑːk] *n* знак вопро́са, вопроси́тельный знак

**questionnaire** [ˌkwestɪəˈnɛə] *фр. n* вопро́сник, анке́та

**quetzal** [ketˈsɑːl] *n* кетца́ль (*денежная единица Гватемалы*)

**queue** [kjuː] **1.** *n* 1) коси́чка (*парика*) 2) о́чередь, хвост; to stand in a ~ стоя́ть в о́череди; to form a ~ организова́ть о́чередь; to jump the ~ получи́ть что-л. *или* пройти́ куда́-л. без о́череди 3) *attr.*: ~ jumper *разг.* тот, кто хо́чет получи́ть что-л. *или* пройти́ куда́-л. без о́череди

**2.** *v* 1) заплета́ть (в) ко́су 2) стоя́ть в о́череди, станови́ться в о́чередь (*часто* ~ up)

**quibble** [ˈkwɪbl] **1.** *n* 1) игра́ слов; каламбу́р 2) софи́зм, увёртка

**2.** *v* 1) уклоня́ться от су́ти вопро́са, уклоня́ться от прямо́го отве́та посре́дством софи́зма 2) *уст.* игра́ть слова́ми

**quick** [kwɪk] **1.** *a* 1) бы́стрый, ско́рый; ~ step ско́рый шаг; ~ luncheon за́втрак на ско́рую ру́ку; ~ fire *воен.* бе́глый ого́нь; ~ march *воен.* форси́рованный марш; бы́стрый шаг; ~ time *воен.* строево́й, похо́дный шаг; ~ train ско́рый по́езд; to be ~ спеши́ть; do be ~! потороп́итесь! 2) бы́стрый, прово́рный, живо́й; ~ to sympathize отзы́вчивый 3) сообрази́тельный, смышлёный; нахо́дчивый; a ~ child смышлёный ребёнок; ~ to learn бы́стро схва́тывающий 4) о́стрый (*о зрении, слухе, уме*); to have ~ wit име́ть о́стрый ум 5) *уст.* живо́й; ~ with child (*первонач.* with ~ child) бере́менная 6) плыву́чий, сыпу́чий; мя́гкий (*о породе*)

**2.** *adv* бы́стро; ско́ро; please come ~ иди́те скоре́й; now then, ~! жи́во!

**3.** *n* 1) (the ~) *pl собир.* живы́е; the ~ and the dead живы́е и мёртвые 2) наибо́лее чувстви́тельные уча́стки ко́жи (*напр., под ногтями*); *перен.* чу́вства; to cut (to bite) one's fingernails to the ~ сре́зать (обкуса́ть) но́гти до мя́са; to touch (*или* to wound, to sting) smb. to the ~ заде́ть за живо́е 3) жива́я и́згородь

**quick bread** [ˈkwɪkˈbred] *n амер.* пече́нье из пре́сного те́ста

**quick-change** [ˈkwɪktʃeɪndʒ] *a*: ~ artist трансформа́тор (*артист*)

**quicken** I [ˈkwɪkən] *v* 1) оживля́ть (-ся); ожива́ть 2) начина́ть чу́вствовать движе́ние плода́ (*при беременности*) 3) возбужда́ть, стимули́ровать 4) разжига́ть 5) ускоря́ть(ся); his pulse ~ed его́ пульс участи́лся

**quicken** II [ˈkwɪkən] *n* ряби́на обыкнове́нная

**quick-fence** [ˈkwɪkfens] *n* жива́я и́згородь

**quick-firer** [ˈkwɪkˌfaɪərə] *n воен.* скорострéльное ору́жие

**quick-firing** [ˈkwɪkˌfaɪərɪŋ] *a* скорострéльный

**quick-freeze** [ˈkwɪkfriːz] *v* бы́стро замора́живать (*продукты*); бы́стро замерза́ть (*о продуктах*)

**quickie** [ˈkwɪkɪ] *n разг.* халту́ра, на́спех вы́пущенная, недоброка́чественная проду́кция (*гл. обр., литературная, театральная или кино*)

**quicklime** [ˈkwɪklaɪm] *n* негашёная и́звесть

**quickly** [ˈkwɪklɪ] *adv* бы́стро

**quickness** [ˈkwɪknɪs] *n* быстрота́ *и пр.* [*см.* quick 1]

**quicksand** [ˈkwɪksænd] *n* плыву́н, зыбу́чий песо́к

**quickset** [ˈkwɪkset] *n* 1) черено́к (*особ. боярышника*) 2) жива́я и́згородь

**quicksilver** [ˈkwɪkˌsɪlvə] **1.** *n* ртуть ◇ to have ~ in one's veins быть о́чень живы́м, подви́жным челове́ком

**2.** *v* наводи́ть рту́тную амальга́му

**quicktempered** [ˈkwɪkˈtempəd] *a* вспы́льчивый, раздражи́тельный

**quickwitted** [ˈkwɪkˈwɪtɪd] *a* 1) нахо́дчивый, сообрази́тельный 2) остроу́мный

**quid** I [kwɪd] *n* кусо́к прессо́ванного табака́ для жева́ния

**quid** II [kwɪd] *n* (*pl без измен.*) *жарг.* совере́н *или* фунт сте́рлингов

**quiddity** [ˈkwɪdɪtɪ] *n* 1) *книжн.* су́щность 2) = quibble 1

**quidnunc** [ˈkwɪdnʌŋk] *лат. n* спле́тник

**quid pro quo** [ˈkwɪdprəuˈkwəu] *лат. n* 1) услу́га за услу́гу, компенса́ция 2) квипрокво́, недоразуме́ние, осно́ванное на приня́тии одно́й ве́щи за другу́ю

**quiescence, -cy** [kwaɪˈesns, -sɪ] *n* поко́й, неподви́жность

**quiescent** [kwaɪˈesnt] *a* находя́щийся в поко́е, неподви́жный; ~ load *тех.* стати́ческая *или* постоя́нная нагру́зка

**quiet** [ˈkwaɪət] **1.** *a* 1) споко́йный; ти́хий, бесшу́мный; неслы́шный; keep ~ не шуми́те; ~! ти́ше!, не шуме́ть!; the sea is ~ мо́ре споко́йно 2) споко́йный, скро́мный; a ~ dinner-party инти́мный обе́д; a ~ wedding скро́мная сва́дьба 3) споко́йный, мя́гкий (*о человеке*) 4) нея́ркий, не броса́ющийся в глаза́; ~ colours споко́йные цвета́ 5) та́йный, скры́тый; укро́мный; to keep smth. ~ утáивать, умáлчивать; in a ~ corner в укрóмном уголкé 6) ми́рный, спокóйный, ничéм не нарушáемый; a ~ cup of tea чáшка чáю, вы́питая на досýге, в тишинé

2. *n* тишинá, безмóлвие; покóй, спокóйствие; мир ◇ on the ~ (*сокр. жарг.* on the q. t.) тайкóм, втихомóлку; под бóльшим секрéтом

3. *v* успокáивать(ся); to ~ down утихáть, успокáиваться

**quieten** [ˈkwaɪətn] *v* успокáивать (-ся)

**quietism** [ˈkwaɪɪtɪzm] *n филос.* квиети́зм

**quietly** [ˈkwaɪətlɪ] *adv* спокóйно, ти́хо

**quietness** [ˈkwaɪətnɪs] *n* спокóйствие, тишинá, покóй

**quietude** [ˈkwaɪɪtjuːd] *n* покóй, тишинá, мир

**quietus** [kwaɪˈiːtəs] *n* 1) конéц, смерть; to get one's ~ умерéть 2) *уст.* квитáнция, распи́ска в уплáте (дóлга)

**quill** [kwɪl] **1.** *n* 1) пти́чье перó; ствол перá 2) иглá дикобрáза 3) стéржень поплавкá (*удочки*) 4) зубочи́стка 5) перó, употребля́емое как плектр 6) (гуси́ное) перó для письмá; 7) *текст.* утóчная шпýля, утóчный патрóн 8) *тех.* вту́лка; пóлый вал

2. *v* 1) гофрировáть, плоить 2) *текст.* перемáтывать утóк

**quill-driver** [ˈkwɪlˌdraɪvə] *n шутл., пренебр.* щелкопёр, писéц, писáка

**quillet** [ˈkwɪlɪt] *уст. см.* quibble 1

**quilling** [ˈkwɪlɪŋ] **1.** *pres. p. от* quill 2

2. *n* рюш

**quilt** [kwɪlt] **1.** *n* стёганое одея́ло

2. *v* 1) стегáть; подбивáть вáтой 2) зашивáть в подклáдку плáтья, в пóяс *и т. п.* 3) *разг.* компили́ровать

**quinary** [ˈkwaɪnərɪ] *a* пятери́чный, состоя́щий из пяти́

**quince** [kwɪns] *n бот.* айвá

**quincentenary** [ˌkwɪnsenˈtiːnərɪ] *n* пятисотлéтний юбилéй; пятисотлéтие

**quincunx** [ˈkwɪnkʌŋks] **1.** *n* расположéние по углáм квадрáта с пя́тым предмéтом посреди́не; расположéние в шáхматном поря́дке

2. *v* располагáть в шáхматном поря́дке

**quinine** [kwɪˈniːn] *n* хини́н

**quininize** [ˈkwɪniːnaɪz] *v* хинизи́ровать

**quinism** [ˈkwɪnɪzm] *n мед.* расстрóйство центрáльной нéрвной систéмы от чрезмéрного употреблéния хини́на

**quinize** [ˈkwɪnaɪz] = quininize

**quinquagenarian** [ˈkwɪŋkwədʒɪˈnɛərɪən] **1.** *a* пятидесятилéтний

2. *n* человéк пяти́десяти лет

**quinquennia** [kwɪŋˈkwenɪə] *pl от* quinquennium

**quinquennial** [kwɪŋˈkwenɪəl] **1.** *a* пятилéтний

2. *n* пятилéтие

**quinquennium** [kwɪŋˈkwenɪəm] *n* (*pl* -nia) пятилéтие

**quinquina** [kwɪŋˈkwaɪnə] *n* хи́нное дéрево

**quinquivalent** [ˌkwɪŋkwəˈveɪlənt] *a хим.* пятивалéнтный

**quins** [kwɪnz] *n pl разг. сокр. от* quintuplet 2

**quinsy** [ˈkwɪnzɪ] *n мед.* óстрый, гнóйный тонзилли́т

**quint** *n* 1) [kwɪnt] *муз.* кви́нта 2) [kɪnt] *карт.* квинт (*пять карт одной масти в пикете*) 3) [kɪnt] кви́нта (*пятая позиция в фехтовании*)

**quintain** [ˈkwɪntɪn] *n ист.* столб с мишéнью для удáра копьём

**quintal** [ˈkwɪntl] *n* цéнтнер, квинтáл (*англ.* = *50,8 кг*; *амер.* = *45,36 кг*; *метрический* = *100 кг*)

**quintan** [ˈkwɪntən] **1.** *n мед.* волы́нская лихорáдка (*с приступами через каждые четыре дня*)

2. *a* пятиднéвный (*о лихорадке*)

**quintessence** [kwɪnˈtesns] *n* квинтэссéнция; наибóлее сущéственное; the ~ of virtue (politeness) воплощéние добродéтели (вéжливости)

**quintessential** [ˌkwɪntɪˈsenʃəl] *a* являющийся квинтэссéнцией

**quintet(te)** [kwɪnˈtet] *n муз.* квинтéт

**quintuple** [ˈkwɪntjupl] **1.** *a* 1) пятикрáтный 2) состоя́щий из пяти́ предмéтов, частéй

2. *v* увели́чивать(ся) в пять раз

**quintuplet** [ˈkwɪntjuplɪt] *n* 1) набóр из пяти́ предмéтов 2) *pl* пять близнецóв

**quip** [kwɪp] **1.** *n* 1) саркасти́ческое замечáние; кóлкость 2) остроýмное замечáние *или* отвéт 3) увёртка, софи́зм

2. *v* дéлать кóлкие замечáния; насмехáться

**quire** I [ˈkwaɪə] *n полигр.* 1) десть (*бумаги*) 2) (сфальцóванный) печáтный лист; in ~s несброшюрóванный, непереплетённый, в листáх

**quire** II [ˈkwaɪə] = choir

**quirk** [kwəːk] *n* 1) игрá слов, каламбýр 2) причýда, вы́верт 3) рóсчерк перá, завитóк (*рисунка*) 4) *архит.* небольшóй желобóк; гáлтель

**quirt** [kwəːt] **1.** *n* арáпник

2. *v* хлестáть, порóть арáпником

**quisle** [ˈkwɪzl] *v* быть предáтелем, предавáть рóдину

**quisling** [ˈkwɪzlɪŋ] *n* кви́слинг, предáтель

**quit** [kwɪt] **1.** *n амер.* увольнéние (*с работы*)

2. *a predic.* свобóдный, отдéлавшийся (*от чего-л., от кого-л.*); to get ~ of one's debts раздéлаться с долгáми; he was ~ for a cold in the head он отдéлался нáсморком

3. *v* (quitted [-ɪd], *амер. разг.* quit) 1) покидáть, оставля́ть; to ~ the army выходи́ть в отстáвку; to ~ hold of отпускáть, выпускáть (*из рук*); to ~ a house съéхать с кварти́ры, вы́ехать из дóма 2) *амер.* бросáть, прекращáть (*работу, службу*) 3) *поэт.* отплáчивать; *редк.* погашáть (*долг*); to ~ love with hate плати́ть нéнавистью за любóвь; death ~s all scores смерть прекращáет все счёты 4) *уст.* вести́ себя́

**quitch** [kwɪtʃ] *n бот.* пырéй ползýчий

**quitch-grass** [ˈkwɪtʃgrɑːs] = quitch

**quitclaim** [ˈkwɪtkleɪm] **1.** *n юр.* откáз от прáва

2. *v* отказáться от прáва

**quite** [kwaɪt] *adv* 1) вполнé, совершéнно, совсéм; пóлностью; всецéло; I ~ agree я вполнé соглáсен; she is ~ alone онá совсéм однá; my watch is ~ right мои́ часы́ абсолю́тно прáвильны 2) довóльно; до нéкоторой стéпени; бóлее и́ли мéнее; ~ a few довóльно мнóго, поря́дочно; ~ a long time довóльно дóлго 3) действи́тельно, в сáмом дéле; she is ~ a beauty онá настоя́щая красáвица ◇ it is ~ the thing *разг.* а) э́то и́менно то, что нýжно; б) э́то то, что сейчáс мóдно; ~ so! о да!, несомнéнно!

**quits** [kwɪts] *a predic.*: to be ~ расквитáться, быть в расчёте (*с кем-л.*); I will be ~ with him some day я емý когдá-нибудь отплачý; to cry ~ а) предложи́ть мировýю, пойти́ на мировýю; б) расквитáться; ~! (бýдем) кви́ты!

**quittance** [ˈkwɪtəns] *n уст.* 1) квитáнция 2) возмещéние, отплáта 3) освобождéние (*от обязательства, платы и т. п.*)

**quitter** [ˈkwɪtə] *n разг.* 1) человéк без вы́держки, легкó бросáющий нáчатое дéло; трус 2) прогýльщик, лóдырь

**quiver** I [ˈkwɪvə] **1.** *n* 1) дрожь, трéпет 2) *редк.* дрожáние гóлоса

2. *v* 1) дрожáть мéлкой дрóжью, трепетáть; трясти́сь; колыхáться 2) вызывáть дрожь 3) подрáгивать (*чем-л.*); the moth ~ed its wings у мотылькá трепетáли кры́лышки

**quiver** II [ˈkwɪvə] *n* колчáн; an arrow left in one's ~ *перен.* срéдство, остáвшееся про запáс ◇ a ~ full of children *см.* quiverful 2)

**quiverful** [ˈkwɪvəful] *n* 1) коли́чество стрел, котóрое умещáется в колчáне 2) *шутл.* большáя семья́

**qui vive** [kiːˈviːv] *фр. n*: on the ~ настороже́

**Quixote** [ˈkwɪksət] *n* Дон-Кихóт (*тж. перен.*)

**quixotic** [kwɪkˈsɔtɪk] *a* донкихóтский

**quixotics** [kwɪkˈsɔtɪks] = quixotism

**quixotism, quixotry** [ˈkwɪksətɪzm, -trɪ] *n* донкихóтство

**quiz** I [kwɪz] **1.** *n* 1) насмéшка; шýтка; мистификáция 2) насмéшник 3) *уст.* чудáк

2. *v уст.* 1) насмехáться *или* подшýчивать (*над чем-л.*) 2) смотрéть насмéшливо *или* с любопы́тством

**quiz** II [kwɪz] **1.** *n* 1) *амер.* экзáмен 2) провéрочные вопрóсы; опрóс; виктори́на 3) *attr.*: ~ program телевиктори́на, радиовиктори́на

2. *v* 1) производи́ть опро́с 2) *амер.* проводи́ть прове́рочные испыта́ния
**quizzee** [kwɪ'zi:] *n амер. разг.* 1) уча́ствующий в опро́се 2) уча́стник прове́рочного испыта́ния
**quizzical** ['kwɪzɪkəl] *a* 1) насме́шливый, шутли́вый; лука́вый 2) чудакова́тый, коми́чный
**quizzing-glass** ['kwɪzɪŋglɑ:s] *n уст.* моно́кль
**quoad** ['kwəuæd] *лат. prep* что каса́ется по отноше́нию
**quod** [kwɔd] *жарг.* **1.** *n* тюрьма́
2. *v* сажа́ть в тюрьму́
**quoin** [kɔɪn] *n* 1) вне́шний у́гол зда́ния 2) углово́й ка́мень кла́дки 3) *редк.* замо́к сво́да 4) *тех.* клин
**quoit** [kɔɪt] *n* 1) мета́тельное кольцо́ с о́стрыми края́ми 2) *pl* мета́ние коле́ц в цель (*игра*)
**quondam** ['kwɔndæm] *лат. a* бы́вший
**Quonset hut** ['kwɔnsɪthʌt] *n амер.* сбо́рный дом из гофриро́ванного желе́за
**quorum** ['kwɔ:rəm] *лат. n* кво́рум
**quota** ['kwəutə] *n* до́ля, часть, кво́та
**quotable** ['kwəutəbl] *a* 1) заслу́живающий цити́рования 2) допуска́ющий цити́рование
**quotation** [kwəu'teɪʃən] *n* 1) цити́рование 2) цита́та 3) цена́ 4) *бирж.* котиро́вка, курс
**quotation-marks** [kwəu'teɪʃən'mɑ:ks] *n pl* кавы́чки
**quote** [kwəut] **1.** *v* 1) цити́ровать; ссыла́ться (*на кого-л.*); may I ~ you? мо́жно сосла́ться на вас? 2) открыва́ть кавы́чки; брать в кавы́чки 3) назнача́ть це́ну; дава́ть расце́нку; коти́ровать (at)
2. *n разг.* 1) цита́та 2) *pl* кавы́чки
**quoth** [kwəuθ] *v уст. 1-е и 3-е л. проше́дшего вре́мени:* ~ I (he, she) я (он, она́) сказа́л(а), (про)мо́лвил(а)
**quotha** ['kwəuθə] *int уст. ирон.* действи́тельно!, не́чего сказа́ть!
**quotidian** [kwɔ'tɪdɪən] **1.** *a* 1) ежедне́вный 2) бана́льный; ~ thought бана́льная мысль
2. *n* маляри́я с ежедне́вными при́ступами
**quotient** ['kwəuʃənt] *n* 1) *мат.* ча́стное 2) коэффицие́нт
**quotum** ['kwəutəm] *n* кво́та, до́ля, часть

# R

**R, r** [ɑ:] *n* (*pl* Rs, R's [ɑ:z]) *18-я бу́ква англ. алфави́та* ◇ the three R's *разг.* чте́ние, письмо́ и арифме́тика (reading, (w)riting, (a)rithmetic)
**rabbet** ['ræbɪt] **1.** *n* 1) желобо́к, фальц, шпунт, вы́рез 2) *стр.* око́нный притво́р, че́тверть 3) рудни́к
2. *v* шпунтова́ть
**rabbi** ['ræbaɪ] *n* равви́н; ра́вви (*обраще́ние*)
**rabbin** ['ræbɪn] *n* равви́н
**rabbinate** ['ræbɪnɪt] *n* 1) сан равви́на 2) *собир.* равви́ны
**rabbinic(al)** [ræ'bɪnɪk(əl)] *a* равви́нский
**rabbit** ['ræbɪt] **1.** *n* 1) кро́лик 2) трусли́вый, сла́бый челове́к 3) *разг.* плохо́й, сла́бый игро́к ◇ to breed like ~s бы́стро размножа́ться; Welsh ~ гренки́ с сы́ром [*см. тж.* rarebit]
2. *v* охо́титься на кро́ликов (*тж.* to go ~ing)
**rabbit-fever** ['ræbɪt,fi:və] *n мед.* туляреми́я
**rabbit-fish** ['ræbɪtfɪʃ] *n* химе́ра (*ры́ба*)
**rabbit-hutch** ['ræbɪthʌtʃ] *n* кле́тка для дома́шних кро́ликов
**rabbit-warren** ['ræbɪt,wɔrən] *n* кро́личий садо́к
**rabbity** ['ræbɪtɪ] *a* 1) изоби́лующий кро́ликами 2) кро́личий
**rabble** I ['ræbl] *n* 1) толпа́ 2) (the ~) *презр.* сброд, чернь
**rabble** II ['ræbl] *n метал.* механи́ческая меша́лка (*в печи*); кочерга́
**rabid** ['ræbɪd] *a* 1) бе́шеный (*о соба́ке*) 2) неи́стовый, я́ростный; ~ hatred безу́мная не́нависть
**rabidity** [ræ'bɪdɪtɪ] *n* я́рость, бе́шенство, неи́стовство
**rabies** ['reɪbi:z] *n* бе́шенство, водобоя́знь
**raccoon** [rə'ku:n] = racoon
**race** I [reɪs] **1.** *n* 1) состяза́ние в бе́ге, в ско́рости; го́нки; Marathon ~ марафо́нский бег 2) го́нка, пого́ня; ~ for power борьба́ за власть; armaments (*или* arms) ~ го́нка вооруже́ний 3) *pl* ска́чки; obstacle ~s ска́чки с препя́тствиями 4) бы́строе движе́ние, бы́строе тече́ние (*в мо́ре, реке́*); стреми́тельный пото́к 5) *книжн.* путь; жи́зненный путь; his ~ is nearly over его́ жи́зненный путь почти́ око́нчен 6) *ав.* пото́к, струя́ за винто́м 7) (иску́сственное) ру́сло; быстрото́к, подводя́щий кана́л 8) *тех.* обо́йма подши́пника; доро́жка каче́ния на кольце́ подши́пника 9) *attr.*: ~ reader радиокоммента́тор по ска́чкам
2. *v* 1) состяза́ться в ско́рости (with) 2) уча́ствовать в ска́чках (*о лошадя́х*) 3) игра́ть на ска́чках 4) мча́ться 5) гнать (*ло́шадь, автомаши́ну*); дава́ть по́лный газ (*двигателю*) □ ~ **away** промота́ть на ска́чках (*состоя́ние и т. п.*) ◇ to ~ the bill through the House протащи́ть, провести́ законопрое́кт в спе́шном поря́дке че́рез парла́мент
**race** II [reɪs] *n* 1) ра́са; the Mongolian ~ монго́льская ра́са 2) род; пле́мя; наро́д; the human ~ челове́чество, род челове́ческий; the feathered ~ *шутл.* перна́тые; the ~ of poets поэ́ты 3) происхожде́ние; of Oriental ~ восто́чного происхожде́ния 4) поро́да, сорт 5) осо́бый арома́т, осо́бый стиль; ~ of wine буке́т вина́
**race** III [reɪs] *n* ко́рень (*особ. имби́ря*)
**race-card** ['reɪskɑ:d] *n* програ́мма ска́чек
**racecourse** ['reɪskɔ:s] *n* 1) бегова́я доро́жка, трек 2) скаково́й круг; иппodро́м
**race-hatred** ['reɪs,heɪtrɪd] *n* ра́совая, национа́льная вражда́
**racehorse** ['reɪshɔ:s] *n* скакова́я ло́шадь
**raceme** [rə'si:m] *n бот.* кисть
**race-meeting** ['reɪs,mi:tɪŋ] *n* день ска́чек
**racemose** ['ræsɪməus] *a бот.* кистеобра́зный
**racer** ['reɪsə] *n* 1) го́нщик 2) скакова́я *или* бегова́я ло́шадь; го́ночная я́хта, го́ночный автомоби́ль *и т. п.* 3) *зоол.* по́лоз 4) *тех.* кольцо́ подши́пника (*каче́ния*)
**race-suicide** ['reɪs,sjuɪsaɪd] *n* вымира́ние, вырожде́ние наро́да
**racetrack** ['reɪstræk] = racecourse
**race-way** ['reɪsweɪ] *n амер. эл.* кана́л для вну́тренней прокла́дки ка́белей
**rachitis** [ræ'kaɪtɪs] *n мед.* рахи́т
**racial** ['reɪʃəl] *a* ра́совый
**racialism** ['reɪʃəlɪzm] *n* раси́зм
**racialist** ['reɪʃəlɪst] *n* раси́ст
**racing** ['reɪsɪŋ] **1.** *pres. p. от* race I, 2
2. *n* 1) состяза́ние в ско́рости 2) игра́ на бега́х, на ска́чках 3) *тех.* набира́ние ско́рости (*двигателем*); разно́с
**racism** ['reɪsɪzm] *n* раси́зм
**racist** ['reɪsɪst] *n* раси́ст
**rack** I [ræk] **1.** *n* 1) корму́шка 2) ве́шалка 3) подста́вка, по́лка; стелла́ж; се́тка для веще́й (*в ваго́нах, авто́бусах и т. п.*) 4) сто́йка; штати́в; ра́ма; карка́с; ко́злы 5) решётка ◇ ~ of bones *амер. sl.* ко́жа да ко́сти
2. *v* 1) класть (*что-л.*) в се́тку, на по́лку (*ваго́на и т. п.*); to ~ hay класть се́но в я́сли; to ~ plates ста́вить таре́лки на по́лку 2) *тех.* перемеща́ть при по́мощи зубча́той ре́йки
**rack** II [ræk] **1.** *n ист.* ды́ба; *перен.* пы́тка, муче́ние; to be on the ~ му́читься; to put to the ~ подверга́ть пы́тке, муче́ниям
2. *v* 1) пыта́ть, му́чить 2) заставля́ть рабо́тать сверх сил, изнуря́ть; истоща́ть; to ~ tenants драть с аренда́торов *или* жильцо́в непоме́рно высо́кую пла́ту; to ~ one's wits лома́ть себе́ го́лову
**rack** III [ræk] *v* сце́живать вино (*ча́сто* ~ off)

**rack** IV [ræk] *n* 1) *книжн.* несу́щиеся облака́ 2) разоре́ние; ~ and ruin по́лное разоре́ние; to go to ~ and ruin разори́ться, поги́бнуть

**rack** V [ræk] **1.** *n* и́ноходь

**2.** *v* идти́ и́ноходью

**racket** I [ˈrækɪt] *n* 1) раке́тка (*для игры в теннис*) 2) *pl* род те́нниса

**racket** II [ˈrækɪt] **1.** *n* 1) шум, гам; to kick up (*или* to make) a ~ подня́ть шум, сканда́л 2) разгу́льный о́браз жи́зни; to go on the ~ загуля́ть, окуну́ться в вихрь удово́льствий 3) *амер. разг.* предприя́тие, организа́ция, осно́ванные с це́лью получе́ния дохо́дов жу́льническим путём 4) *амер. разг.* шанта́ж, вымога́тельство; моше́нничество, обма́н 5) *амер. разг.* лёгкий за́работок, сомни́тельный исто́чник дохо́да ◊ to stand the ~ а) распла́чиваться; б) отвеча́ть (*за что-л.*); в) выде́рживать испыта́ние, бу́рю

**2.** *v* вести́ шу́мный, разгу́льный о́браз жи́зни (*часто* ~ about)

**racketeer** [ˌrækɪˈtɪə] *n амер.* 1) уча́стник жу́льнического предприя́тия [*см.* racket II, 1, 3)] 2) рэкети́р, (банди́т-) вымога́тель

**racketeering** [ˌrækɪˈtɪərɪŋ] *n амер.* 1) уча́стие в предприя́тии жу́льнического хара́ктера [*см.* racket II, 1, 3)] 2) банди́ти́зм; полити́ческий по́дкуп и терро́р; вымога́тельство

**rackety** [ˈrækɪtɪ] *a* 1) шу́мный, беспоря́дочный 2) разгу́льный, беспу́тный; to lead a ~ life вести́ разгу́льную жизнь

**racking** I [ˈrækɪŋ] **1.** *pres. p. от* rack II, 2

**2.** *a* мучи́тельный; a ~ headache си́льная головна́я боль

**racking** II [ˈrækɪŋ] *pres. p. от* rack I. 2

**racking** III [ˈrækɪŋ] *pres. p. от* rack III

**racking** IV [ˈrækɪŋ] *pres. p. от* rack V, 2

**rack-rail** [ˈrækreɪl] *n* зубча́тый рельс

**rack-railway** [ˈrækˌreɪlweɪ] *n* зубча́тая желе́зная доро́га

**rack-rent** [ˈrækrent] **1.** *n* непоме́рно высо́кая аре́ндная пла́та

**2.** *v* взима́ть непоме́рно высо́кую аре́ндную пла́ту

**rack-wheel** [ˈrækwiːl] *n* зубча́тое колесо́

**racoon** [rəˈkuːn] *n* ено́т

**racquet** [ˈrækɪt] = racket I

**racy** [ˈreɪsɪ] *a* 1) я́ркий, живо́й, колори́тный, со́чный (*о речи, стиле*) 2) хара́кте́рный, специфи́ческий; сохрани́вший свои́ есте́ственные ка́чества; a ~ flavour хара́кте́рный при́вкус; ~ of the soil а) сохрани́вший следы́ своего́ происхожде́ния, хара́кте́рный для определённой страны́ *или* наро́да; б) живо́й, энерги́чный 3) о́стрый, пика́нтный; ко́лкий, язви́тельный 4) *амер.* пика́нтный, непристо́йный, скабрёзный

**radar** [ˈreɪdə] *n* 1) радиолока́тор, рада́р; радиолокацио́нная устано́вка 2) радиолока́ция

**raddle** [ˈrædl] = ruddle

**radial** [ˈreɪdjəl] *a* 1) радиа́льный; лучево́й; лучеобра́зный 2) *анат.* лучево́й

**radian** [ˈreɪdjən] *n мат.* радиа́н

**radiance, -cy** [ˈreɪdjəns, -sɪ] *n* 1) сия́ние 2) великоле́пие, блеск

**radiant** [ˈreɪdjənt] **1.** *a* 1) светя́щийся, излуча́ющий свет 2) сия́ющий, лучи́стый, лучеза́рный; a ~ face сия́ющее лицо́; ~ eyes лучи́стые глаза́ 3) *физ.* лучи́стый; ~ energy лучи́стая эне́ргия

**2.** *n* 1) *физ.* исто́чник тепла́, све́та 2) *астр.* исто́чник дождя́ метео́ров, радиа́нт

**radiate** **1.** *a* [ˈreɪdɪɪt] расходя́щийся луча́ми; изображённый в орео́ле луче́й

**2.** *v* [ˈreɪdɪeɪt] 1) исходи́ть из це́нтра (*о лучах*); расходи́ться из це́нтра подо́бно ра́диусам 2) излуча́ть (*свет, тепло*); сия́ть (*тж. перен.*); she ~s health она́ пы́шет здоро́вьем

**radiation** [ˌreɪdɪˈeɪʃən] *n* 1) излуче́ние, лучеиспуска́ние, радиа́ция; atomic ~ а́томная радиа́ция 2) облуче́ние 3) сия́ние 4) *attr.* лучево́й; ~ sickness лучева́я боле́знь; ~ hazard опа́сность пораже́ния лучево́й боле́знью

**radiative** [ˈreɪdɪətɪv] *a* излуча́ющий

**radiator** [ˈreɪdɪeɪtə] *n тех.* 1) радиа́тор; батаре́я (*отопления*) 2) излуча́тель

**radical** [ˈrædɪkəl] **1.** *n* 1) *полит.* радика́л 2) *мат.* знак ко́рня, ко́рень (*числа*) 3) *хим.* радика́л 4) *лингв.* ко́рень (*слова*)

**2.** *a* 1) коренно́й; основно́й 2) фундамента́льный, по́лный; радика́льный 3) *полит.* радика́льный, ле́вый 4) *бот.* расту́щий из ко́рня, корнево́й 5) *мат.* относя́щийся к ко́рню числа́; ~ sign знак ко́рня 6) *лингв.* корнево́й

**radicalism** [ˈrædɪkəlɪzm] *n полит.* радикали́зм

**radices** [ˈreɪdɪsiːz] *pl от* radix

**radicle** [ˈrædɪkl] *n* 1) корешо́к 2) *анат.* корешо́к (*нерва, вены*) 3) *бот.* корешо́к, заро́дышевый ко́рень (*в семени*)

**radii** [ˈreɪdɪaɪ] *pl от* radius

**radio** [ˈreɪdɪəu] **1.** *n* 1) ра́дио; радиовеща́ние 2) радиоприёмник 3) радиогра́мма

**2.** *v* передава́ть по ра́дио; посыла́ть радиогра́мму, ради́ровать

**radio-** [ˈreɪdɪəu-] *в сложных словах* радио-

**radio-active** [ˈreɪdɪəuˈæktɪv] *a* радиоакти́вный

**radio-activity** [ˈreɪdɪəuækˈtɪvɪtɪ] *n* радиоакти́вность

**radio aerial** [ˈreɪdɪəuˈɛərɪəl] *n* радиоанте́нна

**radio beacon** [ˈreɪdɪəuˈbiːkən] *n* радиомая́к

**radio biology** [ˈreɪdɪəubaɪˈɔlədʒɪ] *n* радиобиоло́гия

**radio(broad)cast** [ˈreɪdɪəu(ˈbrɔːd)kɑːst] *v* передава́ть по ра́дио, вести́ радиопереда́чу

**radio-controlled** [ˈreɪdɪəukənˈtrəuld] *a* управля́емый по ра́дио

**radio engineering** [ˈreɪdɪəuˌen(d)ʒɪˈnɪərɪŋ] *n* радиоте́хника

**radiogenic** [ˈreɪdɪəuˈdʒenɪk] *a физ.* радиоге́нный; радиоакти́вного происхожде́ния

**radiogram** [ˈreɪdɪəugræm] *n* 1) радиогра́мма 2) рентге́новский сни́мок 3) радио́ла

**radio-gramophone** [ˈreɪdɪəuˈgræməfəun] = radiogram 3)

**radiograph** [ˈreɪdɪəugrɑːf] **1.** *n* = radiogram 2)

**2.** *v* де́лать рентге́новский сни́мок

**radio-location** [ˈreɪdɪəuləuˈkeɪʃən] *n* радиолока́ция

**radio-locator** [ˈreɪdɪəuləuˈkeɪtə] *n* радиолока́тор

**radiology** [ˌreɪdɪˈɔlədʒɪ] *n* радиоло́гия; рентгеноло́гия

**radioman** [ˈreɪdɪəumæn] *n* ради́ст; радиоте́хник

**radiometer** [ˌreɪdɪˈɔmɪtə] *n* радио́метр

**radio net(work)** [ˈreɪdɪəuˈnet(wəːk)] *n* радиосе́ть

**radionics** [ˌreɪdɪˈɔnɪks] *n* радиоэлектро́ника

**radiophare** [ˈreɪdɪəufɛə] *n* радиомая́к

**radiophone** [ˈreɪdɪəufəun] *n* радиотелефо́н

**radioscopy** [ˌreɪdɪˈɔskəpɪ] *n* радиоскопи́я, рентгеноскопи́я

**radiosensitive** [ˌreɪdɪəuˈsensɪtɪv] *a мед.* чувстви́тельный к облуче́нию

**radio show** [ˈreɪdɪəuʃəu] *n* радиопоста́новка

**radiosonde** [ˈreɪdɪəusɔnd] *n метео* радиозо́нд

**radiospectroscopy** [ˈreɪdɪəuspekˈtrɔskəpɪ] *n* радиоспектроскопи́я, те́хника панора́много приёма (*электромагнитной энергии*)

**radio-telegraph** [ˈreɪdɪəuˈtelɪgrɑːf] *n* радиотелегра́ф

**radio-therapeutics** [ˈreɪdɪəuˌθerəˈpjuːtɪks] = radio-therapy

**radio-therapy** [ˈreɪdɪəuˈθerəpɪ] *n* радиотерапи́я, рентгенотерапи́я

**radiotrician** [ˌreɪdɪəuˈtrɪʃən] *n* радиоте́хник

**radish** [ˈrædɪʃ] *n* реди́ска

**radium** [ˈreɪdjəm] *n хим.* ра́дий

**radius** [ˈreɪdjəs] *n* (*pl* radii) 1) *мат.* ра́диус 2) окру́га, преде́лы; within a ~ of three miles from Oxford на 3 ми́ли вокру́г О́ксфорда; within the ~ of knowledge в преде́лах на́ших зна́ний 2) спи́ца (*колеса*) 3) *анат.* лучева́я кость 4) *тех.* вы́лет (*стрелы крана*) 5) лимб (*угломерного инструмента*)

**radix** [ˈreɪdɪks] *n* (*pl* radices) 1) ко́рень 2) исто́чник (*зла и т. п.*) 3) *мат.* основа́ние систе́мы счисле́ния

**radon** [ˈreɪdɔn] *n хим.* радо́н

**rafale** [rəˈfɑ:l] *n воен.* огневóй шквал

**raff** [ræf] **1.** *n* = riff-raff 1

**2.** *v* беспýтничать

**raffia** [ˈræfiə] *n* рáфия

**raffish** [ˈræfiʃ] *a* 1) беспýтный 2) вульгáрный

**raffle** [ˈræfl] **1.** *n* лотерéя

**2.** *v* 1) разы́грывать в лотерéе (*чáсто* ~ off) 2) учáствовать в лотерéе

**raft** I [rɑ:ft] **1.** *n* плот

**2.** *v* 1) составля́ть *или* гнать плот; сплавля́ть (*лес*) 2) переправля́ть(ся) на плотý *или* парóме

**raft** II [rɑ:ft] *n амер. разг.* ýйма, кýча; мнóжество; мáсса

**rafter** I [ˈrɑ:ftə] = raftsman

**rafter** II [ˈrɑ:ftə] **1.** *n стр.* стропи́ло; бáлка

**2.** *v стр.* стáвить стропи́ла

**rafting** [ˈrɑ:ftɪŋ] **1.** *pres. p. от* raft I, 2

**2.** *n* лесосплáв; сплóтка лéса

**raftsman** [ˈrɑ:ftsmən] *n* плотовщи́к

**rag** I [ræg] *n* 1) тря́пка, лоскýт 2) *pl* тряпьё, вéтошь, тряпи́чный ути́ль 3) *pl* отрéпья; лохмóтья; in ~s а) разóрванный; б) в лохмóтьях; glad ~s *разг.* лýчшее плáтье 4) *пренебр.* тря́пка (*о театральном занавесе*); лоскýт (*о парусе*); бумáжки (*о деньгах*); листóк (*о газете и т. п.*) 5) обры́вок, клочóк; there is not a ~ of evidence нет ни малéйших ули́к 6) *attr.* тря́почный, тряпи́чный; a ~ doll тряпи́чная кýкла ◇ he has not a ~ to his back у негó совсéм нет одéжды; емý нéчего носи́ть

**rag** II [ræg] *унив. разг.* **1.** *n* 1) грýбые шýтки; поддрáзнивание; рóзыгрыш; to say smth. for a ~ сказáть что-л. с цéлью вы́вести когó-л. из себя́ 2) скандáл; шум ◇ to get one's ~ out *разг.* разозли́ться, вы́йти из себя́

**2.** *v* 1) дразни́ть; разы́грывать 2) шумéть, скандáлить

**rag** III [ræg] **1.** *n* крéпкий известня́к, крупнозерни́стый песчáник

**2.** *v* 1) дроби́ть кáмни; дроби́ть рудý (*для сортировки*) 2) *тех.* снимáть заусéнцы

**ragamuffin** [ˈrægəˌmʌfɪn] *n* оборвáнец; обóрвыш

**rag-and-bone-man** [ˌrægənˈbəunmæn] *n* тряпи́чник, старьёвщик

**rag-baby** [ˈrægˌbeɪbɪ] *n* тряпи́чная кýкла

**rag-bolt** [ˈrægbəult] *n тех.* áнкерный болт, ёрш

**rage** [reɪdʒ] **1.** *n* 1) я́рость, гнев; при́ступ си́льного гнéва; неи́стовство; to fly into a ~ прийти́ в я́рость 2) страсть, си́льное стремлéние (for — к *чему-л.*) 3) *разг.* повáльное увлечéние (*чем-л., кем-л.*); предмéт óбщего увлечéния; all the ~ послéдний крик мóды; bicycles were (all) the ~ then в те дни все помешáлись на велосипéдах

**2.** *v* 1) беси́ться, зли́ться (at, against) 2) бушевáть, свирéпствовать (*о буре, эпидемии*) 3) *refl.*: to ~ itself out успокóиться, зати́хнуть (*гл. обр. о буре*)

**rag fair** [ˈrægfɛə] *n* барахóлка, толкýчка

**ragged** I [ˈrægɪd] *a* 1) нерóвный, зазýбренный; шероховáтый 2) рвáный, изóрванный; понóшенный 3) одéтый в лохмóтья; обóрванный 4) нечёсаный, космáтый 5) небрéжный, неотдéланный (*о стиле*); ~ rhymes небрéжные ри́фмы 6) рвáный (*о ране*)

**ragged** II [rægd] *p. p. от* rag II, 2

**ragged** III [rægd] *p. p. от* rag III, 2

**ragged robin** [ˈrægɪdˈrɔbɪn] *n бот.* дрёма, кукýшкин цвет

**raggery** [ˈrægərɪ] *n разг.* одéжда (*особ. жéнская*), тря́пки

**ragging** I [ˈrægɪŋ] **1.** *pres. p. от* rag III, 2

**2.** *n горн.* дроблéние рудьі

**ragging** II [ˈrægɪŋ] *pres. p. от* rag II, 2

**raging** [ˈreɪdʒɪŋ] **1.** *pres. p. от* rage 2

**2.** *a* я́ростный, си́льный; ~ pain си́льная боль

**Raglan** [ˈræglən] *n* пальтó-реглáн

**ragman** [ˈrægmən] = rag-and-bone-man

**ragout** [ˈrægu:] *фр. n* рагý

**rag paper** [ˈrægˌpeɪpə] *n* тряпи́чная бумáга

**rag-picker** [ˈrægˌpɪkə] *n* тряпи́чник, старьёвщик

**rags-to-riches** [ˈrægztəˈrɪtʃɪz] *a*: ~ story расскáз, в котóром герóиня из бéдной семьи́ станóвится богáтой

**ragtag** [ˈrægtæg] *n* (*обыкн.* ~ and bobtail) *разг.* сброд, подóнки óбщества, шýшера

**ragtime** [ˈrægtaɪm] *n* 1) рéгтайм (*синкопированный танцевальный ритм*) 2) *attr.* нелéпый, смехотвóрный; a ~ army разбóлтанная áрмия

**ragweed** [ˈrægwi:d] *n бот.* амбрóзия полыннoли́стная

**rag-wheel** [ˈrægwi:l] *n тех.* цепнóе колесó

**ragwort** [ˈrægwə:t] = ragweed

**rah** [rɑ:] *int* (*сокр. от* hurrah) урá!

**rah-rah** [ˈrɑ:ˈrɑ:] *a амер.* студéнческий; по-студéнчески шýмный, весёлый; ~ boys студéнты, предпочитáющие занятиям весёлое времяпрепровождéние; весёлые бездéльники

**raid** [reɪd] **1.** *n* 1) набéг, внезáпное нападéние, рейд; to make a ~ upon the enemy's camp соверши́ть набéг на лáгерь проти́вника; air ~ воздýшный налёт 2) облáва; a ~ on a gambling-den налёт (*полиции*) на игóрный при́тóн

**2.** *v* 1) совершáть налёт, набéг, облáву 2) вторгáться (into)

**raider** [ˈreɪdə] *n* 1) учáстник налёта, набéга, облáвы 2) *мор.* рéйдер 3) *ав.* самолёт, учáствующий в воздýшном налёте

**rail** I [reɪl] *n* 1) пери́ла; огрáда; пóручни 2) рельс 3) железнодорóжный путь; by ~ по желéзной дорóге; off the ~s сошéдший с рéльсов; *перен.* дезорганизóванный, вы́битый из колéи 4) поперéчина, переклáдина; рéйка, брусóк 5) вéшалка 6) *pl ком.* железнодорóжные áкции

**2.** *v* 1) обноси́ть пери́лами, забóром, отгорáживать (*обыкн.* ~ in, ~ off) 2) перевози́ть *или* посылáть по желéзной дорóге 3) проклáдывать рéльсы

**rail** II [reɪl] *v* ругáть(ся), брани́ть(-ся) (at, against)

**rail** III [reɪl] *n* водянóй пастушóк (*птица*)

**railage** [ˈreɪlɪdʒ] *n* 1) железнодорóжные перевóзки 2) оплáта железнодорóжных перевóзок

**rail-chair** [ˈreɪltʃɛə] *n ж.-д.* рéльсовая подýшка

**railhead** [ˈreɪlhed] *n* 1) врéменный конéчный пункт стрóящейся желéзной дорóги 2) *воен.* стáнция снабжéния

**railing** I [ˈreɪlɪŋ] **1.** *pres. p. от* rail I, 2

**2.** *n* (*чáсто pl*) огрáда, пери́ла

**railing** II [ˈreɪlɪŋ] *pres. p. от* rail II

**raillery** [ˈreɪlərɪ] *n* добродýшная насмéшка, шýтка, подшýчивание

**rail mill** [ˈreɪlmɪl] *n* рельсопрокáтный стан

**railroad** [ˈreɪlrəud] *амер.* **1.** *n* 1) желéзная дорóга 2) *attr.* железнодорóжный

**2.** *v* 1) путешéствовать по желéзной дорóге 2) перевози́ть *или* посылáть по желéзной дорóге 3) стрóить желéзную дорóгу 4) *разг.* лóвко и бы́стро провернýть, протолкнýть (*что-л., кого-л.*; to, into, through); to ~ a bill through Congress протащи́ть законопроéкт в конгрéссе 5) *жарг.* посади́ть в тюрьмý по лóжному обвинéнию

**railroader** [ˈreɪlrəudə] *n амер.* 1) железнодорóжник 2) владéлец желéзной дорóги

**railrolling mill** [ˈreɪlˌrəulɪŋˈmɪl] = rail mill

**railway** [ˈreɪlweɪ] **1.** *n* 1) желéзная дорóга; железнодорóжный путь 2) *attr.* железнодорóжный; ~ mounting *воен.* железнодорóжная оруди́йная установка; ~ system железнодорóжная сеть ◇ at ~ speed óчень бы́стро

**2.** *v* 1) стрóить желéзную дорóгу 2) путешéствовать по желéзной дорóге

**railway-yard** [ˈreɪlweɪˈjɑ:d] *n* сортирóвочная стáнция

**raiment** [ˈreɪmənt] *n поэт., ритор.* одéжда, одея́ние

**rain** [reɪn] **1.** *n* 1) дождь; ~ or shine при любóй погóде; *перен.* что бы то ни́ бы́ло; при всех услóвиях; the ~s перúод тропи́ческих дождéй; to be caught in the ~ попáсть под дождь, быть засти́гнутым дождём; to keep the ~ out укры́ться от дождя́ 2) потóки; ручьи́ (*слёз*); град (*ударов и т. п.*) 3) *горн.* капёж ◇ right as ~ *разг.* совершéнно здорóвый; в пóлном поря́дке

**2.** *v* 1) (*в безл. оборотах*): it ~s, it is ~ing идёт дождь 2) сы́пать (-ся); ли́ться; blows ~ed upon him уда́ры сы́пались на него́ гра́дом □ ~ **out** помеша́ть чему́-л. (*о дожде*) ◇ it ~s cats and dogs ≅ дождь льёт как из ведра́; it never ~s but it pours *посл.* ≅ пришла́ беда́ — отворя́й ворота́

**rainbow** [ˈreɪnbəu] *n* 1) ра́дуга 2) *attr.* ра́дужный, многоцве́тный ◇ ~ hunt пого́ня за недосяга́емым

**rainbow trout** [ˈreɪnbəuˈtraut] *n зоол.* ра́дужная форе́ль

**raincoat** [ˈreɪnkəut] *n* непромока́емое пальто́, плащ

**raindrop** [ˈreɪndrɔp] *n* дождева́я ка́пля

**rainfall** [ˈreɪnfɔ:l] *n* 1) коли́чество оса́дков 2) ли́вень

**rain-gauge** [ˈreɪngeɪdʒ] *n метео* дождеме́р

**rain-glass** [ˈreɪnglɑ:s] *n* баро́метр

**rainless** [ˈreɪnlɪs] *a* засу́шливый; без дождя́

**rainproof** [ˈreɪnpru:f] *a* непроница́емый для дождя́, непромока́емый

**rain-storm** [ˈreɪnstɔ:m] *n* ли́вень с урага́ном

**raintight** [ˈreɪntaɪt] = rainproof

**rain-water** [ˈreɪnˌwɔ:tə] *n* дождева́я вода́

**rainwear** [ˈreɪnwɛə] *n* непромока́емая оде́жда

**rain-worm** [ˈreɪnwə:m] *n* дождево́й червь

**rainy** [ˈreɪnɪ] *a* 1) дождли́вый; ~ weather дождли́вая пого́да 2) дождево́й (*о туче, ветре*) ◇ for a ~ day на чёрный день

**raise** [reɪz] **1.** *v* 1) поднима́ть; to ~ one's glass to smb.'s health пить за чьё-л. здоро́вье; to ~ anchor снима́ться с я́коря; to ~ pastry (*или* dough) ста́вить те́сто на дрожжа́х; to ~ the eyebrows (удивлённо) поднима́ть бро́ви 2) ста́вить, поднима́ть (*вопрос*); to ~ a question поста́вить вопро́с; to ~ objections выдвига́ть возраже́ния; to ~ a claim предъяви́ть прете́нзию 3) буди́ть; воскреша́ть; to ~ from the dead воскреси́ть из мёртвых 4) воздвига́ть (*здание и т. п.*) 5) выра́щивать (*растения*); разводи́ть (*птицу, скот*); расти́ть, воспи́тывать (*детей*) 6) повыша́ть (*в звании, должности*); to ~ a man to the peerage пожа́ловать кому́-л. ти́тул пэ́ра 7) поднима́ть (*на защиту и т. п.*) 8) вызыва́ть (*смех, сомнение, тревогу*) 9) собира́ть (*налоги и т. п.*); to ~ money добыва́ть де́ньги; to ~ troops набира́ть войска́; to ~ a unit *воен.* сформирова́ть часть 10) запе́ть, нача́ть (*песню*); изда́ть (*крик*) 11) *текст.* ворсова́ть, начёсывать 12) *горн.* добыва́ть, выдава́ть на-гора́ ◇ to ~ hell, *амер.* to ~ a big smoke *sl.* подня́ть шум, нача́ть буя́нить, сканда́лить; to ~ a check *амер.* подде́лать чек; to ~ a ghost вы́звать ду́ха

**2.** *n* 1) подъём 2) повыше́ние, подня́тие; увеличе́ние 3) *горн.* восстаю́щая вы́работка ◇ to make a ~ раздобы́ть, получи́ть взаймы́

**raised** [reɪzd] **1.** *p. p. от* raise 1

**2.** *a* 1) поста́вленный на дрожжа́х 2) релье́фный, лепно́й

**raisin** [ˈreɪzn] *n* 1) (*обыкн. pl*) изю́м 2) изю́минка

**rait** [reɪt] = ret

**raj** [rɑ:dʒ] *инд. n* госпо́дство; влады́чество

**raja(h)** [ˈrɑ:dʒə] *инд. n* ра́джа

**Rajpoot, Rajput** [ˈrɑ:dʒput] *инд. n* раджпу́т

**rake** I [reɪk] **1.** *n* 1) гра́бли; скребо́к 2) кочерга́ 3) лопа́точка крупье́ 4) о́чень худо́й челове́к, скеле́т; as lean (*или* thin) as a ~ худ как ще́пка

**2.** *v* 1) сгреба́ть, загреба́ть; зара́внивать, подчища́ть гра́блями (*тж.* ~ level, ~ clean); чи́стить скребко́м 2) собира́ть (*обыкн.* ~ up, ~ together) 3) тща́тельно иска́ть, ры́ться (in, among — в *чём-л.*) 4) оки́дывать взгля́дом; озира́ть 5) *воен., мор.* обстре́ливать продо́льным огнём, смета́ть □ ~ **out** выгреба́ть; *перен.* вы́искивать, добыва́ть с трудо́м; to ~ out the fire выгреба́ть у́голь, золу́; ~ **up** а) сгреба́ть; to ~ up the fire шурова́ть у́голь в то́пке; загреба́ть жар; б) растравля́ть (*старые раны*); don't ~ up the past не вороши́ про́шлое ◇ to ~ over the coals де́лать вы́говор

**rake** II [reɪk] **1.** *n* 1) *мор.* накло́н (*мачты и т. п.*) 2) отклоне́ние от перпендикуля́ра; укло́н от отве́сной ли́нии 3) *тех.* пере́дний у́гол (*резца*), у́гол укло́на 4) *тех.* скос

**2.** *v* отклоня́ться от отве́сной ли́нии

**rake** III [reɪk] **1.** *n* пове́са, распу́тник

**2.** *v* вести́ распу́тный о́браз жи́зни, пове́сничать

**rake-off** [ˈreɪkˈɔf] *n амер. sl.* комиссио́нные (*при незаконной сделке*); взя́тка

**raker** [ˈreɪkə] *n* 1) гра́бли 2) рабо́тающий гра́блями 3) *разг.* гребёнка

**rakish** I [ˈreɪkɪʃ] *a* распу́тный; распу́щенный

**rakish** II [ˈreɪkɪʃ] *a мор.* 1) быстрохо́дный 2) щегольско́й; лихо́й, у́харский

**râle** [rɑ:l] *фр. n мед.* хрип

**rallicar(t)** [ˈrælɪkɑ:(t)] *n* рессо́рная двуко́лка для четверы́х

**rally** I [ˈrælɪ] **1.** *n* 1) восстановле́ние (*сил, энергии*) 2) объедине́ние 3) съезд, собра́ние, слёт; ма́ссовый ми́тинг 4) оживле́ние (*на бирже, на рынке*) 5) *спорт.* автора́лли 6) бы́стрый обме́н уда́рами (*в теннисе*) 7) *воен.* сбор

**2.** *v* 1) вновь собира́ть(ся) *или* спла́чивать(ся) (*для совместных усилий*); возобновля́ть борьбу́ по́сле пораже́ния 2) овладева́ть собо́й, оправля́ться (*от страха, горя, болезни*) 3) *бирж.* оживля́ться (*о спросе*); кре́пнуть (*о ценах*)

**rally** II [ˈrælɪ] *v* шути́ть, иронизи́ровать (*над кем-л.*)

**ram** [ræm] **1.** *n* 1) бара́н 2) (the R.) Ове́н (*созвездие и знак зодиака*) 3) *ав.* тара́н 4) *тех.* ба́ба (*молота*); гидравли́ческий тара́н 5) *метал.* коксовыта́лкиватель 6) *тех.* ползу́н, плу́нжер 7) подъёмник, силово́й цили́ндр

**2.** *v* 1) тара́нить 2) забива́ть, вкола́чивать; вти́скивать; to ~ into smb. вбива́ть кому́-л. в го́лову; to ~ it home убеди́ть, доказа́ть 3) трамбова́ть, утрамбо́вывать

**ramble** [ˈræmbl] **1.** *n* 1) прогу́лка, пое́здка (*без определённой цели*) 2) экску́рсия

**2.** *v* 1) броди́ть без це́ли, для удово́льствия 2) говори́ть бессвя́зно, переска́кивать с одно́й мы́сли на другу́ю 3) ползти́, ви́ться (*о растениях*)

**rambler** [ˈræmblə] *n* 1) праздноша́тающийся; бродя́га 2) ползу́чее расте́ние, *особ.* вью́щаяся ро́за

**rambling** [ˈræmblɪŋ] **1.** *pres. p. от* ramble 2

**2.** *a* 1) слоня́ющийся; бродя́чий 2) разбро́санный; беспоря́дочно вы́строенный 3) бессвя́зный 4) ползу́чий (*о растении*)

**rambunctious** [ræmˈbʌŋkʃəs] *a амер. разг.* 1) серди́тый, раздражи́тельный 2) непоко́рный; бу́йный 3) о́чень шу́мный

**ramie** [ˈræmi:] *n* 1) ра́ми, кита́йская крапи́ва 2) волокно́ из кита́йской крапи́вы

**ramification** [ˌræmɪfɪˈkeɪʃən] *n* 1) разветвле́ние; ответвле́ние; отро́сток 2) *собир.* ве́тви де́рева

**ramify** [ˈræmɪfaɪ] *v* разветвля́ться

**ramjet** [ˈræmdʒet] *n воен.* прямото́чный возду́шно-реакти́вный дви́гатель

**rammer** [ˈræmə] *n* 1) трамбо́вка, ба́ба 2) *арт.* прибо́йник; шо́мпол

**rammish** [ˈræmɪʃ] *a* 1) ду́рно па́хнущий 2) похотли́вый

**ramose** [ˈreɪməs] *a* ветви́стый

**ramp** I [ræmp] **1.** *n* 1) скат, укло́н; накло́нная пло́скость; *мор.* аппаре́ль 2) *воен.* реакти́вная пускова́я устано́вка 3) *ж.-д.* остря́к (*рельса*) 4) *авто* борт 5) трап

**2.** *v* 1) стоя́ть на за́дних ла́пах (*о геральдическом животном*); принима́ть угрожа́ющую по́зу 2) *шутл.* неи́стовствовать, броса́ться, бушева́ть; угрожа́ть (*обыкн.* ~ about) 3) ползти́, ви́ться (*о растениях*)

**ramp** II [ræmp] *sl.* **1.** *n* вымога́тельство, моше́нничество, грабёж (*особ. о дороговизне*)

**2.** *v* вымога́ть, гра́бить

**rampage** [ræmˈpeɪdʒ] **1.** *n* си́льное возбужде́ние; неи́стовство, я́рость; бу́йство; to be (*или* to go) on the ~ неи́стовствовать

**2.** *v* быть в си́льном возбужде́нии, неи́стовствовать, бу́йствовать

**rampageous** [ræmˈpeɪdʒəs] *a* неи́стовый, бу́йный

**rampant** ['ræmpənt] **1.** *a* 1) стоя́щий на за́дних ла́пах (*о геральдическом животном*) 2) си́льно распространённый, свире́пствующий (*о болезнях, пороках*) 3) бу́йно разро́сшийся 4) неи́стовый, безу́держный 5) *архит.* с усто́ями, располо́женными на ра́зных у́ровнях (*о своде*)

**2.** *n архит., стр.* 1) ползу́чий свод, ползу́чая а́рка 2) парапе́тная сте́нка 3) па́ндус

**rampart** ['ræmpɑ:t] **1.** *n* 1) (крепостно́й) вал 2) опло́т, защи́та

**2.** *v* защища́ть, укрепля́ть ва́лом

**ramrod** ['ræmrɔd] *n* 1) шо́мпол 2) *арт.* прибо́йник ◇ straight as a ~ ≅ сло́вно арши́н проглоти́л

**ramshackle** ['ræm,ʃækl] *a* ве́тхий, разва́ливающийся; a ~ house полуразвали́вшийся дом; a ~ empire прише́дшая в упа́док импе́рия

**ran** [ræn] *past от* run 2

**ranch** [rɑ:ntʃ] **1.** *n амер.* ра́нчо; кру́пное фе́рмерское хозя́йство

**2.** *v* 1) занима́ться скотово́дством 2) жить на фе́рме

**rancher** ['rɑ:ntʃə] *n* 1) хозя́ин ра́нчо 2) рабо́тник на ра́нчо

**ranchman** ['rɑ:ntʃmən] = rancher

**rancid** ['rænsɪd] *a* прого́рклый, проту́хший (*о жирах*)

**rancidity** [ræn'sɪdɪtɪ] *n* прого́рклость

**rancidness** ['rænsɪdnɪs] = rancidity

**rancorous** ['ræŋkərəs] *a* зло́бный, вражде́бный

**rancour** ['ræŋkə] *n* зло́ба, затаённая вражда́

**rand** [rænd] *n* рант

**randan** I [ræn'dæn] *n* четырёхвесе́льная ло́дка при трёх гребца́х

**randan** II [ræn'dæn] *n sl.* попо́йка, кутёж; to go on the ~ кути́ть

**random** ['rændəm] **1.** *n*: at ~ нао́бум, науда́чу, наугa̋д

**2.** *a* сде́ланный *или* вы́бранный наугa̋д, случа́йный; беспоря́дочный; ~ bullet шальна́я пу́ля

**randy** ['rændɪ] *шотл.* **1.** *a* 1) гру́бый, крикли́вый 2) похотли́вый

**2.** *n* 1) сварли́вая же́нщина 2) бродя́га; назо́йливый ни́щий

**ranee** [rɑ:'ni:] *инд. n* ра́ни, супру́га ра́джи

**rang** [ræŋ] *past от* ring II, 2

**range** [reɪndʒ] **1.** *n* 1) ряд, ли́ния (*домов*); цепь (*гор и т. п.*) 2) ли́ния, направле́ние 3) обши́рное па́стбище 4) ареа́л, о́бласть распростране́ния (*растения, животного*); сфе́ра, зо́на 5) преде́л, амплиту́да; диапазо́н (*голоса*) 6) сфе́ра, о́бласть, круг; that is out of my ~ э́то не по мое́й ча́сти; в э́той о́бласти я не специали́ст 7) протяже́ние, простра́нство; ра́диус де́йствия; ~ of vision кругозо́р, по́ле зре́ния; (to be) in ~ of... (быть) в преде́лах досяга́емости... 8) ку́хонная плита́ (*тж.* kitchen ~) 9) стре́льбище, полиго́н, тир 10) *мор.* створ 11) *воен.* да́льность; дальнобо́йность; досяга́емость 12) *радио* да́льность переда́чи 13) *ав.* да́льность полёта 14) *ав.* отно́с бо́мбы 15) *attr. воен.*: ~ elevation устано́вка прице́ла; ~ table табли́ца да́льностей и прице́лов

**2.** *v* 1) выстра́ивать(ся) в ряд; ста́вить, располага́ть в поря́дке 2) классифици́ровать 3) *refl.* примыка́ть, присоединя́ться 4) броди́ть; стра́нствовать, скита́ться; ры́скать (*обыкн.* ~ over, ~ through) 5) колеба́ться в изве́стных преде́лах; prices ~ from a shilling to a pound це́ны коле́блются от ши́ллинга до фу́нта 6) плыть (*обыкн.* ~ along, ~ with) 7) простира́ться; тяну́ться (*обыкн.* ~ along, ~ with); the path ~s with the brook доро́жка тя́нется вдоль ручья́ 8) *зоол., бот.* води́ться, встреча́ться в определённых грани́цах 9) быть на одно́м у́ровне; относи́ться к числу́; he ~s with the great writers его́ мо́жно поста́вить в оди́н ряд с вели́кими писа́телями 10) *воен.* пристре́ливать цель по да́льности; определя́ть расстоя́ние до це́ли

**range-finder** ['reɪndʒ,faɪndə] *n* 1) дальноме́рщик 2) *тех.* дальноме́р

**range-pole** ['reɪndʒpəul] *n геод.* дальноме́рная ре́йка; ство́рная ве́ха

**ranger** ['reɪndʒə] *n* 1) бродя́га; скита́лец; стра́нник 2) лесни́чий 3) смотри́тель короле́вского па́рка (*в Англии*) 4) *pl амер.* ко́нная поли́ция 5) *воен.* «ре́йнджер», военнослу́жащий деса́нтного диверсио́нно-разве́дывательного подразделе́ния

**rangy** ['reɪndʒɪ] *a* 1) бродя́чий 2) стро́йный, му́скулистый (*о животных*) 3) обши́рный; просто́рный 4) *австрал.* гори́стый, го́рный

**rani** ['rɑ:nɪ] = ranee

**rank** I [ræŋk] **1.** *n* 1) ряд 2) зва́ние, чин; служе́бное положе́ние; of higher ~ вы́ше чи́ном, вышестоя́щий; honorary ~ почётное зва́ние; to hold ~ занима́ть до́лжность, име́ть чин 3) катего́рия, ранг, разря́д, сте́пень, класс; a poet of the highest ~ первокла́ссный поэ́т; to take ~ with быть в одно́й катего́рии с 4) высо́кое социа́льное положе́ние; persons of ~ аристокра́тия; ~ and fashion вы́сшее о́бщество 5) *воен.* шере́нга; to break ~s вы́йти из стро́я, нару́шить строй; to fall into ~ постро́иться (*о солдатах и т. п.*) ◇ the ~s, the ~ and file a) рядово́й и сержа́нтский соста́в а́рмии (*в противоп. офицерскому*); б) рядовы́е чле́ны (*партии и т. п.*); в) обыкнове́нные лю́ди, ма́сса; to rise from the ~s вы́двинуться из рядовы́х в офице́ры; to reduce to the ~s разжа́ловать в рядовы́е

**2.** *v* 1) стро́ить(ся) в шере́нгу, выстра́ивать(ся) в ряд, в ли́нию 2) классифици́ровать; дава́ть определённую оце́нку; I ~ his abilities very high я высоко́ ценю́ его́ спосо́бности 3) занима́ть како́е-л. ме́сто; he ~s high as a lawyer (scholar) он ви́дный адвока́т (учёный); a general ~s with an admiral генера́л по чи́ну (*или* зва́нию) равня́ется адмира́лу 4) *амер.* занима́ть пе́рвое *или* бо́лее высо́кое ме́сто; стоя́ть вы́ше други́х; a captain ~s a lieutenant капита́н по чи́ну (*или* зва́нию) вы́ше лейтена́нта

**rank** II [ræŋk] *a* 1) роско́шный, бу́йный (*о растительности*) 2) заро́сший; a garden ~ with weeds сад, заро́сший со́рными тра́вами 3) жи́рный, плодоро́дный (*о почве*) 4) прого́рклый (*о масле*) 5) отврати́тельный, проти́вный; гру́бый; цини́чный 6) я́вный, су́щий; отъя́вленный; ~ nonsense я́вная чушь

**ranker** ['ræŋkə] *n* офице́р, выслужи́вшийся из рядовы́х

**rankle** ['ræŋkl] *v* терза́ть, му́чить (*об обиде, ревности, зависти*); the memory of the insult still ~s in his heart воспомина́ние об оскорбле́нии всё ещё гло́жет его́ се́рдце

**ransack** ['rænsæk] *v* 1) иска́ть; обы́скивать (*дом, комнату*); ры́ться в по́исках поте́рянного 2) очи́стить (*квартиру*), огра́бить

**ransom** ['rænsəm] **1.** *n* 1) вы́куп; to hold smb. to ~ тре́бовать вы́куп за кого́-л.; a king's ~ огро́мная су́мма, большо́й куш 2) *церк.* искупле́ние

**2.** *v* 1) выкупа́ть, освобожда́ть за вы́куп 2) *церк.* искупа́ть

**rant** [rænt] **1.** *n* 1) напы́щенная речь; гро́мкие слова́; деклама́ция 2) шу́мная про́поведь 3) *диал.* кутёж

**2.** *v* 1) говори́ть напы́щенно; деклами́ровать 2) пропове́довать 3) *диал.* шу́мно весели́ться; гро́мко петь

**ranter** ['ræntə] *n* 1) пустосло́в 2) напы́щенный пропове́дник

**ranunculi** [rə'nʌŋkjulaɪ] *pl от* ranunculus

**ranunculus** [rə'nʌŋkjuləs] *n* (*pl* -ses [-sɪz], -li) лю́тик

**rap** I [ræp] **1.** *n* 1) лёгкий уда́р; to get (to give) a ~ over (*или* on) the knuckles а) получи́ть (дать) по рука́м; б) получи́ть (сде́лать) вы́говор, замеча́ние 2) стук; a ~ on the window негро́мкий стук в окно́ 3) *разг.* отве́тственность (*за проступок*); наказа́ние; to take the ~ for smth. получи́ть вы́говор за что-л.

**2.** *v* 1) слегка́ ударя́ть 2) стуча́ть (at, on) 3) ре́зко отвеча́ть (*обыкн.* ~ out) 4) *амер. sl.* отчита́ть □ ~ **out** а) вы́крикнуть, испусти́ть крик; to ~ out an oath вы́ругаться; б) высту́кивать (*о духах на спиритическом сеансе и т. п.*); to ~ out a message высту́кивать сообще́ние

**rap** II [ræp] *n ист.* ме́лкая обесце́ненная моне́та (*в Ирландии в XVIII в.*) ◇ not a ~ ≅ ни гроша́; I don't care a ~ мне на э́то наплева́ть; it does not matter a ~ э́то не име́ет никако́го значе́ния

**rap** III [ræp] *n* мото́к пря́жи в 120 я́рдов

**rapacious** [rə'peɪʃəs] *a* 1) жа́дный 2) прожо́рливый 3) хи́щный (*о животных*)

**rapacity** [rə'pæsɪtɪ] *n* 1) жа́дность 2) прожо́рливость

**rape I** [reɪp] **1.** *n* 1) изнаси́лование 2) *поэт.* похище́ние; the ~ of Europa *греч. миф.* похище́ние Евро́пы

**2.** *v* 1) наси́ловать 2) *поэт.* похища́ть

**rape II** [reɪp] *n бот.* 1) рапс 2) капу́ста полева́я, суре́пица

**rape III** [reɪp] *n* вы́жимки виногра́да, испо́льзуемые для изготовле́ния у́ксуса

**rape-oil** ['reɪp'ɔɪl] *n* суре́пное, ра́псовое ма́сло

**rapid** ['ræpɪd] **1.** *a* 1) бы́стрый, ско́рый; a ~ pulse учащённый пульс 2) круто́й (*о склоне*)

**2.** *n* (*обыкн. pl*) поро́г реки́, стремни́на

**rapid-fire** ['ræpɪd'faɪə] *a* скоростре́льный

**rapidity** [rə'pɪdɪtɪ] *n* быстрота́, ско́рость; ~ of fire *воен.* скоростре́льность

**rapier** ['reɪpjə] *n* рапи́ра

**rapier-thrust** ['reɪpjəθrʌst] *n* 1) уко́л, уда́р рапи́рой 2) *перен.* ло́вкий вы́пад; остроу́мный, нахо́дчивый отве́т

**rapine** ['ræpaɪn] *n ритор.* 1) грабёж 2) похище́ние

**rappee** [ræ'pi:] *n* сорт кре́пкого ню́хательного табака́

**rapport** [ræ'pɔ:] *фр. n* 1) связь, взаимоотноше́ния 2) взаимопонима́ние; согла́сие

**rapprochement** [ræ'prɔʃmɑ:ŋ] *фр. n* восстановле́ние *или* возобновле́ние дру́жественных отноше́ний (*особ. между государствами*)

**rapscallion** [ræp'skæljən] *n уст.* моше́нник, безде́льник

**rapt** [ræpt] *a* 1) восхищённый, увлечённый 2) поглощённый (*мыслью и т. п.*); he is ~ in reading он поглощён чте́нием; ~ attention сосредото́ченное внима́ние 3) похи́щенный 4) *библ.* взя́тый живы́м на не́бо

**raptorial** [ræp'tɔ:rɪəl] *a* хи́щный (*о птицах, животных*)

**rapture** ['ræptʃə] *n* 1) восто́рг, выраже́ние восто́рга; экста́з; to be in ~s, to go into ~s (over *или* about smth.) быть в восто́рге, приходи́ть в восто́рг (от чего́-л.) 2) похище́ние 3) *библ.* взя́тие живы́м на не́бо

**rapturous** ['ræptʃərəs] *a* восто́рженный

**rara avis** ['rɑ:rə'ævɪs] *n* (*лат.* «ре́дкая пти́ца») ре́дкость, дико́вина, челове́к *или* вещь, ре́дко встреча́ющиеся

**rare I** [rɛə] **1.** *a* 1) ре́дкий, разрежённый, негусто́й; ~ gas *хим.* ине́ртный газ; the ~ atmosphere of the mountain tops разрежённый во́здух на го́рных верши́нах 2) ре́дкий, необы́чный, необыкнове́нный 3) *разг.* исключи́тельно хоро́ший, замеча́тельный, превосхо́дный; to have a ~ time (*или* fun) здо́рово повесели́ться

**2.** *adv разг.* исключи́тельно; a ~ fine view исключи́тельно краси́вый вид

**rare II** [rɛə] *a* недожа́ренный, недова́ренный (*о мясе*); ~ eggs *уст.* я́йца всмя́тку

**rarebit** ['rɛəbɪt] *n* гренки́ с сы́ром (*тж.* Welsh ~)

**raree-show** ['rɛərɪʃəu] *n* 1) ку́кольный теа́тр; раёк (*ящик с передвижными картинками*) 2) зре́лище 3) у́личное представле́ние

**rarefaction** [ˌrɛərɪ'fækʃən] *n* 1) разреже́ние, разжиже́ние 2) разрежённость

**rarefy** ['rɛərɪfaɪ] *v* 1) разрежа́ть (-ся), разжижа́ть(ся) 2) *перен.* очища́ть, утонча́ть

**rarely** ['rɛəlɪ] *adv* 1) ре́дко, неча́сто 2) необыча́йно, исключи́тельно; we dined ~ мы исключи́тельно хорошо́ пообе́дали

**rareness** ['rɛənɪs] *n* ре́дкостность; ре́дкость

**rareripe** ['rɛəraɪp] *амер.* **1.** *a* скороспе́лый, ра́нний

**2.** *n* скороспе́лка

**rarity** ['rɛərɪtɪ] *n* 1) ре́дкость 2) антиква́рная вещь 3) разрежённость (*воздуха*)

**rascal** ['rɑ:skəl] *n* 1) моше́нник 2) *шутл.* плут, шельме́ц (*особ. о ребёнке*); you lucky ~! ну и везу́чий ты шельме́ц!

**rascaldom** ['rɑ:skəldəm] *n* 1) моше́нничество 2) *собир.* моше́нники

**rascality** [rɑ:s'kælɪtɪ] *n* моше́нничество

**rascally** ['rɑ:skəlɪ] *a* моше́ннический, нече́стный

**rase** [reɪz] = raze

**rash I** [ræʃ] *a* стреми́тельный; поспе́шный; опроме́тчивый, необду́манный, неосторо́жный

**rash II** [ræʃ] *n* сыпь

**rash III** [ræʃ] *n* шурша́ние

**rasher** ['ræʃə] *n* то́нкий ло́мтик беко́на *или* ветчины́ (*для поджаривания*)

**rashness** ['ræʃnɪs] *n* стреми́тельность *и пр.* [*см.* rash I]

**rasp** [rɑ:sp] **1.** *n* 1) дребезжа́ние; скре́жет; скребу́щий звук 2) *тех.* ра́шпиль

**2.** *v* 1) скрести́, тере́ть; подпи́ливать, соска́бливать, строга́ть (*обыкн.* ~ off, ~ away) 2) дребезжа́ть, издава́ть ре́зкий, скреже́щущий звук 3) раздража́ть, ре́зать у́хо 4) пили́кать (*на скрипке и т. п.*)

**raspberry** ['rɑ:zbərɪ] *n* 1) мали́на 2) *sl.* пренебрежи́тельное фы́рканье

**raspberry-cane** ['rɑ:zbərɪkeɪn] *n* (*обыкн. pl*) кусты́ мали́ны, мали́нник

**rasper** ['rɑ:spə] *n* 1) *тех.* большо́й ра́шпиль *или* тёрка 2) челове́к, рабо́тающий ра́шпилем 3) *разг.* неприя́тный, ре́зкий челове́к *или* хара́ктер

**rasping** ['rɑ:spɪŋ] **1.** *pres. p. от* rasp 2

**2.** *n* (*обыкн. pl*) опи́лки (*обыкн.* металли́ческие)

**rat I** [ræt] **1.** *n* 1) кры́са 2) преда́тель; штрейкбре́хер; челове́к, покида́ющий организа́цию в тяжёлое вре́мя 3) *разг.* шпио́н; доно́счик; перебе́жчик 4): ~s! *sl.* вздор!, чепуха́! 5) *attr.* крыси́ный, мыши́ный; ~ race мыши́ная возня́ ◇ like a drowned ~ промо́кший до косте́й; like a ~ in a hole в безвы́ходном положе́нии; to smell a ~ чу́ять недо́брое; подозрева́ть

**2.** *v* 1) истребля́ть крыс (*обыкн. собаками*) 2) преда́ть; поки́нуть организа́цию в тяжёлое вре́мя; to ~ on smb. преда́ть кого́-л., донести́ на кого́-л. 3) отре́чься, отказа́ться

**rat II** [ræt] = drat

**ratable** ['reɪtəbl] = rateable

**ratafee, ratafia** [ˌrætə'fi:, -'fɪə] *n* 1) минда́льный ликёр; нали́вка, пригото́вленная на фрукто́вых ко́сточках 2) минда́льное пече́нье

**ratal** ['reɪtəl] *n* су́мма обложе́ния

**rataplan** [ˌrætə'plæn] **1.** *n* 1) бараба́нный бой 2) стук

**2.** *v* бить в бараба́н

**rat-a-tat** ['rætə'tæt] = rat-tat

**rat-catcher** ['rætˌkætʃə] *n* крысоло́в (*о человеке*)

**ratchet-wheel** ['rætʃɪtwi:l] *n тех.* храпово́е колесо́, храпови́к

**rate I** [reɪt] **1.** *n* 1) но́рма; ста́вка, тари́ф; расце́нка, цена́; the ~ of wages per week ста́вка неде́льной за́работной пла́ты; ~ of exchange валю́тный курс; ~ of surplus value *полит.-эк.* но́рма приба́вочной сто́имости; average ~ of profit *полит.-эк.* сре́дняя но́рма при́были; at an easy ~ дёшево; легко́; to live at a high ~ жить на широ́кую но́гу 2) соотве́тственная часть; пропо́рция; коэффицие́нт, сте́пень, проце́нт; до́ля; mortality ~ сме́ртность 3) ме́стный нало́г 4) темп; ход, ско́рость; ~ of increase темп ро́ста, приро́ста; at the ~ of 40 miles an hour со ско́ростью 40 миль в час; ~ of fire *воен.* ско́рость стрельбы́, режи́м огня́; ~ of climb *ав.* скороподъёмность 5) разря́д, класс; сорт 6) паёк, по́рция 7) *тех.* расхо́д (*воды*) ◇ at any ~ во вся́ком слу́чае; по ме́ньшей ме́ре; at this (*или* that) ~ в тако́м слу́чае; при таки́х усло́виях

**2.** *v* 1) оце́нивать, исчисля́ть, определя́ть, устана́вливать; the copper coinage was then ~d above it real value ме́дная моне́та сто́ила тогда́ вы́ше свое́й реа́льной сто́имости 2) счита́ть; расце́нивать; рассма́тривать; he was ~d the best poet of his time его́ счита́ли лу́чшим поэ́том эпо́хи; I ~ his speech very high я счита́ю его́ речь о́чень уда́чной 3) (*преим. pass.*) облага́ть (ме́стным) нало́гом 4) *мор.* определя́ть класс, катего́рию (*корабля*)

**rate II** [reɪt] *v* брани́ть; задава́ть головомо́йку

**rate III** [reɪt] = ret

**rateable** [ˈreɪtəbl] *a* 1) подлежа́щий обложе́нию нало́гом, сбо́ром 2) пропорциона́льный

**ratepayer** [ˈreɪtˌpeɪə] *n* налогоплате́льщик

**rater** [ˈreɪtə] *n* руга́тель

**-rater** [-ˌreɪtə] *n в сложных словах*: first-rater я́хта пе́рвого разря́да; ten-rater я́хта водоизмеще́нием в 10 тонн

**rat-face** [ˈrætfeɪs] *n амер. sl.* хи́трый, опа́сный челове́к, продувна́я бе́стия

**rath** [rɑːθ] = rathe

**rathe** [reɪð] *a поэт.* 1) у́тренний 2) ра́нний 3) бы́стрый, стреми́тельный

**rather** [ˈrɑːðə] *adv* 1) скоре́е, предпочти́тельно, лу́чше, охо́тнее; would you ~ take tea or coffee? что вы предпочита́ете: чай и́ли ко́фе?; I'd ~ you came tomorrow меня́ бо́льше устро́ило бы, е́сли бы вы пришли́ за́втра; he would ~ die than comply он скоре́е умрёт, чем согласи́тся 2) верне́е, скоре́е, пра́вильнее; this is not the result, ~ it is the cause э́то не результа́т, а скоре́е (*или* верне́е) причи́на; late last night or ~ early this morning вчера́ по́здно но́чью и́ли, пра́вильнее сказа́ть, сего́дня ра́но у́тром 3) до не́которой сте́пени, слегка́, не́сколько, пожа́луй, дово́льно; a ~ (*или* ~ a) surprising result дово́льно неожи́данный результа́т; I feel ~ better today мне сего́дня, пожа́луй, лу́чше; I know him ~ well я его́ дово́льно хорошо́ зна́ю 4) *разг.* (*в ответ на вопрос, предложение*) коне́чно, да; ещё бы!; do you know him? — Rather! вы его́ зна́ете? — Да, коне́чно

**rathe-ripe** [ˈreɪðraɪp] = rareripe

**rathskeller** [ˈrɑːtsˌkelə] *нем. n* пивна́я *или* рестора́н в подва́льном этаже́

**raticide** [ˈrætɪsaɪd] *n* сре́дство про́тив крыс

**ratification** [ˌrætɪfɪˈkeɪʃən] *n юр.* утвержде́ние, ратифика́ция

**ratify** [ˈrætɪfaɪ] *v юр.* утвержда́ть, ратифици́ровать; скрепля́ть (*подписью, печатью*)

**ratine** [ræˈtiːn] *фр. n текст.* эпо́нж; букле́

**rating I** [ˈreɪtɪŋ] **1.** *pres. p. от* rate I, 2

**2.** *n* 1) оце́нка, отнесе́ние к тому́ и́ли ино́му кла́ссу, разря́ду 2) обложе́ние нало́гом; су́мма нало́га (*особ. городского*) 3) положе́ние; класс, разря́д, ранг 4) *амер.* отме́тка (*в школе*) 5) *мор.* зва́ние *или* специа́льность рядово́го *или* старши́нского соста́ва; the ~s рядово́й и старши́нский соста́в 6) класс (*яхты*) 7) цифровы́е да́нные 8) *тех.* (номина́льная) мо́щность; производи́тельность; номина́льная характери́стика

**rating II** [ˈreɪtɪŋ] **1.** *pres. p. от* rate II

**2.** *n* вы́говор, нагоня́й; to give smb. a severe ~ дать кому́-л. здоро́вый нагоня́й

**ratio** [ˈreɪʃɪəu] *n* (*pl* -os [-əuz]) 1) *мат.* отноше́ние, пропо́рция; коэффицие́нт; соотноше́ние; ~ of exchange *эк.* (коли́чественное) менова́е отноше́ние; in direct (in inverse) ~ пря́мо (обра́тно) пропорциона́льно 2) *тех.* переда́точное число́

**ratiocinate** [ˌrætɪˈɔsɪneɪt] *v* рассужда́ть форма́льно, логи́чески; испо́льзовать силлоги́змы в рассужде́ниях

**ratiocination** [ˌrætɪɔsɪˈneɪʃən] *n* логи́ческое рассужде́ние с испо́льзованием силлоги́змов

**ration** [ˈræʃən] **1.** *n* 1) паёк, по́рция, рацио́н 2) *pl* продово́льствие (*нормированное; преим. в армии*)

**2.** *v* 1) выдава́ть паёк; снабжа́ть продово́льствием 2) *редк.* получа́ть паёк 3) нормирова́ть (*продукты, промтовары*)

**rational** [ˈræʃənl] *a* 1) разу́мный; целесообра́зный, рациона́льный 2) *мат.* рациона́льный; ~ fraction рациона́льная фу́нкция

**rationale** [ˌræʃəˈnɑːl] *n* 1) разу́мное объясне́ние; логи́ческое обоснова́ние 2) основна́я причи́на

**rationalism** [ˈræʃnəlɪzm] *n* рационали́зм

**rationalist** [ˈræʃnəlɪst] **1.** *n* рационали́ст

**2.** *a* рационалисти́ческий

**rationalistic** [ˌræʃnəˈlɪstɪk] = rationalist 2

**rationality** [ˌræʃəˈnælɪtɪ] *n* 1) разу́мность, рациона́льность 2) норма́льность (*умственная*)

**rationalization** [ˌræʃnəlaɪˈzeɪʃən] *n* 1) рационализа́ция 2) рационалисти́ческое объясне́ние 3) *мат.* освобожде́ние от иррациона́льностей

**rationalize** [ˈræʃnəlaɪz] *v* 1) рационализи́ровать 2) дава́ть рационалисти́ческое объясне́ние 3) *мат.* освобожда́ть от иррациона́льностей

**rationalizer** [ˈræʃnəlaɪzə] *n* рационализа́тор

**rationally** [ˈræʃnəlɪ] *adv* рациона́льно; разу́мно

**ration book** [ˈræʃənbuk] *n* продово́льственная *или* промтова́рная кни́жка, забо́рная кни́жка (*на нормированные товары*)

**ration-card** [ˈræʃənkɑːd] *n* продово́льственная *или* промтова́рная ка́рточка

**rationing** [ˈræʃnɪŋ] **1.** *pres. p. от* ration 2

**2.** *n* нормирова́ние проду́ктов *или* промтова́ров

**ratlin(e)** [ˈrætlɪn] *n* (*обыкн. pl*) *мор.* вы́бленка; вы́бленочный трос; линь

**ratsbane** [ˈrætsbeɪn] *n* 1) отра́ва для крыс; крыси́ный яд 2) *разг.* ядови́тое расте́ние

**rat's-tail** [ˈrætsteɪl] *n* 1) крыси́ный хво́стик (*о косичке, верёвочке и т. п.*) 2) *attr.*: ~ file *тех.* то́нкий напи́льник

**rattan** [rəˈtæn] *n* 1) *бот.* рота́нг (*пальма*) 2) трость из рота́нга

**rat-tat** [ˈrætˈtæt] *n* (гро́мкий) стук в дверь

**ratteen** [ræˈtiːn] = ratine

**ratten** [ˈrætən] *v sl.* саботи́ровать; умы́шленно по́ртить обору́дование

**ratter** [ˈrætə] *n* крысоло́в (*особ. о собаке*)

**rattle** [ˈrætl] **1.** *n* 1) треск, гро́хот; дребезжа́ние; стук 2) шу́мная болтовня́, весе́лье, сумато́ха 3) де́тская погрему́шка 4) трещо́тка (*ночного сторожа и т. п.*) 5) ко́льца на хвосте́ грему́чей змеи́ 6) *разг.* трещо́тка, болту́н, пустоме́ля 7) хрипе́ние; death ~ предсме́ртный хрип

**2.** *v* 1) треща́ть, грохота́ть; греме́ть (*посудой, ключами и т. п.*); дребезжа́ть; си́льно стуча́ть 2) дви́гаться, мча́ться *или* па́дать с гро́хотом (*обыкн.* ~ down, ~ over, ~ along, ~ past); the train ~d past по́езд с гро́хотом промча́лся ми́мо 3) говори́ть бы́стро, гро́мко; болта́ть (*обыкн.* ~ on, ~ away, ~ along); отбараба́нить (*урок, речь, стихи, муз. пьесу; обыкн.* ~ out, ~ away, ~ over, ~ off) 4) *разг.* смуща́ть, волнова́ть, пуга́ть; to get ~d теря́ть споко́йствие, не́рвничать 5) *охот.* пресле́довать, гнать (*лису и т. п.*)

**rattle-box** [ˈrætlbɔks] *n* 1) де́тская погрему́шка 2) *бот.* погремо́к 3) *разг.* болту́н, трещо́тка, пустоме́ля

**rattle-brain** [ˈrætlbreɪn] *n* пустоголо́вый болту́н, пустоме́ля

**rattlebrained** [ˈrætlbreɪnd] *a* пустоголо́вый и крикли́вый

**rattleheaded** [ˈrætlˌhedɪd] = rattlebrained

**rattle-pate** [ˈrætlpeɪt] = rattle-brain

**rattle-pated** [ˈrætlˌpeɪtɪd] = rattlebrained

**rattler** [ˈrætlə] *n* 1) *разг.* что-л. грохо́чущее: ста́рый, громо́здкий экипа́ж; по́езд 2) болту́н, трещо́тка 3) *разг.* грему́чая змея́ 4) необыча́йное происше́ствие, сенса́ция; не́что потряса́ющее 5) сокруши́тельный уда́р 6) *горн.* ке́ннельский га́зовый у́голь 7) *тех.* бараба́н для очи́стки отли́вок

**rattlesnake** [ˈrætlsneɪk] *n* грему́чая змея́

**rattletrap** [ˈrætltræp] **1.** *n* ста́рая колыма́га (*об автомобиле и т. п.*) 2) = rattle-box 3); 3) *sl.* рот 4) *pl* безделу́шки

**2.** *a* расша́танный, дребезжа́щий, ве́тхий

**rattling** [ˈrætlɪŋ] **1.** *pres. p. от* rattle 2

**2.** *a* 1) грохо́чущий, шу́мный 2) *разг.* си́льный (*о ветре*); бы́стрый, энерги́чный (*о походке, движениях*) 3) *разг.* замеча́тельный; we had a ~ time мы великоле́пно провели́ вре́мя

**rat-trap** [ˈrættræp] *n* 1) крысоло́вка 2) безвы́ходное положе́ние 3) *sl.* рот, пасть

**ratty** [ˈrætɪ] *a* 1) крыси́ный 2) кише́щий кры́сами 3) *sl.* жа́лкий, мизе́рный, ве́тхий 4) *sl.* серди́тый, раздражи́тельный

**raucous** ['rɔːkəs] *a* хри́плый

**ravage** ['rævɪdʒ] **1.** *n* 1) опустоше́ние, уничтоже́ние; ~ of weeds уничтоже́ние сорняко́в 2) (*обыкн. pl*) разруши́тельное де́йствие

**2.** *v* 1) разруша́ть, по́ртить 2) опустоша́ть, гра́бить

**rave** [reɪv] **1.** *v* 1) бре́дить, говори́ть бессвя́зно 2) неистовствовать (about, at, of, against); to ~ against one's fate проклина́ть судьбу́; to ~ oneself hoarse договори́ться до хрипоты́ 3) говори́ть восто́рженно, с энтузиа́змом (of, about) 4) неистовствовать, реве́ть, выть, бушева́ть (*о море, ветре*); the storm ~d itself out бу́ря ути́хла

**2.** *n* 1) бред, бессвя́зная речь 2) рёв, шум (*ветра, моря*)

**ravel** ['rævəl] **1.** *n* 1) пу́таница 2) обры́вок ни́тки

**2.** *v* 1) запу́тывать(ся); усложня́ть (*вопрос и т. п.*) 2) разрыва́ть, распу́тывать (*обыкн.* ~ out) 3) обтрёпываться (*о ткани*) □ ~ **out** а) разделя́ть на воло́кна; to ~ all this matter out распу́тать всё э́то де́ло; б) располза́ться, протира́ться

**ravelin** ['rævlɪn] *n воен.* равели́н

**raven** I ['reɪvn] **1.** *n* во́рон

**2.** *a* чёрный с блестя́щим отли́вом; цве́та во́ронова крыла́

**raven** II ['rævn] *v* 1) ры́скать в по́исках добы́чи (after); набра́сываться (*на что-л.*) 2) пожира́ть 3) есть с жа́дностью; име́ть во́лчий аппети́т (for)

**ravenous** ['rævənəs] *a* 1) о́чень голо́дный, изголода́вшийся 2) жа́дный, прожо́рливый; a ~ appetite во́лчий аппети́т 3) хи́щный (*о животных*)

**ravin** ['rævɪn] *n уст., поэт.* 1) добы́ча 2) грабёж

**ravine** [rə'viːn] *n* уще́лье; овра́г, лощи́на; дефиле́

**raving** ['reɪvɪŋ] **1.** *pres. p. от* rave 1

**2.** *n* 1) бред 2) неистовство; рёв (*бури*)

**3.** *a* бредово́й; ~ madness бу́йное помеша́тельство

**ravish** ['rævɪʃ] *v* 1) *поэт.* похища́ть 2) приводи́ть в восто́рг, восхища́ть 3) гра́бить 4) *уст.* (из)наси́ловать

**ravishing** ['rævɪʃɪŋ] **1.** *pres. p. от* ravish

**2.** *a* восхити́тельный

**ravishment** ['rævɪʃmənt] *n* 1) похище́ние (*обыкн.* же́нщины) 2) восто́рг, восхище́ние 3) *уст.* изнаси́лование

**raw** [rɔː] **1.** *a* 1) сыро́й, недова́ренный; непропечённый, недожа́ренный 2) необрабо́танный; ~ material (*или* stuff) сырьё; ~ brick необожжённый кирпи́ч; ~ hide а) недублёная, сыромя́тная ко́жа; б) кнут из сыромя́тной ко́жи; ~ ore необогащённая руда́; ~ spirit неразба́вленный спирт; he drank it ~ он вы́пил (*спирт, виски и т. п.*), не добавляя воды́; ~ sugar нерафини́рованный са́хар; ~ silk шёлк-сырец 3) необу́ченный; нео́пытный 4) обо́дранный, лишённый ко́жи, кровоточа́щий; чувстви́тельный (*о ране, коже*) 5) промо́зглый (*о погоде*) 6) гру́бый, безвку́сный (*в художественном отношении*) 7) *sl.* нече́стный; a ~ deal нече́стная сде́лка ◇ to pull a ~ one *амер. sl.* рассказа́ть неприли́чный анекдо́т; ~ head and bloody bones изображе́ние че́репа с двумя́ скрещёнными костя́ми; что-л. стра́шное (*особ. для детей*)

**2.** *n* 1) что-л. необрабо́танное, сыро́е 2) ссади́на; больно́е ме́сто; to touch smb. on the ~ заде́ть кого́-л. за живо́е

**3.** *v* сдира́ть ко́жу

**raw-boned** ['rɔː'bəund] *a* о́чень худо́й, костля́вый

**rawhide** ['rɔːhaɪd] **1.** *n* = raw hide [*см.* raw 1, 2)]

**2.** *a* сде́ланный из сыромя́тной ко́жи

**rawness** ['rɔːnɪs] *n* 1) необрабо́танность 2) нео́пытность 3) ссади́на; больно́е ме́сто 4) промо́зглая сы́рость

**ray** I [reɪ] **1.** *n* 1) луч 2) про́блеск; not a ~ of hope ни мале́йшей наде́жды 3) *зоол.* луч (*в плавниках*) 4) *редк.* ра́диус

**2.** *v* 1) излуча́ть(ся) 2) расходи́ться луча́ми 3) подверга́ть де́йствию луче́й; облуча́ть

**ray** II [reɪ] *n* скат (*рыба*)

**Rayah** ['raɪə] *n* туре́цкий по́дданный немагомета́нин

**rayon** ['reɪɔn] *n* иску́сственный шёлк, виско́за

**raze** [reɪz] *v* 1) разруша́ть до основа́ния; сровня́ть с землёй; to ~ a town to the ground стере́ть го́род с лица́ земли́ 2) изгла́живать; стира́ть, вычёркивать (*обыкн. перен.*) 3) скользи́ть по пове́рхности, слегка́ каса́ться, задева́ть 4) *редк.* соскреба́ть

**razee** [reɪ'ziː] *ист.* **1.** *n* кора́бль со сре́занной ве́рхней па́лубой

**2.** *v* 1) среза́ть ве́рхнюю па́лубу (*корабля*) 2) *перен.* сокраща́ть

**razor** ['reɪzə] **1.** *n* бри́тва

**2.** *v редк.* брить

**razor-back** ['reɪzəbæk] *n* 1) о́стрый хребе́т 2) полоса́тик (*кит*)

**razor-bill** ['reɪzəbɪl] *n зоол.* гага́рка

**razor-edge** ['reɪzər'edʒ] *n* 1) остриё бри́твы, ножа́; о́стрый край (*чего-л.*) 2) о́стрый го́рный кряж 3) ре́зкая грань; to keep on the ~ of smth. не преступа́ть грани́цы чего́-л. 4) опа́сное положе́ние; to be on a ~ (*или* razor's edge) быть в опа́сности, на краю́ ги́бели

**razor-strop** ['reɪzəstrɔp] *n* реме́нь для пра́вки бритв

**razz** [ræz] *v амер. sl.* дразни́ть, подшу́чивать; высме́ивать, насмеха́ться

**razzia** ['ræzɪə] *араб. n* 1) набе́г 2) полице́йская обла́ва

**razzle-dazzle** ['ræzl,dæzl] *n sl.* 1) суетня́, сумато́ха 2) куте́ж; to go on the ~ кути́ть

**re** I [reɪ] *n муз.* ре

**re** II [riː] *prep юр., ком.* относи́тельно, о, ссыла́ясь на (*тж.* in re); *разг.* каса́тельно; re your letter of the 2nd instant... каса́тельно ва́шего письма́ от второ́го числа́ сего́ ме́сяца...

**re-** ['riː] *pref* сно́ва, за́ново, ещё раз, обра́тно; re-collect сно́ва собира́ть; re-form за́ново формирова́ть; re-import ввози́ть обра́тно; re-read перечи́тывать; renew возобновля́ть

**reach** I [riːtʃ] **1.** *n* 1) протя́гивание (*руки и т. п.*); to make a ~ for smth. протяну́ть ру́ку, потяну́ться за чем-л. 2) преде́л досяга́емости, досяга́емость; beyond one's ~ вне досяга́емости, недосту́пный; within easy ~ of the railway неподалёку от желе́зной доро́ги; within ~ of one's hand под руко́й; out of ~ of the guns вне досяга́емости огня́ ору́дий 3) о́бласть влия́ния, охва́т; кругозо́р; сфе́ра; such subtleties are beyond my ~ таки́е то́нкости вы́ше моего́ понима́ния 4) протяже́ние, простра́нство; a ~ of woodland широ́кая полоса́ лесо́в 5) плёс; коле́но реки́ 6) бьеф 7) *мор.* галс 8) ра́диус де́йствия

**2.** *v* 1) протя́гивать, вытя́гивать (*часто* ~ out); to ~ one's hand across the table протяну́ть ру́ку че́рез стол 2) достава́ть; дотя́гиваться; брать (*часто* ~ for) 3) передава́ть, подава́ть; ~ me the mustard, please переда́йте мне, пожа́луйста, горчи́цу 4) достига́ть, доходи́ть; he is so tall that he ~es the ceiling он так высо́к, что достаёт до потолка́; to ~ old age дожи́ть до ста́рости; as far as the eye can ~ наско́лько мо́жет охвати́ть взор; the memory ~es back over many years в па́мяти сохраня́ется далёкое про́шлое; your letter ~ed me yesterday ва́ше письмо́ дошло́ (то́лько) вчера́ 5) заста́ть, насти́гнуть; his letter ~ed me его́ письмо́ заста́ло меня́ 6) доезжа́ть до; добира́ться до; the train ~es Oxford at six по́езд прихо́дит в О́ксфорд в 6 часо́в 7) простира́ться 8) составля́ть (*сумму*) 9) тро́гать; ока́зывать влия́ние 10) связа́ться (*с кем-л., напр., по телефону*); устана́вливать конта́кт; сноси́ться, сообща́ться (*с кем-л.*) □ ~ **after** тяну́ться за *чем-л.*; *перен.* стреми́ться к *чему-л.*; ~ **out** (for) протя́гивать ру́ку за *чем-л.*, достава́ть *что-л.* (*с полки, со шкафа*); he ~ed out for the dictionary он потяну́лся за словарём

**reach** II [riːtʃ] = retch 2

**reachless** ['riːtʃlɪs] *a* недостижи́мый

**reach-me-down** ['riːtʃmɪ'daun] *разг.* **1.** *n* гото́вое пла́тье

**2.** *a* гото́вый (*о платье*)

**react** [ri(:)'ækt] *v* 1) реаги́ровать (to) 2) влия́ть, вызыва́ть отве́тную реа́кцию (on, upon) 3) *хим.* вызыва́ть реа́кцию 4) противоде́йствовать; ока́зывать сопротивле́ние, стреми́ться в обра́тном направле́нии *или* наза́д (against) 5) *воен.* производи́ть контрата́ку

**reactance** [ri(:)'æktəns] *n эл.* реакти́вное сопротивле́ние

**reaction** I [ri(:)'ækʃən] *n* 1) реа́кция; what was his ~ to this news? как он реаги́ровал на э́то?; to suffer a ~ си́льно реаги́ровать 2) обра́тное де́йствие; реакти́вное де́йствие; ~ propelled с реакти́вным дви́гателем 3) влия́ние; возде́йствие (on) 4) противоде́йствие; action and ~ де́йствие и противоде́йствие 5) *радио* де́йствие обра́тной свя́зи 6) *воен.* контруда́р 7) *attr.* реакти́вный

**reaction** II [ri(:)'ækʃən] *n полит.* реа́кция

**reactionary** I [ri(:)'ækʃnərı] *a* противоде́йствующий, даю́щий обра́тную реа́кцию

**reactionary** II [ri(:)'ækʃnərı] *полит.* 1. *n* реакционе́р

2. *a* реакцио́нный

**reactionist** [ri(:)'ækʃnıst] = reactionary II, 1

**reactive** [ri(:)'æktıv] *a* 1) реаги́рующий 2) противоде́йствующий, возвра́тный 3) *эл.* реакти́вный

**reactivity** [ˌri:æk'tıvıtı] *n* реакти́вность

**reactor** [ri(:)'æktə] *n* 1) реа́ктор, а́томный котёл 2) *эл.* стабилиза́тор

**read** I [ri:d] 1. *v* (read) 1) чита́ть; to ~ aloud, to ~ out (loud) чита́ть вслух; to ~ smb. to sleep усыпля́ть кого́-л. чте́нием; to ~ oneself hoarse (stupid) дочита́ться до хрипоты́ (одуре́ния); to ~ to oneself чита́ть про себя́; to ~ a piece of music *муз.* разобра́ть пье́су; the bill was read *парл.* законопрое́кт был предста́влен на обсужде́ние 2) толкова́ть; объясня́ть; my silence is not to be read as consent моё молча́ние не сле́дует принима́ть за согла́сие; it is intended to be read... э́то на́до понима́ть в том смы́сле, что..., to ~ one's thoughts into a poet's words вкла́дывать со́бственный смысл в слова́ поэ́та; to ~ a riddle разгада́ть зага́дку; to ~ the cards гада́ть на ка́ртах; to ~ smb.'s mind (*или* thoughts) чита́ть чужи́е мы́сли; to ~ smb.'s hand (*или* palm) гада́ть по руке́ 3) гласи́ть; the passage quoted ~s as follows цита́та гласи́т сле́дующее 4) пока́зывать (*о приборе и т. п.*); the thermometer ~s three degrees above freezing-point термо́метр пока́зывает три гра́дуса вы́ше нуля́ 5) снима́ть показа́ния (*прибора и т. п.*); to ~ the electric meter снима́ть показа́ния электри́ческого счётчика; to ~ smb.'s blood pressure измеря́ть кровяно́е давле́ние 6) изуча́ть; he is ~ing law он изуча́ет пра́во; to ~ for the Bar гото́виться к адвокату́ре □ ~ **off** *разг.* объясня́ть, выража́ть; his face doesn't ~ off его́ лицо́ ничего́ не выража́ет; ~ **out** исключа́ть из организа́ции; ~ **up** специа́льно изуча́ть; to ~ up for examinations гото́виться к экза́менам; ~ **with** занима́ться с *кем-л.* ◇ to ~ smb. a lesson сде́лать вы́говор, внуше́ние кому́-л.; to ~ between the lines чита́ть ме́жду строк; to ~ the time (*или* the clock) уме́ть определя́ть вре́мя по часа́м (*о ребёнке*)

2. *n* чте́ние; вре́мя, проведённое в чте́нии; to have a quiet ~ почита́ть в тишине́

**read** II [red] 1. *past и p. p. от* read I, 1

2. *a* (*в сочетаниях*) начи́танный, све́дущий, зна́ющий, образо́ванный; he is poorly ~ in history он сла́бо зна́ет исто́рию

**readability** [ˌri:də'bılıtı] *n* 1) удобочита́емость 2) чита́бельность

**readable** ['ri:dəbl] *a* 1) хорошо́ напи́санный, интере́сный 2) *редк.* чёткий; удобочита́емый; a ~ handwriting разбо́рчивый по́черк

**reader** ['ri:də] *n* 1) чита́тель; люби́тель книг; he is not much of a ~ он не осо́бенно лю́бит чте́ние 2) чтец 3) рецензе́нт 4) корре́ктор 5) преподава́тель (*университета*); ле́ктор 6) хрестома́тия

**readership** ['ri:dəʃıp] *n* 1) до́лжность преподава́теля университе́та 2) *собир.* чита́тели; чита́тельская ма́сса

**readily** ['redılı] *adv* 1) охо́тно, бы́стро, с гото́вностью 2) легко́, без труда́; the facts may ~ be ascertained фа́кты мо́жно легко́ установи́ть

**readiness** ['redınıs] *n* 1) гото́вность, охо́та 2) подгото́вленность; all is in ~ всё гото́во 3) нахо́дчивость, быстрота́, жи́вость

**reading** ['ri:dıŋ] 1. *pres. p. от* read I, 1

2. *n* 1) чте́ние; close ~ внима́тельное чте́ние 2) начи́танность, зна́ния; a man of wide ~ начи́танный, широко́ образо́ванный челове́к 3) публи́чное чте́ние; ле́кция; penny ~ ле́кция с пла́той за вход в 1 пе́нни 4) вариа́нт те́кста, разночте́ние 5) показа́ние, отсчёт показа́ний измери́тельного прибо́ра 6) толкова́ние, понима́ние (*чего-либо*); what is your ~ of the facts? как вы понима́ете, толку́ете э́ти фа́кты? 7) чте́ние (*стадия прохождения законопроекта*) в парла́менте; first, second, third ~ пе́рвое, второ́е, тре́тье чте́ние

**reading-desk** ['ri:dıŋdesk] *n* пюпи́тр

**reading-glass** ['ri:dıŋgla:s] *n* увеличи́тельное стекло́

**reading-lamp** ['ri:dıŋlæmp] *n* насто́льная ла́мпа

**reading-room** ['ri:dıŋrum] *n* 1) чита́льный зал, чита́льня 2) корре́кторская

**readjust** ['ri:ə'dʒʌst] *v* 1) переде́лывать, исправля́ть (за́ново), изменя́ть; сно́ва приводи́ть в поря́док 2) (за́ново) приспоса́бливать, пригоня́ть, прила́живать 3) подрегули́ровать

**readjustee** ['ri:ədʒʌs'ti:] *n амер. разг.* челове́к, верну́вшийся по́сле до́лгого пребыва́ния в а́рмии и приспосо́бившийся вновь к гражда́нской жи́зни

**readjustment** ['ri:ə'dʒʌstmənt] *n* 1) переде́лка, исправле́ние 2) приспособле́ние; регулиро́вка 3) реорганиза́ция; перегруппиро́вка

**ready** ['redı] 1. *a* 1) гото́вый, пригото́вленный; to get (*или* to make) ~ приготовля́ть 2) согла́сный, гото́вый (*на что-л.*); пода́тливый, скло́нный; he gave a ~ assent он охо́тно согласи́лся; he is ~ to go anywhere он гото́в пойти́ куда́ уго́дно 3) лёгкий, бы́стрый; прово́рный; to have a ~ answer for any question име́ть на всё гото́вый отве́т; ≅ не лезть за сло́вом в карма́н; to have a ~ wit быть нахо́дчивым; he is too ~ to suspect он страда́ет изли́шней подозри́тельностью; ~ solubility in water бы́страя раствори́мость в воде́ 4) име́ющийся под руко́й; ~ at hand, ~ to hand(s) находя́щийся под руко́й; тут же, под руко́й

2. *n* (the ~) 1) *sl.* нали́чные (де́ньги) 2) *воен.* положе́ние винто́вки нагото́ве; to have the gun at the ~ держа́ть ору́жие в положе́нии для стрельбы́

3. *v* гото́вить, подгота́вливать

**ready-for-service** ['redıfə'sə:vıs] = ready-made

**ready-made** ['redı'meıd] *a* 1) гото́вый; ~ clothes гото́вое пла́тье; ~ shop магази́н гото́вого пла́тья 2) неоригина́льный, изби́тый

**ready money** ['redıˌmʌnı] *n* нали́чные де́ньги

**ready reckoner** ['redı'reknə] *n* (арифмети́ческие) табли́цы (*готовых расчётов*)

**ready-to-cook** ['redıtə'kuk] *a*: ~ food полуфабрика́ты

**ready-to-serve** ['redıtə'sə:v] *a*: ~ food кулина́рные изде́лия

**ready-to-wear** ['redıtə'wɛə] = ready-made

**ready-witted** ['redı'wıtıd] *a* сообрази́тельный, нахо́дчивый

**reaffirm** ['ri:ə'fə:m] *v* вновь подтвержда́ть

**reagent** [ri(:)'eıdʒənt] *n хим.* реакти́в; реаге́нт

**real** I [rıəl] 1. *a* 1) действи́тельный, настоя́щий, реа́льный, по́длинный, и́стинный, неподде́льный, несомне́нный; the ~ state of affairs действи́тельное положе́ние веще́й; the actor drank ~ wine on the stage актёр пил настоя́щее вино́ на сце́не 2) недви́жимый (*об имуществе*); ~ property недви́жимость ◇ the ~ thing первокла́ссная вещь; the ~ Simon Pure не подде́лка, не́что настоя́щее

2. *n* (the ~) действи́тельность

3. *adv разг.* о́чень, действи́тельно, совсе́м

**real** II [reı'a:l] *n* реа́л (*старая испанская монета*)

**realgar** [rı'ælgə] *n мин.* реальга́р

**realign** [ˌri:ə'laın] *v* перестра́ивать

**realignment** [ˌri:ə'laınmənt] *n* перестро́йка

**realism** ['rıəlızm] *n* реали́зм

**realist** ['rıəlıst] 1. *n* реали́ст

2. *a* = realistic

**realistic** [rıə'lıstık] *a* 1) реалисти́чный; реалисти́ческий 2) практи́ческий, тре́звый; ~ politics тре́звая поли́тика

**reality** [ri(:)'ælɪtɪ] *n* 1) действи́тельность, реа́льность; не́что реа́льное; objective ~ *филос.* объекти́вная реа́льность; in ~ действи́тельно, факти́чески, на са́мом де́ле 2) и́стинность; по́длинная су́щность 3) неподде́льность 4) реали́зм

**realizable** ['rɪəlaɪzəbl] *a* 1) могу́щий быть реализо́ванным; осуществи́мый 2) поддаю́щийся понима́нию *или* осозна́нию

**realization** [ˌrɪəlaɪ'zeɪʃən] *n* 1) осозна́ние, понима́ние; to have a true ~ of one's danger я́сно сознава́ть опа́сность 2) осуществле́ние; выполне́ние (*плана и т. п.*) 3) *ком.* реализа́ция, прода́жа

**realize** ['rɪəlaɪz] *v* 1) представля́ть себе́; понима́ть (я́сно, в дета́лях) 2) осуществля́ть; выполня́ть (*план, намерение*) 3) *ком.* реализова́ть; продава́ть

**really** ['rɪəlɪ] *adv* 1) действи́тельно, в са́мом де́ле 2) (*выражает интерес, удивление, сомнение и т. п.*) ра́зве?, вот как!, пра́во; ~ and truly да пра́во же; ~? вы так ду́маете?; не мо́жет быть!

**realm** [relm] *n* 1) короле́вство, госуда́рство; *перен.* ца́рство 2) о́бласть, сфе́ра; the ~s of fancy о́бласть фанта́зии, воображе́ния

**realtor** ['rɪəltə] *n амер.* аге́нт по прода́же недви́жимости

**realty** ['rɪəltɪ] *n юр.* недви́жимое иму́щество

**ream** I [ri:m] *n* 1) стопа́ бума́ги (*480 листов*) 2) (*часто pl*) *разг.* ма́сса, огро́мное коли́чество (*бумаги, напечатанного, написанного*); ~s of verses *пренебр.* ку́ча стихо́в

**ream** II [ri:m] *v* 1) *тех.* рассве́рливать, развёртывать 2) *горн.* расширя́ть сква́жину

**reamer** ['ri:mə] *n* 1) *тех.* развёртка 2) *горн.* иструме́нт для расшире́ния сква́жин

**reanimate** ['ri:'ænɪmeɪt] *v* оживи́ть, верну́ть к жи́зни; вдохну́ть но́вую жизнь, воодушеви́ть

**reap** [ri:p] *v* 1) жать, снима́ть урожа́й 2) пожина́ть плоды́ ◇ to ~ as one has sown ≅ что посе́ешь, то и пожнёшь; to ~ where one has not sown пожина́ть плоды́ чужо́го труда́

**reaper** ['ri:pə] *n* 1) жнец; жни́ца 2) жа́твенная маши́на, жа́тка

**reaping-hook** ['ri:pɪŋhuk] *n* серп

**reaping-machine** ['ri:pɪŋməˌʃi:n] *n* жа́твенная маши́на, жа́тка

**reappear** ['ri:ə'pɪə] *v* сно́ва появля́ться, пока́зываться

**rear** I [rɪə] *v* 1) поднима́ть (*голову, руку*); возвыша́ть (*голос*); возноси́ть 2) воздвига́ть; сооружа́ть 3) воспи́тывать; выводи́ть, культиви́ровать, выра́щивать 4) станови́ться на дыбы́ (*обыкн.* ~ up)

**rear** II [rɪə] *n* 1) тыл; to bring up the ~, to follow in the ~ замыка́ть ше́ствие; to take in the ~ напада́ть с ты́ла 2) за́дняя сторона́; at the ~ of the house позади́ до́ма 3) я́годицы, зад 4) огу́зок 5) *разг.* отхо́жее ме́сто, убо́рная 6) *attr.* за́дний, располо́женный сза́ди; ты́льный; *воен.* тылово́й; ~ arch за́дняя лука́ седла́; ~ sight *воен.* прице́л; ~ party *воен.* ты́льная заста́ва

**rear-admiral** ['rɪə'ædmərəl] *n* контр-адмира́л

**rearer** ['rɪərə] *n* 1) *с.-х.* культива́тор 2) инкуба́тор 3) задо́к (*телеги*) 4) норови́стая ло́шадь

**rearguard** ['rɪəgɑ:d] *n* 1) арьерга́рд 2) *attr.*: ~ action арьерга́рдный бой

**rearm** ['ri:'ɑ:m] *v* перевооружа́ть (-ся)

**rearmament** ['ri:'ɑ:məmənt] *n* перевооруже́ние

**rearmost** ['rɪəməust] *a* са́мый за́дний, после́дний; ты́льный

**rearmouse** ['rɪəmaus] *n* летучая мышь

**rear-view mirror** ['rɪəvju:'mɪrə] *n авто* зе́ркало за́дней обзо́рности

**rearward** ['rɪəwəd] 1. *n* тыл; замыка́ющая часть; арьерга́рд

2. *a* за́дний; тылово́й

3. *adv* = rearwards

**rearwards** ['rɪəwədz] *adv* наза́д, в тыл, в сто́рону ты́ла

**reason** ['ri:zn] 1. *n* 1) ра́зум, рассу́док; благоразу́мие; to bring to ~ образу́мить; to hear (*или* to listen to) ~ прислу́шаться к го́лосу ра́зума; to lose one's ~ сойти́ с ума́; bereft of ~ а) умалишённый; б) без созна́ния, без чувств 2) причи́на, по́вод, основа́ние; соображе́ние, моти́в; до́вод, аргуме́нт; оправда́ние; by ~ of по причи́не; из-за; by ~ of its general sense по своему́ о́бщему смы́слу; with (*или* not without) ~ не без основа́ния; he complains with ~ он име́ет все основа́ния жа́ловаться; to give ~s for smth. объясни́ть причи́ны чего́-л., сообщи́ть свои́ соображе́ния по по́воду чего́-л.

2. *v* 1) рассужда́ть (about, of, upon — о *чём-л.*) 2) обсужда́ть 3) убежда́ть, угова́ривать (into); to ~ out of smth. разубежда́ть в чём-л.; to ~ with smb. урезо́нивать кого́-л. 4) аргументи́ровать; дока́зывать □ ~ **out** проду́мать до конца́

**reasonable** ['ri:znəbl] *a* 1) (благо-) разу́мный; рассуди́тельный 2) прие́млемый, сно́сный; недорого́й (*о цене*); уме́ренный 3) облада́ющий ра́зумом

**reasonably** ['ri:znəblɪ] *adv* 1) разу́мно 2) уме́ренно 3) прие́млемо, сно́сно; дово́льно, доста́точно

**reasoning** ['ri:znɪŋ] 1. *pres. p. от* reason 2

2. *n* 1) рассужде́ние 2) объясне́ния; аргумента́ция; the pupils understood the teacher's ~ ученики́ по́няли объясне́ния учи́теля

3. *a* мы́слящий, спосо́бный рассужда́ть

**reassert** ['ri:ə'sə:t] *v* подтвержда́ть, вновь заявля́ть; заверя́ть

**reassurance** [ˌri:ə'ʃuərəns] *n* 1) увере́ние, завере́ние, успока́ивание; утеше́ние 2) восстано́вленное дове́рие 3) вновь обретённая уве́ренность, сме́лость

**reassure** [ˌri:ə'ʃuə] *v* заверя́ть, уверя́ть, убежда́ть; успока́ивать; утеша́ть

**Réaumur** ['reɪəmjuə] *n* 1) термо́метр Реому́ра 2) *attr.*: ~ scale *физ.* температу́рная шкала́ Реому́ра

**reave** [ri:v] *v* (reft) *уст., поэт.* 1) похища́ть (*обыкн.* ~ away, ~ from); отнима́ть 2) опустоша́ть, гра́бить

**reaver** ['ri:və] = reiver

**rebate** 1. *n* ['ri:beɪt] ски́дка, усту́пка

2. *v* [rɪ'beɪt] *уст.* 1) уменьша́ть, сбавля́ть, ослабля́ть (*силу, энергию*) 2) де́лать ски́дку, усту́пку 3) притупля́ть, тупи́ть

**rebec(k)** ['ri:bek] *n* стари́нная трёхстру́нная скри́пка

**rebel** 1. *n* ['rebl] 1) повста́нец 2) бунтовщи́к; мяте́жник 3) *attr.* мяте́жный; бунта́рский; повста́нческий

2. *v* [rɪ'bel] 1) восстава́ть (against) 2) протестова́ть, противоде́йствовать; ока́зывать сопротивле́ние 3) *разг.* возмуща́ться (against — *чем-л.*)

**rebellion** [rɪ'beljən] *n* 1) восста́ние; бунт; the Great R. гражда́нская война́ в Англии (*1642—60 гг.*) 2) сопротивле́ние 3) возмуще́ние

**rebellious** [rɪ'beljəs] *a* 1) мяте́жный; повста́нческий, бунту́ющий; бунта́рский 2) недисциплини́рованный; непослу́шный 3) упо́рный; не поддаю́щийся лече́нию (*о болезни*)

**rebellow** [rɪ'beləu] *v поэт.* отдава́ться гро́мким э́хом

**rebound** [rɪ'baund] 1. *n* 1) отско́к, отда́ча, рикоше́т; to hit on the ~ бить *или* ударя́ть рикоше́том 2) реа́кция, пода́вленность по́сле возбужде́ния; to take smb. on (*или* at) the ~ оказа́ть давле́ние на кого́-л., воспо́льзовавшись его́ сла́бостью

2. *v* 1) отска́кивать, рикошети́ровать 2) отпря́нуть, отступи́ть 3) *воен.* нака́тываться (*об орудиях*) 4) име́ть обра́тное де́йствие

**rebuff** [rɪ'bʌf] 1. *n* отпо́р, ре́зкий отка́з

2. *v* 1) дава́ть отпо́р; отка́зывать наотре́з 2) *воен.* отража́ть ата́ку

**rebuild** ['ri:'bɪld] *v* (rebuilt) отстро́ить за́ново, восстанови́ть

**rebuilt** ['ri:'bɪlt] *past и p. p. от* rebuild

**rebuke** [rɪ'bju:k] 1. *n* 1) упрёк; without ~ безупре́чный 2) вы́говор

2. *v* 1) упрека́ть 2) де́лать вы́говор

**rebus** ['ri:bəs] *n* ре́бус

**rebut** [rɪ'bʌt] *v* 1) дава́ть отпо́р; отража́ть 2) опроверга́ть (*обвинение и т. п.*)

**rebuttal** [rɪ'bʌtl] *n* опроверже́ние (*обвинения и т. п.*)

**rebutter** [rɪ'bʌtə] *n юр.* возраже́ние истца́ на заявле́ние отве́тчика

**recalcitrance, -cy** [rɪ'kælsɪtrəns, -sɪ] *n* непоко́рность; упо́рство

**recalcitrant** [rɪ'kælsɪtrənt] **1.** *a* непоко́рный; упо́рный; упо́рствующий в неподчине́нии (*чему-л.*)

**2.** *n* непоко́рный челове́к

**recalcitrate** [rɪ'kælsɪtreɪt] *v* упо́рствовать; сопротивля́ться

**recall** [rɪ'kɔ:l] **1.** *n* 1) призы́в верну́ться 2) отозва́ние (*депутата, посланника и т. п.*) 3) *воен.* сигна́л к возвраще́нию 4) *театр.* вы́зов исполни́теля на бис ◇ beyond (*или* past) ~ а) непоправи́мый; б) забы́тый

**2.** *v* 1) призыва́ть обра́тно 2) отзыва́ть (*депутата, должностное лицо*) 3) выводи́ть (*из задумчивости*) 4) вспомина́ть; напомина́ть, воскреша́ть (*в памяти*) 5) отменя́ть (*приказ и т. п.*) 6) брать обра́тно (*подарок, свои слова*) 7) *воен.* призыва́ть из запа́са

**recant** [rɪ'kænt] *v* отрека́ться; отка́зываться от своего́ мне́ния (*особ.* публи́чно)

**recantation** [ˌri:kæn'teɪʃən] *n* отрече́ние

**recap** ['ri:kæp] **1.** *n разг. сокр. от* recapitulation

**2.** *v разг. сокр. от* recapitulate

**recapitulate** [ˌri:kə'pɪtjuleɪt] *v* 1) повторя́ть, перечисля́ть 2) резюми́ровать, сумми́ровать; конспекти́ровать

**recapitulation** ['ri:kəˌpɪtju'leɪʃən] *n* кра́ткое повторе́ние; сумми́рование; вы́вод, резюме́

**recapitulative** [ˌri:kə'pɪtjulətɪv] *a* повтори́тельный; конспекти́вный; сумми́рующий

**recapitulatory** [ˌri:kə'pɪtjulətərɪ] = recapitulative

**recaption** ['ri:'kæpʃən] *n юр.* возвраще́ние ми́рным путём това́ров *и т. п.*, несправедли́во захва́ченных други́м лицо́м

**recapture** ['ri:'kæptʃə] **1.** *n* 1) взя́тие обра́тно 2) то, что взя́то обра́тно

**2.** *v* брать обра́тно

**recast** ['ri:'ka:st] **1.** *n* 1) прида́ние (*чему-л.*) но́вой, испра́вленной фо́рмы 2) переде́лка

**2.** *v* (recast) 1) придава́ть но́вую фо́рму (*чему-л.*), исправля́ть; перестра́ивать (*предложение, абзац и т. п.*); to ~ a book переде́лать кни́гу 2) перераспределя́ть ро́ли (*в театре*); поста́вить пье́су с но́вым соста́вом исполни́телей 3) пересчи́тывать 4) *тех.* отлива́ть за́ново

**re-cede** [ri(:)'si:d] *v* возвраща́ть захва́ченное

**recede** [ri(:)'si:d] *v* 1) отступа́ть, удаля́ться; ретирова́ться; to ~ into the background а) отойти́ на за́дний план; б) теря́ть значе́ние, интере́с 2) отка́зываться (*от договорённости, от мнения*) 3) па́дать в цене́ 4) отклоня́ться наза́д; быть сре́занным, пока́тым (*о лбе, подбородке*) 5) убыва́ть, идти́ на у́быль

**receipt** [rɪ'si:t] **1.** *n* 1) распи́ска в получе́нии; квита́нция 2) получе́ние; on ~ по получе́нии 3) (*обыкн. pl*) прихо́д; ~s and expenses прихо́д и расхо́д 4) реце́пт (*особ.* кулина́рный) 5) сре́дство для достиже́ния како́й-л. це́ли 6) сре́дство для излече́ния

**2.** *v* дать распи́ску в получе́нии; to ~ a bill расписа́ться на счёте

**receipt-book** [rɪ'si:tbuk] *n* квитанцио́нная кни́жка

**receivable** [rɪ'si:vəbl] *a* могу́щий быть полу́ченным; го́дный к приня́тию

**receive** [rɪ'si:v] *v* 1) получа́ть 2) принима́ть; to ~ stolen goods укрыва́ть кра́деное 3) воспринима́ть 4) вмеща́ть 5) признава́ть пра́вильным, принима́ть 6) принима́ть (*гостей*)

**received** [rɪ'si:vd] **1.** *p. p. от* receive

**2.** *a* общепри́нятый, общепри́знанный, счита́ющийся пра́вильным, и́стинным

**receiver** [rɪ'si:və] *n* 1) получа́тель 2) *юр.* суде́бный исполни́тель 3) укрыва́тель кра́деного 4) телефо́нная тру́бка 5) радиоприёмник 6) *тех.* приёмный резервуа́р, реси́вер 7) ство́льная коро́бка (*винтовки*)

**receivership** [rɪ'si:vəʃɪp] *n юр.* ста́тус лица́, управля́ющего иму́ществом несостоя́тельного должника́ *или* спо́рным иму́ществом

**receiving-order** [rɪ'si:vɪŋ'ɔ:də] *n* исполни́тельный лист

**receiving-set** [rɪ'si:vɪŋset] *n* радиоприёмник

**recency** ['ri:snsɪ] *n* новизна́, све́жесть

**recension** [rɪ'senʃən] *n* 1) просмо́тр и исправле́ние те́кста 2) просмо́тренный и испра́вленный текст

**recent** ['ri:snt] *a* неда́вний, после́дний; но́вый, све́жий, совреме́нный

**recently** ['ri:sntlɪ] *adv* неда́вно; на дня́х

**receptacle** [rɪ'septəkl] *n* 1) вмести́лище; приёмник; храни́лище 2) коро́бка, я́щик; мешо́к; сосу́д 3) ште́псельная розе́тка, патро́н 4) *бот.* цветоло́же

**reception** [rɪ'sepʃən] *n* 1) приём, получе́ние 2) приём (*тж. в члены*); приня́тие; warm ~ горя́чий приём; *ирон.* си́льное сопротивле́ние; the play met with a cold ~ пье́са была́ хо́лодно принята́ 3) приём (*гостей*); вечери́нка, встре́ча 4) восприя́тие 5) *радио, тлв.* приём 6) *attr.*: ~ camp (*или* centre) приёмный пункт (*для размещения беженцев, эвакуированных и т. п.*)

**receptionist** [rɪ'sepʃənɪst] *n* секрета́рь в приёмной (*у врача, фотографа и т. п.*)

**reception-room** [rɪ'sepʃənrum] *n* гости́ная, приёмная

**receptive** [rɪ'septɪv] *a* 1) восприи́мчивый 2) рецепти́вный

**receptivity** [rɪsep'tɪvɪtɪ] *n* 1) восприи́мчивость 2) *тех.* поглоща́ющая спосо́бность; ёмкость

**recess** [rɪ'ses] **1.** *n* 1) переры́в в заседа́ниях (*парламента, суда и т. п.*) 2) *амер.* кани́кулы (*в школе, университете*) 3) *амер.* (больша́я) переме́на в шко́ле 4) уединённое ме́сто; глухо́е ме́сто; укро́мный уголо́к; in the secret ~es of the heart в тайника́х, в глубине́ души́ 5) углубле́ние; ни́ша, алько́в; in the ~ в глубине́ 6) ма́ленькая бу́хта 7) *анат., бот.* углубле́ние, я́мка 8) *тех.* про́резь, вы́емка; вы́точка

**2.** *v* 1) де́лать углубле́ние 2) помеща́ть в укро́мном ме́сте 3) отодвига́ть наза́д 4) де́лать переры́в в заня́тиях 5) *тех.* де́лать вы́емку, углубля́ть

**recession** [rɪ'seʃən] *n* 1) удале́ние, ухо́д 2) отступа́ние (*моря, ледника*) 3) углубле́ние 4) спад, сниже́ние (*цен, спроса на товары, деловой активности*)

**recessional** [rɪ'seʃənl] *a* каникуля́рный

**recessive** [rɪ'sesɪv] *a* удаля́ющийся, отступа́ющий

**réchauffé** [rɪ'ʃəufeɪ] *фр. n* 1) разогре́тое ку́шанье 2) что-л., переде́ланное из ста́рого; перерабо́тка своего́ *или* чужо́го литерату́рного произведе́ния

**recherché** [rə'ʃɛəʃeɪ] *фр. a* отбо́рный; изы́сканный (*о вкусе, о блюдах и т. п.*)

**recidivism** [rɪ'sɪdɪvɪzm] *n* рециди́ви́зм

**recidivist** [rɪ'sɪdɪvɪst] *n* рецидиви́ст

**recipe** ['resɪpɪ] *n* 1) реце́пт (*тж. кулинарный*) 2) сре́дство; спо́соб (*достигнуть чего-л.*)

**recipience, -cy** [rɪ'sɪpɪəns, -sɪ] *n* 1) получе́ние 2) восприи́мчивость

**recipient** [rɪ'sɪpɪənt] **1.** *n* 1) получа́тель 2) *тех.* приёмник

**2.** *a* 1) получа́ющий 2) восприи́мчивый

**reciprocal** [rɪ'sɪprəkəl] **1.** *a* 1) взаи́мный, обою́дный; отве́тный 2) эквивале́нтный; соотве́тственный 3) *юр.* взаи́мно обя́зывающий 4) *грам.* взаи́мный (*о местоимениях*) 5) *мат.* обра́тный

**2.** *n мат.* обра́тная величина́

**reciprocate** [rɪ'sɪprəkeɪt] *v* 1) отпла́чивать; to ~ smb.'s feeling отвеча́ть взаи́мностью (на чьё-л. чу́вство); to every attack he ~d with a blow на ка́ждое нападе́ние он отвеча́л уда́ром 2) обме́ниваться (*услугами, любезностями*) 3) дви́гать(ся) взад и вперёд; име́ть возвра́тно-поступа́тельное движе́ние

**reciprocating-engine** [rɪ'sɪprəkeɪtɪŋ-'endʒɪn] *n* поршнево́й дви́гатель

**reciprocation** [rɪˌsɪprə'keɪʃən] *n* 1) возвра́тно-поступа́тельное движе́ние 2) отве́тное де́йствие 3) взаи́мный обме́н (*услугами, любезностями*)

**reciprocity** [ˌresɪ'prɔsɪtɪ] *n* 1) взаи́мность 2) взаимоде́йствие 3) взаи́мный обме́н (*услугами и т. п.*) 4) *attr.*: ~ principle при́нцип обрати́мости

**recital** [rɪ'saɪtl] *n* 1) изложе́ние, повествова́ние 2) подро́бное перечисле́ние фа́ктов 3) расска́з, описа́ние 4) со́льный конце́рт; конце́рт из произведе́ний одного́ компози́тора

**recitation** [ˌresɪ'teɪʃən] *n* 1) перечисле́ние (*фактов и т. п.*) 2) декляма́ция; публи́чное чте́ние 3) отры́вок *или* стихотворе́ние для зау́чивания 4) *амер.* отве́т ученика́; опро́с ученико́в 5) *attr.*: ~ room аудито́рия

**recitative** [ˌresɪtəˈtiːv] *n* речитати́в

**recite** [rɪˈsaɪt] *v* 1) деклами́ровать; повторя́ть по па́мяти 2) расска́зывать, излага́ть 3) перечисля́ть (*факты и т. п.*) 4) *амер.* отвеча́ть уро́к

**reciter** [rɪˈsaɪtə] *n* 1) деклама́тор; чтец 2) чтец-деклама́тор (*книга*)

**reck** [rek] *v поэт., уст.* (*тк. в отриц. и вопр. предложениях*) обраща́ть внима́ние (*на что-л.*), принима́ть во внима́ние (of — *что-л.*); he ~ed not of the danger он и не ду́мал об опа́сности; it ~s him not what others think ему́ безразли́чно, что други́е ду́мают; what ~s him that..? како́е ему́ де́ло, что..?

**reckless** [ˈreklɪs] *a* 1) безрассу́дный, опроме́тчивый 2) де́рзкий, отча́янный; ~ driving неосторо́жная езда́ 3) пренебрега́ющий (*чем-л.*); ~ of danger пренебрега́ющий опа́сностью; ~ of consequences не ду́мающий о после́дствиях

**reckling** [ˈreklɪŋ] *диал.* **1.** *n* 1) сла́бый, ма́ленький, нужда́ющийся в ухо́де детёныш 2) мла́дший ребёнок в семье́

**2.** *a* сла́бый, ча́хлый

**reckon** [ˈrekən] *v* 1) счита́ть; подсчи́тывать, исчисля́ть; подводи́ть ито́г (*обыкн.* ~ up); насчи́тывать 2) рассма́тривать, счита́ть за; ду́мать, предполага́ть, приде́рживаться мне́ния; to be ~ed (as) a clever person счита́ться у́мным челове́ком 3) полага́ться, рассчи́тывать (upon) 4) рассчи́тываться, распла́чиваться, своди́ть счёты (with — с *кем-л.*) 5) принима́ть во внима́ние (with); he is to be ~ed with с ним на́до счита́ться □ ~ **among**, ~ **in** причисля́ть к; ~ **up** подсчи́тывать

**reckoner** [ˈreknə] *n* 1) челове́к, де́лающий подсчёты 2) = ready reckoner

**reckoning** [ˈrekənɪŋ] **1.** *pres. p. от* reckon

**2.** *n* 1) счёт, расчёт, вычисле́ние; by my ~ по моему́ расчёту; to make no ~ of smth. не принима́ть в расчёт что-л.; не придава́ть значе́ния чему́-л.; to be good at ~ хорошо́ счита́ть; to be out in one's ~ ошиби́ться в расчётах 2) счёт, *особ.* счёт в гости́нице 3) распла́та; the day of ~ а) срок распла́ты; б) час распла́ты, су́дный день 4) определе́ние местонахожде́ния *или* счисле́ние пути́ (*в штурманском деле*)

**re-claim** [ˈriːˈkleɪm] *амер.* = reclaim 3)

**reclaim** [rɪˈkleɪm] **1.** *v* 1) исправля́ть; перевоспи́тывать; смягча́ть; цивилизова́ть; to ~ a drunkard отучи́ть пья́ницу пить 2) поднима́ть (*целину, заброшенные земли*); проводи́ть мелиора́цию 3) тре́бовать обра́тно 4) утилизи́ровать, испо́льзовать 5) регенери́ровать

**2.** *n*: it is beyond (*или* past) ~ э́то непоправи́мо

**reclamation** [ˌrekləˈmeɪʃən] *n* 1) исправле́ние 2) освое́ние (*неудобных, целинных, заброшенных земель*); мелиора́ция 3) утилиза́ция, испо́льзование отхо́дов 4) *ком.* реклама́ция, предъявле́ние прете́нзий

**réclame** [reɪˈklɑːm] *фр. n* 1) рекла́ма, реклами́рование 2) стремле́ние к изве́стности

**recline** [rɪˈklaɪn] *v* 1) облока́чивать (-ся); отки́дываться наза́д; опира́ться; to ~ against smth. полулежа́ть, опира́ясь на что-л.; сиде́ть, отки́нувшись на что-л. 2) полага́ться (on — на) 3) отки́дывать (*голову*)

**recluse** [rɪˈkluːs] **1.** *n* затво́рник; затво́рница; отше́льник; отше́льница

**2.** *a* живу́щий в уедине́нии; уединённый

**recognition** [ˌrekəgˈnɪʃən] *n* 1) узнава́ние; опозна́ние 2) призна́ние; одобре́ние; to win (to receive, to meet with) ~ from the public завоева́ть (получи́ть) призна́ние пу́блики 3) официа́льное призна́ние (*независимости и суверенитета страны*)

**recognizable** [ˈrekəgnaɪzəbl] *a* могу́щий быть у́знанным

**recognizance** [rɪˈkɔgnɪzəns] *n* 1) призна́ние 2) обяза́тельство (*данное суду*) 3) зало́г

**recognize** [ˈrekəgnaɪz] *v* 1) узнава́ть 2) признава́ть; to ~ a new government призна́ть но́вое прави́тельство; to ~ smb. as lawful heir призна́ть кого́-л. зако́нным насле́дником 3) выража́ть призна́ние, одобре́ние 4) осознава́ть; to ~ one's duty понима́ть свой долг

**recoil** [rɪˈkɔɪl] **1.** *n* 1) отско́к; отда́ча, отка́т 2) у́жас; отвраще́ние (*к чему-л.*)

**2.** *v* 1) отскочи́ть; отпря́нуть, отшатну́ться 2) отдава́ть (*о ружье*); отка́тываться (*об орудии*) 3) испы́тывать у́жас (*перед чем-л.*); чу́вствовать отвраще́ние (from — к *чему-л.*) 4) *перен.* отскочи́ть рикоше́том; his meanness ~ed upon his own head его́ по́длость оберну́лась про́тив него́ самого́ 5) *редк.* отступа́ть

**re-collect** [ˈriːkəˈlekt] *v* 1) вновь собра́ть, объедини́ть 2) *refl.* прийти́ в себя́, опо́мниться

**recollect** [ˌrekəˈlekt] *v* вспомина́ть, припомина́ть

**recollection** [ˌrekəˈlekʃən] *n* 1) воспомина́ние; па́мять; within (outside) my ~ на (не на) мое́й па́мяти 2) *pl* мемуа́ры

**recommend** [ˌrekəˈmend] *v* 1) рекомендова́ть; сове́товать 2) представля́ть (*к награде и т. п.*) 3) поруча́ть (*чьему-л.*) попече́нию 4) говори́ть в (*чью-л.*) по́льзу

**recommendation** [ˌrekəmenˈdeɪʃən] *n* 1) рекоменда́ция; сове́т 2) представле́ние (for — к *награде и т. п.*) 3) ка́чества, говоря́щие в по́льзу (*кого-л.*)

**recommendatory** [ˌrekəˈmendətərɪ] *a* рекоменда́тельный

**recommit** [ˈriːkəˈmɪt] *v парл.* возвраща́ть законопрое́кт в коми́ссию на втори́чное рассмотре́ние

**recommitment** [ˈriːkəˈmɪtmənt] *n парл.* возвраще́ние законопрое́кта на втори́чное рассмотре́ние в коми́ссию

**recommittal** [ˈriːkəˈmɪtl] = recommitment

**recompense** [ˈrekəmpens] **1.** *n* вознагражде́ние; компенса́ция

**2.** *v* вознагражда́ть; компенси́ровать; отпла́чивать

**reconcilability** [ˈrekənˌsaɪləˈbɪlɪtɪ] *n* 1) совмести́мость 2) *редк.* терпи́мость

**reconcilable** [ˈrekənsaɪləbl] *a* 1) совмести́мый 2) *редк.* примири́тельный

**reconcile** [ˈrekənsaɪl] *v* 1) примиря́ть (with, to); to ~ oneself, to become (*или* to be) ~d to one's lot смири́ться со свое́й судьбо́й 2) ула́живать (*ссору, спор*) 3) согласо́вывать (*мнения, заявления*)

**reconcilement** [ˈrekənsaɪlmənt] = reconciliation

**reconciliation** [ˌrekənsɪlɪˈeɪʃən] *n* 1) примире́ние 2) ула́живание 3) согласова́ние

**recondite** [rɪˈkɔndaɪt] *a* 1) тёмный, нея́сный; тру́дный для понима́ния; a ~ treatise зау́мный тракта́т 2) малопоня́тный, пи́шущий зау́мно (*о писателе*) 3) *уст.* спря́танный

**recondition** [ˈriːkənˈdɪʃən] *v* 1) ремонти́ровать, переобору́довать, приводи́ть в испра́вное состоя́ние (*особ. судно*) 2) переде́лывать, перестра́ивать 3) восстана́вливать си́лы, здоро́вье

**reconnaissance** [rɪˈkɔnɪsəns] *n* 1) разве́дка; рекогносциро́вка 2) прощу́пывание, зонди́рование 3) *attr.* разве́дывательный

**reconnoitre** [ˌrekəˈnɔɪtə] *v* производи́ть, вести́ разве́дку, разве́дывать

**reconsider** [ˈriːkənˈsɪdə] *v* пересма́тривать (за́ново)

**reconstruct** [ˈriːkənsˈtrʌkt] *v* 1) перестра́ивать, реконструи́ровать 2) восстана́вливать (*по данным*), воссоздава́ть

**reconstruction** [ˈriːkənsˈtrʌkʃən] *n* 1) перестро́йка, реконстру́кция; реорганиза́ция 2) восстановле́ние, воссозда́ние 3) (R.) *амер. ист.* реконстру́кция Ю́га по́сле гражда́нской войны́ 4) что-л. перестро́енное 5) *attr.*: ~ area ме́стность, восстана́вливаемая по́сле войны́

**reconversion** [ˈriːkənˈvəːʃən] *n* возвраще́ние к усло́виям ми́рного вре́мени

**record 1.** *n* [ˈrekɔːd] 1) за́пись; регистра́ция (*фактов*); ле́топись; мемуа́ры, расска́з о собы́тиях; to bear ~ to свиде́тельствовать, удостоверя́ть и́стинность (*фактов и т. п.*); a matter of ~ зарегистри́рованный факт; (up) on ~ запи́санный, зарегистри́рованный 2) протоко́л (*заседания и т. п.*); to enter on the ~s занести́ в протоко́л 3) официа́льный докуме́нт, за́пись, отчёт; off the ~ *разг.* а) не подлежа́щий оглаше́нию (*в печати*); б) *разг.* неофициа́льно, неофициа́льным путём 4): to keep to the ~ держа́ться су́ти де́ла; to travel out of the ~ вводи́ть что-л., не относя́щееся к де́лу 5) фа́кты, да́нные (*о ком-л.*); характери́стика; to have a good (bad) ~ име́ть хоро́шую (плоху́ю) репута́цию; his ~ is against him его́ про́шлое говори́т про́тив него́; ~ of service послужно́й спи́сок; трудова́я кни́жка 6) па́мятник про́шлого 7) граммофо́нная пласти́нка; за́пись на граммофо́нной пласти́нке 8) реко́рд; to beat (*или* to break, to cut) the ~ поби́ть реко́рд 9) *юр.* докуме́нт, даю́щий пра́во на владе́ние 10) *attr.* реко́рдный 11) *attr.*: (Public) R. Office Госуда́рственный архи́в

**2.** *v* [rɪˈkɔːd] 1) запи́сывать, регистри́ровать; протоколи́ровать; заноси́ть в спи́сок, в протоко́л 2) запи́сывать на пласти́нку, на плёнку 3) увекове́чивать

**recorder** [rɪˈkɔːdə] *n* 1) регистра́тор; протоколи́ст; учётчик 2) рико́рдер (*мировой судья с юрисдикцией по уголовным и гражданским делам в городах и городках*) 3) *тех.* регистри́рующий, самопи́шущий прибо́р 4) род стари́нной фле́йты 5) *кино* звукозапи́сывающий аппара́т

**record changer** [ˈrekɔːdˌtʃeɪndʒə] *n* устро́йство для автомати́ческого перевора́чивания пласти́нок на проигрыва́теле

**record film** [ˈrekɔːdfɪlm] *n* документа́льный фильм

**record-holder** [ˈrekɔːdˌhəuldə] *n* облада́тель реко́рда, рекордсме́н

**recording** [rɪˈkɔːdɪŋ] **1.** *pres. p. от* record 2

**2.** *n* регистра́ция, за́пись

**3.** *a* регистри́рующий, запи́сывающий

**recordist** [rɪˈkɔːdɪst] *n* звукоопера́тор

**record-player** [ˈrekɔːdˌpleɪə] *n* проигрыва́тель граммофо́нных пласти́нок

**recordsman** [ˈrekɔːdzmən] *n* рекордсме́н

**re-count** [ˈriːˈkaunt] **1.** *n* пересчёт голосо́в при вы́борах

**2.** *v* пересчи́тывать (*особ.* голоса́ при вы́борах)

**recount** [rɪˈkaunt] *v* расска́зывать, излага́ть подро́бно

**recoup** [rɪˈkuːp] *v* 1) компенси́ровать, возмеща́ть; to ~ a person for loss (*или* damage) возмеща́ть кому́-л. убы́тки 2) *юр.* уде́рживать часть до́лжного, вычита́ть

**recoupment** [rɪˈkuːpmənt] *n* 1) возмеще́ние (*убытков и т. п.*), компенса́ция 2) *юр.* удержа́ние ча́сти до́лжного

**recourse** [rɪˈkɔːs] *n* 1) обраще́ние за по́мощью; to have ~ to прибега́ть к по́мощи 2) прибе́жище; his last ~ will be... еди́нственным вы́ходом, после́дним прибе́жищем для него́ бу́дет...

**re-cover** [ˈriːˈkʌvə] *v* сно́ва покрыва́ть, перекрыва́ть

**recover** [rɪˈkʌvə] *v* 1) обрета́ть сно́ва, возвраща́ть себе́, получа́ть обра́тно; to ~ control of one's temper овладе́ть собо́й; to ~ oneself приходи́ть в себя́; to ~ one's feet (*или* one's legs) встать (*после падения, болезни*) 2) выздора́вливать, оправля́ться (from); he is slowly ~ing from his illness он ме́дленно поправля́ется по́сле боле́зни; I haven't yet ~ed from my astonishment я ещё не пришёл в себя́ от удивле́ния; to ~ from the effects of a war опра́виться от после́дствий войны́ 3) навёрстывать 4) *юр.* добива́ться возвраще́ния (*чего-л.*) *или* возмеще́ния (*убытков*); вы́играть (*дело*); получи́ть по суду́ оправда́ние, возмеще́ние убы́тков *и т. п.* 5) *тех.* регенери́ровать; извлека́ть (*из скважин*); утилизи́ровать (*отходы*)

**recovered** [rɪˈkʌvəd] **1.** *p. p. от* recover

**2.** *a* вы́здоровевший

**recovery** [rɪˈkʌvərɪ] *n* 1) выздоровле́ние 2) восстановле́ние 3) возмеще́ние; возвраще́ние (*утраченного*) 4) *тех.* регенера́ция; извлече́ние (*металла из руды*); утилиза́ция (*отходов*) 5) *горн.* добыва́ние, добы́ча 6) *тех.* упру́гое восстановле́ние фо́рмы по́сле деформа́ции 7) *ав.* вы́ход *или* вы́вод самолёта из што́пора

**recreancy** [ˈrekrɪənsɪ] *n поэт.* 1) тру́сость; малоду́шие 2) изме́на, отсту́пничество

**recreant** [ˈrekrɪənt] *поэт.* **1.** *n* 1) трус 2) отсту́пник, изме́нник

**2.** *a* 1) трусли́вый, малоду́шный 2) преда́тельский, отсту́пнический

**re-create** [ˈriːkrɪˈeɪt] *v* вновь создава́ть

**recreate** [ˈrekrɪeɪt] *v* 1) восстана́вливать си́лы, освежа́ть 2) *refl.* отдыха́ть, освежа́ться 3) занима́ть, развлека́ть 4) *refl.* развлека́ться

**re-creation** [ˈriːkrɪˈeɪʃən] *n* созда́ние за́ново

**recreation** [ˌrekrɪˈeɪʃən] *n* 1) восстановле́ние сил, освеже́ние 2) развлече́ние, о́тдых 3) переме́на (*между уроками*) 4) *attr.*: ~ centre клуб, дворе́ц культу́ры; ~ center *амер. воен.* ба́за о́тдыха; ~ ground площа́дка для игр

**recreational** [ˌrekrɪˈeɪʃənl] *a* развлека́тельный, относя́щийся к сфе́ре развлече́ний; ~ facilities места́ о́тдыха и развлече́ний (*спортплощадки, бассейны и т. п.*)

**recreative** [ˈrekrɪeɪtɪv] *a* 1) восстана́вливающий си́лы, освежа́ющий 2) развлека́ющий, занима́ющий; заба́вный; занима́тельный

**recrement** [ˈrekrɪmənt] *n* 1) *редк.* отбро́сы, оста́тки 2) при́меси в руде́ 3) *физиол.* секрето́рный проду́кт, кото́рый части́чно сно́ва всасывается в кровь

**recriminate** [rɪˈkrɪmɪneɪt] *v* обвиня́ть друг дру́га; отвеча́ть обвине́нием

**recrimination** [rɪˌkrɪmɪˈneɪʃən] *n* взаи́мное *или* встре́чное обвине́ние

**recriminative** [rɪˈkrɪmɪnətɪv] = recriminatory

**recriminatory** [rɪˈkrɪmɪnətərɪ] *a* отвеча́ющий обвине́нием на обвине́ние

**recrudesce** [ˌriːkruːˈdes] *v* 1) сно́ва открыва́ться, появля́ться *или* обостря́ться (*после временного улучшения — о ране, нарыве, болезни*); рецидиви́ровать 2) сно́ва появля́ться, оживля́ться, распространя́ться

**recrudescence** [ˌriːkruːˈdesns] *n* 1) *мед.* рециди́в, но́вая вспы́шка; the ~ of influenza но́вая вспы́шка гри́ппа 2) втори́чное появле́ние, возобновле́ние; a ~ of civil disorder возобновле́ние беспоря́дков

**recruit** [rɪˈkruːt] **1.** *n* 1) призывни́к, новобра́нец 2) но́вый член (*партии, общества и т. п.*) 3) новичо́к (*часто* raw ~)

**2.** *v* 1) вербова́ть (*новобранцев, новых членов и т. п.*) 2) комплектова́ть (*часть*); пополня́ть (*ряды, запасы*) 3) укрепля́ть (*здоровье*); take a holiday and try to ~ возьми́те о́тпуск и постара́йтесь попра́виться

**recruitment** [rɪˈkruːtmənt] *n* 1) набо́р новобра́нцев 2) пополне́ние, подкрепле́ние 3) восстановле́ние здоро́вья, попра́вка

**recta** [ˈrektə] *pl от* rectum

**rectal** [ˈrektəl] *a анат.* прямокише́чный, ректа́льный

**rectangle** [ˈrekˌtæŋgl] *n* прямоуго́льник

**rectangular** [rekˈtæŋgjulə] *a* прямоуго́льный; ~ co-ordinates прямоуго́льные координа́ты; ~ timber оканто́ванный пилёный лесоматериа́л

**rectification** [ˌrektɪfɪˈkeɪʃən] *n* 1) исправле́ние 2) *хим.* ректифика́ция, очище́ние 3) выпрямле́ние (*тока*) 4) *радио* детекти́рование

**rectifier** [ˈrektɪfaɪə] *n* 1) *хим.* ректифика́тор, очисти́тель 2) *эл.* выпрями́тель 3) *радио* дете́ктор

**rectify** [ˈrektɪfaɪ] *v* 1) исправля́ть; to ~ a chronometer выверя́ть хроно́метр 2) *хим.* ректифици́ровать, очища́ть 3) *эл.* выпрямля́ть (*ток*) 4) *радио* детекти́ровать

**rectilineal** [ˌrektɪˈlɪnɪəl] *a* прямолине́йный

**rectilinear** [ˌrektɪˈlɪnɪə] = rectilineal

**rectitude** [ˈrektɪtjuːd] *n* 1) че́стность, прямота́; высо́кая нра́вственность 2) пра́вильность (*суждений*)

**recto** [ˈrektəu] *n* (*pl* -os [-əuz]) *полигр.* пра́вая страни́ца

**rector** [ˈrektə] *n* 1) ре́ктор 2) прихо́дский свяще́нник; па́стор

**rectorial** [rekˈtɔːrɪəl] *a* ре́кторский

**rectorship** [ˈrektəʃɪp] *n* до́лжность *или* зва́ние ре́ктора

**rectory** [ˈrektərɪ] *n* 1) дохо́д свяще́нника 2) дом прихо́дского свяще́нника, па́стора 3) до́лжность прихо́дского свяще́нника

**rectum** ['rektəm] *n* (*pl* -ta) *анат.* прямáя кишкá

**recumbency** [rɪ'kʌmbənsɪ] *n* лежáчее положéние

**recumbent** [rɪ'kʌmbənt] *a* лежáчий; лежáщий, откúнувшийся (*на что-л.*)

**recuperate** [rɪ'kju:pəreɪt] *v* 1) восстанáвливать сúлы, оправля́ться; выздорáвливать 2) *тех.* рекуперúровать

**recuperation** [rɪˌkju:pə'reɪʃən] *n* 1) восстановлéние сил; выздоровлéние 2) *тех.* рекуперáция 3) *эл.* возвращéние энéргии в сеть

**recuperative** [rɪ'kju:pərətɪv] *a* 1) восстанáвливающий сúлы, укрепля́ющий 2) *тех.* рекуператúвный

**recuperator** [rɪ'kju:pəreɪtə] *n* 1) *тех.* рекуперáтор 2) *воен.* накáтчик

**recur** [rɪ'kə:] *v* 1) возвращáться (to — к *чему-л.*); снóва приходúть на ум; снóва возникáть 2) повторя́ться, происходúть вновь 3) обращáться, прибегáть (to — к *чему-л.*) 4) *мед.* рецидивúровать

**recurrence** [rɪ'kʌrəns] *n* 1) возвращéние, повторéние 2) возврáт, рецидúв 3) *редк.* обращéние за пóмощью; to have ~ to... обращáться за пóмощью к...

**recurrent** [rɪ'kʌrənt] *a* 1) повторя́ющийся врéмя от врéмени, периодúческий; ~ expences текýщие расхóды 2) *мед.* возврáтный, рецидúвный; ~ fever возврáтный тиф

**recurring decimal** [rɪ'kə:rɪŋ'desɪməl] *n мат.* периодúческая бесконéчная десятúчная дробь

**recurve** [ri:'kə:v] *v* загибáть(ся) назáд, в обрáтном направлéнии

**recusancy** ['rekjuzənsɪ] *n* 1) неподчинéние 2) *ист.* нонконформúзм

**recusant** ['rekjuzənt] **1.** *a* откáзывающийся подчиня́ться закóнам, влáсти

**2.** *n ист.* нонконформúст

**red** [red] **1.** *a* 1) крáсный, áлый; багря́ный; ~ flag (*или* banner) крáсный флаг 2) багрóвый; румя́ный; ~ cheeks румя́ные щёки; ~ eyes покраснéвшие глазá; get ~ покраснéть; to become ~ in the face побагровéть; ~ with anger побагровéвший от гнéва 3) (*обыкн.* R.) крáсный, революциóнный, коммунистúческий, совéтский 4) ры́жий 5) окровáвленный; ~ hands окровáвленные рýки ◇ to see ~ обезýметь, прийтú в я́рость, в бéшенство

**2.** *n* 1) крáсный цвет 2) (the Reds) *pl амер.* индéйцы 3) (R.) «крáсный»; революционéр, коммунúст; the Reds «крáсные», сторóнники революциóнных идéй Совéтского Сою́за 4) крáсный шар (*в бильярде*); «крáсный» (*в рулетке*) 5) *sl.* зóлото ◇ to be in (the) ~ а) *амер.* быть убы́точным, приносúть дефицúт; б) имéть задóлженность, быть должникóм; to go into (the) ~ *амер.* приносúть дефицúт, становúться убы́точным

**redact** [rɪ'dækt] *v* облекáть в литератýрную фóрму, редактúровать, готóвить к печáти

**redaction** [rɪ'dækʃən] *n* 1) редактúрование 2) нóвое, пересмóтренное издáние

**redactor** [rɪ'dæktə] *n* редáктор

**red admiral** ['red'ædmərəl] *n* адмирáл (*бабочка*)

**redan** [rɪ'dæn] *n воен. ист.* редáн

**Red Army** ['red'ɑ:mɪ] *n* Крáсная Áрмия

**Red Army Man** ['red'ɑ:mɪmæn] *n* красноармéец

**redbait** ['redbeɪt] *v амер.* преслéдовать прогрессúвные элемéнты

**redbaiting** ['redˌbeɪtɪŋ] *амер.* **1.** *pres. p. от* redbait

**2.** *n* трáвля, преслéдование прогрессúвных элемéнтов

**red bark** ['red'bɑ:k] *n* крáсная перуáнская корá (*разновидность хинной коры*)

**red bilberry** ['red'bɪlbərɪ] *n* брусникá

**red-blindness** ['redˌblaɪndnɪs] *n мед.* дальтонúзм, слепотá на крáсный цвет

**red-blooded** ['red'blʌdɪd] *a амер.* 1) сúльный, энергúчный, хрáбрый 2) пóлный собы́тий, захвáтывающий (*о романе и т. п.*)

**red box** ['redbɔks] *n* крáсный кóжаный я́щик для официáльных бумáг члéнов англúйского правúтельства

**red brass** ['red'brɑ:s] *n* томпáк, крáсная латýнь

**redbreast** ['redbrest] *n* малúновка (*птица*)

**redbrick** ['red'brɪk] *a* 1) сдéланный из крáсного кирпичá 2) (R.) «нóвый», «кирпúчный» (*об университетах, основанных в XIX—XX вв. и специализирующихся на технических дисциплинах*)

**red-cap, redcap** ['redkæp] *n* 1) воéнный полицéйский 2) *амер.* носúльщик

**red cedar** ['red'si:də] *n* можжевéльник виргúнский

**red cent** ['red'sent] *n амер.* (мéдная) монéта в 1 цент ◇ I don't care a ~ (for) мне наплевáть (на); not worth a ~ грошá мéдного не стóит

**redcoat** ['redkəut] *n ист.* англúйский солдáт

**Red Crescent** ['red'kresnt] *n* Крáсный Полумéсяц

**Red Cross** ['red'krɔs] *n* 1) Крáсный Крест 2) крест св. Геóргия (*национальная эмблема Англии*)

**red currant** ['red'kʌrənt] *n* крáсная сморóдина

**red deer** ['red'dɪə] *n зоол.* олéнь благорóдный

**redden** ['redn] *v* 1) окрáшивать(ся) в крáсный цвет 2) краснéть

**reddening** ['rednɪŋ] **1.** *pres. p. от* redden

**2.** *n* покраснéние

**reddish** ['redɪʃ] *a* красновáтый

**reddle** ['redl] = ruddle

**rede** [ri:d] *уст.* **1.** *n* 1) совéт; рассуждéние 2) план 3) расскáз; поговóрка, изречéние 4) объяснéние, разгáдка

**2.** *v* 1) совéтовать 2) расскáзывать 3) объясня́ть, разгáдывать

**redeem** [rɪ'di:m] *v* 1) выкупáть (*заложенные вещи и т. п.*); выплáчивать (*долг по закладной*) 2) возмещáть 3) возвращáть; to ~ one's good name вернýть себé дóброе úмя 4) выполня́ть (*обещание*) 5) искупáть (*грехи и т. п.*); to ~ an error исправить ошúбку 6) спасáть, избавля́ть, освобождáть (за вы́куп); to ~ a prisoner освободúть заключённого

**redeemer** [rɪ'di:mə] *n* 1) избавúтель, спасúтель 2) (R.) спасúтель (*о Христе*)

**redemption** [rɪ'dempʃən] *n* 1) вы́куп; вы́плата 2) искуплéние 3) освобождéние; спасéние; beyond (*или* past) ~ без надéжды на исправлéние, улучшéние

**Red Ensign** ['red'ensaɪn] *n* флаг торгóвого флóта Великобритáнии

**re-deploy** ['ri:dɪ'plɔɪ] *v воен.* передислоцúровать(ся)

**re-deployment** ['ri:dɪ'plɔɪmənt] *n воен.* передислокáция

**redeye** ['redaɪ] *n амер. sl.* крéпкое дешёвое вúски

**red gum** ['redgʌm] *n* 1) сыпь у детéй, потнúца 2) *бот.* эвкалúпт австралúйский, крáсное камéдное дéрево

**red-handed** ['red'hændɪd] *a* 1) с окровáвленными рукáми 2) пóйманный на мéсте преступлéния; to be caught ~ быть пóйманным на мéсте преступлéния, быть захвáченным с полúчным

**red hardness** ['red'hɑ:dnɪs] *n метал.* красностóйкость

**red herring** ['red'herɪŋ] *n* 1) копчёная селёдка 2) отвлекáющий манёвр; to draw (*или* to track, to trail) a ~ across the path направля́ть по лóжному слéду намéренно; отвлекáть внимáние от обсуждáемого вопрóса

**red-hot** ['red'hɔt] *a* 1) накалённый дóкраснá 2) разгорячённый, возбуждённый 3) горя́чий, плáменный 4) свéжий, нóвый

**red huckleberry** ['red'hʌklberɪ] = red bilberry

**re-did** ['ri:'dɪd] *past от* re-do

**Red Indian** ['red'ɪndjən] *n* (североамерикáнский) индéец, краснокóжий

**redintegrate** [re'dɪntɪgreɪt] *v* восстанáвливать (*цельность, единство*); воссоединя́ть

**redistribute** ['ri:dɪs'trɪbju(:)t] *v* перераспределя́ть

**redistribution** ['ri:ˌdɪstrɪ'bju:ʃən] *n* перераспределéние, передéл

**red lamp** ['red'læmp] *n* 1) крáсный фонáрь, горя́щий нóчью у квартúры дóктора *или* у дверéй аптéки 2) = red light 1); 3) *sl.* крáсный фонáрь, публúчный дом

**red lane** ['red'leɪn] *n детск.* гóрлышко (*ребёнка*)

**red lead** ['red'led] *n* свинцóвый сýрик

**red-legged** ['red'legd] *a* красногóгий; ~ partridge крáсная куропáтка

**red-letter** ['red'letə] *a* отме́ченный кра́сными бу́квами *или* ци́фрами в календаре́; пра́здничный; *перен.* па́мятный, счастли́вый; ~ day пра́здничный *или* счастли́вый день

**red light** ['red'laɪt] *n* 1) кра́сный свет (*сигнал опасности на транспорте и т. п.*); to see the ~ предчу́вствовать приближе́ние опа́сности, беды́ *и т. п.* 2) = red lamp 3)

**red-light** ['red'laɪt] *a*: ~ district кварта́л публи́чных домо́в

**redly** ['redlɪ] *adv* краснова́то

**red man** ['redmæn] *n* краснокожий, (североамерика́нский) инде́ец

**red meat** ['red'mi:t] *n* чёрное мя́со (*баранина, говядина*)

**redneck** ['rednek] *n пренебр.* неотёсанный челове́к, деревенщина

**red-necked** ['red'nekt] *a* име́ющий кра́сную ше́ю

**redness** ['rednɪs] *n* краснота́

**re-do** ['ri:'du:] *v* (re-did; re-done) де́лать вновь, переде́лывать

**red ochre** ['red'əukə] *n* кра́сная о́хра, гемати́т

**redolence** ['redəuləns] *n* благоуха́ние, арома́т

**redolent** ['redəulənt] *a* 1) издаю́щий (си́льный) за́пах; арома́тный, благоуха́ющий; flowers ~ of springtime цветы́, распространя́ющие весе́ннее благоуха́ние 2) напомина́ющий, вызыва́ющий воспомина́ния (of — о *чём-л.*)

**re-done** ['ri:'dʌn] *p. p. от* re-do

**re-double** [rɪ'dʌbl] *v* 1) втори́чно удва́ивать(ся) 2) сложи́ть вчетверо

**redouble** [rɪ'dʌbl] *v* 1) уси́ливать (-ся), увели́чивать(ся), возраста́ть; to ~ one's efforts удва́ивать свои́ уси́лия 2) усугубля́ть(ся) 3) скла́дывать (-ся) вдво́е

**redoubt** [rɪ'daut] *n воен.* реду́т

**redoubtable** [rɪ'dautəbl] *a* 1) гро́зный, устраша́ющий, опа́сный 2) хра́брый, до́блестный

**redoubted** [rɪ'dautɪd] *уст.* = redoubtable

**redound** [rɪ'daund] *v* 1) спосо́бствовать, соде́йствовать, помога́ть (to — *чему-л.*); to ~ to smb.'s advantage благоприя́тствовать кому́-л., спосо́бствовать чьей-л. вы́годе; that ~s to his honour э́то де́лает ему́ честь 2) оберну́ться про́тив (upon — *кого-л.*); these crimes will ~ upon their authors э́ти преступле́ния паду́т на го́лову тех, кто их соверши́л

**redout** ['redaut] *n* прили́в кро́ви к голове́ (*при вращении*)

**red-pencil** ['red'pensl] *v* 1) подверга́ть цензу́ре 2) исправля́ть

**redpoll** ['redpəul] *n* 1) чечётка (*птица*) 2) *pl* кра́сный комо́лый скот (*порода*)

**red rag** ['red'ræg] *n* 1) «кра́сная тря́пка»; не́что приводя́щее в бе́шенство (*как быка красный цвет*) 2) *sl.* язы́к

**redress** [rɪ'dres] **1.** *n* 1) исправле́ние; восстановле́ние 2) возмеще́ние, удовлетворе́ние

**2.** *v* 1) исправля́ть; восстана́вливать; to ~ the balance восстана́вливать равнове́сие 2) возмеща́ть, компенси́ровать; to ~ a wrong загла́живать оби́ду 3) *радио* выпрямля́ть 4) выра́внивать (*самолёт в полёте*)

**red-rogue** ['redrəug] *n sl.* золота́я моне́та

**red rot** ['red'rɔt] *n* красну́ха, кра́сная гниль (*древесины*)

**redshank** ['redʃæŋk] *n зоол.* тра́вник, красноно́жка ◇ to run like a ~ бежа́ть о́чень бы́стро

**red-short** ['redʃɔ:t] *a тех.* красноло́мкий

**redskin** ['redskɪn] *n уст.* (североамерика́нский) инде́ец, краснокожий

**red soil** ['red'sɔɪl] *n* краснозём

**redstart** ['redstɑ:t] *n зоол.* горихво́стка

**red tape** ['red'teɪp] *n* бюрократи́зм, канцеля́рщина, волоки́та

**red-tape** ['red'teɪp] *a* бюрократи́ческий, канцеля́рский

**reduce** [rɪ'dju:s] *v* 1) понижа́ть, ослабля́ть, уменьша́ть, сокраща́ть; to ~ one's expenditure сокраща́ть свои́ расхо́ды; to ~ prices снижа́ть це́ны; to ~ the length of a skirt укороти́ть ю́бку; to ~ the term of imprisonment сократи́ть срок тюре́много заключе́ния; to ~ the temperature сни́зить температу́ру; to ~ the vitality понижа́ть жизнеспосо́бность 2) понижа́ть в до́лжности *и т. п.*; to ~ to a lower rank *воен.* пони́зить в зва́нии 3) приводи́ть в определённое состоя́ние; своди́ть, приводи́ть (to — к); to ~ to begging довести́ до нищеты́; to ~ to silence заста́вить замолча́ть; to ~ to submission принуди́ть к повинове́нию; to ~ to an absurdity доводи́ть до абсу́рда; to ~ to elements разложи́ть на ча́сти 4) осла́бить; вы́звать похуде́ние; he is greatly ~d by illness во вре́мя боле́зни он о́чень похуде́л 5) похуде́ть; to be ~d to a shadow (*или* to a skeleton) преврати́ться в тень (в скеле́т) 6) покоря́ть, побежда́ть 7) *мед.* вправля́ть (вы́вих); исправля́ть положе́ние облòмков ко́сти 8) *мат.* превраща́ть (*именованные числа*); приводи́ть к о́бщему знамена́телю 9) *хим.* раскисля́ть, восстана́вливать

**reduced** [rɪ'dju:st] **1.** *p. p. от* reduce

**2.** *a* 1) уме́ньшенный, пони́женный 2) стеснённый (*об обстоятельствах*) 3) покорённый

**reducible** [rɪ'dju:səbl] *a* допуска́ющий уменьше́ние *и пр.* [*см.* reduce]

**reducing agent** [rɪ'dju:sɪŋ'eɪdʒənt] *n хим.* восстанови́тель

**reducing gear** [rɪ'dju:sɪŋ'gɪə] *n тех.* редукцио́нная переда́ча, реду́ктор

**reduction** [rɪ'dʌkʃən] *n* 1) сниже́ние, пониже́ние; уменьше́ние, сокраще́ние; ~ of armaments сокраще́ние вооруже́ний 2) (*преим. воен.*) пониже́ние в до́лжности *и т. п.*; ~ from rank (*или* to the ranks) разжа́лование; ~ in rank сниже́ние в зва́нии 3) ски́дка 4) превраще́ние; измене́ние фо́рмы *или* состоя́ния 5) покоре́ние, подавле́ние 6) уме́ньшенная ко́пия (*с картины и т. п.*) 7) *мед.* вправле́ние (*вывиха*) 8) *хим.* восстановле́ние 9) *мат.* приведе́ние к о́бщему знамена́телю; сокраще́ние 10) *тех.* обжа́тие 11) *метал.* выделе́ние мета́лла из руды́; переде́л

**redundance, -cy** [rɪ'dʌndəns, -sɪ] *n* 1) чрезме́рность; избы́ток 2) многосло́вие 3) изли́шек рабо́чей си́лы 4) сокраще́ние рабо́чих *или* слу́жащих

**redundant** [rɪ'dʌndənt] *a* 1) изли́шний, чрезме́рный; ли́шний 2) многосло́вный 3) уво́ленный по сокраще́нию шта́тов

**reduplicate** [rɪ'dju:plɪkeɪt] *v* 1) удва́ивать; повторя́ть 2) *грам.* удва́ивать

**reduplication** [rɪ,dju:plɪ'keɪʃən] *n* 1) удвое́ние; повторе́ние 2) *грам.* удвое́ние

**reduplicative** [rɪ'dju:plɪkətɪv] *a* удва́ивающийся

**red-wing** ['redwɪŋ] *n зоол.* дрозд-белобро́вик

**redwood** ['redwud] *n* 1) кра́сное де́рево 2) *бот.* калифорни́йское ма́монтовое де́рево

**re-echo** [ri(:)'ekəu] **1.** *n* э́хо, повто́рное э́хо

**2.** *v* отдава́ться э́хом

**reed** [ri:d] **1.** *n* 1) тростни́к, камы́ш; тростнико́вые за́росли 2) тростни́к *или* соло́ма для крыш 3) *поэт.* стрела́ 4) свире́ль 5) букoли́ческая поэ́зия 6) *муз.* язычо́к 7) *pl* язычко́вые музыка́льные инструме́нты 8) *горн.* запа́льный шнур ◇ a broken ~ а) ненадёжный челове́к; б) непро́чная вещь; to lean on a ~ полага́ться на что-л. ненадёжное

**2.** *v* покрыва́ть (*крыши*) тростнико́м *или* соло́мой

**reeded** ['ri:dɪd] **1.** *p. p. от* reed 2

**2.** 1) заро́сший тростнико́м 2) кры́тый тростнико́м

**re-edify** ['ri:'edɪfaɪ] *v* 1) вновь стро́ить, отстра́ивать 2) восстана́вливать; возрожда́ть (*надежды и т. п.*)

**reed-mace** ['ri:dmeɪs] *n бот.* рого́з

**reed-pipe** ['ri:dpaɪp] *n* 1) свире́ль 2) *муз.* язычко́вая тру́бка орга́на

**reed-stop** ['ri:dstɔp] *n муз.* орга́нный реги́стр с язычко́выми тру́бками

**re-educate** ['ri:'edju(:)keɪt] *v* перевоспи́тывать

**re-education** ['ri:,edju(:)'keɪʃən] *n* перевоспита́ние

**reedy** ['ri:dɪ] *a* 1) заро́сший тростнико́м 2) тростнико́вый 3) то́нкий, стро́йный как тростни́к 4) пронзи́тельный (*о голосе*)

**reef** I [ri:f] *n* 1) риф, подво́дная скала́ 2) ру́дная жи́ла; золотоно́сный пласт

**reef** II [ri:f] **1.** *n* риф (*на парусе*);

to let out a ~ а) отпуска́ть риф; б) *разг.* распусти́ть по́яс (*после сытного обеда*); to take in a ~ а) брать риф; б) де́йствовать осторо́жно; в) *разг.* затяну́ть, подтяну́ть по́яс

2. *v мор.* брать ри́фы

**reefer** ['ri:fə] *n* 1) матро́с, беру́щий ри́фы 2) *мор.* курса́нт, гардемари́н 3) бушла́т 4) *амер. sl.* сигаре́та с марихуа́ной

**reef-knot** ['ri:fnɔt] *n* ри́фовый у́зел

**reefy** ['ri:fı] *a* опа́сный из-за мно́жества ри́фов

**reek** [ri:k] 1. *n* 1) вонь, си́льный неприя́тный за́пах 2) *книжн., шотл.* густо́й дым, пар, испаре́ние

2. *v* 1) дыми́ть, кури́ться 2) испуска́ть пар, испаре́ния 3) отдава́ть чем-л. неприя́тным, воня́ть (of); it ~s of murder тут па́хнет уби́йством

**Reekie** ['ri:kı] *n*: Auld ~ *шотл. разг. г.* Эдинбург

**reeky** ['ri:kı] *a* 1) дымя́щийся, испуска́ющий пар 2) ды́мный; закопчённый

**reel I** [ri:l] 1. *n* 1) *текст.* кату́шка, шпу́лька, боби́на 2) *тлв.* кату́шка для про́вода 3) *тех.* бараба́н, во́рот, кабеста́н 4) *с.-х.* мотови́ло 5) руле́тка 6) руло́н (*киноплёнки или кинофильма*); часть (*кинофильма; обыкн. около 1000 футов*) ◇ off the ~ безостано́вочно, без переры́ва

2. *v* 1) нама́тывать на кату́шку (*тж.* ~ in, ~ up); разма́тывать, сма́тывать (*тж.* ~ off) 2) расска́зывать *или* чита́ть бы́стро, без остано́вки, треща́ть (*тж.* ~ off)

**reel II** [ri:l] 1. *n* 1) шата́ние, колеба́ние 2) вихрь 3) рил (*быстрый шотландский танец*)

2. *v* 1) кружи́ться, верте́ться; everything ~ed before his eyes всё заверте́лось у него́ пе́ред глаза́ми 2) танцева́ть рил 3) чу́вствовать головокруже́ние 4) кача́ться; покачну́ться, пошатну́ться (*от удара, потрясения и т. п.*) 5) шата́ться, идти́ поша́тываясь, спотыка́ться 6) дро́гнуть (*о войсках*); отступи́ть

**re-elect** ['ri:ı'lekt] *v* переизбира́ть, избира́ть сно́ва

**re-election** ['ri:ı'lekʃən] *n* переизбра́ние, втори́чное избра́ние

**re-engage** ['ri:ın'geıdʒ] *v* 1) *тех.* вновь сцепля́ть(ся), вновь включа́ть 2) *воен.* сно́ва вводи́ть в бой 3) *воен.* остава́ться на сверхсро́чной слу́жбе; сно́ва поступа́ть на вое́нную слу́жбу

**re-entrant** [ri:'entrənt] *геом.* 1. *a* входя́щий

2. *n* входя́щий у́гол

**re-entry** [ri:'entrı] *n* 1) *юр.* обра́тное завладе́ние, восстановле́ние владе́ния недви́жимостью 2) вход *или* возвраще́ние в пло́тные сло́и атмосфе́ры (*о космических кораблях и т. п.*)

**re-establish** ['ri:ıs'tæblıʃ] *v* восстана́вливать

**reeve I** [ri:v] *n* 1) *ист.* гла́вный магистра́т (*города или округа в Англии*) 2) *уст.* управля́ющий име́нием 3) церко́вный ста́роста 4) председа́тель се́льского *или* городско́го сове́та (*в Канаде*) 5) ста́рший шахтёр

**reeve II** [ri:v] *v* (rove, reeved [-d]) *мор.* пропуска́ть, проводи́ть; быть пропу́щенным, проходи́ть (*о тросе*)

**refection** [rı'fekʃən] *n* заку́ска

**refectory** [rı'fektərı] *n* тра́пезная (*в монастыре*); столо́вая (*в университете, школе*)

**refer** [rı'fə:] *v* 1) посыла́ть, отсыла́ть (to — к *кому-л., чему-л.*); направля́ть (*за информацией и т. п.*); I was ~red to the secretary меня́ напра́вили к секретарю́; the asterisk ~s to the foot-note звёздочка отсыла́ет к подстро́чному примеча́нию 2) передава́ть на рассмотре́ние 3) обраща́ться; he ~red to me for help он обрати́лся ко мне за по́мощью 4) наводи́ть спра́вку, справля́ться; the speaker often ~red to his notes ора́тор ча́сто загля́дывал в текст 5) припи́сывать (*чему-л.*), объясня́ть (*чем-л.*) 6) име́ть отноше́ние, относи́ться; his words ~red to me only его́ слова́ относи́лись то́лько ко мне 7) ссыла́ться (to — на *кого-л.*, на *что-л.*) 8) говори́ть (*о чём-л.*), упомина́ть 9) относи́ть (*к классу, периоду и т. п.*) ◇ ~ to drawer обрати́тесь к чекода́телю (*отметка банка на неоплаченном чеке*)

**referable** [rı'fə:rəbl] *a* могу́щий быть припи́санным *или* отнесённым (to — к *кому-л., чему-л.*)

**referee** [ˌrefə'ri:] *n* 1) трете́йский судья́; арби́тр 2) *спорт.* судья́, рефери́

**reference** ['refrəns] 1. *n* 1) ссы́лка; сно́ска; with ~ to ссыла́ясь на [*ср. тж.* 6)]; to make ~ ссыла́ться 2) спра́вка; a book of ~ спра́вочник 3) упомина́ние; намёк; to make no ~ to не упомяну́ть о *чём-л.* 4) рекоменда́ция; highest ~s required необходи́мы отли́чные рекоменда́ции 5) лицо́, даю́щее рекоменда́цию 6) отноше́ние; in (*или* with) ~ to относи́тельно, что каса́ется [*ср. тж.* 1)]; without ~ to безотноси́тельно к; незави́симо от 7) переда́ча на рассмотре́ние в другу́ю инста́нцию, арби́тру *и т. п.* 8) полномо́чия, компете́нция арби́тра *или* инста́нции; terms of ~ компете́нция, ве́дение 9) этало́н 10) *attr.* спра́вочный; ~ book спра́вочник; ~ library спра́вочная библиоте́ка (*без выдачи книг на дом*); ~ point ориенти́р

2. *v* 1) снабжа́ть (*текст*) ссы́лками 2) находи́ть по ссы́лке, справля́ться

**reference mark** ['refrəns'ma:k] *n полигр.* знак сно́ски

**referenda** [ˌrefə'rendə] *pl от* referendum

**referendary** [ˌrefə'rendərı] *n ист.* референда́рий; храни́тель печа́ти

**referendum** [ˌrefə'rendəm] *n* (*pl тж.* -da) *полит.* рефере́ндум

**refill** 1. *n* ['ri:fıl] 1) дополне́ние, пополне́ние; ~ of fuel запра́вка горю́чим 2) что-л., слу́жащее для перезапра́вки; two ~s for a ball-point pen два запасны́х сте́ржня для ша́риковой ру́чки; a ~ for a lipstick запасна́я па́лочка губно́й пома́ды

2. *v* ['ri:'fıl] наполня́ть вновь; пополня́ть(ся) горю́чим

**refine** [rı'faın] *v* 1) очища́ть, рафини́ровать; повыша́ть ка́чество; облагора́живать 2) де́лать(ся) бо́лее изя́щным, утончённым 3) усоверше́нствовать (upon, on) 4) вдава́ться в то́нкости

**refined** [rı'faınd] 1. *p. p. от* refine

2. *a* 1) очи́щенный, рафини́рованный; ~ oil рафини́рованное ма́сло; ~ salt очи́щенная, столо́вая соль; ~ sugar са́хар-рафина́д 2) усоверше́нствованный 3) утончённый, изя́щный, изы́сканный; ~ manners изя́щные мане́ры

**refinement** [rı'faınmənt] *n* 1) очище́ние, рафини́рование; обрабо́тка, отде́лка; повыше́ние ка́чества 2) усоверше́нствование 3) утончённость, изя́щество; изы́сканность; ~ of cruelty утончённая жесто́кость

**refiner** [rı'faınə] *n* 1) *метал.* пе́рвая рафини́рующая печь 2) кри́чный ма́стер 3) рафинёр (*в бумажном производстве*) 4) *рез.* рифа́йнер

**refinery** [rı'faınərı] *n* очисти́тельный заво́д; рафиниро́вочный заво́д; рафина́дный заво́д

**refit** ['ri:'fıt] 1. *n* 1) почи́нка, ремо́нт 2) переоборудова́ние (*корабля и т. п.*)

2. *v* 1) переобору́довать (*корабль и т. п.*) 2) ремонти́ровать

**refitment** ['ri:'fıtmənt] = refit 1, 2)

**reflect** [rı'flekt] *v* 1) отража́ть (*свет, тепло, звук*) 2) отража́ть(ся); дава́ть отраже́ние (*о зеркале и т. п.*) 3) отража́ть, изобража́ть (*в литературе и т. п.*) 4): to ~ credit upon smb. де́лать честь кому́-л. (*о поступке и т. п.*); to ~ discredit upon smb. позо́рить кого́-л. (*о поведении и т. п.*); such behaviour can only ~ discredit upon you тако́е поведе́ние то́лько позо́рит вас 5) размышля́ть, разду́мывать (on, upon) □ ~ **on**, ~ **upon** броса́ть тень; подверга́ть сомне́нию; to ~ upon smb.'s sincerity сомнева́ться в чьей-л. и́скренности; your rude behaviour ~s only upon yourself ва́ше гру́бое поведе́ние вреди́т то́лько вам само́му

**reflection** [rı'flekʃən] *n* 1) отраже́ние; о́тблеск; о́тсвет 2) *физиол.* рефле́ксия 3) отраже́ние, о́браз 4) размышле́ние, обду́мывание; разду́мье; on ~ поду́мав 5) порица́ние 6) тень, пятно́

**reflective** [rı'flektıv] *a* 1) отража́ющий 2) размышля́ющий, мы́слящий 3) заду́мчивый (*о виде*)

**reflector** [rı'flektə] *n физ., тех.* рефле́ктор, отража́тель

**reflet** [rə'fleɪ] *фр. n* перели́вчатая глазу́рь на гли́няной посу́де

**reflex** ['ri:fleks] **1.** *n* 1) отраже́ние, о́браз 2) о́тсве́т; о́тблеск 3) *жив.* рефле́кс 4) *физиол.* рефле́кс

**2.** *a* 1) рефлекто́рный; непроизво́льный 2) отражённый; представля́ющий собо́й реа́кцию 3) *редк.* интроспекти́вный

**reflex camera** ['ri:flex,kæmərə] *n* зерка́льный фотоаппара́т

**reflexion** [rɪ'flekʃən] = reflection

**reflexive** [rɪ'fleksɪv] *грам.* **1.** *a* возвра́тный

**2.** *n* 1) возвра́тный глаго́л 2) возвра́тное местоиме́ние

**refluent** ['refluənt] *a* отлива́ющий

**reflux** ['ri:flʌks] *n* отли́в

**reforest** ['ri:'fɔrɪst] *v* восстана́вливать лесны́е масси́вы, насажда́ть леса́

**reforestation** ['ri:,fɔrɪ'steɪʃən] *n* восстановле́ние лесны́х масси́вов, лесонасажде́ние

**re-form** ['ri:'fɔ:m] *v* 1) вновь формирова́ть, переде́лывать 2) *воен.* перестра́ивать(ся)

**reform** I [rɪ'fɔ:m] **1.** *n* 1) рефо́рма, преобразова́ние 2) исправле́ние, улучше́ние 3) *attr.*: R. Bill (*или* Act) рефо́рма избира́тельной систе́мы в Англии (*1831—32 гг.*)

**2.** *v* 1) улучша́ть(ся); реформи́ровать, преобразо́вывать 2) искореня́ть (*злоупотребления*) 3) исправля́ть(ся) (*о людях*)

**reform** II ['ri:'fɔ:m] = re-form

**reformation** [,refə'meɪʃən] *n* 1) преобразова́ние 2) исправле́ние (*моральное*) 3) (the R.) *ист.* Реформа́ция

**reformative** [rɪ'fɔ:mətɪv] *a* 1) реформи́рующий; преобразу́ющий 2) исправи́тельный

**reformatory** [rɪ'fɔ:mətərɪ] **1.** *n* исправи́тельное заведе́ние для малоле́тних престу́пников

**2.** *a* исправи́тельный

**reformed** I [rɪ'fɔ:md] **1.** *p. p. от* reform I, 2

**2.** *a* 1) испра́вленный, преобразо́ванный 2) испра́вившийся ◇ R. Faith протестанти́зм

**re-formed** II ['ri:'fɔ:md] *p. p. от* re-form

**reformer** [rɪ'fɔ:mə] *n* 1) преобразова́тель, реформа́тор 2) *ист.* де́ятель эпо́хи Реформа́ции 3) сторо́нник рефо́рмы избира́тельной систе́мы в Англии (*1831—32 гг.*)

**reformist** [rɪ'fɔ:mɪst] *n полит.* реформи́ст

**refract** [rɪ'frækt] *v физ.* преломля́ть (*лучи*)

**refraction** [rɪ'frækʃən] *n физ.* преломле́ние, рефра́кция

**refractional** [rɪ'frækʃənl] = refractive

**refractive** [rɪ'fræktɪv] *a* преломля́ющий; ~ medium преломля́ющая среда́

**refractor** [rɪ'fræktə] *n* рефра́ктор

**refractoriness** [rɪ'fræktərɪnɪs] *n* 1) стропти́вость, непоко́рность; упо́рство 2) *тех.* тугопла́вкость; огнеупо́рность, огнесто́йкость

**refractory** [rɪ'fræktərɪ] **1.** *n тех.* огнеупо́рный материа́л

**2.** *a* 1) упря́мый, непоко́рный 2) упо́рный (*о болезни*) 3) кре́пкий (*об организме*) 4) *тех.* тугопла́вкий, огнеупо́рный

**refrain** I [rɪ'freɪn] *v* 1) возде́рживаться (from — от *чего-л.*); удержа́ться (from — от *чего-л.*); he could not ~ from saying (going, *etc.*) он не мог не сказа́ть (не пойти́ *и т. п.*) 2) *уст.* сде́рживать; обу́здывать; уде́рживать (*кого-л., что-л.*)

**refrain** II [rɪ'freɪn] *n* припе́в, рефре́н

**refrangible** [rɪ'frændʒɪbl] *a* преломля́емый (*о лучах*)

**refresh** [rɪ'freʃ] *v* 1) освежа́ть, оживля́ть; подкрепля́ть(ся); to ~ oneself подкрепля́ться (*едой, питьём*); to ~ one's memory освежи́ть в па́мяти, вспо́мнить (*что-л.*) 2) за́ново снабжа́ть припа́сами 3) подновля́ть, подправля́ть

**refresher** [rɪ'freʃə] *n* 1) что-л. освежа́ющее; освежа́ющий напи́ток 2) напомина́ние; па́мятка; повтори́тельный курс 3) дополни́тельный гонора́р адвока́ту (*в затянувшемся процессе*) 4) *разг.* вы́пивка 5) *attr.* повто́рный; ~ course ку́рсы повыше́ния квалифика́ции

**refreshment** [rɪ'freʃmənt] *n* 1) подкрепле́ние; восстановле́ние сил; о́тдых 2) что-л. освежа́ющее, восстана́вливающее си́лы 3) (*обыкн. pl*) заку́ска; освежа́ющий напи́ток 4) *attr.*: ~ room буфе́т (*на вокзале и т. п.*); ~ car ваго́н-рестора́н

**refrigerant** [rɪ'frɪdʒərənt] **1.** *n* 1) охлажда́ющее вещество́, охлади́тель 2) *мед.* жаропонижа́ющее сре́дство

**2.** *a* охлажда́ющий, холоди́льный

**refrigerate** [rɪ'frɪdʒəreɪt] *v* 1) охлажда́ть(ся); замора́живать 2) храни́ть в холо́дном ме́сте

**refrigeration** [rɪ,frɪdʒə'reɪʃən] *n* охлажде́ние; замора́живание

**refrigerator** [rɪ'frɪdʒəreɪtə] *n* 1) холоди́льник, рефрижера́тор 2) конденса́тор

**refrigerator-car** [rɪ'frɪdʒəreɪtə'kɑ:] *n* ваго́н-холоди́льник

**refrigeratory** [rɪ'frɪdʒərətərɪ] **1.** *n* 1) конденса́тор 2) рефрижера́тор

**2.** *a* холоди́льный

**reft** [reft] *past и p. p. от* reave

**refuel** ['ri:'fjuəl] *v* попо́лнить запа́сы то́плива, дозапра́виться

**refuge** ['refju:dʒ] **1.** *n* 1) убе́жище; *перен.* прибе́жище; to take (to give) ~ найти́ (дать) убе́жище; to take ~ in lying прибе́гнуть ко лжи; to take ~ in silence отма́лчиваться 2) «острово́к безопа́сности» (*на улицах с большим движением*)

**2.** *v редк.* 1) дава́ть убе́жище; *перен.* служи́ть прибе́жищем 2) находи́ть убе́жище

**refugee** [,refju(:)'dʒi:] *n* 1) бе́женец 2) эмигра́нт

**refulgence** [rɪ'fʌldʒəns] *n* сия́ние, я́ркость

**refulgent** [rɪ'fʌldʒənt] *a* сия́ющий, сверка́ющий

**refund 1.** *n* ['ri:fʌnd] 1) упла́та 2) возвраще́ние (*денег*); возмеще́ние (*расходов*)

**2.** *v* [ri:'fʌnd] возвраща́ть, возмеща́ть

**refusal** [rɪ'fju:zəl] *n* 1) отка́з; to take no ~ не принима́ть отка́за, быть насто́йчивым 2) пра́во пе́рвого вы́бора; to have (to give) the ~ of smth. име́ть (предоставля́ть) пра́во выбира́ть что-л. пе́рвым

**re-fuse** ['ri:'fju:z] *v* вновь пла́вить; переплавля́ть

**refuse** I [rɪ'fju:z] *v* 1) отка́зывать, отверга́ть 2) отка́зываться 3) заарта́читься (*о лошади перед препятствием*)

**refuse** II ['refju:s] **1.** *n* 1) отбро́сы, оста́тки; му́сор; вы́жимки, подо́нки; брак 2) *текст.* очёски, уга́р 3) *горн.* отва́л поро́ды

**2.** *a* него́дный; ничего́ не сто́ящий

**refutable** ['refjutəbl] *a* опроверж́имый

**refutation** [,refju(:)'teɪʃən] *n* опроверже́ние

**refute** [rɪ'fju:t] *v* опроверга́ть

**regain** [rɪ'geɪn] *v* 1) получи́ть обра́тно; вновь приобрести́; to ~ one's health попра́виться; to ~ one's footing сно́ва встать на́ ноги 2) сно́ва дости́чь (*берега, дома*); возврати́ться 3) *воен.* сно́ва завладева́ть

**regal** ['ri:gəl] *a* 1) короле́вский, ца́рский 2) ца́рственный

**regale** [rɪ'geɪl] **1.** *n* 1) пир; угоще́ние 2) изы́сканное блю́до

**2.** *v* 1) угоща́ть, по́тчевать (with; *тж. ирон.*) 2) пирова́ть 3) ласка́ть, услажда́ть (*слух, зрение*)

**regalia** I [rɪ'geɪljə] *n pl* 1) рега́лии 2) *ист.* короле́вские права́ и привиле́гии

**regalia** II [rɪ'geɪljə] *исп. n* больша́я сига́ра хоро́шего ка́чества

**regality** [rɪ'gælɪtɪ] *n* 1) короле́вский суверените́т 2) *ист.* короле́вские привиле́гии

**regally** ['ri:gəlɪ] *adv* по-ца́рски

**regard** [rɪ'gɑ:d] **1.** *n* 1) внима́ние, забо́та; ~ must be paid to... необходи́мо обрати́ть внима́ние на...; to pay no ~ to... не обраща́ть внима́ния на..., пренебрега́ть 2) уваже́ние, расположе́ние; to have a great ~ for smb. быть о́чень располо́женным к кому́-л.; to have a high (low) ~ for smb., to hold smb. in high (low) ~ быть высо́кого (невысо́кого) мне́ния о ком-л.; out of ~ for smb. из уваже́ния к кому́-л. 3) *pl* покло́н, приве́т; give my best ~s (to) переда́йте мой серде́чный приве́т 4) отноше́ние; in (*или* with) ~ to относи́тельно; в отноше́нии; что каса́ется; in this ~ в э́том отноше́нии 5) *книжн., уст.* взгляд, взор (*пристальный, многозначительный*)

**2.** *v* 1) принима́ть во внима́ние, счита́ться (*с кем-л., чем-л.; обыкн. в вопр. и отриц. предложениях*); he is much ~ed он по́льзуется больши́м уваже́нием; I do not ~ his opinion я не счита́юсь с его́ мне́нием; why do you so seldom ~ my wishes? почему́ вы так ре́дко счита́етесь с мои́ми жела́ниями? 2) рассма́тривать; счита́ть 3) относи́ться; I still ~ him kindly я по-пре́жнему отношу́сь к нему́ хорошо́ 4) каса́ться, име́ть отноше́ние (*к кому-л., чему-л.*); it does not ~ me э́то меня́ не каса́ется; as ~s что каса́ется 5) *книжн., уст.* смотре́ть на (*кого-л., что-л.*), разгля́дывать

**regardant** [rɪ'gɑ:dənt] *a* 1) *книжн.* при́стально наблюда́ющий 2) *геральд.* смотря́щий наза́д

**regardful** [rɪ'gɑ:dful] *a* внима́тельный, забо́тливый

**regarding** [rɪ'gɑ:dɪŋ] **1.** *pres. p. от* regard 2

**2.** *prep* относи́тельно, о

**regardless** [rɪ'gɑ:dlɪs] *a* 1) не обраща́ющий внима́ния, не счита́ющийся (of) 2): ~ of (*употр. как adv*) а) не обраща́я внима́ния, не ду́мая; б) невзира́я на; не счита́ясь с; ~ of danger не счита́ясь с опа́сностью

**regatta** [rɪ'gætə] *n* па́русные *или* гребны́е го́нки, рега́та

**regelate** ['ri:dʒəleɪt] *v* смерза́ться

**regency** ['ri:dʒənsɪ] *n* ре́гентство

**regenerate 1.** *a* [rɪ'dʒenərɪt] 1) возрождённый духо́вно 2) преобразо́ванный, улу́чшенный

**2.** *v* [rɪ'dʒenəreɪt] 1) сно́ва порожда́ть 2) перерожда́ть(ся); возрожда́ть(ся) духо́вно 3) *тех., хим.* регенери́ровать; восстана́вливать

**regeneration** [rɪˌdʒenə'reɪʃən] *n* 1) духо́вное возрожде́ние 2) *тех., хим.* регенера́ция, рекупера́ция; восстановле́ние

**regenerative** [rɪ'dʒenərətɪv] *a* 1) возрожда́ющий, восстана́вливающий 2) *тех.* регенерати́вный, рекуперати́вный

**regenerator** [rɪ'dʒenəreɪtə] *n тех.* регенера́тор; восстанови́тель

**regent** ['ri:dʒənt] *n* 1) ре́гент 2) *амер.* член правле́ния в не́которых америка́нских университе́тах

**regicide** ['redʒɪsaɪd] *n* 1) цареуби́йца 2) цареуби́йство

**régie** [reɪ'ʒi:] *фр. n* госуда́рственная монопо́лия, *особ.* на таба́к и соль

**régime, regime** [reɪ'ʒi:m] *фр. n* 1) режи́м; строй 2) = regimen 2)

**regimen** ['redʒɪmen] *n* 1) *уст.* правле́ние, систе́ма правле́ния 2) *мед.* режи́м; дие́та 3) *грам.* управле́ние

**regiment** ['redʒɪmənt] **1.** *n* 1) полк 2) (*часто pl*) ма́сса, мно́жество 3) *уст.* правле́ние

**2.** *v* 1) формирова́ть полк; своди́ть в полки́ 2) организо́вывать, распределя́ть по гру́ппам 3) стро́го регламенти́ровать жизнь; вводи́ть стро́гую дисципли́ну и единообра́зие

**regimental** [ˌredʒɪ'mentl] *a* полково́й

**regimentals** [ˌredʒɪ'mentlz] *n pl* 1) полкова́я фо́рма 2) обмундирова́ние

**regimentation** [ˌredʒɪmen'teɪʃən] *n* 1) сведе́ние в полк(и́); формирова́ние полко́в 2) распределе́ние по гру́ппам, катего́риям *и т. п.* 3) стро́гая регламента́ция жи́зни; стро́гая дисципли́на и единообра́зие

**region** ['ri:dʒən] *n* 1) страна́; край; о́бласть; окру́га; *перен.* сфе́ра, о́бласть; in the ~ of а) побли́зости; б) в сфе́ре, в о́бласти 2) райо́н (*страны*) 3) слой (*атмосферы*) 4) *мед.* по́лость, часть те́ла; the abdominal ~ брюшна́я по́лость

**regional** ['ri:dʒənl] *a* областно́й; ме́стный; региона́льный; райо́нный

**register** ['redʒɪstə] **1.** *n* 1) журна́л (*записей*); официа́льный спи́сок; о́пись; рее́стр; метри́ческая кни́га; to be on the ~ *амер.* находи́ться под подозре́нием; быть взя́тым на заме́тку; ship's ~ судово́й реги́стр 2) за́пись (*в журнале и т. п.*) 3) *муз.* реги́стр 4) *тех.* счётчик, счётный механи́зм; cash ~ ка́ссовый аппара́т 5) заслонка (*в печи и т. п.*) 6) *полигр.* приво́дка 7) *attr.*: ~ office = registry 1)

**2.** *v* 1) регистри́ровать(ся); заноси́ть в спи́сок; to ~ oneself а) вноси́ть своё и́мя в спи́сок избира́телей; б) зарегистри́роваться, отме́титься 2) *разг.* выража́ть; пока́зывать; his face ~ed no emotion его́ лицо́ остава́лось невозмути́мым 3) пока́зывать, отмеча́ть, регистри́ровать (*о приборе*) 4) сдава́ть на хране́ние (*багаж*) 5) запечатлева́ть(ся) 6) посыла́ть заказно́е письмо́ *или* заказну́ю бандеро́ль

**registered** ['redʒɪstəd] **1.** *p. p. от* register 2

**2.** *a* зарегистри́рованный; отме́ченный; ~ letter заказно́е письмо́

**registrant** ['redʒɪstrənt] *n* лицо́, получи́вшее пате́нт (*на что-л.*)

**registrar** [ˌredʒɪs'trɑ:] *n* 1) архива́риус 2) чино́вник-регистра́тор

**registration** [ˌredʒɪs'treɪʃən] *n* 1) регистра́ция; за́пись 2) *воен.* присте́лка (*тж.* ~ fire)

**registry** ['redʒɪstrɪ] *n* 1) регистрату́ра; отде́л за́писей а́ктов гражда́нского состоя́ния (*тж.* ~ office); servants' ~ бюро́ по приска́нию мест для прислу́ги 2) регистра́ция; регистрацио́нная за́пись 3) журна́л за́писей, рее́стр

**Regius** ['ri:dʒjəs] *a*: ~ Professor профе́ссор, ка́федра кото́рого учреждена́ одни́м из англи́йских короле́й

**regnal** ['regnəl] *a* относя́щийся к ца́рствованию короля́; ~ year год ца́рствования; ~ day день вступле́ния на престо́л

**regnant** ['regnənt] *a* 1) ца́рствующий 2) преоблада́ющий; широко́ распространённый

**regorge** [ri(:)'gɔ:dʒ] *v* 1) изрыга́ть 2) течь обра́тно

**regress 1.** *n* ['ri:gres] 1) возвраще́ние; обра́тное движе́ние 2) регре́сс; упа́док

**2.** *v* [rɪ'gres] 1) дви́гаться обра́тно; регресси́ровать 2) *астр.* дви́гаться с восто́ка на за́пад

**regression** [rɪ'greʃən] *n* 1) = regress 1; 2) возвраще́ние в пре́жнее состоя́ние; возвраще́ние к бо́лее ра́нней ста́дии разви́тия

**regressive** [rɪ'gresɪv] *a* регресси́вный; обра́тный

**regret** [rɪ'gret] **1.** *n* 1) сожале́ние, го́ре 2) раска́яние, сожале́ние; to my ~ к моему́ сожале́нию 3) (*обыкн. pl*) извине́ния; to express ~ for smth. сожале́ть о чём-л., извиня́ться, проси́ть проще́ния за что-л.; he sent his ~s он присла́л свои́ извине́ния

**2.** *v* 1) сожале́ть, горева́ть (*о чём-л.*); I ~ to say к сожале́нию, до́лжен сказа́ть 2) раска́иваться

**regretful** [rɪ'gretful] *a* 1) по́лный сожале́ния, опеча́ленный 2) раска́ивающийся, по́лный раска́яния

**regrettable** [rɪ'gretəbl] *a* приско́рбный

**regroup** ['ri:'gru:p] *v* перегруппиро́вывать

**regrouping** ['ri:'gru:pɪŋ] **1.** *pres. p. от* regroup

**2.** *n* перегруппиро́вка

**regulable** ['regjuləbl] *a* регули́руемый

**regular** ['regjulə] **1.** *a* 1) пра́вильный, норма́льный; регуля́рный; системати́ческий; he keeps ~ hours, he is a ~ man он ведёт разме́ренный о́браз жи́зни 2) очередно́й, обы́чный 3) квалифици́рованный; профессиона́льный 4) согла́сный с этике́том, форма́льный; официа́льный 5) постоя́нный; ~ army регуля́рная а́рмия, постоя́нная а́рмия 6) *разг.* настоя́щий, су́щий; a ~ fellow молоде́ц; сла́вный ма́лый 7) мона́шеский; the ~ clergy чёрное духове́нство 8) *грам.* пра́вильный

**2.** *n* 1) (*обыкн. pl*) мона́х 2) (*обыкн. pl*) регуля́рные войска́ 3) *разг.* постоя́нный посети́тель *или* клие́нт 4) *амер.* пре́данный сторо́нник (*какой-л. партии*)

**regularity** [ˌregju'lærɪtɪ] *n* 1) пра́вильность, регуля́рность 2) непреры́вность 3) поря́док, систе́ма

**regularize** ['regjuləraɪz] *v* де́лать пра́вильным, упоря́дочивать

**regulate** ['regjuleɪt] *v* 1) регули́ровать, упоря́дочивать 2) приспоса́бливать (*к требованиям, условиям*); соразмеря́ть 3) выверя́ть, регули́ровать (*механизм и т. п.*)

**regulation** [ˌregju'leɪʃən] *n* 1) регули́рование; приведе́ние в поря́док; ~ of currency *эк.* регули́рование средств обраще́ния 2) предписа́ние, пра́вило; 3) *pl* уста́в; инстру́кция, обяза́тельные постановле́ния 4) *attr.* предпи́санный; устано́вленный; устано́вленного образца́; to exceed the ~ speed превыша́ть устано́вленную ско́рость;

of the ~ size поло́женного разме́ра

**regulative** [ˈregjulətɪv] *a* регули́рующий

**regulator** [ˈregjuleɪtə] *n* 1) тот, кто регули́рует; регулиро́вщик 2) *тех.* регуля́тор

**regurgitate** [rɪˈgə:dʒɪteɪt] *v* 1) хлы́нуть обра́тно 2) изверга́ть(ся); изрыга́ть

**rehabilitate** [ˌri:əˈbɪlɪteɪt] *v* 1) реабилити́ровать 2) восстана́вливать в права́х 3) *амер.* исправля́ть, перевоспи́тывать (*преступника*) 4) ремонти́ровать; реконструи́ровать, восстана́вливать 5) восстана́вливать здоро́вье

**rehabilitation** [ˈri:əˌbɪlɪˈteɪʃən] *n* 1) реабилита́ция 2) восстановле́ние в права́х 3) ремо́нт; реконстру́кция, восстановле́ние 4) восстановле́ние здоро́вья

**rehash** [ˈri:ˈhæʃ] **1.** *n* 1) переде́лка (*чего-л. старого*) на но́вый лад 2) что-л., переде́ланное за́ново из ста́рого; за́ново перерабо́танный материа́л

**2.** *v* переде́лывать; перекра́ивать (по-но́вому); переска́зывать (*что-л. старое*) по-но́вому

**rehear** [ˈri:ˈhɪə] *v* (reheard) 1) слу́шать втори́чно (*судебное дело*) 2) вновь слы́шать

**reheard** [ˈri:ˈhə:d] *past и p. p. от* rehear

**rehearsal** [rɪˈhə:səl] *n* 1) репети́ция; dress ~ генера́льная репети́ция 2) повторе́ние; перечисле́ние 3) переска́з

**rehearse** [rɪˈhə:s] *v* 1) репети́ровать 2) повторя́ть; перечисля́ть 3) переска́зывать

**reheat** [ˈri:ˈhi:t] *v* втори́чно нагрева́ть; подогрева́ть

**rehouse** [ˈri:ˈhaus] *v* переселя́ть в но́вые дома́

**rehousing** [ˈri:ˈhauzɪŋ] **1.** *pres. p. от* rehouse

**2.** *n* 1) переселе́ние в но́вый дом; предоставле́ние но́вого жилья́ 2) *attr.*: ~ problem пробле́ма обеспе́чения жи́телей трущо́б но́выми жили́щами

**Reich** [raɪk] *нем. n ист.* рейх, герма́нское госуда́рство; Third ~ «тре́тья импе́рия», гитле́ровский рейх

**Reichschancellor** [raɪkˈtʃɑ:nsələ] *нем. n* рейхска́нцлер

**Reichstag** [ˈraɪkstɑ:g] *нем. n* рейхста́г

**reify** [ˈri:ɪfaɪ] *v* материализова́ть, превраща́ть в не́что конкре́тное

**reign** [reɪn] **1.** *n* 1) ца́рствование; in the ~ of smb. в ца́рствование кого́-л. 2) власть; under the ~ под вла́стью; the ~ of law власть зако́на

**2.** *v* 1) ца́рствовать (over) 2) цари́ть, госпо́дствовать

**reimburse** [ˌri:ɪmˈbə:s] *v* возвраща́ть, возмеща́ть (*сумму*)

**reimbursement** [ˌri:ɪmˈbə:smənt] *n* компенса́ция, возмеще́ние

**rein** [reɪn] **1.** *n* (*часто pl*) 1) по́вод, пово́дья; вожжа́; to draw ~ a) натяну́ть пово́дья; б) уме́ньшить ско́рость; останови́ть ло́шадь; *перен.* останови́ться, сократи́ть расхо́ды; to give a horse the ~(s) отпусти́ть пово́дья, отда́ть по́вод 2) узда́, сде́рживающее сре́дство; контро́ль; the ~s of government бразды́ правле́ния; a tight ~ стро́гая дисципли́на; to keep a tight ~ on smb. стро́го контроли́ровать, держа́ть в узде́ кого́-л.; to give ~ (*или* the ~s) to one's imagination (passions) дать во́лю воображе́нию (чу́вствам) 3) *тех.* рукоя́ть (*клещей и т. п.*)

**2.** *v* 1) пра́вить, управля́ть вожжа́ми 2) управля́ть, сде́рживать; держа́ть в узде́ (*тж.* ~ in) □ ~ **up** а) остана́вливать(ся); б) останови́ть, осади́ть (*лошадь*)

**reincarnate** **1.** *v* [ri:ˈɪnkɑ:neɪt] перевоплоща́ть, воплоща́ть сно́ва

**2.** *a* [ˈri:ɪnˈkɑ:nɪt] перевоплощённый

**reincarnation** [ˈri:ɪnkɑ:ˈneɪʃən] *n* перевоплоще́ние

**reindeer** [ˈreɪndɪə] *n* 1) се́верный оле́нь 2) *attr.* оле́ний; ~ moss (*или* lichen) оле́ний мох, я́гель

**reinforce** [ˌri:ɪnˈfɔ:s] *v* 1) уси́ливать; подкрепля́ть; укрепля́ть 2) *стр.* арми́ровать (*бетон*)

**reinforced concrete** [ˌri:ɪnˈfɔ:stˈkɔnkri:t] *n* железобето́н

**reinforcement** [ˌri:ɪnˈfɔ:smənt] *n* 1) укрепле́ние 2) (*обыкн. pl*) *воен.* усиле́ние; подкрепле́ние; пополне́ние 3) *стр.* армату́ра (*железобетона*) 4) *attr.*: ~ bar *стр.* сте́ржень армату́ры

**reinless** [ˈreɪnlɪs] *a* 1) без вожже́й, без пово́дьев 2) без контро́ля, без управле́ния, без узды́

**reins** [reɪnz] *n pl уст.* 1) по́чки 2) поясни́ца; чре́сла

**reinstate** [ˈri:ɪnˈsteɪt] *v* 1) восстана́вливать в пре́жнем положе́нии, в права́х (in, to) 2) восстана́вливать (поря́док) 3) поправля́ть, восстана́вливать (*здоровье*)

**reinstatement** [ˈri:ɪnˈsteɪtmənt] *n* восстановле́ние *и пр.* [*см.* reinstate]

**reinsurance** [ˈri:ɪnˈʃuərəns] *n* перестрахова́ние, втори́чная страхо́вка

**reinsure** [ˈri:ɪnˈʃuə] *v* перестрахо́вывать, втори́чно страхова́ть

**reinterment** [ˈri:ɪnˈtə:mənt] *n* втори́чное захороне́ние; перено́с оста́нков на но́вое ме́сто захороне́ния

**reissue** [ˈri:ˈɪʃju:] *n* переизда́ние

**reiterate** [ri:ˈɪtəreɪt] *v* повторя́ть; де́лать сно́ва и сно́ва

**reiteration** [ri:ˌɪtəˈreɪʃən] *n* 1) повторе́ние (*многократное*) 2) то, что повторя́ется

**reiterative** [ri:ˈɪtərətɪv] *a* повторя́ющийся

**reive** [ri:v] = reave

**reiver** [ˈri:və] *n* граби́тель

**reject** **1.** *n* [ˈri:dʒekt] 1) при́знанный него́дным (*особ.* к вое́нной слу́жбе) 2) брако́ванное изде́лие

**2.** *v* [rɪˈdʒekt] 1) отверга́ть, отка́зывать; to ~ an offer отклоня́ть предложе́ние; отка́зываться от предложе́ния 2) отбра́сывать, забрако́вывать 3) изверга́ть, изрыга́ть

**rejectamenta** [rɪˌdʒektəˈmentə] *лат. n pl* 1) отбро́сы 2) экскреме́нты

**rejectee** [ˌrɪdʒekˈti:] *n* него́дный к вое́нной слу́жбе

**rejection** [rɪˈdʒekʃən] *n* 1) отка́з; отклоне́ние, неприня́тие 2) отсортиро́вка, брако́вка; призна́ние него́дным 3) изверже́ние

**rejector** [rɪˈdʒektə] *n* 1) тот, кто отверга́ет, отка́зывает 2) *тех.* отража́тель 3) *эл.* загражда́ющий фильтр; *радио* фильтр-про́бка

**rejoice** [rɪˈdʒɔɪs] *v* 1) ра́довать(ся), весели́ться; пра́здновать (*событие*); to ~ in (*или* at) smth. наслажда́ться чем-л., ра́доваться чему́-л. 2) *шутл.* облада́ть (in — *чем-л.*); he ~s in the name of Bloggs его́ зову́т Бло́ггс

**rejoicing** [rɪˈdʒɔɪsɪŋ] **1.** *pres. p. от* rejoice

**2.** *n* (*часто pl*) весе́лье; пра́зднование

**rejoicingly** [rɪˈdʒɔɪsɪŋlɪ] *adv* ра́достно, с ра́достью; ве́село

**re-join** [ˈri:ˈdʒɔɪn] *v* сно́ва соединя́ть(ся), воссоединя́ть(ся)

**rejoin** [rɪˈdʒɔɪn] *v* 1) возвраща́ться к; to ~ the colours *воен.* переходи́ть из запа́са на действи́тельную слу́жбу 2) присоедини́ться, примкну́ть; you go on and I will ~ you later вы иди́те, а я приду́ немно́го погодя́ 3) отвеча́ть, возража́ть 4) *юр.* отвеча́ть на обвине́ние

**rejoinder** [rɪˈdʒɔɪndə] *n* 1) отве́т, возраже́ние 2) *юр.* возраже́ния отве́тчика в отве́т на возраже́ние истца́

**rejuvenate** [rɪˈdʒu:vɪneɪt] *v* омола́живать(ся)

**rejuvenation** [rɪˌdʒu:vɪˈneɪʃən] *n* омоложе́ние; восстановле́ние сил, здоро́вья

**rejuvenescence** [ˌri:dʒu:vɪˈnesns] *n* 1) омола́живание; восстановле́ние здоро́вья и сил 2) *биол.* образова́ние кле́ток; формирова́ние но́вых тка́ней

**rejuvenescent** [ˌri:dʒu:vɪˈnesnt] *a* 1) молоде́ющий 2) придаю́щий жи́зненную си́лу, жи́вость

**relapse** [rɪˈlæps] **1.** *n* повторе́ние; рециди́в (*особ. мед.*)

**2.** *v* (сно́ва) впада́ть (*в какое-л. состояние*); (сно́ва, втори́чно) заболева́ть; (сно́ва) предава́ться (*пьянству и т. п.*); to ~ into silence сно́ва замолча́ть

**relapsing fever** [rɪˈlæpsɪŋˈfi:və] *n мед.* возвра́тный тиф

**relate** [rɪˈleɪt] *v* 1) расска́зывать 2) устана́вливать связь, определя́ть соотноше́ние (to, with — ме́жду *чем-л.*) 3) (*обыкн. p. p.*) быть свя́занным, состоя́ть в родстве́; we are distantly ~d мы да́льние ро́дственники 4) относи́ться, име́ть отноше́ние

**related** [rɪˈleɪtɪd] **1.** *p. p. от* relate

**2.** *a* 1) свя́занный 2) ро́дственный

**relation** [rɪ'leɪʃən] *n* 1) отношéние; связь, зави́симость; ~ of forces соотношéние сил; ~s of production *полит.-эк.* произво́дственные отношéния; industrial ~s трудовы́е отношéния в промы́шленности; Industrial Relations Act антипрофсою́зный закóн «Об отношéниях в промы́шленности»; it is out of all ~ to, it bears no ~ to э́то не имéет никакóго отношéния к 2) повествовáние, изложéние; расскáз 3) рóдственник; рóдственница 4) *редк.* родствó ◇ in ~ to относи́тельно; что касáется

**relational** [rɪ'leɪʃənl] *a* 1) относи́тельный 2) рóдственный

**relationship** [rɪ'leɪʃənʃɪp] *n* 1) родствó 2) отношéние, взаимоотношéние; связь

**relatival** [ˌrelə'taɪvəl] *a грам.* относи́тельный

**relative** ['relətɪv] **1.** *n* 1) рóдственник; рóдственница; a remote ~ дáльний рóдственник 2) *грам.* относи́тельное местоимéние (*тж.* ~ pronoun)

**2.** *a* 1) относи́тельный; сравни́тельный; ~ surplus value *полит.-эк.* относи́тельная прибáвочная стóимость 2) (to) соотноси́тельный, взаи́мный; свя́занный оди́н с други́м 3) соотвéтственный 4) *грам.* относи́тельный

**relatively** ['relətɪvlɪ] *adv* 1) относи́тельно, по пóводу 2) относи́тельно, сравни́тельно 3) соотвéтственно

**relativism** ['relətɪvɪzm] *n филос.* релятиви́зм

**relativity** [ˌrelə'tɪvɪtɪ] *n* 1) относи́тельность 2) теóрия относи́тельности

**relax** [rɪ'læks] *v* 1) ослабля́ть(ся); уменьшáть напряжéние; расслабля́ть (-ся); to ~ international tension смягчи́ть междунарóдную напряжённость 2) слабéть 3) дéлать переды́шку 4) смягчáть(ся), дéлать(ся) мéнее стрóгим 5) дéлать(ся) мéнее церемóнным ◇ to ~ the bowels очи́стить кишéчник

**relaxation** [ˌri:læk'seɪʃən] *n* 1) ослаблéние; расслаблéние; уменьшéние напряжéния 2) óтдых от рабóты, переды́шка; развлечéние 3) смягчéние 4) *юр.* части́чное *или* пóлное освобождéние (*от штрафа, налога и т. п.*)

**relaxing** [rɪ'læksɪŋ] **1.** *pres. p. от* relax

**2.** *a* смягчáющий, расслабля́ющий; ~ climate расслабля́ющий кли́мат

**re-lay** ['ri:'leɪ] *v* снóва класть; перекла́дывать

**relay 1.** *n* [rɪ'leɪ] 1) смéна (*особ. лошадей*) 2) смéна (*рабочих*); to work in (*или* by) ~s рабóтать посмéнно 3) *спорт.* эстафéта 4) ['ri:'leɪ] *эл.* реле́; переключáтель 5) *attr.*: ~ system систéма смен (*на предприятии*) 6) ['ri:'leɪ] *attr.*: ~ box *эл.* корóбка реле́

**2.** *v* [rɪ'leɪ] 1) сменя́ть, обеспéчивать смéну 2) передавáть (*дальше*) 3) ['ri:'leɪ] *радио* трансли́ровать

**relay-race** ['ri:leɪ'reɪs] *n* эстафéтный бег, эстафéтная гóнка

**relay station** ['ri:leɪ'steɪʃən] *n радио* ретрансляциóнная стáнция

**release** [rɪ'li:s] **1.** *n* 1) освобождéние (*из заключения*) 2) освобождéние, избавлéние (*от забот, обязанностей и т. п.*) 3) облегчéние (*боли, страданий*) 4) оправдáтельный докумéнт, распи́ска; докумéнт о передáче прáва *или* имýщества 5) вы́пуск фи́льма (*на экран*) 6) нóвый фильм (*выпущенный на экран*) 7) разрешéние на публикáцию (*книги, сообщения*) *или* демонстрáцию (*фильма*) 8) опубликóванный материáл; сообщéние для печáти (*см. тж.* press-release) 9) *тех.* размыкáющий автомáт; расцепля́ющий механи́зм 10) *тех.* разъединéние, расцеплéние 11) сбрáсывание (*авиабомбы*)

**2.** *v* 1) освобождáть, выпускáть на вóлю 2) избавля́ть (from) 3) облегчáть (*боль, страдания*) 4) *воен.* увольня́ть, демобилизовáть 5) отпускáть, выпускáть, пускáть; сбрáсывать (*авиабомбы*); to ~ an arrow from a bow пусти́ть стрелý из лýка 6) выпускáть (*из печати и т. п.*); выпускáть фильм (на экрáн) 7) разрешáть публикáцию (*книги, сообщения*), демонстрáцию (*фильма и т. п.*) 8) прощáть (*долг*); откáзываться (*от права*); передавáть другóму (*имущество*) 9) раскрывáть (*парашют*) 10) *тех.* разобщáть, расцепля́ть

**release gear** [rɪ'li:sgɪə] *n ав.* бомбосбрáсыватель

**relegate** ['relɪgeɪt] *v* 1) отсылáть, направля́ть; to ~ to the reserve перевести́ в запáс 2) относи́ть (*к какому-л. классу*); классифици́ровать 3) переводи́ть в ни́зшую категóрию; низводи́ть; *спорт.* переводи́ть в ни́зшую ли́гу 4) предавáть забвéнию, сдавáть в архи́в 5) ссылáть, высылáть 6) передавáть (*дело, вопрос*) для решéния *или* исполнéния

**relegation** [ˌrelɪ'geɪʃən] *n* 1) вы́сылка, изгнáние 2) перевóд в ни́зшую категóрию 3) передáча (*дела, вопроса*) для решéния *или* исполнéния

**relent** [rɪ'lent] *v* смягчáться

**relentless** [rɪ'lentlɪs] *a* 1) безжáлостный, непреклóнный, неумоли́мый 2) неослабевáющий, неослáбный; неустáнный; неотстýпный

**relevance, -cy** ['relɪvəns, -sɪ] *n* умéстность

**relevant** ['relɪvənt] *a* умéстный, относя́щийся к дéлу

**reliability** [rɪˌlaɪə'bɪlɪtɪ] *n* 1) надёжность; прóчность 2) достовéрность 3) *attr.*: ~ trial прóбный, испытáтельный пробéг (*автомобиля и т. п.*)

**reliable** [rɪ'laɪəbl] *a* 1) надёжный 2) прóчный 3) заслýживающий довéрия, достовéрный; ~ information достовéрные свéдения

**reliance** [rɪ'laɪəns] *n* 1) довéрие, увéренность (upon, on, in); to place (*или* to have, to feel) ~ in (*или* upon, on) smb., smth. надéяться на когó-л., что-л. 2) опóра, надéжда

**reliant** [rɪ'laɪənt] *a* 1) увéренный 2) самоувéренный, самонадéянный

**relic** ['relɪk] *n* 1) след, остáток: пережи́ток 2) *pl* мóщи 3) *pl* рели́квии 4) сувени́р 5) *pl поэт.* остáнки 6) *геол.* рели́кт

**relict** ['relɪkt] **1.** *n* 1) *уст., шутл.* вдовá 2) *геол.* рели́кт

**2.** *a геол.* рели́ктовый

**reliction** [rɪ'lɪkʃən] *n* 1) мéдленное и постепéнное отступáние воды́ с образовáнием сýши 2) земля́, обнажённая отступи́вшим мóрем

**relief** I [rɪ'li:f] *n* 1) облегчéние (*боли, страдания, беспокойства*); пóмощь; утешéние; to bring (*или* to give) ~ принести́ облегчéние 2) посóбие по безрабóтице; to put on ~ включи́ть в спи́сок для получéния посóбия по безрабóтице 3) разнообрáзие, перемéна (*приятная*) 4) освобождéние (*от уплаты штрафа*) 5) подкреплéние 6) смéна (*дежурных, караульных*); освобождéние (*от обязанностей*); in the ~ при смéне, во врéмя смéны 7) *воен.* сня́тие осáды 8) *attr.*: ~ cut сокращéние посóбия; ~ fund фонд пóмощи

**relief** II [rɪ'li:f] *n* 1) рельéф (*изображение*); рельéфность; in ~ рельéфно, вы́пукло 2) чёткость, контрáст; in ~ against the sky выступáющий на фóне нéба 3) рельéф, харáктер мéстности 4) *attr.* рельéфный; ~ work чекáнная рабóта

**reliefer** [rɪ'li:fə] *n* получáющий посóбие

**relief-works** [rɪ'li:fwə:ks] *n pl* общéственные рабóты для безрабóтных

**relieve** I [rɪ'li:v] *v* 1) облегчáть, уменьшáть (*тяжесть, давление*); ослабля́ть (*напряжение*) 2) освобождáть (*от чего-л.*); let me ~ you of your suitcase позвóльте мне понести́ ваш чемодáн; to ~ a person of his cash (*или* of his purse) *шутл.* обокрáсть когó-л. 3) успокáивать; to ~ one's feelings отвести́ дýшу 4) окáзывать пóмощь, выручáть 5) *воен.* снимáть осáду 6) сменя́ть (*на посту*) 7) освобождáть от дóлжности, увольня́ть; to ~ a person of his position лиши́ть когó-л. мéста; освободи́ть когó-л. от дóлжности 8) вноси́ть разнообрáзие, оживля́ть 9) *тех.* деблоки́ровать ◇ to ~ oneself (*или* nature) испражни́ться; помочи́ться

**relieve** II [rɪ'li:v] *v* 1) дéлать рельéфным 2) быть рельéфным; выступáть (*на фоне*)

**relieving officer** [rɪ'li:vɪŋ'ɔfɪsə] *n* попечи́тель, вéдающий пóмощью бéдным (*в приходе, районе*)

**relievo** [rɪ'li:vəu] *ит.* = relief II

**relight** ['ri:'laɪt] *v* 1) снóва зажéчь 2) снóва загорéться

**religion** [rɪ'lɪdʒən] *n* 1) рели́гия; to get ~ *разг.* стать религиóзным 2) монáшество; to enter into ~ постри́чься в монáхи; to be in ~ быть монáхом

3) культ, святыня; to make a ~ of smth. считать что-л. своей священной обязанностью; сделать культ из чего-л.

**religioner** [rɪ'lɪdʒənə] *n* 1) религиозный человек 2) монах

**religionism** [rɪ'lɪdʒənɪzm] *n* чрезмерная набожность

**religious** [rɪ'lɪdʒəs] **1.** *a* 1) религиозный 2) верующий, набожный 3) монашеский 4) добросовестный, скрупулёзный 5) благоговейный

**2.** *n* (*pl без измен.*) монах

**religiousness** [rɪ'lɪdʒəsnɪs] *n* религиозность

**relinquish** [rɪ'lɪŋkwɪʃ] *v* 1) сдавать, оставлять (*территорию и т. п.*) 2) оставлять (*надежду*) 3) бросать (*привычку*) 4) отказываться (*от права*); уступать, передавать (*кому-л.*) 5) выпускать; to ~ one's hold выпускать из рук

**reliquary** ['relɪkwərɪ] *n* рака, гробница, ковчег (*для мощей*)

**reliquiae** [rɪ'lɪkwiː] *лат.* *n pl* 1) реликвии, останки 2) *геол.* окаменелости животных и растений

**relish** ['relɪʃ] **1.** *n* 1) (приятный) вкус, привкус, запах 2) приправа, соус, гарнир; закуска 3) привлекательность; to lose its ~ терять свою прелесть 4) удовольствие, пристрастие, вкус, склонность (for — к *чему-л.*); with great ~ с удовольствием, с увлечением 5) чуточка, капелька, небольшое количество ◇ hunger is the best ~ ≅ голод — лучший повар

**2.** *v* 1) получать удовольствие (*от чего-л.*), наслаждаться, смаковать, находить приятным; I do not ~ the prospect мне не улыбается эта перспектива 2) иметь вкус, отзываться (of — *чем-л.*) 3) *редк.* служить приправой, придавать вкус, делать острым

**reload** ['riː'ləud] *v* 1) перегружать, нагружать снова 2) перезаряжать

**reluctance** [rɪ'lʌktəns] *n* 1) неохота, нежелание; нерасположение, отвращение; with ~ неохотно 2) *эл.* магнитное сопротивление

**reluctant** [rɪ'lʌktənt] *a* 1) делающий (*что-л.*) с неохотой; неохотный, вынужденный (*о согласии и т. п.*) 2) *редк.* сопротивляющийся; упорный, не поддающийся (*лечению и т. п.*)

**reluctantly** [rɪ'lʌktəntlɪ] *adv* неохотно, с неохотой, без желания

**reluctivity** [ˌrɪlʌk'tɪvɪtɪ] *n эл.* удельное магнитное сопротивление

**relume** [rɪ'ljuːm] *v уст., поэт.* 1) снова зажигать 2) вновь освещать

**rely** [rɪ'laɪ] *v* полагаться, доверять, быть уверенным (on, upon); to ~ on it that быть уверенным, что; you may ~ upon it that he will be early можете положиться на то, что он будет рано; ~ upon it будьте уверены в этом; уверяю вас

**remade** ['riː'meɪd] *past и p. p. от* **remake 1**

**remain** [rɪ'meɪn] *v* 1) оставаться; after the fire very little ~ed of the house после пожара от дома почти ничего не осталось 2) оставаться, пребывать в прежнем состоянии *или* на прежнем месте; I ~ yours truly остаюсь преданный вам (*в конце письма*); let it ~ as it is пусть всё остаётся как есть

**remainder** [rɪ'meɪndə] **1.** *n* 1) остаток; остатки 2) нераспроданные остатки тиража книги 3) остальные; twenty people came in and the ~ stayed outside двадцать человек вошли, остальные остались на улице 4) *юр.* последующее имущественное право

**2.** *v* распродавать остатки тиража книги по дешёвой цене

**remains** [rɪ'meɪnz] *n pl* 1) остаток; остатки 2) останки, прах 3) посмертные произведения

**remake** ['riː'meɪk] **1.** *v* (remade) переделывать, делать заново

**2.** *n* 1) переделывание, переделка 2) что-л. переделанное, *особ.* переснятый фильм

**reman** ['riː'mæn] *v* 1) *воен., мор.* (вновь) укомплектовывать личным составом 2) *воен.* вновь занять (*войсками, гарнизоном*) 3) подбодрять, вселять мужество

**remand** [rɪ'mɑːnd] **1.** *n* 1) *юр.* возвращение (*арестованного*) под стражу; a person on ~ подследственный 2) арестованный, оставленный под стражей (*для продолжения следствия*) 3) *воен.* отчисление, исключение из списков

**2.** *v* 1) *юр.* отсылать обратно под стражу (*для продолжения следствия*) 2) *юр.* отсылать (*дело*) обратно на доследование 3) *воен.* отчислять

**remand home** [rɪ'mɑːnd'həum] *n* дом предварительного заключения для малолетних преступников

**remark** ['rɪ'mɑːk] **1.** *n* 1) замечание; to make no ~ ничего не сказать; to pass a ~ высказать своё мнение 2) внимание, наблюдения 3) примечание; пометка; ссылка

**2.** *v* 1) замечать, наблюдать, отмечать 2) делать замечание, высказываться (on, upon — о *чём-л.*)

**remarkable** [rɪ'mɑːkəbl] *a* 1) замечательный, удивительный 2) выдающийся

**remarkably** [rɪ'mɑːkəblɪ] *adv* замечательно, удивительно; в высшей степени; необыкновенно

**remediable** [rɪ'miːdjəbl] *a* поправимый, излечимый

**remedial** [rɪ'miːdjəl] *a* 1) лечебный, излечивающий; исправляющий; коррективный; ~ English корректи́вный курс английского языка 2) исправительный; ~ measures исправительные меры 3) *тех.* ремонтный

**remediless** ['remɪdɪlɪs] *a* неисправимый, неизлечимый

**remedy** ['remɪdɪ] **1.** *n* 1) средство от болезни, лекарство 2) средство, мера (*против чего-л.*) 3) *юр.* средство судебной защиты, средство защиты права

**2.** *v* 1) исправлять 2) *редк.* вылечивать

**remember** [rɪ'membə] *v* 1) помнить, вспоминать; to ~ oneself опомниться 2) передавать привет; ~ me to your father передайте привет вашему отцу 3) дарить; завещать; давать на чай; to ~ a child on its birthday послать подарок ребёнку ко дню рождения; to ~ smb. in one's will завещать кому-л. (*что-л.*)

**remembrance** [rɪ'membrəns] *n* 1) воспоминание; память; in ~ of в память о; to put in ~ напоминать 2) *pl* привет (*через кого-л.*) 3) сувенир, подарок на память 4) *attr.*: ~ card открытка с напоминанием о чём-л.

**remilitarization** ['riːˌmɪlɪtəraɪ'zeɪʃən] *n* ремилитаризация

**remilitarize** ['riː'mɪlɪtəraɪz] *v* ремилитаризировать

**remind** [rɪ'maɪnd] *v* напоминать (of); he ~s me of his brother он напоминает мне своего брата; please ~ me to answer that letter пожалуйста, напомни мне, что нужно ответить на то письмо

**reminder** [rɪ'maɪndə] *n* напоминание; gentle ~ намёк

**remindful** [rɪ'maɪndful] *a* напоминающий; вызывающий воспоминания

**reminisce** [ˌremɪ'nɪs] *v* предаваться воспоминаниям, вспоминать прошлое

**reminiscence** [ˌremɪ'nɪsns] *n* 1) воспоминание 2) черта, напоминающая что-л. 3) *pl* мемуары, воспоминания; to write ~s писать мемуары

**reminiscent** [ˌremɪ'nɪsnt] *a* 1) вспоминающий; склонный к воспоминаниям 2) напоминающий (of); вызывающий воспоминания

**remise** [rɪ'maɪz] *v юр.* уступать, передавать (*право, имущество*)

**remiss** [rɪ'mɪs] *a* 1) нерадивый, невнимательный; небрежный 2) вялый, слабый 3) *тех.* растворённый, разжижённый

**remissible** [rɪ'mɪsɪbl] *a* простительный, позволительный

**remission** [rɪ'mɪʃən] *n* 1) прощение; отпущение (*грехов*) 2) освобождение от уплаты, от наказания; отмена *или* смягчение (*приговора*) 3) уменьшение, ослабление (*боли*)

**remissive** [rɪ'mɪsɪv] *a* 1) прощающий, освобождающий 2) ослабляющий, уменьшающий

**remit** [rɪ'mɪt] *v* 1) прощать; отпускать (*грехи*) 2) воздерживаться (*от наказания, взыскания долга*); снимать (*налог, штраф и т. п.*) 3) *юр.* откладывать (*дело*); отсылать обратно в низшую инстанцию 4) передавать на решение какому-л. авторитетному лицу 5) посылать по почте (*деньги*); kindly ~ to Mr. N прошу (*или* просим) уплатить мистеру N 6) *редк.* уменьшать(ся); смягчать

(-ся); ослабля́ть(ся) (*об усилиях и т. п.*); прекраща́ть(ся)

**remittance** [rɪˈmɪtəns] *n* 1) пересы́лка, перево́д де́нег; *воен.* перево́д де́нег по аттеста́ту 2) переводи́мые де́ньги, де́нежный перево́д

**remittance-man** [rɪˈmɪtənsmæn] *n* эмигра́нт, живу́щий на де́ньги, присыла́емые с ро́дины

**remittee** [ˌremɪˈtiː] *n* получа́тель де́нежного перево́да; получа́тель де́нег по аттеста́ту

**remittent** [rɪˈmɪtənt] **1.** *a* перемежа́ющийся; ~ fever = 2

**2.** *n* перемежа́ющаяся лихора́дка

**remitter** [rɪˈmɪtə] *n* 1) отправи́тель де́нежного перево́да 2) *юр.* переда́ча де́ла из одно́й инста́нции в другу́ю

**remnant** [ˈremnənt] *n* 1) оста́ток (*пищи*) 2) след, пережи́ток 3) отре́з, оста́ток (*ткани*) 4) *attr.*: a ~ sale распрода́жа оста́тков

**remodel** [ˈriːˈmɔdl] *v* переде́лывать; реконструи́ровать

**remonstrance** [rɪˈmɔnstrəns] *n* 1) проте́ст; возраже́ние 2) увещева́ние

**remonstrant** [rɪˈmɔnstrənt] **1.** *a* протесту́ющий, возража́ющий

**2.** *n* тот, кто протесту́ет, возража́ет

**remonstrate** [rɪˈmɔnstreɪt] *v* 1) протестова́ть, возража́ть (against) 2) убежда́ть, увещева́ть (with — *кого-л.*)

**remontant** [rɪˈmɔntənt] *a бот.* ремонта́нтный

**remorse** [rɪˈmɔːs] *n* 1) угрызе́ние со́вести; раска́яние 2) сожале́ние, жа́лость; without ~ безжа́лостно, беспоща́дно, бессерде́чно

**remorseful** [rɪˈmɔːsful] *a* 1) по́лный раска́яния 2) по́лный сожале́ния

**remorseless** [rɪˈmɔːslɪs] *a* 1) безжа́лостный, беспоща́дный 2) не испы́тывающий раска́яния

**remote** [rɪˈməut] *a* 1) да́льний, далёкий, отдалённый (*во времени и пространстве*); уединённый; the ~ past далёкое про́шлое 2) далёкий, не име́ющий прямо́го отноше́ния; отли́чный 3) сла́бый; небольшо́й, незначи́тельный; ~ resemblance сла́бое схо́дство; not the ~st chance of success ни мале́йшего ша́нса на успе́х 4) *тех.* дистанцио́нный; де́йствующий на расстоя́нии; ~ control дистанцио́нное управле́ние, телеуправле́ние

**remount** I [riːˈmaunt] *v* 1) сно́ва всходи́ть, поднима́ться (*по лестнице и т. п.*) 2) сно́ва сесть на ло́шадь 3) сно́ва монти́ровать 4) восходи́ть (*к более раннему периоду*)

**remount** II **1.** *n* [ˈriːmaunt] 1) запасна́я ло́шадь 2) *воен.* ремо́нтная ло́шадь; ремо́нтные ло́шади, ко́нский ремо́нт, ко́нское пополне́ние

**2.** *v* [riːˈmaunt] *воен.* ремонти́ровать (*кавалерию*)

**removability** [rɪˌmuːvəˈbɪlɪtɪ] *n* сменя́емость; перемеща́емость; подви́жность

**removable** [rɪˈmuːvəbl] **1.** *a* 1) передвига́емый; подвижно́й; съёмный 2) устрани́мый; сменя́емый 3) *тех.* сме́нный

**2.** *n* сменя́емый судья́ (*в Ирландии*)

**removal** [rɪˈmuːvəl] *n* 1) перемеще́ние; перее́зд; ~ of furniture вы́воз ме́бели (*из дома*) 2) смеще́ние (*судьи и т. п.*) 3) устране́ние, удале́ние; снос 4) *горн.* вскры́ша; вы́емка

**removal-van** [rɪˈmuːvəlvæn] *n* фурго́н для перево́зки ме́бели

**remove** [rɪˈmuːv] **1.** *n* 1) ступе́нь, шаг; сте́пень отдале́ния; at many ~s на далёком расстоя́нии; but one ~ from всего́ оди́н шаг до 2) поколе́ние, коле́но 3) перево́д ученика́ в сле́дующий класс; he has not got his ~ он оста́лся на второ́й год 4) класс (*в некоторых английских школах*) 5) сле́дующее блю́до (*за обедом*)

**2.** *v* 1) передвига́ть; перемеща́ть; убира́ть, уноси́ть; to ~ oneself удали́ться 2) снима́ть; to ~ one's hat снять шля́пу (*для приветствия*) 3) отодвига́ть, убира́ть; to ~ one's hand убра́ть ру́ку; to ~ one's eyes отвести́ глаза́ 4) устраня́ть, удаля́ть; to ~ all doubts уничто́жить все сомне́ния 5) стира́ть; выводи́ть (*пятна*) 6) увольня́ть, смеща́ть 7) переезжа́ть; she ~d to Glasgow она́ перее́хала в Гла́зго ◇ to ~ mountains го́ру сдви́нуть, де́лать чудеса́

**removed** [rɪˈmuːvd] **1.** *p. p. от* remove 2

**2.** *a* 1) удалённый, отдалённый; несвя́занный; far ~ from далёкий от 2): once ~ двою́родный; twice ~ трою́родный

**remover** [rɪˈmuːvə] *n* 1) перево́зчик ме́бели (*тж.* furniture ~) 2) пятновыводи́тель 3) *тех.* съёмник

**remunerate** [rɪˈmjuːnəreɪt] *v* вознагражда́ть, опла́чивать, компенси́ровать

**remuneration** [rɪˌmjuːnəˈreɪʃən] *n* вознагражде́ние, опла́та, компенса́ция; за́работная пла́та

**remunerative** [rɪˈmjuːnərətɪv] *a* 1) вознагражда́ющий 2) хорошо́ опла́чиваемый, вы́годный

**renaissance** [rəˈneɪsəns] *n* 1) (the R.) эпо́ха Возрожде́ния, Ренесса́нс 2) возрожде́ние, оживле́ние (*искусства и т. п.*) 3) (R.) *attr.* относя́щийся к эпо́хе Возрожде́ния; R. architecture архитекту́ра Возрожде́ния

**renal** [ˈriːnəl] *a* по́чечный

**rename** [ˈriːˈneɪm] *v* дать но́вое и́мя; переименова́ть

**renascense** [rɪˈnæsns] *n* 1) возрожде́ние, оживле́ние, возобновле́ние 2) (R.) = renaissance 1)

**renascent** [rɪˈnæsnt] *a* возрожда́ющийся; ~ enthusiasm но́вый энтузиа́зм

**rencontre** [rɑːŋˈkɔːŋtr] *фр. n редк.* 1) дуэ́ль, сты́чка, столкнове́ние 2) случа́йная встре́ча

**rencounter** [renˈkauntə] **1.** *n уст.* = rencontre

**2.** *v* 1) встреча́ться вражде́бно 2) случа́йно ста́лкиваться

**rend** [rend] *v* (rent) *книжн.* 1) отрыва́ть, отдира́ть (from, away, off) 2) рвать, раздира́ть, разрыва́ть; it ~s my heart у меня́ от э́того се́рдце разрыва́ется 3) расщепля́ть, раска́лывать

**render** [ˈrendə] **1.** *n* 1) опла́та; ~s in kind распла́та нату́рой 2) пе́рвый слой штукату́рки

**2.** *v* 1) воздава́ть, плати́ть, отдава́ть; to ~ good for evil плати́ть добро́м за зло 2) ока́зывать (*помощь и т. п.*); to ~ a service оказа́ть услу́гу 3) представля́ть; to ~ thanks приноси́ть благода́рность; to ~ an account for payment представля́ть счёт к опла́те; to ~ an account докла́дывать, дава́ть отчёт 4) приводи́ть в како́е-л. состоя́ние; to ~ active активизи́ровать; to be ~ed speechless with rage onеме́ть от я́рости; climbing ~s me giddy подъём вызыва́ет у меня́ головокруже́ние 5) воспроизводи́ть, изобража́ть, передава́ть 6) исполня́ть (*роль*) 7) переводи́ть (*на другой язык*) 8) *уст.* сдава́ть(ся) (*часто* ~ up) 9) топи́ть (*сало*) 10) *мор.* трави́ться; идти́ в раскру́т 11) *стр.* штукату́рить; обма́зывать

**rendering** [ˈrendərɪŋ] **1.** *pres. p. от* render 2

**2.** *n* 1) перево́д, переда́ча 2) исполне́ние; изображе́ние; толкова́ние (*образа произведения*) 3) ока́зание (*услуги, помощи и т. п.*) 4) вытáпливание (*сала*) 5) *стр.* штукату́рка без дра́ни, обма́зка 6) *мор.* пропуска́ние тро́са че́рез блок

**rendezvous** [ˈrɔndɪvuː] *фр.* **1.** *n* 1) свида́ние 2) ме́сто свида́ния; ме́сто встреч 3) сбор войск *или* корабле́й в назна́ченном ме́сте

**2.** *v* встреча́ться в назна́ченном ме́сте

**rendition** [renˈdɪʃən] *редк.* = rendering 2, 1) *и* 2)

**renegade** [ˈrenɪgeɪd] **1.** *n* ренега́т, изме́нник; отсту́пник; перебе́жчик

**2.** *a* преда́тельский, изме́ннический

**renew** [rɪˈnjuː] *v* 1) обновля́ть; восстана́вливать; реставри́ровать; заменя́ть но́вым 2) повторя́ть 3) возрожда́ть; возобновля́ть; to ~ correspondence возобнови́ть перепи́ску 4) оживи́ть, вы́звать вновь (*чувства и т. п.*) 5) продли́ть срок де́йствия (*договора об аренде и т. п.*) 6) пополня́ть запа́с

**renewal** [rɪˈnju(ː)əl] *n* 1) возобновле́ние, возрожде́ние, восстановле́ние 2) повторе́ние 3) обновле́ние 4) заме́на изно́шенного обору́дования но́вым; капита́льный, восстанови́тельный ремо́нт 5) пролонга́ция (*договора*); продле́ние (*срока*)

**rennet** I [ˈrenɪt] *n анат.* сычужо́к

**rennet** II [ˈrenɪt] *n* ране́т (*сорт яблок*)

**renounce** [rɪˈnauns] **1.** *v* 1) отка́зываться (*от своих прав, требований,* *привычек и т. п.*) 2) отрекáться (*от друзей*) 3) не признавáть (*власть*); отвергáть, отклонять (*мнение и т. п.*) 4) *карт.* дéлать ренóнс

**2.** *n карт.* ренóнс

**renouncement** [rɪ'naunsmənt] *n* отречéние, откáз

**renovate** ['renəuveɪt] *v* 1) восстанáвливать, подновлять, ремонтúровать 2) освежáть, обновлять; восстанáвливать (*силы*)

**renovation** [ˌrenəu'veɪʃən] *n* 1) восстановлéние, ремóнт 2) освежéние, обновлéние

**renovator** ['renəuveɪtə] *n* 1) восстановúтель 2) реставрáтор

**renown** [rɪ'naun] *n* слáва, извéстность; a man of ~ знаменúтый человéк

**renowned** [rɪ'naund] *a* извéстный, знаменúтый, прослáвленный

**rent** I [rent] **1.** *past и p. p. от* rend

**2.** *n* 1) дырá, прорéха; прóрезь; щель 2) разрыв (*в облаках*) 3) рассéлина, трéщина 4) прóйма 5) несоглáсие, разрыв

**rent** II [rent] **1.** *n* 1) арéндная плáта; квартúрная плáта 2) рéнта; ground ~ земéльная рéнта; ~ in kind натурáльная рéнта 3) *амер.* наём, прокáт; плáта за прокáт; for ~ внаём; напрокáт

**2.** *v* 1) брать в арéнду, нанимáть 2) сдавáть в арéнду 3) *амер.* давáть напрокáт

**rentable** ['rentəbl] *a* 1) могýщий быть сдáнным в арéнду 2) могýщий приносúть рéнтный дохóд

**rental** ['rentl] *n* 1) сýмма арéндной плáты; рéнтный дохóд 2) спúсок земéль и дохóдов от их арéнды

**renter** ['rentə] *n* съёмщик; арендáтор

**rent-free** ['rent'fri:] **1.** *a* освобождённый от арéндной *или* квартúрной плáты

**2.** *adv* с освобождéнием от арéндной *или* квартúрной плáты

**rentier** ['rɔntɪeɪ] *фр. n* рантьé

**rent-roll** ['rentrəul] *n* 1) спúсок земéль и дохóдов от их арéнды 2) дохóд, получáемый от сдáчи в арéнду

**renumber** ['ri:'nʌmbə] *v* перенумеровáть

**renunciation** [rɪˌnʌnsɪ'eɪʃən] *n* откáз, (само)отречéние

**renunciative** [rɪ'nʌnsɪətɪv] = renunciatory

**renunciatory** [rɪ'nʌnsɪətərɪ] *a* содержáщий откáз, устýпку, отречéние

**reopen** ['ri:'əupən] *v* 1) открывáть (-ся) вновь 2) возобновúть, начáть снóва

**reorganization** ['ri:ˌɔ:gənaɪ'zeɪʃən] *n* реорганизáция, преобразовáние

**reorganize** ['ri:'ɔ:gənaɪz] *v* реорганизóвывать, преобразóвывать; to ~ a ministry реорганизовáть министéрство

**rep** I [rep] *n* репс (*ткань*)

**rep** II [rep] *школ. жарг. сокр. от* repetition 2)

**rep** III [rep] *разг. см.* repertory theatre

**rep** IV [rep] *n sl.* развратник, распýтник

**re-paid** ['ri:'peɪd] *past и p. p. от* re-pay

**repaid** [ri:'peɪd] *past и p. p. от* repay

**repair** I [rɪ'pɛə] **1.** *n* 1) (*часто pl*) ремóнт; почúнка; under ~ в ремóнте; ~s done while you wait ремóнт в присýтствии закáзчика; closed during ~s закрыто на ремóнт 2) восстановлéние; ~ of one's health восстановлéние здорóвья, сил 3) гóдность; испрáвность; in good ~ в хорóшем состоянии; in bad ~, out of ~ в неиспрáвном состоянии; to keep in ~ содержáть в испрáвности 4) *attr.* запáсный, запаснóй; ~ parts запасныé чáсти 5) *attr.* ремóнтный; ~ shop ремóнтная мастерскáя

**2.** *v* 1) ремонтúровать; чинúть, исправлять; to ~ a house ремонтúровать дом; to ~ clothes чинúть бельё 2) восстанáвливать; to ~ one's health восстановúть своё здорóвье 3) возмещáть 4) исправлять; to ~ an injustice испрáвить несправедлúвость

**repair** II [rɪ'pɛə] *v* 1) отправляться, направляться; they ~ed homewards онú напрáвились домóй 2) чáсто посещáть, навещáть 3) прибегáть (to — к *чему-л.*)

**repairable** [rɪ'pɛərəbl] *a* поддающийся ремóнту; the house is not ~ дом ужé нельзя отремонтúровать

**repairer** [rɪ'pɛərə] *n* производящий почúнку *или* ремóнт, мáстер; watch ~ часовóй мáстер, часовщúк; cabinet ~ мáстер по ремóнту мéбели

**reparable** ['repərəbl] *a* поправúмый; a ~ mistake поправúмая ошúбка

**reparation** [ˌrepə'reɪʃən] *n* 1) возмещéние, компенсáция 2) (*обыкн. pl*) возмещéние, репарáции 3) заглáживание (*вины и т. п.*)

**repartee** [ˌrepɑ:'ti:] *n* 1) остроýмный ответ 2) остроýмие, находчивость

**repast** [rɪ'pɑ:st] *n книжн.* 1) едá (*обед, ужин и т. п.*) 2) трáпеза; пúршество

**repatriable** [ri:'pætrɪəbl] *a* подлежáщий репатриáции

**repatriate** [ri:'pætrɪeɪt] **1** *n* репатриáнт

**2.** *v* возвращáть на рóдину, репатриúровать

**repatriation** ['ri:pætrɪ'eɪʃən] *n* возвращéние на рóдину, репатриáция

**re-pay** ['ri:'peɪ] *v* (re-paid) платúть вторúчно

**repay** [ri:'peɪ] *v* (repaid) 1) отдавáть долг (to) 2) отплáчивать; вознаграждáть; возмещáть; I don't know how to ~ you for your kindness не знáю, как отблагодарúть вас за вáшу добротý 3) возвращáть; to ~ a visit отдáть визúт

**repayable** [ri:'peɪəbl] *a* подлежáщий уплáте, возмещéнию

**repayment** [ri:'peɪmənt] *n* 1) оплáта 2) возмещéние, вознаграждéние

**repeal** [rɪ'pi:l] **1.** *n* аннулúрование, отмéна (*закона и т. п.*)

**2.** *v* аннулúровать, отменять (*закон и т. п.*)

**repealer** [rɪ'pi:lə] *n* 1) тот, кто отменяет 2) *ист.* сторóнник расторжéния ýнии мéжду Великобритáнией и Ирлáндией

**repeat** [rɪ'pi:t] **1.** *n* 1) *разг.* повторéние; то, что повторяется 2) исполнéние на бис 3) *амер. унив. жарг.* студéнт-второгóдник 4) *муз.* повторéние; знак повторéния 5) повторéние радиопрогрáммы *или* телепередáчи

**2.** *v* 1) повторять 2) *refl.* повторяться; he does nothing but ~ himself он тóлько повторяется; history ~s itself истóрия повторяется 3) говорúть наизýсть; to ~ one's lesson отвечáть урóк 4) повторяться; вновь случáться 5) передавáть, расскáзывать; to ~ a secret рассказáть (*кому-л.*) секрéт 6) *амер.* незакóнно голосовáть на выборах нéсколько раз 7) отрыгúваться (*о пище*); onions ~ лук вызывáет отрыжку

**repeated** [rɪ'pi:tɪd] **1.** *p. p. от* repeat 2

**2.** *a* повтóрный; чáстый; on ~ occasions неоднокрáтно

**repeatedly** [rɪ'pi:tɪdlɪ] *adv* повтóрно, нéсколько раз, неоднокрáтно

**repeater** [rɪ'pi:tə] *n* 1) тот, кто *или* то, что повторяет 2) *амер. разг.* студéнт-второгóдник 3) рецидивúст 4) репетúр, часы с репетúром 5) *амер. sl.* незакóнно голосýющий нéсколько раз на выборах 6) *мат.* периодúческая дробь 7) магазúнная винтóвка 8) *радио* трансляциóнный усилúтель

**repeating rifle** [rɪ'pi:tɪŋˌraɪfl] *n* магазúнная винтóвка

**repeating watch** [rɪ'pi:tɪŋ'wɔtʃ] *n* часы с репетúром

**repel** [rɪ'pel] *v* 1) отгонять; оттáлкивать, отбрáсывать, отражáть; to ~ an attack отразúть нападéние 2) отвергáть, отклонять; to ~ an offer отклонúть предложéние; to ~ an accusation отвéргнуть обвинéние 3) вызывáть отвращéние, неприязнь 4) *физ.* оттáлкивать; water and oil ~ each other водá не смéшивается с мáслом 5) *амер. спорт. жарг.* победúть

**repellent** [rɪ'pelənt] **1.** *n* репеллéнт, срéдство, отпýгивающее насекóмых *и т. п.*

**2.** *a* 1) вызывáющий отвращéние, оттáлкивающий; возмутúтельный 2) водооттáлкивающий, водонепроницáемый (*о материале*)

**repent** I ['ri:pənt] *a* 1) *бот.* ползýчий 2) *зоол.* пресмыкáющийся

**repent** II [rɪ'pent] *v* раскáиваться; сокрушáться; сожалéть; I ~ я раскáиваюсь; I ~ me (*или* it ~s me) that I did it *уст.* сожалéю, что сдéлал это; you shall ~ this (*или* of this) вы раскáетесь в э́том, вы пожалéете об э́том; he has nothing to ~ of емý нé в чем раскáиваться

**repentance** [rɪ'pentəns] *n* покая́ние; раскáяние, сожалéние

**repentant** [rɪ'pentənt] *a* 1) кáющийся, раскáивающийся 2) выражáющий раскáяние; ~ tears слёзы раскáяния

**repercussion** [ˏri:pə:'kʌʃən] *n* 1) отдáча (*после удара*) 2) óтзвук; э́хо 3) (*обыкн. pl*) отражéние, влия́ние, послéдствия (*события и т. п.*)

**repertoire** ['repətwɑ:] *фр. n* репертуáр

**repertory** ['repətərɪ] *n* 1) склад, хранúлище; a ~ of useful information запáс полéзных свéдений 2) = repertoire 3) = repertory theatre

**repertory theatre** ['repətərɪ'θɪətə] *n* теáтр с постоя́нной трýппой и подготóвленным для сезóна репертуáром

**repetition** [ˏrepɪ'tɪʃən] *n* 1) повторéние 2) повторéние наизýсть; заýчивание наизýсть 3) отры́вок, заýченный наизýсть *или* для заýчивания наизýсть 4) кóпия

**repetition work** [ˏrepɪ'tɪʃən'wə:k] *n тех.* мáссовое произвóдство; серúйное произвóдство; шаблóнная рабóта

**repetitious** [ˏrepɪ'tɪʃəs] = repetitive

**repetitive** [rɪ'petɪtɪv] *a* без концá повторя́ющийся, скýчный

**repine** [rɪ'paɪn] *v* роптáть, жáловаться (at, against)

**replace** [rɪ'pleɪs] *v* 1) стáвить *или* класть обрáтно на мéсто 2) вернýть; восстановúть; to ~ money borrowed вернýть зáнятые дéньги 3) заменя́ть, замещáть (by, with); impossible to ~ незаменúмый

**replaceable** [rɪ'pleɪsəbl] *a* заменúмый

**replacement** [rɪ'pleɪsmənt] *n* 1) замещéние, замéна 2) *воен.* пополнéние в ли́чном состáве; возмещéние войскáм материáльных средств 3) *геол.* замещéние (*руды*); выполнéние (*магмой*)

**replant** ['ri:'plɑ:nt] *v* 1) пересáживать (*растение*) 2) снóва засáживать (*растениями*)

**replay** ['ri:'pleɪ] *v* переигрывать (*матч и т. п.*)

**replenish** [rɪ'plenɪʃ] *v* снóва наполня́ть, пополня́ть (with)

**replenishment** [rɪ'plenɪʃmənt] *n* повтóрное наполнéние, пополнéние

**replete** [rɪ'pli:t] *a* 1) напóлненный, насы́щенный; переполненный (with); пресы́щенный; to be ~ (with) изобúловать 2) хорошó обеспéченный *или* снабжённый (with — *чем-л.*)

**repletion** [rɪ'pli:ʃən] *n* пресыщéние, переполнéние

**replica** ['replɪkə] *n* 1) *жив.* рéплика, тóчная кóпия; репродýкция 2) *тех.* модéль; копир

**replicate** ['replɪkeɪt] *v жив.* повторя́ть, дéлать рéплику, копúровать

**replication** [ˏreplɪ'keɪʃən] *n* 1) ответ, возражéние 2) копúрование 3) *жив.* кóпия, репродýкция 4) *юр.* отвéт истцá на возражéние по иску

**reply** [rɪ'plaɪ] **1.** *n* отвéт; in ~ в отвéт; in ~ to your letter в отвéт на вáше письмó; ~ paid с оплáченным отвéтом

**2.** *v* 1) отвечáть 2) *юр.* отвечáть на возражéние □ ~ **for** отвечáть за *когó-л.*, за *что-л.*; ~ **to** отвечáть на *что-л.*

**report** [rɪ'pɔ:t] **1.** *n* 1) отчёт (on — о); сообщéние, доклáд 2) *воен.* донесéние; рáпорт 3) молвá, слух; the ~ goes говоря́т; хóдит слух 4) репутáция, слáва 5) тáбель успевáемости 6) звук взры́ва, вы́стрела

**2.** *v* 1) сообщáть; расскáзывать, опúсывать; it is ~ed а) сообщáется; б) говоря́т 2) дéлать официáльное сообщéние; доклáдывать; представля́ть отчёт; to ~ a bill доклáдывать законопроéкт в парлáменте пéред трéтьим чтéнием; the Commission ~s tomorrow комúссия дéлает доклáд зáвтра 3) *воен.* доносúть; рапортовáть 4) явля́ться; to ~ oneself заявля́ть о своём прибы́тии (to); to ~ for work явля́ться на рабóту; to ~ to the police регистрúроваться в полúции 5) передавáть что-л., скáзанное другúм лицóм 6) составля́ть, давáть отчёт (*для прессы*); to ~ (badly) well давáть (не)благоприя́тный óтзыв (*о чём-л.*) 7) жáловаться на, выставля́ть обвинéние ◊ to ~ progress а) сообщáть о положéнии дел; б) *парл.* прекращáть прéния по законопроéкту; в) отклáдывать (*что-л.*); to move to ~ progress *парл.* внестú предложéние о прекращéнии дебáтов (*часто с целью обструкции*)

**reportage** [ˏrepɔ:'tɑ:ʒ] *фр. n* репортáж

**report card** [rɪ'pɔ:t'kɑ:d] = report 1, 5)

**report centre** [rɪ'pɔ:t'sentə] *n воен.* пункт сбóра донесéний

**reported** [rɪ'pɔ:tɪd] **1.** *p. p. от* report 2

**2.** *a грам.*: ~ speech кóсвенная речь

**reporter** [rɪ'pɔ:tə] *n* 1) доклáдчик 2) репортёр; корреспондéнт

**reposal** I [rɪ'pəuzl] *n* уповáние, надéжды; ~ of trust (*или* of confidence) оказáние довéрия

**reposal** II [rɪ'pəuzl] *n уст.* óтдых, отдохновéние

**repose** I [rɪ'pəuz] *v* полагáться (*на когó-л., что-л.*); to ~ trust in (*или* on) smb. доверя́ться комý-л., полагáться на когó-л.

**repose** II [rɪ'pəuz] **1.** *n* 1) óтдых, передышка 2) сон; покóй 3) тишинá, спокóйствие ◊ angle of ~ *тех.* ýгол естéственного откóса

**2.** *v* 1) отдыхáть, ложúться отдохнýть (*тж.* to ~ oneself) 2) давáть óтдых; класть; to ~ one's head on the pillow положúть гóлову на подýшку 3) лежáть, покóиться (on — на) 4) останáвливаться, задéрживаться (*о памяти, воспоминаниях*; on — на *чём-л.*); his mind ~d on the past егó мы́сли задержáлись на прóшлом 5) оснóвываться, держáться (on — на)

**reposeful** [rɪ'pəuzful] *a* 1) успокоúтельный 2) спокóйный

**repository** [rɪ'pɔzɪtərɪ] *n* 1) хранúлище; вместúлище; склад 2) тот, комý что-л. доверя́ют 3) склеп

**repoussé** [rə'pu:seɪ] *фр.* **1.** *n* 1) штампóванное издéлие 2) барельéф на метáлле

**2.** *a* 1) штампóванный (*о металле*) 2) рельéфный

**repp** [rep] = rep I

**reprehend** [ˏreprɪ'hend] *v* дéлать вы́говор; порицáть

**reprehensible** [ˏreprɪ'hensəbl] *a* достóйный порицáния, предосудúтельный

**reprehension** [ˏreprɪ'henʃən] *n* порицáние, осуждéние

**represent** [ˏreprɪ'zent] *v* 1) изображáть, представля́ть в определённом свéте (as) 2) представля́ть, олицетворя́ть 3) символизúровать; означáть 4) исполня́ть (*роль*) 5) быть представúтелем, представля́ть (*какое-л. лицо или организацию*) 6) излагáть, формулúровать; объясня́ть

**representation** [ˏreprɪzen'teɪʃən] *n* 1) изображéние; óбраз 2) представлéние (*тж. театральное*) 3) утверждéние, заявлéние 4) представúтельство 5) протéст

**representative** [ˏreprɪ'zentətɪv] **1.** *n* 1) представúтель; делегáт; уполномóченный 2) образéц, типúчный представúтель 3) (R.) *амер.* член палáты представúтелей; House of Representatives палáта представúтелей

**2.** *a* 1) характéрный, показáтельный 2) представля́ющий, изображáющий; символизúрующий 3) *полит.* представúтельный

**repress** [rɪ'pres] *v* 1) подавля́ть (*восстание и т. п.*) 2) репрессúровать 3) сдéрживать (*слёзы и т. п.*)

**represser** [rɪ'presə] *n* 1) угнетáтель, тирáн 2) усмирúтель

**repression** [rɪ'preʃən] *n* 1) подавлéние 2) репрéссия 3) сдéрживание (*чувств, импульсов*)

**repressive** [rɪ'presɪv] *a* репрессúвный

**reprieve** [rɪ'pri:v] **1.** *n* 1) отсрóчка приведéния в исполнéние (смéртного) приговóра 2) передышка, врéменное облегчéние

**2.** *v* 1) *юр.* отклáдывать приведéние в исполнéние (смéртного) приговóра 2) дать человéку передышку, доставúть врéменное облегчéние

**reprimand** ['reprɪmɑ:nd] **1.** *n* вы́говор, замечáние

**2.** *v* дéлать *или* объявля́ть вы́говор

**reprint** ['ri:'prɪnt] **1.** *n* 1) переиздáние; перепечáтка; нóвое неизменённое издáние 2) отдéльный óттиск (*статьи и т. п.*)

**2.** *v* выпускáть нóвое издáние, переиздавáть; перепечáтывать

**reprisal** [rɪ'praɪzəl] *n* (*обыкн. pl*) репрессáлия

**reproach** [rɪ'prəutʃ] **1.** *n* 1) упрёк; попрёк; укор; to heap ~es on засыпать упрёками 2) позор; срам; to bring ~ on позорить

**2.** *v* упрекать, укорять, попрекать, бранить (with)

**reproachful** [rɪ'prəutʃful] *a* 1) укоризненный 2) заслуживающий упрёков; позорный, недостойный, постыдный

**reproachfully** [rɪ'prəutʃfulɪ] *adv* укоризненно

**reprobate** ['reprəubeɪt] **1.** *n* 1) распутник 2) негодяй, подлец 3) *рел.* нечестивец

**2.** *a* 1) безнравственный, распутный 2) подлый, низкий 3) *рел.* отверженный, коснеющий в грехе

**3.** *v* 1) порицать, осуждать, корить 2) *рел.* лишать спасения; не принимать в своё лоно

**reprobation** [,reprəu'beɪʃən] *n* порицание, осуждение

**reprocess** ['ri:'prəuses] *v* подвергнуть переработке *или* повторной обработке

**reproduce** [,ri:prə'dju:s] *v* 1) воспроизводить; to ~ a play возобновить постановку 2) делать копию 3) производить, порождать; to ~ oneself размножаться 4) восстанавливать; lobsters are able to ~ claws when these are torn off у раков вновь отрастают оторванные клешни

**reproducer** [,ri:prə'dju:sə] *n* 1) воспроизводитель 2) репродуктор, громкоговоритель 3) воспроизводящее устройство; colour ~ цветовоспроизводящее устройство

**reproduction** [,ri:prə'dʌkʃən] *n* 1) воспроизведение, размножение 2) копия, репродукция 3) *эк.* воспроизводство; simple ~ простое воспроизводство

**reproductive** [,ri:prə'dʌktɪv] *a* воспроизводительный; ~ organs *биол.* органы размножения

**reproof I** [rɪ'pru:f] *n* порицание; выговор, укор, упрёк; with ~ с укоризной

**reproof II** ['ri:'pru:f] *v* снова пропитывать водоотталкивающим составом

**reprove** [rɪ'pru:v] *v* порицать; делать выговор, корить; бранить

**reprover** [rɪ'pru:və] *n* тот, кто порицает, осуждает; хулитель

**reps** [reps] = rep I

**reptile** ['reptaɪl] **1.** *n* пресмыкающееся 2) *редк.* раболепный, подлый человек, подхалим

**2.** *a* 1) пресмыкающийся 2) подлый, продажный; the ~ press продажная пресса

**reptilian** [rep'tɪlɪən] **1.** *n* рептилия, пресмыкающееся

**2.** *a* 1) относящийся к рептилиям, подобный рептилиям 2) подлый, низкий

**republic** [rɪ'pʌblɪk] *n* 1) республика; People's ~ народная республика 2) группа людей с общими интересами; the ~ of letters литературный мир

**republican** [rɪ'pʌblɪkən] **1.** *a* 1) республиканский 2) (R.) *амер.* республиканский, связанный с республиканской партией

**2.** *n* 1) республиканец 2) (R.) *амер.* член республиканской партии

**republicanism** [rɪ'pʌblɪkənɪzm] *n* 1) республиканство, республиканский дух 2) республиканская система правления

**repudiate** [rɪ'pju:dɪeɪt] *v* 1) отрекаться от (*чего-л.*) 2) отвергать, не признавать (*теорию и т. п.*) 3) отказываться признать (*что-л.*) *или* подчиниться (*чему-л.*) 4) дать развод жене 5) отказываться от уплаты долга, от обязательства

**repudiation** [rɪ,pju:dɪ'eɪʃən] *n* 1) отрицание; отречение (*от чего-л.*) 2) отказ признать *или* подчиниться 3) развод, даваемый мужем жене 4) отказ от долга, от обязательств; аннулирование долгов

**repugnance, -cy** [rɪ'pʌgnəns, -sɪ] *n* 1) отвращение, антипатия; нерасположение (for, to, against) 2) противоречие, несовместимость; непоследовательность (between, of)

**repugnant** [rɪ'pʌgnənt] *a* 1) противный, отвратительный, невыносимый (to) 2) несовместимый, противоречащий (with, to)

**repulse** [rɪ'pʌls] **1.** *n* 1) отпор, отражение; to suffer a ~ терпеть поражение 2) отказ

**2.** *v* 1) отражать (*атаку*), разбивать (*противника*) 2) отвергать, опровергать (*обвинения*) 3) отталкивать; не принимать; to ~ a request отказывать в просьбе

**repulsion** [rɪ'pʌlʃən] *n* 1) отвращение, антипатия 2) *физ.* отталкивание

**repulsive** [rɪ'pʌlsɪv] *a* 1) отталкивающий, омерзительный 2) отражающий; отвергающий 3) *физ.*: ~ force сила отталкивания

**repurchase** ['ri:'pə:tʃəs] *v* покупать обратно (*ранее проданный товар*)

**reputable** ['repjutəbl] *a* почтенный, достойный уважения

**reputation** [,repju(:)'teɪʃən] *n* репутация; слава, доброе имя; to have a ~ for wit славиться остроумием; a person of ~ почтенный человек; a person of no ~ тёмная личность; a scientist of world-wide ~ известный всему миру учёный, учёный с мировым именем

**repute** [rɪ'pju:t] **1.** *n* общее мнение, репутация; authors of ~ известные, знаменитые писатели; bad ~ дурная слава; a firm of ~ известная фирма

**2.** *v* (*обыкн. pass.*) считать, полагать

**reputed** [rɪ'pju:tɪd] **1.** *p. p. от* repute 2

**2.** *a* 1) имеющий хорошую репутацию; известный 2) считающийся (*кем-либо*); предполагаемый; his ~ father его предполагаемый отец; человек, которого считают его отцом

**request** [rɪ'kwest] **1.** *n* 1) просьба; требование; at (*или* by) ~ по просьбе; to make a ~ обратиться с просьбой [*ср. тж.* 2)] 2) запрос; заявка; to make a ~ сделать заявку [*ср. тж.* 1)] 3) *ком.* спрос; in great ~ в большом спросе, популярный

**2.** *v* 1) просить позволения, просить (*о чём-л.*) 2) запрашивать 3) предлагать (*вежливо приказывать*); I must ~ you to obey orders предлагаю вам выполнить приказания; your presence is ~ed immediately вас просят немедленно явиться

**requiem** ['rekwɪem] *n* реквием

**require** [rɪ'kwaɪə] *v* 1) приказывать, требовать; you are ~d to go there вам приказано отправиться туда 2) нуждаться (*в чём-л.*); требовать (*чего-либо*); it ~s careful consideration это требует тщательного рассмотрения

**required** [rɪ'kwaɪəd] **1.** *p. p. от* require

**2.** *a* необходимый; обязательный; ~ studies *амер. унив.* обязательные курсы

**requirement** [rɪ'kwaɪəmənt] *n* 1) требование; необходимое условие; what are his ~s? каковы его условия?; 2) нужда, потребность

**requisite** ['rekwɪzɪt] **1.** *n* то, что необходимо; всё необходимое; the ~s for a long journey всё необходимое для длительного путешествия

**2.** *a* требуемый, необходимый; the number of votes ~ for election необходимое для избрания число голосов

**requisition** [,rekwɪ'zɪʃən] **1.** *n* 1) официальное предписание 2) требование, заявка; спрос; to be in ~ пользоваться спросом 3) требование, условие 4) реквизиция (*особ. для армии*); to put in ~, to bring (*или* to call) into ~ а) реквизировать; б) пускать в оборот, использовать 5) *attr.*: ~ forms бланки заявок, требований

**2.** *v* 1) реквизировать 2) представлять заявку

**requital** [rɪ'kwaɪtl] *n* 1) воздаяние; вознаграждение; компенсация; in ~ for (*или* of) smth. в качестве вознаграждения за что-л. 2) возмездие

**requite** [rɪ'kwaɪt] *v* 1) отплачивать (for — за *что-л.*; with — *чем-л.*); вознаграждать; to ~ like for like ≅ платить той же монетой 2) мстить, отомстить

**re-read** ['ri:'ri:d] *v* (re-read ['ri:'red]) перечитывать

**rerun** ['ri:'rʌn] *n* повторный показ (*кинофильма, телевизионного фильма*)

**resale** ['ri:'seɪl] *n* перепродажа

**rescind** [rɪ'sɪnd] *v* аннулировать, отменять (*закон, договор и т. п.*)

**rescission** [rɪ'sɪʒən] *n* аннулирование, отмена

**rescript** ['ri:skrɪpt] *n* рескрипт

**rescue** ['reskju:] **1.** *n* 1) спасение; освобождение, избавление; to come (*или* to go) to the ~ помогать, приходи́ть на по́мощь 2) *attr.* спаса́тельный; ~ party спаса́тельная экспеди́ция

**2.** *v* 1) спаса́ть; избавля́ть, освобожда́ть; выруча́ть 2) *юр.* незако́нно освобожда́ть (*арестованного*) 3) *юр.* отнима́ть си́лой (*своё имущество, находящееся под арестом*)

**rescuer** ['reskjuə] *n* спаси́тель, избави́тель

**research** [rɪ'sɜ:tʃ] **1.** *n* 1) (*часто pl*) (нау́чное) иссле́дование; изуче́ние; изыска́ние; иссле́довательская рабо́та; to be engaged in ~ занима́ться нау́чно-иссле́довательской рабо́той; his ~es have been fruitful его́ изыска́ния бы́ли плодотво́рными; to carry out a ~ into the causes of cancer иссле́довать причи́ны заболева́ния ра́ком 2) тща́тельные по́иски (after, for) 3) *attr.* иссле́довательский; ~ work (нау́чно-)иссле́довательская рабо́та

**2.** *v* иссле́довать; занима́ться иссле́дованиями (into)

**researcher** [rɪ'sɜ:tʃə] *n* иссле́дователь

**researchist** [rɪ'sɜ:tʃɪst] = researcher

**reseat** ['ri:'si:t] *v* 1) посади́ть обра́тно 2) сде́лать но́вое сиде́нье к сту́лу 3) поста́вить но́вые кре́сла, ряды́ (*в театре и т. п.*) 4) *тех.* пригоня́ть, притира́ть

**resect** [ri:'sekt] *v хир.* произвести́ резе́кцию

**resection** [ri:'sekʃən] *n* 1) *хир.* резе́кция 2) *топ.* обра́тная засе́чка

**reseda** ['resɪdə] *n* 1) резеда́ 2) бле́дно-зелёный цвет

**resell** ['ri:'sel] *v* (resold) перепродава́ть

**resemblance** [rɪ'zembləns] *n* схо́дство; to bear (*или* to show) ~ име́ть схо́дство, быть похо́жим; to have a strong ~ to smb. быть о́чень похо́жим на кого́-л.

**resemble** [rɪ'zembl] *v* походи́ть, име́ть схо́дство

**resent** [rɪ'zent] *v* негодова́ть, возмуща́ться; обижа́ться

**resentful** [rɪ'zentful] *a* 1) оби́женный; возмущённый 2) оби́дчивый; ~ person оби́дчивый челове́к

**resentment** [rɪ'zentmənt] *n* негодова́ние, возмуще́ние; чу́вство оби́ды; to have (*или* to bear) no ~ against smb. не чу́вствовать оби́ды на кого́-л., не таи́ть зло́бы про́тив кого́-л.

**reservation** [ˌrezə'veɪʃən] *n* 1) оставле́ние, сохране́ние, резерви́рование 2) огово́рка; without ~ безогово́рочно; with a mental ~ мы́сленно сде́лав огово́рку, поду́мав про себя́ 3) *амер.* предвари́тельный зака́з (*мест на пароходе, в гостинице и т. п.*); to make a ~ заброни́ровать 4) (*тж. pl*) зара́нее зака́занное ме́сто (*на пароходе, в гостинице и т. п.*) 5) *юр.* сохране́ние како́го-л. пра́ва 6) *амер.* резерва́ция 7) запове́дник (*в США и Канаде*)

**reserve** [rɪ'zɜ:v] **1.** *n* 1) запа́с, резе́рв; the gold ~ золото́й запа́с; in ~ в запа́се; to keep a ~ име́ть запа́с 2) (*тж. pl*) *воен., мор.* резе́рв; запа́с 3) запове́дник 4) огово́рка, усло́вие, исключе́ние, изъя́тие; ограниче́ние; without ~ безогово́рочно, по́лностью [*ср. тж.* 6)] 5) сде́ржанность, скры́тность; осторо́жность 6) умолча́ние; without ~ открове́нно, ничего́ не скрыва́я [*ср. тж.* 4)] 7) *фин.* резе́рвный фонд 8) *спорт.* запасно́й игро́к 9) *attr.* запа́сный, запасно́й, резе́рвный 10) *attr.*: ~ price резерви́рованная цена́; ни́зшая отправна́я цена́ (*ниже которой продавец отказывается продать свой товар на аукционе*)

**2.** *v* 1) сберега́ть, приберега́ть; откла́дывать; запаса́ть; to ~ oneself for бере́чь свои́ си́лы для *чего-л.* 2) резерви́ровать, брони́ровать, зака́зывать зара́нее; to ~ a seat а) зара́нее взять *или* заказа́ть биле́т; б) заня́ть *или* обеспе́чить ме́сто 3) предназнача́ть (for); a great future is ~d for you вас ожида́ет большо́е бу́дущее 4) откла́дывать (*на будущее*), переноси́ть (*на более отдалённое время*) 5) *юр.* сохраня́ть за собо́й (*право владения или контроля*); огова́ривать; to ~ the right огова́ривать пра́во; сохраня́ть пра́во

**reserved** [rɪ'zɜ:vd] **1.** *p. p. от* reserve 2

**2.** *a* 1) скры́тный, сде́ржанный, за́мкнутый, необщи́тельный; осторо́жный 2) зака́занный зара́нее; ~ seat а) нумеро́ванное ме́сто; б) плацка́рта; в) зара́нее взя́тый биле́т в теа́тр 3) резе́рвный, запа́сный, запасно́й; ~ list *воен.* спи́сок офице́ров запа́са

**reservedly** [rɪ'zɜ:vɪdlɪ] *adv* осторо́жно, сде́ржанно

**reservist** [rɪ'zɜ:vɪst] *n* резерви́ст, состоя́щий в запа́се вооружённых сил

**reservoir** ['rezəvwɑ:] *фр. n* 1) резервуа́р; бассе́йн; водохрани́лище 2) запа́с, исто́чник (*знаний, энергии и т. п.*); храни́лище, сокро́вищница; ~ of strength исто́чник си́лы

**reset** ['ri:'set] *v* (reset) 1) вновь устана́вливать 2) (вновь) вставля́ть в опра́ву 3) вправля́ть (*сломанную руку и т. п.*)

**resettle** ['ri:'setl] *v* переселя́ть(ся) (*о беженцах, эмигрантах и т. п.*)

**resettlement** ['ri:'setlmənt] *n* переселе́ние

**reshape** ['ri:'ʃeɪp] *v* 1) приобрета́ть но́вый вид *или* ину́ю фо́рму; меня́ться 2) придава́ть но́вый вид *или* ину́ю фо́рму

**reshuffle** ['ri:'ʃʌfl] **1.** *v* переставля́ть; перегруппиро́вывать; перетасо́вывать

**2.** *n* перестано́вка; перегруппиро́вка; перетасо́вка: a cabinet ~ перестано́вка в кабине́те мини́стров

**reside** [rɪ'zaɪd] *v* 1) прожива́ть, жить (*где-л.*); пребыва́ть, находи́ться (in, at) 2) принадлежа́ть (*о правах и т. п.*; in — *кому-л.*) 3) быть прису́щим, сво́йственным (in)

**residence** ['rezɪdəns] *n* 1) местожи́тельство; резиде́нция; местопребыва́ние; to take up one's ~ посели́ться; to have one's ~ прожива́ть 2) прожива́ние; пребыва́ние; ~ is required а) должностно́е лицо́ должно́ жить по ме́сту слу́жбы; б) уча́щийся до́лжен жить при уче́бном заведе́нии; in ~ а) прожива́ющий по ме́сту слу́жбы; б) прожива́ющий по ме́сту учёбы 3) вре́мя, дли́тельность пребыва́ния

**residency** ['rezɪdənsɪ] = residence

**resident** ['rezɪdənt] **1.** *n* 1) постоя́нный жи́тель 2) резиде́нт 3) лицо́, прожива́ющее по ме́сту слу́жбы 4) неперелётная пти́ца

**2.** *a* 1) прожива́ющий; постоя́нно живу́щий; ~ physician врач, живу́щий при больни́це; the ~ population постоя́нное населе́ние 2) неперелётный (*о птице*) 3) прису́щий (in) ◇ ~ minister дипломати́ческий представи́тель, мини́стр-резиде́нт (*тж.* minister ~)

**residential** [ˌrezɪ'denʃəl] *a* 1) жило́й (*о районе города*) 2): ~ rental *амер.* кварти́рная пла́та 3) свя́занный с ме́стом жи́тельства; ~ qualification ценз осе́длости

**residentiary** [ˌrezɪ'denʃərɪ] *a* 1) относя́щийся к ме́сту жи́тельства; свя́занный с ме́стом жи́тельства 2) *церк.* обя́занный прожива́ть в своём прихо́де

**residua** [rɪ'zɪdjuə] *pl от* residuum

**residual** [rɪ'zɪdjuəl] **1.** *n* 1) оста́ток, оста́точный проду́кт 2) *мат.* оста́ток, ра́зность 3) оста́точные явле́ния (*после болезни*)

**2.** *a* 1) *мат.* оста́вшийся по́сле вычита́ния 2) оста́точный 3) оста́вшийся необъяснённым (*об ошибке в вычислении*)

**residuary** [rɪ'zɪdjuərɪ] *a* оста́вшийся; остаю́щийся; ~ legatee *юр.* насле́дник иму́щества, оста́вшегося по́сле упла́ты долго́в и нало́гов

**residue** ['rezɪdju:] *n* 1) оста́ток 2) *хим.* оса́док; отсто́й; вещество́, оста́вшееся по́сле сгора́ния *или* выпа́ривания 3) *мат.* оста́ток от вычита́ния 4) *юр.* насле́дство, очи́щенное от долго́в и нало́гов

**residuum** [rɪ'zɪdjuəm] (*pl* -dua) = residue

**resign I** [rɪ'zaɪn] *v* 1) отка́зываться (*от должности*); слага́ть (*с себя обязанности*); уходи́ть в отста́вку 2) отка́зываться (*от права, претензий, мысли и т. п.*); to ~ all hope оста́вить вся́кую наде́жду 3) уступа́ть, передава́ть (*обязанности, права*; to — *кому-либо*) 4): to ~ oneself подчиня́ться, покоря́ться (to — *чему-л.*), примиря́ться (to — с *чем-л.*); to ~ oneself to the inevitable подчини́ться неизбе́жности

**resign II** ['ri:'saɪn] *v* вновь подпи́сывать

**resignation** [ˌrezɪg'neɪʃən] *n* 1) отка́з от (*или* ухо́д с) до́лжности; отста́вка 2) заявле́ние об отста́вке; to send in one's ~ пода́ть проше́ние об отста́вке 3) поко́рность, смире́ние; with ~ поко́рно

**resigned I** [rɪ'zaɪnd] **1.** *p. p. от* resign I

2. *a* покорный, безропотный; смирившийся

**resigned** II ['ri:'saınd] *p. p. от* resign II

**resilience, -cy** [rı'zılıəns, -sı] *n* 1) упругость, эластичность 2) способность быстро восстанавливать физические и душевные силы 3) *тех.* упругая деформация; ударная вязкость

**resilient** [rı'zılıənt] *a* 1) упругий, эластичный 2) жизнерадостный, неунывающий

**resin** ['rezın] **1.** *n* смола; канифоль; камедь

2. *v* 1) смолить 2) канифолить (*смычок*)

**resinaceous** [ˌrezı'neıʃəs] = resinous

**resinous** ['rezınəs] *a* смолистый

**resist** [rı'zıst] *v* 1) сопротивляться; противиться; препятствовать 2) противостоять; устоять против (*чего-л.*); не поддаваться; to ~ disease не поддаваться болезни; thatch ~s heat better than tiles соломенная крыша предохраняет от жары лучше черепичной 3) оказывать сопротивление, отбивать, отбрасывать; the enemy was ~ed неприятель был отбит 4) (*обыкн. с отрицанием*) воздерживаться (*от чего-л.*); he can never ~ making a joke он не может не пошутить

**resistance** [rı'zıstəns] *n* 1) сопротивление; противодействие; to offer ~ оказывать сопротивление; line of least ~ линия наименьшего сопротивления 2) сопротивляемость (*организма*) 3) *тех.* сопротивление; ~ to wear сопротивление износу, прочность на износ 4) = resistor

**resistance movement** [rı'zıstəns'mu:vmənt] *n полит.* движение Сопротивления

**resistant** [rı'zıstənt] *a* сопротивляющийся; стойкий, прочный

**resistible** [rı'zıstəbl] *a* отразимый

**resistive** [rı'zıstıv] *a* могущий оказать сопротивление

**resistivity** [ˌrizıs'tıvıtı] *n эл.* удельное сопротивление

**resistless** [rı'zıstlıs] *a* 1) непреодолимый 2) неспособный сопротивляться

**resistor** [rı'zıstə] *n эл.* резистор; катушка сопротивления

**resold** ['ri:'səuld] *past и p. p. от* resell

**resole** ['ri:'səul] *v* ставить новые подмётки

**resoluble** [rı'zɔljubl] *a* разложимый (into — на); растворимый

**resolute** ['rezəlu:t] *a* твёрдый, решительный, непоколебимый

**resolution** [ˌrezə'lu:ʃən] *n* 1) решение, резолюция; to pass (*или* to carry, to adopt) a ~ выносить резолюцию 2) решительность, решимость, твёрдость (*характера*) 3) разложение на составные части (into); анализ 4) растворение 5) разборка, демонтаж 6) разрешение (*проблемы, конфликта и т. п.*) 7) развязка (*в литературном произведении*) 8) *мед.* рассасывание; прекращение воспалительных явлений 9) *прос.* замена долгого слога двумя короткими 10) *муз.* разрешение, переход в консонанс

**resolve** [rı'zɔlv] **1.** *n* 1) решение, намерение; to make good ~s быть полным добрых намерений 2) *поэт.* решительность, смелость, решимость

2. *v* 1) решать(ся); принимать решение; he ~d (up)on making an early start он решил рано отправиться в путь; the question ~s itself into this вопрос сводится к этому 2) решать голосованием; выносить резолюцию 3) *редк.* побуждать 4) разрешать (*сомнения и т. п.*) 5) распадаться, разлагать(ся) (into — на); растворять(ся) 6) *мед.* рассасывать(ся) 7) *муз.* разрешать(ся) в консонанс

**resolved** [rı'zɔlvd] **1.** *p. p. от* resolve 2

2. *a* решительный, твёрдый

**resolvent** [rı'zɔlvənt] *n* 1) *хим.* растворитель 2) *мед.* противовоспалительное средство

**resonance** ['reznəns] *n* резонанс

**resonant** ['reznənt] *a* 1) раздающийся, звучащий 2) резонирующий (with); с хорошим резонансом

**resonator** ['rezəneıtə] *n* резонатор

**re-sort** ['ri:'sɔ:t] *v* пересортировать

**resort** [rı'zɔ:t] **1.** *n* 1) прибежище; утешение; надежда; as a last ~, in the last ~ в крайнем случае; как последнее средство; without ~ to force не прибегая к насилию 2) обращение (*за помощью*) 3) посещаемое место; курорт (*тж.* health ~); summer ~ дачное место

2. *v* 1) прибегать (*к чему-л.*), обращаться за помощью (to); to ~ to force (*или* to compulsion) прибегнуть к насилию, принуждению 2) (часто) посещать

**resound** [rı'zaund] *v* 1) звучать, оглашать(ся) (with) 2) повторять, отражать (*звук*) 3) греметь; производить сенсацию 4) прославлять; to ~ smb.'s praises петь хвалу кому-л.

**resource** [rı'sɔ:s] *n* 1) (*обыкн. pl*) ресурсы, средства, запасы; natural ~s природные богатства 2) возможность, способ, средство; to be at the end of one's ~s исчерпать все возможности 3) способ времяпрепровождения; развлечение; reading is a great ~ in illness чтение — хорошее занятие во время болезни 4) находчивость, изобретательность; full of ~ изобретательный

**resourceful** [rı'sɔ:sful] *a* находчивый, изобретательный

**resourcefulness** [rı'sɔ:sfulnıs] *n* находчивость, изобретательность

**respect** [rıs'pekt] **1.** *n* 1) уважение; to hold in ~ уважать; to be held in ~ пользоваться уважением; to have ~ for one's promise держать слово 2) *pl* почтение; my best ~s to him передайте ему мой привет; to pay one's ~s засвидетельствовать своё почтение 3) отношение, касательство; to have ~ to а) касаться; б) принимать во внимание; without ~ to безотносительно, не принимая во внимание; in ~ of (*или* to), with ~ to что касается; in all ~s во всех отношениях; in ~ that учитывая, принимая во внимание ◇ ~ of persons лицеприятие; without ~ of persons невзирая на лица

2. *v* 1) уважать; почитать; to ~ oneself уважать себя; to ~ the law уважать закон 2) щадить, беречь

**respectability** [rısˌpektə'bılıtı] *n* 1) почтенность, респектабельность 2) *pl* светские приличия

**respectable** [rıs'pektəbl] *a* 1) почтенный, представительный; респектабельный 2) заслуживающий уважения 3) приличный, приемлемый, сносный 4) порядочный, значительный (*о количестве и т. п.*)

**respecter** [rıs'pektə] *n* уважающий других, почтительный человек ◇ ~ of persons лицеприятный человек; he is no ~ of persons он беспристрастный человек; он не смотрит на чины и звания

**respectful** [rıs'pektful] *a* почтительный; вежливый; at a ~ distance на почтительном расстоянии

**respectfully** [rıs'pektfulı] *adv* почтительно; yours ~ с уважением (*в письмах перед подписью*)

**respectfulness** [rıs'pektfulnıs] *n* почтительность

**respecting** [rıs'pektıŋ] **1.** *pres. p. от* respect 2

2. *prep* относительно

**respective** [rıs'pektıv] *a* соответственный; in their ~ places каждый на своём месте

**respectively** [rıs'pektıvlı] *adv* соответственно; в указанном порядке

**respiration** [ˌrespə'reıʃən] *n* 1) дыхание 2) вдох и выдох

**respirator** ['respəreıtə] *n* респиратор; противогаз

**respiratory** [rıs'paıərətərı] *a* респираторный, дыхательный

**respire** [rıs'paıə] *v* 1) дышать 2) отдышаться, перевести дыхание 3) вздохнуть с облегчением; воспрянуть духом

**respite** ['respaıt] **1.** *n* 1) передышка 2) отсрочка (*платежа, наказания, исполнения приговора и т. п.*)

2. *v* 1) дать отсрочку; to ~ a condemned man отложить казнь 2) доставить временное облегчение

**resplendence, -cy** [rıs'plendəns, -sı] *n* блеск, великолепие

**resplendent** [rıs'plendənt] *a* 1) блестящий, сверкающий 2) блистательный, великолепный

**respond** [rıs'pɔnd] *v* 1) отвечать; to ~ with a blow нанести ответный удар 2) реагировать, отзываться (to); to ~ to kindness отзываться на доброту; to ~ to treatment поддаваться лечению 3) *редк.* соответствовать; быть подходящим

**respondent** [rıs'pɔndənt] **1.** *a* 1) отвечающий; реагирующий 2) отзывчивый 3) *юр.* выступа́ющий в ка́честве отве́тчика

**2.** *n юр.* отве́тчик

**response** [rɪs'pɔns] *n* 1) отве́т; in ~ to в отве́т на 2) отве́тное чу́вство; о́тклик, реа́кция

**responsibility** [rɪs,pɔnsə'bɪlɪtɪ] *n* 1) отве́тственность; a position of ~ отве́тственное положе́ние; on one's own ~ а) по со́бственной инициати́ве; б) на свою́ отве́тственность; to take (*или* to assume) the ~ взять на себя́ отве́тственность 2) обя́занности; обяза́тельства 3) *амер.* платёжеспосо́бность

**responsible** [rɪs'pɔnsəbl] *a* 1) отве́тственный (to — пе́ред *кем-л.*); to be ~ for smth. а) быть отве́тственным за что-л.; б) быть инициа́тором, а́втором чего́-л.; they are ~ for increased output благодаря́ им был увели́чен вы́пуск проду́кции 2) надёжный, досто́йный дове́рия 3) отве́тственный; ва́жный; a ~ post отве́тственный пост 4) платёжеспосо́бный

**responsive** [rɪs'pɔnsɪv] *a* 1) отве́тный 2) легко́ реаги́рующий; отзы́вчивый, чу́ткий

**rest** I [rest] **1.** *n* 1) поко́й, о́тдых; сон; at ~ а) в состоя́нии поко́я; б) неподви́жный; в) мёртвый; to go (*или* to retire) to ~ ложи́ться отдыха́ть, спать; to take a ~ отдыха́ть; спать; without ~ без о́тдыха, без переды́шки; to set smb.'s mind at ~ успока́ивать кого́-л.; to set a question at ~ ула́живать вопро́с; day of ~ день о́тдыха, выходно́й день, воскресе́нье 2) переры́в, па́уза; переды́шка 3) ве́чный поко́й, смерть; he has gone to his ~ он у́мер; to lay to ~ хорони́ть 4) неподви́жность; to bring to ~ остана́вливать (*экипаж и т. п.*) 5) ме́сто для о́тдыха (*гостиница, отель, мотель и т. п.*) 6) *муз.* па́уза 7) *прос.* цезу́ра 8) опо́ра; подста́вка, подпо́рка; упо́р; сто́йка 9) *тех.* су́ппорт

**2.** *v* 1) поко́иться, лежа́ть; отдыха́ть; to ~ from one's labours отдыха́ть от трудо́в; never let your enemy ~ не дава́йте поко́я врагу́ 2) дава́ть о́тдых, поко́й; ~ your men for an hour да́йте лю́дям передохну́ть часо́к 3) остава́ться без измене́ний; let the matter ~ не бу́дем э́то тро́гать, оста́вим так, как есть; the matter cannot ~ here де́ло должно́ быть продо́лжено 4) остава́ться споко́йным, не волнова́ться 5) держа́ть(ся), осно́вывать (-ся), лежа́ть на; опира́ться (on, upon, against); the argument ~s on rather a weak evidence до́вод дово́льно сла́бо обосно́ван 6) класть, прислоня́ть; to ~ one's elbow on the table опира́ться ло́ктем о стол 7) поко́иться (*о взгляде*); остана́вливаться, быть прико́ванным (*о внимании, мыслях*; on, upon) 8) быть возло́женным, лежа́ть (*об ответственности, вине и т. п.*); the blame ~s with them вина́ лежи́т на них 9) возлага́ть (*ответственность и т. п. на кого-л.*) 10) *с.-х.* остава́ться, находи́ться под па́ром

**rest** II [rest] **1.** *n* 1) (the ~) оста́ток; остально́е; остальны́е, други́е; the ~ of us остальны́е; the ~ (*или* all the ~) of it и всё друго́е, остально́е, и про́чее; for the ~ что до остально́го, что же каса́ется остально́го 2) *фин.* резе́рвный фонд

**2.** *v* 1) остава́ться; this ~s a mystery э́то остаётся та́йной; you may ~ assured мо́жете быть уве́рены 2): it ~s with you to decide за ва́ми пра́во реше́ния; the next move ~s with you сле́дующий шаг за ва́ми

**restate** ['ri:'steɪt] *v* вновь заяви́ть

**restaurant** ['restərɔ:ŋ] *фр. n* рестора́н

**rest-cure** ['restkjuə] *n* лече́ние поко́ем

**rest-day** ['restdeɪ] *n* день о́тдыха

**rested** I ['restɪd] **1.** *p. p. от* rest I, 2

**2.** *a* отдохну́вший; to feel thoroughly ~ отли́чно отдохну́ть

**rested** II ['restɪd] *p. p. от* rest II, 2

**restful** ['restful] *a* 1) успокои́тельный; успока́ивающий 2) споко́йный, ти́хий; a ~ life споко́йная жизнь

**rest-harrow** ['rest,hærəu] *n бот.* ста́льник

**rest(-)home** ['resthəum] *n* 1) дом призре́ния для престаре́лых и инвали́дов 2) санато́рий для выздора́вливающих

**rest-house** ['resthaus] *n* гости́ница для путеше́ственников

**resting-place** ['restɪŋpleɪs] *n* 1) ме́сто о́тдыха; one's last ~ моги́ла 2) площа́дка на ле́стнице

**restitution** [,restɪ'tju:ʃən] *n* 1) возвраще́ние (*утраченного*); восстановле́ние 2) возмеще́ние убы́тков; реститу́ция; to make ~ возмести́ть убы́тки 3) *юр.* реститу́ция, восстановле́ние первонача́льного правово́го положе́ния 4) *физ.* восстановле́ние состоя́ния

**restive** ['restɪv] *a* 1) своенра́вный, упря́мый (*о человеке*) 2) норови́стый (*о лошади*) 3) беспоко́йный

**restless** ['restlɪs] *a* 1) беспоко́йный, неугомо́нный 2) неспоко́йный; трево́жный; ~ night бессо́нная ночь

**restlessness** ['restlɪsnɪs] *n* неугомо́нность; нетерпели́вость

**restock** ['ri:'stɔk] *v* пополня́ть запа́сы

**restoration** [,restə'reɪʃən] *n* 1) реставра́ция; the R. *ист.* Реставра́ция (*в 1660 г. в Англии*) 2) восстановле́ние, возобновле́ние, реконстру́кция

**restorative** [rɪs'tɔrətɪv] **1.** *a* укрепля́ющий, тонизи́рующий

**2.** *n мед.* 1) укрепля́ющее, тонизи́рующее сре́дство 2) сре́дство для приведе́ния в созна́ние

**restore** [rɪs'tɔ:] *v* 1) восстана́вливать(ся) 2) возвраща́ть (на пре́жнее ме́сто); отдава́ть обра́тно; возмеща́ть 3) реставри́ровать (*картину и т. п.*) 4) реконструи́ровать 5) возрожда́ть (*обычаи, традиции и т. п.*)

**restorer** [rɪs'tɔ:rə] *n* 1) реставра́тор 2) восстанови́тель; hair ~ сре́дство от облысе́ния

**re-strain** ['ri:'streɪn] *v* сно́ва натя́гивать

**restrain** [rɪs'treɪn] *v* 1) сде́рживать, держа́ть в грани́цах; обу́здывать; уде́рживать (from); to ~ one's temper подавля́ть своё раздраже́ние; сде́рживаться 2) ограни́чивать 3) подверга́ть заключе́нию; заде́рживать; изоли́ровать; mad people have to be ~ed сумасше́дших прихо́дится изоли́ровать

**re-strained** ['ri:'streɪnd] *p. p. от* re-strain

**restrained** [rɪs'treɪnd] **1.** *p. p. от* restrain

**2.** *a* 1) сде́ржанный, уме́ренный 2) ограни́ченный

**restraint** [rɪs'treɪnt] *n* 1) сде́ржанность, самооблада́ние 2) за́мкнутость 3) стро́гость (*литературного стиля*) 4) ограниче́ние; стесне́ние; обузда́ние, сде́рживающее нача́ло *или* влия́ние; the ~s of poverty тиски́ нужды́; without ~ а) свобо́дно; б) без у́держу 5) ме́ра пресече́ния; заключе́ние (*в тюрьму, сумасшедший дом и т. п.*)

**restrict** [rɪs'trɪkt] *v* ограни́чивать; заключа́ть (*в пределы*); to ~ to a diet посади́ть на дие́ту

**restricted** [rɪs'trɪktɪd] **1.** *p. p. от* restrict

**2.** *a* у́зкий, ограни́ченный; a ~ application у́зкое примене́ние; ~ (publication) (изда́ние) для слу́жебного по́льзования; ~ hotel гости́ница для ограни́ченного кру́га лиц, *часто* то́лько для бе́лых

**restriction** [rɪs'trɪkʃən] *n* ограниче́ние; without ~ без ограниче́ния; to impose ~s вводи́ть ограниче́ния; to lift ~s снима́ть ограниче́ния

**restrictive** [rɪs'trɪktɪv] *a* 1) ограни́чительный 2) сде́рживающий

**rest-room** ['restrum] *n* 1) ко́мната о́тдыха, помеще́ние для о́тдыха 2) *амер.* убо́рная, туале́т (*в театре и т. п.*)

**result** [rɪ'zʌlt] **1.** *n* 1) результа́т, исхо́д; сле́дствие; without ~ безрезульта́тно; as a ~ of в результа́те 2) результа́т вычисле́ния, ито́г

**2.** *v* 1) сле́довать, происходи́ть в результа́те, проистека́ть (from); nothing has ~ed from my efforts из мои́х уси́лий ничего́ не вы́шло 2) конча́ться, име́ть результа́том (in)

**resultant** [rɪ'zʌltənt] **1.** *a* 1) получа́ющийся в результа́те; проистека́ющий 2) *физ.* равноде́йствующий

**2.** *n физ.* равноде́йствующая (*тж.* ~ force)

**resume** [rɪ'zju:m] *v* 1) возобновля́ть, продолжа́ть (*после перерыва*); to ~ a story продолжа́ть пре́рванный расска́з; well, to ~ ита́к, продо́лжим 2) получа́ть, брать обра́тно; to ~ one's health попра́виться 3) подводи́ть ито́г, резюми́ровать

**résumé** ['rezju(:)meɪ] *фр. n* 1) резюме́; сво́дка; конспе́кт 2) кра́ткие анкéтные дáнные (*о поступающем на работу и т. п.*)

**resumption** [rɪ'zʌmpʃən] *n* 1) возобновлéние; продолжéние (*после перерыва*) 2) возвращéние; получéние обрáтно

**resumptive** [rɪ'zʌmptɪv] *a* суммúрующий, обобщáющий

**re-surface** ['riː'səːfɪs] *v* 1) покрывáть зáново 2) переклáдывать покрытие дорóги; вновь заасфальтúровать 3) всплывáть на повéрхность (*о подводной лодке*)

**resurgence** [rɪ'səːdʒəns] *n* 1) возрождéние (*надежд и т. п.*) 2) восстановлéние (*сил*)

**resurgent** [rɪ'səːdʒənt] *a* 1) возрождáющийся (*о надеждах и т. п.*) 2) оправляющийся (*после поражения*); оживáющий 3) восстáвший

**resurrect** [ˌrezə'rekt] *v разг.* 1) воскресáть 2) воскрешáть (*старый обычай, память о чём-л.*) 3) выкáпывать (*тело из могилы*)

**resurrection** [ˌrezə'rekʃən] *n* 1) воскресéние (*из мёртвых*) 2) воскрешéние (*обычая и т. п.*); восстановлéние 3) выкáпывание трýпов 4) *attr.*: ~ man = resurrectionist ◇ ~ pie пирóг из остáтков

**resurrectionist** [ˌrezə'rekʃənɪst] *n* похитúтель трýпов

**resuscitate** [rɪ'sʌsɪteɪt] *v* 1) воскрешáть, оживлять; приводúть в сознáние 2) воскресáть, оживáть; приходúть в сознáние

**ret** [ret] *v* мочúть (*лён, коноплю и т. п.*)

**retail** 1. *n* ['riːteɪl] 1) рóзничная продáжа; at ~ в рóзницу 2) *attr.* рóзничный; ~ price рóзничная ценá; ~ dealer рóзничный торгóвец

2. *v* [riː'teɪl] 1) продавáть(ся) в рóзницу 2) распространять, перескáзывать (*новости*); to ~ gossip передавáть сплéтни

3. *adv* ['riːteɪl] в рóзницу

**retailer** [riː'teɪlə] *n* 1) рóзничный торгóвец, лáвочник 2) сплéтник; болтýн

**retain** [rɪ'teɪn] *v* 1) удéрживать; поддéрживать 2) сохранять 3) пóмнить 4) приглашáть, нанимáть (*особ. адвоката*)

**retainer** [rɪ'teɪnə] *n* 1) = retaining fee 2) *ист.* вассáл 3) слугá

**retaining fee** [rɪ'teɪnɪŋ'fiː] *n* предварúтельный гонорáр адвокáту

**retaining wall** [rɪ'teɪnɪŋ'wɔːl] *n* подпóрная стéнка

**retaliate** [rɪ'tælɪeɪt] *v* 1) отплáчивать, отвечáть тем же сáмым; мстить 2) предъявлять встрéчное обвинéние 3) применять репрессáлии

**retaliation** [rɪˌtælɪ'eɪʃən] *n* 1) отплáта, воздаяние, вóзмездие 2) репрессáлия

**retaliatory** [rɪ'tælɪətərɪ] *a* 1) ответный 2) репрессúвный; ~ tariff карáтельный тариф

**retard** [rɪ'tɑːd] *v* 1) задéрживать, замедлять; тормозúть (*развитие и т. п.*) 2) запáздывать; отставáть

**retardation** [ˌriːtɑː'deɪʃən] *n* 1) замедлéние, задéржка, задéрживание 2) помéха; препятствие 3) запáздывание; отставáние

**retardment** [rɪ'tɑːdmənt] = retardation

**retch** [retʃ] 1. *n* рвóта, позывы на рвóту

2. *v* рыгáть; тýжиться (*при рвоте*)

**retention** [rɪ'tenʃən] *n* 1) удéрживание, удержáние; сохранéние 2) спосóбность запоминáния, пáмять 3) *мед.* задержáние, задéржка

**retentive** [rɪ'tentɪv] *a* 1) удéрживающий, сохраняющий; ~ of хорошó задéрживающий (*влагу и т. п.*) 2) хорóший (*о памяти*) 3) обладáющий хорóшей пáмятью

**reticence** ['retɪsəns] *n* 1) сдéржанность 2) скрытность, молчалúвость 3) умáлчивание

**reticent** ['retɪsənt] *a* 1) сдéржанный 2) скрытный 3) умáлчивающий (*о чём-л.*)

**reticle** ['retɪkl] *n* сéтка, перекрéстье, крест визúрных нитéй (*оптического прибора*)

**reticulate** 1. *a* [rɪ'tɪkjulɪt] сéтчатый

2. *v* [rɪ'tɪkjuleɪt] покрывáть сéтчатым узóром

**reticulated** [rɪ'tɪkjuleɪtɪd] 1. *p. p. от* reticulate 2

2. *a* сéтчатый

**reticulation** [rɪˌtɪkju'leɪʃən] *n* сéтчатый узóр; сéтчатое строéние

**reticule** ['retɪkjuːl] *n* 1) сýмочка, ридикюль 2) = reticle

**retina** ['retɪnə] *n* (*pl* -s [-z], -ae) *анат.* сетчáтка, сéтчатая оболóчка (*глаза*)

**retinae** ['retɪniː] *pl от* retina

**retinue** ['retɪnjuː] *n* свúта

**retire** [rɪ'taɪə] 1. *v* 1) удаляться, уходúть; to ~ for the night ложúться спать 2) оставлять (*должность*); уходúть в отстáвку 3) уединяться; to ~ into oneself уходúть в себя 4) *воен.* отступáть; дать прикáз об отступлéнии 5) увольнять(ся) 6) *эк.* изымáть из обращéния

2. *n воен.* прикáз об отступлéнии; сигнáл отхóда; отбóй

**retired** [rɪ'taɪəd] 1. *p. p. от* retire 1

2. *a* 1) удалúвшийся от дел; отставнóй, в отстáвке; ушéдший на пéнсию; the ~ list спúсок офицéров, находящихся в отстáвке; ~ pay пéнсия офицéрам, находящимся в отстáвке 2) уединённый; скрытый 3) зáмкнутый, скрытный

**retiree** [rɪˌtaɪə'riː] *n* отставнúк, офицéр в отстáвке

**retirement** [rɪ'taɪəmənt] *n* 1) отстáвка 2) выход в отстáвку *или* на пéнсию 3) уединéние; уединённая жизнь 4) *воен.* отступлéние, отхóд 5) *attr.*: ~ age пенсиóнный вóзраст

**retiring** [rɪ'taɪərɪŋ] 1. *pres. p. от* retire 1

2. *a* 1) скрóмный, застéнчивый 2) склóнный к уединéнию

**retiring-room** [rɪ'taɪərɪŋrum] *n* убóрная

**retool** ['riː'tuːl] *v* переоборýдовать; оснащáть нóвой тéхникой

**retort** I [rɪ'tɔːt] 1. *n* 1) возражéние; рéзкий ответ 2) остроýмная рéплика, нахóдчивый ответ ◇ in ~ в отмéстку

2. *v* 1) рéзко возражáть; отпарúровать (*колкость*) 2) отвечáть на оскорблéние *или* обúду тем же; бить протúвника егó же орýжием

**retort** II [rɪ'tɔːt] *хим.* 1. *n* ретóрта

2. *v* перегонять

**retortion** [rɪ'tɔːʃən] *n* 1) загибáние назáд 2) *дип.* ретóрсия

**retouch** ['riː'tʌtʃ] 1. *n* рéтушь; ретушúрование

2. *v* 1) ретушúровать 2) подкрáшивать (*волосы, ресницы*) 3) дéлать попрáвки (*в картине, стихах и т. п.*)

**retoucher** ['riː'tʌtʃə] *n* ретушёр

**retrace** [rɪ'treɪs] *v* 1) проследúть (*процесс в развитии*) 2) восстанáвливать в пáмяти 3) возвращáться (по прóйденному путú); to ~ one's steps вернýться

**retract** [rɪ'trækt] *v* 1) втягивать; оттягивать; отводúть; the cat ~s its claws кóшка прячет кóгти 2) брать назáд (*слова и т. п.*), отрекáться, откáзываться (*от чего-л.*); отменять

**retractation** [ˌriːtræk'teɪʃən] *n* отречéние, откáз (*от своих слов и т. п.*)

**retractile** [rɪ'træktaɪl] *a* спосóбный сокращáться, втягиваться

**retractility** [ˌriːtræk'tɪlɪtɪ] *n* спосóбность сокращáться, втягиваться

**retraction** [rɪ'trækʃən] *n* 1) втягивание 2) стягивание, сокращéние 3) = retractation

**retractive** [rɪ'træktɪv] *a* 1) *анат.* сократúтельный 2) втяжнóй

**retractor** [rɪ'træktə] *n анат.* сократúтельная мышца

**retraining** ['riː'treɪnɪŋ] *n* переподготóвка

**retranslate** ['riːtræns'leɪt] *v* 1) вновь перевестú 2) сдéлать обрáтный перевóд

**re-tread** ['riː'tred] *авто* 1. *n* нóвая покрышка; нóвый протéктор

2. *v* сменúть покрышку; возобновлять протéктор

**retreat** [rɪ'triːt] 1. *n* 1) отступлéние; to intercept the ~(of) отрéзать путь к отступлéнию; to make good one's ~ благополýчно отступúть; *перен.* удáчно отдéлаться 2) *воен.* сигнáл к отступлéнию, отбóй; to sound the ~ трубúть отступлéние, отбóй; to beat a ~ бить отбóй; *перен.* идтú на попятный 3) уединéние 4) убéжище; приют, пристáнище 5) *воен.* вечéрняя заря; спуск флáга 6) психиатрúческая больнúца 7) *горн.* отступáющая выемка

2. *v* 1) уходúть, отходúть; отступáть 2) удаляться

**retreating** [rɪ'triːtɪŋ] 1. *pres. p. от* retreat 2

2. *a*: ~ chin срéзанный подбородóк; ~ forehead покáтый лоб

**retrench** [rɪ'trentʃ] *v* 1) сокращáть, урéзывать (*расходы*); эконóмить 2) *воен.* окáпываться

**retrenchment** [rɪ'trentʃmənt] *n* 1) сокращéние (*расходов и т. п.*); эконóмия 2) *воен. ист.* ретраншемéнт

**retrial** ['riː'traɪəl] *n* 1) *юр.* пересмóтр судéбного дéла; повтóрное слýшание дéла 2) повтóрный эксперимéнт, нóвая прóба

**retribution** [ˌretrɪ'bjuːʃən] *n* возмéздие, воздаяние, кáра

**retributive** [rɪ'trɪbjutɪv] *a* карáтельный, карáющий

**retrievable** [rɪ'triːvəbl] *a* восстанови́мый; поправи́мый

**retrieval** [rɪ'triːvəl] *n* 1) возвращéние 2) исправлéние

**retrieve** [rɪ'triːv] **1.** *v* 1) (снóва) найти́; вернýть себé; взять обрáтно 2) находи́ть и подавáть (*дичь — о собаке*) 3) восстанáвливать; возвращáть в прéжнее состояние 4) исправлять (*ошибку*); заглáживать (*вину*) 5) реабилити́ровать, восстанáвливать; to ~ one's character восстанови́ть свою репутáцию 6) спасáть

**2.** *n*: beyond (*или* past) ~ безвозврáтно, непоправи́мо

**retriever** [rɪ'triːvə] *n* 1) охóтничья собáка 2) человéк, занимáющийся сбóром чегó-л. 3) *воен.* эвакуациóнный тягáч

**retroaction** [ˌretrəu'ækʃən] *n* 1) обрáтная реáкция; обрáтное дéйствие 2) *юр.* обрáтная си́ла (*закона*)

**retrograde** ['retrəugreɪd] **1.** *a* 1) напрáвленный назáд 2) ретрогрáдный; реакциóнный 3) *воен.* отступáтельный

**2.** *v* 1) дви́гаться назáд 2) регресси́ровать 3) ухудшáться 4) *воен.* отступáть, отходи́ть

**retrogress** [ˌretrəu'gres] *v* 1) дви́гаться назáд 2) регресси́ровать, ухудшáться

**retrogression** [ˌretrəu'greʃən] *n* 1) обрáтное движéние 2) регрéсс, упáдок

**retrogressive** [ˌretrəu'gresɪv] *a* 1) возвращáющийся обрáтно 2) регресси́рующий, реакциóнный

**retrospect** ['retrəuspekt] *n* взгляд назáд, в прóшлое; in ~ ретроспекти́вно

**retrospection** [ˌretrəu'spekʃən] *n* размышлéние о прóшлом; ретроспéкция

**retrospective** [ˌretrəu'spektɪv] *a* 1) обращённый в прóшлое, ретроспекти́вный 2) относящийся к прóшлому 3) *юр.* имéющий обрáтную си́лу

**retroussé** [rə'truːseɪ] *фр. a* вздёрнутый, курнóсый (*о носе*)

**retry** ['riː'traɪ] *v* 1) снóва разбирáть (*судебное дело*) 2) снóва прóбовать

**rettery** ['retərɪ] *n с.-х.* мочи́ло, мéсто расстила и мóчки льна

**return** [rɪ'təːn] **1.** *n* 1) возвращéние; обрáтный путь; by ~ of post обрáтной пóчтой 2) отдáча, возврáт; возмещéние; in ~ в оплáту; в обмéн [*ср. тж.* 3)] 3) возражéние, отвéт; in ~ в отвéт [*ср. тж.* 2)] 4) оборóт; дохóд, при́быль; small profits and quick ~s небольшáя при́быль, но бы́стрый оборóт 5) официáльный отчёт; рáпорт; tax ~ налóговая декларáция (*подаваемая налогоплательщиком для исчисления причитающегося с него налога*) 6) (*обыкн. pl*) результáт вы́боров 7) избрáние 8) отвéтная подáча (*в теннисе и т. п.*) 9) *pl* возвращённый, непрóданный товáр 10) *эл.* обрáтный прóвод; обрáтная сеть 11) *горн.* вентиляциóнный прóсек *или* ходóк 12) *attr.* обрáтный; ~ ticket обрáтный билéт; ~ match (*или* game) *спорт.* отвéтный матч, отвéтная игрá ◇ many happy ~s (of the day) ≅ поздравляю с днём рождéния, желáю вам мнóгих лет жи́зни

**2.** *v* 1) возвращáть; отдавáть, отплáчивать; to ~ a ball отби́ть мяч (*в теннисе и т. п.*); to ~ a bow отвéтить на поклóн; to ~ smb.'s love (*или* affection) отвечáть комý-л. взаи́мностью 2) возвращáться; идти́ обрáтно 3) повторяться (*о приступах, болезни*) 4) приноси́ть (*доход*) 5) отвечáть, возражáть 6) давáть отвéт, доклáдывать; официáльно заявлять; to ~ guilty *юр.* признáть винóвным; to ~ a soldier as killed внести́ солдáта в спи́сок уби́тых 7) избирáть (*в парламент*) ◇ to ~ like for like ≅ отплати́ть той же монéтой; ~ swords! *воен.* шáшки в нóжны!

**returnee** [ˌrɪtəː'niː] *n* 1) вернýвшийся в свою часть (*после госпиталя*) 2) при́званный на действи́тельную слýжбу (*из запаса*) 3) вернýвшийся (*из поездки, ссылки и т. п.*)

**returning officer** [rɪ'təːnɪŋ'ɔfɪsə] *n* должностнóе лицó, осуществляющее контрóль над проведéнием парлáментских вы́боров

**reunify** ['riː'juːnɪfaɪ] *v* воссоединять

**reunion** ['riː'juːnjən] *n* 1) воссоединéние 2) встрéча друзéй; вечери́нка; family ~ сбор всей семьи́ 3) примирéние

**reunite** ['riːjuː'naɪt] *v* 1) (вос)соединять(ся) 2) собирáться

**rev** [rev] *разг.* **1.** *n* оборóт (*двигателя*)

**2.** *v* вращáть(ся) □ ~ **up** увели́чивать скóрость, числó оборóтов; давáть газ

**revamp** ['riː'væmp] *v* 1) *разг.* починять, поправлять, ремонти́ровать 2) *амер.* стáвить нóвую союзку (*на сапог*)

**revanche** [rɪ'vɑːŋʃ] *фр. n* ревáнш

**reveal I** [rɪ'viːl] *v* 1) открывáть; разоблачáть; to ~ a secret вы́дать секрéт 2) покáзывать, обнарýживать; to ~ itself появи́ться, обнарýжиться

**reveal II** [rɪ'viːl] *n стр.* при́толока; чéтверть (*окна или двери*)

**reveille** [rɪ'vælɪ] *n воен.* побýдка, подъём, ýтренняя заря

**revel** ['revl] **1.** *n* 1) весéлье 2) (*часто pl*) пирýшка

**2.** *v* 1) пировáть, брáжничать; кути́ть 2) упивáться, наслаждáться (in)

**revelation** [ˌrevɪ'leɪʃən] *n* 1) откровéние; the Revelation(s) *библ.* апокáлипсис 2) откры́тие; раскры́тие (*тайны и т. п.*); разоблачéние

**revelry** ['revlrɪ] *n* 1) пирýшка, попóйка 2) шýмное весéлье

**revenge** [rɪ'vendʒ] **1.** *n* 1) мщéние, месть, отмщéние; to take (one's) ~ on (*или* upon) smb. отомсти́ть комý-л.; in ~ в отмéстку 2) ревáнш; to give smb. his ~ дать комý-л. возмóжность отыгрáться

**2.** *v* мстить, отомсти́ть; to ~ an insult отомсти́ть за оскорблéние; to ~ oneself отомсти́ть (on, upon — *кому-либо*; for — за *что-л.*)

**revengeful** [rɪ'vendʒful] *a* мсти́тельный

**revenger** [rɪ'vendʒə] *n* мсти́тель

**revenue** ['revɪnjuː] *n* 1) годовóй дохóд (*особ.* госудáрственный) 2) *pl* дохóдные статьи́ 3) департáмент госудáрственных сбóров 4) *attr.* тамóженный; ~ cutter тамóженное сýдно; ~ officer тамóженный чинóвник

**reverberant** [rɪ'vəːbərənt] *a* 1) отражáющийся (*о звуке и т. п.*) 2) звучáщий, звýчный

**reverberate** [rɪ'vəːbəreɪt] *v* 1) отражáть(ся); отдавáться (*о звуке*) 2) плáвить (*в отражательной печи*) 3) *редк.* воздéйствовать, влиять

**reverberating** [rɪ'vəːbəreɪtɪŋ] **1.** *pres. p. от* reverberate

**2.** *a* 1) отражáющийся 2) звучáщий; ~ peal of thunder грохóчущий раскáт грóма 3) гремящий; грóмкий (*о славе и т. п.*)

**reverberation** [rɪˌvəːbə'reɪʃən] *n* 1) отражéние; ревербéрация 2) раскáт (*грома*) 3) э́хо, óтзвук

**reverberator** [rɪ'vəːbəreɪtə] *n* 1) рефлéктор 2) = reverberatory furnace

**reverberatory furnace** [rɪ'vəːbərətərɪ'fəːnɪs] *n метал.* отражáтельная печь

**revere** [rɪ'vɪə] *v* уважáть; почитáть, чтить; благоговéть

**reverence** ['revərəns] **1.** *n* 1) почтéние; почти́тельность; благоговéние; to hold in ~, to regard with ~ почитáть 2) *редк.* поклóн, ревeрáнс 3): Your ~ *диал. или шутл.* вáше преподóбие (*обращение к священнику*)

**2.** *v* почитáть, уважáть

**reverend** ['revərənd] *a* 1) почтéнный 2) (R.) преподóбный (*титул священника*); the R. gentleman свящéнник, о котóром идёт речь; the Very R. (егó) высокопреподóбие (*о настоятеле собора*); the Right R. (егó) преосвящéнство (*о епископе*); the Most R. (егó) высокопреосвящéнство (*об архиепископе*)

**reverent** ['revərənt] *a* почти́тельный, благоговéйный

**reverential** [ˌrevə'renʃəl] = reverent

**reverie** ['revərɪ] *n* 1) мечтáтельность, задýмчивость 2) мечты́; to be lost in ~ мечтáть; to indulge in ~ предавáться мечтáм

**reversal** [rɪ'vəːsəl] *n* 1) по́лное измене́ние; по́лная перестано́вка 2) отме́на; аннули́рование; the ~ of judgement отме́на реше́ния суда́ 3) *тех.* реверси́рование

**reverse** [rɪ'vəːs] **1.** *n* 1) (the ~) противополо́жное, обра́тное; quite the ~, very much the ~ совсе́м наоборо́т 2) обра́тная сторона́ (*монеты и т. п.*) 3) переме́на (*к худшему*) 4) неуда́ча, превра́тность; to meet with a ~ потерпе́ть неуда́чу; to have (*или* to experience) ~s понести́ де́нежные поте́ри 5) пораже́ние, прова́л 6) за́дний *или* обра́тный ход; in ~, on the ~ за́дним хо́дом 7) *тех.* реверси́рование; механи́зм переме́ны хо́да ◇ to take in the ~ *воен.* атакова́ть *или* откры́ть ого́нь с ты́ла

**2.** *a* обра́тный; перевёрнутый; противополо́жный; ~ side обра́тная сторона́; ~ motion движе́ние в обра́тную сто́рону; ~ fire *воен.* ты́льный ого́нь

**3.** *v* 1) перевёртывать; вывёртывать; опроки́дывать; to ~ arms *воен.* поверну́ть винто́вку прикла́дом вверх 2) меня́ть, изменя́ть; positions are ~d пози́ции перемени́лись; to ~ a policy кру́то измени́ть поли́тику; to ~ the order поста́вить в обра́тном поря́дке 3) повора́чивать(ся) в противополо́жном направле́нии 4) аннули́ровать, отменя́ть 5) *тех.* дать за́дний *или* обра́тный ход (*машине*); реверси́ровать

**reversibility** [rɪˌvəːsə'bɪlɪtɪ] *n* 1) обрати́мость 2) *тех.* реверси́вность

**reversible** [rɪ'vəːsəbl] *a* 1) обрати́мый 2) двусторо́нний (*о ткани*) 3) *тех.* с пере́дним и за́дним хо́дом, реверси́вный

**reversion** [rɪ'vəːʃən] *n* 1) возвраще́ние (*к прежнему состоянию*) 2) *биол.* атави́зм (*тж.* ~ to type) 3) *юр.* возвраще́ние иму́щества к первонача́льному со́бственнику *или* его́ насле́дникам 4) страхо́вка, выпла́чиваемая по́сле сме́рти

**reversionary** [rɪ'vəːʃnərɪ] *a* обра́тный, реверси́вный

**revert** [rɪ'vəːt] *v* 1) возвраща́ться (*в прежнее состояние*) 2) возвраща́ться (*к ранее высказанной мысли*) 3) *юр.* переходи́ть к пре́жнему владе́льцу 4) *редк.* поверну́ть наза́д; to ~ the eyes а) посмотре́ть наза́д; б) сверну́ться; отвести́ глаза́ 5) *биол.* проявля́ть атависти́ческие при́знаки

**revet** [rɪ'vet] *v стр.* облицо́вывать, выкла́дывать ка́мнем; to ~ a trench одева́ть транше́ю мешка́ми с песко́м *и т. п.*

**revetment** [rɪ'vetmənt] *n стр.* облицо́вка, обши́вка; покры́тие, оде́жда отко́сов

**review** [rɪ'vjuː] **1.** *n* 1) обзо́р, обозре́ние; to pass in ~ рассма́тривать, обозрева́ть [*ср. тж.* 6)] 2) просмо́тр, прове́рка 3) реце́нзия 4) периоди́ческий журна́л 5) *школ.* повторе́ние про́йденного материа́ла 6) *воен.* смотр; пара́д; to pass in ~ де́лать смотр; пропуска́ть торже́ственным ма́ршем [*ср. тж.* 1)] 7) *юр.* пересмо́тр 8) *театр.* обозре́ние, ревю́

**2.** *v* 1) обозрева́ть; осма́тривать 2) просма́тривать, проверя́ть 3) пересма́тривать, рассма́тривать 4) рецензи́ровать, де́лать (крити́ческий) обзо́р 5) повторя́ть про́йденный материа́л 6) производи́ть смотр (*войскам и т. п.*); принима́ть пара́д 7) *юр.* пересма́тривать

**reviewer** [rɪ'vju(ː)ə] *n* обозрева́тель; рецензе́нт

**revile** [rɪ'vaɪl] *v* оскорбля́ть; руга́ть(-ся), поноси́ть, брани́ть

**revise** [rɪ'vaɪz] **1.** *n полигр.* втора́я корректу́ра; све́рка

**2.** *v* 1) проверя́ть; исправля́ть 2) изменя́ть, пересма́тривать; перераба́тывать

**revised** [rɪ'vaɪzd] **1.** *p. p. от* revise 2

**2.** *a* испра́вленный; ~ edition пересмо́тренное и испра́вленное изда́ние

**reviser** [rɪ'vaɪzə] *n* ревизио́нный корре́ктор

**revision** [rɪ'vɪʒən] *n* 1) пересмо́тр, реви́зия 2) прове́рка, осмо́тр 3) пересмо́тренное и испра́вленное изда́ние

**revisionism** [rɪ'vɪʒənɪzm] *n полит.* ревизиони́зм

**revisionist** [rɪ'vɪʒənɪst] *полит.* **1.** *n* ревизиони́ст

**2.** *a* ревизиони́стский

**revisit** ['riː'vɪsɪt] *v* сно́ва посети́ть

**revisory** [rɪ'vaɪzərɪ] *a* ревизио́нный

**revival** [rɪ'vaɪvəl] *n* 1) возрожде́ние; оживле́ние; R. of Learning Возрожде́ние, Ренесса́нс (*в литературе*) 2) восстановле́ние (*сил, энергии*) 3) возобновле́ние (*постановки*) 4) *attr.*: R. style *архит.* стиль Ренесса́нс

**revive** [rɪ'vaɪv] *v* 1) приходи́ть в себя́ 2) приводи́ть в чу́вство 3) ожива́ть, воскреса́ть (*о надеждах и т. п.*) 4) оживля́ть; возрожда́ть, воскреша́ть (*моду и т. п.*) 5) восстана́вливать (*силы, энергию*) 6) восстана́вливать, возобновля́ть; to ~ a play возобновля́ть постано́вку

**reviver** [rɪ'vaɪvə] *n* 1) тот, кто оживля́ет, возрожда́ет *и пр.* [*см.* revive] 2) *разг.* кре́пкий напи́ток

**revivification** [ri(ː)ˌvɪvɪfɪ'keɪʃən] *n* 1) возвраще́ние к жи́зни, оживле́ние 2) *хим.* реактива́ция

**revivify** [ri(ː)'vɪvɪfaɪ] *v* 1) возрожда́ть к жи́зни, оживля́ть 2) *хим.* реактиви́ровать

**revocable** ['revəkəbl] *a* подлежа́щий отме́не

**revocation** [ˌrevə'keɪʃən] *n* отме́на, аннули́рование (*закона и т. п.*)

**revoke** [rɪ'vəuk] **1.** *v* 1) отменя́ть, аннули́ровать (*закон, приказ и т. п.*) 2) брать наза́д (*обещание*) 3) *карт.* объявля́ть рено́нс при нали́чии тре́буемой ма́сти

**2.** *n карт.* рено́нс при нали́чии тре́буемой ма́сти

**revolt** [rɪ'vəult] **1.** *n* 1) восста́ние, мяте́ж; in ~ восста́вший; охва́ченный восста́нием; to rise in ~ восстава́ть 2) проте́ст, бунт 3) отвраще́ние

**2.** *v* 1) восстава́ть (against) 2) проти́виться, восстава́ть; чу́вствовать отвраще́ние (at, from, against) 3) отта́лкивать, вызыва́ть отвраще́ние

**revolted** [rɪ'vəultɪd] **1.** *p. p. от* revolt 2

**2.** *a* восста́вший

**revolting** [rɪ'vəultɪŋ] **1.** *pres. p. от* revolt 2

**2.** *a* отврати́тельный; отта́лкивающий

**revolution I** [ˌrevə'luːʃən] *n* 1) револю́ция 2) переворо́т; palace ~ дворцо́вый переворо́т 3) крута́я ло́мка, круто́й перело́м

**revolution II** [ˌrevə'luːʃən] *n* 1) кругово́е враще́ние 2) по́лный оборо́т; цикл; ~s per minute число́ оборо́тов в мину́ту 3) периоди́ческое возвраще́ние; кругооборо́т; the ~ of the seasons сме́на времён го́да 4) севооборо́т 5) *attr.*: ~ counter *тех.* счётчик числа́ оборо́тов

**revolutionary I** [ˌrevə'luːʃnərɪ] **1.** *n* революционе́р

**2.** *a* революцио́нный; ~ ideas революцио́нные иде́и; ~ discoveries откры́тия, производя́щие переворо́т в нау́ке

**revolutionary II** [ˌrevə'luːʃnərɪ] *a* враща́ющийся

**revolutionism** [ˌrevə'luːʃnɪzm] *n* революцио́нность

**revolutionist** [ˌrevə'luːʃnɪst] *n* революционе́р

**revolutionize** [ˌrevə'luːʃnaɪz] *v* 1) революционизи́ровать 2) производи́ть коренну́ю ло́мку

**revolve** [rɪ'vɔlv] *v* 1) враща́ть(ся); верте́ть(ся) 2) периоди́чески возвраща́ться *или* сменя́ться 3) обду́мывать (*тж.* ~ in the mind)

**revolver** [rɪ'vɔlvə] *n* 1) револьве́р 2) *тех.* бараба́н

**revolving** [rɪ'vɔlvɪŋ] **1.** *pres. p. от* revolve

**2.** *a* 1) обраща́ющийся 2) враща́ющийся, поворо́тный; ~ door враща́ющаяся дверь

**revue** [rɪ'vjuː] *фр. n театр.* обозре́ние, ревю́

**revulsion** [rɪ'vʌlʃən] *n* 1) внеза́пное си́льное измене́ние (*чувств и т. п.*) 2) отвраще́ние 3) *мед.* отвлече́ние (*боли и т. п.*); отли́в (*крови*)

**revulsive** [rɪ'vʌlsɪv] *мед.* **1.** *a* отвлека́ющий

**2.** *n* отвлека́ющее сре́дство

**reward** [rɪ'wɔːd] **1.** *n* 1) награ́да 2) вознагражде́ние; in ~ for smth. в награ́ду за что-л.

**2.** *v* 1) награжда́ть 2) вознагражда́ть; воздава́ть до́лжное

**rewarding** [rɪ'wɔːdɪŋ] **1.** *pres. p. от* reward 2

**2.** *a* сто́ящий

**reword** ['riː'wəːd] *v* 1) выража́ть други́ми слова́ми; меня́ть формулиро́вку 2) повтори́ть

**rewrite** ['riː'raɪt] *v* (rewrote; rewritten) 1) переписа́ть 2) переде́лать, перерабо́тать

**rewritten** ['ri:'rɪtn] *p. p. от* rewrite

**rewrote** ['ri:'rəut] *past от* rewrite

**Reynard** ['renəd, 'renɑ:d] *n* Ре́йнеке-лис (*прозвище лисы в фольклоре*)

**rhapsode** ['ræpsəud] *др.-греч.* *n* рапсо́д

**rhapsodic(al)** [ræp'sɔdɪk(əl)] *a* восто́рженный; напы́щенный

**rhapsodize** ['ræpsədaɪz] *v* говори́ть *или* писа́ть напы́щенно (*обыкн.* ~ about, ~ on)

**rhapsody** ['ræpsədɪ] *n* 1) рапсо́дия 2) восто́рженная *или* напы́щенная речь

**Rhenish** ['ri:nɪʃ] *уст.* **1.** *a* ре́йнский

**2.** *n* = Rhine wine

**rhenium** ['ri:nɪəm] *n хим.* ре́ний

**rheostat** ['ri:əustæt] *n эл.* реоста́т

**rhesus** ['ri:səs] *n зоол.* ре́зус

**rhetor** ['ri:tə] *n* 1) ри́тор 2) профессиона́льный ора́тор

**rhetoric** ['retərɪk] *n* 1) рито́рика; ора́торское иску́сство 2) краснобá́йство

**rhetorical** [rɪ'tɔrɪkəl] *a* ритори́ческий

**rhetorician** [ˌretə'rɪʃən] *n* 1) ри́тор 2) красноба́й

**rheum** [ru:m] *n уст.* 1) выделе́ния (*слизистых оболочек*) 2) на́сморк

**rheumatic** [ru(:)'mætɪk] **1.** *a* ревмати́ческий

**2.** *n* 1) ревма́тик 2) *pl разг.* ревмати́зм

**rheumaticky** [ru(:)'mætɪkɪ] *a разг.* ревмати́ческий

**rheumatism** ['ru:mətɪzm] *n* ревмати́зм

**rheumatiz** ['ru:mətɪz] (*обыкн. диал.*) = rheumatism

**Rhinestone** ['raɪnstəun] *n* 1) го́рный хруста́ль 2) фальши́вый бриллиа́нт

**Rhine wine** ['raɪn'waɪn] *n* ре́йнское (вино́), рейнве́йн

**rhino** I ['raɪnəu] *n* (*pl* -os [-əuz]) *разг. сокр. от* rhinoceros

**rhino** II ['raɪnəu] *n sl.* де́ньги

**rhinoceros** [raɪ'nɔsərəs] *n* носоро́г

**rhodium** ['rəudjəm] *n хим.* ро́дий

**rhododendron** [ˌrəudə'dendrən] *n бот.* рододе́ндрон

**rhodonite** ['rəudənaɪt] *n мин.* родони́т

**rhomb** [rɔm] *n* ромб

**rhombi** ['rɔmbaɪ] *pl от* rhombus

**rhombic** ['rɔmbɪk] *a* ромби́ческий

**rhomboid** ['rɔmbɔɪd] *n* ромбо́ид

**rhombus** ['rɔmbəs] *n* (*pl* -es [-ɪz], -bi) ромб

**rhubarb** ['ru:bɑ:b] *n бот.* реве́нь

**rhumb** [rʌm] *n мор.* румб

**rhyme** [raɪm] **1.** *n* 1) ри́фма, рифмо́ванный стих; double (*или* female, feminine) ~ же́нская ри́фма; single (*или* male, masculine) ~ мужска́я ри́фма; imperfect ~ непо́лная ри́фма 2) (*часто pl*) рифмо́ванное стихотворе́ние 3) поэ́зия ◇ neither ~ nor reason ни скла́ду ни ла́ду; without ~ or reason ни с того́ ни с сего́

**2.** *v* 1) писа́ть рифмо́ванные стихи́ 2) рифмова́ть (with, to — с)

**rhymed** [raɪmd] **1.** *p. p. от* rhyme 2

**2.** *a* рифмо́ванный

**rhymer** ['raɪmə] = rhymester

**rhymester** ['raɪmstə] *n пренебр.* рифмоплёт

**rhyming** ['raɪmɪŋ] **1.** *pres. p. от* rhyme 2

**2.** *a* рифму́ющий; ~ dictionary слова́рь рифм

**rhythm** ['rɪðəm] *n* 1) ритм 2) разме́р (*стиха*)

**rhythmic(al)** ['rɪðmɪk(əl)] *a* ритми́ческий, ритми́чный, ме́рный

**rial** ['ri:əl] *n* риа́л (*денежная единица Ирана*)

**riant** ['raɪənt] *a* улыба́ющийся, весёлый (*о лице, глазах*)

**rib** [rɪb] **1.** *n* 1) ребро́; false (*или* floating, asternal) ~ ло́жное ребро́ 2) о́стрый край; ребро́ (*чего-л.*) 3) пру́тик зонта́ 4) ру́бчик (*в вязанье и т. п.*) 5) *шутл.* жена́ 6) *бот.* жи́лка листа́ 7) *стр.* ребро́ 8) *мор.* шпанго́ут 9) *тех.* ребро́ (*жёсткости*) 10) *ав.* нервю́ра 11) *горн.* столб, цели́к

**2.** *v* 1) снабжа́ть рёбрами, укрепля́ть 2) *амер. разг.* высме́ивать, подшу́чивать, дразни́ть

**ribald** ['rɪbəld] **1.** *n* скверносло́в; грубия́н

**2.** *a* гру́бый, непристо́йный; неприли́чный; поха́бный

**ribaldry** ['rɪbəldrɪ] *n* сквернosло́вие, гру́бость, непристо́йность

**riband** ['rɪbənd] = ribbon 1

**ribband** ['rɪbənd] *n* строи́тельная ры́бина (*в судостроении*)

**ribbed** [rɪbd] **1.** *p. p. от* rib 2

**2.** *a* 1) ребри́стый; ру́бчатый; рифлёный; с насе́чкой 2) полоса́тый

**ribbing** ['rɪbɪŋ] **1.** *pres. p. от* rib 2

**2.** *n* 1) ребри́стость 2) *спец.* укрепле́ние рёбрами

**ribbon** ['rɪbən] **1.** *n* 1) ле́нта; у́зкая поло́ска; typewriter ~ ле́нта для пи́шущей маши́нки 2) *pl* кло́чья; ~s of mist кло́чья тума́на; torn to ~s разо́рванный в кло́чья 3) *pl разг.* во́жжи; to handle (*или* to take) the ~s пра́вить лошадьми́ 4) знак отли́чия, наши́вка; о́рденская ле́нта 5) *attr.* ле́нточный; из ле́нт(ы) ◇ R. Society *ист.* североирла́ндское та́йное католи́ческое о́бщество (*начала XIX в.*); red ~ ле́нта о́рдена Ба́ни

**2.** *v* 1) украша́ть ле́нтами 2) дели́ть, разрыва́ть на поло́ски

**ribboned** ['rɪbənd] **1.** *p. p. от* ribbon 2

**2.** *a* укра́шенный ле́нтами

**rice** [raɪs] *n* 1) рис 2) *attr.* ри́совый; ~ field ри́совое по́ле

**rice-flakes** ['raɪs'fleɪks] *n pl кул.* ри́совые хло́пья

**rice-paper** ['raɪsˌpeɪpə] *n* ри́совая бума́га

**rice-water** ['raɪsˌwɔ:tə] *n* ри́совый отва́р

**rich** [rɪʧ] **1.** *a* 1) бога́тый (in — *чем-л.*) 2) роско́шный 3) це́нный; сто́ящий; a ~ suggestion це́нное предложе́ние 4) оби́льный, изоби́лующий; плодоро́дный; ~ soil ту́чная по́чва; ~ harvest бога́тый урожа́й 5) жи́рный; сдо́бный; ~ milk жи́рное молоко́; ~ dish пита́тельное блю́до; ~ cream густы́е сли́вки 6) пря́ный; си́льный (*о запахе*) 7) мя́гкий, ни́зкий, глубо́кий (*о тоне*); густо́й, интенси́вный, я́ркий (*о цвете*) 8) со́чный (*о фруктах*) 9) *разг.* заба́вный (*о происшествии, мысли, предложении и т. п.*); that's ~! вот э́то заба́вно!

**2.** *n* (the ~) *pl собир.* богачи́, бога́тые

**Richard Roe** ['rɪʧəd'rəu] *n юр.* отве́тчик в суде́бном проце́ссе (*употр. нарицательно о человеке, настоящее имя которого неизвестно*) [*см. тж.* John Doe]

**riches** ['rɪʧɪz] *n pl* 1) бога́тство, оби́лие 2) бога́тства, сокро́вища; the ~ of the soil сокро́вища недр

**richly** ['rɪʧlɪ] *adv* 1) бога́то, роско́шно 2) вполне́, основа́тельно; по́лностью; he ~ deserves punishment он вполне́ заслу́живает наказа́ния

**richness** ['rɪʧnɪs] *n* 1) бога́тство (*чего-л.*); я́ркость, жи́вость (*красок и т. п.*) 2) плодоро́дие 3) сдо́бность, жи́рность (*пищи*) 4) со́чность (*плода*)

**rick** I [rɪk] **1.** *n* стог; скирда́

**2.** *v* скла́дывать в стог

**rick** II [rɪk] = wrick

**rickets** ['rɪkɪts] *n* (*употр. как sing и как pl*) *мед.* рахи́т

**rickety** ['rɪkɪtɪ] *a* 1) рахити́чный 2) расша́танный; хру́пкий (*о здоровье*) 3) ша́ткий, неусто́йчивый; ~ chair расша́танный стул; ~ house покоси́вшийся дом

**ricksha(w)** ['rɪkʃɔ:] *яп.* *n* ри́кша

**ricochet** ['rɪkəʃeɪ] **1.** *n* рикоше́т

**2.** *v* де́лать рикоше́т; бить рикоше́том

**rictus** ['rɪktəs] *лат.* *n* ротово́е отве́рстие

**rid** [rɪd] *v* (rid, ridded [-ɪd]) освобожда́ть, избавля́ть (of — от *чего-л.*); to get ~ of smb., smth. отде́лываться, избавля́ться от кого́-л., чего́-л.

**ridable** ['raɪdəbl] *a* приго́дный для верхово́й езды́

**riddance** ['rɪdəns] *n* избавле́ние; устране́ние; a good ~ избавле́ние (*от чего-л. неприятного*); good ~! тем лу́чше!; хорошо́, что изба́вились!; ≅ ска́тертью доро́га!

**riddel** ['rɪdl] *n церк.* заве́са (у алтаря́)

**ridden** ['rɪdn] *p. p. от* ride 2

**-ridden** [-rɪdn] *в сложных словах означает* во вла́сти (*чего-л.*); одержи́мый (*чем-л.*); bed-ridden прико́ванный к посте́ли; fear-ridden охва́ченный стра́хом

**riddle** I ['rɪdl] **1.** *n* зага́дка; to talk in ~s говори́ть зага́дками

**2.** *v* 1) говори́ть зага́дками 2) разга́дывать (*загадки*)

**riddle** II ['rɪdl] **1.** *n* 1) решето́, гро́хот; си́то 2) экра́н; щит

2. *v* 1) просéивать, грохотúть 2) изрешéчивать (*пулями*) 3) забрáсывать возражéниями; подвергáть сурóвой крúтике; докáзывать несостоятельность, непрáвотý

**ride** [raɪd] **1.** *n* 1) прогýлка, поéздка, ездá (*верхом, на машине, на велосипеде и т. п.*); to go for a ~ прокатúться 2) дорóга, аллéя (*особ.* для верховóй езды́) 3) аттракциóн для катáния (*колесо обозрения, карусель и т. п.*) ◇ to take smb. for a ~ *амер. sl.* а) убúть, прикóнчить когó-л.; б) обманýть, надýть, одурáчить когó-л.

2. *v* (rode, ridden) 1) éхать верхóм; сидéть верхóм (*на чём-л.*); to ~ full speed скакáть во весь опóр; to ~ a race учáствовать в скáчках; to ~ a horse to death загнáть лóшадь; to ~ a joke to death *шутл.* заéздить шýтку 2) éхать (*в автобусе, в трамвае, на велосипеде, в поезде и т. п.*) 3) катáть(ся), качáть(ся); to ~ a child on one's foot качáть ребёнка на ногé 4) парúть; плыть; скользúть; the moon was riding high лунá плылá высокó; the ship ~s the waves сýдно скользúт по волнáм 5) стоя́ть на я́коре; the ship ~s (at anchor) корáбль стоúт на я́коре 6) управля́ть; подавля́ть; терроризúровать 7) угнетáть; одолевáть (*о чувствах, сомнениях и т. п.*) 8) быть пригóдным для верховóй езды́ (*о грунте*) 9) вéсить (*о жокее*) 10) *разг.* издевáться, дразнúть, изводúть 11) *разг.* жестóко критиковáть 12) пускáть на самотёк; не вмéшиваться; let it ~ пусть бýдет как бýдет 13) быть обуслóвленным (*чем-л.*); зависеть от (on) 14) импровизúровать (*в джазе*) □ ~ **at** направля́ть на; to ~ one's horse at a fence вестú лóшадь на барьéр; ~ **down** а) нагоня́ть, настигáть верхóм; б) сшибúть с ног, задавúть; ~ **out** а) благополýчно перенестú (*шторм — о корабле*); б) вы́йти из затруднúтельного положéния ◇ to ~ for a fall а) нестúсь как безýмный, неосторóжно éздить верхóм; б) дéйствовать безрассýдно; обрекáть себя́ на неудáчу; to ~ off on a side issue заговорúть о второстепéнном, чтóбы увильнýть от глáвного (вопрóса); to ~ the whirlwind держáть в рукáх и направля́ть *что-л.* (*восстание и т. п.*)

**ridel** ['rɪdl] = riddel

**rider** ['raɪdə] *n* 1) наéздник, всáдник 2) седóк 3) дополнéние, поправка (*к документу*) 4) вы́вод, заключéние; *юр.* осóбое мнéние 5) предмéт, лежáщий повéрх другóго предмéта 6) *мат.* дополнúтельная задáча для провéрки знáний учáщегося; дополнúтельная теорéма, необходúмая для доказáтельства основнóй 7) *мор.* рúдерс

**riderless** ['raɪdəlɪs] *a* без всáдника (*о лошади, потерявшей всадника*)

**ridge** [rɪdʒ] **1.** *n* 1) грéбень горы́; гóрный кряж, хребéт; грядá гор; водораздéл 2) подвóдная скалá 3) конёк (*крыши*) 4) гря́дка; грéбень борозды́ 5) рýбчик (*на материи*); тóлстая крóмка; край, ребрó

2. *v* образóвывать склáдки *или* бóрозды; топóрщиться

**ridged** [rɪdʒd] **1.** *p. p. от* ridge 2

2. *a* 1) остроконéчный, хребтообрáзный 2) конькóвый (*о крыше*)

**ridge-pole** ['rɪdʒpəul] *n* растя́жка, распóрка (*у палатки*)

**ridgy** ['rɪdʒɪ] = ridged 2

**ridicule** ['rɪdɪkju:l] **1.** *n* 1) осмея́ние; насмéшка; to hold up to ~ дéлать посмéшищем 2) смехотвóрность

2. *v* осмéивать; высмéивать, поднимáть на́ смех

**ridiculous** [rɪ'dɪkjuləs] *a* смехотвóрный, смешнóй, нелéпый; don't be ~ не бýдь(те) посмéшищем, не дéлай(-те) глýпостей

**riding I** ['raɪdɪŋ] **1.** *pres. p. от* ride 2

2. *n* 1) верховáя ездá 2) дорóга для верховóй езды́

3. *a* верховóй; для верховóй езды́; ~ horse верховáя лóшадь

**riding II** ['raɪdɪŋ] *n* рáйдинг (*административная единица графства Йоркшир*)

**riding-breeches** ['raɪdɪŋ'brɪtʃɪz] *n pl* брúджи для верховóй езды́, рейтýзы

**riding-habit** ['raɪdɪŋ,hæbɪt] *n* амазóнка (*дамский костюм для верховой езды*)

**riding-hag** ['raɪdɪŋhæg] *n разг.* кошмáр

**riding hall** ['raɪdɪŋ'hɔ:l] *n* (кры́тый) манéж

**riding master** ['raɪdɪŋ,mɑ:stə] *n* 1) инстрýктор по верховóй ездé 2) берéйтор

**Riesling** ['ri:slɪŋ] *n* рúслинг

**rife** [raɪf] *a predic.* 1) обы́чный, чáстый; распространённый; to be (to grow *или* to wax) ~ быть (дéлаться) обы́чным 2) изобúлующий; his language is ~ with maxims егó язы́к изобúлует изречéниями

**riffle** ['rɪfl] *n амер.* 1) порóг (*на реке*), стремнúна 2) рябь, зыбь 3) *тех.* желобóк, канáвка

**riff-raff** ['rɪfræf] **1.** *n* подóнки óбщества, отбрóсы

2. *a разг.* никчёмный, никуды́шный

**rifle** ['raɪfl] **1.** *n* 1) винтóвка; нарезнóе орýжие 2) *pl воен.* стрелкóвая часть; стрелкú 3) *attr.* ружéйный; стрелкóвый; винтóвочный; ~ company стрелкóвая рóта; ~ battalion пехóтный батальóн

2. *v* 1) стреля́ть из винтóвки 2) нарезáть (*ствол оружия*) 3) оды́скивать с цéлью грабежá 4) обдирáть (*кору и т. п.*)

**rifle(-)green** ['raɪfl'gri:n] *a* тёмно-зелёный (*цвета мундира английских стрелков*)

**rifle-grenade** ['raɪflgrɪ'neɪd] *n воен.* винтóвочная гранáта

**rifleman** ['raɪflmən] *n воен.* стрелóк; expert ~ отлúчный стрелóк

**rifle-pit** ['raɪflpɪt] *n воен.* стрелкóвая ячéйка, одинóчный окóпчик

**rifle-range** ['raɪflreɪndʒ] *n* тир, стрéльбище

**rifle-shot** ['raɪflʃɔt] *n* 1) ружéйный вы́стрел 2) дáльность ружéйного вы́стрела 3) стрелóк (из винтóвки)

**rifling** ['raɪflɪŋ] **1.** *pres. p. от* rifle 2

2. *n* нарéзка (*в оружии*)

**rift** [rɪft] **1.** *n* 1) трéщина; рассéлина; щель; сквáжина; разры́в; просвéт 2) разры́в, размóлвка 3) ущéлье 4) порóг, перекáт (*реки*) 5) *геол.* отдéльность, спáйность, кливáж ◇ a ~ in the lute а) пéрвые прúзнаки разлáда, отчуждéния; б) начáло болéзни

2. *v* раскáлывать(ся); отщепля́ть(-ся)

**rig I** [rɪg] **1.** *n* 1) *мор.* оснáстка; пáрусное вооружéние, рангóут и такелáж 2) *разг.* одéжда, костю́м, внéшний вид человéка 3) вы́езд, упря́жка 4) буровáя вы́шка; буровóй станóк 5) бороздá 6) *тех.* приспособлéние, устрóйство; оборýдование

2. *v* оснащáть, вооружáть (*судно*) □ ~ **out** *разг.* наряжáть; ~ged out разодéтый; ~ **up** снаряжáть *или* стрóить нáспех, из чегó попáло

**rig II** [rɪg] **1.** *n разг.* 1) продéлка, улóвка; плýтни 2) спекуля́тивная скýпка товáров

2. *v* дéйствовать нечéстно; мошéнничать; to ~ the market искýсственно повышáть *или* понижáть цéны

**rigger** ['rɪgə] *n* 1) специалúст по сбóрке самолётов 2) *мор.* такелáжник

**rigging I** ['rɪgɪŋ] **1.** *pres. p. от* rig I, 2

2. *n* 1) *мор.* такелáж, оснáстка, снáсти 2) *разг.* снаряжéние 3) *разг.* одéжда, «тря́пки»

**rigging II** ['rɪgɪŋ] *pres. p. от* rig II, 2

**right I** [raɪt] **1.** *n* 1) прáво; справедлúвое трéбование (to); привилéгия; ~ to work прáво на труд; ~s and duties правá и обя́занности; by ~ of по прáву (*чего-л.*); in one's own ~ по прáву (*благодаря титулу, образованию и т. п.*); to reserve the ~ оставля́ть за собóй прáво; under a ~ in international law в соотвéтствии с нóрмами междунарóдного прáва 2) справедлúвость; прáвильность; to do smb. ~ отдавáть комý-л. дóлжное, справедлúвость; to be in the ~ быть прáвым 3) (*обыкн. pl*) úстинное положéние вещéй, дéйствительность; the ~s of the case положéние дéла 4) *pl* поря́док; to set (*или* to put) to ~s навестú поря́док; привестú в поря́док; to be to ~s быть в поря́дке ◇ by ~ or wrong всéми прáвдами и непрáвдами

2. *a* 1) прáвый, справедлúвый; to be ~ быть прáвым 2) вéрный, прáвильный; ~ use of words прáвильное употреблéние слов; to do what is ~ дéлать то, что прáвильно; he is always ~ он всегдá прав; ~ you are! *разг.* а) вéрно!, вáша прáвда; б) идёт!, есть такóе дéло! 3) úменно тот, котóрый нýжен (*или* имéется в

виду́); подходя́щий, надлежа́щий; уме́стный; be sure you bring the ~ book смотри́те, принеси́те ту кни́гу, кото́рую ну́жно; the ~ size ну́жный разме́р; the ~ man in the ~ place челове́к на своём ме́сте, челове́к, подходя́щий для да́нного де́ла; not the ~ Mr Jones не тот м-р Джо́унз 4) прямо́й (*о линии, об угле*); at the ~ angle под прямы́м угло́м 5) здоро́вый, в хоро́шем состоя́нии; испра́вный; to put ~ испра́вить; are you ~ now? удо́бно ли вам тепе́рь?; I feel all ~ я чу́вствую себя́ хорошо́; to be all ~ а) быть в поря́дке; б) чу́вствовать себя́ хорошо́; if it's all ~ with you е́сли э́то вас устра́ивает, е́сли вы согла́сны ◇ on the ~ side of thirty моло́же 30 лет

**3.** *adv* 1) пра́вильно, ве́рно; справедли́во; to get it ~ поня́ть пра́вильно; to get (*или* to do) a sum ~ ве́рно реши́ть зада́чу; to guess ~ пра́вильно угада́ть; to set (*или* to put) oneself ~ with smb. а) снаска́ть чью-л. благоскло́нность; б) помири́ться с кем-л. 2) надлежа́щим *или* до́лжным о́бразом 3) пря́мо; go ~ ahead иди́те пря́мо вперёд 4) то́чно, как раз; ~ in the middle как раз в середи́не 5) соверше́нно, по́лностью; ~ to the end до са́мого конца́ 6) о́чень; I know ~ well я о́чень хорошо́ зна́ю □ ~ away, ~ off сра́зу; неме́дленно; ~ off the bat *амер.* ≅ с ме́ста в карье́р; сра́зу же ◇ ~ here а) как раз здесь; б) в э́ту мину́ту; ~ now в э́тот моме́нт; come ~ in *амер.* входи́те

**4.** *v* 1) выпрямля́ть(ся); исправля́ть (-ся); to ~ oneself а) выпрямля́ться; б) реабилити́ровать себя́; to ~ a wrong испра́вить несправедли́вость; загла́дить оби́ду 2) защища́ть права́; to ~ the oppressed заступа́ться за угнетённых

**right** II [raɪt] **1.** *n* 1) пра́вая сторона́; on the ~ спра́ва (*где*); to the ~ напра́во (*куда*) 2) (the Rights) *pl собир. полит.* пра́вые

**2.** *a* 1) пра́вый 2) лицево́й, пра́вый (*о стороне материала*) 3) *полит.* пра́вый, реакцио́нный

**3.** *adv* 1) напра́во; ~ and left а) напра́во и нале́во; б) во все сто́роны; ~ turn (*или* face)! *воен.* напра́во! (*команда*)

**right-about** ['raɪtəbaut] *n* 1) противополо́жное направле́ние 2) поворо́т обра́тно, в противополо́жную сто́рону; ~ face а) *воен.* поворо́т круго́м че́рез пра́вое плечо́; б) круто́й поворо́т, по́лная переме́на

**right-and-left** ['raɪtənd'left] **1.** *n* 1) вы́стрел из обо́их ство́ло́в 2) *спорт.* уда́р обе́ими рука́ми

**2.** *a тех.* име́ющий пра́вый и ле́вый ход; с пра́вой и ле́вой резьбо́й

**right-angled** ['raɪtˌæŋgld] *a* прямоуго́льный

**right-down** ['raɪtdaun] *a разг.* соверше́нный; отъя́вленный

**righteous** ['raɪtʃəs] *a* 1) пра́ведный; доброде́тельный 2) справедли́вый; ~ indignation справедли́вое негодова́ние

**righteousness** ['raɪtʃəsnɪs] *n* 1) пра́ведность; доброде́тельность 2) справедли́вость

**rightful** ['raɪtful] *a* 1) зако́нный; ~ heir зако́нный насле́дник 2) принадлежа́щий по пра́ву 3) справедли́вый

**right-hand** ['raɪthænd] *a* 1) пра́вый; ~ man а) сосе́д спра́ва (*в строю*); б) «пра́вая рука́», ве́рный помо́щник 2) *тех.* с пра́вым хо́дом; с пра́вой наре́зкой

**right-handed** ['raɪt'hændɪd] *a* 1) по́льзующийся пра́вой руко́й 2) правосторо́нний

**right-hander** ['raɪtˌhændə] *n* 1) тот, кто владе́ет пра́вой руко́й лу́чше, чем ле́вой 2) *разг.* уда́р пра́вой руко́й

**rightist** ['raɪtɪst] *n полит.* пра́вый, реакционе́р

**right-lined** ['raɪt'laɪnd] *a* образо́ванный прямы́ми ли́ниями; прямолине́йный

**rightly** ['raɪtlɪ] *adv* 1) справедли́во 2) пра́вильно 3) до́лжным о́бразом

**right-minded** ['raɪt'maɪndɪd] *a* 1) благонаме́ренный 2) разу́мный

**right-of-way** ['raɪtəv'weɪ] *n* 1) пра́во прохо́да *или* прое́зда че́рез чужу́ю зе́млю 2) полоса́ отчужде́ния

**rightwards** ['raɪtwədz] *adv* напра́во

**right-wing** ['raɪtwɪŋ] *a полит.* пра́вый, реакцио́нный

**rigid** ['rɪdʒɪd] *a* 1) жёсткий, негну́щийся, неги́бкий; твёрдый 2) неподви́жный; неподви́жно закреплённый 3) непрекло́нный, сто́йкий 4) стро́гий; суро́вый; ~ discipline суро́вая дисципли́на; ~ economy стро́гая эконо́мия 5) ко́сный

**rigidity** [rɪ'dʒɪdɪtɪ] *n* 1) жёсткость; твёрдость 2) сто́йкость, непрекло́нность 3) стро́гость

**rigmarole** ['rɪgmərəul] *n* 1) пустая́ болтовня́, вздор 2) *attr.* бессвя́зный

**rigor** ['raɪgɔ:] *n мед.* 1) озно́б 2) оцепене́ние; окочене́ние ◇ ~ mortis тру́пное окочене́ние

**rigorism** ['rɪgərɪzm] *n* 1) ригори́зм 2) высо́кие тре́бования (*к стилю*)

**rigorous** ['rɪgərəs] *a* 1) суро́вый; ~ climate суро́вый кли́мат 2) стро́гий 3) то́чный; ~ scientific method то́чный нау́чный ме́тод 4) тща́тельный, скрупулёзный

**rigour** ['rɪgə] *n* 1) суро́вость 2) стро́гость 3) *pl* стро́гие ме́ры 4) то́чность 5) тща́тельность

**riksdag** ['rɪksdæg] *швед. n* риксда́г

**rile** [raɪl] *v разг.* 1) серди́ть, раздража́ть 2) мути́ть (*воду и т. п.*)

**rill** [rɪl] **1.** *n* ручеёк; родни́к, исто́чник

**2.** *v* течь ручейко́м; струи́ться

**rim** [rɪm] **1.** *n* 1) ободо́к, край; о́бод (*колеса*); банда́ж (*обода*); опра́ва (*очков*) 2) скоба́, опо́рное кольцо́ 3) *мор.* во́дная пове́рхность

**2.** *v* 1) снабжа́ть ободко́м, о́бодом *и т. п.* 2) служи́ть о́бодом, обрамля́ть

**rime** I [raɪm] = rhyme

**rime** II [raɪm] *поэт.* **1.** *n* и́ней; и́зморозь

**2.** *v* покрыва́ть и́неем

**rimer** ['raɪmə] = reamer

**rimless** ['rɪmlɪs] *a* не име́ющий о́бода *или* опра́вы; ~ eye-glasses пенсне́; очки́ без опра́вы

**-rimmed** [-rɪmd] *в сложных словах означает* в опра́ве; gold-~ spectacles очки́ в золото́й опра́ве

**rimy** ['raɪmɪ] *a* заи́ндевевший, моро́зный

**rind** [raɪnd] **1.** *n* 1) кора́; кожура́ 2) ко́рка

**2.** *v* сдира́ть кору́; очища́ть ко́жицу, снима́ть кожуру́

**rinderpest** ['rɪndəpest] *n* чума́ рога́того скота́

**ring** I [rɪŋ] **1.** *n* 1) кольцо́; круг; окру́жность; о́бруч, ободо́к 2) опра́ва (*очков*) 3) цирко́вая аре́на; площа́дка (*для борьбы*), ринг 4) (the R.) бокс 5) (the ~) *pl собир.* профессиона́льные игроки́ на ска́чках, букме́керы 6) объедине́ние спекуля́нтов для совме́стного контро́ля над ры́нком 7) кли́ка; ша́йка, ба́нда 8) аре́на полити́ческой борьбы́ (*особ. во время выборов*) 9) годи́чное кольцо́ (*дерева*); годи́чный слой (*древесины*) 10) *архит.* архиво́льт (*арки*) 11) *мор.* рым ◇ to run (*или* to make) ~s (a)round *разг.* за́ пояс заткну́ть; намно́го опереди́ть, обогна́ть; to keep (*или* to hold) the ~ соблюда́ть нейтралите́т

**2.** *v* 1) окружа́ть кольцо́м (*обыкн.* ~ in, ~ round, ~ about); обводи́ть кружко́м 2) надева́ть кольцо́ 3) продева́ть кольцо́ в нос (*животному*) 4) кружи́ть; ви́ться ◇ to ~ the rounds *разг.* опереди́ть, обогна́ть

**ring** II [rɪŋ] **1.** *n* 1) звон; звуча́ние; the ~ of his voice звук его́ го́лоса 2) (телефо́нный) звоно́к; to give a ~ позвони́ть по телефо́ну 3) подбо́р колоколо́в (*в церкви*); бла́говест 4) намёк (на); it has the ~ of truth about it э́то звучи́т правдоподо́бно

**2.** *v* (rang, rung; rung) 1) звене́ть; звуча́ть; to ~ true (false *или* hollow) звуча́ть и́скренне (фальши́во) 2) оглаша́ться (with); the air rang with shouts во́здух огласи́лся кри́ками 3) раздава́ться 4) звони́ть; to ~ the alarm уда́рить в наба́т; to ~ the bell звони́ть (в ко́локол); to ~ a chime прозвони́ть (*о башенных часах*); to a ~ peal трезво́нить □ ~ **at** звони́ть (*у дверей дома и т. п.*); ~ **down**: to ~ the curtain down дать звоно́к к спу́ску за́навеса; *перен.* положи́ть коне́ц (*чему-л.*) [*ср. тж.* ~ up в)]; ~ **for** тре́бовать *или* вызыва́ть звонко́м; ~ **in** а) *разг.* вводи́ть, представля́ть; б) ознамено́вывать коло́кольным звоно́м; ~ **off** дава́ть отбо́й (*по телефону*); ве́шать тру́бку;

~ off! *груб.* замолчи́(те)!, заткни́(те)сь!; ~ **out** а) прозвуча́ть; б) провожа́ть колоко́льным зво́ном; ~ **up** а) разбуди́ть звонко́м; б) звони́ть, вызыва́ть по телефо́ну; в): to ~ the curtain up дать звоно́к к подня́тию за́навеса; *перен.* нача́ть (*что-л.*) [*ср. тж.* ~ down]

**ring-bolt** [ˈrɪŋbəult] *n мор.* рым-бо́лт

**ring-bone** [ˈrɪŋbəun] *n* мозо́листый наро́ст на ба́бке (*лошади*)

**ring-dove** [ˈrɪŋdʌv] *n зоол.* вя́хирь, витю́тень

**ringed** [rɪŋd] **1.** *p. p. от* ring I, 2

**2.** *a* 1) отме́ченный кружко́м 2) с кольцо́м, в ко́льцах; *перен.* обручённый (*с кем-л.*); жена́тый; заму́жняя

**ringer** [ˈrɪŋə] *n* 1) звона́рь 2) тот, кто звони́т 3) *разг.* первокла́ссная вещь; замеча́тельный челове́к 4) *амер. sl.* ло́шадь, незако́нно уча́ствующая в состяза́нии; спортсме́н, незако́нно уча́ствующий в ма́тче 5) *амер. sl* челове́к, незако́нно голосу́ющий не́сколько раз 6) *амер. sl.* то́чная ко́пия (*кого-л.*) (*тж.* dead ~); he is a ~ for his father он вы́литый оте́ц

**ring-fence** [ˈrɪŋˈfens] *n* огра́да (*окружающая что-л. со всех сторон*)

**ring-finger** [ˈrɪŋˌfɪŋgə] *n* безымя́нный па́лец (*особ. на левой руке*)

**ringing** I [ˈrɪŋɪŋ] *pres. p. от* ring I, 2

**ringing** II [ˈrɪŋɪŋ] **1.** *pres. p. от* ring II, 2

**2.** *n* 1) звон, трезво́н 2) вы́зов; посы́лка вы́зова *или* вызывно́го сигна́ла

**3.** *a* зво́нкий; зву́чный; гро́мкий; а ~ cheer гро́мкое ура́; а ~ frost трescу́чий моро́з

**ringleader** [ˈrɪŋˌli:də] *n* глава́рь, вожа́к, зачи́нщик, коново́д

**ringlet** [ˈrɪŋlɪt] *n* 1) коле́чко 2) ло́кон

**ringleted, ringlety** [ˈrɪŋlɪtɪd, -tɪ] *a* завито́й, в ло́конах; курча́вый

**ring-mail** [ˈrɪŋmeɪl] *n* кольчу́га

**ring-master** [ˈrɪŋˌmɑ:stə] *n* инспе́ктор мане́жа (*в цирке*)

**ring-net** [ˈrɪŋˈnet] *n* сачо́к для ло́вли ба́бочек

**ring ouzel** [ˈrɪŋˈu:zl] *n зоол.* дрозд белозо́бый

**ringtail** [ˈrɪŋteɪl] *n зоол.* са́мка луня́

**ringworm** [ˈrɪŋwə:m] *n мед.* стригу́щий лиша́й

**rink** [rɪŋk] **1.** *n* като́к, ске́тинг-ри́нк

**2.** *v* ката́ться на ро́ликах

**rinse** [rɪns] **1.** *n* 1) полоска́ние; to give a ~ прополоска́ть 2) кра́ска для воло́с

**2.** *v* полоска́ть, промыва́ть (*часто* ~ out); to ~ out one's mouth вы́полоскать рот

**rinsing** [ˈrɪnsɪŋ] **1.** *pres. p. от* rinse 2

**2.** *n* 1) полоска́ние 2) *pl* вода́, оста́вшаяся по́сле полоска́ния; опо́лоски 3) *pl* оста́тки, после́дние ка́пли

**riot** [ˈraɪət] **1.** *n* 1) бунт; мяте́ж 2) *юр.* наруше́ние обще́ственной тишины́ и поря́дка 3) разгу́л; необу́зданность; to run ~ а) вести́ себя́ бу́йно; б) свире́пствовать (*о болезни*); в) бу́йно разрасти́сь; the grass ran ~ in our garden трава́ бу́йно разросла́сь в на́шем саду́; г) дава́ть во́лю (*фантазии и т. п.*); his fancy ran ~ он дал во́лю своему́ воображе́нию 4) изоби́лие, бу́йство; а ~ of colour бога́тство кра́сок 5) *attr.*: R. Act зако́н об охра́не обще́ственного споко́йствия и поря́дка (*в Англии*); to read the R. Act а) предупреди́ть толпу́ о необходи́мости разойти́сь; б) *разг.* дать нагоня́й; ~ call *амер.* вы́зов подкрепле́ния для подавле́ния восста́ния

**2.** *v* 1) бунтова́ть; принима́ть уча́стие в бу́нте 2) бу́йствовать, шуме́ть; предава́ться разгу́лу 3) бесчи́нствовать; наруша́ть обще́ственный поря́док 4) растра́чивать по́пусту (*время, деньги и т. п.*)

**rioter** [ˈraɪətə] *n* мяте́жник; бунтовщи́к

**riotous** [ˈraɪətəs] *a* 1) бу́йный; шумли́вый; разгу́льный 2) оби́льный, пы́шный, бу́йный (*о растительности*)

**rip** I [rɪp] **1.** *n* разры́в, разре́з

**2.** *v* 1) разреза́ть, распа́рывать, рвать (*одним быстрым движением*; *тж.* ~ up) 2) раска́лывать (*дрова*) 3) рва́ться, поро́ться; cloth that ~s at once мате́рия, кото́рая легко́ рвётся 4) ло́паться, раска́лываться 5) распи́ливать вдоль воло́кон (*дерево*) 6) мча́ться, нести́сь вперёд (*о лодке, машине, автомобиле и т. п.*); let her (*или* it) ~ *разг.* а) дава́й по́лный ход!; б) не заде́рживай! □ ~ **off** сдира́ть; ~ **out** а) выдира́ть; вырыва́ть; б) испуска́ть (*крик*); в) отпуска́ть (*ругательство*); ~ **up** а) распа́рывать; б) вскрыва́ть; to ~ up old wounds береди́ть ста́рые ра́ны ◇ to let things ~ не вме́шиваться, не наруша́ть есте́ственный ход собы́тий

**rip** II [rɪp] *n* 1) кля́ча 2) *разг.* распу́тник

**riparian** [raɪˈpɛərɪən] **1.** *a* прибре́жный

**2.** *n* владе́лец прибре́жной полосы́

**rip-cord** [ˈrɪpkɔ:d] *n* вытяжно́й трос (*парашюта*); разрывна́я верёвка (*аэростата*)

**ripe** [raɪp] *a* 1) спе́лый; ~ lips гу́бы (кра́сные) как ви́шни 2) зре́лый, возмужа́лый; of ~ age зре́лого во́зраста; persons of ~ years взро́слые лю́ди 3) вы́держанный; ~ cheese вы́держанный сыр 4) гото́вый (for); time is ~ for наступи́ло вре́мя для

**ripen** [ˈraɪpən] *v* 1) зреть; созрева́ть 2) де́лать зре́лым

**ripeness** [ˈraɪpnɪs] *n* 1) зре́лость; спе́лость 2) зако́нченность

**riposte** [rɪˈpəust] **1.** *n* отве́тный уда́р, уко́л (*в фехтовании*); *перен. тж.* нахо́дчивый отве́т

**2.** *v* пари́ровать уда́р, уко́л (*в фехтовании*; *тж. перен.*)

**ripper** [ˈrɪpə] *n* 1) тот, кто распа́рывает 2) *разг.* превосхо́дный челове́к; превосхо́дная вещь 3) = rip-saw 4) *стр.* рыхли́тель, ри́ппер ◇ Jack the R. *ист.* Джек-Потроши́тель

**ripping** [ˈrɪpɪŋ] **1.** *pres. p. от* rip I, 2

**2.** *a школ. жарг.* потряса́ющий, великоле́пный, превосхо́дный

**3.** *adv* чрезвыча́йно; а ~ good story превосхо́днейшая исто́рия

**ripple** I [ˈrɪpl] **1.** *n* 1) рябь, зыбь 2) волни́стость (*волос*) 3) журча́ние; а ~ of laughter серебри́стый смех 4) пульса́ция

**2.** *v* 1) покрыва́ть(ся) ря́бью 2) струи́ться 3) журча́ть

**ripple** II [ˈrɪpl] **1.** *n* чеса́лка (*для льна*)

**2.** *v* чеса́ть (*лён*)

**ripply** [ˈrɪplɪ] *a* 1) покры́тый ря́бью 2) волни́стый

**riprap** [ˈrɪpræp] *n стр.* ка́менная набро́ска

**rip-saw** [ˈrɪpsɔ:] *n тех.* продо́льная пила́

**rise** [raɪz] **1.** *n* 1) повыше́ние, повыше́ние, подъём, подня́тие; увеличе́ние; to be on the ~ поднима́ться (*о ценах и т. п.*); *перен.* идти́ в го́ру; the ~ to power прихо́д к вла́сти 2) рост (*влияния*); приобрете́ние ве́са (*в обществе*); улучше́ние (*положения*) 3) приба́вка (*к жалованью*) 4) вы́ход на пове́рхность 5) восхо́д (*солнца, луны*) 6) возвы́шенность, холм; to look from the ~ смотре́ть с горы́ 7) происхожде́ние, нача́ло; to take its ~ in smth. брать нача́ло в чём-л. 8) исто́к (*реки*) 9) клёв 10) *горн., геол.* восстающая вы́работка; восста́ние (*пласта*) 11) *тех., стр.* стрела́ (*арки, провеса, подъёма*); вы́нос, прове́с (*провода*) 12) *лес.* сбег (*ствола, бревна*) ◇ to take (*или* to get) а ~ out of smb. раздразни́ть кого́-л.; вы́вести кого́-л. из себя́

**2.** *v* (rose; risen) 1) поднима́ться; встава́ть 2) возвыша́ться; to ~ above smth. а) возвыша́ться над чем-л.; б) *перен.* быть вы́ше чего́-л.; to ~ above the prejudices быть вы́ше предрассу́дков 3) встава́ть, в(о)сходи́ть; the sun ~s со́лнце всхо́дит 4) поднима́ться (*о ценах, уровне и т. п.*); увели́чиваться 5) возраста́ть, уси́ливаться; the wind ~s ве́тер уси́ливается; her colour rose она́ покрасне́ла 6) приобрета́ть вес, влия́ние (*в обществе*) 7) быть в состоя́нии спра́виться (to — *с чем-л.*) 8) восстава́ть; to ~ in arms восстава́ть с ору́жием в рука́х 9) закрыва́ться, прекраща́ть рабо́ту (*о съезде, сессии и т. п.*); Parliament will ~ next week се́ссия парла́мента закрыва́ется на бу́дущей неде́ле 10) происходи́ть, начина́ться (in, from); the river ~s in the hills река́ берёт своё нача́ло в гора́х 11) поднима́ться на пове́рхность 12) поднима́ться, подходи́ть (*о тесте*) 13) воскреса́ть (*из мёртвых*) ◇

to ~ to the bait (*или* to the fly) попáсться на ýдочку; to ~ to it отвéтить на вызывáющее замечáние; his gorge (*или* stomach) ~s он чýвствует отвращéние; емý претúт; to ~ in applause встречáть овáцией

**risen** [ˈrɪzn] *p. p. от* rise 2

**riser** [ˈraɪzə] *n* 1) тот, кто встаёт; he is an early ~ он встаёт рáно 2) *стр.* пóдступень лéстницы; подъём ступéни лéстницы 3) *тех.* стоя́к 4) *эл.* коллéкторный гребешóк *или* петушóк 5) *ж.-д.* подýшка 6) *метал.* выпор; прúбыль (*отливки*)

**risibility** [ˌrɪzɪˈbɪlɪtɪ] *n* смешлúвость

**risible** [ˈrɪzɪbl] *a* 1) смешлúвый 2) смешнóй; смехотвóрный

**rising** [ˈraɪzɪŋ] **1.** *pres. p. от* rise 2

**2.** *n* 1) восстáние 2) вставáние 3) восхóд; the ~ of the sun восхóд сóлнца 4) возвышéние, повышéние; поднятие 5) прыщик; óпухоль

**3.** *a* 1) возрастáющий 2) поднимáющийся, восходя́щий 3) приобретáющий вес, влия́ние *и т. п.*; ~ lawyer (doctor) юрúст (врач), начинáющий приобретáть извéстность 4) приближáющийся к определённому вóзрасту; ~ forty приближáющийся к сорокá годáм, под сóрок

**risk** [rɪsk] **1.** *n* риск; at one's own ~ на свой страх и риск; at the ~ of one's life рискýя жúзнью; to take (*или* to run) ~s рисковáть; at owner's ~ *ком.* на риск владéльца

**2.** *v* 1) рисковáть (*чем-л.*); to ~ one's health рисковáть здорóвьем 2) отвáживаться (*на что-л.*); to ~ failure не боя́ться поражéния; to ~ a stab in the back подставля́ть спúну под удáр

**riskiness** [ˈrɪskɪnɪs] *n* рискóванность, опáсность

**risky** [ˈrɪskɪ] *a* рискóванный, опáсный

**risotto** [ri(ː)ˈsɔtəu] *ит. n кул.* ризóтто

**risqué** [ˈrɪskeɪ] *фр. a* рискóванный; сомнúтельный, непристóйный (*об остроте, шутке*)

**rissole** [ˈrɪsəul] *n* 1) котлéта, тефтéля 2) *амер.* пирожóк с мяснóй *или* рыбной начúнкой, обжáренный в мáсле

**rite** [raɪt] *n* обря́д, церемóния; ритуáл; the ~s of hospitality обычаи гостеприúмства

**ritual** [ˈrɪtʃuəl] **1.** *n* 1) ритуáл 2) *церк.* трéбник

**2.** *a* обря́довый, ритуáльный ◇ ~ talk аргó, жаргóн

**ritualism** [ˈrɪtʃuəlɪzm] *n* обря́дность

**ritualist** [ˈrɪtʃuəlɪst] *n* привéрженец обря́дности

**rival** [ˈraɪvəl] **1.** *n* 1) сопéрник; конкурéнт; without a ~ а) не имéющий сопéрника; б) вне конкурéнции 2) *воен.* протúвник

**2.** *a* сопéрничающий; конкурúрующий; ~ firms конкурúрующие фúрмы

**3.** *v* сопéрничать; конкурúровать

**rivalry** [ˈraɪvəlrɪ] *n* сопéрничество; конкурéнция; friendly ~ дрýжеское соревновáние

**rive** [raɪv] **1.** *n диал.* трéщина, щель

**2.** *v* (rived [-d]; rived, riven) раскáлывать(ся); расщепля́ть(ся); разрубáть; разрывáть(ся), отрывáть(ся) (*тж.* ~ away, ~ off, ~ from)

**riven** [ˈrɪvən] **1.** *p. p. от* rive 2

**2.** *a поэт.* раскóлотый

**river** [ˈrɪvə] *n* 1) рекá; потóк; to cross the ~ а) перепрáвиться чéрез рéкý; б) *перен.* преодолéть препя́тствие; в) умерéть 2) *attr.* речнóй

**riverain** [ˈrɪvəreɪn] **1.** *n* человéк, живýщий на берегý рекú

**2.** *a* речнóй, прибрéжный

**river-bed** [ˈrɪvəˈbed] *n* рýсло рекú

**river-horse** [ˈrɪvəˈhɔːs] *n* 1) бегемóт, гиппопотáм 2) *миф.* водянóй

**riverine** [ˈrɪvəraɪn] = riverain 2

**riverside** [ˈrɪvəsaɪd] *n* 1) прибрéжная полосá, бéрег рекú 2) *attr.* прибрéжный, находя́щийся на берегý; ~ villa вúлла на берегý рекú

**rivet** [ˈrɪvɪt] **1.** *n* заклёпка

**2.** *v* 1) клепáть, заклёпывать 2) прикóвывать (*взор, внимание*)

**rivière** [riˈvjɛə] *фр. n* ожерéлье (*обыкн. из нескольких нитей*)

**rivulet** [ˈrɪvjulɪt] *n* ручéй; речýшка

**roach I** [rəutʃ] *n зоол.* плотвá (*тж.* European ~) ◇ as sound as a ~ ≅ здорóв как бык

**roach II** [rəutʃ] *n мор.* выемка (*у паруса*)

**roach III** [rəutʃ] *сокр. от* cockroach

**road** [rəud] *n* 1) дорóга, путь, шоссé; country ~ просёлочная дорóга; to be on the ~ быть в пути [*см. тж.* ◇] 2) ýлица, мостовáя, проéзжая часть ýлицы; to cross the ~ перейтú ýлицу 3) *амер.* желéзная дорóга 4) путь (*к чему-л.*), спóсоб (*достижения чего-л.*); no royal ~ to smth. нелёгкий спóсоб достижéния чегó-л. 5) (*обыкн. pl*) *мор.* рейд 6) *горн.* штрек 7) *attr.* дорóжный ◇ to be on the ~ а) быть на гастрóлях, в турнé; б) *амер.* разъезжáть (*о коммивояжёре*); [*см. тж.* 1)]; to go on the ~ отпрáвиться в турнé; to be in the ~, to get in smb.'s ~ стоя́ть поперёк дорóги, мешáть, препя́тствовать; one for the ~ послéдняя рюмка, выпивáемая пéред ухóдом, «посошóк»

**road-bed** [ˈrəudbed] *n* полотнó дорóги

**Road-Board** [ˈrəudbɔːd] *n* управлéние шоссéйных дорóг

**road-book** [ˈrəudbuk] *n* дорóжный спрáвочник, áтлас автомобúльных дорóг

**road capacity** [ˈrəudkəˈpæsɪtɪ] *n* пропускнáя спосóбность дорóги

**road clearance** [ˈrəudˈklɪərəns] *n авто* просвéт, клúренс

**road hog** [ˈrəudhɔg] *n* неосторóжный автомобилúст, лихáч, нарушúтель дорóжных прáвил

**road house** [ˈrəudhaus] *n* придорóжная закýсочная, буфéт

**roadless** [ˈrəudlɪs] *a* бездорóжный

**roadman** [ˈrəudmən] *n* дорóжный рабóчий

**road-metal** [ˈrəudˌmetl] *n* щéбень, щебёнка

**road roller** [ˈrəudˌrəulə] *n* тяжёлый дорóжный катóк

**road scraper** [ˈrəudˈskreɪpə] *n тех.* скрéпер; грéйдер

**road-show** [ˈrəudʃəu] *n амер.* представлéние гастролúрующей трýппы

**roadside** [ˈrəudsaɪd] **1.** *n* край дорóги, обóчина

**2.** *a* придорóжный

**roadstead** [ˈrəudsted] *n мор.* рейд

**roadster** [ˈrəudstə] *n* 1) дорóжный велосипéд; экипáж *или* лóшадь для дáльних поéздок 2) рóдстер (*автомобиль с открытым двухместным кузовом, складным верхом и откидным задним сиденьем*) 3) завзя́тый путешéственник (*по дорогам*) 4) корáбль, стоя́щий на рéйде

**road-test** [ˈrəudtest] *v амер.* испытывать автомашúну в естéственных услóвиях

**Road up** [ˈrəudˈʌp] *n* «путь закрыт» (*дорожный знак*)

**roadway** [ˈrəudweɪ] *n* 1) шоссé; мостовáя; проéзжая часть дорóги 2) полосá отчуждéния (*дороги*); железнодорóжное полотнó

**roam** [rəum] **1.** *n* стрáнствование, скитáние

**2.** *v* бродúть, стрáнствовать, скитáться

**roan I** [rəun] **1.** *n* чáлая лóшадь

**2.** *a* чáлый

**roan II** [rəun] *n* мя́гкая овéчья кóжа (*для переплётов*)

**roar** [rɔː] **1.** *n* 1) рёв; шум 2) хóхот; ~s of laughter взрывы смéха, хóхота

**2.** *v* 1) ревéть, орáть; рычáть; to ~ with laughter хохотáть во всё гóрло; to ~ with pain ревéть от бóли 2) храпéть (*о больной лошади*)

**roarer** [ˈrɔːrə] *n* 1) *разг.* крикýн, горлопáн 2) *вет.* запалённая лóшадь

**roaring** [ˈrɔːrɪŋ] **1.** *pres. p. от* roar 2

**2.** *n* 1) рёв; свист; шум 2) *вет.* запáл (*болезнь лошадей*)

**3.** *a* 1) шýмный, бýрный 2) живóй; кипýчий; ~ trade оживлённая торгóвля

**roast** [rəust] **1.** *n* 1) жаркóе, жáреное; (большóй) кусóк жáреного мя́са 2) *амер.* жестóкая крúтика 3) *тех.* обжиг ◇ to rule the ~ задавáть тон; возглавля́ть дéло; верховóдить

**2.** *a* жáреный; ~ beef рóстбиф

**3.** *v* 1) жáрить(ся); печь(ся); грéть(-ся) 2) *разг.* высмéивать (*когó-л.*); издевáться 3) *амер.* жестóко критиковáть 4) *тех.* обжигáть; выжигáть; кальцинúровать

**roaster** [ˈrəustə] *n* 1) жарóвня 2) сушúлка для кóфе 3) *тех.* обжигáтельная печь 4) молóчный поросёнок *или* молодóй петушóк (*для жаркого*)

**roasting-jack** [ˈrəustɪŋdʒæk] *n* ве́ртел

**rob** [rɔb] *v* 1) гра́бить; обкра́дывать 2) отнима́ть; лиша́ть (*чего-л.*); to ~ smb. of his rights лиши́ть кого́-л. прав 3) *горн.* вести́ очи́стные рабо́ты; хи́щнически выраба́тывать (бога́тую) руду́ ◇ to ~ the cradle *разг.* соврати́ть младе́нца; to ~ Peter to pay Paul облагоде́тельствовать одного́ за счёт друго́го

**robber** [ˈrɔbə] *n* граби́тель, разбо́йник

**robbery** [ˈrɔbərɪ] *n* кра́жа; грабёж; *перен. тж.* непоме́рно высо́кая цена́

**robe** [rəub] **1.** *n* 1) (*обыкн. pl*) ма́нтия; широ́кая оде́жда; the long ~ ма́нтия судьи́; ря́са свяще́нника; gentlemen of the (long)~ су́дьи, юри́сты 2) *амер.* хала́т 3) *амер.* же́нское пла́тье 4) *поэт.* одея́ние 5) *амер.* мехова́я по́лость (*у саней*)

**2.** *v* облача́ть(ся); надева́ть

**robin** [ˈrɔbɪn] *n* 1) *зоол.* мали́новка (*тж.* ~ redbreast) 2) *sl.* пе́нни

**Robin Goodfellow** [ˈrɔbɪnˈgudˌfeləu] *n* Ро́бин Гу́дфеллоу (*добрый и проказливый дух; персонаж английских народных сказаний*)

**robot** [ˈrəubɔt] *n* 1) ро́бот 2) автома́т; телемехани́ческое устро́йство 3) автомати́ческий сигна́л у́личного движе́ния 4) *attr.* автомати́ческий; ~ bomb управля́емая авиацио́нная бо́мба; ~ plane беспило́тный самолёт; ~ pilot автопило́т

**robust** [rəuˈbʌst] *a* 1) кре́пкий, здоро́вый; си́льный 2) здра́вый, я́сный (*об уме*) 3) *редк.* гру́бый, шу́мный

**robustious** [rəuˈbʌstʃəs] *a уст., шутл.* бу́йный, шу́мный; экспанси́вный

**roc** [rɔk] *араб. n миф.* пти́ца Рух

**rocambole** [ˈrɔkəmbəul] *n бот.* лук-рокамбо́ль

**rochet** [ˈrɔtʃɪt] *n* 1) стиха́рь с у́зкими рукава́ми 2) пара́дная ма́нтия англи́йских пэ́ров

**rock** I [rɔk] *n* 1) скала́, утёс 2) (the R.) Гибралта́р 3) опо́ра, не́что надёжное 4) го́рная поро́да 5) ка́мень; булы́жник 6) причи́на неуда́чи *или* прова́ла 7) леденцо́вая караме́ль 8) (*обыкн. pl*) *амер. sl.* де́ньги 9) *sl.* брилья́нт 10) *attr.* го́рный; ка́менный ◇ on the ~s ≅ а) «на мели́»; в стеснённых обстоя́тельствах; б) со льдом (*о напитке*); to run (*или* to go) upon the ~s а) потерпе́ть круше́ние; б) натыка́ться на непреодоли́мые препя́тствия; to see ~s ahead ви́деть пе́ред собо́й опа́сности

**rock** II [rɔk] *v* 1) кача́ть(ся); колеба́ть(ся); трясти́(сь); he ~ed with laughter он затря́сся от сме́ха 2) ука́чивать, убаю́кивать ◇ ~ed in security беспе́чный, не подозрева́ющий об опа́сности

**rock** III [rɔk] *n уст.* пря́лка

**rock-and-roll** [ˈrɔknˈrəul] = rock'n'roll

**rock-bottom** [ˈrɔkˈbɔtəm] *n* 1) твёрдое основа́ние 2) *attr. разг.* о́чень ни́зкий (*о ценах*)

**rock-cork** [ˈrɔkˈkɔːk] *n мин.* про́бковый ка́мень

**rock-crystal** [ˈrɔkˈkrɪstl] *n* го́рный хруста́ль

**rock-drill** [ˈrɔkdrɪl] *n тех.* долото́ для буре́ния, перфора́тор

**rocker** [ˈrɔkə] *n* 1) кача́лка (*колыбели*) 2) *амер.* кре́сло-кача́лка 3) лото́к (*для промывания золота*) 4) конёк с си́льно изо́гнутым по́лозом 5) = rocking-turn 6) *тех.* баланси́р, коромы́сло; кули́са, шату́н ◇ off one's ~ *sl.* ≅ чо́кнутый, с приве́том, не все до́ма

**rockery** [ˈrɔkərɪ] = rock-garden

**rocket** I [ˈrɔkɪt] **1.** *n* 1) раке́та 2) раке́тный дви́гатель 3) реакти́вный снаря́д 4) *attr.* раке́тный; реакти́вный; ~ projector реакти́вный гранатомёт; ~ airplane реакти́вный самолёт; самолёт, вооружённый раке́тами; ~ bomb управля́емая раке́та; ~ site ста́ртовая площа́дка (*для запуска ракет*)

**2.** *v* 1) взмыва́ть, взлета́ть 2) пуска́ть раке́ты

**rocket** II [ˈrɔkɪt] *n бот.* вече́рница, ночна́я фиа́лка

**rocketeer** [ˌrɔkɪˈtɪə] *n* 1) специали́ст по раке́тной те́хнике 2) сигна́льщик-раке́тчик

**rocketer** [ˈrɔkɪtə] *n* пти́ца, взлета́ющая пря́мо вверх

**rocket-launcher** [ˈrɔkɪtˈlɔːntʃə] *n воен.* 1) противота́нковое реакти́вное ружьё 2) реакти́вная устано́вка

**rocketry** [ˈrɔkɪtrɪ] *n* раке́тная те́хника

**rock-garden** [ˈrɔkˌgɑːdn] *n* сад с декорати́вными ка́менными го́рками

**rock-hewn** [ˈrɔkˈhjuːn] *a* вы́сеченный из ка́мня

**Rockies** [ˈrɔkɪz] *n pl амер. разг.* (*сокр. от* Rocky Mountains) Скали́стые го́ры

**rocking-chair** [ˈrɔkɪŋtʃɛə] *n* кре́сло-кача́лка

**rocking-horse** [ˈrɔkɪŋhɔːs] *n* игру́шечный конь-кача́лка

**rocking-turn** [ˈrɔkɪŋtəːn] *n* «крюк» (*элемент в фигурном катании*)

**rock'n'roll** [ˈrɔknˈrəul] *n* рок-н-ро́лл

**rock-oil** [ˈrɔkˈɔɪl] *n* нефть

**rock-salt** [ˈrɔkˈsɔːlt] *n* ка́менная соль

**rock-tar** [ˈrɔkˈtɑː] *n* сыра́я нефть

**rocky** I [ˈrɔkɪ] *a* 1) скали́стый, камени́стый 2) кре́пкий, твёрдый, непоколеби́мый; неподатливый

**rocky** II [ˈrɔkɪ] *a* 1) неусто́йчивый, кача́ющийся (*о предмете*) 2) *разг.* пошатну́вшийся (*о здоровье, делах и т. п.*)

**rococo** [rəuˈkəukəu] **1.** *n* стиль рококо́

**2.** *a* 1) в сти́ле рококо́ 2) безвку́сно пы́шный, вы́чурный, претенцио́зный 3) устаре́вший

**rod** [rɔd] *n* 1) прут; сте́ржень; брус 2) ро́зга; *перен.* наказа́ние; the ~ по́рка ро́згами 3) жезл, ски́петр (*атрибут власти*); *перен.* власть, си́ла; тирани́я 4) у́дочка 5) ме́ра длины́ (≅ *5 м*) 6) па́лочка (*микроб*) 7) *анат.* па́лочка (*сетчатой оболочки глаза*) 8) *тех.* ре́йка, тя́га, шток; рыча́г; sounding ~ футшто́к 9) *амер. sl.* револьве́р ◇ to make a ~ for one's own back наказа́ть самого́ себя́; to rule with a ~ of iron управля́ть желе́зной руко́й; to spare the ~ and spoil the child ≅ пожале́ешь ро́згу, испо́ртишь ребёнка; баловство́м по́ртить ребёнка

**rode** [rəud] *past от* ride 2

**rodent** [ˈrəudənt] *n зоол.* грызу́н

**rodeo** [rəuˈdeɪəu] *n* (*pl* -os [-əuz]) *амер.* 1) заго́н для клейме́ния скота́ 2) родео́, состяза́ние ковбо́ев

**rodomontade** [ˌrɔdəmɔnˈteɪd] **1.** *n* хвастовство́, бахва́льство

**2.** *a* хвастли́вый

**3.** *v* бахва́литься

**roe** I [rəu] *n* косу́ля

**roe** II [rəu] *n* 1) икра́ (*тж.* hard ~) 2) моло́ки (*тж.* soft ~) 3) кососло́й (*в древесине*)

**roebuck** [ˈrəubʌk] *n* саме́ц косу́ли

**Roentgen rays** [ˈrɔntjənˈreɪz] = Röntgen rays

**roe-stone** [ˈrəustəun] *n мин.* икряно́й ка́мень, ооли́т

**rogation** [rəuˈgeɪʃən] *n* (*обыкн. pl*) моле́бствие

**Roger** [ˈrɔdʒə] *n* 1) *название английского деревенского танца* (*тж.* Sir ~ de Coverley) 2): the jolly ~ «Весёлый Ро́джер», пира́тский флаг (*череп и две скрещённые кости на чёрном фоне*) ◇ ~ а) *радио* вас по́нял; б) ла́дно, согла́сен

**rogue** [rəug] **1.** *n* 1) жу́лик, моше́нник; негодя́й 2) бродя́га 3) *шутл.* плути́шка, шалу́н; прока́зник; to play the ~ прока́зничать 4) *с.-х.* сортова́я при́месь; иноро́дная культу́ра 5) норови́стая скакова́я ло́шадь 6) *биол.* экземпля́р, обнару́живающий при́знаки дегенера́ции

**2.** *a* норови́стый, злой (*о животных*)

**roguery** [ˈrəugərɪ] *n* 1) моше́нничество; жу́льничество 2) прока́зы; ша́лости

**roguish** [ˈrəugɪʃ] *a* 1) жулико́ватый 2) прока́зливый; шаловли́вый

**roil** [rɔɪl] *v* 1) мути́ть (*воду*); взба́лтывать 2) досажда́ть, серди́ть, раздража́ть

**roily** [ˈrɔɪlɪ] *a* му́тный

**roister** [ˈrɔɪstə] *v* бесчи́нствовать

**roisterer** [ˈrɔɪstərə] *n* гуля́ка, бра́жник

**roistering** [ˈrɔɪstərɪŋ] **1.** *pres. p. от* roister

**2.** *n* бесчи́нство

**3.** *a* шу́мный; бу́йный

**Roland** [ˈrəulənd] *n ист.* Рола́нд ◇ a ~ for an Oliver досто́йный отве́т; ≅ о́ко за о́ко, зуб за́ зуб; to give smb. a ~ for an Oliver дать досто́йный отве́т, уда́чно отпари́ровать; отве́тить уда́ром на уда́р

**role** [rəul] *фр. n* роль

**roll** [rəul] **1.** *n* 1) сви́ток; свёрток (*материи, бумаги и т. п.*); свя́зка (*соломы*) 2) ка́тышек (*масла, воска*) 3) руло́н; кату́шка 4) рее́стр, катало́г; спи́сок; ве́домость; to be on the ~s быть, состоя́ть в спи́ске; ~ of honour спи́сок уби́тых на войне́; the Rolls *ист.* суде́бный архи́в на Па́рк-Лейн; to call the ~ де́лать перекли́чку; вызыва́ть по спи́ску; to strike off the ~s лиша́ть адвока́та пра́ва пра́ктики 5) враще́ние; ката́ние; ка́чка; крен 6) бу́лочка 7) руле́т (*мясной и т. п.*) 8) *pl разг.* бу́лочник, пе́карь 9) бортова́я ка́чка 10) похо́дка вразва́лку 11) раска́т гро́ма *или* го́лоса; гро́хот бараба́на 12) *амер. sl.* де́ньги, *особ.* па́чка де́нег 13) *воен.* ска́тка 14) *тех.* вало́к (*прокатного стана*); вал, бараба́н, цили́ндр, ро́лик; вальцы́; като́к 15) *ав.* бо́чка, двойно́й переворо́т че́рез крыло́ 16) *архит.* завито́к иони́ческой капите́ли

**2.** *v* 1) кати́ть(ся); верте́ть(ся), враща́ть(ся); to ~ downhill (с)кати́ться с горы́; to ~ in the mud валя́ться в грязи́; to ~ in money купа́ться в зо́лоте; to ~ one's eyes враща́ть глаза́ми 2) свёртывать(ся); завёртывать (*тж.* ~ up); to ~ a cigarette скрути́ть папиро́су; to ~ oneself up заку́таться, заверну́ться (in — во *что-л.*); to ~ oneself in a rug заку́таться в плед; to ~ smth. in a piece of paper заверну́ть что-л. в бума́гу; to ~ wool into a ball смота́ть шерсть в клубо́к; the kitten ~ed itself into a ball котёнок сверну́лся в клубо́к 3) ука́тывать (*дорогу и т. п.*) 4) раска́тывать (*тесто*) 5) прока́тывать (*металл*); вальцева́ть, плю́щить 6) испы́тывать бортову́ю ка́чку 7) идти́ пока́чиваясь *или* вразва́лку (*часто* ~ along) 8) волнова́ться (*о море*) 9) пла́вно течь, кати́ть свои́ во́лны 10) быть холми́стым (*о местности*) 11) греме́ть, грохота́ть; произноси́ть гро́мко; to ~ one's r's раска́тисто произноси́ть звук «р» □ ~ **away** а) отка́тывать(ся); б) рассе́иваться (*о тумане*); ~ **back** а) отка́тывать(-ся) наза́д; б) снижа́ть це́ны до пре́жнего у́ровня; ~ **by** = ~ on; ~ **in** а) приходи́ть, сходи́ться в большо́м коли́честве; offers ~ed in предложе́ния так и посы́пались; б) *разг.* име́ть в большо́м коли́честве, изоби́ловать; ~ **on** проходи́ть (*о времени и т. п.*); ~ **out** а) раска́тывать; б) произноси́ть отчётливо, внуши́тельно; ~ **over** а) перека́тывать(ся); воро́чаться; б) опроки́нуть *кого-л.*; ~ **round** приходи́ть, возвраща́ться (*о временах года*); ~ **up** а) ска́тывать; свёртывать(ся); завёртывать; б) *разг.* появи́ться внеза́пно, заяви́ться; в) *воен.* атакова́ть фла́нги; расширя́ть уча́сток проры́ва ◇ to ~ logs for smb. де́лать тяжёлую рабо́ту за кого́-л.

**roll-call** ['rəulkɔ:l] *n* перекли́чка

**roll-collar** ['rəul,kɔlə] *n* мя́гкий воротничо́к

**rolled** [rəuld] **1.** *p. p. от* roll 2

**2.** *a тех.* листово́й, прока́тный; ка́таный; ~ gold накладно́е зо́лото, позоло́та

**roller** ['rəulə] *n* 1) волна́, вал, буру́н 2) *разг. см.* roll-call 3) газонокоси́лка 4) *зоол.* сизоворо́нка 5) *тех.* враща́ющийся цили́ндр, ро́лик; вал; бегуно́к 6) *мор.* ро́ульс 7) *attr. тех.* ро́ликовый; вальцо́вый; ~ bearing ро́ликовый подши́пник

**roller-bandage** ['rəulə'bændɪdʒ] *n* бинт, па́чка бинта́

**roller-coaster** ['rəulə,kəustə] *n амер.* америка́нские го́ры (*аттракцион*)

**roller-skate** ['rəuləskeɪt] **1.** *n* конёк на ро́ликах

**2.** *v* ката́ться на ро́ликах

**roller towel** ['rəulə'tauəl] *n* полоте́нце на ро́лике

**rollick** ['rɔlɪk] **1.** *n* 1) шу́мное весе́лье 2) шальна́я вы́ходка

**2.** *v* весели́ться, резви́ться, шуме́ть

**rollicking** ['rɔlɪkɪŋ] **1.** *pres. p. от* rollick 2

**2.** *a* 1) бесшаба́шный (*о людях*) 2) разуха́бистый (*о песнях и т. п.*)

**rolling** ['rəulɪŋ] **1.** *pres. p. от* roll 2

**2.** *n* 1) бортова́я ка́чка 2) *тех.* ката́ние, прока́тывание, прока́тка

**3.** *a* холми́стый

**rolling-mill** ['rəulɪŋmɪl] *n тех.* прока́тный стан

**rolling-pin** ['rəulɪŋpɪn] *n* ска́лка

**rolling-stock** ['rəulɪŋstɔk] *n ж.-д.* подвижно́й соста́в

**rolling-stone** ['rəulɪŋstəun] *n* перекати́-по́ле (*о человеке*)

**roll-top desk** ['rəultɔp'desk] *n* пи́сьменный стол-бюро́ с убира́ющейся кры́шкой

**roly-poly** ['rəulɪ'pəulɪ] **1.** *n* 1) пу́динг с варе́ньем (*тж.* ~ pudding) 2) *разг.* коротышка (*обыкн. о ребёнке*)

**2.** *a разг.* пу́хлый (*о ребёнке*)

**Rom** [rɔm] *n* (*pl* Roma) цыга́н

**Roma** ['rɔmə] *pl от* Rom

**Romaic** [rəu'meɪɪk] **1.** *a* новогре́ческий

**2.** *n* новогре́ческий язы́к

**Roman** ['rəumən] **1.** *n* 1) ри́млянин 2) като́лик 3) *полигр.* прямо́й све́тлый шрифт 4) *редк.* лати́нский язы́к

**2.** *a* 1) ри́мский; лати́нский; ~ alphabet лати́нский алфави́т; ~ law *юр.* ри́мское пра́во; ~ letters (*или* type) *полигр.* прямо́й све́тлый шрифт; ~ nose ри́мский, орли́ный нос; ~ numerals ри́мские ци́фры 2) католи́ческий

**Roman balance** ['rəumən'bæləns] *n* безме́н

**Roman Catholic** ['rəumən'kæθəlɪk] **1.** *n* като́лик

**2.** *a* ри́мско-католи́ческий

**Roman-Catholicism** ['rəumənkə'θɔlɪsɪzm] *n* католи́чество

**Romance** [rəu'mæns] **1.** *n собир.* рома́нские языки́

**2.** *a* рома́нский

**romance** [rəu'mæns] **1.** *n* 1) ры́царский рома́н (*обыкн. в стихах*) 2) рома́н (*героического жанра*; *противоп.* novel рома́н бытово́й) 3) романи́ческий эпизо́д, любо́вная исто́рия 4) *муз.* рома́нс 5) рома́нтика 6) вы́думка, небыли́ца

**2.** *v* 1) преувели́чивать; приукра́шивать действи́тельность 2) выду́мывать, фантази́ровать, сочиня́ть 3) *разг.* уха́живать (*за кем-л.*)

**romancer** [rəu'mænsə] *n* 1) сочини́тель средневеко́вых рома́нов 2) фантазёр, вы́думщик

**Romanes** ['rɔmənes] *n* цыга́нский язы́к

**Romanesque** [,rəumə'nesk] *архит.* **1.** *a* рома́нский (*о стиле*)

**2.** *n* рома́нский стиль

**Romanic** [rəu'mænɪk] **1.** *a* рома́нский

**2.** *n* рома́нские языки́

**Romanism** ['rəumənɪzm] *n неодобр.* католици́зм, папи́зм

**Romanist** ['rəumənɪst] *n* 1) *неодобр.* като́лик 2) специали́ст по романи́стике, романи́ст

**Romanize** ['rəumənaɪz] *v* 1) романизи́ровать; латинизи́ровать 2) обраща́ть в католи́чество 3) переходи́ть в католи́чество

**romantic** [rəu'mæntɪk] **1.** *a* 1) романти́чный; романти́ческий 2) фантасти́ческий (*о проекте и т. п.*) 3) вы́мышленный, вообража́емый

**2.** *n* 1) рома́нтик 2) *pl* высокопа́рные ре́чи; вы́спренние чу́вства

**romanticism** [rəu'mæntɪsɪzm] *n* романти́зм

**romanticist** [rəu'mæntɪsɪst] *n* рома́нтик

**Romany** ['rɔmənɪ] **1.** *n* 1) цыга́н; цыга́нка; the ~ *собир.* цыга́не 2) цыга́нский язы́к

**2.** *a* цыга́нский

**Romish** ['rəumɪʃ] *a неодобр.* ри́мско-католи́ческий, папи́стский

**romp** [rɔmp] **1.** *n* 1) возня́, шу́мная игра́ 2) сорване́ц, сорвиголова́

**2.** *v* 1) вози́ться, шу́мно игра́ть (*о детях*) 2): to ~ home *разг.*, to ~ in вы́играть с лёгкостью (*о лошади*)

**romper** ['rɔmpə] *n* (*обыкн. pl*) де́тский комбинезо́н

**rondeau** ['rɔndəu] *n прос.* рондо́

**rondel** ['rɔndl] = rondeau

**rondo** ['rɔndəu] *n* (*pl* -os [-əuz]) *муз.* ро́ндо

**rondure** ['rɔndjuə] *n поэт.* круг

**Röntgen rays** ['rɔntjən'reɪz] *n pl* рентге́новы лучи́

**rood** [ru:d] *n* 1) крест, распя́тие 2) че́тверть а́кра 3) клочо́к земли́

**rood-loft** ['ru:dlɔft] *n* хо́ры в це́ркви

**rood-screen** ['ru:dskri:n] *n* перегоро́дка, отделя́ющая алта́рь от це́ркви

**roof** [ru:f] **1.** *n* 1) кры́ша, кро́вля; *перен.* кров; under a ~ под кры́шей; under one's ~ в своём до́ме; the ~

of the mouth нёбо; the ~ of heaven небосво́д; ~ of the world кры́ша ми́ра (*о высокой горной цепи*); under a ~ of foliage под се́нью листвы́ 2) империа́л (*дилижанса и т. п.*) 3) *ав.* потоло́к 4) *горн.* потоло́к (*выработки*)

**2.** *v* 1) крыть, настила́ть кры́шу 2) покрыва́ть (*тж.* ~ in, ~ over); служи́ть кры́шей, кро́вом

**roofer** ['ru:fə] *n* 1) кро́вельщик 2) *разг.* письмо́, выража́ющее благода́рность за гостеприи́мство

**roofing** ['ru:fɪŋ] **1.** *pres. p. от* roof 2

**2.** *n* 1) кро́вельный материа́л 2) покры́тие кры́ши; кро́вельные рабо́ты 3) кро́вля

**roofless** ['ru:flɪs] *a* 1) без кры́ши 2) не име́ющий кро́ва; бездо́мный

**rook I** [ruk] *n шахм.* ладья́

**rook II** [ruk] **1.** *n* 1) грач 2) моше́нник, шу́лер

**2.** *v* обма́нывать; нече́стно игра́ть (*в карты*); выма́нивать де́ньги; обдира́ть (*покупателя*)

**rookery** ['rukərɪ] *n* 1) грачо́вник 2) ле́жбище (*тюленей, котиков и т. п.*) 3) пти́чий база́р 4) густонаселённый ве́тхий дом; трущо́бы 5) прито́н (*воровской, игорный*)

**rookie** ['rukɪ] *n воен. разг.* новобра́нец, новичо́к

**rooky** ['rukɪ] *амер.* = rookie

**room** [ru:m] **1.** *n* 1) ко́мната 2) *pl* помеще́ние; кварти́ра 3) ме́сто, простра́нство; there is ~ for one more in the car в маши́не есть ме́сто ещё для одного́ челове́ка; to make ~ for потесни́ться, дать ме́сто; no ~ to turn in, no ~ to swing a cat не́где поверну́ться; ≅ я́блоку не́где упа́сть 4) возмо́жность: there is ~ for improvement могло́ бы быть и лу́чше; there is no ~ for dispute нет по́чвы для разногла́сий ◇ in the ~ of вме́сто; to keep the whole ~ laughing развлека́ть всё о́бщество; to prefer a man's ~ to his presence предпочита́ть не ви́деть кого́-л.; I would rather have his ~ than his company я предпочёл бы, что́бы он ушёл

**2.** *v* 1) *амер.* жить на кварти́ре; занима́ть ко́мнату; to ~ with smb. жить с кем-л. (*в одной комнате*) 2) дать помеще́ние, размести́ть (*людей*)

**room-and-pillar-system** ['ru:mənd-'pɪlə'sɪstɪm] *n горн.* ка́мерно-столбова́я систе́ма разрабо́тки

**-roomed** [-ru:md] *в сложных словах означает* состоя́щий из *стольких-то* ко́мнат; one-roomed одноко́мнатный; three-roomed трёхко́мнатный

**roomer** ['ru:mə] *n* жиле́ц

**roomette** [ru:m'et] *n* купе́ спа́льного ваго́на

**roomful** ['ru:mful] *n* по́лная ко́мната (*людей, гостей и т. п.*)

**roominess** ['ru:mɪnɪs] *n* вмести́тельность, ёмкость

**rooming-house** ['ru:mɪŋhaus] *n амер.* меблиро́ванные ко́мнаты

**room-mate** ['ru:mmeɪt] *n* това́рищ по ко́мнате

**roomy** ['ru:mɪ] *a* просто́рный, свобо́дный; вмести́тельный

**roost** [ru:st] **1.** *n* 1) насе́ст; куря́тник; at ~ на насе́сте [*ср. тж.* 2)] 2) *разг.* спа́льня; посте́ль; to go to ~ удаля́ться на поко́й, ложи́ться спать; at ~ в посте́ли [*ср. тж.* 1)] ◇ to rule the ~ кома́ндовать, распоряжа́ться; задава́ть тон

**2.** *v* 1) уса́живаться на насе́ст 2) устра́иваться на ночле́г

**rooster** ['ru:stə] *n* 1) пету́х 2) задира

**root I** [ru:t] **1.** *n* 1) ко́рень; ~ of a mountain подно́жие горы́; to lay axe to ~ выкорчёвывать; to take (*или* to strike) ~ пуска́ть ко́рни, укореня́ться; to pull up by the ~s вырыва́ть с ко́рнем; подруби́ть под са́мый ко́рень; выкорчёвывать 2) *pl* корнепло́ды 3) причи́на, исто́чник, ко́рень; the ~ of the matter су́щность вопро́са 4) пароди́тель, пре́док, основа́тель ро́да 5) *мат.* ко́рень; square (*или* second) ~ квадра́тный ко́рень; cube (*или* third) ~ куби́ческий ко́рень 6) *тех.* верши́на (*сварного шва*); ко́рень, основа́ние, но́жка (*зуба шестерни*) 7) *attr.* коренно́й, основно́й; the ~ principle основно́й при́нцип ◇ ~ and branch основа́тельно, коренны́м о́бразом

**2.** *v* 1) пуска́ть ко́рни; вкореня́ть (-ся) 2) прико́вывать; пригвожда́ть; fear ~ed him to the ground страх прикова́л его́ к ме́сту 3) внедря́ть 4) рыть зе́млю ры́лом, подрыва́ть ко́рни (*о свинье*) □ ~ **away** = ~ out a); ~ **out**, ~ **up** a) вырыва́ть с ко́рнем, уничтожа́ть; б) выи́скивать

**root II** [ru:t] *v амер. разг.* подде́рживать, поощря́ть, ободря́ть (for)

**root crop** ['ru:tkrɔp] *n* корнепло́д

**rooted** ['ru:tɪd] **1.** *p. p. от* root I, 2

**2.** *a* 1) вкорени́вшийся; кореня́щийся (in — в *чём-л.*); про́чный 2) глубо́кий (*о чувстве*)

**rooter I** ['ru:tə] *n* 1) живо́тное, ро́ющееся в земле́ 2) тот, кто искореня́ет, вырыва́ет с ко́рнем 3) доро́жный плуг

**rooter II** ['ru:tə] *n амер. разг.* боле́льщик

**rootless** ['ru:tlɪs] *a* без корне́й, не име́ющий корне́й

**rootlet** ['ru:tlɪt] *n* корешо́к

**rooty I** ['ru:tɪ] *a* корни́стый; с мно́жеством корне́й

**rooty II** ['ru:tɪ] *n воен. sl.* хлеб, еда́

**rope** [rəup] **1.** *n* 1) кана́т; верёвка; трос; on the ~ свя́занные верёвкой (*об альпинистах*); the ~s кана́ты, огражда́ющие аре́ну (*в цирке*) 2) верёвка (*на виселице*) 3) ни́тка, вя́зка; a ~ of onion вя́зка лу́ка; a ~ of hair жгут воло́с; a ~ of pearls ни́тка же́мчуга 4) *pl мор.* сна́сти, такела́ж; осна́стка 5) тягу́чая кле́йкая жи́дкость 6) *attr.* кана́тный; верёвочный ◇ to know (*или* to learn) the ~s хорошо́ ориенти́роваться (*в чём-л.*); знать все ходы́ и вы́ходы; ~ of sand обма́нчивая про́чность; иллю́зия; give a fool ~ enough and he'll hang himself *посл.* дай дураку́ во́лю, он сам себя́ загу́бит

**2.** *v* 1) привя́зывать кана́том; свя́зывать верёвкой; to ~ a box перевяза́ть я́щик верёвкой 2) связа́ться друг с дру́гом верёвкой (*об альпинистах*) 3) тяну́ть на верёвке, кана́те 4) лови́ть арка́ном 5) умы́шленно отстава́ть (*в состязании*) 6) густе́ть, станови́ться кле́йким (*о жидкости*) 7) *sl.* ве́шать □ ~ **in** a) окружа́ть кана́том; б) зама́нивать, втя́гивать, вовлека́ть; to ~ smb. in втя́гивать кого́-л. в предприя́тие; ~ **off** = ~ in a)

**rope-dancer** ['rəup,dɑ:nsə] *n* канато́ходец, кана́тный плясу́н

**rope-drive** ['rəupdraɪv] *n тех.* кана́тная переда́ча

**rope-ladder** ['rəup,lædə] *n* 1) верёвочная ле́стница 2) *мор.* штормтра́п

**ropemanship** ['rəupmənʃɪp] *n* 1) иску́сство хожде́ния по кана́ту 2) иску́сство альпини́зма

**roper** ['rəupə] *n* 1) кана́тный ма́стер 2) упако́вщик 3) *амер.* ковбо́й

**rope's-end** ['rəups'end] *n мор.* линёк

**rope-walker** ['rəup,wɔ:kə] = rope-dancer

**ropeway** ['rəupweɪ] *n* кана́тная доро́га

**rope-yarn** ['rəupjɑ:n] *n мор.* ка́болка

**ropy** ['rəupɪ] *a* тягу́чий, кле́йкий (*о жидкости*); ли́пкий

**Roquefort** ['rɔkfɔ:] *n* рокфо́р (*сорт сыра*)

**roquet** ['rəukɪ] **1.** *n* крокиро́вка

**2.** *v* крокирова́ть (*в крокете*)

**rorqual** ['rɔ:kwəl] *n зоол.* кит полоса́тик, ро́рквал

**rosace** ['rəuzeɪs] *n* 1) = rose window 2) розе́тка (*орнамент*)

**rosaceous** [rəu'zeɪʃəs] *a* 1) *бот.* принадлежа́щий к семе́йству роз 2) напомина́ющий ро́зу

**rosarian** [rəu'zeɪrɪən] *n* люби́тель роз

**rosarium** [rəu'zeərɪəm] *n* роза́рий

**rosary** ['rəuzərɪ] *n* 1) сад *или* гря́дка с ро́зами, роза́рий 2) чётки 3) моли́твы по чёткам

**rose I** [rəuz] **1.** *n* 1) ро́за (*тж. как эмблема Англии*) 2) *pl* румя́нец; she has ~s in her cheeks румя́нец игра́ет на её щека́х, она́ пы́шет здоро́вьем 3) ро́зовый цвет 4) розе́тка 5) се́тка (*ду́ша или лейки*); разбры́згиватель 6) = rose window 7) (the ~) *разг.* ро́жа, ро́жистое воспале́ние ◇ path strewn with ~s лёгкая, прия́тная жизнь; life is not all ~s в жи́зни не одни́ то́лько удово́льствия; under the ~ по секре́ту, тайко́м; втихомо́лку; born under the ~ рождённый вне бра́ка, незаконнорождённый

**2.** *a* ро́зовый

3. *v редк.* де́лать ро́зовым, придава́ть ро́зовый отте́нок

**rose** II [rəuz] *past от* rise 2

**roseate** ['rəuzɪɪt] *a* 1) ро́зовый 2) све́тлый, ра́достный

**rosebud** ['rəuzbʌd] *n* 1) буто́н ро́зы 2) краси́вая моло́денькая де́вушка 3) *амер.* дебюта́нтка 4) *attr.* похо́жий на (*или* све́жий как) буто́н ро́зы

**rose-bush** ['rəuzbuʃ] *n* ро́зовый куст, куст роз

**rose-colour** ['rəuz,kʌlə] *n* 1) ро́зовый цвет 2) привлека́тельный вид 3) что-л. прия́тное

**rose-coloured** ['rəuz,kʌləd] *a* 1) ро́зовый 2) ра́дужный; жизнера́достный

**rose-coloured starling** ['rəuz,kʌləd-'stɑ:lɪŋ] *n зоол.* ро́зовый скворе́ц

**rose-drop** ['rəuzdrɔp] *n мед.* ро́зовые угри́

**rose-leaf** ['rəuzli:f] *n* лепесто́к ро́зы ◇ crumpled ~ пустяко́вая неприя́тность, омрача́ющая о́бщую ра́дость

**rosemary** ['rəuzmərɪ] *n бот.* розмари́н

**roseola** [rəu'zi:ələ] *n мед.* 1) розео́ла 2) красну́ха

**rose-rash** ['rəuzræʃ] = roseola

**rose-tree** ['rəuztri:] *n* ро́зовый куст

**rosette** [rəu'zet] *n* 1) розе́тка 2) ро́зочка

**rose-water** ['rəuz,wɔ:tə] *n* 1) ро́зовая вода́ 2) притво́рная чувстви́тельность; при́торная любе́зность; слаща́вость

**rose window** ['rəuz,wɪndəu] *n архит.* кру́глое окно́-розе́тка

**rosewood** ['rəuzwud] *n* паликса́ндровое де́рево, ро́зовое де́рево (*древесина*)

**rosin** ['rɔzɪn] **1.** *n* смола́, канифо́ль

**2.** *v* натира́ть канифо́лью (*смычок*)

**roster** ['rəustə] *n* 1) *воен.* расписа́ние наря́дов, дежу́рств 2) спи́сок

**rostra** ['rɔstrə] *pl от* rostrum

**rostral** ['rɔstrəl] *a* 1) ростра́льный (*о колонне*) 2) *зоол.* относя́щийся к клю́ву; клювови́дный

**rostrate(d)** ['rɔstreɪt(ɪd)] *a* 1) = rostral 1); 2) *зоол.* име́ющий клюв

**rostrum** ['rɔstrəm] *n* (*pl* -ra, -s [-z]) 1) трибу́на; ка́федра 2) нос корабля́ 3) клюв

**rosy** ['rəuzɪ] *a* 1) ро́зовый; румя́ный; цвету́щий (*о человеке*) 2) я́сный, све́тлый 3) ра́дужный; благоприя́тный

**rot** [rɔt] **1.** *n* 1) гние́ние, гниль; труха́ 2) *разг.* вздор, неле́пость (*тж.* tommy ~); don't talk ~ не мели́те вздо́ра 3) прова́л, неуда́ча (*в состязаниях*); a ~ set in начала́сь полоса́ неуда́ч

**2.** *v* 1) гнить; по́ртиться; *перен.* разлага́ться 2) гнои́ть; по́ртить 3) *с.-х.* мочи́ть (*лён, коноплю*) 4) *sl.* дура́читься, представля́ться, нести́ вздор □ ~ **about** растра́чивать вре́мя; ~ **away** ги́бнуть; ~ **off** увяда́ть, отмира́ть

**rota** ['rəutə] *n* расписа́ние дежу́рств

**rotary** ['rəutərɪ] *a* враща́тельный; ротацио́нный; ~ engine ротацио́нная маши́на; ~ press *полигр.* рота́ция; ~ pump ротацио́нный насо́с; ~ current *эл.* многофа́зный ток

**rotate 1.** *v* [rəu'teɪt] 1) враща́ть(ся) 2) чередова́ть(ся); сменя́ть(ся) по о́череди

**2.** *a* ['rəuteɪt] *бот.* колесови́дный

**rotation** [rəu'teɪʃən] *n* 1) враще́ние 2) чередова́ние; периоди́ческое повторе́ние; ~ of crops севооборо́т; by (*или* in) ~ попереме́нно; по о́череди

**rotational** [rəu'teɪʃənl] *a* 1) переме́нный, чередую́щийся 2) враща́ющийся

**rotative** ['rəutətɪv] *a* 1) = rotational 2) враща́тельный

**rotator** [rəu'teɪtə] *n* 1) *анат.* враща́ющая мы́шца 2) поворо́тное *или* враща́ющее устро́йство

**rotatory** ['rəutətərɪ] *a* 1) враща́тельный, коловра́тный 2) враща́ющий

**rote** I [rəut] *n амер.* шум прибо́я

**rote** II [rəut] *n* механи́ческое запомина́ние; by ~ наизу́сть (*не понимая существа вопроса, дела и т. п.*)

**rotogravure** [,rəutəugrə'vjuə] *n* ротогравю́ра

**rotor** ['rəutə] *n* 1) *тех.* ро́тор 2) *ав.* несу́щий винт вертолёта

**rotor plane** ['rəutəpleɪn] *n* вертолёт

**rotten** ['rɔtn] *a* 1) гнило́й, прогни́вший; испо́рченный, ту́хлый 2) нра́вственно испо́рченный; разложи́вшийся 3) непро́чный, сла́бый 4) *разг.* неприя́тный, отврати́тельный, га́дкий; to feel ~ отврати́тельно себя́ чу́вствовать 5) сла́бый, вы́ветрившийся (*о горной породе*)

**rottenness** ['rɔtnnɪs] *n* 1) гни́лость; испо́рченность 2) ни́зость, нече́стность

**rotter** ['rɔtə] *n sl.* дрянь (*о человеке*)

**rotund** [rəu'tʌnd] *a* 1) по́лный, то́лстый; кру́глый, пу́хлый 2) зву́чный; полнозву́чный 3) округлённый (*о фразе*); высокопа́рный (*о стиле*)

**rotunda** [rəu'tʌndə] *n архит.* рото́нда

**rotundity** [rəu'tʌndɪtɪ] *n* полнота́, округлённость

**rouble** ['ru:bl] *русск. n* рубль

**roué** [ru:'eɪ] *фр. n* пове́са, распу́тник

**rouge** I [ru:ʒ] *фр.* **1.** *n* 1) румя́на 2) губна́я пома́да

**2.** *v* 1) румя́ниться 2) кра́сить гу́бы

**rouge** II [ru:ʒ] *n* схва́тка вокру́г мяча́ (*в футболе*)

**rouge-et-noir** ['ru:ʒeɪ'nwɑ:r] *фр. n* «кра́сное и чёрное» (*азартная карточная игра*)

**rough** [rʌf] **1.** *a* 1) гру́бый; ~ food гру́бая пи́ща 2) неро́вный, шерша́вый; уха́бистый (*о дороге*); ~ country пересечённая ме́стность; ~ edge зазу́бренный край 3) косма́тый 4) бу́рный (*о море*); ре́зкий (*о ветре*); суро́вый (*о климате, погоде*); ~ passage перее́зд по бу́рному мо́рю 5) ре́зкий, неприя́тный (*о звуке*) 6) гру́бый, неотёсанный, грубова́тый; неве́жливый, недлика́тный; a ~ customer а) гру́бый челове́к; б) тру́дный субъе́кт; ~ usage гру́бое обраще́ние 7) те́рпкий 8) неотде́ланный, необрабо́танный, черново́й; приблизи́тельный; ~ copy чернови́к; ~ draft эски́з, набро́сок; ~ estimate приблизи́тельная оце́нка; ~ and ready *см.* rough-and-ready 9) тяжёлый; ~ labour тяжёлый физи́ческий труд 10) тру́дный, го́рький, неприя́тный; it is ~ on him э́то незаслу́женно тяжёлая у́часть для него́; to have a ~ time терпе́ть лише́ния *или* плохо́е обраще́ние 11) суро́вый, лишённый комфо́рта (*о жизни*) ◇ to take over a ~ road *амер.* а) дава́ть нагоня́й; б) (по)ста́вить в тяжёлое положе́ние

**2.** *n* 1) неро́вность (*местности*) 2) незако́нченность, неотде́ланность; in the ~ а) в незако́нченном ви́де; б) приблизи́тельно 3) черново́й набро́сок 4) неприя́тная сторона́ (*чего-л.*); to take the ~ with the smooth сто́йко переноси́ть превра́тности судьбы́; споко́йно встреча́ть невзго́ды 5) буя́н, грубия́н; хулига́н, головоре́з 6) *спорт.* неро́вное по́ле (*в гольфе*) 7) шип (*в подкове*)

**3.** *adv* гру́бо *и пр.* [*см.* 1]; to live ~ жить без удо́бств; to treat ~ суро́во обходи́ться (*с кем-л.*)

**4.** *v* 1) де́лать гру́бым, шерохова́тым 2): to ~ it мири́ться с лише́ниями, обходи́ться без (обы́чных) удо́бств 3) отде́лывать вчерне́ 4) подкова́ть на шипы́ 5) объезжа́ть (*лошадь*) 6) допуска́ть гру́бость (*особ. в футболе*; *тж.* ~ up) □ ~ **in** набра́сывать, отде́лывать вчерне́; ~ **out** черти́ть на́черно; ~ **up** *амер. разг.* избива́ть (*кого-л.*)

**roughage** ['rʌfɪdʒ] *n* 1) гру́бые корма́ 2) гру́бая пи́ща 3) гру́бый, жёсткий материа́л

**rough-and-ready** ['rʌfənd'redɪ] *a* 1) сде́ланный ко́е-ка́к, на ско́рую ру́ку 2) гру́бый, но эффекти́вный (*о методе, приёме и т. п.*) 3) гру́бый, бесцеремо́нный

**rough-and-tumble** ['rʌfənd'tʌmbl] **1.** *n* 1) сва́лка, дра́ка 2) сумато́ха, неразбери́ха

**2.** *a* беспоря́дочный

**roughcast** ['rʌfkɑ:st] **1.** *n* 1) первонача́льный набро́сок; гру́бая моде́ль 2) га́лечная штукату́рка

**2.** *a* 1) разрабо́танный вчерне́ (*о плане*) 2) гру́бо оштукату́ренный

**3.** *v* 1) набра́сывать (*план*), намеча́ть 2) штукату́рить с добавле́нием ка́менной кро́шки

**rough-dry** ['rʌfdraɪ] **1.** *a* высушенный, но не вы́глаженный (*о белье*)

**2.** *v* суши́ть без гла́женья

**roughen** ['rʌfn] *v* де́лать(ся) гру́бым, шерохова́тым; грубе́ть

**rough-hew** ['rʌf'hju:] *v* гру́бо обтёсывать

**rough house** ['rʌfhaus] *n sl.* сканда́л, шум

**rough-house** ['rʌfhaus] *v sl.* 1) обращаться пло́хо 2) буя́нить, хулига́нить, сканда́лить

**roughly** ['rʌflɪ] *adv* 1) гру́бо; небре́жно 2) неро́вно 3) бу́рно, ре́зко 4) гру́бо, неве́жливо 5) приблизи́тельно; ~ speaking приме́рно

**rough-neck** ['rʌfnek] *n амер. разг.* хулига́н, буя́н

**roughness** ['rʌfnɪs] *n* 1) гру́бость; неотде́ланность 2) неро́вность; шерша́вость 3) бу́рность, ре́зкость 4) гру́бость, грубова́тость 5) те́рпкость

**rough-rider** ['rʌfˌraɪdə] *n* бере́йтор

**roughshod** ['rʌfʃɔd] *a* подко́ванный на шипы́ (*о лошади*) ◇ to ride ~ over де́йствовать деспоти́чески, самоупра́вствовать, обходи́ться гру́бо

**rough-spoken** ['rʌf'spəukən] *a* выража́ющийся гру́бо

**roulade** [ru:'lɑ:d] *фр. n* рула́да

**rouleau** [ru:'ləu] *фр. n* (*pl* -s [-z], -leaux) 1) сто́пка моне́т, завёрнутых в бума́гу 2) *мед.* (моне́тный) сто́лбик из эритроци́тов (*в крови*)

**rouleaux** [ru:'ləuz] *pl от* rouleau

**roulette** [ru(:)'let] *фр. n* руле́тка (*азартная игра*)

**Roumanian** [ru(:)'meɪnjən] **1.** *a* румы́нский

**2.** *n* 1) румы́н; румы́нка 2) румы́нский язы́к

**round** I [raund] **1.** *a* 1) кру́глый; шарообра́зный; сфери́ческий; ~ back (*или* shoulders) суту́лость; ~ hand (*или* text) кру́глый по́черк; *полигр.* рондо́; ~ timber кругля́к, кру́глый лесоматериа́л; ~ arch *архит.* полукру́глая а́рка 2) кругово́й; ~ game игра́ в ка́рты, в кото́рой принима́ет уча́стие неограни́ченное коли́чество игроко́в; ~ towel = roller towel; ~ trip (*или* tour, voyage) пое́здка в о́ба конца́ 3) мя́гкий, ни́зкий, бархати́стый (*о голосе*) 4) по́лный 5) кру́пный, значи́тельный (*о сумме*) 6) кру́глый (*о цифрах*); округлённый (*о числах*) 7) закруглённый, зако́нченный (*о фразе*); гла́дкий, пла́вный (*о стиле*) 8) прия́тный (*о вине*) 9) прямо́й, открове́нный; грубова́тый, ре́зкий; a ~ oath кре́пкое руга́тельство; in ~ terms в си́льных выраже́ниях 10) бы́стрый, энерги́чный (*о движении*); a ~ trot кру́пная рысь; at a ~ pace кру́пным аллю́ром 11) *фон.* округлённый

**2.** *n* 1) круг, окру́жность; очерта́ние, ко́нтур 2) кругово́е движе́ние; цикл 3) обхо́д; прогу́лка; to go the ~s идти́ в обхо́д, соверша́ть обхо́д; to go (*или* to make) the ~ of обходи́ть; циркули́ровать; to go for a good (*или* long) ~ предприня́ть дли́нную прогу́лку; visiting ~s прове́рка часовы́х; дозо́р для свя́зи 4) цикл, ряд; the daily ~ круг ежедне́вных заня́тий 5) тур; ра́унд; рейс 6) ло́мтик, кусо́чек; ~ of toast кру́глый ло́мтик поджа́ренного хле́ба; ~ of beef ссек говя́дины 7) ступе́нька стремя́нки (*тж.* ~ of a ladder) 8) *воен.* патро́н; вы́стрел; о́чередь; 20 ~s of ball cartridges 20 боевы́х патро́нов 9) по́рция; to eat a ~ of sandwiches съесть по́рцию са́ндвичей; he ordered another ~ of drinks он заказа́л ещё по рю́мочке для всех 10) раке́тный снаря́д; ballistic ~ баллисти́ческий снаря́д ◇ ~ of cheers (*или* applause) взрыв аплодисме́нтов

**3.** *v* 1) округля́ть(ся) (*тж.* ~ off); to ~ a sentence закругли́ть фра́зу 2) огиба́ть, обходи́ть круго́м; повёртывать(ся) 3) *фон.* округля́ть □ ~ **off** округля́ть(ся), закругля́ть(ся); to ~ off the evening with a dance зако́нчить ве́чер та́нцами; ~ **on** набра́сываться, напада́ть (*на кого-л.*); ре́зко критикова́ть, распека́ть; ~ **out** закругля́ть(ся), де́лать(ся) кру́глым; ~ **to** *мор.* приводи́ть к ве́тру; ~ **up** а) сгоня́ть (скот); б) окружа́ть, производи́ть обла́ву; ~ **upon** *см.* ~ on

**4.** *adv* 1) вокру́г; ~ about вокру́г (да о́коло); ~ and ~ круго́м; со всех сторо́н; to argue ~ and ~ the subject верте́ться вокру́г да о́коло, говори́ть не по существу́; all (*или* right) ~ круго́м; all the year ~ кру́глый год; a long way ~ кру́жным путём; the wheel turns ~ колесо́ враща́ется; the wind has gone ~ to the north ве́тер поверну́л на се́вер 2) круго́м 3) обра́тно

**5.** *prep* вокру́г, круго́м; ~ the world вокру́г све́та; ~ the corner за́ угол, за угло́м

**roundabout** ['raundəbaut] **1.** *a* 1) око́льный; кру́жный; обходно́й 2) иносказа́тельный 3) то́лстый, доро́дный

**2.** *n* 1) око́льный путь 2) карусе́ль 3) *амер.* коро́ткая мужска́я ку́ртка

**roundel** ['raundl] *n* 1) что-л. кру́глое (*напр.*, кружо́к, медальо́н, кру́глый подно́с) 2) = rondeau

**roundelay** ['raundɪleɪ] *n* 1) коро́тенькая пе́сенка с припе́вом 2) пе́ние пти́цы 3) хорово́д

**rounders** ['raundəz] *n pl* англи́йская лапта́

**roundhead** ['raundhed] *n ист.* круглоголо́вый, пурита́нин

**round-house** ['raundhaus] *n* 1) *мор.* кормова́я ру́бка 2) *амер. ж.-д.* парово́зное депо́ 3) *уст.* араста́нтская

**roundish** ['raundɪʃ] *a* круглова́тый, окру́глый

**roundly** ['raundlɪ] *adv* 1) кру́гло 2) напрями́к, ре́зко, открове́нно 3) энерги́чно, основа́тельно; по́лностью, оконча́тельно 4) приблизи́тельно

**round robin** ['raund'rɔbɪn] *n* 1) пети́ция с по́дписями, располо́женными кружко́м (*чтобы скрыть, кто подписался первым*) 2) *спорт.* кругова́я систе́ма (*тренировки, соревнований*)

**round-shot** ['raundʃɔt] *n* пу́шечное ядро́

**round-shouldered** ['raund'ʃəuldəd] *a* суту́лый

**roundsman** ['raundzmæn] *n* 1) торго́вый аге́нт, принима́ющий и доставля́ющий зака́зы 2) *амер.* ста́рший полице́йский, полице́йский инспе́ктор

**round-table** ['raund'teɪbl] *a* (происходя́щий) за кру́глым столо́м

**round-the-clock** ['raundðəklɔk] *a* круглосу́точный

**round-trip ticket** ['raundtrɪpˌtɪkɪt] *n амер.* биле́т туда́ и обра́тно

**round-up** ['raundʌp] *n* 1) округле́ние, закругле́ние 2) *амер.* заго́н скота́ (*для клеймения и т. п.*) 3) обла́ва 4) сво́дка новосте́й (*по радио, в газете*); press ~ обзо́р печа́ти 5) сбор; сбо́рище; a ~ of old friends встре́ча ста́рых друзе́й

**rouse** I [rauz] **1.** *v* 1) буди́ть 2) пробужда́ться (*тж.* ~ up) 3) побужда́ть (to); воодушевля́ть; возбужда́ть; to ~ oneself стряхну́ть лень, встряхну́ться 4) вспу́гивать дичь 5) раздража́ть, выводи́ть из себя́

**2.** *n* 1) си́льная встря́ска 2) *воен.* подъём, побу́дка

**rouse** II [rauz] *n уст.* 1) тост; to give a ~ пить за здоро́вье 2) попо́йка, пиру́шка

**rousing** ['rauzɪŋ] **1.** *pres. p. от* rouse I, 1

**2.** *a* 1) воодушевля́ющий; возбужда́ющий; a ~ welcome горя́чий, восто́рженный приём 2) *разг.* порази́тельный

**roustabout** ['raustəbaut] *n* 1) *амер.* рабо́чий (*на пристани, на пароходе*) 2) *австрал.* подсо́бный рабо́чий

**rout** I [raut] **1.** *n* разгро́м, пораже́ние; беспоря́дочное бе́гство; to put to ~ разгроми́ть на́голову, обрати́ть в бе́гство

**2.** *v* разби́ть на́голову; обраща́ть в бе́гство

**rout** II [raut] *n* 1) шу́мное сбо́рище, толпа́ 2) *юр.* незако́нное сбо́рище 3) официа́льный приём, ра́ут 4) *уст.* пиру́шка

**rout** III [raut] *v* 1) рыть зе́млю ры́лом (*о свинье*) 2) обы́скивать 3) выка́пывать, обнару́живать (*тж.* ~ out, ~ up) 4) поднима́ть с посте́ли (*тж.* ~ out, ~ up) 5) выгоня́ть

**route** [ru:t] **1.** *n* маршру́т, курс, путь, доро́га; en route [ɑ:ŋ'ru:t] по пути́, по доро́ге; в пути́

**2.** *v* [*часто* raut] *воен.* 1) направля́ть (*по определённому маршруту*) 2) распределя́ть

**route-march** ['ru:tmɑ:tʃ] *n воен.* похо́дный поря́док, движе́ние в похо́дном поря́дке

**routine** [ru:'ti:n] *n* 1) заведённый поря́док; установи́вшаяся пра́ктика; определённый режи́м 2) рути́на; шабло́н 3) *воен.* распоря́док слу́жбы 4) *attr.* определённый, устано́вленный, обы́чный, шабло́нный; теку́щий (*об осмотре, ремонте и т. п.*)

**rove** I [rəuv] **1.** *n* стра́нствие

**2.** *v* 1) скита́ться; стра́нствовать; броди́ть 2) блужда́ть (*о взгляде, мыслях*)

**rove** II [rəuv] *n* 1) *тех.* ша́йба 2) *текст.* ро́вница

**rove** III [rəuv] *past и p. p. от* reeve II

**rover** ['rəuvə] *n* 1) скита́лец; стра́нник 2) пира́т, морско́й разбо́йник 3) разбо́йник (*в крокете*)

**row** I [rəu] *n* 1) ряд; in a ~ в ряд; in ~s ряда́ми 2) ряд домо́в, у́лица ◇ to have a hard ~ to hoe *амер.* стоя́ть пе́ред тру́дной зада́чей; it does not amount to a ~ of beans (*или* pins) *амер.* ≅ ло́маного гроша́ не сто́ит

**row** II [rəu] **1.** *n* 1) гре́бля 2) прогу́лка на ло́дке; to go for a ~ ката́ться на ло́дке

**2.** *v* 1) грести́; to ~ a race уча́ствовать в соревнова́ниях по гре́бле 2) перевози́ть в ло́дке □ ~ **down** обойти́, перегна́ть (*о лодке*); ~ **out** уста́ть от гре́бли; ~ **over** легко́ победи́ть в го́нке ◇ to ~ up Salt River *амер. sl.* «прокати́ть» на вы́борах; нанести́ пораже́ние

**row** III [rau] *разг.* **1.** *n* 1) шум, гвалт; to make a ~ поднима́ть сканда́л, шум; протестова́ть; what's the ~? в чём де́ло? 2) спор; ссо́ра; сва́лка; to have a ~ with smb. поссо́риться с кем-л. 3) нагоня́й; to get into a ~ получи́ть нагоня́й

**2.** *v* 1) сканда́лить, шуме́ть 2) *разг.* де́лать вы́говор; отчи́тывать

**rowan** ['rauən, 'rəuən] *n* ряби́на

**rowan-tree** ['rauəntri:] = rowan

**row-boat** ['rəubəut] = rowing-boat

**rowdy** ['raudɪ] **1.** *n* хулига́н, буя́н

**2.** *a* шу́мный; бу́йный

**rowdyism** ['raudɪɪzm] *n* хулига́нство

**rowel** ['rauəl] *n* колёсико шпо́ры

**rower** ['rəuə] *n* гребе́ц

**rowing** I ['rəuɪŋ] **1.** *pres. p. от* row II, 2

**2.** *n* гре́бля

**rowing** II ['rauɪŋ] **1.** *pres. p. от* row III, 2

**2.** *n* нагоня́й, вы́говор

**rowing-boat** ['rəuɪŋbəut] *n* гребна́я шлю́пка

**rowlock** ['rɔlək] *n* уклю́чина

**royal** ['rɔɪəl] **1.** *a* 1) короле́вский; ца́рский; R. Society Короле́вское (нау́чное) о́бщество; R. Standard короле́вский штанда́рт 2) брита́нский (*о флоте, войсках, авиации и т. п.*) 3) ца́рственный, вели́чественный 4) *разг.* великоле́пный, роско́шный ◇ ~ blue чи́стый, я́ркий отте́нок си́него цве́та; R. Exchange зда́ние ло́ндонской би́ржи; ~ mast *мор.* бом-брам-стéньга; ~ road са́мый лёгкий путь (*к достижению чего-л.*)

**2.** *n* 1) (the Royals) *pl собир. уст.* пе́рвый пехо́тный полк 2) *разг.* член короле́вской семьи́ 3) большо́й форма́т бума́ги (*тж.* ~ paper) 4) = ~ stag 5) = ~ mast [*см.* 1 ◇]

**royalist** ['rɔɪəlɪst] *n* 1) роялйст 2) *амер.* сторо́нник Англии (*во время войны за независимость США в 1775-83 гг.*) 3) *attr.* роялйстский

**royalistic** [ˌrɔɪə'lɪstɪk] *a* роялйстский

**royal stag** ['rɔɪəl'stæg] *n* благоро́дный оле́нь (*не моложе шести лет*)

**royalty** ['rɔɪəltɪ] *n* 1) короле́вское досто́инство; короле́вская власть 2) член(ы) короле́вской семьи́ 3) (*обыкн. pl*) короле́вские привиле́гии и прерогати́вы 4) вели́чие, ца́рственность 5) а́вторский гонора́р (*процент с каждого проданного экземпляра*); отчисле́ние а́втору пье́сы (*за каждую постановку*); отчисле́ния владе́льцу пате́нта 6) *ист.* аре́ндная пла́та землевладе́льцу за разрабо́тку недр

**rub** [rʌb] **1.** *n* 1) тре́ние 2) натира́ние; растира́ние; give it a ~! потри́те! 3) стира́ние; the ~ of a brush чи́стка щёткой 4) натёртое ме́сто 5) неро́вность по́чвы (*мешающая игре*) 6) *разг.* затрудне́ние, препя́тствие, поме́ха; ка́мень преткнове́ния; there is the ~ вот в чём загво́здка 7) *диал.* осело́к

**2.** *v* 1) тере́ть(ся) (against — обо *что-л.*); to ~ one's hands потира́ть ру́ки 2) натира́ть, начища́ть (*тж.* ~ up) 3) стира́ть(ся) (*тж.* ~ away, ~ off) 4) втира́ть, натира́ть (on, over) 5) протира́ть 6) натира́ть; to ~ sore натира́ть до кро́ви 7) соприкаса́ться; задева́ть 8) копи́ровать рису́нок (*с меди или камня*), притира́я к нему́ бума́гу карандашо́м □ ~ **along** *разг.* а) ла́дить, ужива́ться; б) продвига́ться, пробира́ться с трудо́м; в) ко́е-ка́к перебива́ться; ~ **away** а) стира́ть (ворс); б) *перен.* лиша́ть(ся) новизны́, стира́ться; ~ **down** а) вытира́ть до́суха; б) чи́стить ло́шадь; в) стира́ть шерохова́тости; г) точи́ть, шлифова́ть; ~ **in** а) втира́ть (*мазь*); б) постоя́нно тверди́ть (*о чём-л. неприятном*); don't ~ it in не растравля́йте ра́ну; ~ **off** стира́ть(ся); выводи́ть (*пятно*); ~ **through** пережи́ть, перенести́ (*трудности*); ~ **together** тере́ть (*предметы*) друг о дру́га; ~ **up** а) начища́ть, полирова́ть; б) освежа́ть (*в памяти*); в) растира́ть (*краску*) ◇ to ~ the wrong way гла́дить про́тив ше́рсти; раздража́ть; to ~ smb.'s nose into the fact *амер. разг.* ткну́ть кого́-л. но́сом, указа́ть кому́-л. на факт

**rub-a-dub** ['rʌbə'dʌb] *n* бараба́нный бой; ≅ трам-там-та́м

**rubber** I ['rʌbə] **1.** *n* 1) рези́на; каучу́к 2) рези́нка, ла́стик 3) *pl* гало́ши 4) *pl* рези́новые изде́лия 5) масса́жист; массажи́стка 6) *диал.* осело́к 7) приспособле́ние для тре́ния 8) *attr.* рези́новый; прорези́ненный

**2.** *v* 1) покрыва́ть рези́ной, прорези́нивать 2) *амер. sl.* вытя́гивать ше́ю, глазе́ть; любопы́тствовать

**rubber** II ['rʌbə] *n карт.* ро́ббер

**rubberized** ['rʌbəraɪzd] *a* прорези́ненный; покры́тый рези́ной

**rubberneck** ['rʌbənek] *амер. разг.* **1.** *n* 1) зева́ка, любопы́тный челове́к (*особ. о туристе*) 2) *attr.*: ~ car, ~ auto, ~ bus автомоби́ль *или* авто́бус для тури́стов

**2.** *v* = rubber I, 2, 2)

**rubber plant** ['rʌbəplɑ:nt] *n* каучуконо́сное расте́ние, каучуконо́с

**rubber-stamp** ['rʌbə'stæmp] **1.** *n* 1) штамп, печа́ть 2) штамп, стереоти́пная фра́за 3) *перен. разг.* челове́к, не спосо́бный на самостоя́тельные посту́пки, реше́ния; подража́тель

**2.** *v* 1) ста́вить печа́ть 2) *перен. разг.* штампова́ть, механи́чески утвержда́ть (*решения и т. п.*)

**rubber tree** ['rʌbə'tri:] *n* каучу́ковое де́рево, каучуконо́с

**rubbing** ['rʌbɪŋ] **1.** *pres. p. от* rub 2

**2.** *n* 1) тре́ние; натира́ние 2) рису́нок, копи́рованный притира́нием [*см.* rub 2, 8]; to take (*или* to make) ~s срисо́вывать, де́лать ко́пии

**rubbish** ['rʌbɪʃ] *n* 1) хлам, му́сор 2) вздор, ерунда́; oh, ~! чепуха́! 3) *sl.* де́ньги 4) *горн.* пуста́я поро́да; закла́дка

**rubbishy** ['rʌbɪʃɪ] *a* дрянно́й; никуда́ не го́дный; пустяко́вый; вздо́рный

**rubble** ['rʌbl] *n* 1) бут, булы́жник, рва́ный ка́мень 2) валу́н 3) *геол.* штыб

**rube** [ru:b] *n амер. разг.* деревéнщина

**rubefy** ['ru:bɪfaɪ] *v* де́лать кра́сным; *мед.* вызыва́ть покрасне́ние

**Rubicon** ['ru:bɪkən] *n*: to pass (*или* to cross) the ~ перейти́ Рубико́н, приня́ть бесповоро́тное реше́ние

**rubicund** ['ru:bɪkənd] *a* румя́ный

**rubidium** [ru(:)'bɪdɪəm] *n хим.* руби́дий

**rubify** ['ru:bɪfaɪ] = rubefy

**rubiginous** [ru(:)'bɪdʒɪnəs] *a* ржа́вого цве́та

**rubious** ['ru(:)bɪəs] *a поэт.* руби́нового цве́та

**ruble** ['ru:bl] = rouble

**rubric** ['ru:brɪk] *n* 1) ру́брика, заголо́вок 2) абза́ц 3) *церк.* пра́вила богослуже́ния (*в требнике*) 4) *мин. уст.* кра́сный железня́к

**rubricate** ['ru:brɪkeɪt] *v* 1) разбива́ть на абза́цы 2) снабжа́ть подзаголо́вками 3) отмеча́ть (*или* выделя́ть) кра́сным цве́том

**ruby** ['ru:bɪ] **1.** *n* 1) руби́н 2) я́рко-кра́сный цвет 3) кра́сный пры́щик 4) кра́сное вино́ 5) *полигр.* руби́н (*кегль, шрифт размером* $5^1/_2$ *пунктов, амер.* $3^1/_2$ *пункта*) ◇ above rubies неоцени́мый

**2.** *a* руби́новый, я́рко-кра́сный

**3.** *v* окра́шивать в я́рко-кра́сный цвет

**ruche** [ru:ʃ] *фр. n* рюш

**ruck** I [rʌk] *n* 1) ма́сса, мно́жество 2) толпа́, толчея́ 3) *пренебр.* безли́кая ма́сса, чернь 4) *спорт.* ло́шади, оста́вшиеся за фла́гом

**ruck** II [rʌk] = ruckle I

**ruckle** I ['rʌkl] **1.** *n* скла́дка, морщи́на

**2.** *v* де́лать скла́дки, морщи́ны

**ruckle** II ['rʌkl] **1.** *n* хрип, хрипе́ние (*особ. умирающего*)

2. *v* хрипе́ть, издава́ть хрипя́щие зву́ки

**rucksack** ['ruksæk] *нем. n* рюкза́к, похо́дный мешо́к

**ruction** ['rʌkʃən] *n разг.* 1) (*обыкн. pl*) ссо́ра; дра́ка, сва́лка 2) нагоня́й 3) шум, гам, гвалт

**rudder** ['rʌdə] *n* 1) руль 2) *ав.* руль направле́ния; elevating ~ руль высоты́ 3) руководя́щий при́нцип

**rudderless** ['rʌdəlɪs] *a* без руля́; *перен.* без руково́дства

**rudder-post** ['rʌdəpəust] *n* 1) *мор.* рудерпо́ст 2) *ав.* ось руля́ направле́ния

**ruddiness** ['rʌdɪnɪs] *n* 1) краснота́ 2) румя́нец

**ruddle** ['rʌdl] **1.** *n* кра́сная *или* жжёная о́хра

2. *v* 1) кра́сить о́хрой 2) ме́тить (*овец*)

**ruddock** ['rʌdək] *n диал.* мали́новка (*птица*)

**ruddy** ['rʌdɪ] **1.** *a* 1) румя́ный; ~ health цвету́щее здоро́вье 2) кра́сный, краснова́тый 3) *sl.* прокля́тый

2. *v* де́лать(ся) кра́сным

**rude** [ru:d] *a* 1) гру́бый; оскорби́тельный; to be ~ to smb. груби́ть кому́-л. 2) невéжественный, невоспи́танный 3) необрабо́танный, сыро́й 4) гру́бо сде́ланный 5) си́льный, ре́зкий (*о звуке*) 6) неотде́ланный, неотшлифо́ванный 7) примити́вный, гру́бый 8) неприли́чный, гру́бый 9) бу́рный (*о море*); внеза́пный; ~ shock внеза́пный уда́р; ~ reminder неожи́данное напомина́ние; ~ awakening си́льное разочарова́ние 10) кре́пкий (*о здоровье*)

**rudeness** ['ru:dnɪs] *n* 1) гру́бость *и пр.* [*см.* rude]

**rudiment** ['ru:dɪmənt] *n* 1) рудимента́рный о́рган 2) *pl* нача́тки, зача́тки; элемента́рные зна́ния

**rudimentary** [,ru:dɪ'mentərɪ] *a* 1) зача́точный, рудимента́рный, недора́звитый 2) элемента́рный

**rue I** [ru:] **1.** *n уст.* 1) сострада́ние, жа́лость 2) раская́ние, сожале́ние; crowned with ~ *поэт.* по́лный раская́ния

2. *v* раска́иваться, сожале́ть; печа́литься, горева́ть; I ~d the day when... я про́клял тот день, когда́...

**rue II** [ru:] *n бот.* ру́та (души́стая)

**rueful** ['ru:ful] *a* 1) уны́лый, печа́льный; го́рестный; a ~ countenance гру́стная ми́на 2) жа́лкий; жа́лобный 3) по́лный сожале́ния, раская́ния

**ruefully** ['ru:fulɪ] *adv* 1) печа́льно, уны́ло 2) с сожале́нием; с сочу́вствием

**ruff I** [rʌf] *n* 1) бры́жи; рюш 2) кольцо́ пе́рьев *или* ше́рсти вокру́г ше́и (*у птиц и животных*) 3) турухта́н (*птица*) 4) *тех.* гре́бень, кругово́й вы́ступ на валу́

**ruff II** [rʌf] *n* ёрш (*рыба*)

**ruff III** [rʌf] *карт.* **1.** *n* ко́зырь

2. *v* бить ко́зырем

**ruffed I** [rʌft] *p. p. от* ruff III, 2

**ruffed II** [rʌft] *a* гри́вистый (*о птицах*)

**ruffian** ['rʌfjən] *n* хулига́н, головоре́з, банди́т, негодя́й

**ruffianism** ['rʌfjənɪzm] *n* хулига́нство, гру́бость

**ruffianly** ['rʌfjənlɪ] *a* хулига́нский

**ruffle I** ['rʌfl] **1.** *n* 1) рябь 2) кружевна́я гофриро́ванная манже́тка, обо́рка 3) сумато́ха, шум; сты́чка, ссо́ра; without ~ or excitement без суеты́, споко́йно 4) раздраже́ние, доса́да 5) *pl sl.* нару́чники

2 *v* 1) ряби́ть (*воду*) 2) еро́шить (*волосы*); мо́рщить 3) наруша́ть споко́йствие 4) раздража́ть, серди́ть; a man impossible to ~ челове́к, кото́рого невозмо́жно вы́вести из себя́ 5) гофрирова́ть, собира́ть в сбо́рки 6) *разг.* препира́ться 7) *разг.* хорохо́риться, вести́ себя́ зано́счиво, задира́ть; to ~ it out чва́ниться, вести́ себя́ высокоме́рно 7) трепыха́ться

**ruffle II** ['rʌfl] *n* дробь бараба́на

**rufous** ['ru:fəs] *a* красновáто-кори́чневый; ры́жий

**rug** [rʌg] *n* 1) ковёр, ко́врик 2) плед 3) мехова́я по́лость

**Rugby** ['rʌgbɪ] *n спорт.* ре́гби (*тж.* ~ football)

**rugged** ['rʌgɪd] *a* 1) неро́вный, негла́дкий, шерохова́тый; шерша́вый; ~ verses неотде́ланные стихи́; ~ country, *амер.* ~ terrain *воен.* пересечённая ме́стность 2) суро́вый, стро́гий, прямо́й (*о человеке*) 3) гру́бый, морщи́нистый; ~ features гру́бые, ре́зкие черты́ лица́ 4) про́чный, масси́вный 5) бу́рный, я́ростный 6) тяжёлый, тру́дный (*о жизни*) 7) *амер.* си́льный, кре́пкий

**rugger** ['rʌgə] *разг. см.* Rugby

**rugose** ['ru:gəus] *a* морщи́нистый; скла́дчатый

**rugosity** [ru:'gɔsɪtɪ] *n* 1) морщи́нистость; скла́дчатость 2) морщи́на

**rugous** ['ru:gəs] = rugose

**ruin** [ruɪn] **1.** *n* 1) ги́бель; круше́ние (*надежд и т. п.*); разоре́ние; крах; to bring to ~ разори́ть, погуби́ть 2) (*часто pl*) разва́лины; руи́ны; in ~s в разва́линах 3) причи́на ги́бели

2. *v* 1) разруша́ть, разоря́ть; to ~ oneself разори́ться 2) (по)губи́ть; to ~ a girl обесче́стить де́вушку 3) по́ртить 4) *поэт.* ру́хнуть

**ruination** [ruɪ'neɪʃən] *n разг.* (по-)ги́бель; круше́ние; по́лное разоре́ние

**ruinous** ['ruɪnəs] *a* 1) разори́тельный; губи́тельный, разруши́тельный 2) разру́шенный, развали́вшийся

**rule** [ru:l] **1.** *n* 1) пра́вило; при́нцип; но́рма; образе́ц; it is a ~ with us у нас тако́е пра́вило; ~ of the road а) пра́вила (у́личного) движе́ния; б) *мор.* пра́вила расхожде́ния судо́в; ~ of three *мат.* тройно́е пра́вило; ~s of the game пра́вила игры́; ~s of decorum пра́вила прили́чия, пра́вила этике́та; as a ~ как пра́вило, обы́чно; by ~ по (устано́вленным) пра́вилам; hard and fast ~ твёрдое пра́вило; то́чный крите́рий; international ~s in force де́йствующие но́рмы междунаро́дного пра́ва; standing ~ постоя́нно де́йствующие пра́вила; to make ~s устана́вливать пра́вила; to make it a ~ взять за пра́вило; I make it a ~ to get up early я обы́чно ра́но встаю́ 2) постановле́ние, реше́ние суда́ *или* судьи́; ~ nisi *см.* nisi 3) правле́ние, власть; влады́чество, госпо́дство; the ~ of the people власть наро́да; the ~ of force власть си́лы 4) уста́в (*общества, ордена*) 5) (масшта́бная) лине́йка; науго́льник; масшта́б 6) *полигр.* лине́йка; шпон ◇ ~ of thumb а) практи́ческий спо́соб, ме́тод (*в отличие от научного*); б) приближённый подсчёт

2. *v* 1) управля́ть, пра́вить, вла́ствовать; руководи́ть; госпо́дствовать 2) постановля́ть (that); устана́вливать пра́вило 3) линова́ть, графи́ть 4) стоя́ть на определённом у́ровне (*о ценах*) □ ~ **out** исключа́ть

**ruler I** ['ru:lə] *n* прави́тель

**ruler II** ['ru:lə] *n* лине́йка

**ruling** ['ru:lɪŋ] **1.** *pres. p. от* rule 2

2. *n* 1) управле́ние 2) постановле́ние; суде́бное реше́ние; постановле́ние судьи́

3. *a* госпо́дствующий, пра́вящий; преоблада́ющий; ~ passion преоблада́ющая страсть; ~ gradient *ж.-д.* руководя́щий подъём

**rum I** [rʌm] *n* 1) ром 2) спиртно́й напи́ток

**rum II** [rʌm] *a разг.* стра́нный, чудно́й; подозри́тельный; ~ fellow чуда́к; ~ start удиви́тельный слу́чай; he feels ~ ему́ не по себе́

**Rumanian** [ru(:)'meɪnjən] = Roumanian

**rumba** ['rʌmbə] **1.** *n* ру́мба (*танец*)

2. *v* танцева́ть ру́мбу

**rumble** ['rʌmbl] **1.** *n* 1) громыха́ние, грохота́нье, гро́хот 2) ро́пот, недово́льство 3) сиде́нье, ме́сто для багажа́ *или* слуги́ позади́ экипа́жа 4) *амер. авто* откидно́е сиде́нье (*тж.* ~ seat) 5) *амер. sl.* дра́ка ме́жду ба́ндами

2. *v* 1) громыха́ть, грохота́ть 2) сказа́ть гро́мко (*тж.* ~ out, ~ forth) 3) урча́ть

**rumble-tumble** ['rʌmbl'tʌmbl] *n* 1) тря́ска 2) громо́здкий тря́ский экипа́ж

**rumbustious** [rʌm'bʌstjəs] *a разг.* шумли́вый, шу́мный

**rumen** ['ru:mɪn] *n* рубе́ц (*первый отдел желудка жвачных*)

**ruminant** ['ru:mɪnənt] **1.** *a* 1) жва́чный 2) заду́мчивый

2. *n* жва́чное живо́тное

**ruminate** ['ru:mɪneɪt] *v* 1) жева́ть жва́чку 2) разду́мывать, размышля́ть (over, of, on, about — о *чём-л.*)

**rumination** [,ru:mɪ'neɪʃən] *n* 1) жева́ние жва́чки 2) размышле́ние

**rummage** ['rʌmɪdʒ] **1.** *n* 1) по́иски, обыск 2) тамо́женный досмо́тр, осмо́тр (*судна*) 3) хлам, старьё

**2.** *v* 1) рыться, искать (*обыкн.* ~ about, ~ in) 2) производить таможенный досмотр 3) вылавливать, вытаскивать (*обыкн.* ~ out, ~ up)

**rummage sale** ['rʌmɪdʒ'seɪl] *n* распродажа случайных вещей (*обыкн.* с благотворительной целью)

**rummer** ['rʌmə] *n* кубок

**rummy** ['rʌmɪ] = rum II

**rumormongering** ['ru:mə,mʌŋgərɪŋ] *n амер.* распространение слухов

**rumour** ['ru:mə] **1.** *n* слух, молва, толки; ~s are about (*или* afloat), ~ has it (that) ходят слухи; there is a ~ говорят

**2.** *v* распространять слухи; рассказывать новости; it is ~ed that ходят слухи, что

**rumoured** ['ru:məd] **1.** *p. p. от* rumour 2

**2.** *a*: the ~ disaster бедствие, о котором прошёл слух

**rump** [rʌmp] *n* 1) крестец; огузок 2) (the R.) *ист.* «охвостье», остатки Долгого парламента

**rumple** ['rʌmpl] *v* 1) мять; приводить в беспорядок 2) ерошить волосы

**rump steak** ['rʌmp'steɪk] *n* кусок вырезки, ромштекс

**rumpus** ['rʌmpəs] *n разг.* суматоха; шум, гам; ссора

**rumpus room** ['rʌmpəsru:m] *n* комната для игр и развлечений (*в квартире*)

**rum-runner** ['rʌm,rʌnə] *n амер. разг.* перевозчик запрещённых спиртных напитков

**run** [rʌn] **1.** *n* 1) бег, пробег; at a ~ бегом [*см. тж.* ◇]; on the ~ на ходу, в движении; on the ~ all day весь день в беготне; to be on the ~ отступать, бежать; we have the enemy on the ~ мы обратили противника в бегство; to keep smb. on the ~ не давать кому-л. остановиться; to go for a ~ пробежаться; to give smb. a ~ дать пробежаться; to come down with a ~ быстро падать 2) короткая поездка; a ~ up to town кратковременная поездка в город 3) рейс, маршрут 4) расстояние, отрезок пути 5) показ, просмотр (*фильма, спектакля*) 6) ход, работа, действие (*машины, мотора*) 7) период времени, полоса; a ~ of luck полоса везения, удачи; a long ~ of power долгое пребывание у власти 8) спрос; ~ on the bank наплыв в банк требований о возвращении вкладов; the book has a considerable ~ книга хорошо распродаётся 9) средний тип *или* разряд; the common ~ of men обыкновенные люди 10) стадо животных, косяк рыбы (*во время миграции*) 11) тираж 12) партия (*изделий*) 13) огороженное место (*для кур и т. п.*); загон *или* пастбище для овец 14) *амер.* ручей, поток 15) жёлоб, лоток, труба *и т. п.* 16) *разг.* разрешение пользоваться (*чем-л.*), хозяйничать (*где-л.*); to have the ~ of smb.'s books иметь право пользоваться чьими-л. книгами 17) направление; the ~ of the hills is N. E. холмы тянутся на северо-восток; the ~ of the market общая тенденция рыночных цен 18) уклон; трасса 19) *амер.* спустившаяся петля на чулке 20) *муз.* рулада 21) *ж.-д.* пробег (*паровоза, вагона*); отрезок пути; прогон 22) *ав.* заход на цель 23) *горн.* бремсберг 24) длина (*провода*) 25) *геол.* направление рудной жилы 26) кормовое заострение (*корпуса*) 27) *тех.* погон, фракция (*напр., нефти*) ◇ at a ~ подряд [*см. тж.* 1)]; in the long ~ в конце концов; в общем; to go with a ~ ≅ идти как по маслу; to take the ~ for one's money получить полное удовольствие за свои деньги

**2.** *v* (ran; run) 1) бежать; бегать 2) двигаться, передвигаться (*обыкн. быстро*); things must ~ their course надо предоставить события их естественному ходу; to ~ before the wind *мор.* идти на фордевинд 3) ходить; курсировать; плавать 4) катиться 5) спасаться бегством, убегать; to ~ for it *разг.* искать спасения в бегстве 6) быстро распространяться (*об огне, пламени; о новостях*) 7) проходить, бежать, лететь (*о времени*); пронестись, промелькнуть (*о мысли*); how fast the years ~ by! как быстро летят годы! 8) течь, литься, сочиться, струиться 9) проливать(ся) (*о крови*) 10) расплываться (*о чернилах*); линять (*о рисунке на материи*) 11) тянуться, проходить, простираться, расстилаться; to ~ zigzag располагать(ся) зигзагообразно 12) тянуться, расти, обвиваться (*о растениях*) 13) вращаться, работать, действовать, нести нагрузку (*о машине*); to leave the engine (of a motor-car) ~ning не выключать мотора 14) идти гладко; all my arrangements ran smoothly всё шло как по маслу 15) гласить (*о документе, тексте*); this is how the verse ~s вот как звучит это стихотворение 16) быть действительным на известный срок; the lease ~s for seven years аренда действительна на семь лет 17) идти (*о пьесе*); the play ran for six months пьеса шла шесть месяцев 18) *употр. как глагол-связка*: to ~ cold (по)холодеть; to ~ dry высыхать; иссякать; to ~ mad сходить с ума; to ~ high а) подыматься (*о приливе*); б) волноваться (*о море*); в) возрастать (*о ценах*); г) разгораться (*о страстях*); to ~ low а) понижаться, опускаться; б) истощаться, иссякать (*о пище, деньгах и т. п.*); to ~ a fever лихорадить 19) участвовать (*в соревнованиях, скачках, бегах*) 20) выставлять (свою) кандидатуру на выборах (for) 21) *амер.* спуститься (*о петле*); her stocking ran у неё на чулке спустилась петля 22) направить движение *или* течение (*чего-л.*); заставить двигаться; to ~ the car in the garage ввести автомобиль в гараж 23) направлять; управлять (*машиной*); to ~ the vacuum cleaner чистить пылесосом, пылесосить 24) руководить, управлять; вести (*дело, предприятие*); эксплуатировать; to ~ a hotel быть владельцем гостиницы 25) лить, наливать 26) гнать, подгонять 27) плавить, лить (*металл*); выпускать металл (*из печи*) 28) накапливаться, образоваться (*о долге*); to ~ (up) a bill задолжать (at — *портному и т. п.*) 29) втыкать, вонзать (into); продевать (*нитку в иголку*) 30) преследовать, травить (*зверя*) 31) пускать лошадь (*на бега или скачки*) 32) прорывать; пробиваться сквозь; преодолевать (*препятствие*); to ~ the blockade прорвать блокаду 33) перевозить; поставлять; ввозить (*контрабанду*) 34) прокладывать, проводить; to ~ a line on a map провести линию на карте □ ~ **about** а) суетиться, бегать взад и вперёд; б) играть, резвиться (*о детях*); ~ **across** (случайно) встретиться с *кем-л.*, натолкнуться на *кого-л.*; ~ **after** а) преследовать; б) бегать, ухаживать за *кем-л.*; ~ **against** сталкиваться; наталкиваться на; to ~ one's head against a wall стукнуться головой об стену; *перен.* прошибать лбом стену; ~ **at** набрасываться, накидываться на *кого-л.*; ~ **away** а) убегать (with — с *кем-л., чем-л.*); похищать; б) понести (*о лошади*); в) намного обогнать (*других участников соревнования*); ~ **away with** а) заставить потерять самообладание; his temper ran away with him он не сумел сдержаться; б) увлёчься мыслью; в) принять необдуманное решение; ~ **back** а) восходить к (*определённому периоду*; to); б) прослеживать до (*источника, начала и т. п.*; to); ~ **down** а) сбежать; б) съездить ненадолго; съездить из Лондона в провинцию; в) останавливаться (*о машине, часах и т. п.*); г) догнать, настигнуть; д) столкнуться; е) пренебрежительно отзываться (*о ком-л.*); ж) уничтожать; з) переутомлять(ся); истощать(ся), изнурять(ся); и) опрокидывать; к) (*обыкн. p. p.*) переехать, задавить; ~ **in** а) навестить, заглянуть; б) *разг.* арестовать и посадить в тюрьму; в) *разг.* провести кандидата (*на выборах*); г) бросаться врукопашную; д) *тех.* обкатывать, производить обкатку; ~ **into** а) впадать в; to ~ into debt влезать в долги; б) налетать, наталкиваться (*на что-л.*); сталкиваться (*с чем-л.*); в) доходить до, достигать; the book ran into five editions книга выдержала пять изданий; ~ **off** а) удирать, убегать; сбегать (with — с); б) не производить впечатления; the scoldings ~ off him like water off a duck's back его ругают, а с него всё как с гуся вода; в) отцеживать; спускать (*воду*); г) отвлекаться от предмета (*разговора*); д) строчить стихи; бойко декламировать; е) реша́ть исхо́д го́нки; ~ on а) продолжа́ть(ся); тяну́ть(ся); б) говори́ть без у́молку; в) *полигр.* набира́ть «в подбо́р»; г) писа́ться сли́тно (*о буквах*); ~ **out** а) выбега́ть; б) вытека́ть; в) истоща́ться; истека́ть (*о времени*); г) выдвига́ться, выступа́ть (*о строении и т. п.*); д) зако́нчить го́нку; ~ **out of** истощи́ть свой запа́с; ~ **over** а) перелива́ться че́рез край; б) перее́хать, задави́ть (*кого-л.*); в) просма́тривать; повторя́ть; г) пробега́ть (*глазами; пальцами по клавишам и т. п.*); to ~ an eye over smth. оки́нуть взгля́дом, бе́гло просмотре́ть что-л.; д) съе́здить, сходи́ть; ~ **through** а) прока́лывать; б) промота́ть (*состояние*); в) бе́гло прочи́тывать *или* просма́тривать; г) зачеркну́ть (*написанное*); ~ **to** а) достига́ть (*суммы, цифры*); б) ударя́ться (*в крайность и т. п.*); to ~ to extremes впада́ть в кра́йности; в) идти́ (*в листья, семена*); to ~ to fat превраща́ться в жир; *разг.* жире́ть, толсте́ть; to ~ to seed пойти́ в семена́; *перен.* переста́ть развива́ться; опусти́ться; пойти́ пра́хом; г) хвата́ть, быть доста́точным; the money won't ~ to a car э́тих де́нег не хва́тит на маши́ну; ~ **up** а) съе́здить (*в город*); б) бы́стро расти́; увели́чиваться; в) поднима́ть(ся); г) вздува́ть (*цены*); д) доходи́ть (to — до); е) скла́дывать (*столбец цифр*); ж) возводи́ть спе́шно (*постройку*); ~ **upon** а) верте́ться вокру́г *чего-л.*, возвраща́ться к *чему-л.* (*о мыслях*); б) неожи́данно *или* внеза́пно встре́титься ◇ to ~ messages быть на посы́лках; to ~ it close (*или* fine) име́ть в обре́з (*времени, денег и т. п.*); to ~ riot *см.* riot 1, 3); to ~ a thing close быть почти́ ра́вным (*по качеству и т. п.*); to ~ a person close а) быть чьим-л. опа́сным сопе́рником; б) быть почти́ ра́вным кому́-л.; to ~ a person off his legs загоня́ть кого́-л. до изнеможе́ния; to ~ too far заходи́ть сли́шком далеко́

**runabout** [ˈrʌnəbaut] **1.** *n* 1) бродя́га; праздношата́ющийся 2) небольшо́й автомоби́ль 3) мото́рная ло́дка

**2.** *a* скита́ющийся; бродя́чий

**runagate** [ˈrʌnəgeɪt] *n уст.* бродя́га

**runaway** [ˈrʌnəweɪ] **1.** *n* 1) бегле́ц 2) дезерти́р 3) ло́шадь, несу́щаяся закуси́в удила́ 4) побе́г 5) стреми́тельный, неудержи́мый рост

**2.** *a* 1) убежа́вший; бе́глый; ~ marriage сва́дьба уво́дом 2) понёсший (*о лошади*) 3) неудержи́мый, бы́стро расту́щий; ~ inflation безу́держная инфля́ция 4) лёгкий, доста́вшийся легко́; ~ victory *спорт.* лёгкая побе́да

**run-down** [ˈrʌndaun] **1.** *n* 1) кра́ткое изложе́ние 2) сокраще́ние чи́сленности, коли́чества

**2.** *a* 1) захуда́лый, жа́лкий 2) уста́вший, истощённый 3) незаведённый (*о часах*)

**rune** [ruːn] *n лингв.* ру́на

**rung I** [rʌŋ] *n* 1) ступе́нька стремя́нки *или* приставно́й ле́стницы 2) спи́ца колеса́ 3) *attr.*: ~ ladder стремя́нка

**rung II** [rʌŋ] *past u p. p. от* ring II, 2

**runic** [ˈruːnɪk] *a лингв.* руни́ческий

**run-in** [ˈrʌnˈɪn] *n амер. разг.* схва́тка; ссо́ра

**runlet I** [ˈrʌnlɪt] *n* ручеёк

**runlet II** [ˈrʌnlɪt] *n уст.* ви́нный бочо́нок

**runnel** [ˈrʌnl] *n* 1) ручеёк 2) кана́ва, сток

**runner** [ˈrʌnə] *n* 1) бегу́н, уча́стник состяза́ния в бе́ге; a poor ~ плохо́й бегу́н; a fast ~ хоро́ший бегу́н 2) инкасса́тор 3) посы́льный, гоне́ц, курье́р; рассы́льный 4) *уст.* полице́йский 5) контрабанди́ст 6) контраба́ндное су́дно 7) по́лоз (*саней*) 8) ле́звие (*конька*) 9) доро́жка (*на столе, на полу*) 10) *тех.* бегуно́к; ходово́й ро́лик; рабо́чее колесо́ (*турбины*); ро́тор, ве́рхний жёрнов 11) ползу́чее расте́ние; сте́лющийся побе́г (*с корнями*) 12) ус (*земляники, клубники*) 13) *мор.* ходово́й коне́ц (*снасти*)

**runner-up** [ˈrʌnərˈʌp] *n* уча́стник состяза́ния, заня́вший второ́е ме́сто

**running** [ˈrʌnɪŋ] **1.** *pres. p. от* run 2

**2.** *n* 1) бе́ганье; бег(а́), беготня́ 2) ход, рабо́та (*машины, мотора и т. п.*) ◇ to be in the ~ име́ть ша́нсы на вы́игрыш; to be out of the ~ не име́ть ша́нсов на вы́игрыш; to make the ~ а) доби́ться хоро́ших результа́тов (*о жокее, скаковой лошади*); б) доби́ться успе́ха, преуспева́ть; to make good one's ~ не отстава́ть; преуспева́ть; to take up the ~ а) вести́ (*в гонке*); б) бра́ть инициати́ву в свои́ ру́ки

**3.** *a* 1) бегу́щий 2) бегово́й; ~ track (*или* path) бегова́я доро́жка 3) теку́щий; ~ account теку́щий счёт 4) после́довательный, непреры́вный; ~ commentary радиорепорта́ж; ~ fire бе́глый ого́нь; ~ hand бе́глый по́черк 5) пла́вный 6) теку́чий 7): ~ eyes слезя́щиеся глаза́; ~ sore гноя́щаяся ра́на 8) ползу́чий, вью́щийся (*о растении*) 9) подвижно́й, рабо́тающий; ~ rigging *мор.* бегу́чий такела́ж 10) *predic.* после́довательный, иду́щий подря́д; four days ~ четы́ре дня подря́д

**running-board** [ˈrʌnɪŋbɔːd] *n* подно́жка (*автомобиля*)

**running knot** [ˈrʌnɪŋˈnɔt] *n* затяжно́й у́зел, уда́вка

**running mate** [ˈrʌnɪŋˈmeɪt] *n* 1) челове́к, кото́рого ча́сто ви́дят в компа́нии друго́го 2) *амер.* кандида́т на пост вице-президе́нта

**running title** [ˈrʌnɪŋˈtaɪtl] *n полигр.* колонти́тул

**runny** [ˈrʌnɪ] *a* 1) теку́чий, жи́дкий 2) слезя́щийся

**run-on** [ˈrʌnɔn] **1.** *n полигр.* приложе́ние

**2.** *a* дополни́тельный

**run-out** [ˈrʌnaut] *n* 1) изна́шивание, изно́с 2) вы́ход, вы́пуск 3) движе́ние по ине́рции 4) *тех.* диффу́зор

**runt** [rʌnt] *n* 1) низкоро́слое живо́тное 2) ка́рликовое расте́ние 3) *разг.* челове́к ма́ленького ро́ста; короты́шка

**run-through** [ˈrʌnθruː] *n* 1) просмо́тр; прослу́шивание 2) *разг.* репети́ция

**run-up** [ˈrʌnʌp] *n* 1) разбе́г 2) *ав.* захо́д на цель 3) *тех.* пуск

**runway** [ˈrʌnweɪ] *n* 1) *ав.* взлётно-поса́дочная полоса́ 2) спуск для гидросамолётов 3) *тех.* подкра́новый путь; *ж.-д.* подъездно́й путь 4) *спорт.* доро́жка разбе́га 5) тропа́ к водопо́ю 6) ло́же реки́ 7) огоро́женное ме́сто (*для кур и т. п.*) 8) *театр.* у́зкая платфо́рма, помо́ст, соединя́ющий сце́ну с за́лом

**rupee** [ruːˈpiː] *n* ру́пия (*денежная единица некоторых стран Азии*)

**rupture** [ˈrʌptʃə] **1.** *n* 1) проры́в; проло́м 2) разры́в; ~ between friends ссо́ра друзе́й 3) *мед.* гры́жа; прободе́ние; разры́в; перело́м; the ~ of a blood-vessel разры́в кровено́сного сосу́да 4) *эл.* пробо́й (*изоляции*)

**2.** *v* 1) прорыва́ть (*оболочку*) 2) порыва́ть (*связь, отношения*) 3) *мед.* вызыва́ть гры́жу

**rural** [ˈruərəl] *a* се́льский, дереве́нский; ~ economy се́льское хозя́йство

**ruse** [ruːz] *n* уло́вка, хи́трость

**rush I** [rʌʃ] *n* 1) *бот.* тростни́к; камы́ш; си́тник 2) соверше́нный пустя́к, ме́лочь; not to care a ~ быть равноду́шным; not to give a ~ for smth. не придава́ть значе́ния чему́-л.; it's not worth a ~ ≅ гроша́ ло́маного не сто́ит

**rush II** [rʌʃ] **1.** *n* 1) стреми́тельное движе́ние, бросо́к; на́тиск, напо́р; a ~ of customers наплы́в покупа́телей 2) стремле́ние (*к чему-л.*); пого́ня (*за чем-л.*); ~ for wealth пого́ня за бога́тством; ~ of armaments го́нка вооруже́ний; gold ~ золота́я лихора́дка 3) большо́й спрос (for — на) 4) напряже́ние, спе́шка, сует́а; in a ~ в спе́шке 5) прили́в (*крови и т. п.*) 6) *воен.* стреми́тельная ата́ка 7) *воен.* перебе́жка 8) *амер. унив.* состяза́ние, соревнова́ние 9) *горн.* внеза́пная оса́дка кро́вли 10) *attr.* спе́шный, сро́чный, тре́бующий бы́стрых де́йствий; ~ work *амер.* напряжённая, спе́шная рабо́та; ~ meeting *амер.* на́спех со́званное собра́ние

**2.** *v* 1) броса́ться, мча́ться, нести́сь, устремля́ться (*тж. перен.*); an idea ~ed into my mind мне вдруг пришло́ на ум; words ~ed to his lips слова́ так и посы́пались из его́ уст 2) де́йствовать, выполня́ть сли́шком поспе́шно; to ~ to a conclusion де́лать поспе́шный вы́вод; to ~ into an undertaking необду́манно броса́ться в како́е-л. предприя́тие; to ~ into print сли́шком поспе́шно отдава́ть в печа́ть; to ~ a bill through the House провести́ в спе́шном поря́дке законопрое́кт че́рез парла́мент 3) нахлы́нуть (*о чувствах, воспоминаниях и т. п.*) 4) увлека́ть, стреми́тельно тащи́ть, торопи́ть; to refuse to be ~ed отка́зываться де́лать (*что-л.*) второпя́х 5) *воен.* брать стреми́тельным на́тиском; to be ~ed подве́ргнуться внеза́пному нападе́нию 6) дуть поры́вами (*о ветре*) 7) бы́стро доставля́ть 8) *sl.* обдира́ть (*покупателя*) 9) *амер. разг.* приударя́ть, уха́живать (*за кем-л.*)

**rush candle** ['rʌʃ,kændl] = rushlight 1)

**rush-hours** ['rʌʃ'auəz] *n pl* часы́ пик

**rushlight** ['rʌʃlaɪt] *n* 1) свеча́ с фитилём из сердцеви́ны си́тника 2) сла́бый свет; сла́бый про́блеск (*разума и т. п.*)

**rushy** ['rʌʃɪ] *a* 1) поро́сший камышо́м, тростнико́м 2) тростнико́вый; камышо́вый

**rusk** [rʌsk] *n* суха́рь

**russet** ['rʌsɪt] **1.** *n* 1) красновато-кори́чневый цвет; желтова́то-кори́чневый цвет 2) сорт желтова́то-кори́чневых я́блок 3) гру́бая домотка́ная желтова́то-кори́чневая *или* красновато-кори́чневая ткань

**2.** *a* 1) красновато-кори́чневый; желтова́то-кори́чневый 2) *уст.* дереве́нский, просто́й

**Russian** ['rʌʃən] **1.** *a* ру́сский

**2.** *n* 1) ру́сский; ру́сская; the ~s *pl собир.* ру́сские 2) ру́сский язы́к

**russule** ['rʌsju:l] *n бот.* сыроежка

**rust** [rʌst] **1.** *n* 1) ржа́вчина 2) *бот.* ржа́вчина

**2.** *v* 1) ржа́веть, де́латься ржа́вым 2) де́лать ржа́вым 3) по́ртиться, притупля́ться (*от бездействия*) 4) быть поражённым ржа́вчиной (*о растениях*)

**rustic** ['rʌstɪk] **1.** *a* 1) просто́й, простова́тый; гру́бый 2) се́льский, дереве́нский 3) гру́бо срабо́танный; неотёсанный; нескла́дный; ~ masonry кла́дка из неотёсанного ка́мня, русто́вка

**2.** *n* 1) се́льский жи́тель, крестья́нин 2) гру́бо отёсанный ка́мень, руст

**rusticate** ['rʌstɪkeɪt] *v* 1) удали́ться в дере́вню, жить в дере́вне 2) привива́ть просты́е, гру́бые мане́ры; огрубля́ть 3) вре́менно исключа́ть (*студента*) из университе́та 4) *стр.* рустова́ть

**rustication** [,rʌstɪ'keɪʃən] *n* 1) удале́ние в дере́вню 2) вре́менное исключе́ние (*студента*) из университе́та 3) *стр.* русто́вка

**rusticity** [rʌs'tɪsɪtɪ] *n* 1) безыску́сственность, простота́ 2) дереве́нские нра́вы

**rustle** ['rʌsl] **1.** *n* ше́лест, шо́рох; шурша́ние

**2.** *v* 1) шелесте́ть; шурша́ть 2) *амер. разг.* де́йствовать бы́стро и энерги́чно 3) *амер. разг.* красть (*скот*)

**rustler** ['rʌslə] *n амер. разг.* 1) челове́к, занима́ющийся кра́жей и клейме́нием чужо́го скота́ 2) *sl.* деле́ц, энерги́чный челове́к

**rustless** ['rʌstlɪs] = rustproof

**rustproof** ['rʌstpru:f] *a* нержаве́ющий

**rusty** I ['rʌstɪ] *a* 1) заржа́вленный, ржа́вый 2) цве́та ржа́вчины; порыже́вший (*о материи*) 3) запу́щенный; his French is a little ~ он немно́го забы́л францу́зский язы́к 4) устаре́вший 5) хри́плый

**rusty** II ['rʌstɪ] *a* прого́рклый

**rusty** III ['rʌstɪ] *a* 1) норови́стый (*о лошади*) 2) *разг.* раздражи́тельный, злой, серди́тый

**rut** I [rʌt] **1.** *n* 1) колея́, борозда́ 2) привы́чка; что-л. обы́чное, привы́чное; to move in a ~ идти́ по проторённой доро́жке 3) *тех.* жёлоб; фальц, вы́емка

**2.** *v* оставля́ть колеи́, проводи́ть бо́розды

**rut** II [rʌt] *зоол.* **1.** *n* охо́та, полово́е возбужде́ние (*у самцов*)

**2.** *v* быть в охо́те (*о самцах*)

**rutabaga** [,ru:tə'beɪgə] *n* брю́ква

**ruth** [ru:θ] *n уст.* жа́лость, сострада́ние

**ruthenium** [ru(:)'θi:njəm] *n хим.* руте́ний

**ruthless** ['ru:θlɪs] *a* безжа́лостный, жесто́кий

**rutted** I ['rʌtɪd] **1.** *p. p. от* rut I, 2

**2.** *a* изре́занный колея́ми

**rutted** II ['rʌtɪd] *p. p. от* rut II, 2

**rutty** ['rʌtɪ] = rutted I, 2

**rye** [raɪ] *n* 1) рожь 2) *амер.* хле́бная во́дка 3) *attr.* ржано́й

**rye-bread** ['raɪ'bred] *n* ржано́й хлеб

**ryot** ['raɪət] *n* индийский крестья́нин, земледе́лец

# S

**S, s** [es] (*pl* Ss, S's ['esɪz]) 1) *19-я буква англ. алфавита* 2) предме́т *или* ли́ния в ви́де бу́квы S; the river makes a great S река́ прихотли́во извива́ется

**'s** [z *после гласных и звонких согласных*, s *после глухих согласных*] *сокр. разг.* 1) = is *в форме Present Continuous, в функции глагола-связки в сложном сказуемом или в обороте* there is: he's (= he is) going to London one of these days он на днях е́дет в Ло́ндон; she's (= she is) gone она́ ушла́; it's (= it is) time to get up пора́ встава́ть; there's (= there is) no use не сто́ит 2) = has *в форме Present Perfect*: she's (= she has) taken it она́ взяла́ э́то 3) = us *в сочетании* let us: let's (= let us) have a look дава́йте посмо́трим 4) = does *в вопр. предл.*: what's (= what does) he say about it? что он говори́т по э́тому по́воду?

**sabbath** ['sæbəθ] *n* 1) суббо́та (*у евреев*) 2) воскресе́нье (*у христиан*) 3) *книжн.* поко́й, отдохнове́ние 4) ша́баш ведьм (*тж.* witches' ~)

**sabbath school** ['sæbəθ'sku:l] *n* воскре́сная шко́ла

**sabbatic(al)** [sə'bætɪk(əl)] *a* 1) суббо́тний (*у евреев*) 2) воскре́сный (*у христиан*) ◇ ~ year а) *библ.* ка́ждый седьмо́й год; б) *амер.* (ка́ждый седьмо́й) год, когда́ профе́ссор университе́та свобо́ден от ле́кций

**saber** ['seɪbə] *амер.* = sabre

**sable** I ['seɪbl] *n* 1) со́боль 2) собо́лий мех 3) *attr.* собо́лий

**sable** II ['seɪbl] *поэт.* **1.** *n* 1) чёрный цвет 2) *pl* тра́ур

**2.** *a* чёрный, тра́урный; мра́чный ◇ his ~ Majesty дья́вол, сатана́

**sabot** ['sæbəu] *фр. n* деревя́нный башма́к; сабо́

**sabotage** ['sæbətɑ:ʒ] *фр.* **1.** *n* 1) сабота́ж 2) диве́рсия; act of ~ диверсио́нный акт

**2.** *v* 1) саботи́ровать 2) организо́вывать диве́рсию

**saboteur** [,sɑ:bə'tə:] *фр. n* диверса́нт

**sabre** ['seɪbə] **1.** *n* 1) са́бля, ша́шка 2) *pl* кавалери́сты

**2.** *v* руби́ть са́блей

**sabre-rattle** ['seɪbə,rætl] *v* бряца́ть ору́жием

**sabre-rattling** ['seɪbə,rætlɪŋ] **1.** *pres. p. от* sabre-rattle

**2.** *n* бряца́ние ору́жием

**sabretache** ['sæbətæʃ] *n воен. ист.* та́шка

**sabre-toothed** ['seɪbətu:θt] *a зоол.* саблезу́бый; ~ tiger (ископа́емый) саблезу́бый тигр

**sabulous** ['sæbjuləs] *a* песча́ный

**sac** [sæk] *n* 1) *биол.* мешо́чек, су́мка 2) сак (*пальто*)

**saccate** ['sækeɪt] *a биол.* 1) мешкообра́зный 2) заключённый в мешо́чек

**saccharic** [sə'kærɪk] *a*: ~ acid *хим.* са́харная кислота́

**saccharify** [sə'kærɪfaɪ] *v хим.* превраща́ть (*крахмал*) в са́хар

**saccharin** ['sækərɪn] *n* сахари́н

**saccharine** I ['sækərɪn] = saccharin

**saccharine** II ['sækəraɪn] *a* 1) са́харный; са́харистый 2) слаща́вый, при́торный

**saccharose** ['sækərəus] *n хим.* сахаро́за, тростнико́вый са́хар

**sacciform** ['sæksɪfɔ:m] *a биол.* мешкообра́зный

**sacerdotal** [,sæsə'dəutl] *a* свяще́ннический, жре́ческий

**sacerdotalism** [,sæsə'dəutəlɪzm] *n* 1) систе́ма госуда́рственного управле́ния, признаю́щая власть духове́нства 2) *пренебр.* интри́ги духове́нства, вмеша́тельство духове́нства в све́тские дела́

**sachem** ['seɪtʃəm] *n амер.* 1) вождь (*некоторых индейских племён*) 2) вождь конфедера́ции североамерика́нских инде́йских племён 3) *разг.* полити́ческий босс

**sack** I [sæk] **1.** *n* 1) мешо́к, куль 2) свобо́дное же́нское пла́тье (*модное в XVIII в.*) 3) сак (*пальто*) 4) *амер.* ко́йка; посте́ль ◇ to get the ~ быть уво́ленным; to give smb. the ~ уво́лить кого́-л.

**2.** *v* 1) класть *или* ссыпа́ть в мешо́к 2) *разг.* уво́лить

**sack** II [sæk] **1.** *n* разграбле́ние; to put to the ~ разгра́бить

**2.** *v* 1) гра́бить 2) отдава́ть на разграбле́ние (*побеждённый город*)

**sack** III [sæk] *n ист.* бе́лое сухо́е вино́, импорти́ровавшееся из Испа́нии и с Кана́рских острово́в

**sackcloth** ['sækklɔθ] *n* 1) холст; мешкови́на; дерю́га 2) власяни́ца

**sack-coat** ['sækkəut] *n* широ́кое, свобо́дное пальто́

**sackful** ['sækful] *n* по́лный мешо́к (*чего-л.*); ~s of grain по́лные мешки́ зерна́

**sacking** I ['sækɪŋ] **1.** *pres. p. от* sack I, 2

**2.** *n* 1) материа́л для мешко́в, мешкови́на 2) насы́пка в мешки́

**sacking** II ['sækɪŋ] *pres. p. от* sack II, 2

**sack-race** ['sækreɪs] *n* бег в мешка́х (*аттракцион*)

**sacra** ['seɪkrə] *pl от* sacrum

**sacral** ['seɪkrəl] *a* 1) обря́довый, ритуа́льный 2) *анат.* крестцо́вый

**sacrament** ['sækrəmənt] *n* 1) *церк.* та́инство; прича́стие 2) си́мвол, знак 3) кля́тва; обе́т

**sacramental** [,sækrə'mentl] *a* 1) сакрамента́льный, свяще́нный 2) кля́твенный

**sacred** ['seɪkrɪd] *a* 1) свяще́нный; свято́й; it's my ~ duty to do this мой свяще́нный долг сде́лать э́то; ~ music духо́вная му́зыка 2) неприкоснове́нный 3) посвящённый (to)

**sacrifice** ['sækrɪfaɪs] **1.** *n* 1) же́ртва; to make a ~ приноси́ть же́ртву; at the ~ of smth. поже́ртвовав чем-л.; the great (*или* last) ~ смерть в бою́ за ро́дину 2) убы́ток; to sell at a ~ продава́ть себе́ в убы́ток 3) жертвоприноше́ние

**2.** *v* 1) приноси́ть в же́ртву, же́ртвовать; to ~ oneself же́ртвовать собо́й 2) соверша́ть жертвоприноше́ние

**sacrificial** [,sækrɪ'fɪʃəl] *a* же́ртвенный

**sacrilege** ['sækrɪlɪdʒ] *n* святота́тство, кощу́нство

**sacrilegious** [,sækrɪ'lɪdʒəs] *a* святота́тственный, кощу́нственный

**sacrist, sacristan** ['sækrɪst, 'sækrɪstən] *n церк.* ри́зничий

**sacristy** ['sækrɪstɪ] *n* ри́зница

**sacrosanct** ['sækrəusæŋkt] *a* свяще́нный; неприкоснове́нный

**sacrum** ['seɪkrəm] *n* (*pl* -rums [-rəmz], -ra) *анат.* кресте́ц

**sad** [sæd] *a* 1) печа́льный, уны́лый, гру́стный; a ~ mistake доса́дная оши́бка 2) *разг.* ужа́сный, отча́янный; ~ coward отча́янный трус; he writes ~ stuff он пи́шет ужа́сно 3) *диал.* тяжёлый, с зака́лом (*о хлебе*) 4) ту́склый, тёмный (*о краске*) ◇ in ~ earnest соверше́нно серьёзно; ~ dog пове́са, шалопа́й

**sadden** ['sædn] *v* печа́лить(ся)

**saddle** ['sædl] **1.** *n* 1) седло́ 2) седёлка 3) седлови́на (*горной цепи*) 4) *геол.* антиклина́льная скла́дка 5) *тех.* подкла́дка, башма́к; сала́зки; су́ппорт (*станка*); гнездо́ (*клапана*) 6) сою́зка (*башмака*); white shoes with brown ~s бе́лые ту́фли с кори́чневыми сою́зками 7) *кул.* седло́; ~ of mutton седло́ бара́шка ◇ to put the ~ on the right horse обвиня́ть кого́ сле́дует; обвиня́ть справедли́во; to be in the ~ верхово́дить

**2.** *v* 1) седла́ть (*тж.* ~ up); сади́ться в седло́ 2) взва́ливать (upon); обременя́ть (with)

**saddleback** ['sædlbæk] *n* седлови́на (*горы*)

**saddle-bag** ['sædlbæg] *n* седе́льный вьюк; перемётная сума́

**saddle-blanket** ['sædl,blæŋkɪt] *n* потни́к

**saddle-bow** ['sædlbəu] *n* седе́льная лука́

**saddle-cloth** ['sædlklɔθ] *n* чепра́к

**saddlefast** ['sædlfɑ:st] *a* кре́пко держа́щийся в седле́

**saddle-girth** ['sædlgə:θ] *n* подпру́га

**saddle-horse** ['sædlhɔ:s] *n* верхова́я ло́шадь

**saddle-pin** ['sædlpɪn] *n* опо́рная сто́йка седла́ (*у велосипеда и т. п.*)

**saddler** ['sædlə] *n* 1) седе́льный ма́стер, шо́рник 2) *амер.* верхова́я ло́шадь

**saddlery** ['sædlərɪ] *n* 1) шо́рное де́ло 2) шо́рная мастерска́я 3) седе́льное снаряже́ние

**saddle shoes** ['sædl'ʃu:z] *n pl* ту́фли с цветны́ми сою́зками

**saddle-spring** ['sædlsprɪŋ] *n* седе́льный амортиза́тор (*у велосипеда и т. п.*)

**saddle strap** ['sædl'stræp] *n* вью́чный реме́нь

**saddle-tree** ['sædltri:] *n* 1) карка́с сиде́нья (*велосипеда и т. п.*) 2) *бот.* тюльпа́нное де́рево

**sad-iron** ['sæd,aɪən] *n* масси́вный утю́г

**sadism** ['seɪdɪzm] *n* сади́зм

**sadist** ['seɪdɪst] *n* сади́ст

**sadness** ['sædnɪs] *n* печа́ль, уны́ние

**safari** [sə'fɑ:rɪ] *араб. n* сафа́ри, охо́тничья экспеди́ция (*обыкн. в Восточной Африке*)

**safe** [seɪf] **1.** *n* 1) сейф, несгора́емый я́щик *или* шкаф 2) холоди́льник

**2.** *a* 1) невреди́мый; ~ and sound це́л(ый) и невреди́м(ый) 2) сохра́нный; в безопа́сности; now we are (can feel) ~ тепе́рь мы (мо́жем чу́вствовать себя́) в безопа́сности 3) безопа́сный; ве́рный, надёжный; ~ method надёжный ме́тод; ~ place надёжное ме́сто; it is ~ to say мо́жно с уве́ренностью сказа́ть; I have got him ~ он не убежи́т; он не смо́жет сде́лать ничего́ дурно́го 4) осторо́жный (*о человеке*) ◇ as ~ as houses ≅ мо́жно положи́ться как на ка́менную стену́; соверше́нно надёжный; to be on the ~ side на вся́кий слу́чай; для бо́льшей ве́рности

**safe conduct** ['seɪf'kɔndʌkt] *n* 1) охра́нное свиде́тельство 2) охра́на, эско́рт

**safe deposit** ['seɪfdɪ,pɔzɪt] *n* храни́лище; сейф

**safeguard** ['seɪfgɑ:d] **1.** *n* 1) гара́нтия; охра́на 2) охра́нное свиде́тельство 3) предосторо́жность 4) предохрани́тель; предохрани́тельное устро́йство 5) *воен.* охра́на, конво́й

**2.** *v* охраня́ть, гаранти́ровать (against)

**safely** ['seɪflɪ] *adv* 1) в сохра́нности 2) безопа́сно; благополу́чно; it may ~ be said мо́жно с уве́ренностью сказа́ть

**safety** ['seɪftɪ] *n* безопа́сность; сохра́нность; with ~ безопа́сно, без ри́ска; in ~ в безопа́сности; to play for ~ избега́ть ри́ска; ~ first! соблюда́йте осторо́жность!; road ~ пра́вила безопа́сности у́личного движе́ния ◇ there is ~ in numbers *посл.* безопа́снее де́йствовать сообща́; ≅ оди́н в по́ле не во́ин

**safety-belt** ['seɪftɪbelt] *n* 1) спаса́тельный по́яс 2) *ав.* привязно́й реме́нь

**safety-bolt** ['seɪftɪbəult] *n тех.* предохрани́тельный болт

**safety curtain** ['seɪftɪ,kə:tn] *n театр.* противопожа́рный асбе́стовый за́навес

**safety film** ['seɪftɪfɪlm] *n* безопа́сная, невоспламеня́ющаяся киноплёнка

**safety fuse** ['seɪftɪfju:z] *n* 1) *горн.* огнепрово́дный шнур 2) *эл.* пла́вкий предохрани́тель

**safety glass** ['seɪftɪglɑ:s] *n* небью́щееся, безоско́лочное стекло́

**safety island** ['seɪftɪ,aɪlənd] *n* острово́к безопа́сности (*для пешеходов*)

**safety lamp** ['seɪftɪlæmp] *n* безопа́сная ла́мпа, рудни́чная ла́мпа

**safety match** ['seɪftɪmætʃ] *n* (безопа́сная) спи́чка

**safety-nut** ['seɪftɪnʌt] *n тех.* контрга́йка

**safety-pin** ['seɪftɪpɪn] *n* безопа́сная, англи́йская була́вка

**safety razor** ['seɪftɪ,reɪzə] *n* безопа́сная бри́тва

**safety strip** ['seɪftɪstrɪp] *n* полоса́ безопа́сности (*вырубка для предупреждения распространения лесного пожара*)

**safety-valve** ['seɪftɪvælv] *n* 1) предохрани́тельный кла́пан 2) *перен.* вы́ход, отду́шина ◇ to sit on the ~

~ а) не дава́ть вы́хода страстя́м, чу́вствам *и т. п.*; б) проводи́ть поли́тику репре́ссий

**saffian** ['sæfjən] *русск. n* сафья́н

**saffron** ['sæfrən] **1.** *n бот.* шафра́н **2.** *a* шафра́нный, шафра́новый **3.** *v* окра́шивать шафра́ном *или* в шафра́новый цвет

**sag** [sæg] **1.** *n* 1) проги́б, прове́с 2) переко́с; оседа́ние 3) паде́ние цен 4) *тех.* стрела́ проги́ба *или* прове́са 5) *мор.* ува́ливание *или* дрейф под ве́тер; уклоне́ние от ку́рса

**2.** *v* 1) прогиба́ть(ся;) the beams have begun to ~ ба́лки начина́ют прогиба́ться 2) осе́сть; покоси́ться 3) свиса́ть; обвиса́ть; the dress ~s at the back пла́тье виси́т сза́ди 4) *амер.* ослабева́ть 5) па́дать в цене́ 6) *мор.* отклоня́ться от ку́рса; ува́ливаться под ве́тер

**saga** ['sɑ:gə] *n* са́га, сказа́ние

**sagacious** [sə'geɪʃəs] *a* 1) проница́тельный, дальнови́дный; прозорли́вый 2) здравомы́слящий; благоразу́мный 3) у́мный (*о живо́тном*)

**sagacity** [sə'gæsɪtɪ] *n* 1) проница́тельность; прозорли́вость 2) сообрази́тельность, поня́тливость (*живо́тных*) 3) практи́ческий ум

**sagamore** ['sægəmɔ:] = sachem

**sage** I [seɪdʒ] *n бот.* шалфе́й

**sage** II [seɪdʒ] **1.** *n* мудре́ц **2.** *a* му́дрый, глубокомы́сленный (*часто ирон.*)

**sage-brush** ['seɪdʒbrʌʃ] *n бот.* полы́нь

**sage-green** ['seɪdʒ'gri:n] **1.** *a* серова́то-зелёный **2.** *n* серова́то-зелёный цвет (*цвет шалфейного листа*)

**sage tea** ['seɪdʒti:] *n* насто́й шалфе́я

**saggar, sagger** ['sægə] *n* ка́псула для о́бжига керами́ческих изде́лий

**sagittal** ['sædʒɪtl] *a* 1) стрелови́дный 2) *анат.* сагитта́льный

**Sagittarius** [,sædʒɪ'teərɪəs] *n* Стреле́ц (*созвездие и знак зодиака*)

**sago** ['seɪgəu] *n* (*pl* -os [-əuz]) 1) са́го (*крупа*) 2) *attr.*: ~ palm са́говая па́льма

**sahib** ['sɑ:hɪb] *инд. n* 1) (S.) ти́тул, прибавля́емый к имена́м высокопоста́вленных *или* должностны́х лиц (Raja S., the Colonel S.) 2) саги́б, господи́н, хозя́ин (*почтительное обращение к европейцу в колониальной Индии*)

**said** [sed] **1.** *past и p. p. от* say 1 **2.** *a*: the ~ (вы́ше)упомя́нутый, (вы́ше)ука́занный; the ~ witness вышеука́занный свиде́тель; the ~ sum of money вышеупомя́нутая су́мма (*денег*)

**sail** [seɪl] **1.** *n* 1) па́рус(а́); to hoist (*или* to make) ~ ста́вить паруса́; *перен.* уходи́ть, убира́ться восвоя́си; it's time to hoist ~ пора́ уходи́ть (*или* идти́); to crowd ~ форси́ровать паруса́; ста́вить все нали́чные паруса́; to carry ~ нести́ паруса́ (*о корабле*); to shorten ~ убавля́ть паруса́; *перен.* заме́длить ход; to strike ~ убра́ть паруса́; *перен.* призна́ть свою́ непра́воту́; призна́ть себя́ побеждённым; (in) full ~ на всех паруса́х; under ~ под паруса́ми; to set ~ отправля́ться в пла́вание; to take in ~ а) убира́ть паруса́; б) уме́рить пыл; сба́вить спе́си 2) па́русное су́дно; ~ ho! ви́ден кора́бль! 3) *собир.* па́русные суда́; a fleet of 30 ~ флоти́лия из 30 корабле́й 4) пла́вание; we went for a ~ мы отпра́вились ката́ться на па́русной ло́дке 5) крыло́ ветряно́й ме́льницы

**2.** *v* 1) идти́ под паруса́ми 2) пла́вать; отплыва́ть 3) нести́сь, лете́ть 4) пла́вно дви́гаться, выступа́ть, «плыть»; ше́ствовать 5) управля́ть (*судном*) 6) пуска́ть (*кораблики*) □ ~ **in** приня́ть реши́тельные ме́ры, вмеша́ться; ~ **into** *разг.* набро́ситься, обру́шиться на *кого-л.* (*с бранью и т. п.*)

**sailboat** ['seɪlbəut] *n* па́русная шлю́пка

**sail-cloth** ['seɪlklɔθ] *n* паруси́на

**sailer** ['seɪlə] *n* па́русное су́дно; bad (good) ~ плохо́й (хоро́ший) ходо́к (*о парусном судне*)

**sailing** ['seɪlɪŋ] **1.** *pres. p. от* sail 2 **2.** *n* 1) пла́вание; морехо́дство 2) отхо́д, отплы́тие 3) кораблевожде́ние; навига́ция 4) па́русный спорт **3.** *a* 1) па́русный 2) относя́щийся к ре́йду корабля́; ~ orders инстру́кция капита́ну пе́ред вы́ходом в мо́ре

**sailing-craft** ['seɪlɪŋkrɑ:ft] *n* па́русное су́дно

**sailing-master** ['seɪlɪŋ,mɑ:stə] *n* шту́рман

**sailing-ship** ['seɪlɪŋʃɪp] *n* па́русное су́дно, па́русник

**sailing-vessel** ['seɪlɪŋ,vesl] = sailing-ship

**sailor** ['seɪlə] *n* 1) матро́с, моря́к; freshwater ~ нови́чо́к, нео́пытный моря́к; ~ before the mast (рядово́й) матро́с 2) *attr.* матро́сский; ~ suit матро́ска; ~ hat да́мская соло́менная шля́па с ни́зкой тульёй и у́зкими *или* по́днятыми поля́ми ◇ to be a good (bad) ~ хорошо́ (пло́хо) переноси́ть ка́чку на мо́ре

**sailorly** ['seɪlǝlɪ] *a* 1) ло́вкий; спосо́бный 2) характе́рный для моряка́

**sail-plane** ['seɪlpleɪn] *n* планёр

**sainfoin** ['sænfɔɪn] *n бот.* эспарце́т

**saint** [seɪnt (*полная форма*); sənt, sɪnt, snt (*редуцированные формы*)] *n* свято́й

**sainted** ['seɪntɪd] *a* 1) свято́й 2) канонизи́рованный; причи́сленный к ли́ку святы́х

**sainthood** ['seɪnthud] *n* свя́тость

**saintlike** ['seɪntlaɪk] = saintly

**saintly** ['seɪntlɪ] *a* безгре́шный, свято́й

**saith** [seθ] *уст. 3-е л. ед. ч. настоящего времени гл.* to say

**sake** [seɪk] *n*: for the ~ of, for one's ~ ра́ди; do it for Mary's ~ сде́лайте э́то ра́ди Мэ́ри; for our ~s ра́ди нас; for God's ~, for Heaven's ~ ра́ди бо́га, ра́ди всего́ свято́го (*для выражения раздражения, досады, мольбы*); for conscience' ~ для успокое́ния со́вести; for old ~'s ~ в па́мять про́шлого; for the ~ of glory ра́ди сла́вы; for the ~ of making money из-за де́нег ◇ ~s alive! *амер.* вот тебе́ раз!, ну и ну!; вот э́то да!

**sal** [sæl] *n хим., фарм.* соль

**salaam** [sə'lɑ:m] **1.** *n* селя́м (*восточное приветствие*) **2.** *v* приве́тствовать

**salable** ['seɪləbl] *a* 1) по́льзующийся спро́сом; хо́дкий (*о товаре*) 2) схо́дный (*о цене*)

**salacious** [sə'leɪʃəs] *a* 1) похотли́вый, сладостра́стный 2) непристо́йный

**salacity** [sə'læsɪtɪ] *n* 1) похотли́вость, сладостра́стие 2) непристо́йность

**salad** ['sæləd] *n* сала́т; винегре́т

**salad-bowl** ['sælədbəul] *n* сала́тница

**salad-days** ['sæləddeɪz] *n* пора́ ю́ношеской нео́пытности; зелёная ю́ность

**salad-dressing** ['sæləd,dresɪŋ] *n* запра́вка к сала́ту

**salad-oil** ['sæləd'ɔɪl] *n* оли́вковое, прова́нское ма́сло; ма́сло для сала́та

**salamander** ['sælə,mændə] *n* 1) *зоол.* салама́ндра 2) *метал.* козёл; на́стыль 3) жаро́вня

**salame** [sə'lɑ:mɪ] *ит. n* (*pl* -mi) (*обыкн. pl*) саля́ми (*сорт копчёной колбасы*)

**salami** [sə'lɑ:mi(:)] *pl от* salame

**sal-ammoniac** [,sælə'məunɪæk] *n* нашаты́рь

**salaried** ['sælərɪd] *a* получа́ющий жа́лованье, находя́щийся на жа́лованье, окла́де; ~ personnel слу́жащие

**salary** ['sælərɪ] *n* жа́лованье; окла́д

**sale** [seɪl] *n* 1) прода́жа; сбыт; to be for (*или* on) ~ продава́ться 2) прода́жа с аукцио́на, с торго́в; to put up for ~ продава́ть с молотка́ 3) (*обыкн. pl*) распрода́жа по сни́женной цене́ в конце́ сезо́на; bargain (*или* clearance) ~ распрода́жа по сни́женным це́нам

**saleable** ['seɪləbl] = salable

**sale-price** ['seɪlpraɪs] *n* 1) *эк.* прода́жная цена́ 2) сни́женная цена́; to sell at ~ продава́ть по цене́ сезо́нной распрода́жи

**sale-room** ['seɪlrum] *n* аукцио́нный зал

**saleslady** ['seɪlz,leɪdɪ] *амер. разг. см.* saleswoman

**salesman** ['seɪlzmən] *n* 1) продаве́ц 2) комиссионе́р 3) *амер.* коммивояжёр (*тж.* travelling ~)

**salesmanship** ['seɪlzmənʃɪp] *n* 1) уме́ние продава́ть, торгова́ть 2) *перен.* уме́ние заинтересова́ть люде́й; уме́ние преподнести́ материа́л

**salespeople** ['seɪlz,pi:pl] *n pl собир. амер.* продавцы́

**salesroom** ['seɪlzrum] = sale-room

**saleswoman** ['seɪlz,wumən] *n* продавщи́ца

**Salic** ['sælɪk] *a ист.* сали́ческий

**salicylic** [ˌsælɪˈsɪlɪk] *a хим.* салици́ловый; ~ acid салици́ловая кислота́

**salience** [ˈseɪljəns] *n* 1) вы́пуклость 2) вы́ступ; клин

**salient** [ˈseɪljənt] **1.** *a* 1) выдаю́щийся, выступа́ющий; ~ angle выступа́ющий у́гол, ребро́ 2) вы́пуклый, заме́тный; я́ркий, броса́ющийся в глаза́; the ~ points in his speech са́мые я́ркие места́ в его́ ре́чи

**2.** *n воен.* клин; вы́ступ (*обращённый в сторону противника*)

**saline 1.** *n* [səˈlaɪn] 1) солонча́к 2) солёное о́зеро; солёный исто́чник 3) *хим.* соль 4) соляно́й раство́р

**2.** *a* [ˈseɪlaɪn] 1) соляно́й, солево́й 2) солёный

**salinity** [səˈlɪnɪtɪ] *n* солёность

**saliva** [səˈlaɪvə] *n* слюна́

**salivary** [ˈsælɪvərɪ] *a* слю́нный; ~ glands слю́нные же́лезы

**salivate** [ˈsælɪveɪt] *v* 1) вызыва́ть слюнотече́ние 2) выделя́ть слюну́

**salivation** [ˌsælɪˈveɪʃən] *n* слюнотече́ние

**sallow I** [ˈsæləu] *n бот.* и́ва

**sallow II** [ˈsæləu] **1.** *a* желтова́тый, боле́зненный (*о цвете лица*)

**2.** *v* де́лать(ся) жёлтым, желте́ть

**sally** [ˈsælɪ] **1.** *n* 1) *воен.* вы́лазка 2) прогу́лка, экску́рсия 3) вспы́шка (*гнева и т. п.*) 4) остроу́мная ре́плика, острота́

**2.** *v* 1) *воен.* де́лать вы́лазку (*часто* ~ out) 2) отправля́ться (*обыкн.* ~ forth, ~ out)

**Sally Lunn** [ˈsælɪˈlʌn] *n разг.* сла́дкая бу́лочка

**sally-port** [ˈsælɪpɔ:t] *n воен.* воро́та для вы́лазок (*в укреплении*)

**salmagundi** [ˌsælməˈgʌndɪ] *фр. n* 1) салмагу́нди (*мясной салат с анчоусами, яйцами и луком*) 2) смесь, вся́кая вся́чина

**salmi** [ˈsælmi(:)] *фр. n* рагу́ из дичи

**salmon** [ˈsæmən] **1.** *n* (*pl без измен.*) ло́со́сь; сёмга; dog ~ *амер.* ке́та; red (*или* blueback) ~ не́рка; humpback ~ *амер.* горбу́ша

**2.** *a* ора́нжево-ро́зовый, цве́та сомо́н

**salmon-coloured** [ˈsæmənˌkʌləd] = salmon 2

**salmon trout** [ˈsæmənˈtraut] *n зоол.* ку́мжа, ло́со́сь-таймéнь

**salon** [sæˈlɔ:ŋ] *фр. n* 1) гости́ная; приёмная 2) сало́н 3) (the S.) ежего́дная вы́ставка совреме́нного изобрази́тельного иску́сства в Пари́же

**saloon** [səˈlu:n] *n* 1) *амер.* салу́н, питéйное заведе́ние; пивна́я 2) сало́н (*на пароходе*); сало́н-ваго́н 3) *уст.* зал 4) *авто* седа́н (*тип закрытого кузова*)

**saloon-car, saloon-carriage** [səˈlu:n-kɑ:, səˈlu:nˌkærɪdʒ] = saloon 4)

**saloon deck** [səˈlu:ndek] *n* пассажи́рская па́луба I кла́сса

**saloon-keeper** [səˈlu:nˌki:pə] *n амер.* тракти́рщик; владе́лец ба́ра

**Salopian** [səˈləupjən] *n* уроже́нец гра́фства Шро́пшир *или* го́рода Шру́сбери

**salsify** [ˈsælsɪfɪ] *n бот.* козлоборо́дник

**salt** [sɔ:lt] **1.** *n* 1) соль, пова́ренная соль; white ~ пищева́я соль; table ~ столо́вая соль; in ~ засо́ленный 2) *pl мед.* ню́хательная соль (*тж.* smelling ~s); слаби́тельное; Epsom ~s англи́йская соль 3) «изю́минка», пика́нтность 4) остроу́мие 5) *разг.* быва́лый моря́к, морско́й волк (*часто* old ~) 6) соло́нка ◇ to sit above (below) the ~ а) сиде́ть на ве́рхнем (ни́жнем) конце́ стола́; б) занима́ть высо́кое (весьма́ скро́мное) положе́ние в о́бществе; to eat smb.'s ~ а) быть чьим-л. го́стем; б) быть нахле́бником у кого́-л.; быть в зави́симом положе́нии; to earn one's ~ не да́ром есть хлеб; true to one's ~ пре́данный своему́ хозя́ину; to put ~ on smb.'s tail *шутл.* насы́пать со́ли на хвост; излови́ть, пойма́ть; the ~ of the earth а) *библ.* соль земли́; б) лу́чшие, досто́йнейшие лю́ди, гра́ждане; not worth one's ~ никчёмный, не сто́ящий того́, что́бы ему́ плати́ли; to take a story with a grain of ~ отнести́сь к расска́зу крити́чески, с недове́рием; I am not made of ~ ≅ не са́харный, не раста́ю

**2.** *a* 1) солёный; ~ as brine (*или* as a herring) о́чень солёный; ≅ одна́ соль 2) жгу́чий, го́рький; ~ tears го́рькие слёзы 3) засо́ленный 4) морско́й; ~ water морска́я вода́; *перен.* слёзы 5) неприли́чный, непристо́йный; «солёный» 6) *sl.* сли́шком дорого́й

**3.** *v* 1) соли́ть 2) соли́ть, заса́ливать; консерви́ровать 3) *перен.* придава́ть остроту́, пика́нтность □ ~ **away,** ~ **down** а) соли́ть, заса́ливать; б) копи́ть, откла́дывать ◇ to ~ a mine иску́сственно повы́сить содержа́ние проб с це́лью вы́дать рудни́к за бо́лее бога́тый (*при продаже*)

**saltation** [sælˈteɪʃən] *n* 1) пры́ганье, пля́ска 2) скачо́к, прыжо́к 3) неожи́данное измене́ние движе́ния, разви́тия

**saltatory** [ˈsæltətərɪ] *a* 1) пры́гающий, ска́чущий 2) скачкообра́зный, ре́зко меня́ющийся; ~ evolution скачкообра́зное разви́тие

**salt beef** [ˈsɔ:ltbi:f] *n* солони́на

**salt-cake** [ˈsɔ:ltkeɪk] *n хим.* сернокислый на́трий, сульфа́т на́трия

**salt-cat** [ˈsɔ:ltkæt] *n* прима́нка для голубе́й

**salt-cellar** [ˈsɔ:ltˌselə] *n* соло́нка

**salted** [ˈsɔ:ltɪd] **1.** *p. p. от* salt 3

**2.** *a* 1) солёный 2) *разг.* закалённый, прожжённый

**saltern** [ˈsɔ:ltə:n] *n* солева́рня

**salt-glaze** [ˈsɔ:ltgleɪz] *n* обли́вка, глазу́рь

**salt-horse** [ˈsɔ:lthɔ:s] *sl. см.* salt beef

**salting** [ˈsɔ:ltɪŋ] **1.** *pres. p. от* salt 3

**2.** *n* иску́сственное повыше́ние содержа́ния проб [*см.* salt 3 ◇]

**salt junk** [ˈsɔ:ltdʒʌŋk] *n мор. sl.* солони́на

**salt-lick** [ˈsɔ:ltlɪk] *n* ме́сто, где собира́ются ди́кие живо́тные, привлека́емые выступа́ющей на пове́рхность земли́ со́лью

**salt-marsh** [ˈsɔ:ltmɑ:ʃ] *n* солонча́к; низи́на, затопля́емая солёной водо́й

**salt-mine** [ˈsɔ:ltmaɪn] *n* соляна́я ша́хта

**salt-pan** [ˈsɔ:ltpæn] *n* 1) чрен для вы́парки рассо́ла, ва́рница 2) соляно́е о́зеро

**saltpetre** [ˈsɔ:ltˌpi:tə] *n хим.* сели́тра

**salt-pond** [ˈsɔ:ltpɔnd] *n* соляно́й пруд

**salt-spoon** [ˈsɔ:ltspu:n] *n* ло́жечка для со́ли

**salt-water** [ˈsɔ:ltˌwɔ:tə] *a* морско́й

**salt-works** [ˈsɔ:ltwə:ks] = saltern

**saltwort** [ˈsɔ:ltwɔ:t] *n бот.* соля́нка, солеро́с; пота́шник

**salty** [ˈsɔ:ltɪ] *a* 1) солёный 2) непристо́йный; пика́нтный, «солёный»

**salubrious** [səˈlu:brɪəs] *a* здоро́вый, поле́зный для здоро́вья; цели́тельный; ~ climate здоро́вый кли́мат

**salubrity** [səˈlu:brɪtɪ] *n* 1) кре́пкое здоро́вье 2) усло́вия *или* сво́йства, благоприя́тные для здоро́вья

**salutary** [ˈsæljutərɪ] *a* цели́тельный; благотво́рный, поле́зный

**salutation** [ˌsælju(:)ˈteɪʃən] *n* приве́тствие

**salutatory** [səˈlju:tətərɪ] *a* приве́тственный

**salute** [səˈlu:t] **1.** *n* 1) приве́тствие 2) салю́т 3) *воен.* отда́ние че́сти 4) *уст., шутл.* поцелу́й

**2.** *v* 1) приве́тствовать, здоро́ваться 2) салютова́ть 3) *воен.* отдава́ть честь 4) *уст.* целова́ть 5) встреча́ть; представа́ть (*перед взглядом*); a gloomy view ~d us нам предста́вилось мра́чное зре́лище

**salvage** [ˈsælvɪdʒ] **1.** *n* 1) спасе́ние иму́щества (*на море или от огня*) 2) вознагражде́ние за спасе́ние иму́щества 3) спасённое иму́щество; to make ~ (of) спаса́ть (*что-л.*) 4) подъём затону́вших судо́в 5) сбор и испо́льзование утильсырья́ 6) ути́ль 7) *воен.* трофе́и; сбор трофе́ев; эваку́ация подби́той в бою́ материа́льной ча́сти

**2.** *v* 1) спаса́ть (*корабль, имущество*) 2) *воен.* собира́ть трофе́и; эвакуи́ровать подби́тую в бою́ материа́льную часть

**salvation** [sælˈveɪʃən] *n* спасе́ние

**Salvation Army** [sælˈveɪʃənˈɑ:mɪ] *n* А́рмия спасе́ния

**Salvationist** [sælˈveɪʃnɪst] *n* член А́рмии спасе́ния

**salve I** [sɑ:v] **1.** *n* 1) целе́бная мазь 2) сре́дство для успокое́ния; *поэт.* бальза́м

**2.** *v* 1) *уст.* сма́зывать (*мазью*); врачева́ть 2) смягча́ть (*боль*), успока́ивать (*совесть*); to ~ difficulties сгла́живать тру́дности

**salve II** [sælv] = salvage 2, 1)

**salver** ['sælvə] *n* поднос (*обыкн.* серебряный)

**salvo** I ['sælvəu] *n* (*pl* -os [-əuz]) *редк.* 1) оговорка; with an express ~ с особой оговоркой 2) увёртка; отговорка 3) оправдание; утешение

**salvo** II ['sælvəu] *n* (*pl* -oes, -os [-əuz]) 1) залп, батарейная очередь 2) бомбовый залп 3) взрыв аплодисментов

**sal volatile** [ˌsælvə'lætəlı] *n* нюхательная соль

**salvor** ['sælvə] *n* 1) спасательный корабль 2) человек, участвующий в спасении (*корабля, имущества*)

**samara** [sə'mɑːrə] *n* *бот.* крылатка

**samarium** [sə'meırıəm] *n* *хим.* самарий

**sambo** ['sæmbəu] *n* (*pl* -os, -oes [-əuz]) 1) самбо (*потомок смешанного брака индейцев и негров в Латинской Америке*) 2) (S.) *пренебр.* негр

**Sam Browne** ['sæm'braun] *n* 1) *разг.* офицерский походный поясной ремень (*тж.* ~ belt) 2) *амер. разг.* офицер

**same** I [seım] *pron demonstr.* 1. *как прил.* тот (же) самый; одинаковый; the ~ causes produce the ~ effects одни и те же причины порождают одинаковые следствия; the ~ observations are true of the others also эти же наблюдения верны и в отношении других случаев; they belong to the ~ family они принадлежат к одной и той же семье; to say the ~ thing twice over повторять одно и то же дважды; to me she was always the ~ little girl для меня она оставалась всё той же маленькой девочкой; a symptom of the ~ nature аналогичный симптом; much the ~ почти такой же; the patient is much about the ~ состояние больного почти такое же; the very ~ точно такой же

2. *как сущ.* одно и то же, то же самое; we must all say (do) the ~ мы все должны говорить (делать) одно и то же; he would do the ~ again он бы снова сделал то же самое

3. *как нареч.* таким же образом, так же; I see the ~ through your glasses as I do through mine в ваших очках я вижу так же, как и в своих; all the ~ а) всё-таки; тем не менее; thank you all the ~ всё же разрешите поблагодарить вас; б) всё равно, безразлично; it's all the ~ to me мне всё равно; just the ~ а) таким же образом; б) тем не менее, всё-таки

**same** II [seım] 1. *а* однообразный; the life is perhaps a little ~ жизнь, пожалуй, довольно однообразна

2. *n* *юр., ком.* вышеупомянутый; он, его *и т. п.*

**samel** ['sæməl] *а* плохо обожжённый, мягкий (*о черепице, кирпиче и т. п.*)

**sameness** ['seımnıs] *n* 1) одинаковость, сходство, единообразие; тождество 2) однообразие

**samite** ['sæmaıt] *n* тяжёлый шёлк; парча (*изготовляемые в средние века*)

**samlet** ['sæmlıt] *n* молодой лосось

**Sammy** ['sæmı] *n sl.* Сэмми (*прозвище американского солдата во время первой мировой войны*)

**samp** [sæmp] *n* *амер.* майсовая крупа *или* каша

**sampan** ['sæmpæn] *n* сампан, китайская лодка

**samphire** ['sæmfaıə] *n* *бот.* критмум морской

**sample** ['sɑːmpl] 1. *n* 1) образец, образчик; book of ~s альбом образцов 2) проба 3) шаблон, модель

2. *v* 1) отбирать образцы, брать образчик *или* пробу 2) пробовать, испытывать

**sampler** ['sɑːmplə] *n* 1) образец вышивки 2) *тех.* модель, шаблон 3) *тех.* коллектор, пробоотборщик

**sampling** ['sɑːmplıŋ] 1. *pres. p. от* sample 2

2. *n* отбор проб *или* образцов

**Samson** ['sæmsn] *n* 1) *библ.* Самсон 2) силач

**Samuel** ['sæmjuəl] *n* *библ.* Самуил

**samurai** ['sæmuraı] *яп.* *n* (*pl без измен.*) самурай

**sanative** ['sænətıv] *а* целебный, оздоровляющий

**sanatoria** [ˌsænə'tɔːrıə] *pl от* sanatorium

**sanatorium** [ˌsænə'tɔːrıəm] *n* (*pl* -ria) санаторий

**sanatory** ['sænətərı] = sanative

**sanctified** ['sæŋktıfaıd] 1. *p. p. от* sanctify

2. *а* 1) посвящённый; освящённый 2) ханжеский

**sanctify** ['sæŋktıfaı] *v* 1) освящать 2) очищать от порока 3) посвящать 4) санкционировать

**sanctimonious** [ˌsæŋktı'məunjəs] *а* ханжеский

**sanctimony** ['sæŋktımənı] *n* ханжество

**sanction** ['sæŋkʃən] 1. *n* 1) санкция, ратификация, утверждение 2) одобрение, поддержка (*чего-л.*) 3) (*обыкн. pl*) санкция, мера 4) *юр.* предусмотренная законом мера наказания

2. *v* 1) санкционировать, утвердить 2) одобрить

**sanctity** ['sæŋktıtı] *n* 1) святость 2) *pl* священные обязанности

**sanctuary** ['sæŋktjuərı] *n* 1) святилище 2) убежище; to break the ~ нарушать неприкосновенность убежища; to seek ~ искать убежища 3) заповедник; bird ~ птичий заповедник

**sanctum** (**sanctorum**) ['sæŋktəm (sæŋk'tɔːrəm)] *n* 1) *рел.* святая святых 2) *разг.* рабочий кабинет

**sand** [sænd] 1. *n* 1) песок; гравий 2) *pl* песчинки; numberless as the ~(s) бесчисленные, как песок морской 3) *pl* песчаный пляж; отмель 4) *pl* пески; пустыня 5) песок в песочных часах; *перен.* (*обыкн. pl*) время; дни жизни; the ~s are running out а) время подходит к концу; б) дни сочтены; конец близок 6) *амер. разг.* мужество, стойкость; выдержка 7) песочный цвет ◇ built on ~ построенный на песке, непрочный; to throw ~ in the wheels *амер.* ≅ ставить палки в колёса; создавать искусственные препятствия

2. *v* 1) посыпать песком; зарывать в песок 2) чистить *или* шлифовать песком 3) подмешивать песок; to ~ the sugar подмешивать песок в сахар

**sandal** ['sændl] 1. *n* 1) сандалия 2) ремешок (*сандалии и т. п.*)

2. *v* (*особ. p. p.*) надевать сандалии

**sandal (wood)** ['sændl(wud)] *n* сандаловое дерево

**sand-bag** ['sændbæg] *n* 1) мешок с песком 2) балластный мешок 3) орудие оглушения жертвы

**sandbag** ['sændbæg] *v* 1) защищать мешками с песком 2) оглушать ударом мешка с песком 3) *амер. разг.* заставлять, принуждать; одолевать

**sandbank** ['sændbæŋk] *n* песчаная отмель, банка

**sand-bar** ['sændbɑː] *n* наносный песчаный бар

**sand-bath** ['sændbɑːθ] *n* *тех.* песчаная баня

**sand-bed** ['sændbed] *n* песчаное дно, русло

**sand-blast** ['sændblɑːst] *тех.* 1. *n* 1) струя воздуха с песком, выбрасываемая пескоструйным аппаратом 2) пескоструйный аппарат

2. *v* обдувать песочной струёй

**sand-blind** ['sændblaınd] *а уст.* плохо видящий, подслеповатый

**sand-box** ['sændbɔks] *n* 1) песочница (*для детских игр*) 2) *тех.* песочница 3) *ист.* песочница с промокательным песком 4) литейная форма с песком

**sandboy** ['sændbɔı] *n*: jolly (*или* happy) as a ~ жизнерадостный, беззаботный

**sand-crack** ['sændkræk] *n* 1) трещина на копыте у лошади 2) трещина в кирпиче (*до обжига*)

**sand-dune** ['sænd'djuːn] *n* дюна

**sanded** ['sændıd] 1. *p. p. от* sand 2

2. *а* 1) посыпанный, покрытый песком 2) смешанный с песком

**sand-eel** ['sænd'iːl] *n* песчанка (*рыба*)

**sand-glass** ['sændglɑːs] *n* песочные часы

**sand-hill** ['sændhıl] *n* дюна

**sand hog** ['sændhɔg] *n амер. sl.* рабочий, занятый на кессонных *или* подземных работах

**sandman** ['sændmæn] *n детск.* дрёма; the ~ is about *шутл.* ≅ детям пора спать

**sand-martin** ['sændˌmɑːtın] *n* береговая ласточка

**sandpaper** ['sændˌpeıpə] *n* наждачная бумага, шкурка

**sandpiper** ['sændˌpaıpə] *n зоол.* перевозчик (*птица*)

**sand-pit** ['sænd̩pɪt] *n* песча́ный карье́р
**sand-shoes** ['sænd̩ʃu:z] *n* тексти́льные ту́фли на рези́новой подо́шве для пля́жа
**sand-spout** ['sænd̩spaut] *n* песча́ный смерч
**sandstone** ['sænd̩stəun] *n* песча́ник
**sand-storm** ['sænd̩stɔ:m] *n* саму́м; песча́ная бу́ря
**sandwich** ['sænwɪdʒ] **1.** *n* 1) са́ндвич, бутербро́д; ham (egg, caviare, *etc.*) ~ бутербро́д с ветчино́й (яйцо́м, икро́й *и т. п.*) 2) = sandwich-man 3) *attr. тех.* многосло́йный ◇ to ride (*или* to sit) ~ е́хать (сиде́ть) сти́снутым ме́жду двумя́ сосе́дями
2. *v* помеща́ть посереди́не, вставля́ть (ме́жду)
**sandwich-board** ['sænwɪdʒbɔ:d] *n* рекла́мные щиты́ (*прикрепляемые спереди и сзади к несущему их человеку*)
**sandwich-man** ['sænwɪdʒmæn] *n* челове́к-рекла́ма [*см. тж.* sandwich-board]
**sandy** ['sændɪ] *a* 1) песча́ный; песо́чный 2) рыжева́тый 3) непро́чный, зы́бкий
**sane** [seɪn] *a* 1) норма́льный, в своём уме́ 2) здра́вый; здравомы́слящий; разу́мный
**sanforize** ['sænfəraɪz] *v* декатирова́ть (*ткань*)
**sang** [sæŋ] *past от* sing 1
**sanguinary** ['sæŋgwɪnərɪ] *a* 1) крова́вый, кровопроли́тный 2) кровожа́дный 3) прокля́тый
**sanguine** ['sæŋgwɪn] **1.** *a* 1) сангвини́ческий; жизнера́достный 2) оптимисти́ческий; ~ of success уве́ренный в успе́хе 3) румя́ный 4) *поэт.* крова́во-кра́сный
2. *n иск.* сангви́на
3. *v поэт.* окра́сить(ся) в крова́во-кра́сный цвет
**sanguineous** [sæŋ'gwɪnɪəs] *a* 1) полнокро́вный 2) *мед.* кровяно́й 3) крова́во-кра́сный 4) кровопроли́тный
**sanguivorous** [sæŋ'gwɪvərəs] *a* кровососу́щий (*о насекомых*)
**sanhedrim** ['sænɪdrɪm] *n ист.* синедрио́н
**sanies** ['seɪnɪi:z] *n мед.* ихоро́зный гной
**sanitaria** [ˌsænɪ'teərɪə] *pl от* sanitarium
**sanitarian** [ˌsænɪ'teərɪən] **1.** *n* 1) санита́рный врач 2) гигиени́ст
2. *a* санита́рный
**sanitarium** [ˌsænɪ'teərɪəm] *n* (*pl* -ia, -s [-z]) *амер.* = sanatorium
**sanitary** ['sænɪtərɪ] *a* санита́рный, гигиени́ческий; ~ belt гигиени́ческий по́яс; ~ engineering санита́рная те́хника
**sanitate** ['sænɪteɪt] *v* 1) улучша́ть санита́рное состоя́ние 2) обору́довать сану́зел в помеще́нии
**sanitation** [ˌsænɪ'teɪʃən] *n* 1) оздоровле́ние, улучше́ние санита́рных усло́вий 2) санитари́я
**sanitize** ['sænɪtaɪz] = sanitate
**sanity** ['sænɪtɪ] *n* 1) норма́льная пси́хика 2) здра́вый ум, здравомы́слие
**sank** [sæŋk] *past от* sink 2
**sans** [sænz] *prep уст., поэт.* без; ~ teeth беззу́бый
**Sanscrit** ['sænskrɪt] = Sanskrit
**sansculotte** [ˌsænzkju'lɔt] *фр. n* 1) *ист.* санкюло́т 2) я́рый республика́нец, радика́л
**Sanskrit** ['sænskrɪt] **1.** *n* санскри́т
2. *a* санскри́тский
**Santa Claus** [ˌsæntə'klɔ:z] *n* Са́нта Кла́ус, дед-моро́з, рожде́ственский дед
**sap I** [sæp] **1.** *n* 1) сок (*растений*); живи́ца 2) жи́зненные си́лы; жизнеспосо́бность 3) *поэт.* кровь 4) *бот.* за́болонь
2. *v* 1) лиша́ть со́ка; суши́ть 2) истоща́ть 3) стёсывать за́болонь
**sap II** [sæp] **1.** *n* 1) *воен.* са́па, подко́п; кры́тая транше́я 2) *перен.* подры́в
2. *v воен.* вести́ са́пу (-ы), подка́пывать; подрыва́ть (*тж. перен.*)
**sap III** [sæp] *школ. жарг.* **1.** *n* 1) зубри́ла 2) зубрёжка; ску́чная рабо́та; it is such a ~, it is too much a ~ скучне́йшее заня́тие
2. *v* корпе́ть (*над чем-л.*), зубри́ть
**sap IV** [sæp] *n sl.* проста́к, о́лух, дура́к
**sap-green** ['sæp'gri:n] *n* зелёная кра́ска из я́год круши́ны
**sap-head** ['sæphed] *n* 1) *воен.* голова́ са́пы 2) *sl.* о́лух, дура́к
**sapid** ['sæpɪd] *a* 1) вку́сный 2) интере́сный, содержа́тельный
**sapidity** [sə'pɪdɪtɪ] *n* 1) вкус 2) содержа́тельность
**sapience** ['seɪpjəns] *n* му́дрость (*обыкн. ирон.*)
**sapient** ['seɪpjənt] *a* му́дрый, му́дрствующий (*обыкн. ирон.*)
**sapiential** [ˌseɪpɪ'enʃəl] *a* му́дрый, поучи́тельный
**sapless** ['sæplɪs] *a* 1) сухо́й, высохший 2) вя́лый, безжи́зненный 3) неинтере́сный, бессодержа́тельный
**sapling** ['sæplɪŋ] *n* 1) молодо́е де́ревце 2) молодо́е существо́ 3) борза́я одноле́тка
**saponaceous** [ˌsæpəu'neɪʃəs] *a* 1) мы́льный 2) *шутл.* еле́йный
**saponify** [sə'pɔnɪfaɪ] *v хим.* омыля́ть(ся)
**sapor** ['seɪpə] *n* вкус
**sapper** ['sæpə] *n* сапёр
**sapphire** ['sæfaɪə] **1.** *n* сапфи́р
2. *a* тёмно-си́ний
**sappy I** ['sæpɪ] *a* 1) со́чный 2) си́льный, молодо́й; по́лный сил, в соку́
**sappy II** ['sæpɪ] *a разг.* глу́пый
**saprogenic, saprogenous** [ˌsæprəu'dʒenɪk, sə'prɔdʒɪnəs] *a* сапроге́нный, вызыва́ющий гние́ние; гни́лостный
**saprophyte** ['sæprəufaɪt] *n бот.* сапрофи́т
**sap-rot** ['sæprɔt] *n бот.* за́болонная гниль
**sap-wood** ['sæpwud] *n бот.* за́болонь
**saraband** ['særəbænd] *n* сараба́нда (*танец и музыкальная форма*)
**Saracen** ['særəsn] *n ист.* сараци́н ◇ ~ corn греч́иха
**Saracenic** [ˌsærə'senɪk] *a ист.* сараци́нский
**sarafan** [ˌsærə'fæn] *русск. n* сарафа́н
**Saratoga** [ˌsærə'təugə] *n* большо́й чемода́н, доро́жный сунду́к (*тж.* ~ trunk)
**sarcasm** ['sɑ:kæzm] *n* сарка́зм
**sarcastic** [sɑ:'kæstɪk] *a* саркасти́ческий
**sarcenet** ['sɑ:snɪt] *n* подкла́дочный шёлк
**sarcoma** [sɑ:'kəumə] *n* (*pl* -ata) *мед.* сарко́ма
**sarcomata** [sɑ:'kəumətə] *pl от* sarcoma
**sarcophagi** [sɑ:'kɔfəgaɪ] *pl от* sarcophagus
**sarcophagus** [sɑ:'kɔfəgəs] *n* (*pl* -agi) саркофа́г
**Sard** [sɑ:d] = Sardinian
**sardine** [sɑ:'di:n] *n* сарди́на ◇ packed like ~s ≅ (наби́ты) как се́льди в бо́чке
**Sardinian** [sɑ:'dɪnjən] **1.** *a* сарди́нский
2. *n* 1) сарди́нец 2) сарди́нский диале́кт италья́нского языка́
**sardonic** [sɑ:'dɔnɪk] *a* сардони́ческий
**sardonyx** ['sɑ:dənɪks] *n мин.* сардони́кс
**sargasso** [sɑ:'gæsəu] *n* (*pl* -os, -oes [-əuz]) *бот.* сарга́ссовая во́доросль
**sari** ['sɑ:ri(:)] *n* са́ри (*индийская женская одежда*)
**sarong** [sə'rɔŋ] *n* саро́нг (*индонезийская национальная одежда*)
**sarsenet** ['sɑ:snɪt] = sarcenet
**sartor** ['sɑ:tɔ:] *n шутл.* портно́й
**sartorial** [sɑ:'tɔ:rɪəl] *a* портня́жный, портно́вский
**sash I** [sæʃ] **1.** *n* 1) куша́к, по́яс 2) о́рденская ле́нта
2. *v* украша́ть ле́нтой, по́ясом
**sash II** [sæʃ] *n* 1) око́нный переплёт 2) скользя́щая ра́ма в подъёмном окне́
**sash-door** ['sæʃ'dɔ:] *n* застеклённая дверь
**sash-frame** ['sæʃfreɪm] = sash II, 2)
**sash-tool** ['sæʃ'tu:l] *n* небольша́я маля́рная кисть
**sash-window** ['sæʃ'wɪndəu] *n* подъёмное окно́
**saskatoon** [ˌsæskə'tu:n] *n бот.* ирга́ ольхоли́стная (*тж.* ~ berry)
**sassafras** ['sæsəfræs] *n бот.* сассафра́с
**Sassenach** ['sæsənæk] *n ирл., шотл. презр.* англича́нин
**sat** [sæt] *past и p. p. от* sit
**Satan** ['seɪtən] *n* сатана́
**Satanic** [sə'tænɪk] *a* сатани́нский
**satchel** ['sætʃəl] *n* су́мка, ра́нец (*для книг*)
**sate** [seɪt] = satiate 1
**sateen** [sæ'ti:n] *n* сати́н

**sateless** ['seɪtlɪs] *a поэт.* ненасы́тный

**satellite** ['sætəlaɪt] *n* 1) приспе́шник, приве́рженец; сателли́т 2) *астр.* спу́тник 3) иску́сственный спу́тник; manned ~ спу́тник с экипа́жем на борту́ 4) зави́симое госуда́рство; госуда́рство-сателли́т

**satellite town** ['sætəlaɪttaun] *n* го́род-спу́тник

**satiable** ['seɪʃjəbl] *a* могу́щий быть удовлетворённым; могу́щий насы́титься

**satiate** ['seɪʃɪeɪt] **1.** *v* 1) насыща́ть 2) пресыща́ть

**2.** *a* пресы́щенный

**satiation** [ˌseɪʃɪ'eɪʃən] *n* 1) насыще́ние 2) пресыще́ние

**satiety** [sə'taɪətɪ] *n* 1) насыще́ние, сы́тость; to ~ до́сыта, до отва́ла; до отка́за 2) пресыще́ние

**satin** ['sætɪn] **1.** *n* 1) атла́с 2) *attr.* атла́сный

**2.** *v* сатини́ровать (*бумагу и т. п.*)

**satinet** [ˌsætɪ'net] *n текст.* сатине́т

**satin paper** ['sætɪnˌpeɪpə] *n* сатини́рованная бума́га

**satin-wood** ['sætɪnwud] *n* атла́сное де́рево *или* его́ древеси́на

**satiny** ['sætɪnɪ] *a* атла́сный, шелкови́стый

**satire** ['sætaɪə] *n* 1) сати́ра 2) иро́ния, насме́шка (on, upon)

**satiric(al)** [sə'tɪrɪk(əl)] *a* сатири́ческий

**satirist** ['sætərɪst] *n* сати́рик

**satirize** ['sætəraɪz] *v* высме́ивать

**satis** ['sætɪs] *лат. adv* доста́точно

**satisfaction** [ˌsætɪs'fækʃən] *n* 1) удовлетворе́ние (at, with); to the ~ of smb. к чьему́-л. удовлетворе́нию; if you can prove it to my ~ е́сли вы мо́жете убеди́ть меня́ в э́том; it is a ~ to know that прия́тно знать, что 2) сатисфа́кция; to demand ~ тре́бовать сатисфа́кции, вызыва́ть на дуэ́ль; to give ~ а) приня́ть вы́зов на дуэ́ль; б) принести́ извине́ния 3) упла́та до́лга; исполне́ние обяза́тельства; in ~ of в упла́ту; to make ~ возмеща́ть 4) распла́та (for); искупле́ние грехо́в

**satisfactory** [ˌsætɪs'fæktərɪ] *a* 1) удовлетвори́тельный; доста́точный 2) прия́тный, хоро́ший

**satisfy** ['sætɪsfaɪ] *v* 1) удовлетворя́ть; соотве́тствовать, отвеча́ть (*требованиям*); to rest satisfied удовлетвори́ться; не предпринима́ть дальне́йших шаго́в, не предъявля́ть но́вых тре́бований 2) утоля́ть (*голод, любопытство и т. п.*) 3) погаша́ть (*долг*) 4) выполня́ть (*обязательство*) 5) убежда́ть (of — в; that); рассе́ивать сомне́ния; to ~ oneself убеди́ться; I am satisfied that я бо́льше не сомнева́юсь, что

**satrap** ['sætrəp] *n* сатра́п

**satrapy** ['sætrəpɪ] *n* сатра́пия

**saturate** ['sætʃəreɪt] **1.** *v* 1) насыща́ть, пропи́тывать (*тж. перен.*); he is ~d with Greek history он поглощён изуче́нием исто́рии дре́вней Гре́ции 2) *хим.* насыща́ть, сатури́ровать 3) подавля́ть (*оборону противника*); подверга́ть масси́рованному уда́ру

**2.** *a поэт.* промо́кший, пропи́танный вла́гой

**saturated** ['sætʃəreɪtɪd] **1.** *p. p. от* saturate 1

**2.** *a* глубо́кий, интенси́вный (*о цвете*)

**saturation** [ˌsætʃə'reɪʃən] *n* 1) насыще́ние, насы́щенность; to ~ до (по́лного) насыще́ния 2) *attr.* поглоти́тельный; ~ capacity поглоти́тельная спосо́бность

**Saturday** ['sætədɪ] *n* суббо́та

**Saturn** ['sætən] *n астр., римск. миф.* Сату́рн

**saturnalia** [ˌsætə:'neɪljə] *n pl* 1) (S.) *др.-рим.* сатурна́лии 2) (*часто употр. как sing*) разгу́л, вакхана́лия

**saturnine** ['sætə:naɪn] *a* 1) мра́чный, угрю́мый 2) свинцо́вый; ~ red су́рик

**saturnism** ['sætə:nɪzm] *n мед.* отравле́ние свинцо́м, сатурни́зм

**satyr** ['sætə] *n* 1) сати́р 2) распу́тник, развра́тник

**sauce** [sɔ:s] **1.** *n* 1) со́ус; *перен.* припра́ва 2) *разг.* гарни́р из овоще́й 3) *разг.* на́глость, де́рзость; none of your ~! не дерзи́! 4) то, что придаёт интере́с, остроту́ 5) *амер.* фрукто́вое пюре́ 6) *амер. sl.* спиртно́е, спиртно́й напи́ток ◇ to serve with the same ~ ≅ отплати́ть то́й же моне́той; what's ~ for the goose is ~ for the gander *посл.* ме́рка, применя́емая к одному́, должна́ применя́ться и к друго́му

**2.** *v* 1) приправля́ть со́усом; *перен.* придава́ть пика́нтность 2) *разг.* дерзи́ть

**sauce-boat** ['sɔ:sbəut] *n* со́усник

**saucebox** ['sɔ:sbɔks] *n* наха́л(ка)

**saucepan** ['sɔ:spən] *n* кастрю́ля

**saucer** ['sɔ:sə] *n* 1) блю́дце 2) подно́мник 3) *attr.*: ~ eyes больши́е, кру́глые глаза́

**saucy** ['sɔ:sɪ] *a* 1) де́рзкий, наха́льный 2) живо́й, весёлый 3) *разг.* наря́дный; мо́дный, сти́льный

**sauerkraut** ['sauəkraut] *нем. n* ки́слая капу́ста

**sauna** ['saunə] *фин. n* фи́нская парна́я ба́ня, са́уна

**saunter** ['sɔ:ntə] **1.** *n* 1) прогу́лка 2) ме́дленная похо́дка

**2.** *v* прогу́ливаться, проха́живаться, флани́ровать

**sauntering** ['sɔ:ntərɪŋ] *pres. p. от* saunter 2

**saurian** ['sɔ:rɪən] *a* относя́щийся к ископа́емым я́щерам

**saury** ['sɔ:rɪ] *n зоол.* макрелещу́ка

**sausage** ['sɔsɪdʒ] *n* 1) колбаса́; соси́ска 2) *воен. разг.* аэроста́т наблюде́ния, «колбаса́»

**sausage-meat** ['sɔsɪdʒmi:t] *n* колба́сный фарш

**sausage-poisoning** ['sɔsɪdʒˌpɔɪznɪŋ] *n мед.* отравле́ние колба́сным я́дом

**sausage roll** ['sɔsɪdʒrəul] *n* 1) пирожо́к с мя́сом 2) соси́ска, запечённая в бу́лочке

**savage** ['sævɪdʒ] **1.** *a* 1) ди́кий, первобы́тный 2) свире́пый, жесто́кий, беспоща́дный 3) *разг.* взбешённый

**2.** *n* 1) дика́рь 2) жесто́кий челове́к 3) гру́бый, невоспи́танный челове́к, грубия́н

**3.** *v* 1) жесто́ко обходи́ться, применя́ть си́лу 2) куса́ть, топта́ть (*о лошади*)

**savagery** ['sævɪdʒərɪ] *n* 1) ди́кость 2) жесто́кость, свире́пость

**savanna(h)** [sə'vænə] *n* сава́нна

**savant** ['sævənt] *фр. n* (кру́пный) учёный

**save** [seɪv] **1.** *v* 1) спаса́ть; my life was ~d by good nursing моя́ жизнь была́ спасена́ благодаря́ хоро́шему ухо́ду; to ~ the situation спасти́ положе́ние 2) бере́чь, эконо́мить (*время, деньги, труд, силы и т. п.*); to ~ oneself бере́чь себя́; бере́чь си́лы; to ~ one's pains не труди́ться понапра́сну 3) откла́дывать, копи́ть (*тж.* ~ up) 4) избавля́ть (*от чего-л.*); you have ~d me trouble вы изба́вили меня́ от хлопо́т 5) отбива́ть нападе́ние (*в футболе*) □ ~ **up** де́лать сбереже́ния; копи́ть ◇ to ~ one's pocket не тра́тить ли́шнего; to ~ one's breath промолча́ть, не тра́тить ли́шних слов

**2.** *n* предотвраще́ние проры́ва (*в футболе, крикете*)

**3.** *prep, cj* 1) за исключе́нием, кро́ме, без; all ~ him все, кро́ме него́; ~ and except исключа́я 2) е́сли бы не

**saveloy** ['sævɪlɔɪ] *n* вы́держанная суха́я колбаса́, сервела́т

**saver** ['seɪvə] *n* 1) бережли́вый челове́к 2) вещь, помога́ющая сбере́чь де́ньги, труд *и т. п.*; a washing-machine is a ~ of time and strength стира́льная маши́на эконо́мит вре́мя и си́лы

**savin** ['sævɪn] *n бот.* можжеве́льник каза́чий

**saving** ['seɪvɪŋ] **1.** *pres. p. от* save 1

**2.** *a* 1) спаси́тельный; the ~ grace of humour спаси́тельная си́ла ю́мора 2) бережли́вый, эконо́мный 3) содержа́щий огово́рку; ~ clause статья́, содержа́щая огово́рку

**3.** *n* 1) спасе́ние 2) эконо́мия, сбереже́ние; at a ~ с вы́годой 3) *pl* сбереже́ния

**4.** *prep* исключа́я, кро́ме ◇ ~ your presence при всём уваже́нии к вам (*формула вежливости*); не при вас будь ска́зано

**5.** *cj* е́сли не счита́ть, исключа́я

**savings-bank** ['seɪvɪŋz'bæŋk] *n* сберега́тельная ка́сса; сберега́тельный банк

**savior** ['seɪvjə] *амер.* = saviour

**saviour** ['seɪvjə] *n* 1) спаси́тель, избави́тель 2) (the S.) *рел.* Иису́с Христо́с, Спаси́тель

**savor** ['seɪvə] *амер.* = savour

**savory I** ['seɪvərɪ] *n бот.* чабе́р, сату́рея

**savory II** ['seɪvərɪ] *амер.* = savoury

**savour** ['seɪvə] **1.** *n* 1) осо́бый вкус *или* за́пах, при́вкус 2) интере́с, вкус (*к чему-л.*) 3) отте́нок, при́месь

**2.** *v* 1) име́ть при́вкус *или* за́пах; отдава́ть (of — *чем-л.*; *тж. перен.*); the soup ~s of onion суп попа́хивает лу́ком; his remarks ~ of insolence в его́ замеча́ниях сквози́т высокоме́рие 2) смакова́ть 3) приправля́ть

**savourless** ['seɪvəlɪs] *a* пре́сный (*тж. перен.*)

**savoury** ['seɪvərɪ] **1.** *a* 1) вку́сный 2) о́стрый, солёный 3) прия́тный, привлека́тельный (*обыкн. ирон.*); his reputation was anything but ~ он по́льзовался сомни́тельной репута́цией

**2.** *n* о́строе блю́до, подава́емое до *или* по́сле обе́да

**savoy** [sə'vɔɪ] *n* саво́йская капу́ста

**Savoyard** [sə'vɔɪɑ:d] *n* савоя́р, уроже́нец Саво́йи

**savvey, savvy** ['sævɪ] *sl.* **1.** *n* сообрази́тельность; здра́вый смысл

**2.** *v* понима́ть, соображать; no ~ не понима́ю; не зна́ю

**saw** I [sɔ:] *past от* see I

**saw** II [sɔ:] *n* посло́вица, афори́зм (*обыкн. в сочетании* old *или* wise ~ ста́рая *или* му́драя посло́вица)

**saw** III [sɔ:] **1.** *n* пила́; circular ~ кру́глая пила́; cross-cut ~ попере́чная пила́; crown ~ продо́льная пила́; cylinder ~ цилиндри́ческая пила́; musical (*или* singing) ~ обы́чная двуру́чная пила́, из кото́рой с по́мощью скрипи́чного смычка́ мо́жно извлека́ть музыка́льные зву́ки

**2.** *v* (sawed [-d]; sawed, sawn]) пили́ть(ся); распи́ливать ◇ to ~ the air разма́хивать рука́ми; си́льно жестикули́ровать; to ~ wood занима́ться со́бственными дела́ми, не принима́ть акти́вного уча́стия в полити́ческой жи́зни

**saw-blade** ['sɔ:bleɪd] *n* полотно́ пилы́

**sawbones** ['sɔ:bəunz] *n разг., шутл.* хиру́рг

**saw-buck** ['sɔ:bʌk] = saw-horse

**sawder** ['sɔ:də] *n* лесть, комплиме́нты (*тж.* soft ~)

**sawdust** ['sɔ:dʌst] *n* опи́лки ◇ to let the ~ out of smb. сбить спесь с кого́-л.

**saw-edged** ['sɔ:edʒd] *a* зазу́бренный; пилообра́зный

**sawfish** ['sɔ:fɪʃ] *n* пила́-ры́ба

**saw-fly** ['sɔ:flaɪ] *n* пили́льщик (*насекомое*)

**saw-frame** ['sɔ:freɪm] *n тех.* лесопи́льная ра́ма

**saw-horse** ['sɔ:hɔ:s] *n* ко́злы для пи́лки дров

**sawmill** ['sɔ:mɪl] *n* лесопи́льный заво́д; лесопи́лка

**sawn** [sɔ:n] *p. p. от* saw III, 2

**Sawney** ['sɔ:nɪ] *n* 1) *презр.* шотла́ндец 2) проста́к, простофи́ля

**saw-set** ['sɔ:set] *n.* разво́дка для пилы́ (*инструмент*)

**saw-tones** ['sɔ:təunz] *n pl* визгли́вый тон, го́лос; to speak (*или* to utter) in ~ говори́ть визгли́вым го́лосом

**saw-tooth** ['sɔ:tu:θ] *n* зуб пилы́

**saw-wort** ['sɔ:wə:t] *n бот.* серпу́ха

**sawyer** ['sɔ:jə] *n* 1) пи́льщик 2) уса́ч (*насекомое*) 3) *амер.* коря́га (*в реке*)

**sax** I [sæks] *n* ши́ферный молото́к (*для кровельных работ*)

**sax** II [sæks] *сокр. от* saxophone

**saxhorn** ['sækshɔ:n] *n* саксго́рн (*муз. инструмент*)

**saxifrage** ['sæksɪfrɪdʒ] *n бот.* камнело́мка

**Saxon** ['sæksn] **1.** *n* 1) *ист.* сакс 2) англича́нин (*в отличие от ирландца или валлийца*) 3) шотла́ндец из Ю́жной Шотла́ндии (*в отличие от шотландца-горца*) 4) древнесаксо́нский язы́к; герма́нский элеме́нт в англи́йском языке́

**2.** *a* (древне)саксо́нский; герма́нский

**Saxon blue** ['sæksn'blu:] *n* тёмно-голубо́й цвет

**saxony** ['sæksnɪ] *n* 1) то́нкая шерстяна́я пря́жа *или* ткань 2) (S.) *ист.* Саксо́ния

**saxophone** ['sæksəfəun] *n* саксофо́н

**say** [seɪ] **1.** *v* (said) 1) говори́ть, сказа́ть; they ~, it is said говоря́т; it ~s in the book в кни́ге говори́тся; what do you ~ to a game of billiards? не хоти́те ли сыгра́ть в билья́рд?; (let us) ~ ска́жем, наприме́р; a few of them, ~ a dozen не́сколько из них, ска́жем, дю́жина; well, ~ it were true, what then? ну, допу́стим, что э́то ве́рно, что же из э́того?; to ~ to oneself сказа́ть себе́, поду́мать про себя́; there is no ~ing кто зна́ет, невозмо́жно сказа́ть; to ~ no а) отрица́ть; б) отказа́ть; to ~ no more замолча́ть; to ~ nothing of не говоря́ о; to ~ smb. nay отказа́ть кому́-л. в про́сьбе; to have nothing to ~ for oneself а) не име́ть, что сказа́ть в свою́ защи́ту; б) *разг.* быть неразгово́рчивым 2) произноси́ть, повторя́ть наизу́сть; деклами́ровать; to ~ one's lesson отвеча́ть уро́к; to ~ grace проче́сть моли́тву (*перед трапезой*) 3) ука́зывать, пока́зывать; the clock ~s five minutes after twelve часы́ пока́зывают пять мину́т пе́рвого □ ~ over повторя́ть ◇ I ~!, *амер.* ~! послу́шайте!; ну и ну!; you don't ~ (so)! да ну!, не мо́жет быть!; you said it *разг.* вот и́менно; you may well ~ so соверше́нно ве́рно; what I ~ is по-мо́ему; I should ~ а) я полага́ю; б) ничего́ себе́, не́чего сказа́ть; I should ~ so ещё бы, коне́чно; to hear ~ слы́шать; no sooner said than done ска́зано — сде́лано; that is to ~ то́ есть; to ~ the word приказа́ть, распоряди́ться; when all is said and done в коне́чном счёте; before you could ~ Jack Robinson момента́льно; не успе́ешь огляну́ться, как; и опо́мниться не успе́ешь, как

**2.** *n* 1) мне́ние, сло́во; let him have his ~ пусть он вы́скажется 2) влия́ние, авторите́т; to have no ~ in the matter не уча́ствовать в обсужде́нии; to have the ~ *амер.* распоряжа́ться

**saying** ['seɪɪŋ] **1.** *pres. p. от* say 1

**2.** *n* погово́рка, присло́вье; as the ~ is (*или* goes) как говори́тся

**say-so** ['seɪsəu] *n разг.* 1) чьё-л. голосло́вное заявле́ние, необосно́ванное утвержде́ние 2) непререка́емый авторите́т 3) распоряже́ние; авторите́тное заявле́ние

**scab** [skæb] **1.** *n* 1) струп (*на язве*) 2) парша́, чесо́тка, коро́ста 3) парша́ (*болезнь растений*) 4) *разг.* штрейкбре́хер 5) рабо́чий, не жела́ющий вступа́ть в профсою́з 6) *sl.* негодя́й, подле́ц

**2.** *v* 1) покрыва́ться стру́пьями 2) *разг.* быть штрейкбре́хером

**scabbard** ['skæbəd] *n* но́жны; to throw away the ~ обнажи́ть меч, взя́ться за ору́жие, вступи́ть в бой

**scabby** ['skæbɪ] *a* 1) покры́тый стру́пьями; страда́ющий чесо́ткой 2) *sl.* парши́вый, дрянно́й; по́длый

**scabies** ['skeɪbɪi:z] *n мед.* чесо́тка

**scabious** ['skeɪbjəs] *n бот.* скабио́за

**scabrous** ['skeɪbrəs] *a* 1) *бот., зоол.* шерша́вый, шерохова́тый 2) щекотли́вый, делика́тный; a ~ problem сло́жная пробле́ма 3) скабрёзный

**scad** [skæd] *n* ставри́да

**scads** [skædz] *n pl амер. sl.* 1) де́ньги 2) о́чень большо́е коли́чество

**scaffold** ['skæfəld] **1.** *n* 1) леса́, по́дмости 2) эшафо́т; пла́ха; ви́селица; to go to (*или* to mount) the ~ сложи́ть го́лову на пла́хе; око́нчить жизнь на ви́селице; to bring to the ~ довести́ до ви́селицы; to send to the ~ приговори́ть к сме́рти

**2.** *v* 1) обстра́ивать леса́ми 2) подде́рживать, подпира́ть, нести́ (на себе́) нагру́зку

**scaffolding** ['skæfəldɪŋ] **1.** *pres. p. от* scaffold 2

**2.** *n* леса́, по́дмости

**scalar** ['skeɪlə] *a мат.* скаля́рный

**scalawag** ['skæləwæg] = scallywag

**scald** I [skɔ:ld] **1.** *n* ожо́г (кипя́щей жи́дкостью *или* па́ром)

**2.** *v* 1) обва́ривать, ошпа́ривать 2) пастеризова́ть; доводи́ть до кипе́ния

**scald** II [skɔ:ld] *n* скальд

**scald** III [skɔ:ld] *n уст.* коро́ста, парша́

**scalded** ['skɔ:ldɪd] **1.** *p. p. от* scald I, 2

**2.** *a* 1) обва́ренный 2) пастеризо́ванный; ~ cream пастеризо́ванные сли́вки

**scald-head** ['skɔ:ldhed] = scald III

**scalding** ['skɔ:ldɪŋ] **1.** *pres. p. от* scald I, 2

**2.** *a* 1) обжига́ющий 2) жгу́чий; ~ tears жгу́чие слёзы 3) е́дкий, язви́тельный

**scale** *I* [skeɪl] **1.** *n* 1) чешуя́ (*у рыб и т. п.*) 2) *pl* щёчки, накла́дки (*на рукоятке складного ножа*) 3) шелуха́ 4) ка́мень (*на зубах*) 5) *тех.* ока́лина, на́кипь ◇ ~s fell from his eyes пелена́ спа́ла с его́ глаз

**2.** *v* 1) чи́стить, соска́бливать чешую́ 2) лущи́ть 3) образо́вывать ока́лину, на́кипь 4) шелуши́ться

**scale** II [skeɪl] **1.** *n* 1) ча́ш(к)а весо́в; to turn (*или* to tip) the ~ at so many pounds ве́сить сто́лько-то фу́нтов 2) *pl* весы́ 3) (the Scales) = Libra ◇ to hold the ~s even суди́ть беспристра́стно

**2.** *v* 1) взве́шивать 2) ве́сить

**scale** III [skeɪl] **1.** *n* 1) ступе́нь, у́ровень (*развития*); to be high in the social ~ занима́ть высо́кое положе́ние в о́бществе; to sink in the ~ опусти́ться на бо́лее ни́зкую ступе́нь; утра́тить (пре́жнее) значе́ние, опусти́ться 2) масшта́б; разме́р; on a large (*или* grand) ~ в большо́м масшта́бе; on a small ~ в ма́леньком масшта́бе; the ~ to be 1 : 50 000 в масшта́бе 1 : 50 000; to ~ по масшта́бу 3) града́ция, шкала́; rate ~ шкала́ расце́нок 4) масшта́бная лине́йка 5) *муз.* га́мма; to practice ~s игра́ть га́ммы 6) *мат.* систе́ма счисле́ния (*тж.* ~ of notation)

**2.** *v* 1) поднима́ться, взбира́ться (*по лестнице и т. п.*) 2) своди́ть к определённому масшта́бу; определя́ть масшта́б; to ~ down prices понижа́ть це́ны; to ~ up wages повыша́ть за́работную пла́ту 3) быть соизмери́мыми, сопостави́мыми

**scale-beam** [ˈskeɪlbiːm] *n* коромы́сло (*весов*)

**scale-board** [ˈskeɪlbɔːd] *n* то́нкая доска́, защища́ющая зе́ркало *или* холст карти́ны с обра́тной стороны́

**scaled** I [skeɪld] **1.** *p. p. от* scale I, 2

**2.** *a* = scaly

**scaled** II, III [skeɪld] *p. p. от* scale II, 2 *и* III, 2

**scalene** [ˈskeɪliːn] *a геом.* неравносторо́нний

**scale-work** [ˈskeɪlwəːk] *n* орна́мент в ви́де чешуи́

**scaling-ladder** [ˈskeɪlɪŋˌlædə] *n* 1) стремя́нка 2) пожа́рная ле́стница

**scallop** [ˈskɔləp] **1.** *n* 1) *зоол.* гребешо́к (*моллюск*) 2) ство́рка ра́ковины гребешка́ 3) *pl* фесто́ны, зубцы́

**2.** *v* 1) запека́ть (*устрицы и т. п.*) в ра́ковине 2) украша́ть фесто́нами; выре́зывать зубцы́

**scallop-shell** [ˈskɔləpʃel] *n* ра́ковина гребешка́

**scallywag** [ˈskælɪwæg] *n* 1) *разг. шутл.* безде́льник, прохво́ст 2) замо́рыш (*о животном*) 3) *амер. ист.* презри́тельная кли́чка южа́н — сторо́нников северя́н

**scalp** [skælp] **1.** *n* 1) ко́жа че́репа 2) скальп ◇ to be out for ~s быть агресси́вно настро́енным; to take smb.'s ~ одержа́ть верх над кем-л.

**2.** *v* 1) скальпи́ровать 2) обдира́ть (*напр., шелуху с зёрен*) 3) раскритикова́ть 4) *амер. разг.* нажива́ться путём ме́лкой спекуля́ции

**scalpel** [ˈskælpəl] *n хир.* ска́льпель

**scalper** [ˈskælpə] *n* 1) *с.-х.* обди́рочный поста́в 2) *амер. разг.* спекуля́нт железнодоро́жными *или* театра́льными биле́тами

**scaly** [ˈskeɪlɪ] *a* 1) чешу́йчатый; чешуеобра́зный 2) покры́тый на́кипью, отложе́ниями 3) *sl.* потрёпанный, обноси́вшийся

**scamp** I [skæmp] *n шутл.* безде́льник, негодя́й

**scamp** II [skæmp] *v* рабо́тать бы́стро и небре́жно

**scamper** [ˈskæmpə] **1.** *n* 1) бы́стрый бег; пробе́жка 2) бе́глое чте́ние 3) поспе́шное бе́гство

**2.** *v* носи́ться (*о детях, животных и т. п.*); бежа́ть стремгла́в

**scampish** [ˈskæmpɪʃ] *a* беспу́тный, непутёвый; плутова́тый

**scan** [skæn] *v* 1) при́стально разгля́дывать, изуча́ть 2) бе́гло просма́тривать 3) сканди́ровать; сканди́роваться (*о стихах*) 4) *тлв.* разлага́ть изображе́ние; скани́ровать

**scandal** [ˈskændl] *n* 1) позо́рный, неприли́чный посту́пок; what a ~!, it is a perfect ~! како́й позо́р! 2) злосло́вие, спле́тни; to talk ~ злосло́вить, спле́тничать

**scandal-bearer** [ˈskændlˌbɛərə] = scandalmonger

**scandalize** [ˈskændəlaɪz] *v* 1) возмуща́ть, шоки́ровать 2) злосло́вить, спле́тничать

**scandalmonger** [ˈskændlˌmʌŋgə] *n* спле́тник

**scandalous** [ˈskændələs] *a* 1) сканда́льный, позо́рный 2) клеветни́ческий

**Scandinavian** [ˌskændɪˈneɪvjən] **1.** *a* скандина́вский

**2.** *n* 1) скандина́в; скандина́вка 2) *собир.* скандина́вские языки́

**scandium** [ˈskændɪəm] *n хим.* ска́ндий

**scanner** [ˈskænə] *n* 1) *тлв.* развёртывающее устро́йство 2) *тех.* многото́чечный измери́тельный прибо́р

**scanning** [ˈskænɪŋ] **1.** *pres. p. от* scan

**2.** *n тлв.* скани́рование; развёртка изображе́ния

**scansion** [ˈskænʃən] *n* сканди́рование (*стиха*)

**scant** [skænt] **1.** *a* ску́дный, недоста́точный; ограни́ченный; ~ eyebrows ре́дкие бро́ви; ~ foothold ненадёжная опо́ра; with ~ courtesy нелюбе́зно; ~ of breath задыха́ющийся

**2.** *v уст.* скупи́ться (*на что-л.*); ограни́чивать

**scantling** [ˈskæntlɪŋ] *n* 1) *уст.* обра́зе́ц; трафаре́т 2) весьма́ небольшо́е коли́чество 3) разме́ры (*строительного камня*) 4) пило- *или* лесоматериа́л ме́лких разме́ров 5) стелла́ж для бо́чек

**scanty** [ˈskæntɪ] *a* ску́дный, недоста́точный, ограни́ченный

**scape** I [skeɪp] *n* 1) сте́бель (*растения*); черешо́к 2) *архит.* сте́ржень коло́нны

**scape** II [skeɪp] *уст.* = escape I *и* II

**scapegoat** [ˈskeɪpgəut] *n* козёл отпуще́ния

**scapegrace** [ˈskeɪpgreɪs] *n шутл.* пове́са, шалопа́й

**scaphander** [skəˈfændə] *n* про́бковый по́яс

**scaphoid** [ˈskæfɔɪd] *a анат.* ладьеви́дный

**scapula** [ˈskæpjulə] *n* (*pl* -lae) *анат.* лопа́тка

**scapulae** [ˈskæpjuliː] *pl от* scapula

**scapular** [ˈskæpjulə] **1.** *a анат.* лопа́точный

**2.** *n* (мона́шеский) напле́чник

**scar** II [skɑː] **1.** *n* шрам, рубе́ц

**2.** *v* 1) оставля́ть шрам; *перен.* оставля́ть глубо́кий след 2) рубцева́ться, зарубцо́вываться

**scar** II [skɑː] *n* утёс, скала́

**scarab** [ˈskærəb] *n* скарабе́й (*жук*)

**scaramouch** [ˈskærəmautʃ] *n* 1) (S.) Скараму́ш (*персона́ж италья́нской коме́дии dell'arte*) 2) хвастли́вый трус 3) *шутл.* негóдник, плут

**scarce** [skɛəs] **1.** *a* 1) недоста́точный, ску́дный; money is ~ де́нег ма́ло 2) ре́дкий, ре́дко встреча́ющийся; дефици́тный; ~ book ре́дкая кни́га ◇ to make oneself ~ *разг.* ретирова́ться; удали́ться, уйти́; не попада́ться на глаза́

**2.** *adv поэт. см.* scarcely

**scarcely** [ˈskɛəslɪ] *adv* 1) едва́, как то́лько; то́лько что; he had ~ arrived when he was told that едва́ (*или* как то́лько) он вошёл, ему́ сказа́ли, что 2) едва́ ли, вряд ли; I ~ think so не ду́маю; I ~ know what to say я пря́мо не зна́ю, что сказа́ть; you will ~ maintain that едва́ ли вы ста́нете утвержда́ть э́то 3) едва́, с трудо́м; he can ~ speak он с трудо́м говори́т

**scarcity** [ˈskɛəsɪtɪ] *n* 1) недоста́ток, нехва́тка (of); дефици́т 2) ре́дкость

**scare** [skɛə] **1.** *n* внеза́пный испу́г; па́ника; to get a ~ перепуга́ться; to throw a ~ (into) *амер.* пуга́ть, запу́гивать

**2.** *v* 1) пуга́ть 2) отпу́гивать, вспу́гивать (*тж.* ~ away, ~ off) □ ~ **up** *амер. разг.* отыска́ть

**scarecrow** [ˈskɛəkrəu] *n* пу́гало, чу́чело

**scared** [skɛəd] **1.** *p. p. от* scare 2

**2.** *a* испу́ганный; ~ face (*или* expression) испу́ганное лицо́

**scare-head(ing)** [ˈskɛəˌhed(ɪŋ)] *n* сенсацио́нный заголо́вок (*в газете*)

**scaremonger** [ˈskɛəˌmʌŋgə] *n* паникёр

**scarf** I [skɑːf] *n* (*pl* -s [-s], scarves) 1) шарф 2) га́лстук

**scarf** II [skɑːf] **1.** *n* 1) скос, косо́й край *или* срез 2) соедине́ние замко́м

**2.** *v* 1) ре́зать вкось, ска́шивать; отёсывать края́, углы́ 2) де́лать пазы́, вы́емки 3) соединя́ть замко́м, сра́щивать 4) де́лать продо́льный разре́з (*при разделке туши кита*)

**scarf-pin** [ˈskɑːfpɪn] *n* була́вка для га́лстука

**scarf-skin** [ˈskɑːfskɪn] *n анат.* надко́жица, эпиде́рма

**scarf welding** [ˈskɑːfˌweldɪŋ] *n тех.* сва́рка внахлёстку

**scarification** [ˌskɛərɪfɪˈkeɪʃən] *n с.-х.* скарифика́ция

**scarifier** [ˈskɛərɪfaɪə] *n с.-х.* скарифика́тор

**scarify** [ˈskɛərɪfaɪ] *v* 1) *мед.* де́лать насе́чки, надре́зы 2) жесто́ко раскритикова́ть 3) разрыхля́ть по́чву пе́ред посе́вом 4) *с.-х.* скарифици́ровать

**scarlet** [ˈskɑːlɪt] **1.** *n* 1) а́лый, я́рко-кра́сный цвет 2) ткань *или* оде́жда а́лого цве́та

**2.** *a* а́лый, я́рко-кра́сный; to turn ~ гу́сто покрасне́ть

**scarlet fever** [ˈskɑːlɪtˈfiːvə] *n* скарлати́на

**scarlet hat** [ˈskɑːlɪtˈhæt] *n* кардина́льская ша́пка

**scarlet runner** [ˈskɑːlɪtˈrʌnə] *n бот.* фасо́ль о́гненная

**scarlet whore** [ˈskɑːlɪthɔː] *n* 1) *библ.* блудни́ца в пу́рпуре 2) проститу́тка 3) *презр.* ри́мско-католи́ческая це́рковь; папи́зм

**scarlet woman** [ˈskɑːlɪtˌwumən] = scarlet whore

**scarp** [skɑːp] **1.** *n* 1) круто́й отко́с 2) *воен.* эска́рп

**2.** *v* 1) де́лать отве́сным *или* круты́м 2) *воен.* эскарпи́ровать

**scarring** [ˈskɑːrɪŋ] **1.** *pres. p. от* scar I, 2

**2.** *n* 1) рубцева́ние 2) рубцы́

**scarves** [skɑːvz] *pl от* scarf I

**scary** [ˈskɛərɪ] *a разг.* 1) жу́ткий 2) пугли́вый

**scat I** [skæt] *n* мане́ра джа́зового пе́ния (*когда певец импровизирует без слов в подражание музыкальному инструменту*)

**scat II** [skæt] *int* брысь!; (поди́) прочь!

**scathe** [skeɪð] **1.** *n* уще́рб, вред; without ~ невреди́мый

**2.** *v* 1) причиня́ть вред, губи́ть 2) уничтожа́ть (*критикой, едкой сатирой и т. п.*)

**scatheless** [ˈskeɪðlɪs] *a* (*обыкн. predic.*) невреди́мый

**scathing** [ˈskeɪðɪŋ] **1.** *pres. p. от* scathe 2

**2.** *a* е́дкий, злой, жесто́кий; ~ criticism ре́зкая кри́тика; ~ sarcasm е́дкий сарка́зм; ~ look уничтожа́ющий взгляд

**scatter** [ˈskætə] *v* 1) разбра́сывать (on, over) 2) посыпа́ть (with) 3) рассе́ивать, разгоня́ть; the police ~ed the demonstration поли́ция разогнала́ демонстра́цию 4) рассе́иваться; броса́ться врассыпну́ю 5) разбива́ть, разруша́ть; all our hopes and plans were ~ed все на́ши наде́жды ру́хнули, пла́ны потерпе́ли крах 6) расточа́ть; сори́ть (деньга́ми); to ~ one's inheritance промота́ть насле́дство

**scatter-brain** [ˈskætəbreɪn] *n* вертопра́х, легкомы́сленный челове́к

**scatter-brained** [ˈskætəbreɪnd] *a* легкомы́сленный, ве́треный

**scattered** [ˈskætəd] **1.** *p. p. от* scatter

**2.** *a* 1) рассы́панный, разбро́санный (*о домах, предметах*) 2) отде́льный, разро́зненный; ~ instances отде́льные слу́чаи; ~ clouds разо́рванные облака́

**scaup(-duck)** [ˈskɔːp(dʌk)] *n зоол.* че́рнеть морска́я

**scaur** [skɔː] = scar II

**scavenge** [ˈskævɪndʒ] *v* 1) убира́ть му́сор (*с улиц*) 2) *тех.* продува́ть (*цилиндр*); удаля́ть отрабо́танные га́зы 3) ры́ться, копа́ться в отбро́сах (*в поисках пищи и т. п.*)

**scavenger** [ˈskævɪndʒə] *n* 1) убо́рщик му́сора, мете́льщик у́лиц 2) живо́тное, пти́ца *или* ры́ба, пита́ющиеся па́далью 3) писа́тель, смаку́ющий гря́зные те́мы

**scavenger's daughter** [ˈskævɪndʒəzˈdɔːtə] *n ист.* тиски́ (*орудие пытки*)

**scavenging** [ˈskævɪndʒɪŋ] **1.** *pres. p. от* scavenge

**2.** *n* 1) убо́рка му́сора 2) *тех.* проду́вка (*цилиндра*)

**scenario** [sɪˈnɑːrɪəu] *ит. n* (*pl* -os [-əuz]) сцена́рий

**scenarist** [ˈsiːnərɪst] *n* сценари́ст

**scene** [siːn] *n* 1) ме́сто де́йствия (*в пьесе, романе и т. п.*); ме́сто происше́ствия, собы́тия; the ~ is laid in France де́йствие происхо́дит во Фра́нции; the ~ of operations теа́тр вое́нных де́йствий 2) сце́на, явле́ние (*в пьесе*) 3) декора́ция; behind the ~s за кули́сами (*тж. перен.*) 4) пейза́ж, карти́на; зре́лище; a woodland ~ лесно́й пейза́ж; striking ~ потряса́ющее зре́лище 5) сце́на, сканда́л; to make a ~ устро́ить сце́ну 6) *уст.* сце́на, театра́льные подмо́стки; to appear on the ~ появи́ться на сце́не; to quit the ~ сойти́ со сце́ны; *перен.* умере́ть

**scene-designer** [ˈsiːndɪˌzaɪnə] = scene-painter

**scene-dock** [ˈsiːndɔk] *n* склад декора́ций

**scene-painter** [ˈsiːnˌpeɪntə] *n* худо́жник-декора́тор

**scenery** [ˈsiːnərɪ] *n* 1) декора́ции 2) пейза́ж

**scene shifter** [ˈsiːnˌʃɪftə] *n* рабо́чий сце́ны

**scenic** [ˈsiːnɪk] *a* 1) сцени́ческий; сцени́чный; театра́льный 2) живопи́сный 3) декорати́вный

**scent** [sent] **1.** *n* 1) за́пах 2) духи́ 3) след; to be on the ~ идти́ по сле́ду; *перен.* быть на пра́вильном пути́; to get the ~ (of) напа́сть на след (*тж. перен.*); to put (*или* to throw) off the ~ сбить со сле́да; hot blazing ~ све́жий, горя́чий след; false ~ ло́жный след 4) чутьё, нюх

**2.** *v* 1) чу́ять 2) ню́хать 3) наполня́ть арома́том 4) души́ть (*платок и т. п.*) 5) идти́ по сле́ду 6) заподо́зрить (*опасность и т. п.*) □ ~ **out** разузна́ть, проню́хать

**sceptic** [ˈskeptɪk] *n* ске́птик

**sceptical** [ˈskeptɪkəl] *a* скепти́ческий

**scepticism** [ˈskeptɪsɪzm] *n* скептици́зм

**sceptre** [ˈseptə] *n* ски́петр; to wield the ~ пра́вить, ца́рствовать

**schedule** [ˈʃedjuːl] **1.** *n* 1) спи́сок, пе́речень, катало́г; о́пись 2) расписа́ние, гра́фик; план; to be behind ~ запа́здывать; on ~ то́чно, во́время 3) *тех.* режи́м

**2.** *v* 1) составля́ть (*список, опись и т. п.*) 2) составля́ть (*или* включа́ть в) расписа́ние 3) назнача́ть; намеча́ть; плани́ровать; the journey is ~d for five days путеше́ствие рассчи́тано на пять дней

**schematic** [skɪˈmætɪk] *a* схемати́ческий

**scheme** [skiːm] **1.** *n* 1) план, прое́кт; програ́мма; to lay a ~ составля́ть план, заду́мывать, замышля́ть 2) систе́ма, построе́ние, расположе́ние; under the present ~ of society при совре́менном устро́йстве о́бщества; a colour ~ сочета́ние цвето́в 3) интри́га, махина́ция; про́иски; bubble ~ ду́тое предприя́тие 4) конспе́кт; кра́ткое изложе́ние 5) схе́ма, чертёж

**2.** *v* 1) замышля́ть (*недоброе*); плести́ интри́ги 2) плани́ровать, проекти́ровать

**schemer** [ˈskiːmə] *n* 1) интрига́н 2) прожекте́р

**Schiedam** [skɪˈdæm] *n* голла́ндский джин

**schilling** [ˈʃɪlɪŋ] *нем. n* ши́ллинг (*денежная единица Австрии*)

**schism** [ˈsɪzm] *n* схи́зма, раско́л, е́ресь

**schismatic** [sɪzˈmætɪk] **1.** *a* раско́льнический

**2.** *n* раско́льник, схизма́тик

**schist** [ʃɪst] *n* а́спидный сла́нец

**schistose, schistous** [ˈʃɪstəus, -təs] *a геол.* 1) сланцева́тый 2) слои́стый

**schizophrenia** [ˌskɪtsəuˈfriːnjə] *n* шизофрени́я

**scholar** [ˈskɔlə] *n* 1) учёный 2) фило́лог-класси́к 3) *разг.* грамоте́й; I'm not much of a ~ я не о́чень-то гра́мотен 4) *разг.* знато́к (*языка*) 5) стипендиа́т 6) *уст.* учени́к

**scholarly** [ˈskɔləlɪ] *a* учёный; сво́йственный учёным

**scholarship** [ˈskɔləʃɪp] *n* 1) учёность, эруди́ция 2) стипе́ндия

**scholastic** [skəˈlæstɪk] **1.** *a* 1) учи́тельский, преподава́тельский; шко́льный; a ~ institution учёбное заведе́ние 2) схоласти́ческий; 3) учёный; ~ degree учёная сте́пень

**2.** *n* схола́стик, схола́ст

**scholasticism** [skəˈlæstɪsɪzm] *n* схола́стика

**scholia** [ˈskəuljə] *pl от* scholium

**scholiast** [ˈskəulɪæst] *n* коммента́тор дре́вних а́второв, схолиа́ст

**scholium** ['skəuljəm] *n* (*pl* -lia) комментарий к произведениям древних классиков, схолия

**school** I [sku:l] **1.** *n* 1) школа; secondary (*амер.* high) ~ средняя школа; higher ~ высшая школа; elementary (*или* primary) ~ начальная школа 2) учение, обучение; to go to ~ а) ходить в школу; б) поступить в школу; to go to ~ to smb. учиться у кого-л.; to attend ~ ходить в школу; учиться в школе; to leave ~ бросать учение в школе 3) занятия в школе, уроки; there will be no ~ today сегодня занятий не будет 4) *собир.* учащиеся одной школы 5) класс, классная комната 6) школа, направление (*в науке, литературе, искусстве*); of the old ~ а) старой школы (*о произведениях искусства и т. п.*); б) старомодный 7) факультет университета (*дающий право на получение учёной степени*) 8) (the ~s) *pl* средневековые университеты 9) *attr.* школьный, учебный; ~ house а) квартира директора *или* учителя при школе; б) пансионат при школе

**2.** *v* 1) дисциплинировать, обуздывать; приучать; школить 2) *уст.* посылать в школу, посылать учиться

**school** II [sku:l] **1.** *n* стая, косяк (*рыб*)

**2.** *v* собираться косяками

**schoolable** ['sku:ləbl] *a* 1) подлежащий обязательному школьному обучению 2) поддающийся обучению

**school-board** ['sku:lbɔ:d] *n ист.* местный школьный совет

**school-book** ['sku:lbuk] *n* учебник, учебное пособие

**schoolboy** ['sku:lbɔɪ] *n* 1) школьник, ученик 2) *attr.* мальчишеский

**schoolfellow** ['sku:lˌfeləu] *n* школьный товарищ, одноклассник, однокашник

**schoolgirl** ['sku:lgə:l] *n* школьница, ученица

**schooling** ['sku:lɪŋ] **1.** *pres. p. от* school I, 2

**2.** *n* 1) (школьное) обучение 2) плата за обучение 3) *уст.* выговор

**school leaver** ['sku:l'li:və] *n* 1) ученик, бросивший школу 2) выпускник

**school-ma'am** ['sku:lmæm] *n разг.* учительница

**schoolman** ['sku:lmən] *n* 1) схоласт, схоластик 2) преподаватель (*в средневековых университетах*)

**school-marm** ['sku:lmɑ:m] = school-ma'am

**schoolmaster** ['sku:lˌmɑ:stə] *n* школьный учитель, педагог; наставник, воспитатель

**schoolmasterly** ['sku:lˌmɑ:stəlɪ] *a* наставнический

**school-mate** ['sku:lmeɪt] *n* школьный товарищ

**school miss** ['sku:lmɪs] *n* 1) школьница 2) застенчивая, наивная девушка

**schoolmistress** ['sku:lˌmɪstrɪs] *n* школьная учительница

**school pence** ['sku:lpens] *n ист.* еженедельный взнос за учение в начальной школе

**schoolroom** ['sku:lrum] *n* класс, классная комната; аудитория

**schools** [sku:lz] *n pl* экзамены на учёную степень (*в Оксфордском университете*)

**school-ship** ['sku:lʃɪp] *n мор.* учебное судно

**school-teacher** ['sku:lˌti:tʃə] *n* школьный учитель, педагог

**school-time** ['sku:ltaɪm] *n* 1) часы занятий 2) годы учения, школьные годы

**schooner** I ['sku:nə] *n* 1) шхуна 2) = prairie-schooner

**schooner** II ['sku:nə] *n амер. разг.* высокий бокал для пива

**sciagram, sciagraph** ['saɪəgræm, -grɑ:f] *n* рентгенограмма

**sciagraphy** [saɪ'ægrəfɪ] *n* 1) рентгеноскопия 2) наложение теней (*в рисунке*)

**sciatic** [saɪ'ætɪk] *a анат.* седалищный

**sciatica** [saɪ'ætɪkə] *n мед.* ишиас

**science** ['saɪəns] *n* 1) наука; man of ~ учёный; applied ~ прикладная наука 2) *собир.* естественные науки (*тж.* natural ~ *или* ~s, physical ~s) 3) умение, ловкость; техничность; in judo ~ is more important than strength в борьбе дзю-до ловкость важнее силы 4) *уст.* знание

**science fiction** ['saɪənsˌfɪkʃən] *n* научная фантастика

**sciential** [saɪ'enʃəl] *a* 1) научный 2) знающий, учёный

**scientific** [ˌsaɪən'tɪfɪk] *a* 1) научный 2) высокого класса (*о спортсмене*)

**scientist** ['saɪəntɪst] *n* 1) учёный 2) естествоиспытатель

**scilicet** ['saɪlɪset] *лат. adv* то есть; а именно

**scimitar** ['sɪmɪtə] *n* кривая турецкая сабля

**scintilla** [sɪn'tɪlə] *n* искра; крупица (*тж. перен.*); not a ~ of smth. ни капельки, ни намёка на что-л.

**scintillate** ['sɪntɪleɪt] *v* сверкать; искриться; мерцать; to ~ pleasure (*или* delight) сиять от удовольствия; to ~ anger вспыхнуть от гнева

**scintillation** [ˌsɪntɪ'leɪʃən] *n* сверкание, блеск; мерцание

**sciolism** ['saɪəulɪzm] *n* мнимая учёность, наукообразие

**sciolist** ['saɪəulɪst] *n* лжеучёный

**scion** ['saɪən] *n* 1) побег (*растения*) 2) отпрыск, потомок

**scission** ['sɪʒən] *n* разрезание, разделение

**scissor** ['sɪzə] *v разг.* резать ножницами (*обыкн.* ~ off, ~ up); вырезать ножницами (*обыкн.* ~ out)

**scissors** ['sɪzəz] *n pl* ножницы (*тж.* a pair of ~) ◊ ~ and paste компиляция

**Sclav, Sclavonic** [sklɑ:v, sklə'vɔnɪk] = Slav, Slavonic

**scleroses** [sklɪə'rəusi:z] *pl от* sclerosis

**sclerosis** [sklɪə'rəusɪs] *n* (*pl* -ses) *мед.* склероз

**sclerotic** [sklɪə'rɔtɪk] *a* склеротический

**scobs** [skɔbz] *n pl* 1) опилки, стружки 2) шлак, окалина

**scoff** [skɔf] **1.** *n* 1) насмешка 2) посмешище 3) *sl.* еда, пища

**2.** *v* глумиться, насмехаться, издеваться 2) *sl.* жадно есть

**scoffer** ['skɔfə] *n* насмешник, зубоскал

**scold** [skəuld] **1.** *v* 1) бранить(ся), распекать 2) ворчать, брюзжать

**2.** *n* сварливая женщина

**scolding** ['skəuldɪŋ] **1.** *pres. p. от* scold 1

**2.** *n* нагоняй; брань

**scollop** ['skɔləp] = scallop

**scon** [skɔn] = scone

**sconce** I [skɔns] *n* 1) *уст.* убежище, приют; укрытие 2) *воен.* шанец, отдельное укрепление

**sconce** II [skɔns] *n* 1) канделябр; бра 2) подсвечник

**sconce** III [skɔns] *n уст.* 1) голова *или* череп 2) сообразительность, смекалка

**sconce** IV [skɔns] **1.** *n* штраф (*обыкн. кружка пива*) за нарушение правил за столом (*в Оксфордском университете*)

**2.** *v* штрафовать [*см.* 1]

**scone** [skɔn] *n* ячменная *или* пшеничная лепёшка

**scoop** [sku:p] **1.** *n* 1) совок, лопатка 2) черпак; разливательная ложка; ковш (*тж. экскаватора*) 3) черпание; with a ~, at one ~ одним взмахом 4) *мед.* ложечка 5) котлован; углубление, впадина 6) *разг.* большой куш; большая прибыль 7) *разг.* сенсационная новость (*опубликованная в газете до её появления в других газетах*)

**2.** *v* 1) черпать, зачёрпывать; вычёрпывать (*обыкн.* ~ up, ~ out) 2) копать; выкапывать 3) выдалбливать, высверливать 4) *разг.* сорвать куш 5) *разг.* опубликовать сенсационное сообщение (*раньше других газет*) □ ~ **in**, ~ **up** сгребать, собирать

**scoop-net** ['sku:pnet] *n* сачок

**scoot** [sku:t] *v разг., шутл.* бежать, удирать

**scooter** ['sku:tə] *n* 1) детский самокат 2) мотороллер 3) *спорт.* скутер

**scop** [skɔp] *n* средневековый английский поэт; менестрель

**scope** I [skəup] *n* 1) границы, рамки, пределы (*возможностей, знаний и т. п.*); a mind of wide ~ человек широких взглядов, широкого кругозора; it is beyond my ~ это вне моей компетенции; 2) предел, масштаб, размах, сфера; ~ of fire *воен.* поле обстрела 3) возможности, простор (*для передвижения, действий, мысли и т. п.*); to give one's fancy full ~ дать простор фантазии 4) *уст.* намерение, цель

**scope** II [skəup] *n сокр. от* microscope, telescope, periscope

**scorbutic** [skɔːˈbjuːtɪk] *мед.* **1.** *a* цинго́тный

**2.** *n* цинго́тный больно́й

**scorch** [skɔːtʃ] **1.** *n* 1) ожо́г; пятно́ от ожо́га 2) *разг.* езда́ с бе́шеной ско́ростью

**2.** *v* 1) опаля́ть(ся), подпа́ливать (-ся); обжига́ть; выжига́ть 2) выгора́ть; коро́биться (от жары́) 3) ре́зко критикова́ть, руга́ть 4) *разг.* мча́ться с бе́шеной ско́ростью

**scorched** [skɔːtʃt] **1.** *p. p. от* scorch 2

**2.** *a* спалённый, вы́жженный; ~ earth policy *воен.* та́ктика вы́жженной земли́

**scorcher** [ˈskɔːtʃə] *n* 1) жа́ркий день 2) *разг.* лиха́ч (*об автомобилисте и т. п.*)

**scorching** [ˈskɔːtʃɪŋ] **1.** *pres. p. от* scorch 2

**2.** *a* 1) паля́щий; зно́йный 2) жесто́кий, уничтожа́ющий (*о критике*)

**score** [skɔː] **1.** *n* 1) зару́бка, боро́здка, ме́тка; черта́ 2) счёт, задо́лженность (*в лавке, ресторане и т. п.*) 3) счёт очко́в (*в игре*); to keep the ~ вести́ счёт 4) *sl.* остро́та на чужо́й счёт; he is given to making ~s он лю́бит остри́ть на чужо́й счёт 5) уда́ча; what a ~! повезло́! 6) два деся́тка; three ~ and ten се́мьдесят лет (*в библии — нормальная продолжительность человеческой жизни*); a ~ or two of instances не́сколько деся́тков приме́ров 7) *pl* мно́жество; ~s of times мно́го раз 8) причи́на, основа́ние; on the ~ of по причи́не; on that ~ на э́тот счёт, в э́том отноше́нии 9) *муз.* партиту́ра ◇ to go off at full ~, to start off from ~ ри́нуться; с жа́ром начина́ть (*что-л.*); to make a ~ off one's own bat сде́лать что-л. без по́мощи други́х; to pay off (*или* to settle, to wipe off) old ~s свести́ счёты

**2.** *v* 1) де́лать зару́бки, отме́тки; отмеча́ть; оставля́ть глубо́кие следы́ (*тж. перен.*) 2) засчи́тывать (*тж.* ~ up); вести́ счёт (*в игре*) 3) запи́сывать в долг 4) выи́грывать; име́ть успе́х; to ~ a point вы́играть очко́; to ~ an advantage (a success) получи́ть преиму́щество (дости́гнуть успе́ха); you have ~d вам повезло́; we ~d heavily by it э́то нам бы́ло о́чень кста́ти 5) *амер.* брани́ть 6) *муз.* оркестрова́ть ▭ ~ **off** *разг.* одержа́ть верх; ~ **out** вычёркивать; ~ **under** подчёркивать

**scorer** [ˈskɔːrə] *n* 1) счётчик очко́в, маркёр 2) игро́к, забива́ющий мяч

**scoria** [ˈskɔːrɪə] *n* (*pl* -ae) 1) шлак; ока́лина 2) *pl геол.* вулкани́ческие шла́ки

**scoriae** [ˈskɔːrɪiː] *pl от* scoria

**scorify** [ˈskɔːrɪfaɪ] *v тех.* шлакова́ть

**scorn** [skɔːn] **1.** *n* 1) презре́ние; to think ~ of презира́ть 2) насме́шка 3) объе́кт презре́ния

**2.** *v* презира́ть; to ~ lying не унижа́ться до лжи

**scornful** [ˈskɔːnful] *a* презри́тельный; насме́шливый

**Scorpio** [ˈskɔːpɪəu] *n* Скорпио́н (*созвездие и знак зодиака*)

**scorpion** [ˈskɔːpjən] *n* 1) скорпио́н 2) *библ.* бич с металли́ческими шипа́ми; to chastise with ~s бичева́ть, суро́во нака́зывать 3) (S.) = Scorpio

**Scot** [skɔt] *n* 1) шотла́ндец 2) *ист.* скотт

**scot** [skɔt] *n ист.* нало́г, по́дать; to pay ~ and lot плати́ть городски́е нало́ги; *перен.* нести́ о́бщее бре́мя

**Scotch** [skɔtʃ] **1.** *a* шотла́ндский ◇ ~ broth перло́вый суп; ~ fir (*или* pine) сосна́ лесна́я (*или* обыкнове́нная); ~ kale краснокоча́нная капу́ста

**2.** *n* 1) (the ~) *собир.* шотла́ндцы 2) шотла́ндский диале́кт 3) *разг.* шотла́ндское ви́ски

**scotch** [skɔtʃ] **1.** *n* 1) надре́з 2) черта́ (*в детской игре в «классы»*) 3) *тех.* башма́к, клин (*как тормоз под колесо и т. п.*)

**2.** *v* 1) ра́нить; калечи́ть 2) обезвре́живать; to ~ a snake, вы́рвать жа́ло у змей 3) подавля́ть; to ~ a mutiny подави́ть восста́ние; I don't ~ my mind я говорю́ пря́мо, без обиняко́в 4) тормози́ть

**Scotchman** [ˈskɔtʃmən] *n* шотла́ндец ◇ Flying ~ экспре́сс Ло́ндон-Эдинбург

**Scotch tape** [ˈskɔtʃˈteɪp] *n* склеи́вающая ле́нта, «скотч»

**Scotchwoman** [ˈskɔtʃˌwumən] *n* шотла́ндка

**scoter** [ˈskəutə] *n зоол.* турпа́н

**scot-free** [ˈskɔtˈfriː] **1.** *a* 1) невреди́мый 2) ненака́занный

**2.** *adv* безнака́занно

**Scotland Yard** [ˈskɔtləndˈjɑːd] *n* Ско́тленд-ярд (*центральное управление полиции и сыскного отделения в Лондоне*)

**Scots** [skɔts] **1.** *n* шотла́ндский диале́кт

**2.** *a* шотла́ндский

**Scotsman** [ˈskɔstmən] = Scotchman

**Scotswoman** [ˈskɔtsˌwumən] = Scotchwoman

**Scotticism** [ˈskɔtɪsɪzm] *n* шотла́ндское сло́во, выраже́ние, шотланди́зм

**Scotticize** [ˈskɔtɪsaɪz] *v* подража́ть шотла́ндским обы́чаям *или* шотла́ндскому диале́кту

**Scottish** [ˈskɔtɪʃ] *a* шотла́ндский; ~ dialect шотла́ндский диале́кт

**scoundrel** [ˈskaundrəl] *n* негодя́й, подле́ц

**scoundrelly** [ˈskaundrəlɪ] *a* по́длый

**scour** I [ˈskauə] **1.** *n* 1) чи́стка, мытьё 2) эрози́йное де́йствие (*воды*) 3) промо́ина, размы́в 4) мо́ющее, чи́стящее сре́дство *или* устро́йство 5) (*обыкн. pl*) поно́с (*у скота*)

**2.** *v* 1) чи́стить, прочища́ть; отчища́ть, оттира́ть 2) мыть, промыва́ть; смыва́ть 3) мездри́ть (*кожу*)

**scour** II [ˈskauə] *v* ры́скать (*тж.* ~ about); to ~ the woods ры́скать по́ лесу

**scourer** [ˈskaurə] *n* 1) мездри́льщик (*в кожевенной промышленности*) 2) металли́ческая моча́лка для чи́стки ку́хонной посу́ды

**scourge** [skəːdʒ] **1.** *n* 1) плеть 2) бич, бе́дствие; ка́ра, наказа́ние

**2.** *v* 1) бичева́ть 2) кара́ть, нака́зывать

**scout** I [skaut] **1.** *n* 1) разве́дчик (*тж. о самолёте и корабле*) 2) бойска́ут 3) разве́дка; on the ~ в разве́дке 4) слуга́ (*в Оксфордском университете*) 5) *амер. разг.* па́рень, ма́лый

**2.** *v* производи́ть разве́дку ▭ ~ **about,** ~ **round** ры́скать в по́исках (*чего-л.*)

**scout** II [skaut] *v* отверга́ть (*что-л.*), пренебрега́ть (*чем-л.*)

**scoutmaster** [ˈskautˌmɑːstə] *n* нача́льник отря́да бойска́утов

**scow** [skau] *n* шала́нда

**scowl** [skaul] **1.** *n* хму́рый вид; серди́тый взгляд

**2.** *v* хму́риться, смотре́ть серди́то (at)

**scrabble** [ˈskræbl] *v* 1) цара́пать, писа́ть кара́кулями 2) ры́ться (*обыкн.* ~ about) 3) кара́бкаться

**scrag** [skræg] **1.** *n* 1) живо́й скеле́т, коще́й, «ко́жа да ко́сти»; то́щее живо́тное 2) бара́нья ше́я 3) *sl.* ше́я

**2.** *v* 1) *спорт.* примени́ть захва́т ше́и (*противника*) 2) *разг.* задуши́ть, сверну́ть ше́ю; вздёрнуть на ви́селице

**scraggy** [ˈskrægɪ] *a* то́щий

**scram** [skræm] *v амер. разг.* уходи́ть; ~! убира́йся!, кати́сь!, прова́ливай!

**scramble** [ˈskræmbl] **1.** *n* 1) сва́лка, дра́ка, борьба́ (*за овладение*) 2) кара́бканье

**2.** *v* 1) кара́бкаться; продира́ться, проти́скиваться 2) ползти́; цепля́ться (*о растениях*) 3) дра́ться, боро́ться за облада́ние (for — *чем-л.*) 4) швыря́ть в толпу́ (*монеты*) 5) де́лать яи́чницу-болту́нью

**scrambled eggs** [ˈskræmbldˈegz] *n pl* яи́чница-болту́нья

**scrannel** [ˈskrænl] *a уст.* 1) то́щий; жа́лкий 2) скрипу́чий

**scrap** I [skræp] **1.** *n* 1) клочо́к, кусо́чек, лоскуто́к 2) *pl* оста́тки, объе́дки 3) вы́резка из газе́ты 4) *собир.* металли́ческий лом, скрап

**2.** *v* 1) отдава́ть на слом; превраща́ть в лом 2) выбра́сывать за нена́добностью

**scrap** II [skræp] *разг.* **1.** *n* дра́ка, сты́чка; ссо́ра

**2.** *v* дра́ться

**scrap-book** [ˈskræpbuk] *n* альбо́м для накле́ивания вы́резок

**scrape** [skreɪp] **1.** *n* 1) скобле́ние *и пр.* [*см.* 2] 2) цара́пина 3) скрип 4) затрудне́ние, неприя́тная ситуа́ция; to get into a ~ попа́сть в переде́лку

**2.** *v* 1) скобли́ть, скрести́(сь); to ~

one's chin бри́ться; to ~ one's boots счища́ть грязь с подо́шв о желе́зную скобу́ у вхо́да; to ~ one's plate вы́скрести свою́ таре́лку 2) задева́ть (against, along) 3) ша́ркать 4) скрипе́ть; to ~ on a fiddle пили́кать на скри́пке 5) ска́редничать, скопидо́мничать 6) с трудо́м собра́ть, наскрести́ (*средства и т. п.*) (*тж.* up, together) 7) цара́пать, обдира́ть □ ~ **away,** ~ **down** отчища́ть, отска́бливать; ~ **through** а) с трудо́м пробра́ться; б) е́ле вы́держать (*экзамен*); ~ **together,** ~ **up** наскрести́; накопи́ть по мелоча́м ◇ to ~ (up) an acquaintance with smb. навя́зываться в знако́мые к кому́-л.; to bow and ~ раболе́пствовать; to ~ a living с трудо́м зараба́тывать себе́ на жизнь

**scraper** [ˈskreɪpə] *n* 1) желе́зная скоба́, желе́зная се́тка у вхо́да (*для счищения грязи с подошв обуви*) 2) скря́га 3) *тех.* скребо́к; ша́бер; ско́бель 4) *тех.* скре́пер; волоку́ша 5) *attr.* скребко́вый; ~ conveyor *горн.* скребко́вый транспортёр

**scrap-heap** [ˈskræphi:p] *n* сва́лка, помо́йка (*тж. перен.*); to throw on the ~ вы́кинуть за нена́добностью

**scrap-iron** [ˈskræpˈaɪən] = scrap I, 4)

**scrap-metal** [ˈskræpˈmetl] = scrap I, 4)

**scrapple** [ˈskræpl] *n амер.* ку́шанье из свини́ны с кукуру́зной крупо́й и коре́ньями

**scrappy** [ˈskræpɪ] *a* 1) состоя́щий из оста́тков, обры́вков; 2) отры́вочный, бессвя́зный

**Scratch** [skrætʃ] *n*: Old ~ дья́вол

**scratch** [skrætʃ] **1.** *n* 1) цара́пина; to get off with a ~ отде́латься цара́пиной; легко́ отде́латься 2) ро́счерк; поме́тка; кара́кули; a ~ of the pen ро́счерк пера́ 3) почёсывание, расчёсывание 4) скрип; цара́панье; чи́рканье 5) *спорт.* ста́ртовая черта́; to come (up) to the ~ а) подойти́ к ста́ртовой черте́; б) реши́ться (*на что-л.*); быть гото́вым к борьбе́; быть в фо́рме; to start from ~ а) *спорт.* не име́ть преиму́щества; б) нача́ть всё с (са́мого) нача́ла 6) *спорт.* уча́стник состяза́ния, не получа́ющий преиму́щества (*тж.* ~ man) 7) *pl вет.* мокре́ц (*у лошади*) 8) насе́чка, ме́тка 9) штрафно́е каса́ние (*в бильярде*); *перен.* счастли́вая случа́йность 10) = scratch-wig ◇ up to ~ на до́лжной высоте́; в хоро́шем ви́де

**2.** *a* 1) случа́йный 2) разношёрстный, сбо́рный; со́бранный на́спех; ~ crew (*или* team, pack) *разг.* случа́йно *или* на́спех подо́бранная спорти́вная кома́нда; ~ dinner обе́д, пригото́вленный на ско́рую ру́ку, импровизи́рованный обе́д 3) испо́льзуемый для черновико́в, набро́сков; ~ paper бума́га для заме́ток

**3.** *v* 1) цара́пать(ся), скрести́(сь); расцара́пать, оцара́пать; to ~ the surface of smth. а) не проника́ть глубже пове́рхности чего́-л.; б) относи́ться пове́рхностно к чему́-л. 2) нацара́пать (*письмо, рисунок*) 3) чеса́ть(ся); to ~ one's head почеса́ть затылок (*тж. перен.*) 4) рыть когтя́ми 5) скрипе́ть (*о пере*) 6) чи́ркать 7) вычёркивать (*из списка участников, кандидатов, тж.* ~ off, ~ out, ~ through) 8) отка́зываться (*от чего-л.*); броса́ть □ ~ **along** перебива́ться; с трудо́м своди́ть концы́ с конца́ми; ~ **out** вычёркивать; ~ **together,** ~ **up** наскрести́, накопи́ть ◇ ~ my back and I will ~ yours ≅ услу́га за услу́гу

**scratch-cat** [ˈscrætʃkæt] *n разг.* злю́ка, меге́ра

**scratch-race** [ˈskrætʃreɪs] *n спорт.* состяза́ние без гандика́па

**scratch-wig** [ˈskrætʃwɪg] *n* накла́дка из воло́с

**scratch-work** [ˈskrætʃwə:k] *n иск.* граффи́то

**scratchy** [ˈskrætʃɪ] *a* 1) гру́бый, неиску́сный (*о рисунке*) 2) скрипу́чий, цара́пающий (*о пере*) 3) шерша́вый, гру́бый (*о ткани*); a ~ woolen sweater колю́чий шерстяно́й сви́тер 4) разношёрстный, пло́хо подо́бранный 5) цара́пающий, колю́чий (*о кустарнике*)

**scrawl** [skrɔ:l] **1.** *n* 1) небре́жно, на́спех напи́санная запи́ска 2) небре́жный по́черк

**2.** *v* 1) писа́ть бы́стро и неразбо́рчиво 2) писа́ть кара́кулями

**scrawny** [ˈskrɔ:nɪ] *a амер.* костля́вый, сухопа́рый, то́щий

**screak** [skri:k] *v* пронзи́тельно скрипе́ть, визжа́ть

**scream** [skri:m] **1.** *n* 1) вопль, пронзи́тельный крик; визг; ~s of laughter взры́вы сме́ха 2) *разг.* умо́ра, заба́вный, умори́тельный челове́к, слу́чай *и т. п.*

**2.** *v* пронзи́тельно крича́ть, вопи́ть; реве́ть (*о свистке, сирене*); to ~ with laughter умира́ть со́ смеху, хохота́ть до упа́ду

**screamer** [ˈskri:mə] *n* 1) тот, кто кричи́т, крику́н 2) *разг.* превосхо́дный экземпля́р 3) *разг.* кни́га, кинофи́льм *и т. п.*, производя́щие си́льное впечатле́ние *или* вызыва́ющие неудержи́мый смех 4) *амер.* сенсацио́нный заголо́вок 5) *спорт.* великоле́пный уда́р, бросо́к, прыжо́к *и т. п.* 6) *полигр. жарг.* восклица́тельный знак

**screaming** [ˈskri:mɪŋ] **1.** *pres. p. от* scream 2

**2.** *a* 1) крича́щий (*о цвете, газетном заголовке и т. п.*) 2) умори́тельный; ~ fun (*или* farce) умори́тельный фарс

**screamy** [ˈscri:mɪ] *a* 1) крикли́вый; визгли́вый 2) крича́щий (*о красках*)

**scree** [skri:] *n* камени́стая о́сыпь; щебень

**screech** [skri:tʃ] **1.** *n* 1) визгли́вый *или* хри́плый крик 2) скрип, визг (*тормозов и т. п.*)

**2.** *v* 1) визгли́во *или* хри́пло крича́ть 2) скрипе́ть, визжа́ть

**screech-owl** [ˈskri:tʃaul] *n* 1) *зоол.* сипу́ха 2) предве́стник несча́стья

**screechy** [ˈskri:tʃɪ] *a* ре́зкий, визгли́вый, скрипу́чий

**screed** [skri:d] *n* 1) дли́нная ску́чная речь, статья́ *и т. п.* 2) *стр.* мая́к (*при штукатурных работах*)

**screen** [skri:n] **1.** *n* 1) ши́рма, экра́н; щит, доска́ (*для объявлений*) 2) *кино, эл., радио* экра́н 3) (the ~) кино́ 4) прикры́тие, засло́н, заве́са (*тж. воен.*); under (the) ~ of night под покро́вом но́чи; to put on a ~ of indifference приня́ть нарочи́то безразли́чный вид 5) се́тка от насеко́мых 6) гро́хот, си́то, решето́ 7) *attr.*: ~ adaptation экраниза́ция литерату́рного произведе́ния; ~ time вре́мя демонстра́ции фи́льма, продолжи́тельность сеа́нса

**2.** *v* 1) прикрыва́ть, укрыва́ть, защища́ть 2) просе́ивать, сортирова́ть, грохоти́ть 3) производи́ть прове́рку полити́ческой благонадёжности 4) *воен.* проводи́ть отбо́р новобра́нцев 5) экранизи́ровать 6): to ~ well (badly) а) име́ть успе́х (не име́ть успе́ха) в кино́; б) быть фотогени́чным (нефотогени́чным) 7) демонстри́ровать на экра́не 8) *радио* экрани́ровать

**screening** [ˈskri:nɪŋ] **1.** *pres. p. от* screen 2

**2.** *n* 1) *pl* вы́севки 2) просе́ивание 3) отсе́в, отбо́р 4) прове́рка полити́ческой благонадёжности 5) *воен.* прикры́тие, маскиро́вка

**screenplay** [ˈskri:npleɪ] *n* сцена́рий

**screen-wiper** [ˈskri:nˌwaɪpə] *n* стеклоочисти́тель ветрово́го стекла́ (*в автомобиле*), «дво́рник»

**screenwriter** [ˈskri:nˌraɪtə] *n* сценари́ст, кинодрамату́рг

**screw** [skru:] **1.** *n* 1) винт (*тж.* male ~, external ~); болт, шуру́п; female (*или* internal) ~ га́йка; to turn (*или* to apply) the ~, to put the ~(s) on заверну́ть, подкрути́ть га́йку; *перен.* оказа́ть давле́ние, нажа́ть 2) *тех.* шнек, червя́к 3) = thumbscrew 1); 4) *ав.* (возду́шный) винт; *мор.* (гребно́й) винт 5) поворо́т винта́; to give a nut a (good) ~ покре́пче заверну́ть га́йку 6) небольшо́й свёрток, бума́жный паке́т, «фу́нтик»; a ~ of tobacco па́чка табаку́ 7) *разг.* скря́га 8) *разг.* кля́ча 9) *разг.* зарпла́та, жа́лованье 10) *sl.* тюре́мный сто́рож, тюре́мщик 11) *attr.* винтово́й ◇ he has a ~ loose у него́ ви́нтика не хвата́ет; to have a ~ loose on smth. *разг.* помеша́ться на чём-л.; there is a ~ loose somewhere что́-то не в поря́дке

**2.** *v* 1) приви́нчивать, зави́нчивать, скрепля́ть винта́ми; навинчивать; to ~ the lid on the jar завинти́ть кры́шку ба́нки 2) нареза́ть резьбу́ 3) выжима́ть; to ~ water out of a sponge вы́жать гу́бку 4) нажима́ть, притесня́ть 5) скря́жничать, ска́редничать

6) крути́ть(ся), верте́ть(ся); to ~ smb.'s arm выкру́чивать кому́-л. ру́ку 7): to be ~ed *sl.* быть пья́ным □ ~ **out** а) выви́нчивать; б) вымога́ть (*деньги, согласие*; of — у *кого-л.*); ~ **up** а) зави́нчивать; подви́нчивать (*болт, гайку и т. п.*); нави́нчивать (*крышку и т. п.*); б) подтя́гивать, укрепля́ть; to ~ up one's courage подбодри́ться, набра́ться хра́брости; to ~ oneself up to do smth. заста́вить себя́ сде́лать что-л.; в) мо́рщить (*лицо*); поджима́ть (*губы*); to ~ up one's eyes прищу́риться ◇ to have one's head ~ed on the right way име́ть хоро́шую го́лову на плеча́х

**screw-ball** ['skru:bɔ:l] *n амер. sl.* 1) сумасбро́д; эксцентри́чный челове́к 2) сумасбро́дство

**screw-bolt** ['skru:bəult] *n* болт

**screw coupling** ['skru:ˏkʌplɪŋ] *n тех.* винтова́я стя́жка

**screw-cutter** ['skru:ˏkʌtə] *n* винторе́зный стано́к

**screw-die** ['skru:daɪ] *n тех.* винторе́зная голо́вка, клупп

**screwdriver** ['skru:ˏdraɪvə] *n* 1) отвёртка 2) во́дка с апельси́новым со́ком и льдом

**screwed** [skru:d] **1.** *p. p. от* screw 2

**2.** *a sl.* пья́ный; подвы́пивший

**screw-jack** ['skru:dʒæk] *n* винтово́й домкра́т

**screw-nail** ['skru:neɪl] *n* шуру́п для де́рева

**screw-nut** ['skru:nʌt] *n* га́йка

**screw-plate** ['skru:pleɪt] *n тех.* винтова́льная доска́

**screw-propeller** ['skru:prəˏpelə] *n* гребно́й винт

**screw steamer** ['skru:ˏsti:mə] *n* винтово́й парохо́д

**screw-thread** ['skru:θred] *n тех.* резьба́, винтова́я наре́зка

**screw valve** ['skru:vælv] *n тех.* винтово́й кла́пан

**screw-wheel** ['skru:wi:l] *n тех.* винтово́е, зубча́тое колесо́

**screw-wrench** ['skru:rentʃ] *n тех.* разводно́й га́ечный ключ

**screwy** ['skru:ɪ] *a* 1) *sl.* ненорма́льный, «чо́кнутый» 2) подозри́тельный, стра́нный 3) прижи́мистый, скупо́й 4) *sl.* пья́ный

**scribal** ['skraɪbəl] *a* относя́щийся к перепи́счику, сде́ланный перепи́счиком; ~ error оши́бка перепи́счика

**scribble** I ['skrɪbl] **1.** *n* 1) небре́жный *или* неразбо́рчивый по́черк 2) кара́кули; мазня́

**2.** *v* 1) писа́ть бы́стро и небре́жно; писа́ть как ку́рица ла́пой 2) занима́ться бумагомара́нием, быть писа́кой

**scribble** II ['skrɪbl] *v текст.* гру́бо чеса́ть

**scribbler** I ['skrɪblə] *n* писа́ка, бумагомара́тель

**scribbler** II ['skrɪblə] *n текст.* щипа́льная маши́на для ше́рсти

**scribe** [skraɪb] **1.** *n* 1) писе́ц; перепи́счик 2) секрета́рь, клерк 3) *библ.* кни́жник 4) *амер. разг.* писа́тель; журнали́ст

**2.** *v тех.* размеча́ть

**scrim** [skrɪm] *n* 1) *текст.* гру́бый холст 2) маскиро́вочная се́тка

**scrimmage** ['skrɪmɪdʒ] **1.** *n* 1) дра́ка, сва́лка; ссо́ра 2) *спорт.* схва́тка вокру́г мяча́ (*в регби*)

**2.** *v* 1) уча́ствовать в схва́тке 2) *спорт.* сгруди́ться вокру́г мяча́

**scrimp** [skrɪmp] *v* скупи́ться (*на что-л.*); уре́зывать

**scrimpy** ['skrɪmpɪ] *a* 1) ску́дный 2) скупо́й

**scrimshank** ['skrɪmʃæŋk] *v воен. жарг.* уклоня́ться от обя́занностей, «сачкова́ть»

**scrimshaw** ['skrɪmʃɔ:] **1.** *n* резьба́ на ра́ковинах, слоно́вой ко́сти *и т. п.*

**2.** *v* выреза́ть на ра́ковинах, слоно́вой ко́сти *и т. п.*

**scrip** I [skrɪp] *n уст.* сума́

**scrip** II [skrɪp] *n фин.* 1) предвари́тельный докуме́нт, даю́щий пра́во на официа́льное свиде́тельство о владе́нии а́кциями 2) бума́жные де́ньги, выпуска́емые оккупацио́нными властя́ми

**script** [skrɪpt] **1.** *n* 1) по́черк; рукопи́сный шрифт 2) *юр.* по́длинник (*документа*) 3) пи́сьменная рабо́та экзамену́ющегося 4) *кино, тлв.* сцена́рий 5) *радио* текст ле́кции *или* бесе́ды для переда́чи по ра́дио

**2.** *v* писа́ть сцена́рий (*для кино, телевидения или радио*)

**scriptoria** [skrɪp'tɔ:rɪə] *pl от* scriptorium

**scriptorium** [skrɪp'tɔ:rɪəm] *n* (*pl* -s [-z], -ria) помеще́ние для перепи́ски ру́кописей (*в средневековых монастырях*)

**scriptural** ['skrɪptʃərəl] *a* библе́йский, относя́щийся к свяще́нному писа́нию

**scripture** ['skrɪptʃə] *n* 1) би́блия, свяще́нное писа́ние 2) *уст.* цита́та из би́блии 3) *уст.* на́дпись 4) свяще́нная кни́га 5) *attr.* библе́йский

**scriptwriter** ['skrɪptˏraɪtə] *n* 1) сценари́ст 2) а́втор бесе́ды *или* ле́кции по ра́дио

**scrivener** ['skrɪvnə] *n уст.* 1) писе́ц 2) нота́риус ◇ ~'s palsy *мед.* пи́счая су́дорога

**scrofula** ['skrɔfjulə] *n мед.* золоту́ха

**scrofulous** ['skrɔfjuləs] *a* 1) *мед.* золоту́шный 2) мора́льно развращённый

**scroll** [skrəul] **1.** *n* 1) сви́ток, манускри́пт 2) завито́к (*подписи*), ро́счерк 3) спи́сок, пе́речень 4) *уст.* спи́сок, скрижа́ли 5) *уст.* письмо́, посла́ние 6) *архит.* волю́та, завито́к 7) спира́ль 8) *тех.* пло́ская резьба́

**2.** *v* украша́ть завитка́ми

**scroll-work** ['skrəulwə:k] *n* орна́мент в ви́де завитко́в

**Scrooge** [skru:dʒ] *n разг.* скря́га

**scroop** [skru:p] **1.** *n* скрип

**2.** *v* скрипе́ть

**scrota** ['skrəutə] *pl от* scrotum

**scrotum** ['skrəutəm] *n* (*pl* -ta) *анат.* мошо́нка

**scrounge** [skraundʒ] *v разг.* 1) добы́ть, стяну́ть, укра́сть 2) попроша́йничать; жить на чужо́й счёт

**scrub** I [skrʌb] **1.** *n* 1) куста́рник, по́росль 2) малоро́слое существо́ 3) ничто́жный челове́к 4) *амер.* мла́дшая *или* сла́бая кома́нда 5) *амер.* игро́к тако́й кома́нды

**2.** *a амер.* = scrubby

**scrub** II [skrʌb] **1.** *n* 1) чи́стка щёткой 2) жёсткая щётка 3) подёнщик, выполня́ющий тяжёлую, гря́зную рабо́ту

**2.** *v* 1) тере́ть, скрести́, чи́стить, мыть щёткой 2) *тех.* промыва́ть газ 3) *sl.* отменя́ть (out); to ~ out an order отмени́ть прика́з

**scrubber** ['skrʌbə] *n тех.* 1) газопромыва́тель 2) скребо́к

**scrubbing-brush** ['skrʌbɪŋbrʌʃ] *n* жёсткая щётка

**scrub-brush** ['skrʌbbrʌʃ] *амер.* = scrubbing-brush

**scrubby** ['skrʌbɪ] *a* 1) низкоро́слый 2) захуда́лый, ничто́жный 3) поро́сший куста́рником 4) заро́сший щети́ной

**scrub-up** ['skrʌb'ʌp] *n* основа́тельная чи́стка

**scrubwoman** ['skrʌbˏwumən] *n амер.* подёнщица для рабо́ты по до́му; убо́рщица

**scruff** [skrʌf] *n* загри́вок; to take by the ~ of the neck взять за ши́ворот

**scruffy** ['skrʌfɪ] *a разг.* гря́зный, нера́шливый

**scrum(mage)** ['skrʌm(ɪdʒ] = scrimmage

**scrumptious** ['skrʌmpʃəs] *a разг.* великоле́пный, восхити́тельный

**scrunch** [skrʌntʃ] = crunch

**scruple** ['skru:pl] **1.** *n* 1) скру́пул (*аптекарская мера веса = 20 гранам*) 2) *уст.* крупи́ца 3) сомне́ния, колеба́ния; угрызе́ния со́вести; to have no ~ to do smth. де́лать что-л. без колеба́ний; не постесня́ться сде́лать что-л.; without ~ без стесне́ния; to have ~s стесня́ться, со́веститься, не реша́ться (*на что-л.*); a man without ~s челове́к, не разбо́рчивый в сре́дствах; непоря́дочный челове́к

**2.** *v* стесня́ться, со́веститься, не реша́ться (*на что-л.*)

**scrupulosity** [ˏskru:pju'lɔsɪtɪ] *n* 1) щепети́льность 2) добросо́вестность, че́стность

**scrupulous** ['skru:pjuləs] *a* 1) щепети́льный; со́вестливый 2) добросо́вестный 4) тща́тельный, скрупулёзный

**scrutator** [skru:'teɪtə] *n* внима́тельный иссле́дователь (*чего-л.*)

**scrutineer** [ˏskru:tɪ'nɪə] *n* член коми́ссии, проверя́ющий пра́вильность результа́тов вы́боров

**scrutinize** ['skru:tɪnaɪz] *v* 1) внима́тельно рассма́тривать 2) тща́тельно иссле́довать

**scrutiny** ['skru:tɪnɪ] *n* 1) испытующий взгляд 2) внимательный осмотр; исследование 3) проверка правильности результатов выборов

**scry** [skraɪ] *v* смотреть в «магический кристалл», гадать по стеклу

**scuba** ['sku:bə] *n* (*сокр. от* self-contained underwater breathing apparatus) скуба, дыхательный аппарат для плавания под водой

**scud** [skʌd] **1.** *n* 1) стремительное плавное движение 2) гонимые ветром облака 3) порыв ветра; шквал

**2.** *v* 1) нестись, скользить, лететь 2) *мор.* идти под ветром

**scuff** [skʌf] *v* 1) идти волоча ноги 2) истереть(ся) (*от носки, употребления*)

**scuffle** ['skʌfl] **1.** *n* 1) драка 2) шарканье (*ногами*)

**2.** *v* 1) драться 2) ходить шаркая ногами

**scull** [skʌl] **1.** *n* 1) парное весло 2) кормовое короткое весло

**2.** *v* 1) грести парными вёслами 2) галанить, грести кормовым веслом

**sculler** ['skʌlə] *n* 1) гребец парными вёслами 2) маленькая двухвесельная лодка, ялик

**scullery** ['skʌlərɪ] *n* 1) помещение при кухне для мытья посуды 2) *уст.* буфетная

**scullion** ['skʌljən] *n уст.* 1) поварёнок 2) судомойка

**sculp** [skʌlp] *v разг.* ваять, лепить

**sculpt** [skʌlpt] = sculpture 2

**sculptor** ['skʌlptə] *n* скульптор, ваятель

**sculptress** ['skʌlptrɪs] *n* женщина-скульптор

**sculptural** ['skʌlptʃərəl] *a* скульптурный

**sculpture** ['skʌlptʃə] **1.** *n* 1) скульптура, ваяние 2) скульптура, изваяние 3) складки на земной коре

**2.** *v* 1) ваять, высекать, лепить 2) украшать скульптурной работой 3) выветривать; размывать

**sculpturesque** [ˌskʌlptʃə'resk] *a* скульптурный, пластичный

**scum** [skʌm] **1.** *n* 1) пена, накипь 2) отбросы, очистки 3) опустившийся человек; the ~ *собир.* подонки (*общества*) 4) мерзавец 5) *метал.* окалина, шлаки

**2.** *v* 1) снимать пену 2) пениться

**scumble** ['skʌmbl] *v жив.* слегка покрывать краской, лессировать

**scummy** ['skʌmɪ] *a* 1) пенистый 2) низкий, подлый

**scunner** ['skʌnə] *сев.* **1.** *n* отвращение; to take a ~ испытывать отвращение (at, against)

**2.** *v* испытывать отвращение

**scupper** ['skʌpə] **1.** *n мор.* шпигат

**2.** *v sl.* 1) напасть врасплох и перебить 2) вывести из строя 3) потопить (*судно и команду*)

**scurf** [skə:f] *n* 1) перхоть 2) налёт, отложения

**scurfy** ['skə:fɪ] *a* 1) покрытый перхотью 2) покрытый налётом, отложениями

**scurrility** [skʌ'rɪlɪtɪ] *n* грубость, непристойность

**scurrilous** ['skʌrɪləs] *a* грубый, непристойный; оскорбительный

**scurry** ['skʌrɪ] **1.** *n* 1) быстрое, стремительное движение 2) беготня; суета 3) ливень *или* снегопад с сильным ветром 4) бег, скачки на короткую дистанцию

**2.** *v* 1) бежать (*обыкн. мелкими шагами*) 2) сновать; суетиться 3) спешить; делать кое-как, наспех

**scurvied** ['skə:vɪd] *a* цинготный

**scurvy I** ['skə:vɪ] *n мед.* цинга

**scurvy II** ['skə:vɪ] *a* низкий, подлый

**scut** [skʌt] *n* короткий хвост (*особ. зайца, кролика, оленя*)

**scuta** ['skju:tə] *pl от* scutum

**scutate** ['skju:teɪt] *a бот.* щитовидный

**scutch** [skʌtʃ] **1.** *n* льнотрепалка

**2.** *v* трепать, мять (*лён, коноплю и т. п.*)

**scutcheon** ['skʌtʃən] *n* 1) щит герба 2) дощечка с фамилией

**scutcher** ['skʌtʃə] *n* трепало, трепальная машина; льнотрепалка

**scute** [skju:t] = scutum

**scuttle I** ['skʌtl] *n* ведёрко *или* ящик для угля

**scuttle II** ['skʌtl] **1.** *n* 1) люк 2) *мор.* отверстие в борту *или* в днище судна

**2.** *v* затопить судно, открыв кингстоны

**scuttle III** ['skʌtl] **1.** *n* 1) стремительное бегство 2) стремление избежать опасности, трудностей; трусость 3) торопливая походка

**2.** *v* 1) поспешно бежать, удирать 2) позорно бежать от опасности, трудностей 3) спешить, суетиться

**scuttle-butt** ['skʌtlbʌt] *n* 1) *мор.* бачок с питьевой водой 2) *амер. разг.* сплетня

**scutum** ['skju:təm] *лат. n* (*pl* -ta) *зоол.* щиток

**scythe** [saɪð] *с.-х.* **1.** *n* коса

**2.** *v* косить

**Scythian** ['sɪðɪən] **1.** *a* скифский

**2.** *n* 1) скиф 2) язык скифов

**sea** [si:] *n* 1) море; at ~ в море; beyond (*или* over) the sea(s) за морем; за море; by ~ морем; by the ~ у моря; to go to ~ стать моряком; to follow the ~ быть моряком; the high ~s море за пределами территориальных вод; открытое море; on the ~ а) в море; б) на морском берегу; to put out to ~ пускаться в плавание; free ~ море, свободное для прохода кораблей всех стран; the four ~s четыре моря, окружающие Великобританию; the seven ~s северная и южная части Атлантического океана, северная и южная части Тихого океана, Северный Ледовитый океан, моря Антарктики и Индийский океан 2) волнение (*на море*); волна; a high (*или* heavy, rolling) ~ сильное волнение (*на море*); a short ~ бурное море с короткими волнами; a ~ struck us нас захлестнула волна 3) *уст.* прилив; at full ~ в прилив 4) огромное количество (*чего-л.*); a ~ of troubles бесчисленные беды; a ~ of flame море огня; ~s of blood море крови 5) *attr.* морской, приморский; ~ air морской воздух ◇ when the ~ gives up its dead когда море вернёт всех погибших в нём (*т. е.* никогда); there's as good fish in the ~ as ever came out of it не следует опасаться недостатка (*чего-л.*), всего предостаточно; ≅ хоть пруд пруди; to be all at ~ не знать, что делать, недоумевать, быть в полной растерянности

**sea-anchor** ['si:ˌæŋkə] *n мор.* плавучий якорь

**sea-ape** ['si:'eɪp] *n зоол.* калан, морская выдра

**sea-bathing** ['si:ˌbɑ:ðɪŋ] *n* купание в море

**sea bear** ['si:'bɛə] *n зоол.* 1) морской котик 2) белый медведь

**sea-biscuit** ['si:ˌbɪskɪt] *n* сухарь; галета

**seaboard** ['si:bɔ:d] *n* 1) берег моря, побережье, приморье 2) *attr.* приморский; прибрежный

**sea-born** ['si:bɔ:n] *a поэт.* рождённый морем; the ~ town Венеция

**sea-borne** ['si:bɔ:n] *a* перевозимый морем; ~ trade морская торговля; a ~ invasion вторжение с моря

**sea-breeze** ['si:'bri:z] *n* ветер с моря, морской бриз

**sea-calf** ['si:'kɑ:f] *n зоол.* тюлень (обыкновенный)

**sea captain** ['si:'kæptɪn] *n* 1) капитан дальнего плавания 2) *поэт.* знаменитый мореплаватель *или* флотоводец

**seacard** ['si:'kɑ:d] *n* картушка компаса

**sea-chest** ['si:tʃest] *n* матросский сундучок

**sea-cock** ['si:'kɔk] *n* 1) *мор.* кингстон, забортный клапан 2) *шутл.* морской волк

**sea cook** ['si:'kuk] *n мор. sl.*: son of a ~ ≅ сукин сын

**sea-cow** ['si:'kau] *n зоол.* 1) ламантин 2) дюгонь 3) морж 4) гиппопотам

**sea-craft I** ['si:krɑ:ft] *n собир.* морские суда, морской флот

**sea-craft II** ['si:krɑ:ft] *n* искусство кораблевождения

**sea cucumber** ['si:ˌkju:kʌmbə] *n зоол.* морской огурец

**sea-dog** ['si:dɔg] *n* 1) тюлень 2) налим 3) свечение моря в тумане 4) опытный моряк, морской волк 5) *ист.* пират; пиратское судно

**seadrome** ['si:drəum] *n* гидроаэродром

**sea elephant** ['si:'elɪfənt] *n зоол.* морской слон

**seafarer** ['si:ˌfɛərə] *n поэт.* моряк, мореплаватель

**seafaring** [ˈsiːˌfɛərɪŋ] **1.** *n* мореплáвание
**2.** *a* мореxóдный
**sea-fight** [ˈsiːˈfaɪt] *n* морскóй бой
**sea-fire** [ˈsiːˌfaɪə] *n* ночнóе свечéние мóря, фосфоресцéнция мóря
**sea-folk** [ˈsiːfəuk] *n* (*употр. с гл. во мн. ч.*) морякú
**sea-food** [ˈsiːˈfuːd] *n амер.* блю́да, приготóвленные из ры́бы, съедóбных моллю́сков, крáбов *и т. п.*
**sea front** [ˈsiːˈfrʌnt] *n* примóрская часть гóрода; примóрский бульвáр, нáбережная
**sea-gauge** [ˈsiːgeɪdʒ] *n* 1) футштóк; лот 2) осáдка сýдна
**sea-girt** [ˈsiːgəːt] *a поэт.* опоясанный моря́ми
**seagoing** [ˈsiːˌgəuɪŋ] *a* дáльнего плáвания (*о судне*); мореxóдный
**sea-green** [ˈsiːˈgriːn] **1.** *n* цвет морскóй волны́
**2.** *a* цвéта морскóй волны́
**sea-gull** [ˈsiːgʌl] *n* чáйка
**sea-hare** [ˈsiːhɛə] *n зоол.* морскóй зáяц (*моллюск*)
**sea-horse** [ˈsiːˈhɔːs] *n* 1) *зоол.* морскóй конёк 2) морж 3) полуры́ба-полукóнь (*сказочное морское чудовище*)
**sea-jelly** [ˈsiːˌdʒelɪ] *n* медýза
**sea kale** [ˈsiːˈkeɪl] *n бот.* крáмбе примóрская
**sea-king** [ˈsiːˈkɪŋ] *n* ви́кинг
**seal I** [siːl] **1.** *n* 1) *зоол.* тюлéнь; common ~ тюлéнь обыкновéнный; eared ~ нéрпа; сивýч; fur ~ морскóй кóтик 2) кóтиковый мех 3) тюлéнья кóжа
**2.** *v* охóтиться на тюлéней, кóтиков
**seal II** [siːl] **1.** *n* 1) печáть; клеймó; Great S., State S. большáя госудáрственная печáть; Privy S. мáлая госудáрственная печáть; to receive (to return) the ~s приня́ть (сдать) дóлжность кáнцлера *или* мини́стра; to set one's ~ to а) постáвить печáть, удостовéрить; б) одóбрить; under my hand and ~ за моéй собственнорýчной пóдписью и с приложéнием печáти; under the ~ of secrecy (*или* confidence, silence) с услóвием храни́ть тáйну, молчáние 2) знак, доказáтельство, гарáнтия; the ~ of approval знак одобрéния 3) *тех.* изоли́рующий слой, изоля́ция 4) *тех.* перемы́чка; затвóр 5) *тех.* обтюрáтор ◇ ~ of love печáть любви́ (поцелýй, рождéние ребёнка *и т. п.*); ~ of death in one's face печáть смéрти на лицé
**2.** *v* 1) стáвить печáть, скрепля́ть печáтью 2) скрепля́ть (*сделку и т. п.*) 3) запечáтывать (*тж.* ~ up); my lips are ~ed ≅ на мои́х устáх печáть молчáния; я дóлжен молчáть 4) опечáтывать, пломбировáть 5) гермети́чески закрывáть, изоли́ровать; замáзывать, запáивать (*тж.* ~ up) 6) окончáтельно решáть; his answer ~ed our fate егó отвéт реши́л нáшу судьбý 7) торжéственно узакóнить; to ~ a marriage сочетáть брáком
**sea-lane** [ˈsiːleɪn] *n* морскóй путь
**sea lawyer** [ˈsiːˈlɔːjə] *n мор. sl.* приди́ра, критикáн
**sealed** [siːld] **1.** *p. p. от* seal II, 2
**2.** *a* 1) запечáтанный 2) неизвéстный, непоня́тный; it is a ~ book to me э́то для меня́ кни́га за семью́ печáтями, э́то для меня́ загáдка
**sea-legs** [ˈsiːlegz] *n pl:* to find (*или* to get, to have) one's ~ привы́кнуть к морскóй кáчке
**sealer** [ˈsiːlə] *n* 1) охóтник на тюлéней 2) зверобóйное сýдно
**sealery** [ˈsiːlərɪ] *n* лéжбище тюлéней
**sea-letter** [ˈsiːˌletə] *n* охрáнное свидéтельство (*выдаваемое нейтральному кораблю во время войны*), морскóй пáспорт
**seal-fishery** [ˈsiːlˌfɪʃərɪ] *n* тюлéний и кóтиковый прóмысел
**sea-line I** [ˈsiːlaɪn] *n* 1) береговáя ли́ния 2) ли́ния горизóнта (*в море*)
**sea-line II** [ˈsiːlaɪn] *n* 1) лéса́, лéска (*для рыбной ловли в море*) 2) *мор.* линь
**sealing-wax** [ˈsiːlɪŋwæks] *n* сургýч
**seal-ring** [ˈsiːlrɪŋ] *n* пéрстень с печáткой
**seal-rookery** [ˈsiːlˌrukərɪ] = sealery
**sealskin** [ˈsiːlskɪn] *n* 1) кóтиковый мех 2) тюлéнья кóжа
**seam** [siːm] **1.** *n* 1) шов 2) рубéц; морщи́на 3) *геол.* прослóек; пласт 4) *тех.* спай, шов
**2.** *v* 1) борозди́ть 2) сшивáть, соединя́ть швáми
**sea-maid** [ˈsiːmeɪd] *n* русáлка; морскáя ни́мфа
**seaman** [ˈsiːmən] *n* моря́к; матрóс
**seamanship** [ˈsiːmənʃɪp] *n* искýсство мореплáвания; морскáя прáктика
**sea-mark** [ˈsiːmɑːk] *n* 1) навигациóнный знак; ориентирóвочный предмéт на берегý 2) ли́ния ýровня пóлной воды́ (*в море*)
**sea-mew** [ˈsiːmjuː] = sea-gull
**seamless** [ˈsiːmlɪs] *a* 1) без шва; из одногó кускá 2) цельнотя́нутый (*о трубах*)
**seamstress** [ˈsemstrɪs] *n* швея́
**seamy** [ˈsiːmɪ] *a* покры́тый швáми; the ~ side изнáнка ◇ to know the ~ side of life знать тёмные стóроны жи́зни
**Seanad Eireann** [ˈsænədˈɛərən] *ирл. n* сенáт, вéрхняя палáта
**séance** [ˈseɪɑːns] *фр. n* 1) заседáние; собрáние 2) спирити́ческий сеáнс
**sea-pay** [ˈsiːpeɪ] *n мор.* жáлованье во врéмя плáвания
**sea-pen** [ˈsiːˈpən] *n зоол.* морскóе перó (*полип*)
**sea-piece** [ˈsiːpiːs] *n жив.* мари́на, морскóй пейзáж
**sea-pike** [ˈsiːpaɪk] *n* морскáя щýка
**seaplane** [ˈsiːpleɪn] *n* гидросамолёт
**seaport** [ˈsiːpɔːt] *n* портóвый гóрод; морскóй порт
**sea power** [ˈsiːˌpauə] *n* морскáя держáва
**sea-quake** [ˈsiːkweɪk] *n* моретрясéние
**sear I** [sɪə] **1.** *a книжн.* увя́дший, сухóй ◇ the ~ and yellow leaf а) óсень; б) пожилóй вóзраст, стáрость
**2.** *v* 1) *редк.* иссушáть 2) прижигáть, опаля́ть 3) ожесточáть; his soul has been ~ed by injustice несправедли́вость ожесточи́ла егó
**sear II** [sɪə] *n воен.* спусковóй рычáг
**search** [səːtʃ] **1.** *n* 1) пóиски; I am in ~ of a house я ищý себé дом; a ~ for a missing aircraft пóиски пропáвшего самолёта 2) óбыск; right of ~ *юр.* прáво óбыска судóв 3) исслéдование; изыскáние 4) *attr.* пóисковый
**2.** *v* 1) искáть (for) 2) шáрить; обы́скивать; to ~ a house производи́ть óбыск в дóме; to ~ one's memory вспоминáть, напрягáя пáмять 3) исслéдовать; to ~ one's heart анализи́ровать свои́ чýвства 4) зонди́ровать (*рану*) 5) проникáть; the cold ~ed his marrow он продрóг до мóзга костéй □ ~ **out** разыскáть, найти́; to ~ out an old friend разыскáть стáрого дрýга ◇ ~ me! *разг.* почём я знáю!
**searching** [ˈsəːtʃɪŋ] **1.** *pres. p. от* search 2
**2.** *a* 1) тщáтельный (*об исследовании*) 2) испытýющий (*о взгляде*) 3) прони́зывающий (*о ветре*)
**searchlight** [ˈsəːtʃlaɪt] *n* прожéктор
**search-party** [ˈsəːtʃˌpɑːtɪ] *n* пóисковая грýппа
**search-warrant** [ˈsəːtʃˌwɔrənt] *n* óрдер на óбыск
**seared** [sɪəd] **1.** *p. p. от* sear I, 2
**2.** *a* притýпленный, ослáбленный; ~ conscience уснýвшая сóвесть
**sea-rover** [ˈsiːˌrəuvə] *n* 1) морскóй пирáт 2) пирáтский корáбль
**sea-sand** [ˈsiːˈsænd] *n* морскóй песóк; прибрéжный песóк
**sea-scape** [ˈsiːskeɪp] = sea-piece
**sea serpent** [ˈsiːˌsəːpənt] *n* морскáя змея́
**seashore** [ˈsiːˈʃɔː] *n* морскóй бéрег; морскóе побережье
**seasickness** [ˈsiːˌsɪknɪs] *n* морскáя болéзнь
**seaside** [ˈsiːˈsaɪd] *n* 1) = seashore 2) морскóй курóрт (*тж.* ~ resort) 3) *attr.* примóрский
**sea-snake** [ˈsiːsneɪk] = sea serpent
**season** [ˈsiːzn] **1.** *n* 1) врéмя гóда 2) сезóн; the (London) ~ лóндонский (свéтский) сезóн (*май — июль*); the dead (*или* the off, the dull) ~ мёртвый сезóн; *эк.* застóй (*в делах*), спад деловóй акти́вности 3) *разг. см.* season-ticket 4) порá, врéмя, перúод; in the ~ of my youth в гóды моéй ю́ности; for a ~ *уст.* нéкоторое врéмя 5) подходя́щее врéмя, подходя́щий момéнт; out of ~ не вóвремя; in ~ and out of ~ а) кстáти и некстáти; б) постоя́нно, всегдá; a word in ~ своеврéменный совéт 6) *attr.* сезóнный
**2.** *v* 1) закаля́ть, акклиматизи́ровать, приучáть; cattle ~ed to diseases

скот, не подве́рженный заболева́ниям 2) выде́рживать (*лесной материал, вино и т. п.*); суши́ть(ся) 3) приправля́ть; ~ your egg with salt посоли́ (-те) яйцо́ 4) придава́ть интере́с, пика́нтность 5) *уст.* смягча́ть

**seasonable** ['si:znəbl] *a* 1) по сезо́ну 2) своевре́менный

**seasonal** ['si:zənl] *a* сезо́нный

**seasoned** ['si:znd] **1.** *p. p. от* season 2

**2.** *a* 1) вы́держанный (*о вине и т. п.*) 2) закалённый, быва́лый; ~ soldier закалённый бое́ц; with ~ eye намётанным гла́зом 3) припра́вленный (*о пище*)

**seasoning** ['si:znɪŋ] **1.** *pres. p. от* season 2

**2.** *n* 1) выде́рживание (*лесного материала, вина и т. п.*) 2) припра́ва

**season-ticket** ['si:zn,tɪkɪt] *n* 1) сезо́нный биле́т 2) абонеме́нт

**seat** [si:t] **1.** *n* 1) ме́сто для сиде́ния; сиде́нье; to have (*или* to take) a (*или* one's) ~ сади́ться; garden ~ садо́вая скаме́йка; jump ~ откидно́е сиде́нье; to keep one's ~ оста́ться сиде́ть 2) ме́сто (*в театре, на стадионе и т. п.*); биле́т; he has taken two ~s for the theatre он взял два биле́та в теа́тр; to secure (*или* to book) ~s заказа́ть биле́ты 3) ме́сто, до́лжность, пост; to have a ~ in Parliament быть чле́ном парла́мента; to win a ~ быть и́збранным в парла́мент; to lose one's ~ не быть переи́збранным в парла́мент; a ~ on the bench до́лжность судьи́; he has a ~ on the Board он член правле́ния; to keep a ~ warm for smb. сохрани́ть до́лжность для кого́-л. (*временно заняв её*) 4) седа́лище; зад; the ~ of smb.'s trousers зад брюк 5) поса́дка (*на лошади*) 6) местонахожде́ние; the liver is the ~ of the disease, the disease has its ~ in the liver боле́знь локализо́вана в пе́чени; the ~ of war теа́тр вое́нных де́йствий; the ~ of the Government местопребыва́ние прави́тельства; the ~ of the trouble ко́рень зла 7) уса́дьба 8) *тех.* гнездо́ *или* седло́ кла́пана 9) *тех.* опо́рная пове́рхность, основа́ние, подста́вка; подкла́дка 10) *горн.* подстила́ющая поро́да

**2.** *v* 1) уса́живать; to ~ oneself сесть, усе́сться; please be ~ed прошу́ сади́ться, сади́тесь, пожа́луйста 2) предоставля́ть ме́сто; назнача́ть на до́лжность; проводи́ть (*кандидата в парламент и т. п.*) 3) снабжа́ть сту́льями 4) вмеща́ть; this hall will ~ 5000 в э́том за́ле 5000 мест 5) чини́ть сиде́нье 6) быть располо́женным, помеща́ться 7) поселя́ть

**-seater** [-si:tə] *в сложных словах означает* тра́нспортное сре́дство на *столько-то* мест; two-~, four-~ двухме́стный, четырёхме́стный автомоби́ль, самолёт *и т. п.*

**sea-urchin** ['si:'ə:tʃɪn] *n зоол.* морско́й ёж

**sea-wall** ['si:'wɔ:l] *n* да́мба

**seaward** ['si:wəd] **1.** *a* напра́вленный к мо́рю

**2.** *adv* к мо́рю, в сто́рону мо́ря

**seawards** ['si:wədz] = seaward 2

**sea-way** ['si:weɪ] *n* 1) фарва́тер, судохо́дная часть мо́ря 2) волне́ние на́ море; in a heavy ~ в си́льную волну́

**seaweed** ['si:wi:d] *n* морска́я во́доросль

**seaworthy** ['si:,wə:ðɪ] *a* облада́ющий хоро́шими морехо́дными ка́чествами

**sebaceous** [sɪ'beɪʃəs] *a физиол.* са́льный; ~ glands са́льные же́лезы; ~ humour секре́т са́льных желёз

**sec** [sek] *фр. a* сухо́й (*о вине*)

**secant** ['si:kənt] *мат.* **1.** *n* секу́щая; се́канс

**2.** *a* секу́щий, пересека́ющий

**secateur(s)** [,sekə'tə:(z)] *фр. n* (*pl*) садо́вые но́жницы, сека́тор

**secede** [sɪ'si:d] *v* отделя́ться, отка́лываться, отходи́ть (from — от *союза и т. п.*)

**secernent** [sɪ'sə:nənt] *a физиол.* выдели́тельный

**secession** [sɪ'seʃən] *n* вы́ход (*из партии, союза и т. п.*); раско́л; отделе́ние

**secessionist** [sɪ'seʃnɪst] *n* отсту́пник, раско́льник

**seclude** [sɪ'klu:d] *v* отделя́ть, изоли́ровать (from); to ~ oneself (from society) уединя́ться, вести́ уединённый о́браз жи́зни; жить отше́льником

**secluded** [sɪ'klu:dɪd] **1.** *p. p. от* seclude

**2.** *a* уединённый; укро́мный

**seclusion** [sɪ'klu:ʒən] *n* уедине́ние; to live in ~ жить в одино́честве, в уедине́нии

**second I** ['sekənd] **1.** *num. ord.* второ́й; the ~ seat in the ~ row второ́е кре́сло во второ́м ряду́

**2.** *a* 1) второ́й, друго́й; ~ thoughts пересмо́тр мне́ния, реше́ния; on ~ thoughts по зре́лом размышле́нии 2) повто́рный; втори́чный; ~ ballot перебаллотиро́вка; ~ advent (*или* coming) *рел.* второ́е прише́ствие 3) дополни́тельный; a ~ pair of shoes сме́нная па́ра о́буви 4) второстепе́нный; второсо́ртный, уступа́ющий (по ка́честву) (to); ~ cabin каю́та второ́го кла́сса; ~ violin (*или* fiddle) втора́я скри́пка 5): ~ lieutenant мла́дший лейтена́нт; the ~ officer (on a ship) второ́й помо́щник капита́на; ~ division а) ни́зший разря́д госуда́рственных слу́жащих; б) втора́я (*средняя*) сте́пень тюре́много заключе́ния (*в Англии*) ◇ ~ teeth постоя́нные (не моло́чные) зу́бы; at ~ hand из вторы́х рук; ~ sight ясновиде́ние; ~ to none непревзойдённый; ~ chamber ве́рхняя пала́та (*парламента*)

**3.** *n* 1) помо́щник; сле́дующий по ра́нгу; ~ in command *воен.* замести́тель команди́ра 2) получи́вший второ́й приз, втору́ю пре́мию; he was a good ~ он пришёл к фи́нишу почти́ вме́сте с пе́рвым 3) *унив.* втора́я, не вы́сшая оце́нка 4) второ́й класс (*в поезде, на пароходе и т. п.*); to go ~ е́хать вторы́м кла́ссом 5) секунда́нт 6) второ́е число́ 7) *pl* това́р второ́го со́рта, ни́зшего ка́чества; мука́ гру́бого помо́ла; these stockings are ~s and have some slight defects э́ти чулки́ второ́го со́рта и име́ют незначи́тельные дефе́кты 8) *муз.* второ́й го́лос; альт

**4.** *v* 1) подде́рживать, помога́ть; to ~ a motion поддержа́ть предложе́ние 2) подкрепля́ть; to ~ words with deeds подкрепля́ть слова́ дела́ми 3) быть секунда́нтом 4) петь па́ртию второ́го го́лоса 5) [*обыкн.* sɪ'kɔnd] *воен.* откомандиро́вывать

**5.** *adv* 1) во-вторы́х 2) вторы́м но́мером; во второ́й гру́ппе

**second II** ['sekənd] *n* секу́нда; моме́нт, мгнове́ние; wait a ~ сейча́с; подожди́те мину́тку

**secondary** ['sekəndərɪ] **1.** *a* 1) втори́чный; вспомога́тельный; побо́чный; ~ colours составны́е цвета́; ~ planet спу́тник плане́ты 2) второстепе́нный 3) сре́дний (*об образовании*); ~ school сре́дняя шко́ла 4) *геол.* мезозо́йский

**2.** *n* 1) подчинённый 2) представи́тель

**second-best** ['sekənd'best] *a* второ́го со́рта ◇ to come off ~ потерпе́ть пораже́ние, неуда́чу

**second-class** ['sekənd'klɑ:s] *a* второкла́ссный, второсо́ртный

**seconder** ['sekəndə] *n* подде́рживающий предложе́ние, выступа́ющий за (*проект, предложение*)

**second-hand I** ['sekənd'hænd] *a* 1) подёржанный; ~ bookseller букини́ст 2) из вторы́х рук (*об информации и т. п.*)

**second-hand II** ['sekəndhænd] *n* секу́ндная стре́лка

**secondly** ['sekəndlɪ] *adv* во-вторы́х

**second-mark** ['sekəndmɑ:k] *n* значо́к секу́нды (″)

**second-rate** ['sekənd'reɪt] *a* 1) второсо́ртный 2) посре́дственный

**second-rater** ['sekənd'reɪtə] *n* 1) посре́дственность, зауря́дная ли́чность 2) *разг.* посре́дственная вещь (*о картине, драгоценном камне и т. п.*)

**seconds-hand** ['sekəndzhænd] = second-hand II

**secrecy** ['si:krɪsɪ] *n* 1) та́йна; секре́тность; in ~ в секре́те, та́йно; there can be no ~ about it в э́том нет ничего́ секре́тного; he promised ~ он обеща́л храни́ть та́йну 2) уме́ние храни́ть та́йну; скры́тность

**secret** ['si:krɪt] **1.** *n* 1) та́йна, секре́т; to be in the ~ быть посвящённым в та́йну; to keep a ~ сохраня́ть та́йну; an open ~ ≅ секре́т полишине́ля 2) та́йна, зага́дка; the ~s of nature та́йны приро́ды

**2.** *a* 1) та́йный, секре́тный; ~ service секре́тная слу́жба, разве́дка; ~

marriage тáйный брак; ~ treaty тáйный договóр; to keep ~ держáть в тáйне 2) потайнóй, скры́тый 3) скры́тный 4) уединённый, укрóмный

**secretaire** [ˌsekrɪ'tɛə] *фр.* *n* секретéр, бюрó; пи́сьменный стол

**secretarial** [ˌsekrə'tɛərɪəl] *a* секретáрский

**sekretariat(e)** [ˌsekrə'tɛərɪət] *n* 1) секретариáт 2) дóлжность секретаря́

**secretary** I ['sekrətrɪ] *n* 1) секретáрь 2) секретáрь, руководи́тель организáции; ~ general генерáльный секретáрь 3) мини́стр; S. of State мини́стр (*в Англии*); государственный секретáрь, мини́стр инострáнных дел (*в США*); S. of State for Foreign Affairs мини́стр инострáнных дел (*в Англии*); S. of State for Home Affairs, Home S. мини́стр внýтренних дел (*в Англии*)

**secretary** II ['sekrətrɪ] *амер.* = secretaire

**secretary-bird** ['sekrətrɪ'bə:d] *n* секретáрь (*птица*)

**secretaryship** ['sekrətrɪʃɪp] *n* дóлжность, обя́занности *или* квалификáция секратаря́

**secrete** [sɪ'kri:t] *v* 1) *физиол.* выделя́ть 2) пря́тать, укрывáть

**secretion** [sɪ'kri:ʃən] *n* 1) *физиол.* выделéние, секрéция 2) сокры́тие, укрывáние; the ~ of stolen goods укрывáние крáденого

**secretive** [sɪ'kri:tɪv] *a* скры́тный

**secretly** ['si:krɪtlɪ] *adv* незамéтно для други́х; скры́тно

**secretory** [sɪ'kri:tərɪ] *a* *физиол.* выдели́тельный, секретóрный

**sect** [sekt] *n* сéкта

**sectarian** [sek'tɛərɪən] **1.** *a* 1) сектáнтский 2) ýзкий, ограни́ченный
**2.** сектáнт; фанáтик

**sectarianism** [sek'tɛərɪənɪzm] *n* сектáнтство

**sectary** ['sektərɪ] *n* сектáнт

**section** ['sekʃən] **1.** *n* 1) рассечéние 2) (поперéчное) сечéние, разрéз, прóфиль; срез; microscopic ~ срез для микроскопи́ческого анáлиза 3) отрéзок; сегмéнт; часть 4) сéкция, детáль, часть (*стандартного сооружения, мебели и т. п.*); built in ~s разбóрный 5) парáграф, раздéл (*книги и т. п.*) 6) дóлька (*плода*) 7) *амер.* квартáл (*города*); райóн 8) учáсток железнодорóжного пути́ 9) *амер.* купé спáльного вагóна
**2.** *v* дели́ть на чáсти, подразделя́ть

**sectional** ['sekʃnəl] *a* 1) секциóнный, разбóрный 2) группово́й, мéстный 3) дáнный в разрéзе; ~ view вид в разрéзе; ~ area плóщадь поперéчного сечéния; ~ drawing вид в разрéзе, разрéз (*чертежа*)

**sectionalism** ['sekʃnəlɪzm] *n* сектáнтство; группóвщи́на

**section-mark** ['sekʃənmɑ:k] *n* знак парáграфа (§)

**sector** ['sektə] *n* 1) сéктор 2) часть, учáсток 3) *тех.* кули́са

**secular** ['sekjulə] **1.** *a* 1) веково́й, вéчный 2) происходя́щий раз в сто лет 3) мирскóй, свéтский; ~ interests мирски́е (*т. е. не церковные*) интерéсы; the ~ arm *ист.* граждáнская власть, приводи́вшая в исполнéние пригово́ры церкóвных судóв ◇ the ~ clergy бéлое духовéнство; the ~ bird *миф.* пти́ца фéникс
**2.** *n* 1) миря́нин 2) принадлежáщий к бéлому духовéнству

**secularism** ['sekjulərɪzm] *n* борьбá за отделéние шкóлы от цéркви

**secularist** ['sekjulərɪst] *n* сторóнник свéтской шкóлы

**secularization** ['sekjulərаɪ'zeɪʃən] *n* секуляризáция

**secularize** ['sekjulərаɪz] *v* секуляризовáть

**secure** [sɪ'kjuə] **1.** *a* 1) спокóйный; to feel ~ about (*или* as to) the future не беспокóиться о бýдущем; to live a ~ life жить, ни о чём не забóтясь 2) увéренный (of — в *чём-л.*); ~ of success увéренный в успéхе 3) безопáсный, надёжный; ~ hiding-place надёжное укры́тие; ~ from (*или* against) attack защищённый от нападéния 4) прóчный, надёжный; вéрный; ~ investment вéрное помещéние капитáла; the boards of the bridge do not look ~ дóски мостá не произвóдят впечатлéния надёжных; ~ foundation незы́блемая оснóва; ~ stronghold непристýпная тверды́ня 5) (*обыкн. predic*) сохрáнный, в надёжном мéсте; I have got him ~ он не убежи́т 6) гаранти́рованный, застрахóванный
**2.** *v* 1) охраня́ть; гаранти́ровать, обеспéчивать, страховáть; to ~ oneself against all risks застраховáть себя́ от вся́ких случáйностей; loan ~d on landed property заём, обеспéченный недви́жимостью 2) обеспéчить безопáсность; укрепля́ть (*город и т. п.*) 3) закрепля́ть, прикрепля́ть; запирáть; заграждáть; to ~ a vien *хир.* перевя́зывать вéну; to ~ a mast укрепи́ть мáчту 4) брать под стрáжу 5) доставáть, получáть; to ~ tickets for a play получи́ть (*или* достáть) билéты на спектáкль 6) овладевáть, завладевáть 7) добивáться; достигáть (*цели*); to ~ one's object дости́чь цéли; to ~ a victory одержáть побéду

**securiform** [sɪ'kjuərɪfɔ:m] *a* имéющий фóрму топорá

**security** [sɪ'kjuərɪtɪ] *n* 1) безопáсность; надёжность 2) увéренность 3) охрáна, защи́та 4) обеспéчение, гарáнтия; залóг; in ~ for в залóг; в кáчестве гарáнтии 5) поручи́тель 6) поручи́тельство, порýка 7) óрганы безопáсности 8) *pl* цéнные бумáги 9) *attr.* относя́щийся к охрáне, защи́те; ~ suspect обвиня́емый в подрывнóй дéятельности; ~ officer офицéр контрразвéдки; ~ risk неблагонадёжный человéк, подозри́тельная ли́чность

**Security Council** [sɪ'kjuərɪtɪ'kaunsl] *n* Совéт Безопáсности (*ООН*)

**sedan** [sɪ'dæn] *n* 1) *авто* седáн (*тип закрытого кузова*) 2) *ист.* портшéз 3) носи́лки, паланки́н

**sedan-chair** [sɪ'dæntʃɛə] = sedan 2)

**sedate** [sɪ'deɪt] *a* спокóйный, степéнный, уравновéшенный

**sedation** [sɪ'deɪʃən] *n* *мед.* успокоéние

**sedative** ['sedətɪv] **1.** *a* успокáивающий; болеутоля́ющий
**2.** *n* успокáивающее срéдство (*лекарство*)

**sedentary** ['sedntərɪ] *a* сидя́чий; ~ life сидя́чий óбраз жи́зни

**sedge** [sedʒ] *n* *бот.* осóка

**sedgy** ['sedʒɪ] *a* 1) из осóки; похóжий на осóку 2) порóсший осóкой; ~ brook ручеёк, порóсший осóкой

**sediment** ['sedɪmənt] *n* 1) осáдок, отстóй 2) *геол.* осáдочная порóда, отложéние

**sedimentary** [ˌsedɪ'mentərɪ] *a* осáдочный

**sedimentation** [ˌsedɪmen'teɪʃən] *n* осаждéние; отложéние осáдка

**sedition** [sɪ'dɪʃən] *n* подстрекáтельство к мятежý, бýнту; антиправи́тельственная агитáция

**seditious** [sɪ'dɪʃəs] *a* бунтáрский, мятéжный

**seduce** [sɪ'dju:s] *v* соблазня́ть, обольщáть; совращáть

**seduction** [sɪ'dʌkʃən] *n* 1) обольщéние 2) соблáзн

**seductive** [sɪ'dʌktɪv] *a* соблазни́тельный

**sedulity** [sɪ'dju:lɪtɪ] *n* усéрдие, прилежáние

**sedulous** ['sedjuləs] *a* прилéжный, усéрдный, старáтельный

**see** I [si:] *v* (saw; seen) 1) ви́деть; смотрéть, глядéть; наблюдáть; to ~ well хорошó ви́деть; to ~ visions быть ясновидя́щим, прови́дцем 2) осмáтривать; to ~ the sights осмáтривать достопримечáтельности; let me ~ the book покажи́те мне кни́гу [*ср. тж.* 4)]; the doctor must ~ him at once врач дóлжен немéдленно осмотрéть егó 3) понимáть, знать; сознавáть; I ~ я понимáю; you ~, it is like this ви́дите ли, дéло обстои́т таки́м óбразом; he cannot ~ the joke он не понимáет э́той шýтки; now you ~ what it is to be careless тепéрь ты ви́дишь, что знáчит быть неосторóжным; as far as I can ~ наскóлько я могý суди́ть; don't you ~? рáзве вы не понимáете?; I do not ~ how to do it не знáю, как э́то сдéлать 4) подýмать, размы́слить; let me ~ дáйте подýмать; позвóльте, постóйте [*ср. тж.* 2)]; we must ~ what could be done слéдует поразмы́слить, что мóжно сдéлать 5) вообрази́ть, представить себé; I can clearly ~ him doing it я я́сно себé представля́ю, как он э́то дéлает 6) приде́рживаться определённого взгля́да; I ~ life (things) differently now я тепéрь инáче смотрю́ на жизнь (на вéщи) 7) повидáть(ся); навести́ть; we went to ~ her мы пошли́ к ней в го́сти; when will you come and ~ us? когда́ вы придёте к нам?; can I ~ you on business? могу́ я уви́деться с ва́ми по де́лу? 8) узнава́ть, выясня́ть; I don't know but I'll ~ я не зна́ю, но я вы́ясню 9) встреча́ться, вида́ться; we have not ~n each other for ages мы давно́ не ви́делись; to ~ much (little) of smb. ча́сто (ре́дко) быва́ть в чьём-л. о́бществе; you ought to ~ more of him вам сле́дует ча́ще с ним встреча́ться; I'll be ~ing you уви́димся; ~ you later (*или* again, soon) до ско́рой встре́чи 10) сове́товаться, консульти́роваться; to ~ a doctor (a lawyer) посове́товаться с врачо́м (адвока́том) 11) принима́ть (*посетителя*); I am ~ing no one today я сего́дня никого́ не принима́ю 12) провожа́ть; may I ~ you home? мо́жно мне проводи́ть вас домо́й? 13) позабо́титься (*о чём-л.*); посмотре́ть (*за чем-л.*); to ~ the work done, to ~ that the work is done проследи́ть за выполне́нием рабо́ты 14) испыта́ть, пережи́ть; to ~ life повида́ть свет, позна́ть жизнь; to ~ army service отслужи́ть в а́рмии 15) счита́ть, находи́ть; to ~ good (*или* fit, proper, right *и т. п.*) счесть ну́жным (*сделать что-л.*; *с inf.*) □ ~ **about** а) позабо́титься о *чём-л.*; проследи́ть за *чем-л.*; б) поду́мать; I will ~ about it поду́маю, посмотрю́; ~ **after** смотре́ть, следи́ть за *чем-л.*; ~ after the luggage присмотри́те за багажо́м; ~ **into** вника́ть в, рассма́тривать; ~ **off** провожа́ть; to ~ smb. off at the station проводи́ть кого́-л. на вокза́л; to ~ smb. off the premises вы́проводить кого́-л.; ~ **out** а) проводи́ть (*до дверей*); б) пережи́ть; в) пересиде́ть (*кого-л.*); г) досиде́ть до конца́; д) доводи́ть до конца́; ~ **over** осма́тривать (*здание*); ~ **through** а) ви́деть наскво́зь; б) доводи́ть до конца́; to ~ smb. through smth. помога́ть кому́-л. в чём-л.; ~ to присма́тривать за, забо́титься о ◇ ~ here! *амер.* послу́шайте!; he will never ~ forty again ему́ уже́ за со́рок; to ~ eye to eye with smb. сходи́ться во взгля́дах с кем-л.; to ~ the back of smb. избавиться от чьего́-л. прису́тствия; to ~ scarlet прийти́ в я́рость, в бе́шенство; to ~ the red light предчу́вствовать приближе́ние опа́сности, беды́; to ~ service быть в до́лгом употребле́нии; износи́ться; повида́ть ви́ды; he has ~n better days он ви́дел лу́чшие времена́; these things have ~n better days э́ти ве́щи поизноси́лись, поистрепа́лись; I'll ~ you damned (*или* blowed) first *разг.* ≅ как бы не так!, держи́ карма́н ши́ре!, и не поду́маю!

**see** II [si:] *n* 1) епа́рхия 2) престо́л (*епископа и т. п.*); the Holy S. па́пский престо́л

**seed** [si:d] **1.** *n* 1) се́мя, зерно́; *собир.* семена́; to keep for (as) ~ храни́ть для посе́ва; to go (*или* to run) to ~ **пойти́ в семена́**; *перен.* переста́ть развива́ться; опусти́ться; обрю́згнуть *и т. п.* 2) исто́чник, нача́ло; to sow the ~s of strife (*или* discord) се́ять семена́ раздо́ра 3) = semen 4) *библ.* пото́мок, пото́мство; to raise up ~ име́ть пото́мство

**2.** *v* 1) семени́ться, пойти́ в се́мя 2) роня́ть семена́ 3) се́ять, засева́ть (*поле*) 4) очища́ть от зёрнышек (*изюм и т. п.*) 5) отделя́ть семена́ от воло́кон (*льна*) 6) *спорт.* равноме́рно распредели́ть си́льных уча́стников по кома́ндам

**seed-bed** ['si:dbed] *n* гря́дка с расса́дой

**seed-cake** ['si:dkeɪk] *n* пече́нье *или* кекс с тми́ном

**seed-corn** ['si:dkɔ:n] *n* посевно́е зерно́

**seed-drill** ['si:ddrɪl] *n с.-х.* рядова́я се́ялка

**seeder** ['si:də] *n* 1) се́ятель; рабо́чий на се́ялке 2) *с.-х.* рядова́я се́ялка 3) приспособле́ние для удале́ния зёрен, ко́сточек из фру́ктов

**seed-fish** ['si:dfɪʃ] *n* нересту́ющая ры́ба

**seeding-machine** ['si:dɪŋmə͵ʃi:n] *n* се́ялка

**seed-leaf** ['si:dli:f] *n бот.* семенодо́ля

**seedless** ['si:dlɪs] *a* бессемя́нный; бесско́сточковый (*о винограде, хлопке и т. п.*)

**seedling** ['si:dlɪŋ] *n* се́янец; расса́да, са́женец

**seed-lobe** ['si:dləub] *n бот.* семядо́ля

**seed-oil** ['si:dɔɪl] *n* расти́тельное ма́сло

**seed-pearl** ['si:d'pə:l] *n* ме́лкий же́мчуг

**seed-plot** ['si:dplɔt] *n* пито́мник, расса́дник (*тж. перен.*)

**seedsman** ['si:dzmən] *n* торго́вец семена́ми

**seed-time** ['si:dtaɪm] *n* вре́мя се́ва; посевно́й сезо́н

**seed-vessel** ['si:d͵vesl] *n бот.* семенна́я коро́бочка; околопло́дник, зерно́вик

**seedy** ['si:dɪ] *a* 1) напо́лненный семена́ми 2) изно́шенный, потрёпанный 3) *разг.* нездоро́вый; to feel ~ пло́хо себя́ чу́вствовать; to look ~ пло́хо вы́глядеть

**seeing** ['si:ɪŋ] **1.** *pres. p. от* see I

**2.** *n* ви́дение; зри́тельный проце́сс; ~ is believing ≅ пока́ не уви́жу, не пове́рю

**3.** *prep, cj* ввиду́ того́, что; принима́я во внима́ние, поско́льку; ~ (that) it is ten o'clock, we will not wait for him any longer так как уже́ де́сять часо́в, мы бо́льше не бу́дем ждать его́

**seek** [si:k] *v* (sought) 1) иска́ть, разы́скивать; разузнава́ть; it is yet to ~ э́то ещё не на́йдено; э́того ещё нет, э́то ещё поиска́ть на́до; to ~ safety иска́ть убе́жища 2) добива́ться, стреми́ться; to ~ fame стреми́ться к сла́ве; to ~ damages of smb. тре́бовать возмеще́ния убы́тков с кого́-л.; to ~ to make peace пыта́ться помири́ть 3) проси́ть, обраща́ться; to ~ advice обраща́ться за сове́том □ ~ **after**, ~ **for** добива́ться *чего-л.*; to be much sought after а) име́ть большо́й спрос; б) име́ть успе́х, быть популя́рным; ~ **out** а) иска́ть, домога́ться (*чьего-л. общества*); б) разыска́ть *кого-л.*; ~ **through** обы́скивать (*место и т. п.*) ◇ to ~ smb.'s life покуша́ться на чью-л. жизнь; ~ dead! *охот.* ищи́!

**seeker** ['si:kə] *n воен. разг.* самонаводя́щийся снаря́д

**seel** I [si:l] *v уст.* 1) *охот.* сомкну́ть глаза́ (*сокола*) 2) завяза́ть (глаза́)

**seel** II [si:l] *v мор.* дать ре́зкий крен

**seem** [si:m] *v* 1) каза́ться, представля́ться; they ~ to be living in here ка́жется, они́ живу́т здесь; he ~s to be tired он, по-ви́димому, уста́л; I ~ to hear smb. singing мне послы́шалось (*или* показа́лось), что кто́-то поёт 2) *употр. как глагол-связка*: she ~s tired она́ вы́глядит уста́лой; she ~s young она́ вы́глядит мо́лодо ◇ it ~s по-ви́димому, ка́жется; it should (*или* would) ~ каза́лось бы

**seeming** ['si:mɪŋ] **1.** *pres. p. от* seem

**2.** *a* ка́жущийся, ненастоя́щий, мни́мый; притво́рный

**seemingly** ['si:mɪŋlɪ] *adv* 1) на вид 2) по-ви́димому

**seemly** ['si:mlɪ] *a* подоба́ющий, прили́чествующий, прили́чный

**seen** [si:n] *p. p. от* see I

**seep** [si:p] *v* проса́чиваться (*тж. перен.*); протека́ть

**seepage** ['si:pɪdʒ] *n* 1) проса́чивание; течь, уте́чка 2) инфильтра́ция 3) *геол.* вы́ход (*нефти*)

**seer** I ['si:ə] *n* прови́дец, проро́к

**seer** II [sɪə] *n* 1) ме́ра ве́са в И́ндии (*ок. 2 фунтов*) 2) ме́ра жи́дкости в И́ндии (*ок. 1 л*)

**seersucker** ['si:ə͵sʌkə] *n текст.* инди́йская льняна́я полоса́тая ткань

**seesaw** ['si:sɔ:] **1.** *n* 1) кача́ние на доске́ (*игра*); to play (at) ~ кача́ться на доске́ 2) де́тские каче́ли (*доска, уравновешенная в центре*) 3) возвра́тно-поступа́тельное движе́ние

**2.** *a* двига́ющийся вверх и вниз *или* взад и вперёд (*как пила*); име́ющий возвра́тно-поступа́тельное движе́ние ◇ ~ policy неусто́йчивая поли́тика

**3.** *v* 1) кача́ться (на доске́) 2) двига́ться вверх и вниз *или* взад и вперёд 3) проявля́ть нереши́тельность, колеба́ться

**4.** *adv* 1) вверх и вниз, взад и вперёд 2) неусто́йчиво; to go ~ колеба́ться

**seethe** [si:ð] *v* (seethed [-d], *уст.* sod; seethed, *уст.* sodden) 1) кипе́ть, бурли́ть 2) быть охва́ченным (*каким-л. чувством*); madness ~d in his brain безу́мие охвати́ло его́ 3) *уст.*

кипяти́ть, вари́ть 4) *уст.* мочи́ть, окуна́ть (*в жидкость*)

**segment 1.** *n* ['segmənt] 1) часть, кусо́к, отре́зок 2) до́ля (*апельсина и т. п.*) 3) *геом.* сегме́нт, отре́зок 4) *тех.* се́ктор 5) *эл.* пласти́на колле́ктора

**2.** *v* [seg'ment] дели́ть(ся) на сегме́нты

**segregate** ['segrɪgeɪt] *v* 1) отделя́ть(ся); выделя́ть(ся); изоли́ровать 2) *тех.* зейгерова́ть 3) *геол.* скопля́ться

**segregation** [ˌsegrɪ'geɪʃən] *n* 1) отделе́ние, выделе́ние, изоля́ция; сегрега́ция 2) *тех.* сегрега́ция, ликва́ция, зейгерова́ние

**segregative** ['segrɪgeɪtɪv] *a* 1) спосо́бствующий отделе́нию; сегрегацио́нный 2) необщи́тельный

**seiche** [seɪʃ] *n геогр.* сейш (*колебание уровня*)

**seigneur** [seɪ'njə:] = seignior

**seignior** ['seɪnjə] *n ист.* феода́льный власти́тель, сеньо́р ◇ grand ~ ва́жная персо́на

**seigniorage** ['seɪnjərɪdʒ] *n ист.* 1) пра́во сеньо́ра 2) нало́г за пра́во чека́нки моне́ты

**seigniorial** [seɪ'njɔ:rɪəl] *a* сеньора́льный; феода́льный

**seigniory** ['seɪnjərɪ] *n ист.* 1) феода́льное владе́ние 2) власть сеньо́ра

**seine** [seɪn] **1.** *n* рыболо́вная сеть, не́вод

**2.** *v* лови́ть не́водом, се́тью

**seiner** ['seɪnə] *n* се́йнер

**seise** [si:z] = seize 7)

**seisin** ['si:zɪn] = seizin

**seism** ['saɪzm] *n* землетрясе́ние

**seismic** ['saɪzmɪk] *a* сейсми́ческий

**seismograph** ['saɪzməgrɑ:f] *n* сейсмо́граф

**seismology** [saɪz'mɔlədʒɪ] *n* сейсмоло́гия

**seize** [si:z] *v* 1) хвата́ть, схвати́ть 2) захва́тывать, завладева́ть; to ~ a fortress взять кре́пость 3) ухвати́ться (*за что-л.*), воспо́льзоваться (*случаем, предлогом*; *тж.* ~ upon) 4) поня́ть (*мысль*) 5) (*обыкн. pass.*) охвати́ть, обуя́ть (*о страхе, панике*; with) 6) конфискова́ть, налага́ть аре́ст (*на что-л.*) 7) (*обыкн. p. p.*) *юр.* вводи́ть во владе́ние; to be (*или* to stand) ~d of smth. владе́ть чем-л. 8) *мор.* найто́вить 9) *тех.* заеда́ть (*о подшипниках*) (*тж.* ~ up)

**seizin** ['si:zɪn] *n юр.* владе́ние земе́льной со́бственностью, дви́жимым *или* недви́жимым иму́ществом

**seizing** ['si:zɪŋ] **1.** *pres. p. от* seize

**2.** *n мор.* бе́нзель

**seizure** ['si:ʒə] *n* 1) захва́т 2) конфиска́ция, наложе́ние аре́ста 3) припа́док, при́ступ; апоплекси́ческий уда́р

**sejant** ['si:dʒənt] *a геральд.* сидя́щий

**selachian** [sɪ'leɪkɪən] *n* хрящепёрая ры́ба

**seldom** ['seldəm] *adv* ре́дко

**select** [sɪ'lekt] **1.** *a* 1) отбо́рный; и́збранный 2) разбо́рчивый 3) досту́пный немно́гим, и́збранным

**2.** *v* отбира́ть, выбира́ть, подбира́ть

**selected** [sɪ'lektɪd] **1.** *p. p. от* select 2

**2.** *a* ото́бранный, подо́бранный

**selectee** [ˌselek'ti:] *n амер.* при́званный на вое́нную слу́жбу, призывни́к

**selection** [sɪ'lekʃən] *n* 1) вы́бор, подбо́р 2) набо́р (*каких-л. вещей*) 3) сбо́рник избранных произведе́ний 4) *биол.* отбо́р, селе́кция

**selective** [sɪ'lektɪv] *a* 1) отбира́ющий, выбира́ющий 2) отбо́рный 3) селекти́вный, избира́тельный 4): S. Service System *амер.* систе́ма во́инской пови́нности для отде́льных гра́ждан

**selectman** [sɪ'lektmən] *n амер.* член городско́го управле́ния (*в штатах Новой Англии*)

**selector** [sɪ'lektə] *n* 1) отбо́рщик 2) ме́лкий фе́рмер (*в Австралии*) 3) *эл.* селе́ктор, иска́тель 4) *радио* ру́чка настро́йки, переключа́тель

**selenium** [sɪ'li:njəm] *n хим.* селе́н

**selenography** [ˌselɪ'nɔgrəfɪ] *n* селеногра́фия, изуче́ние пове́рхности Луны́

**selenology** [ˌselɪ'nɔlədʒɪ] *n* селеноло́гия, нау́ка о Луне́

**self** [self] **1.** *n* (*pl* selves) 1) со́бственная ли́чность, сам; the study of the ~ самоана́лиз; my own ~, my very ~ я сам, моя́ со́бственная персо́на; to have no thought of ~ не ду́мать о себе́; one's better ~ лу́чшее, что есть в челове́ке; one's former ~ то, чем челове́к был ра́ньше; one's second ~ бли́зкий друг, пра́вая рука́ 2) *ком.* = myself *и т. д.*; cheque drawn to ~ чек, вы́писанный на себя́; your good selves Вы (*в коммерческих письмах*) ◇ ~ comes first, ~ before all ≅ своя́ руба́шка бли́же к те́лу

**2.** *a* 1) сплошно́й, одноро́дный (*о цвете*) 2) одноцве́тный (*о цветке*)

**self-** [self-] *в сложных словах выражает*: 1) *направленность действия на самого себя, связь с самим собой* само-, себя-; свое-; self-violence самоуби́йство; self-love себялю́бие; self-will своево́лие 2) *отсутствие посредничества, самопроизвольность, автоматический характер действия или состояния* само-; self-binder жне́йка-сноповяза́лка; self-loading machine автопогру́зчик; self-healing самозаживле́ние; self-winding с автомати́ческим заво́дом

**self-abandonment** ['selfə'bændənmənt] *n* самозабве́ние

**self-abasement** ['selfə'beɪsmənt] *n* самоуниже́ние

**self-abnegation** ['selfˌæbnɪ'geɪʃən] *n* 1) самоотрече́ние 2) самопоже́ртвование

**self-absorbed** ['selfəb'sɔ:bd] *a* эгоцентри́чный

**self-acting** ['self'æktɪŋ] *a* автомати́ческий, самоде́йствующий

**self-action** ['self'ækʃən] *n* самопроизво́льное де́йствие

**self-adaptive** ['selfə'dæptɪv] *a* самоприспоса́бливающийся

**self-adjusting** ['selfə'dʒʌstɪŋ] *a* с автомати́ческой регулиро́вкой (*о приборе, устройстве и т. п.*)

**self-affirmation** ['selfˌæfə:'meɪʃən] *n* самоутвержде́ние

**self-assertion** ['selfə'sə:ʃən] *n* отста́ивание свои́х прав, притяза́ний

**self-assertive** ['selfə'sə:tɪv] *a* напо́ристый

**self-assumption** ['selfə'sʌmpʃən] *n* чва́нство, высокоме́рие

**self-assurance** ['selfə'ʃuərəns] *n* самоуве́ренность; самонаде́янность

**self-balanced** ['self'bælənst] *a* автомати́чески уравнове́шивающийся

**self-binder** ['self'baɪndə] *n* 1) жне́йка-сноповяза́лка 2) скоросшива́тель

**self-centering** ['self'sentərɪŋ] *a* самоцентри́рующийся

**self-centred** ['self'sentəd] *a* эгоцентри́чный, эгоисти́чный

**self-closing** ['self'kləuzɪŋ] *a* закрыва́ющийся автомати́чески, самозамыка́ющийся

**self-cocker** ['self'kɔkə] *n* пистоле́т-самовзво́д

**self-collected** ['selfkə'lektɪd] *a* сде́ржанный, хорошо́ владе́ющий собо́й; вы́держанный; со́бранный

**self-coloured** ['self'kʌləd] *a* 1) одноцве́тный 2) есте́ственной окра́ски

**self-command** ['selfkə'mɑ:nd] *n* самооблада́ние, уме́ние владе́ть собо́й

**self-communion** ['selfkə'mju:njən] *n* размышле́ние, разду́мье (о себе́)

**self-complacency** ['selfkəm'pleɪsnsɪ] *n* самодово́льство; самоуспоко́енность

**self-conceit** ['selfkən'si:t] *n* самомне́ние, зано́счивость

**self-condemnation** ['selfˌkɔndem'neɪʃən] *n* самоосужде́ние

**self-confident** ['self'kɔnfɪdənt] *a* самоуве́ренный, самонаде́янный

**self-conscious** ['self'kɔnʃəs] *a* нело́вкий, застéнчивый

**self-contained** ['selfkən'teɪnd] *a* 1) необщи́тельный, за́мкнутый 2) вы́держанный, хорошо́ владе́ющий собо́й 3) отде́льный (*о квартире*) 4) *тех.* незави́симый, автоно́мный 5) *воен.* снабжённый всем необходи́мым

**self-contradiction** ['selfˌkɔntrə'dɪkʃən] *n* вну́треннее противоре́чие

**self-control** ['selfkən'trəul] *n* самооблада́ние

**self-cooling** ['self'ku:lɪŋ] *a тех.* с возду́шным охлажде́нием

**self-criticism** ['self'krɪtɪsɪzm] *n* самокри́тика

**self-cultivation** ['selfˌkʌltɪ'veɪʃən] *n* самосоверше́нствование

**self-deceit, self-deception** ['selfdɪ'si:t, 'selfdɪ'sepʃən] *n* самообма́н

**self-defence** ['selfdɪ'fens] *n* самооборо́на, самозащи́та

**self-delusion** ['selfdɪ'lu:ʒən] *n* самообма́н

**self-denial** [ˈselfdɪˈnaɪəl] *n* самоотречéние
**self-destruction** [ˈselfdɪsˈtrʌkʃən] *n* самоуничтожéние; самоуби́йство
**self-determination** [ˈselfdɪˌtə:mɪˈneɪʃən] *n* самоопределéние
**self-determined** [ˈselfdɪˈtə:mɪnd] *a* незави́симый, дéйствующий по своемý усмотрéнию
**self-devotion** [ˈselfdɪˈvəuʃən] *n* 1) прéданность, посвящéние себя́ всегó (*какому-л. делу*) 2) самопожéртвование
**self-drive** [ˈselfˈdraɪv] *a*: ~ cars for hire прокáт автомаши́н
**self-educated** [ˈselfˈedju(:)keɪtɪd] *a* вы́учившийся самостоя́тельно, самоýчкой
**self-effacement** [ˈselfɪˈfeɪsmənt] *n* самоуничижéние; желáние стушевáться
**self-esteem** [ˈselfɪsˈti:m] *n* уважéние к себé; чу́вство сóбственного достóинства; самолю́бие
**self-evident** [ˈselfˈevɪdənt] *a* очеви́дный, не трéбующий доказáтельств
**self-explanatory** [ˈselfɪksˈplænətərɪ] *a* самоочеви́дный, я́сный
**self-expression** [ˈselfɪksˈpreʃən] *n* самовыражéние
**self-feeder** [ˈselfˈfi:də] *n тех.* самоподаю́щий механи́зм; автомати́ческий питáтель
**self-firer** [ˈselfˈfaɪərə] *n воен.* автомати́ческое орýжие
**self-flagellation** [ˈselfˌflædʒeˈleɪʃən] *n* самобичевáние
**self-governing** [ˈselfˈɡʌvənɪŋ] *a* самоуправля́ющийся
**self-government** [ˈselfˈɡʌvnmənt] *n* самоуправлéние
**self-heal** [ˈselfˈhi:l] *n бот.* черноголóвка обыкновéнная
**self-healing** [ˈselfˈhi:lɪŋ] *n* самозаживлéние
**self-help** [ˈselfˈhelp] *n* самопóмощь
**selfhood** [ˈselfhud] *n* 1) ли́чность; индивидуáльность 2) эгои́зм
**self-humiliation** [ˈselfhju(:)ˌmɪlɪˈeɪʃən] *n* самоуничижéние
**self-immolation** [ˈselfˌɪməuˈleɪʃən] *n* 1) самосожжéние 2) самопожéртвование
**self-importance** [ˈselfɪmˈpɔ:təns] *n* самомнéние, вáжничанье
**self-induction** [ˈselfɪnˈdʌkʃən] *n эл.* самоиндýкция
**self-indulgence** [ˈselfɪnˈdʌldʒəns] *n* потакáние свои́м слáбостям, потвóрство свои́м желáниям
**self-infection** [ˈselfɪnˈfekʃən] *n мед.* аутоинфéкция
**self-interest** [ˈselfˈɪntrɪst] *n* своекоры́стие; эгои́зм
**self-invited** [ˈselfɪnˈvaɪtɪd] *a* напроси́вшийся, незвáный (*о госте*)
**selfish** [ˈselfɪʃ] *a* эгоисти́чный
**selfishness** [ˈselfɪʃnɪs] *n* эгои́зм
**self-knowledge** [ˈselfˈnɔlɪdʒ] *n* самопознáние
**selfless** [ˈselflɪs] *a* самоотвéрженный
**self-lighting** [ˈselfˈlaɪtɪŋ] *a* самовоспламеня́ющийся
**self-loading** [ˈselfˈləudɪŋ] *a* самозаря́дный
**self-love** [ˈselfˈlʌv] *n* себялю́бие
**self-luminous** [ˈselfˈlu:mɪnəs] *a* самосветя́щийся
**self-made** [ˈselfˈmeɪd] *a* обя́занный всем самомý себé; a ~ man человéк, доби́вшийся успéха, слáвы *и т. п.* свои́ми сóбственными си́лами
**self-maiming** [ˈselfˈmeɪmɪŋ] *n* членовреди́тельство
**self-mastery** [ˈselfˈmɑ:stərɪ] *n* умéние владéть собóй
**self-motion** [ˈselfˈməuʃən] *n* самопроизвóльное движéние
**self-murder** [ˈselfˈmə:də] *n* самоуби́йство
**self-offence** [ˈselfəˈfens] *n* 1) то, что дéлается в ущéрб сóбственным интерéсам 2) недооцéнка самогó себя́
**self-opinionated** [ˈselfəˈpɪnjəneɪtɪd] *a* самоувéренный, упря́мый
**self-partiality** [ˈselfˌpɑ:ʃɪˈælɪtɪ] *n* переоцéнка свои́х сóбственных достóинств
**self-pity** [ˈselfˈpɪtɪ] *n* жáлость к себé
**self-pollination** [ˈselfˌpɔlɪˈneɪʃən] *n бот.* самоопылéние
**self-portrait** [ˈselfˈpɔ:trɪt] *n* автопортрéт
**self-possessed** [ˈselfpəˈzest] *a* имéющий самообладáние, хладнокрóвный, вы́держанный
**self-possession** [ˈselfpəˈzeʃən] *n* самообладáние, хладнокрóвие
**self-praise** [ˈselfˈpreɪz] *n* самовосхвалéние
**self-preservation** [ˈselfˌprezə(:)ˈveɪʃən] *n* самосохранéние
**self-propelled, self-propelling** [ˈselfprəˈpeld, -prəˈpelɪŋ] *a* самохóдный (*об артиллерии, орудиях*)
**self-realization** [ˈselfˌrɪəlaɪˈzeɪʃən] *n* разви́тие свои́х спосóбностей
**self-recording** [ˈselfrɪˈkɔ:dɪŋ] *a* самопи́шущий
**self-regard** [ˈselfrɪˈɡɑ:d] *n* 1) эгои́зм 2) = self-respect
**self-reliance** [ˈselfrɪˈlaɪəns] *n* увéренность в свои́х си́лах
**self-reliant** [ˈselfrɪˈlaɪənt] *a* увéренный в себé
**self-renunciation** [ˈselfrɪˌnʌnsɪˈeɪʃən] *n* самоотречéние, самопожéртвование
**self-respect** [ˈselfrɪsˈpekt] *n* чу́вство сóбственного достóинства
**self-restraint** [ˈselfrɪsˈtreɪnt] *n* воздержáние, сдéржанность
**self-righteous** [ˈselfˈraɪtʃəs] *a* 1) самодовóльный; увéренный в своéй правотé 2) фарисéйский
**self-righting** [ˈselfˈraɪtɪŋ] *a* остóйчивый (*о судне*)
**self-rigorous** [ˈselfˈrɪɡərəs] *a* трéбовательный к себé
**self-sacrifice** [ˈselfˈsækrɪfaɪs] *n* самопожéртвование
**selfsame** [ˈselfseɪm] *a* тот же сáмый
**self-satisfied** [ˈselfˈsætɪsfaɪd] *a* самодовóльный
**self-seeker** [ˈselfˈsi:kə] *n* своекоры́стный человéк; карьери́ст
**self-seeking** [ˈselfˈsi:kɪŋ] *a* своекоры́стный
**self-service** [ˈselfˈsə:vɪs] *n* 1) самообслýживание 2) *attr.*: ~ shop магази́н самообслýживания
**self-sown** [ˈselfˈsəun] *a* самосéвный, вы́росший самосéвом
**self-starter** [ˈselfˈstɑ:tə] *n тех.* автомати́ческий завóд, стáртер, самопýск
**self-styled** [ˈselfˈstaɪld] *a* самозвáный; мни́мый
**self-sufficiency** [ˈselfsəˈfɪʃənsɪ] *n* 1) незави́симость, самостоя́тельность 2) самонадéянность 3) *эк.* самообеспéченность
**self-sufficient** [ˈselfsəˈfɪʃənt] *a* 1) самостоя́тельный; самодовлéющий 2) незави́симый в экономи́ческом отношéнии 3) самонадéянный
**self-sufficing** [ˈselfsəˈfaɪsɪŋ] = self-sufficient
**self-suggestion** [ˈselfsəˈdʒestʃən] *n* самовнушéние
**self-support** [ˈselfsəˈpɔ:t] *n* незави́симость, самостоя́тельность
**self-supporting** [ˈselfsəˈpɔ:tɪŋ] *a* самостоя́тельный
**self-surviving** [ˈselfsəˈvaɪvɪŋ] *a* пережи́вший самогó себя́
**self-taught** [ˈselfˈtɔ:t] *a* вы́учившийся самостоя́тельно, самоýчкой
**self-violence** [ˈselfˈvaɪələns] *n* самоуби́йство
**self-will** [ˈselfˈwɪl] *n* своевóлие, упря́мство
**self-willed** [ˈselfˈwɪld] *a* своевóльный, упря́мый
**self-winding** [ˈselfˈwaɪndɪŋ] *a* с автомати́ческим завóдом
**sell** [sel] **1.** *v* (sold) 1) продавáть (-ся); the house is to ~ дом продаётся; to ~ like wildfire (*или* hot cakes) быть нарасхвáт (*о товаре*) 2) торговáть 3) реклами́ровать; популяризовáть 4) *разг.* обмáнывать, надувáть; разы́грывать 5) предавáть (*дело и т. п.*) 6) *амер. разг.* внушáть (*мысль*) □ ~ **off** распродавáть со ски́дкой; ~ **on** уговори́ть, уломáть; couldn't I ~ you on one more coffee? неужéли вы не вы́пьете ещё чáшку кóфе?; ~ **out** а) продáть, распродáть; б) предáть когó-л.; стать предáтелем; ~ **up** продавáть с торгóв ◇ I'm not sold on this я от э́того отню́дь не в востóрге; to ~ the pass обманýть довéрие; измени́ть своемý дéлу, соверши́ть предáтельство
**2.** *n разг.* надувáтельство, обмáн
**seller** [ˈselə] *n* 1) торгóвец, продавéц 2) хóдкий товáр; хóдкая кни́га (*тж.* best ~)
**seller's market** [ˈseləzˈmɑ:kɪt] *n эк.* ры́нок, на котóром спрос превышáет предложéние
**sell-out** [ˈselaut] *n разг.* 1) *амер.* распродáжа 2) пьéса, вы́ставка, пóльзующаяся больши́м успéхом 3) предáтельство; Munich ~ *ист.* Мю́нхенский сгóвор
**seltzer** [ˈseltsə] *n* сéльтерская водá (*тж.* ~ water)

**selvage, selvedge** ['selvɪdʒ] *n* 1) кро́мка; кайма́ 2) *горн.* краева́я часть (жи́лы); за́льбанд

**selves** [selvz] *pl от* self 1

**semanteme** [sɪ'mæntiːm] *n лингв.* семанте́ма

**semantic** [sɪ'mæntɪk] *a лингв.* семанти́ческий

**semantics** [sɪ'mæntɪks] *n pl* (*употр. как sing*) *лингв.* сема́нтика

**semaphore** ['seməfɔː] **1.** *n* 1) семафо́р 2) ручна́я сигнализа́ция (*флажка́ми и т. п.*)

**2.** *v* сигнализи́ровать, семафо́рить

**semasiology** [sɪˌmeɪsɪ'ɔlədʒɪ] *n лингв.* семасиоло́гия

**semblance** ['sembləns] *n* 1) вид, нару́жность 2) ви́димость; under the ~ of под ви́дом; to put on a ~ (of) сде́лать вид 3) подо́бие, схо́дство; a feeble ~ of smth. сла́бое подо́бие чего́-л.

**seme** [siːm] *n лингв.* се́ма

**sememe** ['semiːm] *n лингв.* семе́ма

**semen** ['siːmen] *n* се́мя, спе́рма

**semester** [sɪ'mestə] *n* семе́стр

**semi-** ['semɪ-] *pref* полу-

**semi-annual** ['semɪ'ænjuəl] *a* полугодово́й

**semi-automatic** ['semɪˌɔːtə'mætɪk] *a* полуавтомати́ческий

**semi-basement** ['semɪ'beɪsmənt] *n* полуподва́л

**semi-centennial** ['semɪsen'tenjəl] **1.** *a* полувеково́й

**2.** *n* пятидесятиле́тний юбиле́й

**semicircle** ['semɪˌsəːkl] *n* полукру́г

**semicircular** ['semɪ'səːkjulə] *a* полукру́глый; ~ canals *анат.* полукру́жные кана́лы

**semicolon** ['semɪ'kəulən] *n* то́чка с запято́й

**semiconductor** ['semɪkən'dʌktə] *n физ.* полупроводни́к

**semi-conscious** ['semɪ'kɔnʃəs] *a* полубессозна́тельный

**semi-detached** ['semɪdɪ'tætʃt] *a* име́ющий о́бщую сте́ну; ~ house оди́н из двух особняко́в, име́ющих о́бщую сте́ну

**semi-diurnal** ['semɪdaɪ'əːnl] *a астр.* полусу́точный

**semifinal** ['semɪ'faɪnl] *n спорт.* полуфина́л

**semi-fluid** ['semɪ'fluːɪd] *a* полужи́дкий, вя́зкий

**semi-manufactured** ['semɪˌmænju'fæktʃəd] *a*: ~ goods полуфабрика́ты

**semimanufactures** ['semɪˌmænju'fæktʃəz] *n pl* полуфабрика́ты

**semi-monthly** ['semɪ'mʌnθlɪ] **1.** *a* выходя́щий два ра́за в ме́сяц (*о периоди́ческом изда́нии*)

**2.** *n* журна́л, бюллете́нь *и т. п.*, выходя́щий два ра́за в ме́сяц

**3.** *adv* два́жды в ме́сяц

**seminal** ['siːmɪnl] *a* 1) семенно́й; заро́дышевый; ~ fluid *физиол.* се́мя 2) плодотво́рный; конструкти́вный

**seminar** ['semɪnɑː] *n* семина́р

**seminary** ['semɪnərɪ] *n* 1) духо́вная семина́рия (*особ. католи́ческая*) 2) семина́рия, шко́ла (*особ. для де́вочек*) 3) пито́мник, расса́дник (*тж. перен.*)

**semination** [ˌsemɪ'neɪʃən] *n биол.* обсемене́ние; оплодотворе́ние

**seminiferous** [ˌsemɪ'nɪfərəs] *a биол.* семено́сный

**semi-official** ['semɪə'fɪʃəl] *a* полуофициа́льный; официо́зный; ~ newspaper официо́з

**semiprecious** ['semɪˌpreʃəs] *a* полудрагоце́нный; самоцве́тный; ~ stone самоцве́т

**semiquaver** ['semɪˌkweɪvə] *n муз.* шестна́дцатая но́та

**semi-rigid** ['semɪ'rɪdʒɪd] *a* полужёсткий (*о дирижа́бле*)

**Semite** ['siːmaɪt] *n* семи́т

**Semitic** [sɪ'mɪtɪk] *a* семити́ческий

**semitone** ['semɪtəun] *n муз.* полуто́н

**semitrailer** ['semɪ'treɪlə] *n* полуприце́п

**semivowel** ['semɪˌvauəl] *n* полугла́сный (звук)

**semolina** [ˌsemə'liːnə] *n* ма́нная крупа́

**sempiternal** [ˌsempɪ'təːnl] *a ритор.* ве́чный

**sempstress** ['sempstrɪs] = seamstress

**sen** [sen] *n* сен (*разме́нная моне́та Япо́нии, Индоне́зии, Камбо́джи*)

**senary** ['siːnərɪ] *a* шестерно́й

**senate** ['senɪt] *n* 1) сена́т 2) сове́т (*в университе́тах*)

**senator** ['senətə] *n* сена́тор

**senatorial** [ˌsenə'tɔːrɪəl] *a* сена́торский

**send** [send] *v* (sent) 1) посыла́ть, отправля́ть; отсыла́ть; to ~ a letter airmail посла́ть письмо́ авиапо́чтой; she sent the children into the garden она́ отпра́вила дете́й в сад погуля́ть; 2) ниспосыла́ть (*дождь*); насыла́ть (*чуму*) 3) броса́ть, посыла́ть (*мяч и т. п.*); to ~ a bullet through прострели́ть 4) приводи́ть в како́е-л. состоя́ние; to ~ flying а) сообщи́ть предме́ту стреми́тельное движе́ние; б) рассе́ять; разброса́ть; обрати́ть в бе́гство; в) отшвырну́ть (*см. тж.* ◇); to ~ smb. sprawling сбить кого́-л. с ног; the punch sent the fighter reeling боксёр зашата́лся от уда́ра; to ~ to sleep усыпи́ть 5) *ра́дио* передава́ть □ ~ **away** а) посыла́ть; to ~ away for smth. посыла́ть за чем-л.; б) прогоня́ть; увольня́ть; ~ **down** а) исключа́ть *или* вре́менно отчисля́ть из университе́та; б) понижа́ть (*напр., це́ны*); ~ **for** посыла́ть за, вызыва́ть; to ~ for a doctor посла́ть за врачо́м; ~ **forth** испуска́ть, издава́ть; ~ **in** подава́ть (*заявле́ние*); представля́ть (*экспона́т на вы́ставку*); to ~ in one's name запи́сываться (*на ко́нкурс и т. п.*); ~ **off** а) отсыла́ть (*письмо́, посы́лку и т. п.*); б) прогоня́ть; в) устра́ивать про́воды; ~ **out** а) выпуска́ть, испуска́ть; излуча́ть; the trees ~ out leaves дере́вья покрыва́ются листво́й; б) отправля́ть, рассыла́ть; ~ **up** а) направля́ть вверх; б) *амер. sl.* приговори́ть к тюре́мному заключе́нию ◇ to ~ word сообща́ть, извеща́ть; to ~ smb. to Coventry прекрати́ть обще́ние с кем-л.; бойкоти́ровать кого́-л.; to ~ smb. packing (*или* flying), to ~ smb. to the right-about прогна́ть, выпроводить кого́-л. (*см. тж.* 4)

**sender** ['sendə] *n* 1) отправи́тель 2) передаю́щий прибо́р; телегра́фный аппара́т, переда́тчик

**send-off** ['send'ɔf] *n* 1) про́воды 2) хвале́бная реце́нзия

**senega** ['senɪgə] *n бот.* сене́га

**senescence** [sɪ'nesəns] *n* старе́ние

**senescent** [sɪ'nesənt] *a* старе́ющий

**seneschal** ['senɪʃəl] *n ист.* сенеша́ль

**senile** ['siːnaɪl] *a* ста́рческий; дря́хлый

**senility** [sɪ'nɪlɪtɪ] *n* ста́рость; дря́хлость

**senior** ['siːnjə] **1.** *a* 1) ста́рший (*противоп.* junior мла́дший); John Smith ~ Джон Смит оте́ц; he is two years ~ to me он ста́рше меня́ на два го́да; ~ classic (wrangler) студе́нт, заня́вший пе́рвое ме́сто по класси́ческой литерату́ре (по матема́тике) в Ке́мбриджском университе́те; ~ man старшеку́рсник; ~ partner глава́ фи́рмы; the ~ service англи́йский вое́нно-морско́й флот (*ста́рший из трёх ви́дов вооружённых сил*) 2) *амер.* выпускно́й, после́дний (*о кла́ссе, ку́рсе, семе́стре*); the ~ class после́дний год уче́ния в шко́ле; the Senior Prom ве́чер выпускнико́в шко́лы

**2.** *n* 1) пожило́й челове́к 2) ста́рший; вышестоя́щий; he is my ~ он ста́рше меня́ 3) лауреа́т Ке́мбриджского университе́та 4) *амер.* учени́к выпускно́го кла́сса; студе́нт после́днего ку́рса; старшекла́ссник; старшеку́рсник

**seniority** [ˌsiːnɪ'ɔrɪtɪ] *n* 1) старшинство́ 2) трудово́й стаж

**senna** ['senə] *n фарм.* александри́йский лист

**sennet** ['senɪt] *n уст.* тру́бный сигна́л, возвеща́вший вы́ход арти́стов на сце́ну (*в пье́сах Елизаве́тинского пери́ода*)

**sennight** ['senaɪt] *n уст.* неде́ля; today ~ а) че́рез неде́лю; б) неде́лю тому́ наза́д

**sennit** ['senɪt] *n мор.* плетёнка

**sensation** [sen'seɪʃən] *n* 1) ощуще́ние, чу́вство 2) сенса́ция

**sensational** [sen'seɪʃənl] *a* 1) сенсацио́нный 2) *predic.* великоле́пный, порази́тельный 3) *филос.* сенсуа́льный

**sensationalism** [sen'seɪʃnəlɪzm] *n филос.* сенсуали́зм

**sensation-monger** [sen'seɪʃənˌmʌŋgə] *n* распространи́тель сенсацио́нных слу́хов

**sense** [sens] **1.** *n* 1) чу́вство; ощуще́ние; the five ~s пять чувств; sixth ~ шесто́е чу́вство, интуи́ция; to have keen (*или* quick) ~s о́стро чу́вствовать, ощуща́ть; a ~ of duty чу́вство до́лга; a ~ of humour чу́вство ю́мора; a ~ of failure созна́ние неуда́чи; a ~ of proportion чу́вство ме́ры 2) *pl* созна́ние; ра́зум; in one's ~s в своём уме́; have you taken leave (*или* are you out) of your ~s? с ума́ вы сошли́?; to come to one's ~s а) прийти́ в себя́; б) взя́ться за ум; to frighten (*или* to scare) smb. out of his ~s напуга́ть кого́-л. до поте́ри созна́ния 3) здра́вый смысл (*тж.* common ~, good ~); ум; a man of ~ разу́мный челове́к; to talk ~ говори́ть де́льно, разу́мно; he is talking ~ он де́ло говори́т 4) смысл, значе́ние; it makes no ~ в э́том нет смы́сла; in the strict(est) (*или* true) ~ of the word в (са́мом) то́чном значе́нии сло́ва; in a good ~ в хоро́шем смы́сле (сло́ва); in a literal ~ в буква́льном смы́сле сло́ва; in a ~ в изве́стном смы́сле, до изве́стной сте́пени; in all ~s во всех смы́слах, во всех отноше́ниях; in no ~ ни в како́м отноше́нии 5) настрое́ние; to take the ~s of the meeting определи́ть настрое́ние собра́ния посре́дством голосова́ния

2. *v* 1) ощуща́ть, чу́вствовать 2) понима́ть

**senseless** ['senslɪs] *a* 1) бесчу́вственный, нечувстви́тельный; to knock ~ оглуши́ть 2) бессмы́сленный; бессодержа́тельный

**sense-organ** ['sens,ɔ:gən] *n* о́рган чувств (*зрения, слуха и т. п.*)

**sensibility** [,sensɪ'bɪlɪtɪ] *n* 1) чувстви́тельность 2) то́чность (*прибора*)

**sensible** ['sensəbl] *a* 1) (благо)разу́мный, здравомы́слящий 2) сознаю́щий, чу́вствующий (of); to be ~ of one's peril сознава́ть опа́сность 3) ощути́мый, заме́тный; a ~ change for the better заме́тное улучше́ние; a ~ rise in the temperature значи́тельное повыше́ние температу́ры

**sensitive** ['sensɪtɪv] *a* 1) чувстви́тельный; восприи́мчивый; a ~ ear (боле́зненно) то́нкий слух; ~ market *эк.* неусто́йчивый ры́нок; ~ paper светочувстви́тельная бума́га; ~ plant *бот.* мимо́за стыдли́вая 2) о́чень не́жный, легко́ поддаю́щийся раздраже́нию; a ~ skin не́жная ко́жа 3) впечатли́тельный, чу́ткий 4) оби́дчивый 5) *тех.* прецизио́нный, то́чный

**sensitiveness, sensitivity** ['sensɪtɪvnɪs, ,sensɪ'tɪvɪtɪ] *n* чувстви́тельность

**sensitize** ['sensɪtaɪz] *v* 1) де́лать чувстви́тельным, повыша́ть чувстви́тельность 2) де́лать светочувстви́тельной (*бумагу*)

**sensor** ['sensə] *n тех.* да́тчик; чувстви́тельный (*или* воспринима́ющий) элеме́нт

**sensory** ['sensərɪ] *a* чувстви́тельный, сенсо́рный

**sensual** ['sensjuəl] *a* 1) чу́вственный, пло́тский 2) сладостра́стный 3) *филос.* сенсуалисти́ческий

**sensualist** ['sensjuəlɪst] *n* 1) сластолю́бец 2) *филос.* сенсуали́ст

**sensuality** [,sensju'ælɪtɪ] *n* чу́вственность

**sensuous** ['sensjuəs] *a* 1) чу́вственный (*о восприятии*) 2) эстети́ческий

**sent** [sent] *past и p. p. от* send

**sentence** ['sentəns] **1.** *n* 1) пригово́р; to pass a ~ upon smb. выноси́ть пригово́р кому́-л.; to serve one's ~ отбыва́ть срок наказа́ния 2) *грам.* предложе́ние 3) *уст.* сенте́нция, изрече́ние

**2.** *v* осужда́ть, пригова́ривать

**sententious** [sen'tenʃəs] *a* нравоучи́тельный; сентенцио́зный

**sentience** ['senʃəns] *n* чувстви́тельность

**sentient** ['senʃənt] *a* чу́вствующий, ощуща́ющий

**sentiment** ['sentɪmənt] *n* 1) чу́вство; отноше́ние, настрое́ние, мне́ние; the ~ of pity (of respect) чу́вство жа́лости (уваже́ния); these are (*или шутл.* them's) my ~s вот моё мне́ние 2) сентимента́льность

**sentimental** [,sentɪ'mentl] *a* сентимента́льный

**sentimentality** [,sentɪmen'tælɪtɪ] *n* сентимента́льность

**sentinel** ['sentɪnl] **1.** *n* часово́й; страж; to stand ~ over охраня́ть

**2.** *v* охраня́ть, стоя́ть на стра́же

**sentry** ['sentrɪ] *n воен.* 1) часово́й 2) карау́л

**sentry-box** ['sentrɪbɔks] *n* бу́дка часово́го

**sentry-go** ['sentrɪgəu] *n* карау́льная слу́жба; to be on ~ быть в карау́ле

**sentry-line** ['sentrɪlaɪn] *n воен.* цепь сторожевы́х посто́в

**sentry-unit** ['sentrɪ,ju:nɪt] *n воен.* сторожево́е подразделе́ние

**sepal** ['sepəl] *n бот.* чашели́стик

**separability** [,sepərə'bɪlɪtɪ] *n* отдели́мость

**separable** ['sepərəbl] *a* отдели́мый

**separata** [,sepə'reɪtə] *pl от* separatum

**separate 1.** *a* ['seprɪt] 1) отде́льный; cut it into four ~ parts разре́жьте э́то на четы́ре ча́сти; ~ maintenance содержа́ние, назнача́емое жене́ при разво́де 2) осо́бый, индивидуа́льный; самостоя́тельный; these are two entirely ~ questions э́то два соверше́нно самостоя́тельных вопро́са 3) изоли́рованный; уединённый 4) сепара́тный

**2.** *n* ['seprɪt] отде́льный о́ттиск (*статьи*)

**3.** *v* ['sepəreɪt] 1) отделя́ть(ся), разделя́ть(ся); разлуча́ть(ся); расходи́ться 2) сортирова́ть, отсе́ивать; to ~ chaff from grain очища́ть зерно́ от мяки́ны 3) разлага́ть (*на части*) 4) *воен.* увольня́ть, демобилизо́вывать

**separatee** [,sepərə'ti:] *n* демобилизо́ванный

**separation** [,sepə'reɪʃən] *n* 1) отделе́ние, разделе́ние; разлуче́ние, разобще́ние 2) разложе́ние на ча́сти 3) разде́льное жи́тельство супру́гов 4) *горн.* обогаще́ние 5) *воен.* увольне́ние, демобилиза́ция 6) *attr.*: ~ allowance посо́бие жене́ солда́та *или* матро́са (*во время войны*)

**separatism** ['sepərətɪzm] *n* сепарати́зм

**separatist** ['sepərətɪst] *n* сепарати́ст

**separator** ['sepəreɪtə] *n* 1) сепара́тор, сортиро́вочный аппара́т 2) решето́, си́то, гро́хот 3) зерноочисти́тель; молоти́лка (*в комбайне*) 4) *тех.* прокла́дка, раздели́тель

**separatum** [,sepə'reɪtəm] (*pl* -ta) = separate 2

**sepia** ['si:pjə] *n* се́пия (*краска*)

**sepoy** ['si:pɔɪ] *n* сипа́й

**sepsis** ['sepsɪs] *n мед.* се́псис

**sept** [sept] *n* (ирла́ндский) клан

**septa** ['septə] *pl от* septum

**septan** ['septən] *a* семидне́вный; ~ fever семидне́вная перемежа́ющаяся лихора́дка

**septate** ['septɪt] *a биол.* разделённый перегоро́дкой

**September** [sep'tembə] *n* 1) сентя́брь 2) *attr.* сентя́брьский

**septenary** [sep'tenərɪ] *a* семери́чный

**septennial** [sep'tenjəl] *a* 1) семиле́тний 2) происходя́щий раз в семь лет

**septentrional** [sep'tentrɪənəl] *a редк.* се́верный

**septet(te)** [sep'tet] *n муз.* септе́т

**septic** ['septɪk] *a мед.* септи́ческий

**septicaemia** [,septɪ'si:mɪə] *n мед.* зараже́ние кро́ви, се́псис, септицеми́я

**septilateral** ['septɪ'lætərəl] *a* семисторо́нний

**septuagenarian** [,septjuədʒɪ'nɛərɪən] **1.** *a* семидесятиле́тний; в во́зрасте ме́жду 70 и 79 года́ми

**2.** *n* челове́к в во́зрасте ме́жду 70 и 79 года́ми

**septum** ['septəm] *n* (*pl* -ta) *биол.* перегоро́дка

**septuple** ['septjupl] **1.** *a* семикра́тный

**2.** *n* семикра́тное коли́чество

**3.** *v* мно́жить на́ семь; увели́чивать в семь раз

**sepulchral** [sɪ'pʌlkrəl] *a* 1) моги́льный; погреба́льный; ~ mound моги́льный холм 2) мра́чный; ~ voice замоги́льный го́лос

**sepulchre** ['sepəlkə] **1.** *n* моги́ла, гробни́ца; склеп; whited (*или* painted) ~ а) *библ.* гроб пова́пленный; б) лицеме́р

**2.** *v* погреба́ть, предава́ть земле́

**sepulture** ['sepəltʃə] *n* погребе́ние

**sequacious** [sɪ'kweɪʃəs] *a уст.* 1) послу́шный, пода́тливый; ~ zeal раболе́пное усе́рдие 2) после́довательный

**sequel** ['si:kwəl] *n* 1) продолже́ние; the book is a ~ to (*или* of) the author's last novel э́та кни́га явля́ется продолже́нием после́днего рома́на писа́теля 2) после́дующее собы́тие; in the ~ впосле́дствии 3) после́дствие, результа́т

**sequela** [sɪ'kwi:lə] *лат. n* (*pl* -lae; *обыкн. pl*) после́дствие, осложне́ние (*болезни*)

**sequelae** [sɪ'kwi:li:] *pl от* sequela

**sequence** ['si:kwəns] *n* 1) после́довательность; ряд; поря́док (сле́дования); ~ of events ход собы́тий; ~ of tenses *грам.* после́довательность времён; in ~ оди́н за други́м; in historical ~ в истори́ческой (*или* хронологи́-

ческой) послéдовательности 2) (по-)слéдствие, результáт 3) *муз.* секвéнция 4) *кино* послéдовательный ряд кинокáдров, эпизóд

**sequent** [ˈsi:kwənt] *a* 1) слéдующий 2) являющийся слéдствием

**sequential** [sɪˈkwenʃəl] *a* 1) являющийся продолжéнием 2) послéдовательный

**sequester** [sɪˈkwestə] *v* 1) уединять; изолировать 2) = sequestrate

**sequestered** [sɪˈkwestəd] **1.** *p. p. от* sequester

**2.** *a* изолированный; уединённый; ~ life уединённая жизнь

**sequestra** [sɪˈkwestrə] *pl от* sequestrum

**sequestrable** [sɪˈkwestrəbl] *a юр.* подлежáщий секвéстру

**sequestrate** [sɪˈkwestreɪt] *v юр.* секвестровáть; конфисковáть

**sequestration** [ˌsi:kwesˈtreɪʃən] *n* 1) *юр.* секвéстр; конфискáция 2) *мед.* изоляция, карантин

**sequestrum** [sɪˈkwestrəm] *n* (*pl* -ra) *мед.* омертвéвшая часть кóсти, секвéстр

**sequin** [ˈsi:kwɪn] *n* 1) *ист.* цехин (*золотая монета в Италии и Турции*) 2) блёстка на плáтье

**sequoia** [sɪˈkwɔɪə] *n бот.* секвóйя

**sera** [ˈsɪərə] *pl от* serum

**seraglio** [seˈrɑ:lɪəu] *n* (*pl* -os [-əuz]) серáль

**serai** [seˈraɪ] *n* каравáн-сарáй

**seraph** [ˈserəf] *n* (*pl* -phim, -phs [-fs]) серафим

**seraphic** [seˈræfɪk] *a* серафический, áнгельский, неземнóй

**seraphim** [ˈserəfɪm] *pl от* seraph

**Serb** [sə:b] = Serbian

**Serbian** [ˈsə:bjən] **1.** *a* сéрбский

**2.** *n* 1) серб; сéрбка 2) сéрбский язык

**Serbonian bog** [sə:ˈbəunjənˈbɔg] *n* 1) *название ныне высохшего огромного болота в Египте* 2) безвыходное положéние

**sere I** [sɪə] *a* сухóй, увядший

**sere II** [sɪə] = sear II

**serein** [səˈræŋ] *фр. n* моросящий дождь при безóблачном нéбе пóсле захóда сóлнца

**serenade** [ˌserɪˈneɪd] **1.** *n* серенáда

**2.** *v* исполнять серенáду

**serene** [sɪˈri:n] **1.** *a* 1) ясный, спокóйный, тихий; безóблачный; безмятéжный; all ~ *разг.* всё в порядке 2): His S. Highness егó свéтлость (*титул*)

**2.** *n поэт.* безóблачное нéбо; спокóйное мóре

**3.** *v поэт.* прояснять

**serenity** [sɪˈrenɪtɪ] *n* 1) ясность, безмятéжность 2) (S.) свéтлость (*титул*)

**serf** [sə:f] *n ист.* 1) крепостнóй 2) раб

**serfage, serfdom, serfhood** [ˈsə:fɪdʒ, -dəm, -hud] *n* 1) крепостнóе прáво 2) рáбство

**serge** [sə:dʒ] *n текст.* 1) сáржа 2) серж (*шерстяная костюмная ткань*)

**sergeant** [ˈsɑ:dʒənt] *n* 1) сержáнт 2) сержáнт полиции 3) = Serjeant-at-law

**sergeant-major** [ˈsɑ:dʒəntˈmeɪdʒə] *n* 1) глáвный сержáнт 2) старшинá

**serial** [ˈsɪərɪəl] **1.** *a* 1) серийный 2) послéдовательный; ~ number порядковый нóмер 3) выходящий выпусками

**2.** *n* 1) периодическое издáние 2) ромáн в нéскольких частях (*печатающийся в журнале или газете*); (теле-)фильм в нéскольких сéриях, сериáл

**serialize** [ˈsɪərɪəlaɪz] *v* издавáть выпусками, сéриями

**seriate, seriated** [ˈsɪərɪeɪt, ˈsɪərɪeɪtɪd] *a* 1) в виде сéрий 2) расположéнный по порядку 3) периодический

**seriatim** [ˌsɪərɪˈeɪtɪm] *лат. adv* пункт за пýнктом, по порядку; to consider (to examine, to discuss) ~ рассмáтривать (изучáть, обсуждáть) по пýнктам

**sericeous** [sɪˈrɪʃəs] *a бот., зоол.* шелковистый

**sericulture** [ˈserɪkʌlʧə] *n* шелковóдство

**series** [ˈsɪəri:z] *n* (*pl без измен.*) 1) ряд; сéрия; a ~ of stamps (coins) сéрия мáрок (монéт); a ~ of misfortunes полосá неудáч; in ~ послéдовательно, по порядку 2) *геол.* свита, отдéл; грýппа, систéма 3) *эл.* послéдовательное соединéние

**serin** [ˈserɪn] *n зоол.* вьюрóк канарéечный

**seringa** [sɪˈrɪŋgə] *n бот.* гевéя

**serio-comic** [ˈsɪərɪəuˈkɔmɪk] *a* трагикомический

**serious** [ˈsɪərɪəs] *a* 1) серьёзный; and now to be ~ однáко, шýтки в стóрону 2) вáжный 3) вызывáющий опасéние; опáсный; a ~ illness опáсная болéзнь

**seriousness** [ˈsɪərɪəsnɪs] *n* серьёзность

**Serjeant-at-arms** [ˈsɑ:dʒəntətˈɑ:mz] *n* парлáментский пристав

**Serjeant-at-law** [ˈsɑ:dʒəntətˈlɔ:] *n уст.* бáрристер высшего рáнга

**sermon** [ˈsə:mən] *n* прóповедь; поучéние

**sermonize** [ˈsə:mənaɪz] *v* 1) проповéдовать 2) поучáть, читáть морáль, нотáцию

**serotinous** [sɪˈrɔtɪnəs] *a бот.* пóздний

**serous** [ˈsɪərəs] *a физиол.* серóзный

**serpent** [ˈsə:pənt] *n* 1) змея, змей 2) злой, ковáрный человéк 3) змий, дьявол (*тж.* the old S.)

**serpent-charmer** [ˈsə:pəntˌʧɑ:mə] *n* заклинáтель змей

**serpentine** [ˈsə:pəntaɪn] **1.** *a* 1) змеиный 2) змеевидный; извивáющийся, извилистый 3) хитрый; ковáрный, предáтельский

**2.** *n* 1) *мин.* серпентин, змеевик 2) *тех.* змеевик

**3.** *v* извивáться

**serrate, serrated** [ˈserɪt, seˈreɪtɪd] *a* зубчáтый; зазýбренный

**serration** [seˈreɪʃən] *n* 1) зубчáтость 2) зубéц

**serried** [ˈserɪd] *a* сóмкнутый (*плечом к плечу*); in ~ ranks сóмкнутыми рядáми

**serrulate, serrulated** [ˈserjuleɪt, -leɪtɪd] *a* мелкозýбчатый

**serum** [ˈsɪərəm] *n* (*pl* -s [-z], sera) *физиол.* сыворотка

**servant** [ˈsə:vənt] *n* 1) слугá, служитель, прислýга (*тж.* domestic ~); to engage (to dismiss) a ~ нанять (рассчитáть) прислýгу; general ~ «прислýга за всё» 2) слýжащий (*государственного учреждения*); public ~ лицó, находящееся на государственной слýжбе; civil ~ чинóвник, должностнóе лицó

**servant-maid** [ˈsə:vəntmeɪd] *n* служáнка

**serve** [sə:v] **1.** *v* 1) служить; быть полéзным; to ~ one's country служить своéй рóдине; to ~ two masters быть слугóй двух госпóд; to ~ as smb., smth. служить в кáчестве когó-л., чегó-л. 2) годиться, удовлетворять; it will ~ а) это то, что нýжно; б) этого бýдет достáточно; as ocassion ~s когдá представляется слýчай; to ~ no purpose никудá не годиться 3) благоприятствовать (*о ветре и т. п.*) 4) служить в áрмии; he ~d in North Africa он проходил воéнную слýжбу в Сéверной Áфрике; to ~ in the ranks служить рядовым; to ~ under smb. служить под начáльством когó-л. 5) подавáть (*на стол*); dinner is ~d! обéд пóдан! 6) обслýживать; снабжáть; to ~ a customer занимáться с покупáтелем, клиéнтом; this busline ~s a large district эта автóбусная линия обслýживает большóй райóн; to ~ a town with water снабжáть гóрод водóй 7) обслýживать, управлять; to ~ a gun стрелять из орýдия 8) отбывáть срок (*службы, наказания и т. п.*); to ~ one's apprenticeship (*или* time) проходить курс ученичества 9) быть полéзным, помогáть 10) обходиться с, поступáть; he ~d me shamefully он обошёлся со мнóй отвратительно 11) *церк.* служить слýжбу 12) *юр.* вручáть (*повестку кому-л.*; on); to ~ notice формáльно, официáльно извещáть 13) подавáть мяч (*в теннисе и т. п.*) 14) *мор.* клетневáть □ ~ **for** а) годиться для *чего-л.*; б) служить в кáчестве *чего-л.*; the bundle ~d him for a pillow свёрток служил емý подýшкой; ~ **out** а) раздавáть, распределять; б) *разг.* отплатить; ~ **round** обносить кругóм (*блюда*); ~ **with** подавáть; снабжáть ◇ it ~s him (her) right! поделóм емý (ей)!; to ~ smb. a trick сыгрáть с кем-л. шýтку

**2.** *n* спорт. подáча (*мяча*)

**Servian** [ˈsə:vjən] = Serbian

**service I** [ˈsə:vɪs] **1.** *n* 1) слýжба; to take into one's ~ нанимáть; to take ~ with smb. поступáть на слýжбу к комý-л. 2) обслýживание, сéрвис

3) сообще́ние, связь, движе́ние; ре́йсы 4) услу́га, одолже́ние; at your ~ к ва́шим услу́гам; to be of ~ быть поле́зным 5) слу́жба (*область работы и т. п.*); Civil S. госуда́рственная (гражда́нская) слу́жба; National S. во́инская *или* трудова́я пови́нность (*в Англии*) 6) *воен.* род войск; the (fighting) ~s а́рмия, флот и вое́нная авиа́ция 7) серви́з 8) суде́бное извеще́ние 9) *мор.* клетнева́ние 10) *спорт.* пода́ча (*мяча*) 11) *церк.* слу́жба; to say a ~ отправля́ть богослуже́ние 12) *attr.* служе́бный; ~ record послужно́й спи́сок

2. *v* 1) обслу́живать 2) проводи́ть осмо́тр и теку́щий ремо́нт (*машины и т. п.*) 3) заправля́ть (горю́чим) 4) случа́ть

**service** II [ˈsə:vɪs] = service-tree

**serviceable** [ˈsə:vɪsəbl] *a* 1) поле́зный, приго́дный 2) про́чный; ~ fabric про́чная мате́рия 3) *уст.* услу́жливый

**service-book** [ˈsə:vɪsbuk] *n* моли́твенник

**service dress** [ˈsə:vɪsˈdres] *n* фо́рменная оде́жда

**service entrance** [ˈsə:vɪsˈentrəns] *n* 1) служе́бный вход 2) чёрный ход

**service flat** [ˈsə:vɪsˈflæt] *n* кварти́ра с гости́ничным обслу́живанием

**serviceman** [ˈsə:vɪsmæn] *n* 1) военнослу́жащий 2) ма́стер по ремо́нту; a television ~ телевизио́нный ма́стер

**service medal** [ˈsə:vɪsˈmedl] *n амер. воен.* па́мятная меда́ль (*за участие в какой-л. кампании или военной операции*)

**service pipe** [ˈsə:vɪsˈpaɪp] *n* домо́вая водопрово́дная *или* газопрово́дная труба́

**service shop** [ˈsə:vɪsˈʃɔp] *n* мастерска́я теку́щего ремо́нта

**service stair** [ˈsə:vɪsˈstɛə] *n* чёрная ле́стница

**service station** [ˈsə:vɪsˈsteɪʃən] *n* ста́нция обслу́живания (автомоби́лей)

**service-tree** [ˈsə:vɪstri:] *n бот.* ряби́на дома́шняя

**service uniform** [ˈsə:vɪsˈju:nɪfɔ:m] *n амер. воен.* повседне́вная фо́рма оде́жды

**serviette** [ˌsə:vɪˈet] *фр. n* салфе́тка

**servile** [ˈsə:vaɪl] *a* ра́бский; раболе́пный, подобостра́стный, холо́пский

**servility** [sə:ˈvɪlɪtɪ] *n* раболе́пие, подобостра́стие

**servitor** [ˈsə:vɪtə] *n* 1) *уст.* слуга́; приближённый 2) *ист.* студе́нт, рабо́тающий служи́телем за стипе́ндию

**servitude** [ˈsə:vɪtju:d] *n* ра́бство; порабоще́ние; to deliver from ~ освобожда́ть от ра́бства

**servo** [ˈsə:vəu] 1. *n сокр. разг. от* servo-mechanism *и* servo-motor

2. *a* вспомога́тельный

**servo-mechanism** [ˈsə:vəuˈmekənɪzm] *n тех.* сервомехани́зм; следя́щая систе́ма

**servo-motor** [ˈsə:vəuˈməutə] *n тех.* серводви́гатель; сервоприво́д

**sesame** [ˈsesəmɪ] *n бот.* кунжу́т, сеза́м

**sesquialteral** [ˌseskwɪˈæltərəl] *a* полу́торный

**sesquipedalian** [ˈseskwɪpɪˈdeɪljən] *a* 1) полуторафу́товый 2) о́чень дли́нный, неудобопоня́тный (*о слове*)

**sessile** [ˈsesaɪl] *a бот., зоол.* сидя́чий

**session** [ˈseʃən] *n* 1) заседа́ние; to be in ~ заседа́ть, быть в сбо́ре 2) се́ссия (*парламентская, судебная*); Court of S. Шотла́ндский Верхо́вный гражда́нский суд; petty ~s суде́бное заседа́ние в прису́тствии не́скольких мировы́х суде́й без прися́жных заседа́телей 3) уче́бный семе́стр (*в шотл. и американских университетах*); summer ~ ле́тние ку́рсы при университе́те 4) *амер.* заня́тия, уче́бное вре́мя в шко́ле 5) *разг.* вре́мя, за́нятое чем-л. (*особ.* чем-л. неприя́тным)

**sesterce** [ˈsestə:s] *n ист.* сесте́рций (*римская монета*)

**sestertii** [sesˈtə:tɪaɪ] *pl от* sestertius

**sestertius** [sesˈtə:tjəs] *n* (*pl* -tii) = sesterce

**sestet** [sesˈtet] *n* 1) = sextet(te) 2) шесть после́дних строк италья́нского соне́та

**set** I [set] 1. *n* 1) набо́р, компле́кт; a chess ~ ша́хматы; a ~ of golf-clubs компле́кт клю́шек для го́льфа; a dressing-table ~ туале́тный прибо́р; a ~ of false teeth вставны́е зу́бы; вставна́я че́люсть; a ~ of Shakespeare's plays собра́ние произведе́ний Шекспи́ра 2) круг люде́й, свя́занных о́бщими интере́сами; the smart ~ феше́не́бельное о́бщество; the fast ~ картёжники 3) радиоприёмник; телеви́зор 4) направле́ние (*течения, ветра*) 5) напра́вленность, тенде́нция 6) конфигура́ция, очерта́ния; строе́ние; ли́нии; оса́нка; the ~ of one's shoulders ли́ния плеч; the ~ of one's head поса́дка головы́; I don't like the ~ of his coat мне не нра́вится, как на нём сиди́т пальто́ 7) *поэт.* зака́т 8) сет (*в теннисе*) 9) сто́йка (*собаки*) 10) декора́ции; съёмочная площа́дка 11) са́женец; поса́дочный материа́л; onion ~s лук-са́женец 12) молодо́й побе́г (*растения*) 13) укла́дка (*волос*) 14) *психол.* настро́й 15) *горн.* окла́д кре́пи 16) *тех.* ширина́ разво́да (*пилы*) 17) *стр.* оса́дка 18) *тех.* оста́точная деформа́ция 19) *тех.* обжи́мка 20) *текст.* съём ◇ to make a dead ~ at а) подверга́ть ре́зкой кри́тике; напада́ть на; б) домога́ться любви́, внима́ния *и т. п.* (*обыкн. о женщине*)

2. *a* 1) неподви́жный, засты́вший (*о взгляде, улыбке*) 2) обду́манный (*о намерении*); of ~ purpose с у́мыслом; преду́мышленный 3) зара́нее пригото́вленный, соста́вленный (*о речи*) 4) устано́вленный, назна́ченный; предпи́санный 5) постро́енный 6) установи́вшийся; ~ fair установи́вшийся (*о погоде*) 7) твёрдый, реши́тельный, непоколеби́мый 8) сложённый; a heavy ~ man челове́к пло́тного сложе́ния 9) сверну́вшийся (*о молоке*) 10) затверде́вший (*о цементе*) 11) заше́дший (*о солнце*) 12) реши́вшийся дости́чь (on, upon — *чего-л.*)

3. *v* (set) 1) ста́вить, класть, помеща́ть; расставля́ть, устана́вливать; располага́ть, размеща́ть; to ~ foot on smth. наступи́ть на что-л.; not to ~ foot in smb.'s house не переступа́ть поро́га чьего́-л. до́ма; to ~ sail а) ста́вить паруса́; б) пуска́ться в пла́вание; to ~ the signal пода́ть, установи́ть сигна́л; to ~ the table накрыва́ть на стол; to ~ to zero а) установи́ть на нуль; б) привести́ к нулю́; to ~ on stake ста́вить на ка́рту; to ~ one's name (*или* hand) to a document поста́вить свою́ по́дпись под докуме́нтом 2) приводи́ть в определённое состоя́ние; to ~ in motion приводи́ть в движе́ние; to ~ in order приводи́ть в поря́док; to ~ smb. at (his) ease успоко́ить, ободри́ть кого́-л.; he ~ people at once on their ease with him лю́дям в его́ прису́тствии сра́зу станови́лось легко́; to ~ at rest а) успоко́ить; б) ула́дить (*вопрос*); to ~ at variance поссо́рить; вы́звать конфли́кт; to ~ free освобожда́ть; to ~ loose отпуска́ть; to ~ right а) приводи́ть в поря́док, исправля́ть; б) выводи́ть из заблужде́ния; to ~ one's hat (tie, *etc.*) straight (*или* right) попра́вить шля́пу (га́лстук *и т. п.*); to ~ laughing рассмеши́ть; to ~ on fire поджига́ть; the news ~ her heart beating при э́том изве́стии у неё заби́лось се́рдце; the answer ~ the audience in a roar услы́шав отве́т, все прису́тствующие разрази́лись хо́хотом; to ~ a machine going пуска́ть маши́ну 3) устана́вливать, нала́живать; to ~ the hands of a clock установи́ть стре́лки часо́в; to ~ a razor пра́вить бри́тву 4) пригоня́ть; вправля́ть, прикрепля́ть 5) вправля́ть (*кость*) 6) сажа́ть (*растение*) 7) посади́ть (*курицу на яйца*) 8) вставля́ть в ра́му *или* опра́ву; оправля́ть (*драгоценные камни*) 9) точи́ть, разводи́ть (*пилу*) 10) дви́гаться в изве́стном направле́нии; име́ть скло́нность; to ~ course лечь на курс; opinion is ~ting against it обще́ственное мне́ние про́тив э́того 11) поверну́ть, напра́вить; to ~ one's face towards the sun поверну́ться лицо́м к со́лнцу; to ~ one's mind (*или* brain) on (*или* to) smth. сосредото́чить мысль на чём-л. 12) подноси́ть, приставля́ть, приближа́ть; to ~ a glass to one's lips поднести́ стака́н к губа́м; to ~ a pen to paper нача́ть писа́ть; to ~ a seal to ста́вить печа́ть 13) укла́дывать (*волосы*) 14) сти́скивать, сжима́ть (*зубы*) 15) назнача́ть, устана́вливать, определя́ть (*цену, время и т. п.*); to ~ the value of smth. at a certain sum оцени́ть что-л.; установи́ть це́ну чего́-л.; to ~ bounds (to) ограни́чивать; to ~ a limit (to) положи́ть преде́л, пресе́чь 16) задава́ть

(*работу, задачу*); to ~ to work усади́ть за де́ло; you have ~ me a difficult job вы за́дали мне тру́дную зада́чу; to ~ oneself a task поста́вить пе́ред собо́й зада́чу 17) подава́ть (*пример*) 18) сиде́ть (*о платье*) 19) сади́ться, заходи́ть (*о солнце, луне*; *тж. перен.*); his star has ~ его́ звезда́ закати́лась 20) положи́ть на му́зыку (*тж.* ~ to music) 21) де́лать твёрдым, густы́м, про́чным; to ~ milk for cheese створа́живать молоко́ для сы́ра 22) тверде́ть, застыва́ть, затвердева́ть; схва́тываться (*о цементе, бетоне*); the jelly has (*или* is) ~ желе́ засты́ло 23) офо́рмиться, сложи́ться; приня́ть определённые очерта́ния; his character has (*или* is) ~ у него́ уже́ вполне́ сложи́вшийся хара́ктер 24) завя́зываться (*о плоде*) 25) коро́биться 26) де́лать сто́йку (*о собаке*) 27) *мор.* пеленгова́ть 28) *мор.* тяну́ть (*такелаж*) 29) *полигр.* набира́ть 30) *стр.* производи́ть кла́дку □ ~ **about** а) начина́ть, приступа́ть к *чему-л.*; б) побужда́ть (*кого-л.*) нача́ть; в) *разг.* напа́сть, нача́ть дра́ку с *кем-л.*; г) распространя́ть (*слух*); ~ **against** а) противопоставля́ть; б) восстана́вливать про́тив *кого-л.*; ~ **apart** а) откла́дывать в сто́рону; б) приберега́ть; в) отделя́ть; г) разнима́ть (*дерущихся*); ~ **aside** а) откла́дывать; б) отверга́ть, оставля́ть без внима́ния; в) аннули́ровать; ~ **at** а) напада́ть, набра́сываться на; б) натра́вливать на; ~ **back** а) препя́тствовать, заде́рживать; б) переводи́ть наза́д стре́лки часо́в; ~ **before** представля́ть, излага́ть (*факты*); ~ **by** откла́дывать, приберега́ть; ~ **down** а) положи́ть, бро́сить (*на землю*); б) отложи́ть; в) выса́живать (*пассажира*); г) запи́сывать, пи́сьменно излага́ть; д) *разг.* осади́ть, обре́зать (*кого-л.*); е): ~ down as счита́ть *чем-л.*; ж) припи́сывать (to — *чему-л.*); ~ **forth** а) излага́ть, объясня́ть; б) отправля́ться в) выставля́ть (напока́з); ~ **forward** а) выдвига́ть (*предложение*); б) отправля́ться; ~ **in** начина́ться; наступа́ть; устана́вливаться; the tide ~ in начался́ прили́в; rain ~ in пошёл обложно́й дождь; установи́лась дождли́вая пого́да; winter has ~ in наступи́ла зима́; ~ **off** а) отмеча́ть; размеча́ть; б) отправля́ть(ся); в) откла́дывать; г) уравнове́шивать; д) противопоставля́ть; е) выделя́ть(ся); оттеня́ть; the frame ~s off the picture карти́на в э́той ра́ме выи́грывает; ж) пуска́ть (*ракету*); з) побуди́ть к *чему-л.*; to ~ off laughing рассмеши́ть; ~ **on** а) подстрека́ть; натра́вливать; б) напада́ть; в) навести́ (*на след*); ~ **out** а) выставля́ть напока́з; б) выставля́ть на прода́жу; в) излага́ть; г) отпра́виться, вы́ехать, вылета́ть; д) намерева́ться; ~ **over** ста́вить во главе́; ~ **to** а) вступа́ть в бой; б) бра́ться за (*работу, еду*); to ~ oneself to smth. принима́ться за что-л.; ~ **up** а) воздвига́ть; б) учрежда́ть; в) осно́вывать, открыва́ть (*дело, предприятие и т. п.*); г) возвы́сить(ся) (over — над *кем-л.*); д) вызыва́ть (*что-л.*); причиня́ть (*боль и т. п.*); е) снабжа́ть, обеспе́чивать (in, with — *чем-л.*); ж) поднима́ть (*шум*); з) выдвига́ть (*теорию*); и) восстана́вливать си́лы, оживля́ть; к) *полигр.* набира́ть; л) тренирова́ть; физи́чески развива́ть; ~ **up for** выдава́ть себя́ за *кого-л.*; he ~s up for a scholar он претенду́ет на учёность; ~ **upon** = ~ on; ~ **with** усыпа́ть (*блёстками, цветами и т. п.*) ◇ to ~ oneself against (a proposal, *etc.*) реши́тельно воспроти́виться (приня́тию предложе́ния *и т. п.*); to ~ on foot пусти́ть в ход, нача́ть, организова́ть; to ~ smb. on his feet поста́вить кого́-л. на́ ноги; помо́чь кому́-л. в дела́х; to ~ one's mind on smth. стра́стно жела́ть чего́-л.; стреми́ться к чему́-л.; to ~ one's hopes on smb., smth. возлага́ть наде́жды на кого́-л., что-л.; to ~ one's life on a chance рискова́ть жи́знью; to ~ much by smth. (высоко́) цени́ть что-л.; to ~ little by smth. быть невысо́кого мне́ния о чём-л.; this man will never ~ the Thames on fire ≅ э́тот челове́к по́роха не вы́думает; to ~ eyes on уви́деть

**seta** [ˈsiːtə] *n* (*pl* -tae) *бот., зоол.* щети́н(к)а

**setaceous** [si(ː)ˈteɪʃəs] *a бот., зоол.* щети́нистый

**setae** [ˈsiːtiː] *pl от* seta

**set-back** [ˈsetbæk] *n* 1) заде́ржка (*развития и т. п.*); регре́сс; препя́тствие 2) неуда́ча; to suffer a ~ потерпе́ть неуда́чу

**set-down** [ˈsetˈdaun] *n* 1) отпо́р; ре́зкий отка́з 2) упрёк; вы́говор

**set-off** [ˈsetˈɔf] *n* 1) украше́ние 2) контра́ст; противопоставле́ние, противове́с 3) *стр.* усту́п, вы́ступ

**setose** [ˈsiːtəus] = setaceous

**set-out** [setˈaut] *n* 1) нача́ло; at the first ~ в са́мом нача́ле 2) вы́ставка; витри́на 3) накры́тый стол; заку́ска «а-ля́ фурше́т» 4) приём госте́й

**set screw** [ˈsetskruː] *n тех.* устано́вочный винт

**set square** [ˈsetskweə] *n* уго́льник

**sett** [set] *n* брусча́тка, ка́менная ша́шка

**settee** [seˈtiː] *n* дива́н

**setter** [ˈsetə] *n* 1) се́ттер (*собака*) 2) разво́дка (*для пилы*) 3) механи́зм для устано́вки 4) устано́вщик

**setting** [ˈsetɪŋ] **1.** *pres. p. от* set I, 3

**2.** *n* 1) окружа́ющая обстано́вка, окруже́ние 2) декора́ции и костю́мы; худо́жественное оформле́ние (*спектакля*) 3) опра́ва (*камня*) 4) му́зыка на слова́ (*стихотворения*) 5) сочине́ние му́зыки на слова́ (*стихотворения*) 6) захо́д (*солнца*) 7) кла́дка (*каменная*) 8) сгуще́ние, затвердева́ние, застыва́ние; схва́тывание (*цемента*) 9) регули́рование, устано́вка; пуск в ход 10) *стр.* оса́дка, оседа́ние фунда́мента

**setting-rule** [ˈsetɪŋruːl] *n полигр.* набо́рная лине́йка

**setting-stick** [ˈsetɪŋstɪk] *n полигр.* верста́тка

**setting-up** [ˈsetɪŋˈʌp] *n тех.* сбо́рка, монта́ж

**settle** I [ˈsetl] *n* скамья́ (-ларь)

**settle** II [ˈsetl] *v* 1) посели́ть(ся), водвори́ть(ся), обоснова́ться (*тж.* ~ down) 2) регули́ровать(ся); приводи́ть(ся) в поря́док; ула́живать(ся); устана́вливать(ся); to ~ one's affairs а) устро́ить свои́ дела́; б) соста́вить завеща́ние; things will soon ~ into shape положе́ние ско́ро определи́тся 3) успока́ивать(ся) (*тж.* ~ down); to ~ (one's) nerves успока́иваться 4) уса́живать(ся); укла́дывать(ся); устра́ивать(ся); to ~ oneself in the arm-chair усе́сться в кре́сло; to ~ an invalid among the pillows усади́ть больно́го в поду́шках 5) бра́ться за определённое де́ло (*часто* ~ down) 6) реша́ть, назнача́ть, определя́ть; приходи́ть *или* приводи́ть к реше́нию; to ~ smb.'s doubts разреши́ть чьи-л. сомне́ния; that ~s the matter (*или* the question) вопро́с исче́рпан; to ~ the day определи́ть срок, назна́чить день 7) заселя́ть, колонизи́ровать 8) отста́иваться; осажда́ться, дава́ть оса́док 9) оседа́ть, опуска́ться ко дну; сади́ться; the dust ~ed on everything всё покры́лось пы́лью 10) дава́ть отстоя́ться; очища́ть от му́ти 11) разде́лываться; to ~ smb.'s hash разде́латься с кем-л., уби́ть кого́-л.; погуби́ть кого́-л. 12) опла́чивать (счёт); распла́чиваться; to ~ an old score свести́ ста́рые счёты 13) *юр.* закрепля́ть (*за кем-л.*); завеща́ть; to ~ an annuity on smb. назна́чить ежего́дную ре́нту кому́-л. □ ~ **down** а) посели́ть(ся), обоснова́ться; б) успоко́иться; остепени́ться; угомони́ться; в) устро́иться, привы́кнуть к окружа́ющей обстано́вке; to ~ down to married life обзавести́сь семьёй; г) приступа́ть (*к чему-л.*); бра́ться (*за что-л.*); the boy couldn't ~ down to his homework ма́льчик ника́к не мог сесть за уро́ки; ~ **in** всели́ть(-ся)

**settled** [ˈsetld] **1.** *p. p. от* settle II

**2.** *a* 1) усто́йчивый 2) твёрдый, определённый; a man of ~ convictions челове́к твёрдых убежде́ний 3) постоя́нный; ~ melancholy постоя́нная грусть 4) осе́длый 5) споко́йный, уравнове́шенный

**settlement** [ˈsetlmənt] *n* 1) поселе́ние, коло́ния 2) заселе́ние, колониза́ция 3) *ист.* се́ттльмент (*европейский квартал в некоторых городах стран Востока*) 4) упла́та, расчёт 5) оса́дка (*грунта*); оседа́ние 6) урегули́рование; реше́ние; to tear up the ~ порва́ть (*или* нару́шить) соглаше́ние 7) да́рственная за́пись; Act of S. зако́н о престолонасле́дии в Англии (*1701 г.*) 8) небольшо́й посёлок, гру́ппа домо́в

**settler** ['setlə] *n* 1) поселе́нец 2) *sl.* реша́ющий до́вод; реша́ющий уда́р 3) *тех.* отсто́йник; сепара́тор

**settling** ['setlıŋ] **1.** *pres. p. от* settle II

**2.** *n* 1) (*обыкн. pl*) оса́док, отсто́й; налёт 2) стабилиза́ция

**settling-day** ['setlıŋ'deı] *n* расчётный день (*на бирже*)

**set-to** ['set'tu:] *n* (*pl* -tos, -to's [-tu:z]) *разг.* 1) кула́чный бой; схва́тка 2) шу́мная ссо́ра

**set-up** ['setʌp] **1.** *n* 1) оса́нка; конститу́ция 2) организа́ция, устро́йство; систе́ма, структу́ра 3) *разг.* положе́ние, ситуа́ция 4) *разг.* соревнова́ние, рассчи́танное на лёгкую побе́ду 5) план, прое́кт

**2.** *a* 1) сложённый (*о человеке*); a well ~ figure стро́йная фигу́ра 2) весёлый; навеселе́

**seven** ['sevn] **1.** *num. card.* семь

**2.** *n* 1) семёрка 2) *pl* седьмо́й но́мер (*размер перчаток и т. п.*)

**sevenfold** ['sevnfəuld] **1.** *a* семикра́тный

2. *adv* в семь раз (бо́льше)

**seven-league** ['sevn'li:g] *a*: ~ steps *разг.* ≅ семими́льные шаги́

**seventeen** ['sevn'ti:n] *num. card.* семна́дцать

**seventeenth** ['sevn'ti:nθ] **1.** *num. ord.* семна́дцатый

**2.** *n* 1) семна́дцатая часть 2) (the ~) семна́дцатое число́

**seventh** ['sevnθ] **1.** *num. ord.* седьмо́й

**2.** *n* 1) седьма́я часть 2) (the ~) седьмо́е число́

**seventies** ['sevntız] *n pl* 1) (the ~) семидеся́тые го́ды 2) се́мьдесят лет; восьмо́й деся́ток (*возраст между 70 и 79 годами*)

**seventieth** ['sevntııθ] **1.** *num. ord.* семидеся́тый

**2.** *n* семидеся́тая часть

**seventy** ['sevntı] **1.** *num. card.* се́мьдесят; ~-one се́мьдесят оди́н; ~-two се́мьдесят два *и т. д.*; he is over ~ ему́ за се́мьдесят

**2.** *n* се́мьдесят (*единиц, штук*)

**sever** ['sevə] *v* 1) разъединя́ть, отделя́ть, разлуча́ть; to ~ oneself from отдели́ться, отколо́ться от 2) рва́ть (-ся); перереза́ть; отруба́ть; отка́лывать 3) разрыва́ть, порыва́ть (*отношения*); to ~ a friendship порва́ть дру́жбу; to ~ diplomatic relations разорва́ть дипломати́ческие отноше́ния

**several** ['sevrəl] *a* **1.** 1) не́сколько; ~ people не́сколько челове́к 2) отде́льный, осо́бый, свой; they went their ~ ways ка́ждый из них пошёл свое́й доро́гой; each has his ~ ideal у ка́ждого свой идеа́л; collective and ~ responsibility солида́рная и ли́чная отве́тственность; the ~ members of the Board отде́льные чле́ны правле́ния

**2.** *как сущ.* не́сколько, не́которое коли́чество; ~ of you не́которые из вас

**severance** ['sevərəns] *n* 1) отделе́ние, разделе́ние, разры́в 2) *attr.*: ~ pay выходно́е посо́бие

**severe** [sı'vıə] *a* 1) стро́гий, суро́вый; ~ punishment суро́вое наказа́ние; to be ~ with относи́ться со стро́гостью к; to be ~ upon критикова́ть, брани́ть 2) жесто́кий, тяжёлый (*о болезни, утрате и т. п.*); ~ loss кру́пный убы́ток 3) ре́зкий, си́льный; ~ storm си́льный шторм; ~ weather суро́вая пого́да; ~ headache си́льная головна́я боль; ~ competition жесто́кая конкуре́нция 4) стро́гий, просто́й, сжа́тый (*о стиле, манерах, одежде и т. п.*); ~ pattern незате́йливый узо́р 5) е́дкий, саркасти́ческий 6) тру́дный; ~ test тяжёлое испыта́ние

**severely** [sı'vıəlı] *adv* стро́го *и пр.* [*см.* severe]; to leave (*или* to let) ~ alone оста́вить без внима́ния в знак неодобре́ния; *шутл.* оста́вить в поко́е (*что-л. трудное*)

**severity** [sı'verıtı] *n* 1) стро́гость, суро́вость; жесто́кость 2) *pl* тру́дности, тя́готы (*испытаний и т. п.*)

**Sèvres** [seıvr] *n* се́врский фарфо́р

**sew I** [səu] *v* (sewed [-d]; sewed, sewn) шить, сшива́ть, зашива́ть, пришива́ть □ ~ **down** пришива́ть; ~ **in** вшива́ть; to ~ in a patch наложи́ть запла́т(к)у; ~ **on** = ~ down; ~ **together** сшива́ть; ~ **up** а) зашива́ть; б) *разг.* полностью контроли́ровать ◇ ~ed up *sl.* пья́ный

**sew II** [sju:] *v* 1) спуска́ть (*воду*) 2): to be ~ed up *мор.* стоя́ть на мели́

**sewage** ['sju(:)ıdʒ] *n* сто́чные во́ды; нечисто́ты

**sewage-farm** ['sju(:)ıdʒfa:m] *n* поля́ ороше́ния

**sewer I** ['səuə] *n* швец; швея́

**sewer II** ['sjuə] **1.** *n* колле́ктор, канализацио́нная труба́; сто́чная труба́

**2.** *v* обеспе́чивать канализа́цией

**sewer III** ['sjuə] *n ист.* мажордо́м

**sewerage** ['sjuərıdʒ] *n* канализа́ция

**sewing-cotton** ['səuıŋ,kɔtn] *n* бума́жная ни́тка

**sewing kit** ['səuıŋ'kıt] *n воен.* набо́р принадле́жностей для почи́нки обмундирова́ния

**sewing-machine** ['səuıŋmə,ʃi:n] *n* шве́йная маши́на

**sewing silk** ['səuıŋsılk] *n* кручёные шёлковые ни́тки

**sewn** [səun] *p. p. от* sew I

**sex** [seks] *n* 1) *биол.* пол; the weaker ~ сла́бый пол, же́нщины; the sterner (*или* stronger) ~ си́льный пол, мужчи́ны; the ~ *шутл.* же́нщины 2) секс 3) *attr.* полово́й, сексуа́льный; ~ instinct полово́й инсти́нкт; ~ intergrade гермафроди́т

**sexagenarian** [,seksədʒı'nɛərıən] **1.** *a* шестидесятиле́тний (*в возрасте между 59 и 70 годами*)

**2.** *n* челове́к в во́зрасте ме́жду 59 и 70 года́ми

**sexagenary** [sek'sædʒınərı] **1.** *a* 1) относя́щийся к шести́десяти; образу́ющий шестьдеся́т; ~ cycle шестидесятиле́тний *или* шестидесятидне́вный пери́од 2) = sexagenarian 1

**2.** *n* = sexagenarian 2

**sexagesimal** [,seksə'dʒesıməl] **1.** *a* шестидеся́тый

**2.** *n* шестидеся́тая часть

**sex appeal** ['seksə,pi:l] *n* физи́ческая, сексуа́льная привлека́тельность (*обыкн. женщины*)

**sexennial** [seks'enjəl] *a* шестиле́тний; происходя́щий ка́ждые шесть лет

**sexiness** ['seksınıs] *n* чу́вственность; сексуа́льность

**sexless** ['sekslıs] *a* 1) беспо́лый 2) холо́дный в сексуа́льном отноше́нии

**sexology** [sek'sɔlədʒı] *n* сексоло́гия

**sextain** ['seksteın] *n прос.* строфа́ из шести́ строк

**sextan** ['sekstən] *мед.* **1.** *a* происходя́щий на шесто́й день; шестидне́вный

**2.** *n* шестидне́вная лихора́дка

**sextant** ['sekstənt] *n* 1) секста́нт 2) шеста́я часть окру́жности

**sextet(te)** [seks'tet] *n муз.* сексте́т

**sexto** ['sekstəu] *n* (*pl* -os [-əuz]) форма́т кни́ги в 1/6 до́лю листа́

**sextodecimo** ['sekstəu'desıməu] *n* (*pl* -os [-əuz]) форма́т кни́ги в 1/16 до́лю листа́

**sexton** ['sekstən] *n* церко́вный сто́рож; понома́рь; моги́льщик

**sextuple** ['sekstjupl] *a* шестикра́тный

**sexual** ['seksjuəl] *a* полово́й, сексуа́льный

**sexy** ['seksı] *a разг.* сексуа́льный, чу́вственный, эроти́ческий

**Seym** [seım] *польск. n* сейм

**sgraffito** [zgra:'fi:təu] *ит. n архит.* сграффи́то

**shabby** ['ʃæbı] *a* 1) потёртый, нотрёпанный, поно́шенный 2) обноси́вшийся 3) запу́щенный, захуда́лый, убо́гий (*о доме и т. п.*) 4) жа́лкий, ничто́жный 5) ни́зкий, по́длый; ~ treatment гну́сное обраще́ние

**shabby-genteel** ['ʃæbıdʒen,ti:l] *a* стара́ющийся замаскирова́ть бе́дность

**shabrack** ['ʃæbræk] *n* чепра́к

**shack I** [ʃæk] *n* 1) лачу́га, хи́жина 2) бу́дка

**shack II** [ʃæk] *v sl.* 1) жить, прожива́ть (*тж.* ~ up) 2) жить, сожи́тельствовать (*с кем-л.*)

**shackle** ['ʃækl] **1.** *n* 1) (*обыкн. pl*) канда́лы 2) *pl* око́вы, у́зы 3) *тех.* хому́т(ик); соедини́тельная скоба́

**2.** *v* 1) зако́вывать в канда́лы 2) меша́ть, стесня́ть, ско́вывать 3) сцепля́ть, соединя́ть

**shad** [ʃæd] *n* шэд (*западноевропейская сельдь*)

**shadberry** ['ʃædbərı] *n бот.* ирга́

**shaddock** ['ʃædək] *n бот.* помпе́льмус

**shade** [ʃeıd] **1.** *n* 1) тень; полумра́к; light and ~ *жив.* свет и те́ни (*тж. перен.*); to throw (*или* to cast, to put) into the ~ затмева́ть 2) тень, намёк; оттёнок, нюа́нс; незначи́тельное отли́чие; silks in all ~s of blue шёлковые ни́тки всех оттёнков си́него цве́та; people of all ~s of opinion лю́ди са́мых ра́зных убежде́ний; there is not a ~ of doubt нет и те́ни сомне́ния 3) незначи́тельное коли́чество; a ~ better чуть-чу́ть лу́чше 4) *миф., поэт.* беспло́тный дух; тень уме́ршего; among the ~s в ца́рстве тене́й 5) экра́н, щит; абажу́р; стекля́нный колпа́к 6) марки́за, полотня́ный наве́с над витри́ной магази́на 7) *амер.* што́ра 8) защи́тное стекло́ (*на опт. приборе*); бле́нда 9) тень, прохла́да; in the ~ of a tree в тени́ де́рева

2. *v* 1) заслоня́ть от све́та; затеня́ть 2) омрача́ть; затума́нивать 3) штрихова́ть, тушева́ть 4) незаме́тно переходи́ть (into — в *другой цвет*); незаме́тно исчеза́ть (*обыкн.* ~ away, ~ off); смягча́ть (*обыкн.* ~ away, ~ down) 5) *амер.* слегка понижа́ть (*цену*)

**shadoof** [ʃə'du:f] *араб. n* жура́вль (*у колодца*)

**shadow** ['ʃædəu] **1.** *n* 1) тень; to cast a ~ отбра́сывать *или* броса́ть тень; to be afraid of one's own ~ боя́ться со́бственной те́ни; to live in the ~ остава́ться в тени́; the ~s of evening ночны́е те́ни 2) тень, полумра́к; her face was in deep ~ лицо́ её скрыва́лось в глубо́кой тени́; to sit in the ~ сиде́ть в полумра́ке, не зажига́ть огня́ 3) постоя́нный спу́тник; he is his mother's ~ он как тень хо́дит за ма́терью 4) при́зрак; to catch at ~s гоня́ться за при́зраками, мечта́ть о несбы́точном; a ~ of death при́зрак сме́рти; he is a mere ~ of his former self от него́ оста́лась одна́ тень 5) тень, намёк; there is not a ~ of doubt нет ни мале́йшего сомне́ния 6) сень, защи́та 7) шпик ◊ the ~ of a shade не́что соверше́нно нереа́льное

2. *v* 1) *поэт.* осеня́ть, затеня́ть 2) излага́ть тума́нно *или* аллегори́чески (*обыкн.* ~ forth, ~ out) 3) сле́довать по пята́м; та́йно следи́ть 4) омрача́ть 5) предвеща́ть, предска́зывать (*тж.* ~ forth)

**shadow-boxing** ['ʃædəu,bɔksɪŋ] *n* 1) *спорт.* трениро́вочный бой с вообража́емым проти́вником (*в боксе*) 2) показна́я борьба́, ви́димость борьбы́

**shadow cabinet** ['ʃædəu'kæbɪnɪt] *n полит.* «тенево́й кабине́т» (*состав кабинета министров, намечаемый лидерами оппозиции*)

**shadow factory** ['ʃædəu'fæktərɪ] *n* предприя́тие, кото́рое легко́ мо́жет перейти́ с ми́рного произво́дства на вое́нное

**shadowgraph** ['ʃædəugrɑ:f] *n* 1) рентге́новский сни́мок 2) теа́тр тене́й 3) силуэ́т, фигу́ра, образо́ванные те́нью на освещённом экра́не

**shadow pantomime** ['ʃædəu'pæntəmaɪm] *n театр.* представле́ние теа́тра тене́й (*тж.* shadow play)

**shadowy** ['ʃædəuɪ] *a* 1) при́зрачный 2) сму́тный, нея́сный; ~ past тума́нное про́шлое 3) тени́стый, тёмный 4) мра́чный

**shady** ['ʃeɪdɪ] *a* 1) тени́стый 2) сомни́тельный; ~ transaction тёмное де́ло 3) плохо́й; ~ egg несве́жее яйцо́ ◊ on the ~ side of forty (fifty, *etc.*) за́ сорок (за пятьдеся́т *и т. д.*) лет

**shaft** [ʃɑ:ft] *n* 1) дре́вко (*копья*) 2) *поэт.* копьё; стрела́ (*тж. перен.*); ~s of satire стре́лы сати́ры 3) ру́чка, рукоя́тка; черено́к 4) луч (*света*) 5) вспы́шка мо́лнии 6) ствол, сте́бель 7) коло́нна; сте́ржень коло́нны; столб 8) шпиль 9) ды́шло, огло́бля 10) печна́я труба́ 11) *горн.* ша́хта, ствол ша́хты 12) *тех.* вал, ось, шпи́ндель

**shaft furnace** ['ʃɑ:ft'fə:nɪs] *n тех.* ша́хтная печь

**shaft-horse** ['ʃɑ:fthɔ:s] *n* коренна́я ло́шадь, коренни́к

**shafting** ['ʃɑ:ftɪŋ] *n тех.* трансмиссио́нная переда́ча

**shag I** [ʃæg] *n* таба́к ни́зшего со́рта; махо́рка

**shag II** [ʃæg] *n зоол.* бакла́н хохла́тый *или* длинноно́сый

**shaggy** ['ʃægɪ] *a* 1) косма́тый, лохма́тый; волоса́тый; ~ eyebrows мохна́тые бро́ви 2) ворси́стый, с начёсом 3) шерша́вый, шерохова́тый 4) *перен.* неопря́тный; гру́бый, неотёсанный

**shaggy-dog story** ['ʃægɪ'dɔg,stɔ:rɪ] *n sl.* 1) дли́нный и ску́чный анекдо́т (*весь юмор которого заключается в его нелепости*) 2) анекдо́т, де́йствующими ли́цами кото́рого явля́ются живо́тные

**shagreen** [ʃæ'gri:n] *n* шагре́нь

**shah** [ʃɑ:] *перс. n* шах

**shake** [ʃeɪk] **1.** *n* 1) встря́ска; to give smth. a good ~ хороше́нько встряхну́ть что-л.; with a ~ of the head покача́в голово́й 2) *разг.* потрясе́ние, шок 3) = earthquake 4) дрожь; дрожа́ние; вибра́ция; all of a ~ дрожа́ 5): the ~s *разг.* а) лихора́дка, озно́б; б) страх; to give smb. the ~s нагна́ть на кого́-л. стра́ху 6) тре́щина, щель 7) *разг.* мгнове́ние; in a brace of ~s, in two ~s в оди́н миг 8) морозо́бо́ина 9) *муз.* трель ◊ no great ~s нева́жный, нестоя́щий

2. *v* (shook; shaken) 1) трясти́(сь); встря́хивать; сотряса́ть(ся); кача́ть (-ся); to ~ hands пожа́ть друг дру́гу ру́ки; обменя́ться рукопожа́тием; to ~ smb. by the hand пожа́ть кому́-л. ру́ку; to ~ oneself free from smth. стряхну́ть с себя́ что-л.; to ~ one's head покача́ть голово́й (*в знак неодобрения или отрицания*; at, over); to ~ one's sides трясти́сь от сме́ха; to ~ dice встря́хивать ко́сти в руке́ (*перед тем, как бросить*) 2) дрожа́ть; to ~ with fear (cold) дрожа́ть от стра́ха (хо́лода) 3) потряса́ть, волнова́ть 4) поколеба́ть, осла́бить □ ~ **down** а) стря́хивать (*плоды с дерева*); б) разруша́ть (*дом*); в) постила́ть (*на полу — солому, одеяло и т п.*); г) утряса́ть(ся); д) осво́иться; сжи́ться; е) вымога́ть (де́ньги); заста́вить раскоше́литься; ~ **off** а) стря́хивать (*пыль*); to ~ off the dust from one's feet отрясти́ прах от ног свои́х; б) избавля́ться; to ~ off a bad habit избавиться от дурно́й привы́чки; ~ **out** а) вытря́хивать; to ~ smth. out of one's head вы́бросить что-л. из головы́; отмахну́ться от непри́ятной мы́сли о чём-л.; б) развёртывать (*парус, флаг*); *в*): to ~ out into a fighting formation *воен.* разверну́ться в боево́й поря́док; ~ **up** а) встря́хивать; взба́лтывать; б) *перен.* расшевели́ть; в) раздража́ть ◊ to ~ in one's shoes дрожа́ть от стра́ха; to ~ a leg *разг.* а) танцева́ть; б) торопи́ться; ~ a leg! живе́й!, живе́й повора́чивайся!; to ~ the plum-tree *амер. разг.* предоставля́ть госуда́рственные до́лжности за полити́ческие услу́ги

**shakedown** ['ʃeɪkdaun] *n* 1) импровизи́рованная посте́ль (*из соломы и т. п.*) 2) *амер.* вымога́ние (*денег*) 3) *attr. мор.*: ~ cruise пе́рвый рейс, про́бное пла́вание

**shaken** ['ʃeɪkən] *p. p. от* shake 2

**shaker** ['ʃeɪkə] *n* 1) (S.) ше́кер (*член американской религиозной секты*) 2) *тех.* вибрацио́нный гро́хот 3) ше́йкер, сосу́д для приготовле́ния кокте́йля

**Shakespearian** [ʃeɪks'pɪərɪən] *a* шекспи́ровский; ~ scholar шекспирове́д

**shake-up** ['ʃeɪk'ʌp] *n* 1) встря́ска 2) перемеще́ние должностны́х лиц

**shako** ['ʃækəu] *n* (*pl* -os [-əuz]) *воен.* ки́вер

**shaky** ['ʃeɪkɪ] *a* 1) ша́ткий, нетвёрдый; to feel ~ чу́вствовать себя́ пло́хо, неуве́ренно; to be ~ on one's pins нетвёрдо держа́ться на нога́х 2) трясу́щийся; дрожа́щий, вибри́рующий 3) тря́ский 4) ненадёжный, сомни́тельный 5) тре́снувший, растре́скавшийся (*о дереве*)

**shale** [ʃeɪl] *n мин.* (гли́нистый) сла́нец, сланцева́тая гли́на

**shale-oil** ['ʃeɪl'ɔɪl] *n* сла́нцевый дёготь

**shall** [ʃæl (*полная форма*); ʃəl, ʃl (*редуцированные формы*)] *v* (should) 1) *вспомогательный глагол; служит для образования будущего времени в 1 л. ед. и мн. ч.*: I ~ go я пойду́ 2) *модальный глагол; выражает решимость, приказание, обещание, угрозу во 2 и 3 л. ед. и мн. ч.*: you ~ not catch me again я вам не дам себя́ пойма́ть сно́ва; he ~ be told about it ему́ непреме́нно ска́жут об э́том; they ~ not pass! они́ не пройду́т!; you ~ pay for this! ты за э́то запла́тишь!

**shalloon** [ʃə'lu:n] *n* лёгкая камво́льная са́ржа «шаллу́н»

**shallop** ['ʃæləp] *n* 1) шлюп, я́лик 2) *поэт.* ло́дка, ладья́

**shallot** [ʃəˈlɔt] *n бот.* шалóт (*лук*)
**shallow** [ˈʃæləu] 1. *a* 1) мéлкий; ~ draft *мор.* небольшáя осáдка 2)повéрхностный, пустóй; ~ mind повéрхностный, неглубóкий ум
2. *n* мéлкое мéсто, мель; óтмель
3. *v* 1) мелéть 2) уменьшáть глубинý
**shalt** [ʃælt] *уст. 2-е л. ед. ч. настоящего времени гл.* shall
**sham** [ʃæm] 1. *n* 1) притвóрство 2) обмáн, мошéнничество 3) поддéлка 4) притвóрщик, симулянт 5) обмáнщик; мошéнник
2. *a* 1) притвóрный 2) поддéльный, фальшúвый; ~ diamond поддéльный бриллиáнт 3) бутафóрский; ~ battle *амер.* показнóй, учéбный бой 4) притворя́ющийся, прикúдывающийся; ~ doctor врач-шарлатáн
3. *v* притворя́ться, прикúдываться, симулúровать; to ~ illness притворя́ться больны́м; he ~med dead (*или* death) он притворúлся мёртвым ◇ to ~ Abraham притворя́ться больны́м, симулúровать
**shaman** [ˈʃæmən] *n* шамáн
**shamble** [ˈʃæmbl] 1. *n* неуклю́жая похóдка
2. *v* волочúть нóги, тащúться
**shambles** [ˈʃæmblz] *n* (*употр. с гл. в ед. ч.*) 1) бóйня 2) разрушéния, руúны; to turn cities into ~ превратúть городá в руúны 3) *разг.* кавардáк
**shame** [ʃeɪm] 1. *n* 1) стыд; ~!, for ~!, fie, for ~! сты́дно!; ~ on you! как вам не сты́дно!; to think ~ to do smth. постыдúться сдéлать что-л. 2) позóр; to put to ~ посрамúть; to bring to ~ опозóрить; to bring ~ to (*или* on, upon) smb. покры́ть позóром когó-л. 3) досáда; неприя́тность; it is a ~ he is so clumsy жаль, что он так нелóвок; what a ~ you can't come earlier какáя досáда, что вы не мóжете прийтú порáньше
2. *v* 1) стыдúть; пристыдúть; to ~ a man into apologizing пристыдúть человéка и застáвить егó извинúться 2) посрамúть; позóрить ◇ to tell (*или* to say) the truth and ~ the devil сказáть всю прáвду
**shamefaced** [ˈʃeɪmfeɪst] *a* 1) застéнчивый, рóбкий, стыдлúвый 2) *поэт.* скрóмный, незамéтный (*о цветке и т. п.*)
**shameful** [ˈʃeɪmful] *a* позóрный; скандáльный
**shameless** [ˈʃeɪmlɪs] *a* бессты́дный; ~ liar нáглый лжец
**shammer** [ˈʃæmə] *n* притвóрщик, симулянт
**shammy** [ˈʃæmɪ] *n* зáмша
**shammy-leather** [ˈʃæmɪˌleðə] = shammy
**shampoo** [ʃæmˈpu:] 1. *n* 1) шампýнь 2) мытьё головы́
2. *v* (shampooed [-d], shampoo'd [-d]) 1) мыть (*голову*) 2) *уст.* массúровать
**shamrock** [ˈʃæmrɔk] *n* 1) *бот.* кислúца обыкновéнная 2) *бот.* клéвер ползýчий 3) трилúстник (*эмблема Ирландии*)
**shandrydan** [ˈʃændrɪdæn] *n шутл.* вéтхая колымáга
**shandy(gaff)** [ˈʃændɪ(gæf)] *n* смесь простóго пúва с имбúрным *или* с лимонáдом
**shanghai** [ʃæŋˈhaɪ] *v sl.* 1) опоúв, отпрáвить матрóсом в плáвание 2) *амер.* добúться (*чего-л.*) нечéстным путём *или* принуждéнием
**Shangri-La** [ˈʃæŋgrɪ(:)ˈlɑ:] *n* 1) рáйский уголóк 2) *амер.* секрéтная воéнно-воздýшная бáза 3) *амер.* засекрéченный райóн
**shank** [ʃæŋk] 1. *n* 1) гóлень 2) ногá 3) плюснá 4) ýзкая часть подóшвы мéжду каблукóм и стопóй 5) стéржень; ствол 6) черенóк, хвостовúк (*инструмента*) 7) трýбка (*ключа*) 8) веретенó (*якоря*) 9) нóжка (*литеры*) 10) *амер. разг.* остáток; остáвшаяся часть; the ~ of the evening конéц вéчера ◇ on Shanks's mare (*или* pony) на своúх на двоúх, пешкóм
2. *v* опадáть (*обыкн.* ~ off)
**shan't** [ʃɑ:nt] *сокр. разг.* = shall not
**shantung** [ʃænˈtʌŋ] *n текст.* род чесучú
**shanty** I [ˈʃæntɪ] *n* хибáрка, лачýга
**shanty** II [ˈʃæntɪ] *n* хоровáя рабóчая пéсня матрóсов
**shape** [ʃeɪp] 1. *n* 1) фóрма, очертáние; вид; óбраз; in the ~ of smth. в фóрме чегó-л.; a reward in the ~ of a sum of money наградá в вúде сýммы дéнег; spherical in ~ сферúческий по фóрме; in no ~ or form а) ни в какóм вúде; б) никóим óбразом 2) определённая, необходúмая фóрма; поря́док; to get one's ideas into ~ привестú в поря́док своú мы́сли; to put into ~ а) придавáть фóрму; б) приводúть в поря́док; to take ~ приня́ть определённую фóрму, воплотúться 3) прúзрак 4) *разг.* состоя́ние, положéние; in bad ~ в плохóм состоя́нии; to be in good (bad) ~ быть в хорóшей (плохóй) спортúвной фóрме; to keep oneself in ~ сохраня́ть хорóшую фóрму 5) образéц, модéль, шаблóн 6) фóрма (*для торта, желе и т. п.*) 7) фигýра
2. *v* 1) создавáть, дéлать (*из чего-л.*) 2) придавáть фóрму, формировáть; дéлать по какóму-л. образцý; to ~ into a ball придавáть фóрму шáра; to ~ one's course устанáвливать курс; брать курс 3) принимáть фóрму, вид; получáться; to ~ well склáдываться удáчно 4) приспосáбливать (to) 5) *уст.* кроúть
**shaped** [ʃeɪpt] 1. *p. p. от* shape 2
2. *a* имéющий определённую фóрму; ~ like a pear грушевúдный
**-shaped** [-ʃeɪpt] *в сложных словах означает* имéющий *такую-то* фóрму; *напр.*: cone-shaped конусообрáзный
**shapeless** [ˈʃeɪplɪs] *a* бесфóрменный
**shapely** [ˈʃeɪplɪ] *a* хорошó сложённый; стрóйный; приятной фóрмы; a ~ pair of legs красúвые нóги
**shapen** [ˈʃeɪpən] *уст. p. p. от* shape 2
**shaping** [ˈʃeɪpɪŋ] 1. *pres. p. от* shape 2
2. *n* 1) придáние фóрмы 2) *тех.* фасонúрование
**shaping-machine** [ˈʃeɪpɪŋməˌʃi:n] *n* поперéчно-строгáльный станóк, шéпинг
**shard** [ʃɑ:d] *n* надкры́лье (*жука*)
**share** I [ʃɛə] 1. *n* 1) дóля, часть; he has a large ~ of self-esteem у негó óчень рáзвито чýвство сóбственного достóинства; to go ~s in smth. with smb. делúться чем-л. с кем-л. пóровну 2) учáстие; he does more than his ~ of the work он дéлает бóльше, чем дóлжен (*или* чем от негó трéбуется) 3) áкция; пай; on ~s на паях; preferred ~s привилегирóванные áкции ◇ ~ and ~ alike на рáвных правáх; ~s! чур, пóровну!
2. *v* 1) делúть(ся), распределя́ть (*тж.* ~ out); to ~ money among five men поделúть дéньги на пять человéк; they ~d the secret онú бы́ли посвящены́ в э́ту тáйну; he would ~ his last penny with me он поделúлся бы со мной послéдним пéнсом; to ~ a room with smb. жить в однóй кóмнате с кем-л. 2) учáствовать; быть пáйщиком (*тж.* ~ in); to ~ profits учáствовать в прúбылях 3) разделя́ть (*мнение, вкусы и т. п.*)
**share** II [ʃɛə] *n* лéмех, сошнúк (*плуга*)
**share bone** [ˈʃɛəbəun] *n анат.* лобкóвая кость
**sharecropper** [ˈʃɛəˌkrɔpə] *n амер.* испóльщик; издóльщик
**shareholder** [ˈʃɛəˌhəuldə] *n* акционéр; пáйщик
**share-list** [ˈʃɛəlɪst] *n* 1) фóндовая курсовáя таблúца 2) спúсок áкций
**share-out** [ˈʃɛəraut] *n* распределéние дохóда
**sharepusher** [ˈʃɛəˌpuʃə] *n разг.* мáклер, занимáющийся распространéнием ненадёжных áкций
**shark** [ʃɑ:k] 1. *n* 1) акýла 2) вымогáтель; мошéнник; шýлер 3) *амер. sl.* блестя́щий знатóк (*чего-л.*)
2. *v* 1) пожирáть 2) мошéнничать; вымогáть
**shark-oil** [ˈʃɑ:kˈɔɪl] *n* акýлий жир
**sharkskin** [ˈʃɑ:kskɪn] *n* 1) акýлья кóжа 2) глáдкая блестя́щая ткань (*обыкн. синтетическая*)
**sharp** [ʃɑ:p] 1. *a* 1) óстрый; остроконéчный, оттóченный 2) определённый, отчётливый (*о различии, очертании и т. п.*) 3) крутóй, рéзкий (*о повороте, подъёме и т. п.*) 4) éдкий, óстрый (*о вкусе*) 5) рéзкий (*о боли, звуке, ветре*); пронзúтельный; ~ frost сúльный морóз 6) óстрый, тóнкий (*о зрении, слухе и т. п.*) 7) кóлкий (*о замечаниях, словах*); раздражúтельный (*о характере*); to have ~ words with smb. крýпно поговорúть с кем-л.

8) жесто́кий (*о борьбе*) 9) о́стрый, проница́тельный, наблюда́тельный 10) продувно́й, хи́трый; недобросо́вестный; he was too ~ for me он меня́ перехитри́л; ~ practice моше́нничество 11) бы́стрый, энерги́чный; ~ work горя́чая рабо́та 12) *муз.* повы́шенный на полто́на; дие́зный ◇ as ~ as a needle о́чень у́мный, проница́тельный

2. *n* 1) ре́зкий, пронзи́тельный звук 2) *муз.* дие́з 3) дли́нная то́нкая шве́йная игла́ 4) *разг.* жу́лик 5) *шутл.* знато́к 6) *pl с.-х.* вы́севки, ме́лкие о́труби

3. *adv* 1) то́чно, ро́вно; at six o'clock ~ ро́вно в 6 часо́в 2) кру́то; to turn ~ round кру́то поверну́ться 3) *муз.* в сли́шком высо́ком то́не ◇ look ~! а) живе́й!; б) смотри́(те) в о́ба!

4. *v* 1) плутова́ть 2) *муз.* ста́вить дие́з

**sharp-cut** [ˈʃɑːpˈkʌt] *a* 1) отто́ченный, о́стрый 2) отчётливый, отто́ченный, чёткий, определённый (*о выражении, формулировке*)

**sharpen** [ˈʃɑːpən] *v* 1) точи́ть, заостря́ть 2) обостря́ть

**sharper** [ˈʃɑːpə] *n* шу́лер, жу́лик

**sharp-eyed** [ˈʃɑːpˈaɪd] *a* облада́ющий о́стрым зре́нием

**sharp-set** [ˈʃɑːpˈset] *a* 1) о́чень голо́дный 2) жа́дный, па́дкий (*на что-л.*) 3) располо́женный под о́стрым угло́м

**sharp-shooter** [ˈʃɑːpˌʃuːtə] *n* ме́ткий стрело́к, сна́йпер

**sharp-witted** [ˈʃɑːpˈwɪtɪd] *a* 1) у́мный, сообрази́тельный 2) остроу́мный

**sharpy** [ˈʃɑːpɪ] *n* 1) острonóсая плоскодо́нная шлю́пка 2) шу́лер, моше́нник

**shatter** [ˈʃætə] 1. *v* 1) разби́ть(ся) вдре́безги; раздроби́ть 2) расстра́ивать (*здоровье*); разруша́ть (*надежды*); to ~ confidence подорва́ть дове́рие

2. *n* обло́мок, оско́лок; to be in ~s быть разби́тым вдре́безги

**shatter-brain** [ˈʃætəbreɪn] = scatter-brain

**shave** [ʃeɪv] 1. *n* 1) бритьё; to have a ~ побри́ться; to get a close ~ чи́сто вы́бриться 2): near (*или* narrow) ~ опа́сность, кото́рую с трудо́м удало́сь избежа́ть; he had a close ~ of it, he missed it by a close ~ он был на волосо́к от э́того; we won by a close ~ мы чуть не проигра́ли 3) *разг.* обма́н, мистифика́ция 4) стру́жка; щепа́

2. *v* (shaved [-d]; shaved, shaven) 1) бри́ть(ся) 2) строга́ть; скобли́ть 3) среза́ть, стричь; коси́ть 4) почти́ *или* слегка́ заде́ть; we managed to ~ past нам удало́сь проскользну́ть, не заде́в 5) *разг.* обира́ть 6) *амер.* сни́зить (*цену*)

**shaveling** [ˈʃeɪvlɪŋ] *n* 1) *уст.* «бри́тый» (*пренебрежительное прозвище католических монахов*) 2) ю́ноша, юне́ц

**shaven** [ˈʃeɪvn] *p. p. от* shave 2

**shaver** [ˈʃeɪvə] *n* 1) бри́тва; electric ~ электри́ческая бри́тва 2) *разг.* юне́ц, парене́к (*обыкн.* young ~)

**shavetail** [ˈʃeɪvteɪl] *n* 1) необъе́зженный мул 2) *воен. sl.* (мла́дший) лейтена́нт (*тж.* ~ lieutenant)

**Shavian** [ˈʃeɪvjən] 1. *n* после́дователь, покло́нник Берна́рда Шо́у

2. *a* в сти́ле, в мане́ре Шо́у; име́ющий отноше́ние к тво́рчеству *или* ли́чности Берна́рда Шо́у

**shaving** [ˈʃeɪvɪŋ] 1. *pres. p. от* shave 2

2. *n* 1) бритьё 2) *pl* стру́жка 3) *тех.* шевингова́ние (*зубчатых колёс*); обре́зка (*заусенцев*)

**shaving-brush** [ˈʃeɪvɪŋbrʌʃ] *n* ки́сточка для бритья́

**shaving-cream** [ˈʃeɪvɪŋkriːm] *n* крем для бритья́

**shawl** [ʃɔːl] 1. *n* шаль, плато́к

2. *v* надева́ть плато́к, уку́тывать в шаль

**shawm** [ʃɔːm] *n* средневеко́вый музыка́льный инструме́нт ти́па гобо́я

**shay** [ʃeɪ] *n шутл., разг.* фаэто́н

**she** [ʃiː] 1. *pron pers.* 1) она́ (*о существе женского пола, тж. о некоторых неодушевлённых предметах при персонификации; косв. п.* her её *и т. п.*); *косв. п. употр. в разговорной речи как именит. п.*: that's her э́то она́ 2) *поэт.* та (кото́рая); ~ of the golden hair та с золоти́стыми волоса́ми

2. *n* же́нщина; the not impossible ~ бу́дущая избра́нница

**she-** [ʃiː-] *в сложных словах означает самку животного; напр.*: she-goat коза́; she-wolf волчи́ца

**shea** [ʃɪə] *n бот.* ма́сляное де́рево (*тж.* shea tree)

**sheading** [ˈʃiːdɪŋ] *n* о́круг (*на о-ве Мэн*)

**sheaf** [ʃiːf] 1. *n* (*pl* sheaves) 1) сноп; вяза́нка 2) па́чка, свя́зка (*бумаг, денег*); пучо́к 3) *воен.* сноп траекто́рий; батаре́йный ве́ер (*тж.* ~ of fire)

2. *v* вяза́ть в снопы́

**sheaf-binder** [ˈʃiːfˌbaɪndə] *n* сноповяза́лка

**shear** [ʃɪə] 1. *n* 1) *pl* но́жницы 2) стри́жка; a sheep of one ~ овца́-однолє́тка 3) *тех.* сдвиг, срез; сре́зывающая си́ла 4) *горн.* вертика́льный вруб (*в забое*) 5) *pl* = shear-legs 1)

2. *v* (sheared [-d], *уст.* shore; shorn, sheared) 1) стричь (*обыкн. овец*) 2) ре́зать; среза́ть 3) лиша́ть чего́-л. (of) 4) (*обыкн. p. p.*) обдира́ть как ли́пку 5) *поэт.* рассека́ть, руби́ть; the sword shore its way меч проложи́л себе́ доро́гу 6) *горн.* де́лать вертика́льный вруб

**-shear** [-ʃɪə] *в сложных словах означает* стри́женный *столько-то раз; напр.*: a two-shear ram двухле́тний бара́н (*дважды стриженный*)

**shear-legs** [ˈʃɪəlegz] *n pl* 1) *мор.* вре́менная стрела́ 2) трено́га

**shearling** [ˈʃɪəlɪŋ] *n* бара́шек по́сле пе́рвой стри́жки

**sheat-fish** [ˈʃiːtfɪʃ] *n* сом

**sheath** [ʃiːθ; *pl* ʃiːðz] *n* 1) но́жны 2) футля́р 3) презервати́в 4) у́зкое, облега́ющее фигу́ру пла́тье 5) *анат.* оболо́чка 6) *зоол.* надкры́лье 7) *тех.* обши́вка

**sheathe** [ʃiːð] *v* 1) вкла́дывать в но́жны, в футля́р 2) заключа́ть в оболо́чку, защища́ть 3) *тех.* обшива́ть

**sheave I** [ʃiːv] *n* 1) тех. шкив, ро́лик 2) шпу́ля, кату́шка 3) *с.-х.* костра́

**sheave II** [ʃiːv] = sheaf 2

**sheaves** [ʃiːvz] *pl от* sheaf 1

**shebang** [ʃɪˈbæŋ] *n амер. разг.* 1) лачу́га, хиба́рка 2) заведе́ние 3) де́ло 4) вещь; приспособле́ние

**shebeen** [ʃɪˈbiːn] *шотл., ирл. n* каба́к, где незако́нно торгу́ют спиртны́ми напи́тками

**shed I** [ʃed] *v* (shed) 1) роня́ть, теря́ть (*зубы, шерсть, волосы, листья*); сбра́сывать (*одежду, кожу*) 2) пролива́ть, лить (*слёзы, кровь*) 3) распространя́ть; излуча́ть (*свет, тепло и т. п.*)

**shed II** [ʃed] *n* 1) наве́с, сара́й 2) анга́р; э́ллинг; гара́ж; депо́ 3) *эл.* ю́бка (*изолятора*)

**sheen** [ʃiːn] 1. *n* 1) блеск, сия́ние 2) блестя́щий, сверка́ющий наря́д

2. *a поэт.* краси́вый; блестя́щий

**sheeny** [ˈʃiːnɪ] *a* блестя́щий, сия́ющий

**sheep** [ʃiːp] *n* (*pl без измен.*) 1) овца́, бара́н; to follow like ~ сле́по сле́довать (*за кем-л.*) 2) ро́бкий, засте́нчивый челове́к 3) (*обыкн. pl*) па́ства (*часто шутл.*) 4) шевро́ (*сорт кожи*) ◇ wolf in ~'s clothing волк в ове́чьей шку́ре; the black ~ (of a family) вы́родок (в семье́); to cast (*или* to make) ~'s eyes at smb. броса́ть влюблённые взгля́ды на кого́-л; as well be hanged for a ~ as (for) a lamb ≅ семь бед — оди́н отве́т

**sheep-cote** [ˈʃiːpkəut] = sheep-fold

**sheep-dog** [ˈʃiːpdɔg] *n* овча́рка

**sheep-faced** [ˈʃiːpfeɪst] *a* ро́бкий, засте́нчивый

**sheep-fold** [ˈʃiːpfəuld] *n* заго́н для ове́ц, овча́рня

**sheepish** [ˈʃiːpɪʃ] *a* 1) ро́бкий, засте́нчивый 2) глупова́тый

**sheepman** [ˈʃiːpmən] *n амер.* овцево́д

**sheep-run** [ˈʃiːprʌn] *n* ове́чье па́стбище

**sheepshank** [ˈʃiːpʃæŋk] *n мор.* ко́лышка (*узел для временного укорочения снасти*)

**sheep's-head** [ˈʃiːpshed] *n* «бара́нья голова́», дура́к

**sheepskin** [ˈʃiːpskɪn] *n* 1) овчи́на 2) бара́нья ко́жа 3) перга́мент 4) *амер. студ. разг.* дипло́м

**sheep-walk** [ˈʃiːpwɔːk] *n* ове́чий заго́н

**sheer I** [ʃɪə] 1. *a* 1) су́щий, я́вный 2) абсолю́тный, полне́йший; by ~ force одно́й то́лько си́лой; ~ waste of time совершенно бесполезная трата времени; ~ exhaustion полное истощение; a ~ impossibility абсолютная невозможность 3) отвесный, перпендикулярный 4) прозрачный, лёгкий (*о тканях*) 5) чистый, несмешанный, неразбавленный

2. *adv* 1) полностью, абсолютно 2) отвесно, перпендикулярно

**sheer** II [ʃɪə] *мор.* **1.** *n* 1) отклонение от курса 2) кривизна борта, продольная погибь

2. *v* отклоняться от курса □ ~ **off** убегать, исчезать

**sheer-legs** [ˈʃɪəlegz] = shear-legs 1)

**sheet** I [ʃi:t] **1.** *n* 1) простыня; between the ~s в постели; as white as a ~ бледный как полотно 2) лист (*бумаги, стекла, металла*); листок 3) печатный лист (*тж.* printer's ~) 4) газета 5) широкая полоса, пелена, обширная поверхность (*воды, снега, пламени*) 6) ведомость, таблица 7) *поэт.* парус 8) *геол.* пласт 9) *эл.* пластина коллектора 10) *attr.* листовой; ~ iron (тонкое) листовое железо; ~ rubber листовая резина ◇ clean ~ безупречное прошлое

2. *v* покрывать (простынёй, брезентом, снегом *и т. п.*)

**sheet** II [ʃi:t] *мор.* **1.** *n* шкот ◇ three ~s in (*или* to) the wind, three ~s in the wind's eye *sl.* вдрызг пьяный

2. *v* выбирать шкоты

**sheet-anchor** [ˈʃi:tˌæŋkə] *n* 1) *мор.* запасный становой якорь 2) якорь спасения; единственная надежда

**sheeted** I [ˈʃi:tɪd] **1.** *p. p. от* sheet I, 2

2. *a* 1) покрытый 2) сплошной; ~ rain сплошная пелена дождя

**sheeted** II [ˈʃi:tɪd] *p. p. от* sheet II, 2

**sheeting** I [ˈʃi:tɪŋ] **1.** *pres. p. от* sheet I, 2

2. *n* 1) защитное покрытие 2) простынное полотно

**sheeting** II [ˈʃi:tɪŋ] *pres. p. от* sheet II, 2

**sheet lightning** [ˈʃi:tˌlaɪtnɪŋ] *n* зарница

**sheet music** [ˈʃi:tˌmju:zɪk] *n* небольшое, отдельно изданное музыкальное произведение

**sheet-proofs** [ˈʃi:tpru:fs] *n pl* корректура

**sheik(h)** [ʃeɪk] *араб. n* 1) шейх 2) *sl.* неотразимый мужчина

**shekel** [ˈʃekl] *n* 1) сикель (*др.-евр. мера веса и монета*) 2) *pl разг.* деньги

**sheldrake** [ˈʃeldreɪk] *n зоол.* пеганка

**shelf** [ʃelf] *n* (*pl* shelves) 1) полка 2) уступ; выступ 3) риф; (от)мель, шельф 4) *геол.* бедрок 5) *мор.* привальный брус 6) *attr.*: ~ ice плавающие глыбы прибрежного льда ◇ to lay (*или* to put) on the ~ сдавать в архив; класть под сукно; to be on the ~ а) быть изъятым из употребления; б) быть отстранённым от дел (за ненадобностью); в) остаться в девицах

**shell** [ʃel] **1.** *n* 1) скорлупа, шелуха 2) оболочка; корка 3) раковина 4) панцирь, щит (*черепахи*) 5) остов; каркас 6) гильза (*патрона*); патрон; трубка (*ракеты*) 7) артиллерийский снаряд 8) гроб 9) *тех.* обшивка; кожух 10) *pl sl.* деньги 11) *амер.* шелл, гоночная восьмёрка 12) *attr.* имеющий оболочку; ~ egg натуральное яйцо (*в противоположность яичному порошку и т. п.*) ◇ to come out of one's ~ выйти из своей скорлупы, перестать быть замкнутым, стеснительным; to retire into one's ~ замкнуться в себе, уйти в свою скорлупу

2. *v* 1) очищать от скорлупы; лущить 2) лущиться, шелушиться 3) обстреливать артиллерийским огнём □ ~ **off** шелушиться; ~ **out** а) *воен.* выбивать огнём артиллерии; б) *разг.* раскошеливаться

**shellac** [ʃəˈlæk] **1.** *n* шеллак

2. *v* 1) покрывать шеллаком 2) *амер. sl.* побить, одержать победу в драке

**shellback** [ˈʃelbæk] *n sl.* старый моряк, «морской волк»

**shell crater** [ˈʃelˌkreɪtə] *n* воронка от снаряда

**shelled** [ʃeld] **1.** *p. p. от* shell 2

2. *a* имеющий раковину, панцирь

**shellfish** [ˈʃelfɪʃ] *n* моллюск; ракообразное

**shell-gun** [ˈʃelgʌn] *n воен.* малокалиберная автоматическая пушка

**shell-hit** [ˈʃelhɪt] *n воен.* попадание снаряда

**shell-hole** [ˈʃelhəul] *n* пробоина; воронка от снаряда

**shell-pit** [ˈʃelpɪt] = shell crater

**shell-proof** [ˈʃelpru:f] *a* защищённый от артиллерийского огня, бронированный

**shell-shock** [ˈʃelʃɔk] *n* контузия

**shell-work** [ˈʃelwə:k] *n* украшение из раковин

**shelly** [ˈʃelɪ] *a* 1) изобилующий раковинами 2) похожий на раковину

**shelter** [ˈʃeltə] **1.** *n* 1) приют, кров; убежище; to find (*или* to take) ~ найти себе приют, убежище 2) прикрытие, укрытие; under the ~ (of) под прикрытием, под защитой 3) бомбоубежище

2. *v* 1) приютить, дать приют; служить убежищем, прикрытием; укрывать; прикрывать 2) спрятаться, укрыться (under, in, from)

**sheltered** [ˈʃeltəd] **1.** *p. p. от* shelter 2

2. *a эк.* покровительствуемый; ~ trades отрасли промышленности, свободные от иностранной конкуренции

**shelter tent** [ˈʃeltətent] *n воен.* полевая двухместная палатка

**shelve** [ʃelv] *v* 1) ставить на полку 2) откладывать, класть в долгий ящик 3) увольнять, отстранять от дел 4) оборудовать полками 5) отлого спускаться

**shelved** [ʃelvd] **1.** *p. p. от* shelve

2. *a* 1) находящийся на полке 2) отлогий

**shelves** [ʃelvz] *pl от* shelf

**shepherd** [ˈʃepəd] **1.** *n* 1) пастух; ~'s crook пастушеский посох с крючком 2) пастырь ◇ ~'s pie картофельная запеканка с мясом; ~'s plaid (шерстяная) ткань в мелкую чёрную и белую клетку (*тж.* ~'s check)

2. *v* 1) пасти 2) смотреть, присматривать (*за кем-л.*) 3) вести, гнать (*людей*) 4) держать под наблюдением, следить

**shepherdess** [ˈʃepədɪs] *n* пастушка

**Sheraton** [ˈʃerətn] *n* шератон (*стиль мебели XVIII в.*)

**sherbet** [ˈʃə:bət] *n* шербет

**sherd** [ʃə:d] = shard

**sheriff** [ˈʃerɪf] *n* шериф

**sherry** [ˈʃerɪ] *n* херес

**sherry-cobbler** [ˈʃerɪˌkɔblə] *n* шерри-коблер (*название коктейля*)

**shew** [ʃəu] *v* (shewed [-d]; shewn) = show 2

**shewn** [ʃəun] *p. p. от* shew

**shibboleth** [ˈʃɪbəleθ] *n* 1) устаревшее поверье 2) *амер.* особенность произношения, манера одеваться, привычки, свойственные определённому кругу людей 3) *амер.* модное словечко, имеющее хождение среди определённого круга людей 4) тайный пароль

**shield** [ʃi:ld] **1.** *n* 1) щит 2) защита; защитник 3) *амер.* значок полицейского 4) *тех.* экран ◇ the other side of the ~ другая сторона вопроса

2. *v* 1) защищать, заслонять 2) покрывать, укрывать 3) *тех.* экранировать

**shieling** [ˈʃi:lɪŋ] *n шотл.* 1) пастбище 2) хижина пастуха 3) навес для овец

**shift** [ʃɪft] **1.** *n* 1) изменение, перемещение, сдвиг; ~ of fire *воен.* перенос огня 2) смена, перемена; чередование; ~ of clothes смена белья; ~ of crops севооборот; the ~s and changes of life превратности жизни 3) (рабочая) смена; eight-hour ~ восьмичасовой рабочий день 4) рабочие одной смены 5) средство, способ; the last ~(s) последнее средство 6) уловка, хитрость; to make one's way by ~s изворачиваться; to make (a) ~ а) ухитряться; б) перебиваться кое-как, довольствоваться (with—*чем-л.*); в) обходиться (without — без *чего-л.*) 7) женское платье «рубашка» 8) *уст.* сорочка 9) *геол.* косое смещение 10) *стр.* разгонка швов в кладке

2. *v* 1) перемещать(ся); передвигать(ся); передавать (*другому*); перекладывать (*в другую руку*); to ~ the fire *воен.* переносить огонь 2) перекладывать (*ответственность и т. п.*) 3) менять; to ~ one's lodging переменить квартиру; to ~ one's ground изменить точку зрения; to ~ the scene *театр.* менять декорации 4) меняться; the wind ~ed ветер переменился 5) изворачиваться; ухищряться; to ~

for oneself обходи́ться без посторо́нней по́мощи 6) *тех.* переключа́ть; переводи́ть □ ~ off снима́ть с себя́ (*ответственность и т. п.*); избавля́ться (*от чего-л.*)

**shifting** [ˈʃɪftɪŋ] **1.** *pres. p. от* shift 2

**2.** *a* 1) непостоя́нный, меня́ющийся 2) дви́жущийся; ~ sands дви́жущиеся пески́

**shift-key** [ˈʃɪftkiː] *n* кла́виша в пи́шущей маши́нке для сме́ны реги́стра

**shiftless** [ˈʃɪftlɪs] *a* 1) беспо́мощный, неуме́лый 2) бесхи́тростный 3) лени́вый

**shifty** [ˈʃɪftɪ] *a* 1) изобрета́тельный; ло́вкий 2) изворо́тливый, хи́трый 3) нече́стный, ненадёжный; ~ eyes бе́гающие глаза́

**shikar** [ʃɪˈkɑː] *инд.* **1.** *n* охо́та **2.** *v* охо́титься

**shikaree, shikari** [ʃɪˈkærɪ] *инд. n* охо́тник (-тузе́мец)

**shillelagh** [ʃɪˈleɪlə] *ирл. n* дуби́нка

**shilling** [ˈʃɪlɪŋ] *n* 1) ши́ллинг (*англ. серебряная монета* = $^1/_{20}$ *фунта стерлингов* = *12 пенсам*); every ~ всё до после́днего ши́ллинга 2) *attr.*: ~ shocker = shocker 1) ◇ to cut off with a ~ лиши́ть насле́дства; to take the King's (*или* the Queen's) ~ поступи́ть на вое́нную слу́жбу

**shilling's-worth** [ˈʃɪlɪŋzwəːθ] *n* что-л. сто́имостью в ши́ллинг; на ши́ллинг чего́-л.

**shilly-shally** [ˈʃɪlɪˌʃælɪ] **1.** *n* нереши́тельность

**2.** *a* нереши́тельный

**3.** *v* колеба́ться, быть нереши́тельным

**shim** [ʃɪm] *тех.* **1.** *n* 1) клин 2) то́нкая прокла́дка 3) ша́йба

**2.** *v* закли́нивать

**shimmer** [ˈʃɪmə] **1.** *n* мерца́ние; мерца́ющий свет

**2.** *v* мерца́ть

**shimmy** [ˈʃɪmɪ] **1.** *n* 1) ши́мми (*танец*) 2) *разг.* же́нская соро́чка 3) *тех.* вибра́ция, колеба́ние управля́емых колёс автомоби́ля

**2.** *v* вибри́ровать, колеба́ться

**shin** [ʃɪn] **1.** *n* го́лень

**2.** *v* 1) кара́бкаться, ла́зить (*обыкн.* ~ up) 2) ударя́ть в го́лень; ударя́ться го́ленью 3) *разг.* ходи́ть, бе́гать

**shin-bone** [ˈʃɪnbəun] *n анат.* большеберцо́вая кость

**shindig** [ˈʃɪndɪg] *n амер. разг.* весе́лье; шу́мная вечери́нка

**shindy** [ˈʃɪndɪ] *n разг.* 1) шум, сканда́л, сумато́ха, сва́лка; to kick up a ~ затея́ть сканда́л; подня́ть шум 2) весе́лье

**shine** [ʃaɪn] **1.** *n* 1) сия́ние; (со́лнечный, лу́нный) свет 2) блеск, гля́нец, лоск; to get a ~ почи́стить сапоги́ (*у чистильщика*); to take the ~ out of smth. а) снять, удали́ть блеск, гля́нец с чего́-л.; б) лиши́ть что-л. бле́ска, новизны́; to take the ~ out of smb. затми́ть, превзойти́ кого́-л. 3) блеск, великоле́пие 4) (*обыкн. pl*) *амер. разг.* глу́пая вы́ходка, проде́лка 5) *амер. разг.* расположе́ние; he took a ~ to you вы ему́ понра́вились

**2.** *v* (shone) 1) свети́ть(ся); сия́ть, блесте́ть 2) блиста́ть (*в обществе, разговоре*) 3) (*амер. past и p. p.* shined [-d]) *разг.* придава́ть блеск, полирова́ть; чи́стить (*обувь, металл и т. п.*)

**shiner** [ˈʃaɪnə] *n sl.* 1) (золота́я) моне́та 2) *pl* де́ньги 3) *амер. sl.* подби́тый глаз, «фона́рь»

**shingle I** [ˈʃɪŋgl] **1.** *n* 1) кро́вельная дра́нка, гонт 2) коро́ткая да́мская стри́жка 3) *амер. разг.* вы́веска; to hang out a ~ заня́ться ча́стной пра́ктикой (*о враче, адвокате*)

**2.** *v* 1) крыть, обшива́ть го́нтом, крыть щепо́й 2) ко́ротко стричь во́лосы

**shingle II** [ˈʃɪŋgl] *n* га́лька, голы́ш

**shingles** [ˈʃɪŋglz] *n pl мед.* опоя́сывающий лиша́й

**shingly** [ˈʃɪŋglɪ] *a* покры́тый га́лькой

**shining** [ˈʃaɪnɪŋ] **1.** *pres p. от* shine 2

**2.** *a* 1) я́ркий; сия́ющий; блестя́щий; a ~ example я́ркий (*или* блестя́щий) приме́р 2) великоле́пный; выдаю́щийся; ~ talents выдаю́щиеся тала́нты

**shinny, shinty** [ˈʃɪnɪ, ˈʃɪntɪ] *n* вид хокке́я

**shiny** [ˈʃaɪnɪ] *a* 1) блестя́щий 2) лосня́щийся

**ship** [ʃɪp] **1.** 1) кора́бль, су́дно; to take ~ сесть на кора́бль 2) экипа́ж корабля́ 3) (го́ночная) ло́дка 4) *амер.* самолёт 5) *attr.* кора́бельный, судово́й ◇ old ~ старина́, дружи́ще (*шутливое обращение к моряку*); ~ of the desert «кора́бль пусты́ни» (*верблюд*); ~s that pass in the night мимолётные, случа́йные встре́чи; when my ~ comes home (*или* in) когда́ я разбогате́ю

**2.** *v* 1) грузи́ть, производи́ть поса́дку (*на корабль*) 2) перевози́ть, отправля́ть (*груз и т. п.*) любы́м ви́дом тра́нспорта 3) сади́ться на кора́бль 4) нанима́ть (*матросов*) 5) поступа́ть матро́сом 6) ста́вить (*мачту, руль*) 7) вставля́ть в уклю́чины (*вёсла*) □ ~ off посыла́ть, отсыла́ть; отправля́ть ◇ to ~ a sea черпну́ть воды́ (*о корабле, лодке*)

**ship biscuit** [ˈʃɪpˌbɪskɪt] *n* суха́рь; гале́та

**shipboard** [ˈʃɪpbɔːd] *n*: on ~ на корабле́; на борту́

**ship-broker** [ˈʃɪpˌbrəukə] *n* судово́й ма́клер

**shipbuilder** [ˈʃɪpˌbɪldə] *n* кораблестро́итель, судостро́итель

**shipbuilding** [ˈʃɪpˌbɪldɪŋ] *n* судостро́ение, кораблестро́ение

**ship-chandler** [ˈʃɪpˌtʃɑːndlə] *n* судово́й поставщи́к

**shipmaster** [ˈʃɪpˌmɑːstə] *n* хозя́ин, капита́н *или* шки́пер торго́вого су́дна

**shipmate** [ˈʃɪpmeɪt] *n* това́рищ по пла́ванию

**shipment** [ˈʃɪpmənt] *n* 1) погру́зка (*на корабль*); отпра́вка (*товаров*) 2) груз; па́ртия това́ра 3) перево́зка това́ров

**ship-money** [ˈʃɪpˌmʌnɪ] *n ист.* кора́бельная по́дать

**shipowner** [ˈʃɪpˌəunə] *n* судовладе́лец

**shipper** [ˈʃɪpə] *n* грузоотправи́тель

**shipping** [ˈʃɪpɪŋ] **1.** *pres. p. от* ship 2

**2.** *n* 1) (торго́вый) флот, суда́ 2) погру́зка, перево́зка гру́за 3) судохо́дство

**shipping-articles** [ˈʃɪpɪŋˌɑːtɪklz] *n pl* догово́р о на́йме на су́дно

**shipshape** [ˈʃɪpʃeɪp] **1.** *a predic.* находя́щийся в по́лном поря́дке, аккура́тный

**2.** *adv* в по́лном поря́дке, аккура́тно

**ship-way** [ˈʃɪpweɪ] *n* ста́пель

**shipwreck** [ˈʃɪprek] **1.** *n* 1) кораблекруше́ние; *перен.* круше́ние (*надежд и т. п.*); ги́бель; to make ~ поги́бнуть, разори́ться 2) обло́мки кораблекруше́ния

**2.** *v* 1) потерпе́ть кораблекруше́ние; *перен.* потерпе́ть неуда́чу, круше́ние 2) быть причи́ной кораблекруше́ния; потопи́ть (*судно*) 3) причини́ть вред; губи́ть, разоря́ть

**shipwright** [ˈʃɪpraɪt] *n* 1) корабе́льный пло́тник 2) кораблестро́итель

**shipyard** [ˈʃɪpjɑːd] *n* верфь, судостро́ительный заво́д

**shir** [ʃəː] = shirr

**shire** [ˈʃaɪə] *n уст.* гра́фство; the ~s центра́льные гра́фства Англии

**shirk** [ʃəːk] **1.** *v* уви́ливать, уклоня́ться (*от чего-л.*); to ~ responsibility уклоня́ться от отве́тственности; to ~ school прогу́ливать заня́тия в шко́ле

**2.** *n* = shirker

**shirker** [ˈʃəːkə] *n* челове́к, увилива́ющий, уклоня́ющийся (*от чего-л.*)

**shirr** [ʃəː] *амер.* **1.** *n* сбо́рки

**2.** *v* собира́ть (*материю*) в сбо́рки

**shirt** [ʃəːt] *n* руба́шка (*мужская*); блу́за; in one's ~ в одно́й руба́хе ◇ to haven ot a ~ to one's back жить в кра́йней нищете́; to get one's ~ out вы́йти из себя́; to keep one's ~ on сохраня́ть споко́йствие; to put one's ~ (on a horse) поста́вить всё на ка́рту, рискну́ть всем, что име́ешь; to give smb. a wet ~ заста́вить кого́-л. рабо́тать до седьмо́го по́та

**shirt-band** [ˈʃəːtbænd] *n* во́рот руба́шки

**shirt-front** [ˈʃəːtfrʌnt] *n* 1) крахма́льная грудь руба́шки, пластро́н 2) мани́шка

**shirting** [ˈʃəːtɪŋ] *n* руба́шечная ткань

**shirt-sleeve** [ˈʃəːtsliːv] **1.** *n* (*обыкн. pl*): in one's ~s без пиджака́ (*в рубашке*)

**2.** *a* 1) просто́й, незамыслова́тый 2) просто́й, прямо́й, нецеремо́нный; ~ diplomacy диплома́тия без перча́ток

**shirt-tail** [ˈʃə:tteɪl] *n* низ руба́шки

**shirt-waist** [ˈʃə:tweɪst] *n амер.* 1) англи́йская блу́зка 2) *attr.*: ~ dress пла́тье спорти́вного покро́я (*тж.* shirt-dress)

**shirty** [ˈʃə:tɪ] *a разг.* рассе́рженный, раздражённый

**shiver** I [ˈʃɪvə] **1.** *n* (*часто pl*) дрожь, тре́пет; to give a (little) ~ заста́вить поёжиться; to give smb. the ~s *разг.* нагна́ть стра́ху на кого́-л.

**2.** *v* 1) дрожа́ть, вздра́гивать; трясти́сь; трепета́ть 2) полоска́ть(ся) (*о парусах*)

**shiver** II [ˈʃɪvə] **1.** *n* 1) (*обыкн. pl*) обло́мок, оско́лок; to break to ~s разбива́ться вдре́безги 2) *мин.* сла́нец, ши́фер

**2.** *v* разбива́ть(ся) вдре́безги

**shivery** I [ˈʃɪvərɪ] *a* дрожа́щий, трепе́щущий

**shivery** II [ˈʃɪvərɪ] *a* хру́пкий, ло́мкий

**shoal** I [ʃəul] **1.** *n* 1) ме́лкое ме́сто, мелково́дье 2) мель, ба́нка 3) (*обыкн. pl*) скры́тая опа́сность

**2.** *a* ме́лкий, мелково́дный

**3.** *v* меле́ть

**shoal** II [ʃəul] **1.** *n* 1) ста́я, ко-ся́к (*рыбы*) 2) ма́сса, толпа́, мно́жество

**2.** *v* 1) собира́ться в косяки́ (*о рыбе*) 2) толпи́ться

**shock** I [ʃɔk] **1.** *n* 1) уда́р, толчо́к; сотрясе́ние; ~s of earthquake подзе́мные толчки́ (*при землетрясении*); to collide (*или* to clash) with a tremendous ~ столкну́ться со стра́шной си́лой 2) потрясе́ние; the news came upon him with a ~ но́вость потрясла́ его́ 3) *мед.* шок 4) *attr.* уда́рный; сокруши́тельный; ~ wave *физ.* уда́рная взрывна́я волна́; ~ absorber амортиза́тор; ~ tactics *воен.* та́ктика сокруши́тельных уда́ров; ~ troops *воен.* уда́рные войска́ 5) *attr. мед.* шо́ковый; ~ treatment шокотерапи́я

**2.** *v* 1) потряса́ть, поража́ть 2) возмуща́ть, шоки́ровать 3) *поэт.* ста́лкиваться

**shock** II [ʃɔk] **1.** *n* копна́, скирда́ (*из снопов*)

**2.** *v* ста́вить в ко́пны, скирды́

**shock** III [ʃɔk] *n* 1) копна́ воло́с 2) мохна́тая соба́ка (*тж.* ~ dog)

**shock-brigade** [ˈʃɔkbrɪˌgeɪd] *n* уда́рная брига́да

**shocker** [ˈʃɔkə] *n разг.* 1) дешёвый бульва́рный рома́н 2) о́чень плохо́й экземпля́р *или* образе́ц (*чего-л.*)

**shocking** I [ˈʃɔkɪŋ] **1.** *pres. p. от* shock I, 2

**2.** *a* потряса́ющий, сканда́льный, ужаса́ющий

**3.** *adv разг.* о́чень; a ~ bad cold ужа́сный хо́лод

**shocking** II [ˈʃɔkɪŋ] *pres. p. от* shock II, 2

**shock-worker** [ˈʃɔkˌwə:kə] *n* уда́рник

**shod** [ʃɔd] *past и p. p. от* shoe 2

**shoddy** [ˈʃɔdɪ] **1.** *n* 1) *текст.* шо́дди (*пряжа и ткань*) 2) дешёвая подде́лка; дешёвка с прете́нзией 3) претенцио́зность

**2.** *a* 1) сде́ланный из шо́дди 2) притво́рный, фальши́вый, подде́льный 3) дрянно́й, низкопро́бный

**shoe** [ʃu:] **1.** *n* 1) полуботи́нок, ту́фля; high ~ *амер.* боти́нок; low ~ *амер.* полуботи́нок, ту́фля 2) подко́ва 3) желе́зный по́лоз 4) *тех.* коло́дка, башма́к ◇ to be in smb.'s ~s быть в тако́м же положе́нии, как и кто-л.; I wouldn't be in your ~s я бы не хоте́л оказа́ться в твое́й шку́ре; to know where the ~ pinches знать, в чём тру́дность (*или* загво́здка); to put the ~ on the right foot обвиня́ть кого́ сле́дует, справедли́во обвиня́ть; to wait for dead man's ~s наде́яться получи́ть насле́дство по́сле чьей-л. сме́рти; наде́яться заня́ть чьё-л. ме́сто по́сле его́ сме́рти; to fill smb'.s ~s занима́ть ме́сто своего́ предше́ственника; to step into smb.'s ~s заня́ть чьё-л. ме́сто; the ~ is on the other foot а) тепе́рь не то, обстоя́тельства измени́лись; б) отве́тственность лежи́т на друго́м; that's another pair of ~s ≅ э́то совсе́м друго́е де́ло

**2.** *v* (shod) 1) обува́ть 2) подко́вывать 3) подбива́ть (*чем-л.*)

**shoeblack** [ˈʃu:blæk] *n* чи́стильщик сапо́г

**shoehorn** [ˈʃu:hɔ:n] *n* рожо́к (*для обуви*)

**shoe-lace** [ˈʃu:leɪs] *n* шнуро́к для боти́нок

**shoe-leather** [ˈʃu:ˌleðə] *n* сапо́жная ко́жа ◇ as good a man as ever trod ~ прекра́снейший челове́к

**shoeless** [ˈʃu:lɪs] *a* 1) без о́буви, боси́ком 2) не име́ющий о́буви

**shoemaker** [ˈʃu:ˌmeɪkə] *n* сапо́жник

**shoe-nail** [ˈʃu:neɪl] *n* 1) сапо́жный гвоздь 2) ко́вочный гвоздь

**shoe polish** [ˈʃu:ˈpɔlɪʃ] *n* крем для (чи́стки) о́буви

**shoe-shine boy** [ˈʃu:ʃaɪnˈbɔɪ] *n амер.* чи́стильщик сапо́г

**shoestring** [ˈʃu:strɪŋ] *n* 1) шнуро́к для боти́нок 2) *разг.* небольша́я су́мма де́нег; on a ~ с небольши́ми сре́дствами

**shoe-thread** [ˈʃu:θred] *n* дра́тва

**shoe-tie** [ˈʃu:taɪ] = shoe-lace

**shoe tree** [ˈʃu:tri:] *n* распо́рка для о́буви

**shone** [ʃɔn] *past и p. p. от* shine 2

**shoo** [ʃu:] **1.** *int* кш-ш! (*при вспугивании птиц*)

**2.** *v* вспу́гивать, прогоня́ть

**shook** [ʃuk] *past от* shake 2

**shoot** [ʃu:t] **1.** *n* 1) охо́та 2) гру́ппа охо́тников 3) охо́тничье уго́дье 4) пра́во на отстре́л 5) стрельба́ 6) состяза́ние в стрельбе́ 7) за́пуск (*ракеты или управляемого снаряда*) 8) рыво́к, бросо́к 9) стремни́на, стреми́тельный пото́к 10) ростóк, побе́г 11) *тех.* накло́нный сток, жёлоб, лото́к 12) фотографи́ческая съёмка

**2.** *v* (shot) 1) стреля́ть; застрели́ть (*тж.* ~ down); расстреля́ть; he was shot in the chest пу́ля попа́ла ему́ в грудь; to ~ in sight расстре́ливать на ме́сте 2) внеза́пно появи́ться, пронести́сь, промелькну́ть, промча́ться (*тж.* ~ along, ~ forth, ~ out, ~ past) 3) распуска́ться (*о деревьях, почках*); пуска́ть ростки́ (*тж.* ~ out) 4) стреля́ть (*о боли*), дёргать 5) сбра́сывать, ссыпа́ть (*мусор и т. п.*); слива́ть; выбра́сывать 6) задвига́ть (*засов*) 7) фотографи́ровать 8) снима́ть фильм 9) броса́ть, кида́ть; посыла́ть (*мяч*); to ~ dice игра́ть в ко́сти □ ~ **away** расстреля́ть (патро́ны); ~ **down** а) сбить огнём; застрели́ть; расстреля́ть; б) *разг.* одержа́ть верх в спо́ре; ~ **forth** а) пронести́сь, промелькну́ть; б) пуска́ть (*почки*); ~ **in** пристре́ливаться; ~ **out** а) выска́кивать, вылета́ть; б) выдава́ться (*о мысе и т. п.*); в) выбра́сывать; высо́вывать; пуска́ть (*ростки*); to ~ out one's lips презри́тельно выпя́чивать гу́бы; г): to ~ a way out проби́ться, вы́рваться (*из окружения и т. п.*); ~ **up** а) бы́стро расти́; б) взлета́ть, вздыма́ться (*о пламени и т. п.*); в) *воен.* расстреля́ть; разби́ть огнём; г) *амер. разг.* терроризи́ровать (*жителей*) стрельбо́й ◇ to ~ the cat *sl.* рвать, блева́ть; to ~ fire мета́ть и́скры (*о глазах*); to ~ the breeze *sl.* трепа́ться, болта́ть; to ~ Niagara реши́ться на отча́янный шаг; подверга́ться огро́мному ри́ску; I'll be shot if... провали́ться мне на э́том ме́сте, е́сли...; to ~ the sun *мор.* определя́ть высоту́ со́лнца; to ~ the moon *sl.* съе́хать с кварти́ры но́чью, не заплати́в за неё; to ~ oneself clear *ав. жарг.* катапульти́роваться из самолёта

**shooter** [ˈʃu:tə] *n* 1) стрело́к 2) револьве́р 3) *sl.* чёрная визи́тка

**-shooter** [-ˌʃu:tə] *в сложных словах*: six-shooter шестизаря́дный револьве́р

**shooting** [ˈʃu:tɪŋ] **1.** *pres. p. от* shoot 2

**2.** *n* 1) стрельба́ 2) охо́та 3) пра́во на охо́ту 4) внеза́пная о́страя боль 5) *горн.* пале́ние шпу́ров 6) *кино* съёмка

**shooting-box** [ˈʃu:tɪŋbɔks] *n* охо́тничий до́мик

**shooting-gallery** [ˈʃu:tɪŋˌgælərɪ] *n* тир

**shooting-iron** [ˈʃu:tɪŋˌaɪən] *n sl.* огнестре́льное ору́жие

**shooting-range** [ˈʃu:tɪŋreɪndʒ] *n* стре́льбище, полиго́н

**shooting star** [ˈʃu:tɪŋˈstɑ:] *n* метео́р, па́дающая звезда́

**shooting-stick** [ˈʃu:tɪŋstɪk] *n* трость-сиде́нье

**shooting war** [ˈʃu:tɪŋˈwɔ:] *n* вое́нный конфли́кт, боевы́е де́йствия (*в противоположность «холодной» войне*)

**shop** [ʃɔp] **1.** *n* 1) ла́вка, магази́н 2) мастерска́я, цех; closed ~ *амер.* предприя́тие, принима́ющее на рабо́ту то́лько чле́нов профсою́за; open ~ *амер.* предприя́тие, принима́ющее на рабо́ту как чле́нов, так и нечле́нов профсою́за 3) *разг.* заведе́ние, учрежде́ние, предприя́тие 4) профе́ссия, заня́тие; дела́, вопро́сы, те́мы, свя́занные с чьей-л. профе́ссией; stop thinking of ~! хва́тит ду́мать о дела́х (*или* рабо́те)!; to talk ~ говори́ть о дела́х, говори́ть на узкопрофессиона́льные те́мы во вре́мя о́бщего разгово́ра (*в гостях и т. п.*) 5) *attr.* цехово́й; ~ committee цехово́й комите́т; ~ chairman *амер.* цехово́й ста́роста ◇ all over the ~ разбро́санный повсю́ду, в беспоря́дке; to come to the wrong ~ обрати́ться не по а́дресу; to get a ~ *театр.* получи́ть ангажеме́нт; to lift a ~ соверши́ть кра́жу в магази́не; to shut up ~ закры́ть ла́вочку; прекрати́ть де́ятельность

2. *v* 1) де́лать поку́пки (*обыкн.* go ~ping) 2) *амер.* ходи́ть по магази́нам, что́бы ознако́миться с це́нами, присмотре́ть вещь 3) *sl.* сажа́ть в тюрьму́ 4) *sl.* выдава́ть (*сообщника*) □ ~ **around** *амер.* иска́ть рабо́ту, ме́сто

**shop-assistant** [ˈʃɔpəˌsɪstənt] *n* продаве́ц; продавщи́ца

**shop floor** [ˈʃɔpflɔ:] *n* профсою́зные ма́ссы; рядовы́е чле́ны профсою́за; on the ~ среди́ рядовы́х чле́нов профсою́за, на у́ровне перви́чной профсою́зной организа́ции

**shop-girl** [ˈʃɔpgə:l] *n* продавщи́ца

**shop hours** [ˈʃɔpauəz] *n pl* вре́мя рабо́ты магази́нов

**shopkeeper** [ˈʃɔpˌki:pə] *n* ла́вочник; владе́лец (небольшо́го) магази́на

**shop-lifter** [ˈʃɔpˌlɪftə] *n* магази́нный вор

**shopman** [ˈʃɔpmən] *n* 1) продаве́ц 2) ла́вочник 3) *амер.* рабо́чий

**shopper** [ˈʃɔpə] *n* покупа́тель

**shopping** [ˈʃɔpɪŋ] 1. *pres. p. от* shop 2

2. *n* посеще́ние магази́на с це́лью поку́пки (*чего-л.*); to do one's ~ де́лать поку́пки

**shoppy** [ˈʃɔpɪ] *a* 1) с больши́м коли́чеством магази́нов (*о районе города*) 2) *разг.* профессиона́льный (*о разговоре и т. п.*)

**shop-steward** [ˈʃɔpˈstjuəd] *n* цехово́й ста́роста

**shopwalker** [ˈʃɔpˌwɔ:kə] *n* дежу́рный администра́тор универма́га

**shop window** [ˈʃɔpˈwɪndəu] *n* витри́на ◇ to have everything in the ~, to have all one's goods in the ~ а) быть пове́рхностным челове́ком; б) выставля́ть всё напока́з

**shore I** [ʃɔ:] *n* бе́рег (*моря, озера*); on ~ на берегу́; in ~ у бе́рега; бли́же к бе́регу

**shore II** [ʃɔ:] 1. *n* подпо́рка, опо́ра; подко́с; крепле́ние

2. *v* подпира́ть; ока́зывать подде́ржку (*обыкн.* ~ up)

**shore III** [ʃɔ:] *уст. past от* shear 2

**shore dinner** [ˈʃɔ:ˌdɪnə] *n* обе́д из ры́бных блюд

**shore-leave** [ˈʃɔ:li:v] *n мор.* о́тпуск на бе́рег

**shoreless** [ˈʃɔ:lɪs] *a* безбре́жный

**shoreman** [ˈʃɔ:mən] = shoresman

**shore patrol** [ˈʃɔ:pəˌtrəul] *n амер.* берегово́й дозо́р

**shoresman** [ˈʃɔ:zmən] *n* 1) прибре́жный рыба́к 2) ло́дочник 3) порто́вый гру́зчик

**shoreward** [ˈʃɔ:wəd] 1. *a* дви́жущийся по направле́нию к бе́регу

2. *adv* по направле́нию к бе́регу

**shorn** [ʃɔ:n] *p. p. от* shear 2

**short** [ʃɔ:t] 1. *a* 1) коро́ткий; кра́ткий; краткосро́чный; a ~ way off недалеко́; a ~ time ago неда́вно; time is ~ вре́мя не те́рпит; ~ cut а) кратча́йшее расстоя́ние; to take (*или* to make) a ~ cut избра́ть кратча́йший путь; б) наиме́ньшая затра́та вре́мени 2) ни́зкий, невысо́кий (*о человеке*) 3) недоста́точный, непо́лный; име́ющий недоста́ток (of — в *чём-л.*); не достига́ющий (of — *чего-л.*); ~ weight недове́с; ~ measure недоме́р; in ~ supply дефици́тный; ~ sight близору́кость; ~ views недальнови́дность; ~ memory коро́ткая па́мять; ~ of breath запыха́вшийся; страда́ющий оды́шкой; to keep smb. ~ ску́дно снабжа́ть кого́-л.; we are ~ of cash у нас не хвата́ет де́нег; to jump ~ недопры́гнуть; to run ~ истоща́ться; иссяка́ть; не хвата́ть; to come (*или* to fall) ~ of smth. а) не хвата́ть, име́ть недоста́ток в чём-л.; б) уступа́ть в чём-л.; this book comes ~ of satisfactory э́та кни́га оставля́ет жела́ть мно́го лу́чшего; в) не дости́гнуть це́ли; г) не оправда́ть ожида́ний 4) кра́ткий; отры́вистый, сухо́й (*об ответе, приёме*); гру́бый, ре́зкий (*о речи*); ~ word бра́нное сло́во 5) хру́пкий, ло́мкий; рассы́пчатый (*о печенье, о глине*); pastry eats ~ пече́нье рассыпа́ется во рту 6) *sl.* кре́пкий (*о напитке*); something ~ спиртно́е ◇ in the ~ run вско́ре; at ~ notice неме́дленно; ~ wind оды́шка; to make a long story ~ коро́че говоря́; to make ~ work of smth. бы́стро спра́виться, бы́стро разде́латься с чем-л.; this is nothing ~ of a swindle э́то пря́мо надува́тельство; ~ of а) исключа́я; б) не доезжа́я; somewhere ~ of London где́-то не доезжа́я Ло́ндона

2. *adv* ре́зко, кру́то, внеза́пно; преждевре́менно; to stop ~ внеза́пно останови́ться

3. *n* 1) кра́ткость; for ~ для кра́ткости; in ~ коро́че говоря́; вкра́тце 2) кра́ткий гла́сный *или* слог 3) знак кра́ткости 4) *разг.* коро́ткое замыка́ние 5) *воен.* недолёт 6) короткометра́жный фильм 7) *pl* ме́лкие о́труби 8) *pl* отхо́ды 9) рю́мка, глото́к спиртно́го

**shortage** [ˈʃɔ:tɪdʒ] *n* нехва́тка, недоста́то̀к; дефици́т

**shortbread** [ˈʃɔ:tbred] *n* песо́чное пече́нье

**shortcake** [ˈʃɔ:tkeɪk] *n* 1) = shortbread 2) *амер.* слоёный торт с фрукто́вой начи́нкой

**shortchange** [ˈʃɔ:tˈʧeɪndʒ] *v амер.* 1) обсчи́тывать, недодава́ть (*сдачу*) 2) обма́нывать

**short circuit** [ˈʃɔ:tˈsə:kɪt] *n эл.* коро́ткое замыка́ние

**short-circuit** [ˈʃɔ:tˈsə:kɪt] *v эл.* 1) замкну́ть на́коротко, сде́лать коро́ткое замыка́ние 2) упрости́ть; укороти́ть 3) препя́тствовать, меша́ть; срыва́ть (*планы*) 4) де́йствовать в обхо́д (*правил и т. п.*)

**shortcoming** [ʃɔ:tˈkʌmɪŋ] *n* недоста́ток; дефе́кт

**short-cut** 1. *n* [ˈʃɔ:tkʌt] 1) ме́лкая кро́шка (*сорт табака*) 2) = short cut [*см.* short 1, 1)]

2. *a* [ˈʃɔ:tˈkʌt] 1) укоро́ченный; сокращённый 2) ме́лко накро́шенный (*о табаке и т. п.*)

**short-dated** [ˈʃɔ:tˈdeɪtɪd] *a* краткосро́чный (*о векселе и т. п.*)

**shorten** [ˈʃɔ:tn] *v* 1) укора́чивать (-ся), сокраща́ть(ся) 2) добавля́ть к те́сту жир для рассы́пчатости

**shortening** [ˈʃɔ:tnɪŋ] 1. *pres. p. от* shorten

2. *n* жир, добавля́емый в те́сто для рассы́пчатости

**shorthand** [ˈʃɔ:thænd] *n* стеногра́фия

**short-handed** [ˈʃɔ:tˈhændɪd] *a* испы́тывающий недоста́ток в рабо́чих рука́х, нужда́ющийся в рабо́чей си́ле

**shorthorn** [ˈʃɔ:thɔ:n] *n* шортго́рнская поро́да скота́

**shortlived** [ˈʃɔ:tˈlɪvd] *a* недолгове́чный; мимолётный; ~ commodities скоропо́ртящиеся проду́кты

**shortly** [ˈʃɔ:tlɪ] *adv* 1) вско́ре; незадо́лго 2) ко́ротко, сжа́то 3) отры́висто, ре́зко

**short order** [ˈʃɔ:tˈɔ:də] *n* блю́до (*в ресторане и т. п.*), не тре́бующее вре́мени на приготовле́ние

**short-paid** [ˈʃɔ:tˈpeɪd] *a* доплатно́й (*о почтовом отправлении*)

**shorts** [ʃɔ:ts] *n pl* 1) тру́сики 2) шо́рты

**short-sighted** [ˈʃɔ:tˈsaɪtɪd] *a* 1) близору́кий 2) недальнови́дный

**short-spoken** [ˈʃɔ:tˈspəukən] *a* неразгово́рчивый, немногосло́вный

**short-tempered** [ˈʃɔ:tˈtempəd] *a* несде́ржанный, вспы́льчивый

**short-term** [ˈʃɔ:tˈtə:m] *a* краткосро́чный

**short ton** [ˈʃɔ:tˈtʌn] *n* коро́ткая (ма́лая) то́нна (= *907,2 кг*)

**short wave** [ˈʃɔ:tˈweɪv] *n радио* коро́ткая волна́

**short-wave** [ˈʃɔ:tˈweɪv] *a радио* коротково́лновый; ~ set коротково́лновый приёмник

**short-winded** [ˈʃɔ:tˈwɪndɪd] *a* 1) страда́ющий оды́шкой 2) кра́ткий, сжа́тый

**shorty** [ˈʃɔ:tɪ] *n разг.* коροты́шка

**shot I** [ʃɔt] 1. *n* 1) пу́шечное ядро́ 2) (*pl без измен.*) дроби́нка; *собир.* дробь 3) *спорт.* ядро́ для толка́ния 4) вы́стрел; *перен.* уда́р; preliminary ~ *воен.* пристре́лка 5) попы́тка (*угадать и т. п.*); to take (*или* to have, to try) a ~ сделать попытку; to make a good (bad) ~ at smth. отгадать (не отгадать) что-л.; не ошибиться (ошибиться) в чём-л. 6) стрелок 7) небольшая доза 8) укол, инъекция; a ~ in the arm впрыскивание наркотика; *перен.* стимул 9) глоток спиртного 10) *кино* кадр 11) фотоснимок 12) *горн.* взрыв; выпал (*шпура*); шпур ◇ like a ~ быстро, стремительно, сразу; в одну минуту; очень охотно; a ~ in the blue ≅ оплошность, промах; by a long ~ намного; not by a long ~ отнюдь не

2. *v* 1) заряжать 2) подвешивать дробинки (*к лесе*)

**shot** II [ʃɔt] 1. *past u p. p. от* shoot 2

2. *a* 1) переливчатый; ~ with silver с серебристым отливом 2) потрёпанный, изношенный; his morale is ~ он окончательно упал духом

**shot** III [ʃɔt] *n* счёт; to pay one's ~ расплачиваться (*в гостинице, ресторане и т. п.*)

**shot-gun** [ˈʃɔtgʌn] *n* дробовик (*ружьё*) ◇ ~ marriage вынужденный брак

**shotput** [ˈʃɔtput] *n спорт.* толкание ядра

**should** [ʃud (*полная форма*); ʃəd, ʃd (*редуцированные формы*)] (*past от* shall) 1) *вспомогательный глагол; служит для образования будущего в прошедшем в 1 л. ед. и мн. ч.*: I said I ~ be at home next week я сказал, что буду дома на следующей неделе 2) *вспомогательный глагол; служит для образования*: а) *условного наклонения в 1 л. ед. и мн. ч.*: I ~ be glad to play if I could я бы сыграл, если бы умел; б) *сослагательного наклонения*: it is necessary that he ~ go home at once необходимо, чтобы он сейчас же шёл домой 3) *модальный глагол, выражающий*: а) *долженствование, уместность, целесообразность*; you ~ not do that этого делать не следует; we ~ be punctual мы должны быть аккуратны; б) *предположение* (*вытекающее из обстоятельств*); they ~ be there by now сейчас они, наверное, уже там

**shoulder** [ˈʃəuldə] 1. *n* 1) плечо; ~ to ~ плечом к плечу 2) лопатка (*в мясной туше*) 3) уступ, выступ 4) обочина (*дороги*) 5) *тех.* буртик; поясок 6) плечики для одежды, вешалка ◇ to rub ~s with общаться с; straight from the ~ сплеча, прямо, без обиняков, откровенно; to give the cold ~ to smb. оказать холодный приём кому-л., холодно встретить кого-л.

2. *v* 1) отталкивать в сторону, проталкиваться (*тж.* ~ one's way) 2) взвалить на плечи; брать на себя (*ответственность, вину*); to ~ arms брать к плечу (*винтовку*)

**shoulder-belt** [ˈʃəuldəbelt] *n* 1) перевязь через плечо 2) *воен.* портупея

**shoulder-blade** [ˈʃəuldəbleɪd] *n анат.* лопатка

**shoulder-loop** [ˈʃəuldəluːp] *амер.* = shoulder-strap 1)

**shoulder-mark** [ˈʃəuldəmɑːk] *n мор.* наплечный знак различия (*в военно-морском флоте США*)

**shoulder-strap** [ˈʃəuldəstræp] *n* 1) *воен.* погон 2) *pl* бретельки; плечики; a dress without ~s платье с открытыми плечами

**shout** [ʃaut] 1. *n* крик, возглас ◇ my ~ *австрал. разг.* моя очередь платить

2. *v* кричать (at — на); to ~ with laughter громко хохотать □ ~ **down** перекричать; заглушать криком; ~ **for**, ~ **to** громко позвать *кого-л.*

**shouting** [ˈʃautɪŋ] 1. *pres. p. от* shout 2

2. *n* крики; возгласы одобрения, приветствия; it's all over but the ~ все трудности позади, можно ликовать

**shove** [ʃʌv] 1. *n* 1) толчок; толкание 2) *с.-х.* костра (льна)

2. *v* 1) пихать; толкать(ся) 2) *разг.* совать; засовывать 3) *разг.* спихнуть; всучить (onto — *кому-л.*) □ ~ **off** а) отталкиваться (*от берега — в лодке*); б) *sl.* уходить; убираться

**shovel** [ˈʃʌvl] 1. *n* 1) лопата; совок 2) *с.-х.* сошник

2. *v* 1) копать, рыть 2) сгребать (*тж.* ~ up, ~ in); to ~ up food *разг.* уплетать

**shovel hat** [ˈʃʌvlhæt] *n* шляпа с широкими полями, загнутыми по бокам (*у англ. духовных лиц*)

**shoveller** [ˈʃʌvlə] *n зоол.* утка-широконоска

**show** [ʃəu] 1. *n* 1) показ, демонстрация; to vote by ~ of hands голосовать поднятием руки 2) зрелище; спектакль; moving-picture ~ киносеанс 3) выставка 4) витрина 5) внешний вид, видимость; for ~ для видимости; there is a ~ of reason in it в этом есть видимость смысла; he made a great ~ of zeal он делал вид, что очень старается 6) показная пышность, парадность 7) *разг.* дело, предприятие, организация; to put up a good ~ добиться положительных результатов; to give away the ~ *разг.* выдать, разболтать секрет; разболтать о недостатках (*какого-л. предприятия*); to run (*или* to boss) the ~ заправлять (*чем-л.*); хозяйничать 8) *разг.* возможность проявить свои силы; удобный случай 9) *воен. sl.* бой, операция

2. *v* (showed [-d]; showed, shown) 1) показывать; to ~ oneself появляться в обществе; to ~ the way провести, показать дорогу; *перен.* надоумить 2) проявлять; выставлять, демонстрировать; to ~ cause привести оправдание; he ~ed me great kindness он проявил ко мне большое участие 3) доказывать 4) проводить, ввести (into — *куда-л.*); вывести (out of — *откуда-л.*) 5) быть видным; появляться; казаться; the stain will never ~ пятно будет незаметно; buds are just ~ing почки только ещё появляются; your slip is ~ing у вас видна нижняя юбка □ ~ **down** открыть карты; ~ **in** ввести, провести (*в комнату*); ~ **off** а) показывать в выгодном свете; б) пускать пыль в глаза; рисоваться; ~ **out** проводить, вывести (*из комнаты*); ~ **round** показывать (*кому-л. город, музей*); ~ **up** а) изобличать; разоблачать; б) выделяться (*на фоне*); в) *разг.* (по)являться; объявиться неожиданно ◇ to ~ a leg *разг.* встать с постели; to ~ smb. the door указать кому-л. на дверь; to ~ one's hand (*или* cards) раскрыть свои карты; to ~ one's teeth проявить враждебность; огрызнуться; to have nothing to ~ for it не достичь никаких результатов; the picture ~s to good advantage in this light картина очень выигрывает при этом свете

**show-bill** [ˈʃəubɪl] *n* афиша

**showboat** [ˈʃəubəut] *n* плавучий театр (*напр., на Миссисипи*)

**show-card** [ˈʃəukɑːd] *n* 1) реклама 2) щиток с образцами товаров

**show-case** [ˈʃəukeɪs] *n* витрина

**show-down** [ˈʃəudaun] *n* 1) раскрытие карт 2) раскрытие собственных планов

**shower** I [ˈʃəuə] *n* тот, кто показывает

**shower** II [ˈʃauə] 1. *n* 1) ливень; a ~ of hail град 2) душ 3) град (*пуль, вопросов*) 4) *физ.* поток (*электронов*)

2. *v* 1) лить(ся) ливнем 2) поливать, орошать 3) осыпать; забрасывать; to be ~ed with telegrams быть засыпанным телеграммами; to ~ stones upon smb. забросать кого-л. камнями 4) принять душ

**shower-bath** [ˈʃauəbɑːθ] *n* душ

**shower-party** [ˈʃauəˌpɑːtɪ] *n амер. разг.* приём гостей для преподнесения подарков (*невесте, будущей матери и т. п.*)

**showery** [ˈʃauərɪ] *a* дождливый

**show-girl** [ˈʃəugəːl] *n* статистка

**showground** [ˈʃəugraund] *n театр.* игровая площадка

**showing** [ˈʃəuɪŋ] 1. *pres. p. от* show 2

2. *n* 1) показ 2) выставка 3) впечатление; to make a good (bad) ~ производить хорошее (плохое) впечатление 4) сведения, данные; показатели

**showman** [ˈʃəumən] *n* 1) хозяин цирка, аттракциона *и т. п.*; балаганщик 2) специалист по организации публичных зрелищ

**showmanship** [ˈʃəumənʃɪp] *n* 1) искусство организации публичных зрелищ 2) умение произвести эффект, показать товар лицом

**shown** [ʃəun] *p. p. от* show 2

**show-room** [ˈʃəurum] *n* выставочный зал; демонстрационный зал для показа образцов товара

**show-window** [ˈʃəuˈwɪndəu] *n* окно магазина, витрина

**showy** [ˈʃəuɪ] *a* 1) эффéктный, я́ркий 2) крича́щий; бью́щий на эффéкт 3) пёстрый, безвку́сный

**shram** [ʃræm] *v* (*обыкн. p. p.*) *диал.* приводи́ть в оцепенéние; ~med with cold окоченéвший от хо́лода

**shrank** [ʃræŋk] *past от* shrink

**shrapnel** [ˈʃræpnl] *n* шрапнéль

**shred** [ʃred] **1.** *n* 1) лоскуто́к, клочо́к, кусо́к; to tear to ~s разорва́ть в клочки́; to tear an argument to ~s по́лностью опровéргнуть до́вод 2) части́ца; мизéрное коли́чество; not a ~ of truth ни ка́пли пра́вды

**2.** *v* (shredded [-ɪd], shred) 1) кромса́ть; рéзать *или* рвать на клочки́ 2) располза́ться (*о материи*)

**shredded** [ˈʃredɪd] **1.** *past и p. p. от* shred 2

**2.** *a* дроблёный; расщеплённый

**shrew** [ʃru:] *n* 1) *зоол.* землеро́йка 2) сварли́вая жéнщина

**shrewd** [ʃru:d] *a* 1) проница́тельный, у́мный; трéзвый, практи́чный 2) *уст.* си́льный, жесто́кий (*о боли, холоде*) 3) *уст.* зло́бный; ~ tongue злой язы́к

**shrewish** [ˈʃru:ɪʃ] *a* сварли́вый

**shrew mole** [ˈʃru:məul] *n амер.* крот

**shrew-mouse** [ˈʃru:maus] = shrew 1)

**shriek** [ʃri:k] **1.** *n* пронзи́тельный крик, визг

**2.** *v* пронзи́тельно крича́ть, визжа́ть; to ~ with laughter истери́чески хохота́ть

**shrievalty** [ˈʃri:vəltɪ] *n* 1) до́лжность шери́фа 2) сфéра полномо́чий шери́фа 3) срок пребыва́ния шери́фа в до́лжности

**shrift** [ʃrɪft] *n* 1) *уст.* и́споведь 2): short ~ коро́ткий срок мéжду пригово́ром и ка́знью; to give short ~ to smb. бы́стро распра́виться с кем-л.

**shrike** [ʃraɪk] *n* сорокопу́т (*птица*)

**shrill** [ʃrɪl] **1.** *a* 1) пронзи́тельный, рéзкий 2) насто́йчивый, назо́йливый

**2.** *v* пронзи́тельно крича́ть, визжа́ть

**shrimp** [ʃrɪmp] **1.** *n* 1) *зоол.* кревéтка 2) *шутл.* ма́ленький, тщеду́шный человéчек 3) ничто́жный человéчек, козя́вка

**2.** *v* лови́ть кревéток (*обыкн.* to go ~ing)

**shrine** [ʃraɪn] **1.** *n* 1) ра́ка; гробни́ца, усыпа́льница 2) мéсто поклонéния, святы́ня

**2.** *v* 1) заключа́ть в ра́ку 2) благоговéйно храни́ть

**shrink** [ʃrɪŋk] *v* (shrank, shrunk; shrunk) 1) сокраща́ть(ся), смо́рщивать(ся) 2) сади́ться (*о материи*), дава́ть уса́дку 3) усыха́ть 4) отпря́нуть, отступи́ть (*от чего-л.*) 5) избега́ть; уклоня́ться (from — от *чего-л.*); I ~ from telling her у меня́ не хвата́ет ду́ху сказа́ть ей □ ~ on *метал.* насади́ть (*бандаж*) в горя́чем состоя́нии ◇ to ~ into oneself уйти́ в себя́

**shrinkage** [ˈʃrɪŋkɪdʒ] *n* 1) сокращéние; сжа́тие 2) усу́шка, уса́дка

**shrive** [ʃraɪv] *v* (shrived [-d], shrove; shrived, shriven) *уст.* исповéдовать, отпуска́ть грехи́

**shrivel** [ˈʃrɪvl] *v* 1) смо́рщивать (-ся); съёживаться, ссыха́ться 2) дéлать(ся) бесполéзным

**shriven** [ˈʃrɪvn] *p. p. от* shrive

**shroff** [ʃrɔf] *инд. n* 1) меня́ла; банки́р 2) специали́ст по распознава́нию фальши́вых монéт

**shroud** [ʃraud] **1.** *n* 1) са́ван 2) пелена́; покро́в; wrapped in a ~ of mystery оку́танный та́йной 3) *pl мор.* ва́нты 4) *тех.* кожу́х, колпа́к

**2.** *v* 1) завёртывать в са́ван 2) оку́тывать

**shrove** [ʃrəuv] *past от* shrive

**Shrovetide** [ˈʃrəuvtaɪd] *n* ма́сленица

**shrub** I [ʃrʌb] *n* куст, куста́рник

**shrub** II [ʃrʌb] *n уст.* напи́ток из фрукто́вого со́ка и ро́ма

**shrubbery** [ˈʃrʌbərɪ] *n* 1) куста́рник 2) аллéя, обса́женная куста́рником

**shrubby** [ˈʃrʌbɪ] *a* 1) поро́сший куста́рником 2) куста́рниковый

**shrug** [ʃrʌg] **1.** *n* пожима́ние (*плечами*)

**2.** *v* пожима́ть (*плечами*); to ~ smth. off игнори́ровать, не обраща́ть внима́ния

**shrunk** [ʃrʌŋk] *past и p. p. от* shrink

**shrunken** [ˈʃrʌŋkən] *a* смо́рщенный

**shuck** [ʃʌk] **1.** *n амер.* 1) шелуха́ 2) створка у́стрицы, жемчу́жницы *и т. п.* ◇ ~! *разг.* а) чёрт!; б) ерунда́!; no great ~s не блестя́щий, не выдаю́щийся

**2.** *v* 1) лущи́ть, очища́ть от шелухи́ 2) сбра́сывать, снима́ть; to ~ off one's clothes сбро́сить одéжду

**shudder** [ˈʃʌdə] **1.** *n* дрожь, содрога́ние

**2.** *v* вздра́гивать, содрога́ться; I ~ to think of it я содрога́юсь при (одно́й) мы́сли об э́том

**shuffle** [ˈʃʌfl] **1.** *n* 1) ша́рканье 2) тасова́ние (*карт*) 3) трюк, увёртка 4) перемещéние; a ~ of the Cabinet перераспределéние портфéлей внутри́ кабинéта мини́стров

**2.** *v* 1) волочи́ть (*ноги*); ша́ркать (*ногами*) 2) ёрзать 3) тасова́ть (*карты*) 4) перемéшивать; перемеща́ть 5) колеба́ться, виля́ть, извора́чиваться, хитри́ть □ ~ **off** а) сбро́сить (*одежду*); б) свали́ть (*ответственность*); в) изба́виться; ~ **on** наки́нуть (*одежду*)

**shuffler** [ˈʃʌflə] *n* 1) игро́к, тасу́ющий ка́рты 2) пройдо́ха

**shun** [ʃʌn] *v* избега́ть, остерега́ться; to ~ danger избежа́ть опа́сности

**'shun** [ʃən] *int* (*сокр. от* attention) *воен. разг.* сми́рно!

**shunless** [ˈʃʌnlɪs] *a поэт.* неизбéжный

**shunt** [ʃʌnt] **1.** *n* 1) *ж.-д.* перево́д на запа́сный путь 2) стрéлка 3) *эл.* шунт

**2.** *v* 1) *ж.-д.* переводи́ть *или* переходи́ть на запа́сный путь, маневри́ровать 2) *эл.* шунти́ровать 3) *разг.* откла́дывать, класть под сукно́; избега́ть обсуждéния (*чего-л.*)

**shunter** [ˈʃʌntə] *n ж.-д.* стрéлочник; сцéпщик; состави́тель поездо́в

**shunting-yard** [ˈʃʌntɪŋja:d] *n ж.-д.* сортиро́вочная ста́нция, маневро́вый парк

**shush** [ʃʌʃ] *v разг.* заста́вить замолча́ть, заши́кать

**shut** [ʃʌt] **1.** *v* (shut) 1) затворя́ть (-ся), закрыва́ть(ся), запира́ть(ся) 2) скла́дывать, закрыва́ть; to ~ a fan сложи́ть вéер; to ~ an umbrella закры́ть зо́нтик □ ~ **down** а) закрыва́ть; захло́пывать; б) прекраща́ть рабо́ту (*на предприятии*); в) опуска́ться (*о тумане и т. п.*); ~ **in** а) запира́ть; б) загора́живать (*свет и т. п.*); ~ **into** а) запира́ть; б) прищемля́ть; ~ **off** а) выключа́ть (*воду, ток, пар и т. п.*); б) изоли́ровать (from); ~ **out** а) не допуска́ть; не впуска́ть; б) исключа́ть (*возможность*); в) загора́живать; ~ **to** закрыва́ть(ся) на́глухо; ~ the box to закро́йте я́щик; ~ **up** а) заби́ть, заколоти́ть; to be ~ up сидéть взаперти́; б) закры́ть (*магазин, предприятие*); в) заключи́ть (*в тюрьму*); г) *груб.* (заста́вить) замолча́ть; ~ up! замолчи́!, заткни́сь! ◇ to ~ one's ears to smth. не слу́шать, игнори́ровать, пропуска́ть ми́мо ушéй; to ~ one's eyes to smth. закрыва́ть глаза́ на что-л., не замеча́ть чего́-л.

**2.** *a* закры́тый, за́пертый

**shut-down** [ˈʃʌtdaun] *n* 1) закры́тие (*предприятия*) 2) выключéние

**shut-eye** [ˈʃʌtaɪ] *n sl.* сон

**shut-in** [ˈʃʌtˈɪn] **1.** *n амер.* лежа́чий больно́й

**2.** *a* 1) не выходя́щий и́з дому; лежа́чий (*о больном*) 2) за́мкнутый

**shut-out** [ˈʃʌtˈaut] *n* локаут

**shutter** [ˈʃʌtə] **1.** *n* 1) ста́вень; *pl* жалюзи́; to put up the ~s *перен.* закры́ть предприя́тие 2) задви́жка, засло́нка; затво́р (*напр., фотообъектива*)

**2.** *v* закрыва́ть ста́внями

**shuttle** [ˈʃʌtl] **1.** *n* 1) челно́к (*ткацкого станка, швейной машины*) 2) затво́р шлю́за 3) *амер.* = shuttle train

**2.** *v* дви́гать(ся) взад и вперёд

**shuttle bus** [ˈʃʌtlbʌs] *n* при́городный авто́бус

**shuttlecock** [ˈʃʌtlkɔk] *n* вола́н (*для игры в бадминтон*)

**shuttle service** [ˈʃʌtlˌsə:vɪs] *n* движéние туда́ и обра́тно (*поездов, автобусов и т п.*), ма́ятниковое движéние

**shuttle train** [ˈʃʌtltreɪn] *n* при́городный по́езд

**shy** I [ʃaɪ] **1.** *a* 1) пугли́вый 2) застéнчивый, ро́бкий; осторо́жный, нерешительный; to be ~ of smth. а) избега́ть чего́-л.; не реша́ться на что-л.; б) *амер.* недостава́ть, не хвата́ть (*тж.* to be ~ on smth.)

**2.** *v* броса́ться в сто́рону, пуга́ться

**shy** II [ʃaɪ] *разг.* **1.** *n* 1) бросо́к 2) *разг.* попы́тка; to have a ~ at smth. попро́бовать доби́ться чего́-л. 3) *разг.* насме́шливое, ко́лкое замеча́ние

**2.** *v* броса́ть (*камень, мяч*)

**shyer** [ˈʃaɪə] *n* пугли́вая ло́шадь

**shyster** [ˈʃaɪstə] *n амер. разг.* стря́пчий по тёмным дела́м

**si** [siː] *n муз.* си

**Siamese** [ˌsaɪəˈmiːz] **1.** *a* сиа́мский; ~ twins сиа́мские близнецы́

**2.** *n* (*прежнее название жителей Таиланда*) сиа́мец; сиа́мка; the ~ *pl собир.* сиа́мцы

**Siberian** [saɪˈbɪərɪən] **1.** *a* сиби́рский; ~ dog сиби́рская ла́йка; ~ plague сиби́рская я́зва

**2.** *n* сибиря́к; сибиря́чка

**sibilant** [ˈsɪbɪlənt] **1.** *a* свистя́щий, шипя́щий

**2.** *n фон.* свистя́щий *или* шипя́щий звук

**sibling** [ˈsɪblɪŋ] *n* брат *или* сестра́; ~s де́ти одни́х роди́телей; ~ rivalry сопе́рничество ме́жду детьми́ (*одних родителей*), де́тская ре́вность

**sibyl** [ˈsɪbɪl] *n* сиви́лла; предсказа́тельница; колду́нья

**sibylline** [sɪˈbɪlaɪn] *a* проро́ческий

**siccative** [ˈsɪkətɪv] *хим.* **1.** *a* суши́льный

**2.** *n* суши́льное вещество́, сиккати́в

**sice I** [saɪs] *n* шесть очко́в (*на игральных костях*)

**sice II** [saɪs] *инд. n* грум; ко́нюх

**Sicilian** [sɪˈsɪljən] **1.** *a* сицили́йский

**2.** *n* жи́тель Сици́лии

**sick I** [sɪk] *a* 1) *преим. амер.* больно́й 2) *predic.* чу́вствующий тошноту́; to feel (*или* to turn) ~ испы́тывать тошноту́; he is ~ его́ тошни́т (рвёт) 3) боле́зненный; нездоро́вый; ~ fancies боле́зненные фанта́зии 4) относя́щийся к больно́му; свя́занный с боле́знью 5) *разг.* пресы́щенный; уста́вший (of — от *чего-л.*); I am ~ of waiting мне надое́ло ждать 6) тоску́ющий (for — по *чему-л.*); to be ~ at heart тоскова́ть 7) *разг.* раздоса́дованный 8) бле́дный, сла́бый (*о цвете, свете и т. п.*)

**sick II** [sɪk] *v* натра́вливать (*собаку*); ~ him! *охот.* ату́!, возьми́ его́!

**sick-bay** [ˈsɪkbeɪ] *n* корабе́льный лазаре́т

**sick-bed** [ˈsɪkbed] *n* посте́ль больно́го

**sick-benefit** [ˈsɪkˈbenɪfɪt] *n* посо́бие по боле́зни

**sick-call** [ˈsɪkˈkɔːl] *n воен.* 1) враче́бный приём больны́х 2) посеще́ние санита́рной ча́сти 3) построе́ние больны́х для сле́дования в санита́рную часть

**sicken** [ˈsɪkn] *v* 1) заболева́ть 2) чу́вствовать тошноту́, отвраще́ние 3) пресы́титься (of)

**sickener** [ˈsɪknə] *n* 1) *разг.* то, что вызыва́ет отвраще́ние, тошноту́ 2) *школ. жарг.* зану́да

**sickening** [ˈsɪknɪŋ] *a* отврати́тельный, тошнотво́рный; a ~ smell тошнотво́рный за́пах

**sick-flag** [ˈsɪkflæg] *n* каранти́нный флаг

**sick headache** [ˈsɪkˌhedeɪk] *n* мигре́нь

**sickle** [ˈsɪkl] *n* серп

**sick-leave** [ˈsɪkliːv] *n* о́тпуск по боле́зни

**sick-list** [ˈsɪklɪst] *n* 1) спи́сок больны́х 2) больни́чный лист; to be on the ~ не прису́тствовать по боле́зни, быть на больни́чном листе́

**sickly** [ˈsɪklɪ] *a* 1) боле́зненный 2) нездоро́вый (*о климате*) 3) тошнотво́рный 4) сентимента́льный, слаща́вый

**sickness** [ˈsɪknɪs] *n* 1) боле́знь 2) тошнота́

**sick-room** [ˈsɪkrum] *n* ко́мната больно́го

**side** [saɪd] **1.** *n* 1) сторона́; бок; край; ~ by ~ ря́дом; бок о́ бок; from all ~s, from every ~ со всех сторо́н, отовсю́ду; ~ of the page по́ле страни́цы; the right (wrong) ~ of cloth пра́вая (ле́вая) сторона́ мате́рии, лицо́ (изна́нка) мате́рии 2) пози́ция, то́чка зре́ния, подхо́д 3) склон (*горы*) 4) полови́на те́ла, мясно́й ту́ши *и т. п.* 5) сте́нка 6) сторона́ (*в процессе, споре и т. п.*) 7) ли́ния родства́; relatives on the maternal ~ ро́дственники по матери́нской ли́нии 8) *мор.* борт 9) *разг.* чва́нство, высокоме́рие; to put on ~ ва́жничать 10) *attr.* боково́й 11) *attr.* побо́чный; a ~ effect побо́чное де́йствие (*лекарства, лечения и т. п.*) ◇ to put on one ~ игнори́ровать; to get on the right ~ of smb. расположи́ть кого́-л. к себе́; to take ~s стать на чью-л. сто́рону; примкну́ть к той и́ли друго́й па́ртии; the weather is on the cool ~ пого́да дово́льно прохла́дная; on the ~ попу́тно, ме́жду про́чим; дополни́тельно, в прида́чу; to make a little money on the ~ подрабо́тать немно́го де́нег на стороне́; to be on the heavy ~ быть перегру́женным; to be on the ~ of the angels приде́рживаться традицио́нных (ненау́чных) взгля́дов

**2.** *v* примкну́ть к кому́-л., быть на чьей-л. стороне́ (with)

**side-arms** [ˈsaɪdɑːmz] *n воен.* ору́жие, носи́мое на портупе́е *или* поясно́м ремне́ (*шашка, сабля, амер. тж. револьвер, пистолет*)

**sideboard** [ˈsaɪdbɔːd] *n* буфе́т; серва́нт

**sideburns** [ˈsaɪdbəːnz] *n pl амер.* ба́чки, ба́ки

**side-car** [ˈsaɪdkɑː] *n* 1) коля́ска мотоци́кла 2) род кокте́йля

**side-dish** [ˈsaɪddɪʃ] *n* гарни́р, сала́т

**side-issue** [ˈsaɪdˌɪsjuː] *n* побо́чный *или* второстепе́нный, несуще́ственный вопро́с

**sidelight** [ˈsaɪdlaɪt] *n* 1) боково́й фона́рь 2) случа́йная информа́ция, пролива́ющая свет на что-л. 3) *мор.* отличи́тельный ого́нь

**side-line** [ˈsaɪdlaɪn] *n* 1) побо́чная рабо́та 2) това́ры, не составля́ющие гла́вный предме́т торго́вли в да́нном магази́не 3) *ж.-д.* бокова́я ве́тка 4) *спорт.* бокова́я ли́ния игрово́го по́ля

**sideling** [ˈsaɪdlɪŋ] *a* накло́нный; непрямо́й (*тж. перен.*)

**sidelong** [ˈsaɪdlɔŋ] **1.** *a* боково́й; косо́й, напра́вленный в сто́рону; a ~ glance косо́й взгляд

**2.** *adv* вкось; бо́ком; в сто́рону

**sidereal** [saɪˈdɪərɪəl] *a* звёздный

**siderography** [ˌsɪdəˈrɔgrəfɪ] *n* гравирова́ние на ста́ли

**side-saddle** [ˈsaɪdˌsædl] *n* да́мское седло́

**side-show** [ˈsaɪdʃəu] *n* интерме́дия, вставно́й но́мер

**side-slip** [ˈsaɪdslɪp] **1.** *n* 1) *авто, спорт.* боково́е скольже́ние 2) *ав.* скольже́ние на крыло́

**2.** *v* 1) *авто* заноси́ть 2) *ав.* скользи́ть на крыло́

**sidesman** [ˈsaɪdzmən] *n* церко́вный служи́тель

**side-splitting** [ˈsaɪdˌsplɪtɪŋ] *a разг.* 1) умори́тельный 2) громово́й (*о хохоте*)

**side-step** [ˈsaɪdstep] **1.** *n* 1) шаг в сто́рону 2) *спорт.* подъём «ле́сенкой» (*на лыжах*)

**2.** *v* 1) отступа́ть в сто́рону; уступа́ть доро́гу 2) уклоня́ться от уда́ра 3) уклоня́ться, обходи́ть; to ~ an issue обходи́ть вопро́с; to ~ a decision откла́дывать реше́ние

**side-track** [ˈsaɪdtræk] **1.** *n* запа́сный путь; разъе́зд; обхо́дный путь

**2.** *v* 1) переводи́ть на запа́сный путь 2) уводи́ть в сто́рону; отвлека́ть (*кого-л.*) от це́ли; to ~ attention отвле́чь внима́ние 3) откла́дывать рассмотре́ние (*предложения*)

**side-view** [ˈsaɪdvjuː] *n* про́филь, вид сбо́ку

**sidewalk** [ˈsaɪdwɔːk] *n* тротуа́р

**sideward(s)** [ˈsaɪdwəd(z)] = sideways

**sideways** [ˈsaɪdweɪz] *adv* в сто́рону, вкось, бо́ком

**side wind** [ˈsaɪdwɪnd] *n* 1) боково́й ве́тер 2) непрямо́е влия́ние; by a ~ око́льным путём, стороно́й

**side-winder** [ˈsaɪdˌwɪndə] *n* уда́р сбо́ку

**siding** [ˈsaɪdɪŋ] **1.** *pres. p. от* side 2

**2.** *n* 1) *ж.-д.* запа́сный, подъездно́й путь; ве́тка 2) *амер.* нару́жная обши́вка

**sidle** [ˈsaɪdl] *v* (под)ходи́ть бочко́м, ро́бко, укра́дкой (up to, away from, along)

**sidy** [ˈsaɪdɪ] *a разг.* ва́жничающий

**siege** [siːdʒ] *n* 1) оса́да; to lay ~ to осади́ть; to raise the ~ снять оса́ду; to stand a ~ выде́рживать оса́ду 2) до́лгий, тя́гостный пери́од вре́мени

**siege-train** [ˈsiːdʒtreɪn] *n воен.* оса́дный парк

**sienna** [sɪˈenə] *n* сие́на, о́хра (*краска*)

**sierra** [ˈsɪərə] *исп. n.* го́рная цепь

**siesta** [sɪˈestə] *исп. n* сие́ста, полу́денный о́тдых (*в южных странах*)

**sieve** [sɪv] **1.** *n* 1) решето́, си́то; he has a memory like a ~ ≅ у него́ о́чень плоха́я па́мять 2) болту́н

**2.** *v* просе́ивать

**sift** [sɪft] *v* 1) просе́ивать; отсе́ивать (from) 2) сы́пать, посыпа́ть (*сахаром и т. п.*) 3) тща́тельно рассма́тривать, анализи́ровать (*факты*) 4) подро́бно допра́шивать (*кого-л.*)

**sigh** [saɪ] **1.** *n* вздох

**2.** *v* 1) вздыха́ть 2) тоскова́ть (for — по *ком-л.*)

**sight** [saɪt] **1.** *n* 1) зре́ние; long ~ дальнозо́ркость; short (*или* near) ~ близору́кость; loss of ~ поте́ря зре́ния, слепота́ 2) по́ле зре́ния; in ~ в по́ле зре́ния; to come in ~ появи́ться; to put out of ~ пря́тать; to lose ~ of а) потеря́ть и́з виду; б) забы́ть, упусти́ть и́з виду; out of my ~! прочь с глаз мои́х! 3) взгляд; рассма́тривание; at (*или* on) ~ при ви́де; payable at ~ подлежа́щий опла́те по предъявле́нии; at first ~ с пе́рвого взгля́да; to know by ~ знать то́лько в лицо́; to catch (*или* to gain, to get) ~ of уви́деть, заме́тить 4) вид; зре́лище; I hate the ~ of him я ви́деть его́ не могу́; it was a ~ to see э́то бы́ло настоя́щее зре́лище, э́то сто́ило посмотре́ть 5) *разг.* смехотво́рное *или* непригля́дное зре́лище; to make a ~ of oneself де́лать из себя́ посме́шище; you look a perfect ~! ну и вид у тебя́! 6) *pl* достопримеча́тельности; to see the ~s осма́тривать достопримеча́тельности 7) взгляд, то́чка зре́ния; do what is right in your own ~ де́лайте так, как счита́ете ну́жным 8) *диал.* большо́е коли́чество; to cost a ~ of money сто́ить больши́х де́нег; a long ~ better мно́го лу́чше 9) прице́л; to take a careful ~ тща́тельно прице́литься 10) *pl разг.* очки́ 11) *геод.* маркше́йдерский знак ◇ out of ~ out of mind ≅ с глаз доло́й — из се́рдца вон; not by a long ~ отню́дь нет; ~ unseen *амер.* за глаза́; at ~ с листа́; to translate at ~ переводи́ть с листа́; to shoot at (*или* on) ~ стреля́ть без предупрежде́ния

**2.** *v* 1) уви́деть, вы́смотреть 2) наблюда́ть 3) *воен.* прице́ливаться

**sightless** ['saɪtlɪs] *a* 1) невидя́щий, слепо́й 2) *поэт.* неви́димый

**sightly** ['saɪtlɪ] *a* краси́вый, прия́тный на вид; ви́дный

**sightseeing** ['saɪtˌsiːɪŋ] *n* осмо́тр достопримеча́тельностей; to go ~ осма́тривать достопримеча́тельности

**sightseer** ['saɪtˌsiːə] *n* тури́ст, осма́тривающий достопримеча́тельности

**sign** [saɪn] **1.** *n* 1) знак; си́мвол; to give a ~ сде́лать знак; ~ and countersign паро́ль и о́тзыв; ~ manual собственноручна́я по́дпись (*монарха*) 2) при́знак, приме́та; to make no ~ а) не подава́ть при́знаков жи́зни; б) не протестова́ть 3) зна́мение, предзнаменова́ние; the ~s of the times зна́мение вре́мени 4) вы́веска (*тж.* ~board) 5) *мед.* симпто́м 6) след

**2.** *v* 1) подпи́сывать(ся) 2) выража́ть же́стом; подава́ть знак (to — *кому-л.*) 3) отмеча́ть; ста́вить знак □ ~ **away** передава́ть (*право, собственность*); завеща́ть (*что-л.*), отка́зываться в чью-л. по́льзу; ~ **off** а) *радио* дать знак оконча́ния переда́чи; б) *разг.* переста́ть разгова́ривать, замолча́ть; ~ **over** = ~ away; ~ **on** а) нанима́ть(ся) на рабо́ту; б) *радио* дать знак нача́ла переда́чи; ~ **up** = ~ on

**signal** ['sɪgnl] **1.** *n* 1) сигна́л, знак 2) *pl воен.* связь; войска́ свя́зи 3) *attr.*: ~ service *воен.* слу́жба свя́зи

**2.** *a* 1) выдаю́щийся, замеча́тельный; ~ victory блестя́щая побе́да 2) сигна́льный

**3.** *v* сигнализи́ровать, дава́ть сигна́л; the train is ~led дан сигна́л о прибы́тии по́езда

**signal-book** ['sɪgnlbuk] *n* код, сигна́льная кни́га, сбо́рник сигна́лов

**signal-box** ['sɪgnlbɔks] *n ж.-д.* блокпо́ст; пост централиза́ции

**signalize** ['sɪgnəlaɪz] *v* 1) отмеча́ть; ознаменова́ть 2) сигнализи́ровать

**signaller** ['sɪgnələ] *n воен.* 1) связи́ст 2) сигна́льщик

**signal-man** ['sɪgnlmən] *n* сигна́льщик

**signatory** ['sɪgnətərɪ] **1.** *n* сторона́, подписа́вшая како́й-л. докуме́нт (*особ. договор*); joint ~ совме́стно подписа́вший

**2.** *a* подписа́вший (*какой-л. документ, особ. договор*)

**signature** ['sɪgnɪtʃə] *n* 1) по́дпись; to bear the ~ (of) быть подпи́санным (*кем-л.*); over the ~ за по́дписью 2) *полигр.* сигнату́ра 3) *муз.* ключ 4) *радио* музыка́льная ша́пка

**signboard** ['saɪnbɔːd] *n* вы́веска

**signer** ['saɪnə] *n* лицо́ *или* сторона́, подписа́вшие како́й-л. докуме́нт

**signet** ['sɪgnɪt] *n* печа́тка, печа́ть

**significance** [sɪg'nɪfɪkəns] *n* 1) значе́ние, смысл 2) ва́жность, значи́тельность; to attach ~ to smth. придава́ть значе́ние чему́-л. 3) многозначи́тельность; вырази́тельность

**significant** [sɪg'nɪfɪkənt] *a* 1) значи́тельный, ва́жный, суще́ственный; знамена́тельный 2) многозначи́тельный; вырази́тельный 3) зна́чимый (*о суффиксе и т. п.*)

**signification** [ˌsɪgnɪfɪ'keɪʃən] *n* (то́чное) значе́ние, (то́чный) смысл

**significative** [sɪg'nɪfɪkətɪv] *a* ука́зывающий (of — на *что-л.*); свиде́тельствующий (of — о *чём-л.*)

**signify** ['sɪgnɪfaɪ] *v* 1) зна́чить, означа́ть 2) име́ть значе́ние; it doesn't ~ э́то не име́ет значе́ния, э́то нева́жно 3) выка́зывать; to ~ one's consent вы́разить своё согла́сие 4) предвеща́ть

**sign-painter** ['saɪnˌpeɪntə] *n* худо́жник, рису́ющий вы́вески

**signpost** ['saɪnpəust] *n* указа́тельный столб, указа́тель

**sign-writer** ['saɪnˌraɪtə] = sign-painter

**Sikh** [siːk] *инд. n* сикх

**silage** ['saɪlɪdʒ] *n* си́лос

**silence** ['saɪləns] **1.** *n* 1) молча́ние; безмо́лвие, тишина́; to break (to keep) ~ наруша́ть (храни́ть) молча́ние; to put to ~ заста́вить замолча́ть 2) забве́ние; отсу́тствие све́дений; to pass into ~ быть пре́данным забве́нию

**2.** *v* 1) заста́вить замолча́ть 2) заглуша́ть

**silencer** ['saɪlənsə] *n тех.* глуши́тель

**silent** ['saɪlənt] *a* 1) безмо́лвный; немо́й; ~ film немо́й фильм 2) молчали́вый; to be (*или* to keep) ~ молча́ть; ума́лчивать 3) не выска́зывающий; the report was ~ on that point об э́том в докла́де ничего́ не́ было ска́зано 4) не вы́сказанный вслух 5) непроизноси́мый (*о букве*) 6) бесшу́мный, ти́хий ◇ ~ partner *см.* partner 1, 2); the ~ service *разг.* подво́дный флот

**silhouette** [ˌsɪlu(ː)'et] *фр.* **1.** *n* силуэ́т

**2.** *v* (*обыкн. p. p.*) 1) изобража́ть в ви́де силуэ́та 2) вырисо́вываться (*на фоне чего-л.*)

**silica** ['sɪlɪkə] *n хим., мин.* кремнезём, кварц

**silicate** ['sɪlɪkɪt] *n* 1) силика́т 2) *attr.* силика́тный

**siliceous** [sɪ'lɪʃəs] *a* кремни́стый, содержа́щий кре́мний

**silicic** [sɪ'lɪsɪk] *a* кре́мниевый

**silicon** ['sɪlɪkən] *n хим.* кре́мний

**silk** [sɪlk] **1.** *n* 1) шёлк 2) *pl* шёлковые ни́тки 3) *разг.* короле́вский адвока́т; to take ~ стать короле́вским адвока́том

**2.** *a* шёлковый; ~ hat цили́ндр; ~ stocking шёлковый чуло́к [*ср. тж.* silk-stocking]

**silken** ['sɪlkən] *a* 1) *поэт.* шёлковый 2) шелкови́стый, блестя́щий; гла́дкий 3) мя́гкий, вкра́дчивый 4) не́жный, мя́гкий 5) элега́нтный, шика́рный

**silk-mill** ['sɪlkmɪl] *n* шелкопряди́льная фа́брика

**silk-stocking** ['sɪlkˌstɔkɪŋ] **1.** *n амер.* роско́шно оде́тый челове́к, бога́ч

**2.** *a* 1) элега́нтный, роско́шный 2) фешене́бельный, аристократи́ческий; ~ section фешене́бельный райо́н го́рода

**silkworm** ['sɪlkwəːm] *n зоол.* ту́товый шелкопря́д

**silky** ['sɪlkɪ] *a* 1) шелкови́стый 2) вкра́дчивый 3) бархати́стый (*о вине и т. п.*)

**sill** [sɪl] *n* 1) подоко́нник 2) *стр.* ле́жень, ни́жний брус 3) *горн.* по́чва у́гольного пласта́

**sillabub** ['sɪləbʌb] *n* (сби́тые) сли́вки с вино́м и са́харом

**siller** ['sɪlə] *n шотл.* 1) серебро́ 2) де́ньги

**silliness** ['sɪlɪnɪs] *n* глу́пость

**silly** ['sɪlɪ] **1.** *a* 1) глу́пый; слабоу́мный 2) *уст.* просто́й, бесхи́тростный; безоби́дный ◇ the ~ season зати́шье в пре́ссе (*особ. в конце лета*)

**2.** *n разг.* глупы́ш, несмышлёныш

**silo** ['saɪləu] **1.** *n* (*pl* -os [-əuz]) сило́сная я́ма *или* ба́шня

**2.** *v* силосова́ть

**silt** [sɪlt] **1.** *n* ил, оса́док, нано́сы

**2.** *v* засоря́ть(ся) и́лом (*обыкн.* ~ up) ▭ ~ **through** проса́чиваться

**Silurian** [saɪ'ljuərɪən] *геол.* **1.** *a* силури́йский

**2.** *n* силури́йский пери́од

**silvan** ['sɪlvən] *a* лесно́й, леси́стый

**silver** ['sɪlvə] **1.** *n* 1) серебро́; sterling ~ чи́стое серебро́ 2) сере́бряные моне́ты; де́ньги 3) сере́бряные изде́лия; table ~ столо́вое серебро́ 4) цвет серебра́

**2.** *a* 1) сере́бряный 2) серебри́стый; ~ sand то́нкий бе́лый песо́к 3) седо́й (*о волосах*)

**3.** *v* 1) серебри́ть 2) покрыва́ть (*зеркало*) амальга́мой рту́ти 3) серебри́ться 4) седе́ть

**silver fir** ['sɪlvə'fə:] *n бот.* пи́хта благоро́дная

**silver fox** ['sɪlvə'fɔks] *n* черно-бу́рая лиси́ца

**silver gilt** ['sɪlvə'gɪlt] *a* из позоло́ченного серебра́

**silvern** ['sɪlvən] *a поэт.* сере́бряный

**silver paper** ['sɪlvə,peɪpə] *n* 1) то́нкая папиро́сная бума́га 2) оловя́нная фо́льга, станио́ль

**silver-plate** ['sɪlvə'pleɪt] *v* покрыва́ть серебро́м, серебри́ть (*гальваническим способом*)

**silver point** ['sɪlvə'pɔɪnt] *n* рису́нок сере́бряным карандашо́м

**silver side** ['sɪlvəsaɪd] *n* лу́чшая часть се́ка говя́дины

**silversmith** ['sɪlvəsmɪθ] *n* сере́бряных дел ма́стер

**silver-tongued** ['sɪlvə'tʌŋd] *a* сладкоречи́вый; красноречи́вый

**silverware** ['sɪlvəwɛə] *n* изде́лия из серебра́, *особ.* столо́вое серебро́

**silvery** ['sɪlvərɪ] *a* серебри́стый

**silviculture** ['sɪlvɪkʌltʃə] *n* лесово́дство

**simian** ['sɪmɪən] **1.** *a* обезья́ний, обезьяноподо́бный

**2.** *n* обезья́на

**similar** ['sɪmɪlə] *a* 1) подо́бный (to); схо́дный, похо́жий 2) *геом.* подо́бный; ~ triangles подо́бные треуго́льники

**similarity** [,sɪmɪ'lærɪtɪ] *n* 1) схо́дство, подо́бие 2) *геом.* подо́бие

**similarly** ['sɪmɪləlɪ] *adv* так же, подо́бным о́бразом

**simile** ['sɪmɪlɪ] *n лит.* сравне́ние

**similitude** [sɪ'mɪlɪtju:d] *n* 1) схо́дство, подо́бие 2) о́браз, вид; in the ~ of smb., smth. в о́бразе кого́-л., чего́-л.; to assume the ~ of приня́ть вид 3) = simile

**similize** ['sɪmɪlaɪz] *v* по́льзоваться стилисти́ческим приёмом сравне́ния

**simitar** ['sɪmɪtə] = scimitar

**simmer** ['sɪmə] **1.** *n* закипа́ние

**2.** *v* 1) закипа́ть; кипе́ть на ме́дленном огне́ 2) кипяти́ть на ме́дленном огне́ 3) е́ле сде́рживать (*гнев или смех*); he was ~ing with anger он е́ле сде́рживал свой гнев ▭ ~ **down** перестава́ть кипе́ть, остыва́ть

**simon-pure** ['saɪmən'pjuə] *a* настоя́щий, по́длинный

**simony** ['saɪmənɪ] *n ист.* симони́я

**simoom, simoon** [sɪ'mu:m, sɪ'mu:n] *n* саму́м

**simp** [sɪmp] *n* (*сокр. от* simpleton) *разг.* проста́к, простофи́ля

**simper** ['sɪmpə] **1.** *n* жема́нная *или* глу́пая улы́бка

**2.** *v* притво́рно *или* глу́по улыба́ться

**simple** ['sɪmpl] **1.** *a* 1) просто́й, несло́жный 2) элемента́рный, неразложи́мый; ~ fraction *мат.* проста́я дробь; a ~ quantity *мат.* однозна́чное число́; ~ equation *мат.* уравне́ние 1-й сте́пени 3) простоду́шный, наи́вный; глупова́тый; he is not so ~ as you suppose он не так прост, как вы ду́маете; ~ Simon проста́к 4) прямо́й, че́стный 5) незамыслова́тый, незате́йливый; просто́й, скро́мный; ~ food проста́я пи́ща 6) просто́й, незна́тный 7) я́вный; и́стинный; it is a ~ lie э́то про́сто ложь; the ~ truth и́стинная пра́вда

**2.** *n уст.* лека́рственная трава́

**simple-hearted** ['sɪmpl'hɑ:tɪd] *a* простоду́шный

**simple-minded** ['sɪmpl'maɪndɪd] *a* 1) бесхи́тростный 2) тупова́тый, глу́пый

**simpleton** ['sɪmpltən] *n* проста́к

**simplicity** [sɪm'plɪsɪtɪ] *n* 1) простота́ 2) простоду́шие, наи́вность 3) скро́мность, непритяза́тельность ◇ she is ~ itself *разг.* она́ сама́ простота́

**simplification** [,sɪmplɪfɪ'keɪʃən] *n* упроще́ние

**simplify** ['sɪmplɪfaɪ] *v* упроща́ть

**simplism** ['sɪmplɪzm] *n* упроще́нчество

**simply** ['sɪmplɪ] *adv* 1) про́сто, легко́; I did it quite ~ я сде́лал э́то о́чень про́сто 2) глу́по 3) *употр. для усиления*: I ~ wouldn't stand it я про́сто не мог перенести́ э́то

**simulacra** [,sɪmju'leɪkrə] *pl от* simulacrum

**simulacrum** [,sɪmju'leɪkrəm] *лат. n* (*pl* -cra) подо́бие; ви́димость

**simulate** ['sɪmjuleɪt] *v* 1) симули́ровать; притворя́ться 2) име́ть вид (*чего-л.*), походи́ть (*на что-л.*) 3) моделировать, воспроизводи́ть (*реальные условия работы при испытании*)

**simulated** ['sɪmjuleɪtɪd] *a* 1) подде́льный, фальши́вый 2) модели́рующий, воспроизводя́щий; ~ conditions иску́сственно со́зданные усло́вия

**simulation** [,sɪmju'leɪʃən] *n* 1) симуля́ция; притво́рство 2) модели́рование; воспроизведе́ние

**simulator** ['sɪmjuleɪtə] *n* 1) притво́рщик; симуля́нт 2) модели́рующее, имити́рующее устро́йство 3) *ав.* трена́жёр

**simultaneity** [,sɪməltə'nɪətɪ] *n* одновре́ме́нность

**simultaneous** [,sɪməl'teɪnjəs] *a* одновре́ме́нный

**sin** [sɪn] **1.** *n* грех; to live in ~ жить в незако́нном бра́ке

**2.** *v* 1) (со)греши́ть 2) наруша́ть (*правила, нормы*); to ~ against the laws of society наруша́ть зако́ны о́бщества

**sinapism** ['sɪnəpɪzm] *n* горчи́чник

**since** [sɪns] **1.** *adv* 1) с тех пор; I have not seen him ~ я его́ не ви́дел с тех пор; he has (*или* had) been healthy ever ~ с тех пор он (всё вре́мя) был здоро́в 2) тому́ наза́д; he died many years ~ он у́мер мно́го лет наза́д; I saw him not long ~ я ви́дел его́ неда́вно

**2.** *prep* с; по́сле; I have been here ~ ten o'clock я здесь с 10 часо́в; ~ seeing you I have (*или* had) heard... по́сле того́, как я ви́дел вас, я узна́л...

**3.** *cj* 1) с тех пор как; it is a long time ~ I saw him last прошло́ мно́го вре́мени с тех пор, как я его́ ви́дел в после́дний раз 2) так как; ~ you are ill, I will go alone поско́льку вы больны́, я пойду́ оди́н

**sincere** [sɪn'sɪə] *a* и́скренний, чистосерде́чный

**sincerity** [sɪn'serɪtɪ] *n* и́скренность

**sinciput** ['sɪnsɪpʌt] *n анат.* пере́дняя и ве́рхняя часть че́репа, те́мя

**sine** I [saɪn] *n мат.* си́нус

**sine** II ['saɪnɪ] *лат. prep* без; ~ die ['saɪnɪ'daɪɪ(:)] на неопределённый срок; ~ qua non ['saɪnɪkweɪ'nɔn] обяза́тельное усло́вие

**sinecure** ['saɪnɪkjuə] *n* синеку́ра

**sinew** ['sɪnju:] **1.** *n* 1) сухожи́лие 2) *pl* мускулату́ра; физи́ческая си́ла 3) *pl* дви́жущая си́ла; the ~s of war де́ньги и материа́льные ресу́рсы (*необходимые для ведения войны*)

**2.** *v* укрепля́ть, уси́ливать

**sinewy** ['sɪnju(:)ɪ] *a* 1) му́скулистый 2) я́ркий, живо́й (*о стиле*)

**sinful** ['sɪnful] *a* гре́шный, грехо́вный

**sing** [sɪŋ] **1.** *v* (sang; sung) 1) петь; to ~ flat (*или* sharp) фальши́вить; to ~ to a guitar петь под гита́ру; to ~ smb. to sleep убаю́кать кого́-л. пе́нием 2) воспева́ть (*обыкн.* ~ of) 3) ликова́ть 4) гуде́ть (*о ветре*); свисте́ть (*о пуле*); звене́ть (*в ушах*) ▭ ~ **out** выклика́ть; крича́ть ◇ to ~ small, to ~ another song сба́вить тон; присмире́ть; to make one's head ~ *sl.* расколо́ться; вы́дать соо́бщников преступле́ния

**2.** *n* 1) свист (*пули*); шум (*ветра*); звон (*в ушах*) 2) *разг.* спе́вка, пе́ние

**singe** [sɪndʒ] **1.** *n* ожо́г

**2.** *v* опаля́ть(ся); пали́ть; to ~ one's reputation запятна́ть свою́ репута́цию ◇ to ~ one's feathers (*или* wings) обже́чься на чём-л.

**singer** ['sɪŋə] *n* 1) певе́ц; певи́ца 2) поэ́т, бард 3) пе́вчая пти́ца

**Singhalese** [,sɪŋhə'li:z] = Sinhalese

**singing** ['sɪŋɪŋ] **1.** *pres. p. от* sing 1

**2.** *n* пе́ние

**singing-master** ['sɪŋɪŋ,mɑ:stə] *n* учи́тель пе́ния

**single** [ˈsɪŋgl] **1.** *a* 1) оди́н; еди́нственный; одино́кий; there is not a ~ one left не оста́лось ни одного́; a ~ eye-glass моно́кль; ~ combat единобо́рство; by instalments or in a ~ sum в рассро́чку и́ли сра́зу всю су́мму 2) одино́чный, предназна́ченный для одного́; ~ bed односпа́льная крова́ть; ~ room ко́мната на одного́ челове́ка 3) еди́ный 4) го́дный в оди́н коне́ц (*о билете*) 5) одино́кий; холосто́й; незаму́жняя 6) прямо́й, и́скренний; бесхи́тростный; безразде́льный (*о привязанности*)

**2.** *n* 1) па́ртия (*в теннисе, гольфе*), в кото́рой уча́ствуют то́лько два проти́вника 2) биле́т в оди́н коне́ц

**3.** *v* выбира́ть, отбира́ть (*тж.* ~ out)

**single-acting** [ˈsɪŋglˈæktɪŋ] *a тех.* односторо́ннего де́йствия

**single-breasted** [ˈsɪŋglˈbrestɪd] *a* однобо́ртный

**single-eyed** [ˈsɪŋglˈaɪd] *a* 1) одногла́зый 2) че́стный, прямо́й, прямолине́йный 3) целеустремлённый

**single-gauge** [ˈsɪŋglgeɪdʒ] *a ж.-д.* однопу́тный, одноколе́йный

**single-handed** [ˈsɪŋglˈhændɪd] **1.** *a* 1) одноръ́кий 2) сде́ланный без посторо́нней по́мощи

**2.** *adv* без посторо́нней по́мощи

**single-hearted** [ˈsɪŋglˈhɑːtɪd] *a* 1) прямоду́шный 2) пре́данный своему́ де́лу, целеустремлённый

**single-minded** [ˈsɪŋglˈmaɪndɪd] = single-hearted

**singleness** [ˈsɪŋglnɪs] *n* 1) одино́чество 2) прямоду́шие, и́скренность 3) целеустремлённость (*тж.* ~ of purpose)

**single-seater** [ˈsɪŋglˌsiːtə] *n* одноме́стный автомоби́ль *или* самолёт

**single-stage** [ˈsɪŋglsteɪdʒ] *a* одноступе́нчатый

**singlestick** [ˈsɪŋglstɪk] *n* 1) па́лка с руко́яткой (*для фехтования*) 2) фехтова́ние

**single-sticker** [ˈsɪŋglˌstɪkə] *n мор. разг.* одномачтовое су́дно

**singlet** [ˈsɪŋglɪt] *n* 1) фуфа́йка 2) ма́йка

**singleton** [ˈsɪŋgltən] *n* 1) *карт.* еди́нственная ка́рта да́нной ма́сти 2) одино́чка 3) еди́нственный ребёнок 4) едини́чный предме́т

**single-tree** [ˈsɪŋgltriː] *n* валёк (*конной упряжи*)

**single-winged** [ˈsɪŋglˈwɪŋd] *a* одноство́рчатый

**singly** [ˈsɪŋglɪ] *adv* 1) отде́льно, поодино́чке 2) самостоя́тельно, без по́мощи други́х

**singsong** [ˈsɪŋsɔŋ] **1.** *n* 1) моното́нное чте́ние *или* пе́ние 2) импровизи́рованный конце́рт

**2.** *a* моното́нный

**3.** *v* чита́ть стихи́, говори́ть *или* петь моното́нно

**singular** [ˈsɪŋgjulə] **1.** *n грам.* 1): the ~ еди́ственное число́ 2) сло́во в еди́нственном числе́

**2.** *a* 1) необыча́йный, исключи́тельный 2) стра́нный, своеобра́зный 3) *грам.* еди́нственный

**singularity** [ˌsɪŋgjuˈlærɪtɪ] *n* оригина́льность, стра́нность; своеобра́зие; осо́бенность

**Sinhalese** [ˌsɪnhəˈliːz] **1.** *a* синга́льский

**2.** *n* 1) синга́лец 2) синга́льский язы́к

**sinister** [ˈsɪnɪstə] *a* 1) злове́щий 2) злой, дурно́й 3) *уст., шутл.* ле́вый 4) *геральд.* находя́щийся на пра́вой (*от зрителя*) стороне́ герба́

**sink** [sɪŋk] **1.** *n* 1) ра́ковина (*для стока воды*) 2) сто́чная труба́ 3) клоа́ка; ~ of iniquity прито́н, верте́п 4) низи́на

**2.** *v* (sank; sunk) 1) опуска́ть(ся), снижа́ть(ся); па́дать (*о цене, стоимости, барометре и т. п.*); my spirits (*или* heart) sank я упа́л ду́хом; to ~ in smb.'s estimation упа́сть в чьём-л. мне́нии; the sun sank below a cloud со́лнце зашло́ за ту́чу 2) тону́ть (*о корабле и т. п.*); погружа́ться (*тж. перен.*); he sank into a chair он опусти́лся в кре́сло; to ~ into a reverie заду́маться; to ~ into a faint упа́сть в о́бморок 3) топи́ть (*судно*); затопля́ть (*местность*) 4) спада́ть (*о воде*); убыва́ть, уменьша́ться; the lake ~s вода́ в о́зере убыва́ет 5) оседа́ть (*о фундаменте*) 6) впи́тываться (*о жидкостях, краске*) 7) ослабева́ть, ги́бнуть; he is ~ing он умира́ет 8) впада́ть; запада́ть 9) проника́ть; запечатле́ться; to ~ into the mind вре́заться в па́мять 10) опуска́ться, ни́зко па́дать; to ~ into poverty впасть в нищету́ 11) погря́знуть 12) зама́лчивать (*факт*); скрыва́ть (*своё имя и т. п.*); забыва́ть, предава́ть забве́нию; to ~ one's own interests не ду́мать о свои́х интере́сах; to ~ the shop скрыва́ть свой заня́тия, свою́ профе́ссию 13) невы́годно помести́ть (*капитал*); to ~ money in smth. ухло́пать де́ньги на что-л. 14) погаша́ть (*долг*) 15) проходи́ть (*шахту*); рыть (*колодец*); прокла́дывать (*трубу*) 16) выреза́ть (*штамп*) ◇ ~ or swim ≅ ли́бо пан, ли́бо пропа́л

**sinker** [ˈsɪŋkə] *n* 1) грузи́ло 2) *амер. sl.* по́нчик, ола́дья, жа́реный пирожо́к 3) *горн.* прохо́дчик (*вертикальных и наклонных выработок*)

**sinking** [ˈsɪŋkɪŋ] **1.** *pres. p. от* sink 2

**2.** *n* 1) опуска́ние *и пр.* [*см.* sink 2] 2) внеза́пная сла́бость

**sinking-fund** [ˈsɪŋkɪŋˈfʌnd] *n* амортизацио́нный фонд, фонд погаше́ния

**sinner** [ˈsɪnə] *n* гре́шник

**Sinn Fein** [ˈʃɪnˈfeɪn] *n* движе́ние шинфе́йнеров (*в Ирландии*)

**Sinn Feiner** [ˈʃɪnˈfeɪnə] *n* шинфе́йнер

**sin-offering** [ˈsɪnˌɔfərɪŋ] *n* искупи́тельная же́ртва

**sinologist** [sɪˈnɔlədʒɪst] *n* китаи́ст, сино́лог

**sinologue** [ˈsɪnəlɔg] = sinologist

**sinology** [sɪˈnɔlədʒɪ] *n* китаеве́дение, синоло́гия

**sinter** [ˈsɪntə] *n* 1) шлак, ока́лина 2) *геол.* туф

**sinuosity** [ˌsɪnjuˈɔsɪtɪ] *n* 1) изви́листость 2) изви́лина, изги́б

**sinuous** [ˈsɪnjuəs] *a* 1) изви́листый; волнообра́зный, волни́стый 2) сло́жный, запу́танный

**sinus** [ˈsaɪnəs] (*pl* -es [-ɪz]) *n* 1) *анат.* па́зуха 2) *мед.* свищ

**Sioux** [suː] *n* (*pl* Sioux [suːz]) си́у (*племя североамериканских индейцев и индеец этого племени*)

**sip** [sɪp] **1.** *n* ма́ленький глото́к

**2.** *v* потя́гивать, прихлёбывать

**siphon** [ˈsaɪfən] **1.** *n* сифо́н

**2.** *v* 1) перелива́ть че́рез сифо́н 2) течь че́рез сифо́н

**sippet** [ˈsɪpɪt] *n* 1) кусо́чек хле́ба, обмакну́тый в подли́вку, молоко́ *и т. п.* 2) грено́к

**sir** [sɜː (*полная форма*); sə (*редуцированная форма*)] **1.** *n* сэр, господи́н, су́дарь (*как обращение; перед именем обозначает титул* knight *или* baronet, *напр.*, S. John); dear ~ ми́лостивый госуда́рь

**2.** *v* велича́ть сэ́ром

**sircar** [ˈsɜːkɑː] *инд. n* 1) инди́йское прави́тельство 2) глава́ прави́тельства 3) глава́ семьи́

**sirdar** [ˈsɜːdɑː] *n* 1) команди́р, нача́льник (*на Востоке*) 2) *ист.* главнокома́ндующий (а́нгло-)еги́петской а́рмией

**sire** [ˈsaɪə] **1.** *n* 1) ва́ше вели́чество, сир (*обращение к королю*) 2) *поэт.* оте́ц; пре́док 3) производи́тель (*о жеребце и т. п.*)

**2.** *v* быть производи́телем (*о жеребце и т. п.*)

**siren** [ˈsaɪərən] *n* 1) сире́на 2) сигна́л возду́шной трево́ги 3) *миф.* сире́на; *перен.* краси́вая безду́шная же́нщина

**sirloin** [ˈsɜːlɔɪn] *n* филе́й, филе́йная часть (*туши*)

**sirocco** [sɪˈrɔkəu] *n* (*pl* -os [-əuz]) сиро́кко

**sirrah** [ˈsɪrə] *n уст. презр.* эй, ты (су́дарь)!

**sirup** [ˈsɪrəp] = syrup

**sisal** [ˈsaɪsəl] *n* сиза́ль (*обработанные волокна текстильных агав*)

**siskin** [ˈsɪskɪn] *n* чиж

**sissy** [ˈsɪsɪ] = cissy

**sister** [ˈsɪstə] *n* 1) сестра́; full (*или* german) ~ родна́я сестра́; half ~ сестра́ то́лько по одному́ из роди́телей 2) ста́ршая медици́нская сестра́; сиде́лка 3) *разг.* де́вушка (*как обращение*) 4) член религио́зной общи́ны; мона́хиня 5) *attr.* ро́дственный; па́рный; материа́льно и организацио́нно свя́занный (*о предприятии*); ~ ships однотипные суда́

**sisterhood** [ˈsɪstəhud] *n* 1) ро́дственная связь сестёр; they lived in loving ~ они́ бы́ли лю́бящими сёстрами 2) религио́зная се́стринская общи́на

**sister-in-law** [ˈsɪstərɪnlɔ:] *n* (*pl* sisters-in-law) невéстка (*жена брата*); золóвка (*сестра мужа*); своя́ченица (*сестра жены*)

**sisterly** [ˈsɪstəlɪ] *a* сéстринский

**Sisyphean** [ˌsɪsɪˈfi(:)ən] *a греч. миф.* сизи́фов (*труд*)

**sit** [sɪt] *v* (sat) 1) сидéть; to ~ oneself сади́ться, усáживаться 2) сажáть, усáживать 3) вмещáть; быть рассчи́танным на; the table ~s six people за столóм усáживается шесть человéк 4) сидéть на я́йцах (*о птице*) 5) сажáть на я́йца (*птицу*) 6) пози́ровать 7) находи́ться, быть располóженным; стоя́ть 8) оставáться в бездéйствии; the car ~s in the garage маши́на стои́т в гаражé 9) сидеть (*о платье*); to ~ ill on плóхо сидéть на 10) обременя́ть; his principles ~ loosely on him он себя́ свои́ми при́нципами не стесня́ет 11) заседáть (*о суде или парламенте*; *тж.* ~ in session) 12) присмáтривать за ребёнком в отсу́тствие роди́телей (*тж.* ~ in) 13) держáться на лóшади 14) имéть прáвильную пози́цию (*о гребце*) 15) *уст.* проживáть □ ~ **back** а) отки́дываться (*на спинку стула и т. п.*); б) бездéльничать; ~ **down** а) сади́ться; б) сидéть; в) *разг.* приземля́ться, дéлать посáдку (*о самолёте*); г) мири́ться, терпéть (under); to ~ down under insults сноси́ть оскорблéния; ~ **for** а) представля́ть в парлáменте (*округ*); б): to ~ for an examination экзаменовáться; ~ **in** а) присмáтривать за ребёнком в отсу́тствие роди́телей; б) наблюдáть, прису́тствовать, учáствовать (on); ~ **on** а) быть члéном (*комиссии*); б) разбирáть (*дело*); в) *разг.* осади́ть; вы́бранить; ~ **out** а) не учáствовать (*в танцах*); б) вы́сидеть, пересидéть; to ~ smb. out пересидéть когó-л.; ~ **through** вы́держать, вы́сидеть до концá; ~ **under** слу́шать прóповеди; ~ **up** а) приподня́ться, сесть (*в постели*); б) не ложи́ться спать; заси́живаться до пóздней нóчи; бóдрствовать; в) сидéть прямо; вы́прямиться; г) *разг.* (внезáпно) заинтересовáться (*тж.* ~ up and take notice); to make smb. ~ up расшевели́ть, встряхну́ть когó-л.; ~ **upon** = ~ on ◇ to ~ in judgement осуждáть; критиковáть; to ~ tight *разг.* твёрдо держáться; не сдавáть свои́х пози́ций; to ~ on one's hands а) не аплоди́ровать; воздéрживаться от выражéния одобрéния; б) бездéйствовать; сидéть, сложá ру́ки; to ~ at smb.'s feet быть чьим-л. ученикóм, послéдователем; учи́ться у когó-л.; to ~ down hard on smth. реши́тельно воспроти́виться чему́-л.

**sit-down** [ˈsɪtdaun] *a* сидя́чий; ~ strike сидя́чая (*или* италья́нская) забастóвка

**site** [saɪt] **1.** *n* 1) местоположéние, местонахождéние 2) учáсток (*для строительства*)

**2.** *v* 1) располагáть 2) выбирáть мéсто

**sit-in** [ˈsɪtˈɪn] *n* 1) сидя́чая (*или* италья́нская) забастóвка 2) *амер.* демонстрáция прóтив рáсовой дискриминáции (*путём занятия мест в кафе и т. п., куда не пускают негров*)

**sitter** [ˈsɪtə] *n* 1) тот, кто пози́рует худóжнику, фотóграфу; нату́рщик 2) насéдка 3) = sitter-in 4) сидя́щая дичь 5) *разг.* лёгкая рабóта, неслóжное дéло

**sitter-in** [ˈsɪtərˈɪn] *n* ня́ня, присмáтривающая за детьми́ в отсу́тствие роди́телей

**sitting** [ˈsɪtɪŋ] **1.** *pres. p от* sit

**2.** *n* 1) заседáние 2) сеáнс (*позирования и т. п.*); at a ~ в оди́н присéст 3) выси́живание цыпля́т

**sitting-room** [ˈsɪtɪŋrum] *n* 1) óбщая кóмната в кварти́ре; гости́ная 2) мéсто, помещéние для сидéния

**situated** [ˈsɪtjueɪtɪd] *a* располóженный; находя́щийся в определённых обстоя́тельствах, услóвиях; thus ~ в таки́х обстоя́тельствах

**situation** [ˌsɪtjuˈeɪʃən] *n* 1) местоположéние, мéсто 2) положéние, обстанóвка, состоя́ние, ситуáция; to come out of a difficult ~ with credit с чéстью вы́йти из тру́дного положéния 3) слу́жба, дóлжность, мéсто (*особ. о прислуге*); to find a ~ найти́ рабóту, устрóиться на мéсто

**sitzkrieg** [ˈsɪtskri:g] *нем. n* «сидя́чая» войнá (*о начальном периоде второй мировой войны*)

**six** [sɪks] **1.** *num. card.* шесть

**2.** *n* 1) шестёрка 2) *pl* шестóй нóмер (*размер перчаток и т. п.*) ◇ at ~es and sevens в беспоря́дке, вверх днóм; it is ~ of one and half a dozen of the other э́то однó и тó же, рáзница тóлько в назвáнии

**six-by-six** [ˈsɪksbaɪˈsɪks] *n амер. разг.* шестиколёсный грузови́к

**sixer** [ˈsɪksə] *n разг.* шесть очкóв

**sixfold** [ˈsɪksfəuld] **1.** *a* шестикрáтный

**2.** *adv* вшéстеро

**six-footer** [ˈsɪksˈfutə] *n разг.* 1) человéк шести́ фу́тов рóстом 2) что-л. длинóю в шесть фу́тов

**sixpence** [ˈsɪkspəns] *n* серéбряная монéта в 6 пéнсов *или* ½ ши́ллинга ◇ it doesn't matter ~ невáжно, не обращáйте внимáния

**six-shooter** [ˈsɪksˈʃu:tə] *n* шестизаря́дный револьвéр

**sixteen** [ˈsɪksˈti:n] *num. card.* шестнáдцать

**sixteenmo** [sɪksˈti:nməu] = sextodecimo

**sixteenth** [ˈsɪksˈti:nθ] **1.** *num. ord.* шестнáдцатый

**2.** *n* 1) шестнáдцатая часть 2) (the ~) шестнáдцатое числó

**sixth** [sɪksθ] **1.** *num. ord.* шестóй ◇ ~ column а) «шестáя колóнна», посóбники «пя́той колóнны»; б) организáция, бóрющаяся прóтив «пя́той колóнны»

**2.** *n* 1) шестáя часть 2) (the ~) шестóе числó

**sixthly** [ˈsɪksθlɪ] *adv* в-шесты́х

**sixties** [ˈsɪkstɪz] *n pl* 1) (the ~) шестидеся́тые гóды 2) шестьдеся́т лет; седьмóй деся́ток (*возраст между 60 и 69 годами*)

**sixtieth** [ˈsɪkstɪɪθ] **1.** *num. ord.* шестидеся́тый

**2.** *n* шестидеся́тая часть

**sixty** [ˈsɪkstɪ] **1.** *num. card.* шестьдеся́т; ~-one шестьдеся́т оди́н; ~-two шестьдеся́т два *и т. д.*; he is over ~ ему́ за шестьдеся́т

**2.** *n* шестьдеся́т (*единиц, штук*) ◇ like ~ *амер. разг.* стреми́тельно, с большóй си́лой; чрезвычáйно

**sizable** [ˈsaɪzəbl] *a* поря́дочного размéра

**sizar** [ˈsaɪzə] *n* студéнт, получáющий стипéндию (*в Кембридже и Дублине*)

**size** I [saɪz] **1.** *n* 1) размéр, величинá; объём 2) формáт, кали́бр 3) *полигр.* кегль 4) нóмер (*перчаток и т. п.*) 5) *разг.* и́стинное положéние вещéй ◇ that's about the ~ of it вот что э́то такóе

**2.** *v* сортировáть по величинé □ ~ **up** а) определя́ть размéр, величину́; б) *разг.* состáвить мнéние (*о ком-л.*)

**size** II [saɪz] **1.** *n* клей, шли́хта

**2.** *v* проклéивать, шлихтовáть

**sizzle** [ˈsɪzl] *разг.* **1.** *n* шипéние; шипя́щий звук (*при жаренье на огне*)

**2.** *v* 1) шипéть (*при жаренье*) 2) обжигáть, испепеля́ть

**sizzling** [ˈsɪzlɪŋ] **1.** *pres. p. от* sizzle 2

**2.** *a* испепеля́ющий, обжигáющий; ~ hot раскалённый

**sjambok** [ˈʃæmbɔk] *южно-афр.* **1.** *n* плеть, бич

**2.** *v* стегáть бичóм

**skald** [skɔ:ld] = scald II

**skat** [skɑ:t] *n карт.* скат

**skate** I [skeɪt] *n* скат (*рыба*)

**skate** II [skeɪt] **1.** *n* 1) конёк 2) катáние на конькáх

**2.** *v* 1) катáться на конькáх 2) скользи́ть; to ~ over smth. упомяну́ть что-л. вскользь

**skater** [ˈskeɪtə] *n* 1) тот, кто катáется на конькáх 2) конькобéжец

**skating-rink** [ˈskeɪtɪŋrɪŋk] *n* катóк

**skedaddle** [skɪˈdædl] *v* (*обыкн. в imp.*) *разг.* удирáть, улепётывать

**skein** [skeɪn] *n* 1) мотóк пря́жи; tangled ~ *перен.* запу́танный клубóк 2) стáя ди́ких гусéй (*в полёте*)

**skeletal** [ˈskelɪtəl] *a* 1) скелéтный 2) скелетообрáзный

**skeleton** [ˈskelɪtn] *n* 1) скелéт, костя́к; óстов, каркáс 2) наброcóк, план ◇ ~ at the feast то, что пóртит весéлье; ~ in the cupboard, family ~ семéйная тáйна; тáйна, тщáтельно скрывáемая от посторóнних

**skeletonize** [ˈskelɪtənaɪz] *v* 1) остáвить оди́н óстов 2) сокращáть, своди́ть до ми́нимума 3) дéлать набрóсок

**skeleton key** [ˈskelɪtnki:] *n* отмы́чка

**skeptic** [ˈskeptɪk] = sceptic

**skerry** [ˈskerɪ] *n* шхéра, риф

**sketch** [sketʃ] **1.** *n* 1) эскиз, набро́сок; кроки́ 2) бéглый о́черк; отры́вок 3) *театр.* скетч

**2.** *v* рисовáть эскизы, дéлать набро́ски

**sketch-book** [ˈsketʃbuk] *n* альбо́м

**sketch-map** [ˈsketʃmæp] *n* схемати́ческая кáрта

**sketchy** [ˈsketʃɪ] *a* 1) эскизный; отры́вочный; схемати́ческий; to be on the ~ side быть неглáдким, неро́вным (*о речи*) 2) повéрхностный

**skew** [skjuː] **1.** *n* укло́н, накло́н, скос

**2.** *a* 1) косо́й 2) асимметри́чный

**3.** *v* 1) уклоня́ться, отклоня́ться; сворáчивать в сто́рону 2) перекáшивать 3) искажáть; извращáть 4) смотрéть и́скоса; коси́ть глазáми

**skewbald** [ˈskjuːbɔːld] *a* пéгий

**skewer** [ˈskjuə] **1.** *n* 1) небольшо́й вéртел 2) *шутл.* шпáга 3) *текст.* неподви́жное веретено́; шпи́лька для ро́вницы

**2.** *v* 1) насáживать (*на что-л.*) 2) пронзáть

**skew-eyed** [ˈskjuːˈaɪd] *a* косоглáзый

**ski** [skiː] **1.** *n* (*pl* skis *или без измен.*) лы́жа

**2.** *v* (ski'd) ходи́ть на лы́жах

**skiagram, skiagraph** [ˈskaɪəgræm, -grɑːf] *n* рентгéновский сни́мок

**skiborne** [ˈskiːbɔːn] *a воен.* передвигáющийся на лы́жах (*о войсках*)

**skid** [skɪd] **1.** *n* 1) тормозно́й башмáк 2) скáты, по́лоз, салáзки, направля́ющий рельс 3) *ав.* лы́жа 4) *авто* юз, буксовáние, зано́с ◇ to put the ~s under *амер. sl.* избáвиться, бы́стро отдéлаться; on the ~s обречённый на провáл, ги́бель *и т. п.*

**2.** *v* 1) буксовáть 2) *авто* заноси́ть; the car ~ded маши́ну занесло́

**ski'd** [skiːd] *past и p. p. от* ski 2

**skier** [ˈskiːə] *n* лы́жник

**skiff** [skɪf] *n* я́лик; *спорт.* скиф-одино́чка

**skiffle-group** [ˈskɪflgruːp] *n* самодéятельный вокáльно-инструментáльный ансáмбль

**skiffle-player** [ˈskɪflˌpleɪə] *n* арти́ст самодéятельного вокáльно-инструментáльного ансáмбля

**skiing lodge** [ˈskiːɪŋlɔdʒ] *n* лы́жная бáза

**ski-joring** [ˈskiːˌdʒɔːrɪŋ] *n* лы́жная букциро́вка ло́шадью *и т. п.*

**ski-jumping** [ˈskiːˌdʒʌmpɪŋ] *n* прыжки́ на лы́жах с трампли́на

**skilful** [ˈskɪlful] *a* иску́сный, умéлый

**skill** [skɪl] *n* иску́сство, мастерство́, умéние; ло́вкость, сноро́вка

**skilled** [skɪld] *a* квалифици́рованный, иску́сный

**skillet** [ˈskɪlɪt] *n* небольшáя кастрю́ля с дли́нной ру́чкой (*обыкн. на ножках*)

**skilly** [ˈskɪlɪ] *n* жи́дкая похлёбка

**skim** [skɪm] **1.** *v* 1) снимáть (*накипь и т. п.*); to ~ milk снимáть сли́вки с молокá; to ~ the cream off снимáть сли́вки (*тж. перен.*) 2) едвá касáться, нести́сь, скользи́ть (along, over — по *чему-л.*) 3) бéгло прочи́тывать; перели́стывать (*книгу*; through, over)

**2.** *a*: ~ milk снято́е молоко́

**skimble-skamble** [ˈskɪmblˌskæmbl] *a* бессвя́зный

**skimmer** [ˈskɪmə] *n* 1) шумо́вка 2) *зоол.* водорéз, ножеклю́в 3) широкопо́лая соло́менная шля́па с ни́зкой тульёй

**skimp** [skɪmp] *v* ску́дно снабжáть; урéзывать; скупи́ться

**skimpy** [ˈskɪmpɪ] *a* 1) ску́дный 2) у́зкий; коро́ткий (*об одежде*) 3) скупо́й, эконо́мный

**skin** [skɪn] **1.** *n* 1) ко́жа; шку́ра; outer ~ *анат.* эпидéрма 2) кожурá, ко́жица; baked potatoes in their ~s картóфель в мунди́ре 3) нару́жный слой, оболо́чка 4) мех (*для вина*) 5) *sl.* кля́ча 6) *амер. sl.* скря́га 7) *sl.* жу́лик 8) *sl.* до́ллар 9) *метал.* пленá (*при прокате*); ко́рка (*слитка*) ◇ in (*или* with) a whole ~ цел и невреди́м; to escape with (*или* by) the ~ of one's teeth éле-éле спасти́сь; to get under the ~ досаждáть, раздражáть, дéйствовать на нéрвы; to change one's ~ неузнавáемо измени́ться; to have a thick (thin) ~ быть нечувстви́тельным (о́чень чувстви́тельным); to jump out of one's ~ быть вне себя́ (*от радости, удивления и т. п.*); to keep a whole ~, to save one's ~ спасти́ свою́ шку́ру; mere (*или* only) ~ and bone ко́жа да ко́сти

**2.** *v* 1) покрывáть(ся) ко́жей (*обыкн.* ~ over); зарубцевáться (*обыкн.* ~ over) 2) сдирáть ко́жу, шку́ру; снимáть кожуру́ 3) *sl.* обобрáть до́чиста 4) ссади́ть, содрáть ко́жу ◇ to ~ a flint скря́жничать, быть скáредным; to keep one's eyes ~ned *sl.* смотрéть в о́ба

**skin-deep** [ˈskɪnˈdiːp] **1.** *a* повéрхностный, неглубо́кий (*о чувствах и т. п.*)

**2.** *adv* повéрхностно

**skin-diver** [ˈskɪnˌdaɪvə] *n* 1) ловéц жéмчуга 2) аквалангист, спортсмéн, занимáющийся подво́дным плáванием

**skinflint** [ˈskɪnflɪnt] *n* скря́га

**skinful** [ˈskɪnful] *n* по́лный мех (*вина*)

**skin-game** [ˈskɪngeɪm] *n sl.* мошéнничество, обмáн

**skin-grafting** [ˈskɪnˌgrɑːftɪŋ] *n мед.* пересáдка ко́жи

**skinner** [ˈskɪnə] *n* 1) скорня́к 2) *амер.* пого́нщик вью́чного живо́тного 3) *разг.* обмáнщик 4) *амер.* води́тель (*трактора или бульдозера*)

**skinny** [ˈskɪnɪ] *a* то́щий, ко́жа да ко́сти

**skin-tight** [ˈskɪntaɪt] *a* пло́тно облегáющий, обтя́гивающий (*об одежде*)

**skip I** [skɪp] **1.** *n* прыжо́к, скачо́к

**2.** *v* 1) скакáть, пры́гать 2) перескáкивать (*в разговоре*; *обыкн.* ~ off, ~ from); to ~ a grade перескочи́ть чéрез класс (*в школе*) 3) пропускáть; he ~s as he reads он читáет не всё подря́д 4) *разг.* съéздить, махну́ть 5) *sl.* удрáть; скры́ться ◇ ~ it! лáдно!, невáжно!

**skip II** [skɪp] *n горн.* бадья́; скип; вагонéтка с опроки́дывающимся ку́зовом

**skipjack** [ˈskɪpdʒæk] *n* 1) пры́гающая игру́шка 2) *общее название прыгающих жуков и рыб*

**skipper** [ˈskɪpə] *n* 1) шки́пер, капитáн (*торгового судна*); *мор. разг.* команди́р корабля́ 2) *амер. ав. разг.* команди́р корабля́ *или* стáрший пило́т 3) капитáн (спорти́вной комáнды) ◇ ~'s daughters высо́кие во́лны с бéлыми грéбнями

**skipping-rope** [ˈskɪpɪŋrəup] *n* скакáлка

**skirl** [skəːl] **1.** *n* 1) звук волы́нки 2) рéзкий, пронзи́тельный звук

**2.** *v* игрáть на волы́нке

**skirmish** [ˈskəːmɪʃ] **1.** *n* 1) перестрéлка мéжду мéлкими отря́дами 2) схвáтка, сты́чка, перепáлка 3) *attr.*: ~ line стрелко́вая цепь

**2.** *v* 1) перестрéливаться 2) сражáться мéлкими отря́дами

**skirmisher** [ˈskəːmɪʃə] *n* 1) стрело́к в цепи́ 2) *ист.* застрéльщик

**skirt** [skəːt] **1.** *n* 1) ю́бка; divided ~ широ́кие брю́ки 2) полá, подо́л 3) *sl.* жéнщина 4) (*часто pl*) край, окрáина; on the ~s of the wood на опу́шке лéса 5) *тех.* ю́бка (*изолятора*)

**2.** *v* 1) быть располо́женным на опу́шке, на краю́ 2) огибáть; идти́ вдоль крáя 3) проходи́ть; проезжáть

**skirting** [ˈskəːtɪŋ] *n* 1) край, каймá 2) ю́бочная ткань 3) *стр.* бордю́р, пли́нтус, борт

**ski-run** [ˈskiːrʌn] *n* лыжня́

**ski-running** [ˈskiːˌrʌnɪŋ] *n* ходьбá на лы́жах

**skit I** [skɪt] *n* 1) шу́тка; сати́ра, паро́дия 2) скетч

**skit II** [skɪt] *n разг.* мно́жество, толпá

**skitter** [ˈskɪtə] *v* легко́ и бы́стро нести́сь (*едва касаясь поверхности*)

**skittish** [ˈskɪtɪʃ] *a* 1) норови́стый *или* пугли́вый (*о лошади*) 2) живо́й, игри́вый; кокéтливый; капри́зный

**skittle** [ˈskɪtl] **1.** *n pl* кéгли ◇ ~! *разг.* вздор!; not all beer and ~s не всё забáвы и развлечéния

**2.** *v*: to ~ away *разг.* растранжи́рить; упусти́ть

**skittle-alley** [ˈskɪtlˌælɪ] *n* кегельбáн

**skittle-ground** [ˈskɪtlgraund] = skittle-alley

**skive** [skaɪv] *v* 1) разрезáть, слои́ть (*кожу, резину*) 2) стáчивать (*грань драгоценного камня*)

**skiver** [ˈskaɪvə] *n* 1) нож для разрезáния ко́жи 2) то́нкая ко́жа

**skivvies** [ˈskɪvɪz] *n pl sl.* мужско́е ни́жнее бельё

**skivvy** ['skɪvɪ] *n разг. пренебр.* прислу́га

**sklent** [sklent] *шотл.* **1.** *n* 1) непра́вда 2) *attr.* лжи́вый, неве́рный

**2.** *v* лгать

**skoal** [skəul] *int* ва́ше здоро́вье!

**skua** ['skju:ə] *n зоол.* помо́рник большо́й

**skulduggery** [ˈskʌlˌdʌgərɪ] *n амер. шутл.* надува́тельство

**skulk** [skʌlk] *v* 1) скрыва́ться; пря́таться (за чужу́ю спи́ну); уклоня́ться от отве́тственности, рабо́ты *и т. п.* 2) кра́сться

**skull** [skʌl] *n* че́реп; ~ and cross-bones че́реп и две ко́сти (*эмблема смерти*) ◇ thick ~ ≅ ме́дный лоб, ту́пость

**skull-cap** ['skʌlkæp] *n* ермо́лка, тюбете́йка

**skunk** [skʌŋk] **1.** *n* 1) *зоол.* воню́чка, скунс 2) ску́нсовый мех 3) *разг.* подле́ц

**2.** *v амер. sl.* обыгра́ть в пух и прах

**sky** [skaɪ] **1.** *n* 1) не́бо, небеса́ 2) (*обыкн. pl*) кли́мат; under warmer skies в бо́лее тёплом кли́мате ◇ to laud (*или* to extol) to the skies превозноси́ть до небе́с; if the skies fall we shall catch larks *разг.* ≅ е́сли бы, да кабы́; out of a clear ~ соверше́нно неожи́данно; ни с того́ ни с сего́

**2.** *v* 1) высоко́ забро́сить (*мяч*) 2) ве́шать под потоло́к (*картину*)

**sky-blue** ['skaɪ'blu:] **1.** *n* лазу́рь

**2.** *a* лазу́рный

**sky-born** ['skaɪ'bɔ:n] *a поэт.* боже́ственного (*или* небе́сного) происхожде́ния

**sky-clad** ['skaɪklæd] *a шутл.* наго́й

**skyer** ['skaɪə] *n* высоко́ забро́шенный мяч

**skyey** ['skaɪɪ] *a* 1) небе́сный; возвы́шенный 2) небе́сно-голубо́й

**sky-high** ['skaɪ'haɪ] **1.** *a* высо́кий, достига́ющий не́ба

**2.** *adv* до небе́с; о́чень высо́ко́

**skylark** ['skaɪlɑ:k] **1.** *n* жа́воронок

**2.** *v* забавля́ться, выки́дывать шту́ки, резви́ться

**skylight** ['skaɪlaɪt] *n* 1) *стр.* ве́рхний свет, застеклённая кры́ша 2) *мор.* светово́й люк

**skyline** ['skaɪlaɪn] *n* 1) горизо́нт, ли́ния горизо́нта 2) очерта́ние на фо́не не́ба

**sky pilot** ['skaɪˌpaɪlət] *n sl.* свяще́нник, *особ.* капелла́н

**sky-rocket** ['skaɪˌrɔkɪt] **1.** *n* сигна́льная раке́та

**2.** *v* 1) устремля́ться ввысь 2) стреми́тельно поднима́ться, бы́стро расти́ (*о ценах, продукции и т. п.*)

**skyscape** ['skaɪskeɪp] *n* карти́на, изобража́ющая не́бо

**sky-scraper** ['skaɪˌskreɪpə] *n* небоскрёб

**sky troops** ['skaɪtru:ps] *n* парашю́тно-деса́нтные во́йска

**sky truck** ['skaɪ'trʌk] *n амер. разг.* тра́нспортный самолёт

**skyward(s)** ['skaɪwəd(z)] *adv* к не́бу

**sky wave** ['skaɪweɪv] *n радио* волна́, отражённая от ве́рхних слоёв атмосфе́ры

**sky-wave** ['skaɪweɪv] *a*: ~ communication *радио* связь на отражённой волне́

**skyway** ['skaɪweɪ] *n* 1) возду́шная тра́сса, авиатра́сса 2) доро́га на эстака́де

**sky-writer** ['skaɪˌraɪtə] *n* самолёт для возду́шной рекла́мы

**sky-writing** ['skaɪˌraɪtɪŋ] *n* на́дпись, выче́рчиваемая в во́здухе самолётом; возду́шная рекла́ма

**slab** [slæb] **1.** *n* 1) плита́; пласти́на 2) кусо́к; a ~ of cheese кусо́к сы́ра 3) *стр.* горбы́ль 4) *метал.* сляб; пло́ская загото́вка

**2.** *v* мости́ть пли́тами

**slab-sided** ['slæb'saɪdɪd] *a* 1) име́ющий пло́ские сто́роны 2) *разг.* худоща́вый; высо́кий и то́нкий

**slack I** [slæk] **1.** *a* 1) сла́бый; дря́блый; to feel ~ чу́вствовать себя́ разби́тым 2) вя́лый (*о торговле, рынке*); неакти́вный; a ~ season пери́од зати́шья 3) ненатя́нутый (*о канате, вожжах*); вя́лый (*о мышцах*) 4) ме́дленный; at a ~ pace ме́дленным ша́гом 5) *разг.* расхля́банный; небре́жный; ~ in duty непради́вый 6) недопечённый (*о хлебе*) 7) сла́бый, неси́льный; ~ oven негоря́чая печь 8) расслабля́ющий (*о погоде*) ◇ to keep a ~ hand (*или* rein) опусти́ть пово́дья; ~ water а) стоя́чая вода́; б) вре́мя ме́жду прили́вом и отли́вом

**2.** *n* 1) осла́бнувшая верёвка, слабина́ 2) зати́шье (*в торговле*) 3) безде́йствие; безде́лье; to have a good ~ безде́льничать, ничего́ не де́лать 4) = ~ water [*см.* 1, ◇]

**3.** *v* 1) ослабля́ть, распуска́ть 2) сла́бнуть 3) замедля́ть(ся) 4) утоля́ть (*жажду*) 5) *разг.* ло́дырничать 6) гаси́ть (*известь*) ▭ ~ **away** *мор.* трави́ть (*канат*); ~ **off** а) ослабля́ть своё рве́ние, напряже́ние *и т. п.*; б) = ~ away; ~ **up** замедля́ть ход

**slack II** [slæk] *n* у́гольная пыль

**slack-baked** ['slækbeɪkt] *a* 1) непропечённый 2) недора́звитый

**slacken** ['slækən] *v* 1) ослабля́ть 2) сла́бнуть 3) замедля́ть

**slacker** ['slækə] *n разг.* 1) ло́дырь, безде́льник 2) *воен.* уклоня́ющийся от слу́жбы в а́рмии

**slack lime** ['slæklaɪm] *n* гашёная и́звесть

**slacks** [slæks] *n pl* широ́кие брю́ки

**slack suit** ['slæksju:t] *n* широ́кий костю́м спорти́вного покро́я

**slag** [slæg] *n* шлак, вы́гарки, ока́лина

**slain** [sleɪn] *p. p. от* slay I

**slake** [sleɪk] *v* 1) утоля́ть (*жажду*); удовлетворя́ть (*жажду мести и т. п.*) 2) гаси́ть (*известь*) 3) туши́ть (*огонь*)

**slalom** ['sleɪləm] *n спорт.* сла́лом

**slam** [slæm] **1.** *n* 1) хло́панье (*дверьми*) 2) *карт.* шлем 3) *амер. разг.* ре́зкая кри́тика

**2.** *v* 1) хло́пать, захло́пывать(ся) 2) броса́ть со сту́ком; швыря́ть 3) *амер. разг.* раскритикова́ть 4) *амер.* руга́ться

**slander** ['slɑ:ndə] **1.** *n* клевета́, злосло́вие

**2.** *v* клевета́ть, поро́чить репута́цию

**slanderous** ['slɑ:ndərəs] *a* клеветни́ческий

**slang** [slæŋ] **1.** *n* сленг, жарго́н

**2.** *a* относя́щийся к сле́нгу, жарго́нный; ~ word вульгари́зм

**3.** *v разг.* обруга́ть

**slanguage** ['slæŋgwɪdʒ] *шутл. см.* slang 1

**slangy** ['slæŋɪ] *a* 1) жарго́нный 2) употребля́ющий жарго́нные выраже́ния, сленг

**slant** [slɑ:nt] **1.** *n* 1) склон, укло́н; on the ~ ко́со; в накло́нном положе́нии 2) *амер. разг.* бы́стрый взгляд; to take a ~ взгляну́ть 3) *амер. разг.* то́чка зре́ния, мне́ние, отноше́ние; подхо́д; тенде́нция

**2.** *v* 1) наклоня́ть(ся), отклоня́ть(-ся) 2) *амер.* тенденцио́зно освеща́ть; искажа́ть (*факты, информацию*)

**slanting** ['slɑ:ntɪŋ] *a* косо́й; накло́нный

**slantingdicular** [ˌslɑ:ntɪŋ'dɪkjulə] *a шутл.* косо́й

**slantwise** ['slɑ:ntwaɪz] *adv* ко́со

**slap** [slæp] **1.** *n* 1) шлепо́к; a ~ in (*или* on) the face пощёчина (*тж. перен.*)

**2.** *v* хло́пать, шлёпать

**3.** *adv разг.* вдруг; пря́мо; to hit smb. ~ in the eye уда́рить кого́-л. пря́мо в глаз; to run ~ into smb. налете́ть с разма́ху на кого́-л.

**slap-bang** ['slæp'bæŋ] *adv* 1) со всего́ разма́ха; с шу́мом 2) опроме́тчиво, очертя́ го́лову

**slapdash** ['slæpdæʃ] **1.** *a* стреми́тельный, поспе́шный; небре́жный; ~ work небре́жная рабо́та

**2.** *adv* очертя́ го́лову, как попа́ло, ко́е-ка́к

**slapjack** ['slæpdʒæk] *n* 1) *амер.* блин, ола́дья 2) де́тская ка́рточная игра́

**slapping** ['slæpɪŋ] **1.** *pres. p. от* slap 2

**2.** *a разг.* сногсшиба́тельный

**slapstick** ['slæpstɪk] *n* 1) хлопу́шка 2) гру́бый, дешёвый фарс (*тж.* ~ comedy)

**slap-up** ['slæpʌp] *a sl.* шика́рный

**slash I** [slæʃ] **1.** *n* 1) уда́р сплеча́ 2) разре́з; про́резь 3) глубо́кая ра́на 4) вы́рубка 5) *амер.* уре́зывание, сокраще́ние, сниже́ние (*цен и т. п.*)

**2.** *v* 1) руби́ть (*саблей*); полосова́ть 2) коси́ть 3) хлеста́ть 4) ре́зко критикова́ть 5) *разг.* сокраща́ть; снижа́ть (*цены, налоги и т. п.*) 6) де́лать разре́зы (*в платье*)

**slash II** [slæʃ] *n амер.* боло́тистое ме́сто

**slashing** [ˈslæʃɪŋ] **1.** *pres. p.* от slash I, 2
**2.** *n* рубка сáблей; сéча
**3.** *a* 1) стреми́тельный, си́льный; ~ rain хлéщущий дождь 2) сокруши́тельный, рéзкий; ~ criticism беспощáдная кри́тика 3) *разг.* отли́чный, великолéпный; ~ dinner óчень сы́тный обéд

**slat** I [slæt] *n* 1) переклáдина, плáнка, филёнка, дощéчка 2) *ав.* предкры́лок 3) *pl sl.* рёбра

**slat** II [slæt] *v* хлóпать (*о парусе*)

**slate** [sleɪt] **1.** *n* 1) *мин.* слáнец, ши́фер; ши́ферная плитá 2) гри́фельная доскá 3) *амер.* спи́сок кандидáтов (*на выборах*) 4) синевáто-сéрый цвет ◇ a clean ~ безупрéчная репутáция; to have a ~ loose ≅ ви́нтика не хватáет; to clean the ~, to wipe off the ~ а) сбрóсить груз стáрых оши́бок, заблуждéний; б) избáвиться от всех стáрых обязáтельств
**2.** *v* 1) крыть ши́ферными пли́тами 2) *амер.* выдвигáть в кандидáты 3) заноси́ть в спи́сок 4) *разг.* раскритиковáть; вы́бранить 5) *амер.* плани́ровать, намечáть, назначáть 6) *разг.* стрóго накáзывать

**slate-club** [ˈsleɪtklʌb] *n* кáсса взаимопóмощи

**slate-pencil** [ˈsleɪtˈpensl] *n* гри́фель

**slater** [ˈsleɪtə] *n* 1) крóвельщик 2) сурóвый кри́тик

**slather** [ˈslæðə] **1.** *n* (*обыкн. pl*) *амер. разг.* большóе коли́чество
**2.** *v* 1) трáтить, расхóдовать в больши́х коли́чествах 2) намáзывать тóлстым слóем

**slattern** [ˈslætə(:)n] *n* неря́ха, грязну́ля

**slatternly** [ˈslætə(:)nlɪ] *a* неря́шливый

**slaty** [ˈsleɪtɪ] *a* 1) сланцевáтый 2) синевáто-сéрый 3) слои́стый

**slaughter** [ˈslɔ:tə] **1.** *n* 1) резня́, кровопроли́тие; избиéние; мáссовое уби́йство 2) убóй (*скота*)
**2.** *v* 1) устрáивать резню́, кровопроли́тие; совершáть мáссовое уби́йство 2) убивáть, рéзать (*скот*)

**slaughter-house** [ˈslɔ:təhaus] *n* бóйня

**slaughterous** [ˈslɔ:tərəs] *a ритор.* 1) кровопроли́тный 2) кровожáдный

**Slav** [slɑ:v] **1.** *n* славяни́н; славя́нка; the ~s *pl собир.* славя́не
**2.** *a* славя́нский

**Slavdom** [ˈslɑ:vdəm] *n* славя́нство, славя́не

**slave** [sleɪv] **1.** *n* 1) раб, невóльник 2) *attr.* рáбский; ~ **labour** подневóльный труд
**2.** *v* рабóтать как раб

**slave-born** [ˈsleɪvbɔ:n] *a* рождённый в рáбстве

**slave-driver** [ˈsleɪvˌdraɪvə] *n* 1) надсмóтрщик над рабáми 2) эксплуатáтор

**slave-holder** [ˈsleɪvˌhəuldə] *n* рабовладéлец

**slaver** I [ˈsleɪvə] *n* 1) работоргóвец 2) = slave-ship

**slaver** II [ˈslævə] **1.** *n* 1) слю́ни 2) грýбая лесть
**2.** *v* 1) пускáть слюнý; слюня́вить 2) подли́зываться

**slavery** [ˈsleɪvərɪ] *n* 1) рáбство 2) тяжёлый подневóльный труд

**slave-ship** [ˈsleɪvʃɪp] *n* невóльничье сýдно

**slave-trade** [ˈsleɪvtreɪd] *n* работоргóвля

**slavey** [ˈslævɪ] *n разг.* прислýга за всё

**Slavic** [ˈslævɪk, ˈslɑ:vɪk] = Slavonic

**slavish** [ˈsleɪvɪʃ] *a* рáбский; ~ imitation рáбское подражáние

**Slavonian** [sləˈvəunjən] **1.** *a* 1) словéнский 2) славя́нский
**2.** *n* 1) словéнец; словéнка 2) славяни́н; славя́нка 3) славя́нская грýппа языкóв

**Slavonic** [sləˈvɔnɪk] **1.** *a* славя́нский
**2.** *n* славя́нская грýппа языкóв

**Slavophil** [ˈslævəufɪl, ˈslɑ:vəufɪl] *n* славянофи́л

**Slavophobe** [ˈslævəufəub, ˈslɑ:vəufəub] *n* славянофóб

**slaw** [slɔ:] *n амер.* салáт из шинкóванной капýсты (*тж.* cold ~)

**slay** I [sleɪ] *v* (slew; slain) *книжн., шутл.* убивáть; slain by a bullet сражённый пýлей

**slay** II [sleɪ] *n текст.* батáн

**slayer** [ˈsleiə] *n* уби́йца

**sleazy** [ˈsli:zɪ] *a* 1) тóнкий, непрóчный (*о ткани; тж. перен.*) 2) *разг.* неря́шливый

**sled** [sled] = sledge I

**sledding** [ˈsledɪŋ] *n* 1) ездá, катáние на саня́х, на салáзках 2) сáнный путь 3) успéхи, достижéния ◇ hard ~ *амер.* трýдное положéние, затруднéние

**sledge** I [sledʒ] **1.** *n* сáни, салáзки
**2.** *v* 1) éхать на саня́х 2) вози́ть на саня́х

**sledge** II [sledʒ] = sledge-hammer

**sledge-car** [ˈsledʒkɑ:] *n* автосáни

**sledge-hammer** [ˈsledʒˌhæmə] *n* 1) кувáлда, кузнéчный мóлот 2) *attr.* сокруши́тельный; ~ blow сокруши́тельный удáр; ~ argument уничтожáющий аргумéнт

**sleek** [sli:k] **1.** *a* 1) глáдкий, лосня́щийся; прили́занный 2) елéйный
**2.** *v* приглáживать; наводи́ть лоск

**sleeken** [ˈsli:kn] = sleek 2

**sleeky** [ˈsli:kɪ] *a* 1) глáдкий, прили́занный 2) *шотл.* вкрáдчивый; хи́трый

**sleep** [sli:p] **1.** *n* 1) сон; to go to ~ заснýть; to get a ~ поспáть; to get enough ~ вы́спаться; in one's ~ во сне; to send smb. to ~ усыпи́ть когó-л.; to put to ~ уложи́ть спать; to get to ~ застáвить себя́ заснýть; the last ~, ~ that knows not breaking вéчный сон, смерть 2) спя́чка
**2.** *v* (slept) 1) спать, засыпáть; to ~ with one eye open чýтко спать; to ~ like a log (*или* top) спать мёртвым сном; to ~ the sleep of the just спать сном прáведника; to ~ the clock round проспáть двенáдцать часóв 2) покóиться (*в могиле*) 3) ночевáть (at, in) 4) *разг.* предоставля́ть ночлéг; the hotel can ~ 300 men в гости́нице мóжет размести́ться 300 человéк 5) бездéйствовать □ ~ **away** проспáть; to ~ the day away проспáть весь день; ~ **in** а) ночевáть на рабóте; б): to be slept in быть зáнятым, испóльзованным для сна; his bed has not been slept in он не ночевáл дóма; в) спать дóльше обы́чного; ~ **off** отоспáться; ~ **out** а) спать, ночевáть не дóма; б): ~ oneself out вы́спаться ◇ to ~ on (*или* over) a question (*или* problem) отложи́ть решéние вопрóса до утрá

**sleeper** [ˈsli:pə] *n* 1) спя́щий; light (heavy) ~ спя́щий чýтко (крéпко) 2) сóня 3) = sleeping-car 4) нéчто, неожи́данно получи́вшее ширóкое признáние (*напр., лошадь, неожиданно пришедшая первой на скачках, неожиданно нашумевшая книга, кинокартина и т. п.*) 5) *амер.* залежáвшийся товáр 6) (*обыкн. pl*) дéтская пижáма 7) спáльное мéсто (*в вагоне*) 8) *ж.-д.* шпáла

**sleeperette** [ˌsli:pəˈret] *n* отки́дывающееся крéсло в самолёте *или* междугорóдном автóбусе

**sleeping-bag** [ˈsli:pɪŋbæg] *n* спáльный мешóк

**sleeping-car** [ˈsli:pɪŋkɑ:] *n* спáльный вагóн

**sleeping-draught** [ˈsli:pɪŋdrɑ:ft] *n* снотвóрное срéдство

**sleeping partner** [ˈsli:pɪŋˌpɑ:tnə] *см.* partner 1, 2)

**sleeping-pills** [ˈsli:pɪŋpɪlz] *n pl* снотвóрные таблéтки

**sleeping-sickness** [ˈsli:pɪŋˌsɪknɪs] *n мед.* 1) сóнная болéзнь 2) *амер.* летарги́ческий энцефали́т

**sleepless** [ˈsli:plɪs] *a* бессóнный; бóдрствующий

**sleep-walker** [ˈsli:pˌwɔ:kə] *n* лунáтик

**sleepy** [ˈsli:pɪ] *a* 1) сóнный, сонли́вый; a ~ little town ти́хий, сóнный городóк; ~ sickness *мед.* летарги́ческий энцефали́т 2) вя́лый, лени́вый; ~ trade вя́ло идýщая торгóвля 3) усыпля́ющий, нагоня́ющий сон

**sleepyhead** [ˈsli:pɪhed] *n разг.* сóня

**sleet** [sli:t] **1.** *n* дождь со снéгом, крупá
**2.** *v* (*в безл. оборотах*): it ~s идёт дождь со снéгом

**sleety** [ˈsli:tɪ] *a* слякотный

**sleeve** [sli:v] *n* 1) рукáв; to turn (*или* to roll) up one's ~s засучи́ть рукавá; *перен.* пригóтовиться к борьбé, к рабóте 2) *тех.* мýфта, втýлка, ги́льза ◇ to have smth. up one's ~ незамéтно держáть что-л. наготóве; имéть что-л. про запáс; he has smth. up his ~ у негó чтó-то на умé; to laugh in (*или* up) one's ~ смея́ться в кулáк, исподтишкá; рáдоваться втихомóлку

**sleeve-protectors** ['sli:vprə,tektəz] *n pl* нарука́вники

**sleigh** [sleɪ] = sledge I

**sleigh-bell** ['sleɪbel] *n* бубе́нчик

**sleight-of-hand** ['slaɪtəv'hænd] *n* ло́вкость рук, жонглёрство

**slender** ['slendə] *a* 1) то́нкий, стро́йный 2) ску́дный, сла́бый; небольшо́й, незначи́тельный; ~ means ску́дные сре́дства; ~ income ма́ленький дохо́д; ~ hope сла́бая наде́жда

**slenderize** ['slendəraɪz] *v* 1) худе́ть, теря́ть в ве́се 2) де́лать то́нким

**slept** [slept] *past и p. p. от* sleep 2

**sleuth** [slu:θ] **1.** *n* 1) соба́ка-ище́йка 2) *разг.* сы́щик

**2.** *v* 1) идти́ по сле́ду (*тж. перен.*) 2) *разг.* быть сы́щиком

**sleuth-hound** ['slu:θ'haund] = sleuth 1

**slew** I [slu:] **1.** *n* поворо́т, поворо́тное движе́ние

**2.** *v*: ~ round повора́чивать(ся); враща́ть(ся)

**slew** II [slu:] *past от* slay I

**slew** III [slu:] *n амер.* за́водь; боло́то

**slew** IV [slu:] *n амер. разг.* большо́е коли́чество, о́чень мно́го

**slice** [slaɪs] **1.** *n* 1) ло́мтик, ломо́ть; то́нкий слой (*чего-л.*) 2) часть; до́ля; a ~ of territory (of the profits) часть террито́рии (при́были) 3) широ́кий нож 4) непра́вильный уда́р (*в гольфе*)

**2.** *v* 1) ре́зать ло́мтиками, нареза́ть (*тж.* ~ up) 2) дели́ть на ча́сти 3) *спорт.* среза́ть (*мяч*)

**slick** [slɪk] *разг.* **1.** *a* 1) гла́дкий, блестя́щий 2) ло́вкий, бы́стрый 3) хи́трый 4) *амер.* превосхо́дный, отли́чный; прия́тный 5) ско́льзкий 6) *амер. разг.* лёгкий, неглубо́кий, развлека́тельный; ~ fiction лёгкое чти́во

**2.** *adv* пря́мо, ло́вко, гла́дко; the machine goes very ~ маши́на рабо́тает без перебо́ев

**3.** *v* 1) де́лать гла́дким, блестя́щим 2) *амер. разг.* убира́ть, приукра́шивать; приводи́ть в поря́док (*обыкн.* ~ up)

**4.** *n* 1) плёнка, пятно́ (*нефти, масла на воде*) 2) *амер. разг.* популя́рный иллюстри́рованный журна́л (*на мелованной бумаге*)

**slicker** ['slɪkə] *n амер.* 1) макинто́ш; непромока́емый плащ 2) *разг.* ло́вкий обма́нщик, пройдо́ха 3) *разг.* городско́й хлыщ

**slid** [slɪd] *past и p. p. от* slide 2

**slide** [slaɪd] **1.** *n* 1) скольже́ние 2) ледяна́я гора́ *или* доро́жка; като́к 3) спускно́й жёлоб; накло́нная пло́скость 4) о́ползень 5) диапозити́в; слайд 6) предме́тное стекло́ (*микроскопа*) 7) затво́рная ра́ма пулемёта 8) *тех.* скользя́щая часть механи́зма; сала́зки; золотни́к 9) *attr.*: ~ lecture ле́кция, сопровожда́емая демонстра́цией диапозити́вов

**2.** *v* (slid) 1) скользи́ть; to ~ over delicate questions обойти́ щекотли́вые вопро́сы 2) ката́ться по льду 3) поскользну́ться; вы́скользнуть 4) незаме́тно проходи́ть ми́мо; кра́сться; the years ~ past (*или* by) го́ды прохо́дят незаме́тно 5) незаме́тно переходи́ть из одного́ состоя́ния в друго́е 6) вдвига́ть, всо́вывать; to ~ the drawer into its place задви́нуть я́щик (*шкафа, комода*) ◇ let things ~ относи́ться к чему́-л. небре́жно, спустя́ рукава́

**slide-block** ['slaɪdblɔk] *n тех.* ползу́н

**slide-fastener** ['slaɪd,fɑ:snə] *n* застёжка-мо́лния

**slide rule** ['slaɪdru:l] = sliding rule

**slide-valve** ['slaɪdvælv] *n тех.* золотни́к

**sliding rule** ['slaɪdɪŋ'ru:l] *n* логарифми́ческая линейка

**sliding scale** ['slaɪdɪŋ'skeɪl] *n* 1) скользя́щая шкала́ 2) движо́к логарифми́ческой *или* счётной лине́йки

**sliding seat** ['slaɪdɪŋ'si:t] *n* слайд, подвижна́я ба́нка (*подвижное сиденье в гоночной лодке*)

**slight** [slaɪt] **1.** *n* пренебреже́ние, неуваже́ние; to put a ~ upon smb. прояви́ть, вы́казать неуваже́ние к кому́-л.

**2.** *a* 1) незначи́тельный, лёгкий, сла́бый; not the ~est doubt ни мале́йшего сомне́ния; a ~ cold небольшо́й на́сморк; not in the ~est ни на йо́ту 2) то́нкий; хру́пкий

**3.** *v* пренебрега́ть; трети́ровать; to ~ one's work недобросо́вестно относи́ться к свои́м обя́занностям

**slightly** ['slaɪtlɪ] *adv* слегка́, немно́го; I know him ~ я немно́го зна́ю его́

**slim** [slɪm] **1.** *a* 1) то́нкий, стро́йный 2) *разг.* сла́бый, ску́дный; незначи́тельный; a ~ chance of success сла́бая наде́жда на успе́х 3) *амер.* лёгкий (*о завтраке и т. п.*) 4) хи́трый

**2.** *v* (по)худе́ть, (по)теря́ть в ве́се

**slime** [slaɪm] **1.** *n* слизь; ли́пкий ил; шлам, муть

**2.** *v* 1) покрыва́ть(ся) сли́зью 2) *амер.* удаля́ть слизь

**slimy** ['slaɪmɪ] *a* 1) сли́зистый, вя́зкий; ско́льзкий 2) *разг.* подобостра́стный, еле́йный 3) *амер.* гну́сный, оскорби́тельный

**sling** I [slɪŋ] **1.** *n* 1) праща́; *тж.* рога́тка 2) броса́ние, швыря́ние 3) реме́нь, кана́т 4) пе́ревязь; he had his arm in a ~ у него́ рука́ была́ на пе́ревязи 5) *мор.* строп

**2.** *v* (slung) 1) швыря́ть; to ~ a man out of the room вы́швырнуть кого́-л. из ко́мнаты 2) мета́ть из праща́ 3) подве́шивать (*гамак и т. п.*) 4) ве́шать че́рез плечо́ 5) *воен.* взять на реме́нь 6) поднима́ть с по́мощью ремня́, кана́та ◇ to ~ ink *sl.* ча́сто выступа́ть в печа́ти; пописывать (*в газете и т. п.*); to ~ mud at smb. оскорбля́ть, облива́ть гря́зью кого́-л.

**sling** II [slɪŋ] *n амер.* напи́ток из джи́на, воды́, са́хара, муска́тного оре́ха

**slingshot** ['slɪŋʃɔt] *n амер.* рога́тка

**slink** I [slɪŋk] *v* (slunk) кра́сться, идти́ кра́дучись (*обыкн.* ~ off, ~ away, ~ by)

**slink** II [slɪŋk] **1.** *n* недоно́сок (*о животном*)

**2.** *v* (slunk) вы́кинуть (*о животном*)

**slip** [slɪp] **1.** *n* 1) скольже́ние; сполза́ние 2) сдвиг; смеще́ние 3) оши́бка, про́мах; ~ of the pen (tongue) опи́ска (обмо́лвка) 4) ни́жняя ю́бка; комбина́ция (*бельё*) 5) чехо́л (*для мебели*); на́волочка (*тж.* pillow-~) 6) *pl* пла́вки 7) побе́г, черено́к; отро́сток; a ~ of a girl ху́денькая (*или* стро́йная) де́вочка 8) *поэт.* о́тпрыск 9) дли́нная у́зкая поло́ска (*чего-л.*); лучи́на, щепа́; a ~ of paper поло́ска бума́ги 10) листо́к, бланк; ка́рточка (*регистрационная и т. п.*); to get the pink ~ *разг.* получи́ть уведомле́ние об увольне́нии 11) (*обыкн. pl*) сво́ра (*для охотничьих собак*) 12) *амер.* дли́нная у́зкая скамья́ (*в церкви*) 13) *pl театр.* кули́сы 14) *полигр.* гра́нка (*оттиск*) 15) *мор.* э́ллинг, ста́пель 16) *тех.* уменьше́ние числа́ оборо́тов (*колеса и т. п.*); буксо́вка; скольже́ние (*винта*) ◇ there is many a ~ 'twixt the cup and the lip ≅ не говори́ «гоп», пока́ не перепры́гнешь; to give smb. the ~ *разг.* ускользну́ть, улизну́ть от кого́-л.

**2.** *v* 1) скользи́ть, поскользну́ться; my foot ~ped я поскользну́лся 2) проскользну́ть; исче́знуть 3) вы́скользнуть; соскользну́ть (*тж.* ~ off); ускользну́ть (*тж.* ~ away); the knot ~ped у́зел развяза́лся; the dog ~ped the chain соба́ка сорвала́сь с це́пи; it has ~ped my attention я э́того ка́к-то не заме́тил; it ~ped my memory, it ~ped from my mind я совсе́м забы́л об э́том; to let the chance ~ упусти́ть удо́бный слу́чай 4) проноси́ться, лете́ть (*о времени*; *тж.* ~ away) 5) пла́вно переходи́ть (*из одного состояния в другое, от одного к другому*); the tango ~ped into a waltz та́нго перешло́ в вальс 6) су́нуть (*руку в карман, записку в книгу и т. п.*); she ~ped the letter into her pocket она́ су́нула письмо́ в карма́н 7) ошиба́ться; he ~s in his grammar он де́лает граммати́ческие оши́бки 8) *разг.* ухудша́ться, уменьша́ться 9) буксова́ть (*о колёсах*) 10) вытра́вить (*якорную цепь*) 11) спуска́ть (*собак*) 12) выпуска́ть (*стрелу*) 13) вы́кинуть (*о животном*) 14) спуска́ть пе́тлю (*в вязанье*) □ ~ **along** *разг.* мча́ться; ~ **away** а) ускользну́ть; б) уйти́, не проща́ясь; в) проноси́ться, лете́ть (*о времени*); ~ **by** бежа́ть (*о времени*); ~ **in** а) вкра́сться (*об ошибке*); б) незаме́тно войти́; в) легко́ задвига́ться (*о ящике*); ~ **off** а) ускользну́ть; б) соскользну́ть; в) сбро́сить (*платье*); ~ **on** наки́нуть, наде́ть; ~ **out** а) вы́скользнуть, незаме́тно уйти́; б) легко́ выдвига́ться (*о ящике*); в) бы́стро сбро́сить с себя́ (*одежду*); г) сорва́ться (*тж. перен.*); he let the name ~ out и́мя сорвало́сь у него́ с языка́; ~ **up** а) споткну́ться; б) *разг.* соверши́ть оши́бку ◇ to ~ one's trolley *амер. sl.* свихну́ться

**slip-carriage** [ˈslɪpˌkærɪdʒ] *n* ваго́н, отцепля́емый на ста́нции без остано́вки по́езда

**slip-cover** [ˈslɪpˌkʌvə] *n* 1) чехо́л (*для мебели*) 2) суперобло́жка

**slip-knot** [ˈslɪpnɔt] *n* 1) скользя́щий у́зел 2) передвижна́я пе́тля на верёвке

**slip-on** [ˈslɪpˈɔn] **1.** *n* 1) сви́тер; блу́зка (*надевающаяся через голову*) 2) свобо́дное пла́тье

**2.** *a* 1) надева́ющийся че́рез го́лову 2) широ́кий, свобо́дный

**slipover** [ˈslɪpˌəuvə] *n* 1) футля́р, чехо́л *и т. п.* 2) сви́тер, пуло́вер

**slipper** [ˈslɪpə] **1.** *n* 1) ко́мнатная ту́фля 2) *ж.-д.* (тормозно́й) башма́к

**2.** *v разг.* отшлёпать ту́флей

**slippery** [ˈslɪpərɪ] *a* 1) ско́льзкий 2) увёртливый 3) ненадёжный, беспринци́пный (*о человеке*)

**slippy** [ˈslɪpɪ] *a разг.* 1) ско́льзкий 2) бы́стрый, прово́рный; be ~ about it!, look ~! шевели́сь!, побыстре́е!

**slipshod** [ˈslɪpʃɔd] *a* неря́шливый, небре́жный

**slipslop** [ˈslɪpslɔp] *разг.* **1.** *n* 1) сла́бый напи́ток; по́йло; бурда́ 2) глу́пая *или* сентимента́льная болтовня́ (кни́га *и т. п.*)

**2.** *a* 1) вздо́рный, глу́пый; сентимента́льный (*о книге, болтовне*)

**slipsole** [ˈslɪpsəul] *n* сте́лька

**slip-up** [ˈslɪpˈʌp] *n разг.* оши́бка, про́мах

**slipway** [ˈslɪpweɪ] *n мор.* слип, судоподъёмный э́ллинг

**slit** [slɪt] **1.** *n* 1) дли́нный разре́з; щель 2) *attr.*: ~ skirt ю́бка с разре́зом

**2.** *v* (slitted [-ɪd], slit) 1) разреза́ть в длину́; нареза́ть у́зкими полоса́ми; to ~ an envelope open вскрыть конве́рт 2) рва́ться 3) расщепля́ть, раска́лывать

**slither** [ˈslɪðə] *v* скользи́ть; ска́тываться

**slit trench** [ˈslɪtˈtrentʃ] *n воен.* щель-убе́жище

**sliver** [ˈslɪvə] **1.** *n* 1) ще́пка, лучи́на 2) прядь (*шерсти*)

**2.** *v* отка́лываться, расщепля́ть (-ся)

**slob** [slɔb] *n* 1) *ирл.* грязь, сля́коть 2) *презр.* неря́ха, растрёпа

**slobber** [ˈslɔbə] **1.** *n* 1) слю́ни 2) сентимента́льная болтовня́

**2.** *v* 1) пуска́ть слю́ни, слюня́вить 2) распусти́ть ню́ни; расчу́вствоваться

**slobbery** [ˈslɔbərɪ] *a* 1) слюня́вый 2) сентимента́льный, слезли́вый

**sloe** [sləu] *n* тёрн, терно́вая я́года

**slog** [slɔg] **1.** *n* 1) си́льный уда́р 2) тяжёлая, утоми́тельная рабо́та

**2.** *v* 1) си́льно ударя́ть 2) упо́рно рабо́тать (*тж.* ~ at one's work; ~ away, ~ on)

**slogan** [ˈsləugən] *n* 1) ло́зунг, призы́в; деви́з 2) боево́й клич (*шотл. горцев*)

**sloop** [slu:p] *n мор.* 1) шлюп 2) сторожево́й кора́бль; ~ of war вое́нный шлюп

**slop I** [slɔp] **1.** *n* 1) жи́дкая грязь; сля́коть 2) *pl* помо́и; to empty the ~s выноси́ть помо́и 3) *pl* жи́дкая пи́ща (*для больных и т. п.*) 4) *pl* сантиме́нты, излия́ния (*чувств*)

**2.** *v* 1) пролива́ть(ся), расплёскивать(ся) (*часто* ~ over, ~ out) 2) шлёпать, хлю́пать (*по грязи и т. п.*) □ ~ **over** излива́ть свои́ чу́вства

**slop II** [slɔp] *n* (*обыкн. pl*) 1) оде́жда и посте́льные принадле́жности, отпуска́емые моряка́м на корабле́ 2) дешёвая гото́вая оде́жда

**slop-basin** [ˈslɔpˌbeɪsn] *n* полоска́тельница

**slope** [sləup] **1.** *n* 1) накло́н, склон, скат; ~ of a roof скат кры́ши; ~ of a river паде́ние реки́ 2) *горн.* накло́нная вы́работка 3) *воен.* положе́ние с винто́вкой на плечо́

**2.** *v* 1) клони́ться; име́ть накло́н; отло́го поднима́ться (*обыкн.* ~ up) *или* опуска́ться (*обыкн.* ~ down) 2) ста́вить в накло́нное положе́ние 3) ска́шивать; сре́зывать 4) *разг.* удра́ть; улизну́ть 5) слоня́ться (*обыкн.* ~ about)

**sloping** [ˈsləupɪŋ] **1.** *pres. p. от* slope 2

**2.** *a* накло́нный, пока́тый

**slop-pail** [ˈslɔppeɪl] *n* помо́йное ведро́

**sloppy** [ˈslɔpɪ] *a* 1) покры́тый лу́жами, мо́крый (*о дороге*); забры́зганный, зали́тый (*о столе, скатерти*) 2) замы́зганный (*об одежде*) 3) жи́дкий (*о пище*) 4) неря́шливый, небре́жный (*о работе и т. п.*) 5) сентимента́льный

**slop-shop** [ˈslɔpʃɔp] *n* магази́н дешёвого гото́вого пла́тья

**slopwork** [ˈslɔpwə:k] *n* 1) произво́дство дешёвого гото́вого пла́тья 2) неря́шливо, на́спех сде́ланная рабо́та

**slosh** [slɔʃ] = slush

**slot I** [slɔt] **1.** *n* 1) щёлка, щель, про́резь, паз; отве́рстие (*автомата*) для опуска́ния моне́ты 2) *театр.* люк

**2.** *v* прореза́ть, желоби́ть; прода́лбливать

**slot II** [slɔt] *n* след (*оленя и т. п.*)

**sloth** [sləuθ] *n* 1) лень, ле́ность 2) медли́тельность 3) *зоол.* лени́вец

**sloth-bear** [ˈsləuθbɛə] *n* медве́дь-губа́ч

**slothful** [ˈsləuθful] *a* лени́вый, ине́ртный

**slot-machine** [ˈslɔtməˌʃi:n] *n* торго́вый автома́т; иго́рный автома́т

**slouch** [slautʃ] **1.** *n* 1) неуклю́жая похо́дка 2) суту́лость 3) лентя́й; he is no ~ он неплохо́й рабо́тник 4) у́валень 5) опу́щенные поля́ (*шляпы*)

**2.** *v* 1) неуклю́же держа́ться, суту́литься 2) свиса́ть (*о полях шляпы*) 3) надвига́ть (*шляпу*); опуска́ть поля́ □ ~ **about** слоня́ться

**slouch hat** [ˈslautʃˈhæt] *n* шля́па с широ́кими опу́щенными поля́ми

**slough I** [slau] *n* 1) боло́то, топь, тряси́на 2) депре́ссия, уны́ние, отчая́ние (*тж.* the S. of Despond)

**slough II** [slʌf] **1.** *n* 1) сбро́шенная ко́жа (*змеи*) 2) струп 3) забы́тая привы́чка

**2.** *v* 1) сбра́сывать ко́жу (*о змее*) 2) сходи́ть (*о коже*), шелуши́ться (*часто* ~ off, ~ away)

**sloughy I** [ˈslauɪ] *a* то́пкий

**sloughy II** [ˈslʌfɪ] *a* стру́пный

**Slovak** [ˈsləuvæk] **1.** *n* 1) слова́к; слова́чка 2) слова́цкий язы́к

**2.** *a* слова́цкий

**sloven** [ˈslʌvn] *n* неря́ха

**Slovene** [ˈsləuvi:n] *n* слове́нец; слове́нка

**Slovenian** [sləuˈvi:njən] **1.** *a* слове́нский

**2.** *n* слове́нский язы́к

**slovenliness** [ˈslʌvnlɪnɪs] *n* неря́шливость

**slovenly** [ˈslʌvnlɪ] *a* неря́шливый

**slow** [sləu] **1.** *a* 1) ме́дленный, ти́хий; постепе́нный 2) медли́тельный, неторопли́вый 3) неспеша́щий; he was ~ in arriving он запозда́л; he is not ~ to defend himself он себя́ в оби́ду не даст 4) (*обыкн. predic.*): the clock is 20 minutes ~ часы́ отстаю́т на 20 мину́т 5) иду́щий с ма́лой ско́ростью (*о поезде и т. п.*) 6) тупо́й, несообрази́тельный (*тж.* ~ of wit) 7) ску́чный, неинтере́сный 8) *амер.* отста́лый 9) вя́лый (*о торговле*) 10) затрудня́ющий бы́строе движе́ние (*о поверхности, дороге*) ◇ ~ but steady ме́дленно, но ве́рно; ~ and steady wins the race ≅ ти́ше е́дешь, да́льше бу́дешь

**2.** *adv* ме́дленно; to go ~ быть осмотри́тельным

**3.** *v* замедля́ть(ся) (*обыкн.* ~ down, ~ up, ~ off)

**slowcoach** [ˈsləukəutʃ] *n* медли́тельный, тупова́тый *или* отста́лый челове́к

**slowdown** [ˈsləudaun] *n разг.* 1) замедле́ние 2) сниже́ние те́мпа рабо́ты (*вид забастовки*)

**slow goods** [ˈsləugudz] *n pl* груз ма́лой ско́рости

**slow-match** [ˈsləumætʃ] *n* огнепрово́дный шнур (*для взрывных работ и т. п.*)

**slow-poke** [ˈsləupəuk] *n разг. амер.* копу́ша

**slow-witted** [ˈsləuˈwɪtɪd] *a* тупо́й, тупоголо́вый

**slubber** [ˈslʌbə] *v* де́лать небре́жно, ко́е-ка́к

**sludge** [slʌdʒ] *n* 1) густа́я грязь 2) са́ло (*плавающий лёд*) 3) ти́на, ил 4) отсто́й, шлам 5 *attr.*: ~ pump *горн.* жело́нка; грязево́й нано́с

**sludgy** [ˈslʌdʒɪ] *a* гря́зный; и́листый

**slue** [slu:] = slew I

**slug I** [slʌg] **1.** *n* 1) *зоол.* сли́зень, слизня́к 2) *амер.* личи́нка 3) ме́дленно передвига́ющееся живо́тное, автомоби́ль-тихохо́д *и т. п.* 4) *уст.* лентя́й 5) кусо́к мета́лла (*неправильной формы*) 6) пу́ля (*неправильной формы*) 7) *амер.* жето́н (*для торговых автоматов*) 8) *амер. sl.* глото́к (*спиртного*) 9) *полигр.* строка́, отли́тая на линоти́пе 10) *полигр.* шпон

**2.** *v* 1) *разг.* си́льно ударя́ть, бить 2) идти́ с трудо́м, тащи́ться 3) *разг.* не́житься, валя́ться (*в постели*)

**slug-abed** [ˈslʌgəˈbed] *n* со́ня, лежебо́ка; лентя́й

**sluggard** [ˈslʌgəd] *n* лентя́й, безде́льник

**sluggish** [ˈslʌgɪʃ] *a* 1) ме́дленный, вя́лый 2) медли́тельный; ине́ртный

**sluice** [slu:s] **1.** *n* 1) шлюз, перемы́чка; затво́р шлю́за 2) (иску́сственный) кана́л, водово́д 3) промы́вка 4) *горн.* рудопромыва́льный жёлоб

**2.** *v* 1) снабжа́ть шлю́зами; шлюзова́ть 2) отводи́ть во́ду шлю́зами, выпуска́ть, спуска́ть (че́рез шлюз) (*обыкн.* ~ off) 3) залива́ть; облива́ть 4) вытека́ть (*обыкн.* ~ out) 5) мыть, промыва́ть

**sluice-gate** [ˈslu:sˈgeɪt] *n* шлю́зные воро́та

**sluice-way** [ˈslu:sweɪ] = sluice 1, 2)

**slum** [slʌm] **1.** *n* (*обыкн. pl*) трущо́бы

**2.** *v* посеща́ть трущо́бы (*с благотворительной целью*; *обыкн.* go ~ming)

**slumber** [ˈslʌmbə] *поэт.* **1.** *n* (*часто pl*) сон; дремо́та

**2.** *v* спать; дрема́ть □ ~ **away** проспа́ть, да́ром потеря́ть вре́мя

**slumberous** [ˈslʌmbərəs] *a* 1) навева́ющий сон 2) со́нный

**slumber-suit** [ˈslʌmbəsju:t] *n* пижа́ма

**slumlord** [ˈslʌmlɔ:d] *n* владе́лец трущо́б (*взимающий с жильцов непомерно высокую квартплату*)

**slummock** [ˈslʌmək] *v разг.* 1) жа́дно прогла́тывать 2) говори́ть бессвя́зно, сумбу́рно

**slump** [slʌmp] **1.** *n* 1) ре́зкое паде́ние цен, спро́са *или* интере́са; кри́зис 2) оползáние (*грунта*); о́ползень

**2.** *v* 1) ре́зко па́дать 2) тяжело́ опуска́ться, сади́ться, па́дать; he ~ed into a chair он тяжело́ опусти́лся на стул 3) го́рбиться, суту́литься

**slung** [slʌŋ] *past и p. p. от* sling I, 2

**slunk** [slʌŋk] *past и p. p. от* slink I *и* II 2

**slur** [slə:] **1.** *n* 1) пятно́ (*на репутации*); to put a ~ (upon) опоро́чить 2) (расплы́вшееся) пятно́ 3) *полигр.* мара́шка 4) слия́ние (*звуков, слов*) 5) *муз.* ли́га

**2.** *v* 1) произноси́ть невня́тно, глота́ть (*слова*) 2) писа́ть неразбо́рчиво 3) сма́зывать, стира́ть (*различие и т п.*; *часто* ~ over) 4) опуска́ть, пропуска́ть (over) 5) *уст.* клевета́ть, хули́ть, черни́ть 6) *муз.* свя́зывать зву́ки

**slurry** [ˈslə:rɪ] *n стр.* жи́дкое цеме́нтное те́сто; жи́дкая гли́на

**slush** [slʌʃ] **1.** *n* 1) сля́коть, грязь 2) та́лый снег; шуга́, ледяно́е са́ло 3) *разг.* (сентимента́льный) вздор 4) оста́тки, отбро́сы жи́ра 5) *тех.* смесь свинцо́вых бели́л с и́звестью 6) *тех.* защи́тное покры́тие

**2.** *v* 1) сма́зывать 2) ока́тывать гря́зью *или* водо́й 3) *стр.* цементи́ровать (*обыкн.* ~ up) 4) *стр.* расшива́ть швы

**slush fund** [ˈslʌʃˈfʌnd] *n* 1) *воен., мор.* экономи́ческие су́ммы 2) *амер.* де́ньги, предназна́ченные для взя́ток

**slushy** [ˈslʌʃɪ] *a* 1) сля́котный 2) *разг.* сентимента́льный

**slut** [slʌt] *n* 1) неря́ха (*о женщине*) 2) проститу́тка 3) *шутл.* девчо́нка; a saucy ~ озорни́ца 4) су́ка

**sluttish** [ˈslʌtɪʃ] *a* неря́шливый

**sly** [slaɪ] **1.** *a* 1) хи́трый, ло́вкий, кова́рный; a ~ dog хитре́ц, ловка́ч 2) озорно́й, лука́вый 3) та́йный, скры́тый

**2.** *n*: on the ~ тайко́м

**slyboots** [ˈslaɪbu:ts] *n шутл.* хитре́ц, плут, проны́ра

**slype** [slaɪp] *n* кры́тая арка́да

**smack I** [smæk] **1.** *n* 1) вкус; при́вкус; за́пах; при́месь 2) немно́го еды́, глото́к питья́

**2.** *v* па́хнуть, отдава́ть, отзыва́ться (*чем-л.*); име́ть при́месь (of — *чего-л.*)

**smack II** [smæk] **1.** *n* 1) чмо́канье 2) зво́нкий поцелу́й 3) зво́нкий шлепо́к; хлопо́к

**2.** *v* 1) чмо́кать губа́ми (*тж.* ~ one's lips) 2) хло́пать; шлёпать

**3.** *adv разг.* 1) с тре́ском 2) в са́мую то́чку, пря́мо

**smack III** [smæk] *n мор.* смэк (*одномачтовое рыболовное судно*)

**smacker** [ˈsmækə] *n sl.* 1) зво́нкий поцелу́й *или* шлепо́к 2) кру́пный экземпля́р чего́-л. 3) *амер.* до́ллар

**small** [smɔ:l] **1.** *a* 1) ма́ленький; небольшо́й; ~ boy малы́ш; ~ craft ме́лкие суда́, ло́дки; ~ capitals *полигр.* капите́ль; ~ tools ручно́й инструме́нт, слеса́рный инструме́нт 2) ме́лкий; ~ coal штыб, у́гольная пыль; ~ rock щё́бень 3) незначи́тельный, ма́лый, ничто́жный; he has ~ Latin он пло́хо зна́ет латы́нь; he drank a ~ whiskey он вы́пил глото́к ви́ски; on the ~ side бо́лее чем скро́мных разме́ров 4) присты́жённый, уни́женный; to feel ~ чу́вствовать себя́ прини́женным; чу́вствовать себя́ нело́вко; to look ~ име́ть глу́пый вид 5) то́нкий; ~ waist то́нкая та́лия 6) разба́вленный, сла́бый (*о напитке*) 7) ти́хий, негро́мкий (*о звуке*); ~ voice сла́бый го́лос 8) ме́лкий, ни́зменный; it is ~ of you э́то по́дло с ва́шей стороны́ 9) немногочи́сленный 10) непродолжи́тельный 11) скро́мный, бе́дный; незна́тного происхожде́ния ◇ (and) ~ wonder (и) неудиви́тельно, нет ничего́ удиви́тельного; the ~ hours пе́рвые часы́ по́сле полу́ночи; the still ~ voice со́весть; ~ talk пусто́й, бессодержа́тельный, све́тский разгово́р

**2.** *n* 1): ~ of the back поясни́ца 2) *pl* = small-clothes 3) *pl разг.* пе́рвый экза́мен на сте́пень бакала́вра (*в Оксфорде*) ◇ in ~ а) в небольши́х разме́рах; б) *жив.* в миниатю́ре

**small arms** [ˈsmɔ:lˈɑ:mz] *n pl* стрелко́вое ору́жие

**small beer** [ˈsmɔ:lbɪə] *n* 1) *уст.* сла́бое пи́во 2) пустяки́, ме́лочи; to think no ~ of oneself быть о себе́ высо́кого мне́ния; to chronicle ~ отмеча́ть вся́кие ме́лочи; занима́ться пустяка́ми

**small-bore** [ˈsmɔ:lbɔ:] *a воен.* малокали́берный

**small-clothes** [ˈsmɔ:lkləuðz] *n pl ист.* коро́ткие штаны́ в обтя́жку

**small holder** [ˈsmɔ:lˈhəuldə] *n* ме́лкий со́бственник; ме́лкий аренда́тор

**small-minded** [ˈsmɔ:lˈmaɪndɪd] *a* 1) ме́лкий, ме́лочный 2) ограни́ченный, недалё́кий

**smallpox** [ˈsmɔ:lpɔks] *n* о́спа

**small-sword** [ˈsmɔ:lsɔ:d] *n* рапи́ра, шпа́га

**small-time** [ˈsmɔ:ltaɪm] *a амер. разг.* ме́лкий, незначи́тельный; второсо́ртный

**small-tooth comb** [ˈsmɔ:ltu:θˈkəum] *n* ча́стый гре́бень

**smalt** [smɔ:lt] *n* сма́льта

**smarm** [smɑ:m] *v* 1) прили́зывать, пригла́живать 2) ублажа́ть; прислу́живаться, подли́зываться

**smarmy** [ˈsmɑ:mɪ] *a разг.* льсти́вый; еле́йный, вкра́дчивый

**smart** [smɑ:t] **1.** *n* 1) жгу́чая боль 2) го́ре, печа́ль

**2.** *a* 1) ре́зкий, си́льный (*об ударе, боли*) 2) суро́вый (*о наказании*) 3) бы́стрый, прово́рный; you'd better be pretty ~ about the job с э́тим вам ну́жно поспеши́ть; to make a ~ job of it бы́стро и хорошо́ вы́полнить рабо́ту 4) остроу́мный, нахо́дчивый 5) ло́вкий, продувно́й 6) щеголева́тый; наря́дный; мо́дный; the ~ set *разг.* фешене́бельное о́бщество ◇ a ~ few дово́льно мно́го

**3.** *adv* изя́щно, щеголева́то

**4.** *v* 1) испы́тывать жгу́чую боль; боле́ть; страда́ть 2) вызыва́ть жгу́чую боль; the insult ~s yet оби́да ещё жива́ □ ~ **for** поплати́ться за *что-л.*

**smart aleck** [ˈsmɑ:tˈælɪk] *n амер. разг.* самоуве́ренный челове́к; хлыщ

**smart-alecky** [ˈsmɑ:tˈælɪkɪ] *a амер. разг.* наха́льный; развя́зный и самоуве́ренный

**smarten** [ˈsmɑ:tn] *v* 1): ~ (oneself) up а) прихора́шивать(ся); б) хороше́ть 2) отшлифова́ть (*манеры и т. п.*)

**smart-money** [ˈsmɑ:tˌmʌnɪ] *n* 1) компенса́ция за уве́чье 2) отступны́е де́ньги

**smash** [smæʃ] **1.** *n* внеза́пное паде́ние; гро́хот 2) ги́бель, уничтоже́ние, разруше́ние 3) столкнове́ние; катастро́фа 4) банкро́тство 5) сокруши́тельный уда́р 6) *амер.* огро́мный успе́х 7) уда́р по мячу́ све́рху вниз, смэш (*в теннисе*) 8) *attr. разг.* успе́шный, бы́стро завоева́вший популя́рность; a ~ song мо́дная пе́сенка

**2.** *v* 1) разбива́ть(ся) вдре́безги (*часто* ~ up) 2) ста́лкиваться (into, against, through) 3) разби́ть, сокруши́ть, уничто́жить (*противника и т. п.*) 4) обанкро́титься 5) *разг.* ударя́ть изо всех сил 6) ударя́ть по мячу́ све́рху вниз, гаси́ть (*в теннисе*) □ ~ **in** вломи́ться, ворва́ться си́лой; to ~ in a door взлома́ть дверь; ~ **up** разбива́ть(ся) вдре́безги

**3.** *adv* с разма́ху; вдре́безги; to go (*или* to come) ~ а) вре́заться с разма́ху; б) потерпе́ть по́лный прова́л; разори́ться

**smasher** [ˈsmæʃə] *n разг.* 1) не́что сногсшиба́тельное 2) сокруши́тельный уда́р, тяжёлое паде́ние (*тж. перен.*) 3) ре́зкий отве́т; разгро́мная реце́нзия

**smashing** [ˈsmæʃɪŋ] **1.** *pres. p. от* smash 2

**2.** *a* 1) сокруши́тельный; ~ blow сокруши́тельный уда́р 2) *разг.* превосхо́дный, великоле́пный

**smattering** [ˈsmætərɪŋ] *n* 1) пове́рхностное зна́ние 2) *разг.* небольшо́е число́; ко́е-что́

**smear** [smɪə] **1.** *n* 1) вя́зкое *или* ли́пкое вещество́ 2) пятно́; мазо́к 3) клевета́, бесче́стье

**2.** *v* 1) ма́зать, па́чкать 2) позо́рить, бесче́стить 3) *амер. sl.* (раз)громи́ть; подави́ть

**smear-sheet** [ˈsmɪəʃi:t] *n амер.* гря́зная газетёнка

**smeary** [ˈsmɪərɪ] *a* гря́зный

**smectite** [ˈsmektaɪt] *n* сукнова́льная гли́на

**smell** [smel] **1.** *n* 1) обоня́ние; to have a good sense of ~ име́ть то́нкое обоня́ние 2): to take a ~ (at) поню́хать 3) за́пах

**2.** *v* (smelt, smelled [-d]) 1) чу́вствовать за́пах, чу́ять; обоня́ть 2) ню́хать (at) 3) па́хнуть; the perfume ~s good э́ти духи́ хорошо́ па́хнут; to ~ of paint па́хнуть кра́ской □ ~ **about** принюхиваться; разню́хивать, высле́живать; ~ **out** разню́хать, вы́следить, учу́ять; ~ **round** = ~ about ◇ to ~ powder «поню́хать по́роху»; to ~ of the lamp (*или* of the candle, of oil) быть вы́мученным (*о слоге и т. п.*)

**smeller** [ˈsmelə] *n sl.* 1) нос 2) уда́р по́ носу

**smelling-bottle** [ˈsmelɪŋˌbɔtl] *n* флако́н с ню́хательной со́лью

**smelling-salts** [ˈsmelɪŋsɔ:lts] *n* ню́хательная соль

**smelly** [ˈsmelɪ] *a разг.* зловонный

**smelt I** [smelt] **1.** *n* пла́вка; распла́вленный мета́лл

**2.** *v* пла́вить (*руду*); расплавля́ть (*металл*)

**smelt II** [smelt] *n* ко́рюшка

**smelt III** [smelt] *past и p. p. от* smell 2

**smeltery** [ˈsmeltərɪ] *n* плави́льня, плави́льный заво́д

**smew** [smju:] *n* лу́ток (*птица*)

**smile** [smaɪl] **1.** *n* 1) улы́бка; to be all ~s име́ть дово́льный вид 2) благоволе́ние; the ~s of fortune ≅ улы́бка форту́ны, ми́лость судьбы́

**2.** *v* 1) улыба́ться 2) выража́ть улы́бкой (*согласие и т п.*); to ~ farewell улыбну́ться на проща́ние □ ~ **at** пренебрега́ть *чем-л.*; ~ **on**, ~ **upon** выка́зывать благоволе́ние; благоприя́тствовать; fortune has ~d upon him from his birth сча́стье улыба́лось ему́ с колыбе́ли

**smirch** [smə:tʃ] **1.** *n* пятно́ (*тж. перен.*)

**2.** *v* па́чкать, пятна́ть

**smirk** [smə:k] **1.** *n* самодово́льная, де́ланная *или* глу́пая улы́бка; ухмы́лка

**2.** *v* ухмыля́ться

**smite** [smaɪt] **1.** *v* (smote; smitten) 1) *поэт., шутл.* ударя́ть 2) разбива́ть; разруша́ть; to ~ (enemies) hip and thigh беспоща́дно бить (враго́в), разби́ть (врага́) на́голову 3) (*обыкн. p. p.*) охва́тывать, поража́ть; smitten with palsy разби́тый параличо́м; smitten with fear охва́ченный стра́хом; he seems to be quite smitten with her он, ка́жется, без па́мяти влюблён в неё; an idea smote her её осени́ло 4) кара́ть; нака́зывать; his conscience smote him он почу́вствовал угрызе́ния со́вести, со́весть му́чила его́

**2.** *n разг.* 1) си́льный уда́р 2) попы́тка

**smith** [smɪθ] *n* 1) кузне́ц 2) рабо́чий по мета́ллу

**smithereens** [ˈsmɪðəˈri:nz] *n pl* оско́лки; черепки́; to smash to (*или* into) ~ разби́ть вдре́безги

**smithy** [ˈsmɪðɪ] *n* 1) ку́зница 2) *амер.* кузне́ц

**smitten** [ˈsmɪtn] *p. p. от* smite 1

**smock** [smɔk] **1.** *n* 1) де́тский комбинезо́н 2) толсто́вка (*мужская блуза*) 3) рабо́чий хала́т

**2.** *v* украша́ть сбо́рками *или* бу́фами

**smock-frock** [ˈsmɔkˈfrɔk] *n* холщёвый хала́т (*для работы*)

**smog** [smɔg] *n* густо́й тума́н с ды́мом и ко́потью; смог

**smoke** [sməuk] **1.** *n* 1) дым, ко́поть 2) куре́ние; to have a ~ покури́ть 3) *разг.* сигаре́та, папиро́са, сига́ра 4) тума́н; ды́мка ◇ to end (*или* to go up) in ~ ко́нчиться ниче́м; like ~ а) бы́стро, момента́льно; б) с лёгкостью; there is no ~ without fire нет ды́ма без огня́; to sell ~ занима́ться моше́нничеством

**2.** *v* 1) дыми́ть(ся) 2) копти́ть (*о лампе и т. п.*) 3) кури́ть 4) оку́ривать 5) выку́ривать (*тж.* ~ out) 6) подверга́ть копче́нию 7) *уст.* подозрева́ть, чу́ять 8) *уст.* дразни́ть □ ~ **out** а) выку́ривать; б) разоблача́ть

**smoke-ball** [ˈsməukbɔ:l] *n воен.* дымово́й снаря́д, дымова́я бо́мба

**smoke-black** [ˈsməukblæk] *n* са́жа

**smoke-cloud** [ˈsməukklaud] *n* дымово́е о́блако, дымова́я заве́са

**smoke-consumer** [ˈsməukkənˌsju:mə] *n* дымопоглоща́ющее устро́йство

**smoked** [sməukt] **1.** *p. p. от* smoke 2

**2.** *a* 1) ды́мчатый 2) закопчённый 3) копчёный; ~ fish копчёная ры́ба

**smoke-dried** [ˈsməukdraɪd] *a* копчёный

**smoke-dry** [ˈsməukdraɪ] *v* копти́ть

**smoke-house** [ˈsməukhaus] *n* копти́льня

**smokeless** [ˈsməuklɪs] *a* безды́мный; ~ powder безды́мный по́рох

**smoker** [ˈsməukə] *n* 1) кури́льщик 2) копти́льщик 3) = smoking-car

**smoke-screen** [ˈsməukskri:n] *n воен.* дымова́я заве́са (*тж. перен.*)

**smoke-stack** [ˈsməukstæk] *n* дымова́я труба́

**smoking-car** [ˈsməukɪŋka:] *n* ваго́н для куря́щих

**smoking-carriage** [ˈsməukɪŋˌkærɪdʒ] = smoking-car

**smoking-room** [ˈsməukɪŋrum] *n* кури́тельная (ко́мната)

**smoky** [ˈsməukɪ] *a* 1) ды́мный; закопте́лый; коптя́щий 2) ды́мчатый

**smolder** [ˈsməuldə] *амер.* = smoulder

**smooth** [smu:ð] **1.** *a* 1) гла́дкий, ро́вный 2) одноро́дный; ~ paste те́сто без комко́в 3) пла́вный, споко́йный; беспрепя́тственный 4) нете́рпкий (*о вине*) 5) уравнове́шенный, споко́йный 6) вкра́дчивый, льсти́вый 7) *разг.* о́чень прия́тный, привлека́тельный ◇ to get to ~ water вы́браться из затрудни́тельного положе́ния

**2.** *n* 1) пригла́живание 2) гла́дкая пове́рхность

**3.** *v* 1) пригла́живать; сгла́живать (-ся), разгла́живать(ся) (*часто* ~ out, ~ over, ~ down, ~ away) 2) смягча́ть, сма́зывать (*обыкн.* ~ over) 3) успока́ивать(ся) (*обыкн.* ~ down) 4) *тех.* полирова́ть, шлифова́ть, лощи́ть

**smooth-bore** [ˈsmu:ðbɔ:] *n воен.* гладкоство́льное ору́жие

**smoothfaced** [ˈsmu:ðfeɪst] *a* 1) бри́тый 2) вкра́дчивый, лицеме́рный

**smoothspoken** [ˈsmu:ðˌspəukən] = smooth-tongued

**smooth-tongued** [ˈsmu:ðtʌŋd] *a* сладкоречи́вый, льсти́вый

**smote** [sməut] *past от* smite 1

**smother** [ˈsmʌðə] **1.** *v* 1) души́ть 2) задохну́ться 3) туши́ть 4) подавля́ть (*зевок, гнев*) 5): to ~ up a scandal замя́ть сканда́л 6) гу́сто покрыва́ть 7) оку́тывать (*дымом*) 8) *кул.* туши́ть

**2.** *n* 1) густо́е о́блако ды́ма *или* пы́ли 2) тле́ющая зола́

**smothered mate** [ˈsmʌðədmeɪt] *n шахм.* спёртый мат

**smothery** [ˈsmʌðərɪ] *a* ду́шный; уду́шливый

**smoulder** [ˈsməuldə] **1.** *n* тле́ющий ого́нь

**2.** *v* 1) тлеть 2) те́плиться (*о чувствах*)

**smouldering** [ˈsməuldərɪŋ] **1.** *pres. p. от* smoulder 2

2. *a* тлéющий; раскалённый под пéплом; ~ hatred затаённая нéнависть

**smudge** I [smʌdʒ] **1.** *n* грязное пятнó

**2.** *v* пáчкать(ся), мáзать(ся)

**smudge** II [smʌdʒ] **1.** *n* (*обыкн. амер.*) костёр (*зажигаемый, чтобы отогнать насекомых*)

**2.** *v амер.* 1) отгонять дымом 2) окýривать

**smudgy** [ˈsmʌdʒɪ] *a* грязный

**smug** [smʌg] **1.** *a* 1) самодовóльный и ограниченный 2) чóпорный

**2.** *n* 1) *sl.* необщительный человéк 2) *унив. sl.* неспортсмéн; студéнт, отдающий всё своё врéмя занятиям и избегáющий развлечéний

**smuggle** [ˈsmʌgl] *v* 1) провозить контрабáндой (into, out, through) 2) занимáться контрабáндой 3) тáйно проносить; to ~ a letter into a prison тáйно пронести письмó в тюрьмý

**smuggler** [ˈsmʌglə] *n* контрабандист

**smut** [smʌt] **1.** *n* 1) сáжа 2) грязное пятнó 3) непристóйность 4) *с.-х.* ржáвчина, головня

**2.** *v* 1) пáчкать(ся) сáжей 2) заражáть(ся) головнёй

**smutch** [smʌtʃ] = smudge I

**smutty** [ˈsmʌtɪ] *a* 1) грязный, чёрный 2) непристóйный 3) *с.-х.* заражённый головнёй

**snack** [snæk] *n* лёгкая закýска; to have a ~ перекусить на ходý

**snack bar** [ˈsnækbɑː] *n* закýсочная, буфéт

**snaffle** I [ˈsnæfl] *n* трéнзель; уздéчка ◇ to ride smb. on (*или* in, with) the ~ руководить кем-л. без нажима

**snaffle** II [ˈsnæfl] *v sl.* 1) своровáть, стянýть; урвáть 2) поймáть, задержáть

**snaffle-bit** [ˈsnæflbɪt] = snaffle I

**snag** [snæg] **1.** *n* 1) коряга, топляк (*на дне реки*); сучóк, пенёк 2) облóманный зуб 3) *разг.* препятствие, загвóздка; to strike (*или* to come upon) a ~ натолкнýться на препятствие 4) выступ

**2.** *v* 1) налетéть на корягу 2) очищáть от коряг *или* сучкóв

**snaggy** [ˈsnægɪ] *a* 1) сучковáтый 2) изобилующий корягами, засорённый (*о реке*)

**snail** [sneɪl] *n* 1) улитка 2) *разг.* тихохóд; медлительный человéк 3) *тех.* спирáль ◇ at a ~'s pace ≅ черепáшьим шáгом

**snake** [sneɪk] *n* 1) змея 2) предáтель, верolóмный человéк ◇ ~ in the grass скрытая опáсность; скрытый враг; to raise (*или* to wake) ~s поднять скандáл, затéять ссóру; to see ~s *разг.* ≅ допиться до чёртиков

**snakebite** [ˈsneɪkbaɪt] *n* укýс ядовитой змеи

**snake-charmer** [ˈsneɪkˌtʃɑːmə] *n* заклинáтель змей

**snaky** [ˈsneɪkɪ] *a* 1) змеиный 2) кишáщий змéями 3) извилистый 4) ковáрный

**snap** [snæp] **1.** *n* 1) треск; щёлканье, щелчóк 2) застёжка, защёлка, замóчек (*браслета*), кнóпка (*для одежды*) 3) рéзкая отрывистая речь 4) кусóчек 5) моментáльный снимок 6) рéзкое внезáпное похолодáние (*обыкн.* cold ~) 7) *разг.* энéргия, живость, предприимчивость 8) *амер. разг.* лёгкая прибыльная рабóта (*обыкн.* soft ~) 9) сухóе хрустящее печéнье 10) *тех.* обжимка (*клепальная*) 11) *attr.* поспéшный; неожиданный, без предупреждéния; ~ elections внеочередные выборы 12) *attr. амер.* простóй, лёгкий ◇ not a ~ нискóлько; ничýть

**2.** *v* 1) щёлкать, лязгать, хлóпать (*чем-л.*); the pistol ~ped пистолéт дал осéчку 2) защёлкивать(ся) (*тж.* ~ to) 3) цáпнуть, укусить (at) 4) огрызáться (at) 5) ухватиться (at — за *предложение и т. п.*) 6) сломáть(ся), порвáть(ся) 7) дéлать моментáльный снимок □ ~ **off** а) отломáть(ся); б) укусить; ~ **out** отрéзать; ~ **to** защёлкивать(ся); ~ **up** а) подхватить, перехватить; б) рéзко остановить, перебить (*говорящего*) ◇ to ~ one's fingers at smb. игнорировать, «плевáть» на когó-л.; to ~ off smb's nose (*или* head) оборвáть когó-л.; огрызнýться, рéзко ответить комý-л.; to ~ into it *амер. sl.* брóситься бежáть; to ~ out of it *амер. разг.* отдéлаться от привычки; освободиться (от дурнóго настроéния *и т. п.*)

**3.** *adv* внезáпно, с трéском; ~ went an oar веслó с трéском сломáлось

**snap-beans** [ˈsnæpbiːnz] *n pl* лóмкая фасóль

**snapdragon** [ˈsnæpˌdrægən] *n* 1) *бот.* львиный зев 2) рождéственская игрá, в котóрой хватáют изюминки с блюда с горящим спиртом

**snappish** [ˈsnæpɪʃ] *a* раздражительный, придирчивый

**snappy** [ˈsnæpɪ] *a* 1) = snappish 2) живóй, энергичный; make it ~! *разг.* быстро!, живо! 3) *разг.* мóдный; щегольскóй

**snap-roll** [ˈsnæprəul] *n ав.* бóчка

**snap shot** [ˈsnæpʃɔt] *n* выстрел навскидку

**snapshot** [ˈsnæpʃɔt] **1.** *n* снимок, фотогрáфия

**2.** *v* дéлать снимок, фотографировать

**snare** [snɛə] **1.** *n* силóк, западня, ловýшка

**2.** *v* поймáть в ловýшку

**snarl** I [snɑːl] **1.** *n* 1) рычáние 2) ворчáние

**2.** *v* 1) рычáть; огрызáться 2) сердито ворчáть

**snarl** II [snɑːl] **1.** *n* 1) спýтанные нитки, спýтанный клубóк 2) пýтаница, беспорядок

**2.** *v* 1) смéшивать, спýтывать 2) приводить в беспорядок

**snatch** [snætʃ] **1.** *n* 1) хватáние; to make a ~ at smth. пытáться схватить что-л. 2) обрывок; ~es of conversation обрывки разговóра 3) (*обыкн. pl*) корóткий промежýток (врéмени); to work in (*или* by) ~es рабóтать урывками

**2.** *v* 1) хватáть(ся), ухватить(ся) (at); to ~ at a chance воспóльзоваться слýчаем 2) срывáть, вырывáть (up, from, out, away) 3) урывáть; to ~ an hour's sleep урвáть часóк для сна 4) *амер. sl.* похищáть (*когó-л.*)

**snatchy** [ˈsnætʃɪ] *a* отрывистый; отрывочный

**snath** [snæθ] *n амер.* косовище

**snathe** [sneɪð] = snath

**sneak** [sniːk] **1.** *n* 1) *разг.* трус; подлéц 2) *школ. sl.* ябеда, фискáл 3) *разг.* воришка 4) *разг.* незамéтный ухóд 5) *разг.* предварительный просмóтр фильма (*тж.* ~ preview)

**2.** *v* 1) крáсться; to ~ out of danger ускользнýть от опáсности 2) *школ. sl.* ябедничать, фискáлить 3) дéлать что-либо тайкóм, укрáдкой 4) *разг.* стащить, укрáсть

**sneakers** [ˈsniːkəz] *n pl* тáпочки, тýфли на резиновой подóшве; тéннисные тýфли

**sneaking** [ˈsniːkɪŋ] **1.** *pres. p. от* sneak 2

**2.** *a* 1) пóдлый; труслúвый 2) тáйный; неосóзнанный (*о чувстве*)

**sneaky** [ˈsniːkɪ] *a* труслúвый; пóдлый

**sneer** [snɪə] **1.** *n* 1) презрительная усмéшка 2) насмéшка; глумлéние

**2.** *v* 1) насмéшливо улыбáться; усмехáться 2) насмехáться, глумиться (at — над)

**sneering** [ˈsnɪərɪŋ] **1.** *pres. p. от* sneer 2

**2.** *a* насмéшливый

**sneeze** [sniːz] **1.** *n* чихáнье

**2.** *v* чихáть ◇ he is not to be ~d at с ним нáдо считáться; to ~ into a basket *эвф.* быть гильотинирóванным

**snick** [snɪk] **1.** *n* надрéз, зарýбка

**2.** *v* слегкá надрéзать

**snicker** [ˈsnɪkə] **1.** *n* 1) ржáние 2) хихикáнье, смешóк

**2.** *v* 1) тихо ржать 2) хихикать

**snickersnee** [ˈsnɪkəˈsniː] *n шутл.* длинный нож, кинжáл

**snide** [snaɪd] *sl.* **1.** *n* фальшивая драгоцéнность *или* монéта

**2.** *a* 1) фальшивый 2) нечéстный, мошéннический 3) низкий, пóдлый

**sniff** [snɪf] **1.** *n* 1) сопéние 2) (презрительное) фыркáнье 3) вдох, втягивание нóсом

**2.** *v* 1) сопéть 2) (презрительно) фыркать 3) вдыхáть, втягивать нóсом 4) нюхать, чýять

**sniffy** [ˈsnɪfɪ] *a разг.* 1) фыркающий, презрительный 2) попáхивающий, с запашкóм

**snifter** [ˈsnɪftə] *n* 1) *sl.* глотóк спиртнóго 2) бокáл, сýженный квéрху

**snifting-valve** [ˈsnɪftɪŋvælv] *n* выдувнóй клáпан

**snigger** [ˈsnɪgə] **1.** *n* хихикáнье, подáвленный смешóк

**2.** *v* хихикать

**sniggle** ['snɪgl] *v* ловить угрей

**snip** [snɪp] **1.** *n* 1) надрез 2) обрезок; кусок 3) *разг.* портняжка 4) *pl* ножницы (*для металла, проволоки*)

**2.** *v* резать (ножницами)

**snipe** [snaɪp] **1.** *n* 1) (*pl без измен.*) бекас; great (*или* double) ~ дупель; half ~ гаршнеп 2) выстрел из укрытия 3) ничтожество

**2.** *v* стрелять из укрытия

**sniper** ['snaɪpə] *n* меткий стрелок, снайпер

**snipper** ['snɪpə] *n* портной

**snipper-snapper** ['snɪpə,snæpə] *n* нестоящий человек, надутое ничтожество

**snippet** ['snɪpɪt] *n* 1) отрезок; лоскут 2) *pl* обрывки (сведений *и т. п.*)

**snippy** ['snɪpɪ] *a* 1) обрывочный; краткий 2) *разг.* надменный, важничающий 3) резкий, грубый

**snip-snap** ['snɪpsnæp] *n разг.* остроумный, находчивый ответ

**snitch** [snɪʧ] *v sl.* 1) украсть, стащить 2) ябедничать; доносить

**snivel** ['snɪvl] **1.** *n* 1) хныканье 2) слезливое лицемерие 3) сопли

**2.** *v* 1) хныкать, плакаться 2) причитать; лицемерно выражать сочувствие 3) распускать сопли

**snob** [snɔb] *n* сноб

**snobbery** ['snɔbərɪ] *n* снобизм

**snood** [snu:d] *n* сетка (*для волос*)

**snook** [snu:k] *n* «длинный нос»; to cock (*или* to make, to cut) a ~ (*или* ~s) at smb. показать кому-л. длинный нос

**snooker** ['snu:kə] *n* вид бильярдной игры

**snoop** [snu:p] *разг.* **1.** *n* человек, вечно сующий нос в чужие дела

**2.** *v* совать нос в чужие дела

**snooper** ['snu:pə] = snoop 1

**snoopy** ['snu:pɪ] *a амер. разг.* выслеживающий; назойливо любопытный

**snoot** [snu:t] *разг.* **1.** *n* 1) = snout 1); 2) = snout 2); 3) гримаса; to make a ~ гримасничать 4) *разг.* сноб

**2.** *v* относиться свысока

**snooty** ['snu:tɪ] *a разг.* презрительный, высокомерный

**snooze** [snu:z] *разг.* **1.** *n* короткий сон (*днём*)

**2.** *v* вздремнуть

**snore** [snɔ:] **1.** *n* храп

**2.** *v* храпеть

**snorkel** ['snɔ:kəl] *n* 1) *мор.* шноркель 2) трубка (*для плавания с маской под водой*)

**snort** [snɔ:t] **1.** *n* фырканье; храпение

**2.** *v* 1) фыркать; храпеть 2) пыхтеть (*о машине*)

**snorter** ['snɔ:tə] *n разг.* 1) нечто сногсшибательное, очень шумное, большое *и т. п.* 2) сильный шторм; буря

**snorting** ['snɔ:tɪŋ] **1.** *pres. p. от* snort 2

**2.** *a* необыкновенный, сногсшибательный

**snot** [snɔt] *n груб.* сопли

**snot-rag** ['snɔtræg] *n груб.* носовой платок

**snotty** ['snɔtɪ] **1.** *a груб.* 1) сопливый 2) злой, раздражительный

**2.** *n мор. sl.* корабельный гардемарин

**snout** [snaut] *n* 1) рыло; морда 2) *пренебр.* нос 3) *тех.* сопло, мундштук

**snow I** [snəu] **1.** *n* 1) снег; to be caught in the ~ попасть в метель, застрять из-за снежных заносов 2) *поэт.* белизна; седина 3) *sl.* кокаин; героин 4) *attr.* снежный

**2.** *v* 1) (*в безл. оборотах*); it ~s, it is ~ing идёт снег 2) сыпаться (как снег); gifts ~ed in подарки сыпались со всех сторон 3) (*обыкн. p. p.*) заносить снегом (*часто* ~ up, ~ in, ~ under) □ ~ **under** *амер.* провалить (*огромным большинством*)

**snow II** [snəu] *n мор. ист.* сноу, шнява (*парусное судно*)

**snowball** ['snəubɔ:l] **1.** *n* 1) снежок, снежный ком 2) денежный сбор, при котором каждый участник обязуется привлечь ещё несколько участников

**2.** *v* 1) играть в снежки 2) расти как снежный ком

**snow-bank** ['snəubæŋk] *n* снежный нанос, сугроб

**snow-bird** ['snəubə:d] *n* 1) юнко зимний (*птица*) 2) дрозд-рябинник (*птица*) 3) *sl.* кокаинист

**snow-blind** ['snəublaɪnd] *a* страдающий снежной слепотой

**snow-boots** ['snəubu:ts] *n pl* боты

**snow-bound** ['snəubaund] *a* 1) заснежённый, заснеженный, занесённый снегом 2) задержанный снежными заносами

**snow-break** ['snəubreɪk] *n* 1) оттепель; таяние снега 2) снегозащитное заграждение (*у шоссе, полотна железной дороги*)

**snow-broth** ['snəubrɔθ] *n* 1) снежная слякоть 2) *амер.* сильно охлаждённая жидкость

**snowbunny** ['snəu,bʌnɪ] *n* неопытная лыжница

**snow-capped** ['snəukæpt] *a* покрытый снегом (*о горах*)

**snow-drift** ['snəudrɪft] *n* снежный сугроб

**snowdrop** ['snəudrɔp] *n* подснежник

**snow-fall** ['snəufɔ:l] *n* снегопад

**snow-fence** ['snəufens] *n ж.-д.* снегозащитное заграждение

**snow-flake** ['snəufleɪk] *n* снежинка; *pl* хлопья снега

**snow man** ['snəumæn] *n* ≅ снежная баба

**snowman** ['snəumən] *n* снежный человек

**snowmobile** ['snəu'məubaɪl] *n* аэросани

**snow-plough** ['snəuplau] *n* снеговой плуг; снегоочиститель

**snow-shoes** ['snəuʃu:z] *n pl* снегоступы

**snow-slide** ['snəuslaɪd] = snow-slip

**snow-slip** ['snəuslɪp] *n* лавина

**snow-storm** ['snəustɔ:m] *n* метель, буран, вьюга

**snow-white** ['snəu'waɪt] *a* белоснежный

**snowy** ['snəuɪ] *a* 1) снежный, покрытый снегом 2) белоснежный

**snub I** [snʌb] **1.** *n* 1) пренебрежительное обхождение 2) резкое оскорбительное замечание

**2.** *v* 1) относиться с пренебрежением; унижать 2) осадить, обрезать 3) *тех., мор.* круто застопорить; погасить инерцию хода

**snub II** [snʌb] *a* вздёрнутый (*о носе*)

**snub-nosed** ['snʌbnəuzd] *a* курносый

**snuff I** [snʌf] **1.** *n* 1) нюхательный табак *или* порошок 2) понюшка; to take ~ нюхать табак ◇ he is up to ~ *разг.* его не проведёшь

**2.** *v* 1) вдыхать 2) нюхать (*табак*)

**snuff II** [snʌf] **1.** *n* нагар на свече

**2.** *v* снимать нагар (*со свечи*) □ ~ **out** а) потушить (*свечу*); б) *sl.* разрушить; подавить; в) *разг.* умереть

**snuff-box** ['snʌfbɔks] *n* табакерка

**snuff-colour** ['snʌf,kʌlə] *n* табачный цвет

**snuffers** ['snʌfəz] *n pl* щипцы (*для снятия нагара*)

**snuffle** ['snʌfl] **1.** *n* 1) сопение 2) гнусавость 3) (the ~s) *pl* насморк

**2.** *v* 1) сопеть 2) говорить в нос, гнусавить

**snuffle valve** ['snʌflvælv] *n тех.* выдувной *или* фыркающий клапан

**snuffy** ['snʌfɪ] *a* 1) пожелтевший от нюхательного табака 2) *разг.* сердитый, недовольный 3) *разг.* раздражительный

**snug** [snʌg] **1.** *a* 1) уютный; удобный 2) аккуратный, чистый 3) достаточный; a ~ income приличный доход 4) плотно лежащий, прилегающий 5) тайный, укромный; укрытый ◇ to be as ~ as a bug in a rug очень уютно устроиться

**2.** *v* приводить в порядок, придавать уют; устраивать уютно, удобно

**snuggery** ['snʌgərɪ] *n* уютная комната; небольшой удобный кабинет

**snuggle** ['snʌgl] *v* 1) прижать(ся), уютно устроить(ся), свернуться калачиком 2) приютиться (*о доме, деревне и т. п.*)

**so** [səu] **1.** *adv* 1) так, таким образом; that's not so это не так; that's certainly so это, безусловно, так; if so! раз так!; is that so? разве? 2) тоже, также; you are young and so am I вы молоды и я тоже 3) так, настолько; why are you so late? почему вы так опоздали? 4) итак; so you are back итак, вы вернулись 5) поэтому, таким образом; так что; I was ill and so I could not come я был болен, поэтому я не мог прийти 6) *употр. для усиления*: why so? почему?; how so? как так?; so what? ну и что?, ну так что? 7): or so (*после указания количества*) приблизительно, около этого; a day or so денька два; he must be forty or so ему лет сорок или что-то в этом роде □ so as to, so that с тем чтобы; I tell you that so as to avoid trouble я предупреждаю вас об этом, с тем чтобы избежать неприятностей; so far as настолько, насколько; so far as I know насколько мне известно ◇ so be it быть по сему; so far до сих пор; пока; so much for that довольно (говорить) об этом; so that's that *разг.* так-то вот; so to say так сказать; and so on, and so forth и так далее, и тому подобное

2. *int* так!, ладно!, ну!

**soak** [səuk] **1.** *n* 1) замачивание, мочка; to give a ~ вымочить 2) впитывание, всасывание 3) *разг.* проливной дождь 4) *разг.* запой 5) *разг.* пьяница 6) *sl.* заклад; to put in ~ отдавать в заклад

**2.** *v* 1) впитывать(ся), всасывать (-ся) (*тж.* ~ up, ~ in) 2) пропитывать(ся); погружать в жидкость; промачивать насквозь (*о дожде*); to ~ oneself in a subject погрузиться в работу 3) просачиваться 4) *разг.* пьянствовать 5) *sl.* выкачивать деньги (*с помощью высоких цен, налогов и т. п.*) 6) *sl.* отдавать в заклад 7) *амер. sl.* отколотить, вздуть

**soaker** ['səukə] *n разг.* 1) проливной дождь 2) пьяница

**so-and-so** ['səuənsəu] **1.** *n* такой-то (*вместо имени*); Mr. ~ господин такой-то

**2.** *adv* так-то

**soap** [səup] **1.** *n* 1) мыло; a bar (*или* a cake) of ~ кусок мыла 2) *разг.* лесть 3) *амер. sl.* деньги (*особ. идущие на взятку*) ◇ to wash one's hands in invisible ~ потирать руки; no ~ *sl.* не пойдёт

**2.** *v* 1) намыливать; мыть(ся) мылом 2) *разг.* льстить

**soap-boiler** ['səup,bɔɪlə] *n* мыловар

**soap-box** ['səupbɔks] *n* 1) ящик из-под мыла 2) *разг.* импровизированная трибуна 3) *attr.*: ~ orator = soapboxer

**soapboxer** ['səup,bɔksə] *n* уличный оратор

**soap-bubble** ['səup,bʌbl] *n* мыльный пузырь (*тж. перен.*)

**soap opera** ['səup'ɔpərə] *n амер. разг.* многосерийная телепостановка на семейные и бытовые темы (*обыкн. сентиментального характера*)

**soap powder** ['səup,paudə] *n* стиральный порошок

**soap-stone** ['səupstəun] *n мин.* мыльный камень, стеатит

**soap-suds** ['səupsʌdz] *n pl* 1) мыльная пена 2) обмылки

**soap-works** ['səupwə:ks] *n pl* (*употр. как sing и как pl*) мыловаренный завод

**soapy** ['səupɪ] *a* 1) мыльный 2) *разг.* елейный, вкрадчивый

**soar** [sɔ:] *v* 1) парить, высоко летать; подниматься ввысь 2) (стремительно) повышаться; подниматься (*выше обычного уровня*) 3) *ав.* планировать

**soaring** ['sɔ:rɪŋ] **1.** *pres. p. от* soar

**2.** *n ав.* парение, парящий полёт (*тж.* ~ flight)

**3.** *a* 1) парящий; летящий ввысь 2) высокий, выше обычного уровня; ~ prices быстро растущие цены 3) высокий, возвышающийся

**s-o-b** ['esəu'bi:] *n* (*pl* s-o-b's) (*сокр. от* son of a bitch) *эвф.* сукин сын

**sob** [sɔb] **1.** *n* рыдание; всхлипывание

**2.** *v* рыдать; всхлипывать

**sober** ['səubə] **1.** *a* 1) трезвый 2) умеренный 3) рассудительный; здравый, здравомыслящий 4) спокойный (*о красках*) ◇ as ~ as a judge абсолютно трезвый; ≅ ни в одном глазу

**2.** *v* протрезвлять(ся); отрезвлять (*часто* ~ down) (*тж. перен.*)

**sober-blooded** ['səubə'blʌdɪd] *a* спокойный, хладнокровный

**sober-minded** ['səubə'maɪndɪd] *a* уравновешенный; здравомыслящий

**sober-sides** ['səubəsaɪdz] *n разг.* степенный человек

**sobriety** [səu'braɪətɪ] *n* 1) трезвость 2) умеренность 3) рассудительность; уравновешенность

**sobriquet** ['səubrɪkeɪ] *фр. n* прозвание, прозвище, кличка

**sob-sister** ['sɔb,sɪstə] *n амер. разг.* писательница душещипательных *или* сенсационных статей, рассказов

**sob-stuff** ['sɔbstʌf] *n разг.* сентиментальщина

**so-called** ['səu'kɔ:ld] *a* так называемый

**soccer** ['sɔkə] *n разг.* 1) футбол 2) *attr.*: ~ player футболист

**sociability** [,səuʃə'bɪlɪtɪ] *n* общительность

**sociable** ['səuʃəbl] **1.** *a* 1) общительный 2) дружеский (*о встрече и т. п.*)

**2.** *n* 1) *ист.* открытый экипаж с боковыми сиденьями друг против друга 2) трёхколёсный велосипед с двумя сиденьями 3) козетка 4) *амер. разг.* вечеринка, встреча

**social** ['səuʃəl] **1.** *a* 1) общественный; социальный; ~ science социология; ~ security социальное обеспечение; ~ welfare а) социальное обеспечение; б) патронаж (*с благотворительными и воспитательными целями*); ~ evil проституция 2) общительный 3) светский; ~ evening вечеринка

**2.** *n* 1) собрание, встреча (*членов общества и т. п.*) 2) *разг.* вечеринка

**social climber** ['səuʃəl,klaɪmə] *n* карьерист

**social democracy** ['səuʃəldɪ'mɔkrəsɪ] *n* социал-демократия

**social democrat** ['səuʃəl'deməkræt] *n* социал-демократ

**social democratic** ['səuʃəl,demə'krætɪk] *a* социал-демократический

**socialism** ['səuʃəlɪzm] *n* социализм

**socialist** ['səuʃəlɪst] **1.** *n* социалист

**2.** *a* социалистический

**socialistic** [,səuʃə'lɪstɪk] *a* социалистический

**socialite** ['səuʃəlaɪt] *n амер. разг.* лицо, занимающее видное положение в обществе

**sociality** [,səuʃɪ'ælɪtɪ] *n* 1) общественный характер; общественный инстинкт 2) общительность

**socialization** [,səuʃəlaɪ'zeɪʃən] *n* обобществление; национализация

**socialize** ['səuʃəlaɪz] *v* 1) обобществлять; национализировать 2) подготавливать к жизни в коллективе, обществе 3) общаться

**socially** ['səuʃəlɪ] *adv* 1) социально; в общественном отношении 2) в обществе 3) неофициально, приветливо

**society** [sə'saɪətɪ] *n* 1) общество; socialist ~ социалистическое общество 2) общественность 3) свет, светское общество 4) общество, объединение, организация 5) *attr.* светский ◇ S. of Jesus иезуиты

**sociologist** [,səusɪ'ɔlədʒɪst] *n* социолог

**sociology** [,səusɪ'ɔlədʒɪ] *n* социология

**sock I** [sɔk] *n* 1) носок 2) стелька 3) *ист.* сандалия актёра (*в античной комедии*) ◇ the buskin and the ~ трагедия и комедия

**sock II** [sɔk] *sl.* **1.** *n* удар; to give smb. ~(s) вздуть кого-л.

**2.** *v*: ~ smb. *разг.* дать тумака кому-л.

**3.** *adv* с размаху, прямо

**sock III** [sɔk] *n школ. sl.* еда, *особ.* сладкое, сладости

**sock IV** [sɔk] *n с.-х.* лемех, сошник

**sockdolager** [sɔk'dɔlədʒə] *n амер. sl.* 1) решающий удар *или* довод 2) нечто огромное

**socket** ['sɔkɪt] *n* 1) впадина; углубление, гнездо 2) патрон (*электрической лампы*); розетка 3) *тех.* муфта, раструб, патрубок

**socle** ['sɔkl] *n* 1) цоколь, тумба 2) плинтус

**sod I** [sɔd] **1.** *n* 1) дёрн; дернина 2) *поэт.* земля; under the ~ в могиле

**2.** *v* обкладывать дёрном

**sod II** [sɔd] *past от* seethe

**sod III** [sɔd] *груб. см.* sodomite

**soda** ['səudə] *n* 1) сода, углекислый натрий 2) содовая вода; газированная вода

**soda biscuit** ['səudə,bɪskɪt] *n* печенье на соде

**soda-fountain** ['səudə,fauntɪn] *n* сатуратор, тележка с сутаратором для продажи газированной воды; стойка, где продаётся газированная вода

**soda jerk** ['səudədʒə:k] *n разг.* продавец газированной воды

**sodality** [səu'dælɪtɪ] *n* братство, община

**soda-water** [ˈsəudəˌwɔːtə] = soda 2)
**sodden** I [ˈsɔdn] *a* 1) промо́кший, пропи́танный 2) непропечённый, сыро́й (*о хлебе*) 3) отупе́вший (*от усталости, пьянства*) 4) перева́ренный, разва́ренный (*об овощах*)
**sodden** II [ˈsɔdn] *p. p. от* seethe
**sodium** [ˈsəudjəm] *n хим.* на́трий
**sodomite** [ˈsɔdəmaɪt] *n* педера́ст; гомосексуали́ст
**sodomy** [ˈsɔdəmɪ] *n* педера́стия
**soever** [səuˈevə] *adv* 1) любы́м спо́собом 2) *присоединяясь к словам who, what, when, how, where служит для усиления*: in what place ~ где бы то ни́ было
**sofa** [ˈsəufə] *n* софа́, дива́н
**sofa bed** [ˈsəufəbed] *n* дива́н-крова́ть
**soffit** [ˈsɔfɪt] *n архит.* софи́т
**soft** [sɔft] **1.** *a* 1) мя́гкий; ~ palate за́днее (*или* мя́гкое) нёбо 2) не́жный, ла́сковый; ти́хий (*о звуке*); ~ nothings (*или* things, words) комплиме́нты, не́жности 3) прия́тный 4) до́брый, отзы́вчивый, кро́ткий 5) *разг.* влюблённый (on) 6) неусто́йчивый; легко́ поддаю́щийся влия́нию 7) дря́блый, сла́бый (*о мускулах*) 8) сла́бый, сла́бого здоро́вья 9) нея́ркий (*о цвете и т. п.*) 10) мя́гкий (*о линии*); неконтра́стный (*о фотоснимке*) 11) мя́гкий, тёплый (*о климате, погоде*); a ~ breeze тёплый ветеро́к 12) *разг.* слабо́умный, придуркова́тый 13) мя́гкий, терпи́мый 14) *разг.* лёгкий; ~ thing (*амер.* snap) лёгкая рабо́та 15) *разг.* безалкого́льный (*о напитках*) 16) *фон.* палатализо́ванный, смягчённый 17) *тех.* ко́вкий; ги́бкий 18) ры́хлый (*о почве*) ◇ ~ corn мо́кнущая мозо́ль; to boil an egg ~ вари́ть яйцо́ всмя́тку; the ~er sex сла́бый пол
**2.** *adv* мя́гко, ти́хо; to lie ~ лежа́ть на мя́гкой посте́ли
**3.** *int уст.* ти́ше!, тихо́нько!
**soften** [ˈsɔfn] *v* смягча́ть(ся) □ ~ up *воен.* обраба́тывать (*оборону*) артогнём
**softening** [ˈsɔfnɪŋ] **1.** *pres. p. от* soften
**2.** *n* 1) смягче́ние 2) *фон.* ослабле́ние ◇ ~ of the brain *мед.* размягче́ние головно́го мо́зга
**soft goods** [ˈsɔftˈgudz] *n pl* тексти́льные изде́лия
**softhead** [ˈsɔfthed] *n* дурачо́к, придуркова́тый челове́к
**soft-headed** [ˈsɔftˌhedɪd] *a* придуркова́тый
**softhearted** [ˈsɔftˈhɑːtɪd] *a* мягкосерде́чный, отзы́вчивый
**soft money** [ˈsɔftˈmʌnɪ] *n амер. разг.* бума́жные де́ньги
**soft pedal** [ˈsɔftˈpedl] *n* 1) *муз.* ле́вая педа́ль 2) *разг.* запре́т, ограниче́ние
**soft-pedal** [ˈsɔftˈpedl] *v* 1) *муз.* брать ле́вую педа́ль 2) *разг.* смягча́ть
**soft sawder** [ˈsɔftˈsɔːdə] *n* лесть, комплиме́нты
**soft soap** [ˈsɔftsəup] **1.** *n* 1) жи́дкое мы́ло; зелёное мы́ло 2) *разг.* лесть
**2.** *v разг.* льстить
**soft-spoken** [ˈsɔftˌspəukən] *a* 1) произнесённый ти́хо 2) сладкоречи́вый
**softwood** [ˈsɔftwud] *n* мя́гкая древеси́на
**softy** [ˈsɔftɪ] *n разг.* 1) дура́к 2) слабохара́ктерный челове́к, тря́пка
**soggy** [ˈsɔgɪ] *a* 1) сыро́й, мо́крый, пропи́танный водо́й 2) тяжелове́сный, ну́дный, ску́чный (*о стиле, произведении и т. п.*)
**soil** I [sɔɪl] *n* по́чва, земля́; one's native ~ ро́дина
**soil** II [sɔɪl] *v* па́чкать(ся), грязни́ть(ся); *перен.* запятна́ть; to ~ one's hands with smth. мара́ть ру́ки чем-л.
**soil** III [sɔɪl] *v* дава́ть скоту́ зелёный корм
**soilage** [ˈsɔɪlɪdʒ] *n* зелёные корма́
**soilless** [ˈsɔɪllɪs] *a* незапя́тнанный
**soil-pipe** [ˈsɔɪlpaɪp] *n* канализацио́нная труба́
**soirée** [ˈswɑːreɪ] *фр. n* зва́ный ве́чер
**sojourn** [ˈsɔdʒəːn] **1.** *n* (вре́менное) пребыва́ние
**2.** *v* (вре́менно) жить, прожива́ть
**Sol** [sɔl] *n шутл.* со́лнце (*часто* old ~)
**sol** I [sɔl] *n муз.* соль
**sol** II [sɔl] *n хим.* золь
**sol** III [sɔl] *n* соль (*денежная единица Перу*)
**solace** [ˈsɔləs] **1.** *n* утеше́ние
**2.** *v* утеша́ть; успока́ивать
**solan(-goose)** [ˈsəulən(guːs)] *n* олу́ша (*морская птица*)
**solar** [ˈsəulə] *a* со́лнечный ◇ ~ plexus *анат.* со́лнечное сплете́ние
**solaria** [səuˈlɛərɪə] *pl от* solarium
**solarium** [səuˈlɛərɪəm] *лат. n* (*pl* -ria) соля́рий
**solarize** [ˈsəuləraɪz] *v* 1) подверга́ть возде́йствию со́лнца 2) *фото* передержа́ть
**solatia** [səuˈleɪʃjə] *pl от* solatium
**solatium** [səuˈleɪʃjəm] *лат. n* (*pl* -tia) возмеще́ние, компенса́ция
**sold** [səuld] *past и p. p. от* sell 1
**solder** [ˈsɔldə] **1.** *n тех.* припо́й
**2.** *v* пая́ть, спа́ивать
**soldering-iron** [ˈsɔldərɪŋˌaɪən] *n* пая́льник
**soldi** [ˈsɔldiː] *pl от* soldo
**soldier** [ˈsəuldʒə] **1.** *n* 1) солда́т; рядово́й; to go for a ~ *разг.* пойти́ на вое́нную слу́жбу доброво́льно; to play at ~s игра́ть в солда́тики 2) военнослу́жащий, вое́нный 3) во́ин 4) полково́дец 5) *sl.* копчёная селёдка ◇ ~ of fortune наёмник; кондотье́р; old ~ а) быва́лый челове́к; to come the old ~ over кома́ндовать (*кем-л.*) на права́х о́пытного челове́ка; б) пуста́я буты́лка; в) оку́рок
**2.** *v* 1) служи́ть в а́рмии 2) *разг.* уви́ливать от рабо́ты; создава́ть ви́димость де́ятельности
**soldier crab** [ˈsəuldʒəkræb] *n* рак-отше́льник
**soldierlike** [ˈsəuldʒəlaɪk] = soldierly
**soldierly** [ˈsəuldʒəlɪ] *a* 1) во́инский; с вое́нной вы́правкой 2) во́инственный 3) му́жественный, хра́брый, реши́тельный
**soldiership** [ˈsəuldʒəʃɪp] *n* вое́нное иску́сство
**soldiery** [ˈsəuldʒərɪ] *n собир.* солда́ты; вое́нные
**soldo** [ˈsɔldəu] *n* (*pl* -di) со́льдо (*итальянская монета, равная* $^1/_{20}$ *лиры*)
**sole** I [səul] **1.** *n* 1) подо́шва 2) подмётка 3) ни́жняя часть 4) *тех.* ле́жень, пята́, основа́ние
**2.** *v* ста́вить подмётку
**sole** II [səul] *n* морско́й язы́к (*рыба*); ка́мбала; па́лтус
**sole** III [səul] *a* 1) еди́нственный 2) исключи́тельный 3) *уст., поэт.* одино́кий; уединённый 4) *юр.* не состоя́щий в бра́ке ◇ ~ weight со́бственный вес
**solecism** [ˈsɔlɪsɪzm] *n* 1) солеци́зм, синтакси́ческая оши́бка 2) наруше́ние прили́чий
**solely** [ˈsəullɪ] *adv* еди́нственно; то́лько, исключи́тельно
**solemn** [ˈsɔləm] *a* 1) торже́ственный; on ~ occasions в торже́ственных слу́чаях 2) ва́жный, серьёзный 3) официа́льный; форма́льный; отвеча́ющий всем тре́бованиям зако́на; to take a ~ oath торже́ственно покля́сться 4) тёмный, мра́чный ◇ ~ fool напы́щенный дура́к
**solemnity** [səˈlemnɪtɪ] *n* 1) торже́ственность 2) ва́жность, серьёзность 3) (*обыкн. pl*) торжество́, торже́ственная церемо́ния 4) *юр.* форма́льность
**solemnization** [ˈsɔləmnaɪˈzeɪʃən] *n* пра́зднование
**solemnize** [ˈsɔləmnaɪz] *v* 1) пра́здновать; торже́ственно отмеча́ть 2) придава́ть серьёзность, торже́ственность 3) соверша́ть торже́ственную церемо́нию
**solenoid** [ˈsəulɪnɔɪd] *n эл.* солено́ид
**sol-fa** [sɔlˈfɑː] *муз.* **1.** *n* сольфе́джио
**2.** *v* петь сольфе́джио
**soli** [ˈsəuliː] *pl от* solo
**solicit** [səˈlɪsɪt] *v* 1) проси́ть, упра́шивать; выпра́шивать 2) тре́бовать; хода́тайствовать 3) пристава́ть к мужчи́не на у́лице (*о проститутках*) 4) подстрека́ть
**solicitation** [səˌlɪsɪˈteɪʃən] *n* 1) насто́йчивая про́сьба, хода́тайство 2) пристава́ние к мужчи́не на у́лице 3) подстрека́тельство
**solicitor** [səˈlɪsɪtə] *n* 1) соли́ситор, адвока́т (*дающий советы клиенту, подготавливающий дела для барристера и выступающий только в судах низшей инстанции*) 2) *амер.* аге́нт фи́рмы по распростране́нию зака́зов 3) юриско́нсульт

**Solicitor-General** [səˈlɪsɪtəˈdʒenərəl] *n* 1) высший чиновник министерства юстиции 2) *амер.* заместитель министра юстиции, защищающий интересы государства в судебных процессах 3) *амер.* главный прокурор (*некоторых штатов*)

**solicitous** [səˈlɪsɪtəs] *a* 1) полный желания (*сделать что-л.*), желающий (of — *чего-л.*) 2) добивающийся (*чего-л.*), стремящийся (*к чему-л.*) 3) заботливый, внимательный (about, concerning, for)

**solicitude** [səˈlɪsɪtju:d] *n* 1) заботливость; беспокойство, забота (for — о *чём-л.*) 2) *pl* заботы, волнения

**solid** [ˈsɔlɪd] **1.** *a* 1) твёрдый (*не жидкий, не газообразный*); ~ state твёрдое состояние; to become ~ on cooling твердеть при охлаждении 2) сплошной; цельный; ~ colour ровный цвет; ~ printing *полигр.* набор без шпонов; ~ square *воен.* (сплошное) каре 3) непрерывный; ~ line of defence непрерывная линия обороны; for a ~ hour (day) в течение часа (дня) без перерыва 4) массивный (*не полый*) 5) прочный, крепкий; плотный, солидный; to have a ~ meal плотно поесть; a man of ~ build человек плотного сложения 6) основательный, надёжный; солидный; веский; ~ argument веский довод; ~ grounds реальные основания; a man of ~ sense человек трезвого ума 7) сплочённый, единогласный; ~ party сплочённая партия; the decision was passed by a ~ vote решение было принято единогласно; to be ~ for стоять твёрдо за 8) пишущийся вместе, без дефиса 9) чистый, неразбавленный; без примесей; ~ gold чистое золото 10) *sl.* хороший, отличный 11) *мат.* трёхмерный, пространственный, кубический; ~ angle телесный (*или* пространственный) угол; ~ foot кубический фут ◇ to be ~ with smb. быть в милости у кого-л., the S. South *амер.* южные штаты, традиционно голосующие за демократическую партию

**2.** *n* 1) *физ.* твёрдое тело 2) *мат.* тело; regular ~ правильное (геометрическое) тело 3) *pl* твёрдая пища 4) порода, массив (*угля или руды*)

**3.** *adv* единогласно; to vote ~ голосовать единогласно

**solidarity** [ˌsɔlɪˈdærɪtɪ] *n* солидарность; сплочённость

**solid geometry** [ˈsɔlɪddʒɪˈɔmɪtrɪ] *n* стереометрия

**solid-hoofed** [ˈsɔlɪdhu:ft] *a зоол.* однокопытный

**solidify** [səˈlɪdɪfaɪ] *v* делать(ся) твёрдым, твердеть, застывать

**solidity** [səˈlɪdɪtɪ] *n* твёрдость *и пр.* [*см.* solid 1]

**soliloquize** [səˈlɪləkwaɪz] *v* 1) говорить с самим собой 2) произносить монолог

**soliloquy** [səˈlɪləkwɪ] *n* 1) разговор с самим собой 2) монолог

**solipsism** [ˈsəulɪpsɪzm] *n филос.* солипсизм

**solitaire** [ˌsɔlɪˈtɛə] *n* 1) солитер (*бриллиант*) 2) пасьянс

**solitary** [ˈsɔlɪtərɪ] **1.** *a* 1) одинокий; уединённый; a ~ life уединённая жизнь 2) единичный, отдельный; ~ instance единичный случай; ~ confinement одиночное заключение

**2.** *n* 1) отшельник 2) *sl. см.* solitary confinement [*см.* 1, 2)]

**solitude** [ˈsɔlɪtju:d] *n* 1) одиночество; уединение 2) (*обыкн. pl*) уединённые, безлюдные места

**solo** [ˈsəuləu] **1.** *n* (*pl* -os [-əuz], li) 1) *муз.* соло, сольный номер 2) *ав.* самостоятельный полёт 3) *attr.* сольный 4) *attr. ав.* самостоятельный (*о полёте без инструктора или механика*)

**2.** *v* 1) исполнять соло; солировать 2) *ав.* выполнять самостоятельный полёт

**soloist** [ˈsəuləuɪst] *n* 1) солист 2) лётчик, летающий самостоятельно

**Solomon** [ˈsɔləmən] *n* 1) *библ.* Соломон 2) мудрец

**Solomon's Seal** [ˈsɔləmənzˈsi:l] *n* 1) соломонова печать (*шестиконечная звезда, образованная из двух переплетённых треугольников*) 2) *бот.* купена

**so long** [ˈsəuˈlɔŋ] *разг.* пока!, до свидания!

**solstice** [ˈsɔlstɪs] *n астр.* солнцестояние

**solubility** [ˌsɔljuˈbɪlɪtɪ] *n* растворимость

**soluble** [ˈsɔljubl] *a* 1) растворимый 2) разрешимый, объяснимый

**solus** [ˈsəuləs] *лат. a predic.* один, в единственном числе

**solute** [ˈsɔlju:t] *n* раствор

**solution** [səˈlu:ʃən] *n* 1) раствор 2) растворение; распускание 3) решение, разрешение (*вопроса и т. п.*); объяснение; his ideas are in ~ его взгляды ещё не установились 4) *мед.* окончание болезни, разрешение 5) *мед.* микстура, жидкое лекарство

**solvability** [ˌsɔlvəˈbɪlɪtɪ] *n* разрешимость

**solvable** [ˈsɔlvəbl] *a* разрешимый

**solve** [sɔlv] *v* 1) решать, разрешать (*проблему и т. п.*); находить выход; объяснять; to ~ a crossword puzzle (an equation) решить кроссворд (уравнение) 2) оплатить (*долг*)

**solvency** [ˈsɔlvənsɪ] *n* платёжеспособность

**solvent** [ˈsɔlvənt] **1.** *n* растворитель

**2.** *a* 1) растворяющий 2) платёжеспособный

**somatic** [səˈmætɪk] *a* телесный, соматический

**sombre** [ˈsɔmbə] *a* 1) тёмный, мрачный; ~ sky пасмурное небо 2) угрюмый; a man of ~ character угрюмый человек

**sombrero** [sɔmˈbrɛərəu] *исп. n* (*pl* os [-əuz]) сомбреро

**some** [sʌm] *pron indef.* **1.** *как сущ.* 1) кое-кто, некоторые, одни, другие; ~ came early некоторые пришли рано 2) некоторое количество; ~ of these books are quite useful некоторые из этих книг очень полезны ◇ and (then) ~ *разг.* и ещё много в придачу; вдобавок; ~ of these days вскоре, на днях, в ближайшие дни

**2.** *как прил.* 1) некий, некоторый, какой-то, какой-нибудь; I saw it in ~ book (or other) я видел это в какой-то книге; ~ day, ~ time (or other) когда-нибудь; ~ one какой-нибудь (один); ~ people некоторые люди; ~ place где-нибудь; ~ way out какой-нибудь выход 2) некоторый, несколько; *часто не переводится*; I have ~ money to spare у меня есть лишние деньги; I saw ~ people in the distance я увидел людей вдали; I would like ~ strawberries мне хотелось бы клубники 3) несколько, немного; ~ few несколько; ~ miles more to go осталось пройти ещё несколько миль; ~ years ago несколько лет тому назад 4) немало, порядочно; you'll need ~ courage вам потребуется немало мужества 5) *разг.* замечательный, в полном смысле слова, стоящий (*часто ирон.*); ~ battle крупное сражение; ~ scholar! ну и учёный!; this is ~ picture! вот это действительно картина!; she's ~ girl! вот это девушка!

**3.** *как нареч.* 1) *разг.* несколько, до некоторой степени, отчасти; ~ colder немного холоднее; he seemed annoyed ~ он казался немного раздосадованным 2) около, приблизительно; there were ~ 20 persons present присутствовало около 20 человек

**somebody** [ˈsʌmbədɪ] **1.** *pron indef.* кто-то, кто-нибудь

**2.** *n* важная персона

**somehow** [ˈsʌmhau] *adv* как-нибудь; как-то; почему-то; ~ or other так или иначе

**someone** [ˈsʌmwʌn] = somebody 1

**someplace** [ˈsʌmpleɪs] *adv разг.* где-нибудь, куда-нибудь

**somersault** [ˈsʌməsɔ:lt] **1.** *n* прыжок кувырком, кувыркание; to turn (*или* to throw) a ~ перекувырнуться

**2.** *v* кувыркаться

**somerset** [ˈsʌməsɪt] = somersault

**something** [ˈsʌmθɪŋ] *pron indef.* **1.** *как сущ.* что-то, кое-что, нечто, что-нибудь; ~ else что-нибудь другое; to be up to ~ замышлять что-то недоброе; he is ~ in the Record Office он занимает какую-то должность в Архиве; he is ~ of a painter он до некоторой степени художник; I felt there was a little ~ wanting я чувствовал, что чего-то не хватает; it is ~ to be safe home again приятно вернуться домой целым и невредимым; there is ~ about it in the papers об этом упоминается в газетах; there is ~ in what you say в ваших словах есть доля правды; the train gets in at two

~ по́езд прибыва́ет в два с че́м-то ◊ to think oneself ~, to think ~ of oneself быть высо́кого мне́ния о себе́
2. *как нареч. разг.* 1) до не́которой сте́пени, не́сколько, немно́го; ~ like немно́го похо́жий; ~ too much of this сли́шком мно́го э́того 2) приблизи́тельно; it must be ~ like six o'clock должно́ быть о́коло шести́ часо́в 3) великоле́пно; that's ~ like a hit! вот э́то уда́р!

**some time** [ˈsʌmtaɪm] **1.** *n* не́которое вре́мя
**2.** *adv* 1) в тече́ние не́которого вре́мени 2) = sometime 1, 1)

**sometime** [ˈsʌmtaɪm] **1.** *adv* 1) когда́-нибудь 2) *уст.* когда́-то; не́когда, пре́жде
**2.** *a* бы́вший, пре́жний

**sometimes** [ˈsʌmtaɪmz] *adv* иногда́, по времена́м

**someway** [ˈsʌmweɪ] *adv* каки́м-то о́бразом; ка́к-нибудь

**somewhat** [ˈsʌmwɔt] *pron indef.* **1.** *как сущ.* что́-то; ко́е-что́; he is ~ of a connoisseur он до не́которой сте́пени знато́к
**2.** *как нареч.* отча́сти, до не́которой сте́пени; he answered ~ hastily он отве́тил не́сколько поспе́шно; it is ~ difficult э́то дово́льно тру́дно

**somewhere** [ˈsʌmwɛə] *adv* где́-то, где́-нибудь; куда́-то, куда́-нибудь; ~ else где́-то в друго́м ме́сте

**somewise** [ˈsʌmwaɪz] *adv уст.* каки́м-то о́бразом

**somite** [ˈsəumaɪt] *n зоол.* сегме́нт, соми́т

**somnambulism** [sɔmˈnæmbjulɪzm] *n* сомнамбули́зм, лунати́зм

**somnambulist** [sɔmˈnæmbjulɪst] *n* луна́тик

**somnifacient** [ˌsɔmnɪˈfeɪʃənt] **1.** *a* снотво́рный
**2.** *n* снотво́рное сре́дство

**somniferous** [sɔmˈnɪfərəs] *a* снотво́рный, усыпля́ющий

**somnolence, -cy** [ˈsɔmnələns, -sɪ] *n* сонли́вость; дремо́та, со́нное состоя́ние

**somnolent** [ˈsɔmnələnt] *a* 1) со́нный, дре́млющий 2) усыпля́ющий, убаю́кивающий

**son** [sʌn] *n* 1) сын; ~ and heir ста́рший сын; he is a true ~ of his father, he is his father's own ~ он вы́литый оте́ц 2) сыно́к (*в обращении*) 3) уроже́нец; вы́ходец; пото́мок; ~ of the soil а) уроже́нец да́нной ме́стности; б) земледе́лец; ~ of toil тру́дящийся; тру́женик; the ~s of men челове́ческий род ◊ ~ of a bitch *груб.* су́кин сын

**sonant** [ˈsəunənt] *фон.* **1.** *a* зво́нкий
**2.** *n* зво́нкий согла́сный

**sonar** [ˈsəunɑː] *n амер.* сона́р, гидролока́тор

**sonata** [səˈnɑːtə] *n муз.* сона́та

**song** [sɔŋ] *n* 1) пе́ние; to burst forth (*или* to break) into ~ запе́ть 2) пе́сня; рома́нс 3) стихотворе́ние ◊ to buy (*или* to get) for a mere ~ (*или* for an old ~) купи́ть за бесце́нок; not worth an old ~ грош цена́; nothing to make a ~ about что-л., не заслу́живающее внима́ния; it's no use making a ~ about it из э́того не сто́ит создава́ть исто́рии

**song-bird** [ˈsɔŋbəːd] *n* пе́вчая пти́ца

**songful** [ˈsɔŋful] *a* мелоди́чный

**songster** [ˈsɔŋstə] *n* 1) певе́ц 2) пе́вчая пти́ца 3) поэ́т 4) пе́сенник, сбо́рник пе́сен

**songstress** [ˈsɔŋstrɪs] *n* певи́ца

**sonic** [ˈsɔnɪk] *a* 1) акусти́ческий 2) звуково́й, име́ющий ско́рость зву́ка; ~ barrier звуково́й барье́р

**soniferous** [səˈnɪfərəs] *a* 1) передаю́щий звук; звуча́щий 2) зву́чный, зво́нкий

**son-in-law** [ˈsʌnɪnlɔː] *n* (*pl* sons-in-law) зять (*муж дочери*)

**sonnet** [ˈsɔnɪt] *n* соне́т

**sonneteer** [ˌsɔnɪˈtɪə] **1.** *n* сочини́тель соне́тов; *пренебр.* стихоплёт
**2.** *v* писа́ть соне́ты

**sonny** [ˈsʌnɪ] *n разг.* сыно́к (*в обращении*)

**sonometer** [səuˈnɔmɪtə] *n* соно́метр, прибо́р для иссле́дования слу́ха

**sonority** [səˈnɔrɪtɪ] *n* зву́чность, зво́нкость

**sonorous** [səˈnɔːrəs] *a* 1) зву́чный, зво́нкий 2) высокопа́рный (*о стиле, языке*)

**sons-in-law** [ˈsʌnzɪnlɔː] *pl от* son-in-law

**sonsy** [ˈsɔnsɪ] *a шотл.* по́лный и доброду́шный (*преим. о женщине*)

**soon** [suːn] *adv* 1) ско́ро, вско́ре; бы́стро; as ~ as как то́лько, не по́зже; do it as ~ as possible сде́лайте э́то как мо́жно быстре́е; so ~ as (ever) как то́лько; no ~er than как то́лько; he had no ~er got well than he fell ill again не успе́л он вы́здороветь, как сно́ва заболе́л 2) ра́но; if we come too ~ we'll have to wait е́сли мы придём сли́шком ра́но, нам придётся ждать; the ~er, the better чем ра́ньше, тем лу́чше; ~er or later ра́но и́ли по́здно, в конце́ концо́в; it's too ~ to tell what's the matter with him сейча́с ещё тру́дно сказа́ть, что с ним 3) охо́тно; I would just as ~ not go there я охо́тно не пошёл бы туда́ совсе́м

**soot** [sut] **1.** *n* са́жа; ко́поть
**2.** *v* покрыва́ть са́жей

**sooth** [suːθ] *n уст.* и́стина, пра́вда; in (good) ~ в са́мом де́ле, пои́стине; ~ to say по пра́вде говоря́

**soothe** [suːð] *v* 1) успока́ивать, утеша́ть 2) смягча́ть; облегча́ть (*боль*) 3) те́шить (*тщеславие*)

**soother** [ˈsuːðə] *n* льстец

**soothing** [ˈsuːðɪŋ] **1.** *pres. p. от* soothe
**2.** *a* успоко́ительный; успока́ивающий

**soothsay** [ˈsuːθseɪ] *v* предска́зывать

**soothsayer** [ˈsuːθˌseɪə] *n* предсказа́тель; гада́лка

**soot pit** [ˈsutpɪt] *n тех.* зо́льник

**sooty** [ˈsutɪ] *a* 1) покры́тый ко́потью, запа́чканный са́жей, закопчённый 2) чёрный как са́жа 3) чернова́тый

**sooty shearwater** [ˈsutɪˌʃɪəwɔːtə] *n зоол.* буреве́стник се́рый

**sop** [sɔp] **1.** *n* 1) кусо́к (*хлеба и т. п.*), обмакну́тый в подли́вку, молоко́ *и т. п.*; ~ in the pan поджа́ренный хлеб; грено́к 2) пода́рок *или* пода́чка (*чтобы задобрить*); to give (*или* to throw) a ~ to Cerberus умиротвори́ть пода́рком 3) *разг.* бесхара́ктерный челове́к, «тря́пка»
**2.** *v* 1) мака́ть, обма́кивать (*хлеб и т. п.*) 2) впи́тывать, вбира́ть; to ~ up подбира́ть жи́дкость (*губкой и т. п.*) 3) нама́чивать, мочи́ть 4) промока́ть; his clothes are ~ping wet его́ оде́жда промо́кла до ни́тки

**soph** [sɔf] *сокр. разг. от* sophomore

**sophism** [ˈsɔfɪzm] *n* софи́зм

**sophist** [ˈsɔfɪst] *n* софи́ст

**sophistic(al)** [səˈfɪstɪk(əl)] *a* софи́стский

**sophisticate** [səˈfɪstɪkeɪt] *v* 1) извраща́ть, фальсифици́ровать, подде́лывать 2) лиша́ть простоты́, есте́ственности; де́лать искушённым в жите́йских дела́х 3) занима́ться софи́стикой

**sophisticated** [səˈfɪstɪkeɪtɪd] **1.** *p. p. от* sophisticate
**2.** *a* 1) лишённый простоты́, есте́ственности; изощрённый, утончённый (*о вкусе, манерах*) 2) искушённый в жите́йских дела́х, о́пытный 3) отвеча́ющий изощрённому вку́су (*о книге, музыке и т. п.*) 4) обма́нчивый, вводя́щий в заблужде́ние 5) сло́жный, то́нкий (*о приборе, машине, системе и т. п.*)

**sophistication** [səˌfɪstɪˈkeɪʃən] *n* 1) изощрённость, утончённость 2) искушённость, о́пыт 3) фальсифика́ция, подде́лка 4) упражне́ние в софи́стике

**sophistry** [ˈsɔfɪstrɪ] *n* софи́стика

**sophomore** [ˈsɔfəmɔː] *n амер.* студе́нт-второку́рсник

**sopor** [ˈsəupə] *n* тяжёлый, глубо́кий сон; летарги́ческий сон

**soporific** [ˌsɔpəˈrɪfɪk] **1.** *a* усыпля́ющий, наркоти́ческий
**2.** *n* снотво́рное, нарко́тик

**sopping** [ˈsɔpɪŋ] **1.** *pres. p. от* sop 2
**2.** *a* мо́крый, промо́кший (насквозь)

**soppy** [ˈsɔpɪ] *a* 1) мо́крый, промо́кший насквозь 2) *разг.* сентимента́льный, слаща́вый; to be ~ on smb. быть влюблённым в кого́-л.

**soprani** [səˈprɑːni(ː)] *pl от* soprano

**soprano** [səˈprɑːnəu] *n* (*pl* -os [-əuz], -ni) сопра́но; ди́скант

**sorb** [sɔːb] *n* ряби́на

**sorcerer** [ˈsɔːsərə] *n* колду́н, чароде́й, волше́бник

**sorceress** [ˈsɔːsərɪs] *n* колду́нья, чароде́йка

**sorcery** [ˈsɔːsərɪ] *n* колдовство́, волшебство́; ча́ры

**sordid** [ˈsɔːdɪd] *a* 1) гря́зный, проти́вный 2) жа́лкий, убо́гий 3) ни́зкий, по́длый; коры́стный; ~ desires ни́зменные жела́ния

**sordine** ['sɔ:di:n] *n муз.* сурди́нка

**sore** [sɔ:] **1.** *n* 1) боля́чка, ра́на, я́зва 2) больно́е ме́сто; to re-open old ~s береди́ть ста́рые ра́ны ◇ an open ~ обще́ственное зло

**2.** *a* 1) чувстви́тельный, боле́зненный 2) больно́й, воспалённый; ~ feet стёртые, уста́лые от ходьбы́ но́ги; I have a ~ throat у меня́ боли́т го́рло 3) огорчённый, опеча́ленный; to feel ~ about smth. страда́ть, му́читься; with a ~ heart с тяжёлым се́рдцем, с бо́лью в се́рдце 4) больно́й, тяжёлый; ~ news тяжёлое изве́стие; ~ point (*или* subject] больно́й вопро́с 5) тя́жкий, мучи́тельный; to be in ~ need of о́чень нужда́ться в 6) *разг.* оби́женный; раздражённый, обозли́вшийся ◇ like a bear with a ~ head о́чень серди́тый; разъярённый; a sight for ~ eyes прия́тное зре́лище

**3.** *adv поэт.* жесто́ко, тя́жко; ~ afflicted в большо́м го́ре

**sorehead** ['sɔ:hed] *разг.* **1.** *n* ны́тик, брюзга́

**2.** *a* недово́льный, раздражённый

**sorely** ['sɔ:lɪ] *adv* 1) жесто́ко, тя́жко 2) о́чень; I am ~ perplexed я в кра́йнем недоуме́нии

**soreness** ['sɔ:nɪs] *n* 1) чувстви́тельность, боле́зненность 2) раздражи́тельность 3) чу́вство оби́ды

**sorgho** ['sɔ:gəu] = sorghum

**sorghum** ['sɔ:gəm] *n* со́рго (*хлебный злак*)

**sorgo** ['sɔ:gəu] = sorghum

**sorites** [səu'raɪti:z] *n филос.* сори́т

**sorority** [sə'rɔrɪtɪ] *n амер.* университе́тский же́нский клуб

**sorrel** I ['sɔrəl] *n* щаве́ль

**sorrel** II ['sɔrəl] **1.** *n* гнеда́я ло́шадь

**2.** *a* 1) гнедо́й 2) краснова́то-кори́чневый

**sorrow** ['sɔrəu] **1.** *n* 1) печа́ль, го́ре, скорбь; to feel ~ испы́тывать печа́ль 2) сожале́ние, гру́сть; to express ~ at (*или* for) smth. вы́разить сожале́ние по по́воду чего́-л. ◇ the Man of Sorrows *библ.* Христо́с

**2.** *v* горева́ть, скорбе́ть, печа́литься

**sorrowful** ['sɔrəful] *a* 1) печа́льный; уби́тый го́рем; ско́рбный 2) плачевный, приско́рбный

**sorry** ['sɔrɪ] *a* 1) *predic.* огорчённый, по́лный сожале́ния; (I'm) ~, (I'm) so ~ винова́т, прости́те; to feel ~ for smb. сочу́вствовать кому́-л.; you will be ~ for this some day вы пожале́ете об э́том когда́-нибудь; I am so ~ мне так жаль; I am ~ to say he is ill он, к сожале́нию, бо́лен 2) жа́лкий, несча́стный; плохо́й; ~ excuse неуда́чное оправда́ние; ~ sight жа́лкое зре́лище 3) мра́чный, гру́стный

**sort** [sɔ:t] **1.** *n* 1) род, сорт, вид, разря́д; of ~s ра́зных сорто́в, сме́шанный; I need all ~s of things мне ну́жно мно́го ра́зных веще́й; all ~s and conditions of men, people of every ~ and kind всевозмо́жные лю́ди 2) ка́чество, хара́ктер; a good ~ *разг.* сла́вный ма́лый; he's not a bad ~ он па́рень неплохо́й; the better ~ *разг.* выдаю́щиеся лю́ди; he's not my ~ *разг.* он не в моём ду́хе; what ~ of man is he? что он за челове́к? 3) о́браз, мане́ра; after (*или* in) a ~ а) не́которым о́бразом; б) в не́которой сте́пени 4) *pl полигр.* ли́теры ◇ ~ of *разг.* а) отча́сти; I'm ~ of glad things happened the way they did я отча́сти рад, что так вы́шло; б) как бы, вро́де; he ~ of hinted *разг.* он вро́де бы намекну́л; a ~ of что́-то вро́де; that ~ of thing тому́ подо́бное; nothing of the ~ ничего́ подо́бного; to be out of ~s а) быть не в ду́хе; б) пло́хо себя́ чу́вствовать

**2** *v* сортирова́ть; разбира́ть; классифици́ровать □ ~ **out**, ~ **over** распределя́ть по сорта́м, рассортиро́вывать ◇ to ~ well (ill) with соотве́тствовать (не соотве́тствовать) (*чему-л.*); his actions ~ ill with his professions его́ де́йствия пло́хо вя́жутся с его́ слова́ми

**sorter** ['sɔ:tə] *n* сортиро́вщик

**sortie** ['sɔ:ti(:)] *фр. n* 1) *воен.* вы́лазка 2) *ав.* вы́лет, самолётовы́лет 3) *разг.* вы́ход из каби́ны (*космонавта*); a ~ into space вы́ход в ко́смос

**sortilege** ['sɔ:tɪlɪdʒ] *n* колдовство́; ворожба́, гада́ние

**sortition** [sɔ:'tɪʃən] *n* жеребьёвка; распределе́ние по жре́бию

**SOS** [ˌes,əu'es] **1.** *n* (радио)сигна́л бе́дствия

**2.** *v* дава́ть (радио)сигна́л бе́дствия

**so-so** ['səusəu] *разг.* **1.** *a predic.* нева́жный, та́к себе; сно́сный

**2.** *adv* та́к себе́, нева́жно

**sot** [sɔt] **1.** *n* го́рький пья́ница

**2.** *v* пить, напива́ться

**sottish** ['sɔtɪʃ] *a* отупе́вший от пья́нства

**sotto voce** ['sɔtəu'vəutʃɪ] *ит. adv* вполго́лоса; про себя́

**sou** [su:] *фр. n* су (*мелкая монета*); he hasn't a ~ *разг.* у него́ нет ни гроша́

**sou'** [sau] *в сложных словах* юго-; sou'east юго-восто́к; sou'west юго-за́пад

**souchong** ['su:'ʃɔŋ] *кит. n* сорт ча́я

**Soudanese** [ˌsu:də'ni:z] = Sudanese

**sou'easter** ['sau'i:stə] = south-easter

**souffle** ['su:fl] *n мед.* шум; дыха́тельный шум

**soufflé** ['su:fleɪ] *фр. n* суфле́

**sough** I [sau] **1.** *n* ше́лест, лёгкий шум (*ветра*)

**2.** *v* шелесте́ть

**sough** II [sau] *n* 1) сто́чный кана́л; дрена́жная труба́ 2) *горн.* водоотли́вная што́льня

**sought** [sɔ:t] *past и p. p. от* seek

**sought-after** ['sɔ:t'ɑ:ftə] *a* 1) име́ющий большо́й спрос (*о товаре*) 2) по́льзующийся успе́хом; жела́нный

**soul** [səul] *n* 1) душа́, дух; that man has no ~ э́то безду́шный челове́к; twin ~ ро́дственная душа́ 2) челове́к; he is a simple (an honest) ~ он простоду́шный (че́стный) челове́к; the poor little ~ бедня́жка; the ship was lost with two hundred ~s on board затону́л парохо́д, на борту́ кото́рого бы́ло две́сти пассажи́ров; don't tell a ~ никому́ не говори́; be a good ~ and help me будь добр, помоги́ мне 3) воплоще́ние, образе́ц; she is the ~ of kindness она́ воплоще́ние доброты́ 4) эне́ргия; энтузиа́зм; she put her whole ~ into her work она́ вкла́дывала всю ду́шу в свою́ рабо́ту ◇ not to be able to call one's ~ one's own быть в по́лном подчине́нии; I wonder how he keeps body and ~ together удивля́юсь, в чём у него́ душа́ де́ржится; upon my ~! а) че́стное сло́во!, кляну́сь!; б) не мо́жет быть!

**soulful** ['səulful] *a* эмоциона́льный; душе́вный

**soulless** ['səullɪs] *a* безду́шный

**sound** I [saund] **1.** *n* 1) звук; шум; within ~ of в преде́лах слы́шимости 2) (*тк. sing*) смысл, значе́ние, содержа́ние (*чего-л. услышанного, прочитанного и т. п.*); the news has a sinister ~ но́вость звучи́т злове́ще 3) *attr.* звуково́й

**2.** *v* 1) звуча́ть, издава́ть звук; it ~s like thunder похо́же на гром; the trumpets ~ раздаю́тся зву́ки труб 2) извлека́ть звук; дава́ть сигна́л; to ~ a bell звони́ть в ко́локол 3) звуча́ть, каза́ться, создава́ть впечатле́ние; the excuse ~s very hollow извине́ние звучи́т о́чень неубеди́тельно 4) произноси́ть; the "h" in "hour" is not ~ed в слове "hour" "h" не произно́сится 5) провозглаша́ть; прославля́ть 6)носту́кивать (*о колесе вагона и т. п.*) 7) *мед.* выслу́шивать; высту́кивать (*больного*) □ ~ **off** *разг.* а) болта́ть, шуме́ть; б) хва́статься, преувели́чивать

**sound** II [saund] **1.** *a* 1) здоро́вый, кре́пкий 2) неиспо́рченный; про́чный; ~ fruit неиспо́рченные фру́кты; ~ machine испра́вная маши́на 3) кре́пкий, глубо́кий (*о сне*) 4) пра́вильный; здра́вый, логи́чный; ~ argument обосно́ванный до́вод 5) спосо́бный, уме́лый; ~ scholar серьёзный учёный 6) си́льный; ~ flogging изря́дная по́рка 7) глубо́кий, тща́тельный (*об анализе и т. п.*) 8) платёжеспосо́бный, надёжный; his financial position is perfectly ~ его́ фина́нсовое положе́ние о́чень про́чно 9) *юр.* зако́нный, действи́тельный; ~ title to land зако́нное пра́во на зе́млю ◇ ~ as a bell вполне́ здоро́вый; ~ in life (*или* in wind) and limb ≅ здоро́в как бык

**2.** *adv* кре́пко; to be ~ asleep кре́пко спать

**sound** III [saund] **1.** *n* зонд; щуп

**2.** *v* 1) измеря́ть глубину́ (*лотом*) 2) *мед.* иссле́довать (*рану и т. п.*) 3) зонди́ровать, осторо́жно выспра́шивать (on, as to, about); стара́ться вы́яснить (*мнение, взгляд*) 4) испы-

та́ть, прове́рить 5) ныря́ть (*особ. о ките*); опуска́ться на дно
**sound** IV [saund] *n* 1) у́зкий проли́в 2) пла́вательный пузы́рь (*у рыб*)
**sound-box** ['saundbɔks] *n* звукосним́атель (*граммофона*)
**sound engineer** ['saund,endʒı'nıə] *n* звукоопера́тор
**sounder** ['saundə] *n тлф.* кло́пфер
**sound-film** ['saundfılm] *n* звуково́й фильм
**sounding** I ['saundıŋ] **1.** *pres. p. от* sound I, 2
**2.** *a* 1) звуча́щий, издаю́щий звук 2) зву́чный; гро́мкий 3) пусто́й; высокопа́рный; ~ promises гро́мкие обеща́ния; ~ rhetoric трескýчие фра́зы
**sounding** II ['saundıŋ] **1.** *pres. p. от* sound III, 2
**2.** *n* 1) проме́р глубины́ ло́том 2) глубина́ по ло́ту 3) *pl* ме́сто, где возмо́жен проме́р ло́том 4) *перен.* зонди́рование
**sounding-balloon** ['saundıŋbə'lu:n] *n метео* шар-зо́нд
**sounding-board** ['saundıŋbɔ:d] *n* резона́тор, де́ка
**soundless** ['saundlıs] *a* беззву́чный
**sound-locator** ['saundləu'keıtə] *n* шумопеленга́тор
**sound man** ['saundmæn] *n амер. радио, тлв.* 1) звукоопера́тор 2) звукорежиссёр
**sound-proof** ['saundpru:f] **1.** *a* звуконепроница́емый
**2.** *v* де́лать звуконепроница́емым
**sound rocket** ['saund'rɔkıt] *n воен.* звукова́я сигна́льная раке́та
**sound-track** ['saundtræk] *n кино* звукова́я доро́жка
**sound-wave** ['saundweıv] *n* звукова́я волна́
**soup** I [su:p] *n* 1) суп 2) *разг.* густо́й тума́н 3) *sl.* нитроглицери́н ◇ in the ~ *разг.* в затрудне́нии; в беде́
**soup** II [su:p] *v sl.*: ~ **up** а) увели́чивать мо́щность (*двигателя и т. п.*); б) увели́чивать ско́рость (*самолёта, ракеты и т. п.*); в) придава́ть си́лу, жи́вость
**soup-kitchen** ['su:p,kıtʃın] *n* 1) беспла́тная столо́вая для нужда́ющихся 2) *амер. воен. разг.* похо́дная ку́хня
**soup-plate** ['su:ppleıt] *n* глубо́кая таре́лка
**soupspoon** ['su:pspu:n] *n* столо́вая ло́жка
**soup-ticket** ['su:p,tıkıt] *n* тало́н на беспла́тный обе́д
**sour** ['sauə] **1.** *a* 1) ки́слый; ~ cream смета́на 2) проки́сший 3) угрю́мый 4) ки́слый, боло́тистый (*о почве*)
**2.** *v* 1) закиса́ть, прокиса́ть; скиса́ть 2) заква́шивать 3) озлобля́ть (-ся); ~ed by misfortunes ожесточённый неуда́чами 4) *хим.* окисля́ть
**source** [sɔ:s] *n* 1) исто́к, верхо́вье 2) ключ, исто́чник 3) первопричи́на, нача́ло, исто́чник; reliable ~ of information надёжный исто́чник информа́ции
**sourdine** [suə'di:n] = sordine
**sourdough** ['sauədəu] *n* 1) *диал.* заква́ска 2) *амер.* старожи́л (*на Аляске*)
**souse** I [saus] **1.** *n* 1) рассо́л 2) соле́нье (*свинины, рыбы и т. п.*) 3) погруже́ние в во́ду, в рассо́л 4) *sl.* кутёж, вы́пивка 5) *амер. sl.* пья́ница, пропо́йца
**2.** *v* 1) соли́ть; марино́вать 2) окуна́ть(ся); ока́чивать; мочи́ть; промочи́ть; to ~ to the skin промо́кнуть до косте́й 3) *sl.* напи́ться, нализа́ться
**souse** II [saus] **1.** *n ав.* пики́рование
**2.** *v ав.* пики́ровать
**3.** *adv* с налёту, стреми́тельно, пря́мо
**soused** I [saust] **1.** *p. p. от* souse I, 2
**2.** *a sl.* пья́ный
**soused** II [saust] *p. p. от* souse II, 2
**sousing** I ['sausıŋ] **1.** *pres. p. от* souse I, 2
**2.** *n*: to get a (thorough) ~ промо́кнуть до ни́тки
**sousing** II ['sausıŋ] *pres. p. от* souse II, 2
**soutache** [su:'tɑ:ʃ] *фр. n* сута́ж
**soutane** [su:'tɑ:n] *фр. n* сута́на
**souteneur** [sut'nə:] *фр. n* сутенёр
**south** [sauθ] **1.** *n* 1) юг; *мор.* зюйд 2) (S.) ю́жная часть страны́, *особ.* юг, ю́жные шта́ты США 3) зюйд; ю́жный ве́тер
**2.** *a* 1) ю́жный 2) обращённый к ю́гу
**3.** *adv* на юг, к ю́гу, в ю́жном направле́нии
**4.** *v* [sauð] 1) дви́гаться к ю́гу 2) *астр.* пересека́ть меридиа́н
**southdown** ['sauθdaun] *n* англи́йская поро́да безро́гих короткошёрстных ове́ц
**south-east** ['sauθ'i:st, *мор.* sau'i:st] **1.** *n* ю́го-восто́к; *мор.* зюйд-о́ст
**2.** *a* ю́го-восто́чный
**3.** *adv* на ю́го-восто́к, в ю́го-восто́чном направле́нии, к ю́го-восто́ку
**south-easter** ['sauθ'i:stə] *n* ю́го-восто́чный ве́тер; *мор.* зюйд-о́ст
**south-easterly** ['sauθ'i:stəlı] **1.** *a* 1) располо́женный к ю́го-восто́ку 2) ду́ющий с ю́го-восто́ка
**2.** *adv* в ю́го-восто́чном направле́нии
**south-eastern** ['sauθ'i:stən] *a* ю́го-восто́чный
**south-eastward** ['sauθ'i:stwəd] **1.** *adv* в ю́го-восто́чном направле́нии
**2.** *a* располо́женный на ю́го-восто́ке
**3.** *n* ю́го-восто́к
**south-eastwards** ['sauθ'i:stwədz] = south-eastward 1
**souther** ['sʌðə] *n* си́льный ю́жный ве́тер
**southerly** ['sʌðəlı] **1.** *a* ю́жный
**2.** *adv* к ю́гу, в ю́жном направле́нии
**southern** ['sʌðən] **1.** *a* ю́жный
**2.** *n* = southerner
**southerner** ['sʌðənə] *n* 1) южа́нин; жи́тель ю́га 2) (S.) жи́тель ю́жных шта́тов США
**southernmost** ['sʌðənməust] *a* са́мый ю́жный
**southernwood** ['sʌðənwud] *n бот.* куста́рниковая полы́нь
**southing** ['sauðıŋ] **1.** *pres. p. от* south 4
**2.** *n* 1) *мор.* зю́йдовая ра́зность широ́т; продвиже́ние на зюйд 2) *астр.* прохожде́ние че́рез меридиа́н
**southland** ['sauθlənd] *n* страна́, о́бласть на ю́ге
**southpaw** ['sauθpɔ:] *n спорт. sl.* спортсме́н-левша́
**southron** ['sʌðrən] *n шотл.* 1) южа́нин 2) англича́нин
**southward** ['sauθwəd] **1.** *adv* к ю́гу, на юг
**2.** *a* располо́женный к ю́гу от; обращённый на юг
**3.** *n* ю́жное направле́ние
**southwardly** ['sauθwədlı] *adv* к ю́гу, на юг
**southwards** ['sauθwədz] = southward 1
**south-west** ['sauθ'west, *мор.* sau'west] **1.** *n* ю́го-за́пад; *мор.* зюйд-ве́ст
**2.** *a* ю́го-за́падный
**3.** *adv* на ю́го-за́пад, в ю́го-за́падном направле́нии, к ю́го-за́паду
**south-wester** ['sauθ'westə, *мор.* sau'westə] *n* ю́го-за́падный ве́тер; *мор.* зюйд-ве́ст
**south-westerly** ['sauθ'westəlı, *мор.* sau'westəlı] **1.** *a* 1) располо́женный к ю́го-за́паду от 2) ду́ющий с ю́го-за́пада
**2.** *adv* в ю́го-за́падном направле́нии
**south-western** ['sauθ'westən] *a* ю́го-за́падный
**south-westward** ['sauθ'westwəd] **1.** *adv* в ю́го-за́падном направле́нии
**2.** *a* располо́женный на ю́го-за́паде
**3.** *n* ю́го-за́пад
**south-westwards** ['sauθ'westwədz] = south-westward 1
**souvenir** ['su:vənıə] *фр. n* сувени́р, пода́рок на па́мять
**sou'wester** [sau'westə] *n мор.* 1) = south-wester 2) зюйдве́стка
**sovereign** ['sɔvrın] **1.** *n* 1) мона́рх; повели́тель 2) совере́н (*золотая монета в один фунт стерлингов*)
**2.** *a* 1) верхо́вный, наивы́сший; ~ power верхо́вная власть 2) сувере́нный, держа́вный, полновла́стный; незави́симый; ~ States сувере́нные госуда́рства 3) высокоме́рный; ~ contempt беспреде́льное презре́ние 4) превосхо́дный; ~ remedy великоле́пное сре́дство
**sovereignty** ['sɔvrəntı] *n* 1) верхо́вная власть 2) суверените́т 3) сувере́нное госуда́рство
**Soviet** ['səuvıət] *русск.* **1.** *n* сове́т (*орган государственной власти в СССР*)
**2.** *a* сове́тский; ~ Government Сове́тское прави́тельство; ~ power сове́тская власть; ~ Union Сове́тский Сою́з
**sow** I [səu] *v* (sowed [-d]; sown, sowed) 1) се́ять; засева́ть; to ~ the field with wheat засе́ять по́ле пшени́цей 2) се́ять, распространя́ть; наса-

ждáть; to ~ (the seeds of) dissention сéять раздóр □ ~ **out** высевáть ◇ to ~ the wind and to reap the whirlwind ≅ посéешь вéтер — пожнёшь бýрю

**sow** II [sau] *n* 1) свинья́; свиномáтка 2) *метал.* козёл; нáстыль ◇ to take (*или* to get) the wrong ~ by the ear ≅ попáсть пáльцем в нéбо; обратúться не по áдресу; напáсть не на тогó, на когó слéдует; to take (*или* to get) the right ~ by the ear ≅ попáсть в тóчку; напáсть на нýжного человéка *или* вещь

**sowar** [sʌ'wɑ:] *n* кавалерúст, кóнный полицéйский, кóнный ординáрец (*в Индии*)

**sowbelly** ['sau,belı] *n амер. разг.* бекóн

**sowbread** ['saubred] *n бот.* дúкий цикламéн

**sower** ['səuə] *n* 1) сéятель 2) сéялка

**sowing** ['səuıŋ] **1.** *pres. p. от* sow I

**2.** *n* 1) сев, посéв, засéв; засевáние 2) *attr.*: ~ time врéмя сéва

**sowing-machine** ['səuıŋmə,ʃi:n] *n* сéялка

**sown** [səun] *p. p. от* sow I; the sky ~ with stars нéбо, усéянное звёздами

**sow-thistle** ['sau,θısl] *n бот.* осóт

**soy** [sɔı] *n* сóевый сóус

**soya** ['sɔıə] *n* 1) сóя 2) сóевый боб

**soy-bean** ['sɔıbi:n] = soya

**sozzled** ['sɔzld] *a разг.* вдрызг пья́ный

**spa** [spɑ:] *n* 1) курóрт с минерáльными вóдами 2) минерáльный истóчник 3) *амер.* киóск с прохладúтельными напúтками

**space** [speıs] **1.** *n* 1) пространство; to vanish into ~ исчезáть 2) расстоя́ние; протяжéние; for the ~ of a mile на протяжéнии мúли 3) мéсто, плóщадь; for want of ~ за недостáтком мéста; open ~s открытые пространства, пустыри́ 4) интервáл; промежýток врéмени, срок; after a short ~ вскóре; within the ~ of в течéние (определённого промежýтка врéмени); in the ~ of an hour в течéние чáса; чéрез час 5) кóсмос, космúческое пространство 6) мéсто, сидéнье (*в поезде, самолёте и т. п.*) 7) колúчество строк, отведённое под объявлéния (*в газете, журнале*) 8) *полигр.* шпáция

**2.** *v* 1) оставля́ть промежýтки, расставля́ть с промежýтками 2) *полигр.* разбивáть на шпáции; набирáть в разря́дку (*часто* ~ out) □ ~ **out**: to be ~d out *амер. sl.* накурúться марихуáны

**space-bar** ['speısbɑ:] *n* клáвиша для интервáлов (*на пишущей машинке*)

**spacecraft** ['speıskrɑ:ft] = spaceship

**space fiction** ['speıs'fıkʃən] *n* фантастúческие ромáны и расскáзы о межпланéтных путешéствиях

**spaceless** ['speıslıs] *a* 1) бесконéчный, беспредéльный 2) зáмкнутый, закры́тый, лишённый пространства

**spaceman** ['speısmæn] *n* 1) космонáвт, астронавт 2) пришéлец с другóй планéты

**spaceport** ['speıspɔ:t] *n* космодрóм

**spacer** ['speısə] *n* распóрка, проклáдка

**space rocket** ['speıs'rɔkıt] *n* космúческая ракéта

**space satellite** ['speıs'sætəlaıt] *n* искýсственный спýтник

**spaceship** ['speısʃıp] *n* космúческий летáтельный аппарáт, космúческий корáбль

**spaceward** ['speıswəd] *adv* в кóсмос

**space-writer** ['speıs,raıtə] *n* репортёр, получáющий пострóчный гонорáр

**spacious** ['speıʃəs] *a* 1) простóрный, обши́рный; поместúтельный 2) всеобъéмлющий, ширóкий, разносторóнний; ~ mind ширóкий кругозóр

**spade** I [speıd] **1.** *n* 1) лопáта; зáступ 2) *pl карт.* пúки 3) *воен.* сошни́к орýдия ◇ to call a ~ a ~ назывáть вéщи своúми именáми

**2.** *v* копáть лопáтой

**spade** II [speıd] = spado

**spadeful** ['speıdful] *n* пóлная лопáта

**spade-work** ['speıdwə:k] *n* кропотлúвая подготовúтельная рабóта

**spado** ['speıdəu] *лат. n* (*pl* -dones) 1) кастрáт 2) кастри́рованное живóтное 3) *юр.* импотéнт

**spadones** [speı'dəuni:z] *pl от* spado

**spaghetti** [spə'getı] *ит. n* спагéтти

**spake** [speık] *уст. past от* speak

**spall** [spɔ:l] **1.** *n* оскóлок; облóмок

**2.** *n горн.* 1) обтёсывать (*камень*) 2) разбивáть (*руду*); дробúть (*породу*)

**spalpeen** [spæl'pi:n] *ирл. n* негодя́й

**spam** [spæm] *n разг.* консервúрованный колбáсный фарш

**span** I [spæn] *past от* spin 2

**span** II [spæn] **1.** *n* 1) пядь (= *9 дюймам*) 2) промежýток врéмени; перúод врéмени; his life had well-nigh completed its ~ жизнь егó ужé близúлась к концý 3) корóткое расстоя́ние 4) длинá мóстá, ширинá рекú, размáх рук *и т. п.* 5) *ав.* размáх (крылá) 6) пролёт (*моста*); расстоя́ние мéжду опóрами (*арки, свода*) 7) *мор.* штаг-кóрнак 8) *амер.* пáра лошадéй, волóв *и т. п.* (*как упряжка*) 9) *ж.-д.* перегóн 10) *мат.* хóрда

**2.** *v* 1) измеря́ть пя́дями; *перен.* измеря́ть; охвáтывать; his eye ~ned the intervening space он глазáми смéрил расстоя́ние 2) перекрывáть (*об арке, крыше и т. п.*); соединя́ть берегá (*о мосте*); to ~ a river with a bridge пострóить мост чéрез рéку 3) простирáться, охвáтывать 4) *муз.* взять октáву 5) *мор.* крепúть; привя́зывать; затя́гивать

**spandrel** ['spændrəl] *n архит.* пáзуха свóда; надсвóдное строéние

**spang** [spæŋ] *adv разг.* пря́мо; he ran ~ into me он наткнýлся на меня́

**spangle** ['spæŋgl] **1.** *n* блёстка

**2.** *v* украшáть блёстками; the heavens ~d with stars нéбо, усы́панное звёздами

**Spaniard** ['spænjəd] *n* испáнец; испáнка

**spaniel** ['spænjəl] *n* 1) спаниéль (*порода собак*) 2) подхалúм; низкопоклóнник; a tame ~ льстец

**Spanish** ['spænıʃ] **1.** *a* испáнский ◇ ~ fly шпáнская мýха

**2.** *n* испáнский язы́к

**spank** [spæŋk] **1.** *n* шлепóк

**2.** *v* 1) хлóпать, (от)шлёпать (ладóнью) 2) бы́стро двúгаться (*тж.* ~ along); бы́стро бежáть (*о лошади*)

**spanker** ['spæŋkə] *n* 1) тот, кто шлёпает 2) *разг.* хорóший бегýн; рысáк 3) *разг.* выдаю́щийся экземпля́р (*чего-л.*)

**spanking** ['spæŋkıŋ] **1.** *pres. p. от* spank 2

**2.** *n* сúльные шлепкú; трёпка

**3.** *a* 1) бы́стрый; ~ trot крýпная рысь 2) *разг.* свéжий, сúльный (*о ветре*) 3) *разг.* превосхóдный

**spanless** ['spænlıs] *a поэт.* неизмерúмый; необъя́тный

**spanner** ['spænə] *n* гáечный ключ

**span-new** ['spænnju:] *a* совершéнно нóвый; тóлько что кýпленный

**span roof** ['spæn'ru:f] *n* двускáтная кры́ша

**span-worm** ['spænwə:m] *n зоол.* гýсеница пядéницы

**spar** I [spɑ:] **1.** *n* 1) *мор.* рангóутное дéрево 2) *ав.* лонжерóн (крылá)

**2.** *v мор.* устанáвливать переклáдины

**spar** II [spɑ:] *n мин.* шпат

**spar** III [spɑ:] **1.** *n* 1) тренирóвочное состязáние в бóксе 2) наступáтельный *или* оборонúтельный приём в бóксе 3) петушúный бой

**2.** *v* 1) боксúровать; дрáться; бúться на кулáчках; дéлать (притвóрный) вы́пад кулакóм (at) 2) дрáться шпóрами (*о петухах*) 3) спóрить, препирáться; to ~ at each other пикúроваться, пререкáться друг с дрýгом

**sparable** ['spærəbl] *n* мéлкий сапóжный гвоздь

**spar-deck** ['spɑ:'dek] *n мор.* спардéк

**spare** [speə] **1.** *n* 1) запаснáя часть (*машины*) 2) запаснáя шúна 3) *спорт.* запаснóй игрóк

**2.** *a* 1) запаснóй, запáсный; резéрвный; лúшний, свобóдный; ~ cash лúшние дéньги; ~ parts запасны́е чáсти; ~ room кóмната для гостéй; ~ time свобóдное врéмя 2) скýдный, скрóмный; ~ diet скýдное питáние 3) худощáвый; ~ frame сухощáвое телосложéние

**3.** *v* 1) эконóмить, жалéть; to ~ neither trouble nor expense не жалéть ни трудóв, ни расхóдов 2) обходúться (*без чего-л.*); уделя́ть (*что-л. кому-л.*); I have no time to ~ today у меня́ нет сегóдня свобóдного врéмени; I cannot ~ another shilling мне нужны́ все мои́ дéньги до послéднего шúллинга 3) щадúть, берéчь; избавля́ть (*от че-*

*го-л.*); ~ his blushes не заставля́йте его́ красне́ть; ~ me пощади́те меня́; to ~ oneself не утружда́ть себя́; not to ~ oneself а) быть тре́бовательным к себе́; б) не жале́ть свои́х сил 4) *редк.* возде́рживаться (*от чего-л.*); you need not ~ to ask my help не стесня́йтесь проси́ть меня́ о по́мощи ◇ if I am ~d е́сли мне суждено́ ещё прожи́ть

**sparge** [spɑ:dʒ] *v* обры́згивать, бры́згать

**sparger** [ˈspɑ:dʒə] *n* разбры́згиватель

**sparing** [ˈspɛərɪŋ] **1.** *pres. p. от* spare 3

**2.** *a* 1) ску́дный, недоста́точный 2) уме́ренный 3) бережли́вый

**spark I** [spɑ:k] **1.** *n* 1) и́скра 2) вспы́шка, про́блеск; he showed not a ~ of interest он не вы́казал ни мале́йшего интере́са 3) *pl разг.* ради́ст 4) *attr.*: ~ guard *амер.* ками́нная решётка ◇ the vital ~ жизнь; to strike ~s out of smb. заста́вить кого́-л. блесну́ть (*чем-л.*; *особ. в разговоре*)

**2.** *v* 1) и́скри́ться 2) зажига́ть и́скрой 3) искри́ть, дава́ть и́скры; вспы́хивать 4) зажига́ть, воодушевля́ть, побужда́ть (*тж.* ~ off)

**spark II** [spɑ:k] **1.** *n* 1) щёголь; a gay young ~ молодо́й франт 2): to play the ~ to уха́живать за

**2.** *v разг.* уха́живать

**spark-arrester** [ˈspɑ:kəˌrestə] *n тех.* искроуловитель, искрогаситель

**spark-coil** [ˈspɑ:kˈkɔɪl] *n эл.* индукцио́нная кату́шка

**spark-gap** [ˈspɑ:kgæp] *n эл.* 1) искрово́й промежу́ток 2) разря́дник

**sparking-plug** [ˈspɑ:kɪŋplʌg] *n авто* запа́льная свеча́, свеча́ зажига́ния

**sparkle** [ˈspɑ:kl] **1.** *n* 1) и́скорка 2) блеск, сверка́ние 3) жи́вость, оживлённость

**2.** *v* 1) и́скри́ться; сверка́ть 2) игра́ть, и́скри́ться (*о вине*) 3) быть оживлённым; блиста́ть

**sparklet** [ˈspɑ:klɪt] *n* и́скорка

**sparkling** [ˈspɑ:klɪŋ] **1.** *pres. p. от* sparkle 2

**2.** *a* 1) сверка́ющий, блестя́щий, и́скря́щийся 2) шипу́чий, игри́стый, пе́нистый

**spark-plug** [ˈspɑ:kplʌg] *n амер.* 1) = sparking-plug 2) *разг.* челове́к, заража́ющий други́х свое́й кипу́чей эне́ргией

**sparring I** [ˈspɑ:rɪŋ] *pres. p. от* spar I, 2

**sparring II** [ˈspɑ:rɪŋ] **1.** *pres. p. от* spar III, 2

**2.** *a* уче́бный, трениро́вочный (*в боксе*); ~ bout уче́бный бой; ~ partner партнёр для трениро́вки; ~ ring уче́бно-трениро́вочный ринг; ~ gloves трениро́вочные перча́тки

**sparrow** [ˈspærəu] *n* воробе́й

**sparrow-grass** [ˈspærəugrɑ:s] *n разг.* спа́ржа

**sparrow-hawk** [ˈspærəuhɔ:k] *n* я́стреб-перепеля́тник

**sparry** [ˈspɑ:rɪ] *a мин.* шпа́товый

**sparse** [spɑ:s] *a* ре́дкий, разбро́санный

**Spartan** [ˈspɑ:tən] **1.** *n* спарта́нский

**2.** *n* спарта́нец

**spasm** [ˈspæzm] *n* 1) спа́зма, су́дорога 2) при́ступ; поры́в

**spasmodic** [spæzˈmɔdɪk] *a* 1) спазмати́ческий, су́дорожный 2) нерегуля́рный, неритми́чный, неро́вный

**spastic** [ˈspæstɪk] *a мед.* спасти́ческий

**spat I** [spæt] **1.** *n* 1) у́стричная икра́ 2) мо́лодь у́стриц

**2.** *v* мета́ть икру́ (*об устрицах*)

**spat II** [spæt] *past и p. p. от* spit II, 2

**spat III** [spæt] *амер.* **1.** *n* 1) небольша́я ссо́ра 2) лёгкий уда́р, шлепо́к

**2.** *v* 1) (по)хло́пать, (по)шлёпать 2) (по)брани́ться, слегка́ поссо́риться

**spatchcock** [ˈspætʃkɔk] **1.** *n* заре́занная и сра́зу зажа́ренная (на ра́шпере) пти́ца

**2.** *v* 1) жа́рить свежезаре́занную пти́цу 2) *разг.* на́спех вставля́ть (*фразу, слова в готовый текст*)

**spate** [speɪt] *n* 1) (внеза́пный) разли́в реки́, наводне́ние 2) внеза́пный ли́вень 3) пото́к, наплы́в (*заказов и т. п.*) 4) излия́ние (*чувств*)

**spathic** [ˈspæθɪk] *a* шпа́товый

**spatial** [ˈspeɪʃəl] *a* простра́нственный

**spatio-temporal** [ˈspeɪʃɪəuˈtempərəl] *a* простра́нственно-временно́й

**spats** [spæts] *n pl* коро́ткие ге́тры

**spatter** [ˈspætə] **1.** *n* 1) бры́зги (*грязи, дождя*) 2) бры́зганье

**2.** *v* 1) забры́згивать, разбры́згивать, бры́згать; расплёскивать 2) возводи́ть клевету́, черни́ть; to ~ a man's good name опоро́чить челове́ка

**spatterdashes** [ˈspætəˌdæʃɪz] *n pl* дли́нные ге́тры

**spatter-dock** [ˈspætədɔk] *n бот.* кубы́шка, кувши́нка

**spatula** [ˈspætjulə] *n* шпа́тель, лопа́точка

**spavin** [ˈspævɪn] *n вет.* ко́стный шпат

**spavined** [ˈspævɪnd] *a вет.* страда́ющий ко́стным шпа́том

**spawn** [spɔ:n] **1.** *n* 1) икра́ 2) *презр.* пото́мство, порожде́ние, отро́дье 3) *бот.* мице́лий, грибни́ца

**2.** *v* 1) мета́ть икру́ 2) размножа́ться, плоди́ться (*презр. о людях*) 3) порожда́ть, вызыва́ть (*что-л.*)

**spawning** [ˈspɔ:nɪŋ] **1.** *pres. p. от* spawn 2

**2.** *n* не́рест

**spay** [speɪ] *v* удаля́ть яи́чники (*у животных*)

**speak** [spi:k] *v* (spoke, *уст.* spake; spoken) 1) говори́ть, разгова́ривать, изъясня́ться; the baby is learning to ~ ребёнок у́чится говори́ть; English is spoken here здесь говоря́т по-англи́йски; Dixon ~ing Ди́ксон у телефо́на 2) сказа́ть; выска́зывать(ся); отзыва́ться; to ~ the truth говори́ть пра́вду; to ~ ill (*или* evil) of smb. ду́рно отзыва́ться о ком-л.; to ~ the word вы́разить жела́ние; to ~ for oneself а) говори́ть о со́бственных чу́вствах; б) говори́ть за себя́; ~ for yourself не говори́те за други́х, не припи́сывайте други́м ва́ших мне́ний 3) произноси́ть речь, выступа́ть (*на собрании*); ~ to the subject! не отклоня́йтесь от те́мы! 4) говори́ть, свиде́тельствовать; the facts ~ for themselves фа́кты говоря́т са́ми за себя́; this ~s him generous э́то говори́т о его́ ще́дрости 5): legally ~ing с юриди́ческой то́чки зре́ния; strictly ~ing стро́го говоря́; generally ~ing вообще́ говоря́; roughly ~ing приблизи́тельно, приме́рно 6) звуча́ть (*о музыкальных инструментах, орудиях*) 7) *мор.* оклика́ть; перегова́риваться с други́м су́дном □ ~ **at** выгова́ривать *кому-л.*; ~ **for** а) говори́ть за (*или* от лица́) *кого-л.*; б): to ~ well for говори́ть в по́льзу; ~ **of** упомина́ть; nothing to ~ of су́щий пустя́к; ~ **out** а) выска́зываться; б) говори́ть гро́мко; ~ **to** а) обраща́ться к *кому-л.*, говори́ть с *кем-л.*; б) подтвержда́ть *что-л.*; ~ **up** а) говори́ть гро́мко и отчётливо; б) вы́сказаться ◇ so to ~ так сказа́ть

**speakeasy** [ˈspi:kˌi:zɪ] *n амер. разг.* бар, где незако́нно торгу́ют спиртны́ми напи́тками

**speaker** [ˈspi:kə] *n* 1) ора́тор; he is no ~ он плохо́й ора́тор 2) тот, кто говори́т, говоря́щий 3) (the S.) спи́кер (*председатель палаты общин в Англии, председатель палаты представителей в США*) 4) *радио* ди́ктор 5) громкоговори́тель 6) ру́пор

**speaking** [ˈspi:kɪŋ] **1.** *pres. p. от* speak

**2.** *a* 1) говоря́щий; ~ acquaintance официа́льное знако́мство 2) вырази́тельный; ~ likeness живо́й портре́т; ~ look вырази́тельный взгляд ◇ to be not on ~ terms with smb. а) знать челове́ка не насто́лько хорошо́, что́бы заговори́ть с ним; б) не разгова́ривать; поссо́риться

**3.** *n* разгово́р; plain ~ разгово́р начистоту́; in a manner of ~ е́сли мо́жно так вы́разиться; course in public ~ курс ора́торского иску́сства

**speaking-trumpet** [ˈspi:kɪŋˌtrʌmpɪt] *n* ру́пор, мегафо́н

**speaking-tube** [ˈspi:kɪŋtju:b] *n* перегово́рная тру́бка

**spear** [spɪə] **1.** *n* 1) копьё; дро́тик 2) острога́; гарпу́н 3) *поэт.* копе́йщик 4) *бот.* побе́г, о́тпрыск; стре́лка ◇ ~ side мужска́я ли́ния (ро́да)

**2.** *v* 1) пронза́ть копьём 2) бить острого́й (*рыбу*) 3) *бот.* пойти́ в стре́лку, выбра́сывать стре́лку

**spearhead** [ˈspɪəhed] *n* 1) остриё, наконе́чник копья́ 2) *воен.* передова́я часть

**spearman** [ˈspɪəmən] *n* копьено́сец
**spearmint** [ˈspɪəmɪnt] *n бот.* мя́та курча́вая
**spec** [spek] *n разг.* спекуля́ция; on ~ а) науда́чу, на риск; б) с расчётом на вы́году
**special** [ˈspeʃəl] **1.** *a* 1) специа́льный; осо́бый; to be of ~ interest представля́ть осо́бый интере́с; ~ course of study специа́льный предме́т; ~ anatomy анато́мия отде́льных о́рганов; ~ hospital специализи́рованная больни́ца; ~ correspondent специа́льный корреспонде́нт; ~ pleading предвзя́тая односторо́нняя аргумента́ция 2) осо́бенный; индивидуа́льный; my ~ chair мой люби́мый стул 3) э́кстренный; ~ edition э́кстренный вы́пуск; ~ train а) дополни́тельный по́езд; б) по́езд специа́льного назначе́ния 4) определённый
**2.** *n* 1) э́кстренный вы́пуск 2) э́кстренный по́езд 3) специа́льный корреспонде́нт
**specialism** [ˈspeʃəlɪzm] *n* 1) специализа́ция 2) о́бласть специализа́ции
**specialist** [ˈspeʃəlɪst] *n* специали́ст
**speciality** [ˌspeʃɪˈælɪtɪ] *n* 1) специа́льность; to make a ~ of smth. специализи́роваться в чём-л. 2) отличи́тельная черта́, осо́бенность 3) *pl* дета́ли, подро́бности 4) специа́льный ассортиме́нт (*товаров*)
**specialization** [ˌspeʃəlaɪˈzeɪʃən] *n* специализа́ция
**specialize** [ˈspeʃəlaɪz] *v* 1) специализи́ровать(ся) 2) приспоса́бливать (-ся) 3) *амер.* то́чно ука́зывать, называ́ть *или* перечисля́ть 4) *биол.* приспоса́бливать(ся), адапти́роваться
**specially** [ˈspeʃəlɪ] *adv* 1) специа́льно 2) осо́бенно
**specialty** [ˈspeʃəltɪ] *n* 1) осо́бенность 2) специа́льность 3) специа́льный ассортиме́нт 4) *юр.* докуме́нт, догово́р
**specie** [ˈspiːʃiː] *n* 1) (*тк. sing*) зво́нкая моне́та 2) *attr.*: ~ payments упла́та зво́нкой моне́той
**species** [ˈspiːʃiːz] *n* (*pl без измен.*) 1) *биол.* вид 2) род; поро́да; the ~, our ~ челове́ческий род 3) вид, разнови́дность; ~ of cunning своего́ ро́да хи́трость
**specific** [spɪˈsɪfɪk] **1.** *a* 1) осо́бый, осо́бенный, специфи́ческий; with no ~ aim без како́й-л. осо́бой це́ли; ~ cause специфи́ческая причи́на (*определённой болезни*); ~ remedy (medicine) специфи́ческое сре́дство (лека́рство) 2) характе́рный, осо́бенный 3) определённый, то́чный, конкре́тный; ограни́ченный; ~ aim определённая цель; ~ statement то́чно сформули́рованное утвержде́ние 4) *биол.* видово́й; ~ difference видово́е разли́чие; the ~ name of a plant видово́е назва́ние расте́ния 5) *физ.* уде́льный; ~ gravity (*или* weight) уде́льный вес; ~ heat уде́льная теплоёмкость
**2.** *n* 1) специфи́ческое сре́дство, лека́рство 2) специа́льное сообще́ние
**specification** [ˌspesɪfɪˈkeɪʃən] *n* 1) спецификация, детализа́ция; детализи́рование 2) дета́ль, подро́бность (*контракта и т. п.*) 3) *pl* специфика́ция, инстру́кция по обраще́нию
**specify** [ˈspesɪfaɪ] *v* 1) то́чно определя́ть, устана́вливать; he specified the reasons of their failure он проанализи́ровал причи́ны их неуда́чи 2) ука́зывать, отмеча́ть; специа́льно упомина́ть; уточня́ть 3) специфици́ровать, дава́ть специфика́цию; приводи́ть номина́льные *или* па́спортные да́нные 4) придава́ть осо́бый хара́ктер
**specimen** [ˈspesɪmɪn] *n* 1) образе́ц, обра́зчик; экземпля́р 2) *разг. ирон.* субъе́кт; тип; what a ~! вот так тип!; a queer ~ чуда́к 3) *attr.* про́бный; ~ page про́бная страни́ца
**specious** [ˈspiːʃəs] *a* 1) благови́дный, правдоподо́бный; ~ excuse благови́дный предло́г; ~ tale правдоподо́бный расска́з 2) показно́й, обма́нчивый
**speck** I [spek] **1.** *n* 1) пя́тнышко, кра́пинка 2) части́чка, крупи́нка; a ~ of dust пыли́нка
**2.** *v* пятна́ть, испещря́ть
**speck** II [spek] *n амер., южно-афр.* 1) во́рвань 2) жи́рное мя́со, шпик, бeко́н
**speckle** [ˈspekl] **1.** *n* пя́тнышко, кра́пинка
**2.** *v* пятна́ть, испещря́ть
**speckled** [ˈspekld] **1.** *p. p. от* speckle 2
**2.** *a* кра́пчатый; ~ hen пёстрая, ряба́я ку́рица
**specs** [speks] *n pl разг.* очки́
**spectacle** [ˈspektəkl] *n* 1) зре́лище; to be a sad ~ возбужда́ть жа́лость; to make a ~ of oneself обраща́ть на себя́ внима́ние 2) *pl* очки́ (*тж.* pair of ~s); to see through rose-coloured ~s ви́деть всё в ро́зовом све́те 3) *pl* цветны́е стёкла светофо́ра 4) спекта́кль, представле́ние
**spectacled** [ˈspektəkld] *a* 1) нося́щий очки́, в очка́х 2) очко́вый (*о змее*)
**spectacular** [spekˈtækjulə] **1.** *a* 1) эффе́ктный, импоза́нтный 2) захва́тывающий
**2.** *n* эффе́ктное зре́лище
**spectator** [spekˈteɪtə] *n* 1) зри́тель 2) очеви́дец, наблюда́тель
**spectatress** [spekˈteɪtrɪs] *n* зри́тельница
**spectra** [ˈspektrə] *pl от* spectrum
**spectral** [ˈspektrəl] *a* 1) при́зрачный 2) *физ.* спектра́льный
**spectre** [ˈspektə] *n* 1) привиде́ние, при́зрак 2) дурно́е предчу́вствие
**spectrometer** [spekˈtrɔmɪtə] *n* спектро́метр
**spectroscope** [ˈspektrəskəup] *n* спектроско́п
**spectrum** [ˈspektrəm] *n* (*pl* -ra) *физ.* 1) спектр 2) *attr.* спектра́льный; ~ analysis спектра́льный ана́лиз
**specula** [ˈspekjulə] *pl от* speculum
**specular** [ˈspekjulə] *a* 1) зерка́льный; ~ surface отража́ющая пове́рхность 2) *мед.* произведённый с по́мощью расшири́теля
**speculate** [ˈspekjuleɪt] *v* 1) размышля́ть, разду́мывать, де́лать предположе́ния (on, upon, as to, about) 2) спекули́ровать; игра́ть на би́рже; to ~ in shares спекули́ровать а́кциями
**speculation** [ˌspekjuˈleɪʃən] *n* 1) размышле́ние 2) тео́рия, предположе́ние 3) спекуля́ция; игра́ на би́рже; on ~ = on spec [*см.* spec]
**speculative** [ˈspekjulətɪv] *a* 1) умозри́тельный 2) теорети́ческий 3) спекуляти́вный 4) риско́ванный
**speculator** [ˈspekjuleɪtə] *n* 1) спекуля́нт 2) биржево́й деле́ц 3) мысли́тель
**speculum** [ˈspekjuləm] *n* (*pl* -la) 1) рефле́ктор 2) *мед.* расшири́тель, зе́ркало 3) глазо́к (*на крыле птицы*)
**sped** [sped] *past и p. p. от* speed 2
**speech** [spiːtʃ] *n* 1) речь, дар ре́чи; речева́я де́ятельность; слова́; sometimes gestures are more expressive than ~ иногда́ же́сты вырази́тельнее слов 2) го́вор, произноше́ние; мане́ра говори́ть; to be slow of ~ говори́ть ме́дленно; his ~ is indistinct он говори́т невня́тно, у него́ плоха́я ди́кция 3) речь, ора́торское выступле́ние; to deliver (*или* to make, to give) a ~ произноси́ть речь; set ~ зара́нее соста́вленная речь; ~ from the throne тро́нная речь 4) язы́к; диале́кт 5) *театр.* ре́плика 6) звуча́ние (*муз. инструмента*) 7) *attr.* речево́й; ~ habits речевы́е на́выки
**speech-day** [ˈspiːtʃdeɪ] *n* акт, а́ктовый день (*в школе*)
**speechify** [ˈspiːtʃɪfaɪ] *v ирон.* ора́торствовать, разглаго́льствовать; произноси́ть напы́щенную речь
**speechless** [ˈspiːtʃlɪs] *a* 1) немо́й 2) безмо́лвный; ~ entreaty нема́я мольба́ 3) онеме́вший; ~ with rage онеме́вший от я́рости 4) невырази́мый
**speed** [spiːd] **1.** *n* 1) ско́рость; ско́рость хо́да; быстрота́; with all ~ поспе́шно; at full ~ по́лным хо́дом; at great ~ на большо́й ско́рости; to gather ~ ускоря́ть ход, набира́ть ско́рость; to put in the first (second) ~ включи́ть пе́рвую (втору́ю) ско́рость 2) *уст.* успе́х; to wish good ~ жела́ть успе́ха 3) *тех.* число́ оборо́тов
**2.** *v* (sped) 1) спеши́ть, идти́ поспе́шно; an arrow sped past ми́мо пролете́ла стрела́; he sped down the street он поспе́шно напра́вился вниз по у́лице 2) (speeded [-ɪd]) ускоря́ть (*особ.* ~ up) 3) торопи́ть, потора́пливать 4) (speeded [-ɪd]) устана́вливать ско́рость 5) увели́чивать (*выпуск продукции*)
**-speed** [-spiːd] *в сложных словах*: three-speed engine трёхскоростно́й дви́гатель
**speed-boat** [ˈspiːdbəut] *n* быстрохо́дный ка́тер
**speed-cop** [ˈspiːdkɔp] *n sl.* полице́йский, следя́щий за ско́ростью движе́ния

**speeder** [ˈspiːdə] *n* 1) *тех.* повыша́ющее устро́йство 2) *текст.* ро́вничная маши́на

**speedily** [ˈspiːdɪlɪ] *adv* бы́стро, поспе́шно

**speeding** [ˈspiːdɪŋ] 1. *pres. p. от* speed 2

2. *n* езда́ с недозво́ленной ско́ростью

**speed-limit** [ˈspiːdˌlɪmɪt] *n* дозво́ленная ско́рость (*езды*)

**speedometer** [spɪˈdɔmɪtə] *n* спидо́метр

**speed-reducer** [ˈspiːdrɪˌdjuːsə] *n тех.* реду́ктор

**speedster** [ˈspiːdstə] *n* 1) *разг.* быстрохо́дное су́дно 2) *авто* спи́дстер

**speed-up** [ˈspiːdˈʌp] *n* 1) ускоре́ние 2) повыше́ние но́рмы вы́работки без повыше́ния зарпла́ты

**speed-up system** [ˈspiːdʌpˈsɪstɪm] = sweating system

**speedway** [ˈspiːdweɪ] *n* 1) доро́га со скоростны́м движе́нием 2) доро́жка для мотоцикле́тных го́нок, го́ночный трек

**speedwell** [ˈspiːdwel] *n бот.* веро́ника

**speedy** [ˈspiːdɪ] *a* 1) бы́стрый, ско́рый; прово́рный 2) поспе́шный 3) безотлага́тельный

**spelaean** [spɪˈliːən] *a* 1) пеще́рный, живу́щий в пеще́ре 2) спелеологи́ческий

**spell** I [spel] 1. *n* 1) заклина́ние 2) ча́ры; обая́ние; under a ~ зачаро́ванный; to cast a ~ on (*или* over) smb. очарова́ть, околдова́ть кого́-л.

2. *v* очаро́вывать

**spell** II [spel] *v* (spelt, spelled [-d]) 1) писа́ть *или* произноси́ть (*слово*) по бу́квам; how do you ~ your name? как пи́шется ва́ше и́мя?; we do not pronounce as we ~ мы произно́сим не так, как пи́шем; to ~ backward писа́ть *или* чита́ть (*буквы слова*) в обра́тном поря́дке; *перен.* извраща́ть смысл; толкова́ть непра́вильно 2) образо́вывать, составля́ть (*слово по буквам*; *напр.*: o-n-e ~s one) 3) означа́ть, влечь за собо́й □ ~ **out** а) чита́ть по склада́м, с трудо́м; б) расшифрова́ть, разобра́ть (*обыкн.* с трудо́м); в) продиктова́ть *или* произнести́ по бу́квам

**spell** III [spel] 1. *n* 1) коро́ткий промежу́ток вре́мени; ~ of fine weather пери́од хоро́шей пого́ды; leave it alone for a ~ оста́вьте э́то в поко́е на вре́мя 2) при́ступ (*болезни, дурного настроения*) 3) очерёдность, заме́на (*в работе, дежурстве и т. п.*); to take ~s at the wheel вести́ маши́ну по о́череди

2. *v* (*обыкн. амер.*) 1) сменя́ть; заменя́ть 2) дать переды́шку 3) передохну́ть, отдохну́ть

**spellbind** [ˈspelbaɪnd] *v* (spellbound) очаро́вывать

**spellbinder** [ˈspelˌbaɪndə] *n разг.* ора́тор, увлека́ющий свою́ аудито́рию

**spellbound** [ˈspelbaund] 1. *past и p. p. от* spellbind

2. *a* 1) очаро́ванный 2) ошеломлённый

**spelldown** [ˈspeldaun] *n амер.* ко́нкурс на лу́чшее правописа́ние

**speller** [ˈspelə] *n* 1): a good (bad) ~ гра́мотно (негра́мотно) пи́шущий челове́к 2) = spelling-book

**spelling** I [ˈspelɪŋ] *pres. p. от* spell I, 2

**spelling** II [ˈspelɪŋ] 1. *pres. p. от* spell II

2. *n* 1) правописа́ние, орфогра́фия; variant ~ of a word вариа́нт написа́ния сло́ва 2) произнесе́ние сло́ва по бу́квам

**spelling** III [ˈspelɪŋ] *pres. p. от* spell III, 2

**spelling-bee** [ˈspelɪŋbiː] = spelldown

**spelling-book** [ˈspelɪŋbuk] *n* 1) орфографи́ческий спра́вочник 2) сбо́рник упражне́ний по правописа́нию

**spelt** I [spelt] *n бот.* пшени́ца спе́льта, по́лба настоя́щая

**spelt** II [spelt] *past и p. p. от* spell II

**spelter** [ˈspeltə] *n* 1) техни́ческий цинк (*в чушках или плитках*) 2) *тех.* ци́нковый припо́й

**spencer** [ˈspensə] *n* спе́нсер (*короткий шерстяной жакет*)

**spend** [spend] *v* (spent) 1) тра́тить, расхо́довать; to ~ much trouble on smth. тра́тить нема́ло труда́ на что-л. 2) проводи́ть (*время*); to ~ a sleepless night провести́ бессо́нную ночь 3) истоща́ть; to ~ oneself уста́ть, вы́мотаться; the storm has spent itself бу́ря улегла́сь 4) *мор.* потеря́ть (*мачту*)

**spender** [ˈspendə] *n* мот, транжи́ра

**spendthrift** [ˈspendθrɪft] 1. *n* расточи́тель, мот

2. *a* расточи́тельный

**Spenserian** [spenˈsɪərɪən] *a*: ~ stanza *прос.* спе́нсерова строфа́

**spent** [spent] 1. *past и p. p. от* spend

2. *a* 1) истощённый; испо́льзованный; ~ bullet пу́ля на излёте; ~ steam отрабо́танный пар; the night is far ~ *поэт.* ночь на исхо́де; a well ~ life хорошо́ про́житая жизнь 2) уста́лый, вы́дохшийся

**sperm** I [spəːm] *n биол.* спе́рма

**sperm** II [spəːm] = sperm-whale

**spermaceti** [ˌspəːməˈsetɪ] *n* спермаце́т

**spermatic** [spəːˈmætɪk] *a биол.* семенно́й

**spermatorrhoea** [ˌspəːmətəˈriːə] *n мед.* сперматоре́я

**spermatozoa** [ˌspəːmətəuˈzəuə] *pl от* spermatozoon

**spermatozoon** [ˌspəːmətəuˈzəuɔn] *n* (*pl* -zoa) *биол.* сперматозо́ид

**sperm-whale** [ˈspəːmweɪl] *n зоол.* кашало́т

**spew** [spjuː] 1. *n* рво́та, блево́тина

2. *v* блева́ть, изрыга́ть

**sphacelate** [ˈsfæsɪleɪt] *v* вызыва́ть гангре́ну, омертве́ние

**sphagna** [ˈsfægnə] *pl от* sphagnum

**sphagnum** [ˈsfægnəm] *n* (*pl* -na) *бот.* сфа́гнум

**sphenoid** [ˈsfiːnɔɪd] *анат.* 1. *a* клинови́дный

2. *n* сфено́ид, клинови́дная кость

**spheral** [ˈsfiːrəl] *a* 1) сфери́ческий 2) симметри́чный; гармони́чный

**sphere** [sfɪə] 1. *n* 1) сфе́ра; шар 2) гло́бус 3) плане́та; небе́сное свети́ло 4) *поэт.* не́бо, небеса́ 5) небе́сная сфе́ра (*тж.* celestial ~) 6) сфе́ра, круг, по́ле де́ятельности; he has done much in his particular ~ он мно́гое сде́лал в свое́й о́бласти; that is not in my ~ э́то вне мое́й компете́нции 7) социа́льная среда́, круг; he moves in quite another ~ он враща́ется в соверше́нно друго́й среде́

2. *v* 1) замыка́ть в круг 2) придава́ть фо́рму ша́ра 3) *поэт.* превозноси́ть (до небе́с)

**spheric** [ˈsferɪk] = spherical

**spherical** [ˈsferɪkəl] *a* сфери́ческий, шарообра́зный

**sphericity** [sfɪˈrɪsɪtɪ] *n* сфери́чность, шарообра́зность

**spherics** [ˈsferɪks] *n pl* (*употр. как sing*) сфери́ческая геоме́трия и тригономе́трия

**spheroid** [ˈsfɪərɔɪd] *n* сферо́ид

**spheroidal** [sfɪəˈrɔɪdl] *n* сфероида́льный, шарови́дный

**spherule** [ˈsferjuːl] *n* ша́рик, небольшо́й шар

**sphincter** [ˈsfɪŋktə] *n анат.* сфи́нктер

**sphinges** [ˈsfɪndʒiːz] *pl от* sphinx

**sphinx** [sfɪŋks] *n* (*pl* -es [-ɪz], sphinges) 1) сфинкс 2) зага́дочное существо́; непоня́тный челове́к

**spice** [spaɪs] 1. *n* 1) спе́ция, пря́ность; *собир.* спе́ции 2) отте́нок (*чего-л.*); при́вкус, при́месь (of) 3) острота́, пика́нтность

2. *v* 1) приправля́ть (*пряностями*) 2) придава́ть пика́нтность

**spick and span** [ˈspɪkəndˈspæn] *a* 1) безупре́чно чи́стый 2) но́вый, све́жий; с иго́лочки

**spicy** [ˈspaɪsɪ] *a* 1) пря́ный, арома́тный 2) пика́нтный, о́стрый; ~ bits of scandal пика́нтные подро́бности 3) *разг.* живо́й, энерги́чный

**spider** [ˈspaɪdə] *n* 1) пау́к; ~'s web = spider-web 2) таға́н 3) *тех.* звезда́; крестови́на

**spider-crab** [ˈspaɪdəkræb] *n зоол.* морско́й пау́к

**spider-web** [ˈspaɪdəweb] *n* паути́на

**spidery** [ˈspaɪdərɪ] *a* 1) пау́чий, паукообра́зный 2) то́нкий

**spiel** [spiːl] *нем.* 1. *n* 1) *амер. разг.* разглаго́льствование; хвастли́вая болтовня́ 2) *attr.*: ~ truck агитацио́нный автомоби́ль

2. *v амер. разг.* разглаго́льствовать, ора́торствовать

**spieler** [ˈspiːlə] *нем. n амер. sl.* 1) трепа́ч 2) зазыва́ла

**spier** [ˈspaɪə] *n* шпио́н

**spigot** [ˈspɪgət] *n тех.* 1) вту́лка, вту́лочное соедине́ние, про́бка (*крана*); центри́рующий бу́ртик 2) кран

**spike** [spaɪk] **1.** *n* 1) о́стрый вы́ступ, остриё 2) шип, гвоздь (*на подошве*) 3) косты́ль, гвоздь 4) клин 5) неразветвлённый рог молодо́го оле́ня 6) каблу́к «шпи́лька» (*тж.* ~ heel) 7) *бот.* ко́лос

**2.** *v* 1) снабжа́ть острия́ми, шипа́ми 2) закрепля́ть *или* прибива́ть гвоздя́ми *или* шипа́ми 3) пронза́ть, прока́лывать 4) де́лать бесполе́зным; to ~ smb.'s plans расстро́ить чьи-л. пла́ны 5) *sl.* отве́ргнуть статью́ ◇ to ~ a rumour *амер. разг.* опроверга́ть слух; to ~ smb.'s guns расстро́ить чьи-л. за́мыслы

**spiked** [spaɪkt] **1.** *p. p. от* spike 2

**2.** *a* с острия́ми, с шипа́ми; ~ shoes боти́нки на шипа́х

**spikenard** [ˈspaɪknɑːd] *n* нард (*растение и ароматическое масло*)

**spikewise** [ˈspaɪkwaɪz] *adv* в ви́де острия́

**spiky** [ˈspaɪkɪ] *a* 1) заострённый, остроконе́чный; уса́женный острия́ми 2) сварли́вый; несгово́рчивый 3) *разг.* непримири́мый в вопро́сах рели́гии

**spile** [spaɪl] *n* 1) вту́лка; деревя́нная заты́чка 2) кол, сва́я

**spill** I [spɪl] **1.** *n* 1) *разг.* паде́ние (*с лошади, из экипажа*); to have (*или* to get) a ~ упа́сть 2) *разг.* пото́к, ли́вень 3) = spillway

**2.** *v* (spilt, spilled [-d]) 1) пролива́ть(ся), разлива́ть(ся), расплёскивать(ся); рассыпа́ть(ся); to ~ blood пролива́ть кровь; to ~ the blood of smb. уби́ть *или* ра́нить кого́-л. 2) *разг.* проболта́ться 3) сбро́сить, вы́валить (*седока*) 4) *мор.* обезве́трить (*парус*)

**spill** II [spɪl] *n* 1) лучи́на; скру́ченный кусо́чек бума́ги (*для зажигания трубки и т. п.*) 2) заты́чка, деревя́нная про́бка

**spillikin** [ˈspɪlɪkɪn] *n* 1) бирю́лька 2) *pl* игра́ в бирю́льки

**spillway** [ˈspɪlweɪ] *n гидр.* водосли́в

**spilt** [ˈspɪlt] *past и p. p. от* spill I, 2

**spilth** [spɪlθ] *n уст.* то, что про́ли́то

**spin** [spɪn] **1.** *n* 1) круже́ние, верче́ние 2) коро́ткая прогу́лка; бы́страя езда́ (*на автомашине, велосипеде, лодке*); to go for a ~ in a car прокати́ться на автомаши́не 3) *ав.* што́пор 4) *физ.* спин

**2.** *v* (spun, span; spun) 1) прясть, сучи́ть 2) прясть, плести́ (*о пауке*); to ~ a cocoon запря́сться (*о шелковичном черве*) 3) крути́ть(ся), верте́ть(ся), опи́сывать круги́; to ~ a top пуска́ть волчо́к; to ~ a coin подбра́сывать моне́ту; to send smb. ~ning отбро́сить кого́-л. уда́ром 4) *sl.* прова́ливать (*на экзамене*) 5) *разг.* нести́сь, бы́стро дви́гаться (*на велосипеде и т. п.*) 6) лови́ть (*рыбу*) на блесну́ 7) *тех.* выда́вливать (*на токарно-давильном станке*) □ ~ **in** *ав.* войти́ в што́пор; ~ **off** *ав.* вы́йти из што́пора; ~ **out** a) растя́гивать; до́лго и ну́дно расска́зывать *что-л.*; б) эконо́мить; to ~ out money не транжи́рить де́ньги, растя́гивать на определённый срок ◇ to ~ a story (*или* a yarn) плести́ небыли́цы

**spinach** [ˈspɪnɪdʒ] *n* шпина́т

**spinal** [ˈspaɪnl] *a анат.* спинно́й; ~ column спинно́й хребе́т; позвоно́чный столб; ~ cord спинно́й мозг; ~ fluid спинномозгова́я жи́дкость

**spindle** [ˈspɪndl] **1.** *n* 1) веретено́ 2) *амер.* иго́лка для нака́лывания бума́г 3) ме́ра пря́жи 4) сто́йка пери́л 5) *тех.* ось, вал, шпи́ндель ◇ ~ side же́нская ли́ния (ро́да)

**2.** *v* вытя́гиваться; де́латься дли́нным и то́нким

**spindle-legged** [ˈspɪndllegd] *a* 1) с журавли́ными нога́ми (*о человеке*) 2) с то́нкими но́жками (*о столе и т. п.*)

**spindle-legs** [ˈspɪndllegz] = spindle-shanks

**spindle-shanked** [ˈspɪndlʃæŋkt] = spindle-legged 1)

**spindle-shanks** [ˈspɪndlʃæŋks] *n pl* (*употр. как sing и как pl*) *разг.* долговя́зый челове́к

**spindling** [ˈspɪndlɪŋ] **1.** *pres. p. от* spindle 2

**2.** *n* 1) долговя́зый челове́к 2) то́нкий побе́г; то́нкое и высо́кое де́рево

**3.** *a* 1) худо́й и высо́кий (*о человеке*) 2) то́нкий и высо́кий (*о дереве и т. п.*)

**spindly** [ˈspɪndlɪ] *a* дли́нный и то́нкий; веретенообра́зный

**spindrift** [ˈspɪndrɪft] *n* 1) пе́на *или* бры́зги морско́й воды́ 2) *attr.*: ~ clouds пе́ристые облака́

**spine** [spaɪn] *n* 1) *анат.* спинно́й хребе́т; позвоно́чный столб 2) су́щность 3) *бот.* шип, игла́, колю́чка 4) *зоол.* игла́ 5) гре́бень (*горы*) 6) корешо́к (*переплёта*)

**spinel** [spɪˈnel] *n мин.* шпине́ль

**spineless** [ˈspaɪnlɪs] *a* 1) *зоол.* беспозвоно́чный 2) бесхребе́тный, бесхара́ктерный, мягкоте́лый 3) *бот., зоол.* не име́ющий колю́чек *или* игл

**spinet** [spɪˈnet] *n* спине́т (*род клавикордов*)

**spinnaker** [ˈspɪnəkə] *n мор.* спи́накер (*треугольный парус*)

**spinner** [ˈspɪnə] *n* 1) пряди́льщик; пряди́льщица; пря́ха 2) пряди́льная маши́на 3) пряди́льный о́рган (*у паука, шелковичного червя*) 4) *ав.* обтека́тель вту́лки

**spinneret** [ˈspɪnəret] = spinner 3)

**spinney** [ˈspɪnɪ] *n* ро́щица, за́росль

**spinning** [ˈspɪnɪŋ] **1.** *pres. p. от* spin 2

**2.** *n* пряде́ние

**3.** *a* пряди́льный

**spinning-machine** [ˈspɪnɪŋməˌʃiːn] *n* пряди́льная маши́на

**spinning-wheel** [ˈspɪnɪŋwiːl] *n* пря́лка, самопря́лка

**spinster** [ˈspɪnstə] *n* ста́рая де́ва; *юр.* незаму́жняя (же́нщина)

**spinthariscope** [spɪnˈθærɪskəup] *n физ.* спинтариско́п

**spiny** [ˈspaɪnɪ] *a* 1) колю́чий; покры́тый шипа́ми *или* и́глами 2) затрудни́тельный, щекотли́вый

**spiracle** [ˈspaɪərəkl] *n* 1) отду́шина 2) ды́хальце (*у насекомых*) 3) дыха́ло (*у кита и т. п.*)

**spiraea** [spaɪˈrɪə] *n бот.* та́волга

**spiral** [ˈspaɪərəl] **1.** *n* 1) спира́ль; heating ~ нагрева́тельный элеме́нт 2) *ав.* спира́льный спуск 3) *эк.* постепе́нно ускоря́ющееся паде́ние *или* повыше́ние (*цен, зарплаты и т. п.*)

**2.** *a* спиральный, винтово́й, винтообра́зный; ~ balance пружи́нные весы́, безме́н

**spirant** [ˈspaɪərənt] *n фон.* спира́нт

**spire** I [ˈspaɪə] *n* 1) шпиль, шпиц 2) остриё, стре́лка 3) остроконе́чная верху́шка

**spire** II [ˈspaɪə] *n* 1) спира́ль 2) вито́к

**spirilla** [ˈspaɪrɪlə] *pl от* spirillum

**spirillum** [ˈspaɪrɪləm] *n* (*pl* -la) *бакт.* спири́лла

**spirit** [ˈspɪrɪt] **1.** *n* 1) дух; духо́вное нача́ло; душа́; in (the) ~ мы́сленно, в душе́ 2) привиде́ние, дух 3) челове́к (*с точки зрения душевных или нравственных качеств*); one of the greatest ~s of his day оди́н из велича́йших умо́в своего́ вре́мени 4) су́щность, смысл; to take smth. in the wrong ~ непра́вильно толкова́ть что-л.; you don't go about it in the right ~ у вас к э́тому непра́вильный подхо́д 5) мора́льная си́ла, дух, хара́ктер; a man of an unbending ~ несгиба́емый челове́к, непреклóнный хара́ктер 6) (*часто pl*) настрое́ние, душе́вное состоя́ние; to be in high (*или* good) ~s быть в весёлом, припо́днятом настрое́нии; to be in low ~s, to be out of ~s быть в пода́вленном настрое́нии; it shows a kindly ~ э́то пока́зывает доброжела́тельное отноше́ние; to keep up smb.'s ~s поднима́ть чьё-л. настрое́ние, ободря́ть кого́-л.; try to keep up your ~s не па́дайте ду́хом 7) хра́брость; воодушевле́ние, жи́вость; to go at smth. with ~ энерги́чно взя́ться за что-л.; people of ~ му́жественные, хра́брые лю́ди; to speak with ~ говори́ть с жа́ром 8) дух, о́бщая тенде́нция; the ~ of progress дух прогре́сса; the ~ of times дух вре́мени 9) (*обыкн. pl*) алкого́ль, спирт, спиртно́й напи́ток; ~ of camphor камфа́рный спирт; ~(s) of wine ви́нный спирт 10) *attr.* спирити́ческий 11) *attr.* спиртово́й ◇ that's the right ~! вот молоде́ц!

**2.** *v* 1) воодушевля́ть, ободря́ть; одобря́ть (*часто* ~ up) 2) та́йно похища́ть (*обыкн.* ~ away, ~ off)

**spirited** [ˈspɪrɪtɪd] **1.** *p. p. от* spirit 2

**2.** *a* живо́й, сме́лый, энерги́чный; горя́чий (*о лошади*); ~ reply бо́йкий отве́т; ~ translation я́ркий перево́д; ~ speech пы́лкая речь

**-spirited** [-ˌspɪrɪtɪd] *в сложных словах означает* име́ющий *такой-то* хара́ктер *или* находя́щийся в *таком-то*

располо́жении ду́ха; **low-spirited** в пода́вленном состоя́нии

**spiritism** [ˈspɪrɪtɪzm] *n* спирити́зм

**spirit-lamp** [ˈspɪrɪtlæmp] *n* спирто́вка

**spiritless** [ˈspɪrɪtlɪs] *a* безжи́зненный, вя́лый

**spirit-level** [ˈspɪrɪt,levl] *n* спиртово́й у́ровень, ватерпа́с

**spirit-rapping** [ˈspɪrɪt,ræpɪŋ] *n* столоверче́ние, спирити́зм

**spiritual** [ˈspɪrɪtjuəl] **1.** *a* 1) духо́вный 2) одухотворённый, возвы́шенный 3) свято́й, боже́ственный 4) религио́зный, церко́вный; ~ court церко́вный суд; lords ~ епи́скопы — чле́ны парла́мента

**2.** *n* 1) *амер.* спири́чуал, негритя́нский религио́зный гимн 2) *pl* церко́вные дела́

**spiritualism** [ˈspɪrɪtjuəlɪzm] *n* 1) *филос.* спиритуали́зм 2) = spiritism

**spiritualistic** [,spɪrɪtjuəˈlɪstɪk] *a* 1) *филос.* спиритуалисти́ческий 2) спирити́ческий

**spirituality** [,spɪrɪtjuˈælɪtɪ] *n* 1) духо́вность 2) одухотворённость

**spiritualize** [ˈspɪrɪtjuəlaɪz] *v* одухотворя́ть

**spirituous** [ˈspɪrɪtjuəs] *a* спиртно́й, алкого́льный (*о напитках*)

**spirt** [spəːt] **1.** *n* = spurt 1, 1)

**2.** *v* = spurt 2, 1)

**spit I** [spɪt] **1.** *n* 1) ве́ртел 2) длинная о́тмель; намывна́я коса́, стре́лка

**2.** *v* наса́живать на ве́ртел; пронза́ть, протыка́ть

**spit II** [spɪt] **1.** *n* 1) плева́ние 2) слюна́, плево́к 3) небольшо́й до́ждик *или* снег ◇ ~ and polish а) *воен. разг.* вне́шний вид; б) *мор.* идеа́льная чистота́; the ~ and image of smb. живо́й портре́т, то́чная ко́пия кого́-л.; to be the dead (*или* the very) ~ быть то́чной ко́пией; he is the very ~ of his father он вы́литый оте́ц

**2.** *v* (spat) 1) плева́ть(ся); to ~ blood ха́ркать кро́вью 2) фы́ркать 3) треща́ть, шипе́ть (*об огне, свечке и т. п.*) 4) мороси́ть; бры́згать □ ~ **at** проявля́ть вражде́бность к *кому-л.*; ~ **out** а) выплёвывать; б) *разг.* выдава́ть (*секрет*); в): to ~ it out *разг.* говори́ть, выска́зывать; ~ it out! говори́те гро́мче!; ~ **upon** наплева́ть на *что-л.*; относи́ться с презре́нием к *кому-л.*

**spit III** [spɪt] *n* штык (*слой земли на глубину лопаты*)

**spite** [spaɪt] **1.** *n* 1) зло́ба, злость; to have a ~ against smb. име́ть зуб про́тив кого́-л.; in (*или* for, from) ~ на́зло́ 2): in ~ of (*употр. как prep и cj*) несмотря́ на

**2.** *v* досажда́ть, де́лать на́зло́

**spiteful** [ˈspaɪtful] *a* 1) зло́бный 2) злора́дный, недоброжела́тельный 3) язви́тельный

**spitfire** [ˈspɪt,faɪə] *n* злю́чка; вспы́льчивый, раздражи́тельный челове́к

**spitting image** [ˈspɪtɪŋˈɪmɪdʒ] *n разг.* вы́литый портре́т, «ко́пия»

**spittle** [ˈspɪtl] *n* слюна́; плево́к

**spittoon** [spɪˈtuːn] *n* плева́тельница

**spitz** [spɪts] *n* шпиц

**spitz-dog** [ˈspɪtsdɔg] = spitz

**spiv** [spɪv] *n sl.* 1) спекуля́нт; фарцо́вщик; тёмная ли́чность 2) *attr.* спекуляти́вный

**spivvery** [ˈspɪvərɪ] *n sl.* спекуля́ция; тёмные дели́шки

**splanchnic** [ˈsplæŋknɪk] *a* относя́щийся к вну́тренностям, вну́тренностный

**splash** [splæʃ] **1.** *n* 1) бры́зги, бры́зганье 2) плеск, вcплеск; to fall into water with a ~ бульты́хну́ться в во́ду 3) пятно́ 4) кра́сочное пятно́ 5) *разг.* небольшо́е коли́чество, ка́пелька (*жидкости*) 6) выставле́ние напока́з, рисо́вка ◇ to make a ~ вы́звать сенса́цию; front-page ~ газе́тная сенса́ция

**2.** *v* 1) забры́згивать; бры́згать(ся); to ~ a page with ink зали́ть страни́цу черни́лами 2) плеска́ть(ся) 3) шлёпать (*по грязи или воде*; *обыкн.* ~ through, ~ across); to ~ one's way through the mud шлёпать по гря́зи 4) шлёпнуться, бульты́хну́ться (into) 5) расцве́чивать; fields ~ed with poppies поля́, усе́янные ма́ками □ ~ **down** приводни́ться (*о космическом корабле*)

**splash-board** [ˈsplæʃbɔːd] *n* 1) крыло́, щито́к (*автомобиля, экипажа*) 2) *гидр.* шлю́зный щит

**splashdown** [ˈsplæʃdaun] *n* приводне́ние (*космического корабля*)

**splasher** [ˈsplæʃə] *n авто* грязево́й щито́к

**splatter** [ˈsplætə] *v* 1) плеска́ться; журча́ть 2) говори́ть невня́тно, бормота́ть

**splay** [spleɪ] **1.** *n* скос, отко́с

**2.** *a* 1) косо́й, ско́шенный, расширя́ющийся 2) вы́вернутый нару́жу 3) неуклю́жий

**3.** *v* 1) ска́шивать края́ (*отверстия*) 2) расширя́ть(ся) 3) вы́вихнуть 4) growора́чивать носки́ нару́жу (*при ходьбе*)

**splay-foot(ed)** [ˈspleɪˈfut(ɪd)] *a* косола́пый, име́ющий пло́ские вы́вернутые ступни́

**spleen** [spliːn] *n* 1) *анат.* селезёнка 2) зло́ба; раздраже́ние; to vent one's ~ upon smb. сорва́ть зло́бу на ком-л. 3) *уст.* сплин, хандра́

**spleenful** [ˈspliːnful] *a* раздражи́тельный, зло́бный, жёлчный

**splendent** [ˈsplendənt] *a* блестя́щий, сверка́ющий

**splendid** [ˈsplendɪd] 1) великоле́пный; роско́шный; блестя́щий 2) *разг.* отли́чный, превосхо́дный

**splendiferous** [splenˈdɪfərəs] *a разг.* прекра́снейший, отли́чный, превосхо́днейший

**splendour** [ˈsplendə] *n* 1) блеск 2) великоле́пие; пы́шность 3) вели́чие, сла́ва; благоро́дство

**splenetic** [splɪˈnetɪk] **1.** *a* 1) селезёночный 2) раздражи́тельный, жёлчный 3) *уст.* хандря́щий

**2.** *n* 1) страда́ющий боле́знью селезёнки 2) раздражи́тельный, серди́тый челове́к

**splenic** [ˈspliːnɪk] *a* селезёночный

**splice** [splaɪs] **1.** *n* 1) *мор.* сплёсень 2) *стр.* соедине́ние внакро́й, сра́щивание

**2.** *v* 1) *мор.* сплёснивать, сра́щивать (*концы тросов*) 2) *стр.* соединя́ть внакро́й; сра́щивать 3) *разг.* (по)жени́ть

**splint** [splɪnt] **1.** *n* 1) оско́лок; щепа́ 2) лубо́к (*для плетения корзин*) 3) *хир.* лубо́к, ши́на 4) = splint-bone 5) *вет.* нако́стник 6) *тех.* чека́, шплинт

**2.** *v хир.* накла́дывать ши́ну

**splint-bone** [ˈsplɪntbəun] *n анат.* малоберцо́вая кость

**splinter** [ˈsplɪntə] **1.** *n* 1) оско́лок 2) зано́за 3) ще́пка, лучи́на 4) *attr.* оско́лочный; ~ effect *воен.* оско́лочное де́йствие

**2.** *v* расщепля́ть(ся); раска́лывать (-ся); разбива́ться

**splinter group** [ˈsplɪntəgruːp] *n* отколо́вшаяся (полити́ческая) группиро́вка

**splintery** [ˈsplɪntərɪ] *a* 1) похо́жий на ще́пку *или* оско́лок 2) легко́ расщепля́ющийся *или* разлета́ющийся на оско́лки

**split** [splɪt] **1.** *n* 1) раска́лывание 2) тре́щина, щель, расще́лина; про́резь 3) раско́л 4) ще́пка, лучи́на (*для корзин*) 5) полбуты́лки *или* ма́ленькая буты́лка (*газированной воды, водки и т. п.*) 6) *эл.* расщеплённость 7) *pl спорт.* шпага́т 8) сла́дкое блю́до (*из фруктов, мороженого, орехов*)

**2.** *a* расщеплённый, раско́лотый; раздро́бленный; разделённый попола́м; ~ decision реше́ние, при кото́ром голоса́ раздели́лись; ~ second кака́я-то до́ля секу́нды; мгнове́ние

**3.** *v* (split) 1) раска́лывать(ся); расщепля́ть(ся) (*тж.* ~ asunder) 2) разбива́ть(ся), тре́скаться; to ~ one's forces дроби́ть си́лы; my head is ~ting у меня́ раска́лывается голова́ от бо́ли 3) дели́ть на ча́сти; распределя́ть (*обыкн.* ~ up); дели́ться с кем-л. (with); to ~ one's vote (*или* ticket) голосова́ть одновре́ме́нно за кандида́тов ра́зных па́ртий; to ~ the profits подели́ть дохо́ды; to ~ a bottle *разг.* раздави́ть буты́лочку на двои́х 4) поссо́рить; раска́лывать (*на группы, фракции и т. п.*) □ ~ **off** отка́лывать(ся); отделя́ть; ~ **on** *sl.* выдава́ть (*сообщника*); ~ **up** разделя́ть(ся), раска́лывать(ся) ◇ to ~ one's sides надрыва́ться от хо́хота; the rock on which we ~ ка́мень преткнове́ния; причи́на несча́стий; to ~ smb.'s ears оглуша́ть кого́-л.; to ~ the difference а) брать сре́днюю величину́; б) идти́ на компроми́сс

**split infinitive** [ˈsplɪtɪnˈfɪnɪtɪv] *n грам.* инфинити́в с отделённой части́-

цей to (*напр.*: I wish to highly recommend him)

**split mind** ['splɪtmaɪnd] = split personality

**split personality** ['splɪt,pə:sə'nælɪtɪ] *n* раздвое́ние ли́чности

**split pin** ['splɪt'pɪn] *n тех.* шплинт

**split ring** ['splɪt'rɪŋ] *n* кольцо́ для ключе́й

**splitter** ['splɪtə] *n* 1) раско́льник 2) ме́лочный челове́к; педа́нт 3) си́льная головна́я боль

**split ticket** ['splɪt'tɪkɪt] *n амер.* бюллете́нь, в кото́ром избира́тель голосу́ет за представи́телей двух или не́скольких па́ртий

**splitting** ['splɪtɪŋ] **1.** *pres. p. от* split 3

**2.** *a* 1) пронзи́тельный, оглуши́тельный 2) головокружи́тельный 3) о́стрый, си́льный (*о головной боли*) 4) раско́льнический

**split vote** ['splɪt'vəut] = split ticket

**splodge** [splɔdʒ] = splotch

**splosh** [splɔʃ] *n* 1) *разг.* про́литая вода́ 2) *sl.* де́ньги

**splotch** [splɔtʃ] *n* 1) гря́зное пятно́ 2) большо́е неро́вное пятно́

**splotchy** ['splɔtʃɪ] *a* покры́тый пя́тнами; запа́чканный

**splurge** [splə:dʒ] *разг.* **1.** *n* выставле́ние напока́з, хвастовство́ (*особ. богатством*)

**2.** *v* выставля́ть напока́з, хва́стать, пуска́ть пыль в глаза́

**splutter** ['splʌtə] **1.** *n* 1) бессвя́зная речь, лопота́нье 2) бры́зги 3) шипе́ние

**2.** *v* 1) говори́ть бы́стро и бессвя́зно, лопота́ть 2) бры́згать слюно́й, плева́ться 3) шипе́ть, треща́ть (*об огне, жире и т. п.*)

**spoil** [spɔɪl] **1.** *n* 1) (*обыкн. pl или собир.*) добы́ча, награ́бленное добро́; the ~s of war вое́нная добы́ча, трофе́и 2) при́быль, вы́года, полу́ченная в результа́те конкуре́нции с кем-л. 3) предме́т иску́сства, ре́дкая кни́га *и т. п.*, приобретённые с трудо́м 4) *pl* госуда́рственные до́лжности, распределя́емые среди́ сторо́нников па́ртии, победи́вшей на вы́борах 5) вы́нутый грунт; пуста́я поро́да 6) *attr.*: ~s system распределе́ние госуда́рственных должносте́й среди́ сторо́нников па́ртии, победи́вшей на вы́борах; предоставле́ние госуда́рственных должносте́й за полити́ческие услу́ги

**2.** *v* (spoilt, spoiled [-d]) 1) по́ртить 2) балова́ть 3) по́ртиться (*о продуктах*) 4) *уст., книжн.* гра́бить, отбира́ть; to ~ the Egyptians *библ.* обкра́дывать свои́х враго́в *или* угнета́телей; поживи́ться за счёт врага́ ◇ to be ~ing for *разг.* си́льно жела́ть *чего-л.*; изголода́ться по *чему-л.*; to be ~ing for a fight лезть в дра́ку

**spoilage** ['spɔɪlɪdʒ] *n* 1) по́рча 2) испо́рченный това́р, брак

**spoilsman** ['spɔɪlzmən] *n амер.* челове́к, получа́ющий до́лжность в награ́ду за полити́ческие услу́ги

**spoil-sport** ['spɔɪlspɔ:t] *n* тот, кто по́ртит удово́льствие други́м

**spoilt** [spɔɪlt] **1.** *past и p. p. от* spoil 2

**2.** *a* испо́рченный; избало́ванный; the ~ child of fortune ба́ловень судьбы́

**spoke I** [spəuk] **1.** *n* 1) спи́ца (*колеса*) 2) ступе́нька, перекла́дина (*приставной лестницы*) ◇ to put a ~ in smb.'s wheel ста́вить кому́-л. па́лки в колёса

**2.** *v* снабжа́ть спи́цами

**spoke II** [spəuk] *past от* speak

**spoke-bone** ['spəukbəun] *n анат.* лучева́я кость

**spoken** ['spəukən] **1.** *p. p. от* speak

**2.** *a* у́стный; ~ language у́стная речь

**spokesman** ['spəuksmən] *n* представи́тель, делега́т; ора́тор

**spoliation** [,spəulɪ'eɪʃən] *n* 1) грабёж, захва́т иму́щества (*особ. нейтральных судов во время войны*) 2) *юр.* преднаме́ренное уничтоже́ние *или* искаже́ние докуме́нта (*чтобы он не мог служить доказательством*)

**spondaic** [spɔn'deɪɪk] *a прос.* спондеи́ческий

**spondee** ['spɔndi:] *n прос.* спонде́й

**spondulicks** [spɔn'dju:lɪks] *n pl амер. sl.* де́ньги

**sponge** [spʌndʒ] **1.** *n* 1) гу́бка 2) гу́бчатое вещество́ 3) обтира́ние гу́бкой; to have a ~ down обтере́ться гу́бкой 4) что-л., похо́жее на гу́бку, *напр.*, ноздрева́тое подня́вшееся те́сто, взби́тые бе́лки *и т. п.* 5) = sponger 1); 6) «гу́бка», челове́к, легко́ воспринима́ющий *что-л.*, бы́стро усва́ивающий зна́ния 7) *мед.* тампо́н (*из марли и ваты*) ◇ to pass the ~ over smth. преда́ть забве́нию что-л.; to chuck (*или* to throw) up the ~ призна́ть себя́ побеждённым

**2.** *v* 1) вытира́ть, мыть, чи́стить гу́бкой 2) собира́ть гу́бки 3) *разг.* ода́лживать у кого́-л. (*без отдачи*); по́льзоваться чем-л. чужи́м, приобрета́ть за чужо́й счёт □ ~ **down** обтира́ть (-ся) мо́крой гу́бкой; ~ **off** чи́стить гу́бкой; ~ **on** *разг.* жить на чужо́й счёт; ~ **out** а) стира́ть гу́бкой; б) изгла́дить из па́мяти; ~ **up** впи́тывать гу́бкой; ~ **upon** = ~ on

**sponge-cake** ['spʌndʒ'keɪk] *n* бискви́т

**sponger** ['spʌndʒə] *n* 1) прижива́л; парази́т, нахле́бник 2) лове́ц гу́бок

**spongy** ['spʌndʒɪ] *a* 1) гу́бчатый, по́ристый, ноздрева́тый 2) то́пкий, боло́тистый

**sponsion** ['spɔnʃən] *n* поручи́тельство

**sponsor** ['spɔnsə] **1.** *n* 1) поручи́тель 2) попечи́тель, покрови́тель 3) крёстный (оте́ц); крёстная (мать) 4) устро́итель, организа́тор 5) зака́зчик радиорекла́мы

**2.** *v* 1) руча́ться (*за кого-л.*) 2) устра́ивать, организо́вывать (*концерты, митинги и т. п.*) 3) подде́рживать; субсиди́ровать

**spontaneity** [,spɔntə'ni:ɪtɪ] *n* 1) самопроизво́льность, спонта́нность 2) непосре́дственность

**spontaneous** [spɔn'teɪnjəs] *a* 1) самопроизво́льный, спонта́нный; ~ combustion самовозгора́ние; ~ generation самозарожде́ние 2) доброво́льный 3) непосре́дственный, непринуждённый; стихи́йный; ~ enthusiasm и́скренний энтузиа́зм; ~ movement а) поры́в; б) стихи́йное движе́ние

**spontoon** [spɔn'tu:n] *n воен. ист.* эспонто́н, полупи́ка

**spoof** [spu:f] *разг.* **1.** *n* 1) мистифика́ция, ро́зыгрыш 2) *attr.* вы́думанный; сфабрико́ванный

**2.** *v* мистифици́ровать; обма́нывать; you've been ~ed вас разыгра́ли

**spook** [spu:k] *n шутл.* привиде́ние

**spool** [spu:l] **1.** *n* шпу́лька, кату́шка; боби́на

**2.** *v* нама́тывать (*на катушку, шпульку и т. п.*)

**spoon I** [spu:n] **1.** *n* 1) ло́жка 2) широ́кая изо́гнутая ло́пасть (*весла*) 3) *спорт.* вид клю́шки 4) блесна́ 5) *горн.* жело́нка ◇ to be born with a silver ~ in one's mouth ≅ роди́ться в соро́чке

**2.** *v* 1) че́рпать ло́жкой (*обыкн.* ~ up, ~ out) 2) *спорт.* подта́лкивать (*шар в крокете*); слегка́ подки́дывать мяч (*в крикете*) 3) лови́ть ры́бу на блесну́

**spoon II** [spu:n] *v шутл.* любе́зничать (*о влюблённых*)

**spoon-bait** ['spu:nbeɪt] *n* блесна́

**spoon-bill** ['spu:nbɪl] *n зоол.* колпи́ца

**spoon-drift** ['spu:ndrɪft] = spindrift

**spoonerism** ['spu:nərɪzm] *n* непроизво́льная перестано́вка звуко́в (*напр.*, blushing crow *вм.* crushing blow)

**spoon-fed** ['spu:nfed] *a* 1) получа́ющий пи́щу с ло́жки (*о больном и т. п.*) 2) нужда́ющийся в постоя́нной опе́ке и по́мощи; находя́щийся на госуда́рственной дота́ции (*об отрасли промышленности*) 3) *амер. разг.* избало́ванный

**spoonful** ['spu:nful] *n* по́лная ло́жка (*чего-л.*)

**spoon-meat** ['spu:nmi:t] *n* жи́дкая пи́ща для младе́нца

**spoony** ['spu:nɪ] *a разг.* 1) глу́пый 2) влюблённый; сентимента́льный

**spoor** [spuə] **1.** *n* след (*зверя*)

**2.** *v* высле́живать, идти́ по сле́ду

**sporadic** [spə'rædɪk] *a* спорадический, едини́чный, случа́йный

**sporangia** [spə'rændʒɪə] *pl от* sporangium

**sporangium** [spə'rændʒɪəm] *n* (*pl* -gia) *бот.* спора́нгий

**spore** [spɔ:] *n биол.* спо́ра

**sporran** ['spɔrən] *n* ко́жаная су́мка с ме́хом (*часть костюма шотландского горца*)

**sport** [spɔ:t] **1.** *n* 1) спорт, спорти́вные и́гры; охо́та; ры́бная ло́вля;

athletic ~s атлéтика; to go in for ~s занимáться спóртом; to have good ~ хорошó поохóтиться 2) *pl* спортúвные соревновáния 3) *разг.* спортсмéн 4) *разг.* слáвный мáлый 5) *амер.* игрóк 6) забáва, развлечéние; шýтка; to become the ~ of fortune стать игрýшкой судьбы́; in ~ в шýтку; what ~! как вéсело! 7) посмéшище; to make ~ of высмéивать 8) *биол.* мутáция

**2.** *a* спортúвный; ~ clothes спортúвная одéжда

**3.** *v* 1) игрáть, веселúться, резвúться; развлекáться 2) занимáться спóртом 3) шутúть 4) *разг.* носúть, выставлять напокáз; щеголя́ть; to ~ a rose in one's buttonhole щеголя́ть рóзой в петлúце 5) *биол.* давáть мутáцию □ ~ **away** промáтывать, растрáчивать ◇ to ~ one's oak *унив. sl.* закры́ть дверь для посетúтелей; не принимáть гостéй

**sportful** [ˈspɔːtful] *a* весёлый; забáвный

**sporting** [ˈspɔːtɪŋ] **1.** *pres. p. от* sport 3

**2.** *a* спортúвный; охóтничий ◇ ~ chance рискóванный шанс; ~ house а) игóрный дом; б) публúчный дом

**sportive** [ˈspɔːtɪv] *a* 1) игрúвый, весёлый 2) спортúвный

**sports** [spɔːts] = sport 2

**sportsman** [ˈspɔːtsmən] *n* 1) спортсмéн; охóтник; рыболóв 2) чéстный, поря́дочный человéк

**sportsmanlike** [ˈspɔːtsmənlaɪk] *a* 1) спортсмéнский 2) чéстный, поря́дочный, благорóдный; мýжественный

**sportsmanship** [ˈspɔːtsmənʃɪp] *n* 1) спортúвное мастерствó 2) увлечéние спóртом 3) чéстность, прямотá

**sportswoman** [ˈspɔːtsˌwumən] *n* спортсмéнка

**sporty** [ˈspɔːtɪ] *a* 1) спортсмéнский 2) лихóй, удалóй 3) показнóй, щегольскóй

**spot** [spɔt] **1.** *n* 1) пятнó; пя́тнышко; крáпинка 2) позóр, пятнó; without a ~ on his reputation с незапя́тнанной репутáцией 3) пры́щик; a face covered with ~s прыщевáтое лицó 4) кáпля (*дождя*) 5) мéсто; a retired ~ уединённое мéсто; on the ~ на мéсте; срáзу, немéдленно [*ср. тж.* 7)]; to act on the ~ дéйствовать без промедлéния; to be on the ~ быть очевúдцем; the people on the ~ лю́ди, живýщие на мéсте и знакóмые с обстоя́тельствами 6) *разг.* небольшóе колúчество еды́ *или* питья́; how about a ~ of lunch? не позáвтракать ли?; will you have a ~ of whisky? хотúте немнóго вúски? 7) *разг.* затруднúтельное положéние; on (*или* upon) the ~, in a ~ в опáсности, в затруднúтельном положéнии [*ср. тж.* 5)]; to put smb. on the ~ постáвить когó-л. в затруднúтельное положéние 8) *pl* = ~ goods [*см.* 9)] 9) *attr.* налúчный; имéющийся на склáде; ~ cash налúчный расчёт; ~ goods налúчный товáр; товáр с немéдленной сдáчей; ~ price ценá при услóвии немéдленной уплáты налúчными 10) *attr. радио* мéстный; ~ broadcasting передáча мéстной радиостáнции ◇ blind ~ а) мёртвая тóчка; б) óбласть, в котóрой дáнное лицó плóхо разбирáется; в) *радио* зóна молчáния

**2.** *v* 1) пятнáть, пáчкать, покрывáть (-ся) пя́тнами; this silk ~s with water на э́том шёлке от воды́ остаю́тся пя́тна 2) пятнáть, позóрить 3) *разг.* увúдеть, узнáть; определúть, опознáть; to ~ the cause of the trouble определúть причúну неполáдок; to ~ the winner определúть закрáнее бýдущего победúтеля в состязáнии; I ~ted his roguery as soon as I met him я догадáлся о егó мошéнничестве, как тóлько егó увúдел 4) определúть местонахождéние, обнарýжить 5) выводúть пя́тна 6) *разг.* накрáпывать (*о дожде*); it's beginning to ~, it is ~ting with rain пошёл дóждик 7) *воен.* корректúровать стрельбý

**spotless** [ˈspɔtlɪs] *a* 1) без едúного пя́тнышка 2) безупрéчный; незапя́тнанный

**spotlight** [ˈspɔtlaɪt] **1.** *n* 1) *театр.* прожéктор для подсвéтки 2) *авто* подвижнáя фáра ◇ to be in the ~ быть в цéнтре внимáния

**2.** *v* 1) осветúть 2) поместúть в центр внимáния

**spotted** [ˈspɔtɪd] **1.** *p. p. от* spot 2

**2.** *a* 1) пятнúстый, крáпчатый 2) запáчканный, запя́тнанный

**spotted fever** [ˈspɔtɪdˈfiːvə] *n* 1) сыпнóй тиф 2) цереброспинáльный менингúт

**spotter** [ˈspɔtə] *n* 1) наблюдáтель 2) *амер.* сы́щик, детектúв 3) *воен.* корректирóвщик (*огня*)

**spotty** [ˈspɔtɪ] *a* 1) пятнúстый; пёстрый 2) прыщевáтый 3) неоднорóдный

**spouse** [spauz] *n поэт., уст.* 1) супрýг; супрýга 2) *pl* супрýжеская четá

**spout** [spaut] **1.** *n* 1) нóсик, гóрлышко, ры́льце 2) водостóчная трубá *или* жёлоб; выпускнóе отвéрстие 3) жёлоб *или* небольшóй лифт в ломбáрде для подъёма залóженных вещéй 4) струя́; столб воды́; водянóй смерч 5) *зоол.* дыхáтельное отвéрстие (*у кита*) ◇ up the ~ а) в заклáде; his watch is put up the ~ он заложúл свой часы́; б) разорённый; обанкрóтившийся

**2.** *v* 1) бить струёй; струúться, лúться потóком 2) извергáть; the volcano ~s lava вулкáн извергáет лáву 3) *разг.* разглагóльствовать, ораторствовать; to ~ poetry декламúровать стихú 4) *sl.* заклáдывать

**spraddle** [ˈsprædl] *v* широкó расставля́ть нóги

**sprain** [spreɪn] **1.** *n* растяжéние свя́зок

**2.** *v* растянýть свя́зки

**sprang** [spræŋ] *past от* spring I, 2

**sprat** [spræt] *n* 1) кúлька, шпрот; вся́кая мéлкая ры́ба, похóжая на кúльку 2) *шутл.* хýденький ребёнок 3) *презр.* мéлкая сóшка ◇ to throw (*или* to risk) a ~ to catch a whale ≅ рискнýть мáлым рáди большóго

**sprat-day** [ˈsprætdeɪ] *n* 9 ноября́, день начáла лóва кúльки

**sprawl** [sprɔːl] **1.** *n* неуклю́жая пóза; неуклю́жее движéние

**2.** *v* 1) растянýть(ся); развалúться (*о человеке*); to send one ~ing сбить когó-л. с ног 2) раскúдывать (*руки, ноги*) небрéжно *или* неуклю́же 3) расползáться во все стóроны

**sprawling** [ˈsprɔːlɪŋ] **1.** *pres. p. от* sprawl 2

**2.** *a* расползáющийся; ползýчий; ~ handwriting размáшистый пóчерк; ~ shoots стéлющиеся побéги

**spray** I [spreɪ] *n* 1) вéтка, побéг 2) узóр в вúде вéточки

**spray** II [spreɪ] **1.** *n* 1) водянáя пыль, бры́зги 2) жúдкость для пульверизáции 3) пульверизáтор, распылúтель 4) *воен.* сноп разлёта оскóлков

**2.** *v* распыля́ть, пульверизúровать; обры́згивать, опры́скивать, опыля́ть

**sprayer** [ˈspreɪə] *n* 1) пульверизáтор, распылúтель 2) *тех.* форсýнка

**spread** [spred] **1.** *n* 1) распространéние; the ~ of learning распространéние знáний 2) размáх (*крыльев и т. п.*) 3) протяжéние, прострáнство; простирáние; протяжённость; a wide ~ of country ширóкий простóр 4) пастообрáзные продýкты (*джем, паштет, масло и т. п.*) 5) *разг.* обúльное угощéние, пир горóй; he gave us no end of a ~ он нас роскóшно угостúл 6) расширéние, растяжéние 7) покрывáло; скáтерть 8) материáл *или* объявлéние (*длиной в несколько газетных столбцов*) 9) разворóт газéты 10) *амер. эк.* рáзница, разры́в (*между ценами, курсами, издержками и т. п.*)

**2.** *v* (spread) 1) развёртывать(ся); раскúдывать(ся); простирáть(ся); расстилáть(ся); to ~ a banner развернýть знáмя; to ~ one's hands to the fire протянýть рýки к огню́; to ~ a sail поднять пáрус; a broad plain ~s before us пéред нáми расстилáется ширóкая равнúна; the peacock ~s its tail павлúн распускáет хвост; the river here ~s to a width of half a mile ширинá рекú в э́том мéсте достигáет полумúли 2) распространя́ть(ся), разносúть(ся); the fire ~ from the factory to the house nearby огóнь перекúнулся с фáбрики на сосéдний дом; to ~ rumours (disease) распространя́ть слýхи (болéзнь) 3): to ~ oneself а) разбрáсываться (*о спящем*); б) распространя́ться, разглагóльствовать; в) дать вóлю сóбственному гостеприúмству; «вы́ложиться»; г) *разг.* старáться понрáвиться, лезть вон из кóжи 4) покрывáть, устилáть, усéивать; to ~ the table накрывáть на стол; to ~ a carpet on the floor расстилáть ковёр на полý; to ~ manure over a field разбрáсывать навóз пó полю; a meadow ~ with daisies луг, усе́янный маргари́тками 5) разма́зывать(ся); нама́зывать(ся); to ~ butter on bread нама́зать хлеб ма́слом; the paint ~s well кра́ска хорошо́ ложи́тся 6) продолжа́ться; продлева́ть; the course of lectures ~s over a year курс ле́кций продолжа́ется год 7) *амер.* запи́сывать; to ~ on the records внести́ в за́писи 8) *тех.* растя́гивать, расширя́ть, вытя́гивать, расплю́щивать □ ~ **out** а) развёртывать(ся); to ~ out a map разложи́ть ка́рту; to ~ out one's legs вы́тянуть но́ги; the branches ~ out like a fan ве́тви расхо́дятся ве́ером; б) разбра́сывать

**spread eagle** [ˈspredˈiːgl] *n* орёл с распростёртыми кры́льями (*на госуда́рственных гербах*)

**spread-eagle** [ˈspredˈiːgl] **1.** *a* 1) распла́станный 2) *амер. разг.* высокопа́рный; хвастли́вый; ура́-патриоти́ческий

2. *v* распласта́ть

**spread-eagleism** [ˈspredˈiːglɪzm] *n амер. разг.* ура́-патриоти́зм

**spreader** [ˈspredə] *n* 1) распространи́тель 2) *тех.* приспособле́ние для раскла́дки; распредели́тель; распо́рка 3) *с.-х.* навозоразбра́сыватель 4) *ж.-д.* спре́дер

**spree** [spriː] *n* весе́лье, ша́лости; кутёж; to go (*или* to be) on the ~ кути́ть; what a ~! как ве́село!

**sprig** [sprɪg] **1.** *n* 1) ве́точка, побе́г 2) узо́р в ви́де ве́точки 3) штифт; гвоздь без шля́пки 4) молодо́й челове́к, ю́ноша 5) *пренебр.* о́тпрыск

2. *v* 1) украша́ть узо́ром в ви́де ве́точек 2) закрепля́ть штифто́м

**sprightly** [ˈspraɪtlɪ] **1.** *a* оживлённый, весёлый

2. *adv* оживлённо, ве́село

**spring** I [sprɪŋ] **1.** *n* 1) прыжо́к, скачо́к; to take a ~ пры́гнуть; to rise with a ~ подскочи́ть 2) пружи́на; рессо́ра 3) упру́гость, эласти́чность 4) жи́вость, эне́ргия; his mind has lost its ~ он стал ту́го сообража́ть 5) исто́чник, родни́к, ключ 6) (*обыкн. pl*) моти́в, причи́на; нача́ло; the ~s of action побуди́тельные причи́ны 7) тре́щина, течь

2. *v* (sprang, sprung; sprung) 1) пры́гать, вска́кивать; броса́ться; to ~ at (*или* upon) smb. набро́ситься на кого́-л.; to ~ to one's feet вскочи́ть на́ ноги; to ~ over a fence перескочи́ть че́рез забо́р; to ~ up into the air подскочи́ть в во́здух 2) бить ключо́м 3) брать нача́ло; происходи́ть, возника́ть (*обыкн.* ~ up); his mistakes ~ from carelessness его́ оши́бки — результа́т небре́жности; he is sprung from royal blood он происхо́дит из короле́вского ро́да 4) появля́ться; many new houses have sprung in this district в э́том райо́не появи́лось мно́го но́вых домо́в; where have you sprung from? отку́да вы появи́лись? 5) возвыша́ться 6) бы́стро и неожи́данно перейти́ в друго́е состоя́ние; to ~ into fame стать изве́стным 7) дава́ть ростки́, побе́ги; прораста́ть; всходи́ть; the buds are ~ing появля́ются по́чки 8) коро́биться (*о доске*) 9) дава́ть тре́щину, тре́скаться, раска́лываться(ся) 10) взрыва́ть (*мину*) 11) вспу́гивать (*дичь*) 12) отпуска́ть пружи́ну; the door sprang to дверь захло́пнулась (*на пружине*) 13) пружи́нить 14) прилива́ть, бры́знуть (*о крови*); blood sprang to my cheeks кровь бро́силась мне в лицо́ 15) внеза́пно откры́ть, сообщи́ть (upon); to ~ surprises де́лать сюрпри́зы; the news was sprung upon me но́вость заста́ла меня́ врасплох 16) *тех.* снабжа́ть пружи́ной *или* рессо́рами, подрессо́ривать; устана́вливать на пружи́не □ ~ **back** отпря́нуть; ~ **out** *перен.* вытека́ть, сле́довать (*из чего-л.*); ~ **up** возника́ть (*об обычае, городах и т. п.*), появля́ться

**spring** II [sprɪŋ] *n* 1) весна́ 2) *attr.* весе́нний

**spring balance** [ˈsprɪŋˈbæləns] *n* пружи́нные весы́, безме́н

**spring bed** [ˈsprɪŋˈbed] *n* пружи́нный матра́ц

**spring-board** [ˈsprɪŋbɔːd] *n* 1) трампли́н 2) *воен.* плацда́рм

**springbok** [ˈsprɪŋbɔk] *n зоол.* пры́гу́н, газе́ль, антидо́рка

**springbuck** [ˈsprɪŋbʌk] = springbok

**spring chicken** [ˈsprɪŋˈʧɪkɪn] *n* 1) цыплёнок 2) *sl.* наи́вный, нео́пытный челове́к (*особ. о женщине*)

**springe** [sprɪnʤ] *n* сило́к, западня́

**springer** [ˈsprɪŋə] *n* 1) пры́гун 2) соба́ка из поро́ды спание́лей 3) цыплёнок 4) *стр.* пя́товый ка́мень а́рки

**spring-halt** [ˈsprɪŋhɔːlt] *n вет.* шпат

**springhead** [ˈsprɪŋhed] *n* исто́чник

**spring tide** [ˈsprɪŋtaɪd] *n мор.* сизиги́йный прили́в

**springtide** [ˈsprɪŋtaɪd] *n поэт.* весна́

**springtime** [ˈsprɪŋtaɪm] *n* весна́, весе́нняя пора́

**spring water** [ˈsprɪŋˌwɔːtə] *n* ключева́я вода́

**springy** [ˈsprɪŋɪ] *a* упру́гий, эласти́чный; пружи́нистый

**sprinkle** [ˈsprɪŋkl] **1.** *n* 1) бры́зганье, обры́згивание 2) ме́лкий до́ждик 3) небольшо́е коли́чество; ка́пля

2. *v* 1) бры́згать, кропи́ть 2) посыпа́ть (with — *чем-л.*); разбра́сывать (on) 3) бры́згать, накра́пывать

**sprinkler** [ˈsprɪŋklə] *n* 1) разбры́згиватель 2) = sprinkling-machine; street ~ поли́вочная маши́на 3) *attr.*: ~ system противопожа́рная систе́ма

**sprinkling** [ˈsprɪnklɪŋ] **1.** *pres. p. от* sprinkle 2

2. *n* = sprinkle 1

**sprinkling-machine** [ˈsprɪŋklɪŋməˌʃiːn] *n* дождева́льная устано́вка; дождева́льная маши́на

**sprint** [sprɪnt] **1.** *n* бег на коро́ткую диста́нцию, спринт

2. *v* бежа́ть на коро́ткую диста́нцию, спринтова́ть

**sprinter** [ˈsprɪntə] *n* бегу́н на коро́ткие диста́нции, спри́нтер

**sprit** [sprɪt] *n мор.* шпринто́в

**sprite** [spraɪt] *n* эльф; фе́я

**sprocket** [ˈsprɔkɪt] *n тех.* цепно́е колесо́; звёздочка

**sprocket-wheel** [ˈsprɔkɪtwiːl] = sprocket

**sprout** [spraut] **1.** *n* 1) отро́сток, росто́к, побе́г 2) *pl* брюссе́льская капу́ста (*тж.* Brussels ~s)

2. *v* 1) пуска́ть ростки́, расти́ 2) отра́щивать

**spruce** I [spruːs] **1.** *a* щеголева́тый; элега́нтный, наря́дный

2. *v* 1) приводи́ть в поря́док (*обыкн.* ~ up) 2) принаряжа́ться

**spruce** II [spruːs] *n* ель

**sprue** I [spruː] *n метал.* вертика́льный ли́тник

**sprue** II [spruː] *n мед.* спру, тропи́ческие а́фты

**spruit** [ˈspruːɪt, spreɪt] *n южно-афр.* ручеёк (*обыкн.* пересо́хший)

**sprung** [sprʌŋ] **1.** *past и p. p. от* spring I, 2

2. *a* 1) тре́снувший (*о бите, ракетке*) 2) *разг.* захмеле́вший

**spry** [spraɪ] *a* живо́й, подви́жный; прово́рный; look ~! шевели́тесь!

**spud** [spʌd] **1.** *n* 1) моты́га; ца́пка 2) *разг.* карто́фелина; *pl* карто́шка 3) *тех.* прижи́мная пла́нка

2. *v* ока́пывать, оку́чивать

**spuddle** [ˈspʌdl] *v диал.* копа́ться в земле́

**spue** [spjuː] = spew

**spume** [spjuːm] **1.** *n* пе́на; на́кипь

2. *v* пе́ниться

**spumous** [ˈspjuːməs] *a* пе́нистый; покры́тый пе́ной

**spumy** [ˈspjuːmɪ] = spumous

**spun** [spʌn] **1.** *past. и p. p. от* spin 2

2. *a*: ~ casting *метал.* центробе́жное литьё; ~ cotton бума́жная пря́жа; ~ gold канте́ль, золота́я нить; ~ yarn *мор.* шки́мушка

**spunk** [spʌŋk] *n* 1) *разг.* пыл; му́жество 2) трут

**spunky** [ˈspʌŋkɪ] *a* му́жественный, хра́брый; пы́лкий

**spur** [spəː] **1.** *n* 1) шпо́ра; to put (*или* to set) ~s to пришпо́ривать; *перен.* подгоня́ть, потора́пливать; to win one's ~s *ист.* заслужи́ть зва́ние ры́царя; *перен.* доби́ться призна́ния, приобрести́ и́мя 2) отро́сток (*на крыле или лапе у птиц*); петуши́ная шпо́ра 3) верши́на, отро́г *или* усту́п горы́ 4) сти́мул, побужде́ние; on the ~ of the moment а) под влия́нием мину́ты; б) экспро́мтом, сра́зу 5) *горн.* ответвле́ние жи́лы 6) *бот.* спорынья́ 7) = ~ track ◇ to need the ~ быть медли́тельным

2. *v* 1) пришпо́ривать 2) снабжа́ть шпо́рами 3) побужда́ть, подстрека́ть (to — к *чему-л.*) 4) спеши́ть, мча́ться (*тж.* ~ on, ~ forward) ◇ to ~ a willing horse подгоня́ть, понука́ть и без того́ добросо́вестного рабо́тника

**spurge** [spə:dʒ] *n бот.* молоча́й

**spur gear** [ˈspə:ˈgɪə] *n тех.* цилинд-ри́ческое прямозу́бое колесо́

**spurious** [ˈspjuərɪəs] *a* 1) подде́льный; подло́жный; ~ coin фальши́вая моне́та; ~ manuscript непо́длинная ру́копись; ~ sentiment притво́рное чу́вство 2) незаконнорождённый 3) *бот.* ло́жный

**spurn** [spə:n] **1.** *v* 1) отверга́ть с презре́нием; отта́лкивать 2) отпи́хивать ного́й 3) презри́тельно относи́ться (*к кому-л.*)

**2.** *n* 1) презри́тельный отка́з, отклоне́ние 2) пино́к ного́й

**spurrier** [ˈspə:rɪə] *n* рабо́чий-шпо́рник

**spurt** [spə:t] **1.** *n* 1) струя́; ~s of flame языки́ пла́мени 2) внеза́пное ре́зкое уси́лие, рыво́к

**2.** *v* 1) бить струёй (*тж.* ~ down, ~ out); выбра́сывать (*пламя*) 2) де́лать внеза́пное уси́лие, рыво́к

**spur track** [ˈspə:ˈtræk] *n ж.-д.* подъездна́я ве́тка

**spur-wheel** [ˈspə:ˈwi:l] = spur gear

**sputa** [ˈspju:tə] *pl от* sputum

**sputnik** [ˈsputnɪk] *русск. n* (иску́сственный) спу́тник

**sputter** [ˈspʌtə] **1.** *n* 1) бры́зги 2) шипе́ние 3) = splutter 1; 4) сумато́ха; шум

**2.** *v* 1) бры́згать слюно́й; плева́ться; де́лать кля́ксы (*о пере*) 2) шипе́ть, треща́ть (*об огне, жире и т. п.*) 3) = splutter 2, 1)

**sputum** [ˈspju:təm] *n* (*pl* -ta) 1) слюна́ 2) *мед.* мокро́та

**spy** [spaɪ] **1.** *n* шпио́н; та́йный аге́нт; диверса́нт

**2.** *v* 1) шпио́нить, следи́ть 2) заме́тить, уви́деть, разгляде́ть; to ~ faults замеча́ть недоста́тки □ ~ **into** рассле́довать та́йно; ~ **out** высле́живать, разузнава́ть; to ~ out the land иссле́довать ме́стность; ~ **upon** следи́ть за *кем-л.*

**spyglass** [ˈspaɪglɑ:s] *n* подзо́рная труба́

**spyhole** [ˈspaɪhəul] *n* глазо́к

**squab** [skwɔb] **1.** *n* 1) неоперя́вшийся го́лубь 2) невысо́кого ро́ста толстя́к *или* толстушка 3) ту́го наби́тая поду́шка 4) куше́тка

**2.** *a* коро́ткий и то́лстый; призе́мистый

**squabble** [ˈskwɔbl] **1.** *n* перебра́нка, ссо́ра из-за пустяко́в

**2.** *v* 1) вздо́рить, препира́ться из-за пустяко́в 2) *полигр.* рассыпа́ть(ся) (*о наборе*)

**squabby** [ˈskwɔbɪ] *a* коро́ткий и то́лстый

**squab pie** [ˈskwɔbpaɪ] *n* 1) пиро́г с голубя́ми 2) пиро́г с бара́ниной, я́блоками и лу́ком

**squad** [skwɔd] **1.** *n* 1) *воен.* гру́ппа; кома́нда; отделе́ние; оруди́йный расчёт; awkward ~ *разг.* взвод новобра́нцев; *перен.* новички́; flying ~ а) летучий отря́д; б) дежу́рная полице́йская маши́на 2) брига́да (*рабочих*) 3) *амер.* спорти́вная кома́нда

**2.** *v воен.* своди́ть в кома́нды, гру́ппы, отделе́ния

**squad car** [ˈskwɔdˈkɑ:] *n* полице́йская автомаши́на

**squad drill** [ˈskwɔdˈdrɪl] *n* обуче́ние новобра́нцев стро́ю

**squadron** [ˈskwɔdrən] **1.** *n* 1) *воен.* эскадро́н 2) (артиллери́йский) дивизио́н 3) *мор.* эска́дра, соедине́ние (*кораблей*) 4) *ав.* эскадри́лья 5) отря́д 6) *attr. воен.* эскадро́нный; дивизио́нный 7) *attr. мор.* эска́дренный

**2.** *v воен.* своди́ть в эскадро́ны

**squadron-leader** [ˈskwɔdrənˌli:də] *n* 1) майо́р авиа́ции 2) *амер.* команди́р эскадри́льи

**squalid** [ˈskwɔlɪd] *a* 1) гря́зный, запу́щенный 2) ни́щенский; жа́лкий; убо́гий; ~ lodgings убо́гая кварти́ра 3) опусти́вшийся

**squall** I [skwɔ:l] **1.** *n* вопль, пронзи́тельный крик; визг

**2.** *v* вопи́ть, пронзи́тельно крича́ть; визжа́ть (*о детях*)

**squall** II [skwɔ:l] *n* 1) шквал 2) *разг.* волне́ние, беспоря́дки ◇ look out for ~s береги́тесь опа́сности; бу́дьте настороже́

**squally** [ˈskwɔ:lɪ] *a* бу́рный; поры́вистый

**squalor** [ˈskwɔlə] *n* 1) грязь, запу́щенность 2) нищета́; убо́жество

**squama** [ˈskweɪmə] *n* (*pl* -mae) чешуя́

**squamae** [ˈskweɪmi:] *pl от* squama

**squander** [ˈskwɔndə] **1.** *n* расточи́тельство **2.** *v* расточа́ть, прома́тывать; to ~ time тра́тить вре́мя зря

**square** [skwɛə] **1.** *n* 1) квадра́т 2) прямоуго́льник; кле́тка; ~ of glass кусо́к стекла́ 3) пло́щадь, сквер 4) кварта́л (*города*) 5) *воен.* каре́ 6) науго́льник 7) *мат.* квадра́т величины́; three ~ is nine три в квадра́те равно́ девяти́ 8) *стр.* едини́ца пло́щади (= *100 футам² = 9,29 м²*) 9) *пренебр.* мещани́н, обыва́тель; консерва́тор ◇ on the ~ че́стно, без обма́на; out of ~ а) ко́со, не под прямы́м угло́м; б) непра́вильно, нето́чно; в беспоря́дке

**2.** *a* 1) квадра́тный; в квадра́те; ~ inch квадра́тный дюйм; a table four feet ~ стол в 4 фу́та в длину́ и 4 в ширину́ 2) прямоуго́льный 3) паралле́льный *или* перпендикуля́рный (with, to — *чему-л.*); keep your face ~ to the camera держи́те лицо́ пря́мо про́тив фотоаппара́та; the picture is not ~ with the ceiling карти́на виси́т кри́во 4) пра́вильный, ро́вный, то́чный; to get one's accounts ~ привести́ счета́ в поря́док 5) *разг.* справедли́вый, че́стный, прямо́й, недвусмы́сленный; ~ deal че́стная сде́лка; ~ refusal категори́ческий отка́з 6) *разг.* пло́тный, оби́льный; to have a ~ meal пло́тно пое́сть 7) *пренебр.* традицио́нный; консервати́вный; меща́нский, обыва́тельский ◇ to get ~ with smb. свести́ счёты с кем-л.; to call it ~ расквита́ться, рассчита́ться; all ~ а) с ра́вным счётом (*в игре*); б) *разг.* че́стно, справедли́во

**3.** *adv* 1) пря́мо; to stand ~ стоя́ть пря́мо 2) че́стно; справедли́во 3) лицо́м к лицу́ 4) пря́мо, непосре́дственно 5) твёрдо

**4.** *v* 1) придава́ть квадра́тную фо́рму; де́лать прямоуго́льным 2) выпрямля́ть, распрямля́ть; to ~ one's elbows вы́ставить ло́кти; to ~ one's shoulders распра́вить пле́чи 3) обтёсывать по науго́льнику (*бревно*) 4) приводи́ть в поря́док, ула́живать, урегули́ровать 5) рассчита́ться, расплати́ться; *перен.* расквита́ться (*тж.* ~ up) 6) согласо́вывать(ся), принора́вливать(ся); his description does not ~ with yours его́ описа́ние не схо́дится с ва́шим; you should ~ your practice with your principles вам сле́дует поступа́ть согла́сно ва́шим при́нципам 7) удовлетворя́ть (*напр., кредиторов*) 8) *разг.* подкупа́ть 9) *спорт.* выра́внивать счёт (*в игре*) 10) *мат.* возводи́ть в квадра́т □ ~ **off** а) приня́ть боеву́ю сто́йку (*в боксе*); б) пригото́виться к нападе́нию *или* к защи́те; ~ **up** а) расплати́ться, урегули́ровать расчёты (*с кем-л.*); б) изгото́виться к бо́ю (*о боксёре*) ◇ to ~ the circle добива́ться невозмо́жного; пыта́ться найти́ квадрату́ру кру́га

**square-built** [ˈskwɛəˈbɪlt] *a* широкопле́чий

**squarehead** [ˈskwɛəhed] *n амер. sl. бранная кличка немца или скандинава*

**square-rigged** [ˈskwɛəˈrɪgd] *a мор.* с прямы́м па́русным вооруже́нием

**square shooter** [ˈskwɛəˈʃu:tə] *n разг.* че́стный, справедли́вый челове́к

**square-toed** [ˈskwɛəˈtəud] *a* 1) с тупы́ми, широ́кими носка́ми (*об обуви*) 2) педанти́чный; чо́порный 3) старомо́дный, консервати́вный

**square-toes** [ˈskwɛətəuz] *n* 1) формали́ст; педа́нт 2) старомо́дный челове́к

**squarson** [ˈskwɑ:sn] *n* (*сокр. от* squire *и* parson) *шутл.* поме́щик, одновре́менно исполня́ющий обя́занности прихо́дского свяще́нника

**squash** I [skwɔʃ] **1.** *n* 1) разда́вленная ма́сса, «ка́ша» 2) фрукто́вый напи́ток; lemon (orange) ~ лимона́д (апельси́новый напи́ток) 3) толпа́; да́вка; су́толока 4) игра́ в мяч (*вроде тенниса*; *тж.* ~ rackets)

**2.** *v* 1) разда́вливать, расплю́щивать, сжима́ть 2) толпи́ться 3) прота́лкиваться; вти́скиваться 4) *разг.* заста́вить замолча́ть, обре́зать 5) *разг.* подави́ть

**squash** II [skwɔʃ] *n бот.* кабачо́к; ты́ква

**squash hat** [ˈskwɔʃˈhæt] *n* мя́гкая фе́тровая шля́па

**squashy** [ˈskwɔʃɪ] *a* 1) мя́гкий, мяси́стый 2) то́пкий, боло́тистый

**squat** [skwɔt] **1.** *n* 1) сиде́ние на ко́рточках 2) нора́

**2.** *v* 1) сиде́ть на ко́рточках; припада́ть к земле́ (*о животных*) 2) сели́ться самово́льно на чужо́й земле́; незако́нно вселя́ться в дом 3) *разг.*

сади́ться 4) сели́ться на госуда́рственной земле́

**3.** *a* коро́ткий и то́лстый, призе́мистый

**squatter** ['skwɔtə] *n* 1) сидя́щий на ко́рточках 2) посели́вшийся незако́нно на неза́нятой земле́; незако́нно всели́вшийся в дом 3) посели́вшийся на госуда́рственной земле́ с це́лью приобрете́ния ти́тула 4) *австрал.* овцево́д

**squatty** ['skwɔtɪ] = squat 3

**squaw** [skwɔ:] *n* 1) индиа́нка (*жительница Северной Америки*) 2) *амер. шутл.* же́нщина, жена́

**squawk** [skwɔ:k] **1.** *n* 1) пронзи́тельный крик (*птицы*) 2) *разг.* гро́мкая жа́лоба, проте́ст

**2.** *v* 1) пронзи́тельно крича́ть (*о птице*) 2) *разг.* гро́мко жа́ловаться, протестова́ть

**squaw-man** ['skwɔ:mæn] *n амер.* бе́лый, жена́тый на индиа́нке

**squeak** [skwi:k] **1.** *n* 1) писк 2) скрип

**2.** *v* 1) пища́ть; пропища́ть 2) скрипе́ть 3) *разг.* доноси́ть, выдава́ть

**squeaker** ['skwi:kə] *n разг.* доно́счик

**squeaky** ['skwi:kɪ] *a* 1) пискли́вый 2) скрипу́чий

**squeal** [skwi:l] **1.** *n* 1) визг, пронзи́тельный крик 2) *sl.* доно́счик

**2.** *v* 1) визжа́ть, пронзи́тельно крича́ть; визгли́во произноси́ть 2) *sl.* жа́ловаться, протестова́ть 3) *sl.* доноси́ть; выдава́ть (on — *кого-л.*); to make smb. ~ шантажи́ровать, вымога́ть де́ньги

**squealer** ['skwi:lə] *n* 1) визгу́н 2) = squeaker 3) ны́тик

**squeamish** ['skwi:mɪʃ] *a* 1) подве́рженный тошноте́; сла́бый (*о желудке*); I feel ~ меня́ тошни́т 2) щепети́льный; брезгли́вый, приверед́ливый, разбо́рчивый 3) оби́дчивый

**squeegee** ['skwi:'dʒi:] *n* 1) деревя́нный скребо́к с рези́новой пласти́нкой (*тж.* ~ mop) 2) рези́новый ва́лик для нака́тывания фотоотпеча́тков

**squeezability** [ˌskwi:zə'bɪlɪtɪ] *n* сжима́емость

**squeezable** ['skwi:zəbl] *a* 1) сжима́ющийся, вда́вливающийся 2) легко́ поддаю́щийся давле́нию; пода́тливый, усту́пчивый; ~ person пода́тливый челове́к

**squeeze** [skwi:z] **1.** *n* 1) сжа́тие, пожа́тие; давле́ние, сда́вливание; to give a ~ (of the hand) пожа́ть (ру́ку) 2) вы́давленный сок 3) *разг.* давле́ние, принужде́ние; вымога́тельство; шанта́ж 4) теснота́, да́вка 5) *разг.* тяжёлое положе́ние; затрудне́ние (*тж.* tight ~) 6) о́ттиск (*монеты и т. п.*) 7) *горн.* оса́дка кро́вли

**2.** *v* 1) сжима́ть; сда́вливать; сти́скивать; to ~ smb.'s hand пожа́ть кому́-л. ру́ку; to ~ moist clay мять сыру́ю гли́ну 2) выжима́ть(ся); выда́вливать; the sponge ~s well э́та гу́бка легко́ выжима́ется; to ~ out a tear притворно пла́кать 3) вынужда́ть; вымога́ть (out of); to ~ a confession вы́нудить призна́ние 4) обременя́ть (*налогами и т. п.*) 5) вти́скивать, впи́хивать (in, into); проти́скиваться (past, through) 6) де́лать о́ттиск (*монеты и т. п.*)

**squeezed** [skwi:zd] **1.** *p. p. от* squeeze 2

**2.** *a* вы́жатый ◊ ~ orange ≅ «вы́жатый лимо́н»; нену́жный бо́льше (*или* испо́льзованный) челове́к

**squeezer** ['skwi:zə] *n* 1) тот, кто сжима́ет, выжима́ет *и пр.* [*см.* squeeze 2] 2) соковыжима́лка 3) *pl* игра́льные ка́рты с обозначе́нием досто́инства в пра́вом ве́рхнем углу́ 4) *тех.* фальцо́вочный *или* ги́бочный стано́к

**squelch** [skweltʃ] **1.** *n* 1) хлю́панье 2) отпо́р, уничтожа́ющий отве́т

**2.** *v* 1) хлю́пать; to ~ through the mud хлю́пать по гря́зи 2) раздави́ть ного́й, уничто́жить 3) подави́ть 4) заста́вить замолча́ть

**squelcher** ['skweltʃə] = squelch 1, 2)

**squib** [skwɪb] **1.** *n* 1) пета́рда, шути́ха 2) эпигра́мма; памфле́т; па́сквиль 3) *воен.* пиропатро́н

**2.** *v* 1) писа́ть памфле́ты, эпигра́ммы па́сквили 2) взрыва́ться 3) мета́ться

**squiffed** [skwɪft] *a sl.* пья́ный

**squiffer** ['skwɪfə] *n sl.* концерти́но (*шестигранная гармоника*)

**squiffy** ['skwɪfɪ] *a sl.* слегка́ подвы́пивший

**squill** [skwɪl] *n бот.* морско́й лук

**squint** [skwɪnt] **1.** *n* 1) косогла́зие; to have a bad ~ си́льно коси́ть 2) *разг.* взгляд укра́дкой, и́скоса; let me have a ~ at it да́йте мне взгляну́ть

**2.** *v* 1) коси́ть (*глазами*) 2) *разг.* (при)щу́риться (*от избытка света и т. п.*) 3) смотре́ть и́скоса, укра́дкой (at)

**3.** *a* косо́й, раско́сый

**squint-eyed** ['skwɪntaɪd] *a* 1) косо́й, косогла́зый 2) злой; предубеждённый

**squire** ['skwaɪə] **1.** *n* 1) сквайр, поме́щик; the ~ а) гла́вный землевладе́лец прихо́да; б) *амер.* мирово́й судья́; ме́стный судья́ *или* адвока́т 2) *ист.* оруженосец 3) *шутл.* гала́нтный кавале́р

**2.** *v* уха́живать; to ~ a dame сопровожда́ть да́му

**squirearchy** ['skwaɪərɑ:kɪ] *n* 1) агра́рии, поме́щичий класс 2) власть поме́щиков, землевладе́льцев

**squireen** [ˌskwaɪə'ri:n] *n* мелкопоме́стный поме́щик (*преим. в Ирландии*)

**squirm** [skwə:m] *v* 1) извива́ться, ко́рчиться 2) чу́вствовать себя́ неприя́тно заде́тым; испы́тывать нело́вкость, смуще́ние *и т. п.*

**squirrel** ['skwɪrəl] *n* бе́лка

**squirt** [skwə:t] **1.** *n* 1) струя́ 2) шприц; спринцо́вка 3) *разг.* ничто́жный, самодово́льный челове́к; вы́скочка; наглец 4) *sl. см.* squirt-job

**2.** *v* 1) пуска́ть струю́, бить струёй 2) спринцева́ть; разбры́згивать

**squirt-job** ['skwə:tdʒɔb] *n sl.* реакти́вный самолёт

**squish** [skwɪʃ] *v* хлю́пать

**stab** [stæb] **1.** *n* 1) уда́р (*острым оружием*); ~ in the back а) уда́р в спи́ну, преда́тельское нападе́ние; б) клевета́ 2) внеза́пная о́страя боль 3) *разг.* попы́тка; to have (*или* to make) a ~ at smth. попыта́ться сде́лать что-л.

**2.** *v* 1) вонза́ть (into); ра́нить (*острым оружием*), зака́лывать; наноси́ть уда́р (*кинжалом и т. п.*; at); to ~ in the back а) всади́ть нож в спи́ну; нанести́ преда́тельский уда́р; б) злосло́вить за спино́й; his conscience ~bed him он чу́вствовал угрызе́ния со́вести 2) напада́ть; вреди́ть; наноси́ть уще́рб; to ~ smb.'s reputation повреди́ть чьей-л. репута́ции 3) стреля́ть, пронза́ть (*о боли*)

**stabile** ['steɪbaɪl] *n иск.* стаби́ль (*абстрактная скульптура из листового железа, проволоки и дерева*)

**stability** [stə'bɪlɪtɪ] *n* 1) усто́йчивость, стаби́льность; про́чность 2) постоя́нство, твёрдость (*характера*); непоколеби́мость (*решения*) 3) *мор.* усто́йчивость

**stabilization** [ˌsteɪbɪlaɪ'zeɪʃən] *n* 1) стабилиза́ция, упро́чение 2) *воен.* образова́ние усто́йчивой ли́нии фро́нта; перехо́д к позицио́нной войне́

**stabilizator** ['steɪbɪlaɪzeɪtə] = stabilizer

**stabilize** ['steɪbɪlaɪz] *v* стабилизи́ровать, де́лать усто́йчивым

**stabilized** ['steɪbɪlaɪzd] **1.** *p. p. от* stabilize

**2.** *a* стаби́льный, усто́йчивый; ~ warfare позицио́нная война́

**stabilizer** ['steɪbɪlaɪzə] *n ав.* стабилиза́тор

**stable** I ['steɪbl] *a* 1) сто́йкий; усто́йчивый 2) про́чный, кре́пкий; ~ foundation кре́пкий фунда́мент 3) постоя́нный 4) твёрдый, непоколеби́мый; реши́тельный

**stable** II ['steɪbl] **1.** *n* 1) коню́шня; хлев 2) беговы́е ло́шади, принадлежа́щие одному́ владе́льцу, коню́шня

**2.** *v* ста́вить в коню́шню *или* хлев; держа́ть в коню́шне *или* в хлеву́

**stable-companion** ['steɪblkəm'pænjən] *n* 1) ло́шадь той же коню́шни 2) *разг.* това́рищ (*по школе, клубу*); однока́шник

**stable-man** ['steɪblmən] *n* ко́нюх

**stabling** ['steɪblɪŋ] **1** *pres. p. от* stable II, 2

**2.** *n* коню́шня; коню́шни

**staccato** [stə'kɑ:təu] *ит. adv, n муз.* стакка́то

**stack** [stæk] **1.** *n* 1) стог, скирда́, омёт 2) ку́ча, гру́да; ~ of wood шта́бель дров; поле́нница; ~ of papers ку́ча бума́г 3) *разг.* ма́сса, мно́жество; ~s (*или* a whole ~) of work ма́сса рабо́ты; ~ of bones *амер. sl.* измождённый челове́к; «скеле́т», ко́жа да ко́сти 4) *воен.* винто́вки, соста́вленные в ко́злы 5) *амер.* стелла́ж; *pl* книгохранилище 6) стек (*единица объёма для дров и угля=4 ярдам*$^3$=*3,05 м*$^3$) 7) дымовая труба; ряд дымовых труб

**2.** *v* 1) складывать в стог *и пр.* [*см.* 1] 2) *воен.*: ~ arms! составь! 3): ~ the cards подтасовывать карты (*тж. перен.*) □ ~ **up** располагать(ся) один над другим

**stack-yard** [ˈstækjɑːd] *n* гумно

**stadia I** [ˈsteɪdjə] *n* дальномерная линейка

**stadia II** [ˈsteɪdjə] *pl от* stadium

**stadium** [ˈsteɪdjəm] *n* (*pl* -dia) 1) стадион 2) стадий (*др.-греч. мера длины*) 3) *мед.* стадия

**staff I** [stɑːf] *n* 1) (*pl тж.* staves) посох, палка; with swords and staves с мечами и дрекольем 2) жезл 3) флагшток; древко 4) столп, опора, поддержка 5) (*pl* staves) *муз.* нотный стан 6) *геод.* нивелирная рейка ◊ the ~ of life хлеб насущный

**staff II** [stɑːf] **1.** *n* 1) штат служащих; служебный персонал; личный состав; кадры; to be on the ~ быть в штате; the ~ of a newspaper сотрудники газеты 2) *воен.* штаб

**2.** *a* 1) штатный; ~ writer штатный сотрудник газеты 2) *воен.* штабной 3) используемый персоналом; ~ room преподавательская (комната)

**3.** *v* укомплектовывать штаты; набирать кадры

**stag** [stæg] *n* 1) олень-самец (*с пятого года*) 2) вол 3) биржевой спекулянт 4) холостяцкая вечеринка 5) кавалер без дамы (*на вечеринке и т. п.*) 6) *attr.* холостяцкий

**stag-beetle** [ˈstægˌbiːtl] *n* жук-олень

**stage** [steɪdʒ] **1.** *n* 1) подмости, помост; платформа; hanging ~ люлька (*для маляров*) 2) сцена, эстрада, театральные подмостки 3) (the ~) театр, драматическое искусство, профессия актёра; to be on the ~ быть актёром; to quit the ~ уйти со сцены; *перен.* умереть 4) арена, поприще; место действия 5) фаза, стадия, период, этап, ступень; initial (final) ~ начальная (конечная) стадия 6) перегон; остановка, станция 7) = stage-coach 8) *эл.* каскад 9) предметный столик (*микроскопа*) 10) ступень (*многоступенчатой ракеты*) 11) *attr.* сценический, театральный ◊ by easy ~s не спеша, с перерывами

**2.** *v* 1) ставить (*пьесу*); инсценировать 2) быть сценичным; the play ~s well эта пьеса сценична 3) организовывать, осуществлять; to ~ a demonstration устроить демонстрацию

**stage-coach** [ˈsteɪdʒkəutʃ] *n* почтовая карета, дилижанс

**stagecraft** [ˈsteɪdʒkrɑːft] *n* мастерство драматурга *или* режиссёра

**stage direction** [ˈsteɪdʒdɪˈrekʃən] *n* 1) сценическая ремарка 2) режиссёрское искусство 3) режиссура

**stage director** [ˈsteɪdʒdɪˌrektə] *n* режиссёр, постановщик

**stage door** [ˈsteɪdʒdɔː] *n* служебный вход в театр

**stage effect** [ˈsteɪdʒɪˌfekt] *n* сценический эффект

**stage fever** [ˈsteɪdʒˌfiːvə] *n* непреодолимое влечение к сцене

**stage fright** [ˈsteɪdʒfraɪt] *n* волнение перед выходом на сцену; страх перед аудиторией

**stagehand** [ˈsteɪdʒhænd] *n* рабочий сцены

**stage-manage** [ˈsteɪdʒˌmænɪdʒ] *v* 1) ставить (*пьесу и т. п.*) 2) быть распорядителем (*на свадьбе и т. п.*)

**stage manager** [ˈsteɪdʒˌmænɪdʒə] *n* режиссёр

**stager** [ˈsteɪdʒə] *n*: an old ~ опытный, бывалый человек

**stage right** [ˈsteɪdʒraɪt] *n* исключительное право театра на постановку пьесы

**stage-struck** [ˈsteɪdʒstrʌk] *a* увлекающийся театром, стремящийся к сценической деятельности

**stage whisper** [ˈsteɪdʒˌwɪspə] *n* 1) театральный шёпот 2) слова, предназначенные не тому, к кому они обращены

**stagey** [ˈsteɪdʒɪ] = stagy

**stagger** [ˈstægə] **1.** *n* 1) шатание, пошатывание 2) *тех.* зигзагообразное расположение 3) *pl вет.* колер (*у лошадей*); вертячка (*у овец*) 4) *ав.* вынос крыла

**2.** *v* 1) шататься; идти шатаясь 2) расшатать, лишить устойчивости 3) колебаться, быть в нерешительности 4) поколебать; вызвать сомнения 5) потрясать, поражать; ошеломлять 6) регулировать часы работы, время отпусков *и т. п.*; ~ed hours разные часы начала работы (*для разгрузки городского транспорта в часы пик*) 7) *тех.* располагать в шахматном порядке; располагать по ступеням

**staggerer** [ˈstægərə] *n* 1) сильный удар; потрясающее известие *или* событие 2) трудный вопрос

**stagger formation** [ˈstægəfɔːˈmeɪʃən] *n ав.* эшелонированный строй уступами

**staging** [ˈsteɪdʒɪŋ] **1.** *pres. p. от* stage 2

**2.** *n* 1) постановка пьесы 2) *стр.* подмости, леса

**stagnancy** [ˈstægnənsɪ] *n* 1) застой, косность 2) инертность

**stagnant** [ˈstægnənt] *a* 1) стоячий (*о воде*) 2) косный 3) инертный, вялый; тупой

**stagnate** [stægˈneɪt] *v* 1) делаться застойным, застаиваться (*о воде*) 2) коснеть, быть бездеятельным

**stagnation** [stægˈneɪʃən] *n* 1) застой, застойность 2) косность

**stag-party** [ˈstægˌpɑːtɪ] = stag 4)

**stagy** [ˈsteɪdʒɪ] *a* театральный, неестественный

**staid** [steɪd] *a* положительный, степенный, уравновешенный

**stain** [steɪn] **1.** *n* 1) пятно 2) позор, пятно; without a ~ on one's character *с* незапятнанной репутацией 3) краска, красящее вещество; цветная политура, протрава

**2.** *v* 1) пачкать(ся) 2) пятнать, портить (*репутацию и т. п.*) 3) красить; окрашивать(ся) 4) набивать (*рисунок*)

**stained** [steɪnd] **1.** *p. p. от* stain 2

**2.** *a* 1) испачканный, в пятнах 2) запятнанный, опозоренный 3) окрашенный, подкрашенный; ~ glass цветное стекло; витражное стекло

**stainless** [ˈsteɪnlɪs] *a* 1) честный 2) безупречный, незапятнанный 3) *тех.* устойчивый против коррозии; ~ steel нержавеющая сталь

**stair** [stɛə] *n* 1) ступенька (*лестницы*); flight of ~s лестничный марш 2) (*преим. pl*) лестница; сходни; *мор.* трап; the ~s are steep лестница крутая; winding ~ винтовая лестница; below ~s а) в полуподвальном помещении; б) кухня и помещение для прислуги

**staircase** [ˈstɛəkeɪs] *n* 1) лестница; corkscrew (*или* spiral) ~ винтовая лестница; open ~ лестница без перил; principal ~ парадная лестница 2) лестничная клетка

**stairhead** [ˈstɛəhed] *n* верхняя площадка лестницы

**stair-rod** [ˈstɛərɔd] *n* металлический прут для укрепления ковра на лестнице

**stairway** [ˈstɛəweɪ] = staircase

**stake** [steɪk] **1.** *n* 1) кол, столб; стойка 2) столб, к которому привязывали присуждённого к сожжению 3) (the ~) смерть на костре, сожжение заживо 4) небольшая переносная наковальня 5) (*часто pl*) ставка (*в картах и т. п.*); заклад (*в пари*); he plays for high (low) ~s он играет по большой (по маленькой) 6) доля, участие (*в прибыли и т. п.*) 7) *pl* приз (*на скачках и т. п.*) 8) *pl* скачки на приз ◊ to be at ~ быть поставленным на карту; быть в опасности; to pull up ~s *амер.* сняться с места; смотать удочки

**2.** *v* 1) укреплять *или* подпирать колом, стойкой 2) сажать на кол 3) ставить на карту, рисковать (*чем-л.*) 4) *карт.* делать ставку 5) *амер. sl.* поддерживать материально, финансировать (*что-л.*) □ ~ **in** огораживать кольями; ~ **off** = ~ out; ~ **out** отмечать границу (*чего-л.*) вехами; to ~ out a claim а) отмечать вехами границу земельного участка в подтверждение своего права на него; б) заявлять свои права (*на что-л.*); ~ **up** загораживать кольями

**stalactite** [ˈstæləktaɪt] *n геол.* сталактит

**stalagmite** [ˈstæləgmaɪt] *n геол.* сталагмит

**stale I** [steɪl] **1.** *a* 1) несвежий; ~ bread чёрствый хлеб 2) спёртый; ~ air спёртый, тяжёлый воздух 3) выдохшийся; перетренировавшийся (*о спортсмене*) 4) избитый, утративший новизну

2. *v* 1) изна́шивать(ся) 2) лиша́ть (-ся) све́жести, черстве́ть 3) утра́чивать новизну́, устарева́ть, станови́ться неинтере́сным

**stale** II [steɪl] **1.** *n* моча́ (*скота*)

**2.** *v* мочи́ться (*о скоте*)

**stalemate** ['steɪl'meɪt] **1.** *n* 1) *шахм.* пат 2) мёртвая то́чка; безвы́ходное положе́ние, тупи́к

**2.** *v* 1) *шахм.* де́лать пат 2) поста́вить в безвы́ходное положе́ние

**stalk** I [stɔ:k] *n* 1) сте́бель, черено́к; cabbage ~ кочеры́жка 2) *зоол.* но́жка 3) но́жка (*рюмки и т. п.*) 4) ствол (*пера*) 5) фабри́чная труба́

**stalk** II [stɔ:k] **1.** *n* 1) го́рдая, велича́вая по́ступь 2) подкра́дывание

**2.** *v* 1) ше́ствовать, го́рдо выступа́ть (*часто* ~ along) 2) подкра́дываться (*к дичи*); идти́ кра́дучись

**stalking-horse** ['stɔ:kɪŋhɔ:s] *n* 1) *охот.* засло́нная ло́шадь 2) личи́на; предло́г, отгово́рка

**stall** [stɔ:l] **1.** *n* 1) сто́йло 2) ларёк, пала́тка, прила́вок 3) кре́сло в парте́ре; orchestra (pit) ~ кре́сло в пе́рвых (в за́дних) ряда́х 4) сиде́нье в алтаре́ *или* на хо́рах (*для духовных лиц*) 5) сан кано́ника 6) ме́сто стоя́нки автомаши́н 7) = finger-stall 8) *горн.* забо́й 9) *ав.* поте́ря ско́рости

**2.** *v* 1) ста́вить в сто́йло 2) де́лать сто́йло в коню́шне 3) застрева́ть (*в грязи, глубоком снеге и т. п.*); the car was ~ed in the mud маши́на застря́ла в грязи́ 4) *амер.* остана́вливать, заде́рживать 5) *разг.* вводи́ть в заблужде́ние, обма́нывать 6) *ав.* теря́ть ско́рость

**stall-feed** ['stɔ:lfi:d] *v с.-х.* 1) поста́вить на отко́рм 2) отка́рмливать гру́быми корма́ми

**stallion** ['stæljən] *n* жеребе́ц

**stalwart** ['stɔ:lwət] **1.** *n* 1) сто́йкий приве́рженец; ве́рный после́дователь 2) челове́к кре́пкого здоро́вья

**2.** *a* 1) сто́йкий, ве́рный, реши́тельный 2) ро́слый, дю́жий, здоро́вый

**stamen** ['steɪmen] *n бот.* тычи́нка

**stamina** ['stæmɪnə] *n* запа́с жи́зненных сил, выно́сливость; вы́держка, сто́йкость

**stammer** ['stæmə] **1.** *n* заика́ние

**2.** *v* 1) заика́ться 2) запина́ться (*тж.* ~ out); to ~ out an excuse заика́ясь, запина́ясь принести́ извине́ние

**stammerer** ['stæmərə] *n* заи́ка

**stamp** [stæmp] **1.** *n* 1) штамп, ште́мпель, печа́ть; клеймо́ 2) о́ттиск, отпеча́ток 3) пло́мба *или* ярлы́к (*на товаре*) 4) ма́рка; ге́рбовая ма́рка 5) печа́ть, отпеча́ток, след; the statement bears the ~ of truth утвержде́ние похо́же на пра́вду 6) род, сорт; men of that ~ лю́ди тако́го скла́да 7) то́панье, то́пот

**2.** *v* 1) штампова́ть, штемпелева́ть; клейми́ть, чека́нить 2) отпеча́тывать, отти́скивать 3) запечатлева́ть(ся); отража́ть(ся); the scene is ~ed on my memory э́та сце́на запечатле́лась в моей па́мяти 4) характеризова́ть; his acts ~ him as an honest man его́ посту́пки характеризу́ют его́ как че́стного челове́ка 5) то́пать ного́й; бить копы́тами (*о лошади*); to ~ the grass flat примя́ть траву́ 6) накле́ивать ма́рку 7) дроби́ть (*руду и т. п.*) □ ~ **down** притопта́ть; ~ **out** а) подавля́ть, уничтожа́ть; to ~ a fire out потуши́ть ого́нь; to ~ out a rebellion подави́ть восста́ние

**stamp act** ['stæmp'ækt] *n ист.* зако́н о ге́рбовом сбо́ре

**stamp-collector** ['stæmpkəˌlektə] *n* коллекционе́р почто́вых ма́рок

**stamp-duty** ['stəmpˌdju:tɪ] *n* ге́рбовый сбор

**stampede** [stæm'pi:d] **1.** *n* 1) пани́ческое бе́гство 2) стихи́йное ма́ссовое движе́ние 3) *амер.* ежего́дный пра́здник с состяза́нием ковбо́ев, с вы́ставкой сельскохозя́йственных проду́ктов, с та́нцами *и т. п.*

**2.** *v* обраща́ть(ся) в пани́ческое бе́гство

**stamped paper** ['stæmptˌpeɪpə] *n* ге́рбовая бума́га

**stamping-ground** ['stæmpɪŋgraund] *n разг.* ча́сто посеща́емое ме́сто

**stamp-mill** ['stæmpmɪl] *n спец.* толчея́

**stanch** I [stɑ:ntʃ] *v* остана́вливать кровотече́ние (*из раны*)

**stanch** II [stɑ:ntʃ] = staunch I

**stanchion** ['stɑ:nʃən] *n* 1) сто́йка; столб; подпо́рка 2) *мор.* пи́ллерс

**stand** [stænd] **1.** *n* 1) остано́вка; to come to a ~ останови́ться; to bring to a ~ останови́ть 2) сопротивле́ние; to make a ~ for вы́ступить в защи́ту; to make a ~ against ока́зывать сопротивле́ние; вы́ступить про́тив 3) пози́ция, ме́сто; to take one's ~ а) заня́ть ме́сто; б) осно́вываться (on, upon — на) [*ср. тж.* 5)] 4) стоя́нка (*такси и т. п.*) 5) взгляд, то́чка зре́ния; to take one's ~ стать на каку́ю-л. то́чку зре́ния [*ср. тж.* 3)] 6) пьедеста́л; подста́вка; этаже́рка; подпо́ра, консо́ль, сто́йка 7) ларёк, кио́ск; стенд 8) трибу́на (*на скачках и т. п.*) 9) = standing 2, 1); 10) урожа́й на корню́; a good ~ of clover густо́й кле́вер 11) лесонасажде́ние 12) *амер.* ме́сто свиде́теля в суде́ 13) *театр.* остано́вка в како́м-л. ме́сте для гастро́льных представле́ний; ме́сто гастро́льных представле́ний 14) *тех.* стани́на

**2.** *v* (stood) 1) стоя́ть; he is too weak to ~ он е́ле де́ржится на нога́х от сла́бости; to ~ out of the path сойти́ с доро́ги 2) ста́вить, помеща́ть, водружа́ть 3) встава́ть (*обыкн.* ~ up); we stood up to see better мы вста́ли, что́бы лу́чше ви́деть (происходя́щее) 4) остана́вливаться (*обыкн.* ~ still) 5) быть высото́й в...; he ~s six feet three его́ рост 6 фу́тов 3 дю́йма 6) быть располо́женным, находи́ться 7) держа́ться; быть усто́йчивым, про́чным; усто́ять; to ~ fast сто́йко держа́ться; the house still ~s дом ещё де́ржится; these boots have stood a good deal of wear э́ти сапоги́ хорошо́ послужи́ли; this colour will ~ э́та кра́ска не слиня́ет; not a stone was left ~ing ка́мня на ка́мне не оста́лось 8) вы́держивать, выноси́ть, терпе́ть; подверга́ться; to ~ the test вы́держать испыта́ние; how does he ~ pain? как он перено́сит боль?; I can't ~ him я его́ не выношу́ 9) занима́ть определённое положе́ние; to ~ well with smb. а) быть в хоро́ших отноше́ниях с кем-л.; б) быть на хоро́шем счету́ у кого́-л. 10) (*обыкн. как глагол-связка*) находи́ться, быть в определённом состоя́нии; he ~s first in his class он занима́ет пе́рвое ме́сто в кла́ссе; to ~ alone а) быть одино́ким; б) быть выдаю́щимся, непревзойдённым; to ~ convicted of treason быть осуждённым за изме́ну; to ~ corrected призна́ть оши́бку; осозна́ть справедли́вость (*замечания и т. п.*); to ~ in need of smth. нужда́ться в чём-л.; to ~ one's friend быть дру́гом; to ~ godmother to the child быть крёстной ма́терью ребёнка; to ~ high а) быть в почёте; б): corn ~s high this year в э́том году́ це́ны на кукуру́зу высо́кие 11) занима́ть определённую пози́цию; here I ~ вот моя́ то́чка зре́ния 12) остава́ться в си́ле, быть действи́тельным (*тж.* ~ good); that translation may ~ э́тот перево́д мо́жет оста́ться без измене́ний 13) де́лать сто́йку (*о собаке*) 14) *мор.* идти́, держа́ть курс 15) *разг.* угоща́ть; who's going to ~ treat? кто бу́дет плати́ть за угоще́ние?; to ~ smb. a good dinner угости́ть кого́-л. вку́сным обе́дом □ ~ **against** проти́виться, сопротивля́ться; ~ **away**, ~ **back** отступа́ть, держа́ться сза́ди; ~ **behind** отстава́ть; ~ **between** быть посре́дником ме́жду; ~ **by** а) прису́тствовать; быть безуча́стным зри́телем; б) защища́ть, помога́ть, подде́рживать; to ~ by one's friend быть ве́рным дру́гом; в) держа́ть, выполня́ть; приде́рживаться; to ~ by one's promise сдержа́ть обеща́ние; г) быть наготове́; д) *радио* быть гото́вым нача́ть *или* принима́ть переда́чу; ~ **down** покида́ть свиде́тельское ме́сто (*в суде*); ~ **for** а) подде́рживать, стоя́ть за; б) символизи́ровать, означа́ть; в) быть кандида́том; баллоти́роваться; г) *разг.* терпе́ть, выноси́ть; ~ **in** а) сто́ить; б) быть в хоро́ших отноше́ниях, подде́рживать хоро́шие отноше́ния; в) принима́ть уча́стие, помога́ть (with); г) *мор.* идти́ к бе́регу, подходи́ть к по́рту; ~ **off** а) держа́ться на расстоя́нии от; отодви́нуться от; б) отстрани́ть, уво́лить (на вре́мя); в) *мор.* удаля́ться от бе́рега; ~ **on** а) зави́сеть от *чего-л.*; б) *мор.* идти́ пре́жним ку́рсом; в) то́чно соблюда́ть (*условности и т. п.*); ~ **out** а) выделя́ться, выступа́ть; to ~ out against a background выделя́ться на фо́не; б) не сдава́ться; держа́ться; he stood out for better terms он стара́лся доби́ться лу́чших усло́вий; в) *мор.* удаля́ться от бе́рега; ~ **over** остава́ться нерешённым; быть отло́женным, отсро́ченным; let the matter ~ over отложи́те э́то де́ло; ~ **to** а) держа́ться *чего-л.*; to ~ to one's colours не отступа́ть, твёрдо держа́ться свои́х при́нципов; to ~ to it твёрдо наста́ивать на чём-л.; б) подде́рживать *что-л.*; в) выполня́ть (*обещание и т. п.*); ~ **up** а) встава́ть; б) ока́зываться про́чным *и т. п.*; в) *sl.*: to ~ smb up подвести́ кого́-л.; ~ **up for** защища́ть, отста́ивать; ~ **upon** = ~ on; to ~ upon one's right отста́ивать (*или* стоя́ть за) свои́ права́; ~ **up to** а) сме́ло встреча́ть; быть на высоте́; б) пере́чить, прекосло́вить ◇ to ~ Sam *sl.* плати́ть за угоще́ние; how do matters ~? как обстоя́т дела́?; I don't know where I ~ не зна́ю, что да́льше со мной бу́дет (*или* что меня́ ждёт); to ~ on end стоя́ть ды́бом (*о волосах*); ~ and deliver! ру́ки вверх!; «кошелёк или жизнь»!; to ~ to lose идти́ на ве́рное пораже́ние; it ~s to reason that само́ собо́й разуме́ется, что; to ~ to win име́ть все ша́нсы на вы́игрыш

**standard** ['stændəd] **1.** *n* 1) зна́мя, штанда́рт; to raise the ~ of revolt подня́ть зна́мя восста́ния; to march under the ~ of smb. *перен.* быть после́дователем кого́-л. 2) станда́рт, но́рма, образе́ц, мери́ло; ~ of culture (*или* of education) культу́рный у́ровень; ~ of life (*или* of living) жи́зненный у́ровень; ~ of price *эк.* у́ровень цен; ~s of weight ме́ры ве́са; to fall short of accepted ~s не соотве́тствовать при́нятым но́рмам; up to (below) ~ соотве́тствует (не соотве́тствует) при́нятому станда́рту 3) сто́йка, подста́вка, опо́ра 4) класс (*в начальной школе*) 5) шта́мбовое расте́ние 6) де́нежная систе́ма, де́нежный станда́рт; the gold ~ золото́й станда́рт 7) *тех.* стани́на 8) *attr.*: ~ lamp торше́р

**2.** *a* 1) станда́ртный, типово́й; норма́льный; ~ shape (size) станда́ртная фо́рма (-ный разме́р); ~ gauge *ж.-д.* норма́льная колея́ 2) общепри́нятый, нормати́вный; образцо́вый; the ~ book on the subject образцо́вый труд по да́нному вопро́су 3) шта́мбовый (*о растениях*)

**standard-bearer** ['stændəd,bεərə] *n* 1) знамено́сец 2) руководи́тель движе́ния, вождь

**standardization** [,stændədaɪ'zeɪʃən] *n* стандартиза́ция, нормализа́ция

**standardize** ['stændədaɪz] *v* стандартизи́ровать; калиброва́ть

**standard time** ['stændəd'taɪm] *n* станда́ртное, декре́тное вре́мя

**stand-by** ['stænd̮baɪ] **1.** *n* 1) надёжная опо́ра 2) запа́с

**2.** *a* запа́сный, запасно́й, резе́рвный

**standee** [stæn'di:] *n* *амер. разг.* 1) стоя́щий пассажи́р 2) *театр.* зри́тель на стоя́чих места́х

**standfast** ['stændfɑ:st] *n* про́чное положе́ние

**stand-in** ['stænd'ɪn] *n* 1) благоприя́тное положе́ние 2) *кино* дублёр (*заменяющий актёра, пока идут приготовления к съёмке*) 3) заме́на, подме́на

**standing** ['stændɪŋ] **1.** *pres. p. от* stand 2

**2.** *n* 1) продолжи́тельность; a quarrel of long ~ давни́шняя ссо́ра 2) положе́ние; репута́ция; вес в о́бществе; a person of high ~ высокопоста́вленное лицо́ 3) стаж 4) нахожде́ние, (ме́сто)положе́ние 5) стоя́ние ◇ to have no ~ не име́ть ве́са; быть неубеди́тельным

**3.** *a* 1) стоя́щий; ~ corn хлеб на корню́ 2) постоя́нный; установле́нный; ~ army постоя́нная а́рмия; ~ committee постоя́нная коми́ссия; ~ dish дежу́рное блю́до; *перен.* обы́чная те́ма; ~ joke шу́тка, неизменно вызыва́ющая смех; ~ menace ве́чная угро́за 3) неподви́жный, стациона́рный; ~ barrage *воен.* неподви́жный загради́тельный ого́нь 4) проста́ивающий, нерабо́тающий 5) производи́мый из стоя́чего положе́ния 6) стоя́чий, непрото́чный (*о воде*)

**standing order** ['stændɪŋ,ɔ:də] *n* 1) *воен.* постоя́нный прика́з-инстру́кция 2) *pl* *парл.* пра́вила процеду́ры

**standing-room** ['stændɪŋrum] *n* стоя́чее ме́сто, ме́сто для стоя́ния (*особ. в театре*)

**stand-off** ['stænd'ɔf] **1.** *n* 1) хо́лодность, сде́ржанность (*в отношениях с окружающими*) 2) нейтрализа́ция 3) *спорт.* ничья́

**2.** *a* сде́ржанный; холо́дный, неприве́тливый

**stand-offish** ['stænd'ɔ:fɪʃ] *a* сде́ржанный; неприве́тливый; надме́нный

**stand-out** ['stændaut] *n* 1) что-л. замеча́тельное (*по качеству, вкусу и т. п.*) 2) *разг.* челове́к, отлича́ющийся от други́х самостоя́тельностью сужде́ний, посту́пков *и т. п.*

**standpatter** ['stænd̮,pætə] *n* *амер. разг.* консерва́тор, реакционе́р

**stand-pipe** ['stænd̮paɪp] *n* *тех.* напо́рная труба́

**standpoint** ['stænd̮pɔɪnt] *n* то́чка зре́ния

**standstill** ['stænd̮stɪl] *n* остано́вка, безде́йствие, засто́й; to come to a ~ оказа́ться в тупике́; work was at a ~ рабо́та совсе́м останови́лась

**stand-up** ['stændʌp] *a* 1) стоя́чий; ~ collar стоя́чий воротничо́к 2): ~ fight кула́чный бой; ~ meal заку́ска сто́я, на ходу́; ~ buffet буфе́т, где едя́т сто́я

**stanhope** ['stænəp] *n* лёгкий откры́тый одноме́стный экипа́ж

**stank** [stæŋk] *past от* stink 2

**stannary** ['stænərɪ] *n* оловя́нный рудни́к

**stannic** ['stænɪk] *a* *хим.* оловя́нный

**stanniferous** [stæ'nɪfərəs] *a* содержа́щий о́лово

**stanza** ['stænzə] *n* *прос.* строфа́, станс

**staple** I ['steɪpl] *n* ско́бка, скоба́, крюк; коле́но

**staple** II ['steɪpl] **1.** *n* 1) гла́вный проду́кт *или* оди́н из гла́вных проду́ктов, производи́мых в да́нном райо́не 2) основно́й предме́т торго́вли 3) гла́вный элеме́нт (*чего-л.*); the ~ of conversation гла́вная те́ма разгово́ра 4) сырьё 5) *уст.* важне́йший ры́нок 6) *текст.* волокно́ 7) *текст.* шта́пель (*волокна*); шта́пельная длина́ (*волокна*)

**2.** *a* 1) основно́й (*о продуктах потребления или предметах торговли*) 2) гла́вный, основно́й

**star** [stɑ:] **1.** *n* 1) звезда́; свети́ло; fixed ~s неподви́жные звёзды 2) звезда́, веду́щий актёр *или* актри́са; выдаю́щаяся ли́чность; literary ~ изве́стный писа́тель; soccer ~ знамени́тый футболи́ст 3) *полигр.* звёздочка 4) что-л., напомина́ющее звезду́; звёздочка (*белая отметина на лбу животного*) 5) судьба́, рок; to have one's ~ in the ascendant преуспева́ть; to thank (*или* to bless) one's ~s благодари́ть судьбу́ ◇ ~s and stripes госуда́рственный флаг США; I saw ~s ≅ у меня́ и́скры посы́пались из глаз

**2.** *a* 1) звёздный 2) выдаю́щийся; великоле́пный; веду́щий; ~ witness гла́вный свиде́тель 3): ~ system *театр.* тру́ппа с одни́м, двумя́ первокла́ссными актёрами и сла́бым анса́мблем

**3.** *v* 1) украша́ть звёздами 2) отмеча́ть звёздочкой 3) игра́ть гла́вные ро́ли, быть звездо́й; to ~ in the provinces гастроли́ровать в прови́нции в гла́вных роля́х 4) предоставля́ть гла́вную роль

**starboard** ['stɑ:bəd] *мор.* **1.** *n* пра́вый борт

**2.** *a* лежа́щий напра́во; пра́вого бо́рта

**3.** *v* положи́ть пра́во руля́

**starch** [stɑ:ʧ] **1.** *n* 1) крахма́л 2) чо́порность, церемо́нность 3) *амер. разг.* эне́ргия, жи́вость ◇ to take the ~ out of smb. *амер.* осади́ть, сбить спесь с кого́-л.

**2.** *v* крахма́лить

**Star Chamber** ['stɑ:'ʧeɪmbə] *n* *ист.* Звёздная пала́та

**starchy** ['stɑ:ʧɪ] *a* 1) крахма́листый, содержа́щий крахма́л 2) накрахма́ленный 3) чо́порный

**star connection** ['stɑ:kə,nekʃən] *n* *эл.* соедине́ние звездо́й

**stardom** ['stɑ:dəm] *n* 1) веду́щее положе́ние в теа́тре *или* кино́, положе́ние звезды́ 2) *собир.* звёзды (*в театре, кино*)

**stare** [stεə] **1.** *n* изумлённый *или* при́стальный взгляд

**2.** *v* 1) смотре́ть при́стально; глазе́ть; тара́щить *или* пя́лить глаза́ (at, upon — на); to ~ smb. out of countenance смути́ть кого́-л. при́стальным взгля́дом; to ~ straight before one смотре́ть в одну́ то́чку; to ~ with astonishment широко́ откры́ть глаза́ от удивле́ния; to make people ~ удивля́ть, поража́ть люде́й 2) торча́ть (*о волосах и т. п.*) □ ~ **down** смути́ть взгля́дом ◇ to ~ smb. in the face а) угрожа́ть, надвига́ться; б) быть я́вным, очеви́дным; в): the book I was looking for was staring me in the face кни́га, кото́рую я иска́л, лежа́ла передо мно́й

**starfish** [ˈstɑːfɪʃ] *n зоол.* морска́я звезда́

**star-gazer** [ˈstɑːˌgeɪzə] *n шутл.* 1) астро́лог; звездочёт; астроно́м 2) идеали́ст, мечта́тель

**star-gazing** [ˈstɑːˌgeɪzɪŋ] *n шутл.* 1) созерца́ние звёзд; астроно́мия 2) мечта́тельность 3) рассе́янность

**staring** [ˈstɛərɪŋ] **1.** *pres. p. от* stare 2

**2.** *a* 1) широко́ раскры́тый (*о глазах*); при́стальный (*о взгляде*) 2) крича́щий, броса́ющийся в глаза́, я́ркий

**stark** [stɑːk] **1.** *a* 1) окочене́вший, засты́вший 2) по́лный, абсолю́тный; ~ nonsense чисте́йший вздор 3) *поэт.* си́льный, реши́тельный, непрекло́нный

**2.** *adv* соверше́нно, по́лностью; ~ naked абсолю́тно го́лый

**starless** [ˈstɑːlɪs] *a* беззвёздный

**starlet** [ˈstɑːlɪt] *n* 1) небольша́я звезда́ 2) тала́нтливая молода́я киноактри́са, бу́дущая звезда́, восходя́щая звезда́

**starlight** [ˈstɑːlaɪt] **1.** *n* свет звёзд

**2.** *a* звёздный; ~ night звёздная ночь

**starling** I [ˈstɑːlɪŋ] *n* скворе́ц

**starling** II [ˈstɑːlɪŋ] *n* водоре́з, волноре́з; ледоре́з

**starlit** [ˈstɑːlɪt] *a* звёздный, освещённый све́том звёзд

**starred** [stɑːd] **1.** *p. p. от* star 3

**2.** *a* 1) усе́янный, усы́панный звёздами; укра́шенный, отме́ченный звездо́й 2) *театр., кино* явля́ющийся звездо́й

**starry** [ˈstɑːrɪ] *a* 1) звёздный 2) я́ркий; сия́ющий как звёзды, лучи́стый (*о глазах*) 3) звездообра́зный

**starry-eyed** [ˈstɑːrɪˈaɪd] *a* мечта́тельный; не от ми́ра сего́

**star shell** [ˈstɑːʃel] *n воен.* освети́тельный снаря́д

**star-spangled** [ˈstɑːˈspæŋgld] *a* 1) усы́панный звёздами; the Star-Spangled Banner Звёздное зна́мя (*государственный флаг и гимн США*) 2) ура́-патриоти́ческий, настро́енный шовинисти́чески (*об американцах*)

**start** [stɑːt] **1.** *n* 1) отправле́ние; нача́ло; to make a ~ нача́ть; отпра́виться; from ~ to finish с нача́ла до конца́; a ~ in life нача́ло карье́ры; to give smb. a ~ in life помо́чь кому́-л. встать на́ ноги 2) *спорт.* старт 3) преиму́щество; to get the ~ of smb. опереди́ть кого́-л., получи́ть преиму́щество пе́ред кем-л.; he gave me a ~ of 10 yards он дал мне фо́ру 10 я́рдов 4) пуск в ход; за́пуск 5) *ав.* взлёт 6) вздра́гивание; толчо́к; to give smb. a ~ испуга́ть кого́-л.; to give a ~ вздро́гнуть

**2.** *v* 1) начина́ть; бра́ться (*за что-л.*); to ~ a quarrel зате́ять ссо́ру; to ~ a subject нача́ть разгово́р о чём-л.; to ~ working взя́ться за рабо́ту 2) начина́ться; the fire ~ed in the kitchen снача́ла загоре́лось в ку́хне 3) отправля́ться, пуска́ться в путь; тро́гаться (*о трамвае, поезде и т. п.*); the train has just ~ed по́езд то́лько что ушёл; to ~ on a journey отпра́виться путеше́ствовать; to ~ for Leningrad отпра́виться в Ленингра́д 4) учрежда́ть, открыва́ть (*предприятие и т. п.*) 5) пуска́ть (*машину; тж.* ~ up) 6) *спорт.* дава́ть старт 7) *спорт.* стартова́ть 8) помога́ть (*кому-л.*) нача́ть (*какое-л. дело и т. п.*) 9) *ав.* взлета́ть 10) вздра́гивать, содрога́ться; to ~ in one's seat привскочи́ть на сту́ле 11) вскочи́ть, бро́ситься (*тж.* ~ up); to ~ back отпря́нуть, отскочи́ть наза́д; to ~ forward бро́ситься вперёд 12) вспу́гивать; to ~ a hare *охот.* подня́ть за́йца 13) расшата́ть(ся) 14) коро́биться (*о древесине*) 15) расходи́ться (*о шве*) □ ~ **in** *разг.* начина́ть, принима́ться; just ~ in and clean the room прими́тесь-ка за убо́рку ко́мнаты; ~ **out** а) *разг.* собира́ться сде́лать (*что-л.*); he ~ed out to write a book он собира́лся написа́ть кни́гу; б) отправля́ться в путь; в) *разг.* начина́ть; ~ **up** а) вска́кивать; б) появля́ться; a new idea has ~ed up возни́кла но́вая иде́я; в) пуска́ть в ход; to ~ up an engine запусти́ть мото́р; ~ **with** а): to ~ with нача́ть с того́...; пре́жде всего́; you have no right to go there, to ~ with (ну́жно) нача́ть с того́, что вы не име́ете пра́ва ходи́ть туда́; б) начина́ть с *чего-л.*; we had six members to ~ with у нас спе́рва бы́ло шесть чле́нов ◇ to ~ another hare подня́ть но́вый вопро́с для обсужде́ния; перемени́ть те́му разгово́ра

**starter** [ˈstɑːtə] *n* 1) *спорт.* ста́ртер 2) уча́стник состяза́ния 3) *авто* пусково́й прибо́р, ста́ртер 4) диспе́тчер

**starting-gate** [ˈstɑːtɪŋgeɪt] *n* передвижно́й барье́р на ста́рте (*конный спорт*)

**starting-lever** [ˈstɑːtɪŋˌliːvə] *n тех.* пусково́й рыча́г

**starting-point** [ˈstɑːtɪŋpɔɪnt] *n* отправно́й пункт, отправна́я то́чка

**starting-post** [ˈstɑːtɪŋpəust] *n* ста́ртовый столб

**startle** [ˈstɑːtl] **1.** *n* испу́г

**2.** *v* 1) испуга́ть, си́льно удиви́ть; I was ~d by the news я был поражён изве́стием; to ~ a person out of his apathy вы́вести кого́-л. из состоя́ния апа́тии 2) вздра́гивать

**startler** [ˈstɑːtlə] *n* сенсацио́нное собы́тие *или* заявле́ние

**startling** [ˈstɑːtlɪŋ] **1.** *pres. p. от* startle 2

**2.** *a* потряса́ющий, порази́тельный

**star turn** [ˈstɑːtəːn] *n* гла́вный номе́р програ́ммы

**starvation** [stɑːˈveɪʃən] *n* 1) го́лод; голода́ние 2) голо́дная смерть

**starve** [stɑːv] *v* 1) умира́ть от го́лода 2) голода́ть 3) *разг.* чу́вствовать го́лод 4) мори́ть го́лодом; to ~ into surrender взять измо́ром 5) лиша́ть пи́щи, истоща́ть (*тж. перен.*) 6) жа́ждать (for — *чего-л.*) 7) *уст.* умира́ть; to ~ with cold умира́ть от хо́лода

**starveling** [ˈstɑːvlɪŋ] **1.** *n* 1) изнурённый, голо́дный челове́к; истощённое живо́тное 2) замо́рыш

**2.** *a* голо́дный, изнурённый

**stash** [stæʃ] *v разг.* копи́ть, припря́тывать (*тж.* ~ away)

**state** I [steɪt] **1.** *n* 1) состоя́ние; ~ of mind душе́вное состоя́ние; ~ of health состоя́ние здоро́вья; things were in an untidy ~ всё бы́ло в беспоря́дке; what a ~ you are in! *разг.* в како́м вы ви́де! 2) строе́ние, структу́ра, фо́рма 3) положе́ние, ранг; in a style befitting his ~ как подоба́ет челове́ку его́ положе́ния; persons in every ~ of life лю́ди ра́зного зва́ния 4) великоле́пие, пы́шность; in ~ с по́мпой; to lie in ~ быть вы́ставленным для проща́ния (*о покойнике*); to receive in ~ устра́ивать торже́ственный приём ◇ in a ~ а) в беспоря́дке; б) в затрудне́нии; в) в волне́нии, в возбужде́нии; to work oneself into a ~ взвинти́ть себя́; don't get into a ~! *разг.* не заводи́сь!

**2.** *a* пара́дный; торже́ственный; ~ coach пара́дная каре́та; ~ call *разг.* официа́льный визи́т

**3.** *v* 1) заявля́ть, утвержда́ть 2) устана́вливать, то́чно определя́ть; this condition was expressly ~d э́то усло́вие бы́ло специа́льно оговорено́ 3) констати́ровать; формули́ровать; излага́ть; to ~ one's case изложи́ть своё де́ло 4) *мат.* формули́ровать, выража́ть зна́ками

**state** II [steɪt] **1.** *n* (*тж.* S) 1) госуда́рство 2) штат

**2.** *a* 1) госуда́рственный; ~ business де́ло госуда́рственной ва́жности; ~ prisoner госуда́рственный престу́пник; ~ trial суд над госуда́рственным престу́пником 2) *амер.* относя́щийся к отде́льному шта́ту (*в отличие от* federal); S. rights автоно́мия отде́льных шта́тов США; S. Board of Education управле́ние по дела́м образова́ния в шта́те

**state-aided** [ˈsteɪtˈeɪdɪd] *a* получа́ющий субси́дию от госуда́рства

**statecraft** [ˈsteɪtkrɑːft] *n* иску́сство управля́ть госуда́рством

**stated** [ˈsteɪtɪd] **1.** *p. p. от* state I, 3

**2.** *a* 1) устано́вленный; назна́ченный; регуля́рный; at ~ intervals че́рез определённые промежу́тки вре́мени; ~ office hours определённые часы́ рабо́ты (*в учреждении*) 2) сформули́рованный; зафикси́рованный 3) вы́сказанный

**State-house** [ˈsteɪthaus] *n амер.* зда́ние законода́тельного о́ргана шта́та

**stately** [ˈsteɪtlɪ] *a* велича́вый, велича́ственный, по́лный досто́инства

**statement** [ˈsteɪtmənt] *n* 1) утвержде́ние, заявле́ние; to make a ~ заявля́ть, де́лать заявле́ние 2) изложе́ние, формулиро́вка 3) официа́льный отчёт, бюллете́нь

**state-room** [ˈsteɪtrum] *n* 1) пара́дный зал 2) отде́льная каю́та 3) *амер.* купе́

**stateside** [ˈsteɪtsaɪd] *разг.* **1.** *a* относя́щийся к США; полу́ченный из США; направля́ющийся в США

**2.** *adv* из США; в США

**statesman** [ˈsteɪtsmən] *n* госуда́рственный де́ятель

**statesmanship** [ˈsteɪtsmənʃɪp] = statecraft

**static(al)** [ˈstætɪk(əl)] *a* стати́ческий, стациона́рный, неподви́жный

**statics I** [ˈstætɪks] *n pl* (*употр. как sing*) ста́тика

**statics II** [ˈstætɪks] *n pl радио* атмосфе́рные поме́хи

**station** [ˈsteɪʃən] **1.** *n* 1) ме́сто, пост; battle ~ боево́й пост; he took up a convenient ~ он за́нял удо́бную пози́цию; they returned to their several ~s они́ верну́лись на свои́ места́ 2) ста́нция, пункт; life-boat ~ спаса́тельная ста́нция; broadcasting ~ радиоста́нция 3) железнодоро́жная ста́нция, вокза́л (*тж.* railway ~) 4) вое́нно-морска́я ба́за (*тж.* naval ~); авиаба́за 5) обще́ственное положе́ние 6) *австрал.* овцево́дческая фе́рма; ове́чье па́стбище 7) *биол.* ареа́л 8) *attr.* станцио́нный

**2.** *v* 1) ста́вить на (определённое) ме́сто; помеща́ть; to ~ oneself расположи́ться 2) *воен.* размеща́ть; to ~ a guard вы́ставить карау́л

**stationary** [ˈsteɪʃnərɪ] *a* 1) неподви́жный, закреплённый, стациона́рный; ~ troops ме́стные войска́ 2) постоя́нный, неизме́нный; ~ air во́здух, остаю́щийся в лёгких по́сле норма́льного вы́доха; ~ temperature постоя́нная температу́ра 3): ~ warfare позицио́нная война́

**stationer** [ˈsteɪʃnə] *n* 1) торго́вец канцеля́рскими принадле́жностями 2) *уст.* книгоизда́тель; книготорго́вец

**stationery** [ˈsteɪʃnərɪ] *n* 1) канцеля́рские принадле́жности 2) почто́вая бума́га

**station-house** [ˈsteɪʃənhaus] *n* полице́йский уча́сток

**station-master** [ˈsteɪʃənˌmɑːstə] *n ж.-д.* нача́льник ста́нции

**station-wagon** [ˈsteɪʃənˌwægən] *n* многоме́стный легково́й автомоби́ль (*с откидными сиденьями и задним откидным бортом*)

**statist** [ˈsteɪtɪst] = statistician

**statistic(al)** [stəˈtɪstɪk(əl)] *a* статисти́ческий

**statistician** [ˌstætɪsˈtɪʃən] *n* стати́стик

**statistics** [stəˈtɪstɪks] *n pl* 1) (*употр. как sing*) стати́стика 2) (*употр. как pl*) статисти́ческие да́нные

**statuary** [ˈstætjuərɪ] **1.** *n* 1) *собир.* скульпту́ра 2) скульпту́ра (*вид искусства*)

**2.** *a* 1) скульпту́рный 2) приго́дный для скульпту́рных рабо́т (*о материале*)

**statue** [ˈstætʃuː] *n* ста́туя, изваяние

**statuesque** [ˌstætjuˈesk] *a* 1) засты́вший, похо́жий на изваяние 2) велича́вый

**statuette** [ˌstætjuˈet] *n* статуэ́тка

**stature** [ˈstætʃə] *n* рост, стан, фигу́ра; to grow in ~ расти́; above average ~ вы́ше сре́днего ро́ста

**status** [ˈsteɪtəs] *n* 1) ста́тус, обще́ственное положе́ние 2) состоя́ние, положе́ние дел 3) *юр.* ста́тус; гражда́нское состоя́ние

**status quo** [ˈsteɪtəsˈkwəu] *лат. n* ста́тус-кво́

**statute** [ˈstætjuːt] *n* 1) стату́т; законода́тельный акт парла́мента 2) уста́в

**statute-book** [ˈstætjuːtbuk] *n* свод зако́нов

**statute law** [ˈstætjuːtˈlɔː] *n* пи́саный зако́н (*противоп.* common law)

**statutory** [ˈstætjutərɪ] *a* устано́вленный (зако́ном)

**staunch I** [stɔːntʃ] *a* 1) ве́рный, сто́йкий; лоя́льный 2) про́чный, основа́тельный 3) водонепроница́емый

**staunch II** [stɔːntʃ] = stanch I

**stave** [steɪv] **1.** *n* 1) боча́рная клёпка 2) перекла́дина (*приставной лестницы*) 3) па́лка, шест 4) *прос.* строфа́ 5) = staff I, 5)

**2.** *v* (staved [-d], stove) снабжа́ть боча́рными клёпками □ ~ **in** разби́ть, проломи́ть (*бочку, лодку и т. п.*); ~ **off** а) предотврати́ть *или* отсро́чить (*бедствие и т. п.*); б) отбро́сить (*противника*)

**staves** [steɪvz] *pl от* staff I, 5)

**stay I** [steɪ] **1.** *n* 1) пребыва́ние; I shall make a week's ~ there я пробу́ду там неде́лю 2) остано́вка; стоя́нка 3) *юр.* отсро́чка, приостано́вка судопроизво́дства 4) *разг.* выно́сливость; вы́держка 5) опо́ра, подде́ржка; he is the ~ of his old age он его́ опо́ра в ста́рости (*о ком-л.*) 6) связь; оття́жка 7) *pl уст.* корсе́т (*тж.* pair of ~s) 8) *тех.* люне́т

**2.** *v* 1) остава́ться, заде́рживаться (*тж.* ~ on); ~ here till I return побу́дьте здесь, пока я не верну́сь; to ~ calm (cool) сохраня́ть споко́йствие (хладнокро́вие); to come to ~ войти́ в употребле́ние, укорени́ться, приви́ться, получи́ть призна́ние; it has come to ~ *разг.* э́то надо́лго; to ~ put *разг.* а) остава́ться неподви́жным, замере́ть на ме́сте; остава́ться на ме́сте; б) остава́ться неизме́нным 2) остана́вливаться, жить (at); гости́ть (with) 3) остана́вливать, сде́рживать; заде́рживать; to ~ one's hand возде́рживаться от де́йствия 4) (*особ. в повел. накл.*) ме́длить, ждать; ~! not so fast! подожди́те!, не так бы́стро!; куда́ вы торо́питесь? 5) *разг.* вы́держивать, выноси́ть, быть в состоя́нии продолжа́ть; не отстава́ть 6) утоля́ть (*боль, голод и т. п.*); to ~ one's hunger (*или* stomach) ≅ замори́ть червячка́ 7) придава́ть жёсткость, сто́йкость *или* про́чность констру́кции; подде́рживать, укрепля́ть, свя́зывать 8) затя́гивать в корсе́т 9) *юр.* приостана́вливать судопроизво́дство □ ~ **away** не приходи́ть, не явля́ться; to ~ away from smb., smth. держа́ться пода́льше от кого́-л., чего́-л.; ~ **in** остава́ться до́ма, не выходи́ть; ~ **on** продолжа́ть остава́ться; заде́рживаться; ~ **out** а) не возвраща́ться домо́й; б) отсу́тствовать; в) пересиде́ть (*других гостей*); ~ **up** не ложи́ться спать ◇ to ~ the course вы́держать до конца́ (*борьбу и т. п.*)

**stay II** [steɪ] *v мор.* 1) укрепля́ть; оття́гивать 2) де́лать поворо́т овершта́г

**stay-at-home** [ˈsteɪəthəum] *n* 1) домосе́д(ка) 2) *attr.*: he is not the ~ sort он не лю́бит сиде́ть до́ма

**stay-bolt** [ˈsteɪbəult] *n тех.* а́нкерный болт, распо́рная связь

**stayed I** [steɪd] **1.** *p. p. от* stay I, 2

**2.** *a* затя́нутый в корсе́т

**stayed II** [steɪd] *p. p. от* stay II

**stayer** [ˈsteɪə] *n* 1) выно́сливый челове́к *или* живо́тное 2) *спорт.* ста́йер

**stay-in** [ˈsteɪˈɪn] *n* италья́нская забасто́вка (*тж.* ~ strike)

**staying I** [ˈsteɪɪŋ] **1.** *pres. p. от* stay I, 2

**2.** *a* 1) остана́вливающий(ся), заде́рживающий(ся); сде́рживающий(-ся) 2) остаю́щийся неизме́нным; неослабева́ющий; ~ power(s) выно́сливость, вы́держка

**staying II** [ˈsteɪɪŋ] *pres. p. от* stay II

**stay-lace** [ˈsteɪleɪs] *n* шнуро́вка для корсе́та

**staysail** [ˈsteɪseɪl, ˈsteɪsl] *n мор.* ста́ксель

**stead** [sted] *n*: in smb.'s ~, in ~ of smb. вме́сто кого́-л., за кого́-л.; to stand smb. in good ~ пригоди́ться, оказа́ться поле́зным кому́-л.

**steadfast** [ˈstedfəst] *a* 1) твёрдый; про́чный; усто́йчивый; ~ gaze при́стальный взгляд 2) сто́йкий, непоколеби́мый; ~ faith непоколеби́мая ве́ра

**steading** [ˈstedɪŋ] *n диал.* фе́рма, уса́дьба, ху́тор

**steady** [ˈstedɪ] **1.** *a* 1) усто́йчивый; про́чный 2) равноме́рный, ро́вный 3) постоя́нный, неизме́нный, неукло́нный; ~ flow of talk непреры́вный пото́к слов 4) твёрдый, ве́рный, непоколеби́мый; надёжный; ~ hand а) твёрдая, уве́ренная рука́; б) твёрдое руково́дство; ~ resolve непреклонное реше́ние; ~ as a rock твёрдый как скала́ 5) уравнове́шенный, споко́йный; a ~ young fellow уравнове́шенный молодо́й челове́к

**2.** *v* 1) де́лать(ся) твёрдым, усто́йчивым; the boat steadied ло́дка пришла́ в равнове́сие 2) остепени́ться; he will soon ~ (down) он ско́ро остепени́тся

**3.** *n разг.* жени́х; неве́ста; возлю́бленный; возлю́бленная

**4.** *int* осторо́жно!

**steak** [steɪk] *n* 1) кусо́к мя́са *или* ры́бы (*для жаренья*) 2) бифште́кс

**steal** [stiːl] **1.** *v* (stole; stolen) 1) ворова́ть, красть 2) сде́лать (*что-л.*) незаме́тно, укра́дкой; тайко́м доби́ться (*чего-л.*); to ~ a glance взгляну́ть укра́дкой; to ~ a ride е́хать за́йцем 3) кра́сться, прокра́дываться (*тж.* ~ up) 4) постепе́нно овладева́ть, захва́тывать (*о чувстве и т. п.*); a sense of peace stole over him им овладе́ло чу́вство поко́я □ ~ **away** незаме́тно ускользну́ть; ~ **by** проскользну́ть ми́мо; ~ **in** войти́ кра́дучись; ~ **out** улизну́ть; ~ **up** подкра́сться ◊ to ~ a march on smb. опереди́ть кого́-л. (*в чём-л.*)

**2.** *n разг.* 1) воровство́ 2) укра́денный предме́т 3) что-л., ку́пленное о́чень дёшево

**stealing** [ˈstiːlɪŋ] **1.** *pres. p. от* steal 1

**2.** *n* 1) воровство́ 2) (*обыкн. pl*) укра́денное, кра́деные ве́щи

**stealth** [stelθ] *n*: by ~ укра́дкой, втихомо́лку, тайко́м

**stealthily** [ˈstelθɪlɪ] *adv* укра́дкой, та́йно, втихомо́лку

**stealthy** [ˈstelθɪ] *a* та́йный, скры́тый; ~ whisper осторо́жный шёпот; ~ footsteps бесшу́мные шаги́

**steam** [stiːm] **1.** *n* 1) пар; live (saturated, wet) ~ о́стрый (насы́щенный, вла́жный) пар; full ~ ahead! вперёд на всех пара́х!; to get up ~ развести́ пары́; *перен.* собра́ться с си́лами; разви́ть эне́ргию; to let (*или* to blow) off ~ вы́пустить пары́; *перен.* дать вы́ход свои́м чу́вствам; to put on ~ подба́вить па́ру; *перен.* поторапливаться 2) испаре́ние 3) *разг.* энтузиа́зм; эне́ргия

**2.** *a* парово́й

**3.** *v* 1) выпуска́ть пар 2) поднима́ться в ви́де па́ра 3) дви́гаться посре́дством па́ра; идти́ под пара́ми 4) *разг.* развива́ть большу́ю эне́ргию, «жа́рить» 5) вари́ть на пару́ 6) запотева́ть, отпотева́ть 7) подверга́ть де́йствию па́ра; па́рить; выпа́ривать; to ~ open отклеи́вать с по́мощью па́ра □ ~ **away** выкипа́ть

**steamboat** [ˈstiːmbəut] *n* парохо́д

**steam-boiler** [ˈstiːmˌbɔɪlə] *n* парово́й котёл

**steam-coal** [ˈstiːmkəul] *n* парови́чный у́голь

**steam-driven** [ˈstiːmˌdrɪvn] *a* приводи́мый в движе́ние па́ром

**steam-engine** [ˈstiːmˌendʒɪn] *n* парова́я маши́на, парово́й дви́гатель

**steamer** [ˈstiːmə] *n* 1) парохо́д 2) парова́рка

**steam-gauge** [ˈstiːmgeɪdʒ] *n* мано́метр

**steam-hammer** [ˈstiːmˈhæmə] *n* парово́й мо́лот ◊ to use a ~ to crack nuts ≅ стреля́ть из пу́шек по воробья́м

**steam-heat** [ˈstiːmhiːt] *n физ.* теплота́ конденса́ции

**steam-jacket** [ˈstiːmˈdʒækɪt] *n тех.* парова́я руба́шка

**steam-launch** [ˈstiːmˈlɔːntʃ] *n* парово́й ка́тер

**steam-power** [ˈstiːmˌpauə] *n* эне́ргия па́ра

**steam-roller** [ˈstiːmˌrəulə] *n* 1) парово́й като́к 2) *перен.* всесокруша́ющая си́ла

**steamship** [ˈstiːmʃɪp] *n* парохо́д

**steamshop** [ˈstiːmʃɔp] *n* коте́льная; кочега́рка

**steam shovel** [ˈstiːmˈʃʌvl] *n* парово́й экскава́тор

**steam table** [ˈstiːmˌteɪbl] *n* марми́т (*подогревательный шкаф в столовых, ресторанах*)

**steam-tight** [ˈstiːmtaɪt] *a* паронепроница́емый

**steam-turbine** [ˈstiːmˌtəːbɪn] *n* парова́я турби́на

**steamy** [ˈstiːmɪ] *a* 1) парообра́зный 2) насы́щенный пара́ми 3) испаря́ющийся

**stearin** [ˈstɪərɪn] *n* стеари́н

**steatite** [ˈstɪətaɪt] *n мин.* мы́льный ка́мень, стеати́т, жирови́к

**steed** [stiːd] *n поэт., шутл.* конь

**steel** [stiːl] **1.** *n* 1) сталь; a grip of ~ желе́зная хва́тка 2) меч, шпа́га; an enemy worthy of one's ~ досто́йный проти́вник 3) огни́во 4) стальна́я пласти́нка 5) *тех.* стально́й бур 7) твёрдость ◊ true as ~ абсолю́тно пре́данный и ве́рный

**2.** *a* 1) стально́й 2) жесто́кий

**3.** *v* 1) покрыва́ть ста́лью; снабжа́ть стальны́м наконе́чником *и т. п.* 2) закаля́ть; *перен.* ожесточа́ть; to ~ one's heart, to ~ oneself against pity заста́вить себя́ забы́ть жа́лость; ожесточи́ться

**steel-blue** [ˈstiːlˈbluː] **1.** *n* синева́то-стально́й цвет

**2.** *a* синева́то-стально́го цве́та

**steel-clad** [ˈstiːlklæd] *a* брониро́ванный, зако́ванный в броню́

**steel-engraving** [ˈstiːlɪnˈgreɪvɪŋ] *n* гравю́ра на ста́ли

**steel-gray** [ˈstiːlˈgreɪ] **1.** *n* се́рый цвет с голубы́м отли́вом

**2.** *a* се́рый с голубы́м отли́вом

**steel-plated** [ˈstiːlˈpleɪtɪd] *a* брониро́ванный; обши́тый ста́лью

**steel wool** [ˈstiːlˈwul] *n* то́нкая стальна́я стру́жка для чи́стки кастрю́ль *и т. п.*

**steelwork** [ˈstiːlwəːk] *n* 1) *собир.* стальны́е изде́лия 2) стальна́я констру́кция, фе́рма *и т. п.* 3) *pl* (*употр. как sing и как pl*) сталелите́йный заво́д

**steely** [ˈstiːlɪ] *a* 1) стально́й, из ста́ли 2) непрекло́нный, суро́вый; твёрдый как сталь

**steelyard** [ˈstiːljɑːd] *n* безме́н

**steep I** [stiːp] **1.** *a* 1) круто́й 2) *разг.* чрезме́рный, непоме́рно высо́кий (*о требованиях, ценах и т. п.*); it seems a bit ~ э́то уже́ сли́шком 3) невероя́тный, преувели́ченный, неправдоподо́бный

**2.** *n* кру́ча; обры́в

**steep II** [stiːp] **1.** *n* 1) погруже́ние (в жи́дкость); пропи́тка 2) ва́нна для пропи́тки

**2.** *v* 1) погружа́ть (в жи́дкость); пропи́тывать 2) погружа́ться, уходи́ть с голово́й; погря́знуть; to ~ in prejudice погря́знуть в предрассу́дках; to ~ in slumber погрузи́ться в сон; to be ~ed in literature уйти́ с голово́й в литерату́ру 3) бу́чить, выщела́чивать

**steepen** [ˈstiːpən] *v* де́лать(ся) кру́че

**steeple** [ˈstiːpl] *n* 1) пирамида́льная кры́ша, шпиц, шпиль 2) колоко́льня

**steeplechase** [ˈstiːpltʃeɪs] *n* бег *или* ска́чки с препя́тствиями

**steeplechaser** [ˈstiːplˌtʃeɪsə] *n* 1) уча́стник ска́чек *или* бе́га с препя́тствиями 2) ло́шадь, уча́ствующая в ска́чках с препя́тствиями

**steeplejack** [ˈstiːpldʒæk] *n* верхола́з

**steer I** [stɪə] **1.** *v* 1) пра́вить рулём, управля́ть (*автомобилем и т. п.*); вести́ су́дно 2) слу́шаться управле́ния; this car ~s easily э́той маши́ной легко́ пра́вить 3) сле́довать, идти́ (*по определённому курсу*); to ~ clear избега́ть, сторони́ться; to ~ a middle course избега́ть кра́йностей; to ~ a steady course неукло́нно идти́ свое́й доро́гой 4) направля́ть, руководи́ть

**2.** *n амер. разг.* намёк, подска́зка

**steer II** [stɪə] *n* кастри́рованный бычо́к; молодо́й вол

**steerage** [ˈstɪərɪdʒ] *n* 1) управле́ние рулём 2) рулево́е управле́ние 3) *уст.* тре́тий класс (*самые дешёвые места на океанских судах*)

**steering committee** [ˈstɪərɪŋkəˈmɪtɪ] *n* коми́ссия по вы́работке регла́мента *или* поря́дка дня

**steering-gear** [ˈstɪərɪŋgɪə] *n* рулево́й механи́зм; *мор.* рулево́е устро́йство

**steering-wheel** [ˈstɪərɪŋwiːl] *n* рулево́е колесо́; штурва́л

**steersman** [ˈstɪəzmən] *n* рулево́й

**stein** [staɪn] *n* (*обыкн. амер.*) гли́няная пивна́я кру́жка

**stelae** [ˈstiːli(ː)] *pl от* stele I

**stele I** [ˈstiːliː] *греч. n* (*pl* -ae) 1) сте́ла, надгро́бный обели́ск; коло́нна с на́дписями *или* изображе́ниями 2) *бот.* сте́ла

**stele II** [ˈstiːli(ː)] *n* руко́ятка; дре́вко копья́

**stellar** [ˈstelə] *a* 1) звёздный; ~ navigation навига́ция по звёздам 2) звездообра́зный 3) *амер.* веду́щий, гла́вный (*об артисте, роли и т. п.*)

**stellate, stellated** [ˈstelɪt, ˈsteleɪtɪd] *a* звездообра́зный, расходя́щийся луча́ми в ви́де звезды́

**stellular** [ˈsteljulə] *a* 1) = stellate 2) усы́панный, покры́тый звёздочками

**stem I** [stem] **1.** *n* 1) ствол; сте́бель 2) черено́к, рукоя́тка (*инструмента*) 3) но́жка (*бокала и т. п.*) 4) голо́вка часо́в 5) род; пле́мя 6) *бот.* соплóдие; a ~ of bananas гроздь бана́нов 7) *грам.* осно́ва 8) *мор.* форште́вень, нос; from ~ to stern во всю длину́ корабля́ 9) *тех.* сте́ржень, коро́ткая соедини́тельная дета́ль 10) *полигр.* основно́й штрих (*очка литеры*); но́жка (*литеры*)

**2.** *v* 1) происходи́ть (from, out of) 2) чи́стить я́годы 3) приде́лывать стебельки́ (*к искусственным цветам*) 4) *уст.* расти́ пря́мо (*как стебель*)

**stem II** [stem] *v* 1) запру́живать; заде́рживать 2) ока́зывать сопротивле́ние; to ~ the tide идти́ про́тив тече́ния; to ~ difficulties преодолева́ть тру́дности

**stem-plough** [ˈstemplau] *n спорт.* поворо́т на лы́жах плу́гом

**stem-turn** [ˈstemtə:n] *n спорт.* поворо́т (на лы́жах) упо́ром

**stemware** [ˈstemweə] *n* рю́мки, бока́лы, фуже́ры

**stench** [stentʃ] *n* злово́ние

**stencil** [ˈstensl] **1.** *n* 1) шабло́н, трафаре́т 2) узо́р *или* на́дпись по трафаре́ту

**2.** *v* наноси́ть узо́р *или* на́дпись по трафаре́ту

**stencil-plate** [ˈstenslpleɪt] = stencil 1, 1)

**stenograph** [ˈstenəgrɑ:f] **1.** *n* 1) стенографи́ческий знак 2) стенографи́ческая за́пись

**2.** *v* стенографи́ровать

**stenographer** [steˈnɔgrəfə] *n* стенографи́ст(ка)

**stenographic** [ˌstenəuˈgræfɪk] *a* стенографи́ческий

**stenography** [steˈnɔgrəfɪ] *n* стенография

**stenosis** [steˈnəusɪs] *n мед.* стено́з

**stentorian** [stenˈtɔ:rɪən] *a* громоподо́бный, зы́чный (*о голосе*)

**step** [step] **1.** *n* 1) шаг; ~ by ~ шаг за ша́гом; at every ~ на ка́ждом шагу́; in ~ а) в но́гу; б): to be in ~ соотве́тствовать; out of ~ не в но́гу; to keep ~ with идти́ в но́гу с; to turn one's ~s напра́виться; to bring into ~ согласова́ть во вре́мени 2) звук шаго́в 3) по́ступь, похо́дка 4) след (*ноги*); to follow smb.'s ~s, to tread in the ~s of smb. *перен.* идти́ по чьим-л. стопа́м 5) коро́ткое расстоя́ние; it is but a few ~s to my house до моего́ до́ма всего́ два шага́ 6) па (*в танцах*) 7) шаг, посту́пок; ме́ра; a false ~ ло́жный шаг; to take ~s принима́ть ме́ры 8) ступе́нь, ступе́нька; подно́жка, присту́пка; поро́г; подъём; flight of ~s марш ле́стницы 9) *pl* стремя́нка (*тж.* a pair of ~s) 10) *мор.* степс, гнездо́ (*мачты*) 11) *тех.* ход (*спирали*) ◇ to get one's ~ получи́ть повыше́ние; it is the first ~ that costs *посл.* ≅ тру́ден то́лько пе́рвый шаг

**2.** *v* 1) шага́ть, ступа́ть; to ~ high высоко́ поднима́ть но́ги (*особ. о рысаке*); to ~ short не рассчита́ть длину́ шага́; to ~ lightly ступа́ть легко́; to ~ out briskly идти́ бы́стро; ~ lively! живе́й!; потора́пливайтесь! 2) де́лать па (*в танце*); to ~ it а) танцева́ть; б) идти́ пешко́м 3) измеря́ть шага́ми (*тж.* ~ out) 4) *мор.* ста́вить, устана́вливать (*мачту*) □ ~ **aside** посторони́ться; *перен.* уступи́ть доро́гу друго́му; ~ **back** а) отступи́ть; б) уступи́ть; ~ **down** а) спусти́ться; б) вы́йти (*из экипажа*); в) *эл.* понижа́ть напряже́ние; ~ **in** а) входи́ть; б) включа́ться (*в дело и т. п.*); в) вме́шиваться; ~ **into** входи́ть; ~ **off** а) сходи́ть; б) *амер. sl.* сде́лать оши́бку; ~ **on** наступа́ть на́ ноги (*в танце и т. п.*; *тж. перен.*); I hate to be ~ped on я не переношу́ толкотни́; ~ **out** а) выходи́ть (*особ. ненадолго*); б) шага́ть больши́ми шага́ми; прибавля́ть ша́гу; в) ме́рить шага́ми; г) *амер. разг.* развле́чься; ~ **up** а) подойти́; б) продвига́ть; выдвига́ть; в) увели́чивать; ускоря́ть; г) *эл.* повыша́ть напряже́ние ◇ ~ on it! *разг.* живе́й!, потора́пливайся, повора́чивайся!

**stepbrother** [ˈstepˌbrʌðə] *n* сво́дный брат

**stepchild** [ˈsteptʃaɪld] *n* па́сынок; па́дчерица

**stepdaughter** [ˈstepˌdɔ:tə] *n* па́дчерица

**step-down transformer** [ˈstepdauntræns ˈfɔ:mə] *n эл.* понижа́ющий трансформа́тор

**stepfather** [ˈstepˌfɑ:ðə] *n* о́тчим

**step-ins** [ˈstepˈɪnz] *n pl разг.* 1) предме́т же́нского туале́та без застёжек (*резиновый пояс, трусики и т. п.*) 2) ту́фли без за́дников; шлёпанцы

**step-ladder** [ˈstepˌlædə] *n* (ле́стница-)стремя́нка

**stepmother** [ˈstepˌmʌðə] *n* ма́чеха

**stepmotherly** [ˈstepˌmʌðəlɪ] *a* незабо́тливый; неприя́зненный

**stepney** [ˈstepnɪ] *n уст.* запасно́е автомоби́льное колесо́

**steppe** [step] *русск. n* степь

**stepping-stone** [ˈstepɪŋstəun] *n* 1) ка́мень, поло́женный для перехо́да че́рез ре́чку 2) что-л., спосо́бствующее улучше́нию положе́ния *или* состоя́ния; сре́дство к достиже́нию це́ли

**stepsister** [ˈstepˌsɪstə] *n* сво́дная сестра́

**stepson** [ˈstepsʌn] *n* па́сынок

**step-up transformer** [ˈstepʌptræns ˈfɔ:mə] *n эл.* повыша́ющий трансформа́тор

**stereo** [ˈstɪərɪəu] *n сокр. разг.* 1) *см.* stereoscope 2) *см.* stereoscopic 3) *см.* stereotype

**stereochemistry** [ˌstɪərɪəˈkemɪstrɪ] *n* стереохи́мия

**stereography** [ˌstɪərɪˈɔgrəfɪ] *n* стереогра́фия

**stereometry** [ˌstɪərɪˈɔmɪtrɪ] *n* стереоме́трия

**stereophonic** [ˌstɪərɪəˈfɔnɪk] *a* стереофони́ческий

**stereoscope** [ˈstɪərɪəskəup] *n* стереоско́п

**stereoscopic** [ˌstɪərɪəsˈkɔpɪk] *a* стереоскопи́ческий; ~ telescope стереотруба́

**stereotype** [ˈstɪərɪətaɪp] **1.** *n* 1) *полигр.* стереоти́п 2) стереоти́пность; шабло́н; изби́тость

**2.** *a* 1) *полигр.* стереоти́пный 2) шабло́нный, станда́ртный, изби́тый

**3.** *v* 1) *полигр.* стереотипи́ровать 2) *полигр.* печа́тать со стереоти́па 3) придава́ть шабло́нность, де́лать изби́тым, станда́ртным

**stereotyped** [ˈstɪərɪətaɪpt] **1.** *p. p. от* stereotype 3

**2.** *a* 1) *полигр.* стереоти́пный 2) стереоти́пный, неоригина́льный, шабло́нный

**sterile** [ˈsteraɪl] *a* 1) беспло́дный; неспосо́бный к деторожде́нию 2) безрезульта́тный 3) стери́льный, стерилизо́ванный

**sterility** [steˈrɪlɪtɪ] *n* 1) беспло́дие 2) беспло́дность 3) стери́льность

**sterilization** [ˌsterɪlaɪˈzeɪʃən] *n* стерилиза́ция

**sterilize** [ˈsterɪlaɪz] *v* 1) де́лать беспло́дным 2) стерилизова́ть

**sterilizer** [ˈsterɪlaɪzə] *n* стерилиза́тор

**sterlet** [ˈstə:lɪt] *русск. n* сте́рлядь

**sterling** [ˈstə:lɪŋ] **1.** *a* 1) сте́рлинговый; pound ~ фунт сте́рлингов; ~ area сте́рлинговая зо́на 2) устано́вленной про́бы (*о серебре*; *925 частей серебра на 75 частей меди*); полноце́нный (*об англ. монетах*); in ~ coin of the realm полнове́сной англи́йской моне́той 3) надёжный; по́длинный; безукори́зненный; ~ fellow надёжный челове́к; a work of ~ merit по́длинное произведе́ние иску́сства

**2.** *n* 1) англи́йская валю́та; сте́рлинги, фу́нты сте́рлингов 2) серебро́ устано́вленной про́бы; a set of ~ набо́р столо́вого серебра́

**stern I** [stə:n] *a* стро́гий, суро́вый; неумоли́мый; ~ resolve непреклóнное реше́ние ◇ the ~er sex си́льный пол (*о мужчинах*)

**stern II** [stə:n] *n* 1) *мор.* корма́ 2) за́дняя часть како́го-л. предме́та 3) хвост, прави́ло (*у гончей*) 4) *attr.* кормово́й, за́дний

**sterna** [ˈstə:nə] *pl от* sternum

**stern-post** [ˈstə:npəust] *n* 1) *мор.* ахтерште́вень 2) *ав.* хвостова́я замыка́ющая сто́йка

**sternum** [ˈstə:nəm] *n* (*pl* -na) *анат.* груди́на

**sternutation** [ˌstə:nju(:)ˈteɪʃən] *n* чиха́нье

**sternutative, sternutatory** [stə(:)ˈnju:tətɪv, -tərɪ] *a* вызыва́ющий чиха́нье

**stertorous** ['stə:tərəs] *a* тяжёлый, хрипя́щий, затруднённый (*о дыхании*)

**stethoscope** ['steθəskəup] *мед.* **1.** *n* стетоско́п

**2.** *v* выслу́шивать стетоско́пом

**stevedore** ['sti:vidɔ:] **1.** *n* порто́вый гру́зчик

**2.** *v* грузи́ть *или* разгружа́ть кора́бль

**stew** I [stju:] **1.** *n* 1) тушёное мя́со; Irish ~ тушёная бара́нина с лу́ком и карто́фелем 2) *разг.* беспоко́йство, волне́ние; in a ~ в беспоко́йстве; как на иго́лках

**2.** *v* 1) туши́ть(ся), вари́ть(ся) 2) изнемога́ть от жары́ 3) волнова́ться, беспоко́иться; взви́нчивать себя́ (*тж.* ~ up) ◇ to ~ in one's own juice самому́ расхлёбывать после́дствия со́бственной неосмотри́тельности

**stew** II [stju:] *n* ры́бий *или* у́стричный садо́к

**stew** III [stju:] *n* (*обыкн. pl*) *уст.* публи́чный дом

**steward** [stjuəd] *n* 1) управля́ющий (*крупным хозяйством, имением и т. п.*); эконо́м (*клуба и т. п.*) 2) стю́ард (*официант или коридорный на пассажирском судне; бортпроводник на самолёте*) 3) распоряди́тель (*на скачках, балах и т. п.*) 4) сенеша́ль; Lord High S. of England а) лорд-распоряди́тель на корона́ции; б) председа́тель суда́ пэ́ров; Lord S. of the Household гла́вный камерге́р

**stewardess** ['stjuədıs] *n* го́рничная (*на пассажирском судне*); стюарде́сса, бортпроводни́ца (*на самолёте*)

**stewardship** ['stjuədʃıp] *n* 1) до́лжность управля́ющего *и пр.* [*см.* steward] 2) управле́ние

**stewed** [stju:d] **1.** *p. p. от* stew I, 2

**2.** *a* 1) тушёный; ~ fruit компо́т 2) *sl.* пья́ный

**stew-pan** ['stju:pæn] *n* соте́йник

**stew-pot** ['stju:pɔt] = stew-pan

**stick** [stık] **1.** *n* 1) па́лка; прут; трость; стек; ко́лышек; по́сох; жезл 2) брусо́к, па́лочка (*сургуча, мыла для бритья и т. п.*); ~ of chocolate пли́тка шокола́да; ~ of chewing gum пли́точка жева́тельной рези́нки 3) ве́точка, ве́тка 4) *разг.* вя́лый *или* тупова́тый челове́к; тупи́ца; недалёкий *или* ко́сный челове́к 5) *муз.* дирижёрская па́лочка 6) (the ~s) *pl амер. разг.* захолу́стье 7) *pl разг.* ме́бель (*обыкн. грубая*) 8) *тех.* рукоя́тка 9) *текст.* трепа́ло, мя́ло 10) *полигр.* верста́тка 11) *мор. разг.* ма́чта 12) *воен.* се́рия бомб ◇ to cut one's ~ *sl.* удра́ть, улизну́ть; the big ~ поли́тика си́лы, поли́тика большо́й дуби́нки

**2.** *v* (stuck) 1) втыка́ть, вка́лывать, вонза́ть; натыка́ть, наса́живать (*на остриё*); утыка́ть 2) торча́ть (*тж.* ~ out) 3) коло́ть, зака́лывать; to ~ pigs а) зака́лывать свине́й; б) охо́титься на кабано́в верхо́м с копьём 4) *разг.* класть, ста́вить, сова́ть 5) прикле́ивать; накле́ивать, раскле́ивать 6) ли́пнуть; приса́сываться; прикле́иваться; to be stuck with smth. не име́ть возмо́жности отде́латься от чего́-л.; the envelope won't ~ конве́рт не закле́ивается; the nickname stuck (to him) про́звище приста́ло к нему́; to ~ on (a horse) *разг.* кре́пко сиде́ть (на ло́шади) 7) остава́ться; to ~ at home торча́ть до́ма 8) держа́ться, приде́рживаться (to — *чего-л.*); упо́рствовать (to — в *чём-л.*); остава́ться ве́рным (*другу, слову, долгу*; to); to ~ to one's friends in trouble не оставля́ть друзе́й в беде́; friends ~ together друзья́ де́ржатся вме́сте; to ~ to business не отвлека́ться; to ~ to it упо́рствовать, стоя́ть на чём-л.; to ~ to the point держа́ться бли́же к де́лу 9) застря́ть, завя́знуть; to ~ fast основа́тельно застря́ть; the door ~s дверь заеда́ет; the key has stuck in the lock ключ застря́л в замке́ 10) *разг.* терпе́ть, выде́рживать; ~ it! держи́сь!, мужа́йся!; I could not ~ it any longer я бо́льше не смог э́того вы́терпеть 11) озада́чить, поста́вить в тупи́к 12) всучи́ть, навяза́ть (with) 13) *разг.* обма́нывать 14) *разг.* заста́вить (*кого-л.*) заплати́ть; вводи́ть в расхо́д 15) *полигр.* вставля́ть в верста́тку □ ~ **around** *разг.* слоня́ться побли́зости, не уходи́ть; ~ **at** упо́рно продолжа́ть; he ~s at his work ten hours a day он упо́рно рабо́тает по де́сять часо́в в де́нь; to ~ at nothing ни перед че́м не остана́вливаться; ~ **down** а) *разг.* класть; б) *разг.* запи́сывать; в) прикле́ивать; ~ **out** а) высо́вывать(ся); торча́ть; to ~ out one's chest выпя́чивать грудь; б) мири́ться, терпе́ть; держа́ться до конца́; в) бастова́ть; ~ **out for** наста́ивать на *чём-л.*; ~ **up** а) выдава́ться, торча́ть; his hair stuck up on end у него́ во́лосы стоя́ли торчко́м; б) ста́вить торчко́м; в) *sl.* остана́вливать с це́лью ограбле́ния; огра́бить; to ~ up the bank огра́бить банк; ~ **up for** защища́ть, подде́рживать; to ~ up for one's rights защища́ть свои́ права́; ~ **up to** не подчиня́ться; ока́зывать сопротивле́ние ◇ stuck on *амер. sl.* влюблённый; to ~ it on *sl.* запра́шивать большу́ю це́ну; to ~ to one's ribs *разг.* быть пита́тельным, поле́зным (*о пище*)

**sticker** ['stıkə] *n* 1) колю́чка, шип 2) раскле́йщик афи́ш 3) афи́ша; объявле́ние (*расклеиваемое на улице*); накле́йка; этике́тка 4) *разг.* тру́дный вопро́с, зага́дка 5) упо́рный, насто́йчивый челове́к

**stickful** ['stıkful] *n полигр.* по́лная верста́тка

**sticking-plaster** ['stıkıŋ,plɑ:stə] *n* ли́пкий пла́стырь, лейкопла́стырь

**stick-in-the-mud** ['stıkınðəmʌd] *разг.* **1.** *n* ко́сный отста́лый челове́к

**2.** *a* отста́лый; ко́сный

**stickjaw** ['stıkdʒɔ:] *n разг.* тяну́чка

**stickle** ['stıkl] *v* 1) возража́ть, упря́мо спо́рить (*по мелочам*) 2) сомнева́ться, колеба́ться

**stickleback** ['stıklbæk] *n* ко́люшка (*рыба*)

**stickler** ['stıklə] *n* я́рый сторо́нник, приве́рженец (for — *чего-л.*)

**stickpin** ['stıkpın] *n амер.* була́вка для га́лстука

**stick-up** ['stıkʌp] *n sl.* налёт, ограбле́ние

**sticky** ['stıkı] *a* 1) ли́пкий, кле́йкий 2) *разг.* несгово́рчивый 3) жа́ркий и вла́жный 4) *разг.* о́чень неприя́тный; he will come to a ~ end он пло́хо ко́нчит; to be on a ~ wicket находи́ться в щекотли́вом положе́нии

**stiff** [stıf] **1.** *a* 1) туго́й, неги́бкий, неэласти́чный; жёсткий; ~ cardboard негну́щийся карто́н 2) окостене́вший; одеревене́лый; ~ in death засты́вший, окочене́вший (*о трупе*); he has a ~ leg у него́ нога́ онеме́ла; I have a ~ neck мне наду́ло в ше́ю; I feel ~ ≅ не могу́ ни согну́ться, ни разогну́ться 3) пло́тный, густо́й; ~ dough густо́е те́сто 4) непреклонный, непоколеби́мый; ~ denial реши́тельный отка́з 5) натя́нутый, холо́дный, чо́порный; ~ bow церемо́нный покло́н 6) тру́дный; ~ task нелёгкая зада́ча; ~ examination тру́дный экза́мен 7) си́льный (*о ветре*) 8) сильноде́йствующий; кре́пкий (*о напитке*); а ~ doze of medicine си́льная до́за лека́рства 9) чрезме́рный (*о требовании и т. п.*) 10) усто́йчивый (*о ценах, рынке*) 11) стро́гий (*о наказании, приговоре и т. п.*) 12) нело́вкий, неуклю́жий 13) *predic. разг.* до изнеможе́ния, до́ смерти; they bored me ~ я чуть не у́мер от тоски́, ску́ки; I was scared ~ я перепуга́лся до́ смерти ◇ to keep a ~ upper lip а) проявля́ть твёрдость хара́ктера; б) сохраня́ть прису́тствие ду́ха; держа́ться молодцо́м; as ~ as a poker чо́порный; ≅ сло́вно арши́н проглоти́л

**2.** *n sl.* 1) подде́льный чек 2) ве́ксель 3) бродя́га 4) формали́ст, педа́нт 5) труп

**stiffen** ['stıfn] *v* де́лать(ся) неги́бким, жёстким *и пр.* [*см.* stiff 1]; to ~ linen with starch крахма́лить бельё; his resolution ~ed его́ реше́ние ста́ло бо́лее твёрдым

**stiff-necked** ['stıf'nekt] *a* упря́мый

**stifle** I ['staıfl] *v* 1) души́ть, удуша́ть 2) задыха́ться 3) туши́ть (*огонь*) 4) замя́ть (*дело и т. п.*) 5) сде́рживать, подавля́ть; to ~ a rebellion подави́ть восста́ние; to ~ a yawn сдержа́ть зево́ту

**stifle** II ['staıfl] *n* коле́нная ча́шка *или* коле́нный суста́в (*у лошади*)

**stifle-joint** ['staıfldʒɔınt] = stifle II

**stifling** ['staıflıŋ] **1.** *pres. p. от* stifle I

**2.** *a* ду́шный

**stigma** ['stıgmə] *n* (*pl* -s [-z], -ta) 1) *ист.* вы́жженное клеймо́ (*у преступника*) 2) позо́р, пятно́ 3) (*pl* -ta; *обыкн. pl*) *церк.* стигма́ты 4) *бот.* ры́льце

**stigmata** ['stıgmətə] *pl от* stigma

**stigmatize** ['stɪgmətaɪz] *v* клейми́ть, поноси́ть, бесче́стить

**stile** [staɪl] *n* 1) ступе́ньки для перехо́да че́рез забо́р *или* сте́ну; перела́з 2) турнике́т

**stiletto** [stɪ'letəu] *ит. n* (*pl* -os, -oes [-əuz]) 1) стиле́т 2) *attr.*: ~ heels *разг.* высо́кие и то́нкие каблуки́, «гво́здики», «шпи́льки»

**still** I [stɪl] **1.** *a* 1) ти́хий, бесшу́мный; to keep ~ не шуме́ть 2) неподви́жный, споко́йный; to stand ~ останови́ться; keep ~! не шевели́сь! 3) не игри́стый (*о вине*) ◇ to keep ~ about smth. молча́ть о чём-л.; a ~ small voice го́лос со́вести

**2.** *n* 1) *поэт.* тишина́, безмо́лвие; in the ~ of (the) night в ночно́й тиши́ 2) = still picture 3) рекла́мный кадр

**3.** *v* 1) успока́ивать; утихоми́ривать; to ~ a child убаю́кивать ребёнка 2) успока́ивать, утоля́ть; to ~ hunger утоли́ть го́лод 3) *редк.* успока́иваться; when the tempest ~s когда́ бу́ря ути́хнет

**4.** *adv* 1) до сих по́р, (всё) ещё, по-пре́жнему 2) всё же, тем не ме́нее, одна́ко 3) ещё (*в сравнении*); ~ longer ещё длинне́е; ~ further ещё да́льше; бо́лее того́

**still** II [stɪl] **1.** *n* 1) перего́нный куб; дистилля́тор 2) виноку́ренный заво́д

**2.** *v* перегоня́ть, опресня́ть, дистилли́ровать

**still birth** ['stɪlbə:θ] *n* рожде́ние мёртвого плода́

**still-born** ['stɪlbɔ:n] *a* мертворождённый

**still life** ['stɪllaɪf] *n жив.* натюрмо́рт

**still picture** ['stɪl,pɪktʃə] *n* фотосни́мок

**still-room** ['stɪlrum] *n* кладова́я; буфе́тная

**stilly** ['stɪlɪ] **1.** *adv* ти́хо, безмо́лвно **2.** *a поэт.* ти́хий

**stilt** [stɪlt] *n* 1) (*обыкн. pl*) ходу́ли; on ~s на ходу́лях; *перен.* высокопа́рный 2) ходу́лочник (*птица*)

**stilted** ['stɪltɪd] *a* ходу́льный, напы́щенный, высокопа́рный, неесте́ственный

**Stilton** ['stɪltn] *n* сти́льтон (*сорт жирного сыра; тж.* ~ cheese)

**stimulant** ['stɪmjulənt] **1.** *n* 1) возбужда́ющее сре́дство 2) спиртно́й напи́ток; he never takes ~s он никогда́ не употребля́ет спиртны́х напи́тков 3) сти́мул

**2.** *a* возбужда́ющий, стимули́рующий

**stimulate** ['stɪmjuleɪt] *v* 1) возбужда́ть, стимули́ровать 2) побужда́ть; поощря́ть

**stimulation** [,stɪmju'leɪʃən] *n* 1) возбужде́ние 2) поощре́ние

**stimuli** ['stɪmjulaɪ] *pl от* stimulus

**stimulus** ['stɪmjuləs] *n* (*pl* -li) 1) сти́мул, побуди́тель; влия́ние 2) *физиол.* сти́мул, раздражи́тель

**sting** [stɪŋ] **1.** *n* 1) жа́ло 2) *бот.* жгу́чий волосо́к 3) уку́с; ожо́г крапи́вой 4) му́ки; о́страя боль; the ~s of hunger му́ки го́лода 5) ядови́тость, ко́лкость 6) острота́, си́ла; his service has no ~ in it у него́ сла́бая пода́ча (*в теннисе*)

**2.** *v* (stung) 1) жа́лить; жечь (*о крапиве и т. п.*) 2) причиня́ть о́струю боль 3) чу́вствовать о́струю боль 4) уязвля́ть, терза́ть; to be stung by remorse му́читься угрызе́ниями со́вести 5) возбужда́ть; побужда́ть; the insult stung him into a reply оскорбле́ние побуди́ло его́ отве́тить 6) (*обыкн. pass*) *разг.* обману́ть, наду́ть; обобра́ть, «нагре́ть»; he was stung for £ 5 его́ надули на 5 фу́нтов

**stinger** ['stɪŋə] *n* 1) жа́ло (*насекомого*) 2) жа́лящее насеко́мое *и т. п.* 3) *разг.* ре́зкий уда́р 4) язви́тельный отве́т 5) *разг.* ви́ски с со́довой 6) *амер. разг.* кокте́йль из ви́ски и мя́тного ликёра со льдом

**stinging** ['stɪŋɪŋ] **1.** *pres. p. от* sting 2

**2.** *a* 1) жа́лящий; жгу́чий; ~ words язви́тельные слова́ 2) име́ющий жа́ло

**stingo** ['stɪŋgəu] *n уст.* кре́пкое пи́во

**stingy** ['stɪndʒɪ] *a* 1) ска́редный, скупо́й 2) ограни́ченный, ску́дный; ~ crop ску́дный урожа́й

**stink** [stɪŋk] **1.** *n* 1) злово́ние, вонь 2) *pl школ. жарг.* хи́мия; есте́ственные нау́ки 3) *sl.* сканда́л, шуми́ха; to raise a ~ подня́ть шум, устро́ить сканда́л

**2.** *v* (stank, stunk; stunk) 1) воня́ть; смерде́ть 2) *амер. sl.* быть отта́лкивающим, омерзи́тельным; this book ~s э́то отврати́тельная кни́га □ ~ **out** выгоня́ть, выку́ривать ◇ to ~ of money *sl.* быть о́чень бога́тым

**stinkard** ['stɪŋkəd] *n* 1) *уст.* ни́зкий, по́длый челове́к 2) *зоол.* вонючка

**stink-ball** ['stɪŋkbɔ:l] *n воен. жарг.* ручна́я хими́ческая грана́та

**stinker** ['stɪŋkə] *n sl.* 1) кля́узное письмо́ 2) ме́рзкий тип

**stinking** ['stɪŋkɪŋ] **1.** *pres. p. от* stink 2

**2.** *a* 1) воню́чий 2) *разг.* проти́вный, отврати́тельный

**stinkpot** ['stɪŋkpɔt] *n воен. жарг.* хими́ческая ша́шка

**stink-stone** ['stɪŋkstəun] *n мин.* воню́чий ка́мень

**stint** [stɪnt] **1.** *n* 1) ограниче́ние; преде́л, грани́ца; to labour without ~ рабо́тать, не жале́я сил 2) уро́чная рабо́та; определённая но́рма (*работы*); to do one's daily ~ вы́полнить дневну́ю но́рму (*работы*)

**2.** *v* уре́зывать, ограни́чивать, скупи́ться; he does not ~ his praise он не скупи́тся на похвалы́

**stipe** [staɪp] *n бот.* но́жка, пенёк (*гриба*)

**stipend** ['staɪpend] *n* 1) жа́лованье (*особ. священника*) 2) *редк.* стипе́ндия

**stipendiary** [staɪ'pendjərɪ] **1.** *a* 1) опла́чиваемый 2) получа́ющий жа́лованье

**2.** *n* должностно́е лицо́, находя́щееся на жа́лованье прави́тельства

**stipple** ['stɪpl] **1.** *n* рабо́та, гравирова́ние пункти́ром

**2.** *v* рисова́ть *или* гравирова́ть пункти́ром

**stipulate** ['stɪpjuleɪt] *v* ста́вить усло́вием, обусло́вливать, огова́ривать в ка́честве осо́бого усло́вия (that) □ ~ **for** выгова́ривать себе́ *что-л.*

**stipulation** [,stɪpju'leɪʃən] *n* 1) обусло́вливание 2) усло́вие

**stipule** ['stɪpju:l] *n бот.* прили́стник

**stir** I [stə:] **1.** *n* 1) шевеле́ние; движе́ние; not a ~ ничто́ не шелохнётся 2) разме́шивание 3) сумато́ха, суета́, переполо́х; to create (*или* to make) a ~ произвести́ сенса́цию; возбуди́ть о́бщий интере́с; наде́лать шу́му

**2.** *v* 1) шевели́ть(ся); дви́гать(ся); he never ~s out of the house он никогда́ не выхо́дит и́з дому 2) меша́ть, поме́шивать, разме́шивать; взба́лтывать (*тж.* ~ up) 3) волнова́ть, возбужда́ть (*тж.* ~ up); to ~ the blood возбужда́ть энтузиа́зм □ ~ **up** а) хорошо́нько разме́шивать, взба́лтывать; б) возбужда́ть (*любопытство и т. п.*); в) раздува́ть (*ссору*) ◇ not to ~ an eyelid гла́зом не моргну́ть; not to ~ a finger па́льцем не пошевели́ть; to ~ one's stumps *разг.* пошеве́ливаться, потора́пливаться

**stir** II [stə:] *n sl.* тюрьма́, куту́зка

**stir-about** ['stə:rəbaut] *n* ка́ша

**stirrer-up** ['stə:rər'ʌp] *n* вино́вник; возбуди́тель

**stirring** ['stə:rɪŋ] **1.** *pres. p. от* stir I, 2

**2.** *n* поме́шивание, взба́лтывание

**3.** *a* 1) де́ятельный, акти́вный; за́нятый 2) волну́ющий; ~ times времена́, по́лные собы́тий

**stirrup** ['stɪrəp] *n* 1) стре́мя 2) *тех.* скоба́, серьга́, бу́гель, хому́т 3) *мор.* подпёрток

**stirrup-cup** ['stɪrəpkʌp] *n* проща́льный ку́бок

**stirrup-leather** ['stɪrəp,leðə] *n* пу́тлище, стремя́нный реме́нь

**stitch** [stɪtʃ] **1.** *n* 1) стежо́к, стёжка; шов 2) *мед.* шов; to put ~es into a wound наложи́ть швы на ра́ну; to take ~es out of a wound снять швы с ра́ны 3) пе́тля (*в вязанье*); to drop (to take up) a ~ спусти́ть (подня́ть) пе́тлю 4) *разг.* ма́лость, немно́жко; he has not done a ~ of work он не сде́лал ро́вно ничего́ 5) о́страя боль, ко́лотьё в боку́ ◇ without a ~ of clothing, not a ~ on соверше́нно го́лый; he has not a dry ~ on он промо́к до ни́тки; he has not a ~ to his back ≅ он гол как соко́л; a ~ in time saves nine *посл.* оди́н стежо́к, сде́ланный во́время, сто́ит девяти́

**2.** *v* шить; стега́ть; вышива́ть □ ~ **up** а) зашива́ть; б) *полигр.* брошюрова́ть

**stitcher** [ˈstɪtʃə] *n* 1) строчи́льщик 2) строчи́льная маши́на 3) брошюро́вщик

**stithy** [ˈstɪðɪ] *n уст.* 1) ку́зница 2) накова́льня

**stiver** [ˈstaɪvə] *n* ме́лкая голла́ндская моне́та ◇ not worth a ~ гроша́ не сто́ит

**St-John's-wort** [snˈdʒɔnzwəːt] *n бот.* зверобо́й

**stoat** [stəut] *n* горноста́й (*в летнем одеянии*)

**stock** [stɔk] **1.** *n* 1) гла́вный ствол (*дерева*) 2) опо́ра, подпо́ра 3) рукоя́тка, ру́чка; руже́йная ло́жа 4) *уст.* пень; бревно́ 5) род, семья́; of good ~ из хоро́шей семьи́ 6) *биол.* поро́да, пле́мя 7) ра́са 8) гру́ппа ро́дственных языко́в 9) запа́с; инвента́рь; word ~ запа́с слов; basic word ~ основно́й слова́рный фонд; dead ~ (мёртвый) инвента́рь; in ~ в нали́чии (*о товарах и т. п.*); под руко́й; out of ~ распро́дано; to lay in ~ де́лать запа́сы; to take ~ а) инвентаризи́ровать; де́лать переучёт това́ра; б) крити́чески оце́нивать, рассма́тривать (of — *что-л.*); пригля́дываться (of — *к чему-л.*) 10) ассортиме́нт (*товаров*) 11) скот, поголо́вье скота́ (*тж.* live ~) 12) парк (*вагонов и т. п.*); подвижно́й соста́в 13) сырьё; paper ~ бума́жное сырьё (*тряпьё и т. п.*) 14) *эк.* акционе́рный капита́л (*тж.* joint ~); основно́й капита́л; фо́нды; the ~s госуда́рственный долг 15) *амер.* а́кции; to take ~ in покупа́ть а́кции; вступа́ть в пай [*см. тж.* ◇] 16) левко́й 17) широ́кий га́лстук *или* шарф 18) кре́пкий бульо́н из косте́й 19) часть коло́ды карт, не ро́зданная игрока́м 20) = ~ company 2); 21) *pl ист.* коло́дки 22) *pl мор.* ста́пель; to be on the ~s стоя́ть на ста́пеле; *перен.* гото́виться, быть в рабо́те (*о литературном произведении*) 23) *тех.* ба́бка (*станка*) 24) *тех.* при́пуск 25) шток (*якоря*) 26) *метал.* ши́хта, коло́ша 27) *бот.* подво́й ◇ ~s and stones а) неодушевлённые предме́ты; б) бесчу́вственные лю́ди; to take ~ in *жарг.* а) ве́рить; б) придава́ть значе́ние [*см. тж.* 15)]

**2.** *v* 1) снабжа́ть; to ~ a farm обору́довать хозя́йство 2) име́ть в нали́чии, в прода́же; the shop ~s only cheap goods в э́той ла́вке продаю́тся то́лько дешёвые това́ры 3) храни́ть на скла́де 4) приде́лывать ру́чку *и т. п.*

**3.** *a* 1) име́ющийся в нали́чии, нагото́ве 2) изби́тый, шабло́нный, заезженный

**stockade** [stɔˈkeɪd] **1.** *n* 1) частоко́л 2) *амер.* укрепле́ние, форт 3) *амер.* тюрьма́ для военнослу́жащих

**2.** *v* огора́живать *или* укрепля́ть частоко́лом

**stock-breeder** [ˈstɔkˌbriːdə] *n* животново́д

**stockbroker** [ˈstɔkˌbrəukə] *n* биржево́й ма́клер

**stock-car** [ˈstɔkˈkaː] *n* 1) сери́йный *или* станда́ртный автомоби́ль 2) ваго́н для скота́

**stock company** [ˈstɔkˌkʌmpənɪ] *n* 1) акционе́рная компа́ния 2) театра́льная тру́ппа, обы́чно выступа́ющая в одно́м теа́тре с определённым реперту́аром; театра́льная тру́ппа со сре́дним соста́вом актёров (*без звёзд*)

**stockdove** [ˈstɔkdʌv] *n* кли́нтух (*птица*)

**stock exchange** [ˈstɔkɪksˌtʃeɪndʒ] *n* фо́ндовая би́ржа

**stock-farm** [ˈstɔkfaːm] *n* животново́дческое хозя́йство, скотово́дческая фе́рма

**stockfish** [ˈstɔkfɪʃ] *n* вя́леная ры́ба

**stockholder** [ˈstɔkˌhəuldə] *n* акционе́р

**stockinet** [ˌstɔkɪˈnet] *n* 1) трикота́ж, трикота́жное полотно́ 2) чуло́чная вя́зка

**stocking** I [ˈstɔkɪŋ] *n* 1) чуло́к 2) *attr.*: ~ cap де́тская *или* спорти́вная вя́заная ша́почка; in one's ~ feet в одни́х чулка́х

**stocking** II [ˈstɔkɪŋ] *pres. p. от* stock 2

**stockinged** [ˈstɔkɪŋd] *a* в чулке́

**stock-in-trade** [ˈstɔkɪnˈtreɪd] *n* 1) запа́с това́ров 2) арсена́л средств, кото́рым располага́ют представи́тели определённой профе́ссии; a sense of style is part of the ~ of any writer ка́ждому писа́телю неизме́нно прису́ще чу́вство сти́ля 3) обору́дование, инвента́рь

**stockjobber** [ˈstɔkˌdʒɔbə] *n пренебр.* биржево́й спекуля́нт, ма́клер

**stockjobbery, stockjobbing** [ˈstɔkˌdʒɔbərɪ, -ˌdʒɔbɪŋ] *n пренебр.* спекуляти́вные биржевы́е сде́лки

**stockman** [ˈstɔkmæn] *n* (*преим. австрал.*) скотово́д; пасту́х

**stock-market** [ˈstɔkˌmaːkɪt] *n* 1) фо́ндовая би́ржа 2) у́ровень цен на би́рже

**stockpile** [ˈstɔkpaɪl] **1.** *n* 1) запа́с, резе́рв 2) *горн.* шта́бель; отва́л

**2.** *v* 1) нака́пливать, де́лать запа́сы 2) *горн.* штабели́ровать

**stockpiling** [ˈstɔkˌpaɪlɪŋ] **1.** *pres. p. от* stockpile 2

**2.** *n* накопле́ние

**stock-raising** [ˈstɔkˌreɪzɪŋ] **1.** *n* животново́дство, скотово́дство

**2.** *a* животново́дческий, скотово́дческий

**stockrider** [ˈstɔkˌraɪdə] *n австрал.* ко́нный пасту́х, ковбо́й

**stockroom** [ˈstɔkrum] *n* склад, кладова́я

**stock-still** [ˈstɔkˈstɪl] *adv* неподви́жно; как столб; he stood ~ он стоя́л как вко́панный

**stock-taking** [ˈstɔkˌteɪkɪŋ] *n* 1) переучёт това́ра; прове́рка инвентаря́ 2) обзо́р, оце́нка, крити́ческий ана́лиз (*событий, успехов, достижений и т. п.*)

**stock-whip** [ˈstɔkwɪp] *n* бич пастуха́

**stocky** [ˈstɔkɪ] *a* призе́мистый, корена́стый

**stockyard** [ˈstɔkˈjaːd] *n* скотопри го́нный двор

**stodge** [stɔdʒ] *sl.* **1.** *n* тяжёлая, сы́тная еда́

**2.** *v* жа́дно есть, уплета́ть

**stodgy** [ˈstɔdʒɪ] *a* 1) тяжёлый (*о пище*) 2) перегру́женный (*деталями*); ску́чный; тяжелове́сный (*о произведении*) 3) ску́чный, ну́дный (*о человеке*)

**stogie, stogy** [ˈstəudʒɪ] *n амер.* 1) тяжёлый сапо́г 2) дешёвая сига́ра

**stoic** [ˈstəuɪk] **1.** *n* сто́ик

**2.** *a* сто́йческий

**stoical** [ˈstəuɪkəl] = stoic 2

**stoicism** [ˈstəuɪsɪzm] *n* стоици́зм

**stoke** [stəuk] *v* подде́рживать ого́нь (*в топке*); забра́сывать то́пливо; шурова́ть; топи́ть (*тж.* ~ up)

**stokehold** [ˈstəukhəuld] *n* кочега́рка

**stokehole** [ˈstəukhəul] = stokehold

**stoker** [ˈstəukə] *n* 1) кочега́р; истопни́к; коте́льный машини́ст 2) механи́ческая то́пка, сто́кер

**stole** I [stəul] *n* 1) *др.-рим.* сто́ла 2) паланти́н, мехова́я наки́дка 3) *церк.* епитрахи́ль, ора́рь

**stole** II [stəul] *past от* steal 1

**stolen** [ˈstəulən] *p. p. от* steal 1

**stolid** [ˈstɔlɪd] *a* флегмати́чный, бесстра́стный

**stolidity** [stɔˈlɪdɪtɪ] *n* флегмати́чность

**stomach** [ˈstʌmək] **1.** *n* 1) желу́док; on an empty ~ на пусто́й, голо́дный желу́док; to turn one's ~ вызыва́ть тошноту́; прети́ть 2) живо́т 3) аппети́т, вкус, скло́нность (*к чему-л.*); to have ~ for име́ть жела́ние 4) *уст.* отва́га, му́жество ◇ proud (*или* high) ~ высокоме́рие

**2.** *v* 1) быть в состоя́нии съесть; быть в состоя́нии перевари́ть 2) стерпе́ть, снести́; to ~ an insult проглоти́ть оби́ду

**stomach-ache** [ˈstʌməkeɪk] *n* боль в животе́

**stomacher** [ˈstʌməkə] *n ист.* су́живающийся книзу перёд корса́жа; корса́ж

**stomachic** [stəuˈmækɪk] **1.** *a* 1) желу́дочный 2) спосо́бствующий пищеваре́нию

**2.** *n* желу́дочное сре́дство

**stomach-pump** [ˈstʌməkpʌmp] *n* желу́дочный зонд

**stomach-tooth** [ˈstʌməktuːθ] *n* ни́жний клык (*молочный*)

**stomatitis** [ˌstɔməˈtaɪtɪs] *n мед.* стомати́т

**stomatology** [ˌstɔməˈtɔlədʒɪ] *n* стоматоло́гия

**stone** [stəun] **1.** *n* 1) ка́мень; to break ~s бить щёбень; *перен.* выполня́ть тяжёлую рабо́ту; зараба́тывать тяжёлым трудо́м 2) драгоце́нный ка́мень 3) ка́мень (*материал*); to build of ~ стро́ить из ка́мня; heart of ~ ка́менное се́рдце 4) ко́сточка (*сливы и т. п.*); зёрнышко (*плода*) 5) гра́дина 6) *мед.* ка́мень 7) ка́менная боле́знь 8) (*pl обыкн. без измен.*) сто́ун

(= *14 фунтам = 6,34 кг*) ◇ to leave no ~ unturned испро́бовать всевозмо́жные сре́дства; приложи́ть все стара́ния

**2.** *a* ка́менный; ~ implements ка́менные ору́дия

**3.** *v* 1) облицо́вывать *или* мости́ть ка́мнем 2) вынима́ть ко́сточки (*из фруктов*) 3) побива́ть камня́ми

**Stone Age** ['stəun'eɪdʒ] *n* ка́менный век

**stone-blind** ['stəun'blaɪnd] *a* соверше́нно слепо́й

**stone-broke** ['stəun'brəuk] = stony-broke

**stone-cast** ['stəunkɑ:st] = stone's cast

**stone-coal** ['stəunkəul] *n* кусково́й антраци́т

**stone-cold** ['stəun'kəuld] *a* ≅ холо́дный как лёд

**stone-cutter** ['stəun,kʌtə] *n* каменотёс

**stoned** [stəund] **1.** *p. p. от* stone 3 **2.** *a* очи́щенный от ко́сточек

**stone-dead** ['stəun'ded] *a* мёртвый

**stone-deaf** ['stəun'def] *a* соверше́нно глухо́й

**stone-fruit** ['stəunfru:t] *n бот.* костя́нка, ко́сточковый плод

**stone-jug** ['stəundʒʌg] *n sl.* тюрьма́

**stone-mason** ['stəun,meɪsn] *n* ка́менщик

**stone-pine** ['stəunpaɪn] *n бот.* пи́ния

**stone-pit** ['stəunpɪt] *n* каменоло́мня, карье́р

**stone's cast** ['stəunzkɑ:st] *n* 1) расстоя́ние, на кото́рое мо́жно бро́сить ка́мень 2) небольшо́е расстоя́ние

**stone's throw** ['stəunz'θrəu] = stone's cast

**stone-still** ['stəun'stɪl] *a* как вко́панный

**stonewall** ['stəun'wɔ:l] *v* устра́ивать обстру́кцию в парла́менте

**stonewalling** ['stəun'wɔ:lɪŋ] *n* (*особ. австрал.*) парла́ментская обстру́кция; оппози́ция, сопротивле́ние

**stoneware** ['stəunwɛə] *n* керами́ческие изде́лия, гли́няная посу́да

**stonework** ['stəunwə:k] *n* ка́менная кла́дка; ка́менные рабо́ты

**stony** ['stəunɪ] *a* 1) камени́стый 2) ка́менный; твёрдый 3) холо́дный, неподви́жный; ~ stare неподви́жный, не узнаю́щий взгляд 4) = stony-broke

**stony-broke** ['stəunɪbrəuk] *a sl.* по́лностью разорённый, оста́вшийся без вся́ких средств

**stony-hearted** ['stəunɪ,hɑ:tɪd] *a* жестокосе́рдный

**stood** [stud] *past и p. p. от* stand 2

**stooge** [stu:dʒ] *разг.* **1.** *n* 1) партнёр ко́мика (*в театре*) 2) *разг.* зави́симое *или* подчинённое лицо́; марионе́тка 3) подставно́е лицо́; провока́тор, осведоми́тель

**2.** *v* игра́ть подчинённую роль; to ~ for smb. быть марионе́ткой

**stool** [stu:l] *n* 1) табуре́т(ка); ~ of repentance *ист.* позо́рный стул в шотла́ндских церква́х; *перен.* публи́чное униже́ние 2) скаме́ечка 3) су́дно, стульча́к 4) *мед.* стул, де́йствие кише́чника; to go to ~ испражня́ться 5) ко́рень *или* пень, пуска́ющий побе́ги ◇ to fall between two ~s сиде́ть ме́жду двух сту́льев

**stool-pigeon** ['stu:l'pɪdʒɪn] *n* 1) го́лубь, слу́жащий для прима́нивания други́х голубе́й 2) провока́тор, осведоми́тель

**stoop I** [stu:p] **1.** *n* 1) суту́лость 2) снисхожде́ние 3) униже́ние 4) стреми́тельный полёт вниз, паде́ние (*сокола и т. п.*) 5) *горн.* предохрани́тельный цели́к

**2.** *v* 1) наклоня́ть(ся), нагиба́ть(ся) 2) суту́лить(ся) 3) унижа́ть(ся) 4) снисходи́ть (to — до) 5) устремля́ться вниз (*тж.* ~ down)

**stoop II** [stu:p] *n амер.* крыльцо́ со ступе́ньками; вера́нда

**stop** [stɔp] **1.** *n* 1) остано́вка, заде́ржка, прекраще́ние; коне́ц; to bring to a ~ останови́ть; to come to a ~ останови́ться; to put a ~ to smth. положи́ть чему́-л. коне́ц; the train goes through without a ~ по́езд идёт без остано́вок 2) па́уза, переры́в 3) коро́ткое пребыва́ние, остано́вка 4) остано́вка (*трамвая и т. п.*); request ~ остано́вка по тре́бованию 5) знак препина́ния; full ~ то́чка 6) = stopper 1, 1); 7) кла́пан, ве́нтиль (*духового инструмента*); реги́стр (*орга́на*) 8) прижима́ние па́льца к струне́ (*на скрипке и т. п.*) 9) *фон.* взрывно́й согла́сный звук (*тж.* ~ consonant) 10) = stop-order 1); 11) *тех.* остано́в, ограничи́тель, сто́пор 12) *фото* диафра́гма

**2.** *v* 1) остана́вливать(ся); to ~ dead внеза́пно, ре́зко останови́ться; to ~ short at smth. не переступа́ть гра́ни чего́-л.; not to ~ short of anything ни пе́ред чем не остана́вливаться; ~ the thief! держи́ во́ра!; do not ~ продолжа́йте; the train ~s five minutes по́езд стои́т пять мину́т; ~ a moment! посто́йте! 2) прекраща́ть(ся); конча́ть(ся); ~ grumbling! переста́ньте ворча́ть!; to ~ payment прекрати́ть платежи́, обанкро́титься 3) *разг.* остана́вливаться, остава́ться непродолжи́тельное вре́мя; гости́ть; to ~ with friends гости́ть у друзе́й; to ~ at home остава́ться до́ма 4) уде́рживать, вычита́ть; уре́зывать; the cost must be ~ped out of his salary сто́имость должна́ быть уде́ржана из его́ жа́лованья 5) уде́рживать (from — от *чего-л.*); I could not ~ him from doing it я не мог удержа́ть его́ от э́того 6) прегражда́ть; блоки́ровать; to ~ the way прегражда́ть доро́гу 7) затыка́ть, заде́лывать (*тж.* ~ up); зама́зывать, шпаклева́ть; to ~ a hole заде́лывать отве́рстие; to ~ a leak останови́ть течь; to ~ one's ears затыка́ть у́ши; to ~ smb.'s mouth заткну́ть кому́-л. рот; to ~ a tooth запломбирова́ть зуб; to ~ a wound остана́вливать кровотече́ние из ра́ны 8) ста́вить зна́ки препина́ния 9) отража́ть (*удар в боксе*) 10) *муз.* прижима́ть струну́ (*скрипки и т. п.*); нажима́ть кла́пан, ве́нтиль (*духового инструмента*) 11) *мор.* сто́порить, закрепля́ть □ ~ **by** *амер.* загляну́ть, зайти́; ~ **down** *фото* затемня́ть ли́нзу диафра́гмой; ~ **in** = ~ by; ~ **off** *разг. см.* ~ over; ~ **out** покрыва́ть предохрани́тельным сло́ем (*при травлении на металле*); ~ **over** останови́ться в пути́, сде́лать остано́вку; ~ **up** а) затыка́ть, заде́лывать; б) *разг.* не ложи́ться спать ◇ to ~ a blow with one's head *шутл.* получи́ть уда́р в го́лову; to ~ a bullet (*или* a shell) *sl.* быть ра́неным *или* уби́тым

**stopcock** ['stɔpkɔk] *n* запо́рный кран

**stopgap** ['stɔpgæp] *n* 1) заты́чка 2) вре́менная ме́ра (*тж.* ~ measure); паллиати́в 3) заме́на; вре́менный замести́тель

**stop-light** ['stɔplaɪt] *n* 1) кра́сный сигна́л светофо́ра 2) *авто* стоп-сигна́л

**stop-off** ['stɔp'ɔf] = stop-over

**stop-order** ['stɔp,ɔ:də] *n* 1) инстру́кция ба́нку о прекраще́нии платеже́й 2) поруче́ние биржево́му ма́клеру прода́ть *или* купи́ть це́нные бума́ги в связи́ с измене́нием ку́рса на би́рже

**stop-over** ['stɔp,əuvə] *n амер.* 1) остано́вка в пути́ (*с правом использования того же билета*) 2) биле́т, допуска́ющий остано́вку в пути́; транзи́тный биле́т

**stoppage** ['stɔpɪdʒ] *n* 1) остано́вка, заде́ржка 2) *тех.* засоре́ние 3) прекраще́ние рабо́ты, забасто́вка 4) вы́чет, удержа́ние

**stopper** ['stɔpə] **1.** *n* 1) про́бка; заты́чка 2) *мор.* сто́пор ◇ to put a ~ on smth. *разг.* положи́ть коне́ц чему́-л.

**2.** *v* заку́поривать, затыка́ть

**stopping** ['stɔpɪŋ] **1.** *pres. p. от* stop 2

**2.** *n* 1) остано́вка, затыка́ние *и пр.* [*см.* stop 2] 2) зубна́я пло́мба

**stopple** ['stɔpl] *редк.* **1.** *n* заты́чка, про́бка

**2.** *v* затыка́ть, заку́поривать

**stop-press** ['stɔppres] *n* э́кстренное сообще́ние в газе́те, «в после́днюю мину́ту»

**stop-watch** ['stɔpwɔtʃ] *n* секундоме́р с остано́вом

**storage** ['stɔ:rɪdʒ] *n* 1) хране́ние 2) склад, храни́лище 3) пла́та за хране́ние в холоди́льнике *или* на скла́де 4) накопле́ние; аккумули́рование 5) запомина́ющее устро́йство, па́мять (*вычислительной машины*)

**storage battery** ['stɔ:rɪdʒ,bætərɪ] *n эл.* аккумуля́торная батаре́я

**storage reservoir** ['stɔrɪdʒ'rezəvwɑ:] *n* водохрани́лище

**store** [stɔ:] **1.** *n* 1) запа́с, резе́рв; in ~ нагото́ве, про запа́с; to lay in ~ for the winter запаса́ть на́ зиму; I have a surprise in ~ for you у меня́ для вас пригото́влен сюрпри́з 2) *pl* запа́сы, припа́сы; иму́щество; **marine**

~s ста́рое корабе́льное иму́щество 3) склад, пакга́уз; to deposit one's furniture in a ~ сдать ме́бель на хране́ние на склад 4) (*преим. амер.*) магази́н, ла́вка 5) (the ~s) *pl* универма́г 6) большо́е коли́чество; изоби́лие 7) *attr.* запа́сный, запасно́й; оста́вленный про запа́с; оста́вленный для испо́льзования впосле́дствии 8) *attr.* (*преим. амер.*) гото́вый, ку́пленный в магази́не; ~ clothes гото́вое пла́тье ◇ to set (great) ~ by придава́ть (большо́е) значе́ние; (высоко́) цени́ть

**2.** *v* 1) снабжа́ть; наполня́ть; his mind is well ~d with knowledge он о́чень мно́го зна́ет 2) запаса́ть, откла́дывать (*тж.* ~ up); the harvest has been ~d урожа́й у́бран 3) отдава́ть на хране́ние, храни́ть на скла́де 4) вмеща́ть

**store cattle** [ˈstɔ:ˌkætl] *n* скот, предназна́ченный для отко́рма

**storehouse** [ˈstɔ:haus] *n* 1) склад; амба́р; кладова́я 2) сокро́вищница; кла́дезь; a ~ of information энциклопе́дия

**storekeeper** [ˈstɔ:ˌki:pə] *n* 1) ла́вочник 2) кладовщи́к

**store-room** [ˈstɔ:rum] *n* кладова́я; цейхга́уз

**store-ship** [ˈstɔ:ʃɪp] *n мор.* тра́нспорт с запа́сами

**storey** [ˈstɔ:rɪ] *n* эта́ж; я́рус; to add a ~ to a house надстро́ить дом ◇ the upper ~ *см.* upper 1, 1)

**-storeyed** [-ˈstɔ:rɪd] *в сложных словах* -эта́жный; one-storeyed одноэта́жный

**storied** [ˈstɔ:rɪd] *a* 1) легенда́рный; изве́стный по преда́ниям 2) укра́шенный истори́ческими *или* легенда́рными сюже́тами

**-storied** [-ˈstɔ:rɪd] = -storeyed

**storiette** [ˌstɔ:rɪˈet] *n* коро́ткий расска́з

**stork** [stɔ:k] *n* а́ист

**storm** [stɔ:m] **1.** *n* 1) бу́ря, гроза́, урага́н; *мор.* шторм 2) взрыв, град (*чего-л.*); ~ of applause взрыв аплодисме́нтов; ~ of arrows град стрел; ~ of shells урага́н снаря́дов 3) си́льное волне́ние, смяте́ние 4) *воен.* штурм; to take by ~ взять шту́рмом; *перен.* увле́чь, захвати́ть 5) *радио* возмуще́ние ◇ a ~ in a teacup бу́ря в стака́не воды́

**2.** *v* 1) бушева́ть, свире́пствовать 2) крича́ть, горячи́ться (at) 3) стреми́тельно нести́сь, проноси́ться 4) *воен.* брать при́ступом, штурмова́ть

**storm-beaten** [ˈstɔ:mˌbi:tn] *a* 1) потрёпанный бу́рей(-ями) 2) мно́го переживший, вида́вший ви́ды

**storm-belt** [ˈstɔ:mbelt] *n метео* пояс бурь

**storm-boat** [ˈstɔ:mbəut] *n мор.* деса́нтный ка́тер

**stormbound** [ˈstɔ:mbaund] *n* задержанный што́рмом

**storm-centre** [ˈstɔ:mˌsentə] *n* 1) *метео* центр цикло́на 2) центр спо́ров 3) оча́г (*восстания, эпидемии*)

**storm-cloud** [ˈstɔ:mklaud] *n* 1) грозова́я ту́ча 2) не́что, предвеща́ющее беду́; «ту́ча на горизо́нте»

**storm-cone** [ˈstɔ:mkəun] *n* штормово́й сигна́л

**storm-drum** [ˈstɔ:mdrʌm] *n* штормово́й сигна́льный цили́ндр

**storm-finch** [ˈstɔ:mfɪntʃ] = stormy petrel

**storm-ladder** [ˈstɔ:mˌlædə] *n мор.* штормтра́п

**storm-petrel** [ˈstɔ:mˌpetrəl] = stormy petrel

**storm-proof** [ˈstɔ:mpru:f] *a* спосо́бный вы́держать шторм

**storm-trooper** [ˈstɔ:mˌtru:pə] *n* 1) бое́ц уда́рных часте́й 2) *ист.* штурмови́к; бое́ц из фаши́стских отря́дов СА

**storm-troops** [ˈstɔ:mtru:ps] *n pl* штурмовы́е отря́ды; уда́рные ча́сти

**storm-window** [ˈstɔ:mˌwɪndəu] *n* втора́я око́нная ра́ма

**stormy** [ˈstɔ:mɪ] *a* бу́рный; штормово́й 2) предвеща́ющий бу́рю (*тж. перен.*); ~ sunset зака́т, предвеща́ющий бу́рю 3) я́ростный, неи́стовый

**stormy petrel** [ˈstɔ:mɪˌpetrəl] *n зоол.* буреве́стник, качу́рка ма́лая

**stort(h)ing** [ˈstɔ:tɪŋ] *n* сто́ртинг (*парламент Норвегии*)

**story I** [ˈstɔ:rɪ] *n* 1) расска́з, по́весть; short ~ коро́ткий расска́з, нове́лла; a good (*или* funny) ~ анекдо́т; Canterbury ~ = Canterbury tale [*см.* tale ◇] 2) исто́рия; преда́ние; ска́зка; the ~ goes that преда́ние гласи́т; his ~ is an eventful one его́ биогра́фия бога́та собы́тиями; according to his ~ по его́ слова́м; they all tell the same ~ они́ все говоря́т одно́ и то́ же 3) фа́була, сюже́т 4) *разг., преим. детск.* вы́думка; ложь; don't tell stories не сочиня́йте 5) *амер.* газе́тный материа́л ◇ that is another ~ э́то друго́е де́ло; it is quite another ~ now положе́ние тепе́рь измени́лось

**story II** [ˈstɔ:rɪ] = storey

**story-book** [ˈstɔ:rɪbuk] *n* сбо́рник расска́зов, ска́зок

**story-teller** [ˈstɔ:rɪˌtelə] *n* 1) расска́зчик 2) а́втор расска́зов 3) ска́зочник 4) *разг.* лгун, вы́думщик

**stout** [staut] **1.** *a* 1) кре́пкий, про́чный, пло́тный 2) отва́жный, реши́тельный, си́льный; ~ heart сме́лость; ~ opponent сто́йкий проти́вник; ~ resistance упо́рное сопротивле́ние 3) по́лный, ту́чный, доро́дный

**2.** *n* 1) по́лный челове́к 2) кре́пкий по́ртер

**stout-hearted** [ˈstautˌhɑ:tɪd] *a* сто́йкий, сме́лый

**stoutness** [ˈstautnɪs] *n* 1) про́чность, кре́пость 2) отва́га, сто́йкость 3) полнота́, ту́чность

**stove I** [stəuv] *n* 1) печь, пе́чка; ку́хонная плита́ 2) тепли́ца 3) суши́лка 4) *attr.* печно́й; ~ heating печно́е отопле́ние

**stove II** [stəuv] *past и p. p. от* stave 2

**stove-pipe** [ˈstəuvpaɪp] *n* 1) дымохо́д, желе́зная дымова́я труба́ 2) *амер. разг.* цили́ндр (*шляпа; тж.* ~ hat)

**stover** [ˈstəuvə] *n* гру́бые корма́ для скота́

**stow** [stəu] *v* 1) укла́дывать, скла́дывать 2) наполня́ть, набива́ть (with); to ~ a ship грузи́ть су́дно 3) *sl.* прекраща́ть; ~ that nonsense! бро́сьте э́ти глу́пости! □ ~ **away** а) пря́тать; б) е́хать на пароходе без биле́та

**stowage** [ˈstəuɪdʒ] *n* 1) скла́дывание, укла́дка 2) *мор.* шти́вка 3) скла́дочное ме́сто 4) пла́та за укла́дку *или* хране́ние на скла́де 5) *горн.* закла́дка

**stowaway** [ˈstəuəweɪ] *n* безбиле́тный пассажи́р (*на пароходе, самолёте*)

**straddle** [ˈstrædl] **1.** *n* 1) стоя́ние, сиде́ние *или* ходьба́ с широко́ расста́вленными нога́ми 2) *амер. разг.* колеба́ния, дво́йственная поли́тика 3) *бирж.* двойно́й опцио́н, стелла́ж 4) *арт.* накрыва́ющая гру́ппа (разры́вов снаря́дов); *мор.* накрыва́ющий залп

**2.** *v* 1) широко́ расставля́ть но́ги 2) *амер. разг.* колеба́ться, вести́ дво́йственную поли́тику 3) *воен.* накрыва́ть (*огнём*); захва́тывать цель в ви́лку

**strafe** [strɑ:f] *sl.* **1.** *n* 1) ата́ка с бре́ющего полёта 2) наказа́ние

**2.** *v* 1) атакова́ть с бре́ющего полёта 2) разноси́ть, руга́ть; нака́зывать

**straggle** [ˈstrægl] **1.** *n* разбро́санная гру́ппа (*предметов*)

**2.** *v* 1) быть разбро́санным, тяну́ться беспоря́дочно 2) отстава́ть, идти́ вразбро́д, дви́гаться в беспоря́дке

**straggler** [ˈstræglə] *n* отста́вший (солда́т); отста́вшее су́дно

**straggling** [ˈstræglɪŋ] **1.** *pres. p. от* straggle 2

**2.** *n* разбро́санный, беспоря́дочный; ~ village широко́ раски́нувшаяся дере́вня

**straight** [streɪt] **1.** *a* 1) прямо́й, неизо́гнутый 2) прямо́й, невью́щийся (*о волосах*) 3) пра́вильный; ро́вный; находя́щийся в поря́дке; ~ eye ве́рный глаз, хоро́ший глазоме́р; put the picture ~ попра́вьте карти́ну; to put a room ~ привести́ ко́мнату в поря́док; is my hat on ~? у меня́ шля́па пра́вильно наде́та?; to put things ~ привести́ дела́ в поря́док 4) че́стный, прямо́й, и́скренний; a ~ question прямо́й вопро́с; ~ talk открове́нный разгово́р; ~ fight а) че́стный бой; б) *полит.* (предвы́борная) борьба́, в кото́рой уча́ствуют то́лько два кандида́та; ~ speaking и́скренность; прямота́; to keep ~ остава́ться че́стным 5) *разг.* надёжный, ве́рный; ~ tip све́дения из достове́рных исто́чников 6) *амер. полит.* неукло́нно подде́рживающий реше́ния свое́й па́ртии; пре́данный свое́й па́ртии; to vote the ~ ticket голосова́ть за спи́сок кандида́тов свое́й па́ртии 7) *амер.* неразба́вленный; ~

whisky неразба́вленное ви́ски 8) *амер. разг.* пошту́чный (*о цене*); cigars ten cents ~ сига́ры сто́имостью де́сять це́нтов за шту́ку

**2.** *adv* 1) пря́мо, по прямо́й ли́нии; to ride ~ е́хать напрями́к; to hit ~ нанести́ прямо́й уда́р 2) пра́вильно, то́чно, ме́тко; to shoot ~ ме́тко стреля́ть 3) пря́мо, че́стно, откры́то; tell me ~ what you think скажи́те мне пря́мо, что вы ду́маете 4) неме́дленно, сра́зу □ ~ away *разг.* сра́зу, то́тчас; ~ off сра́зу, не обду́мав; ~ out напрями́к, пря́мо ◇ to go (*или* to run) ~ (нача́ть) вести́ че́стный о́браз жи́зни

**3.** *n* (the ~) *тк. sing* 1) прямизна́ 2) пряма́я ли́ния 3) пряма́я (*перед финишем на скачках*) 4) *разг.* пра́вильный, че́стный о́браз жи́зни; to be on the ~ жить че́стно (*о бывшем преступнике*)

**straightaway** ['streɪtəweɪ] *a* 1) прямо́й 2) бы́стрый

**straight-edge** ['streɪtedʒ] *n* лине́йка, прави́ло

**straighten** ['streɪtn] *v* 1) выпрямля́ть(ся) 2) выправля́ть, приводи́ть в поря́док 3) *разг.* испра́виться

**straightforward** [streɪt'fɔːwəd] **1.** *a* 1) прямо́й; дви́жущийся *или* веду́щий пря́мо вперёд 2) че́стный, прямо́й, открове́нный 3) просто́й; ~ style просто́й стиль

**2.** *adv* пря́мо, откры́то

**straight-out** ['streɪt'aut] *a амер. разг.* 1) прямо́й, откры́тый 2) бескомпроми́ссный

**straightway** ['streɪtweɪ] *adv* сра́зу, неме́дленно

**strain I** [streɪn] **1.** *n* 1) натяже́ние, растяже́ние; the rope broke under the ~ верёвка ло́пнула от натяже́ния 2) напряже́ние; to bear the ~ выде́рживать напряже́ние 3) *тех.* деформа́ция

**2.** *v* 1) натя́гивать; растя́гивать(ся); to ~ a tendon растяну́ть сухожи́лие 2) напряга́ть(ся); переутомля́ть(ся); стара́ться изо всех сил; the masts ~ and groan ма́чты гну́тся и скрипя́т; to ~ under a load напря́чь уси́лия под тя́жестью но́ши; to ~ at the oars налега́ть на вёсла 3) превыша́ть; злоупотребля́ть; наси́ловать; to ~ the law допусти́ть натя́жку в истолкова́нии зако́на; to ~ a person's patience испы́тывать чьё-л. терпе́ние 4) обнима́ть, сжима́ть; to ~ smb. in one's arms сжать кого́-л. в объя́тиях; to ~ to one's heart прижа́ть к се́рдцу 5) проце́живать(ся); фильтрова́ть(ся); проса́чиваться 6) *тех.* вызыва́ть оста́точную деформа́цию □ ~ **after** тяну́ться за *чем-л.*; стреми́ться к *чему-либо*; ~ **at** быть чрезме́рно щепети́льным; ~ **off** отце́живать

**strain II** [streɪn] *n* 1) поро́да, пле́мя, род 2) насле́дственная черта́; черта́ хара́ктера; накло́нность; a ~ of cruelty не́которая жесто́кость, элеме́нт жесто́кости 3) *биол.* штамм 4) стиль, тон ре́чи; much more in the same ~ и мно́го ещё в том же ду́хе; he spoke in a dismal ~ он говори́л в меланхоли́ческом то́не 5) (*обыкн. pl*) *муз., поэт.* напе́в, мело́дия; поэ́зия, стихи́; the ~s of the harp зву́ки а́рфы; martial ~s вои́нственные напе́вы

**strained** [streɪnd] **1.** *p. p. от* strain I, 2

**2.** *a* 1) натя́нутый, напряжённый; неесте́ственный; ~ cordiality напускна́я серде́чность; ~ relations натя́нутые отноше́ния; ~ smile де́ланная улы́бка 2) искажённый 3) профильтро́ванный, проце́женный 4) *тех.* деформи́рованный

**strainer** ['streɪnə] *n* 1) си́то; фильтр 2) стя́жка; натяжно́е устро́йство

**straining** ['streɪnɪŋ] **1.** *pres. p. от* strain I, 2

**2.** *n* напряже́ние *и пр.* [*см.* strain I, 2]; do your best without ~ сде́лайте, что мо́жете, но не напряга́йтесь

**strait** [streɪt] *n* 1) (*часто pl*) проли́в 2) (*обыкн. pl*) затрудни́тельное положе́ние, стеснённые обстоя́тельства, нужда́; in great ~s в бе́дственном положе́нии 3) *редк.* перешеек

**straiten** ['streɪtn] *v* 1) ограни́чивать; стесня́ть 2) *уст.* су́живать

**straitened** ['streɪtnd] **1.** *p. p. от* straiten

**2.** *a* стеснённый; ~ circumstances стеснённые обстоя́тельства

**strait jacket** ['streɪt,dʒækɪt] *n* смири́тельная руба́шка

**strait-laced** ['streɪt'leɪst] *a* стро́гий, пурита́нский, нетерпи́мый в вопро́сах нра́вственности

**strait waistcoat** ['streɪt'weɪskəut] = strait jacket

**stramineous** [strə'mɪnɪəs] *a* 1) соло́менный 2) соло́менно-жёлтый 3) не име́ющий значе́ния, ве́са

**stramonium** [strə'məunɪəm] *n* 1) *бот.* дурма́н 2) *фарм.* страмо́ний

**strand I** [strænd] **1.** *n* бе́рег, прибре́жная полоса́

**2.** *v* 1) сесть на мель (*тж. перен.*) 2) посади́ть на мель (*тж. перен.*) 3) вы́бросить на бе́рег

**strand II** [strænd] **1.** *n* 1) прядь; стре́нга (*троса, кабеля*); ~s of hair пря́ди воло́с 2) ни́тка (*бус*)

**2.** *v* вить, скру́чивать

**stranded I** ['strændɪd] **1.** *p. p. от* strand I, 2

**2.** *a* 1) сидя́щий на мели́; вы́брошенный на бе́рег 2) без средств, в затрудни́тельном положе́нии

**stranded II** ['strændɪd] **1.** *p. p. от* strand II, 2

**2.** *a* скру́ченный, вито́й

**strange** [streɪndʒ] *a* 1) чужо́й; чу́ждый; незнако́мый, неизве́стный; in ~ lands в чужи́х края́х; this handwriting is ~ to me э́тот по́черк мне неизве́стен 2) стра́нный, необыкнове́нный; удиви́тельный; чудно́й; ~ to say удиви́тельно, что 3) *predic.* непривы́чный, незнако́мый; to feel ~ in company стесня́ться в о́бществе; he is ~ to the job он незнако́м с де́лом; I feel ~ мне не по себе́ 4) сде́ржанный, холо́дный ◇ ~ woman *уст.* блудни́ца

**stranger** ['streɪndʒə] *n* 1) чужестра́нец, чужо́й; незнако́мец; посторо́нний (челове́к); you are quite a ~ here вы ре́дко здесь пока́зываетесь 2) челове́к, не знако́мый (*с чем-л.*); he is a ~ to fear он не зна́ет стра́ха; he is no ~ to sorrow он зна́ет, что тако́е го́ре ◇ the little ~ *шутл.* новорождённый; to make a ~ of smb. хо́лодно обходи́ться с кем-л.; to spy (*или* to see) ~s *парл.* тре́бовать удале́ния посторо́нней пу́блики (*из палаты общин*)

**strangle** ['stræŋgl] *v* 1) задуши́ть, удави́ть 2) задыха́ться 3) жать (*о воротничке и т. п.*) 4) подавля́ть

**stranglehold** ['stræŋglhəuld] *n* удуше́ние; мёртвая хва́тка (*обыкн. перен.*)

**strangulate** ['stræŋgjuleɪt] *v* 1) *мед.* сжима́ть, перехва́тывать (*кишку, вену и т. п.*) 2) *редк.* души́ть

**strangulation** [,stræŋgju'leɪʃən] *n* 1) *мед.* зажима́ние, перехва́тывание; ущемле́ние 2) удуше́ние

**strangury** ['stræŋgjurɪ] *n* боле́зненное, затруднённое мочеиспуска́ние

**strap** [stræp] **1.** *n* 1) реме́нь, ремешо́к 2) поло́ска мате́рии *или* мета́лла; штри́пка 3) завя́зка 4) *воен.* пого́н 5) реме́нь для пра́вки бритв 6) (the ~) по́рка ремнём 7) *тех.* крепи́тельная пла́нка; скоба́ 8) *мор., ав.* строп

**2.** *v* 1) стя́гивать ремнём (*тж.* ~ down, ~ up) 2) пра́вить (бри́тву) на ремне́ 3) хлеста́ть ремнём 4) стя́гивать края́ ра́ны ли́пким пла́стырем

**straphanger** ['stræp,hæŋə] *n разг.* стоя́щий пассажи́р, держа́щийся за реме́нь

**strapontin** [,stræpɔn'tæŋ] *фр. n* приставно́й стул (*в театре*); откидно́е сиде́нье

**strappado** [strə'peɪdəu] *n* (*pl* -os, -oes [-əuz]) *ист.* ды́ба

**strapper** ['stræpə] *n* здоро́вый, ро́слый челове́к

**strapping** ['stræpɪŋ] **1.** *pres. p. от* strap 2

**2.** *n* 1) *собир.* ремни́ 2) прикрепле́ние *или* стя́гивание ремня́ми 3) ли́пкий пла́стырь в ви́де ле́нты 4) наложе́ние повя́зки из ли́пкого пла́стыря 5) по́рка ремнём

**3.** *a* ро́слый; си́льный; здоро́вый

**strata** ['strɑːtə] *pl от* stratum

**stratagem** ['strætɪdʒəm] *n* (вое́нная) хи́трость; уло́вка; he devised a ~ он приду́мал уло́вку

**strategic(al)** [strə'tiːdʒɪk(əl)] *a* стратеги́ческий; операти́вный; ~ map операти́вная ка́рта; ~ raw material стратеги́ческое сырьё

**strategics** [strə'tiːdʒɪks] *n pl* (*употр. как sing*) страте́гия

**strategist** ['strætɪdʒɪst] *n* страте́г

**strategy** ['strætɪdʒɪ] *n* страте́гия; операти́вное иску́сство

**strath** [stræθ] *n шотл.* широ́кая го́рная доли́на с протека́ющей по ней реко́й

**strathspey** [stræθ'speɪ] *n* шотла́ндский та́нец (*медленнее, чем* reel)

**strati** ['streɪtaɪ] *pl от* stratus

**stratification** [ˌstrætɪfɪ'keɪʃən] *n геол.* стратифика́ция; напластова́ние, залега́ние

**stratify** ['strætɪfaɪ] *v геол.* насла́иваться, напласто́вываться

**stratigraphy** [strə'tɪgrəfɪ] *n* стратигра́фия (*отдел геологии*)

**stratocracy** [strə'tɔkrəsɪ] *n* вое́нная диктату́ра

**stratosphere** ['strætəusfɪə] *n* стратосфе́ра

**stratum** ['strɑːtəm] *n* (*pl* -ta) 1) *геол.* пласт, напластова́ние, форма́ция 2) (*обыкн. pl*) слой (*общества*)

**stratus** ['streɪtəs] *n* (*pl* -ti) слои́стое о́блако

**straw** [strɔː] **1.** *n* 1) соло́ма; соло́мка 2) соло́минка 3) соло́менная шля́па 4) пустя́к, ме́лочь; not worth a ~ ничего́ не сто́ящий ◇ to catch at a ~ хвата́ться за соло́минку; the last ~ после́дняя ка́пля; a man of ~ а) соло́менное чу́чело; б) ненадёжный челове́к; в) подставно́е, фикти́вное лицо́; г) вообража́емый проти́вник; not to care a ~ относи́ться соверше́нно безразли́чно; a ~ in the wind намёк, указа́ние

**2.** *a* 1) соло́менный 2) желтова́тый, цве́та соло́мы 3) ненадёжный, сомни́тельный; ~ bail *амер.* ненадёжное, «ли́повое» поручи́тельство ◇ ~ vote неофициа́льный опро́с обще́ственного мне́ния для выясне́ния настрое́ний обще́ственности

**strawberry** ['strɔːbərɪ] *n* 1) земляни́ка; клубни́ка; wild ~ лесна́я земляни́ка; crushed ~ цвет да́вленой земляни́ки 2) *attr.* земляни́чный; клубни́чный; ~ leaves земляни́чные ли́стья; *перен.* ге́рцогское досто́инство (*от эмблемы в виде листьев земляники на герцогской короне*)

**strawberry-mark** ['strɔːbərɪ'mɑːk] *n* краснова́тое роди́мое пятно́

**strawberry-tree** ['strɔːbərɪtriː] *n бот.* земляни́чное де́рево

**strawberry vine** ['strɔːbərɪvaɪn] *n* ус земляни́чного куста́

**straw-colour** ['strɔːˌkʌlə] *n* бле́дно-жёлтый, соло́менный цвет

**straw-coloured** ['strɔːˌkʌləd] *a* бле́дно-жёлтый

**strawy** ['strɔːɪ] *a* 1) соло́менный, похо́жий на соло́му 2) покры́тый соло́мой (*о крыше*)

**stray** [streɪ] **1.** *n* 1) заблуди́вшееся *или* отби́вшееся от ста́да живо́тное 2) заблуди́вшийся ребёнок 3) *pl радио* поме́хи, побо́чные сигна́лы

**2.** *a* 1) заблуди́вшийся, заблу́дший; бездо́мный 2) случа́йный; ~ bullet шальна́я пу́ля; ~ thoughts бессвя́зные мы́сли; a few ~ instances не́сколько отде́льных приме́ров

**3.** *v* 1) сби́ться с пути́, заблуди́ться; отби́ться; don't ~ from the road не сбе́йтесь с доро́ги; the sheep has ~ed from the flock овца́ отби́лась от ста́да 2) отклони́ться от те́мы 3) *поэт.* блужда́ть; броди́ть, скита́ться 4) *перен.* сби́ться с пути́ и́стинного

**strayed** [streɪd] **1.** *p. p. от* stray 3

**2.** *a* заблуди́вшийся

**streak** [striːk] **1.** *n* 1) поло́ска (*обыкн. неровная, изогнутая*); жи́лка, прожи́лка; a ~ of lightning вспы́шка мо́лнии; like a ~ of lightning с быстрото́ю мо́лнии 2) черта́ (*характера*); he has a ~ of obstinacy ему́ прису́ще (не́которое) упря́мство 3) *разг.* пери́од, промежу́ток; ~ of luck полоса́ везе́ния, уда́ч ◇ the silver ~ Ла-Ма́нш

**2.** *v* 1) проводи́ть по́лосы, испещря́ть; прочерти́ть (*о молнии*) 2) проноси́ться, мелька́ть

**streaked** [striːkt] **1.** *p. p. от* streak 2

**2.** *a* с полоса́ми, с прожи́лками; marble ~ with red мра́мор с кра́сными прожи́лками

**streaky** ['striːkɪ] *a* 1) полоса́тый 2) с просло́йками 3) *разг.* изме́нчивый, непостоя́нный

**stream** [striːm] **1.** *n* 1) пото́к, река́, руче́й; струя́; a ~ of blood (lava) пото́к кро́ви (ла́вы); the ~ of time тече́ние вре́мени; in a ~ пото́ком; in ~s ручья́ми 2) пото́к, верени́ца; a ~ of cars пото́к маши́н 3) направле́ние, тече́ние 4) *школ.* класс, сформиро́ванный с учётом спосо́бностей уча́щихся (*в англ. школах*) ◇ to go with (against) the ~ плыть по тече́нию (про́тив тече́ния)

**2.** *v* 1) течь, вытека́ть, ли́ться, струи́ться; light ~ed through the window свет струи́лся в окно́; people ~ed out of the building пу́блика толпо́й повали́ла из зда́ния 2) лить, источа́ть; his eyes ~ed tears слёзы текли́ по его́ щека́м; wounds ~ing blood кровоточа́щие ра́ны 3) развева́ть(ся) 4) проноси́ться

**streamer** ['striːmə] *n* 1) вы́мпел; дли́нная у́зкая ле́нта 2) транспара́нт, ло́зунг 3) *амер.* газе́тный заголо́вок во всю ширину́ страни́цы, «ша́пка» 4) столб се́верного сия́ния

**stream-gold** ['striːmgəuld] *n* ро́ссыпное зо́лото

**streaming** ['striːmɪŋ] **1.** *pres. p. от* stream 2

**2.** *a* теку́чий *и пр.* [*см.* stream 2]; ~ eyes слезя́щиеся глаза́

**3.** *n* распределе́ние уча́щихся по паралле́льным кла́ссам с учётом их спосо́бностей (*в англ. школах*)

**streamlet** ['striːmlɪt] *n* ручеёк

**streamline** ['striːmlaɪn] **1.** *n* 1) направле́ние (*воздушного течения*) 2) ли́ния обтека́ния, ли́ния возду́шного пото́ка 3) обтека́емая фо́рма 4) *воен.* речно́й рубе́ж

**2.** *a* обтека́емый

**3.** *v* 1) придава́ть обтека́емую фо́рму 2) упроща́ть, модернизи́ровать, рационализи́ровать (*производственные процессы и т. п.*)

**streamlined** ['striːmlaɪnd] **1.** *p. p. от* streamline 3

**2.** *a* 1) обтека́емый 2) хорошо́ нала́женный; модернизи́рованный

**streamliner** ['striːmˌlaɪnə] *n* по́езд, авто́бус, автомоби́ль *и т. п.*, обтека́емой фо́рмы

**streamy** ['striːmɪ] *a* 1) изоби́лующий ручья́ми, пото́ками 2) струя́щийся, бегу́щий

**street** [striːt] *n* 1) у́лица 2) (the S.) *амер. sl.* делово́й *или* фина́нсовый центр (*обыкн.* Уо́лл-стрит) 3) *attr.* у́личный; ~ fighting у́личные бои́; ~ cries кри́ки разно́счиков ◇ the man in the ~ обыва́тель; зауря́дный челове́к; to walk the ~s, to be on the ~s занима́ться проститу́цией; to be in the same ~ with smb. быть в одина́ковом положе́нии с кем-л.; not in the same ~ with несравне́нно ни́же, слабе́е *или* ху́же; it's not up my ~ *разг.* я в э́том не разбира́юсь

**street Arab** ['striːt'ærəb] *n* беспризо́рник

**streetcar** ['striːt'kɑː] *n амер.* трамва́й

**street-door** ['striːtdɔː] *n* пара́дное, пара́дная дверь

**street orderly** ['striːtˌɔːdəlɪ] *n* мете́льщик у́лиц

**street-railway** ['striːtˌreɪlweɪ] *n амер.* трамва́йная ли́ния *или* авто́бусный маршру́т

**street-singer** ['striːtˌsɪŋə] *n* у́личный певе́ц

**street-sweeper** ['striːtˌswiːpə] *n* 1) маши́на для подмета́ния у́лиц 2) мете́льщик у́лиц

**streetwalker** ['striːtˌwɔːkə] *n* проститу́тка

**strength** [streŋθ] *n* 1) си́ла; ~ of mind си́ла ду́ха 2) про́чность; кре́пость 3) *тех.* сопротивле́ние; ~ of materials сопротивле́ние материа́лов 4) непристу́пность 5) чи́сленность, чи́сленный соста́в; in full ~ в по́лном соста́ве; on the ~ *воен.* в шта́те, в спи́сках; what is your ~? ско́лько вас? ◇ on the ~ of smth. в си́лу чего́-л., на основа́нии чего́-л., исходя́ из чего́-л.

**strengthen** ['streŋθən] *v* уси́ливать(-ся); укрепля́ть(ся); крепи́ть

**strenuous** ['strenjuəs] *a* си́льный, энерги́чный; усе́рдный; напряжённый; тре́бующий уси́лий; ~ efforts всеме́рные уси́лия; ~ life де́ятельная жизнь

**streptococci** [ˌstreptəu'kɔkaɪ] *pl от* streptococcus

**streptococcus** [ˌstreptəu'kɔkəs] *n* (*pl* -ci) стрептоко́кк

**streptomycin** [ˌstreptəu'maɪsɪn] *n фарм.* стрептомици́н

**stress** [stres] **1.** *n* 1) давле́ние, нажи́м; under the ~ of poverty под гнётом нищеты́; under the ~ of weather под влия́нием непого́ды 2) напряже́ние 3) ударе́ние; *перен.* значе́ние; to lay ~ on подчёркивать, придава́ть осо́бое (*или* большо́е) значе́ние 4) *муз.* акце́нт 5) *психол.* стресс

**2.** *v* 1) подчёркивать; ста́вить ударе́ние 2) *тех.* подверга́ть напряже́нию

**stretch** [stretʃ] **1.** *n* 1) вытя́гивание, растя́гивание, удлине́ние; with a ~ and a yawn потя́гиваясь и зева́я 2) напряже́ние; nerves on the ~ напряжённые не́рвы 3) натя́жка; преувеличе́ние; ~ of authority превыше́ние вла́сти; a ~ of imagination полёт фанта́зии 4) промежу́ток вре́мени; at a ~ без переры́ва, подря́д; в оди́н присе́ст 5) протяже́ние, простира́ние; простра́нство; ~ of open country откры́тая ме́стность; home ~ после́дний, заключи́тельный эта́п 6) прогу́лка, разми́нка 7) *sl.* срок заключе́ния 8) *мор.* галс ку́рсом бейдеви́нд

**2.** *v* 1) растя́гивать(ся), вытя́гивать(ся); удлиня́ть; тяну́ть(ся); to ~ oneself потя́гиваться 2) натя́гивать (-ся); напряга́ть(ся) 3) име́ть протяже́ние, простира́ться, тяну́ться 4) увели́чивать, уси́ливать 5) допуска́ть натя́жки; to ~ the law допусти́ть натя́жку в истолкова́нии зако́на; to ~ a point вы́йти за преде́лы дозво́ленного; не так стро́го соблюда́ть пра́вила; заходи́ть далеко́ в усту́пках 6) преувели́чивать (*тж.* ~ the truth) 7) разбавля́ть, подме́шивать; to ~ gin with water разбавля́ть джин водо́й 8) *разг.* свали́ть, повали́ть (*ударом*); to ~ smb. on the ground повали́ть кого́-л. □ ~ **out** а) протя́гивать; б) удлиня́ть шаг; в): he ~ed himself out on the sands он растяну́лся на песке́ ◇ to ~ one's legs размя́ть но́ги, прогуля́ться

**stretcher** [ˈstretʃə] *n* 1) приспособле́ние для растя́гивания 2) носи́лки 3) упо́р для ног гребца́ 4) ложо́к (*кирпичная кладка*) 5) *жив.* подра́мник 6) *разг.* преувеличе́ние

**stretcher-bearer** [ˈstretʃəˌbɛərə] *n* санита́р-носи́льщик

**stretch-out** [ˈstretʃˈaut] *n* *амер. разг.* систе́ма, при кото́рой рабо́чий выполня́ет дополни́тельную рабо́ту без осо́бой опла́ты *или* за незначи́тельную опла́ту

**strew** [struː] *v* (strewed [-d]; strewed, strewn) 1) разбра́сывать; разбры́згивать 2) посыпа́ть (*песком*), усыпа́ть (*цветами*) 3) расстила́ть

**strewn** [struːn] *p. p. от* strew

**stria** [ˈstraɪə] *n* (*pl* striae) *биол.* поло́ска, боро́здка

**striae** [ˈstraiiː] *pl от* stria

**striated** [straɪˈeɪtɪd] *a* *биол.* боро́здчатый, полоса́тый

**stricken** [ˈstrɪkən] **1.** *p. p. от* strike I, 1

**2.** *a* 1) поражённый (*чем-л.*); ~ with paralysis разби́тый параличо́м; ~ with grief уби́тый го́рем 2) *уст.* ра́неный ◇ ~ in years престаре́лый; ~ field реши́тельное сраже́ние; по́ле бра́ни

**-stricken** [-strɪkən] *в сложных словах означает* охва́ченный, поражённый *чем-л.*; подве́ргшийся *чему-л.*; terror-stricken охва́ченный у́жасом; drought-stricken поражённый за́сухой

**strickle** [ˈstrɪkl] *n* 1) гребо́к (*для сгребания лишнего зерна в мере*) 2) точи́льный брусо́к, осело́к 3) ско́бель

**strict** [strɪkt] *a* 1) то́чный, определённый; ~ truth и́стинная пра́вда; in the ~ sense в стро́гом смы́сле 2) стро́гий, тре́бовательный; he was given ~ orders ему́ бы́ло стро́го-на́строго прика́зано

**strictly** [ˈstrɪktlɪ] *adv* стро́го *и пр.* [*см.* strict]; smoking is ~ prohibited кури́ть стро́го воспреща́ется

**stricture** [ˈstrɪktʃə] *n* 1) (*обыкн. pl*) стро́гая кри́тика, осужде́ние 2) *мед.* суже́ние сосу́дов

**stridden** [ˈstrɪdn] *p. p. от* stride 2

**stride** [straɪd] **1.** *n* 1) большо́й шаг 2) расстоя́ние ме́жду расста́вленными нога́ми 3) *pl* успе́хи; to make great ~s де́лать больши́е успе́хи; great ~s in education больши́е успе́хи в о́бласти образова́ния ◇ to get into one's ~ принима́ться за де́ло; to take smth. in one's ~ а) преодолева́ть что-л. без уси́лий; б) счита́ть что-л. есте́ственным, относи́ться споко́йно к чему́-л.

**2.** *v* (strode; stridden) 1) шага́ть (больши́ми шага́ми) 2) перешагну́ть (*тж.* ~ across, ~ over) 3) сиде́ть верхо́м

**strident** [ˈstraɪdənt] *a* ре́зкий, скрипу́чий

**strife** [straɪf] *n* борьба́; спор, раздо́р

**strike I** [straɪk] **1.** *v* (struck; struck, *уст.* stricken) 1) ударя́ть(ся); бить; to ~ a blow нанести́ уда́р; to ~ back нанести́ отве́тный уда́р, дать сда́чи; to ~ a blow for smb., smth. вы́ступить в защи́ту кого́-л., чего́-л.; to ~ the first blow быть зачи́нщиком; the ship struck a rock су́дно наскочи́ло на скалу́ 2) ударя́ть (*по клавишам, струнам*) 3) бить (*о часах*); it has just struck four то́лько что про́било четы́ре; the hour has struck про́бил час, наста́ло вре́мя; his hour has struck его́ (сме́ртный) час проби́л 4) высека́ть (*огонь*); зажига́ть(ся); to ~ a match чи́ркнуть спи́чкой, заже́чь спи́чку; the match won't ~ спи́чка не зажига́ется 5) чека́нить, выбива́ть 6) найти́; натолкну́ться на, случа́йно встре́тить; to ~ the eye броса́ться в глаза́; to ~ oil откры́ть нефтяно́й исто́чник; *перен.* дости́чь успе́ха; преуспева́ть 7) приходи́ть в го́лову; an idea suddenly struck me меня́ внеза́пно осени́ла мысль 8) производи́ть впечатле́ние; the story ~s me as ridiculous расска́з поража́ет меня́ свое́й неле́постью; how does it ~ you? что вы об э́том ду́маете?; how does his suggestion ~ you? как вам нра́вится его́ предложе́ние? 9) вселя́ть (*ужас и т. п.*) 10) поража́ть, сража́ть; to ~ dumb лиши́ть да́ра сло́ва; ошара́шить (*кого-л.*) 11) спуска́ть (*флаг*); убира́ть (*паруса и т. п.*); to ~ camp, to ~ one's tent сня́ться с ла́геря 12) подводи́ть (*баланс*); заключа́ть (*сделку*); to ~ an average выводи́ть сре́днее число́ 13) *амер. sl.* шантажи́ровать, вымога́ть 14) *sl.* проси́ть, иска́ть проте́кции; he struck his friend for a job он попроси́л прия́теля подыска́ть ему́ рабо́ту 15) пуска́ть (*корни*) 16) сажа́ть 17) направля́ться (*тж.* ~ out); ~ to the left поверни́те нале́во 18) добира́ться, достига́ть 19) проника́ть; прони́зывать; the light ~s through the darkness свет пробива́ется сквозь темноту́ 20) ровня́ть гребко́м (*меру зерна*) 21) подсека́ть (*рыбу*) □ ~ **at** наноси́ть уда́р, напада́ть; ~ **down** свали́ть с ног, срази́ть; ~ **in** вме́шиваться (*в разговор*); ~ **into** а) вонза́ть; б) вселя́ть (*ужас и т. п.*); в) направля́ться, углубля́ться; г) начина́ть; to ~ into a gallop пуска́ться в гало́п; ~ **off** а) отруба́ть (*ударом меча, топора*); б) вычёркивать; в) вычита́ть (*из счёта*); г) де́лать что-л. бы́стро и энерги́чно; д) *полигр.* отпеча́тывать; ~ **out** а) вы́черкнуть; б) изобрести́, приду́мать; to ~ out a new idea изобрести́ но́вый план; в) энерги́чно дви́гать рука́ми и нога́ми (*при плавании*); to ~ out for the shore бы́стро поплы́ть к бе́регу; ~ **through** зачёркивать; ~ **up** начина́ть; to ~ up an acquaintance завяза́ть знако́мство; the band struck up орке́стр заигра́л; ~ **upon** а) па́дать на (*о свете*); б) достига́ть (*о звуке*); в) приду́мывать (*план*); г) напа́сть на (*мысль*) ◇ to ~ a note вы́звать определённое впечатле́ние; to ~ it rich а) напа́сть на жи́лу; б) преуспева́ть; to ~ out a new line for oneself вы́работать для себя́ но́вую ли́нию поведе́ния (тео́рию *и т. п.*); to ~ smb. all of a heap ошеломля́ть кого́-л.; to ~ home а) попа́сть в цель; б) бо́льно заде́ть, заде́ть за живо́е; to ~ hands уда́рить по рука́м; to ~ an attitude приня́ть (театра́льную) по́зу; ~ the iron while it is hot *посл.* куй желе́зо, пока горячо́

**2.** *n* 1) уда́р 2) откры́тие месторожде́ния (*нефти, руды и т. п.*) 3) неожи́данная уда́ча (*тж.* lucky ~) 4) *геол.* простира́ние жи́лы *или* пласта́ 5) ме́ра ёмкости (*разная в разных районах Англии*)

**strike II** [straɪk] **1.** *n* 1) забасто́вка, ста́чка; to be on ~ бастова́ть; to go on ~ объявля́ть забасто́вку, забастова́ть 2) коллекти́вный отка́з (*от чего-л.*), бойко́т; buyers' ~ бойкоти́рование покупа́телями определённых това́ров *или* магази́нов 3) *attr.* забасто́вочный, ста́чечный; ~ action ста́чечная борьба́

**2.** *v* бастова́ть; объявля́ть забасто́вку (for, against)

**strike benefit** [ˈstraɪkˌbenɪfɪt] = strike pay

**strikebound** [ˈstraɪkbaund] *a* охва́ченный забасто́вкой

**strike-breaker** [ˈstraɪk͵breɪkə] *n* штрейкбрéхер

**strike-breaking** [ˈstraɪk͵breɪkɪŋ] *n* подавлéние забастóвки

**strike-committee** [ˈstraɪkkəˈmɪtɪ] *n* стáчечный комитéт

**strike pay** [ˈstraɪkpeɪ] *n* посóбие, выдавáемое профсою́зом забастóвщикам

**striker I** [ˈstraɪkə] *n* 1) молотобóец 2) *воен., тех.* удáрник 3) *амер. воен.* ординáрец 4) гарпунёр

**striker II** [ˈstraɪkə] *n* забастóвщик

**striking I** [ˈstraɪkɪŋ] **1.** *pres. p. от* strike I, 1

**2.** *a* 1) (по)разúтельный, замечáтельный 2) удáрный; ~ force *воен.* удáрная грýппа

**striking II** [ˈstraɪkɪŋ] *pres. p. от* strike II, 2

**string** [strɪŋ] **1.** *n* 1) верёвка, бечёвка; тесёмка, завя́зка, шнурóк 2) тетивá (*лука*) 3) *муз.* струнá; to touch the ~s игрáть на стрýнном инструмéнте 4) (the ~s) *pl муз.* стрýнные инструмéнты оркéстра 5) нúтка (*бус и т. п.*) 6) вереница, ряд; a ~ of people вереница людéй; a ~ of bursts пулемётная óчередь 7) волокнó, жúлка 8) *амер. разг.* услóвие, ограничéние 9) лóшади, принадлежáщие однoмý владéльцу (*на скачках*) 10) тетивá, косоýр (*лестницы*) 11) *attr.* стрýнный; ~ orchestra стрýнный оркéстр ◊ on a ~ в пóлной завúсимости; на поводý; first ~ глáвный ресýрс; second ~ а) запаснóй ресýрс; б) *театр.* дублёр; to have two ~s to one's bow имéть на вся́кий слýчай какúе-л. дополнúтельные ресýрсы, срéдства; to harp on one (*или* on the same) ~ ≅ тянýть всё ту же пéсню; твердúть однó и то же; to touch a ~ затрóнуть чью-л. слáбую стрýнку

**2.** *v* (strung) 1) завя́зывать, привя́зывать; шнуровáть 2) снабжáть струнóй, тетивóй *и т. п.* 3) натя́гивать (*струну*) 4) напрягáть (*тж.* ~ up) 5) нанúзывать (*бусы*) 6) вéшать; to ~ a picture повéсить картúну 7) *амер. sl.* обмáнывать; водúть зá нос □ ~ **along with** быть прéданным *кому-л.*; слéдовать за *кем-л.*; ~ **out** растя́гивать(ся) вереницей; the programme was strung out too long прогрáмма былá слúшком растя́нута; ~ **together** свя́зывать; ~ **up** а) взвúнчивать, напрягáть (*нервы и т. п.*); б) *разг.* вздёрнуть, повéсить

**string-bag** [ˈstrɪŋbæg] *n* сéтка (*сумка для продуктов*)

**string-course** [ˈstrɪŋkɔːs] *n архит.* поясóк

**stringed** [strɪŋd] *a* стрýнный (*особ. о муз. инструментах*)

**stringency** [ˈstrɪndʒənsɪ] *n* 1) стрóгость 2) *эк.* недостáток дéнег 3) убедúтельность, вéскость

**stringent** [ˈstrɪndʒənt] *a* 1) стрóгий; обязáтельный, тóчный; ~ regulations обязáтельные постановлéния 2) стеснённый недостáтком средств 3) убедúтельный, вéский

**stringer** [ˈstrɪŋə] *n* 1) продóльная бáлка; тетивá (*лестницы*) 2) *мор., ав.* стрúнгер

**string-halt** [ˈstrɪŋhɔːlt] = spring-halt

**stringy** [ˈstrɪŋɪ] *a* 1) волокнúстый 2) тягýчий, вя́зкий

**strip** [strɪp] **1.** *n* 1) длúнный ýзкий кусóк; полосá; лéнта; полóска; ~ of board плáнка; ~ of garden полóска сáда 2) странúчка юмора (*в газете, журнале*) 3) взлётно-посáдочная полосá (*тж.* air ~, landing ~) 4) пóрча, разрушéние

**2.** *v* 1) сдирáть, обдирáть; снимáть; обнажáть 2) лишáть (*чего-л.*); to ~ smb. of his title лишúть когó-л. звáния; ~ped of fine names, it is a swindle выражáясь пóпросту — э́то надувáтельство 3) отнимáть; грáбить 4) раздевáть(ся); снимáть, срывáть; ~ped to the skin раздéтый донагá, to be ~ped of leaves стоя́ть гóлым (*о дереве*) 5) разбирáть, демонтúровать 6) *тех.* срывáть резьбý □ ~ **off** сдирáть; соскáбливать

**stripe** [straɪp] **1.** *n* 1) полосá 2) нашúвка; шеврóн; to get (to lose) one's ~s быть произведённым (разжáлованным) 3) *уст.* удáр бичóм; *pl* пóрка 4) полосáтый материáл 5) *амер.* тип, харáктер 6) *pl разг.* тигр

**2.** *v* испещря́ть полосáми

**striped** [straɪpt] **1.** *p. p. от* stripe 2

**2.** *a* полосáтый

**striper** [ˈstraɪpə] *n воен. жарг.* морскóй офицéр

**-striper** [-͵straɪpə] *амер. в сложных словах означает* имéющий *столько-то* нашúвок (*о морском офицере*); four-striper капитáн 2 рáнга

**stripling** [ˈstrɪplɪŋ] *n* ю́ноша, подрóсток

**strip map** [ˈstrɪpˈmæp] *n ав.* маршрýтная кáрта

**strip mining** [ˈstrɪp͵maɪnɪŋ] *n горн.* открытая добы́ча

**strip-tease** [ˈstrɪptiːz] *n* стриптúз

**strive** [straɪv] *v* (strove; striven) 1) старáться; прилагáть усúлия; to ~ for victory стремúться к побéде 2) борóться (against, with — прóтив)

**striven** [ˈstrɪvn] *p. p. от* strive

**strode** [strəud] *past от* stride 2

**stroke** [strəuk] **1.** *n* 1) удáр; a finishing ~ а) удáр, сражáющий протúвника; б) решáющий дóвод; [*ср. тж.* 6)] 2) *мед.* удáр, паралúч; heat ~ тепловóй удáр; he had a ~ у негó был удáр 3) взмах; отдéльное движéние *или* усúлие; the ~ of an oar взмах веслá; they have not done a ~ of work ≅ онú пáлец о пáлец не удáрили; with one ~ of the pen однúм рóсчерком перá 4) приём, ход; a clever ~ лóвкий ход; it was a ~ of genius э́то бы́ло гениáльно; a ~ of luck удáча 5) *тех.* ход пóршня; up (down) ~ ход пóршня вверх (вниз) 6) штрих, мазóк, чертá; finishing ~s послéдние штрихú, отдéлка [*ср. тж.* 1)]; to portray with a few ~s обрисовáть нéсколькими штрихáми 7) бой часóв; it is on the ~ of nine сейчáс пробьёт дéвять 8) поглáживание (*рукой*) 9) загребнóй; to row (*или* to pull) the ~ задавáть такт гребцáм

**2.** *v* 1) глáдить (*рукой*), поглáживать, ласкáть; to ~ smb. down успокóить, утихомúрить когó-л. 2) задавáть такт (*гребцам*) ◊ to ~ smb. the wrong way, to ~ smb.'s hair (*или* fur) the wrong way глáдить когó-л. прóтив шéрсти; раздражáть когó-л.

**stroll** [strəul] **1.** *n* прогýлка

**2.** *v* 1) прогýливаться, бродúть 2) стрáнствовать, давáть представлéния (*об актёрах*)

**stroller** [ˈstrəulə] *n* 1) прогýливающийся 2) бродя́га 3) стрáнствующий актёр 4) лёгкая дéтская валя́ска

**strolling** [ˈstrəulɪŋ] **1.** *pres. p. от* stroll 2

**2.** *a* бродя́чий; ~ musicians бродя́чие музыкáнты

**strong** [strɔŋ] **1.** *a* 1) сúльный, обладáющий большóй физúческой сúлой 2) здорóвый; are you quite ~ again? вы вполнé окрéпли? 3) сúльный; имéющий сúлу, преимýщество, шáнсы *и т. п.*; ~ candidate кандидáт, имéющий большúе шáнсы; ~ literary style энергúчный, выразúтельный стиль 4) сúльный (*в чём-л.*); he is ~ in chemistry он хорошó знáет хúмию 5) решúтельный, энергúчный, крутóй, стрóгий; ~ measures крутые мéры; ~ man а) влáстный человéк; б) решúтельный администрáтор 6) прóчный; вынóсливый; ~ castle хорошó укреплённый зáмок; ~ design прóчная констрýкция 7) крéпкий; неразведённый; ~ coffee крéпкий кóфе; ~ remedy сильнодéйствующее срéдство; ~ drinks спиртные напúтки 8) óстрый, éдкий; ~ cheese óстрый сыр 9) крéпкий, грýбый; ~ language сúльные выражéния, ругáтельства 10) твёрдый, убеждённый; рéвностный, усéрдный (*приверженец, сторонник и т. п.*) 11) сúльный, вéский; серьёзный; ~ sense of disappointment сúльное разочаровáние; ~ reason вéская причúна 12) я́сный, сúльный, определённый; a ~ resemblance большóе схóдство 13) грóмкий (*о голосе*) 14) устóйчивый, твёрдый (*о рынке, ценах*); растýщий (*о ценах*) 15) обладáющий определённой чúсленностью; battalions a thousand ~ батальóны чúсленностью в ты́сячу человéк кáждый; how many ~ are you? скóлько вас? 16) *грам.* сúльный ◊ by the ~ arm (*или* hand) сúлой; ~ meat ≅ орéшек не по зубáм

**2.** *n* (the ~) *pl собир.* 1) сúльные, здорóвые 2) сúльные, власть имýщие

**3.** *adv разг.* сúльно, решúтельно; to be going ~ *разг.* быть в пóлной сúле; to come (*или* to go) it (*или* rather, a bit) ~ *разг.* а) зайтú слúшком далекó; хватúть чéрез край; б) сúльно преувели́чивать; в) де́йствовать реши́тельно, быть напо́ристым

**strong-arm** ['strɔŋɑ:m] *разг.* 1. *a* применя́ющий си́лу

2. *v* применя́ть си́лу

**strong-box** ['strɔŋbɔks] *n* сейф

**stronghold** ['strɔŋhəuld] *n* 1) кре́пость, тверды́ня, цитаде́ль; оплóт 2) *воен.* опо́рный пункт

**strong-minded** ['strɔŋ'maɪndɪd] *a* у́мный, энерги́чный (*особ. о же́нщине*)

**strong point** ['strɔŋ'pɔɪnt] *n* 1) *воен.* опо́рный пункт 2) *перен.* си́льное ме́сто

**stong-room** ['strɔŋrum] *n* ко́мната-сейф; кладова́я (*для хране́ния це́нностей в ба́нке и т. п.*)

**strong-willed** ['strɔŋ'wɪld] *a* 1) реши́тельный; волево́й 2) упря́мый

**strontium** ['strɔnʃjəm] *n хим.* стро́нций

**strop** [strɔp] 1. *n* 1) реме́нь для пра́вки бритв 2) *мор.* строп

2. *v* пра́вить (*бри́тву*)

**strophe** ['strəufɪ] *n прос.* строфа́

**strove** [strəuv] *past от* strive

**struck** [strʌk] *past и p. p. от* strike I, 1

**structural** ['strʌktʃərəl] *a* 1) структу́рный; ~ formula *хим.* структу́рная фо́рмула 2) строи́тельный; ~ features конструкти́вные дета́ли; ~ mechanics строи́тельная меха́ника

**structure** ['strʌktʃə] *n* 1) структу́ра; устро́йство; social ~ социа́льный строй; the ~ of a language строй языка́; the ~ of a sentence структу́ра предложе́ния 2) зда́ние, сооруже́ние, строе́ние

**struggle** ['strʌgl] 1. *n* 1) борьба́; class ~ кла́ссовая борьба́; the ~ for existence борьба́ за существова́ние 2) напряже́ние, уси́лие

2. *v* 1) боро́ться; to ~ for peace боро́ться за мир; to ~ against difficulties боро́ться с тру́дностями; to ~ for one's living би́ться из-за куска́ хле́ба 2) би́ться, отбива́ться 3) де́лать уси́лия; стара́ться изо всех сил; to ~ to one's feet с трудо́м встать на́ ноги; to ~ with a mathematical problem би́ться над зада́чей; he ~d to make himself heard он вся́чески стара́лся, что́бы его́ услы́шали 4) пробива́ться (through)

**strum** [strʌm] 1. *n* бренча́ние, тре́ньканье

2. *v* бренча́ть, тре́нькать

**strumpet** ['strʌmpɪt] *n уст.* проститу́тка

**strung** [strʌŋ] 1. *past и p. p. от* string 2

2. *a* 1) снабжённый стру́нами 2) взви́нченный, напряжённый; a highly ~ person взви́нченный челове́к; highly ~ nerves натя́нутые не́рвы

**strut** I [strʌt] 1. *n* ва́жная *или* несте́ственная похо́дка

2. *v* ходи́ть с ва́жным, напы́щенным ви́дом

**strut** II [strʌt] 1. *n стр.* сто́йка; подко́с, распо́рка

2. *v* подпира́ть

**strutter** ['strʌtə] *n разг.* задава́ка

**strychnine** ['strɪkni:n] *n* стрихни́н

**stub** [stʌb] 1. *n* 1) пень 2) коро́ткий тупо́й обло́мок *или* оста́ток; the ~ of a tooth пенёк зу́ба; the ~ of a pencil огры́зок карандаша́; the ~ of a cigar (of a cigarette) оку́рок 3) *амер.* корешо́к (*квитанцио́нной кни́жки и т. п.*)

2. *v* 1) выкорчёвывать, вырыва́ть с ко́рнем (*тж.* ~ up) 2) ударя́ться ного́й обо что-л. твёрдое; to ~ one's toe on (*или* against) smth. споткну́ться обо что-л. 3) погаси́ть оку́рок (*тж.* ~ out)

**stubble** ['stʌbl] *n* 1) живьё, стерня́ 2) ко́ротко остри́женные во́лосы; давно́ не бри́тая борода́, щети́на

**stubbly** ['stʌblɪ] *a* 1) по́жнивный, покры́тый стернёй 2) торча́щий, щети́нистый (*о бороде и т. п.*)

**stubborn** ['stʌbən] *a* 1) упря́мый, неподатливый 2) упо́рный; ~ resistance упо́рное сопротивле́ние

**stubbornness** ['stʌbənnɪs] *n* 1) упря́мство 2) упо́рство

**stubby** ['stʌbɪ] *a* 1) усе́янный пня́ми 2) похо́жий на обру́бок; корена́стый; a short ~ figure корена́стая фигу́ра

**stucco** ['stʌkəu] 1. *n* (*pl* -oes [-əuz]) отде́лочный, штукату́рный гипс

2. *v* штукату́рить

**stucco-work** ['stʌkəuwə:k] *n* лепна́я рабо́та

**stuck** [stʌk] *past и p. p. от* stick 2

**stuck-up** ['stʌk'ʌp] *a разг.* высокоме́рный, самодово́льный, зано́счивый

**stud** I [stʌd] 1. *n* 1) гвоздь с большо́й шля́пкой; штифт; кно́пка 2) за́понка 3) *тех.* распо́рка; сто́йка; кося́к; обвя́зка

2. *v* 1) обива́ть 2) усе́ивать, усыпа́ть

**stud** II [stʌd] *n* 1) ко́нный заво́д; коню́шня 2) *амер.* = stud-horse

**stud-book** ['stʌdbuk] *n* племенна́я кни́га (*лошаде́й*)

**studding-sail** ['stʌdɪŋseɪl, 'stʌnsl] *n мор.* ли́сель

**student** ['stju:dənt] *n* 1) студе́нт 2) изуча́ющий (*что-л.*; of); учёный

**studentship** ['stju:dəntʃɪp] *n* 1) студе́нческие го́ды 2) стипе́ндия

**stud farm** ['stʌdfɑ:m] *n* ко́нный заво́д

**stud-horse** ['stʌdhɔ:s] *n* племенно́й жеребе́ц

**studied** ['stʌdɪd] 1. *p. p. от* study 2

2. *a* 1) обду́манный, преднаме́ренный; ~ insult умы́шленное оскорбле́ние 2) де́ланный; ~ politeness нарочи́тая любе́зность 3) изуча́емый 4) *редк.* начи́танный, зна́ющий

**studio** ['stju:dɪəu] *n* (*pl* -os [-əuz]) 1) сту́дия; ателье́, мастерска́я 2) радиосту́дия; киносту́дия; телесту́дия

**studio couch** ['stju:dɪəukautʃ] *n* дива́н-крова́ть

**studious** ['stju:djəs] *a* 1) за́нятый нау́кой 2) стара́тельный, приле́жный, усе́рдный 3) = studied 2, 1) *и* 2)

**study** ['stʌdɪ] 1. *n* 1) изуче́ние, иссле́дование (of); нау́чные заня́тия; to make a ~ of тща́тельно изуча́ть; much given to ~ увлека́ющийся нау́чными заня́тиями 2) (*обыкн. pl*) приобрете́ние зна́ний; to begin one's studies приступа́ть к учёбе 3) нау́ка; о́бласть нау́ки 4) предме́т (досто́йный) изуче́ния; his face was a perfect ~ на его́ лицо́ сто́ило посмотре́ть 5) нау́чная рабо́та, моногра́фия 6) глубо́кая заду́мчивость (*обыкн.* brown ~) 7) рабо́чий кабине́т 8) о́черк 9) *иск.* этю́д, эски́з, набро́сок 10) *муз.* этю́д, упражне́ние 11) *уст.* забо́та, стара́ние; her constant ~ was to work well она́ всегда́ стара́лась хорошо́ рабо́тать 12) *театр.* тот, кто зау́чивает роль; he is a good (a slow) ~ он бы́стро (ме́дленно) зау́чивает роль

2. *v* 1) изуча́ть, иссле́довать; рассма́тривать; обду́мывать 2) занима́ться, учи́ться 3) гото́виться (*к экза́мену и т. п.*; for); he is ~ing for the bar он гото́вится к карье́ре адвока́та 4) забо́титься (*о чём-л.*); стреми́ться (*к чему-л.*), стара́ться; ~ to wrong no man стара́йтесь никого́ не оби́деть; to ~ another's comfort забо́титься об удо́бстве други́х; to ~ one's own interests пресле́довать со́бственные интере́сы 5) зау́чивать наизу́сть 6) *уст.* размышля́ть □ ~ **out** вы́яснить; разобра́ть; ~ **up** гото́виться к экза́мену

**stuff** [stʌf] 1. *n* 1) материа́л; вещество́; to collect the ~ for a book собира́ть материа́л для кни́ги; green (*или* garden) ~ о́вощи; he is made of sterner ~ than his father у него́ бо́лее реши́тельный хара́ктер, чем у его́ отца́; a man with plenty of good ~ in him челове́к больши́х досто́инств; this book is poor ~ э́то никчёмная книжо́нка 2) ве́щи, иму́щество 3) *разг.* лека́рство (*тж.* doctor's ~) 4) дрянь, хлам, чепуха́; ~ and nonsense! вздор!; do you call this ~ butter? неуже́ли вы называ́ете э́ту дрянь ма́слом? 5) *уст.* мате́рия (*особ.* шерстяна́я) 6) *тех.* наби́вка, наполни́тель 7) *sl.* обраще́ние, поведе́ние; this is the sort of ~ to give them то́лько так и на́до поступа́ть с ни́ми; они́ не заслу́живают лу́чшего обраще́ния ◊ small ~ ме́лочи жи́зни, пустяки́

2. *v* 1) набива́ть, заполня́ть; начиня́ть, фарширова́ть 2) набива́ть чу́чело живо́тного *или* пти́цы 3) набива́ть, переполня́ть (*тж. перен.*); to ~ one's head with silly ideas забива́ть себе́ го́лову глу́пыми иде́ями 4) впи́хивать, засо́вывать; to ~ one's clothes into a suitcase запи́хивать ве́щи в чемода́н 5) затыка́ть (*тж.* ~ up); he ~ed his fingers into his ears он заткну́л у́ши па́льцами; my nose is ~ed up у меня́ нос зало́жен 6) объеда́ться; жа́дно есть 7) зака́рмливать, корми́ть на убо́й; to ~ a child with sweets

пи́чкать ребёнка сла́достями 8) пломбирова́ть зуб 9) *разг.* мистифици́ровать, обма́нывать 10) *амер.* наполня́ть избира́тельные у́рны фальши́выми бюллетеня́ми

**stuffed shirt** ['stʌft'ʃə:t] *n sl.* напы́щенное ничто́жество

**stuffing** ['stʌfɪŋ] **1.** *pres. p. от* stuff 2

**2.** *n* 1) наби́вка (*подушки и т. п.*); прокла́дка 2) начи́нка 3) *амер.* наполне́ние избира́тельных урн фальши́выми бюллетеня́ми ◇ to knock the ~ out of smb. а) сбить спесь с кого́-л.; б) осла́бить, изнури́ть кого́-л. (*о боле́зни и т. п.*)

**stuffing-box** ['stʌfɪŋbɔks] *n тех.* са́льник

**stuffy** ['stʌfɪ] *a* 1) спёртый, ду́шный 2) *разг.* серди́тый; сварли́вый 3) зало́женный (*о носе при простуде*) 4) ску́чный, неинтере́сный 5) чванли́вый, ва́жничающий 6) *разг.* щепети́льный, пурита́нский, старомо́дный; консервати́вный

**stultification** [ˌstʌltɪfɪ'keɪʃən] *n* выставле́ние в смешно́м ви́де *и пр.* [*см.* stultify]

**stultify** ['stʌltɪfaɪ] *v* 1) выставля́ть в смешно́м ви́де 2) своди́ть на не́т (*результаты работы и т. п.*)

**stum** [stʌm] **1.** *n* муст, виногра́дное су́сло

**2.** *v* подправля́ть вино́ прибавле́нием виногра́дного су́сла

**stumble** ['stʌmbl] **1.** *n* 1) спотыка́ние; запи́нка; заде́ржка 2) ло́жный шаг, оши́бка

**2.** *v* 1) спотыка́ться, оступа́ться (*тж. перен.*) 2) запина́ться; ошиба́ться; to ~ through a lesson отвеча́ть уро́к с запи́нками □ ~ **across** случа́йно найти́, натолкну́ться на; ~ **along** ковыля́ть; идти́ спотыка́ясь; ~ **at** усомни́ться в *чём-л.*; сомнева́ться, колеба́ться; ~ **upon** наткну́ться на

**stumbling-block** ['stʌmblɪŋblɔk] *n* ка́мень преткнове́ния

**stumbling-stone** ['stʌmblɪŋstəun] *редк.* = stumbling-block

**stumer** ['stju:mə] *n sl.* 1) фальши́вая моне́та, подде́льный банкно́т *или* чек 2) фальши́вка, подде́лка

**stump** [stʌmp] **1.** *n* 1) пень 2) обру́бок; культя́, ампути́рованная коне́чность 3) пенёк (*зуба*) 4) оку́рок 5) огры́зок (*карандаша*) 6) коротышка 7) *pl шутл.* но́ги; to stir one's ~s *разг.* потора́пливаться, пошеве́ливаться 8) тяжёлый шаг 9) импровизи́рованная трибу́на; to go (*или* to be) on the ~ *разг.* вести́ агита́цию 10) *амер.* вы́зов на соревнова́ние (*в спорте, танце и т. п.*) 11) спи́ца кри́кетных воро́т; to draw ~s конча́ть игру́ (*в крикете*) 12) растушёвка, па́лочка для тушёвки 13) *горн.* цели́к ◇ to be up a ~ находи́ться в растерянности

**2.** *v* 1) срубать (*дерево*); обруба́ть (*сучья*) 2) корчева́ть 3) ковыля́ть, тяжело́ ступа́ть (*тж.* ~ along) 4) *разг.* ста́вить в тупи́к; I am ~ed for an answer не зна́ю, что отве́тить 5) соверша́ть пое́здки, выступа́я с реча́ми, агити́ровать 6) *амер.* вызыва́ть на соревнова́ние; подзадо́ривать 7) выбива́ть из игры́ (*в крикете*) □ ~ up *sl.* выкла́дывать де́ньги, плати́ть; расплачиваться

**stumper** ['stʌmpə] *n разг.* озада́чивающий вопро́с; тру́дная зада́ча

**stump orator** ['stʌmp'ɔrətə] *n* ора́тор, выступа́ющий с импровизи́рованной трибу́ны; агита́тор

**stump oratory** ['stʌmp'ɔrətərɪ] = stump speeches

**stump speeches** ['stʌmpˌspi:ʧɪz] *n* 1) ре́чи с импровизи́рованной трибу́ны 2) напы́щенные, ходу́льные ре́чи

**stumpy** ['stʌmpɪ] *a* корена́стый, призе́мистый; коро́ткий и то́лстый; ~ fingers коро́ткие, то́лстые па́льцы

**stun** [stʌn] *v* оглуша́ть, ошеломля́ть

**stung** [stʌŋ] *past и p. p. от* sting 2

**stunk** [stʌŋk] *past и p. p. от* stink 2

**stunner** ['stʌnə] *n разг.* 1) изуми́тельный экземпля́р 2) краси́вый, привлека́тельный; челове́к, производя́щий на окружа́ющих си́льное впечатле́ние 3) потряса́ющее зре́лище

**stunning** ['stʌnɪŋ] **1.** *pres. p. от* stun

**2.** *a* 1) оглуша́ющий, ошеломля́ющий; a ~ blow стра́шное потрясе́ние 2) *разг.* сногсшиба́тельный; великоле́пный

**stunt I** [stʌnt] **1.** *n* остано́вка в ро́сте, заде́ржка ро́ста

**2.** *v* остана́вливать рост

**stunt II** [stʌnt] *разг.* **1.** *n* 1) уда́чное, эффе́ктное выступле́ние (*на спортивных соревнованиях*) 2) шту́ка, трюк, фо́кус 3) *ав.* фигу́ра вы́сшего пилота́жа

**2.** *v* 1) демонстри́ровать сме́лость, ло́вкость 2) пока́зывать фо́кусы; выки́дывать номера́ 3) *ав.* выполня́ть фигу́ры вы́сшего пилота́жа

**stunted I** ['stʌntɪd] **1.** *p. p. от* stunt I, 2

**2.** *a* низкоро́слый, ча́хлый

**stunted II** ['stʌntɪd] *p. p. от* stunt II, 2

**stupe I** [stju:p] **1.** *n* горя́чий компре́сс

**2.** *v* ста́вить горя́чий компре́сс

**stupe II** [stju:p] *n sl.* дура́к

**stupefaction** [ˌstju:pɪ'fækʃən] *n* 1) оцепене́ние, остолбене́ние 2) изумле́ние

**stupefy** ['stju:pɪfaɪ] *v* 1) изумля́ть, поража́ть; ошеломля́ть 2) притупля́ть ум *или* чу́вства

**stupendous** [stju(:)'pendəs] *a* изуми́тельный; грома́дный; огро́мной ва́жности

**stupid** ['stju:pɪd] **1.** *a* 1) глу́пый, тупо́й, бестолко́вый; дура́цкий 2) оцепене́вший; ~ with sleep осове́лый

**2.** *n разг.* дура́к

**stupidity** [stju(:)'pɪdɪtɪ] *n* глу́пость, ту́пость

**stupor** ['stju:pə] *n* 1) оцепене́ние, остолбене́ние 2) *мед.* сту́пор

**sturdy** ['stə:dɪ] *a* 1) си́льный, кре́пкий, здоро́вый; a ~ child крепы́ш 2) сто́йкий, твёрдый, отва́жный

**sturgeon** ['stə:ʤən] *n* осётр

**stutter** ['stʌtə] **1.** *n* заика́ние

**2.** *v* заика́ться; запина́ться; to ~ an apology неуве́ренно пробормота́ть извине́ние

**stutterer** ['stʌtərə] *n* заи́ка

**sty I** [staɪ] *n* свина́рник (*тж. перен.*)

**sty II** [staɪ] *n мед.* ячме́нь (*на глазу*)

**stye** [staɪ] = sty II

**Stygian** ['stɪdʒɪən] *a греч. миф.* стиги́йский, относя́щийся к реке́ Сти́ксу; *перен.* а́дский, мра́чный

**style** [staɪl] **1.** *n* 1) стиль; слог; мане́ра (*петь и т. п.*) 2) направле́ние, шко́ла (*в искусстве*) 3) мо́да, фасо́н; покро́й 4) изя́щество, вкус; шик, блеск; in ~ с ши́ком; to live in grand ~ жить на широ́кую но́гу 5) род, сорт, тип; that ~ of thing тако́го ро́да вещь; a gentleman of the old ~ джентльме́н ста́рой шко́лы 6) стиль (*способ летосчисления*) 7) стиль (*остроконечная палочка для писания у древних греков и римлян*) 8) *поэт.* перо́, каранда́ш 9) граммофо́нная иго́лка 10) гравирова́льная игла́ 11) *мед.* игла́ 12) ти́тул; give him his full ~ велича́йте его́ по́лным ти́тулом

**2.** *v* 1) титулова́ть; велича́ть 2) конструи́ровать по мо́де; вводи́ть в мо́ду 3) модернизи́ровать

**stylet** ['staɪlɪt] *n* 1) стиле́т 2) *мед.* зонд

**stylish** ['staɪlɪʃ] *a* 1) сти́льный, вы́держанный в определённом сти́ле 2) мо́дный, элега́нтный; шика́рный

**stylist** ['staɪlɪst] *n* 1) стили́ст 2) моделье́р 3) специали́ст по интерье́ру

**stylistic** [staɪ'lɪstɪk] *a* стилисти́ческий

**stylize** ['staɪlaɪz] *v иск.* изобража́ть в традицио́нном сти́ле, стилизова́ть

**stylo** ['staɪləu] *сокр. см.* stylograph

**stylograph** ['staɪləugrɑ:f] *n* стилогра́ф; ве́чное перо́

**stylus** ['staɪləs] *n* граммофо́нная иго́лка

**stymie, stymy** ['staɪmɪ] *v* ста́вить в безвы́ходное положе́ние, загна́ть в у́гол

**styptic** ['stɪptɪk] **1.** *a* кровоостана́вливающий

**2.** *n* кровоостана́вливающее сре́дство

**Styx** [stɪks] *n греч. миф.* Стикс (*река*) ◇ to cross the ~ умере́ть

**suability** [ˌsju(:)ə'bɪlɪtɪ] *n* возмо́жность привле́чь к суду́

**suable** ['sju(:)əbl] *a* могу́щий быть привлечённым к суду́

**suasion** ['sweɪʒən] *n* угова́ривание; moral ~ увещева́ние

**suave** [swɑ:v] *a* учти́вый, обходи́тельный; ве́жливый

**suavity** ['swɑ:vɪtɪ] *n* обходи́тельность *и пр.* [*см.* suave]

**sub** [sʌb] *сокр. разг.* **1.** *n* 1) *см.* submarine 1; 2) *см.* subordinate 2;

3) *см.* subway 4) *см.* subaltern 1; 5) *см.* sublieutenant 6) *см.* subscription 7) *см.* subscriber 8) *см.* substitute 1

2. *v см.* substitute 2

**sub-** [sʌb-] *pref указывает на:* 1) *положение ниже чего-л. или под чем-л.:* subway а) тоннéль; подзéмный перехóд; б) *амер.* подзéмная желéзная дорóга, метрó; subcutaneous подкóжный 2) *подчинение по службе, низший чин:* subeditor помóщник редáктора 3) *более мелкое подразделение:* subcommittee подкомиссия; subdivide подразделя́ть(ся) 4) *передачу другому лицу:* subcontract субдоговóр; sublease субарéнда 5) *недостаточное количество вещества в данном соединении:* suboxide нéдокись 6) *незначительную степень, малое количество:* subaudible едвá слы́шный

**subaltern** [ˈsʌbltən] **1.** *n воен.* млáдший офицéр

**2.** *a* подчинённый

**subaqueous** [ˈsʌbˈeɪkwɪəs] *a* подвóдный

**subarctic** [ˈsʌbˈɑːktɪk] *a* субаркти́ческий, предполя́рный

**subaudition** [ˈsʌbɔːˈdɪʃən] *n* подразумевáние

**subchaser** [ˈsʌbˌtʃeɪsə] *n амер.* охóтник за подвóдными лóдками

**subcommittee** [ˈsʌbkəˌmɪtɪ] *n* подкоми́ссия

**subconscious** [ˈsʌbˈkɔnʃəs] *a* подсознáтельный

**subcontract** **1.** *n* [ˈsʌbˈkɔntrækt] субдоговóр

**2.** *v* [ˈsʌbkənˈtrækt] заключáть субдоговóр

**subcutaneous** [ˈsʌbkju(ː)ˈteɪnjəs] *a* подкóжный

**subdivide** [ˈsʌbdɪˈvaɪd] *v* подразделя́ть(ся)

**subdivisible** [ˈsʌbdɪˈvɪzəbl] *a* поддающийся дальнéйшему подразделéнию

**subdivision** [ˈsʌbdɪˌvɪʒən] *n* подразделéние

**subdual** [səbˈdju(ː)əl] *n* подчинéние, покорéние

**subduct** [səbˈdʌkt] *v редк.* вычитáть

**subdue** [səbˈdjuː] *v* 1) подчиня́ть, покоря́ть; to ~ nature покоря́ть прирóду 2) смягчáть; снижáть, ослабля́ть; to ~ the enemy fire подави́ть огóнь проти́вника 3) обрабáтывать зéмлю

**subdued** [səbˈdjuːd] **1.** *p. p. от* subdue

**2.** *a* 1) подчинённый, подáвленный; ~ spirits подáвленное настроéние 2) смягчённый, приглушённый; ~ voices приглушённые голосá

**subeditor** [ˈsʌbˈedɪtə] *n* помóщник редáктора

**subfamily** [ˈsʌbˌfæmɪlɪ] *n биол.* подсеméйство

**subgroup** [ˈsʌbgruːp] *n* подгрýппа

**subhead** [ˈsʌbhed] *n* 1) подзаголóвок 2) заместитель дирéктора шкóлы

**subjacent** [sʌbˈdʒeɪsənt] *n* 1) расположенный ни́же (*чего-л.*) 2) лежáщий в оснóве

**subject** **1.** *n* [ˈsʌbdʒɪkt] 1) тéма; предмéт разговóра; сюжéт; to dwell on a sore ~ останáвливаться на больнóм вопрóсе; to change the ~ перемени́ть тéму разговóра; to traverse a ~ обсуди́ть вопрóс 2) пóвод (for — к *чему-л.*); a ~ for pity пóвод для сожалéния 3) объéкт, предмéт (of) 4) предмéт, дисципли́на; mathematics is my favourite ~ матемáтика — мой люби́мый предмéт 5) пóдданный 6) субъéкт, человéк; a hysterical ~ истери́ческий тип 7) *грам.* подлежáщее 8) *филос.* субъéкт 9) *муз.* глáвная тéма 10) труп (*для вскрытия*) ◊ on the ~ of касáясь чегó-л.; while we are on the ~ of money may I ask you... раз уж мы заговори́ли о деньгáх, могý я узнáть...

**2.** *a* [ˈsʌbdʒɪkt] 1) подчинённый, подвлáстный; ~ nations несамостоя́тельные госудáрства 2) подвéрженный (to) 3) подлежáщий (to) 4): ~ to (*употр. как adv*) при услóвии, допускáя, éсли

**3.** *v* [səbˈdʒekt] 1) подчиня́ть, покоря́ть (to) 2) подвергáть (*воздействию, влиянию и т. п.*) 3) представля́ть; to ~ a plan for consideration предстáвить план на рассмотрéние

**subject-heading** [ˈsʌbdʒɪktˈhedɪŋ] *n* предмéтный указáтель, и́ндекс

**subjection** [səbˈdʒekʃən] *n* 1) покорéние, подчинéние 2) зави́симость

**subjective** [səbˈdʒektɪv] *a* 1) субъекти́вный 2) *грам.* свóйственный подлежáщему; ~ case имени́тельный падéж

**subjectivism** [səbˈdʒektɪvɪzm] *n филос.* субъективи́зм

**subjectivity** [ˌsʌbdʒekˈtɪvɪtɪ] *n* субъекти́вность

**subject-matter** [ˈsʌbdʒɪktˌmætə] *n* тéма, содержáние (*книги, разговора и т. п.*); предмéт (*обсуждения и т. п.*)

**subjoin** [ˈsʌbˈdʒɔɪn] *v* добавля́ть; припи́сывать в концé

**subjugate** [ˈsʌbdʒugeɪt] *v* покоря́ть, порабощáть, подчиня́ть

**subjugation** [ˌsʌbdʒuˈgeɪʃən] *n* покорéние, подчинéние

**subjugator** [ˈsʌbdʒugeɪtə] *n* покори́тель, поработи́тель

**subjunctive** [səbˈdʒʌŋktɪv] *грам.* **1.** *n* сослагáтельное наклонéние

**2.** *a* сослагáтельный

**sublease** [ˈsʌbˈliːs] **1.** *n* субарéнда

**2.** *v* заключáть договóр субарéнды

**sublessee** [ˈsʌbleˈsiː] *n* субарендáтор

**sublessor** [ˈsʌbleˈsɔː] *n* отдающий в субарéнду

**sublet** [ˈsʌbˈlet] *v* передавáть в субарéнду

**sublibrarian** [ˈsʌblaɪˈbrɛərɪən] *n* помóщник библиотéкаря

**sublieutenant** [ˈsʌbleˈtenənt] *n мор.* млáдший лейтенáнт

**sublimate** **1.** *n* [ˈsʌblɪmɪt] *хим.* возгóн; corrosive ~ сулемá

**2.** *v* [ˈsʌblɪmeɪt] 1) *хим.* возгоня́ть 2) *перен.* возвышáть, очищáть

**sublimation** [ˌsʌblɪˈmeɪʃən] *n* 1) *хим.* возгóнка, сублимáция 2) *перен.* возвышéние, очищéние

**sublime** [səˈblaɪm] **1.** *a* 1) вели́чественный, высóкий, возвы́шенный, грандиóзный; the S. Porte *см.* Porte 2) гóрдый, надмéнный; ~ indifference высокомéрное равнодýшие

**2.** *n*: the ~ возвы́шенное, вели́кое

**3.** *v* = sublimate 2

**subliminal** [sʌbˈlɪmɪnl] *a* 1) подсознáтельный 2) дéйствующий на подсознáние; ~ advertizing реклáма, дéйствующая на подсознáние; реклами́рование с пóмощью внушéния

**sublimity** [səˈblɪmɪtɪ] *n* возвы́шенность, вели́чественность

**sublunar** [sʌbˈluːnə] *редк.* = sublunary

**sublunary** [sʌbˈluːnərɪ] *a* подлýнный, земнóй

**submachine-gun** [ˈsʌbməˈʃiːngʌn] *n* пистолéт-пулемёт, автомáт

**submarine** [ˌsʌbməˈriːn] **1.** *n* 1) подвóдная лóдка 2) подвóдное растéние

**2.** *a* подвóдный; ~ speed скóрость под водóй; ~ force подвóдный флот; ~ base бáза подвóдных лóдок; ~ chaser морскóй охóтник (*корабль*)

**3.** *v* потопи́ть подвóдной лóдкой

**submerge** [səbˈməːdʒ] *v* 1) затопля́ть 2) погружáть(ся)

**submerged** [səbˈməːdʒd] **1.** *p. p. от* submerge

**2.** *a* затóпленный; погружённый ◊ the ~ tenth беднéйшая часть населéния

**submergence** [səbˈməːdʒəns] *n* 1) погружéние в вóду 2) затоплéние

**submerse** [səbˈməːs] = submerge

**submersed** [səbˈməːst] **1.** *p. p. от* submerse

**2.** *a* растýщий под водóй, подвóдный

**submersible** [səbˈməːsəbl] *a* пригóдный для дéйствия под водóй

**submersion** [səbˈməːʃən] = submergence

**submission** [səbˈmɪʃən] *n* 1) подчинéние 2) повиновéние, покóрность; with all due ~ с дóлжным смирéнием и уважéнием 3) представлéние, подáча (*документов и т. п.*)

**submissive** [səbˈmɪsɪv] *a* покóрный; смирéнный

**submit** [səbˈmɪt] *v* 1) подчиня́ть(-ся), покоря́ть(ся); I will not ~ to such treatment я не потерплю́ такóго обращéния 2) представля́ть на рассмотрéние; to ~ a question задáть вопрóс в пи́сьменном ви́де 3) предлагáть (*своё мнение и т. п.*); докáзывать, утверждáть; I ~ that a material fact has been passed over я смéю утверждáть, что сущéственный факт был пропýщен

**submontane** [sʌbˈmɔnteɪn] *a* находя́щийся у поднóжия горы́

**subnormal** [ˈsʌbˈnɔːməl] **1.** *a* ни́же нормáльного

**2.** *n мат.* поднормáль

**suborder** [ˈsʌbˈɔ:də] *n зоол.* подотря́д

**subordinate 1** *a* [səˈbɔ:dnɪt] 1) подчинённый (to) 2) второстепе́нный, ни́зший 3) *грам.* прида́точный; ~ clause прида́точное предложе́ние

**2.** *n* [səˈbɔ:dnɪt] подчинённый

**3.** *v* [səˈbɔ:dɪneɪt] подчиня́ть, ста́вить в зави́симость

**subordination** [səˌbɔ:dɪˈneɪʃən] *n* 1) подчине́ние, субордина́ция; подчинённость 2) *грам.* подчине́ние

**suborn** [sʌˈbɔ:n] *v* подкупа́ть; склоня́ть к преступле́нию (*особ. к лжесвидетельству*)

**subornation** [ˌsʌbɔ:ˈneɪʃən] *n* по́дкуп; взя́тка; попы́тка склони́ть к незако́нному де́йствию (*особ. к лжесвидетельству*)

**suborner** [sʌˈbɔ:nə] *n* даю́щий взя́тку, взяткода́тель

**subpoena** [səbˈpi:nə] **1.** *n* пове́стка с вы́зовом в суд

**2.** *v* вызыва́ть в суд

**subpolar** [ˈsʌbˈpəulə] *a* субполя́рный

**subreption** [səbˈrepʃən] *n* получе́ние чего́-л. путём сокры́тия каки́х-л. фа́ктов

**subscribe** [səbˈskraɪb] *v* 1) же́ртвовать де́ньги 2): to ~ to (*или* for) подпи́сываться на (*газеты, журналы и т. п.*) 3) подпи́сывать(ся) (*под чем-л.*) 4) присоединя́ться (*к чьему-л. мнению*; to)

**subscriber** [səbˈskraɪbə] *n* 1) подпи́счик 2) абоне́нт 3) же́ртвователь

**subscription** [səbˈskrɪpʃən] *n* 1) поже́ртвование; (подписно́й) взнос; to take up (*или* to make) a ~ собира́ть де́ньги (*для кого-л.*) 2) подпи́ска (*на газету и т. п.*) 3) подписа́ние 4) по́дпись (*на документе*) 5) *attr.* подписно́й; ~ list подписно́й лист

**subsection** [ˈsʌbˌsekʃən] *n* подсе́кция; подразде́л

**subsequent** [ˈsʌbsɪkwənt] *a* после́дующий; ~ to his death по́сле его́ сме́рти; ~ upon smth. явля́ющийся результа́том чего́-л.

**subsequently** [ˈsʌbsɪkwəntlɪ] *adv* впосле́дствии, пото́м, по́зже

**subserve** [səbˈsə:v] *v* соде́йствовать

**subservience** [səbˈsə:vjəns] *n* 1) подхали́мство, раболе́пство 2) поле́зность, соде́йствие (*цели*)

**subservient** [səbˈsə:vjənt] *a* 1) подчинённый 2) раболе́пный 3) слу́жащий сре́дством, соде́йствующий (to)

**subside** [səbˈsaɪd] *v* 1) па́дать, убыва́ть; the fever has ~d температу́ра спа́ла 2) утиха́ть, умолка́ть; the gale ~d бу́ря утихла 3) оседа́ть (*о почве и т. п.*) 4) (*обыкн. шутл.*) опуска́ться; he ~d into an arm-chair он опусти́лся в кре́сло

**subsidence** [səbˈsaɪdəns] *n* паде́ние *и пр.* [*см.* subside]

**subsidiary** [səbˈsɪdjərɪ] **1.** *a* 1) вспомога́тельный, дополни́тельный 2) второстепе́нный

**2.** *n* доче́рняя, подконтро́льная компа́ния (*тж.* ~ company)

**subsidize** [ˈsʌbsɪdaɪz] *v* субсиди́ровать

**subsidy** [ˈsʌbsɪdɪ] *n* субси́дия, де́нежное ассигнова́ние, дота́ция

**subsist** [səbˈsɪst] *v* 1) существова́ть 2) жить, корми́ться; to ~ on a vegetable diet быть вегетариа́нцем; to ~ by begging жить попроша́йничеством 3) прокорми́ть; содержа́ть

**subsistence** [səbˈsɪstəns] *n* 1) существова́ние 2) сре́дства к существова́нию (*тж.* means of ~); пропита́ние

**subsoil** [ˈsʌbsɔɪl] *n* подпо́чва

**subsonic** [ˈsʌbˈsɔnɪk] *a* дозвуково́й (*о скорости*)

**substance** [ˈsʌbstəns] *n* 1) вещество́ 2) *филос.* мате́рия, вещество́, субста́нция 3) су́щность, суть, содержа́ние; in ~ по существу́; по су́ти; to come to the ~ of the matter перейти́ к существу́ вопро́са 4) твёрдость, пло́тность; густота́; soup without much ~ жи́дкий суп 5) иму́щество, состоя́ние; a man of ~ состоя́тельный челове́к

**substandard** [ˈsʌbˈstændəd] *a* 1) нестанда́ртный, ни́же ка́чества, устано́вленного станда́ртом 2) *лингв.* не соотве́тствующий языково́й но́рме

**substantial** [səbˈstænʃəl] *a* 1) реа́льный, веще́ственный 2) суще́ственный, ва́жный, значи́тельный; ~ contribution большо́й вклад; ~ improvement заме́тное улучше́ние 3) про́чный, кре́пкий 4) состоя́тельный 5) пита́тельный

**substantiality** [səbˌstænʃɪˈælɪtɪ] *n* реа́льность *и пр.* [*см.* substantial]

**substantially** [səbˈstænʃəlɪ] *adv* 1) по существу́, в основно́м, в значи́тельной сте́пени 2) про́чно, основа́тельно

**substantiate** [səbˈstænʃɪeɪt] *v* 1) приводи́ть доста́точные основа́ния, дока́зывать, подтвержда́ть; this view is ~d э́та то́чка зре́ния подтвержда́ется 2) придава́ть конкре́тную фо́рму, де́лать реа́льным

**substantiation** [səbˌstænʃɪˈeɪʃən] *n* 1) дока́зывание 2) доказа́тельство

**substantival** [ˌsʌbstənˈtaɪvəl] *a грам.* субстанти́вный

**substantive** [ˈsʌbstəntɪv] **1.** *a* 1) самостоя́тельный, незави́симый; ~ rank *воен.* действи́тельное зва́ние 2) *грам.* субстанти́вный ◇ a ~ motion предложе́ние по существу́ (*в ООН и т. п.*)

**2.** *n грам.* и́мя существи́тельное

**substation** [ˈsʌbˈsteɪʃən] *n эл.* подста́нция

**substitute** [ˈsʌbstɪtju:t] **1.** *n* 1) замести́тель 2) заме́на 3) замени́тель; суррога́т

**2.** *v* 1) заменя́ть; замеща́ть (for — *кого-л.*) 2) подставля́ть

**substitution** [ˌsʌbstɪˈtju:ʃən] *n* 1) заме́на, замеще́ние 2) *мат.* подстано́вка 3) *attr.* подстано́вочный; ~ tables подстано́вочные табли́цы

**substrata** [ˈsʌbˈstrɑ:tə] *pl от* substratum

**substratosphere** [sʌbˈstrætəsfɪə] *n* субстратосфе́ра

**substratum** [ˈsʌbˈstrɑ:təm] *n* (*pl* -ta) 1) ни́жний слой 2) основа́ние 3) подпо́чва 4) *филос.* субстра́т

**substruction** [ˈsʌbˌstrʌkʃən] = substructure

**substructure** [ˈsʌbˌstrʌktʃə] *n* фунда́мент, основа́ние

**subsume** [səbˈsju:m] *v* относи́ть к како́й-л. катего́рии

**subsurface** [ˈsʌbˈsə:fɪs] *a* 1) находя́щийся, лежа́щий под пове́рхностью 2) подво́дный

**subtenant** [ˈsʌbˈtenənt] *n* субаренда́тор

**subtend** [səbˈtend] *v геом.* стя́гивать (дугу́); противолежа́ть

**subtense** [səbˈtens] *n геом.* хо́рда *или* сторона́ треуго́льника (*противоположная углу*)

**subterfuge** [ˈsʌbtəfju:dʒ] *n* увёртка, отгово́рка

**subterranean** [ˌsʌbtəˈreɪnjən] *a* 1) подзе́мный 2) секре́тный, подпо́льный; та́йный, скры́тый

**subterraneous** [ˌsʌbtəˈreɪnjəs] = subterranean

**subtil(e)** [ˈsʌtl] *уст.* = subtle

**subtilize** [ˈsʌtɪlaɪz] *v* 1) возвыша́ть, облагора́живать 2) обостря́ть (*чувства, восприятие и т. п.*) 3) вдава́ться в то́нкости, мудри́ть

**subtitle** [ˈsʌbˌtaɪtl] *n* 1) подзаголо́вок 2) субти́тр

**subtle** [ˈsʌtl] *a* 1) то́нкий, не́жный, неулови́мый 2) о́стрый, то́нкий, проница́тельный (*об уме, замечании и т. п.*) 3) утончённый; ~ delight утончённое наслажде́ние 4) иску́сный; ~ device хитроу́мное приспособле́ние; ~ fingers ло́вкие па́льцы 5) едва́ различи́мый, тру́дно улови́мый 6) хи́трый; вкра́дчивый

**subtlety** [ˈsʌtltɪ] *n* 1) то́нкость, не́жность 2) острота́, то́нкость (*ума, восприятия*) 3) утончённость 4) то́нкое разли́чие 5) иску́сность 6) хи́трость

**subtorrid** [ˈsʌbˈtɔrɪd] = subtropical

**subtract** [səbˈtrækt] *v мат.* вычита́ть

**subtraction** [səbˈtrækʃən] *n мат.* вычита́ние

**subtrahend** [ˈsʌbtrəhend] *n мат.* вычита́емое

**subtropical** [ˈsʌbˈtrɔpɪkəl] *a* субтропи́ческий

**subulate** [ˈsju:bjuleɪt] *a бот.* шилови́дный

**suburb** [ˈsʌbə:b] *n* 1) при́город 2) *pl* предме́стья, окре́стности 3) *attr.* при́городный

**suburban** [səˈbə:bən] **1.** *a* 1) при́городный 2) *презр.* у́зкий, ограни́ченный, провинциа́льный

**2.** *n* жи́тель при́города

**suburbanite** [səˈbə:bənaɪt] *n* жи́тель при́города

**subvene** [səbˈvi:n] *v амер.* прийти́ на по́мощь, случа́йно оказа́вшись ря́дом

**subvention** [səbˈvenʃən] n субси́дия, дота́ция

**subversion** [səbˈvəːʃən] *n* ниспроверже́ние, сверже́ние

**subversive** [səbˈvəːsɪv] *a* 1) разруши́тельный, ги́бельный, губи́тельный 2) подрывно́й; ~ activities подрывна́я де́ятельность

**subvert** [sʌbˈvəːt] *v* сверга́ть, ниспроверга́ть; разруша́ть

**subway** [ˈsʌbweɪ] *n* 1) тонне́ль; подзе́мный перехо́д 2) *амер.* подзе́мная желе́зная доро́га, метро́

**succeed** [səkˈsiːd] *v* 1) сле́довать за *чем-л.*, *кем-л.*; сменя́ть; the generation that ~s us бу́дущее поколе́ние 2): to ~ oneself *амер.* быть переизбранным 3) насле́довать, быть преемником (to) 4) достига́ть це́ли, преуспева́ть (in); име́ть успе́х; to ~ in life преуспе́ть в жи́зни, сде́лать карье́ру, вы́двинуться

**success** [səkˈses] *n* 1) успе́х, уда́ча; to be crowned with ~ увенча́ться успе́хом 2) челове́к, по́льзующийся успе́хом; произведе́ние, получи́вшее призна́ние *и т. п.*; the experiment is a ~ о́пыт уда́лся; I count that book among my ~es я счита́ю, что э́та кни́га моя́ больша́я уда́ча; she was a great ~ as a singer её пе́ние име́ло большо́й успе́х ◇ nothing succeeds like ~ *посл.* успе́х влечёт за собо́й но́вый успе́х; ~ is never blamed *посл.* ≅ победи́теля не су́дят

**successful** [səkˈsesful] *a* 1) успе́шный, уда́чный; to be ~ име́ть успе́х 2) уда́чливый, преуспева́ющий

**succession** [səkˈseʃən] *n* 1) после́довательность 2) непреры́вный ряд; in ~ подря́д; a ~ of disasters непреры́вная цепь несча́стий 3) преемственность; пра́во насле́дования; поря́док престолонасле́дия; in ~ to smb. в ка́честве чьего́-л. преемника, насле́дника 4) *attr.*: ~ duty нало́г на насле́дство ◇ the S. States *ист.* госуда́рства, образова́вшиеся по́сле распа́да Австро-Ве́нгрии

**successive** [səkˈsesɪv] *a* 1) после́дующий 2) сле́дующий оди́н за други́м, после́довательный; it has rained for three ~ days дождь идёт три дня подря́д

**successor** [səkˈsesə] *n* преемник, насле́дник (to, of)

**succinct** [səkˈsɪŋkt] *a* 1) сжа́тый, кра́ткий 2) *поэт.* опоя́санный

**succinite** [ˈsʌksɪnaɪt] *n мин.* сукцини́т; *уст.* янта́рь

**succory** [ˈsʌkərɪ] *n* цико́рий

**succotash** [ˈsʌkətæʃ] *n амер.* блю́до из молодо́й кукуру́зы и бобо́в

**succour** [ˈsʌkə] **1.** *n* по́мощь, ока́занная в тяжёлую мину́ту

**2.** *v* помога́ть, приходи́ть на по́мощь, подде́рживать (*в тяжёлую мину́ту*)

**succulence** [ˈsʌkjuləns] *n* со́чность, мяси́стость

**succulent** [ˈsʌkjulənt] **1.** *a* 1) со́чный 2) *бот.* со́чный, мяси́стый

**2.** *n бот.* суккуле́нт

**succumb** [səˈkʌm] *v* 1) подда́ться, уступи́ть (to); to ~ to temptation подда́ться искуше́нию 2) стать же́ртвой (*чего-л.*), умере́ть (to — от *чего-л.*); to ~ to pneumonia умере́ть от воспале́ния лёгких

**such** [sʌtʃ] **1.** *a* 1) тако́й; don't be in ~ a hurry не спеши́те так; there are no ~ doings now тепе́рь подо́бных веще́й не быва́ет; and ~ things и тому́ подо́бное; ~ as а) как наприме́р; б) тако́й, как; her conduct was ~ as might be expected она́ вела́ себя́ так, как э́того мо́жно бы́ло ожида́ть; в) тот, кото́рый; he will have no books but ~ as I'll let him have он не полу́чит никаки́х книг, кро́ме тех, кото́рые я разрешу́ ему́ взять; г) тако́й, что́бы; his illness is not ~ as to cause anxiety его́ боле́знь не насто́лько серьёзна, что́бы вызыва́ть беспоко́йство; ~ that а) тако́й, что; his behaviour was ~ that everyone disliked him он так себя́ вёл, что все его́ невзлюби́ли; б) так что; he said it in ~ a way that I couldn't help laughing он так э́то сказа́л, что я не мог удержа́ться от сме́ха 2) тако́й-то; определённый (*но не на́званный*); allow ~ an amount for food, ~ an amount for rent and the rest for other things вы́делите сто́лько-то де́нег на еду́, сто́лько-то на кварти́ру, а остальны́е де́ньги пойду́т на други́е расхо́ды ◇ ~ master ~ servant *посл.* како́в хозя́ин, тако́в и слуга́

**2.** *pron demonstr.* 1) тако́вой; ~ was the agreement таково́ бы́ло соглаше́ние; and ~ *разг.* и тому́ подо́бные; as ~ как тако́вой; по существу́; there are no hotels as ~ in this town в э́том го́роде нет настоя́щих гости́ниц; we note your remarks and in reply to ~... мы принима́ем к све́дению ва́ши замеча́ния и в отве́т на них...; ~ as he is како́й бы он там ни́ был 2) тот, тако́й; те, таки́е; all ~ таки́е лю́ди; all ~ as are of my opinion... пусть те, кто со мной согла́сен...

**such-and-such** [ˈsʌtʃənsʌtʃ] *a* тако́й-то

**suchlike** [ˈsʌtʃlaɪk] *разг.* **1.** *a* подо́бный, тако́й

**2.** *pron*: and ~ а) и тому́ подо́бное; б) и таки́е лю́ди

**suck** [sʌk] **1.** *n* 1) соса́ние; to take a ~ пососа́ть 2) вса́сывание, заса́сывание 3) небольшо́й глото́к 4) матери́нское молоко́; to give ~ (to) корми́ть гру́дью 5) *школ. жарг.* неприя́тность; прова́л (*тж.* ~-in); what a ~ (*или* ~s)! попа́лся! 6) *школ. sl.* сла́сти

**2.** *v* 1) соса́ть; вса́сывать (*тж.* ~ in); the pump ~s насо́с вбира́ет во́здух вме́сто воды́ 2): to ~ dry вы́сосать, истощи́ть □ ~ **at** соса́ть, поса́сывать (*тру́бку и т. п.*); ~ **in** а) вса́сывать, впи́тывать (*тж.* *зна́ния и т. п.*); б) заса́сывать (*о водоворо́те*); в) *sl.* обману́ть, обста́вить; ~ **out** высасывать; to ~ advantage out of smth. извлека́ть вы́году из чего́-л.; ~ **up** а) вса́сывать; поглоща́ть; б) *школ. жарг.* подли́зываться (to)

**sucked** [sʌkt] **1.** *p. p. от* suck 2

**2.** *a* вы́сосанный ◇ a ~ orange ≅ вы́жатый лимо́н

**sucker** [ˈsʌkə] *n* 1) сосу́н(о́к) (*особ. моло́чный поросёнок или детёныш ки́та*) 2) *разг.* ледене́ц на па́лочке 3) *разг.* молокосо́с, проста́к 4) *зоол.* присо́сок 5) *бот.* отро́сток; боково́й побе́г 6) *тех.* по́ршень насо́са 7) *тех.* вса́сывающий па́трубок

**sucking** [ˈsʌkɪŋ] **1.** *pres. p. от* suck 2

**2.** *a* 1) грудно́й (*о ребёнке*) 2) нео́пытный, начина́ющий 3) *тех.* вса́сывающий

**sucking-pig** [ˈsʌkɪŋpɪg] *n* моло́чный поросёнок

**suckle** [ˈsʌkl] *v* 1) корми́ть гру́дью 2) дава́ть соса́ть вы́мя 3) вска́рмливать

**suckling** [ˈsʌklɪŋ] *n* 1) грудно́й ребёнок 2) сосу́н(о́к)

**suck-up** [ˈsʌkˈʌp] *n школ. жарг.* подли́за

**suction** [ˈsʌkʃən] *n* 1) соса́ние, вса́сывание; приса́сывание 2) *attr.* вса́сывающий

**suctorial** [sʌkˈtɔːrɪəl] *a зоол.* сосу́щий; приспосо́бленный для соса́ния

**Sudanese** [ˌsuːdəˈniːz] **1.** *a* суда́нский

**2.** *n* суда́нец; суда́нка; the ~ *pl собир.* суда́нцы

**Sudani** [su(ː)ˈdɑːnɪ] *n* суда́нский диале́кт ара́бского языка́

**sudatoria** [ˌsju(ː)dəˈtɔːrɪə] *pl от* sudatorium

**sudatorium** [ˌsjuː(ː)dəˈtɔːrɪəm] *n* (*pl* -ria) пари́льня (*в ба́не*)

**sudd** [sʌd] *n* ма́сса плаву́чих расте́ний на Бе́лом Ни́ле, меша́ющая судохо́дству

**sudden** [ˈsʌdn] **1.** *a* 1) внеза́пный, неожи́данный 2) стреми́тельный, поспе́шный; to be ~ in one's actions быть о́чень стреми́тельным в свои́х де́йствиях

**2.** *n*: (all) of a ~, on a ~ внеза́пно, вдруг

**suddenly** [ˈsʌdnlɪ] *adv* внеза́пно, вдруг

**sudoriferous** [ˌsjuːdəˈrɪfərəs] *a* 1) *анат.* потово́й 2) *мед.* потого́нный

**sudorific** [ˌsjuːdəˈrɪfɪk] **1.** *a* потого́нный

**2.** *a* потого́нное сре́дство

**suds** [sʌdz] *n pl* мы́льная пе́на *или* вода́ ◇ to be in the ~ *sl.* быть в затрудне́нии, в замеша́тельстве

**sudsy** [ˈsʌdzɪ] *a* мы́льный, пе́нистый

**sue** [sjuː] *v* 1) пресле́довать суде́бным поря́дком; возбужда́ть де́ло (*про́тив кого́-л.*); to ~ a person for libel возбужда́ть про́тив кого́-л. де́ло за клевету́ 2) проси́ть (to — *кого́-л.*, for — о *чём-л.*); to ~ to a law-court for redress иска́ть защи́ты у суда́ □ ~ **out** вы́хлопотать (*в суде*)

**suède** [sweɪd] *фр. n* 1) за́мша 2) *attr.* за́мшевый

**suet** [sjuɪt] *n* по́чечное *или* нутряно́е са́ло

**suffer** ['sʌfə] *v* 1) страда́ть; испы́тывать, претерпева́ть; he ~s from headaches он страда́ет от головны́х бо́лей; to ~ a loss потерпе́ть убы́ток 2) позволя́ть, дозволя́ть; to ~ them to come позво́лить им прийти́ 3) терпе́ть, сноси́ть; I cannot ~ him я его́ не выношу́ ◇ to ~ fools gladly терпи́мо относи́ться к дурака́м

**sufferance** ['sʌfərəns] *n* 1) терпе́ние, терпели́вость; it is beyond ~ э́то невозмо́жно терпе́ть 2) *уст.* молчали́вое согла́сие, попусти́тельство; he is here on ~ его́ здесь те́рпят

**sufferer** ['sʌfərə] *n* 1) страда́лец 2) пострада́вший

**suffering** ['sʌfərıŋ] **1.** *pres. p. от* suffer

**2.** *n* страда́ние

**3.** *a* страда́ющий

**suffice** [sə'faıs] *v* быть доста́точным, хвата́ть; удовлетворя́ть ◇ ~ it to say доста́точно сказа́ть

**sufficiency** [sə'fıʃənsı] *n* (*обыкн.* a ~) доста́точность; доста́ток

**sufficient** [sə'fıʃənt] **1.** *a* доста́точный; he had not ~ courage for it на э́то у него́ не хвати́ло сме́лости

**2.** *n разг.* доста́точное коли́чество

**suffix** ['sʌfıks] *грам* **1.** *n* су́ффикс

**2.** *v* прибавля́ть (су́ффикс)

**suffocant** ['sʌfəkənt] **1.** *a* уду́шливый, удуша́ющий

**2.** *n* отравля́ющее вещество́ удуша́ющего де́йствия

**suffocate** ['sʌfəkeıt] *v* 1) души́ть, удуша́ть 2) задыха́ться

**suffocation** [ˌsʌfə'keıʃən] *n* 1) удуше́ние 2) уду́шье

**suffragan** ['sʌfrəgən] *n* вика́рный епи́скоп (*тж.* ~ bishop)

**suffrage** ['sʌfrıdʒ] *n* 1) пра́во го́лоса, избира́тельное пра́во; female ~ избира́тельное пра́во для же́нщин; universal ~ всео́бщее избира́тельное пра́во 2) го́лос (*при голосовании*) 3) одобре́ние, согла́сие 4) (*тж. pl*) *церк.* ектенья́

**suffragette** [ˌsʌfrə'dʒet] *n* суфражи́стка

**suffragist** ['sʌfrədʒıst] *n* сторо́нник равнопра́вия же́нщин

**suffuse** [sə'fju:z] *v* залива́ть (*слезами*); покрыва́ть (*румянцем, краской*)

**suffusion** [sə'fju:ʒən] *n* 1) кра́ска, румя́нец 2) покры́тие (*краской*)

**sugar** ['ʃugə] **1.** *n* 1) са́хар 2) лесть 3) *разг.* ми́лый, голу́бчик; ми́лочка, ду́шечка *и т. п.* 4) *sl.* де́ньги 5) *хим.* сахаро́за 6) *attr.* са́харный

**2.** *v* 1) обса́харивать; подсла́щивать (*тж. перен.*) 2) *sl.* рабо́тать с прохла́дцей, фило́нить

**sugar-basin** ['ʃugəˌbeısn] *n* са́харница

**sugar-beet** ['ʃugəbi:t] *n* са́харная свёкла

**sugar-bowl** ['ʃugəbəul] = sugar-basin

**sugar candy** ['ʃugəˌkændı] *n* ледене́ц

**sugar-cane** ['ʃugəkeın] *n* са́харный тростни́к

**sugar-coat** ['ʃugəkəut] *v* 1) покрыва́ть са́харом 2) приукра́шивать

**sugar-daddy** ['ʃugə'dædı] *n разг.* пожило́й покло́нник молодо́й же́нщины, де́лающий бога́тые пода́рки

**sugar-loaf** ['ʃugələuf] *n* 1) голова́ са́хару 2) со́пка, остроконе́чный холм 3) шля́па с конусообра́зной тульёй

**sugarplum** ['ʃugəplʌm] *n* кру́глый ледене́ц

**sugar-refinery** ['ʃugərıˌfaınərı] *n* (сахаро)рафина́дный заво́д

**sugar-tongs** ['ʃugətɔŋz] *n* щипцы́ для са́хара

**sugary** ['ʃugərı] *a* 1) са́харный, сла́дкий 2) сахари́стый 3) при́торный, льсти́вый

**suggest** [sə'dʒest] *v* 1) предлага́ть, сове́товать; I ~ that we should go to the theatre я предлага́ю пойти́ в теа́тр; the architect ~ed restoring the building архите́ктор предложи́л восстанови́ть зда́ние; he ~ed a visit to the gallery он посове́товал посети́ть галере́ю 2) внуша́ть, вызыва́ть; подска́зывать (*мысль*); намека́ть; наводи́ть на мысль; говори́ть о, означа́ть; does the name ~ nothing to you? ра́зве э́то и́мя вам ничего́ не говори́т?; an idea ~ed itself to me мне пришла́ в го́лову мысль; what does this shape ~ to you? что вам напомина́ет э́та фо́рма?

**suggestibility** [səˌdʒestı'bılıtı] *n* внуша́емость

**suggestible** [sə'dʒestəbl] *a* 1) подда́ющийся внуше́нию 2) могу́щий быть внушённым

**suggestion** [sə'dʒestʃən] *n* 1) сове́т, предложе́ние; to make a ~ а) пода́ть мысль; б) внести́ предложе́ние 2) намёк, указа́ние; there was a ~ of truth in what he said в его́ слова́х была́ до́ля пра́вды; full of ~ многозначи́тельный; наводя́щий на размышле́ние 3) внуше́ние; hypnotic ~ внуше́ние гипно́зом

**suggestive** [sə'dʒestıv] *a* 1) вызыва́ющий мы́сли; this book is very ~ э́та кни́га заставля́ет ду́мать 2) намека́ющий на что-л. непристо́йное; неприли́чный

**suicidal** [sjuı'saıdl] *a* 1) самоуби́йственный 2) убийственный; губи́тельный, ги́бельный; a ~ policy губи́тельная поли́тика

**suicide** ['sjuısaıd] **1.** *n* 1) самоуби́йство; to commit ~ поко́нчить с собо́й 2) самоуби́йца 3) прова́л пла́нов, крах наде́жд *и т п.* по со́бственной вине́

**2.** *v разг.* поко́нчить с собо́й (*тж.* to ~ oneself)

**suit** [sju:t] **1.** *n* 1) мужско́й костю́м (*тж.* ~ of clothes); a ~ of dittos по́лный костю́м из одного́ материа́ла; dress ~ мужско́й вече́рний костю́м; a two-piece ~ да́мский костю́м (*юбка и жакет*) 2) набо́р, компле́кт 3) проше́ние; хода́тайство о поми́ловании; to grant smb.'s ~ испо́лнить чью-л. про́сьбу; to make ~ to смире́нно проси́ть; to press one's ~ настоя́тельно проси́ть [*см. тж.* 4)] 4) сватовство́; уха́живание; to plead (*или* to press) one's ~ with smb. *уст.* добива́ться чьей-л. благоскло́нности [*см. тж.* 3)]; to prosper in one's ~ доби́ться успе́ха в сватовстве́ 5) *юр.* тя́жба, проце́сс; to bring (*или* to institute) a ~ against smb. предъяви́ть иск кому́-л.; to be at ~ суди́ться 6) *карт.* масть; to follow ~ ходи́ть в масть; *перен.* сле́довать приме́ру; подража́ть; long (short) ~ си́льная (сла́бая) масть 7) согла́сие, гармо́ния; in ~ with smb. заодно́ с кем-л.; of a ~ with схо́дный, гармони́рующий с чем-л.

**2.** *v* 1) удовлетворя́ть тре́бованиям; быть удо́бным, устра́ивать; will that time ~ you? э́то вре́мя вас устро́ит?; to ~ oneself выбира́ть по вку́су; ~ yourself де́лайте, как вам нра́вится 2) быть поле́зным, приго́дным; meat does not ~ me мя́со мне вре́дно 3) годи́ться; соотве́тствовать, подходи́ть; he is not ~ed to be (*или* for) a teacher учи́теля из него́ не полу́чится 4) быть к лицу́ 5) приспоса́бливать; to ~ the action to the word подкрепля́ть слова́ дела́ми; приводи́ть в исполне́ние; ≅ ска́зано — сде́лано

**suitable** ['sju:təbl] *a* подходя́щий, соотве́тствующий, го́дный

**suitcase** ['sju:tkeıs] *n* небольшо́й пло́ский чемода́н

**suite** [swi:t] *n* 1) сви́та 2) набо́р, компле́кт; ~ of furniture гарниту́р ме́бели; ~ of rooms а) анфила́да ко́мнат, апарта́менты; б) но́мер-лю́кс (*в гостинице*) 3) *муз.* сю́ита 4) *геол.* се́рия, сви́та

**suited** ['sju:tıd] **1.** *p. p. от* suit 2

**2.** *a* подходя́щий, соотве́тствующий, го́дный

**suiting** ['sju:tıŋ] **1.** *pres. p. от* suit 2

**2.** *n* (*часто pl*) материа́л для костю́мов

**suitor** ['sju:tə] *n* 1) покло́нник 2) проси́тель 3) *юр.* исте́ц

**sulk** [sʌlk] **1.** *n* (*обыкн.* the ~s) дурно́е настрое́ние; to have (a fit of) the ~s ду́ться; быть серди́тым; in the ~s в плохо́м настрое́нии

**2.** *v* ду́ться; быть серди́тым, мра́чным

**sulky** I ['sʌlkı] *a* 1) наду́тый, угрю́мый, мра́чный 2) мра́чный, гнету́щий (*о погоде и т. п.*); a ~ day су́мрачный день

**sulky** II ['sʌlkı] *n амер.* одноме́стная двуко́лка

**sullen** ['sʌlən] *a* 1) угрю́мый, за́мкнутый, серди́тый 2) мра́чный; злове́щий; гнету́щий 3) ме́дленно теку́щий (*о ручье и т. п.*)

**sully** ['sʌlı] *v* па́чкать, пятна́ть

**sulpha** ['sʌlfə] = sulpha drugs

**sulpha drugs** ['sʌlfə'drʌgz] *n pl фарм.* лека́рственные сульфами́дные препара́ты

**sulphate** [ˈsʌlfeɪt] *n хим.* сульфа́т, соль се́рной кислоты́; ~ of copper (iron, zinc) ме́дный (желе́зный, ци́нковый) купоро́с

**sulphide** [ˈsʌlfaɪd] *n хим.* сульфи́д, серни́стое соедине́ние

**sulphite** [ˈsʌlfaɪt] *n* хим. сульфи́т, соль серни́стой кислоты́

**sulphur** [ˈsʌlfə] **1.** *n* 1) *хим.* се́ра; flowers of ~ се́рный цвет 2) зеленова́то-жёлтый цвет 3) ба́бочка из семе́йства беля́нок

**2.** *a* зеленова́то-жёлтый

**3.** *v* оку́ривать се́рой

**sulphurate** [ˈsʌlfjureɪt] *v* 1) пропи́тывать се́рой 2) оку́ривать се́рой

**sulphureous** [sʌlˈfjuərɪəs] *a* 1) *хим.* се́рный 2) зеленова́то-жёлтый

**sulphuretted** [ˈsʌlfjuretɪd] *a хим.* сульфи́рованный; ~ hydrogen сероводоро́д

**sulphuric** [sʌlˈfjuərɪk] *a хим.* се́рный; ~ acid се́рная кислота́

**sulphurize** [ˈsʌlfəraɪz] = sulphurate

**sulphurous** [ˈsʌlfərəs] *a* 1) = sulphureous 2) *перен.* а́дский 3) е́дкий, зло́бный, язви́тельный

**sulphur-spring** [ˈsʌlfəˈsprɪŋ] *n* се́рный исто́чник

**sulphury** [ˈsʌlfərɪ] *a* похо́жий на се́ру; се́рный, серни́стый

**sultan** [ˈsʌltən] *n* 1) султа́н 2) поро́да бе́лых кур

**sultana** [sʌlˈtɑːnə] *n* 1) султа́нша; жена́, дочь, сестра́ *или* мать султа́на 2) фавори́тка 3) [səlˈtɑːnə] кишми́ш

**sultanate** [ˈsʌltənɪt] *n* султана́т, султа́нство, владе́ния *и* власть султа́на

**sultriness** [ˈsʌltrɪnɪs] *n* духота́

**sultry** [ˈsʌltrɪ] *a* 1) зно́йный, ду́шный 2) стра́стный (*о темпераменте и т. п.*)

**sum** [sʌm] **1.** *n* 1) су́мма, коли́чество; ито́г; ~ total о́бщая су́мма 2) су́щность 3) арифмети́ческая зада́ча 4) *pl* арифме́тика, реше́ние зада́ч; he is good at ~s он силён в арифме́тике ◇ ~ and substance са́мая суть; in ~ в о́бщем, ко́ротко говоря́

**2.** *v* скла́дывать, подводи́ть ито́г (*часто* ~ up) □ ~ **up** резюми́ровать, сумми́ровать

**sumac(h)** [ˈsuːmæk] *n бот.* сума́х

**summarize** [ˈsʌməraɪz] *v* сумми́ровать, резюми́ровать, подводи́ть ито́г

**summary** [ˈsʌmərɪ] **1.** *n* кра́ткое изложе́ние, резюме́, конспе́кт, сво́дка

**2.** *a* 1) сумма́рный, кра́ткий; ~ account кра́ткий отчёт 2) ско́рый, бы́стрый, сде́ланный без дальне́йших отлага́тельств и промедле́ния 3) *юр.* ско́рый, сумма́рный; ~ jurisdiction сумма́рное произво́дство; ~ court дисциплина́рный суд; ~ punishment дисциплина́рное взыска́ние

**summation** [sʌˈmeɪʃən] *n* 1) подведе́ние ито́га, сумми́рование 2) совоку́пность, ито́г

**summer** I [ˈsʌmə] **1.** *n* 1) ле́то 2) пери́од цвете́ния, расцве́та 3) *поэт.* год; a woman of some twenty ~s же́нщина лет двадцати́ 4) *attr.* ле́тний; ~ camp ле́тний ла́герь; ~ cottage да́ча; ~ time «ле́тнее вре́мя» (*когда часы переведены на час вперёд*) [*ср. тж.* summer-time]; ~ sausage суха́я копчёная колбаса́

**2.** *v* 1) проводи́ть ле́то 2) пасти́ (*скот*) ле́том

**summer** II [ˈsʌmə] *n стр.* ба́лка, перекла́дина

**summer-house** [ˈsʌməhaus] *n* бесе́дка

**summer lightning** [ˈsʌməˈlaɪtnɪŋ] *n* зарни́ца

**summerly** [ˈsʌməlɪ] *a* ле́тний

**summersault** [ˈsʌməsɔːlt] = somersault

**summer school** [ˈsʌməskuːl] *n* се́рия ле́кций в университе́те (*во время летних каникул*)

**summerset** [ˈsʌməset] = somersault

**summer-time, summertime** [ˈsʌmətaɪm] *n* ле́тнее вре́мя, ле́то [*ср. тж.* summer I, 1, 4)]

**summer-tree** [ˈsʌmətriː] = summer II

**summit** [ˈsʌmɪt] *n* 1) верши́на, верх; *перен.* зени́т, вы́сшая сте́пень, преде́л 2) встре́ча *или* совеща́ние глав прави́тельств 3) диплома́тия на вы́сшем у́ровне 4) *attr. дип.* проходя́щий на вы́сшем у́ровне; ~ talks перегово́ры на вы́сшем у́ровне; ~ conference (*или* meeting) встре́ча глав прави́тельств, конфере́нция на вы́сшем у́ровне

**summon** [ˈsʌmən] *v* 1) вызыва́ть (*в суд*) 2) тре́бовать исполне́ния (*чего-л.*); to ~ the garrison to surrender тре́бовать сда́чи кре́пости 3) созыва́ть (*собрание и т. п.*) 4) собира́ть, призыва́ть (*часто* ~ up); to ~ up courage собра́ться с ду́хом

**summons** [ˈsʌmənz] **1.** *n* 1) вы́зов (*особ.* в суд) 2) суде́бная пове́стка; to serve a witness with a ~ вызыва́ть свиде́теля пове́сткой в суд 3) *воен.* ультима́тум о сда́че (*тж.* ~ to surrender)

**2.** *v* вызыва́ть в суд пове́сткой

**sump** [sʌmp] *n* 1) выгребна́я я́ма; сто́чный коло́дец 2) *тех.* грязеви́к; маслосбо́рник 3) *горн.* зумпф, отсто́йник

**sumpter-horse** [ˈsʌmptəhɔːs] *n* вью́чная ло́шадь

**sumption** [ˈsʌmpʃən] *n лог.* больша́я посы́лка (*силлогизма*)

**sumptuary** [ˈsʌmptjuərɪ] *a* каса́ющийся расхо́дов, регули́рующий расхо́ды

**sumptuous** [ˈsʌmptjuəs] *a* 1) роско́шный; дорогосто́ящий; пы́шный; великоле́пный

**sun** [sʌn] **1.** *n* 1) со́лнце; to take (*или* to shoot) the ~ *мор.* измеря́ть высоту́ со́лнца секста́нтом; mock ~ *астр.* ло́жное со́лнце 2) со́лнечный свет; со́лнечные лучи́; ~'s backstays (*или* eyelashes), ~ drawing water *мор.* со́лнечные лучи́, прореза́ющие облака́; in the ~ на со́лнце; to bask in the ~ гре́ться на со́лнце; to take the ~ загора́ть; to close the shutters to shut out the ~ закры́ть ста́вни, что́бы затемни́ть ко́мнату 3) *уст.* восхо́д *или* зака́т со́лнца; to rise with the ~ ра́но встава́ть; from ~ to ~ от восхо́да (и) до зака́та (со́лнца) 4) *поэт.* год, день ◇ against the ~ про́тив часово́й стре́лки; with the ~ по часово́й стре́лке; under the ~ на на́шей плане́те, в э́том ми́ре; to hail (*или* to adore) the rising ~ заискивать пе́ред но́вой вла́стью; his ~ is rising (is set) его́ звезда́ восхо́дит (закати́лась); a place in the ~ ≅ тёпленькое месте́чко; вы́годное положе́ние; to hold a candle to the ~ занима́ться нену́жным де́лом, зря тра́тить си́лы; let not the ~ go down upon your wrath *шутл.* не серди́тесь бо́льше одного́ дня; the morning ~ never lasts a day *посл.* ≅ ничто́ не ве́чно под луно́й

**2.** *v* 1) гре́ть(ся) на со́лнце; to ~ oneself гре́ться на со́лнце 2) выставля́ть на со́лнце; подверга́ть де́йствию со́лнца

**sun-and-planet gear** [ˈsʌnəndˈplænɪtˈgɪə] *n тех.* планета́рный механи́зм

**sun-baked** [ˈsʌnbeɪkt] *a* вы́сушенный на со́лнце

**sun-bath** [ˈsʌnbɑːθ] *n* со́лнечная ва́нна

**sunbeam** [ˈsʌnbiːm] *n* 1) со́лнечный луч 2) *разг.* жизнера́достный челове́к (*особ. ребёнок*)

**sun-blind** [ˈsʌnblaɪnd] *n* тент, наве́с, марки́за

**sun-blinkers** [ˈsʌnˈblɪŋkəz] *n pl* защи́тные очки́ от со́лнца

**sunburn** [ˈsʌnbəːn] *n* зага́р

**sunburnt** [ˈsʌnbəːnt] *a* загоре́лый

**sunburst** [ˈsʌnbəːst] *n* 1) я́ркие со́лнечные лучи́, неожи́данно появи́вшиеся из-за туч 2) ювели́рное изде́лие в ви́де со́лнца с луча́ми

**sun-cult** [ˈsʌnkʌlt] *n* поклоне́ние со́лнцу, культ со́лнца

**sun-cured** [ˈsʌnkjuəd] *a* вя́леный на со́лнце

**sundae** [ˈsʌndeɪ] *n* сли́вочное моро́женое с фру́ктами, сиро́пом, оре́хами *и т. п.*

**Sunday** [ˈsʌndɪ] *n* 1) воскресе́нье 2) *attr.* воскре́сный; ~ **best** *разг.* лу́чший костю́м *или* пла́тье; пра́здничное пла́тье ◇ to look two ways to find ~ *разг.* коси́ть (*глазами*)

**Sunday-school** [ˈsʌndɪskuːl] *n* воскре́сная церко́вная шко́ла

**sunder** [ˈsʌndə] *v поэт.* разделя́ть (-ся); разъединя́ть, разлуча́ть

**sundew** [ˈsʌndjuː] *n бот.* películas роcя́нка

**sun-dial** [ˈsʌndaɪəl] *n* со́лнечные часы́

**sun-dog** [ˈsʌndɔg] *n астр.* ло́жное со́лнце

**sundown** [ˈsʌndaun] *n* 1) зака́т, захо́д со́лнца 2) *амер.* широкопо́лая да́мская шля́па 3) *attr.*: ~ **party** ра́нняя вечери́нка

**sundowner** [ˈsʌnˌdaunə] *n* 1) *австрал.* бродя́га, безрабо́тный, переби-

**ва́ющийся случа́йными за́работками** 2) *разг.* рю́мка спиртно́го, выпива́емая ве́чером

**sun-dried** ['sʌndraɪd] *a* вы́сушенный на со́лнце; вя́леный

**sundry** ['sʌndrɪ] 1. *a* разли́чный, ра́зный; to talk of ~ matters говори́ть о ра́зных веща́х

2. *n* 1) *pl* вся́кая вся́чина, ра́зное 2): all and ~ все вме́сте и ка́ждый в отде́льности; все без исключе́ния

**sunflower** ['sʌnˌflauə] *n* 1) подсо́лнечник 2) *attr.* подсо́лнечный; ~ seeds се́мечки; to nibble ~ seeds грызть се́мечки

**sung** [sʌŋ] *p. p. от* sing 1

**sun-hat** ['sʌnhæt] *n* широкопо́лая шля́па от со́лнца

**sunk** [sʌŋk] 1. *p. p. от* sink 2

2. *a* 1) ни́же у́ровня; погружённый, пото́пленный; ~ fence и́згородь по дну кана́вы 2) *разг.* в затрудни́тельном положе́нии; I'm ~ влип, попа́лся

**sunken** ['sʌŋkən] *a* 1) затону́вший; погружённый; ~ rock подво́дная скала́; ~ battery *воен.* батаре́я, вры́тая в зе́млю 2) осе́вший 3) впа́лый, запа́вший; ~ cheeks впа́лые щёки; ~ eyes запа́вшие глаза́

**sunlight** ['sʌnlaɪt] *n* со́лнечный свет

**sunlit** ['sʌnlɪt] *a* освещённый со́лнцем

**sunn** [sʌn] *n бот.* кроталя́рия инди́йская (*тж.* ~ hemp)

**sunny** ['sʌnɪ] *a* 1) со́лнечный, освещённый со́лнцем 2) ра́достный, весёлый; ~ disposition жизнера́достный хара́ктер; to look on the ~ side of things смотре́ть бо́дро на жизнь, быть оптими́стом ◇ she is on the ~ side of forty (fifty, *etc.*) ей ещё нет сорока́ (пятиде́сяти *и т. д.*) (лет)

**sun-parlour** ['sʌnˌpɑːlə] *n* застеклённая терра́са; ко́мната с больши́м коли́чеством о́кон, располо́женная на со́лнечной стороне́

**sunproof** ['sʌnpruːf] *a* 1) непроница́емый для со́лнечных луче́й 2) не выгора́ющий на со́лнце

**sunrise** ['sʌnraɪz] *n* восхо́д со́лнца; у́тренняя заря́

**sunset** ['sʌnset] *n* 1) захо́д со́лнца; зака́т; вече́рняя заря́ 2) зака́т, коне́ц; после́дний пери́од (*жизни и т. п.*) 3) *attr.* зака́тный; *перен.* преклóнный

**sunshade** ['sʌnʃeɪd] *n* 1) зо́нтик (*от солнца*) 2) наве́с, тент

**sunshine** ['sʌnʃaɪn] *n* 1) со́лнечный свет; in the ~ на со́лнце 2) хоро́шая пого́да 3) весе́лье, ра́дость; сча́стье 4) исто́чник ра́дости, сча́стья *и т. п.*

**sun-spot** ['sʌnspɔt] *n* 1) *астр.* пятно́ на со́лнце 2) весну́шка 3) *attr.*: ~ activity де́йствие со́лнечных пя́тен

**sun-stone** ['sʌnstəun] *n мин.* со́лнечный ка́мень

**sunstroke** ['sʌnstrəuk] *n* со́лнечный уда́р

**sun-tan** ['sʌntæn] *n* зага́р; to get a ~ загора́ть

**sun-up** ['sʌn'ʌp] *n амер.* восхо́д со́лнца

**sunward** ['sʌnwəd] 1. *a* обращённый к со́лнцу

2. *adv* по направле́нию к со́лнцу

**sunwards** ['sʌnwədz] = sunward 2

**sunwise** ['sʌnwaɪz] *adv* по часово́й стре́лке

**sun-worship** ['sʌnˌwəːʃɪp] *n* солнцепокло́нничество, культ со́лнца

**sup** [sʌp] 1. *n* глото́к ◇ neither bite nor ~ не пи́вши, не е́вши

2. *v* 1) отхлёбывать, прихлёбывать; to ~ sorrow хлебну́ть го́ря 2) *редк.* у́жинать; to ~ on (*или* off) есть на у́жин что-л.

**super** ['sjuːpə] 1. *n разг.* 1) (*сокр. от* supernumerary) *театр.* стати́ст 2) ли́шний *или* нену́жный челове́к 3) (*сокр. от* superintendent) дире́ктор, управля́ющий 4) первокла́ссный това́р 5) *см.* super-film

2. *a sl.* 1) первосо́ртный, отли́чный, превосхо́дный 2) огро́мный, исключи́тельный по си́ле, интенси́вности *и т. п.*; ~ secrecy сверхсекре́тность

**super-** ['sjuːpə-] *pref.* над-, сверх-; supernatural сверхъесте́ственный; superimpose накла́дывать

**superannuate** [ˌsjuːpə'rænjueɪt] *v* 1) увольня́ть по ста́рости *или* по нетрудоспосо́бности переводи́ть на пе́нсию 2) изыма́ть из употребле́ния (*за ненужностью*) 3) устаре́ть; вы́йти из употребле́ния

**superannuated** [ˌsjuːpə'rænjueɪtɪd] 1. *p. p. от* superannuate

2. *a* 1) престаре́лый 2) вы́шедший на пе́нсию 3) *разг.* устаре́лый

**superannuation** [ˌsjuːpəˌrænju'eɪʃən] *n* 1) увольне́ние по ста́рости 2) пе́нсия лицу́, уво́ленному по ста́рости

**superb** [sju(ː)'pəːb] *a* великоле́пный, роско́шный, прекра́сный; благоро́дный, вели́чественный

**superbomb** ['sjuːpəbɔm] *n* водоро́дная бо́мба

**supercargo** ['sjuːpəˌkɑːgəu] *n* (*pl* -oes [-əuz]) *мор.* суперка́рго

**supercharge** ['sjuːpətʃɑːdʒ] *v тех.* 1) перегружа́ть 2) рабо́тать с надду́вом

**supercharger** ['sjuːpəˌtʃɑːdʒə] *n тех.* нагнета́тель, компре́ссор надду́ва

**superciliary** [ˌsjuːpə'sɪlɪərɪ] *a анат.* надбро́вный, надгла́зный

**supercilious** [ˌsjuːpə'sɪlɪəs] *a* высокоме́рный, надме́нный, презри́тельный

**superconductivity** [ˌsjuːpəˌkɔndʌk'tɪvɪtɪ] *n физ.* сверхпроводи́мость

**supercool** ['sjuːpəkuːl] *v* переохлажда́ть(ся)

**superelevation** [ˌsjuːpərˌelɪ'veɪʃən] *n* 1) *дор.* подъём вира́жа (*на закруглениях дорог*) 2) возвыше́ние нару́жного ре́льса на криво́й 3) *арт.* ра́зность настоя́щего и упреждённого угло́в ме́ста

**supererogation** [ˌsjuːpərˌerə'geɪʃən] *n* превыше́ние тре́бований до́лга; выполне́ние изли́шнего

**supererogatory** [ˌsjuːpəre'rɔgətərɪ] *a* превыша́ющий тре́бование до́лга; изли́шний, дополни́тельный

**superette** [ˌsjuːpə'ret] *n* бакале́йный магази́н самообслу́живания

**superfatted** ['sjuːpə'fætɪd] *a* переже́ренный (*о мыле и т. п.*)

**superficial** [ˌsjuːpə'fɪʃəl] *a* 1) пове́рхностный, неглубо́кий, вне́шний; ~ knowledge пове́рхностные зна́ния 2) *геол.* нано́сный, аллювиа́льный

**superficiality** [ˌsjuːpəˌfɪʃɪ'ælɪtɪ] *n* пове́рхностность

**superficies** [ˌsjuːpə'fɪʃiːz] *n* (*pl без измен.*) 1) пове́рхность 2) террито́рия, о́бласть 3) вне́шний вид

**super-film** ['sjuːpə'fɪlm] *n кино* супербоеви́к

**superfine** ['sjuːpə'faɪn] *a* 1) чрезме́рно утончённый; сли́шком то́нкий 2) вы́сшего со́рта; тонча́йший

**superfluidity** ['sjuːpəflu(ː)'ɪdɪtɪ] *n физ.* сверхтеку́честь

**superfluity** [ˌsjuːpə'flu(ː)ɪtɪ] *n* 1) избы́точность, оби́лие 2) избы́ток; изли́шек 3) (*обыкн. pl*) изли́шество

**superfluous** [sju(ː)'pəːfluəs] *a* изли́шний, чрезме́рный, нену́жный

**superfortress** [ˌsjuːpə'fɔːtrɪs] *n ав.* сверхмо́щная лета́ющая кре́пость

**superheat** ['sjuːpəhiːt] 1. *n* перегре́в

2. *v* перегрева́ть

**superheater** ['sjuːpəˌhiːtə] *n тех.* пароперегрева́тель

**superheterodyne** ['sjuːpə'heterədaɪn] *n радио* супергетероди́н; супергетероди́нный приёмник

**superhuman** [ˌsjuːpə'hjuːmən] *a* сверхчелове́ческий

**superimpose** ['sjuːpərɪm'pəuz] *v* накла́дывать (одно́ на друго́е)

**superincumbent** [ˌsjuːpərɪn'kʌmbənt] *a* 1) лежа́щий, поко́ящийся (*на чём-л.*) 2) выступа́ющий (*над чем-л.*)

**superinduce** [ˌsjuːpərɪn'djuːs] *v* вводи́ть дополни́тельно, привноси́ть

**superintend** [ˌsjuːpərɪn'tend] *v* 1) управля́ть, заве́довать, руководи́ть 2) смотре́ть (*за чем-л.*); надзира́ть

**superintendence** [ˌsjuːpərɪn'tendəns] *n* надзо́р, контро́ль; управле́ние

**superintendent** [ˌsjuːpərɪn'tendənt] *n* 1) управля́ющий, дире́ктор, руководи́тель 2) ста́рший полице́йский офице́р (*следующий чин после инспектора*)

**superior** [sju(ː)'pɪərɪə] 1. *a* 1) вы́сший, ста́рший 2) лу́чший, превосхо́дный, вы́сшего ка́чества; made of ~ cloth сде́ланный из сукна́ вы́сшего ка́чества; a very ~ man незауря́дный челове́к 3) превосходя́щий; бо́льший; ~ forces превосходя́щие си́лы; ~ strength превосходя́щая си́ла 4) самодово́льный, высокоме́рный 5) *зоол.* располо́женный над други́м о́рганом; ~ wings надкры́лья (*у насекомых*) 6) *астр.* отстоя́щий от Со́лнца да́льше, чем Земля́ 7) *полигр.* надстро́чный ◇ ~ to а) быть лу́чше, чем (*что-л.*); б) быть вы́ше (*чего-л.*); to be ~ to prejudice быть вы́ше предрассу́дков

2. *n* 1) ста́рший, нача́льник 2) превосходя́щий друго́го; he has no ~ in wit никто́ его́ не превзойдёт в остроу́мии 3) настоя́тель(ница); Father S.

игу́мен; Mother S. игу́менья 4) *полигр.* надстро́чный знак

**superioress** [sju(:)'pɪərɪərɪs] *n редк.* игу́менья, настоя́тельница (*монастыря*)

**superiority** [sju(:)ˌpɪərɪ'ɔrɪtɪ] *n* 1) старшинство́; превосхо́дство 2) *attr.*: ~ complex *психол.* чу́вство превосхо́дства над окружа́ющими, ма́ния вели́чия

**superiorly** [sju(:)'pɪərɪəlɪ] *adv* 1) све́рху, вы́ше 2) лу́чше

**superlative** [sju(:)'pə:lətɪv] **1.** *a* 1) велича́йший, высоча́йший; a ~ chapter in the history of architecture блестя́щая страни́ца в исто́рии зо́дчества 2) *грам.* превосхо́дный (*о степени*)

**2.** *n* 1) верши́на, кульмина́ция, вы́сшая то́чка 2) *грам.* превосхо́дная сте́пень 3) *грам.* прилага́тельное *или* наре́чие в превосхо́дной сте́пени ◇ to speak in ~s преувели́чивать

**superlunary** [ˌsju:pə'lu:nərɪ] *a* 1) *астр.* надлу́нный 2) неземно́й

**superman** ['sju:pəmæn] *n* 1) сверхчелове́к 2) суперме́н, геро́й ко́миксов

**supermarket** ['sju:pəˌma:kɪt] *n* большо́й магази́н самообслу́живания, универса́м

**supermundane** [ˌsju:pə'mʌndeɪn] *a* неземно́й; не от ми́ра сего́

**supernaculum** [ˌsju:pə'nækjuləm] *лат. adv* до после́дней ка́пли (*до дна*)

**supernal** [sju(:)'pə:nl] *a поэт.* боже́ственный, небе́сный; ~ loveliness боже́ственная красота́

**supernatant** [ˌsju:pə'neɪtənt] *a спец.* всплыва́ющий, пла́вающий на пове́рхности

**supernatural** [ˌsju:pə'nætʃrəl] *a* сверхъесте́ственный

**supernormal** ['sju:pə'nɔ:məl] *a* превыша́ющий но́рму (*по количеству, качеству и т. п.*); ~ pupil одарённый учени́к

**supernumerary** [ˌsju:pə'nju:mərərɪ] **1.** *n* 1) сверхшта́тный рабо́тник; вре́менный замести́тель 2) *театр.* стати́ст(ка)

**2.** *a* сверхшта́тный, ли́шний; дополни́тельный

**superphosphate** [ˌsju:pə'fɔsfeɪt] *n хим.* суперфосфа́т

**superpose** ['sju:pə'pəuz] *v* накла́дывать (*одну вещь на другую*)

**superposition** ['sju:pəpə'zɪʃən] *n* 1) *мат.* наложе́ние 2) *геол.* напластова́ние

**superpower** ['sju:pəˌpauə] *n* 1) си́ла, не име́ющая себе́ ра́вной 2) сверхдержа́ва; одна́ из наибо́лее мо́щных вели́ких держа́в

**superprofit** [ˌsju:pə'prɔfɪt] *n* сверхпри́быль

**superrealism** [ˌsju:pə'rɪəlɪzm] = surrealism

**supersaturate** [ˌsju:pə'sætʃəreɪt] *v* перенасыща́ть (*раствор*)

**superscribe** ['sju:pə'skraɪb] *v* надпи́сывать; адресова́ть; де́лать на́дпись све́рху

**superscription** [ˌsju:pə'skrɪpʃən] *n* на́дпись (*на чём-л.*); а́дрес

**supersede** [ˌsju:pə'si:d] *v* 1) заменя́ть; смеща́ть 2) вытесня́ть; занима́ть (*чьё-л.*) ме́сто

**supersensible** ['sju:pə'sensəbl] *a* сверхчу́вственный

**supersonic** ['sju:pə'sɔnɪk] *a* сверхзвуково́й, ультразвуково́й

**supersound** ['sju:pəsaund] *n физ.* ультразву́к

**superstition** [ˌsju:pə'stɪʃən] *n* суеве́рие, религио́зный предрассу́док

**superstitious** [ˌsju:pə'stɪʃəs] *a* суеве́рный

**superstrata** [ˌsju:pə'streɪtə] *pl от* superstratum

**superstratum** [ˌsju:pə'streɪtəm] *n* (*pl* -ta) *геол.* вышележа́щий пласт *или* слой

**superstructure** ['sju:pəˌstrʌktʃə] *n* 1) надстро́йка; часть зда́ния вы́ше фунда́мента 2) *филос.* надстро́йка 3) пролётное строе́ние (*моста*) 4) ве́рхнее строе́ние (*ж.-д. пути*) 5) *мор.* надпа́лубные сооруже́ния

**supertax** ['sju:pətæks] *n* нало́г на сверхпри́быль

**supervacaneous** [ˌsju:pəvə'keɪnjəs] *a* изли́шний, нену́жный

**supervene** [ˌsju:pə'vi:n] *v* происходи́ть вслед за *чем-л.*; вытека́ть из *чего-л.*, сле́довать за *чем-л.*

**supervenient** [ˌsju:pə'vi:nɪənt] *a* сле́дующий за *чем-л.*; возника́ющий как не́что но́вое в дополне́ние к пре́жнему *или* изве́стному

**supervention** [ˌsju:pə'venʃən] *n* появле́ние в дополне́ние к *чему-л.*, за *чем-л.*; де́йствие *и т. п.*, возника́ющее как сле́дствие друго́го

**supervise** ['sju:pəvaɪz] *v* смотре́ть, наблюда́ть (*за чем-л.*); надзира́ть; заве́довать

**supervising** ['sju:pəvaɪzɪŋ] **1.** *pres. p. от* supervise

**2.** *a* наблюда́ющий, надзира́ющий (*за чем-л., кем-л.*); ~ instructor кла́ссный наста́вник

**supervision** [ˌsju:pə'vɪʒən] *n* надзо́р, наблюде́ние; заве́дование; under the ~ of smb. в ве́дении кого́-л.; под наблюде́нием, под руково́дством кого́-л.

**supervisor** ['sju:pəvaɪzə] *n* 1) надсмо́трщик, надзира́тель; контролёр 2) инспе́ктор шко́лы

**supervisory** [ˌsju:pə'vaɪzərɪ] a наблюда́тельный, контроли́рующий; a ~ body контро́льный о́рган

**supine** I [sju:'paɪn] *a* 1) лежа́щий на́взничь 2) лени́вый, безде́ятельный 3) безразли́чный, ине́ртный, вя́лый

**supine** II ['sju:paɪn] *n грам.* супи́н

**supper** ['sʌpə] *n* у́жин

**supplant** [sə'pla:nt] *v* вы́жить, вы́теснить; заня́ть (*чьё-л.*) ме́сто (*особ. хитростью*)

**supple** ['sʌpl] **1.** *a* 1) ги́бкий; ~ leather мя́гкая ко́жа; ~ mind ги́бкий ум 2) пода́тливый, усту́пчивый; ~ horse хорошо́ вы́езженная ло́шадь 3) льсти́вый; уго́дливый

**2.** *v* де́лать(ся) ги́бким, мя́гким

**supple-jack** ['sʌpldʒæk] *n* 1) оди́н из ви́дов ползу́чих расте́ний, отлича́ющихся про́чным ги́бким сте́блем 2) трость из стебле́й ползу́чих расте́ний

**supplement** **1.** *n* ['sʌplɪmənt] 1) добавле́ние, дополне́ние; приложе́ние 2) *геом.* дополни́тельный у́гол

**2.** *v* ['sʌplɪment] пополня́ть, добавля́ть

**supplemental** [ˌsʌplɪ'mentl] = supplementary

**supplementary** [ˌsʌplɪ'mentərɪ] *a* дополни́тельный; ~ angle = supplement 1, 2); ~ estimates дополни́тельные бюдже́тные ассигнова́ния

**suppliant** ['sʌplɪənt] **1.** *a* умоля́ющий, проси́тельный

**2.** *n* проси́тель

**supplicant** ['sʌplɪkənt] = suppliant

**supplicate** ['sʌplɪkeɪt] *v* моли́ть, проси́ть

**supplication** [ˌsʌplɪ'keɪʃən] *n* мольба́, про́сьба

**supplicatory** ['sʌplɪkətərɪ] *a* умоля́ющий, проси́тельный

**supply** I [sə'plaɪ] **1.** *n* 1) снабже́ние; поста́вка 2) *pl* припа́сы, продово́льствие, провиа́нт (*особ. для армии*) 3) запа́с 4) *эк.* предложе́ние 5) *pl* содержа́ние (*денежное*) 6) *pl* утверждённые парла́ментом ассигнова́ния 7) вре́менный замести́тель (*напр., учителя*) 8) *тех.* пода́ча, пита́ние, подво́д, прито́к; 9) *attr.* пита́ющий, подаю́щий; снабжа́ющий; ~ canal подводя́щий кана́л; ~ pressure *эл.* напряже́ние в сети́; ~ ship, ~ train *и т. п.* тра́нспорт снабже́ния 10) *attr.*: S. Day день рассмотре́ния прое́кта (государ́ственного) бюдже́та в пала́те о́бщин

**2.** *v* 1) снабжа́ть (with) 2) поставля́ть; доставля́ть; дава́ть 3) восполня́ть, возмеща́ть (*недостаток*); удовлетворя́ть (*нужду*) 4) замеща́ть; to ~ the place of smb. заменя́ть кого́-л. 5) *тех.* подава́ть, подводи́ть (*напр., ток*); пита́ть

**supply** II ['sʌplɪ] *adv* ги́бко *и пр.* [*см.* supple 1]

**support** [sə'pɔ:t] **1.** *n* 1) подде́ржка; in ~ of в подтвержде́ние; to speak in ~ of... подде́рживать, защища́ть...; to lend (*или* to give) ~ (to) ока́зывать подде́ржку; price ~s *амер.* субси́дии, дава́емые прави́тельством фе́рмерам 2) корми́лец (семьи́) 3) опо́ра, оплот 4) сре́дства к существова́нию; without means of ~ без средств к существова́нию 5) *тех.* опо́рная сто́йка; кронште́йн; штати́в 6) *воен.* прикры́тие артилле́рии

**2.** *v* 1) подде́рживать; спосо́бствовать, соде́йствовать 2) помога́ть, подде́рживать (*материально*); содержа́ть (*напр., семью*); to ~ an institution же́ртвовать на учрежде́ние 3) подде́рживать, подкрепля́ть; подтвержда́ть 4) подде́рживать; подпира́ть 5) выде́рживать, сноси́ть 6) *театр. редк.* игра́ть (*роль*)

**supporter** [sə'pɔːtə] *n* 1) сторо́нник, приве́рженец 2) подвя́зка; подтя́жка 3) *геральд.* изображе́ние челове́ка *или* живо́тного на гербе́

**supporting** [sə'pɔːtɪŋ] 1. *pres. p. от* support 2

2. *a* 1) подде́рживающий, помога́ющий; ~ point опо́рный пункт 2) *театр., кино* вспомога́тельный; ~ actor актёр вспомога́тельного соста́ва; ~ programme кинофи́льмы, иду́щие в дополне́ние к основно́му

**suppose** [sə'pəuz] *v* 1) предполага́ть, полага́ть, допуска́ть, ду́мать; I ~ so вероя́тно, должно́ быть; what do you ~ this means? что э́то, по-ва́шему, зна́чит? 2) подразумева́ть в ка́честве усло́вия 3) *в imp. выражает предложение*: ~ we go to the theatre! а не пойти́ ли нам в теа́тр? 4) *pass.*: to be ~d (*с inf.*) име́ть определённые обя́занности, забо́ты *и т. п.*; she is not ~d to do the cooking приготовле́ние пи́щи не вхо́дит в её обя́занности

**supposed** [sə'pəuzd] 1. *p. p. от* suppose

2. *a* 1) мни́мый 2) предполага́емый

**supposedly** [sə'pəuzɪdlɪ] *adv* по о́бщему мне́нию; предположи́тельно

**supposing** [sə'pəuzɪŋ] 1. *pres. p. от* suppose

2. *cj* е́сли (бы); предполо́жим, что...; допу́стим, что...; ~ it were true, how we should laugh! как бы мы смея́лись, е́сли бы э́то была́ пра́вда!; always ~ при усло́вии, что...

**supposition** [ˌsʌpə'zɪʃən] *n* предположе́ние; on the ~ of smth. предполага́я что-л., в ожида́нии чего́-л.; on this ~, on the ~ that... предполо́жим, что...

**suppositional** [ˌsʌpə'zɪʃənl] *a* предположи́тельный, предполага́емый

**supposititious** [səˌpɔzɪ'tɪʃəs] *a* подде́льный, подло́жный, фальши́вый; подменённый

**suppository** [sə'pɔzɪtərɪ] *n мед.* суппозито́рий, свеча́

**suppress** [sə'pres] *v* 1) пресека́ть; сде́рживать; to ~ a yawn подави́ть зево́ту 2) подавля́ть (*восстание и т. п.*) 3) запреща́ть (*газету*); конфискова́ть, изыма́ть из прода́жи (*книгу и т. п.*) 4) скрыва́ть, зама́лчивать (*правду и т. п.*)

**suppression** [sə'preʃən] *n* 1) подавле́ние *и пр.* [*см.* suppress] 2): ~ of civic rights *юр.* пораже́ние в права́х

**suppurate** ['sʌpjuəreɪt] *v* гнои́ться

**suppuration** [ˌsʌpjuə'reɪʃən] *n* нагное́ние

**supra** ['sjuːprə] *лат. adv* вы́ше, ра́нее (*в книгах, документах и т. п.*)

**supremacy** [sju'preməsɪ] *n* 1) верхове́нство; верхо́вная власть; Act of S. *ист.* зако́н о главе́нстве англи́йского короля́ над це́рковью 2) превосхо́дство

**supreme** [sju(:)'priːm] *a* 1) верхо́вный; вы́сший; Supreme Soviet of the USSR Верхо́вный Сове́т СССР 2) высоча́йший; велича́йший; ~ courage велича́йшее му́жество 3) после́дний, кра́йний, преде́льный; at the ~ moment в после́дний, крити́ческий моме́нт

**sura(h)** ['sjuərə] *араб. n* су́ра (*глава корана*)

**surcease** [səː'siːs] *уст.* 1. *n* прекраще́ние, остано́вка

2. *v* прекраща́ть(ся)

**surcharge** 1. *n* ['səːtʃɑːdʒ] 1) доба́вочная нагру́зка, перегру́зка 2) припла́та, допла́та (*за письмо*) 3) дополни́тельный нало́г 4) штраф, пе́ня 5) перерасхо́д, изде́ржки сверх сме́ты 6) надпеча́тка (*на марке*)

2. *v* [səː'tʃɑːdʒ] 1) перегружа́ть 2) штрафова́ть; взы́скивать (*перерасходованные суммы*) 3) взима́ть дополни́тельную пла́ту *или* дополни́тельный нало́г 4) запра́шивать сли́шком высо́кую це́ну 5) надпеча́тывать (*марку*)

**surcingle** ['səːˌsɪŋgl] 1. *n* подпру́га

2. *v* стя́гивать подпру́гой

**surd** [səːd] 1. *n* 1) *мат.* иррациона́льное число́ 2) *фон.* глухо́й звук

2. *a* 1) *мат.* иррациона́льный 2) *фон.* глухо́й

**sure** [ʃuə] 1. *a* 1) ве́рный, безоши́бочный; надёжный, безопа́сный; a ~ method ве́рный ме́тод; ~ shot ме́ткий стрело́к 2) *predic.* несомне́нный; be ~ to (*или* and) tell me непреме́нно скажи́те мне, не забу́дьте сказа́ть мне; he is ~ to come он обяза́тельно придёт 3) уве́ренный; ~ of убеждённый в; ~ of oneself самоуве́ренный; to feel ~ (that) быть уве́ренным (что) ◇ well, I am ~! вот те ра́з!; одна́ко!; ~ thing! безусло́вно!, коне́чно!; to be ~ разуме́ется, коне́чно; a ~ draw а) лес, в кото́ром наверняка́ есть лиси́цы; б) замеча́ние, кото́рое рассчи́тано на то, что́бы заста́вить кого́-л. проболта́ться, вы́дать себя́; for ~ а) обяза́тельно; б) то́чно, наверняка́; to make ~ of (*или* that) а) быть уве́ренным (*в чём-л.*); б) убеди́ться, удостове́риться; в) доста́ть; обеспе́чить (of); I must make ~ of a house for winter я до́лжен обеспе́чить себе́ жильё на́ зиму; ~ bind, ~ find *посл.* ≅ кре́пче запрёшь, верне́е найдёшь

2. *adv* 1): ~ enough действи́тельно, коне́чно; без сомне́ния; as ~ as ве́рно, как 2) *употр. для усиления*: I ~ am sorry about it я о́чень сожале́ю об э́том 3) *амер. разг.* коне́чно, непреме́нно, безусло́вно (*в ответе на вопрос*) ◇ as ~ as eggs is eggs ≅ ве́рно, как два́жды два четы́ре; as ~ as a gun *sl.* безусло́вно; as ~ as fate (*или* as death) несомне́нно

3. *int* безусло́вно!

**sure-fire** ['ʃuəˌfaɪə] *a разг.* безоши́бочный, ве́рный, надёжный

**sure-footed** ['ʃuə'futɪd] *a* усто́йчивый, не спотыка́ющийся (*тж. перен.*)

**surely** ['ʃuəlɪ] *adv* 1) коне́чно, непреме́нно; he will ~ fail он наверняка́ потерпи́т неуда́чу 2) несомне́нно; ~ I've met you before somewhere несомне́нно я где́-то вас ви́дел 3) твёрдо, ве́рно; надёжно; slowly but ~ ме́дленно, но ве́рно; to know full ~ твёрдо знать 4) (*обыкн. амер.*) *разг.* обяза́тельно, непреме́нно (*в ответах*)

**surety** ['ʃuərətɪ] *n* 1) поручи́тель; to stand ~ for smb. взять кого́-л. на пору́ки; поручи́ться за кого́-л. 2) пору́ка, гара́нтия, зало́г, поручи́тельство 3) *уст.* уве́ренность; of a ~ наве́рно, несомне́нно

**surf** [səːf] 1. *n* прибо́й; буру́ны́

2. *v спорт.* занима́ться се́рфингом

**surface** ['səːfɪs] 1. *n* 1) пове́рхность; an uneven ~ неро́вная пове́рхность 2) вне́шность; he looks at the ~ only он обраща́ет внима́ние то́лько на вне́шнюю сто́рону веще́й; on the ~ вне́шне 3) *геом.* пове́рхность 4) *attr.* вне́шний; пове́рхностный; ~ politeness показна́я любе́зность

2. *v* 1) отде́лывать пове́рхность; отёсывать 2) всплыва́ть на пове́рхность (*о подводной лодке*) 3) заста́вить всплыть

**surface-car** ['səːfɪs'kɑː] *n амер.* трамва́йный ваго́н (*в отличие от вагонов воздушной и подземной железных дорог*)

**surface mail** ['səːfɪsmeɪl] *n* обы́чная по́чта (*в отличие от авиапочты*)

**surface-man** ['səːfɪsmən] *n* 1) *ж.-д.* путево́й рабо́чий 2) *горн.* рабо́чий на пове́рхности

**surface-tension** ['səːfɪsˌtenʃən] *n физ.* пове́рхностное натяже́ние

**surface-to-air** ['səːfɪstu'ɛə] *a*: ~ (guided) missile *воен.* ракéта кла́сса «земля́ — во́здух»

**surface-to-surface** ['səːfɪstə'səːfɪs] *a*: ~ (guided) missile *воен.* ракéта кла́сса «земля́ — земля́»

**surface-water** ['səːfɪsˌwɔːtə] *n геол.* пове́рхностная вода́, ве́рхняя вода́

**surfeit** ['səːfɪt] 1. *n* 1) изли́шество, неуме́ренность (*особ. в пище и питье*) 2) избы́ток, изли́шек; a ~ of advice сли́шком мно́го сове́тов 3) пресыще́ние

2. *v* 1) переeда́ть, объеда́ться 2) пресыща́ть(ся) (with) 3) перека́рмливать

**surfing** ['səːfɪŋ] = surf-riding

**surf-riding** ['səːfˌraɪdɪŋ] *n спорт.* се́рфинг

**surge** [səːdʒ] 1. *n* 1) больша́я волна́; во́лны; a ~ of anger волна́ гне́ва 2) *поэт.* мо́ре

2. *v* 1) поднима́ться, вздыма́ться 2) волнова́ться (*о толпе*) 3) (на-) хлы́нуть (*тж. перен.*) 4) *мор.* трави́ть □ ~ **forward** ри́нуться вперёд

**surgeon** ['səːdʒən] *n* 1) хиру́рг 2) вое́нный, вое́нно-морско́й врач, офице́р медици́нской слу́жбы

**surgeoncy** ['səːdʒənsɪ] *n* до́лжность вое́нного врача́

**surgery** ['səːdʒərɪ] *n* 1) хирурги́я 2) кабине́т *или* приёмная врача́ с апте́кой

**surgical** ['səːdʒɪkəl] *a* хирурги́ческий; ~ treatment хирурги́ческое вмеша́тельство; ~ fever травмати́ческая лихора́дка; ~ bag санита́рная су́мка; ~ boot ортопеди́ческий боти́нок

**surly** [ˈsə:lı] *a* угрю́мый, серди́тый; гру́бый

**surma** [ˈsuəmə] *инд. n* сурьма́

**surmise 1.** *n* [ˈsə:maız] предположе́ние, подозре́ние, дога́дка

**2.** *v* [sə:ˈmaız] предполага́ть, подозрева́ть, выска́зывать дога́дку

**surmount** [sə:ˈmaunt] *v* 1) преодолева́ть; to ~ difficulties (an obstacle) преодолева́ть тру́дности (препя́тствие) 2) (*преим. pass.*) уве́нчивать; peaks ~ed with snow остроконе́чные сне́жные верши́ны

**surmountable** [sə:ˈmauntəbl] *a* преодоли́мый

**surmullet** [sə:ˈmʌlıt] *n* барабу́лька (*рыба*)

**surname** [ˈsə:neım] *n* фами́лия

**surpass** [sə:ˈpɑ:s] *v* 1) превосходи́ть, превыша́ть (in) 2) перегоня́ть

**surpassing** [sə:ˈpɑ:sıŋ] **1.** *pres. p. от* surpass

**2.** *a* превосхо́дный, исключи́тельный

**surplice** [ˈsə:pləs] *n церк.* стиха́рь

**surplice-fee** [ˈsə:pləsˈfi:] *n* вознагражде́ние, получа́емое духо́вным лицо́м за обря́д бракосочета́ния, похоро́н *и т. п.*

**surplus** [ˈsə:pləs] **1.** *n* изли́шек, оста́ток

**2.** *a* 1) изли́шний, избы́точный; доба́вочный; ~ kit *амер. воен.* компле́кт запасно́го обмундирова́ния 2) *полит.-эк.* приба́вочный; ~ value приба́вочная сто́имость

**surplusage** [ˈsə:pləsıdʒ] *n* изли́шек, избы́ток

**surprise** [səˈpraız] **1.** *n* 1) удивле́ние; to my great ~ к моему́ велича́йшему удивле́нию; to show ~ удиви́ться 2) неожи́данность, сюрпри́з 3) неожи́данное нападе́ние; by ~ врасплох; to take smb. by ~ захвати́ть кого́-л. врасплох 4) *attr.* неожи́данный, внеза́пный; a ~ visit неожи́данный визи́т; ~ effect эффе́кт внеза́пности; ~ attack внеза́пная ата́ка

**2.** *v* 1) удивля́ть, поража́ть; I am ~d at you вы меня́ удивля́ете; I shouldn't be ~d if... меня́ ниско́лько не удиви́ло бы, е́сли... 2) нагря́нуть неожи́данно; напада́ть *или* застава́ть врасплох; I ~d him in the act я накры́л его́ на ме́сте преступле́ния 3): to ~ smb. into doing smth. вы́нудить кого́-л. сде́лать что-л. (*неожиданным вопросом и т. п.*); to ~ a person into a confession вы́нудить призна́ние у кого́-л., заста́в его́ врасплох

**surprising** [səˈpraızıŋ] **1.** *pres. p. от* surprise 2

**2.** *a* неожи́данный; удиви́тельный, порази́тельный

**surprisingly** [səˈpraızıŋlı] *adv* удиви́тельно, необыча́йно; неожи́данно

**surra** [ˈsu:rə] *n вет.* трипаносо́моз

**surrealism** [səˈrıəlızm] *n иск.* сюрреали́зм

**surrebutter** [ˌsʌrıˈbʌtə] *n юр.* отве́т истца́ на возраже́ние отве́тчика

**surrejoinder** [ˌsʌrıˈdʒɔındə] *n юр.* отве́т истца́ на отве́тное возраже́ние отве́тчика

**surrender** [səˈrendə] **1.** *n* 1) сда́ча; капитуля́ция 2) отка́з (*от чего-л.*) 3) *attr.*: ~ value су́мма, возвраща́емая лицу́, отказа́вшемуся от страхово́го по́лиса

**2.** *v* 1) сдава́ть(ся); to ~ at discretion сдава́ться на ми́лость победи́теля 2) уступа́ть, подчиня́ться; to ~ one's bail яви́ться в срок, бу́дучи отпу́щенным на пору́ки 3) (*обыкн. refl.*) поддава́ться, предава́ться; to ~ (oneself) to despair впасть в отча́яние; to ~ (oneself) over to smb.'s influence подпа́сть под чьё-л. влия́ние 4) отка́зываться; to ~ hope отка́зываться от наде́жды; to ~ a right отка́зываться от пра́ва

**surreptitious** [ˌsʌrəpˈtıʃəs] *a* та́йный; сде́ланный тайко́м, исподтишка́; ~ look взгляд исподтишка́; by ~ methods та́йными ме́тодами

**surrey** [ˈsʌrı] *n амер. ист.* лёгкий двухме́стный экипа́ж

**surrogate** [ˈsʌrəgıt] **1.** *n* 1) замести́тель (*особ. епископа*) 2) замени́тель, суррога́т 3) *амер.* судья́ по дела́м о насле́дстве и опе́ке

**2.** *v* замеща́ть; заменя́ть

**surround** [səˈraund] *v* окружа́ть; обступа́ть

**surrounding** [səˈraundıŋ] **1.** *pres. p. от* surround

**2.** *a* близлежа́щий, сосе́дний

**surroundings** [səˈraundıŋz] *n pl* 1) окре́стности 2) среда́; окруже́ние

**surtax** [ˈsə:tæks] **1.** *n* доба́вочный подохо́дный нало́г

**2.** *v* облага́ть доба́вочным подохо́дным нало́гом

**surveillance** [sə:ˈveıləns] *n* надзо́р, наблюде́ние (*за подозреваемым в чём-л.*); under ~ под надзо́ром (*особ. полиции*)

**survey 1.** *n* [ˈsə:veı] 1) обозре́ние, осмо́тр 2) обзо́р 3) обсле́дование; инспекти́рование 4) отчёт об обсле́довании 5) межева́ние, съёмка; проме́р; aerial ~ аэросъёмка 6) (S.) о́рган, руководя́щий изыска́ниями в о́бласти геоло́гии, геоде́зии и гидрогра́фии (*в США*) 7) *attr.* обзо́рный; a ~ course in history обзо́рные ле́кции по исто́рии

**2.** *v* [sə:ˈveı] 1) обозрева́ть, осма́тривать; изуча́ть с како́й-л. це́лью; to ~ the situation ознако́миться с положе́нием 2) де́лать обзо́р 3) инспекти́ровать 4) производи́ть землеме́рную съёмку; межева́ть 5) производи́ть изыска́ния *или* иссле́дования

**surveyor** [sə(:)ˈveiə] *n* 1) землеме́р; топо́граф, маркше́йдер; геодези́ст 2) инспе́ктор; ~ of weights and measures контролёр мер и весо́в 3) *амер. уст.* тамо́женный чино́вник

**survey vessel** [sə:ˈveıˌvesl] *n* гидрографи́ческое су́дно

**survival** [səˈvaıvəl] *n* 1) выжива́ние; the ~ of the fittest *биол.* есте́ственный отбо́р 2) пережи́ток

**survive** [səˈvaıv] *v* 1) пережи́ть (*современников, свою славу и т. п.*); he ~d his wife for many years он пережи́л свою́ жену́ на мно́го лет; to ~ one's usefulness стать бесполе́зным, нену́жным 2) пережи́ть, вы́держать, перенести́ 3) оста́ться в живы́х; продолжа́ть существова́ть; уцеле́ть; the custom still ~s э́тот обы́чай ещё существу́ет

**survivor** [səˈvaıvə] *n* оста́вшийся в живы́х, уцеле́вший

**susceptibility** [səˌseptəˈbılıtı] *n* 1) впечатли́тельность, восприи́мчивость 2) чувстви́тельность; оби́дчивость 3) *pl* больно́е, уязви́мое ме́сто

**susceptible** [səˈseptəbl] *a* 1) впечатли́тельный, восприи́мчивый 2) чувстви́тельный (to); оби́дчивый 3) влюбчи́вый 4) *predic.* допуска́ющий; поддаю́щийся (of); a theory ~ of proof легко́ доказу́емая тео́рия

**susceptive** [səˈseptıv] *a* впечатли́тельный; чувстви́тельный

**suslik** [ˈsʌslık] *русск. n* су́слик

**suspect 1.** *n* [ˈsʌspekt] подозрева́емый *или* подозри́тельный челове́к

**2.** *a predic.* [ˈsʌspekt] подозри́тельный; подозрева́емый

**3.** *v* [səsˈpekt] 1) подозрева́ть; to ~ smb. of smth. подозрева́ть кого́-л. в чём-л. 2) сомнева́ться в и́стинности, не доверя́ть; I ~ the authenticity of the document я сомнева́юсь в по́длинности докуме́нта 3) ду́мать, полага́ть, предполага́ть; you are pretty tired after your journey, I ~ я полага́ю, вы о́чень уста́ли от пое́здки

**suspend** [səsˈpend] *v* 1) ве́шать, подве́шивать 2) приостана́вливать; откла́дывать; (вре́менно) прекраща́ть; to ~ judgement откла́дывать пригово́р; to ~ one's judgement воздержа́ться от реше́ния; to ~ payment прекрати́ть платежи́ 3) вре́менно отстраня́ть, исключа́ть *и т. п.*; to ~ a student вре́менно исключи́ть студе́нта

**suspended** [səsˈpendıd] **1.** *p. p. от* suspend

**2.** *a* 1) подве́шенный, вися́щий 2) подвесно́й, вися́чий 3) приостано́вленный; ~ sentence *юр.* усло́вный пригово́р 4) *хим.* взве́шенный; ~ matter взвесь

**suspender** [səsˈpendə] *n* 1) подвя́зка 2) *pl амер.* подтя́жки, по́мочи

**suspense** [səsˈpens] *n* 1) неизве́стность, неопределённость; беспоко́йство; трево́га ожида́ния; нерешённость; the question is in ~ вопро́с ещё не решён 2) вре́менное прекраще́ние, приостано́вка

**suspension** [səsˈpenʃən] *n* 1) ве́шание; подве́шивание 2) приостано́вка; прекраще́ние; вре́менная отста́вка; ~ of arms *воен.* коро́ткое переми́рие 3) *эк.* приостановле́ние платеже́й (*тж.* ~ of payment(s); банкро́тство 4) *хим.* взве́шенное состоя́ние; суспе́нзия

5) *attr.* подвесной, висячий; ~ bridge висячий мост

**suspension points** [səs'penʃən'pɔınts] *n* многоточие

**suspensive** [səs'pensıv] *a* 1) приостанавливающий 2) нерешительный

**suspensory** [səs'pensərı] *мед.* **1.** *a* поддерживающий, подвешивающий

**2.** *n* поддерживающая повязка; суспензорий

**suspicion** [səs'pıʃən] *n* 1) подозрение; his character is above ~ он выше подозрений; on ~ по подозрению 2) (a ~) чуточка; привкус, оттенок

**suspicious** [səs'pıʃəs] *a* подозрительный

**suspire** [səs'paıə] *v поэт.* вздыхать

**sustain** [səs'teın] *v* 1) поддерживать, подпирать 2) подкреплять, поддерживать; to ~ life поддерживать жизнь; to ~ a conversation поддерживать разговор 3) испытывать, выносить; выдерживать; to ~ injuries получить увечье; to ~ a loss понести потерю 4) подтверждать, доказывать, поддерживать; the court ~ed his claim суд решил в его пользу; to ~ a theory поддерживать, подтверждать теорию 5) выдерживать (*роль, характер и т. п.*)

**sustained** [səs'teınd] **1.** *p. p. от* sustain

**2.** *a* длительный, непрерывный; ~ effort длительное усилие; ~ fire непрерывный огонь; ~ defence долговременная оборона

**sustaining** [səs'teınıŋ] **1.** *pres. p. от* sustain

**2.** *a* 1) поддерживающий, подпирающий; ~ power стойкость, выносливость; ~ program радиопрограмма, составляемая и оплачиваемая самой радиокомпанией 2) подтверждающий, доказывающий

**sustenance** ['sʌstınəns] *n* 1) средства к существованию 2) питание; пища 3) питательность 4) поддержание, поддержка

**sustention** [səs'tenʃən] *n* поддержка; поддержание в том же состоянии

**sustentive** [səs'tentıv] *a* дающий, оказывающий поддержку; подкрепляющий

**susurration** [ˌsju:sə'reıʃən] *n редк.* 1) шёпот 2) лёгкий шорох

**sutler** ['sʌtlə] *n* маркитант

**Sutra** ['su:trə] *санскр. n* сутры, собрание изречений (*в древней санскритской литературе*)

**suttee** ['sʌti(:)] *инд. n* 1) обычай самосожжения вдовы вместе с трупом мужа 2) вдова, сжигающая себя вместе с трупом мужа

**suture** ['sju:tʃə] **1.** *n* 1) *анат., бот.* шов 2) *хир.* наложение шва 3) нить для сшивания раны

**2.** *v хир.* накладывать шов, зашивать

**suzerain** ['su:zəreın] *n* 1) феодальный властитель, сюзерен 2) сюзеренное государство

**suzerainty** ['su:zəreıntı] *n* 1) власть сюзерена 2) сюзеренитет

**svelte** [svelt] *a* стройный, гибкий (*о женщине*)

**swab** [swɔb] **1.** *n* 1) швабра 2) *мед.* тампон 3) *мед.* мазок; to take a ~ взять мазок 4) *мор. sl.* офицерский погон 5) *sl.* увалень 6) *воен.* щётка банника 7) *тех.* помазок; банник

**2.** *v* мыть шваброй (*тж.* ~ down); подтирать шваброй (*тж.* ~ up)

**swabber** ['swɔbə] *n* 1) уборщик 2) увалень

**swaddle** ['swɔdl] **1.** *n* = swaddling-clothes

**2.** *v* пеленать, свивать (*младенца*)

**swaddling-bands** ['swɔdlıŋbændz] = swaddling-clothes

**swaddling-clothes** ['swɔdlıŋkləuðz] *n* 1) *pl* свивальники, пелёнки 2) начальный период развития; незрелость 3) ограничение, контроль ◇ still in ~, hardly (*или* just) out of ~ ≅ ещё молоко на губах не обсохло

**Swadeshi** [swə'deıʃı] *инд. n ист.* свадеши (*бойкот английских товаров с целью поощрения индийской промышленности*)

**swag** [swæg] *n sl.* 1) награбленное добро; добыча 2) деньги, ценности, добытые незаконным путём 3) *австрал.* пожитки, поклажа

**swage** [sweıdʒ] *тех.* **1.** *n* 1) штамповочный молот; ковочный штамп; матрица 2) обжимка

**2.** *v* штамповать в горячем виде

**swagger** ['swægə] **1.** *n* 1) чванливая и самодовольная манера держаться, походка *и т. п.* 2) развязность

**2.** *v* 1) расхаживать с важным видом (*тж.* ~ about, ~ in, ~ out); важничать; чваниться 2) хвастать (about)

**3.** *a разг.* щегольской, нарядный, шикарный

**swagger-cane** ['swægəkeın] *n* офицерская тросточка

**swaggerer** ['swægərə] *n* 1) хвастун 2) щёголь

**swagger-stick** ['swægəstık] = swagger-cane

**swain** [sweın] *n уст.* 1) деревенский парень 2) пастушок (*в буколической поэзии*) 3) *шутл.* обожатель

**swale** [sweıl] *n амер.* болотистая низина

**swallow I** ['swɔləu] **1.** *n* 1) глоток; at a ~ одним глотком; залпом 2) глотание 3) глотка 4) прожорливость

**2.** *v* 1) глотать, проглатывать; to ~ words проглатывать слова, говорить неразборчиво 2) поглощать (*обыкн.* ~ up) 3) стерпеть; to ~ an insult проглотить обиду 4) принимать на веру ◇ to ~ one's words брать свои слова обратно

**swallow II** ['swɔləu] *n* ласточка ◇ one ~ does not make a summer *посл.* одна ласточка ещё не делает весны

**swallow dive** ['swɔləudaıv] *n* прыжок в воду ласточкой

**swallow-tail** ['swɔləuteıl] *n* 1) раздвоенный хвост 2) (*тж. pl*) *разг.* фрак (*тж.* swallow-tailed coat)

**swam** [swæm] *past от* swim 2

**swamp** [swɔmp] **1.** *n* 1) болото, топь 2) *attr.* болотный; болотистый; ~ fever малярия; ~ ore болотная железная руда, лимонит

**2.** *v* 1) заливать, затоплять 2) (*обыкн. p. p.*) засыпать, заваливать (*письмами, заявлениями и т. п.*) 3) (*обыкн. p. p.*) засасывать

**swamper** ['swɔmpə] *n амер.* 1) житель болотистой местности 2) разнорабочий

**swampy** ['swɔmpı] *a* болотистый

**swan** [swɔn] *n* 1) лебедь; black ~ чёрный лебедь; *перен.* аномалия, странное явление; mute ~ лебедь-шипун; whooping ~ лебедь-кликун 2) (S.) *астр.* созвездие Лебедя 3) бард, поэт; the S. of Avon Шекспир

**swank** [swæŋk] *разг.* **1.** *n* 1) хвастовство, бахвальство 2) шик

**2.** *v* 1) хвастать, бахвалиться 2) щеголять

**swanky** ['swæŋkı] *a разг.* шикарный, модный, щегольской

**swannery** ['swɔnərı] *n* садок для лебедей

**swan's-down** ['swɔnzdaun] *n* 1) лебяжий пух 2) тёплая полушерстяная ткань 3) хлопчатобумажная ткань с большим начёсом

**swan-shot** ['swɔnʃɔt] *n* крупная дробь

**swan-skin** ['swɔnskın] *n* шерстяная *или* хлопчатобумажная фланель

**swan song** ['swɔnsɔŋ] *n* лебединая песнь

**swap** [swɔp] = swop

**Swaraj** [swə'rɑ:dʒ] *санскр. n ист.* сварадж (*движение за самоуправление Индии*)

**Swarajist** [swə'rɑ:dʒıst] *санскр. n ист.* свараджист (*сторонник самоуправления Индии*)

**sward** [swɔ:d] **1.** *n* газон; дёрн

**2.** *v* покрывать дёрном, травой; засаживать газон

**sware** [sweə] *уст. past от* swear 2

**swarf** [swɔ:f] *n* мелкая металлическая стружка

**swarm I** [swɔ:m] **1.** *n* 1) рой; стая; толпа 2) пчелиный рой 3) (*часто pl*) куча, масса

**2.** *v* 1) толпиться; to ~ over the position *воен.* массированно прорвать позицию 2) кишеть (with) 3) роиться

**swarm II** [swɔ:m] *v* лезть, карабкаться (*тж.* ~ up)

**swart** [swɔ:t] *уст.* = swarthy

**swarthy** ['swɔ:ðı] *a* смуглый; тёмный

**swash** [swɔʃ] **1.** *n* 1) плеск 2) прибой, сильное течение 3) отмель 4) сильный удар

**2.** *v* 1) плескать(ся) 2) ударять с силой 3) важничать, бахвалиться

**swashbuckler** ['swɔʃˌbʌklə] *n* 1) головорез; хулиган 2) хвастун

**swasher** ['swɔʃə] = swashbuckler

**swashing** [ˈswɔʃɪŋ] **1.** *pres. p. от* swash 2
**2.** *a* си́льный (*об ударе*)
**swastika** [ˈswɔstɪkə] *n* сва́стика
**swat** [swɔt] **1.** *n* уда́р; шлепо́к, хлопо́к
**2.** *v* ударя́ть; шлёпать, хло́пать; to ~ a fly прихло́пнуть му́ху
**swatch** [swɔtʃ] *n* (*преим. сев.*) обра́зчик (*ткани*)
**swath** [swɔ:θ] *n* 1) полоса́ ско́шенной травы́, проко́с, ряд 2) *редк.* взмах косы́ ◇ to cut a wide ~ *амер.* щеголя́ть, красова́ться; бахва́литься, пуска́ть пыль в глаза́
**swathe** [sweɪð] **1.** *n* бинт; обмо́тка
**2.** *v* 1) бинтова́ть 2) заку́тывать, обма́тывать, пелена́ть
**swatter** [ˈswɔtə] *n* хлопу́шка для мух (*тж.* fly ~)
**sway** [sweɪ] **1.** *n* 1) кача́ние, колеба́ние, взмах 2) власть, влия́ние; правле́ние
**2.** *v* 1) кача́ть(ся), колеба́ть(ся); to ~ to and fro а) кача́ться из стороны́ в сто́рону; б) вести́сь с переме́нным успе́хом (*о бое*) 2) име́ть влия́ние (*на кого-л., что-л.*); склоня́ть (*кого-л. к чему-л.*); he is not to be ~ed by argument or entreaty его́ нельзя́ поколеба́ть ни до́водами, ни мольбо́й 3) *поэт.* управля́ть; пра́вить; to ~ the sceptre ца́рствовать 4) *тех.* направля́ть, перетя́гивать; повора́чивать в горизонта́льном направле́нии
**sway-beam** [ˈsweɪbi:m] *n тех.* баланси́р
**swear** [swɛə] **1.** *n разг.* 1) кля́тва 2) богоху́льство; руга́тельство
**2.** *v* (swore, *уст.* sware; sworn) 1) кля́сться; присяга́ть; to ~ an oath дава́ть кля́тву; to ~ allegiance кля́сться в ве́рности 2) дава́ть показа́ния под прися́гой; to ~ a charge (*или* accusation) against smb. подтверди́ть обвине́ние кого́-л. прися́гой 3) заставля́ть покля́сться (to — в *чём-л.*); приводи́ть к прися́ге (*тж.* ~ in); to ~ a person to secrecy (fact) заста́вить кого́-л. покля́сться в сохране́нии та́йны (в пра́вильности фа́кта); to ~ (in) a witness привести́ свиде́теля к прися́ге 4) руга́ться; руга́ть (at — *кого-л.*); богоху́льствовать □ ~ **by** а) кля́сться *чем-л.*; б) *разг.* постоя́нно обраща́ться к *чему-л.*, рекомендова́ть *что-л.*; безграни́чно ве́рить *чему-л.*; he ~s by quinine for malaria он о́чень рекоменду́ет принима́ть хини́н от маляри́и; ~ **in** приводи́ть к прися́ге при вступле́нии в до́лжность; ~ **off** *разг.* дава́ть заро́к; to ~ off drink дать заро́к не пить; ~ **to** утвержда́ть под прися́гой ◇ it is enough to make smb. ~ э́того доста́точно, что́бы вы́вести кого́-л. из себя́; (not) enough to ~ by ≅ кот напла́кал; незначи́тельное коли́чество
**swear-word** [ˈswɛəwə:d] *n* руга́тельство, бра́нное сло́во
**sweat** [swet] **1.** *n* 1) пот, испа́рина; in a ~ весь в поту́; all of a ~ взмо́кший от по́та [*см. тж.* 4)] 2) поте́ние 3) *разг.* тяжёлый труд 4) *разг.* волне́ние, беспоко́йство; all of a ~ взволно́ванный *или* испу́ганный [*см. тж.* 1)] 5) запотева́ние, выделе́ние *или* осажде́ние вла́ги (*на поверхности чего-л.*) ◇ in (*или* by) the ~ of one's brow (*или* face) в по́те лица́ своего́
**2.** *v* 1) поте́ть; to ~ blood рабо́тать до изнеможе́ния; to ~ with fear облива́ться холо́дным по́том от стра́ха 2) заставля́ть поте́ть; to ~ a horse загна́ть ло́шадь 3) *разг.* труди́ться, «поте́ть» (*над чем-л.*) 4) *разг.* эксплуати́ровать 5) страда́ть; волнова́ться; испы́тывать раздраже́ние *или* нетерпе́ние 6) выделя́ть вла́гу; сыре́ть; запотева́ть (*о стекле*) 7) *амер. sl.* допра́шивать с примене́нием пы́ток 8) *тех.* припа́ивать (in, on) □ ~ **out** а) *разг.* вымога́ть; выма́ливать; б) избавля́ться; to ~ out a cold пропоте́ть, что́бы изба́виться от просту́ды; в) *разг.* выде́рживать (до конца́)
**sweat-band** [ˈswetbænd] *n* ко́жаная ле́нта внутри́ шля́пы
**sweat-box** [ˈswetbɔks] *n sl.* ка́рцер
**sweat-cloth** [ˈswetklɔθ] *n* потни́к
**sweated** [ˈswetɪd] **1.** *past и p. p. от* sweat 2
**2.** *a* 1) потого́нный *или* применя́ющий потого́нную систе́му; ~ industry о́трасль промы́шленности, в кото́рой применя́ется потого́нная систе́ма 2) подверга́ющийся жесто́кой эксплуата́ции, явля́ющийся же́ртвой потого́нной систе́мы
**sweater I** [ˈswetə] *n* сви́тер
**sweater II** [ˈswetə] *n* эксплуата́тор
**sweater girl** [ˈswetəgə:l] *n sl.* де́вушка с высо́ким бю́стом
**sweat-gland** [ˈswetglænd] *n анат.* потова́я железа́
**sweating system** [ˈswetɪŋˌsɪstɪm] *n* уси́ленная эксплуата́ция; потого́нная систе́ма
**sweat shirt** [ˈswetˈʃə:t] *n* бума́жный спорти́вный сви́тер
**sweat-shop** [ˈswetʃɔp] *n* предприя́тие, на кото́ром существу́ет потого́нная систе́ма
**sweat suit** [ˈswetsju:t] *n спорт.* трениро́вочный костю́м
**sweaty** [ˈswetɪ] *a* по́тный
**Swede** [swi:d] *n* швед; шве́дка
**swede** [swi:d] *n бот.* брю́ква
**Swedish** [ˈswi:dɪʃ] **1.** *a* шве́дский
**2.** *n* шве́дский язы́к
**Swedish turnip** [ˈswi:dɪʃˈtə:nɪp] = swede
**sweeny** [ˈswi:nɪ] *n амер. вет.* атрофи́я му́скула (*особ. плечевого — у лошади*)
**sweep** [swi:p] **1.** *n* 1) выمета́ние; подмета́ние; чи́стка 2) трубочи́ст; a regular little ~ чума́зый ребёнок 3) *pl* му́сор 4) *sl.* негодя́й 5) тече́ние; непреста́нное движе́ние 6) разма́х, взмах 7) охва́т, кругозо́р 8) распростране́ние, охва́т; разви́тие 9) протяже́ние, пролёт 10) крива́я; изги́б; поворо́т (*дороги*); the graceful ~ of draperies краси́вые скла́дки драпри́ 11) *разг. см.* sweepstake(s) 12) по́лная побе́да 13) лека́ло 14) дли́нное весло́ 15) крыло́ ветряно́й ме́льницы 16) жура́вль (*колодца*) 17) *тех.* шабло́н ◇ as black as a ~ чёрный как са́жа; to make a clean ~ of smth. изба́виться, оконча́тельно отде́латься от чего́-л.
**2.** *v* (swept) 1) мести́, подмета́ть, чи́стить, прочища́ть; to ~ a chimney чи́стить дымохо́д; to ~ (out) a room подмета́ть ко́мнату; to ~ the seas очи́стить мо́ре от неприя́теля [*ср. тж.* 5)] 2) смета́ть, уничтожа́ть, сноси́ть; смыва́ть (*волной*) (*тж.* ~ away, ~ off, ~ down); he was swept off his feet by a wave волна́ сби́ла его́ с ног; [*ср. тж.* ◇]; to ~ away slavery уничто́жить ра́бство 3) увлека́ть (*тж.* ~ along, ~ away); he swept his audience along with him он увлёк свои́х слу́шателей; to ~ a constituency получи́ть большинство́ голосо́в 4) обуя́ть, охвати́ть; a deadly fear swept over him его́ обуя́л смерте́льный страх 5) нести́сь, мча́ться, проноси́ться (*тж.* ~ along, ~ over); the cavalry swept down the valley кавале́рия устреми́лась в доли́ну; to ~ the seas избороздить все моря́ и океа́ны [*ср. тж.* 1)] 6) охва́тывать; оки́дывать взгля́дом; he swept the valley он оки́нул взгля́дом доли́ну 7) каса́ться, проводи́ть (*рукой*); to ~ one's hand across one's face провести́ руко́й по лицу́ 8) простира́ться, тяну́ться 9) ходи́ть велича́во 10) гнуть в дугу́; изгиба́ть (-ся) 11) одержа́ть по́лную побе́ду 12) *мор.* тра́лить 13) *воен.* обстре́ливать, простре́ливать ◇ to be swept off one's feet быть захва́ченным, увлечённым, покорённым (*чем-л.*) [*ср. тж.* 2)]; to ~ all before one по́льзоваться неизме́нным успе́хом
**sweeping** [ˈswi:pɪŋ] **1.** *pres. p. от* sweep 2
**2.** *n* 1) убо́рка, подмета́ние 2) *pl* му́сор
**3.** *a* 1) широ́кий; с больши́м охва́том; ~ changes радика́льные переме́ны 2) стреми́тельный, бы́стрый 3) не де́лающий разли́чий, огу́льный; ~ statements огу́льные утвержде́ния
**sweep-net** [ˈswi:pnet] *n* 1) не́вод 2) сачо́к для ба́бочек
**sweepstake(s)** [ˈswi:psteɪk(s)] *n* пари́ на ска́чках, тотализа́тор
**sweet** [swi:t] **1.** *a* 1) сла́дкий 2) души́стый 3) све́жий; неиспо́рченный; ~ butter несолёное ма́сло; ~ water пре́сная вода́; is the milk ~? молоко́ не ски́сло?; to keep the room ~ хорошо́ прове́тривать ко́мнату 4) мелоди́чный, благозву́чный 5) люби́мый; ми́лый; ~ one люби́мый, люби́мая (*в обращении*) 6) прия́тный; ла́сковый; ~ disposition мя́гкий хара́ктер; ~ face привлека́тельное лицо́; ~ words ла́сковые слова́ 7) слаща́вый, сентимента́льный 8) плодоро́дный (*о почве*) ◇ to have a ~ tooth быть сластёной; at one's own ~ will как взду́-

мается, наобу́м; to be ~ on smb. *разг.* быть влюблённым в кого́-л.

**2.** *n* 1) леденец; конфета 2) (*обыкн. pl*) сла́дкое (*как блюдо*) 3) сла́дость, сла́дкий вкус 4) *pl* наслажде́ния; the ~s of life ра́дости жи́зни 5) (*обыкн. pl*) арома́ты 6) (*обыкн. в обращении*) дорого́й, дорога́я; ми́лый; ми́лая; люби́мый, люби́мая

**sweet bay** ['swi:t'beɪ] *n бот.* 1) лавр благоро́дный 2) магно́лия вирги́нская

**sweetbread** ['swi:tbred] *n* зо́бная и поджелу́дочная же́лезы телёнка, ягнёнка *и т. п.*, употребля́емые в пи́щу

**sweet-briar** ['swi:t'braɪə] = sweet-brier

**sweet-brier** ['swi:t'braɪə] *n* ро́за эглантерия

**sweeten** ['swi:tn] *v* 1) подсла́щивать 2) наполня́ть благоуха́нием 3) смягча́ть 4) освежа́ть, прове́тривать 5) удобря́ть 6) *карт.* увели́чивать ста́вку

**sweetening** ['swi:tnɪŋ] **1.** *pres. p. от* sweeten

**2.** *n* 1) подсла́щивание 2) то, что придаёт сла́дость

**sweetheart** ['swi:thɑ:t] *n* 1) возлю́бленный, возлю́бленная 2) дорого́й, дорога́я (*в обращении*)

**sweetie** ['swi:tɪ] *n разг.* 1) = sweetheart (*особ. о женщине*) 2) конфе́тка

**sweeting** ['swi:tɪŋ] *n* 1) сорт сла́дких я́блок 2) *уст.* = sweetheart

**sweetish** ['swi:tɪʃ] *a* сладкова́тый

**sweetly** ['swi:tlɪ] *adv* сла́дко *и пр.* [*см.* sweet 1]; ~ pretty *разг.* очарова́тельный

**sweetmeat** ['swi:tmi:t] *n* 1) конфе́та; леденец 2) *pl* заса́харенные фру́кты

**sweet oil** ['swi:t'ɔɪl] *n* прова́нское, оли́вковое ма́сло

**sweet pea** ['swi:tpi:] *n бот.* души́стый горо́шек

**sweet-scented** ['swi:t'sentɪd] *a* души́стый

**sweet-shop** ['swi:tʃɔp] *n* конди́терская

**sweet-stuff** ['swi:tstʌf] *n* сла́сти, конфе́ты

**sweet-tempered** ['swi:t'tempəd] *a* прия́тный, с мя́гким хара́ктером

**sweet-william** ['swi:t'wɪljəm] *n бот.* туре́цкая гвозди́ка

**sweety** ['swi:tɪ] *n* конфе́тка

**swell** [swel] **1.** *n* 1) возвыше́ние, вы́пуклость; the ~ of the ground приго́рок, холм(ик) 2) нараста́ние, разбуха́ние 3) припу́хлость, о́пухоль 4) волне́ние, зыбь 5) постепе́нное нараста́ние и ослабле́ние зву́ка 6) *разг.* щёголь; све́тский челове́к 7) *разг.* ва́жная персо́на, ши́шка ◇ to come the heavy ~ over smb. *sl.* ва́жничать пе́ред кем-л.

**2.** *a разг.* 1) щегольско́й; шика́рный 2) *амер.* отли́чный, превосхо́дный; some ~ fellows замеча́тельные ребя́та; ~ society вы́сшее о́бщество

**3.** *v* (swelled [-d]; swollen) 1) надува́ть(ся); раздува́ться 2) увели́чивать(ся); разраста́ться; набуха́ть; опуха́ть; the river is swollen река́ взду́лась 3) возвыша́ться, поднима́ться 4) быть перепо́лненным чу́вствами; the heart ~s се́рдце перепо́лнено; to ~ with indignation едва́ сде́рживать негодова́ние; to ~ with pride наду́ться от го́рдости 5) *разг.* ва́жничать 6) нараста́ть (*о звуке*) 7) то уси́ливаться, то затуха́ть (*о звуке*)

**swelldom** ['sweldəm] *n. разг.* фешене́бельное о́бщество

**swelled head** ['sweld'hed] *n разг.* самомне́ние; to suffer from ~ страда́ть самомне́нием

**swelling** ['swelɪŋ] **1.** *pres. p. от* swell 3

**2.** *n* 1) о́пухоль 2) вы́пуклость, возвыше́ние 3) разбуха́ние, увеличе́ние

**3.** *a* 1) вздыма́ющийся, набуха́ющий; нараста́ющий 2) высокопа́рный; ~ oratory напы́щенное красноре́чие

**swell mob** ['swel'mɔb] *n sl.* шика́рно оде́тые жу́лики; афери́сты

**swelter** ['sweltə] **1.** *n* зной, духота́

**2.** *v* изнемога́ть от зно́я

**swept** [swept] *past и p. p. от* sweep 2

**swerve** [swə:v] **1.** *n* отклоне́ние

**2.** *v* отклоня́ться от прямо́го пути́, свора́чивать в сто́рону (*тж. перен.*)

**swift** [swɪft] **1.** *a* ско́рый, бы́стрый; ~ anger скоропроходя́щий гнев; ~ to anger вспы́льчивый; ~ to take offence оби́дчивый ◇ be ~ to hear, slow to speak побо́льше слу́шай, поме́ньше говори́

**2.** *adv* бы́стро, поспе́шно

**3.** *n* 1) *зоол.* стриж 2) *текст.* бараба́н, мотови́ло

**4.** *v мор.* 1) зари́фить 2) обтя́гивать; стя́гивать

**swift-handed** ['swɪft'hændɪd] *a* ско́рый, ло́вкий

**swig** [swɪg] *разг.* **1.** *n* большо́й глото́к (*спиртного*); to take a ~ at a bottle of beer вы́пить пи́ва из буты́лки

**2.** *v* потя́гивать (*вино*); to ~ off a glass of rum вы́пить за́лпом стака́н ро́ма

**swill** [swɪl] **1.** *n* 1) полоска́ние, облива́ние водо́й 2) помо́и (*для свиней*), по́йло

**2.** *v* 1) полоска́ть, облива́ть водо́й (*часто* ~ out) 2) *разг.* жа́дно пить, лака́ть

**swim** [swɪm] **1.** *n* 1) пла́вание; to go for a ~ (пойти́) попла́вать; to have (*или* to take) a ~ попла́вать 2) (the ~) тече́ние (*событий, общественной жизни и т. п.*); to be in the ~ быть в ку́рсе де́ла; быть в це́нтре (*событий, общественной жизни и т. п.*); to be out of the ~ быть не в ку́рсе де́ла; стоя́ть вне жи́зни; to put smb. in the ~ ввести́ кого́-л. в курс де́ла 3) головокруже́ние; о́бморок 4) о́мут, в кото́ром во́дится ры́ба

**2.** *v* (swam; swum) 1) пла́вать, плыть; переплыва́ть; to ~ like a stone *шутл.* ≅ пла́вать как топо́р; идти́ ко дну; to ~ a person a hundred yards состяза́ться с кем-л. в пла́вании на сто я́рдов; to ~ a race уча́ствовать в состяза́нии по пла́ванию 2) заставля́ть плыть; to ~ a horse across a river заста́вить ло́шадь переплы́ть ре́ку́ 3) быть за́литым (in, with — *чем-л.*); пла́вать (*в чём-л.*); the meat ~s in gravy мя́со за́ли́то подли́вкой; to ~ in luxury утопа́ть в ро́скоши 4) чу́вствовать головокруже́ние; кружи́ться (*о голове*); my head began to ~ у меня́ закружи́лась голова́; everything swam before his eyes всё поплы́ло у него́ пе́ред глаза́ми ◇ to ~ with (*или* down) the tide (*или* the stream) примкну́ть к большинству́; to ~ against the stream идти́ про́тив большинства́; sink or ~ *см.* sink 2, ◇

**swimmer** ['swɪmə] *n* 1) плове́ц 2) поплаво́к

**swimming** ['swɪmɪŋ] **1.** *pres. p. от* swim 2

**2.** *n* 1) пла́вание 2) головокруже́ние

**3.** *a* 1) пла́вающий 2) предназна́ченный для пла́вания, пла́вательный 3) за́литый; ~ eyes глаза́, за́литые слеза́ми 4) испы́тывающий головокруже́ние

**swimming-bath** ['swɪmɪŋbɑ:θ] *n* закры́тый бассе́йн для пла́вания

**swimming-bladder** ['swɪmɪŋ,blædə] *n* пла́вательный пузы́рь (*у рыб*)

**swimmingly** ['swɪmɪŋlɪ] *adv* гла́дко, без поме́х; превосхо́дно; things went ~ всё шло как по ма́слу

**swimming-pool** ['swɪmɪŋpu:l] *n* откры́тый бассе́йн для пла́вания

**swindle** ['swɪndl] **1.** *n* надува́тельство

**2.** *v* обма́нывать, надува́ть; to ~ money out of a person, to ~ a person out of his money взять у кого́-л. де́ньги обма́нным путём, вы́манить у кого́-л. де́ньги

**swindler** ['swɪndlə] *n* моше́нник, жу́лик

**swine** [swaɪn] *n* (*pl без измен.*) 1) *уст.* = pig 1, 1; 2) *зоол.* дома́шняя свинья́ 3) свинья́, наха́л

**swine-breeding** ['swaɪn,bri:dɪŋ] *n* свиново́дство

**swineherd** ['swaɪnhə:d] *n* свинопа́с

**swinery** ['swaɪnərɪ] *n* свина́рник

**swing** [swɪŋ] **1.** *n* 1) кача́ние; колеба́ние; the ~ of the pendulum *см.* pendulum 1, 1); a ~ of public opinion измене́ние обще́ственного мне́ния 2) разма́х; взмах; ход; in full ~ в по́лном разга́ре; to give full ~ to smth. дать во́лю чему́-л. 3) есте́ственный ход; let it have its ~ пусть исче́рпает свой запа́с эне́ргии 4) свобо́да де́йствий; he gave us a full ~ in the matter в э́том де́ле он предоста́вил нам по́лную свобо́ду де́йствий 5) ритм 6) ме́рная, ритми́чная похо́дка 7) каче́ли 8) поворо́т 9) *физ.* амплиту́да кача́ния 10) *тех.* максима́льное отклоне́ние стре́лки (*прибора*) 11) свинг (*в боксе*) 12) = swing music ◇ to go with a ~ идти́ как по ма́слу; what you lose on the ~s you make up on the roundabouts потéри в однóм возмещáются вы́игрышем в другóм

2. *v* (swung) 1) качáть(ся), колебáть(ся); размáхивать; to ~ a bell раскáчивать кóлокол; to ~ one's legs болтáть ногáми; to ~ one's arms размáхивать рукáми 2) вéшать, подвéшивать; *разг.* быть повéшенным; he shall ~ for it *разг.* егó повéсят за э́то 3) вертéть(ся); поворáчивать(ся); to ~ into line *мор.* заходи́ть в ли́нию, вступáть в строй; to ~ a ship about поворáчивать сýдно; to ~ open распахиваться; to ~ shut (*или* to) захлóпываться 4) идти́ мéрным шáгом 5) *амер.* успéшно провести́ (*что-л.*) 6) исполня́ть джáзовую мýзыку в сти́ле суи́нга ◇ to ~ the lead *sl.* симули́ровать

**swing bridge** ['swɪŋbrɪdʒ] *n* разводнóй мост

**swing-door** ['swɪŋdɔ:] *n* вращáющаяся дверь; дверь, открывáющаяся в люб́ую стóрону (*обыкн. двустворчатая*)

**swinge** [swɪndʒ] *v уст.* си́льно ударя́ть

**swingeing** ['swɪndʒɪŋ] **1.** *pres. p. от* swinge

**2.** *a* 1) *разг.* громáдный; ~ majority подавля́ющее большинствó 2) *уст.* си́льный, ошеломля́ющий (*об ударе*)

**swinging** ['swɪŋɪŋ] **1.** *pres. p. от* swing 2

**2.** *n* качáние, колебáние; размáхивание

**3.** *a* качáющийся, колéблющийся; поворóтный

**swing joint** ['swɪŋ'dʒɔɪnt] *n тех.* шарни́рное соединéние

**swingle** ['swɪŋgl] *с.-х.* **1.** *n* трепáло

**2.** *v* трепáть (*лён*)

**swing music** ['swɪŋˌmju:zɪk] *n* суи́нг (*разновидность джазовой музыки*)

**swing shift** ['swɪŋ'ʃɪft] *n амер. разг.* вторáя смéна на фáбрике *или* завóде (*с 4 часов дня до 12 часов ночи*)

**swinish** ['swaɪnɪʃ] *a* сви́нский

**swipe** [swaɪp] **1.** *n* 1) *разг.* си́льный удáр 2) *тех.* вóрот, коромы́сло

**2.** *v* 1) *разг.* ударя́ть с си́лой 2) *шутл.* красть

**swipes** [swaɪps] *n. pl разг.* водяни́стое мýтное пи́во, испóрченное пи́во

**swirl** [swə:l] **1.** *n* 1) водоворóт; кружéние 2) *амер.* завитóк, лóкон

**2.** *v* 1) кружи́ть(ся) в водоворóте 2) образóвывать водоворóт 3) обвивáть 4) испы́тывать головокружéние

**swish I** [swɪʃ] **1.** *n* 1) свист (*хлыста и т. п.*); взмах (*косы и т. п.*) со сви́стом 2) шéлест, шуршáние

**2.** *v* 1) рассекáть вóздух со сви́стом 2) размáхивать (*тростью, палкой*) 3) шелестéть, шуршáть 4) сечь (*розгой*) ▭ ~ **off** скáшивать, сбивáть со сви́стом

**swish II** [swɪʃ] *a разг.* шикáрный

**Swiss** [swɪs] **1.** *a* швейцáрский ◇ ~ roll рулéт с варéньем

**2.** *n* швейцáрец; швейцáрка; the ~ *pl собир.* швейцáрцы

**switch** [swɪtʃ] **1.** *n* 1) прут; хлыст 2) фальши́вая косá; наклáдка (*волос*) 3) переключéние; *перен.* поворóт, изменéние (*темы разговора и т. п.*) 4) *эл.* выключáтель; переключáтель; коммутáтор 5) *ж.-д.* стрéлка

**2.** *v* 1) ударя́ть прутóм *или* хлыстóм; отстегáть прутóм 2) махáть, размáхивать 3) *амер. разг.* меня́ть (-ся) 4) напрáвить (*мысли, разговор*) в другýю стóрону (to, over to) 5) рéзко хватáть (*что-л.*); to ~ smth. out of smb.'s hand вы́хватить что-л. у когó-л. из рук 6) переводи́ть (*поезд*) на другóй путь 7) *эл.* переключáть; включáть; выключáть ▭ ~ **off** а) выключáть ток; б) разъединя́ть телефóнного абонéнта; в) давáть отбóй; г) выключáть радиоприёмник; ~ **on** а) включáть (*свет, радио и т. п.*) б) соединя́ть абонéнта

**switchback** ['swɪtʃbæk] *n* американские гóры (*аттракцион*)

**switchboard** ['swɪtʃbɔ:d] *n эл.* 1) коммутáтор; распредели́тельный щит 2) щит управлéния

**switch lamp** ['swɪtʃlæmp] *n ж.-д.* стрéлочный фонáрь

**switch-man** ['swɪtʃmən] *n* стрéлочник

**switch-over** ['swɪtʃˌəuvə] *n* перехóд (*к чему-л. другому*), переключéние

**switch-plug** ['swɪtʃplʌg] *n эл.* штéпсель

**switch tender** ['swɪtʃ'tendə] *амер.* = switch-man

**switch tower** ['swɪtʃ'tauə] *n амер.* бýдка стрéлочника

**switchyard** ['swɪtʃjɑ:d] *амер.* = shunting-yard

**swivel** ['swɪvl] *n* 1) *тех.* вертлю́г, шарни́рное соединéние 2) *attr.* вращáющийся, поворóтный; ~ chair вращáющийся стул

**swivel-eyed** ['swɪvl'aɪd] *a разг.* кося́щий, раскóсый

**swizzle** ['swɪzl] *n разг.* род коктéйля

**swob** [swɔb] = swab

**swollen** ['swəulən] **1.** *p. p. от* swell 3

**2.** *a* 1) вздýтый, раздýтый 2) непомéрно высóкий (*о ценах и т. п.*)

**swoon** [swu:n] **1.** *n* óбморок

**2.** *v* 1) пáдать в óбморок 2) *поэт.* замирáть (*о звуке*)

**swoop** [swu:p] **1.** *n* 1) устремлéние вниз (*хищной птицы на жертву*) 2) внезáпное нападéние, налёт ◇ at one fell ~ одни́м удáром, одни́м мáхом

**2.** *v* 1) устремля́ться вниз (*обыкн.* ~ down) 2) налетáть, бросáться (*обыкн.* ~ on, ~ upon) 3) хватáть, подхвáтывать (*обыкн.* ~ up) ▭ ~ **down** *ав.* пики́ровать

**swop** [swɔp] *разг.* **1.** *n* обмéн

**2.** *v* меня́ть, обмéниваться; will you ~ places? не поменя́етесь ли вы местáми? ◇ never ~ horses while crossing the stream не слéдует производи́ть крýпные перемéны в неподходя́щее врéмя

**sword** [sɔ:d] *n* 1) меч; шпáга, рапи́ра; палáш; шáшка; сáбля; cavalry ~ сáбля; court ~ шпáга; duelling ~ рапи́ра; the ~ of justice меч правосýдия, судéбная власть; at ~s' points на ножáх; враждéбный, готóвый к враждéбным дéйствиям; to cross (*или* to measure) ~s начáть борьбý; скрести́ть мечи́; to put to the ~ предáть мечý; to sheathe the ~ вложи́ть меч в нóжны; *перен.* кóнчить войнý 2) (the ~) си́ла орýжия; войнá ◇ to throw one's ~ into the scale поддержáть свои́ притязáния си́лой орýжия; to beat ~s into ploughshares *библ.* перековáть мечи́ на орáла

**sword-arm** ['sɔ:dɑ:m] *n* прáвая рукá

**sword-bayonet** ['sɔ:dˌbeiənɪt] *n* клинкóвый штык, штык-тесáк

**sword-bearer** ['sɔ:dˌbɛərə] *n* оруженóсец; меченóсец

**sword-belt** ['sɔ:dbelt] *n* портупéя

**sword-cane** ['sɔ:dkeɪn] *n* трость с вкладнóй шпáгой

**sword-cut** ['sɔ:dkʌt] *n* 1) рéзаная рáна 2) рубéц

**sword-dance** ['sɔ:ddɑ:ns] *n* тáнец с мечáми *или* с сáблями

**sword-fish** ['sɔ:dfɪʃ] *n* меч-ры́ба

**sword-guard** ['sɔ:dgɑ:d] *n* чáшка шпáги

**sword-hand** ['sɔ:dhænd] = sword-arm

**sword-hilt** ['sɔ:dhɪlt] *n* эфéс

**sword-knot** ['sɔ:dnɔt] *n* темля́к

**sword-law** ['sɔ:dlɔ:] *n* прáво си́льного

**sword-lily** ['sɔ:dˌlɪlɪ] *n бот.* гладиóлус

**sword-play** ['sɔ:dpleɪ] *n* 1) фехтовáние 2) пикирóвка; состязáние в остроýмии

**swordsman** ['sɔ:dzmən] *n* фехтовáльщик

**swordsmanship** ['sɔ:dzmənʃɪp] *n* искýсство фехтовáния

**sword-stick** ['sɔ:dstɪk] = sword-cane

**swore** [swɔ:] **1.** *past от* swear 2

**2.** *a* присягнýвший; покля́вшийся; ~ broker прися́жный мáклер; ~ brothers назвáные брáтья; побрати́мы; ~ friends закады́чные друзья́; ~ enemies закля́тые враги́; ~ evidence (*или* oath) показáния под прися́гой

**swot** [swɔt] *разг.* **1.** *n* 1) тяжёлая рабóта 2) зубрёжка 3) зубри́ла

**2.** *v* зубри́ть, долби́ть; подзубри́ть (*обыкн.* ~ up)

**swum** [swʌm] *p. p. от* swim 2

**swung** [swʌŋ] *past и p. p. от* swing 2

**sybarite** ['sɪbəraɪt] *n* сибари́т

**sybaritic** [ˌsɪbə'rɪtɪk] *a* сибари́тский; изнéженный

**sybil** ['sɪbɪl] = sibyl

**sycamine** ['sɪkəmaɪn] *n библ.* смокóвница

**sycamore** ['sɪkəmɔ:] *n бот.* 1) сикамóр (*тж.* ~ fig) 2) клён я́вор (*тж.* ~ maple) 3) платáн

**syce** [saɪs] = sice II

**sycophancy** [ˈsɪkəfənsɪ] *n* низкопокло́нство, лесть

**sycophant** [ˈsɪkəfənt] *n* льстец, подхали́м; лизоблю́д

**sycosis** [saɪˈkəusɪs] *n мед.* сико́з

**syenite** [ˈsaɪɪnaɪt] *n мин.* сиени́т

**syllabary** [ˈsɪləbərɪ] *n* слогова́я а́збука

**syllabi** [ˈsɪləbaɪ] *pl от* syllabus

**syllabic** [sɪˈlæbɪk] *a* слогово́й; силлаби́ческий

**syllabicate** [sɪˈlæbɪkeɪt] *v* разделя́ть на сло́ги; произноси́ть по слога́м

**syllabication** [sɪˌlæbɪˈkeɪʃən] = syllabification

**syllabification** [sɪˌlæbɪfɪˈkeɪʃən] *n* разделе́ние на сло́ги

**syllabify** [sɪˈlæbɪfaɪ] = syllabicate

**syllabize** [ˈsɪləbaɪz] = syllabicate

**syllable** [ˈsɪləbl] **1.** *n* 1) слог 2) *перен.* звук, сло́во; he never uttered a ~ он не произнёс ни зву́ка

**2.** *v* произноси́ть по слога́м

**-syllabled** [-sɪləbld] *в сложных словах означает* состоя́щий из *стольких-то* слого́в; one-syllabled односло́жный; two-syllabled двусло́жный *и т. п.*

**syllabub** [ˈsɪləbʌb] = sillabub

**syllabus** [ˈsɪləbəs] *n* (*pl* -bi, -es [-ɪz]) 1) програ́мма (*курса, лекций*) 2) конспе́кт, план 3) расписа́ние

**syllogism** [ˈsɪlədʒɪzm] *n* 1) *лог.* силлоги́зм 2) то́нкий, хи́трый ход для подтвержде́ния *или* доказа́тельства (*чего-л.*)

**syllogize** [ˈsɪlədʒaɪz] *v* выража́ть в фо́рме силлоги́зма

**sylph** [sɪlf] *n* 1) сильф 2) грацио́зная же́нщина

**sylvan** [ˈsɪlvən] = silvan

**sylviculture** [ˈsɪlvɪkʌltʃə] = silviculture

**symbiosis** [ˌsɪmbɪˈəusɪs] *n биол.* симбио́з

**symbol** [ˈsɪmbəl] *n* 1) си́мвол, эмбле́ма 2) обозначе́ние, знак

**symbolic(al)** [sɪmˈbɔlɪk(əl)] *a* символи́ческий

**symbolism** [ˈsɪmbəlɪzm] *n* символи́зм

**symbolist** [ˈsɪmbəlɪst] *n* символи́ст

**symbolize** [ˈsɪmbəlaɪz] *v* 1) символизи́ровать 2) изобража́ть символи́чески

**symmetric(al)** [sɪˈmetrɪk(əl)] *a* симметри́чный, симметри́ческий

**symmetrize** [ˈsɪmɪtraɪz] *v* де́лать симметри́чным; располага́ть симметри́чно

**symmetry** [ˈsɪmɪtrɪ] *n* 1) симме́трия 2) соразме́рность

**sympathetic** [ˌsɪmpəˈθetɪk] *a* 1) сочу́вственный; по́лный сочу́вствия; вы́званный сочу́вствием; ~ strike забасто́вка солида́рности 2) симпати́чный 3) *физиол.* симпати́ческий 4) *физ.* отве́тный; ~ vibration отве́тная вибра́ция

**sympathetic ink** [ˌsɪmpəˈθetɪkˈɪŋk] *n* симпати́ческие черни́ла

**sympathize** [ˈsɪmpəθaɪz] *v* 1) сочу́вствовать, выража́ть сочу́вствие (with) 2) благожела́тельно относи́ться; симпатизи́ровать (with)

**sympathizer** [ˈsɪmpəθaɪzə] *n* сочу́вствующий; сторо́нник

**sympathy** [ˈsɪmpəθɪ] *n* 1) сочу́вствие (with); сострада́ние (for); симпа́тия; a man of wide sympathies отзы́вчивый челове́к; you have my sympathies, my sympathies are with you а) я на ва́шей стороне́; б) я вам сочу́вствую 2) взаи́мное понима́ние; о́бщность (*в чём-л.*); in ~ with в по́лном согла́сии с; out of ~ в разла́де

**sympathy strike** [ˈsɪmpəθɪstraɪk] = sympathetic strike [*см.* sympathetic 1)]

**symphonic** [sɪmˈfɔnɪk] *a* симфони́ческий; ~ music симфони́ческая му́зыка; симфони́ческое произведе́ние

**symphony** [ˈsɪmfənɪ] *n* 1) симфо́ния 2) *attr.* симфони́ческий; ~ orchestra симфони́ческий орке́стр

**symposia** [sɪmˈpəuzjə] *pl* от symposium

**symposium** [sɪmˈpəuzjəm] *n* (*pl* -sia) 1) симпо́зиум, совеща́ние по определённому нау́чному вопро́су 2) филосо́фская *или* ина́я дру́жеская бесе́да 3) сбо́рник стате́й разли́чных а́второв на о́бщую те́му 4) *др.-греч.* пир

**symptom** [ˈsɪmptəm] *n* симпто́м; при́знак

**symptomatic** [ˌsɪmptəˈmætɪk] *a* симптомати́ческий

**synagogue** [ˈsɪnəgɔg] *n* синаго́га

**sync, synch** [sɪŋk] *кино, тлв. разг.* **1.** *n* синхрониза́ция зву́ка и изображе́ния

**2.** *v* синхронизи́ровать

**synchrocyclotron** [ˈsɪŋkrəuˈsaɪklətrɔn] *n физ.* синхроциклотро́н

**synchronism** [ˈsɪŋkrənɪzm] *n* синхрони́зм, одновре́ме́нность

**synchronize** [ˈsɪŋkrənaɪz] *v* 1) синхронизи́ровать; совпада́ть по вре́мени 2) координи́ровать, согласо́вывать во вре́мени 3) устана́вливать одновре́ме́нность собы́тий 4) пока́зывать одина́ковое вре́мя (*о часах*) 5) сверя́ть (*часы*) 6) *кино* озву́чивать

**synchronizer** [ˈsɪŋkrənaɪzə] *n* синхрониза́тор

**synchronous** [ˈsɪŋkrənəs] *a* синхро́нный, одновре́ме́нный

**synchrophasotron** [ˈsɪŋkrəuˈfeɪzəutrɔn] *n физ.* синхрофазотро́н

**synchrotron** [ˈsɪŋkrəutrɔn] *n физ.* синхротро́н

**syncopate** [ˈsɪŋkəpeɪt] *v* 1) *муз.* синкопи́ровать 2) *грам.* сокраща́ть сло́во, опуска́я звук *или* слог в середи́не его́

**syncope** [ˈsɪŋkəpɪ] *n* 1) *мед.* обморо́к 2) *грам.* синко́па

**syncretism** [ˈsɪŋkrətɪzm] *n* синкрети́зм

**syncro-mesh** [ˈsɪŋkrəuˈmeʃ] *n* 1) *авто* синхрониза́тор (*коробки передач*) 2) *тех.* синхронизи́рующее приспособле́ние

**syndetic** [sɪnˈdetɪk] *a грам.* сою́зный; соедини́тельный; ~ word сою́зное сло́во

**syndic** [ˈsɪndɪk] *n* си́ндик; член магистра́та

**syndicalism** [ˈsɪndɪkəlɪzm] *n* синдикали́зм

**syndicalist** [ˈsɪndɪkəlɪst] *n* синдикали́ст

**syndicate 1.** *n* [ˈsɪndɪkɪt] 1) синдика́т 2) аге́нтство печа́ти, приобрета́ющее информа́цию, стате́й *и т. п.* и продающее их разли́чным газе́там для одновре́ме́нной публика́ции

**2.** *v* [ˈsɪndɪkeɪt] 1) объединя́ть в синдика́ты, синдици́ровать 2) приобрета́ть информа́цию *и пр.* [*см.* 1, 2)]

**syndrome** [ˈsɪndrəum] *n мед.* синдро́м, совоку́пность симпто́мов

**syne** [saɪn] *шотл.* = since

**synecdoche** [sɪˈnekdəkɪ] *n прос.* сине́кдоха

**syngenesis** [sɪnˈdʒenɪsɪs] *n* 1) *биол.* полово́е размноже́ние 2) *геол.* сингене́з

**synod** [ˈsɪnəd] *n* 1) собо́р духове́нства; сино́д 2) съезд, сове́т

**synonym** [ˈsɪnənɪm] *n* сино́ним

**synonymic** [ˌsɪnəˈnɪmɪk] = synonymous

**synonymous** [sɪˈnɔnɪməs] *a* синоними́ческий, синоними́чный

**synonymy** [sɪˈnɔnɪmɪ] *n* 1) синоними́чность 2) синони́мика

**synopses** [sɪˈnɔpsiːz] *pl от* synopsis

**synopsis** [sɪˈnɔpsɪs] *n* (*pl* -ses) конспе́кт, кра́ткий обзо́р; сино́псис

**synoptic(al)** [sɪˈnɔptɪk(əl)] *a* синопти́ческий, обзо́рный

**syntactic(al)** [sɪnˈtæktɪk(əl)] *a* синтакси́ческий

**syntax** [ˈsɪntæks] *n* си́нтаксис

**syntheses** [ˈsɪnθɪsiːz] *pl от* synthesis

**synthesis** [ˈsɪnθɪsɪs] *n* (*pl* -ses) си́нтез

**synthetic(al)** [sɪnˈθetɪk(əl)] *a* 1) *лингв., хим.* синтети́ческий 2) иску́сственный

**synthetics** [sɪnˈθetɪks] *n pl* синтети́ческие материа́лы, синте́тика

**syntonize** [ˈsɪntənaɪz] *v радио* настра́ивать в тон, на волну́

**syphilis** [ˈsɪfɪlɪs] *n* си́филис

**syphilitic** [ˌsɪfɪˈlɪtɪk] *a* сифилити́ческий

**syphon** [ˈsaɪfən] = siphon

**syren** [ˈsaɪərən] = siren

**Syrian** [ˈsɪrɪən] **1.** *a* сири́йский

**2.** *n* сири́ец; сири́йка

**syringe** [ˈsɪrɪndʒ] **1.** *n* 1) шприц; спринцо́вка; hypodermic ~ шприц для подко́жных впры́скиваний 2) пожа́рный насо́с 3) опры́скиватель

**2.** *v* спринцева́ть; впры́скивать, вводи́ть посре́дством шпри́ца

**syringes** I [ˈsɪrɪndʒɪz] *pl от* syringe I

**syringes** II [sɪˈrɪndʒiːz] *pl от* syrinx

**syringitis** [ˌsɪrɪnˈdʒaɪtɪs] *n мед.* воспале́ние евста́хиевой трубы́

**syrinx** [ˈsɪrɪŋks] *n* (*pl* -es [-ɪz], -inges) 1) свире́ль (Па́на); фле́йта 2) ни́жняя горта́нь пе́вчих птиц 3) *анат.* евста́хиева труба́ 4) *мед.* фи́стула, свищ

**syrup** [ˈsɪrəp] *n* 1) сиро́п 2) очи́щенная па́тока; golden ~ све́тлая па́тока

**systaltic** [sɪs'tæltɪk] *a физиол.* попеременно расширяющийся и сокращающийся; пульсирующий

**system** ['sɪstɪm] *n* 1) система; метод; ~ of axes система координат; what ~ do you go on? какому методу вы следуете? 2) система, устройство; political ~ государственный строй 3) сеть (*дорог и т. п.*) 4) организм 5) мир, вселенная 6) *геол.* система, формация

**systematic(al)** [ˌsɪstɪ'mætɪk(əl)] *a* 1) систематический 2) методичный

**systematize** ['sɪstɪmətaɪz] *a* 1) систематизировать 2) приводить в порядок

**systemic** [sɪs'temɪk] *a физиол.* систематический; относящийся ко всему организму; соматический

**systole** ['sɪstəlɪ] *n физиол.* систола

# T

**T, t** [ti:] *n* (*pl* Ts, T's [ti:z]) *20-я буква англ. алфавита* ◇ to mark with a T *ист.* выжигать вору клеймо в виде буквы T (*по первой букве слова* thief); to cross the T's *перен.* ≅ ставить точку над i; (right) to a T в совершенстве; точь-в-точь; как раз; в точности

**T-** [ti:-] *в сложных словах, обозначающих предметы, имеющие форму буквы T, напр.*: T-beam тавровая балка; T-square рейсшина

**'t** [t] *сокр. разг.* = it *в сочетаниях* 'tis, 'twas, on't *и т. п.*

**tab** [tæb] **1.** *n* 1) вешалка; петелька; ушко (*сапога*) 2) наконечник (*шнурка для обуви*) 3) этикетка, ярлык 4) петлица (*на воротнике*); red ~ *разг.* штабной офицер, штабист 5) учёт; to keep (a) ~ on smth., to keep ~s on smth. а) вести учёт чего-либо; б) *перен.* следить за чем-л. 6) *амер. разг.* счёт; чек 7) *ав.* триммер

**2.** *v разг.* 1) пришивать вешалку, петельку *и т. п.* 2) обозначать; называть 3) сводить в таблицы; располагать в виде таблиц, диаграмм

**tabard** ['tæbəd] *n ист.* 1) плащ, носимый рыцарями поверх лат 2) камзол герольда

**tabby** ['tæbɪ] *n* 1) полосатая кошка 2) злая сплетница 3) старая дева 4) муар 5) земляной бетон

**tabernacle** ['tæbə(:)nækl] *n* 1) шатёр, палатка 2) сосуд, человек (*как вместилище души*) 3) храм; молельня 4) *церк.* дарохранительница 5) *церк.* рака 6) *библ.* скиния ◇ Feast of Tabernacles праздник кущей

**tabes** ['teɪbi:z] *n мед.* табес, сухотка спинного мозга

**tabescence** [tə'besns] *n мед.* исхудание, истощение

**tabetic** [tə'betɪk] *мед.* **1.** *n* табетик

**2.** *a* страдающий табесом

**table** ['teɪbl] **1.** *n* 1) стол; to be (*или* to sit) at ~ быть за столом, обедать *и т. п.* 2) пища, стол; еда, кухня; to keep a good ~ иметь хорошую кухню; хорошо готовить; unfit for ~ несъедобный 3) общество за столом; to keep the ~ amused развлекать гостей за столом 4) доска (*тж. для настольных игр*) 5) плита; дощечка; надпись на плите, дощечке; скрижаль; the ten ~s *библ.* десять заповедей 6) таблица; расписание; табель; ~ of contents оглавление 7) плоская поверхность 8) горное плато, плоскогорье (*тж.* ~-land) 9) грань (драгоценного камня) 10) *тех.* стол (*станка*); планшайба; рольганг 11) *архит.* карниз 12) *attr.* столовый ◇ to lay on the ~ *парл.* отложить обсуждение (*законопроекта*); to lie (up) on the ~ *парл.* быть отложенным, не обсуждаться (*о законопроекте*); upon the ~ публично обсуждаемый; общеизвестный; to take from the ~ *амер.* вернуться к обсуждению (*законопроекта*); to turn the ~s on (*или* upon) smb. бить противника его же оружием; поменяться ролями; under the ~ «под столом», пьяный

**2.** *v* 1) класть на стол 2) предлагать, выносить на обсуждение 3) составлять таблицы, расписание 4) откладывать в долгий ящик, положить под сукно

**tableau** ['tæbləu] *фр. n* (*pl* -aux) 1) живописная картина, яркое изображение 2) живая картина (*тж.* ~ vivant) 3) неожиданная сцена 4) *attr.*: ~ curtains *театр.* раздвижной занавес

**tableaux** ['tæbləuz] *pl от* tableau

**table-beer** ['teɪbl'bɪə] *n* столовое пиво

**table-book** ['teɪblbuk] *n* 1) хорошо изданная книга с иллюстрациями (*лежащая обычно на виду в гостиной*) 2) сборник таблиц *и т. п.*

**table-cloth** ['teɪblklɔθ] *n* скатерть

**table-cover** ['teɪblˌkʌvə] *n* нарядная скатерть

**table d'hôte** ['tɑ:bl'dəut] *фр. n* табльдот

**table-flap** ['teɪblflæp] *n* откидная доска стола

**tableful** ['teɪblful] *n* 1) полный стол (*угощений*) 2) полный стол гостей, застолье

**table-knife** ['teɪblnaɪf] *n* столовый нож

**tableland** ['teɪbllænd] *n* плоскогорье, плато

**table-leaf** ['teɪblli:f] *n* 1) вкладная доска раздвижного стола 2) = table-flap

**table-lifting** ['teɪblˌlɪftɪŋ] *n* столоверчение, спиритизм

**table-linen** ['teɪblˌlɪnɪn] *n* столовое бельё

**tableman** ['teɪblmən] *n* табельщик

**table-money** ['teɪblˌmʌnɪ] *n воен.* столовые деньги

**table-napkin** ['teɪblˌnæpkɪn] *n* салфетка

**table-spoon** ['teɪblspu:n] *n* столовая ложка

**table-stone** ['teɪblstəun] *n археол.* дольмен

**tablet** ['tæblɪt] *n* 1) дощечка (*с надписью*) 2) блокнот 3) таблетка 4) кусок (*мыла и т. п.*)

**table-talk** ['teɪbltɔ:k] *n* застольная беседа

**table tennis** ['teɪbl'tenɪs] *n* настольный теннис

**table-ware** ['teɪblwɛə] *n* посуда, вилки, ложки *и т. п.*

**table-water** ['teɪblˌwɔ:tə] *n* минеральная вода (*для стола*)

**table-work** ['teɪblwə:k] *n полигр.* табличный набор

**tabloid** ['tæblɔɪd] **1.** *n* 1) малоформатная газета со сжатым текстом 2) бульварная газета 3) резюме, конспект, краткий обзор 4) таблетка

**2.** *a* 1) сжатый; in ~ form а) в сжатом виде; б) в форме таблетки 2) бульварный, низкопробный; ~ press бульварная пресса

**taboo** [tə'bu:] **1.** *n* табу; запрещение, запрет

**2.** *a* 1) запрещённый 2) священный

**3.** *v* подвергать табу; бойкотировать; запрещать

**tabor** ['teɪbə] *n ист.* маленький барабан

**tabouret** ['tæbərɪt] *n* 1) скамеечка, табурет 2) пяльцы

**tabu** [tə'bu:] = taboo

**tabular** ['tæbjulə] *a* 1) в виде таблиц, табличный 2) имеющий плоскую форму *или* поверхность 3) пластинчатый, слоистый

**tabulate** ['tæbjuleɪt] **1.** *v* 1) сводить в таблицы 2) придавать плоскую поверхность

**2.** *a* плоский; пластинчатый

**tabulation** [ˌtæbju'leɪʃən] *n* составление таблиц, сведение в таблицы

**tabulator** ['tæbjuleɪtə] *n* 1) тот, кто составляет таблицы 2) табулятор (*в пишущих машинках*)

**tachometer** [tæ'kɔmɪtə] *n тех.* тахометр

**tacit** ['tæsɪt] *a* 1) не выраженный словами; подразумеваемый 2) молчаливый

**taciturn** ['tæsɪtə:n] *a* молчаливый, неразговорчивый

**taciturnity** [ˌtæsɪ'tə:nɪtɪ] *n* молчаливость, неразговорчивость

**tack** I [tæk] **1.** *n* 1) гвоздик с широкой шляпкой 2) стежок (*особ. при намётке*); *pl* намётка (*при шитье*) 3) *мор.* галс 4) курс, политическая линия; to take a wrong (right) ~

взять непра́вильный (пра́вильный) курс 5) ли́пкость, клёйкость
2. *v* 1) прикрепля́ть гво́здиками, кно́пками (*часто* ~ down) 2) смётывать на живу́ю ни́тку (*тж. перен.*); примётывать (to) 3) добавля́ть, присоединя́ть (to, on to); *парл.* внести́ попра́вку в законопрое́кт 4) *мор.* повора́чивать на друго́й галс 5) измени́ть ли́нию поведе́ния; измени́ть мне́ние; меня́ть полити́ческий курс □ ~ **about** *мор.* де́лать поворо́т овершта́г
**tack II** [tæk] *n мор.* пи́ща; hard ~ морско́й суха́рь; soft ~ хлеб
**tackle** [ˈtækl] **1.** *n* 1) принадле́жности, инструме́нт; обору́дование; снаряже́ние 2) *мор.* такела́ж; та́ли 3) *тех.* полиспа́ст 4) игро́к, отбира́ющий мяч (*в футболе и т. п.*)
2. *v* 1) закрепля́ть снастя́ми 2) схвати́ть, пыта́ться удержа́ть 3) энерги́чно бра́ться (*за что-л.*); би́ться (*над чем-л.*); we ~d the cold beef мы набро́сились на холо́дную говя́дину; to ~ the problem взя́ться за де́ло, за реше́ние зада́чи 4) пыта́ться убеди́ть (*кого-л.*) 5) перехва́тывать, отбира́ть (*мяч в футболе и т. п.*)
**tacky** [ˈtækɪ] *a* ли́пкий
**tact** [tækt] *n* такт, такти́чность
**tactful** [ˈtæktful] *a* такти́чный
**tactical** [ˈtæktɪkəl] *a* 1) *воен.* такти́ческий; боево́й; ~ efficiency а) боева́я гото́вность; б) такти́ческие да́нные 2) ло́вкий, расчётливый
**tactician** [tækˈtɪʃən] *n* та́ктик
**tactics** [ˈtæktɪks] *n pl* (*употр. как sing и как pl*) та́ктика
**tactile** [ˈtæktaɪl] *a* 1) осяза́тельный 2) ощути́мый, осяза́емый
**tactless** [ˈtæktlɪs] *a* беста́ктный
**tactual** [ˈtæktjuəl] *a* осяза́тельный
**tad** [tæd] *n амер.* ребёнок
**Ta(d)jik** [ˈtɑːdʒɪk] **1.** *a* таджи́кский
2. *n* 1) таджи́к; таджи́чка; the ~(s) *pl собир.* таджи́ки 2) таджи́кский язы́к
**tadpole** [ˈtædpəul] *n* голова́стик
**ta'en** [teɪn] *поэт. см.* taken
**taffeta** [ˈtæfɪtə] *n* тафта́
**Taffy** [ˈtæfɪ] *n разг.* валли́ец
**taffy** [ˈtæfɪ] *n амер.* 1) = toffee 2) *разг.* лесть
**tafia** [ˈtæfɪə] *n* вид дешёвого ро́ма
**tag** [tæg] **1.** *n* 1) свобо́дный, болта́ющийся коне́ц 2) ярлы́к (*тж. перен.*); этике́тка; би́рка 3) пе́тля, ушко́ 4) металли́ческий наконе́чник на шнурке́ 5) изби́тая фра́за, цита́та 6) рефре́н 7) припе́в 8) игра́ в са́лки, в пятна́шки 9) коне́ц *или* заключи́тельная часть 10) заключи́тельные слова́ ре́чи, моноло́га; слова́, произнесённые под за́навес 11) заключе́ние, эпило́г; мора́ль (*басни и т. п.*)
2. *v* 1) прикрепля́ть ярлы́к, снабжа́ть ярлыко́м (*тж. перен.*) 2) *разг.* сле́довать по пята́м (after — за) 3) соединя́ть (*что-л.*); свя́зывать; скрепля́ть 4) добавля́ть, прилага́ть (*к книге, документу и т. п.*) 5) назнача́ть це́ну
**tag day** [ˈtægˈdeɪ] *n амер.* день сбо́ра средств, поже́ртвований (*в какой-л. фонд*)
**tagged** [tægd] **1.** *p. p. от* tag 2
2. *a* 1) снабжённый ярлыко́м, этике́ткой 2) *физ.* ме́ченый; ~ atoms ме́ченые а́томы
**tagger** [ˈtægə] *n* 1) водя́щий (*в салках*) 2) *pl* (о́чень) то́нкие листы́ желе́за
**taiga** [ˈtaɪgɑː] *русск. n* тайга́
**tail I** [teɪl] **1.** *n* 1) хвост; at the ~ of smb., close on smb.'s ~ сле́дом, по пята́м за кем-л. 2) коса́, коси́чка 3) ни́жняя за́дняя часть, оконе́чность; ~ of a cart задо́к теле́ги; ~ of one's eye вне́шний у́гол гла́за; out of (*или* with) the ~ of one's eye укра́дкой, уголко́м гла́за 4) пола́, фа́лда; *pl разг.* фрак; to go into ~s нача́ть носи́ть оде́жду взро́слых (*о мальчиках*) 5) сви́та 6) о́чередь, «хвост» 7) коне́ц, заключи́тельная часть (*чего-л.*) 8) *амер. разг.* сы́щик 9) *pl* отбро́сы, оста́тки 10) ме́нее влия́тельная часть (*политической партии*); бо́лее сла́бая часть (*спортивной команды*) 11) *pl sl.* зад 12) *ав.* хвостово́е опере́ние, хвост 13) *разг.* обра́тная сторона́ моне́ты 14) *полигр.* ни́жний обре́з страни́цы 15) *attr.* за́дний; хвостово́й ◇ ~s up *разг.* весёлый; в хоро́шем настрое́нии; to turn one's ~ дать стрекача́, удра́ть, убежа́ть (*струсив*); with one's ~ between the legs поджа́в хвост, стру́сив
2. *v* 1) снабжа́ть хвосто́м 2) отруба́ть *или* подреза́ть хвост; остригать хво́стики плодо́в, я́год 3) *амер. разг.* идти́ сле́дом; высле́живать 4) тяну́ться дли́нной ле́нтой (*о процессии и т. п.*) □ ~ **after** неотсту́пно сле́довать за *кем-л.*; тащи́ться за *кем-л.*; ~ **away** а) постепе́нно уменьша́ться; исчеза́ть вдали́; б) убыва́ть; затиха́ть, замира́ть; рассе́иваться; в) отстава́ть
**tail II** [teɪl] *юр.* **1.** *n* ограничи́тельное усло́вие насле́дования иму́щества; ~ male (female) владе́ние с пра́вом переда́чи то́лько по мужско́й (же́нской) ли́нии
2. *a* ограни́ченный определённым усло́вием при переда́че по насле́дству
**tail-board** [ˈteɪlbɔːd] *n* откидно́й задо́к (*телеги*); откидно́й борт (*грузовика*)
**tail-coat** [ˈteɪlˈkəut] *n* фрак
**tail-end** [ˈteɪlˈend] *n* 1) коне́ц; хвост (*процессии*) 2) заключи́тельная часть (*чего-л.*)
**tailings** [ˈteɪlɪŋz] *n pl* 1) оста́тки; отбро́сы 2) *метал.* хвосты́, шлам 3) *с.-х.* схо́ды с си́та, недомоло́ченные коло́сья
**tail-lamp** [ˈteɪllæmp] = tail-light
**tailless** [ˈteɪllɪs] *a* бесхво́стый
**tail-light** [ˈteɪllaɪt] *n* 1) *ж.-д.* бу́ферный фона́рь (*красный*) 2) *авто* за́дний фона́рь 3) *ав.* хвостово́й ого́нь
**tailor** [ˈteɪlə] **1.** *n* портно́й ◇ the ~ makes the man *посл.* челове́ка де́лает портно́й; оде́жда кра́сит челове́ка
2. *v* 1) шить, быть портны́м 2) шить на кого́-л. 3) выде́рживать в сти́ле мужско́й оде́жды (*о строгой женской одежде*) 4) специа́льно приспоса́бливать (*для определённой цели, для чьих-л. нужд, вкусов*)
**tailored** [ˈteɪləd] **1.** *p. p. от* tailor 2
2. *a* 1) сде́ланный портны́м; a faultlessly ~ man безупре́чно оде́тый челове́к 2) сде́ланный на зака́з 3) вы́полненный в стро́гом сти́ле (*о женской одежде*) 4) офо́рмленный в стро́гом сти́ле
**tailoring** [ˈteɪlərɪŋ] **1.** *pres. p. от* tailor 2
2. *n* портня́жное де́ло, шитьё оде́жды
**tailor-made** [ˈteɪləmeɪd] **1.** *a* 1) мужско́го покро́я (*особ. о строгой женской одежде*) 2) специа́льно пригото́вленный, сде́ланный по зака́зу; приспосо́бленный (*для определённой цели*); a score ~ for radio му́зыка, напи́санная по зака́зу ра́дио 3) фабри́чного произво́дства; маши́нной наби́вки (*о сигарете*)
2. *n разг.* сигаре́та *или* папиро́са фабри́чного произво́дства
**tailpiece** [ˈteɪlpiːs] *n* 1) за́дний коне́ц, хвостова́я часть (*чего-л.*) 2) струнодержа́тель (*у скрипки*) 3) *полигр.* концо́вка
**tail-plane** [ˈteɪlpleɪn] *n ав.* хвостово́й стабилиза́тор; хвостово́е опере́ние
**tail-slide** [ˈteɪlslaɪd] *n ав.* скольже́ние на хвост
**tail-spin** [ˈteɪlspɪn] *n* 1) *ав.* норма́льный што́пор 2) *ав.* неуправля́емый што́пор 3) ре́зкий спад в эконо́мике
**tail-wind** [ˈteɪlwɪnd] *n* попу́тный ве́тер
**tain** [teɪn] *n* оловя́нная амальга́ма
**taint** [teɪnt] **1.** *n* 1) пятно́, позо́р 2) налёт, при́месь (*чего-л. нежелательного, неприятного*) 3) зара́за; испо́рченность 4) боле́знь в скры́том состоя́нии
2. *v* заража́ть(ся); по́ртить(ся)
**tainted** [ˈteɪntɪd] **1.** *p. p. от* taint 2
2. *a* испо́рченный
**taintless** [ˈteɪntlɪs] *a* безупре́чный
**take** [teɪk] **1.** *v* (took; taken) 1) брать 2) взять, захвати́ть, овладе́ть; to ~ prisoner взять в плен; to ~ in charge арестова́ть 3) лови́ть; to ~ fish лови́ть ры́бу; to ~ in the act (of) заста́ть на ме́сте преступле́ния 4) получи́ть; вы́играть; to ~ a prize получи́ть приз 5) достава́ть, добыва́ть; to ~ coal добыва́ть у́голь 6) принима́ть, соглаша́ться (*на что-л.*); to ~ an offer приня́ть предложе́ние; they will not ~ such treatment они́ не поте́рпят тако́го обраще́ния 7) потребля́ть; принима́ть внутрь, глота́ть; to ~ wine пить вино́ 8) занима́ть, отнима́ть (*место, время*; *тж.* ~ up); тре́бовать (*терпения, храбрости и т. п.*); it will ~ two hours to translate this article перево́д э́той статьи́ займёт два часа́; he took half

an hour over his dinner обе́д о́тнял у него́ полчаса́ 9) по́льзоваться (*транспортом*); испо́льзовать (*средства передвижения*); to ~ a train (a bus) сесть в по́езд (в авто́бус); е́хать по́ездом (авто́бусом) 10) снима́ть (*квартиру, дачу и т п.*) 11) выбира́ть (*путь, способ*); to ~ the shortest way вы́брать кратча́йший путь 12) доставля́ть (*куда-л.*); брать с собо́й; сопровожда́ть; провожа́ть; to ~ smb. home провожа́ть кого́-л. домо́й; I'll ~ her to the theatre я поведу́ её в теа́тр 13) полага́ть, счита́ть; понима́ть; you were late, I ~ it вы опозда́ли, на́до полага́ть; do you ~ me? *разг.* вы меня́ понима́ете? 14) воспринима́ть, реаги́ровать (*на что-л.*); относи́ться (*к чему-л.*); how did he ~ it? как он отнёсся к э́тому?; to ~ coolly относи́ться хладнокро́вно 15) возде́йствовать, ока́зывать де́йствие; the vaccination did not ~ о́спа не привила́сь 16) име́ть успе́х; нра́виться, увлека́ть; she took his fancy она́ завладе́ла его́ воображе́нием; the play didn't ~ пье́са не име́ла успе́ха 17) подверга́ться; поддава́ться (*обработке и т. п.*) 18) выпи́сывать; получа́ть регуля́рно (*тж.* ~ in); I ~ a newspaper and two magazines я получа́ю газе́ту и два журна́ла 19) отнима́ть, вычита́ть (*тж.* ~ off; from) 20) фотографи́ровать; изобража́ть; рисова́ть 21) выходи́ть на фотогра́фии; he does not ~ well он пло́хо выхо́дит на фотогра́фии 22) измеря́ть; to ~ measurements снима́ть ме́рку 23) уноси́ть (*жизни*); the flood took many lives во вре́мя наводне́ния поги́бло мно́го люде́й 24) преодолева́ть; брать препя́тствие; the horse took the hedge easily ло́шадь легко́ взяла́ препя́тствие 25) заболе́ть; зарази́ться; I ~ cold easily я легко́ простужа́юсь; to be ~n ill заболе́ть 26) *тех.* тверде́ть, схва́тываться (*о цементе и т. п.*) 27) *образует с рядом конкретных и абстрактных существительных фразовые глаголы*: to ~ action де́йствовать; принима́ть ме́ры; to ~ part уча́ствовать, принима́ть уча́стие; to ~ effect вступи́ть в си́лу; возыме́ть де́йствие; to ~ leave уходи́ть; проща́ться (of); to ~ notice замеча́ть; to ~ a holiday отдыха́ть; to ~ a breath вдохну́ть; перевести́ дыха́ние; to ~ root укореня́ться; to ~ vote голосова́ть; to ~ offence обижа́ться; to ~ pity on smb. сжа́литься над кем-л.; to ~ place случа́ться; to ~ shelter укры́ться; to ~ a shot вы́стрелить; to ~ steps принима́ть ме́ры; to ~ a step шагну́ть; to ~ a tan загоре́ть □ ~ **aback** захвати́ть враспло́х; порази́ть, ошеломи́ть; ~ **after** походи́ть на *кого-л.*; ~ **away** а) удаля́ть; б) вычита́ть; в) отнима́ть; г) уноси́ть; уводи́ть; забира́ть; ~ **down** а) снима́ть (*со стены, полки и т. п.*); б) сноси́ть, разруша́ть; в) разбира́ть (*машину и т. п.*); г) *полигр.* разбира́ть (*набор*); д) запи́сывать; е) прогла́тывать; ж) снижа́ть (*цену*); з) унижа́ть; сбива́ть спесь (*с кого-л.*); ~ **for** принима́ть за; ~ **in** а) принима́ть го́стя; б) брать (*жильца; работу на дом и т. п.*); в) регуля́рно получа́ть; г) занима́ть (*территорию*); д) включа́ть, содержа́ть; е) поня́ть су́щность (*факта, довода*); ж) пове́рить (*ложным заявлениям*); з) обману́ть; to be ~n in быть обма́нутым; и) ушива́ть (*одежду*); к) убира́ть (*паруса*); л) смотре́ть, ви́деть; м) *амер.* посети́ть, побыва́ть; осма́тривать (*достопримечательности*); to ~ in a movie пойти́ в кино́; ~ **off** а) снима́ть; to ~ smth. off one's hands изба́виться от чего́-л.; сбыть с рук; б) уменьша́ть(ся); потеря́ть (*в весе*); в) сбавля́ть (*цену*); г) уничтожа́ть, губи́ть, убива́ть; д) подража́ть; передра́знивать; е) *ав.* взлете́ть, оторва́ться от земли́ *или* воды́; ж) вычита́ть; з) удаля́ть; и) уводи́ть (*кого-л. куда-л.*); ~ **on** а) принима́ть на слу́жбу; б) брать (*работу*); бра́ться (*за дело и т. п.*); в) ва́жничать, задира́ть нос; г) име́ть успе́х, станови́ться популя́рным; д) полне́ть; е) *разг.* си́льно волнова́ться, огорча́ться, расстра́иваться; ж) *воен.* откры́ть ого́нь; ~ **out** а) вынима́ть; б) выводи́ть (*пятно*); в) выводи́ть на прогу́лку; г) пригласи́ть, повести́ (*в театр, ресторан*); д) выбира́ть, выпи́сывать (*цитаты*); е) брать (*патент*); ~ **over** а) принима́ть (*должность и т. п.*) от друго́го; б) вступа́ть во владе́ние (*вместо другого лица*); when did the government ~ over the railways in Great Britain? когда́ в Великобрита́нии бы́ли национализи́рованы желе́зные доро́ги?; в) перевози́ть на друго́й бе́рег; ~ **to** а) привяза́ться к *кому-л.*; пристрасти́ться к *чему-л.*; приобрести́ привы́чку; we took to him right away он нам сра́зу пришёлся по душе́; б) прибе́гнуть к *чему-л.*; to ~ to one's bed заболе́ть, слечь; ~ **up** а) обсужда́ть (*план и т. п.*); б) поднима́ть; в) занима́ть, принима́ть; to ~ up an attitude заня́ть пози́цию; г) занима́ть, отнима́ть (*время, место и т. п.*); д) принима́ть (*пассажира*); е) принима́ть под покрови́тельство; ж) бра́ться за *что-л.*; з) возвраща́ться к на́чатому; и) прерва́ть; одёрнуть; к) аресто́вывать; л) впи́тывать вла́гу; м): to ~ up with smb. *разг.* сближа́ться с кем-л.; н): I'll ~ you up on that ловлю́ вас на сло́ве; ~ **upon**: to ~ upon oneself брать на себя́ (*ответственность, обязательства*) ◇ to ~ it into one's head забра́ть себе́ в го́лову, возыме́ть жела́ние; to ~ it lying down безро́потно сноси́ть что-л.; to ~ kindly to относи́ться доброжела́тельно; to ~ oneself off уходи́ть, уезжа́ть; to ~ the sea выходи́ть в мо́ре; пуска́ться в пла́вание; to ~ to the woods *амер.* уклоня́ться от свои́х обя́занностей (*особ. от голосования*); ~ it from me *разг.* ве́рьте мне; to ~ too much подвы́пить, хлебну́ть ли́шнего; to ~ the biscuit *sl.* взять пе́рвый приз; ~ it or leave it как хоти́те; ли́бо да, ли́бо нет

**2.** *n* 1) захва́т, взя́тие 2) уло́в (*рыбы*); добы́ча (*на охоте*) 3) сбор (*театральный*) 4) бары́ш, вы́ручка 5) *полигр.* уро́к набо́рщика 6) *кино* кинока́др; дубль

**take-down** ['teɪk'daun] **1.** *n* 1) *разг.* униже́ние 2) разбо́рка

**2.** *a* разбо́рный

**take-home pay** ['teɪkhəum'peɪ] *n* зарпла́та за вы́четом нало́гов; чи́стый за́работок

**take-in** ['teɪk'ɪn] *n разг.* обма́н

**taken** ['teɪkən] *p. p. от* take 1

**take-off** ['teɪkɔf] *n* 1) *разг.* подража́ние; карикату́ра 2) *ав.* подъём, взлёт; отры́в от земли́ 3) ме́сто, с кото́рого произво́дится взлёт, отры́в от земли́

**take-over** ['teɪk,əuvə] *n* 1) захва́т, овладе́ние 2) вступле́ние во владе́ние (*вместо прежнего владельца*)

**taker** ['teɪkə] *n* 1) беру́щий *и пр.* [*см.* take 1] 2) тот, кто принима́ет пари́

**taking** ['teɪkɪŋ] **1.** *pres. p. от* take 1

**2.** *n* 1) захва́т 2) аре́ст 3) *уст.* волне́ние, беспоко́йство 4) *pl* бары́ши 5) уло́в

**3.** *a* привлека́тельный, зама́нчивый

**talari** ['tɑːlərɪ] *n* та́лари (*денежная единица Эфиопии*)

**talc** [tælk] **1.** *n мин.* тальк, жирови́к, стеати́т

**2.** *v* посыпа́ть, обраба́тывать та́льком

**talcum** ['tælkəm] = talc 1

**talcum powder** ['tælkəm,paudə] *n* тальк, гигиени́ческая пу́дра

**tale** [teɪl] *n* 1) расска́з; по́весть; a twice told ~ ста́рая исто́рия 2) (*часто pl*) вы́думки, ро́ссказни 3) спле́тня; to tell ~s спле́тничать; to tell ~s out of school ≅ выноси́ть сор из избы́ 4) *уст.* счёт, число́; коли́чество; the ~ is complete все в сбо́ре ◇ Canterbury ~ вы́мысел, ска́зки, ба́сни; an old wives' ~ неправдоподо́бная исто́рия, ба́бьи ска́зки

**talebearer** ['teɪl,bɛərə] *n* 1) спле́тник 2) я́бедник, доно́счик

**talent** ['tælənt] *n* 1) тала́нт 2) *собир.* тала́нтливые лю́ди 3) *ист.* тала́нт (*денежная и весовая единица*)

**talented** ['tæləntɪd] *a* тала́нтливый, одарённый

**talentless** ['tæləntlɪs] *a* безда́рный, лишённый тала́нта

**tales** ['teɪliːz] *лат. n pl юр.* 1) (*употр. как sing*) вы́зов запасны́х присяжны́х заседа́телей для уча́стия в суде́бном заседа́нии 2) спи́сок запасны́х прися́жных

**talesman** ['teɪliːzmən] *n* запасно́й прися́жный заседа́тель

**taleteller** ['teɪl,telə] *n* 1) расска́зчик; вы́думщик 2) = talebearer

**tali I, II** ['teɪlaɪ] *pl от* talus I *и* II

**taliped** [ˈtælɪped] *a мед.* страда́ющий косола́постью

**talipes** [ˈtælɪpi:z] *n мед.* изуро́дованная стопа́; косола́пость

**talipot** [ˈtælɪpɔt] *n* ве́ерная па́льма

**talisman** [ˈtælɪzmən] *n* талисма́н

**talk** [tɔ:k] **1.** *n* 1) разгово́р; бесе́да; a heart-to-heart ~ разгово́р по душа́м: to fall into ~ разговори́ться 2) *pl* перегово́ры 3) ле́кция, бесе́да 4) пусто́й разгово́р, болтовня́; it will end in ~ э́то да́льше разгово́ров не пойдёт 5) слу́хи, то́лки; предме́т разгово́ров, то́лков; it is the ~ of the town об э́том толку́ет весь го́род 6) *attr.* говоря́щий; ~ film звуково́й фильм

**2.** *v* 1) говори́ть; разгова́ривать (about, of — о *чём-л.*; with — с *кем-л.*); to ~ English говори́ть по-англи́йски; to ~ oneself hoarse договори́ться до хрипоты́; to get oneself ~ed about заста́вить заговори́ть о себе́; to ~ politics говори́ть о поли́тике 2) болта́ть, говори́ть пусто́е 3) спле́тничать, распространя́ть слу́хи 4) чита́ть ле́кцию (on) 5) заговори́ть (*о допрашиваемом*) □ ~ **at** говори́ть ду́рно о ком-л. в расчёте на то, что он э́то услы́шит; ~ **away** заговори́ться, заболта́ться; болта́ть без у́молку; ~ **back** возража́ть, дерзи́ть; ~ **down** а) перекрича́ть (*кого-л.*); заста́вить (*кого-л.*) замолча́ть; б): to ~ down to smb. говори́ть с кем-л. свысока́; ~ **into** уговори́ть, убеди́ть; to ~ smb. into doing smth. уговори́ть кого́-л. сде́лать что-л.; ~ **out** а) исче́рпать те́му разгово́ра; б) вы́яснить что-л. в хо́де бесе́ды; в) *парл.* затя́гивать пре́ния с тем, что́бы отсро́чить голосова́ние; ~ **out of** отговори́ть, разубеди́ть; to ~ smb. out of doing smth. отговори́ть кого-л. от чего́-л.; ~ **over** а) обсуди́ть (подро́бно); б) убеди́ть; ~ **round** а) говори́ть простра́нно, не каса́ясь существа́ де́ла; б) переубеди́ть (*кого-л.*); ~ **to** выгова́ривать, брани́ть; ~ **up** а) хвали́ть, расхва́ливать; б) говори́ть пря́мо и открове́нно ◇ to ~ big (*или* large, tall) *разг.* хва́стать, бахва́литься; to ~ against time а) говори́ть с це́лью вы́играть вре́мя; б) стара́ться уложи́ться в устано́вленное вре́мя (*об ораторе*); to ~ smb.'s head off, to ~ a donkey's hind leg off *разг.* заговори́ть до́ смерти; how you ~! расска́зывай!, ври бо́льше!; to ~ turkey *амер. разг.* а) говори́ть де́ло, разгова́ривать по-делово́му; б) говори́ть начистоту́; now you are ~ing! *разг.* вот сейча́с ты говори́шь де́ло!; you can't ~ *разг.* не тебе́ говори́ть, ты бы лу́чше пома́лкивал

**talkathon** [ˈtɔ:kəθən] *n амер.* чрезвыча́йно дли́нная речь *или* диску́ссия

**talkative** [ˈtɔ:kətɪv] *a* разгово́рчивый; словоохо́тливый

**talker** [ˈtɔ:kə] *n* 1) тот, кто говори́т 2) разгово́рчивый челове́к; болту́н 3) хоро́ший ора́тор ◇ good ~s are little doers *посл.* тот, кто мно́го говори́т, ма́ло де́лает

**talkie** [ˈtɔ:kɪ] *n разг.* звуково́е кино́

**talking** [ˈtɔ:kɪŋ] **1.** *pres. p. от* talk 2

**2.** *a* 1) говоря́щий; ~ film звуково́й фильм 2) разгово́рчивый 3) вырази́тельный; ~ eyes вырази́тельные глаза́

**talking machine** [ˈtɔ:kɪŋməˈʃi:n] *n* граммофо́н; фоно́граф

**talking-to** [ˈtɔ:kɪŋtu:] *n* вы́говор

**tall** [tɔ:l] *a* 1) высо́кий 2) *разг.* невероя́тный; чрезме́рный; a ~ story небыли́ца 3) *разг.* хвастли́вый; ~ talk а) хвастовство́; б) преувеличе́ние

**tallboy** [ˈtɔ:lbɔɪ] *n* высо́кий комо́д

**tallow** [ˈtæləu] **1.** *n* 1) жир, са́ло (*для свечей, мыла*) 2) колёсная мазь

**2.** *v* сма́зывать (*жиром*)

**tallow-chandler** [ˈtæləuˌtʃɑ:ndlə] *n* торго́вец са́льными свеча́ми

**tallow-face** [ˈtæləufeɪs] *n* челове́к с бле́дным одутлова́тым лицо́м

**tallowy** [ˈtæləuɪ] *a* 1) са́льный 2) жи́рный

**tally** [ˈtælɪ] **1.** *n* 1) би́рка; этике́тка, ярлы́к; квита́нция 2) ко́пия, дублика́т 3) счёт (*в игре*) 4) едини́ца счёта (*напр., десяток, дюжина, двадцать штук*)

**2.** *v* 1) подсчи́тывать (*часто* ~ up); *уст.* вести́ счёт по би́ркам 2) соотве́тствовать, совпада́ть (with) 3) прикрепля́ть ярлы́к

**tally-ho** [ˈtælɪˈhəu] **1.** *int охот.* ату́!

**2.** *v* нау́ськивать соба́к

**3.** *n* больша́я каре́та, запряжённая четвёркой

**tally-shop** [ˈtælɪʃɔp] *n* магази́н, где това́ры продаю́тся в рассро́чку

**tally trade** [ˈtælɪtreɪd] *n* торго́вля в рассро́чку

**talma** [ˈtælmə] *фр. n* та́льма

**talon** [ˈtælən] *n* 1) (*обыкн. pl*) ко́готь; дли́нный но́готь 2) тало́н (*от квитанции, банковского билета*) 3) ка́рты, оста́вшиеся в коло́де по́сле сда́чи

**taluk** [tɑ:ˈlu(:)k] *инд. n* 1) нало́говый о́круг 2) насле́дственное име́ние

**talus** I [ˈteɪləs] *n* (*pl* -li) *анат.* тара́нная кость

**talus** II [ˈteɪləs] *n* (*pl* -li) 1) отко́с, скат 2) *геол.* о́сыпь, делю́вий

**tamable** [ˈteɪməbl] *a* укроти́мый

**tamarack** [ˈtæməræk] *n бот.* ли́ственница америка́нская

**tamarind** [ˈtæmərɪnd] *n бот.* тамари́нд

**tamarisk** [ˈtæmərɪsk] *n бот.* тамари́ск

**tambour** [ˈtæmbuə] **1.** *n* 1) *уст.* бараба́н 2) кру́глые пя́льцы (*для вышивания*) 3) вы́шивка та́мбурным швом 4) *стр.* та́мбур

**2.** *v* вышива́ть (*на пяльцах*)

**tambourine** [ˌtæmbəˈri:n] *n* тамбури́н, бу́бен

**tame** [teɪm] **1.** *a* 1) ручно́й; приручённый 2) поко́рный, пасси́вный 3) ску́чный; неинтере́сный; бана́льный 4) *с.-х.* культу́рный, культиви́руемый (*о растении*)

**2.** *v* 1) приручи́ть, дрессирова́ть 2) смиря́ть 3) смягча́ть 4) де́лать неинтере́сным 5) культиви́ровать

**tameable** [ˈteɪməbl] = tamable

**tameless** [ˈteɪmlɪs] *a* 1) ди́кий, неприручённый 2) неукроти́мый

**tamer** [ˈteɪmə] *n* укроти́тель; дрессиро́вщик

**Tamil** [ˈtæmɪl] **1.** *n* 1) тами́л 2) тами́льский язы́к

**2.** *a* тами́льский

**Tamilian** [təˈmɪljən] *a* тами́льский

**Tammany** [ˈtæmənɪ] *n амер.* 1) незави́симая организа́ция демократи́ческой па́ртии в Нью-Йо́рке 2) систе́ма по́дкупов в полити́ческой жи́зни

**Tammany Hall** [ˈtæmənɪhɔ:l] *n амер.* 1) штаб демократи́ческой па́ртии в Нью-Йо́рке 2) = Tammany 1)

**tammy** I [ˈtæmɪ] = tam-o'-shanter

**tammy** II [ˈtæmɪ] *n* цеди́лка, си́то (*из ткани*)

**tam-o'-shanter** [ˌtæməˈʃæntə] *n* шотла́ндский бере́т

**tamp** [tæmp] *v* 1) набива́ть 2) трамбова́ть 3) *горн.* забива́ть шпур гли́ной *и т. п.* 4) *ж.-д.* подбива́ть

**tampan** [ˈtæmpæn] *n* южноафрика́нский ядови́тый клещ

**tamper** I [ˈtæmpə] *v* 1) вме́шиваться; сова́ться во что-л. (with) 2) тро́гать, по́ртить; somebody had ~ed with the lock кто́-то пыта́лся откры́ть замо́к 3) искажа́ть, подде́лывать (*что-л. в документе*; with) 4) подкупа́ть, ока́зывать та́йное давле́ние (with)

**tamper** II [ˈtæmpə] *n* трамбо́вка; пест

**tampion** [ˈtæmpɪən] *n* заты́чка, вту́лка

**tampon** [ˈtæmpən] *мед.* **1.** *n* тампо́н

**2.** *v* вставля́ть тампо́н

**tamtam** [ˈtæmtæm] = tomtom

**tan** [tæn] **1.** *n* 1) дуби́льная кора́ 2) желтова́то-кори́чневый цвет 3) зага́р 4) (the ~) *разг.* цирк

**2.** *a* желтова́то-кори́чневый

**3.** *v* 1) дуби́ть (*кожу*) 2) загора́ть 3) обжига́ть ко́жу (*о солнце*) 4) *разг.* дуба́сить; to ~ smb.'s hide отдуба́сить, исполосова́ть кого́-л.

**tana** [ˈtɑ:nə] *инд. n* 1) полице́йский уча́сток 2) *уст.* вое́нный пост

**tanadar** [ˈtɑ:nədɑ:] *инд. n* нача́льник полице́йского уча́стка

**tandem** [ˈtændəm] **1.** *n* 1) та́ндем, расположе́ние гусько́м 2) упря́жка цу́гом 3) та́ндем (*велосипед для двоих или троих*)

**2.** *adv* цу́гом, гусько́м

**tang** I [tæŋ] *n* 1) ре́зкий при́вкус; о́стрый за́пах 2) характе́рная черта́, осо́бенность 3) хвост, хвостови́к (*инструментов, имеющих деревянную ручку*)

**tang** II [tæŋ] **1.** *n* звон

**2.** *v* 1) звене́ть; гро́мко звуча́ть 2) звони́ть

**tangent** [ˈtændʒənt] **1.** *n* 1) *мат.* каса́тельная 2) *мат.* та́нгенс 3) *амер. разг.* прямо́й уча́сток железнодоро́жного пути́ ◇ to fly (*или* to go) off at (*или* on) a ~ внезáпно отклони́ться (*от темы и т. п.*); сорвáться, стрáнно себя́ повести́

**2.** *a мат.* касáтельный

**tangential** [tæn'dʒenʃəl] *a мат.* 1) напрáвленный по касáтельной к дáнной кривóй 2) тангенциáльный 3) отклоня́ющийся (*от темы и т. п.*)

**Tangerine** [ˌtændʒə'ri:n] *n* урожéнец Танжéра

**tangerine** [ˌtændʒə'ri:n] *n* 1) мандари́н (*плод*) 2) орáнжевый цвет

**tangibility** [ˌtændʒɪ'bɪlɪtɪ] *n* 1) осязáемость 2) реáльность

**tangible** ['tændʒəbl] **1.** *a* 1) осязáемый, материáльный 2) я́сный; ощути́мый, замéтный; реáльный

**2.** *n pl* нéчто ощути́мое, реáльное, осязáемое

**tangle** ['tæŋgl] **1.** *n* 1) спу́танный клубóк 2) сплетéние, пу́таница, неразбери́ха; in a ~ запу́танный 3) дрáга для исслéдования морскóго дна 4) конфли́кт, ссóра; to get into a ~ with smb. повздóрить, поссóриться с кем-л.

**2.** *v* запу́тывать(ся), усложня́ть(ся)

**tanglefoot** ['tæŋglfut] *n амер.* 1) *sl.* ви́ски 2) ли́пкая бумáга от мух

**tangleleg** ['tæŋglleg] = tanglefoot

**tangly** ['tæŋglɪ] *a* запу́танный

**tango** ['tæŋgəu] *n* (*pl* -os [-əuz]) тáнго

**tank I** [tæŋk] **1.** *n* 1) цистéрна, бак, резервуáр 2) иску́сственный *или* естéственный водоём 3) *радио* колебáтельный кóнтур

**2.** *v* 1) нáливáть в бак 2) сохраня́ть в бáке; обрабáтывать в бáке

**tank II** [tæŋk] *n* 1) танк 2) *attr.* тáнковый; ~ destroyer самохóдное противотáнковое ору́дие

**tankage** ['tæŋkɪdʒ] *n* 1) ёмкость цистéрны, бáка *и т. п.* 2) хранéние в цистéрнах, бáках *и т. п.* 3) плáта за хранéние в цистéрнах 4) осáдок в бáке 5) отбрóсы бóен, иду́щие на удобрéние (*мясокостная мука*)

**tankard** ['tæŋkəd] *n* высóкая пивнáя кру́жка (*часто с крышкой*) ◇ cold (*или* cool) ~ прохлади́тельный напи́ток (*из вина, воды и лимонного сока*)

**tank-borne** ['tæŋkbɔ:n] *a*: ~ infantry пехóта, посáженная на тáнки

**tank-car** ['tæŋkkɑ:] *n* 1) *ж.-д.* цистéрна 2) автоцистéрна

**tanked** [tæŋkt] **1.** *p. p. от* tank I, 2

**2.** *a амер. sl.* пья́ный

**tank engine** ['tæŋk'endʒɪn] *n* паровóз без тéндера, танк-паровóз

**tanker I** ['tæŋkə] *n* 1) тáнкер, нали́вное су́дно 2) цистéрна 3) самолёт-заправщик

**tanker II** ['tæŋkə] *n амер. воен.* танки́ст

**tanner I** ['tænə] *n* дуби́льщик

**tanner II** ['tænə] *n sl.* монéта в 6 пéнсов

**tannery** ['tænərɪ] *n* кожéвенный завóд, сыромя́тня

**tannin** ['tænɪn] *n* тани́н

**tansy** ['tænzɪ] *n бот.* пи́жма

**tantalize** ['tæntəlaɪz] *v* подвергáть тантáловым му́кам, дразни́ть лóжными надéждами

**tantalum** ['tæntələm] *n хим.* тантáл

**Tantalus** ['tæntələs] *n греч. миф.* Тантáл

**tantalus** ['tæntələs] *n* подстáвка для графи́нов с винóм (*из которой их нельзя вынуть без ключа*)

**tantamount** ['tæntəmaunt] *a* равноси́льный, равноцéнный (to)

**tantivy** [tæn'tɪvɪ] **1.** *n* бы́стрый галóп

**2.** *a* бы́стрый

**3.** *adv* вскачь

**tantrum** ['tæntrəm] *n разг.* вспы́шка раздражéния; to fly into a ~ вспы́хнуть, разрази́ться гнéвом

**tap I** [tæp] **1.** *n* 1) прóбка, заты́чка 2) кран (*водопроводный, газовый и т. п.*); to leave the ~ running остáвить кран откры́тым 3) сорт, мáрка (*вина, пива*); beer of the first ~ пи́во вы́сшего сóрта 4) = taproom 5) *тех.* мéтчик 6) *эл.* отвóд, ответвлéние; отпáйка ◇ on ~ а) распи́вочно (*о вине*); б) готóвый к немéдленному употреблéнию, испóльзованию; находя́щийся под рукóй

**2.** *v* 1) вставля́ть кран, снабжáть втýлкой *и т. п.* 2) наливáть пи́во, винó *и т. п.* 3) вынимáть прóбку, заты́чку *и т. п.* 4) *мед.* дéлать прокóл, выкáчивать (*жидкость*) 5) дéлать надрéз на дéреве 6) перехвáтывать (*сообщения*); to ~ the wire перехвáтывать телегрáфные сообщéния; to ~ the line подслу́шивать телефóнный разговóр 7) выпрáшивать, выу́живать дéньги; to ~ smb. for money выколáчивать дéньги из когó-л. 8) *тех.* нарезáть вну́треннюю резьбу́ 9) *метал.* пробивáть лётку; выпускáть расплáвленный метáлл (*из печи*) ◇ to ~ the house соверши́ть крáжу со взлóмом

**tap II** [tæp] **1.** *n* 1) лёгкий стук *или* удáр 2) *pl амер. воен.* сигнáл туши́ть огни́ (*в казармах*); отбóй 3) набóйка (*на каблуке*)

**2.** *v* 1) стучáть, посту́кивать, обсту́кивать; хлóпать; to ~ at the door тихóнько постучáть в дверь; to ~ on the shoulder похлóпать по плечу́ 2) набивáть набóйку (*на каблук*)

**tap-dance** ['tæpdɑ:ns] *n* чечётка

**tape** [teɪp] **1.** *n* 1) тесьмá 2) лéнта; adhesive ~ изоляциóнная лéнта 3) телегрáфная лéнта 4) лéнточка у фи́ниша; to breast the ~ прийти́ к фи́нишу 5) = tape-line 6) *сокр. от* red tape 7) магнитофóнная лéнта

**2.** *v* 1) свя́зывать шнурóм, тесьмóй 2) измеря́ть рулéткой □ ~ up бинтовáть, забинтóвывать

**tape-line** ['teɪplaɪn] *n* рулéтка, мéрная лéнта

**tape-machine** ['teɪpməˌʃi:n] *n* буквопечáтающий телегрáфный аппарáт

**tape-measure** ['teɪpˌmeʒə] = tape-line

**taper** ['teɪpə] **1.** *n* 1) тóнкая свéчка 2) слáбый свет 3) кóнус, кони́ческая фóрма 4) постепéнное ослаблéние, спад

**2.** *v* су́живать(ся) к концу́ (*часто* ~ off); заостря́ть

**tape-record** ['teɪprɪˌkɔ:d] *v* запи́сывать на магнитофóнную плёнку

**tape-recorder** ['teɪprɪˌkɔ:də] *n* магнитофóн

**tapering** ['teɪpərɪŋ] *a* 1) су́живающийся к одномý концу́, конусообрáзный 2) тóнкий и дли́нный (*о пальцах руки и т. п.*)

**tapestry** ['tæpɪstrɪ] *n* 1) зáтканная от руки́ матéрия; гобелéн 2) декорати́вная ткань, имити́рующая гобелéн

**tapeworm** ['teɪpwə:m] *n мед.* лéнточный червь, солитёр

**tap-hole** ['tæphəul] *n метал.* лётка; выпускнóе отвéрстие

**taphouse** ['tæphaus] = taproom

**tapioca** [ˌtæpɪ'əukə] *n* тапиóка (*крупа*)

**tapir** ['teɪpə] *n зоол.* тапи́р

**tapis** ['tæpi:] *фр. n*: to be (*или* to come) on the ~ быть на рассмотрéнии, обсуждáться

**tapper** ['tæpə] *n* телегрáфный ключ

**tappet** ['tæpɪt] *n тех.* толкáтель клáпана; кулачóк

**taproom** ['tæprum] *n* пивнáя, бар

**tap-root** ['tæpru:t] *n бот.* стержневóй кóрень

**tapster** ['tæpstə] *n* буфéтчик; бáрмен

**tar** [tɑ:] **1.** *n* смолá; дёготь; гудрóн ◇ to beat (*или* to knock, to whale) the ~ out of smb. *амер. sl.* изби́ть когó-л. до полусмéрти, исколоти́ть, исколошмáтить когó-л.

**2.** *v* мáзать дёгтем; смоли́ть; to ~ and feather вы́мазав дёгтем, обвалять в пéрьях (*способ самосуда в США*) ◇ ~red with the same brush (*или* stick) ≅ одни́м ми́ром мáзаны; одни́м лы́ком ши́ты

**taradiddle** ['tærədɪdl] *n разг.* ложь, враньё

**tarantella** [ˌtærən'telə] *n* тарантéлла

**tarantula** [tə'ræntjulə] *n зоол.* тарáнтул

**taraxacum** [tə'ræksəkəm] *n* 1) *бот.* одувáнчик 2) *мед.* лекáрство из одувáнчика

**tarboosh** [tɑ:'bu:ʃ] *n* фéска

**tar-brush** ['tɑ:brʌʃ] *n* 1) кисть для смáзки дёгтем 2) *амер. sl.* при́месь негритя́нской крóви

**tardigrade** ['tɑ:dɪgreɪd] *a зоол.* мéдленно передвигáющийся

**tardy** ['tɑ:dɪ] *a* 1) медли́тельный 2) *амер.* запоздáлый, пóздний; to make a ~ appearance прийти́ с опоздáнием; to be ~ for school опоздáть в шкóлу

**tare I** [tɛə] *n* 1) *бот.* ви́ка (посевнáя) 2) *pl библ.* плéвелы

**tare II** [tɛə] *n* 1) вес тáры, тáра 2) ски́дка на тáру; ~ and tret прáвила учёта вéса тáры

**targe** [tɑ:dʒ] *n ист.* мáленький кру́глый щит

**target** [ˈtɑːgɪt] *n* 1) цель, мише́нь (*тж. перен.*); off the ~ ми́мо це́ли 2) зада́ние, контро́льная ци́фра; to beat the ~ перевы́полнить план 3) = targe 4) *ж.-д.* сигна́л (*стрелки*) 5) *attr.* пла́новый; ~ figure пла́новая *или* контро́льная ци́фра 6) *attr. воен.*: ~ hit попада́ние в цель *или* мише́нь; ~ practice уче́бная стрельба́

**Tarheel(er)** [ˈtɑːˌhiːl(ə)] *n амер. разг.* про́звище уроже́нца *или* жи́теля Се́верной Кароли́ны

**tariff** [ˈtærɪf] **1.** *n* 1) тари́ф; preferential ~ преференциа́льный тамо́женный тари́ф 2) расце́нка 3) *attr.* тари́фный; ~ reform протекциони́стская рефо́рма (*в Англии*)

**2.** *v* 1) включи́ть в тари́ф 2) установи́ть расце́нку

**tarlatan** [ˈtɑːlətən] *n* тарлата́н (*жёстко прокрахмаленная кисея*)

**tarmac** [ˈtɑːmæk] *сокр. см.* tar macadam

**tar macadam** [ˈtɑːməˈkædəm] *n* гудрони́рованное шоссе́

**tarn** [tɑːn] *n геол.* ка́ровое о́зеро

**tarnation** [tɑːˈneɪʃən] = damnation

**tarnish** [ˈtɑːnɪʃ] **1.** *n* 1) ту́склость 2) *перен.* пятно́

**2.** *v* 1) лиша́ть(ся) бле́ска, тускне́ть 2) поро́чить, пятна́ть

**tar paper** [ˈtɑːˌpeɪpə] *n стр.* толь

**tarpaulin** [tɑːˈpɔːlɪn] *n* 1) брезе́нт, просмолённая паруси́на 2) матро́сская ша́пка *или* ку́ртка; штормо́вка 3) *уст.* моря́к; матро́с

**tarpon** [ˈtɑːpɔn] *n зоол.* тарпо́н

**tarragon** [ˈtærəgən] *n бот.* полы́нь эстраго́н

**tarrock** [ˈtærək] *n название нескольких северных морских птиц*: кра́чка; моёвка

**tarry** I [ˈtærɪ] *v книжн.* 1) ме́длить, ме́шкать 2) *амер.* ждать, дожида́ться (for) 3) жить, прожива́ть (at, in)

**tarry** II [ˈtɑːrɪ] *a* покры́тый *или* вы́мазанный дёгтем

**tarsi** [ˈtɑːsaɪ] *pl от* tarsus

**tarsia** [ˈtɑːsɪə] *ит. n* инта́рсия, деревя́нная моза́ика

**tarsus** [ˈtɑːsəs] *n* (*pl* -si) 1) *анат.* предплюсна́ 2) *зоол.* плюсна́ (*птицы*); ла́пка насеко́мого

**tart** I [tɑːt] *a* 1) ки́слый; те́рпкий; е́дкий 2) ре́зкий, ко́лкий (*об ответе, возражении и т. п.*)

**tart** II [tɑːt] *n* 1) пиро́г (*с фруктами, ягодами или вареньем*), дома́шний торт; jam ~ пиро́г с варе́ньем 2) фрукто́вое пиро́жное

**tart** III [tɑːt] *n sl.* проститу́тка

**tartan** [ˈtɑːtən] *n* 1) клётчатая шерстяна́я мате́рия, шотла́ндка 2) шотла́ндский плед 3) шотла́ндский го́рец 4) *attr.* сде́ланный из шотла́ндки

**Tartar** [ˈtɑːtə] **1.** *n* 1) тата́рин; тата́рка 2) челове́к ди́кого, необу́зданного нра́ва 3) меге́ра, фу́рия ◇ young ~ тру́дный, капри́зный ребёнок; to catch a ~ столкну́ться с бо́лее си́льным проти́вником, встре́тить си́льный отпо́р

**2.** *a* тата́рский

**tartar** [ˈtɑːtə] *n хим.* ви́нный ка́мень

**Tartarean** [tɑːˈtɛərɪən] *a* а́дский

**tartar emetic** [ˈtɑːtərɪˈmetɪk] *n хим.* рво́тный ка́мень

**Tartarian** [tɑːˈtɛərɪən] *a* тата́рский

**Tartarus** [ˈtɑːtərəs] *n греч. миф.* та́ртар, преиспо́дняя

**tartlet** [ˈtɑːtlɪt] *n* тартале́тка, небольшо́й откры́тый пиро́г

**task** [tɑːsk] **1.** *n* 1) уро́чная рабо́та; зада́ча; зада́ние; уро́к; to set a ~ before smb. дать кому́-л. зада́ние, поста́вить зада́чу пе́ред кем-л.; ~ in hand а) на́чатая рабо́та; б) ближа́йшая зада́ча 2) *амер.* но́рма (*рабочего*) ◇ to take (*или* to call) smb. to ~ сде́лать вы́говор, дать нагоня́й кому́-л.; ~ force *воен.* операти́вная (*или* такти́ческая) гру́ппа

**2.** *v* 1) зада́ть рабо́ту 2) обременя́ть, перегружа́ть; it ~s my power э́то мне не под си́лу, э́то сли́шком тру́дно

**taskmaster** [ˈtɑːskˌmɑːstə] *n* 1) бригади́р, деся́тник 2) надсмо́трщик

**taskwork** [ˈtɑːskwəːk] *n* 1) уро́чная рабо́та 2) сде́льная рабо́та

**tassel** [ˈtæsəl] *n* 1) ки́сточка (*как украшение*) 2) закла́дка (*в виде ленточки в книге*)

**taste** [teɪst] **1.** *n* 1) вкус (*чувство*); sour to the ~ ки́слый на вкус 2) вкус (*отличительная особенность пищи*); this medicine has no ~ э́то лека́рство безвку́сно; to leave a bad ~ in the mouth оста́вить дурно́й вкус во рту; *перен.* оста́вить неприя́тное впечатле́ние 3) скло́нность, пристра́стие (for — к *чему-л.*); she has expensive ~s in clothes она́ лю́бит носи́ть дороги́е ве́щи; to have a ~ for music име́ть скло́нность к му́зыке; ~s differ, there is no accounting for ~s о вку́сах не спо́рят 4) вкус, понима́ние; to dress in good (bad) ~ одева́ться со вку́сом (безвку́сно) 5) мане́ра, стиль; the Baroque ~ стиль баро́кко 6) немно́го, чу́точка; кусо́чек, глото́чек (*на пробу*); give me a ~ of the pudding да́йте мне кусо́чек пу́динга 7) представле́ние; пе́рвое знако́мство (*с чем-л.*); to have a ~ of skin-diving име́ть представле́ние о пла́вании под водо́й

**2.** *v* 1) (по)про́бовать (на вкус); отве́дать; *перен.* вкуси́ть, испыта́ть; to ~ of danger *книжн.* подве́ргнуться опа́сности 2) различа́ть на вкус 3) име́ть вкус, при́вкус; to ~ sour быть ки́слым на вкус, име́ть ки́слый вкус; the soup ~s of onions в су́пе (о́чень) чу́вствуется лук

**tasteful** [ˈteɪstful] *a* 1) сде́ланный со вку́сом 2) облада́ющий хоро́шим вку́сом

**tasteless** [ˈteɪstlɪs] *a* 1) безвку́сный; пре́сный 2) с дурны́м вку́сом 3) беста́ктный

**taster** [ˈteɪstə] *n* 1) дегуста́тор 2) реце́нзент изда́тельства 3) дегустацио́нный прибо́р

**tasty** [ˈteɪstɪ] *a* 1) вку́сный 2) прия́тный 3) *разг.* име́ющий хоро́ший вкус; изя́щный

**tat** [tæt] *v* плести́ кру́жево

**Tatar** [ˈtɑːtə] = Tartar

**tatter** [ˈtætə] **1.** *n* 1) (*обыкн. pl*) лохмо́тья, кло́чья; to tear to ~s изорва́ть в кло́чья; *перен.* разби́ть в пух и прах 2) тря́пка 3) старьёвщик

**2.** *v* превраща́ть(ся) в лохмо́тья; рва́ть(ся) в кло́чья

**tatterdemalion** [ˌtætədəˈmeɪljən] *n* оборва́нец

**tattered** [ˈtætəd] **1.** *p. p. от* tatter 2

**2.** *a* обо́рванный, в лохмо́тьях

**tatting** [ˈtætɪŋ] **1.** *pres. p. от* tat

**2.** *n* плетёное кру́жево

**tattle** [ˈtætl] **1.** *n* болтовня́; пусто́й разгово́р; спле́тни

**2.** *v* болта́ть, суда́чить; спле́тничать

**tattler** [ˈtætlə] *n* болту́н; спле́тник

**tattoo** I [təˈtuː] **1.** *n* сигна́л вече́рней зари́

**2.** *v* 1) бить, игра́ть зо́рю 2) бараба́нить па́льцами; отбива́ть такт ного́й (*тж.* beat the devil's ~)

**tattoo** II [təˈtuː] **1.** *n* татуиро́вка

**2.** *v* татуи́ровать

**tatty** [ˈtætɪ] *инд. n* намо́ченная цино́вка из души́стой травы́ (*вешается на окно или на дверь для охлаждения воздуха в комнате*)

**taught** [tɔːt] *past и p. p. от* teach

**taunt** I [tɔːnt] **1.** *n* 1) насме́шка, язви́тельное замеча́ние; «шпи́лька» 2) *уст.* предме́т насме́шек

**2.** *v* насмеха́ться, говори́ть ко́лкости

**taunt** II [tɔːnt] *a мор.* о́чень высо́кий (*о мачте*)

**tauromachy** [tɔːˈrɔməkɪ] *греч. n* бой быко́в

**Taurus** [ˈtɔːrəs] *n* Теле́ц (*созвездие и знак зодиака*)

**taut** [tɔːt] *a* 1) ту́го натя́нутый, упру́гий 2) напряжённый; ~ nerves взви́нченные не́рвы 3) в хоро́шем состоя́нии; испра́вный; подтя́нутый; аккура́тный

**tauten** [ˈtɔːtən] *v* ту́го натя́гивать (-ся)

**tautologize** [tɔːˈtɔlədʒaɪz] *v* повторя́ться

**tautology** [tɔːˈtɔlədʒɪ] *n* тавтоло́гия

**tavern** [ˈtævən] *n* таве́рна; заку́сочная, бар

**taw** I [tɔː] *n* 1) ша́рики (*детская игра*) 2) черта́, с кото́рой броса́ют ша́рики

**taw** II [tɔː] *v* выде́лывать ко́жу без дубле́ния

**tawdry** [ˈtɔːdrɪ] **1.** *a* мишу́рный, крича́ще безвку́сный

**2.** *n* дешёвый шик; безвку́сные украше́ния

**tawny** [ˈtɔːnɪ] *a* рыжева́то-кори́чневый; тёмно-жёлтый

**tawny owl** [ˈtɔːnɪˈaul] *n зоол.* нея́сыть се́рая (*или* обыкнове́нная)

**tax** [tæks] **1.** *n* 1) (госуда́рственный) нало́г; по́шлина; сбор; direct (indirect) ~es прямы́е (ко́свенные) нало́ги; single ~ еди́ный земе́льный нало́г; to levy a ~ on smb., smth. облага́ть кого́-л., что-л. нало́гом; heavy ~ большо́й, обремени́тельный нало́г; nuisance ~ *амер.* небольшо́й нало́г, выпла́чиваемый по частя́м 2) напряже́ние, бре́мя, испыта́ние; it is a great ~ on my time э́то тре́бует от меня́ сли́шком мно́го вре́мени

**2.** *v* 1) облага́ть нало́гом; таксирова́ть 2) чрезме́рно напряга́ть, подверга́ть испыта́нию; утомля́ть; the work ~es my powers э́та рабо́та сли́шком тяжела́ для меня́; I cannot ~ my memory не могу́ вспо́мнить; to ~ smb.'s patience испы́тывать чьё-л. терпе́ние 3) *амер. разг.* спра́шивать, назнача́ть це́ну; what will you ~ me? ско́лько э́то бу́дет (мне) сто́ить? 4) де́лать вы́говор, отчи́тывать (*кого-л.*); обвиня́ть, осужда́ть (with) 5) *юр.* определя́ть разме́р убы́тков, штра́фа *и т. п.*; определя́ть разме́р суде́бных изде́ржек

**taxability** [ˌtæksəˈbɪlɪtɪ] *n* облага́емость

**taxable** [ˈtæksəbl] *a* облага́емый нало́гом; подлежа́щий обложе́нию нало́гом

**taxation** [tækˈseɪʃən] *n* 1) обложе́ние нало́гом; взима́ние нало́га 2) разме́р, су́мма нало́га

**tax-collector** [ˈtækskəˌlektə] *n* сбо́рщик нало́гов

**tax evasion** [ˈtæksɪˈveɪʒən] *n* уклоне́ние от упла́ты нало́гов

**tax-exempt** [ˈtæksɪgˈzempt] *a* не подлежа́щий обложе́нию нало́гом

**tax-farmer** [ˈtæksˌfɑ:mə] *n* откупщи́к

**tax-free** [ˈtæksˈfri:] *a* освобождённый от нало́гов

**tax-gatherer** [ˈtæksˌgæðərə] = tax-collector

**taxi** [ˈtæksɪ] **1.** *n* такси́

**2.** *v* 1) е́хать на такси́ 2) везти́ на такси́ 3) *ав.* рули́ть

**taxi-cab** [ˈtæksɪkæb] = taxi 1

**taxi-dance hall** [ˈtæksɪdɑ:nsˈhɔ:l] *n* *амер.* да́нсинг с профессиона́льными партнёршами *или* партнёрами

**taxi-dancer** [ˈtæksɪˌdɑ:nsə] *n* *амер.* профессиона́льная партнёрша, профессиона́льный партнёр (*в да́нсинге*)

**taxidermist** [ˈtæksɪdə:mɪst] *n* наби́вщик чу́чел, таксидерми́ст

**taxidermy** [ˈtæksɪdə:mɪ] *n* наби́вка чу́чел

**taxi-driver** [ˈtæksɪˌdraɪvə] = taxi-man

**taxi-man** [ˈtæksɪmən] *n* шофёр такси́

**taximeter** [ˈtæksɪˌmi:tə] *n* таксо́метр, счётчик

**taxing** [ˈtæksɪŋ] **1.** *pres. p. от* tax 2

**2.** *n* обложе́ние нало́гом

**3.** *a* нало́говый; ~ district нало́говый о́круг

**taxing-master** [ˈtæksɪŋˌmɑ:stə] *n* чино́вник, определя́ющий разме́ры суде́бных изде́ржек

**taxis** [ˈtæksɪs] *n* *биол.* отве́тная реа́кция органи́зма, та́ксис

**taxpayer** [ˈtæksˌpeɪə] *n* налогоплате́льщик

**tea** [ti:] *n* 1) чай; afternoon ~, high (*или* meat) ~ пло́тный у́жин с ча́ем; tile ~ кирпи́чный пли́точный чай; Russian ~ чай с лимо́ном (*подаётся в стака́нах*); to make (the) ~ зава́ривать чай 2) насто́й; кре́пкий отва́р *или* бульо́н 3) *амер. sl.* марихуа́на ◊ not smb.'s cup of ~ *разг.* не по вку́су кому́-л.

**tea-biscuit** [ˈti:ˌbɪskɪt] *n* пече́нье к ча́ю

**tea-board** [ˈti:bɔ:d] = tea-tray

**tea-bread** [ˈti:bred] *n* сдо́бный хле́бец *или* бу́лочка к ча́ю

**tea-caddy** [ˈti:ˌkædɪ] *n* ча́йница

**tea-cake** [ˈti:keɪk] *n* бу́лочка к ча́ю

**teach** [ti:tʃ] *v* (taught) 1) учи́ть, обуча́ть; дава́ть уро́ки, преподава́ть; to ~ smb. French обуча́ть кого́-л. францу́зскому языку́ 2) учи́ть, приуча́ть; to ~ smb. discipline приуча́ть кого́-л. к дисципли́не 3) проучи́ть; I will ~ him a lesson я проучу́ его́

**teachable** [ˈti:tʃəbl] *a* 1) досту́пный, усва́иваемый (*о предме́те*) 2) спосо́бный к уче́нию; поня́тливый; приле́жный

**teacher** [ˈti:tʃə] *n* учи́тель(ница); преподава́тель(ница)

**teachers college** [ˈti:tʃəzˌkɔlɪdʒ] *n* педагоги́ческий институ́т

**teaching** [ˈti:tʃɪŋ] **1.** *pres. p. от* teach

**2.** *n* 1) обуче́ние; to take up ~ стать преподава́телем 2) уче́ние, доктри́на

**tea-cloth** [ˈti:klɔθ] *n* 1) ча́йная ска́терть *или* салфе́тка 2) полоте́нце для ча́йной посу́ды

**tea-cosy** [ˈti:ˌkəuzɪ] *n* стёганый чехо́льчик (*на ча́йник*)

**teacup** [ˈti:kʌp] *n* (ча́йная) ча́шка

**tea-dealer** [ˈti:ˌdi:lə] *n* чаеторго́вец

**tea-fight** [ˈti:faɪt] *sl. см.* tea-party 1)

**tea-garden** [ˈti:ˌgɑ:dn] *n* 1) кафе́ *или* рестора́н на откры́том во́здухе 2) ча́йная планта́ция

**tea-house** [ˈti:haus] *n* 1) ча́йная (*на Восто́ке*) 2) кафе́; заку́сочная

**teak** [ti:k] *n* ти́к(овое де́рево)

**tea-kettle** [ˈti:ˌketl] *n* ча́йник (*для кипяче́ния воды́*)

**teal** [ti:l] *n* *зоол.* чиро́к

**tea-leaf** [ˈti:li:f] *n* 1) ча́йный лист 2) *pl* спито́й чай

**team** [ti:m] **1.** *n* 1) упря́жка, запря́жка (*лошаде́й, воло́в*); *амер.* упря́жка с экипа́жем, вы́езд 2) спорти́вная кома́нда 3) брига́да, арте́ль (*рабо́чих*) 4) экипа́ж су́дна 5) *воен.* кома́нда

**2.** *v* 1) запряга́ть 2) объединя́ться в брига́ду, кома́нду *и т. п.*; to ~ up with smb. *амер.* объедини́ться с кем-л. 3) быть пого́нщиком, возни́цей

**team-mate** [ˈti:mmeɪt] *n* игро́к той же кома́нды; член той же брига́ды, того́ же звена́ *и т. п.*

**teamster** [ˈti:mstə] *n* 1) пого́нщик; возни́ца 2) *амер.* води́тель грузовика́

**teamwise** [ˈti:mwaɪz] *adv* сообща́, вме́сте

**team-work** [ˈti:mwə:k] *n* 1) брига́дная *или* арте́льная рабо́та 2) согласо́ванная рабо́та; совме́стные уси́лия; взаимоде́йствие

**tea-party** [ˈti:ˌpɑ:tɪ] *n* 1) зва́ный чай 2) о́бщество, приглашённое на чай

**teapot** [ˈti:pɔt] *n* ча́йник (*для зава́рки*)

**teapoy** [ˈti:pɔɪ] *инд. n* небольшо́й сто́лик на трёх но́жках (*особ. для ча́я*)

**tear I** [tɛə] **1.** *n* 1) разры́в; дыра́, проре́ха 2) стреми́тельное движе́ние; спе́шка; full ~ о́прометью 3) нейстовство 4) *амер. sl.* кутёж 5) *тех.* задира́ние

**2.** *v* (tore; torn) 1) рва́ть(ся), срыва́ть, отрыва́ть(ся) (*тж.* ~ off); to ~ smth. to pieces изорва́ть что-л. в клочки́; *перен.* ≅ разби́ть в пух и прах; раскритикова́ть 2) отнима́ть; выхва́тывать (*тж.* ~ out) 3) пора́нить, оцара́пать; I have torn my finger я пора́нил себе́ па́лец 4) *перен.* раздира́ть; a heart torn by anxiety се́рдце, разрыва́ющееся от трево́ги; to be torn between разрыва́ться на ча́сти; колеба́ться ме́жду (*двумя́ жела́ниями и т. п.*) 5) рва́ться; изна́шиваться 6) мча́ться (*тж.* ~ along, ~ down) 7) нейстовствовать, бушева́ть □ ~ **about** носи́ться сломя́ го́лову; ~ **along** броса́ться, устремля́ться, мча́ться; to ~ along the street мча́ться по у́лице; ~ **at** тащи́ть, тяну́ть с си́лой; ~ **away** отрыва́ть; to ~ oneself away с трудо́м оторва́ться; ~ **down** а) срыва́ть, сноси́ть (*постро́йку*); б) опроверга́ть (*пункт за пу́нктом*); в) нести́сь; мча́ться; ~ **out** вырыва́ть; выхва́тывать; ~ **up** а) вы́рвать; a tree torn up by the roots де́рево, вы́рванное с ко́рнем; б) изорва́ть

**tear II** [tɪə] *n* 1) слеза́; in ~s в слеза́х; bitter (*или* poignant) ~s го́рькие слёзы; to move smb. to ~s растро́гать кого́-л. до слёз 2) ка́пля (*росы́*)

**tear-drop** [ˈtɪədrɔp] *n* слеза́, слези́нка

**tear-duct** [ˈtɪədʌkt] *n* *анат.* слёзный прото́к

**tearful** [ˈtɪəful] *a* 1) пла́чущий 2) по́лный слёз; гото́вый распла́каться 3) печа́льный

**tear-gas** [ˈtɪəgæs] *n* слезоточи́вый газ

**tearing** [ˈtɛərɪŋ] **1.** *pres. p. от* tear I, 2

**2.** *a* *разг.* нейстовый, бе́шеный

**tearless** [ˈtɪəlɪs] *a* 1) без слёз 2) бесчу́вственный

**tea-room** [ˈti:rum] *n* кафе́-конди́терская

**tea-rose** [ˈti:rəuz] *n* ча́йная ро́за

**tear-sheet** ['teəʃi:t] *n амер.* реклáмное объявлéние в газéте, котóрое мóжет быть вы́резано читáтелем и напрáвлено фи́рме в кáчестве закáза

**tear-shell** ['tɪə'ʃel] *n* снаря́д со слезоточи́вым гáзом

**tear-stained** ['tɪəsteɪnd] *a* со следáми слёз, заплáканный

**tease** [ti:z] **1.** *v* 1) дразни́ть; поддрáзнивать 2) надоедáть, приставáть; надоедáть прóсьбами; выпрáшивать
**2.** *n* 1) = teaser 1); 2) попы́тка раздразни́ть

**teasel** ['ti:zl] **1.** *n* 1) *бот.* ворся́нка 2) *текст.* ворсовáльная ши́шка
**2.** *v* ворси́ть

**teaseler** ['ti:zlə] *n* ворси́льщик

**teaser** ['ti:zə] *n* 1) люби́тель подразни́ть; задира 2) *разг.* трýдная задáча, головолóмка

**tea-service** ['ti:,sə:vɪs] *n* чáйный сервиз

**tea-set** ['ti:set] = tea-service

**tea-shop** ['ti:ʃɔp] *n* кафé, закýсочная

**tea-spoon** ['ti:spu:n] *n* чáйная лóжка

**tea-strainer** ['ti:,streɪnə] *n* чáйное си́течко

**teat** [ti:t] *n* 1) сосóк 2) *тех.* бобы́шка

**tea-table** ['ti:,teɪbl] *n* 1) чáйный стол 2) óбщество за чáем 3) *attr.*: ~ conversation бесéда за чáем

**tea-things** ['ti:θɪŋz] *n pl* чáйная посýда

**tea-tray** ['ti:treɪ] *n* чáйный поднóс

**tea-urn** ['ti:ə:n] *n* кипяти́льник, титáн, бак для воды́

**tea wagon** ['ti:,wægən] *n* стóлик на колёсиках для чáя *или* лёгкой закýски

**teazel, teazle** ['ti:zl] = teasel

**tec** [tek] *n разг.* 1) *сокр. от* detective 1; 2) *сокр. от* technical school [*см.* technical 1, 1)]

**technical** ['teknɪkəl] **1.** *a* 1) техни́ческий; промы́шленный; ~ school (*или* institute) техни́ческое учи́лище 2) специáльный; относя́щийся к определённой óбласти знáний *или* определённому ви́ду искýсства (*о терминологии*); ~ terms of law юриди́ческая терминолóгия 3) формáльно-юриди́ческий
**2.** *n pl* 1) специáльная терминолóгия 2) техни́ческие подрóбности

**technicality** [,teknɪ'kælɪtɪ] *n* 1) техни́ческая сторонá дéла 2) техни́ческая детáль, формáльность 3) *pl* специáльная терминолóгия

**technician** [tek'nɪʃən] *n* 1) человéк, знáющий своё дéло; специали́ст 2) человéк, хорошó владéющий тéхникой (*в живописи, музыке и т. п.*)

**technics** ['teknɪks] *n pl* (*употр. как sing*) тéхника, техни́ческие наýки

**technique** [tek'ni:k] *n* 1) тéхника, техни́ческие приёмы 2) мéтод; спóсоб

**technologist** [tek'nɔlədʒɪst] *n* технóлог

**technology** [tek'nɔlədʒɪ] *n* 1) тéхника; техни́ческие и прикладны́е наýки 2) технолóгия 3) специáльная терминолóгия

**techy** ['tetʃɪ] = tetchy

**tectonic** [tek'tɔnɪk] *a* 1) архитектýрный 2) *геол.* тектони́ческий

**tectonics** [tek'tɔnɪks] *n pl* (*употр. как sing*) тектóника

**ted** [ted] *v* вороши́ть (*сено*)

**tedder** ['tedə] *n* сеновороши́лка

**Teddy bear** ['tedɪ'bɛə] *n* медвежóнок (*детская игрушка*)

**teddy boy** ['tedɪ'bɔɪ] *n разг.* пижóн (*одевающийся в костюмы, которые были модны в Англии в начале XX в.*)

**tedious** ['ti:djəs] *a* скýчный, утоми́тельный

**tedium** ['ti:djəm] *n* скýка; утоми́тельность

**tee I** [ti:] **1.** *n* 1) *название буквы* T 2) вещь, имéющая фóрму бýквы T; тройни́к
**2.** *a тех.* таврóвый; Т-обрáзный

**tee II** [ti:] **1.** *n* мишéнь (*в играх*); мéтка для мячá в гóльфе ◇ to a ~ в тóчности, тóчно, точь-в-точь; в совершéнстве
**2.** *v* класть мяч для пéрвого удáра □ ~ off дéлать пéрвый удáр (*в гольфе*); ~ up = ~ off

**teem I** [ti:m] *v* кишéть, изоби́ловать (with — *чем-л.*)

**teem II** [ti:m] *v метал.* разливáть (*слитки*)

**teeming I** ['ti:mɪŋ] **1.** *pres. p. от* teem I
**2.** *a* перепóлненный, биткóм наби́тый

**teeming II** ['ti:mɪŋ] *pres. p. от* teem II

**teen** [ti:n] *n уст.* гóре, несчáстье

**teen-age** ['ti:neɪdʒ] *a* 1) находя́щийся в вóзрасте от 13 до 19 лет 2) юношеский

**teen-ager** ['ti:n,eɪdʒə] *n* подрóсток; юноша *или* дéвушка

**teener** ['ti:nə] = teen-ager

**teens** [ti:nz] *n pl* вóзраст от 13 до 19 лет (*включительно*); she is still in her ~ ей ещё нет двадцати́ лет; she is out of her ~ ей ужé испóлнилось двáдцать лет

**teeny** ['ti:nɪ] *a разг.* крóшечный

**teeny-weeny** ['ti:nɪ'wi:nɪ] *детск. см.* teeny

**teeter** ['ti:tə] *амер.* **1.** *n* 1) дéтские качéли (*доска, положенная на бревно*) 2) колебáние, качáние, пошáтывание
**2.** *v* 1) качáться на качéлях 2) качáться, колебáться; пошáтываться

**teeth** [ti:θ] *pl от* tooth 1

**teethe** [ti:ð] *v* 1) прорéзываться (*о зубах*) 2) начинáться; намечáться

**teethridge** ['ti:θrɪdʒ] *n* альвеóлы

**teetotal** [ti:'təutl] *a* 1) трéзвый, непью́щий 2) *разг.* пóлный, абсолю́тный

**teetotaller** [ti:'təutlə] *n* трéзвенник

**teetotum** ['ti:təu'tʌm] *n* вид волчкá

**teg** [teg] *n* 1) овцá на вторóм годý 2) олéнья сáмка на вторóм годý

**tegular** ['tegjulə] *a* черепи́чный

**tegument** ['tegjumənt] *n* (*сокр. от* integument) оболóчка, покрóв

**tehee** [ti:'hi:] **1.** *n* хихи́канье
**2.** *v* хихи́кать

**telautogram** [te'lɔ:təgræm] *n* фототелегрáмма

**telautograph** [te'lɔ:təgrɑ:f] *n* фототелегрáф

**tele** ['telɪ] *разг. сокр. от* television

**telecast** ['telɪkɑ:st] **1.** *n* телевизиóнная передáча; телевизиóнное вещáние
**2.** *v* передавáть телевизиóнную прогрáмму

**telecasting** ['telɪ,kɑ:stɪŋ] **1.** *pres. p. от* telecast 2
**2.** *n* 1) = telecast 1; 2) *attr.* телевизиóнный; ~ studio телевизиóнная стýдия

**telecommunication** ['telɪkə,mju(:)nɪ'keɪʃən] *n* дáльняя связь; телефóн, телегрáф *или* рáдио

**telecontrol** ['telɪkən,trəul] *n* телеуправлéние, дистанциóнное управлéние

**telecruiser** ['telɪ,kru:zə] *n* передвижнáя телевизиóнная стáнция

**telefilm** ['telɪfɪlm] *n* 1) телевизиóнный фильм, телефи́льм 2) фильм, передавáемый по телеви́дению

**telegenic** [,telɪ'dʒenɪk] *a* телегени́чный; хорошó вы́глядящий на экрáне телеви́зора

**telegram** ['telɪgræm] *n* телегрáмма

**telegraph** ['telɪgrɑ:f] **1.** *n* 1) телегрáф 2) *attr.* телегрáфный
**2.** *v* телеграфи́ровать

**telegrapher** [tɪ'legrəfə] = telegraphist

**telegraphese** ['telɪgrɑ:'fi:z] *n разг.* «телегрáфный» стиль

**telegraphic** [,telɪ'græfɪk] *a* телегрáфный

**telegraphist** [tɪ'legrəfɪst] *n* телеграфи́ст

**telegraph-line** ['telɪgrɑ:flaɪn] *n* телегрáфная ли́ния

**telegraph-pole** ['telɪgrɑ:fpəul] *n* телегрáфный столб

**telegraph-post** ['telɪgrɑ:fpəust] = telegraph-pole

**telegraph-wire** ['telɪgrɑ:f,waɪə] *n* телегрáфный прóвод

**telegraphy** [tɪ'legrəfɪ] *n* телеграфи́я; телеграфи́рование

**telekinesis** [,telɪkaɪ'ni:sɪs] *n* телекинéз

**telemechanics** [,telɪmɪ'kænɪks] *n pl* (*употр. как sing*) телемехáника

**telemeter** ['telɪmi:tə] *n* телеметр; дистанциóнный измери́тельный прибóр

**teleology** [,telɪ'ɔlədʒɪ] *n* телеолóгия

**telepathy** [tɪ'lepəθɪ] *n* телепáтия

**telephone** ['telɪfəun] **1.** *n* 1) телефóн 2) *attr.* телефóнный
**2.** *v* 1) телефони́ровать 2) звони́ть, говори́ть по телефóну

**telephone set** ['telɪfəun'set] *n* телефóнный аппарáт

**telephonic** [,telɪ'fɔnɪk] *a* телефóнный

**telephonist** [tɪ'lefənɪst] *n* телефони́ст(ка)

**telephony** [tɪ'lefənɪ] *n* телефони́я; телефони́рование

**telephotography** ['telɪfə'tɔgrəfɪ] *n* телефотогрáфия

**teleprinter** ['telɪ,prɪntə] *n* телетайп, телеграфный буквопечатающий аппарат

**telescope** ['telɪskəup] **1.** *n* оптическая (подзорная) труба; телескоп

**2.** *v* 1) складывать(ся) (*подобно телескопу*) 2) врезаться (*о вагонах столкнувшихся поездов*) 3) сжимать, сокращать (into — *текст, рассказ и т. п.*)

**telescreen** ['telɪskri:n] *n* экран телевизора

**telethon** ['telɪθən] *n* многочасовая телевизионная программа в поддержку кампании по сбору средств *или* предвыборной кампании

**teletype** ['telɪtaɪp] *n* телетайп

**teleview** ['telɪvju:] *v* смотреть телевизионную передачу

**televiewer** ['telɪvju:ə] *n* телезритель

**televise** ['telɪvaɪz] *v* передавать телевизионную программу

**television** ['telɪ,vɪʒən] *n* 1) телевидение 2) *attr.* телевизионный; ~ viewer = televiewer; ~ broadcasting телевизионная передача; ~ receiver (*или* set) телевизор

**televisional** [,telɪ'vɪʒənl] *a* телевизионный

**televisor** ['telɪvaɪzə] *n* телевизор

**televisual** [,telɪ'vɪʒjuəl] = televisional

**telewriter** ['telɪ,raɪtə] *n* дальнопишущий аппарат

**tell** [tel] *v* (told) 1) рассказывать; to ~ a lie (*или* a falsehood) говорить неправду; this fact ~s its own tale (*или* story) этот факт говорит сам за себя 2) говорить, сказать; I am told мне сказали, я слышал; to ~ good-bye *амер.* прощаться 3) указывать, показывать; свидетельствовать; to ~ the time показывать время (*о часах*) 4) уверять; заверять 5) сообщать, выдавать (*тайну*), выбалтывать 6) приказывать; ~ the driver to wait for me пусть шофёр меня подождёт; I was told to show my passport у меня потребовали паспорт 7) отличать, различать; he can be told by his dress его можно отличить *или* узнать по одежде; to ~ apart понимать разницу, различать; to ~ one thing from another отличать одну вещь от другой 8) выделяться; her voice ~s remarkably in the choir её голос удивительно выделяется в хоре 9) сказываться, отзываться (on); the strain begins to tell on her напряжение начинает сказываться на ней 10) делать сообщение, докладывать (of) 11) *уст.* считать; подсчитывать; пересчитывать; to ~ one's beads читать молитвы, перебирая чётки; all told в общей сложности, в общем; включая всех *или* всё □ ~ **off** а) отсчитывать, отбирать (*для определённого задания*); six of us were told off to get fuel шестеро из нас были отряжены за топливом; б) *воен.* производить строевой расчёт; в) *разг.* выругать, отделать (*кого-л.*); ~ **on** *разг.* доносить; ябедничать, фискалить; ~ **over** пересчитывать ◇ don't (*или* never) ~ me не рассказывайте сказок, to ~ smb. where to get off *амер.* поставить кого-л. на место, осадить кого-л.; дать нагоняй кому-л.; to ~ the world *разг.* категорически утверждать; do ~! *амер.* вот те на!, не может быть!; I'll ~ you what *разг.* знаете что; you never can ~ всякое бывает; почём знать?; you're ~ing me! кому вы рассказываете?, я сам знаю!

**tellable** ['teləbl] *a* 1) могущий быть рассказанным 2) стоящий того, чтобы о нём рассказали

**teller** ['telə] *n* 1) рассказчик 2) *парл.* счётчик голосов 3) кассир (*в банке*)

**telling** ['telɪŋ] **1.** *pres. p. от* tell

**2.** *a* действенный; впечатляющий; выразительный; a ~ speech яркая речь; a ~ argument убедительный аргумент; a ~ blow удар в цель

**telling-off** ['telɪŋ'ɔf] *n разг.* выговор, нагоняй

**telltale** ['telteɪl] **1.** *n* 1) сплетник, болтун 2) ябедник 3) *тех.* контрольное, сигнальное *или* регистрирующее устройство; часы-табель

**2.** *a* 1) предательский, выдающий (*что-л.*); a ~ blush предательский румянец 2) *тех.* сигнальный, контрольный

**tellurian** [te'ljuərɪən] **1.** *n* житель Земли

**2.** *a* относящийся к Земле, земной

**telluric** [te'ljuərɪk] *a* теллурический, земной

**tellurium** [te'ljuərɪəm] *n хим.* теллур

**telly** ['telɪ] *n разг.* телевизор

**telpher** ['telfə] **1.** *n тех.* тельфер

**2.** *v* перевозить по подвесной дороге

**telpherage** ['telfərɪdʒ] *n* 1) перемещение грузов по подвесной дороге 2) подвесная дорога

**temblor** [tem'blɔ:] *n амер.* землетрясение

**temerarious** [,temə'reərɪəs] *a книжн.* безрассудный; безрассудно смелый; отчаянный

**temerity** [tɪ'merɪtɪ] *n* безрассудство, опрометчивость; безрассудная смелость

**temper** ['tempə] **1.** *n* 1) нрав, характер; quick (*или* short) ~ вспыльчивость, горячность 2) настроение; to be in a good (bad) ~ быть в хорошем (плохом) настроении 3) сдержанность, самообладание; to put smb. out of ~ вывести кого-л. из себя; to keep (*или* to control) one's ~ владеть собой; to lose one's ~ выйти из себя; to recover (*или* to regain) one's ~ успокоиться, овладеть собой 4) раздражительность; вспыльчивость; to show ~ проявлять раздражение; to get into a ~ рассердиться 5) *хим.* состав 6) *метал.* содержание углерода; степень твёрдости и упругости

**2.** *v* 1) регулировать, умерять, смягчать 2) делать смесь 3) *муз.* темперировать 4) *метал.* отпускать; закалять(ся) (*тж. перен.*); ~ed in battle закалённый в бою

**tempera** ['tempərə] *n жив.* темпера, живопись темперой

**temperament** ['tempərəmənt] *n* темперамент

**temperamental** [,tempərə'mentl] *a* 1) темпераментный 2) свойственный определённому темпераменту

**temperance** ['tempərəns] *n* 1) сдержанность, умеренность (*особ. в еде и употреблении спиртных напитков*) 2) воздержание от спиртных напитков, трезвенность 3) *attr.*: ~ hotel гостиница, в которой не подаются спиртные напитки

**temperate** ['tempərɪt] *a* 1) умеренный, воздержанный 2) умеренный (*о климате и т. п.*)

**temperature** ['temprɪtʃə] *n* 1) температура; степень нагрева; to take one's ~ измерять температуру 2) *разг.* повышенная температура; to have (*или* to run) a ~ иметь повышенную температуру

**tempest** ['tempɪst] **1.** *n* буря; ~ in a teapot буря в стакане воды

**2.** *v* бушевать

**tempestuous** [tem'pestjuəs] *a* бурный, буйный

**tempi** ['tempi:] *pl от* tempo

**templar** ['templə] *n* 1) (T.) *ист.* тамплиер, храмовник (*тж.* Knight T.) 2) юрист, живущий в Темпле [*см.* temple I, 2)]

**template** ['templɪt] *n тех.* шаблон, лекало

**temple I** ['templ] *n* 1) храм 2) (the T.) Темпл, одно из двух лондонских обществ адвокатов и здание, в котором оно помещается [*см.* inn ◇ the Inns of Court]

**temple II** ['templ] *n* висок

**temple III** ['templ] *n* 1) *текст.* шпарутка 2) *тех.* прижимная планка

**templet** ['templɪt] = template

**tempo** ['tempəu] *n* (*pl* -os [-əuz], -pi) 1) *муз.* темп 2) ритм, темп (*жизни и т. п.*)

**temporal I** ['tempərəl] *a* 1) временный, преходящий 2) светский, мирской; ~ peers, lords ~ светские члены палаты лордов 3) *грам.* временной

**temporal II** ['tempərəl] *анат.* **1.** *a* височный

**2.** *n* височная кость

**temporality** [,tempə'rælɪtɪ] *n* 1) временный характер 2) *pl* церковные владения и доходы

**temporary** ['tempərərɪ] **1.** *a* временный

**2.** *n* временный рабочий *или* служащий

**temporize** ['tempəraɪz] *v* 1) приспосабливаться ко времени и обстоятельствам 2) стараться выиграть время; медлить, колебаться; выжидать; a temporizing policy выжидательная политика

**tempt** [tempt] *v* 1) искушать, соблазнять; one is ~ed to ask the question невóльно напрáшивается вопрóс 2) *уст.* испы́тывать, проверя́ть; to ~ fate (*или* providence) испы́тывать судьбý

**temptation** [temp'teɪʃən] *n* искушéние, соблáзн

**tempter** ['temptə] *n* искуси́тель; соблазни́тель

**tempting** ['temptɪŋ] **1.** *pres. p. от* tempt

**2.** *a* замáнчивый, соблазни́тельный

**temptress** ['temptrɪs] *n* искуси́тельница; соблазни́тельница

**ten** [ten] **1.** *num. card.* дéсять; ~ times as big в дéсять раз бóльше ◇ ~ to one почти́ навернякá

**2.** *n* 1) деся́ток; in ~s деся́тками 2) *pl* деся́тый нóмер (*размер перчаток и т. п.*) 3) *разг.* десятидóлларовая бумáжка 4) *карт.* деся́тка ◇ take ~ *разг.* передохни́ немнóго

**tenable** ['tenəbl] *a* 1) логи́чный, здрáвый 2) прóчный, надёжный (*о позиции*) 3) могýщий быть зáнятым (*о посте, должности*); this office is ~ for a period of three years э́ту дóлжность мóжно занимáть в течéние трёх лет

**tenacious** [tɪ'neɪʃəs] *a* 1) цéпкий, крéпкий; ~ memory хорóшая пáмять 2) упóрный; ~ of life живýчий 3) вя́зкий, ли́пкий

**tenacity** [tɪ'næsɪtɪ] *n* 1) цéпкость 2) упóрство, стóйкость, твёрдость вóли 3) вя́зкость, ли́пкость 4) крéпость, прóчность

**tenancy** ['tenənsɪ] *n* 1) наём помещéния; владéние на правáх арéнды 2) срок арéнды 3) арендóванная земля́; арендóванный дом

**tenant** ['tenənt] **1.** *n* 1) нанимáтель, арендáтор; (врéменный) владéлец; съёмщик; ~ at will бессрóчный арендáтор 2) жи́тель, жилéц 3) *юр.* владéлец недви́жимого имýщества

**2.** *v* нанимáть, арендовáть

**tenantry** ['tenəntrɪ] *n собир.* арендáторы, нанимáтели

**tench** [tenʃ] *n* линь (*рыба*)

**tend** I [tend] *v* 1) имéть тендéнцию (*к чему-л.*); клони́ться (*к чему-л.*); it ~s to become cold at night вероя́тно, к нóчи похолодáет 2) имéть склóнность (*к чему-л.*); he ~s to exaggerate он склóнен (всё) преувели́чивать 3) направля́ться; вести́ в определённом направлéнии (*о дороге, курсе и т. п.*)

**tend** II [tend] *v* (*сокр. от* attend) 1) забóтиться (*о ком-л.*); ухáживать (*за больным, за растениями и т. п.*) 2) обслýживать; to ~ shop *амер.* обслýживать покупáтелей

**tendance** ['tendəns] *n* (*сокр. от* attendance) 1) забóта (*о ком-л.*); присмóтр 2) *уст.* сви́та, прислýжники

**tendency** ['tendənsɪ] *n* 1) стремлéние, склóнность, тендéнция; a ~ to corpulence склóнность к полнотé 2) *attr.* тенденциóзный; ~ writings тенденциóзные статьи́

**tendentious** [ten'denʃəs] *n* тенденциóзный

**tender** I ['tendə] **1.** *n* 1) предложéние (*официальное*) 2) зая́вка на подря́д 3) сýмма (*вносимая в уплату долга и т. п.*); legal ~ *юр.* закóнное платёжное срéдство

**2.** *v* 1) предлагáть; to ~ one's thanks приноси́ть благодáрность; to ~ an apology принести́ извинéния; to ~ one's resignation подавáть в отстáвку 2) предоставля́ть; вноси́ть (*деньги*) 3) подавáть зая́вку (*на торгах*); подавáть заявлéние о подпи́ске (*на ценные бумаги*)

**tender** II ['tendə] *n* 1) лицó, присмáтривающее за кем-л., обслýживающее когó-л., что-л.; baby ~ ня́ня; invalid ~ сидéлка 2) *ж.-д.* тéндер 3) *мор.* посы́льное сýдно; плавýчая бáза

**tender** III ['tendə] *a* 1) нéжный, мя́гкий; ~ touch лёгкое прикосновéние 2) молодóй, незрéлый; of ~ years нéжного вóзраста 3) хрýпкий, слáбый (*о здоровье*) 4) нéжный, лю́бящий; ~ passion (*или* sentiment) любóвь, нéжные чýвства; ~ heart дóброе сéрдце 5) чувстви́тельный, болéзненный; уязви́мый; ~ spot (*или* place) уязви́мое мéсто 6) деликáтный, щекотли́вый 7) чýткий, заботли́вый; to be ~ of smb. нéжно *или* забóтливо относи́ться к комý-л. 8) нея́ркий, мя́гкий (*о тоне, цвете, краске*) 9) мя́гкий (*о мясе*)

**tender-eyed** ['tendəraɪd] *a* 1) с мя́гким лáсковым взгля́дом 2) имéющий слáбое зрéние

**tenderfoot** ['tendəfut] *n разг.* новоприбы́вший, не освóившийся с нóвой обстанóвкой; новичóк

**tender-hearted** ['tendə'hɑ:tɪd] *a* дóбрый, мягкосердéчный; отзы́вчивый

**tenderling** ['tendəlɪŋ] *n* 1) мáленький ребёнок 2) *уст.* нéженка

**tenderloin** ['tendəlɔɪn] *n амер.* 1) филéй, вы́резка 2) (T.) городскóй райóн, пóльзующийся дурнóй слáвой

**tenderness** ['tendənɪs] *n* нéжность *и пр.* [*см.* tender III]

**tendinous** ['tendɪnəs] *a* жи́листый; мýскулистый

**tendon** ['tendən] *n анат.* сухожи́лие

**tendril** ['tendrɪl] *n бот.* ýсик

**tenebrous** ['tenɪbrəs] *a* тёмный, мрáчный

**tenement** ['tenɪmənt] *n* 1) многоквarти́рный дом, сдавáемый в арéнду (*тж.* ~ house) 2) арендýемое имýщество; арендýемая земля́ 3) арендýемое помещéние; квартира (*снимаемая семьёй*) 4) *поэт.* оби́тель

**tenet** ['ti:net] *лат. n* дóгмат, при́нцип, доктри́на

**tenfold** ['tenfəuld] **1.** *a* десятикрáтный

**2.** *adv* вдéсятеро

**tenner** ['tenə] *n* 1) *разг.* банкнóт в 10 фýнтов; *амер.* банкнóт в 10 дóлларов 2) *sl.* дéсять лет (тюрéмного заключéния)

**tennis** ['tenɪs] *n* тéннис

**tennis-ball** ['tenɪsbɔ:l] *n* тéннисный мяч

**tennis-court** ['tenɪskɔ:t] *n* (тéннисный) корт

**tenon** ['tenən] **1.** *n* 1) *стр.* шип; замóк с шипóм 2) *тех.* шпи́лька, язычóк, лáпка

**2.** *v* соединя́ть на шипáх

**tenor** I ['tenə] *n* 1) течéние, направлéние; разви́тие 2) óбщее содержáние, смысл рéчи, статьи́ *и т. п.* 3) кóпия; дубликáт 4) *горн.* содержáние руды́

**tenor** II ['tenə] *n муз.* 1) тéнор 2) *attr.* теноро́вый

**tenpins** ['tenpɪnz] *n pl* (*употр. как sing*) кéгли

**tense** I [tens] *n грам.* врéмя

**tense** II [tens] **1.** *a* 1) натя́нутый; тугóй 2) возбуждённый, напряжённый; ~ anxiety нéрвное напряжéние

**2.** *v* 1) натя́гивать(ся) 2) создавáть напряжéние

**tensely** ['tenslɪ] *adv* с напряжéнием, напряжённо

**tensile** ['tensaɪl] *a* растяжи́мый; ~ strength *тех.* предéл прóчности на разры́в

**tensility** [ten'sɪlɪtɪ] *n* растяжи́мость

**tension** ['tenʃən] *n* 1) напряжéние, напряжённое состоя́ние; international ~ междунарóдная напряжённость; to ease (*или* to relax, to reduce, to slacken) ~ ослáбить напряжéние 2) натя́нутость, нелóвкость 3) растяжéние, натяжéние, натя́гивание 4) *эл.* напряжéние; high (low) ~ высóкое (ни́зкое) напряжéние 5) *тех.* упрýгость; давлéние (*пара*)

**tensity** ['tensɪtɪ] *n* напряжённое состоя́ние, напряжённость

**tensive** ['tensɪv] *a* создающий напряжéние

**ten-spot** ['tenspɔt] *n амер. разг.* десятидóлларовая бумáжка

**ten-strike** ['tenstraɪk] *n амер.* 1) удáр, сбивáющий срáзу все кéгли 2) *разг.* сокруши́тельный удáр; крýпный успéх

**tent** I [tent] **1.** *n* палáтка

**2.** *v* разби́ть палáтку; жить в палáтках

**tent** II [tent] *мед.* **1.** *n* тампóн

**2.** *v* вставля́ть тампóн

**tent** III [tent] *n* слáбое крáсное испáнское винó

**tentacle** ['tentəkl] *n* 1) *зоол.* щýпальце (*тж. перен.*) 2) *бот.* ýсик

**tentacular** [ten'tækjulə] *a* имéющий фóрму щýпальца; подóбный щýпальцу

**tentaculated** [ten'tækjuleɪtɪd] *a* 1) *зоол.* снабжённый щýпальцами 2) *бот.* снабжённый ýсиками

**tentative** ['tentətɪv] *a* прóбный, óпытный, эксперимéнтальный

**tent-bed** ['tentbed] *n* похóдная кровáть

**tenter** ['tentə] *n текст.* шири́льная рáма ◇ to be on the ~s *уст.* = to be on tenterhooks [*см.* tenterhooks]

**tenterhooks** ['tentəhuks] *n pl текст.* натяжны́е крючки́ ◇ to be on ~ ≅ сидéть как на игóлках; мýчиться неизве́стностью; to keep smb. on ~ держа́ть кого́-л. в состоя́нии неизве́стности *или* беспоко́йства

**tenth** [tenθ] **1.** *num. ord.* деся́тый ◇ ~ wave ≅ девя́тый вал

**2.** *n* 1) деся́тая часть 2) (the ~) деся́тое число́

**tent-peg** [ˈtentpeg] *n* ко́лышек для пала́тки

**tenuity** [teˈnju(:)ɪtɪ] *n* 1) разрежённость (*воздуха*) 2) то́нкость 3) бе́дность; нужда́; ску́дость 4) сла́бость (*звука*) 5) простота́ (*стиля*)

**tenuous** [ˈtenjuəs] *a* 1) незначи́тельный, то́нкий (*о различиях*) 2) разрежённый (*о воздухе*)

**tenure** [ˈtenjuə] *n* 1) владе́ние 2) пребыва́ние (*в должности*) 3) срок владе́ния; срок пребыва́ния (*в должности*)

**tepee** [ˈti:pi:] *n* вигва́м североамерика́нских инде́йцев

**tepefy** [ˈtepɪfaɪ] *v* слегка́ подогрева́ть(ся)

**tepid** [ˈtepɪd] *a* теплова́тый; *перен.* прохла́дный

**teratology** [ˌterəˈtɔləʤɪ] *n биол.* тератоло́гия

**terbium** [ˈtə:bɪəm] *n хим.* те́рбий

**tercel** [ˈtə:səl] *n* со́кол (*самец*)

**tercentenary** [ˌtə:senˈti:nərɪ] **1.** *n* трёхсотле́тняя годовщи́на, трёхсотле́тие

**2.** *a* трёхсотле́тний

**tercentennial** [ˌtə:senˈtenjəl] = tercentenary

**tercet** [ˈtə:sɪt] *n* 1) *прос.* трёхсти́шие; терци́на 2) *муз.* терце́т

**terebinth** [ˈterəbɪnθ] *n* терпенти́нное де́рево

**teredo** [təˈri:dəu] *n зоол.* корабе́льный червь, древото́чец

**terete** [teˈri:t] *a* цилиндри́ческий, кру́глый в сече́нии

**tergal** [ˈtə:gəl] *a зоол. анат.* спинно́й

**tergiversate** [ˈtə:ʤɪvə:seɪt] *v* 1) быть отсту́пником, преда́телем 2) увёртываться, уви́ливать

**tergiversation** [ˌtə:ʤɪvə:ˈseɪʃən] *n* 1) отсту́пничество; ренега́тство 2) увёртка

**term** [tə:m] **1.** *n* 1) срок, определённый пери́од; for ~ of life пожи́зненно; ~ of office срок полномо́чий (*президента, сенатора и т. п.*); to serve one's ~ отбы́ть срок наказа́ния 2) назна́ченный день упла́ты аре́нды, проце́нтов *и т. п.* 3) *уст.* преде́л, грани́ца 4) те́рмин; *pl* выраже́ния, язы́к, спо́соб выраже́ния; in set ~s определённо; in the simplest ~s са́мым просты́м, поня́тным о́бразом; in ~s of на языке́, с то́чки зре́ния; in ~s of figures языко́м цифр; in ~s of money в де́нежном выраже́нии 5) *pl* усло́вия соглаше́ния; догово́р; to come to ~s (*или* to make ~s) with smb. прийти́ к соглаше́нию с кем-л.; to bring smb. to ~s заста́вить кого́-л. приня́ть усло́вия; to stand upon one's ~s наста́ивать на выполне́нии усло́вий 6) семе́стр 7) суде́бная се́ссия 8) *pl* усло́вия опла́ты; гонора́р; inclusive ~s цена́, включа́ющая опла́ту услу́г (*в гостинице и т. п.*); ~s of trade соотноше́ние и́мпортных и э́кспортных цен 9) *pl* ли́чные отноше́ния; to be on good (bad) ~s быть в хоро́ших (плохи́х) отноше́ниях 10) *мед.* срок разреше́ния от бре́мени 11) *мат., лог.* член, элеме́нт

**2.** *v* выража́ть, называ́ть

**termagant** [ˈtə:məgənt] **1.** *n* гру́бая, сварли́вая же́нщина, меге́ра

**2.** *a* сварли́вый

**termer** [ˈtə:mə] *n* престу́пник, отбыва́ющий наказа́ние (*обычно в сочетаниях*: first ~ отбыва́ющий заключе́ние в пе́рвый раз *и т. п.*)

**terminable** [ˈtə:mɪnəbl] *a* ограни́ченный сро́ком, сро́чный; ~ ten years from now действи́телен на де́сять лет, начина́я с настоя́щего моме́нта

**terminal** [ˈtə:mɪnl] **1.** *n* 1) коне́чная ста́нция; коне́чный пункт 2) *pl* пла́та за погру́зку това́ров на коне́чной железнодоро́жной ста́нции 3) коне́чный слог *или* сло́во 4) *эл.* кле́мма; ввод *или* вы́вод

**2.** *a* 1) заключи́тельный, коне́чный; ~ station коне́чная ста́нция 2) периоди́ческий; периоди́чески повторя́ющийся 3) семестро́вый

**terminate** [ˈtə:mɪneɪt] *v* 1) ста́вить преде́л, положи́ть коне́ц 2) конча́ть(-ся), заверша́ть(ся) (in) 3) ограни́чивать

**termination** [ˌtə:mɪˈneɪʃən] *n* 1) коне́ц; оконча́ние, истече́ние сро́ка, преде́л 2) *грам.* оконча́ние 3) исхо́д, результа́т

**termini** [ˈtə:mɪnaɪ] *pl от* terminus

**terminology** [ˌtə:mɪˈnɔləʤɪ] *n* терминоло́гия

**terminus** [ˈtə:mɪnəs] *n* (*pl* -es [-ɪz], -ni) коне́чная ста́нция; вокза́л (*на конечной станции*)

**termitary** [ˈtə:mɪtərɪ] *n* терми́тник, гнездо́ терми́тов

**termite** [ˈtə:maɪt] *n зоол.* терми́т

**termless** [ˈtə:mlɪs] *a* 1) не име́ющий грани́ц, безграни́чный 2) бессро́чный 3) не ограни́ченный усло́виями, незави́симый

**term-time** [ˈtə:mtaɪm] *n* пери́од заня́тий (*в школе, колледже и т. п.*)

**tern I** [tə:n] *n* кра́чка (*птица*)

**tern II** [tə:n] *n* 1) три предме́та; три числа́ *и т. п.*; тро́йка 2) три вы́игрышных биле́та в лотере́е

**ternary** [ˈtə:nərɪ] **1.** *n* три, тро́йка, триа́да

**2.** *a* 1) тройно́й 2) *хим., мин.* состоя́щий из трёх составны́х часте́й

**Terpsichore** [tə:pˈsɪkərɪ] *n греч. миф.* Терпсихо́ра

**terra** [ˈterə] *лат. n* земля́; ~ incognita а) неизве́стная страна́; б) неизве́стная о́бласть (*знания и т. п.*)

**terrace** [ˈterəs] **1.** *n* 1) терра́са; на́сыпь; усту́п 2) терра́са, вера́нда 3) ряд домо́в вдоль у́лицы 4) газо́н посреди́ у́лицы 5) пло́ская кры́ша

**2.** *v* устра́ивать в ви́де терра́сы

**terracotta** [ˈterəˈkɔtə] **1.** *n* террако́та

**2.** *a* террако́товый

**terrain** [ˈtereɪn] *n* 1) ме́стность, террито́рия; ~ of attack *амер.* райо́н наступле́ния 2) физи́ческие осо́бенности ме́стности; тополо́гия 3) *attr.* земно́й; ~ flying полёт по назе́мным ориенти́рам

**terraneous** [tɪˈreɪnɪəs] *n бот.* назе́мный

**terrapin** [ˈterəpɪn] *n* 1) водяна́я черепа́ха 2) автомоби́ль-амфи́бия

**terraqueous** [teˈreɪkwɪəs] *a* 1) состоя́щий из земли́ и воды́ 2) земново́дный 3) сухопу́тно-морско́й (*о путешествии*)

**terrene** [teˈri:n] **1.** *a* земно́й

**2.** *n топ.* пове́рхность земли́

**terrestrial** [tɪˈrestrɪəl] **1.** *a* 1) земно́й; ~ magnetism земно́й магнети́зм 2) сухопу́тный; назе́мный 3) земно́й, све́тский

**2.** *n* обита́тель земли́

**terrible** [ˈterəbl] *a* 1) внуша́ющий страх, у́жас 2) *разг.* (*с усил. знач.*) стра́шный, ужа́сный; грома́дный

**terrier I** [ˈterɪə] *n* 1) терье́р (*порода собак*) 2) (T.) *амер.* «Терье́р», реакти́вный управля́емый снаря́д кла́сса «кора́бль — во́здух»

**terrier II** [ˈterɪə] *n ист.* поземе́льная кни́га

**terrific** [təˈrɪfɪk] *a* 1) ужаса́ющий 2) *разг.* (*с усил. знач.*) огро́мный, необыча́йный *и т. п.*

**terrify** [ˈterɪfaɪ] *v* ужаса́ть, вселя́ть у́жас

**territorial** [ˌterɪˈtɔ:rɪəl] **1.** *a* 1) земе́льный 2) территориа́льный; ~ claims территориа́льные притяза́ния; ~ waters территориа́льные во́ды 3) *воен.* относя́щийся к территориа́льным вооружённым си́лам; T. Army территориа́льная а́рмия 4) *амер.* относя́щийся к террито́рии [*см.* territory 2)]

**2.** *n* солда́т территориа́льной а́рмии

**territory** [ˈterɪtərɪ] *n* 1) террито́рия; земля́ 2) (T.) *амер.* террито́рия (*административная единица в США, Канаде, Австралии, не имеющая прав штата или провинции*) 3) о́бласть, сфе́ра (*науки и т. п.*)

**terror** [ˈterə] *n* 1) страх, у́жас 2) терро́р 3) лицо́ *или* вещь, внуша́ющие страх 4) *разг.* тяжёлый челове́к; беспоко́йный ребёнок; a holy ~ челове́к с тяжёлым, беспоко́йным хара́ктером; надое́дливый ребёнок ◇ the king of ~s смерть

**terror-haunted** [ˈterəˈhɔ:ntɪd] *a* пресле́дуемый стра́хом

**terrorism** [ˈterərɪzm] *n* террори́зм

**terrorist** [ˈterərɪst] *n* террори́ст

**terrorize** [ˈterəraɪz] *v* 1) терроризи́ровать 2) вселя́ть страх

**terror-stricken, terror-struck** [ˈterəˌstrɪkən, -strʌk] *a* объя́тый *или* охва́ченный у́жасом

**terry** [ˈterɪ] *n текст.* 1) вытяжно́й *или* була́вчатый ворс 2) *амер.* = terry-cloth

**terry-cloth** ['terɪkləθ] *n* махро́вая ткань (*для купальных халатов, простынь и т. п.*)

**terry-cloth robe** ['terɪkləθ'rəub] *n* купа́льный хала́т

**terse** [tə:s] *a* 1) сжа́тый, кра́ткий (*о стиле*) 2) немногосло́вный (*об ораторе*)

**tertian** ['tə:ʃən] *n мед.* маляри́я, трёхдне́вная лихора́дка

**tertiary** ['tə:ʃərɪ] *a геол., мед.* трети́чный

**terza rima** ['tə:tsə'ri:mə] *ит. n прос.* терци́на

**terzetto** [tə:t'setəu] *n муз.* терце́т

**tessellated** ['tesɪleɪtɪd] *a* мозаи́чный; мощённый разноцве́тными пли́тками

**tessellation** [ˌtesɪ'leɪʃən] *n* мозаи́чная рабо́та в ша́хматную кле́тку

**tessera** ['tesərə] *n* (*pl* -rae) ку́бик (*в мозаике*)

**tesserae** ['tesəri:] *pl от* tessera

**tessitura** [ˌtesɪ'tuərə] *n муз.* тесситу́ра

**test** [test] **1.** *n* 1) испыта́ние; to put to ~ подверга́ть испыта́нию; to bear the ~ вы́держать испыта́ние; to stand the ~ of time вы́держать испыта́ние вре́менем 2) мери́ло; крите́рий 3) прове́рочная, контро́льная рабо́та; a ~ in English контро́льная рабо́та по англи́йскому языку́ 4) *психол.* тест 5) *мед., хим.* иссле́дование, ана́лиз; прове́рка; a ~ for the amount of butter in milk определе́ние жи́рности молока́ 6) *хим.* реакти́в 7) *attr.* испыта́тельный, про́бный; контро́льный, прове́рочный; ~ station контро́льная ста́нция

**2.** *v* 1) подверга́ть испыта́нию, прове́рке 2) *хим.* подверга́ть де́йствию реакти́ва 3) производи́ть о́пыты

**testa** ['testə] *n* (*pl* -ae) 1) *бот.* те́ста, семенна́я кожура́ 2) па́нцирь (*беспозвоночных животных*)

**testaceous** [tes'teɪʃəs] *a* 1) *зоол.* па́нцирный; защищённый па́нцирем 2) кирпи́чного цве́та (*о животных и растениях*)

**testae** ['testi:] *pl от* testa

**testament** ['testəmənt] *n* 1) *юр.* завеща́ние 2) (T.) *рел.* заве́т (*обыкн.* Но́вый заве́т, ева́нгелие; *тж.* New T.); Old T. Ве́тхий заве́т

**testamentary** [ˌtestə'mentərɪ] *a* завеща́тельный, пе́реданный по завеща́нию

**testamur** [tes'teɪmə] *лат. n* удостовере́ние о сда́че университе́тского экза́мена

**testate** ['testɪt] **1.** *a* оста́вивший по сме́рти завеща́ние; to die ~ умере́ть, оста́вив завеща́ние

**2.** *n* уме́рший завеща́тель

**testator** [tes'teɪtə] *n* завеща́тель

**testatrices** [tes'teɪtrɪsi:z] *pl от* testatrix

**testatrix** [tes'teɪtrɪks] *n* (*pl* -rices) завеща́тельница

**test ban** ['testbæn] *n* запреще́ние испыта́ний я́дерного ору́жия

**tester** I ['testə] *n* 1) лицо́, производя́щее испыта́ние, ана́лиз; лабора́нт 2) прибо́р для испыта́ния; щуп, те́стер

**tester** II ['testə] *n* балдахи́н (*над кроватью, алтарём и т. п.*)

**tester** III ['testə] *n* тесто́н (*старинная серебряная монета*)

**testicle** ['testɪkl] *n анат.* яи́чко

**testification** [ˌtestɪfɪ'keɪʃən] *n* да́ча показа́ний

**testify** ['testɪfaɪ] *v* 1) дава́ть показа́ния, свиде́тельствовать (to — в по́льзу, against — про́тив), кля́твенно утвержда́ть 2) торже́ственно заявля́ть (*о своих убеждениях, о вере*) 3) свиде́тельствовать (*о чём-л.*); быть свиде́тельством

**testily** ['testɪlɪ] *adv* раздражи́тельно, вспы́льчиво

**testimonial** [ˌtestɪ'məunjəl] **1.** *n* 1) характери́стика, рекоменда́тельное письмо́; рекоменда́ция 2) коллекти́вный дар, подноше́ние, награ́да (*особ. преподнесённые публично*)

**2.** *a* благода́рственный; приве́тственный; ~ dinner обе́д *или* банке́т в честь кого́-л.

**testimony** ['testɪmənɪ] *n* 1) показа́ние свиде́теля; false ~ ло́жные показа́ния; to give (*или* to bear) ~ дава́ть показа́ния; to call smb. in ~ вы́звать кого́-л. в ка́честве свиде́теля 2) доказа́тельство; свиде́тельство 3) утвержде́ние; (торже́ственное) заявле́ние 4) *pl библ.* скрижа́ли

**test-mixer** ['testˌmɪksə] *n* мензу́рка

**test-paper** ['testˌpeɪpə] *n* 1) *хим.* реакти́вная бума́га 2) *амер. юр.* докуме́нт, испо́льзуемый для сличе́ния по́дписи лица́

**test pilot** ['test'paɪlət] *n* лётчик-испыта́тель

**test pit** ['testpɪt] *n геол.* про́бный шурф, разве́дочная сква́жина

**test-tube** ['tes**t**tju:b] *n* 1) проби́рка 2) *attr.* роди́вшийся в результа́те иску́сственного оплодотворе́ния

**test-type** ['tes**t**taɪp] *n* табли́цы для определе́ния остроты́ зре́ния

**testy** ['testɪ] *a* вспы́льчивый, раздражи́тельный

**tetanic** [tɪ'tænɪk] *a мед.* столбня́чный

**tetanus** ['tetənəs] *n мед.* столбня́к

**tetchy** ['tetʃɪ] *a* оби́дчивый; раздражи́тельный; ~ horse ло́шадь с но́ровом ◇ ~ subject щекотли́вая те́ма

**tête-à-tête** ['teɪtɑ:'teɪt] *фр.* **1.** *n* 1) свида́ние *или* разгово́р наедине́ 2) небольшо́й дива́н для двои́х

**2.** *a* конфиденциа́льный, ча́стный; a ~ conversation разгово́р с гла́зу на гла́з

**3.** *adv* с гла́зу на гла́з, наедине́

**tether** ['teðə] **1.** *n* 1) при́вязь (*для пасущегося животного*) 2) *перен.* преде́л; грани́ца; to come to the end of one's ~ дойти́ до преде́ла (сил); исче́рпать свои́ возмо́жности; дойти́ до то́чки

**2.** *v* 1) привяза́ть (*пасущееся животное*) 2) *перен.* ограни́чивать, ста́вить преде́л

**tetra-** ['tetrə-] *pref* четырёх-

**tetragon** ['tetrəgən] *n геом.* четырёхуго́льник; regular ~ квадра́т

**tetragonal** [te'trægənəl] *a геом.* четырёхуго́льный

**tetrahedron** ['tetrə'hedrən] *n геом.* четырёхгра́нник, тетра́эдр

**tetralogy** [tə'trælədʒɪ] *n* 1) тетрало́гия (*четыре произведения, объединённые общим замыслом или темой*) 2) *др.-греч. иск.* тетрало́гия

**tetrameter** [te'træmɪtə] *n* четырёхсто́пный разме́р, тетра́метр

**tetrastich** ['tetrəstɪk] *n* строфа́, эпигра́мма, стихотворе́ние из четырёх строк

**tetrasyllable** ['tetrəˌsɪləbl] *n* четырёхсло́жное сло́во

**tetter** ['tetə] *n* лиша́й, экзе́ма, парша́; eating ~ волча́нка

**Teuton** ['tju:tən] *n* 1) тевто́н 2) тевто́нец

**Teutonic** [tju(:)'tɔnɪk] **1.** *a* прагерма́нский, тевто́нский

**2.** *n* герма́нский (*особ.* прагерма́нский) язы́к

**text** [tekst] *n* 1) текст 2) цита́та из би́блии 3) те́ма (*речи, проповеди*); to stick to one's ~ не отклоня́ться от те́мы 4) *полигр.* текст (*шрифт*) 5) *сокр. от* textbook

**textbook** ['teks**t**buk] *n* уче́бник, руково́дство

**text-hand** ['teksthænd] *n* кру́пный кру́глый по́черк

**textile** ['tekstaɪl] **1.** *a* тексти́льный; тка́цкий

**2.** *n* (*обыкн. pl*) тексти́ль(ное изде́лие); ткань

**textual** ['tekstjuəl] *a* 1) текстово́й; относя́щийся к те́ксту; ~ criticism текстоло́гия, крити́ческое изуче́ние те́кста (*особ. с целью восстановления его первоначальной формы*) 2) тексту́альный, буква́льный

**texture** ['tekstʃə] *n* 1) строе́ние тка́ни; сте́пень пло́тности тка́ни; coarse (fine) ~ гру́бая (то́нкая) ткань 2) структу́ра, строе́ние; the ~ of a mineral структу́ра минера́ла 3) своеобра́зие, осо́бенности худо́жественной те́хники в произведе́ниях иску́сства; факту́ра, ткань (*произведения*); the ~ of verse факту́ра стиха́ 4) *жив.* текстýра 5) *анат., биол.* ткань

**thaler** ['tɑ:lə] *n ист.* та́лер (*немецкая серебряная монета*)

**Thalia** [θə'laɪə] *n греч. миф.* Та́лия

**thallium** ['θælɪəm] *n хим.* та́ллий

**than** [ðæn (*полная форма*); ðən, ðn, n (*редуцированные формы*)] *cj* чем; he is taller ~ you are он вы́ше вас; I'd rather stay ~ go я предпочёл бы оста́ться ◇ none other ~ не кто ино́й, как

**thane** [θeɪn] *n ист.* тан

**thank** [θæŋk] **1.** *n* (*обыкн. pl*) 1) благода́рность; ~s спаси́бо; many ~s большо́е спаси́бо; to give ~s возблагодари́ть; to return ~s прочита́ть моли́тву (*до или после еды*) 2): ~s to (*употр. как prep*) благодаря́

2. *v* благодари́ть; ~ you благодарю́; ~ you ever so much *разг.* о́чень вам благода́рен; ~ you for nothing! спаси́бо и на том! (*иронически, в ответ на отказ*); you may ~ yourself for that вы са́ми в э́том винова́ты; I'll ~ you to mind your own business я бы предпочёл обойти́сь без ва́ших сове́тов (*или* по́мощи)

**thankee** [ˈθæŋkɪ] *сокр. разг. от* thank you [*см.* thank 2]

**thankful** [ˈθæŋkful] *a* благода́рный

**thankless** [ˈθæŋklɪs] *a* неблагода́рный; ~ job неблагода́рная рабо́та

**thank-offering** [ˈθæŋkˌɔfərɪŋ] *n* благода́рственная же́ртва

**thanksgiving** [ˈθæŋksˌgɪvɪŋ] *n* 1) благода́рственный моле́бен 2) благодаре́ние ◇ T. Day *амер.* официа́льный пра́здник в па́мять пе́рвых колони́стов Массачу́сетса (*последний четверг ноября*)

**thankworthy** [ˈθæŋkˌwəːðɪ] *a* заслу́живающий благода́рности

**that 1.** *pron* (*pl* those) 1) [ðæt] *demonstr.* тот, та, то (*иногда* э́тот *и пр.*); а) *указывает на лицо, понятие, событие, предмет, действие, отдалённые по месту или времени*: ~ house beyond the river тот дом за реко́й; ~ day тот день; ~ man тот челове́к; б) *противополагается* this: this wine is better than ~ э́то вино́ лу́чше того́; в) *указывает на что-л. уже известное говорящему*: ~ is true э́то пра́вда; ~'s done it э́то реши́ло де́ло, перепо́лнило ча́шу; г) *заменяет сущ. во избежание его повторения*: the climate here is like ~ of France зде́шний кли́мат похо́ж на кли́мат Фра́нции 2) [ðæt (*полная форма*); ðət, ðt (*редуцированные формы*)] *rel.* а) кото́рый, кто, тот кото́рый *и т. п.*; the members ~ were present те из чле́нов, кото́рые прису́тствовали; the book ~ I'm reading кни́га, кото́рую я чита́ю; б) *часто* = in (*или* on, at, for *и т. п.*) which: the year ~ he died год его́ сме́рти; the book ~ I spoke of кни́га, о кото́рой я говори́л ◇ and all ~ и тому́ подо́бное, и всё тако́е про́чее; by ~ тем са́мым, э́тим; like ~ таки́м о́бразом; ~'s that *разг.* ничего́ не поде́лаешь; та́к-то вот; ~ is то́ есть; not ~ не потому́ (*или* не то), что́бы; ~'s it! вот и́менно!, пра́вильно!; ~'s all there is to it ну, вот и всё; this and ~ ра́зные; I went to this doctor and ~ я обраща́лся к ра́зным врача́м; now ~ тепе́рь, когда́; with ~ вме́сте с тем

2. *adv* [ðæt] так, до тако́й сте́пени; ~ far насто́лько далеко́; на тако́е рассто́яние; ~ much сто́лько; he was ~ angry he couldn't say a word он был до того́ рассе́ржен, что сло́ва не мог вы́молвить

3. *cj* [ðæt (*полная форма*); ðət (*редуцированная форма*)] что, что́бы (*служит для введения придаточных предложений дополнительных, цели, сле́дствия и др.*); I know ~ it was so я зна́ю, что э́то бы́ло так; we eat ~ we may live мы еди́м, что́бы подде́рживать жизнь; the explosion was so loud ~ he was deafened взрыв был насто́лько си́лен, что оглуши́л его́ ◇ oh, ~ I knew the truth! о, е́сли бы я знал пра́вду!

**thatch** [θætʃ] **1.** *n* 1) соло́менная *или* тростнико́вая кры́ша, кры́ша из па́льмовых ли́стьев 2) соло́ма *или* тростни́к (*для кровли*) 3) *разг.* густы́е во́лосы

2. *v* крыть соло́мой *или* тростнико́м

**thaumaturge** [ˈθɔːmətəːdʒ] *n* чудотво́рец, волше́бник, маг

**thaw** [θɔː] **1.** *n* 1) о́ттепель; та́яние 2) потепле́ние (*в отношениях*); смягче́ние междунаро́дной напряжённости

2. *v* 1) та́ять; отта́ивать; *перен.* согрева́ться; it is ~ing та́ет 2) раста́пливать (*снег и т. п.*) 3) смягча́ться, станови́ться дружелю́бней, серде́чней

**the** [ðiː (*полная форма*); ðɪ (*редуцированная форма, употр. перед гласными*), ðə (*редуцированная форма, употр. перед согласными*)] **1.** *определённый артикль* 1) *употр. перед сущ. для выделения предмета или явления внутри данной категории, данного класса предметов и явлений*: the book you mention упомина́емая ва́ми кни́га; I'll speak to the teacher я поговорю́ с преподава́телем (*тем, который преподаёт в нашем классе*) 2) *указывает на то, что данный предмет или лицо известны говорящему*: I dislike the man я не люблю́ э́того челове́ка; how is the score? како́й сейча́с счёт? 3) *указывает на то, что данный предмет или лицо являются исключительными, наиболее подходящими, самыми лучшими и т. п.*: (of all the men I know) he is the man for the position (из всех, кого́ я зна́ю,) он са́мый подходя́щий челове́к для э́того поста́ 4) *придаёт сущ. значение родового понятия*: the horse is a useful animal ло́шадь — поле́зное живо́тное 5) *употр. перед сущ., обозначающими предметы или понятия, являющиеся единственными в своём роде*: the sun со́лнце, the moon луна́ 6) *служит грамматическим средством оформления частично субстантивизированных прилагательных* а) *с абстрактным значением*: it is only a step from the sublime to the ridiculous от вели́кого до смешно́го то́лько оди́н шаг; б) *с собир. значением*: the poor бедняки́; the wise мудрецы́ 7) *придаёт конкретному сущ. обобщающее значение*: the stage сцени́ческая де́ятельность; the saddle верхова́я езда́

2. *adv употр. при сравн. ст. со значением* чем... тем; тем; the more the better чем бо́льше, тем лу́чше; the less said the better чем ме́ньше слов, тем лу́чше; (so much) the worse for him тем ху́же для него́

**theater** [ˈθɪətə] *амер.* = theatre

**theatre** [ˈθɪətə] *n* 1) теа́тр 2) аудито́рия в ви́де амфитеа́тра; operating ~ операцио́нная 3) по́ле де́йствий; the ~ of operations (*или* war) теа́тр вое́нных де́йствий 4) *собир.* драмати́ческая литерату́ра, пье́сы 5) *predic.*: the play is good ~ пье́са о́чень сцени́чна

**theatre-goer** [ˈθɪətəˌgəuə] *n* театра́л

**theatrical** [θɪˈætrɪkəl] **1.** *a* 1) театра́льный, сцени́ческий; ~ column театра́льный отде́л в газе́те 2) театра́льный, неесте́ственный, напы́щенный; показно́й

2. *n* 1) профессиона́льный актёр 2) *pl* спекта́кль (*особ. любительский*)

**theatricality** [θɪˌætrɪˈkælɪtɪ] *n* театра́льность, неесте́ственность

**theatricalize** [θɪˈætrɪkəlaɪz] *v* инсцени́ровать, театрализова́ть

**theatrics** [θɪˈætrɪks] *n pl* (*употр. как sing*) сцени́ческое иску́сство

**thé dansant** [ˈteɪdɑːŋˈsɑːŋ] *фр. n* вече́рний чай (*или* файвокло́к) с та́нцами

**thee** [ðiː] *pron pers.* (*косв. п. от* thou) *уст., поэт.* тебя́, тебе́

**theft** [θeft] *n* 1) воровство́, кра́жа 2) *уст.* укра́денные ве́щи, покра́жа

**their** [ðɛə] *pron poss.* (*употр. атрибутивно*; *ср.* theirs) их; свой, свой

**theirs** [ðɛəz] *pron poss.* (*абсолютная форма*; *не употр. атрибутивно*; *ср.* their) их; this book is ~ э́то их кни́га; ~ is a good house их дом хоро́ш

**theism** [ˈθiːɪzm] *n* теи́зм

**them** [ðem (*полная форма*); ðəm, ðm (*редуцированные формы*)] *pron pers. косв. п. от* they

**thematic** [θɪˈmætɪk] *a* 1) темати́ческий; ~ catalogue предме́тный катало́г 2) *грам.* относя́щийся к осно́ве; основообразу́ющий

**theme** [θiːm] *n* 1) те́ма, предме́т (*разговора, сочинения*) 2) *амер.* сочине́ние на за́данную те́му 3) *муз.* те́ма 4) *грам.* осно́ва 5) *радио* позывны́е

**theme song** [ˈθiːmsɔŋ] *n* 1) *муз.* повторя́ющаяся те́ма 2) = theme 5)

**Themis** [ˈθiːmɪs] *n греч. миф.* Феми́да

**themselves** [ðəmˈselvz] *pron* 1) *refl.* себя́, -ся; себе́; they wash ~ они́ мо́ются; they have built ~ a house они́ вы́строили себе́ дом 2) *emph.* са́ми; they built the house ~ они́ са́ми постро́или дом

**then** [ðen] **1.** *adv* 1) тогда́; he was a little boy ~ тогда́ он был ребёнком 2) пото́м, зате́м; the noise stopped and ~ began again шум прекрати́лся, зате́м начался́ сно́ва 3) в тако́м слу́чае, тогда́; if you are tired ~ you'd better stay at home е́сли вы уста́ли, лу́чше остава́йтесь до́ма 4) кро́ме того́, к тому́ же; I love my job and ~ it pays so well я люблю́ свою́ рабо́ту, к тому́ же она́ хорошо́ опла́чивается; and ~ you should remember кро́ме того́, вам сле́дует по́мнить 5) *употр. для усиле-*

*ния значения при выражении согласия*: all right ~, do as you like ну ладно, поступайте, как хотите

**2.** *n* то время; by ~ к тому времени; since ~ с того времени ◇ every now and ~ время от времени

**3.** *a* тогдашний, существовавший в то время; the ~ prime minister тогдашний премьер-министр

**thence** [ðens] *adv* 1) *уст.* оттуда 2) отсюда, из этого 3) с того времени

**thenceforth** ['ðens'fɔ:θ] *adv* с этого времени, впредь

**thenceforward** ['ðens'fɔ:wəd] = thenceforth

**theocracy** [θɪ'ɔkrəsɪ] *n* теократия

**theocratic** [θɪə'krætɪk] *a* теократический

**theodolite** [θɪ'ɔdəlaɪt] *n геод.* теодолит

**theologian** [θɪə'ləudʒjən] *n* богослов

**theological** [θɪə'lɔdʒɪkəl] *a* богословский

**theology** [θɪ'ɔlədʒɪ] *n* богословие

**theorbo** [θɪ'ɔ:bəu] *n* (*pl* -os [-əuz]) теорба (*род большой лютни XVII в.*)

**theorem** ['θɪərəm] *n* теорема

**theoretic(al)** [θɪə'retɪk(əl)] *a* 1) теоретический 2) спекулятивный, умозрительный

**theoretics** [θɪə'retɪks] *n pl* (*употр. как sing*) теория (*в противоп. практике*)

**theorist** ['θɪərɪst] *n* теоретик

**theorize** ['θɪəraɪz] *v* теоретизировать

**theory** ['θɪərɪ] *n* 1) теория; numbers ~ теория чисел 2) *разг.* предположение; to have a ~ that... полагать, что...

**therapeutic(al)** [ˌθerə'pju:tɪk(əl)] *a* терапевтический

**therapeutics** [ˌθerə'pju:tɪks] *n pl* (*употр. как sing*) терапия, терапевтика

**therapeutist** [ˌθerə'pju:tɪst] *n* терапевт

**therapy** ['θerəpɪ] *n* лечение, терапия

**there I** [ðɛə] **1.** *adv* 1) там; I shall meet you ~ я буду ждать вас там; are you ~? вы слушаете? (*по телефону*) 2) туда; ~ and back туда и обратно 3) здесь, тут, на этом месте; he came to the fourth chapter and ~ he stopped он дошёл до четвёртой главы и на ней застрял ◇ ~ and then, then and ~ тотчас же, на месте; ~ it is так-то; такие-то дела; ~ you are! а) вот вы где!; б) вот и вы!; в) вот вам!; вот то, что вам нужно; держите, получайте!; г) и вот что получилось!; not all ~ не в своём уме; to get ~ достичь цели, преуспеть

**2.** *n* (*после предлога*): from ~ оттуда; up to ~ до того места; (he lives) near ~ (он живёт) в тех местах, поблизости

**3.** *int* ну, вот; надо же!; ~!, ~! ну, ну, не плачь(те)!; ~, now! What did I tell you? ну, что я тебе говорил?; ~! I've upset the ink! надо же! Чернила я разлил!; ~! так-то вот!

**there II** [ðɛə (*полная форма*); ðə (*редуцированная форма*)] *лишённое лексического знач. слово, употр. в основном с гл.* to be (~ is, ~ are есть, имеется, имеются) *и с некоторыми другими глаголами, напр.*: to seem, to appear, to live, to exist, to come, to pass, to fall *и т. п.*; ~ are many universities in our country в нашей стране много университетов; ~ came a knock on the door раздался стук в дверь ◇ ~ is a good fellow (boy, *etc.*) ну и молодец!, вот умница!; ~ is no telling (understanding, *etc.*) нельзя, трудно сказать (понять *и т. п.*)

**thereabout(s)** ['ðɛərəbaut(s)] *adv* 1) поблизости; неподалёку; he lives in R or ~ он живёт в Р. или где-то в этом районе 2) около этого; приблизительно; в этом роде; it's three o'clock or ~ сейчас три часа или около того ◇ there or ~ около этого, приблизительно

**thereafter** [ðɛər'ɑ:ftə] *adv книжн.* 1) после этого; впоследствии 2) соответственно

**thereat** [ðɛər'æt] *adv книжн.* 1) там, в том месте 2) тогда, в то время 3) по этой причине

**thereby** ['ðɛə'baɪ] *adv* 1) таким образом 2) в связи с этим; (and) ~ hangs a tale к этому можно ещё кое-что прибавить

**therefor** [ðɛə'fɔ:] *adv уст.* за это; в обмен на это

**therefore** ['ðɛəfɔ:] *adv* поэтому, следовательно

**therefrom** [ðɛə'frɔm] *adv уст.* оттуда

**therein** [ðɛər'ɪn] *adv уст.* 1) здесь, там, в этом, в том *и т. д.*; the earth and all ~ земной шар и всё на нём существующее 2) в этом отношении

**thereof** [ðɛər'ɔv] *adv уст.* 1) из этого, из того 2) этого; того

**thereon** [ðɛər'ɔn] *adv уст.* 1) на том, на этом 2) после того, вслед за тем

**thereout** [ðɛər'aut] *adv уст.* 1) оттуда 2) из того

**there's** [ðɛəz (*полная форма*); ðəz (*редуцированная форма*)] *сокр. разг.* = there is, there has

**thereto** [ðɛə'tu:] *adv уст.* 1) к тому, к этому; туда 2) кроме того, к тому же, вдобавок

**theretofore** ['ðɛətəfɔ:] *adv уст.* до того времени

**thereunder** [ðɛər'ʌndə] *adv книжн.* 1) под тем, под этим 2) на основании этого *или* в соответствии с этим

**thereunto** [ðɛər'ʌntu(:)] *adv уст.* к тому же, вдобавок

**thereupon** ['ðɛərə'pɔn] *adv* 1) *уст.* на том, на этом 2) вслед за тем 3) вследствие того 4) в отношении того

**therewith** [ðɛə'wɪθ] *adv уст.* 1) с тем, с этим 2) к тому же 3) тотчас, немедленно

**therewithal** [ˌðɛəwɪ'ðɔ:l] = therewith

**therm** [θə:m] *n* терм (*единица теплоты*)

**thermae** ['θə:mi:] *лат. n pl* 1) горячие источники 2) термы, античные общественные бани

**thermal** ['θə:məl] *a* 1) термический, тепловой; калорический 2) горячий, термальный (*об источнике*)

**thermal capacity** ['θə:məlkə'pæsɪtɪ] *n* теплоёмкость

**thermal conductivity** ['θə:məlˌkɔndʌk'tɪvɪtɪ] *n* теплопроводность

**thermal unit** ['θə:məl'ju:nɪt] *n* единица теплоты, калория

**thermic** ['θə:mɪk] *a* тепловой, термический

**thermit** ['θə:mɪt] *n тех.* термит

**thermite** ['θə:maɪt] = thermit

**thermo-** ['θə:məu-] *в сложных словах* термо-; thermodynamics термодинамика

**thermochemistry** ['θə:məu'kemɪstrɪ] *n* термохимия

**thermo-couple** ['θə:məuˌkʌpl] *n эл.* термоэлемент, термопара

**thermodynamics** ['θə:məudaɪ'næmɪks] *n pl* (*употр. как sing*) термодинамика

**thermo-electric** ['θə:məuɪ'lektrɪk] *a* термоэлектрический

**thermo-electricity** ['θə:məuɪlek'trɪsɪtɪ] *n* термоэлектричество

**thermograph** ['θə:məugrɑ:f] *n* термограф, самопишущий термометр

**thermolysis** [θə:'mɔlɪsɪs] *n хим.* термолиз

**thermometer** [θə'mɔmɪtə] *n* термометр, градусник

**thermonuclear** ['θə:məu'nju:klɪə] *a* термоядерный; ~ weapon термоядерное оружие; ~ bomb водородная бомба

**thermopile** ['θə:məupaɪl] *n* термоэлемент; термостолбик

**thermoplastic** ['θə:məu'plæstɪk] **1.** *a* термопластический

**2.** *n* термопласт (*материал*)

**thermoplegia** ['θə:məu'pli:dʒɪə] *n мед.* тепловой *или* солнечный удар

**thermos** ['θə:mɔs] *n* термос (*тж.* ~ bottle, ~ flask, ~ jug)

**thermostable** [ˌθə:məu'steɪbl] *a* теплоустойчивый

**thermostat** ['θə:məstæt] *n* термостат

**thermotechnics** ['θə:məu'teknɪks] *n pl* (*употр. как sing*) теплотехника

**thermotropism** [θə:'mɔtrəpɪzm] *n бот.* термотропизм

**thesauri** [θi(:)'sɔ:raɪ] *pl от* thesaurus

**thesaurus** [θi(:)'sɔ:rəs] *n* (*pl* -ri) 1) сокровищница, хранилище (*тж. перен.*) 2) словарь; энциклопедия, справочник 3) идеологический словарь, тезаурус

**these** [ði:z] *pl от* this

**theses** ['θi:si:z] *pl от* thesis

**thesis** ['θi:sɪs] *n* (*pl* -ses) 1) тезис; положение 2) диссертация 3) тема для сочине́ния, о́черка *и т. п.* 4) [*тж.* 'θesɪs] *прос.* безуда́рный слог стопы́

**Thespian** ['θespɪən] **1.** *n* драмати́ческий, траги́ческий актёр *или* актри́са

**2.** *a* драмати́ческий, траги́ческий

**Thetis** ['θetɪs] *n греч. миф.* Фети́да

**theurgy** ['θi:ə:dʒɪ] *n* ма́гия, волшебство́

**thews** [θju:z] *n pl* 1) му́скулы 2) му́скульная си́ла 3) си́ла ума́

**they** [ðeɪ] *pron pers.* 1) они́; *косв. п.* them их, им *и т. п.*; ~ who те, кто 2) (*в неопределённо-личных оборотах*): ~ say говоря́т

**they'd** [ðeɪd] *сокр. разг.* = they had; they would

**they'll** [ðeɪl] *сокр. разг.* = they will; they shall

**they're** [ðeə] *сокр. разг.* = they are

**thick** [θɪk] **1.** *a* 1) то́лстый; a foot ~ толщино́й в оди́н фут 2) жи́рный (*о шрифте, почерке и т. п.*) 3) густо́й, ча́стый; ~ hair густы́е во́лосы; ~ forest густо́й лес; ~ as blackberries ≅ хоть пруд пруди́; в изоби́лии 4) пло́тный; густо́й; ~ soup густо́й суп; ~ with dust покры́тый густы́м сло́ем пы́ли 5) изоби́лующий (*чем-л.*); запо́лненный (*чем-л.*); the air was ~ with snow па́дал густо́й снег 6) ча́стый, повторя́ющийся; ~ shower of blows сы́плющиеся гра́дом уда́ры 7) му́тный (*о жидкости*) 8) ту́склый; нея́сный, тума́нный (*о погоде*) 9) хри́плый, ни́зкий (*о голосе*) 10) глу́пый, тупо́й 11) *predic. разг.* бли́зкий, неразлу́чный; to be ~ with smb. дружи́ть с кем-л.; to be ~ as thieves ≅ быть закады́чными друзья́ми 12) неразбо́рчивый, невня́тный (*о речи*); the patient's speech is still quite ~ больно́й говори́т ещё совсе́м невня́тно ◇ to give smb. a ~ ear дать кому́-л. в у́хо; that is a bit (*или* too) ~ э́то чересчу́р, э́то уж сли́шком

**2.** *n* 1) гу́ща; in the ~ of the crowd в гу́ще толпы́ 2) разга́р, пе́кло; to plunge into the ~ of the battle бро́ситься в са́мое пе́кло би́твы 3) *разг.* тупи́ца ◇ through ~ and thin упо́рно, несмотря́ на все препя́тствия

**3.** *adv* 1) гу́сто; оби́льно 2) ча́сто 3) нея́сно, заплета́ющимся языко́м; хри́пло ◇ ~ and fast бы́стро, стреми́тельно, оди́н за други́м; to lay it on ~ *разг.* гру́бо льсти́ть, хвати́ть че́рез край (*в похвалах*)

**thicken** ['θɪkən] *v* 1) утолща́ть(ся) 2) сгуща́ть(ся) 3) учаща́ться 4) мутне́ть 5) расти́, уплотня́ть(ся); the crowd is ~ing толпа́ растёт 6) усложня́ться

**thicket** ['θɪkɪt] *n* ча́ща; за́росли

**thickhead** ['θɪkhed] *n* тупи́ца

**thick-headed** ['θɪk'hedɪd] *a* тупоголо́вый

**thickly** ['θɪklɪ] = thick 3

**thickness** ['θɪknɪs] *n* 1) толщина́, пло́тность *и пр.* [*см.* thick 1] 2) слой

**thickset** ['θɪk'set] **1.** *a* 1) гу́сто наса́женный 2) корена́стый

**2.** *n* густа́я за́росль

**thick-skinned** ['θɪk'skɪnd] *a* толстоко́жий (*тж. перен.*)

**thick-skulled** ['θɪk'skʌld] *a* глу́пый, тупоголо́вый

**thick-witted** ['θɪk'wɪtɪd] = thick-skulled

**thief I** [θi:f] *n* (*pl* thieves) вор

**thief II** [θi:f] *n* нага́р

**thieve** [θi:v] *v* (у)кра́сть, (с)ворова́ть

**thievery** ['θi:vərɪ] *n* 1) воровство́, кра́жа 2) укра́денная вещь

**thieves** [θi:vz] *pl от* thief I

**thievish** ['θi:vɪʃ] *a*ворова́тый

**thievishly** ['θi:vɪʃlɪ] *adv* 1) ворова́то 2) бесче́стно

**thigh** [θaɪ] *n* бедро́

**thigh-bone** ['θaɪbəun] *n* бе́дренная кость

**thill** [θɪl] *n* огло́бля

**thimble** ['θɪmbl] *n* 1) напёрсток 2) наконе́чник; *тех.* му́фта, вту́лка 3) *мор.* ко́уш

**thimbleful** ['θɪmblful] *n* глото́чек, щепо́тка, небольшо́е коли́чество

**thin** [θɪn] **1.** *a* 1) то́нкий; ~ sheet то́нкий лист 2) худо́й, худоща́вый; ~ as a lath (*или* a rail, a whipping-post) худо́й как ще́пка 3) ре́дкий (*о волосах, лесе*) 4) малочи́сленный (*о населении, публике*) 5) незапо́лненный, полупусто́й; ~ house полупусто́й теа́тр 6) ме́лкий (*о дожде*) 7) разрежённый (*о газах*) 8) жи́дкий, сла́бый, водяни́стый (*о чае, супе и т. п.*); разба́вленный, разведённый; ненасы́щенный 9) неубеди́тельный, ша́ткий; ~ excuse (story) неубеди́тельная отгово́рка (исто́рия) 10) *разг.* неприя́тный; to have a ~ time пло́хо провести́ вре́мя 11) сла́бый, то́нкий (*о голосе*) 12) ту́склый, сла́бый (*о свете*) ◇ that is too ~ э́то бе́лыми ни́тками ши́то

**2.** *v* 1) худе́ть (*тж.* ~ down) 2) де́лать(ся) то́нким, утонча́ть(ся); заостря́ть 3) оскудева́ть; реде́ть; разжижа́ться; пусте́ть (*о помещении, месте*); сокраща́ть(ся) в числе́ 4) проре́живать (*растения, посевы*; *тж.* ~ cut) □ ~ **down** худе́ть, заостря́ть (-ся); ~ **out** а) реде́ть; б) пусте́ть (*о помещении*); в) проре́живать

**thine** [ðaɪn] *pron poss. уст.* 1) = thy 2) (*абсолютная форма*; *не употр. атрибутивно*; *ср.* thy) твой

**thing** [θɪŋ] *n* 1) вещь, предме́т; what are those black ~s in the field? что э́то там черне́ется в по́ле?; ~ in itself *филос.* вещь в себе́ 2) (*обыкн. pl*) де́ло, факт, слу́чай, обстоя́тельство; ~s look promising положе́ние обнадёживающее; other ~s being equal при про́чих ра́вных усло́виях; a strange ~ стра́нное де́ло; how are ~s? *разг.* ну, как дела́?; as ~s go при сложи́вшихся обстоя́тельствах; all ~s considered учи́тывая всё (*или* все обстоя́тельства) 3) *pl* ве́щи (*дорожные*); бага́ж 4) *pl* оде́жда; ли́чные ве́щи; take off your ~s сними́те пальто́, разде́ньтесь 5) *pl* у́тварь, принадле́жности; tea ~s ча́йная посу́да 6) литерату́рное, худо́жественное *или* музыка́льное произведе́ние; расска́з, анекдо́т 7) созда́ние, существо́; he is a mean ~ он по́длая тварь; oh, poor ~! о бедня́жка!; dumb ~s бессловéсные живо́тные 8) не́что са́мое ну́жное, ва́жное, подходя́щее, настоя́щее; it is just the ~ э́то как раз то (, что на́до); a good rest is just the ~ for you хоро́ший о́тдых — вот что вам нужне́е всего́; the best ~ са́мое лу́чшее, лу́чше всего́; the next best ~ сле́дующий по ка́честву, лу́чший из остальны́х; (quite) the ~ как раз то, что ну́жно [*см. тж.* ◇] ◇ to see ~s бре́дить, галлюцини́ровать; above all ~s пре́жде всего́, гла́вным о́бразом; among other ~s ме́жду про́чим; and ~s и тому́ подо́бное; to know a ~ or two ко́е-что́ знать; понима́ть что к чему́; by no such ~ ничего́ подо́бного, во́все нет; near ~ опа́сность, кото́рую едва́ удало́сь избежа́ть; good ~s ла́комства; to make a good ~ of smth. извле́чь по́льзу из чего́-л.; to make a regular ~ of smth. регуля́рно занима́ться чем-л.; it amounts to the same ~ э́то одно́ и то же; I am not quite the ~ today мне сего́дня нездоро́вится; (quite) the ~ мо́дный [*см. тж.* 8)]; too much of a good ~ э́то уж сли́шком; we must do that first ~ мы должны́ сде́лать э́то в пе́рвую о́чередь

**thingamy, thingum(a)bob, thingumajig, thingummy** ['θɪŋəmɪ, 'θɪŋəm(ɪ)bɔb, 'θɪŋəmɪdʒɪg, 'θɪŋəmɪ] *n разг. употр. вм. слова* (*особ. вм. имени*), *которое не можешь вспомнить* ≅ как бишь его́?

**think** [θɪŋk] *v* (thought) 1) ду́мать, обду́мывать (about, of — о *ком-л., чём-л.*); мы́слить 2) приду́мывать, находи́ть (of); I cannot ~ of the right word не могу́ приду́мать подходя́щего сло́ва 3) счита́ть, полага́ть; to ~ fit (*или* good) счесть возмо́жным, уме́стным; I ~ no harm in it я не ви́жу в э́том вреда́ 4) понима́ть, представля́ть себе́; I can't ~ how you did it не могу́ себе́ предста́вить, как вы э́то сде́лали; I cannot ~ what he means не могу́ поня́ть, что он хо́чет сказа́ть 5) ожида́ть, предполага́ть; I thought as much я так и предполага́л 6) вспомина́ть; I ~ how we were once friends я вспомина́ю о том, как мы когда́-то дружи́ли; I can't ~ of his name не могу́ припо́мнить его́ и́мени 7) постоя́нно ду́мать, мечта́ть □ ~ **out** проду́мать до конца́; ~ **over** обсуди́ть, обду́мать; ~ **up** *амер.* вы́думать, сочини́ть, приду́мать ◇ to ~ much of быть высо́кого мне́ния; высоко́ цени́ть; to ~ well (highly, badly) of smb. быть хоро́шего (высо́кого, дурно́го) мне́ния о ком-л.; to ~ no end of smb. о́чень высоко́ цени́ть кого́-л.; to ~ better of а) переду́мать; отказа́ться от наме́рения (*сделать что-л.*); б) быть лу́чшего мне́ния о *ком-л.*; he ~s he is it *разг.* он о себе́ высо́кого мне́ния; I ~ little (*или* nothing) of 30 miles a day де́лать 30 миль в день для меня́ су́щий пустя́к; I don't ~ (*прибавляется к ирон. утверждению*) не́чего сказа́ть; ни дать ни взять

**thinkable** ['θɪŋkəbl] *a* 1) мы́слимый 2) осуществи́мый, возмо́жный

**thinker** ['θɪŋkə] *n* мысли́тель

**thinking** ['θɪŋkɪŋ] **1.** *pres. p. от* think

**2.** *n* 1) размышле́ние; to do some hard ~ как сле́дует призаду́маться; поразмы́слить 2) мне́ние; to my ~ по моему́ мне́нию

**3.** *a* мы́слящий, разу́мный ◇ ~ part *театр.* роль без слов; to put on one's ~ cap *разг.* серьёзно обду́мать (*что-л.*)

**think piece** ['θɪŋk'piːs] *n разг.* обзо́рная статья́ (*в газете, журнале*), в кото́рой даётся исто́рия вопро́са, ана́лиз собы́тий *и т. п.*

**think-tank** ['θɪŋk'tæŋk] *n sl.* голова́, башка́

**thinning** ['θɪnɪŋ] **1.** *pres. p. от* thin 2

**2.** *n с.-х.* проре́живание посе́вов

**thin-skinned** ['θɪn'skɪnd] *a* 1) тонкоко́жий 2) оби́дчивый, легкорани́мый

**third** [θəːd] **1.** *num. ord.* тре́тий; ~ person а) *грам.* тре́тье лицо́; б) *юр.* тре́тья сторона́, свиде́тель (*тж.* ~ party)

**2.** *n* 1) треть, тре́тья часть 2) (the ~) тре́тье число́ 3) *муз.* те́рция

**thirdly** ['θəːdlɪ] *adv* в-тре́тьих

**third-rate** ['θəːd'reɪt] *a разг.* плохо́й, никуды́шный, «тре́тий сорт»

**thirst** [θəːst] **1.** *n* жа́жда; ~ for knowledge жа́жда зна́ний

**2.** *v* 1) хоте́ть пить 2) жа́ждать (for, *библ.* after — *чего-л.*)

**thirsty** ['θəːstɪ] *a* 1) томи́мый жа́ждой; I am ~ я хочу́ пить 2) *разг.* вызыва́ющий жа́жду 3) иссо́хший (*о почве*) 4) жа́ждущий (for — *чего-л.*)

**thirteen** ['θəː'tiːn] *num. card.* трина́дцать

**thirteenth** ['θəː'tiːnθ] **1.** *num. ord.* трина́дцатый

**2.** *n* 1) трина́дцатая часть 2) (the ~) трина́дцатое число́

**thirties** ['θəːtɪz] *n pl* 1) (the ~) тридца́тые го́ды 2) четвёртый деся́ток (*возраст между 30 и 39 годами*); she is just out of her ~ ей то́лько что ми́нуло 40 лет

**thirtieth** ['θəːtɪɪθ] **1.** *num. ord.* тридца́тый

**2.** *n* 1) тридца́тая часть 2) (the ~) тридца́тое число́

**thirty** ['θəːtɪ] **1.** *num. card.* три́дцать; ~-one три́дцать оди́н; ~-two три́дцать два *и т. д.*; he is over ~ ему́ за три́дцать

**2.** *n* три́дцать (*единиц, штук*)

**this** [ðɪs] *pron demonstr.* (*pl* these) э́тот, э́та, э́то а) *указывает на лицо, понятие, событие, предмет, действие, близкие по месту или времени*: ~ day сего́дня; these days в на́ши дни; ~ week на э́той неде́ле; ~ day week (month, year) ро́вно че́рез неде́лю (ме́сяц, год); ~ day last week ро́вно неде́лю наза́д; ~ country страна́, в кото́рой мы живём, нахо́димся (*обыкн. переводится названием страны, в которой находится говорящий или пишущий*); ~ house *парл.* э́та пала́та (*палата общин или лордов в зависимости от того, к какой палате обращается выступающий*); б) *противополагается* that: take ~ book and I'll take that one возьми́те э́ту кни́гу, а я возьму́ ту; в) *указывает на что-л., уже известное говорящему*: ~ is what I think вот что я ду́маю; ~ will never do э́то (ника́к) не годи́тся, не подхо́дит ◇ ~ much сто́лько-то; I know ~ much, that this story is exaggerated я зна́ю по кра́йней ме́ре то, что э́та исто́рия преувели́чена; ~ long так до́лго; the meeting isn't going to last ~ long собра́ние не продли́тся так уж до́лго; ~ side (of) ра́ньше, до (*определённого срока*); ~ side of midnight до полу́ночи; ~ way сюда́; like ~ так, вот так; таки́м о́бразом; ~, that and the other то одно́, то друго́е, то тре́тье; by ~ к э́тому вре́мени; ~ many a day давно́, уже́ мно́го дней; these ten minutes э́ти де́сять мину́т

**thistle** ['θɪsl] *n бот.* чертополо́х (*тж. как эмблема Шотландии*)

**thistle-down** ['θɪsldaun] *n* пушо́к семя́н чертополо́ха ◇ as light as ~ ≅ лёгкий как пух

**thistly** ['θɪslɪ] *a* 1) заро́сший чертополо́хом 2) колю́чий

**thither** ['ðɪðə] *adv уст.* туда́, в ту сто́рону

**thitherto** ['ðɪðə'tuː] *adv уст.* до того́ вре́мени

**thitherward(s)** ['ðɪðəwəd(z)] *adv уст.* в ту сто́рону, туда́

**tho'** [ðəu] = though

**thole** [θəul] *n* уклю́чина

**thole-pin** ['θəulpɪn] = thole

**Thomas** ['tɔməs] *n библ.* Фома́; doubting ~ Фома́ неве́рный

**thong** [θɔŋ] **1.** *n* реме́нь; плеть

**2.** *v* стега́ть

**thorax** ['θɔːræks] *n анат.* грудна́я кле́тка

**thorite** ['θəuraɪt] *n мин.* тори́т

**thorium** ['θɔːrɪəm] *n хим.* то́рий

**thorn** [θɔːn] *n* 1) шип, колю́чка 2) торн (*старое название рунической буквы* þ, *соответствующей* th) ◇ a ~ in one's side (*или* flesh) ≅ бельмо́ на глазу́; исто́чник постоя́нного раздраже́ния

**thorn-apple** ['θɔːnˌæpl] *n бот.* дурма́н

**thorny** ['θɔːnɪ] *a* 1) колю́чий 2) терни́стый; тяжёлый; ~ path (*или* way) терни́стый путь 3) тру́дный, противоречи́вый (*о вопросе и т. п.*); a ~ subject щекотли́вая, опа́сная те́ма

**thorough** ['θʌrə] **1.** *a* 1) по́лный, соверше́нный; основа́тельный, доскона́льный; тща́тельный 2) зако́нченный, по́лный; a ~ scoundrel зако́нченный негодя́й

**2.** *prep уст.* = through 1

**3.** *adv уст.* = through 2

**thorough-bass** ['θʌrə'beɪs] *n муз.* 1) генера́л-ба́с 2) *распр.* гармо́ния

**thoroughbred** ['θʌrəbred] **1.** *a* 1) чистокро́вный, поро́дистый 2) хорошо́ воспи́танный; безупре́чный, безукори́зненный (*о манерах и т. п.*); элега́нтный

**2.** *n* чистокро́вное, поро́дистое живо́тное

**thoroughfare** ['θʌrəfɛə] *n* 1) оживлённая у́лица; гла́вная арте́рия (*города*) 2) прохо́д, прое́зд; путь сообще́ния; по ~ прое́зд закры́т (*надпись*)

**thoroughgoing** ['θʌrəˌgəuɪŋ] *a* 1) иду́щий напроло́м, без компроми́ссов 2) радика́льный

**thoroughly** ['θʌrəlɪ] *adv* вполне́, соверше́нно, до конца́; основа́тельно, тща́тельно

**thoroughness** ['θʌrənɪs] *n* основа́тельность, доскона́льность, тща́тельность, зако́нченность

**thoroughpaced** ['θʌrəpeɪst] *a* 1) хорошо́ вы́езженный 2) зако́нченный, отъя́вленный

**thorp** [θɔːp] *n уст.* дере́вня

**those** [ðəuz] *pl от* that 1

**thou** [ðau] *pron pers.* (*косв. п.* thee) *уст., поэт.* ты

**though** [ðəu] **1.** *cj* 1) хотя́, несмотря́ на 2) да́же, е́сли бы, хотя́ бы; it is worth attempting, ~ we fail сто́ит попро́бовать, да́же е́сли нам и не уда́стся

**2.** *adv* тем не ме́нее; одна́ко (же); всё-таки

**thought** I [θɔːt] *n* 1) мысль; мышле́ние; размышле́ние; to collect (*или* to compose) one's ~s собра́ться с мы́слями; (lost) in ~ погружённый в размышле́ния; to read smb.'s ~s чита́ть чьи-л. мы́сли; to take ~ заду́маться; опеча́литься 2) наме́рение 3) забо́та; внима́ние; to take (*или* to show) ~ for smb. забо́титься о ком-л.; thank you for your kind ~ of me благодарю́ вас за внима́ние ко мне 4) (а ~) чу́точка (*обыкн. употр. как adv* чу́точку); a ~ more polite чуть ве́жливей ◇ (as) quick as ~ ≅ с быстрото́й мо́лнии; мгнове́нно; second ~s are best *посл.* ≅ семь раз отме́рь, оди́н раз отре́жь

**thought** II [θɔːt] *past и p. p. от* think

**thoughtful** ['θɔːtful] *a* 1) заду́мчивый, погружённый в размышле́ния 2) глубо́кий по мы́сли, содержа́тельный (*о книге и т. п.*) 3) забо́тливый, чу́ткий, внима́тельный (of — к *другим*)

**thoughtless** [ˈθɔːtlɪs] *a* 1) беспéчный, безрассýдный 2) необдýманный, глýпый 3) невнимáтельный (of — к *другим*)
**thought-out** [ˈθɔːtˈaut] *a* продýманный; a well ~ argument хорошó продýманный аргумéнт
**thought-reading** [ˈθɔːtˌriːdɪŋ] *n* чтéние чужи́х мы́слей
**thought-transference** [ˈθɔːtˈtrænsfərəns] *n* передáча мы́слей на расстоя́ние, телепáтия
**thousand** [ˈθauzənd] **1.** *num. card.* ты́сяча
**2.** *n* 1) ты́сяча; one in a ~ оди́н на ты́сячу, исключи́тельный 2) мнóжество, мáсса; many ~s of times (*или* a ~ times) мнóжество раз; a ~ times easier в ты́сячу раз лéгче; the ~ and one small worries of life мáсса мéлких забóт; ≅ суетá сует; he made a ~ and one excuses он ты́сячу раз извиня́лся; a ~ thanks ≅ большóе спаси́бо
**thousandfold** [ˈθauzəndfəuld] **1.** *a* в ты́сячу раз бóльший
**2.** *adv* в ты́сячу раз бóльше
**thousandth** [ˈθauzəntθ] **1.** *num. ord.* ты́сячный
**2.** *n* ты́сячная часть
**thraldom** [ˈθrɔːldəm] *n* *ист.* рáбство
**thrall** [θrɔːl] **1.** *n* 1) раб 2) *ист.* рáбство; to hold smb. in ~ плени́ть, очаровáть когó-л.
**2.** *v* *ист.* порабощáть
**thrash** [θræʃ] *v* 1) бить, порóть 2) победи́ть (*в борьбе, состязании*) 3) = thresh 1) □ ~ **about** метáться (*о больном*); ~ **out** тщáтельно обсуждáть, выясня́ть, прорабáтывать (*вопросы и т. п.*); ~ **over** = ~ out
**thrasher** [ˈθræʃə] *n* 1) тот, кто бьёт 2) = thresher 1); 3) = thresher 2); 4) *зоол.* морскáя лиси́ца
**thrashing** [ˈθræʃɪŋ] **1.** *pres. p. от* thrash
**2.** *n* 1) пóрка, трёпка, взбýчка; to give smb. a (sound) ~ вздуть когó-л. 2) = threshing 2, 1)
**thrashing-floor** [ˈθræʃɪŋflɔː] = threshing-floor
**thrashing-machine** [ˈθræʃɪŋməˌʃiːn] = threshing-machine
**thrasonical** [θrəˈsɔnɪkəl] *a* хвастли́вый
**thread** [θred] **1.** *n* 1) ни́тка; нить (*тж. перен.*); the ~ of the story основнáя нить, ли́ния расскáза; to lose the ~ of потеря́ть нить (*рассказа и т. п.*); to resume (*или* to take up) the ~ (of) возобнови́ть (*беседу, рассказ*); the ~ of life нить жи́зни; to pick up the ~ (of acquaintance with smb.) возобнови́ть (знакóмство с кем-л.) 2) *тех.* резьбá, нарéзка; шаг (*винта*) 3) *эл.* жи́ла прóвода 4) *геол.* прожи́лок 5) *attr.* ни́тяный; нитеви́дный ◇ ~ and thrum всё вмéсте — и хорóшее и плохóе; worn to the ~ потёртый, изнóшенный; потрёпанный
**2.** *v* 1) продевáть ни́тку (*в иголку*) 2) нани́зывать (*бусы и т. п.*) 3) пробирáться; проклáдывать путь; to ~ one's way through the crowd пробирáться сквозь толпý 4) прони́зывать, проходи́ть крáсной ни́тью 5) заправля́ть ни́тью (*ткацкий станок, швейную машину и т. п.*) 6): to ~ a film into the camera *кино* заряжáть аппарáт кинолéнтой 7) *тех.* нарезáть (*резьбу*)
**threadbare** [ˈθredbɛə] *a* 1) потёртый, изнóшенный 2) бéдно одéтый 3) изби́тый (*о шутке, доводе и т. п.*)
**threaded** [ˈθredɪd] **1.** *p. p. от* thread 2
**2.** *a* *тех* с нарéзкой, с резьбóй, нарезнóй
**threader** [ˈθredə] *n* винторéзный станóк
**threadlike** [ˈθredlaɪk] *a* 1) нитеви́дный 2) волокни́стый
**thread-mark** [ˈθredmɑːk] *n* водянóй знак (*на деньгах и т. п.*)
**thread-needle** [ˈθredˌniːdl] *n* «ручеёк» (*детская игра*)
**threadworm** [ˈθredwəːm] *n* остри́ца (*глист*)
**thready** [ˈθredɪ] *a* 1) ни́тяный; нитеви́дный 2) волокни́стый 3) тóнкий (*о голосе*)
**threat** [θret] *n* угрóза; there is a ~ of rain собирáется дождь
**threaten** [ˈθretn] *v* грози́ть, угрожáть (with — *чем-л.*); to ~ punishment угрожáть наказáнием
**threatening** [ˈθretnɪŋ] **1.** *pres. p. от* threaten
**2.** *a* угрожáющий, грозя́щий; нави́сший (*об опасности и т. п.*)
**three** [θriː] **1.** *num. card.* три; ~ times ~ а) три́жды три; б) девятикрáтное урá
**2.** *n* 1) трóйка; in ~s пó три 2) *pl* трéтий нóмер, размéр 3) три очкá
**three-colour process** [ˈθriːˌkʌləˈprəusəs] *n* *полигр.* трёхкрáсочная печáть
**three-cornered** [ˈθriːˈkɔːnəd] *a* 1) треугóльный 2) происходя́щий с учáстием трёх человéк, пáртий *и т. п.* (*о борьбе, диспуте и т. п.*) 3) *перен.* несклáдный, угловáтый
**three-decker** [ˈθriːˈdekə] *n* 1) трёхпáлубное сýдно 2) трилóгия; трёхтóмный ромáн 3) трёхслóйный сáндвич
**three-dimensional** [ˈθriːdɪˈmenʃənl] *a* трёхмéрный, прострáнственный; стереоскопи́ческий
**three-field** [ˈθriːfiːld] *a* *с.-х.* трёхпóльный; ~ system трёхпóльная систéма, трёхпóлье
**threefold** [ˈθriːfəuld] **1.** *a* утрóенный; тройнóй
**2.** *adv* втрóе (бóльше), втройнé
**three halfpence** [ˈθriːheɪpəns] *n* полторá пéнни
**three-handed** [ˈθriːˈhændɪd] *a* происходя́щий с учáстием трёх игрокóв
**three-lane** [ˈθriːleɪn] *a*: ~ motorway движéние трáнспорта в три ря́да
**three-legged** [ˈθriːˈlegd] *a* тренóгий; a ~ race бег пáрами (*игра, в которой нога одного бегуна связана с ногой другого*), бег «на трёх ногáх»
**three-master** [ˈθriːˈmɑːstə] *n* трёхмáчтовое сýдно
**three-mile** [ˈθriːmaɪl] *a* трёхми́льный; ~ limit грани́ца трёхми́льной полосы́ (*территориальных вод*)
**threepence** [ˈθrepəns] *n* три пéнса; трёхпéнсовая монéта
**threepenny** [ˈθrepənɪ] *a* 1) стóящий три пéнса; ~ bit (*или* piece) трёхпéнсовая монéта 2) дешёвый, грошóвый
**three-per-cents** [ˈθriːpəˈsents] *n pl* трёхпроцéнтные цéнные бумáги
**three-phase** [ˈθriːfeɪz] *a* *эл.* трёхфáзный
**three-piece** [ˈθriːpiːs] *a* состоя́щий из трёх предмéтов (*обычн. о дамском костюме*)
**three-ply** [ˈθriːplaɪ] **1.** *n* трёхслóйная фанéра
**2.** *a* трёхслóйный (*о фанере*)
**three-quarter** [ˈθriːˈkwɔːtə] *a* 1) трёхчетвертнóй 2) с поворóтом лицá в три чéтверти (*о портрете, фотографии*)
**threescore** [ˈθriːˈskɔː] *n* шестьдеся́т (*о возрасте*); ~ and ten сéмьдесят лет (*как нормальный срок человеческой жизни*)
**threesome** [ˈθriːsəm] **1.** *n* 1) три человéка, трóйка 2) гольф (*или другая игра*) для трёх игрокóв
**2.** *a* состоя́щий из трёх; осуществля́емый тремя́
**three-throw** [ˈθriːθrəu] *a* *тех.* стрóенный, трёхколéнчатый
**three-way** [ˈθriːweɪ] *a* 1) *тех.* трёхходовóй 2) *ж.-д.* трёхпýтный
**thremmatology** [ˌθreməˈtɔlədʒɪ] *n* трemmатолóгия, наýка о разведéнии домáшних живóтных и культýрных растéний
**threnode, threnody** [ˈθrenəud, ˈθrenədɪ] *n* погребáльная песнь; погребáльное пéние
**thresh** [θreʃ] *v* 1) молоти́ть 2) = thrash 1); 3) = thrash 2) ◇ to ~ over old straw ≅ толóчь вóду в стýпе
**thresher** [ˈθreʃə] *n* 1) молоти́льщик 2) молоти́лка 3) = thrasher 4)
**threshold** [ˈθreʃhəuld] *n* 1) порóг 2) *перен.* преддвéрие, отправнóй пункт, начáло; to stumble on (*или* at) the ~ плóхо начáть (*дело*) 3) *психол.* порóг (*сознания*)
**threshing** [ˈθreʃɪŋ] **1.** *pres. p. от* thresh
**2.** *n* 1) молотьбá 2) = thrashing 2, 1)
**threshing-floor** [ˈθreʃɪŋflɔː] *n* *с.-х.* ток
**threshing-machine** [ˈθreʃɪŋməˌʃiːn] *n* *с.-х.* молоти́лка
**threw** [θruː] *past от* throw 2
**thrice** [θraɪs] *adv* *уст.* три́жды; в высóкой стéпени; ~ happy óчень счáстлив

**thrice-** [θraɪs-] *в сложных словах означает* в вы́сшей сте́пени, о́чень; thrice-told мно́го раз рассказанный; thrice-noble в вы́сшей сте́пени благоро́дный

**thrift** [θrɪft] *n* 1) эконо́мность, бережли́вость 2) *уст.* процвета́ние, зажи́точность 3) *редк.* бы́стрый, бу́йный рост 4) *бот.* арме́рия

**thriftless** ['θrɪftlɪs] *a* расточи́тельный, неэконо́мный

**thrifty** ['θrɪftɪ] *a* 1) эконо́мный, бережли́вый 2) цвету́щий, процвета́ющий

**thrill** [θrɪl] **1.** *n* 1) возбужде́ние, глубо́кое волне́ние 2) не́рвная дрожь, тре́пет 3) что-л. волну́ющее, захва́тывающее 4) колеба́ние, вибра́ция

**2.** *v* 1) вызыва́ть тре́пет; си́льно взволнова́ть 2) испы́тывать тре́пет; си́льно взволнова́ться 3) дрожа́ть (*от стра́ха, ра́дости и т. п.*); трепета́ть; my heart ~ed with joy моё се́рдце затрепета́ло от ра́дости 4) колеба́ться, вибри́ровать

**thrilled** [θrɪld] **1.** *p. p. от* thrill 2

**2.** *a* 1) взволно́ванный, возбуждённый 2) заинтриго́ванный, захва́ченный

**thriller** ['θrɪlə] *n разг.* кни́га, пье́са *или* фильм, рассчи́танные на то, что́бы взволнова́ть, захвати́ть чита́теля, зри́теля

**thrilling** ['θrɪlɪŋ] **1.** *pres. p. от* thrill 2

**2.** *a* 1) волну́ющий, захва́тывающий 2) дрожа́щий, вибри́рующий

**thrive** [θraɪv] *v* (throve, *редк.* -d [-d]; thriven, *редк.* -d [-d]) 1) процвета́ть, преуспева́ть 2) бу́йно, пы́шно расти́, разраста́ться

**thriven** ['θrɪvn] *p. p. от* thrive

**thro, thro'** [θru:] = through

**throat** [θrəut] **1.** *n* 1) го́рло, горта́нь, гло́тка; to clear one's ~ отка́шливаться; full to the ~ сыт по го́рло; to stick in one's ~ застря́ть в го́рле (*о ко́сти и т. п.*) [*см. тж.* ◇] 2) у́зкий прохо́д, у́зкое отве́рстие; жерло́ вулка́на 3) *тех.* горлови́на, зев, соедини́тельная часть; расчётный разме́р (в свету́) 4) *метал.* колошни́к (*до́мны*); горлови́на (*конве́ртора*) 5) *мор.* пя́тка (*гафеля*) ◇ to cut one another's ~s смерте́льно враждова́ть; разоря́ть друг дру́га конкуре́нцией; to give smb. the lie in his ~ изобличи́ть кого́-л. в гру́бой лжи; to jump down smb.'s ~ перебива́ть кого́-л., гру́бо возража́ть; затыка́ть гло́тку кому́-л.; to thrust (*или* to ram) smth. down smb.'s ~ си́лой навяза́ть что-л. кому́-л.; to stick in one's ~ а) застрева́ть в го́рле (*о слова́х*); б) прети́ть; [*см. тж.* 1)]

**2.** *v* 1) бормота́ть 2) напева́ть хри́плым го́лосом

**throaty** ['θrəutɪ] *a* горта́нный; хри́плый

**throb** [θrɔb] **1.** *n* 1) бие́ние, пульса́ция 2) тре́пет, волне́ние

**2.** *v* 1) си́льно би́ться *или* пульси́ровать 2) трепета́ть, волнова́ться

**throe** [θrəu] *n* (*обыкн. pl*) 1) си́льная боль; in the ~s of в му́ках (*тво́рчества и т. п.*); ~s of childbirth родовы́е му́ки 2) аго́ния

**Throgmorton Street** [θrɔg'mɔ:tn-'stri:t] *n* 1) у́лица в Ло́ндоне, где расположена би́ржа 2) ло́ндонская би́ржа; биржевики́

**thrombosis** [θrɔm'bəusɪs] *n мед.* тромбо́з

**thrombus** ['θrɔmbəs] *n* тромб

**throne** [θrəun] **1.** *n* 1) трон; престо́л 2) (the ~) короле́вская, ца́рская власть 3) высо́кое положе́ние

**2.** *v* 1) возводи́ть на престо́л 2) занима́ть высо́кое положе́ние

**throng** [θrɔŋ] **1.** *n* 1) толпа́, толчея́ 2) ма́сса, мно́жество

**2.** *v* толпи́ться; заполня́ть (*о толпе́*); переполня́ть (*помеще́ние*)

**throstle** ['θrɔsl] *n* 1) пе́вчий дрозд 2) *текст.* гребённая пряди́льная маши́на (*для ше́рсти*)

**throttle** ['θrɔtl] **1.** *n тех.* дро́ссель ◇ at full ~ на по́лной ско́рости, на по́лной мо́щности

**2.** *v* 1) души́ть 2) задыха́ться 3) *тех.* дроссели́ровать, мять (*пар*) □ ~ **down** уме́ньшить газ

**through** [θru:] **1.** *prep* 1) *ука́зывает на простра́нственные отноше́ния* че́рез, сквозь, по; ~ the gate че́рез воро́та; they marched ~ the town они́ прошли́ по го́роду; ~ this country по всей стране́ 2) *ука́зывает на временны́е отноше́ния*: а) в тече́ние, в продолже́ние; ~ the night всю ночь; to wait ~ ten long years прожда́ть де́сять до́лгих лет; б) *амер.* включи́тельно; May 10 ~ June 15 с 10 ма́я по 15 ию́ня включи́тельно 3) *в сочета́ниях, име́ющих перено́сное значе́ние* в, че́рез; to flash ~ the mind промелькну́ть в голове́; to go ~ many trials пройти́ че́рез мно́го испыта́ний 4) че́рез (посре́дство), от; I heard of you ~ your sister я слы́шал о вас от ва́шей сестры́; he was examined ~ an interpreter его́ допра́шивали че́рез перево́дчика 5) по причи́не, всле́дствие, из-за, благодаря́; we lost ourselves ~ not knowing the way мы заблуди́лись из-за того́, что не зна́ли доро́ги

**2.** *adv* 1) насквозь; соверше́нно; I am wet ~ я насквозь промо́к 2) от нача́ла до конца́; *в сочета́нии с глаго́лами передаётся приста́вками* пере-, про-; he slept the whole night ~ он проспа́л всю ночь; to carry ~ довести́ до конца́; I have read the book ~ я прочёл всю кни́гу; to get ~ пройти́; to look ~ просмотре́ть ◇ to be ~ (with) а) зако́нчить (*что-л.*); б) поко́нчить (с *чем-л.*); в) *разг.* пресы́титься (*чем-л.*); уста́ть (от *чего-л.*); to put a person ~ соедини́ть кого́-л. (*по телефо́ну*); you are ~! абоне́нт у телефо́на, говори́те!; ~ and ~ а) соверше́нно, насквозь, до конца́, во всех отноше́ниях; an aristocrat ~ and ~ аристокра́т до ко́нчиков па́льцев; б) сно́ва и сно́ва

**3.** *a* 1) прямо́й, беспереса́дочный; ~ ticket сквозно́й биле́т; ~ service беспереса́дочное сообще́ние 2) свобо́дный, беспрепя́тственный; ~ passage свобо́дный прохо́д

**throughly** ['θru:lɪ] *уст.* = thoroughly

**throughout** [θru(:)'aut] **1.** *adv* 1) во всех отноше́ниях; соверше́нно 2) повсю́ду; на всём протяже́нии; the dictionary has been revised ~ слова́рь был с нача́ла до конца́ пересмо́трен

**2.** *prep* че́рез; по всему́; в продолже́ние (*всего́ вре́мени и т. п.*); ~ the 19th century че́рез весь XIX век

**through-put** ['θru:put] *n* коли́чество сырья́, материа́ла *и т. п.*, израсхо́дованного за определённый срок

**throve** [θrəuv] *past от* thrive

**throw** [θrəu] **1.** *n* 1) броса́ние; бросо́к 2) да́льность броска́; расстоя́ние, на кото́рое мо́жно метну́ть диск *и т. п.* 3) риск, риско́ванное де́ло 4) покрыва́ло (*на крова́ти*) 5) *разг.* шарф, лёгкая наки́дка 6) *спорт.* бросо́к (*при борьбе́*) 7) гонча́рный круг 8) *геол.* вертика́льное перемеще́ние, сброс 9) *тех.* ход (*по́ршня, шатуна́*); разма́х

**2.** *v* (threw; thrown) 1) броса́ть, кида́ть; мета́ть; набра́сывать (*тж.* ~ on); to ~ oneself броса́ться, кида́ться; to ~ oneself at smb., smth. набра́сываться на кого́-л., что-л.; to ~ stones at smb. швыря́ть в кого́-л. камня́ми; *перен.* осужда́ть кого́-л.; to ~ a glance бро́сить взгляд; to ~ kisses at smb. посыла́ть кому́-л. возду́шные поцелу́и 2) сбра́сывать (*вса́дника*) 3) меня́ть (*ко́жу — о змее́*) 4) бы́стро, неожи́данно приводи́ть (into — в *определённое состоя́ние*); to ~ into confusion приводи́ть в смяте́ние 5) отели́ться, ожереби́ться *и т. п.* 6) верте́ть; крути́ть (*шёлк*) 7) *разг.* дава́ть (*обе́д и т. п.*); устра́ивать (*вечери́нку*) 8) положи́ть на о́бе лопа́тки (*в борьбе́*) 9) *спорт. разг.* наме́ренно прои́грывать соревнова́ние 10) навести́ (*мост*) □ ~ **about** разбра́сывать, раски́дывать; to ~ one's money about сори́ть деньга́ми; ~ **aside** отбра́сывать, отстраня́ть; ~ **away** а) броса́ть, отбра́сывать; б) тра́тить впусту́ю (*де́ньги*); в) упусти́ть, не воспо́льзоваться; to ~ away an advantage упусти́ть возмо́жность; ~ **back** а) отбра́сывать наза́д; б) замедля́ть разви́тие; в) (ре́зко) отверга́ть; ~ **down** а) сбра́сывать; броса́ть; to ~ oneself down бро́ситься, лечь на зе́млю; to ~ down one's arms сдава́ться; to ~ down one's tools забастова́ть; б) сноси́ть, разруша́ть (*зда́ние*); в) ниспроверга́ть; г) *хим.* вызыва́ть оседа́ние; д) *амер.* отклоня́ть (*предложе́ние и т. п.*); отверга́ть; to ~ down one's brief *юр.* отка́зываться от дальне́йшего веде́ния де́ла;

~ **in** а) добавлять, вставлять (*замечание*); б) *тех.* включать; в) бросать (*в крикете*); ~ **off** а) отвергать; б) свергать; в) сбрасывать; избавляться; to ~ off an illness поправиться, вылечиться; г) извергать; д) легко и быстро набросать (*эпиграмму и т. п.*); е) *охот.* спускать собак; ж) начинать (*что-л.*); з) *тех.* выключать; ~ **on** а) накинуть, надеть (*пальто и т. п.*); б) подбрасывать, подбавлять; to ~ on coals подбрасывать уголь (*в топку*); ~ **out** а) выбрасывать; б) выгонять; увольнять; в) испускать, излучать (*свет*); г) мимоходом высказывать (*предложение*); д) *парл.* отвергать (*законопроект*); е) сбить, запутать (*напр., в расчётах*); ж) *воен.* выставлять, высылать; з) *спорт.* перегонять; и) пристраивать; to ~ out a new wing пристроить новое крыло (к зданию); ~ **over** а) бросать; покидать (*друзей*); б) отказываться (*от плана, намерения и т. п.*); в) *тех.* переключать; ~ **together** а) наспех составлять, компилировать; б) сводить вместе, сталкивать (*о людях*); ~ **up** а) подбрасывать; б) вскидывать (*глаза*); поднимать (*руки*); в) возводить, быстро строить (*дом, баррикады*); г) выделять, оттенять; д) бросать, отказываться от участия; е) *амер.* упрекать, критиковать; ж) извергать; *разг.* рвать; he threw up его вырвало ◊ to ~ the great cast сделать решительный шаг; to ~ a fit прийти в ярость; закатить истерику; to ~ oneself at the head of smb. *разг.* вешаться кому-л. на шею; to ~ the cap over the mill пускаться во все тяжкие; to ~ the bull *амер. sl.* трепаться; бессовестно врать; to ~ a chest *разг.* выпячивать грудь; to ~ good money after bad, to ~ the handle after the blade рисковать последним; упорствовать в безнадёжном деле; to ~ cold water on (a plan, *etc.*) *см.* cold 1, ◊

**throwaway** [ˈθrəuəˌweɪ] *n* рекламное объявление, проспект *и т. п.* (*распространяемые среди покупателей бесплатно*)

**throw-back** [ˈθrəubæk] *n* 1) регресс; возврат к прошлому 2) атавизм

**thrower** [ˈθrəuə] *n* 1) метатель; гранатомётчик; discus ~ метатель диска, дискобол 2) гончар 3) = throwster 4) метательный аппарат

**throw-in** [ˈθrəuˈɪn] *n* вбрасывание (*мяча в игру*)

**thrown** [θrəun] *p. p. от* throw 2

**thrown silk** [ˈθrəunˈsɪlk] *n* кручёный натуральный шёлк

**throw-off** [ˈθrəuˈɔf] *n* начало (*охоты, бегов*)

**throw-out** [ˈθrəuˈaut] *n разг.* отбросы; что-л. ненужное

**throwster** [ˈθrəustə] *n текст.* шёлкокрутильщик

**thru** [θru:] *амер.* = through

**thrum I** [θrʌm] *n текст.* 1) незатканный конец нити 2) бахрома

**thrum II** [θrʌm] **1.** *n* бренчание

**2.** *v* 1) бренчать, тренькать 2) барабанить пальцами

**thrush I** [θrʌʃ] *n* дрозд

**thrush II** [θrʌʃ] *n* 1) *мед.* молочница (*болезнь*) 2) *вет.* гниение стрелки (*у лошади*)

**thrust** [θrʌst] **1.** *n* 1) толчок 2) удар, выпад 3) резкое выступление (*против кого-л.*); выпад, колкость 4) вооружённое нападение, атака 5) *тех.* опора, упор 6) *тех.* осевая нагрузка 7) *геол.* горизонтальное *или* боковое давление; надвиг

**2.** *v* (thrust) 1) толкать; тыкать 2) колоть, пронзать 3) совать, засовывать; to ~ one's hands into one's pockets засунуть руки в карманы 4) протискиваться, лезть, пролезать; to ~ one's way пробивать себе дорогу; to ~ oneself into a well-paid position пролезть на хорошо оплачиваемую должность; to ~ oneself into smb.'s society втереться в чьё-л. общество 5) навязывать (*кому-л.*); I don't want such things ~ on me я не хочу, чтобы мне навязывали такие вещи □ ~ **aside** отталкивать, отбрасывать; ~ **forth** выталкивать; проталкивать; ~ **in** втыкать, всовывать, вонзать; to ~ in a word вставить слово; ~ **out** выгонять, выселять; вышвыривать ◊ to ~ oneself forward обращать на себя внимание

**thud** [θʌd] **1.** *n* глухой звук, стук (*от падения тяжёлого тела*)

**2.** *v* 1) свалиться, шлёпнуться, бухнуться 2) ударяться с глухим стуком; bullets ~ed into the sandbags пули глухо ударялись по мешкам с песком

**thug** [θʌg] *n* 1) убийца; головорез 2) *ист.* разбойник-душитель (*член религиозной секты в северной Индии*)

**thuggee, thuggery** [ˈθʌgi:, ˈθʌgərɪ] *n* удушение

**thuja** [ˈθju:jə] *n бот.* туя

**thulium** [ˈθju:lɪəm] *n хим.* тулий

**thumb** [θʌm] **1.** *n* большой палец (*руки*); палец (*рукавицы*) ◊ under smb.'s ~ всецело под влиянием *или* во власти кого-л.; под башмаком; Tom T. мальчик с пальчик; ~s up! недурно!, подходяще!; to be all ~s быть неловким, неуклюжим; to be ~s down быть против, запрещать, бойкотировать (on)

**2.** *v* 1) листать, смотреть (*журнал, книгу; тж.* ~ through) 2) захватать, загрязнить 3) *разг.* остановить проезжающий автомобиль, подняв большой палец (*тж.* ~ a lift) ◊ to ~ one's nose at smb. показать нос кому-л.

**thumb-index** [ˈθʌmˌɪndeks] *n* буквенный указатель (*на переднем обрезе справочника, словаря и т. п.*)

**thumb-mark** [ˈθʌmmɑ:k] *n* 1) след пальцев (*на страницах книги*) 2) = thumb-print

**thumb-nail** [ˈθʌmneɪl] **1.** *n* 1) ноготь большого пальца 2) что-л., имеющее размер ногтя

**2.** *a* 1) маленький 2) краткий; ~ sketch краткое описание (*чего-л.*)

**thumb-print** [ˈθʌmprɪnt] *n* отпечаток большого пальца (*в дактилоскопии*)

**thumbscrew** [ˈθʌmskru:] *n* 1) *ист.* тиски для больших пальцев (*орудие пытки*) 2) *тех.* винт с накатанной головкой

**thumb-tack** [ˈθʌmtæk] *n амер.* чертёжная кнопка

**thump** [θʌmp] **1.** *n* тяжёлый удар (*кулаком, дубинкой*); глухой звук (*удара*)

**2.** *v* 1) наносить тяжёлый удар, ударять; стучать 2) ударяться; биться с глухим шумом; his heart ~ed его сердце глухо билось

**thumper** [ˈθʌmpə] *n разг.* 1) что-л. очень большое 2) явная ложь

**thumping** [ˈθʌmpɪŋ] **1.** *pres. p. от* thump 2

**2.** *a* громадный, подавляющий; ~ majority явное большинство

**3.** *adv разг.* очень; ~ good play чертовски хорошая пьеса

**thunder** [ˈθʌndə] **1.** *n* 1) гром 2) грохот, шум 3) *pl* резкое осуждение, угрозы (*обыкн. со стороны газет, официальных лиц и т. п.*)

**2.** *v* 1) греметь (*тж. в безл. оборотах*); it ~s гром гремит 2) стучать, колотить 3) громить, грозить (against); метать громы и молнии 4) говорить громогласно

**thunderbolt** [ˈθʌndəbəult] *n* 1) удар молнии; *перен.* как гром среди ясного неба; to come like a ~, to be a ~ поразить, быть совершенно неожиданным 2) белемнит, чёртов палец (*остатки ископаемых моллюсков*)

**thunderclap** [ˈθʌndəklæp] *n* удар грома; *перен.* неожиданное событие; ужасная новость

**thundercloud** [ˈθʌndəklaud] *n* грозовая туча

**Thunderer** [ˈθʌndərə] *n* (the ~) громовержец (*Юпитер, Тор*)

**thundering** [ˈθʌndərɪŋ] **1.** *pres. p. от* thunder 2

**2.** *a* 1) громоподобный; оглушающий 2) *разг.* громадный; ~ ass ужасный болван

**thunderous** [ˈθʌndərəs] *a* 1) грозовой, предвещающий грозу 2) громовой, оглушительный

**thunder-peal** [ˈθʌndəpi:l] *n* удар *или* раскат грома

**thunderstorm** [ˈθʌndəstɔ:m] *n* гроза

**thunderstroke** [ˈθʌndəstrəuk] *n* удар грома

**thunderstruck** [ˈθʌndəstrʌk] *a* 1) сражённый ударом молнии 2) ошеломлённый, оглушённый; как громом поражённый

**thundery** [ˈθʌndərɪ] = thunderous 1)

**thurible** [ˈθjuərɪbl] *n* кадило

**thurify** [ˈθjuərɪfaɪ] *v* кадить

**Thursday** [ˈθə:zdɪ] *n* четверг

**thus** [ðʌs] *adv* 1) так, таким образом; поэтому (*амер. тж.* ~ and so);

~ and ~ та́к-то и та́к-то 2) до, до тако́й сте́пени; ~ far до сих по́р; ~ much сто́лько; ~ much at least is clear хоть э́то, по кра́йней ме́ре, я́сно

**thwack** [θwæk] **1.** *n* (си́льный) уда́р **2.** *v* бить, колоти́ть

**thwart** [θwɔ:t] **1.** *n* ба́нка на гребно́й шлю́пке

**2.** *a* 1) попере́чный, косо́й; ~ motion попере́чное движе́ние 2) *уст.* несгово́рчивый, упря́мый

**3.** *v* 1) (по)меша́ть исполне́нию (*жела́ний*); расстра́ивать, разруша́ть (*пла́ны и т. п.*) 2) перечи́ть 3) *уст.* пересека́ть

**thy** [ðaɪ] *pron poss уст.* (*употр. атрибути́вно; ср.* thine) твой

**thyme** [taɪm] *n бот.* тимья́н, чабре́ц

**thyroid** ['θaɪrɔɪd] *анат.* **1.** *n* щитови́дная железа́

**2.** *a* щитови́дный; ~ cartilage щитови́дный хрящ; ~ gland щитови́дная железа́

**thyrsi** ['θə:saɪ] *pl от* thyrsus

**thyrsus** ['θə:səs] *n* (*pl* -si) *греч. миф.* тирс, жезл Ва́кха

**thyself** [ðaɪ'self] *уст. pron* 1) *refl.* себя́, -ся 2) *emph.* сам, сама́

**tiara** [tɪ'ɑ:rə] *n* 1) тиа́ра 2) диаде́ма

**tibia** ['tɪbɪə] *лат. n* (*pl* -ae) *анат.* большеберцо́вая кость

**tibiae** ['tɪbɪi:] *pl от* tibia

**tic** [tɪk] *n мед.* тик; ~ douloureux [-ˌdulu'rə:] невралги́я тройни́чного не́рва

**ticca** ['tɪkə] *инд. a* наёмный

**tick I** [tɪk] *n* 1) чехо́л (*матра́ца, поду́шки*) 2) тик (*мате́рия*)

**tick II** [tɪk] **1.** *n* 1) ти́канье 2) отме́тка, пти́чка, га́лочка 3) *разг.* мгнове́ние; in a ~ монента́льно, неме́дленно; to (*или* on) the ~ то́чно, пунктуа́льно

**2.** *v* 1) ти́кать 2) де́лать отме́тку, ста́вить пти́чку (*тж.* ~ off) □ ~ **off** а) отмеча́ть, ста́вить га́лочку; б) *разг.* отде́лать, распуши́ть; ~ **out** высту́кивать (*о телегра́фном аппара́те*); ~ **over** *авто* е́хать с вы́ключенным дви́гателем ◇ what makes him ~? чем он живёт?, что придаёт ему́ си́лы?

**tick III** [tɪk] **1.** *n* 1) *разг.* креди́т; to go (*или* to run) (on) ~ брать в креди́т; влеза́ть в долги́; to buy (to sell) on ~ покупа́ть (продава́ть) в креди́т 2) счёт

**2.** *v* 1) брать в долг; покупа́ть в креди́т 2) отпуска́ть в долг; продава́ть в креди́т

**tick IV** [tɪk] *n зоол.* клещ

**ticker** ['tɪkə] *n* 1) ма́ятник 2) *разг.* часы́ 3) *шутл.* се́рдце 4) *ра́дио* ти́ккер 5) *тлг.* зу́ммер 6) биржево́й телегра́фный аппара́т (*тж.* stock ~)

**ticker-tape** ['tɪkəteɪp] *n* телегра́фная ле́нта

**ticker-tape reception** ['tɪkəteɪprɪ'sepʃən] *n* торже́ственная встре́ча, торже́ственный прое́зд по у́лицам го́рода (*с осыпа́нием геро́я серпанти́ном из ти́ккерной ле́нты*)

**ticket** ['tɪkɪt] **1.** *n* 1) биле́т; single (*амер.* one-way) ~ биле́т в оди́н коне́ц 2) ярлы́к; price ~ этике́тка с цено́й 3) объявле́ние (*о сда́че внаём*) 4) удостовере́ние; ка́рточка; квита́нция; pawn ~ зало́говая квита́нция 5) *амер. разг.* пове́стка в суд за наруше́ние пра́вил у́личного движе́ния; to get a ~ быть оштрафо́ванным за наруше́ние пра́вил у́личного движе́ния 6) *воен.*: to get one's ~ *sl.* получи́ть увольне́ние; ~ of discharge увольни́тельное свиде́тельство 7) *амер.* спи́сок кандида́тов како́й-л. па́ртии на вы́борах; straight ~ избира́тельный бюллете́нь с имена́ми кандида́тов како́й-л. одно́й па́ртии; mixed (*или* split) ~ бюллете́нь с кандида́тами из спи́сков ра́зных па́ртий; scratch ~ бюллете́нь с не́сколькими вы́черкнутыми фами́лиями; to carry a ~ провести́ свои́х кандида́тов; to be ahead (behind) of one's ~ получи́ть наибо́льшее (наиме́ньшее) коли́чество голосо́в по спи́ску свое́й па́ртии 8) *attr.* биле́тный; ~ scalper (*или* skinner) *амер. разг.* спекуля́нт театра́льными биле́тами; ~ window *амер.* ка́сса (*железнодоро́жного, возду́шного или авто́бусного сообще́ния*) ◇ the ~ то, что на́до; that's the ~ как раз то, что ну́жно; that's not quite the ~ не совсе́м то; непра́вильно; what's the ~? ну, каковы́ ва́ши пла́ны? to work one's ~ *разг.* а) добива́ться увольне́ния из а́рмии, освобожде́ния от рабо́ты (*ча́сто нече́стным путём*); б) отрабо́тать свой прое́зд на парохо́де

**2.** *v* 1) прикрепля́ть ярлы́к 2) *амер.* снабжа́ть биле́тами

**ticket of leave** ['tɪkɪtəv'li:v] *n* досро́чное освобожде́ние заключённого

**ticket-of-leave** ['tɪkɪtəv'li:v] *a*: ~ man (*или* convict) досро́чно освобождённый

**ticking I** ['tɪkɪŋ] = tick I, 2)

**ticking II** ['tɪkɪŋ] *pres. p. от* tick II, 2

**ticking III** ['tɪkɪŋ] *pres. p. от* tick III, 2

**tickle** ['tɪkl] **1.** *n* щекота́ние, щеко́тка

**2.** *v* 1) щекота́ть 2) чу́вствовать щекота́ние; my nose ~s у меня́ щеко́чет в носу́ 3) угожда́ть; доставля́ть удово́льствие; весели́ть; to ~ to death а) умори́ть со́ смеху; б) угоди́ть как нельзя́ лу́чше; до́ смерти обра́довать 4) лови́ть (*форе́ль*) рука́ми

**tickler** ['tɪklə] *n* 1) затрудне́ние; щекотли́вое положе́ние 2) тру́дная зада́ча

**ticklish** ['tɪklɪʃ] *a разг.* 1) смешли́вый 2) оби́дчивый 3) тру́дный, делика́тный, щекотли́вый; риско́ванный; a ~ question щекотли́вый вопро́с

**tick-tack** ['tɪk'tæk] *n* 1) ти́канье, ти́к-та́к 2) *детск.* часы́, ча́сики 3) звук бие́ния се́рдца 4) ручна́я сигнализа́ция помо́щника букме́кера о хо́де скачек 5) *attr.*: ~ man помо́щник букме́кера

**tick-tack-toe** ['tɪktæk'təu] *n* игра́ в кре́стики и но́лики

**tidal** ['taɪdl] *a* свя́занный с прили́вом и отли́вом; прили́во-отли́вный; подве́рженный де́йствию прили́вов; ~ boat су́дно, прихо́д и отправле́ние кото́рого свя́заны с прили́вом; ~ river прили́во-отли́вная река́; ~ waters во́ды прили́ва; ~ wave прили́вная волна́; *перен.* взрыв о́бщего чу́вства; волна́ увлече́ния ◇ ~ breath коли́чество во́здуха, обме́ниваемого за одно́ дыха́ние

**tidbit** ['tɪdbɪt] *амер.* = titbit

**tiddly-winks** ['tɪdlɪwɪŋks] *n pl* игра́ в бло́шки

**tide** [taɪd] **1.** *n* 1) морско́й прили́в и отли́в; high (low) ~ по́лная (ма́лая) вода́ 2) пото́к, тече́ние, направле́ние; the ~ turns собы́тия принима́ют ино́й оборо́т; to go with the ~ *перен.* плыть по тече́нию 3) волна́; the ~ of public discontent волна́ наро́дного возмуще́ния 4) *уст.* вре́мя, пери́од 5) *поэт.* пото́к, мо́ре ◇ double ~s о́чень напряжённо; неи́стово; to work double ~s рабо́тать день и ночь; рабо́тать не поклада́я рук

**2.** *v*: ~ **over** преодолева́ть; to ~ over a difficulty преодоле́ть затрудне́ние

**-tide** [-taɪd] *в сло́жных слова́х означа́ет* вре́мя го́да, сезо́н; Christmas-tide свя́тки

**tide-gauge** ['taɪdgeɪdʒ] *n гидр.* марео́граф, приливоме́р

**tide-waiter** ['taɪdˌweɪtə] *n* чино́вник порто́вой тамо́жни

**tidewater** ['taɪdˌwɔ:tə] *n* 1) прили́вная вода́ 2) *attr.* примо́рский, прибре́жный

**tideway** ['taɪdweɪ] *n мор.* направле́ние прили́во-отли́вного тече́ния; фарва́тер, подве́рженный прили́вам и отли́вам

**tidiness** ['taɪdɪnɪs] *n* опря́тность

**tidings** ['taɪdɪŋz] *n pl* (*ча́сто употр. как sing*) *книжн.* но́вость, изве́стие; но́вости, изве́стия

**tidy** ['taɪdɪ] **1.** *a* 1) опря́тный, аккура́тный 2) *разг.* значи́тельный; a ~ sum кру́гленькая су́мма 3) *разг.* неплохо́й, дово́льно хоро́ший

**2.** *n* 1) салфе́точка (*на спи́нке мя́гкой ме́бели, на столе́*) 2) *диал.* де́тский пере́дник 3) мешо́чек для лоску́тов и вся́кой вся́чины

**3.** *v* убира́ть, приводи́ть в поря́док (*тж.* ~ up)

**tie** [taɪ] **1.** *n* 1) связь, соедине́ние; у́зел 2) *pl* у́зы; the ~s of friendship у́зы дру́жбы 3) га́лстук 4) завя́зка, шнуро́к 5) *pl* полуботи́нки 6) тягота́, обу́за 7) ра́вный счёт (*голосо́в избира́телей или очко́в в игре́*); игра́ вничью́; to end in a ~ зако́нчиться вничью́ 8) *амер.* шпа́ла; to count the ~s *разг.* идти́ по шпа́лам 9) *муз.* ли́га 10) *стр.* растя́нутый элеме́нт, затя́жка 11) *тех.* связь

2. *v* 1) завя́зывать(ся); привя́зывать (*тж.* ~ down; to — к *чему-л.*); шнурова́ть (*ботинки*); перевя́зывать (*голову и т. п.*; часто ~ up); ~ it in a knot завяжи́те узло́м 2) скрепля́ть 3) свя́зывать, стесня́ть свобо́ду; обя́зывать (*тж.* ~ down, ~ up); ~d to (*или* for) time свя́занный вре́менем 4) ограни́чивать усло́виями 5) сравня́ть счёт, сыгра́ть вничью́; прийти́ голова́ в го́лову (*о лошадях на бегах или скачках*); the teams ~d кома́нды сыгра́ли вничью́ □ ~ **down** а) привяза́ть; б) свя́зывать, стесня́ть; ~ **in** а) присоедини́ть; б) связа́ться (with — с *кем-л.*); ~ **up** а) привяза́ть; перевяза́ть; связа́ть; I don't ~ it up э́то не вызыва́ет у меня́ никаки́х ассоциа́ций, воспомина́ний; б) ограни́чить свобо́ду де́йствий; меша́ть, препя́тствовать; to be ~d up а) *разг.* жени́ться, вы́йти за́муж; б) быть свя́занным; в) совпада́ть, сходи́ться; it ~s up with what you were told before э́то совпада́ет с тем, что вам расска́зали ра́нее; г) объединя́ться, соединя́ть уси́лия (with); те́сно примыка́ть (with); д) прекрати́ть рабо́ту, забастова́ть; е) швартова́ться

**tie-beam** ['taɪbi:m] *n* а́нкерная ба́лка

**tied cottage** ['taɪd'kɔtɪdʒ] *n* жили́ще, предоставля́емое рабо́чему *или* слу́жащему (*фирмы и т. п.*) на вре́мя рабо́ты

**tie-in** ['taɪɪn] *n* принуди́тельный ассортиме́нт

**tie-plate** ['taɪpleɪt] *n тех.* 1) а́нкерная плита́ 2) путева́я подкла́дка

**tier** I ['taɪə] *n* 1) тот, кто (*или* то, что) свя́зывает 2) крепле́ние 3) *амер.* де́тский фа́ртук

**tier** II [tɪə] **1.** *n* 1) ряд; я́рус 2) бу́хта (*каната*)

2. *v* располага́ть я́русами (*тж.* ~ up)

**tierce** [tɪəs] *n* 1) бо́чка (*ок. 200 л*) 2) тре́тья пози́ция и защи́та (*в фехтовании*) 3) [tə:s] *карт.* терц, три ка́рты одно́й ма́сти подря́д

**tiercel** ['tə:səl] = tercel

**tie-up** ['taɪ'ʌp] *n* 1) свя́занность, пу́ты 2) *разг.* связь, сою́з 3) остано́вка, заде́ржка (*движения и т. п.*); прекраще́ние рабо́ты (*в результате забастовки*)

**tie-wig** ['taɪwɪg] *n* пари́к, перевя́занный сза́ди ле́нтой

**tiff** I [tɪf] *n* размо́лвка; сты́чка

**tiff** II [tɪf] *n мин.* кальци́т

**tiffany** ['tɪfənɪ] *n текст.* шёлковый газ

**tiffin** ['tɪfɪn] *инд.* **1.** *n* второ́й за́втрак

2. *v* за́втракать

**tig** [tɪg] **1.** *n* 1) прикоснове́ние 2) игра́ в са́лки

2. *v* «са́лить»

**tiger** ['taɪgə] *n* 1) тигр 2) опа́сный проти́вник (*в спорте*) 3) зади́ра, хулига́н 4) *амер. разг.* крик одобре́ния, заверша́ющий троекра́тное «ура́» 5) *уст.* ливре́йный грум

**tiger-cat** ['taɪgəkæt] *n зоол.* су́мчатая куни́ца

**tiger-eye** ['taɪgəraɪ] = tiger's-eye

**tigerish** ['taɪgərɪʃ] *a* 1) тигри́ный 2) свире́пый и кровожа́дный, как тигр

**tiger-moth** ['taɪgəmɔθ] *n* медве́дица (*бабочка*)

**tiger's-eye** ['taɪgəzaɪ] *n* тигро́вый глаз (*полудрагоценный камень*)

**tight** [taɪt] **1.** *a* 1) пло́тный, компа́ктный; сжа́тый 2) непроница́емый 3) туго́й; ту́го натя́нутый; ту́го завя́занный (*узел*) 4) пло́тно прилега́ющий, те́сный (*о платье, обуви*) 5) тру́дный, тяжёлый; to be in a ~ place (*или* corner) быть в тру́дном положе́нии 6) *разг.* скупо́й 7) ску́дный, недоста́точный (*о средствах и т. п.*); money is ~ ма́ло де́нег 8) сжа́тый (*о стиле и т. п.*) 9) *диал.* аккура́тный, опря́тный (*об одежде*) 10) *разг.* пья́ный; ~ as a drum (*или* a brick) мертве́цки пья́ный ◊ to get smb. in a ~ corner загна́ть кого́-л. в у́гол, прижа́ть кого́-л. к сте́нке

2. *adv* 1) те́сно 2) ту́го, пло́тно 3) кре́пко; to sit ~ твёрдо держа́ться; не сдава́ть свои́х пози́ций

**-tight** [-taɪt] *в сложных словах означает* непроница́емый; water-tight водонепроница́емый

**tighten** ['taɪtn] *v* сжима́ть(ся); натя́гивать(ся); уплотня́ть; to ~ one's belt поту́же затяну́ть по́яс (*тж. перен.*)

**tightener** ['taɪtnə] *n тех.* натяжно́е устро́йство

**tight-fisted** ['taɪt'fɪstɪd] *a* скупо́й, ска́редный

**tight-lipped** ['taɪt'lɪpt] *a* молчали́вый

**tightly** ['taɪtlɪ] = tight 2

**tightness** ['taɪtnɪs] *n* напряжённость; ~ in the air напряжённая атмосфе́ра

**tightrope** ['taɪtrəup] *n* ту́го натя́нутый кана́т; ту́го натя́нутая про́волока

**tightrope-dancer** ['taɪtrəup͵dɑ:nsə] *n* канатохо́дец

**tights** [taɪts] *n pl* 1) трико́ 2) колго́тки

**tightwad** ['taɪtwɔd] *n разг.* скупе́ц, скря́га

**tigress** ['taɪgrɪs] *n* тигри́ца

**tigrish** ['taɪgrɪʃ] = tigerish

**tike** [taɪk] = tyke

**til** [tɪl] *n бот.* сеза́м, кунжу́т

**tilbury** ['tɪlbərɪ] *n ист.* тильбюри́ (*лёгкий открытый двухколёсный экипаж*)

**tilde** [tɪld] *n* 1) *полигр.* ти́льда (~) 2) знак над бу́квой n, обознача́ющий мя́гкость (ñ) (*в испанском языке*)

**tile** [taɪl] **1.** *n* 1) черепи́ца 2) ка́фель, изразе́ц, пли́тка 3) *разг.* цили́ндр (*шляпа*) 4) гонча́рная труба́ ◊ to have a ~ loose *sl.* ≅ ви́нтика не хвата́ет; to be (out) on the ~s *sl.* кути́ть, дебоши́рить

2. *v* крыть черепи́цей *или* ка́фелем

**tiler** ['taɪlə] *n* ма́стер по кла́дке черепи́цы

**tilery** ['taɪlərɪ] *n* 1) черепи́чный заво́д 2) печь для о́бжига черепи́цы

**tiling** ['taɪlɪŋ] **1.** *pres. p. от* tile 2

2. *n* черепи́чная кро́вля

**till** I [tɪ] **1.** *prep* 1) до; ~ then до тех по́р 2) до, не ра́ньше; he did not write us ~ last week до про́шлой неде́ли он ничего́ не писа́л нам

2. *cj* (до тех пор) пока́ (не); wait ~ I come подожди́, пока́ я приду́

**till** II [tɪl] *n* де́нежный я́щик, ка́сса (*в магазине или банке*)

**till** III [tɪl] *v* возде́лывать зе́млю, паха́ть

**till** IV [tɪl] *n геол.* тиль; валу́нная гли́на

**tillable** ['tɪləbl] *a с.-х.* па́хотный

**tillage** ['tɪlɪdʒ] *n* 1) обрабо́тка по́чвы 2) возде́ланная земля́; па́шня

**tiller** I ['tɪlə] *n* 1) земледе́лец 2) *амер.* культива́тор

**tiller** II ['tɪlə] *n* 1) *мор.* ру́мпель 2) *тех.* рукоя́тка

**tiller** III ['tɪlə] *бот.* **1.** *n* побе́г

2. *v* выбра́сывать побе́ги

**tilt** I [tɪlt] **1.** *n* 1) накло́н(ное положе́ние); to give a ~ наклони́ть 2) ссо́ра, спор, сты́чка 3) *ист.* нападе́ние вса́дника с копьём напереве́с ◊ (at) full ~ изо всех сил, по́лным хо́дом

2. *v* 1) наклоня́ть(ся) 2) опроки́дывать(ся); отки́дывать, повора́чивать 3) кова́ть 4) *ист.* би́ться на ко́пьях, сража́ться на турни́ре; to ~ at (*или* against) боро́ться с (*особ. на турнире*); де́лать вы́пад; *перен.* критикова́ть *кого-л., что-л.* (*в выступлении, в печати и т. п.*)

**tilt** II [tɪlt] **1.** *n* тент, паруси́новый наве́с (*над телегой, лодкой, ларьком*)

2. *v* покрыва́ть паруси́новым наве́сом

**tilth** [tɪlθ] *n* 1) обрабо́тка по́чвы 2) па́шня 3) глубина́ возде́ланного сло́я

**tilt-hammer** ['tɪlt͵hæmə] *n тех.* хвостово́й мо́лот

**tilt-yard** ['tɪltjɑ:d] *n ист.* аре́на для турни́ров

**timber** ['tɪmbə] **1.** *n* 1) лесоматериа́лы; строево́й лес 2) бревно́, брус; ба́лка 3) *амер.* ли́чное ка́чество, досто́инство; a man of the right sort of ~ челове́к высо́ких ка́честв; he is good presidential ~ *разг.* он облада́ет все́ми ка́чествами, необходи́мыми для президе́нта 4) *охот.* и́згородь 5) *мор.* ти́мберс; шпанго́ут 6) *горн.* крепёжный лес

2. *v* обшива́ть де́ревом

**timbered** ['tɪmbəd] **1.** *p. p. от* timber 2

2. *a* 1) деревя́нный 2) леси́стый

**timber-headed** ['tɪmbə'hedɪd] *a sl.* глу́пый, тупо́й

**timbering** ['tɪmbərɪŋ] **1.** *pres. p. от* timber 2

2. *n* 1) лесоматериа́лы 2) пло́тничество, столя́рничество 3) *стр.* дере-

вя́нная констру́кция, опа́лубка (*для бетонных работ*) 4) *горн.* деревя́нная крепь; крепле́ние

**timber-land** ['tɪmbəlænd] *n* лесны́е уча́стки

**timber-line** ['tɪmbəlaɪn] *n* ве́рхняя грани́ца распростране́ния ле́са

**timber-man** ['tɪmbəmən] *n* крепи́льщик

**timber-toe(s)** ['tɪmbətəu(z)] *n разг.* 1) челове́к с деревя́нной ного́й 2) челове́к с тяжёлой посту́пью

**timber-yard** ['tɪmbəjɑ:d] *n* лесно́й склад

**timbre** ['tæmbə] *фр. n муз.* тембр

**timbrel** ['tɪmbrəl] *n* бу́бен, тамбури́н

**time** [taɪm] **1.** *n* 1) вре́мя; what is the ~? кото́рый час?; the ~ of day вре́мя дня, час; from ~ to ~ вре́мя от вре́мени; in ~ во́время; to be in ~ поспе́ть, прийти́ во́время; in course of ~ со вре́менем; out of ~ несвоевре́менно; to have a good ~, to make a ~ of it хорошо́ провести́ вре́мя; in good ~ а) то́чно, своевре́менно; б) зара́нее, заблаговре́менно; all in good ~ всё в своё вре́мя; in bad ~ не во́время, с опозда́нием, по́здно; to keep (good) ~ идти́ хорошо́ (*о часах*); to keep bad ~ идти́ пло́хо (*о часах*); in no ~ необыкнове́нно бы́стро, момента́льно; before ~ сли́шком ра́но; in a short ~ в ско́ром вре́мени; for a short ~ на коро́ткое вре́мя, ненадо́лго; to while away the ~ корота́ть вре́мя; to have ~ on one's hands име́ть ма́ссу свобо́дного вре́мени; there is no ~ to lose нельзя́ теря́ть ни мину́ты; in (*или* on) one's own ~ в свобо́дное вре́мя; to make ~ *амер.* а) спеши́ть, пыта́ясь наверста́ть упу́щенное; б) е́хать на определённой ско́рости; on ~ *амер.* то́чно, во́время; at one ~ не́когда; at ~s времена́ми; some ~ or other когда́-нибудь; at no ~ никогда́; at the same ~ а) в то же са́мое вре́мя; б) вме́сте с тем; тем не ме́нее; for the ~ being пока́, до поры́ до вре́мени 2) срок; it is ~ we were going нам пора́ идти́; ~ is up срок истёк; to do ~ *разг.* отбыва́ть тюре́мное заключе́ние; to serve one's ~ а) отбы́ть срок слу́жбы; б) отбы́ть срок наказа́ния; she is near her ~ она́ ско́ро роди́т, она́ на сно́сях; to work against ~ стара́ться уложи́ться в срок 3) (*часто pl*) эпо́ха, времена́; hard ~s тяжёлые времена́; ~ out of mind с незапа́мятных времён; Shakespeare's ~s эпо́ха Шекспи́ра; before one's ~ до кого́-л.; до чего́-л. рожде́ния; ~s to come бу́дущее; as ~s go по ны́нешним времена́м; before (behind) the ~s (*или* one's ~) передово́й (отста́лый) по взгля́дам 4) рабо́чее вре́мя; to work full (part) ~ рабо́тать по́лный (непо́лный) рабо́чий день *или* по́лную (непо́лную) рабо́чую неде́лю 5) жизнь, век; it will last my ~ э́того на мой век хва́тит 6): at my ~ of life в мои́ го́ды, в моём во́зрасте 7) раз; six ~s five is thirty шестью́ пять — три́дцать; ten ~s as large в де́сять раз бо́льше; ~ after ~ раз за ра́зом; повто́рно; ~s out of (*или* without) number бесчи́сленное коли́чество раз; many a ~ ча́сто, мно́го раз 8) *муз.* темп; такт; to beat ~ отбива́ть такт; to keep ~ а) = to beat ~; б) выде́рживать ритм; в) идти́ ве́рно (*о часах*) 9): ~! вре́мя! (*в боксе*) 10) *attr.* относя́щийся к определённому вре́мени 11) *attr.* повреме́нный ◇ it beats my ~ э́то вы́ше моего́ понима́ния; to sell ~ *амер.* предоставля́ть вре́мя для выступле́ния по ра́дио *или* телеви́дению (*за плату*); lost ~ is never found again *посл.* поте́рянного вре́мени не воро́тишь; one (two) at a ~ по одному́ (по́ двое); to give smb. the ~ of day, to pass the ~ of day with smb. здоро́ваться; обме́ниваться приве́тствиями; so that's the ~ of day! таки́е-то дела́!; take your ~! не спеши́те!; to kill ~ уби́ть вре́мя; to go with the ~s не отстава́ть от жи́зни; идти́ в ногу со вре́менем

**2.** *v* 1) уда́чно выбира́ть вре́мя; рассчи́тывать (по вре́мени); приуро́чивать; to ~ to the minute рассчи́тывать до мину́ты 2) назнача́ть вре́мя; the train ~d to leave at 6.30 по́езд, отходя́щий по расписа́нию в 6 ч. 30 м. 3) *спорт.* пока́зывать вре́мя (*в забеге, заезде и т. п.*) 4) танцева́ть *и т. п.* в такт

**-time** [-taɪm] *в сложных словах* означает пери́од, пора́; summer-time ле́то

**time-and-a-half** ['taɪməndə'hɑ:f] *n* опла́та сверхуро́чной рабо́ты в полу́торном разме́ре

**time-bargain** ['taɪm,bɑ:gɪn] *n бирж.* сде́лка на срок, сро́чная сде́лка

**time-bill** ['taɪmbɪl] *n* переводно́й ве́ксель, подлежа́щий опла́те в определённый день

**time bomb** ['taɪmbɔm] *n воен.* бо́мба заме́дленного де́йствия

**time-book** ['taɪmbuk] = time-card

**time-card** ['taɪmkɑ:d] *n* ка́рточка учёта прихо́да на рабо́ту и ухо́да с рабо́ты

**time-clock** ['taɪmklɔk] *n* часы́-та́бель

**time-consuming** ['taɪmkən'sju:mɪŋ] *a* отнима́ющий мно́го вре́мени (*о работе, занятии и т. п.*)

**time-expired** ['taɪmɪks,paɪəd] *a воен., мор.* вы́служивший срок

**time-exposure** ['taɪmɪks,pəuʒə] *n фото* вы́держка

**time-fire** ['taɪm,faɪə] *n воен.* дистанцио́нная стрельба́

**time-fuse** ['taɪmfju:z] *n воен.* дистанцио́нная тру́бка, дистанцио́нный взрыва́тель

**time-honoured** ['taɪm,ɔnəd] *a* освящённый века́ми

**timekeeper** ['taɪm,ki:pə] *n* 1) та́бельщик 2) часы́; хроно́метр 3) *спорт.* судья́-хронометри́ст

**time-lag** ['taɪmlæg] *n* промежу́ток вре́мени ме́жду двумя́ непосре́дственно свя́занными явле́ниями *или* собы́тиями (*напр.*, вспы́шкой мо́лнии и раска́том гро́ма)

**timeless** ['taɪmlɪs] *a* 1) несвоевре́менный 2) не относя́щийся к определённому вре́мени 3) *поэт.* ве́чный

**timeliness** ['taɪmlɪnɪs] *n* своевре́менность

**timely** ['taɪmlɪ] *a* своевре́менный

**time-out** ['taɪm'aut] *n* переры́в (*в работе, спортивных играх и т. п.*)

**timepiece** ['taɪmpi:s] *n* часы́; хроно́метр

**timer** ['taɪmə] *n* 1) хронометри́ст (*на скачках*) 2) часы́; хроно́метр 3) *тех.* та́ймер, регуля́тор вы́держки вре́мени

**-timer** [-taɪmə] *в сложных словах означает* за́нятый *столько-то* вре́мени; half-timer рабо́чий, за́нятый непо́лную неде́лю

**time-saving** ['taɪm,seɪvɪŋ] *a* эконо́мящий вре́мя, ускоря́ющий; ~ device *тех.* усоверше́нствование, даю́щее эконо́мию вре́мени

**time-server** ['taɪm,sə:və] *n* приспосо́бленец; оппортуни́ст

**time-serving** ['taɪm,sə:vɪŋ] **1.** *n* приспосо́бленчество; оппортуни́зм

**2.** *a* приспособля́ющийся; оппортунисти́ческий; приспосо́бленческий

**time-signal** ['taɪm,sɪgnl] *n* сигна́л то́чного вре́мени, пове́рка вре́мени

**time-study** ['taɪm,stʌdɪ] *n* хронометра́ж

**time-table** ['taɪm,teɪbl] *n* 1) расписа́ние (*железнодорожное, школьное и т. п.*) 2) гра́фик (*работы и т. п.*)

**time-work** ['taɪmwə:k] *n* повреме́нная рабо́та; подённая *или* почасова́я рабо́та

**time-worker** ['taɪm,wə:kə] *n* повреме́нщик; рабо́чий, за́нятый на подённой *или* почасово́й рабо́те

**time-worn** ['taɪmwɔ:n] *a* 1) поно́шенный, обветша́лый 2) ста́рый, устаре́вший

**timid** ['tɪmɪd] *a* ро́бкий; засте́нчивый

**timidity** [tɪ'mɪdɪtɪ] *n* ро́бость; засте́нчивость

**timing** ['taɪmɪŋ] **1.** *pres. p. от* time 2

**2.** *n* 1) вы́бор определённого вре́мени 2) расчёт вре́мени 3) согласо́ванное де́йствие; синхро́нность (*тж. тех.*) 4) расписа́ние 5) регули́рование моме́нта зажига́ния (*в двигателях внутреннего сгорания*)

**timorous** ['tɪmərəs] *a* ро́бкий, о́чень боязли́вый

**timothy** ['tɪməθɪ] *n бот.* тимофе́евка лугова́я (*тж.* ~ grass)

**timpani** ['tɪmpənɪ] *pl от* timpano

**timpano** ['tɪmpənəu] *ит. n* (*pl* -ni) *муз.* набо́р лита́вр

**tin** [tɪn] **1.** *n* 1) о́лово 2) бе́лая жесть 3) оловя́нная посу́да 4) жестя́нка; консе́рвная ба́нка; a ~ of sardines коро́бка сарди́н 5) *sl.* де́ньги; бога́тство ◇ straight from the ~ из пе́рвых рук; све́женький

**2.** *a* 1) оловя́нный 2) ненастоя́щий, подде́льный; a (little) ~ god *разг.* челове́к, по́льзующийся незаслу́женным поклоне́нием ◇ ~ Lizzie *амер. разг.* фо́рдик, дешёвый автомоби́ль; ~ wedding деся́тая годовщи́на сва́дьбы

**3.** *v* 1) луди́ть, покрыва́ть о́ловом 2) консерви́ровать

**tinctorial** [tɪŋk'tɔ:rɪəl] *a* краси́льный

**tincture** ['tɪŋktʃə] **1.** *n* 1) отте́нок; при́месь (*какого-л. цвета*) 2) *фарм.* тинкту́ра, насто́йка 3) при́вкус; при́месь 4) *перен.* налёт

**2.** *v* 1) слегка́ окра́шивать 2) придава́ть (*запах, вкус и т. п.*)

**tinder** ['tɪndə] *n* 1) трут 2) сухо́е, гнило́е де́рево

**tinder-box** ['tɪndəbɔks] *n ист.* трутни́ца; *перен.* оча́г напряжённости

**tindery** ['tɪndərɪ] *a* легковоспламеня́ющийся

**tine** [taɪn] *n* зубе́ц вил, бороны́; остриё

**tinea** ['tɪnɪə] *n мед.* опоя́сывающий лиша́й

**tin fish** ['tɪn'fɪʃ] *n мор. sl.* торпе́да

**tin foil** ['tɪn'fɔɪl] *n* оловя́нная фо́льга, стanио́ль

**tin-foil** ['tɪnfɔɪl] *v* покрыва́ть фо́льгой

**ting** [tɪŋ] *разг. см.* tinkle

**tinge** [tɪndʒ] **1.** *n* 1) лёгкая окра́ска; отте́нок, тон 2) при́вкус, след

**2.** *v* слегка́ окра́шивать, придава́ть отте́нок

**tingle** ['tɪŋgl] **1.** *n* звон в уша́х; пока́лывание, пощи́пывание; колотьё

**2.** *v* 1) испы́тывать пока́лывание (*в онемевших частях тела*), пощи́пывание (*на морозе*), боль, зуд *и т. п.* 2) вызыва́ть звон (*в ушах*), ощуще́ние колотья́, щипа́ть *и т. п.*; the reply ~d in her ears отве́т ещё звене́л в её уша́х 3) горе́ть (with — от *стыда, негодования*) 4) дрожа́ть, трепета́ть (with — от) 5) *редк.* = tinkle 2

**tin hat** ['tɪn'hæt] *n воен. sl.* стально́й шлем ◇ to put the ~ on положи́ть коне́ц (*чему-л.*)

**tinhorn** ['tɪnhɔ:n] *амер. sl.* **1.** *n* хвасту́н

**2.** *a* показно́й, дешёвый

**tinker** ['tɪŋkə] **1.** *n* 1) ме́дник, луди́льщик 2) плохо́й рабо́тник, «сапо́жник» 3) попы́тка ко́е-ка́к почини́ть что-л. ◇ I don't care a ~'s damn мне соверше́нно наплева́ть; not worth a ~'s damn гроша́ ло́маного не сто́ит

**2.** *v* 1) луди́ть, пая́ть 2) чини́ть ко́е-ка́к, на ско́рую ру́ку (*тж.* ~ up, ~at); to ~ at smth. чини́ть ко́е-ка́к что-л., вози́ться с чем-л.

**tinkle** ['tɪŋkl] **1.** *n* звон колоко́льчика *или* металли́ческих предме́тов друг о дру́га; звя́канье

**2.** *v* звене́ть; звони́ть; звя́кать

**tinkler** I ['tɪŋklə] *n разг.* колоко́льчик

**tinkler** II ['tɪŋklə] *n* ме́дник, луди́льщик (*обыкн. цыган*)

**tinman** ['tɪnmən] *n* жестя́н(щ)ик

**tinned** [tɪnd] **1.** *p. p. от* tin 3

**2.** *a* 1) запа́янный в жестяну́ю коро́бку; консерви́рованный; ~ goods консе́рвы 2) покры́тый сло́ем о́лова ◇ ~ music *разг.* му́зыка в механи́ческой за́писи

**tinner** ['tɪnə] *n* 1) рабо́чий на оловя́нных рудника́х 2) = tinman 3) рабо́чий консе́рвной фа́брики

**tinnitus** [tɪ'naɪtəs] *n мед.* звон в уша́х

**tinny** ['tɪnɪ] *a* 1) оловоно́сный, оловосодержа́щий 2) име́ющий при́вкус же́сти 3) издаю́щий ре́зкий металли́ческий звук 4) *жив.* жёсткий (*о колорите*)

**tin-opener** ['tɪn,əupnə] *n* консе́рвный нож

**tin-pan** ['tɪnpæn] *a* металли́ческий, ре́зкий, неприя́тный (*о звуке*)

**Tin-Pan Alley** ['tɪnpæn'ælɪ] *n разг.* 1) райо́н го́рода, в кото́ром располо́жены музыка́льные изда́тельства 2) а́вторы и изда́тели лёгкой му́зыки

**tin-plate** ['tɪnpleɪt] **1.** *n* (бе́лая) жесть

**2.** *v* луди́ть

**tinsel** ['tɪnsəl] **1.** *n* 1) блёстки, мишура́ 2) показно́й блеск 3) ткань с блестя́щей ни́тью

**2.** *a* мишу́рный; показно́й

**3.** *v* (*обыкн. p. p.*) 1) украша́ть мишуро́й 2) придава́ть дешёвый блеск

**tin-smith** ['tɪnsmɪθ] = tinman

**tinstone** ['tɪnstəun] *n мин.* касситери́т, оловя́нный ка́мень

**tint** [tɪnt] **1.** *n* 1) кра́ска; отте́нок, тон 2) бле́дный, све́тлый, ненасы́щенный тон (*с примесью белил*)

**2.** *v* слегка́ окра́шивать; подцве́чивать

**tinted** ['tɪntɪd] **1.** *p. p. от* tint 2

**2.** *a* окра́шенный; ~ paper то́новая окра́шенная бума́га; ~ glasses тёмные очки́

**tintinnabulation** ['tɪntɪ,næbju'leɪʃən] *n* звон колоколо́в

**tintometer** [tɪn'tɔmɪtə] *n тех.* колори́метр

**tintype** ['tɪntaɪp] *n фото* ферроти́пия

**tinware** ['tɪnwɛə] *n* жестяны́е изде́лия; оловя́нная посу́да

**tiny** ['taɪnɪ] *a* о́чень ма́ленький, кро́шечный (*часто* ~ little)

**tip** I [tɪp] **1.** *n* 1) то́нкий коне́ц; ко́нчик; I had it on the ~ of my tongue у меня́ э́то верте́лось на языке́; to walk on the ~s of one's toes ходи́ть на цы́почках; to touch with the ~s of one's fingers слегка́ косну́ться, едва́ дотро́нуться 2) наконе́чник (*напр., зонта*) 3) верху́шка

**2.** *v* 1) приставля́ть *или* надева́ть наконе́чник 2) среза́ть верху́шки (*куста, дерева*)

**tip** II [tɪp] **1.** *n* 1) лёгкий толчо́к, прикоснове́ние 2) накло́н 3) ме́сто сва́лки (*мусора, отходов и т. п.*)

**2.** *v* 1) наклоня́ть(ся); the boat ~ped ло́дка накрени́лась 2) переве́шивать; to ~ the scale(s) ≅ склони́ть ча́шу весо́в; реши́ть исхо́д де́ла 3) слегка́ каса́ться *или* ударя́ть 4) опроки́дывать; сва́ливать, сбра́сывать; опорожня́ть 5) запроки́дываться □ ~ **off** налива́ть из сосу́да; ~ **out** выва́ливать(ся); ~ **over**, ~ **up** опроки́дывать(ся); to ~ up a seat отки́дывать сиде́нье ◇ to ~ over the perch *разг.* ≅ протяну́ть но́ги, умере́ть

**tip** III [tɪp] **1.** *n* 1) чаевы́е; to give a ~ дава́ть «на чай» [*см. тж.* 2)] 2) намёк, сове́т; take my ~ послу́шайтесь меня́; to give a ~ намекну́ть [*см. тж.* 1)] 3) све́дения, полу́ченные ча́стным о́бразом (*особ. на бегах или в биржевых делах*) ◇ to miss one's ~ а) не дости́чь успе́ха; не доби́ться це́ли; б) *театр. sl.* пло́хо игра́ть

**2.** *v* 1) дава́ть «на чай» 2) дава́ть ча́стную информа́цию 2) предупрежда́ть, предостерега́ть (*кого-л.*; *обыкн.* ~ off) ◇ to ~ the wink сде́лать (*кому-л.*) знак укра́дкой, подмигну́ть

**tip-and-run** ['tɪpənd'rʌn] *n* молниено́сная ата́ка с после́дующим отхо́дом

**tip-cart** ['tɪpkɑ:t] *n тех.* опроки́дывающаяся теле́жка

**tipcat** ['tɪpkæt] *n* игра́ в чи́жика

**tiplorry** ['tɪp'lɔrɪ] *n* самосва́л

**tip-off** ['tɪpɔf] *n разг.* намёк, предупрежде́ние; to give a ~ намекну́ть; во́время предупреди́ть

**tip-over** ['tɪp,əuvə] *a* опроки́дывающийся

**tipper** ['tɪpə] *n* самосва́л

**tippet** ['tɪpɪt] *n уст.* 1) паланти́н 2) капюшо́н ◇ Tyburn ~ пе́тля, верёвка (*на виселице*)

**tipple** I ['tɪpl] **1.** *n* 1) алкого́льный напи́ток 2) *шутл.* напи́ток, питьё

**2.** *v* пить, пья́нствовать

**tipple** II ['tɪpl] *амер. n горн.* 1) надша́хтное сооруже́ние 2) приёмная площа́дка

**tippler** ['tɪplə] *n* пья́ница

**tippy** ['tɪpɪ] *a разг.* неусто́йчивый (*о предмете*)

**tipstaff** ['tɪpstɑ:f] *n* 1) *уст.* жезл (*с металлическим наконечником*) как эмбле́ма до́лжности помо́щника шери́фа 2) помо́щник шери́фа

**tipster** ['tɪpstə] *n* «жучо́к» (*на скачках*)

**tipsy** ['tɪpsɪ] *a разг.* подвы́пивший; a ~ lurch нетвёрдая похо́дка

**tipsy-cake** ['tɪpsɪkeɪk] *n* пропи́танный ро́мом *или* вино́м бискви́т с варе́ньем и кре́мом

**tiptoe** ['tɪptəu] **1.** *n* ко́нчики па́льцев ног, цы́почки; on ~ а) на цы́почках; б) укра́дкой; в) в ожида́нии; to be on ~ with curiosity сгора́ть от любопы́тства

**2.** *v* 1) ходи́ть на цы́почках 2) кра́сться

**3.** *adv* = on ~ [*см.* 1]

**tiptop** ['tɪp'tɔp] **1.** *n* вы́сшая то́чка, преде́л

2. *a* *разг.* превосхо́дный, перво-кла́ссный
3. *adv* *разг.* превосхо́дно
**tip-truck** [ˈtɪptrʌk] = tiplorry
**tip-up** [ˈtɪpʌp] *a*: ~ seat откидно́е сиде́нье (*в театре и т. п.*)
**tirade** [taɪˈreɪd] *n* тира́да
**tirailleur** [ˌtiːraɪˈəː] *фр.* *n* сна́йпер
**tire I** [ˈtaɪə] = tyre I
**tire II** [ˈtaɪə] *уст.* **1.** *n* головно́й убо́р; оде́жда
2. *v* одева́ть (*кого-л.*); наряжа́ть; украша́ть
**tire III** [ˈtaɪə] *v* 1) утомля́ть(ся), устава́ть (of — от *чего-л.*); I am ~d я уста́л 2) надоеда́ть; прискучи́ть, наску́чить
**tired I** [ˈtaɪəd] **1.** *p. p.* *от* tire III
2. *a* уста́лый, утомлённый; пресы́щенный; ~ out изму́ченный, изнурённый; I am ~ to the bone ≅ я уста́л как соба́ка
**tired II** [ˈtaɪəd] *p. p.* *от* tire II, 2
**tireless** [ˈtaɪəlɪs] *a* неутоми́мый; неуста́нный
**tiresome** [ˈtaɪəsəm] *a* 1) надое́дливый, утоми́тельный 2) ску́чный
**tirewoman** [ˈtaɪəˌwumən] *n* *уст.* каме́ристка
**tiring I** [ˈtaɪərɪŋ] **1.** *pres. p.* *от* tire III
2. *a* утоми́тельный, изнури́тельный
**tiring II** [ˈtaɪərɪŋ] *pres. p.* *от* tire II, 2
**tiring-house** [ˈtaɪərɪŋhaus] = tiring-room
**tiring-room** [ˈtaɪərɪŋrum] *n* *уст.* артисти́ческая убо́рная
**tiro** [ˈtaɪərəu] *лат.* *n* (*pl* -os [-əuz]) нович́ок
**tirocinium** [ˌtaɪərəuˈsɪnɪəm] *лат.* *n* учени́чество, обуче́ние
**'tis** [tɪz] *сокр.* *разг.* = it is
**tisane** [ti(ː)ˈzæn] = ptisan
**tissue** [ˈtɪʃuː] *n* 1) *текст.* ткань (*особ. тонкая, прозрачная*) 2) *биол.* ткань 3) паути́на, сеть, сплете́ние; a ~ of lies паути́на лжи 4) = tissue-paper 5) бума́жный носово́й плато́к, бума́жная салфе́тка *и т. п.*
**tissue-paper** [ˈtɪʃuːˌpeɪpə] *n* 1) кита́йская шёлковая бума́га; папиро́сная бума́га 2) космети́ческая бума́га 3) то́нкая обёрточная бума́га
**tit I** [tɪt] *n* 1) сини́ца 2) *уст.* лошадёнка 3) *уст.* *пренебр.* де́вка
**tit II** [tɪt] *n*: ~ for tat «зу́б за́ зуб», отпла́та
**tit III** [tɪt] *разг.* *см.* teat
**Titan** [ˈtaɪtən] *n* 1) *греч.* *миф.* Тита́н 2) (t.) тита́н, коло́сс, исполи́н
**titanic I** [taɪˈtænɪk] *a* титани́ческий, колосса́льный
**titanic II** [taɪˈtænɪk] *a* *хим.* тита́новый
**titanium** [taɪˈteɪnjəm] *n* *хим.* тита́н
**titbit** [ˈtɪtbɪt] *n* 1) ла́комый кусо́к 2) пика́нтная но́вость
**tithe** [taɪð] **1.** *n* 1) деся́тая часть 2) *разг.* кро́шечка, ка́пелька 3) *ист.* десяти́на (*церковная*)
2. *v* *ист.* облага́ть десяти́ной (*церковной*)
**Titian** [ˈtɪʃɪən] *a* золоти́сто-кашта́новый (*особ. о волосах*)
**titillate** [ˈtɪtɪleɪt] *v* щекота́ть; прия́тно возбужда́ть
**titivate** [ˈtɪtɪveɪt] *v* *разг.* прихора́шивать(ся), наряжа́ть(ся)
**titlark** [ˈtɪtlɑːk] *n* конёк (*птица*)
**title** [ˈtaɪtl] **1.** *n* 1) загла́вие, назва́ние 2) ти́тул; зва́ние 3) пра́во (to — на *что-л.*); *юр.* пра́во со́бственности (to — на *что-л.*); докуме́нт, даю́щий пра́во со́бственности 4) *кино* на́дпись, титр 5) *спорт.* зва́ние чемпио́на
2. *v* 1) называ́ть, дава́ть загла́вие 2) присва́ивать ти́тул, зва́ние 3) *кино* снабжа́ть ти́трами
**titled** [ˈtaɪtld] **1.** *p. p.* *от* title 2
2. *a* титуло́ванный
**title-deed** [ˈtaɪtldiːd] *n* *юр.* докуме́нт, подтвержда́ющий пра́во со́бственности
**title-holder** [ˈtaɪtlˌhəuldə] *n* *спорт.* чемпио́н
**title-page** [ˈtaɪtlpeɪdʒ] *n* *полигр.* ти́тульный лист
**title-role** [ˈtaɪtlrəul] *n* загла́вная роль
**titmouse** [ˈtɪtmaus] *n* сини́ца
**titrate** [ˈtaɪtreɪt] *v* *хим.* титрова́ть
**titter** [ˈtɪtə] **1.** *n* хихи́канье
2. *v* хихи́кать
**tittle** [ˈtɪtl] *n* 1) мельча́йшая части́ца; чу́точка; ка́пелька; not one jot or ~ ни ка́пельки, ни чу́точки 2) *уст.* диакрити́ческий знак
**tittlebat** [ˈtɪtlbæt] *n* ко́люшка (*рыба*)
**tittle-tattle** [ˈtɪtlˌtætl] **1.** *n* спле́тни, болтовня́, слу́хи
2. *v* спле́тничать, распространя́ть слу́хи
**tittup** [ˈtɪtəp] **1.** *n* 1) весе́лье, ре́звость 2) гарцу́ющая похо́дка 3) лёгкий гало́п
2. *v* 1) весели́ться, резви́ться 2) пры́гать, гарцева́ть 3) идти́ лёгким гало́пом (*о лошади*)
**titular** [ˈtɪtjulə] **1.** *a* 1) титуло́ванный 2) номина́льный 3) свя́занный с ти́тулом *или* с занима́емой до́лжностью; полага́ющийся по до́лжности
2. *n* лицо́, номина́льно нося́щее ти́тул *или* име́ющее зва́ние
**titulary** [ˈtɪtjulərɪ] *редк.* = titular
**tizzy I** [ˈtɪzɪ] *n* *sl.* шестипе́нсовая моне́та
**tizzy II** [ˈtɪzɪ] *n* *разг.* волне́ние, трево́га (*особенно по пустякам*); to get (*или* to work) oneself into a ~ взволнова́ться, встрево́житься
**tmesis** [ˈtmiːsɪs] *греч.* *n* тме́зис (*расчленение сложного слова посредством другого слова, напр.*: what man soever *вм.* whatsoever man)
**to** [tuː (*полная форма*); tu (*редуцированная форма, употр. перед гласными*); tə (*редуцированная форма, употр. перед согласными*)] **1.** *prep* 1) *указывает на направление* к, в, на; the way to Moscow доро́га в Москву́; turn to the right поверни́те напра́во; I am going to the University я иду́ в университе́т; the windows look to the south о́кна выхо́дят на юг 2) *указывает на предел движения, расстояния, времени, количества* на, до; to climb to the top взобра́ться на верши́ну; (from Saturday) to Monday (с суббо́ты) до понеде́льника; he could be anywhere from 40 to 60 ему́ мо́жно дать и 40 и 60 лет 3) *указывает на высшую степень* (*точности, аккуратности, качества и т. п.*) до, в; to the best advantage наилу́чшим о́бразом; в са́мом вы́годном све́те; to the minute мину́та в мину́ту; с то́чностью до мину́ты 4) *указывает на цель действия* на, для; to the rescue на по́мощь; to that end с э́той це́лью 5) *указывает на лицо, по отношению к которому или в интересах которого совершается действие*; *передаётся дат. падежом*: a letter to a friend письмо́ дру́гу; a party was thrown to the children де́тям устро́или пра́здник 6) *передаётся род. падежом и указывает на отношения*: а) *родственные*: he has been a good father to them он был им хоро́шим отцо́м; б) *подчинения по службе*: secretary to the director секрета́рь дире́ктора; assistant to the professor ассисте́нт профе́ссора 7) *указывает на результат, к которому приводит данное действие, или на изменение состояния* на, к, до; to bring to poverty довести́ до бе́дности; to fall to decay (*или* ruin) разру́шиться, прийти́ в упа́док 8) *указывает на принадлежность к чему-л. или на прикрепление к чему-л.* к; to fasten to the wall прикрепи́ть к стене́; key to the door ключ от две́ри; there is an outpatient department attached to our hospital при на́шей больни́це есть поликли́ника 9) *указывает на сравнение, числовое соотношение или пропорцию* пе́ред, к; 3 is to 4 as 6 is to 8 три отно́сится к четырём, как шесть к восьми́; ten to one he will find it out де́вять из десяти́ за то, что он э́то узна́ет; the score was 1 to 3 *спорт.* счёт был 1 : 3; it was nothing to what I had expected э́то пустяки́ в сравне́нии с тем, что я ожида́л 10) *указывает на близость, соприкосновение с чем-л., соседство* к, в; shoulder to shoulder плечо́ к плечу́; face to face лицо́м к лицу́ 11) *указывает на*: а) *связь между действием и ответным действием* к, на; to this he answered на э́то он отве́тил; deaf to all entreaties глух ко всем про́сьбам; б) *эмоциональное восприятие* к; to my disappointment к моему́ разочарова́нию; to my surprise к моему́ удивле́нию; в) *соответствие* по, в; to one's liking по вку́су 12) под (*аккомпанемент*); в (*сопровождении*); to dance to music танцева́ть под му́зыку; he sang to his guitar он пел под гита́ру 13) *указывает на лицо, в честь*

*которого совершается действие*: we drink to his health мы пьём за его́ здоро́вье

2. *adv указывает на приведение в определённое состояние*: shut the door to закро́йте дверь; I can't get the lid of the trunk quite to я не могу́ закры́ть кры́шку сундука́ ◇ to bring to привести́ в созна́ние; to come to прийти́ в созна́ние; to and fro взад и вперёд

3. 1) *частица при инфинитиве* 2) *употребляется вместо подразумеваемого инфинитива, чтобы избежать повторения*: "I am sorry I can't come today" — "Oh! but you have promised to" «Извини́те, но я не могу́ прийти́ сего́дня» — «Но ведь вы обеща́ли»

**toad** ['təud] *n* 1) жа́ба 2) отврати́тельный челове́к, га́дина ◇ ~ in the hole бифште́кс, запечённый в те́сте; to eat smb.'s ~s быть чьим-л. прижива́льщиком

**toad-eater** ['təud,i:tə] *n* льстец, подхали́м, низкопокло́нник

**toad-eating** ['təud,i:tɪŋ] 1. *n* низкопокло́нство

2. *a* низкопокло́нничающий, уго́дливый, льсти́вый

**toadflax** ['təudflæks] *n бот.* льня́нка

**toadstool** ['təudstu:l] *n* пога́нка (*гриб*)

**toady** ['təudɪ] 1. *n* 1) подхали́м 2) лизоблю́д, прижива́льщик

2. *v* льсти́ть, низкопокло́нничать (to)

**toadyism** ['təudɪɪzm] *n* 1) раболе́пство, льсти́вость 2) прожива́ние на чужо́й счёт

**toast** I [təust] 1. *n* 1) ло́мтик хле́ба, подрумя́ненный на огне́; грено́к; тост 2) *уст.* подрумя́ненный хлеб в вине́ ◇ as warm as a ~ о́чень тёплый, согре́вшийся; to have smb. on ~ *sl.* име́ть власть над кем-л.

2. *v* 1) подрумя́нивать(ся) на огне́; поджа́ривать 2) суши́ться, гре́ться (*у огня*); to ~ one's feet (*или* toes) греть но́ги

**toast** II [təust] 1. *n* 1) тост; предложе́ние то́ста; to drink a ~ to smb. пить за чьё-л. здоро́вье; to give (*или* to propose) a ~ to smb. провозгласи́ть тост в честь кого́-л. 2) лицо́, учрежде́ние, собы́тие, в честь *или* па́мять кото́рого предлага́ется тост

2. *v* пить *или* провозглаша́ть тост за (*чьё-л.*) здоро́вье; to ~ smb. пить за кого́-л.

**toaster** I ['təustə] *n* прибо́р для поджа́ривания грenко́в, то́стер

**toaster** II ['təustə] *n* 1) = toast-master 2) провозглаша́ющий тост (*в честь кого-л.*)

**toasting-fork** ['təustɪŋfɔ:k] *n* 1) дли́нная металли́ческая ви́лка для поджа́ривания хле́ба на огне́ 2) *шутл.* шпа́га

**toasting-iron** ['təustɪŋ,aɪən] = toasting-fork

**toast-master** ['təust,ma:stə] *n* лицо́, кото́рое провозглаша́ет то́сты (*на официальных приёмах*); тамада́

**tobacco** [tə'bækəu] (*pl* -os [-əuz]) *n* 1) таба́к 2) *attr.* таба́чный

**tobacco-box** [tə'bækəubɔks] *n* табаке́рка

**tobacconist** [tə'bækənɪst] *n* 1) владе́лец таба́чной фа́брики 2) торго́вец таба́чными изде́лиями

**tobacco-pipe** [tə'bækəupaɪp] *n* (кури́тельная) тру́бка

**tobacco-pouch** [tə'bækəupautʃ] *n* кисе́т

**to-be** [tə'bi:] 1. *n* бу́дущее

2. *a* бу́дущий

**toboggan** [tə'bɔgən] 1. *n* тобо́гган, са́ни

2. *v* 1) ката́ться на саня́х (*особ. с горы*) 2) ре́зко па́дать; prices ~ed це́ны ре́зко упа́ли

**toboggan-slide** [tə'bɔgənslaɪd] *n* гора́ для ката́ния на саня́х

**toby** ['təubɪ] *n* 1) пивна́я кру́жка (*изображающая толстяка в костюме XVIII в.*) 2) (T.) учёная соба́ка в англи́йских ку́кольных теа́трах 3) *амер. разг.* сорт то́нких дешёвых сига́р 4) *attr.*: ~ collar гофриро́ванный воротничо́к

**toccata** [tə'ka:tə] *n муз.* токка́та

**tocher** ['tɔkə] *n диал.* прида́ное

**toco** ['təukəu] *n sl.* по́рка, наказа́ние

**tocology** [tə'kɔlədʒɪ] *n* акуше́рство

**tocsin** ['tɔksɪn] *n* 1) наба́т 2) наба́тный ко́локол

**tod** [tɔd] *n диал.* лиси́ца

**today, to-day** [tə'deɪ] 1. *adv* 1) сего́дня 2) в на́ши дни

2. *n* сего́дняшний день; the writers of ~ совреме́нные писа́тели

**toddle** ['tɔdl] 1. *n* 1) ковыля́ние 2) *разг.* прогу́лка 3) *разг. см.* toddler

2. *v* 1) ковыля́ть, учи́ться ходи́ть 2) *разг.* прогу́ливаться, броди́ть 3) *разг.* уходи́ть

**toddler** ['tɔdlə] *n* ребёнок, начина́ющий ходи́ть

**toddy** ['tɔdɪ] *n* 1) то́дди, пунш 2) па́льмовый сок (*особ. перебродивший*)

**to-do** [tə'du:] *n разг.* сумато́ха, суета́, шум; what a ~ about nothing? из-за чего́ тако́й шум и сумато́ха?

**tody** ['təudɪ] *n* плоскоклю́в (*птица*)

**toe** [təu] 1. *n* 1) па́лец на ноге́ (*у человека, животного, птицы*) 2) носо́к (*ноги, башмака, чулка*); to turn one's ~s out (in) вывора́чивать но́ги носка́ми нару́жу (внутрь) 3) ни́жний коне́ц, ни́жняя часть (*чего-л.*) 4) пере́дняя часть копы́та 5) *тех.* пята́ ◇ to turn up one's ~s *sl.* протяну́ть но́ги, умере́ть; to be on one's ~s а) быть жизнера́достным; б) быть де́ятельным; в) быть реши́тельным

2. *v* 1) каса́ться, ударя́ть носко́м *или* (*в гольфе*) ко́нчиком клю́шки; to ~ the line *спорт.* встать на ста́ртовую черту́; *перен.* стро́го приде́рживаться пра́вил; подчиня́ться тре́бованиям 2) надвя́зывать носо́к (*чулка*) 3) кри́во забива́ть (*гвоздь и т. п.*) □ ~ in ста́вить но́ги носка́ми внутрь; ~ out ста́вить но́ги носка́ми врозь

**toe-cap** ['təukæp] *n* носо́к (*обуви*)

**toe-in** ['təu'ɪn] *n авто* сходи́мость пере́дних колёс

**toe-nail** ['təuneɪl] *n* но́готь на па́льце ноги́

**toff** [tɔf] *n sl.* 1) джентльме́н; the ~s «сли́вки о́бщества» 2) франт

**toffee, toffy** ['tɔfɪ] *n* ири́ска ◇ not for ~ *разг.* а) во́все нет; б) ни за что́; he can't shoot for ~ стрело́к он никуды́шный

**toft** [tɔft] *n уст.* уса́дьба

**tog** [tɔg] *разг.* 1. *n* (*обыкн. pl*) оде́жда

2. *v* одева́ть; to ~ oneself up (*или* out) щегольски́ одева́ться

**toga** ['təugə] *лат. n* 1) то́га 2) *разг.* ма́нтия (*судьи и т. п.*)

**together** [tə'geðə] *adv* 1) вме́сте; сообща́; to get ~ а) собира́ть(ся); б) накопля́ть; в) объединя́ться 2) друг с дру́гом; compared ~ сра́внивая одно́ с други́м; the foes rushed ~ враги́ столкну́лись 3) подря́д, непреры́вно; for hours ~ часа́ми 4) одновре́ме́нно 5) *разг. как усил. слово после некоторых глаголов*: to add ~ прибавля́ть; to join ~ объединя́ть (-ся); to cooperate ~ сотру́дничать □ ~ with вме́сте с, наряду́ с; в добавле́ние к

**toggery** ['tɔgərɪ] *n разг.* оде́жда (*особ.* специа́льная); bishop's ~ епи́скопское облаче́ние

**toggle** ['tɔgl] *n* продолгова́тая деревя́нная пу́говица (*на спортивной одежде*)

**toggle-joint** ['tɔgldʒɔɪnt] *n тех.* коле́нно-рыча́жное соедине́ние

**toil** [tɔɪl] 1. *n* тяжёлый труд

2. *v* 1) уси́ленно труди́ться (at, on, through — над *чем-л.*) 2) с трудо́м идти́, тащи́ться (*обыкн.* ~ up, ~ along)

**toiler** ['tɔɪlə] *n* тру́женик

**toilet** ['tɔɪlɪt] *n* 1) туале́т, одева́ние 2) туале́тный сто́лик с зе́ркалом 3) убо́рная 4) *амер.* ва́нная 5) *амер.* гардеро́бная, ко́мната для одева́ния 6) *уст.* туале́т, костю́м 7) *attr.* туале́тный; относя́щийся к туале́ту; ~ soap туале́тное мы́ло; ~ water туале́тная вода́; ~ stall каби́на в убо́рной

**toilet-paper** ['tɔɪlɪt,peɪpə] *n* туале́тная бума́га

**toiletry** ['tɔɪlɪtrɪ] *n амер.* принадле́жности туале́та

**toilet-service** ['tɔɪlɪt,sə:vɪs] = toilet-set

**toilet-set** ['tɔɪlɪtset] *n* туале́тный прибо́р

**toilette** [twa:'let] *фр.* = toilet 1) *и* 6)

**toiletware** ['tɔɪlɪtwɛə] *n* предме́ты туале́та (*расчёски, щётки и т. п.*)

**toilful** ['tɔɪlful] *a* тру́дный

**toilless** ['tɔıllıs] *a* лёгкий, нетрудный

**toils** [tɔılz] *n pl* 1) сеть, тенёта 2) *перен.* ловушка; taken (*или* caught) in the ~ а) пойманный; б) очарованный

**toilsome** ['tɔılsəm] *a* трудный, утомительный

**toil-worn** ['tɔılwɔ:n] *a* изнурённый тяжёлым трудом

**Tokay** [təu'keı] *n* токайское (вино)

**token** ['təukən] *n* 1) знак; in ~ of respect в знак уважения 2) примета, признак 3) подарок на память 4) талон, жетон (*тж. для автомата*) 5) опознавательный знак 6) *attr.* имеющий видимость, подобие (*чего-л.*); кажущийся; символический; ~ smile подобие улыбки; ~ resistance видимость сопротивления; ~ payment символический взнос в счёт долга; ~ vote *парл.* голосование символической суммы ассигнования с последующим её уточнением ◊ by the same ~, by this ~, (more) by ~ к тому же; кроме того; и ещё лишнее доказательство того, что; ~ money *фин.* биллонные деньги

**toko** ['təukəu] = toco

**tokology** [tə'kɔlədʒı] = tocology

**tola** ['təulɑ:] *n* единица веса в Индии (= *180 гранам*)

**told** [təuld] *past u p. p. от* tell

**tolerable** ['tɔlərəbl] *a* 1) сносный; терпимый 2) удовлетворительный, довольно хороший 3) *разг.* чувствующий себя вполне удовлетворительно

**tolerance** ['tɔlərəns] *n* 1) терпимость 2) *фин.* допустимое отклонение от стандартного размера и веса монеты 3) *тех.* допуск 4) *мед.* толерантность

**tolerant** ['tɔlərənt] *a* 1) терпимый; to be ~ of criticism относиться терпимо к критике 2) *мед.* толерантный

**tolerate** ['tɔləreıt] *v* 1) терпеть, выносить 2) допускать; дозволять 3) *мед.* быть толерантным

**toleration** [ˌtɔlə'reıʃən] *n* терпимость

**toll** I [təul] **1.** *n* 1) (колокольный) звон; благовест 2) погребальный звон

**2.** *v* 1) медленно и мерно ударять в колокол, благовестить 2) звонить по покойнику 3) отбивать часы

**toll** II [təul] *n* 1) пошлина; *перен.* дань 2) плата за междугородный телефонный разговор, проезд по железной дороге *и т. п.* 3) право взимания пошлины *и т. п.* 4) *ист.* удержание (*мельником*) части зерна за помол; to take ~ of удерживать часть (*чего-л.*); *перен.* наносить тяжёлый урон (*чему-л.*) 5) *воен.* потери; heavy ~ большие потери ◊ road ~ несчастные случаи в результате дорожных происшествий

**tollable** ['təuləbl] *a* облагаемый пошлиной

**toll-bar** ['təulbɑ:] *n* застава, шлагбаум, где взимается сбор

**toll call** ['təul'kɔ:l] *n* 1) телефонный разговор с пригородом 2) *амер.* междугородный телефонный разговор

**toller** ['təulə] *n* 1) звонарь 2) колокол

**toll-gate** ['təulgeıt] = toll-bar

**tollhouse** ['təulhaus] *n* пост у заставы, где взимается дорожный сбор

**toll line** ['təullaın] *n* 1) пригородная телефонная линия 2) *амер.* междугородная телефонная линия

**tollman** ['təulmən] *n* сборщик пошлины

**tol-lol** [tɔl'lɔl] *a разг.* сносный; так себе

**tolly** [tɔlı] *n школ. sl.* свеча

**toluene** ['tɔljui:n] *n хим.* толуол

**Tom** [tɔm] *n* 1) обыкновенный, простой человек 2) *название большого колокола или орудия, напр.*: Long ~ *ист.* «Длинный Том» 3) (t.) самец различных животных и птиц; ~ turkey индюк ◊ Old ~ крепкий джин; ~ Dick and Harry а) всякий, каждый; первый встречный; б) обыкновенные, простые люди

**tom-** [tɔm-] *в названиях животных и птиц означает самца, напр.*: tom-cat кот; tom-swan лебедь-самец

**tomahawk** ['tɔməhɔ:k] **1.** *n* томагавк ◊ to bury the ~ заключить мир

**2.** *v* 1) бить *или* убивать томагавком 2) жестоко критиковать

**toman** [təu'mɑ:n] *перс. n* туман (*иранская монета*)

**tomato** [tə'mɑ:təu] *n* (*pl* -oes [-əuz]) 1) помидор, томат 2) *sl.* «персик» (*о женщине или девушке*)

**tomb** [tu:m] **1.** *n* 1) могила 2) могила с надгробием ◊ the ~ смерть

**2.** *v* хоронить, класть в могилу

**tombac** ['tɔmbæk] *n* томпак

**tombola** ['tɔmbələ] *ит. n* вид лотереи (*где разыгрываются безделушки*)

**tomboy** ['tɔmbɔı] *n* девочка с мальчишескими ухватками, сорванец

**tombstone** ['tu:mstəun] *n* надгробный памятник, надгробная плита

**tom-cat** ['tɔm'kæt] *n* кот

**tome** [təum] *n* том, большая книга

**tomfool** ['tɔm'fu:l] **1.** *n* 1) дурак 2) шут

**2.** *v* дурачиться, валять дурака

**tomfoolery** [tɔm'fu:lərı] *n* 1) дурачества; шутовство 2) глупая шутка

**tommy** ['tɔmı] *n* 1) солдат, рядовой (*прозвище английского солдата; тж.* T., T. Atkins) 2) *ист.* продукты, выдаваемые рабочим (*вместо денег*) 3) *sl.* хлеб; brown ~ чёрный хлеб

**tommy-bar** ['tɔmıbɑ:] *n тех.* лом

**tommy-gun** ['tɔmıgʌn] *n воен.* пистолет-пулемёт

**tommy rot** ['tɔmı'rɔt] *n разг.* вздор, чепуха

**tomnoddy** ['tɔmˌnɔdı] *n* простак, дурак

**tomorrow, to-morrow** [tə'mɔrəu] **1.** *adv* завтра

**2.** *n* 1) завтрашний день 2) будущее 3) *attr.* завтрашний; ~ morning завтра утром

**tomtit** ['tɔm'tıt] *n* синица

**tomtom** ['tɔmtɔm] *n* тамтам

**ton** I [tʌn] *n* 1) тонна; long (*или* gross) ~ длинная тонна (= *1016 кг*); metric ~ метрическая тонна (= *1000 кг*); short (*или* net) ~ короткая тонна (= *907,2 кг*); displacement ~ тонна водоизмещения (= *весу 35 футов$^3$ воды*); freight ~ фрахтовая тонна (= *1,12 м$^3$*); register ~ регистровая тонна (= *2,83 м$^3$*) 2) *разг.* масса; ~s of people масса народу

**ton** II [tɔ:ŋ] *фр. n* мода, стиль

**tonality** [təu'nælıtı] *n* тональность

**tone** [təun] **1.** *n* 1) тон; deep (thin) ~ низкий (высокий) тон; heart ~s *мед.* тоны сердца 2) тон, выражение; характер, стиль; to give ~ (to), to set the ~ придавать характер (*чему-л.*); задавать тон 3) общая атмосфера, обстановка 4) настроение 5) интонация, модуляция (*голоса*) 6) *фон.* музыкальное ударение 7) *мед.* тонус; to give ~ придавать силы 8) *жив.* тон, оттенок; градация тонов 9) стиль, элегантность 10) *муз.* тон; whole ~ целый тон

**2.** *v* 1) придавать желательный тон (*звуку, или краске*); изменять (*тон, цвет*) 2) настраивать (*муз. инструмент*) 3) гармонировать (in, with — с *чем-л.*) ▭ ~ **down** смягчать (*краски, выражение*); смягчаться, ослабевать; ~ **up** а) усиливать, повышать тон (*чего-л.*); б) тонизировать, повышать тонус

**tone-arm** ['təun'ɑ:m] *n* звукосниматель проигрывателя

**toneless** ['təunlıs] *a* невыразительный

**tonga** ['tɔŋgə] *инд. n* лёгкая двуколка

**tongs** [tɔŋz] *n pl* (*обыкн.* a pair of ~) щипцы; sugar ~ щипчики для сахара; coal (*или* fire) ~ каминные щипцы ◊ I wouldn't touch him with a pair of ~ ≅ я не хочу иметь с ним никакого дела

**tongue** [tʌŋ] *n* 1) язык; furred (*или* dirty, foul, coated) ~ обложенный язык (*у больного*); to put out one's ~ показывать язык (*врачу или из озорства*); his ~ failed him у него отнялся язык, он лишился дара речи 2) язык (*речь*); the mother ~ родной язык 3) речь, манера говорить; glib ~ бойкая речь 4) язык (*как кушанье*); smoked ~ копчёный язык 5) что-л., имеющее форму языка, напоминающее язык, *напр.*, язык пламени, колокола; язычок (*духового инструмента, обуви*) 6) *геогр.* коса 7) стрелка весов 8) *тех.* шпунт, шип 9) дышло 10) *ж.-д.* остряк стрелки ◊ to give ~ а) говорить, высказываться; б) подавать голос (*о собаках на охоте*); to have too much ~ ≅ что на уме, то и на языке; to speak with one's ~ in one's cheek, to put one's ~ in one's cheek а) говорить нейскренне; б) говорить с насмешкой, иронически; he has a ready ~ он за словом в карман не полезет; to find one's ~ снова заговорить; (снова) обрести дар речи; to hold one's ~, to keep a still ~ in one's head молчать; держать язык за зубами; his ~ is too long for his teeth у него слишком длинный язык; to oil one's ~ льстить; to have lost one's ~ молчать, проглотить язык

**tongue-in-cheek** [ˈtʌŋɪnˈtʃi:k] *a* неискренний; насмешливый; ~ candour напускная откровенность

**tongue-tied** [ˈtʌŋtaɪd] *a* 1) косноязычный 2) лишившийся дара речи (*от смущения и т. п.*)

**tongue-twister** [ˈtʌŋˌtwɪstə] *n* скороговорка; труднопроизносимое слово

**tonic** [ˈtɔnɪk] **1.** *n* 1) *мед.* тонизирующее, укрепляющее средство 2) *муз.* тоника

**2.** *a* 1) *мед.* тонизирующий, укрепляющий 2) *муз.* тонический

**tonight, to-night** [təˈnaɪt] **1.** *adv* сегодня вечером (*реже* ночью)

**2.** *n* сегодняшний вечер, наступающая ночь

**tonkin** [ˈtɔnkɪn] *n* крепкий бамбук

**tonnage** [ˈtʌnɪdʒ] *n* 1) тоннаж; грузовместимость 2) корабельный сбор

**-tonner** [-tʌnə] *в сложных словах означает* водоизмещением в *столько-то* тонн; two-thousand-tonner водоизмещением в две тысячи тонн

**tonometer** [təuˈnɔmɪtə] *n* 1) *муз.* камертон 2) *мед.* тонометр

**tonsil** [ˈtɔnsl] *n* миндалевидная железа

**tonsillitis** [ˌtɔnsɪˈlaɪtɪs] *n мед.* воспаление миндалин, тонзиллит

**tonsure** [ˈtɔnʃə] **1.** *n* тонзура

**2.** *v* выбривать тонзуру

**tontine** [tɔnˈti:n] *ит. n фин.* тонтина

**tony** [ˈtəunɪ] *a амер. разг.* изысканный, фешенебельный

**too** [tu:] *adv* 1) слишком; ~ good to be true слишком хорошо, чтобы можно было поверить; it is ~ much (of a good thing) ≅ хорошенького понемножку; это уже чересчур; none ~ pleasant не слишком приятный 2) очень; ~ bad очень жаль; I am only ~ glad я очень, очень рад 3) также, тоже; к тому же; won't you come ~? не придёте ли и вы? 4) действительно; they say he is the best student. And he is ~ говорят, он лучший студент, и это действительно так

**took** [tuk] *past от* take 1

**tool** [tu:l] **1.** *n* 1) рабочий (ручной) инструмент; резец 2) орудие (*в чьих-л. руках*) 3) станок ◇ to sharpen one's ~s готовиться, подготавливаться; to play with edged ~s ≅ играть с огнём; a bad workman quarrels with his ~s *посл.* ≅ мастер глуп, нож туп; у плохого мастера всегда инструмент виноват

**2.** *v* 1) действовать (*орудием, инструментом*) 2) обтёсывать (*камень*); обрабатывать резцом (*металл*) 3) вытиснять узор (*на переплёте, коже и т. п.*) 4) *разг.* ехать в экипаже 5) *разг.* везти в экипаже □ ~ up оборудовать (*инструментами, станками фабрику и т. п.*)

**tooled** [tu:ld] **1.** *p. p. от* tool 2

**2.** *a тех.* 1) механически обработанный 2) оборудованный (*инструментами*) 3) налаженный (*станок*)

**tooling** [ˈtu:lɪŋ] **1.** *pres. p. от* tool 2

**2.** *n* механическая обработка

**toolroom** [ˈtu:lrum] *n* инструментальный цех

**toon** [tu:n] *n* индийское красное дерево

**toot** I [tu:t] **1.** *n* звук рога; гудок, свисток

**2.** *v* трубить в рог *или* в рожок; давать гудок

**toot** II [tu:t] *n амер. разг.* кутёж, веселье

**tooth** [tu:θ] **1.** *n* (*pl* teeth) 1) зуб; crown (neck) of the ~ коронка (шейка) зуба; root of the ~ корень зуба; false teeth искусственные зубы; a loose ~ шатающийся зуб; he cut a ~ у него прорезался зуб; to set (*или* to clench) one's teeth стиснуть зубы; to pull a ~ out удалить зуб; I had my ~ out мне удалили зуб 2) *тех.* зуб, зубец ◇ ~ and nail изо всех сил; to fight ~ and nail бороться не на жизнь, а на смерть; to go at it ~ and nail энергично приняться за что-л.; to get one's teeth into smth. горячо взяться за что-л.; to cast smth. in smb.'s teeth ≅ бросать кому-л. в лицо упрёк; in the teeth of а) наперекор, вопреки; б) перед лицом (*чего-л.*); fed to the teeth ≅ сыт по горло; надоело, осточертело; long in the ~ старый

**2.** *v* 1) нарезать зубцы 2) зацеплять(ся)

**toothache** [ˈtu:θeɪk] *n* зубная боль

**tooth-brush** [ˈtu:θbrʌʃ] *n* зубная щётка

**tooth-comb** [ˈtu:θkəum] *n* частый гребень ◇ to go through with a ~ «прочёсывать», осматривать, обыскивать

**toothed** [tu:θt] **1.** *p. p. от* tooth 2

**2.** *a* 1) имеющий зубы 2) зубчатый

**toother** [ˈtu:θə] *n разг.* удар в зубы

**toothful** [ˈtu:θful] *n* глоток спиртного

**toothing** [ˈtu:θɪŋ] **1.** *pres. p. от* tooth 2

**2.** *n тех.* зубчатое зацепление

**toothless** [ˈtu:θlɪs] *a* беззубый

**tooth-paste** [ˈtu:θpeɪst] *n* зубная паста

**toothpick** [ˈtu:θpɪk] *n* зубочистка

**tooth-powder** [ˈtu:θˌpaudə] *n* зубной порошок

**toothsome** [ˈtu:θsəm] *a* приятный на вкус

**tootle** [ˈtu:tl] **1.** *n* звук трубы, флейты *и т. п.*

**2.** *v* издавать негромкие звуки, негромко трубить, играть на флейте *и т. п.*

**tootsy(-wootsy)** [ˈtu(:)tsɪ(ˈwu(:)tsɪ)] *n детск.* ножка

**top** I [tɔp] **1.** *n* 1) верхушка, вершина (*горы*); макушка (*головы, дерева*) 2) верхний конец, верхняя поверхность; верх (*экипажа, лестницы, страницы*); крышка (*кастрюли*); верхний обрез (*книги*); ~ of milk пенка молока; from ~ to toe с ног до головы; с головы до пят; from ~ to bottom сверху донизу 3) (*обыкн. pl*) ботва (*корнеплодов*) 4) шпиль, купол 5) высшее, первое место; to come out on ~ а) победить в состязании, выйти на первое место; б) преуспевать в жизни; to come (*или* to rise) to the ~ всплыть на поверхность; *перен.* отличиться; to take the ~ of the table сидеть во главе стола 6) высшая ступень, высшая степень; высшее напряжение; at the ~ of one's voice (speed) во весь голос (опор) 7) *pl* отвороты (*сапог*); высокие сапоги с отворотами 8) *pl карт.* две старшие карты какой-л. масти (*в бридже*) 9) *горн.* кровля (*выработки*) 10) *метал.* колошник 11) *мор.* марс ◇ (a little bit) off the ~ не в своём уме; to go over the ~ а) *воен.* идти в атаку; б) сделать решительный шаг; начать решительно действовать; on ~ of everything else в добавление ко всему; to be (*или* to sit) on ~ of the world быть на седьмом небе; to be at the ~ of the ladder (*или* tree) занимать видное положение (*особ. в какой-л. профессии*)

**2.** *a* 1) верхний; the ~ shelf верхняя полка 2) наивысший, максимальный; ~ speed самая большая скорость; ~ price самая высокая цена 3) самый главный; ~ men люди, занимающие самое высокое положение ◇ ~ secret совершенно секретно

**3.** *v* 1) покрывать (*сверху*); снабжать верхушкой, куполом *и т. п.*; the mountain was ~ped with snow вершина горы была покрыта снегом; to ~ one's fruit укладывать наверху лучшие фрукты 2) подняться на вершину; перевалить (*через гору*); перепрыгнуть (*через что-л.*) 3) покрывать (*новой краской и т. п.*) 4) увенчивать, доводить до совершенства; to ~ one's part прекрасно сыграть свою роль 5) превосходить; быть во главе, быть первым; this picture ~s all I have ever seen эта картина — лучшее из того, что я когда-л. видел 6) превышать; достигать какой-л. величины, веса *и т. п.*; he ~s his father by a head он на целую голову выше отца; he ~s six feet он шести футов ростом 7) обрезать верхушку (*дерева и т. п.*; *тж.* ~ up) 8) *с.-х.* покрывать □ ~ off а) отделывать; украшать; б) заканчивать, завершать; they ~ped off their dinner with fruit в конце обеда им бы́ли по́даны фру́кты; ~ **up** долива́ть, досыпа́ть (*доверху*)

**top** II [tɔp] *n* волчо́к (*игрушка*); the ~ sleeps (*или* is asleep) волчо́к ве́ртится так, что враще́ние его́ незаме́тно ◇ old ~ старина́, дружи́ще

**topaz** [ˈtəupæz] *n* топа́з

**top-boot** [ˈtɔpˈbu:t] *n* высо́кий сапо́г с отворо́том

**topcoat** [ˈtɔpˈkəut] *n* пальто́

**top-drawer** [ˈtɔpˌdrɔ:ə] **1.** *n* вы́сшее о́бщество

**2.** *a разг.* принадлежа́щий к вы́сшему о́бществу, великоле́пный, первокла́ссный

**top-dress** [ˈtɔpˈdres] *v с.-х.* подка́рмливать (*растения*)

**tope** I [təup] *n* ку́нья аку́ла

**tope** II [təup] *v* пья́нствовать

**tope** III [təup] *инд. n* ро́ща (*преим.* ма́нговая)

**topee** [ˈtəupɪ] = topi

**toper** [ˈtəupə] *n* пья́ница

**topflight** [ˈtɔpflaɪt] *a разг.* наилу́чший, первокла́ссный

**topfull** [ˈtɔpˈful] *a* по́лный до краёв, до́верху

**topgallant** [tɔpˈgælənt] *n* 1) *мор.* брам-сте́ньга 2) *перен.* верх, вы́сшая то́чка; зени́т

**top gas** [ˈtɔpˈgæs] *n метал.* колошнико́вый газ

**top hat** [ˈtɔpˈhæt] *n* цили́ндр (*шляпа*)

**top-heavy** [ˈtɔpˈhevɪ] *a* переве́шивающий в свое́й ве́рхней ча́сти; неусто́йчивый

**tophi** [ˈtəufaɪ] *pl от* tophus

**top-hole** [ˈtɔpˈhəul] *a разг.* первокла́ссный, превосхо́дный

**tophus** [ˈtəufəs] *n* (*pl* tophi) *мед.* 1) подагри́ческие отложе́ния в суста́вах 2) отложе́ние виннока́менной кислоты́ на зуба́х

**topi** [ˈtəupɪ] *инд. n* тропи́ческий шлем (*от солнца*)

**topiary** [ˈtəupjərɪ] **1.** *n* 1) иску́сство фигу́рной стри́жки садо́вых дере́вьев 2) сад с подстри́женными дере́вьями

**2.** *a*: ~ art = 1, 1); ~ garden = 1, 2)

**topic** [ˈtɔpɪk] *n* те́ма, предме́т обсужде́ния; the ~ of the day злободне́вная те́ма

**topical** [ˈtɔpɪkəl] *a* 1) актуа́льный, животрепе́щущий 2) темати́ческий 3) ме́стный (*тж. мед.*); име́ющий лишь ме́стное *или* вре́менное значе́ние

**topicality** [ˌtɔpɪˈkælɪtɪ] *n* актуа́льность

**topknot** [ˈtɔpnɔt] *n* 1) пучо́к воло́с, пе́рьев *или* лент (*венчающий женскую причёску*) 2) хохоло́к (*на голове птицы*)

**topless** [ˈtɔplɪs] *a* 1) не име́ющий верху́шки; без ве́рха 2) с обнажённой гру́дью 3) *уст.* о́чень высо́кий

**top level** [ˈtɔpˈlevl] *n*: negotiations at ~ перегово́ры на вы́сшем у́ровне

**top-light** [ˈtɔplaɪt] *n мор.* то́повый (*или* фла́гманский) ого́нь

**top liner** [ˈtɔpˌlaɪnə] *n* популя́рный актёр, «звезда́»

**toplofty** [ˈtɔpˈlɔftɪ] *a разг.* надме́нный, зано́счивый; напы́щенный

**topmast** [ˈtɔpmɑ:st] *n мор.* сте́ньга

**topmost** [ˈtɔpməust] *a* 1) са́мый ве́рхний 2) са́мый ва́жный

**top-notch** [ˈtɔpˈnɔtʃ] *a разг.* превосхо́дный, первокла́ссный

**topographer** [təˈpɔgrəfə] *n* топо́граф

**topography** [təˈpɔgrəfɪ] *n* топогра́фия

**toponymy** [təˈpɔnɪmɪ] *n геогр., лингв.* топони́мика

**topper** [ˈtɔpə] *n разг.* 1) цили́ндр (*шляпа*) 2) то, что лежи́т наверху́ корзи́ны, я́щика (*обыкн. о фруктах*) 3) превосхо́дный челове́к; превосхо́дная вещь 4) широ́кое да́мское пальто́

**topping** [ˈtɔpɪŋ] **1.** *pres. p. от* top I, 3

**2.** *n* 1) верху́шка, ве́рхняя часть 2) удале́ние верху́шки (*дерева*), прощи́пывание (*растения*) 3) *pl* ча́сти, сре́занные с верху́шки (*дерева и т. п.*)

**3.** *a* 1) вздыма́ющийся 2) главе́нствующий, первенству́ющий 3) *разг.* превосхо́дный 4) *амер.* высокоме́рный ◇ ~ cove *sl.* пала́ч

**toppingly** [ˈtɔpɪŋlɪ] *adv разг.* великоле́пно, превосхо́дно

**topple** [ˈtɔpl] *v* 1) вали́ться, па́дать (голово́й вниз); опроки́дывать(ся) (*часто* ~ over, ~ down) 2) грози́ть паде́нием

**tops** [tɔps] *a predic. разг.* прекра́сный, великоле́пный, отли́чный

**topsail** [ˈtɔpsl] *n мор.* ма́рсель

**top-sawyer** [ˈtɔpˈsɔ:jə] *n* 1) ве́рхний из двух пи́льщиков 2) челове́к, занима́ющий высо́кое положе́ние

**top sergeant** [ˈtɔpˈsɑ:dʒənt] *n амер. воен. разг.* старшина́ ро́ты

**topside** [ˈtɔpˈsaɪd] *adv* 1) на па́лубе 2) в главе́нствующей ро́ли

**top-soil** [ˈtɔpsɔɪl] *n с.-х.* па́хотный слой по́чвы

**topsyturvy** [ˈtɔpsɪˈtə:vɪ] **1.** *n* неразбери́ха, кутерьма́, «дым коромы́слом»

**2.** *a* перевёрнутый вверх дном; беспоря́дочный

**3.** *adv* вверх дном, ши́ворот-навы́ворот

**4.** *v* перевёртывать всё вверх дном

**topsyturvydom** [ˈtɔpsɪˈtə:vɪdəm] = topsyturvy 1

**toque** [təuk] *фр. n* 1) ток (*женская шляпа без полей*) 2) *зоол.* мака́ка

**tor** [tɔ:] *n* скали́стая верши́на холма́

**torch** [tɔ:tʃ] **1.** *n* 1) фа́кел; pocket (*или* electric) ~ карма́нный фона́рь 2) *перен.* све́точ; the ~ of learning све́точ зна́ний 3) *тех.* пая́льная ла́мпа; горе́лка ◇ to put to the ~ преда́ть огню́; to hand on the ~ передава́ть зна́ния, тради́ции

**2.** *v* освеща́ть фа́келами

**torchère** [tɔ:ˈʃeə] *фр. n* торше́р

**torch-fishing** [ˈtɔ:tʃˌfɪʃɪŋ] *n* луче́ние (*лов рыбы с подсветом*)

**torchlight** [ˈtɔ:tʃlaɪt] *n* свет фа́кела; свет электри́ческого фонаря́

**torchon** [ˈtɔ:ʃən] *фр. n* 1) род гру́бого льняно́го *или* хлопчатобума́жного кру́жева (*тж.* ~ lace) 2) торшо́н (*плотная крупнозернистая бумага; тж.* ~ paper)

**torch-singer** [ˈtɔ:tʃˌsɪŋə] *n* исполни́тельница сентимента́льных пе́сенок о несча́стной любви́

**torch-song** [ˈtɔ:tʃsɔŋ] *n* сентимента́льная пе́сенка о несча́стной любви́

**tore** I [tɔ:] *past от* tear I, 2

**tore** II [tɔ:] = torus 1)

**toreador** [ˈtɔrɪədɔ:] *исп. n* тореадо́р

**torero** [təˈreɪrəu] = toreador

**toreutic** [təˈru:tɪk] *a* резно́й, чека́нный, вы́битый (*о металле*)

**tori** [ˈtəuraɪ] *pl от* torus

**torment 1.** *n* [ˈtɔ:mənt] 1) муче́ние, му́ка; to suffer ~s испы́тывать му́ки 2) исто́чник муче́ний

**2.** *v* [tɔ:ˈment] 1) му́чить; причини́ть боль 2) досажда́ть, изводи́ть, раздража́ть

**tormentor** [tɔ:ˈmentə] *n* 1) мучи́тель 2) колёсная борона́ 3) *театр.* пе́рвая кули́са

**tormentress** [tɔ:ˈmentrɪs] *n* мучи́тельница

**tormina** [ˈtɔ:mɪnə] *n pl мед.* схваткообра́зные бо́ли в кише́чнике, ко́лики

**torn** [tɔ:n] *p. p. от* tear I, 2

**tornado** [tɔ:ˈneɪdəu] *исп. n* (*pl* -oes, -os [-əuz]) торна́до, шквал, смерч

**torpedo** [tɔ:ˈpi:dəu] **1.** *n* (*pl* -oes [-əuz]) 1) торпе́да 2) *амер. sl.* профессиона́льный уби́йца; га́нгстер-телохрани́тель 3) *зоол.* электри́ческий скат 4) *ж.-д.* сигна́льная пета́рда 5) *attr.* торпе́дный

**2.** *v* 1) подорва́ть торпе́дой, торпеди́ровать 2) *перен.* уничто́жить, разби́ть, подорва́ть; to ~ a project провали́ть прое́кт

**torpedo-boat** [tɔ:ˈpi:dəubəut] *n* торпе́дный ка́тер

**torpedo-net(ting)** [tɔ:ˈpi:dəuˌnet(ɪŋ)] *n* противоми́нная сеть

**torpedo-plane** [tɔ:ˈpi:dəupleɪn] *n* самолёт-торпедоно́сец

**torpedo-tube** [tɔ:ˈpi:dəutju:b] *n* торпе́дный аппара́т; труба́ торпе́дного аппара́та

**torpid** [ˈtɔ:pɪd] *a* 1) онеме́лый, оцепене́вший 2) безде́ятельный, вя́лый, апати́чный 3) *зоол.* находя́щийся в спя́чке

**torpidity** [tɔ:ˈpɪdɪtɪ] *n* онеме́лость *и пр.* [*см.* torpid 1) *и* 2)]

**torpids** [ˈtɔ:pɪdz] *n pl* гребны́е го́нки (*в Оксфордском университете после рождественских каникул*)

**torpor** [ˈtɔ:pə] *n* 1) онеме́лость, оцепене́ние 2) безразли́чие, апа́тия 3) ту́пость

**torque** [tɔ:k] *n* 1) *археол.* кручёное металли́ческое ожере́лье 2) *физ.* враща́ющий моме́нт

**torrefy** [ˈtɔrɪfaɪ] *v* 1) суши́ть, поджа́ривать (*на огне и т. п.*) 2) обжига́ть

**torrent** [ˈtɔrənt] *n* 1) стреми́тельный пото́к 2) *pl* ли́вень 3) пото́к (*ругательств и т. п.*)

**torrential** [tɔˈrenʃəl] *a* 1) теку́щий бы́стрым пото́ком 2) проливно́й 3) оби́льный

**Torricellian** [ˌtɔrɪˈtʃelɪən] *a*: ~ vacuum *физ.* торриче́ллиева пустота́

**torrid** [ˈtɔrɪd] *a* жа́ркий, зно́йный, вы́жженный со́лнцем; ~ zone тропи́ческий по́яс

**torse** [tɔːs] *n геральд.* гирля́нда

**torsi** [ˈtɔːsiː] *pl от* torso

**torsion** [ˈtɔːʃən] *n* 1) *тех.* круче́ние; перека́шивание; скру́чивание 2) скру́ченность

**torsion balance** [ˈtɔːʃənˈbæləns] *n* мото́р-весы́, дина́мо-весы́

**torso** [ˈtɔːsəu] *ит. n* (*pl* -os [-əuz], -si) 1) ту́ловище 2) торс (*статуи*)

**tort** [tɔːt] *n юр.* дели́кт, гражда́нское правонаруше́ние

**torticollis** [ˌtɔːtɪˈkɔlɪs] *фр. n мед.* кривоше́я

**tortile** [ˈtɔːtɪl] *a* кручёный, скру́ченный

**tortilla** [tɔːˈtɪljə] *исп. n* пло́ская майсовая лепёшка (*заменяющая в Мексике хлеб*)

**tortoise** [ˈtɔːtəs] *n* черепа́ха (сухопу́тная)

**tortoise-shell** [ˈtɔːtəʃel] *n* 1) па́нцирь черепа́хи 2) черепа́ха (*материал*) 3) *attr.* черепа́ховый

**tortuosity** [ˌtɔːtjuˈɔsɪtɪ] *n* 1) изви́листость; кривизна́ 2) укло́нчивость; нейскренность

**tortuous** [ˈtɔːtjuəs] *a* 1) изви́листый 2) укло́нчивый, нейскренний

**torture** [ˈtɔːtʃə] **1.** *n* 1) пы́тка; to put to the ~ подверга́ть пы́тке 2) му́ки, аго́ния

**2.** *v* 1) пыта́ть 2) му́чить; he is ~d with headaches его́ му́чают головны́е бо́ли

**torturer** [ˈtɔːtʃərə] *n* мучи́тель; пала́ч

**torus** [ˈtɔːrəs] *n* (*pl* -ri) 1) *архит.* то́рус; полукру́глый фриз 2) *бот.* цветоло́же

**Tory** [ˈtɔːrɪ] *n* 1) то́ри, консерва́тор 2) *attr.* консервати́вный

**Toryism** [ˈtɔːrɪɪzm] *n* тори́зм, консервати́зм

**tosh** [tɔʃ] *n sl.* вздор, ерунда́

**tosher** [ˈtɔʃə] *n sl.* студе́нт-экстéрн

**toss** [tɔs] **1.** *n* 1) мета́ние, броса́ние *и пр.* [*см.* 2]; the ~ of the coin жеребьёвка; to win (to lose) the ~ а) вы́играть (проигра́ть) в орля́нку; б) вы́играть (проигра́ть) пари́ 2) толчо́к; сотрясе́ние 3) = toss-up 1)

**2.** *v* (-ed [-t], *поэт.* tost) 1) броса́ть, кида́ть; мета́ть; подбра́сывать 2) отбра́сывать, швыря́ть (*тж.* ~ away, ~ aside) 3) поднима́ться и опуска́ться (*о судне*); носи́ться (*по волнам*); ре́ять 4) беспоко́йно мета́ться (*о больном*; *часто* ~ about) 5) вски́дывать (*голову*); поднима́ть на рога́ (*о быке*) 6) сбра́сывать (*седока*) 7) *горн.* промыва́ть (*руду*) □ ~ off а) сде́лать на́спех; б) вы́пить за́лпом; ~ up а) = 1); б) броса́ть жре́бий; в) на́скоро пригото́вить (*еду*)

**tosspot** [ˈtɔspɔt] *n sl.* пья́ница

**toss-up** [ˈtɔsʌp] *n* 1) подбра́сывание моне́ты (*в орлянке*); жеребьёвка 2) что-л. неопределённое, сомни́тельное; it's a ~ whether he comes or not э́то ещё вопро́с, придёт он и́ли нет

**tossy** [ˈtɔsɪ] *a разг.* дёрзкий, высокоме́рный

**tost** [tɔst] *past и p. p. от* toss 2

**tot I** [tɔt] *n* 1) малы́ш (*обыкн.* tiny ~) 2) *разг.* ма́ленькая рю́мка (*вина и т. п.*); глото́к вина́

**tot II** [tɔt] *разг.* **1.** *n* су́мма

**2.** *v* сумми́ровать, скла́дывать (*тж.* ~ up)

**total** [ˈtəutl] **1.** *n* це́лое, су́мма; ито́г; the grand ~ о́бщий ито́г

**2.** *a* 1) весь, це́лый; совоку́пный, сумма́рный 2) по́лный, абсолю́тный; ~ eclipse *астр.* по́лное затме́ние; ~ failure по́лная неуда́ча 3) тота́льный

**3.** *v* 1) подводи́ть ито́г, подсчи́тывать 2) доходи́ть до, равня́ться, насчи́тывать (*о сумме, числе*)

**totalitarian** [ˌtəutælɪˈtɛərɪən] *a* тоталита́рный

**totality** [təuˈtælɪtɪ] *n* 1) вся су́мма целико́м, всё коли́чество 2) *астр.* вре́мя по́лного затме́ния

**totalizator** [ˈtəutəlaɪzeɪtə] *n* тотализа́тор (*аппарат*)

**totalize** [ˈtəutəlaɪz] *v* 1) соединя́ть воеди́но 2) подводи́ть ито́г, сумми́ровать

**totalizer** [ˈtəutəlaɪzə] *n* сумми́рующее устро́йство

**tote I** [təut] *n sl. сокр. от* totalizator

**tote II** [təut] *разг.* **1.** *v* нести́; перевози́ть

**2.** *n* 1) груз 2) перево́зка

**totem** [ˈtəutəm] *n* тоте́м

**tother, t'other** [ˈtʌðə] *разг.* = the other

**totter** [ˈtɔtə] *v* 1) идти́ неве́рной, дрожа́щей похо́дкой, ковыля́ть 2) трясти́сь; шата́ться; угрожа́ть паде́нием 3) ги́бнуть, разруша́ться

**tottering** [ˈtɔtərɪŋ] **1.** *pres. p. от* totter

**2.** *a* нетвёрдый (*о походке*)

**tottery** [ˈtɔtərɪ] *a* трясу́щийся; грозя́щий паде́нием

**toucan** [ˈtuːkən] *n зоол.* тука́н (*птица*)

**touch** [tʌtʃ] **1.** *n* 1) прикоснове́ние 2) соприкоснове́ние, обще́ние; in ~ with smb. в конта́кте с кем-л.; to get in ~ with smb. связа́ться с кем-л.; to lose ~ with smb. потеря́ть связь, конта́кт с кем-л. 3) осяза́ние; soft to the ~ мя́гкий на о́щупь 4) штрих; to put the finishing ~es (to) де́лать после́дние штрихи́, отде́лывать; зака́нчивать 5) характе́рная черта́; the ~ of a poet поэти́ческая стру́нка; personal ~ характе́рные черты́ (*человека*) 6) подхо́д (*к людям*); такт; he has a marvellous ~ in dealing with children он прекра́сно ла́дит с детьми́ 7) чу́точка; при́месь; отте́нок, налёт; a ~ of salt чу́точка со́ли; there was a ~ of bitterness in what he said в его́ слова́х чу́вствовалась го́речь 8) лёгкий при́ступ (*болезни*); небольшо́й уши́б *и т. п.*; a ~ of the sun перегре́в 9) мане́ра, приёмы (*художника и т. п.*) 10) про́ба, испыта́ние; to put (*или* to bring) to the ~ подве́ргнуть испыта́нию 11) *sl.* вымога́тельство; получе́ние де́нег обма́нным путём 12) са́лки (*детская игра*; *тж.* ~ and run) 13) *муз.* туше́ 14) *спорт.* пло́щадь за боковы́ми ли́ниями футбо́льного *и т. п.* по́ля; in ~ за боково́й ли́нией ◇ ~ typist машини́стка, рабо́тающая по слепо́му ме́тоду; common ~ чу́вство ло́ктя; in (*или* within) ~ а) бли́зко, под руко́й; б) досту́пно, достижи́мо; near ~ опа́сность, кото́рую едва́ удало́сь избежа́ть; no ~ to smth. ничто́ по сравне́нию с чем-л., не выде́рживает никако́й кри́тики

**2.** *v* 1) (при)каса́ться, тро́гать, притра́гиваться; соприкаса́ться; to ~ one's hat to smb. приве́тствовать кого́-л., приподнима́я шля́пу 2) притра́гиваться к еде́, есть; he has not ~ed food for two days он два дня ничего́ не ел; I couldn't ~ anything я не был го́лоден 3) каса́ться, слегка́ затра́гивать (*тему, вопрос*) 4) (*обыкн. pass.*) слегка́ по́ртить; leaves are ~ed with frost ли́стья тро́нуты моро́зом; he is slightly ~ed ≅ у него́ не все до́ма 5) ока́зывать возде́йствие; nothing will ~ these stains э́тих пя́тен ниче́м не вы́ведешь 6) тро́гать, волнова́ть, задева́ть за живо́е 7) каса́ться, име́ть отноше́ние (*к чему-л.*); how does this ~ me? како́е э́то име́ет отноше́ние ко мне? 8) *разг.* получа́ть, добыва́ть (*деньги, особ. в долг или мошеннически*; for); he ~ed me for a large sum of money он заня́л, вы́клянчил у меня́ большу́ю су́мму (де́нег) 9) получа́ть (*жалованье*); he ~es £ 2 6 s a week он получа́ет 2 фу́нта 6 ши́ллингов в неде́лю 10) сравни́ться; дости́чь тако́го же высо́кого у́ровня; there is nothing to ~ sea air for bracing you up нет ничего́ поле́знее морско́го во́здуха для укрепле́ния здоро́вья 11) слегка́ окра́шивать; придава́ть отте́нок; clouds ~ed with rose розова́тые облака́ 12) *геом.* каса́ться, быть каса́тельной □ ~ at *мор.* заходи́ть (*в порт*); ~ **down** приземли́ться, косну́ться земли́; ~ **off** а) бы́стро наброса́ть; переда́ть схо́дство; б) вы́палить (*из пушки*); в) дать отбо́й (*по телефону*); г) вы́звать (*спор и т. п.*); ~ **on** а) затра́гивать, каса́ться вкра́тце (*вопроса и т. п.*); б) грани́чить с *чем-л.* (*напр., с дерзостью*); ~ **up** а) исправля́ть, зака́нчивать, отде́лывать, класть после́дние штрихи́, мазки; б) подстегнуть (*лошадь*); в) напомнить, натолкнуть; г) взволновать; ~ **upon** = ~ on ◇ to ~ shore подплыть к берегу; to ~ pitch иметь дело с сомнительным предприятием *или* субъектом; to ~ the spot попасть в цель; соответствовать своему назначению; to ~ smb. on a sore (*или* tender) place задеть кого-л. за живое; he ~es six feet он шести футов ростом; to ~ wood пытаться умилостивить судьбу, предотвратить дурное предзнаменование; ~ wood! не сглазьте!

**touchable** [ˈtʌtʃəbl] *a* осязательный, осязаемый

**touch-and-go** [ˈtʌtʃənˈgəu] **1.** *n* рискованное, опасное дело *или* положение; it was ~ for a while какой-то момент всё висело на волоске

**2.** *a* 1) рискованный, опасный 2) отрывочный

**touch-down** [ˈtʌtʃdaun] *n* 1) *ав.* посадка; to make a ~ совершить посадку 2) гол (*в регби*)

**touched** [tʌtʃt] **1.** *p. p. от* touch 2

**2.** *a* 1) взволнованный, тронутый 2) слегка помешанный, «тронутый» (*тж.* ~ in the upper storey) ◇ ~ in the wind страдающий одышкой

**toucher** [ˈtʌtʃə] *n* тот, кто прикасается ◇ near ~ опасность, которую едва удалось избежать; as near as a ~ близко, почти, на волосок от; to a ~ точно

**touchiness** [ˈtʌtʃɪnɪs] *n* обидчивость *и пр.* [*см.* touchy]

**touching** [ˈtʌtʃɪŋ] **1.** *pres. p. от* touch 2

**2.** *a* трогательный

**3.** *prep. уст., книжн.* касательно, относительно (*тж.* as ~)

**touch-line** [ˈtʌtʃlaɪn] *n спорт.* боковая линия (*в футболе и т. п.*)

**touch-me-not** [ˈtʌtʃmɪˈnɔt] *n* 1) недотрога 2) запрещённая тема 3) *бот.* недотрога

**touch-needle** [ˈtʌtʃˌni:dl] *n* пробирная игла

**touchstone** [ˈtʌtʃstəun] *n* 1) пробирный камень; оселок 2) критерий; пробный камень

**touchwood** [ˈtʌtʃwud] *n* 1) трут 2) гнилое дерево; гнилушка

**touchy** [ˈtʌtʃɪ] *a* 1) обидчивый; раздражительный 2) повышенно чувствительный 3) легковоспламеняющийся

**tough** [tʌf] **1.** *a* 1) жёсткий; плотный, упругий; (as) ~ as leather (жёсткий) как подошва (*о мясе и т. п.*) 2) вязкий 3) крепкий, сильный, несгибаемый 4) стойкий, выносливый, упорный; ~ resistance упорное сопротивление 5) трудный; упрямый, несговорчивый; ~ customer *разг.* человек, с которым трудно иметь дело; непокладистый человек; ~ policy *полит.* жёсткий курс; a ~ problem трудноразрешимая проблема 6) закоренелый, неисправимый; a ~ criminal закоренелый преступник 7) *амер. разг.* преступный, хулиганский, бандитский 8) грубый, крутой (*о человеке*) 9) *геол.* крепкий (*о породе*)

**2.** *n разг.* хулиган, бандит

**toughen** [ˈtʌfn] *v* делать(ся) жёстким *и т. д.* [*см.* tough 1]

**toupee** [ˈtu:peɪ] *n* 1) хохол; тупей 2) небольшой парик, фальшивый локон, накладка из искусственных волос

**tour** [tuə] **1.** *n* 1) путешествие; поездка; турне; экскурсия; to make a ~ of the Soviet Union путешествовать по Советскому Союзу; a foreign ~ путешествие за границу; the grand ~ *ист.* путешествие по Франции, Италии, Швейцарии и др. странам для завершения образования 2) тур, объезд 3) обход караула 4) обращение, оборот; цикл 5) круг (*обязанностей*) 6) смена (*на фабрике и т. п.*) 7): ~ of duty а) стажировка; пребывание в должности; б) дежурство; наряд

**2.** *v* 1) совершать путешествие, театральное *и т. п.* турне (through, about, of); to ~ (through) a country путешествовать по стране 2) совершать объезд, обход 3) *театр.* показывать (спектакль) на гастролях; they ~ed «Othello» они играли «Отелло» на гастролях

**tourer** [ˈtuərə] *n* 1) = touring-car 2) = tourist

**touring** [ˈtuərɪŋ] **1.** *pres. p. от* tour 2

**2.** *n* туризм

**touring-car** [ˈtuərɪŋka:] *n* туристский автомобиль

**tourist** [ˈtuərɪst] *n* 1) турист, путешественник 2) *attr.* туристский, относящийся к туризму, путешествиям; ~ agency бюро путешествий; ~ class второй класс (*на океанском пароходе или в самолёте*); ~ ticket обратный билет без указания даты (*действительный в течение определённого времени*).

**tourmalin, tourmaline** [ˈtuəməlɪn, -li:n] *n мин.* турмалин

**tournament** [ˈtuənəmənt] *n* турнир ◇ ~ standard уровень спортивного мастерства, позволяющий участвовать в соревнованиях

**tourney** [ˈtuənɪ] *ист.* **1.** *n* (средневековый) турнир

**2.** *v* сражаться на турнире

**tourniquet** [ˈtuənɪkeɪ] *n мед.* турникет, жгут

**tousle** [ˈtauzl] *v* ерошить, взъерошивать

**tout** [taut] **1.** *n* 1) человек, усиленно предлагающий товар; коммивояжёр; человек, зазывающий клиентов в гостиницу, игорный дом *и т. п.* 2) человек, добывающий и продающий сведения о лошадях перед скачками

**2.** *v* 1) навязывать товар 2) зазывать (*покупателей, клиентов и т. п.*) 3) расхваливать, рекламировать 4) *амер.* агитировать за кандидата 5) добывать и сообщать сведения о скаковых лошадях для использования их при заключении пари 6) *разг.* шпионить

**tow I** [təu] **1.** *n* 1) бечева; буксир (-ный канат, трос) 2) буксировка 3) буксируемое судно 4) буксирный караван ◇ to take in ~ а) брать на буксир; б) брать на попечение; to take a ~ быть на буксире; to have smb. in ~ а) иметь кого-л. на своём попечении, опекать; б) иметь кого-л. в числе сопровождающих; иметь кого-л. в числе своих поклонников

**2.** *v* 1) тянуть (*баржу*) на бечеве; тащить (*сломанную автомашину*) 2) буксировать

**tow II** [təu] *n текст.* 1) очёс, кудель 2) пакля

**towage** [ˈtəuɪdʒ] *n* 1) буксировка 2) плата за буксировку

**toward I** [ˈtəuəd] *a уст.* 1) происходящий; предстоящий 2) послушный; благонравный 3) способный к учению

**toward II** [təˈwɔ:d] *prep поэт. см.* towards

**towards** [təˈwɔ:dz] *prep* 1) к, по направлению к; he edged ~ the door он пробирался к двери; the windows look ~ the sea окна обращены к морю; his back was turned ~ me он стоял ко мне спиной 2) к, по отношению к; attitude ~ art отношение к искусству 3) *указывает на цель действия* для; с тем, чтобы; to save money ~ an education откладывать деньги для получения образования; to make efforts ~ a reconciliation стараться добиться примирения 4) *указывает на совершение действия к определённому моменту* около, к; ~ the end of November к концу ноября; ~ morning (evening) к утру (вечеру)

**tow-boat** [ˈtəubəut] *n* буксирное судно

**towel** [ˈtauəl] **1.** *n* полотенце ◇ oaken ~ *уст. sl.* дубинка; to throw in the ~ сдаться, признать себя побеждённым

**2.** *v* 1) вытирать(ся) полотенцем 2) *sl.* бить

**towel-horse** [ˈtauəlhɔ:s] *n* вешалка для полотенец

**towelling** [ˈtauəlɪŋ] **1.** *pres. p. от* towel 2

**2.** *n* 1) материал для полотенец 2) *sl.* побои, порка

**towel-rack** [ˈtauəlræk] = towel-horse

**tower** [ˈtauə] **1.** *n* 1) башня; вышка 2) цитадель, крепость 3) *перен.* оплот, опора; a ~ of strength надёжная опора; защитник, на которого можно полностью положиться 2): the T. (of London) Тауэр (*ранее — тюрьма, где содержались коронованные и др. знатные преступники, ныне — арсенал и музей средневекового оружия и орудий пытки*) 3) *тех.* вышка 4) *архит.* пилон

**2.** *v* 1) выситься, возвышаться (*часто* ~ up) 2) быть выше других (*тж. перен.*; above, over)

**towering** [ˈtauərɪŋ] **1.** *pres. p. от* tower 2

2. *a* 1) высо́кий, вздыма́ющийся; возвыша́ющийся (*на чем-л.*) 2) увели́чивающийся, расту́щий 3) ужа́сный, неи́стовый; in a ~ rage в я́рости

**tow-head** ['təuhed] *n* 1) све́тлые во́лосы 2) светловоло́сый челове́к

**towing-line** ['təuɪŋlaɪn] = tow-line

**towing-path** ['təuɪŋpɑ:θ] *n мор.* бечёвник

**towing-rope** ['təuɪŋrəup] = tow-line

**tow-line** ['təulaɪn] *n* букси́р, букси́рный трос

**town** [taun] *n* 1) го́род; городо́к; *амер. тж.* местéчко 2) го́род (*в противоп. сельской местности*); out of ~ а) в дере́вне; б) в отъе́зде (*обыкн. из Лондона*) 3) *собир.* жи́тели го́рода; he became the talk of the ~ о нём говори́т весь го́род 4) администрати́вный центр (*района, округа и т. п.*); са́мый большо́й из близлежа́щих городо́в 5) центр делово́й *или* торго́вой жи́зни го́рода 6) *attr.* городско́й; ~ house городска́я кварти́ра; ~ water вода́ из городско́го водопрово́да ◇ a man about ~ челове́к, веду́щий све́тский о́браз жи́зни; on the ~ а) в ви́хре све́тских удово́льствий; б) *амер.* получа́ющий посо́бие по безрабо́тице; ~ and gown жи́тели О́ксфорда *или* Ке́мбриджа, включа́я студе́нтов и профессу́ру; to paint the ~ red *sl.* предава́ться весе́лью, кути́ть; to go to ~ *разг.* а) кути́ть; б) преуспева́ть; в) уме́ло и бы́стро рабо́тать

**town clerk** ['taun'klɑ:k] *n* секрета́рь городско́й корпора́ции

**town council** ['taun'kaunsl] *n* городско́й (*или* муниципа́льный) сове́т

**town councillor** ['taun'kaunsɪlə] *n* член городско́го (*или* муниципа́льного) сове́та

**townee** [tau'ni:] *n* 1) *унив. sl.* жи́тель О́ксфорда *или* Ке́мбриджа, не име́ющий отноше́ния к университе́ту 2) *презр.* горожа́нин

**town hall** ['taun'hɔ:l] *n* ра́туша

**town planning** ['taun'plænɪŋ] *n* градострои́тельство

**townsfolk** ['taunzfəuk] *n* (*употр. с гл. во мн. ч.*) горожа́не

**township** ['taunʃɪp] *n* 1) *амер.* местéчко; райо́н (*часть округа*); уча́сток пло́щадью в 6 кв. миль 2) посёлок, городо́к 3) уча́сток, отведённый под городско́е строи́тельство 4) *ист.* церко́вный прихо́д *или* поме́стье (*особ. как административная единица в Англии*); ма́ленький городо́к *или* дере́вня, входи́вшие в соста́в большо́го прихо́да

**townsman** ['taunzmən] *n* 1) горожа́нин 2) жи́тель того́ же го́рода, сограждани́н

**townspeople** ['taunz,pi:pl] = townsfolk

**tow-path** ['təupɑ:θ] = towing-path

**tow-rope** ['təurəup] = tow-line

**toxaemia** [tɔk'si:mɪə] *n мед.* зараже́ние кро́ви, токсеми́я

**toxic** ['tɔksɪk] **1.** *n* яд

2. *a* ядови́тый, токси́ческий

**toxicant** ['tɔksɪkənt] = toxic 2

**toxicology** [,tɔksɪ'kɔlədʒɪ] *n* токсиколо́гия, уче́ние о я́дах и отравле́ниях

**toxicosis** [,tɔksɪ'kəusɪs] *n мед.* токсико́з

**toxin** ['tɔksɪn] *n* токси́н

**toy** [tɔɪ] **1.** *n* 1) игру́шка, заба́ва; to make a ~ of smth. забавля́ться чем-л. 2) безделу́шка; пустя́к 3) что-л. ма́ленькое, ку́кольное; a ~ of a church церкву́шка 4) *sl.* часы́; ~ and tackle ча́сики с цепо́чкой 5) *attr.* игру́шечный, ку́кольный; миниатю́рный; ~ dog ма́ленькая ко́мнатная соба́чка; ~ fish ры́бка для аква́риума; ~ soldier оловя́нный солда́тик; *перен.* солда́т безде́йствующей а́рмии

2. *v* 1) игра́ть, забавля́ться, несерьёзно относи́ться 2) верте́ть в рука́х (with) 3) флиртова́ть

**toyman** ['tɔɪmən] *n* 1) торго́вец игру́шками 2) игру́шечный ма́стер

**toyshop** ['tɔɪʃɔp] *n* магази́н игру́шек

**trace** I [treɪs] **1.** *n* 1) след; to keep ~ of smth. следи́ть за чем-л.; without a ~ бессле́дно; hot on the ~s of smb. по чьим-л. горя́чим следа́м 2) *уст.* стезя́ 3) *амер.* (исхо́женная) тропа́ 4) черта́ 5) незначи́тельное коли́чество, следы́ 6) чертёж на ка́льке 7) за́пись прибо́ра-самопи́сца 8) *амер. воен.* равне́ние в заты́лок 9) *attr.*: ~ elements *мин.* рассе́янные элеме́нты, микроэлеме́нты

2. *v* 1) набра́сывать (*план*), черти́ть (*карту, диаграмму и т. п.*) 2) снима́ть ко́пию; кальки́ровать (*тж.* ~ over) 3) тща́тельно выпи́сывать, выводи́ть (*слова и т. п.*) 4) следи́ть (*за кем-л., чем-л.*), высле́живать 5) усма́тривать, находи́ть; I cannot ~ any connection to the event я не нахожу́ никако́й свя́зи с э́тим собы́тием 6) обнару́жить, установи́ть; the police were unable to ~ the whereabouts of the missing girl поли́ция не могла́ установи́ть местонахожде́ние пропа́вшей де́вочки 7) с трудо́м рассмотре́ть, различи́ть 8) просле́живать (-ся); восходи́ть к определённому исто́чнику *или* пери́оду в про́шлом (to, back to); this custom has been ~d to the twelfth century э́тот обы́чай восхо́дит к двена́дцатому ве́ку; this family ~s to the Norman Conquest э́тот род восхо́дит к времена́м норма́ннского завоева́ния 9) восстана́вливать расположе́ние *или* разме́ры (*древних сооружений, памятников и т. п. по сохранившимся развалинам*) 10) фикси́ровать, запи́сывать (*о кардиографе и т. п.*) 11) (*обыкн. p. p.*) украша́ть узо́рами

**trace** II [treɪs] *n* 1) (*обыкн. pl*) постро́мка 2) *стр.* подко́с

**tracer** I ['treɪsə] *n* 1) аге́нт по ро́зыску уте́рянных веще́й (*особ. на железной дороге*) 2) запро́с о потеря́нных (*при перевозке*) веща́х, о гру́зе *и т. п.* 3) чертёжник-копиро́вщик 4) иссле́дователь 5) ме́ченый а́том (*тж.* ~ element) 6) прибо́р для отыска́ния поврежде́ний 7) *воен.* трасси́рующий снаря́д

**tracer** II ['treɪsə] *n* 1) пристяжна́я ло́шадь 2) форе́йтор на пристяжно́й

**tracery** ['treɪsərɪ] *n* 1) узо́р, рису́нок 2) ажу́рная рабо́та (*особ. в средневековой архитектуре*)

**trachea** [trə'ki(:)ə] *n* (*pl* -cheae) *анат.* трахе́я

**tracheae** [trə'ki:i:] *pl от* trachea

**tracheotomy** [,trækɪ'ɔtəmɪ] *n мед.* трахеотоми́я

**trachoma** [trə'kəumə] *n мед.* трахо́ма

**trachyte** ['treɪkaɪt] *n мин.* трахи́т

**tracing** ['treɪsɪŋ] **1.** *pres. p.* от trace I, 2

**2.** *n* 1) просле́живание 2) копиро́вка, калькиро́вка 3) скальки́рованный чертёж, рису́нок 4) за́пись (*регистрирующего прибора*) 5) трасси́рование

**3.** *a* трасси́рующий

**tracing-paper** ['treɪsɪŋ,peɪpə] *n* восково́вка, ка́лька

**track** [træk] **1.** *n* 1) след; to be on the ~ of а) пресле́довать; б) напа́сть на след; to be in the ~ of smb. идти́ по стопа́м, сле́довать приме́ру кого́-л.; to lose ~ of а) потеря́ть след; б) потеря́ть нить (*чего-л.*); to keep ~ of следи́ть; to keep the ~ of events быть в ку́рсе собы́тий 2) просёлочная доро́га; тропи́нка 3) жи́зненный путь; off the ~ сби́вшийся с пути́, на ло́жном пути́ [*см. тж.* 6) *и* ◇] 4) курс, путь; the ~ of a comet путь коме́ты 5) ряд, верени́ца (*событий, мыслей*) 6) *ж.-д.* колея́, ре́льсовый путь; single (double) ~ одноколе́йный (двухколе́йный) путь; to leave the ~ сойти́ с ре́льсов; off the ~ соше́дший с ре́льсов [*см. тж.* 3) *и* ◇] 7) *тех.* направля́ющее устро́йство 8) *спорт.* лыжня́; бегова́я доро́жка; трек 9) *спорт.* лёгкая атле́тика 10) гу́сеница (*трактора, танка*) 11) *ав.* путь, тра́сса, маршру́т полёта 12) доро́жка (*фонограммы*); фонограмма ◇ in one's ~s *sl.* на ме́сте; неме́дленно, то́тчас же; to make ~s *разг.* дать тя́гу, улизну́ть, убежа́ть; to make ~s for *разг.* отпра́виться, напра́вить свои́ стопы́; on the inside ~ *амер.* в вы́годном положе́нии; off the ~ уклони́вшийся от те́мы [*см. тж.* 3) *и* 6)]

**2.** *v* 1) следи́ть, просле́живать; высле́живать (*обыкн.* ~ out, ~ up, ~ down) 2) *амер.* оставля́ть следы́; наследи́ть, напа́чкать 3) прокла́дывать путь; намеча́ть курс 4) кати́ться по колее́ (*о колёсах*) 5) име́ть определённое расстоя́ние ме́жду колёсами; this car ~s 46 inches у э́той маши́ны расстоя́ние ме́жду колёсами равно́ 46 дю́ймам 6) прокла́дывать колею́; укла́дывать ре́льсы 7) тяну́ть бечево́й (*тж.* ~ up) □ **~ down** вы́следить и пойма́ть

**trackage** ['trækɪdʒ] *n амер.* 1) железнодоро́жная сеть 2) пра́во одно́й железнодоро́жной компа́нии на по́льзование желе́зной доро́гой, принадлежа́щей друго́й компа́нии

**track-and-field (athletics)** ['trækən'fi:ld(æθ'letɪks)] *n спорт.* лёгкая атле́тика

**tracker I** ['trækə] *n* 1) охо́тник, высле́живающий ди́ких звере́й 2) филёр

**tracker II** ['trækə] *n мор.* 1) ля́мочник 2) букси́р

**tracklayer** ['træk,leiə] *n* рабо́чий по укла́дке железнодоро́жных путе́й

**trackless** ['træklɪs] *a* 1) бездоро́жный 2) непроторённый 3) не оставля́ющий следо́в 4) *тех.* безре́льсовый; ~ trolley (line) тролле́йбус(ная ли́ния)

**trackman** ['trækmən] = trackwalker

**track-shoe** ['trækʃu:] *n* звено́ гу́сеницы, башма́к гу́сеничного полотна́

**trackwalker** ['træk,wɔ:kə] *n амер. ж.-д.* путево́й обхо́дчик

**trackway** ['trækweɪ] *n* 1) тропи́нка 2) доро́га с колеёй

**tract I** [trækt] *n* тракта́т; брошю́ра (*особ. на политические или религиозные темы*)

**tract II** [trækt] *n* 1) полоса́ простра́нства (*земли, леса, воды*) 2) *анат.* тракт; the digestive ~ желу́дочно-кише́чный тракт 3) *уст.* непреры́вный пери́од вре́мени

**tractable** ['træktəbl] *a* 1) послу́шный, сгово́рчивый 2) легко́ поддаю́щийся обрабо́тке, *напр.*, ко́вкий *и т. п.*

**tractate** ['træktəɪt] *n* тракта́т

**tractile** ['træktaɪl] *a* вытя́гивающийся (*в длину*)

**traction** ['trækʃən] *n* 1) тя́га; волоче́ние; electric ~ электри́ческая тя́га 2) си́ла сцепле́ния 3) *амер.* городско́й тра́нспорт

**traction-engine** ['trækʃən,endʒɪn] *n* тра́ктор-тяга́ч

**tractor** ['træktə] *n* 1) тра́ктор 2) *ав.* самолёт с тя́нущим винто́м

**tractor-driver** ['træktə,draɪvə] *n* трактори́ст

**trade** [treɪd] **1.** *n* 1) заня́тие; ремесло́; профе́ссия; the ~ of war вое́нная профе́ссия; a saddler by ~ шо́рник по профе́ссии 2) торго́вля; fair ~ а) торго́вля на осно́ве взаи́мной вы́годы; б) *sl.* контраба́нда 3) (the ~) *собир.* торго́вцы *или* предпринима́тели (*в какой-л. отрасли*); *разг.* ли́ца, име́ющие пра́во прода́жи спиртны́х напи́тков; пивова́ры, виноку́ры; the woollen ~ торго́вцы ше́рстью 4) ро́зничная торго́вля (*в противоп. оптовой* — commerce); магази́н, ла́вка; his father was in ~ его́ оте́ц был торго́вцем, име́л ла́вку 5) (the ~) *собир.* ро́зничные торго́вцы; he sells only to the ~ он продаёт то́лько о́птом, то́лько ро́зничным торго́вцам 6) клиенту́ра, покупа́тели 7) сде́лка; обме́н 8) *pl* = trade winds 9) *attr.* торго́вый; ~ balance торго́вый бала́нс 10) *attr.* профсою́зный; ~(s) committee профсою́зный комите́т

**2.** *v* 1) торгова́ть (in — *чем-л.*; with — с *кем-л.*) 2) обме́нивать(ся); a boy ~d his knife for a pup ма́льчик обменя́л свой но́жик на щенка́; they ~d insults они́ осыпа́ли друг дру́га оскорбле́ниями; we ~d seats мы обменя́лись места́ми □ ~ in сдава́ть ста́рую вещь (*автомобиль и т. п.*) в счёт поку́пки но́вой; ~ **off** а) сбыва́ть; б) обме́нивать; ~ **(up)on** извлека́ть вы́году, испо́льзовать в ли́чных це́лях; to ~ on the credulity of a client испо́льзовать дове́рчивость покупа́теля, обману́ть покупа́теля

**Trade Board** ['treɪd'bɔ:d] *n* коми́ссия по вопро́сам за́работной пла́ты (*в какой-л. отрасли промышленности*)

**trade mark** ['treɪdmɑ:k] *n* фабри́чная ма́рка

**trade mission** ['treɪd'mɪʃən] *n* торго́вое представи́тельство, торгпре́дство

**trade name** ['treɪdneɪm] *n* 1) торго́вое назва́ние това́ра 2) назва́ние фи́рмы

**trade price** ['treɪd'praɪs] *n* фабри́чная цена́, опто́вая цена́

**trader** ['treɪdə] *n* 1) торго́вец (*особ.* опто́вый) 2) торго́вое су́дно 3) бирже- во́й ма́клер; спекуля́нт

**trade-route** ['treɪd'ru:t] *n* торго́вый путь

**trade school** ['treɪd'sku:l] *n* произво́дственная шко́ла, реме́сленное учи́лище

**tradesfolk** ['treɪdzfəuk] = tradespeople

**trade show** ['treɪdʃəu] *n* пока́з но́вого фи́льма у́зкому кру́гу (*кинокритикам и представителям проката*)

**tradesman** ['treɪdzmən] *n* 1) торго́вец, ла́вочник; купе́ц 2) *диал.* реме́сленник

**tradespeople** ['treɪdz,pi:pl] *n pl* купцы́, ла́вочники, их се́мьи и слу́жащие; торго́вое сосло́вие

**tradeswoman** ['treɪdz,wumən] *n* торго́вка; ла́вочница

**trades union** ['treɪdz'ju:njən] = trade union

**trade union** ['treɪd'ju:njən] *n* тред-юнио́н; профсою́з

**trade-union** ['treɪd'ju:njən] *a* профсою́зный

**trade-unionism** ['treɪd'ju:njənɪzm] *n* тред-юниони́зм

**trade-unionist** ['treɪd'ju:njənɪst] *n* тред-юниони́ст; член профсою́за

**trade winds** ['treɪdwɪndz] *n pl* пасса́ты

**trading** ['treɪdɪŋ] **1.** *pres. p. от* trade 2

**2.** *n* торго́вля; комме́рция

**3.** *a* 1) занима́ющийся торго́влей; торго́вый

**trading post** ['treɪdɪŋ'pəust] *n* факто́рия

**tradition** [trə'dɪʃən] *n* 1) тради́ция; ста́рый обы́чай; by ~ по тради́ции 2) преда́ние

**traditional** [trə'dɪʃənl] *a* традицио́нный; передава́емый из поколе́ния в поколе́ние, осно́ванный на обы́чае

**traditionalism** [trə'dɪʃnəlɪzm] *n* приве́рженность к тради́циям

**traditionally** [trə'dɪʃnəlɪ] *adv* по тради́ции

**traditionary** [trə'dɪʃnərɪ] = traditional

**traduce** [trə'dju:s] *v* злосло́вить, клевета́ть

**traffic** ['træfɪk] **1.** *n* 1) движе́ние; тра́нспорт 2) фрахт, гру́зы; коли́чество перевезённых пассажи́ров за определённый пери́од 3) торго́вля; to carry on ~ вести́ торго́влю; ~ in votes торго́вля голоса́ми (*на выборах*) 4) *attr.* относя́щийся к тра́нспорту; ~ manager (*или* officer), *разг.* ~ cop полице́йский, регули́рующий у́личное движе́ние; ~ controller диспе́тчер

**2.** *v* торгова́ть (in — *чем-л.*)

**trafficator** ['træfɪkeɪtə] *n дор.* указа́тель поворо́та

**traffic-circle** ['træfɪk'sə:kl] *n дор.* кольцева́я тра́нспортная развя́зка

**trafficker** ['træfɪkə] *n* торго́вец (*обыкн. в отриц. значении*); ~ in slaves работорго́вец; drug ~ торго́вец нарко́тиками

**traffic-light** ['træfɪk'laɪt] *n* светофо́р

**tragedian** [trə'dʒi:djən] *n* 1) тра́гик, траги́ческий актёр 2) а́втор траге́дий

**tragedienne** [trə,dʒi:dɪ'en] *фр. n* траги́ческая актри́са

**tragedy** ['trædʒɪdɪ] *n* 1) траге́дия 2) *attr.* относя́щийся к траге́дии; ~ king актёр, исполня́ющий в траге́дии роль короля́; гла́вный траги́ческий актёр тру́ппы

**tragic(al)** ['trædʒɪk(əl)] *a* 1) траги́ческий; трагеди́йный 2) *разг.* ужа́сный; катастрофи́ческий; приско́рбный, печа́льный

**tragicomedy** ['trædʒɪ'kɔmɪdɪ] *n* трагикоме́дия

**tragicomic(al)** ['trædʒɪ'kɔmɪk(əl)] *a* трагикоми́ческий

**trail** [treɪl] **1.** *n* 1) след, хвост; the car left a ~ of dust маши́на оста́вила позади́ себя́ столб пы́ли 2) след (*человека, животного*); to be on the ~ of smb. высле́живать кого́-л.; to foul the ~ запу́тывать следы́; to get on the ~ напа́сть на след; to get off the ~ сби́ться со сле́да 3) тропа́ 4) *бот.* сте́лющийся побе́г 5) *воен.* хо́бот лафе́та 6) *воен.* положе́ние наперeве́с (*оружия, снаряжения*) 7) *ав.* лине́йное отстава́ние бо́мбы

**2.** *v* 1) тащи́ть(ся), волочи́ть(ся) 2) отстава́ть, идти́ сза́ди; плести́сь 3) идти́ по сле́ду; высле́живать 4) протопта́ть (*тропинку*) 5) прокла́дывать путь 6) свиса́ть (*о волосах*) 7) трелева́ть (*брёвна*) 8) стели́ться (*о растениях*) 9) тяну́ться сза́ди (*чего-л.*); a cloud of dust ~ed behind the car маши́на оставля́ла позади́ себя́ о́блако пы́ли ◊ to ~ one's coat держа́ться вызыва́юще, лезть в дра́ку

**trail-blazer** ['treɪlˌbleɪzə] *n* пионе́р, нова́тор

**trailer** ['treɪlə] *n* 1) тот, кто та́щит, волочи́т *и пр.* [*см.* trail 2] 2) прице́п; тре́йлер 3) жило́й автоприце́п 4) сте́лющееся расте́ние 5) киноафи́ша, ано́нс

**trail-net** ['treɪlnet] *n мор.* тра́ловая сеть

**train I** [treɪn] *v* 1) воспи́тывать, учи́ть, приуча́ть к хоро́шим на́выкам, к дисципли́не 2) тренирова́ть(ся); to ~ for races гото́виться к ска́чкам 3) обуча́ть, гото́вить 4) дрессирова́ть (*соба́ку*); объезжа́ть (*ло́шадь*) 5) направля́ть рост расте́ний (*обыкн.* ~ up, ~ along, ~ over) 6) наводи́ть (*ору́дие, объекти́в и т. п.*) □ ~ **down** сбавля́ть вес специа́льной трениро́вкой

**train II** [treɪn] **1.** *n* 1) по́езд, соста́в; by ~ по́ездом; mixed ~ това́ро-пассажи́рский по́езд; goods ~ това́рный по́езд; up ~ по́езд, иду́щий в Ло́ндон; down ~ по́езд, иду́щий из Ло́ндона; wild ~ по́езд, иду́щий не по расписа́нию; the ~ is off по́езд уже́ отошёл; to make the ~ поспе́ть на по́езд 2) проце́ссия, корте́ж; funeral ~ похоро́нная проце́ссия 3) карава́н; *воен.* обо́з 4) цепь, ряд, верени́ца (*собы́тий, мы́слей*); ~ of thought ход мы́слей; a ~ of misfortunes цепь несча́стий 5) после́дствие; in the (*или* in its) ~ в результа́те, всле́дствие 6) шлейф (*пла́тья*); хвост (*павли́на, коме́ты*) 7) сви́та; толпа́ (*покло́нников и т. п.*) 8) *метал.* прока́тный стан 9) *тех.* зубча́тая переда́ча

**2.** *v разг.* е́хать по желе́зной доро́ге

**trainband** ['traɪnbænd] *n ист.* ополче́ние англи́йских горожа́н (*в XVI—XVIII вв.*)

**train-bearer** ['treɪnˌbeərə] *n* паж

**trained** [treɪnd] **1.** *p. p. от* train I

**2.** *a* 1) вы́ученный, вы́школенный; обу́ченный; трениро́ванный 2) дрессиро́ванный

**trainee** [treɪ'ni:] *n* проходя́щий подгото́вку, обуче́ние; стажёр, практика́нт

**trainer** ['treɪnə] *n* 1) инстру́ктор; тре́нер 2) дрессиро́вщик 3) *ист.* ополче́нец [*см.* trainband] 4) *воен.* горизонта́льный наво́дчик

**train-ferry** ['treɪn'ferɪ] *n* железнодоро́жный паро́м

**training I** ['treɪnɪŋ] **1.** *pres. p. от* train I

**2.** *n* 1) воспита́ние 2) обуче́ние; on-the-job ~ обуче́ние по ме́сту рабо́ты 3) трениро́вка 4) дрессиро́вка

**3.** *a* трениро́вочный, уче́бный

**training II** ['treɪnɪŋ] *pres. p. от* train II, 2

**training-college** ['treɪnɪŋ'kɔlɪdʒ] *n* педагоги́ческий институ́т

**training-school** ['treɪnɪŋsku:l] *n* 1) специа́льное учи́лище (*медици́нское и т. п.*) 2) исправи́тельно-трудова́я коло́ния

**training-ship** ['treɪnɪŋʃɪp] *n мор.* уче́бное су́дно

**trainman** ['treɪnmən] *n амер.* тормозно́й конду́ктор; проводни́к

**trainmaster** ['treɪnˌmɑ:stə] *n амер.* нача́льник по́езда; гла́вный конду́ктор

**train-oil** ['treɪnɔɪl] *n* во́рвань

**train-service** ['treɪnˌsə:vɪs] *n ж.-д.* слу́жба движе́ния

**train staff** ['treɪnstɑ:f] *n* поездна́я брига́да

**train table** ['treɪn'teɪbl] *n* гра́фик движе́ния поездо́в

**traipse** [treɪps] = trapse

**trait** [treɪ] *n* 1) характе́рная черта́, осо́бенность 2) штрих

**traitor** ['treɪtə] *n* преда́тель, изме́нник

**traitorous** ['treɪtərəs] *a* преда́тельский, вероло́мный

**traitress** ['treɪtrɪs] *n* преда́тельница

**trajectory** ['trædʒɪktərɪ] *n* траекто́рия

**tram I** [træm] **1.** *n* 1) трамва́й 2) = tram-line 3) = tram-car 4) *горн.* ваго́нетка, теле́жка 5) *attr.* трамва́йный

**2.** *v* 1) е́хать в трамва́е 2) отка́тывать на вагоне́тках

**tram II** [træm] *n текст.* шёлковый кручёный уто́к

**tram-car** ['træmkɑ:] *n* трамва́й (*ваго́н*)

**tram-driver** ['træmˌdraɪvə] *n* вагоновожа́тый

**tram-line** ['træmlaɪn] *n* трамва́йная ли́ния

**trammel** ['træməl] **1.** *n* 1) *pl* поме́ха, препя́тствие; что-л. сде́рживающее 2) не́вод, трал 3) се́тка для ло́вли птиц 4) эллипсо́граф; штангенци́ркуль 5) крючо́к для подве́шивания котла́ над огнём

**2.** *v* 1) лови́ть не́водом, се́тью 2) меша́ть; препя́тствовать

**trammer** ['træmə] *n* 1) трамва́йщик 2) ло́шадь в ко́нке

**tramontane** [træ'mɔnteɪn] **1.** *a* 1) заальпи́йский 2) иностра́нный, чужезе́мный; ва́рварский

**2.** *n* иностра́нец, чужезе́мец; ва́рвар

**tramp** [træmp] **1.** *n* 1) бродя́га 2) до́лгое и утоми́тельное путеше́ствие пешко́м 3) звук тяжёлых шаго́в 4) *мор.* грузово́й парохо́д, не рабо́тающий на определённых ре́йсах

**2.** *v* 1) тяжело́ ступа́ть, гро́мко то́пать 2) идти́ пешко́м; тащи́ться с трудо́м, с неохо́той 3) бродя́жничать 4) топта́ть, ута́птывать, утрамбо́вывать

**trample** ['træmpl] **1.** *n* 1) топта́ние 2) то́панье 3) попра́ние

**2.** *v* 1) топта́ть (*траву́, посе́вы*); раста́птывать 2) дави́ть (*виногра́д*) 3) тяжело́ ступа́ть 4) подавля́ть, попира́ть (on, upon); to ~ under foot попира́ть

**tram-road** ['træmrəud] *n* ре́льсовый путь (*для трамва́я, вагоне́тки и т. п.*)

**tramway** ['træmweɪ] = tram-line

**trance** [trɑ:ns] *n* 1) *мед.* транс 2) состоя́ние экста́за

**tranquil** ['træŋkwɪl] *a* споко́йный

**tranquillity** [træŋ'kwɪlɪtɪ] *n* споко́йствие

**tranquillize** ['træŋkwɪlaɪz] *v* успока́ивать(ся)

**tranquillizer** ['træŋkwɪlaɪzə] *n фарм.* успока́ивающее сре́дство, транквилиза́тор

**trans-** [trænz-, træns-] *pref* 1) за, по ту сто́рону; че́рез, транс-; transatlantic трансатланти́ческий 2) *ука́зывает на измене́ние фо́рмы, состоя́ния и т. п.* пере-; to transform преврaща́ть; to transplant переса́живать; to transshape изменя́ть фо́рму 3) *ука́зывает на превыше́ние преде́ла, перехо́д грани́цы* пере-, пре-; to transcend превыша́ть; to transgress преступа́ть (*или* наруша́ть) зако́н

**transact** [træn'zækt] *v* 1) вести́ (*дела́*) 2) заключа́ть (*сде́лки*)

**transaction** [træn'zækʃən] *n* 1) де́ло; сде́лка 2) веде́ние (*дела́*) 3) *pl* труды́, протоко́лы (*нау́чного о́бщества*) 4) *юр.* урегули́рование спо́ра путём соглаше́ния сторо́н *или* компроми́сса

**transalpine** ['trænz'ælpaɪn] *a* трансальпи́йский, находя́щийся се́вернее Альп

**transatlantic** ['trænzət'læntɪk] **1.** *a* 1) трансатланти́ческий; ~ line трансатланти́ческая парохо́дная ли́ния 2) находя́щийся, живу́щий по другу́ю сто́рону Атланти́ческого океа́на

**2.** *n* трансатланти́ческий парохо́д

**transcalent** [træns'keɪlənt] *a* теплопрово́дный

**transceiver** [træn'si:və] *n* (*сокр. от* transmitter-receiver) *амер.* приёмо-переда́тчик, радиопереда́тчик и радиоприёмник в о́бщем ко́рпусе

**transcend** [træn'send] *v* 1) переступа́ть преде́лы 2) превосходи́ть, превыша́ть

**transcendent** [træn'sendənt] *a* 1) превосходя́щий 2) превосхо́дный; необыкнове́нный 3) = transcendental 1)

**transcendental** [ˌtrænsen'dentl] *a* 1) *филос.* трансцендента́льный 2) *мат.* трансцendéнтный 3) *распр.* абстра́ктный; нея́сный, тума́нный

**transcendentalism** [ˌtrænsen'dentəlɪzm] *n* трансцендента́льная филосо́фия

**transcontinental** ['trænzˌkɔntɪ'nentl] *a* пересека́ющий контине́нт, трансконтинента́льный

**transcribe** [træns'kraɪb] *v* 1) перепи́сывать 2) расшифро́вывать стенографи́ческую за́пись 2) запи́сывать на плёнку (*для переда́чи*); передава́ть по ра́дио грамза́пись 4) *фон.* транскриби́ровать 5) *муз.* аранжи́ровать

**transcript** ['trænskrɪpt] *n* 1) ко́пия 2) расшифро́вка (*стеногра́ммы*)

**transcription** [træns'krɪpʃən] *n* 1) переписывание 2) копия 3) *радио* запись; electrical ~ механическая запись 4) *фон.* транскрипция; транскрибирование 5) *муз.* аранжировка

**transducer** [trænz'dju:sə] *n эл.* преобразователь; датчик; приёмник

**transect** [træn'sekt] *v* делать поперечный надрез

**transept** ['trænsept] *n архит.* трансепт, поперечный неф готического собора

**transfer 1.** *n* ['trænsfə(:)] 1) перенос; перемещение 2) перевод (*по службе*) 3) *юр.* уступка, передача (*имущества, права и т. п.*); цессия; трансферт; ~ of authority передача прав, полномочий 4) перевод рисунка *и т. п.* на другую поверхность 5) *pl* переводные картинки 6) *полигр.* зеркальный оттиск 7) перевод красок на холст (*при реставрировании*) 8) пересадка (*на железной дороге и т. п.*) 9) *амер.* пересадочный билет

**2.** *v* [træns'fə:] 1) переносить, перемещать (from — из; to — в); to ~ a child to another school перевести ребёнка в другую школу 2) передавать (*имущество и т. п.*) 3) переходить (*с одной работы на другую*); переводиться 4) переводить рисунок на другую поверхность, *особ.* наносить рисунок на литографский камень 5) пересаживаться (*на другой трамвай, автобус и т. п.*); делать пересадку (*на железной дороге*)

**transferable** [træns'fə:rəbl] *a* допускающий передачу, перемещение, замену; all parts of the machine were standard and ~ все части машины были стандартны и заменяемы; ~ vote голос, который может быть передан другому кандидату (*при пропорциональной системе представительства*)

**transferal** [træns'fə:rəl] *n* перевод, перенос, перемещение

**transferee** [,trænsfə(:)'ri:] *n* лицо, которому передаётся что-л. *или* право на что-л.

**transference** ['trænsfərəns] *n* 1) передача 2) перенесение

**transfer-ink** [træns'fə(:)ɪŋk] *n* типографская краска

**transferor** [træns'fə:rə] *n* лицо, передающее что-л. (*право, вещь*); цедент

**transfiguration** [,trænsfɪgju'reɪʃən] *n* 1) видоизменение, преобразование 2) (T.) *церк.* преображение (господне)

**transfigure** [træns'fɪgə] *v* 1) видоизменять 2) преображать

**transfix** [træns'fɪks] *v* 1) пронзать; прокалывать; пронизывать 2) *перен.* приковать к месту; he was ~ed with horror ужас приковал его к месту

**transform** [træns'fɔ:m] *v* 1) превращать(ся) 2) изменять(ся), преображать(ся), делать(ся) неузнаваемым; to ~ smth. beyond recognition изменить что-л. до неузнаваемости

**transformation** [,trænsfə'meɪʃən] *n* 1) превращение 2) *эл.* трансформация 3) *мат.* преобразование 4) женский парик

**transformer** [træns'fɔ:mə] *n* 1) преобразователь 2) *эл.* трансформатор

**transfuse** [træns'fju:z] *v* 1) переливать 2) делать переливание (*крови*) 3) передавать (*чувства и т. п.*) 4) пропитывать; пронизывать

**transfusion** [træns'fju:ʒən] *n* переливание (*особ.* крови)

**transgress** [træns'gres] *v* 1) переступать, нарушать (*закон и т. п.*) 2) переходить границы (*терпения, приличия и т. п.*) 3) грешить

**transgression** [træns'greʃən] *n* 1) проступок; нарушение (*закона и т. п.*) 2) грех 3) *геол.* трансгрессия

**transgressor** [træns'gresə] *n* 1) правонарушитель 2) грешник

**tranship** [træn'ʃɪp] = trans-ship

**transience, -cy** ['trænzɪəns, -sɪ] *n* быстротечность, мимолётность

**transient** ['trænzɪənt] **1.** *a* 1) преходящий, мимолётный, скоротечный 2) *амер.* временный (*о жильце в гостинице*)

**2.** *n амер.* временный жилец

**transient agent** ['trænzɪənt'eɪdʒənt] *n* нестойкое отравляющее вещество

**transit** ['trænsɪt, 'trænzɪt] **1.** *n* 1) прохождение; проезд; rapid ~ быстрый переезд 2) транзит, перевозка; in ~ в пути 3) перемена; переход (*в другое состояние*) 4) *астр.* прохождение планеты через меридиан 5) теодолит 6) *attr.* транзитный 7) *attr.* кратковременный; преходящий

**2.** *v* 1) переходить, переезжать 2) переходить в иной мир, умирать 3) *астр.* проходить через меридиан

**transit-duty** ['trænsɪt,dju:tɪ] *n* транзитная пошлина

**transition** [træn'sɪʒən] *n* 1) переход, перемещение 2) переходный период 3) *муз.* модуляция 4) *attr.* переходный; ~ period переходный период; ~ curve *мат.* переходная кривая

**transitional** [træn'sɪʒənl] *a* переходный; промежуточный

**transitive** ['trænsɪtɪv] *a грам.* переходный

**transitory** ['trænsɪtərɪ] *a* мимолётный, временный, преходящий ◇ ~ action *юр.* дело, которое может быть возбуждено в любом судебном округе

**transit point** ['trænsɪt'pɔɪnt] *n физ.* точка перехода

**translatable** [træns'leɪtəbl] *a* переводимый

**translate** [træns'leɪt] *v* 1) переводить(ся) (*с одного языка на другой*; from — с, into — на); poetry does not ~ easily стихи трудно переводить 2) объяснять, толковать 3) осуществлять, претворять в жизнь; to ~ promises into actions выполнять обещания 4) *амер.* приводить кого-л. в восторг, экзальтацию 5) преобразовывать 6) *радио* транслировать 7) обновлять, переделывать из старого

**translation** [træns'leɪʃən] *n* 1) перевод *и пр.* [*см.* translate] 2) *радио* трансляция 3) перемещение, смещение 4) пересчёт из одних мер *или* единиц в другие 5) поступательное движение

**translator** [træns'leɪtə] *n* переводчик

**transliterate** [trænz'lɪtəreɪt] *n* транслитерировать, передавать буквами другого алфавита

**transliteration** [,trænzlɪtə'reɪʃən] *n* транслитерация

**translocate** [træns'ləukeɪt] *v* смещать, перемещать

**translucent** [trænz'lu:snt] *a* просвечивающий; полупрозрачный

**transmarine** [,trænsmə'ri:n] *a* 1) заморский 2) простирающийся через море

**transmigrant** [trænz'maɪgrənt] *n* иностранец, находящийся в стране проездом на новое местожительство

**transmigrate** ['trænzmaɪ'greɪt] *v* переселять(ся)

**transmigration** [,trænzmaɪ'greɪʃən] *n* переселение

**transmissible** [trænz'mɪsəbl] *a* 1) передающийся 2) заразный

**transmission** [trænz'mɪʃən] *n* 1) передача; radio ~ радиопередача; picture ~ телевидение 2) пересылка 3) *тех.* передача; коробка передач; трансмиссия; привод 4) *attr.* передаточный; ~ line *эл.* линия передачи

**transmit** [trænz'mɪt] *v* 1) передавать 2) отправлять, посылать 3) передавать по наследству

**transmitter** [trænz'mɪtə] *n* 1) отправитель, передатчик 2) (радио)передатчик 3) *тлф.* микрофон

**transmogrification** [,trænzmɔgrɪfɪ'keɪʃən] *n шутл.* удивительное превращение, метаморфоза

**transmogrify** [trænz'mɔgrɪfaɪ] *v шутл.* превращать(ся), изменять(ся) (*необыкновенным, таинственным образом*)

**transmutation** [,trænzmju(:)'teɪʃən] *n* превращение; ~s of fortune превратности судьбы

**transmute** [trænz'mju:t] *v* превращать

**transoceanic** ['trænz,əuʃɪ'ænɪk] *a* 1) заокеанский 2) трансокеанский, пересекающий океан

**transom** ['trænsəm] *n* 1) *стр.* фрамуга 2) поперечный брусок 3) *мор.* транец

**transom-bar** ['trænsəmbɑ:] *n стр.* импост (*окна, двери*)

**transonic** [træn'sɔnɪk] = trans-sonic

**transpacific** [,trænspə'sɪfɪk] *a* 1) пересекающий Тихий океан 2) по другую сторону Тихого океана

**transparency** [træns'pɛərənsɪ] *n* 1) прозрачность 2) транспарант

**transparent** [træns'pɛərənt] *a* 1) прозрачный, просвечивающий

2) я́сный, поня́тный; очеви́дный, я́вный 3) открове́нный

**transpicuous** [træns'pɪkjuəs] = transparent 1) и 2)

**transpierce** [træns'pɪəs] *v* пронза́ть насквозь

**transpiration** [ˌtrænspə'reɪʃən] *n* 1) испа́рина; выделе́ние по́та 2) испаре́ние

**transpire** [træns'paɪə] *v* 1) испаря́ться 2) проса́чиваться (*о газе*); проступа́ть в ви́де ка́пель по́та 3) обнару́живаться, станови́ться изве́стным 4) *разг.* случа́ться, происходи́ть

**transplant** [træns'plɑ:nt] *v* 1) переса́живать (*растения*) 2) переселя́ть 3) *хир.* де́лать переса́дку (*ткани или органов*)

**transplantation** [ˌtrænsplɑ:n'teɪʃən] *n* 1) переса́дка *и пр.* [*см.* transplant] 2) *хир.* трансплапта́ция

**transpontine** ['trænz'pɔntaɪn] *a* 1) располо́женный за мосто́м; находя́щийся по ту сто́рону ло́ндонских мосто́в, к ю́гу от Те́мзы 2) мелодрамати́ческий; ~ drama дешёвая мелодра́ма

**transport 1.** *n* ['trænspɔ:t] 1) тра́нспорт, перево́зка 2) тра́нспорт, сре́дства сообще́ния; тра́нспорт(ное су́дно); тра́нспортный самолёт 3) поры́в (чувств); in a ~ of rage в поры́ве гне́ва 4) *ист.* ссы́льный; ка́торжник 5) *attr.* тра́нспортный

**2.** *v* [træns'pɔ:t] 1) перевози́ть; переноси́ть, перемеща́ть 2) (*обыкн. p. p.*) приводи́ть в состоя́ние восто́рга, у́жаса *и т. п.*; ~ed with joy не по́мня себя́ от ра́дости 3) *ист.* ссыла́ть на ка́торгу

**transportable** [træns'pɔ:təbl] *a* подвижно́й, передвижно́й, перено́сный, транспорта́бельный

**transportation** [ˌtrænspɔ:'teɪʃən] *n* 1) перево́зка, тра́нспорт; транспорти́рование 2) тра́нспортные сре́дства 3) *амер.* сто́имость перево́зки 4) *амер.* биле́т (*железнодорожный, трамвайный и т. п.*) 5) *ист.* ссы́лка на ка́торгу

**transporter** [træns'pɔ:tə] *n* *тех.* транспортёр, конве́йер

**transpose** [træns'pəuz] *v* 1) перемеща́ть; переставля́ть (*слова в предложении*) 2) *мат.* переноси́ть в другу́ю часть уравне́ния с обра́тным зна́ком 3) *муз.* транспони́ровать

**transposition** [ˌtrænspə'zɪʃən] *n* 1) перемеще́ние, перестано́вка; перено́с 2) *муз.* транспониро́вка

**trans-ship** [træns'ʃɪp] *v* *мор.*, *ж.-д.* 1) перегружа́ть 2) переса́живать(ся)

**trans-shipment** [træns'ʃɪpmənt] *n* *мор.*, *ж.-д.* 1) перегру́зка 2) переса́дка

**trans-sonic** [trænz'sɔnɪk] *a* *физ.* околозвуково́й; ~ speed околозвукова́я ско́рость

**transuranium** [ˌtrænsju'reɪnjəm] *n* *хим.* трансура́новый элеме́нт

**transvalue** [trænz'vælju:] *v* переоце́нивать

**transversal** [trænz'və:səl] **1.** *a* попере́чный; секу́щий

**2.** *n* пересека́ющая, секу́щая ли́ния

**transverse** ['trænzvə:s] *a* попере́чный; ~ section попере́чный разре́з, попере́чное сече́ние

**tranter** ['træntə] *n* *диал.* во́зчик; разно́счик

**trap I** [træp] **1.** *n* 1) лову́шка; сило́к; капка́н, западня́; to set a ~ ста́вить лову́шку; to bait a ~ класть прима́нку в лову́шку; *перен.* зама́нивать; to fall into a ~ попа́сться в лову́шку 2) = trapdoor 3) *sl.* сы́щик; полице́йский 4) рессо́рная двуко́лка 5) *sl.* рот 6) *pl* *амер.* уда́рные инструме́нты в орке́стре 7) *тех.* сифо́н; трап 8) *радио* загражда́ющий фильтр 9) (вентиляцио́нная) дверь (*в шахте*)

**2.** *v* 1) ста́вить лову́шки, капка́ны; лови́ть в лову́шки, капка́ны 2) зама́нивать; обма́нывать 3) *тех.* улавливать, поглоща́ть, отделя́ть (*тж.* ~ out)

**trap II** [træp] *n* 1) *pl* *разг.* ли́чные ве́щи, пожи́тки, бага́ж 2) *уст.* попо́на

**trap III** [træp] *n* *геол.* 1) трапп 2) моноклина́ль

**trapdoor** ['træp'dɔ:] *n* люк; опускна́я дверь

**trapes** [treɪps] = trapse

**trapeze** [trə'pi:z] *n* трапе́ция

**trapezia** [trə'pi:zjə] *pl от* trapezium

**trapezium** [trə'pi:zjəm] *n* (*pl* -s [-z], -zia) *геом.* трапе́ция

**trap-line** ['træplaɪn] *n* *охот.* систе́ма капка́нов

**trapper** ['træpə] *n* охо́тник, ста́вящий капка́ны

**trappings** ['træpɪŋz] *n* *pl* 1) вне́шние атрибу́ты (*занимаемой должности и т. п.*) 2) украше́ния 3) ко́нская сбру́я, попо́на (*особ. парадная*)

**trappy** ['træpɪ] *a* *разг.* преда́тельский, опа́сный

**trapse** [treɪps] *разг.* **1.** *n* 1) утоми́тельная прогу́лка 2) неря́ха

**2.** *v* 1) ходи́ть без де́ла 2) тащи́ться 3) волочи́ть по земле́ (*подол*)

**trap-shooting** ['træpˌʃu:tɪŋ] *n* стрельба́ по дви́жущейся мише́ни (*мячу, глиняному голубю и т. п.*)

**trash** [træʃ] *n* 1) *разг.* плоха́я литерату́рная *или* худо́жественная рабо́та; халту́ра; ерунда́; вздор 2) *амер.* отбро́сы, хлам; му́сор; макулату́ра 3) *амер.* нестоя́щие лю́ди, дрянь; white ~ *презр.* бедняки́ из бе́лого населе́ния ю́жных шта́тов 4) вы́жатый са́харный тростни́к

**trash-ice** ['træʃ'aɪs] *n* плаву́чие льди́ны (*во время ледохода*)

**trashy** ['træʃɪ] *a* дрянно́й

**trass** [trɑ:s] *n* *мин.* трас

**trauma** ['trɔ:mə] *n* (pl -ata, -s [-z]) *мед.* тра́вма

**traumata** ['trɔ:mətə] *pl от* trauma

**traumatic** [trɔ:'mætɪk] *a* *мед.* травмати́ческий

**traumatize** ['trɔ:mətaɪz] *v* *мед.* травми́ровать

**travail** ['træveɪl] *уст.* **1.** *n* 1) родовы́е му́ки 2) тяжёлый труд

**2.** *v* 1) му́читься в ро́дах 2) напряга́ться, выполня́ть тру́дную рабо́ту

**travel** ['trævl] **1.** *n* 1) путеше́ствие 2) *pl* описа́ние путеше́ствия; a book of ~s кни́га о путеше́ствиях 3) движе́ние; продвиже́ние 4) движе́ние (*снаряда по каналу ствола*) 5) *тех.* пода́ча, ход; длина́ хо́да

**2.** *v* 1) путеше́ствовать 2) дви́гаться, передвига́ться 3) перемеща́ться; распространя́ться; light ~s faster than sound ско́рость све́та превыша́ет ско́рость зву́ка 4) перебира́ть (*в памяти*); переходи́ть от предме́та к предме́ту (*о взгляде*); his eye ~led over the picture он рассма́тривал карти́ну 5) е́здить в ка́честве коммивояжёра

**travel-bureau** ['trævl'bjuərəu] *n* бюро́ путеше́ствий

**travel-film** ['trævlfɪlm] *n* фильм о путеше́ствиях

**travelled** ['trævld] **1.** *p. p. от* travel 2

**2.** *a* 1) мно́го путеше́ствовавший 2) прое́зжий (*о дороге*)

**traveller** ['trævlə] *n* 1) путеше́ственник; ~'s cheque тури́стский чек; ~'s tales «охо́тничьи» расска́зы 2) *тех.* бегуно́к 3) коммивояжёр (*тж.* commercial ~)

**traveller's-joy** ['trævləz'dʒɔɪ] *n* *бот.* ломоно́с

**travelling** ['trævlɪŋ] **1.** *pres. p. от* travel 2

**2.** *n* путеше́ствие

**3.** *a* 1) путеше́ствующий; свя́занный с путеше́ствием; ~ salesman коммивояжёр; ~ speed ско́рость движе́ния 2) подвижно́й; ~ kitchen похо́дная ку́хня; ~ library передвижна́я библиоте́ка

**travelling-bag** ['trævlɪŋbæg] *n* несессе́р

**travelling crane** ['trævlɪŋkreɪn] *n* мостово́й кран

**travelling-dress** ['trævlɪŋdres] *n* доро́жный костю́м

**travelogue** ['trævələg] *n* 1) ле́кция о путеше́ствии с диапозити́вами *или* кино́ 2) = travel-film

**traverse** ['trævə(:)s] **1.** *n* 1) попере́чина, перекла́дина 2) *юр.* возраже́ние отве́тчика по существу́ и́ска 3) *воен.* у́гол горизонта́льной наво́дки 4) *ав.* тра́верз 5) *мор.* галс 6) тра́верс (*в альпинизме*)

**2.** *v* 1) пересека́ть; класть поперёк 2) (подро́бно) обсужда́ть; to ~ a subject обсуди́ть вопро́с со всех сторо́н 3) возража́ть 4) *юр.* отрица́ть [*см.* 1, 2)] 5) *воен.* повора́чиваться на вертика́льной оси́, враща́ться

**travertin** ['trævətɪn] = travertine

**travertine** ['trævətɪn] *n* *мин.* траверти́н, известко́вый туф

**travesty** ['trævɪstɪ] **1.** *n* паро́дия; карикату́ра; a ~ of justice паро́дия на справедли́вость

2. *v* представля́ть паро́дию; пароди́ровать; искажа́ть

**trawl** [trɔːl] 1. *n* тра́ловая сеть; трал

2. *v* 1) тра́лить, лови́ть ры́бу тра́ловой се́тью 2) тащи́ть по дну

**trawler** [ˈtrɔːlə] *n* тра́улер

**tray** [treɪ] *n* 1) подно́с; to serve (breakfast, dinner, *etc.*) on a ~ подава́ть (за́втрак, обе́д *и т. п.*) на подно́се 2) жёлоб, лото́к 3) *тех.* поддо́н

**treacherous** [ˈtretʃərəs] *a* 1) преда́тельский, вероло́мный 2) ненадёжный; ~ ice ненадёжный лёд

**treachery** [ˈtretʃərɪ] *n* преда́тельство, вероло́мство

**treacle** [ˈtriːkl] 1. *n* 1) па́тока 2) слаща́вость, лесть

2. *v* нама́зывать па́токой

**treacly** [ˈtriːklɪ] *a* 1) па́точный 2) при́торный, еле́йный

**tread** [tred] 1. *n* 1) по́ступь, похо́дка 2) спа́ривание (*о птицах*) 3) *стр.* ступе́нь 4) ширина́ хо́да, колея́ 5) *тех.* пове́рхность ката́ния; проте́ктор (*покрышки*); звено́ (гу́сеницы)

2. *v* (trod; trodden) 1) ступа́ть, шага́ть, идти́; to ~ in smb.'s steps идти́ по чьим-л. стопа́м; сле́довать приме́ру 2) топта́ть, наступа́ть, дави́ть (*тж.* ~ down; on, upon); to ~ under foot уничтожа́ть, попира́ть; притесня́ть 3) прота́птывать (*дорожку*) 4) *уст.* танцева́ть 5) спа́риваться (*о птицах*) □ ~ **down** дави́ть, топта́ть, зата́птывать; *перен.* попира́ть; подавля́ть; ~ **in** вта́птывать; ~ **out** а) дави́ть (*виноград*); б) зата́птывать (*огонь*); в) *перен.* подавля́ть ◇ to ~ on the heels of сле́довать непосре́дственно за; to ~ on smb.'s corns (*или* toes) наступи́ть кому́-л. на люби́мую мозо́ль; бо́льно заде́ть кого́-л.; заде́ть чьи-л. чу́вства; to ~ (as) on eggs а) ступа́ть, де́йствовать осторо́жно; б) быть в щекотли́вом положе́нии; to ~ on the neck of притесня́ть, подавля́ть; to ~ the boards (the deck) быть актёром (моряко́м); to ~ lightly де́йствовать осторо́жно, такти́чно; to ~ water плыть сто́я

**treadle** [ˈtredl] 1. *n* педа́ль (*велосипеда*); подно́жка (*швейной машины*); ножно́й приво́д

2. *v* рабо́тать педа́лью

**treadmill** [ˈtredmɪl] *n* 1) топча́к 2) однообра́зный механи́ческий труд

**treason** [ˈtriːzn] *n* 1) изме́на, преда́тельство 2) госуда́рственная изме́на (*тж.* high ~)

**treasonable** [ˈtriːznəbl] *a* изме́ннический

**treasonous** [ˈtriːznəs] = treasonable

**treasure** [ˈtreʒə] 1. *n* сокро́вище (*тж. перен.*); buried ~ клад; my ~! люби́мый!, моё сокро́вище!

2. *v* 1) храни́ть как сокро́вище; сберега́ть, храни́ть (*тж.* ~ up) 2) высо́ко цени́ть

**treasure-house** [ˈtreʒəhaus] *n* 1) сокро́вищница (*особ. библиотека, музей*) 2) казначе́йство

**treasurer** [ˈtreʒərə] *n* 1) казначе́й; Lord High T. *ист.* госуда́рственный казначе́й 2) храни́тель (*ценностей, коллекции и т. п.*)

**treasure trove** [ˈtreʒətrəuv] *n* не име́ющие владе́льца драгоце́нности, на́йденные в земле́

**treasury** [ˈtreʒərɪ] *n* 1) сокро́вищница 2) (the T.) госуда́рственное казначе́йство; министе́рство фина́нсов 3) казна́ 4) *attr.* казначе́йский; ~ note казначе́йский биле́т ◇ T. bench скамья́ мини́стров (*в англ. парламенте*)

**treat** [triːt] 1. *n* 1) удово́льствие, наслажде́ние 2) угоще́ние; this is to be my ~ сего́дня я угоща́ю, плачу́ за угоще́ние; to stand ~ угоща́ть, плати́ть за угоще́ние 3) *школ.* пикни́к, экску́рсия

2. *v* 1) обраща́ться, обходи́ться; относи́ться; he ~ed my words as a joke он обрати́л мои́ слова́ в шу́тку 2) обраба́тывать, подверга́ть де́йствию (with) 3) лечи́ть (for — от *чего-л.*; with — *чем-л.*) 4) трактова́ть; the book ~s of poetry в э́той кни́ге говори́тся о поэ́зии 5) угоща́ть (to); пригласи́ть в теа́тр, кино́ *и т. п.* (to) 6) име́ть де́ло, вести́ перегово́ры (with — с *кем-л.*; for — о *чём-л.*) 7) *горн.* обогаща́ть

**treatise** [ˈtriːtɪz] *n* 1) тракта́т 2) нау́чный труд; курс (*учебник*)

**treatment** [ˈtriːtmənt] *n* 1) обраще́ние 2) обрабо́тка (*чем-л.*) 3) лече́ние, ухо́д; to take ~s проходи́ть курс лече́ния; manipulation ~ лече́бные процеду́ры 4) пропи́тка, пропи́тывание 5) *горн.* обогаще́ние

**treaty** [ˈtriːtɪ] *n* 1) догово́р 2) перегово́ры; to be in ~ with smb. for smth. вести́ с кем-л. перегово́ры о чём-л. 3) *attr.* догово́рный, существу́ющий на основа́нии догово́ра; ~ port порт, откры́тый по догово́ру для вне́шней торго́вли

**treble** [ˈtrebl] 1. *a* 1) тройно́й, утро́енный 2) *муз.* дисканто́вый

2. *n* 1) тройно́е коли́чество 2) *муз.* диска́нт; сопра́но

3. *v* 1) утра́ивать(ся) 2) петь ди́скантом

**trecentist** [treɪˈtʃentɪst] *ит. n* италья́нский худо́жник *или* писа́тель *XIV в.*

**trecento** [treɪˈtʃentəu] *ит. n иск.* тре́че́нто

**tree** [triː] 1. *n* 1) де́рево 2) родосло́вное де́рево (*тж.* family ~) 3) дре́во; the ~ of knowledge дре́во позна́ния 4) *sl.* ви́селица (*тж.* Tyburn ~) 5) распо́рка для о́буви 6) *тех.* сто́йка, подпо́рка 7) *тех.* вал; ось ◇ to be at the top of the ~ стоя́ть во главе́; занима́ть ви́дное положе́ние; up a ~ *разг.* в безвы́ходном положе́нии

2. *v* 1) загна́ть на де́рево 2) влезть на де́рево 3) поста́вить в безвы́ходное положе́ние 4) растя́гивать, расправля́ть о́бувь (*на колодке*)

**tree-creeper** [ˈtriːˌkriːpə] *n* пищу́ха обыкнове́нная (*птица*)

**tree-fern** [ˈtriːˈfəːn] *n* древови́дный па́поротник

**tree-frog** [ˈtriːˈfrɔːg] *n* древе́сная лягу́шка

**treeless** [ˈtriːlɪs] *a* безле́сный, го́лый, лишённый расти́тельности (*о земельном участке*)

**treenail** [ˈtriːneɪl] *n мор.* на́гель

**trefoil** [ˈtrefɔɪl] *n* 1) кле́вер 2) орна́мент в ви́де трили́стника

**trek** [trek] *южно-афр.* 1. *n* 1) переселе́ние (*особ.* в фурго́нах, запряжённых вола́ми) 2) перехо́д, путеше́ствие

2. *v* 1) переселя́ться; е́хать в фурго́нах, запряжённых вола́ми 2) де́лать большо́й перехо́д, пересека́ть (*пустыню, горную местность и т. п.*)

**trellis** [ˈtrelɪs] *n* 1) решётка 2) шпале́ра

**tremble** [ˈtrembl] 1. *n* дрожь, дрожа́ние; all in (*или* on, of) a ~ *разг.* дрожа́, в си́льном волне́нии

2. *v* 1) дрожа́ть; трясти́сь; 2) страши́ться, опаса́ться; трепета́ть; to ~ for one's life опаса́ться, дрожа́ть за свою́ жизнь; to ~ at the thought of трепета́ть при мы́сли о 3) колыха́ться, развева́ться (*о флагах*)

**trembler** [ˈtremblə] *n эл.* прерыва́тель

**trembling** [ˈtremblɪŋ] 1. *pres. p. от* tremble 2

2. *n* 1) дрожь 2) страх, тре́пет; in fear and ~ трепеща́

**trembly** [ˈtremblɪ] *a разг.* 1) дрожа́щий, неро́вный (*о почерке и т. п.*) 2) засте́нчивый, ро́бкий

**tremendous** [trɪˈmendəs] *a* 1) стра́шный; ужа́сный 2) *разг.* огро́мный, грома́дный; потряса́ющий

**tremor** [ˈtremə] *n* 1) = tremble 1; 2) сотрясе́ние; толчки́; earth ~s толчки́ землетрясе́ния

**tremulant** [ˈtremjulənt] = tremulous

**tremulous** [ˈtremjuləs] *a* 1) дрожа́щий, неро́вный (*о голосе, почерке и т. п.*) 2) ро́бкий, тре́петный

**trenail** [ˈtriːneɪl] = treenail

**trench** [trentʃ] 1. *n* 1) ров, кана́ва; борозда́; котлова́н 2) (*обыкн. pl*) транше́я, око́п 3) *attr.* транше́йный, око́пный; ~ warfare позицио́нная война́

2. *v* 1) рыть рвы, кана́вы, око́пы, транше́и 2) вска́пывать 3) проре́зать (*желобки, борозды*) 4) прорубать □ ~ **about**, ~ **around** ока́пываться; ~ **upon** а) посяга́ть; to ~ upon smb.'s time отнима́ть чьё-л. вре́мя; б) грани́чить; his answer ~ed upon insolence его́ отве́т грани́чил с де́рзостью

**trenchant** [ˈtrentʃənt] *a* 1) *поэт.* о́стрый, ре́жущий 2) *перен.* ре́зкий; ко́лкий; о́стрый; ~ style ре́зкая мане́ра 3) я́сный, чёткий, определённый; ~ policy реши́тельная поли́тика

**trench-bomb** [ˈtrentʃbɔm] *n воен.* ручна́я грана́та

**trench coat** ['trenʃkəut] *n* 1) тёплая полушине́ль 2) *амер.* плащ свобо́дного покро́я с по́ясом

**trencher** I ['trenʃə] *n* 1) солда́т, ро́ющий транше́и 2) = trencher cap

**trencher** II ['trenʃə] *n* доска́, на кото́рой ре́жут хлеб

**trencher cap** ['trenʃəkæp] *n* головно́й убо́р с квадра́тным ве́рхом (*у студентов и профессоров в Англии*)

**trencherman** ['trenʃəmən] *n* 1) едо́к; a good (poor) ~ хоро́ший (плохо́й) едо́к 2) прихлеба́тель

**trench foot** ['trenʃ'fut] *n мед.* транше́йная стопа́

**trench mortar** ['trenʃ'mɔ:tə] *n* миномёт

**trend** [trend] **1.** *n* 1) направле́ние 2) о́бщее направле́ние, тенде́нция

**2.** *v* 1) отклоня́ться, склоня́ться (*в каком-л. направлении*); the road ~s to the north доро́га идёт на се́вер 2) име́ть тенде́нцию

**trepan** [trɪ'pæn] *мед.* **1.** *n* трепа́н

**2.** *v* трепани́ровать

**trephine** [trɪ'fi:n] *v мед.* производи́ть трепана́цию

**trepidation** [,trepɪ'deɪʃən] *n* 1) тре́пет, дрожь; дрожа́ние 2) трево́га, беспоко́йство

**trespass** ['trespəs] **1.** *n* 1) посяга́тельство, злоупотребле́ние 2) *юр.* наруше́ние владе́ния 3) *юр.* правонаруше́ние, просту́пок 4) *рел.* грех, прегреше́ние

**2.** *v* 1) посяга́ть, злоупотребля́ть (on, upon); to ~ upon smb.'s hospitality (time) злоупотребля́ть чьим-л. гостеприи́мством (вре́менем) 2) *юр.* наруша́ть чужо́е пра́во владе́ния 3) *юр.* соверша́ть просту́пок *или* правонаруше́ние

**trespasser** ['trespəsə] *n* 1) лицо́, вторга́ющееся в чьи-л. владе́ния 2) правонаруши́тель

**tress** [tres] *n* 1) дли́нный ло́кон; коса́ 2) *pl* распу́щенные же́нские во́лосы

**tressed** [trest] *a* 1) име́ющий ко́сы 2) заплетённый в ко́су

**trestle** ['tresl] *n* 1) эстака́да 2) ко́злы; по́дмости

**trestle-work** ['treslwə:k] *n стр.* по́дмости; эстака́да

**trews** [tru:z] *n pl* клётчатые штаны́ (*шотл. горцев*)

**trey** [treɪ] *n* тро́йка (*в картах*); три очка́ (*на игральных костях*)

**triable** ['traɪəbl] *a* 1) допуска́ющий испыта́ние 2) *юр.* подсу́дный

**triad** ['traɪəd] *n* 1) что-л., состоя́щее из трёх часте́й, предме́тов; гру́ппа из трёх челове́к; триа́да 2) *муз.* трезву́чие

**triage** ['traɪɪdʒ] *n* 1) сортиро́вка 2) ко́фе ни́зшего со́рта

**trial** ['traɪəl] *n* 1) испыта́ние, про́ба; to give a ~ а) взять на испыта́ние, на испыта́тельный срок (*рабочего*); б) испы́тывать (*прибор, машину и т. п.*); on ~ а) находя́щийся на испыта́тельном сро́ке; б) взя́тый на про́бу (*о предметах*) 2) пережива́ние, тяжёлое испыта́ние; искуше́ние; злоключе́ние; to put on ~ подверга́ть серьёзному испыта́нию [*ср. тж.* 3)] 3) *юр.* суде́бное разбира́тельство; суде́бный проце́сс, суд; to bring to (*или* to put on) ~ привлека́ть к суду́ [*ср. тж.* 2)]; to be on one's ~, to stand (*или* to undergo) ~ быть под судо́м; to give a fair ~ суди́ть по зако́ну, справедли́во 4) *спорт.* попы́тка 5) *геол.* разве́дка 6) *attr.* про́бный, испыта́тельный; ~ period испыта́тельный срок; ~ run про́бный пуск, пробе́г; ~ trip про́бное пла́вание; *перен.* экспериме́нт ◇ that child is a real ~ to me э́тот ребёнок — су́щее наказа́ние для меня́

**trial jury** ['traɪəl'dʒu:rɪ] *n юр.* ма́лое жюри́; суд из 12 прися́жных

**triangle** ['traɪæŋgl] *n* треуго́льник

**triangular** [traɪ'æŋgjulə] *a* 1) треуго́льный 2) трёхгра́нный; ~ pyramid трёхгра́нная пирами́да 3) происходя́щий с уча́стием трёх челове́к, па́ртий, групп *и т. п.*; ~ fight борьба́ трёх сторо́н ме́жду собо́й; ~ agreement трёхсторо́ннее соглаше́ние

**triangulate** [traɪ'æŋgjuleɪt] *v геод.* производи́ть триангуля́цию, де́лать тригонометри́ческую съёмку

**triarchy** ['traɪɑ:kɪ] *n* триумвира́т

**Trias** ['traɪæs] *n геол.* триа́с

**tribal** ['traɪbəl] *a* племенно́й, родово́й

**tribe** [traɪb] *n* 1) пле́мя; клан 2) *др.-рим.* три́ба 3) *пренебр.* ша́тия, компа́ния 4) *биол.* три́ба

**tribesman** ['traɪbzmən] *n* член ро́да, соро́дич, соплеме́нник

**tribrach** ['trɪbræk] *n прос.* трибра́хий

**tribulation** [,trɪbju'leɪʃən] *n* го́ре, несча́стье

**tribunal** [traɪ'bju:nl] *n* 1) суд; трибуна́л; the ~ of public opinion суд обще́ственного мне́ния 2) ме́сто судьи́ 3) *уст.* коми́ссия по освобожде́нию от призы́ва в а́рмию

**tribunate** ['trɪbjunɪt] *n др.-рим.* трибуна́т, до́лжность трибу́на

**tribune** I ['trɪbju:n] *n др.-рим.* трибу́н (*тж. перен.*)

**tribune** II ['trɪbju:n] *n* трибу́на, ка́федра

**tribunicial** [,trɪbju'nɪʃəl] *a др.-рим.* трибу́нский

**tributary** ['trɪbjutərɪ] **1.** *n* 1) да́нник; госуда́рство, платя́щее дань 2) прито́к

**2.** *a* 1) платя́щий дань; подчинённый 2) явля́ющийся прито́ком; ~ stream прито́к 3) *геол.* второстепе́нный, подчинённый (*о породе*)

**tribute** ['trɪbju:t] *n* 1) дань; to lay under ~ наложи́ть дань 2) дань, до́лжное; to pay a ~ to smb. отдава́ть дань (*уважения, восхищения*) кому́-л. 3) коллекти́вный дар, подноше́ние, награ́да; floral ~s цвето́чные подноше́ния

**tricar** ['traɪkɑ:] = tricycle

**trice** I [traɪs] *n* мгнове́ние; in a ~ мгнове́нно, в оди́н миг

**trice** II [traɪs] *v мор.* подтя́гивать и привя́зывать (*обыкн.* ~ up)

**tricentenary** [,traɪsen'ti:nərɪ] = tercentenary

**triceps** ['traɪseps] *n анат.* трёхгла́вая мы́шца

**trichina** [trɪ'kaɪnə] *n* (*pl* -ae) *зоол. мед.* трихи́на

**trichinae** [trɪ'kaɪni:] *pl от* trichina

**trichinosis** [,trɪkɪ'nəusɪs] *n мед.* трихинеллёз

**trichord** ['traɪkɔ:d] *n* трёхстру́нный музыка́льный инструме́нт

**trichotomy** [traɪ'kɔtəmɪ] *n* деле́ние на три ча́сти, на три элеме́нта

**trichromatic** [,traɪkrəu'mætɪk] *a* трёхцве́тный

**trick** [trɪk] **1.** *n* 1) хи́трость, обма́н; by ~ обма́нным путём; ~ of senses (imagination) обма́н чувств (воображе́ния); to play smb. a ~ обману́ть, наду́ть кого́-л.; сыгра́ть с кем-л. шу́тку; you shall not serve that ~ twice второ́й раз э́тот но́мер не пройдёт 2) фо́кус, трюк 3) шу́тка; ша́лость; вы́ходка; none of your ~s! без фо́кусов!; a dirty ~ по́длость, га́дость; shabby ~s га́дкие шу́тки; ~s of fortune превра́тности судьбы́ 4) сноро́вка, ло́вкий приём; уло́вка; don't know (*или* have not got) the ~ of it не зна́ю, как э́то де́лается, не зна́ю «секре́та»; he's done the ~ *разг.* ему́ э́то удало́сь; I know a ~ worth two of that у меня́ есть сре́дство полу́чше; all the ~s and turns все приёмы, уло́вки; ~s of the trade специфи́ческие приёмы в како́м-л. де́ле *или* профе́ссии 5) осо́бенность, характе́рное выраже́ние (*лица, голоса*); мане́ра, привы́чка (*часто дурная*) 6) *карт.* взя́тка; the odd ~ реша́ющая взя́тка 7) *мор.* о́чередь, сме́на у руля́; to take (*или* to have, to stand) one's ~ отстоя́ть сме́ну 8) *амер.* безделу́шка, заба́ва, игру́шка 9) *амер. разг.* ребёнок (*часто* little *или* pretty ~) 10) *attr.* сло́жный; ~ photography комбини́рованные съёмки 11) *attr.* обма́нчивый ◇ to do the ~ *sl.* дости́чь це́ли, доби́ться своего́

**2.** *v* 1) обма́нывать, надува́ть; выма́нивать (out of); обма́ном заста́вить (*что-л. сделать*; into) 2) подводи́ть (*кого-л.*) □ ~ **out,** ~ **up** иску́сно *или* причу́дливо украша́ть

**trickery** ['trɪkərɪ] *n* 1) надува́тельство; обма́н 2) хи́трость, ло́вкая проде́лка

**trickle** ['trɪkl] **1.** *n* стру́йка

**2.** *v* 1) течь то́нкой стру́йкой, сочи́ться (*тж.* ~ out, ~ down, ~ through, ~ along); ка́пать; the news ~d out но́вость просочи́лась 2) лить то́нкой стру́йкой

**trickster** ['trɪkstə] *n* обма́нщик; ловка́ч

**tricksy** ['trɪksɪ] *a* 1) шаловли́вый, игри́вый 2) ненадёжный, обма́нчивый 3) *уст.* разодётый; наря́дный

**tricky** [ˈtrɪkɪ] *a* 1) хи́трый, ло́вкий; нахо́дчивый, иску́сный 2) сло́жный; мудрёный 3) ненадёжный

**triclinia** [traɪˈklɪnɪə] *pl от* triclinium

**triclinium** [traɪˈklɪnɪəm] *n* (*pl* -ia) *др.-рим.* трикли́ний

**tricolour** [ˈtrɪkələ] **1.** *n* трёхцве́тный флаг; the French ~ трёхцве́тный флаг Фра́нции

**2.** *a* трёхцве́тный

**tricot** [ˈtrɪkəu] *фр. n* 1) трико́ (*мате́рия*) 2) трикота́ж(ное изде́лие)

**tricycle** [ˈtraɪsɪkl] **1.** *n* трёхколёсный велосипе́д; мотоци́кл с коля́ской

**2.** *v* е́здить на трёхколёсном велосипе́де *или* мотоци́кле

**trident** [ˈtraɪdənt] *n* трезу́бец

**tried** [traɪd] **1.** *past и p. p. от* try 2

**2.** *a* испы́танный, прове́ренный, надёжный

**triennial** [traɪˈenjəl] **1.** *a* 1) продолжа́ющийся три го́да 2) повторя́ющийся че́рез три го́да

**2.** *n* 1) собы́тие, происходя́щее раз в три го́да 2) проце́сс, пери́од *и т. п.*, для́щийся три го́да 3) трёхле́тняя годовщи́на 4) трёхле́тнее расте́ние

**trifle** [ˈtraɪfl] **1.** *n* 1) пустя́к, ме́лочь; a ~ немно́го, слегка́; he seems a ~ annoyed он, ка́жется, немно́жко раздражён 2) небольшо́е коли́чество, небольша́я су́мма; it cost a ~ э́то недо́рого сто́ило; put a ~ of sugar in my tea положи́те мне немно́го са́хару в чай 3) бискви́т, пропи́танный вино́м и зали́тый сби́тыми сли́вками

**2.** *v* 1) шути́ть; относи́ться несерьёзно; he is not a man to ~ with с ним шу́тки пло́хи 2) вести́ себя́ легкомы́сленно; занима́ться пустяка́ми 3) игра́ть, верте́ть в рука́х; теребить; he ~d with his pencil он верте́л в рука́х каранда́ш 4) тра́тить понапра́сну (*вре́мя, си́лы, де́ньги*; *обыкн.* ~ away); to ~ away one's time зря тра́тить вре́мя

**trifling** [ˈtraɪflɪŋ] **1.** *pres. p. от* trifle 2

**2.** *n* 1) подшу́чивание, шутли́вая бесе́да; лёгкий разгово́р 2) тра́та вре́мени

**3.** *a* 1) пустя́чный, пустяко́вый; незначи́тельный; a ~ talk несерьёзный разгово́р 2) несто́ящий, никуды́шный; неинтере́сный; a ~ joke пло́ская шу́тка

**trifocal** [traɪˈfəukəl] *опт.* **1.** *a* трифока́льный

**2.** *n pl* трифока́льные очки́

**trifoliate** [traɪˈfəulɪɪt] *a* 1) *бот.* трёхли́стный 2) *архит.* укра́шенный трили́стником

**triform** [ˈtraɪfɔːm] *a* име́ющий три фо́рмы

**trig I** [trɪg] **1.** *a* 1) опря́тный, наря́дный, щеголева́тый 2) *диал.* кре́пкий, здоро́вый 3) аккура́тный, испра́вный

**2.** *v* 1) держа́ть в поря́дке (*ча́сто* ~ up) 2) наряжа́ть (*ча́сто* ~ out) 3) набива́ть, наполня́ть

**trig II** [trɪg] *тех.* **1.** *n* закли́нивающая подкла́дка

**2.** *v* тормози́ть, закли́нивать

**trig III** [trɪg] *школ. sl. сокр. от* trigonometry

**trigger** [ˈtrɪgə] **1.** *n* 1) *воен.* спусково́й крючо́к; to pull the ~ спусти́ть куро́к; *перен.* пусти́ть в ход, привести́ в движе́ние 2) *тех.* соба́чка, защёлка ◇ easy on the ~ *амер.* вспы́льчивый, легко́ возбуди́мый; quick on the ~ бы́стро реаги́рующий, импульси́вный

**2.** *v*: ~ **off** приводи́ть в движе́ние (*какие-л. си́лы*); начина́ть, вызыва́ть

**trigger-happy** [ˈtrɪgəˌhæpɪ] *a* 1) *разг.* легкомы́сленный в обраще́нии с ору́жием; to be ~ стреля́ть без разбо́ра 2) во́инственный, агресси́вный

**trigonal** [ˈtrɪgənəl] 1) = triangular 2) = trigonous

**trigonometric(al)** [ˌtrɪgənəˈmetrɪk(əl)] *a* тригонометри́ческий

**trigonometry** [ˌtrɪgəˈnɔmɪtrɪ] *n* тригономе́трия

**trigonous** [ˈtrɪgənəs] *a* треуго́льный; име́ющий в сече́нии треуго́льник

**trihedral** [traɪˈhiːdrəl] *a* трёхгра́нный, трёхсторо́нний

**trihedron** [traɪˈhiːdrən] *n* трёхгра́нник

**trilateral** [ˈtraɪˈlætərəl] *a* трёхсторо́нний

**trilby** [ˈtrɪlbɪ] *n* мя́гкая фе́тровая шля́па

**trilingual** [ˈtraɪˈlɪŋgwəl] *a* 1) трёхъязы́чный 2) говоря́щий на трёх языка́х

**trill** [trɪl] **1.** *n* 1) *муз.* трель 2) *фон.* вибри́рующее r

**2.** *v* 1) выводи́ть трель 2) *фон.* произноси́ть звук r с вибра́цией

**trilling** [ˈtrɪlɪŋ] *n* близне́ц из тро́йни; тройня́шка

**trillion** [ˈtrɪljən] *num. card.*, *n* квинтильо́н ($10^{18}$); *амер.* триллио́н ($10^{12}$)

**trilobate** [traɪˈləubɪt] *a бот.* трёхлопа́стный

**trilogy** [ˈtrɪlədʒɪ] *n* трило́гия

**trim** [trɪm] **1.** *n* 1) поря́док, гото́вность; in fighting ~ в боево́й гото́вности; in good ~ а) в поря́дке; в хоро́шем состоя́нии; б) в хоро́шей фо́рме (*о спортсме́не*) 2) наря́д; украше́ние; отде́лка 3) *амер.* украше́ние витри́ны 4) подре́зка, стри́жка 5) *авто* вну́тренняя отде́лка 6) *мор.* пра́вильное размеще́ние балла́ста 7) *ав.* диффере́нт, продо́льный накло́н

**2.** *a* 1) аккура́тный, опря́тный, приведённый в поря́док 2) наря́дный; элега́нтный 3) *уст.* в состоя́нии гото́вности

**3.** *v* 1) приводи́ть в поря́док; to ~ oneself up приводи́ть себя́ в поря́док 2) подреза́ть (*напр., фити́ль ла́мпы*); подстрига́ть; обреза́ть кро́мки; обтёсывать, торцева́ть (*доски́*) 3) отде́лывать (*пла́тье*); украша́ть (*блю́до гарни́ром и т. п.*) 4) приспоса́бливаться; баланси́ровать ме́жду противополо́жными па́ртиями 5) *разг.* отчита́ть, сде́лать вы́говор; поби́ть 6) *разг.* обма́нывать; вымога́ть де́ньги 7) *мор.* уравнове́шивать, удифференто́вывать (*су́дно*) 8) *тех.* снима́ть заусе́нцы ◇ to ~ the sails to the wind ≅ держа́ть нос по ве́тру

**trimester** [traɪˈmestə] *n* 1) триме́стр 2) трёхме́сячный срок

**trimeter** [ˈtrɪmɪtə] *n прос.* триме́тр

**trimmer** [ˈtrɪmə] *n* 1) приводя́щий в поря́док *и пр.* [*см.* trim 3] 2) приспосо́бленец; оппортуни́ст 3) *стр.* нака́тина, подба́лочник 4) *мор.* укла́дка гру́за

**trimming** [ˈtrɪmɪŋ] **1.** *pres. p. от* trim 3

**2.** *n* 1) (*обыкн. pl*) отде́лка (*на пла́тье*) 2) *pl* припра́ва, гарни́р 3) *разг.* побо́и 4) обре́зки 5) запра́вка (*ламп*) 6) *тех.* сня́тие заусе́нцев

**trine** [traɪn] *a* 1) тройно́й 2) благоприя́тный

**Trinitarian** [ˌtrɪnɪˈtɛərɪən] *n рел.* ве́рующий в до́гмат тро́ицы

**trinitrotoluene** [traɪˈnaɪtrəuˈtɔljuiːn] = trinitrotoluol

**trinitrotoluol** [traɪˈnaɪtrəuˈtɔljuəl] *n* тринитротолуо́л (*взры́вчатое вещество́*)

**trinity** [ˈtrɪnɪtɪ] *n* 1) что-л., состоя́щее из трёх часте́й 2) (the T.) *рел.* тро́ица 3) (T.) *attr.* свя́занный с тро́ицей; T. Sunday тро́ицын день; T. Sittings суде́бная се́ссия в нача́ле ле́та; T. term ле́тний триме́стр (*в университе́те*) ◇ T. House «Три́нити Ха́ус» (*правле́ние маячно-лоцманской корпора́ции*)

**trinket** [ˈtrɪŋkɪt] *n* 1) безделу́шка, брело́к 2) пустя́к

**trinomial** [traɪˈnəumjəl] **1.** *a* 1) *мат.* трёхчле́нный 2) *биол.* триномиа́льный

**2.** *n мат.* трёхчле́н

**trio** [ˈtri(ː)əu] *n* 1) *муз.* три́о 2) тро́е, тро́йка (*люде́й*); три (*предме́та*) 3) *ав.* звено́ из трёх самолётов

**triolet** [ˈtri(ː)əulet] *n* триоле́т

**trip** [trɪp] **1.** *n* 1) путеше́ствие; пое́здка, экску́рсия, рейс; round ~ пое́здка туда́ и обра́тно; business ~ командиро́вка; to take a ~ съе́здить 2) бы́страя лёгкая похо́дка, лёгкий шаг 3) спотыка́ние, паде́ние (*зацепи́вшись за что-л.*) 4) ло́жный шаг, оши́бка, обмо́лвка 5) *спорт.* подно́жка 6) *тех.* расцепля́ющее устро́йство 7) *горн.* соста́в (*ваго́неток*)

**2.** *v* 1) идти́ бы́стро и легко́, бежа́ть вприпры́жку 2) спотыка́ться, па́дать (*зацепи́вшись за что-л.*); опроки́нуть(ся) (*тж.* ~ over, ~ up) 3) сде́лать ло́жный шаг, обмо́лвиться, ошиби́ться, споткну́ться; all are apt to ~ всем сво́йственно ошиба́ться 4) запу́тать, сбить с то́лку; to ~ (up) a witness by artful questions запу́тать свиде́теля хи́тро поста́вленными вопро́сами 5) ста́вить подно́жку (*тж. перен.*) 6) пойма́ть, уличи́ть во лжи *и т. п.* (*часто* ~ up) 7) *уст.* отправля́ться в путеше́ствие, соверша́ть экску́рсию 8) *тех.* расцепля́ть; выключа́ть 9) *мор.* вывора́чивать из гру́нта (*якорь*)

**tripartite** [ˈtraɪˈpɑːtaɪt] *a* 1) тро́йственный, трёхсторо́нний; ~ conference конфере́нция трёх держа́в 2) состоя́щий из трёх часте́й

**tripe** [traɪp] *n* 1) рубе́ц (*кушанье*) 2) *sl.* дрянь, чушь, чепуха́, вздор

**trip-hammer** [ˈtrɪpˌhæmə] *n тех.* па́дающий мо́лот

**triphibious** [traɪˈfɪbɪəs] *a* происходя́щий на земле́, на мо́ре и в во́здухе; ~ warfare война́, веду́щаяся на су́ше, на мо́ре и в во́здухе

**triphthong** [ˈtrɪfθɔŋ] *n фон.* трифто́нг

**triple** [ˈtrɪpl] **1.** *a* тройно́й; утро́енный; T. Alliance *ист.* Тро́йственный сою́з; T. Entente *ист.* Анта́нта, Тро́йственное согла́сие; ~ time *муз.* трёхдо́льный разме́р

**2.** *v* утра́ивать(ся); to ~ one's efforts утра́ивать свои́ уси́лия

**triplet** [ˈtrɪplɪt] *n* 1) тро́йка (*три предмета, лица*) 2) близне́ц (*из тройни*); *pl* тро́йня 3) *прос.* трипле́т

**triplex** [ˈtrɪpleks] **1.** *a* 1) тройно́й; состоя́щий из трёх часте́й 2) *тех.* стро́енный; тройно́го де́йствия

**2.** *n* 1) безоско́лочное стекло́, три́плекс 2) *муз.* трёхдо́льный разме́р

**triplicate** **1.** *n* [ˈtrɪplɪkɪt] одна́ из трёх ко́пий; in ~ в трёх экземпля́рах

**2.** *a* [ˈtrɪplɪkɪt] тройно́й

**3.** *v* [ˈtrɪplɪkeɪt] утра́ивать; составля́ть в трёх экземпля́рах

**triplication** [ˌtrɪplɪˈkeɪʃən] *n* утрое́ние

**tripod** [ˈtraɪpɔd] **1.** *n* 1) трено́жник; трено́га; штати́в 2) стул, стол на трёх но́жках

**2.** *a* трено́гий

**tripos** [ˈtraɪpɔs] *n* экза́мен для получе́ния отли́чия (*в Кембридже*)

**tripper** [ˈtrɪpə] *n* (*часто пренебр.*) экскурса́нт, тури́ст

**tripping** [ˈtrɪpɪŋ] **1.** *pres. p. от* trip 2

**2.** *n* 1) лёгкая похо́дка 2) *тех.* отключе́ние 3) опроки́дывание (*вагонетки*)

**3.** *a* 1) быстроно́гий 2) *тех.* выключа́ющий; отключа́ющий

**trippingly** [ˈtrɪpɪŋlɪ] *adv* 1) бы́стро, жи́во, ло́вко 2) бо́йко, свобо́дно (*говорить*)

**triptych** [ˈtrɪptɪk] *n жив.* три́птих

**triquetrous** [traɪˈkwetrəs] *a* 1) треуго́льный 2) *бот.* трёхгра́нный (*о стебле*)

**trireme** [ˈtraɪriːm] *n мор. ист.* трире́ма

**trisect** [traɪˈsekt] *v* дели́ть на три ра́вные ча́сти

**trishaw** [ˈtraɪʃɔː] *n* велори́кша

**tristful** [ˈtrɪstful] *a уст.* печа́льный

**trisyllabic** [ˈtraɪsɪˈlæbɪk] *a* трёхсло́жный

**trisyllable** [ˈtraɪˈsɪləbl] *n* трёхсло́жное сло́во

**trite** [traɪt] *a* бана́льный, изби́тый; ~ phrase изби́тая фра́за; ~ metaphor стёршаяся мета́фора

**tritium** [ˈtrɪtɪəm] *n хим.* три́тий

**Triton** [ˈtraɪtn] *n* 1) *греч. миф.* трито́н 2) (t.) *зоол.* трито́н

**triturate** [ˈtrɪtjureɪt] *v* растира́ть в порошо́к

**triumph** [ˈtraɪəmf] **1.** *n* триу́мф; торжество́, побе́да

**2.** *v* 1) пра́здновать (триу́мф), ликова́ть 2) победи́ть; восторжествова́ть (over — над)

**triumphal** [traɪˈʌmfəl] *a* триумфа́льный

**triumphant** [traɪˈʌmfənt] *a* 1) победоно́сный 2) торжеству́ющий; лику́ющий

**triumvir** [trɪˈumvə] *n* (*pl* -s [-z], -ri) *ист.* триумви́р

**triumvirate** [traɪˈʌmvɪrɪt] *n* триумвира́т

**triumviri** [trɪˈumvɪriː] *pl от* triumvir

**triune** [ˈtraɪjuːn] *a* триеди́ный

**trivet** [ˈtrɪvɪt] *n* 1) тага́н 2) подста́вка (*для блюда, кастрюли*) 3) *редк.* треножник 4) *attr.* трено́гий; ~ table стол на трёх но́жках ◊ (as) right as a ~ а) здоро́вый; в по́лном поря́дке; б) всё в поря́дке, о́чень хорошо́

**trivia** [ˈtrɪvɪə] *лат. n pl* ме́лочи

**trivial** [ˈtrɪvɪəl] *a* 1) обы́денный, бана́льный, тривиа́льный; the ~ round обыдёнщина, рути́на 2) незначи́тельный, ме́лкий, пусто́й; a ~ loss незначи́тельная поте́ря 3) ограни́ченный, пусто́й (*о человеке*) 4) ненау́чный, наро́дный (*о названиях растений и животных*) 5) относя́щийся к назва́нию ви́да (*в отличие от названия рода*)

**triviality** [ˌtrɪvɪˈælɪtɪ] *n* 1) тривиа́льность; бана́льность 2) незначи́тельность

**triweekly** [traɪˈwiːklɪ] **1.** *a* 1) происходя́щий че́рез ка́ждые три неде́ли 2) происходя́щий три ра́за в неде́лю

**2.** *n* периоди́ческое изда́ние, выходя́щее че́рез ка́ждые три неде́ли *или* три ра́за в неде́лю

**trocar** [ˈtrəukɑː] *n мед.* троака́р

**trochaic** [trəuˈkeɪɪk] *a прос.* хоре́ический

**troche** [trəuʃ] *n* табле́тка

**trochee** [ˈtrəukiː] *n прос.* хоре́й, трохе́й

**trod** [trɔd] *past от* tread 2

**trodden** [ˈtrɔdn] *p. p. от* tread 2

**troglodyte** [ˈtrɔglədaɪt] *n* 1) троглоди́т, пеще́рный челове́к 2) отше́льник

**Trojan** [ˈtrəudʒən] **1.** *a* троя́нский

**2.** *n* 1) троя́нец 2) хра́брый, энерги́чный, выно́сливый челове́к ◊ to work like a ~ рабо́тать о́чень усе́рдно

**troll I** [trəul] **1.** *n* 1) купле́ты, исполня́емые певца́ми поочерёдно 2) блесна́

**2.** *v* 1) распева́ть; петь (вступа́я по о́череди) 2) лови́ть ры́бу на блесну́ 3) кати́ть(ся), враща́ть(ся)

**troll II** [trəul] *n сканд. миф.* тролль

**trolley** [ˈtrɔlɪ] *n* 1) теле́жка (*разносчика*); сто́лик на колёсиках для пода́чи пи́щи 2) ваго́нетка; дрези́на 3) *амер.* трамва́й 4) *эл.* ро́ликовый токосъёмник; тролле́й

**trolley-bus** [ˈtrɔlɪbʌs] *n* тролле́йбус

**trolley-car** [ˈtrɔlɪkɑː] *n амер.* трамва́й

**trolley-pole** [ˈtrɔlɪpəul] *n эл.* шта́нга тролле́я

**trollop** [ˈtrɔləp] *n* 1) неря́ха 2) проститу́тка

**trombone** [trɔmˈbəun] *n* тромбо́н

**trommel** [ˈtrɔməl] *n горн.* бараба́н

**tromometer** [trəuˈmɔmɪtə] *n* микросейсмо́метр

**troop** [truːp] **1.** *n* 1) отря́д, гру́ппа люде́й 2) *pl* войска́ 3) ста́до 4) кавалери́йский взвод, батаре́я; *амер.* эскадро́н 5) сбор (*при барабанном бое*) 6) (*обыкн. pl*) большо́е коли́чество 7) *редк.* тру́ппа

**2.** *v* 1) собира́ться толпо́й (*часто* ~ up, ~ together) 2) дви́гаться толпо́й (~ along, ~ in, ~ out) 3) проходи́ть стро́ем 4) стро́ить(ся), формирова́ть(ся) (*об отряде*) □ ~ **away**, ~ **off** а) удаля́ться; б) *воен.* спе́шно выступа́ть; ~ **round** окружи́ть (*кого-л.*) ◊ to ~ the colour торже́ственно проноси́ть зна́мя пе́ред стро́ем

**troop-carrier** [ˈtruːpˌkærɪə] *n ав.* 1) тра́нспортно-деса́нтный самолёт 2) *воен.* транспортёр для перево́зки ли́чного соста́ва

**troop duty** [ˈtruːpˈdjuːtɪ] *n воен.* строева́я слу́жба

**trooper** [ˈtruːpə] *n* 1) кавалери́ст 2) солда́т бронета́нковых войск 3) солда́т парашю́тно-деса́нтных войск 4) *австрал., амер.* ко́нный полице́йский 5) *амер. разг.* полице́йский 6) = troop-horse 7) = troopship ◊ to swear like a ~ ≅ руга́ться как изво́зчик

**troop-horse** [ˈtruːphɔːs] *n* кавалери́йская ло́шадь

**trooping** [ˈtruːpɪŋ] **1.** *pres. p. от* troop 2

**2.** *n* перево́зка войск за преде́лы метропо́лии

**troopship** [ˈtruːpʃɪp] *n* тра́нспорт для перево́зки войск

**troop-train** [ˈtruːptreɪn] *n* во́инский эшело́н

**trope** [trəup] *n лит.* троп

**trophic** [ˈtrɔfɪk] *a физиол.* трофи́ческий

**trophy** [ˈtrəufɪ] *n* 1) трофе́й; добы́ча 2) приз, награ́да, па́мятный пода́рок

**tropic** [ˈtrɔpɪk] **1.** *n* тро́пик; the ~s тро́пики

**2.** *a* = tropical I, 1)

**tropical I** [ˈtrɔpɪkəl] *a* 1) тропи́ческий 2) горя́чий, стра́стный

**tropical II** [ˈtrɔpɪkəl] *a* фигура́льный, метафори́ческий

**tropicalize** [ˈtrɔpɪkəlaɪz] *v* приспоса́бливать для жи́зни *или* де́йствий в тропи́ческих усло́виях

**tropology** [trəu'pɔlədʒɪ] *n* óбразная речь

**troposphere** ['trɔpəsfɪə] *n* тропосфéра

**trot** [trɔt] **1.** *n* 1) рысь 2) бы́страя похóдка 3) ребёнок, котóрый ýчится ходи́ть 4) *презр.* стáрая каргá 5) *амер. студ. sl.* перевóд, подстрóчник; шпаргáлка ◇ to keep smb. on the ~ не давáть комý-л. покóя; загоня́ть когó-л.

**2.** *v* 1) идти́ ры́сью 2) пускáть ры́сью; to ~ a horse пусти́ть лóшадь ры́сью; to ~ a person off his legs загоня́ть человéка 3) бежáть, спеши́ть □ ~ **about** суети́ться; ~ **out** а) покáзывать рысь (*лошади*); б) покáзывать (*товары*); в) щеголя́ть (*чем-л.*); ~ **round** води́ть, покáзывать (*город и т. п.*)

**troth** [trəuθ] *n уст.*: by my ~ чéстное слóво; in ~ действи́тельно, в сáмом дéле; to plight one's ~ дать слóво (*особ. при обручении*)

**trotter** ['trɔtə] *n* 1) рысáк 2) *pl* нóжки (*свиные и т. п. — как блюдо*) 3) *pl шутл.* нóги

**trotyl** ['trəutɪl] *n хим.* троти́л

**troubadour** ['tru:bəduə] *фр. n* трубадýр

**trouble** ['trʌbl] **1.** *n* 1) беспокóйство, волнéние; тревóга; забóты, хлóпоты; to give smb. ~, to put smb. to ~ причиня́ть беспокóйство комý-л. 2) затруднéние; уси́лие; to take the ~ потруди́ться, взять на себя́ труд; he takes much ~ он óчень старáется; he did not take the ~ to come он не потруди́лся прийти́; no ~ at all ниско́лько не затрудни́т (*ответ на просьбу*); I had some ~ in reading his handwriting мне бы́ло трýдно читáть егó пóчерк 3) неприя́тности, гóре, бедá; to be in ~ быть в гóре, в бедé; to get into ~ попáсть в бедý; to make ~ for smb. причиня́ть комý-л. неприя́тности 4) волнéния, беспоря́дки; racial ~s рáсовые волнéния, беспоря́дки 5) болéзнь; heart ~ болéзнь сéрдца 6) *диал.* рóды 7) *тех.* нарушéние прáвильности хóда *или* дéйствия; авáрия; помéха 8) *attr.* авари́йный; ~ crew авари́йная бригáда ◇ what's the ~? в чём дéло?; to ask (*или* to look) for ~ напрáшиваться на неприя́тности, лезть на рожóн; вести́ себя́ неосторóжно

**2.** *v* 1) беспокóить(ся), тревóжить (-ся); мýчить; my leg ~s моя́ ногá беспокóит меня́ (*болит*) 2) затрудня́ть; приставáть, надоедáть; may I ~ you to shut the door? закрóйте, пожáлуйста, дверь; may I ~ you for the salt? передáйте, пожáлуйста, соль 3) (*обыкн. в отриц. предложениях*) труди́ться, старáться; he never even ~d to answer он дáже не потруди́лся отвéтить 4) давáться с трудóм; mathematics doesn't ~ me at all матемáтика даётся мне легкó 5) *уст.* баламýтить 6) (*преим. тех.*) нарушáть, повреждáть ◇ don't ~ trouble until trouble ~s you *посл.* ≅ не буди́ ли́ха, покá ли́хо спит

**troubled** ['trʌbld] **1.** *p. p. от* trouble 2

**2.** *a* 1) беспокóйный; ~ look беспокóйный, встревóженный взгляд 2) штормовóй, предвещáющий бýрю ◇ ~ waters запýтанное, слóжное положéние; волнéние, беспокóйство; to fish in ~ waters лови́ть ры́бку в мýтной водé

**trouble-free** ['trʌblfri:] *a* надёжный, безоткáзный

**troublemaker** ['trʌbl,meɪkə] *n* нарушитель спокóйствия, поря́дка; смутья́н

**trouble-shooter** ['trʌbl,ʃu:tə] *n* 1) авари́йный монтёр 2) специáльный уполномóченный по улáживанию конфли́ктов

**troublesome** ['trʌblsəm] *a* 1) причиня́ющий беспокóйство; беспокóйный; трýдный 2) мучи́тельный; ~ cough мучи́тельный кáшель 3) недисциплини́рованный, беспокóйный; ~ child беспокóйный ребёнок

**troublous** ['trʌbləs] *a книжн.* беспокóйный, тревóжный; взволнóванный; ~ times смýтные временá

**trough** [trɔf] *n* 1) коры́то, кормýшка 2) квашня́ 3) жёлоб, лотóк (*для стока воды*) 4) впáдина; котлови́на 5) подóшва (*волны*) 6) *геол.* мýльда, синклинáль

**trounce** [trauns] *v* 1) бить, порóть; накáзывать 2) сурóво брани́ть

**troupe** [tru:p] *фр. n* трýппа

**trousered** ['trauzəd] *a* одéтый в брю́ки; в брю́ках

**trousering** ['trauzərɪŋ] *n* брю́чная ткань

**trouser-leg** ['trauzəleg] *n* штани́на

**trousers** ['trauzəz] *n pl* брю́ки, штаны́; шаровáры

**trouser-stretcher** ['trauzə,stretʃə] *n* держáтель для брюк

**trouser stripe** ['trauzəstraɪp] *n* лампáс

**trousseau** ['tru:səu] *фр. n* (*pl* -s [-z], -x) придáное

**trousseaux** ['tru:səuz] *pl от* trousseau

**trout** [traut] *n* (*pl без измен.*) форéль

**trouvaille** [tru:'vaɪ] *фр. n* нахóдка

**trover** ['trəuvə] *n юр.* присвоéние (нáйденной) чужóй сóбственности; action of ~ иск о возмещéнии убы́тков (*возникших вследствие незаконного завладения чем-л.*)

**trow** [trəu] *v уст., шутл.* полагáть, дýмать; вéрить

**trowel** ['trauəl] **1.** *n* 1) *стр.* кéльма, лопáтка, мастерóк 2) садóвый совóк ◇ to lay (it) on with a ~ а) грýбо льстить; б) дéлать (что-л.) óчень грýбо, утри́ровать, хвати́ть чéрез край

**2.** *v* наклáдывать *или* разглáживать кéльмой

**troy** [trɔɪ] *n* 1) трóйская систéма мер и весóв 2) *attr.*: ~ weight монéтный, трóйский вес; ~ pound трóйский фунт (= *373,24 г или 12 унциям*; *ср.* avoirdupois)

**truancy** ['tru(:)ənsɪ] *n* 1) манки́рование слýжбой, шкóлой 2) прогýл

**truant** ['tru(:)ənt] **1.** *n* 1) прогýльщик; шкóльник, прогýливающий урóки; to play ~ прогýливать (*особ. урóки*) 2) лентя́й

**2.** *a* 1) лени́вый; прáздный 2) манки́рующий свои́ми обя́занностями

**truce** [tru:s] *n* 1) переми́рие; ~ of God *ист.* прекращéние враждéбных дéйствий в дни, установлéнные цéрковью (*в средние века*) 2) конéц; прекращéние; ~ to jesting! довóльно шýток!, бýдет шути́ть! 3) переды́шка, зати́шье

**truck** I [trʌk] **1.** *n* 1) обмéн, мéна; товарообмéн 2) мелочнóй товáр 3) = ~ system [*см.* 8)] 4) отношéния, свя́зи; to have no ~ with smb. не поддéрживать отношéний с кем-л., избегáть когó-л. 5) *разг.* хлам, ненýжные вéщи 6) *разг.* ерундá, вздор 7) *амер.* óвощи (*выращиваемые для продажи*) 8) *attr.*: ~ system оплáта трудá товáрами вмéсто дéнег; T. Acts *ист.* закóны, ограни́чивающие систéму оплáты трудá товáрами

**2.** *v* 1) обмéнивать (with — с *кем-л.*; for — на *что-л.*); вести́ меновýю тóрговлю 2) торговáть вразнóс 3) плати́ть натýрой, товáрами 4) *амер.* выращивать óвощи, занимáться огорóдничеством

**truck** II [trʌk] **1.** *n* 1) грузовóй автомоби́ль, грузови́к 2) *ж.-д.* откры́тая товáрная платфóрма 3) багáжная телéжка, вагонéтка 4) *тех.* колесó, катóк

**2.** *v* 1) перевози́ть на грузовикáх 2) грузи́ть на платфóрму, на грузови́к

**truckage** ['trʌkɪdʒ] *n* 1) перевóзка на грузовикáх 2) плáта за перевóзку на грузовикáх

**trucker** I ['trʌkə] *n амер.* фéрмер-овощевóд

**trucker** II ['trʌkə] *n* води́тель грузовикá

**truck-farm** ['trʌkfɑ:m] *n амер.* овощевóдческая фéрма

**truckle** ['trʌkl] **1.** *n* = truckle-bed

**2.** *v* раболéпствовать, труслúво подчиня́ться (to)

**truckle-bed** ['trʌklbed] *n* ни́зенькая кровáть (*слуги, подмастерья*) на колёсиках, нá день задвигáвшаяся под кровáть хозя́ина

**truckler** ['trʌklə] *n* подхали́м

**truckman** I ['trʌkmən] = trucker I

**truckman** II ['trʌkmən] = trucker II

**truck tractor** ['trʌk'træktə] *n* трáктор-тягáч

**truck-trailer** ['trʌk,treɪlə] *n* грузовóй автомоби́ль с прицéпом; прицéп грузовикá

**truculent** ['trʌkjulənt] *a* 1) свирéпый 2) грýбый; рéзкий; агресси́вный

**trudge** [trʌdʒ] **1.** *n* дли́нный трýдный путь; утоми́тельная прогýлка

2. *v* идти́ с трудо́м, уста́ло тащи́ться

**trudgen** ['trʌdʒən] *n* тре́джен (*стиль плавания*)

**true** [tru:] **1.** *a* 1) ве́рный, пра́вильный; ~ time сре́днее со́лнечное вре́мя; it is not ~ э́то непра́вда 2) и́стинный, настоя́щий, по́длинный 3) ве́рный, пре́данный (to); a ~ friend пре́данный друг 4) правди́вый, и́скренний, непритво́рный 5) то́чный (*об изображении, копии и т. п.*; to); ~ to life реалисти́ческий, жи́зненно правди́вый; то́чно воспроизведённый 6) зако́нный, действи́тельный; ~ copy заве́ренная ко́пия ◇ ~ as I stand here *разг.* су́щая пра́вда

2. *v тех.* пра́вить, пригоня́ть, выверя́ть, регули́ровать (*тж.* ~ up)

3. *adv* 1) правди́во; tell me ~ скажи́ мне че́стно; his words ring ~ его́ слова́ звуча́т правди́во 2) то́чно; to aim ~ це́литься то́чно; to breed ~ сохрани́ть чистоту́ поро́ды

**true bill** ['tru:'bɪl] *n юр.* утверждённый обвини́тельный акт

**true-blue** ['tru:'blu:] *a* после́довательный; сто́йкий, ре́вностный, пре́данный

**true-born** ['tru:'bɔ:n] *a* 1) чистокро́вный 2) прирождённый

**true-bred** ['tru:'bred] *a* 1) хорошо́ воспи́танный 2) чистокро́вный

**true-hearted** ['tru:'hɑ:tɪd] *a* и́скренний; пре́данный

**true-love** ['tru:lʌv] *n* 1) возлю́бленный; возлю́бленная 2) двойно́й у́зел (*тж.* ~ knot *или* true-lover's knot)

**truepenny** ['tru:ˌpenɪ] *n уст.* че́стный, надёжный челове́к

**truffle** ['trʌfl] *n бот.* трю́фель

**truffled** ['trʌfld] *a* пригото́вленный с трюфеля́ми

**truism** ['tru(:)ɪzm] *n* трюи́зм

**trull** [trʌl] *n уст.* проститу́тка

**truly** ['tru:lɪ] *adv* 1) правди́во; и́скренне 2) ве́рно; лоя́льно 3) пои́стине 4) то́чно ◇ yours ~ пре́данный вам (*в конце письма*)

**trump** I [trʌmp] **1.** *n* 1) ко́зырь; to play a ~ козырну́ть; to put a person to his ~s заста́вить козыря́ть; *перен.* заста́вить прибе́гнуть к после́днему сре́дству; to have all the ~s in one's hand име́ть на рука́х все ко́зыри; *перен.* быть хозя́ином положе́ния 2) *разг.* сла́вный ма́лый 3) *attr.* козырно́й; ~ card ко́зырь, козырна́я ка́рта; *перен.* ве́рное де́ло, ве́рное сре́дство ◇ to turn up ~s *разг.* (неожи́данно) око́нчиться благополу́чно, счастли́во

2. *v* 1) козыря́ть; бить ко́зырем 2) превзойти́ (*кого-л.*) □ ~ **up** вы́думать; сфабрикова́ть; to ~ up a charge against smb. сфабрикова́ть обвине́ние про́тив кого́-л.

**trump** II [trʌmp] *n уст., поэт.* тру́бный глас

**trumpery** ['trʌmpərɪ] **1.** *n* мишура́; дрянь, ерунда́

2. *a* мишу́рный, показно́й; него́дный

**trumpet** ['trʌmpɪt] **1.** *n* 1) труба́ 2) слухова́я тру́бка 3) растру́б 4) ру́пор 5) звук трубы́; тру́бный звук 6) рёв слона́ ◇ to blow one's own ~ хвали́ться, занима́ться саморекла́мой

2. *v* 1) труби́ть 2) возвеща́ть 3) реве́ть (*о слоне*)

**trumpet-call** ['trʌmpɪtkɔ:l] *n* звук трубы́; *перен.* призы́в к де́йствию

**trumpeter** ['trʌmpɪtə] *n* 1) труба́ч 2) го́лубь-труба́ч ◇ to be one's own ~ хвали́ться, занима́ться саморекла́мой

**trumpet major** ['trʌmpɪtˌmeɪdʒə] *n* штаб-труба́ч

**truncate** ['trʌŋkeɪt] *v* 1) среза́ть верху́шку; усека́ть, обре́зывать 2) уре́зывать, сокраща́ть (*речь и т. п.*) 3) кале́чить, уве́чить

**truncated** ['trʌŋkeɪtɪd] **1.** *p. p. от* truncate

2. *a геом.* усечённый; ~ pyramid усечённая пирами́да

**truncheon** ['trʌntʃən] *n* 1) жезл 2) дуби́нка полице́йского 3) *уст.* дуби́на

**trundle** ['trʌndl] **1.** *n* колёсико

2. *v* кати́ть(ся); везти́ (*тачку*)

**trundle-bed** ['trʌndlbed] = truckle-bed

**trunk** [trʌŋk] *n* 1) ствол (*дерева*) 2) ту́ловище 3) магистра́ль; гла́вная ли́ния (*железнодорожная, телефонная и т. п.*) 4) доро́жный сунду́к; чемода́н; to live in one's ~s жить на чемода́нах 5) хо́бот (*слона*) 6) *pl* спорти́вные трусы́ 7) *pl* = trunk hose 8) *архит.* сте́ржень коло́нны 9) *анат.* гла́вная арте́рия 10) вентиляцио́нная ша́хта; жёлоб; труба́ 11) бага́жник (*в автомобиле*) 12) *sl.* нос 13) *attr.* гла́вный, магистра́льный

**trunk-call** ['trʌŋk'kɔ:l] *n* вы́зов по междугоро́дному телефо́ну

**trunk drawers** ['trʌŋk'drɔ:z] *n* кальсо́ны до коле́н

**trunk hose** ['trʌŋk'həuz] *n* коро́ткие штаны́ (*XVI—XVII вв.*)

**trunk-line** ['trʌŋklaɪn] *n* магистра́льная ли́ния, магистра́ль

**trunk-railway** ['trʌŋkˌreɪlweɪ] *n* железнодоро́жная магистра́ль

**trunnion** ['trʌnjən] *n тех.* ца́пфа

**truss** [trʌs] **1.** *n* 1) свя́зка; большо́й пук (*соломы, сена и т. п.*) 2) гроздь, кисть; пучо́к 3) *мед.* грыжево́й банда́ж 4) *стр.* фе́рма, связь, стропи́льная фе́рма 5) *мор.* борг; желе́зный бе́йфут

2. *v* 1) увя́зывать в пуки́ (*тж.* ~ up) 2) свя́зывать кры́лышки и но́жки пти́цы при жа́ренье 3) свя́зывать (*преступника*) 4) *стр.* свя́зывать, укрепля́ть

**trust** [trʌst] **1.** *n* 1) дове́рие, ве́ра; to have (*или* to put, to repose) ~ in доверя́ть; to take on ~ принима́ть на ве́ру 2) отве́тственность, долг, обяза́тельство; a position of ~ отве́тственный пост; breach of ~ наруше́ние дове́ренным лицо́м свои́х обяза́тельств 3) наде́жда; he puts ~ in the future он наде́ется на бу́дущее 4) *ком.* креди́т; to supply goods on ~ отпуска́ть това́р в креди́т 5) опе́ка (*над имуществом и т. п.*); to have smth. in ~ получи́ть опе́ку над чем-л. 6) *юр.* довери́тельная со́бственность; иму́щество, управля́емое по дове́ренности; управле́ние иму́ществом по дове́ренности; to hold in ~ сохраня́ть 7) трест

2. *a* дове́ренный (*кому-л. или кем-л.*)

3. *v* 1) доверя́ть(ся); полага́ться (*на кого-л.*); a man not to be ~ed челове́к, на кото́рого нельзя́ положи́ться; ненадёжный челове́к; he may be ~ed to do the work well мо́жно быть уве́ренным, что он вы́полнит рабо́ту хорошо́ 2) вверя́ть, поруча́ть попече́нию; to ~ smb. with smth., to ~ smth. to smb. поруча́ть, вверя́ть что-л. кому́-л. 3) наде́яться; полага́ть; I ~ you will be better soon я наде́юсь, вы ско́ро попра́витесь 4) дава́ть в креди́т

**trust-deed** ['trʌst'di:d] *n юр.* акт учрежде́ния довери́тельной со́бственности

**trustee** [trʌs'ti:] **1.** *n* 1) *юр.* попечи́тель, опеку́н; довери́тельный со́бственник; Public T. госуда́рственный попечи́тель (*по управлению имуществом частных лиц*) 2) госуда́рство, осуществля́ющее опе́ку 3) член правле́ния, сове́та *и т. п.*; Board of ~s сове́т попечи́телей

2. *v* передава́ть на попече́ние

**trusteeship** [trʌs'ti:ʃɪp] *n* опе́ка, опеку́нство, попечи́тельство

**trusteeship territory** [trʌs'ti:ʃɪp'terɪtərɪ] = trust territory

**trustful** ['trʌstful] *a* дове́рчивый

**trustify** ['trʌstɪfaɪ] *v эк.* трести́ровать

**trustiness** ['trʌstɪnɪs] *n* ве́рность, лоя́льность; надёжность

**trustingly** ['trʌstɪŋlɪ] *adv* дове́рчиво

**trustless** ['trʌstlɪs] *a* 1) ненадёжный 2) недове́рчивый

**trust territory** ['trʌst'terɪtərɪ] *n полит.* подопе́чная террито́рия

**trustworthy** ['trʌstˌwə:ðɪ] *a* заслу́живающий дове́рия; надёжный

**trusty** ['trʌstɪ] **1.** *a уст.* ве́рный, надёжный

2. *n* 1) надёжный челове́к 2) *уст.* заключённый, заслужи́вший определённые привиле́гии свои́м образцо́вым поведе́нием

**truth** [tru:θ] *n* (*pl* -s [tru:ðz]) 1) пра́вда; и́стина; to tell the ~ а) говори́ть пра́вду; б) по пра́вде говоря́; the home (*или* bitter) ~ го́рькая пра́вда; the ~s of science нау́чные и́стины; in ~ действи́тельно, пои́стине; the ~ is that I am very tired де́ло в том, что (*или* по пра́вде сказа́ть) я о́чень уста́л 2) правди́вость 3) то́чность, соотве́тствие; ~ to nature то́чность воспроизведе́ния; реали́зм

4) *тех.* сосность, правильность установки

**truthful** ['tru:θful] *a* 1) правдивый (*о человеке*) 2) верный, правильный

**truthless** ['tru:θlɪs] *a* 1) ненадёжный (*о человеке*) 2) ложный

**try** [traɪ] **1.** *n* 1) попытка; to have (*или* to make) a ~ at (*или* for) smth. попытаться сделать что-л. 2) испытание, проба; to give smth. a ~ испытать что-л.; to give smb. a ~ дать кому-л. возможность показать, проверить себя 3) *спорт.* выигрыш трёх очков при проходе игрока с мячом до линии ворот противника (*в регби*)

**2.** *v* 1) пробовать, испытывать (*тж.* ~ out); to ~ one's fortune попытать счастья 2) подвергать испытанию; проверять на опыте 3) пытаться, стараться; to ~ one's best а) сделать всё от себя зависящее; б) проявить максимум энергии; do ~ to (*или* and) come постарайтесь прийти обязательно 4) расследовать (*дело*), судить; he is tried for murder его судят за убийство 5) утомлять; удручать; the small print tries my eyes этот мелкий шрифт утомляет мои глаза 6) раздражать, мучить; to ~ smb.'s patience испытывать чьё-л. терпение 7) очищать (*металл*; *тж.* ~ out); вытапливать (*сало*; *тж.* ~ out) 8) отведывать (*пищу и т. п.*) □ ~ **back** вернуться на прежнее место (*о собаках, потерявших след*); *перен.* заметив ошибку, начать сначала; ~ **for** добиваться, искать; to ~ for the navy добиваться поступления во флот; ~ **on** а) примерять (*платье*); б) *разг.* пробовать, примеряться; it's no use ~ing it on with me со мной этот номер не пройдёт

**trying** ['traɪɪŋ] **1.** *pres. p. от* try 2

**2.** *a* 1) трудный, тяжёлый; мучительный; a ~ situation трудное положение 2) раздражающий, докучливый; трудно выносимый; ~ to the health вредный для здоровья

**trying-plane** ['traɪɪŋpleɪn] *n* фуганок

**try-on** ['traɪ'ɔn] *n* 1) примерка 2) *разг.* попытка обмануть

**try-out** ['traɪ'aut] *n* *разг.* проба, репетиция; проверка

**trysail** ['traɪsl] *n* *мор.* трисель

**tryst** [traɪst] *n* *уст.* 1) назначенная встреча; to keep (to break) the ~ прийти (не прийти) на свидание 2) место встречи

**tsar** [zɑ:] = czar

**tsarina** [zɑ:'ri:nə] *n* царица

**tsetse** ['tsetsɪ] *n* муха цеце

**T-shirt** ['ti:ʃə:t] *n* тенниска

**T-square** ['ti:skweə] *n* рейсшина

**tsunami** [tsu:'nɑ:mɪ] *яп.* *n* цунами

**tub** [tʌb] **1.** *n* 1) кадка, лохань, бадья, ушат; бочонок (*тж. как мера ёмкости*) 2) *разг.* ванна; мытьё в ванне 3) учебная шлюпка 4) *разг.* тихоходное неуклюжее судно; ≅ старая калоша 5) *горн.* шахтная вагонетка; ящик для руды ◇ let every ~ stand on its own bottom ≅ пусть каждый заботится о себе сам

**2.** *v* 1) *разг.* мыться в ванне 2) сажать растение в кадку 3) накладывать масло в кадку 4) *разг.* упражняться в гребле

**tuba** ['tju:bə] *n* туба (*муз. инструмент*)

**tubbing** ['tʌbɪŋ] **1.** *pres. p. от* tub 2

**2.** *n* *горн.* водонепроницаемая крепь

**tubby** ['tʌbɪ] *a* 1) бочкообразный 2) коротконогий и толстый (*о человеке*) 3) издающий глухой звук (*о муз. инструменте*)

**tube** [tju:b] **1.** *n* 1) труба, трубка 2) тюбик 3) туннель 4) метрополитен (*в Лондоне*) 5) камера (*шины*) 6) *радио* электронная лампа

**2.** *v* 1) заключать в трубу 2) придавать трубчатую форму

**tuber** ['tju:bə] *n* *бот.* клубень

**tubercle** ['tju:bə:kl] *n* 1) *бот.* клубенёк 2) *мед.* туберкул

**tubercular** [tju(:)'bə:kjulə] = tuberculous

**tuberculin** [tju(:)'bə:kjulɪn] *n* *фарм.* туберкулин

**tuberculosis** [tju(:)ˌbə:kju'ləusɪs] *n* туберкулёз

**tuberculous** [tju(:)'bə:kjuləs] *a* туберкулёзный

**tuberose** ['tju:bərəuz] *n* *бот.* тубероза

**tuberous** ['tju:bərəs] *a* 1) *бот.* клубневой 2) *мед.* бугорчатый

**tubing** ['tju:bɪŋ] **1.** *pres. p. от* tube 2

**2.** *n* *тех.* 1) *собир.* трубы; трубопровод 2) прокладка труб 3) тюбинг

**tub-thumper** ['tʌbˌθʌmpə] *n* проповедник, произносящий напыщенные речи; пустослов

**tub-thumping** ['tʌbˌθʌmpɪŋ] **1.** *n* напыщенные речи

**2.** *a* напыщенный (*о речи*)

**tubular** ['tju:bjulə] *a* трубчатый; ~ steelwork трубчатые металлические конструкции; ~ railway подземная железная дорога

**tubulate** ['tju:bjuleɪt] *v* 1) придавать трубчатую форму 2) снабжать трубкой

**tubule** ['tju:bju:l] *n* маленькая трубка

**tuck** I [tʌk] **1.** *n* 1) складка (*на платье*); to make a ~ in a sleeve сделать складку на рукаве (*чтобы укоротить*) 2) *sl.* еда, *особ.* сласти, пирожное

**2.** *v* 1) делать складки (*на платье*); собирать в складки 2) подгибать; подбирать под себя, подсовывать, подворачивать (*тж.* ~ in) 3) засовывать, прятать; запрятать (*тж.* ~ away) 4) укрыть (*ребёнка*) одеялом; подоткнуть одеяло (*тж.* ~ in, ~ up) □ ~ **in** *sl.* жадно есть, давиться (at); ~ **into** сунуть в, засунуть; ~ **up** а) засучивать (*рукава*); подбирать (*подол*); б) *sl.* вешать (*преступника*)

**tuck** II [tʌk] *n* 1) *шотл.* барабанный бой 2) *уст.* трубный звук

**tucker** I ['tʌkə] *n* 1) *уст.* шемизетка; best bib and ~ лучшая одежда 2) *sl.* еда, сласти

**tucker** II ['tʌkə] *v* *амер.* *разг.* утомлять до изнеможения (*обыкн.* ~ out)

**tucket** ['tʌkɪt] *n* *уст.* фанфары

**tuck-in** ['tʌk'ɪn] *n* *sl.* основательная закуска, плотная еда

**tuck-out** ['tʌk'aut] = tuck-in

**tuck-shop** ['tʌkʃɔp] *n* *sl.* кондитерская

**Tudor** ['tju:də] *a* тюдоровский; эпохи Тюдоров; ~ architecture стиль поздней английской готики

**Tuesday** ['tju:zdɪ] *n* вторник

**tufa** ['tju:fə] *n* *мин.* известковый туф

**tuff** [tʌf] *n* *мин.* вулканический туф

**tuft** [tʌft] **1.** *n* 1) пучок 2) хохолок 3) эспаньолка 4) *ист.* золотая кисточка (*на головном уборе титулованного студента*) 5) титулованный студент

**2.** *v* 1) стегать (*одеяло, матрац и т. п.*) 2) расти пучками

**tufted** ['tʌftɪd] **1.** *p. p. от* tuft 2

**2.** *a* с хохолком

**tuft-hunter** ['tʌftˌhʌntə] *n* прихвостень титулованной знати

**tufty** ['tʌftɪ] *a* растущий пучками, клочками

**tug** [tʌg] **1.** *n* 1) тянущее *или* дёргающее усилие; рывок; to give a ~ at smth. дёрнуть, потянуть за что-л. 2) напряжение сил, усилие; I had a great ~ to persuade him мне стоило больших усилий уговорить его 3) = tugboat 4) лямка; гуж 5) дужка (*ведра*) 6) состязание, упорная борьба; ~ of war перетягивание на канате

**2.** *v* 1) тащить с усилием 2) дёргать изо всех сил (at) 3) буксировать

**tugboat** ['tʌgbəut] *n* буксирное судно

**tuition** [tju(:)'ɪʃən] *n* 1) обучение 2) плата за обучение

**tuition-fee** [tju(:)'ɪʃənfi:] = tuition 2)

**tulip** ['tju:lɪp] *n* тюльпан

**tulle** [tju:l] *n* тюль

**tulwar** ['tʌlwɑ:] *n* кривая индийская сабля

**tumble** ['tʌmbl] **1.** *n* 1) падение 2) беспорядок, смятение ◇ to take a ~ *амер. sl.* понять, догадаться

**2.** *v* 1) падать (*тж.* ~ down); рушиться; упасть, споткнувшись (over, off — обо *что-л.*) 2) кувыркаться, делать акробатические трюки 3) валяться; ворочаться, метаться (*в постели*) 4) швырять (*тж.* ~ up, ~ down, ~ out) 5) приводить в беспорядок; мять; ерошить (*волосы*) 6) бросаться; выскакивать; to ~ into bed броситься в постель; to ~ out of bed выскочить из постели □ ~ **in** а) вваливаться; б) *разг.* ложиться спать; ~ **to** *sl.* понять; догадаться; заметить

**tumbledown** ['tʌmbldaun] *a* полуразрушенный, развалившийся

**tumbler** ['tʌmblə] *n* 1) акробáт 2) гóлубь-вертýн 3) бокáл (*без ножки*); высóкий стакáн 4) неваля́шка (*игрушка*) 5) *тех.* реверси́вный механи́зм 6) *метал.* барабáн для очи́стки отли́вок

**tumblerful** ['tʌmbləful] *n* пóлный стакáн

**tumbler switch** ['tʌmbləswɪtʃ] *n* выключáтель (*с перекидной головкой*)

**tumble-weed** ['tʌmblwi:d] *n амер. бот.* перекати́-пóле

**tumbling** ['tʌmblɪŋ] **1.** *pres. p. от* tumble 2

**2.** *n* акробáтика

**tumbrel, tumbril** ['tʌmbrəl, 'tʌmbrɪl] *n* 1) самосвáльная телéжка 2) *воен.* кры́тая двукóлка

**tumefaction** [,tju:mɪ'fækʃən] *n* 1) опухáние, распухáние 2) óпухоль

**tumefy** ['tju:mɪfaɪ] *v* 1) опухáть 2) вызывáть óпухоль

**tumid** ['tju:mɪd] *a* 1) распýхший 2) напы́щенный

**tummy** ['tʌmɪ] *n разг.* живóт(ик)

**tumour** ['tju:mə] *n* óпухоль

**tump** [tʌmp] *диал.* **1.** *n* хóлмик, бугорóк

**2.** *v* окáпывать, окýчивать

**tumuli** ['tju:mjulaɪ] *pl от* tumulus

**tumult** ['tju:mʌlt] *n* 1) шум и крики; суматóха 2) мятéж, бýйство 3) си́льное душéвное волнéние; смятéние чувств

**tumultuary** [tju(:)'mʌltjuərɪ] *a* 1) беспоря́дочный 2) шýмный, бýйный 3) недисциплини́рованный

**tumultuous** [tju(:)'mʌltjuəs] *a* 1) = tumultuary 2) возбуждённый

**tumulus** ['tju:mjuləs] *n* (*pl* -li) моги́льный холм, курга́н

**tun** [tʌn] **1.** *n* большáя бóчка

**2.** *v* наливáть в бóчку, храни́ть в бóчке

**tuna** ['tu:nə] *n* тунéц (*рыба*)

**tunable** ['tju:nəbl] *a* 1) мелоди́чный; гармони́чный 2) легкó настрáиваемый 3) *радио* настрáиваемый с подстрóйкой

**tundra** ['tʌndrə] *русск. n* тýндра

**tune** [tju:n] **1.** *n* 1) мелóдия, моти́в; напéв 2) строй, настрóенность; the piano is in (out of) ~ пиани́но настрóено (расстрóено) 3) гармóния, соглáсие; to be in ~ with smth. гармони́ровать с чем-л.; to be out of ~ (with) идти́ вразрéз (с *чем-л.*), быть не в ладý (*с кем-л.*) 4) настроéние; to be in ~ for smth. быть настрóенным на что-л. 5) *уст.* тон, звук ◇ to sing another ~, to change one's ~ перемени́ть тон; заговори́ть по-инóму; to call the ~ задавáть тон; to the ~ of в размéре; на сýмму

2. *v* 1) настрáивать (*инструмент*) 2) приспосáбливать (*к чему-л.*); приводи́ть в соотвéтствие (*с чем-л.*) 3) звучáть; петь, игрáть □ ~ **in** настрáивать приёмник; ~ **up** а) настрáивать инструмéнты; б) налáдить, отрегули́ровать маши́ну; в) запéть, заигрáть; г) *шутл.* заплáкать (*о ребёнке*)

**tuneful** ['tju:nful] *a* мелоди́чный; гармони́чный

**tuneless** ['tju:nlɪs] *a* 1) немелоди́чный 2) беззвýчный

**tuner** ['tju:nə] *n* 1) настрóйщик 2) *радио* механи́зм настрóйки

**tung oil** ['tʌŋ'ɔɪl] *n тех.* тýнговое мáсло

**tungsten** ['tʌŋstən] *n хим.* вольфрáм

**tunic** ['tju:nɪk] *n* 1) блýзка *или* жакéт (*обыкн. с поясом*) 2) тýника 3) *воен.* ки́тель; мунди́р 4) *биол.* оболóчка; покрóв

**tunica** ['tju:nɪkə] = tunic 4)

**tunicate** ['tju:nɪkɪt] *a* покры́тый оболóчкой

**tuning** ['tju:nɪŋ] **1.** *pres. p. от* tune 2

**2.** *n* 1) *радио* настрóйка 2) *тех.* регулирóвка (*двигателя*)

**tuning-fork** ['tju:nɪŋfɔ:k] *n* камертóн

**Tunisian** [tju(:)'nɪzɪən] **1.** *a* туни́сский

**2.** *n* туни́сец; туни́ска

**tunnel** ['tʌnl] **1.** *n* 1) тоннéль 2) *горн.* штóльня 3) *воен.* ми́нная галерéя 4) дымохóд

**2.** *v* проклáдывать тоннéль

**tunny** ['tʌnɪ] *n* тунéц (*рыба*)

**tuny** ['tju:nɪ] *a* легкó запоминáющийся (*о мотиве*); мелоди́чный

**tup** [tʌp] **1.** *n* 1) барáн 2) *тех.* бáба (*молота*)

**2.** *v с.-х.* покрывáть (*овцу*)

**tuppence** ['tʌpəns] *разг. см.* twopence

**tuppenny** ['tʌpnɪ] *разг. см.* twopenny

**tuque** [tju:k] *канад. n* вя́заная шерстянáя шáпочка

**Turanian** [tjuə'reɪnjən] **1.** *a лингв.* урáло-алтáйский

**2.** *n* урáло-алтáйские языки́

**turban** ['tə:bən] *n* 1) тюрбáн, чалмá 2) дáмская *или* дéтская шля́па без полéй

**turbary** ['tə:bərɪ] *n* торфя́ник, торфянóе болóто

**turbid** ['tə:bɪd] *a* 1) мýтный (*о жидкости*); плóтный, густóй (*о дыме, тумане*) 2) тумáнный; запýтанный

**turbidity** [tə:'bɪdɪtɪ] *n* мýтность *и пр.* [*см.* turbid]

**turbine** ['tə:bɪn] *n* турби́на

**turboblower** ['tə:bəu'bləuə] *n тех.* турбовоздуходýвка

**turbodrill** ['tə:bəu'drɪl] *n тех.* турбобýр

**turbogenerator** ['tə:bəu'dʒenəreɪtə] *n тех.* турбогенерáтор

**turbo-jet** ['tə:bəu'dʒet] *a ав.* турбореакти́вный

**turbo-prop** ['tə:bəu'prɔp] *a ав.* турбовинтовóй

**turbulence** ['tə:bjuləns] *n* бýрность *и пр.* [*см.* turbulent]

**turbulent** ['tə:bjulənt] *a* 1) бýрный 2) бýйный; беспокóйный; непокóрный

**Turcoman** ['tə:kəmən] = Turkoman

**tureen** [tə'ri:n] *n* сýпник, сýпница

**turf** [tə:f] **1.** *n* 1) дёрн 2) *ирл.* торф 3) (*обыкн.* the ~) беговáя дорóжка (*на ипподроме*); скáчки; to be on the ~ быть завсегдáтаем скáчек, игрáть на скáчках

2. *v* 1) дерновáть 2) *sl.* вы́бросить, вы́швырнуть (*тж.* ~ out)

**turf-clad** ['tə:fklæd] *a* покры́тый дёрном

**turfite** ['tə:faɪt] *разг. см.* turfman

**turfman** ['tə:fmən] *n* завсегдáтай скáчек

**turfy** ['tə:fɪ] *a* покры́тый дёрном *или* тóрфом; дерни́стый; торфянóй

**turgid** ['tə:dʒɪd] *a* 1) опýхший 2) напы́щенный (*о стиле*)

**Turk** [tə:k] *n* 1) тýрок; турчáнка; Young ~ *ист.* младотýрок 2) *шутл.* непослýшный ребёнок 3) *уст.* мусульмáнин

**turkey** ['tə:kɪ] *n* 1) индю́к; индéйка (*тж. кул.*) 2) *sl.* неудáча, провáл ◇ Norfolk ~ жи́тель Нóрфолка; to talk ~ *амер. sl.* говори́ть пря́мо, без обиняко́в

**turkey buzzard** ['tə:kɪ'bʌzəd] *n зоол.* гриф-индéйка

**turkey-cock** ['tə:kɪkɔk] *n* 1) индю́к 2) надýтый, вáжный человéк

**turkey-poult** ['tə:kɪpəult] *n* индюшóнок

**Turkey red** ['tə:kɪ'red] *n* я́рко-крáсный цвет

**Turkic** ['tə:kɪk] *a* тю́ркский

**Turkish** ['tə:kɪʃ] **1.** *a* турéцкий ◇ ~ towel мохнáтое полотéнце

**2.** *n* турéцкий язы́к

**Turkish delight** ['tə:kɪʃdɪ'laɪt] *n* рахáт-лукýм

**Turkman** ['tə:kmən] *n* 1) туркмéн 2) туркмéнский язы́к

**Turkoman** ['tə:kəmən] *n* (*pl* -s [-z]) 1) тюрк 2) туркмéн

**turmeric** ['tə:mərɪk] *n бот.* куркýма

**turmeric-paper** ['tə:mərɪk,peɪpə] *n хим.* куркýмовая реакти́вная бумáга

**turmoil** ['tə:mɔɪl] *n* шум, суматóха; беспоря́док

**turn** [tə:n] **1.** *n* 1) оборóт (*колеса*); at each ~ при кáждом оборóте 2) поворóт; right (left, about) ~! *воен.* напрáво! (налéво!, кругóм!) 3) изменéние направлéния; *перен.* поворóтный пункт 4) изги́б (*дороги*); излýчина (*реки*) 5) перемéна; изменéние (*состояния*); a ~ for the better изменéние к лýчшему; the milk is on the ~ молокó скисáет; he hopes for a ~ in his luck он надéется, что емý повезёт; my affairs have taken a bad ~ мои́ делá при́няли дурнóй оборóт 6) óчередь; ~ and ~ about, in ~, by ~s по óчереди; to take ~s дéлать поочерёдно, сменя́ться; to wait one's ~ ждать своéй óчереди; out of ~ вне óчереди 7) услýга; to do smb. a good (an ill) ~ оказáть комý-л. хорóшую (плохýю) услýгу 8) очереднóй нóмер прогрáммы, вы́ход; сцéнка, интермéдия 9) корóткая прогýлка, поéздка; to take (*или* to go for) a ~ прогуля́ться 10) спосо́бность; склад (*характера*); стиль, мане́ра, отличи́тельная черта́; she has a ~ for music у неё есть музыка́льные спосо́бности; he has an optimistic ~ of mind он оптими́ст 11) (рабо́чая) сме́на 12) коро́ткий пери́од де́ятельности 13) *разг.* не́рвное потрясе́ние, шок, при́ступ, припа́док; a ~ of anger припа́док гне́ва; to give smb. a ~ взволнова́ть кого́-л. 14) строе́ние, фо́рма; the ~ of the ankle фо́рма лоды́жки 15) оборо́т, построе́ние (*фразы*); a ~ of speech оборо́т ре́чи 16) вито́к (*проволоки, резьбы*) 17) *pl* менструа́ции 18) *полигр.* мара́шка 19) *ав.* разворо́т ◇ at every ~ на ка́ждом шагу́, постоя́нно; to serve one's ~ годи́ться (*для определённой цели*); to a ~ то́чно; (meat is) done to a ~ (мя́со) зажа́рено как раз в ме́ру; one good ~ deserves another *посл.* услу́га за услу́гу; not to do a hand's ~ сиде́ть сложа́ ру́ки

2. *v* 1) враща́ть(ся), верте́ть(ся) 2) повора́чивать(ся); обраща́ться; повёртывать(ся); to ~ to the right поверну́ть напра́во; to ~ on one's heel(s) кру́то поверну́ться (и уйти́) 3) огиба́ть, обходи́ть; to ~ an enemy's flank а) *воен.* обойти́ проти́вника с фла́нга; б) перехитри́ть кого́-л. 4) направля́ть, сосредото́чивать (*тж. внимание, усилия*); to ~ the hose on the fire напра́вить струю́ на ого́нь; to ~ one's hand to smth. принима́ться за что-л.; to ~ one's mind to smth. ду́мать о чём-л., обрати́ть внима́ние на что-л., сосредото́читься на чём-л. 5) перевёртывать(ся); перевора́чиваться, кувырка́ться; to ~ upside down перевора́чивать вверх дном 6) вспа́хивать, паха́ть 7) вывора́чивать наизна́нку; перелицо́вывать (*платье*); to ~ inside out вывора́чивать наизна́нку 8) расстра́ивать (*пищеварение, психику, здоровье и т. п.*); вызыва́ть отвраще́ние 9) изменя́ть (-ся); luck has ~ed форту́на измени́ла 10) превраща́ть(ся) (into); to ~ milk into butter сбива́ть ма́сло 11) по́ртить(ся); the leaves ~ed early ли́стья ра́но пожелте́ли; the milk has ~ed молоко́ прокисло 12) переводи́ть (*на другой язык*; into) 13) дости́гнуть (*известного момента, возраста, количества*); he is ~ed fifty ему́ за пятьдеся́т 14) точи́ть (*на токарном станке*); обта́чивать 15) отта́чивать, придава́ть изя́щную фо́рму 16) обду́мывать (*вопрос, проблему*) 17) подверну́ть, вы́вихнуть (*ногу*) 18) *как глагол-связка* де́латься, станови́ться; to ~ red покрасне́ть; to ~ sick почу́вствовать тошноту́; to ~ teacher стать учи́телем □ ~ **about** обора́чиваться; поверну́ть круго́м (*на 180°*); ~ **against** а) восста́ть про́тив; б) восстанови́ть про́тив; ~ **aside** а) отвора́чиваться; б) отклоня́ть(ся); ~ **away** а) отвора́чивать(ся); отвраща́ть; б) прогоня́ть, увольня́ть; ~ **back** а) прогна́ть; б) поверну́ть наза́д; в) оберну́ться; ~ **down** а) отверга́ть (*предложение*); отка́зывать (*кому-л.*); б) убавить (*свет*); в) загну́ть; отогну́ть; to ~ down a collar отогну́ть воротни́к; ~ **in** а) зайти́ мимохо́дом; б) *разг.* лечь спать; в) *разг.* возвраща́ть, отдава́ть; сдава́ть; you must ~ in your uniform when you leave the army вам ну́жно бу́дет верну́ть обмундирова́ние, когда́ вы демобилизу́етесь; г) повора́чивать вовну́трь; to ~ in one's toes поста́вить но́ги носка́ми внутрь; ~ **off** а) закрыва́ть (*кран*); выключа́ть (*свет*); б) увольня́ть; в) отвлека́ть внима́ние; г) бы́стро сде́лать (*что-л.*); д) *sl.* пове́сить; е) свора́чивать (*о дороге*); ~ **on** а) открыва́ть (*кран, шлюз*); включа́ть (*свет*); б) зави́сеть (*от*); much ~s on his answer мно́гое зави́сит от его́ отве́та; в) = ~ upon; ~ **out** а) выгоня́ть, увольня́ть; исключа́ть; б) выпуска́ть (*изделия*); в) вывёртывать (*карман, перчатку*); г) украша́ть, наряжа́ть; снаряжа́ть; д) выгоня́ть в по́ле (*скотину*); е) туши́ть (*свет*); ж) *разг.* встава́ть (*с постели*); з) прибы́ть; the fire-brigade ~ed out as soon as the fire broke out пожа́рная кома́нда прибыла́, как то́лько начался́ пожа́р; и) ока́зываться; he ~ed out an excellent actor он оказа́лся прекра́сным актёром; as it ~ed out как оказа́лось; к) бастова́ть; л) вызыва́ть; ~ out the guard вы́зовите карау́л; ~ **over** а) перевёртывать(ся); б) опроки́дывать(ся); в) передава́ть (*дело, доверенность и т. п.*) друго́му; г) *ком.* име́ть оборо́т; д) обду́мывать; е) *тех.* перекрыва́ть кран; ~ **round** а) обора́чиваться; повора́чиваться; б) изменя́ть (*свои взгляды, политику и т. п.*); ~ **to** а) приня́ться за рабо́ту; б) обрати́ться к *кому-л.*; в) преврати́ться; г) око́нчиться *чем-л.*, быть результа́том *чего-л.*; ~ **up** а) поднима́ть(ся) вверх; загиба́ть (-ся); her nose ~s up у неё вздёрнутый нос; б) внеза́пно появля́ться; приходи́ть, приезжа́ть; в) случа́ться; подверну́ться, оказа́ться; something will ~ up что́-нибудь да подвернётся; г) вска́пывать, выка́пывать; д) откры́ть (*карту*); е) *разг.* вызыва́ть тошноту́; ж): to ~ up the radio сде́лать ра́дио гро́мче; ~ **upon** внеза́пно измени́ть отноше́ние к *кому-л.* ◇ to ~ smb.'s head вскружи́ть кому́-л. го́лову; to ~ loose а) спуска́ть (*живо́тное*) с це́пи; б) освобожда́ть; to ~ yellow стру́сить; to ~ the scale (*или* the balance) реши́ть исхо́д де́ла; not to know which way to ~ не знать, что предприня́ть; to ~ out in the cold ≅ окати́ть холо́дной водо́й; to ~ up one's heels *sl.* протяну́ть но́ги, сконча́ться

**turnabout** [ˈtə:nəˌbaut] *n* 1) поворо́т 2) измене́ние пози́ции, взгля́дов *и т. п.*; перехо́д на другу́ю сто́рону 3) *амер.* карусе́ль

**turnaround** [ˈtə:nəˌraund] *n мор.* оборо́т (*судна*) с учётом вре́мени на погру́зку и вы́грузку

**turnback** [ˈtə:nbæk] *n* 1) малоду́шный челове́к; трус 2) ото́гнутая часть (*чего-л.*)

**turncoat** [ˈtə:nkəut] *n* ренега́т; перебе́жчик

**turncock** [ˈtə:nkɔk] *n* 1) сто́порный кран 2) челове́к, распределя́ющий во́ду по магистра́лям

**turn-down** [ˈtə:ndaun] **1.** *a* отложно́й (*о воротнике*)

**2.** *n* 1) отложно́й воротни́к 2) отка́з; отклоне́ние

**turned** [tə:nd] **1.** *p. p. от* turn 2

**2.** *a* 1) изгото́вленный на станке́, маши́нного произво́дства 2) перелицо́ванный 3) проки́сший 4): a man ~ fifty челове́к, кото́рому за пятьдеся́т 5) *полигр.* перевёрнутый (*о литере*) ◇ a well ~ phrase отто́ченная фра́за; a beautifully ~ out woman прекра́сно оде́тая же́нщина

**turned comma** [ˈtə:ndˈkɔmə] *n полигр.* перевёрнутая запята́я (*вид кавычек*)

**turner** [ˈtə:nə] *n* 1) то́карь 2) *амер.* гимна́ст

**turnery** [ˈtə:nərɪ] *n* 1) тока́рное ремесло́ 2) тока́рная мастерска́я 3) тока́рные изде́лия

**turning** [ˈtə:nɪŋ] **1.** *pres. p. от* turn 2

**2.** *n* 1) враще́ние 2) излу́чина (*реки*); перекрёсток; поворо́т (*улицы, дороги*) 3) тока́рное ремесло́; тока́рная рабо́та 4) обто́чка 5) превраще́ние 6) вспа́шка

**3.** *a* 1) тока́рный; ~ lathe тока́рный стано́к 2) враща́ющийся, поворо́тный

**turning-point** [ˈtə:nɪŋpɔɪnt] *n* поворо́тный пункт; перело́м; кри́зис

**turnip** [ˈtə:nɪp] *n* 1) ре́па 2) *sl.* больши́е стари́нные карма́нные часы́, «лу́ковица»

**turnkey** [ˈtə:nki:] *n* тюре́мщик; надзира́тель (*в тюрьме*)

**turn-out** [ˈtə:nˈaut] *n* 1) собра́ние, пу́блика 2) объём выпуска́емой проду́кции 3) забасто́вка 4) забасто́вщик 5) вы́езд; smart ~ щегольско́й вы́езд 6) подъём, встава́ние с посте́ли 7) оде́жда, мане́ра одева́ться 8) оде́жда, экипиро́вка 9) вы́зов к исполне́нию служе́бных обя́занностей 10) *ж.-д.* разъе́зд; стре́лочный перево́д

**turnover** [ˈtə:nˌəuvə] *n* 1) опроки́дывание 2) *эк.* оборо́т 3) часть газе́тной статьи́, напеча́танная на сле́дующей страни́це 4) реорганиза́ция шта́тов 5) теку́честь рабо́чей си́лы; коэффицие́нт теку́чести рабо́чей си́лы 6) полукру́глый пиро́г *или* торт с начи́нкой

**turnpenny** [ˈtə:nˌpenɪ] *n* стяжа́тель

**turnpike** [ˈtə:npaɪk] *n* 1) заста́ва, где взима́ется подоро́жный сбор 2) *attr.*: ~ road гла́вная магистра́ль

**turn-round** [ˈtə:nraund] *n* поворо́т

**turn-screw** [ˈtə:nskru:] *n* отвёртка

**turnskin** [ˈtə:nskɪn] *n* оборотень

**turnsole** [ˈtə:nsəul] *n* 1) *бот.* хрозофо́ра краси́льная 2) *хим.* ла́кмус

**turnspit** [ˈtə:nspɪt] *n* тот, кто повора́чивает ве́ртел с мя́сом

**turnstile** [ˈtə:nstaɪl] *n* 1) турнике́т 2) крестови́на

**turn-table** [ˈtə:nˌteɪbl] *n* 1) *ж.-д.* поворо́тный круг 2) диск (*патефона*) 3) прои́грыватель (*для пластинок*)

**turn-up** [ˈtə:nˈʌp] *n* 1) что-л. за́гнутое, ото́гнутое, завёрнутое (*манжеты, отвороты, поля шляпы и т. п.*); манже́та (*на брюках*) 2) шум, дра́ка 3) счастли́вый слу́чай, уда́ча; неожи́данность 4) ка́рта, откры́тая как ко́зырь

**turpentine** [ˈtə:pəntaɪn] **1.** *n* скипида́р; oil of ~ очи́щенный скипида́р

**2.** *v* 1) натира́ть скипида́ром 2) *амер.* подса́чивать (*дерево*); добыва́ть живи́цу

**turpitude** [ˈtə:pɪtju:d] *n* 1) ни́зость, по́длость 2) поро́чность, развращённость

**turps** [tə:ps] *разг. см.* turpentine 1

**turquoise** [ˈtə:kwa:z] *n* 1) бирюза́ 2) бирюзо́вый цвет

**turret** [ˈtʌrɪt] *n* 1) ба́шенка 2) ору́ди́йная ба́шня 3) *ав.* туре́ль 4) *тех.* револьве́рная голо́вка (*станка*)

**turret-lathe** [ˈtʌrɪtleɪð] *n* револьве́рный стано́к

**turtle I** [ˈtə:tl] *n* 1) черепа́ха (*преим. морская*) 2) суп из черепа́хи 3) *attr.* черепа́ховый ◇ to turn ~ *мор. sl.* опроки́нуться

**turtle II** [ˈtə:tl] *n уст.* го́рлица

**turtle-dove** [ˈtə:tldʌv] *n* 1) го́рлица 2) возлю́бленный; люби́мый

**turtle-neck sweater** [ˈtə:tlnekˌswetə] *n* сви́тер с высо́ким во́ротом

**turtle-shell** [ˈtə:tlʃel] = tortoise-shell

**Tuscan** [ˈtʌskən] **1.** *a* токса́нский

**2.** *n* 1) тоска́нец 2) тоска́нский диале́кт

**tush I** [tʌʃ] *n* клык (*лошади, собаки и т. п.*)

**tush II** [tʌʃ] *int* фу!, тьфу!

**tusk** [tʌsk] **1.** *n* клык, би́вень (*слона, моржа*)

**2.** *v* ра́нить клыко́м

**tusker** [ˈtʌskə] *n* слон *или* каба́н с больши́ми клыка́ми

**tussive** [ˈtʌsɪv] *a мед.* кашлево́й, вы́званный *или* сопровожда́ющийся ка́шлем

**tussle** [ˈtʌsl] **1.** *n* борьба́; дра́ка

**2.** *v* боро́ться; дра́ться

**tussock** [ˈtʌsək] *n* 1) трава́, расту́щая пучко́м; ко́чка; дернови́на 2) хохоло́к 3) кистехво́ст (*бабочка*)

**tussock-moth** [ˈtʌsəkmɔθ] = tussock 3)

**tussore** [ˈtʌsə] *n* 1) инди́йский шелкови́чный червь 2) туссо́р (*шёлк типа чесучи*)

**tut** [tʌt] **1.** *int* ах ты! (*выражает нетерпение, досаду или упрёк*)

**2.** *v* выража́ть нетерпе́ние *или* доса́ду восклица́нием

**tutelage** [ˈtju:tɪlɪdʒ] *n* 1) опеку́нство; опе́ка; попечи́тельство 2) нахожде́ние под опе́кой 3) обуче́ние

**tutelar(y)** [ˈtju:tɪlə(rɪ)] *a* 1) опеку́нский 2) охраня́ющий; опека́ющий

**tutor** [ˈtju:tə] **1.** *n* 1) дома́шний учи́тель; репети́тор; *школ.* наста́вник 2) руководи́тель гру́ппы студе́нтов (*в англ. университетах*) 3) *амер.* мла́дший преподава́тель вы́сшего уче́бного заведе́ния 4) *юр.* опеку́н

**2.** *v* 1) обуча́ть 2) руководи́ть, наставля́ть; поуча́ть 3) дава́ть ча́стные уро́ки 4) *амер. разг.* брать уро́ки 5) отчи́тывать, брани́ть ◇ to ~ oneself (to be patient) сде́рживаться; обу́здывать себя́

**tutorage** [ˈtju:tərɪdʒ] *n* 1) рабо́та учи́теля 2) до́лжность наста́вника 3) пла́та за обуче́ние 4) опеку́нство

**tutoress** [ˈtju:tərɪs] *n* 1) наста́вница, учи́тельница 2) опеку́нша

**tutorial** [tju(:)ˈtə:rɪəl] **1.** *a* 1) наста́внический; ~ system университе́тская систе́ма обуче́ния путём прикрепле́ния студе́нтов к отде́льным консульта́нтам 2) опеку́нский

**2.** *n* 1) консульта́ция, встре́ча с руководи́телем 2) пери́од обуче́ния в колле́дже

**tutorship** [ˈtju:təʃɪp] *n* до́лжность наста́вника; обя́занности наста́вника *или* опекуна́ [*см.* tutor 1]

**tutsan** [ˈtʌtsən] *n бот.* зверобо́й

**tutti-frutti** [ˈtu:ti(:)ˈfru:ti(:)] *n* 1) моро́женое с фру́ктами 2) заса́харенные фру́кты

**tutu** [ˈtu:tu:] *фр. n* па́чка (балерины)

**tu-whit** [tuˈwɪt] = tu-whoo

**tu-whoo** [tuˈwu:] **1.** *n подражание крику совы*

**2.** *v* подража́ть кри́ку совы́

**tux** [tʌks] *сокр. от* tuxedo

**tuxedo** [tʌkˈsi:dəu] *n* (*pl* -os, -oes [-əuz]) *амер.* смо́кинг

**tuyère** [twi:ˈjɛə] *фр. n метал.* фу́рма

**twaddle** [ˈtwɔdl] **1.** *n* пуста́я болтовня́

**2.** *v* пустосло́вить

**twain** [tweɪn] *уст., поэт.* **1.** *num. card.* два

**2.** *n* два (*предмета*); дво́е; in ~ на́двое; попола́м

**twang I** [twæŋ] **1.** *n* 1) ре́зкий звук натя́нутой струны́ 2) гнуса́вый вы́говор; American ~ гнуса́вый вы́говор америка́нцев 3) *разг.* ме́стный го́вор

**2.** *v* 1) звуча́ть (*о струне*) 2) перебира́ть стру́ны; *разг.* бренча́ть; to ~ (on) a violin пили́кать на скри́пке 3) гнуса́вить

**twang II** [twæŋ] *n* 1) сто́йкий за́пах *или* при́вкус 2) *перен.* при́вкус, налёт

**'twas** [twɔz (*полная форма*); twəz (*редуцированная форма*)] *сокр. уст., поэт.* = it was

**tweak** [twi:k] **1.** *n* щипо́к

**2.** *v* ущипну́ть, щипа́ть, дёргать; to ~ a child's ears надра́ть ребёнку у́ши

**tweaker** [ˈtwi:kə] *n sl.* рога́тка (*для стрельбы*)

**tweed** [twi:d] *n* 1) твид (*материя*) 2) *pl* костю́м из тви́да

**tweedledum** [ˈtwi:dlˈdʌm] *n*: ~ and tweedledee двойники́; две тру́дно различи́мые ве́щи; ве́щи, различа́ющиеся всего́ лишь по назва́нию

**'tween** [twi:n] *сокр. разг.* between

**tweeny** [ˈtwi:nɪ] *n разг.* моло́денькая служа́нка, помога́ющая други́м слу́гам

**tweet** [twi:t] **1.** *n* пти́чий ще́бет

**2.** *v* щебета́ть, чири́кать

**tweeter** [ˈtwi:tə] *n радио* небольшо́й репроду́ктор для переда́чи высо́кого то́на

**tweezer** [ˈtwi:zə] *v* выщи́пывать пинце́том, щи́пчиками

**tweezers** [ˈtwi:zəz] *n pl* пинце́т

**twelfth** [twelfθ] **1.** *num. ord.* двена́дцатый

**2.** *n* 1) двена́дцатая часть 2): the ~ а) двена́дцатое число́; б) 12 а́вгуста (*начало охоты на куропаток*)

**Twelfth-day** [ˈtwelfθdeɪ] *n церк.* креще́ние

**Twelfth-night** [ˈtwelfθnaɪt] *n церк.* кану́н креще́ния

**twelve** [twelv] **1.** *num. card.* двена́дцать

**2.** *n* 1) двена́дцать (*единиц, штук*) 2) (the T.) *церк.* 12 апо́столов 3) *pl* кни́ги форма́том в двена́дцатую до́лю листа́

**twelvefold** [ˈtwelvfəuld] **1.** *a* в двена́дцать раз бо́льший

**2.** *adv* в двена́дцать раз бо́льше

**twelvemo** [ˈtwelvməu] *n* форма́т кни́ги в двена́дцатую до́лю листа́ (*пишется обычно 12 mo*)

**twelvemonth** [ˈtwelvmʌnθ] *n* год; this day ~ а) ро́вно че́рез год; б) ро́вно год наза́д

**twelver** [ˈtwelvə] *n sl.* ши́ллинг

**twencenter** [ˈtwenˌsentə] *n разг.* челове́к XX ве́ка

**twenties** [ˈtwentɪz] *n pl* 1) (the ~) двадца́тые го́ды 2) два́дцать лет; тре́тий деся́ток (*возраст между 20 и 29 годами*)

**twentieth** [ˈtwentɪɪθ] **1.** *num. ord.* двадца́тый

**2.** *n* 1) двадца́тая часть 2) (the ~) двадца́тое число́

**twenty** [ˈtwentɪ] **1.** *num. card.* два́дцать; ~-one два́дцать оди́н; ~-two два́дцать два *и т. д.*

**2.** *n* два́дцать (*единиц, штук*)

**twentymo** [ˈtwentɪməu] *n* форма́т кни́ги в двадца́тую до́лю листа́ (*пишется обычно 20 mo*)

**'twere** [twə:, twɛə (*полные формы*); twə (*редуцированная форма*)] *сокр. уст. поэт.* = it were

**twerp** [twə:p] *n sl.* грубия́н, хам

**twice** [twaɪs] *adv* 1) два́жды; ~ two is four два́жды два — четы́ре 2) вдво́е; ~ as good (as much) вдво́е лу́чше (бо́льше) ◇ to think ~ (before doing smth.) хорошо́ обду́мать что-л. (пре́жде чем сде́лать); not to think ~

about smth. а) не ду́мать бо́льше, забы́ть о чём-л.; б) сде́лать что-л. без колеба́ний

**twice-laid** ['twaɪsleɪd] *a* сде́ланный из обре́зков, отхо́дов

**twicer** ['twaɪsə] *n* 1) рабо́чий, явля́ющийся одновре́ме́нно набо́рщиком и печа́тником 2) *sl.* челове́к, два́жды посеща́ющий це́рковь по воскресе́ньям

**twice-told** ['twaɪs'təuld] *a* 1) расска́занный два́жды 2) изве́стный, изби́тый; ~ tale ста́рая исто́рия

**twiddle** ['twɪdl] **1.** *n* 1) верче́ние 2) завито́к, украше́ние

**2.** *v* 1) верте́ть, крути́ть (*что-л.*), игра́ть (*чем-л.*) 2) безде́льничать, бить баклу́ши (*тж.* ~ one's thumbs)

**twiddler** ['twɪdlə] *n* безде́льник

**twig I** [twɪg] *n* ве́точка, прут; хворости́нка

**twig II** [twɪg] *v разг.* 1) поня́ть, разгада́ть 2) наблюда́ть, замеча́ть

**twig III** [twɪg] *n разг.* мо́да; стиль

**twiggy** ['twɪgɪ] *a* 1) то́нкий, хру́пкий 2) ветви́стый

**twilight** ['twaɪlaɪt] *n* 1) су́мерки; полумра́к 2) *перен.* далёкое про́шлое, о кото́ром ма́ло что изве́стно; нето́чное представле́ние (*о чём-л.*) 3) пери́од упа́дка, зака́та 4) *attr.* су́меречный, нея́сный; ~ vision *мед.* су́меречное зре́ние; ~ sleep *мед.* а) полусо́н (*способ обезболивания родов*); б) су́меречное состоя́ние

**twill** [twɪl] *текст.* **1.** *n* твил; са́ржа

**2.** *v* ткать твил, са́ржу; переплета́ть по диагона́ли

**'twill** [twɪl] *сокр. разг.* = it will

**twin** [twɪn] **1.** *n* 1) (*обыкн. pl*) близнецы́; дво́йня 2) двойни́к 3) па́рная вещь

**2.** *a* 1) двойно́й; сдво́енный, спа́ренный; состоя́щий из двух одноро́дных часте́й; составля́ющий па́ру, явля́ющийся близнецо́м; ~ soul *шутл.* ро́дственная душа́; ~ set гарниту́р, состоя́щий из жаке́та и дже́мпера (*одинакового цвета или гармонирующих цветов*) 2) одина́ковый, похо́жий; ~ tasks одина́ковые зада́чи

**3.** *v* 1) роди́ть дво́йню 2) соединя́ть

**twin-birth** ['twɪnbə:θ] *n* рожде́ние дво́йни

**twine** [twaɪn] **1.** *n* 1) бечёвка, шпага́т, шнуро́к 2) *pl* ко́льца (*змеи*) 3) сплете́ние, скру́чивание

**2.** *v* 1) вить; плести́, сплета́ть (*венок и т. п.*); свива́ть, скру́чивать 2) обвива́ть(ся) (*тж.* ~ round, ~ about) 3) опоя́сывать, окружа́ть, обноси́ть

**twin-engined** ['twɪn'endʒɪnd] *a* двухмото́рный, с двумя́ дви́гателями

**twiner** ['twaɪnə] *n* 1) вью́щееся расте́ние 2) *текст.* крути́льная маши́на

**twinge** [twɪndʒ] **1.** *n* при́ступ бо́ли; a ~ of toothache о́страя зубна́я боль; ~s of conscience угрызе́ния со́вести

**2.** *v* 1) испы́тывать при́ступ бо́ли 2) вызыва́ть при́ступ бо́ли

**twinkle** ['twɪŋkl] **1.** *n* 1) мерца́ние 2) мига́ние 3) мелька́ние 4) огонёк (*в глазах*); a mischievous ~ озорно́й огонёк (*в глазах*) 5) мгнове́ние

**2.** *v* 1) мерца́ть, сверка́ть 2) мига́ть 3) мелька́ть

**twinkling** ['twɪŋklɪŋ] **1.** *pres. p. от* twinkle 2

**2.** *n* 1) мерца́ние 2) мгнове́ние; in a ~, in the ~ of an eye, in the ~ of a bedpost в мгнове́ние о́ка

**twin-screw** ['twɪnskru:] *a мор.* двухвинтово́й

**twirl** [twə:l] **1.** *n* 1) враще́ние, круче́ние 2) вихрь 3) ро́счерк, завиту́шка

**2.** *v* верте́ть, кружи́ть (*часто* ~ round); крути́ть; to ~ one's moustache теребить усы́

**twist** [twɪst] **1.** *n* 1) изги́б, поворо́т 2) верёвка; шнуро́к 3) круче́ние, кру́тка; скру́чивание, суче́ние 4) что-л. свёрнутое, *напр.*, скру́ченный бума́жный паке́т, «фу́нтик» 5) вито́й хлеб; ха́ла, плетёнка 6) искаже́ние, искривле́ние; ~ of the tongue косноязы́чие 7) вы́вих 8) характе́рная осо́бенность; отличи́тельная черта́ (*ума, характера и т. п.*; *часто неодобр.*) 9) *sl.* сме́шанный напи́ток 10) твист (*танец*) 11) трюк, уло́вка 12) *разг.* аппети́т 13) *тех.* ход (*витка*) ◊ ~ of the wrist ло́вкость рук; ло́вкость, сноро́вка

**2.** *v* 1) крути́ть, сучи́ть, сплета́ть (-ся) 2) ви́ться; изгиба́ть(ся); the road ~s a good deal доро́га петля́ет 3) скру́чивать (*руки*); выжима́ть (*бельё*) 4) верте́ть; повора́чивать(ся) 5) искажа́ть, искривля́ть 6) *разг.* обма́нывать □ ~ **off** отла́мывать, откру́чивать; ~ **up** скру́чивать (*в трубочку*)

**twister** ['twɪstə] *n* 1) *разг.* обма́нщик, лгун 2) *разг.* вопро́с *или* зада́ча, ста́вящие в тупи́к 3) сучи́льщик; кана́тный ма́стер 4) сучи́льная маши́на 5) ше́нкель 6) *амер.* урага́н, смерч, торна́до

**twit** [twɪt] **1.** *n* 1) упрёк, попрёк 2) насме́шка, ко́лкость

**2.** *v* 1) упрека́ть, попрека́ть (with — *чем-л.*) 2) насмеха́ться, говори́ть ко́лкости

**twitch** [twɪtʃ] **1.** *n* 1) подёргивание, су́дорога 2) ре́зкое дёргающее уси́лие; рыво́к 3) *горн.* пережи́м жи́лы

**2.** *v* 1) дёргать, тащи́ть (at — за *что-л.*) 2) дёргать(ся), подёргивать (-ся); his face ~ed with emotion у него́ дёргалось лицо́ от волне́ния; a horse ~es ears ло́шадь прядёт уша́ми □ ~ **from** выдёргивать; ~ **off** сдёргивать

**twite** [twaɪt] *n* го́рная чечётка (*птица*)

**twitter** ['twɪtə] **1.** *n* 1) щёбет, щебета́ние 2) *разг.* возбужде́ние, волне́ние; in a ~ дрожа́, трепеща́, в возбужде́нии

**2.** *v* 1) щебета́ть, чири́кать 2) болта́ть, хихи́кать

**'twixt** [twɪkst] *сокр. разг.* = betwixt

**two** [tu:] **1.** *num. card.* два

**2.** *n* 1) дво́йка 2) *pl* второ́й но́мер, разме́р 3) дво́е; па́ра; ~ and ~, by ~s, ~ by ~ по́ двое, попа́рно; in ~s and threes небольши́ми гру́ппами; ~ of a trade два конкуре́нта ◊ in ~ а) на́двое, попола́м; б) врозь, отде́льно; in ~ ~s *разг.* неме́дленно, в два счёта; to put ~ and ~ together сообрази́ть что к чему́; ~ can play at that game посмо́трим ещё, чья возьмёт

**two bits** ['tu:'bɪts] *n амер. разг.* 1) моне́та в 25 це́нтов 2) что-л. незначи́тельное, нестоя́щее

**two-by-four** ['tu:baɪ'fɔ:] *a амер. разг.* ме́лкий, незначи́тельный

**two-decker** ['tu:'dekə] *n* 1) двухпа́лубное су́дно 2) двухэта́жный авто́бус *или* тролле́йбус

**two-edged** ['tu:'edʒd] *a* 1) обоюдоо́стрый 2) спосо́бный оберну́ться друго́й стороно́й; двусмы́сленный (*комплимент и т. п.*)

**two-faced** ['tu:'feɪst] *a* двули́чный, лжи́вый

**two-fisted** ['tu:'fɪstɪd] *a разг.* 1) неуклю́жий 2) си́льный, энерги́чный

**twofold** ['tu:fəuld] **1.** *a* двойно́й; удво́енный

**2.** *adv* вдво́е (бо́льше); вдвойне́

**two-footed** ['tu:'futɪd] *a* двуно́гий

**two-handed** ['tu:'hændɪd] *a* 1) двуру́чный (*о мече*) 2) для двои́х (*об игре*) 3) свобо́дно владе́ющий обе́ими рука́ми

**two-master** ['tu:ˌmɑ:stə] *n* двухма́чтовое су́дно

**two-part** ['tu:'pɑ:t] *a* состоя́щий из двух часте́й

**twopence** ['tʌpəns] *n* два пе́нса ◊ not to care ~ относи́ться безразли́чно

**twopenny** ['tʌpnɪ] **1.** *n* 1) *sl.* голова́, башка́ 2) *уст.* дешёвый сорт пи́ва

**2.** *a* 1) двухпе́нсовый 2) дешёвый; дрянно́й ◊ ~ tube *уст.* ло́ндонское метро́

**twopenny-halfpenny** ['tʌpnɪ'heɪpnɪ] *a* грошо́вый, дрянно́й, ничто́жный

**two-piece** ['tu:'pi:s] *a* состоя́щий из двух часте́й *или* кусков

**two-ply** ['tu:plaɪ] *a* двойно́й; двухсло́йный

**two-seater** ['tu:'si:tə] *n* двухме́стный автомоби́ль *или* самолёт

**two-sided** ['tu:'saɪdɪd] *a* двухсторо́нний

**twosome** ['tu:səm] *n* 1) *разг.* тет-а-тет 2) па́ра 3) игра́ *или* та́нец для двои́х

**two-step** ['tu:step] *n* тусте́п (*танец*)

**two-storied** ['tu:'stɔrɪd] *a* двухэта́жный

**two-time** ['tu:taɪm] *v амер. sl.* обма́нывать, изменя́ть (*мужу, жене*)

**two-tongued** ['tu:'tʌŋd] *a* двули́чный, лжи́вый

**'twould** [twud, twəd] *сокр. разг.* = it would

**two-way** ['tu:'weɪ] *a* дву(х)сторо́нний; ~ deal (trade) двухсторо́нняя сде́лка (торго́вля); ~ radio приёмо-переда́точная радиоустано́вка

**tycoon** [taɪˈku:n] *n* (*преим. амер.*) *разг.* промы́шленный *или* фина́нсовый магна́т
**tying** [ˈtaɪɪŋ] *pres. p. от* tie 2
**tyke** [taɪk] *n* 1) дворня́жка 2) грубия́н, хам
**tympana** [ˈtɪmpənə] *pl от* tympanum
**tympanic** [tɪmˈpænɪk] *a*: ~ membrane *анат.* бараба́нная перепо́нка
**tympanitis** [ˌtɪmpəˈnaɪtɪs] *n мед.* воспале́ние бараба́нной перепо́нки
**tympanum** [ˈtɪmpənəm] *n* (*pl* -s [-z], -na) 1) *анат.* бараба́нная по́лость; сре́днее у́хо 2) *архит.* тимпа́н
**type** [taɪp] **1.** *n* 1) тип; типи́чный образе́ц *или* представи́тель (*чего-л.*); true to ~ типи́чный; характе́рный 2) род, класс, гру́ппа; blood ~ гру́ппа кро́ви 3) моде́ль, образе́ц; си́мвол 4) изображе́ние на моне́те *или* меда́ли 5) *полигр.* ли́тера; шрифт; black (*или* bold, fat) ~ жи́рный шрифт 6) *attr.*: ~ page полоса́ набо́ра
**2.** *v* писа́ть на маши́нке
**type-form** [ˈtaɪpfɔ:m] *n полигр.* текстова́я печа́тная фо́рма
**type-founder** [ˈtaɪpˌfaundə] *n* словоли́тчик
**type-foundry** [ˈtaɪpˌfaundrɪ] *n* словоли́тня
**type-metal** [ˈtaɪpˌmetl] *n полигр.* гарт
**typescript** [ˈtaɪpskrɪpt] **1.** *n* машинопи́сный текст
**2.** *a* машинопи́сный
**type-setter** [ˈtaɪpˌsetə] *n* 1) набо́рщик 2) набо́рная маши́на
**type-setting** [ˈtaɪpˌsetɪŋ] *n* 1) типогра́фский набо́р 2) *attr.* набо́рный; ~ machine набо́рная маши́на
**typewrite** [ˈtaɪpraɪt] *v* писа́ть на маши́нке
**typewriter** [ˈtaɪpˌraɪtə] *n* 1) пи́шущая маши́нка 2) *редк.* машини́стка
**typewriting** [ˈtaɪpˌraɪtɪŋ] **1.** *pres. p. от* typewrite
**2.** *n* = typing 2
**typewritten** [ˈtaɪpˌrɪtn] **1.** *p. p. от* typewrite
**2.** *a* машинопи́сный, напеча́танный на маши́нке
**typhlitis** [tɪfˈlaɪtɪs] *n мед.* тифли́т
**typhoid** [ˈtaɪfɔɪd] **1.** *n* брюшно́й тиф
**2.** *a* тифо́зный; ~ fever брюшно́й тиф
**typhoon** [taɪˈfu:n] *n* тайфу́н
**typhous** [ˈtaɪfəs] *a* (сыпно)тифо́зный
**typhus** [ˈtaɪfəs] *n* сыпно́й тиф
**typical** [ˈtɪpɪkəl] *a* 1) типи́чный (of) 2) символи́ческий
**typify** [ˈtɪpɪfaɪ] *v* быть типи́чным представи́телем; служи́ть типи́чным приме́ром *или* образцо́м; быть прообра́зом; олицетворя́ть
**typing** [ˈtaɪpɪŋ] **1.** *pres. p. от* type 2
**2.** *n* перепи́ска на маши́нке
**typist** [ˈtaɪpɪst] *n* машини́стка
**typographer** [taɪˈpɔgrəfə] *n* печа́тник
**typographic(al)** [ˌtaɪpəˈgræfɪk(əl)] *a* типогра́фский; книгопеча́тный
**typography** [taɪˈpɔgrəfɪ] *n* 1) книгопеча́тание 2) оформле́ние (*книги*)
**tyrannical** [tɪˈrænɪkəl] *a* тирани́ческий; деспоти́чный; вла́стный
**tyrannicide** [tɪˈrænɪsaɪd] *n* 1) тираноуби́йство 2) тираноуби́йца
**tyrannize** [ˈtɪrənaɪz] *v* тира́нствовать
**tyrannous** [ˈtɪrənəs] = tyrannical
**tyranny** [ˈtɪrənɪ] *n* 1) тирани́я, деспоти́зм 2) тира́нство, жесто́кость
**tyrant** [ˈtaɪərənt] *n* тира́н; де́спот
**tyre** I [ˈtaɪə] **1.** *n* 1) колёсный банда́ж 2) ши́на; покры́шка
**2.** *v* надева́ть ши́ну (*на колесо*)
**tyre** II [ˈtaɪə] *инд. n* простоква́ша
**tyro** [ˈtaɪərəu] = tiro
**Tyrolean** [tɪˈrəuli(:)ən] **1.** *n* тиро́лец
**2.** *a* тиро́льский
**Tyrrhene, Tyrrhenian** [tɪˈri:n, tɪˈri:njən] **1.** *a* этру́сский
**2.** *n* этру́ск
**tzar** [zɑ:] = czar
**Tzigane** [tsɪˈgɑ:n] **1.** *a* цыга́нский
**2.** *n* цыга́н(ка) (*особ. из Венгрии*)

# U

**U, u** [ju:] *n* (*pl* Us, U's [ju:z]) *21-я буква англ. алфавита* ◇ U. P. *sl. см.* up 1; it's all U. P. всё ко́нчено, всё пропа́ло
**ubiety** [ju(:)ˈbi:ətɪ] *n* местонахожде́ние
**ubiquitous** [ju(:)ˈbɪkwɪtəs] *a* вездесу́щий; повсеме́стный
**ubiquity** [ju(:)ˈbɪkwɪtɪ] *n* вездесу́щность; повсеме́стность
**U-boat** [ˈju:bəut] *n* неме́цкая подво́дная ло́дка
**udder** [ˈʌdə] *n* вы́мя
**udometer** [ju(:)ˈdɔmɪtə] *n* дождеме́р
**ugh** [uh, ə:h] *int* тьфу!; ах!
**uglify** [ˈʌglɪfaɪ] *v* уро́довать, обезобра́живать
**ugliness** [ˈʌglɪnɪs] *n* уро́дство; некраси́вая вне́шность
**ugly** [ˈʌglɪ] *a* 1) уро́дливый, безобра́зный; ~ as a scarecrow (*или* as sin) ≅ стра́шен как сме́ртный грех; the ~ duckling га́дкий утёнок 2) неприя́тный; проти́вный, скве́рный; отта́лкивающий; an ~ task неприя́тная зада́ча; an ~ disposition дурно́й хара́ктер; ~ news плохи́е ве́сти 3) угрожа́ющий, опа́сный; an ~ tongue злой язы́к; ~ symptoms опа́сные симпто́мы 4) *разг.* вздо́рный; скло́чный, задиристый; an ~ customer *разг.* неприя́тный, тру́дный *или* опа́сный челове́к
**uhlan** [ˈulɑ:n] *n ист.* ула́н
**Uigur** [ˈwi:gə] *n* 1) уйгу́р(ка) 2) уйгу́рский язы́к
**ukase** [ju:ˈkeɪz] *русск. n* ука́з
**Ukrainian** [ju(:)ˈkreɪnjən] **1.** *a* украи́нский
**2.** *n* 1) украи́нец; украи́нка; the ~s *pl собир.* украи́нцы 2) украи́нский язы́к
**ukulele** [ˌju:kəˈleɪlɪ] *n* гава́йская гита́ра
**ulcer** [ˈʌlsə] *n* я́зва; *перен. тж.* зло
**ulcerate** [ˈʌlsəreɪt] *v* 1) изъязвля́ть (-ся) 2) губи́ть, по́ртить
**ulcered, ulcerous** [ˈʌlsəd, ˈʌlsərəs] *a* изъязвлённый, я́звенный
**uliginose, uliginous** [ju(:)ˈlɪdʒɪnəus, -nəs] *a* 1) и́листый; боло́тистый 2) боло́тный, расту́щий на боло́те
**ullage** [ˈʌlɪdʒ] *n* 1) незапо́лненная часть объёма (*бочки, резервуара и т. п.*) 2) уте́чка, нехва́тка
**ulna** [ˈʌlnə] *n* (*pl* -nae) *анат.* локтева́я кость
**ulnae** [ˈʌlni:] *pl от* ulna
**ulster** [ˈʌlstə] *n* дли́нное свобо́дное пальто́ (*обыкн. с поясом*)
**ulterior** [ʌlˈtɪərɪə] *a* 1) скры́тый, невы́раженный; ~ motive (plan, object, *etc.*) скры́тый моти́в (план, цель *и т. п.*) 2) дальне́йший, после́дующий; ~ steps will be taken бу́дут при́няты дальне́йшие ме́ры 3) лежа́щий по ту сто́рону, располо́женный да́льше
**ultima** [ˈʌltɪmə] *лат.* **1.** *n лингв.* исхо́д сло́ва
**2** *a* после́дний, ~ ratio после́дний до́вод, реши́тельный аргуме́нт
**ultimate** [ˈʌltɪmɪt] *a* 1) са́мый отдалённый 2) после́дний, коне́чный; оконча́тельный; ~ result оконча́тельный результа́т 3) максима́льный; преде́льный; ~ load преде́льная нагру́зка; ~ output максима́льная мо́щность 4) перви́чный, элемента́рный; основно́й; ~ particle *физ.* элемента́рная части́ца; ~ analysis *хим.* элемента́рный ана́лиз
**ultimately** [ˈʌltɪmɪtlɪ] *adv* в коне́чном счёте, в конце́ концо́в
**ultimatum** [ˌʌltɪˈmeɪtəm] *n* 1) ультима́тум 2) заключи́тельное сло́во (заявле́ние, предложе́ние *и т. п.*)
**ultimo** [ˈʌltɪməu] *adv* про́шлого ме́сяца; the 20th ult. 20-го числа́ истёкшего ме́сяца
**ultimogeniture** [ˌʌltɪməuˈdʒenɪtʃə] *n юр.* пра́во мла́дшего сы́на на насле́дование
**ultra** [ˈʌltrə] **1.** *a* кра́йний (*об убеждениях, взглядах*)
**2.** *n* челове́к кра́йних взгля́дов; у́льтра
**ultra-** [ˈʌltrə-] *pref* сверх-, ультра-; кра́йне; ultraconservative ультраконсервати́вный; ultrafashionable сверхмо́дный
**ultramarine** [ˌʌltrəməˈri:n] *n* ультрамари́н

**ultramodern** [ˈʌltrəˈmɔdən] *a* сверхсовреме́нный, ультрасовреме́нный

**ultramontane** [ˌʌltrəˈmɔnteɪn] *a* явля́ющийся сторо́нником абсолю́тного авторите́та ри́мского па́пы

**ultramundane** [ˌʌltrəˈmʌndeɪn] *a* располо́женный за преде́лами со́лнечной систе́мы

**ultra-short** [ˈʌltrəˈʃɔ:t] *a* ультракоро́ткий; ~ waves ультракоро́ткие во́лны

**ultrasonic** [ˈʌltrəˈsɔnɪk] *a* сверхзвуково́й

**ultrasound** [ˌʌltrəˈsaund] *n* ультразву́к

**ultra-violet** [ˈʌltrəˈvaɪəlɪt] *a* ультрафиоле́товый

**ultra vires** [ˈʌltrəˈvaɪəri:z] *adv*: to act ~ превыша́ть свои́ права́, полномо́чия

**ululate** [ˈju:ljuleɪt] *v* выть, завыва́ть

**umbel** [ˈʌmbəl] *n бот.* зо́нтик

**umbellate** [ˈʌmbəlɪt] *a бот.* зо́нтичный

**umbelliferous** [ˌʌmbeˈlɪfərəs] = umbellate

**umber** [ˈʌmbə] **1.** *n* у́мбра (*краска*) **2.** *a* тёмно-кори́чневый **3.** *v* кра́сить у́мброй

**umbilical** [ˌʌmbɪˈlaɪkəl] *a* пупо́чный; ~ cord пупови́на

**umbilicus** [ʌmˈbɪlɪkəs] *n* пупо́к

**umbra** [ˈʌmbrə] *n астр.* по́лная тень

**umbrage** [ˈʌmbrɪdʒ] *n* 1) *поэт.* тень, сень 2) оби́да; to take ~ оби́деться

**umbrageous** [ʌmˈbreɪdʒəs] *a* 1) тени́стый 2) оби́дчивый, подозри́тельный

**umbrella** [ʌmˈbrelə] *n* 1) зо́нтик 2) *воен.* барра́ж; загради́тельный ого́нь 3) *воен.* авиацио́нное прикры́тие 4) *перен.* прикры́тие, ши́рма 5) *attr.* зо́нтичный; ~ antenna *радио* зо́нтичная анте́нна

**umbrella-stand** [ʌmˈbreləstænd] *n* подста́вка для зонто́в

**umbrella-tree** [ʌmˈbrelətri:] *n* магно́лия трёхлепестна́я

**umiak** [ˈu:mɪæk] *n* эскимо́сская ло́дка из шкур

**umlaut** [ˈumlaut] *n лингв.* умля́ут

**umpire** [ˈʌmpaɪə] **1.** *n* 1) посре́дник, трете́йский судья́; суперарби́тр 2) *спорт.* судья́, ре́фери́ **2.** *v* быть трете́йским судьёй *и пр.* [*см.* 1]

**umpteen** [ˈʌmpti:n] *a разг.* многочи́сленный, бесчи́сленный

**umpteenth** [ˈʌmpti:nθ] *a разг.*: for the ~ time в со́тый раз

**un-** [ʌn-] *pref* 1) *придаёт глаголу противоположное значение*: to undo уничтожа́ть сде́ланное; to undeceive выводи́ть из заблужде́ния 2) *глаголам, образованным от существительных, придаёт обыкновенно значение* лиша́ть, освобожда́ть от: to uncage выпуска́ть из кле́тки; to unmask снима́ть ма́ску 3) *придаёт прилагательным, причастиям и существительным с их производными, а тж. наречиям отриц. значение* не-, без-; happy счастли́вый, unhappy несча́стный; unhappily несчастли́во; unsuccess неуда́ча 4) *усиливает отриц. значение глагола, напр.*, to unloose

**'un** [ʌn] *разг. см.* one 4

**unabashed** [ˈʌnəˈbæʃt] *a* 1) нерастеря́вшийся, несмути́вшийся 2) бессо́вестный 3) незапу́ганный

**unabated** [ˈʌnəˈbeɪtɪd] *a* неосла́бленный (*о буре и т. п.*)

**unabbreviated** [ˈʌnəˈbri:vɪeɪtɪd] = unabridged

**unabiding** [ˈʌnəˈbaɪdɪŋ] *a* преходя́щий, непостоя́нный

**unable** [ˈʌnˈeɪbl] *a* 1) неспосо́бный (to — к *чему-л.*) 2) *predic.*: to be ~ не быть в состоя́нии; I shall be ~ to go there я не смогу́ пойти́ туда́

**unabridged** [ˈʌnəˈbrɪdʒd] *a* по́лный, несокращённый

**unaccented** [ˈʌnækˈsentɪd] *a* неуда́рный (*слог, звук*)

**unacceptable** [ˈʌnəkˈseptəbl] *a* неприе́млемый

**unaccommodating** [ˈʌnəˈkɔmədeɪtɪŋ] *a* неусту́пчивый, несгово́рчивый, непода́тливый

**unaccompanied** [ˈʌnəˈkʌmpənɪd] *a* 1) не сопровожда́емый (by, with) 2) без аккомпанеме́нта

**unaccomplished** [ˈʌnəˈkɔmplɪʃt] *a* 1) незако́нченный, незавершённый 2) неиску́сный, неуме́лый 3) лишённый вне́шнего ло́ска

**unaccountable** [ˈʌnəˈkauntəbl] *a* необъясни́мый; стра́нный

**unaccredited** [ˈʌnəˈkredɪtɪd] *a* неаккредито́ванный, неуполномо́ченный

**unaccustomed** [ˈʌnəˈkʌstəmd] *a* 1) не привы́кший (to — к *чему-л.*) 2) непривы́чный, необы́чный

**unachievable** [ˈʌnəˈtʃi:vəbl] *a* недосяга́емый, недостижи́мый

**unachieved** [ˈʌnəˈtʃi:vd] *a* недости́гнутый; незавершённый

**unacknowledged** [ˈʌnəkˈnɔlɪdʒd] *a* 1) непри́знанный 2) оста́вшийся без отве́та (*о поклоне, письме*)

**unacquainted** [ˈʌnəˈkweɪntɪd] *a* не знако́мый (с *кем-л., чем-л.*), не зна́ющий (*чего-л.*)

**unactable** [ˈʌnˈæktəbl] *a* несцени́чный (*о пьесе и т. п.*)

**unacted** [ˈʌnˈæktɪd] *a* 1) невы́полненный, несде́ланный 2) не ста́вившийся на сце́не (*о пьесе и т. п.*)

**unadaptable** [ˈʌnəˈdæptəbl] *a* непримени́мый, не могу́щий быть приспосо́бленным, неприспоса́бливаемый

**unadmitted** [ˈʌnədˈmɪtɪd] *a* непри́знанный

**unadopted** [ˈʌnəˈdɔptɪd] *a* 1) неусыновлённый 2) не находя́щийся в ве́дении ме́стных власте́й (*о дорогах*)

**unadulterated** [ˌʌnəˈdʌltəreɪtɪd] *a* 1) настоя́щий, нефальсифици́рованный 2) чи́стый, чисте́йший; ~ nonsense чисте́йший вздор

**unadvised** [ˈʌnədˈvaɪzd] *a* 1) поспе́шный, неразу́мный; неосмотри́тельный 2) не получи́вший сове́та

**unadvisedly** [ˌʌnədˈvaɪzɪdlɪ] *adv* безрассу́дно; необду́манно

**unaffable** [ˈʌnˈæfəbl] *a* неприве́тливый; нелюбе́зный

**unaffected** *a* 1) [ˌʌnəˈfektɪd] неподде́льный, лишённый аффекта́ции, непосре́дственный, и́скренний 2) [ˈʌnəˈfektɪd] не затро́нутый (by — *чем-л.*) 3) [ˈʌnəˈfektɪd] не тро́нутый (by — *чем-л.*); оста́вшийся безуча́стным (by — к)

**unagreeable** [ˈʌnəˈgri:əbl] *a редк.* 1) неприя́тный 2) непосле́довательный; несогла́сный

**unaided** [ˈʌnˈeɪdɪd] *a* лишённый по́мощи; без (посторо́нней) по́мощи

**unallowable** [ˈʌnəˈlauəbl] *a* недопусти́мый; непозволи́тельный

**unallowed** [ˈʌnəˈlaud] *a* неразрешённый, запрещённый

**unalloyed** [ˈʌnəˈlɔɪd] *a* беспри́месный, чи́стый; ~ happiness ниче́м не омрачённое сча́стье

**unalterable** [ʌnˈɔ:ltərəbl] *a* неизме́нный, не допуска́ющий переме́н; усто́йчивый

**unaltered** [ˈʌnˈɔ:ltəd] *a* неизменённый; неизме́нный

**unambiguous** [ˈʌnæmˈbɪgjuəs] *a* недвусмы́сленный

**unamenable** [ˈʌnəˈmi:nəbl] *a* 1) непода́тливый 2) непослу́шный

**un-American** [ˈʌnəˈmerɪkən] *a* 1) чу́ждый америка́нским обы́чаям *или* поня́тиям 2) *амер.* антиамерика́нский; U. Activities Committee коми́ссия по рассле́дованию антиамерика́нской де́ятельности

**unanalysable** [ˈʌnˈænəlaɪzəbl] *a* не поддаю́щийся ана́лизу

**unanimity** [ˌju:nəˈnɪmɪtɪ] *n* единоду́шие

**unanimous** [ju(:)ˈnænɪməs] *a* единоду́шный, единогла́сный

**unannounced** [ˈʌnəˈnaunst] *a* (яви́вшийся) без объявле́ния, без докла́да; he walked into the room ~ он вошёл в ко́мнату без докла́да

**unanswerable** [ʌnˈɑ:nsərəbl] *a* 1) тако́й, на кото́рый невозмо́жно отве́тить (*о вопросе и т. п.*) 2) неопровержи́мый

**unanswered** [ˈʌnˈɑ:nsəd] *a* оста́вшийся без отве́та (*о письмах, просьбах*); ~ love любо́вь без взаи́мности

**unappealable** [ˈʌnəˈpi:ləbl] *a юр.* не подлежа́щий апелля́ции; оконча́тельный

**unappeasable** [ˈʌnəˈpi:zəbl] *a* 1) непримири́мый 2) неутоми́мый, неукроти́мый

**unappetizing** [ˈʌnˈæpɪtaɪzɪŋ] *a* невку́сный неаппети́тный; ~ kitchen неую́тная ку́хня

**unappreciated** [ˈʌnəˈpri:ʃɪeɪtɪd] *a* непо́нятый, недооценённый

**unapprehensive** [ˈʌnˌæprɪˈhensɪv] *a* 1) непоня́тливый, несообрази́тельный 2) бесстра́шный

**unapproachable** [ˌʌnəˈprəutʃəbl] *a* 1) недосту́пный, недостижи́мый 2) не-

непристу́пный 3) несравни́мый, бесподо́бный, не име́ющий ра́вных

**unappropriated** [ˈʌnəˈprəuprɪeɪtɪd] *a* не предназна́ченный (*для какой-л. цели*); свобо́дный; ~ balance нераспределённая при́быль (*в балансах акционерных обществ*) ◇ ~ blessing *шутл.* ста́рая де́ва

**unapproving** [ˈʌnəˈpruːvɪŋ] *a* неодобри́тельный; осужда́ющий

**unapprovingly** [ˈʌnəˈpruːvɪŋlɪ] *adv* неодобри́тельно

**unapt** [ˈʌnˈæpt] *a* 1) неподходя́щий; an ~ quotation неподходя́щая цита́та 2) неспосо́бный, неуме́лый; ~ to learn не спосо́бный к уче́нию; ~ at games нело́вкий в и́грах 3) несклонный

**unarm** [ˈʌnˈɑːm] *v* разоружа́ть(ся)

**unarmed** [ˈʌnˈɑːmd] **1.** *p. p. от* unarm

**2.** *a* 1) безору́жный; невооружённый 2) *бот., зоол.* неколю́чий

**unartful** [ˈʌnˈɑːtful] *a* 1) безыску́сственный 2) неиску́сный

**unashamed** [ˈʌnəˈʃeɪmd] *a* бессо́вестный, на́глый

**unasked** [ˈʌnˈɑːskt] *a* доброво́льный, непро́шенный

**unaspiring** [ˈʌnəsˈpaɪərɪŋ] *a* нечестолюби́вый, не претенду́ющий на что-л.

**unassailable** [ˌʌnəˈseɪləbl] *a* 1) непристу́пный; an ~ fortress непристу́пная кре́пость 2) неопровержи́мый

**unassertive** [ˈʌnəˈsəːtɪv] *a* скро́мный, засте́нчивый

**unassisted** [ˈʌnəˈsɪstɪd] *a* без по́мощи; he did it ~ он сде́лал э́то сам

**unassuming** [ˈʌnəˈsjuːmɪŋ] *a* скро́мный, непритяза́тельный

**unassured** [ˈʌnəˈʃuəd] *a* 1) неуве́ренный 2) сомни́тельный; ненадёжный 3) незастрахо́ванный

**unatonable** [ˈʌnəˈtəunəbl] *a* 1) не могу́щий быть загла́женным (*о вине*) 2) невозмести́мый

**unattached** [ˈʌnəˈtætʃt] *a* 1) непривя́занный; неприкреплённый 2) незаму́жняя; нежена́тый 3) не прикреплённый к определённому колле́джу (*о студенте*) 4) *воен.* непри́данный, не прикреплённый к определённому полку́ 5) не аресто́ванный (*за долги*)

**unattainable** [ˈʌnəˈteɪnəbl] *a* недостижи́мый, недосяга́емый

**unattended** [ˈʌnəˈtendɪd] *a* 1) несопровожда́емый (*слугами, свитой и т. п.*) 2) оста́вленный без ухо́да; ~ wound неперевя́занная ра́на 3) непосеща́емый

**unattending** [ˈʌnəˈtendɪŋ] *a* невнима́тельный

**unattractive** [ˌʌnəˈtræktɪv] *a* непривлека́тельный

**unauthorized** [ˈʌnˈɔːθəraɪzd] *a* 1) неразрешённый 2) неправомо́чный

**unavailable** [ˈʌnəˈveɪləbl] *a* 1) не име́ющийся в нали́чии 2) недействи́тельный

**unavailing** [ˈʌnəˈveɪlɪŋ] *a* бесполе́зный, тще́тный, беспло́дный

**unavenged** [ˈʌnəˈvendʒd] *a* неотомщённый

**unavoidable** [ˌʌnəˈvɔɪdəbl] *a* неизбе́жный, немину́емый

**unaware** [ˈʌnəˈwɛə] *a predic.* не зна́ющий, не подозрева́ющий (of — *чего-л.*); I was ~ of it я ничего́ не знал об э́том

**unawares** [ˈʌnəˈwɛəz] *adv* 1) неожи́данно, враспло́х (*тж.* at ~); to catch (*или* to take) ~ засти́гнуть враспло́х 2) непредумы́шленно, нечаянно

**unbacked** [ˈʌnˈbækt] *a* 1) не име́ющий сторо́нников, подде́ржки 2) тако́й, на кото́рого не де́лают ста́вок (*напр., о лошади*) 3) необъе́зженный (*о лошади*)

**unbaked** [ˈʌnˈbeɪkt] *a* невы́печенный

**unbalance** [ˈʌnˈbæləns] *v* лиши́ть душе́вного равнове́сия; вы́вести из равнове́сия

**unbalanced** [ˈʌnˈbælənst] **1.** *p. p. от* unbalance

**2.** *a* неуравнове́шенный; неусто́йчивый (*о психике*)

**unballast** [ˈʌnˈbæləst] *v мор.* выгружа́ть балла́ст

**unballasted** [ˈʌnˈbæləstɪd] **1.** *p. p. от* unballast

**2.** *a* 1) *мор.* не име́ющий балла́ста 2) *ж.-д.* незабалласти́рованный (*о пути*) 3) неусто́йчивый

**unbar** [ˈʌnˈbɑː] *v* отодви́нуть засо́в; откры́ть (*дверь, путь и т. п.*)

**unbare** [ʌnˈbɛə] *v* оголя́ть, обнажа́ть

**unbearable** [ʌnˈbɛərəbl] *a* невыноси́мый

**unbearded** [ˈʌnˈbɪədɪd] *a* 1) безборо́дый 2) *бот.* лишённый у́сиков, осте́й

**unbeaten** [ˈʌnˈbiːtn] *a* 1) не испыта́вший пораже́ния; непревзойдённый 2) непроторённый; ~ track непроторённый путь; неизве́данная о́бласть (*знаний и т. п.*) 3) нетолчёный

**unbecoming** [ˈʌnbɪˈkʌmɪŋ] *a* 1) неприли́чествующий; неподходя́щий 2) не иду́щий к лицу́ 3) неприли́чный; ~ conduct неприли́чное поведе́ние

**unbefitting** [ˈʌnbɪˈfɪtɪŋ] *a* неподходя́щий

**unbegun** [ˈʌnbɪˈgʌn] *a* 1) (ещё) не на́чатый 2) не име́ющий нача́ла, существу́ющий ве́чно, изве́чный

**unbeknown, unbeknownst** [ˈʌnbɪˈnəun, -ˈnəunst] *predic. a. разг.* неве́домый; he did it ~st to me он сде́лал э́то без моего́ ве́дома

**unbelief** [ˈʌnbɪˈliːf] *n* неве́рие

**unbelievable** [ˌʌnbɪˈliːvəbl] *a* невероя́тный

**unbeliever** [ˈʌnbɪˈliːvə] *n* 1) неве́рующий 2) ске́птик

**unbelt** [ˈʌnˈbelt] *v* снима́ть *или* расстёгивать по́яс

**unbend** [ˈʌnˈbend] *v* (unbent) 1) выпрямля́ть(ся); разгиба́ть(ся) 2) ослабля́ть напряже́ние; дава́ть о́тдых; to ~ one's mind дать о́тдых голове́ 3) *refl.* стать просты́м, приве́тливым, отбро́сить чо́порность 4) *мор.* отдава́ть (*снасть*) 5) *тех.* рихтова́ть, пра́вить

**unbending** [ˈʌnˈbendɪŋ] **1.** *pres. p. от* unbend

**2.** *a* 1) негну́щийся 2) непреклонный 3) просто́й, нечо́порный, нецеремо́нный

**unbeneficed** [ˈʌnˈbenɪfɪst] *a церк.* не име́ющий бенефи́ция, прихо́да

**unbent** [ˈʌnˈbent] *past и p. p. от* unbend

**unbeseeming** [ˈʌnbɪˈsiːmɪŋ] *a* неприли́чествующий, неподоба́ющий, неподходя́щий

**unbetterable** [ˈʌnˈbetərəbl] *a* 1) не могу́щий быть превзойдённым 2) непоправи́мый

**unbias(s)ed** [ˈʌnˈbaɪəst] *a* беспристра́стный

**unbidden** [ˈʌnˈbɪdn] *a* непро́шеный, незва́ный

**unbind** [ˈʌnˈbaɪnd] *v* (unbound) 1) развя́зывать; распуска́ть; to ~ hair распуска́ть во́лосы 2) освобожда́ть; to ~ a prisoner освобожда́ть заключённого 3) снима́ть повя́зку (*с раны и т. п.*)

**unblamable** [ˈʌnˈbleɪməbl] *a* безупре́чный

**unbleached** [ˈʌnˈbliːtʃt] *a* небелёный, неотбелённый

**unblemished** [ʌnˈblemɪʃt] *a* незапя́тнанный, безупре́чный

**unblended** [ˈʌnˈblendɪd] *a* чи́стый, несме́шанный

**unblessed** [ˈʌnˈblest] *a* 1) лишённый благослове́ния 2) несча́стный, злополу́чный

**unblock** [ˈʌnˈblɔk] *v* откры́ть; устрани́ть препя́тствие

**unblooded** [ˈʌnˈblʌdɪd] *a* нечистокро́вный; an ~ horse нечистокро́вная ло́шадь

**unbloody** [ˈʌnˈblʌdɪ] *a* 1) не запя́тнанный кро́вью 2) бескро́вный 3) некровожа́дный

**unblown** I [ˈʌnˈbləun] *a* 1) ещё не прозвуча́вший 2) незапыха́вшийся

**unblown** II [ˈʌnˈbləun] *a* нераспусти́вшийся, нерасцве́тший

**unblushing** [ʌnˈblʌʃɪŋ] *a* бессты́дный, на́глый

**unbodied** [ˈʌnˈbɔdɪd] *a* беспло́тный, бестеле́сный

**unboiled** [ˈʌnˈbɔɪld] *a* некипячёный; не вскипе́вший

**unbolt** [ˈʌnˈbəult] *v* снима́ть засо́в, отпира́ть

**unbone** [ˈʌnˈbəun] *v* вынима́ть ко́сти (*из мяса и т. п.*)

**unbooked** [ˈʌnˈbukt] *a* 1) незарегистри́рованный, не занесённый в кни́гу 2) не зака́занный зара́нее 3) малообразо́ванный; негра́мотный

**unbookish** [ˈʌnˈbukɪʃ] *a* 1) не увлека́ющийся чте́нием; неначи́танный 2) почёрпнутый не из книг

**unborn** [ˈʌnˈbɔːn] *a* 1) (ещё) не рождённый 2) бу́дущий

**unbosom** [ʌnˈbuzəm] *v* поверя́ть (*тайну*), излива́ть (*чувства*); to ~ oneself открыва́ть ду́шу

**unbound** [ʹʌnʹbaund] **1.** *past и p. p. от* unbind
**2.** *a* 1) свобо́дный, не свя́занный обя́зательствами 2) непереплетённый (*о книге*)
**unbounded** [ʌnʹbaundɪd] *a* неограни́ченный; безграни́чный, беспреде́льный
**unbowed** [ʹʌnʹbaud] *a* непокорённый
**unbrace** [ʹʌnʹbreɪs] *v* ослабля́ть, расслабля́ть
**unbred** [ʹʌnʹbred] *a* пло́хо воспи́танный
**unbridle** [ʌnʹbraɪdl] *v* 1) распряга́ть 2) *перен.* распуска́ть
**unbridled** [ʌnʹbraɪdld] **1.** *p. p. от* unbridle
**2.** *a* разну́зданный; необу́зданный; распу́щенный
**unbroken** [ʹʌnʹbrəukən] *a* 1) неразби́тый, це́лый 2) непреры́вный (*о сне и т. п.*) 3): ~ record непоби́тый реко́рд 4) необъе́зженный (*о лошади*) 5) непокорённый; ~ spirit несло́мленный дух 6) сде́ржанный (*об обещании и т. п.*)
**unbuckle** [ʹʌnʹbʌkl] *v* расстёгивать пря́жку, застёжку
**unbuild** [ʹʌnʹbɪld] *v* 1) разруша́ть, снося́ть 2) *эл.* размагни́чивать
**unburden** [ʌnʹbə:dn] *v* 1) облегча́ть бре́мя, но́шу 2) *перен.* сбро́сить тя́жесть; to ~ one's mind вы́сказать то, что накопи́лось; to ~ oneself отвести́ ду́шу
**unbusinesslike** [ʌnʹbɪznɪslaɪk] *a* неделово́й, непракти́чный
**unbutton** [ʹʌnʹbʌtn] *v* расстёгивать
**unbuttoned** [ʹʌnʹbʌtnd] *a* 1) расстёгнутый 2) непринуждённый
**uncage** [ʹʌnʹkeɪdʒ] *v* выпуска́ть из клётки
**uncalled-for** [ʌnʹkɔ:ldfɔ:] *a* непро́шеный; неуме́стный; ничём не вы́званный; ~ remark неуме́стное замеча́ние
**uncanny** [ʌnʹkænɪ] *a* жу́ткий, сверхъесте́ственный
**uncap** [ʌnʹkæp] *v* 1) снима́ть шля́пу 2) снима́ть кры́шку, открыва́ть, отку́поривать 3) *воен.* вынима́ть ка́псюль
**uncared-for** [ʹʌnʹkɛədfɔ:] *a* забро́шенный; ~ appearance запу́щенный вид; ~ children забро́шенные де́ти
**uncart** [ʹʌnʹkɑ:t] *v* разгружа́ть теле́жку
**uncase** [ʹʌnʹkeɪs] *v* 1) вынима́ть из я́щика, футля́ра, но́жен 2) распако́вывать
**uncaused** [ʹʌnʹkɔ:zd] *a* 1) беспричи́нный 2) изве́чный
**unceasing** [ʌnʹsi:sɪŋ] *a* непрекраща́ющийся, непреры́вный, безостано́вочный
**uncelebrated** [ʹʌnʹselɪbreɪtɪd] *a* 1) не по́льзующийся изве́стностью 2) неотмеча́емый, непра́зднуемый
**unceremonious** [ʹʌn͵serɪʹməunjəs] *a* 1) просто́й; неофициа́льный 2) бесцеремо́нный

**uncertain** [ʌnʹsə:tn] *a* 1) то́чно не изве́стный; сомни́тельный; the result is ~ результа́т нея́сен 2) неуве́ренный; колё́блющийся, находя́щийся в нереши́тельности; сомнева́ющийся 3) неопределённый; in no ~ terms в недвусмы́сленных выраже́ниях; a lady of ~ age да́ма неопределённого во́зраста 4) изме́нчивый, ненадёжный
**uncertainty** [ʌnʹsə:tntɪ] *n* 1) неуве́ренность, нереши́тельность; сомне́ния; to be in a state of ~ сомнева́ться, колеба́ться 2) неизве́стность, неопределённость 3) изме́нчивость
**unchain** [ʹʌnʹtʃeɪn] *v* 1) спуска́ть с це́пи 2) раско́вывать, освобожда́ть
**unchallengeable** [ʹʌnʹtʃælɪndʒəbl] *a* неоспори́мый
**unchancy** [ʹʌnʹtʃɑ:nsɪ] *a преим. шотл.* 1) неуда́чный, случи́вшийся некста́ти 2) небезопа́сный
**unchanged** [ʹʌnʹtʃeɪndʒd] *a* неизмени́вшийся, оста́вшийся пре́жним
**uncharitable** [ʌnʹtʃærɪtəbl] *a* жесто́кий, немилосе́рдный; зло́стный
**uncharted** [ʹʌnʹtʃɑ:tɪd] *a* не отме́ченный на ка́рте
**unchecked** [ʹʌnʹtʃekt] *a* 1) необу́зданный 2) беспрепя́тственный 3) непрове́ренный
**unchristian** [ʹʌnʹkrɪstjən] *a* 1) недо́брый 2) *разг.* неудо́бный; to call on smb. at an ~ hour *разг.* прийти́ к кому́-л. в неподходя́щее вре́мя
**unchurch** [ʹʌnʹtʃə:tʃ] *v* отлуча́ть от це́ркви
**uncial** [ʹʌnsɪəl] **1.** *a* унциа́льный
**2.** *n* 1) унциа́льный шрифт 2) ру́копись, напи́санная унциа́льным шри́фтом
**uncivil** [ʹʌnʹsɪvl] *a* 1) неве́жливый, гру́бый 2) *редк.* нецивилизо́ванный
**uncivilized** [ʹʌnʹsɪvɪlaɪzd] *a* нецивилизо́ванный, ва́рварский
**unclad** [ʹʌnʹklæd] *a* го́лый
**unclasp** [ʹʌnʹklɑ:sp] *v* 1) отстёгивать застёжку 2) разжима́ть (*объятия*); выпуска́ть (*из рук, из объятий*)
**uncle** [ʹʌŋkl] *n* 1) дя́дя 2) пожило́й челове́к; «дя́дюшка» (*особ. в обращении*) 3) *шутл.* ростовщи́к; my ~'s ла́вка ростовщика́ ◇ U. Sam «дя́дя Сэм», США
**unclean** [ʹʌnʹkli:n] *a* 1) неопря́тный; нечи́стый 2) отврати́тельный, гря́зный; амора́льный 3) *рел.* нечи́стый (*о пище*)
**uncleared** [ʹʌnʹklɪəd] *a* 1) неу́бранный; нерасчи́щенный 2) неопра́вданный
**unclench** [ʹʌnʹklentʃ] *v* разжа́ть (*кулак и т. п.*)
**uncloak** [ʹʌnʹkləuk] *v* 1) снима́ть плащ 2) срыва́ть ма́ску, разоблача́ть
**unclose** [ʹʌnʹkləuz] *v* открыва́ть(ся)
**unclosed** [ʹʌnʹkləuzd] **1.** *p. p. от* unclose
**2.** *a* 1) откры́тый 2) незако́нченный; ~ argument спор, оста́вшийся незако́нченным
**unclothe** [ʹʌnʹkləuð] *v* 1) раздева́ть 2) раскрыва́ть, обнажа́ть

**unclouded** [ʹʌnʹklaudɪd] *a* безо́блачный; ~ happiness безо́блачное сча́стье
**unco** [ʹʌŋkəu] *шотл.* **1.** *a* стра́нный
**2.** *adv* необыкнове́нно; о́чень
**3.** *n* (*pl* -os [-əuz]) 1) незнако́мец 2) *pl* но́вости
**uncock** [ʹʌnʹkɔk] *v* спуска́ть с боево́го взво́да без вы́стрела
**uncoil** [ʹʌnʹkɔɪl] *v* разма́тывать (-ся); раскру́чивать(ся)
**uncoined** [ʹʌnʹkɔɪnd] *a* 1) нечека́нный 2) по́длинный, непритво́рный
**uncome-at-able** [ʹʌnkʌmʹætəbl] *a разг.* непристу́пный
**uncomely** [ʹʌnʹkʌmlɪ] *a* 1) некраси́вый, непривлека́тельный 2) *уст.* непристо́йный
**uncomfortable** [ʌnʹkʌmfətəbl] *a* 1) неудо́бный; ~ chair неудо́бный стул; ~ position неудо́бное положе́ние 2) испы́тывающий неудо́бство, стеснённый; he felt ~ он (по)чу́вствовал себя́ нело́вко
**uncommitted** [ʹʌnkəʹmɪtəd] *a* 1) не свя́завший себя́ (*чем-л.*); не приня́вший на себя́ обяза́тельства; an ~ nation неприсоедини́вшееся госуда́рство 2) не пе́реданный в коми́ссию (*парламента*) 3) не совершённый (*об ошибке, преступлении и т. п.*) 4) не находя́щийся в заключе́нии
**uncommon** [ʌnʹkɔmən] **1.** *a* 1) необыкнове́нный, замеча́тельный, недю́жинный 2) ре́дкий, ре́дко встреча́ющийся *или* случа́ющийся
**2.** *adv разг. см.* uncommonly
**uncommonly** [ʌnʹkɔmənlɪ] *adv* замеча́тельно, удиви́тельно
**uncommunicative** [ʹʌnkəʹmju:nɪkətɪv] *a* необщи́тельный, молчали́вый
**uncompanionable** [ʹʌnkəmʹpænjənəbl] *a* необщи́тельный
**uncomplaining** [ʹʌnkəmʹpleɪnɪŋ] *a* безро́потный
**uncompliant** [ʹʌnkəmʹplaɪənt] *a* непода́тливый, несгово́рчивый
**uncomplying** [ʹʌnkəmʹplaɪɪŋ] *a* не поддаю́щийся (*на что-л.*), не склоня́ющийся (*к чему-л.*)
**uncompromising** [ʌnʹkɔmprəmaɪzɪŋ] *a* 1) не иду́щий на компроми́ссы 2) непреклo̓нный, сто́йкий
**unconcealed** [ʹʌnkənʹsi:ld] *a* нескрыва́емый, я́вный
**unconceivable** [ʹʌnkənʹsi:vəbl] = inconceivable
**unconcern** [ʹʌnkənʹsə:n] *n* 1) беззабо́тность 2) равноду́шие; безразли́чие
**unconcerned** [ʹʌnkənʹsə:nd] *a* 1) беспе́чный, беззабо́тный (about — в отноше́нии *чего-л.*) 2) равноду́шный, незаинтересо́ванный; не интересу́ющийся (with — *чем-л.*) 3) не заме́шанный (in — в *чём-л.*)
**unconditional** [ʹʌnkənʹdɪʃənl] *a* не ограни́ченный усло́виями, безогово́рочный, безусло́вный; ~ surrender безогово́рочная капитуля́ция
**unconditioned** [ʹʌnkənʹdɪʃənd] *a* 1) неограни́ченный, неоговорённый,

необусло́вленный 2) абсолю́тный; безусло́вный; ~ reflex безусло́вный рефле́кс

**unconforming** [ˈʌnkənˈfɔːmɪŋ] *a* не соотве́тствующий (тре́бованиям); вызыва́ющий возраже́ния

**unconformity** [ˈʌnkənˈfɔːmɪtɪ] *n* 1) несоотве́тствие 2) *геол.* несогла́сное напластова́ние

**uncongenial** [ˈʌnkənˈdʒiːnjəl] *a* 1) чу́ждый по ду́ху, неконгениа́льный 2) неподходя́щий; неблагоприя́тный

**unconnected** [ˈʌnkəˈnektɪd] *a* 1) не свя́занный (*с чем-л.*) 2) неро́дственный, не име́ющий свя́зей 3) бессвя́зный

**unconquerable** [ʌnˈkɔŋkərəbl] *a* непобеди́мый

**unconscionable** [ʌnˈkɔnʃnəbl] *a* 1) бессо́вестный; ~ bargain *юр.* незако́нная сде́лка 2) неуме́ренный, чрезме́рный

**unconscious** [ʌnˈkɔnʃəs] **1.** *a* 1) не сознающий (of — *чего-л.*); to be ~ of а) не сознава́ть; б) не ви́деть, не замеча́ть 2) бессозна́тельный; she is ~ она́ без созна́ния, в о́бмороке 3) нево́льный; нечая́нный

**2.** *n* (the ~) подсозна́тельное (*в психоанализе*)

**unconstitutional** [ˈʌnˌkɔnstɪˈtjuːʃənl] *a* противоре́чащий конститу́ции, неконституцио́нный

**unconstrained** [ˈʌnkənˈstreɪnd] *a* 1) де́йствующий не по принужде́нию; доброво́льный 2) непринуждённый, есте́ственный

**uncontemplated** [ˈʌnˈkɔntempleɪtɪd] *a* неожи́данный; непредви́денный

**uncontented** [ˈʌnkənˈtentɪd] *a* недово́льный, неудовлетворённый

**uncontrollable** [ˌʌnkənˈtrəuləbl] *a* 1) неудержи́мый; не поддающийся контро́лю 2) не поддающийся регулиро́вке 3) *уст.* неоспори́мый

**unconventional** [ˈʌnkənˈvenʃənl] *a* чу́ждый усло́вности; нешабло́нный ◇ ~ weapons осо́бые ви́ды вооруже́ния (*ядерное, химическое и бактериологическое оружие*), сре́дства ма́ссового пораже́ния

**unconversable** [ˈʌnkənˈvəːsəbl] *a* неразгово́рчивый; необщи́тельный

**unconverted** [ˈʌnkənˈvəːtɪd] *a* 1) неизменённый; оста́вшийся пре́жним 2) *рел.* необращённый

**unconvertible** [ˈʌnkənˈvəːtəbl] = inconvertible

**unconvincing** [ˈʌnkənˈvɪnsɪŋ] *a* неубеди́тельный

**uncooked** [ˈʌnˈkukt] *a* сыро́й, непригото́вленный (*о пище*)

**uncord** [ˈʌnˈkɔːd] *v* развя́зывать, отвя́зывать

**uncork** [ˈʌnˈkɔːk] *v* 1) отку́поривать 2) *разг.* дава́ть вы́ход, во́лю (*чувствам*)

**uncorruptible** [ˈʌnkəˈrʌptəbl] *a* неподку́пный

**uncostly** [ˈʌnˈkɔstlɪ] *a* дешёвый

**uncountable** [ˈʌnˈkauntəbl] *a* бесчи́сленный, неисчисли́мый

**uncounted** [ˈʌnˈkauntɪd] *a* несчётный, бесчи́сленный

**uncouple** [ˈʌnˈkʌpl] *v* 1) расцепля́ть; разъединя́ть 2) спуска́ть (*собак*) со сво́ры

**uncouth** [ʌnˈkuːθ] *a* 1) неуклю́жий 2) грубова́тый, неотёсанный 3) *уст.* стра́нный

**uncover** [ʌnˈkʌvə] *v* 1) снима́ть (*крышку, покров и т. п.*) 2) открыва́ть (*лицо и т. п.*) 3) обнару́живать; раскрыва́ть; the police have ~ed a plot поли́ция раскры́ла за́говор 4) *уст.* обнажа́ть го́лову 5) *воен.* оставля́ть без прикры́тия

**uncovered** [ʌnˈkʌvəd] **1.** *p. p. от* uncover

**2.** *a* 1) неприкры́тый, откры́тый 2) с непокры́той голово́й; to stand ~ стоя́ть с непокры́той голово́й 3) *фин.* необеспе́ченный; ~ paper money необеспе́ченные бума́жные де́ньги 4) *горн.* вскры́тый (*о полезном ископаемом*)

**uncreated** [ˈʌnkri(ː)ˈeɪtɪd] *a* 1) существу́ющий изве́чно 2) (ещё) не со́зданный

**uncrippled** [ˈʌnˈkrɪpld] *a* неповреждённый

**uncritical** [ˈʌnˈkrɪtɪkəl] *a* 1) принима́ющий сле́по, без кри́тики 2) некрити́чный; an ~ estimate некрити́чная оце́нка

**uncrossed** [ˈʌnˈkrɔst] *a* 1) неперечёркнутый; an ~ cheque *фин.* некросси́рованный чек 2) беспрепя́тственный

**uncrown** [ˈʌnˈkraun] *v* сверга́ть с престо́ла; *перен.* развенчивать

**uncrowned** [ˈʌnˈkraund] **1.** *p. p. от* uncrown

**2.** *a* 1) некороно́ванный 2) незако́нченный, незавершённый

**unction** [ˈʌŋkʃən] *n* 1) пома́зание (*обряд*) 2) втира́ние ма́зи 3) мазь 4) на́божность 5) еле́йность 6) пыл, рве́ние

**unctuous** [ˈʌŋktjuəs] *a* 1) масляни́стый 2) жи́рный и ли́пкий (*о почве*) 3) еле́йный

**uncultivated** [ˈʌnˈkʌltɪveɪtɪd] *a* 1) невозде́ланный (*о земле*) 2) нера́звитый (*о способностях и т. п.*) 3) гру́бый, неотёсанный; некульту́рный

**uncultured** [ˈʌnˈkʌltʃəd] *a* некульту́рный, невоспи́танный

**uncurb** [ˈʌnˈkəːb] *v* 1) разну́здывать 2) дава́ть во́лю (*чувствам и т. п.*)

**uncurl** [ˈʌnˈkəːl] *v* развива́ть(ся) (*о локонах*)

**uncurtain** [ˈʌnˈkəːtn] *v* 1) раздви́нуть, подня́ть занаве́ски 2) обнару́жить

**uncurtained** [ˈʌnˈkəːtnd] **1.** *p. p. от* uncurtain

**2.** *a* незанаве́шенный; с раздви́нутыми, по́днятыми занаве́сками

**uncustomary** [ˈʌnˈkʌstəmərɪ] *a* непривы́чный

**uncustomed** [ˈʌnˈkʌstəmd] *a* не опла́ченный тамо́женной по́шлиной

**uncut** [ˈʌnˈkʌt] *a* 1) неразре́занный 2) с необре́занными поля́ми (*о книге*) 3) по́лный, несокращённый (*о тексте и т. п.*)

**undamped** [ˈʌnˈdæmpt] *a радио* недемпфи́рованный

**undated** [ˈʌnˈdeɪtɪd] *a* недати́рованный

**undaunted** [ʌnˈdɔːntɪd] *a* неустраши́мый, бесстра́шный

**undeceive** [ˈʌndɪˈsiːv] *v* выводи́ть из заблужде́ния, открыва́ть глаза́ (*на что-л.*)

**undecided** [ˈʌndɪˈsaɪdɪd] *a* 1) нерешённый 2) нереши́тельный 3) не реши́вшийся, не приня́вший реше́ния; I am ~ whether to go or stay я не зна́ю, идти́ мне и́ли остава́ться

**undecipherable** [ˈʌndɪˈsaɪfərəbl] *a* не поддающийся расшифро́вке; неразбо́рчивый

**undecisive** [ˈʌndɪˈsaɪsɪv] *a* нерешающий, неоконча́тельный

**undecked** [ˈʌnˈdekt] *a* 1) неукра́шенный, без украше́ний 2) беспа́лубный

**undeclared** [ˈʌndɪˈklɛəd] *a* 1) необъя́вленный, непровозглашённый 2) непредъя́вленный на тамо́жне (*о вещах, подлежащих таможенному сбору*)

**undeclinable** [ˈʌndɪˈklaɪnəbl] *a* 1) не могу́щий быть отве́ргнутым 2) *грам.* несклоня́емый

**undefended** [ˈʌndɪˈfendɪd] *a* 1) незащищённый 2) не подкреплённый доказа́тельствами, неаргументи́рованный 3) *юр.* без защи́ты, без защи́тника (*об обвиняемом*)

**undelivered** [ˈʌndɪˈlɪvəd] *a* 1) недоста́вленный 2) непроизнесённый; an ~ speech непроизнесённая речь

**undemocratic** [ˈʌnˌdeməˈkrætɪk] *a* антидемократи́ческий, недемократи́ческий

**undemonstrative** [ˈʌndɪˈmɔnstrətɪv] *a* сде́ржанный

**undeniable** [ˌʌndɪˈnaɪəbl] *a* неоспори́мый; несомне́нный; я́вный; ~ truth неопровержи́мая и́стина

**undenominational** [ˈʌndɪˌnɔmɪˈneɪʃənl] *a* не относя́щийся к како́му-л. вероисповеда́нию

**under** [ˈʌndə] **1.** *prep* 1) *указывает на положение одного предмета ниже другого или на направление действия вниз* под, ни́же; ~ the table под столо́м; ~ one's feet под нога́ми; put the suitcase ~ the table поста́вьте чемода́н под стол 2) *указывает на нахождение под бременем, тяжестью чего-л.* под; ~ the load под тя́жестью; he broke down ~ the burden of sorrow го́ре сломи́ло его́ 3) *указывает на пребывание под властью, контролем, командованием* под; to work ~ a professor рабо́тать под руково́дством профе́ссора; England ~ the Stuarts А́нглия в эпо́ху Стюа́ртов; an office ~ Government госуда́рственная слу́жба 4) *указывает на нахождение в движении, процессе, осуществлении, определённом состоянии и т. п.:*

the question is ~ consideration вопро́с обсужда́ется; the road is ~ repair доро́га ремонти́руется; ~ arrest под аре́стом 5) *указывает на условия, обстоятельства, при которых совершается действие* при, под, на; ~ fire под огнём; ~ arms вооружённый; ~ heavy penalty под стра́хом суро́вого наказа́ния; ~ the necessity of smth. под давле́нием каки́х-л. обстоя́тельств; ~ cover под прикры́тием; ~ an assumed name под вы́мышленным и́менем; ~ a mask под ма́ской; ~ the protection of smth. под защи́той чего́-л. 6) *указывает на соответствие, согласованность* по; ~ the present agreement по настоя́щему соглаше́нию; ~ the new law по но́вому зако́ну; ~ right in international law в соотве́тствии с междунаро́дным пра́вом; to operate (*или* to act) ~ a principle де́йствовать по при́нципу 7) *указывает на включение в графу, параграф, пункт и т. п.* под, к; the subject falls ~ the head of grammar э́та те́ма отно́сится к грамма́тике; this rule goes ~ point five э́то пра́вило отно́сится к пу́нкту пя́тому 8) *указывает на меньшую степень, более низкую цену, на меньший возраст и т. п.* ни́же, ме́ньше; ~ two hundred people were there там бы́ло ме́ньше двухсо́т челове́к; the child is ~ five ребёнку ещё нет пяти́ лет; I cannot reach the village ~ two hours я не могу́ добра́ться до дере́вни ме́ньше, чем за два часа́; ~ age не дости́гший определённого во́зраста; несовершенноле́тний; to sell ~ cost продава́ть ни́же сто́имости 9) *указывает на использование площади, участка земли в определённых целях* под; a field ~ clover по́ле, засе́янное кле́вером

**2.** *adv* 1) ни́же, вниз 2) внизу́ ◇ to bring ~ подчиня́ть; to keep ~ искореня́ть, не дава́ть распространя́ться

**3.** *a* 1) ни́жний 2) ни́зший, нижестоя́щий, подчинённый 3) ме́ньший, ни́же устано́вленной но́рмы

**4.** *n арт.* недолёт

**under-** ['ʌndə-] *pref* 1) *в значении* ни́же, под, *присоединяясь к существительному, образует разные части речи*: underground а) под землёй; б) подзе́мный; underclothes ни́жнее бельё 2) *присоединяясь к существительному, придаёт значение подчинённости*: under-secretary замести́тель *или* помо́щник мини́стра 3) *присоединяясь к глаголу и прилагательному, придаёт значение недостаточности, неполноты* недо-; ни́же чем; to undervalue недооце́нивать; underdone недожа́ренный; to undernourish недока́рмливать

**underact** ['ʌndə'rækt] *v* исполня́ть роль бле́дно, сла́бо

**underaction** ['ʌndə'rækʃən] *n* 1) побо́чная интри́га, эпизо́д 2) неэнерги́чные де́йствия

**under-age** ['ʌndə'reɪdʒ] *a* несовершенноле́тний

**underbade** ['ʌndə'beɪd] *past от* underbid

**underbid** ['ʌndə'bɪd] *v* (underbade, underbid; underbidden, underbid) сбива́ть, снижа́ть це́ну; назнача́ть бо́лее ни́зкую це́ну (*особ. на аукционе*)

**underbidden** ['ʌndə'bɪdn] *p. p. от* underbid

**underbought** ['ʌndə'bɔːt] *past и p. p. от* underbuy

**underbred** ['ʌndə'bred] *a* 1) ду́рно воспи́танный; гру́бый 2) нечистокро́вный, непоро́дистый

**underbrush** ['ʌndəbrʌʃ] = underwood

**underbuy** ['ʌndə'baɪ] *v* (underbought) покупа́ть ни́же сто́имости

**undercarriage** ['ʌndə,kærɪdʒ] *n ав., авто* шасси́

**undercharge** ['ʌndə'tʃɑːdʒ] **1.** *n* 1) сли́шком ни́зкая цена́ 2) *воен.* уме́ньшенный заря́д

**2.** *v* 1) назнача́ть сли́шком ни́зкую це́ну 2) *воен.* заряжа́ть уме́ньшенным заря́дом 3) недогружа́ть

**underclassman** ['ʌndə'klɑːsmæn] *n* (*обыкн. pl*) *амер. унив.* студе́нт пе́рвого *или* второ́го ку́рса

**underclothes** ['ʌndəkləuðz] *n pl* ни́жнее бельё

**underclothing** ['ʌndə,kləuðɪŋ] = underclothes

**undercoat** ['ʌndəkəut] *n* 1) оде́жда, носи́мая под друго́й оде́ждой 2) подшёрсток

**undercooling** ['ʌndə,kuːlɪŋ] *n* 1) недоста́точное охлажде́ние 2) *физ.* переохлажде́ние

**undercover** ['ʌndə,kʌvə] *a* та́йный, секре́тный; ~ agent та́йный аге́нт

**undercroft** ['ʌndəkrɔft] *n* 1) подва́л со сво́дами 2) *церк.* кри́пта

**undercurrent** ['ʌndə,kʌrənt] *n* 1) низово́е подво́дное тече́ние 2) скры́тая тенде́нция; не вы́раженное я́вно настрое́ние, мне́ние *и т. п.*

**undercut** **1.** *n* ['ʌndəkʌt] 1) вы́резка (*часть туши*) 2) *спорт.* бросо́к *или* уда́р сни́зу 3) *тех.* поднутре́ние 4) *горн.* подру́бка, зару́бка

**2.** *v* ['ʌndə'kʌt] (undercut) 1) подреза́ть 2) сбива́ть це́ны; продава́ть по бо́лее ни́зким це́нам (*чем конкурент*)

**underdeveloped** ['ʌndədɪ'veləpt] *a* 1) недора́звитый; слабора́звитый; ~ countries развива́ющиеся стра́ны 2) *фото* недопроя́вленный

**underdid** ['ʌndə'dɪd] *past от* underdo

**underdo** ['ʌndə'duː] *v* (underdid; underdone) 1) недоде́лывать 2) недожа́ривать

**underdog** ['ʌndədɔg] *n* 1) соба́ка, побеждённая в дра́ке 2) побеждённая *или* подчини́вшаяся сторона́ 3) неуда́чник

**underdone** ['ʌndə'dʌn] *p. p. от* underdo

**underdose** ['ʌndədəus] **1.** *n* недоста́точная до́за

**2.** *v* дава́ть недоста́точную до́зу

**underemployment** ['ʌndərɪm'plɔɪmənt] *n* 1) непо́лная за́нятость (*рабочей силы*) 2) непо́лный рабо́чий день

**underestimate** **1.** *n* ['ʌndər'estɪmɪt] недооце́нка

**2.** *v* ['ʌndər'estɪmeɪt] недооце́нивать

**under-expose** ['ʌndərɪks'pəuz] *v фото* недодержа́ть

**under-exposure** ['ʌndərɪks'pəuʒə] *n фото* недоде́ржка

**underfed** ['ʌndə'fed] **1.** *past и p. p. от* underfeed 1

**2.** *a* недоко́рмленный

**underfeed** ['ʌndə'fiːd] *v* (underfed) 1) недока́рмливать 2) недоеда́ть

**underfoot** [,ʌndə'fut] *adv* 1) под нога́ми 2) в подчине́нии, под контро́лем; to keep smb. ~ держа́ть кого́-л. в подчине́нии

**undergarment** ['ʌndə,gɑːmənt] *n* предме́т ни́жнего белья́

**undergo** [,ʌndə'gəu] *v* (underwent; undergone) испы́тывать, переноси́ть, подверга́ться (*чему-л.*); to ~ an operation подве́ргнуться опера́ции

**undergone** [,ʌndə'gɔn] *p. p. от* undergo

**undergraduate** [,ʌndə'grædjuɪt] *n* студе́нт

**underground** **1.** *n* ['ʌndəgraund] (the ~) 1) метрополите́н 2) подпо́льная организа́ция; подпо́лье

**2.** *a* ['ʌndəgraund] 1) подзе́мный 2) та́йный, подпо́льный

**3.** *adv* [,ʌndə'graund] 1) под землёй 2) та́йно, подпо́льно, нелега́льно

**undergrowth** ['ʌndəgrəuθ] *n* подле́сок, подро́ст, подле́сье

**underhand** ['ʌndəhænd] **1.** *a* 1) та́йный, закули́сный; ~ intrigues закули́сные интри́ги 2) хи́трый, кова́рный

**2.** *adv* та́йно, за спино́й

**underhanded** [,ʌndə'hændɪd] = underhand 1

**underhung** ['ʌndə'hʌŋ] *a* 1) выступа́ющий вперёд (*о нижней челюсти*) 2) име́ющий выступа́ющую вперёд ни́жнюю че́люсть

**underlaid** [,ʌndə'leɪd] *past и p. p. от* underlay II

**underlain** [,ʌndə'leɪn] *p. p. от* underlie

**underlay** I [,ʌndə'leɪ] *past от* underlie

**underlay** II [,ʌndə'leɪ] *v* (underlaid) подкла́дывать, подпира́ть

**underlet** ['ʌndə'let] *v* (underlet) 1) передава́ть в субаре́нду 2) сдава́ть в аре́нду за бо́лее ни́зкую пла́ту

**underlie** [,ʌndə'laɪ] *v* (underlay; underlain) 1) лежа́ть под *чем-л.* 2) лежа́ть в осно́ве (*чего-л.*)

**underline** **1.** *n* ['ʌndəlaɪn] 1) ли́ния, подчёркивающая сло́во 2) объясни́тельная на́дпись под карти́нкой, чертежо́м *и т. п.* 3) *pl* транспара́нт (*для письма*)

**2.** *v* [,ʌndə'laɪn] подчёркивать

**underling** ['ʌndəlɪŋ] *n* 1) *презр.* ме́лкий чино́вник; ме́лкая со́шка 2) сла́бое, хи́лое существо́

**underload** [ˈʌndəˈləud] *v* недоста́точно нагружа́ть, недогружа́ть

**underloading** [ˈʌndəˌləudɪŋ] **1.** *pres. p. от* underload

**2.** *n* непо́лная нагру́зка, недогру́зка

**underlying** [ˌʌndəˈlaɪɪŋ] **1.** *pres. p. от* underlie

**2.** *a* 1) лежа́щий *или* располо́женный под *чем-л.* 2) основно́й; лежа́щий в осно́ве

**undermanned** [ˈʌndəˈmænd] *a воен. мор.* име́ющий некомпле́кт ли́чного соста́ва

**undermentioned** [ˈʌndəˈmenʃənd] *a* нижеупомя́нутый

**undermine** [ˌʌndəˈmaɪn] *v* 1) подка́пывать, де́лать подко́п 2) мини́ровать; подрыва́ть 3) подмыва́ть (*берега*) 4) разруша́ть, подрыва́ть; to ~ one's health разруша́ть здоро́вье; to ~ smb.'s reputation повреди́ть чьей-л. репута́ции

**undermost** [ˈʌndəməust] *a* са́мый ни́жний; ни́зший

**underneath** [ˌʌndəˈni:θ] **1.** *adv* вниз; внизу́; ни́же

**2.** *prep* под

**undernourish** [ˈʌndəˈnʌrɪʃ] *v* недока́рмливать

**underpaid** [ˈʌndəˈpeɪd] *past и p. p. от* underpay

**underpass** [ˈʌndəpɑ:s] *n* 1) прое́зд под полотно́м доро́ги 2) *амер.* подзе́мный ход; тонне́ль

**underpay** [ˈʌndəˈpeɪ] *v* (underpaid) опла́чивать по бо́лее ни́зкой ста́вке

**underpin** [ˌʌndəˈpɪn] *v* 1) подпира́ть (*стены*); подводи́ть фунда́мент 2) подде́рживать, подкрепля́ть (*тезис, аргумент и т. п.*)

**underplay** [ˈʌndəˈpleɪ] *v* 1) *карт.* умы́шленно не брать взя́тку 2) = underact

**underplot** [ˈʌndəplɔt] *n* 1) побо́чная, второстепе́нная интри́га (*в пьесе, романе*) 2) та́йный за́мысел

**underpopulated** [ˈʌndəˈpɔpjuleɪtɪd] *a* малонаселённый (*о районе и т. п.*)

**underpressure** [ˈʌndəˈpreʃə] *n физ.* разреже́ние; вакуумметри́ческое давле́ние

**underprivileged** [ˈʌndəˈprɪvɪlɪdʒd] *a* 1) по́льзующийся ме́ньшими права́ми 2) неиму́щий, бе́дный

**underprize** [ˈʌndəˈpraɪz] *v* недооце́нивать

**underproduce** [ˈʌndəprəˈdju:s] *v* выпуска́ть проду́кцию в недоста́точном коли́честве

**under-production** [ˈʌndəprəˈdʌkʃən] *n* недопроизво́дство

**underproof** [ˈʌndəˈpru:f] *a*: ~ spirit спирт ни́же устано́вленного гра́дуса

**underquote** [ˌʌndəˈkwəut] *v* предлага́ть по бо́лее ни́зкой цене́

**underrate** [ˌʌndəˈreɪt] *v* 1) недооце́нивать 2) дава́ть зани́женные показа́ния (*о приборе*)

**under-ripe** [ˈʌndəˈraɪp] *a* недоспе́лый, недозре́лый

**underscore** [ˌʌndəˈskɔ:] *v* подчёркивать

**undersea** **1.** *a* [ˈʌndəsi:] подво́дный

**2.** *adv* [ˌʌndəˈsi:] под водо́й

**under-secretary** [ˈʌndəˈsekrətərɪ] *n* 1) замести́тель *или* помо́щник мини́стра; Parliamentary ~ замести́тель мини́стра (*член кабинета*); permanent ~ несменя́емый помо́щник мини́стра 2) замести́тель секретаря́

**undersell** [ˈʌndəˈsel] *v* (undersold) продава́ть деше́вле други́х

**underset** **1.** *n* [ˈʌndəset] 1) *мор.* подво́дное тече́ние, противополо́жное тече́нию на пове́рхности 2) *геол.* ни́жняя жи́ла

**2.** *v* [ˌʌndəˈset] (underset) подпира́ть (*стену и т. п.*)

**under-shirt** [ˈʌndəʃə:t] *n* ни́жняя руба́ха

**undershot** [ˈʌndəʃɔt] *a* 1) подливно́й (*о мельничном колесе*) 2) = underhung

**undersign** [ˌʌndəˈsaɪn] *v* ста́вить свою́ по́дпись, подпи́сывать(ся)

**undersigned** [ˌʌndəˈsaɪnd] **1.** *p. p. от* undersign

**2.** *a* нижеподписа́вшийся

**3.** *n pl* нижеподписа́вшиеся; we the ~... мы, нижеподписа́вшиеся...

**undersized** [ˈʌndəˈsaɪzd] *a* маломе́рный; ка́рликовый; низкоро́слый

**underskirt** [ˈʌndəskə:t] *n* ни́жняя ю́бка

**undersoil** [ˈʌndəsɔɪl] *n* подпо́чва

**undersold** [ˈʌndəˈsəuld] *past и p. p. от* undersell

**undersong** [ˈʌndəsɔŋ] *n* 1) припе́в, рефре́н; сопровожда́ющая мело́дия 2) скры́тый смысл

**understaffed** [ˈʌndəˈstɑ:ft] *a* неукомплекто́ванный (*штатами*)

**understand** [ˌʌndəˈstænd] *v* (understood) 1) понима́ть; to make oneself understood уме́ть объясни́ться 2) истолко́вывать, понима́ть; no one could ~ that from my words никто́ не мог сде́лать тако́го заключе́ния из мои́х слов; to give to ~ дать поня́ть 3) подразумева́ть; what do you ~ by this? что вы под э́тим подразумева́ете? 4) (у)слы́шать, узна́ть; I ~ that you are going abroad я слы́шал, что вы е́дете за грани́цу 5) предполага́ть, дога́дываться 6) усла́вливаться; it was understood we were to meet at dinner бы́ло усло́влено, что мы встре́тимся за обе́дом 7) уме́ть, смы́слить (*в чём-л.*)

**understanding** [ˌʌndəˈstændɪŋ] **1.** *pres. p. от* understand

**2.** *n* 1) понима́ние; to get an ~ of the question поня́ть вопро́с 2) ра́зум, спосо́бность понима́ть; a person of ~ челове́к с голово́й 3) соглаше́ние; взаимопонима́ние; согла́сие (*между сторонами*); to come to (*или* to reach) an ~ найти́ о́бщий язы́к; on the ~ that на том усло́вии, что; on this ~ при э́том усло́вии 4) *pl sl.* но́ги; башмаки́

**3.** *a* 1) понима́ющий, разу́мный 2) чу́ткий, отзы́вчивый

**understate** [ˈʌndəˈsteɪt] *v* 1) преуменьша́ть 2) не выска́зывать откры́то, до конца́

**understatement** [ˈʌndəˈsteɪtmənt] *n* 1) преуменьше́ние 2) сде́ржанное выска́зывание, зама́лчивание

**understock** I [ˈʌndəstɔk] *n с.-х.* приви́тое расте́ние

**understock** II [ˈʌndəˈstɔk] *v* снабжа́ть недоста́точным коли́чеством инвентаря́ (*ферму*), недоста́точным коли́чеством това́ра (*магазин*) *и т. п.*

**understood** [ˌʌndəˈstud] *past и p. p. от* understand

**understrapper** [ˈʌndəˌstræpə] = underling

**understratum** [ˈʌndəˈstrɑ:təm] *n* ни́жний слой

**understudy** [ˈʌndəˌstʌdɪ] *театр.* **1.** *n* дублёр

**2.** *v* дубли́ровать, заменя́ть

**undertake** [ˌʌndəˈteɪk] *v* (undertook; undertaken) 1) предпринима́ть 2) брать на себя́ определённые обяза́тельства, фу́нкции *и т. п.*; to ~ a task взять на себя́ зада́чу; to ~ too much брать на себя́ сли́шком мно́го 3) гаранти́ровать, руча́ться 4) [ˈʌndəteɪk] *разг.* быть владе́льцем похоро́нного бюро́

**undertaken** [ˌʌndəˈteɪkən] *p. p. от* undertake

**undertaker** *n* 1) [ˈʌndəˌteɪkə] владе́лец похоро́нного бюро́ 2) [ˌʌndəˈteɪkə] предпринима́тель

**undertaking** [ˌʌndəˈteɪkɪŋ] **1.** *pres. p. от* undertake

**2.** *n* 1) предприя́тие; де́ло 2) обяза́тельство; соглаше́ние 3) [ˈʌndəˌteɪkɪŋ] похоро́нное бюро́; ла́вка гробовщика́

**under-tenant** [ˈʌndəˈtenənt] *n* субаренда́тор

**under-the-counter** [ˈʌndəðəˈkauntə] *a* продаю́щийся из-под полы́

**under-the-table** [ˈʌndəðəˈteɪbl] *a* та́йный, подпо́льный, незако́нный (*о сделке и т. п.*)

**undertint** [ˈʌndətɪnt] *n жив.* полуто́н

**undertone** [ˈʌndətəun] *n* 1) полуто́н; to speak in ~s говори́ть вполго́лоса 2) отте́нок 3) подте́кст, скры́тый смысл

**undertook** [ˌʌndəˈtuk] *past от* undertake

**undertow** [ˈʌndətəu] *n* 1) отли́в прибо́я 2) = underset 1, 1)

**undervalue** [ˈʌndəˈvælju:] *v* недооце́нивать

**underwear** [ˈʌndəwɛə] *n* ни́жнее бельё

**underwent** [ˌʌndəˈwent] *past от* undergo

**underwit** [ˈʌndəwɪt] *n* слабоу́мный (челове́к)

**underwood** [ˈʌndəwud] *n* подле́сок, по́росль

**underwork** **1.** *n* [ˈʌndəwə:k] рабо́та ме́нее квалифици́рованная *или* ху́дшего ка́чества

**2.** *v* [ˈʌndəˈwə:k] 1) рабо́тать недоста́точно 2) рабо́тать за бо́лее ни́зкую пла́ту 3) недоста́точно по́лно испо́льзовать (*что-л.*); to ~ a machine эксплуати́ровать маши́ну не на по́лную мо́щность 4) *уст.* подка́пываться, та́йно подрыва́ть

**underworld** [ˈʌndəwə:ld] *n* 1) преиспо́дняя 2) подо́нки о́бщества, «дно» 3) *поэт.* антипо́ды 4) *attr.*: ~ language воровско́й жарго́н

**underwrite** [ˈʌndəraɪt] *v* (underwrote; underwritten) 1) (*чаще p. p.*) подпи́сывать(ся) 2) *ком.* принима́ть на страх (*суда, товары*) 3) гаранти́ровать 4) подтвержда́ть (*письменно*)

**underwriter** [ˈʌndəˌraɪtə] *n* 1) страхова́я компа́ния; страхо́вщик 2) гара́нт размеще́ния (*займа, акций и т. п.*)

**underwritten** [ˈʌndəˌrɪtn] **1.** *p. p. от* underwrite

**2.** *a* 1) нижеизло́женный 2) нижеподписа́вшийся

**underwrote** [ˈʌndərəut] *past от* underwrite

**undeserved** [ˈʌndɪˈzə:vd] *a* незаслу́женный

**undeservedly** [ˈʌndɪˈzə:vɪdlɪ] *adv* незаслу́женно

**undeserving** [ˈʌndɪˈzə:vɪŋ] *a* не заслу́живающий (*чего-л.*); ~ of respect не заслу́живающий уваже́ния

**undesigned** [ˈʌndɪˈzaɪnd] *a* неумы́шленный

**undesirable** [ˈʌndɪˈzaɪərəbl] **1.** *a* 1) нежела́тельный 2) неудо́бный, неподходя́щий; he did it at a most ~ moment он сде́лал э́то в са́мый неподходя́щий моме́нт

**2.** *n* нежела́тельное лицо́

**undeterminable** [ˈʌndɪˈtə:mɪnəbl] *a* неопредели́мый

**undetermined** [ˈʌndɪˈtə:mɪnd] *a* 1) нерешённый; неопределённый; the question remained ~ вопро́с оста́лся откры́тым 2) нереши́тельный

**undeveloped** [ˈʌndɪˈveləpt] *a* 1) неразвито́й 2) необрабо́танный (*о земле*) 3) незастро́енный (*о земле*)

**undid** [ˈʌnˈdɪd] *past от* undo

**undies** [ˈʌndɪz] *n pl* (*сокр. от* underclothes) *разг.* же́нское ни́жнее бельё

**undigested** [ˈʌndɪˈdʒestɪd] *a* 1) неперева́ренный 2) неусво́енный 3) непроду́манный, непосле́довательный, хаоти́чный

**undignified** [ʌnˈdɪgnɪfaɪd] *a* недосто́йный (*о поступке и т. п.*)

**undine** [ˈʌndi:n] *n* унди́на, руса́лка

**undiplomatic** [ˈʌnˌdɪpləˈmætɪk] *a* недипломати́чный; беста́ктный

**undipped** [ˈʌnˈdɪpt] *a* некрещёный

**undischarged** [ˈʌndɪsˈtʃɑ:dʒd] *a* 1) невы́полненный (*о долге и т. п.*) 2) неупла́ченный 3) не восстано́вленный в права́х (*о банкроте*) 4) неразряжённый

**undisciplined** [ʌnˈdɪsɪplɪnd] *a* 1) недисциплини́рованный 2) необу́ченный

**undiscriminated** [ˈʌndɪsˈkrɪmɪneɪtɪd] *a* 1) недискримини́рованный, по́льзующийся ра́вными права́ми 2) неразличи́мый

**undisguised** [ˈʌndɪsˈgaɪzd] *a* 1) незамаскиро́ванный 2) откры́тый, я́вный

**undisposed** [ˈʌndɪsˈpəuzd] *a* 1) нерасполо́женный (to) 2) нераспределённый (*об имуществе*) 3) *уст.* пло́хо себя́ чу́вствующий

**undisputed** [ˈʌndɪsˈpju:tɪd] *a* неоспори́мый; бесспо́рный

**undistinguished** [ˈʌndɪsˈtɪŋgwɪʃt] *a* 1) неразличи́мый, нея́сный 2) невыдаю́щийся, незаме́тный, непримеча́тельный

**undisturbedly** [ˈʌndɪsˈtə:bdlɪ] *adv* поко́йно

**undiverted** [ˈʌndaɪˈvə:tɪd] *a* пристальный (*о внимании*)

**undivided** [ˈʌndɪˈvaɪdɪd] *a* 1) неразделённый, це́лый; ~ opinion единоду́шное мне́ние 2) = undiverted

**undo** [ˈʌnˈdu:] *v* (undid; undone) 1) открыва́ть, развя́зывать, расстёгивать 2) уничтожа́ть сде́ланное; to ~ the seam распоро́ть шов; to ~ a treaty расто́ргнуть догово́р; what is done cannot be undone сде́ланного не попра́вишь 3) губи́ть; по́ртить 4) разбира́ть (*машину*)

**undoing** [ˈʌnˈdu(:)ɪŋ] **1.** *pres. p. от* undo

**2.** *n* 1) уничтоже́ние; ги́бель 2) развя́зывание, расстёгивание 3) аннули́рование

**undone** [ˈʌnˈdʌn] **1.** *p. p. от* undo

**2.** *a* 1) несде́ланный; незако́нченный 2) погу́бленный; we are ~ мы поги́бли 3) расстёгнутый, развя́занный

**undoubted** [ˈʌnˈdautɪd] *a* несомне́нный, бесспо́рный

**undraw** [ˈʌnˈdrɔ:] *v* открыва́ть, раздвига́ть (*шторы, занавески*)

**undreamed-of, undreamt-of** [ʌnˈdremtɔv] *a* и во сне не сни́вшийся; невообрази́мый, неожи́данный

**undress** [ˈʌnˈdres] **1.** *n* 1) дома́шний костю́м 2) *воен.* повседне́вная фо́рма оде́жды 3) *attr.* повседне́вный, непара́дный (*об одежде*)

**2.** *v* раздева́ть(ся)

**undressed** [ˈʌnˈdrest] **1.** *p. p. от* undress 2

**2.** *a* 1) раздетый, неоде́тый 2) необрабо́танный; ~ leather невы́деланная ко́жа; ~ logs неокорённые брёвна; ~ wound неперевя́занная ра́на 3) неу́бранный (*о витрине*)

**undue** [ˈʌnˈdju:] *a* 1) чрезме́рный; ~ haste чрезме́рная поспе́шность 2) несвоевре́менный; неподходя́щий 3) по сро́ку не подлежа́щий опла́те (*о векселе, долге*)

**undulate** [ˈʌndjuleɪt] **1.** *a* волни́стый, волнообра́зный

**2.** *v* 1) быть волни́стым 2) быть холми́стым (*о местности*)

**undulated** [ˈʌndjuleɪtɪd] = undulate 1

**undulation** [ˌʌndjuˈleɪʃən] *n* 1) волни́стость 2) волнообра́зное движе́ние 3) неро́вность пове́рхности

**unduly** [ˈʌnˈdju:lɪ] *adv* 1) непра́вильно, незако́нно 2) чрезме́рно

**undying** [ʌnˈdaɪɪŋ] *a* бессме́ртный; ве́чный; ~ glory ве́чная сла́ва

**unearned** [ˈʌnˈə:nd] *a* незарабо́танный; ~ praise незаслу́женная похвала́; ~ income *эк.* непроизво́дственный дохо́д, ре́нтный дохо́д; ~ increment *эк.* повыше́ние це́нности иму́щества, *особ.* земе́льного, не свя́занное с вложе́нием труда́

**unearth** [ˈʌnˈə:θ] *v* 1) вырыва́ть из земли́ 2) выгоня́ть из норы́ 3) *перен.* раска́пывать, извлека́ть; to ~ a mystery (a secret, *etc.*) раскры́ть та́йну (секре́т *и т. п.*)

**unearthly** [ʌnˈə:θlɪ] *a* 1) неземно́й, сверхъесте́ственный; таи́нственный 2) *разг.* стра́нный; абсу́рдный; кра́йне неподходя́щий; ~ hour кра́йне неудо́бное вре́мя; чересчу́р ра́нний час

**uneasiness** [ʌnˈi:zɪnɪs] *n* 1) неудо́бство 2) беспоко́йство, трево́га 3) нело́вкость, стеснённость

**uneasy** [ʌnˈi:zɪ] *a* 1) неудо́бный 2) беспоко́йный, трево́жный; I am ~ я беспоко́юсь, мне не по себе́ 3) нело́вкий, стеснённый, свя́занный (*о движениях и т. п.*); I felt ~ я почу́вствовал себя́ нело́вко

**uneatable** [ˈʌnˈi:təbl] *a* несъедо́бный

**unedited** [ˈʌnˈedɪtɪd] *a* неи́зданный

**uneducated** [ˈʌnˈedjukeɪtɪd] *a* необразо́ванный, неучёный

**unemployed** [ˈʌnɪmˈplɔɪd] **1.** *a* 1) безрабо́тный 2) неза́нятый; неиспо́льзованный

**2.** *n* (the ~) *pl собир.* безрабо́тные

**unemployment** [ˈʌnɪmˈplɔɪmənt] *n* 1) безрабо́тица 2) *attr.*: ~ benefit посо́бие по безрабо́тице

**unencumbered** [ˈʌnɪnˈkʌmbəd] *a* 1) необременённый 2) незало́женный (*об имении, имуществе*)

**unending** [ʌnˈendɪŋ] *a* бесконе́чный, нескончáемый

**unendowed** [ˈʌnɪnˈdaud] *a* не обеспе́ченный капита́лом

**unendurable** [ˈʌnɪnˈdjuərəbl] *a* нестерпи́мый

**un-English** [ˈʌnˈɪŋglɪʃ] *a* неангли́йский; не типи́чный для англича́н

**unenlightened** [ˈʌnɪnˈlaɪtnd] *a* 1) непросвещённый 2) неосведомлённый

**unenlivened** [ˈʌnɪnˈlaɪvnd] *a* однообра́зный, не оживлённый (*чем-л.*)

**unenterprising** [ˈʌnˈentəpraɪzɪŋ] *a* непредприи́мчивый, безынициати́вный

**unequable** [ˈʌnˈi:kwəbl] *a* неусто́йчивый; неуравнове́шенный

**unequal** [ˈʌnˈi:kwəl] *a* 1) нера́вный; неравноце́нный; пло́хо подо́бранный; ~ match нера́вный брак 2) несоотве́тствующий, неадеква́тный; ~ to the work неподходя́щий для да́нной рабо́ты 3) неро́вный (*в поведении, отношении и т. п.*)

**unequalled** [ˈʌnˈi:kwəld] *a* бесподо́бный; непревзойдённый

**unequipped** [ˈʌnɪˈkwɪpt] *a* неподгото́вленный; неприспосо́бленный; не име́ющий ну́жных приспособле́ний, неэкипиро́ванный

**unequivocal** [ˈʌnɪˈkwɪvəkəl] *a* недвусмы́сленный, определённый; я́сный; to count on ~ support рассчи́тывать на определённую подде́ржку; to give ~ expression я́сно заяви́ть

**unerring** [ˈʌnˈəːrɪŋ] *a* безоши́бочный, ве́рный; непогреши́мый; ~ judgement безоши́бочное сужде́ние

**uneven** [ˈʌnˈiːvən] *a* 1) неро́вный; шерохова́тый 2) неуравнове́шенный; of ~ temper име́ющий неуравнове́шенный хара́ктер 3) нечётный

**uneventful** [ˈʌnɪˈventful] *a* не бога́тый собы́тиями; ~ life ти́хая, не бога́тая собы́тиями жизнь

**unexampled** [ˌʌnɪgˈzɑːmpld] *a* беспримéрный; беспрецеде́нтный

**unexcelled** [ˈʌnɪkˈseld] *a* непревзойдённый

**unexceptionable** [ˌʌnɪkˈsepʃnəbl] *a* превосхо́дный, замеча́тельный; соверше́нный

**unexecuted** [ˈʌnˈeksɪkjuːtɪd] *a* 1) невы́полненный 2) неофо́рмленный (*о докуме́нте*)

**unexpected** [ˈʌnɪksˈpektɪd] *a* неожи́данный, непредви́денный; внеза́пный

**unexperienced** [ˈʌnɪksˈpɪərɪənst] *a* нео́пытный

**unexplored** [ˈʌnɪksˈplɔːd] *a* неиссле́дованный

**unfabled** [ˈʌnˈfeɪbld] *a* невы́мышленный; настоя́щий

**unfading** [ʌnˈfeɪdɪŋ] *a* 1) неувяда́емый, неувяда́ющий 2) нелиня́ющий

**unfailing** [ʌnˈfeɪlɪŋ] *a* 1) неизме́нный; ве́рный; an ~ friend ве́рный друг 2) неисчерпа́емый

**unfair** [ˈʌnˈfɛə] *a* 1) несправедли́вый; пристра́стный; непра́вильный 2) нече́стный; ~ player нече́стный игро́к

**unfaithful** [ˈʌnˈfeɪθful] *a* 1) неве́рный, вероло́мный; to be ~ to one's husband (wife) изменя́ть му́жу (жене́) 2) не соотве́тствующий действи́тельности; нето́чный

**unfaltering** [ʌnˈfɔːltərɪŋ] *a* недро́гнувший; твёрдый, реши́тельный; with ~ steps твёрдым ша́гом; ~ determination непоколеби́мое реше́ние

**unfamiliar** [ˈʌnfəˈmɪljə] *a* 1) незнако́мый, неве́домый 2) непривы́чный, чужо́й, чу́ждый 3) незнако́мый (with — с *чем-л.*), не зна́ющий (*чего-л.*)

**unfashionable** [ˈʌnˈfæʃnəbl] *a* немо́дный

**unfasten** [ˈʌnˈfɑːsn] *v* открепля́ть, отстёгивать, расстёгивать

**unfathered** [ˈʌnˈfɑːðəd] *a* 1) *поэт.* незаконнорождённый 2) неизве́стного происхожде́ния; ~ theory тео́рия, а́втор кото́рой неизве́стен

**unfathomable** [ʌnˈfæðəməbl] *a* 1) неизмери́мый, бездо́нный 2) необъясни́мый, непостижи́мый

**unfavourable** [ˈʌnˈfeɪvərəbl] *a* 1) неблагоприя́тный; неблагоскло́нный 2) неприя́тный

**unfavoured** [ˈʌnˈfeɪvəd] *a* не по́льзующийся благоскло́нностью *или* по́мощью

**unfed** [ˈʌnˈfed] *n* неко́рмленый, ненако́рмленный

**unfee'd** [ˈʌnˈfiːd] *a* не опла́ченный гонора́ром

**unfeeling** [ʌnˈfiːlɪŋ] *a* бесчу́вственный, жесто́кий

**unfeigned** [ʌnˈfeɪnd] *a* неподде́льный, и́скренний, и́стинный

**unfetter** [ˈʌnˈfetə] *v* снима́ть око́вы; освобожда́ть

**unfinished** [ˈʌnˈfɪnɪʃt] *a* 1) незако́нченный, незавершённый 2) гру́бый, необрабо́танный, неотшлифо́ванный

**unfit** 1. *a* [ˈʌnˈfɪt] 1) него́дный, неподходя́щий; a house ~ to live in дом, неприго́дный для жилья́; he is ~ for work он неспосо́бен, не мо́жет рабо́тать 2) нездоро́вый; него́дный (*по состоя́нию здоро́вья*)

2. *v* [ʌnˈfɪt] де́лать неприго́дным (for)

**unfix** [ˈʌnˈfɪks] *v* 1) открепля́ть 2) де́лать неусто́йчивым, расша́тывать, подрыва́ть

**unflagging** [ʌnˈflægɪŋ] *a* неослабева́ющий

**unflappable** [ʌnˈflæpəbl] *a* невозмути́мый; ~ temperament невозмути́мый хара́ктер

**unfleshed** [ˈʌnˈfleʃt] *a* не зна́ющий вку́са кро́ви; *перен.* нео́пытный ◇ an ~ sword меч, ещё не обагрённый кро́вью

**unfold** [ˈʌnˈfəuld] *v* 1) развёртывать(ся); раскрыва́ть(ся) 2) распуска́ться (*о по́чках*) 3) раскрыва́ть, открыва́ть (*пла́ны, за́мыслы*)

**unforeseen** [ˈʌnfɔːˈsiːn] *a* непредви́денный

**unforgettable** [ˈʌnfəˈgetəbl] *a* незабве́нный; незабыва́емый

**unforgivable** [ˈʌnfəˈgɪvəbl] *a* непрости́тельный

**unformed** [ˈʌnˈfɔːmd] *a* 1) бесфо́рменный 2) (ещё) не сформирова́вшийся

**unfortunate** [ʌnˈfɔːtʃnɪt] 1. *a* 1) несча́стный; несчастли́вый 2) неуда́чный

2. *n* 1) горемы́ка; неуда́чник 2) *уст. эвф.* проститу́тка

**unfounded** [ˈʌnˈfaundɪd] *a* неоснова́тельный, необосно́ванный

**unfreeze** [ˈʌnˈfriːz] *v* 1) размора́живать 2) прекрати́ть «замора́живание» зарпла́ты 3) снять контро́ль с произво́дства *или* прода́жи проду́кции

**unfrequented** [ˈʌnfrɪˈkwentɪd] *a* ре́дко посеща́емый

**unfriended** [ˈʌnˈfrendɪd] *a* не име́ющий друзе́й

**unfriendly** [ˈʌnˈfrendlɪ] *a* 1) недружелю́бный; неприве́тливый 2) неблагоприя́тный

**unfrock** [ˈʌnˈfrɔk] *v* лиша́ть духо́вного са́на

**unfulfilled** [ˈʌnfulˈfɪld] *a* невы́полненный; неосуществлённый

**unfunded** [ˈʌnˈfʌndɪd] *a* теку́щий (*о до́лге*)

**unfurnished** [ˈʌnˈfəːnɪʃt] *a* немебли-ро́ванный

**ungainly** [ʌnˈgeɪnlɪ] *a* нело́вкий, неуклю́жий, нескла́дный

**ungear** [ˈʌnˈgɪə] *v тех.* выключа́ть

**unget-at-able** [ˈʌngetˈætəbl] *a* непристу́пный; недосту́пный

**ungloved** [ˈʌnˈglʌvd] *a* без перча́ток

**ungodly** [ʌnˈgɔdlɪ] *a* 1) неве́рующий 2) *разг.* ужа́сный, возмути́тельный 3) *разг.* неле́пый

**ungovernable** [ʌnˈgʌvənəbl] *a* непоко́рный; неукроти́мый; необу́зданный

**ungraceful** [ˈʌnˈgreɪsful] *a* неизя́щный, нело́вкий

**ungracious** [ˈʌnˈgreɪʃəs] *a* 1) нелюбе́зный, гру́бый 2) неприя́тный

**ungrateful** [ʌnˈgreɪtful] *a* 1) неблагода́рный 2) неприя́тный, неблагода́рный (*о рабо́те*)

**ungrounded** [ˈʌnˈgraundɪd] *a* беспо́чвенный, необосно́ванный

**ungrudging** [ˈʌnˈgrʌdʒɪŋ] *a* 1) ще́дрый, до́брый; широ́кий (*о нату́ре*) 2) оби́льный

**unguarded** [ˈʌnˈgɑːdɪd] *a* 1) беспе́чный; неосмотри́тельный; неосторо́жный 2) незащищённый

**unguent** [ˈʌŋgwənt] *n* мазь

**ungulate** [ˈʌŋgjuleɪt] *зоол.* 1. *a* копы́тный

2. *n* копы́тное живо́тное

**unhackneyed** [ˈʌnˈhæknɪd] *a* све́жий, оригина́льный

**unhallowed** [ʌnˈhæləud] *a* 1) неосвящённый 2) гре́шный

**unhand** [ʌnˈhænd] *v* отнима́ть ру́ки (*от чего-л.*); выпуска́ть из рук

**unhandsome** [ˈʌnˈhænsəm] *a* 1) уро́дливый 2) нелюбе́зный, гру́бый 3) неблагоро́дный, невеликоду́шный

**unhang** [ˈʌnˈhæŋ] *v* (unhung) снима́ть (*что-л. вися́щее*)

**unhappy** [ʌnˈhæpɪ] *a* 1) несчастли́вый; несча́стный; he looks ~ у него́ печа́льный вид 2) неуда́чный; an ~ remark неуме́стное замеча́ние

**unharmed** [ˈʌnˈhɑːmd] *a* нетро́нутый, невреди́мый; he will be ~ ему́ не причиня́т вреда́

**unharness** [ˈʌnˈhɑːnɪs] *v* распряга́ть

**unhealthy** [ʌnˈhelθɪ] *a* 1) боле́зненный; больно́й; ~ complexion нездоро́вый цвет лица́ 2) вре́дный, нездоро́вый; ~ occupation вре́дное заня́тие 3) *воен. разг.* опа́сный

**unheard** [ˈʌnˈhəːd] *a* 1) неслы́шный 2) невы́слушанный 3) неизве́стный

**unheard-of** [ʌnˈhəːdɔv] *a* неслы́ханный

**unheeded** [ˈʌnˈhiːdɪd] *a* незаме́ченный, не при́нятый во внима́ние

**unheeding** [ˈʌnˈhiːdɪŋ] *a* невнима́тельный, небре́жный

**unhesitating** [ʌnˈhezɪteɪtɪŋ] *a* реши́тельный, неколе́блющийся

**unhesitatingly** [ʌnˈhezɪteɪtɪŋlɪ] *adv* без колеба́ния, реши́тельно, уве́ренно

**unhewn** [ˈʌnˈhjuːn] *a* 1) неотдéланный, нео(б)тёсанный 2) *перен.* грýбый

**unhinge** [ʌnˈhɪnʤ] *v* 1) снимáть с пéтель (*дверь*) 2) вноси́ть беспоря́док; расстрáивать; выбивáть из колéи ◇ his mind is ~d он помешáлся

**unholy** [ʌnˈhəulɪ] *a* 1) нечести́вый 2) злóбный; порóчный 3) *разг.* ужáсный, стрáшный; an ~ row жýткий скандáл

**unhook** [ˈʌnˈhuk] *v* 1) снять с крючкá 2) расстегнýть (крючки́) 3) отцепи́ть

**unhoped(-for)** [ʌnˈhəupt(fɔː)] *a* неожи́данный

**unhorse** [ˈʌnˈhɔːs] *v* сбрáсывать с лóшади

**unhoused** [ˈʌnˈhauzd] *a* бездóмный, лишённый крóва, и́згнанный и́з дому

**unhung** [ˈʌnˈhʌŋ] *past и p. p. от* unhang

**unhurried** [ˈʌnˈhʌrɪd] *a* мéдленный, неторопли́вый

**unhurt** [ˈʌnˈhəːt] *a* цéлый и невреди́мый

**unhygienic** [ˈʌnhaɪˈʤiːnɪk] *a* негигиени́чный, нездорóвый

**uni-** [ˈjuːnɪ-] *в сложных словах* одно-, едино-; unicameral однопалáтный; unicolour одноцвéтный

**unicellular** [ˈjuːnɪˈseljulə] *a биол.* одноклéточный

**unicorn** [ˈjuːnɪkɔːn] *n миф.* единорóг

**unicorn-fish** [ˈjuːnɪkɔːnfɪʃ] *n зоол.* нарвáл

**unification** [ˌjuːnɪfɪˈkeɪʃən] *n* 1) объединéние 2) унификáция

**uniform** [ˈjuːnɪfɔːm] **1.** *n* фóрменная одéжда, фóрма

**2.** *a* 1) единообрáзный; однообрáзный; однорóдный; ~ prices еди́ные цéны 2) постоя́нный 3) фóрменный (*об одежде*)

**3.** *v* одевáть в фóрму

**uniformed** [ˈjuːnɪfɔːmd] **1.** *p. p. от* uniform 3

**2.** *a* одéтый в фóрму

**uniformity** [ˌjuːnɪˈfɔːmɪtɪ] *n* единообрáзие

**unify** [ˈjuːnɪfaɪ] *v* 1) объединя́ть 2) унифици́ровать

**unilateral** [ˈjuːnɪˈlætərəl] *a* односторóнний; ~ disarmament односторóннее разоружéние

**unimaginable** [ˌʌnɪˈmæʤɪnəbl] *a* невообрази́мый

**unimaginative** [ˈʌnɪˈmæʤɪnətɪv] *a* лишённый воображéния, прозаи́ческий

**unimpaired** [ˈʌnɪmˈpɛəd] *a* нетрóнутый, незатрóнутый, непострадáвший

**unimpeachable** [ˌʌnɪmˈpiːʧəbl] *a* безупрéчный; безукори́зненный

**unimpeded** [ˈʌnɪmˈpiːdɪd] *a* беспрепя́тственный

**unimportant** [ˈʌnɪmˈpɔtənt] *a* невáжный

**unimprovable** [ˈʌnɪmˈpruːvəbl] *a* 1) неисправи́мый 2) безупрéчный, идеáльный

**unimproved** [ˈʌnɪmˈpruːvd] *a* 1) неисправленный, неулýчшенный 2) необрабóтанный (*о земле*) 3) неупотребля́емый; неиспóльзованный; ~ opportunities неиспóльзованные возмóжности

**uninfluenced** [ˈʌnˈɪnfluənst] *a* не находя́щийся под влия́нием, непредубеждённый

**uninformed** [ˈʌnɪnˈfɔːmd] *a* несвéдущий, неосведомлённый

**uninhabitable** [ˈʌnɪnˈhæbɪtəbl] *a* непригóдный для жилья́

**uninhabited** [ˈʌnɪnˈhæbɪtɪd] *a* необитáемый

**uninhibited** [ˈʌnɪnˈhɪbɪtɪd] *a* несдéрживаемый, свобóдный

**uninjured** [ˈʌnˈɪnʤəd] *a* неповреждённый, непострадáвший

**uninspired** [ˈʌnɪnˈspaɪəd] *a* 1) невдохновлённый, невоодушевлённый 2) неинспири́рованный

**uninsured** [ˈʌnɪnˈʃuəd] *a* незастрахóванный

**unintelligent** [ˈʌnɪnˈtelɪʤənt] *a* 1) неýмный 2) невéжественный

**unintelligible** [ˈʌnɪnˈtelɪʤɪbl] *a* неразбóрчивый

**uninterested** [ˈʌnˈɪntrɪstɪd] *a* 1) не заинтересóванный (в *чём-л.* — in); не интересýющийся (*чем-л.*) 2) безразли́чный, равнодýшный

**uninterrupted** [ˈʌnˌɪntəˈrʌptɪd] *a* 1) непрерывáемый 2) непреры́вный

**uninuclear** [ˈjuːnɪˈnjuːklɪə] *a* одноя́дерный

**uninvited** [ˈʌnɪnˈvaɪtɪd] *a* неприглашённый, незвáный

**uninviting** [ˈʌnɪnˈvaɪtɪŋ] *a* непривлекáтельный; неаппети́тный

**union** [ˈjuːnjən] *n* 1) сою́з (*государственное объединение*); the Soviet U. Совéтский Сою́з; the U. а) *амер.* Соединённые Штáты; б) Соединённое Королéвство; [*см. тж.* 2) *и* 6)] 2) объединéние, соединéние; сою́з; the U. а) ýния Англии с Шотлáндией; б) ýния Великобритáнии с Ирлáндией; [*см. тж.* 1) *и* 6)] 3) профессионáльный сою́з, тред-юниóн; closed ~ профсою́з с ограни́ченным числóм члéнов; to join the ~ вступи́ть в профсою́з 4) единéние, соглáсие; in perfect ~ в пóлном соглáсии 5) брáчный сою́з; ~ of hearts брак по любви́ 6) (the U.) студéнческий клуб [*см. тж.* 1) *и* 2)] 7) *уст.* объединéние нéскольких прихóдов для пóмощи бéдным 8) *тех.* ни́ппель; штýцер; мýфта 9) *attr.* профсою́зный; ~ shop предприя́тие, на котóром мóгут рабóтать тóлько члéны профсою́за; ~ label этикéтка, удостоверя́ющая, что товáр изготóвлен члéнами профсою́за

**union card** [ˈjuːnjənˈkɑːd] *n* профсою́зный билéт

**union cloth** [ˈjuːnjənˈklɔθ] *n* полушерстянáя ткань

**Union flag** [ˈjuːnjənˈflæg] *n* госудáрственный флаг Соединённого Королéвства

**unionism** [ˈjuːnjənɪzm] *n* 1) тред-юниони́зм 2) *ист.* униони́зм

**unionist** [ˈjuːnjənɪst] *n* 1) член профсою́за 2) *ист.* униони́ст (*противник предоставления самоуправления Ирландии; амер. сторонник федерации во время гражданской войны*)

**unionize** [ˈjuːnjənaɪz] *v* 1) объединя́ть 2) объединя́ть в профсою́зы

**Union Jack** [ˈjuːnjənˈʤæk] = Union flag

**union-smashing** [ˈjuːnjənˌsmæʃɪŋ] *n* разгрóм профсою́зов

**union suit** [ˈjuːnjənˈsjuːt] *n амер.* мужскóй нáтельный комбинезóн

**unique** [juːˈniːk] **1.** *a* 1) еди́нственный в своём рóде; уникáльный; ~ feature *тех.* осóбенность констрýкции *или* модéли 2) *разг.* необыкновéнный, замечáтельный

**2.** *n* ýникум

**unisexual** [ˈjuːnɪˈseksjuəl] *a бот.* однопóлый

**unison** [ˈjuːnɪzn] *n* 1) *муз.* унисóн; to sing in ~ петь в унисóн 2) соглáсие; to act in ~ дéйствовать в соглáсии

**unit** [ˈjuːnɪt] *n* 1) едини́ца; цéлое 2) едини́ца измерéния; a ~ of length едини́ца длины́ 3) *амер.* колúчество часóв клáссной рабóты, трéбуемое для получéния зачёта 4) *мат.*, *мед.* едини́ца 5) *воен.* часть; подразделéние; соединéние 6) *тех.* агрегáт, сéкция, блок, ýзел, элемéнт ◇ ~ rule *амер.* положéние, по котóрому все делегáты штáта голосýют за кандидáта большинствá; to be a ~ *амер.* быть единодýшным

**unite** [juːˈnaɪt] *v* 1) соединя́ть(ся) 2) объединя́ть(ся)

**united** [juːˈnaɪtɪd] **1.** *p. p. от* unite

**2.** *a* 1) соединённый; объединённый 2) совмéстный; ~ actions совмéстные дéйствия 3) дрýжный; ~ family дрýжная семья́

**United Nations** [juːˈnaɪtɪd ˈneɪʃənz] *n* Организáция Объединённых Нáций

**unity** [ˈjuːnɪtɪ] *n* 1) еди́нство; ~ of purpose еди́нство цéли; the dramatic unities, the unities of time, place and action еди́нство врéмени, мéста и дéйствия (*в классической драме*) 2) еди́нство, сплочённость, единéние; indestructible ~ of the working people нерушúмое еди́нство рабóчего клáсса 3) соглáсие, дрýжба; to live in ~ жить в соглáсии, дрýжбе 4) *юр.* совмéстное владéние 5) *мат.* едини́ца

**univalve** [ˈjuːnɪvælv] *зоол.* **1.** *n* одностворчáтый моллю́ск

**2.** *a* одностворчáтый

**universal** [ˌjuːnɪˈvəːsəl] *a* 1) всеóбщий; всеми́рный 2) универсáльный

**universe** [ˈjuːnɪvəːs] *n* 1) мир, вселéнная; кóсмос 2) человéчество; населéние земли́

**university** [ˌjuːnɪˈvəːsɪtɪ] *n* 1) университéт 2) *собир.* преподавáтели и студéнты университéта 3) университéтская спорти́вная комáнда 4) *attr.* университéтский

**unjoin** [ˈʌnˈʤɔɪn] *v* разъединя́ть

**unjust** [ˈʌnˈʤʌst] *a* несправедли́вый

**unjustifiable** [ʌn'dʒʌstɪfaɪəbl] *a* не имéющий оправдáния

**unkempt** ['ʌn'kempt] *a* 1) нечёсаный 2) неопрятный; неряшливый 3) небрéжный (*о стиле*)

**unkennel** ['ʌn'kenl] *v* 1) выгонять из норы *или* конуры 2) открывáть, разоблачáть

**unkind** [ʌn'kaɪnd] *a* злой, недóбрый

**unking** [ʌn'kɪŋ] *v* свéргнуть с престóла

**unknown** ['ʌn'nəun] **1.** *a* неизвéстный; address ~ áдрес неизвéстен

**2.** *n* (the ~) 1) неизвéстное 2) незнакóмец; the Great U. «вели́кий незнакóмец» (*прозвище В. Скотта до раскрытия его псевдонима*) 3) *мат.* неизвéстное, неизвéстная величинá

**3.** *adv* тáйно, без вéдома; he did it ~ to me он сдéлал э́то тáйно от меня́ *или* без моегó вéдома

**unlaboured** ['ʌn'leɪbəd] *a* достиґнутый без уси́лия; лёгкий, непринуждённый, не вы́мученный (*особ. о стиле*)

**unlace** ['ʌn'leɪs] *v* расшнурóвывать, распускáть шнурóвку

**unlade** ['ʌn'leɪd] *v* (unladed [-ɪd]; unladed, unladen) разгружáть

**unladen** ['ʌn'leɪdn] **1.** *p. p. от* unlade

**2.** *a* не обременённый (*чем-л.*); ~ with anxieties не обременённый забóтами; ~ weight вес порожнякóм

**unladylike** ['ʌn'leɪdɪlaɪk] *a* 1) нежéнственный 2) несвóйственный, неподобáющий лéди

**unlaid** ['ʌn'leɪd] *past и p. p. от* unlay

**unlawful** ['ʌn'lɔ:ful] *a* 1) незакóнный, противозакóнный 2) внебрáчный

**unlay** ['ʌn'leɪ] *v* (unlaid) распускáть на пря́ди (*трос*)

**unlearn** ['ʌn'lə:n] *v* (unlearnt, unlearned [-d]) разучи́ться; забы́ть то, что знал

**unlearned 1.** ['ʌn'lə:nd] *p. p. от* unlearn

**2.** *a* ['ʌn'lə:nɪd] 1) неучёный, негрáмотный 2) неву́ученный, незау́ченный

**unlearnt** ['ʌn'lə:nt] *past и p. p. от* unlearn

**unleash** ['ʌn'li:ʃ] *v* 1) спускáть с при́вязи 2) развязáть, дать вóлю; to ~ war развязáть войну́

**unleavened** ['ʌn'levnd] *a* прéсный (*о тесте*); ~ bread *церк.* просфорá; мацá

**unless** [ən'les] **1.** *cj* éсли не; покá не; I shall not go ~ the weather is fine я не поéду, éсли не бу́дет хорóшей погóды; ~ and until до тех пóр покá

**2.** *prep* крóме, за исключéнием

**unlettered** ['ʌn'letəd] *a* неграмотный; необразóванный

**unlike** ['ʌn'laɪk] **1.** *a* непохóжий на, не такóй, как; ~ poles (charges) *физ.* разноимённые пóлюсы (заря́ды); ~ signs *мат.* знáки плюс и ми́нус

**2.** *prep* в отли́чие от

**unlikely** [ʌn'laɪklɪ] **1.** *a* 1) неправдоподóбный, невероя́тный, маловероя́тный; recovery is ~ выздоровлéние маловероя́тно 2) ничегó хорóшего не обещáющий; малообещáющий 3) непривлекáтельный

**2.** *adv* вря́д ли, едвá ли

**unlimited** [ʌn'lɪmɪtɪd] *a* безграни́чный, неограни́ченный; беспредéльный

**unlink** ['ʌn'lɪŋk] *v* разъединя́ть; расщепля́ть; размыкáть

**unlit** ['ʌn'lɪt] *a* 1) незажжённый 2) тёмный, неосвещённый

**unlive** ['ʌn'lɪv] *v* измени́ть óбраз жи́зни, жить ина́че; старáться заглáдить *или* забы́ть (*прошлое*)

**unload** ['ʌn'ləud] *v* 1) разгружáть (-ся); выгружáть 2) *воен.* разряжáть 3) отдéлываться, избавля́ться (*от чего-л. невыгодного*), *особ.* сбывáть áкции

**unlock** ['ʌn'lɔk] *v* 1) отпирáть; открывáть; she ~ed her secret онá откры́ла свой секрéт 2) *тех.* размыкáть; разъединя́ть

**unlooked-for** [ʌn'luktfɔ:] *a* неожи́данный, непредви́денный

**unloose, unloosen** ['ʌn'lu:s, ʌn'lu:sn] = loose 3

**unlovable** ['ʌn'lʌvəbl] *a* 1) недостóйный любви́, не вызывáющий симпáтии 2) неприя́тный, непривлекáтельный

**unlovely** ['ʌn'lʌvlɪ] *a* неприя́тный, непривлекáтельный, проти́вный

**unlucky** [ʌn'lʌkɪ] *a* 1) неудáчный; an ~ day for their arrival неудáчный день для их приéзда 2) несчастли́вый

**unmade** ['ʌn'meɪd] *past и p. p. от* unmake

**unmake** ['ʌn'meɪk] *v* (unmade) 1) уничтожáть (*сделанное*); аннули́ровать 2) передéлывать 3) понижáть (*в чине, звании*)

**unman** ['ʌn'mæn] *v* 1) лишáть му́жественности, му́жества 2) кастри́ровать 3) остáвить без людéй, оголи́ть

**unmanageable** [ʌn'mænɪdʒəbl] *a* 1) тру́дно поддающийся контрóлю *или* обрабóтке 2) тру́дный (*о ребёнке, о положении и т. п.*); непокóрный

**unmanly** ['ʌn'mænlɪ] *a* недостóйный мужчи́ны; нему́жественный; трусли́вый; слáбый

**unmanned** ['ʌn'mænd] **1.** *p. p. от* unman

**2.** *a* 1) не укомплектóванный (*штатом*) 2) безлю́дный 3) *ав.* беспилóтный; управля́емый автомати́чески

**unmannerly** [ʌn'mænəlɪ] *a* невоспи́танный, невéжливый

**unmapped** ['ʌn'mæpt] *a* не нанесённый на кáрту

**unmarked** ['ʌn'mɑ:kt] *a* 1) незамéченный 2) немéченый, неотмéченный

**unmarketable** ['ʌn'mɑ:kɪtəbl] *a* негóдный для ры́нка, для продáжи

**unmarried** ['ʌn'mærɪd] *a* холостóй, неженáтый; незаму́жняя

**unmarrigeable** ['ʌn'mærɪdʒəbl] *a* не могу́щий жени́ться; не могу́щая вы́йти зáмуж; не дости́гший брáчного вóзраста

**unmask** ['ʌn'mɑ:sk] *v* 1) снимáть *или* срывáть мáску; *перен. тж.* разоблачáть 2) *воен.* обнару́живать 3) *воен.* демаски́ровать

**unmatched** ['ʌn'mætʃt] *a* не имéющий себé рáвного, бесподóбный

**unmeaning** [ʌn'mi:nɪŋ] *a* бессмы́сленный

**unmeant** ['ʌn'ment] *a* ненамéренный; неумы́шленный

**unmeasured** [ʌn'meʒəd] *a* 1) неизмéренный 2) неизмери́мый, безмéрный 3) чрезмéрный, непомéрный

**unmeet** ['ʌn'mi:t] *a* неподходя́щий

**unmentionable** [ʌn'menʃnəbl] **1.** *a* нецензу́рный, неприли́чный

**2.** *n pl уст. шутл.* «невырази́мые», брю́ки, штаны́

**unmerchantable** ['ʌn'mə:tʃəntəbl] = unmarketable

**unmerciful** [ʌn'mə:sɪful] *a* немилосéрдный, безжáлостный

**unmerited** ['ʌn'merɪtɪd] *a* незаслу́женный

**unmindful** [ʌn'maɪndful] *a* забы́вчивый, невнимáтельный; ~ of one's duties невнимáтельный к свои́м обя́занностям; to be ~ of others забывáть о други́х

**unmistakable** ['ʌnmɪs'teɪkəbl] *a* безоши́бочный, несомнéнный, я́сный, очеви́дный

**unmitigated** [ʌn'mɪtɪgeɪtɪd] *a* 1) несмягчённый; неослáбленный 2) я́вный, абсолю́тный; an ~ liar отъя́вленный лгун

**unmoor** ['ʌn'muə] *v мор.* отдáть швартóвы, сня́ться с я́коря

**unmoral** ['ʌn'mɔrəl] *a* безнрáвственный

**unmounted** ['ʌn'mauntɪd] *a* 1) пéший 2) неопрáвленный (*о драгоценном камне*) 3) неокантóванный (*о картине*)

**unmoved** ['ʌn'mu:vd] *a* 1) неподви́жный; несдви́нутый, нетрóнутый 2) нерастрóганный, остáвшийся равноду́шным 3) непреклóнный

**unmurmuring** ['ʌn'mə:mərɪŋ] *a* безрóпотный

**unmusical** ['ʌn'mju:zɪkəl] *a* немузыкáльный

**unmuzzle** ['ʌn'mʌzl] *v* 1) снимáть намóрдник 2) *разг.* дать возмóжность говори́ть, выскáзываться

**unnamed** ['ʌn'neɪmd] *a* 1) безымя́нный 2) неупомя́нутый

**unnatural** [ʌn'nætʃrəl] *a* 1) неестéственный 2) противоестéственный, чудóвищный 3) бессердéчный 4) необы́чный, стрáнный

**unnecessary** [ʌn'nesɪsərɪ] *a* нену́жный, изли́шний

**unnerve** ['ʌn'nə:v] *v* нерви́ровать, расстрáивать, лишáть прису́тствия ду́ха, си́лы *или* реши́мости, расслабля́ть

**unnoted** ['ʌn'nəutɪd] *a* незамéченный, неотмéченный

**unnoticed** ['ʌn'nəutɪst] *a* незамéченный

**unnumbered** [ˈʌnˈnʌmbəd] *a* 1) ненумеро́ванный; несчи́танный 2) несме́тный, бесчи́сленный, бессчётный

**unnurtured** [ˈʌnˈnə:tʃəd] *a* необразо́ванный; невоспи́танный

**unobjectionable** [ˈʌnəbˈdʒekʃnəbl] *a* не вызыва́ющий возраже́ний; не вызыва́ющий неприя́тного чу́вства

**unobservant** [ˈʌnəbˈzə:vənt] *a* невнима́тельный, ненаблюда́тельный

**unobstructed** [ˈʌnəbˈstrʌktɪd] *a* беспрепя́тственный, свобо́дный; ~ sight по́лная ви́димость

**unobtainable** [ˈʌnəbˈteɪnəbl] *a* недосту́пный; тако́й, кото́рого нельзя́ доста́ть *или* получи́ть

**unobtrusive** [ˈʌnəbˈtru:sɪv] *a* скро́мный, ненавя́зчивый

**unoccupied** [ˈʌnˈɔkjupaɪd] *a* 1) свобо́дный, неза́нятый, пра́здный (*о людях*) 2) неза́нятый, необита́емый; пусто́й

**unoffending** [ˈʌnəˈfendɪŋ] *a* безоби́дный, неви́нный

**unofficial** [ˈʌnəˈfɪʃəl] *a* неофициа́льный

**unoriginal** [ˈʌnəˈrɪdʒənl] *a* неоригина́льный; заи́мствованный

**unostentatious** [ˈʌnˌɔstenˈteɪʃəs] *a* ненавя́зчивый, не броса́ющийся в глаза́, скро́мный

**unowned** [ˈʌnˈəund] *a* 1) не име́ющий владе́льца *или* хозя́ина 2) непри́знанный

**unpack** [ˈʌnˈpæk] *v* распако́вывать; to ~ a trunk выкла́дывать ве́щи из чемода́на

**unpaged** [ˈʌnˈpeɪdʒd] *a* с ненумеро́ванными страни́цами

**unpaid** [ˈʌnˈpeɪd] *a* 1) неупла́ченный; неопла́ченный; ~ for взя́тый в креди́т 2) не получа́ющий пла́ты 3) беспла́тный; ~ work беспла́тная рабо́та

**unpaired** [ˈʌnˈpɛəd] *a* непа́рный; не име́ющий па́ры

**unpalatable** [ʌnˈpælətəbl] *a* 1) невку́сный 2) неприя́тный

**unparalleled** [ʌnˈpærəleld] *a* не име́ющий себе́ ра́вного, бесприме́рный, бесподо́бный

**unpardonable** [ʌnˈpɑ:dnəbl] *a* непрости́тельный

**unparented** [ˈʌnˈpɛərəntɪd] *a* не име́ющий роди́телей; осироте́лый; бро́шенный роди́телями

**unparliamentary** [ˈʌnˌpɑ:ləˈmentərɪ] *a* непарла́ментский, проти́вный парла́ментским обы́чаям; ~ language си́льные выраже́ния; гру́бости, оскорбле́ния

**unpatriotic** [ˈʌnˌpætrɪˈɔtɪk] *a* непатриоти́чный

**unpeg** [ˈʌnˈpeg] *v* 1) вынима́ть, выдёргивать ко́лышки 2) *бирж.* прекрати́ть иску́сственную подде́ржку (*цен, курсов*)

**unpenetrable** [ˈʌnˈpenɪtrəbl] *a* непроница́емый

**unpeople** [ˈʌnˈpi:pl] *v* обезлю́дить

**unperformed** [ˈʌnpəˈfɔ:md] *a* невы́полненный, неосуществлённый

**unpersuadable** [ˈʌnpəˈsweɪdəbl] *a* не поддаю́щийся убежде́нию

**unperturbed** [ˈʌnpə(:)ˈtə:bd] *a* невозмути́мый

**unpick** [ˈʌnˈpɪk] *v* распа́рывать

**unpicked** [ˈʌnˈpɪkt] **1.** *p. p. от* unpick

**2.** *a* 1) распо́ротый 2) неподо́бранный, неото́бранный 3) несо́рванный

**unpin** [ˈʌnˈpɪn] *v* отка́лывать; вынима́ть була́вки (*из чего-л.*)

**unplaced** [ˈʌnˈpleɪst] *a* 1) не име́ющий ме́ста; не находя́щийся на ме́сте 2) не назна́ченный на до́лжность 3) не заня́вший ни одного́ из пе́рвых трёх мест (*на скачках или бегах*)

**unpleasant** [ʌnˈpleznt] *a* неприя́тный, отта́лкивающий

**unpleasantness** [ʌnˈplezntnɪs] *n* 1) непривлека́тельность 2) неприя́тность 3) ссо́ра, недоразуме́ние; to have a slight ~ with smb. повздо́рить с кем-л. ◇ the late ~ *шутл.* гражда́нская война́ в США

**unpointed** [ˈʌnˈpɔɪntɪd] *a* 1) тупо́й, неотто́ченный (*о карандаше и т. п.*) 2) пло́ский, неостроу́мный 3) не относя́щийся к де́лу (*о замечании*) 4) без зна́ков препина́ния

**unpolished** [ˈʌnˈpɔlɪʃt] *a* неотполиро́ванный; неотшлифо́ванный

**unpolitical** [ˈʌnpəˈlɪtɪkəl] *a* 1) не относя́щийся к поли́тике 2) аполити́чный

**unpopular** [ˈʌnˈpɔpjulə] *a* непопуля́рный, не по́льзующийся любо́вью (with — у *кого-л.*)

**unposted** [ˈʌnˈpəustɪd] *a* 1) (ещё) не отпра́вленный (*по почте*), не опу́щенный в почто́вый я́щик 2) неосведомлённый

**unpractical** [ˈʌnˈpræktɪkəl] *a* непракти́чный

**unpractised** [ʌnˈpræktɪst] *a* 1) не применённый на пра́ктике 2) нео́пытный, неиску́сный

**unprecedented** [ʌnˈpresɪdəntɪd] *a* не име́ющий прецеде́нта, беспрецеде́нтный; беспримéрный

**unpredictable** [ˈʌnprɪˈdɪktəbl] *a* не могу́щий быть предска́занным; не поддаю́щийся прогнози́рованию

**unprefaced** [ˈʌnˈprefɪst] *a* без предисло́вия

**unprejudiced** [ʌnˈpredʒudɪst] *a* непредубеждённый, беспристра́стный

**unpremeditated** [ˈʌnprɪˈmedɪteɪtɪd] *a* 1) непреднаме́ренный, неумы́шленный, не обду́манный зара́нее 2) *юр.* непредумы́шленный

**unprepared** [ˈʌnprɪˈpɛəd] *a* неподгото́вленный, негото́вый; без подгото́вки

**unprepossessed** [ˈʌnˌpri:pəˈzest] = unprejudiced

**unpresentable** [ˈʌnprɪˈzentəbl] *a* непрезента́бельный, непредстави́тельный, невзра́чный

**unpretending** [ˈʌnprɪˈtendɪŋ] = unpretentious

**unpretentious** [ˈʌnprɪˈtenʃəs] *a* скро́мный, просто́й, без прете́нзий

**unpriced** [ʌnˈpraɪst] *a* 1) без определённой, без обозна́ченной цены́ 2) бесце́нный

**unprincipled** [ʌnˈprɪnsəpld] *a* беспринци́пный; безнра́вственный

**unprintable** [ˈʌnˈprɪntəbl] *a* неприго́дный для печа́ти; непеча́тный, нецензу́рный

**unprivileged** [ˈʌnˈprɪvɪlɪdʒd] *a* не име́ющий привиле́гий, непривилегиро́ванный

**unprized** [ˈʌnˈpraɪzd] *a* неоценённый

**unprocurable** [ˈʌnprəˈkjuərəbl] *a* недосту́пный; тако́й, кото́рого нельзя́ доста́ть

**unproductive** [ˈʌnprəˈdʌktɪv] *a* непродукти́вный; ~ capital мёртвый капита́л

**unprofessional** [ˈʌnprəˈfeʃənl] *a* 1) непрофессиона́льный; ~ advice сове́т неспециали́ста 2) не соотве́тствующий э́тике да́нной профе́ссии

**unprofitable** [ʌnˈprɔfɪtəbl] *a* 1) не принося́щий при́были, нерента́бельный, невы́годный 2) непромы́шленный (*о руде*)

**unpromising** [ˈʌnˈprɔmɪsɪŋ] *a* не обеща́ющий ничего́ хоро́шего; не подаю́щий никаки́х наде́жд

**unprompted** [ˈʌnˈprɔmptɪd] *a* 1) не подска́занный, не внушённый, сде́ланный по со́бственному почи́ну 2) самопроизво́льный, спонта́нный

**unproportional** [ˈʌnprəˈpɔ:ʃənl] *a* непропорциона́льный

**unprotected** [ˈʌnprəˈtektɪd] *a* 1) незащищённый; беззащи́тный 2) откры́тый (*о местности*)

**unprovided** [ˈʌnprəˈvaɪdɪd] *a* 1) не снабжённый, не обеспе́ченный (*деньгами и т. п.*; *тж.* ~ for); he was left ~ for он оста́лся без средств 2) не подгото́вленный; не предусмо́тренный

**unprovoked** [ˈʌnprəˈvəukt] *a* ниче́м не вы́званный, неспровоци́рованный

**unpublished** [ˈʌnˈpʌblɪʃt] *a* неопублико́ванный, неи́зданный

**unpunishable** [ˈʌnˈpʌnɪʃəbl] *a* ненаказу́емый

**unpunished** [ˈʌnˈpʌnɪʃt] *a* безнака́занный

**unqualified** [ˈʌnˈkwɔlɪfaɪd] *a* 1) не име́ющий соотве́тствующей подгото́вки, образова́ния *или* квалифика́ции 2) неподходя́щий, него́дный (*к чему-л.*) 3) безоговоро́чный, неограни́ченный; an ~ refusal решíтельный отка́з; ~ praise чрезме́рная похвала́ 4) [ʌnˈkwɔlɪfaɪd] *разг.* я́вный, я́рко вы́раженный; an ~ liar отъя́вленный лгун

**unquenchable** [ʌnˈkwentʃəbl] *a* 1) неутоли́мый; ~ thirst неутоли́мая жа́жда 2) неиссяка́емый (*об энтузиазме и т. п.*)

**unquestionable** [ʌnˈkwestʃənəbl] *a* несомне́нный, неоспори́мый

**unquestioned** [ʌnˈkwestʃənd] *a* 1) неоспа́риваемый, не вызыва́ющий сомне́ния 2) неопро́шенный

**unquestioning** [ʌnˈkwestʃənɪŋ] *a* 1) не задаю́щий вопро́сов 2) несомне́нный, по́лный; ~ obedience по́лное повинове́ние

**unquiet** [ˈʌnˈkwaɪət] **1.** *n* беспоко́йство

**2.** *a* 1) беспоко́йный 2) взволно́ванный

**unquotable** [ˈʌnˈkwəutəbl] *a* нецензу́рный

**unquote** [ˈʌnˈkwəut] *v* закрыва́ть кавы́чки

**unquoted** [ˈʌnˈkwəutɪd] **1.** *p. p. от* unquote

**2.** *a* нецити́рованный

**unravel** [ʌnˈrævəl] *v* 1) распу́тывать (*нитки и т. п.*) 2) разга́дывать, объясня́ть; to ~ a mystery разгада́ть та́йну

**unrazored** [ˈʌnˈreɪzəd] *a амер.* небри́тый

**unread** [ˈʌnˈred] *a* непрочи́танный

**unreadable** [ˈʌnˈri:dəbl] *a* 1) неразбо́рчивый (*о почерке*), неудобочита́емый 2) ску́чный, неприго́дный для чте́ния

**unready** [ˈʌnˈredɪ] *a* 1) негото́вый 2) непрово́рный, несообрази́тельный 3) нереши́тельный

**unreal** [ˈʌnˈrɪəl] *a* 1) ненастоя́щий, подде́льный 2) нереа́льный, вообража́емый

**unreality** [ˈʌnrɪˈælɪtɪ] *n* 1) нереа́льность 2) что-л. нереа́льное, вообража́емое

**unrealizable** [ˈʌnˈrɪəlaɪzəbl] *a* 1) неосуществи́мый 2) *ком.* не могу́щий быть реализо́ванным

**unrealized** [ˈʌnˈrɪəlaɪzd] *a* неосуществлённый, невы́полненный

**unreason** [ˈʌnˈri:zn] *n* неразу́мность, глу́пость, безу́мие; абсу́рдность

**unreasonable** [ʌnˈri:znəbl] *a* 1) неблагоразу́мный, безрассу́дный 2) непоме́рный, чрезме́рный; непоме́рно высо́кий (*о цене и т. п.*); an ~ demand необосно́ванное тре́бование

**unreasoned** [ˈʌnˈri:znd] *a* непроду́манный; неаргументи́рованный

**unreciprocated** [ˈʌnrɪˈsɪprəkeɪtɪd] *a* не встреча́ющий отве́та *или* взаимности

**unreclaimed** [ˈʌnrɪˈkleɪmd] *a* 1) неосво́енный, необрабо́танный (*о земле*) 2) неиспра́вленный 3) незатре́бованный

**unrecognizable** [ˈʌnˈrekəgnaɪzəbl] *a* неузнава́емый

**unrecognized** [ˈʌnˈrekəgnaɪzd] *a* 1) неу́знанный 2) непри́знанный

**unrecorded** [ˈʌnrɪˈkɔ:dɪd] *a* незафикси́рованный; незапротоколи́рованный

**unredeemed** [ˈʌnrɪˈdi:md] *a* 1) неиспо́лненный (*об обещании*) 2) невы́купленный (*о закладе*); неопла́ченный (*о векселе*); непога́шенный (*о платеже*) 3) неиску́пленный (by)

**unreel** [ˈʌnˈri:l] *v* разма́тывать(ся)

**unrefined** [ˈʌnrɪˈfaɪnd] *a* 1) неочи́щенный, нерафини́рованный 2) гру́бый; ~ manners гру́бые мане́ры

**unreflecting** [ˈʌnrɪˈflektɪŋ] *a* 1) неотража́ющий (*свет*) 2) легкомы́сленный; неразмышля́ющий, безду́мный

**unregistered** [ˈʌnˈreʤɪstəd] *a* незарегистри́рованный

**unregulated** [ˈʌnˈregjuleɪtɪd] *a* нерегули́руемый, неконтроли́руемый; беспоря́дочный

**unrehearsed** [ˈʌnrɪˈhə:st] *a* 1) неожи́данный; непредви́денный 2) неотрепети́рованный

**unrein** [ˈʌnˈreɪn] *v* 1) отпусти́ть по́вод, разнузда́ть 2) освободи́ть (*от чего-л.*), дать во́лю

**unrelated** [ˈʌnrɪˈleɪtɪd] *a* несвя́занный, не име́ющий отноше́ния (to)

**unrelenting** [ˈʌnrɪˈlentɪŋ] *a* 1) безжа́лостный, жесто́кий 2) неуменьша́ющийся, неослабева́ющий

**unreliable** [ˈʌnrɪˈlaɪəbl] *a* ненадёжный

**unrelieved** [ˈʌnrɪˈli:vd] *a* 1) не освобождённый (*от каких-л. обязанностей или обязательств*) 2) не получа́ющий по́мощи, облегче́ния; необлегчённый 3) моното́нный 4) несменённый (*о часовом и т. п.*) ◇ ~ boredom смерте́льная ску́ка

**unremitting** [ˌʌnrɪˈmɪtɪŋ] *a* неосла́бный; беспреста́нный; упо́рный; ~ toil упо́рный труд

**unrepeatable** [ˈʌnrɪˈpi:təbl] *a* 1) неповтори́мый 2) неприли́чный, нецензу́рный

**unrepentant** [ˈʌnrɪˈpentənt] *a* нека́ющийся; нераска́явшийся

**unrepresented** [ˈʌnˌreprɪˈzentɪd] *a* непредста́вленный

**unrequited** [ˈʌnrɪˈkwaɪtɪd] *a* 1) невознаграждённый, неопла́ченный; ~ love любо́вь без взаи́мности 2) неотомщённый

**unreserve** [ˈʌnrɪˈzə:v] *n* 1) открове́нность 2) несде́ржанность

**unreserved** [ˈʌnrɪˈzə:vd] *a* 1) открове́нный; ~ admiration открове́нное восхище́ние 2) несде́ржанный 3) не ограни́ченный (*какими-л. условиями*) 4) незаброни́рованный, не зака́занный зара́нее

**unreservedly** [ˌʌnrɪˈzə:vɪdlɪ] *adv* 1) откры́то, свобо́дно, открове́нно 2) безогово́рочно

**unresolved** [ˈʌnrɪˈzɔlvd] *a* 1) нереши́тельный; не реши́вшийся (*на что-л.*), не приня́вший реше́ния 2) неразрешённый; my doubts are still ~ мои́ сомне́ния ещё не разрешены́

**unresponsive** [ˈʌnrɪsˈpɔnsɪv] *a* не реаги́рующий, не отвеча́ющий (*на что-л.*); неотзы́вчивый; невосприи́мчивый

**unrest** [ˈʌnˈrest] *n* 1) беспоко́йство, волне́ние 2) беспоря́дки, волне́ния

**unresting** [ˈʌnˈrestɪŋ] *a* неутоми́мый

**unrestrained** [ˈʌnrɪsˈtreɪnd] *a* 1) несде́ржанный, необу́зданный 2) непринуждённый; ~ laughter есте́ственный смех

**unrestraint** [ˈʌnrɪsˈtreɪnt] *n* несде́ржанность, необу́зданность; свобо́да

**unrestricted** [ˈʌnrɪsˈtrɪktɪd] *a* неограни́ченный

**unrewarded** [ˈʌnrɪˈwɔ:dɪd] *a* невознаграждённый

**unriddle** [ˈʌnˈrɪdl] *v* разгада́ть, объясни́ть

**unrig** [ˈʌnˈrɪg] *v мор.* расснаща́ть; разоружа́ть

**unrighteous** [ʌnˈraɪtʃəs] **1.** *a* 1) нечести́вый; непра́ведный 2) нече́стный 3) несправедли́вый; незаслу́женный

**2.** *n* (the ~) *pl собир.* нечести́вцы

**unrighteousness** [ʌnˈraɪtʃəsnɪs] *n* нечести́вость; непра́ведность

**unrip** [ˈʌnˈrɪp] *v* распа́рывать; разрыва́ть

**unripe** [ˈʌnˈraɪp] *a* неспе́лый; незре́лый

**unrivalled** [ʌnˈraɪvəld] *a* не име́ющий себе́ ра́вных, непревзойдённый

**unrobe** [ˈʌnˈrəub] *v* снима́ть одея́ние *или* ма́нтию

**unroll** [ʌnˈrəul] *v* развёртывать(ся)

**unroof** [ˈʌnˈru:f] *v* снести́ кры́шу

**unroot** [ˈʌnˈru:t] *v* выкорчёвывать; искореня́ть

**unround** [ˈʌnˈraund] *v фон.* делабиализова́ть (*гласный звук*)

**unroyal** [ˈʌnˈrɔɪəl] *a* некороле́вский; недосто́йный короле́вского са́на

**unruffled** [ˈʌnˈrʌfld] *a* 1) гла́дкий (*о поверхности, море и т. п.*) 2) споко́йный, невзволно́ванный

**unruled** [ˈʌnˈru:ld] *a* 1) неуправля́емый, неконтроли́руемый 2) нелино́ванный (*о бумаге*)

**unruly** [ʌnˈru:lɪ] *a* непоко́рный, непослу́шный, бу́йный ◇ ~ locks непоко́рные ку́дри

**unsaddle** [ˈʌnˈsædl] *v* 1) расседла́ть (*лошадь*) 2) сбро́сить (*седока*)

**unsafe** [ˈʌnˈseɪf] *a* ненадёжный, опа́сный

**unsaid** [ˈʌnˈsed] **1.** *past и p. p. от* unsay

**2.** *a* непроизнесённый, невы́сказанный; things better left ~ то, о чём лу́чше не говори́ть, не упомина́ть

**unsatisfactorily** [ˈʌnˌsætɪsˈfæktərɪlɪ] *adv* неудовлетвори́тельно

**unsatisfactory** [ˈʌnˌsætɪsˈfæktərɪ] *a* неудовлетвори́тельный

**unsatisfied** [ˈʌnˈsætɪsfaɪd] *a* неудовлетворённый; неуспоко́енный; ~ demand неудовлетворённый спрос

**unsatisfying** [ˈʌnˈsætɪsfaɪɪŋ] *a* неудовлетворя́ющий, ненасыща́ющий

**unsavoury** [ˈʌnˈseɪvərɪ] *a* 1) невку́сный 2) отта́лкивающий, отврати́тельный

**unsay** [ˈʌnˈseɪ] *v* (unsaid) брать наза́д свои́ слова́; отрека́ться от свои́х слов

**unscalable** [ˈʌnˈskeɪləbl] *a* непристу́пный (*о крутом подъёме и т. п.*)

**unscathed** [ˈʌnˈskeɪðd] *a* невреди́мый

**unschooled** [ˈʌnˈsku:ld] *a* 1) необу́ченный, нео́пытный 2) есте́ственный, прирождённый; ~ talent приро́дный тала́нт

**unscientific** [ˈʌnˌsaɪənˈtɪfɪk] *a* ненау́чный, антинау́чный

**unscramble** [ˈʌnˈskræmbl] *v* 1) разлага́ть на составны́е ча́сти 2) расшифро́вывать (*секретное послание и т. п.*)

**unscreened** [ʹʌnʹskri:nd] *a* 1) не защищённый ши́рмой *или* решёткой 2) не просе́янный сквозь гро́хот

**unscrew** [ʹʌnʹskru:] *v* отви́нчивать(-ся); развинчивать(ся)

**unscrupulous** [ʌnʹskru:pjuləs] *a* 1) неразбо́рчивый в сре́дствах; нещепети́льный 2) беспринци́пный; бессо́вестный

**unseal** [ʹʌnʹsi:l] *v* 1) распеча́тывать 2) раскрыва́ть

**unseam** [ʹʌnʹsi:m] *v* распа́рывать

**unsearchable** [ʌnʹsə:tʃəbl] *a* непостижи́мый, таи́нственный

**unseasonable** [ʌnʹsi:znəbl] *a* 1) не по сезо́ну 2) несвоевре́менный, неуме́стный

**unseasoned** [ʹʌnʹsi:znd] *a* 1) неприпра́вленный (*о пище*) 2) несозре́вший; невы́держанный 3) непривы́кший, неприу́ченный

**unseat** [ʹʌnʹsi:t] *v* 1) сбро́сить с седла́; ссади́ть со сту́ла *и т. п.* 2) лиши́ть парла́ментского манда́та 3) лиша́ть ме́ста, до́лжности *и т. п.*; to ~ a government све́ргнуть прави́тельство

**unseeing** [ʹʌnʹsi:ɪŋ] *a* 1) неви́дящий; слепо́й 2) ненаблюда́тельный

**unseemly** [ʌnʹsi:mlɪ] *a* неподоба́ющий; непристо́йный

**unseen** [ʹʌnʹsi:n] **1.** *a* 1) неви́димый 2): ~ translation перево́д с листа́ 3) неви́данный

**2.** *n* 1) (an ~) отры́вок для перево́да с листа́ 2) (the ~) духо́вный мир

**unselfish** [ʹʌnʹselfɪʃ] *a* бескоры́стный, неэгоисти́чный

**unsettle** [ʹʌnʹsetl] *v* 1) наруша́ть распоря́док (*чего-л.*); выбива́ть из коле́й 2) расстра́ивать(ся)

**unsettled** [ʹʌnʹsetld] **1.** *p. p. от* unsettle

**2.** *a* 1) неустро́енный; неустанови́вшийся; the weather is ~ пого́да не установи́лась 2) нерешённый, неурегули́рованный 3) неопла́ченный 4) незаселённый

**unshackle** [ʹʌnʹʃækl] *v* снима́ть кандалы́; *перен.* освобожда́ть

**unshaded** [ʹʌnʹʃeɪdɪd] *a* 1) не защищённый от со́лнца, без те́ни 2) без тене́й, ко́нтурный, лине́йный (*о рисунке*)

**unshadowed** [ʹʌnʹʃædəud] *a* безо́блачный, я́сный; неомрачённый

**unshakable** [ʌnʹʃeɪkəbl] *a* непоколеби́мый

**unshaken** [ʹʌnʹʃeɪkən] *a* непоколе́бленный, твёрдый

**unshapely** [ʹʌnʹʃeɪplɪ] *a* бесфо́рменный, некраси́вый; ~ figure нескла́дная фигу́ра

**unshared** [ʹʌnʹʃeəd] *a* неразделённый (*о чувстве и т. п.*)

**unshaven** [ʹʌnʹʃeɪvn] *a* небри́тый

**unsheathe** [ʹʌnʹʃi:ð] *v* вынима́ть из но́жен; to ~ the sword обнажи́ть меч; *перен.* объяви́ть войну́

**unshed** [ʹʌnʹʃed] *a* непро́литый; ~ tears невы́плаканные слёзы

**unsheltered** [ʹʌnʹʃeltəd] *a* 1) неприкры́тый, незащищённый 2) не име́ющий прию́та, убе́жища 3) *ком.*: ~ industries непокрови́тельствуемые о́трасли промы́шленности

**unshielded** [ʹʌnʹʃi:ldɪd] *a* незащищённый

**unship** [ʹʌnʹʃɪp] *v* 1) сгружа́ть с корабля́ 2) выса́живать на бе́рег 3) убира́ть, снима́ть (*вёсла, руль*)

**unshod** [ʹʌnʹʃɔd] **1.** *past и p. p. от* unshoe

**2.** *a* 1) неподко́ванный, раско́ванный (*о лошади*) 2) необу́тый

**unshoe** [ʹʌnʹʃu:] *v* (unshod) 1) снима́ть о́бувь (*с кого-л.*) 2) раско́вывать (*лошадь*)

**unshorn** [ʹʌnʹʃɔ:n] *a* нестри́женый; неподстри́женный

**unshrinkable** [ʹʌnʹʃrɪŋkəbl] *a* не садя́щийся при сти́рке (*о материи*), безуса́дочный

**unshrinking** [ʌnʹʃrɪŋkɪŋ] *a* непоколеби́мый, неустраши́мый, твёрдый

**unshutter** [ʹʌnʹʃʌtə] *v* открыва́ть, снима́ть ста́вни

**unsighted** [ʹʌnʹsaɪtɪd] *a* 1) не попа́вший в по́ле зре́ния 2) не снабжённый прице́лом 3) неприце́льный

**unsightly** [ʌnʹsaɪtlɪ] *a* непригля́дный; вызыва́ющий отвраще́ние (свои́м ви́дом); уро́дливый

**unsigned** [ʹʌnʹsaɪnd] *a* неподпи́санный; ~ letter анони́мное письмо́

**unsized** [ʹʌnʹsaɪzd] *a* не сортиро́ванный по величине́

**unskilful** [ʹʌnʹskɪlful] *a* 1) неуме́лый, неиску́сный 2) неуклю́жий, нескла́дный, нело́вкий

**unskilled** [ʹʌnʹskɪld] *a* 1) неквалифици́рованный; ~ labour а) неквалифици́рованный труд, чёрная рабо́та; б) *собир.* неквалифици́рованная рабо́чая си́ла 2) неуме́лый; ~ work неуме́лая рабо́та

**unsleeping** [ʹʌnʹsli:pɪŋ] *a* недре́млющий, бди́тельный

**unsnarl** [ʹʌnʹsnɑ:l] *v* распу́тывать (*тж. перен.*)

**unsociable** [ʌnʹsəuʃəbl] *a* необщи́тельный; сде́ржанный

**unsocial** [ʹʌnʹsəuʃəl] *a* 1) необщи́тельный 2) антиобще́ственный

**unsold** [ʹʌnʹsəuld] *a* непро́данный, нераспро́данный, залежа́вшийся (*о товаре*)

**unsolder** [ʹʌnʹsɔldə] *v* распа́ивать

**unsolved** [ʹʌnʹsɔlvd] *a* нерешённый (*о задаче, проблеме*)

**unsophisticated** [ʹʌnsəʹfɪstɪkeɪtɪd] *a* 1) просто́й, простоду́шный, безыску́сственный, наи́вный 2) нефальсифици́рованный; чи́стый, без при́меси

**unsought** [ʹʌnʹsɔ:t] *a* 1) непро́шенный 2) полу́ченный без уси́лий с чьей-л. стороны́

**unsound** [ʹʌnʹsaund] *a* 1) нездоро́вый, больно́й;боле́зненный; of ~ mind сумасше́дший, душевнобольно́й 2) испо́рченный, гнило́й 3) необосно́ванный, оши́бочный; ~ arguments необосно́ванные до́воды 4) ненадёжный 5) неглубо́кий (*сон*) 6) *тех.* дефе́ктный

**unsounded** [ʹʌnʹsaundɪd] *a* неизме́ренный (*о глубине*)

**unsown** [ʹʌnʹsəun] *a* незасе́янный

**unsparing** [ʌnʹspeərɪŋ] *a* 1) расточи́тельный, ще́дрый (of, in) 2) усе́рдный, не щадя́щий сил 3) беспоща́дный

**unspeakable** [ʌnʹspi:kəbl] *a* 1) невырази́мый (слова́ми); ~ joy невырази́мая ра́дость 2) о́чень плохо́й; ~ manners отврати́тельные мане́ры

**unspent** [ʹʌnʹspent] *a* 1) неистра́ченный; нерастра́ченный 2) неутомлённый

**unspoiled, unspoilt** [ʹʌnʹspɔɪlt] *a* неиспо́рченный

**unspoken** [ʹʌnʹspəukən] *a* невы́сказанный, невы́раженный

**unsportsmanlike** [ʹʌnʹspɔ:tsmənlaɪk] *a* 1) неспорти́вный, недосто́йный спортсме́на; не соотве́тствующий пра́вилам спо́рта 2) непоря́дочный, нече́стный

**unspotted** [ʹʌnʹspɔtɪd] *a* незапа́чканный; незапя́тнанный (*тж. перен.*)

**unsprung** [ʹʌnʹsprʌŋ] *a* не име́ющий пружи́н, неподрессо́ренный

**unstable** [ʹʌnʹsteɪbl] *a* 1) нетвёрдый; неусто́йчивый 2) коле́блющийся, изме́нчивый 3) *хим.* несто́йкий

**unstained** [ʹʌnʹsteɪnd] *a* незапя́тнанный (*тж. перен.*)

**unstamped** [ʹʌnʹstæmpt] *a* 1) не опла́ченный ма́ркой 2) нештемпелёванный, без ште́мпеля

**unstarched** [ʹʌnʹstɑ:tʃt] *a* 1) ненакрахма́ленный 2) непринуждённый, есте́ственный, нечо́порный

**unstatutable** [ʹʌnʹstætju:təbl] *a* не дозво́ленный стату́том, уста́вом

**unsteady** [ʹʌnʹstedɪ] *a* 1) неусто́йчивый, нетвёрдый; ша́ткий, коле́блющийся 2) непостоя́нный

**unstick** [ʹʌnʹstɪk] *v* (unstuck) откле́ивать, отдира́ть

**unstirred** [ʹʌnʹstə:d] *a* невозмути́мый

**unstitch** [ʹʌnʹstɪtʃ] *v* распа́рывать (*шов*)

**unstop** [ʹʌnʹstɔp] *v* 1) прочища́ть (*раковину и т. п.*) 2) отку́поривать

**unstrained** [ʹʌnʹstreɪnd] *a* 1) непринуждённый 2) непроце́женный

**unstrap** [ʹʌnʹstræp] *v* отстёгивать, развя́зывать (*ремень и т. п.*)

**unstressed** [ʹʌnʹstrest] *a* 1) безуда́рный (*звук, слог*) 2) неподчёркнутый

**unstring** [ʹʌnʹstrɪŋ] *v* (unstrung) 1) снять *или* осла́бить стру́ны (*муз. инструмента*) *или* тетиву́ (*лука*) 2) распусти́ть (*бусы и т. п.*) 3) расша́тывать (*нервы*)

**unstrung** [ʹʌnʹstrʌŋ] **1.** *past и p. p. от* unstring

**2.** *a* расша́танный (*о нервах*)

**unstuck** [ʹʌnʹstʌk] **1.** *past и p. p. от* unstick

**2.** *a* откле́енный (*о конверте и т. п.*) ◇ our plan has come ~ *разг.* наш план не уда́лся

**unstudied** [ˈʌnˈstʌdɪd] *a* естéственный, непринуждённый

**unsubmissive** [ˈʌnsəbˈmɪsɪv] *a* непокóрный, не желáющий подчиняться

**unsubstantial** [ˈʌnsəbˈstænʃəl] *a* 1) несущéственный 2) невесóмый, бестелéсный, невещéственный 3) нереáльный 4) непрóчный 5) непитáтельный; лёгкий (*о пище*)

**unsuccessful** [ˈʌnsəkˈsesfʊl] *a* 1) безуспéшный, неудáчный 2) неудáчливый

**unsuitable** [ˈʌnˈsjuːtəbl] *a* неподходящий, неподобáющий

**unsullied** [ˈʌnˈsʌlɪd] *a* незапя́тнанный (*о репутации и т. п.*)

**unsung** [ˈʌnˈsʌŋ] *a поэт.* 1) неспéтый 2) невоспéтый

**unsunned** [ˈʌnˈsʌnd] *a* не освещённый *или* не согрéтый сóлнцем

**unsure** [ˈʌnˈʃuə] *a* 1) ненадёжный 2) неопределённый 3) неувéренный; колéблющийся

**unsurpassable** [ˈʌnsə(ː)ˈpɑːsəbl] *a* не могýщий быть превзойдённым

**unsurpassed** [ˈʌnsə(ː)ˈpɑːst] *a* непревзойдённый

**unsusceptible** [ˈʌnsəˈseptəbl] *a* невосприи́мчивый, нечувстви́тельный (to)

**unsuspected** [ˈʌnsəsˈpektɪd] *a* 1) не вызывáющий подозрéний; незаподóзренный 2) неожи́данный, непредви́денный

**unsuspecting** [ˈʌnsəsˈpektɪŋ] *a* не подозревáющий (of — о)

**unsuspicious** [ˈʌnsəsˈpɪʃəs] *a* 1) неподозревáющий 2) не вызывáющий подозрéний

**unswathe** [ˈʌnˈsweɪð] *v* распелёнывать; разбинтóвывать

**unswayed** [ˈʌnˈsweɪd] *a* 1) не поддающийся влия́нию 2) непредубеждённый

**unswerving** [ʌnˈswəːvɪŋ] *a* непоколеби́мый

**unsworn** [ˈʌnˈswɔːn] *a* 1) не дáвший прися́ги 2) не свя́занный кля́твой

**unsympathetic** [ˈʌnˌsɪmpəˈθetɪk] *a* 1) несочýвствующий; чёрствый 2) несимпати́чный, неприя́тный, антипати́чный

**untamable** [ˈʌnˈteɪməbl] *a* не поддающийся приручéнию

**untangle** [ˈʌnˈtæŋgl] *v* распýтывать

**untaught** [ˈʌnˈtɔːt] *a* 1) необýченный; невéжественный 2) врождённый, естéственный

**untenable** [ˈʌnˈtenəbl] *a* 1) непригóдный для оборóны 2) непригóдный для жилья́

**untenantable** [ˈʌnˈtenəntəbl] *a* негóдный для жилья́; нежилóй

**unthankful** [ˈʌnˈθæŋkfʊl] *a* неблагодáрный

**unthinkable** [ʌnˈθɪŋkəbl] *a* 1) невообрази́мый; немы́слимый 2) *разг.* неправдоподóбный; невероя́тный; it's quite ~ э́то невероя́тно

**unthinking** [ˈʌnˈθɪŋkɪŋ] *a* бездýмный, легкомы́сленный

**unthread** [ˈʌnˈθred] *v* 1) вы́нуть ни́тку (*из иголки*) 2) *перен.* вы́браться из лабири́нта

**unthrifty** [ˈʌnˈθrɪftɪ] *a* небережли́вый, расточи́тельный

**unthrone** [ˈʌnˈθrəun] *v* свéргнуть с престóла

**untidiness** [ʌnˈtaɪdɪnɪs] *n* неопря́тность, неаккурáтность; беспоря́док

**untidy** [ʌnˈtaɪdɪ] *a* неопря́тный, неаккурáтный; в беспоря́дке (*о комнате*)

**untie** [ˈʌnˈtaɪ] *v* 1) развя́зывать 2) освобождáть

**untied** [ˈʌnˈtaɪd] **1.** *p. p. от* untie

**2.** *a* несвя́занный; развя́занный

**untight** [ˈʌnˈtaɪt] *a* неплóтный; негермети́ческий

**until** [ənˈtɪl] = till I

**untile** [ˈʌnˈtaɪl] *v* снимáть черепи́цу

**untimely** [ʌnˈtaɪmlɪ] **1.** *a* 1) безврéменный; преждеврéменный 2) несвоеврéменный; неумéстный

**2.** *adv* 1) безврéменно; преждеврéменно 2) несвоеврéменно; неумéстно

**unto** [ˈʌntu] *поэт. см.* to 1

**untold** [ˈʌnˈtəuld] *a* 1) нерасскáзанный; he left the secret ~ он не рассказáл секрéта; он не раскры́л тáйны 2) несосчи́танный; бессчётный; ~ wealth несмéтные богáтства

**untouchable** [ʌnˈtʌtʃəbl] **1.** *a* 1) неприкосновéнный 2) недостýпный, недосягáемый 3) *инд.* неприкасáемый

**2.** *n инд.* член кáсты неприкасáемых; the ~s кáста неприкасáемых

**untoward** [ʌnˈtəuəd] *a* 1) неблагоприя́тный, неудáчный; несчастли́вый; if nothing ~ happens éсли ничегó плохóго не случи́тся 2) *уст.* непокóрный, своенрáвный

**untrained** [ˈʌnˈtreɪnd] *a* необýченный; неподготóвленный

**untrammelled** [ʌnˈtræməld] *a* беспрепя́тственный; ~ right неоспори́мое прáво

**untransferable** [ˈʌntrænsˈfəːrəbl] *a* не могýщий быть пéреданным, без прáва передáчи

**untranslatable** [ˈʌntrænsˈleɪtəbl] *a* непереводи́мый

**untried** [ˈʌnˈtraɪd] *a* 1) непровéренный, неиспы́танный 2) не разбирáвшийся в судé (*о деле*)

**untrodden** [ˈʌnˈtrɔdn] *a* непротóптанный, неисхóженный; забрóшенный, пусты́нный

**untrue** [ˈʌnˈtruː] *a* 1) невéрный (*кому-л.*; to) 2) лóжный; непрáвильный 3) несоотвéтствующий; ~ to type не соотвéтствующий образцý, ти́пу

**untrustworthy** [ˈʌnˈtrʌstˌwəːðɪ] *a* ненадёжный

**untruth** [ˈʌnˈtruːθ] *n* 1) непрáвда, ложь; to tell an ~ солгáть 2) *уст.* невéрность

**untuck** [ˈʌnˈtʌk] *v* 1) распускáть (*складки*) 2) отгибáть, расправля́ть (*что-л. подвёрнутое, подогнутое*)

**untune** [ˈʌnˈtjuːn] *v* расстрáивать (*муз. инструмент*)

**unturned** [ˈʌnˈtəːnd] *a* неперевёрнутый, остáвленный на мéсте ◇ to leave no stone ~ *см.* stone 1 ◇

**untutored** [ˈʌnˈtjuːtəd] *a* 1) необýченный 2) наи́вный, простодýшный, неискушённый 3) врождённый, прирóдный (*о таланте*)

**untwine** [ˈʌnˈtwaɪn] *v* 1) распýтывать(ся); расплетáть(ся) 2) отделя́ть (-ся)

**untwist** [ˈʌnˈtwɪst] *v* раскрýчивать (-ся); расплетáть(ся); рассýчивать(ся)

**unusable** [ˈʌnˈjuːzəbl] *a* неподходя́щий, непригóдный, не могýщий быть испóльзованным

**unused** *a* 1) [ˈʌnˈjuːst] непривы́кший (to — к *чему-л.*) 2) [ˈʌnˈjuːzd] неиспóльзованный; неиспóльзуемый

**unusual** [ʌnˈjuːʒuəl] *a* 1) необыкновéнный; необы́чный, стрáнный; рéдкий 2) замечáтельный

**unutilized** [ʌnˈjuːtɪlaɪzd] *a* неиспóльзованный

**unutterable** [ʌnˈʌtərəbl] *a* 1) непроизноси́мый 2) *разг.* невырази́мый, неописýемый

**unvalued** [ˈʌnˈvæljuːd] *a* 1) неоценённый 2) неоцени́мый

**unvarnished** *a* 1) [ˈʌnˈvɑːnɪʃt] нелакирóванный 2) [ʌnˈvɑːnɪʃt] неприкрáшенный; ~ truth гóлая прáвда

**unveil** [ʌnˈveɪl] *v* 1) снимáть покрывáло (*с чего-л.*); раскрывáть; *перен.* предстáть в и́стинном свéте 2) торжéственно открывáть (*памятник*) 3) открывáть (*тайну, планы и т. п.*)

**unversed** [ˈʌnˈvəːst] *a* несвéдущий, неóпытный, неискýсный (in — в *чём-л.*)

**unvoice** [ˈʌnˈvɔɪs] *v фон.* оглушáть

**unvoiced** [ˈʌnˈvɔɪst] *a* 1) непроизнесённый 2) *фон.* глухóй

**unvote** [ˈʌnˈvəut] *v* отменя́ть повтóрным голосовáнием

**unwanted** [ˈʌnˈwɔntɪd] *a* нежелáнный, нежелáтельный; ненýжный, ли́шний

**unwarned** [ˈʌnˈwɔːnd] *a* непредупреждённый

**unwarrantable** [ʌnˈwɔrəntəbl] *a* неопрáвданный, непрости́тельный

**unwarranted** [ˈʌnˈwɔrəntɪd] *a* 1) негаранти́рованный 2) недозвóленный

**unwary** [ʌnˈwɛərɪ] *a* неосторóжный, опромéтчивый

**unwashed** [ˈʌnˈwɔʃt] *a* немы́тый; нести́ранный

**unwavering** [ʌnˈweɪvərɪŋ] *a* недрóгнувший

**unwearied** [ʌnˈwɪərɪd] *a* 1) неутомлённый 2) неутоми́мый

**unwearying** [ʌnˈwɪərɪɪŋ] *a* неутоми́мый; настóйчивый

**unweave** [ˈʌnˈwiːv] *v* (unwove; unwoven) распускáть (*ткань*), разоткáть; расплетáть

**unwed** [ˈʌnˈwed] *a* невéнчанный; холостóй; незамýжняя

**unwelcome** [ʌnˈwelkəm] *a* нежелáнный, нежелáтельный; непрóшенный

**unwell** [ˈʌnˈwel] *a* нездоро́вый; she is ~ а) ей нездоро́вится; б) *эвф.* у неё менструа́ция

**unwept** [ˈʌnˈwept] *a поэт.* неопла́канный

**unwholesome** [ˈʌnˈhəulsəm] *a* нездоро́вый, неполе́зный, вре́дный

**unwieldy** [ʌnˈwiːldɪ] *a* громо́здкий, неуклю́жий

**unwilled** [ˈʌnˈwɪld] *a* нево́льный, неумы́шленный, ненаме́ренный

**unwilling** [ˈʌnˈwɪlɪŋ] *a* несклóнный, нерасполо́женный

**unwillingly** [ʌnˈwɪlɪŋlɪ] *adv* неохо́тно, про́тив жела́ния

**unwind** [ˈʌnˈwaɪnd] *v* (unwound) 1) разма́тывать(ся); раскру́чивать (-ся) 2) *мор.* трави́ть (*лебёдкой*) 3) развива́ть(ся) (*о сюжете*)

**unwinking** [ˈʌnˈwɪŋkɪŋ] *a* 1) немига́ющий 2) бди́тельный

**unwisdom** [ˈʌnˈwɪzdəm] *n* глу́пость, неблагоразу́мие

**unwise** [ˈʌnˈwaɪz] *a* не(благо)разу́мный

**unwished** [ʌnˈwɪʃt] *a* нежела́нный (for)

**unwitnessed** [ˈʌnˈwɪtnɪst] *a* 1) незаме́ченный 2) не подтверждённый свиде́тельскими показа́ниями

**unwitting** [ʌnˈwɪtɪŋ] *a* 1) не зна́ющий (*чего-л.*) 2) нево́льный, непреднаме́ренный; нечаянный

**unwittingly** [ʌnˈwɪtɪŋlɪ] *adv* нево́льно, непреднаме́ренно; неча́янно

**unwonted** [ʌnˈwəuntɪd] *a* 1) непривы́чный, необы́чный; ре́дкий 2) не привы́кший (to — к *чему-л.*)

**unworkable** [ˈʌnˈwəːkəbl] *a* неприме́нимый, него́дный для рабо́ты

**unworkmanlike** [ˈʌnˈwəːkmənlaɪk] *a* сде́ланный по-люби́тельски, неуме́ло

**unworldly** [ˈʌnˈwəːldlɪ] *a* 1) не от ми́ра сего́ 2) духо́вный; несве́тский

**unworn** [ˈʌnˈwɔːn] *a* 1) нено́шеный 2) непоно́шенный

**unworthy** [ʌnˈwəːðɪ] *a* недосто́йный (of — *чего-л.*)

**unwound** [ˈʌnˈwaund] *past и p. p. от* unwind

**unwove** [ˈʌnˈwəuv] *past от* unweave

**unwoven** [ˈʌnˈwəuvən] *p. p. от* unweave

**unwrap** [ˈʌnˈræp] *v* развёртывать (-ся)

**unwritten** [ˈʌnˈrɪtn] *a* 1) непи́саный; ~ law а) непи́саный зако́н; б) *юр.* прецеде́нтное пра́во 2) незапи́санный, ненапи́санный 3) чи́стый (*о странице*)

**unyielding** [ʌnˈjiːldɪŋ] *a* твёрдый, упо́рный; непода́тливый, несгиба́емый

**unyoke** [ˈʌnˈjəuk] *v* снима́ть ярмо́ (*с кого-л.*); освобожда́ть от и́га

**unyoked** [ˈʌnˈjəukt] **1.** *p. p. от* unyoke

**2.** *a* не впряжённый в ярмо́

**unzip** [ʌnˈzɪp] *v* расстегну́ть мо́лнию

**up** [ʌp] **1.** *adv* 1) *указывает на нахождение наверху или на более высокое положение* наверху́; выше; high up in the air высоко́ в не́бе *или* в во́здухе; she lives three floors up она́ живёт тремя́ этажа́ми вы́ше 2) *указывает на подъём* наве́рх, вверх; he went up он пошёл наве́рх; up and down вверх и вниз; взад и вперёд [*см. тж.* up and down]; hands up! ру́ки вверх! 3) *указывает на увеличение, повышение в цене, в чине, в значении и т п.* вы́ше; the corn is up хлеб подорожа́л; age 12 up от 12 лет и ста́рше 4) *указывает на приближение*: a boy came up подошёл ма́льчик 5) *указывает на близость или сходство*: he is up to his father as a scientist как учёный он не уступа́ет своему́ отцу́ 6) *указывает на переход из горизонтального положения в вертикальное или от состояния покоя к деятельности*: he is up он встал; he was up all night он не спал, был на нога́х всю ночь 7) *указывает на истечение срока, завершение или результат действия*: Parliament is up се́ссия парла́мента закры́лась; it is all up with him с ним всё поко́нчено; the house burned up дом сгоре́л дотла́; to eat up съесть; to save up скопи́ть 8) *указывает на совершение действия*: something is up что́-то происхо́дит; что-то затева́ется; what's up? в чём де́ло?, что случи́лось? 9) *спорт.* впереди́; he is two points up он на два очка́ впереди́ своего́ проти́вника □ **up in** а) све́дущий; she is well up in history она́ сильна́ в исто́рии; б) гото́вый; up in arms *см.* arm II 1, 1); **up to** а) *указывает на пригодность, соответствие*: he is not up to this job он не годи́тся для э́той рабо́ты; he is up to a thing or two зна́ний *или* уме́ния ему́ не занима́ть стать; to act up to one's promise поступа́ть согла́сно обеща́нию; исполня́ть обеща́ние; б) *указывает на временной предел* вплоть до; up to the middle of January до середи́ны января́ ◇ it's up to you (him, *etc.*) to decide (to act, *etc.*) реша́ть (де́йствовать *и т. п.*) предстои́т вам (ему́ *и т. п.*); up with ..! да здра́вствует..!; to be up and about быть на нога́х, встать, попра́виться по́сле боле́зни; up against smth. лицо́м к лицу́ с чем-л.

**2.** *prep* 1) вверх по, по направле́нию к (*источнику, центру, столице и т. п.*); up the river вверх по реке́; up the hill в го́ру; up the steps вверх по ле́стнице 2) вдоль по; вглубь; up the street по у́лице; to travel up (the) country е́хать вглубь страны́ 3) про́тив (*течения, ветра и т. п.*); ~ the wind про́тив ве́тра; to row up the stream грести́ про́тив тече́ния 4) к се́веру, в се́верном направле́нии

**3.** *a* 1) иду́щий, поднима́ющийся вверх 2) повыша́ющийся 3) направля́ющийся в кру́пный центр *или* на се́вер (*особ. о поезде*); up train по́езд, иду́щий в Ло́ндон *или* большо́й го́род 4) шипу́чий (*о напитках*)

**4.** *n* 1) подъём; ups and downs а) взлёты и паде́ния; б) превра́тности судьбы́ 2) успе́х 3) вздорожа́ние 4) по́езд, авто́бус *и т. п.*, иду́щий в Ло́ндон, в большо́й го́род *или* на се́вер

**5.** *v разг.* 1) поднима́ть; повыша́ть (*цены*) 2) вска́кивать

**up-** [ʌp-] *pref* 1) *в значении* вверх, кве́рху *прибавляется к существительным, образуя разные части речи*: up-grade подъём; upland наго́рный; upstairs наве́рх 2) *прибавляется к глаголам и отглагольным существительным, образуя существительные со значением* рост, подъём, измене́ние состоя́ния *и т. п.*: upheaval сдвиг; переворо́т; upswing улучше́ние 3) *прибавляется к глаголам, образуя новые глаголы, указывающие на полноту действия*: to uproot вырыва́ть с ко́рнем, выкорчёвывать; to upset опроки́дывать; to upturn перевёртывать

**up-and-coming** [ˈʌpəndˈkʌmɪŋ] *a* 1) напо́ристый, предприи́мчивый; энерги́чный 2) подаю́щий наде́жды, многообеща́ющий

**up and down** [ˈʌpənˈdaun] *adv* 1) пря́мо, откры́то 2) там и сям; [*см. тж.* up 1, 2)]

**up-and-down** [ˈʌpənˈdaun] *a* 1) холми́стый 2) дви́гающийся вверх и вниз, с ме́ста на ме́сто 3) *амер.* прямо́й, открове́нный 4) перпендикуля́рный

**upas** [ˈjuːpəs] *n* 1) *бот.* анча́р 2) па́губное влия́ние

**upas-tree** [ˈjuːpəstriː] = upas 1)

**upbear** [ʌpˈbɛə] *v* (upbore; upborne) подде́рживать

**up-beat** [ʌpˈbiːt] *n муз.* неуда́рный звук в та́кте

**upbore** [ʌpˈbɔː] *past от* upbear

**upborne** [ʌpˈbɔːn] *p. p. от* upbear

**upbraid** [ʌpˈbreɪd] *v* брани́ть, укоря́ть (with, for — за *что-л.*)

**upbringing** [ˈʌpˌbrɪŋɪŋ] *n* воспита́ние

**upbuild** [ʌpˈbɪld] *v* вы́строить, постро́ить

**upcast** [ˈʌpkɑːst] **1.** *n* 1) *геол.* взброс 2) *горн.* вентиляцио́нная ша́хта

**2.** *a* восходя́щий, напра́вленный вверх

**upchuck** [ʌpˈtʃʌk] *v разг.* рвать, страда́ть рво́той

**up country** [ʌpˈkʌntrɪ] *adv* внутри́ страны́; внутрь страны́

**up-country** [ˈʌpˈkʌntrɪ] **1.** *n* вну́тренние райо́ны страны́

**2.** *a* располо́женный внутри́ страны́; вну́тренний

**up-date** [ʌpˈdeɪt] *v* модернизи́ровать

**updo** [ˈʌpduː] *n* приче́ска, при кото́рой во́лосы зачёсываются наве́рх

**up-grade** [ˈʌpˈgreɪd] **1.** *n* подъём; on the ~ на подъёме

**2.** *v* повыша́ть в до́лжности, переводи́ть на бо́лее высокоопла́чиваемую рабо́ту *и т. п.*

**upgrowth** [ˈʌpgrəuθ] *n* 1) рост, разви́тие 2) то, что растёт, тя́нется вверх

**upheaval** [ʌpˈhiːvəl] *n* 1) сдвиг 2) переворо́т 3) *геол.* смеще́ние пласто́в

**upheave** [ʌpˈhiːv] *v* (upheaved [-d], uphove) поднима́ть(ся)

**upheld** [ʌpˈheld] *past и p. p. от* uphold

**uphill** [ˈʌpˈhɪl] **1.** *adv* в го́ру

**2.** *a* 1) иду́щий в го́ру 2) *перен.* тяжёлый, тру́дный; an ~ task тру́дная зада́ча

**uphold** [ʌpˈhəuld] *v* (upheld) подде́рживать, защища́ть; поощря́ть; to ~ the view приде́рживаться взгля́да

**upholder** [ʌpˈhəuldə] *n* сторо́нник

**upholster** [ʌpˈhəulstə] *v* 1) обива́ть (*мебель*; with, in — *чем-л.*) 2) ве́шать (*портьеры, ковры и т. п.*)

**upholsterer** [ʌpˈhəulstərə] *n* обо́йщик; драпиро́вщик

**upholstery** [ʌpˈhəulstərɪ] *n* 1) ремесло́ обо́йщика *или* драпиро́вщика 2) оби́вочный материа́л, оби́вка

**uphove** [ʌpˈhəuv] *past и p. p. от* upheave

**upkeep** [ˈʌpkiːp] *n* 1) содержа́ние (*в исправности*); ремо́нт 2) сто́имость содержа́ния

**upland** [ˈʌplənd] **1.** *n* (*обыкн. pl*) наго́рная страна́; гори́стая часть страны́

**2.** *a* 1) наго́рный 2) отдалённый; лежа́щий внутри́ страны́

**uplift** **1.** *n* [ˈʌplɪft] 1) подъём (*культуры и т. п.*); духо́вный подъём 2) *геол.* взброс

**2.** *v* [ʌpˈlɪft] поднима́ть (*настроение*)

**upon** [əˈpɔn (*полная форма*); əpən (*редуцированная форма*)] = on 1 ◇ ~ my Sam! *sl.* че́стное сло́во!

**upper** [ˈʌpə] **1.** *a* 1) ве́рхний; вы́сший; the U. House ве́рхняя пала́та; the ~ servants ста́ршая прислу́га (*дворецкий и т. п.*); the ~ ten (thousand) верху́шка о́бщества; ~ crust а) ве́рхняя ко́рка (*буханки*); б) верху́шка о́бщества, аристокра́тия; в) *разг.* голова́; шля́па; the ~ storey а) ве́рхний эта́ж; б) *разг.* башка́, «черда́к»; he is a little wrong in the ~ storey ≅ у него́ не все до́ма 2) *горн.* восстающий (*о шпуре*)

**2.** *n* 1) передо́к боти́нка 2) *pl* ге́тры; гама́ши 3) *разг.* ве́рхняя по́лка (*в вагоне*) 4) ве́рхний зуб 5) *горн.* восстающий шпур ◇ to be (down) on one's ~s а) ходи́ть в сто́птанных башмака́х; б) быть без гроша́; быть в стеснённых обстоя́тельствах

**upper-cut** [ˈʌpəkʌt] *n* апперко́т, уда́р сни́зу (*в боксе*)

**uppermost** [ˈʌpəməust] **1.** *a* 1) са́мый ве́рхний; вы́сший 2) преоблада́ющий, гла́вный

**2.** *adv* 1) наверху́ 2) пре́жде всего́; I said whatever came ~ я сказа́л пе́рвое, что пришло́ в го́лову

**upper works** [ˈʌpəwəːks] *n pl* надво́дная часть су́дна

**uppish** [ˈʌpɪʃ] *a разг.* чва́нный, спеси́вый; на́глый

**uppity** [ˈʌpɪtɪ] *разг. см.* uppish

**upraise** [ʌpˈreɪz] *v* поднима́ть, воздева́ть; возвыша́ть

**upright** **1.** *n* [ˈʌpraɪt] 1) подпо́рка; коло́нна; сто́йка 2) *сокр. от* upright piano

**2.** *a* 1) [ˈʌpˈraɪt] вертика́льный, прямо́й, отве́сный 2) [ˈʌpraɪt] че́стный

**3.** *adv* [ˈʌpˈraɪt] пря́мо, вертика́льно, стоймя́

**uprightly** [ˈʌpˌraɪtlɪ] *adv* пря́мо, че́стно

**upright piano** [ˈʌpraɪtpɪˈænəu] *n* пиани́но

**uprise** **1.** *n* [ˈʌpraɪz] 1) восхо́д 2) появле́ние 3) подъём 4) = uprising 2

**2.** *v* [ʌpˈraɪz] (uprose; uprisen) *поэт.* 1) восстава́ть 2) поднима́ться

**uprisen** [ʌpˈrɪzn] *p. p. от* uprise 2

**uprising** [ʌpˈraɪzɪŋ] **1.** *pres. p. от* uprise 2

**2.** *n* восста́ние

**uproar** [ˈʌprɔː] *n* 1) шум, гам 2) волне́ние, беспоря́дки

**uproarious** [ʌpˈrɔːrɪəs] *a* шу́мный, бу́йный

**uproot** [ʌpˈruːt] *v* вырыва́ть с ко́рнем; искореня́ть

**uprose** [ʌpˈrəuz] *past от* uprise 2

**upset** [ʌpˈset] **1.** *v* (upset) 1) опроки́дывать(ся) 2) расстра́ивать, наруша́ть (*порядок и т. п.*); to ~ smb.'s plans расстра́ивать чьи-л. пла́ны 3) расстра́ивать, огорча́ть, выводи́ть из душе́вного равнове́сия; I am ~ я расстро́ен 4) наруша́ть пищеваре́ние 5) *тех.* обжима́ть; оса́живать

**2.** *n* 1) опроки́дывание 2) беспоря́док 3) расстро́йство, огорче́ние 4) *разг.* ссо́ра 5) недомога́ние; stomach ~ расстро́йство желу́дка 6) *спорт.* неожи́данное пораже́ние

**3.** *a*: ~ price ни́зшая отправна́я цена́ (*на аукционе*)

**upshot** [ˈʌpʃɔt] *n* развя́зка, заключе́ние; результа́т; in the ~ в конце́ концо́в

**upside** [ˈʌpsaɪd] *n* ве́рхняя сторона́ *или* часть

**upside-down** [ˈʌpsaɪdˈdaun] **1.** *a* перевёрнутый вверх дном

**2.** *adv* вверх дном, в беспоря́дке

**upstage** [ˈʌpˈsteɪdʒ] **1.** *a* 1) относя́щийся к за́дней ча́сти сце́ны 2) *разг.* надме́нный, высокоме́рный

**2.** *adv* в глубине́ сце́ны

**upstair** [ˈʌpˈstɛə] = upstairs 1, 1) и 3

**upstairs** [ˈʌpˈstɛəz] **1.** *adv* 1) вверх (по ле́стнице), наве́рх; наверху́, в ве́рхнем этаже́ 2) *ав.* на большо́й высоте́; в во́здухе

**2.** *n* 1) ве́рхняя часть зда́ния 2) челове́к, живу́щий в ве́рхнем этаже́

**3.** *a* находя́щийся в ве́рхнем этаже́, наверху́

**upstanding** [ˈʌpˈstændɪŋ] *a* 1) стоя́чий; стоя́щий; прямо́й 2) с прямо́й оса́нкой 3) здоро́вый; ~ children здоро́вые де́ти 4) че́стный и прямо́й

**upstart** **1.** *n* [ˈʌpstaːt] вы́скочка

**2.** *v* [ʌpˈstaːt] 1) вска́кивать 2) заста́вить вскочи́ть, спугну́ть

**upstate** [ˈʌpˈsteɪt] *n амер.* се́верная часть шта́та

**up-stream** [ˈʌpˈstriːm] **1.** *adv* 1) про́тив тече́ния 2) вверх по тече́нию

**2.** *a* 1) плыву́щий про́тив тече́ния 2) располо́женный вверх по тече́нию

**upstroke** [ˈʌpstrəuk] *n* 1) черта́, напра́вленная вверх (*в письме, в рукописи*) 2) *тех.* движе́ние (*поршня*) вверх

**upsurge** [ʌpˈsəːdʒ] **1.** *n* рост, повыше́ние, подъём; ~ of anger волна́ гне́ва

**2.** *v* поднима́ться, повыша́ться

**upsweep** [ˈʌpswiːp] **1.** *n* = updo

**2.** *v* зачёсывать, убира́ть наве́рх (*волосы*)

**upswing** [ˈʌpswɪŋ] **1.** *n* подъём; улучше́ние

**2.** *v* поднима́ться; улучша́ться

**uptake** [ˈʌpteɪk] *n* 1) понима́ние; to be quick (slow) in the ~ бы́стро (ме́дленно) сообража́ть 2) *тех.* вертика́льный кана́л

**upthrow** [ˈʌpθrəu] *n* 1) бросо́к вверх 2) = upheaval 3)

**up-to-date** [ˈʌptəˈdeɪt] *a* совреме́нный; соотве́тствующий совреме́нным тре́бованиям; нове́йший

**uptown** [ˈʌpˈtaun] **1.** *n* 1) ве́рхняя часть го́рода 2) *амер.* жилы́е кварта́лы го́рода

**2.** *a* располо́женный *или* находя́щийся в ве́рхней ча́сти го́рода

**3.** *adv* в ве́рхней ча́сти го́рода

**uptrend** [ˈʌptrend] *n* тенде́нция к повыше́нию

**upturn** [ʌpˈtəːn] **1.** *n* 1) подъём; улучше́ние (*условий и т. п.*) 2) рост (*цен и т. п.*)

**2.** *v* перевёртывать

**upward** [ˈʌpwəd] **1.** *a* напра́вленный *или* дви́жущийся вверх

**2.** *adv* = upwards

**upwards** [ˈʌpwədz] *adv* 1) вверх; to follow the river ~ идти́ вверх по реке́ 2) бо́льше; ста́рше; вы́ше; children of five years and ~ де́ти пяти́ лет и ста́рше ◇ ~ of свы́ше; ~ of 50 people бо́лее 50 челове́к

**uraemia** [juəˈriːmjə] *n мед.* уреми́я

**Ural-Altaic** [ˈjuərəlælˈteɪɪk] **1.** *a* ура́ло-алта́йский

**2.** *n* ура́ло-алта́йская гру́ппа языко́в

**uranium** [juˈreɪnjəm] *n хим.* 1) ура́н 2) *attr.* ура́новый; ~ reactor ура́новый реа́ктор

**Uranus** [ˈjuərənəs] *n греч. миф., астр.* Ура́н

**urban** [ˈəːbən] *a* городско́й; ~ population городско́е населе́ние

**urbane** [əːˈbeɪn] *a* ве́жливый; с изы́сканными мане́рами

**urbanity** [əːˈbænɪtɪ] *n* 1) ве́жливость, любе́зность, учти́вость 2) городска́я жизнь

**urbanize** [ˈəːbənaɪz] *v* 1) де́лать ве́жливым, учти́вым 2) превраща́ть в го́род (*посёлок и т. п.*)

**urchin** [ˈə:tʃɪn] *n* 1) мальчи́шка, пострéл 2) ёж 3) *уст.* домовóй

**Urdu** [ˈuədu:] *n* язы́к урдý

**urea** [ˈjuərɪə] *n хим.* мочеви́на

**ureter** [juəˈri:tə] *n анат.* мочетóчник

**urethra** [juəˈri:θrə] *n* мочеиспускáтельный канáл, урéтра

**urge** [ə:dʒ] **1.** *n* толчóк, побуждéние **2.** *v* 1) понуждáть, подгоня́ть (*тж.* ~ on) 2) побуждáть; подстрекáть 3) убеждáть, настáивать на; настоя́тельно совéтовать; to ~ smth. upon smb. убеждáть когó-л. в чём-л. 4) надоедáть, тверди́ть однó и то же

**urgency** [ˈə:dʒənsɪ] *n* 1) настоя́тельность, безотлагáтельность; a matter of great ~ срóчное дéло 2) настóйчивость; назóйливость

**urgent** [ˈə:dʒənt] *a* 1) срóчный, настоя́тельный 2) крáйне необходи́мый; to be in ~ need of smth. крáйне нуждáться в чём-л. 3) настóйчивый, упóрный; назóйливый

**uric** [ˈjuərɪk] *a* мочевóй

**urinal** [ˈjuərɪnl] *n* 1) писсуáр 2) мочеприёмник

**urinary** [ˈjuərɪnərɪ] *a* мочевóй

**urinate** [ˈjuərɪneɪt] *v* мочи́ться

**urination** [ˌjuərɪˈneɪʃən] *n* мочеиспускáние

**urine** [ˈjuərɪn] *n* мочá

**urinology** [ˌjuərɪˈnɔlədʒɪ] = urology

**urn** [ə:n] *n* 1) ýрна 2) электри́ческий самовáр *или* кофéйник

**urology** [juəˈrɔlədʒɪ] *n* урológия

**Ursa** [ˈə:sə] *n*: ~ Major (Minor) *астр.* Большáя (Мáлая) Медвéдица

**ursine** [ˈə:saɪn] *a* медвéжий

**Uruguayan** [ˌuruˈgwaɪən] **1.** *a* уругвáйский **2.** *n* уругвáец; уругвáйка

**us** [ʌs (*полная форма*); əs (*редуцированная форма*)] *pron pers. косв. п. от* we

**usable** [ˈju:zəbl] *a* 1) гóдный к употреблéнию 2) удóбный, практи́чный

**usage** [ˈju:zɪdʒ] *n* 1) употреблéние 2) обхождéние, обращéние; harsh ~ грýбое обращéние 3) обы́чай, обыкновéние 4) словоупотреблéние

**usance** [ˈju:zəns] *n* устанóвленный торгóвым обы́чаем срок платежá по инострáнным векселя́м

**use 1.** *n* [ju:s] 1) употреблéние; применéние; in ~ в употреблéнии; in daily ~ в чáстом употреблéнии; в обихóде; to be (*или* to fall) out of ~ вы́йти из употреблéния; to put knowledge to ~ применя́ть знáния на прáктике 2) (ис)пóльзование; спосóбность *или* прáво пóльзования (*чем-л.*); to have the ~ of smth. пóльзоваться чем-л.; he put the ~ of his house at my disposal он предложи́л мне пóльзоваться свои́м дóмом; to lose the ~ of smth. потеря́ть спосóбность пóльзоваться чем-л.; he lost the ~ of his eyes он ослéп; to make ~ of, to put to ~ испóльзовать, воспóльзоваться 3) пóльза; толк; to be of (no) ~ быть (бес)полéзным; is there any ~? стóит ли?; what's the ~ of arguing? к чемý спóрить?; I have no ~ for it *разг.* а) мне э́то совершéнно не нýжно; б) я э́того не выношý 4) обыкновéние, привы́чка; ~ and wont обы́чная прáктика; long ~ has reconciled me to it я примири́лся с э́тим благодаря́ давни́шней привы́чке 5) цель, назначéние; a tool with many ~s инструмéнт, применя́емый для различных целéй 6) ритуáл цéркви, епáрхии 7) *юр.* управлéние иму́ществом по довéренности; дохóд от управлéния иму́ществом по довéренности

**2.** *v* [ju:z] 1) употребля́ть, пóльзоваться, применя́ть; to ~ one's brains (*или* one's wits) «шевели́ть мозгáми»; may I ~ your name? могý я на вас сослáться? 2) испóльзовать, израсхóдовать; they use 10 tons of coal a month они́ расхóдуют 10 тонн ýгля́ в мéсяц 3) обращáться, обходи́ться (*с кем-л.*); to ~ smb. like a dog трети́ровать когó-л.; he thinks himself ill ~d он считáет, что с ним плóхо обошли́сь 4) (*тк. past* [*обыкн.* ju:st]): I ~d to see him often я чáсто егó встречáл; it ~d to be said (бывáло) говори́ли; there ~d to be a house here рáньше здесь стоя́л дом □ ~ up а) израсхóдовать, испóльзовать; истрáтить; б) истощáть; to feel ~d up чýвствовать себя́ совершéнно обесси́ленным

**used 1.** [ju:zd] *p. p. от* use 2 **2.** *a* 1) подéржанный, стáрый 2) *тех.* отработанный, отрабóтавший

**used to** [ˈju:sttu(:)] *a* привы́кший; you'll soon get ~ it вы скóро привы́кнете к э́тому

**used-up** [ˈju:zdˈʌp] *a* 1) измýченный, изнурённый 2) *амер.* окончáтельный; пóлностью обсуждённый

**useful** [ˈju:sful] *a* 1) полéзный, пригóдный; ~ effect *тех.* полéзное дéйствие, отдáча 2) *разг.* спосóбный; успéшный; весьмá похвáльный

**useless** [ˈju:slɪs] *a* 1) бесполéзный; никудá не гóдный 2) *разг.* плóхо себя́ чýвствующий, в плохóм настроéнии; I am feeling ~ я чýвствую себя́ отврати́тельно, я ни на что не гожýсь

**user** [ˈju:zə] *n* 1) потреби́тель 2) употребля́ющий (*что-л.*) 3) *юр.* прáво пóльзования; прáво дáвности

**usher** [ˈʌʃə] **1.** *n* 1) швейцáр 2) капельди́нер; билетёр 3) при́став (*в суде*) 4) церемониймéйстер 5) *амер.* шáфер 6) *уст., шутл.* млáдший учи́тель **2.** *v* 1) проводи́ть; вводи́ть (in) 2) объявля́ть, возвещáть (*приход, наступление*; *тж.* ~ in)

**usherette** [ˌʌʃəˈret] *n* капельди́нерша; билетёрша

**usquebaugh** [ˈʌskwɪbɔ:] *n* 1) *шотл., ирл.* ви́ски 2) ирлáндский напи́ток из коньякá с пря́ностями

**usual** [ˈju:ʒuəl] **1.** *a* обыкновéнный, обы́чный; as ~ как обы́чно; the ~ thing то, что обы́чно при́нято (*говорить, делать*) **2.** *n* (the ~) = the ~ thing [*см.* 1]

**usually** [ˈju:ʒuəlɪ] *adv* обы́чно, обыкновéнно

**usufruct** [ˈju:sju(:)frʌkt] *n юр.* узуфрýкт (*право пользования чужой собственностью и доходами от неё без причинения ущерба*)

**usufructuary** [ˌju:sju(:)ˈfrʌktjuərɪ] *юр.* **1.** *a* относя́щийся к узуфрýкту [*см.* usufruct] **2.** *n* человéк, пóльзующийся узуфрýктом

**usurer** [ˈju:ʒərə] *n* ростовщи́к

**usurious** [ju:ˈzjuərɪəs] *a* ростовщи́ческий

**usurp** [ju:ˈzə:p] *v* узурпи́ровать, незакóнно захвáтывать

**usurpation** [ˌju:zə:ˈpeɪʃən] *n* узурпáция, незакóнный захвáт

**usurper** [ju:ˈzə:pə] *n* узурпáтор, захвáтчик

**usury** [ˈju:ʒurɪ] *n* 1) ростовщи́чество 2) ростовщи́ческий процéнт 3): with ~ с лихвóй

**utensil** [ju(:)ˈtensl] *n* посýда, ýтварь; принадлéжность; kitchen ~s кýхонная посýда; writing ~s пи́сьменные принадлéжности

**uteri** [ˈju:tərаɪ] *pl от* uterus

**uterine** [ˈju:təraɪn] *a* утрóбный; ~ brother единоутрóбный брат

**uterus** [ˈju:tərəs] *n* (*pl* -ri) *анат.* мáтка

**utilitarian** [ˌju:tɪlɪˈtɛərɪən] **1.** *a* утилитáрный **2.** *n* (U.) утилитари́ст

**utilitarianism** [ˌju:tɪlɪˈtɛərɪənɪzm] *n филос.* утилитари́зм

**utility** [ju(:)ˈtɪlɪtɪ] *n* 1) полéзность; вы́годность; of no ~ бесполéзный 2) *pl* (*тж.* public utilities) коммунáльные сооружéния, предприя́тия; коммунáльные услýги 3) *pl* áкции и облигáции предприя́тий общéственного пóльзования 4) *эк.* общéственная полéзность 5) *attr.* утилитáрный 6) *attr.* свя́занный с коммунáльными услýгами 7) *attr.* практи́чный (*о товарах*)

**utility-man** [ju(:)ˈtɪlɪtɪmən] *n* 1) *театр. sl.* актёр на выходны́х роля́х 2) мáстер на все рýки

**utilization** [ˌju:tɪlaɪˈzeɪʃən] *n* испóльзование, утилизáция

**utilize** [ˈju:tɪlaɪz] *v* испóльзовать, утилизи́ровать

**utmost** [ˈʌtməust] **1.** *a* 1) сáмый отдалённый; the ~ ends of earth сáмые отдалённые райóны земли́ 2) крáйний, предéльный; величáйший; ~ secrecy глубóкая тáйна; with the ~ pleasure с превели́ким удовóльствием **2.** *n* сáмое большóе, всё возмóжное; to do one's ~ сдéлать всё возмóжное; he did the ~ of his power он сдéлал всё, что бы́ло в егó си́лах

**Utopia** [ju:ˈtəupjə] *n* утóпия

**Utopian** [ju:ˈtəupjən] **1.** *a* утопи́ческий **2.** *n* утопи́ст

**utricle** [ˈju:trɪkl] *n анат.* перепóнчатый мешóчек ушнóго лабири́нта

**utter** I [ˈʌtə] *v* 1) издавáть (*звук*); произноси́ть 2) выражáть словáми; to

~ a lie солгáть 3) пускáть в обращéние (*особ. фальшивые деньги*)

**utter** II [ˈʌtə] *a* 1) пóлный, совершéнный, абсолю́тный; крáйний; ~ darkness абсолю́тная темнотá; an ~ scoundrel отъя́вленный негодя́й 2): ~ barrister адвокáт, не имéющий звáния королéвского адвокáта и выступáющий в судé «за барьéром»

**utterance** [ˈʌtərəns] *n* 1) выражéние в словáх, произнесéние; he gave ~ to his rage он разрази́лся гнéвом 2) выскáзывание; public ~ публи́чное заявлéние 3) ди́кция; произношéние, манéра говори́ть 4) дар слóва

**utterly** [ˈʌtəlɪ] *adv* крáйне, чрезвычáйно; ~ ruined совершéнно, пóлностью разорённый

**uttermost** [ˈʌtəməust] = utmost

**uvula** [ˈju:vjulə] *n* (*pl* -lae) *анат.* язычóк

**uvulae** [ˈju:vjuli:] *pl от* uvula

**uvular** [ˈju:vjulə] *a* язычкóвый

**uxorious** [ʌkˈsɔ:rɪəs] *a* óчень *или* сли́шком лю́бящий свою́ женý

**Uzbek** [ˈuzbek] **1.** *a* узбéкский

**2.** *n* 1) узбéк; узбéчка 2) узбéкский язы́к

# V

**V, v** [vi:] *n* (*pl* Vs, V's [vi:z]) 1) *22-я буква англ. алфавита* 2) что-л., имéющее фóрму бу́квы V 3) ри́мская ци́фра 5; 4) *амер. разг.* пятидóлларовая бумáжка

**V-** [vi:-] *в сложных словах* 1) *означает* свя́занный с побéдой (*во второй мировой войне*); V-Day День побéды 2) имéющий фóрму бу́квы V; V-neck вы́рез (*на платье*) в ви́де бу́квы V 3) *тех.* V-обрáзный; клинови́дный; V-belt клиновóй ремéнь

**vac** [væk] *n разг.* 1) *сокр. от* vacation 1; 2) *сокр. от* vacuum-cleaner

**vacancy** [ˈveɪkənsɪ] *n* 1) пустотá 2) незáнятый, незастрóенный учáсток *или* промежу́ток; пустóе, незáнятое мéсто 3) пробéл; прóпуск; a ~ in one's knowledge пробéл в знáниях 4) вакáнсия, свобóдное мéсто 5) безучáстность; рассéянность 6) бездéятельность 7) помещéние, сдаю́щееся внаём; "no vacancies" «мест нет» (*объявление в гостинице и т. п.*)

**vacant** [ˈveɪkənt] *a* 1) пустóй, незáнятый, свобóдный; to be ~ пустовáть; "~ possession" «помещéние готóво для въéзда» (*объявление*) 2) вакáнтный, незáнятый (*о должности*) 3) рассéянный, бессмы́сленный, безучáстный, отсу́тствующий (*взгляд и т. п.*); a ~ smile отсу́тствующая улы́бка 4) бездéятельный 5) *тех.* холостóй (*ход*)

**vacantly** [ˈveɪkəntlɪ] *adv* бессмы́сленно, безучáстно, рассéянно

**vacate** [vəˈkeɪt] *v* 1) освобождáть; покидáть, оставля́ть 2) упраздня́ть; аннули́ровать 3) *амер. разг.* проводи́ть óтпуск, кани́кулы

**vacation** [vəˈkeɪʃən] **1.** *n* 1) оставлéние; освобождéние 2) кани́кулы; the long ~ лéтние кани́кулы 3) óтпуск 4) *attr.* отпускнóй; каникуля́рный; ~ pay оплáта óтпуска

**2.** *v амер.* отдыхáть, брать óтпуск

**vacationist** [vəˈkeɪʃənɪst] *n амер.* отдыхáющий, отпускни́к

**vaccinate** [ˈvæksɪneɪt] *v мед.* 1) прививáть óспу (*тж.* to ~ smb. against smallpox) 2) применя́ть вакци́ну, вакцини́ровать, дéлать приви́вку

**vaccination** [ˌvæksɪˈneɪʃən] *n мед.* 1) приви́вка óспы 2) вакцинáция

**vaccine** [ˈvæksi:n] *n мед.* 1) вакци́на 2) *attr.* вакци́нный; ~ therapy вакцинотерапи́я

**vaccinia** [vækˈsɪnɪə] *n* корóвья óспа

**vacillate** [ˈvæsɪleɪt] *v* 1) колебáться; проявля́ть нереши́тельность 2) качáться, колебáться

**vacillating** [ˈvæsɪleɪtɪŋ] **1.** *pres. p. от* vacillate

**2.** *a* колéблющийся; нереши́тельный

**vacillation** [ˌvæsɪˈleɪʃən] *n* 1) колебáние; непостоя́нство 2) шатáние

**vacua** [ˈvækjuə] *pl от* vacuum

**vacuity** [væˈkju(:)ɪtɪ] *n* 1) отсу́тствие мы́сли; бессодержáтельность (*взгляда и т. п.*) 2) пусты́е, бессодержáтельные словá; «водá»

**vacuous** [ˈvækjuəs] *a* 1) пустóй (*преим. перен.*); ~ stare бессмы́сленный взгляд 2) бездéятельный, прáздный

**vacuum** [ˈvækjuəm] **1.** *n* (*pl* -s [-z], -cua) 1) *физ.* вáкуум, безвозду́шное прострáнство 2) *разг.* пони́женное давлéние (*по сравнению с атмосферным*) 3) *перен.* пустотá; to fill the ~ запóлнить пустоту́, воспóлнить пробéл 4) *разг.* пылесóс 5) *attr.* вáкуумный

**2.** *v разг.* чи́стить пылесóсом

**vacuum brake** [ˈvækjuəmˈbreɪk] *n* вáкуумный тóрмоз

**vacuum cleaner** [ˈvækjuəmˌkli:nə] *n* пылесóс

**vacuum fan** [ˈvækjuəmˈfæn] *n тех.* эксгáустер, вытяжнóй вентиля́тор

**vacuum flask** [ˈvækjuəmˈflɑ:sk] *n* тéрмос

**vacuum-gauge** [ˈvækjuəmˈgeɪdʒ] *n* вакуумméтр

**vacuum-pump** [ˈvækjuəmˈpʌmp] *n* вáкуум-насóс

**vacuum-tube** [ˈvækjuəmˈtju:b] *n радио* электрóнная лáмпа

**vacuum-valve** [ˈvækjuəmˈvælv] = vacuum-tube

**vade-mecum** [ˈveɪdɪˈmi:kəm] *лат. n* кармáнный спрáвочник; путеводи́тель

**vagabond** [ˈvægəbɔnd] **1.** *n* 1) бродя́га 2) *разг.* бездéльник; мерзáвец

**2.** *a* бродя́чий; to live a ~ life вести́ бродя́чий óбраз жи́зни, скитáться

**3.** *v* скитáться; бродя́жничать

**vagabondage** [ˈvægəbɔndɪdʒ] *n* 1) бродя́жничество 2) *собир.* бродя́ги

**vagabondism** [ˈvægəbɔndɪzm] *n* бродя́жничество

**vagabondize** [ˈvægəbɔndaɪz] *v* скитáться; бродя́жничать

**vagarious** [vəˈgɛərɪəs] *a* капри́зный, стрáнный

**vagary** [ˈveɪgərɪ] *n* 1) капри́з, причу́да; вы́ходка 2) *pl* преврáтности

**vagina** [vəˈdʒaɪnə] *n* (*pl* -nae, -s [-z]) *анат., бот.* влагáлище

**vaginae** [vəˈdʒaɪni:] *pl от* vagina

**vaginal** [vəˈdʒaɪnəl] *a анат.* влагáлищный

**vagrancy** [ˈveɪgrənsɪ] *n* 1) бродя́жничество; taken up for ~ арестóванный за бродя́жничество 2) вы́ходка; причу́да

**vagrant** [ˈveɪgrənt] **1.** *n* бродя́га; праздношатáющийся

**2.** *a* 1) бродя́чий; стрáнствующий; ~ tribes кочевы́е племенá 2) измéнчивый; блуждáющий (*о взгляде и т. п.*); ~ thoughts прáздные мы́сли

**vague** [veɪg] *a* 1) неопределённый, неясный, сму́тный; неулови́мый; ~ hopes сму́тные надéжды; ~ rumours неопределённые слу́хи; ~ resemblance отдалённое схóдство; I have not the ~st notion what to do не имéю ни малéйшего представлéния, что дéлать; he was very ~ on this point по э́тому вопрóсу он не вы́сказал определённого мнéния 2) рассéянный; отсу́тствующий (*о взгляде и т. п.*)

**vail** [veɪl] *v уст., поэт.* 1) склоня́ть (*оружие, знамёна*) 2) уступáть; склоня́ться (to — перед *кем-л.*) 3) снимáть (*шляпу*) 4) наклоня́ть (*голову*); опускáть (*глаза*)

**vain** [veɪn] *a* 1) тщéтный; напрáсный; ~ efforts напрáсные уси́лия 2) пустóй; су́етный 3) мишу́рный, показнóй 4) тщеслáвный, пóлный самомнéния; to be ~ of smth. горди́ться чем-л. 5) *уст.* глу́пый ◊ in ~ а) напрáсно, тщéтно; б) всу́е; to take smb.'s name in ~ говори́ть о ком-л. без дóлжного уважéния; to take God's name in ~ богоху́льствовать

**vainglorious** [veɪnˈglɔ:rɪəs] *a* тщеслáвный; хвастли́вый

**vainglory** [veɪnˈglɔ:rɪ] *n* тщеслáвие; хвастли́вость

**vainly** [ˈveɪnlɪ] *adv* 1) напрáсно, тщéтно 2) тщеслáвно

**vakeel, vakil** [væˈki:l] *инд. n* 1) представи́тель 2) послáнник 3) адвокáт

**valance** [ˈvæləns] *n* подзóр (*у кровати*); балдахи́н

**vale** I [veɪl] *n* 1) *поэт.* дол, доли́на; this ~ of tears (*или* of woe, of misery) «юдо́ль слёз», «юдо́ль печа́ли» 2) кана́вка для сто́ка воды́

**vale** II ['veɪlɪ] *лат. ритор.* **1.** *n* проща́ние; to say (*или* to take) one's ~ проща́ться

**2.** *int* проща́й(те)!

**valediction** [ˌvælɪ'dɪkʃən] *n* 1) проща́ние 2) проща́льная речь, проща́льные пожела́ния

**valedictorian** [ˌvælɪdɪk'tɔːrɪən] *n амер.* студе́нт-выпускни́к, произнося́щий проща́льную речь

**valedictory** [ˌvælɪ'dɪktərɪ] **1.** *n* 1) проща́льная речь 2) *амер.* проща́льное сло́во, напу́тствие

**2.** *a* проща́льный; ~ speech проща́льная речь

**valence** I ['væləns] = valance

**valence** II ['veɪləns] = valency

**Valenciennes** [ˌvælənsɪ'en] *фр. n* валансье́нские кружева́

**valency** ['veɪlənsɪ] *n хим.* 1) вале́нтность 2) *attr.* вале́нтный; ~ link вале́нтная связь

**-valent** [-'veɪlənt] *в сложных словах* -вале́нтный

**valentine** ['væləntaɪn] *n* 1) возлю́бленный, возлю́бленная (*выбираемые в шутку обыкн. 14-го февраля, в день св. Валентина*) 2) любо́вное *или* шутли́вое посла́ние, стихи́, посыла́емые в день св. Валенти́на [*см.* 1)]

**valerian** [və'lɪərɪən] *n* 1) *бот.* валериа́на 2) валериа́новые ка́пли (*тж.* ~ drops)

**valeric** [və'lɪərɪk] *a*: ~ acid валериа́новая кислота́

**valet** ['vælɪt] **1.** *n* 1) слуга́, камерди́нер 2) слу́жащий гости́ницы, занима́ющийся чи́сткой, утю́жкой оде́жды

**2.** *v* 1) служи́ть камерди́нером 2) занима́ться чи́сткой, утю́жкой оде́жды (*в гостинице*)

**valetudinarian** ['vælɪˌtjuːdɪ'nɛərɪən] **1.** *a* болéзненный; мни́тельный

**2.** *n* боле́зненный *или* мни́тельный челове́к; челове́к сла́бого здоро́вья

**valetudinarianism** ['vælɪˌtjuːdɪ'nɛərɪənɪzm] *n* боле́зненность; мни́тельность

**valetudinary** [ˌvælɪ'tjuːdɪnərɪ] = valetudinarian

**Valhalla** [væl'hælə] *n* 1) *сканд. миф.* Валга́лла 2) пантео́н

**valiancy** ['væljənsɪ] *n* хра́брость, до́блесть

**valiant** ['væljənt] **1.** *a* 1) хра́брый, до́блестный (*человек*) 2) герои́ческий (*поступок*)

**2.** *n* хра́брый челове́к

**valid** ['vælɪd] *a* 1) *юр.* действи́тельный, име́ющий си́лу; the contract is ~ догово́р в си́ле; the ticket is ~ for a month биле́т действи́телен в тече́ние ме́сяца 2) ве́ский, обосно́ванный (*довод, возражение*) 3) *спорт.* зачётный; ~ trial зачётная попы́тка

**validate** ['vælɪdeɪt] *v* 1) утвержда́ть, ратифици́ровать 2) объявля́ть действи́тельным, придава́ть зако́нную си́лу; обосно́вывать; to ~ a policy обоснова́ть полити́ческий курс

**validation** [ˌvælɪ'deɪʃən] *n* 1) утвержде́ние, ратифика́ция 2) легализа́ция; прида́ние зако́нной си́лы

**validity** [və'lɪdɪtɪ] *n* 1) действи́тельность, зако́нность 2) ве́скость, обосно́ванность; without ~ несостоя́тельный, необосно́ванный

**valise** [və'liːz] *n* 1) саквоя́ж, чемода́н 2) *воен. ист.* ра́нец; переме́тная сума́

**Valkyr(ie)** ['vælkɪər(ɪ)] *n сканд. миф.* вальки́рия

**valley** ['vælɪ] *n* 1) доли́на 2) *архит.* ендова́, разжелобо́к 3) *тех.* жёлоб

**valor** ['vælə] *амер.* = valour

**valorize** ['væləraɪz] *эк. v* 1) устана́вливать це́ны путём госуда́рственных мероприя́тий 2) ревалоризи́ровать (*валюту*)

**valorous** ['vælərəs] *a поэт.* до́блестный

**valour** ['vælə] *n* до́блесть

**valuable** ['væljuəbl] **1.** *a* 1) це́нный; дорого́й; a ~ picture це́нная карти́на 2) це́нный, поле́зный; he gave me ~ information он сообщи́л мне це́нные све́дения 3) *редк.* поддаю́щийся оце́нке

**2.** *n* (*обыкн. pl*) це́нные ве́щи; драгоце́нности

**valuation** [ˌvælju'eɪʃən] *n* оце́нка (*имущества*); to take smb. at his own ~ принима́ть кого́-л. за того́, за кого́ он себя́ выдаёт

**value** ['væljuː] **1.** *n* 1) це́нность; of no ~ нестоя́щий, не име́ющий це́нности; to put much (little) ~ upon smth. высоко́ (ни́зко) цени́ть что-л. 2) сто́имость; цена́; справедли́вое возмеще́ние; they paid him the ~ of his lost property они́ возмести́ли ему́ сто́имость его́ пропа́вшего иму́щества; to get good ~ for one's money получи́ть сполна́ за свои́ де́ньги, вы́годно купи́ть; to go down in ~ пони́зиться в цене́, подешеве́ть; обесце́ниться 3) *эк.* сто́имость; surplus (exchange) ~ приба́вочная (менова́я) сто́имость 4) оце́нка 5) значе́ние, смысл (*слова*); to give full ~ to each word отчека́нивать слова́ 6) *мат.* величина́, значе́ние 7) *муз.* дли́тельность (*ноты*) 8) *жив.* сочета́ние све́та и те́ни в карти́не 9) *pl* це́нности, досто́инства; cultural ~s культу́рные це́нности; sense of ~s мора́льные крите́рии

**2.** *v* 1) оце́нивать 2) дорожи́ть, цени́ть; he ~s himself on his knowledge он горди́тся свои́ми зна́ниями; I do not ~ that a brass farthing ≅ по-мо́ему, э́то гроша́ ло́маного не сто́ит

**valued** ['væljuːd] **1.** *p. p. от* value 2

**2.** *a* це́нный; цени́мый; высоко́ оценённый; ~ opinion це́нное мне́ние

**valueless** ['væljulɪs] *a* ничего́ не сто́ящий, бесполе́зный

**valuer** ['væljuə] *n* оце́нщик

**valuta** [və'luːtə] *n* валю́та

**valve** [vælv] *n* 1) кла́пан, ве́нтиль; золотни́к 2) ство́рка (*раковины*) 3) *бот.* ва́льва; ство́рка 4) кла́пан (*сердца*) 5) *радио* электро́нная ла́мпа 6) *муз.* писто́н, ве́нтиль 7) *attr.* ла́мповый 8) *attr.* кла́панный

**valve set** ['vælv'set] *n радио* ла́мповый приёмник

**valvular** ['vælvjulə] *a* 1) *мед.*: ~ defect поро́к кла́панов (се́рдца) 2) кла́панный

**vamoose, vamose** [və'muːs, və'məus] *v sl.* уходи́ть, убира́ться; удира́ть

**vamp** I [væmp] **1.** *n* 1) передо́к (*ботинка*); сою́зка 2) запла́та 3) что-л., почи́ненное на ско́рую ру́ку 4) *муз.* импровизи́рованный аккомпанеме́нт

**2.** *v* 1) ста́вить но́вый передо́к (*на ботинок*) 2) чини́ть, лата́ть (*обыкн.* ~ up) 3) (*тж.* ~ up) компили́ровать; мастери́ть из старья́; де́лать на ско́рую ру́ку 4) *муз.* импровизи́ровать аккомпанеме́нт

**vamp** II [væmp] *разг.* **1.** *n* соблазни́тельница; (же́нщина-)вамп

**2.** *v* завлека́ть (*мужчину, особ. с корыстной целью*)

**vampire** ['væmpaɪə] *n* 1) вампи́р, упы́рь 2) вампи́р (*южноамериканская летучая мышь*) 3) вымога́тель, кровопи́йца 4) = vamp II, 1; 5) *театр.* люк, «прова́л»

**vampire bat** ['væmpaɪəbæt] = vampire 2)

**van** I [væn] *n* (*сокр. от* vanguard) аванга́рд; to be in (*или* to lead) the ~ быть впереди́, в аванга́рде

**van** II [væn] **1.** *n* 1) фурго́н 2) бага́жный *или* това́рный ваго́н

**2.** *v* перевози́ть в фурго́не, това́рном ваго́не *и т. п.*

**vanadium** [və'neɪdjəm] *n хим.* вана́дий

**vandal** ['vændəl] **1.** *n* 1) ванда́л, ва́рвар 2) (V.) *ист.* ванда́л 3) хулига́н

**2.** *a* ва́рварский

**vandalism** ['vændəlɪzm] *n* вандали́зм, ва́рварство

**vandalize** ['vændəlaɪz] *v* 1) бесчи́нствовать, хулига́нить 2) ва́рварски относи́ться к произведе́ниям иску́сства, разруша́ть

**Vandyke** [væn'daɪk] 1) боро́дка кли́ном (*тж.* ~ beard) 2) кружевно́й воротни́к с зубца́ми (*тж.* ~ collar)

**Vandyke brown** [væn'daɪk'braun] *n* отте́нок тёмно-кори́чневой кра́ски

**vane** [veɪn] *n* 1) флю́гер 2) крыло́ (*ветряной мельницы, вентилятора*); ло́пасть (*винта*); лопа́тка (*турбины*); стабилиза́тор (*авиабомбы*) 3) ползу́н, визи́рка (*на нивелирной рейке*); дио́птр

**vanguard** ['vængɑːd] *n воен.* головно́й отря́д, аванга́рд

**vanilla** [və'nɪlə] *n* 1) вани́ль 2) *разг.* вани́льное моро́женое 3) *attr.* вани́льный

**vanillin** [və'nɪlɪn] *n хим.* ванили́н

**vanish** ['vænɪʃ] **1.** *v* 1) исчеза́ть, пропада́ть; to ~ in the crowd смеша́ться с толпо́й 2) *мат.* стреми́ться к нулю́

**2.** *n фон.* скольже́ние

**vanishing** ['vænɪʃɪŋ] **1.** *pres. p. от* vanish 1
**2.** *a* исчеза́ющий; ~ fraction *мат.* дробь, стремя́щаяся к нулю́; ~ cream бы́стро впи́тывающийся космети́ческий крем, крем под пу́дру
**vanishing-line** ['vænɪʃɪŋ'laɪn] *n* ли́ния схо́да (*параллельных плоскостей*)
**vanishing-point** ['vænɪʃɪŋpɔɪnt] *n* то́чка схо́да (*параллельных линий*); *перен.* кра́йний преде́л
**vanity** ['vænɪtɪ] *n* 1) суета́, су́етность; тщета́ 2) тщесла́вие; injured ~ уязвлённое самолю́бие 3) = vanity bag ◇ V. Fair я́рмарка тщесла́вия
**vanity bag** ['vænɪtɪbæg] *n* да́мская су́мочка; карма́нный несессе́р
**vanity box** ['vænɪtɪbɔks] = vanity bag
**vanity case** ['vænɪtɪkeɪs] = vanity bag
**vanquish** ['væŋkwɪʃ] *v* 1) побежда́ть; покоря́ть 2) преодолева́ть, подавля́ть (*какое-л. чувство и т. п.*)
**vanquisher** ['væŋkwɪʃə] *n* победи́тель; покори́тель
**vantage** ['vɑːntɪdʒ] *n* преиму́щество; to have (*или* to hold, to take) smb. at a (*или* the) ~ име́ть преиму́щество пе́ред кем-л.
**vantage-ground** ['vɑːntɪdʒ'graund] *n* удо́бная, вы́годная пози́ция, пункт наблюде́ния
**vantage-point** ['vɑːntɪdʒpɔɪnt] = vantage-ground
**vapid** ['væpɪd] *a* 1) безвку́сный, пре́сный; ~ beer вы́дохшееся пи́во 2) пло́ский; ску́чный, вя́лый, бессодержа́тельный; ~ conversation пусто́й разгово́р
**vapidity** [væ'pɪdɪtɪ] *n* безвку́сность *и пр.* [*см.* vapid]
**vapor** ['veɪpə] *амер.* = vapour
**vaporarium** [ˌveɪpə'rɛərɪəm] = vapour bath
**vaporescense** [ˌveɪpə'resns] *n* парообразова́ние
**vaporization** [ˌveɪpəraɪ'zeɪʃən] *n* испаре́ние; парообразова́ние; выпа́ривание
**vaporize** ['veɪpəraɪz] *v* испаря́ть(ся)
**vaporizer** ['veɪpəraɪzə] *n* испари́тель
**vaporous** ['veɪpərəs] *a* 1) парообра́зный 2) напо́лненный пара́ми 3) *уст.* нереа́льный, пусто́й
**vapour** ['veɪpə] **1.** *n* 1) пар; пары́; испаре́ния 2) не́что нереа́льное, химе́ра, фанта́зия; the ~s of a disordered mind фанта́зии безу́мца
**2.** *v* 1) испаря́ться 2) болта́ть по́пусту 3) бахва́литься
**vapour bath** ['veɪpəbɑːθ] *n* парова́я ва́нна *или* ба́ня; пари́льня
**vapourish** ['veɪpərɪʃ] *a* 1) хвастли́вый 2) страда́ющий ипохо́ндрией
**vapour trail** ['veɪpətreɪl] *n* след самолёта в разрежённом во́здухе
**vapoury** ['veɪpərɪ] *a* 1) тума́нный; затума́ненный 2) уны́лый 3) га́зовый (*о материи*)
**varan** ['værən] *n зоол.* вара́н
**Varangian** [və'rændʒɪən] *ист.* **1.** *a* варя́жский
**2.** *n* варя́г
**variability** [ˌvɛərɪə'bɪlɪtɪ] *n* изме́нчивость, непостоя́нство
**variable** ['vɛərɪəbl] *a* 1) изме́нчивый, непостоя́нный; ~ weather неусто́йчивая пого́да 2) переме́нный (*тж. мат.*) 3) *биол.* аберра́нтный; изме́нчивый
**2.** *n* 1) *мат.* переме́нная (величина́) 2) *мор.* неро́вный ве́тер 3) *pl мор.* райо́ны океа́на, где нет постоя́нного ве́тра
**variance** ['vɛərɪəns] *n* 1) разногла́сие; размо́лвка; to be at ~ а) расходи́ться во мне́ниях; находи́ться в противоре́чии; б) быть в ссо́ре; to set at ~ вызыва́ть конфли́кт, приводи́ть к столкнове́нию; ссо́рить 2) измене́ние 3) расхожде́ние, несоотве́тствие 4) *биол.* отклоне́ние от ви́да, ти́па
**variant** ['vɛərɪənt] **1.** *n* вариа́нт
**2.** *a* 1) отли́чный от други́х; ино́й; ~ reading разночте́ние 2) разли́чный; ~ results разли́чные результа́ты; ~ spellings of a word орфографи́ческие вариа́нты сло́ва
**variation** [ˌvɛərɪ'eɪʃən] *n* 1) измене́ние, переме́на; ~s of temperature измене́ния температу́ры; ~s in public opinion колеба́ния обще́ственного мне́ния; ~ in (*или* of) prices ра́зница в це́нах 2) разнови́дность; вариа́нт 3) отклоне́ние; permissible ~ допусти́мое отклоне́ние 4) *мат.*, *муз.* вариа́ция 5) склоне́ние магни́тной стре́лки
**varicella** [ˌværɪ'selə] *n мед.* ве́тряная о́спа
**varicoloured** ['vɛərɪˌkʌləd] *a* 1) разноцве́тный 2) разнообра́зный
**varicose** ['værɪkəus] *a мед.* расши́ренный, варико́зный (*о вене*)
**varied** ['vɛərɪd] **1.** *p. p. от* vary
**2.** *a* 1) разли́чный; дифференци́рованный; with ~ success с переме́нным успе́хом 2) разнообра́зный
**variegate** ['vɛərɪgeɪt] *v* 1) де́лать пёстрым, раскра́шивать в ра́зные цвета́ 2) разнообра́зить
**variegated** ['vɛərɪgeɪtɪd] **1.** *p. p. от* variegate
**2.** *a* 1) разноцве́тный; пёстрый 2) разнообра́зный; неоднoро́дный, сме́шанный, разносторо́нний
**variegation** [ˌvɛərɪ'geɪʃən] *n* пёстрая раскра́ска
**variety** [və'raɪətɪ] *n* 1) разнообра́зие; ~s of fortune перипети́и судьбы́; great (*или* vast) ~ многообра́зие 2) многосторо́нность; I was struck by the ~ of his attainments меня́ порази́ла его́ разносторо́нность 3) (of) ряд, мно́жество; for a ~ of reasons по це́лому ря́ду причи́н 4) сорт, вид 5) = variety show 6) *биол.* разнови́дность
**variety entertainment** [və'raɪətɪˌentə'teɪnmənt] = variety show
**variety show** [və'raɪətɪ'ʃəu] *n* варьете́, эстра́дное представле́ние, эстра́дный конце́рт
**variety store** [və'raɪətɪ'stɔː] *n амер.* универса́льный магази́н
**variform** ['vɛərɪfɔːm] *a* име́ющий разли́чные фо́рмы
**variola** [və'raɪələ] *n мед.* о́спа
**variolate** ['vɛərɪəleɪt] *v мед.* привива́ть о́спу
**variometer** [ˌvɛərɪ'ɔmɪtə] *n радио* варио́метр
**variorum** [ˌvɛərɪ'ɔːrəm] *n* 1) изда́ние с примеча́ниями разли́чных коммента́торов 2) изда́ние, содержа́щее разли́чные вариа́нты одного́ те́кста
**various** ['vɛərɪəs] **1.** *a* 1) разли́чный, ра́зный; known under ~ names изве́стный под ра́зными имена́ми 2) (*с сущ. во мн. ч.*) мно́гие, ра́зные; there are ~ reasons for believing so есть ряд основа́ний так ду́мать 3) разнообра́зный; разносторо́нний
**2.** *n разг.* не́которые (ли́ца)
**varment, varmint** ['vɑːmɪnt] *n* 1) *разг., шутл.* шалопа́й, шалу́н 2) (the ~) *охот. sl.* лиса́ 3) *диал.* = vermin
**varnish** ['vɑːnɪʃ] **1.** *n* 1) лак 2) гля́нец 3) лоск, вне́шний налёт; to take the ~ off показа́ть в и́стинном све́те, разоблачи́ть 4) *перен.* прикры́тие, маскиро́вка 5) *тех.* глазу́рь
**2.** *v* 1) лакирова́ть, покрыва́ть ла́ком (*тж.* ~ over) 2) придава́ть лоск 3) прикрыва́ть, прикра́шивать (*недостатки*)
**varnishing-day** ['vɑːnɪʃɪŋdeɪ] *n* день накану́не откры́тия вы́ставки (*когда художники могут подправить картины, покрыть их лаком и т. п.*)
**varsity, 'varsity** ['vɑːsɪtɪ] *n разг.* 1) университе́т 2) *attr.* университе́тский; ~ team университе́тская спорти́вная кома́нда
**vary** ['vɛərɪ] *v* 1) меня́ть(ся), изменя́ть(ся); to ~ directly (inversely) *мат.* изменя́ться пря́мо (обра́тно) пропорциона́льно 2) ра́зниться; расходи́ться; opinions ~ on this point мне́ния по э́тому вопро́су расхо́дятся 3) разнообра́зить; варьи́ровать; to ~ one's diet разнообра́зить дие́ту 4) *муз.* украша́ть вариа́циями; исполня́ть вариа́ции
**vascular** ['væskjulə] *a анат.* сосу́дистый; ~ system сосу́дистая систе́ма
**vase** [vɑːz] *n* ва́за
**vaseline** ['væsɪliːn] *n* вазели́н
**vase-painting** ['vɑːzˌpeɪntɪŋ] *n* ва́зовая жи́вопись
**vassal** ['væsəl] *n* 1) *ист.* васса́л 2) васса́л, зави́симое лицо́ 3) слуга́ 4) *attr.* васса́льный; подчинённый
**vassalage** ['væsəlɪdʒ] *n* 1) *ист.* васса́льная зави́симость 2) *перен.* зави́симость, ра́бство
**vast** [vɑːst] **1.** *a* 1) обши́рный, грома́дный; безбре́жный; ~ plains необозри́мые равни́ны; ~ scheme грандио́зный план 2) многочи́сленный; ~ interests широ́кий круг интере́сов

3) *разг.* огро́мный; it makes a ~ difference э́то по́лностью меня́ет де́ло

2. *n поэт.* просто́р; the ~ of ocean просто́р океа́на

**vastly** [ˈvɑːstlɪ] *adv* 1) значи́тельно, в значи́тельной сте́пени 2) *разг.* о́чень, кра́йне; I shall be ~ obliged я бу́ду о́чень благода́рен

**vasty** [ˈvɑːstɪ] = vast 1, 1)

**vat** [væt] *n* 1) чан, бак, цисте́рна 2) бо́чка, ка́дка, уша́т 3) *attr.* ку́бовый; ~ colours ку́бовые краси́тели

**vatic** [ˈvætɪk] *a* проро́ческий

**Vatican** [ˈvætɪkən] *n* Ватика́н

**Vaticanism** [ˈvætɪkənɪzm] *n* до́гмат непогреши́мости па́пы

**vaticinate** [væˈtɪsɪneɪt] *v ритор.* проро́чествовать, предска́зывать

**vaticination** [ˌvætɪsɪˈneɪʃən] *n ритор.* проро́чество, предсказа́ние

**vaudeville** [ˈvəudəvɪl] *n* 1) водеви́ль 2) *амер.* варьете́, эстра́дное представле́ние

**vault** I [vɔːlt] **1.** *n* 1) свод; the ~ of heaven небе́сный свод 2) подва́л, по́греб, склеп (*со сводом*); wine ~ ви́нный по́греб; family ~ фами́льный склеп

2. *v* возводи́ть свод (*над чем-л.*)

**vault** II [vɔːlt] **1.** *n спорт.* опо́рный прыжо́к, прыжо́к с шесто́м

2. *v* 1) пры́гать, перепры́гивать (*особ. опираясь на что-л.*) 2) вольтижи́ровать

**vaulted** I [ˈvɔːltɪd] **1.** *p. p. от* vault I, 2

2. *a* сво́дчатый

**vaulted** II [ˈvɔːltɪd] *p. p. от* vault II, 2

**vaulting** I [ˈvɔːltɪŋ] **1.** *pres. p. от* vault I, 2

2. *n* 1) возведе́ние сво́да 2) свод, сво́ды

**vaulting** II [ˈvɔːltɪŋ] **1.** *pres. p. от* vault II, 2

2. *n* прыжки́; вольтижиро́вка

**vaulting-horse** [ˈvɔːltɪŋhɔːs] *n* гимнасти́ческий конь

**vaunt** [vɔːnt] *книжн.* **1.** *n* хвастовство́

2. *v* 1) хва́статься (of — *чем-л.*) 2) превозноси́ть

**vavasour** [ˈvævəsuə] *n ист.* подвасса́л

**V-Day** [ˈviːdeɪ] *n* День побе́ды (*во второй мировой войне*)

**'ve** [v] *сокр. разг.* = have

**veal** [viːl] *n* 1) теля́тина 2) *attr.* теля́чий (*о кушанье*)

**vector** [ˈvektə] **1.** *n* 1) *мат.* ве́ктор 2) перено́счик инфе́кции 3) *attr. мат.* ве́кторный; ~ equation ве́кторное уравне́ние

2. *v* направля́ть, наводи́ть, придава́ть направле́ние

**Veda** [ˈveɪdə] *n*: the ~(s) Ве́ды (*священные книги древних индусов*)

**V-E Day** [ˈviːˈiːdeɪ] *n* Victory in Europe Day день побе́ды в Евро́пе (*во второй мировой войне*)

**vedette** [vɪˈdet] *n* 1) ко́нный часово́й; кавалери́йский пост 2) торпе́дный ка́тер (*тж.* ~ boat)

**veer** I [vɪə] **1.** *n* переме́на направле́ния

2. *v* 1) меня́ть направле́ние 2) меня́ть направле́ние по часово́й стре́лке (*о ветре*); the wind ~s aft ве́тер отхо́дит 3) *мор.* меня́ть курс 4) изменя́ть (*взгляды и т. п.*); to ~ left полеве́ть

**veer** II [vɪə] *v мор.* трави́ть (*канат; тж.* ~ away, ~ out); ~ and haul потра́вливать и выбира́ть

**veering** I [ˈvɪərɪŋ] **1.** *pres. p. от* veer I, 2

2. *n* поворо́т

**veering** II [ˈvɪərɪŋ] *pres. p. от* veer II

**vegetable** [ˈvedʒɪtəbl] **1.** *n* о́вощ; green ~s зе́лень, о́вощи ◇ to become a mere ~ прозяба́ть, жить расти́тельной жи́знью

2. *a* 1) расти́тельный; ~ physiology физиоло́гия расте́ний; ~ oil расти́тельное ма́сло; ~ life а) расти́тельная жизнь; прозяба́ние; б) *собир.* расте́ния; расти́тельность 2) овощно́й; ~ dish овощно́е блю́до

**vegetal** [ˈvedʒɪtl] *a* расти́тельный

**vegetarian** [ˌvedʒɪˈtɛərɪən] **1.** *n* вегетариа́нец

2. *a* вегетариа́нский; ~ restaurant вегетариа́нский рестора́н

**vegetarianism** [ˌvedʒɪˈtɛərɪənɪzm] *n* вегетариа́нство

**vegetate** [ˈvedʒɪteɪt] *v* 1) расти́, произраста́ть 2) прозяба́ть; жить расти́тельной жи́знью

**vegetation** [ˌvedʒɪˈteɪʃən] *n* 1) расти́тельность; tropical ~ тропи́ческая расти́тельность 2) произраста́ние 3) прозяба́ние; расти́тельная жизнь 4) *attr.* вегетацио́нный; ~ period вегетацио́нный пери́од (*растения*)

**vegetative** [ˈvedʒɪtətɪv] *a* 1) расти́тельный, вегетацио́нный; *физиол.* вегетати́вный 2) прозяба́ющий; живу́щий расти́тельной жи́знью

**vehemence** [ˈviːɪməns] *n* си́ла; стра́стность, горя́чность

**vehement** [ˈviːɪmənt] *a* си́льный; неи́стовый; стра́стный

**vehicle** [ˈviːɪkl] *n* 1) перево́зочное сре́дство (*автомобиль, вагон, повозка и т. п.*) 2) лета́тельный аппара́т; space ~ косми́ческий кора́бль 3) сре́дство выраже́ния и распростране́ния (*мыслей*) 4) проводни́к (*звука, света, инфекции и т. п.*) 5) раствори́тель; связу́ющее вещество́

**vehicular** [vɪˈhɪkjulə] *a* 1) перево́зочный; ~ transport автогужево́й тра́нспорт 2) автомоби́льный

**veil** [veɪl] **1.** *n* 1) покрыва́ло; вуа́ль; чадра́ 2) покро́в, заве́са; пелена́; to draw (*или* to cast, to throw) a ~ over smth. опусти́ть заве́су над чем-л.; обойти́ молча́нием что-л. 3) предло́г; ма́ска; under the ~ of под предло́гом; под ви́дом ◇ to take the ~ постри́чься в мона́хини; to pass beyond the ~ умере́ть

2. *v* 1) закрыва́ть покрыва́лом, вуа́лью 2) скрыва́ть, прикрыва́ть; маскирова́ть; to ~ one's designs скрыва́ть свои́ за́мыслы

**veiling** [ˈveɪlɪŋ] **1.** *pres. p. от* veil 2

2. *n* 1) *текст.* вуа́ль 2) материа́л для вуа́ли

**vein** [veɪn] *n* 1) ве́на; кровено́сный сосу́д 2) жи́лка (*листа*); прожи́лка (*крылышка насекомого*) 3) жи́лка, скло́нность 4) настрое́ние; to be in the ~ for smth. быть в настрое́нии де́лать что-л.; in the same ~ в том же ду́хе, в том же ро́де 5) *мин.* жи́ла

**veined** [veɪnd] *a* испещрённый жи́лками, прожи́лками

**veinstone** [ˈveɪnstəun] *n геол.* руда́ из жи́лы, жи́льная поро́да

**veiny** [ˈveɪnɪ] *a* 1) = veined 2) жи́листый; с разбу́хшими ве́нами

**vela** [ˈviːlə] *pl от* velum

**velar** [ˈviːlə] *фон.* **1.** *a* веля́рный, заднеинёбный

2. *n* веля́рный, заднеинёбный звук

**velaria** [vɪˈlɛərɪə] *pl от* velarium

**velarium** [vɪˈlɛərɪəm] *n* (*pl* -ria) наве́с (*над амфитеатром в древнем Риме*)

**veld(t)** [velt] *n южно-афр.* вельд, степь

**vellum** [ˈveləm] *n* 1) то́нкий перга́мент 2) ка́лька, воско́вка 3) *attr.*: ~ paper веле́невая бума́га; ~ cloth полотня́ная ка́лька

**velocipede** [vɪˈlɔsɪpiːd] *n* 1) *амер.* трёхколёсный велосипе́д 2) дрези́на

**velocity** [vɪˈlɔsɪtɪ] *n* 1) ско́рость; быстрота́; initial ~ нача́льная ско́рость; at the ~ of sound со ско́ростью зву́ка 2) *attr.* скоростно́й; ~ gauge *тех.* тахо́метр

**velodrome** [ˈviːlədrəum] *n* велодро́м

**velours** [vəˈluə] *фр. n* 1) велю́р; драп-велю́р 2) велю́ровая шля́па 3) *attr.* велю́ровый

**velum** [ˈviːləm] *n* (*pl* vela) *анат.* па́рус; нёбная занаве́ска

**velvet** [ˈvelvɪt] **1.** *n* 1) ба́рхат (*тж.* silk ~); cotton ~ вельве́т, плис 2) *перен.* барха́тистость, мя́гкость 3) *разг.* вы́года, неожи́данный дохо́д, вы́игрыш; to be on ~ а) материа́льно преуспева́ть; б) быть гаранти́рованным от случа́йностей и неуда́ч (*особ. в денежных вопросах*)

2. *a* 1) ба́рхатный 2) барха́тистый ◇ a ~ tread мя́гкая, неслы́шная по́ступь

**velveteen** [ˈvelvɪˈtiːn] *n* вельве́т

**velveting** [ˈvelvɪtɪŋ] *n собир.* изде́лия из ба́рхата

**velvety** [ˈvelvɪtɪ] *a* барха́тистый

**vena** [ˈviːnə] *n* (*pl* venae) *анат.* ве́на

**venae** [ˈviːniː] *pl от* vena

**venal** [ˈviːnl] *a* прода́жный; подкупно́й; коры́стный; ~ practices корру́пция

**venality** [viːˈnælɪtɪ] *n* прода́жность

**venation** [vi:ˈneɪʃən] *n бот.* нервáция, жилковáние

**vend** [vend] *v* продавáть; торговáть

**vendee** [venˈdi:] *n юр.* покупáтель

**vender** [ˈvendə] = vendor 1)

**vendetta** [venˈdetə] *ит. n* вендéтта, крóвная месть

**vendible** [ˈvendəbl] **1.** *a* 1) гóдный для продáжи 2) = venal

**2.** *n pl* товáры для продáжи

**vending machine** [ˈvendɪŋməˌʃi:n] *n* торгóвый автомáт

**vendor** [ˈvendɔ:] *n* 1) продавéц; торгóвец, продаю́щий товáр вразнóс 2) = vending machine

**veneer** [vɪˈnɪə] **1.** *n* 1) шпон; однослóйная фанéра 2) (кирпи́чная) облицóвка; нарýжный слой 3) внéшний лоск, налёт; a ~ of culture ви́димость культýры 4) *attr.* фанéрный

**2.** *v* 1) обклéивать фанéрой 2) покрывáть тóнким слóем (*чего-л.*); облицóвывать 3) придавáть внéшний лоск (*чему-л.*); маскировáть (*что-л.*)

**venerable** [ˈvenərəbl] *a* 1) почтéнный; ~ age почтéнный вóзраст 2) *церк.* преподóбный (*как титул*) 3) дрéвний, освящённый векáми

**venerate** [ˈvenəreɪt] *v* благоговéть (*перед кем-л.*), чтить

**veneration** [ˌvenəˈreɪʃən] *n* благоговéние, почитáние

**venerator** [ˈvenəreɪtə] *n* почитáтель

**venereal** [vɪˈnɪərɪəl] *a* 1) сладострáстный 2) *мед.* венери́ческий

**venereologist** [vɪˌnɪərɪˈɔlədʒɪst] *n* венерóлог

**venesection** [ˌvenɪˈsekʃən] *n мед.* вскры́тие вéны, кровопускáние

**Venetian** [vɪˈni:ʃən] **1.** *a* венециáнский; ~ window венециáнское окнó; ~ blind подъёмные жалюзи́; ~ mast декорати́вная мáчта со спирáльным разноцвéтным рисýнком; ~ pearl искýсственный жéмчуг

**2** *n* венециáнец; венециáнка

**Venezuelan** [ˌveneˈzweɪlən] **1.** *a* венесуэ́льский

**2.** *n* венесуэ́лец, венесуэ́лка

**vengeance** [ˈvendʒəns] *n* месть, мщéние; fearful ~ стрáшная месть; to take (*или* to inflict) ~ on (*или* upon) smb. отомсти́ть комý-л.; to seek ~ upon smb. стреми́ться отомсти́ть комý-л. ◇ with a ~ *разг.* а) здóрово; вовсю́; чрезвычáйно; that was luck with a ~! нам чертóвски повезлó!; б) в большóм коли́честве, с лихвóй; в пóлном смы́сле слóва; the rain came down with a ~ дождь поли́л, как из ведрá

**vengeful** [ˈvendʒful] *a* мсти́тельный

**venial** [ˈvi:njəl] *a* прости́тельный; a ~ error прости́тельная оши́бка

**venire** [vɪˈnaɪərɪ] *n юр.* предписáние, вызывáющее присяжного в суд

**venison** [ˈvenzn] *n* олéнина

**venom** [ˈvenəm] *n* 1) яд (*животного происхождения, особ. змеиный*) 2) злóба, яд

**venomous** [ˈvenəməs] *a* 1) ядови́тый 2) злóбный

**venose** [ˈvi:nəus] *a бот.* жилковáтый

**venous** [ˈvi:nəs] *a* 1) *анат.* венóзный 2) = venose

**vent** [vent] **1.** *n* 1) входнóе *или* выходнóе отвéрстие; вентиляциóнное отвéрстие; отдýшина 2) вы́ход, выражéние; to give ~ to one's feelings отвести́ дýшу, дать вы́ход свои́м чýвствам; to find ~ for smth. in smth. найти́ вы́ход чемý-л. в чём-л.; he found (a) ~ for his anger in smashing the crockery он изли́л свой гнев, переби́в всю посýду 3) клáпан (*духового инструмента*) 4) зáдний прохóд (*у птиц и рыб*) 5) *воен.* запáльный канáл 6) пóлюсное отвéрстие (*парашюта*)

**2.** *v* 1) сдéлать отвéрстие (*в чём-л.*) 2) выпускáть (*дым и т. п.*); испускáть 3) давáть вы́ход (*напр., чувству*); изливáть (*злобу и т. п.*; upon — на *кого-л.*) 4) выскáзывать, выражáть; to ~ one's opinion откры́то вы́сказать своё мнéние

**ventage** [ˈventɪdʒ] *n* 1) отдýшина 2) клáпан (*духового инструмента*)

**venter** [ˈventə] *n* 1) *анат., зоол.* живóт 2) *юр.*: by one ~ единоутрóбный

**vent-hole** [ˈventhəul] = vent 1, 1)

**ventiduct** [ˈventɪdʌkt] *n* вентиляциóнная трубá, отвéрстие

**ventilate** [ˈventɪleɪt] *v* 1) провéтривать, вентили́ровать 2) снабжáть клáпаном, отдýшиной 3) обсуждáть, выясня́ть (*вопрос*) 4) выскáзывать, доводи́ть до свéдения; предавáть глáсности

**ventilation** [ˌventɪˈleɪʃən] *n* 1) провéтривание; вентиля́ция 2) обсуждéние, выяснéние (*вопроса*)

**ventilator** [ˈventɪleɪtə] *n* вентиля́тор

**vent-peg** [ˈventpeg] *n тех.* вту́лка

**vent-pipe** [ˈventpaɪp] *n* вытяжнáя трубá

**ventral** [ˈventrəl] *a анат., зоол.* брюшнóй; ~ fin брюшнóй плáвник

**ventricle** [ˈventrɪkl] *n анат.* желýдочек (*сердца, мозга*)

**ventriloquism** [venˈtrɪləkwɪzm] *n* чревовещáние

**ventriloquist** [venˈtrɪləkwɪst] *n* чревовещáтель

**ventriloquize** [venˈtrɪləkwaɪz] *v* чревовещáть

**venture** [ˈventʃə] **1.** *n* 1) рискóванное предприя́тие *или* начинáние; to run the ~ рисковáть 2) спекуля́ция 3) сýмма, подвергáемая ри́ску; стáвка ◇ at a ~ наугáд; наудáчу

**2.** *v* 1) рисковáть (*чем-л.*); стáвить на кáрту; to ~ one's life рисковáть жи́знью 2) отвáжиться, реши́ться; осмéлиться (*тж.* ~ on, ~ upon); he ~d (upon) a remark он позвóлил себé сдéлать замечáние

**venturer** [ˈventʃərə] *n* 1) предпринимáтель, идýщий на риск 2) авантюри́ст 3) *ист.* купéц, ведýщий замóрскую торгóвлю

**venturesome** [ˈventʃəsəm] *a* 1) смéлый; безрассýдно хрáбрый 2) азáртный; идýщий на риск 3) рискóванный, опáсный

**venturous** [ˈventʃərəs] = venturesome

**venue** [ˈvenju:] *n* 1) *юр.* судéбный óкруг, в котóром должнó слýшаться дéло 2) *разг.* мéсто сбóра, встрéчи; to shift the ~ измени́ть мéсто сбóра (спорти́вного состязáния *и т. п.*)

**Venus** [ˈvi:nəs] *n миф., астр.* Венéра; *перен. тж.* красáвица

**veracious** [vəˈreɪʃəs] *a* 1) правди́вый 2) достовéрный, вéрный

**veracity** [vəˈræsɪtɪ] *n* 1) правди́вость 2) тóчность, достовéрность 3) прáвда, правди́вое выскáзывание

**veranda(h)** [vəˈrændə] *n* 1) верáнда, террáса 2) местá под навéсом для зри́телей на стадиóне

**verb** [və:b] *n* глагóл

**verbal** [ˈvə:bəl] **1.** *a* 1) ýстный; ~ contract ýстное соглашéние 2) словéсный; his sympathy is only ~ егó сочýвствие не идёт дáльше слов 3) буквáльный; ~ translation буквáльный перевóд 4) глагóльный; отглагóльный; ~ noun отглагóльное существи́тельное 5) многослóвный 6) *дип.* вербáльный; ~ note вербáльная нóта

**2.** *n* нели́чная фóрма глагóла

**verbalism** [ˈvə:bəlɪzm] *n* 1) педанти́зм, буквоéдство 2) пусты́е словá 3) многослóвие

**verbalist** [ˈvə:bəlɪst] *n* педáнт, буквоéд

**verbalize** [ˈvə:bəlaɪz] *v* 1) быть многослóвным 2) выражáть словáми 3) *грам.* превращáть в глагóл (*другую часть речи*)

**verbally** [ˈvə:bəlɪ] *adv* ýстно

**verbatim** [və:ˈbeɪtɪm] **1.** *n* 1) дословная передáча 2) стенографи́ческий отчёт (*тж.* ~ transcripts)

**2.** *a* дослóвный; ~ report = 1, 2)

**3.** *adv* дослóвно, слóво в слóво; to report a speech ~ передáть речь слóво в слóво

**verbena** [və(:)ˈbi:nə] *n бот.* вербéна

**verbiage** [ˈvə:bɪɪdʒ] *n* многослóвие; пустослóвие; to lose oneself in ~ запýтаться в сóбственном краснорéчии

**verbify** [ˈvə:bɪfaɪ] = verbalize 3)

**verbose** [və:ˈbəus] *a* многослóвный

**verbosity** [və:ˈbɔsɪtɪ] *n* многослóвие

**verdancy** [ˈvə:dənsɪ] *n* 1) зéлень, зелёный цвет 2) незрéлость, нeóпытность

**verdant** [ˈvə:dənt] *a* 1) зелёный, зеленéющий 2) нeóпытный, незрéлый, «зелёный»

**verdict** [ˈvə:dɪkt] *n* 1) верди́кт; решéние прися́жных заседáтелей; to return (*или* to bring in) a ~ of guilty (not guilty) признáть винóвным (невинóвным) 2) мнéние, суждéние; my ~ differs from yours моё мнéние расхóдится с вáшим

**verdigris** [ˈvəːdɪgrɪs] *n* ярь-медя́нка (*краска*)

**verdure** [ˈvəːdʒə] *n книжн.* 1) зе́лень 2) зелёная листва́ 3) зе́лень (*овощи*)

**verdurous** [ˈvəːdʒərəs] *a* заро́сший, поро́сший зе́ленью; зелёный и све́жий

**Verey light** [ˈvɪərɪˈlaɪt] = Very light

**verge** [vəːdʒ] **1.** *n* 1) край 2) *перен.* грань; on the ~ of на гра́ни 3) кайма́ из дёрна вокру́г клу́мбы 4) *архит.* край кры́ши у фронто́на, сте́ржень коло́нны 5) обо́чина (*дороги*); бе́рма 6) *церк.* жезл, по́сох

**2.** *v* клони́ться, приближа́ться (to, towards — к *чему-л.*) □ ~ **on,** ~ **upon** грани́чить с *чем-л.*; it ~s on madness э́то грани́чит с безу́мием

**verger** [ˈvəːdʒə] *n* 1) жезлоно́сец (*в процессиях*) 2) церко́вный служи́тель

**veridical** [veˈrɪdɪkəl] *a* 1) правди́вый (*часто ирон.*) 2) соотве́тствующий действи́тельности

**verifiable** [ˈverɪfaɪəbl] *a* поддаю́щийся прове́рке; неголосло́вный

**verification** [ˌverɪfɪˈkeɪʃən] *n* 1) прове́рка 2) подтвержде́ние (*предсказания, сомнения*) 3) *юр.* засвиде́тельствование

**verify** [ˈverɪfaɪ] *v* 1) проверя́ть 2) подтвержда́ть 3) исполня́ть (*обещание*) 4) *юр.* удостоверя́ть (*подлинность*); скрепля́ть (*присягой*)

**verily** [ˈverɪlɪ] *adv уст.* и́стинно, пои́стине

**verisimilar** [ˌverɪˈsɪmɪlə] *a* правдоподо́бный; вероя́тный

**verisimilitude** [ˌverɪsɪˈmɪlɪtjuːd] *n* правдоподо́бие

**veritable** [ˈverɪtəbl] *a* настоя́щий, и́стинный, по́длинный

**verity** [ˈverɪtɪ] *n* 1) и́стина; пра́вда; и́стинность; in all ~, *уст.* of a ~ пои́стине 2) правди́вость

**verjuice** [ˈvəːdʒuːs] *n* 1) ки́слый сок (*незрелых фруктов*) 2) неприве́тливость; ре́зкость; a look of ~ неприве́тливый, недово́льный взгляд, ки́слое выраже́ние лица́

**vermeil** [ˈvəːmeɪl] **1.** *n* 1) *поэт. см.* vermilion 1; 2) позоло́ченное серебро́, бро́нза, медь

**2.** *a поэт. см.* vermilion 2

**vermicelli** [ˌvəːmɪˈselɪ] *ит. n* вермише́ль

**vermicide** [ˈvəːmɪsaɪd] = vermifuge

**vermicular** [vəːˈmɪkjulə] = vermiform

**vermiform** [ˈvəːmɪfɔːm] *a* червеобра́зный; ~ appendix *анат.* червеобра́зный отро́сток

**vermifuge** [ˈvəːmɪfjuːdʒ] *n мед.* глистого́нное сре́дство

**vermilion** [vəˈmɪljən] **1.** *n* 1) кинова́рь 2) я́рко-кра́сный цвет

**2.** *a* я́рко-кра́сный; а́лый

**3.** *v* 1) кра́сить кинова́рью 2) окра́шивать в я́рко-кра́сный цвет

**vermin** [ˈvəːmɪn] *n* 1) *собир.* парази́ты (*клопы, вши и т. п.*) 2) *собир. с.-х.* вреди́тели, парази́ты 3) хи́щное живо́тное; хи́щная пти́ца 4) престу́пный элеме́нт, престу́пник 5) *собир.* сброд, подо́нки

**verminous** [ˈvəːmɪnəs] *a* 1) киша́щий парази́тами 2) передава́емый парази́тами 3) отврати́тельный; вре́дный

**verm(o)uth** [ˈvəːməθ] *n* ве́рмут

**vernacular** [vəˈnækjulə] **1.** *a* 1) наро́дный; тузе́мный; родно́й (*о языке*); ме́стный (*о диалекте*) 2) напи́санный на родно́м языке́ *или* диале́кте 3) сво́йственный да́нной ме́стности, характе́рный для да́нной ме́стности (*о болезни и т. п.*) 4) наро́дный, общеупотреби́тельный (*о названии растения, животного и т. п. — в противоположность научному названию*)

**2.** *n* 1) родно́й язы́к; ме́стный диале́кт; профессиона́льный жарго́н 2) *шутл.* си́льные выраже́ния, брань 3) наро́дное, общеупотреби́тельное назва́ние (*растения и т. п.*)

**vernacularism** [vəˈnækjulərɪzm] *n* 1) ме́стное сло́во *или* выраже́ние 2) употребле́ние ме́стного диале́кта

**vernal** [ˈvəːnl] *a* 1) весе́нний; the ~ equinox весе́ннее равноде́нствие 2) молодо́й, све́жий

**vernalization** [ˌvəːnəlaɪˈzeɪʃən] *n* яровиза́ция

**vernation** [vəːˈneɪʃən] *n бот.* листорасположе́ние в по́чке

**vernier** [ˈvəːnjə] *n тех.* но́ниус, вернье́р

**Veronese** [ˌverəˈniːz] **1.** *a* веро́нский

**2.** *n* веро́нец, жи́тель Веро́ны

**veronica** [vɪˈrɔnɪkə] *n бот.* веро́ника

**versatile** [ˈvəːsətaɪl] *a* 1) многосторо́нний; ги́бкий; ~ talent разносторо́нний тала́нт; ~ mind ги́бкий ум 2) непостоя́нный, изме́нчивый 3) *бот., зоол.* подви́жный

**versatility** [ˌvəːsəˈtɪlɪtɪ] *n* многосторо́нность *и пр.* [*см.* versatile]

**verse** [vəːs] **1.** *n* 1) строфа́; стих 2) стихи́, поэ́зия; in ~ or prose в стиха́х и́ли в про́зе; lyrical ~ лири́ческая поэ́зия

**2.** *v* 1) писа́ть стихи́ 2) выража́ть в стиха́х

**versed** I [vəːst] *a* о́пытный, све́дущий (in — в *чём-л.*)

**versed** II [vəːst] *p. p. от* verse 2

**verse-monger** [ˈvəːsˌmʌŋgə] *n* рифмоплёт; версифика́тор

**versicoloured** [ˈvəːsɪˌkʌləd] *a* разноцве́тный, перелива́ющийся ра́зными цвета́ми, ра́дужный

**versification** [ˌvəːsɪfɪˈkeɪʃən] *n* 1) стихосложе́ние; просо́дия 2) переложе́ние в стихотво́рную фо́рму

**versifier** [ˈvəːsɪfaɪə] *n* версифика́тор

**versify** [ˈvəːsɪfaɪ] *v* 1) писа́ть стихи́ 2) перелага́ть в стихи́

**version** [ˈvəːʃən] *n* 1) ве́рсия; вариа́нт 2) перево́д 3) текст (*перевода или оригинала*); the Russian ~ of the treaty ру́сский текст догово́ра

**verso** [ˈvəːsəu] *лат. n* (*pl* -os [-əuz]) 1) ле́вая страни́ца раскры́той кни́ги 2) оборо́тная сторона́ (*монеты, медали*)

**versus** [ˈvəːsəs] *лат. prep* 1) (*обыкн. сокр.* v.) *юр., спорт.* про́тив; Smith v. Robinson де́ло, возбуждённое Сми́том про́тив Ро́бинсона; Lancashire v. Yorkshire матч ме́жду кома́ндами Ла́нкашира и Йо́ркшира 2) в сравне́нии с

**vert** I [vəːt] (*сокр. от* convert *или* pervert) *разг.* **1.** *n* обращённый *или* совращённый в другу́ю ве́ру

**2.** *v* переходи́ть в другу́ю ве́ру

**vert** II [vəːt] *n геральд.* зелёный цвет

**vertebra** [ˈvəːtɪbrə] *n* (*pl* -rae) 1) позвоно́к 2) *pl разг.* позвоно́чник

**vertebrae** [ˈvəːtɪbriː] *pl от* vertebra

**vertebral** [ˈvəːtɪbrəl] *a* позвоно́чный; ~ column позвоно́чный столб; спинно́й хребе́т

**vertebrate** [ˈvəːtɪbrɪt] **1.** *n* позвоно́чное живо́тное

**2.** *a* позвоно́чный

**vertex** [ˈvəːteks] *n* (*pl* -tices) 1) верши́на; ~ of an angle верши́на угла́ 2) ве́ртекс, маку́шка головы́ (*в антропометрии*) 3) *астр.* зени́т

**vertical** [ˈvəːtɪkəl] **1.** *a* 1) вертика́льный; ~ take-off aircraft самолёт с вертика́льным взлётом 2) отве́сный ◇ ~ union *амер.* произво́дственный профсою́з, охва́тывающий всех рабо́тников, за́нятых в да́нной о́трасли промы́шленности

**2.** *n* вертика́льная ли́ния; перпендикуля́р

**vertices** [ˈvəːtɪsiːz] *pl от* vertex

**verticil** [ˈvəːtɪsɪl] *n бот.* муто́вка

**vertiginous** [vəːˈtɪdʒɪnəs] *a* 1) головокружи́тельный 2) страда́ющий головокруже́нием; to feel ~ испы́тывать головокруже́ние 3) крутя́щийся, враща́ющийся; ~ current водоворо́т

**vertigo** [ˈvəːtɪgəu] *n* (*pl* -os [-əuz]) головокруже́ние

**vervain** [ˈvəːveɪn] *n бот.* вербе́на

**verve** [vəːv, vɛəv] *n* 1) жи́вость и я́ркость (*описания*); си́ла (*изображения*); to set to do smth. with ~ принима́ться за что-л. с жа́ром 2) индивидуа́льность худо́жника

**very** [ˈverɪ] **1.** *a* 1) и́стинный, настоя́щий, су́щий; the ~ truth су́щая пра́вда; the veriest coward отъя́вленный трус 2) *как усиление подчёркивает тождественность, совпадение* са́мый, тот са́мый; this ~ day в э́тот же день; the ~ man I want тот са́мый челове́к, кото́рый мне ну́жен 3) са́мый, преде́льный; at the ~ end в са́мом конце́; a ~ little more чуть-чу́ть бо́льше 4) *подчёркивает важность, значительность* са́мый, сам по себе́; да́же; his ~ absence is eloquent са́мое его́ отсу́тствие знамена́тельно

**2.** *adv* 1) о́чень; ~ well отли́чно; I don't swim ~ well я пла́ваю дово́льно скве́рно; ~ much о́чень; in a ~ torn condition истрёпанный, изо́рванный в кло́чья 2) *служит для усиления; часто в сочетании с превосх. ст. прилагательного* са́мый; it is the ~ best thing you can do э́то са́мое лу́чшее, что вы мо́жете сде́лать; he came the ~ next day он пришёл на слéдующий же день 3) *подчёркивает тождественность или противоположность*: he used the ~ same words as I had он в тóчности повтори́л мои́ словá; the ~ opposite to what I expected прямо противополóжное томý, что я ожидáл; ~ much the other way как раз наоборóт 4) *подчёркивает близость, принадлежность*: my (his, *etc.*) ~ own моё (егó *и т. д.*) сáмое бли́зкое, дорогóе; you may keep the book for your ~ own мóжете остáвить эту кни́гу себé — я дарю её вам

**Very light** ['vɪərɪ'laɪt] *n воен.* сигнáльная ракéта Вери́

**vesicant** ['vesɪkənt] **1.** *a* нарывнóй

**2.** *n* боевóе отравляющее веществó кóжно-нарывнóго дéйствия

**vesicate** ['vesɪkeɪt] *v* нарывáть

**vesicle** ['vesɪkl] *n* 1) *анат., биол.* пузырёк 2) *геол.* пóлость в порóде *или* минерáле

**vesicular** [vɪ'sɪkjulə] *a мед.* пузырчáтый; ~ disease пузырчáтка

**vesper** ['vespə] *n* 1) (V.) вечéрняя звездá 2) *поэт.* вéчер 3) *pl церк.* вечéрня 4) = vesper-bell

**vesper-bell** ['vespəbel] *n* вечéрний звон

**vespertine** ['vespətaɪn] *a* 1) вечéрний 2) *бот.* распускáющийся вéчером 3) *зоол.* ночнóй (*о птицах*)

**vespiary** ['vespɪərɪ] *n* оси́ное гнездó

**vessel** ['vesl] *n* 1) сосýд 2) сýдно, корáбль 3) самолёт 4) = blood-vessel ◊ weak ~ ненадёжный человéк; the weaker ~ *библ.* а) сосýд скудéльный; брéнное существó; б) нéмощнейший сосýд (*женщина*); слáбое, беззащи́тное существó

**vest** [vest] **1.** *n* 1) (*обыкн. амер.*) жилéт; coat, ~ and trousers костюм-трóйка 2) встáвка спéреди (*в женском платье*) 3) натéльная фуфáйка 4) *уст., поэт.* одеяние; наряд 5) *церк.* облачéние

**2.** *v* 1) облекáть; to ~ smb. with power облекáть когó-л. влáстью; to ~ rights in a person наделять когó-л. прáвами 2) переходи́ть (*об имуществе, наследстве и т. п.*; in) 3) наделять (*имуществом и т. п.*; with) 4) *поэт.* облачáть(ся)

**Vesta** ['vestə] *n римск. миф.* Вéста

**vesta** ['vestə] *n* восковáя спи́чка (*тж.* wax ~); fusee ~ не гáснущая на ветрý спи́чка

**vestal** ['vestl] **1.** *n* 1) *др.-рим.* вестáлка 2) дéвственница 3) монáхиня 4) *ирон.* стáрая дéва

**2.** *a* 1) дéвственный, целомýдренный, непорóчный; ~ virgin вестáлка 2) *ирон.* стародеви́ческий

**vested** ['vestɪd] **1.** *p. p. от* vest 2

**2.** *a* 1) облачённый 2) закóнный, принадлежáщий по прáву; ~ rights безуслóвные правá; ~ interests а) закреплённые закóном имýщественные правá; б) капиталовложéния в) крýпные предпринимáтели; корпорáции, монопóлии

**vestiary** ['vestɪərɪ] = vestry 1)

**vestibule** ['vestɪbju:l] *n* 1) вестибюль; перéдняя 2) *анат.* преддвéрие 3) церкóвная пáперть 4) *ж.-д.* вагóнный тáмбур с кры́тым перехóдом 5) *attr.*: ~ train *амер.* пóезд с кры́тыми перехóдами мéжду вагóнами

**vestibule school** ['vestɪbju:lsku:l] *n амер.* произвóдственная шкóла (*при фабрике или заводе*)

**vestige** ['vestɪdʒ] *n* 1) след, остáток; при́знак; not a ~ of evidence ни малéйших доказáтельств *или* ули́к 2) *поэт.* след ноги́ 3) *биол.* рудимéнт, остáток

**vestigia** [ves'tɪdʒɪə] *pl от* vestigium

**vestigial** [ves'tɪdʒɪəl] *a* остáточный, исчезáющий; ~ organs *биол.* рудиментáрные óрганы

**vestigium** [ves'tɪdʒɪəm] *n* (*pl* -gia) = vestige 1)

**vestment** ['vestmənt] *n* 1) *ритор.* одеяние, одéжда 2) *церк.* облачéние, ри́за

**vest-pocket** ['vest'pɔkɪt] *n* 1) жилéтный кармáн 2) *attr.* кармáнный; небольшóго размéра, мáленький; а ~ camera миниатюрная фотокáмера

**vestry** ['vestrɪ] *n* 1) *церк.* ри́зница 2) помещéние для моли́твенных и други́х собрáний 3) собрáние налогоплатéльщиков прихóда (*тж.* common ~, general ~, ordinary ~); select ~ собрáние представи́телей налогоплатéльщиков прихóда

**vestry-clerk** ['vestrɪklɑ:k] *n* прихóдский казначéй (*избираемый прихожанами*)

**vestryman** ['vestrɪmən] *n* член прихóдского управлéния

**vesture** ['vestʃə] *поэт.* **1.** *n* 1) одеяние 2) покрóв

**2.** *v* одевáть, облачáть

**vestured** ['vestʃəd] **1.** *p. p. от* vesture 2

**2.** *a поэт.* 1) одéтый 2) покры́тый

**vet** [vet] *разг.* **1.** *n* 1) *сокр. от* veterinary surgeon [*см.* veterinary] 2) *амер. сокр. от* veteran

**2.** *v* 1) дéлать ветеринáрный осмóтр; лечи́ть (*животных*) 2) быть ветеринáром 3) *разг.* подвергáть медици́нскому осмóтру 4) просмáтривать (*рукопись*); рассмáтривать, исслéдовать; проверять (*прибор*)

**vetch** [vetʃ] *n бот.* ви́ка

**veteran** ['vetərən] *n* 1) ветерáн; бывáлый солдáт 2) *амер.* фронтови́к; учáстник войны́ 3) *амер.* демобилизóванный военнослýжащий 4) *attr.* заслýженный, масти́тый; со стáжем; óпытный, умудрённый óпытом; а ~ teacher стáрый, óпытный педагóг 5) *attr.* многолéтний, долголéтний

**veterinarian** [ˌvetərɪ'nɛərɪən] = veterinary

**veterinary** ['vetərɪnərɪ] *a* ветеринáрный; ~ surgeon ветеринáрный врач

**veto** ['vi:təu] **1.** *n* (*pl* -oes [-əuz]) 1) вéто, запрещéние; to put (*или* to set) а ~ on smth. наложи́ть вéто (*или* запрéт) на что-л. 2) прáво вéто; to exercise the ~ воспóльзоваться прáвом (налагáть) вéто

**2.** *v* 1) налагáть вéто (*на что-л.*) 2) запрещáть; to ~ a plan воспрепятствовать намéрению

**vex** [veks] *v* 1) досаждáть, раздражáть; серди́ть; to be ~ed серди́ться; ~ed with (*или* at) smb., smth. серди́тый на когó-л., что-л.; this silly chatter would ~ a saint эта идиóтская болтовня мóжет и святóго вы́вести из себя 2) беспокóить, волновáть 3) дразни́ть (*животное*) 4) без концá обсуждáть, дебати́ровать

**vexation** [vek'seɪʃən] *n* 1) досáда, раздражéние 2) неприятность

**vexatious** [vek'seɪʃəs] *a* 1) сопряжённый с неприятностями; беспокóйный 2) досáдный 3) стесни́тельный, неудóбный, обремени́тельный; ~ rules and regulations нескончáемые парáграфы прáвил и распоряжéний 4) *юр.* крючкотвóрный, сутяжнический (*о процессе*)

**vexed** [vekst] **1.** *p. p. от* vex

**2.** *a* 1) раздосáдованный 2): ~ question (point) спóрный, горячó дебати́руемый вопрóс (пункт); ~ problem óстрая проблéма

**vexing** ['veksɪŋ] **1.** *pres. p. от* vex

**2.** *a* раздражáющий, неприятный; how ~! какáя досáда!

**via** ['vaɪə] *лат. prep* чéрез

**viable** ['vaɪəbl] *a* жизнеспосóбный

**viaduct** ['vaɪədʌkt] *n* виадýк; путепровóд

**vial** ['vaɪəl] *n* пузырёк, буты́лочка ◊ to pour out the ~s of wrath on smb. изли́ть свой гнев на когó-л.

**viands** ['vaɪəndz] *n pl ритор.* 1) прови́зия 2) яства

**viatic** [vaɪ'ætɪk] *a* дорóжный

**viaticum** [vaɪ'ætɪkəm] *n* 1) *церк.* причáстие, давáемое умирáющему 2) *уст.* дéньги *или* прови́зия на дорóгу

**viator** [vaɪ'eɪtə] *n* путешéственник

**vibes** [vaɪbz] = vibraphone

**vibrancy** ['vaɪbrənsɪ] = vibration

**vibrant** ['vaɪbrənt] *a* 1) вибри́рующий 2) резони́рующий (*о звуке*) 3) трепéщущий, дрожáщий (with — от); ~ with passion дрожáщий от волнéния *или* стрáсти

**vibraphone** ['vaɪbrəfəun] *n муз.* виброфóн

**vibrate** [vaɪ'breɪt] *v* 1) вибри́ровать, дрожáть (with — от) 2) качáться, колебáться 3) трепетáть (at — при) 4) звучáть (*в ушах, в памяти*) 5) вызывáть вибрáцию (*в чём-л.*) 6) сомневáться, колебáться, быть в нереши́тельности

**vibration** [vaɪ'breɪʃən] *n* вибрáция *и пр.* [*см.* vibrate]

**vibrator** [vaɪ'breɪtə] *n тех.* 1) вибрáтор 2) прерывáтель

**vibratory** ['vaɪbrətərɪ] *a* 1) вибри́рующий; вызывáющий вибрáцию 2) колéблющийся, дрожáщий

**vibrio** ['vɪbrɪəu] *n* (*pl* -os [-əuz]) *биол.* вибриóн

**viburnum** [vaɪ'bə:nəm] *n бот.* кали́на

**vicar** ['vɪkə] *n* 1) прихо́дский свяще́нник (*не получающий десятины*) 2) вика́рий, замести́тель; наме́стник; the V. of Christ Па́па Ри́мский ◇ ~ of Bray беспринци́пный челове́к; ренега́т (*по имени полулегендарного викария XVI в., четыре раза менявшего свою религию*)

**vicarage** ['vɪkərɪdʒ] *n* 1) до́лжность прихо́дского свяще́нника 2) дом свяще́нника

**vicarial** [vaɪ'kɛərɪəl] *a церк.* 1) вика́рный 2) па́стырский

**vicarious** [vaɪ'kɛərɪəs] *a* 1) замеща́ющий друго́го; ~ authority (*или* power) власть *или* пра́во де́йствовать по чьему́-л. уполномо́чию; дове́ренность 2) сде́ланный за друго́го; ~ atonement искупле́ние чужо́й вины́

**vice I** [vaɪs] *n* 1) поро́к, зло 2) недоста́ток (*в характере и т. п.*) 3) но́ров (*у лошади*) 4) (the V.) *ист.* Поро́к (*шутовская фигура в моралите*)

**vice II** [vaɪs] **1.** *n тех.* тиски́, зажимно́й патро́н

**2.** *v* сжима́ть, сти́скивать; зажима́ть в тиски́ (*тж. перен.*)

**vice III** ['vaɪsɪ] *prep* вме́сто

**vice IV** [vaɪs] *сокр. разг. от* vice-chancellor, vice-president *и т. п.*

**vice-** [vaɪs-] *pref* вице-

**vice-admiral** ['vaɪs'ædmərəl] *n* вице-адмира́л

**vice-chairman** ['vaɪs'tʃɛəmən] *n* замести́тель председа́теля

**vice-chancellor** ['vaɪs'tʃɑ:nsələ] *n* вице-ка́нцлер

**vice-consul** ['vaɪs'kɔnsəl] *n* вице-ко́нсул

**vicegerent** ['vaɪs'dʒerənt] *n* наме́стник

**vice-governor** ['vaɪs'gʌvənə] *n* вице-губерна́тор

**vice-minister** ['vaɪs'mɪnɪstə] *n* това́рищ *или* замести́тель мини́стра

**vicennial** [vaɪ'senɪəl] *a* 1) двадцатиле́тний (*срок, период*) 2) происходя́щий ка́ждые 20 лет

**vice-president** ['vaɪs'prezɪdənt] *n* вице-президе́нт

**viceregal** ['vaɪs'ri:gəl] *a* вице-короле́вский

**vicereine** ['vaɪs'reɪn] *n* супру́га вице-короля́

**viceroy** ['vaɪsrɔɪ] *n* вице-коро́ль; наме́стник короля́

**vice squad** ['vaɪs'skwɔd] *n амер.* отря́д поли́ции, занима́ющийся борьбо́й с незако́нной торго́влей спиртны́ми напи́тками, проститу́цией *и т. п.*

**vice versa** ['vaɪsɪ'və:sə] *лат. adv* наоборо́т; обра́тно; I dislike him and ~ он мне неприя́тен, и э́то взаи́мно

**vicinage** ['vɪsɪnɪdʒ] *n книжн.* 1) сосе́дство 2) окре́стности

**vicinal** ['vɪsɪnəl] *a* 1) ме́стный 2) сосе́дний

**vicinity** [vɪ'sɪnɪtɪ] *n* 1) сосе́дство, бли́зость; in close ~ бли́зко, по сосе́дству; in the ~ of а) побли́зости; б) о́коло, приблизи́тельно; (he is) in the ~ of fifty (ему́) о́коло пяти́десяти 2) окре́стности; окру́га; райо́н

**vicious** ['vɪʃəs] *a* 1) поро́чный 2) оши́бочный, непра́вильный; дефе́ктный; ~ habits дурны́е привы́чки; a ~ argument несостоя́тельный до́вод; ~ union *мед.* непра́вильное сраще́ние 3) злой; зло́бный (*о взгляде, словах*); a most ~ enemy зле́йший враг 4) норови́стый 5) ужа́сный; ~ headache ужа́сная головна́я боль 6) *уст.* гря́зный, загрязнённый (*о воде, воздухе и т. п.*) ◇ ~ circle поро́чный круг

**vicissitude** [vɪ'sɪsɪtju:d] *n* 1) превра́тность; the ~s of fate (*или* life) превра́тности судьбы́ 2) *уст., поэт.* переме́на, сме́на; чередова́ние

**victim** ['vɪktɪm] *n* же́ртва; the ~ of his own foolishness же́ртва со́бственной глу́пости; to fall a ~ to стать же́ртвой *кого-л., чего-л.*

**victimization** [ˌvɪktɪmaɪ'zeɪʃən] *n* 1) пресле́дование 2) увольне́ние рабо́чих и слу́жащих за уча́стие в забасто́вке, в полити́ческом выступле́нии *и т. п.*

**victimize** ['vɪktɪmaɪz] *v* 1) де́лать свое́й же́ртвой; му́чить; to be ~d by smb., smth. стать же́ртвой кого́-л., чего́-л. 2) обма́нывать 3) подверга́ть пресле́дованию 4) увольня́ть рабо́чих и слу́жащих [*см.* victimization 2)]

**victor** ['vɪktə] *n* 1) победи́тель 2) *attr.* победоно́сный

**victoria** [vɪk'tɔ:rɪə] *n* 1) лёгкий двухме́стный экипа́ж 2) легкова́я автомаши́на с откидны́м ве́рхом

**Victoria Cross** [vɪk'tɔ:rɪə'krɔs] *n* крест о́рдена Викто́рии (*высшая военная награда в Англии*)

**Victorian** [vɪk'tɔ:rɪən] **1.** *a* 1) викториа́нский (*относящийся к эпохе королевы Виктории 1837—1901 гг.*) 2) старомо́дный; добропоря́дочный, консервати́вный

**2.** *n* челове́к, *особ.* писа́тель викториа́нской эпо́хи

**victoria plum** [vɪk'tɔ:rɪəplʌm] *n* сорт сли́вы

**victorious** [vɪk'tɔ:rɪəs] *a* победоно́сный; побе́дный

**victory** ['vɪktərɪ] *n* побе́да; to gain (*или* to win) a ~ (over) одержа́ть побе́ду ◇ ~ gardens огоро́ды городски́х жи́телей Англии (*во время второй мировой войны*)

**victress** ['vɪktrɪs] *n* победи́тельница

**victual** ['vɪtl] **1.** *n* (*обыкн. pl*) пи́ща, прови́зия

**2.** 1) снабжа́ть прови́зией 2) запаса́ться прови́зией 3) *разг.* пита́ться

**victualler** ['vɪtlə] *n* 1) поставщи́к продово́льствия; licensed ~ трakти́рщик, име́ющий пате́нт на прода́жу спиртны́х напи́тков 2) *воен., мор.* тра́нспорт с продово́льствием

**victualling** ['vɪtlɪŋ] **1.** *pres. p. от* victual 2

**2.** *n* снабже́ние продово́льствием

**victualling-yard** ['vɪtlɪŋjɑ:d] *n* продово́льственные скла́ды (*при доках*)

**vicugna, vicuña** [vɪ'kju:njə] *n* 1) *зоол.* вику́нья 2) ткань (*из шерсти викуньи*)

**vide** ['vaɪdi(:)] *лат. v imp.* смотри́; ~ supra (infra) смотри́ вы́ше (ни́же)

**videlicet** [vɪ'di:lɪset] *лат. adv* (*сокр.* viz., *обыкн. читается* namely) а и́менно

**video** ['vɪdɪəu] *амер.* **1.** *n* телеви́дение

**2.** *a* телевизио́нный, свя́занный с телеви́дением; ~ picture изображе́ние на экра́не лучево́й тру́бки; ~ tape recordings за́пись изображе́ния и зву́ка на магни́тную ле́нту

**vidimus** ['vaɪdɪməs] *n* 1) официа́льная прове́рка докуме́нтов 2) заве́ренная ко́пия

**vie** [vaɪ] *v* сопе́рничать; to ~ with smb. for smth. сопе́рничать с кем-л. в чём-л.; to ~ in doing smth. состяза́ться в чём-л.

**Viennese** [ˌvɪə'ni:z] **1.** *a* ве́нский

**2.** *n* (*pl без измен.*) жи́тель Ве́ны

**Viet-Namese, Vietnamese** [ˌvjetnə'mi:z] **1.** *a* вьетна́мский

**2.** *n* вьетна́мец; вьетна́мка; the ~ *pl собир.* вьетна́мцы

**view** [vju:] **1.** *n* 1) вид; пейза́ж; a house with a ~ of the sea дом с ви́дом на́ море 2) по́ле зре́ния, кругозо́р; we came in ~ of the bridge а) мы уви́дели мост; б) нас ста́ло ви́дно с мо́ста́; to burst (*или* to come) into ~ внеза́пно появи́ться; to pass from smb.'s ~ скры́ться из чьего́-л. по́ля зре́ния; out of ~ вне по́ля зре́ния; to be in ~ а) быть ви́димым; б) предви́деться; certain modifications may come in ~ предви́дятся не́которые измене́ния; in full ~ of everybody у всех на виду́; to the ~ (of) откры́то, на виду́; to have (*или* to keep) in ~ не теря́ть и́з виду; име́ть в виду́; in ~ of ввиду́; принима́я во внима́ние 3) взгляд, мне́ние, то́чка зре́ния; in my ~ по моему́ мне́нию; to form a clear ~ of the situation соста́вить себе́ я́сное представле́ние о положе́нии дел; to hold extreme ~s in politics приде́рживаться кра́йних взгля́дов в поли́тике; short ~s недальнови́дность; to take a rose-coloured ~ of smth. смотре́ть сквозь ро́зовые очки́ на что-л.; to exchange ~s on smth. обменя́ться взгля́дами *или* мне́ниями по по́воду чего́-л. 4) наме́рение; will this meet your ~s? не противоре́чит ли э́то ва́шим наме́рениям?; to have ~s on smth. име́ть ви́ды на что-л.; with the ~ of, with a ~ to с наме́рением; с це́лью 5) осмо́тр; to have (*или* to take) a ~ of smth. осмотре́ть что-л.; on ~ вы́ставленный для обозре́ния; private ~ вы́ставка *или* просмо́тр карти́н (*частной коллекции*); on the ~ во вре́мя осмо́тра, при осмо́тре; at first ~ при бе́глом осмо́тре; upon a closer ~ при внима́тельном рассмотре́нии 6) карти́на (*особ. пейзаж*)

2. *v* 1) осма́тривать; an order to ~ разреше́ние на осмо́тр (*дома, участка и т. п.*) 2) *поэт.* узре́ть 3) рассма́тривать, оце́нивать, суди́ть (*о чём-л.*); he ~s the matter in a different light он и́наче смо́трит на э́то 4) смотре́ть (*кинофильм, телепередачу и т. п.*)

**viewer** ['vju:ə] *n* 1) зри́тель (*особ.* телезри́тель) 2) осмо́трщик 3) окуля́р стереоско́па *и т. п.*

**view-finder** ['vju:ˌfaındə] *n фото* видоиска́тель

**viewing stand** ['vju:ıŋstænd] *n* трибу́на для зри́телей

**viewless** ['vju:lıs] *a* 1) *поэт.* неви́димый 2) *поэт.* слепо́й 3) *амер.* не име́ющий убежде́ний

**view-point** ['vju:pɔınt] *n* то́чка зре́ния

**viewy** ['vju:ı] *a разг.* 1) чудакова́тый, стра́нный 2) эффе́ктный, я́ркий; шика́рный

**vigesimal** [vı'dʒesıməl] *a* разделённый на два́дцать часте́й; состоя́щий из двадцати́ часте́й

**vigil** ['vıdʒıl] *n* 1) бо́дрствование; дежу́рство; to keep ~ бо́дрствовать; дежу́рить; to keep ~ over a sick child не отходи́ть от (посте́ли) больно́го ребёнка 2) пикети́рование (*здания суда, посольства и т. п.*) 3) *церк.* кану́н пра́здника; пост накану́не пра́здника

**vigilance** ['vıdʒıləns] *n* 1) бди́тельность 2) *мед.* бессо́нница 3) *психол.* виги́льность

**vigilance committee** ['vıdʒılənskə'mıtı] *n* (*преим. амер.*) «комите́т бди́тельности» (*организация линчевателей*)

**vigilant** ['vıdʒılənt] *a* бди́тельный; неусы́пный

**vigilante gang** [ˌvıdʒı'læntı'gæŋ] = vigilance committee

**vignette** [vı'njet] *фр.* **1.** *n* винье́тка **2.** *v* рисова́ть винье́тки

**vigogne** [vı'gəun] *n текст.* виго́нь

**vigor** ['vıgə] *амер.* = vigour

**vigorous** ['vıgərəs] *a* си́льный, энерги́чный; ~ protest энерги́чный, реши́тельный проте́ст; physically ~ физи́чески кре́пкий; бо́дрый; the movement grew ~ движе́ние при́няло мо́щный разма́х

**vigorously** ['vıgərəslı] *adv* си́льно, энерги́чно, реши́тельно; to oppose ~ реши́тельно проти́виться *или* воспрепя́тствовать (*чему-л.*)

**vigour** ['vıgə] *n* 1) си́ла, эне́ргия 2) зако́нность, действи́тельность; a law still in ~ зако́н, ещё сохрани́вший си́лу

**viking** ['vaıkıŋ] *n ист.* ви́кинг

**vilayet** [vı'la:jet] *тур. n* вилайе́т

**vile** [vaıl] *a* 1) по́длый, ни́зкий 2) *разг.* отврати́тельный

**vilification** [ˌvılıfı'keıʃən] *n* поноше́ние

**vilify** ['vılıfaı] *v* поноси́ть, черни́ть (*кого-л.*)

**vilipend** ['vılıpend] *v* пренебрежи́тельно отзыва́ться (*о ком-л.*); пренебрежи́тельно относи́ться (*к кому-л.*)

**villa** ['vılə] *n* ви́лла

**village** ['vılıdʒ] *n* 1) дере́вня; село́ 2) *амер.* городо́к 3) *собир.* дереве́нские жи́тели 4) *attr.* дереве́нский

**villager** ['vılıdʒə] *n* се́льский жи́тель

**villain** ['vılən] *n* 1) злоде́й, негодя́й; ~ of the piece гла́вный злоде́й (*в драме*) 2) *шутл.* хитре́ц, плути́шка 3) = villein

**villainage** ['vılınıdʒ] = villeinage

**villainous** ['vılənəs] *a* 1) ме́рзкий; отврати́тельный 2) по́длый 3) злоде́йский

**villainy** ['vılənı] *n* 1) ме́рзость 2) по́длость 3) злоде́йство

**villein** ['vılın] *n ист.* вилла́н, крепостно́й

**villeinage** ['vılınıdʒ] *n ист.* крепостно́е состоя́ние; крепостна́я зави́симость

**vim** [vım] *n разг.* эне́ргия, си́ла; напо́р; put more ~ into it! поднату́жься!, дава́й, дава́й!

**vinaigrette** [ˌvıneı'gret] *n* 1) припра́ва из у́ксуса и оли́вкового ма́сла к зелёному сала́ту (*тж.* ~ sauce) 2) флако́н с нюхательной со́лью *или* туале́тным у́ксусом

**vincible** ['vınsıbl] *a редк.* преодоли́мый

**vindicate** ['vındıkeıt] *v* 1) доказывать; to ~ one's courage доказа́ть своё му́жество; 2) отста́ивать (*право и т. п.*); to ~ one's judgement защити́ть *или* отстоя́ть свою́ пози́цию, утвержде́ние *и т. п.*

**vindication** [ˌvındı'keıʃən] *n* 1) доказа́тельство 2) защи́та 3) оправда́ние

**vindicative** ['vındıkətıv] = vindicatory 1)

**vindicator** ['vındıkeıtə] *n* защи́тник, побо́рник

**vindicatory** ['vındıkətərı] *a* 1) защити́тельный 2) кара́тельный

**vindictive** [vın'dıktıv] *a* 1) мсти́тельный 2) *редк.* кара́тельный; ~ damages *юр.* штраф

**vine** [vaın] *n* виногра́дная лоза́

**vinedresser** ['vaınˌdresə] *n* виногра́дарь

**vinegar** ['vınıgə] *n* 1) у́ксус 2) неприя́тный хара́ктер; нелюбе́зный отве́т *и т. п.* 3) *attr.* у́ксусный; *перен.* ки́слый, неприя́тный

**vinegary** ['vınıgərı] *a* 1) у́ксусный 2) ки́слый, неприя́тный; ~ smile ки́слая улы́бка

**vine-prop** ['vaınprɔp] *n* шпале́ра

**vinery** ['vaınərı] *n* виногра́дная тепли́ца

**vineyard** ['vınjəd] *n* виногра́дник

**viniculture** ['vınıkʌltʃə] = viticulture

**vino** ['vı:nəu] *n* (*pl* -oes [-əuz]) *n разг.* дешёвое вино́

**vin-ordinaire** ['væŋˌɔ:dı'neə] *фр. n* дешёвое кра́сное вино́

**vinous** ['vaınəs] *a* 1) ви́нный 2) вы́званный опьяне́нием; ~ mirth пья́ное весе́лье 3) бордо́вый

**vintage** ['vıntıdʒ] *n* 1) сбор *или* урожа́й виногра́да 2) вино́ из сбо́ра определённого го́да 3) моде́ль, тип; склад хара́ктера; men of his ~ лю́ди его́ скла́да 4) *attr.*: ~ wine ма́рочное вино́, вино́ вы́сшего ка́чества ◊ ~ cars автомоби́ли ста́рых ма́рок

**vintager** ['vıntıdʒə] *n* сбо́рщик виногра́да

**vintner** ['vıntnə] *n уст.* виноторго́вец

**viol** ['vaıəl] *n* вио́ла (*муз. инструмент*)

**viola** I [vı'əulə] *n* альт (*муз. инструмент*)

**viola** II ['vaıələ] *n бот.* фиа́лка

**violaceous** [ˌvaıə'leıʃəs] *a* 1) *бот.* фиа́лковый 2) фиоле́товый

**violate** ['vaıəleıt] *v* 1) наруша́ть, попира́ть, преступа́ть (*клятву, закон*); to ~ a treaty нару́шить догово́р 2) осквернять (*могилу и т. п.*) 3) наси́ловать, применя́ть наси́лие; изнаси́ловать 4) вторга́ться, врыва́ться; наруша́ть (*тишину и т. п.*)

**violation** [ˌvaıə'leıʃən] *n* наруше́ние *и пр.* [*см.* violate]

**violator** ['vaıəleıtə] *n* наруши́тель

**violence** ['vaıələns] *n* 1) си́ла, неи́стовство; стреми́тельность 2) жесто́кость, наси́лие; to do ~ to... оскорбля́ть де́йствием, наси́ловать...; he did ~ to his feelings он де́йствовал вопреки́ свои́м убежде́ниям

**violent** ['vaıələnt] *a* 1) неи́стовый; я́ростный; ~ efforts отча́янные уси́лия; he was in a ~ temper он был в я́рости; ~ competition ожесточённая конкуре́нция; ~ measures жёсткие ме́ры 2) си́льный, интенси́вный; ~ pain си́льная боль; ~ heat ужа́сная жара́; ~ yellow я́рко-жёлтый цвет; ~ contrast ре́зкий контра́ст 3) наси́льственный; to resort to ~ means прибе́гнуть к наси́лию; to lay ~ hands on smth. захвати́ть что-л. си́лой; to meet a ~ death умере́ть наси́льственной сме́ртью 4) вспы́льчивый, горя́чий; ~ language брань, ре́зкие слова́ 5) стра́стный, горя́чий; ~ speech стра́стная речь; a ~ demonstration бу́рная демонстра́ция 6) искажённый, непра́вильный; ~ interpretation ло́жная интерпрета́ция; ~ assumption невероя́тное предположе́ние

**violently** ['vaıələntlı] *adv* 1) си́льно, о́чень; to sneeze ~ гро́мко чихну́ть; to run ~ бежа́ть стреми́тельно, без огля́дки 2) неи́стово, я́ростно; to be ~ criticized подве́ргнуться ре́зкой кри́тике 3) жесто́ко; бесчелове́чно; to die ~ поги́бнуть при траги́ческих обстоя́тельствах

**violet** ['vaıəlıt] **1.** *n* 1) фиа́лка 2) фиоле́товый цвет

**2.** *a* фиоле́товый, тёмно-лило́вый

**violin** [ˌvaıə'lın] *n* 1) скри́пка (*инструмент*) 2) скри́пка, скрипа́ч (*в оркестре*) ◊ to play first ~ игра́ть пе́р-

вую скри́пку, быть гла́вным, занима́ть веду́щее положе́ние
**violinist** ['vaɪəlɪnɪst] *n* скрипа́ч
**violoncellist** [ˌvaɪələn'tʃelɪst] = 'cellist
**violoncello** [ˌvaɪələn'tʃeləu] *n* (*pl* -os [-əuz]) = 'cello
**viper** ['vaɪpə] *n* 1) *зоол.* гадю́ка, випе́ра 2) змея́, вероло́мный челове́к; to cherish a ~ in one's bosom ≅ отогре́ть змею́ на груди́
**viperous** ['vaɪpərəs] *a* ядови́тый, зло́бный, ехи́дный
**virago** [vɪ'rɑːgəu] *n* (*pl* -os, -oes [-əuz]) 1) сварли́вая же́нщина, меге́ра 2) бой-ба́ба, реши́тельная осо́ба
**viral** ['vaɪərəl] *a* ви́русный
**virgin** ['vəːdʒɪn] **1.** *n* 1) де́ва; де́вственница; the V. *библ.* де́ва Мари́я 2) (V.) = Virgo
**2.** *a* 1) де́вичий 2) де́вственный 3) саморо́дный (*о металле*); неразраба́тывавшийся (*о месторождении*) 4) нетро́нутый, чи́стый, де́вственный; ~ soil новь, целина́; ~ forest де́вственный лес 5) чи́стый, несме́шанный; ~ wool чи́стая шерсть 6) не бы́вший в употребле́нии; пе́рвый ◊ the V. Queen *ист.* короле́ва Елизаве́та I
**virginal** I ['vəːdʒɪnl] *a* де́вственный; неви́нный, непоро́чный
**virginal** II ['vəːdʒɪnl] *n ист. муз.* спинет без но́жек (*тж.* ~s, pair of ~s)
**Virginia** [və'dʒɪnjə] *a* вирги́нский; ~ creeper ди́кий виногра́д (пятили́стный)
**virginity** [vəː'dʒɪnɪtɪ] *n* де́вственность
**Virgo** ['vəːgəu] *n* Де́ва (*созвездие и знак зодиака*)
**viridity** [vɪ'rɪdɪtɪ] *n* 1) зе́лень 2) све́жесть; незре́лость
**virile** ['vɪraɪl] *a* 1) возмужа́лый; зре́лый 2) дости́гший полово́й зре́лости 3) му́жественный; си́льный; ~ mind о́стрый ум; ~ government си́льное прави́тельство
**virility** [vɪ'rɪlɪtɪ] *n* 1) му́жество 2) возмужа́лость; му́жественность 3) полова́я зре́лость
**virology** [ˌvaɪə'rɔlədʒɪ] *n* вирусоло́гия
**virtu** [vəː'tuː] *ит. n*: articles of ~ худо́жественные ре́дкости
**virtual** ['vəːtjuəl] *a* 1) факти́ческий, не номина́льный, действи́тельный 2) *уст.* эффекти́вный
**virtually** ['vəːtjuəlɪ] *adv* факти́чески; в су́щности; пои́стине
**virtue** ['vəːtjuː] *n* 1) доброде́тель; a man of ~ доброде́тельный челове́к; the cardinal ~s (prudence, fortitude, temperance, justice) (четы́ре) гла́вные доброде́тели (благоразу́мие, хра́брость, уме́ренность во всём, справедли́вость); to make it a point of ~ возводи́ть что-л. в доброде́тель 2) досто́инство, хоро́шее ка́чество 3) си́ла, де́йствие; a remedy of great ~ о́чень хорошо́ де́йствующее сре́дство 4) целому́дрие; a woman of easy ~ досту́пная же́нщина 5) сво́йство ◊ by (*или* in) ~ of smth. посре́дством чего́-л.; благодаря́ чему́-л.; в си́лу чего́-л., на основа́нии чего́-л.; to make a ~ of necessity из нужды́ де́лать доброде́тель
**virtuosi** [ˌvəːtju'əuziː] *pl от* virtuoso
**virtuosity** [ˌvəːtju'ɔsɪtɪ] *n* 1) виртуо́зность 2) понима́ние то́нкостей иску́сства
**virtuoso** [ˌvəːtju'əuzəu] *ит. n* (*pl* -os [-əuz], -si) 1) виртуо́з 2) знато́к худо́жественных ре́дкостей; цени́тель иску́сства
**virtuous** ['vəːtjuəs] *a* 1) доброде́тельный 2) целому́дренный
**virulence** ['vɪruləns] *n* 1) ядови́тость; си́ла, вируле́нтность (*яда*) 2) зло́ба, зло́бность
**virulent** ['vɪrulənt] *a* 1) ядови́тый; вируле́нтный (*о яде*) 2) опа́сный, стра́шный (*о болезни*) 3) зло́бный; вражде́бный; жесто́кий; ~ abuse зло́бные вы́пады, оскорбле́ния
**virus** ['vaɪərəs] *лат. n* 1) ви́рус; filterable ~ фильтру́ющийся ви́рус 2) *перен.* зара́за, яд 3) *attr.* ви́русный; ~ warfare бактериологи́ческая война́
**visa** ['viːzə] **1.** *n* ви́за; to grant a ~ вы́дать ви́зу; entrance (*или* entry) ~ ви́за на въезд; exit ~ выездна́я ви́за
**2.** *v* визи́ровать
**visage** ['vɪzɪdʒ] *n лит.* лицо́; выраже́ние лица́, вид
**-visaged** [-'vɪzɪdʒd] *в сложных словах* -ли́цый; dark-~ смуглоли́цый; long-~ длинноли́цый
**visard** ['vɪzəd] = visor
**vis-à-vis** ['viːzɑːviː] *фр.* **1.** *n* визави́
**2.** *adv* друг про́тив дру́га, напро́тив
**3.** *prep* в отноше́нии, по отноше́нию
**viscera** ['vɪsərə] *лат. n pl* вну́тренности (*особ.* кишки́)
**visceral** ['vɪsərəl] *a* относя́щийся к вну́тренностям
**viscid** ['vɪsɪd] = viscous
**viscidity** [vɪ'sɪdɪtɪ] = viscosity
**viscose** ['vɪskəus] *n текст.* виско́за
**viscosity** [vɪs'kɔsɪtɪ] *n* вя́зкость, ли́пкость, кле́йкость; тягу́честь
**viscount** ['vaɪkaunt] *n* вико́нт
**viscountess** ['vaɪkauntɪs] *n* виконте́сса
**viscous** ['vɪskəs] *a* вя́зкий, ли́пкий, кле́йкий; тягу́чий, густо́й
**vise** [vaɪz] *амер.* = vice II
**visé** ['viːzeɪ] *фр.* = visa
**Vishnu** ['vɪʃnuː] *санскр. n миф.* Ви́шну
**visibility** [ˌvɪzɪ'bɪlɪtɪ] *n* ви́димость; обзо́р
**visible** ['vɪzəbl] *a* 1) ви́димый; ~ image ви́димое изображе́ние 2) я́вный, очеви́дный; the trends became ~ вы́явились (скры́тые) тенде́нции; without any ~ cause без вся́кой ви́димой причи́ны
**visibly** ['vɪzəblɪ] *adv* я́вно, ви́димо, заме́тно
**Visigoth** ['vɪzɪgɔθ] *n ист.* вестго́т
**vision** ['vɪʒən] *n* 1) зре́ние; to lose one's ~ теря́ть зре́ние, сле́пнуть; beyond our ~ вне на́шего по́ля зре́ния 2) проникнове́ние, проница́тельность, предви́дение; дальнови́дность; a man of ~ проница́тельный челове́к 3) вид, зре́лище; I had only a momentary ~ of the sea я то́лько на мгнове́ние уви́дел мо́ре 4) виде́ние, мечта́; the romantic ~s of youth романти́ческие грёзы ю́ности; to have another ~ смотре́ть (на ве́щи) ина́че
**visional** ['vɪʒənl] *a* 1) зри́тельный 2) вообража́емый
**visionary** ['vɪʒnərɪ] **1.** *a* 1) при́зрачный; вообража́емый, фантасти́ческий 2) скло́нный к галлюцина́циям 3) мечта́тельный 4) непракти́чный; неосуществи́мый
**2.** *n* 1) мечта́тель; фантазёр 2) визионе́р, ми́стик; прови́дец
**visit** ['vɪzɪt] **1.** *n* 1) посеще́ние, визи́т; пое́здка; to go on a ~ to the seaside пое́хать к мо́рю; to be on a ~ гости́ть; to make (*или* to pay) a ~ to smb. навеща́ть, посеща́ть кого́-л. 2) *амер. разг.* дру́жеская бесе́да 3) *юр.* осмо́тр, досмо́тр (*судна нейтральной страны*)
**2.** *v* 1) навеща́ть; посеща́ть 2) *амер.* остана́вливаться, гости́ть, быть (*чьим-л.*) го́стем; to ~ at a place гости́ть где-л.; to ~ with smb. гости́ть у кого́-л.; to ~ in the country остана́вливаться в дере́вне 3) навеща́ть ча́сто, быть постоя́нным посети́телем 4) (*обыкн. амер.*) осма́тривать, инспекти́ровать 5) постига́ть, поража́ть (*о болезни, бедствии и т. п.*) 6) *библ.* кара́ть; отмща́ть (upon — *кому-л.*, with — *чем-л.*); the sins of the fathers are ~ed upon the children ≅ грехи́ отцо́в па́дают на го́ловы дете́й □ ~ with (*преим. амер.*) *разг.* поговори́ть, поболта́ть; she loves ~-ing with her neighbours and having a good gossip она́ лю́бит поболта́ть и поспле́тничать с сосе́дями
**visitable** ['vɪzɪtəbl] *a* 1) откры́тый для посети́телей 2) привлека́ющий (большо́е число́) посети́телей
**visitant** ['vɪzɪtənt] *n* 1) *поэт.* гость; высо́кий гость 2) перелётная пти́ца
**visitation** [ˌvɪzɪ'teɪʃən] *n* 1) официа́льное посеще́ние; объе́зд 2) *разг.* продолжи́тельный визи́т 3) = visit 1, 3); 4) испыта́ние; ка́ра; «бо́жье наказа́ние»
**visitatorial** [ˌvɪzɪtə'tɔːrɪəl] *a* инспекти́рующий, инспе́кторский
**visiting** ['vɪzɪtɪŋ] **1.** *pres. p. от* visit 2
**2.** *a* посеща́ющий; навеща́ющий на дому́; ~ nurse сестра́ по́мощи на дому́ ◊ ~ fireman ва́жный посети́тель (*для которого устраивают специальный приём*)
**visiting-card** ['vɪzɪtɪŋ'kɑːd] *n* визи́тная ка́рточка

**visiting-day** [ˈvɪzɪtɪŋˈdeɪ] *n* приёмный день; день приёма гостей

**visiting professor** [ˈvɪzɪtɪŋprəˈfesə] *n* специалист, приглашаемый для чтения цикла лекций в университете

**visiting-round** [ˈvɪzɪtɪŋˈraund] *n* обход (*караулов; пациентов*)

**visiting teacher** [ˈvɪzɪtɪŋˈti:tʃə] *n амер.* школьный учитель, на обязанности которого лежит наблюдение за посещаемостью и обучение на дому детей-инвалидов *или* больных

**visitor** [ˈvɪzɪtə] *n* 1) посетитель, гость; the ~s' book книга посетителей 2) инспектор, ревизор

**visor** [ˈvaɪzə] *n* 1) козырёк (*фуражки*) 2) *ист.* забрало (*шлема*) 3) солнцезащитный щиток (*в автомобиле; тж.* sun-~) 4) *перен.* маска, личина

**vista** [ˈvɪstə] *ит. n* 1) перспектива, вид (*в конце аллеи, долины и т. п.*) 2) аллея, просека 3) вереница (*воспоминаний и т. п.*); to look back through the ~s of the past оглядываться на далёкое прошлое 4) возможности, виды на будущее; a discovery that opens up new ~s изобретение, открывающее широкие перспективы

**visual** [ˈvɪzjuəl] *a* 1) зрительный; ~ nerve зрительный нерв; ~ memory зрительная память 2) видимый 3) наглядный; ~ instruction наглядное обучение 4) оптический; ~ angle угол зрения, оптический угол; ~ signal оптический сигнал

**visualization** [ˌvɪzjuəlaɪˈzeɪʃən] *n* 1) отчётливый зрительный образ 2) способность вызывать зрительные образы

**visualize** [ˈvɪzjuəlaɪz] *v* 1) отчётливо представлять себе, мысленно видеть 2) делать видимым

**vita** [ˈvaɪtə] *n* краткая автобиография

**vita glass** [ˈvaɪtəˈglɑ:s] *n* стекло, пропускающее ультрафиолетовые лучи

**vital** [ˈvaɪtl] *a* 1) жизненный; жизненно важный; ~ functions жизненные отправления; ~ power жизненная энергия; 2) насущный, существенный; ~ choice важный выбор; ~ needs животрепещущие *или* насущные нужды; a question of ~ importance вопрос первостепенной важности; ~ industries важнейшие отрасли промышленности 3) энергичный, полный жизни 4) гибельный, роковой; ~ wound смертельная рана ◇ ~ statistics а) статистика естественного движения населения (*рождаемости, смертности, браков*); б) *шутл.* объём груди, талии и бёдер (*женщины*)

**vitalism** [ˈvaɪtəlɪzm] *n биол.* витализм

**vitality** [vaɪˈtælɪtɪ] *n* 1) жизнеспособность; жизненность 2) живучесть 3) энергия, живость

**vitalize** [ˈvaɪtəlaɪz] *v* оживлять; обновлять

**vitally** [ˈvaɪtəlɪ] *adv*: to be ~ concerned быть кровно заинтересованным

**vitals** [ˈvaɪtlz] *n pl* 1) жизненно важные органы 2) наиболее важные части, центры *и т. п.*; to tear the ~ out of a subject дойти до самой сути предмета

**vitamin** [ˈvɪtəmɪn] *n* 1) витамин 2) *attr.* витаминный; ~ tablets витамины в таблетках; ~ deficiency *мед.* авитаминоз

**vitiate** [ˈvɪʃɪeɪt] *v* 1) портить; искажать 2) делать недействительным (*контракт, аргумент*); this admission ~s your argument это допущение (начисто) опровергает ваше суждение

**vitiation** [ˌvɪʃɪˈeɪʃən] *n* 1) порча 2) *юр.* лишение силы, признание недействительным

**viticulture** [ˈvɪtɪkʌltʃə] *n* виноградарство

**vitreous** [ˈvɪtrɪəs] *a* 1) стекловидный; ~ body (*или* humour) *анат.* стекловидное тело (*глаза*); ~ silver *мин.* аргентит 2) стеклянный

**vitrification** [ˌvɪtrɪfɪˈkeɪʃən] *n* превращение в стекло *или* в стекловидное вещество

**vitrify** [ˈvɪtrɪfaɪ] *v* превращать(ся) в стекло *или* в стекловидное вещество

**vitriol** [ˈvɪtrɪəl] *n* 1) купорос; blue (green) ~ медный (железный) купорос 2) купоросное масло (*тж.* oil of ~) 3) язвительность, сарказм

**vitriolic** [ˌvɪtrɪˈɔlɪk] *a* 1) купоросный 2) резкий, едкий, саркастический; a ~ remark язвительное замечание

**vituperate** [vɪˈtju:pəreɪt] *v* бранить, поносить

**vituperation** [vɪˌtju:pəˈreɪʃən] *n* брань, поношение

**vituperative** [vɪˈtju:pərətɪv] *a* бранный, ругательный

**viva I** [ˈvi:və] *ит.* **1.** *int* да здравствует!

**2.** *n* 1) приветственный возглас 2) *pl* приветствия

**viva II** [ˈvaɪvə] = viva voce

**vivacious** [vɪˈveɪʃəs] *a* живой, оживлённый

**vivacity** [vɪˈvæsɪtɪ] *n* живость, оживлённость

**vivaria** [vaɪˈvɛərɪə] *pl от* vivarium

**vivarium** [vaɪˈvɛərɪəm] *n* (*pl* -ia) 1) виварий 2) садок

**viva voce** [ˈvaɪvəˈvəusɪ] *лат.* **1.** *n* устный экзамен

**2.** *a* устный; ~ examination устный экзамен

**3.** *adv* устно

**vivid** [ˈvɪvɪd] *a* 1) яркий; ясный; a ~ flash of lightning яркая вспышка молнии 2) живой, яркий; пылкий; ~ imagination пылкое воображение

**vivify** [ˈvɪvɪfaɪ] *v* оживлять

**viviparous** [vɪˈvɪpərəs] *a зоол.* живородящий

**vivisect** [ˌvɪvɪˈsekt] *v* подвергать вивисекции

**vivisection** [ˌvɪvɪˈsekʃən] *n* вивисекция

**vixen** [ˈvɪksn] *n* 1) самка лисицы 2) сварливая женщина, мегера

**vixenish** [ˈvɪksnɪʃ] *a* сварливый, злой

**viz** [vɪz] *adv* а именно

**vizard** [ˈvɪzɑ:d] = visor

**vizi(e)r** [vɪˈzɪə] *n* визирь

**vizor** [ˈvaɪzə] = visor

**V-J Day** [ˈvi:ˈdʒeɪdeɪ] *n* День победы над Японией (*во второй мировой войне*)

**V-mail** [ˈvi:meɪl] *n* корреспонденция на микроплёнке (*посылаемая военнослужащим*)

**V-neck** [ˈvi:nek] *n* вырез мысом (*в платье*)

**vocable** [ˈvəukəbl] **1.** *n лингв.* вокабула

**2.** *a* произносимый

**vocabulary** [vəuˈkæbjulərɪ] *n* 1) словарь, список слов (и фраз), расположенных в алфавитном порядке и снабжённых пояснениями 2) запас слов; лексикон 3) словарный состав (*языка*); лексика; словарь (*писателя, группы лиц и т. п.*) 4) *attr.* словарный; ~ entry словарная статья

**vocal** [ˈvəukəl] *a* 1) голосовой; ~ organ голос 2) вокальный; для голоса 3) шумный, крикливый 4) звучащий; звучный; наполненный звуками; woods ~ with the sound of birds леса, оглашаемые пением птиц 5) устный 6) высказывающийся (открыто); public opinion has become ~ общественное мнение подняло свой голос 7) *фон.* звонкий; гласный

**vocalic** [vəuˈkælɪk] **1.** *a* гласный; богатый гласными (*о языке, слове*)

**2.** *n* гласный звук

**vocalist** [ˈvəukəlɪst] *n* вокалист; певец; певица

**vocalization** [ˌvəukəlaɪˈzeɪʃən] *n* 1) применение голоса 2) *фон.* вокализация; озвончение

**vocalize** [ˈvəukəlaɪz] *v* 1) *фон.* вокализировать; произносить звонко 2) издавать звуки 3) исполнять вокализы 4) выражать, высказывать

**vocation** [vəuˈkeɪʃən] *n* 1) призвание; склонность (for — к *чему-л.*); he has little or no ~ for teaching ≅ у него душа не лежит к профессии учителя 2) профессия; to mistake one's ~ ошибиться в выборе профессии

**vocational** [vəuˈkeɪʃənl] *a* профессиональный; ~ school ремесленное училище; ~ training профессиональное обучение; профессионально-техническое образование

**vocative** [ˈvɔkətɪv] *грам.* **1.** *a* звательный

**2.** *n* звательный падеж

**voces** [ˈvəusi:z] *pl от* vox

**vociferate** [vəuˈsɪfəreɪt] *v* кричать, горланить, орать

**vociferation** [vəuˌsɪfəˈreɪʃən] *n* крик(и); шум

**vociferous** [vəuˈsɪfərəs] *a* 1) громкоголосый; горластый 2) многоголосый 3) гро́мкий, шу́мный; громогла́сный; ~ cheers гро́мкие приве́тствия

**voder** ['vəudə] *n* электро́нный аппара́т (*воспроизводящий звучание, близкое к человеческой речи*), «во́удер»

**vodka** ['vɔdkə] *русск. n* во́дка

**vogue** [vəug] *n* 1) мо́да; all the ~ после́дний крик мо́ды; in ~ в мо́де; to go out of ~ вы́йти из мо́ды; to come into ~ войти́ в мо́ду; to bring into ~ вводи́ть в мо́ду 2) популя́рность; to have a ~ быть популя́рным; to acquire ~ приобрести́ популя́рность

**voice** [vɔɪs] **1.** *n* 1) го́лос; I did not recognize his ~ я не узна́л его́ го́лоса; to be in good (bad) ~ быть (не) в го́лосе; at the top of one's ~ гро́мко, громогла́сно; to teach ~ занима́ться постано́вкой го́лоса; ста́вить го́лос; to lift up one's ~ заговори́ть 2) го́лос, мне́ние; to give ~ to smth. выража́ть, выска́зывать что-л.; to give one's ~ for smth. подава́ть го́лос, выска́зываться за что-л.; to have (to demand) a ~ in smth. име́ть пра́во (заявля́ть о своём пра́ве) вы́разить мне́ние по како́му-л. по́воду; I have no ~ in the matter э́то от меня́ не зави́сит; with one ~ единогла́сно 3) *грам.* зало́г

**2.** *v* 1) выража́ть (*словами*); to ~ one's protest вы́разить проте́ст 2) *фон.* произноси́ть зво́нко; озвонча́ть

**voicecast** ['vɔɪskɑːst] *n* магни́тная плёнка с за́писью го́лоса (*говорящего*)

**voiced** [vɔɪst] **1.** *p. p. от* voice 2

**2.** *a фон.* зво́нкий

**-voiced** [-vɔɪst] *в сложных словах означает* облада́ющий *таким-то* го́лосом; sweet-~ облада́ющий прия́тным го́лосом; loud-~ громкоголо́сый

**voiceless** ['vɔɪslɪs] *a* 1) не име́ющий го́лоса, потеря́вший го́лос 2) безгла́сный, немо́й 3) безмо́лвный 4) *фон.* глухо́й

**voice vote** ['vɔɪsvəut] *n* приня́тие (*решения, резолюции и т. п.*) путём опро́са уча́ствующих в голосова́нии

**void** [vɔɪd] **1.** *n* пустота́; ва́куум; пробе́л; there was a ~ in his heart он чу́вствовал пустоту́ в се́рдце

**2.** *a* 1) пусто́й, свобо́дный, неза́нятый 2) лишённый (of — *чего-л.*) 3) бесполе́зный, неэффекти́вный 4) *юр.* недействи́тельный; to consider (null and) ~ счита́ть не име́ющим си́лы

**3.** *v* 1) опорожня́ть (*кишечник, мочевой пузырь*); выделя́ть (*мочу*) 2) *уст.* оставля́ть, покида́ть (*место*) 3) *юр.* де́лать недействи́тельным, аннули́ровать

**voile** [vɔɪl] *n текст.* то́нкая прозра́чная ткань; вуа́ль

**volant** ['vəulənt] *a* 1) *зоол.* летя́щий 2) пронося́щийся; бы́стрый, подви́жный 3) *геральд.* с распра́вленными кры́льями, летя́щий

**volatile** ['vɔlətaɪl] *a* 1) *хим.* лету́чий, бы́стро испаря́ющийся 2) непостоя́нный, изме́нчивый; неулови́мый

**volatility** [ˌvɔlə'tɪlɪtɪ] *n* 1) *хим.* лету́честь 2) изме́нчивость, непостоя́нство

**volatilization** [vɔˌlætɪlaɪ'zeɪʃən] *n* 1) улету́чивание 2) выпа́ривание; приведе́ние в состоя́ние лету́чести

**volatilize** [vɔ'lætɪlaɪz] *v* улету́чивать(ся); испаря́ть(ся)

**volcanic** [vɔl'kænɪk] *a* 1) вулкани́ческий; ~ rock вулкани́ческая поро́да 2) бу́рный (*о темпераменте и т. п.*)

**volcano** [vɔl'keɪnəu] *n* (*pl* -oes [-əuz]) вулка́н; active (dormant) ~ де́йствующий (безде́йствующий) вулка́н

**vole I** [vəul] *n* полёвка (*мышь; тж.* field ~)

**vole II** [vəul] *n карт.* вы́игрыш всех взя́ток; to win the ~ взять все взя́тки; to go the ~ а) рискова́ть всем ра́ди большо́го вы́игрыша; б) мно́го испыта́ть в жи́зни

**volet** ['vɔleɪ] *фр. n жив.* крыло́ три́птиха

**volition** [vəu'lɪʃən] *n* 1) волево́й акт, хоте́ние; to do smth. by (*или* of) one's own ~ сде́лать что-л. по до́брой во́ле, по со́бственному жела́нию 2) во́ля, си́ла во́ли

**volitional** [vəu'lɪʃnəl] *a* волево́й

**volley** ['vɔlɪ] **1.** *n* 1) залп 2) град, пото́к (*упрёков и т. п.*) 3) уда́р с лёта (*в теннисе и т. п.*)

**2.** *v* 1) стреля́ть за́лпами 2) сы́паться гра́дом 3) испуска́ть (*крики, жалобы; обыкн.* ~ forth, ~ off, ~ out) 4) уда́рить (*мяч*) с лёта

**volley-ball** ['vɔlɪbɔːl] *n* волейбо́л

**volplane** ['vɔlpleɪn] *ав.* **1.** *n* плани́рование (*самолёта*)

**2.** *v* плани́ровать

**volt I** [vɔlt] = volte

**volt II** [vəult] *n эл.* вольт

**voltage** ['vəultɪdʒ] *n эл.* вольта́ж, напряже́ние

**voltaic** [vɔl'teɪɪk] *a эл.* гальвани́ческий; ~ arc электри́ческая дуга́

**Voltairian** [vɔl'tɛərɪən] **1.** *a* вольте́ровский; вольтерья́нский

**2.** *n* вольтерья́нец

**Voltairianism** [vɔl'tɛərɪənɪzm] *n* вольтерья́нство

**Voltairism** [vɔl'tɛərɪzm] = Voltairianism

**voltameter** [vɔl'tæmɪtə] *n* вольта́метр (*в электрохимии*)

**volte** [vɔlt] *n* 1) вольт (*конный спорт*) 2) уклоне́ние от уда́ра проти́вника (*при фехтовании*)

**volte-face** ['vɔlt'fɑːs] *фр. n* 1) *воен.* поворо́т круго́м 2) ре́зкая переме́на (*взглядов, политики и т. п.*); to make a ~ переметну́ться в ла́герь проти́вника

**voltmeter** ['vəultˌmiːtə] *n эл.* вольтме́тр

**volubility** [ˌvɔlju'bɪlɪtɪ] *n* говорли́вость, разгово́рчивость

**voluble** ['vɔljubl] *a* 1) говорли́вый, многоречи́вый; речи́стый 2) вью́щийся (*о растении*)

**volume** ['vɔljum] *n* 1) том, кни́га 2) *ист.* сви́ток 3) объём, ма́сса (*какого-л. вещества*) 4) (*обыкн. pl*) значи́тельное коли́чество; ~s of smoke клу́бы ды́ма 5) ёмкость, вмести́тельность 6) си́ла, полнота́ (*звука*); ~ of sound гро́мкость 7) *attr.* объёмный; относя́щийся к объёму ◇ to tell (*или* to speak) ~s говори́ть красноречи́вее вся́ких слов (*о выражении лица и т. п.*); быть весьма́ многозначи́тельным

**volumenometer** [vɔˌljumɪ'nɔmɪtə] *n* волюмино́метр (*прибор для измерения объёма твёрдых тел*)

**volumeter** [vɔ'ljuːmɪtə] *n* волюме́тр (*прибор для измерения объёма жидких и газообразных тел*)

**volumetric** [ˌvɔlju'metrɪk] *a* объёмный; ~ capacity ёмкость; ~ flask *физ.* ме́рная ко́лба

**voluminous** [və'ljuːmɪnəs] *a* 1) многото́мный (*об издании*) 2) плодови́тый (*о писателе*) 3) объёмистый, масси́вный; обши́рный; a ~ correspondence обши́рная перепи́ска

**voluntarism** ['vɔləntərɪzm] *n* 1) *филос.* волюнтари́зм 2) = voluntaryism

**voluntary** ['vɔləntərɪ] **1.** *a* 1) доброво́льный; доброво́льческий 2) содержа́щийся на доброво́льные взно́сы; ~ school шко́ла, содержа́щаяся на доброво́льные взно́сы 3) созна́тельный, умы́шленный; ~ waste умы́шленная по́рча 4) *физиол.* произво́льный; ~ muscles произво́льные мы́шцы

**2.** *n* 1) доброво́льные де́йствия, доброво́льная рабо́та 2) сторо́нник при́нципа доброво́льности [*см.* voluntaryism] 3) со́ло на орга́не (*в начале или в конце церковной службы*)

**voluntaryism** ['vɔləntərɪɪzm] *n* 1) при́нцип, согла́сно кото́рому шко́лы и це́рковь должны́ содержа́ться на доброво́льные взно́сы 2) при́нцип доброво́льности (*службы в армии и т. п.*)

**volunteer** [ˌvɔlən'tɪə] **1.** *n* 1) доброво́лец, волонтёр 2) *attr.* доброво́льный, доброво́льческий 3) *attr.* расту́щий самопроизво́льно; ~ plant расте́ние, вы́росшее самопроизво́льно, самосе́вное расте́ние

**2.** *v* 1) предлага́ть (*свою помощь, услуги*); вы́зваться доброво́льно (*сделать что-л.*; for) 2) поступи́ть доброво́льцем на вое́нную слу́жбу

**voluptuary** [və'lʌptjuərɪ] *n* сластолю́бец

**voluptuous** [və'lʌptjuəs] *a* 1) чу́вственный; сластолюби́вый, сладостра́стный 2) пы́шный, роско́шный; возбужда́ющий чу́вственное жела́ние (*о фигуре, формах тела*)

**volute** [və'ljuːt] *n* 1) *архит.* волю́та; спира́ль, завито́к 2) *зоол.* сви́ток (*моллюск*) 3) *attr.* спира́льный

**volution** [və'ljuːʃən] *n* завито́к

**volvulus** ['vɔlvjuləs] *n* за́ворот кишо́к

**vomit** ['vɔmɪt] **1.** *n* 1) рво́та 2) рво́тная ма́сса 3) рво́тное (сре́дство)

2. *v* 1) страда́ть рво́той; he was ~ing blood его́ рва́ло кро́вью 2) изверга́ть; to ~ curses изверга́ть прокля́тия; to ~ (forth) smoke изверга́ть клубы́ ды́ма (*напр., о фабричной трубе*)

**vomitive** ['vɔmɪtɪv] = vomitory

**vomitory** ['vɔmɪtərɪ] 1. *n* рво́тное (сре́дство)

2. *a* рво́тный

**voodoo** ['vu:du:] (*преим. в Вест-Индии*) 1. *n* 1) ве́ра в колдовство́, шама́нство 2) зна́харь, шама́н 3) *attr.* колдовско́й; зна́харский; ~ doctor (*или* priest) зна́харь, шама́н

2. *v* околдова́ть

**voracious** [və'reɪʃəs] *a* прожо́рливый; жа́дный; ненасы́тный

**voracity** [vɔ'ræsɪtɪ] *n* прожо́рливость

**vortex** ['vɔ:teks] *n* (*pl* -tices, -es [-ɪz]) 1) водоворо́т; вихрь 2) *attr.* вихрево́й; ~ motion *физ.* вихрево́е движе́ние

**vortical** ['vɔ:tɪkəl] *a* вихрево́й; враща́тельный

**vortices** ['vɔ:tɪsi:z] *pl от* vortex

**vorticose** ['vɔ:tɪkəus] = vortical

**votaress** ['vəutərɪs] *n* 1) почита́тельница; сторо́нница 2) мона́хиня

**votary** ['vəutərɪ] *n* 1) почита́тель; приве́рженец; сторо́нник 2) мона́х

**vote** [vəut] 1. *n* 1) голосова́ние; баллотиро́вка; to cast a ~ голосова́ть; to put to the ~ ста́вить на голосова́ние; to get out the (*или* a) ~ *амер.* доби́ться акти́вного уча́стия в голосова́нии свои́х предполага́емых сторо́нников 2) (избира́тельный) го́лос; to count the ~s производи́ть подсчёт голосо́в 3) пра́во го́лоса; to have the ~ име́ть пра́во го́лоса; one man one ~ ка́ждый избира́тель име́ет пра́во голосова́ть то́лько оди́н раз 4) о́бщее число́ голосо́в; голоса́ 5) во́тум; реше́ние (*принятое большинством*); ~ of non-confidence во́тум недове́рия 6) избира́тельный бюллете́нь 7) ассигнова́ния, креди́ты (*принятые законодательным органом*); educational ~ ассигнова́ния на образова́ние 8) *уст.* избира́тель

2. *v* 1) голосова́ть (for — за, against — про́тив) 2) постановля́ть большинство́м голосо́в 3) признава́ть; the play was ~d a failure пье́са была́ призна́на неуда́чной 4) *разг.* предлага́ть, вноси́ть предложе́ние; I ~ that we go home я за то, что́бы пойти́ домо́й □ ~ **down** провали́ть (*предложение*); ~ **in** избра́ть голосова́нием (*куда-л.*); ~ **into:** to ~ smb. into a committee голосова́нием избра́ть кого́-л. в коми́ссию; ~ **through** провести́ путём голосова́ния; to ~ a measure (a bill, *etc.*) through провести́ мероприя́тие (зако́н *и т. п.*) голосова́нием

**voter** ['vəutə] *n* 1) избира́тель 2) уча́стник голосова́ния

**voting** ['vəutɪŋ] 1. *pres. p. от* vote 2

2. *n* голосова́ние

**voting machine** ['vəutɪŋmə,ʃi:n] *n* 1) маши́на для подсчёта голосо́в (*на выборах*) 2) *перен.* маши́на голосова́ния

**voting paper** ['vəutɪŋ,peɪpə] *n* избира́тельный бюллете́нь

**votive** ['vəutɪv] *a* испо́лненный по обе́ту

**vouch** [vautʃ] *v* 1) руча́ться, поручи́ться (for) 2) подтвержда́ть

**voucher** ['vautʃə] *n* 1) поручи́тель 2) распи́ска; оправда́тельный докуме́нт 3) руча́тельство, поручи́тельство (*в письменном виде*) ◇ hotel ~ кни́жечка (*или* путёвка) с отрывны́ми тало́нами для прожива́ния в гости́нице (*оплаченная в турбюро*); meal ~ курсо́вка на пита́ние (*оплаченная в турбюро*)

**vouchsafe** [vautʃ'seɪf] *v* удоста́ивать; соизво́лить; he ~d no answer он не снизошёл до отве́та

**vow** [vau] 1. *n* обе́т, кля́тва; to be under a ~ быть свя́занным кля́твой; to make (*или* to take) a ~ дать кля́тву ◇ to take the ~s а) постри́чься в мона́хи; б) связа́ть себя́ бра́чными у́зами

2. *v* дава́ть обе́т; кля́сться (*в чём-л.*)

**vowel** ['vauəl] *n* гла́сный (звук)

**vox** [vɔks] *лат. n* (*pl* voces) го́лос; ~ populi обще́ственное мне́ние

**voyage** ['vɔɪɪdʒ] 1. *n* 1) пла́вание, морско́е путеше́ствие; to make a ~ соверши́ть путеше́ствие (*по морю*) 2) полёт, перелёт (*на самолёте*)

2. *v* 1) пла́вать, путеше́ствовать (*по морю*) 2) лета́ть (*на самолёте*)

**voyager** ['vɔɪədʒə] *n уст.* морепла́ватель

**voyeur** [vwaɪ'jə:] *n* челове́к, чьё боле́зненное любопы́тство удовлетворя́ется созерца́нием эроти́ческих сцен

**vug** [vʌg] *n геол.* впа́дина, пустота́ в поро́де, жео́да

**Vulcan** ['vʌlkən] *n римск. миф.* Вулка́н

**vulcanic** [vʌl'kænɪk] = volcanic

**vulcanite** ['vʌlkənaɪt] *n* вулканизи́рованная рези́на, эбони́т

**vulcanization** [,vʌlkənaɪ'zeɪʃən] *n* вулканиза́ция (*резины*)

**vulcanize** ['vʌlkənaɪz] *v* вулканизи́ровать (*резину*)

**vulgar** ['vʌlgə] 1. *a* 1) гру́бый; вульга́рный; по́шлый 2) простонаро́дный; плебе́йский; the ~ herd *презр.* чернь 3) наро́дный, родно́й (*о языке*) 4) широко́ распространённый, о́бщий (*об ошибке и т. п.*) ◇ ~ fraction проста́я дробь

2. *n* (the ~) *уст.* простонаро́дье

**vulgarian** [vʌl'gɛərɪən] *n* 1) вульга́рный, невоспи́танный челове́к 2) парвеню́, вы́скочка

**vulgarism** ['vʌlgərɪzm] *n* 1) вульга́рность 2) вульга́рное выраже́ние; вульгари́зм

**vulgarity** [vʌl'gærɪtɪ] *n* вульга́рность

**vulgarization** [,vʌlgəraɪ'zeɪʃən] *n* опошле́ние; вульгариза́ция

**vulgarize** ['vʌlgəraɪz] *v* опошля́ть; вульгаризи́ровать

**Vulgate** ['vʌlgɪt] *n* (the ~) *ист.* вульга́та (*латинский перевод библии IV в.*)

**vulnerability** [,vʌlnərə'bɪlɪtɪ] *n* уязви́мость; рани́мость

**vulnerable** ['vʌlnərəbl] *a* уязви́мый; рани́мый

**vulnerary** ['vʌlnərərɪ] *a* цели́тельный; ~ plants целе́бные тра́вы

**vulpicide** ['vʌlpɪsaɪd] *n* 1) охо́та на лиси́цу без го́нчих 2) охо́тник, уби́вший лиси́цу не по пра́вилам охо́ты, без соба́к

**vulpine** ['vʌlpaɪn] *a* 1) ли́сий 2) хи́трый, кова́рный

**vulture** ['vʌltʃə] *n* 1) гриф (*птица*); Egyptian ~ стервя́тник 2) хи́щник (*о человеке*)

**vulturous** ['vʌltʃurəs] *a* хи́щный

**vulva** ['vʌlvə] *n анат.* ву́льва, нару́жные же́нские половы́е о́рганы

**vying** ['vaɪɪŋ] *pres. p. от* vie

# W

**W, w** ['dʌblju(:)] *n* (*pl* Ws, W's ['dʌblju(:)z]) *23-я буква англ. алфавита*

**wabble** ['wɔbl] = wobble

**wabbly** ['wɔblɪ] = wobbly

**wacky** ['wækɪ] *a разг.* чо́кнутый; юро́дивый

**wad** [wɔd] 1. *n* 1) кусо́к, комо́к (*ваты, шерсти и т. п.*) 2) *разг.* па́чка бума́жных де́нег; де́ньги

2. *v* набива́ть *или* подбива́ть ва́той

**wadding** ['wɔdɪŋ] 1. *pres. p. от* wad 2

2. *n* 1) ва́та, шерсть (*для набивки*) 2) наби́вка, подби́вка 3) подкла́дка

**waddle** ['wɔdl] 1. *n* похо́дка вперева́лку

2. *v* ходи́ть вперева́лку

**wade** [weɪd] 1. *n* 1) перехо́д вброд 2) брод

2. *v* 1) переходи́ть вброд 2) пробира́ться, идти́ (*по грязи, снегу и т. п.; тж.* ~ through) 3) преодолева́ть (*что-л. трудное, скучное; тж.* ~ through) □ ~ **in** а) набро́ситься; приня́ться за *что-л.*; б) вступи́ть (*в спор, дискуссию, борьбу*); ~ **into** а) ре́зко критикова́ть; б) = ~ in а); ~ **through** одоле́ть (*что-л. трудное, скучное*)

**wader** ['weɪdə] *n* 1) боло́тная пти́ца 2) *pl* боло́тные сапоги́

**wading bird** ['weɪdɪŋbə:d] *n* боло́тная пти́ца

**wafer** ['weɪfə] *n* 1) ва́фля 2) обла́тка 3) сургу́чная печа́ть

**waff** [wɔf] *n диал.* 1) лёгкое движе́ние 2) мимолётное виде́ние

**waffle I** ['wɔfl] *n* ва́фля

**waffle II** ['wɔfl] *разг.* **1.** *n* (пуста́я) болтовня́, трёп

**2.** *v* болта́ть по́пусту, трепа́ться бе́з толку (*тж.* to ~ on)

**waffle-iron** ['wɔfl,aɪən] *n* ва́фельница

**waft** [wɑ:ft] **1.** *n* 1) взмах (*крыла*) 2) дунове́ние (*ветра*) 3) о́тзвук, доне́сшийся звук 4) струя́ (*запаха*) 5) мимолётное ощуще́ние

**2.** *v* 1) нести́; the leaves were ~ed along by the breeze ветеро́к гнал ли́стья 2) нести́сь (*по воздуху, по воде*) 3) доноси́ть; a song was ~ed to our ears до нас донесли́сь зву́ки пе́сни

**wag I** [wæg] **1.** *n* взмах; киво́к; with a ~ of its (*или* the) tail вильну́в хвосто́м

**2.** *v* 1) маха́ть; кача́ть(ся); to ~ the tail виля́ть хвосто́м (*о собаке*) 2) *разг.* болта́ть, спле́тничать; to set tongues (*или* chins, jaws, beards) ~ging дать по́вод для спле́тен; вы́звать то́лки 3) кива́ть, де́лать знак ◇ to ~ one's finger at smb. грози́ть кому́-л. па́льцем; that's the way the world ~s таковы́ дела́; how ~s the world? как дела́?

**wag II** [wæg] **1.** *n* 1) шутни́к 2) *разг.* прогу́льщик; безде́льник, лентя́й; to play (the) ~ уви́ливать от заня́тий, прогу́ливать

**2.** *v* прогу́ливать

**wage I** [weɪdʒ] *n* (*обыкн. pl*) 1) за́работная пла́та; living ~ прожи́точный ми́нимум; nominal (real) ~s номина́льная (реа́льная) за́работная пла́та 2) *уст.* возме́здие 3) *attr.* свя́занный с за́работной пла́той, относя́щийся к за́работной пла́те; ~ scale шкала́ за́работной пла́ты; ~ labour наёмный труд

**wage II** [weɪdʒ] *v* вести́ (*войну*); проводи́ть (*кампанию*); боро́ться (*за что-л.*)

**wage-cut** ['weɪdʒkʌt] *n* сниже́ние за́работной пла́ты

**wage-earner** ['weɪdʒ,ə:nə] *n* 1) (наёмный) рабо́тник, рабо́чий 2) тот, кто обеспе́чивает семью, корми́лец

**wage-freeze** ['weɪdʒfri:z] *n* замора́живание за́работной пла́ты

**wage-fund** ['weɪdʒfʌnd] = wages-fund

**wager** ['weɪdʒə] **1.** *n* пари́; ста́вка; to lay a ~ держа́ть пари́

**2.** *v* 1) держа́ть пари́ 2) рискова́ть (*чем-л.*)

**wage-rate** ['weɪdʒreɪt] *n* ста́вка, тари́ф за́работной пла́ты

**wages-fund** ['weɪdʒɪzfʌnd] *n* фонд за́работной пла́ты

**wage-slavery** ['weɪdʒ,sleɪvərɪ] *n* поднево́льный наёмный труд

**wage-work** ['weɪdʒwə:k] *n* наёмный труд

**wage-worker** ['weɪdʒ,wə:kə] = wage-earner 1)

**waggery** ['wægərɪ] *n* 1) ша́лость; (гру́бая) шу́тка 2) шутли́вость

**waggish** ['wægɪʃ] *a* 1) шаловли́вый; озорно́й 2) заба́вный, коми́чный

**waggle** ['wægl] **1.** *n* пома́хивание; пока́чивание

**2.** *v* пома́хивать; пока́чивать(ся)

**waggly** ['wæglɪ] *a* неусто́йчивый

**wag(g)on** ['wægən] **1.** *n* 1) теле́жка; повозка; фургон; автофурго́н; пика́п 2) *ж.-д.* ваго́н-платфо́рма (*в Англии*) 3) *амер. разг.* де́тская коля́ска 4) (the ~) *амер.* полице́йская автомаши́на 5) *горн.* ваго́нетка 6) = station-wagon 7) сервиро́вочный сто́лик на колёсах 8) *амер. мор. sl.* кора́бль ◇ to go (*или* to be) on the (water) ~ *разг.* переста́ть пить; to be off the (water) ~ *разг.* запи́ть, сно́ва пья́нствовать; to hitch one's ~ to a star ≅ далеко́ ме́тить; быть одержи́мым честолюби́вой мечто́й

**2.** *v* 1) грузи́ть в фурго́н, на железнодоро́жную платфо́рму-гондо́лу 2) перевози́ть в фурго́не, на железнодоро́жной платфо́рме-гондо́ле *и т. п.*

**wag(g)oner** ['wægənə] *n* во́зчик

**wag(g)onette** [,wægə'net] *n* экипа́ж с двумя́ продо́льными сиде́ньями

**wagon-lit** ['wægɔ:ŋ'li:] *фр. n* спа́льный ваго́н

**wagon-train** ['wægən'treɪn] *n* обо́з

**wagtail** ['wægteɪl] *n зоол.* трясогу́зка

**waif** [weɪf] *n* 1) никому́ не принадлежа́щая, бро́шенная вещь 2) заблуди́вшееся дома́шнее живо́тное 3) бездо́мный челове́к; беспризо́рный ребёнок ◇ ~s and strays а) беспризо́рные де́ти; б) оста́тки, отбро́сы

**wail** [weɪl] **1.** *n* 1) вопль 2) завыва́ние (*ветра*) 3) причита́ния, стена́ния

**2.** *v* 1) вопи́ть; выть 2) причита́ть, стена́ть; опла́кивать (over)

**wailful** ['weɪlful] *a* гру́стный, печа́льный

**wain** [weɪn] *n* 1) *поэт.* теле́га 2) (the W.) *астр.* Больша́я Медве́дица (*тж.* Charles's *или* Arthur's W.)

**wainscot** ['weɪnskət] **1.** *n* деревя́нная стенна́я пане́ль

**2.** *v* обшива́ть пане́лью

**waist** [weɪst] *n* 1) та́лия; to strip to the ~ разде́ться до по́яса 2) перехва́т, суже́ние; у́зкая часть (*скрипки и т. п.*) 3) *амер.* корса́ж, лиф; де́тский ли́фчик 4) *мор.* шкафу́т

**waistband** ['weɪstbænd] *n* по́яс (*юбки, брюк*)

**waist-belt** ['weɪstbelt] *n* поясно́й реме́нь

**waistcoat** ['weɪskəut] *n* жиле́т

**waist-deep** ['weɪst'di:p] **1.** *a* доходя́щий до по́яса

**2.** *adv* по по́яс; ~ in the water в воде́ по по́яс

**waistline** ['weɪstlaɪn] *n* та́лия, ли́ния та́лии; low ~ зани́женная та́лия

**wait** [weɪt] **1.** *n* 1) ожида́ние; a long ~ до́лгое ожида́ние 2) заса́да; выжида́ние; to lay ~ for smb. подстере́чь кого́-л.; устро́ить кому́-л. заса́ду; to lie in ~ for smb. быть в заса́де, поджида́ть кого́-л. 3) (the ~s) *pl* христосла́вы (*певцы, ходящие по домам в сочельник*)

**2.** *v* 1) ждать (for); ~ until he comes дожди́тесь его́ прихо́да; don't keep me ~ing не заставля́йте меня́ ждать 2) прислу́живать (*за столом и т. п.*; on, upon — *кому-л.*); быть официа́нтом; to ~ at table (*амер.* to ~ on table) обслу́живать посети́телей рестора́на, прислу́живать за столо́м 3) сопровожда́ть, сопу́тствовать (upon); may success ~ upon you! да сопу́тствует вам успе́х! 4) *разг.* откла́дывать (*о трапезе*); we shall ~ dinner for you мы подождём вас с обе́дом □ ~ **off** *спорт.* приберега́ть си́лы к концу́ состяза́ния; ~ **on** а) явля́ться результа́том (*чего-л.*); б) *уст.* наноси́ть визи́т, явля́ться к *кому-л.*; ~ **up** *разг.* не ложи́ться спать (до *чьего-л. прихода*; for); ~ **upon** = ~ on

**wait-a-bit** ['weɪtəbɪt] *n разг.* колю́чий куста́рник

**wait-and-see** ['weɪtən'si:] *a*: ~ policy выжида́тельная поли́тика

**waiter** ['weɪtə] *n* 1) официа́нт 2) посети́тель, дожида́ющийся приёма *и т. п.* 3) подно́с 4) = dumb-waiter

**waiting** ['weɪtɪŋ] **1.** *pres. p. от* wait 2

**2.** *n* ожида́ние

**3.** *a* 1) выжида́тельный 2) жду́щий; ~ list спи́сок кандида́тов (*на должность, на получение жилплощади и т. п.*) 3) прислу́живающий

**waiting-room** ['weɪtɪŋrum] *n* 1) приёмная 2) *ж.-д.* зал ожида́ния

**waitress** ['weɪtrɪs] *n* официа́нтка, подава́льщица

**waive** [weɪv] *v* 1) отка́зываться (*от права, требования*; *тж. юр.*) 2) вре́менно откла́дывать

**waiver** ['weɪvə] *n юр.* отка́з от пра́ва, тре́бования

**wake I** [weɪk] **1.** *v* (woke, waked [-t]; waked, woken, woke 1) просыпа́ться (*тж.* ~ up) 2) буди́ть (*тж.* ~ up) 3) пробужда́ть, возбужда́ть (*желание, подозрение и т. п.*); to ~ the memories of the past пробуди́ть воспомина́ния 4) бо́дрствовать 5) опо́мниться, очну́ться; to ~ from a stupor вы́йти из забытья́, очну́ться 6) осозна́ть (to); he woke to danger он осозна́л опа́сность 7) *ирл.* справля́ть поми́нки (*перед погребением*)

**2.** *n* 1) *поэт.* бо́дрствование 2) (*обыкн. pl*) храмово́й пра́здник 3) *ирл.* поми́нки (*перед погребением*)

**wake II** [weɪk] *n мор.* кильва́тер; in the ~ of... в кильва́тер за...; *перен.* в кильва́тере, по пята́м, по следа́м; in the ~ of smb. на поводу́ у кого́-л.

**wakeful** ['weɪkful] *a* 1) бо́дрствующий 2) бессо́нный 3) бди́тельный

**wakeless** [ˈweɪklɪs] *a* крéпкий, непробýдный (*о сне*)

**waken** [ˈweɪkən] *v* 1) просыпáться, пробуждáться 2) будить, пробуждáть

**wakening** [ˈweɪknɪŋ] 1. *pres. p. от* waken

2. *n* пробуждéние

**wakey** [ˈweɪkɪ] *int разг.* вставáй!, подъём!

**waking** [ˈweɪkɪŋ] 1. *pres. p. от* wake I, 1

2. *n* = wakening 2

3. *a* 1) бóдрствующий 2) бдительный; недрéмлющий

**wale** [weɪl] 1. *n* 1) полосá, рубéц (*от удара плетью, прутом*) 2) *мор.* вельс 3) *текст.* рýбчик (*выработка ткани*)

2. *v* 1) полосовáть (*плетью, прутом*); оставлять рубцы 2) *текст.* вырабáтывать ткань в рýбчик

**walk** [wɔːk] 1. *n* 1) ходьбá 2) расстояние; a mile's ~ from на расстоянии мили от 3) шаг; to go at a ~ идти шáгом 4) похóдка 5) прогýлка пешкóм; to go for a ~ идти гулять; to take a ~ прогуляться; to go ~s with children водить детéй гулять 6) обхóд своегó райóна (*разносчиком и т. п.*) 7) тропá, аллéя; (любимое) мéсто для прогýлки 8) *уст.* вы́пас (*особ.* для овéц) 9) *спорт.* состязáние в ходьбé ◇ ~ of life обществéнное положéние; занятие, профéссия; people from all ~s of life люди всех слоёв óбщества

2. *v* 1) ходить, идти 2) идти пешкóм; идти *или* éхать шáгом; ходить по, обходить; I have ~ed the country for many miles round я обошёл всю мéстность на протяжéнии мнóгих миль; to ~ a mile пройти милю; to ~ the floor ходить взад и вперёд 3) водить гулять, прогýливать (*когó-л.*); to ~ a baby учить ребёнка ходить; to ~ a dog выводить гулять собáку 4) вывáживать (*лошадь после быстрой езды*) 5) дéлать обхóд (*о стороже, путевом обходчике и т. п.*); to ~ the rounds ходить дозóром 6) появляться (*о привидениях*) 7) *уст.* вести себя ▭ ~ **about** прогýливаться, прохáживаться, фланировать; ~ **away** а) уходить; to ~ away from smb. обгонять когó-л. без трудá; б) уводить; в) *разг.* унести, укрáсть (with); ~ **back** откáзываться от (*своих слов, своей позиции и т. п.*); ~ **in** входить; ~ **into** а) входить; б) *разг.* бранить, набрáсываться с брáнью (*на когó-л.*); в) *sl.* есть, уплетáть; г) *разг.* натолкнýться, попáсть; he ~ed into the ambush он натолкнýлся на засáду; ~ **off** а) уходить; б) уводить; в) *разг.* унести, укрáсть (with); г) одержáть лёгкую побéду (with); ~ **on** а) идти вперёд; б) продолжáть ходьбý; в) *театр.* игрáть роль без слов; ~ **out** а) выходить; б) забастовáть; в): to ~ out with smb. *разг.* ухáживать, «гулять» с кем-л. (*обыкн. о прислуге*); ~ **over** а) перешагнýть; б) без трудá опередить сопéрников (*на бегах и т. п.*); в) не считáться (*с чувствами когó-л. и т. п.*); плóхо обращáться; ~ **up** подойти (to — к комý-л.) ◇ to ~ in on smb. огорóшить, застáть врасплóх когó-л.; to ~ out on smb. покинуть когó-л. в бедé; улизнýть от когó-л.; to ~ the boards быть актёром; to ~ the hospitals проходить студéнческую прáктику в больнице; to ~ smb. round обвести когó-л. вокрýг пáльца; to ~ in golden (*или* silver) slippers ≅ купáться в рóскоши

**walkaway** [ˈwɔːkəweɪ] *n* лёгкая побéда (*в состязании*)

**Walker** [ˈwɔːkə] *int sl.* врёшь!, не мóжет быть!

**walker** [ˈwɔːkə] *n* 1) ходóк; I am not much of a ~ я плохóй ходóк 2) *спорт.* скорохóд

**walkie-lookie** [ˈwɔːkɪˈlukɪ] *n разг.* портативный телевизиóнный передáтчик

**walkie-talkie** [ˈwɔːkɪˈtɔːkɪ] *n разг.* переноснáя рáция

**walking** [ˈwɔːkɪŋ] 1. *pres. p. от* walk 2

2. *n* 1) ходьбá 2) похóдка

3. *a* 1) гуляющий; ходячий; ~ case *мед.* ходячий больнóй 2) *тех.* на шагáющем ходý; ~ excavator шагáющий экскавáтор ◇ ~ corpse живые мóщи; ~ dictionary ходячая энциклопéдия; ~ delegate представитель профсоюза; ~ gentleman (lady) *театр.* статист (статистка); ~ part роль без слов

**walking-orders** [ˈwɔːkɪŋ,ɔːdəz] = walking-papers

**walking-papers** [ˈwɔːkɪŋ,peɪpez] *n pl разг.* увольнéние с рабóты; to get the ~ получить докумéнт об увольнéнии, быть увóленным

**walking-race** [ˈwɔːkɪŋreɪs] *n* соревновáния по спортивной ходьбé

**walking-stick** [ˈwɔːkɪŋstɪk] *n* трость

**walking-ticket** [ˈwɔːkɪŋ,tɪkɪt] = walking-papers

**walking-tour** [ˈwɔːkɪŋtuə] *n* экскýрсия пешкóм

**walk-on** [ˈwɔːkˈɔn] *n театр.* артист «на выходáх»; статист

**walk-out** [ˈwɔːkˈaut] *n* 1) забастóвка 2) вы́ход из организáции *или* ухóд с собрáния (*в знак протеста*)

**walk-over** [ˈwɔːk,əuvə] *n* лёгкая побéда

**walk-up** [ˈwɔːkˈʌp] *n амер. разг.* квартира в дóме без лифта

**walkway** [ˈwɔːkweɪ] *n* дорóжка; аллéя

**wall** [wɔːl] 1. *n* 1) стенá; a blank ~ глухáя стенá 2) стéнка (*сосуда*) 3) *перен.* барьéр, преграда; ~ of partition стенá; пропáсть 4) *pl воен.* укреплéния 5) *геол.* бок (*месторождения*) 6) *attr.* стеннóй; ~ box настéнный (почтóвый) я́щик ◇ to give smb. the ~ посторониться; уступить дорóгу, преимýщество *и т. п.* комý-л.; to take the ~ of smb. не уступить дорóги комý-л.; to go to the ~ потерпéть неудáчу; обанкрóтиться; the weakest goes to the ~ *посл* ≅ слáбых бьют; to see through (*или* into) a brick ~ обладáть необычáйной проницáтельностью; with one's back to the ~ в безвы́ходном положéнии; to push (*или* to drive, to thrust) to the ~ припéреть к стéнке; постáвить в безвы́ходное положéние; to hang by the ~ не быть в употреблéнии; ~s have ears стéны имéют ýши

2. *v* 1) обносить стенóй 2) укреплять, стрóить укреплéния 3) разделять стенóй ▭ ~ **up** задéлывать (*дверь, окно*); замурóвывать

**walla** [ˈwɔlə] = wallah

**wallaby** [ˈwɔləbɪ] *n* 1) кенгурý (*малый*) 2) *pl разг.* австралийцы ◇ on the ~ (track) *австрал.* скитáющийся; безрабóтный

**wallah** [ˈwɔlə] *инд. n* 1) *разг.* человéк, пáрень 2) слýжащий, слугá 3) хозяин

**wallaroo** [,wɔləˈruː] *n австрал.* кенгурý (*крупный*)

**wallet** [ˈwɔlɪt] *n* 1) бумáжник 2) футляр, сýмка (*для инструментов и т. п.*) 3) *уст.* котóмка

**wall-eye** [ˈwɔːlaɪ] *n* 1) бельмó 2) глаз с бельмóм 3) *редк.* глаукóма

**wall-eyed** [ˈwɔːlaɪd] *a* 1) с бельмóм на глазý 2) косóй, косоглáзый 3) свирéпый (*о взгляде*) 4) *sl.* окосéвший, пья́ный

**wallflower** [ˈwɔːl,flauə] *n* 1) *бот.* желтофиóль (садóвая) 2) *шутл.* дáма, остáвшаяся без кавалéра (*на вечеринке, балу и т. п.*) 3) *мор. sl.* корáбль, дóлго стоящий у стéнки

**Walloon** [wɔˈluːn] 1. *n* 1) валлóн; валлóнка 2) валлóнский язы́к

2. *a* валлóнский

**wallop** [ˈwɔləp] *разг.* 1. *n* 1) сильный удáр; to land (*или* to strike) a ~ сильно ударить 2) грóхот, шум (*от падения*) 3) крéпкий кулáк, физическая сила 4) пиво

2. *v* 1) задáть трёпку, поколотить; бить (*палкой*) 2) тяжелó ступáть; ходить вперевáлку (*тж.* ~ along)

**walloper** [ˈwɔləpə] *n разг.* нéчто огрóмное, громáдное

**walloping** [ˈwɔləpɪŋ] 1. *pres. p. от* wallop 2

2. *a разг.* большóй, крýпный

3. *n разг.* 1) побóи, взбýчка, трёпка 2) пóлное поражéние

**wallow** [ˈwɔləu] 1. *n* 1) пы́льная полянка *или* лýжа, кудá прихóдят валяться живóтные 2) валяние (*в грязи и т. п.*)

2. *v* 1) валяться; барáхтаться 2) передвигáться тяжелó, неуклюже 3) *перен.* купáться; погрязнуть; to ~ in money купáться в зóлоте

**wall-painting** [ˈwɔːl,peɪntɪŋ] *n* настéнная живопись; фрéска, фрéсковая живопись

**wallpaper** [ˈwɔːl,peɪpə] *n* обóи

**wall pier** [ˈwɔːlpɪə] *n архит.* пилястра

**Wall Street** [ˈwɔ:lˈstri:t] *n* Уо́лл-стрит (*улица в Нью-Йорке, где находится биржа*); *перен.* америка́нский фина́нсовый капита́л, фина́нсовая олига́рхия

**walnut** [ˈwɔ:lnʌt] *n* 1) гре́цкий оре́х 2) оре́ховое де́рево 3) древеси́на оре́хового де́рева 4) *attr.* оре́ховый ◇ over the ~s and the wine *шутл.* во вре́мя послеобе́денной бесе́ды

**walnut-tree** [ˈwɔ:lnʌttri:] = walnut 2)

**Walpurgis-night** [vælˈpuəgɪsˈnaɪt] *n* вальпу́ргиева ночь

**walrus** [ˈwɔ:lrəs] *n* 1) морж 2) *attr.*: ~ moustache *разг.* отви́сшие усы́ «как у моржа́»

**waltz** [wɔ:ls] **1.** *n* вальс

**2.** *v* 1) вальси́ровать 2) пляса́ть от ра́дости (*тж.* ~ in, ~ out, ~ round)

**wamble** [ˈwɔmbl] *v диал.* 1) поша́тываться, идти́ нетвёрдой похо́дкой 2) перевора́чивать(ся) 3) урча́ть (*в животе*) 4) испы́тывать чу́вство тошноты́

**wampum** [ˈwɔmpəm] *n* ожере́лье из ра́ковин (*у индейцев*)

**wampus** [ˈwɔmpəs] *n sl.* неприя́тный, несгово́рчивый *или* глу́пый челове́к

**wamus** [ˈwɔməs] *n амер.* жаке́т (*вязаный или из грубошёрстной ткани*)

**wan** [wɔn] **1.** *a* 1) бле́дный, изнурённый; боле́зненный 2) се́рый, ту́склый

**2.** *v* 1) изнуря́ть 2) станови́ться ту́склым, се́рым

**wand** [wɔnd] *n* 1) прут, па́лочка 2) дирижёрская па́лочка 3) волше́бная па́лочка 4) жезл 5) *уст.* ски́петр

**wander** [ˈwɔndə] **1.** *v* 1) броди́ть; стра́нствовать, скита́ться 2) блужда́ть (*о мыслях, взгляде и т. п.*) 3) заблуди́ться; to ~ out of one's way сби́ться с доро́ги 4) *перен.* отклоня́ться; to ~ from the point отойти́ (*или* отклони́ться) от те́мы 5) стать непосле́довательным, невнима́тельным, рассе́янным 6) бре́дить (*тж.* ~ in one's mind) 7) извива́ться (*о реке, дороге и т. п.*)

**2.** *n* стра́нствие

**wanderer** [ˈwɔndərə] *n* стра́нник; скита́лец

**wandering** [ˈwɔndərɪŋ] **1.** *pres. p. от* wander 1

**2.** *n* 1) стра́нствие; путеше́ствие; скита́ния 2) (*обыкн. pl*) бред, бессвя́зные ре́чи

**3.** *a* 1) бродя́чий; блужда́ющий 2) изви́листый (*о реке, дороге и т. п.*) 3) *мед.* блужда́ющий; ~ kidney блужда́ющая по́чка

**wanderlust** [ˈwɔndəlʌst] *n* страсть к путеше́ствиям

**wane** [weɪn] **1.** *n* 1) убыва́ние; to be on the ~ убыва́ть; быть на уще́рбе (*о луне*) 2) спад, упа́док; his power was on the ~ власть постепе́нно ускольза́ла из его́ рук 3) *лес.* обзо́л

**2.** *v* 1) быть на уще́рбе (*о луне*); убыва́ть 2) идти́ на у́быль, па́дать; уменьша́ться; подходи́ть к концу́; ослабева́ть

**wangle** [ˈwæŋgl] *разг.* **1.** *n* хи́трость, уло́вка; нече́стная сде́лка

**2.** *v* 1) доби́ться, вы́просить, ухитри́ться получи́ть; to ~ an extra week's holiday ухитри́ться получи́ть ли́шнюю неде́лю о́тпуска 2) хи́тростью вы́нудить *или* побуди́ть 3) подтасо́вывать фа́кты, искажа́ть

**want** [wɔnt] **1.** *n* 1) недоста́ток (of — в); for (*или* from) ~ of smth. из-за недоста́тка, нехва́тки чего́-л.; to be in ~ of smth. нужда́ться в чём-л. 2) необходи́мость (of — в) 3) (*часто pl*) потре́бность; жела́ние, жа́жда; my ~s are few мои́ потре́бности невелики́ 4) нужда́, бе́дность; the family was perpetually in ~ семья́ пребыва́ла в постоя́нной нужде́

**2.** *v* 1) хоте́ть, жела́ть 2) испы́тывать недоста́ток (*в чём-л.*); he certainly does not ~ intelligence ума́ ему́ не занима́ть; it ~s ten minutes to four без десяти́ четы́ре; he never ~s for friends у него́ всегда́ мно́го друзе́й 3) нужда́ться (*тж.* ~ for); let him ~ for nothing пусть он ни в чём не нужда́ется 4) тре́бовать; he is ~ed by the police его́ разы́скивает поли́ция 5) испы́тывать необходи́мость; быть ну́жным, тре́боваться; you ~ to see a doctor вам сле́дует пойти́ к врачу́

**want-ad** [ˈwɔntˈæd] *n* (коро́ткое) объявле́ние (*в газете*) в отде́ле спро́са и предложе́ния

**wantage** [ˈwɔntɪdʒ] *n* нехва́тка; недостаю́щее коли́чество

**wanting** [ˈwɔntɪŋ] **1.** *pres. p. от* want 2

**2.** *a* 1) нужда́ющийся; ~ in initiative безынициати́вный 2) отсу́тствующий, недостаю́щий; a month ~ two days без двух дней ме́сяц 3) придурова́тый; he seems to be slightly ~ у него́, по-мо́ему, не все до́ма

**3.** *prep* без; ~ mutual trust business is impossible без взаи́много дове́рия невозмо́жны деловы́е отноше́ния

**wanton** [ˈwɔntən] **1.** *a* 1) *поэт.* ре́звый 2) *поэт.* бу́йный (*о росте, развитии и т. п.*) 3) *поэт.* изме́нчивый, непостоя́нный (*о ветре и т. п.*) 4) бессмы́сленный, беспричи́нный; произво́льный, безотве́тственный; своенра́вный 5) экстравага́нтный; шика́рный 6) распу́тный

**2.** *n* распу́тница

**3.** *v* 1) резви́ться 2) бу́йно разраста́ться 3) *редк.* расточа́ть

**wapiti** [ˈwɔpɪtɪ] *n* вапи́ти (*олень*)

**war** [wɔ:] **1.** *n* 1) война́; civil ~ гражда́нская война́; ideological ~ идеологи́ческая война́; ~ of manoeuvre манёвренная война́; in the ~ а) на войне́; б) во вре́мя войны́; ~ to the knife война́ на истребле́ние; борьба́ не на живо́т, а на смерть; at ~ в состоя́нии войны́; to carry the ~ into the enemy's country (*или* camp) переноси́ть войну́ на террито́рию проти́вника; *перен.* предъявля́ть встре́чное обвине́ние; отвеча́ть обвине́нием на обвине́ние; to declare ~ on smb. объяви́ть войну́ кому́-л.; to levy (*или* to make, to wage) ~ on smb. вести́ войну́ с кем-л.; art of ~ вое́нное иску́сство; the Great W., World W. I пе́рвая мирова́я война́ (*1914—1918 гг.*); World W. II втора́я мирова́я война́ (*1939—1945 гг.*) 2) борьба́; ~ of the elements борьба́ стихи́й; ~ between man and nature борьба́ челове́ка с приро́дой 3) *attr.* вое́нный; W. Office вое́нное министе́рство (*в Англии*); ~ seat теа́тр вое́нных де́йствий; on a ~ footing в боево́й гото́вности; ~ effort вое́нные уси́лия, мобилиза́ция всех сил для оборо́ны страны́; ~ loan вое́нный заём; ~ crimes вое́нные преступле́ния; ~ hawk поджига́тель войны́, «я́стреб»

**2.** *v уст.* воева́ть □ ~ **down** завоева́ть, покори́ть

**warble** [ˈwɔ:bl] **1.** *n* 1) трель 2) песнь

**2.** *v* издава́ть тре́ли; петь (*о птицах*)

**warbler** [ˈwɔ:blə] *n* пе́вчая пти́ца

**war-cloud** [ˈwɔ:klaud] *n* предвое́нная атмосфе́ра; при́зрак надвига́ющейся войны́

**war-cry** [ˈwɔ:kraɪ] *n* боево́й клич; ло́зунг

**ward** [wɔ:d] **1.** *n* 1) опе́ка; to be in ~ находи́ться под опе́кой 2) опека́емый; подопе́чный 3) администрати́вный райо́н го́рода 4) пала́та (*больничная*); ка́мера (*тюремная*) 5) *уст.* заключе́ние 6) вы́ступ *или* вы́емка (*в бородке ключа и в замке*) 7) *attr.*: ~ round обхо́д пала́т (*врачом*) ◇ watch and ~ неусы́пная бди́тельность; to keep watch and ~ (over) охраня́ть

**2.** *v*: ~ **off** отража́ть, отвраща́ть (*удар, опасность*)

**warden** [ˈwɔ:dn] *n* 1) нача́льник; дире́ктор, ре́ктор (*в некоторых английских колледжах*) 2) нача́льник тюрьмы́ 3) смотри́тель, надзира́тель; служи́тель 4) церко́вный ста́роста 5) (*преим. ист.*) губерна́тор; высо́кое должностно́е лицо́

**warder** [ˈwɔ:də] *n* 1) тюре́мный надзира́тель; тюре́мщик 2) *уст.* сто́рож, стра́жник 3) *ист.* жезл (*эмблема власти*)

**war-devastated** [ˈwɔ:ˈdevəsteɪtɪd] *a* разорённый, опустошённый войно́й

**war-dog** [ˈwɔ:dɔg] *n* 1) *воен.* служе́бная соба́ка 2) быва́лый солда́т 3) *амер.* милитари́ст

**Wardour Street English** [ˈwɔ:dəstri:tˈɪŋglɪʃ] *n* англи́йская речь, уснащённая архаи́змами (*по названию лондонской улицы — средоточию антикварных магазинов*)

**wardress** [ˈwɔ:drɪs] *n* тюре́мная надзира́тельница; тюре́мщица

**wardrobe** [ˈwɔ:drəub] *n* 1) гардеро́б (*шкаф*) 2) гардеро́бная 3) гардеро́б, оде́жда 4) *attr.* платяно́й; ~ dealer торго́вец поно́шенной оде́ждой; ~ mistress а) гардеро́бщица; б) кастеля́нша; ~ trunk кофр, сунду́к-шкаф для ве́рхней оде́жды

**wardroom** [ˈwɔːdrum] *n* 1) офице́рская кают-компа́ния 2) (the ~) *собир.* офице́ры корабля́

**wardship** [ˈwɔːdʃɪp] *n* опе́ка

**ware I** [wɛə] *n* 1) изде́лия; china ~ фарфо́р; delft ~ фая́нсовая посу́да 2) *pl* това́р(ы), проду́кты произво́дства

**ware II** [wɛə] **1.** *a predic. уст., поэт.* бди́тельный, осторо́жный

**2.** *v разг.* остерега́ться, *особ. imp. охот.* береги́сь!

**-ware** [-wɛə] *в сложных словах означает* изде́лие; earthenware гонча́рные изде́лия, кера́мика; glassware стекля́нная посу́да; silverware столо́вое серебро́

**warehouse 1.** *n* [ˈwɛəhaus] 1) това́рный склад; пакга́уз 2) большо́й магази́н 3) *attr.* складско́й

**2.** *v* [ˈwɛəhauz] помеща́ть в склад; храни́ть на скла́де

**warehouseman** [ˈwɛəhausmən] *n* 1) владе́лец скла́да 2) слу́жащий на скла́де 3) опто́вый торго́вец

**warfare** [ˈwɔːfɛə] *n* 1) война́; приёмы веде́ния войны́ 2) столкнове́ние, борьба́

**war-game** [ˈwɔːgeɪm] *n* вое́нная игра́

**war-head** [ˈwɔːhed] *n реакт.* боева́я голо́вка; головна́я часть с заря́дным устро́йством

**war-horse** [ˈwɔːhɔːs] *n* 1) *уст.* боево́й конь 2) ветера́н (войны́); быва́лый, о́пытный солда́т 2) о́пытный полити́ческий де́ятель *и т. п.*

**warily** [ˈwɛərɪlɪ] *adv* осторо́жно

**wariness** [ˈwɛərɪnɪs] *n* осмотри́тельность, осторо́жность

**warlike** [ˈwɔːlaɪk] *a* 1) во́инственный; ~ attitude во́инственность 2) вое́нный

**warlock** [ˈwɔːlɔk] *n уст.* волше́бник, маг, колду́н

**war-lord** [ˈwɔːlɔːd] *n* 1) верхо́вный глава́ а́рмии 2) военача́льник 3) я́рый милитари́ст

**warm** [wɔːm] **1.** *a* 1) тёплый; согре́тый, подогре́тый 2) жа́ркий; ~ countries жа́ркие стра́ны 3) тёплый, сохраня́ющий тепло́ 4) горя́чий, серде́чный (*о приёме, поддержке и т. п.*); ~ heart до́брое се́рдце 4) разгорячённый; горя́чий, стра́стный; ~ with wine разгорячённый вино́м; in ~ blood сгоряча́; в сердца́х 5) раздражённый 6) *охот.* све́жий (*след*); to follow a ~ scent идти́ по горя́чему сле́ду 7) *разг.* зажи́точный, бога́тый; хорошо́ устро́енный 8) *жив.* тёплый (*о цвете — с преобладанием красного, оранжевого или жёлтого*) ◇ ~ language *разг.* брань; ~ work напряжённая *или* опа́сная рабо́та; to make things ~ for smb. досажда́ть кому́-л.; сде́лать чьё-л. положе́ние невыноси́мым; ~ corner жа́ркий уча́сток (*боя и т. п.*); to get ~ а) согре́ться; б) разгорячи́ться; в) напа́сть на след; you are getting ~! горячо́! (*т. е. близко к цели — в детской игре*); вы на пра́вильном пути́

**2.** *n разг.* согрева́ние; to have a ~ (по)гре́ться; I must give the milk a ~ на́до подогре́ть молоко́ ◇ British ~ коро́ткая зи́мняя шине́ль

**3.** *v* 1) гре́ть(ся), нагрева́ть(ся), согрева́ть(ся) (*тж.* ~ up) 2) разгоря́чать(ся), воодушевля́ться, оживля́ться (*часто* ~ to, ~ toward); my heart ~s to him я ему́ сочу́вствую; to ~ to one's work жи́во заинтересова́ться свое́й рабо́той; to ~ to one's role входи́ть в роль; to ~ to one's subject увлёчься пробле́мой □ ~ up а) разогрева́ть(ся), подогрева́ть(ся); б) воодушевля́ть(ся); разжига́ть; to ~ up to smth. прояви́ть заинтересо́ванность в чём-л.; в) *спорт.* размина́ться ◇ to ~ the bench *спорт.* отси́живаться на скамье́ для запасны́х игроко́в; быть в резе́рве

**warm-blooded** [ˈwɔːmˈblʌdɪd] *a* 1) *зоол.* теплокро́вный 2) горя́чий (*о темпераменте*)

**warmed-over** [ˈwɔːmdˌəuvə] *a* подогре́тый, разогре́тый ◇ that is ~ cabbage э́то ста́рая исто́рия

**warmer** [ˈwɔːmə] *n* 1) гре́лка 2) подогрева́тельный *или* нагрева́тельный прибо́р

**warm-hearted** [ˈwɔːmˈhɑːtɪd] *a* серде́чный, уча́стливый; до́брый

**warm-house** [ˈwɔːmhaus] *n* тепли́ца, оранжере́я

**warming** [ˈwɔːmɪŋ] **1.** *pres. p. от* warm 3

**2.** *n* 1) согрева́ние; подогрева́ние 2) *разг.* побо́и, трёпка

**warming-pan** [ˈwɔːmɪŋpæn] *n* 1) гре́лка (*металлическая с углями, для согревания постели*) 2) *разг.* вре́менный замести́тель

**warming-up** [ˈwɔːmɪŋˈʌp] *n* 1) *спорт.* разми́нка 2) *тех.* прогре́в

**warmish** [ˈwɔːmɪʃ] *a* теплова́тый

**warmonger** [ˈwɔːˌmʌŋgə] **1.** *n* поджига́тель войны́

**2.** *v* подстрека́ть к войне́

**warmth** [wɔːmθ] *n* 1) тепло́ 2) серде́чность 3) горя́чность; запа́льчивость 4) *жив.* тёплый колори́т

**warm-up** [ˈwɔːmʌp] *n амер. спорт.* разми́нка

**warn** [wɔːn] *v* предупрежда́ть; предостерега́ть (of)

**warning** [ˈwɔːnɪŋ] **1.** *pres. p. от* warn

**2.** *n* 1) предупрежде́ние; предостереже́ние; to give a ~ предупреди́ть; it must be a ~ to you пусть э́то послу́жит вам предостереже́нием 2) знак, при́знак (*чего-л. предстоящего*) 3) предупрежде́ние об ухо́де *или* увольне́нии с рабо́ты; to give a month's ~ за ме́сяц предупреди́ть об увольне́нии

**3.** *a* 1) предупрежда́ющий, предостерега́ющий 2) предупреди́тельный

**warp** [wɔːp] **1.** *n* 1) осно́ва (*ткани*) 2) коробле́ние; деформа́ция (*древесины*) 3) извращённость; непра́вильное, отклоня́ющееся от но́рмы сужде́ние *и т. п.*; предубежде́ние 4) *мор.* верпова́льный трос *или* пе́рлинь 5) нано́сный ил

**2.** *v* 1) коро́бить(ся); искривля́ться; деформи́роваться, перека́шиваться (*о древесине*); the table-top has ~ed кры́шка стола́ покоро́билась 2) извраща́ть, искажа́ть (*взгляды и т. п.*); to ~ one's judgement меша́ть быть объекти́вным; to ~ one's whole life исковерка́ть, испо́ртить свою́ жизнь 3) *мор.* верпова́ть(ся) 4) удобря́ть нано́сным и́лом

**war-paint** [ˈwɔːpeɪnt] *n* 1) раскра́ска те́ла пе́ред похо́дом (*у индейцев*) 2) *разг.* пара́дный костю́м, по́лная боева́я фо́рма 3) *театр. разг.* грим 4) *шутл.* пома́да, румя́на *и т. п.*

**war-path** [ˈwɔːpɑːθ] *n ист.* тропа́ войны́ (*поход североамериканских индейцев*) ◇ to be (*или* to go) on the ~ вести́ войну́, быть в во́инственном настрое́нии, рва́ться в бой

**warped** [wɔːpt] **1.** *p. p. от* warp 2

**2.** *a* 1) покоро́бленный 2) искажённый; извращённый (*об информации и т. п.*)

**warper** [ˈwɔːpə] *n текст.* снова́льщик

**war-plane** [ˈwɔːpleɪn] *n* вое́нный самолёт

**warrant** [ˈwɔrənt] **1.** *n* 1) о́рдер (*на арест и т. п.*); предписа́ние 2) основа́ние; правомо́чие; оправда́ние; he had no ~ for saying that у него́ не́ было основа́ния говори́ть э́то 3) *воен.* прика́з о присвое́нии зва́ния уо́рент-офице́ра

**2.** *v* 1) опра́вдывать, служи́ть оправда́нием; подтвержда́ть 2) руча́ться, гаранти́ровать; I'll ~ him a perfectly honest man руча́юсь, что он соверше́нно че́стный челове́к; the colours of all stuffs ~ed fast про́чность окра́ски всех тка́ней гаранти́руется; I'll ~ (you that...) я уве́рен (в том, что...); we shall win the game, I ~ не сомнева́юсь в на́шей побе́де, игра́ бу́дет на́ша 3) дава́ть пра́во, полномо́чия

**warrantable** [ˈwɔrəntəbl] *a* зако́нный; допусти́мый

**warrantee** [ˌwɔrənˈtiː] *n юр.* лицо́, кото́рому даётся гара́нтия *или* руча́тельство

**warranter** [ˈwɔrəntə] = warrantor

**warrant-officer** [ˈwɔrəntˌɔfɪsə] *n* 1) *воен.* уо́рент-офице́р (*промежуточная категория между сержантским и офицерским составом*) 2) *мор.* ми́чман

**warrantor** [ˈwɔrəntɔː] *n* лицо́, даю́щее гара́нтию; поручи́тель

**warranty** [ˈwɔrəntɪ] *n* 1) основа́ние 2) *ком.* гара́нтия; руча́тельство 3) *тех.* приёмное техни́ческое испыта́ние (*тж.* ~ test)

**warren** [ˈwɔrən] *n* 1) уча́сток, где во́дятся кро́лики 2) кро́личий садо́к 3) перенаселённый дом, райо́н *и т. п.*; a ~ of passages лабири́нт перехо́дов

**warring** [ˈwɔːrɪŋ] **1.** *pres. p. от* war 2

**2.** *a* 1) противоречи́вый, непримири́мый 2) вою́ющий

**warrior** [ˈwɔrɪə] *n поэт.* во́ин; бое́ц; вои́тель

**warship** [ˈwɔːʃɪp] *n* вое́нный кора́бль

**wart** [wɔːt] *n* 1) борода́вка 2) кап, наро́ст, наплы́в (*на дереве*) ◊ to paint smb. with his ~s изобража́ть кого́-л. без прикра́с

**wart-hog** [ˈwɔːt hɔg] *n зоол.* борода́вочник

**war-time** [ˈwɔːtaɪm] *n* 1) вое́нное вре́мя; in ~ во вре́мя войны́ 2) *attr.* вое́нный, свя́занный с войно́й; вое́нного вре́мени; ~ industry промы́шленное произво́дство вое́нного вре́мени

**warty** [ˈwɔːtɪ] *a* покры́тый борода́вками, борода́вчатый

**war-whoop** [ˈwɔːhuːp] *n шутл.* боево́й клич

**war-worn** [ˈwɔːwɔːn] *a* опустошённый войно́й; истощённый войно́й

**wary** [ˈwɛərɪ] *a* 1) осторо́жный 2) подозри́тельный; насторожённый

**was** [wɔz (*полная форма*); wəz, wz (*редуцированные формы*)] *прошедшее время ед. ч. гл.* to be

**was-bird** [ˈwɔzbəːd] *n sl.* челове́к, утра́тивший свои́ былы́е ка́чества, опусти́вшийся челове́к

**wash** [wɔʃ] **1.** *n* 1) (a ~) мытьё; to have a ~ помы́ться; to give a ~ вы́мыть, помы́ть 2) (the ~) сти́рка; to send clothes to the ~ отда́ть бельё в сти́рку; at the ~ в сти́рке 3) (the ~) *разг.* бельё; to hang out the ~ to dry вы́весить бельё суши́ться 4) прибо́й; шум прибо́я 5) попу́тная струя́, кильва́тер; волна́ 6) помо́и; бурда́; жи́дкий суп; сла́бый чай 7) *разг.* трепотня́, перелива́ние из пусто́го в поро́жнее 8) примо́чка; туале́тная вода́ 9) то́нкий слой (*металла, жидкой краски*) 10) песо́к, гра́вий; аллю́вий; нано́сы 11) золотоно́сный песо́к 12) ста́рое ру́сло (*реки*) 13) боло́то; лу́жа 14) овра́г, ба́лка 15) *attr.* предназна́ченный для мытья́ 16) *attr.* стира́ющийся, нелиня́ющий; ~ goods нелиня́ющие тка́ни ◊ it'll all come out in the ~ всё образу́ется

**2.** *v* 1) мы́ть(ся); обмыва́ть, отмыва́ть, смыва́ть, промыва́ть; стира́ть; to ~ clean отмы́ть до́чиста 2) *перен.* очища́ть, обеля́ть 3) стира́ться (*о материи*); не линя́ть (*в стирке*) 4) быть (доста́точно) убеди́тельным; that theory won't ~ э́та тео́рия не выде́рживает кри́тики 5) плеска́ться, омыва́ть (*берега*; *тж.* ~ upon); разбива́ться о бе́рег (*о волнах*; *тж.* ~ against) 6) размыва́ть 7) нести́, сноси́ть (*о воде*); to ~ ashore прибива́ть к бе́регу; to ~ overboard смыть за́ борт 8) ли́ться, струи́ться; влива́ться, перелива́ться 9) сма́чивать; flowers ~ed with dew цветы́, омы́тые росо́й 10) залива́ть; покрыва́ть то́нким сло́ем 11) бели́ть (*потолок, стены*) 12) *горн.* обогаща́ть (*руду, уголь*) 13) промыва́ть золотоно́сный песо́к □ ~ **away** а) смыва́ть; сноси́ть; вымыва́ть; б) очища́ть, обеля́ть; to ~ away one's sin искупи́ть свой грех; ~ **down** а) вы́мыть; б) окати́ть (водо́й); в) смыть; снести́; г) запива́ть (*еду, лекарство водой, вином и т. п.*); ~ **of** смыва́ть (*тж. перен.*); ~ **out** а) смыва́ть(ся) (*тж. перен.*); б) бро́сить, махну́ть руко́й на *что-л.*; в) размыва́ть; г) (*обыкн. p. p.*) лиша́ть сил, изма́тывать; to be ~ed out, to look ~ed out α) полиня́ть; β) быть *или* чу́вствовать себя́ измождённым; быть бле́дным, чу́вствовать утомле́ние; д) провали́ть(ся), засы́пать(ся) (*на экзамене*); е) призна́ть неприго́дным (*к военной службе, полёту и т. п.*); ~ **over** перелива́ться че́рез край; ~ **up** мыть посу́ду ◊ to ~ one's hands умы́ть ру́ки; to ~ one's dirty linen in public ≅ выноси́ть сор из избы́

**washable** [ˈwɔʃəbl] *a* стира́ющийся, нелиня́ющий

**wash-and-wear** [ˈwɔʃənˈwɛə] **1.** *n* оде́жда из тка́ни, не тре́бующей гла́женья по́сле сти́рки

**2.** *a* не тре́бующий гла́женья по́сле сти́рки (*о ткани*)

**wash-basin** [ˈwɔʃˌbeɪsn] *n* (умыва́льный) таз; умыва́льная ра́ковина

**wash-board** [ˈwɔʃbɔːd] *n* 1) стира́льная доска́ 2) *стр.* пли́нтус 3) коле́йный изно́с доро́ги

**wash-boiler** [ˈwɔʃˌbɔɪlə] *n* бак для кипяче́ния белья́

**wash-bowl** [ˈwɔʃbəul] *n* таз

**washcloth** [ˈwɔʃkləθ] *n* 1) моча́лка из махро́вой тка́ни

**wash-day** [ˈwɔʃdeɪ] *n* день сти́рки

**wash-drawing** [ˈwɔʃˌdrɔːɪŋ] *n* 1) аква́рель 2) рису́нок ту́шью размы́вкой

**washed-out** [ˈwɔʃtˈaut] *a* 1) полиня́вший 2) *разг.* утомлённый, вы́дохшийся (*о человеке*)

**washed-up** [ˈwɔʃtˈʌp] *a* 1) = washed out 2); 2) *sl.* ко́нченый; отве́ргнутый, нену́жный

**washer** [ˈwɔʃə] *n* 1) мо́йщик 2) промывно́й аппара́т; мо́йка 3) стира́льная маши́на 4) *тех.* ша́йба

**washerwoman** [ˈwɔʃəˌwumən] *n* пра́чка

**wash-hand** [ˈwɔʃhænd] *a* умыва́льный; ~ basin а) таз для умыва́ния; б) умыва́льная ра́ковина; ~ stand = wash-stand

**wash-house** [ˈwɔʃhaus] *n* пра́чечная

**washiness** [ˈwɔʃɪnɪs] *n* 1) водяни́стость 2) сла́бость

**washing** [ˈwɔʃɪŋ] **1.** *pres. p. от* wash 2

**2.** *n* 1) мытьё; сти́рка 2) бельё (для сти́рки) 3) обмы́лки 4) то́нкий слой (*металла, краски и т. п.*)

**3.** *a* 1) стира́ющийся 2) употребля́емый для сти́рки, мо́ющий; ~ powder стира́льный порошо́к

**washing-day** [ˈwɔʃɪŋdeɪ] = wash-day

**washing-house** [ˈwɔʃɪŋhaus] = wash-house

**washing-machine** [ˈwɔʃɪŋməˌʃiːn] *n* стира́льная маши́на

**washing-soda** [ˈwɔʃɪŋˌsəudə] *n* стира́льная со́да

**washing-stand** [ˈwɔʃɪŋstænd] = wash-stand

**washing-up** [ˈwɔʃɪŋˈʌp] *n* 1) мытьё посу́ды 2) гря́зная посу́да, со́бранная для мытья́

**wash-leather** [ˈwɔʃˌleðə] *n* за́мша

**wash-out** [ˈwɔʃaut] *n* 1) размы́в; смыв 2) *разг.* неуда́ча 3) *разг.* неуда́чник

**wash-room** [ˈwɔʃrum] *n* 1) умыва́льня 2) *амер.* убо́рная, туале́т

**wash-stand** [ˈwɔʃstænd] *n* умыва́льник

**wash-tub** [ˈwɔʃtʌb] *n* лоха́нь для сти́рки

**wash-up** [ˈwɔʃˈʌp] *n* 1) = washing-up 2) что-л., вы́кинутое на бе́рег (*волной, прибоем и т. п.*)

**washwoman** [ˈwɔʃˌwumən] = washerwoman

**washy** [ˈwɔʃɪ] *a* 1) жи́дкий, водяни́стый; разба́вленный 2) бле́дный, блёклый 3) сла́бый, вя́лый

**wasp** [wɔsp] *n* оса́

**waspish** [ˈwɔspɪʃ] *a* 1) язви́тельный, ядови́тый; раздражи́тельный, зло́й 2) оси́ный (*о талии*)

**wassail** [ˈwɔseɪl] *уст.* **1.** *n* 1) пиру́шка, попо́йка 2) здра́вица

**2.** *v* пирова́ть, бра́жничать

**wassailing** [ˈwɔsəlɪŋ] *n* свя́точное хожде́ние из до́ма в дом с пе́нием рожде́ственских ги́мнов

**wast** [wɔst (*полная форма*); wəst (*редуцированная форма*)] *уст. форма 2 л. ед. ч. прошедшего времени гл.* to be

**wastage** [ˈweɪstɪdʒ] *n* 1) изна́шивание; поте́ри, уте́чка, усу́шка, у́быль; normal ~ есте́ственная у́быль, обы́чная уте́чка 2) расточи́тельность

**waste** [weɪst] **1.** *n* 1) пусты́ня 2) поте́ри; у́быль, уще́рб, убы́ток, по́рча 3) изли́шняя тра́та; oil ~ перерасхо́д ма́сла; to run (*или* to go) to ~ быть потра́ченным по́пусту, ≅ идти́ коту́ под хвост 4) отбро́сы, отхо́ды, уга́р, обре́зки, лом 5) *юр.* разоре́ние, по́рча; небре́жное отноше́ние (*особ. арендатора к чужому имуществу*) 6) *горн.* пуста́я поро́да

**2.** *a* 1) пусты́нный, незаселённый; невозде́ланный; опустошённый; ~ land (*или* ground) пусты́рь, пу́стошь; to lay ~ опустоша́ть; to lie ~ быть невозде́ланным (*о земле*) 2) ли́шний, нену́жный; ~ effort напра́сное уси́лие; ~ products отхо́ды; ~ paper макулату́ра 3) *тех.* отрабо́танный; ~ steam отрабо́танный пар 4) него́дный, брако́ванный

**3.** *v* 1) расточа́ть (*деньги, энергию и т. п.*); теря́ть (*время*); тра́тить впусту́ю; to ~ money броса́ть де́ньги на ве́тер; to ~ words говори́ть на ве́тер; тра́тить слова́ по́пусту; my joke was ~d upon him он не по́нял моей шу́тки 2) по́ртить; to be entirely ~ed стать по́лностью неприго́дным к употребле́нию 3) опустоша́ть 4) изнуря́ть; he was ~d by disease боле́знь изнури́ла его́ 5) ча́хнуть; истоща́ться, приходи́ть к концу́ (*тж.* ~ away)

**waste-basket** ['weɪst,bɑ:skɪt] = waste-paper-basket

**wasteful** ['weɪstful] *a* расточи́тельный

**waste-paper-basket** [weɪst'peɪpə,bɑ:skɪt] *n* корзи́на для (нену́жных) бума́г; fit for the ~ никуды́шный, никчёмный

**waste-pipe** ['weɪstpaɪp] *n* сто́чная труба́

**waster** ['weɪstə] *n* 1) расточи́тель 2) брак, брако́ванное изде́лие 3) *разг.* никуды́шный челове́к

**wasting** ['weɪstɪŋ] **1.** *pres. p. от* waste 3

**2.** *a* 1) опустоши́тельный; разори́тельный; ~ war опустоши́тельная война́ 2) изнури́тельный (*о болезни*)

**wastrel** ['weɪstrəl] = waster

**watch** I [wɔtʃ] *n* 1) часы́ (*карманные, наручные*); a dress ~ часы́-брошь; by (*или* on) my ~ по мои́м часа́м; he set his ~ by mine он поста́вил свои́ часы́ по мои́м 2) *attr.*: ~ band ремешо́к для нару́чных часо́в

**watch** II [wɔtʃ] **1.** *n* 1) внима́ние; наблюде́ние; бди́тельность; to keep ~ over smb., smth. а) наблюда́ть за кем-л., чем-л.; б) карау́лить, сторожи́ть кого́-л., что-л.; to be on the ~ for подкарау́ливать, поджида́ть 2) сто́рож; *уст.* страж; стра́жа, дозо́р 3) *уст.* бо́дрствование; in the ~es of the night в бессо́нные ночны́е часы́ 4) *ист.* стра́жа (*часть ночи*) 5) *мор.* ва́хта ◇ to pass as a ~ in the night исче́знуть без следа́

**2.** *v* 1) наблюда́ть, следи́ть; смотре́ть; to ~ it *разг.* быть осторо́жным; ~ that he doesn't fall смотри́, что́бы он не упа́л; to ~ TV смотре́ть телеви́зор 2) бо́дрствовать; дежу́рить 3) карау́лить; сторожи́ть, охраня́ть (*тж.* ~ over) 4) выжида́ть, ждать (*тж.* ~ for) □ ~ **in** встреча́ть Но́вый год; ~ **out** остерега́ться; ~ out! осторо́жно!; ~ **over** охраня́ть ◇ a ~ed pot never boils ≅ когда́ ждёшь, вре́мя тя́нется; to ~ one's step а) ступа́ть осторо́жно; б) де́йствовать осмотри́тельно

**watch-box** ['wɔtʃbɔks] *n* карау́льная бу́дка

**watch-case** ['wɔtʃkeɪs] *n* ко́рпус часо́в

**watch-chain** ['wɔtʃtʃeɪn] *n* цепо́чка для часо́в

**watch-crystal** ['wɔtʃ,krɪstl] = watch-glass

**watchdog** ['wɔtʃdɔg] *n* 1) сторожево́й пёс 2) *attr.*: ~ committee *амер.* наблюда́тельная коми́ссия (*по выборам и т. п.*)

**watcher** ['wɔtʃə] *n* 1) сто́рож 2) наблюда́тель 3) *амер.* наблюда́тель за пра́вильностью проведе́ния вы́боров 3) знато́к, иссле́дователь

**watch-fire** ['wɔtʃ,faɪə] *n* 1) бива́чный костёр 2) сигна́льный костёр

**watchful** ['wɔtʃful] *a* бди́тельный; осторо́жный

**watch-glass** ['wɔtʃglɑ:s] *n* стекло́ для часо́в

**watch-guard** ['wɔtʃgɑ:d] *n* цепо́чка *или* шнуро́к для часо́в

**watch-house** ['wɔtʃhaus] *n воен.* карау́льное помеще́ние

**watch-key** ['wɔtʃki:] *n* ключ для заво́да часо́в

**watch-maker** ['wɔtʃ,meɪkə] *n* 1) часовщи́к 2): ~'s часова́я мастерска́я

**watchman** ['wɔtʃmən] *n* 1) ночно́й сто́рож 2) карау́льный

**watch-night** ['wɔtʃnaɪt] *n* 1) ночь под Но́вый год 2) *церк.* нового́дняя все́нощная

**watch-pocket** ['wɔtʃ,pɔkɪt] *n* карма́н для часо́в

**watch-spring** ['wɔtʃsprɪŋ] *n* часова́я пружи́на

**watch-tower** ['wɔtʃ,tauə] *n* сторожева́я ба́шня

**watchword** ['wɔtʃwə:d] *n* 1) паро́ль 2) ло́зунг; призы́в, клич

**water** ['wɔ:tə] **1.** *n* 1) вода́; by ~ во́дным путём; on the ~ на ло́дке, парохо́де *и т. п.*; let's go on the ~ поката́емся на ло́дке; to hold ~ а) не пропуска́ть во́ду; б) выде́рживать кри́тику (*о теории и т. п.*); в) быть логи́чески после́довательным; to make ~ дать течь (*о корабле*) [*ср. тж.* 7)]; ~ bewitched *шутл.* ≅ а) води́чка (*слабый чай и т. п.*); б) вода́ (*о пустословии*) 2) водоём 3) (*часто pl*) во́ды; мо́ре; во́лны 4) (*часто pl*) (минера́льные) во́ды; to drink the ~s побыва́ть на во́дах, пить лече́бные во́ды (*на курорте*) 5) прили́в и отли́в 6) па́водок 7) жи́дкие выделе́ния (*организма*); слёзы, слюна́, пот, моча́, околопло́дная жи́дкость, во́ды; to make (*или* to pass) ~ мочи́ться [*ср. тж.* 1)]; red ~ крова́вая моча́; ~ on the brain водя́нка мо́зга 8) вода́ (*качество драгоценного камня*); of the first ~ чи́стой воды́ (*о драгоценных камнях, особ. о бриллиантах*); *перен.* замеча́тельный; genius of the first ~ исключи́тельный тала́нт 9) *жив. сокр. от* water-colour ◇ the ~s of forgetfulness Ле́та, забве́ние, смерть; to draw ~ in a sieve носи́ть во́ду решето́м; to get into (*или* to be in) hot ~ попа́сть в беду́ (*обыкн. по собственной вине*); in deep ~(s) в беде́; in low ~ «на мели́», бли́зкий к разоре́нию; in smooth ~ преуспева́ющий; like a fish out of ~ не в свое́й стихи́и; как ры́ба, вы́нутая из воды́; to spend money like ~ сори́ть деньга́ми; to shed blood like ~ проли́ть мо́ре кро́ви; written in ~ недолгове́чный, преходя́щий (*о славе и т. п.*)

**2.** *v* 1) мочи́ть, сма́чивать 2) полива́ть, ороша́ть; снабжа́ть вла́гой 3) пои́ть (*животных*) 4) ходи́ть на водопо́й 5) набира́ть во́ду (*о корабле и т. п.*) 6) разбавля́ть (*водой*; *тж.* ~ down) 7) сгла́живать, смягча́ть (*тж.* ~ down); to ~ down the differences затушёвывать разногла́сия 8) слези́ться; поте́ть; выделя́ть во́ду, вла́гу; it made his mouth ~ у него́ слю́нки потекли́ 9) разводня́ть (*об акционерном капитале*) 10) *текст.* муари́ровать

**water aerodrome** ['wɔ:tə'ɛədrəum] *n* гидроаэродро́м

**waterage** ['wɔ:tərɪdʒ] *n* 1) перево́зка гру́зов по воде́ 2) пла́та за перево́зку гру́зов по воде́

**water-anchor** ['wɔ:tə,æŋkə] *n мор.* плаву́чий я́корь

**water-bailiff** ['wɔ:tə'beɪlɪf] *n* 1) инспе́ктор рыбнадзо́ра 2) *уст.* порто́вый тамо́женный чино́вник

**water-bearer** ['wɔ:tə,bɛərə] *n* водоно́с

**water-bearing** ['wɔ:tə,bɛərɪŋ] *a* водоно́сный

**water-bed** ['wɔ:təbed] *n* рези́новый матра́ц, напо́лненный водо́й (*для больных*)

**water-bird** ['wɔ:təbə:d] *n* водяна́я пти́ца

**water-blister** ['wɔ:tə,blɪstə] *n* водяно́й волды́рь

**water-borne** ['wɔ:təbɔ:n] *a* 1) перевози́мый по воде́, мо́рем (*о товарах*) 2) *мед.* передаю́щийся с водо́й (*об инфекции*)

**water-bottle** ['wɔ:tə,bɔtl] *n* 1) графи́н для воды́ 2) фля́га

**water bus** ['wɔ:təbʌs] *n* речно́й трамва́й

**water-butt** ['wɔ:təbʌt] *n* бо́чка для дождево́й воды́

**water-can** ['wɔ:təkæn] *n* бидо́н

**water-carriage** ['wɔ:tə,kærɪdʒ] *n* во́дный тра́нспорт

**water-carrier** ['wɔ:tə,kærɪə] *n* 1) водоно́с; водово́з 2) водоналивно́е су́дно 3) (W.) Водоле́й (*созвездие и знак зодиака*)

**water-cart** ['wɔ:təkɑ:t] *n* 1) цисте́рна для поли́вки у́лиц 2) теле́жка водово́за

**water-closet** ['wɔ:tə,klɔzɪt] *n* убо́рная

**water-colour** ['wɔ:tə,kʌlə] *n* 1) (*обыкн. pl*) акваре́ль(ные кра́ски) 2) акваре́ль (*рисунок*) 3) *attr.* акваре́льный

**water-cooled** ['wɔ:təku:ld] *a тех.* с водяны́м охлажде́нием

**watercourse** ['wɔ:təkɔ:s] *n* 1) пото́к; ре́(ч)ка; руче́й; кана́л 2) ру́сло

**water-craft** ['wɔ:təkrɑ:ft] *n* су́дно; *собир.* суда́

**watercress** ['wɔ:təkres] *n бот.* кресс водяно́й, жеру́ха

**water-cure** ['wɔ:təkjuə] *n* водолече́ние

**water-dog** ['wɔ:tədɔg] *n разг.* быва́лый моря́к; хоро́ший плове́ц

**water-drinker** ['wɔ:tə,drɪŋkə] *n* тре́звенник

**water-drop** ['wɔ:tədrɔp] *n* 1) ка́пля воды́ 2) слеза́

**watered** ['wɔ:təd] **1.** *p. p. от* water 2

**2.** *a* 1) муа́ровый 2) разба́вленный (*водой*) 3): ~ stock *фин.* разводнённый акционе́рный капита́л

**water-engine** ['wɔ:tə,endʒɪn] *n* 1) водоподъёмная маши́на 2) *уст.* пожа́рная маши́на

**waterfall** ['wɔ:təfɔ:l] *n* водопа́д

**waterfowl** ['wɔ:təfaul] *n* (*обыкн. собир.*) водяны́е пти́цы

**water-front** ['wɔ:təfrʌnt] *n* 1) порт; райо́н по́рта; городско́й райо́н, располо́женный на берегу́ (*реки, моря и т. п.*) 2) бе́рег

**water-gas** ['wɔ:tə'gæs] *n хим.* водяно́й газ

**water-gate** ['wɔ:təgeɪt] *n* затво́р (*шлюза*)

**water-gauge** ['wɔ:təgeɪdʒ] *n* водоме́р

**water-glass** ['wɔ:təglɑ:s] *n* 1) водоме́рное стекло́ 2) *хим.* раствори́мое стекло́ 3) стекля́нный сосу́д для воды́; ва́за

**water-hammer** ['wɔ:tə,hæmə] *n тех.* гидравли́ческий уда́р

**water-hen** ['wɔ:təhen] *n* водяна́я ку́рочка; камы́шница

**water-ice** ['wɔ:təraɪs] *n* фрукто́вое моро́женое

**watering** ['wɔ:tərɪŋ] **1.** *pres. p. от* water 2

**2.** *n* 1) поли́вка 2) разбавле́ние водо́й 3) слезотече́ние 4) слюнотече́ние 5) *фин.* разводне́ние акционе́рного капита́ла

**watering-can** ['wɔ:tərɪŋkæn] = water-can

**watering-cart** ['wɔ:tərɪŋkɑ:t] = water-cart 1)

**watering-place** ['wɔ:tərɪŋpleɪs] *n* 1) водопо́й 2) во́ды, куро́рт с минера́льными во́дами 3) морско́й куро́рт

**watering-pot** ['wɔ:tərɪŋpɔt] = water-can

**water-jacket** ['wɔ:tə,dʒækɪt] *n тех.* водяна́я руба́шка

**waterless** ['wɔ:təlɪs] *a* безво́дный

**water-level** ['wɔ:tə,levl] *n* 1) у́ровень воды́; у́ровень грунтовы́х вод 2) ватерпа́с

**water-lily** ['wɔ:tə,lɪlɪ] *n* водяна́я ли́лия, кувши́нка

**water-line** ['wɔ:təlaɪn] *n мор.* ватерли́ния

**waterlog** ['wɔ:təlɔg] *v* 1) затопля́ть 2) забола́чивать 3) пропи́тывать(ся) водо́й 4) по́ртиться (*от избытка воды*)

**waterlogged** ['wɔ:təlɔgd] *a* 1) полузато́пленный 2) заболо́ченный 3) пропи́танный водо́й

**water-main** ['wɔ:təmeɪn] *n* водопрово́дная магистра́ль

**waterman** ['wɔ:təmən] *n* 1) ло́дочник, перево́зчик 2) гребе́ц

**watermanship** ['wɔ:təmənʃɪp] *n* уме́ние хорошо́ грести́

**watermark** ['wɔ:təmɑ:k] **1.** *n* 1) водяно́й знак (*на бумаге*) 2) *гидр.* отме́тка у́ровня воды́

**2.** *v* де́лать водяны́е зна́ки (*на бумаге*)

**water-meadow** ['wɔ:tə,medəu] *n* заливно́й луг

**water-melon** ['wɔ:tə,melən] *n* арбу́з

**water-meter** ['wɔ:tə,mi:tə] *n* водоме́р

**water-mill** ['wɔ:təmɪl] *n* водяна́я ме́льница

**water-nymph** ['wɔ:tə'nɪmf] *n* руса́лка; наяда

**water-parting** ['wɔ:tə,pɑ:tɪŋ] *n* водоразде́л

**water-pipe** ['wɔ:təpaɪp] *n* водопрово́дная труба́

**water-plant** ['wɔ:təplɑ:nt] *n* во́доросль

**water-point** ['wɔ:təpɔɪnt] *n* пункт водоснабже́ния

**water polo** ['wɔ:tə'pəuləu] *n спорт.* во́дное по́ло

**water-power** ['wɔ:tə,pauə] *n* 1) гидроэне́ргия 2) *attr.* гидросилово́й; ~ plant гидроэлектроста́нция

**waterproof** ['wɔ:təpru:f] **1.** *a* водонепроница́емый, непромока́емый

**2.** *n* непромока́емый плащ

**3.** *v* придава́ть водонепроница́емость

**water pump** ['wɔ:təpʌmp] *n* водяно́й насо́с

**water-ram** ['wɔ:təræm] *n тех.* гидравли́ческий тара́н

**water-rat** ['wɔ:təræt] *n* 1) водяна́я кры́са 2) *пренебр.* корабе́льная кры́са (*о моряке*) 3) *sl.* вор (*орудующий на пристанях и т. п.*); *мор. sl.* бич

**water-rate** ['wɔ:təreɪt] *n* пла́та за во́ду

**water-repellent** ['wɔ:terɪ'pelənt] = waterproof 1

**waterscape** ['wɔ:təskeɪp] *n* морско́й пейза́ж

**water-seal** ['wɔ:təsi:l] *n тех.* гидравли́ческий затво́р

**water-service** ['wɔ:tə,sə:vɪs] *n* водоснабже́ние

**watershed** ['wɔ:təʃed] *n* 1) водоразде́л 2) бассе́йн реки́

**water-shoot** ['wɔ:təʃu:t] *n* водосто́чная труба́

**waterside** ['wɔ:təsaɪd] *n* 1) бе́рег 2) *attr.* располо́женный на берегу́, проходя́щий по бе́регу

**water-skin** ['wɔ:təskɪn] *n* ко́жаный мешо́к *или* мех для воды

**water-skis** ['wɔ:təski:z] *n* во́дные лы́жи

**water-softener** ['wɔ:tə,sɔfnə] *n* сре́дство для смягче́ния воды́

**water-soluble** ['wɔ:tə,sɔljubl] *a* раствори́мый в воде́

**waterspout** ['wɔ:təspaut] *n* 1) водяно́й смерч 2) водосто́чная труба́

**water-supply** ['wɔ:təsə,plaɪ] *n* водоснабже́ние

**water-system** ['wɔ:tə,sɪstɪm] *n* 1) река́ со свои́ми прито́ками 2) = water-supply

**water-table** ['wɔ:tə,teɪbl] *n* 1) во́дная пове́рхность 2) у́ровень грунтовы́х вод 3) *архит.* сливна́я плита́

**water-tap** ['wɔ:tətæp] *n* кран

**watertight** ['wɔ:tətaɪt] *a* 1) водонепроница́емый; гермети́ческий 2) неопровержи́мый, выде́рживающий кри́тику, вполне́ обосно́ванный (*о теории и т. п.*) 3) не допуска́ющий двойно́го толкова́ния, соверше́нно определённый (*о юридическом документе и т. п.*)

**water-to-air missile** ['wɔ:tətu'ɛə-'mɪsaɪl] *n воен.* ракéта кла́сса «кора́бль — во́здух»

**water-tower** ['wɔ:tə,tauə] *n* водона́порная ба́шня

**water-trough** ['wɔ:tətrɔf] *n* пойлка для скота́

**water-vole** ['wɔ:təvəul] *n* водяна́я кры́са

**water-wag(g)on** ['wɔ:tə,wægən] *n* 1) пово́зка водово́за 2) железнодоро́жная цисте́рна для перево́зки воды́, «водя́нка» ◇ to be on the ~ возде́рживаться от спиртны́х напи́тков

**water-wave** ['wɔ:təweɪv] *n* 1) больша́я волна́, вал 2) холо́дная зави́вка

**water-way** ['wɔ:təweɪ] *n* 1) во́дный путь; inland (international) ~s вну́тренние (междунаро́дные) во́дные пути́ 2) судохо́дное ру́сло, фарва́тер 3) *мор.* ватерве́йс, водопро́ток

**water-wheel** ['wɔ:təwi:l] *n* водяно́е колесо́

**water-wings** ['wɔ:təwɪŋz] *n* спаса́тельный по́яс (*для начинающих плавать*)

**waterworks** ['wɔ:təwə:ks] *n pl* (*употр. как sing и как pl*) 1) водопрово́дная ста́нция; водопрово́дные сооруже́ния 2) во́дные сооруже́ния; фонта́н ◇ to turn on the ~ *разг.* распла́каться, зали́ться слеза́ми

**watery** ['wɔ:tərɪ] *a* 1) водяно́й; мо́крый 2) водяни́стый, жи́дкий (*о пище*) 3) бле́дный, бесцве́тный (*о красках и т. п.*) 4) предвеща́ющий дождь 5) по́лный слёз (*о глазах*)

**watt** [wɔt] *n эл.* ватт

**wattle I** ['wɔtl] *n* серёжка (*у птиц*); боро́дка (*индюка, петуха*)

**wattle II** ['wɔtl] **1.** *n* 1) плете́нь; ~ and daub ма́занка 2) *бот.* австрали́йская ака́ция *или* мимо́за

**2.** *v* 1) плести́ (*плетень*) 2) стро́ить из плетня́

**wattled** ['wɔtld] **1.** *p. p. от* wattle II, 2

**2.** *a* плетёный

**wattless** ['wɔtlɪs] *a эл.* реакти́вный, «безва́ттный»

**wattmeter** ['wɔt,mi:tə] *n эл.* ваттме́тр

**waul** [wɔ:l] *v* крича́ть, мяу́кать

**wave** [weɪv] **1.** *n* 1) волна́, вал; the ~s *поэт.* мо́ре 2) волна́; подъём; a ~ of enthusiasm волна́ энтузиа́зма 3) колеба́ние 4) волни́стость; she has a natural ~ in her hair у неё вью́тся во́лосы 5) зави́вка (*тж.* hair ~); to get a ~ сде́лать приче́ску 6) маха́ние; a ~ of the hand взмах руки́ 7) *воен.* атаку́ющая цепь; эшело́н *или* волна́ деса́нта 8) *радио* сигна́л; волна́; long (medium, short) ~s дли́нные (сре́дние, коро́ткие) во́лны 9) *attr.* волново́й; ~ mechanics волнова́я меха́ника

**2.** *v* 1) развева́ться (*о флагах*); волнова́ться (*о ниве и т. п.*); кача́ться (*о ветках*) 2) ви́ться (*о волосах*) 3) завива́ть (*волосы*) 4) разма́хивать, махáть (*рукой, платком*); подавáть знак рукóй; to ~ in farewell, to ~ a farewell помахáть рукóй на прощáние □ ~ **aside** не принимáть (*во внимание и т. п.*); отмахнýться (*от чего-л.*); ~ **away** сдéлать (*кому-л.*) знак удалúться; *перен.* отмахнýться; не соглашáться (*на что-л.*), не принимáть (*предложения*); ~ **off** отмáхиваться (*тж. перен.*)

**waved** [weɪvd] **1.** *p. p. от* wave 2

**2.** *a* волнúстый (*о волосах*); завитóй

**waveguide** [ˈweɪvgaɪd] *n радио* волновóд

**wave-length** [ˈweɪvleŋθ] *n физ.* длинá волны́

**wavelet** [ˈweɪvlɪt] *n* небольшáя волнá

**waver** [ˈweɪvə] *v* 1) колебáться 2) дрóгнуть (*о войсках*) 3) колыхáться (*о пламени*) 4) развевáться, полоскáться (*о флаге и т. п.*)

**wavering** [ˈweɪvərɪŋ] **1.** *pres. p. от* waver

**2.** *n* нерешúтельность; колебáния

**3.** *a* неустóйчивый, колéблющийся

**wavy** [ˈweɪvɪ] *a* 1) волнúстый 2) колéблющийся 3) *тех.* рифлёный

**wax** I [wæks] **1.** *n* 1) воск; mineral ~ минерáльный воск, озокерúт 2) ушнáя сéра 3) *attr.* восковóй; ~ candle восковáя свечá

**2.** *v* вощúть

**wax** II [wæks] *v* прибывáть (*о луне; тж. перен.*) ◇ to ~ angry разозлúться

**wax** III [wæks] *n разг.* прúступ гнéва; я́рость; to be in a ~ быть в бéшенстве; to get into a ~ взбесúться, рассвирепéть

**waxcloth** [ˈwæksklɔθ] *n* линóлеум

**waxen** [ˈwæksən] *a* 1) восковóй 2) блéдный, бесцвéтный 3) вощёный 4) мя́гкий как воск

**wax-end** [ˈwæksend] *n* дрáтва

**wax-paper** [ˈwæksˌpeɪpə] *n* вощёная бумáга

**waxwork** [ˈwækswəːk] *n* 1) лéпка из вóска 2) восковáя фигýра; муля́ж 3) *pl* панóптикум

**waxy** [ˈwæksɪ] *a* 1) восковóй 2) похóжий на воск 3) вощёный

**way** [weɪ] **1.** *n* 1) путь; дорóга; to take one's ~ идтú; уходúть; to lead the ~ идтú впередú; быть вожакóм, покáзывать примéр; to lose one's ~ сбúться с путú; back ~ окóльный путь; on the ~ а) в путú; on the ~ home по путú домóй; б) попýтно; to be on one's ~ быть в путú; to go one's ~(s) уходúть, отправля́ться; to be in the ~ а) стоя́ть поперёк дорóги, мешáть; б) быть под рукóй; by the ~ а) по дорóге, по путú; б) кстáти, мéжду прóчим; to get out of smb.'s ~ уйтú с дорóги; to make ~ for smb., smth. дать дорóгу, уступúть мéсто комý-л., чемý-л.; to see one's ~ понимáть, как нáдо дéйствовать; быть в состоя́нии сдéлать что-л.; now I see my ~ тепéрь я знáю, что дéлать; to try one's own ~ поступáть по-своéму; to have (*или* to get) one's own ~ добúться своегó, настоя́ть на своём, поступáть по-своéму; to have it one's own ~ дéйствовать по-своéму, добивáться своегó; she had it her own ~ in the end в концé концóв хозя́йкой положéния оказáлась онá; have it your (own) ~ поступáй, как знáешь, твоё дéло; to be in the ~ of doing smth. быть блúзким к томý, чтóбы совершúть что-л.; out of the ~ а) не по путú; в сторонé; б) необыкновéнный; необы́чный, незауря́дный; he has done nothing out of the ~ он не сдéлал ничегó из ря́да вон выходя́щего 2) сторонá, направлéние; look this ~ посмотрúте сюдá; this ~, please (пройдúте) сюдá, пожáлуйста; (are you) going my ~? нам по путú?; the other ~ round наоборóт 3) расстоя́ние; a little ~, *амер. разг.* a little ~s недалекó; a long ~, *амер. разг.* a long ~s далекó 4) движéние вперёд; ход; to make one's ~ а) продвигáться; пробирáться; б) сдéлать карьéру, завоевáть положéние в óбществе (*тж.* to make one's ~ in the world); to make the best of one's ~ идтú как мóжно скорéе, спешúть; to have ~ on двигáться вперёд (*о корабле, автомобиле и т. п.*); under ~ *мор.* на ходý (*тж. перен.*); preparations are under ~ идёт подготóвка; to be well under ~ зайтú достáточно далекó 5) мéтод, срéдство, спóсоб; манéра; óбраз дéйствия; ~ of living óбраз жúзни; услóвия существовáния; I will find a ~ to do it я найдý спóсоб э́то сдéлать; to my ~ of thinking по моемý мнéнию; one ~ or another так úли úначе; the other ~ úначе; ~s and means а) путú и спóсобы; путú и возмóжности; б) *парл.* путú и спóсобы изыскáния дéнежных средств; to put smb. in the ~ of (doing) smth. дать комý-л. возмóжность заработáть, сдéлать что-л. *и т. п.*; to see one's ~ (clear) to doing smth. знать, как сдéлать что-л.; to have a ~ with smb. имéть осóбый подхóд к комý-л., умéть убеждáть когó-л. 6) обы́чай, привы́чка; осóбенность; it is not in his ~ to be communicative общúтельность не в егó харáктере; to stand in the ancient ~s быть протúвником всегó нóвого 7) óбраз жúзни; to live in a great (small) ~ жить на ширóкую нóгу (скрóмно) 8) óбласть, сфéра; to be in the retail ~ занимáться рóзничной торгóвлей 9) состоя́ние; in a bad ~ в плохóм состоя́нии 10) *sl.* волнéние; she is in a terrible ~ онá ужáсно взволнóвана 11) отношéние; bad in every ~ плохóй во всех отношéниях; in a ~ в нéкотором отношéнии; в извéстном смы́сле; до извéстной стéпени; in many ~s во мнóгих отношéниях 12) *pl мор.* стáпель 13) *тех.* направля́ющая (*станка*) 14) *attr.*: the Ways and Means Committee а) бюджéтная комúссия британского парлáмента; б) постоя́нная бюджéтная комúссия конгрéсса США ◇ ~ out вы́ход из положéния; by ~ of а) рáди, с цéлью; б) в вúде, в кáчестве; to give ~ а) поддавáться, уступáть; б) поддавáться, предавáться (*отчаянию и т. п.*); в) пóртиться, сдавáть; г) пáдать (*об акциях*); one ~ or the other тем úли ины́м путём, так úли úначе; по two ~s about it а) э́то неизбéжно; б) об э́том не мóжет быть двух мнéний; to put smb. in the ~ of smth. предостáвить комý-л. слýчай, дать возмóжность сдéлать что-л.; pay your own ~ платúте за себя́; to go the ~ of all flesh (*или* of nature, of all the earth) умерéть; to go out of one's ~..., to put oneself out of the ~... постарáться изо всéх сил (*чтобы оказать помощь, содействие другому*); she went out of the ~ to please her future mother-in-law онá изо всéх сил старáлась понрáвиться своéй бýдущей свекрóви; to put smb. out of the ~ убрáть когó-л., убúть когó-л.; to come smb.'s ~ попадáться, встречáться комý-л. (*на жизненном пути*); the longest ~ round is the shortest way home *посл.* ≅ тúше éдешь, дáльше бýдешь; to have a ~ with oneself обладáть обая́нием

**2.** *adv разг.* далекó, значúтельно, чересчýр; ~ behind далекó позадú; ~ back давнó; ~ back in the nineties ещё в 90-х годáх; ~ ahead далекó впередú; the runner was ~ ahead of his opponents бегýн значúтельно опередúл свойх сопéрников; ~ over чересчýр; to go ~ over one's budget вы́йти из бюджéта, перерасхóдовать срéдства

**way-bill** [ˈweɪbɪl] *n* 1) спúсок пассажúров 2) маршрýт (*туристический и т. п.*) 3) накладнáя; путевóй лист

**wayfarer** [ˈweɪˌfɛərə] *n* пýтник, стрáнник

**wayfaring** [ˈweɪˌfɛərɪŋ] **1.** *n* стрáнствие

**2.** *a* стрáнствующий; перебирáющийся с мéста на мéсто

**waygoing** [ˈweɪˌgəuɪŋ] *диал.* **1.** *n* прощáние

**2.** *a* отбывáющий

**waylay** [weɪˈleɪ] *v* 1) подстерегáть; устрáивать засáду (*на кого-л.*) 2) перехватúть по путú (*кого-л. — для разговора и т. п.*)

**way-leave** [ˈweɪliːv] *n* 1) прáво перевóзки по чужóй землé 2) прáво полёта над территóрией

**way-out** [ˈweɪˈaut] *a разг.* 1) необыкновéнный 2) новéйший, совремéнный (*о музыке и т. п.*) 3) отдалённый

**wayside** [ˈweɪsaɪd] **1.** *n* 1) придорóжная полосá; обóчина 2) *pl ж.-д.* полосá отчуждéния

**2.** *a* придорóжный

**way-station** [ˈweɪˈsteɪʃən] *n амер.* небольшáя промежýточная стáнция; полустáнок

**wayward** [ˈweɪwəd] *a* 1) своенра́вный; капри́зный 2) изме́нчивый, непосто́янный 3) сби́вшийся с пути́
**way-worn** [ˈweɪwɔːn] *a* утомлённый (*о путнике*)
**we** [wiː] *pron pers* (*косв. п.* us) мы
**weak** [wiːk] *a* 1) сла́бый; in a ~ moment засти́гнутый враспло́х; ~ point (*или* spot) сла́бое ме́сто; he is ~ in English он отстаёт, слаб в англи́йском языке́; ~ in the head у́мственно отста́лый 2) нереши́тельный; слабово́льный; ~ refusal нереши́тельный отка́з 3) неубеди́тельный 4) сла́бый, водяни́стый (*о чае и т. п.*) 5) *грам.* сла́бый 6) *фон.* неуда́рный, редуци́рованный ◇ the ~er sex сла́бый пол (*о женщинах*)
**weaken** [ˈwiːkən] *v* 1) ослабля́ть 2) слабе́ть 3) поддава́ться, сдава́ться
**weak-eyed** [ˈwiːkaɪd] *a* со сла́бым (*или* с плохи́м) зре́нием
**weak-headed** [ˈwiːkˈhedɪd] *a* 1) слабоу́мный 2) легко́ пьяне́ющий
**weak-kneed** [ˈwiːkniːd] *a* слабово́льный, малоду́шный
**weakling** [ˈwiːklɪŋ] *n* сла́бый *или* слабово́льный челове́к
**weakly** [ˈwiːklɪ] **1.** *a* хи́лый, боле́зненный
**2.** *adv* сла́бо
**weak-minded** [ˈwiːkˈmaɪndɪd] = weak-headed 1)
**weakness** [ˈwiːknɪs] *n* 1) сла́бость 2) сла́бость, скло́нность, пристра́стие (for — к *чему-л.*) 3) сла́бое ме́сто, недоста́ток; отста́лость, отстава́ние 4) неубеди́тельность, необосно́ванность
**weak-spirited** [ˈwiːkˈspɪrɪtɪd] *a* малоду́шный
**weal** I [wiːl] *n* благосостоя́ние, бла́го; for the public (*или* general) ~ для о́бщего бла́га; common ~ благосостоя́ние о́бщества ◇ in ~ and woe в сча́стье и в го́ре
**weal** II [wiːl] = wale
**weald** [wiːld] *n* 1) поля́; пу́стошь 2) (the W.) райо́н ю́жной А́нглии, в кото́рый вхо́дят ча́сти графств Кент, Су́ссекс, Су́ррей, Ге́мпшир
**wealth** [welθ] *n* 1) бога́тство; a man of ~ бога́тый челове́к 2) изоби́лие; ~ of hair пы́шные во́лосы; ~ of experience богате́йший о́пыт 3) *собир.* материа́льные це́нности, бога́тства; сокро́вища 4) *уст.* благосостоя́ние ◇ great ~ кру́пные капитали́сты
**wealthy** [ˈwelθɪ] *a* 1) бога́тый; состоя́тельный 2) изоби́лующий, оби́льный (in); language ~ in nuances вырази́тельный язы́к
**wean** I [wiːn] *v* 1) отнима́ть от груди́ 2) отуча́ть (from, of, away — от)
**wean** II [wiːn] *n шотл.* ребёнок
**weanling** [ˈwiːnlɪŋ] *n* ребёнок, неда́вно о́тнятый от груди́
**weapon** [ˈwepən] *n* 1) ору́жие; *перен.* сре́дство; ~ of mass destruction ору́жие ма́ссового уничтоже́ния 2) сре́дства самозащи́ты (*у животных и насекомых*)
**weaponless** [ˈwepənlɪs] *a* безору́жный
**weaponry** [ˈwepənrɪ] *n* вооруже́ние, ору́жие; atomic ~ а́томное ору́жие
**wear** I [wɛə] **1.** *n* 1) ноше́ние, но́ска (*одежды*); in ~ в но́ске, в употребле́нии; this is now in (general) ~ э́то тепе́рь мо́дно; a dress for summer ~ ле́тнее пла́тье 2) оде́жда, пла́тье; men's ~ мужска́я оде́жда; working ~ рабо́чее пла́тье 3) но́ска, но́скость; there is still much ~ in these shoes э́ти боти́нки ещё бу́дут до́лго носи́ться 4) изно́с, изна́шивание; to show ~ износи́ться ◇ ~ and tear а) изно́с; амортиза́ция; изна́шивание; б) *эк.* изно́с основно́го капита́ла; в) утомле́ние; ~ and **tear** of life жи́зненные передря́ги
**2.** *v* (wore; worn) 1) быть оде́тым (*во что-л.*); носи́ть (*одежду и т. п.*); to ~ scent души́ться; to ~ one's hair loose ходи́ть с распу́щенными волоса́ми 2) носи́ться (*об одежде*); to ~ well хорошо́ носи́ться [*см. тж.* 3)] 3) вы́глядеть, име́ть вид; to ~ well вы́глядеть моло́же свои́х лет [*см. тж.* 2)]; to ~ a troubled look име́ть смущённый *или* взволно́ванный, озабо́ченный вид 4) изна́шивать, стира́ть, протира́ть; пробива́ть; размыва́ть; the water has worn a channel вода́ промы́ла кана́ву; to ~ a track across a field протопта́ть тропи́нку в по́ле 5) утомля́ть; изнуря́ть 6) подвига́ться, приближа́ться (*о времени*); the day ~s towards its close день бли́зится к концу́ 7) *мор.*: to ~ the ensign (*или* the flag) пла́вать под фла́гом □ ~ **away** а) стира́ть(ся); б) ме́дленно тяну́ться (*о времени*); ~ **down** а) стира́ть(ся), изна́шивать(ся); the record is worn down э́та пласти́нка истёрлась; б) преодолева́ть (*сопротивление и т. п.*); опроверга́ть (*аргументы*); в) утомля́ть (*кого-л.*); ~ **off** а) стира́ть(ся); б) смягча́ться; проходи́ть; the effect of the medicine will ~ off in a few hours лека́рство переста́нет де́йствовать че́рез не́сколько часо́в; ~ **on** ме́дленно тяну́ться (*о времени*); ~ **out** а) изна́шивать(ся); б) истоща́ть(ся) (*о терпении и т. п.*); в) соста́рить; г) изнури́ть ◇ to ~ the King's (*или* the Queen's) coat служи́ть в англи́йской а́рмии; to ~ the breeches (*или амер.* the pants) облада́ть мужски́м хара́ктером (*о женщине*); верховоди́ть в до́ме
**wear** II [wɪə] = weir
**wearer** [ˈwɛərə] *n* владе́лец (шля́пы, пальто́ *и т. п.*); тот, на ком наде́то пла́тье, пальто́ *и т. п.*
**weariful** [ˈwɪərɪful] *a* ску́чный, утоми́тельный
**weariless** [ˈwɪərɪlɪs] *a* неутоми́мый
**weariness** [ˈwɪərɪnɪs] *n* 1) уста́лость, утомлённость 2) утоми́тельность, ску́ка
**wearing** [ˈwɛərɪŋ] **1.** *pres. p. от* wear I, 2
**2.** *a* 1) предназна́ченный для но́ски; ~ apparel оде́жда, пла́тье 2) утоми́тельный; ску́чный, ну́дный
**wearisome** [ˈwɪərɪsəm] *a* 1) изнури́тельный, изнуря́ющий 2) ску́чный, наводя́щий тоску́
**wearproof** [ˈwɛəpruːf] *a* износосто́йкий, ме́дленно сраба́тывающийся
**weary** [ˈwɪərɪ] **1.** *a* 1) утомлённый 2) уста́вший, потеря́вший терпе́ние (of — от *чего-л.*); изныва́ющий от ску́ки; I am ~ of it мне э́то надое́ло 3) утоми́тельный; ~ hours томи́тельные часы́
**2.** *v* 1) утомля́ть(ся) 2) уста́ть, потеря́ть терпе́ние (of — от *чего-л.*); изныва́ть от ску́ки *и т. п.* □ ~ **for** тоскова́ть по *ком-л.*, по *чём-л.*; стреми́ться к *чему-л.*
**weasel** [ˈwiːzl] *n зоол.* ла́ска ◇ to catch a ~ asleep заста́ть враспло́х челове́ка, обы́чно насторо́жённого
**weather** [ˈweðə] **1.** *n* 1) пого́да; ~ permitting при усло́вии благоприя́тной пого́ды; good ~ хоро́шая пого́да; bad ~ непого́да 2) непого́да, шторм; to make good (bad) ~ *мор.* хорошо́ (пло́хо) выде́рживать шторм (*о корабле*) 3) *attr.* относя́щийся к пого́де; ~ conditions метеорологи́ческие усло́вия; ~ report метеосво́дка ◇ in the ~ на у́лице, на дворе́; to make heavy ~ of smth. находи́ть что-л. тру́дным, утоми́тельным; under the ~ а) нездоро́вый, больно́й; б) в беде́, в затрудни́тельном положе́нии; в) *амер.* вы́пивший; to have the ~ (of) а) *мор.* идти́ с наве́тренной стороны́; б) име́ть преиму́щество (пе́ред *кем-л.*)
**2.** *a мор.* наве́тренный ◇ to keep one's ~ eye open смотре́ть в о́ба; держа́ть у́хо востро́
**3.** *v* 1) выве́тривать(ся), подверга́ть(ся) атмосфе́рным влия́ниям 2) выде́рживать (*бурю, натиск, испытание и т. п.*) 3) *мор.* обходи́ть с наве́тренной стороны́ □ ~ **on** *мор.* идти́ с наве́тренной стороны́; ~ **out**, ~ **through** выде́рживать (*испытание и т. п.*)
**weather-beaten** [ˈweðəˌbiːtn] *a* 1) повреждённый бу́рями 2) обве́тренный; загоре́лый 3) вида́вший ви́ды, потрёпанный
**weather-board** [ˈweðəbɔːd] *n мор.* наве́тренный борт
**weather-bound** [ˈweðəbaund] *a* заде́ржанный непого́дой
**weather-bureau** [ˈweðəˈbjuərəu] *n* бюро́ пого́ды
**weather-chart** [ˈweðəˈtʃɑːt] *n* синопти́ческая ка́рта
**weather-cloth** [ˈweðəklɔθ] *n мор.* обве́с; защи́тный брезе́нт
**weathercock** [ˈweðəkɔk] *n* 1) флю́гер 2) непостоя́нный, ненадёжный челове́к, флю́гер
**weathered** [ˈweðəd] **1.** *p. p. от* weather 3
**2.** *a* 1) подве́ргшийся атмосфе́рным влия́ниям 2) *геол.* вы́ветрившийся

3) *стр.* имéющий сток для дождевóй воды́ (*о крыше*)
**weather-forecast** [ˈweðəˈfɔ:kɑ:st] *n* прогнóз погóды
**weather-glass** [ˈweðəglɑ:s] *n* барóметр
**weathering** [ˈweðərɪŋ] **1.** *pres. p. от* weather 3
**2.** *n* 1) *стр.* скос *или* наклóн для стóка дождевóй воды́, слив 2) *геол.* вывéтривание, эрóзия
**weatherman** [ˈweðəmæn] *n разг.* метеорóлог
**weather-map** [ˈweðəmæp] = weather-chart
**weather-proof** [ˈweðəpru:f] *a* защищённый от непогóды; устóйчивый прóтив атмосфéрных влия́ний
**weather-prophet** [ˈweðə,prɔfɪt] *n* предсказáтель погóды (*по местным приметам*)
**weather-side** [ˈweðəsaɪd] *n мор.* навéтренная сторонá
**weather-sign** [ˈweðəsaɪn] *n* примéта погóды
**weather-stained** [ˈweðəsteɪnd] *a* вы́цветший
**weather-station** [ˈweðə,steɪʃən] *n* метеорологи́ческая стáнция
**weather-strip** [ˈweðəstrɪp] *n* проклáдка (*из поролона и т. п. для сохранения тепла или герметизации*)
**weather-vane** [ˈweðəveɪn] = weathercock 1)
**weatherwear** [ˈweðəwɛə] *n* защи́тная одéжда (*на случай дождя и т. п.*)
**weather-wise** [ˈweðəwaɪz] *a* умéющий предскáзывать погóду
**weather-worn** [ˈweðəwɔ:n] *a* пострадáвший от непогóды
**weave** [wi:v] **1.** *v* (wove, woven) 1) ткать 2) плести́; вплетáть 3) *перен. разг.* плести́, сочиня́ть 4) сплетáть(ся), соединя́ть(ся), сливáть(ся) 5) покáчиваться, качáться
**2.** *n* 1) узóр, вы́работка (*ткани*); переплетéние ни́тей в ткáни 2) *attr.* ткáцкий
**weaver** [ˈwi:və] *n* ткач; ткачи́ха
**weazen(ed)** [ˈwi:zn(d)] = wizen (-ed)
**web** [web] **1.** *n* 1) паути́на 2) сплетéние, сеть (*лжи, интриг*) 3) перепóнка (*у утки, летучей мыши и т. п.*) 4) ткань; шту́ка ткáни 5) рулóн (*бумаги*) 6) ребрó (*балки*); стéржень (*рельса*); диск (*колеса*); полотнó (*пилы*) 7) щекá кривоши́па 8) перемы́чка, перебóрка 9) *анат.* соедини́тельная ткань
**2.** *v* 1) плести́ паути́ну 2) окружáть, опу́тывать паути́ной 3) замáнивать в сéти; втя́гивать, вовлекáть
**webbed** [webd] **1.** *p. p. от* web 2
**2.** *a* перепóнчатый
**webbing** [ˈwebɪŋ] **1** *pres. p. от* web 2
**2.** ткáная лéнта; тесьмá
**wed** [wed] *v* (wedded [-ɪd], *редк.* wed) 1) выдавáть зáмуж; жени́ть 2) вступáть в брак 3) сочетáть, соединя́ть
**we'd** [wi:d] *сокр. разг.* = we had; we should; we would
**wedded** [ˈwedɪd] **1.** *p. p. от* wed
**2.** *a* 1) супру́жеский; a ~ pair супру́жеская пáра 2) прéданный (to — *чему-л.*)
**wedding** [ˈwedɪŋ] **1.** *pres. p. от* wed
**2.** *n* 1) свáдьба; венчáние, бракосочетáние; жени́тьба 2) *attr.* свáдебный
**wedding-breakfast** [ˈwedɪŋ,brekfəst] *n* приём гостéй пóсле бракосочетáния (*в любое время дня*)
**wedding-cake** [ˈwedɪŋkeɪk] *n* свáдебный пирóг
**wedding-day** [ˈwedɪŋdeɪ] *n* день свáдьбы; годовщи́на свáдьбы
**wedding-dress** [ˈwedɪŋdres] *n* подвенéчное плáтье
**wedding-favour** [ˈwedɪŋ,feɪvə] *n* бант шáфера
**wedding-ring** [ˈwedɪŋrɪŋ] *n* обручáльное кольцó
**wedge** [wedʒ] **1.** *n* 1) клин; to force (*или* to drive) a ~ вбивáть клин 2) что-л., имéющее фóрму кли́на 3) *радио* линéйчатый клин ◇ the thin end of the ~ ≅ скрóмное, но многообещáющее начáло; пéрвый шаг (*к чему-л.*)
**2.** *v* 1) закрепля́ть кли́ном 2) раскáлывать при пóмощи кли́на 3) разминáть *или* раскáтывать рукáми гли́ну (*в гончарном производстве*) □ ~ **in** вкли́нивать; to ~ oneself in вти́скиваться; ~ **off** растáлкивать
**wedge writing** [ˈwedʒˈraɪtɪŋ] *n* кли́нопись
**wedgies** [ˈwedʒɪz] *n pl* танкéтки (*обувь*)
**Wedgwood** [ˈwedʒwud] *n* вéджвуд (*фарфор и фаянс англ. фабрики Веджвуд*)
**wedlock** [ˈwedlɔk] *n* супру́жество; брак; children born in (out of) ~ законнорождённые (внебрáчные) дéти
**Wednesday** [ˈwenzdɪ] *n* средá (*день недели*)
**wee I** [wi:] *a шотл.* крóшечный, мáленький; a ~ bit немнóжко
**wee II** [wi:] *эвф.* **1.** *n* мочá, пи-пи́ (*тж.* ~-wee)
**2.** *v* мочи́ться, дéлать пи-пи́
**weed I** [wi:d] **1.** *n* 1) сóрная травá, сорня́к 2) (the ~) табáк 3) *разг.* сигáра 4) *разг.* тóщий, долговя́зый человéк 5) *разг.* кля́ча ◇ ill ~s grow apace *посл.* дурнáя травá в рост идёт
**2.** *v* 1) полóть 2) очищáть; избавля́ть □ ~ **away,** ~ **out** удаля́ть, вычищáть; отбирáть
**weed II** [wi:d] *n* 1) *pl* вдóвий трáур (*обыкн.* widow's ~s) 2) трáурная повя́зка, креп
**weedy** [ˈwi:dɪ] *a* 1) зарóсший сорнякáми 2) растýщий как сóрная травá 3) худосóчный, тóщий, слáбый; несклáдный
**week** [wi:k] *n* 1) недéля; in a ~ чéрез недéлю; в недéльный срок; he came back Saturday ~ в суббóту былá *или* бу́дет недéля, как он верну́лся 2) шесть рабóчих дней недéли ◇ a ~ of Sundays *разг.* а) семь недéль; б) ≅ цéлая вéчность; ~ in, ~ out беспреры́вно
**week-day** [ˈwi:kdeɪ] *n* бу́дний день
**week-end** [ˈwi:kˈend] **1.** *n* врéмя óтдыха с пя́тницы *или* суббóты до понедéльника, уи́кенд; to go to the country for the ~ поéхать зá город на уи́кенд
**2.** *v* отдыхáть (*где-л.*) с пя́тницы *или* суббóты до понедéльника
**week-ender** [ˈwi:kˈendə] *n* уезжáющий отдыхáть на врéмя с пя́тницы *или* суббóты до понедéльника
**weekly** [ˈwi:klɪ] **1.** *n* еженедéльник
**2.** *a* еженедéльный; недéльный
**3.** *adv* еженедéльно; раз в недéлю
**ween** [wi:n] *v уст.* 1) ду́мать, полагáть 2) надéяться
**weep** [wi:p] *v* (wept) 1) плáкать, рыдáть 2) оплáкивать (for) 3) покрывáться кáплями; запотевáть, выделя́ть влáгу; the pipes have wept трубы́ запотéли □ ~ **away** проплáкать; ~ **out** вы́плакать; to ~ oneself out вы́плакаться
**weeper** [ˈwi:pə] *n* 1) плáкса 2) плáкальщик 3) трáурная повя́зка, креп 4) *pl разг.* бакенбáрды
**weeping** [ˈwi:pɪŋ] **1.** *pres. p. от* weep
**2.** *a* 1) проливáющий слёзы 2) плаку́чий; ~ willow плаку́чая и́ва 3) запотéвший 4) *мед.* мóкнущий, влáжный; ~ eczema *мед.* мóкнущая экзéма ◇ W. Cross *ист.* крест, у котóрого моли́лись кáющиеся; to come home by W. Cross раскáяться
**3.** *n* 1) плач, рыдáние 2) запотевáние (*о стекле и т. п.*)
**weepy** [ˈwi:pɪ] *n разг.* сентиментáльное произведéние, ≅ слезá с соплёй (*книга, фильм, пьеса*)
**weevil** [ˈwi:vɪl] *n зоол.* долгонóсик
**weevilly** [ˈwi:vɪlɪ] *a* поражённый долгонóсиком (*о зерне*)
**weft** [weft] *n* 1) *текст.* утóк 2) *разг.* ткань
**weigh** [weɪ] *v* 1) взвéшивать(ся) 2) взвéшивать, обду́мывать, оцéнивать; to ~ the advantages and disadvantages взвéсить все за и прóтив; to ~ one's words взвéшивать свои́ словá, тщáтельно подбирáть словá 3) срáвнивать (with, against) 4) вéсить; how much do you ~? скóлько вы вéсите? 5) имéть вес, значéние, влия́ть □ ~ **down** а) отягощáть; перевéшивать; б) угнетáть, тяготи́ть; ~ **in** а) *спорт.* взвéшиваться до соревновáния (*о спортсмене*); б): to ~ in with вы́двинуть (*убедительные доводы, факты и т. п.*); to ~ in with an argument привести́ решáющий дóвод; ~ **on** тяготи́ть; ~ **out** а) отвéшивать, развéшивать; б) *спорт.* взвéшиваться пóсле соревновáния (*о спортсмене*); ~ **up** а) уравновéшивать; б) взвéсить и реши́ть; ~ **upon** = ~ on; ~ **with** имéть значéние; влия́ть на (*решение и т. п.*)
**weighbridge** [ˈweɪbrɪdʒ] *n* мостовы́е весы́

**weigher** [ˈweɪə] *n* 1) весовщи́к 2) весы́, безме́н

**weigh-in** [ˈweɪɪn] *n* взве́шивание спортсме́на пе́ред соревнова́ниями

**weighing** [ˈweɪɪŋ] **1.** *pres. p.* от weigh

**2.** *n* взве́шивание; ~ in = weigh-in

**weighing-machine** [ˈweɪɪŋməˌʃi:n] *n* весы́

**weigh-out** [ˈweɪaut] *n* взве́шивание спортсме́на по́сле соревнова́ний

**weight** [weɪt] **1.** *n* 1) вес; ма́сса; to put on ~ толсте́ть, поправля́ться; to lose ~ худе́ть 2) тя́жесть; груз 3) бре́мя 4) влия́ние, значе́ние, авторите́т; men of ~ влия́тельные лю́ди; an argument of great ~ убеди́тельный до́вод; to throw one's ~ about *разг.* кома́ндовать; подавля́ть свои́м авторите́том 5) си́ла, тя́жесть; a (great) ~ off one's mind ≅ ка́мень с души́, гора́ с плеч 6) ги́ря; *pl* разнове́с 7) *спорт.* ги́ря, шта́нга 8) *спорт.* весова́я катего́рия ◇ Weights and Measures Department Пала́та мер и весо́в

**2.** *v* 1) нагружа́ть; увели́чивать вес; подве́шивать ги́рю 2) отягоща́ть, обременя́ть (with) 3) подме́шивать (*для веса*) 4) придава́ть вес, си́лу □ ~ **down** а) тяну́ть вниз, оття́гивать; б) отягоща́ть (*заботами и т. п.*)

**weightless** [ˈweɪtlɪs] *a* невесо́мый

**weightlessness** [ˈweɪtlɪsnɪs] *n* невесо́мость; состоя́ние невесо́мости

**weight-lifter** [ˈweɪtˌlɪftə] *n* гиреви́к, штанги́ст

**weight-lifting** [ˈweɪtˌlɪftɪŋ] *n спорт.* подня́тие тя́жестей; тяжёлая атле́тика

**weighty** [ˈweɪtɪ] *a* 1) тяжёлый 2) обремени́тельный 3) ва́жный, ве́ский

**weir** [wɪə] **1.** *n* плоти́на, запру́да; водосли́в

**2.** *v* устра́ивать плоти́ну, запру́живать

**weird** [wɪəd] **1.** *n уст., шотл.* 1) судьба́, рок 2) предзнаменова́ние, предсказа́ние

**2.** *a* 1) роково́й, фата́льный 2) таи́нственный, сверхъесте́ственный 3) *разг.* стра́нный, непоня́тный; причу́дливый ◇ the ~ sisters *миф.* боги́ни судьбы́, па́рки; ве́дьмы

**weirdie** [ˈwɪədɪ] *n разг.* чуда́к, стра́нная ли́чность

**weirdy** [ˈwɪədɪ] *амер.* = weirdie

**Welch** [welʃ] = Welsh

**welch** [welʃ] = welsh

**welcome** [ˈwelkəm] **1.** *n* 1) приве́тствие 2) гостеприи́мство, раду́шный приём; to give a warm ~ оказа́ть серде́чный приём; to find a ready ~ быть раду́шно при́нятым; to wear out (*или* to outstay) smb.'s ~ злоупотребля́ть чьим-л. гостеприи́мством; надоеда́ть хозя́евам

**2.** *a* 1) жела́нный; прия́тный; ~ news прия́тная но́вость; to make smb. ~ раду́шно принима́ть кого́-л. 2): ~ to *predic.* охо́тно разреша́емый; he is ~ to use my library я охо́тно позволя́ю ему́ по́льзоваться мое́й библиоте́кой ◇ (you are) ~ а) добро́ пожа́ловать; б) пожа́луйста, не сто́ит благода́рности (*в ответ на благодарность*)

**3.** *v* 1) приве́тствовать; раду́шно принима́ть; I ~ you to my house рад вас ви́деть у себя́ 2) приве́тствовать, одобря́ть (*предложение, начинание и т. п.*)

**4.** *int* добро́ пожа́ловать! (*тж.* you are ~!); ~ home! с прие́здом!

**weld** [weld] **1.** *n тех.* сварно́й шов

**2.** *v* 1) *тех.* сва́ривать(ся) 2) спла́чивать, объединя́ть

**welder** [ˈweldə] *n* 1) сва́рщик 2) сва́рочный агрега́т

**welding** [ˈweldɪŋ] **1.** *pres. p.* от weld 2

**2.** *n тех.* сва́рка

**welfare** [ˈwelfɛə] *n* 1) благосостоя́ние, благоде́нствие 2) = welfare work [*см.* 3)] 3) *attr.*: the W. State *полит.* «госуда́рство всео́бщего благосостоя́ния»; ~ work мероприя́тия по улучше́нию бытовы́х усло́вий (*неимущих и т. п.*); благотвори́тельность

**welkin** [ˈwelkɪn] *n поэт.* не́бо, небосво́д

**well I** [wel] **1.** *n* 1) родни́к 2) коло́дец, водоём 3) *перен.* исто́чник 4) ле́стничная кле́тка 5) ша́хта ли́фта 6) места́ адвока́тов (*в английском суде*) 7) *горн.* сква́жина; отсто́йник, зумпф

**2.** *v* хлы́нуть, бить ключо́м (*часто* ~ up, ~ out, ~ forth)

**well II** [wel] **1.** *adv* (better; best) 1) хорошо́; ~ done! отли́чно; здо́рово!; she is ~ spoken of у неё отли́чная репута́ция 2) как сле́дует; хороше́нько; основа́тельно; we ought to examine the results ~ сле́дует тща́тельно изучи́ть результа́ты; to talk ~ наговори́ться вдо́воль 3) хорошо́, разу́мно, пра́вильно; to behave ~ хорошо́ вести́ себя́; you can't ~ refuse to help him у вас нет доста́точных основа́ний отказа́ть ему́ в по́мощи 4) соверше́нно, по́лностью; he was ~ out of sight он совсе́м исче́з и́з виду 5) о́чень, значи́тельно, далеко́, вполне́; the work is ~ on рабо́та значи́тельно продви́нулась; he is ~ past forty ему́ далеко́ за́ сорок; it may ~ be true весьма́ возмо́жно, что так оно́ и есть на са́мом де́ле; this may ~ be so э́то весьма́ вероя́тно ◇ as ~ as так же как, а та́кже; заодно́ и; it's just as ~ ну что́ же, пусть бу́дет так, ≅ жале́ть не сто́ит; ~ enough дово́льно хорошо́; the girl speaks French ~ enough to act as our interpreter де́вушка доста́точно хорошо́ владе́ет францу́зским языко́м, что́бы быть на́шим перево́дчиком

**2.** *a* (better; best) 1) *predic.* хоро́ший; all is ~ всё в поря́дке, всё прекра́сно; all turned out ~ всё сошло́ благополу́чно; to be ~ out of smth. сча́стли́во отде́латься от чего́-л. 2) *predic.* здоро́вый; I am quite ~ я соверше́нно здоро́в 3): ~ up *predic.* зна́ющий, толко́вый; he isn't ~ up in psychology он не силён в психоло́гии 4) *attr. редк* (*не имеет степеней сравнения*) здоро́вый

**3.** *n* добро́; I wish him ~ я жела́ю ему́ добра́ ◇ let ~ alone, *амер.* let ~ enough alone ≅ от добра́ добра́ не и́щут

**4.** *int* ну! (*выражает удивление, уступку, согласие, ожидание и т. п.*); ~ and good! хорошо́!, ла́дно!; if you promise that, ~ and good е́сли вы обеща́ете э́то, тогда́ хорошо́; ~, to be sure вот тебе ра́з!; ~, what next? ну, а что да́льше?; ~, now tell me all about it ну, тепе́рь расскажи́те мне всё об э́том

**we'll** [wi:l] *сокр. разг.* = we shall; we will

**well-advised** [ˈweləd'vaɪzd] *a* благоразу́мный

**well-appointed** [ˈweləˈpɔɪntɪd] *a* хорошо́ снаряжённый, хорошо́ обору́дованный

**well-armed** [ˈwelˈɑ:md] *a* хорошо вооружённый

**well-balanced** [ˈwelˈbælənst] *a* 1) уравнове́шенный, рассуди́тельный 2) гармони́ческий; симметри́чный

**well-becoming** [ˈwelbɪˈkʌmɪŋ] *a* подходя́щий, пра́вильный

**well-behaved** [ˈwelbɪˈheɪvd] *a* 1) благонра́вный 2) вы́дрессированный (*о животном*)

**well-being** [ˈwelˈbi:ɪŋ] *n* 1) здоро́вье 2) благополу́чие; процвета́ние, благосостоя́ние

**well-boring** [ˈwelˈbɔ:rɪŋ] *n горн.* буре́ние сква́жин

**well-born** [ˈwelˈbɔ:n] *a* родови́тый

**well-bred** [ˈwelˈbred] *a* 1) благовоспи́танный 2) поро́дистый, чистокро́вный (*о животном*)

**well-built** [ˈwelˈbɪlt] *a* кре́пкий; хорошо́ сложённый

**well-conducted** [ˈwelkənˈdʌktɪd] *a* воспи́танный;练 такти́чный

**well-connected** [ˈwelkəˈnektɪd] *a* с больши́ми свя́зями в вы́сшем све́те

**well-defined** [ˈweldɪˈfaɪnd] *a* чёткий; вполне́ определённый, стро́го оче́рченный

**well-directed** [ˈweldɪˈrektɪd] *a* ме́ткий (*о выстреле и т. п.*); то́чно напра́вленный

**well-dish** [ˈwelˈdɪʃ] *n* блю́до с углубле́нием для со́уса

**well-disposed** [ˈweldɪsˈpəuzd] *a* благожела́тельный, благоскло́нный (to, towards)

**well-doer** [ˈwelˈdu(:)ə] *n* 1) доброде́тельный челове́к 2) благоде́тель

**well-doing** [ˈwelˈdu(:)ɪŋ] *n* до́брые дела́ и посту́пки

**well-done** [ˈwelˈdʌn] *a* 1) хорошо́, уда́чно сде́ланный 2) хорошо́ прожа́ренный

**well-earned** [ˈwelˈə:nd] *a* заслу́женный

**well-educated** [ˈwelˈedju:keɪtɪd] *a* образо́ванный

**well-favoured** ['wel'feɪvəd] *a уст.* краси́вый, привлека́тельный

**well-fed** ['wel'fed] *a* откóрмленный; тóлстый

**well-found** ['wel'faund] *a* хорошó обору́дованный; хорошó снаряжённый

**well-founded** ['wel'faundɪd] = well-grounded 1)

**well-groomed** ['wel'gru:md] *a* 1) хорошó ухóженный (*о лошади*) 2) хóленый; вы́холенный

**well-grounded** ['wel'graundɪd] *a* 1) обоснóванный 2) (in) хорошó подготóвленный (по *какому-л. предмету*); свéдущий (в *чём-л.*)

**well-head** ['welhed] *n* истóчник

**well-heeled** ['wel'hi:ld] *a разг.* богáтый

**well-informed** ['welɪn'fɔ:md] *a* хорошó осведомлённый

**Wellingtons** ['welɪŋtənz] *n pl* высóкие сапоги́

**well-intentioned** ['welɪn'tenʃənd] *a* испóлненный благи́х намéрений; дéйствующий из сáмых лу́чших побуждéний

**well-judged** ['wel'dʒʌdʒd] *a* вóвремя, иску́сно *или* такти́чно сдéланный; ~ reply проду́манный отвéт; ~ blow удáр, попáвший в цель

**well-knit** ['wel'nɪt] *a* 1) крéпко сколóченный 2) крéпкого сложéния 3) сплочённый

**well-known** ['wel'nəun] *a* 1) извéстный, популя́рный 2) хорошó знакóмый, общеизвéстный 3) пресловýтый

**well-lined** ['wel'laɪnd] *a* тýго наби́тый (*о бумажнике*)

**well-made** ['wel'meɪd] *a* 1) хорошó сложённый 2) иску́сный; удáчный в композициóнном отношéнии

**well-mannered** ['wel'mænəd] *a* (благо)воспи́танный

**well-marked** ['wel'mɑ:kt] *a* отчётливый

**well-meaning** ['wel'mi:nɪŋ] *a* имéющий хорóшие намéрения; благонамéренный

**well-meant** ['wel'ment] = well-intentioned

**well-minded** ['wel'maɪndɪd] = well-disposed

**well-natured** ['wel'neɪtʃəd] = good-natured

**well-nigh** ['welnaɪ] *adv* почти́

**well-off** ['wel'ɔf] *a* 1) состоя́тельный, зажи́точный 2) хорошó снабжённый, обеспéченный (for); ~ for books пóлностью обеспéченный кни́гами

**well-oiled** ['wel'ɔɪld] *a* 1) хорошó смáзанный 2) льсти́вый 3) *sl.* подвы́пивший

**well-ordered** ['wel'ɔ:dəd] *a* упоря́доченный

**well-paid** ['wel'peɪd] *a* хорошó оплáчиваемый

**well-proportioned** ['welprə'pɔ:ʃənd] *a* пропорционáльный, соразмéрный

**well-read** ['wel'red] *a* 1) начи́танный 2) обладáющий обши́рными знáниями в какóй-л. óбласти (in); he is ~ in English literature он хорошó знáет англи́йскую литератýру

**well-regulated** ['wel'regjuleɪtɪd] *a* находя́щийся под надлежáщим контрóлем; урегули́рованный

**well-room** ['welrum] *n* бювéт

**well-run** ['wel'rʌn] *a* отли́чно дéйствующий (*о предприятии, лавке и т. п.*)

**well-seeming** ['wel'si:mɪŋ] *a* хорóший на вид

**well-set** ['wel'set] *a* 1) коренáстый 2) прáвильно при́гнанный, крéпкий

**well-sinking** ['wel'sɪŋkɪŋ] *n* рытьё колóдца; бурéние сквáжины

**well-spoken** ['wel'spəukən] *a* 1) скáзанный кстáти, к мéсту 2) изы́сканный (*о манере говорить*)

**well-spring** ['welsprɪŋ] = well-head

**well-tailored** ['wel'teɪləd] *a* 1) хорошó одéтый 2) хорошó сши́тый

**well-thought-of** ['wel'θɔ:tɔv] *a* имéющий хорóшую репутáцию; уважáемый

**well-thought-out** ['wel'θɔ:t'aut] *a* проду́манный, обоснóванный

**well-timed** ['wel'taɪmd] *a* своеврéменный

**well-to-do** ['weltə'du:] *a* состоя́тельный, зажи́точный

**well-tried** ['wel'traɪd] *a* испы́танный

**well-trodden** ['wel'trɔdn] *a* протоптанный; чáсто посещáемый; *перен.* изби́тый

**well-turned** ['wel'tə:nd] *a* 1) удáчный, удáчно вы́раженный 2) склáдный

**well-water** ['wel,wɔ:tə] *n* колóдезная *или* роднико́вая водá

**well-wisher** ['wel'wɪʃə] *n* доброжелáтель

**well-wishing** ['wel'wɪʃɪŋ] *a* доброжелáтельный

**well-worn** ['wel'wɔ:n] *a* понóшенный; *перен.* истáсканный, изби́тый (*о шутке и т. п.*); a ~ story ≅ анекдóт с бородóй

**Welsh** [welʃ] **1.** *a* валли́йский, уэ́льский ◇ ~ rabbit (*или* rarebit) гренки́ с сы́ром

**2.** *n* 1) (the ~) *pl собир.* валли́йцы, уэ́льсцы 2) валли́йский язы́к

**welsh** [welʃ] *v* скры́ться, не уплати́в прóигрыша

**Welshman** ['welʃmən] *n* урожéнец Уэ́льса; валли́ец, уэ́льсец

**Welshwoman** ['welʃ'wumən] *n* урожéнка Уэ́льса; валли́йка

**welt** [welt] **1.** *n* 1) рант (*башмака*) 2) след, рубéц (*от удара кнутом*) 3) удáр 4) *тех.* фальц; бордю́р

**2.** *v* 1) шить на рантý (*обувь*) 2) *разг.* полосовáть, бить 3) обшивáть; окаймля́ть

**welter I** ['weltə] **1.** *n* столпотворéние, сумбýр; неразбери́ха; (пóлная) пу́таница (*во взглядах, мыслях и т. п.*)

**2.** *v* 1) валя́ться, бaрáхтаться; to ~ in one's blood плáвать в лу́же крóви; to ~ in pleasure предавáться удовóльствиям; to ~ in vice погря́знуть в порóке 2) вздымáться и пáдать (*о волнах*) 3) волновáться

**welter II** ['weltə] = welter-weight

**welter-weight** ['weltəweɪt] *n* 1) добáвочный груз (*на скачках*) 2) *спорт.* вторóй полусрéдний вес; боксёр *или* борéц вторóго полусрéднего вéса

**wen** [wen] *n* 1) *мед.* жировáя ши́шка, жирови́к 2) *мед.* стеатóма 3) большóй перенаселённый гóрод; the great ~ Лóндон

**wench** [wentʃ] **1.** *n* 1) *шутл.* дéвушка, молодáя жéнщина 2) *уст.* служáнка (*особ. о крестьянке*) 3) *уст.* дéвка (*проститутка*)

**2.** *v разг.* таскáться по бáбам, распу́тничать

**wend** [wend] *v уст.* идти́; to ~ one's way держáть путь, направля́ться (to)

**went** [went] *past от* go 1

**wept** [wept] *past и p. p. от* weep

**were** [wə: (*полная форма*); wə (*редуцированная форма*)] *прошедшее время мн. ч. гл.* to be

**we're** [wɪə] *сокр. разг.* = we are

**weren't** [wə:nt] *сокр. разг.* = were not

**wer(e)wolf** ['wɪəwulf] *n* óборотень

**west** [west] **1.** *n* 1) зáпад; *мор.* вест 2) зáпадный вéтер; *мор.* вест 3) (the W.) *амер.* зáпадные штáты

**2.** *a* зáпадный; ~ country а) зáпадная часть страны́; б) грáфства, располóженные к ю́го-зáпаду от Лóндона

**3.** *adv* к зáпаду, на зáпад ◇ to go ~ *разг.* умерéть; поги́бнуть

**West End** ['west'end] *n* Уэст-Энд, зáпадная, аристократи́ческая часть Лóндона

**West-Ender** ['west'endə] *n* жи́тель Уэст-Энда

**westering** ['westərɪŋ] *a* 1) на закáте (*о солнце*) 2) напрáвленный на зáпад

**westerly** ['westəlɪ] **1.** *a* зáпадный

**2.** *adv* с зáпада; на зáпад

**3.** *n pl мор.* зáпадные вéтры, вéсты

**western** ['westən] **1.** *a* зáпадный; относя́щийся к зáпаду

**2.** *n* 1) = westerner 1); 2) *амер. разг.* вéстерн, ковбóйский фильм, ковбóйская пьéса, телепередáча *и т. п.* 3) привéрженец зáпадной, ри́мско-католи́ческой цéркви

**westerner** ['westənə] *n* 1) жи́тель *или* урожéнец зáпада (*особ. в США*) 2) представи́тель зáпада (*о стране, культуре и т. п.*)

**westernize** ['westənaɪz] *v* (наси́льственно) европеизи́ровать

**westernmost** ['westənməust] *a* сáмый зáпадный

**westing** ['westɪŋ] *n мор.* дрейф на вест

**westward** ['westwəd] **1.** *a* напрáвленный к зáпаду

**2.** *adv* на зáпад

**3.** *n* зáпадное направлéние; зáпадный райóн

**westwards** ['westwədz] = westward 2

**wet** [wet] **1.** *a* 1) мóкрый, влáжный; непросóхший; ~ paint непросóхшая крáска; ~ to the skin, ~ through промóкший до ни́тки 2) дождли́вый, сыро́й; ~ weather промо́зглая пого́да 3) жи́дкий (*о грязи, смоле*) 4) слезли́вый, плакси́вый; ~ smile улы́бка сквозь слёзы 5) *амер.* «мо́крый», разреша́ющий *или* стоя́щий за разреше́ние прода́жи спиртны́х напи́тков; ~ state штат, в кото́ром разрешена́ прода́жа спиртны́х напи́тков 6) *разг.* глу́пый, несура́зный; to talk ~ нести́ околёсицу 7) *разг.* пья́ный; ~ night попо́йка

**2.** *n* 1) вла́жность, сы́рость 2) дождли́вая пого́да 3) *разг.* вы́пивка; спиртны́е напи́тки 4) *амер.* сторо́нник разреше́ния прода́жи спиртны́х напи́тков 5) *разг.* никчёмный челове́к, сопля́к 6) *разг.* пла́кса

**3.** *v* 1) мочи́ть, сма́чивать, увлажня́ть; to ~ one's bed мочи́ться в посте́ли, страда́ть недержа́нием мочи́ 2) *разг.* вспры́снуть; to ~ a bargain вспры́снуть сде́лку; to ~ one's whistle промочи́ть го́рло, вы́пить □ ~ **out** а) промочи́ть; б) промыва́ть

**wetback** [ˈwetbæk] *n амер. разг.* сельскохозя́йственный рабо́чий, незако́нно прие́хавший *или* доста́вленный из Ме́ксики в США

**wet blanket** [ˈwetˈblæŋkɪt] *n разг.* челове́к, отравля́ющий други́м удово́льствие, ра́дость *и т. п.*

**wet-blanket** [ˈwetˈblæŋkɪt] *v разг.* обескура́живать; отравля́ть удово́льствие

**wet bob** [ˈwetbɔb] *n* уча́щийся, занима́ющийся во́дным спо́ртом

**wether** [ˈweðə] *n* валу́х, кастри́рованный бара́н

**wet-nurse** [ˈwetnə:s] *n* 1) корми́лица 2) ня́нька; to play ~ ня́ньчиться

**we've** [wi:v] *сокр. разг.* = we have

**whack** [wæk] **1.** *n* 1) си́льный уда́р; звук от уда́ра 2) *разг.* причита́ющаяся до́ля; to go ~s войти́ в до́лю (*с кем-л.*); to have one's ~ of smth. получи́ть вдо́воль чего́-л. ◇ to have a ~ at smth. *разг.* попро́бовать, попыта́ться сде́лать что-л.; out of ~ *разг.* не в поря́дке

**2.** *v* 1) ударя́ть, колоти́ть 2) *разг.* дели́ть(ся) (*тж.* ~ up)

**whacked** [wækt] *a разг.* измо́танный, изму́ченный

**whacker** [ˈwækə] *n разг.* 1) грома́дина 2) на́глая ложь

**whacking** [ˈwækɪŋ] **1.** *pres. p. от* whack 2

**2.** *a разг.* огро́мный

**whale I** [weɪl] **1.** *n* 1) кит; bull ~ кит-саме́ц; cow ~ са́мка кита́ 2): a ~ of *разг.* что-л. огро́мное, колосса́льное *или* о́чень хоро́шее; a ~ of a story прекра́сный расска́з 3): a ~ at (*или* on) *разг.* ма́стер (своего́ де́ла); знато́к; маста́к; he is a ~ on (*или* at) history он знато́к исто́рии ◇ very like a ~ *ирон.* ну, коне́чно!, так я и пове́рил!

**2.** *v* (*обыкн. pres. p.*) бить кито́в

**whale II** [weɪl] *v амер. разг.* бить, поро́ть

**whale-boat** [ˈweɪlbəut] *n* 1) китобо́йное су́дно 2) вельбо́т

**whalebone** [ˈweɪlbəun] *n* 1) кито́вый ус 2) изде́лие из кито́вого у́са

**whale-fin** [ˈweɪlfɪn] = whalebone

**whale-fishery** [ˈweɪlˌfɪʃərɪ] *n* китобо́йный про́мысел

**whaleman** [ˈweɪlmən] *n* 1) китоло́в, китобо́й 2) китобо́йное су́дно

**whale-oil** [ˈweɪlɔɪl] *n* во́рвань, кито́вый жир

**whaler** [ˈweɪlə] *n* 1) китобо́йное су́дно 2) *мор.* вельбо́т 3) китоло́в, китобо́й

**whaling I** [ˈweɪlɪŋ] **1.** *pres. p. от* whale I, 2

**2.** *n* охо́та на кито́в; китобо́йный про́мысел

**3.** *a разг.* грома́дный, необыкнове́нный

**whaling II** [ˈweɪlɪŋ] *амер.* **1.** *pres. p. от* whale II

**2.** *n разг.* по́рка

**whaling-gun** [ˈweɪlɪŋgʌn] *n* гарпу́нная пу́шка

**whang** [wæŋ] *разг.* **1.** *n* гро́мкий уда́р

**2.** *v* ударя́ть, бить

**wharf** [wɔ:f] *n* (*pl* -ves, -fs [-fs]) при́стань; прича́л

**wharfage** [ˈwɔ:fɪdʒ] *n мор.* прича́льный сбор

**wharfinger** [ˈwɔ:fɪndʒə] *n* владе́лец при́стани *или* его́ управля́ющий

**wharves** [wɔ:vz] *pl от* wharf

**what** [wɔt] *pron* 1) *inter.* како́й?, что?, ско́лько?; ~ is it? что э́то (тако́е?); ~ did he pay for it? ско́лько он заплати́л за э́то?; ~ is he? кто он тако́й? (*по профессии*); ~? ~ did you say? repeat, please что? что вы сказа́ли? повтори́те; ~ about...? что но́вого о...?, ну как...?; ~ about your promise? ну, так как же насчёт ва́шего обеща́ния?; ~'s his name? как его́ зову́т?; ~ for? зачём?; ~ good (*или* use) is it? кака́я по́льза от э́того?, како́й толк в э́том?; ~ if...? а что, е́сли...?; ~ manner (*или* kind, sort) of? что за?; како́й?; ~ kind of man is he? како́в он?, что он собо́й представля́ет?; ~ next? ну, а да́льше что?; ~ of...? = ~ about...?; well, ~ of it?, *разг.* so ~? ну и что из того́?, ну, так что ж?; ~ though...? что из того́, что...?; ~ are we the better for it all? что нам от того́? 2) *conj.* како́й, что, ско́лько; I don't know ~ she wants я не зна́ю, что ей ну́жно; like ~'s in your workers' eyes? наприме́р, что ду́мают ва́ши рабо́чие?; he gave her ~ money he had он дал ей все де́ньги, каки́е у него́ бы́ли; I know ~ to do я зна́ю, что ну́жно де́лать; do you know him ~ came yesterday? (*неправ. вместо* who) вы зна́ете челове́ка, кото́рый приходи́л вчера́? 3) *emph.* како́й!; как!; что!; ~ a strange phenomenon! како́е необы́чное явле́ние!; ~ an interesting book it is! кака́я интере́сная кни́га!; ~ a pity! как жаль! ◇ (and) ~ not и так да́лее; ~ ho! *оклик или приветствие;* ~ matter? э́то несуще́ственно!; ~ with вследствие, из-за; ~ gives! что я ви́жу!; да ну!; I know ~ у меня́ есть предложе́ние, иде́я; ~ is ~ что к чему́; I know ~'s ~ я отли́чно всё понима́ю; this isn't easy ~? э́то не легко́, а? как вы счита́ете?; ~ the hell? а) како́го чёрта?; б) ну и что?, поду́маешь!; come ~ may будь, что бу́дет; ~ on earth (*или* in the blazes, in the world)...? чёрт возьми́, бо́га ра́ди...; ~ on earth is he doing here? како́го чёрта ему́ ну́жно здесь?, что он, чёрт побери́, де́лает здесь?

**what-d'ye-call-em** [ˈwɔtdjuˌkɔ:ləm] *шутл.* как их, бишь, там?

**whate'er** [wɔtˈɛə] *поэт. см.* whatever

**whatever** [wɔtˈevə] **1.** *a* како́й бы ни, любо́й

**2.** *pron* 1) *conj.* всё что; что бы ни; I am right, ~ you think я прав, что бы вы там ни ду́мали; ~ the appearances... как бы э́то ни вы́глядело со стороны́...; что бы там ни говори́ли...; ~ the reason... каковы́ бы ни́ бы́ли причи́ны... 2) *emph.* (*после* no) никако́й; (*после* any) како́й-нибудь; is there any hope ~? есть ли хоть кака́я-нибудь наде́жда? 3) *разг.* (хоть) что́-нибудь

**what-for** [ˈwɔtfɔ:] *n разг.* взбу́чка, наказа́ние

**Whatman** [ˈwɔtmən] *n* ва́тманская бума́га (*тж.* ~ paper)

**what-not** [ˈwɔtnɔt] *n* 1) этаже́рка для безделу́шек 2) вся́кая вся́чина, пустяки́, безделу́шки

**whatsis, whatsit** [ˈwɔtzɪs, ˈwɔtsɪt] *амер. разг.* ну как э́то (называ́ется)?

**whatsoe'er** [ˌwɔtsəuˈɛə] *поэт. см.* whatsoever

**whatsoever** [ˌwɔtsəuˈevə] *эмфатическая форма от* whatever

**wheat** [wi:t] *n* пшени́ца; winter (summer) ~ ози́мая (яровáя) пшени́ца

**Wheatstone bridge** [ˈwi:tstənˈbrɪdʒ] *n эл.* мо́ст(ик) сопротивле́ния

**wheedle** [ˈwi:dl] *v* 1) подольща́ться 2) обха́живать 3) вымáнивать ле́стью; to ~ smb. into doing smth. ле́стью заста́вить кого́-л. сде́лать что-л.; to ~ smth. out of smb. вы́манить что-л. у кого́-л.

**wheedling** [ˈwi:dlɪŋ] **1.** *pres. p. от* wheedle

**2.** *a* льсти́вый; уме́ющий уговори́ть с по́мощью ле́сти

**wheel** [wi:l] **1.** *n* 1) колесо́; колёсико; Geneva ~ *тех.* мальти́йский крест 2) рулево́е колесо́, штурва́л; man at the ~ рулево́й; *перен.* ко́рмчий, руководи́тель 3) *pl перен.* механи́зм; the ~s of state госуда́рственная маши́на 4) круже́ние, круг, оборо́т 5) пря́лка 6) гонча́рный круг (*тж.* potter's ~) 7) колесо́ форту́ны, сча́стье (*тж.* Fortune's ~) 8) припе́в, рефре́н 9) *уст.* велосипе́д 10) *воен.*: left (right) ~! пра́вое (ле́вое) плечо́ вперёд! 11) *амер.* до́ллар ◇ to break on the ~

*ист.* колесова́ть; to break a butterfly (*или* a fly) on the ~ ≅ стреля́ть из пу́шек по воробья́м; to go on ~s идти́ как по ма́слу; ~s within ~s сло́жная взаимосвя́зь; сло́жное положе́ние; to put one's shoulder to the ~ энерги́чно взя́ться за рабо́ту

**2.** *v* 1) кати́ть, везти́ (*тачку и т. п.*) 2) опи́сывать круги́ 3) повора́чивать (-ся) 4) е́хать на велосипе́де 5) *воен.* заходи́ть *или* заезжа́ть фла́нгом ◇ to ~ and deal *амер. разг.* обде́лывать дели́шки, соверша́ть махина́ции; заправля́ть дела́ми

**wheel and axle** ['wi:lənd'æksl] *n* *тех.* во́рот

**wheelbarrow** ['wi:lˌbærəu] *n* та́чка

**wheel-base** ['wi:lbeɪs] *n* *авто* колёсная ба́за

**wheel chair** ['wi:l'ʧɛə] *n* кре́сло на колёсах (*для инвалидов*)

**wheeled** [wi:ld] **1.** *p. p. от* wheel 2

**2.** *a* колёсный, име́ющий колёса

**wheeler** ['wi:lə] *n* 1) коренни́к, коренна́я ло́шадь 2) = wheelwright 3) *attr.*: ~ team коренна́я па́ра

**wheeler-dealer** ['wi:lə'di:lə] *n* *амер. разг.* 1) заправи́ла 2) махина́тор, ловка́ч; пройдоха́ (*тж.* wheeler and dealer) 3) *attr.* жуликова́тый

**wheel-horse** ['wi:lhɔ:s] = wheeler 1)

**wheel-house** ['wi:lhaus] *n* *мор.* рулева́я ру́бка

**wheeling** ['wi:lɪŋ] **1.** *pres. p. от* wheel 2

**2.** *n* 1) езда́ на велосипе́де 2) поворо́т; оборо́т

**wheelman** ['wi:lmən] *n* *разг.* велосипеди́ст

**wheelsman** ['wi:lzmən] *n* рулево́й

**wheelwright** ['wi:lraɪt] *n* колёсный ма́стер

**wheeze** [wi:z] **1.** *n* 1) тяжёлое дыха́ние, оды́шка, хрип 2) *театр.* отсебя́тина 3) *разг.* трюк, уло́вка 4) *разг.* блестя́щая иде́я

**2.** *v* дыша́ть с при́свистом; хрипе́ть ▭ ~ **out** прохрипе́ть

**wheezy** ['wi:zɪ] *a* 1) страда́ющий оды́шкой, а́стмой 2) хри́плый

**whelk** [welk] *n* прыщ

**whelm** [welm] *v* *поэт.* залива́ть; поглоща́ть; подавля́ть

**whelp** [welp] **1.** *n* 1) щено́к; детёныш 2) щено́к, отро́дье

**2.** *v* щени́ться; производи́ть детёнышей

**when** [wen] **1.** *adv* 1) *inter.* когда́? 2) *rel.* когда́; during the time ~ you were away во вре́мя ва́шего отсу́тствия 3) *conj.* когда́; I don't know ~ she will come не зна́ю, когда́ она́ придёт

**2.** *cj* 1) когда́, в то вре́мя как, как то́лько, тогда́ как; ~ seated си́дя; ~ speaking говоря́ 2) хотя́, несмотря́ на, тогда́ как; he is reading the book ~ he might be out playing он чита́ет кни́гу, хотя́ мог бы игра́ть во дворе́ 3) е́сли; how can he buy it ~ he has no money? как он мо́жет э́то купи́ть, е́сли у него́ нет де́нег?

**3.** *n* вре́мя, да́та; he told me the ~ and the why of it он рассказа́л мне когда́ и отчего́ э́то произошло́; till ~ can you stay? до како́го вре́мени вы мо́жете оста́ться? ◇ say ~ скажи́те (са́ми), когда́ дово́льно (*при наливании вина*)

**whence** [wens] **1.** *adv inter.* 1) отку́да? (*обыкн.* from ~?); from ~ is he? отку́да он? 2) как?; каки́м о́бразом?; ~ comes it that...? как э́то получа́ется, что...

**2.** *cj* отку́да; go back ~ you came возвраща́йтесь туда́, отку́да вы при́были

**whene'er** [wen'ɛə] *поэт. см.* whenever

**whenever** [wen'evə] **1.** *adv разг.* когда́ же; ~ will you learn? когда́ же ты вы́учишь?

**2.** *cj* вся́кий раз когда́; когда́ бы ни; I'll be at home ~ he arrives когда́ бы он ни прие́хал, я бу́ду до́ма; ~ I see her she is smiling когда́ бы я ни встре́тил её, она́ (всегда́) улыба́ется

**whensoever** [ˌwensəu'evə] *эмфатическая форма от* whenever

**where** [wɛə] **1.** *adv* 1) *inter.* где?; куда́? 2) *rel.* где; the place ~ we lived is not far from here ме́сто, где мы жи́ли, недалеко́ отсю́да 3) *conj.* где ▭ ~ **from**? отку́да?; ~ do you come from? отку́да вы?; ask her ~ she comes from? спроси́ её, отку́да она́?; ~ **to** куда́?

**2.** *cj* туда́; туда́ куда́; туда́ где; где; send him ~ he will be well taken care of пошли́те его́ туда́, где за ним бу́дет хоро́ший ухо́д

**3.** *n* ме́сто происше́ствия; the ~s and whens are important ва́жно, где и когда́ э́то случи́лось

**whereabouts** **1.** *n* ['wɛərəbauts] (приблизи́тельное) местонахожде́ние; can you tell me his ~? мо́жете вы сказа́ть мне, где его́ найти́?

**2.** *adv inter.* ['wɛərə'bauts] где?; о́коло како́го ме́ста?; в каки́х края́х?

**whereas** [wɛər'æz] *cj* 1) тогда́ как 2) несмотря́ на то, что 3) (*в преамбулах официальных документов*) принима́я во внима́ние, поско́льку

**whereat** [wɛər'æt] *adv* на э́то; зате́м; по́сле э́того; о чём, на что

**whereby** [wɛə'baɪ] *adv* 1) *rel.* посре́дством чего́ 2) *inter. уст.* посре́дством чего́?; как?, каки́м о́бразом?

**where'er** [wɛər'ɛə] *поэт. см.* wherever

**wherefore** ['wɛəfɔ:] **1.** *adv inter.* *поэт.* почему́?, по како́й причи́не?; для чего́?

**2.** *n* причи́на

**wherein** [wɛər'ɪn] *adv* 1) *rel.* там, где 2) *inter. уст.* в чём?

**whereof** [wɛər'ɔv] *adv* 1) из кото́рого 2) о кото́ром, о чём

**wheresoe'er** [ˌwɛəsəu'ɛə] *поэт. см.* wheresoever

**wheresoever** [ˌwɛəsəu'evə] *эмфатическая форма от* wherever

**whereupon** [ˌwɛərə'pɔn] **1.** *adv* на чём?; где?

**2.** *cj* по́сле чего́; всле́дствие чего́; тогда́

**wherever** [wɛər'evə] **1.** *adv* 1) где? 2) куда́?

**2.** *cj* где бы ни; куда́ бы ни

**wherewith** [wɛə'wɪθ] *adv уст.* чем, с по́мощью чего́

**wherewithal** ['wɛəwɪðɔ:l] *n* (the ~) *разг.* необходи́мые сре́дства, де́ньги

**wherry** ['werɪ] *n* ло́дка, я́лик; ба́ржа́; ба́рка

**whet** [wet] **1.** *n* 1) то́чка, пра́вка (*бритвы и т. п.*) 2) сре́дство для возбужде́ния аппети́та; глото́к спиртно́го

**2.** *v* 1) точи́ть, пра́вить (*на оселке*) 2) разжига́ть, раззадо́рить; возбужда́ть (*аппетит, желание*) ◇ to ~ one's whistle глотну́ть спиртно́го, вы́пить, промочи́ть гло́тку

**whether** ['weðə] **1.** *cj* ли; I don't know ~ he is here я не зна́ю, здесь ли он ◇ ~ or по так и́ли ина́че; во вся́ком слу́чае

**2.** *pron уст.* кото́рый (из двух)

**whetstone** ['wetstəun] *n* точи́льный ка́мень

**whew** [hwu:] *int шутл.* вот так та́к!

**whey** [weɪ] *n* сы́воротка

**whey-faced** ['weɪfeɪst] *a* бле́дный (*особ. от страха*)

**which** [wɪʧ] *pron* 1) *inter.* кото́рый?; како́й?, кто? (*подразумевается выбор*); ~ of you am I to thank? кого́ из вас мне благодари́ть?; ~ way shall we go? в каку́ю сто́рону мы пойдём? 2) *rel.* каково́й, кото́рый, что; the book ~ you are talking about... кни́га, о кото́рой вы говори́те... 3) *conj.* кото́рый, како́й; что; I don't know ~ way we must take я не зна́ю, по како́й доро́ге нам на́до е́хать

**whichever** [wɪʧ'evə] *pron* 1) *inter.* како́й? 2) *conj.* како́й уго́дно, како́й бы ни

**whichsoever** [ˌwɪʧsəu'evə] *эмфатическая форма от* whichever

**whicker** ['wɪkə] *v диал.* ржать

**whiff** I [wɪf] **1.** *n* 1) дунове́ние, струя́; a ~ of fresh air струя́ све́жего во́здуха 2) дымо́к 3) сла́бый за́пах (*часто неприятный*) 4) *разг.* небольша́я сига́ра 5) *разг.* миг, мгнове́ние 6) затя́жка (*при курении*); to take a ~ or two затяну́ться разо́к-друго́й

**2.** *v* 1) ве́ять, слегка́ дуть 2) пуска́ть клубы́ (*дыма*); попы́хивать 3) издава́ть неприя́тный за́пах, пова́нивать

**whiff** II [wɪf] *n* пло́ская ры́ба (*общее название камбаловых рыб*)

**whiff** III [wɪf] *n* уче́бная го́ночная ло́дка-кли́нкер

**whiffet** ['wɪfɪt] *n амер. разг.* ничто́жество

**whiffle** ['wɪfl] *v* 1) дуть сла́бо (*особ. порывами — о ветре*) 2) развева́ть, рассе́ивать 3) дрейфова́ть 4) посви́стывать, свисте́ть 5) *амер.* колеба́ться; увили́вать; проявля́ть нереши́тельность

**whiffy** ['wɪfɪ] *a* попа́хивающий

**Whig** [wɪg] *n ист.* 1) виг 2) (*тж.* w.) либера́л

**while** [waɪl] **1.** *n* вре́мя, промежу́ток вре́мени; a long ~ до́лго; a short ~ недо́лго; for a ~ на вре́мя; for a good ~ на дово́льно до́лгий срок; in a little ~ ско́ро; the ~ *поэт.* поку́да; в то вре́мя как

**2.** *v*: □ ~ **away** безде́льничать; to ~ away the time (*или* a few hours) проводи́ть, корота́ть вре́мя

**3.** *cj* 1) пока́, в то вре́мя как; ~ in London he studied music когда́ он был в Ло́ндоне, он занима́лся му́зыкой 2) несмотря́ на то, что; тогда́ как; ~ the book was terribly dull, he would read it to the end хотя́ кни́га была́ невыноси́мо скучна́, он упря́мо продолжа́л чита́ть её до конца́

**whiles** [waɪlz] *cj уст.* пока́, в то вре́мя как

**whilom** ['waɪləm] **1.** *a* бы́вший, пре́жний

**2.** *adv уст.* не́когда, во вре́мя о́но

**whilst** [waɪlst] *cj* пока́

**whim** [wɪm] *n* при́хоть, капри́з; причу́да

**whimper** ['wɪmpə] **1.** *n* хны́канье

**2.** *v* хны́кать

**whimsical** ['wɪmzɪkəl] *a* 1) причу́дливый, эксцентри́чный; he turned ~ в его́ поведе́нии ста́ли появля́ться стра́нности 2) капри́зный; прихотли́вый

**whimsicality** [ˌwɪmzɪ'kælɪtɪ] *n* причу́ды, капри́зы; прихотли́вость

**whimsy** ['wɪmzɪ] **1.** *n* при́хоть, причу́да, капри́з

**2.** *a* = whimsical

**whin** I [wɪn] *n бот.* утёсник обыкнове́нный

**whin** II [wɪn] *n геол.* твёрдая компа́ктная поро́да

**whine** [waɪn] **1.** *n* жа́лобный вой; хны́канье

**2.** *v* 1) скули́ть, хны́кать, пла́каться 2) подвыва́ть, завыва́ть

**whinger** ['wɪŋə] *n* кинжа́л, коро́ткий меч

**whinny** ['wɪnɪ] **1.** *n* ти́хое *или* ра́достное ржа́ние

**2.** *v* ти́хо ржать

**whip** [wɪp] **1.** *n* 1) кнут, хлыст 2) ку́чер; I am no ~ я не уме́ю хорошо́ пра́вить 3) *охот.* выжля́тник 4) *полит.* парла́ментский организа́тор па́ртии (*в Англии тж.* party ~) 5) пове́стка парти́йного организа́тора о необходи́мости прису́тствовать на заседа́нии парла́мента; the ~s are off чле́ны парла́мента име́ют пра́во голосова́ть по своему́ усмотре́нию 6) ко́нный во́рот 7) *мор.* подъёмный го́рдень 8) крыло́ ветряно́й ме́льницы 9) обмётка (*петель и т. п.*) 10) взби́тые сли́вки, крем *и т. п.*

**2.** *v* 1) хлеста́ть, сечь 2) подгоня́ть (*тж.* ~ up) 3) руга́ть; ре́зко критикова́ть 4) уди́ть ры́бу на му́шку (*тж* to ~ a stream) 5) сбива́ть, взбива́ть (*сливки, яйца*) 6) *разг.* поби́ть, победи́ть; превзойти́; to ~ creation превзойти́ всех сопе́рников 7) собира́ть, объединя́ть (*людей*) 8) де́йствовать бы́стро 9) вбежа́ть, влете́ть; юркну́ть 10) поднима́ть груз посре́дством во́рота, го́рденя 11) заде́лывать коне́ц (*троса*) ма́ркой 12) обмётывать, сшива́ть че́рез край 13) трепа́ться (*о парусе, флаге и т. п.*) 14) *разг.* пропусти́ть стака́нчик, опроки́нуть рю́мочку □ ~ **away** а) сбежа́ть; уе́хать; б) вы́хватить (*оружие*); ~ **in** сгоня́ть; объединя́ть; ~ **off** а) сбро́сить, сдёрнуть; б) убежа́ть; в) вы́гнать плётью; г) = 14); ~ **on** подстёгивать; ~ **out** а) вы́хватить (*оружие*); б) выскочи́ть; сбежа́ть; в) вы́гнать плётью; г) произнести́ (*что-л.*) ре́зко и неожи́данно; to ~ out a reply ре́зко отве́тить; ~ **round** бы́стро поверну́ться; ~ **up** а) подстёгивать; подгоня́ть; б) взбива́ть; в) расшевели́ть; to ~ up emotions разжига́ть стра́сти; г) хвата́ть, выхва́тывать (*оружие*); д) привлека́ть (*большую аудиторию, толпу и т. п.*) ◇ to ~ into shape *амер. разг.* обучи́ть, «натаска́ть»; привести́ в ну́жный вид; to ~ round for subscriptions собира́ть де́ньги для кого́-л.

**whipcord** ['wɪpkɔːd] *n* 1) бечёвка (*из которой делается плеть*) 2) *текст.* тяжёлый габарди́н 3) ткань для джи́нсов

**whip hand** ['wɪp'hænd] *n* рука́, держа́щая кнут; *перен.* преиму́щество, контро́ль; to have the ~ of (*или* over) smb. име́ть кого́-л. в по́лном подчине́нии

**whip handle** ['wɪpˌhændl] *n* кнутови́ще; *перен.* преиму́щество, контро́ль

**whiplash** ['wɪplæʃ] *n* реме́нь кнута́; бечева́ плёти; to work under the ~ рабо́тать из-под па́лки

**whipper-in** ['wɪpər'ɪn] *n* 1) *охот.* выжля́тник, доезжа́чий 2) ло́шадь, прише́дшая после́дней (*на скачках, бегах*)

**whipper-snapper** ['wɪpəˌsnæpə] *n* ничто́жество; «мальчи́шка»

**whippet** ['wɪpɪt] *n* го́нчая (соба́ка)

**whipping** ['wɪpɪŋ] **1.** *pres. p. от* whip 2

**2.** *n* 1) побо́и 2) пораже́ние 3) обмётка, подши́вка че́рез край 4) *тех.* проги́б; провиса́ние

**whipping-boy** ['wɪpɪŋbɔɪ] *n* козёл отпуще́ния

**whipping-top** ['wɪpɪŋtɔp] *n* волчо́к (*подстёгиваемый кнутиком*)

**whip-poor-will** ['wɪppuəˌwɪl] *n* козодо́й жа́лобный (*птица*)

**whippy** ['wɪpɪ] *a* ги́бкий; упру́гий

**whip-saw** ['wɪpsɔː] *n* лучко́вая пила́

**whipster** ['wɪpstə] *n* молокосо́с

**whipstitch** ['wɪpstɪtʃ] = whip 2, 12)

**whir** [wəː] = whirr

**whirl** [wəːl] **1.** *n* 1) круже́ние 2) вихрево́е движе́ние; вихрь; завихре́ние 3) спе́шка, сумато́ха 4) смяте́ние (*чувств*)

**2.** *v* 1) верте́ть(ся); кружи́ть(ся) 2) проноси́ться; the car ~ed out of sight маши́на бы́стро скры́лась из ви́ду 3) быть в смяте́нии □ ~ **away** уноси́ть(ся); ви́хрем промча́ться

**whirlabout** ['wəːləbaut] *n* 1) враще́ние 2) юла́, волчо́к 3) *attr.* враща́ющийся

**whirligig** ['wəːlɪgɪg] **1.** *n* 1) юла́, верту́шка 2) карусе́ль 3) водоворо́т (*событий*); бы́страя сме́на (*впечатлений и т. п.*); ~ of time превра́тности судьбы́

**2.** *a* вихрево́й

**whirlpool** ['wəːlpuːl] *n* водоворо́т

**whirlwind** ['wəːlwɪnd] *n* 1) вихрь; смерч, урага́н 2) *attr.* вихрево́й; урага́нный

**whirr** [wəː] **1.** *n* 1) шум (*машин, крыльев*) 2) жужжа́ние

**2.** *v* 1) шуме́ть (*о машинах и т. п.*) 2) проноси́ться с шу́мом, сви́стом; вспа́рхивать (*с шумом*) 3) жужжа́ть

**whisht** [wɪʃt] *int* (*особ. ирл.*) шш!

**whisk** [wɪsk] **1.** *n* 1) ве́ничек; метёлочка 2) муто́вка, сбива́лка (*для яиц, крема и т. п.*) 3) коро́ткое бы́строе движе́ние

**2.** *v* 1) сма́хивать, сгоня́ть (*часто* ~ away, ~ off) 2) сбива́ть (*белки и т. п.*) 3) бы́стро уноси́ть 4) бы́стро удаля́ться; юркну́ть (*тж.* ~ out) 5) пома́хивать (*хвостом*)

**whisker** ['wɪskə] *n* (*обыкн. pl*) 1) бакенба́рды 2) усы́ (*кошки, тигра и т. п.*)

**whiskered** ['wɪskəd] *a* 1) с бакенба́рдами 2) с уса́ми (*о кошке, тигре и т. п.*)

**whisky** ['wɪskɪ] *n* ви́ски

**whisky sour** ['wɪskɪˌsauə] *n* вид кокте́йля

**whisper** ['wɪspə] **1.** *n* 1) шёпот; to speak in a ~ говори́ть шёпотом 2) слух, слушо́к, молва́; to give the ~ *разг.* намекну́ть 3) шо́рох, шурша́ние

**2.** *v* 1) говори́ть шёпотом, шепта́ть 2) сообща́ть по секре́ту; шепта́ться; it is ~ed хо́дит слух 3) шелесте́ть, шурша́ть

**whisperer** ['wɪspərə] *n* спле́тник

**whispering** ['wɪspərɪŋ] **1.** *pres. p. от* whisper 2

**2.** *n* 1) шёпот; разгово́р шёпотом; перешёптывание, шушу́канье 2) слух, слушо́к, спле́тня, молва́

**whispering campaign** ['wɪspərɪŋkæm'peɪn] *n* распростране́ние ло́жных слу́хов про своего́ проти́вника

**whisperous** ['wɪspərəs] *a* похо́жий на шёпот

**whist** [wɪst] *n карт.* вист

**whistle** ['wɪsl] **1.** *n* 1) свист 2) свисто́к; penny (*или* tin) ~ свисту́лька 3) *разг.* го́рло, горта́нь; гло́тка ◇ to pay for one's ~ до́рого плати́ть за свою́ при́хоть

**2.** *v* 1) свисте́ть; дава́ть свисто́к (*как сигнал*) 2) насви́стывать (*мотив и т. п.*) 3) проноси́ться со сви́стом; a bullet ~d past him ми́мо него́ просвисте́ла пу́ля □ ~ **away** насви́стывать; ~ **up** вызыва́ть, подзыва́ть ◇ to ~ for smth. тще́тно иска́ть *или* жела́ть чего́-л.; to let smb. go ~ не счита́ться с чьи́ми-л. жела́ниями; to ~ for a wind выжида́ть удо́бного слу́чая; to ~ in the dark а) ободря́ть, подба́дривать; б) напуска́ть на себя́ споко́йствие, маскирова́ть волне́ние, страх *и т. п.*

**whistler** ['wɪslə] *n жарг.* доно́счик

**whistling** ['wɪslɪŋ] **1.** *pres. p. от* whistle 2

**2.** *n* свист ◇ ~ in the dark показно́й оптими́зм; подба́дривание

**3.** *a* свистя́щий

**whistle stop** ['wɪslstɔp] *n амер. разг.* 1) полуста́нок 2) остано́вка в ма́леньких месте́чках для встре́чи с избира́телями (*во время избирательной кампании*)

**Whit** [wɪt] *a церк.*: ~ Monday Ду́хов день; ~ Sunday тро́ицын день

**whit** [wɪt] *n* ка́пелька, йо́та; he is not a (*или* no) ~ better ему́ ничу́ть не лу́чше

**white** [waɪt] **1.** *a* 1) бе́лый; ~ heat бе́лое кале́ние 2) бле́дный; to turn ~ побледне́ть, побеле́ть 3) седо́й; серебри́стый 4) прозра́чный; бесцве́тный 5) неви́нный, незапя́тнанный, чи́стый 6) безвре́дный; без зло́го у́мысла 7) *разг.* че́стный, прямо́й, благоро́дный; ~ man поря́дочный челове́к 8) бе́лый, реакцио́нный 9) бе́лый (*человек*) ◇ ~ fury неи́стовство, бе́шенство, я́рость (*тж.* ~ heat); ~ light а) дневно́й свет; б) беспристра́стное сужде́ние; ~ night ночь без сна; ~ sheet *уст.* покая́нная оде́жда; to stand in a ~ sheet публи́чно ка́яться; ~ slave «бе́лая рабы́ня», проститу́тка; ~ crow бе́лая воро́на, ре́дкость; ~ squall внеза́пный шквал (*в тропиках*)

**2.** *n* 1) бе́лый цвет; белизна́ 2) бе́лая кра́ска, бели́ла 3) бе́лый материа́л; бе́лое пла́тье *и т. п.* 4) бело́к (*яйца*; *тж.* ~ of the egg) 5) бело́к (*глаза*; *тж.* ~ of the eye) 6) бе́лый (челове́к); белоко́жий 7) *полигр.* пробе́л 8) *бот.* за́болонь 9) чистота́, непоро́чность 10) *шахм.* бе́лые фигу́ры; игро́к, игра́ющий бе́лыми

**whitebait** ['waɪtbeɪt] *n* малёк; мо́лодь; снето́к

**white-book** ['waɪt'buk] *n* Бе́лая кни́га (*сборник официальных документов*)

**white coal** ['waɪt'kəul] *n* бе́лый у́голь, гидроэне́ргия

**white-collar** ['waɪt'kɔlə] *a разг.* конто́рский; ~ job рабо́та в конто́ре; ~ worker конто́рский слу́жащий

**white-fish** ['waɪtfɪʃ] *n* сиг

**white frost** ['waɪtfrɔst] *n* и́ней

**Whitehall** ['waɪt'hɔ:l] *n* Уайтхолл (*улица в Лондоне, на которой расположены правительственные учреждения*); *перен.* англи́йское прави́тельство

**white-handed** ['waɪt'hændɪd] *a* че́стный

**white-headed** ['waɪt'hedɪd] *a* 1) седо́й 2) светловоло́сый

**white horses** ['waɪt'hɔ:sɪz] *n* бара́шки (*на море*)

**white-hot** ['waɪt'hɔt] *a* раскалённый добела́, доведённый до бе́лого кале́ния

**White House** ['waɪt'haus] *n* Бе́лый дом (*резиденция президента США*)

**white lady** ['waɪt'leɪdɪ] *n* вид кокте́йля

**white lead** ['waɪt'led] *n* свинцо́вые бели́ла

**white-lipped** ['waɪt'lɪpt] *a* с побеле́вшими (от стра́ха) губа́ми

**white-livered** ['waɪt,lɪvəd] *a* малоду́шный, трусли́вый

**white meat** ['waɪtmi:t] *n* бе́лое мя́со (*курица, телятина и т. п.*)

**whiten** ['waɪtn] *v* 1) бели́ть 2) отбе́ливать 3) побеле́ть; (по)бледне́ть

**whiteness** ['waɪtnɪs] *n* 1) белизна́; бе́лый цвет 2) бле́дность 3) чистота́, незапя́тнанность

**whitening** ['waɪtnɪŋ] **1.** *pres. p. от* whiten

**2.** *n* 1) мел 2) беле́ние, побе́лка

**white paper** ['waɪt'peɪpə] *n* «бе́лая кни́га» (*англ. официальное издание*)

**whites** [waɪts] *n pl* 1) бе́лая мука́ вы́сшего со́рта 2) *мед.* бе́ли 3) *pl* хала́т, оде́жда (*медработника*)

**whitesmith** ['waɪtsmɪθ] *n* жестя́н(щ)ик; луди́льщик

**whitethorn** ['waɪtθɔ:n] *n* боя́рышник

**white-throat** ['waɪtθrəut] *n* сла́вка (*птица*)

**whitewash** ['waɪtwɔʃ] **1.** *n* 1) известко́вый раство́р (*для побелки*) 2) побе́лка 3) обеле́ние, зама́зывание чьих-л. недоста́тков 4) реабилита́ция; восстановле́ние (*банкрота*) в права́х 5) *спорт. разг.* «суха́я» 6) *разг.* стака́н ше́рри (*выпитый после других вин*)

**2.** *v* 1) бели́ть 2) пыта́ться обели́ть (*кого-л.*), скрыть недоста́тки 3) *спорт.* вы́играть «всуху́ю»

**white wedding** ['waɪt'wedɪŋ] *n амер. разг.* сва́дебная церемо́ния, все атрибу́ты кото́рой подчёркивают непоро́чность неве́сты

**white whale** ['waɪt'weɪl] *n зоол.* белу́ха

**white wing** ['waɪt'wɪŋ] *n амер.* убо́рщик у́лиц

**whither** ['wɪðə] *уст.* **1.** *adv inter.* куда́?; ~ did they go? куда́ они́ отпра́вились?

**2.** *cj* куда́; go ~ you will иди́те, куда́ вам уго́дно

**3.** *n* ме́сто назначе́ния

**withersoever** [,wɪðəsəu'evə] *adv уст.* куда́ бы ни

**whiting I** ['waɪtɪŋ] *n* мел (*для побелки*)

**whiting II** ['waɪtɪŋ] *n* мерла́нг (*рыба*)

**whitish** ['waɪtɪʃ] *a* белёсый, бел(ес)ова́тый

**whitlow** ['wɪtləu] *n мед.* панари́ций

**Whitsuntide** ['wɪtsntaɪd] *n церк.* неде́ля по́сле тро́ицына дня (*особ. первые три дня*)

**whittle** ['wɪtl] **1.** *n уст.* нож мясника́

**2.** *v* строга́ть *или* отта́чивать ножо́м (*дерево*); to ~ at smth. снима́ть стру́жку с чего́-л. □ ~ **away** сточи́ть; *перен.* свести́ на не́т; to ~ away the distinction between уничто́жить разли́чие ме́жду; ~ **down** = ~ away

**whity-** ['waɪtɪ-] *в сложных словах* светло-, белова́то-; ~-brown светло-коричневый

**whiz(z)** [wɪz] **1.** *n* 1) свист (*рассекаемого воздуха*) 2) *амер. sl.* ло́вкая сде́лка 3) *амер. sl.* не́что замеча́тельное 4) *амер. sl.* молодчи́на; ло́вкий челове́к

**2.** *v* 1) просвисте́ть 2) проноси́ться со сви́стом; bullets ~ed past пу́ли просвисте́ли ря́дом

**whizz-bang** ['wɪzbæŋ] *n воен. разг.* снаря́д, грана́та

**whizz-kid** ['wɪzkɪd] *n sl.* одарённый челове́к (*который несмотря на молодость уже пользуется известностью*), ≅ восходя́щая звезда́

**who** [hu:] *pron* (*косв. п.* whom) 1) *inter.* кто?; ~ is there? кто там?; whom did you see? кого́ вы ви́дели?; whom (*или разг.* ~) do you mean? кого́ вы име́ете в виду́?; ~ did you give it to? кому́ вы э́то да́ли? 2) *rel.* кото́рый, кто; the man whom you saw... челове́к, кото́рого вы ви́дели... 3) *conj.* а) кото́рый, кто; do you know ~ has come? зна́ете ли вы, кто пришёл?; to know ~ is ~ знать, что ка́ждый собо́й представля́ет; б) тот, кто; те, кто; ~ breaks pays кто разобьёт, тот запла́тит ◇ W.'S W. биографи́ческий спра́вочник совреме́нников; W. was W. биографи́ческий спра́вочник уме́рших

**whoa** [wəu] = wo

**whodun(n)it** ['hu:dʌnɪt] *n разг.* детекти́вный рома́н, фильм *и т. п.*

**whoe'er** [hu(:)'ɛə] *поэт. см.* whoever

**whoever** [hu(:)'evə] *pron indef.* (*косв. п.* whomever) кто бы ни, кото́рый бы ни

**whole** [həul] **1.** *n* 1) це́лое; on (*или* upon) the ~ в це́лом; в о́бщем; taken as a ~ рассма́триваемый в це́лом 2) всё (*часто* ~ of); I cannot tell you the ~ (of it) я не могу́ сказа́ть вам всего́ 3) ито́г

**2.** *a* 1) це́лый, весь; ~ number *мат.* це́лое число́; a ~ lot *разг.* мно́го; the ~ world весь мир; with one's ~ heart всем се́рдцем; ре́вностно 2) невреди́мый, це́лый 3) *уст.* здоро́вый; ~ effect поле́зное де́йствие 4) родно́й, кро́вный; a ~ brother родно́й брат 5) це́льный, неснято́й (*о молоке*) 6) непросе́янный (*о муке*) ◇ to be the ~ show *амер.* игра́ть гла́вную роль

**whole-coloured** ['həul'kʌləd] *a* одноцве́тный

**whole-hearted** ['həul'hɑ:tɪd] *a* и́скренний; иду́щий от всего́ се́рдца, от всей души́

**whole-hogger** ['həul'hɔgə] *n* 1) челове́к, де́лающий всё основа́тельно 2) *полит.* убеждённый сторо́нник (*чего-л.*)

**whole-hoofed** [ˈhəulˈhu:ft] *a зоол.* однокопы́тный

**whole-length** [ˈhəulˈleŋθ] **1.** *n* портре́т во весь рост

**2.** *a* во весь рост

**wholemeal** [ˈhəulmi:l] *n* 1) непросе́янная мука́ 2) *attr.* сде́ланный из непросе́янной муки́; ~ bread хлеб из непросе́янной муки́

**wholesale** [ˈhəulseɪl] **1.** *n* опто́вая торго́вля; by (*амер.* at) ~ о́птом; в больши́х коли́чествах

**2.** *a* 1) опто́вый; ~ dealers опто́вые торго́вцы; ~ prices опто́вые це́ны 2) ма́ссовый, в больши́х разме́рах; ~ slaughter резня́

**3.** *v* вести́ опто́вую торго́влю

**4.** *adv* о́птом; в больши́х разме́рах; to sell ~ продава́ть о́птом

**wholesome** [ˈhəulsəm] *a* 1) поле́зный; благотво́рный; здоро́вый; здра́вый; ~ advice поле́зный сове́т 2) *sl.* безопа́сный

**whole-souled** [ˈhəulˈsəuld] *a* 1) благоро́дный; и́скренний 2) безразде́льный

**wholly** [ˈhəulɪ] *adv* по́лностью, целико́м; I do not ~ agree я не совсе́м согла́сен

**whom** [hu:m] *косв. п. от* who

**whomever** [hu(:)mˈevə] *косв. п. от* whoever

**whomsoever** [ˌhu:msəuˈevə] *косв. п. от* whosoever

**whoop** [hu:p] **1.** *n* 1) во́зглас, восклица́ние; ~ of laughter взрыв сме́ха 2) коклю́шный ка́шель ◇ not worth a ~ гроша́ ло́маного не сто́ит

**2.** *v* 1) крича́ть, выкри́кивать 2) ка́шлять 3) приве́тствовать ра́достными во́згласами; to ~ with joy вскри́кнуть от ра́дости 4) ги́кать ◇ to ~ it (*или* things) up зате́ять ссо́ру; шуме́ть, буя́нить

**whoopee** [ˈwupi:] *n разг.* 1) во́зглас (*восторга и т. п.*) 2) кутёж; гуля́нка; to make ~ кути́ть

**whooping-cough** [ˈhu:pɪŋkɔf] *n* коклю́ш

**whop** [wɔp] *v разг.* 1) бить, колоти́ть 2) одоле́ть, победи́ть 3) шлёпнуться 4) кру́то поверну́ть; бро́ситься в сто́рону

**whopper** [ˈwɔpə] *n разг.* 1) грома́дина 2) на́глая ложь

**whopping** [ˈwɔpɪŋ] **1.** *pres. p. от* whop

**2.** *a разг.* огро́мный; a ~ lie чудо́вищная ложь

**3.** *adv разг.* о́чень, ужа́сно; a ~ big fish здорове́нная ры́бина

**whore** [hɔ:] **1.** *n* 1) *уст.* блудни́ца 2) *груб.* шлю́ха; проститу́тка

**2.** *v уст.* развра́тничать, распу́тничать

**whoredom** [ˈhɔ:dəm] *n* 1) блуд, распу́тство; проститу́ция 2) *рел.* е́ресь

**whorehouse** [ˈhɔ:haus] *n груб.* борде́ль, барда́к

**whoreson** [ˈhɔ:sn] *n* 1) *уст.* незаконнорождённый 2) *разг.* подле́ц, су́кин сын

**whorl** [wə:l] *n* 1) кольцо́ ли́стьев (*вокруг стебля*); муто́вка 2) завито́к (*раковины, улитки*) 3) пальцево́й узо́р; to identify a criminal by the ~s of his finger-prints установи́ть ли́чность престу́пника по отпеча́ткам па́льцев 4) *текст.* блок веретена́

**whortleberry** [ˈwə:tlˌberɪ] *n* черни́ка; bog ~ голуби́ка; red ~ брусни́ка

**whose** [hu:z] *pron poss.* чей, чья, чьё, чьи

**whosesoever** [ˌhu:zsəuˈevə] *pron poss.* чей бы ни

**whoso** [ˈhu:səu] *уст.* = whoever

**whosoe'er** [ˌhu:səuˈɛə] *поэт. см.* whosoever

**whosoever** [ˌhu:səuˈevə] *pron indef.* (*косв. п.* whomsoever) кто бы ни, кото́рый бы ни

**why** [waɪ] **1.** *adv* 1) *inter.* почему́?; ~ so? по како́й причи́не?; на како́м основа́нии? 2) *rel.* почему́; I can think of no reason ~ you shouldn't go there почему́ бы вам не пойти́ туда́? 3) *conj.* почему́; I don't know ~ they are late не зна́ю, почему́ они́ опа́здывают

**2.** *int выражает*: 1) *удивление*: ~, it is Jones! да ведь э́то Джо́унз! 2) *нетерпение*: ~, of course I do ну коне́чно, да 3) *нерешительность*: ~, yes, I think so как вам сказа́ть? Я ду́маю, да 4) *возражение или аргумент*: ~, what is the harm? ну так что ж за беда́?

**3.** *n* (*pl* ~s [-z]) 1) основа́ние, причи́на; to go into the ~s and wherefores of it углубля́ться в причи́ны 2) зага́дка, зада́ча

**wick** [wɪk] *n* 1) фити́ль 2) тампо́н

**wicked** [ˈwɪkɪd] **1.** *a* 1) злой; нехоро́ший; безнра́вственный; испо́рченный 2) гре́шный; нечи́стый; the ~ one нечи́стый, дья́вол, сатана́ 3) озорно́й, шаловли́вый, плутовско́й 4) свире́пый (*о животном*) 5) опа́сный (*о ране, ударе и т. п.*) 6) неприя́тный, проти́вный (*о запахе и т. п.*)

**2.** *n* (the ~) *pl собир.* нечести́вцы

**wickedness** [ˈwɪkɪdnɪs] *n* 1) зло́бность 2) зла́я вы́ходка, злой посту́пок

**wicker** [ˈwɪkə] *n* 1) пру́тья для плете́ния 2) плетёная корзи́нка 3) *attr.* плетёный; ~ chair плетёный стул

**wicker-work** [ˈwɪkəwə:k] *n* плете́ние, плетёные изде́лия

**wicket** [ˈwɪkɪt] *n* 1) кали́тка 2) турнике́т 3) воро́тца (*в крикете*) 4) задвижно́е око́шко (*в двери*); око́шко (*кассы*)

**wicket-keeper** [ˈwɪkɪtˌki:pə] *n* игро́к, охраня́ющий воро́тца (*в крикете*)

**wickiup** [ˈwɪkɪʌp] *n амер.* 1) хижи́на (*индейцев*) 2) хиба́рка, шала́ш

**wide** [waɪd] **1.** *a* 1) широ́кий 2) *тако́й-то* ширины́; 3 ft. ~ в 3 фу́та ширино́й 3) большо́й, обши́рный; просто́рный; the ~ world весь свет; ~ interests разносторо́нние интере́сы 4) широко́ откры́тый (*о глазах и т. п.*) 5) далёкий

**2.** *adv* 1) широ́ко́, повсю́ду (*тж.* far and ~) 2) далеко́; ~ apart на большо́м расстоя́нии друг от дру́га; ~ of the truth далеко́ от и́стины 3) ми́мо це́ли (*тж.* ~ of the mark) 4) широ́ко́; to open the window ~ распахну́ть на́стежь окно́

**wide awake** [ˈwaɪdəˈweɪk] *a* 1) бо́дрствующий, недре́млющий 2) начеку́, бди́тельный; осмотри́тельный

**wide-awake** [ˈwaɪdəweɪk] *n разг.* широкопо́лая фе́тровая шля́па

**wide-eyed** [ˈwaɪdˈaɪd] *a* с широко́ откры́тыми глаза́ми (*от изумления и т. п.*)

**widen** [ˈwaɪdn] *v* расширя́ть(ся); to ~ one's outlook расширя́ть свой кругозо́р

**wide-open** [ˈwaɪdˈəupən] *a* 1) широко́ откры́тый; with ~ eyes с широко́ раскры́тыми глаза́ми (*от изумления и т. п.*) 2) *разг.* незащищённый 3) *амер.* допуска́ющий аза́ртные и́гры, прода́жу спиртны́х напи́тков *и т. п.*; ~ town го́род, в кото́ром разрешена́ прода́жа спиртны́х напи́тков и аза́ртные и́гры

**widespread** [ˈwaɪdspred] *a* широко́ распространённый

**widgeon** [ˈwɪdʒən] *n* ди́кая у́тка

**widish** [ˈwaɪdɪʃ] *a* широкова́тый

**widow** [ˈwɪdəu] **1.** *n* вдова́ ◇ ~'s mite вдо́вья ле́пта; скро́мная до́ля; ~'s cruse неиссяка́емый запа́с

**2.** *v* 1) де́лать вдово́й, вдовцо́м 2) *поэт.* лиша́ть, отнима́ть; обездо́лить

**widowed** [ˈwɪdəud] **1.** *past и p. p. от* widow 2

**2.** *a* овдове́вший

**widower** [ˈwɪdəuə] *n* вдове́ц

**widowhood** [ˈwɪdəuhud] *n* вдовство́

**widow's walk** [ˈwɪdəuzwɔ:k] *n* площа́дка с пери́льцами на кры́ше до́ма

**width** [wɪdθ] *n* 1) ширина́; широта́; расстоя́ние 2) поло́тнище, полоса́ 3) *тех.* пролёт 4) *горн.* мо́щность (*жилы или пласта*)

**wield** [wi:ld] *v* владе́ть, име́ть в рука́х (*тж. перен.*); to ~ an axe рабо́тать топоро́м; to ~ the sceptre пра́вить госуда́рством; to ~ power (*или* authority) облада́ть вла́стью; to ~ a formidable pen владе́ть о́стрым перо́м

**wieldly** [ˈwi:ldlɪ] *a* легко́ управля́емый; послу́шный

**Wienerwurst** [ˈwi:nəwə:st] *нем. n* копчёные колба́ски

**wife** [waɪf] *n* (*pl* wives) 1) жена́; to take to ~ взять в жёны, жени́ться 2) *уст.* же́нщина; old wives' tales ба́бьи сплётни, ба́бушкины ска́зки ◇ all the world and his ~ *шутл.* все причисля́ющие себя́ к и́збранному о́бществу

**wifeless** [ˈwaɪflɪs] *a* 1) овдове́вший 2) холосто́й

**wifely** [ˈwaɪflɪ] *a* сво́йственный, подоба́ющий жене́

**wig** [wɪg] *n* 1) пари́к 2) *шутл.* во́лосы ◇ ~s on the green о́бщая сва́лка, дра́ка

**wigging** [ˈwɪgɪŋ] *n разг.* разно́с, нахлобу́чка, нагоня́й

**wiggle** ['wɪgl] **1.** *n* пока́чивание; ёрзание

**2.** *v* пока́чивать(ся); извива́ться, ёрзать

**wiggle-waggle** ['wɪgl,wægl] = wiggle

**wight** [waɪt] *n уст.* челове́к, существо́

**wigwag** ['wɪgwæg] *спец.* **1.** *n* сигнализа́ция флажка́ми

**2.** *v* сигнализи́ровать флажка́ми, семафо́рить

**wigwam** ['wɪgwæm] *n* 1) вигва́м 2) *амер.* помеще́ние для полити́ческих собра́ний

**wild** [waɪld] **1.** *a* 1) ди́кий; ~ flower полево́й цвето́к 2) невозде́ланный; необита́емый 3) пугли́вый (*о животных, птицах и т. п.*) 4) бу́рный, бу́йный, необу́зданный; 5) бе́шеный, неи́стовый; раздражённый; безу́мный; исступлённый; to be ~ about smth. быть без ума́ от чего́-л.; in ~ spirits в возбуждённом состоя́нии; it drives me ~ э́то приво́дит меня́ в бе́шенство; ~ with joy вне себя́ от ра́дости 6) штормово́й, бу́рный 7) необду́манный, сде́ланный наудачу́; ~ scheme сумасбро́дный план; ~ shot вы́стрел наугад; ~ guesses а) до́мыслы; б) сму́тные дога́дки 8) *разг.* распу́щенный, безнра́вственный; ~ fellow пове́са 9) находя́щийся в беспоря́дке, растрёпанный; ~ hair растрёпанные во́лосы ◇ to run ~ а) зараста́ть; б) расти́ не́дорослем, без образова́ния; в) вести́ распу́тный о́браз жи́зни

**2.** *adv* науга́д, как попа́ло

**3.** *n* (the ~s) пусты́ня, де́бри; in the ~s of Africa в де́брях А́фрики

**wildcat** ['waɪldkæt] **1.** *n* 1) ди́кая ко́шка 2) вспы́льчивый, необу́зданный челове́к 3) риско́ванное предприя́тие 4) сква́жина, пробурённая науга́д

**2.** *a* 1) риско́ванный, фантасти́ческий (*план и т. п.*) 2) незако́нный, не соотве́тствующий догово́ру, несанкциони́рованный; ~ strike забасто́вка, проведённая рабо́чими без разреше́ния профсою́за 3) *амер. ж.-д.* иду́щий не по расписа́нию

**wild duck** ['waɪld'dʌk] *n* ди́кая у́тка, кря́ква

**wildebeest** ['wɪldɪbi:st] *южно-афр. n* гну (*животное*)

**wilderness** ['wɪldənɪs] *n* 1) пусты́ня; ди́кая ме́стность 2) запу́щенная часть са́да 3) ма́сса, мно́жество ◇ a voice in the ~ *библ.* глас вопию́щего в пусты́не

**wildfire** ['waɪld,faɪə] *n* гре́ческий ого́нь; to spread like ~ распространя́ться со сверхъесте́ственной быстрото́й (*о слухах, сплетнях и т. п.*)

**wildfowl** ['waɪldfaul] *n* дичь

**wild-goose** ['waɪld'gu:s] *n* ди́кий гусь ◇ ~ chase сумасбро́дная зате́я, пого́ня за недостижи́мым, за несбы́точным

**wilding** ['waɪldɪŋ] *n бот.* 1) дичо́к 2) плод ди́кой я́блони, гру́ши *и т. п.* 3) *attr.* ди́кий

**wildlife** ['waɪldlaɪf] *n* 1) жива́я приро́да (*лес, поле, пустыня, океан и их обитатели*) 2) *attr.*: a ~ sanctuary зака́зник, запове́дник

**wild oat(s)** ['waɪld'əut(s)] *n бот.* овсю́г ◇ to sow one's ~s отдава́ться увлече́ниям ю́ности; he has sown his ~s он перебеси́лся, остепени́лся

**wile** [waɪl] **1.** *n* (*обыкн. pl*) хи́трость, уло́вка; обма́н

**2.** *v* зама́нивать, завлека́ть ◇ to ~ away the time прия́тно проводи́ть вре́мя, развлека́ться

**wilful** ['wɪlful] *a* 1) упря́мый; своенра́вный, своево́льный 2) преднаме́ренный; ~ murder предумы́шленное уби́йство

**will I** [wɪl] **1.** *n* 1) во́ля; си́ла во́ли; the ~ to live во́ля к жи́зни; ~ can conquer habit (дурну́ю) привы́чку мо́жно преодоле́ть си́лой во́ли 2) во́ля, твёрдое наме́рение; жела́ние; against one's ~ про́тив во́ли; at ~ по жела́нию, как уго́дно; what is your ~? каково́ ва́ше жела́ние?; to have one's ~ доби́ться своего́; a ~ of one's own своево́лие; of one's own free ~ доброво́льно, по со́бственному жела́нию 3) эне́ргия, энтузиа́зм; to work with a ~ рабо́тать с энтузиа́змом 4) завеща́ние; to make (*или* to draw up) one's ~ сде́лать завеща́ние; one's last ~ and testament после́дняя во́ля (*юридическая формула в завещании*) ◇ where there is a ~ there is a way ≅ где хоте́ние, там и уме́ние; бы́ло бы жела́ние, а возмо́жность найдётся; to take the ~ for the deed дово́льствоваться обеща́ниями

**2.** *v* (willed [-d]) 1) проявля́ть во́лю; хоте́ть, жела́ть; let him do what he ~ пусть он де́лает, что хо́чет; he who ~s success is half-way to it во́ля к успе́ху есть зало́г успе́ха 2) заставля́ть, веле́ть, внуша́ть; to ~ oneself to fall asleep заста́вить себя́ засну́ть 3) завеща́ть

**will II** [wɪl] *v* (would) 1) *вспомогательный глагол; служит для образования будущего времени во 2 и 3 л. ед. и мн. ч.*: he ~ come at two o'clock он придёт в два часа́ 2) *в сочетании с другими глаголами выражает привычное действие; часто не переводится*: boys ~ be boys ма́льчики — всегда́ ма́льчики; accidents ~ happen всегда́ быва́ют несча́стные слу́чаи; he ~ smoke his pipe after dinner по́сле обе́да он обыкнове́нно ку́рит тру́бку 3) *модальный глагол выражает*: а) *намерение, решимость, обещание* (*особ. в 1 л. ед. и мн. ч.*): I ~ let you know я непреме́нно извещу́ вас; б) *предположение, вероятность*: you ~ be Mrs. Smith? вы, вероя́тно, ми́ссис Смит?

**-willed** [-wɪld] *в сложных словах*: self-willed своево́льный; ill-willed злонаме́ренный

**willies** ['wɪlɪz] *n pl* (*обыкн.* the ~) *sl.* не́рвное состоя́ние, не́рвная дрожь; to give the ~ вызыва́ть не́рвную дрожь

**willing** ['wɪlɪŋ] **1.** *pres. p. от* will I, 2

**2.** *a* 1) гото́вый (*сделать что-л.*); охо́тно де́лающий что-л. 2) доброво́льный; ~ help охо́тно ока́занная по́мощь 3) стара́тельный; ~ worker стара́тельный рабо́тник ◇ ~ horse работя́га

**willingly** ['wɪlɪŋlɪ] *adv* охо́тно, с гото́вностью

**willingness** ['wɪlɪŋnɪs] *n* гото́вность

**will-o'-the-wisp** ['wɪləðwɪsp] *n* 1) блужда́ющий огонёк 2) не́что обма́нчивое, неулови́мое

**willow** ['wɪləu] *n* 1) и́ва 2) *разг.* бита́ (*в крикете, бейсболе*) 3) *текст.* угароочища́ющая маши́на; пылевыкола́чивающая маши́на ◇ to wear the ~ носи́ть тра́ур; горева́ть по возлю́бленному

**willow-herb** ['wɪləuhə:b] *n бот.* кипре́й узколи́стный; ива́н-ча́й

**willow-pattern** ['wɪləu,pætən] *n* 1) трафаре́тный кита́йский рису́нок на фарфо́ре 2) посу́да с трафаре́тным кита́йским рису́нком

**willowy** ['wɪləuɪ] *a* 1) заро́сший ивняко́м 2) ги́бкий и то́нкий (*о человеке*)

**will-power** ['wɪl,pauə] *n* си́ла во́ли

**willy-nilly** ['wɪlɪ'nɪlɪ] *adv* во́лей-нево́лей

**willy-willy** ['wɪlɪ'wɪlɪ] *n австрал.* тропи́ческий шторм; урага́н

**wilt I** [wɪlt] *уст. 2-е л. ед. ч. настоящего времени гл.* will II

**wilt II** [wɪlt] **1.** *n* сла́бость, вя́лость

**2.** *v* 1) вя́нуть, поника́ть 2) (по-) губи́ть (*цветы*) 3) слабе́ть, ослабева́ть 4) теря́ть прису́тствие ду́ха

**Wilton** ['wɪltən] *n* род пуши́стого ковра́ (*тж.* ~ carpet)

**wily** ['waɪlɪ] *a* лука́вый, хи́трый; кова́рный

**wimble** ['wɪmbl] *n* 1) бура́в 2) коловоро́т

**wimple** ['wɪmpl] *n* плат, апо́стольник (*на голове монахини*)

**win** [wɪn] **1.** *n* вы́игрыш; побе́да (*в игре и т. п.*)

**2.** *v* (won) 1) вы́играть; победи́ть, одержа́ть побе́ду; to ~ the battle вы́играть сраже́ние; to ~ the day (*или* the field) *уст.* одержа́ть побе́ду; to ~ all hearts завоева́ть, покори́ть все сердца́ (*или* всех); to ~ by a head опереди́ть на го́лову (*на скачках*); вы́рвать побе́ду; to ~ clear (*или* free) с трудо́м вы́путаться, освободи́ться; вы́рваться; to ~ hands down, to ~ in a canter вы́играть с лёгкостью; легко́ дости́гнуть побе́ды 2) добира́ться, достига́ть; to ~ the shore дости́гнуть бе́рега, добра́ться до бе́рега 3) доби́ться; дости́гнуть; приобрести́, получи́ть, зарабо́тать; to ~ consent доби́ться согла́сия; to ~ one's way пробі́ть себе́ доро́гу; доби́ться успе́ха; to ~ respect доби́ться уваже́ния 4) уговори́ть, убеди́ть; you have won me вы меня́ убеди́ли 5) добыва́ть (*руду*) □ ~ **out** преодоле́ть все тру́дности, доби́ться успе́ха; ~ **over** склони́ть на свою́ сто́рону; расположи́ть к себе́; ~ **through** проби́ться; преодоле́ть (*трудности*); ~ **upon** постепе́нно завоёвывать (*симпатию, признание и т. п.*)

**wince** [wɪns] **1.** *n* содрога́ние, вздра́гивание

**2.** *v* вздра́гивать, мо́рщиться (*от боли*)

**wincey** [ˈwɪnsɪ] *n* про́чная полушерстяна́я мате́рия, иду́щая на соро́чки, ю́бки *и т. п.*

**winch** [wɪntʃ] *тех.* **1.** *n* 1) лебёдка, во́рот 2) рукоя́тка в ви́де кривоши́па

**2.** *v* поднима́ть с по́мощью лебёдки

**Winchester** [ˈwɪntʃɪstə] *n* винче́стер (*род винтовки; тж.* ~ rifle)

**wind** I [wɪnd, *поэт. часто* waɪnd] **1.** *n* 1) ве́тер; fair (strong) ~ попу́тный (си́льный) ве́тер; ~ and weather непого́да; before (*или* down) the ~ по ве́тру; in the ~'s eye, in the teeth of the ~ пря́мо про́тив ве́тра; close to (*или* near) the ~ а) *мор.* в круто́й бейдеви́нд; б) на гра́ни поря́дочности *или* присто́йности, на ско́льзком пути́; like the ~ бы́стро, как ве́тер, стреми́тельно; to take the ~ out of one's sails а) *мор.* отня́ть ве́тер; б) ≅ вы́бить по́чву из-под ног; поста́вить в безвы́ходное положе́ние; помеша́ть 2) ток во́здуха (*напр., в орга́не*), возду́шная струя́ 3) за́пах, дух 4) (the ~) духовы́е инструме́нты 5) дыха́ние; to get (*или* to recover) one's ~ отдыша́ться; to lose ~ запыха́ться; he has a bad ~ он страда́ет оды́шкой; second ~ а) *спорт.* второ́е дыха́ние; б) споко́йствие и уве́ренность; to fetch one's second ~ опра́виться, спра́виться с после́дствиями; прийти́ в себя́ 6) пусты́е слова́; вздор; his speech was ~ его́ речь была́ бессодержа́тельна 7) слух; намёк; there is smth. in the ~ а) в во́здухе что́-то но́сится; б) хо́дят каки́е-то слу́хи; to get ~ of smth. проню́хать, почу́ять что-л.; узна́ть (*по слухам и т. п.*) 8) *мед.* ве́тры, га́зы, метеори́зм 9) *тех.* дутьё ◊ the four ~s стра́ны све́та; from the four ~s со всех сторо́н; to fling (*или* to cast) to the ~s отбро́сить (*благоразумие и т. п.*); to get (*или* to take) ~ стать изве́стным, распространи́ться; to get the ~ of име́ть преиму́щество пе́ред; to get the ~ up *sl.* утра́тить споко́йствие, испуга́ться; to put the ~ up *sl.* испуга́ть (*кого-л.*); to raise the ~ *sl.* раздобы́ть де́нег; between ~ and water наибо́лее уязви́мое ме́сто; to be in the ~ *sl.* подвы́пить; to catch the ~ in a net ≅ перелива́ть из пусто́го в поро́жнее; зря стара́ться; gone with the ~ исче́знувший бессле́дно; to hang in the ~ колеба́ться; to scatter to the ~s а) нанести́ сокруши́тельное пораже́ние; б) промота́ть

**2.** *v* (winded [-ɪd]) 1) суши́ть на ветру́; прове́тривать 2) чу́ять; идти́ по сле́ду 3) заста́вить задохну́ться; вы́звать оды́шку; I am ~ed by running я задыха́юсь от бе́га 4) дать переве́сти́ дух; a brief stop to ~ the horses ма́ленькая остано́вка, что́бы дать передохну́ть лошадя́м 5) [waɪnd] (*past и p. p. тж.* wound) игра́ть на духово́м инструме́нте, труби́ть

**wind** II [waɪnd] **1.** *n* 1) оборо́т 2) поворо́т 3) вито́к; изви́лина

**2.** *v* (wound) 1) ви́ться, извива́ться 2) нама́тывать(ся); обма́тывать(ся), обвива́ть(ся); мота́ть; she wound her arms round the child она́ заключи́ла ребёнка в свои́ объя́тия 3) заводи́ть (*часы; тж.* ~ up) 4) поднима́ть, тяну́ть при по́мощи лебёдки *и т. п.* 5) верте́ть, повора́чивать, крути́ть □ ~ **off** разма́тывать(ся); ~ **up** а) сма́тывать; б) заводи́ть (*часы*); в) заводи́ться; I'm afraid he's wound up ну, он тепе́рь завёлся (на час); тепе́рь его́ не остано́вишь; г) подтя́гивать (*дисциплину*); д) взви́нчивать; е) конча́ть; ж) ула́дить, разреши́ть (*вопрос*); зако́нчить (*прения*); заключи́ть (*выступление*); з) ликвиди́ровать (*предприятие и т. п.*) ◊ to ~ oneself (*или* one's way) into smb.'s trust (affection, *etc.*) вкра́дываться, втира́ться в чьё-л. дове́рие (расположе́ние *и т. п.*); to ~ round one's little finger обвести́ вокру́г па́льца

**windage** [ˈwɪndɪdʒ] *n* 1) сопротивле́ние во́здуха 2) снос (*снаряда*) ве́тром 3) надво́дная часть су́дна

**windbag** [ˈwɪndbæg] *n* 1) *разг.* болту́н, пустозво́н 2) *шутл.* грудна́я клётка

**wind-bound** [ˈwɪndbaund] *a мор.* заде́ржанный проти́вными ве́трами

**wind-break** [ˈwɪndbreɪk] *n* 1) щит, ветроло́м 2) защи́тная лесополоса́ (*вдоль дороги и т. п.*)

**wind-breaker** [ˈwɪndˌbreɪkə] *n* ветронепроница́емая ку́ртка (*с вязаными манжетами и воротником*)

**wind-cheater** [ˈwɪndˌtʃiːtə] *n* ветронепроница́емая ку́ртка

**winder** I [ˈwaɪndə] *n* 1) вью́щееся расте́ние 2) заводно́й ключ 3) ступе́нька винтово́й ле́стницы 4) *текст.* мота́льная маши́на 5) *текст.* мота́льщик

**winder** II [ˈwaɪndə] *n* труба́ч

**winder** III [ˈwɪndə] *n sl.* си́льный уда́р

**windfall** [ˈwɪndfɔːl] *n* 1) плод, сби́тый ве́тром; па́данец 2) ветрова́л, бурело́м 3) неожи́данная уда́ча, *особ.* неожи́данно полу́ченные де́ньги

**windflaw** [ˈwɪndflɔː] *n* поры́в ве́тра

**wind-flower** [ˈwɪndˌflauə] *n* анемо́н (*цветок*)

**wind-ga(u)ge** [ˈwɪndgeɪdʒ] *n* анемо́метр

**windhover** [ˈwɪndˌhɔvə] *n* пустельга́ (*птица*)

**winding** I [ˈwɪndɪŋ] *pres. p. от* wind I, 2, 1), 2), 3) *и* 4)

**winding** II [ˈwaɪndɪŋ] **1.** *pres. p. от* wind I, 2, 5) *и* II, 2

**2.** *n* 1) изви́лина, изги́б, поворо́т 2) нама́тывание 3) *эл.* обмо́тка

**3.** *a* изви́листый; вито́й, спира́льный

**winding-sheet** [ˈwaɪndɪŋʃiːt] *n* са́ван

**wind-instrument** [ˈwɪndˌɪnstrumənt] *n* духово́й инструме́нт

**wind-jammer** [ˈwɪndˌdʒæmə] *n разг.* 1) па́русное су́дно 2) болту́н

**windlass** [ˈwɪndləs] *n тех.* бра́шпиль; лебёдка, во́рот

**windless** [ˈwɪndlɪs] *a* безве́тренный; ~ day безве́тренный день

**windmill** [ˈwɪnmɪl] *n* 1) ветряна́я ме́льница; to fight (*или* to tilt at) ~s сража́ться с ветряны́ми ме́льницами, донкихо́тствовать 2) *ав. sl.* вертолёт

**window** [ˈwɪndəu] *n* 1) окно́ 2) *attr.* око́нный ◊ to have all one's goods in the (front) ~ а) выставля́ть всё напока́з; б) быть пове́рхностным челове́ком

**window-case** [ˈwɪndəukeɪs] *n* витри́на

**window-dressing** [ˈwɪndəuˌdresɪŋ] *n* 1) украше́ние витри́н 2) уме́ние показа́ть това́р лицо́м

**window-pane** [ˈwɪndəupeɪn] *n* око́нное стекло́

**window-shopping** [ˈwɪndəuˌʃɔpɪŋ] *n разг.* рассма́тривание витри́н

**window-sill** [ˈwɪndəusɪl] *n* подоко́нник

**windpipe** [ˈwɪndpaɪp] *n анат.* дыха́тельное го́рло

**wind rose** [ˈwɪndrəuz] *n метео* ро́за ветро́в

**windrow** [ˈwɪndrəu] *n с.-х.* полоса́ ско́шенного хле́ба, се́на *и т. п.*

**wind-screen** [ˈwɪndskriːn] *n* 1) *авто* пере́днее стекло́, ветрово́е стекло́ 2) *ав.* козырёк 3) *attr.*: ~ wiper *авто* стеклоочисти́тель, «дво́рник»

**windshield** [ˈwɪndʃiːld] *амер.* = wind-screen 1)

**Windsor** [ˈwɪnzə] *n* 1) дешёвое тёмное туале́тное мы́ло (*тж.* brown ~ soap, ~ soap) 2) = Windsor chair

**Windsor chair** [ˈwɪnzəˈtʃɛə] *n* резно́е деревя́нное кре́сло

**windstorm** [ˈwɪndstɔːm] *n* бу́ря, мете́ль

**wind-swept** [ˈwɪndswept] *a* незащищённый от ве́тра, откры́тый (всем) ветра́м

**wind-tunnel** [ˈwɪndˌtʌnl] *n* аэродинами́ческая труба́

**wind-up** I [ˈwaɪndʌp] *n* коне́ц, заверше́ние

**wind-up** II [ˈwɪndʌp] *n sl.* страх, не́рвное возбужде́ние; to get (*или* to have) the ~ испуга́ться

**windward** [ˈwɪndwəd] **1.** *a* наве́тренный

**2.** *adv* с наве́тренной стороны́

**3.** *n* наве́тренная сторона́ ◊ to get to ~ of smb. обойти́, обскака́ть кого́-л., име́ть преиму́щество пе́ред кем-л.

**windy** [ˈwɪndɪ] *a* 1) ве́треный; ~ day ве́треный день 2) обдува́емый ве́тром; W. City *амер.* Го́род ветро́в (*о Чикаго*) 3) пусто́й, несерьёзный

4) многосло́вный; хвастли́вый; болтли́вый 5) *sl.* испу́ганный 6) *мед.* страда́ющий метеори́змом 7) *мед.* вызыва́ющий пу́чение живота́

**wine** [waɪn] **1.** *n* 1) вино́; green (*или* new) ~ молодо́е вино́; thin ~ плохо́е вино́; to take ~ with smb. обме́ниваться то́стами с кем-л.; in ~ пья́ный, опьяне́вший 2) *унив.* студе́нческая пиру́шка 3) тёмно-кра́сный цвет, цвет кра́сного вина́ 4) *attr.* ви́нный ◇ Adam's ~ *шутл.* вода́; good ~ needs no (ivy) bush ≅ хоро́ший това́р сам себя́ хва́лит; to put new ~ in old bottles вти́скивать но́вое содержа́ние в ста́рую фо́рму

**2.** *v* 1) пить вино́ 2) угоща́ть, пои́ть вино́м; to ~ and dine угоща́ть, по́тчевать

**winebag** ['waɪnbæg] *n* 1) бурдю́к, мех для вина́ 2) *разг.* пья́ница

**winebowl** ['waɪnbəul] *n ритор.* ча́ша

**wine-cellar** ['waɪn͵selə] *n* ви́нный по́греб

**wine-coloured** ['waɪn͵kʌləd] *a* тёмно-кра́сный; вишнёвый; цве́та кра́сного вина́

**wine-cooler** ['waɪn͵ku:lə] *n* ведёрко для охлажде́ния вина́

**wineglass** ['waɪnglɑ:s] *n* 1) бока́л; рю́мка; фуже́р 2) = wine-glassful

**wine-glassful** ['waɪn͵glɑ:sful] *n* четы́ре столо́вых ло́жки (*лекарства*)

**wine-grower** ['waɪn͵grəuə] *n* виноде́л; виногра́дарь

**winepress** ['waɪnpres] *n* дави́льный пресс

**winery** ['waɪnərɪ] *n* ви́нный заво́д

**wineshop** ['waɪnʃɔp] *n* ви́нный погребо́к

**wineskin** ['waɪnskɪn] = winebag 1)

**wine-vault** ['waɪnvɔ:lt] = wineshop

**wing** [wɪŋ] **1.** *n* 1) крыло́; to add (*или* to lend) ~s (to) придава́ть кры́лья; ускоря́ть; to be on the ~ а) лете́ть; б) *разг.* переезжа́ть с ме́ста на ме́сто; путеше́ствовать; to take ~ взлете́ть; on the ~s of the wind на кры́льях ве́тра, стреми́тельно 2) *амер. разг.* рука́; a touch in the ~ ра́на в ру́ку 3) *архит.* фли́гель, крыло́ до́ма 4) *воен.* фланг 5) авиакрыло́ (*тактическая единица*) 6) *pl театр.* кули́сы; to stand (*или* to wait) in the ~s а) ждать своего́ вы́хода на сце́ну (*об актёре*); б) ждать своего́ ча́са, быть нагото́ве 7) *pl* «кры́лья» (*нашивка, эмблема у лётчиков*) 8) крыло́ (*политической партии*) 9) *спорт.* кра́йний напада́ющий (*в футболе и т. п.*) ◇ to take to itself ~s исче́знуть, улету́читься, смы́ться; to take smb. under one's ~ взять кого́-л. под своё покрови́тельство; to clip one's ~s подре́зать кры́лья (*или* кры́лышки), лиши́ть акти́вности, не дать разверну́ться; his ~s are sprouting он пари́т в облака́х

**2.** *v* 1) снабжа́ть кры́льями 2) подгоня́ть, ускоря́ть; fear ~ed his steps страх заста́вил его́ уско́рить шаги́ 3) пуска́ть (*стрелу*) 4) лете́ть; a bird ~s the sky пти́ца лети́т в поднебе́сье 5) ра́нить (*в крыло или руку*)

**wing-beat** ['wɪŋbi:t] *n* взмах кры́льев

**wing-case** ['wɪŋ'keɪs] *n зоол.* надкры́лье (*у жуков и т. п.*)

**wing-commander** ['wɪŋkə͵mɑ:ndə] *n* команди́р авиацио́нного крыла́

**winged** [wɪŋd] **1.** *p. p. от* wing 2

**2.** *a* 1) крыла́тый 2) окрылённый 3) бы́стрый

**wing flap** ['wɪŋ'flæp] *n ав.* крылево́й закры́лок

**wing-footed** ['wɪŋ͵futɪd] *a поэт.* быстроно́гий, бы́стрый

**wingless** ['wɪŋlɪs] *a* бескры́лый

**wing-over** ['wɪŋ'əuvə] *n ав.* полубо́чка

**wing-sheath** ['wɪŋ'ʃi:θ] = wing-case

**wing-span** ['wɪŋspæn] *n ав.* разма́х крыла́

**wing-spread** ['wɪŋspred] = wing-span

**wing-stroke** ['wɪŋstrəuk] = wing-beat

**wink** [wɪŋk] **1.** *n* 1) морга́ние 2) подми́гивание; to give a ~ а) подмигну́ть; б) намекну́ть 3) миг; in a ~ момента́льно ◇ not to sleep a ~, not to get a ~ of sleep не сомкну́ть глаз; a ~ is as good as a nod ≅ сто́ит лишь гла́зом моргну́ть

**2.** *v* 1) морга́ть, мига́ть 2) мерца́ть ▭ ~ at а) подми́гивать *кому-л.*; б) смотре́ть сквозь па́льцы на *что-л.*; закрыва́ть глаза́ на *что-л.*

**winkers** ['wɪŋkəz] *n pl разг.* 1) морга́лки (*о глазах, ресницах*) 2) шо́ры 3) *авто разг.* = winking lights

**winking** ['wɪŋkɪŋ] **1.** *pres. p. от* wink 2

**2.** *n* 1) мига́ние; морга́ние; like ~ *разг.* в мгнове́ние о́ка 2) коро́ткий сон, дремо́та

**winking lights** ['wɪŋkɪŋlaɪts] *n авто* указа́тель поворо́тов, сигна́л маневри́рования, «мига́лки»

**winkle** ['wɪŋkl] **1.** *n* берегови́чо́к (*моллюск*)

**2.** *v*: ~ **out** *разг.* вы́ковырять, извле́чь

**winner** ['wɪnə] *n* победи́тель; (пе́рвый) призёр

**winning** ['wɪnɪŋ] **1.** *pres. p. от* win 2

**2.** *n* 1) вы́игрыш, побе́да 2) *pl* вы́игрыш, вы́игранные де́ньги 3) *горн.* прохо́дка но́вой ша́хты

**3.** *a* 1) выи́грывающий, побежда́ющий; to play a ~ game а) игра́ть наверняка́; б) де́йствовать наверняка́ 2) реша́ющий (*об ударе и т. п.*) 3) привлека́тельный, обая́тельный; ~ smile обая́тельная улы́бка

**winning-post** ['wɪnɪŋpəust] *n* фи́нишный столб

**winnow** ['wɪnəu] *v* 1) ве́ять (*зерно*); отве́ивать (*мякину*; *тж.* ~ out, ~ away, ~ from) 2) отсе́ивать (*тж.* ~ out, ~ away); разбира́ть, проверя́ть 3) *поэт.* маха́ть (*крыльями*)

**winsome** ['wɪnsəm] *a* привлека́тельный, обая́тельный

**winter** ['wɪntə] **1.** *n* 1) зима́; a hard (*или* severe) ~ холо́дная зима́ 2) *поэт.* год; of fifty ~s 50-ле́тний 3) *attr.* зи́мний 4) *attr.* ози́мый

**2.** *v* 1) проводи́ть зи́му, зимова́ть 2) перезимова́ть (*о растениях*) 3) содержа́ть зимо́й (*скот и т. п.*)

**winter-crop** ['wɪntəkrɔp] *n с.-х.* ози́мая культу́ра

**winterer** ['wɪntərə] *n* зимо́вщик

**wintering** ['wɪntərɪŋ] **1.** *pres. p. от* winter 2

**2.** *n* 1) зимо́вка 2) *attr.* зиму́ющий

**winterize** ['wɪntəraɪz] *v разг.* приспоса́бливать к зи́мним усло́виям

**winterkill** ['wɪntəkɪl] *v амер.* погиба́ть в зи́мних усло́виях (*о растениях*)

**winterly** ['wɪntəlɪ] = wintry

**winter quarters** ['wɪntə'kwɔ:təz] *n pl воен.* зи́мние кварти́ры

**winter sports** ['wɪntə'spɔ:ts] *n pl* зи́мние ви́ды спо́рта

**winter-tide** ['wɪntətaɪd] *n поэт.* зима́

**wintry** ['wɪntrɪ] *a* 1) зи́мний; холо́дный 2) неприве́тливый (*об улыбке и т. п.*) 3) безра́достный

**winy** ['waɪnɪ] *a* ви́нный, име́ющий вкус *или* за́пах вина́

**winze** [wɪnz] *n горн.* гезе́нк, подзе́мная вы́работка

**wipe** [waɪp] **1.** *n* 1) вытира́ние; to give a ~ вы́тереть 2) *разг.* носово́й плато́к 3) издёвка, глумле́ние

**2.** *v* 1) вытира́ть, протира́ть, утира́ть; to ~ one's eyes осуши́ть слёзы; to ~ one's hands on a towel вытира́ть ру́ки полоте́нцем 2) *sl.* уда́рить с разма́ху; замахну́ться (at — на *кого-л.*) ▭ ~ **away**, ~ **off** стира́ть; вытира́ть, утира́ть; ~ **out** а) вытира́ть, протира́ть (*внутри*); б) смыва́ть (*обиду*); в) уничто́жить (*противника и т. п.*); ~ **up** подтира́ть ◇ to ~ smb.'s eye *sl.* а) ≅ утере́ть нос кому́-л.; нанести́ кому́-л. по́лное пораже́ние; б) уни́зить кого́-л.; to ~ the slate clean нача́ть всё сы́знова; сбро́сить груз ста́рых оши́бок; to ~ the floor (*или* the ground) with smb. изничто́жить кого́-л.; уни́зить

**wiper** ['waɪpə] *n* 1) полоте́нце 2) тря́пка для вытира́ния; приспособле́ние для чи́стки 3) *разг.* носово́й плато́к 4) *авто* стеклоочисти́тель

**wire** ['waɪə] **1.** *n* 1) про́волока; про́вод 2) телегра́ф; by ~ по телегра́фу, телегра́ммой; I'll reply by ~ я отве́чу телегра́ммой 3) *разг.* телегра́мма; send me a ~ извести́те меня́ телегра́ммой 4) *attr.* про́волочный; ~ hanger про́волочная ве́шалка для оде́жды ◇ to give smb. the ~ та́йно предупреди́ть кого́-л.; to be on ~s быть в состоя́нии не́рвного возбужде́ния

**2.** *v* 1) свя́зывать *или* скрепля́ть про́волокой 2) устана́вливать *или* монти́ровать провода́ 3) телеграфи́ровать 4) *воен.* устра́ивать про́волочные загражде́ния; окружа́ть про́волокой ▭

~ **in** а) = 4); б) *sl.* стара́ться изо всёх сил

**wire-cutter** ['waɪəˌkʌtə] *n тех.* куса́чки

**wire-dancer** ['waɪəˌdɑ:nsə] *n* канатохо́дец

**wiredrawn** ['waɪədrɔ:n] *a* сли́шком то́нкий (*о различии и т. п.*); наду́манный

**wire entanglement** ['waɪəɪn'tæŋglmənt] *n* прóволочное загражде́ние

**wire gauge** ['waɪəgeɪdʒ] *n* прóволочный кали́бр

**wire-haired** ['waɪəhɛəd] *a* жесткошёрстный, с жёсткой шёрстью

**wireless** ['waɪəlɪs] **1.** *n* 1) ра́дио; by ~ по ра́дио 2) радиоприёмник

**2.** *a* 1) беспро́волочный 2) ра́дио-; ~ office *мор.* пункт радиосвя́зи

**3.** *v* передава́ть по ра́дио

**wire netting** ['waɪəˌnetɪŋ] *n* се́тка из то́нкой прóволоки

**wirepuller** ['waɪəˌpulə] *n* лицó, держа́щее ни́ти в свои́х рука́х; полити́ческий интрига́н

**wire stitcher** ['waɪəˌstɪtʃə] *n* проволокошве́йная маши́на

**wire tapping** ['waɪəˌtæpɪŋ] *n* перехва́т телефо́нных сообще́ний; подслу́шивание телефо́нных разгово́ров

**wiring** ['waɪərɪŋ] **1.** *pres. p. от* wire 2

**2.** *n* 1) прокла́дка электри́ческих проводо́в; электропрово́дка 2) *воен.* прóволочные загражде́ния

**wiry** ['waɪərɪ] *a* 1) похо́жий на прóволоку, ги́бкий, кре́пкий 2) жи́листый; выно́сливый

**wisdom** ['wɪzdəm] *n* 1) му́дрость; to pour forth ~ изрека́ть сенте́нции 2) здра́вый смысл

**wisdom-tooth** ['wɪzdəm'tu:θ] *n* зуб му́дрости; to cut one's wisdom-teeth стать благоразу́мным; приобрести́ жи́зненный о́пыт

**wise I** [waɪz] **1.** *a* 1) му́дрый; благоразу́мный 2) осведомлённый, зна́ющий; to put smb. ~ to smth. вы́вести кого́-л. из заблужде́ния, объясни́ть, надоу́мить; to be (*или* to get) ~ to smth. узна́ть, поня́ть что-л. ◊ ~ after the event ≅ за́дним умо́м кре́пок

**2.** *v разг.* надоу́мить, подбро́сить иде́ю (*обыкн.* ~ up)

**wise II** [waɪz] *n уст.* о́браз, спо́соб; in no ~ нико́им о́бразом

**wiseacre** ['waɪzˌeɪkə] *n ирон.* мудре́ц, у́мник

**wisecrack** ['waɪzkræk] *амер. разг.* **1.** *n* уда́чное замеча́ние; остро́та, саркасти́ческое замеча́ние

**2.** *v* остри́ть

**wise guy** ['waɪzgaɪ] *n разг.* самодово́льный тип, наха́л

**wise woman** ['waɪzˌwumən] *n* 1) колду́нья, ворожея́; зна́харка 2) повива́льная ба́бка

**wish** [wɪʃ] **1.** *n* 1) жела́ние, пожела́ние; she expressed a ~ to be alone она́ пожела́ла оста́ться одна́ 2) про́сьба; to carry out smb.'s ~ выполня́ть чью-л. про́сьбу 3) предме́т жела́ния ◊ if ~es were horses beggars might ride *посл.* ≅ е́сли бы да кабы́ во рту росли́ грибы́

**2.** *v* 1) жела́ть, хоте́ть; вы́сказать пожела́ния; I ~ it to be done я хочу́, что́бы э́то бы́ло сде́лано; I ~ you to understand я хочу́, что́бы вы по́няли; I ~ you joy жела́ю вам сча́стья; I ~ you were with us мне бы хоте́лось, что́бы вы бы́ли вме́сте с на́ми 2): to ~ smb. well (ill) жела́ть кому́-л. добра́ (зла); he ~es well он настро́ен доброжела́тельно □ ~ **for** жела́ть, стреми́ться; what more can you ~ for? о чём ещё вы мо́жете мечта́ть?, чего́ ещё вам не хвата́ет?; long ~ed for давно́ жела́нный; ~ **on** *разг.* навяза́ть (*кому-л. кого-л. или что-л.*); we had Peter's son ~ed on us for the week-end Пи́тер подки́нул нам своего́ сы́на на выходно́й день

**wish-bone** ['wɪʃbəun] = wishing-bone

**-wisher** [-ˌwɪʃə] *в сложных словах означает* жела́ющий (*чего-л.*); well-wisher доброжела́тель

**wishful** ['wɪʃful] *a* 1) жела́емый; ~ thinking приня́тие жела́емого за действи́тельное 2) жела́ющий, жа́ждущий

**wishing-bone** ['wɪʃɪŋbəun] *n* ду́жка (*грудная кость птицы*)

**wish-wash** ['wɪʃwɔʃ] *n разг.* 1) бурда́ 2) болтовня́

**wishy-washy** ['wɪʃɪˌwɔʃɪ] *a разг.* 1) жи́дкий 2) сла́бый, бле́дный; невырази́тельный

**wisp** [wɪsp] *n* 1) пучо́к, жгут (*соломы, сена и т. п.*) 2) клочо́к, обры́вок 3) метёлка 4) что-л. сла́бое, неразви́вшееся, скоропреходя́щее; a ~ of a smile едва́ заме́тная улы́бка; a ~ of smoke лёгкая стру́йка ды́ма; a ~ of a girl то́ненькая девчу́шка

**wispy** ['wɪspɪ] *a* то́нкий

**wist** [wɪst] *past и p. p. от* wit 2

**wistaria** [wɪs'tɛərɪə] *n бот.* глици́ния

**wistful** ['wɪstful] *a* 1) тоску́ющий, тоскли́вый 2) заду́мчивый (*о взгляде, улыбке*)

**wit** [wɪt] **1.** *n* 1) (*часто pl*) ум, ра́зум; he has quick (slow) ~s он сообрази́телен (несообрази́телен) 2) остроу́мие 3) остря́к; he sets up for a ~ он хо́чет каза́ться остроу́мным ◊ to be at one's ~'s end стать в тупи́к; не знать, что де́лать; to have (*или* to keep) one's ~s about one а) быть начеку́; б) понима́ть что к чему́; to live by one's ~s ко́е-ка́к извора́чиваться; out of one's ~s обезу́мевший

**2.** *v* (*pres.* wot, *past и p. p.* wist) *уст.* знать, ве́дать ◊ to ~ *юр.* то́ есть, а и́менно

**witch** [wɪtʃ] **1.** *n* 1) колду́нья; ве́дьма; ~'s broom помело́ 2) *уст.* колду́н, зна́харь 3) *шутл.* чароде́йка

**2.** *v поэт.* околдова́ть, обворожи́ть

**witchcraft** ['wɪtʃkrɑ:ft] *n* колдовство́; чёрная ма́гия

**witch-doctor** ['wɪtʃˌdɔktə] *n* колду́н, зна́харь

**witchery** ['wɪtʃərɪ] *n* 1) = witchcraft 2) очарова́ние, ча́ры

**witch-hunt** ['wɪtʃhʌnt] *n* 1) *ист.* охо́та за ве́дьмами 2) пресле́дование прогресси́вных де́ятелей

**witching** ['wɪtʃɪŋ] **1.** *pres. p. от* witch 2

**2.** *a поэт.* колдовско́й; the ~ time of night по́лночь

**with** [wɪð] *prep* 1) *указывает на связь, совместность, согласованность во взглядах, пропорциональность* с; he came ~ his brother он пришёл вме́сте с бра́том; to deal ~ smb. име́ть де́ло с кем-л.; to mix ~ the crowd смеша́ться с толпо́й; to grow wiser ~ age станови́ться умне́е с года́ми; I am entirely ~ you in this в э́том вопро́се я с ва́ми по́лностью согла́сен; to rise ~ the sun встава́ть на зо́рьке, вме́сте с со́лнцем 2) *указывает на предмет действия или орудие, с помощью которого совершается действие; передаётся тв. падежом*: to adorn ~ flowers украша́ть цвета́ми; ~ a pencil карандашо́м; to cut ~ a knife ре́зать ножо́м 3) *указывает на наличие чего-л., характерный признак*: ~ no hat on без шля́пы; ~ blue eyes с голубы́ми глаза́ми 4) *указывает на обстоятельства, сопутствующие действию*: ~ care с осторо́жностью; ~ thanks с благода́рностью 5) *указывает на причину* от, из-за; to die ~ pneumonia умере́ть от воспале́ния лёгких; her flat was gay ~ flowers цветы́ оживля́ли её кварти́ру 6) *указывает на лицо, по отношению к которому совершается действие* у, каса́тельно, с(о); it is holiday time ~ us у нас кани́кулы; things are different ~ me со мной де́ло обстои́т ина́че; to be honest ~ oneself быть че́стным пе́ред сами́м собо́й; be patient ~ them прояви́те терпе́ние по отноше́нию к ним 7) несмотря́ на; ~ all his gifts he failed несмотря́ на все свои́ тала́нты, он не име́л успе́ха ◊ ~ child бере́менная; away ~ him! вон его́!; to be (*или* to get) ~ it *разг.* идти́ в но́гу с мо́дой

**with-** [wɪð-] *pref прибавляется к глаголам со значением* 1) наза́д; to withdraw отдёргивать 2) про́тив; to withstand противостоя́ть, сопротивля́ться *и т. п.*

**withal** [wɪ'ðɔ:l] *уст.* **1.** *adv* к тому́ же, вдоба́вок; в то же вре́мя

**2.** *prep* с(о); the sword he used to defend himself ~ меч, кото́рым он защища́лся

**withdraw** [wɪð'drɔ:] *v* (withdrew; withdrawn) 1) отдёргивать; to ~ one's hand отдёрнуть ру́ку 2) брать наза́д; ~! возьми́те наза́д свои́ слова́!; to ~ a privilege лиша́ть привиле́гии 3) забира́ть; отзыва́ть; отводи́ть (*войска*); to ~ a boy from school взять ма́льчика из шко́лы 4) изыма́ть (*монету из обращения*) 5) уходи́ть, удаля́ться, ретирова́ться 6) извлека́ть; to

~ a cigarette out of one's case извле́чь сигаре́ту из портсига́ра

**withdrawal** [wɪð'drɔːəl] *n* 1) отдёргивание 2) взя́тие наза́д; изъя́тие 3) отозва́ние, уво́д 4) ухо́д; удале́ние 5) *воен.* отхо́д; вы́вод войск; ~ from action вы́ход из бо́я; to conduct a ~ осуществля́ть отхо́д

**withdrawn** [wɪð'drɔːn] 1. *p. p. от* withdraw

2. *a* за́мкнутый, уше́дший в себя́ (*человек*)

**withdrew** [wɪð'druː] *past от* withdraw

**withe** [wɪθ, w(a)ɪð] *n* и́вовый прут; лоза́

**wither** ['wɪðə] *v* 1) вя́нуть, со́хнуть; блёкнуть 2) иссуша́ть, лиша́ть си́лы *или* све́жести 3) ослабева́ть, умен ьша́ться 4) (*обыкн. шутл.*) уничтожа́ть; to ~ smb. with a look испепели́ть кого́-л. взгля́дом

**withers** ['wɪðəz] *n pl* хо́лка (*у лошади*) ◇ my ~ are unwrung ≅ моё де́ло — сторона́

**withheld** [wɪð'held] *past и p. p. от* withhold

**withhold** [wɪð'həuld] *v* (withheld) 1) отка́зывать (*в чём-л.*); возде́рживаться (*от чего-л.*); to ~ one's consent не дава́ть согла́сия 2) уде́рживать, остана́вливать; what withheld him from making the attempt? что помеша́ло ему́ сде́лать э́ту попы́тку? 3) не сообща́ть, ута́ивать; disagreeable facts were withheld from him от него́ скры́ли неприя́тные фа́кты

**within** [wɪ'ðɪn] 1. *prep* 1) в, в преде́лах; ~ sight в преде́лах ви́димости; it is true ~ limits до изве́стной сте́пени ве́рно; to come ~ the terms of reference относи́ться к ве́дению, к компете́нции; to keep ~ the law не выходи́ть из ра́мок зако́на 2) в, внутри́; ~ the building внутри́ до́ма; hope sprang up ~ him у него́ появи́лась наде́жда 3) не да́лее (как), не поздне́е; в тече́ние; ~ a year в тече́ние го́да; че́рез год

2. *adv уст.* внутри́; to stay ~ остава́ться до́ма; is Mrs. Jones ~? до́ма ми́ссис Джо́унз?

3. *n* вну́тренняя сторона́; the door opens from ~ дверь открыва́ется изнутри́

**withindoors** [wɪ'ðɪn'dɔːz] *adv уст.* внутри́, в помеще́нии

**with-it** [wɪ'ðɪt] *a разг.* мо́дный, совреме́нный; ~ clothes мо́дная оде́жда

**without** [wɪ'ðaut] 1. *prep* 1) без; ~ friends без друзе́й; to do (*или* to go) ~ smth. обходи́ться без чего́-л. 2) вне, за; things ~ us вне́шний мир 3) (*перед герундием и отглагольным сущ.*) без того́, что́бы; ~ taking leave не проща́ясь

2. *adv уст.* вне, снару́жи; listening to the wind ~ прислу́шиваясь к ве́тру на у́лице; I heard footsteps ~ за две́рью послы́шались шаги́

3. *n* нару́жная сторона́; from ~ снару́жи, извне́

4. *cj уст. разг.* е́сли не; без того́, что́бы

**withstand** [wɪð'stænd] *v* (withstood) 1) противостоя́ть, вы́держать 2) (*обыкн. поэт.*) сопротивля́ться

**withstood** [wɪð'stud] *past и p. p. от* withstand

**withy** ['wɪðɪ] = withe

**witless** ['wɪtlɪs] *a* 1) безмо́зглый, глу́пый 2) слабоу́мный

**witling** ['wɪtlɪŋ] *n презр.* остря́к

**witness** ['wɪtnɪs] 1. *n* 1) свиде́тель (*особ. в суде*); to call to ~ ссыла́ться на; призыва́ть в свиде́тели 2) очеви́дец 3) понято́й 4) доказа́тельство, свиде́тельство (to, of); to bear ~ to (*или* of) свиде́тельствовать, удостоверя́ть; in ~ of smth. в доказа́тельство чего́-л.

2. *v* 1) быть свиде́телем (*чего-л.*); ви́деть; Europe ~ed many wars Евро́па не раз была́ аре́ной войн 2) дава́ть показа́ния (against, for) 3) заверя́ть (*подпись и т. п.*); to ~ a document заве́рить докуме́нт 4) свиде́тельствовать; служи́ть ули́кой, доказа́тельством

**witness-box** ['wɪtnɪsbɔks] *n* ме́сто для да́чи свиде́тельских показа́ний (*в суде*)

**witness-stand** ['wɪtnɪsstænd] *амер.* = witness-box

**-witted** [-'wɪtɪd] *в сложных словах означает* облада́ющий *такими-то* у́мственными спосо́бностями; half-witted слабоу́мный; quick-witted нахо́дчивый, сообрази́тельный

**witticism** ['wɪtɪsɪzm] *n* остро́та; шу́тка

**wittily** ['wɪtɪlɪ] *adv* остроу́мно

**wittingly** ['wɪtɪŋlɪ] *adv* созна́тельно, умы́шленно

**witty** ['wɪtɪ] *a* остроу́мный

**wive** [waɪv] *v уст.* брать в жёны

**wives** [waɪvz] *pl от* wife

**wizard** ['wɪzəd] 1. *n* 1) колду́н, маг, чароде́й, куде́сник, волше́бник; the W. of the North Чароде́й Се́вера (*прозвище Вальтера Скотта*) 2) фо́кусник 3) *текст.* ремизоподъёмная каре́тка

2. *a* 1) колдовско́й 2) *sl.* великоле́пный

**wizardry** ['wɪzədrɪ] *n* колдовство́; ча́ры (*тж. перен.*)

**wizen(ed)** ['wɪzn(d)] *a* 1) вы́сохший (*о растении*) 2) иссо́хший и морщи́нистый (*о человеке*)

**wo** [wəu] *int* тпру!

**wobble** ['wɔbl] 1. *n* 1) кача́ние 2) *перен.* колеба́ние; виля́ние 3) *авто* вихля́ние пере́дних колёс

2. *v* 1) кача́ться из стороны́ в сто́рону; вихля́ть; идти́ шата́ясь 2) *перен.* колеба́ться; виля́ть 3) дрожа́ть (*о голосе, звуке*)

**wobbler** ['wɔblə] *n* ненадёжный челове́к

**wobbly** ['wɔblɪ] *a* ша́ткий, шата́ющийся

**Woden** ['wəudn] *n* Во́тан, О́дин (*в германской и скандинавской мифологии*)

**woe** [wəu] *n поэт., шутл.* го́ре, скорбь; несча́стья; ~ is me! го́ре мне!; ~ be to him!, ~ betide him! будь он про́клят!

**woebegone** ['wəubɪˌgɔn] *a* удручённый го́рем, мра́чный

**woeful** ['wəuful] *a* 1) ско́рбный, го́рестный; несча́стный 2) о́чень плохо́й, жа́лкий, стра́шный; ~ ignorance вопию́щее неве́жество

**woesome** ['wəusəm] = woeful

**woke** [wəuk] *past и p. p. от* wake I, 1

**woken** ['wəukən] *p. p. от* wake I, 1

**wold** [wəuld] *n* 1) пусты́нное наго́рье; пу́стошь 2) низи́на

**wolf** [wulf] 1. *n* (*pl* wolves) 1) волк 2) обжо́ра 3) жесто́кий, злой челове́к 4) *разг.* ба́бник, волоки́та 5) *амер. воен. sl.* старшина́ (*роты и т. п.*) ◇ to cry ~ поднима́ть ло́жную трево́гу; to keep the ~ from the door перебива́ться; боро́ться с нището́й; to have the ~ in the stomach быть голо́дным, умира́ть с го́лоду

2. *v разг.* пожира́ть с жа́дностью (*часто* ~ down)

**wolf-cub** ['wulfkʌb] *n* 1) волчо́нок 2) бойска́ут (*8—10 лет*)

**wolf-dog** ['wulfdɔg] *n* волкода́в

**wolf-hound** ['wulfhaund] = wolf-dog

**wolfish** ['wulfɪʃ] *a* во́лчий, зве́рский; ~ appetite во́лчий аппети́т

**wolfram** ['wulfrəm] *n* 1) *хим.* вольфра́м 2) = wolframite

**wolframite** ['wulfrəmaɪt] *n мин.* вольфрами́т

**wolfskin** ['wulfskɪn] *n* 1) во́лчья шку́ра 2) доха́ из во́лчьих шкур

**wolf-whistle** ['wulfˌwɪsl] *n* свист, как знак восхище́ния (*при виде красивой женщины*)

**wolverene** ['wulvəriːn] = wolverine

**wolverine** ['wulvəriːn] *n* 1) *зоол.* росома́ха 2) (W.) *амер. разг.* уроже́нец шта́та Мичига́н

**wolves** [wulvz] *pl от* wolf 1

**woman** ['wumən] *n* (*pl* women) 1) же́нщина; women's rights же́нское равнопра́вие; a ~ of the world а) же́нщина, умудрённая жи́зненным о́пытом; б) све́тская же́нщина; a single ~ незаму́жняя же́нщина 2) *груб.* ба́ба 3) же́нственный мужчи́на, «ба́ба»; to play the ~ пла́кать; тру́сить 4) (*без артикля*) же́нщины, же́нский пол; man born of ~ сме́ртный 5) (the ~) же́нственность, же́нское нача́ло 6) служа́нка, убо́рщица 7) любо́вница 8) *attr.* же́нский; ~ suffrage избира́тельные права́ для же́нщин; ~ artist худо́жница; ~ friend прия́тельница

**woman-hater** ['wumənˌheɪtə] *n* женоненави́стник

**womanhood** ['wumənhud] *n* 1) же́нская зре́лость 2) же́нские ка́чества; же́нственность 3) же́нский пол, же́нщины

**womanish** ['wumənɪʃ] *a* женоподо́бный; же́нский

**womankind** ['wumən'kaɪnd] *n собир.* же́нщины; one's ~ же́нская полови́на семьи́

**womanlike** ['wumənlaɪk] *a* женоподо́бный; же́нственный

**womanly** ['wumənlɪ] *a* же́нственный; не́жный, мя́гкий

**womb** [wu:m] *n* 1) *анат.* ма́тка 2) *перен.* ло́но ◇ in the ~ of time когда́-нибудь в далёком бу́дущем

**wombat** ['wɔmbət] *n зоол.* вомба́т

**women** ['wɪmɪn] *pl от* woman

**womenfolk** ['wɪmɪnfəuk] *n pl* же́нщины; one's ~ же́нская полови́на семьи́

**won** [wʌn] *past и p. p. от* win 2

**wonder** ['wʌndə] **1.** *n* 1) удивле́ние, изумле́ние; (it is) no ~ (that) неудиви́тельно (, что); what a ~! порази́тельно!; what ~? что удиви́тельного? 2) чу́до; не́что удиви́тельное; for a ~ как э́то ни стра́нно, каки́м-то чу́дом; to work ~s твори́ть чудеса́

**2.** *v* 1) удивля́ться (at) 2) интересова́ться; жела́ть знать; I ~ who it was интере́сно знать, кто э́то мог быть ◇ I ~! сомнева́юсь!, не зна́ю, не зна́ю — мо́жет быть; I shouldn't ~ if неудиви́тельно бу́дет, е́сли

**wonderful** ['wʌndəful] *a* удиви́тельный, замеча́тельный

**wonderland** ['wʌndəlænd] *n* страна́ чуде́с

**wonderment** ['wʌndəmənt] *n* 1) удивле́ние, изумле́ние 2) не́что удиви́тельное

**wonder-stricken** ['wʌndə,strɪkən] = wonder-struck

**wonder-struck** ['wʌndəstrʌk] *a* поражённый, изумлённый

**wonder-work** ['wʌndəwə:k] *n* чу́до

**wonder-worker** ['wʌndə,wə:kə] *n* 1) чудотво́рец 2) челове́к, творя́щий чудеса́ (*о враче и т. п.*)

**wondrous** ['wʌndrəs] *уст.* **1.** *a* удиви́тельный, чуде́сный

**2.** *adv* (*тк. с прил.*) удиви́тельно; ~ kind удиви́тельно до́брый

**wonky** ['wɔŋkɪ] *a sl.* 1) ша́ткий, ненадёжный (*о вещах*) 2) нетвёрдый на нога́х (*после болезни и т. п.*)

**wont** [wəunt] **1.** *n* обыкнове́ние, привы́чка; he rose to greet them as was his ~ по своему́ обыкнове́нию он подня́лся, что́бы приве́тствовать их

**2.** *a predic.* име́ющий обыкнове́ние (*с inf.*); as he was ~ to say как он обыкнове́нно говори́л

**3.** *v* (wont; wont, wonted [-ɪd]) *уст.* име́ть обыкнове́ние

**won't** [wəunt] *сокр. разг.* = will not

**wonted** ['wəuntɪd] **1.** *p. p. от* wont 3

**2.** *a* 1) привы́чный; обы́чный 2) привы́кший к но́вым усло́виям

**woo** [wu:] *v* 1) уха́живать; сва́таться 2) добива́ться 3) угова́ривать, докуча́ть про́сьбами

**wood** [wud] **1.** *n* 1) (*часто pl*) лес; ро́ща; a clearing in the ~s лесна́я прога́лина; поля́на; to prune the old ~ away подчища́ть лес 2) де́рево (*материал*); древеси́на; лесоматериа́л 3) дрова́ 4) (the ~) *pl собир.* деревя́нные духовы́е инструме́нты 5) (the ~) бо́чка, бочо́нок (*для вина*); wine from the ~ вино́ в разли́в из бо́чки 6) *attr.* лесно́й; ~ lot лесно́й уча́сток 7) *attr.* деревя́нный ◇ to get (*или* to be) out of the ~ вы́путаться из затрудне́ния; быть вне опа́сности; to go to the ~s быть и́згнанным из о́бщества; to take in ~ *амер. sl.* вы́пить; to be unable to see the ~ for the trees за дере́вьями ле́са не ви́деть

**2.** *v* 1) сажа́ть лес 2) запаса́ться то́пливом

**wood alcohol** ['wud'ælkəhɔl] *n* мети́ловый спирт

**woodbind, woodbine** ['wudbaɪnd, 'wudbaɪn] *n* 1) *бот.* жи́молость 2) дешёвая сигаре́та

**wood-block** ['wudblɔk] *n* 1) коло́да 2) *дор.* торе́ц

**woodcock** ['wudkɔk] *n* ва́льдшнеп

**woodcraft** ['wudkrɑ:ft] *n* 1) зна́ние ле́са 2) уме́ние мастери́ть из де́рева

**woodcut** ['wudkʌt] *n* гравю́ра на де́реве

**woodcutter** ['wud,kʌtə] *n* 1) дровосе́к 2) гравёр по де́реву

**wood-cutting** ['wud,kʌtɪŋ] *n* ксилогра́фия

**wooded** ['wudɪd] **1.** *p. p. от* wood 2

**2.** *a* леси́стый

**wooden** ['wudn] *a* 1) деревя́нный; ~ ware деревя́нные изде́лия; ~ walls *уст.* вое́нные корабли́ 2) деревя́нный, безжи́зненный; ~ smile деревя́нная улы́бка 3) топо́рный (*о слоге*) ◇ ~ head *разг.* дура́к; ~ horse троя́нский конь; ~ spoon после́днее ме́сто (*в состязании*)

**wood-engraver** ['wudɪn,greɪvə] = woodcutter 2)

**wood-fibre** ['wud,faɪbə] *n* древе́сное волокно́

**wood-grouse** ['wudgraus] *n зоол.* те́терев-глуха́рь

**woodland** ['wudlənd] *n* 1) леси́стая ме́стность 2) *attr.* лесно́й; ~ scenery лесно́й пейза́ж; ~ choir пти́цы

**woodless** ['wudlɪs] *a* безле́сный

**wood-louse** ['wudlaus] *n* мокри́ца

**woodman** ['wudmən] *n* 1) лесни́к 2) лесору́б 3) лесно́й жи́тель 4) *уст.* охо́тник

**wood-nymph** ['wud'nɪmf] *n миф.* дриа́да

**woodpecker** ['wud,pekə] *n* дя́тел

**woodpile** ['wudpaɪl] *n* оха́пка дров

**woodprint** ['wudprɪnt] = woodcut

**wood-pulp** ['wudpʌlp] *n* пу́льпа, древе́сная ма́сса

**woodruff** ['wudrʌf] *n бот.* ясме́нник (души́стый)

**woodshed** ['wudʃəd] *n* дровяно́й сара́й

**woodsman** ['wudzmən] = woodman

**wood spirit** ['wud'spɪrɪt] = wood alcohol

**woodsy** ['wudzɪ] *a амер.* лесно́й

**woodward** ['wudwəd] *n* лесни́чий

**woodwax(en)** ['wud,wæks(ən)] *n бот.* дрок краси́льный

**wood-winds** ['wudwɪndz] *n pl собир.* деревя́нные духовы́е инструме́нты

**wood-wool** ['wudwul] *n тех.* древе́сная шерсть; то́нкая, упако́вочная стру́жка

**woodwork** ['wudwə:k] *n* 1) деревя́нные изде́лия 2) деревя́нные ча́сти строе́ния (*двери, оконные рамы и т. п.*)

**woodworker** ['wud,wə:kə] *n* 1) пло́тник; столя́р; то́карь по де́реву 2) деревообде́лочный стано́к

**woody** ['wudɪ] *a* 1) леси́стый 2) древе́сный 3) лесно́й

**wooer** ['wu(:)ə] *n* покло́нник

**woof I** [wu:f] = weft

**woof II** [wu:f] *n* 1) га́вканье 2) *радио* ни́зкий тон настро́йки репроду́ктора

**woofer** ['wu:fə] *n радио* репроду́ктор ни́зкого то́на

**wool** [wul] *n* 1) шерсть; руно́; dyed in the ~ а) окра́шенный в пря́же; б) отъя́вленный, закорене́лый; a dyed in the ~ Tory зая́длый консерва́тор 2) шерстяна́я пря́жа *или* ткань; шерстяны́е изде́лия; Berlin ~ цветно́й га́рус, шерстяна́я вяза́льная пря́жа (*ярких цветов*) 3) *шутл.* во́лосы ◇ to pull the ~ over smb.'s eyes обма́нывать, вводи́ть кого́-л. в заблужде́ние; to lose one's ~ *разг.* рассерди́ться; to keep one's ~ on сохраня́ть самооблада́ние; all ~ and a yard wide *амер. разг.* настоя́щий; отли́чный, заслу́живающий дове́рия; to go for ~ and come home shorn ≅ пошёл по шерсть, а верну́ться стри́женным

**woolen** ['wulən] *амер.* = woollen

**wool-gathering** ['wul,gæðərɪŋ] **1.** *n* рассе́янность, вита́ние в облака́х

**2.** *a* рассе́янный

**woollen** ['wulən] **1.** *a* шерстяно́й

**2.** *n pl* 1) шерстяна́я ткань 2) шерстяно́е изде́лие

**woolly** ['wulɪ] **1.** *a* 1) покры́тый ше́рстью; шерсти́стый 2) нея́сный, пу́таный (*о доводах и т. п.*) 3): ~ hair густы́е и курча́вые во́лосы; ~ painting *жив.* письмо́ гру́бым мазко́м; ~ voice си́плый го́лос 4) *разг.* гру́бый, неотёсанный

**2.** *n разг.* 1) шерстяно́й сви́тер 2) *pl* шерстяно́е бельё

**woolsack** ['wulsæk] *n* наби́тая ше́рстью поду́шка, на кото́рой сиди́т председа́тель (ло́рд-ка́нцлер) в пала́те ло́рдов ◇ to reach the ~ стать ло́рдом-ка́нцлером

**wool-work** ['wulwə:k] *n* вы́шивка га́русом

**wop** [wɔp] *n презр. прозвище, даваемое американцами иммигрантам из Италии*

**word** [wə:d] **1.** *n* 1) сло́во; ~ for ~ сло́во в сло́во; буква́льно; by ~ of mouth у́стно; на слова́х; in a ~, in one ~ одни́м сло́вом; коро́че говоря́; to put in (*или* to say) a ~ for smb. замо́лвить за кого́-л. слове́чко; a ~ in one's ear на́ ухо, по секре́ту; it is not the ~ не то сло́во, э́то ещё сла́бо ска́зано; to take smb. at his ~ пойма́ть кого́-л. на сло́ве; on (*или* with) the ~ вслед за слова́ми 2) (*ча́сто pl*) речь, разгово́р; can I have a ~ with you? мне на́до поговори́ть с ва́ми; to have ~s with smb. кру́пно поговори́ть, поссо́риться с кем-л.; warm (*или* hot) ~s брань; кру́пный разгово́р; fair ~s комплиме́нты 3) замеча́ние; to say a few ~s вы́сказать не́сколько замеча́ний (*по поводу чего-л.* — *на собрании и т. п.*); she had the last ~ её сло́во бы́ло после́дним, ≅ она́ в долгу́ не оста́лась 4) обеща́ние, сло́во; to give one's ~ обеща́ть; a man of his ~ челове́к сло́ва; upon my ~! че́стное сло́во! to be as good as one's ~ сдержа́ть сло́во; to be better than one's ~ сде́лать бо́льше обе́щанного 5) ве́сти; изве́стие, сообще́ние; to receive ~ of smb.'s coming получи́ть изве́стие о чьём-л. прие́зде 6) приказа́ние; ~ of command *воен.* кома́нда; to give (*или* to send) ~ отда́ть распоряже́ние 7) паро́ль; to give the ~ сказа́ть паро́ль 8) деви́з; ло́зунг ◇ big ~s хвастовство́; the last ~ in (*или* on) smth. а) ≅ после́дний крик мо́ды; б) после́днее сло́во (*в какой-л. области*); the last ~ has not yet been said on this subject вопро́с ещё не решён; sharp's the ~! торо́пливайся!, живе́й!; in so many ~s я́сно, недвусмы́сленно; hard ~s break no bones *посл.* ≅ брань на вороту́ не ви́снет; he hasn't a ~ to throw at a dog а) от него́ сло́ва не добьёшься; б) он и разгова́ривать не жела́ет; a ~ spoken is past recalling *посл.* ≅ сло́во не воробе́й, вы́летит — не пойма́ешь; a ~ to the wise ≅ у́мный с полусло́ва понима́ет

2. *v* выража́ть слова́ми; подбира́ть выраже́ния; to ~ a telegram соста́вить телегра́мму; I should ~ it rather differently я сказа́л бы э́то, пожа́луй, и́наче; a beautifully ~ed address прекра́сно соста́вленная речь

**word-book** [ˈwə:dbuk] *n* 1) слова́рь 2) либре́тто (*оперы*)

**wording** [ˈwə:dɪŋ] **1.** *pres. p. от* word 2

2. *n* реда́кция, фо́рма выраже́ния, формулиро́вка

**wordless** [ˈwə:dlɪs] *a* 1) без слов; молчали́вый 2) невы́раженный; не могу́щий быть вы́раженным; не вырази́мый слова́ми

**word-painting** [ˈwə:dˌpeɪntɪŋ] *n* о́бразное описа́ние

**word-perfect** [ˈwə:dˈpə:fɪkt] *a* зна́ющий наизу́сть

**word-play** [ˈwə:dpleɪ] *n* игра́ слов; каламбу́р

**word-splitting** [ˈwə:dˌsplɪtɪŋ] *n* то́нкое слове́сное разли́чие; софи́стика

**wordy** [ˈwə:dɪ] *a* 1) многосло́вный 2) слове́сный

**wore** [wɔ:] *past от* wear I, 2

**work** [wə:k] **1.** *n* 1) рабо́та; труд; заня́тие; де́ло; at ~ за рабо́той; to be at ~ upon smth. быть за́нятым чем-л.; in ~ име́ющий рабо́ту; out of ~ безрабо́тный; to set smb. to ~ дать рабо́ту, засади́ть за рабо́ту; to set (*или* to get) to ~ приня́ться за де́ло; to have one's ~ cut out for one име́ть мно́го дел, забо́т, рабо́ты; I've had my ~ cut out for me у меня́ де́ла по го́рло 2) де́йствие, посту́пок; wild ~ ди́кий посту́пок 3) *pl* обще́ственные рабо́ты (*тж.* public ~s) 4) произведе́ние, сочине́ние, труд; a ~ of art произведе́ние иску́сства 5) *pl* механи́зм (*особ. часов*); there is something wrong with the ~s механи́зм не в поря́дке 6) обрабо́тка 7) *pl* техни́ческие сооруже́ния; строи́тельные рабо́ты 8) (*обыкн. pl*) *воен.* фортификацио́нные сооруже́ния, укрепле́ния 9) *pl библ.* дела́, дея́ния 10) рукоде́лие, шитьё, вышива́ние 11) броже́ние 12) *физ.* рабо́та; unit of ~ едини́ца рабо́ты 13) *attr.* рабо́чий; ~ station (*или* position) рабо́чее ме́сто (*у конвейера*); ~ horse рабо́чая ло́шадь ◇ all in the day's ~ в поря́дке веще́й; норма́льный; to make hard ~ of smth. преувели́чивать тру́дности (*мероприятия и т. п.*); it was the ~ of a moment to call him вы́звать его́ бы́ло де́лом одно́й мину́ты; to make short ~ of smth., smb. (бы́стро) разде́латься с чем-л., распра́виться с кем-л.; ~ to rule стро́гое выполне́ние усло́вий трудово́го соглаше́ния (коллекти́вного догово́ра *и т. п.*); to make sure ~ with smth. обеспе́чить свой контро́ль над чем-л.; to get the ~s *амер.* ≅ попа́сть в переплёт; to give smb. the ~s ≅ взять кого́-л. в оборо́т, в рабо́ту

2. *v* (*в некоторых значениях past и p. p.* wrought) 1) рабо́тать, занима́ться (at — *чем-л.*); to ~ like a horse (*или* a navvy, a nigger, a slave) рабо́тать как вол; to ~ side by side with smb. те́сно сотру́дничать с кем-л.; to ~ towards smth. спосо́бствовать чему́-л. 2) рабо́тать, быть специали́стом, рабо́тать в како́й-л. о́бласти 3) де́йствовать, быть *или* находи́ться в де́йствии; the pump will not ~ насо́с не рабо́тает 4) де́йствовать, ока́зывать де́йствие; возыме́ть де́йствие (on, upon — на); the medicine did not ~ лека́рство не помогло́ 5) броди́ть *или* вызыва́ть броже́ние 6) быть в движе́нии; his face ~ed with emotion его́ лицо́ подёргивалось от волне́ния 7) заслужи́ть; отрабо́тать (*тж.* ~ out); to ~ one's passage отрабо́тать свой прое́зд на парохо́де 8) пробива́ться, проника́ть, прокла́дывать себе́ доро́гу (*тж.* ~ in, ~ out, ~ through *и др.*); the dye ~s its way in кра́ска впи́тывается; to ~ one's way прокла́дывать себе́ доро́гу; пробива́ться 9) распу́тать, вы́простать (*из чего-л.*; *обыкн.* ~ loose, ~ free of) 10) приводи́ть в движе́ние *или* де́йствие; управля́ть (*машиной и т. п.*); вести́ (*предприятие*) 11) заставля́ть рабо́тать; he ~ed them long hours он заставля́л их до́лго рабо́тать 12) (*past и p. p. тж.* wrought) причиня́ть, вызыва́ть; to ~ changes вызыва́ть *или* производи́ть измене́ния; to ~ miracles де́лать чудеса́ 13) (*past и p. p. обыкн.* wrought) обраба́тывать; отде́лывать; разраба́тывать; to ~ the soil обраба́тывать по́чву; to ~ a vein разраба́тывать жи́лу 14) (*past и p. p. обыкн.* wrought) придава́ть определённую фо́рму *или* консисте́нцию; меси́ть; кова́ть 15) (*past и p. p. часто* wrought) (иску́сственно) приводи́ть себя́ в како́е-л. состоя́ние (*тж.* ~ up; into); to ~ oneself into a rage довести́ себя́ до исступле́ния 16) вычисля́ть; реша́ть (*пример и т. п.*) 17) занима́ться рукоде́лием, вышива́ть 18) испо́льзовать в свои́х це́лях 19) *разг.* обма́нывать, вымога́ть, добива́ться (*чего-л.*) обма́нным путём □ ~ **against** де́йствовать про́тив; ~ **away** продолжа́ть рабо́тать; ~ **for** стреми́ться к *чему-л.*; to ~ for peace боро́ться за мир; ~ **in** а) проника́ть, прокла́дывать себе́ доро́гу; б) вставля́ть, вводи́ть; he ~ed in a few jokes in his speech он вста́вил не́сколько шу́ток в свою́ речь; в) пригна́ть; г) соотве́тствовать; his plans do not ~ in with ours его́ пла́ны расхо́дятся с на́шими; ~ **off** а) освободи́ться, отде́латься от *чего-л.*; to ~ off one's excess weight ≅ сбро́сить ли́шний вес, похуде́ть; б) распрода́ть; в) вымеща́ть; to ~ off one's bad temper on smb. срыва́ть своё плохо́е настрое́ние на ком-л.; ~ **on** а) продолжа́ть рабо́тать; б) = ~ upon; ~ **out** а) реша́ть (*задачу*); б) составля́ть, выража́ться (*в такой-то цифре*); the costs ~ out at £ 50 изде́ржки составля́ют 50 фу́нтов сте́рлингов; в) истоща́ть; г) разраба́тывать (*план*); составля́ть (*документ*); подбира́ть ци́фры, цита́ты *и т. п.*; д) с трудо́м доби́ться; е) отрабо́тать (*долг и т. п.*); ж) сраба́тывать; быть успе́шным, реа́льным; the plan ~ed out план оказа́лся реа́льным; ~ **over** перераба́тывать; to ~ over a letter переде́лывать письмо́; ~ **up** (*past и p. p. часто* wrought) а) разраба́тывать; б) отде́лывать, придава́ть зако́нченный вид; в) возбужда́ть, вызыва́ть; to ~ up an appetite нагуля́ть себе́ аппети́т; to ~ up a rebellion подстрека́ть к бу́нту; г) де́йствовать на *кого-л.*; д) сме́шивать (*составные части*); е) собира́ть све́дения (*по какому-л. вопросу*); ж) добива́ться, завоёвывать; to ~ up a reputation завоева́ть репута́цию; ~ **upon** *smth.* влия́ть на *что-л.*; to ~ upon smb.'s conscience поде́йствовать на чью-л. со́весть ◇ to ~ one's will поступа́ть, как взду́мается; де́лать по-сво́ему; to ~ one's will upon smb. заставля́ть кого́-л. де́лать по-сво́ему; to ~ against time стара́ться ко́нчить к определённому сро́ку; to ~ it *sl.* дости́гнуть це́ли; it won't ~ ≅ э́тот но́мер не пройдёт; э́то не вы́йдет; to ~ up to the curtain *театр.* игра́ть под за́навес

**workability** [ˌwəːkə'bılıtı] *n* применимость; годность (к обработке)

**workable** ['wəːkəbl] *a* 1) рентабельный 2) выполнимый; осуществимый; реальный

**workaday** ['wəːkədeı] *a* будничный; повседневный

**workaway** ['wəːkəˌweı] *n sl.* человек, отрабатывающий свой проезд (*особ. на пароходе*)

**work-bag** ['wəːkbæg] *n* рабочая сумка; мешочек с рукоделием

**work-basket** ['wəːkˌbɑːskıt] *n* рабочая корзинка (*для рукоделия*)

**work-book** ['wəːkbuk] *n* 1) конспект (*курса лекций и т. п.*) 2) тетрадь для записи произведённой работы 3) сборник упражнений

**work-box** ['wəːkbɔks] = work-basket

**workday** ['wəːkdeı] *n* будний день; рабочий день

**worker** ['wəːkə] *n* 1) рабочий; работник; workers of the world, unite! пролетарии всех стран, соединяйтесь! 2) *attr.* рабочий, трудовой

**workhouse** ['wəːkhaus] *n* 1) *ист.* работный дом 2) *амер.* исправительная тюрьма

**work-in** ['wəːk'ın] *n* «уорк-ин» (*новая форма забастовки, когда рабочие не прекращают работу на ликвидируемом предприятии и не покидают фабрики, завода и т. п.*)

**working** ['wəːkıŋ] **1.** *pres. p. от* work 2

**2.** *n* 1) работа, действие; деятельность; практика 2) эксплуатация; разработка 3) обработка 4) *pl горн.* выработки

**3.** *a* 1) работающий, рабочий; ~ woman работница 2) отведённый для работы; ~ hours рабочее время, рабочие часы 3) действующий, эксплуатационный; пригодный для работы; ~ conditions а) условия труда; б) *тех.* эксплуатационный режим; ~ efficiency производительность труда

**working capital** ['wəːkıŋ'kæpıtl] *n* оборотный капитал

**working class** ['wəːkıŋ'klɑːs] *n* рабочий класс

**working-class** ['wəːkıŋklɑːs] *a* относящийся, принадлежащий к рабочему классу; ~ solidarity солидарность трудящихся

**working day** ['wəːkıŋdeı] = workday

**working-man** ['wəːkıŋmæn] *n* рабочий

**working-out** ['wəːkıŋ'aut] *n* детальная разработка (*плана и т. п.*)

**working people** ['wəːkıŋˌpiːpl] *n* трудящиеся; трудовой люд

**workman** ['wəːkmən] *n* рабочий, работник

**workmanlike** ['wəːkmənlaık] *a* искусный

**workmanship** ['wəːkmənʃıp] *n* искусство, мастерство; квалификация; exquisite ~ тонкое мастерство

**work-out** ['wəːkaut] *n спорт.* тренировка

**work-people** ['wəːkˌpiːpl] *n* рабочий люд

**work-room** ['wəːkrum] *n* рабочая комната; помещение для работы

**works** [wəːks] *n pl* (*употр. как sing и как pl*) завод, фабрика

**workshop** ['wəːkʃɔp] *n* 1) мастерская; цех 2) секция; семинар; симпозиум 3) *attr.* цеховой; ~ committee цеховой комитет

**work-shy** ['wəːkʃaı] **1.** *n* лентяй, бездельник

**2.** *a* ленивый, уклоняющийся от работы

**work-table** ['wəːkˌteıbl] *n* рабочий столик

**workweek** ['wəːkwiːk] *n* рабочая неделя

**workwoman** ['wəːkˌwumən] *n* работница

**work-worn** ['wəːkwɔːn] *a* 1) изнурённый тяжёлым трудом 2) натруженный

**world** [wəːld] *n* 1) мир, свет; вселенная; to bring into the ~ произвести на свет, родить; the Old (New) W. Старый (Новый) свет; the ~ at large весь мир; the ~ over во всём мире, в целом мире 2) общество; the great ~ светское общество 3) определённая сфера деятельности, мир; the ~ of letters (of sport) литературный (спортивный) мир 4) мир, царство; the animal (vegetable) ~ животный (растительный) мир 5) мир, кругозор; his ~ is a very narrow one его кругозор (*или* мирок) очень узок 6) множество, куча; he has had a ~ of troubles у него была пропасть хлопот 7) *служит для усиления*: what in the ~ does he mean? что, наконец, он хочет сказать?; a ~ too слишком 8) *attr.* мировой, всемирный; ~ problems мировые проблемы; ~ peace мир во всём мире; ~ line-up расстановка сил в мире; ~ market мировой рынок; ~ trade международная торговля; ~ outlook (*или* view) мировоззрение, миропонимание ◇ to begin the ~ вступать в новую жизнь; not for the ~ ни за что на свете; not of this ~ ≅ не от мира сего; he would give the ~ to know он бы всё отдал, только бы узнать; to think the ~ of smb. быть очень высокого мнения о ком-л.; ~ without end на веки вечные; all the ~ and his wife а) все без исключения; б) всё светское общество; for all the ~ like похожий во всех отношениях; for all the ~ as if точно так, как если бы; how goes the ~ with you? как ваши дела?; to know the ~ иметь опыт; the lower ~ преисподняя, ад; to the ~ *sl.* крайне совершенно; drunk to the ~ ≅ мертвецки пьян; so goes (*или* wags) the ~ такова жизнь; to come down in the ~ опуститься, утратить былое положение; to come up (*или* to rise) in the ~ сделать карьеру; out of this ~ *разг.* великолепный

**worldling** ['wəːldlıŋ] *n* человек, поглощённый земными интересами

**worldly** ['wəːldlı] *a* 1) мирской; земной; ~ goods имущество, собственность 2) любящий жизненные блага 3) опытный, искушённый; ~ wisdom житейская мудрость 4) *редк.* светский

**worldly-minded** ['wəːldlı'maındıd] = worldly 2)

**worldly-wise** ['wəːldlı'waız] *a* опытный, бывалый, искушённый

**world-old** ['wəːld'əuld] *a* старый как мир

**world-power** ['wəːldˌpauə] *n* мировая держава

**world series** ['wəːld'sıəriːz] *n pl амер.* ежегодный чемпионат США по бейсболу

**world-weary** ['wəːld'wıərı] *a* уставший от жизни, пресытившийся

**world-wide** ['wəːldwaıd] *a* распространённый по всему свету; всемирно известный, мировой; ~ fame всемирная известность; on a ~ scale в общемировом масштабе; ~ organization всемирная организация

**worm** [wəːm] **1.** *n* 1) червяк, червь; глист 2) низкий человек, презренная личность; a poor ~ like him такое жалкое существо, как он 3) *тех.* червяк, шнек, червячный винт ◇ the ~ of conscience угрызения совести; I am a ~ today мне сегодня не по себе; to have a ~ in one's tongue ворчать, быть сварливым; even a ~ will turn ≅ всякому терпению приходит конец

**2.** *v* 1) ползти, пробираться ползком; продираться (through) 2) вползать; проникать; to ~ oneself into smb.'s confidence вкрасться в доверие к кому-л. 3) выпытать, разузнать; to ~ a secret out of smb. выведать у кого-л. тайну 4) гнать глистов

**worm-eaten** ['wəːmˌiːtn] *a* 1) источенный червями 2) устарелый

**worm-fishing** ['wəːmˌfıʃıŋ] *n* рыбная ловля на червя

**worm-gear** ['wəːmgıə] *n тех.* червячная передача

**worm-hole** ['wəːmhəul] *n* червоточина

**worm-seed** ['wəːmsiːd] *n* цитварное семя

**worm's-eye view** ['wəːmz'aıvjuː] *n* предельно ограниченное поле зрения; неспособность видеть дальше своего носа

**worm-wheel** ['wəːmwiːl] *n тех.* червячное колесо

**wormwood** ['wəːmwud] *n* 1) полынь горькая 2) горечь, источник горечи; the thought was ~ to him эта мысль была ему очень горька

**wormy** ['wəːmı] *a* 1) червивый 2) подлый, низкий

**worn** [wɔːn] *p. p. от* wear I, 2

**worn-out** ['wɔːn'aut] *a* 1) поношенный, изношенный 2) усталый, измученный

**worrier** ['wʌrıə] *n* беспокойный человек

**worrisome** [ˈwʌrɪsəm] *a* 1) беспокойный 2) причиняющий беспокойство; назойливый

**worrit** [ˈwʌrɪt] *диал. см.* worry

**worry** [ˈwʌrɪ] **1.** *n* 1) беспокойство, тревога; мучение 2) забота

**2.** *v* 1) надоедать; приставать 2) мучить(ся), терзать(ся), беспокоить(ся); don't let that ~ you пусть это вас не тревожит 3) беспокоить, болеть; his wound worries him рана беспокоит его 4) держать в зубах и трепать (*обыкн. о собаке*) □ ~ **along** продвигаться, пробиваться вперёд (через все трудности)

**worse** [wəːs] **1.** *a* (*сравн. ст. от* bad 1) худший; he is ~ today ему сегодня хуже; to be none the ~ for smth. ничуть не пострадать от чего-л.; he is none the ~ for it а ему хоть бы что; to be the ~ for wear а) износиться, быть поношенным; б) истощиться

**2.** *adv* (*сравн. ст. от* badly) хуже; сильнее; none the ~ ничуть не хуже, ещё лучше; I like him none the ~ for being outspoken я ещё больше люблю его за искренность □ ~ off: to be ~ off оказаться в более затруднительном положении

**3.** *n* худшее; to go from bad to ~ становиться всё хуже и хуже; to have the ~ потерпеть поражение; to put to the ~ нанести поражение; a change (*или* a turn) for the ~ перемена к худшему; ~ cannot happen ничего худшего не может случиться

**worsen** [ˈwəːsn] *v* ухудшать(ся)

**worship** [ˈwəːʃɪp] **1.** *n* 1) культ; почитание; поклонение 2) богослужение; public (*или* divine) ~ церковная служба; place of ~ церковь 3) *уст.* почёт; a man of great ~ человек, пользующийся большим почётом; to win ~ достичь славы 4): your W. ваша милость (*при обращении к судье, мэру*) ◇ freedom of ~ свобода совести

**2.** *v* 1) поклоняться, почитать; боготворить, обожать 2) бывать в церкви

**worshipful** [ˈwəːʃɪpful] *a уст.* почтенный, уважаемый (*в обращении*); ~ sir милостивый государь

**worst** [wəːst] **1.** *a* (*превосх. ст. от* bad 1) наихудший

**2.** *adv* (*превосх. ст. от* badly) хуже всего

**3.** *n* наихудшее, самое худшее; the ~ of the storm is over буря начинает утихать; at (the) ~ в самом худшем положении *или* случае; на худой конец; if the ~ comes to the ~ если случится самое худшее; в самом худшем случае; he always thinks the ~ of everybody он всегда думает о людях самое плохое; to get the ~ of it потерпеть поражение

**4.** *v* одержать верх, победить

**worsted** [ˈwustɪd] *n* ткань из гребенной шерсти; камвольная ткань

**worth** I [wəːθ] **1.** *n* 1) цена, стоимость, ценность, достоинство; give me a shilling's ~ of stamps дайте мне марок на шиллинг; to be aware of one's ~ ≅ знать себе цену 2) достоинства; a man of ~ достойный, заслуживающий уважения человек; he was never aware of her ~ он никогда не ценил её по заслугам 3) *уст.* богатство, имущество ◇ to put in one's two cents ~ высказаться

**2.** *a predic.* 1) стоящий; is ~ nothing ничего не стоит; little ~ *поэт.* мало стоящий; what is it ~? сколько это стоит? 2) заслуживающий; ~ attention заслуживающий внимания; ~ while, *разг.* ~ it стоящий затраченного времени *или* труда; this play is ~ seeing эту пьесу стоит посмотреть; it is not ~ taking the trouble об этом не стоит беспокоиться; take the story for what is ~ не принимайте всего на веру в этом рассказе 3) обладающий (*чем-л.*); he is ~ over a million у него денег больше миллиона ◇ for all one is ~ изо всех сил; not ~ a button ≅ гроша медного не стоит; not ~ the trouble ≅ игра не стоит свеч; not ~ powder and shot ≅ овчинка выделки не стоит

**worth** II [wəːθ] *v уст.*: woe (well) ~ the day! будь проклят (благословен) день!

**worthless** [ˈwəːθlɪs] *a* ничего не стоящий; никудышный; бесполезный, никчёмный

**worth-while** [ˈwəːθˈwaɪl] *a* стоящий; дельный; ~ experiment интересный опыт; to be ~ иметь смысл

**worthy** [ˈwəːðɪ] **1.** *a* 1) достойный; заслуживающий (of; *с inf.*); ~ of the name такой, о котором стоило бы говорить; ~ of praise, ~ to be praised достойный похвалы 2) соответствующий, подобающий 3) (*обыкн. ирон.*) достопочтенный

**2.** *n* 1) достойный человек 2) знаменитость 3) *уст.* герой 4) *шутл.* особа; тип

**-worthy** [-ˌwəːðɪ] *в сложных словах означает* заслуживающий; noteworthy заслуживающий внимания; blameworthy заслуживающий порицания

**wot** I [wɔt] *pres. от* wit 2

**wot** II [wɔt] *v уст.* знать; God ~ бог знает

**would** [wud (*полная форма*); wəd, əd, d (*редуцированные формы*)] 1) *вспомогательный глагол; служит для образования будущего в прошедшем во 2 и 3 лице*: he told us he ~ come at two он сказал нам, что придёт в два часа 2) *вспомогательный глагол; служит для образования условного наклонения*: it ~ be better было бы лучше 3) *служебный глагол, выражающий привычное действие, относящееся к прошедшему времени*: he ~ stand for hours watching the machine work он, бывало, целыми часами наблюдал за работой машины 4) *модальный глагол, выражающий*: а) *упорство, настойчивость*: I warned you, but you ~ do it я предостерегал вас, но вы непременно хотели поступить так; б) *желание*: ~ I were a child хотел бы я снова стать ребёнком; come when you ~ приходите, когда захотите; I ~ rather (*или* sooner), I ~ just as soon я бы предпочёл; в) *вероятность*: that ~ be his house это, вероятно, его дом; г) *вежливую просьбу*: ~ you help me, please? не поможете ли вы мне?

**would-be** [ˈwudbiː] **1.** *a* 1) *разг.* претендующий (*на что-л.*); с претензией (*на что-л.*); мечтающий (*о чём-л.*) 2) предполагаемый; потенциальный 3) притворный

**2.** *adv* притворно

**wouldn't** [ˈwudnt] *сокр. разг.* = would not

**wound** I [wuːnd] **1.** *n* 1) рана; ранение 2) обида, оскорбление; ущерб

**2.** *v* 1) ранить 2) причинить боль, задеть; to ~ smb.'s feelings задеть чьи-л. чувства; he was ~ed in his deepest affections он был оскорблён в своих лучших чувствах

**wound** II [waund] *past и p. p. от* wind I, 2, 5)

**wound** III [waund] *past и p. p. от* wind II, 2

**wove** [wəuv] *past от* weave 1

**woven** [ˈwəuvən] *p. p. от* weave 1

**wow** [wau] *sl.* **1.** *n* 1) нечто из ряда вон выходящее 2) *театр.* огромный успех

**2.** *v* поразить, ошеломить

**3.** *int* здорово!, красота!

**wowser** [ˈwauzə] *n австрал.* строгий пуританин

**wrack** [ræk] **1.** *n* 1) остатки кораблекрушения 2) *уст., поэт.* разорение, разрушение; to go to ~ разрушиться; ~ and ruin полное разорение 3) водоросль (*выброшенная на берег моря*)

**2.** *v* разрушать(ся)

**wraith** [reɪθ] *n* дух (*кого-л.*), являющийся незадолго до смерти *или* вскоре после неё; видение

**wrangle** [ˈræŋgl] **1.** *n* пререкания, спор; to have a ~ with smb. about (*или* over) smth. поспорить *или* повздорить с кем-л. о чём-л.

**2.** *v* 1) (по)спорить, повздорить; пререкаться (*с кем-л. о чём-л.*); what are they wrangling about? о чём они спорят? 2) *амер.* пасти стадо, табун лошадей (*обыкн. верхом*)

**wrangler** [ˈræŋglə] *n* 1) крикун, спорщик 2) студент, особо отличившийся на экзамене по математике (*в Кембриджском университете*) 3) *амер. разг.* ковбой

**wrap** [ræp] **1.** *n* 1) шаль, платок; меховая пелерина; одеяло, плед 2) обёртка

**2.** *v* 1) завёртывать, свора́чивать, складывать, закутывать (*часто* ~ up); to ~ oneself тепло одеваться 2) окутывать, обёртывать (round, about); to ~ in paper обернуть бумагой □ ~ **over** перекрывать; ~ **up**

а) ку́таться; б) заверша́ть; дава́ть кра́ткое заключе́ние ◇ ~ped up in а) погружённый в (себя, во что-л.), за́нятый чем-л.; ~ped up in slumber погружённый в сон; б) скрыва́емый; the affair is ~ped up in mystery э́то де́ло оку́тано та́йной

**wrapper** [ˈræpə] *n* 1) хала́т; капо́т 2) обёртка; бандеро́ль 3) супероблóжка

**wrapping** [ˈræpɪŋ] **1.** *pres. p. от* wrap 2

**2.** *n* (*часто pl*) обёртка; обёрточная бума́га

**wrapping-paper** [ˈræpɪŋˌpeɪpə] *n* обёрточная бума́га

**wrapt** [ræpt] = rapt

**wrap-up** [ˈræpˈʌp] *n амер. радио* кра́ткая сво́дка новосте́й

**wrasse** [ræs] *n* губа́н (*рыба*)

**wrath** [rɔθ] *n* гнев, я́рость; глубо́кое возмуще́ние

**wrathful** [ˈrɔθful] *a* гне́вный, рассе́рженный

**wreak** [ri:k] *v ритор.* дава́ть вы́ход, во́лю (*чувству*); to ~ vengeance upon one's enemy отомсти́ть врагу́

**wreath** [ri:θ, *pl* -ðz] *n* 1) вено́к, гирля́нда 2) завито́к, кольцо́ (*дыма*)

**wreathe** [ri:ð] *v* 1) свива́ть, сплета́ть (*венки*) 2) обвива́ть(ся) 3) клуби́ться (*о дыме*) 4) покрыва́ть (*морщинами и т. п.*)

**wreathed** [ri:ðd] **1.** *past и p. p. от* wreathe

**2.** *a* 1) сплетённый 2) покры́тый; a face ~ in wrinkles лицо́, покры́тое морщи́нами; a face ~ in smiles лицо́, расплы́вшееся в улы́бке

**wreck** [rek] **1.** *n* 1) круше́ние, ава́рия; ги́бель, уничтоже́ние; the house was a ~ after the party в до́ме бы́ло всё вверх дном по́сле вечери́нки 2) о́стов разби́того су́дна, оста́тки кораблекруше́ния (*выброшенные на берег*); обло́мки (*самолёта*) 3) развали́на; what a ~ of his former self he is! како́й он стал разва́линой! 4) крах, круше́ние (*надежд и т. п.*) 5) *attr.* авари́йный; ~ mark *мор.* знак, огражда́ющий ме́сто затону́вшего су́дна

**2.** *v* 1) вы́звать круше́ние, разруше́ние; потопи́ть (*судно*) 2) потерпе́ть круше́ние 3) ру́хнуть (*о планах, надеждах*) 4) разруша́ть (*здоровье и т. п.*) 5) снести́ть (*здание*)

**wreckage** [ˈrekɪdʒ] *n* 1) обло́мки круше́ния 2) = wreck 1, 4)

**wrecked** [rekt] **1.** *p. p. от* wreck 2

**2.** *a* потерпе́вший кораблекруше́ние, ава́рию

**wrecker** [ˈrekə] *n* 1) мародёр, *особ.* граби́тель разби́тых судо́в 2) *амер. ж.-д.* рабо́чий ремо́нтной (авари́йной) брига́ды 3) маши́на техни́ческой по́мощи 4) *амер.* рабо́чий по сно́су домо́в; *pl* фи́рма по сно́су домо́в

**wrecking** [ˈrekɪŋ] **1.** *pres. p. от* wreck 2

**2.** *n* 1) разруше́ние 2) снесе́ние (*зданий*) 3) *амер.* авари́йно-спаса́тельные рабо́ты

**3.** *a* 1) спаса́тельный; ~ car = wrecker 3); 2): ~ crew брига́да по сно́су зда́ний 3) разруши́тельный, губи́тельный; ~ policy разори́тельная поли́тика

**Wren** [ren] *n разг.* военнослу́жащая же́нской вспомога́тельной слу́жбы ВМС (*во время второй мировой войны*)

**wren** [ren] *n* крапи́вник (*птица*)

**wrench** [rentʃ] **1.** *n* 1) дёрганье; скру́чивание 2) вы́вих; to give one's ankle a ~ вы́вихнуть лоды́жку 3) щемя́щая тоска́, боль (*при разлуке*); the ~ of saying good-bye боль разлу́ки 4) искаже́ние (*истины, текста и т. п.*) 5) *тех.* га́ечный ключ

**2.** *v* 1) вывёртывать, вырыва́ть (*тж.* ~ off, ~ away; from, out of); to ~ open взла́мывать 2) вы́вихнуть 3) искажа́ть (*факты, истину*)

**wrest** [rest] *v* 1) вырыва́ть (*силой*); вывора́чивать 2) вырыва́ть (*оружие, победу у врага*); исторга́ть (*согласие*; from — у *кого-л.*) 3) искажа́ть, истолко́вывать непра́вильно (*закон, текст*)

**wrestle** [ˈresl] **1.** *n* 1) *спорт.* борьба́; соревнова́ние по борьбе́ 2) упо́рная борьба́ (*с трудностями и т. п.*)

**2.** *v* боро́ться; to ~ against (*или* with) temptation (adversity) боро́ться с искуше́нием (бедо́й); to ~ with a problem би́ться, лома́ть го́лову над зада́чей

**wrestler** [ˈreslə] *n спорт.* боре́ц

**wrestling** [ˈreslɪŋ] **1.** *pres. p. от* wrestle 2

**2.** *n спорт.* борьба́

**wretch** [retʃ] *n* 1) несча́стный; poor ~ бедня́га 2) негодя́й 3) него́дник

**wretched** [ˈretʃɪd] *a* 1) несча́стный; жа́лкий; ~ existence жа́лкое существова́ние, прозяба́ние 2) никуда́ не го́дный, никуды́шный, плохо́й; гну́сный; ~ hovel жа́лкая лачу́га; ~ state of things скве́рное положе́ние веще́й; ~ weather ме́рзкая пого́да 3) *разг.* о́чень си́льный, ужа́сный; ~ toothache отча́янная зубна́я боль

**wrick** [rɪk] **1.** *n* растяже́ние (*мышцы*)

**2.** *v* растяну́ть (*мышцу*)

**wriggle** [ˈrɪgl] **1.** *n* изги́б, изви́в

**2.** *v* 1) извива́ться (*о черве и т. п.*); изгиба́ться (*тж.* ~ oneself) 2) пробира́ться, продвига́ться вперёд (*тж.* ~ along) 3) втира́ться, прима́зываться; to ~ into office пробра́ться на како́й-л. пост; to ~ into favour втере́ться в дове́рие 4) виля́ть, увил́ивать; to ~ out of an engagement уклоня́ться от обяза́тельства; to ~ out of a difficulty вы́путаться из затрудни́тельного положе́ния

**wriggler** [ˈrɪglə] *n* 1) личи́нка комара́ 2) челове́к, увил́ивающий от свои́х обяза́тельств 3) проны́ра; интрига́н

**-wright** [-raɪt] *в сложных словах в названиях профессий*: shipwright кораблестрои́тель; playwright драмату́рг

**wring** [rɪŋ] **1.** *n* скру́чивание, выжима́ние *и пр.* [*см.* 2]

**2.** *v* (wrung) 1) скру́чивать; to ~ one's hands лома́ть себе́ ру́ки; to ~ smb.'s hand кре́пко сжать, пожа́ть кому́-л. ру́ку 2) жать (*об обуви*) 3) терза́ть 4) выжима́ть (*тж.* ~ out); ~ing wet мо́крый, хоть вы́жми 5) вымога́ть, исторга́ть (*тж.* ~ out; from, out of); to ~ consent принуди́ть согласи́ться; to ~ a promise from smb. вы́рвать у кого́-л. обеща́ние

**wringer** [ˈrɪŋə] *n* маши́на для отжима́ния белья́ ◇ to put smb. through the ~ а) (жесто́ким обраще́нием) исто́ргнуть призна́ние; б) выжима́ть все со́ки (*из подчинённых и т. п.*)

**wrinkle I** [ˈrɪŋkl] **1.** *n* морщи́на; скла́дка; to fit without a ~ сиде́ть без еди́ной морщи́нки, как влито́е (*об одежде*)

**2.** *v* мо́рщить(ся) (*тж.* ~ up); смина́ть(ся), мя́ть(ся)

**wrinkle II** [ˈrɪŋkl] *n разг.* поле́зный сове́т; намёк

**wrinkly** [ˈrɪŋklɪ] *a* морщи́нистый, в морщи́нах

**wrist** [rɪst] *n* 1) запя́стье 2) *тех.* ца́пфа 3) *attr.* нару́чный; ~ watch нару́чные часы́

**wristband** [ˈrɪstbænd] *n* 1) манже́та, обшла́г 2) брасле́т

**wristlet** [ˈrɪstlɪt] *n* 1) брасле́т 2) ремешо́к для часо́в 3) *attr.*: ~ watch нару́чные часы́, часы́-брасле́т

**wrist-pin** [ˈrɪstpɪn] *n тех.* ца́пфа

**writ I** [rɪt] *n* 1) *уст.* писа́ние 2) *юр.* предписа́ние, пове́стка; исково́е заявле́ние; to serve ~ on smb. посла́ть кому́-л. суде́бную пове́стку

**writ II** [rɪt] *уст. past и p. p. от* write ◇ ~ large а) я́вный, я́сно выраженный; б) усугублённый, ухудшенный

**write** [raɪt] *v* (wrote, *уст.* writ; written, *уст.* writ) 1) писа́ть; to ~ a good (legible) hand име́ть хоро́ший (чёткий) по́черк; to ~ large (small, plain) писа́ть кру́пно (ме́лко, разбо́рчиво); to ~ in ink (in pencil) писа́ть черни́лами (карандашо́м); to ~ shorthand стенографи́ровать 2) написа́ть, вы́писать; to ~ a cheque вы́писать чек; to ~ an application написа́ть заявле́ние 3) сочиня́ть (*музыку, рассказы и т. п.*); to ~ for a living быть писа́телем; to ~ out of one's own head насочиня́ть; приду́мать 4) выража́ть, пока́зывать; fear is written on his face страх напи́сан у него́ на лице́ 5) печа́тать на маши́нке; диктова́ть на маши́нку ▭ ~ **down** а) запи́сывать; б) отзыва́ться (*о ком-л.*) пренебрежи́тельно *или* неодобри́тельно в печа́ти; в) описа́ть, изобрази́ть; ~ **for** а) быть корреспонде́нтом, сотру́дничать в газе́те; б) вы́звать письмо́м; we wrote for his mother мы вы́звали его́ мать; в) вы́писать, сде́лать пи́сьменный зака́з; to ~ for a fresh supply заказа́ть но́вую па́ртию (*товара и т. п.*); ~ **in** а) вписа́ть, вста́вить (*в текст, бланк и т. п.*), запóлнить (*графу анкеты и т. п.*); б) *полит.* вписáть фамúлию кандидáта в избирáтельный бюллетéнь; ~ **off** а) писáть с лёгкостью; б) написáть и отослáть письмó; в) спúсывать со счёта; вычёркивать, аннулúровать (*долг и т. п.*); г) *перен.* сбрáсывать со счетóв, не принимáть во внимáние; ~ **out** а) переписывать; to ~ out fair написáть нáчисто; б) выпúсывать; to ~ out in full выпúсывать пóлностью; to ~ out a check вы́писать чек; в): to ~ oneself out исписáться; ~ **up** а) подрóбно опúсывать; б) восхвалять в печáти; в) закáнчивать, дописывать, доводúть до сегóдняшнего дня (*отчёт, дневник*); г) назначáть; to ~ smb. up for рекомендовáть комý-л. (*курс лечения, отдых и т. п.*)

**write-in** ['raɪt'ɪn] *n* 1) систéма голосовáния, при котóрой голосýющий вписывает в бюллетéнь úмя кандидáта 2) кандидáт, дополнúтельно внесённый в спúсок 3) *attr.*: ~ votes голосá, пóданные за кандидáта, котóрого нет в спúске; ~ campaign кампáния за внесéние в спúсок нóвого кандидáта

**write-off** ['raɪt'ɔf] *n* 1) аннулúрование; пúсьменный откáз 2) *pl* сýммы, спúсанные со счёта 3) *разг.* негóдное имýщество; брак; облóмки

**writer** ['raɪtə] *n* 1) писáтель; áвтор; the present ~ пúшущий эти стрóки 2) писéц, клерк ◇ ~ to the signet присяжный стряпчий (*в Шотландии*); ~'s cramp (*или* palsy) *мед.* пúсчая сýдорога

**write-up** ['raɪt'ʌp] *n* 1) хвалéбная статья; реклами́рование 2) подрóбный газéтный отчёт 3) описáние (*события, состояния больного и т. п.*)

**writhe** [raɪð] *v* кóрчиться (*от боли*); to ~ with shame мýчиться от стыдá; to ~ under (*или* at) the insult терзáться обúдой

**writing** ['raɪtɪŋ] **1.** *pres. p. от* write

**2.** *n* 1) писáние; at the present ~ в то врéмя, когдá пúшутся эти стрóки; in ~ в пúсьменной фóрме; ~ down *ком.* списáние сýммы 2) (литератýрное) произведéние; the ~s of Jonathan Swift произведéния Джонатáна Свифта 3) докумéнт 4) пóчерк 5) стиль, фóрма (*литературного произведения*); манéра письмá ◇ the ~ on the wall а) *библ.* письменá на стенé; б) зловéщее предзнаменовáние

**3.** *a* пúсчий; для письмá; пúсьменный

**writing-case** ['raɪtɪŋkeɪs] *n* несессéр для пúсьменных принадлéжностей

**writing-desk** ['raɪtɪŋdesk] *n* контóрка; пúсьменный стол

**writing-ink** ['raɪtɪŋ'ɪŋk] *n* чернúла (*в противоп.* printing-ink)

**writing-master** ['raɪtɪŋ,mɑːstə] *n* учúтель чистописáния

**writing-materials** ['raɪtɪŋmə,tɪərɪəlz] *n pl* пúсьменные принадлéжности

**writing-pad** ['raɪtɪŋpæd] *n* блокнóт

**writing-paper** ['raɪtɪŋ,peɪpə] *n* почтóвая бумáга; пúсчая бумáга

**writing-table** ['raɪtɪŋ,teɪbl] *n* пúсьменный стол

**written** ['rɪtn] *p. p. от* write

**wrong** [rɔŋ] **1.** *n* 1) неправда; непрáвильность, ошúбочность, заблуждéние; to do ~ заблуждáться; грешúть; to be in the ~ быть неправым 2) зло; несправедлúвость; обúда; to put smb. in the ~ свалúть винý на когó-л. 3) *юр.* правонарушéние

**2.** *a* 1) непрáвильный, ошúбочный; the whole calculation is ~ весь расчёт невéрен; my watch is ~ мой часы́ невéрны; I can prove you ~ я могý доказáть, что вы неправы; to be quite ~ жестóко ошибáться 2) дурнóй, несправедлúвый 3) не тот (котóрый нýжен); несоотвéтствующий; at the ~ time в неподходящее врéмя; he took the ~ street он пошёл не по той ýлице; to talk to the ~ man обращáться не по áдресу; what's ~ with it? а) почемý это вам не нрáвится *или* не подхóдит?; б) что же тут такóго?; в) почемý бы не...; what's ~ with a cup of coffee? почемý бы не вы́пить чáшечку кóфе? 4) лéвый, изнáночный (*о стороне*); ~ side out наизнáнку; ~ side foremost зáдом напéред 5) неисправный; something is ~ with the motor мотóр неисправен; my liver is ~ у меня чтó-то не в порядке с пéченью ◇ to go ~ а) сбúться с путú úстинного, согрешúть; опустúться (*морально*); б) не удавáться; everything went ~ всё шло не так; в) вы́йти из стрóя (*о машине и т. п.*); to get hold of the ~ end of the stick непрáвильно понять, превратно истолковáть (*что-л.*); to get off on the ~ foot произвестú плохóе впечатлéние; неудáчно начáть; on the ~ side of 40 за сóрок (лет)

**3** *adv* непрáвильно, невéрно; I'm afraid you got me ~ боюсь, вы меня не так пóняли

**4.** *v* 1) вредúть; причинять зло, обижáть 2) быть несправедлúвым (*к кому-л.*); припúсывать дурны́е побуждéния (*кому-л.*)

**wrongdoer** ['rɔŋ'duə] *n* 1) обúдчик, оскорбúтель 2) грéшник 3) преступник; правонарушúтель

**wrongdoing** ['rɔŋ'du(:)ɪŋ] *n* 1) грех; простýпок 2) преступлéние; правонарушéние

**wrongful** ['rɔŋful] *a* 1) непрáвильный, несправедлúвый 2) врéдный 3) незакóнный, престýпный; неправомéрный; ~ dismissal незакóнное увольнéние

**wrong-headed** ['rɔŋ'hedɪd] *a* заблуждáющийся; упóрствующий в заблуждéниях

**wrote** [rəut] *past от* write

**wroth** [rəuθ] *a predic. поэт., шутл.* разгнéванный

**wrought** [rɔːt] *past и p. p. от* work 2, 12), 13), 14) *и* 15)

**wrought iron** ['rɔːt'aɪən] *n* свáрочная сталь, кóвкая мягкая сталь

**wrought-up** ['rɔːt'ʌp] *a* нéрвный; взвúнченный

**wrung** [rʌŋ] *past и p. p. от* wring 2

**wry** [raɪ] *a* 1) кривóй, перекóшенный; to make a ~ face (*или* mouth) сдéлать кúслую мúну; a ~ smile кривáя улы́бка 2) непрáвильный; противоречúвый; искажённый

**wryneck** ['raɪnek] *n* 1) вертишéйка (*птица*) 2) *мед.* кривошéя

**wych-elm** ['wɪtʃ'elm] *n бот.* ильм гóрный *или* шершáвый

**wye** [waɪ] *n* 1) *название буквы* Y 2) *эл.* звездá; соединéние звездóй 3) *ж.-д.* поворóтный треугóльник 4) *тех.* тройнúк

**Wykehamist** ['wɪkəmɪst] *n* воспитáнник Вúнчестерского коллéджа

# X

**X, x** [eks] *n* (*pl* Xs, X's ['eksɪz]) 1) *24-я буква англ. алфавита* 2) что-л., напоминáющее по фóрме бýкву X 3) *мат.* икс, неизвéстная величинá; *перен.* нéчто таúнственное *или* неизвéстное 4) (X) *амер.* дéсять дóлларов (*бумажные*) 5) крест 6) ошúбка 7) категóрия фúльмов, на котóрые дéти не допускáются

**Xanthippe** [zæn'θɪpɪ] *n* Ксантúппа; *перен.* злáя, сварлúвая женá

**xanthous** ['zænθəs] *a* жёлтый

**X-axis** ['eks'æksɪs] *n мат.* ось абсцúсс

**X-bit** ['eksbɪt] *n горн.* крестóвая голóвка бýра

**X-bracing** ['eks,breɪsɪŋ] *n тех.* крестóвые связи

**xebec** ['ziːbek] *n ист.* шебéка (*тип парусного судна на Средиземном море*)

**X-engine** ['eks,endʒɪn] *n тех.* двúгатель с X-образным расположéнием цилúндров

**xenial** ['ziːnɪəl] *a* связанный с гостеприúмством, относящийся к гостеприúмству; ~ customs закóны гостеприúмства

**xenogamy** [zi(:)'nɔgəmɪ] *n бот.* ксеногáмия, перекрёстное опылéние

**xenomania** [,zenəu'meɪnjə] *n редк.* страсть ко всемý инострáнному

**xenon** ['zenɔn] *n хим.* ксенóн

**xenophobia** [,zenəu'fəubɪə] *n* неприязненное отношéние к инострáнцам

**Xerox** [ˈzɪərɔks] *n* 1) ксéрокс (*аппарат для снятия фотокопий*) 2) фотокóпия

**Xerxes** [ˈzəːksiːz] *n ист.* Ксеркс

**xiphoid** [ˈzɪfɔɪd] *a анат.* мечевидный

**X-line** [ˈekslaɪn] *n мат.* ось иксов, ось абсцисс

**Xmas** [ˈkrɪsməs] = Christmas

**X-ray** [ˈeksˈreɪ] **1.** *n* 1) (*обыкн. pl*) рентгéновы лучи 2) *attr.* рентгéновский; ~ therapy рентгенотерапия; ~ picture рентгенográмма; ~ photograph рентгéновский снимок

**2.** *v* просвéчивать, исслéдовать рентгéновыми лучáми

**xylanthrax** [zaɪˈlænθræks] *n* древéсный ýголь

**xylograph** [ˈzaɪləgrɑːf] *n* гравюра на дéреве

**xylography** [zaɪˈlɔgrəfɪ] *n* ксилогрáфия

**xylonite** [ˈzaɪlənaɪt] *n* целлулóид

**xylophone** [ˈzaɪləfəun] *n* ксилофóн

**xylose** [ˈzaɪləus] *n хим.* ксилóза

**xyster** [ˈzɪstə] *n мед.* распáтор

# Y

**Y, y** [waɪ] *n* (*pl* Ys, Y's [waɪz]) 1) *25-я буква англ. алфавита* 2) что-л., напоминáющее по фóрме бýкву Y 3) *мат.* игрек, неизвéстная величинá

**yacht** [jɔt] **1.** *n* яхта

**2.** *v* плáвать, ходить на яхте

**yacht-club** [ˈjɔtklʌb] *n* яхт-клýб

**yachting** [ˈjɔtɪŋ] **1.** *pres. p. от* yacht 2

**2.** *n* пáрусный спорт (*тж.* ~ sport)

**yachtsman** [ˈjɔtsmən] *n* 1) владéлец яхты 2) *спорт.* яхтсмéн

**yaffil, yaffle** [ˈjæfɪl] *n* зелёный дятел

**yah** [jɑː] *int* да ну? (*выражает насмешку, презрение*)

**yahoo** [jəˈhuː] *n* 1) иéху [*слово, созданное Свифтом, см. «Путешествие Гулливера»*] 2) отвратительное существó, гáдина 3) *амер.* деревéнщина, мужлáн

**yak** [jæk] *n зоол.* як

**Yakut** [jæˈkut] **1.** *n* 1) якýт; якýтка 2) якýтский язык

**2.** *a* якýтский

**yale lock** [ˈjeɪllɔk] *n* автоматический «америкáнский» замóк

**yam** [jæm] *n бот.* 1) ямс 2) батáт

**yammer** [ˈjæmə] *v амер. разг.* 1) жáловаться, ныть 2) болтáть без ýмолку; говорить глýпости, нести вздор

**Yank** [jæŋk] *n разг.* янки

**yank** [jæŋk] **1.** *n* рывóк, дёрганье

**2.** *v разг.* налегáть с размáху на рычáг; дёргать (*обыкн.* ~ out, ~ off)

**Yankee** [ˈjæŋkɪ] *n* 1) янки, америкáнец 2) урожéнец *или* житель Нóвой Англии 3) *attr.* америкáнский

**yankeefied** [ˈjæŋkɪfaɪd] *a* обамерикáнившийся

**yap** [jæp] **1.** *n* 1) лай; тявканье 2) *разг.* болтовня 3) *sl.* треплó 4) *sl.* рот; хáйло

**2.** *v* 1) пронзительно лáять; тявкать 2) *разг.* болтáть

**yapp** [jæp] *n* мягкий кóжаный переплёт

**yard I** [jɑːd] *n* 1) ярд (= *3 футам или 914,4 мм*); by the ~ в ярдах; can you still buy cloth by the ~ in Britain? в Англии ещё мéрят ткáни на ярды? 2) *мор.* рей

**yard II** [jɑːd] **1.** *n* 1) двор 2) леснóй склад 3) *ж.-д.* парк; сортирóвочная стáнция 4) загóн 5) (the Y.) = Scotland Yard

**2.** *v* загонять (*скотину на двор*)

**yard-arm** [ˈjɑːdɑːm] *n мор.* нок-рéя

**yard-bird** [ˈjɑːdbəːd] *n воен. разг.* новобрáнец

**yardman** [ˈjɑːdmən] *n ж.-д.* рабóчий депó *или* пáрка

**yard-master** [ˈjɑːdˌmɑːstə] *n ж.-д.* составитель поездóв; диспéтчер стáнции

**yard-measure** [ˈjɑːdˌmeʒə] *n* измерительная линéйка *или* рулéтка, «метр» длинóй в один ярд

**yardstick** [ˈjɑːdstɪk] *n* 1) = yard-measure 2) *перен.* мéрка; мерило; критéрий; to measure (*или* to judge) others by one's own ~ ≅ мéрить всех на свой аршин

**yard-wand** [ˈjɑːdwɔnd] = yard-measure

**yarn** [jɑːn] **1.** *n* 1) пряжа, нить 2) *разг.* расскáз, анекдóт; слух

**2.** *v* расскáзывать бáйки; болтáть

**yarn-beam** [ˈjɑːnbiːm] *n текст.* ткáцкий навóй с пряжей

**yarn-dyed** [ˈjɑːndaɪd] *a* крáшенный в пряже

**yarovization** [ˌjærəvaɪˈzeɪʃən] *русск. n* яровизáция

**yarovize** [ˈjærəvaɪz] *русск. v* яровизировать

**yarrow** [ˈjærəu] *n бот.* тысячелистник обыкновéнный

**yashmak** [ˈjæʃmæk] *араб. n* чадрá

**yataghan** [ˈjætəgən] *тур. n* ятагáн

**yaw** [jɔː] *мор., ав.* **1.** *n* отклонéние от направлéния движéния, рыскание

**2.** *v* отклоняться от кýрса

**yawl** [jɔːl] *n мор.* ял; иóл

**yawn** [jɔːn] **1.** *n* 1) зевóта 2) *тех.* зазóр

**2.** *v* 1) зевáть; he ~ed good night зевáя, он пожелáл дóброй нóчи 2) зиять 3) разверзáться; a gulf ~ed at our feet бéздна развéрзлась у нáших ног ◇ to make a person ~ нагнáть сон *или* скýку на когó-л.

**Y-axis** [ˈwaɪˈæksɪs] *n мат.* ось ординáт

**yclept** [ɪˈklept] *a уст., шутл.* называемый, именýемый

**ye** [jiː] *pron pers. уст., поэт.* = you ◇ how d'ye do? здрáвствуйте; как поживáете?

**yea** [jeɪ] **1.** *n* 1) соглáсие; утвердительный отвéт 2) *парл.* гóлос «за»; ~s and nays поимённое голосовáние

**2.** *adv* 1) да 2) *уст.* бóльше тогó, дáже; I will give you a pound, ~ two pounds я дам вам фунт, дáже бóльше, два фýнта стéрлингов

**3.** *int уст.* действительно?(!), прáвда?(!) (*выражает недоверие, иронию и т. п.*)

**yeah** [jeə] *part sl.* да

**yean** [jiːn] *v* ягниться

**yeanling** [ˈjiːnlɪŋ] *n* козлёнок; ягнёнок

**year** [jəː] *n* 1) год; ~ by ~ кáждый год; ~ in ~ out из гóда в гóд; from ~ to ~, ~ by ~, ~ after ~ с кáждым гóдом; кáждый год; год óт году; ~s (and ~s) ago óчень давнó, цéлую вéчность; the ~ of grace год нáшей эры; in the ~ of grace (*или* of our Lord) 1975 в 1975 годý от рождествá Христóва 2) *pl* вóзраст, гóды; he looks young for his ~s он мóлодо выглядит для своих лет; in ~s пожилóй

**year-book** [ˈjəːbuk] *n* ежегóдник

**yearling** [ˈjəːlɪŋ] **1.** *n* 1) годовик, годовáлое живóтное; сáженец 2) *амер. воен. sl.* призывник

**2.** *a* годовáлый

**yearlong** [ˈjəːlɔŋ] *a* длящийся цéлый год

**yearly** [ˈjəːlɪ] **1.** *a* ежегóдный

**2.** *adv* кáждый год; раз в год

**yearn** [jəːn] *v* 1) томиться, тосковáть (for, after — по *ком-л., чём-л.*); he ~ed to be home again он рвáлся домóй 2) жáждать, стремиться (for, to — к *чему-л.*)

**yearning** [ˈjəːnɪŋ] **1.** *pres. p. от* yearn

**2.** *n* сильное желáние; óстрая тоскá; popular ~s нарóдные чáяния

**yeast** [jiːst] *n* дрóжжи, заквáска

**yeasty** [ˈjiːstɪ] *a* 1) пéнистый 2) бродящий 3) пустóй (*о словах и т. п.*)

**yegg** [jeg] *n амер.* взлóмщик, грабитель

**yelk** [jelk] = yolk

**yell** [jel] **1.** *n* 1) пронзительный крик 2) *амер.* вóзгласы одобрéния, принятые в кáждом колледже (*выкрикиваемые на студенческих спортивных состязаниях*)

**2.** *v* 1) кричáть, вопить 2) выкрикивать; to ~ out curses изрыгáть проклятия

**yellow** [ˈjeləu] **1.** *a* 1) жёлтый 2) *разг.* труслúвый; he has a ~ streak in him он трусовáт 3) *уст.* завистливый, ревнивый, подозрительный (*о взгляде и т. п.*) ◇ the ~ press жёлтая прéсса; ~ flag карантинный флаг

**2.** *n* 1) желтизнá, жёлтый цвет 2) желтóк 3) *разг.* трýсость

**3.** *v* 1) желтéть 2) желтить

**yellowback** [ˈjeləubæk] *n* 1) дешёвый бульва́рный рома́н 2) францу́зский рома́н (*в жёлтой обложке*)

**yellow-bark oak** [ˈjeləuba:kˈəuk] *n бот.* ба́рхатный дуб

**yellow-bellied** [ˈjeləuˌbelɪd] *a* трусли́вый

**yellow dog** [ˈjeləudɔg] *n амер.* по́длый челове́к, трус; презре́нная ли́чность

**yellow-dog contract** [ˈjeləudɔgˈkɔntrækt] *n амер.* обяза́тельство рабо́чего о невступле́нии в профсою́з

**yellow-dog fund** [ˈjeləudɔgˈfʌnd] *n амер.* су́ммы, испо́льзуемые для по́дкупа

**yellow fever** [ˈjeləuˌfi:və] *n мед.* жёлтая лихора́дка

**yellow-hammer** [ˈjeləuˌhæmə] *n* овся́нка обыкнове́нная (*птица*)

**yellowish** [ˈjeləuɪʃ] *a* желтова́тый

**yellow Jack** [ˈjeləudʒæk] 1) = yellow fever 2) каранти́нный флаг

**yellow-livered** [ˈjeləuˌlɪvəd] *a разг.* трусли́вый

**yellowness** [ˈjeləunɪs] *n* желтизна́

**Yellow Pages** [ˈjeləuˈpeɪdʒɪz] *n амер.* «жёлтый спра́вочник» (*торгово-промышленный раздел телефонного справочника на бумаге жёлтого цвета*)

**yellow spot** [ˈjeləuˈspɔt] *n анат.* жёлтое пятно́

**yellowy** [ˈjeləuɪ] = yellowish

**yelp** [jelp] **1.** *n* визг; лай

**2.** *v* визжа́ть; ла́ять, тя́вкать

**Yemeni** [ˈjemənɪ] = Yemenite

**Yemenite** [ˈjemənaɪt] **1.** *a* йе́менский

**2.** *n* йе́менец; йе́менка

**yen I** [jen] *n* (*pl без измен.*) ие́на (*денежная единица Японии*)

**yen II** [jen] *разг.* **1.** *n* си́льное жела́ние

**2.** *v* жа́ждать, стреми́ться (*сделать что-л.*)

**yeoman** [ˈjəumən] *n* 1) *ист.* ио́мен 2) фе́рмер сре́дней руки́, ме́лкий землевладе́лец 3) *амер. мор.* пи́сарь 4): ~ of signals *мор.* старшина́-сигна́льщик; ~ of the Guard англи́йский дворцо́вый страж ◇ ~'s service а) по́мощь в нужде́; б) безупре́чная слу́жба

**yeomanry** [ˈjəumənrɪ] *n* 1) *ист.* сосло́вие ио́менов 2) *ист.* территориа́льная ко́нница 3) *воен.* территориа́льная доброво́льческая часть

**yep** [jep] *int амер. разг.* да

**yes** [jes] **1.** *adv* да

**2.** *n* утвержде́ние; согла́сие

**yes-man** [ˈjesmæn] *n разг.* подхали́м, подпева́ла

**yesterday** [ˈjestədɪ] **1.** *adv* 1) вчера́; ~ morning вчера́ у́тром 2) совсе́м неда́вно

**2.** *n* вчера́шний день; ~'s incident вчера́шний слу́чай

**yester-evening** [ˈjestərˈi:vnɪŋ] *поэт.* **1.** *n* вчера́шний ве́чер

**2.** *adv* вчера́ ве́чером

**yesternight** [ˈjestəˈnaɪt] = yester-evening

**yester-year** [ˈjestəˈjə:] *поэт.* **1.** *n* про́шлый год

**2.** *adv* в про́шлом году́

**yestreen** [jesˈtri:n] *шотл.* = yester-evening

**yet** [jet] **1.** *adv* 1) ещё; всё ещё; he has not come ~ он ещё не пришёл; not ~ ещё не(т); never ~ никогда́ ещё не; ~ more ещё бо́льше 2) ещё, кро́ме того́; he has ~ much to say ему́ ещё мно́гое на́до сказа́ть 3) уже́ (*в вопросительных предложениях*); need you go ~? вам уже́ на́до идти́? 4) да́же, да́же бо́лее; this question is more important ~ э́тот вопро́с да́же важне́е; he will not accept help nor ~ advice он не при́мет ни по́мощи, ни да́же сове́та 5) до сих по́р, когда́-либо; it is the largest specimen ~ found э́то са́мый кру́пный экземпля́р из на́йденных до сих по́р; as ~ всё ещё, пока́, до сих по́р; the scheme has worked well as ~ пока́ э́та схе́ма вполне́ себя́ опра́вдывает 6) тем не ме́нее, всё же, всё-таки; it is strange and ~ true э́то стра́нно, но (тем не ме́нее) ве́рно

**2.** *cj* одна́ко, всё же, несмотря́ на э́то; но

**yew** [ju:] *n бот.* тис

**yew-tree** [ˈju:tri:] = yew

**Yiddish** [ˈjɪdɪʃ] *n* евре́йский язы́к, и́диш

**yield** [ji:ld] **1.** *n* 1) сбор плодо́в, урожа́й; a good ~ of wheat хоро́ший урожа́й пшени́цы 2) разме́р вы́работки; коли́чество добы́того *или* произведённого проду́кта; вы́ход (*продукции*); milk ~ надо́й молока́ 3) *эк.* дохо́д; дохо́дность 4) теку́честь (*металла*)

**2.** *v* 1) производи́ть, приноси́ть, дава́ть (*плоды, урожай, доход*); this land ~s poorly э́та земля́ даёт плохо́й урожа́й; to ~ no results не дава́ть никаки́х результа́тов 2) уступа́ть; соглаша́ться (*на что-л.*); to ~ a point сде́лать усту́пку (*в споре*); to ~ to the advice после́довать сове́ту; to ~ to none не уступа́ть никому́ (*по красоте, доброте и т. п.*) 3) сдава́ть(ся); to ~ oneself prisoner сда́ться в плен 4) поддава́ться; подава́ться; пружи́нить; the door ~ed to a strong push от си́льного толчка́ дверь подала́сь; the disease ~s to treatment э́та боле́знь поддаётся лече́нию 5) *амер. парл.* уступи́ть трибу́ну, прерва́ть ора́тора (*тж.* to ~ the floor); Will Mr. N. ~? Прошу́ разреше́ния прерва́ть речь ми́стера Н. □ ~ **up** а) отка́зываться от; б) сдава́ться; в) сдава́ть, уступа́я си́ле; to ~ up a fort сдать кре́пость ◇ to ~ up the ghost отда́ть бо́гу ду́шу, умере́ть

**yielding** [ˈji:ldɪŋ] **1.** *pres. p.* от yield 2

**2.** *a* 1) усту́пчивый, покла́дистый 2) мя́гкий, пода́тливый (*о материале*) 3) упру́гий, пружи́нистый 4) неусто́йчивый; оседа́ющий

**yip** [jɪp] *n амер.* тя́вканье, лай

**yippee** [ˈjɪpɪ] *int* ура́

**yobbo** [ˈjɔbəu] *n sl. презр.* молокосо́с, парши́вец

**yodel** [ˈjəudl] **1.** *n* йо́дль (*манера пения тирольцев*)

**2.** *v* петь йо́длем

**yoga** [ˈjəugə] *инд. n* йо́га (*религиозная система йогов*)

**yogi** [ˈjəugɪ] *инд. n* йог

**yog(h)urt** [ˈjɔgə(:)t] *тур. n* йогу́рт (*простокваша*)

**yo-heave-ho** [ˈjəuˈhi:vˈhəu] *int* ≅ взя́ли!, дру́жно! (*возглас матросов при работе*)

**yoke** [jəuk] **1.** *n* 1) ярмо́ 2) па́ра запряжённых воло́в 3) и́го, ра́бство; to endure (to shake off) the ~ терпе́ть (сбро́сить) и́го; to pass (*или* to come) under the ~ примири́ться с пораже́нием 4) *редк.* у́зы 5) коромы́сло 6) коке́тка (*на платье*) 7) па́рная упря́жка 8) *тех.* скоба́; бу́гель; хому́т, обо́йма 9) *ав.* ру́чка управле́ния

**2.** *v* 1) впряга́ть в ярмо́ 2) *перен.* соединя́ть, сочета́ть

**yokefellow** [ˈjəukˌfeləu] *n* това́рищ (*по работе*); супру́г(а)

**yokel** [ˈjəukəl] *n* дереве́нщина; неотёсанный па́рень

**yokemate** [ˈjəukmeɪt] = yokefellow

**yolk** [jəuk] *n* желто́к

**yolk-bag** [ˈjəukbæg] = yolk-sac

**yolk-sac** [ˈjəuksæk] *n биол.* желто́чный мешо́к (*зародыша*)

**yon** [jɔn] *уст., диал.* = yonder

**yonder** [ˈjɔndə] **1.** *a* вон тот

**2.** *adv* вон там

**yore** [jɔ:] *n уст.*: of ~ давны́м-давно́; in days of ~ во вре́мя о́но

**Yorkist** [ˈjɔ:kɪst] *n ист.* сторо́нник Йо́ркской дина́стии

**Yorkshire** [ˈjɔ:kʃɪə] *n* 1) йоркши́рская поро́да бе́лой свиньи́ 2) пиро́г из взби́того те́ста, запечённого под куско́м мя́са (*тж.* ~ pudding) [*см. тж. Список географических названий*]

**you** [ju: (*полная форма*); ju, jə (*редуцированные формы*)] *pron pers.* (*косв. п. без измен.*) 1) ты, вы 2) (*в безличных оборотах*): ~ never can tell *разг.* никогда́ нельзя́ сказа́ть, как знать 3) *уст. см.* yourself 4) *употр. для усиления восклицания*: you fool! дура́к!

**you'd** [ju:d] *сокр. разг.* = you had; you would

**you-know-what** [juˈnəuwɔt] *n эвф. формула, служащая для выражения чего-л. крайне неприличного или того, что говорящий считает излишним называть*

**you'll** [ju:l] *сокр. разг.* = you will; you shall

**young** [jʌŋ] **1.** *a* 1) молодо́й, ю́ный; ю́ношеский; he is ~ for his age он мо́лодо вы́глядит для своего́ во́зраста; ~ man молодо́й челове́к (*тж. шутл.*); my ~ man (woman) *разг.* мой возлю́бленный (моя́ возлю́бленная); ~ one's детёныши; птёнчики; зверёныши 2) но́вый, неда́вний; the night is ~ ещё не по́здно 3) нео́пытный 4) молодóй, млáдший (*для обозначения двух людей в одной семье, носящих одно и то же имя*) ◇ ~ blood а) молодёжь; б) нóвые вéяния *или* идéи

2. *n* (*тж.* the ~) *pl собир.* 1) молодёжь; old and ~ стар и млад 2) детёныши ◇ to be with ~ быть супорóсой, стéльной *и пр.*

**youngish** [ˈjʌŋɪʃ] *a* моложáвый

**youngling** [ˈjʌŋlɪŋ] **1.** *n поэт.* 1) ребёнок; детёныш; птенéц 2) неóпытный человéк

2. *a* молодóй

**youngster** [ˈjʌŋstə] *n* 1) мáльчик, юноша; юнéц 2) *амер.* курсáнт вторóго кýрса воéнно-морскóго учи́лища

**your** [jɔː (*полная форма*); ju, jə (*редуцированные формы*)] *pron poss.* (*употр. атрибутивно*; *ср.* yours) ваш; твой

**you're** [juə] *сокр. разг.* = you are

**yours** [jɔːz] *pron poss.* (*абсолютная форма*; *не употр. атрибутивно*; *ср.* your) ваш; твой; this book is ~ э́та кни́га вáша; I saw a friend of ~ я ви́дел вáшего дрýга; you and ~ вы и вáши (родны́е); ~ sincerely *или* sincerely ~ с и́скренним уважéнием (*в письме*); ~ of the 7th вáше письмó от 7-го числá

**yourself** [jɔːˈself] *pron* (*pl* yourselves) 1) *refl.* себя́, -ся, -сь; себé; have you hurt ~? вы ушиблись?; how's ~? *sl.* как вы поживáете? 2) *emph.* сам, сáми; you told me so ~ вы сáми мне э́то сказáли; have you been all by ~ the whole day? вы бы́ли одни́ цéлый день?; you are sure to do it all by ~ вы, конéчно, мóжете сдéлать э́то без посторóнней пóмощи ◇ you are not quite ~ вы не в своéй тарéлке

**yourselves** [jɔːˈselvz] *pl от* yourself

**youth** [juːθ] *n* 1) ю́ность; мóлодость; the fountain of ~ истóчник мóлодости 2) ю́ноша 3) молодёжь 4) *attr.* молодёжный; ~ organizations молодёжные организáции; а ~ festival фестивáль молодёжи

**youthful** [ˈjuːθful] *a* 1) ю́ный, молодóй 2) ю́ношеский 3) нóвый; рáнний 4) энерги́чный, живóй

**you've** [juːv] *сокр. разг.* = you have

**yowl** [jaul] **1.** *n* вой

2. *v* выть

**yoyo** [ˈjəujəu] *n* йо-йó (*чёртик на ниточке*)

**Y-shaped** [ˈwaɪʃeɪpt] *a* Y-образный, вилкообрáзный

**ytterbium** [ɪˈtəːbjəm] *n хим.* иттéрбий

**yttrium** [ˈɪtrɪəm] *n хим.* и́ттрий

**yucca** [ˈjʌkə] *n бот.* ю́кка

**Yugoslav(ian)** [ˈjuːgəuˈslaːv(jən)] **1.** *a* югослáвский

2. *n* югослáв; югослáвка

**yule** [juːl] *n* свя́тки

**yule-log** [ˈjuːllɔg] *n* большóе полéно, сжигáемое в сочéльник

**yule-tide** [ˈjuːltaɪd] = yule

# Z

**Z, z** [zed] *n* (*pl* Zs, Z's [zedz]) 1) *последняя, 26-я буква англ. алфавита* 2) что-л., напоминáющее по фóрме бýкву Z 3) *мат.* зет, неизвéстная величинá

**zany** [ˈzeɪnɪ] *ит. n* 1) *уст.* шут 2) сумасбрóд, дурáк; фигля́р 3) дзáнни (*слуга просцениума в итальянской комедии масок*)

**zariba** [zəˈriːbə] *араб. n* колю́чая и́згородь; палисáд

**Z-bar** [ˈzedbaː] *n метал.* зéтовая сталь

**zeal** [ziːl] *n* рвéние, усéрдие

**zealot** [ˈzelət] *n* фанати́ческий привéрженец; фанáтик

**zealotry** [ˈzelətrɪ] *n* фанати́зм

**zealous** [ˈzeləs] *a* 1) рья́ный, усéрдный 2) жáждущий; to be ~ for smth. стрáстно желáть чегó-л.

**zebra** [ˈziːbrə] *n зоол.* зéбра

**zebu** [ˈziːbuː] *n зоол.* зéбу

**zed** [zed] *n название буквы* Z

**zee** [ziː] *n амер. название буквы* Z

**Zeitgeist** [ˈtsaɪtgaɪst] *нем. n* дух врéмени

**zemindar** [ˈzemɪndaː] *инд. n* земéльный сóбственник

**Zen** [zen] *n* будди́йская сéкта «дзэн» (*в Японии*), проповéдующая созерцáние и интуи́цию как оснóву прозрéния

**zenana** [zeˈnaːnə] *инд. n* жéнская полови́на (*в доме*)

**Zend** [zend] *n* язы́к Авéсты

**Zend-Avesta** [ˌzendəˈvestə] *n лит.* Зенд-Авéста

**zenith** [ˈzenɪθ] *n* зени́т; at the ~ of fame в зени́те слáвы

**zenithal** [ˈzenɪθəl] *a астр.* зени́тный

**zenith-distance** [ˈzenɪθˌdɪstəns] *n* угловóе расстоя́ние (небéсного тéла) от зени́та; зени́тное расстоя́ние

**zeolite** [ˈziːəulaɪt] *n геол.* цеоли́т

**zephyr** [ˈzefə] *n* 1) зефи́р, ласкáющий ветерóк 2) *поэт.* зáпадный вéтер 3) зефи́р (*ткань*) 4) наки́дка, лёгкая шаль

**Zeppelin** [ˈzepəlɪn] *n* цеппели́н

**zero** [ˈzɪərəu] *n* (*pl* -os [-əuz]) 1) нуль, ничтó; to reduce to ~ свести́ на нéт 2) нулевáя тóчка; пéрвая оснóвная тóчка температýрной шкалы́; below ~ ни́же нуля́ 3) *attr.*: ~ setting устанóвка прибóра на нуль ◇ ~ hour а) *воен.* час начáла атáки, выступлéния *и т. п.*; б) реши́тельный час

**zero-gravity** [ˈzɪərəuˌgrævɪtɪ] *n* невесóмость

**zest** [zest] **1.** *n* 1) то, что придаёт вкус; пикáнтность; «изю́минка»; to give ~ to smth. придавáть вкус (*или* пикáнтность, интерéс) чемý-л. 2) *разг.* интерéс; жар; he entered into the game with ~ он с жáром приня́лся игрáть 3) *разг.* энéргия, живость 4) склóнность

2. *v разг.* придавáть пикáнтность; придавáть интерéс

**zeugma** [ˈzjuːgmə] *n лингв.* зéвгма

**Zeus** [zjuːs] *n греч. миф.* Зевс

**zibet** [ˈzɪbɪt] *n зоол.* цибéт, азиáтская виве́рра

**zigzag** [ˈzɪgzæg] **1.** *n* зигзáг

2. *a* зигзагообрáзный

3. *adv* зигзагообрáзно

4. *v* дéлать зигзáги

**zinc** [zɪŋk] **1.** *n* 1) цинк 2) *attr.* ци́нковый

2. *v* оцинкóвывать

**zinciferous** [zɪŋˈkɪfərəs] *a* содержáщий цинк

**zincography** [zɪŋˈkɔgrəfɪ] *n* цинкогрáфия

**zing** [zɪŋ] *sl.* **1.** *n* высóкий рéзкий звук

**2.** *v* производи́ть высóкий рéзкий звук

**zinnia** [ˈzɪnjə] *n бот.* ци́нния

**Zionism** [ˈzaɪənɪzm] *n* сиони́зм

**zip** [zɪp] **1.** *n* 1) свист пýли 2) треск разрывáемой ткáни 3) *разг.* энéргия, темперáмент 4) = zipper 1)

2. *v* 1) застёгивать(ся) на мóлнию 2) *разг.* быть энерги́чным, пóлным энéргии 3) промелькну́ть

**zip code** [ˈzɪpkəud] *n амер.* почтóвый и́ндекс

**zip-fastener** [ˈzɪpˌfaːsnə] = zipper 1)

**zipper** [ˈzɪpə] *n* 1) застёжка-мóлния 2) *pl* боти́нки *или* сапоги́ на мóлнии

**zippy** [ˈzɪpɪ] *a разг.* живóй, я́ркий, энерги́чный

**zircon** [ˈzəːkɔn] *n мин.* цирхóн

**zirconium** [zəːˈkəunjəm] *n хим.* цирхóний

**zither** [ˈzɪðə] *n* ци́тра

**zodiac** [ˈzəudɪæk] *n астр.* зодиáк; signs of the ~ знáки зодиáка

**zodiacal** [zəuˈdaɪəkəl] *a астр.* зодиакáльный; ~ light зодиакáльный свет

**zoic** [ˈzəuɪk] *a геол.* содержáщий окаменéлости

**zombi(e)** [ˈzɔmbɪ] *n* 1) зóмби, ожи́вший мертвéц 2) *sl.* скýчный *или* глýпый человéк; чуднóй тип 3) *воен. sl.* новобрáнец 4) коктéйль из рóма, фруктóвого сóка с сóдовой водóй

**zonal** [ˈzəunl] *a* зонáльный

**zone** [zəun] **1.** *n* 1) зóна, пóяс; полосá; райóн; temperate ~s умéренные поясá 2) *амер.* райóн отделéния свя́зи 3) *уст.*, *поэт.* пóяс, кушáк 4) *attr.* зонáльный; пояснóй; регионáльный; ~ time пояснóе врéмя

2. *v* 1) опоя́сывать 2) разделя́ть на зóны 3) устанáвливать зонáльный тари́ф *или* зонáльные цéны

**zoo** [zuː] *n разг.* зоопáрк; **the Z.** зоопáрк в Лóндоне

**zoogeography** [ˏzəudʒɪˈɔgrəfɪ] *n* зоогеогра́фия

**zoological** [ˏzəuəˈlɔdʒɪkəl] *a* зоологи́ческий; ~ garden(s) зоопа́рк, зооса́д

**zoologist** [zəuˈɔlədʒɪst] *n* зоо́лог

**zoology** [zəuˈɔlədʒɪ] *n* зооло́гия

**zoom** [zu:m] *ав. sl.* **1.** *n* «го́рка», «све́чка»

**2.** *v* 1) взмыть, ре́зко подня́ться; сде́лать «го́рку» *или* «све́чку» 2) *перен.* ре́зко подня́ться, «взлете́ть»; prices ~ed це́ны ре́зко повы́сились

**zoophyte** [ˈzəuəufaɪt] *n биол.* зоофи́т

**zoster** [ˈzɔstə] *n* опоя́сывающий лиша́й

**zouave** [zu(:)ˈɑ:v] *n воен. ист.* зуа́в

**zounds** [zaundz] *int уст.* чёрт возьми́!

**Zulu** [ˈzu:lu:] **1.** *a* зулу́сский

**2.** *n* 1) зулу́с; зулу́ска 2) зулу́сский язы́к

**zygoma** [zaɪˈgəumə] *n* (*pl* -ata) скулова́я кость

**zygomata** [zaɪˈgəumətə] *pl от* zygoma

**zymosis** [zaɪˈməusɪs] *n* 1) броже́ние 2) зара́зная боле́знь

**zymotic** [zaɪˈmɔtɪk] *a* 1) броди́льный 2) зара́зный; ~ diseases инфекцио́нные боле́зни

# СПИСОК ЛИЧНЫХ ИМЕН

**Abel** [ˈeɪbəl] Э́йбел, А́бель
**Abraham** [ˈeɪbrəhæm] Э́йбрахам, Абрахам; Авраа́м
**Ada** [ˈeɪdə] Ада
**Adalbert** [ˈædəlbəːt] Адальбе́рт
**Adam** [ˈædəm] Ада́м
**Adrian** [ˈeɪdrɪən] Адриа́н
**Agatha** [ˈægəθə] Ага́та
**Agnes** [ˈægnɪs] Агне́сса
**Alan** [ˈælən] А́лан
**Albert** [ˈælbət] Альбе́рт
**Alec(k)** [ˈælɪk] *уменьш. от* Alexander; Алек
**Alexander** [ˌælɪgˈzɑːndə] Алекса́ндр
**Alfred** [ˈælfrɪd] Альфре́д
**Algernon** [ˈældʒənən] Элджернон
**Alice** [ˈælɪs] Элис; Али́са
**Allan** [ˈælən] Алла́н
**Aloys** [æˈlɔɪs] Ало́из
**Amabel** [ˈæməbel] Амабе́ль
**Ambrose** [ˈæmbrəuz] Э́мброуз
**Amelia** [əˈmiːljə] Аме́лия; Эми́лия
**Amy** [ˈeɪmɪ] Э́ми
**Andrew** [ˈændruː] Э́ндрю
**Andromache** [ænˈdrɔməkɪ] Андрома́ха
**Andy** [ˈændɪ] *уменьш. от* Andrew; Э́нди
**Angelica** [ænˈdʒelɪkə] Анжели́ка
**Angelina** [ˌændʒɪˈliːnə] Анджели́на
**Ann, Anna** [æn, ˈænə] Энн; А́нна
**Annabel** [ˈænəbel] Э́ннабел, А́ннабел
**Annie** [ˈænɪ] *уменьш. от* Ann, Anna; Э́нни
**Anthony** [ˈænθənɪ] Энтони; Анто́ний
**Antoinette** [ˌæntwɑːˈnet] Антуане́тта
**Antony** [ˈæntənɪ] = Anthony
**Arabella** [ˌærəˈbelə] Арабе́лла
**Archibald** [ˈɑːtʃɪbəld] Арчиба́льд
**Archie** [ˈɑːtʃɪ] *уменьш. от* Archibald; А́рчи
**Arnold** [ˈɑːnld] Арно́льд
**Arthur** [ˈɑːθə] Арту́р
**Aubrey** [ˈɔːbrɪ] О́бри
**August** [ɔːˈgʌst] Август
**Augustus** [ɔːˈgʌstəs] Ога́стес; Август
**Aurora** [ɔːˈrɔːrə] Авро́ра
**Austin** [ˈɔstɪn] О́стин

**Bab** [bæb] *уменьш. от* Barbara; Бэб
**Baldwin** [ˈbɔːldwɪn] Бо́лдуин
**Barbara** [ˈbɑːbərə] Ба́рбара
**Bart** [bɑːt] *уменьш.* от Bartholomew; Барт
**Bartholomew** [bɑːˈθɔləmjuː] Барто́ломью; Варфоломе́й
**Basil** [ˈbæzl] Бэ́зил, Бе́зил
**Beatrice, Beatrix** [ˈbɪətrɪs, -ɪks] Бе́атрис; Беатри́са
**Beck, Becky** [bek, ˈbekɪ] *уменьш. от* Rebecca; Бек, Бе́кки
**Bel, Bella** [bel, ˈbelə] *уменьш. от* Isabel, Isabella, Annabel *и* Arabella; Бел(л), Бе́лла
**Ben** [ben] *уменьш. от* Benjamin; Бен
**Benedict** [ˈbenɪdɪkt] Бенеди́кт
**Benjamin** [ˈbendʒəmɪn] Бе́нджамин, Бенджаме́н; Вениами́н
**Benny** [ˈbenɪ] *уменьш. от* Benjamin; Бе́нни
**Bernard** [ˈbəːnəd] Бе́рна́рд
**Bert, Bertie** [bəːt, ˈbəːtɪ] *уменьш. от* Albert, Bertram, Herbert *и* Robert; Берт, Бе́рти
**Bertram** [ˈbəːtrəm] Бе́ртра́м
**Bess, Bessie, Bessy** [bes, ˈbesɪ] *уменьш. от* Elisabeth; Бесс, Бе́сси
**Betsey, Betsy** [ˈbetsɪ] *уменьш. от* Elisabeth; Бе́тси
**Betty** [ˈbetɪ] *уменьш. от* Elisabeth; Бе́тти
**Bex** [beks] *уменьш. от* Rebecca; Бекс
**Biddy** [ˈbɪdɪ] *уменьш. от* Bridget; Би́дди
**Bill, Billy** [bɪl, ˈbɪlɪ] *уменьш. от* William; Билл, Би́лли
**Blanch(e)** [blɑːntʃ] Бланш
**Bob, Bobbie, Bobby** [bɔb, ˈbɔbɪ] *уменьш. от* Robert; Боб, Бо́бби
**Brian** [ˈbraɪən] Бра́йан; Бриа́н
**Bridget** [ˈbrɪdʒɪt] Бри́джит, Бриги́тта

**Candida** [ˈkændɪdə] Канди́да
**Carol** [ˈkærəl] Ке́рол
**Caroline** [ˈkærəlaɪn] Кароли́на
**Carrie** [ˈkærɪ] *уменьш. от* Caroline; Ке́рри
**Caspar** [ˈkæspə] Каспа́р
**Catherine** [ˈkæθərɪn] Ке́трин; Екатери́на
**Cathie** [ˈkæðɪ] *уменьш. от* Catherine; Ке́ти
**Cecil** [ˈsesl] Се́сил
**Cecilia, Cecily** [sɪˈsɪljə, ˈsɪsɪlɪ, ˈsesɪlɪ] Сеси́лия, Цеци́лия
**Charles** [tʃɑːlz] Чарл(ь)з; Карл
**Charley, Charlie** [ˈtʃɑːlɪ] *уменьш. от* Charles; Ча́рли
**Charlotte** [ˈʃɑːlət] Шарло́тта
**Chris** [krɪs] *уменьш. от* Christian, Christi(a)na, Christine *и* Christopher; Крис
**Christian** [ˈkrɪstjən] Кри́стиан; Христиа́н
**Christiana** [ˌkrɪstɪˈɑːnə] Кристиа́на
**Christie** [ˈkrɪstɪ] *уменьш. от* Christian; Кри́сти
**Christina, Christine** [krɪsˈtiːnə, ˈkrɪstiːn, krɪsˈtiːn] Кристи́на, Кри́стин
**Christopher** [ˈkrɪstəfə] Кри́стофер; Христофо́р
**Christy** [ˈkrɪstɪ] = Christie
**Clara** [ˈklɛərə] Кла́ра
**Clare** [klɛə] Клэр
**Clarence** [ˈklærəns] Клэ́ренс, Кла́ренс
**Claud(e)** [klɔːd] Клод
**Claudius** [ˈklɔːdjəs] Кла́вдий
**Clem** [klem] *уменьш. от* Clement; Клем
**Clement** [ˈklemənt] Кле́ме́нт
**Clementina, Clementine** [ˌkleməntiːnə, ˈkleməntaɪn, -tiːn] Клементи́на
**Clifford** [ˈklɪfəd] Кли́ффорд
**Clot(h)ilda** [kləuˈtɪldə] Клоти́льда
**Colette** [kɔˈlet] *уменьш. от* Nicola; Коле́тт(а)
**Connie** [ˈkɔnɪ] *уменьш. от* Constance; Ко́нни
**Connor** [ˈkɔnə] Ко́ннор
**Constance** [ˈkɔnstəns] Ко́нстанс; Конста́нция
**Cora** [ˈkɔːrə] Ко́ра
**Cordelia** [kɔːˈdiːljə] Корде́лия
**Cornelia** [kɔːˈniːljə] Корне́лия
**Cornelius** [kɔːˈniːljəs] Корне́лий
**Cyril** [ˈsɪrəl] Си́рил
**Cyrus** [ˈsaɪərəs] Са́йрус, Са́йрес; *ист.* Кир

**Dan** [dæn] *уменьш. от* Daniel; Дэн, Дан
**Daniel** [ˈdænjəl] Дэ́ниел; *библ.* Дании́л
**Dannie** [ˈdænɪ] *уменьш. от* Daniel; Дэ́нни, Да́нни
**Dave** [deɪv] *уменьш. от* David; Дейв
**David** [ˈdeɪvɪd] Дэ́вид; *библ.* Дави́д
**Davy** [ˈdeɪvɪ] *уменьш. от* David; Дэ́ви
**Deborah** [ˈdebərə] Дебо́ра
**Den(n)is** [ˈdenɪs] Де́н(н)ис
**Desmond** [ˈdezmənd] Де́смонд
**Diana** [daɪˈænə] Диа́на
**Dick** [dɪk] *уменьш. от* Richard; Дик

**Dickie** [ˈdɪkɪ] *уменьш. от* Richard; Ди́к(к)и
**Dickon** [ˈdɪkən] *уменьш. от* Richard; Ди́кон
**Dicky** [ˈdɪkɪ] = Dickie
**Dinah** [ˈdaɪnə] Ди́на
**Dob, Dobbin** [dɔb, ˈdɔbɪn] *уменьш. от* Robert; Доб, До́ббин
**Doll, Dolly** [ˈdɔl, ˈdɔlɪ] *уменьш. от* Dorothy; Долл, До́лли
**Dolores** [dəˈləurɪz] Доло́рес
**Donald** [ˈdɔnld] До́нальд
**Dora** [ˈdɔːrə] *уменьш. от* Theodora *и* Dorothy; До́ра
**Dorian** [ˈdɔːrɪən] До́риа́н
**Doris** [ˈdɔrɪs] До́рис
**Dorothy** [ˈdɔrəθɪ] До́роти
**Douglas** [ˈdʌgləs] Ду́глас

**Ed** [ed] *уменьш. от* Edgar, Edmund, Edward *и* Edwin; Эд
**Eddie, Eddy** [ˈedɪ] *уменьш. от* Edward *и* Edwin; Э́дди
**Edgar** [ˈedgə] Эдга́р
**Edith** [ˈiːdɪθ] Эди́т
**Edmund** [ˈedmənd] Эдму́нд
**Edna** [ˈednə] Эдна
**Edward** [ˈedwəd] Эдвард; Эдуа́рд
**Edwin** [ˈedwɪn] Эдвин
**Eleanor** [ˈelɪnə] Элино́р; Элеоно́ра
**Elijah** [ɪˈlaɪdʒə] Эла́йджа; *библ.* Илия́
**Elinor** [ˈelɪnə] = Eleanor
**Elisabeth, Elizabeth** [ɪˈlɪzəbəθ] Эли́забет; Елизаве́та
**Ella** [ˈelə] *уменьш. от* Eleanor; Элла
**Ellen** [ˈelɪn] *уменьш. от* Eleanor; Эллен
**Elliot** [ˈeljət] Эллио́т
**Elmer** [ˈelmə] Элмер
**Elsie** [ˈelsɪ] *уменьш. от* Elisabeth *и* Alice; Элси
**Elvira** [elˈvaɪərə, elˈvɪərə] Эльви́ра
**Em** [em] *уменьш. от* Emily; Эм
**Emery** [ˈemərɪ] Э́мери
**Emilia** [ɪˈmɪlɪə] Эми́лия
**Emily** [ˈemɪlɪ] Эмили; Эми́лия
**Emm** [em] *уменьш. от* Emma; Эм(м)
**Emma** [ˈemə] Э́мма
**Emmanuel** [ɪˈmænjuəl] Эм(м)ану-э́ль; Эммануи́л
**Emmie** [ˈemɪ] *уменьш. от* Emma; Э́мми
**Emory** [ˈemərɪ] = Emery
**Enoch** [ˈiːnɔk] Инок; *библ.* Ено́х
**Erasmus** [ɪˈræzməs] Эра́зм
**Ernest** [ˈəːnɪst] Эрн(е́)ст
**Ernie** [ˈəːnɪ] *уменьш. от* Ernest; Э́рни
**Essie** [ˈesɪ] *уменьш. от* Esther; Эсси
**Esther** [ˈestə] Эстер; *библ.* Эсфи́рь
**Ethel** [ˈeθəl] Этéль
**Etta** [ˈetə] *уменьш. от* Henrietta; Этта
**Eugene** [juːˈʒeɪn, ˈjuːdʒiːn] Юджи́н; Евге́ний
**Eustace** [ˈjuːstəs] Юстас
**Eva, Eve** [ˈiːvə, iːv] Е́ва
**Evelina, Eveline, Evelyn** [ˌevɪˈliːnə, ˈiːvlɪn, ˈevlɪn, ˈevɪliːn] Эвели́на, Эвелин

**Fanny** [ˈfænɪ] *уменьш. от* Frances; Фа́нни
**Felicia, Felice** [fɪˈlɪsɪə, fɪˈliːs] Фели́ция
**Felix** [ˈfiːlɪks] Фе́ликс
**Ferdinand** [ˈfəːdɪnənd] Фердина́нд
**Fidelia** [fɪˈdiːljə] Фиде́лия
**Flo** [fləu] *уменьш. от* Florence *и* Flora; Фло
**Flora** [ˈflɔːrə] Фло́ра
**Florence** [ˈflɔrəns] Фло́ренс
**Flossie** [ˈflɔsɪ] *уменьш. от* Florence; Фло́сси
**Floy** [flɔɪ] *уменьш. от* Florence; Флой
**Frances** [ˈfrɑːnsɪs] Фра́нсис; Фра́нсес; Франче́ска, Франци́ска
**Francis** [ˈfrɑːnsɪs] Фра́нсис, Фрэ́нсис; Франци́ск; Франц
**Frank** [fræŋk] *уменьш. от* Francis; Фрэнк
**Fred, Freddie, Freddy** [fred, ˈfredɪ] *уменьш. от* Frederic(k); Фред, Фре́дди
**Frederic(k)** [ˈfredrɪk] Фре́дери́к; Фри́дрих
**Fr(i)eda** [ˈfriːdə] *уменьш. от* Winifred; Фри́да

**Gabriel** [ˈgeɪbrɪəl] Габрие́ль; *библ.* Гаврии́л
**Geffrey, Geoffrey** [ˈdʒefrɪ] Дже́ффри
**George** [dʒɔːdʒ] Джордж, Гео́рг
**Gerald** [ˈdʒerəld] Дже́ра́льд
**Gertie** [ˈgəːtɪ] *уменьш. от* Gertrude; Ге́рти
**Gertrude** [ˈgəːtruːd] Гертру́да
**Gideon** [ˈgɪdɪən] Гидео́н
**Gil** [gɪl] *уменьш. от* Gilbert; Гил
**Gilbert** [gɪlbət] Ги́л(ь)берт
**Gladys** [ˈglædɪs] Глэ́дис
**Gloria** [ˈglɔːrɪə] Гло́рия
**Godfrey** [ˈgɔdfrɪ] Го́дфри
**Godwin** [ˈgɔdwɪn] Го́двин
**Gordon** [ˈgɔːdn] Го́рдо́н
**Grace** [greɪs] Грейс
**Graham** [ˈgreɪəm] Гре́йам, Грэ́хем
**Gregory** [ˈgregərɪ] Гре́гори
**Greta** [ˈgriːtə, ˈgretə] *уменьш. от* Margaret; Гре́та
**Griffith** [ˈgrɪfɪθ] Гри́ффит
**Guy** [gaɪ] Гай
**Gwendolen, Gwendoline, Gwendolyn** [ˈgwendəlɪn] Гве́ндолин

**Hadrian** [ˈheɪdrɪən] = Adrian
**Hal** [hæl] *уменьш. от* Henry; Хэл
**Hannah** [ˈhænə] = Anna
**Harold** [ˈhærəld] Га́ро́льд
**Harriet, Harriot** [ˈhærɪət] Ха́ рриет; Генрие́тта
**Harry** [ˈhærɪ] Га́рри
**Hatty** [ˈhætɪ] *уменьш. от* Harriet, Harriot; Хэ́тти
**Helen, Helena** [ˈhelɪn, ˈhelɪnə, heˈliːnə] Эле́н; Еле́на
**Henrietta** [ˌhenrɪˈetə] Генрие́тта
**Henry** [ˈhenrɪ] Ге́нри; Ге́нрих
**Herbert** [ˈhəːbət] Ге́рберт
**Herman(n)** [ˈhəːmən] Ге́рман
**Hester** [ˈhestə] = Esther
**Hetty** [ˈhetɪ] *уменьш. от* Henrietta *и* Hester; Хэ́тти, Хе́тти

**Hilary** [ˈhɪlərɪ] Хи́лари
**Hilda** [ˈhɪldə] Хи́льда
**Hope** [həup] Хо́уп
**Horace, Horatio** [ˈhɔrəs, hɔˈreɪʃɪəu] Го́ра́с, Гора́цио; Гора́ций
**Howard** [ˈhauəd] Го́вард
**Hubert** [ˈhjuːbə(ː)t] Хью́берт
**Hugh, Hugo** [hjuː, ˈhjuːgəu] Хью, Хью́го
**Humphr(e)y** [ˈhʌmfrɪ] Ха́мфри, Хэ́мфри, Ге́мфри

**Ida** [ˈaɪdə] И́да
**Ik, Ike** [ɪk, aɪk] *уменьш. от* Isaac; Айк
**Ira** [ˈaɪərə] А́йра
**Irene** [aɪˈriːniː, ˈaɪriːn] А́йрин, Ирэ́н; Ири́на
**Isaac** [ˈaɪzək] А́йзек; Исаа́к
**Isabel, Isabella** [ˈɪzəbel, ˌɪzəˈbelə] Изабе́лла
**Isaiah** [aɪˈzaɪə] Иса́й(я)
**Isidore** [ˈɪzɪdɔː] И́сидо́р
**Isold(e)** [ɪˈzɔld(ə)] Изо́льда
**Israel** [ˈɪzreɪəl] Израи́ль

**Jack** [dʒæk] *уменьш. от* John; Джек
**Jacob** [ˈdʒeɪkəb] Дже́(й)коб; *библ.* Иа́ков
**Jake** [dʒeɪk] *уменьш. от* Jacob; Джейк
**James** [dʒeɪmz] Дже(й)мс; *библ.* Иа́ков
**Jane** [dʒeɪn] Джейн
**Janet** [ˈdʒænɪt] Дже́нет, Жане́т
**Jasper** [ˈdʒæspə] Джа́спер
**Jean** [dʒiːn] Джин
**Jeff** [dʒef] *уменьш. от* Jeffrey; Джефф
**Jeffrey** [ˈdʒefrɪ] Дже́ффри
**Jem** [dʒem] *уменьш. от* James; Джем
**Jemima** [dʒɪˈmaɪmə] Джема́йма
**Jen, Jennie** [dʒen, ˈdʒenɪ] *уменьш. от* Jane; Джен, Дже́нни
**Jennifer** [ˈdʒenɪfə] Дже́нифер
**Jenny** [ˈdʒenɪ] *уменьш. от* Jane; Дже́нни
**Jeremiah** [ˌdʒerɪˈmaɪə] Дже́ремаи; *библ.* Иереми́я
**Jerome** [dʒəˈrəum, ˈdʒerəm] Джеро́м
**Jerry** [ˈdʒerɪ] Дже́рри
**Jess** [dʒes] *уменьш. от* Jessica; Джесс
**Jessica** [ˈdʒesɪkə] Дже́ссика
**Jessie, Jessy** [ˈdʒesɪ] *уменьш. от* Janet, Jessica; Дже́сси
**Jim, Jimmy** [dʒɪm, ˈdʒɪmɪ] *уменьш. от* James; Джим, Джи́мми
**Jo** [dʒəu] *уменьш. от* Joseph *и* Josephine; Джо
**Joachim** [ˈjəuəkɪm] Иоахи́м
**Joan, Joanna** [dʒəun, dʒəuˈænə] Джоа́н, Джоа́нна; ~ of Arc *ист.* Жа́нна д'Арк
**Job** [dʒəub] Джоб; *библ.* Ио́в
**Jock** [dʒɔk] *уменьш. от* John; Джок
**Joe** [dʒəu] *уменьш. от* Joseph *и* Josephine; Джо
**Joey** [ˈdʒəuɪ] *уменьш. от* Joseph; Джо
**John** [dʒɔn] Джон; Иоа́нн

**Johnny** [ˈdʒɔnɪ] *уменьш. от* John; Джо́нни
**Jonathan** [ˈdʒɔnəθən] Джо́ната́н; *библ.* Ионафа́н
**Joseph** [ˈdʒəuzɪf] Джо́зеф; Ио́сиф
**Josephine** [ˈdʒəuzɪfi:n] Джо́зефин; Жозефи́на
**Joshua** [ˈdʒɔʃwə] Джо́шуа; *библ.* Иису́с
**Joy** [dʒɔɪ] Джой
**Joyce** [dʒɔɪs] Джойс
**Jozy** [ˈdʒəuzɪ] *уменьш. от* Josephine; Джо́зи
**Judith** [ˈdʒu:dɪθ] Джу́дит; *библ.* Юди́фь
**Judy** [ˈdʒu:dɪ] *уменьш. от* Judith; Джу́ди
**Julia** [ˈdʒu:ljə] Джу́лия; Юлия
**Julian** [ˈdʒu:ljən] Джу́лиан; Юлиа́н
**Juliana** [ˌdʒu:lɪˈɑ:nə] Джулиа́на; Юлиа́на
**Juliet** [ˈdʒu:ljət] Джулье́тта
**Julius** [ˈdʒu:ljəs] Джу́лиус; Юлий

**Kate** [keɪt] *уменьш. от* Catherine; Кейт
**Katharine** [ˈkæθərɪn] = Catherine
**Kathleen** [ˈkæθli:n] Кэ́тлин
**Katie** [ˈkeɪtɪ] = Cathie
**Katrine** [ˈkætrɪn] *уменьш. от* Catherine; Кэ́трин
**Keith** [ki:θ] Кит
**Kenneth** [ˈkenɪθ] Ке́ннет
**Kit** [kɪt] *уменьш. от* Christopher *и* Catherine; Кит
**Kitty** [ˈkɪtɪ] *уменьш. от* Catherine; Ки́тти

**Lambert** [ˈlæmbə(:)t] Ла́мбе́рт
**Laura** [ˈlɔ:rə] Ло́ра; Лау́ра
**Laurence** [ˈlɔrəns] Ло́ренс
**Lauretta** [lɔ:ˈretə] *уменьш. от* Laura; Лоре́тта
**Lawrence** [ˈlɔrəns] = Laurence
**Lazarus** [ˈlæzərəs] Ла́зарь
**Leila** [ˈli:lə] Ле́йла
**Leo** [ˈli(:)əu] Ле́о
**Leonard** [ˈlenəd] Леона́рд
**Leonora** [ˌli(:)əˈnɔ:rə] Леоно́ра
**Leopold** [ˈlɪəpəuld] Леопо́льд
**Lesley, Leslie** [ˈlezlɪ] Ле́сли
**Lew, Lewie** [lu(:), ˈlu(:)ɪ] *уменьш. от* Lewis; Лу, Луи́
**Lewis** [ˈlu(:)ɪs] Лью́ис
**Lillian** [ˈlɪlɪən] Ли́лиан; Лилиа́на
**Lily** [ˈlɪlɪ] Ли́ли
**Linda** [ˈlɪndə] Ли́нда
**Lionel** [ˈlaɪənl] Ла́йонел; Лионе́ль
**Liz, Liza, Lizzie** [lɪz, ˈlaɪzə, ˈlɪzɪ] *уменьш. от* Elisabeth; Лиз, Ли́за, Ли́зи
**Lola** [ˈləulə] *уменьш. от* Dolores; Ло́ла
**Lolly** [ˈlɔlɪ] *уменьш. от* Laura; Ло́лли
**Lottie** [ˈlɔtɪ] *уменьш. от* Charlotte; Ло́тти
**Louie** [ˈlu(:)ɪ] *уменьш. от* Louis; Луи́
**Louis** [ˈlu(:)ɪs] Лу́ис, Луи́
**Louisa, Louise** [lu(:)ˈi:zə, lu(:)ˈi:z] Луи́за
**Lucas** [ˈlu:kəs] Лу́кас
**Lucy** [ˈlu:sɪ] Лю́си
**Luke** [lu:k] Л(ь)юк; *библ.* Лука́

**Mabel** [ˈmeɪbəl] Мейбл
**Madeleine** [ˈmædlɪn] Ма́делейн; Мадели́на
**Madge** [mædʒ] *уменьш. от* Margaret; Мэдж, Мадж
**Mag** [mæg] *уменьш. от* Margaret; Мэг
**Maggie** [ˈmægɪ] *уменьш. от* Margaret; Мэ́гги
**Magnus** [ˈmægnəs] Ма́гнус
**Malcolm** [ˈmælkəm] Ма́лькольм
**Mamie** [ˈmeɪmɪ] *уменьш. от* Mary; Ме́йми
**Marcus** [ˈmɑ:kəs] Ма́ркус
**Margaret** [ˈmɑ:gərɪt] Ма́ргарет; Маргари́та
**Margery** [ˈmɑ:dʒərɪ] *уменьш. от* Margaret; Ма́рджери
**Margie** [ˈmɑ:dʒɪ] *уменьш. от* Margaret; Ма́рджи
**Maria** [məˈraɪə, məˈrɪə] Мари́я
**Marian** [ˈmeərɪən] Мэ́риан
**Marianne** [ˌmeərɪˈæn] Мариа́нна
**Marina** [məˈri:nə] Мари́на
**Marion** [ˈmeərɪən] Марио́н, Мэ́рион
**Marjory** [ˈmɑ:dʒərɪ] *уменьш. от* Margaret; Ма́рджори
**Mark** [mɑ:k] Марк
**Martha** [ˈmɑ:θə] Ма́рта
**Martin** [ˈmɑ:tɪn] Ма́ртин
**Mary** [ˈmeərɪ] Мэ́ри; Мари́я
**Mat** [mæt] *уменьш. от* Matthew, Matthias, Mat(h)ilda *и* Martha; Мэт
**Mat(h)ilda** [məˈtɪldə] Мати́льда
**Matthew, Matthias** [ˈmæθju:, məˈθaɪəs] Мэ́тью, Ма́тиас; *библ.* Матфе́й
**Matty** [ˈmætɪ] *уменьш. от* Martha *и* Mat(h)ilda; Мэ́тти
**Maud(e)** [mɔ:d] *уменьш. от* Madeleine *и* Mat(h)ilda; Мод
**Maurice** [ˈmɔrɪs] Мо́рис
**Max** [mæks] *уменьш. от* Maximilian; Макс
**Maximilian** [ˌmæksɪˈmɪljən] Максимилиа́н
**May** [meɪ] *уменьш. от* Mary *и* Margaret; Мэй, Мей
**Meg, Meggy** [meg, ˈmegɪ] *уменьш. от* Margaret; Мэг, Мег, Мэ́гги, Ме́гги
**Mercy** [ˈmə:sɪ] Ме́рси
**Meredith** [ˈmerədɪθ] Ме́редит
**Michael** [ˈmaɪkl] Майкл; *библ.* Михаи́л
**Micky** [ˈmɪkɪ] *уменьш. от* Michael; Ми́ки
**Mike** [maɪk] *уменьш. от* Michael; Майк
**Mildred** [ˈmɪldrɪd] Ми́лдред
**Millie** [ˈmɪlɪ] *уменьш. от* Mildred, Emilia *и* Amelia; Ми́лли
**Mima** [ˈmaɪmə] *уменьш. от* Jemima; Ма́йма
**Minna** [ˈmɪnə] Ми́нна
**Minnie** [ˈmɪnɪ] *уменьш. от* Minna; Ми́нни
**Mirabel** [ˈmɪrəbel] Ми́рабе́л(ь)
**Miranda** [mɪˈrændə] Мира́нда
**Miriam** [ˈmɪrɪəm] Мириа́м
**Moll, Molly** [mɔl, ˈmɔlɪ] *уменьш. от* Mary; Молл, Мо́лли
**Monica** [ˈmɔnɪkə] Мо́ника
**Montagu(e)** [ˈmɔntəgju:] Мо́нтегю
**Monty** [ˈmɔntɪ] *уменьш. от* Montagu(e); Мо́нти
**Morgan** [ˈmɔ:gən] Мо́рган
**Morris** [ˈmɔrɪs] Мо́ррис
**Mortimer** [ˈmɔ:tɪmə] Мо́ртимер
**Moses** [ˈməuzɪz] Мо́зес; *библ.* Моисе́й
**Muriel** [ˈmjuərɪəl] Мюрие́ль

**Nance, Nancy** [næns, ˈnænsɪ] *уменьш. от* Agnes *и* Ann, Anna; Нэнс, Нэ́нси
**Nannie, Nanny** [ˈnænɪ] *уменьш. от* Ann, Anna; Нэ́нни
**Nat** [næt] *уменьш. от* Nathaniel, Nathan *и* Natalia, Natalie; Нат
**Natalia, Natalie** [nəˈtælɪə, ˈnætəlɪ] Ната́лия, Нэ́тали, Ната́ли
**Nathan** [ˈneɪθən] Нэ́та́н
**Nathaniel** [nəˈθænjəl] Натаниэ́ль
**Ned, Neddie, Neddy** [ned, ˈnedɪ] *уменьш. от* Edgar, Edmund, Edwin *и* Edward; Нед, Не́дди
**Nell, Nellie, Nelly** [nel, ˈnelɪ] *уменьш. от* Eleanor *и* Helen, Helena; Нел, Не́лли
**Net, Nettie, Netty** [net, ˈnetɪ] *уменьш. от* Antoinette, Henrietta *и* Janet; Нет, Не́тти
**Neville** [ˈnevɪl] Не́виль
**Nicholas** [ˈnɪkələs] Ни́колас; *библ.* Никола́й
**Nik** [nɪk] *уменьш. от* Nicholas; Ник
**Nikola** [ˈnɪkələ] Ни́кола
**Nina, Ninette, Ninon** [ˈni:nə, ni:ˈnet, ni:ˈnɔ:ŋ] *уменьш. от* Ann, Anna; Ни́на, Нине́тта, Нино́н
**Noah** [ˈnəuə] Ной
**Noel** [ˈnəuəl] Ноэ́ль
**Noll, Nolly** [nɔl, ˈnɔlɪ] *уменьш. от* Olive, Olivia *и* Oliver; Нол, Но́лли
**Nora** [ˈnɔ:rə] *уменьш. от* Eleanor *и* Leonora; Но́ра
**Norman** [ˈnɔ:mən] Но́рман

**Odette** [əuˈdet] Оде́тта
**Olive** [ˈɔlɪv] О́лив, Оли́вия
**Oliver** [ˈɔlɪvə] О́ливер
**Olivia** [ɔˈlɪvɪə] Оли́вия
**Ophelia** [ɔˈfi:ljə] Офе́лия
**Oscar** [ˈɔskə] О́ска́р
**Osmond, Osmund** [ˈɔzmənd] О́смунд
**Oswald** [ˈɔzwəld] О́свальд
**Ottilia** [ɔˈtɪlɪə] Отти́лия
**Owen** [ˈəuɪn] О́уэн

**Paddy** [ˈpædɪ] *уменьш. от* Patrick *и* Patricia; Пэ́дди, Па́дди
**Pat** [pæt] *уменьш. от* Patrick, Patricia *и* Martha; Пэт, Пат
**Patricia** [pəˈtrɪʃə] Патри́ция
**Patrick** [ˈpætrɪk] Па́трик
**Patty** [ˈpætɪ] *уменьш. от* Martha *и* Mat(h)ilda; Пэ́тти, Па́тти
**Paul** [pɔ:l] Пол(ь); *библ.* Па́вел
**Paula** [ˈpɔ:lə] По́ла, Па́ула
**Paulina, Pauline** [pɔ:ˈli:nə, pɔ:ˈli:n] Паули́на; Поли́на

**Peg, Peggy** [peg, 'pegı] *уменьш. от* Margaret; Пэг, Пег, Пэ́гги, Пе́гги
**Pen** [pen] *уменьш. от* Penelope; Пен
**Penelope** [pı'neləpı] Пенело́па
**Penny** ['penı] *уменьш. от* Penelope; Пе́нни
**Persy** ['pə:sı] Пе́рси
**Pete** [pi:t] *уменьш. от* Peter; Пит
**Peter** ['pi:tə] Пи́тер; *библ.* Пётр
**Phil** [fıl] *уменьш. от* Philip; Фил
**Philip** ['fılıp] Фи́лип; Фили́пп
**Pip** [pıp] *уменьш. от* Philip; Пип
**Pius** ['paıəs] Пий
**Pol, Polly** [pɔl, 'pɔlı] *уменьш. от* Mary; Полл, По́лли
**Portia** ['pɔ:ʃjə] По́рция

**Rachel** ['reıtʃəl] Ре́(й)чел; *библ.* Рахи́ль
**Ralph** [reıf, rælf] Ральф
**Ranald** ['rænəld] Рэ́на́льд
**Randolph** ['rændɔlf] Ра́ндольф
**Raphael** ['ræfeıəl, 'reıfl] Рафаэ́ль
**Rasmus** ['ræzməs] *уменьш. от* Erasmus; Ра́смус
**Ray** [reı] *уменьш. от* Rachel *и* Raymond; Рей
**Raymond** ['reımənd] Раймо́нд
**Rebecca** [rı'bekə] Ребе́кка; *библ.* Реве́кка
**Reg, Reggie** [redʒ, 'redʒı] *уменьш. от* Reginald; Редж, Ре́джи
**Reginald** ['redʒınld] Ре́джина́льд
**Reynold** ['renld] Ре́йно́льд
**Richard** ['rıtʃəd] Ри́чард
**Rita** ['ri:tə] *уменьш. от* Margaret; Ри́та
**Rob, Robbie** [rɔb, 'rɔbı] *уменьш. от* Robert; Роб, Ро́бби
**Robert** ['rɔbət] Ро́берт
**Robin** ['rɔbın] *уменьш. от* Robert; Ро́бин
**Roddy** ['rɔdı] *уменьш. от* Roderick; Ро́дди
**Roderick** ['rɔdərık] Ро́дерик
**Rodney** ['rɔdnı] Ро́дни
**Roger** ['rɔdʒə, 'rəudʒə] Ро́джер
**Roland** ['rəulənd] Ро́ла́нд
**Rolf** [rɔlf, rəuf] Рольф
**Romeo** ['rəumıəu] Роме́о
**Ronald** ['rɔnld] Ро́на́льд
**Rosa** ['rəuzə] Ро́за
**Rosabel, Rosabella** ['rəuzəbel, ˌrəuzə'belə] Ро́забел, Розабе́лла
**Rosalia, Rosalie** [rəu'zeılıə, 'rɔzəlı] Роза́лия, Розали́
**Rosalind, Rosaline** ['rɔzəlınd, 'rɔzəlaın] Розали́на
**Rosamond, Rosamund** ['rɔzəmənd] Розаму́нда
**Rose** [rəuz] Ро́уз; Ро́за
**Rosemary** ['rəuzmərı] Розмари́
**Rowland** ['rəulənd] = Roland
**Roy** [rɔı] Рой
**Rudolf, Rudolph** ['ru:dɔlf] Ру́до́льф
**Rupert** ['ru:pət] Ру́перт
**Ruth** [ru:θ] Рут

**Sadie** ['seıdı] *уменьш. от* Sara(h); Се́йди, Сэ́ди
**Sal, Sally** [sæl, 'sælı] *уменьш. от* Sara(h); Сэл, Сэ́лли, Са́лли
**Salome** [sə'ləumı] Саломе́я
**Sam, Sammy** [sæm, 'sæmı] *уменьш. от* Samuel; Сэм, Сэ́мми
**Sam(p)son** ['sæm(p)sn] Сэ́мпсон; *библ.* Самсо́н
**Samuel** ['sæmjuəl] Сэ́мюел(ь); *библ.* Самуи́л
**Sanders** ['sɑ:ndəz] *уменьш. от* Alexander; Са́ндерс
**Sandy** ['sændı] *уменьш. от* Alexander; Сэ́нди, Са́нди
**Sara(h)** ['sɛərə] Са́ра
**Saul** [sɔ:l] Сол; *библ.* Сау́л
**Sebastian** [sı'bæstjən] Себа́стиан
**Septimus** ['septıməs] Се́птимус
**Sibil, Sibyl, Sibylla** ['sıbıl, sı'bılə] Си́бил, Сиби́лла
**Sidney** ['sıdnı] Си́дней
**Siegfried** ['si:gfri:d] Зи́гфрид
**Silas** ['saıləs] Са́йлас
**Silvester** [sıl'vestə] Сильве́стр
**Silvia** ['sılvıə] Си́львия; Си́льва
**Sim** [sım] *уменьш. от* Simeon *и* Simon; Сим
**Simeon** ['sımıən] Симео́н
**Simmy** ['sımı] *уменьш. от* Simeon *и* Simon; Си́мми
**Simon** ['saımən] Са́ймон
**Sol, Solly** [sɔl, 'sɔlı] *уменьш. от* Solomon; Сол, Со́лли
**Solomon** ['sɔləmən] Со́ломо́н
**Sophia** [səu'faıə] Софи́я
**Sophie, Sophy** ['səufı] *уменьш. от* Sophia; Софи́
**Stanislas, Stanislaus** ['stænısləs, 'stænıslɔ:s] Станисла́в
**Stanley** ['stænlı] Стэ́нли, Ста́нли
**Stella** ['stelə] Сте́лла
**Stephana, Stephanie** ['stefənə, 'stefənı] Стефа́ния
**Stephen** ['sti:vn] Сти́в(е)н; Сте́фа́н
**Steve** [sti:v] *уменьш. от* Stephen; Стив
**Sue** [sju:] *уменьш. от* Susan *и* Susanna(h); Сью
**Susan** ['su:zn] Сью́зен; Сюза́нна
**Susanna(h)** [su(:)'zænə] Сюза́нна
**Susie, Susy** ['su:zı] *уменьш. от* Susan *и* Susanna(h); Сю́зи
**Sylvester** [sıl'vestə] = Silvester
**Sylvia** ['sılvıə] = Silvia
**Ted, Teddy** [ted, 'tedı] *уменьш. от* Theodore; Тед, Те́дди
**Terry** ['terı] *уменьш. от* T(h)eresa; Те́рри
**Tessa** ['tesə] *уменьш. от* T(h)eresa; Те́сса
**Theobald** ['θıəbɔ:ld] Теоба́льд
**Theodora** [ˌθi:əu'dɔ:rə] Теодо́ра
**Theodore** ['θıədɔ:] Теодо́р
**T(h)eresa** [tə'ri:zə] Тере́за
**Thomas** ['tɔməs] То́мас; *библ.* Фома́
**Tib, Tibbie** [tıb, 'tıbı] *уменьш. от* Isabel, Isabella; Тиб, Ти́бби
**Tilda** ['tıldə] *уменьш. от* Mat(h)ilda; Ти́лда
**Tilly** ['tılı] *уменьш. от* Mat(h)ilda; Ти́лли
**Tim** [tım] *уменьш. от* Timothy; Тим
**Timothy** ['tıməθı] Ти́моти
**Tina** ['ti:nə] *уменьш. от* Christina; Ти́на
**Tobias** [tə'baıəs] Тоба́йас, Тоба́йес
**Toby** ['təubı] *уменьш. от* Tobias; То́би
**Tom** [tɔm] *уменьш. от* Thomas; Том
**Tommy** ['tɔmı] *уменьш. от* Thomas; То́мми
**Tony** ['təunı] *уменьш. от* Anthony, Antony; То́ни
**Tristan** ['trıstən] Триста́н
**Trudy** ['tru:dı] *уменьш. от* Gertrude; Тру́ди
**Tybalt** ['tıbəlt] Тиба́льт

**Valentine** ['væləntaın] Валенти́н
**Veronica** [vı'rɔnıkə] Веро́ни́ка
**Victor** ['vıktə] Ви́кто́р
**Victoria** [vık'tɔ:rıə] Викто́рия
**Vincent** ['vınsənt] Ви́нсе́нт
**Viola** ['vaıələ] Вио́ла
**Violet** ['vaıəlıt] Виоле́тта
**Virginia** [və'dʒınjə] Вирджи́ния, Вирги́ния
**Vivian, Vivien** ['vıvıən] Ви́вьен

**Wallace** ['wɔlıs] Уо́ллес, Уо́ллас
**Walt** [wɔ:lt] *уменьш. от* Walter; Уо́лт
**Walter** ['wɔ:ltə] Уо́лтер; Ва́льтер
**Wat, Watty** [wɔt, 'wɔtı] *уменьш. от* Walter; Уо́т, Уо́тти
**Wilfred, Wilfrid** ['wılfrıd] Уи́лфред
**Will** [wıl] *уменьш. от* William; Уи́лл
**William** ['wıljəm] Уи́льям, Вилья́м; Вильге́льм
**Willy** ['wılı] *уменьш. от* William; Уи́лли, Ви́лли
**Win** [wın] *уменьш. от* Winifred; Уи́н
**Winifred** ['wınıfrıd] Уи́нифред
**Winnie** ['wını] *уменьш. от* Winifred; Уи́нни

# СПИСОК ГЕОГРАФИЧЕСКИХ НАЗВАНИЙ

**Aberdeen** [ˌæbəˈdiːn] Абердин (*графство и город*)

**Abidjan** [ˌæbɪˈdʒɑːn] *г.* Абиджан

**Abu Dhabi** [əˈbuːˈdɑːbɪ] *г.* Абу-Даби

**Accra** [əˈkrɑː] *г.* Аккра

**Addis Ababa** [ˈædɪsˈæbəbə] *г.* Аддис-Абеба

**Adelaide** [ˈædleɪd] *г.* Аделаида

**Aden** [ˈeɪdn] *г.* Аден

**Adirondack Mts** * [ˌædɪˈrɔndækˈmauntɪnz] горы Адирондак

**Admiralty Isls** [ˈædmərəltɪˈaɪləndz] острова Адмиралтейства

**Adriatic Sea** [ˌeɪdrɪˈætɪkˈsiː] Адриатическое море

**Aegean Sea** [i(ː)ˈdʒiːənˈsiː] Эгейское море

**Aetna** [ˈetnə] = Etna

**Afghanistan** [æfˈgænɪstæn] Афганистан

**Africa** [ˈæfrɪkə] Африка

**Akkra** [ˈækrə] = Accra

**Alabama** [ˌæləˈbæmə] Алабама

**Åland Isls** [ˈɑːləndˈaɪləndz] Аландские острова

**Alaska** [əˈlæskə] Аляска

**Albania** [ælˈbeɪnjə] Албания; **People's Socialist Republic of Albania** Народная Социалистическая Республика Албания, НСРА

**Albany** [ˈɔːlbənɪ] *г.* Олбани

**Aleutian Isls** [əˈluːʃjənˈaɪləndz] Алеутские острова

**Alexandria** [ˌælɪgˈzɑːndrɪə] *г.* Александрия

**Algeria** [ælˈdʒɪərɪə] Алжир

**Algiers** [ælˈdʒɪəz] *г.* Алжир

**Al Kuwait** [elkuˈweɪt] *г.* Эль-Кувейт

**Allegheny Mts** [ˈælɪgenɪˈmauntɪnz] Аллеганские горы

**Alma-Ata** [ˈɑːlməəˈtɑː] *г.* Алма-Ата

**Alps** [ælps] Альпы

**Altai** [ælˈteɪaɪ] Алтай

**Amazon** [ˈæməzən] *р.* Амазонка

**America** [əˈmerɪkə] Америка

**Amman** [əˈmɑːn] *г.* Амман

**Amsterdam** [ˈæmstəˈdæm] *г.* Амстердам

**Amu Darya** [əˈmuːdəˈrjɑː] *р.* Амударья

**Amur** [əˈmuə] *р.* Амур

**Andaman Isls** [ˈændəmænˈaɪləndz] Андаманские острова

**Andes** [ˈændiːz] Анды

**Andorra** [ænˈdɔrə] Андорра

**Angara** [ʌŋgʌˈrɑː] *р.* Ангара

**Anglesey** [ˈæŋglsɪ] Англси

**Angola** [æŋˈgəulə] Ангола

**Angora** [ˈæŋgərə] *см.* Ankara

**Angus** [ˈæŋgəs] Ангус

**Ankara** [ˈæŋkərə] *г.* Анкара

**Antananarivo** [ˈæntəˌnænəˈriːvəu] *г.* Антананариву, Тананариве

**Antarctic Continent** [æntˈɑːktɪkˈkɔntɪnənt] Антарктида

**Antarctic Region** [æntˈɑːktɪkˈriːdʒən] Антарктика

**Antilles** [ænˈtɪliːz] Антильские острова; **Greater Antilles** Большие Антильские острова; **Lesser Antilles** Малые Антильские острова

**Antrim** [ˈæntrɪm] Антрим

**Antwerp** [ˈæntwəːp] *г.* Антверпен

**Apennines** [ˈæpɪnaɪnz] Апеннины

**Apia** [æˈpɪə, ˈæpɪə] *г.* Апиа

**Appalachian Mts, Appalachians** [ˌæpəˈleɪtʃjənˈmauntɪnz, ˌæpəˈleɪtʃjənz] Аппалачские горы, Аппалачи

**Arabia** [əˈreɪbjə] *п-ов* Аравия

**Arabian Sea** [əˈreɪbjənˈsiː] Аравийское море

**Aral Sea** [ˈɑːrəlˈsiː] Аральское море

**Ararat** [ˈærəræt] Арарат (*гора*)

**Archangel** [ˈɑːkˌeɪndʒəl] = Arkhangelsk

**Arctic Ocean** [ˈɑːktɪkˈəuʃən] Северный Ледовитый океан

**Arctic Region** [ˈɑːktɪkˈriːdʒən] Арктика

**Argentina** [ˌɑːdʒənˈtiːnə] Аргентина

**Argyll(shire)** [ɑːˈgaɪl(ʃɪə)] Аргайлл(шир)

**Arizona** [ˌærɪˈzəunə] Аризона

**Arkansas** [ˈɑːkənsɔː] Арканзас (*река и штат*)

**Arkansas City** [ˈɑːkənsɔːˈsɪtɪ] *г.* Арканзас-Сити

**Arkhangelsk** [ʌrˈkhɑːngɪljsk] *г.* Архангельск

**Arlington** [ˈɑːlɪŋtən] *г.* Арлингтон

**Armagh** [ɑːˈmɑː] Арма

**Armenia** [ɑːˈmiːnjə] Армения; **Armenian Soviet Socialist Republic** Армянская Советская Социалистическая Республика

**Ascot** [ˈæskət] *г.* Эскот

**Ashkhabad** [ˌæʃkəˈbɑːd] *г.* Ашхабад

**Asia** [ˈeɪʃə] Азия

**Asia Minor** [ˈeɪʃəˈmaɪnə] *п-ов* Малая Азия

**Asmara** [æzˈmɑːrə] *г.* Асмара

**Assam** [ˈæsæm] Ассам

**Assouan, Aswan** [ˌæsuˈæn] *г.* Асуан

**Assyria** [əˈsɪrɪə] *ист.* Ассирия

**Astrakhan** [ˌæstrəˈkæn] *г.* Астрахань

**Asunción** [əˌsunsɪˈəun] *г.* Асунсьон

**Athens** [ˈæθɪnz] *г.* Афины

**Atlanta** [ətˈlæntə] *г.* Атланта

**Atlantic City** [ətˈlæntɪkˈsɪtɪ] *г.* Атлантик-Сити

**Atlantic Ocean** [ətˈlæntɪkˈəuʃən] Атлантический океан

**Atlas Mts** [ˈætləsˈmauntɪnz] Атласские горы

**Auckland** [ˈɔːklənd] *г.* Окленд

**Austin** [ˈɔstɪn] *г.* Остин

**Australia** [ɔsˈtreɪljə] Австралия

**Australia, Commonwealth of** [ˈkɔmənwelθəvɔsˈtreɪljə] Австралийский Союз

**Austria** [ˈɔstrɪə] Австрия

**Avon** [ˈeɪvən] *р.* Эйвон

**Ayr(shire)** [ˈεə(ʃɪə)] Эр(шир)

**Azerbaijan** [ˌæzəbaɪˈdʒɑːn] Азербайджан; **Azerbaijan Soviet Socialist Republic** Азербайджанская Советская Социалистическая Республика

**Azof, Sea of** [ˈsiːəvˈɑːzɔf] = Azov, Sea of

**Azores** [əˈzɔːz] Азорские острова

**Azov, Sea of** [ˈsiːəvˈɑːzɔv] Азовское море

**Bab el Mandeb** [ˈbæbelˈmændeb] Баб-эль-Мандебский пролив

**Babylon** [ˈbæbɪlən] *ист.* Вавилон

**Baffin Bay** [ˈbæfɪnˈbeɪ] Баффинов залив

**Bag(h)dad** [bægˈdæd] *г.* Багдад

**Bahama Isls, Bahamas** [bəˈhɑːməˈaɪləndz, bəˈhɑːməz] Багамские острова

**Bahrain, Bahrein** [bəˈreɪn] Бахрейн

**Baikal** [baɪˈkɑːl] *оз.* Байкал

**Baku** [bʌˈkuː] *г.* Баку

**Balearic Isls** [ˌbælɪˈærɪkˈaɪləndz] Балеарские острова

**Balkan Mts** [ˈbɔːlkənˈmauntɪnz] Балканские горы, Балканы

**Balkan Peninsula** [ˈbɔːlkənpɪˈnɪnsjulə] Балканский полуостров

**Baltic Sea** [ˈbɔːltɪkˈsiː] Балтийское море

**Baltimore** [ˈbɔːltɪmɔː] *г.* Балтимор

**Bamako** [ˌbɑːmɑːˈkəu] *г.* Бамако

**Banff** [bæmf] Банф (*графство и город*)

**Bangkok** [bæŋˈkɔk] *г.* Бангкок

---

* Слова Mountain, Mountains, Island, Islands даны в сокращении Mt, Mts, Isl, Isls

**Bangladesh** [ˈbæŋgləˈdeʃ] Бángладéш

**Bangui** [ˌbɑːŋˈgiː] г. Банги́

**Banjoul, Banjul** [bænˈdʒuːl] г. Банджу́л

**Barbados** [bɑːˈbeɪdəuz] Барбáдос

**Barcelona** [ˌbɑːsɪˈləunə] г. Барселóна

**Barents Sea** [ˈbɑːrəntsˈsiː] Бáренцево мóре

**Basel, Basle** [ˈbɑːzəl, ˈbɑːsl] г. Бáзель

**Basra** [ˈbæzrə] г. Бáсра

**Basse-Terre** [ˌbɑːsˈtɛə] г. Бас-Тéр

**Bass Strait** [ˈbæsˈstreɪt] Бáссов проли́в

**Bath** [bɑːθ] г. Бат

**Batumi** [bɑːˈtuːmɪ] г. Батýми

**Bedford(shire)** [ˈbedfəd(ʃɪə)] Бéдфорд(шир)

**Beds** [bedz] *см.* Bedford(shire)

**Beirut** [beɪˈruːt] г. Бейрýт

**Belfast** [ˈbelfɑːst] г. Бéлфаст

**Belgium** [ˈbeldʒəm] Бéльгия

**Belgrade** [belˈgreɪd] г. Белгрáд

**Belize** [beˈliːz] Бели́з

**Bellingshausen Sea** [ˈbelɪŋzˌhauznˈsiː] мóре Беллинсгáузена

**Bengal, Bay of** [ˈbeɪəvbeŋˈgɔːl] Бенгáльский зали́в

**Bengasi, Benghazi** [benˈgɑːzɪ] г. Бенгáзи

**Benin** [bəˈni(ː)n, ˈbenɪn] Бени́н

**Bering Sea** [ˈberɪŋˈsiː] Бéрингово мóре

**Bering Strait** [ˈberɪŋˈstreɪt] Бéрингов проли́в

**Berks** [bɑːks] *см.* Berkshire

**Berkshire** [ˈbɑːkʃɪə] Бéркшир

**Berlin** [bəːˈlɪn] г. Берли́н

**Bermuda Isls, Bermudas** [bə(ː)ˈmjuːdəˈaɪləndz, bə(ː)ˈmjuːdəz] Бермýдские островá

**Bern(e)** [bəːn] г. Берн

**Berwick(shire)** [ˈberɪk(ʃɪə)] Бéрик(шир)

**Beyrouth** [beɪˈruːt] = Beirut

**Bhutan** [buˈtɑːn] Бутáн

**Bikini** [bɪˈkiːnɪ] *атолл* Бики́ни

**Bilbao** [bɪlˈbɑːəu] г. Бильбáо

**Birmingham** [ˈbəːmɪŋəm] г. Би́рмингем

**Biscay, Bay of** [ˈbeɪəvˈbɪskeɪ] Бискáйский зали́в

**Bissau** [bɪˈsau] г. Бисáу

**Blackpool** [ˈblækpuːl] г. Блэ́кпул

**Black Sea** [ˈblækˈsiː] Чёрное мóре

**Blue Mts** [ˈbluːˈmauntɪnz] Голубы́е гóры

**Bogota** [ˌbɔgəuˈtɑː] г. Боготá

**Bokhara** [bəuˈkɑːrə] = Bukhara

**Bolivia** [bəˈlɪvɪə] Боли́вия

**Bombay** [bɔmˈbeɪ] г. Бомбéй

**Bonn** [bɔn] г. Бонн

**Bordeaux** [bɔːˈdəu] г. Бордó

**Borneo** [ˈbɔːnɪəu] *о-в* Борнéо; *см.* Kalimantan

**Bosporus** [ˈbɔspərəs] Босфóр

**Boston** [ˈbɔstən] г. Бóстон

**Bothnia, Gulf of** [ˈgʌlfəvˈbɔθnɪə] Ботни́ческий зали́в

**Botswana** [bɔˈtswɑːnə] Ботсвáна

**Boulogne** [buˈlɔɪn] г. Булóнь

**Bournemouth** [ˈbɔːnməθ] г. Бóрнмут

**Bradford** [ˈbrædfəd] г. Брэ́дфорд

**Brahmaputra** [ˌbrɑːməˈpuːtrə] *р.* Брахмапýтра

**Brasilia** [brəˈzɪlɪə] г. Брази́лия

**Brazil** [brəˈzɪl] Брази́лия

**Brazzaville** [ˈbræzəvɪl] г. Браззави́ль

**Brecknock(shire)** [ˈbreknɔk(ʃɪə)] Брéкнок(шир)

**Brecon** [ˈbrekən] *см.* Brecknock(shire)

**Bremen** [ˈbreɪmən] г. Брéмен

**Brest** [brest] г. Брест

**Bridgeport** [ˈbrɪdʒpɔːt] г. Бри́джпорт

**Bridgetown** [ˈbrɪdʒtaun] г. Бри́джтаун

**Brighton** [ˈbraɪtn] г. Брáйтон

**Brisbane** [ˈbrɪzbən] г. Бри́сбен

**Bristol** [ˈbrɪstl] г. Бри́столь

**Britain** [ˈbrɪtn] *см.* Great Britain

**Brittany** [ˈbrɪtnɪ] *ист.* Бретáнь

**Bronx** [brɔŋks] Бронкс

**Brooklyn** [ˈbruklɪn] Брýклин

**Bruges** [bruːʒ] г. Брю́гге

**Brunei** [bruːˈneɪ] Брунéй

**Brussels** [ˈbrʌslz] г. Брюссéль

**Bucharest** [ˌbjuːkəˈrest] г. Бухарéст

**Buckingham(shire)** [ˈbʌkɪŋəm(ʃɪə)] Бáкингем(шир)

**Bucks** [bʌks] *см.* Buckingham(shire)

**Budapest** [ˈbjuːdəˈpest] г. Будапéшт

**Buenos Aires** [ˈbwenəsˈaɪərɪz] г. Буэ́нос-Áйрес

**Buffalo** [ˈbʌfələu] г. Бýффало

**Bug** [buːg] *р.* Буг

**Bujumbura** [ˌbuːdʒəmˈbuərə] г. Бужумбýра

**Bukhara** [buˈkɑːrə] г. Бухарá

**Bulgaria** [bʌlˈgɛərɪə] Болгáрия; **People's Republic of Bulgaria** Нарóдная Респýблика Болгáрия, НРБ

**Burma** [ˈbəːmə] Би́рма

**Burundi** [buˈrundɪ] Бурýнди

**Bute(shire)** [ˈbjuːt(ʃɪə)] Бьют(шир)

**Byelorussia** [ˌbjeləuˈrʌʃə] Белорýссия; **Byelorussian Soviet Socialist Republic** Белорýсская Совéтская Социалисти́ческая Респýблика, БССР

**Byzantium** [bɪˈzæntɪəm] *ист.* Визáнтия

**Cadiz** [kəˈdɪz] г. Кáдис

**Caernarvon(shire)** [kəˈnɑːvən(ʃɪə)] Карнáрвон(шир)

**Cairo** [ˈkaɪərəu] г. Каи́р

**Caithness** [ˈkeɪθnes] Кéйтнесс

**Calais** [ˈkæleɪ] г. Калé

**Calcutta** [kælˈkʌtə] г. Калькýтта

**California** [ˌkælɪˈfɔːnjə] Калифóрния

**Cambridge** [ˈkeɪmbrɪdʒ] г. Кéмбридж

**Cambridgeshire** [ˈkeɪmbrɪdʒʃɪə] Кéмбриджшир

**Cameroon** [ˈkæməruːn] Камерýн

**Campuchea** [kæmˈpuːʃɪə] Кампýчия

**Canada** [ˈkænədə] Канáда

**Canary Isls** [kəˈnɛərɪˈaɪləndz] Канáрские островá

**Canaveral, Cape** [ˈkeɪpkəˈnævərəl] мыс Канáверал

**Canberra** [ˈkænbərə] г. Кáнберра

**Cannae** [ˈkæniː] *ист.* г. Кáнны

**Cannes** [kæn] г. Канн

**Canterbury** [ˈkæntəbərɪ] г. Кéнтербери

**Cape of Good Hope** [ˈkeɪpəvˈgudhəup] мыс Дóброй Надéжды

**Cape Town, Capetown** [ˈkeɪptaun] г. Кéйптаун

**Cape Verde Isls** [ˈkeɪpˈvəːdˈaɪləndz] Островá Зелёного Мы́са

**Caracas** [kəˈrækəs] г. Карáкас

**Cardiff** [ˈkɑːdɪf] г. Кáрдифф

**Cardigan(shire)** [ˈkɑːdɪgən(ʃɪə)] Кáрдиган(шир)

**Caribbean (Sea)** [ˌkærɪˈbi(ː)ən(ˈsiː)] Кари́бское мóре

**Carlisle** [kɑːˈlaɪl] г. Карлáйл

**Carmarthen(shire)** [kəˈmɑːðən(ʃɪə)] Кармáртен(шир)

**Carnarvon(shire)** [kəˈnɑːvən(ʃɪə)] = Caernarvon(shire)

**Caroline Isls, Carolines** [ˈkærəlaɪnˈaɪləndz, ˈkærəlaɪnz] Кароли́нские островá

**Carpathian Mts, Carpathians** [kɑːˈpeɪθjənˈmauntɪnz, kɑːˈpeɪθjənz] Карпáтские гóры, Карпáты

**Carpentaria, Gulf of** [ˈgʌlfəvˌkɑːpənˈtɛərɪə] зали́в Карпентáрия

**Carthage** [ˈkɑːθɪdʒ], **Carthago** [kɑːˈθeɪgəu] *ист.* Карфагéн

**Caspian Sea** [ˈkæspɪənˈsiː] Каспи́йское мóре

**Caucasus, the** [ˈkɔːkəsəs] Кавкáз

**Cayenne** [keɪˈen] г. Кайéнна

**Celebes** [seˈliːbɪz] *о-в* Цéлебес; *см.* Sulawesi

**Central African Republic** [ˈsentrəlˈæfrɪkənrɪˈpʌblɪk] Центральноафрикáнская Респýблика

**Central America** [ˈsentrələˈmerɪkə] Центрáльная Амéрика

**Chad** [ʧæd] Чад

**Chad, Lake** [ˈleɪkˈʧæd] óзеро Чад

**Channel, the** [ˈʧænl] *см.* English Channel

**Channel Isls** [ˈʧænlˈaɪləndz] Нормáндские островá

**Charleston** [ˈʧɑːlstən] г. Чáрлстон

**Chatham** [ˈʧætəm] г. Чáтем

**Cheltenham** [ˈʧeltnəm] г. Чéлтнем

**Cherbourg** [ˈʃɛəbuəg] г. Шербýр

**Cheshire** [ˈʧeʃə] Чéшир

**Chester** [ˈʧestə] г. Чéстер

**Cheviot Hills** [ˈʧevɪətˈhɪlz] Чéвиот-Хилс (*горы*)

**Chicago** [ʃɪˈkɑːgəu] г. Чикáго

**Chile** [ˈʧɪlɪ] Чи́ли

**China** [ˈʧaɪnə] Китáй; **Chinese People's Republic** Китáйская Нарóдная Респýблика, КНР

**Chios** [ˈkaɪɔs] *о-в* Хиос

**Chomolungma** [ˌʧəuməuˈluŋmɑː] Джомолýнгма; *см.* Everest

**Chuckchee Sea** [ˈʧukʧɪˈsiː] Чукóтское мóре

**Chungking** [ʧuŋˈkɪŋ] г. Чунци́н

**Cincinnati** [ˌsɪnsɪˈnætɪ] г. Цинциннáти

**Clackmannan** [klæk'mænən] Клакма́ннан
**Cleveland** ['kli:vlənd] *г.* Кли́вленд
**Clyde** [klaɪd] *р.* Клайд
**Cologne** [kə'ləun] *г.* Кёльн
**Colombia** [kə'lɔmbɪə] Колу́мбия (*страна*)
**Colombo** [kə'lʌmbəu] *г.* Коло́мбо
**Colorado** [ˌkɔlə'rɑ:dəu] Колора́до
**Columbia** [kə'lʌmbɪə] Колу́мбия (*город и река*)
**Comoro Isls** ['kɔməurəu'aɪləndz] Комо́рские острова́
**Conakry** ['kɔnəkrɪ] *г.* Ко́накри
**Congo, the** ['kɔŋgəu] *р.* Ко́нго
**Connecticut** [kə'netɪkət] Конне́ктикут
**Constantinople** [ˌkɔnstæntɪ'nəupl] *ист. г.* Константино́поль
**Constantsa** [kɔn'stɑ:ntsə] *г.* Конста́нца
**Copenhagen** [ˌkəupn'heɪgən] *г.* Копенга́ген
**Corfu** [kɔ:'fu:] *о-в* Ко́рфу
**Corinth** ['kɔrɪnθ] *ист.* Кори́нф
**Cork** [kɔ:k] *г.* Корк
**Cornwall** ['kɔ:nwəl] Ко́рнуолл
**Corsica** ['kɔ:sɪkə] *о-в* Ко́рсика
**Costa Rica** ['kɔstə'ri:kə] Ко́ста-Ри́ка
**Coventry** ['kɔvəntrɪ] *г.* Ко́вентри
**Crete** [kri:t] *о-в* Крит
**Crimea, the** [kraɪ'mɪə] Крым
**Cuba** ['kju:bə] Ку́ба
**Cumberland** ['kʌmbələnd] Ка́мберленд
**Curaçao** [ˌkjuərə'səu] *о-в* Кюраса́о
**Cyprus** ['saɪprəs] Кипр
**Czechoslovakia** ['ʧekəusləu'vækɪə] Чехослова́кия; **Czechoslovak Socialist Republic** Чехослова́цкая Социалисти́ческая Респу́блика, ЧССР

**Dacca** ['dækə] *г.* Да́кка
**Dakar** ['dækə, 'dækɑ:] *г.* Дака́р
**Dallas** ['dæləs] *г.* Да́ллас
**Damascus** [də'mɑ:skəs] *г.* Дама́ск
**Danube** ['dænju:b] *р.* Дуна́й
**Dardanelles** [ˌdɑ:də'nelz] проли́в Дардане́ллы
**Dar es Salaam** ['dɑ:ressə'lɑ:m] *г.* Да́р-эс-Сала́м
**Dartmouth** ['dɑ:tməθ] *г.* Да́ртмут
**Daugava** ['dɑ:ugɑ:va] *р.* Да́угава
**Dead Sea** ['ded'si:] Мёртвое мо́ре
**Delaware** ['deləwεə] Де́лавэр
**Delhi** ['delɪ] *г.* Де́ли
**Denbigh(shire)** ['denbɪ(ʃɪə)] Де́нби(шир)
**Denmark** ['denmɑ:k] Да́ния
**Denver** ['denvə] *г.* Де́нвер
**Derby(shire)** ['dɑ:bɪ(ʃɪə)] Де́рби(шир)
**Des Moines** [dɪ'mɔɪn] *г.* Де-Мо́йн
**Detroit** [də'trɔɪt] *г.* Детро́йт
**Devon(shire)** ['devn(ʃɪə)] Де́вон(шир)
**Dieppe** [di(:)'ep] *г.* Дьепп
**District of Columbia** ['dɪstrɪktəvkə'lʌmbɪə] о́круг Колу́мбия
**Djakarta** [dʒə'kɑ:tə] = Jakarta
**Djibouti** [dʒɪ'bu:tɪ] = Jibuti
**Djokjakarta** [ˌdʒəugjə'kɑ:tə] = Jogjakarta
**Dnieper** ['dni:pə] *р.* Днепр
**Dniester** ['dni:stə] *р.* Днестр
**Dodecanese Isls** [ˌdəudɪkə'ni:z'aɪləndz] *о-ва* Додекане́с
**Doha** ['dəuhə] *г.* До́ха
**Dominican Republic** [də'mɪnɪkənrɪ'pʌblɪk] Доминика́нская Респу́блика
**Don** [dɔn] *р.* Дон
**Donegal** ['dɔnɪgɔ:l] До́негол
**Dorset(shire)** ['dɔ:sɪt(ʃɪə)] До́рсет(шир)
**Dover** ['dəuvə] *г.* Дувр
**Dover, Strait of** ['streɪtəv'dəuvə] Па-де-Кале́
**Down** [daun] Да́ун
**Drake Strait** ['dreɪk'streɪt] проли́в Дре́йка
**Dublin** ['dʌblɪn] *г.* Ду́блин
**Dudley** ['dʌdlɪ] *г.* Да́дли
**Dumbarton** [dʌm'bɑ:tn] 1) *г.* Ду́мбартон 2) = Dumbartonshire
**Dumbartonshire** [dʌm'bɑ:tnʃɪə] Ду́мбартоншир
**Dumfries(shire)** [dʌm'fri:s(ʃɪə)] Да́мфрис(шир)
**Dundee** [dʌn'di:] *г.* Да́нди
**Dunkirk** [dʌn'kə:k] *г.* Дюнке́рк
**Durban** ['də:bən] *г.* Ду́рбан
**Durham** ['dʌrəm] Да́рем
**Dushanbe** [dju:'ʃɑ:mbə] *г.* Душанбе́

**East China Sea** ['i:st'ʧaɪnə'si:] Восто́чно-Кита́йское мо́ре
**Easter Isl** ['i:stər'aɪlənd] о́стров Па́схи
**East Indies** ['i:st'ɪndjəz] *ист.* Ост-И́ндия
**East Lothian** ['i:st'ləuðjən] Ист-Ло́тиан
**Ecuador** [ˌekwə'dɔ:] Экуадо́р, Эквадо́р
**Edinburgh** ['edɪnbərə] *г.* Эдинбург
**Egypt** ['i:dʒɪpt] Еги́пет; **Arab Republic of Egypt** Ара́бская Респу́блика Еги́пет, АРЕ
**Eire** ['εərə] Эйре; *см.* Ireland
**Elba** ['elbə] *о-в* Эльба
**Elbe** [elb] *р.* Эльба
**Elbrus, Elbruz** [el'bru:z] Эльбру́с
**Elgin(shire)** ['elgɪn(ʃɪə)] Элгин(шир) [*см. тж.* Moray]
**El Salvador** [el'sælvədɔ:] Сальвадо́р
**Ely, Isle of** ['aɪləv'i:lɪ] Айл-оф-Или
**England** ['ɪŋglənd] Англия
**English Channel** ['ɪŋglɪʃ'ʧænl] Ла-Ма́нш
**Enisei** [ˌjenɪ'seɪ] = Yenisei
**Entebbe** [en'tebə] *г.* Энте́ббе
**Epsom** ['epsəm] *г.* Эпсом
**Equatorial Guinea** [ˌekwə'tɔ:rɪəl'gɪnɪ] Экваториа́льная Гвине́я
**Erevan** [ˌerə'vɑ:n] = Yerevan
**Erie, Lake** ['leɪk'ɪərɪ] о́зеро Эри
**Erivan** [ˌerɪ'vɑ:n] = Yerevan
**Essex** ['esɪks] Эссекс
**Estonia** [es'təunjə] Эсто́ния; **Estonian Soviet Socialist Republic** Эсто́нская Сове́тская Социалисти́ческая Респу́блика
**Ethiopia** [ˌi:θɪ'əupjə] Эфио́пия
**Etna** ['etnə] Этна
**Eton** ['i:tn] *г.* Итон
**Euphrates** [ju:'freɪti:z] *р.* Евфра́т
**Europe** ['juərəp] Евро́па
**Everest** ['evərest] Эвере́ст

**Fairbanks** ['fεəbæŋks] *г.* Фэ́рбенкс
**Falkland Isls** ['fɔ:klənd'aɪləndz] Фолкле́ндские острова́
**Faroe Isls, Faroes** ['fεərəu'aɪləndz, 'fεərəuz] Фаре́рские острова́
**Fermanagh** [fə(:)'mænə] Ферма́на
**Fès, Fez** [fes, fez] *г.* Фес
**Fife** [faɪf] Файф
**Fiji** [fi:'dʒi:] Фи́джи
**Finland** ['fɪnlənd] Финля́ндия
**Firth of Forth** ['fə:θəv'fɔ:θ] *залив* Ферт-оф-Фо́рт
**Flint(shire)** ['flɪnt(ʃɪə)] Фли́нт(шир)
**Florence** ['flɔrəns] *г.* Флоре́нция
**Florida** ['flɔrɪdə] *г.* Флори́да
**Folkestone** ['fəukstən] *г.* Фо́лкстон
**Formosa** [fɔ:'məusə] Формо́за; *см.* Taiwan
**Forth** [fɔ:θ] *р.* Форт
**France** [frɑ:ns] Фра́нция
**Franz Josef Land** ['frænts'dʒəuzɪflænd] Земля́ Фра́нца Ио́сифа
**Freetown** ['fri:taun] *г.* Фри́таун
**Frunze** ['fru:nzə] *г.* Фру́нзе
**Fujiyama** [ˌfu:dʒɪ'jɑ:mə] Фудзия́ма

**Gabon, Gaboon** [gə'bɔ:ŋ, gə'bu:n] Габо́н
**Gaborone** ['gæbərɔn] *г.* Габоро́не
**Galápagos Isls** [gə'læpəgəs'aɪləndz] Галапаго́сские острова́
**Gambia** ['gæmbɪə] Га́мбия
**Ganges** ['gændʒi:z] *р.* Ганг
**Gary** ['gεərɪ] *г.* Гэ́ри
**Gdansk** ['gdɑ:njsk] *г.* Гданьск
**Gdynia** [gə'dɪnjə] *г.* Гды́ня
**Geneva** [dʒɪ'ni:və] *г.* Жене́ва
**Genoa** ['dʒenəuə] *г.* Ге́нуя
**Georgetown** ['dʒɔ:dʒtaun] *г.* Джо́рджтаун
**Georgia I** ['dʒɔ:dʒjə] Джо́рджия (*штат США*)
**Georgia II** ['dʒɔ:dʒjə] Гру́зия; **Georgian Soviet Socialist Republic** Грузи́нская Сове́тская Социалисти́ческая Респу́блика
**German Democratic Republic** ['dʒə:mənˌdemə'krætɪkrɪ'pʌblɪk] Герма́нская Демократи́ческая Респу́блика, ГДР
**German Federal Republic** ['dʒə:mən'fedərəlrɪ'pʌblɪk] Федерати́вная Респу́блика Герма́нии, ФРГ
**Germany** ['dʒə:mənɪ] *ист.* Герма́ния
**Gettysburg** ['getɪzbə:g] *г.* Ге́ттисберг
**Ghana** ['gɑ:nə] Га́на
**Ghent** [gent] *г.* Гент
**Gibraltar** [dʒɪ'brɔ:ltə] Гибралта́р
**Glamorgan(shire)** [glə'mɔ:gən(ʃɪə)] Гламо́рган(шир)
**Glasgow** ['glɑ:sgəu] *г.* Гла́зго
**Gloucester(shire)** ['glɔstə(ʃɪə)] Гло́стер(шир)
**Gobi, the** ['gəubɪ] Го́би
**Gorki** ['gɔ:rjkɪ] *г.* Го́рький
**Got(h)land** ['gɔtlənd ('gɔθlənd)] *о-в* Го́тланд

**Grampian Hills, the Grampians** [ˈgræmpjənˈhɪlz, ˈgræmpjənz] Грампиа́нские го́ры
**Great Bear Lake** [ˈgreɪtbɛəˈleɪk] Большо́е Медве́жье о́зеро
**Great Britain** [ˈgreɪtˈbrɪtn] Великобрита́ния
**Great Slave Lake** [ˈgreɪtˈsleɪvˈleɪk] Большо́е Нево́льничье о́зеро
**Great Yarmouth** [ˈgreɪtˈjɑːməθ] = Yarmouth
**Greece** [griːs] Гре́ция
**Greenland** [ˈgriːnlənd] Гренла́ндия
**Greenwich** [ˈgrɪnɪdʒ] *г.* Гри́н(в)ич
**Grenada** [greˈneɪdə] Грена́да
**Guadalcanal** [ˌgwɑːdəlkəˈnæl] *о-в* Гуадалкана́л
**Guadeloupe** [ˌgwɑːdəˈluːp] Гваделу́па
**Guam** [gwɔm] *о-в* Гуа́м
**Guatemala** [ˌgwætɪˈmɑːlə] Гватема́ла
**Guatemala (City)** [ˌgwætɪˈmɑːlə(ˈsɪtɪ)] *г.* Гватема́ла
**Guayaquil** [ˌgwaɪəˈkiːl] *г.* Гуаяки́ль
**Guernsey** [ˈgəːnzɪ] *о-в* Ге́рнси
**Guinea** [ˈgɪnɪ] Гвине́я; **Republic of Guinea** Гвине́йская Респу́блика
**Guinea-Bissau** [ˈgɪnɪbɪˈsau] Гвине́я-Биса́у
**Guyana** [gaɪˈɑːnə] Гайа́на

**Hague, the** [heɪg] *г.* Гаа́га
**Haifa** [ˈhaɪfə] *г.* Ха́йфа
**Hainan** [haɪˈnæn] *о-в* Хайна́нь
**Haiti** [ˈheɪtɪ] Гаити
**Hakodate** [ˌhækəuˈdɑːtɪ] *г.* Хакода́те
**Halifax** [ˈhælɪfæks] *г.* Га́лифакс
**Hamburg** [ˈhæmbəːg] *г.* Га́мбург
**Hamilton** [ˈhæmɪltən] *г.* Га́мильтон
**Hampshire** [ˈhæmpʃɪə] Ге́мпшир
**Hanoi** [hæˈnɔɪ] *г.* Хано́й
**Hants** [hænts] *см.* Hampshire
**Harrow** [ˈhærəu] *г.* Ха́рроу
**Harwell** [ˈhɑːwel] *г.* Ха́руэлл
**Harwich** [ˈhærɪdʒ] *г.* Ха́ридж
**Hastings** [ˈheɪstɪŋz] *г.* Га́стингс
**Havana** [həˈvænə] *г.* Гава́на
**Havre** [ˈhɑːvrə] *г.* Гавр
**Hawaii** [hɑːˈwaiiː] Гава́йи (*острова и штат*)
**Hawaiian Isls** [hɑːˈwaɪɪənˈaɪləndz] Гава́йские острова́
**Hebrides** [ˈhebrɪdiːz] Гебри́дские острова́
**Hel(i)goland** [ˈhelɪgəulænd] *о-в* Ге́льголанд
**Hellas** [ˈhelæs] *ист.* Элла́да
**Hellespont** [ˈhelɪspɔnt] *ист.* Геллесно́нт
**Helsinki** [ˈhelsɪŋkɪ] *г.* Хе́льсинки
**Henley(-on-Thames)** [ˈhenlɪ(ɔnˈtemz)] *г.* Хе́нлей (-на-Те́мзе)
**Herat** [heˈræt] *г.* Гера́т
**Hereford(shire)** [ˈherɪfəd(ʃɪə)] Хе́рефорд(шир)
**Hertford(shire)** [ˈhɑːfəd(ʃɪə)] Ха́ртфорд(шир)
**Herts** [hɑːts] *см.* Hertford(shire)
**Himalaya(s), the** [ˌhɪməˈleɪə(z)] Гимала́и, Гимала́йские го́ры
**Hindu Kush** [ˈhɪnduːˈkuːʃ] *горы* Гиндуку́ш
**Hindustan** [ˌhɪnduˈstɑːn] *п-ов* Индоста́н
**Hiroshima** [hɪˈrɔʃɪmə] *г.* Хиро́сима
**Ho Chi Minh** [ˌhəuˌtʃiːˈmɪn] *г.* Хошими́н
**Holland** [ˈhɔlənd] Голла́ндия; *см.* Netherlands
**Hollywood** [ˈhɔlɪwud] *г.* Го́лливуд
**Hondo** [ˈhɔndəu] = Honshu
**Honduras** [hɔnˈdjuərəs] Гондура́с
**Hong Kong** [hɔŋˈkɔŋ] Гонко́нг; *см.* Siangan
**Honiara** [ˌhəunɪˈɑːrə] *г.* Хониа́ра
**Honolulu** [ˌhɔnəˈluːluː] *г.* Гонолу́лу
**Honshu** [ˈhɔnʃuː] *о-в* Хо́нсю
**Horn, Cape** [ˈkeɪpˈhɔːn] мыс Горн
**Houston** [ˈhjuːstən] *г.* Хью́стон
**Hudson** [ˈhʌdsn] *р.* Гудзо́н
**Hudson Bay** [ˈhʌdsnˈbeɪ] Гудзо́нов зали́в
**Hudson Strait** [ˈhʌdsnˈstreɪt] Гудзо́нов проли́в
**Hull** [hʌl] *г.* Гулль, Халл
**Hungary** [ˈhʌŋgərɪ] Ве́нгрия; **Hungarian People's Republic** Венге́рская Наро́дная Респу́блика, ВНР
**Huntingdon(shire)** [ˈhʌntɪŋdən(ʃɪə)] Ха́нтингдон(шир)
**Hunts** [hʌnts] *см.* Huntingdon(shire)
**Huron, Lake** [ˈleɪkˈhjuərən] о́зеро Гуро́н
**Hwang Ho** [hwæŋˈhəu] *р.* Хуанхэ́
**Hyderabad** [ˈhaɪdərəbæd] *г.* Хайдараба́д

**Iceland** [ˈaɪslənd] Исла́ндия
**Idaho** [ˈaɪdəhəu] Айда́хо
**Illinois** [ˌɪlɪˈnɔɪ] Иллино́йс
**India** [ˈɪndjə] И́ндия
**Indiana** [ˌɪndɪˈænə] Индиа́на
**Indian Ocean** [ˈɪndjənˈəuʃən] Инди́йский океа́н
**Indonesia** [ˌɪndəuˈniːzjə] Индоне́зия
**Indus** [ˈɪndəs] *р.* Инд
**Inverness** [ˌɪnvəˈnes] Инверне́сс
**Ionian Sea** [aɪˈəunjənˈsiː] Иони́ческое мо́ре
**Iowa** [ˈaɪəuə] Айова
**Irak** [ɪˈrɑːk] = Iraq
**Iran** [ɪˈrɑːn] Ира́н
**Iraq** [ɪˈrɑːk] Ира́к
**Ireland** [ˈaɪələnd] Ирла́ндия
**Irtish** [ɪrˈtɪʃ] *р.* Иртыш
**Isfahan** [ˈɪsfəhæn] *г.* Исфаха́н
**Islamabad** [ɪzˌlɑːməˈbɑːd] *г.* Исламаба́д
**Islington** [ˈɪzlɪŋtən] *г.* И́слингтон
**Ispahan** [ˌɪspəˈhɑːn] = Isfahan
**Israel** [ˈɪzreɪəl] Изра́иль
**Istanbul** [ˌɪstænˈbuːl] *г.* Стамбу́л
**Italy** [ˈɪtəlɪ] Ита́лия
**Ivory Coast** [ˈaɪvərɪˈkəust] Бе́рег Слоно́вой Ко́сти
**Izmir** [ɪzˈmɪr] *г.* Изми́р

**Jacksonville** [ˈdʒæksnvɪl] *г.* Джэ́ксонвилл
**Jaffa** [ˈdʒæfə] *г.* Я́ффа
**Jaipur** [dʒaɪˈpuə] *г.* Джайпу́р
**Jakarta** [dʒəˈkɑːtə] *г.* Джака́рта
**Jamaica** [dʒəˈmeɪkə] Яма́йка
**Japan** [dʒəˈpæn] Япо́ния
**Java** [ˈdʒɑːvə] *о-в* Ява
**Jersey** [ˈdʒəːzɪ] *о-в* Дже́рси
**Jersey City** [ˈdʒəːzɪˈsɪtɪ] *г.* Дже́рси-Си́ти
**Jerusalem** [dʒəˈruːsələm] *г.* Иерусали́м
**Jibuti** [dʒɪˈbuːtɪ] *г.* Джибу́ти
**Jidda** [ˈdʒɪdə] *г.* Джи́дда
**Jogjakarta** [ˌdʒəugjəˈkɑːtə] *г.* Джокьяка́рта
**Johannesburg** [dʒəuˈhænɪsbəːg] *г.* Йоха́ннесбург
**Jordan** [ˈdʒɔːdn] 1) Иорда́ния 2) *р.* Иорда́н
**Jugoslavia** [ˈjuːgəuˈslɑːvjə] = Yugoslavia
**Jutland** [ˈdʒʌtlənd] *п-ов* Ютла́ндия

**Kabul** [ˈkɔːbl] *г.* Кабу́л
**Kalahari Desert** [ˌkɑːlɑːˈhɑːrɪˈdezət] пусты́ня Калаха́ри
**Kalimantan** [ˌkɑːlɪˈmɑːntɑːn] *о-в* Калиманта́н
**Kaliningrad** [kəˈliːnɪngrɑːd] *г.* Калинингра́д
**Kama** [ˈkɑːmə] *р.* Ка́ма
**Kamchatka** [kəmˈtʃætkə] *п-ов* Камча́тка
**Kampala** [kɑːmˈpɑːlə] *г.* Кампа́ла
**Kansas** [ˈkænzəs] Канза́с
**Kansas City** [ˈkænzəsˈsɪtɪ] *г.* Канза́с-Си́ти
**Karachi** [kəˈrɑːtʃɪ] *г.* Кара́чи
**Kara Sea** [ˈkɑːrɑːˈsiː] Ка́рское мо́ре
**Karlovy Vary** [ˈkɑːləuvɪˈvɑːrɪ] *г.* Ка́рлови-Ва́ри
**Kashmir** [kæʃˈmɪə] Кашми́р
**Katmandu** [ˈkɑːtmɑːnˈduː] *г.* Катманду́
**Kattegat** [ˌkætɪˈgæt] *пролив* Каттега́т
**Kaunas** [ˈkaunɑːs] *г.* Ка́унас
**Kazakhstan** [ˌkɑːzɑːhˈstɑːn] Казахста́н; **Kazakh Soviet Socialist Republic** Каза́хская Сове́тская Социалисти́ческая Респу́блика
**Kent** [kent] Кент
**Kentucky** [kenˈtʌkɪ] Кенту́кки
**Kenya** [ˈkenjə] Ке́ния
**Kerch** [kertʃ] *г.* Керчь
**Kerry** [ˈkerɪ] Ке́рри
**Kharkov** [ˈkɑːrjkəf] *г.* Ха́рьков
**Khart(o)um** [kɑːˈtuːm] *г.* Харту́м
**Kiel** [kiːl] *г.* Киль
**Kiev** [ˈkiːjef] *г.* Ки́ев
**Kigali** [kɪˈgɑːlɪ] *г.* Кига́ли
**Kilimanjaro** [ˌkɪlɪmənˈdʒɑːrəu] Килиманджа́ро (*гора*)
**Kilkenny** [kɪlˈkenɪ] Килке́нни
**Kincardine** [kɪnˈkɑːdɪn] Кинка́рдин
**Kingston** [ˈkɪŋstən] *г.* Ки́нгстон
**Kinross** [kɪnˈrɔs] Кинро́сс
**Kinshasa** [kɪnˈʃɑːsə] *г.* Кинша́са
**Kioto** [kɪˈəutəu] = Kyoto
**Kirg(h)izia** [kəːˈgiːzjə] Кирги́зия; **Kirg(h)iz Soviet Socialist Republic** Кирги́зская Сове́тская Социалисти́ческая Респу́блика
**Kirkcudbright(shire)** [kəːˈkuːbrɪ(ʃɪə)] Керку́бри(шир)
**Kishinev** [ˌkɪʃɪˈnjɔːf] *г.* Кишинёв

**Klaipeda** [ˈklaɪpɪdə] *г.* Клайпеда
**Klondike** [ˈklɔndaɪk] Клондайк
**Kobe** [ˈkəubɪ] *г.* Кобе
**Konakri** [ˈkɔnəkrɪ] = Conakry
**Kongo** [ˈkɔŋgəu] = Congo
**Korea** [kəˈrɪə] Корéя; **Korean People's Democratic Republic** Корéйская Нарóдно-Демократи́ческая Респу́блика, КНДР
**Kuala Lumpur** [ˈkwɑːləˈlumpuə] *г.* Куáла-Лу́мпур
**Kuibyshev** [ˈkuːɪbɪʃef] *г.* Ку́йбышев
**Kuril(e) Isls** [kuˈriːlˈaɪləndz] Кури́льские островá
**Kuwait** [kuˈweɪt] Кувéйт
**Kyoto** [kɪˈəutəu] *г.* Киóто

**Labrador** [ˈlæbrədɔː] *п-ов* Лабрадóр
**Ladoga** [ˈlædəugə] Лáдожское óзеро
**Lagos** [ˈleɪgɔs] *г.* Лáгос
**Lahore** [ləˈhɔː] *г.* Лахóр
**Lake District** [ˈleɪkˌdɪstrɪkt] Озёрная óбласть
**Lanark(shire)** [ˈlænək(ʃɪə)] Лáнарк(шир)
**Lancashire** [ˈlæŋkəʃɪə] Лáнкашир
**Lancaster** [ˈlæŋkəstə] 1) = Lancashire 2) *г.* Лáнкастер
**Laos** [lauz] Лаóс
**La Paz** [lɑːˈpæz] *г.* Ла-Пáс
**La Plata** [ləˈplɑːtə] *г.* Ла-Плáта
**Laptev Sea** [ˈlɑːptjəfˈsiː] мóре Лáптевых
**Latvia** [ˈlætvɪə] Лáтвия; **Latvian Soviet Socialist Republic** Латви́йская Совéтская Социалисти́ческая Респу́блика
**Lebanon** [ˈlebənən] Ливáн
**Leeds** [liːdz] *г.* Лидс
**Leghorn** [ˈlegˈhɔːn] *г.* Ливóрно
**Leicester(shire)** [ˈlestə(ʃɪə)] Лéстер(шир)
**Leipzig** [ˈlaɪpzɪg] *г.* Лéйпциг
**Lena** [ˈleɪnə] *р.* Лéна
**Leningrad** [ˈlenɪngræd] *г.* Ленингрáд
**Lenin Peak** [ˈlenɪnˈpiːk] пик Лéнина
**Lesotho** [ləˈsəutəu] Лесóто
**Lhasa** [ˈlɑːsə] *г.* Лхáса
**Liberia** [laɪˈbɪərɪə] Либéрия
**Libia** [ˈlɪbɪə] = Libya
**Libreville** [ˌliːbrəˈviːl] *г.* Либреви́ль
**Libya** [ˈlɪbɪə] Ли́вия
**Liechtenstein** [ˈlɪktənstaɪn] Ли́хтенштéйн
**Liége** [lɪˈeɪʒ] *г.* Льеж
**Lilongwe** [lɪˈlɔŋwə] *г.* Лилóнгве
**Lima** [ˈliːmə] *г.* Ли́ма
**Lincoln(shire)** [ˈlɪŋkən(ʃɪə)] Ли́нкольн(шир)
**Lisbon** [ˈlɪzbən] *г.* Лис(с)абóн
**Lithuania** [ˌlɪθu(ː)ˈeɪnjə] Литвá; **Lithuanian Soviet Socialist Republic** Литóвская Совéтская Социалисти́ческая Респу́блика
**Little Rock** [ˈlɪtlˈrɔk] *г.* Литл-Рок
**Liverpool** [ˈlɪvəpuːl] *г.* Ли́верпул(ь)
**Lofoten Isls** [ləuˈfəutənˈaɪləndz] Лофотéнские островá
**Loire** [lwɑː] *р.* Луáра
**Lome** [lɔːˈmeɪ] *г.* Ломé
**London** [ˈlʌndən] *г.* Лóндон
**Londonderry** [ˌlʌndənˈderɪ] Лондондéрри (*город и графство*)
**Los Angeles** [lɔsˈændʒɪliːz] *г.* Лос-Áнджелес
**Louisiana** [lu(ː)ˌiːzɪˈænə] Луизиáна
**Luanda** [lu(ː)ˈændə] *г.* Луáнда
**Lusaka** [lu(ː)ˈsɑːkə] *г.* Лусáка
**Luxemburg** [ˈlʌksəmbəːg] Люксембу́рг
**Luzon** [luːˈzɔn] *о-в* Лусóн
**Lyons** [ˈlaɪənz] *г.* Лиóн

**Mackenzie** [məˈkenzɪ] *р.* Маккéнзи
**Madagascar** [ˌmædəˈgæskə] Мадагаскáр
**Madeira** [məˈdɪərə] *о-в* Мадéйра
**Madras** [məˈdrɑːs] *г.* Мадрáс
**Madrid** [məˈdrɪd] *г.* Мадри́д
**Magellan, Strait of** [ˈstreɪtəvməˈgelən] Магеллáнов проли́в
**Maine** [meɪn] Мэн (*штат США*)
**Majorca** [məˈdʒɔːkə] *о-в* Мальóрка, Майóрка
**Makassar Strait** [məˈkæsəˈstreɪt] Макасáрский проли́в
**Malabo** [məˈlɑːbəu] *г.* Малáбо
**Malawi** [məˈlɑːwɪ] Малáви
**Malay Archipelago** [məˈleɪˌɑːkɪˈpelɪgəu] Малáйский архипелáг
**Malaysia** [məˈleɪzɪə] Малáйзия
**Maldives** [ˈmɔːldɪvz] Мальди́вы, Мальди́вские островá
**Male** [ˈmɑːleɪ] *г.* Мáле
**Mali** [ˈmɑːlɪ] Мали́
**Malta** [ˈmɔːltə] Мáльта
**Man** [mæn] *о-в* Мэн
**Managua** [məˈnɑːgwə] *г.* Манáгуа
**Manama** [məˈnæmə] *г.* Манáма
**Manchester** [ˈmæntʃɪstə] *г.* Мáнчестер
**Manhattan** [mænˈhætən] Манхáттан
**Manila** [məˈnɪlə] *г.* Мани́ла
**Manitoba** [ˌmænɪˈtəubə] Манитóба
**Mannar, Gulf of** [ˈgʌlfəvməˈnɑː] Манáрский зали́в
**Maputo** [məˈpuːtəu] *г.* Мапу́ту
**Margate** [ˈmɑːgɪt] *г.* Мáргит
**Mariana Isls, Marianas** [ˌmɑːrɪˈɑːnəˈaɪləndz, ˌmɑːrɪˈɑːnəz] Мариáнские островá
**Marmara (Marmora), Sea of** [ˈsiːəvˈmɑːmərə] Мрáморное мóре
**Marquesas Isls** [mɑːˈkeɪsæsˈaɪləndz] Марки́зские островá
**Marseilles** [mɑːˈseɪlz] *г.* Марсéль
**Marshall Isls** [ˈmɑːʃəlˈaɪləndz] Мáршалловы островá
**Martinique** [ˌmɑːtɪˈniːk] *о-в* Мартини́ка
**Maryborough** [ˈmeərɪbərə] *г.* Мэ́риборо
**Maryland** [ˈmeərɪlænd] Мэ́риленд
**Maseru** [ˈmæzəruː] *г.* Мáсеру
**Masqat** [ˈmʌskət] = Muscat
**Massachusetts** [ˌmæsəˈtʃuːsɪts] Массачу́сетс
**Mauritania** [ˌmɔːrɪˈteɪnjə] Мавритáния
**Mauritius** [məˈrɪʃəs] Маври́кий
**Mbabane** [əmˌbɑːˈbɑːnɪ] *г.* Мбабáне
**Mecca** [ˈmekə] *г.* Мéкка
**Medina** [meˈdiːnə] *г.* Меди́на
**Mediterranean Sea** [ˌmedɪtəˈreɪnjənˈsiː] Средизéмное мóре
**Mekong** [meɪˈkɔːŋ] *р.* Мекóнг
**Melanesia** [ˌmeləˈniːzjə] Меланéзия
**Melbourne** [ˈmelbən] *г.* Мéльбурн
**Memphis** [ˈmemfɪs] *г.* Мéмфис
**Merioneth(shire)** [ˌmerɪˈɔnɪθ(ʃɪə)] Мериóнет(шир)
**Mersey** [ˈməːzɪ] *р.* Мерсéй (Мéрси)
**Mesopotamia** [ˌmesəpəˈteɪmjə] *ист.* Месопотáмия
**Mexico** [ˈmeksɪkəu] Мéксика
**Mexico (City)** [ˈmeksɪkəu(ˈsɪtɪ)] *г.* Мéхико
**Mexico, Gulf of** [ˈgʌlfəvˈmeksɪkəu] Мексикáнский зали́в
**Miami** [maɪˈæmɪ] *г.* Майáми
**Michigan** [ˈmɪʃɪgən] Ми́чиган
**Michigan, Lake** [ˈleɪkˈmɪʃɪgən] óзеро Ми́чиган
**Middlesex** [ˈmɪdlseks] Ми́длсекс
**Midlothian** [mɪdˈləuðjən] Мидлóтиан
**Midway** [ˈmɪdweɪ] *о-в* Ми́дуэй
**Milan** [mɪˈlæn] *г.* Милáн
**Miletus** [mɪˈliːtəs] *ист. г.* Милéт
**Milwaukee** [mɪlˈwɔːki(ː)] *г.* Милуóки
**Mindanao** [ˌmɪndəˈnɑːəu] *о-в* Минданáо
**Minneapolis** [ˌmɪnɪˈæpəlɪs] *г.* Миннеáполис
**Minnesota** [ˌmɪnɪˈsəutə] Миннесóта
**Minorca** [mɪˈnɔːkə] *о-в* Менóрка
**Minsk** [mɪnsk] *г.* Минск
**Mississippi** [ˌmɪsɪˈsɪpɪ] Миссиси́пи (*река и штат*)
**Missouri** [mɪˈzuərɪ] Миссу́ри (*река и штат*)
**Mogadiscio, Mogadishu** [ˌmɔgəˈdɪʃəu, ˌmɔgəˈdɪʃu(ː)] *г.* Могади́шо
**Moldavia** [mɔlˈdeɪvjə] Молдáвия; **Moldavian Soviet Socialist Republic** Молдáвская Совéтская Социалисти́ческая Респу́блика
**Molucca Isls, Moluccas** [məuˈlʌkəˈaɪləndz, məuˈlʌkəz] Молу́ккские островá
**Monaco** [ˈmɔnəkəu] Монáко
**Mongolia** [mɔŋˈgəuljə] Монгóлия; **Mongolian People's Republic** Монгóльская Нарóдная Респу́блика, МНР
**Monmouth(shire)** [ˈmɔnməθ(ʃɪə)] Мóнмут(шир)
**Monrovia** [mənˈrəuvɪə] *г.* Монрóвия
**Montana** [mɔnˈtænə] Монтáна
**Mont Blanc** [mɔːmˈblɑːŋ] Монблáн
**Monte Carlo** [ˈmɔntɪˈkɑːləu] *г.* Мóнте-Кáрло
**Montevideo** [ˌmɔntɪvɪˈdeɪəu] *г.* Монтевидéо
**Montgomery(shire)** [məntˈgʌmərɪ(ʃɪə)] Монтгóмери(шир)
**Montreal** [ˌmɔntrɪˈɔːl] *г.* Монреáль
**Moray** [ˈmʌrɪ] Мóри, Мáри [*см. тж.* Elgin(shire)]
**Morocco** [məˈrɔkəu] Марóкко
**Moscow** [ˈmɔskəu] *г.* Москвá
**Mosul** [məuˈsuːl] *г.* Мосу́л
**Mozambique** [ˌməuzəmˈbiːk] Мозамби́к
**Munich** [ˈmjuːnɪk] *г.* Мю́нхен

**Murmansk** [muə'mɑːnsk] *г.* Мýрманск
**Murray** ['mʌrɪ] *р.* Мýррей (Мáрри)
**Muscat** ['mʌskət] *г.* Маскáт
**Mysore** [maɪ'sɔː] Майсýр

**Nagasaki** [ˌnægə'sɑːkɪ] *г.* Нагасáки
**Nairn** [nɛən] Нэрн
**Nairobi** [ˌnaɪə'rəubɪ] *г.* Найрóби
**Namibia** ['næmɪbjə] Намúбия
**Nanking** [næn'kɪŋ] *г.* Нанкúн
**Naples** ['neɪplz] *г.* Неáполь
**Narvik** ['nɑːvɪk] *г.* Нáрвик
**Nauru** [nɑ(ː)'uːru] Наýру
**N'Djamena** [ndʒɑː'menə] *г.* Нджамéна
**Nebraska** [nɪ'bræskə] Небрáска
**Neman** ['nemən] *р.* Нéман
**Nepal** [nɪ'pɔːl] Непáл
**Netherlands** ['neðələndz] Нидерлáнды
**Neva** ['neɪvə] *р.* Невá
**Nevada** [ne'vɑːdə] Невáда
**Newark** ['nju(ː)ək] *г.* Нью́арк
**New Caledonia** ['njuːˌkælɪ'dəunjə] *о-в* Нóвая Каледóния
**Newcastle** ['njuːˌkɑːsl] *г.* Нью́касл
**Newfoundland** [ˌnjuːfənd'lænd] *о-в* Ньюфаундлéнд
**New Guinea** ['njuː'gɪnɪ] Нóвая Гвинéя
**New Hampshire** ['njuː'hæmpʃɪə] Нью-Гéмпшир
**New Hebrides** ['njuː'hebrɪdiːz] *о-ва* Нóвые Гебрúды
**New Jersey** ['njuː'dʒəːzɪ] Нью-Джéрси
**New Mexico** ['njuː'meksɪkəu] Нью-Мéксико (*штат США*)
**New Orleans** [njuː'ɔːlɪənz] *г.* Нóвый Орлеáн
**Newport** ['njuːpɔːt] *г.* Нью́порт
**New South Wales** ['njuːsauθ'weɪlz] Нóвый Ю́жный Уэ́льс (*Австралия*)
**New York** ['njuː'jɔːk] Нью-Йóрк (*город и штат*)
**New Zealand** [njuː'ziːlənd] Нóвая Зелáндия
**Niagara** [naɪ'ægərə] *р.* Ниагáра
**Niagara Falls** [naɪ'ægərə'fɔːlz] Ниагáрский водопáд
**Niamey** [njɑː'meɪ] *г.* Ниамéй
**Nicaragua** [ˌnɪkə'rægjuə] Никарáгуа
**Nice** [niːs] *г.* Нúцца
**Nicosia** [ˌnɪkəu'si(ː)ə] *г.* Никосúя
**Niger** ['naɪdʒə] Нúгер
**Nigeria** [naɪ'dʒɪərɪə] Нигéрия
**Nile** [naɪl] *р.* Нил
**Nome** [nəum] *г.* Ном
**Norfolk** ['nɔːfək] Нóрфолк
**Normandy** ['nɔːməndɪ] *ист.* Нормáндия
**North America** ['nɔːθə'merɪkə] Сéверная Амéрика
**Northampton(shire)** [nɔː'θæmptəm-(ʃɪə)] Нортгéмптон(шир)
**North Cape** ['nɔːθ'keɪp] *мыс* Нóрдкап
**North Carolina** ['nɔːθˌkærə'laɪnə] Сéверная Каролúна
**North Dakota** ['nɔːθdə'kəutə] Сéверная Дакóта
**North Pole** ['nɔːθ'pəul] Сéверный пóлюс
**North Sea** ['nɔːθ'siː] Сéверное мóре
**Northumberland** [nɔː'θʌmbələnd] Нортýмберленд
**North-West Territories** ['nɔːθ'west-'terɪtərɪz] Сéверо-Зáпадные террито́рии (*в Канаде*)
**Norway** ['nɔːweɪ] Норвéгия
**Norwich I** ['nɔːrɪdʒ] *г.* Нóридж (*в Англии*)
**Norwich II** ['nɔːwɪtʃ] *г.* Нóрвич (*в США*)
**Nottingham(shire)** ['nɔtɪŋəm(ʃɪə)] Нóттингем(шир)
**Notts** [nɔts] *см.* Nottingham(shire)
**Nouakchott** [nwɑːk'ʃɔːt] *г.* Нуакшóт
**Noumea** [nuː'meɪə] *г.* Нумéа
**Novosibirsk** [ˌnɔvəsjɪ'bjiːrsk] *г.* Новосибúрск
**Nukualofa** [ˌnuːkuə'lɔːfə] *г.* Нýкуалóфа
**Nuremberg, Nürnberg** ['njuərəmbəːg, 'njuːrnberh] *г.* Ню́рнберг

**Oakland** ['əuklənd] *г.* Óкленд
**Ob** [ɔb] *р.* Обь
**Oceania** [ˌəuʃɪ'eɪnjə] Океáния
**Oder** ['əudə] *р.* Óдер
**Odessa** [əu'desə] *г.* Одéсса
**Ohio** [əu'haɪəu] Огáйо
**Oka** [əu'kɑː] *р.* Окá
**Okhotsk, Sea of** ['siːəvəu'kɔtsk] Охóтское мóре
**Okinawa** [ˌɔkɪ'nɑːwə] *о-в* Окинáва
**Oklahoma** [ˌəuklə'həumə] Оклахóма
**Olympus** [əu'lɪmpəs] Олúмп (*гора*)
**Oman** [əu'mɑːn] Омáн
**Onega** [ɔ'njegə] Онéжское óзеро
**Ontario** [ɔn'tɛərɪəu] Онтáрио
**Ontario, Lake** ['leɪkɔn'tɛərɪəu] óзеро Онтáрио
**Orange River** ['ɔrɪndʒ'rɪvə] рекá Орáнжевая
**Oregon** ['ɔrɪgən] Орегóн
**Öresund** ['əːrəsʌn] *пролив* Э́ресунн
**Orinoco** [ˌɔrɪ'nəukəu] *р.* Ориноко
**Orkney Isls, Orkneys** ['ɔːknɪ'aɪləndz, 'ɔːknɪz] Оркнéйские островá
**Osaka** ['ɔːsəkə] *г.* Осака
**Oslo** ['ɔzləu] *г.* Óсло
**Ottawa** ['ɔtəwə] *г.* Оттáва
**Ouagadougou** [ˌwɑːgə'duːgəu] *г.* Уагадýгу
**Oxford** ['ɔksfəd] *г.* Óксфорд
**Oxfordshire** ['ɔksfədʃɪə] Óксфордшир

**Pacific Ocean** [pə'sɪfɪk'əuʃən] Тúхий океáн
**Pago Pago** ['pɑːgəu'pɑːgəu] *г.* Пáго-Пáго
**Pakistan** [ˌpɑːkɪs'tɑːn] Пакистáн
**Palawan** [pə'lɑːwɑːn] *о-в* Палáван
**Palermo** [pə'ləːməu] *г.* Палéрмо
**Palestine** ['pælɪstaɪn] *ист.* Палестúна
**Pamirs, the** [pə'mɪəz] Памúр
**Panama** [ˌpænə'mɑː] Панáма
**Panama Canal** [ˌpænə'mɑːkə'næl] Панáмский канáл
**Papua** ['pæpjuə] Пáпуа
**Paraguay** ['pærəgwaɪ] Парагвáй
**Paramaribo** [ˌpærə'mærɪbəu] *г.* Парамарúбо
**Parana** [ˌpɑːrɑː'nɑː] *р.* Паранá
**Paris** ['pærɪs] *г.* Парúж
**Pearl Harbo(u)r** ['pəːl'hɑːbə] Пирл-Хáрбор
**Peebles** ['piːblz] Пиблс
**Peking** [piː'kɪŋ] *г.* Пекúн
**Pembroke(shire)** ['pembruk(ʃɪə)] Пéмбрук(шир)
**Pennine Chain** ['penaɪn'tʃeɪn] Пеннúнские гóры
**Pennsylvania** [ˌpensɪl'veɪnjə] Пенсильвáния
**People's Republic of Congo** ['piːplz-rɪ'pʌblɪkəv'kɔŋgəu] Нарóдная Респýблика Кóнго
**Persia** ['pəːʃə] Пéрсия; *см.* Iran
**Persian Gulf** ['pəːʃən'gʌlf] Персúдский залúв
**Perth** [pəːθ] *г.* Перт
**Perth(shire)** ['pəːθ(ʃɪə)] Пéрт(шир)
**Peru** [pə'ruː] Перý
**Pescadores** [ˌpeskə'dɔːrɪz] Пескадóрские островá
**Peterborough** ['piːtəbrə] *г.* Пúтерборо
**Philadelphia** [ˌfɪlə'delfjə] *г.* Филадéльфия
**Philippines** ['fɪlɪpiːnz] Филиппúны
**Phoenicia** [fɪ'nɪʃɪə] *ист.* Финикúя
**Piraeus** [paɪ'ri(ː)əs] *г.* Пирéй
**Pittsburgh** ['pɪtsbəːg] *г.* Пúтсбург
**Plata, Plate** ['plɑːtə, pleɪt] = La Plata
**Plymouth** ['plɪməθ] *г.* Плúмут
**Pnompenh** [nɔm'pen] *г.* Пномпéнь
**Poland** ['pəulənd] Пóльша; **Polish People's Republic** Пóльская Нарóдная Респýблика, ПНР
**Polynesia** [ˌpɔlɪ'niːzjə] Полинéзия
**Popocatepetl** ['pɔpəuˌkætɪ'petl] Попокатепéтль
**Port-au-Prince** [ˌpɔːtəu'prɪns] *г.* Порт-о-Прéнс
**Portland** ['pɔːtlənd] *г.* Пóртленд
**Port Louis** ['pɔːt'lu(ː)ɪs] *г.* Порт-Луú
**Port Moresby** ['pɔːt'mɔːzbɪ] *г.* Порт-Мóрсби
**Port of Spain** ['pɔtəv'speɪn] *г.* Порт-оф-Спéйн
**Porto-Novo** [ˌpɔːtəu'nəuvəu] *г.* Пóрто-Нóво
**Port Said** [pɔːt'saɪd] *г.* Порт-Сайд
**Portsmouth** ['pɔːtsməθ] *г.* Пóртсмут
**Portugal** ['pɔːtjugəl] Португáлия
**Prague** [prɑːg] *г.* Прáга
**Pretoria** [prɪ'tɔːrɪə] *г.* Претóрия
**Prussia** ['prʌʃə] *ист.* Прýссия
**Puerto Rico** ['pwəːtəu'riːkəu] Пуэ́рто-Рúко
**Punjab** [pʌn'dʒɑːb] Пенджáб
**Pyongyang** ['pjəːŋjɑːŋ] *г.* Пхеньян
**Pyrenees** [ˌpɪrə'niːz] Пиренéи

**Qatar** ['kɔːtə] Кáтар
**Quebec** [kwɪ'bek] Квебéк
**Queensland** ['kwiːnzlənd] Квúнсленд
**Quezon, City of** ['sɪtɪəv'keɪsɔn] *г.* Кéсон-Сúти
**Quito** ['kiːtəu] *г.* Кúто

**Rabat** [rə'bɑ:t] *г.* Рабáт
**Radnor(shire)** ['rædnə(ʃɪə)] Рáднор(шир)
**Rangoon** [ræŋ'gu:n] *г.* Рангу́н
**Rawalpindi** [ˌrɑ:wəl'pɪndi:] *г.* Равалпи́нди
**Reading** ['redɪŋ] *г.* Ре́динг
**Recife** [rə'si:fə] *г.* Реси́фи
**Red Sea** ['red'si:] Кра́сное мо́ре
**Reims** [ri:mz] *г.* Реймс
**Renfrew(shire)** ['renfru:(ʃɪə)] Ре́нфру(шир)
**Republic of South Africa** [rɪ'pʌblɪk-əv'sauθ'æfrɪkə] Южно-Африка́нская Респу́блика, ЮАР
**Réunion** [ri(:)'ju:njən] Реюньо́н
**Reykjavik** ['reɪkjəvi:k] *г.* Ре́йкьявик
**Rhine** [raɪn] *р.* Рейн
**Rhode Island** [rəud'aɪlənd] Род-Айленд
**Rhodes** [rəudz] *о-в* Ро́дос
**Rhone** [rəun] *р.* Ро́на
**Richmond** ['rɪtʃmənd] *г.* Ри́чмонд
**Riga** ['ri:gə] *г.* Ри́га
**Rio de Janeiro** ['ri:əudədʒə'nɪərəu] *г.* Ри́о-де-Жане́йро
**Rio-de-Oro** [ˌri:əudi:'əurəu] Ри́о-де-О́ро
**Rio Grande** ['ri:əu'grændɪ] *р.* Ри́о-Гра́нде
**Riyadh** [rɪ'jɑ:d] *г.* Эр-Рия́д
**Rochester** ['rɔtʃɪstə] *г.* Ро́честер
**Rockies, the** ['rɔkɪz] = Rocky Mts
**Rocky Mts** ['rɔkɪ'mauntɪnz] Скали́стые го́ры
**Romania** [rɔ'meɪnjə] = R(o)umania
**Rome** [rəum] *г.* Рим
**Ross and Cromarty** ['rɔsənd'krɔmətɪ] Росс-энд-Кро́марти
**Rotterdam** ['rɔtədæm] *г.* Ро́ттердам
**R(o)umania** [ru(:)'meɪnjə] Румы́ния; **Socialist Republic of R(o)umania** Социалисти́ческая Респу́блика Румы́ния, СРР
**Roxburgh(shire)** ['rɔksbərə(ʃɪə)] Ро́ксбро(шир)
**Ruhr** [rur] *р.* Рур
**Russia** ['rʌʃə] Росси́я
**Russian Soviet Federative Socialist Republic, RSFSR** ['rʌʃən'səuvɪət'fedərətɪv'səuʃəlɪstrɪ'pʌblɪk] Росси́йская Сове́тская Федерати́вная Социалисти́ческая Респу́блика, РСФСР
**Rutland(shire)** ['rʌtlənd(ʃɪə)] Ра́тленд(шир)
**Rwanda** [ru(:)'ændə] Руа́нда

**Saghalien** [ˌsækə'li:n] = Sakhalin
**Sahara** [sə'hɑ:rə] Саха́ра
**Saigon** [saɪ'gɔn] *г.* Сайго́н; *см.* Ho Chi Minh
**Saint George's** [seɪnt'dʒɔ:dʒɪz] *г.* Сент-Джо́рджес
**Saint Helena** [ˌseɪnthə'li:nə] о́стров Св. Еле́ны
**Saint Lawrence** [seɪnt'lɔrəns] река́ Св. Лавре́нтия
**Saint Louis** [seɪnt'luɪs] *г.* Сент-Лу́ис (*в США*)
**Saint-Louis Isl** [ˌsæŋ'lui:'aɪlənd] о́стров Сен-Луи́
**Sakhalin** [ˌsækə'li:n] *о-в* Сахали́н
**Salisbury** ['sɔ:lzbərɪ] *г.* Со́лсбери
**Salonika** [sə'lɔnɪkə] *г.* Сало́ники
**Salop** ['sæləp] *см.* Shropshire
**Salt Lake City** ['sɔ:ltleɪk'sɪtɪ] *г.* Со́лт-Лейк-Си́ти
**Salvador** ['sælvədɔ:] = El Salvador
**Samoa** [sə'məuə] *о-ва* Само́а
**Sana, Sanaa** ['sænə, sɔn'æ] *г.* Сана́
**San Antonio** [ˌsænən'təunɪəu] *г.* Сан-Анто́нио
**Sandhurst** ['sændhə:st] *г.* Са́ндхерст
**San Francisco** [ˌsænfrən'sɪskəu] *г.* Сан-Франци́ско
**San José** [ˌsænhəu'zeɪ] *г.* Сан-Хосе́
**San Juan** [sæn'hwɑ:n] *г.* Сан-Хуа́н
**San Marino** [ˌsænmə'ri:nəu] Сан-Мари́но
**San Salvador** [sæn'sælvədɔ:] *г.* Сан-Сальвадо́р
**Santiago** [ˌsæntɪ'ɑ:gəu] *г.* Сантья́го
**Santo Domingo** [ˌsæntədəu'mɪŋgəu] *г.* Са́нто-Доми́нго
**São Paulo** [sauŋ(m)'paulu:] *г.* Сан-Па́улу
**Sarawak** [sə'rɑ:wək] Сарава́к
**Sardinia** [sɑ:'dɪnjə] *о-в* Сарди́ния
**Saskatchewan** [səs'kætʃəwən] *р.* Саска́чеван
**Saudi Arabia** ['saudɪə'reɪbjə] Сау́довская Ара́вия
**Scarborough** ['skɑ:brə] *г.* Ска́рборо
**Scheldt** [skelt] *р.* Ше́льда
**Scotland** ['skɔtlənd] Шотла́ндия
**Seattle** [sɪ'ætl] *г.* Сиэ́тл
**Sedan** [sɪ'dæn] *г.* Седа́н
**Seine** [seɪn] *р.* Се́на
**Selkirk(shire)** ['selkə:k(ʃɪə)] Се́лкерк(шир).
**Senegal** [ˌsenɪ'gɔ:l] Senegа́л
**Seoul** [səul] *г.* Сеу́л
**Sevan(g)** [se'vɑ:n] *оз.* Сева́н
**Sevastopol** [ˌsɪvʌs'tɔpəlj] *г.* Севасто́поль
**Severn** ['sevə(:)n] *р.* Се́верн
**Seville** [sə'vɪl] *г.* Севи́лья
**Seychelles** [seɪ'ʃelz] Сейше́льские острова́
**Shanghai** [ʃæŋ'haɪ] *г.* Шанха́й
**Sheffield** ['ʃefi:ld] *г.* Ше́ффилд
**Shetland Isls** ['ʃetlənd'aɪləndz] Шетла́ндские острова́
**Shrewsbury** ['ʃrauzbərɪ] *г.* Шру́сбери
**Shropshire** ['ʃrɔpʃɪə] Шро́пшир
**Siangan** ['sjɑ:ŋ'gɑ:n] Сянга́н
**Siberia** [saɪ'bɪərɪə] Сиби́рь
**Sicily** ['sɪsɪlɪ] *о-в* Сици́лия
**Sierra Leone** [sɪ'erəlɪ'əun] Сье́рра-Лео́не
**Sierra Nevada** [sɪ'erənɪ'vɑ:də] Сье́рра-Нева́да
**Simla** ['sɪmlə] *г.* Си́мла
**Singapore** [ˌsɪŋgə'pɔ:] Сингапу́р
**Skagerrack** ['skægəræk] *пролив* Скагерра́к
**Smyrna** ['smə:nə] *г.* Сми́рна; *см.* Izmir
**Sofia** ['səufjə] *г.* Софи́я
**Solomon Isls** ['sɔləmən'aɪləndz] Соломо́новы острова́
**Somalia** [səu'mɑ:lɪə] Сомали́
**Somerset(shire)** ['sʌməsɪt(ʃɪə)] Со́мерсет(шир)
**Sound, the** [saund] *пролив* Зунд; *см.* Öresund
**South America** ['sauθə'merɪkə] Ю́жная Аме́рика
**Southampton** [sauθ'æmptən] *г.* Саутге́мптон
**South Australia** ['sauθɔ:s'treɪljə] Ю́жная Австра́лия
**South Carolina** ['sauθˌkærə'laɪnə] Ю́жная Кароли́на
**South China Sea** ['sauθ'tʃaɪnə'si:] Ю́жно-Кита́йское мо́ре
**South Dakota** ['sauθdə'kəutə] Ю́жная Дако́та
**(Southern) Rhodesia** [('sʌðən)rəu'di:zjə] (Ю́жная) Роде́зия
**South Korea** ['sauθkə'rɪə] Ю́жная Коре́я
**South Pole** ['sauθ'pəul] Ю́жный по́люс
**Spain** [speɪn] Испа́ния
**Spitsbergen** ['spɪtsˌbə:gən] *о-ва* Шпицбе́рген
**Sri Lanka** ['srɪ'læŋkə] Шри Ла́нка́
**Stafford(shire)** ['stæfəd(ʃɪə)] Ста́ффорд(шир)
**Stirling(shire)** ['stə:lɪŋ(ʃɪə)] Сте́рлинг(шир)
**Stockholm** ['stɔkhəum] *г.* Стокго́льм
**Strasbourg** ['stræzbə:g] *г.* Стра́сбург
**Stratford-on-Avon** ['strætfədən'eɪvən] *г.* Стра́тфорд-он-Э́йвон, Стра́тфорд-на-Э́йвоне
**Sucre** ['su:kreɪ] *г.* Су́кре
**Sudan, the** [su(:)'dɑ:n] Суда́н
**Suez** ['su(:)ɪz] *г.* Су́эц
**Suez Canal** ['su(:)ɪzkə'næl] Су́эцкий кана́л
**Suffolk** ['sʌfək] Су́ффолк
**Sulawesi** [ˌsu:lə'weɪsɪ] *о-в* Сулаве́си
**Sumatra** [su(:)'mɑ:trə] *о-в* Сума́тра
**Superior, Lake** ['leɪksju(:)'pɪərɪə] о́зеро Ве́рхнее
**Surinam** [ˌsuərɪ'næm] Сурина́м
**Surrey** ['sʌrɪ] Су́ррей
**Sussex** ['sʌsɪks] Су́ссекс
**Sutherland** ['sʌðələnd] Са́терленд
**Suva** ['su:və] *г.* Су́ва
**Swansea** ['swɔnzɪ] *г.* Суо́нси
**Swaziland** ['swɑ:zɪlænd] Сва́зиленд
**Sweden** ['swi:dn] Шве́ция
**Switzerland** ['swɪtsələnd] Швейца́рия
**Sydney** ['sɪdnɪ] *г.* Си́дней
**Syracuse** ['saɪərəkju:z] *г.* Сираку́зы
**Syr Darya** ['sɪrdɑ:r'jɑ:] *р.* Сырдарья́
**Syria** ['sɪrɪə] Си́рия

**Tabriz** [tə'bri:z] *г.* Тебри́з
**Ta(d)jikistan** [tɑ:ˌdʒɪkɪ'stɑ:n] Таджикиста́н; **Ta(d)jik Soviet Socialist Republic** Таджи́кская Сове́тская Социалисти́ческая Респу́блика
**Tahiti** [tɑ:'hi:tɪ] *о-в* Таи́ти
**Taiwan** [taɪ'wæn] *о-в* Тайва́нь
**Tallin(n)** ['tɑ:lɪn] *г.* Та́ллин
**Tananarive** [təˌnænə'ri:vəu] = Antananarivo
**Tanganyika, Lake** ['leɪkˌtæŋgə'nji:kə] о́зеро Танганьи́ка

**Tangier** [tæn'dʒɪə] *г.* Танжéр
**Tanzania** [ˌtænzə'nɪə] Танзáния
**Tashkent** [tæʃ'kent] *г.* Ташкéнт
**Tasmania** [tæz'meɪnjə] *о-в* Тасмáния
**Tbilisi** [tbɪ'li(:)sɪ] *г.* Тбили́си
**Tchad** [tʃæd] = Chad
**Tegucigalpa** [təˌgu:sɪ'gɑ:lpə] *г.* Тегусигáльпа
**Teh(e)ran** [tɪə'rɑ:n] *г.* Тегерáн
**Tel Aviv** ['telə'vi:v] *г.* Тель-Ави́в
**Tennessee** [ˌtenə'si:] Теннесси
**Texas** ['teksəs] Техáс
**Thailand** ['taɪlænd] Таилáнд
**Thames** [temz] *р.* Тéмза
**Thebes** [θi:bz] *ист. г.* Фи́вы
**Thermopylae** [θə:'mɔpɪli:] Фермопи́лы
**Thibet** [tɪ'bet] = Tibet
**Thimbu, Thimphu** ['θɪmbu, 'θɪmfu] *г.* Тхи́мпху
**Thrace** [θreɪs] *ист.* Фрáкия
**Tiber** ['taɪbə] *р.* Тибр
**Tibet** [tɪ'bet] Тибéт
**Tien Shan** [tɪ'en'ʃɑ:n] Тянь-Шáнь
**Tientsin** [tjen'tsɪn] *г.* Тяньцзи́нь
**Tierra del Fuego** [tɪ'erəˌdelfu(:)'eɪgəu] *о-в* Огненная Земля́
**Tigris** ['taɪgrɪs] *р.* Тигр
**Timbuktu** [ˌtɪmbʌk'tu:] *г.* Тимбу́кту́
**Timor** ['ti:mɔ:] Тимóр
**Tirana** [tɪ'rɑ:nə] *г.* Тирáна
**Tirol** [tɪ'rəul] = Tyrol
**Tobruch** ['təubruk] *г.* Тóбрук
**Togo** ['təugəu] Тóго
**Tokyo** ['təukjəu] *г.* Тóкио
**Toledo I** [tɔ'leɪdəu] *г.* Толéдо (*в Испании*)
**Toledo II** [tə'li:dəu] *г.* Толи́до (*в США*)
**Tonga** ['tɔŋgə] Тóнга
**Torino** [təu'ri:nəu] = Turin
**Toronto** [tə'rɔntəu] *г.* Торóнто
**Torquay** ['tɔ:'ki:] *г.* Тóрки
**Torres Strait** ['tɔrɪs'streɪt] Торрéсов проли́в
**Tottenham** ['tɔtnəm] *г.* Тóтнем
**Trafalgar, Cape** ['keɪptrə'fælgə] мыс Трафальгáр
**Trent** [trent] *р.* Трент
**Trieste** [tri(:)'est] *г.* Триéст
**Trinidad and Tobago** ['trɪnɪdædəntə'beɪgəu] Тринидáд и Тобáго
**Tripoli** ['trɪpəlɪ] *г.* Три́поли
**Troy** [trɔɪ] *ист. г.* Трóя
**Tsushima** ['tsu:ʃɪmə] *о-в* Цуси́ма
**Tunis** ['tju:nɪs] *г.* Туни́с
**Tunisia** [tju(:)'nɪzɪə] Туни́с
**Turin** [tju'rɪn] *г.* Тури́н
**Turkey** ['tə:kɪ] Тýрция
**Turkmenistan** [ˌtə:kmenɪ'stɑ:n] Туркменистáн; **Turkmen Soviet Socialist Republic** Туркмéнская Совéтская Социалисти́ческая Респýблика
**Tweed** [twi:d] *р.* Твид
**Twickenham** ['twɪknəm] *г.* Туйкнем
**Tyrol** ['tɪrəl] Тирóль
**Tyrone** [tɪ'rəun] Тирóн
**Tyrrhenian Sea** [tɪ'ri:njən'si:] Тиррéнское мóре

**Uganda** [ju(:)'gændə] Угáнда
**Ukraine, the** [ju(:)'kreɪn] Украи́на; **Ukrainian Soviet Socialist Republic** Украи́нская Совéтская Социалисти́ческая Респýблика, УССР
**Ulan Bator** ['u:lɑ:n'bɑ:tə] *г.* Улáн-Бáтор
**Ulianovsk** [ul'jɑ:nəfsk] = Ulyanovsk
**Ulster** ['ʌlstə] Óльстер
**Ulyanovsk** [ul'jɑ:nəfsk] *г.* Ульяновск
**Union of Soviet Socialist Republics, USSR** ['ju:njənəv'səuvɪət'səuʃəlɪstrɪ'pʌblɪks, 'ju:'es'es'ɑ:] Сою́з Совéтских Социалисти́ческих Респýблик, СССР
**United Arab Emirates** [ju:'naɪtɪd'ærəbe'mɪərɪts] Объединённые Арáбские Эмирáты
**United Kingdom of Great Britain and Northern Ireland** [ju:'naɪtɪd'kɪŋdəməv'greɪt'brɪtnən'nɔ:ðən'aɪələnd] Соединённое Королéвство Великобритáнии и Сéверной Ирлáндии
**United States of America, USA** [ju:'naɪtɪd'steɪtsəvə'merɪkə, 'ju:'es'eɪ] Соединённые Штáты Амéрики, США
**Upper Volta** ['ʌpə'vɔltə] Вéрхняя Вóльта
**Urals, the** ['juərəlz] Урáл
**Uruguay** ['urugwaɪ] Уругвáй
**Utah** ['ju:tɑ:] Ю́та
**Uzbekistan** [ˌuzbekɪ'stɑ:n] Узбекистáн; **Uzbek Soviet Socialist Republic** Узбéкская Совéтская Социалисти́ческая Респýблика

**Vaduz** [fɑ:'du:ts] *г.* Вадýц
**Valencia** [və'lenʃɪə] *г.* Валéнсия
**Valletta** [və'letə] *г.* Валлéтта
**Valparaiso** [ˌvælpə'raɪzəu] *г.* Вальпараи́со
**Vancouver** [væn'ku:və] *г.* Ванкýвер
**Vatican** ['vætɪkən] Ватикáн
**Venezuela** [ˌvene'zweɪlə] Венесуэ́ла
**Venice** ['venɪs] *г.* Венéция
**Vermont** [və:'mɔnt] Вермóнт
**Versailles** [veə'saɪ] *г.* Версáль
**Vesuvius** [vɪ'su:vjəs] Везýвий
**Victoria** [vɪk'tɔ:rɪə] Виктóрия (*Австралия*)
**Victoria** [vɪk'tɔ:rɪə] *г.* Виктóрия
**Victoria, Lake** ['leɪkvɪk'tɔ:rɪə] óзеро Виктóрия
**Vienna** [vɪ'enə] *г.* Вéна
**Vientiane** ['vjæŋ'tjɑ:n] *г.* Вьентья́н
**Vietnam** ['vjet'næm] Вьетнáм; **Socialist Republic of Vietnam** Социалисти́ческая Респýблика Вьетнáм, СРВ
**Vila** ['vi:lə] *г.* (Порт) Ви́ла
**Vilnius, Vilnyus** ['vɪlnɪəs] *г.* Ви́льнюс
**Virginia** [və'dʒɪnjə] Вирги́ния
**Vistula** ['vɪstjulə] *р.* Ви́сла
**Vladivostok** [ˌvlædɪ'vɔstɔk] *г.* Владивостóк
**Volga** ['vɔlgə] *р.* Вóлга
**Volgograd** [ˌvɔlgə'grɑ:d] *г.* Волгогрáд

**Wales** [weɪlz] Уэ́льс
**Warsaw** ['wɔ:sɔ:] *г.* Варшáва
**Warwick(shire)** ['wɔrɪk(ʃɪə)] Уóрик(шир)
**Washington** ['wɔʃɪŋtən] Вашингтóн (*город и штат*)
**Waterloo** [ˌwɔtə'lu:] Ватерлóо
**Wellington** ['welɪŋtən] *г.* Вéллингтон
**West-Berlin** ['westbə:'lɪn] Зáпадный Берли́н
**Western Australia** ['westənɔ:s'treɪljə] Зáпадная Австрáлия
**Western Isls** ['westən'aɪləndz] *см.* Hebrides
**Western Samoa** ['westənsə'məuə] Зáпадное Самóа
**West Indies** ['west'ɪndjəz] *ист. о-ва* Вест-И́ндия
**West Lothian** ['west'ləuðjən] Уэ́ст-Лóтиан
**Westmorland** ['westmələnd] Уэ́стморленд
**West Virginia** ['westvə'dʒɪnjə] Зáпадная Вирги́ния
**White Sea** ['waɪt'si:] Бéлое мóре
**Wight** [waɪt] *о-в* Уáйт
**Wigtown(shire)** ['wɪgtən(ʃɪə)] Уи́гтон(шир)
**Wilts** [wɪlts] *см.* Wiltshire
**Wiltshire** ['wɪlt ʃɪə] Уи́лтшир
**Windhoek** ['vɪnt huk] *г.* Ви́ндхук
**Windsor** ['wɪnzə] *г.* Ви́ндзор
**Winnipeg** ['wɪnɪpeg] *г.* Ви́ннипег
**Wisconsin** [wɪs'kɔnsɪn] Вискóнсин
**Worcester(shire)** ['wustə(ʃɪə)] Вýстер(шир)
**Wroclaw** ['vrɔ:tslɑ:f] *г.* Врóцлав
**Wyoming** [waɪ'əumɪŋ] Вайóминг

**Yalta** ['jæltə] *г.* Я́лта
**Yangor** [jæŋ'gɔ:] *г.* Янгóр
**Yangtze (Kiang)** ['jæŋtsɪ('kjæŋ)] *р.* Янцзы́(цзя́н)
**Yaounde, Yaunde** [ˌjɑ:u:n'deɪ] *г.* Яунде
**Yarmouth** ['jɑ:məθ] *г.* Я́рмут
**Yellow Sea** ['jeləu'si:] Жёлтое мóре
**Yemen** ['jemən] Йéмен; **Yemen Arab Republic** Йéменская Арáбская Респýблика; **People's Democratic Republic of Yemen** Нарóдная Демократи́ческая Респýблика Йéмен
**Yenisei** [ˌjenɪ'seɪ] *р.* Енисéй
**Yerevan** [ˌjere'vɑ:n] *г.* Ереван
**Yokohama** [ˌjəukəu'hɑ:mə] *г.* Йокохáма
**York(shire)** ['jɔ:k(ʃɪə)] Йóрк(шир)
**Yugoslavia** ['ju:gəu'slɑ:vjə] Югослáвия; **Socialist Federal Republic of Yugoslavia** Социалисти́ческая Федерати́вная Респýблика Югослáвия; СФРЮ
**Yukon** ['ju:kɔn] *р.* Юкон

**Zaire** [zɑ:'ɪə(r)] Заи́р
**Zambezi** [zæm'bi:zɪ] *р.* Замбéзи
**Zambia** ['zæmbɪə] Зáмбия
**Zanzibar** [ˌzænzɪ'bɑ:] *о-в* Занзибáр
**Zetland** ['zetlənd] Шéтланд
**Zion** ['zaɪən] *ист.* Сиóн
**Zurich** ['zjuərɪk] *г.* Цю́рих

## СПИСОК НАИБОЛЕЕ УПОТРЕБИТЕЛЬНЫХ СОКРАЩЕНИЙ

**a.** about примéрно, óколо, приблизи́тельно

**a** acre акр (*4047 м²*)

**a** afternoon пóсле полу́дня, пополу́дни; днём

**a** age вóзраст

**a.** annual ежегóдный, годи́чный

**AA** Alcoholics Anonymous Анони́мные алкогóлики (*организация по борьбе с алкоголизмом*)

**AA** anti-aircraft зени́тный; противовозду́шный

**AA** Automobile Association Автомоби́льная ассоциáция

**A.A.A.** Amateur Athletic Association Ассоциáция спортсмéнов-люби́телей

**AAAL** American Academy of Arts and Letters Америкáнская акадéмия иску́сств и литерату́ры

**AAAS** American Association for the Advancement of Science Америкáнская ассоциáция содéйствия разви́тию нау́ки

**AACS** Airways and Air Communications Service слу́жба возду́шных сообщéний

**AAS** associate in applied science нау́чный рабóтник в óбласти приклaдны́х нау́к

**AAUN** American Association for the United Nations Америкáнская ассоциáция содéйствия ООН

**AAUP** American Association of University Professors Америкáнская ассоциáция преподавáтелей университéтов

**AB** Bachelor of Arts бакалáвр гуманитáрных нау́к (*США*)

**ABC** American Broadcasting Company Америкáнская радиовещáтельная компáния, Эй-би-си

**ABM** anti-ballistic missile system систéма противоракéтной оборóны

**abn** airborne возду́шно-десáнтный

**ABS** American Broadcasting System радиовещáтельная компáния «Амéрикэн брóдкастинг си́стем»

**abt** about примéрно, óколо, приблизи́тельно

**a/c** account счёт

**AC** aircraft carrier авианóсец

**AC, ac** alternating current перемéнный ток

**AC** ante Christum *лат.* до нáшей э́ры

**acct** account счёт

**ACE** Allied Command, Europe Европéйское комáндование НАТО

**ACE** American Council on Education Федерáльный совéт по нарóдному образовáнию (*США*)

**acft** aircraft самолёт

**ack, ackn** acknowledge(d) подтверждáю получéние (*расписка*)

**A.C.L.S.** American Council of Learned Societies Америкáнский совéт нау́чных óбществ

**acpt** acceptance *ком.* акцéпт(овáние)

**A.D.** anno Domini *лат.* нáшей э́ры

**ADC** aide-de-camp адъютáнт

**addl** additional дополни́тельный, добáвочный

**adds** address áдрес

**ADIZ** air defence identification zone зóна опознавáния противовозду́шной оборóны

**a.d.s.** autograph document signed *юр.* собственнору́чно напи́санный и подпи́санный докумéнт

**adt, advt** advertisement объявлéние; реклáма

**AEC** Atomic Energy Commission Коми́ссия по áтомной энéргии

**AEF** American Expeditionary Force америкáнские экспедициóнные войскá

**A.E.U.** Amalgamated Engineering Union Объединённый (*профессиональный*) сою́з машинострóителей

**Afft** affidavit *лат. юр.* пи́сьменное показáние под прися́гой

**AFL/CIO** American Federation of Labor/Congress of Industrial Organizations Америкáнская федерáция трудá и Конгрéсс произвóдственных профсою́зов, АФТ/КПП

**Afr** Africa Áфрика; African африкáнский

**Agcy** agency агéнтство; представи́тельство

**A.G.M.** annual general meeting óбщее ежегóдное собрáние

**Ah, ah** ampere-hour ампéр-чáс

**AHA** American Historical Association Америкáнская истори́ческая ассоциáция

**a.i.** ad interim *лат.* врéменный; врéменно

**AK** Alaska Аля́ска (*штат США*)

**Al.** Alaska Аля́ска (*штат США*)

**AL** American Legion Америкáнский легиóн

**a.l.** attacking line *спорт.* ли́ния нападéния

**a.l.** autograph letter собственнору́чное письмó

**Al, Ala** Alabama Алабáма (*штат США*)

**ald.** alderman ольдермéн (*в Англии — член совета графства или муниципалитета; в США — член городского совета*)

**alky** alkalinity *хим.* щёлочность

**ALS** autograph letter signed оригинáл докумéнта подпи́сан

**Alta** Alberta Альбéрта (*провинция Канады*)

**a.m.** above-mentioned вышеукáзанный, вышеупомя́нутый

**AM** air mail возду́шная пóчта

**AM** amplitude modulation амплиту́дная модуля́ция

**a.m.** ante meridiem *лат.* до полу́дня, в у́тренние часы́

**A.M.** Associate Member член-корреспондéнт (*в отличие от действительного члена*)

**AMA** American Medical Association Америкáнская медици́нская ассоциáция

**amt** amount коли́чество

**amu** atomic mass unit áтомная едини́ца мáссы

**AMVETS** American Veterans of World War II Сою́з америкáнских ветерáнов вторóй мировóй войны́

**an, a/n** above-named вышеукáзанный, вышеупомя́нутый

**ANA** American Nurses Association Америкáнская ассоциáция медсестёр

**anon** anonymous анони́мный, неизвéстный

**ans** answer отвéт

**a. n. wt.** actual net weight реáльный вес нéтто

**ANZUS** Australia, New Zealand, United States Тихоокеáнский пакт безопáсности, АНЗЮС

**a.o.** account of за счёт (*когó-л.*)

**AP** airplane самолёт

**AP** American Patent америкáнский патéнт

**AP** Associated Press информациóнное агéнтство «Ассошиэ́йтед Пресс»

**APA** American Philological Association Америкáнская филологи́ческая ассоциáция

**APB** All Points Bulletin (полицéйский) словéсный портрéт (*разыскиваемого человека*)

**A.P.N.** Atlantic Pact Nations стрáны-учáстницы Атлантúческого пáкта
**app** appendix приложéние, дополнéние
**appl** applied прикладнóй, практúческий
**appro** approval одобрéние, утверждéние
**approx** approximately приблизúтельно
**apps** appendixes приложéния, дополнéния
**appt** appointed назнáченный
**Apr** April апрéль
**aptd** appointed назнáченный
**AR** acknowledgment receipt распúска в получéнии
**AR** annual return годовóй отчёт
**AR** Arkansas Арканзáс (*штат США*)
**AR** army regulation устáв вóинской слýжбы
**ARC** American Red Cross Америкáнский Крáсный Крест
**ARE** Arab Republic of Egypt Арáбская Респýблика Египет, АРЕ
**Arg** Argyllshire Аргáйллшир (*графство в Шотландии*)
**Ariz.** Arizona Аризóна (*штат США*)
**Ark.** Arkansas Арканзáс (*штат США*)
**ARP** air-raid precautions мéры противовоздýшной оборóны
**arr** arrival прибы́тие
**ARS** American Rocket Society Америкáнское ракéтное óбщество
**art** article статья́
**art** artificial искýсственный
**art, arty** artillery артиллéрия
**ARX** American Red Cross Америкáнский Крáсный Крест
**AS** Anglo-Saxon англосаксóнский
**ASA** American Standards Association Америкáнская ассоциáция стандáртов
**ASCAP, Ascap** American Society of Composers, Authors and Publishers Америкáнское óбщество по охрáне áвторских прав композúторов, писáтелей и издáтелей
**ASEAN** Association of South-East Asia Nations Ассоциáция госудáрств юго-востóчной Áзии, АСЕАН
**asf** and so forth и так дáлее
**asgd** assigned назнáченный; предназнáченный
**asgmt** assignment 1) назначéние 2) *юр.* цéссия
**ASME** American Society of Mechanical Engineers Америкáнское óбщество инженéров-мехáников
**A.S.P.** American Society of Parasitologists Америкáнское óбщество паразитóлогов
**asp** as soon as possible по возмóжности скорéе; при пéрвой возмóжности
**Aspt** aspirant кандидáт (на дóлжность)
**assn** association óбщество; ассоциáция
**assoc** associate помóщник; association ассоциáция
**Assr.** assignor *юр.* цедéнт
**asst.** assistant ассистéнт; помóщник
**asstd** assorted 1) сортирóванный 2) классифицúрованный
**AST** Atlantic Standard Time атлантúческое (нью-йóркское) поясное врéмя
**ASV** American Standard Version в соотвéтствии с америкáнским эталóном
**A.T., A/T** American Terms *ком.* америкáнские технúческие услóвия
**at** airtight герметúческий
**AT, a.t.** apparent time *астр.* úстинное врéмя
**at** atomic áтомный
**atm** atmosphere атмосфéра
**at. no.** atomic number áтомное чиcлó, áтомный нóмер
**ats** at the suit *юр.* по úску
**attn** attention 1) внимáние 2) внимáнию *такого-то* 3) обратúть внимáние!
**atty** attorney аттóрней, повéренный, адвокáт
**at. wt.** atomic weight áтомный вес
**A.U.** astronomical unit астрономúческая единúца
**Aug.** August áвгуст
**AUS** Army of the United States áрмия США
**Austral** Australian австралúйский
**auth** authentic пóдлинный
**auth** author áвтор
**auth** authorized пóльзующийся прáвом
**AV** ad valorem *лат.* по стóимости
**AV** audiovisual звукозрúтельный
**av** average срéдний
**AVC** American Veterans Committee Комитéт америкáнских ветерáнов войны́
**avdp** avoirdupois «эвердьюпóйс» (*английская система мер веса для всех товаров, кроме благородных металлов, драгоценных камней и лекарств*)
**Ave.** avenue авеню́, проспéкт, ýлица
**avg** average срéднее числó; в срéднем
**av. l.** average length срéдняя длинá
**av. w.** average width срéдняя ширинá
**AW** actual weight фактúческий вес, úстинный вес
**a.w.** atomic weight áтомный вес
**AWOL** absent without leave *воен.* (находя́щийся) в самовóльной отлýчке
**awu** atomic weight unit единúца áтомного вéса
**Ayr** Ayrshire Эршúр (*графство в Шотландии*)
**AZ** Arizona (*штат США*)

**B** bar бар (*единица давления*)
**b** born родúвшийся; рождённый; урожéнец
**BA** Bachelor of Arts бакалáвр гуманитáрных наýк
**B.A.** British Academy Британская акадéмия
**BAEC** British Atomic Energy Corporation Бритáнская корпорáция по áтомной энéргии
**b&b** bed and breakfast ночлéг и зáвтрак (*для постояльца*)
**B.B.** Blue Book Сúняя кнúга (*сборник официальных документов, парламентские стенограммы и т. п.*)
**BBC** British Broadcasting Corporation Бритáнская вещáтельная корпорáция, «Би-Би-Си»
**bbl** barrel 1) бочóнок, бóчка 2) бáррель (*мера*)
**B. C.** before Christ до нáшей э́ры
**BC** birth certificate свидéтельство о рождéнии
**BC** British Columbia Бритáнская Колýмбия (*провинция Канады*)
**BC** British Council Бритáнский Совéт
**B.C., b/c** bulk cargo насыпнóй, навáлочный *или* наливнóй груз; бестáрный груз
**B.C.N.** British Commonwealth of Nations Бритáнское Содрýжество Нáций
**BCP** British Communist Party Коммунистúческая пáртия Великобритáнии
**BD** barrels per day (*столько-то*) бáррелей в день
**BD** bills discounted дисконтúрованные *или* учтённые векселя́
**bd** bond 1) облигáция; бóна 2) долговóе обязáтельство 3) закладнáя
**bd** bound for... направля́ющийся в... (*о судне*)
**bd** bundle 1) свя́зка, пáчка, тюк 2) вя́зка пряжи (*54840 м*)
**bdg** building здáние, строéние
**B.E.** Bank of England Англúйский банк
**BE** bill of exchange перевóдный вéксель, трáтта
**BEA, BEAC** British European Airways Corporation Бритáнская европéйская авиатрáнспортная компáния, БЕАК
**Beds.** Bedfordshire Бéдфордшир (*графство в Англии*)
**Berks.** Berkshire Бéркшир (*графство в Англии*)
**Berw.** Berwickshire Бéрикшир (*графство в Шотландии*)
**betn** between мéжду, в промежýтке
**b.f.** bona fide *лат.* добросóвестно
**BG** British Government англúйское правúтельство
**B.H.P.** brake horsepower эффектúвная мóщность в лошадúных сúлах
**BID** bis in die *лат.* два рáза в день (*о приёме лекарства*)
**B.I.S.** British Interplanetary Society Бритáнское óбщество межпланéтных полётов
**bk** back назáд, обрáтно
**bk** book кнúга
**Bkg** banking 1) произвóдство бáнковских оперáций 2) бáнковое дéло
**bkt** bracket скóбка

**B.L.** Bachelor of Law бакала́вр пра́ва
**bl** bale ки́па, тюк
**bl** barrel 1) бочо́нок, бо́чка 2) ба́ррель (*мера*)
**bl** bilateral двусторо́нний
**B/L** bill of lading тра́нспортная накладна́я, коносаме́нт
**bldg** building зда́ние, строе́ние
**BLS** Bureau of Labor Statistics Бюро́ трудово́й за́нятости (*США*)
**Blvd** boulevard бульва́р
**BM** basal metabolism *мед.* основно́й обме́н
**BM** bowel movement *мед.* стул
**BM** British Museum Брита́нский музе́й
**B.M.A.** British Medical Association Брита́нская медици́нская ассоциа́ция
**BMD** ballistic missile defence противоракéтная оборо́на
**B.M.T.** British Mean Time брита́нское сре́днее вре́мя
**BMus** Bachelor of Music бакала́вр му́зыки
**bn** battalion батальо́н
**b.o.** back order обра́тный поря́док; в обра́тном поря́дке
**BO** Branch Office ме́стное отделе́ние, филиа́л
**B.O., b.o.** buyer's option по вы́бору (*или* усмотре́нию) покупа́теля
**bo** body odour за́пах по́та
**bo** box office ка́сса
**B.O.A.** British Olympic Association *спорт.* Брита́нская олимпи́йская ассоциа́ция
**B.O.A., B.O.A.C.** British Overseas Airways Corporation Брита́нская компа́ния трансокеа́нских возду́шных сообще́ний, БОАК
**BOQ** bachelor officers' quarters размещéние (на кварти́рах) нежена́тых офице́ров
**BOR** British other ranks рядово́й и сержа́нтский соста́в англи́йской а́рмии
**B.o.T. unit** Board of Trade unit килова́тт-час
**BOU** British Ornithologists' Union Брита́нский сою́з орнито́логов
**BP** barometric pressure барометри́ческое давле́ние
**BP** bills payable векселя́ к платежу́
**bp** bishop 1) епи́скоп 2) *шахм.* слон
**B.P.** blood pressure артериа́льное давле́ние
**b.p.** boiling point то́чка кипе́ния, температу́ра кипе́ния
**BP** British Patent брита́нский пате́нт
**B.P.** British Pharmacopoeia Брита́нская фармакопе́я
**bpl** birth place ме́сто рожде́ния
**BR** bills receivable векселя́ к получе́нию
**BR** bedroom спа́льня
**B.R.** book of reference спра́вочник, спра́вочное изда́ние
**Br.** British англи́йский, брита́нский
**BRCS** British Red Cross Society Англи́йское о́бщество Кра́сного Креста́
**Breck, Brecon** Brecknockshire Бре́кнокшир (*графство в Уэльсе*)
**Brig** brigade брига́да
**Brig.-Gen.** Brigadier-General брига́дный генера́л
**Brit.** Britain Великобрита́ния; British англи́йский, брита́нский
**Bros** brothers бра́тья (*в названиях фирм*)
**BS** Bachelor of Science бакала́вр (есте́ственных) нау́к (*США*)
**BS** balance sheet *бухг.* бала́нс
**B.S.** bill of sale закладна́я
**BSA** Boy Scouts of America Организа́ция америка́нских бойска́утов
**BSc** Bachelor of Science бакала́вр (есте́ственных) нау́к
**BST** British Summer Time англи́йское ле́тнее вре́мя
**BT** berth terms *мор.* лине́йные усло́вия (*о погрузке и выгрузке*)
**BThU** British Thermal Unit брита́нская теплова́я едини́ца (*0,252 большой калории*), БТЕ
**btto** brutto (вес) бру́тто
**BTUC** British Trade Union Congress Конгре́сс брита́нских тред-юнио́нов
**bu.** bushel бу́шель (≅ *36,3 л*)
**Bucks.** Buckinghamshire Ба́кингемшир (*графство в Англии*)
**BUP** British United Press информацио́нное аге́нтство «Бри́тиш Юна́йтед Пресс»
**BWT** British Winter Time англи́йское зи́мнее вре́мя

**C** calorie больша́я кало́рия, килогра́мм-кало́рия
**c** calorie ма́лая кало́рия, грамм-кало́рия
**c.** carat кара́т (*200 миллиграммов*)
**C.** centigrade по стогра́дусной шкале́ (*о температуре*)
**c** centimetre сантиме́тр
**c** century век
**c** circa *лат.* приблизи́тельно, о́коло
**c.** curie кюри́ (*единица радиоактивности*)
**Ca.** Cavan Ка́ван (*графство в Ирландии*)
**C.A.** Central America Центра́льная Аме́рика
**CA** Chartered Accountant бухга́лтер-экспе́рт
**C.A.** Court of Appeal апелляцио́нный суд
**CA** current account теку́щий счёт
**CAD** cash against documents платёж нали́чными про́тив грузовы́х докуме́нтов
**CAF** cost and freight сто́имость и фрахт
**CAI** cost and insurance сто́имость и страхова́ние
**Caith** Caithness Ке́йтнесс (*графство в Шотландии*)
**Cal, Calif.** California Калифо́рния (*штат США*)
**C&LC** capitals and lower case пропи́сные и строчны́е бу́квы
**Cambs.** Cambridgeshire Ке́мбриджшир (*графство в Англии*)
**Can.** Canada Кана́да
**Canad.** Canadian кана́дский
**Cantab.** Cantabrigian выпускни́к Ке́мбриджского университе́та
**Capt.** Captain капита́н
**Car.** Carlow Ка́рлоу (*графство в Ирландии*)
**Cards.** Cardiganshire Ка́рдиганшир (*графство в Уэльсе*)
**Carm., Carmaths.** Carmarthenshire Карма́ртеншир (*графство в Уэльсе*)
**Carn.** Ca(e)rnarvonshire Карна́рвоншир (*графство в Уэльсе*)
**Cath.** Catholic католи́ческий
**cb** centibar центиба́р (*единица атмосферного давления*)
**CBC** Canadian Broadcasting Corporation Кана́дская радиовеща́тельная и телевизио́нная корпора́ция, Си-би-си
**cbcm** cubic centimetre куби́ческий сантиме́тр
**CBD** cash before delivery платёж нали́чными до сда́чи това́ра
**cbft** cubic foot куби́ческий фут
**cbm** cubic metre куби́ческий метр
**CBS** Columbia Broadcasting System (Америка́нская) радиовеща́тельная и телевизио́нная компа́ния «Кола́мбиа бро́дкастинг си́стем», Си-би-эс
**C.C.** cash credit (ба́нковский) креди́т нали́чными деньга́ми
**CC** common carrier 1) посы́льный 2) бюро́ тра́нспортных и ины́х услу́г
**cc** cubic centimetre куби́ческий сантиме́тр
**cca** circa *лат.* приблизи́тельно, о́коло
**ccm.** cubic centimetre куби́ческий сантиме́тр
**CD** Civil Defence гражда́нская оборо́на
**CD** Corps Diplomatique *фр.* дипломати́ческий ко́рпус
**cdm** cubic decimetre куби́ческий дециме́тр
**Cdr** commander 1) команди́р 2) *мор.* капита́н 3 ра́нга
**CE** Civil Engineer инжене́р-строи́тель
**CEA** Council of Economic Advisors гру́ппа экономи́ческих сове́тников (*при президенте США*)
**CEC** Central Executive Committee центра́льный исполни́тельный комите́т
**cen** central центра́льный
**cert** certificate свиде́тельство; certified засвиде́тельствовано
**CET** Central European Time центральноевропе́йское вре́мя
**cf.** confer сравни́
**C.F.L.** Canadian Federation of Labour Кана́дская федера́ция труда́
**cfs** cubic feet per second (*сколько-то*) куби́ческих фу́тов в секу́нду
**cg** centigram(me) сантигра́мм
**c.g.** centre of gravity центр тя́жести
**CG** Consul General генера́льный ко́нсул
**CGS** centimetre-gram(me)-second систе́ма сантиме́тр-грамм-секу́нда, систе́ма СГС
**ch** central heating центра́льное отопле́ние

**CH** Clearing-House расчётная пала́та
**CH** Custom-House тамо́жня
**ch., chap.** chapter глава́
**Ch B** Bachelor of Surgery бакала́вр хиру́ргии
**Ches.** Cheshire Че́шир (*графство в Англии*)
**chm, chmn** chairman председа́тель
**CHU** centigrade heat unit фунт-кало́рия
**C/I, c./i.** certificate of insurance страхово́й по́лис, страхово́е свиде́тельство
**CIA** Central Intelligence Agency Центра́льное разве́дывательное управле́ние, ЦРУ (*США*)
**CID** Criminal Investigation Department Отде́л уголо́вного ро́зыска
**CIF** cost, insurance, freight сто́имость, страхова́ние и фрахт, сиф
**C-in-C** Commander-in-Chief главнокома́ндующий
**C.I.O.** Congress of Industrial Organizations Конгре́сс произво́дственных профсою́зов США, КПП; *см. тж.* **AFL/CIO**
**ckw** clockwise по часово́й стре́лке
**cm.** centimetre сантиме́тр
**CM** court martial вое́нный суд
**CMEA** = COMECON
**cmm** cubic millimetre куби́ческий миллиме́тр
**cmps** centimetre per second (*столько-то*) сантиме́тров в секу́нду
**c.o., c/o** care of для переда́чи (*такому-то*; *надпись на письмах*)
**CO** cash-order *фин.* тра́тта, сро́чная по предъявле́нии
**CO** commanding officer 1) нача́льник 2) команди́р
**Co** company компа́ния (*промышленная, торговая и т. п.*)
**C.O.** Conscientious Objector лицо́, отка́зывающееся нести́ вое́нную слу́жбу по религио́зным *или* ины́м моти́вам
**Co.** county гра́фство (*административная единица*)
**C.O.D.** cash on delivery упла́та при доста́вке; нало́женный платёж
**C of C** Chamber of Commerce торго́вая пала́та
**COI** Central Office of Information Центра́льное управле́ние информа́ции
**Col.** colonel полко́вник
**Col.** Colorado Колора́до (*штат США*)
**Coll, coll.** College колле́дж
**Colo.** Colorado Колора́до (*штат США*)
**COMECON** Council for Mutual Economic Aid Сове́т экономи́ческой взаимопо́мощи (*социалистических стран Европы*), СЭВ
**Conn.** Connecticut Конне́ктикут (*штат США*)
**Co-op.** Co-operative Society Коопера́тивное о́бщество
**Corp, Corpn** corporation корпора́ция
**Coy** Company *воен.* ро́та
**CP** calorific power теплотво́рная спосо́бность; теплопроизводи́тельность
**cp** candle-power си́ла све́та (в свеча́х)
**CP** charter-party *мор.* ча́ртер-па́ртия
**CP** Communist Party коммунисти́ческая па́ртия
**cp.** compare сравни́
**CPA** Communist Party of Australia Коммунисти́ческая па́ртия Австра́лии
**C.P.G.B.** Communist Party of Great Britain Коммунисти́ческая па́ртия Великобрита́нии
**Cpl.** Corporal капра́л
**cps** cycles per second (*столько-то*) герц
**CPSU** Communist Party of the Soviet Union Коммунисти́ческая па́ртия Сове́тского Сою́за, КПСС
**C.P.U.S.A.** Communist Party of the United States of America Коммунисти́ческая па́ртия США
**Cr.** creditor кредито́р
**C.R.C.** Canadian Red Gross Кана́дский Кра́сный Крест
**CS** Chief of Staff нача́льник шта́ба
**CS** Civil Service госуда́рственная гражда́нская слу́жба
**CSE** Certificate of Secondary Education аттеста́т зре́лости
**CST** Central Standard Time центра́льное поясно́е вре́мя (*от 90° до 105° западной долготы*)
**CTU** centigrade thermal unit фунт-кало́рия
**CW** chemical warfare хими́ческая война́
**CWO** cash with order нали́чный расчёт при вы́даче зака́за
**CWT** Central Winter Time центра́льное зи́мнее поясно́е вре́мя (*от 90° до 105° западной долготы*)
**cwt** hundredweight це́нтнер (*в Англии — 50,8 кг; в США — 45,3 кг*)
**cy.** currency валю́та
**CZ** Canal Zone зо́на Пана́мского кана́ла

**d.** date да́та
**d.** day день
**d.** denarius *лат.* пе́нни, оди́н пенс (*0,01 фунта стерлингов*)
**d** daughter дочь
**D** Democrat демокра́т, член демократи́ческой па́ртии; Democratic демократи́ческий, относя́щийся к демократи́ческой па́ртии
**d.** diameter диа́метр
**d.** died сконча́лся
**d.** dollar до́ллар
**d.** dose *мед.* до́за
**DA** days after acceptance *банк.* (*через столько-то*) дней по́сле акце́пта
**DA** District Attorney окружно́й прокуро́р (*США*)
**DAR** Daughters of the American Revolution «До́чери америка́нской револю́ции» (*женская организация*)
**das** decastere де́сять кубоме́тров
**DB, d.b.** day-book дневни́к; журна́л
**db** decibel *физ.* децибе́л
**dbl.** double двойно́й; сдво́енный
**D.C.** direct current постоя́нный ток
**D. C.** District of Columbia федера́льный о́круг Колу́мбия (*США*)
**dct** document докуме́нт
**DD** days after date (*через столько-то*) дней от сего́ числа́
**DD** demand draft тра́тта, сро́чная по предъявле́нии
**D.D.** Doctor of Divinity до́ктор богосло́вия
**D.E.** degree of elasticity сте́пень упру́гости
**dec., decd** deceased сконча́вшийся, поко́йный
**Dec.** December дека́брь
**def.** defendant отве́тчик
**def.** deffered отсро́ченный
**deg.** degree гра́дус
**Del.** Delaware Де́лавэр (*штат США*)
**Dem.** Democrat демокра́т, член демократи́ческой па́ртии; Democratic демократи́ческий, относя́щийся к демократи́ческой па́ртии
**demo** demonstration демонстра́ция, ше́ствие
**Den.** Denbighshire Де́нбишир (*графство в Уэльсе*)
**dep.** departure отправле́ние; отхо́д
**dep.** deposit вклад
**Dept.** department 1) управле́ние; отде́л; департа́мент 2) министе́рство; ве́домство
**Derby** Derbyshire Де́рбишир (*графство в Англии*)
**DEW** distant early warning да́льнее радиолокацио́нное обнару́же́ние
**DF** direction finder (радио)пеленга́тор
**dft** defendant обвиня́емый, подсуди́мый; отве́тчик
**dft** draft 1) набро́сок; схе́ма, чертёж 2) прое́кт (*документа*) 3) чек, тра́тта 4) *воен.* набо́р, призы́в 5) *мор.* оса́дка
**dg** decigram(me) децигра́мм
**DG** Director General генера́льный дире́ктор
**DIA** Defense Intelligence Agency Разве́дывательное управле́ние министе́рства оборо́ны США
**dia., diam.** diameter диа́метр
**dkg** dekagram(me) декагра́мм
**dkl.** dekalitre декали́тр
**D.Lit.** Doctor of Literature до́ктор литерату́ры
**dm.** decimetre дециме́тр
**D.M.** Doctor of Medicine до́ктор медици́ны
**do** ditto то же са́мое
**DOB** date of birth да́та рожде́ния
**dol.** dollar до́ллар
**dom.** dominion доминио́н
**Dors.** Dorset(shire) До́рсет(шир) (*графство в Англии*)
**doz.** dozen дю́жина
**DPh, DPhil** Doctor of Philosophy до́ктор филосо́фии
**Dr** debtor должни́к, дебито́р
**Dr** Doctor до́ктор (*учёная степень*)
**dr** drachm драхма
**D.S.** document signed докуме́нт, подпи́санный (*таким-то*)

**DSc** Doctor of Science до́ктор (есте́ственных) нау́к
**D.T., d.t.'s** delirium tremens *лат.* бе́лая горя́чка
**Dumb.** Dumbartonshire Дамба́ртоншир (*графство в Шотландии*)
**Dumf.** Dumfriesshire Дамфри́сшир (*графство в Шотландии*)
**dupl** duplicate дублика́т
**dw** dead weight *тех.* 1) вес констру́кции, мёртвый вес 2) по́лная грузоподъёмность (*судна*)
**dwt** pennyweight пе́ннивейт (*мера веса* = *1,555 г*)
**dz.** dozen дю́жина

**E.** East восто́к; eastern восто́чный
**E.** English англи́йский
**E.** engineer инжене́р
**e** erg *физ.* эрг
**E.A.** East Africa Восто́чная Африка
**EAEC** European Atomic Energy Community Европе́йское соо́бщество по а́томной эне́ргии, Евра́том
**E.&O.E.** errors and omissions excepted исключа́я оши́бки и про́пуски
**EAON** except as otherwise noted исключа́я те слу́чаи, когда́ ука́зано ина́че
**E.B.** Encyclopaedia Britannica *лат.* Брита́нская энциклопе́дия
**EBB** extra best best са́мого вы́сшего ка́чества
**E.C.** Executive Committee исполни́тельный комите́т
**e.c.** exempli causa *лат.* наприме́р
**ECA** Economic Commission for Africa Экономи́ческая коми́ссия ООН для Африки, ЭКА
**ECAFE** Economic Commission for Asia and the Far East Экономи́ческая коми́ссия ООН для Азии и Да́льнего Восто́ка, ЭКАДВ
**ECE** Economic Commission for Europe Европе́йская экономи́ческая коми́ссия ООН, ЕЭК
**ECG** electrocardiogram электрокардиогра́мма
**ECLA** Economic Commission for Latin America Экономи́ческая комиссия ООН для стран Лати́нской Аме́рики, ЭКЛА
**ECME** Economic Commission for the Middle East Коми́ссия ООН для стран Бли́жнего Восто́ка
**ecol** ecology эколо́гия; ecological экологи́ческий
**econ** economic экономи́ческий; economics эконо́мика; economy эконо́мия
**ECOSOC** Economic and Social Council (of the United Nations) Экономи́ческий и социа́льный сове́т ООН
**ECSC** European Coal and Steel Community Европе́йское объедине́ние угля́ и ста́ли, ЕОУС
**ed.** edited by и́зданный (*кем-л.*); editor реда́ктор; edition изда́ние
**EdM** Master of Education маги́стр педагоги́ческих нау́к
**E.D.S.** English Dialect Society Англи́йское диалектологи́ческое общество
**EDT** Eastern daylight time восто́чное поясно́е вре́мя
**educ** education образова́ние, воспита́ние; educational общеобразова́тельный
**EE** Early English раннеангли́йский язы́к
**EE** Envoy Extraordinary чрезвыча́йный посла́нник
**EEC** European Economic Community (the Common Market) Европе́йское экономи́ческое соо́бщество (Общий ры́нок)
**EET** East European Time восточноевропе́йское поясно́е вре́мя
**EFTA** European Free Trade Association Европе́йская ассоциа́ция свобо́дной торго́вли, ЕАСТ
**e.g.** exempli gratia *лат.* наприме́р
**EHP** effective horsepower эффекти́вная мо́щность в лошади́ных си́лах
**EHT** extra high tension *эл.* сверхвысо́кое напряже́ние
**EKG** electrocardiogram электрокардиогра́мма, ЭКГ
**EL** east longitude *геогр.* восто́чная долгота́
**EL** East Lothian Ист-Ло́тиан (*графство в Шотландии*)
**elec, elect.** electric электри́ческий; electricity электри́чество
**elem.** elementary элемента́рный
**EM** electromagnetic электромагни́тный
**EM** enlisted man рядово́й (*армии США*)
**EM** Engineer of Mines го́рный инжене́р
**EMF** electromotive force электродви́жущая си́ла
**EMT** European Mean Time среднеевропе́йское поясно́е вре́мя
**emu** electromagnetic unit электромагни́тная едини́ца
**e.o.m.** end of the month (following) в конце́ (сле́дующего) ме́сяца
**EP** estimated position предполага́емое положе́ние
**EPT** Excess Profits Tax нало́г на сверхпри́быль
**eq.** equivalent эквивале́нтный
**esp.** especially гла́вным о́бразом, осо́бенно
**Esq., Esqr.** Esquire эсква́йр
**Ess.** Essex Эссекс (*графство в Англии*)
**esu** electrostatic unit электростати́ческая едини́ца
**ETA** estimated time of arrival расчётное вре́мя прибы́тия
**et al.** et alii *лат.* и други́е
**ETD** estimated time of departure расчётное вре́мя отправле́ния
**et seq.** et sequence *лат.* после́дующий; et sequentia все после́дующие
**Eurovision** Europe — Television Объединённая западноевропе́йская телевизио́нная програ́мма «Еврови́дение»
**eV** electron volt электро́н-во́льт
**EW** enlisted woman же́нщина-рядово́й (*в армии США*)
**exps** expenses расхо́ды, изде́ржки
**exx** examples приме́ры

**F** Fahrenheit по шкале́ Фаренге́йта
**f** fathom морска́я са́жень (*182,5 см*)
**f.** feminine же́нский
**f.** foot фут
**f.a.c.** fast as can как мо́жно скоре́е
**FAI** Fédération Aéronautique Internationale *фр.* Междунаро́дная авиацио́нная федера́ция, ФАИ
**FAO** Food and Agricultural Organization of the United Nations Организа́ция ООН по вопро́сам продово́льствия и се́льского хозя́йства, ФАО
**FAQ** fair average quality *ком.* справедли́вое сре́днее ка́чество
**FAS** free alongside ship фра́нко вдоль бо́рта су́дна
**F.B.A.** Fellow of the British Academy член Брита́нской акаде́мии
**FBI** Federal Bureau of Investigation Федера́льное бюро́ рассле́дований, ФБР (*США*)
**F.B.I.** Federation of British Industries Федера́ция брита́нских промы́шленников
**Feb.** February февра́ль
**Fed., fed.** federal федера́льный; federation федера́ция
**fem** feminine же́нский
**Ferm** Fermanagh Ферма́на (*графство в Северной Ирландии*)
**ff.** following (pages) и сле́дующие (страни́цы)
**FGA** free of general average *мор. страх.* свобо́дно от о́бщей ава́рии
**F.H.R.** Federal House of Representatives Федера́льная пала́та представи́телей (*в Австралии*)
**FIDE** Fédération Internationale des Echecs *фр.* Междунаро́дная ша́хматная федера́ция, ФИДЕ
**FIFA** Fédération Internationale de Football Associations *фр.* Междунаро́дная федера́ция футбо́льных ассоциа́ций, ФИФА
**FIO** free in and out *мор.* погру́зка и вы́грузка опла́чиваются фрахтова́телем, ФИО
**FL** falsa lectio *лат.* разночте́ние
**Fla.** Florida Флори́да (*штат США*)
**fm.** fathom морска́я са́жень (*182,5 см*)
**FM** frequency modulation часто́тная модуля́ция
**fn** foot-note сно́ска, примеча́ние
**F.O.** Foreign Office Министе́рство иностра́нных дел (*Англия*)
**F.O.B.** free on board фра́нко-борт, ФОБ
**FOC** free of charge беспла́тно, безвозме́здно
**fol., foll.** following сле́дующий
**for.** foreign иностра́нный
**fp** freezing point то́чка замерза́ния
**FPC** Federal Power Commission Федера́льная коми́ссия по энерге́тике (*США*)
**Fr.** father оте́ц
**fr.** franc франк
**Fr.** French францу́зский

**fr.** from из
**Fri.** Friday пя́тница
**FRS** Federal Reserve System Федера́льная резе́рвная систе́ма (*США*)
**frt.** freight груз; фрахт
**F.S.** Faraday Society Фараде́евское о́бщество (*в Англии*)
**ft** foot фут; feet фу́ты
**FTC** Federal Trade Commission Федера́льная торго́вая коми́ссия (*США*)
**fur.** furlong фарло́нг (*мера длины*)
**f.v.** folio verso *лат.* на оборо́те (*листа, страницы*)
**FYI** for your information для ва́шего све́дения

**g.** acceleration of gravity ускоре́ние си́лы тя́жести
**G** gauss га́усс (*единица магнитной индукции*)
**G., g.** gram(me) грамм
**g** specific gravity уде́льный вес
**ga.** gauge 1) кали́бр; шабло́н; масшта́б; станда́рт 2) *ж.-д.* ширина́ коле́й
**GA** General Assembly Генера́льная Ассамбле́я (*ООН*)
**G.A., G/A** general average *мор. страх.* о́бщая ава́рия
**Ga.** Georgia Джо́рджия (*штат США*)
**gal.** gallon галло́н
**GATT** General Agreement on Tariffs and Trade Генера́льное соглаше́ние по тамо́женным тари́фам и торго́вле (*стран Атлантического союза*)
**G.B.** Great Britain Великобрита́ния
**GCA** ground-controlled approach управля́емое с земли́ сближе́ние (*в космосе*)
**g.-cal.** gram(me) calorie грамм-кало́рия
**gcc** ground control centre назе́мный центр управле́ния полётом
**G.C.D.** greatest common divisor о́бщий наибо́льший дели́тель
**GCE** General Certificate of Education аттеста́т зре́лости
**Gdn(s)** Garden(s) парк *или* сад (*в названиях*)
**GDR** German Democratic Republic Герма́нская Демократи́ческая Респу́блика, ГДР
**gds.** goods това́ры
**Gen.** General генера́л
**genl** general о́бщий
**Ger.** German неме́цкий; герма́нский
**G.F.T.U.** General Federation of Trade Unions Всео́бщая федера́ция тред-юнио́нов
**G.H.Q.** General Headquarters ста́вка гла́вного кома́ндования; штаб-кварти́ра; общевойсково́й штаб
**GI** Government Issue *амер.* 1) *разг.* солда́т 2) солда́тский; вое́нного образца́
**Gk.** Greek гре́ческий
**Glam.** Glamorganshire Гламо́рганшир (*графство в Уэльсе*)
**Glos.** Gloucestershire Гло́стершир (*графство в Англии*)
**G.M.** General Manager Генера́льный дире́ктор
**gm.** gramme(s) гра́мм(ы)
**GM** guided missile управля́емая раке́та
**G.M.T.** Greenwich mean time сре́днее вре́мя по гри́н(в)ичскому меридиа́ну
**GNP** Gross National Product валово́й национа́льный проду́кт
**GOP** Grand Old Party «Вели́кая ста́рая па́ртия» (*неофициальное название Республиканской партии США*)
**Gov, gov** governor губерна́тор; прави́тель
**Gov, govt** government прави́тельство
**GP** general practitioner врач о́бщей пра́ктики
**g.p.h.** gallons per hour (*столько-то*) галло́нов в час
**g.p.m.** gallons per minute (*столько-то*) галло́нов в мину́ту
**G.P.O.** General Post Office гла́вное почто́вое управле́ние
**gr.** grade 1) гра́дус 2) сорт
**gr.** grain гран (*аптекарская мера веса = 0,0648 г*)
**gr.** gram(me) грамм
**gr** gross (*12 дюжин, 144 штуки*)
**grad.** graduate диплом́ированный специали́ст
**gr. wt.** gross weight вес бру́тто
**G.S.** General Staff о́бщий штаб
**GSA** General Services Administration Администра́ция о́бщих служб (*США*)
**gt** great большо́й; вели́кий
**GT** gross ton дли́нная *или* англи́йская то́нна (*1016 кг*)
**G.T.C.** good till cancelled действи́телен до погаше́ния
**gtd.** guaranteed гаранти́рованный

**H., h.** harbour га́вань, порт
**H., h.** hardness твёрдость
**H., h.** height высота́
**H** henry *эл.* ге́нри
**h** heroin герои́н
**h.** hour час
**h.** hundred сто
**ha.** hectare гекта́р
**h.a.** hoc anno *лат.* в э́том году́
**h.&.c.** hot and cold горя́чая и холо́дная (вода́)
**handbk** handbook спра́вочник
**Hants** Hampshire Ге́мпшир (*графство в Англии*)
**Haw.** Hawaii Гава́йи (*острова и штат США*)
**h.c.** honoris causa *лат.* за заслу́ги; ра́ди почёта
**H.C.** House of Commons пала́та о́бщин (*в Англии*)
**HD** heavy-duty (предназна́ченный) для тяжёлого режи́ма рабо́ты
**hdbk** handbook спра́вочник
**h. e.** hic est *лат.* то́ есть
**HE** high explosive взры́вчатое вещество́
**Heref** Herefordshire Хе́рефордшир (*графство в Англии*)
**Herts.** Hertfordshire Ха́ртфордшир (*графство в Англии*)
**hf.** half полови́на
**HF** high frequency высо́кая частота́
**H.G.** High German верхненеме́цкий язы́к
**hgt.** heigt высота́
**hhd.** hogshead хогсхе́д (*мера жидкости: в Англии — 286,4 л; в США — 238 л*)
**HHFA** Housing and Home Finance Agency Аге́нтство по финанси́рованию жили́щного строи́тельства (*США*)
**H.I.** Hawaian Islands Гава́йи (*острова и штат США*)
**hist.** history исто́рия
**hl.** hectolitre гектоли́тр
**H.L.** House of Lords пала́та ло́рдов
**hm.** hectometre гектоме́тр
**H.M.S.** His (Her) Majesty's Ship англи́йский вое́нный кора́бль
**HofC** House of Commons пала́та о́бщин
**HofL** House of Lords пала́та ло́рдов
**Hon.** Honorary почётный; Honourable достопочте́нный
**hosp.** hospital больни́ца, го́спиталь
**H.P.** high pressure высо́кое давле́ние
**H.P.** hire purchase поку́пка *или* прода́жа в рассро́чку
**hp** horsepower лошади́ная си́ла (*единица мощности*)
**H.Q.** Headquarters штаб
**hr** hour час
**HR** House of Representatives пала́та представи́телей (*американского конгресса*)
**HS** high school сре́дняя шко́ла
**HT** high tension высо́кое напряже́ние
**H.V.** high voltage *эл.* высо́кое напряже́ние
**hwt** hundredweight це́нтнер (*в Англии — 50,8 кг; в США — 45,36 кг*)
**Hz** hertz герц

**I.** Idaho Айда́хо (*штат США*)
**i.** inch дюйм
**i** island, isle о́стров
**Ia.** Iowa Айо́ва (*штат США*)
**IAAF** International Amateur Athletic Federation Междунаро́дная люби́тельская легкоатлети́ческая федера́ция, ИААФ
**IAC** International Air Convention Междунаро́дная авиацио́нная конве́нция
**IADL** International Association of Democratic Lawyers Междунаро́дная ассоциа́ция юри́стов-демокра́тов, МАЮД
**IAEA** International Atomic Energy Agency Междунаро́дное аге́нтство по а́томной эне́ргии, МАГАТЭ
**IAF** International Aeronautical Federation Междунаро́дная авиацио́нная федера́ция, ФАИ
**ib., ibid** ibidem *лат.* там же

**IBRD** International Bank for Reconstruction and Development Междунаро́дный банк реконстру́кции и разви́тия, МБРР

**i/c** in charge ве́дает (*этим отделом и т. п.*); отвеча́ет (*за этот отдел и т. п.*)

**ICA** International Co-operative Alliance Междунаро́дный кооперати́вный алья́нс, МКА

**ICA** International Co-operation Administration Междунаро́дная кооперати́вная администра́ция

**ICAAAA, IC4A** Intercollegiate Association of Amateur Athletes of America Всеамерика́нская студе́нческая ассоциа́ция спортсме́нов-люби́телей

**ICAO** International Civil Aviation Organization Междунаро́дная организа́ция гражда́нской авиа́ции, ИКАО

**ICBM** intercontinental ballistic missile межконтинента́льная баллисти́ческая раке́та, МБР

**ICC** International Chamber of Commerce Междунаро́дная торго́вая пала́та, МТП

**ICFTU** International Confederation of Free Trade Unions Междунаро́дная конфедера́ция свобо́дных профсою́зов, МКСП

**ICJ** International Court of Justice Междунаро́дный суд (*ООН*)

**ICW** International Council of Women Междунаро́дный сове́т же́нщин, МСЖ

**Id.** Idaho Айдахо (*штат США*)

**id.** idem *лат.* тот же

**ID** identification идентифика́ция

**ID** inside dimensions вну́тренние разме́ры

**ID** Intelligence Department разве́дывательный отде́л

**IDA** International Development Association Междунаро́дная ассоциа́ция разви́тия, МАР

**i.e.** id est *лат.* то́ есть

**IGO** Intergovernmental Organization Межправи́тельственная организа́ция (*ООН*)

**i.h.p.** indicated horsepower индика́торная мо́щность

**ILCOP** International Liaison Committee of Organizations for Peace Междунаро́дный комите́т свя́зи организа́ций борьбы́ за мир

**Ill.** Illinois Иллино́йс (*штат США*)

**ill., illus.** illustration иллюстра́ция; illustrated иллюстри́рованный

**ILO** International Labour Organization Междунаро́дная организа́ция труда́, МОТ (*ООН*)

**ILS** instrument landing system *ав.* поса́дка по прибо́рам, слепа́я поса́дка

**IMCO** Intergovernmental Maritime Consultative Organization Межправи́тельственная морска́я консультати́вная организа́ция, ИМКО

**IMF** International Monetary Fund Междунаро́дный валю́тный фонд (*ООН*), МВФ

**imp.** imperative настоя́тельный

**imp** imperial устано́вленный, соотве́тствующий брита́нскому станда́рту

**imp** imprimatur *лат.* разреше́ние цензу́ры (*на печатание*)

**in.** inch дюйм

**Inc., inc.** Incorporated зарегистри́рованный как корпора́ция

**incl.** including включи́тельно

**incr.** increase увеличе́ние; рост

**ind.** independent незави́симый

**ind.** index и́ндекс

**Ind.** Indiana Индиа́на (*штат США*)

**ind.** industrial промы́шленный

**I'ness** Inverness-shire Инверне́ссшир (*графство в Шотландии*)

**ins.** inches дю́ймы

**inst.** instant теку́щего ме́сяца (*в официальном письме*)

**Inst.** institute институ́т

**int, intl** international междунаро́дный

**intro., introd.** introduction введе́ние

**Inv** Inverness-shire Инверне́ссшир (*графство в Шотландии*)

**inv** invoice *ком.* факту́ра, счёт

**IOC** International Olympic Committee Междунаро́дный олимпи́йский комите́т, МОК

**IOJ** International Organization of Journalists Междунаро́дная организа́ция журнали́стов, МОЖ

**IOU** I owe you я вам до́лжен (*форма долговой расписки*)

**IPA** International Phonetic Alphabet междунаро́дный фонети́ческий алфави́т; междунаро́дная фонети́ческая транскри́пция

**IPU** Interparliamentary Union межпарла́ментский сою́з

**i.q.** idem quod *лат.* так же как

**I.Q.** intelligence quotient коэффицие́нт у́мственного разви́тия

**IR** infra-red инфракра́сный

**IRA** Irish Republican Army Ирла́ндская республика́нская а́рмия, ИРА

**IRBM** intermediate range ballistic missile баллисти́ческая раке́та сре́дней да́льности

**IRC** International Red Cross Междунаро́дное о́бщество Кра́сного Креста́

**ISO** International Organization for Standardization Междунаро́дная организа́ция по стандартиза́ции

**It., Ital.** Italian италья́нский

**it., ital.** italics курси́в

**ITO** International Trade Organization Междунаро́дная организа́ция торго́вли (*ООН*)

**ITT** International Telephone and Telegraph Corporation конце́рн «Междунаро́дная телефо́нная и телегра́фная корпора́ция», ИТТ (*США*)

**I.U.** international unit междунаро́дная едини́ца

**IUS** International Union of Students Междунаро́дный сою́з студе́нтов, МСС

**I.W.** Isle of Wight Айл-оф-Уайт (*графство в Англии*)

**J** joul джо́уль

**J.** judge судья́

**J.** justice 1) правосу́дие 2) судья́

**J.A.** Judge Advocate вое́нный прокуро́р

**Jan.** January янва́рь

**Jap.** Japan Япо́ния

**JCS** Joint Chiefs of Staffs Объединённый комите́т нача́льников штабо́в (*США*)

**jct., jctn** junction железнодоро́жный у́зел; стык шоссе́йных *или* желе́зных доро́г

**J.D.** Jurum Doctor *лат.* до́ктор пра́ва

**jnt** joint объединённый, соединённый; совме́стный, еди́ный

**JP** jet propulsion 1) реакти́вное движе́ние 2) реакти́вный дви́гатель

**J.P.** Justice of the Peace мирово́й судья́

**Jr, jr** junior мла́дший

**jt** joint объединённый, соединённый; совме́стный, еди́ный

**Ju.** June ию́нь

**Jul.** July ию́ль

**jun.** junior мла́дший

**junc** junction железнодоро́жный у́зел; стык шоссе́йных *или* желе́зных доро́г

**juv** juvenile малоле́тний

**k.** karat кара́т (*мера веса драгоценных камней*)

**K., k.** kilogram(me) килогра́мм

**k** knot у́зел (*единица скорости хода морских судов*)

**Kan., Kans., Kas.** Kansas Ка́нзас (*штат США*)

**kc.** kilocycle килоци́кл

**KC** King's Counsel короле́вский адвока́т

**kcal** kilocalorie килокало́рия, больша́я кало́рия

**Kc/s** kilocycles per second (*столько-то*) килоге́рц

**Ken.** Kentucky Кенту́кки (*штат США*)

**Ker** Kerry Ке́рри (*графство в Ирландии*)

**kev** kilo-electron-volt килоэлектроно-во́льт

**kg** kilogram(me) килогра́мм

**KGPS** kilograms per second (*столько-то*) килогра́ммов в секу́нду

**kHz** kilohertz килоге́рц

**KIA** killed in action поги́б в бою́

**Kild** Kildare Килдэ́р (*графство в Ирландии*)

**Kilk.** Kilkenny Килке́нни (*графство в Ирландии*)

**Kin.** Kinross-shire Кинро́ссшир (*графство в Шотландии*)

**Kinc.** Kincardineshire Кинка́рдиншир (*графство в Шотландии*)

**Kirk.** Kirkcudbrightshire Керку́бришир (*графство в Шотландии*)

**KKK** Ku Klux Klan ку-клукс-кла́н

**kl.** kilolitre килоли́тр

**km.** kilometre киломе́тр

**km/s** kilometres per second (*столько-то*) киломе́тров в секу́нду

**K.O.** knock out *спорт.* нока́ут

**kph** kilometres per hour (*столько-то*) километров в час
**KV, kv** kilovolt киловольт
**KVA** kilovolt-ampere (*столько-то*) киловольт-ампер
**kw.** kilowatt киловатт
**kwh, kw-hr** kilowatt-hour киловатт-час
**Ky** Kentucky Кентукки (*штат США*)

**L.** lake озеро
**l.** left левый
**L.** length длина
**L** Liberal член партии либералов, либерал (*особ. в Великобритании*)
**L; £** libra *лат.* фунт (стерлингов)
**l.** litre литр
**L.** longitude долгота; меридиан
**l** lumen люмен (*единица светового потока*)
**L.A.** Legislative Assembly законодательное собрание
**L.A.** Los Angeles *г.* Лос-Анджелес
**La.** Louisiana Луизиана (*штат США*)
**Lab.** Labour Party лейбористская партия (*в Англии*)
**Lab.** Labrador *п-ов* Лабрадор
**Lancs.** Lancashire Ланкашир (*графство в Англии*)
**Lat.** Latin латинский язык
**lat.** latitude *геогр.* широта
**lb.** libra *лат.* фунт
**lb. ap.** pound apothecary фунт аптекарского веса (*373,24 г*)
**lb. av** pound avoirdupois английский торговый фунт (*453,6 г*)
**l.b.s.** lectori benevolo salutem! *лат.* привет благосклонному читателю!
**L.C.** Law Court суд
**LC, L/C** letter of credit аккредитив
**L.C.** Library of Congress Библиотека конгресса США
**l.c.** loco citato *лат.* в приведённом (*или* цитированном) месте
**LD** lethal dose смертельная доза
**ldg** lodging жилище; квартира
**Ldn** London *г.* Лондон
**Leics.** Leicestershire Лестершир (*графство в Англии*)
**Leit** Leitrim Литрим (*графство в Ирландии*)
**LF** low frequency низкая частота
**Lfd** Longford Лонгфорд (*графство в Ирландии*)
**L.G.** Low German нижненемецкий язык
**lgth** length длина
**lg tn** long ton длинная *или* английская тонна (*1016 кг*)
**lh** left hand левая рука
**L.H.D.** Doctor of the Humanities доктор гуманитарных наук
**Lim.** Limerick Лимерик (*графство в Ирландии*)
**Lincs.** Lincolnshire Линкольншир (*графство в Англии*)
**ll.** lines линии
**l.l.** loco laudato *лат.* в упомянутом месте
**LL.B.** Bachelor of Laws бакалавр права
**LL.D.** Doctor of Laws доктор права
**lm** lumen *физ.* люмен
**LMT** local mean time местное среднее время
**Lnrk** Lanarkshire Ланаркшир (*графство в Шотландии*)
**Lon., Lond.** London *г.* Лондон
**Lond.** Londonderry Лондондерри (*графство в Ирландии*)
**Long** Longford Лонгфорд (*графство в Ирландии*)
**Lou** Louth Лаут (*графство в Ирландии*)
**LP** Labour Party лейбористская партия (*в Англии*)
**LP** long-playing (record) долгоиграющая (пластинка)
**LP** low pressure низкое давление
**LPA** Labor Press Association Ассоциация рабочей (*профсоюзной*) печати США
**L.R.** Lloyd's Register судовой регистр Ллойда
**LR** living room жилая комната
**LS** left side левая сторона
**LSA** Linguistic Society of America Американское лингвистическое общество
**L.S.D, L.s.d.** librae, solidi, denarii *лат.* фунты стерлингов, шиллинги, пенсы
**LSD** lysergic acid diethylamide ЛСД (*наркотик, вызывающий галлюцинации*)
**LSS** life-saving service служба безопасности на воде
**LST** local standard time местное стандартное время (*США*)
**Lt.** Lieutenant лейтенант
**LT** long ton длинная *или* английская тонна (*1016 кг*)
**LT** low tension *эл.* низкое напряжение
**LT.-Col.** Lieutenant-Colonel подполковник
**Ltd, ltd** limited (*компания*) с ограниченной ответственностью
**LW** low water *мор.* малая вода
**lx** lux люкс (*единица измерения освещённости*)
**LZ** landing zone зона приземления *или* приводнения

**m.** married женатый; замужняя
**M** mass масса
**M.** meridian *геогр.* меридиан
**m.** metre метр
**m.** mile миля
**m.** million миллион
**m.** minute минута
**M** molecular weight молекулярный вес
**M** moment момент
**m.** month месяц
**M.A.** Master of Arts магистр гуманитарных наук
**MA** mental age умственное развитие, соотносимое с возрастом
**ma** milliampere миллиампер
**Ma.** Minnesota Миннесота (*штат США*)
**mag.** magazine журнал
**mag.** magnetic магнитный
**Maj.** Major майор
**Maj.-Gen.** Major-General генерал-майор
**Man.** Manitoba Манитоба (*провинция Канады*)
**man.** manual ручной, без применения механизмов
**Mar.** March март
**Mass.** Massachusetts Массачусетс (*штат США*)
**MAT** Master of Arts in Teaching магистр педагогики
**math** *амер. см.* maths
**maths** mathematics математика
**MATS** Military Air Transport Service военная авиатранспортная служба
**max.** maximum максимум
**mb** millibar миллибар (*единица атмосферного давления*)
**M.B.A.** Master of Business Administration магистр экономики управления
**MBS** Mutual Broadcasting System радио- и телевещание компании Эм-Би-Эс (*США*)
**M.C.** Master of Ceremonies ведущий, конферансье
**mc** megacycle мегагерц
**M.C.** Member of Congress член конгресса
**M.D.** Doctor of Medicine доктор медицины
**Md.** Maryland Мэриленд (*штат США*)
**M.D.** medical department 1) военно-санитарный отдел 2) медико-санитарная служба (*на корабле*)
**MD, md** months after date (*через столько-то*) месяцев от сего числа
**Mddx.** Middlesex Мидлсекс (*графство в Англии*)
**mdnt** midnight полночь
**M.D.S.** Master of Dental Surgery магистр стоматологии
**mdse.** merchandise товары
**Me.** Maine Мэн (*штат США*)
**M.E.** Mechanical Engineer инженер-механик
**ME** medical examiner патологоанатом
**ME** Middle East *обыкн.* Ближний Восток
**M.E.** Middle English среднеанглийский язык
**Mea.** Meath Мит (*графство в Ирландии*)
**M.Ed.** Master of Education магистр педагогики
**med.** medicine медицина
**Medit.** Mediterranean средиземноморский
**mem.** member член
**memo.** memorandum меморандум; памятная записка
**mep** mean effective pressure среднее эффективное давление
**Meri.** Merionethshire Мерионетшир (*графство в Уэльсе*)
**Messrs** messieurs *фр.* господа
**met.** meteorological метеорологический
**met.** metropolitan столичный

**MeV** megaelectron-volt мегаэлектрóн-вóльт
**Mex.** Mexico Мéксика
**MF** medium frequency срéдняя частотá
**mf.** microfarad микрофарáда; millifarad миллифарáда
**M.F.A.** Master of Fine Arts магńстр изя́щных искýсств
**MFN** most favoured nation наибóлее благоприя́тствуемая нáция
**mfr.** manufacturer изготови́тель
**mg.** milligram(me) миллигрáмм
**Mgr.** Manager управля́ющий, завéдующий
**mgt** management управлéние; дирéкция
**mh** millihenry *эл.* миллигéнри
**mi.** mile ми́ля
**MI** Military Intelligence воéнная развéдка
**MIA** missing in action пропáл бéз вести
**Mich.** Michigan Мичигáн (*штат США*)
**Midl.** Midlothian Мидлóтиан (*графство в Шотландии*)
**MIF** Miners' International Federation Междунарóдная (*профсоюзная*) федерáция горнякóв
**MI 5** National Security Division of Military Intelligence отдéл государственной безопáсности воéнной развéдки
**mil.** military воéнный
**min.** minimum ми́нимум
**min.** minister мини́стр
**min.** minute минýта
**Minn.** Minnesota Миннесóта (*штат США*)
**misc.** miscellaneous разнообрáзный, рáзный
**Miss.** Mississippi Миссиси́пи (*штат США*)
**mk.** mark 1) знак 2) тип маши́ны; мáрка, сери́йный нóмер
**MKS** metre-kilogram(me)-second систéма МКС, метр-килогрáмм-секýнда
**ml.** millilitre миллили́тр
**mm.** millimetre миллимéтр
**m.m.f.** magnetomotive force магнитодви́жущая си́ла
**MN** magnetic north магни́тный сéвер
**M.N.** Merchant Navy торгóвый (*или* граждáнский) флот
**M.O.** mail order закáз (товáров) по пóчте
**M.O.** Medical Officer офицéр меди́цинской слýжбы
**Mo.** Missouri Миссýри (*штат США*)
**MO** money order дéнежный перевóд по пóчте
**mo.** month мéсяц
**mod.** moderate умéренный
**mod.** modern совремéнный; модéрн
**mod cons** modern conveniences 1) совремéнные удóбства 2) со всéми удóбствами (*в объявлении*)
**mol.** molecule молéкула
**mol. wt.** molecular weight молекуля́рный вес
**Mon** Monaghan Мóнаган (*графство в Ирландии*)
**Mon.** Monday понедéльник
**Mon.** Monmouthshire Мóнмутшир (*графство в Англии*)
**Mont.** Montana Монтáна (*штат США*)
**Montgom.** Montgomeryshire Монтгóмеришир (*графство в Уэльсе*)
**mos.** months мéсяцы
**m.p.** melting point тóчка плавлéния
**M.P.** Member of Parliament член парлáмента
**M.P.** Metropolitan Police Лóндонская поли́ция
**M.P., MP** Military Police воéнная поли́ция
**mpg** miles per gallon (*столько-то*) миль на галлóн (*горючего*)
**mph** miles per hour (*столько-то*) миль в час
**mps** metres per second (*столько-то*) мéтров в секýнду
**Mr** Mister ми́стер, господи́н
**Mrs** Mistress ми́ссис, госпожá
**MS** manuscript рýкопись
**M.S.** Master of Science магńстр (естéственных) наýк
**MS** motor ship теплохóд
**M.Sc.** Master of Science магńстр (естéственных) наýк
**m.s.l.** mean sea level срéдний ýровень мóря
**msl** missile управля́емая ракéта
**MSTS** Military Sea Transport(ation) Service воéнно-морскáя трáнспортная слýжба (*США*)
**mt** megaton мегатóнна
**M.T.** metric ton метри́ческая тóнна
**Mt** mountain горá
**mun.** municipal муниципáльный
**m.v.** market value ры́ночная стóимость
**mv** millivolt милливóльт
**M.V.** motor vessel теплохóд
**MVA** Missouri Valley Authority Администрáция доли́ны Миссýри (*США*)
**mw** milliwatt милливáтт
**Mx.** Middlesex Ми́длсекс (*графство в Англии*)
**myth., mythol.** mythology мифолóгия

**N.** navy воéнно-морски́е си́лы
**n.** net (вес) нéтто
**n.** noon пóлдень
**N.** North сéвер
**n. note** 1) замéтка 2) запи́ска 3) примечáние
**n.** number числó
**N.A.** North America Сéверная Амéрика
**NAACP** National Association for the Advancement of Colored People Национáльная ассоциáция содéйствия прогрéссу цветнóго населéния (*США*)
**N.A.A.F.I, Naafi** Navy, Army and Air Force Institute воéнно-торгóвая слýжба ВМС, ВВС и сухопýтных войск (*в Англии*)
**NAC** North Atlantic Council Совéт Североатланти́ческого сою́за, Совéт НАТО
**NAD** no appreciable disease практи́чески здорóв
**NAM** National Association of Manufacturers Национáльная ассоциáция промы́шленников, НАП (*США*)
**NAS** National Academy of Science Национáльная акадéмия наýк (*США*)
**NAS** naval air station бáза морскóй авиáции
**NASA** National Aeronautics and Space Administration Национáльное управлéние по аэронáвтике и исслéдованию косми́ческого пространства, НАСА (*США*)
**nat.** national национáльный
**nat** native тузéмный
**nat.** natural естéственный
**NATO** North Atlantic Treaty Organization Североатланти́ческий сою́з, НАТО
**naut** nautical морехóдный
**nav.** naval воéнно-морскóй
**nav.** navigation навигáция
**N.B.** New Brunswick Нью-Брáнсуик (*провинция Канады*)
**NB** northbound в сéверном направлéнии
**N.B.** nota bene *лат.* нотабéне, обрати́ осóбое внимáние
**NBC** National Broadcasting Company рáдио- и телевещáние компáнии Эн-Би-Си (*США*)
**NBS** National Bureau of Standards Национáльное бюрó стандáртов
**NC** nitrocellulose нитроцеллюлóза
**NC** no charge без взимáния сбóра, без оплáты
**N.C.** North Carolina Сéверная Каролńна (*штат США*)
**NC** Nurse Corps *воен.* Слýжба меди́цинских сестёр
**NCAA** National Collegiate Athletic Association национáльная студéнческая спорти́вная ассоциáция (*США*)
**NCO** Non-Commissioned Officer военнослýжащий сержáнтского состáва
**ncv** no commercial value коммéрческой цéнности не имéет
**ND, n.d.** no date без обозначéния дáты
**N.D., N.Dak.** North Dakota Сéверная Дакóта (*штат США*)
**N.E.** New England Нóвая Áнглия (*штаты Мэн, Нью-Гемпшир, Вермонт, Массачусетс, Род-Айленд, Коннектикут*)
**NE** north-east сéверо-востóк
**Neb., Nebr.** Nebraska Небрáска (*штат США*)
**NEDC** National Economic Development Council Национáльный совéт по экономи́ческому разви́тию
**neg.** negative отрицáтельный
**NEI** not elsewhere included нигдé не укáзано; нигдé не упомя́нуто
**N.E.S., n.e.s.** not elsewhere specified не укáзанный где-л. в другóм мéсте
**Neth.** Netherlands Нидерлáнды
**Nev.** Nevada Невáда (*штат США*)
**NF, nfd.** Newfoundland Ньюфаундлéнд (*провинция Канады*)
**N.G.** National Guard Национáльная гвáрдия (*США*)

**NGS** National Geographic Society Национа́льное географи́ческое о́бщество (*США*)
**N.H.** New Hampshire Нью-Ге́мпшир (*штат США*)
**NHL** National Hockey League Национа́льная хокке́йная ли́га
**nhp** nominal horsepower номина́льная мо́щность (*в лошадиных силах*)
**N.I.** Northern Ireland Се́верная Ирла́ндия
**N.J.** New Jersey Нью-Дже́рси (*штат США*)
**NL** night letter почто́вый текст, отправля́емый телегра́фом но́чью по льго́тному тари́фу
**nl** non licet *лат.* не разреша́ется
**NL** north latitude *геогр.* се́верная широта́
**NLRB** National Labor Relations Board Национа́льное управле́ние трудовы́х отноше́ний (*США*)
**NLT** night letter почто́вый текст, отправля́емый телегра́фом но́чью по льго́тному тари́фу
**NM** National Museum Национа́льный музе́й (*США*)
**NM** nautical mile морска́я ми́ля
**NM** night message почто́вый текст, отправля́емый телегра́фом но́чью по льго́тному тари́фу
**N.M., N. Mex.** New Mexico Нью-Ме́ксико (*штат США*)
**NNE North-north-east** се́веро-се́веро-восто́к
**NNW** North-north-west се́веро-се́веро-за́пад
**No.** north се́вер
**No., no.** number 1) но́мер 2) число́
**non-U** not upper class невысо́кого досто́инства *или* ка́чества; not in vogue немо́дный; vulgar вульга́рный
**NORAD** North American Air Defense Command Объединённое кома́ндование ПВО североамерика́нского контине́нта (*США и Канады*)
**Norf.** Norfolk Но́рфолк (*графство в Англии*)
**Northants.** Northamptonshire Нортге́мптоншир (*графство в Англии*)
**Northumb.** Northumberland Норту́мберленд (*графство в Англии*)
**Norw.** Norwegian норве́жский
**NOS** not otherwise specified то́лько, как предусмо́трено
**nos** numbers чи́сла; номера́
**Notts.** Nottinghamshire Но́ттингемшир (*графство в Англии*)
**Nov.** November ноя́брь
**NPF** not provided for не предусмо́трено
**nr** near бли́зко, о́коло, недалеко́
**NRC** National Research Council Национа́льный нау́чно-иссле́довательский сове́т (*США*)
**N.S.** new series но́вая се́рия
**n.s.** not signed не подпи́сано
**n.s.** not specified не уточнено́
**NS** «not sufficient (funds)» «нет доста́точного покры́тия» (*отметка банка на неоплаченном чеке или векселе*)
**N.S.** Nova Scotia Но́вая Шотла́ндия (*провинция Канады*)
**NS** nuclear ship атомохо́д
**NS** nuclear submarine а́томная подво́дная ло́дка
**NSC** National Security Council Сове́т национа́льной безопа́сности (*США*)
**NSF** National Science Foundation Национа́льный нау́чный фонд (*США*)
**NSF** «not sufficient funds» «нет доста́точного покры́тия» (*отметка банка на неоплаченном чеке или векселе*)
**N.S.W.** New South Wales Но́вый Ю́жный Уэ́льс (*штат Австралии*)
**N.T., NT** New Testament Но́вый заве́т (*евангелие*)
**N.T.** Northern Territory Се́верная террито́рия (*Австралия*)
**ntp** normal temperature and pressure норма́льная температу́ра и давле́ние
**nt. wt.** net weight вес не́тто, чи́стый вес
**NU** name unknown и́мя неизве́стно
**N.U.M.** National Union of Mine workers Национа́льный (*профессиональный*) сою́з горняко́в (*в Англии*)
**N.U.R.** National Union of Railwaymen Национа́льный (*профессиональный*) сою́з железнодоро́жников (*в Англии*)
**NV** nonvoting не голосу́ющий
**NW** North-west се́веро-за́пад
**NWS** North-Western States Се́веро-За́падные шта́ты (*США*)
**NWT** Northwest Territories Се́веро-За́падные террито́рии (*Канада*)
**nx** non-expendable многокра́тного примене́ния
**N.Y.** New York Нью-Йо́рк (*город и штат США*)
**N.Y.C.** New York City *г.* Нью-Йо́рк
**NYSE** New York Stock Exchange Нью-Йо́ркская би́ржа
**N.Z.** New Zealand Но́вая Зела́ндия

**O.** observer наблюда́тель
**O** Ocean океа́н
**O.** officer 1) офице́р 2) чино́вник
**O.** Ohio Ога́йо (*штат США*)
**O** ohm ом
**O.** Ontario Онта́рио (*провинция Канады*)
**o/a** on account в счёт (*причитающейся суммы*)
**OAAPS** Organization for Afro-Asian Peoples' Solidarity Организа́ция солида́рности наро́дов стран А́зии и А́фрики, ОСНАА
**OAP** old age pensioner пенсионе́р по ста́рости
**OAS** Organization of American States Организа́ция америка́нских госуда́рств, ОАГ
**OAU** Organization for African Unity Организа́ция Африка́нского Еди́нства, ОАЕ
**obj.** objective цель; объе́кт
**obl.** oblong продолгова́тый
**obs.** observation наблюде́ние
**obs.** observatory обсервато́рия
**obs.** obsolete устаре́лый, выходя́щий из употребле́ния
**oc** ocean океа́н
**O.C.** Officer Commanding кома́ндир; нача́льник
**occas.** occasionally нерегуля́рно
**OCD** Office of Civil Defense Управле́ние гражда́нской оборо́ны (*США*)
**Oct.** October октя́брь
**O.D.** Officer of the Day дежу́рный офице́р
**OD** olive drab 1) защи́тный (цвет) 2) обмундирова́ние оли́вково-се́рого цве́та (*в армии США*)
**O/D** on demand по тре́бованию
**O.D., o.d.** outside diameter вне́шний (*или* нару́жный) диа́метр
**OECD** Organization for Economic Co-operation and Development Организа́ция экономи́ческого сотру́дничества и разви́тия
**O.E.D.** Oxford English Dictionary Оксфо́рдский слова́рь англи́йского языка́
**OEEC** Organization for European Economic Cooperation Организа́ция Европе́йского экономи́ческого сотру́дничества, ОЭС
**O.H.M.S.** on His (Her) Majesty's Service состоя́щий на короле́вской (*государственной или военной*) слу́жбе
**OIF** Office of International Trade Управле́ние по внешнеторго́вым свя́зям (*США*)
**O.K.** okay 1) всё в поря́дке, хорошо́ 2) утверждено́, согласо́вано 3) пра́вильно, в испра́вности
**Okla.** Oklahoma Оклахо́ма (*штат США*)
**O-level** ordinary level сре́дняя успева́емость (*экзаменационная оценка*)
**OMB** Office of Management and Budget Администрати́вное и бюдже́тное управле́ние (*США*)
**ON** octane number *хим.* окта́новое число́
**ONI** Office of Naval Intelligence Управле́ние вое́нно-морско́й разве́дки
**ONR** Office of Naval Research Управле́ние морски́х иссле́дований
**Ont.** Ontario Онта́рио (*провинция Канады*)
**O.P.** observation post наблюда́тельный пункт
**op.** operation опера́ция
**op.** opus *лат.* произведе́ние, сочине́ние
**o.p.** out of print распро́дано (*об издании*)
**op. cit.** opus citatum *лат.* цити́руемое произведе́ние
**OPEC** Oil Producing and Exporting Countries Организа́ция стран-экспортёров не́фти, ОПЕК
**opp.** opposite 1) противополо́жный 2) про́тив; напро́тив
**opt.** optician о́птик
**opt.** optional необяза́тельный, допуска́ющий вы́бор
**O/R** on request по жела́нию, по запро́су

**OR** owner's risk *страх.* на риск владельца
**ord.** order 1) зака́з 2) прика́з
**ord.** ordnance артилле́рия
**Ore., Oreg.** Oregon Оре́гон (*штат США*)
**org.** organization организа́ция; organized организо́ванный
**orig.** original 1) оригина́льный 2) первонача́льный 3) по́длинный
**Ork** Orkney О́ркни (*графство в Шотландии*)
**O/S** on sale продаётся, поступи́ло в прода́жу
**O.S.** ordinary seaman мла́дший матро́с
**OSRD** Office of Scientific Research and Development Управле́ние нау́чных иссле́дований и усоверше́нствований (*США*)
**O.T., OT** Old Testament Ве́тхий заве́т
**OTS** officers' training school вое́нное учи́лище
**O.U.** Oxford University Оксфо́рдский университе́т
**Oxon.** Oxfordshire О́ксфордшир (*графство в Англии*)
**Oxon.** Oxoniensis *лат.* выпускни́к Оксфо́рдского университе́та
**oz** ounce у́нция

**p.** page страни́ца
**p.** part часть
**P.** pawn пе́шка
**p.** penny пе́нни, пенс
**p.** pole по́люс
**P., p.** post по́чта
**P., p.** power си́ла
**P., p.** pressure давле́ние
**Pa.** Pennsylvania Пенсильва́ния (*штат США*)
**p.a.** per annum *лат.* ежего́дно, в год
**P.A.** power of attorney дове́ренность
**P.A.** Press Agency аге́нтство печа́ти
**PA** private account *амер.* ли́чный счёт
**Pac.** Pacific тихоокеа́нский
**PAC** Political Action Committee Комите́т полити́ческих де́йствий
**pam.** pamphlet брошю́ра
**Pan.** Panama Пана́ма
**P.&L.** profit and loss при́быль и убы́ток
**par.** пункт, раздел; пара́граф
**Parl.** Parliament парла́мент; Parliamentary парла́ментский
**part.** particular осо́бый, осо́бенный
**PA system** public address system устано́вка (*микрофона, громкоговорителя и т. п.*) для организа́ции переда́чи в эфи́р (ва́жного) выступле́ния
**pat.** patent пате́нт
**PAU** Pan-American Union Панамерика́нский сою́з
**PAYE** pay as you earn выпла́чивать (*кредит*) в получку
**payt.** payment платёж
**p.c.** per cent проце́нт
**P.C.** police constable полице́йский, консте́бль
**p.c.** post card почто́вая откры́тка
**P.C.** Privy Councillor член Та́йного сове́та (*королевы*)
**pct.** per cent проце́нт
**pd.** paid упла́чено; опла́ченный
**P.D.** per diem ка́ждый день; (*столько-то*) в день
**P.D.** Police Department полице́йское управле́ние
**P.D.** postal district отделе́ние свя́зи
**PD** potential difference *эл.* ра́зность потенциа́лов
**PE** physical education физи́ческое воспита́ние
**P.E.** probable error возмо́жная оши́бка
**Peeb** Peeblesshire Пи́блсшир (*графство в Шотландии*)
**P.E.I.** Prince Edward Island о́стров При́нца Эдуа́рда (*провинция Канады*)
**Pemb.** Pembrokeshire Пе́мбрукшир (*графство в Уэльсе*)
**pen.** peninsula полуо́стров
**Penn., Penna.** Pennsylvania Пенсильва́ния (*штат США*)
**per.** period пери́од
**per., pers.** person челове́к, осо́ба
**pert.** pertaining (to) относя́щийся (к)
**pet** petroleum нефть
**PF** power factor коэффицие́нт мо́щности
**Pfc** private first class рядово́й 1-го кла́сса (*США*)
**P.G.** paying guest постоя́лец; жиле́ц; квартира́нт
**P.G.** post-graduate аспира́нт
**Phar., Pharm.** pharmaceutical фармацевти́ческий
**Ph.B.** Bachelor of Philosophy бакала́вр филосо́фии
**Ph.D.** Doctor of Philosophy до́ктор филосо́фии
**Phila.** Philadelphia *г.* Филаде́льфия
**PHS** Public Health Service слу́жба здравоохране́ния
**pk** park парк
**pkg, pkge** package посы́лка, упако́вка
**pkt** packet 1) паке́т 2) пакетбо́т
**PL and R** postal laws and regulations почто́вые пра́вила и инстру́кции
**plat.** platoon взвод
**plf** plaintiff исте́ц
**PLO** Palestine Liberation Organization Организа́ция освобожде́ния Палести́ны, ООП
**P.M.** paymaster касси́р; казначе́й
**P.M.** Police Magistrate судья́ полице́йского суда́ (*США*)
**P.M.** Postmaster нача́льник по́чты
**p.m.** post meridiem *лат.* (*во столько-то часов*) пополу́дни
**p.m.** post-mortem *лат.* враче́бное заключе́ние о сме́рти
**P.M.** Prime Minister премье́р-мини́стр
**PM** Provost Marshal нача́льник вое́нной поли́ции
**p.m.h.** production per man-hour производи́тельность труда́ в челове́ко-часа́х
**P/N** promissory note долгово́е обяза́тельство
**PO** Personnel Officer офице́р по вопро́сам ли́чного соста́ва
**P.O.** Petty Officer старшина́ (*во флоте*)
**P.O.** postal order де́нежный перево́д (*по почте*)
**P.O.** Post Office отделе́ние свя́зи, почто́вое отделе́ние
**POB** Post-Office Box почто́вый абоне́нтный я́щик
**POC** port of call порт захо́да (*по расписанию*)
**P.O.D.** pay on delivery упла́та при доста́вке; нало́женный платёж
**POD** port of destination порт назначе́ния
**POE** port of embarkation порт погру́зки
**POE** port of entry порт захо́да (*судов*)
**pol., polit.** political полити́ческий
**pop.** popular 1) популя́рный 2) наро́дный; population населе́ние
**POR** pay on return опла́та по возвраще́нии
**Port.** Portugal Португа́лия
**pos.** positive положи́тельный
**poss** possible возмо́жный; вероя́тный
**pot.** potential потенциа́л
**P.O.W.** prisoner of war военнопле́нный
**pp.** pages страни́цы
**P.P.** parcel post почто́вая посы́лка
**pp** per procurationem *лат.* по дове́ренности
**PP** postpaid с опла́ченными почто́выми расхо́дами
**ppa** per power of attorney че́рез пове́ренного
**ppd** prepaid опла́чено вперёд
**pr** pair па́ра
**pr.** price цена́
**PR** public relations обще́ственная информа́ция и рекла́ма; ма́ссовые свя́зи
**PR** Puerto Rico Пуэ́рто-Ри́ко
**prec.** preceding предше́ствующий
**pref.** preface предисло́вие
**pref.** preference 1) предпочте́ние 2) префере́нция
**prep.** preparatory подготови́тельный
**Pres.** President 1) президе́нт 2) председа́тель
**p.r.n.** pro re nata *лат.* сообра́зно возника́ющим обстоя́тельствам
**pro** professional профессиона́л
**P.R.O.** Public Records Office Ло́ндонский архи́в
**P.R.O.** Public Relations Officer отве́тственный сотру́дник (*учреждения*) по вне́шним свя́зям, рекла́ме *и т. п.*
**proc.** proceedings 1) процеду́ра 2) протоко́л 3) проце́сс
**Prof.** Professor профе́ссор
**pro tem** pro tempore *лат.* вре́менно; в да́нный моме́нт

**prox.** proximo *лат.* слéдующего мéсяца
**P.S.** post scriptum *лат.* постскрйптум, припйска
**PS** Public School 1) привилегирóванное чáстное закрытое срéднее учéбное заведéние для мáльчиков (*в Англии*) 2) (бесплáтная) срéдняя шкóла (*в США и Шотландии*)
**P.S.T.** Pacific Standard Time тихоокеáнское пояснóе врéмя (*США*)
**pt** part часть, дóля
**pt.** payment платёж
**P.T.** physical training физúческая подготóвка
**pt** pint пúнта (*в Англии — 0,568 л; в США — 0,473 л*)
**pt.** point тóчка
**P.T.A.** Parent-Teacher Association Учúтельско-родúтельская ассоциáция
**Pte** Private рядовóй, солдáт (*в Великобритании*)
**P.T.O.** please turn over переверните, пожáлуйста; смотрите на оборóте
**pty** proprietary чáстный, принадлежáщий чáстному лицу́
**pub.** public общéственный
**pub.** publication издáние
**pub., publ.** published úзданный
**PUD** pick-up and delivery с погру́зкой и достáвкой на мéсто
**Pvt** private рядовóй, солдáт (*США*)
**pw** per week в недéлю
**PW** prisoner of war военноплéнный
**PWA** Public Works Administration Вéдомство общéственных рабóт
**pwt** pennyweight пéннивейт (*мера веса = 1,555 г*)
**PX** post exchange гарнизóнная лáвка, кафé *и т. п.*

**q** quart квáрта (*мера объёма для жидких и сыпучих тел: в Англии — 1,136 л; в США — 0,946 л для жидких и 1,101 л для сыпучих тел*)
**q** quarto квáрто (*полиграфическая мера*)
**q** question вопрóс
**q** quintal квинтáл (*в метрической системе мер — 100 кг; в Англии — 50,8 кг; в США — 45,36 кг*)
**Q.C.** Queen's Counsel королéвский адвокáт
**Q.E.D.** quod erat demonstrandum *лат.* что и трéбовалось доказáть
**Q.E.F.** quod erat faciendum *лат.* что и трéбовалось сдéлать
**Q.E.I.** quod erat inveniendum *лат.* что и трéбовалось найтú
**Qld** Queensland Квúнсленд (*штат в Австралии*)
**Q.M.** Quartermaster квартирмéйстер
**q.p., q.pl.** quantum placet *лат.* скóлько найдёте ну́жным *или* полéзным
**qq** questions запрóсы; вопрóсы
**qr** quarter 1) чéтверть 2) квартáл
**qt, qty** quantity колúчество
**Qu** Queen королéва
**qu.** question вопрóс
**Que.** Quebec Квебéк (*провинция Канады*)
**q. v.** quod vide *лат.* смотрú (*там-то*)

**R. r.** radius рáдиус
**R.** Réaumur по шкалé Реомю́ра
**R.** Republican член Республикáнской пáртии (*США*)
**R., r.** right прáвый
**R., r.** river рекá
**R.A.** Rear-Admiral контр-адмирáл
**R.A.** Royal Academy Королéвская акадéмия
**R.A.A.** Royal Academy of Arts Королéвская акадéмия изобразúтельных искýсств
**RAAF** Royal Australian Air Force воéнно-возду́шные сúлы Австрáлии
**rad.** radical радикáл
**rad** radio рáдио
**rad.** radius рáдиус
**Rad.** Radnorshire Рáдноршир (*графство в Уэльсе*)
**R.A.D.A.** Royal Academy of Dramatic Arts Королéвская акадéмия драматúческого искýсства
**RAdm** Rear-Admiral контр-адмирáл
**R.A.F.** Royal Air Force воéнно-возду́шные сúлы Великобритáнии
**R.A.M.** Royal Academy of Music Королéвская акадéмия му́зыки
**R&D** research and development нау́чно-исслéдовательские и óпытно-конструктóрские рабóты
**R.A.S.** Royal Academy of Science Королéвская акадéмия нау́к
**R.B.A.** Royal Society of British Artists Королéвское óбщество англúйских худóжников
**R.C.** Red Cross Крáсный Крест
**R.C.A.F.** Royal Canadian Air Force канáдские воéнно-возду́шные сúлы
**R.C.M.** Royal College of Music Королéвский музыкáльный коллéдж
**R.C.M.P.** Royal Canadian Mounted Police канáдская кóнная полúция
**rd** road дорóга, путь
**RD** Rural Delivery бесплáтная достáвка корреспондéнции в сéльской мéстности
**REA** Rural Electrification Administration Вéдомство электрификáции сéльского хозя́йства (*США*)
**rec** receipt распúска (*в получении*); квитáнция
**rec.** record 1) зáпись; протокóл 2) рекóрд
**rec.** recording звукозáпись
**recd** received полу́чено, прúнято
**rec. sec.** recording secretary протоколúст
**rect** receipt распúска (*в получении*); квитáнция
**ref.** referee рéфери, судья́ (*в спортивных играх*)
**ref.** reference ссы́лка, спрáвка
**reg.** region 1) райóн, óбласть 2) региóн
**reg** registered заказнóй (*о почтовых отправлениях*)
**reg.** regular регуля́рный
**regd** registered заказнóй (*о почтовых отправлениях*)
**rel** released 1) вы́пущенный 2) разрешённый (*к изданию и т. п.*)
**Renf** Renfrewshire Рéнфрушир (*графство в Шотландии*)
**rep** repair ремóнт
**Rep** Repertory «репертуáрный» теáтр (*с постоянной труппой и определённым репертуаром*)
**Rep.** Representative конгрессмéн (*США*)
**Rep** Republican член республикáнской пáртии (*США*)
**rept** report 1) отчёт 2) доклáд
**res** reserved 1) резéрвный 2) зарезервúрованный
**res.** residence резидéнция; местожúтельство
**res** resigned в отстáвке, отставнóй
**resp.** respectively соотвéтственно
**ret, retd** retired (находя́щийся) в отстáвке
**ret, retd** returned 1) возврáтный; возвращённый 2) úзбранный (*в парламент*)
**RF** radio frequency радиочастотá
**rgt** regiment полк
**rh** right hand прáвая рукá
**R.I.** Rhode Island Род-Áйленд (*штат США*)
**riv.** river рекá
**RJ** road junction стык дорóг
**rly** railway желéзная дорóга
**rm** room кóмната, помещéние
**R.M.** Royal Marines морскáя пехóта Великобритáнии
**RN** registered nurse дипломúрованная медсестрá
**R.N.** Royal Navy воéнно-морскóй флот Великобритáнии
**RNR** Royal Naval Reserve воéнно-морскóй резéрв Великобритáнии
**Ros. Rosc** Roscommon Роскóммон (*графство в Ирландии*)
**Ross** Ross and Cromarty Рóсс-энд-Крóмарти (*графство в Шотландии*)
**ROTC** Reserve Officers' Training Corps слу́жба подготóвки офицéров резéрва
**Rox** Roxburghshire Рóксброшир (*графство в Шотландии*)
**R/P** by return of post обрáтной пóчтой
**R.P.** reply paid отвéт оплáчен
**RP** reprint стереотúпное издáние; перепечáтка
**rpm** revolutions per minute (*столько-то*) оборóтов в минýту
**rps** revolutions per second (*столько-то*) оборóтов в секу́нду
**R.S.** Recording Secretary протоколúст
**RS** right side прáвая сторонá
**R.S.M.** Regimental Sergeant-Major старшинá полкá
**RSM** Royal School of Music Королéвское музыкáльное учúлище
**R.S.P.C.A.** Royal Society for the Prevention of Cruelty to Animals Королéвское óбщество защúты живóтных
**R.S.V.P.** répondez s'il vous plait *фр.* отвéтьте, пожáлуйста

**RT** radio-telephony радиотелефони́я
**rt.** right пра́вый
**rte** route путь, доро́га
**RT Hon** Right Honourable достопочте́нный (*форма обращения к высшей знати, членам тайного совета и т. п.*)
**Rt Rev** Right Reverend (его́) преосвяще́нство (*о епископе*)
**R.U.** Rugby Union (Брита́нская) ли́га регби́стов
**Rum.** Rumania Румы́ния
**Rut.** Rutlandshire Ра́тлендшир (*графство в Англии*)
**RW** radiological warfare радиологи́ческая война́
**Rwy, Ry** railway желе́зная доро́га

**S.** saint свято́й
**s.** second секу́нда
**s.** shilling ши́ллинг
**s** snow снег
**s.** son сын
**S.** South юг
**S.A.** Salvation Army «А́рмия спасе́ния» (*религиозная организация*)
**S.A.** sex appeal физи́ческая привлека́тельность
**S.A.** South Africa Ю́жная А́фрика
**S.A.** South America Ю́жная Аме́рика
**SA** subject to approval на утвержде́ние; подлежи́т утвержде́нию
**SAC** Strategic Air Command стратеги́ческое авиацио́нное кома́ндование
**s. a. e. l.** sine anno et loco *лат.* без указа́ния го́да и ме́ста (изда́ния)
**Salop** Shropshire Шро́пшир (*графство в Англии*)
**SALT** Strategic Arms Limitation Talks (сове́тско-америка́нские) перегово́ры об ограниче́нии стратеги́ческих вооруже́ний
**S. Am.** South America Ю́жная Аме́рика
**SAR** Syrian Arab Republic Сири́йская Ара́бская Респу́блика
**Sask.** Saskatchewan Саска́чеван (*провинция Канады*)
**Sat.** Saturday суббо́та
**S. Aus., S. Austr.** South Australia Ю́жная Австра́лия
**SB** Bachelor of Science бакала́вр (есте́ственных) нау́к
**SB** simultaneous broadcast одновре́менное радиовеща́ние по не́скольким ста́нциям
**SB** southbound в ю́жном направле́нии
**SBA** Small Business Administration ве́домство по дела́м ме́лких предпринима́телей (*США*)
**sc.** scale шкала́
**Sc.** Scots шотла́ндцы
**sc.** scruple скру́пул (*1,24 г*)
**SC** Security Council of the United Nations Сове́т Безопа́сности ООН
**s/c** self-contained автоно́мный; отде́льный
**S.C.** South Carolina Ю́жная Кароли́на (*штат США*)
**S.C.** Supreme Court Верхо́вный суд
**SCAP** Supreme Commander Allied Powers Верхо́вный главнокома́ндующий объединёнными вооружёнными си́лами НАТО
**ScD** Doctor of Science до́ктор (есте́ственных) нау́к
**sch** school шко́ла
**sci** science нау́ка; scientific нау́чный
**Scot.** Scotland Шотла́ндия
**Scrpt.** Scripture би́блия
**SD, S/D** sight draft *фин.* тра́тта, сро́чная по предъявле́нии
**s.d.** sine die *лат.* без указа́ния сро́ка *или* да́ты; на неопределённый срок
**S.D.** South Dakota Ю́жная Дако́та (*штат США*)
**SD** special delivery сро́чная доста́вка (корреспонде́нции)
**S.Dak.** South Dakota Ю́жная Дако́та (*штат США*)
**SE** South-east ю́го-восто́к
**S.E.** Stock Exchange фо́ндовая би́ржа
**SEATO** South-East Asia Treaty Organization *ист.* Организа́ция догово́ра Ю́го-Восто́чной Азии, СЕАТО
**sec.** second секу́нда
**sec** secretary 1) секрета́рь 2) мини́стр
**Sec Nav** Secretary of the Navy Вое́нно-морско́й мини́стр (*США*)
**secy** secretary 1) секрета́рь 2) мини́стр
**sel.** selection отбо́р
**Selk** Selkirkshire Се́лкеркшир (*графство в Шотландии*)
**Sen.** Senate сена́т; Senator сена́тор
**Sen.** Senior ста́рший
**Sep., Sept.** September сентя́брь
**seq.** sequentes *лат.* сле́дующий
**ser** serial сериа́л, многосери́йный телевизио́нный фильм; series ряд; се́рия
**Sergt** Sergeant сержа́нт
**serv** service обслу́живание, се́рвис
**SF** Science Fiction нау́чная фанта́стика
**SFC** Space Flight Center центр косми́ческих полётов
**SG, sg** senior grade вы́сшего разря́да
**s.g.** specific gravity уде́льный вес
**SG** Surgeon General нача́льник медици́нской слу́жбы а́рмии (*США*)
**sgd.** signed подпи́сано
**Sgt.** Sergeant сержа́нт
**sh.** shilling ши́ллинг
**Shak.** Shakespeare Шекспи́р
**SHAPE** Supreme Headquarters Allied Powers in Europe штаб верхо́вного главнокома́ндующего объединёнными вооружёнными си́лами НАТО в Евро́пе
**shf** superhigh frequency сверхвысо́кая частота́
**shpt** shipment 1) отпра́вка; погру́зка 2) груз (*судна*)
**sh tn** short ton коро́ткая то́нна (*907,2 кг*)
**SJD** Doctor of Juridical Science до́ктор юриспруде́нции
**Skt.** Sanskrit санскри́т
**SL** sea level у́ровень мо́ря
**SL** south latitude *геогр.* ю́жная широта́
**SLAN** sine loco, anno, (vel) nomine *лат.* без указа́ния ме́ста, го́да, и́мени
**Slo** Sligo Сла́йго (*графство в Ирландии*)
**S.M.** Master of Science маги́стр (есте́ственных) нау́к
**SM** strategic missile стратеги́ческая раке́та
**Sn** Senior ста́рший
**s.n.** sine nomine *лат.* без (указа́ния) и́мени *или* назва́ния
**Snr** Senior ста́рший
**Soc.** Society о́бщество
**Sol.** Solicitor соли́ситор, адвока́т (*дающий советы клиентам*)
**sol, soln** solution раство́р
**Som., Soms.** Somerset(shire) Со́мерсет(шир) (*графство в Англии*)
**soph** sophomore *амер.* второку́рсник
**SP** self-propelled самохо́дный
**SP** Shore Patrol берегово́й патру́ль
**Sp.** Spain Испа́ния
**sp.** special специа́льный
**sp.** species вид; поро́да; specimen образе́ц, обра́зчик
**sp.** spelling правописа́ние
**S.P.C.A.** Society for the Prevention of Cruelty to Animals О́бщество защи́ты живо́тных от жесто́кого обраще́ния
**S.P.C.C.** Society for the Prevention of Cruelty to Children О́бщество защи́ты дете́й от жесто́кого обраще́ния
**spec.** special специа́льный
**spec, specif** specific 1) определённый, специфи́ческий 2) уде́льный
**sp. gr.** specific gravity уде́льный вес
**sp. ht.** specific heat уде́льная теплоёмкость
**S.P.R.** Society for Physical Research О́бщество физи́ческих иссле́дований
**sp. vol.** specific volume уде́льный объём
**sq.** sequence после́довательность
**Sq.** Squadron ро́та; эска́дра; эскадри́лья
**Sq.** Square пло́щадь (*в названиях*)
**sq.** square квадра́тный
**Sr.** Senior ста́рший
**Sr** Sister сестра́
**S.R.O.** standing room only (*остались*) то́лько стоя́чие места́
**ss** scilicet *лат.* а и́менно
**SS, S/S** steamship парохо́д
**SSA** Social Security Administration Администра́ция социа́льного обеспе́чения (*США*)
**SSRC** Social Science Research Council Сове́т социологи́ческих иссле́дований (*США*)
**St** saint свято́й
**ST** Standard Time поясно́е вре́мя
**st** state госуда́рство
**St.** Street у́лица
**Sta** Station ста́нция
**Staffs.** Staffordshire Ста́ффордшир (*графство в Англии*)
**Stir** Stirlingshire Сте́рлингшир (*графство в Шотландии*)

**stk** stock нали́чный запа́с
**str.** steamer парохо́д
**Str** strait проли́в
**Str** Street у́лица
**SU** Soviet Union Сове́тский Сою́з
**sub, subs** subscription поже́ртвование; подпи́ска
**sub, subs** substitute 1) заме́на 2) замести́тель
**Suff.** Suffolk Су́ффолк (*графство в Англии*)
**Sun.** Sunday воскресе́нье
**sup.** superior вы́сшего ка́чества
**sup.** supplement приложе́ние
**svc.** service 1) обслу́живание, се́рвис 2) слу́жба
**SW** short waves коро́ткие во́лны
**S.W.** South Wales Ю́жный Уэ́льс
**SW** south-west ю́го-за́пад; south-western ю́го-за́падный
**Sw.** Sweden Шве́ция
**Switz.** Switzerland Швейца́рия
**Sx.** Sussex Су́ссекс (*графство в Англии*)
**Sy.** Surrey Су́ррей (*графство в Англии*)
**S. Yd.** Scotland Yard Ско́тленд-Ярд
**sym.** symmetric(al) симметри́чный
**syst.** system систе́ма

**T** temperature температу́ра
**t.** temporary вре́менный
**T** tension напряже́ние; натяже́ние
**t.** time вре́мя, срок
**t.** ton то́нна
**T., t.** township *амер.* местéчко; райо́н (*часть округа*)
**t** true и́стинный
**TA** (United Nations) Technical Assistance Техни́ческая по́мощь ООН развива́ющимся стра́нам
**T.A.A.** Trade Agreement Act зако́н о торго́вых соглаше́ниях (*США*)
**TAC** Technical Assistance Committee Комите́т техни́ческой по́мощи ООН
**TAP** Technical Assistance Program Програ́мма техни́ческой по́мощи ООН развива́ющимся стра́нам
**Tas.** Tasmania Тасма́ния (*штат Австралии*)
**TAS** true airspeed и́стинная ско́рость полёта (*самолёта*)
**T.B.** tuberculosis туберкулёз
**TBM** tactical ballistic missile такти́ческая баллисти́ческая раке́та
**TC** teachers college учи́тельская семина́рия
**Tc, tc** tierce бо́чка (= *190,83 л*)
**TC** Trusteeship Council Сове́т по опе́ке (*ООН*)
**TCC** (United Nations') Transport and Communication Commission Коми́ссия ООН по тра́нспорту и свя́зи
**TD** telemetry data телеметри́ческие да́нные
**TD** touchdown *ав.* поса́дка, приземле́ние
**TDY** temporary duty вре́менное исполне́ние обя́занностей
**Tech** Technical (College) Вы́сшее техни́ческое учи́лище
**tech., technol.** technology те́хника; техноло́гия
**tel.** telegram телегра́мма
**tel.** telegraph телегра́ф
**tel.** telephone телефо́н
**temp.** temperature температу́ра
**temp.** temporary вре́менный
**Tenn.** Tennessee Теннесси́ (*штат США*)
**Ter, Terr** Terrace 1) у́лица по скло́ну холма́ 2) терра́са
**Ter, Terr** territory террито́рия
**Tex.** Texas Теха́с (*штат США*)
**Th. D.** Doctor of Theology до́ктор богосло́вия
**t.h.i.** time handed in вре́мя вруче́ния
**ths** thousand ты́сяча
**Thur., Thurs.** Thursday четве́рг
**TI** technical information техни́ческая информа́ция; тени́ческие да́нные
**Tip.** Tipperary Типпере́ри (*графство в Ирландии*)
**tit.** title 1) ти́тул 2) заголо́вок
**tk** truck грузови́к
**TKO** technical knock-out *спорт.* техни́ческий нока́ут
**tkt** ticket биле́т
**TL** total loss 1) о́бщая су́мма убы́тков 2) *страх.* по́лная ги́бель (*судна*)
**TM** technical manual техни́ческий спра́вочник
**TM** ton-miles (*столько-то*) то́нно-ми́ль
**TM** trade mark торго́вый знак, фабри́чная ма́рка
**TMO** telegraph money order де́нежный перево́д по телегра́фу
**TN** thermonuclear термоя́дерный
**tn** ton то́нна
**TN** true north и́стинный се́вер
**tng** training обуче́ние; трениро́вка
**TNT** trinitrotoluene тринитротолуо́л, троти́л, тол
**TO** telegraph office телегра́фное отделе́ние, телегра́фная конто́ра
**t.o.** turn over переверни́(те); смотри́(те) на оборо́те
**t.p.** title page ти́тульный лист
**tp.** township *амер.* месте́чко; райо́н (*часть округа*)
**TPH** tons per hour (*столько-то*) тонн в час
**TR** transmit-receive переда́ча — приём (*по радио*)
**trans.** transaction де́ло, сде́лка, опера́ция (*торговая*)
**trans, transp** transportation транспортиро́вка; тра́нспорт
**treas.** treasurer казначе́й; treasury казначе́йство; казна́
**trop.** tropical тропи́ческий
**TS, ts** tensile strength про́чность на разры́в *или* на растяже́ние
**ts** this э́тот
**TS** top secret соверше́нно секре́тно
**tsp.** tea-spoon ча́йная ло́жка
**T.U.** thermal unit теплова́я едини́ца, кало́рия
**TU** trade union тред-юнио́н; профессиона́льный сою́з
**Tu.** Tuesday вто́рник
**T.U.C.** Trades Union Congress Конгре́сс (брита́нских) тред-юнио́нов
**Tues.** Tuesday вто́рник
**Turk.** Turkey Ту́рция
**TV** television телеви́дение
**TVA** Tennessee Valley Authority Администра́ция доли́ны Теннесси́ (*США*)
**T.W.** total weight о́бщий вес
**twp.** township *амер.* месте́чко; райо́н (*часть округа*)
**TX** Texas Теха́с (*штат США*)
**Tyr.** Tyrone Тиро́н (*графство в Северной Ирландии*)

**U, u** uncle дя́дя
**U.** Union сою́з
**U.** University университе́т
**U.** upper ве́рхний
**u. c.** upper case прописны́е бу́квы
**U.D.C.** Universal Decimal Classification универса́льная десяти́чная классифика́ция, УДК
**UFO** unidentified flying object неопо́знанный лета́ющий объе́кт, «лета́ющая таре́лка»
**UHF** ultrahigh frequency ультравысо́кая частота́, УВЧ
**U.K.** United Kingdom (of Great Britain and Northern Ireland) Соединённое Короле́вство (Великобрита́нии и Се́верной Ирла́ндии)
**UMT** Universal Military Training всео́бщее вое́нное обуче́ние
**UMW(A)** United Mine Workers of America Объедине́ние горнорабо́чих Аме́рики (*профсоюз*)
**UNA** United Nations Association Ассоциа́ция соде́йствия ООН
**UNESCO** United Nations Educational, Scientific and Cultural Organization Организа́ция ООН по вопро́сам образова́ния, нау́ки и культу́ры, ЮНЕСКО
**UNGA** United Nations General Assembly Генера́льная Ассамбле́я ООН
**UNICEF** United Nations International Children's Emergency Fund Фонд ООН по́мощи де́тям, ЮНИСЕФ
**Univ.** University университе́т
**UNO** United Nations Organization Организа́ция Объединённых На́ций, ООН
**UNSC** United Nations Security Council Сове́т Безопа́сности ООН
**UPI** United Press International информацио́нное аге́нтство Юна́йтед пресс Интерне́шнл, ЮПИ
**UPU** Universal Postal Union Всеми́рный почто́вый сою́з
**US** United States (of America) Соединённые Шта́ты (Аме́рики)
**USA** United States Army сухопу́тные войска́ США
**USA** United States of America Соединённые Шта́ты Аме́рики
**USAEC** United States Atomic Energy Commission Коми́ссия по а́томной эне́ргии США
**USAF** United States Air Force вое́нно-возду́шные си́лы США
**USBS** United States Bureau of Standards Бюро́ станда́ртов США

**USIA** United States Information Agency Информациóнное Агéнтство США, ЮСИА
**USMC** United States Marine Corps морскáя пехóта США
**USN** United States Navy воéнно-морскúе сúлы США
**U.S.P.** United States Pharmacopoeia Фармакопéя США
**USS** United States Ship воéнный корабль США
**U.S.S.R.** Union of Soviet Socialist Republics Союз Совéтских Социалистúческих Респýблик, СССР
**usu** usual обы́чный
**Ut.** Utah Юта (*штат США*)
**UV** ultra-violet ультрафиолéтовый

**V** velocity скóрость
**v.** verse стих; стихотвóрная строкá
**V** Victory побéда
**v.** vide *лат.* смотрú, см.
**V, v** volt вольт
**V, v** volume 1) объём 2) том 3) грóмкость
**V.A.** Vice-Admiral вице-адмирáл
**Va.** Virginia Вирги́ния (*штат США*)
**VA** volt-ampere вольт-ампéр
**val** value цéнность, стóимость
**var.** various различный, разнообрáзный
**VAR** visual-aural range предéл вúдимости и слы́шимости
**V.C.** Veterinary Corps ветеринáрная слýжба áрмии
**V.C.** Vice-Chairman заместúтель председáтеля
**V.C.** Vice-Chancellor вице-кáнцлер
**V.C.** Vice-Consul вице-кóнсул
**v.d.** various dates различные (календáрные) дáты
**V.D.** venereal disease венерúческая болéзнь
**V-E Day** Victory in Europe Day день побéды в Еврóпе (*во второй мировой войне*)
**Ven.** Venerable 1) преподóбный 2) достопочтéнный
**vet.** veteran учáстник войны́; ветерáн
**vet.** veterinary ветеринáрный
**VHF** very high frequency óчень высóкая частотá
**V.I.P.** very important person *разг.* начáльство; высокопостáвленное лицó
**viz.** videlicet *лат.* тó есть; а úменно
**VLF** very low frequency óчень нúзкая частотá
**VOA** Voice of America правúтельственное радиовещáние США «Гóлос Амéрики»
**vol.** volume 1) объём 2) том 3) грóмкость
**vou.** voucher 1) распúска; оправдáтельный докумéнт 2) поручúтель
**VP, VPres** Vice-President вице-президéнт
**vs.** versus *лат.* прóтив
**V.S.** Veterinary Surgeon (воéнно-) ветеринáрный врач
**v.s.** vide supra *лат.* смотрú вы́ше
**V.T.** vacuum-tube электрóнная лáмпа
**Vt.** Vermont Вермóнт (*штат США*)
**VTOL** vertical take off and landing *ав.* вертикáльный взлёт и посáдка
**v.v.** vice versa *лат.* наоборóт

**W.** Wales Уэ́льс
**W., w.** warden 1) смотрúтель 2) дирéктор (*школы*); рéктор (*колледжа*) 3) декáн
**W, w** watt ватт
**W.** Wednesday средá
**w.** week недéля
**W., w** weight вес
**W.** Welsh валлúйский, уэ́льский
**W** West зáпад
**W., w.** width ширинá
**w.** wife женá
**w.** with с
**W.A.** West Africa Зáпадная Áфрика
**W.A.** Western Australia Зáпадная Австрáлия
**WAC, Wac** Women's Army Corps жéнская вспомогáтельная слýжба сухопýтных войск США
**War.** Warwickshire Уóрикшир (*графство в Англии*)
**Wash.** Washington Вашингтóн (*город и штат США*)
**WAT** Waterford Уóтерфорд (*графство в Ирландии*)
**W. Aus., W. Austr.** Western Australia Зáпадная Австрáлия
**WAY** World Assembly of Youth Всемúрная ассамблéя молодёжи, ВАМ
**W/B, W.B.** way-bill трáнспортная накладнáя
**WB** Weather Bureau бюрó погóды
**w.c.** water closet убóрная
**w.c.** without charge без оплáты
**WCC** World Council of Churches Всемúрный совéт церквéй
**wd.** word слóво
**Wed.** Wednesday средá
**w.e.f.** with effect from... вступáющий в сúлу с (*такого-то числа*)
**Westm** Westmeath Уэ́стмит (*графство в Ирландии*)
**Westm.** Westminster Вéстминстер
**Westm** Westmorland Уэ́стморленд (*графство в Англии*)
**Wex** Wexford Уэ́ксфорд (*графство в Ирландии*)
**W/F** weather forecast прогнóз погóды
**WFDY** World Federation of Democratic Youth Всемúрная федерáция демократúческой молодёжи, ВФДМ
**WFEA** World Federation of Educational Associations Всемúрная федерáция просветúтельских ассоциáций, ВФПА
**WFSW** World Federation of Scientific Workers Всемúрная федерáция наýчных рабóтников
**WFTU** World Federation of Trade Unions Всемúрная федерáция профсою́зов, ВФП
**WFUNA** World Federation of United Nations Associations Всемúрная федерáция ассоциáций содéйствия ООН
**w.g.** weight guaranteed вес гарантúрован
**wh** watt-hour ватт-чáс
**WH** White House Бéлый дом
**WHO** World Health Organization Всемúрная организáция здравоохранéния (*ООН*), ВОЗ
**whs, whse** warehouse товáрный склад
**whsle** wholesale оптóвая торгóвля
**WI** Wisconsin Вискóнсин (*штат США*)
**Wick.** Wicklow Уúклоу (*графство в Ирландии*)
**WIDF** Women's International Democratic Federation Междунарóдная демократúческая федерáция жéнщин, МДФЖ
**Wig.** Wigtownshire Уúгтауншир (*графство в Шотландии*)
**WILPF** Women's International League for Peace and Freedom Междунарóдная жéнская лúга борьбы́ за мир и свобóду, МЖЛМС
**Wilts.** Wiltshire Уúлтшир (*графство в Англии*)
**WIMC, w. i. m. c.** whom it may concern всем, к комý э́то относúтся, когó э́то касáется
**Wis., Wisc.** Wisconsin Вискóнсин (*штат США*)
**wk** week недéля
**wk.** work рабóта
**WMO** World Meteorological Organization Всемúрная метеорологúческая организáция, ВМО
**WO** Warrant Officer 1) уóррент-офицéр 2) *мор.* мúчман
**w/o** without без
**WOMAN** World Organization of Mothers of All Nations Всемúрная организáция матерéй
**Worcs.** Worcestershire Вýстершир (*графство в Англии*)
**WP** weather permitting при благоприя́тной погóде
**wpb** waste-paper basket в корзúну для (*ненужной*) бумáги (*помета о непригодности рукописи*)
**WPC** World Peace Council Всемúрный Совéт Мúра, ВСМ
**wpm** words per minute (*столько-то*) слов в минýту
**WR** weather report свóдка погóды
**wrnt** warrant 1) гарáнтия 2) полномóчие 3) óрдер
**WS** water supply водоснабжéние
**WS** wireless station радиостáнция
**wt** weight вес
**WT** wireless telegraphy радиотелегрáфная связь
**WTO** World Trade Organization Организáция по междунарóдной торгóвле (*ООН*)
**W. Va.** West Virginia Зáпадная Вирги́ния (*штат США*)
**WW I** World War I пéрвая мировáя войнá
**WW II** World War II вторáя мировáя войнá
**Wy., Wyo.** Wyoming Вайóминг (*штат США*)

**X** a kiss поцелу́й (*в конце письма*)
**X** experimental эксперимента́льный
**xc, xcp** without coupon без купо́на на ближа́йшее получе́ние проце́нтов (*о продаваемой облигации*)
**xd, xdiv.** without dividend без пра́ва получе́ния ближа́йшего дивиде́нда (*о продаваемой акции*)
**Xmas** Christmas рождество́
**Xnty** Christianity христиа́нство
**xpr** without privileges без привиле́гий
**xr** without rights без (приобрете́ния) прав
**xw** without warrants без гара́нтий

**Y, y** yard ярд (*91,44 см*)
**Y, y** year год
**YB** year-book ежего́дник
**yd** yard ярд (*91,44 см*)
**Y.M.C.A.** Young Men's Christian Association Христиа́нский сою́з молоды́х люде́й (*международная организация*)
**Yorks.** Yorkshire Йо́ркшир (*графство в Англии*)
**yr** year год
**yr.** younger мла́дший
**yr** your ваш
**yrbk** year-book ежего́дник
**YS** young soldier новобра́нец, молодо́й солда́т
**YT** Yukon Territory Юкон (*территория в Канаде*)
**Y.W.C.A.** Young Women's Christian Association Христиа́нский сою́з же́нской молодёжи (*международная организация*)

**Z, z** zero нуль
**Z, z** zone зо́на
**ZST** Zone Standard Time поясно́е станда́ртное вре́мя

## ...ЕСКАЯ СИСТЕМА ИЗМЕРЕНИЙ
## ...ETRIC SYSTEM OF MEASUREMENT

### Меры жидкостей
### Liquid Measure

1 kilolitre (kl) килолитр = 10 hectolitres = 1,000 litres
1 hectolitre (hl) гектолитр = 10 decalitres = 100 litres
1 dekalitre (dal) декалитр = 10 litres
1 litre (l) литр = 10 decilitres
1 decilitre (dl) децилитр = 10 centilitres = 100 millilitres
1 centilitre (cl) сантилитр = 10 millilitres
1 millilitre (ml) миллилитр = 0.1 centilitre

### Меры массы (веса)
### Weight Measure

1 metric ton(ne) (t) метрическая тонна = 1,000 kilogram(me)s
1 kilogram(me) (kg) килограмм = 10 hectogram(me)s = = 1,000 gram(me)s
1 hectogram(me) (hg) гектограмм = 10 dekagram(me)s = = 100 gram(me)s
1 dekagram(me) (dag) декаграмм = 10 gram(me)s
1 gram(me) (g) грамм = 10 decigram(me)s = 1,000 milligram(me)s
1 decigram(me) (dg) дециграмм = 10 centigram(me)s = 100 milli gram(me)s
1 centigram(me) (cg) сантиграмм = 10 milligram(me)s
1 milligram(me) (mg) миллиграмм = 0.1 centigram(me)

## ...МЕРИКАНСКИХ ЕДИНИЦ ИЗМЕРЕНИЙ ...ЕСКУЮ СИСТЕМУ
## ...F EQUIVALENTS ... MEASUREMENT TO METRIC SYSTEM

### ...ейные меры
### ...ar Measure

1 furlong (fur) фарлонг = 10 chains (surveyor's) = 40 rods = = 660 feet = 220 yards = 201.17 metres
1 chain (Gunter's surveyor's) (ch) чейн (геодезический) = = 4 rods = 66 feet = 20.12 metres
1 chain (engineer's) (ch) чейн (строительный) = 100 feet = = 30.48 metres
1 rod (pole, perch) (rd) род (поль, перч) = 16.5 feet = 5.5 yards = = 5.03 metres
1 fathom (f) фатом, морская сажень = 6 feet = 2 yards = 8 spans = = 1,83 metres
1 ell эль *ист.* = 45 inches = 1.14 metres
1 yard (yd) ярд = 3 feet = 16 nails = 91.44 centimetres

1 foot (ft) фут=3 hands=12 inches=30.48 centimetres
1 pace пейс=0.5—0.7 rod=2.5 feet=76.2 centimetres
1 cubit кубит. *ист.* 18—22 inches=0.5 metre
1 span спен=4 nails=9 inches=22.86 centimetres
1 link (Gunter's, surveyor's) линк (геодезический)=7,92 inches= =20 centimetres
1 link (engineer's) линк (строительный)=1 foot=30 centimetres
1 finger фингер=4.5 inches=11.4 centimetres
1 hand хенд=4 inches=10.16 centimetres
1 nail нейл=2¼ inches=5.7 centimetres
1 inch (in.) дюйм=12 lines=2.54 centimetres
1 barleycorn барликорн=4 lines=⅓ inch=8.5 millimetres
1 line линия=6 points=2.1 millimetres
1 point точка=1/12 inch=0.351 millimetre
1 mil мил=0.001 inch=0.025 millimetre

## Меры площади
## Square Measure

1 township таушнип U. S.=36 square miles=36 sections= =93.24 square kilometres
1 square mile (mi²) (land, statute) кв. миля (уставная, статутная)=640 acres=259 hectares=2.59 square kilometres
1 hide хайда British *уст.* 80—120 acres=32.4—48.6 hectares
1 acre (a.) акр=4 roods=43.6 square feet=4.8 square yards= =0.405 hectare
1 rood руд=40 square rods=2.5 square chains=0.101 hectare
1 square chain кв. чейн=16 square rods=404.7 square metres
1 are (a.) ар U. S.=119.6. square yards=100 square metres
1 square fathom (f²) кв. фатом=4 square yards=3.34 square metres
1 square rod (rd²) (pole, perch) кв. род (поль, перч)=30¼ square yards=25.29 square metres
1 square yard (yd²) кв. ярд=9 square feet=0.836 square metre
1 square foot (ft²) кв. фут.=144 square inches=929 square centimetres
1 square inch (in².) кв. дюйм=6.45 square centimetres
1 square line кв. линия=4.4 square millimetres

## Меры объема
## Cubic Measure

1 rod род=10 register ton(ne)=1,000 cubic feet=28.3 cubic metres
1 register ton(ne) тонна регистровая=100 cubic feet=2.83 cubic metres
1 freight ton(ne) тонна фрахтовая (корабельная)=40 cubic feet= =1.13 cubic metres
1 cubic fathom куб. фатом (для круглого леса)=216 cubic feet= =6.116 cubic metres
1 standard стандарт (для пиломатериалов)=165 cubic feet= 4.672 cubic metres
1 cord (gross) корд (большой) (для дров)=128 cubic feet= =3.624 cubic metres
1 cord (short) корд (малый) (для круглого леса)=126 cubic feet=3.568 cubic metres
1 stack стек=108 cubic feet=4 cubic yards=3.04 cubic metres
1 load лоуд (для круглого леса)=40 cubic feet=1.12 cubic metres
1 load лоуд (для пиломатериалов)=50 cubic feet=1.416 cubic metres
1 cubic yard (yd³) куб. ярд=27 cubic feet=0.76 cubic metre
1 barrel, bulk баррель, балк *уст.*=5—8 cubic feet=0.14—0.224 cubic metre
1 cubic foot (ft³) куб. фут=0.028 cubic metre
1 board foot борт фут=1/12 cubic foot=0.00236 cubic metre
1 cubic inch (in³) куб. дюйм=16.39 cubic centimetres

## Меры веса
## Weight Measure

### Avoirdupois Measu

1 ton(ne) (tn) (gross, long) тонна (больша dredweights (long)=2,240 pounds=1,016
1 ton(ne) (sh. tn) (net, short) тонна 20 hundredweights (short)=2,000 gram(me)s
1 ton(ne) (t) (metric, millier) тонна (ме =2,204.6 pounds=0.984 gross ton(ne)
1 quintal квинтал {British=112 pounds / U. S.=100 pounds}
1 wey вей=2—3 hundredweights=101.6
1 hundredweight (cwt) (gross, long) длинный)=112 pounds=50.8 kilogram(m
1 hundredweight (cwt) (net, short) ханд кий)=100 pounds=45.36 kilogram(me)s
1 cental центал=1 hundredweight =45.36 kilogram(me)s
1 quarter (gross) квартер (длинный) =28 pounds=2 stones=12.7 kilogram(
1 quarter (short) квартер (короткий)= gram(me)s
1 tod тод British *ист.*=28 pounds=2 st
1 stone стоун, стон=14 pounds=6.35 kilo
1 clove клов British *ист.*=8 pounds=3.
1 quartern квартерн British *ист.*=¹/ =1.58 kilogram(me)s
1 pound (lb) фунт=16 ounces=7,000 g
1 ounce (oz) унция=16 drams=437.5 gra
1 drachm, dram (dr) драхма=27.344 gra
1 grain гран=64.8 milligram(me)s

### Troy Measur

1 pound (lb) фунт=12 ounces=5,760 gra
1 ounce (oz) унция=8 drams=480 grai
1 pennyweight (dwt) пеннивейт=24 gr
1 carat (c) карат=3.086 grains=200 mi
1 grain гран=64.8 milligram(me)s
1 mite майт=24 doits=3.24 milligram
1 doit дойт=24 periots=0.135 milligra
1 periot пириот=24 blanks=0.00675 mi
1 blank блэнк=0.00028 milligram(me)

### Apothecaries' M

1 pound (lb) фунт=12 ounces=5,760 g
1 ounce (oz) унция=8 drams=480 gr
1 drachm, dram (dr) драхма=3 scrup
1 scruple скрупул=20 grains=1.3 gr
1 grain гран=64.8 milligram(me)s

## Меры жидк
## Liquid Me

1 butt бат=108—140 gallons=490.97
1 pipe пайп=105 gallons=477.33 litr
1 hogshead (hhd) хогзхед=52.5 Impe
1 barrel (bbl) баррель=31—42 gallon
1 barrel (for liquids) {British=36 / U. S.=31.5 g}
1 barrel (for crude oil) {British=3 / U. S.=42.2}

1 kilderkin килдеркин=2 firkins=16—18 gallons=72.7—81.8 litres

1 firkin фиркин=8—9 gallons=36.3—40.9 litres

1 gallon (gal) галлон { British Imperial=4 Imperial quarts==8 pints=4.546 litres; U. S.=0.833 British gallon=3.785 litres }

1 pottle потл *уст.* ½ gallon=2 quarts=2.27 litres

1 quart (qt) кварта { British Imperial=¼ gallon=2 pints==1.14 litres; U. S.=0.833 British quart=0.946 litre }

1 pint (pt) пинта { British=⅛ gallon=4 gills=0.57 litre; U. S.=⅛ U. S. gallon=0.47 litre }

1 gill джилл, гилл=¼ pint { British=0.142 litre; U. S.=0.118 litre }

1 fluid drachm, dram (fl dr) драхма жидкая=⅛ British liquid ounce=3.55 millilitres

1 fluid drachm, dram (fl dr) драхма жидкая=⅛ U. S. liquid ounce=2.96 millilitres

1 fluid ounce (fl oz) унция жидкая { British=8 fluid drams==28.4 millilitres; U. S.=1.041 British fluid ounce=29.57 millilitres }

1 wineglass рюмка=16 fluid drams=2 ounces=56.8 millilitres

1 table-spoon столовая ложка=3 tea-spoons=4 fluid drams==½ fluid ounce=14.2 millilitres

1 tea-spoon чайная ложка=⅓ table-spoon=1⅓ fluid drams==4.4 millilitres

1 minim миним=1/60 fluid dram=0.06 millilitre

## Меры сыпучих тел
## Dry Measure

1 chaldron челдрон British *ист.*=32—36 bushels=1,268—1,309 litres

1 quarter квартер=2 coombs=8 bushels=291 litres

1 coomb коум British *ист.*=4 bushels=1.45 British gallons==145.5 litres

1 coomb коум British *ист.*=4 bushels=1.41 U. S. gallons==141 litres

1 sac сак British *ист.*=3 bushels=109.1 litres

1 strike страйк British *ист.*=2 bushels=72.73 litres

1 bushel (bu) бушель British Imperial=4 pecks=8 gallons==1.032 U. S. bushels=36.35 litres

1 bushel (bu) бушель U. S.=0.9689 Imperial bushel=35.2 litres

1 peck (pk) пек British Imperial=2 gallons=1.032 U. S. peck==8.81 litres

1 peck (pk) пек U. S.=0.9689 Imperial peck=7.7 litres

1 gallon (gal) галлон { British Imperial=4.546 litres; U. S.=0.83267 Imperial gallon==3.785 litres }

1 quart (qt) кварта { British Imperial=2 pints=1.032 U. S. quarts=1.14 litres; U. S.=1.101 litres }

1 pint пинта { British Imperial=0.568 litre; U. S.=0.551 litre }

1 barrel (bbl) баррель { British Imperial=163.6—181.7 litres; U. S.=117.3—158.98 litres }

# СООТНОШЕНИЕ ТЕМПЕРАТУРНОЙ ШКАЛЫ ФАРЕНГЕЙТА И ЦЕЛЬСИЯ

| | шкала Фаренгейта | шкала Цельсия |
|---|---|---|
| Точка кипения | 212° | 100° |
| | 194° | 90° |
| | 176° | 80° |
| | 158° | 70° |
| | 140° | 60° |
| | 122° | 50° |
| | 104° | 40° |
| | 86° | 30° |
| | 68° | 20° |
| | 50° | 10° |
| Точка замерзания | 32° | 0° |
| | 14° | −10° |
| | 0° | −17,8° |
| Температура абсолютного нуля | −459,67° | −273,15° |

При переводе из шкалы Фаренгейта в шкалу Цельсия из исходной цифры вычитают 32 и умножают на 5/9

При переводе из шкалы Цельсия в шкалу Фаренгейта исходную цифру умножают на 9/5 и прибавляют 32

**Мюллер Владимир Карлович**

М 98 Англо-русский словарь. 53 000 слов. Изд. 17-е, испр. и доп. М., «Русский язык», 1977 г.
888 с. 4И (Англ.) (03)

Сдано в набор 2/VI 1976 г. Подписано в печать 30/IX 1977 г. Формат 84×108[1]/16. Бумага типогр. № 1. Печатных листов 55,5. Условно-печатных листов 93,24. Учетно-издательских листов 161,3. Тираж 100 000 экз. Заказ № 192.

Цена 7 р. 60 к., в с/обл. 7 р. 70 к.

Издательство «Русский язык»
103009, Москва, К-9, Пушкинская ул., 23

Ордена Трудового Красного Знамени Ленинградская типография № 2 имени Евгении Соколовой Союзполиграфпрома при Государственном комитете Совета Министров СССР по делам издательств, полиграфии и книжной торговли.
198052, Ленинград, Л-52, Измайловский проспект, 29.